W0354792

CODE DE LA COPROPRIÉTÉ
2025

Loi n° 65-557 du 10 juillet 1965 fixant le statut de la copropriété 1

Décret n° 67-223 du 17 mars 1967 portant règlement d'administration publique pour l'application de la loi n° 65-557 du 10 juillet 1965 fixant le statut de la copropriété des immeubles bâtis 653

Annexes 907

Appendice 1615

Table des textes cités 1697

Index alphabétique 1705

LexisNexis®

LexisNexis
Qui sommes-nous ?

Acteur leader de l'innovation dans le droit associant expertise juridique et technologie pour créer des ***solutions d'information et d'analytics*** *et* ***logiciels métiers en SaaS : Lexis 360 Intelligence, 1ère plateforme d'information juridique au service des professionnels du droit et du chiffre, Lexis Poly*** *et son rédacteur d'actes automatisé par l'IA,* ***JurisData Analytics*** *ou encore* ***Lexis Veille*** *son site de veille d'information.*

Nous développons désormais, dans le cadre du ***programme Lexis Intelligence*** *- pour et avec nos clients (****co-développement****) de nouveaux* ***outils d'aide à la décision puissants intégrant des technologies d'IA.*** *Ce programme de R&D prépare la nouvelle génération de produits, avec la même ambition depuis plus de 110 ans :* ***faire primer le droit.***

CHIFFRES CLÉS

1er éditeur de presse juridique en France

- Plus de **450** volumes d'encyclopédies JurisClasseur
- **33** revues
- **8000** auteurs
- Plus de **120** Codes et ouvrages publiés chaque année (collections Codes bleus, Guides, Droit & Professionnels, Précis Fiscal , Pratique Notariale, Manuels, Objectif Droit, Traités, Actualité, Beaux livres ...)

1re base de données juridique

- **+ de 120 000** utilisateurs actifs par mois
- Plus de **23 millions** de documents en français accessibles en ligne
- Plus de **3 500 000** décisions de jurisprudence
- **50000** lois et décrets consolidés
- 1 thésaurus de **160 000** termes

Outils d'aide à la décision (JurisData analytics, 1er service d'analytics lancé en France)

Logiciels de gestion (Poly Acte et Poly Office)

- **10 000** modèles d'actes

LexisNexis®

boutique.lexisnexis.fr

22ALLMD009 - 04/2022 552 029 431 RCS Paris PHOTO © NDABCREATIVITY - ADOBE STOCK

CODE DE LA COPROPRIÉTÉ
2025

Les Codes bleus

CODES BLEUS COMMENTÉS

- *Code de l'animal*
- *Code des assurances*
- *Code de l'arbitrage*
- *Code des baux*
- *Code constitutionnel*
- *Code de la construction et de l'habitation*
- *Code de la commande publique*
- *Code de la copropriété*
- *Code électoral*
- *Code de l'énergie*
- *Code de l'entrée et du séjour des étrangers et du droit d'asile*
- *Code des entreprises en difficulté*
- *Code de l'entreprise en outre-mer*
- *Code de l'environnement*
- *Code de l'expropriation*
- *Code du géomètre-expert*
- *Code de justice administrative*
- *Code monétaire et financier*
- *Code du numérique*
- *Code des procédures civiles d'exécution*
- *Code de la propriété intellectuelle*
- *Code rural et de la pêche maritime*
- *Code de la sécurité intérieure*
- *Code des transports*
- *Code de l'urbanisme*

CODES BLEUS ANNOTÉS

- *Code civil*
- *Code de commerce*
- *Code de la consommation*
- *Code pénal*
- *Code de procédure civile*
- *Code de procédure pénale*
- *Code des sociétés et autres groupements*
- *Code de la sécurité sociale*
- *Code du travail*

AUTRES CODES ET TEXTES

- *Code du droit local alsacien-mosellan*
- *Code des droits de l'homme et des libertés fondamentales*
- *Code général des impôts*
- *Code monégasque*
- *Code notarial*
- *Code de procédure administrative – Spécial CRFPA*

LexisNexis®

Disponibles chez votre libraire habituel
ou sur **boutique.lexisnexis.fr**

22BROMD038 - 03/2022 552 029 431 RCS Paris Photo © Dmitriy Shironosov - iStockphoto.com

CODE DE LA COPROPRIÉTÉ
2025

VINGT-HUITIÈME ÉDITION

Jacques LAFOND
Docteur en droit, avocat honoraire au barreau de Paris

Jean-Marc ROUX
Docteur en droit, Maître de conférences à l'université d'Aix-Marseille

Guilhem GIL
Docteur en droit, Maître de conférences à l'université d'Aix-Marseille

Pierre-Édouard LAGRAULET
Docteur en droit, Avocat au barreau de Paris, Chargé d'enseignement à l'université de Bordeaux

Le présent code a été créé par Jacques Lafond et Bernard Stemmer

LexisNexis

LexisNexis SA
141, rue de Javel – 75015 Paris

CODE À JOUR AU 5 AOÛT 2024

Les codes LexisNexis conjuguent les analyses d'auteurs prestigieux avec la richesse des produits et services LexisNexis :
- pour les textes : l'expertise légistique reconnue des équipes LexisNexis ;
- pour la jurisprudence : l'expertise JurisData avec plus d'un million de décisions sélectionnées et analysées par des experts juridiques au sein de 34 Ateliers Régionaux de Jurisprudence dirigés par des universitaires de renom, auteurs et directeurs scientifiques de collections et revues LexisNexis.

Pour vous informer sur nos parutions, rendez-vous sur :

https://boutique.lexisnexis.fr/

Avertissement de l'éditeur

Toute utilisation ou traitement automatisé, par des tiers, de données personnelles pouvant figurer dans cet ouvrage sont formellement interdits.

DANGER
LE PHOTOCOPILLAGE TUE LE LIVRE

Le logo qui figure ci-dessus de ce livre mérite une explication. Son objet est d'alerter le lecteur sur la menace que représente pour l'avenir de l'écrit, tout particulièrement dans les domaines du droit, de l'économie et de la gestion, le développement massif du photocopillage.
Le Code de la propriété intellectuelle du 1er juillet 1992 interdit en effet expressément la photocopie à usage collectif sans autorisation des ayants droit. Or, cette pratique s'est généralisée dans les établissements d'enseignement supérieur, provoquant une baisse brutale des achats de livres, au point que la possibilité même pour les auteurs de créer des œuvres nouvelles et de les faire éditer correctement est aujourd'hui menacée.

© LexisNexis SA, 2024
Siège social : 141, rue de Javel - 75015 Paris

Cette œuvre est protégée dans toutes ses composantes (y compris le *résultat* des savoirs mis en œuvre, des recherches, des analyses et des interprétations effectuées et, de manière générale, des choix de fond et de forme opérés dans le cadre de la *consolidation* des textes reproduits) par les dispositions du Code de la propriété intellectuelle, notamment celles relatives aux droits d'auteur. Ces droits sont la propriété exclusive de LexisNexis SA. Toute reproduction intégrale ou partielle, par quelque moyen que ce soit, non autorisée par LexisNexis SA ou ses ayants droit, est strictement interdite. LexisNexis SA se réserve notamment tous droits au titre de la reproduction par reprographie destinée à réaliser des copies de la présente œuvre sous quelque forme que ce soit aux fins de vente, de location, de publicité, de promotion ou de toute autre utilisation commerciale conformément aux dispositions de l'article L. 122-10 du Code de la propriété intellectuelle relatives à la gestion collective du droit de reproduction par reprographie.

ISBN 978-2-7110-4099-5
ISSN 1622-6208

LES AUTEURS

Jacques LAFOND, docteur en droit, diplômé de Sciences Po Bordeaux. Ancien avoué et ancien consultant au Cridon Bordeaux-Toulouse ; ancien chargé d'enseignement à l'université de Paris II (Panthéon-Assas). Après avoir exercé au barreau de Paris, il est actuellement avocat honoraire.

Il collabore régulièrement à de nombreuses revues et aux *JurisClasseurs Notarial* et *Copropriété*.

Précédentes publications :
- *Guide de la publicité foncière* : LexisNexis réédité annuellement (en collaboration avec M. Alain Fournier, Neyla Gonzalez-Gharbi, Serge Lamiaux et Franck Roussel).
- *Les baux d'habitation*, LexisNexis 8e éd. 2017 (en collaboration avec Béatrice Vial-Pedroletti).
- *Code des baux*, LexisNexis réédité annuellement (en collaboration avec Béatrice Vial-Pedroletti, F. Kendérian, E. Chavance et C. Coutant-Lapalus).
- *Les diagnostics immobiliers*, Litec 2008.
- Pratique de la vente du lot de copropriété (en collaboration avec Gilles Rouzet), LexisNexis 2016.
- L'indivision (en collaboration avec Fabrice Collard, préface de Clause Brenner), LexisNexis 2022 (2e ed.).

Guilhem GIL, docteur en droit, maître de conférences à l'Université d'Aix Marseille.

Précédentes publications :
- *Copropriété : les nouvelles règles*, LexisNexis, 2021 (en collaboration avec Jacques Lafond, Christelle Coutant-Lapalus et Agnès Lebatteux).
- *Ordonnance Copropriété : ce qui change en pratique Ordonnance n° 2019-11001 du 30 octobre 2019*, Éditions législatives, 2020 (en collaboration avec Véronique Bacot-Reaume, Pierre-Henri Hanoune et Marie-Hélène Martial).

Pierre-Édouard LAGRAULET, docteur en droit, avocat au barreau de Paris, associé de l'AARPI Lagraulet - de Plater. Chargé d'enseignement à l'Université de Bordeaux.

Il collabore régulièrement à de nombreuses revues ainsi qu'aux *JurisClasseurs Copropriété* et *Civil Code*. Il est également directeur scientifique de l'encyclopédie *Copropriété* des Éditions Lexbase et chef de la rubrique copropriété à la revue *AJDI*.

Précédentes publications :
- *Le syndic de copropriété*, Edilaix, 2021.
- *Le conseil syndical*, Edilaix, 2022 (coauteur avec G. Gil).

Jean-Marc ROUX, docteur en droit, maître de conférences à l'université d'Aix-Marseille ; directeur de l'Institut de formation et de recherche sur l'évaluation immobilière d'Aix-en-Provence ; enseignant à l'Institut national des formations notariales d'Aix-en-Provence ; consultant auprès du cabinet IM Avocats.

Il collabore régulièrement à de nombreuses revues ainsi qu'aux *JurisClasseurs Copropriété* et *Construction-Urbanisme*. Il est également directeur scientifique des éditions Edilaix et des revues *Informations rapides de la copropriété* et *Annales des loyers*.

Précédentes publications :
- *Le conseil syndical*, Litec 2011.
- *Guide des locations meublées* : *Ann. loyers*, Édilaix, 2009.
- *Guide de l'évaluation des fonds de commerce, d'industrie et assimilés et des indemnités d'éviction* : *Ann. loyers*, Édilaix, 2008.
- *Guide de l'évaluation de l'immeuble en copropriété* : *Ann. loyers*, Edilaix, 2011.
- *Guide des baux à construction* : *Ann. loyers*, Edilaix, 2014 ;
- *Prévenir et guérir les copropriétés en difficulté : Point de droit*, Edilaix, 2016 ;
- Guide de la copropriété des immeubles bâtis (mise à jour de l'ouvrage de Christian Atias, préface de Catherine Masson-Daum), Edilaix 2017 ;
- *Le guide des associations syndicales libres de propriétaires* (mise à jour de l'ouvrage de Christian Atias), 8e éd., Edilaix 2019.

AVANT-PROPOS

Pour résoudre les problèmes qui se posent en matière de copropriété, il faut généralement recourir à des textes d'origines diverses : loi du 10 juillet 1965 et décret du 17 mars 1967 bien sûr, mais aussi décrets des 4 janvier et 14 octobre 1955 sur la publicité foncière, et les instructions prises pour leur application, lois sur les baux d'habitation (loi du 6 juillet 1989), législation propre aux HLM, textes inclus dans le Code de la construction et de l'habitation, etc.

Les auteurs ont pu faire l'expérience, dans leur pratique quotidienne, de l'intérêt qu'il pouvait y avoir, pour des raisons de simple commodité, à regrouper dans un même ouvrage l'ensemble de ces textes épars, concernant, de près ou de loin, l'application du statut de la copropriété. C'est l'une des raisons d'être du présent « Code ».

Ces textes font l'objet d'un commentaire succinct, et pour chacun d'eux, il est fait état de la jurisprudence qu'il a suscitée. Le désir des auteurs est que le lecteur trouve ainsi grâce à ces commentaires et notes, la solution aux problèmes qu'il rencontre le plus couramment. Leur souhait était que ce « Code » devienne, tant pour les professionnels du droit (notaires, avocats, huissiers...) que pour les praticiens de la copropriété (administrateur de biens, syndics de copropriété professionnels ou bénévoles...) et pour les copropriétaires eux-mêmes, un outil de travail et un ouvrage de référence.

C'est aujourd'hui chose faite...

Jacques Lafond

LISTE DES ABRÉVIATIONS

AJDA	Actualité juridique. Droit administratif
AJPI	Actualité juridique. Propriété immobilière
Ann. loyers	Annales des loyers
BAMC	Bulletin de l'association mutuelle des conservateurs
BOCC	Bulletin officiel de la concurrence et de la consommation
BODACC	Bulletin officiel des annonces civiles et commerciales
BODGI	Bulletin officiel de la Direction générale des impôts
BOSP	Bulletin officiel du service des prix
Bull. civ.	Bulletin des arrêts des Chambres civiles de la Cour de cassation
Bull. CNEIL	Bulletin du Centre national d'étude et d'initiatives en faveur du logement
Bull. crim.	Bulletin des arrêts de la Cour de cassation chambre criminelle
Cass. civ.	Arrêts des Chambres civiles de la Cour de cassation
Cass. com.	Cour de cassation, chambre commerciale
Cass. crim.	Cour de cassation, chambre criminelle
Cass. soc.	Cour de cassation, chambre sociale
CCH	Code de la construction et de l'habitation
CE	Conseil d'État
CGI	Code général des impôts
Ch.	Chambre
COJ	Code de l'organisation judiciaire
CPC	Code de procédure civile
CPC anc.	Ancien Code de procédure civile
CPP	Code de procédure pénale
C. urb.	Code de l'urbanisme
D.	Recueil Dalloz
DA	Documentation administrative de base
Defrénois* devenu *DEF	Répertoire du Notariat Defrénois
Fasc.	Fascicule
Gaz. Pal.* devenu *GPL	Gazette du Palais
Inf. rap.	Informations rapides
Inf. rap. copr.	Informations rapides de la copropriété
Instr.	Instruction
JCl. Civil	JurisClasseur Civil
JCl. Construction	JurisClasseur Construction
JCl. Copropriété	JurisClasseur Copropriété
JCl. Notarial	JurisClasseur Notarial Formulaire
***JCP* CI**	JurisClasseur périodique (Semaine juridique) édition commerce et industrie
***JCP* G**	JurisClasseur périodique (Semaine juridique) édition générale
***JCP* N**	JurisClasseur périodique (Semaine juridique) édition notariale
JO	Journal officiel
JOAN	Journal officiel des débats de l'Assemblée nationale
***JO* Sénat**	Journal officiel des débats du Sénat
Journ. fin.	Journal des finances
Journ. not.	Journal des notaires
L.	Loi
Loyers et copr.	Loyers et copropriété
LPA	Les petites affiches
Obs.	Observations
Pan.	Panorama
RD imm.	Revue de droit immobilier
Rép. min.	Réponse ministérielle
Rev. éco. et dr. imm.	Revue d'économie et de droit immobilier
Rev. jurisprudence	Revue jurisprudence
Rev. hab. fr.	Revue habitat français
Rev. huissiers	Revue des huissiers de justice
Rev. loyers	Revue des loyers
Rev. sociétés	Revue des sociétés
RTD civ.	Revue trimestrielle de droit civil
TA	Tribunal administratif
TGI	Tribunal de grande instance
TI	Tribunal d'instance
TJ	Tribunal judiciaire
V°	Verbo

INTRODUCTION

DU CODE CIVIL À LA LOI DU 10 JUILLET 1965

• Le Code civil ne consacrait qu'un seul article aux immeubles divisés par étages : l'*article 664*. Pour les rédacteurs du code, il s'agissait de prendre acte de situations de fait qui leur préexistaient (les immeubles divisés par étages ou par appartements existaient déjà dans l'ancien droit dans de nombreuses villes, particulièrement Grenoble, Rennes, Lyon...), mais nullement de promouvoir une forme de propriété collective à laquelle ils étaient hostiles. Aussi, la copropriété fut-elle traitée comme une simple superposition de propriétés individuelles, la loi se contentant de régler la question des dépenses de « réparation et reconstruction ». Mais en analysant la copropriété comme une indivision forcée, la doctrine et la jurisprudence devaient donner à ce texte une portée dépassant largement celle que les rédacteurs du code lui avaient assignée. Les praticiens vinrent à la rescousse en élaborant pour combler les lacunes de la loi des « règlements de copropriété » destinés à donner un cadre juridique aux rapports entre copropriétaires.

Sous la pression des faits, s'impose peu à peu la nécessité de donner à la copropriété un statut : ce fut la loi du 28 juin 1938 qui abrogea l'article 664 du Code civil (sur cette évolution, V. Hébraud, *À propos d'une forme particulière de copropriété, la copropriété par appartements* : *RTD civ.* 1938, p. 23 et s.).

Le nouveau texte ne comportait que 12 articles, ce qui était peu. Mais, fait important, le chapitre I de la loi, en créant des sociétés de construction, instrument facilitant sur le plan juridique la construction collective d'un immeuble par ses futurs copropriétaires, devait être à l'origine d'un nouvel essor de la copropriété (sur les sociétés de construction, V. l'ouvrage de Pierre Walet, *Les sociétés de construction*, éd. Joly, 1981). Un autre facteur devait contribuer à cet essor : le fait que la jurisprudence ait finalement admis, après d'âpres controverses (en matière de partages successoraux) que la division par appartements pouvait être considérée comme un véritable partage en nature et donc comme un moyen valable de sortir de l'indivision (Cass. civ., 17 janv. 1958 : *Gaz. Pal.* 1958, 2, 108 et 19 janv. 1960 : *AJPI* 1960, 2, 30). À cela s'ajoutèrent les effets funestes de la loi du 1er septembre 1948 : les immeubles anciens loués devenant insuffisamment rentables, les propriétaires arrivaient à ne plus pouvoir supporter le coût élevé des réparations et se trouvaient contraints de les vendre par appartements.

Avec le succès de la formule, se révélèrent vite les insuffisances et les lacunes de la loi du 28 juin 1938. Le domaine d'application de la loi posait problème : en particulier, rien n'avait été prévu en ce qui concerne la copropriété horizontale. On reprochait aussi à ce texte d'exiger l'unanimité des copropriétaires pour toute amélioration, de répartir les charges de façon peu équitable et d'être essentiellement supplétif... Aussi parla-t-on de nouveau de la nécessité d'une réforme (V. Cabanac, *Faut-il réviser la loi de 1938 relative à la copropriété ?* : *AJPI* 1952, p. 129 et s. et Cabanac, *La loi de 1938 après 23 années d'application* : *AJPI* 1962, p. 2 et s.).

• Ainsi naquit la *loi du 10 juillet 1965*, complétée par le *décret d'application du 17 mars 1967*.

La philosophie de la loi est toute différente puisqu'elle est dans son ensemble à caractère impératif (V. art. 43). Les principaux reproches faits aux textes antérieurs sont pris en compte. Sommairement, on peut dire que deux grandes idées ont inspiré le législateur de 1965 :

– Il a voulu tout d'abord renforcer les pouvoirs des organes collectifs. Cela se marque en ce qui concerne le syndicat qui reçoit la personnalité morale ; par ailleurs, les pouvoirs de la majorité sont étendus. On lui permet de décider et de réaliser des travaux dont la nature exigeait jusqu'ici une décision unanime des copropriétaires. Le syndicat peut aliéner ou acquérir des parties communes ou mêmes privatives... Une autre extension des pouvoirs du syndicat est la possibilité qui lui est offerte de réviser et d'adapter le règlement de copropriété à la majorité. Par ailleurs, les pouvoirs du syndic sont fixés de façon précise et détaillée. Il conserve dans certains domaines un pouvoir d'initiative et se voit confirmé dans ses fonctions d'organe exécutif de la copropriété.

- Mais parallèlement, en même temps qu'il renforçait les pouvoirs des organes collectifs, le législateur de 1965 a tenu, pour faire contrepoids, à augmenter les garanties des copropriétaires.

Dans cette optique, un certain nombre de dispositions légales se sont vu conférer un caractère impératif. Par ailleurs, des mécanismes protecteurs sont mis en place, le copropriétaire se voyant reconnaître un certain nombre de droits fondamentaux intangibles : droit au respect de son droit de propriété (intangibilité de la destination de l'immeuble..., de la destination des parties privatives...), protection contre les clauses abusives du règlement, contre les délibérations abusives, etc.

• L'essor de la copropriété allait se poursuivre grâce à de nouvelles formules juridiques :

- Les techniques de la vente sur plan, imaginées par la pratique - vente à terme et vente en état futur d'achèvement - et qui reçurent une consécration législative (loi du 3 janv. 1967).

- Le nouveau régime des sociétés de construction, institué par la loi du 16 juillet 1971, qui proposa des formules diversifiées : sociétés civiles constituées en vue de la vente d'immeubles (CCH, art. L. 211-1 à L. 211-4) ; sociétés constituées en vue de l'attribution d'immeubles aux associés par fractions divises (CCH, art. L. 212-1 à L. 212-17) ; sociétés coopératives de construction (CCH, art. L. 213-1 à L. 213-15). Mais la construction d'immeubles neufs ne fut pas la seule voie d'accès à la copropriété. Plusieurs textes eurent pour effet de faciliter et de promouvoir la division par appartements d'immeubles anciens et en particulier :

- La loi du 31 décembre 1975 et la loi du 22 juin 1982 qui créèrent un droit de préemption au profit du locataire en place en cas de vente du logement loué.

- Les textes permettant l'acquisition d'HLM à usage locatif par les locataires (aujourd'hui codifiés sous les articles L. 443-7 à L. 443-15 et R. 443-10 à R. 443-22, CCH) et ceux permettant aux associés membres des sociétés anonymes coopératives d'HLM de location coopérative d'acquérir leur logement (aujourd'hui codifiés sous les articles L. 422-16 à L. 422-19 et R. 443-23 à R. 443-33, CCH).

- Et, plus récemment, la loi n° 84-595 du 12 juillet 1984 sur la location-accession, applicable également aux bâtiments anciens.

LA COPROPRIÉTÉ AUJOURD'HUI

La copropriété n'est pas en parfaite santé : l'abondance du contentieux en témoigne. Si l'on cherche à porter un diagnostic sur les causes de ce malaise, il semble qu'il faille incriminer bien plus l'absence « d'esprit copropriétaire » que les déficiences des textes (V. à propos de l'étude réalisée par le réseau ANIL-ADIL en 2001, J. Bosvieux, *Les copropriétés vues par les copropriétaires* : *AJDI* 2002, p. 265).

La copropriété est un mode d'habitat plus subi que choisi. Les copropriétaires gardent pour la plupart en eux un rêve de maison individuelle et ils se comportent beaucoup plus comme des propriétaires que des copropriétaires (V. sur les aspects psychologiques et sociologiques de la copropriété : Mourey, *Les équilibres sociopsychologiques de la copropriété*, LGDJ 1970. - Reynaud, *La copropriété dans les grands ensembles, étude socio-économique et juridique*, CREDOC 1978. - N. Haumont, H. Raymond, *La copropriété*, CRU 1971).

Tenant compte de ces réalités psychologiques et sociologiques, une partie de la doctrine et de la jurisprudence tend à promouvoir une conception individualiste de la copropriété où l'on fait tout pour rapprocher autant que faire se peut la condition de copropriétaire de celle du propriétaire. Mais flatter de façon excessive l'instinct de propriété, en exaltant les droits individuels des copropriétaires peut être un encouragement à fuir cette réalité pour certains désagréable : ils sont propriétaires certes, mais au sein d'une communauté. Le copropriétaire qui veut se croire propriétaire est rapidement ramené à la réalité par les textes et par les faits. Cette désillusion s'accompagne alors d'une hostilité envers les organes collectifs (syndic, syndicat) perçus comme totalement extérieurs et contraignants, et envers les cohabitants, considérés comme autant de gêneurs.

Il ne s'agit pas, certes, de ne pas prendre en compte ce désir légitime du copropriétaire de voir sa condition être la plus proche possible de celle du propriétaire : mais il y a un difficile équilibre à trouver entre ces aspirations individuelles et les impératifs de la vie en copropriété. Si l'on tente de masquer les contraintes inévitables qui résultent de la vie en commun, pour laisser croire au copropriétaire qu'il est dans la situation d'un propriétaire ordinaire, on ne facilite pas la naissance de ce sens communautaire, de cet « esprit copropriétaire » qui est la condition d'une vie en commun sinon harmonieuse du moins acceptable....

J. LAFOND

Table des matières

CODE DE LA COPROPRIÉTÉ — PAGES

Les auteurs VII
Avant-propos IX
Liste des abréviations XI
Introduction XIII

LOI N° 65-557 DU 10 JUILLET 1965 FIXANT LE STATUT DE LA COPROPRIÉTÉ 1
Chapitre I – Définition et organisation de la copropriété 3
Loi n° 65-557 du 10 juillet 1965 3
Loi n° 2018-1021 du 23 novembre 2018 3
Code de la construction et de l'habitation 4
Loi n° 65-557 du 10 juillet 1965 25
Loi n° 2018-1021 du 23 novembre 2018 59
Loi n° 2022-217 du 21 février 2022 59
Loi n° 65-557 du 10 juillet 1965 61
Loi n° 70-598 du 9 juillet 1970 62
Loi n° 65-557 du 10 juillet 1965 82
Code des assurances 137
Loi n° 65-557 du 10 juillet 1965 138
Code des procédures civiles d'exécution 189
Loi n° 65-557 du 10 juillet 1965 190
Code civil 213
Loi n° 65-557 du 10 juillet 1965 238
Code de l'expropriation pour cause d'utilité publique 268
Loi n° 65-557 du 10 juillet 1965 269
Code de l'expropriation pour cause d'utilité publique 270
Chapitre II – Administration de la copropriété 273
Section I – Dispositions générales 273
Loi n° 65-557 du 10 juillet 1965 273
Loi n° 2006-872 du 13 juillet 2006 282
Loi n° 65-557 du 10 juillet 1965 283
Loi n° 86-18 du 6 janvier 1986 387
Loi n° 65-557 du 10 juillet 1965 392
Code de l'environnement 422
Loi n° 65-557 du 10 juillet 1965 424

CODE DE LA COPROPRIÉTÉ — PAGES

Code général des collectivités territoriales 426
Loi n° 65-557 du 10 juillet 1965 427
Code de l'urbanisme 429
Loi n° 65-557 du 10 juillet 1965 463
Section II – Dispositions particulières aux copropriétés en difficulté 515
Loi n° 65-557 du 10 juillet 1965 518
Loi n° 91-647 du 10 juillet 1991 525
Loi n° 65-557 du 10 juillet 1965 530
Chapitre III – Améliorations, additions de locaux privatifs et exercice du droit de surélévation 542
Loi n° 65-557 du 10 juillet 1965 542
Chapitre IV – Reconstruction 568
Loi n° 65-557 du 10 juillet 1965 568
Code des assurances 570
Loi n° 65-557 du 10 juillet 1965 570
Chapitre IV *bis* – Résidences services 571
Section I – Présentation du régime actuel des résidences services 571
Section II – Résidences services : « ancien régime » 572
Loi n° 65-557 du 10 juillet 1965 573
Code de l'action sociale et des familles 573
Loi n° 65-557 du 10 juillet 1965 576
Section III – Résidences services : nouveau régime 579
Loi n° 65-557 du 10 juillet 1965 579
Chapitre IV *ter* – Dispositions particulières à certaines copropriétés 584
Section I – Dispositions particulières aux petites copropriétés 584
Loi n° 65-557 du 10 juillet 1965 584
Section II – Dispositions particulières aux syndicats dont le nombre de voix est réparti entre deux copropriétaires 587
Loi n° 65-557 du 10 juillet 1965 587
Code civil 592
Chapitre V – Dispositions d'ordre général 593
Loi n° 65-557 du 10 juillet 1965 593

DÉCRET N° 67-223 DU 17 MARS 1967 PORTANT RÈGLEMENT D'ADMINISTRATION PUBLIQUE POUR L'APPLICATION DE LA LOI N° 65-557 DU 10 JUILLET 1965 FIXANT LE STATUT DE LA COPROPRIÉTÉ DES IMMEUBLES BÂTIS 653
Section I – Actes concourant à l'établissement et à l'organisation de la copropriété d'un immeuble bâti 655
Décret n° 67-223 du 17 mars 1967 655
Section II – Les assemblées générales de copropriétaires 692
Décret n° 67-223 du 17 mars 1967 692
Code de procédure civile 703
Décret n° 67-223 du 17 mars 1967 712
Code civil 744
Décret n° 67-223 du 17 mars 1967 747
Code civil 755

CODE DE LA COPROPRIÉTÉ PAGES

Décret n° 67-223 du 17 mars 1967 764

Section III – Le conseil syndical 775

Décret n° 67-223 du 17 mars 1967 775

Section IV – Le syndic 781

Décret n° 67-223 du 17 mars 1967 782

Section IV bis *– Dispositions particulières aux résidences-services* 820

Décret n° 67-223 du 17 mars 1967 821

Section V – Dispositions particulières aux syndicats de formes coopératives 824

Décret n° 67-223 du 17 mars 1967 824

Loi n° 2006-872 du 13 juillet 2006 826

Section V bis *– Dispositions particulières à certaines copropriétés* 826

Sous-section 1 – Dispositions particulières aux petites copropriétés 826

Décret n° 67-223 du 17 mars 1967 826

Sous-section 2 – Dispositions particulières aux syndicats dont le nombre de voix est réparti entre deux copropriétaires 827

Décret n° 67-223 du 17 mars 1967 827

Section VI – La comptabilité du syndicat 829

Décret n° 67-223 du 17 mars 1967 829

Section VII – Procédure 831

Sous-section 1 – Dispositions générales 831

Décret n° 67-223 du 17 mars 1967 831

Sous-section 2 – De la désignation et de la rémunération des mandataires ad hoc et des administrateurs provisoires 869

Décret n° 67-223 du 17 mars 1967 869

Sous-section 3 – De la procédure du mandat ad hoc 872

Décret n° 67-223 du 17 mars 1967 872

Sous-section 4 – De la procédure d'administration provisoire 875

Décret n° 67-223 du 17 mars 1967 875

Sous-section 5 – De la procédure d'apurement des dettes et de la liquidation du syndicat 883

Décret n° 67-223 du 17 mars 1967 883

Sous-section 6 – De la procédure d'administration provisoire renforcée 889

Décret n° 67-223 du 17 mars 1967 889

Section VIII – Les unions de syndicats de copropriétaires 891

Décret n° 67-223 du 17 mars 1967 891

Section IX – Dispositions diverses 894

Décret n° 67-223 du 17 mars 1967 894

ANNEXES 907

ANNEXE 1 - AGENCE NATIONALE DE L'HABITAT 909

Code de la construction et de l'habitation – art. L. 321-1 909

ANNEXE 2 - AMIANTE 913

Code de la santé publique – art. R. 1334-14 à R. 1334-29-9 914

Décret n° 2011-629 du 3 juin 2011 – art. 1er à 11 926

Code de la construction et de l'habitation – art. L. 126-17 930

ANNEXE 3 - ANIMAUX 933

I – CLAUSES DU RÈGLEMENT DE COPROPRIÉTÉ 933

Loi n° 70-598 du 9 juillet 1970 – art. 10 933

II – PRÉSENCE D'ANIMAUX NUISIBLES OU DANGEREUX OU DE PARASITES DANS LES LOCAUX D'HABITATION 934

Code de la santé publique – art. R. 1331-42 934

III – PARTIES D'USAGE COMMUN 934

Code de la santé publique – art. R. 1331-52 à R. 1331-54 934

IV – ANIMAUX DANGEREUX ET ERRANTS 935

Code rural et de la pêche maritime – art. L. 211-11 à L. 211-16 935

Arrêté du 27 avril 1999 – art. 1er à 3 939

V – PIGEONS 940

ANNEXE 4 - ANTENNES 941

Loi n° 66-457 du 2 juillet 1966 – art. 1er à 7 941

Décret n° 67-1171 du 22 décembre 1967 – art. 1er à 4 942

ANNEXE 5 - ASCENSEURS 949

I – SÉCURISATION, ENTRETIEN ET CONTRÔLE TECHNIQUE 950

Code de la construction et de l'habitation – art. L. 134-1 à L. 134-5 950

Décret n° 2004-964 du 9 septembre 2004 – art. 4 et 4-1 959

Code de la construction et de l'habitation – art. R. 134-9 à R. 134-15 959

Décret n° 2012-674 du 7 mai 2012 – art. 1er à 7-1 961

A – Mesures d'application concernant le contrôle technique 964

Arrêté du 7 août 2012 – art. 1er à 7 964

Arrêté du 13 décembre 2004 – art. 1er et 2 965

B – Mesures d'application concernant l'entretien des installations 966

Arrêté du 18 novembre 2004 – art. 1er à 14 966

C – Mesures d'application concernant les travaux de sécurité 968

Arrêté du 18 novembre 2004 – art. 1er 968

CODE DE LA COPROPRIÉTÉ PAGES

Décret n° 92-535 du 16 juin 1992 – art. 1er à 9 ... 973
Circulaire du 16 juin 1992 ... 974

II – PROTECTION CONTRE L'INCENDIE ... 976
Arrêté du 31 janvier 1986 – art. 97 ... 976
Arrêté du 6 mars 2006 – art. 1er et 2 ... 977

III – SÉCURITÉ DES TRAVAUX SUR ASCENSEURS ... 980
Décret n° 95-826 du 30 juin 1995 – art. 1er à 5 ... 980
Décret n° 2008-1325 du 15 décembre 2008 – art. 1er à 7 ... 982
Code du travail – art. R. 4224-17-1 et R. 4224-17-2 ... 983

ANNEXE 5-1 – ASSAINISSEMENT ... 985
Code général des collectivités territoriales – art. L. 2224-8 ... 985
Loi n° 65-557 du 10 juillet 1965 – art. 18 ... 986
Décret n° 2022-93 du 31 janvier 2022 – art. 1er ... 986
Décret n° 2022-521 du 11 avril 2022 ... 989
Code général des collectivités territoriales – art. R. 2224-15-1 ... 989

ANNEXE 6 – ASSOCIATIONS SYNDICALES ... 991

I – ASSOCIATIONS SYNDICALES EN GÉNÉRAL ... 991
Ordonnance n° 2004-632 du 1er juillet 2004 – art. 1er à 46 ... 992
Décret n° 2006-504 du 3 mai 2006 – art. 1er à 6 ... 1000

II – ASSOCIATIONS FONCIÈRES URBAINES (AFU) ... 1012
Code de l'urbanisme – art. L. 322-1 ... 1012

ANNEXE 7 – BAIL À RÉHABILITATION ... 1015
Code de la construction et de l'habitation – art. L. 252-1 à L. 252-6 ... 1015

ANNEXE 8 – BAIL DANS LE CADRE D'UNE CONVENTION D'USUFRUIT ... 1019
Code de la construction et de l'habitation – art. L. 253-1 à L. 253-8 ... 1019

ANNEXE 9 – BAIL RÉEL SOLIDAIRE ... 1021
Code de la construction et de l'habitation – art. L. 255-1 à L. 255-19 ... 1021

ANNEXE 10 – BOÎTES AUX LETTRES ... 1027
Code de la construction et de l'habitation – art. L. 126-12 et L. 126-13 ... 1027
Code des postes et des communications électroniques – art. L. 5-10 ... 1027
Code de la construction et de l'habitation – art. R. 113-2 ... 1027
Arrêté du 29 juin 1979 – art. 1er et 2 ... 1027

ANNEXE 11 – BRUIT 1031

I – PROTECTION CONTRE LES BRUITS DE VOISINAGE 1031

– Textes 1031

Code de l'environnement – art. R. 571-97 1032

Code de la santé publique – art. L. 1336-1 1032

Code pénal – art. 222-16 1035

Code de la sécurité intérieure – art. L. 132-7 1035

II – TRAVAUX D'ISOLATION PHONIQUE À L'OCCASION DE GROS TRAVAUX DE RÉNOVATION DES BÂTIMENTS (TRAVAUX « EMBARQUÉS ») 1038

Code de la construction et de l'habitation – art. R. 154-4 1038

ANNEXE 12 – CARENCE DU SYNDICAT 1039

I – REMISE EN ÉTAT DES ÉQUIPEMENTS COLLECTIFS 1039

Code de la construction et de l'habitation – art. L. 126-7 à L. 126-11 1039

II – PROCÉDURE DE SAUVEGARDE 1041

Code de la construction et de l'habitation – art. L. 615-1 à L. 615-5 1041

III – EXPROPRIATION DE L'IMMEUBLE 1044

Code de la construction et de l'habitation – art. L. 615-6 à L. 615-10 1044

Arrêté du 3 mai 2007 – art. 1er à 3 1047

IV – PRIVILÈGES DE L'OPÉRATEUR 1048

Code civil – art. 2374 1048

ANNEXE 13 – CARNET D'ENTRETIEN 1051

I – CARNET D'ENTRETIEN « ORDINAIRE » 1051

Décret n° 2001-477 du 30 mai 2001 – art. 1er à 6 1051

II – CARNET D'ENTRETIEN NUMÉRIQUE 1052

Code de la construction et de l'habitation – art. L. 111-10-5 1052

III – CARNET D'INFORMATION SUR LE LOGEMENT 1053

ANNEXE 13-1 – CARNET D'INFORMATION SUR LE LOGEMENT 1055

Code de la construction et de l'habitation – art. L. 126-35-2 à L. 126-35-11 1055

Arrêté du 27 décembre 2022 – art. 1er à 9 1058

ANNEXE 14 – CHANGEMENT D'AFFECTATION 1061

I – AUTORISATIONS NÉCESSAIRES 1062

Code de la construction et de l'habitation – art. L. 631-7 1062

Ordonnance n° 2005-655 du 8 juin 2005 – art. 29 1065

Circulaire du 22 mars 2006 1066

II – MEUBLES DE TOURISME 1068

ANNEXE 15 – CHAUFFAGE DES IMMEUBLES 1069

I – RÉGULATION DES INSTALLATIONS ET OBLIGATION DE MESURER LA QUANTITÉ DE CHALEUR, DE FROID ET D'EAU CHAUDE FOURNIE À CHAQUE LOGEMENT 1069

Code de la construction et de l'habitation – art. L. 174-2 à L. 175-2 1070

II – RÉPARTITION DES FRAIS DE CHAUFFAGE ET DE REFROIDISSEMENT 1072

Code de la construction et de l'habitation – art. R. 174-8 à R. 174-12 1072

Arrêté du 27 août 2012 – art. 1er à 6 1073

III – INDIVIDUALISATION DES FRAIS DE CHAUFFAGE DANS LES IMMEUBLES COLLECTIFS 1078

Code de l'énergie – art. L. 242-1 1080

Code de la construction et de l'habitation – art. L. 185-2 à L. 185-4 1080

IV – CONTRÔLE ET ENTRETIEN DES CHAUDIÈRES 1081

Décret n° 2009-648 du 9 juin 2009 – art. 1er à 8 1081

Code de l'environnement – art. R. 224-20 et R. 224-21 1082

V – LIMITATION DE LA TEMPÉRATURE 1085

Code de l'énergie – art. L. 241-1 1085

Code de la construction et de l'habitation – art. L. 171-3 1085

Code de l'énergie – art. R. 241-25 à R. 241-29 1085

VI – CONTRATS D'ABONNEMENT À UN RÉSEAU DE CHALEUR OU DE FROID 1086

Code de l'énergie – art. L. 741-1 à L. 742-3 1086

ANNEXE 16 – CLAUSES ABUSIVES 1089

I – RECOMMANDATION N° 97-02 DU 18 SEPTEMBRE 1997 (CONTRATS DE MAINTENANCE) 1089

Recommandation n° 97-02 du 18 septembre 1997 1089

II – RECOMMANDATIONS DU 17 NOVEMBRE 1995 ET DU 26 JANVIER 2011 (CONTRATS DE SYNDICS) 1092

Recommandation n° 96-01 du 17 novembre 1995 1092

III – RECOMMANDATION N° 2004-01 DU 27 NOVEMBRE 2003 (RECHERCHE DE TERMITES) 1092

Recommandation n° 2004-01 du 27 novembre 2003 1092

ANNEXE 17 – COMMISSION RELATIVE À LA COPROPRIÉTÉ 1095

I – CRÉATION D'UNE COMMISSION RELATIVE À LA COPROPRIÉTÉ 1096

Arrêté du 4 août 1987 – art. 1er 1096

II – RECOMMANDATIONS DE LA COMMISSION RELATIVE À LA COPROPRIÉTÉ 1097

1 – Recommandation relative aux convocations aux assemblées générales 1098

2 – Recommandation relative à l'établissement et à la rédaction de l'ordre du jour de l'assemblée générale 1100

3 – Recommandation relative à l'identification et à l'information des copropriétaires 1102

4 – Recommandation relative a la tenue des assemblées générales 1103

5 – Recommandation relative à la division des immeubles et au respect des règles de la publicité foncière pour les états descriptifs de division 1107

6 - Recommandation n° 6 du 7 décembre 2006 relative aux comptes du syndicat des copropriétaires soumis aux dispositions comptables du décret et de l'arrêté du 14 mars 2005 1109

7 - Recommandation relative à la répartition des frais de chauffage 1111

8 - Recommandation relative aux appels de fonds que le syndic peut exiger des copropriétaires 1112

9 - Recommandation relative à l'information réciproque de l'acquéreur et du syndic en cas de vente amiable d'un lot 1112

10 - Recommandation relative aux remises de documents techniques au syndic 1112

11 - Recommandation relative aux ventes forcées intervenant sur un immeuble en copropriété 1112

12 - Recommandation relative aux remises de documents au notaire en cas de mutation d'un lot à titre onéreux 1114

13 - Recommandation relative au conseil syndical (règles générales) 1114

14 - Recommandation sur le libellé de la question de l'ordre du jour relative à l'ouverture ou non d'un compte bancaire ou postal séparé au nom du syndicat et du projet de résolution notifié simultanément 1114

15 - Recommandation relative à la désignation du syndic, à la durée de ses fonctions et aux initiatives à prendre en cas de révocation ou de démission du syndic 1116

16 - Recommandation relative aux travaux affectant les parties communes et les équipements communs 1117

17 - Recommandation sur l'obligation de mentionner la superficie de la partie privative d'un lot de copropriété en cas de vente 1119

18 - Recommandation sur le contrat d'assurance dommage ouvrages relatif à un immeuble en copropriété 1121

19 - Recommandation relative à l'installation d'un réseau câblé ou d'une antenne distribuant des services de télévision dans les immeubles soumis au statut de la copropriété 1124

20 - Recommandation concernant les archives du syndicat des copropriétaires 1127

21 - Recommandation relative aux provisions du budget prévisionnel 1131

22 - Recommandation relative à l'ouverture d'un compte bancaire ou postal séparé 1131

23 - Recommandation relative au compte bancaire ou postal séparé du syndicat des copropriétaires 1133

24 - Recommandation relative aux modalités d'application de l'article 49 de la loi du 10 juillet 1965 1133

25 - Recommandation relative à l'accès aux immeubles en copropriété du 1er juillet 2008 1136

26 - Recommandation du 15 juillet 2010 relative au mandataire ad hoc des articles 29-1-A et 29-1-B de la loi du 10 juillet 1965 1136

ANNEXE 17-1 - COLONNES MONTANTES 1137

I - COLONNES MONTANTES D'ÉLECTRICITÉ 1137

Code de l'énergie – art. L. 346-1 à L. 346-5 1138

II - COLONNES MONTANTES DE GAZ 1139

Code de l'énergie – art. L. 432-16 à L. 432-22 1139

ANNEXE 18 - COMPTABILITÉ DES SYNDICATS 1141

Décret n° 2005-240 du 14 mars 2005 – art. 1er à 12 1141

Arrêté du 14 mars 2005 – art. 1er à 11 1150

ANNEXE 19 - COMPTEURS 1157

I - INDIVIDUALISATION DES CONTRATS DE FOURNITURE D'EAU 1157
Loi n° 2000-1208 du 13 décembre 2000 – art. 93 1157
Décret n° 2003-408 du 28 avril 2003 – art. 1er à 6 1158

II - MISE EN PLACE DE COMPTEURS INDIVIDUELS D'EAU FROIDE DANS LES COPROPRIÉTÉS 1159
Code de la construction et de l'habitation – art. L. 152-3 1159

III - INDIVIDUALISATION DES FRAIS DE CHAUFFAGE 1159

ANNEXE 20 - CONCIERGES ET EMPLOYÉS D'IMMEUBLES 1161

ANNEXE 20-1 - COPROPRIÉTÉS DÉGRADÉES 1163

I - OPÉRATIONS DE REQUALIFICATION 1163
Code de la construction et de l'habitation – art. L. 741-1 à L. 741-4 1163

II - EXPROPRIATION 1166
Code de l'expropriation pour cause d'utilité publique – art. L. 523-1 à L. 523-7 1166

III - IMMEUBLE EN COPROPRIÉTÉ INCLUS DANS LE PÉRIMÈTRE D'UNE OPÉRATION PROGRAMMÉE D'AMÉLIORATION DE L'HABITAT 1167
Code de la construction et de l'habitation – art. L. 303-1-1 1167

IV - COPROPRIÉTÉ CONCERNÉE PAR UN PLAN DE SAUVEGARDE 1167

ANNEXE 21 - COPROPRIÉTÉS EN DIFFICULTÉS 1169

Arrêté du 8 octobre 2015 – art. 1er à 15 1169

ANNEXE 22 - COVID-19 1173

Rapport au Président de la République – art. 8 et 9 1176
Ordonnance n° 2020-304 du 25 mars 2020 – art. 22 à 23 1178

ANNEXE 23 - DIAGNOSTIC DE L'IMMEUBLE 1181

I - DIAGNOSTIC TECHNIQUE GLOBAL 1181
Code de la construction et de l'habitation – art. L. 731-1 à L. 731-5 1181
Loi n° 2014-366 du 24 mars 2014 – art. 58 1183
Code de la construction et de l'habitation – art. D. 731-1 à D. 731-3 1183

II - DIAGNOSTIC STRUCTUREL DE L'IMMEUBLE 1185
Code de la construction et de l'habitation – art. L. 126-6-1 1185

ANNEXE 24 - DOMICILIATION D'UNE ENTREPRISE 1187

I - DISPOSITIONS DESTINÉES À FAVORISER LA CRÉATION D'ENTREPRISES 1187
Code de commerce – art. L. 123-10 à L. 123-11-1 1188

II – DISPOSITIONS DESTINÉES À FAVORISER LE TÉLÉTRAVAIL 1188
Code de la construction et de l'habitation – art. L. 631-7-2 à L. 631-7-4 1188

ANNEXE 24-1 – DONNÉES PERSONNELLES 1191

I – LA GESTION DES DONNÉES PERSONNELLES AU SEIN D'UNE COPROPRIÉTÉ 1191
CNIL du 18 novembre 2022 1191

ANNEXE 25 – EAU CHAUDE 1195
Code de la construction et de l'habitation – art. R. 174-1 1195

ANNEXE 26 – ÉCONOMIES D'ÉNERGIE 1197

I – LES PRINCIPES GÉNÉRAUX 1198
Code de la construction et de l'habitation – art. L. 171-1 1198

II – MESURE DE LA PERFORMANCE ÉNERGÉTIQUE 1199
Code de la construction et de l'habitation – art. L. 173-1-1 et L. 173-2 1199

A – Diagnostic de performance énergétique 1200
Code de la construction et de l'habitation – art. L. 126-31 1200
Arrêté du 31 mars 2021 – art. 1er à 6 1203

B – Audit énergétique 1203

C – Plans de travaux d'économie d'énergie et contrats de performance énergétique 1204
Code de la construction et de l'habitation – art. R. 173-9 à R. 173-11 1204

III – DIRECTIVES GÉNÉRALES CONCERNANT LA PERFORMANCE ÉNERGÉTIQUE DES BÂTIMENTS ET LES ÉCONOMIES D'ÉNERGIE 1207
Code de la construction et de l'habitation – art. L. 173-1 à L. 175-2 1207

IV – DROIT DE SURPLOMB 1213
Code de la construction et de l'habitation – art. L. 113-5-1 1214

ANNEXE 27 – ÉNERGIE SOLAIRE 1217

ANNEXE 28 – ESPACE EN LIGNE SÉCURISÉ 1221
Décret n° 2019-502 du 23 mai 2019 – art. 1er à 4 1221

ANNEXE 29 – FIBRE OPTIQUE 1223
Loi n° 66-457 du 2 juillet 1966 – art. 1er 1223
Code des postes et des communications électroniques – art. L. 33-6 1224
Code de la construction et de l'habitation – art. L. 113-10 1227
Décret n° 2009-53 du 15 janvier 2009 – art. 1er et 2 1229
Code des postes et des communications électroniques – art. R. 9-2 à R. 9-4 1230

ANNEXE 30 – FICHE SYNTHÉTIQUE DE LA COPROPRIÉTÉ ... 1233
Décret n° 2016-1822 du 21 décembre 2016 – art. 1er à 3 ... 1233
Décret n° 2020-1229 du 7 octobre 2020 ... 1234

ANNEXE 31 – FINANCES DU SYNDICAT ... 1235

I – FINANCEMENT DE TRAVAUX ... 1235
A – Fonds de garantie ... 1235
Code de la construction et de l'habitation – art. L. 312-7 ... 1235
B – Avances remboursables ... 1236
Code de la construction et de l'habitation – art. D. 319-1 à D. 319-4 ... 1236
Code général des impôts – art. 244 *quater* U ... 1239
C – Emprunts du syndicat ... 1243
Code de la construction et de l'habitation – art. L. 732-1 à L. 732-3 ... 1243

II – PLACEMENTS SUR LIVRETS ... 1243
Code monétaire et financier – art. L. 221-3 et L. 221-4 ... 1243
III – PRÊTS ACCORDÉS AUX SYNDICATS DE COPROPRIÉTAIRES ET TAUX USURAIRE ... 1244
Arrêté du 24 novembre 2020 – art. 1er ... 1244
Arrêté du 27 juin 2023 – art. 1er et 2 ... 1244

ANNEXE 32 – FISCALITÉ ... 1245

TAXE SUR LA VALEUR AJOUTÉE (TVA) TRAVAUX SUR LES PARTIES COMMUNES DANS DES IMMEUBLES COLLECTIFS ... 1245
Code général des impôts – art. 279-0 *bis* ... 1245

ANNEXE 33 – GARAGES (PORTES AUTOMATIQUES) ... 1247

Code de la construction et de l'habitation – art. L. 134-11 ... 1247
Arrêté du 12 novembre 1990 – art. 1er à 6 ... 1248
Arrêté du 1er février 1991 – art. 1er et 2 ... 1249

ANNEXE 34 – GÉOMÈTRE-EXPERT ... 1251

Loi n° 46-942 du 7 mai 1946 – art. 8 et 8-1 ... 1251

ANNEXE 35 – GRECCO ... 1255

Préconisation du GRECCO n° 16 du 4 juillet 2023 ... 1255
Préconisation du GRECCO n° 15 du 27 juin 2022 ... 1255
Préconisation du GRECCO n° 12 du 21 avril 2021 ... 1255
Préconisation du GRECCO n° 11 du 16 décembre 2020 ... 1255
Préconisation du GRECCO n° 10 du 20 octobre 2020 ... 1256
Préconisation du GRECCO n° 8 du 18 avril 2020 ... 1256
Recommandation du GRECCO n° 1 du 18 avril 2020 ... 1256
Projet du GRECCO n° 3 du janvier 2020 ... 1256

CODE DE LA COPROPRIÉTÉ PAGES

Préconisation du GRECCO n° 7 du 10 décembre 2019 1256
Projet du GRECCO n° 2 du juin 2019 1256

ANNEXE 36 – HLM 1257

I – ACTIVITÉ DE SYNDIC DE COPROPRIÉTÉ 1257
Code de la construction et de l'habitation – art. L. 421-1 1257

II – COPROPRIÉTÉS ISSUES DE L'APPLICATION DE LA LÉGISLATION HLM CONCERNANT L'ACCESSION À LA PROPRIÉTÉ 1268
Code de la construction et de l'habitation – art. L. 443-6-2 à L. 443-8 1268
Décret n° 2021-1534 du 26 novembre 2021 – art. 1er 1280

ANNEXE 36-1 – HYPOTHÈQUES LÉGALES DU SYNDICAT 1285

I – HYPOTHÈQUE LÉGALE DE L'ARTICLE 19 DE LA LOI DU 10 JUILLET 1965 1285

II – HYPOTHÈQUE LÉGALE SPÉCIALE DE L'ARTICLE 2402, 3° DU CODE CIVIL 1286

A – Textes 1286
Code civil – art. 2402 1286
Loi n° 65-557 du 10 juillet 1965 – art. 19-1 et 20 1286

B – Commentaires 1286

ANNEXE 37 – HUISSIER (COMMISSAIRE) DE JUSTICE 1289

Code de la construction et de l'habitation – art. L. 126-14 1289

ANNEXE 38 – IMMATRICULATION DES SYNDICATS DE COPROPRIÉTAIRES 1291

Code de la construction et de l'habitation – art. L. 711-1 à L. 711-7 1291
Loi n° 2014-366 du 24 mars 2014 – art. 53 1293
Code de la construction et de l'habitation – art. R. 711-1 à R. 711-21 1294
Arrêté du 10 octobre 2016 – art. 1er à 14 1298

ANNEXE 39 – IMMEUBLES DANGEREUX OU INSALUBRES 1301

Code de la construction et de l'habitation – art. L. 511-1 et L. 511-2 1303
Code de la santé publique – art. L. 1331-22 à L. 1331-24 1320
Code civil – art. 2402 1320

ANNEXE 40 – INCENDIES 1323

Arrêté du 31 janvier 1986 1323

I – OBLIGATIONS D'AFFICHAGE 1323
Arrêté du 31 janvier 1986 – art. 100 1323

II – OBLIGATIONS D'ENTRETIEN ET VÉRIFICATION 1324
Arrêté du 31 janvier 1986 – art. 101 à 104 1324

III – OBJECTIF GÉNÉRAL DE SÉCURITÉ 1324
Code de la construction et de l'habitation – art. L. 141-1 à L. 141-4 1324

IV – DÉTECTEURS DE FUMÉE 1325
Code de la construction et de l'habitation – art. R. 142-1 à R. 142-5 1325

V – IMMEUBLES SITUÉS DANS LE PÉRIMÈTRE D'UNE ASSOCIATION SYNDICALE DE DÉFENSE CONTRE L'INCENDIE 1326

ANNEXE 41 – INFORMATION DES OCCUPANTS DE L'IMMEUBLE 1327

I – DÉCISIONS DE L'ASSEMBLÉE 1327
A – Obligation d'information 1327
Loi n° 65-557 du 10 juillet 1965 – art. 18 1327
Décret n° 2015-1681 du 15 décembre 2015 – art. 1er à 3 1328
B – PANNEAUX D'AFFICHAGE 1328
Loi n° 86-1290 du 23 décembre 1986 – art. 44 1328

II – POLICE DE LA SÉCURITÉ ET DE LA SALUBRITÉ DES IMMEUBLES 1328
Loi n° 65-557 du 10 juillet 1965 – art. 18 1328
Code de la construction et de l'habitation – art. L. 511-10 1328

III – RÉGLEMENTATION EN MATIÈRE DE DÉCHETS 1329
Loi n° 65-557 du 10 juillet 1965 – art. 18 1329

ANNEXE 42 – LETTRE RECOMMANDÉE ÉLECTRONIQUE 1331
Décret n° 2018-347 du 9 mai 2018 – art. 1er à 3 1331

ANNEXE 43 – LOCATAIRES 1333
Loi n° 89-462 du 6 juillet 1989 – art. 3 1333
Loi n° 86-1290 du 23 décembre 1986 – art. 44 1333

ANNEXE 44 – LOCATION-ACCESSION 1337
Loi n° 84-595 du 12 juillet 1984 – art. 28 à 30 1337

ANNEXE 44-1 – LOTS TRANSITOIRES : RÉGULARISATION 1341

I – TEXTES 1341
1 – Loi n° 2018-1021 du 23 novembre 2018 1341
L. n° 2018-1021 du 23 novembre 2018 – art. 206 1341
2 – Loi n° 2022-217 du 21 février 2022 1341
Loi n° 2022-217 du 21 février 2022 – art. 89 1341
II – COMMENTAIRES 1342
A – Apport de la loi n° 2018-1021 du 23 novembre 2018 1342
B – Apport de la loi n° 2022-217 du 22 février 2022 (dite « loi 3DS ») 1343

ANNEXE 45 – MAYOTTE 1345

ANNEXE 45-1 – MEUBLÉS DE TOURISME 1347

I – RÉGLEMENTATION GÉNÉRALE 1347

A – Réglementation concernant les changements d'affectation 1347

Code de la construction et de l'habitation – art. L. 631-7 1347

B – Déclarations à effectuer 1351

Code du tourisme – art. L. 324-1-1 1351

II – MEUBLÉS DE TOURISME ET COPROPRIÉTÉ 1353

ANNEXE 46 – MISE EN COPROPRIÉTÉ (EFFETS INDUITS) 1355

I – QUALIFICATION D'IMMEUBLE COLLECTIF 1355

Code de la construction et de l'habitation – art. L. 126-16 1355

II – INCIDENCES SUR LES BAUX EN COURS 1355

Loi n° 89-462 du 6 juillet 1989 – art. 11-2 1355

ANNEXE 47 – MULTIPROPRIÉTÉ 1357

Loi n° 86-18 du 6 janvier 1986 – art. 1er à 36 1357

Loi n° 98-566 du 8 juillet 1998 1364

ANNEXE 48 – PERSONNES HANDICAPÉES (ACCESSIBILITÉ) 1365

I – ACCESSIBILITÉ 1365

II – PLACES DE STATIONNEMENT ADAPTÉES 1366

Décret n° 2017-688 du 28 avril 2017 – art. 1er à 8 1367

ANNEXE 49 – PISCINES 1369

Code de la construction et de l'habitation – art. L. 134-10 1369

Décret n° 2009-873 du 16 juillet 2009 – art. 1er à 8 1371

ANNEXE 49-1 – PLAN PLURIANNUEL DE TRAVAUX 1375

Décret n° 2022-663 du 25 avril 2022 – art. 1 à 3 1375

ANNEXE 50 – PLOMB (LUTTE CONTRE LE SATURNISME) 1377

Décret n° 2006-474 du 25 avril 2006 1378

Décret n° 2006-1114 du 5 septembre 2006 1378

Code de la santé publique – art. L. 1334-1 à L. 1334-7 anciens 1378

Décret n° 2006-474 du 25 avril 2006 – art. 2 1381

Code de la santé publique – art. R. 1334-1 à R. 1334-13 1381

Arrêté du 19 août 2011 – art. 1er à 10 1384

Arrêté du 25 avril 2006 – art. 1er 1389
Arrêté du 25 avril 2006 – art. 1er et 2 1389
Arrêté du 19 août 2011 – art. 1er à 9 1390

ANNEXE 51 – PRIVILÈGE IMMOBILIER DU SYNDICAT (ANCIEN) 1395
Code civil – art. 2374 1395

ANNEXE 52 – PUBLICITÉ FONCIÈRE 1397
Code civil – art. 2424 et 2424 future 1397
Décret n° 55-22 du 4 janvier 1955 – art. 7 1398
Décret n° 55-1350 du 14 octobre 1955 – art. 1er et 2 1404

I – INSTRUCTION DU 1er AOÛT 1979 1427
Instruction du 1er août 1979 1427

II – ALSACE-MOSELLE 1454
Loi du 1er juin 1924 – art. 36 et 36-1 1454

ANNEXE 53 – RAVALEMENT DES IMMEUBLES 1457

I – OBLIGATION DE RAVALEMENT 1457
Code de la construction et de l'habitation – art. L. 126-2 et L. 126-3 1457
Arrêté du 27 octobre 2000 – art. 1er à 13 1458

II – AUTORISATIONS D'URBANISME 1461
Code de l'urbanisme – art. R. 421-2 1461

ANNEXE 54 – RÉSIDENCES DE TOURISME 1463
Code du tourisme – art. L. 321-2 1463
Loi n° 2014-366 du 24 mars 2014 – art. 58 1464

ANNEXE 55 – RÉSIDENCES HÔTELIÈRES À VOCATION SOCIALE 1467
Code de la construction et de l'habitation – art. *R. 631-19 1467

ANNEXE 56 – SÉCURITÉ DES TRAVAILLEURS 1469

I – DOSSIER D'INTERVENTION ULTÉRIEURE SUR L'OUVRAGE 1469
Code du travail – art. L. 4532-16 1469

II – DOCUMENT UNIQUE POUR L'ÉVALUATION DES RISQUES PROFESSIONNELS 1470
Code du travail – art. L. 4121-1 à L. 4121-5 1470

ANNEXE 57 – SURVEILLANCE ET SÉCURITÉ DES IMMEUBLES 1475

I – ACCÈS À L'IMMEUBLE 1475
Code de la construction et de l'habitation – art. L. 126-12 1475

Code des postes et des communications électroniques – art. L. 3 1476
Code de la construction et de l'habitation – art. L. 126-13 1476

II – INTERVENTION DE LA POLICE ET DE LA GENDARMERIE DANS LES IMMEUBLES À USAGE D'HABITATION 1476
Code de la sécurité intérieure – art. L. 272-1 et L. 272-2 1476

III – VIDÉO-SURVEILLANCE 1478

IV – PROTECTION DES RÉSIDENTS CONTRE LES VIOLENCES – GARANTIE DU LIBRE ACCÈS ET DE LA LIBRE CIRCULATION DES PERSONNES 1478
Code de la sécurité intérieure – art. L. 272-4 1478

IV – PROTECTION DES GARDIENS OU SURVEILLANTS D'IMMEUBLES CONTRE LES VIOLENCES 1479
Code pénal – art. 221-4 1479

V – OBLIGATION DE GARDIENNAGE OU DE SURVEILLANCE DE CERTAINS IMMEUBLES 1481
Code de la sécurité intérieure – art. L. 271-1 1481
Circulaire n° 2002-10 UHC/DH 2/2 du 1er février 2002 1484

V – VIDÉOPROTECTION 1486

ANNEXE 58 – SYNDIC DE COPROPRIÉTÉ 1487

I – RÉGLEMENTATION DE LA PROFESSION 1487
Loi n° 70-9 du 2 janvier 1970 – art. 1er 1487
Décret n° 72-678 du 20 juillet 1972 – art. 1er à 95-2 1497
Arrêté du 19 juin 2015 – art. 1er et 2 1523
Décret n° 2016-173 du 18 février 2016 – art. 1er à 8 1523

II – RECOMMANDATION N° 96-01 ÉMISE PAR LA COMMISSION DES CLAUSES ABUSIVES, RELATIVE AUX CONTRATS PROPOSÉS PAR LES SYNDICS DE COPROPRIÉTÉ DU 17 NOVEMBRE 1995 1524

III – RECOMMANDATION N° R 2011-R-01 ÉMISE PAR L'AUTORITÉ DE CONTRÔLE PRUDENTIEL PORTANT SUR LA GESTION PAR LES ÉTABLISSEMENTS DE CRÉDITS DES COMPTES MANDANTS DE SYNDICS DE COPROPRIÉTÉ 1526
Recommandation n° R 2011-R-01 du 26 janvier 2011 1526

IV – RECOMMANDATION N° 11-01 ÉMISE PAR LA COMMISSION DES CLAUSES ABUSIVES RELATIVES AUX CONTRATS DE SYNDIC DE COPROPRIÉTÉ DU 15 SEPTEMBRE 2011 1527

V – CONTRATS DE SYNDIC 1531
Décret n° 2015-342 du 26 mars 2015 – art. 1er à 4 1533
Arrêté du 30 juillet 2021 – art. 1er à 3 1546

VI – ORGANISATION DE LA PROFESSION 1549
Décret n° 2015-1090 du 28 août 2015 – art. 1er à 3 1549
Décret n° 2017-1012 du 10 mai 2017 – art. 1er à 33 1553

ANNEXE 59 – TÉLÉVISION, CÂBLE ET FIBRE OPTIQUE 1559

I – ANTENNES ET PARABOLES 1559

II – TÉLÉVISION PAR CÂBLE 1559
Loi n° 86-1067 du 30 septembre 1986 – art. 34-1 1559
Décret n° 93-534 du 27 mars 1993 – art. 1er à 6 1560

III – TÉLÉVISION ET FIBRE OPTIQUE 1562

ANNEXE 60 – TERMITES 1563

I – TEXTES 1563

A – Règles de construction 1563

Code de la construction et de l'habitation – art. L. 131-2 1563

B – Zones contaminées 1564

Code de la construction et de l'habitation – art. L. 131-3 1564

C – Obligation de déclaration 1564

Code de la construction et de l'habitation – art. L. 126-4 1564

D – Intervention des pouvoirs publics 1564

Code de la construction et de l'habitation – art. L. 126-6 1564

E – Sanctions 1565

Code de la construction et de l'habitation – art. R. 184-7 et R. 184-8 1565

F – Vente de lots de copropriété 1566

Code de la construction et de l'habitation – art. L. 126-24 1566

II – COMMENTAIRES 1566

ANNEXE 60-1 – TROUBLES DE VOISINAGE 1569

I – LOI DU 15 AVRIL 2024 1569

Code civil – art. 1253 1569

Loi n° 2024-346 du 15 avril 2024 – art. unique 1569

Code rural et de la pêche maritime – art. L. 311-1-1 1569

II – PRÉSENTATION DE LA LOI (EXTRAIT DU SITE « VIE PUBLIQUE ») 1570

Code de la santé publique – art. R. 1331-39 1570

III – TROUBLES CAUSÉS PAR LES ANIMAUX 1571

ANNEXE 61 – VÉHICULES ÉLECTRIQUES (ALIMENTATION) 1573

I – RÉGLEMENTATION GÉNÉRALE 1573

Code de la construction et de l'habitation – art. L. 113-12 à L. 113-17 1573

II – PRÉÉQUIPEMENT DES EMPLACEMENTS DE STATIONNEMENT 1577

Code de la construction et de l'habitation – art. L. 113-11 1577

Arrêté du 23 décembre 2020 – art. 1er à 9 1577

III – CONVENTIONS CONCLUES PAR LE SYNDICAT DE COPROPRIÉTAIRES EN VUE DE L'INSTALLATION D'UNE INFRASTRUCTURE PERMETTANT L'INSTALLATION DE POINTS DE RECHARGE 1578

Code de l'énergie – art. L. 353-12 1579

Arrêté du 2 juin 2023 – art. 1er à 4 1581

Code de l'énergie – art. D. 353-12-3 et D. 353-12-4 1582

ANNEXE 62 – VÉLOS 1585
Code de la construction et de l'habitation – art. L. 113-18 à L. 113-20 1585
Arrêté du 13 juillet 2016 – art. 3 à 4 1587

ANNEXE 63 – VENTE DE LOTS 1589

I – MESURES D'INFORMATION DE L'ACQUÉREUR 1590
Code de la construction et de l'habitation – art. L. 721-1 à L. 721-3 1591

II – DOSSIER DE DIAGNOSTIC TECHNIQUE 1594
Code de la construction et de l'habitation – art. L. 271-4 à L. 271-6 1594

III – ACQUÉREURS INDÉSIRABLES 1595
Code de la construction et de l'habitation – art. L. 551-1 1595

IV – DROIT DE PRÉEMPTION URBAIN 1596
Code de l'urbanisme – art. L. 211-4 1596

V – IMMOBILIER DE LOISIRS 1597
Code de l'urbanisme – art. L. 318-6 1597

ANNEXE 64 – VIDÉOSURVEILLANCE 1599

A – DÉCISION DE MISE EN PLACE DES SYSTÈMES DE SURVEILLANCE 1599

B – TRANSMISSION DES IMAGES 1600
Code de la sécurité intérieure – art. L. 272-2 1600

ANNEXE 64-1 – VOLUMES 1605

ANNEXE 65 – VOTE PAR CORRESPONDANCE 1609

I – RÉGLEMENTATION 1609
Loi n° 65-557 du 10 juillet 1965 – art. 17-1 A 1609
Décret n° 67-223 du 17 mars 1967 – art. 9 et 9 *bis* 1609

II – PRÉCONISATION DU GRECCO 1610
Préconisation du GRECCO n° 11 du 16 décembre 2020 1610

APPENDICE 1615

Table des textes cités 1697
Index alphabétique 1705

LOI N° 65-557 DU 10 JUILLET 1965 FIXANT LE STATUT DE LA COPROPRIÉTÉ

Chapitre I	- Définition et organisation de la copropriété	3
Chapitre II	- Administration de la copropriété	273
Section I	- Dispositions générales	273
Section II	- Dispositions particulières aux copropriétés en difficulté	515
Chapitre III	- Améliorations, additions de locaux privatifs et exercice du droit de surélévation	542
Chapitre IV	- Reconstruction	568
Chapitre IV *bis*	- Résidences services	571
Section I	- Présentation du régime actuel des résidences services	571
Section II	- Résidences services : « ancien régime »	572
Section III	- Résidences services : nouveau régime	579
Chapitre IV *ter*	- Dispositions particulières à certaines copropiétés	584
Section I	- Dispositions particulières aux petites copropriétés	584
Section II	- Dispositions particulières aux syndicats dont le nombre de voix est réparti entre deux copropriétaires	587
Chapitre V	- Dispositions d'ordre général	593

Loi n° 65-557 du 10 juillet 1965

fixant le statut de la copropriété des immeubles bâtis

Art. 1er *(Mod. à compter du 1er juin 2020, Ord. n° 2019-1101, 30 oct. 2019).* **– I. – La présente loi régit tout immeuble bâti ou groupe d'immeubles bâtis à usage total ou partiel d'habitation dont la propriété est répartie par lots entre plusieurs personnes.**

Le lot de copropriété comporte obligatoirement une partie privative et une quote-part de parties communes, lesquelles sont indissociables.

Ce lot peut être un lot transitoire. Il est alors formé d'une partie privative constituée d'un droit de construire précisément défini quant aux constructions qu'il permet de réaliser et d'une quote-part de parties communes correspondante.

La création et la consistance du lot transitoire sont stipulées dans le règlement de copropriété.

II. – À défaut de convention y dérogeant expressément et mettant en place une organisation dotée de la personnalité morale et suffisamment structurée pour assurer la gestion de leurs éléments et services communs, la présente loi est également applicable :

1° À tout immeuble ou groupe d'immeubles bâtis à destination totale autre que d'habitation dont la propriété est répartie par lots entre plusieurs personnes ;

2° À tout ensemble immobilier qui, outre des terrains, des volumes, des aménagements et des services communs, comporte des parcelles ou des volumes, bâtis ou non, faisant l'objet de droits de propriété privatifs.

Pour les immeubles, groupes d'immeubles et ensembles immobiliers mentionnés aux deux alinéas ci-dessus et déjà régis par la présente loi, la convention mentionnée au premier alinéa du présent II est adoptée par l'assemblée générale à l'unanimité des voix de tous les copropriétaires composant le syndicat.

> **Rédaction antérieure. Art. 1er** *(Mod. à compter du 31 mai 2020, L. n° 2018-1021, 23 nov. 2018).* – La présente loi régit tout immeuble bâti ou groupe d'immeubles bâtis dont la propriété est répartie, entre plusieurs personnes, par lots.
>
> Le lot de copropriété comporte obligatoirement une partie privative et une quote-part de parties communes, lesquelles sont indissociables.
>
> Ce lot peut être un lot transitoire. Il est alors formé d'une partie privative constituée d'un droit de construire précisément défini quant aux constructions qu'il permet de réaliser sur une surface déterminée du sol, et d'une quote-part de parties communes correspondante.
>
> La création et la consistance du lot transitoire sont stipulées dans le règlement de copropriété.
>
> À défaut de convention contraire créant une organisation différente, la présente loi est également applicable aux ensembles immobiliers qui, outre des terrains, des aménagements et des services communs, comportent des parcelles, bâties ou non, faisant l'objet de droits de propriété privatifs.

Loi n° 2018-1021 du 23 novembre 2018

portant évolution du logement, de l'aménagement et du numérique

Art. 206. – *(Mod., L. n° 2022-217, 21 févr. 2022)* « II. – Les dispositions relatives au lot transitoire de l'article 1er de la loi n° 65-557 du 10 juillet 1965 fixant le statut de la copropriété des immeubles bâtis ne sont applicables qu'aux immeubles dont la mise en copropriété est postérieure au 1er juillet 2022.

Pour les immeubles dont la mise en copropriété est antérieure au 1er juillet 2022, quand le règlement de copropriété ne mentionne pas la consistance des lots transitoires existants, le syndicat des copropriétaires inscrit à l'ordre du jour de chaque assemblée générale des copropriétaires la question de cette mention dans le règlement de copropriété. Cette décision est prise à la majorité des voix exprimées des copropriétaires présentés, représentés ou ayant voté par correspondance. L'absence de mention de la consistance du lot transitoire dans le règlement de copropriété est sans conséquence sur l'existence de ce lot. »

Code de la construction et de l'habitation

Art. L. 126-17 *(Aj. à compter du 1er juillet 2021, Ord. n° 2020-71, 29 janv. 2020)*. **–** Sont interdites, qu'elle soit en propriété ou en jouissance, qu'elle résulte de mutations à titre gratuit ou onéreux, de partage ou de locations :

1° Toute division par appartements d'immeubles qui sont frappés d'une interdiction d'habiter, ou d'un arrêté de péril, ou sont déclarés insalubres, ou comportent pour le quart au moins de leur superficie totale des logements loués ou occupés classés dans la catégorie IV mentionnée par la loi n° 48-1360 du 1er septembre 1948 portant modification et codification de la législation relative aux rapports des bailleurs et locataires ou occupants de locaux d'habitation ou à usage professionnel et instituant des allocations de logement ;

2° Toute division d'immeuble en vue de mettre à disposition des locaux à usage d'habitation d'une superficie et d'un volume habitables inférieurs respectivement à 14 m^2 et à 33 m^3, les installations ou pièces communes mises à disposition des locaux à usage d'habitation nés de la division n'étant pas comprises dans le calcul de la superficie et du volume de ces locaux ;

3° Toute division d'immeuble en vue de mettre à disposition des locaux à usage d'habitation qui ne sont pas pourvus d'une installation d'alimentation en eau potable, d'une installation d'évacuation des eaux usées ou d'un accès à la fourniture de courant électrique, ou qui n'ont pas fait l'objet d'un constat de risque d'exposition au plomb prévu par l'article L. 1334-5 du Code de la santé publique et d'une recherche de la présence d'amiante, ainsi que, le cas échéant, du diagnostic de l'état de conservation de l'amiante dans les matériaux et produits repérés, prévus par l'article L. 1334-12-1 du même code.

La division d'un immeuble bâti ou d'un groupe d'immeubles bâtis mentionnés au 1°, entre plusieurs personnes, par lots comprenant chacun une partie privative et une quote-part de parties communes est néanmoins autorisée lorsqu'il s'agit d'y réaliser des travaux de restauration immobilière déclarés d'utilité publique en application de l'article L. 313-4 du Code de l'urbanisme.

....

Art. L. 126-21 *(Aj. à compter du 1er juillet 2021, Ord. n° 2020-71, 29 janv. 2020)*. **–** Est interdite toute division par appartements d'immeuble de grande hauteur à usage d'habitation ou à usage professionnel ou commercial et d'habitation dont le contrôle exercé par la commission de sécurité a donné lieu à un avis défavorable de l'autorité compétente ou à des prescriptions qui n'ont pas été exécutées.

....

Art. L. 183-15 *(Aj. à compter du 1er juillet 2021, Ord. n° 2020-71, 29 janv. 2020)*. **–** Sont punies d'un emprisonnement de deux ans et d'une amende de 75 000 € les personnes qui mettent en vente, en location ou à la disposition d'autrui des locaux destinés à l'habitation et provenant d'une division réalisée en méconnaissance des interdictions définies aux articles L. 126-17 et L. 126-21.

Les personnes physiques encourent également la peine complémentaire suivante : l'interdiction, pour une durée de cinq ans au plus, d'exercer une activité professionnelle ou sociale dès lors que les facilités que procure cette activité ont été sciemment utilisées pour préparer ou commettre l'infraction. Cette interdiction n'est toutefois pas applicable à l'exercice d'un mandat électif ou de responsabilités syndicales.

Les peines encourues par les personnes morales sont :

1° L'amende, selon les modalités prévues par l'article 131-38 du Code pénal ;

2° Les peines complémentaires prévues aux 2°, 4°, 8° et 9° de l'article 131-39 du même code. Pour l'application du 8°, la confiscation porte sur le fonds de commerce ou sur l'immeuble destiné à l'hébergement des personnes et ayant servi à commettre l'infraction.

• *Sommaire*

I – CARACTÈRE IMPÉRATIF DE L'ARTICLE 1er DE LA LOI 5

II – CONDITIONS D'APPLICATION DU STATUT DE LA COPROPRIÉTÉ 6

A – La loi ne vise en principe que les immeubles bâtis 6

B – La loi ne concerne que les immeubles ou groupes d'immeubles divisés en lots 6

1° Division en lots 6

2° Consistance du lot de copropriété 7

C – Lots transitoires 8

1° Éléments constitutifs du lot transitoire 9

2° Nature juridique du « lot transitoire » 9

3° Régularisation des lots transitoires constitués avant le 1er juillet 2022 10

4° Lot transitoire et charges de copropriété 10

5° Participation aux assemblées 11

6° *Exercice du droit de construire* 11
D – Répartition des lots entre plusieurs personnes 11
1° *Copropriété à deux personnes* 12
2° *Collectivité publique et copropriété* 12
III – CHAMP D'APPLICATION DU STATUT DE LA COPROPRIÉTÉ 13
A – Application impérative du statut 13
B – Application facultative du statut 13
1° *Immeubles concernés* 13
2° *Conditions à remplir* 14
IV – GROUPES D'IMMEUBLES 14
A – Définition du « groupe d'immeubles » 14
B – Statut juridique du groupe d'immeubles 15
V – ENSEMBLES IMMOBILIERS 15
A – Inadaptation de la loi du 10 juillet 1965 aux ensembles immobiliers 16
B – Notion d' « ensemble immobilier » 17
1° *Hétérogénéité de la structure* 17
2° *Existence de terrains, volumes, aménagements ou services communs* 18
C – Régime applicable avant le 1er juin 2020 18
1° *Existence d'une « convention contraire »* 18
2° *Mise en place d'une « organisation différente »* 18
3° *Conséquences de l'absence d'organisation différente* 19
D – Régime applicable à compter du 1er juin 2020 20
VI – SOURCES DE LA COPROPRIÉTÉ 20
VII – NAISSANCE DE LA COPROPRIÉTÉ 21
VIII – COPROPRIÉTÉ ET INSTITUTIONS VOISINES 21
A – Organisation de résidences du troisième âge dans le cadre du statut de la copropriété 21
B – Immeubles dont la jouissance est divisée dans le temps 21
C – Immeubles divisés en volumes 21
D – Copropriété horizontale et lotissements 21
IX – INTERDICTION DE VENDRE OU DE DIVISER CERTAINS IMMEUBLES POUR LES SOUMETTRE AU STATUT DE LA COPROPRIÉTÉ 22
A – Divisions interdites 23
B – Immeubles concernés 24
1° *Immeubles dangereux* 24
2° *Immeubles insalubres* 24
3° *Immeubles dénués de tout élément de confort* 24
C – Sanctions 25
1° *Sanctions civiles* 25
2° *Sanctions pénales* 25
X – CONSÉQUENCES DE LA MISE EN COPROPRIÉTÉ 25

I – CARACTÈRE IMPÉRATIF DE L'ARTICLE 1er DE LA LOI

1) Apport de l'ordonnance du 30 octobre 2019. Jusqu'au 1er juin 2020, date de l'entrée en vigueur de l'ordonnance n° 2019-1100 du 30 octobre 2019, l'article premier de la loi du 10 juillet 1965 ne figurait pas parmi les textes énumérés par l'article 43 de cette même loi comme étant « d'ordre public ». Or, ce texte, – en son alinéa premier surtout – contenait la définition même du champ d'application du statut, et il était difficile de considérer que les termes « La présente loi régit tout immeuble... » n'étaient pas impératifs lorsqu'étaient réunis les éléments de la définition de l'immeuble en copropriété. Il y allait de toute la portée du statut protecteur.

On s'explique donc qu'un arrêt de la Cour de cassation ait finalement consacré le caractère impératif des dispositions de l'article 1er de la loi (■ Cass. 3e civ., 30 juin 1998, n° 96-20.758 : *JCP G* 1998, IV, 2981 ; *Bull. civ.* III, n° 142 ; *Defrénois* 1998, art. 36877, n° 120, obs. C. Atias. – V. sur cette décision, chron. J. Lafond : *Loyers et copr.* nov. 1998, p. 4).

L'ordonnance n° 2019-1101 du 30 octobre 2019 a fait figurer ce texte dans la liste des textes à caractère impératif énumérés par l'article 43 de la loi du 10 juillet 1965, reprenant ainsi la solution admise par la doctrine et la jurisprudence.

2) Application conventionnelle du statut. Selon la Cour de cassation, si une répartition, en jouissance seulement, entre copropriétaires indivis n'est pas en principe régie par la loi du 10 juillet 1965, rien n'interdit la soumission conventionnelle d'un ensemble immobilier édifié sur ce mode au régime de la copropriété (■ Cass. 3e civ., 1er déc. 2009, n° 08-20.976. ■ Cass. 3e civ., 5 déc. 2006, n° 05-20.025). Cependant, un arrêt de la cour de Paris a décidé qu'il n'était pas possible d'appliquer conventionnellement le statut de la loi du 10 juillet 1965 à des emplacements pour bateaux, dont chacun constituait un lot, desservi par des pontons d'embarquement (■ CA Paris, pôle 4, 2e ch., 19 déc. 2012, n° 10/16477 : *JurisData* n° 2012-030577. – V. aussi ■ CA Paris, pôle 4, 2e ch., 24 janv. 2018, n° 16/07611 : *Rev. loyers* 2018, p. 168, obs. S. Bénilsi, à propos de Port Premier Paris-Sud).

II – CONDITIONS D'APPLICATION DU STATUT DE LA COPROPRIÉTÉ

3) Immeubles bâtis – Groupes d'immeubles et ensembles immobiliers. Selon son article 1er, la loi du 10 juillet 1965 est susceptible de s'appliquer :

– à des immeubles bâtis dont la propriété est répartie entre plusieurs personnes par lots comprenant chacun une partie privative et une quote-part de parties communes ;

– à des groupes d'immeubles bâtis dont la propriété est répartie entre plusieurs personnes par lots ;

– à des « ensembles immobiliers ».

Il découle de ce texte qu'un immeuble non bâti ou en cours de construction, ou un immeuble divisé autrement que par lots n'est pas en principe régi par les dispositions de la loi du 10 juillet 1965 et ses textes d'application (V. *infra*).

Voir : sur la possibilité d'appliquer conventionnellement le statut de la copropriété, V. n° 2.

A – La loi ne vise en principe que les immeubles bâtis

Bibliographie : J.-M. Roux, *L'immeuble bâti et le régime de la copropriété* : *Loyers et copr.* oct. 2008, étude 12.

4) Notion d'immeuble bâti. Un syndicat de copropriété ne peut jamais exister entre des *terrains* non bâtis (■ Cass. 3e civ., 16 déc. 2008, n° 07-20.373 : *Rev. Administrer* avr. 2009, p. 57, obs. J.-R. Bouyeure. ■ Cass. 3e civ., 17 déc. 2003, n° 02-17.783 : *JCP* N 2004, nos 16-17, 1196, note B. Stemmer ; *Rev. Administrer* avr. 2004, p. 53, obs. J.-R. Bouyeure), même si ceux-ci peuvent faire l'objet d'états descriptifs de division (par exemple pour inscrire une hypothèque sur une partie d'une parcelle cadastrale, ou pour répartir entre plusieurs personnes la propriété d'un ensemble de parkings). Mais des parcelles non bâties peuvent être incluses dans un ensemble immobilier au sens de l'article 1er, II, 2° de la loi (V. art. 1er, comm. 43 et 44, p. 17). Un syndicat de copropriété ne peut pas non plus être constitué entre des emplacements situés sur l'eau, destinés à l'amarrage exclusif de bateaux (■ CA Paris, pôle 4, 2e ch., 24 janv. 2018, n° 16/07611 : *Rev. loyers* 2018, p. 168, obs. S. Bénilsi, à propos de Port Premier Paris-Sud).

Lorsqu'un bâtiment est en cours de construction, le statut de la copropriété ne s'applique que lorsqu'il est « bâti » (■ Cass. 3e civ., 15 déc. 1965 : *Bull. civ.* III, n° 717 ; *Inf. rap. copr.* 1966, p. 165. ■ CA Paris, 25 juin 1996 : *Loyers et copr.* 1996, comm. 440. ■ CA Paris, 23e ch., 25 avr. 1997 : *Loyers et copr.* 1997, comm. 269) – et qu'il est la propriété de deux personnes au moins.

Cela étant, le point de savoir à partir de quel moment l'immeuble peut être considéré comme « bâti » et donc quand naît la copropriété pose problème dans un certain nombre de cas (V. L. 10 juill. 1965, art. 1-1, p. 1617).

– Sur le point de savoir à partir de quel stade un immeuble peut être considéré comme « bâti », dans le cas de construction d'un ensemble immobilier par « tranches », V. L. 10 juill. 1965, art. 1er-1, n° 4, p. 3.

5) Bâtiment unique et groupe d'immeubles. Entrent dans le champ d'application du statut non seulement les immeubles constitués d'un bâtiment unique mais également les « groupes d'immeubles ».

L'article 1er de la loi opère une distinction entre les groupes d'immeubles et les « ensembles immobiliers » (sur l'intérêt de cette distinction, V. n° 33). Le critère de distinction habituellement admis est que les « groupes d'immeubles » ont une structure homogène, à la différence des ensembles immobiliers dont la structure est hétérogène.

Voir : Sur les groupes d'immeubles, *infra*, nos 36 à 39. – Sur le critère d'hétérogénéité qui permet, à l'inverse, de caractériser l'ensemble immobilier, L. 10 juill. 1965, art. 1er, comm. nos 42 à 44, p. 17.

Bibliographie : *Sur la difficulté d'une définition précise du « groupe d'immeubles ».* V. J. Viatte, *Groupes d'immeubles et ensembles immobiliers* : *Journ. not.* 1976, p. 873 et s.

6) Cas particulier des « ensembles immobiliers ». La particularité des ensembles immobiliers est qu'il peuvent comprendre des terrains ou des parcelles ou encore des volumes « bâtis ou non » (V. nos 42 à 46). Il s'agit là d'une exception à la règle qui vient d'être énoncée selon laquelle la copropriété ne peut exister qu'entre des immeubles bâtis (V. n° 4). Il faut noter cependant que c'est seulement de manière subsidiaire et purement facultative que l'ensemble immobilier est soumis à la loi du 10 juillet 1965. Il a vocation à y échapper.

V. sur les ensembles immobiliers *infra*, nos 41 à 54.

B – La loi ne concerne que les immeubles ou groupes d'immeubles divisés en lots

1° Division en lots

7) Condition nécessaire et suffisante. La condition nécessaire pour que le statut de la copropriété soit applicable est que l'immeuble soit divisé en lots, composé de parties privatives assorties de droits indivis dans les parties communes (■ Cass. 3e civ., 29 mai 2002, n° 00-17.542 : *Bull. civ.* III, n° 113 ; *Loyers et copr.* 2002, comm. 235, obs. G. Vigneron ; *Constr.-Urb.* 2002, comm. 207, obs. D. Sizaire ; *AJDI* 2003,

p. 124, note Cl. Giverdon ; *Rev. Administrer* oct. 2002, p. 35, obs. J.-R. Bouyeure. ▪ CA Aix-en-Provence, 22 janv. 2002 : *Loyers et copr.* 2003, comm. 18). Ce n'est pas le cas si un immeuble a été divisé en deux « volumes » superposés, avec constitution de servitudes, sans création de parties communes (▪ CA Rennes, 1re ch., 22 juin 2004 : *Loyers et copr.* 2004, comm. 210, obs. G. Vigneron).

Cette condition est en même temps suffisante. La loi du 10 juillet 1965 s'applique alors de plein droit, même s'il n'y a pas de règlement de copropriété (▪ Cass. 3e civ., 2 déc. 2008, n° 07-18.025 : *Loyers et copr.* 2009, comm. 47, obs. G. Vigneron. ▪ Cass. 3e civ., 30 janv. 2007, n° 06-10.413 : *Rev. Administrer* avr. 2007, p. 54, obs. J.-R. Bouyeure. ▪ Cass. 3e civ., 15 nov. 1989, n° 87-15.213 : *Bull. civ.* III, n° 214. ▪ CA Bastia, 4 mai 2011 : *AJDI* 2012, p. 356. ▪ CA Toulouse, 1re ch., 1re sect., 29 mars 2010 : *JurisData* n° 2010-008336.).

8) Notion de division en lots. Il y a par exemple division en lots lorsqu'un immeuble est surélevé de deux nouveaux étages et qu'il est divisé en parties privatives et parties communes (▪ Cass. 3e civ., 2 oct. 2001, n° 00-12.525 : *AJDI* 2002, p. 40, note C. Giverdon) ou encore lorsque, d'un « état de division » et des titres respectifs des parties, résulte l'existence d'une indivision sur le sol et de propriétés privatives, avec détermination de charges communes (▪ Cass. 3e civ., 29 mai 2002, préc. n° 7).

9) Absence de division en lots. Il n'y a pas copropriété entre parties d'un immeuble *divisé autrement* que par lots tels que définis à l'article 1er, I, alinéa 2 de la loi :

– *immeubles en indivision simple* : il n'y a pas dans ce cas de « parties privatives », même si l'indivision a organisé la jouissance de l'immeuble (V., pour un passage, ▪ CA Paris, pôle 4, 2e ch., 11 avr. 2018, n° 16/14128 : *Rev. loyers* 2018, p. 322, obs. S.-B. – V. aussi ▪ CA Chambéry, 6 avr. 2017, n° 15/16698 : *JurisData* n° 2017-007096 ; *Loyers et copr.* 2017, n° 153, obs. C. Coutant-Lapalus) ;

– *immeubles loués par un même propriétaire à plusieurs locataires*, par locaux distincts (il n'y a pas dans ce cas division de la propriété) ;

– *immeubles appartenant à des sociétés d'attribution* (la propriété n'est pas divisée, dans ce cas, jusqu'au partage) ;

Jusqu'à sa dissolution, la société d'attribution est propriétaire du terrain et des bâtiments qu'elle édifie. Le syndicat des copropriétaires n'a pas qualité pour agir contre les associés pour violation du règlement de copropriété (▪ Cass. 3e civ., 7 févr. 1996 : *Loyers et copr.* 1996, n° 359) ;

– immeubles superposés, sans parties communes (▪ Cass. 3e civ., 24 janv. 2019, n° 17-23.364 : *Loyers et copr.* 2019, comm. 64, note C. Coutant-Lapalus).

10) Immeubles imbriqués ou accolés. Le statut de la copropriété ne s'applique pas aux *immeubles divisés en deux dans le sens de la hauteur* (▪ Cass. 3e civ., 22 sept. 2009, n° 08-19.350 : *Rev. Administrer* févr. 2010, p. 56, obs. J.-R. Bouyeure. ▪ TGI Avranches, 14 mai 1959 : *AJPI* 1961, II, p. 117) ni dans le cas d'immeubles *imbriqués* (▪ Cass. 3e civ., 21 juin 1977 : *Rev. loyers* 1977, p. 486. ▪ Cass. 1re civ., 2 avr. 1962 : *AJPI* 1963, II, p. 12) ; à la condition que les actes qui sont à l'origine de cette situation n'aient créé aucune partie commune entre ces locaux ou immeubles, et ne les aient pas divisés par lots... (V., pour une illustration ▪ Cass. 3e civ., 7 juill. 2016, n° 14-26.406. ▪ Cass. 3e civ., 14 janv. 2016, n° 13-22.292 : *Administrer* juill. 2016, p. 49, obs. J.-R. Bouyeure).

Il ne peut pas être créé une copropriété entre deux immeubles situés sur des terrains séparés, et n'ayant aucun élément commun (V. ▪ CA Aix-en-Provence, 1er févr. 1983 : *Bull.* Aix-en-Provence 1/1983, n° 25, p. 41).

2° *Consistance du lot de copropriété*

Bibliographie : J. Sroussi, *Le lot sans parties privatives* : *Inf. rap. copr.* mars 2023, p. 31. – V. Bacot-Réaume et F. Bayard-James, *Le sort des lots « privatifs » à usage collectif* : *AJDI* 2024, p. 102.

11) Double composante. Tout lot doit être composé d'une partie privative et d'une quote-part de parties communes précise l'article 1er, I, alinéa 2 de la loi du 10 juillet 1965 (V. déjà, ▪ Cass. 3e civ., 17 sept. 2013, n° 12-19.526).

Parties privatives et parties communes sont indissociables, indique ce même texte.

12) Partie privative. Le lot doit comporter des *parties privatives*. On ne saurait être copropriétaire simplement de parties communes (▪ Cass. 3e civ., 8 avr. 1970, n° 68-13.253 : *Bull. civ.* III, n° 228 ; *JCP* 1970, II, 16341, note E. J. Guillot. ▪ Cass. 3e civ., 19 janv. 1977, n° 75-11.990 : *Bull. civ.* III, n° 32 ; *D.* 1977, IR p. 154, obs. Cl. Giverdon).

On sait aujourd'hui que la partie privative d'un lot ne peut pas être constituée d'un droit de jouissance exclusive (V. ci-dessous L. 65-557, 10 juill. 1965, art. 6-3).

Comment analyser les lots constitués sur des parties non bâties (jardins, cours, parkings, etc.) et qualifiés de « privatifs » ? Le problème s'est posé à propos de jardins privatifs. La Cour de cassation a été amenée à préciser que le lot de copropriété défini comme un « jardin privatif » ne saurait comprendre le tréfonds de la copropriété, dès lors que le sol est qualifié de partie commune par le règlement de copropriété (▪ Cass. 3e civ., 12 avr. 2018, n° 17-11.705 : *JurisData* n° 2018-008354 ; *Loyers et copr.* 2018, comm. 159, note A. Lebatteux ; *AJDI* 2018, p. 869, note C. Dreveau). Placée devant ce même problème, et alors que le demandeur au pourvoi soutenait que ce « lot » était en fait dénué de parties privatives, la Cour de cassation a censuré l'arrêt qui l'avait débouté en lui reprochant de s'être prononcé « pour des motifs impropres à caractériser l'existence d'un droit de propriété exclusive et à écarter celle d'un droit de jouissance exclusive sur le jardin » (■ Cass. 3e civ., 15 févr. 2018, n° 16-27.858 : *Administrer* mai 2018, p. 38, note J.-R. Bouyeure). La question de fond reste posée : les titulaires de semblables lots ont-ils d'autre droit sur le sol commun qu'un droit de jouissance exclusive ? Dans la négative, de tels « lots » ne sont pas valablement constitués au regard de l'actuel article 6-3 alinéa 2 de la loi (V. ci-dessous L. 10 juill. 1965, art. 6-3, comm. 12, p. 57).

Un arrêt de la Cour de cassation (non publié) a estimé qu'un jardin auquel n'était pas attribué de quote-part de parties communes obéissait néanmoins au régime de la loi du 10 juillet 1965, étant précisé qu'il devait être « réputé partie commune objet d'un droit de jouissance privative et non de propriété » (décision singulière ! : V. ■ Cass. 3e civ., 9 mars 2022, n° 21-12.078, F-D ; *Loyers et copr.* 2022, comm. 68, note A. Lebatteux ; *GPL* 17 mai 2022, n° GPL435y8, obs. M. Parmentier ; *DEF* 20 oct. 2022, n° DEF210i7, note J. Laurent). Décision singulière, car elle consacre ainsi l'existence d'un « lot » dont la partie privative est constituée d'un droit de jouissance privative, contrairement aux dispositions de l'article 6-3, alinéa 2, de la loi du 10 juillet 1965, et qui, faute d'être doté de « tantièmes de copropriété et de charges ne peut participer à la vie collective… (V. les obs. de P.-E. Lagraulet sous cette décision : *AJDI* 2023, p. 276. – V. aussi, J. Sroussi, *Le « lot » sans partie privative* : *Inf. rap. copr.* mars 2023, p. 31.)

13) Quote-part de parties communes. Il ne saurait y avoir de *lot constitué uniquement de parties privatives* (V. par ex., ■ Cass 3e civ., 8 sept. 2010, n° 09-15.554 : *JurisData* n° 2010-016052 ; *Bull. civ.* III, n° 152. ■ Cass 3e civ., 27 mai 2010, n° 09-65.338 : *JurisData* n° 2010-007275. ■ Cass. 3e civ., 29 nov. 1972, n° 71-12.576 : *Bull. civ.* III, n° 643 ; *JCP* 1973, II, 17138). Il n'y a pas de lot au sens de l'article 1er de la loi lorsque le soi-disant lot ne comprend qu'un *droit d'usage exclusif* sur la terrasse et les pignons du bâtiment, mais ne comprend pas de tantièmes de parties communes (■ CA Paris, 21 sept. 1992 : *Loyers et copr.* déc. 1992, n° 479).

Un immeuble ne peut relever du régime de la copropriété s'il ne comporte pas de parties communes (■ Cass. 3e civ., 14 janv. 2016, n° 13-22.292 : *JurisData* n° 2016-000426 ; *Loyers et copr.* 2016, n° 99, note G. Vigneron. ■ Cass. 3e civ., 8 sept. 2010, préc. ■ Cass. 3e civ., 22 sept. 2009, n° 08-18.350).

L'article 5 de la loi du 10 juillet 1965 fournit les critères permettant de définir la quote-part de parties communes attachée à chaque lot.

La notion de lot a son prolongement sur le terrain de la *publicité foncière* : les décrets des 4 janvier et 14 octobre 1955 contiennent diverses règles relatives à la désignation des lots (D. 4 janv. 1955, art. 7) ou aux modifications dont ils peuvent faire l'objet (D. 14 oct. 1955, art. 71 B).

Voir : sur tous ces points, ann. 51, *Publicité foncière*, p. 1395. – Sur les droits du copropriétaire sur son lot, V. L. n° 10 juill. 1965, art. 9, p. 85.

C – Lots transitoires

Bibliographie : D. Tomasin, *Le lot transitoire et le statut de la copropriété* : *Dr. et ville* 1988, p. 161 et s. – J. Lafond, *Le statut juridique des ensembles immobiliers en copropriété inachevés* : *JCP* N 1988, doctr. p. 25 et s. – E. Kischinewsky-Broquisse, *Vous avez dit lots transitoires ?* : *Inf. rap. copr.* 1989, p. 319 et s. – C. Giverdon, *Les lots transitoires sont de véritables lots de copropriété* : *JCP* N 1992, prat. 2269. – J.-M. Roux, *Quel avenir pour les lots transitoires après la réforme de la loi SRU* : *Constr.-Urb.* avr. 2002, p. 5. – N. Figuière, *Variation autour des lots transitoires* : *Inf. rap. copr.* janv.-févr. 2015, p. 31. – J.-M. Roux, *Le lot transitoire en question(s)* : *Loyers et copr.* 2016, étude 8. – P. Cornille et J. Lafond, *La consistance du lot transitoire après la loi ELAN* : *JCP* N 2019, n° 12, 1141. – J. Sroussi, *Lot transitoire* : *Inf. rap. copr.* juin 2022, p. 17. – C. Coutant-Lapalus, *Les lots transitoires : nouvelles règles d'entrée en vigueur de la loi « ELAN » : entre avancées et déceptions* : *Loyers et copr.* 2022, étude 5. – L. Catin, *Le lot transitoire : une pratique sans risque ?* : *Actes prat. ing. immobilière* 2023, n° 2, dossier 14.

JurisClasseurs. G. Vigneron : *JCl. Copropriété*, Fasc. 61. – *JCl. Notarial Répertoire*, V° *Copropriété*, Fasc. 20 par H. Charliac, actualisé par G. Gil. – J. Lafond : *JCl. Notarial Formulaire*, V° *Copropriété*, Fasc. 14 et *JCl. Construction*, Fasc. 90-50.

14) Notion. Dans les règlements de copropriété concernant des ensembles immobiliers à édifier par « tranches » successives, la pratique s'est instaurée de ne décrire intégralement, avec énumération détaillée des lots, que les immeubles composant la ou les premières « tranches ». Pour les « tranches » suivantes, un lot « réservé » dit « lot transitoire » (ou parfois « macro-lot ») est créé.

Il est le plus souvent désigné de la façon suivante :

« Lot n° ... constitué par le droit d'utiliser une superficie de x mètres carrés, telle que désignée au plan annexé, pour y édifier un immeuble de quatre étages... » (les constructions futures sont alors désignées par référence au permis de construire ou à des plans annexés...).

L'article 1er, I, alinéa 3 de la loi du 10 juillet 1965, issu de la loi n° 2018-1021, du 23 novembre 2018, dite « loi ELAN », a officialisé la possibilité de créer des lots transitoires. Selon ce texte :

1) le lot transitoire est formé tout d'abord d'une **partie privative** constituée d'un droit de construire :

– ce droit de construire doit être précisément défini quant aux constructions qu'il permet de réaliser ;

– l'édification de ces constructions doit être prévue sur « une surface déterminée du sol » (membre de phrase supprimé à compter du 1er juin 2020, V. ci-dessous, n° 16) ;

2) le lot transitoire est par ailleurs assorti d'une « **quote-part de parties communes** correspondante » ;

3) en outre, « la création et la consistance du lot transitoire » doivent être « stipulées dans le règlement de copropriété ».

Remarque : Il résulte de l'article 206, II de la loi n° 2018-1021 du 23 novembre 2018 dite « loi ELAN » que « les dispositions de l'article 1er de la loi du 10 juillet 1965 « ne sont applicables qu'aux immeubles dont la mise en copropriété est postérieure au 1er juillet 2022 » (Sur la régularisation des règlements non conformes, V. Annexes 44-1, *V° Lot transitoire (régularisation)*.

15) Mention du lot transitoire dans le règlement de copropriété. L'article 1er, I, alinéa 4 de la loi du 10 juillet 1965, dans sa rédaction issue de l'ordonnance du 30 octobre 2019 précitée, applicable à compter du 1er juin 2020, précise que « la création et la consistance du lot transitoire sont stipulées dans le règlement de copropriété. » Malheureusement la loi n'indique pas quelle est la sanction applicable si cette obligation n'est pas respectée : ce qui pourra donner lieu à contentieux.

Remarque : Il résulte de l'article 206, II de la loi n° 2018-1021 du 23 novembre 2018 dite « loi ELAN » que « les dispositions de l'article 1er de la loi du 10 juillet 1965 « ne sont applicables qu'aux immeubles dont la mise en copropriété est postérieure au 1er juillet 2022 » (Sur la régularisation des règlements non conformes, V. Annexes 44-1, *V° Lot transitoire (régularisation)*.

1° Éléments constitutifs du lot transitoire

16) Rédaction de la clause concernant le « lot transitoire ». Avant la loi ELAN le rédacteur du règlement ne disposait que de critères vagues comme aide à la rédaction de la clause concernant le « lot transitoire ». La Cour de cassation avait seulement énoncé que la partie privative d'un lot transitoire devait être constituée du droit de construire un ou plusieurs bâtiments (▪ Cass. 3e civ., 18 sept. 2013, nos 12-16.357, 12-16.358, 12-16.359, 12-16.360 et 12-16.361 : *JurisData* n° 2013-020000 ; *Loyers et copr.* 2013, n° 319, obs. G. Vigneron ; *AJDI* 2014, p. 212, note N. Le Rudulier ; *AJDI* 2014, p. 287, note D. Tomasin). Dans de nombreux cas, la jurisprudence avait accepté de qualifier de « lots transitoires » des lots auquel était attaché un « droit de construire » dont la consistance n'était pas clairement indiquée (V. les exemples cités par P. Cornille et J. Lafond, étude préc. en bibliographie). Avait ainsi été qualifié de « lot transitoire », un lot constitué par « la propriété exclusive et particulière d'un droit à construire sur une partie de terrain cadastré [...] avec droit à la jouissance exclusive et particulière de ce terrain », auquel étaient attribués les 300 millièmes des parties communes générales de l'immeuble (▪ Cass. 3e civ., 3 nov. 2016, nos 15-14.895 et 15-15.113 : *JurisData* n° 2016-022914 ; *Loyers et copr.* 2017, comm. 25, note C. Coutant-Lapalus ; *Administrer* févr. 2017, p. 50, obs. J.-R. Bouyeure ; *Defrénois* 2017, n° 30, p. 33, note L.-A. Poletti). La nécessité de définir clairement la « consistance » du lot transitoire était rappelée par la doctrine et la jurisprudence (V. ▪ CA Aix-en-Provence, 30 avr. 1998 : *Defrénois* 1998, art. 36877, p. 1187, note C. Atias. – Sur la responsabilité du rédacteur – V. ▪ TGI Saintes, 6 juin 1995 : *JCP* N 1995, II, p. 1588, obs. P. Cornille).

Un grand pas a été fait avec la loi ELAN, qui dans l'article 1er, I, alinéa 3 de la loi du 10 juillet 1965 énonce (entre autres exigences) que le droit de construire attaché au lot transitoire doit être « précisément défini quant aux constructions qu'il permet de réaliser ». Cependant la formule utilisée laisse une marge d'appréciation quant au degré de précision souhaité par le législateur, et laisse la porte ouverte au contentieux.

Par ailleurs l'ordonnance n° 2019-1101 du 30 octobre 2019 a supprimé la mention selon laquelle le lot transitoire devait être édifié « sur une surface déterminée du sol » précisément définie.

2° Nature juridique du « lot transitoire »

17) Le lot transitoire est un lot de copropriété. Le point de savoir si ces lots constituaient ou non de véritables lots de copropriété a donné lieu à d'abondantes controverses. Mais la Cour de cassation a finalement pris position.

Les lots « transitoires » (constitués par un droit de jouissance privatif sur une partie de terrain avec droit de construire) *constituent des lots de copropriété* comme les autres. (▪ Cass. 3e civ., 14 nov. 1991 n° 89-21.167 : *JurisData* n° 1991-002840 ; *Bull. civ.* III, n° 275 ; *D.* 1992, jurispr. p. 277, rapp. conseiller Capoulade, note D. Tomasin ; *Inf. rap. copr.* févr. 1992, p. 48, note P. Capoulade ; *Defrénois* 1992, art. 35303, p. 803, obs. H. Souleau ; *Administrer* mai 1992, p. 27, note E.-J. Guillot. ▪ Cass. 3e civ., 15 nov. 1989, n° 87-18.188 : *JurisData* n° 1989-703481 ; *Bull. civ.* III, n° 213 ; *Loyers et copr.* 1990, comm. 50 ; *Inf. rap. copr.* avr. 1990, p. 112 ; *D.* 1990, p. 216, note P. Capoulade et Cl. Giverdon ;

Administrer juin 1990, p. 43, obs. E.-J. Guillot. – V. J. Lafond, *L'application du statut de la copropriété aux titulaires de lots transitoires : Loyers et copr.* nov. 1998, p. 4). S'agissant d'immeubles par nature, ils peuvent en particulier faire l'objet d'une saisie immobilière (■ Cass. 3e civ., 15 nov. 1989, préc.). Le statut de la copropriété leur est donc applicable alors même que les « premières tranches » de l'ensemble immobilier dont ils font partie ne sont pas terminées, dès lors qu'un immeuble au moins est « bâti » et se trouve être la propriété de deux personnes différentes.

– La valeur d'un lot transitoire, non encore construit, ne s'apprécie pas en valeur de terrain nu, mais par comparaison avec les lots bâtis du même ensemble (■ Cass. 3e civ., 23 avr. 1992, n° 89-21.086 : *Bull. civ.* III, n° 136 ; *Rev. Administrer* janv. 1993, p. 32).

– Il a été jugé que l'existence de tels lots, privatifs et comportant le droit de construire, n'implique, tant qu'ils ne sont pas bâtis, aucun droit de jouissance privatif sur le terrain correspondant à leur future implantation (■ CA Paris, 4 janv. 1993 : *Rev. Administrer* août-sept. 1993, p. 50). Opinion à notre avis contestable.

Selon la cour d'Aix-en-Provence, les normes d'urbanisme étant susceptibles d'évoluer, le lot transitoire inconstructible constitue un lot de copropriété à part entière tant que persiste l'état de copropriété (■ CA Aix-en-Provence, 25 janv. 2018, n° 16/10143 : *Rev. loyers* 2018, p. 168, obs. S.-B.).

Voir aussi : sur le point de savoir si ces lots peuvent faire l'objet d'un retrait de copropriété dans le cadre de l'article 28 de la loi du 10 juillet 1965, voir le commentaire de ce texte.

3° *Régularisation des lots transitoires constitués avant le 1er juillet 2022*

18) Renvoi. Cette question est traitée dans la partie Annexe, V° *Lot transitoire [régularisation]*.

4° *Lot transitoire et charges de copropriété*

19) Participation aux charges. Les lots transitoires doivent participer aux *charges de copropriété* (■ Cass. 3e civ., 13 mai 1987 n° 85-15.722 : *Bull. civ.* III, n° 100 ; *JCP* N 1987, II, p. 270, note C. Atias. ■ Cass. 3e civ., 9 déc. 1987, n° 86-16.104 : *Loyers et copr.* janv. 1988, n° 40 et *Rev. Administrer* juill. 1988, p. 39, obs. Guillot. ■ Cass. 3e civ., 3 mai 1990, n° 88-19.348 : *Bull. civ.* III, n° 107 ; *Loyers et copr.* juill. 1990, n° 315. ■ CA Toulouse, 2 mars 1987 : *RD imm.* 1988, p. 171. ■ CA Toulouse, 18 janv. 1988 : *Gaz. Pal.* 1988, II, somm., p. 369 ; *RD imm.* 1988, p. 436. – V. sur tous ces points : J. Lafond, *Le statut juridique des ensembles immobiliers en copropriété inachevés* : *JCP* N 1988, doctr. p. 25 et s.).

Un arrêt de la Cour de cassation (■ Cass. 3e civ., 14 nov. 1991, n° 89-21.167 : *Bull. civ.* III, n° 275 ; *D.* 1992, p. 277, note D. Tomasin) confirme que ces lots ne sont assujettis à aucun régime particulier, et que leur propriétaire est copropriétaire au sens de la loi du 10 juillet 1965 (V. sur cette décision C. Giverdon, *Les lots transitoires sont de véritables lots de copropriété* : *JCP* N 1992, prat. 2269).

Sur la nature des charges incombant à ces lots, V. L. 10 juill. 1965, art. 1er, comm. n° 20, p. 10.

Il a été jugé que le titulaire d'un lot transitoire devenu inconstructible n'était pas en droit d'abandonner ce lot pour échapper aux charges y afférentes car « le caractère contractuel du règlement de copropriété implique qu'un copropriétaire ne peut se dégager unilatéralement de ses obligations sans le consentement des autres copropriétaires » (■ Cass. 3e civ., 7 avr. 2004, n° 02-14.670 : *Bull. civ.* III, n° 75 ; *JCP* G 2004, IV, 2181 ; *Constr.-Urb.* 2004, comm. 142, obs. D. Sizaire ; *AJDI* 2004, p. 733, note C. Giverdon ; *Rev. Administrer* juill. 2004, p. 34, obs. J.-R. Bouyeure ; *Defrénois* 2005, art. 38149, p. 703, obs. C. Atias. – Sur l'obligation pour le titulaire d'un lot transitoire devenu non constructible de participer aux charges, V. ■ CA Paris, pôle 4, 2e ch., 15 mars 2017, n° 15/24851 : *Administrer* oct. 2017, p. 62, obs. J.-R. Bouyeure).

Bibliographie : sur le sujet, G. Vigneron, *Lots non bâtis et répartition des charges : Inf. rap. copr.* avr. 1999, p. 13.

20) Distinction selon les charges. Une distinction doit être faite selon le droit commun (V. L. 10 juill. 1965, art. 10 et son commentaire) entre les charges relatives à la conservation, à l'entretien et à l'administration des parties communes auxquelles ces « lots transitoires » participent de plein droit en proportion de leurs tantièmes de copropriété et les charges relatives aux services collectifs et éléments d'équipement commun auxquelles ils ne participent qu'en fonction du critère d'utilité.

La jurisprudence a, à plusieurs reprises, indiqué que les lots transitoires devaient participer aux charges de la copropriété définies par l'alinéa 2 de l'article 10 de la présente loi, c'est-à-dire aux charges d'administration et de conservation de l'immeuble (en ce sens, ■ Cass. 3e civ., 14 nov. 1991, préc. n° 19. ■ CA Paris, 23e ch. B, 17 juin 1999 : *JurisData* n° 1999-023743 ; *Loyers et copr.* déc. 1999, comm. 299. – V. dans le même sens, ■ CA ■ Aix-en-Provence, 4e ch., 27 mai 1999 : *D.* 1999, somm. p. 311, obs. C. Atias. ■ CA Paris, 19e ch. B, 12 nov. 1998 : *Loyers et copr.* mars 1999, n° 76, note G. Vigneron). Peu importe que certaines de ces charges « n'aient aucune utilité » pour ces lots non bâtis (■ Cass. 3e civ., 8 févr. 1995, n° 92-15.799 : *Rev. Administrer* mars 1996, p. 73, note Sizaire). Toute disposition contraire est réputée non écrite (■ Cass. 3e civ., 30 juin 1998, n° 96-20.758 : *Bull. civ.* III, n° 142 ; *JCP* N 1999, p. 342, obs. B. et Y. Stemmer ; *Loyers et copr.* nov. 1998, n° 12, chron. J. Lafond ; *Defrénois* 1998, art. 36877, n° 120, obs. C. Atias ; *Constr.-Urb.* oct. 1998, comm. 345, obs. D. Sizaire ; *Rev. Administrer* janv. 1999, p. 64, obs. P. Capoulade ; *D.* 2000, somm. p. 134, obs. C. Giverdon).

Le juge doit obligatoirement se référer à cette distinction (▪ Cass. 3e civ., 8 févr. 1995, n° 92-15.799 : *Rev. Administrer* mars 1996, p. 73, comm. D. Sizaire).

En ce qui concerne les *charges afférentes aux services collectifs et aux éléments d'équipement commun*, les lots transitoires y participent également dans la mesure où ces charges ont pour eux une utilité. Les lots transitoires doivent participer par exemple au coût des travaux de sécurisation et de gardiennage destinés à éviter l'intrusion de gens du voyage sur les terrains composant le lot transitoire (▪ Cass. 3e civ., 10 oct. 2007, n° 06-18.122 : *Bull. civ.* III, n° ; *Loyers et copr.* 2007, n° 254, obs. G. Vigneron ; *AJDI* 2008, p. 489, note P. Capoulade).

Bibliographie : Sur la ventilation entre les charges incombant ou non aux lots transitoires, V. J. Lafond, étude préc.

5° *Participation aux assemblées*

21) Droit de vote. Les lots non encore bâtis doivent être convoqués aux assemblées de la copropriété, dans laquelle ils ont droit de vote comme tous les autres lots, et ce, même si le règlement de copropriété en dispose autrement (▪ Cass. 3e civ., 30 juin 1998, préc. n° 20. – En ce sens également, ▪ CA Paris, 23e ch. B, 22 oct. 1993 : *Rev. Administrer* mai 1994, p. 40, note J. Lafond). Un arrêt de la Cour de cassation (▪ Cass. 3e civ., 16 mai 2001, n° 99-17.617 : *Bull. civ.* III, n° 66 ; *JurisData* n° 2001-009559 ; *Constr.-Urb.* 2001, comm. 144, obs. D. Sizaire) confirme cette solution. Il résulte de cette décision que peut être annulée à la demande de l'un quelconque des copropriétaires une assemblée à laquelle n'ont été convoqués que les seuls propriétaires de lots bâtis.

6° *Exercice du droit de construire*

22) Incidence de la loi ELAN. Le droit de construire reconnu au titulaire d'un lot transitoire échappe à la caducité édictée par l'article 37 de la loi du 10 juillet 1965 (▪ CA Paris, 23e ch., 9 févr. 2006 : *Loyers et copr.* 2006, comm. 113, obs. G. Vigneron. ▪ CA Aix-en-Provence, 4e ch., 27 mai 1999 : *D.* 1999, somm. p. 311, obs. C. Atias. ▪ CA Paris, 17 janv. 1990 : *Loyers et copr.* 1990, comm. 196).

En ce qui concerne l'exercice du droit de construire la jurisprudence posait en principe que si le lot transitoire était défini de façon précise dans sa consistance, il n'y avait besoin d'aucune autorisation pour exercer ce droit (▪ CA Aix-en-Provence, 4e ch., 30 avr. 1998 : *Defrénois* 1998, art. 36877, n° 119, obs. C. Atias. ▪ CA Aix-en-Provence, 4e ch., 27 mai 1999 : *D.* 1999, somm. p. 311, note C. Atias). Ainsi la Cour de cassation a-t-elle déclaré que le promoteur n'est pas tenu de solliciter l'autorisation de l'assemblée pour construire sur un lot transitoire un bâtiment à usage de garage, dès lors qu'il ne fait qu'user du droit que lui confère le règlement de copropriété et qu'aucune non-conformité n'a été démontrée (▪ Cass. 3e civ., 4 nov. 2010, n° 09-68.235 : *JurisData* n° 2010-020197 ; *Bull. civ.* III, n° 198).

Mais certaines décisions faisaient preuve d'une très grande bienveillance. Ainsi avait-il été jugé que le titulaire d'un lot transitoire qui bénéficiait du droit d'édification « de tout bâtiment et construction » n'avait aucune autorisation à requérir de la copropriété (▪ Cass. 3e civ., 8 juin 2011, n° 10-20.276 : *JurisData* n° 2011-011070 ; *Bull. civ.* III, n° 96 ; *Loyers et copr.* 2011, comm. 254, obs. G. Vigneron ; *Rev. loyers* 2011, p. 322, note J.-M. Roux. – V. aussi CE, ss-sect. 1 et 6 réunies, 13 avr. 2016, n° 383679 : *JurisData* n° 2016-007394 ; *Loyers et copr.* 2016, comm. 182, obs. G. Vigneron).

Cette jurisprudence bienveillante ne paraît plus devoir prospérer : en effet le droit de construire doit désormais être « précisément défini quant aux constructions qu'il permet de réaliser » (V. ci-dessus n° 16), faute de quoi il est possible de soutenir qu'il n'a pas de consistance.

Lorsqu'une autorisation devait être requise, et sauf à remettre en cause la validité de la constitution du lot transitoire pour absence de « consistance », il avait été jugé que cette autorisation devait être donnée à la majorité de l'article 25 (▪ Cass. 3e civ., 3 nov. 2016, nos 15-14.895 et 15-15.113 : *JurisData* n° 2016-022914 ; *Loyers et copr.* 2017, comm. 25, note C. Coutant-Lapalus, confirmant ▪ CA Paris, pôle 4, 2e ch., 21 janv. 2015 : *JurisData* n° 2015-000942 ; *Loyers et copr.* 2015, comm. 122, obs. G. Vigneron, confirmant ▪ CA Paris, pôle 4, 2e ch., 21 janv. 2015 : *JurisData* n° 2015-000942 ; *Loyers et copr.* 2015, comm. 122, obs. G. Vigneron. ▪ CA Aix-en-Provence, 4e ch., 30 avr. 1998 : *JurisData* n° 1998-042719 ; *Defrénois* 1998, art. 36877, n° 119, obs. C. Atias).

– Sur le point de savoir si le lot doit être « annulé », lorsqu'il devient inconstructible (V. ▪ TGI, Grasse, 6 avr. 2009 [qui répond négativement], commenté par J.-M. Roux : Un lot transitoire devenu inconstructible est-il toujours un lot de copropriété ? : *Ann. loyers* 2009, p. 1114).

D – Répartition des lots entre plusieurs personnes

23) Principe. Pour que le statut de la copropriété soit applicable, l'immeuble doit être divisé en au moins deux lots appartenant à des personnes différentes (▪ Cass. 3e civ., 12 janv. 2011, n° 09-13.822 : *JurisData* n° 2011-000224 ; *Loyers et copr.* 2011, comm. 88, note G. Vigneron. ▪ Cass. 3e civ., 4 janv. 1996, n° 93-13.798. ▪ CA Paris, 23e ch. B, 20 févr. 1990 : *JurisData* n° 1990-022059).

La copropriété d'un immeuble divisé par lots n'existe qu'entre les copropriétaires de ces lots. Par suite, il ne peut y avoir de répartition des tantièmes de copropriété d'un immeuble entre ses copropriétaires et ceux d'un immeuble voisin bénéficiant d'un droit de passage sur les parties communes du premier (▪ Cass. 3e civ., 8 avr. 1970, n° 68-13.253 : *Bull. civ.* III, n° 228 ; *JCP* G 1970, II, 16341).

1° *Copropriété à deux personnes*

24) Renvoi. L'ordonnance n° 2019-1101 du 30 octobre 2019 a doté d'un statut les syndicats dont le nombre de voix est réparti entre deux copropriétaires.

Ces dispositions figurent aux articles 41-13 à 41-23 nouveaux de la loi du 10 juillet 1965 et sont commentées sous ces articles.

2° *Collectivité publique et copropriété*

Bibliographie : *JCl. Copropriété*, fasc. 510, par A. Djigo. – *JCl. Notarial Répertoire*, V° *Copropriété*, fasc. 20, par Charliac, act. par G. Gil. – J.-P. Bertrel, *Domaine public et copropriété* : *Dr. & patr.* 12/1994, p. 52. – J. Morand-Deviller, *Domaine public, affectation, copropriété* : *RD imm.* 1995, p. 457 et s. – J.-F. Davignon, *Domanialité publique et copropriété* : *Defrénois* 1995, art. 46046. – J. Dufau, *Faire cohabiter domaine public et propriété privée* : *JCP* N 1999, p. 913. – V. Zalewski-Sicard, *Copropriété et propriété publique : une cohabitation impossible* : *Rev. loyers* nov. 2013, p. 444. – Y. Broussolle, *Ouvrages publics et copropriété* : *Administrer* nov. 2018, p. 7. – M. Cornille, *Propriété et domanialité : deux régimes qui se regardent en chiens de faïence* : *JCP* N 2021, n° 37, 1284. – D. Brachet, *La personne publique en copropriété* : *Inf. rap. copr.* janv.-févr. 2023, p. 27. – M. Schmiederer, *Mettre fin à l'incompatibilité entre copropriété et domaine public* : *Dr. adm.* 2023, étude 1.

25) Acquisition par une collectivité publique de lots de copropriété. Le Conseil d'État a jugé que les règles essentielles de la copropriété telles que fixées par la loi du 10 juillet 1965 sont incompatibles tant avec le régime de la domanialité publique qu'avec le caractère des ouvrages publics.

Par conséquent, des locaux acquis par l'État, fût-ce pour les besoins d'un service public, dans un immeuble déjà soumis au régime de la copropriété, n'appartiennent pas au domaine public et ne peuvent être regardés comme constituant un ouvrage public (▪ CE, 11 févr. 1994, n° 109564 : *JurisData* n° 1994-040658 ; *Loyers et copr.* mai 1994, chron. G. Vigneron. ▪ CAA Bordeaux, 2e ch., 2 mai 1995 : *JurisData* n° 1995-041880 ; *Loyers et copr.* 2009, comm. 271, note G. Vigneron. ▪ CA Paris, 8 avr. 2009 : *Loyers et copr.* 2009, comm. 271 : *JurisData* n° 2009-377110. ▪ CA Chambéry, 10 janv. 2006, n° 05/00259 : *JurisData* n° 2006-293113 ; *Loyers et copr.* 2006, comm. 162. ▪ CA Versailles, 28 mars 2011, n° 10/00688 : *JurisData* n° 2011-005944).

Selon cette jurisprudence ce sont en pareil cas les règles posées par le statut de la copropriété qui doivent prévaloir même si les locaux, propriété d'une collectivité publique (en l'espèce l'État), sont affectés à un service public (sur le débat, V. la note de J.-F. Davignon, sous ▪ CA Paris, 20 juin 1989 : *JCP* N 1991, II, p. 231).

Si, après aménagement d'un ensemble immobilier, un lot constitué par des zones de circulation piétonnière et des espaces verts est rétrocédé à la commune, et que ce lot, affecté au passage des piétons et au stationnement dans les dépendances de l'ensemble immobilier n'est pas classé dans le domaine public communal, il reste soumis comme tous les autres lots de la résidence au statut de la copropriété et le syndicat est en droit de réclamer à la commune sa participation aux charges de copropriété (▪ CA Chambéry, 10 janv. 2006 : *Loyers et copr.* 2006, comm. 162, note G. Vigneron).

26) Mise en copropriété d'un immeuble comprenant des locaux dépendant du domaine public. La solution peut être différente lorsque la mise en copropriété de l'immeuble est postérieure à l'aménagement de locaux participant de la domanialité publique. Un arrêt de la Cour de cassation a en effet déclaré que des « portiques » d'un ensemble immobilier mis en vente par une commune, appartenant au domaine public avant la division de cet ensemble, demeuraient imprescriptibles et inaliénables, un règlement de copropriété ne pouvant soustraire au domaine public un ouvrage préexistant à la copropriété (▪ Cass. 3e civ., 25 févr. 2009, n° 07-15.772 : *JurisData* n° 2009-047183 ; *Bull. civ.* III, n° 39 ; *Loyers et copr.* 2009, comm. 130, obs. G. Vigneron).

D'autre part, deux collectivités publiques copropriétaires d'un immeuble dépendant du domaine public ne peuvent le placer sous l'empire de la loi du 10 juillet 1965. Il en est autrement si cet immeuble appartient à leur domaine privé, sous réserve de respecter les dispositions applicables aux biens du domaine privé des personnes publiques, notamment la règle de l'insaisissabilité de leurs biens (Rép. du secrétaire d'État au logement : *JOAN* 22 avr. 2002, p. 2138, n° 72612. – *JO* Sénat 25 avr. 2002, p. 1183, n° 38, 306).

27) Cas où la domanialité publique prévaut sur le statut de la copropriété. Dans le cas où les règles de la domanialité publique continuent de s'appliquer à des immeubles inclus dans une copropriété deux solutions s'offrent pour permettre une cohabitation :

– le déclassement des biens domaniaux. (■ Cass. 1re civ., 25 févr. 2009, préc. n° 50). Ce déclassement doit être exprès et ne peut être implicite ou tacite, étant précisé qu'une désaffectation de fait d'une dépendance ne suffit pas à la faire sortir du domaine public (■ CE, 15 févr. 2012, n° 338059 : *Juris-Data* n° 2012-003012. – Rép. min. n° 60794 : *JOAN* 6 janv. 2015, p. 86. – Rép. min. n° 13979 : *JO* Sénat 8 janv. 2015, p. 65 ; *Constr.-Urb.* mars 2015, alerte 26, obs. D. Gillig) ;

– la division de l'immeuble en volumes (V. ann., *V° Volumes*).

III – CHAMP D'APPLICATION DU STATUT DE LA COPROPRIÉTÉ

Bibliographie : M. Plaidy, *Le nouveau champ d'application du statut de la copropriété : Rev. loyers* 2020, p. 175

28) L'article 1er de la loi du 10 juillet 1965 a été réécrit par l'ordonnance n° 2019-1100 du 30 octobre 2019, applicable à compter du 1er juin 2020, qui a modifié profondément le champ d'application de la loi du 10 juillet 1965.

29) Situation antérieure à l'ordonnance du 30 octobre 2019. Avant l'ordonnance du 30 octobre 2019, le **principe** était le suivant : à partir du moment où la propriété d'un immeuble bâti ou d'un groupe d'immeubles bâtis était répartie entre plusieurs personnes par lots comprenant chacun une partie privative et une quote-part de parties communes, la loi du 10 juillet 1965 s'appliquait impérativement et le syndicat de copropriétaires était un organe obligatoire de gestion de la copropriété. Il n'était pas possible de mettre en place une autre structure juridique pour administrer des parties communes : par exemple, une association foncière urbaine libre.

Il existait cependant une **exception** à cette règle. L'adoption du statut de la copropriété (et donc l'existence d'un syndicat pour administrer les parties communes) était facultative dans le cas « d'ensembles immobiliers ».

30) Situation à compter du 1er juin 2020. L'ordonnance du 30 octobre 2019 apporte un changement notable à la situation antérieure. L'ordonnance définit un « noyau dur » constitué d'immeubles ou de groupes d'immeubles auxquels le statut de la copropriété va s'appliquer de manière impérative (B). Mais de nouvelles possibilités de déroger à l'application du statut sont ouvertes, qui concernent tant les immeubles ou groupes d'immeubles que les ensembles immobiliers et par le fait même, de nouveaux domaines s'ouvrent à la liberté des conventions (C).

A – Application impérative du statut

31) Immeubles ou groupes d'immeubles concernés. Si les autres conditions sont par ailleurs remplies (V. nos 3 à 27) la loi du 10 juillet 1965 sera impérativement applicable aux immeubles ou groupes d'immeubles affectés :

– à **usage total d'habitation** ;

– ou à **usage partiel d'habitation** (par exemple à usage mixte d'habitation et professionnel, d'habitation et commercial...).

Dans ces deux types de configurations, les parties communes et éléments d'équipements communs sont obligatoirement administrés par un syndicat de copropriétaires régi par la loi du 10 juillet 1965 (L. 10 juill. 1965, art. 1er, I, al. 1er). On a parlé à ce sujet de « **secteur protégé** ».

32) Ensembles immobiliers. Les ensembles immobiliers n'ont pas vocation à être régis par la loi du 10 juillet 1965. Cependant cette loi leur devient applicable en l'absence de convention dérogeant expressément au statut de la copropriété, et de mise en place d'une organisation juridique répondant aux critères posés par l'article 1er, II, alinéa 1er de la loi (V. nos 47 à 54).

B – Application facultative du statut

Bibliographie : V. Zalewski-Sicard., *L'application supplétive du statut de la copropriété : une application à supprimer ? : Actes prat. ing. immobilière* n° 3, juill. 2020, 3. – W. Dross, *L'étrécissement du champ de l'application supplétive de la copropriété des immeubles bâtis : RTD civ.* 2020, p. 659.

33) Apports de l'ordonnance du 30 octobre 2019. Avant le 1er juin 2020, date d'entrée en vigueur de l'ordonnance du 30 octobre 2019, seuls les « ensembles immobiliers » pouvaient, sous certaines conditions, échapper à la loi du 10 juillet 1965.

Depuis le 1er juin 2020, la situation s'est modifiée :

– les **immeubles ou groupes d'immeubles bâtis** peuvent décider de ne pas se soumettre à la loi du 10 juillet 1965, à la condition qu'ils soient entièrement affectés à un autre usage que l'habitation (L. 10 juill. 1965, art. 1er, II, 1° *a contrario*) ;

– comme antérieurement, l'application de la loi du 10 juillet 1965 reste facultative pour les **ensembles immobiliers**, qui peuvent sous certaines conditions ne pas y être soumis.

Sur la distinction entre « groupes d'immeubles » et « ensembles immobiliers », V. n° 36.

1° Immeubles concernés

34) *A priori* tous immeubles. Tous les immeubles sont désormais *a priori* susceptibles d'échapper au statut de la copropriété (immeubles ou groupe d'immeubles bâtis ; ensembles immobiliers) :

– en ce qui concerne les **ensembles immobiliers**, il faut et il suffit qu'ils répondent à cette qualification, en raison notamment de leur caractère « hétérogène » (V. nos 42 à 45). Peu importe l'affectation des différents immeubles ou entités qui le composent ;

– en ce qui concerne les **immeubles ou groupes d'immeubles** dont la propriété est répartie par lots entre plusieurs personnes, ils ne peuvent échapper à la loi du 10 juillet 1965 que s'ils sont « à destination totale autre que d'habitation » (L. 10 juill. 1965, art. 1er, II, 1°) ;

Il faut que cette affectation à un usage autre que l'habitation soit intégrale : à défaut l'application du statut sera impérative (V. nos 38 et 39).

Les immeubles ou groupes d'immeubles affectés à un autre usage que l'habitation (immeubles à usage d'activités ou à usage tertiaire...) bénéficient donc d'un régime juridique particulier au regard du statut de la copropriété : le statut de la copropriété ne leur est applicable que facultativement.

Bibliographie : C. Chazelle, *La copropriété tertiaire* : *Inf. rap. copr.* déc. 2022, p. 13 ; *Ann. loyers* 2023, p. 35. – C. Galy-Carcenac et M. Poumarède, *La réorganisation des immeubles d'entreprise par l'article 1er de la loi du 10 juillet 1965* : *Actes prat. ing. immobilière* 2021, n° 2, dossier 12. – M. Haghighi et M. Poumarède, *La réforme de la copropriété et les entreprises du secteur de l'immobilier, retour d'expérience* : *Actes prat. ing. immobilière* 2021, n° 2, dossier 13. – O. Minot, *L'intervention du géomètre expert dans le choix des divisions de l'immeuble en immobilier d'entreprise* : *Actes prat. ing. immobilière* 2021, n° 2, dossier 16. – P. Dechelette-Tolot, F.-R. Fabre-Falret, M. Augagneur, C. Geffriaud et S. Kouassi, *L'organisation immobilière : les solutions alternatives au régime de la copropriété* : *Actes prat. ing. immobilière* 2021, n° 2, dossier 14.

2° Conditions à remplir

35) Convention dérogatoire expresse. Dans les deux hypothèses prévues par la loi (ensembles immobiliers, ou immeubles ou groupes d'immeubles intégralement affectés à un usage autre que l'habitation), la non-application du statut de la copropriété est subordonnée, comme dans la situation antérieure, à la condition qu'une convention dérogeant expressément à ce statut soit mise en place (L. 10 juill. 1965, art. 1er, II, al. 1er. – V. nos 47 à 54).

Cette convention doit répondre à plusieurs exigences (V. nos 47 à 54) :

– elle doit être expresse ;

– elle doit prévoir la mise en place d'une « organisation dotée de la personnalité morale » ;

– cette organisation doit être « suffisamment structurée pour assurer la gestion des éléments et services communs ».

Bibliographie : P. Dechelette-Tolot, F.-R. Fabre-Falret, M. Augagneur, C. Geffriaud et S. Kouassi, *L'organisation immobilière : les solutions alternatives au régime de la copropriété* : *Actes prat. ing. immobilière* 2021, n° 2, dossier 14. – A. Lebatteux, *Les ensembles immobiliers hétérogènes ou le statut « alternatif » historique au statut de la copropriété* : *Actes prat. ing. immobilière* 2021, n° 2, dossier 15.

IV – GROUPES D'IMMEUBLES

36) Distinction entre groupe d'immeubles et ensembles immobiliers. La distinction entre groupes d'immeubles et ensembles immobiliers reste fondamentale, avant comme après l'ordonnance du 30 octobre 2019 qui a modifié l'article premier de la loi du 10 juillet 1965.

Dans l'état antérieur du droit,

– le groupe d'immeubles était en toute hypothèse soumis de plein droit à la loi du 10 juillet 1965 ;

– en revanche l'ensemble immobilier pouvait échapper au statut de la copropriété si une organisation différente de celle prévue par la loi du 10 juillet 1965 était mise en place pour permettre sa gestion.

Dans la nouvelle rédaction de l'article premier, la distinction entre groupes d'immeubles et ensembles immobiliers garde son intérêt mais elle a une portée différente :

– l'ensemble immobilier peut sous réserve qu'il mérite cette qualification (V. nos 41 à 45) échapper à la loi du 10 juillet 1965 ;

– le groupe d'immeubles peut également échapper à cette loi mais à la condition qu'il soit en totalité affecté à une destination totale autre que l'habitation.

Dans les deux cas, la non-application de la loi du 10 juillet 1965 est subordonnée à la conclusion d'une **convention contraire expresse** et à la mise en place d'une structure particulière de gestion.

A – Définition du « groupe d'immeubles »

37) Structure « homogène ». Dans les groupes d'immeubles, les droits des copropriétaires sur l'ensemble du sol, qui est commun, sont identiques et concurrents, par opposition aux ensembles immobiliers définis à l'article 1er, II, 2° de la loi du 10 juillet 1965, qui comportent des parcelles, bâties ou non faisant l'objet de droits privatifs, ce qui est le cas d'un lotissement (■ Cass. 3e civ., 25 avr. 2006, n° 05-12.221 : *Administrer* juill. 2006, p. 61, obs. J.-R. Bouyeure). Il en est ainsi lorsque le sol tout entier est commun et que les terrains d'assiette des bâtiments font l'objet d'une indivision forcée entre tous les lots, qui comprennent chacun une partie privative et une quote-part de parties communes. Cette structure juridique « homogène » fait que l'on est en présence d'un « groupe d'immeubles » (■ CA Paris, 23e ch. B, 26 sept. 2002 : *JurisData* n° 2002-188842 ; *Loyers et copr.* 2003, comm. 43). Le groupe d'immeubles est divisé en lots. Cette division affecte l'ensemble des immeubles le composant et chacun des lots va se voir reconnaître un droit de propriété exprimé en tantièmes sur les parties communes à l'ensemble des immeubles, notamment sur le solution.

Doit être qualifiée de « groupe d'immeubles » :

– la structure juridique (comprenant deux immeubles distincts) dans laquelle la propriété de chaque immeuble est répartie entre plusieurs personnes par lots comprenant chacun une partie privative et une partie commune, alors qu'il n'existe dans aucun de ces immeubles de parcelles bâties ou non faisant l'objet de droits de propriété privatifs (■ CA Versailles, 1re ch., 17 mai 1990 : *RD imm.* 1990, p. 405, obs. Cl. Giverdon) ;

– la structure juridique dans laquelle le sol appartient dans son ensemble à la communauté des copropriétaires et constitue donc une partie commune soumise à un régime juridique homogène sans morcellement en propriété divise impliquant une division parcellaire ; le droit privatif de jouissance sur une partie du sol commun, comportant le droit d'édifier une villa n'étant pas constitutif d'une telle division (■ CA Paris, 23e ch. B, 26 oct. 1983 : *D.* 1984, IR p. 379, obs. Cl. Giverdon. – V. aussi, ■ CA Paris, 23e ch. B, 24 juin 1981 : *D.* 1982, IR p. 435, obs. Cl. Giverdon).

Sur la difficulté d'une définition précise du « groupe d'immeubles », V. J. Viatte, *Groupes d'immeubles et ensembles immobiliers* : *Journ. not.* 1976, p. 873 et s.

B – Statut juridique du groupe d'immeubles

38) Distinction à opérer. Le statut juridique des groupes d'immeubles dépend de leur affectation :

– si le groupe d'immeubles est affecté en totalité ou en partie à usage d'habitation, il est impérativement assujetti à la loi du 10 juillet 1965 ;

– s'il est affecté intégralement à un autre usage que l'habitation (immeuble de bureaux ou « d'activité ») il peut ne pas être soumis au statut de la copropriété, à deux conditions : l'établissement d'une dérogation y dérogeant expressément ; la mise en place d'une organisation suffisamment structurée pour assurer la gestion des éléments et services communs.

Ces conditions sont les mêmes que celles exigées pour qu'un ensemble immobilier puisse échapper au statut de la copropriété. Elles sont commentées ci-dessous (nos 47 à 54).

39) Sanction d'une violation de la loi. Si un immeuble ou un groupe d'immeubles divisés par lots affectés en totalité ou en partie à usage d'habitation, était placé sous un régime juridique différent du statut de la copropriété quelle serait la sanction ? L'article premier de la loi du 10 juillet 1965 ayant un caractère d'ordre public, l'organisation juridique mise en place devrait être réputée non écrite en application de l'article 43 de cette même loi. Le statut de la copropriété deviendrait de plein droit applicable. Ainsi, dans l'état du droit antérieur, il avait été jugé que toute organisation juridique écartant l'application du statut de la copropriété alors que l'immeuble présentait une structure « homogène », pourrait être mise à néant à la demande de tout intéressé puisque portant atteinte aux règles impératives de l'article 1er de la loi du 10 juillet 1965 (V. pour des exemples pratiques : ■ CA Aix-en-Provence, 4e ch. A, 27 mai 1999 : *D.* 1999, somm. p. 311, note C. Atias. ■ CA Paris, 23e ch. B, 26 oct. 1983 : *RD imm.* 1984, p. 91, obs. Givord et Giverdon. ■ CA Paris, 23e ch. B, 28 avr. 1983 : *RTD civ.* 1983, obs. Giverdon et à propos d'un groupe d'immeubles faussement qualifié d'ensemble immobilier : ■ CA Versailles, 17 mai 1990 : *D.* 1991, IR p. 75, obs. C. Giverdon, J.-R. Bouyeure et J. Lafond).

V – ENSEMBLES IMMOBILIERS

Bibliographie : Sur les ensembles immobiliers, J. Viatte, *Le statut de la copropriété et les ensembles immobiliers en construction* : *Journ. not.* 1969, art. 49108. – D. Sizaire, *Les sources de la copropriété des immeubles bâtis et l'entrée en vigueur du statut* : *Rev. éco. et dr. imm.*, nos 57-58, p. 38 et s. – J. Cabanac, *La réforme de la loi de 1965 et les ensembles immobiliers* : *Rev. éco. et dr. imm.* 1976, n° 66, p. 53 et s. – Goudard, *Réflexions sur certains problèmes relatifs aux ensembles immobiliers* : *Rev. éco. et dr. imm.* 1970, p. 1953 et s. – *Les problèmes juridiques de la gestion des grands ensembles immobiliers* : *Dr. et ville*, n° spéc. 4/1977, études de Me Zurfluh, de M.-B. Bazin et d'E. Kischinewsky-Broquisse. – J. Lafond, *La modification du projet de construction d'un ensemble immobilier* : *JCP N* 1983, doctr. p. 41 et s. – G. Vigneron, *Modification d'un programme de construction d'un ensemble immobilier en copropriété* : *Informations FNAIM*, juin-juill. 1987, p. 55 et s. ; août-sept. 1987, p. 49 et s. ; oct. 1987, p. 49. – Levinshon, *La gestion des ensembles immobiliers* : *AJPI* 1987, p. 664 et s. – J. Lafond, *Statut juridique des programmes immobiliers en copropriété inachevés* : *JCP N* 1988, doctr. p. 25 et s. – P. Lebatteux et J. Barnier-Sztabowicz, *Les ensembles immobiliers et l'adoption d'une organisation différente* : *Administrer* juin 1994, p. 9 et s. – J.-P. Bertrel, *Les ensembles immobiliers complexes* : *Dr. et patr.* 11/1994, p. 44 et s. – M.-C. Ruffet, *Comment s'unir pour bien gérer* :

Inf. rap. copr. déc. 1994, p. 21 et s. et janv. 1995, p. 22 et s. – M. Morand, *L'organisation des ensembles immobiliers* : *AJPI* 1995, p. 695 et s. – P. Capoulade, *Copropriété et structures foncières dans la jurisprudence de la Cour de cassation*, rapport de la Cour de cassation 1995, p. 85 et s. : *Administrer* janv. 1996, p. 4 et s. – P. Capoulade et C. Giverdon, *Propos sur les ensembles immobiliers* : *RD imm.* 1997, p. 161 et s. – J. Lafond, *La distinction entre groupes d'immeubles et ensembles immobiliers* : *JCP* N 1998, p. 804 et s. – P. Capoulade, *Ensembles immobiliers et copropriété* : *Rev. hab. fr*, janv. 2000, p. 12. – C. Atias, *La pluralité de bâtiments* : *Inf. rap. copr.* févr. 2003, p. 24 ; du même auteur, *Le syndicat dans un ensemble, menace pour les copropriétaires* : *Inf. rap. copr.* mai 2003, p. 20. – C. Jaffuel, *Les grandes copropriétés* : *AJDI* 2006, p. 545. – D. Tomasin, *Les caractères de la notion d'ensemble immobilier* : *Mél. Malinvaud*, Litec, 2007, p. 597. – P. Lebatteux, *Comment redéfinir la notion d'ensemble immobilier et l'application du statut ?* : *Loyers et copr.* 2015, dossier 2. – S. Lamy-Willing, *L'organisation d'un ensemble immobilier* : *Constr.-Urb.* juin 2020, étude 6 ; *La copropriété*, Dalloz Action, 10e éd., 2021-2022, ss dir. de P. Capoulade et D. Tomasin, nos 121-11 et s.

JurisClasseurs. G. Vigneron, *JCl. Copropriété*, fasc. 61. – J. Lafond, *JCl. Notarial Formulaire, V° Copropriété*, fasc. 12.

A – Inadaptation de la loi du 10 juillet 1965 aux ensembles immobiliers

40) Problèmes concernant l'édification et la gestion des ensembles immobiliers. La loi du 10 juillet 1965 s'applique aux ensembles immobiliers « à défaut de convention y dérogeant expressément » et de mise en place d'une « organisation dotée de la personnalité morale et suffisamment structurée pour assurer la gestion » des éléments et services communs (L. 10 juill. 1965, art. 1er, II, al. 1er).

Or, l'édification et la gestion d'un ensemble immobilier dans le cadre juridique proposé par le statut de la copropriété posent de nombreux problèmes.

• *Première remarque* : la loi du 10 juillet 1965 n'est pas faite pour régir la période de construction de l'ensemble immobilier.

– On s'est interrogé tout d'abord quant à la date exacte où le statut de la copropriété va entrer en vigueur lorsqu'un ensemble immobilier est édifié par « tranches » : lorsqu'il y a coexistence de lots bâtis et de lots non bâtis (« lot transitoire » constitué par un droit de construire...), les lots non bâtis participent-ils aux assemblées ? Contribuent-ils aux charges ?

Voir : sur ces problèmes, L. 10 juill. 1965, art. 1er-1, n° 4, p. 6.

– Par ailleurs, si l'on veut modifier le projet de construction de l'ensemble immobilier, on se heurte à de nombreux facteurs de « blocage ». Certes, tout dépend de la nature exacte de la modification envisagée : mais si elle implique une atteinte aux droits que les copropriétaires tiennent de leur contrat de vente (modification par rapport au plan annexé aux actes de vente en état futur d'achèvement, modification par rapport aux promesses publicitaires...), ou si, au regard du statut de la copropriété, elle exige une décision unanime (changement d'affectation de lots, multiplication du nombre de lots affectant le standing de l'immeuble – à moins qu'elle ne soit autorisée par le règlement – modification des tantièmes et des charges de copropriété...), les causes de blocage sont alors quasi irrémédiables (sur les problèmes qui se posent en la matière, V. J. Lafond, *La modification du projet de construction d'un ensemble immobilier* : *JCP* N 1983, doctr. p. 41 et *JCl. Notarial Formulaire, V° Copropriété*, fasc. 14 et *JCl. Construction*, fasc. 90-50. – G. Vigneron, *Modification d'un programme de construction d'un ensemble immobilier en copropriété* : *Rev. bleue* juin-juill. 1987, p. 55 et s.).

Pour opérer ces modifications, les promoteurs utilisent parfois le mandat prévu par l'article R. 261-5 du Code de la construction et de l'habitation, dans le cadre des ventes d'immeubles à construire (V. pour la licéité de la constitution de servitude, après la naissance du syndicat : ▪ CA Paris, 2e ch. B, 6 janv. 2000 : *Constr.-Urb.* 2000, n° 170, note D. Sizaire). À défaut, à partir du moment où le statut de la copropriété est applicable, les modifications doivent être approuvées en assemblée (▪ Cass. 3e civ., 14 juin 2000 : *Constr.-Urb.* 2000, n° 215, note D. Sizaire), ou par chacun des acquéreurs, lorsque le statut n'est pas encore entré en vigueur (V. pour un mandat donné au promoteur vendeur de modifier le règlement de copropriété : ▪ Cass. 3e civ., 30 sept. 1998 : *RD imm.* 1999, p. 144, obs. P. Capoulade). Toute modification unilatérale serait inopposable aux acquéreurs, même si le promoteur s'en était réservé la possibilité dans le règlement de copropriété (▪ Cass. 3e civ., 5 juill. 2000 : *RJDA* févr. 2001, n° 142).

Une décision de la cour d'Aix-en-Provence a estimé que la modification du programme d'origine pouvait intervenir à la majorité de l'article 25 dès lors que le projet initial n'était plus réalisable et que le nouveau projet n'affectait ni les constructions existantes ni la destination de l'immeuble, mais seulement les parties communes (▪ CA Aix-en-Provence, 4e ch. A, 24 juin 2004 : *Rev. Administrer* nov. 2004, p. 41, obs. J.-R. Bouyeure).

Voir : sur ces problèmes : J.-L. Tixier, *La modification contractuelle du bien vendu en l'état futur d'achèvement : sous quelle forme ?* : *Constr.-Urb.* juill.-août 2002, p. 5.

V. Zalewski-Sicard, *VEFA, modifications et commercialisation du programme immobilier* : *LPA* 14 oct. 2014, p. 4

• *Deuxième remarque :* la loi du 10 juillet 1965 ne permet pas une gestion satisfaisante de l'ensemble immobilier une fois achevé (V. G. Delattre et C. Becqué-Deverre, *Regards croisés sur les petites et les grandes copropriétés : AJDI* 2007, p. 549).

Les gestionnaires connaissent bien les difficultés qu'engendre l'administration des ensembles immobiliers lorsqu'ils sont atteints de gigantisme.

Il est cependant possible d'y remédier, en cours de vie de copropriété, en les faisant « éclater » :

– soit par la création de syndicats secondaires (prévus par l'article 27 de la loi, V. ce texte) ;

– ou en organisant une « scission de copropriété » (article 28 de la loi, V. ce texte).

L'opinion unanime est qu'il faudrait doter les ensembles immobiliers d'un statut particulier ; mais ce statut, toujours espéré, n'a jamais vu le jour. La pratique, profitant des latitudes laissées par l'article 1er de la loi pour l'organisation des « ensembles immobiliers » définis au texte, a cherché à combler les lacunes de la loi par des formules appropriées qui tentent de résoudre les problèmes les plus aigus.

B – Notion d'« ensemble immobilier »

Bibliographie : S. Lamy-Willing, *L'organisation d'un ensemble immobilier : Constr.-Urb.* juin 2020, étude 6. – A. Lebatteux, *Les ensembles immobiliers hétérogènes ou le statut « alternatif » historique au statut de la copropriété : Actes prat. ing. immobilière* 2021, n° 2, dossier 15.

41) Caractéristiques. L'ensemble immobilier présente deux caractères spécifiques : il comporte des parcelles ou des volumes bâtis ou non, qui font l'objet de droits de propriété privatifs, ce qui lui confère une structure hétérogène (1°). D'autre part il comprend des terrains des volumes des aménagements ou des services communs (2°).

Sur la distinction entre groupes d'immeubles et ensembles immobiliers V. nos 36 à 39 et 41 à 45.

1° Hétérogénéité de la structure

42) Critère de l'hétérogénéité. Selon l'article 1er, II, 2°, l'ensemble immobilier a pour particularité de comprendre des parcelles ou des volumes, bâtis ou non, faisant l'objet de droits de propriété privatifs, ce qui lui confère un caractère hétérogène. Il s'oppose ainsi aux « groupes d'immeubles » visés à l'article 1er, II, 1°.

Dans l'état du droit antérieur à l'ordonnance du 30 octobre 2019, la jurisprudence tendait à interpréter le paragraphe 2 de l'article 1er (rédigé dans les mêmes termes) comme s'appliquant à des *ensembles hétérogènes quant à l'appropriation du sol* (ainsi, ▪ TGI Versailles, 14 oct. 1970 : *AJPI* 1971, II, 133, note Bouyeure. ▪ CA Paris, 3 déc. 1971 : *Gaz. Pal.* 1972, 1, p. 105, note Morand. ▪ CA Paris, 12 mars 1974 [inédit], analysé dans les observations de B. Stemmer sous ▪ Cass. 3e civ., 3 déc. 1975 : *JCP* N 1976, II, 18352. – V. aussi ▪ CA Paris, 26 oct. 1983 : *D.* 1984, inf. rap. p. 379, obs. Cl. Giverdon. – V. aussi, ▪ CA Aix-en-Provence, 16 avr. 1992 : *RD imm.* 1993, p. 115, obs. Cl. Giverdon. ▪ CA Paris, 23e ch. A, 29 oct. 1997 : *Loyers et copr.* janv. 1998, n° 20. ▪ CA Versailles, 4e ch. B, 31 janv. 2000 : *Dossier CSAB* n° 89, févr. 2001, n° 132, obs. A. Dunes).

43) Régime juridique du sol. La notion de pluralité de bâtiments n'est donc pas en soi un critère. C'est le *régime juridique du sol* qui est à considérer. Il y a hétérogénéité lorsqu'il fait l'objet de modes d'appropriation différents (D. Sizaire, *La copropriété,* n° 29), certains copropriétaires ou groupes de copropriétaires ayant des droits réels exclusifs sur certaines parties de terrain de sorte qu'il y a distinction de la copropriété du sol et de la propriété ou de la copropriété de chacun des bâtiments (V. pour une mise en œuvre de ce critère, ▪ Cass. 3e civ., 7 mai 1996 et ▪ CA Paris, 19e ch. B, 19 janv. 1996 : *RD imm.* 1996, p. 411 et s., obs. P. Capoulade et C. Giverdon).

44) Hétérogénéité du régime juridique. Répond à la notion d'ensemble immobilier visée à l'article 1-2° de la loi du 10 juillet 1965 un ensemble de lots comportant en superficie comme en hauteur des fractions d'immeubles autonomes les uns par rapport aux autres, constituant de la sorte des lots en « volumes » sans indivision au sol ; il en résulte une hétérogénéité du régime juridique des fractions de l'immeuble auxquelles le statut de la copropriété n'est pas d'application obligatoire (V. ▪ Cass. 3e civ., 17 févr. 1999, n° 97-14.368 : *Loyers et copr.* avr. 1999, n° 104, note G. Vigneron ; *JCP* N 1999, p. 1639, obs. D. Sizaire ; *Constr.-Urb.* 1999, comm. 182, note D. Sizaire ; *D.* 2000, somm. p. 133, obs. C. Giverdon ; *Rev. Administrer* juin 1999, p. 39, obs. P. Capoulade, confirmant ▪ CA Paris, 23e ch. A, 19 févr. 1997 : *RD imm.* 1997, p. 617, obs. C. Giverdon. – V. également sur cette décision : D. Sizaire, *L'organisation des ensembles immobiliers complexes : JCP* N 2000, p. 1311).

L'élément caractéristique de l'ensemble immobilier est le fait que tous les terrains d'assiette des constructions ne sont pas placés sous un régime unique d'indivision forcée entre les bâtiments, comme dans le cas d'un groupe d'immeubles bâtis (▪ CA Aix-en-Provence, 16 avr. 1992 : *RD imm.* 1993, p. 115, obs. C. Giverdon. ▪ CA Chambéry, 2e ch., 19 mai 2016, n° 15/01445 : *Rev. loyers* 2016, p. 342, note S. Benilsi. – V. aussi ▪ Cass. 3e civ., 15 déc. 1993, n° 91-12.645 : *Bull. civ.* III, n° 170. – V. sur cette décision, P. Lebatteux et J. Barnier-Sztabowicz : *Rev. Administrer* juin 1994, p. 9 et s.).

Le critère de l'hétérogénéité est donc que tous les copropriétaires n'ont pas de droits concurrents sur l'immeuble dans son ensemble (tous n'ont pas les mêmes droits dans tout. – V. *supra*).

2° *Existence de terrains, volumes, aménagements ou services communs*

45) Applications. Aux termes de l'article 1er, II, 2° de la loi (V. également l'article 1er, alinéa 2 ancien de la loi, le propre de l'ensemble immobilier est de comporter des terrains, des volumes, des aménagements ou des services communs. On a parlé à ce sujet « d'éléments fédérateurs ». En leur absence il ne peut y avoir d'ensemble immobilier.

On pourra parler d'ensemble immobilier :

– lorsqu'un centre commercial comprend des lots, parties privatives, et une galerie d'accès à ces lots, partie commune (▪ Cass. 3e civ., 19 sept. 2012, nos 11-10.827 et 11-12.963 : *JurisData* n° 2012-020800 ; *Loyers et copr.* 2012, comm. 335, obs. G. Vigneron ; *JCP* G 2013, n° 15, p. 429, obs. H. Périnet-Marquet ; *Rev. loyers* 2012, p. 424, note C. Franceschi. – V. également ▪ Cass. 3e civ., 18 sept. 2012, n° 11-10.826) ;

– dans le cas d'existence d'une *chaufferie commune* (▪ Cass. 3e civ., 21 juin 2000, n° 98-20.897 : *Rev. Administrer* nov. 2000, p. 38, obs. P. Capoulade ; *RD imm.* 2000, p. 382, obs. C. Giverdon. ▪ Cass. 3e civ., 21 juin 2002 : *Administrer* nov. 2000, p. 38, obs. J.-R. Bouyeure. ▪ Cass. 3e civ., 27 mars 1996, n° 93-17.304 : *JurisData* n° 1996-001268 ; *Loyers et copr.* 1996, comm. 322) ;

– de même si cet « ensemble » comprend *une voie ou un passage commun* (▪ Cass. 3e civ., 11 oct. 2000, n° 99-10.039 : *JurisData* n° 2000-006242 ; *Loyers et copr.* 2001, comm. 18 ; *Rev. Administrer* janv. 2001, p. 37, obs. P. Capoulade. ▪ Cass. 3e civ., 11 févr. 2009, n° 08-10.108 : *JurisData* n° 2009-047095 ; *Bull. civ.* III, n° 34 ; *Loyers et copr.* 2009, comm. 99, obs. G. Vigneron ; *Rev. loyers* avr. 2009, p. 189 ; *Rev. Administrer* mai 2009, p. 54, obs. J.-R. Bouyeure ; *AJDI* 2009, p. 632, note P. Capoulade) *a contrario* (▪ CA Reims, 20 janv. 2000 : *Constr.-Urb.* 2000, n° 267, obs. D. Sizaire. ▪ CA Paris, 23e ch. A, 30 juin 1999 : *Loyers et copr.* 2000, comm. 23 ; *RD imm.* 1999, p. 675, obs. P. Capoulade).

En revanche :

– un ouvrage immobilier ne comportant pas de terrains mais seulement une partie privative non bâtie sur l'eau (des emplacements d'amarrage) ne peut constituer un ensemble immobilier (▪ CA Paris, pôle 4, 2e ch., 24 janv. 2018, n° 16/07611 : *Rev. loyers* 2018, p. 168, obs. S. Bénilsi, à propos de Port Premier Paris-Sud).

– les propriétaires de deux parcelles contiguës ne peuvent se constituer en ensemble immobilier au sens de l'article premier de la loi du 10 juillet 1965 s'il n'existe aucun élément fédérateur détenu en indivision par chacun des propriétaires (▪ Cass. 3e civ., 26 mars 2020, n° 18-16.117 : *JurisData* n° 2020-4596 ; *JCP* G 2020, n° 20-21, chron. 648, p. 983, obs. H. Périnet-Marquet ; *Rev. loyers* 2020, p. 256, note V. Zalewski-Sicard ; M.-A. Floch, Chronique *Droit de la copropriété* ; *Defrénois* 2020, n° 43, p. 36 ; *JCP* N 2021, n° 17, 1168 note M. Poumarède). En l'espèce, un syndicat de copropriétaires bénéficiait d'une servitude de passage sur un fonds dépendant d'un autre syndicat et devait contribuer à l'entretien de la porte de parking situé dans l'immeuble de ce même syndicat (V. sur le fait qu'une simple servitude ne permet pas de caractériser un ensemble immobilier, ▪ CA Lyon, 1re ch. civ. B, 23 mai 2023, n° 21/02642 : *Rev. loyers* 2023, n° 1039, p. 376).

Bibliographie : sur le sujet : D. Sizaire, *Sur l'utilisation du statut de la copropriété des immeubles bâtis pour la gestion des voies privées, cours ou jardins communs dépourvus d'organisation* : *Gaz. Pal.* 1985, n° 2, p. 411.

C – Régime applicable avant le 1er juin 2020

46) Application facultative du statut : conditions. Selon l'article premier, alinéa 5 de la loi du 10 juillet 1965 dans sa rédaction issue de la loi n° 2018-1021 du 23 novembre 2018 (loi « ELAN »), la loi du 10 juillet 1965 *ne s'appliquait aux ensembles immobiliers qu'à « défaut de convention contraire créant une organisation différente »*.

Pour que l'ensemble immobilier échappe au statut de la copropriété il fallait donc d'une part une volonté exprimée d'y déroger (une « convention contraire ») et d'autre part la mise en place d'un système de gestion organisé afin de se substituer au syndicat.

1° *Existence d'une « convention contraire »*

47) Caractérisation. On pouvait trouver une illustration de cette idée de structure conventionnelle dans un arrêt de la Cour de cassation (▪ Cass. 3e civ., 21 nov. 1978 : *JCP* N 1979, II, p. 144, obs. B. Stemmer) ayant admis qu'une organisation complexe créée par des indivisaires peut ne pas être une copropriété au sens de la loi du 10 juillet 1965. L'organisation différente ne pouvait résulter de la simple mention dans l'état descriptif de division que la loi du 10 juillet 1965 n'était pas applicable (▪ Cass. 3e civ., 19 sept. 2012, nos 11-13.679 et 11-13.789 : *JurisData* n° 2012-020889 ; *Bull. civ.* III, n° 126 ; *JCP* G 2013, n° 15, p. 429, obs. H. Périnet-Marquet ; *Rev. loyers* 2012, p. 426, note J.-M. Roux ; *JCP* N 2013, n° 16-1088, obs. J.-C. Chaput et G. Durand-Pasquier ; *AJDI* 2013, p. 444, note D. Tomasin. – V. sur ces décisions, C. Atias, *Menace sur la division en volumes ?* : *Defrénois* 2012, art. 40627). – V. aussi, ▪ CA Paris, pôle 4, 2e ch., 7 déc. 2016, n° 14/08274 : *Defrénois* 2017, n° 30, p. 29, note M.-A. Le Floch.

2° *Mise en place d'une « organisation différente »*

48) Une « organisation différente ». La seule volonté d'exclure l'application du statut ne suffisait pas. Il fallait **mettre en place une « organisation »** susceptible de pourvoir à la gestion de l'ensemble. Une simple convention de servitude ne pouvait constituer cette organisation différente (▪ Cass. 3e civ., 11 févr. 2009, n° 08-10.109 : *JurisData* n° 2009-047095 ; *Loyers et copr.* 2009, comm. 99, obs. G. Vigneron. – V. aussi ▪ Cass. 3e civ., 11 mai 2017, n° 16-13.923 : *Loyers et copr.* 2017, comm. 176, note A. Lebatteux). De même il n'était pas possible de se satisfaire d'une « assemblée » des syndics des copropriétés concernées, qui serait un groupement sans personnalité ni existence juridiques (▪ Cass. 3e civ., 27 mars 1996 : *Loyers et copr.* juill. 1996, n° 322. ▪ Cass. 3e civ., 31 mars 1993 : *RD imm.* 4 juin 1993, p. 270).

Aux termes mêmes de l'article 1er, alinéa 5 de la loi du 10 juillet 1965, cette organisation devait être « **différente** » (▪ Cass. 3e civ., 27 mars 1996, n° 93-17.304 : *RD imm.* 1996, p. 261 ; *Administrer* déc. 1996, p. 29, obs. P. Capoulade), et donc se démarquer de celle prévue par la loi. Il a été jugé qu'il importait peu que cette organisation différente ait été qualifiée de « syndicat », si elle était en fait distincte des modes de gestion prévus par cette loi (▪ Cass. 3e civ., 28 nov. 2001 : *Bull. civ.* III, n° 138 ; *Loyers et copr.* 2002, comm. 75, obs. G. Vigneron ; *Constr.-Urb.* mars 2002, n° 65, obs. D. Sizaire ; *AJDI* 2002, p. 138, note Y. Rouquet ; *Rev. loyers* 2002, p. 156, note J.-M. Gélinet ; *Gaz. Pal.* 16 au 18 juin 2002, p. 30, note P. Capoulade ; *Administrer* mars 2002, p. 42, obs. J.-R. Bouyeure).

L'organisation mise en place devait avoir une **existence effective.** Si une association syndicale avait été prévue, il fallait qu'elle ait été effectivement créée (▪ Cass. 1re civ., 12 juin 2018, n° 17-18.705 : *Loyers et copr.* 2018, comm. 185, note A. Lebatteux ; *Administrer* mars 2019, p. 57, obs. J.-R. Bouyeure). Il fallait aussi qu'elle ait une existence légale et donc qu'elle ait fait l'objet d'une publication dans un journal d'annonces légales, et qu'elle ait fonctionné comme telle (▪ CA Bastia, 6 avr. 2011, n° 09/649 : *JurisData* n° 2011-009214).

49) Absence de formule imposée. La loi n'imposait pas de formule : le choix de « l'organisation différente » qu'il s'agissait de mettre en place était laissé à la liberté du rédacteur du règlement de copropriété.Cette organisation différente pouvait être une association syndicale libre (V. pour un exemple, ▪ Cass. 3e civ., 6 nov. 2007, n° 06-14.304 : *Administrer* févr. 2008, p. 37, obs. J.-R. Bouyeure). Il a été jugé qu'il était sans importance que cette association n'ait pas mis ses statuts en conformité avec l'ordonnance du 1er juillet 2004 (▪ CA Nîmes, 2e ch. civ., sect. A, 5 oct. 2017, n° 17-01.231 : *Rev. loyers* 2017, p. 513, obs. S. B). Ce pouvait être aussi une union de syndicats (*infra*, L. art. 29), ou encore une association foncière urbaine, une association de type loi de 1901, une société civile... et même une structure purement conventionnelle (▪ Cass. 3e civ., 21 nov. 1978 : *JCP* N 1979, II, p. 144, obs. B. Stemmer).

Il était conseillé de choisir de préférence l'union de syndicats, en raison de la souplesse de la formule (V. P. Lebatteux et J. Barnier-Sztabowicz, *Les ensembles immobiliers et l'adoption d'une organisation différente* : *Rev. Administrer* juin 1994, p. 9 et s.).

Mais, très fréquemment, il était recouru à l'association syndicale libre régie actuellement par l'ordonnance du 1er juillet 2004 (V. Annexe 6, *Associations syndicales*, p. 991 et, sur le sujet, M. Morand, *Associations syndicales libres et ensembles immobiliers* : *AJPI* 1991, p. 245 et s.).

Voir : sur les avantages et inconvénients respectifs de l'association syndicale et de l'union de syndicats, V. le présent code, V. comm., L. art. 29. – Sur l'union de syndicats, V. L. art. 29 et D. art. 43 à 45. – Sur les associations syndicales libres, Annexe 6, *Association syndicale*, p. 991 et introduction, L. 10 juill. 1965, art. 29, p. 511 et art. 44, p. 634.

3° *Conséquences de l'absence d'organisation différente*

50) Application de la loi du 10 juillet 1965. En l'absence d'organisation différente, le statut de la copropriété s'appliquait de plein droit dans toutes ses dispositions, quand bien même on aurait été en présence d'un « ensemble immobilier », au sens défini plus haut, et il s'imposait au juge (V. pour une impasse commune, ▪ Cass. 3e civ., 11 févr. 2009, n° 08-10.109 : *Bull. civ.* III, n° 34 ; *Loyers et copr.* 2009, comm. 99, obs. G. Vigneron ; *Rev. loyers* avr. 2009, p. 189 ; *Rev. Administrer* mai 2009, p. 54, obs. J.-R. Bouyeure ; *AJDI* 2009, p. 632, note P. Capoulade. – V. aussi ▪ Cass. 3e civ., 15 déc. 1993, n° 90-20.236 : *Bull. civ.* III, n° 171 ; *RD imm.* 1994, p. 94, obs. Capoulade. ▪ CA Paris, 23e ch. B, 28 juin 2001 : *Loyers et copr.* 2002, comm. 49 ; *Constr.-Urb.* 2002, comm. 9, obs. D. Sizaire). Il en résultait notamment que tous les copropriétaires de tous les immeubles étaient « réunis en un syndicat », qui devait tenir ses assemblées, élire son syndic, etc. (▪ CA Paris, 23e ch. B, 28 juin 2001 : *Loyers et copr.* 2002, comm. 49 ; *Constr.-Urb.* 2002, comm. 9, obs. D. Sizaire. V. aussi ▪ CA Paris, pôle 4, 2e ch., 7 déc. 2016, n° 14/08274 : *JurisData* n° 2016-029638 ; *Loyers et copr.* 2017, comm. 93, note A. Lebatteux. ▪ CA Paris, pôle 4, 2e ch., 21 mai 2014, n° 12-06.430 : *Administrer* oct. 2014, p. 46, obs. J.-R. Bouyeure. – V. sur le sujet, E. Colas, *L'ensemble immobilier : la redoutable sanction d'une qualification hasardeuse : NOTA BENE, Bull. Cridon-Bordeaux Sud-Ouest* oct. 2014, 786).

Peu importait qu'il n'existe aucun règlement de copropriété (▪ Cass. 3e civ., 19 sept. 2012, nos 11-10.827 et 11-12.963 : *JurisData* n° 2012-020800 ; *Loyers et copr.* 2012, comm. 335, obs. G. Vigneron ; *JCP* G 2013, n° 15,

p. 429, obs. H. Périnet-Marquet ; *Rev. loyers* 2012, p. 424, note C. Franceschi. – V. également ▪ Cass. 3e civ., 18 sept. 2012, n° 11-10.826).

Toute disposition contraire à la loi du 10 juillet 1965 est alors réputée non écrite (V. pour l'annulation d'une organisation mise en place pour la gestion d'une chaufferie commune à plusieurs syndicats, ▪ Cass. 3e civ., 4 nov. 1993 : *Bull. civ.* III, n° 138 ; *RD imm.* 1994, p. 92, obs. Capoulade).

D – Régime applicable à compter du 1er juin 2020

51) Réforme opérée par l'ordonnance du 30 octobre 2019. L'article 1er, II, de la loi du 10 juillet 1965, issu de l'ordonnance n° 2019-1101 du 30 octobre 2019, a modifié les conditions exigées pour qu'un ensemble immobilier échappe à la loi du 10 juillet 1965. Ce texte impose qu'une convention expresse exprime la volonté de déroger à cette loi et que d'autre part soit mise en place une organisation « suffisamment structurée » dotée de la personnalité morale.

52) Convention dérogatoire expresse. Alors que l'ancien texte parlait simplement d'une « convention contraire » l'article 1er, II de la loi exige dorénavant que cette convention déroge expressément à la loi du 10 juillet 1965. La jurisprudence appelée à interpréter le texte antérieur avait fini, peu ou prou par poser la même exigence (V. ci-dessus, n° 48).

53) Organisation structurée dotée de la personnalité morale. Le texte nouveau s'est manifestement inspiré là encore de la jurisprudence antérieure, dont les exigences concernant la notion « d'organisation » n'étaient cependant pas aussi précisément formulées (V. nos 47 à 49). L'organisation mise en place doit être « suffisamment structurée pour assurer la gestion des éléments et services communs », et « dotée de la personnalité morale ».

On observe qu'il n'est plus exigé que cette organisation soit « différente » de celle mise en place par la loi du 10 juillet 1965. Le législateur n'a pas jugé nécessaire de préciser ce qui paraissait allait de soi : il ne faut pas oublier en effet que la convention a par définition l'objet de « déroger » à la loi de 1965.

54) Sanction des irrégularités. Si les conditions exigées pour qu'un ensemble immobilier échappe à la loi du 10 juillet 1965 ne sont pas remplies, le juge a le pouvoir de rétablir la véritable qualification de la convention et de déclarer « non écrite » la structure juridique conçue par les parties en violation de l'article premier de la loi, qu'un caractère d'ordre public (L. 10 juill. 1965, art. 43). La loi du 10 juillet 1965 redeviendra alors applicable au pseudo « ensemble immobilier ».

VI – SOURCES DE LA COPROPRIÉTÉ

Bibliographie : Cabinet Roseau, géomètres experts, *La mise en copropriété de l'immeuble : Actes prat. ing. immobilière* 2017, dossier 4.

55) En dehors d'une vente d'immeubles à construire. En dehors du cas où elle procède d'une vente d'immeuble à construire, la copropriété peut naître :

– de l'édification d'un immeuble (destiné à être approprié par lots) par une *société d'attribution* ; V. les articles L. 212-1 et suivants du Code de la construction et de l'habitation ;

– de l'édification d'un immeuble sur un terrain acquis en indivision (méthode de Grenoble) ou sur lequel une indivision a été créée (par voie de « cession de millièmes »).

Les perceptions opérées par l'administration en pareil cas sont souvent si élevées qu'elles grèvent lourdement les opérations de construction menées dans ce cadre juridique (sur les incidences fiscales de ces diverses formules, V. Guide de la publicité foncière LexisNexis, *V° Construction sur terrain indivis.* – V. aussi B. Stemmer, *Cession de terrain contre remise de locaux* : *JCl. Fiscalité immobilière*, Fasc. 755).

Voir : sur le point de savoir à quel moment naît alors exactement la copropriété, V. L. n° 65-557, 10 juill. 1965, art. 1er-1, p. 25.

56) Vente d'immeuble à construire. (Vente à terme ou vente en état futur d'achèvement) :

- Sur l'entrée en vigueur du statut de la copropriété dans le cas de vente d'immeuble à construire, V. *infra* L. 10 juillet 1965, art. 1er-1 ;
- Sur le problème de la participation aux charges avant l'achèvement de l'immeuble, V. ▪ Cass. 3e civ., 22 janvier 2014 : L. 10 juill. 1965, art. 10, comm. n° 15, p. 143.

57) Mise en copropriété d'immeubles bâtis. S'agissant *d'immeubles déjà bâtis*, la copropriété peut naître :

– du *partage en nature* de l'immeuble lorsqu'il est indivis (sur la validité du recours à la mise en copropriété pour procéder à un partage, par exemple d'un immeuble indivis entre divers cohéritiers, V. ▪ Cass. 1re civ., 19 janv. 1960 : *JCP* 1960, II, 11458 ; *D.* 1960, p. 417, note Savatier) ;

– de la mise en vente d'un immeuble bâti après division par lots (le vendeur établit par avance le règlement de copropriété et l'état descriptif de division auquel les acquéreurs adhèrent ultérieurement) ;

– ou de la surélévation d'un immeuble préexistant.

VII – NAISSANCE DE LA COPROPRIÉTÉ

58) Renvoi. La question de la naissance de la copropriété est traitée à l'article 1er-1 nouveau de la loi du 10 juillet 1965, créé par la loi ELAN, du 23 novembre 2018 (V. ce texte ci-dessous).

VIII – COPROPRIÉTÉ ET INSTITUTIONS VOISINES

Bibliographie : A. Lebatteux-Simon, *Les alternatives à la copropriété : Loyers et copr.* janv. 2015, étude 1. – P. Derrez, *Petites copropriétés ; quel mode de gestion choisir : Inf. rap. copr.* nov. 2014, p. 59.

A – Organisation de résidences du troisième âge dans le cadre du statut de la copropriété

59) Renvoi. La matière est traitée plus bas sous les articles 41-1 à 41-5 de la loi, issus de la loi « ENL » du 13 juillet 2006, et auxquels on voudra bien se reporter.

B – Immeubles dont la jouissance est divisée dans le temps

60) Différence avec la copropriété. Il n'y a pas dans ce cas de division de la propriété mais simplement division en jouissance. C'est le cas de la « multipropriété », ou « time-propriété », etc.

Il faut noter ici que la multipropriété a été dotée d'un statut par la loi n° 86-18 du 6 janvier 1986 (*JO* 8 janv. : *JCP* 1986, III, 58205).

Voir : on trouvera le texte intégral de cette loi et des commentaires auxquels elle a donné lieu dans la partie Annexe 47, *Multipropriété*, p. 1357.

C – Immeubles divisés en volumes

61) Renvoi. Sur la distinction entre la division en lots de copropriété et la division en volumes, et les problèmes de frontière entre copropriété et volumétrie, V. ann., *V° Volumes*.

D – Copropriété horizontale et lotissements

Bibliographie : D. Tomasin, *Retour sur la distinction entre lotissement et copropriété : Rev. Dr. et ville* 1995, n° 40, p. 7. – F. Bouyssou, *La copropriété horizontale sans division en jouissance : mythe, réalité ou fraude ? : RD imm.* 1996, p. 329. – A. Koenig, *Lotissement ou copropriété horizontale ; un beau débat téléologique : RD imm.* 1996, p. 321. – T. Eoche-Duval, *Copropriété horizontale, des contraintes insoupçonnées : Le Particulier immobilier* déc. 2002, p. 42. – M. Cornille, *Divisions foncières et lotissement : réglementation, pratiques et conseils : SNH* 17 févr. 2022, p. 11.

62) Distinction. La copropriété, telle que définie par l'article 1er de la loi, peut régir un ensemble de maisons individuelles, ou tout autre groupe d'immeubles bâtis dès lors que la division par lots correspond à la définition du texte. Mais la copropriété horizontale a un régime juridique distinct du lotissement :

– dans le lotissement, les lots qui ont été créés correspondent à une parcelle cadastrale. Chacun des titulaires de lots est propriétaire de cette parcelle, qui constitue le terrain d'assiette de l'immeuble qui s'y trouve édifié et de ses dépendances. Quant aux parties communes à vocation collective (voies d'accès ; espaces verts, etc.), elles sont soit placées sous le régime de l'indivision forcée soit gérées ou encore appropriées par une entité juridique indépendante, généralement une association syndicale de propriétaires (V. pour un exemple d'application de ce critère, ▪ CA Rennes, 11 janv. 2012, n° 10/08522 : *AJDI* 2013, p. 359),

– dans la copropriété horizontale, les lots sont composés de manière indissociable d'une partie privative et d'une quote-part de parties communes. Le titulaire d'un lot n'est pas propriétaire du sol, qui reste partie commune et sur lequel il ne dispose généralement que d'un simple droit de jouissance privative. Chaque lot se voit par ailleurs attribuer des « tantièmes » dans les parties communes, correspondant à la valeur relative de ce lot.

63) Points de rencontre entre lotissement et copropriété. La division parcellaire qui réalise le mieux la condition « d'éclatement du foncier » (V. n° 34 à 36), caractéristique de l'ensemble immobilier est le lotissement. Est-ce à dire que s'il existe entre les colotis des « terrains, aménagements et services communs » et qu'aucune organisation différente n'a été mise en place pour assurer leur gestion, la loi du 10 juillet 1965 sera applicable pour tout ce qui concerne précisément ces éléments communs ? La jurisprudence paraît décidée à l'admettre *(sur ce point, V. obs. D. Sizaire, in Le statut de la copropriété des immeubles bâtis, p. 27, note 53.* – D. Tomasin, *préc.*, n° 10. – Givord, Giverdon et Capoulade, *préc.*, n° 63).

La Cour de cassation a écarté l'application de la loi du 10 juillet 1965 dans un lotissement au motif qu'une association syndicale libre avait été mise en place pour gérer les terrains, aménagements et équipements communs (▪ Cass. 3e civ., 15 déc. 1993, n° 91-12.645 : *JurisData* n° 1993-002368 ; *Bull. civ.* III, n° 170 ; *RD imm.* 1994, p. 93, obs. P. Capoulade ; *Loyers et copr.* 1994, comm. 79). Cela laisse entendre *a contrario* qu'en l'absence d'association syndicale la loi du 10 juillet 1965 eut été applicable... (V., en ce sens, ▪ Cass. 3e civ., 15 déc. 1993, n° 90-20.236 : *JurisData* n° 1993-002367 ; *Bull. civ.* III, n° 171 ; *Loyers et copr.* 1994, comm. 77).

S'il y a en principe incompatibilité entre le lotissement et la copropriété, il a été jugé que rien n'interdisait de soumettre conventionnellement un lotissement au statut de la copropriété (■ Cass. 3e civ., 5 déc. 2006, n° 05-20.025).

Un arrêt a considéré que constituait un ensemble immobilier, l'organisation d'un lotissement né de la division par lots de terrains sur lesquels les propriétaires ont bâti leur maison, présentant de ce fait une structure hétérogène, et qui est dotée d'une organisation particulière de gestion collective, résultant du cahier des charges et du procès-verbal d'une assemblée générale qui a défini le statut applicable à cette entité (■ Cass. 3e civ., 28 nov. 2001, n° 00-14.539 : *JurisData* n° 2001-011890 ; *Bull. civ.* III, n° 138 ; *Loyers et copr.* 2002, comm. 75 ; *Constr.-Urb.* 2002, comm. 65, note D. Sizaire ; *AJDI* 2002, p. 138, note Y. Rouquet ; *Rev. loyers* 2002, p. 156, note J.-M. Gélinet ; *Gaz. Pal.* 16-18 juin 2002, p. 29, note P. Capoulade ; *Administrer* mars 2002, p. 42, obs. J.-R. Bouyeure).

64) Copropriété et lotissements non autorisés. La jurisprudence n'a pas manqué de condamner les « copropriétés horizontales » qui, en réalité, dissimulaient des lotissements non autorisés (V. ■ CE, 2 févr. 1977, req. nos 2051 à 2062. ■ Cass. 3e civ., 3 févr. 1981 : *Bull. civ.* III, n° 22).

Si l'acquéreur d'un lot de copropriété horizontale se trouve dans l'impossibilité de vendre la maison qu'il a édifiée sur son lot faute de certificat de conformité, le permis de construire ayant été annulé postérieurement à la vente du lot pour non-respect des distances de construction, la nullité de cette vente doit être prononcée en vertu de l'article L. 315-1 du Code de l'urbanisme pour non-respect de la réglementation applicable aux lotissements, le recours à la copropriété horizontale ayant été en l'espèce le moyen de tourner l'interdiction de tout lotissement dans cette zone, édictée par le POS de la commune (■ Cass. 3e civ., 24 mai 2005 : n° 04-12.866).

65) Formules contestées. Le souci d'éviter l'application de la législation des lotissements a amené la pratique à imaginer diverses formules, dont la validité était sujette à caution. Ces formules ne paraissent plus utilisées actuellement (V. pour une étude approfondie, *Division de l'immeuble*, Rapport au 103e Congrès des notaires, 2007, 1re commission, *La division contrôlée du foncier*, par J.-P. Mas et L. Calmels, nos 1169 et s.).

Il a été jugé que l'obtention d'un permis de construire valant division, puis la vente d'un lot d'une copropriété horizontale, constitué d'un droit de construire une maison comprenant deux appartements, était légale dès lors qu'il n'y avait pas volonté de contourner la réglementation des lotissements (■ Cass. 3e civ., 19 janv. 2022, n° 20-19.329, FS-B : *Rev. loyers* 2022, p. 87, obs. V. Zalewski-Sicard ; *SNH* 10 févr. 2022, p. 5, note anonyme ; *Administrer* mars 2022, p. 35, obs. P. Déchelette-Tolot).

66) Copropriété implantée sur un lotissement. On voit parfois des copropriétés dont le terrain d'assiette est constitué par un ou plusieurs lots d'un lotissement. En pareil cas les copropriétaires doivent respecter à la fois le règlement de copropriété et le cahier des charges du lotissement (■ Cass. 3e civ., 28 mars 2001, n° 98-16.730).

Voir : L. 10 juill. 1965, art. 8, comm. n° 12, p. 66.

IX – INTERDICTION DE VENDRE OU DE DIVISER CERTAINS IMMEUBLES POUR LES SOUMETTRE AU STATUT DE LA COPROPRIÉTÉ

67) Évolution de la règlementation. La loi n° 53-286 du 4 avril 1953 interdisait à l'origine toute vente par appartement d'immeuble frappé d'une interdiction d'habiter ou d'un arrêté de péril, ou déclaré insalubre.

Ce texte avait été complété et modifié par la loi n° 75-1351 du 31 décembre 1975 (L. n° 75-1351, 31 déc. 1975, art. 9) qui était venue interdire « à peine de nullité » la division par appartements des immeubles déjà visés par la loi de 1953, en y ajoutant les immeubles comportant « pour le quart au moins de leur superficie totale des logements loués ou occupés classés dans la catégorie IV visée par la loi du 1er septembre 1948 ». En outre, la loi de 1975 est venue prohiber la vente ou l'apport à des sociétés d'attribution de tels immeubles.

La loi du 13 décembre 2000 a repris et systématisé ces interdictions dans le nouvel article L. 111-6 du Code de la construction et de l'habitation (V. ce texte, *supra* sous l'article 1er) en prévoyant des sanctions. Corrélativement, elle a abrogé la loi du 4 avril 1953 précitée (art. 74-II).

L'article 11 de l'ordonnance n° 2005-1566 du 15 décembre 2005 (*JO* 16 déc., p. 19370 ; *JCP N* 2005, n° 51-52-1514) a précisé que les divisions sont exceptionnellement autorisées lorsqu'il s'agit « d'y réaliser des travaux de restauration immobilière déclarés d'utilité publique en application de l'article L. 313-4 du Code de l'urbanisme ».

L'article L. 111-6-1 a été de nouveau modifié par la loi n° 2006-872 du 13 juillet 2006 (loi « SRU ») puis par la loi n° 2009-323 du 25 mars 2009 (*JO* 27 mars) qui a procédé à une réécriture partielle de ce texte et réglé à cette occasion certaines questions en suspens. Il a subi une nouvelle modification avec la loi ALUR (L. n° 2014-366, 24 mars 2014), puis il a disparu du Code de la construction et de l'habitation à la suite de sa refonte par l'ordonnance n° 2020-71 du 29 janvier 2020. Mais sa substance a été reprise dans les articles L. 126-17 et L. 126-21 nouveaux de ce code. (V. ces textes, *supra* ss art. 1er).

A – Divisions interdites

68) « Mise à disposition » de locaux d'habitation. Alors que l'ancien texte prohibait les divisions effectuées « en vue de créer des locaux à usage d'habitation », l'article L. 111-6-1 visait depuis sa modification par la loi du 25 mars 2009 les divisions d'immeubles « en vue de mettre à disposition » des locaux à usage d'habitation. Ces termes sont repris par l'article 126-17, 2° et 3° nouveau du Code de la construction et de l'habitation.

On peut faire à ce propos deux remarques :

– la notion de « mise à disposition » est beaucoup plus générale que celle de location. Il y a « mise à disposition » lorsqu'on concède la jouissance d'un logement dans le cadre d'une convention d'occupation précaire, ou d'un prêt à usage ;

– ce n'est plus seulement la « création » de locaux d'habitation par voie de division de certains immeubles qui est interdite (CCH, art. L. 126-17, 1°), mais toute « mise à disposition », quel que soit le moment où elle intervient.

69) Notion de « division ». L'article L. 126-17, comme antérieurement l'article L. 111-6-1, vise tantôt les « divisions par appartements » ou tantôt les « divisions d'immeubles ». On s'est alors interrogé afin de savoir ce qu'il fallait entendre par cette notion de « division » (V., pour une synthèse, les travaux du 103e Congrès des notaires de Lyon 2007 : 3e Commission, S. Lelièvre et S. Chaix-Bryan, *La division de l'immeuble bâti*, nos 3030 et s.).

La loi du 25 mars 2009 en précise le contenu :

– ces divisions peuvent résulter « de mutations à titre gratuit ou onéreux, de partage, ou de locations ». La loi reprend ici la formule figurant dans l'article L. 442-1 du Code de l'urbanisme, qui définit les opérations de lotissement ;

– sont concernées aussi bien les divisions en propriété que les divisions « en jouissance ». L'une des questions que l'on se posait à propos de ce texte est aujourd'hui résolue : la mise à disposition ou la location d'un local d'une surface habitable inférieure à 14 m², issu d'une division exclusivement matérielle (immeubles ne faisant pas l'objet d'un état descriptif de division) est-elle interdite par ce texte ? Cette division doit-elle être accompagnée d'un diagnostic amiante ou d'un diagnostic saturnisme ? (V. Rapport au Congrès des notaires 2007 préc., p. 545). La réponse est affirmative.

Il a été précisé qu'il n'y avait pas « division » au sens de l'article L. 111-6-1 du Code de la construction et de l'habitation (et donc au sens du nouvel article L. 126-17 de ce même code) dans le cas où des locaux privatifs avaient été créés par individualisation des annexes des appartements principaux, constituées par des chambres de service, ceci pour répondre aux exigences de la réglementation concernant la publicité foncière (■ Cass. 3e civ., 3 juin 2021, n° 20-16.777 : *JurisData* n° 2021-008461 : *Loyers et copr.* 2021, comm. 141, note C. Coutant-Lapalus ; *Administrer* août-sept. 2021, p. 32, obs. P. Déchelette-Tolot ; *Rev. loyers* 2021, p. 360, note V. Zalewski-Sicard).

70) Division en vue de « mettre à disposition » des locaux d'habitation. L'interdiction vise les « divisions d'un immeuble en vue de mettre à disposition des locaux à usage d'habitation ». La mise en copropriété est incontestablement concernée par cette interdiction.

Il a été jugé que le fait de constituer des lots distincts afin d'identifier les annexes d'appartements principaux (en l'espèce des chambres de service) ne constituait pas une division prohibée au sens de l'article L. 111-6-1 ancien du Code de la construction et de l'habitation, cette opération ne constituant pas une « mise à disposition » de locaux à usage d'habitation, mais une simple mise en harmonie de l'état descriptif de division avec les exigences de la publicité foncière (■ Cass. 3e civ., 3 juin 2021, n° 20-16.777 : *Rev. loyers* 2021, p. 360, note V. Zalewski-Sicard).

Comme les lois précédentes du 4 avril 1953 et du 31 décembre 1975, la loi du 13 décembre 2000 a eu en vue la protection des occupants des immeubles à usage d'habitation. La division ne paraît donc pas interdite lorsqu'elle a pour but de créer des locaux à usage professionnel ou commercial. Mais l'interdiction reprendrait son empire si les locaux étaient à usage mixte d'habitation et professionnel ou d'habitation et commercial.

71) Réalisation de la « division ». On peut se demander à quel moment la « division » de l'immeuble est réalisée au sens de cette réglementation. La simple publication d'un état descriptif de division consacre-t-elle cette division ? Ne faut-il pas qu'il y ait appropriation des lots par deux personnes différentes pour que l'on puisse parler de « division » au sens du nouveau texte ? Il faut, à notre avis, distinguer deux cas :

– si l'état descriptif de division est établi en vue de préparer une mise en copropriété de l'immeuble, il nous paraît englobé dans les opérations prohibées, compte tenu de la finalité de la loi. Il en résulte qu'un notaire ne pourrait recevoir le dépôt de cet état descriptif de division. Il devrait, à notre avis, refuser d'instrumenter ;

– par contre, si l'état descriptif de division est dressé seulement pour les besoins de la publicité foncière, il n'y a pas, à notre avis, « division » au sens visé par la loi.

72) Opérations consécutives à la division. Sont concernées par l'interdiction non seulement la division elle-même mais également les opérations consécutives.

Certaines sont sanctionnées pénalement et il n'y a donc aucun doute à leur sujet : la vente, la location, la mise à disposition.

Voir : L. , 10 juill. 1965, art. 1er, comm. nos 68 et 69, p. 23.

D'autres, qui peuvent déboucher sur une division de l'immeuble, ne sont pas expressément visées mais elles sont indirectement concernées. Ainsi pour l'apport en société, de même pour le partage : si l'on fait une application littérale du texte, les héritiers qui trouvent dans la succession un immeuble qui n'a pas fait l'objet de diagnostic amiante ne pourront pas le partager en le divisant par lots après établissement d'un état descriptif de division.

73) Division de lots. Il résulte d'une réponse ministérielle, qui va dans le même sens que diverses opinions doctrinales (V. H. Périnet-Marquet, *L'impact de la loi SRU sur la vente immobilière* : *JCP* N 2001, p. 533 et s. ; spécialement n° 7. – Réponse du Cridon Paris n° 587 936) que les divisions de lots de copropriété entrent également dans le champ d'application de l'interdiction de diviser (Rép. secrétaire d'État au logement à M. Valleix : *JOAN* 3 déc. 2001, p. 6949-6950, n° 65 745).

B – Immeubles concernés

74) Plan. L'interdiction de division concerne les immeubles dangereux (1°), les immeubles insalubres (2°) et les immeubles dénués de tout confort (3°). Une dérogation à cette réglementation a été toutefois apportée par l'ordonnance du 15 décembre 2005 dans le cas de travaux de restauration immobilière déclarés d'utilité publique en application de l'article L. 313-4 du Code de l'urbanisme (V. CCH, art. L. 111-6-1, al. 2).

1° Immeubles dangereux

75) Dispositions d'application générale. L'article L. 126-17, 1° du Code de la construction et de l'habitation vise tout d'abord comme l'ancien article L. 111-6-1 les *immeubles frappés d'un arrêté de péril ou d'une interdiction d'habiter* (Sur ces mesures et leurs conséquences, V. Ann. 39 « Immeubles dangereux ou insalubres », p. 1301).

Le texte interdit la « division par appartements » des immeubles concernés.

76) Dispositions propres aux immeubles de grande hauteur (dits IGH). Sont par ailleurs visées par l'article L. 126-21 (qui reprend l'ancien article L. 111-6-1, alinéa 5) les « divisions par appartements » d'immeubles de grande hauteur :

– à usage d'habitation,

– ou à usage professionnel ou commercial et d'habitation...

... lorsque le contrôle exercé par la Commission de sécurité a donné lieu à un avis défavorable de l'autorité compétente ou à des prescriptions qui n'ont pas été exécutées.

2° Immeubles insalubres

77) Interdiction de division. Est également interdite toute « division par appartements » d'immeubles déclarés insalubres ou frappés d'une interdiction d'habiter (CCH, art. L. 126-17, 1°. – Sur la règlementation en la matière,V. Ann. 39 « Immeubles dangereux ou insalubres », p. 1301).

78) Absence de diagnostic « plomb » ou « amiante ». En outre, il est interdit de diviser « en vue de créer des locaux à usage d'habitation » :

– les *immeubles qui n'ont pas fait l'objet* d'une recherche de la présence d'amiante ainsi que, le cas échéant, du diagnostic de l'état de conservation de l'amiante dans les matériaux et produits repérés, prévue par l'article L. 1334-12-1 du même code ;

– les *immeubles construits avant 1948 et situés dans une zone à risque d'exposition au plomb* délimitée par arrêté préfectoral, soumis en tant que tels aux dispositions de l'article L. 1334-5 du Code de la santé publique et qui n'ont pas fait l'objet d'une appréciation du risque de saturnisme.

Bibliographie : Sur les immeubles concernés, V. C. Destame, *Amiante, vos questions* : *JCP* N 1998, p. 1481. – J. Bellon, *L'amiante et le droit immobilier : Defrénois* 1997, art. 36549.

Voir : bibliographie citée en Annexe 2, *Amiante*, p. 913.

3° Immeubles dénués de tout élément de confort

79) Immeubles concernés. L'article L. 126-17, 1° interdit tout d'abord de diviser par appartements les *immeubles qui comportent pour le quart au moins de leur superficie totale des logements loués ou occupés classés dans la catégorie IV* visée par la loi du 1er septembre 1948. Cette interdiction figurait déjà dans la loi du 4 avril 1953 modifiée.

Rappelons que les immeubles classés dans la catégorie IV sont « ceux qui ne présentent pas ou ne présentent plus les conditions élémentaires d'habitabilité. Il en est ainsi, notamment, de certaines constructions édifiées avec des matériaux dont la qualité ou la mise en œuvre est exceptionnellement défectueuse ainsi que des immeubles démunis de tout équipement (aucun W.-C., ni particulier au local ni même commun à l'immeuble) » (D. n° 48-1881, 10 déc. 1948).

Si l'on fait une application littérale du texte, l'interdiction ne jouera pas si les logements considérés ne sont pas « loués ou occupés ».

Est également interdite (CCH, art. L. 126-17, 2° et 3°) toute division d'immeuble en vue de créer :

– des *locaux à usage d'habitation d'une superficie et d'un volume habitable inférieurs respectivement à 14 m² et à 33 m³* (les deux conditions sont cumulatives). La loi ALUR du 24 mars 2014 a précisé que les installations ou pièces communes mises à disposition des locaux à usage d'habitation née de la division n'étaient pas comprises dans le calcul de la superficie et du volume de ces locaux...

– ... ou qui ne sont pas pourvus d'une installation d'alimentation en eau potable ou d'une installation d'évacuation des eaux usées ou d'un accès à la fourniture de courant électrique.

C – Sanctions

1° Sanctions civiles

80) Silence de la loi. La loi du 13 décembre 2000 n'a pas prévu de sanctions civiles à la différence de la loi du 4 avril 1953 qui édictait une interdiction « à peine de nullité ». On peut regretter ce silence.

Cette règlementation ayant été édictée pour des motifs touchant à l'ordre public de direction, la sanction qui s'impose est, à notre avis, la nullité absolue des opérations effectuées en violation des prescriptions légales.

2° Sanctions pénales

81) Personnes physiques. L'article L. 183-15 alinéa 1er du Code de la construction et de l'habitation punit d'un emprisonnement de deux ans et d'une amende de 75 000 € les personnes physiques qui mettent en vente, en location ou à la disposition d'autrui des locaux destinés à l'habitation et provenant d'une division réalisée en méconnaissance des interdictions définies par les articles L. 126-17 et L. 126-21 du même code. Des peines complémentaires sont également applicables (V. ce texte ci-dessus ss art. 1er de la loi du 10 juill. 1965, p. 3).

82) Personnes morales. En outre, les personnes morales peuvent être déclarées responsables dans les conditions prévues à l'article 121-2 du Code pénal (taux de l'amende égal au quintuple de celui prévu pour les personnes physiques en vertu de l'article 131-38 du Code pénal, soit 375 000 €) et elles encourent les peines complémentaires suivantes : interdiction à titre définitif ou pour une durée de cinq ans ou plus d'exercer directement ou indirectement une (ou plusieurs) activité professionnelle ou sociale ; fermeture définitive ou pour une durée de cinq ans ou plus des établissements ou de l'un ou de plusieurs des établissements de l'entreprise ayant servi à commettre les faits incriminés ; affichage de la décision prononcée ou diffusion de celle-ci soit par la presse écrite ou par tout moyen de communication audiovisuel et confiscation du fonds de commerce ou de l'immeuble destiné à l'hébergement des personnes et ayant servi à commettre l'infraction (C. pén., art. 131-39, 2°, 4°, 8° et 9°).

X – CONSÉQUENCES DE LA MISE EN COPROPRIÉTÉ

83) Renvoi. La mise en copropriété peut parfois produire des effets inattendus :

– l'immeuble peut acquérir de ce fait la qualification « d'immeuble collectif » au sens des articles L. 129-1 à L 129-7 du Code de la construction et de l'habitation ;

– elle peut avoir des effets sur la durée des baux en cours.

Ces « effets induits » de la mise en copropriété sont examinés à l'annexe.... (« Mise en copropriété : effets induits »).

Art. 1er-1 ***(Aj., L. n° 2018-1021, 23 nov. 2018).*** **– En cas de mise en copropriété d'un immeuble bâti existant, l'ensemble du statut s'applique à compter du premier transfert de propriété d'un lot.**

Pour les immeubles à construire, le fonctionnement de la copropriété découlant de la personnalité morale du syndicat de copropriétaires prend effet lors de la livraison du premier lot.

L'immatriculation du syndicat de copropriétaires est sans conséquence sur l'application du statut.

Bibliographie : S. Lelièvre et S. Chaix-Bryan, *La naissance de la copropriété : AJDI* 2007, p. 460. • C. Atias, *La naissance d'une copropriété : qu'est-ce qu'un bâtiment ? : Inf. rap. copr.* févr. 2002, p. 25. • J.-M. Roux, *L'immeuble « bâti » et le régime de la copropriété : Constr.-Urb.* 2008, étude 12. • J. Laporte et A. de Coster, *De la naissance du syndicat des copropriétaires à la première assemblée générale : AJDI* 2016, p. 583. • C. Coutant-Lapalus, *Achèvement et copropriété : Actes prat. ing. immobilière* 2017, n° 2, dossier 20. • G. Gil, *VEFA et copropriété : Administrer* févr. 2021, p. 12. • G. Frémont et M.-H. Martial, *VEFA et copropriété : de l'achèvement à la livraison : Inf. rap. copr.* mai 2022, p. 25.

1) Date d'entrée en vigueur du statut de la copropriété. Ce texte apporte des éléments de solution à la question de la date d'entrée en vigueur du statut de la copropriété, qui a donné lieu à d'importants débats (V. ci-dessus, Bibliographie).

2) Caractère d'ordre public. L'ordonnance n° 2019-1100 du 30 octobre 2019, applicable à compter du 1er juin 2020, confère un caractère d'ordre public à l'article 1er-1, qui figurera désormais dans la liste des textes à caractère impératif énumérés par l'article 43 de la loi du 10 juillet 1965.

I - IMMEUBLE EN CONSTRUCTION OU À CONSTRUIRE

A - Livraison du premier lot

3) Date d'entrée en vigueur du statut de la copropriété. Lorsqu'un immeuble est en construction, à quel moment le statut de la copropriété devient-il applicable ?

L'article 1er-1 de la loi du 10 juillet 1965, issu de la loi ELAN (L. n° 2018-1021, 23 nov. 2018) met fin à ce questionnement. Selon ce texte, lorsqu'un immeuble est en construction, le fonctionnement de la copropriété découlant de la personnalité morale du syndicat de copropriété prend effet lors de la livraison du premier lot. La jurisprudence antérieure à l'ordonnance du 30 octobre 2019 se référait habituellement à la notion d'achèvement. Mais l'achèvement est différent de la livraison, appelée aussi « parachèvement ». Lors de l'achèvement, l'immeuble est simplement habitable alors que lors de la livraison il doit être complètement terminé.

L'innovation n'est pas totale : en effet certaines décisions de la jurisprudence, se sont déjà dans le passé référées à la notion de « livraison » pour déterminer quelle était la date d'entrée en vigueur du statut. (V. ▪ Cass 3e civ., 16 déc. 2008, n° 07-19 705. ▪ CA Paris, 19e ch. B, 22 nov. 2001 : *JurisData* n° 2001-159764 : *Loyers et copr.* 2001, comm. 132, obs. G. Vigneron ; *Constr.-Urb.* 2002, comm. 146, note D. Sizaire. ▪ CA Paris 20 juin 2001 : *JurisData* n° 2001-146803. – V. auparavant en cas de vente à terme et de transfert de propriété différé, ▪ Cass. 3e civ., 25 nov. 2003, n° 02-18.166 : *AJDI* 2004, p. 386, note P. Capoulade. – V. aussi ▪ Cass. 3e civ., 29 mai 2002, n° 00-17.146 : *Bull. civ.* III, n° 114 ; *JCP G* 2002, IV, 2247).

• V. sur les ambiguités de ce texte, G. Gil, *VEFA et copropriété* : *Administrer* févr. 2021, p. 12.

4) Critiques du texte. Dans sa proposition n° 7 du 10 décembre 2019, le GRECCO a présenté une critique en règle de ce texte. En effet, si cet article, en suspendant le fonctionnement de la copropriété jusqu'à la livraison du premier lot, permet de fixer le point de départ de l'exigibilité des charges, il ne règle pas, en revanche, les relations entre le promoteur, le syndic provisoire et les copropriétaires au moment de la livraison des parties privatives et des parties communes. Ses principales lacunes sont les suivantes :

– aucune disposition n'habilite le syndic à prendre livraison des parties communes que cette mission ne figure pas dans le contrat type ;

– si un syndic provisoire n'a pas été désigné dans le règlement de copropriété personne ne peut représenter le syndicat de copropriétaires ;

– il est souhaitable que lors de la livraison des parties communes le syndic soit assisté par un homme de l'art et par le conseil syndical, le syndicat des copropriétaires ne disposant que d'un mois après la livraison pour émettre des réserves et le syndic n'ayant pas toujours les connaissances techniques nécessaires ;

– la mise en concurrence du syndic provisoire par le conseil syndical à l'issue de la période d'une année au plus après la livraison du premier lot n'est pas possible si le conseil syndical n'est pas désigné dès le début du fonctionnement de la copropriété ;

– le syndic provisoire ne peut convoquer une assemblée dans l'année de sa désignation, dès lors qu'elle résulte généralement d'une disposition du règlement et qu'il ne maîtrise pas cette date, ce règlement étant rédigé souvent plus d'une année avant la livraison du premier lot.

Ces diverses remarques ont été prises en compte et ont donné lieu à une proposition de loi (AN prop. de loi n° 1211, 10 mai 2023)

B - Édification d'un ensemble immobilier par « tranches »

5) Controverses. Dans un ensemble regroupant plusieurs immeubles, la situation est plus complexe. Les immeubles naissent successivement dans le temps, et le premier peut être achevé alors que le énième n'est même pas encore en chantier. Ce premier immeuble est, quant à lui, en copropriété dès la livraison du premier lot (V. n° 2) mais qu'en est-il de l'organisation d'ensemble ?

Ce difficile problème a donné lieu à d'abondantes controverses.

Il a tout d'abord été soutenu que la copropriété née pour le premier immeuble engendrait un syndicat à compétence limitée à ce qui était construit et achevé (immeuble et viabilité...).

Les juridictions du fond avaient paru s'orienter vers une solution assez proche de celle qui vient d'être décrite. Mais la Cour de cassation a finalement pris position dans un sens différent, aux termes de plusieurs arrêts.

Elle a posé en principe que le statut doit s'appliquer à l'ensemble du programme de construction dès lors qu'un premier immeuble comprenant au moins deux lots attribués à des personnes différentes se trouve achevé (▪ Cass. 3e civ., 3 juill. 1984, n° 82-16.883 : *Bull. civ.* III, n° 131 ; *Administrer* mars 1985, p. 38, note E. J. Guillot. ▪ Cass. 3e civ., 12 janv. 2011, n° 09-13.822 : *Loyers et copr.* 2011, comm. 88.).

Il ne peut pas être stipulé dans le règlement de copropriété que celui-ci n'entrera en vigueur qu'au fur et à mesure de l'achèvement des constructions (▪ Cass. 3e civ., 30 juin 1998, n° 96-20.758 : *Bull. civ.* III, n° 142 ; *JCP G* 1998, IV, 2961 ; *Defrénois* 1998, art. 36877, n° 120, obs. C. Atias ; *Administrer* janv. 1999, p. 64. – V. sur cette décision, chron. J. Lafond : *Loyers et copr.* nov. 1998, p. 4).

Si l'on combine cette jurisprudence avec les termes de l'article 1er-1 de la loi du 10 juillet 1965, on en déduira que le statut de la copropriété entre en vigueur lors de la « livraison » d'un premier lot, à compter du moment où deux lots deviennent la propriété de personnes différentes, et qu'il s'applique à l'ensemble du programme de construction.

II – MISE EN COPROPRIÉTÉ D'UN IMMEUBLE EXISTANT

6) Premier transfert de propriété d'un lot. En cas de mise en copropriété bâti existant, l'ensemble du statut s'applique à compter du premier transfert de propriété d'un lot (L. 10 juill. 1965, art. 1er-1, al. 1er).

III – CONSTATATION DE L'ENTRÉE EN VIGUEUR DU STATUT : IMMATRICULATION DU SYNDICAT

7) Naissance de plein droit du syndicat. Le statut de la copropriété s'applique, et le syndicat naît de plein droit lorsque les conditions énoncées par l'article premier de la loi du 10 juillet 1965 (et aujourd'hui par l'article 1-1) sont remplies (▪ Cass. 3e civ., 11 janv. 2012, n° 10-24.413 : *JurisData* n° 2012-000224 ; *Bull. civ.* III, n° 7 ; *Rev. loyers* 2012, p. 126, note M. Plaidy ; *AJDI* 2012, p. 679, note D. Tomasin. ▪ CA Rennes, 16 févr. 2012, n° 94, 09/02076 : *JurisData* n° 2012-003840). Le statut s'impose alors *de plano*, indépendamment de la volonté des copropriétaires de lots et quand bien même le sol resterait la propriété d'une autre personne (par exemple dans le cas d'un immeuble collectif construit sur un terrain ayant fait l'objet d'un bail à construction ou emphytéotique, ou d'une concession immobilière) (▪ CA Pau, 25 mars 2000 : *JurisData* n° 2000-042784. ▪ CA Paris, 24 févr. 2005, n° 04/09190 : *JurisData* n° 2005-267065 ; *Loyers et copr.* 2005, comm. 162).

Peu importe qu'aucun règlement de copropriété n'ait été établi, ou qu'aucun syndic n'ait été désigné. Il n'est pas nécessaire d'établir un acte ou d'effectuer des déclarations ou formalités quelconques pour le constater (▪ Cass. 3e civ., 4 oct. 2011, n° 10-25.043). La constitution du syndicat ne dépend pas de la volonté des copropriétaires.

Toutefois depuis la loi n° 2014-366 du 24 mars 2014 dite « loi ALUR », il y a lieu, à la suite de la création du syndicat, de procéder à son immatriculation (CCH, art. L. 711-1 et s. et R. 711-1 et s. – V. en Annexe « Immatriculation des syndicats de copropriétaires »), dans le cas où l'immeuble est à destination partielle ou totale d'habitation. L'alinéa 3 de l'article 1er-1 ci-dessus a précisé que cette immatriculation était sans conséquence sur l'application du statut (L. 10 juill. 1965, art. 1er-1, al. 3).

Art. 2. – Sont privatives les parties des bâtiments et des terrains réservées à l'usage exclusif d'un copropriétaire déterminé.

Les parties privatives sont la propriété exclusive de chaque copropriétaire.

1) Articles 2 à 7. Répartition des diverses parties de l'immeuble en parties privatives, communes et mitoyennes. Les *articles 2 à 7 de la loi* traitent de la répartition des diverses parties de l'immeuble en parties privatives, parties communes et parties mitoyennes. Ces divers textes permettent de préciser les contours de la notion de « lot ».

Alors que la loi de 1938 présumait communes toutes les parties de l'immeuble non expressément attribuées, la technique adoptée par le législateur de 1965 est différente : il propose des critères de qualification.

– Sont privatives les parties des bâtiments et des terrains réservées à l'usage exclusif d'un copropriétaire déterminé (art. 2, al. 1). Mais il n'y a aucune énumération légale des parties privatives. Ces parties privatives sont la « propriété exclusive » des propriétaires qui en jouissent selon les modalités définies par l'article 9 de la loi (V. *infra*).

– Sont communes les parties « affectées à l'usage ou à l'utilité de tous les copropriétaires ou de plusieurs d'entre eux » (L. art. 3). La loi propose cette fois une énumération des parties de l'immeuble « réputées communes » mais qui n'est pas limitative.

Il est en outre fait état de divers « droits accessoires aux parties communes » (L. art. 3, *in fine*).

Les parties communes, dit l'article 4 de la loi, sont l'objet d'une « propriété indivise » : il s'agit non pas d'une indivision ordinaire mais d'une indivision forcée.

– L'article 7 fait état des parties de l'immeuble présumées mitoyennes.

Deux observations doivent être faites à propos de cette énumération légale :

– Il ne peut pas y avoir de parties ou d'éléments de l'immeuble dépourvus de qualification, mais il existe des catégories intermédiaires : parties mitoyennes (art. 7), parties communes à usage privatif (V. L. art. 9) ou parties privatives à usage commun (locaux qui sont la propriété du syndicat : par exemple une salle de réunion) ou encore parties communes à certains copropriétaires seulement (V. L. art. 6-4).

2) Liberté des conventions. La loi propose, nous l'avons vu, des critères de qualification : mais ils n'ont rien d'impératif. L'article 2 qui définit les parties privatives est une disposition supplétive de la volonté des parties (▪ Cass. 3e civ., 22 mai 1973 : *D.* 1973, somm. p. 130. ▪ CA Paris, pôle 4, 2e ch., 9 déc. 2015, n° 13/23409 : *Rev. loyers* 2016, p. 95. ▪ CA Aix-en-Provence, 4 mars 1975 : *JCP* 1975, II, 18059), de même que l'article 3 qui réserve les dispositions des « titres ».

Les rédacteurs de règlements de copropriété disposent donc d'une certaine latitude pour répartir en parties privatives et communes les diverses parties de l'immeuble. Une fois cette répartition opérée, elle prévaut sur tout autre document : on ne peut se référer à la notice descriptive annexée aux actes de vente en état futur d'achèvement pour qualifier une partie d'immeuble de partie privative ou commune (▪ Cass. 3e civ., 9 mai 2019, n° 18-16.717, publié au *Bull.*).

Bibliographie : E. Kischinewsky-Broquisse, *La copropriété des immeubles bâtis*, Litec, 4e éd. 1989, nos 64 et s. – Peynet, *Différenciation entre parties communes et parties privatives : application au gros œuvre* : *Inf. rap. copr.* 1982, p. 173 et s. – J. Lafond, *Les clauses du règlement de copropriété relatives aux parties privatives des communes* : *JCP* N 2010, n° 28-1242. – F. Bayard-Jammes, *La nature juridique du droit du copropriétaire immobilier*, LGDJ 2003. – *La copropriété*, Dalloz Action, 10e éd., 2021-2022, P. Capoulade et D. Tomasin (dir.), nos 112-1 à 112-211.

JurisClasseurs. G. Vigneron, *JCl. Copropriété*, Fasc. 62, act. par C. Coutant-Lapalus. – J. Lafond, *JCl. Notarial Formulaire, V° Copropriété*, Fasc. 10. – *JCl. Notarial Répertoire, V° Copropriété*, Fasc. 20, par H. Charliac, act. par G. Gil.

I – DÉFINITION DES PARTIES PRIVATIVES

Bibliographie : V. Bacot-Réaume et F. Bayard-James, *Le sort des lots « privatifs » à usage collectif* : *AJDI* 2024, p. 102.

3) Critères de détermination. Les parties privatives répondent à deux critères déterminants :

– elles sont *réservées à l'usage exclusif* d'un copropriétaire déterminé.

Toute la doctrine a souligné avec force ce critère de l'exclusivité d'usage, entendu comme interdisant l'usage concurrent d'un autre copropriétaire (spécialement, F. Givord, C. Giverdon et P. Capoulade, *La copropriété*, Dalloz Action 2007-2008, n° 61) ;

– elles sont *la propriété* exclusive de chaque copropriétaire.

Sur l'application de ce critère pour qualifier une partie d'immeuble de privative, V. ▪ Cass. 3e civ., 3 juill. 1996, n° 94-19.642 : *RD imm.* 1996, p. 603, obs. P. Capoulade.

4) Mise en œuvre. Lorsque le sort d'une partie d'immeuble n'a pas été fixé par le règlement de copropriété dans sa rubrique « Distinction des parties communes et privatives » comment déterminer s'il s'agit d'une partie privative ou commune ?

On vérifiera tout d'abord si l'on est en présence d'une partie d'immeuble que l'article 3 « répute » commune (V. le commentaire de ce texte).

– Dans l'affirmative, la présomption légale jouera.

– Dans la négative, on devra appliquer le critère de l'« usage exclusif ». S'il s'avère qu'un copropriétaire a l'usage exclusif de la partie d'immeuble litigieuse (à condition qu'il ne l'ait pas usurpée) – par exemple en raison de la disposition matérielle des lieux – elle sera reconnue comme privative (V. à propos de loggias ou terrasses, ▪ Cass. 3e civ., 9 juill. 2013, n° 12-15.409 : *Administrer* juill. 2013, p. 58, obs. J.-R. Bouyeure. – V. à propos de combles : ▪ Cass. 3e civ., 18 mai 1989 : *Bull. civ.* III, n° 113, p. 63. ▪ Cass. 3e civ., 14 févr. 1990 : *Bull. civ.* III, n° 49, p. 25 ; *Rev. Administrer* août-sept. 1990, p. 52, note E.-J. Guillot et *infra*, L. 10 juill. 1965, art. 3, comm. n° 24, p. 38). Toutefois il a été jugé que la seule configuration des lieux d'où il résulte qu'un toit terrasse n'est accessible que depuis un appartement ne peut avoir pour conséquence de privatiser ce toit terrasse alors que le règlement de copropriété définit les toitures comme étant des parties communes (▪ CA Paris, pôle 4, 2e ch., 13 déc. 2017, n° 15/16384 : *Administrer* mars 2018, p. 41, note J.-R. Bouyeure). Par ailleurs, il y a lieu de vérifier que le copropriétaire revendiquant n'avait pas simplement l'usage à titre précaire de la partie d'immeuble considérée (V. ▪ Cass. 3e civ., 4 nov. 2021, n° 20-15.534, F-D).

Mais il est infondé d'appliquer le critère légal afin de rechercher si une partie d'immeuble est ou non à « l'usage exclusif » d'un copropriétaire déterminé, lorsque le règlement qualifie expressément cette partie d'immeuble de « privative ». Cette qualification s'impose alors absolument (▪ Cass. 3e civ., 7 janv. 2021, n° 19-19.459, FS-P : *JurisData* n° 2021-000229 ; *Loyers et copr.* 2021, comm. 47, note C. Coutant-Lapalus ; *Rev. loyers* 2021, p. 146, note L. Guégan-Gélinet).

Voir : exemples d'application de ce critère L. 10 juill. 1965, art. 2, comm. n° 14, p. 31. – Sur l'impossibilité de considérer une partie d'immeuble comme partie commune lorsqu'elle est constituée en lot, assortie de tantièmes de copropriété, V.L. 10 juill. 1965, art. 3, comm. n° 19, p. 36.

Bibliographie : C. Atias, *Reconnaître les parties privatives* : *Inf. rap. copr.* mars 2002, p. 25. – J.-F. Dalbin et S. Lelièvre, *Clarifier la définition des parties privatives, parties communes et droits accessoires* : *Actes prat. ing. immobilière* 2015, n° 4, dossier 34.

5) Nature. Les parties privatives peuvent être des parties des *bâtiments* ou des parties de *terrains*.

6) Partie privative constituée par un terrain. Pour être privative, une partie de terrain devra être *la propriété* du copropriétaire intéressé,, ce qui se traduira par la constitution d'une parcelle cadastrale distincte (V. *supra*). Cette partie privative « terrain » s'exprimera donc dans la définition du lot, comme suit :

« Lot n° – : une parcelle de terrain de N mètres carrés, située..., et les X/1 000 des parties communes ».

L'existence de lots de terrains privatifs place *ipso facto* l'ensemble immobilier dans le cadre de l'article 1er, alinéa 2, de la loi, et on sait que le statut de la copropriété s'applique alors mais qu'il peut en être décidé autrement.

On retrouve ici le critère d'hétérogénéité du sol analysé plus haut (L. 10 juill. 1965, art. 1er, comm. nos 42 à 44, p. 17).

En dehors de cette hypothèse, le fait de qualifier de « partie privative » une partie du sol ne rend pas le titulaire de cette partie privative propriétaire du sol, si elle est par ailleurs qualifiée de partie commune par le règlement ou présumée telle en vertu de la loi (▪ Cass 3e civ., 12 avr. 2018, n° 17-11.765 : *JurisData* n° 2018-008354 ; *Loyers et copr.* 2018, comm. 159, note A. Lebatteux). Cette qualification ne confère en fait qu'un simple droit de jouissance privative (ou un droit réel de jouissance spéciale : V., dans le cas d'une piscine, ▪ Cass. 3e civ., 6 févr. 2020, n° 18-18.825). Il en est autrement si la « partie privative » (ou le droit privatif) ainsi constitué est assorti d'un droit de construire : on est alors en présence d'un » lot transitoire » (V. ▪ Cass 3e civ., 13 déc. 2018, n° 17-23.008).

Bibliographie : J.-L. Sablon, *Jardins et copropriété : Inf. rap. copr.* juill.-août 2020, p. 20.

7) Rôle du règlement de copropriété. L'article 2 de la loi n'étant pas d'ordre public, non plus que l'article 3 qui traite des parties communes (V. *infra*), le règlement de copropriété classe librement dans l'une ou l'autre de ces catégories les diverses parties de l'immeuble (V. comm. L. art. 3). Pour opérer la qualification d'une partie d'immeuble, il faut au premier chef consulter le règlement. On ne peut se référer à la notice descriptive annexée aux actes de vente en état futur d'achèvement pour qualifier une partie d'immeuble de partie privative ou commune (▪ Cass. 3e civ., 9 mai 2019, n° 18-16.717, publié au *Bull.*). La notice descriptive de l'immeuble et les documents publicitaires ne peuvent l'emporter sur l'état descriptif de division et le règlement de copropriété en ce qui concerne la répartition de l'immeuble entre parties communes et parties privatives (▪ Cass. 3e civ., 8 déc. 2021, n° 19-26.010 : *Rev. loyers* 2022, p. 35, note V. Zalewski-Sicard ; *Administrer* févr. 2022, p. 56, obs. P. Déchelette-Tolot).

Les dispositions du règlement doivent être impérativement respectées et elles s'imposent au juge (▪ Cass. 3e civ., 28 févr. 1969 : *JCP* 1970, II, 16220. ▪ Cass. 3e civ., 30 mai 1973 : *AJPI* 1973, p. 1163, note Bouyeure).

Si le règlement fait d'un toit-terrasse une partie privative, il n'est pas possible de soutenir que ce toit-terrasse serait en fait une partie commune au motif qu'il constitue un élément de la couverture de l'immeuble (▪ Cass. 3e civ., 13 juill. 1999, n° 97-17.142 : *RD imm.* 1999, p. 676, note P. Capoulade). Lorsque le règlement qualifie expressément une partie d'immeuble de « privative », cette qualification s'impose alors absolument (V., dans le cas d'un balcon, et de ses éléments accessoires, ▪ Cass. 3e civ., 7 janv. 2021, n° 19-19.459, FS-P : *JurisData* n° 2021-000229 ; *Loyers et copr.* 2021, comm. 47, note C. Coutant-Lapalus ; *Rev. loyers* 2021, p. 146, note L. Guégan-Gélinet).

En l'absence de titre il n'est pas suffisant de s'appuyer sur des arguments tirés de la logique de numérotation pour revendiquer la propriété d'une cave (▪ CA Paris, 23e ch. A, 19 déc. 2001 : *AJDI* 2002, p. 467, note P. Guitard).

8) Difficultés de classement. Sur les difficultés de classement des diverses parties de l'immeuble dans le silence du règlement, et sur les difficultés d'interprétation du règlement dans le cas de clause obscure ou ambiguë, voir *infra*, le commentaire de l'article 3 de la loi.

II – PARTIES D'IMMEUBLES CONSIDÉRÉES COMME PRIVATIVES

9) Règles générales. Sont généralement classés comme parties privatives par les rédacteurs de règlements :

– l'intérieur des appartements, y compris la porte palière, les fenêtres, les volets, les persiennes, les stores, les balustrades et appuis de balcons ;

– les parquets et carrelages et, d'une manière générale, les revêtements de sol à l'exception du gros œuvre ;

– les équipements intérieurs de chaque appartement (appareils sanitaires, appareils de chauffage, etc.) ;

– les enduits des murs intérieurs, les peintures, tapisseries, vitres, glaces, tentures et décors, ainsi que les enduits des plafonds et de la corniche ;

– les installations de cuisine, les vidoirs à ordures particuliers à chaque appartement ;

– les cloisons intérieures qui ne font pas partie du gros œuvre, les portes de communication entre les pièces, les menuiseries intérieures. Les cloisons séparant deux appartements sont mitoyennes.

Voir : L. 10 juill. 1965, art. 7, p. 61.

10) Applications jurisprudentielles. En appliquant le critère de l'« usage exclusif » énoncé par l'article 2 de la loi, la jurisprudence a, à titre d'exemple, reconnu comme privatif :

– les *devantures* des locaux à usage commercial (▪ Cass. 3e civ., 26 avr. 1979 : *Gaz. Pal.* 1979, 2, pan. p. 406 ; *Rev. Administrer* févr. 1980, p. 24, note Guillot) ;

– les *fenêtres* d'un appartement (▪ CA Paris, 23e ch., 6 nov. 1985 : *JurisData* n° 1985-027697) ;

– des *combles* auxquels seul un copropriétaire peut avoir accès (▪ Cass. 3e civ., 22 mars 2000 : *RD imm.* 2000, p. 234, obs. P. Capoulade ; *Loyers et copr.* 2000, comm. 126. ▪ Cass. 3e civ., 9 juin 1999 : *RD imm.* 1999, p. 455, obs. P. Capoulade. ▪ CA Paris, 23e ch., 14 déc. 1990 : *D.* 1991, inf. rap. p. 15. ▪ CA Versailles, 25 juin 1997 : *Dossier CSAB* n° 62, mars 1998, p. 13, obs. A. Dunes. – V. sur la question, C. Atias, *Combles réduits et autres délaissés* : *Inf. rap. copr.* janv. 2000, p. 22) ;

Voir : à ce propos, L. 10 juill. 1965, art. 3, comm. n° 24, p. 38.

– un local situé sur un palier (▪ Cass. 3e civ., 27 févr. 1991 : *Loyers et copr.* 1991, n° 224) ;

– un *grenier* qui n'est accessible que par l'appartement d'un copropriétaire et qu'il a aménagé de tout temps comme une dépendance de son lot (▪ CA Paris, 23e ch. B, 28 mai 1993 : *Rev. Administrer* févr. 1994, p. 65. – V. également pour un réduit : ▪ Cass. 3e civ., 3 juill. 1996, n° 94-19.642 : *RD imm.* 1996, p. 603, obs. P. Capoulade) ;

Voir : sur le caractère relatif du critère de l'exclusivité d'accès, L. 10 juill. 1965, art. 3, comm. n° 29, p. 38.

– un système « bipark », accessoire d'un *parking* privatif qui permet à deux voitures de stationner sur un même emplacement (▪ CA Paris, 23e ch. B, 14 févr. 1992 : *Loyers et copr.* 1992, n° 180) ;

– le « volume » non attribué situé sous une terrasse, qui n'est d'aucune utilité pour la collectivité des copropriétaires et auquel le copropriétaire revendiquant peut seul accéder (▪ Cass. 3e civ., 7 mai 1997 : *JurisData* n° 1997-002119 ; *RD imm.* 1997, p. 480, obs. P. Capoulade) ;

– un vide sanitaire affecté à l'usage exclusif d'un lot dans une copropriété horizontale (▪ Cass. 3e civ., 10 juill. 2012, n° 11-18.229) ;

– une courette dont un copropriétaire a la jouissance exclusive (▪ CA Paris, 23e ch. B, 29 juin 2000 : *JurisData* n° 2000-123236 ; *Loyers et copr.* 2001, comm. 47) ;

– un *châssis* et un *vitrage* séparant un atelier de l'extérieur (▪ Cass. 3e civ., 22 févr. 1995 : *Loyers et copr.* mai 1995, n° 228) ;

– des *canalisations* constituant un branchement particulier à un appartement (▪ CA Paris, 23e ch. B, 7 juill. 1995 : *Loyers et copr. déc.* 1995, n° 532), alors même qu'elles sont encastrées (▪ Cass. 3e civ., 21 mars 2000 : *AJDI* 2000, p. 822, note P. Guitard. ▪ CA Caen, 14 nov. 2013, n° 12-01356 : *JurisData* n° 2013-026732).

Voir : jurisprudence citée L. 10 juill. 1965, art. 3, comm. n° 27, p. 37.

– un radier mis en place pour assurer l'étanchéité des seuls locaux privatifs d'un copropriétaire (▪ Cass. 3e civ., 14 juin 2000 : *AJDI* 2000, p. 845) ;

– une loggia incorporée à un lot privatif, qui compte tenu de sa configuration matérielle en a l'usage exclusif (▪ CA Versailles, 20 nov. 2014, n° 14-01538 : *JurisData* n° 2014-033474 ; *Loyers et copr.* 2015, comm. 49, obs. G. Vigneron. – Sur le statut de parties communes à usage exclusif des loggias, V. A. Lebatteux et C. Jobelot, *Les loggias sont des parties communes à usage privatif* : *Inf. rap. copr.* avr. 2024, p. 9) ;

– un auvent installé sur un balcon pour les protéger des intempéries, implanté dans le gros œuvre, mais qui n'a d'utilité que pour un seul copropriétaire (▪ Cass. 3e civ., 20 déc. 2018, n° 17-28.925 : *JurisData* n° 2018-023757 ; *Loyers et copr.* 2019, comm. 40, note C. Coutant-Lapalus).

Voir : sur la nécessité d'une attribution de tantièmes de parties communes, pour qu'il y ait lot privatif, V. L. 10 juill. 1965, art. 1er, comm. 13, p. 8.

A – Balcons

11) Silence du règlement. Dans le silence du règlement, ou en présence de clauses contradictoires, on peut *a priori* les classer dans les parties privatives au motif que les copropriétaires en ont l'« usage exclusif » (V. ▪ CA Aix-en-Provence, 9 oct. 1978 : *Bull.* Aix-en-Provence 4/1978, n° 173. ▪ TGI Marseille, 11 oct. 1977 : *Ann. loyers* 1977, n° 11114. ▪ TGI Marseille, 20 mai 1980 : *Ann. loyers* 1980, p. 1242. ▪ TGI Marseille, 3e ch., 26 sept. 1984 : *Ann. loyers* 1985, n° 16310, p. 1337).

Si le règlement de copropriété ne mentionne pas les balcons dans les parties communes, les juges du fond peuvent en déduire qu'il s'agit de parties privatives. Peu importe que figurent dans les parties communes les « ornements extérieurs ». Les balcons n'ont pas de vocation ornementale au premier chef, même s'ils peuvent participer de l'équilibre architectural d'une façade (▪ Cass. 3e civ., 20 juin 2006, n° 05-15.315, arrêt n° 773 D : *Rev. Administrer* oct. 2006, p. 61, obs. J.-R. Bouyeure).

Toutefois, certaines juridictions les classent au contraire dans les parties communes au motif qu'ils font partie du gros œuvre de l'immeuble (V., par ex., ▪ CA Chambéry, 6 sept. 2016, n° 14/02808 : *AJDI* 2016, p. 845), ou encore qu'ils contribuent à son harmonie (lorsqu'il s'agit de balcons ornementaux).

D'autres mettent à part les structures et le système d'étanchéité des balcons qui ne peuvent être assimilés à des revêtements de sols affectés à usage privatif de chaque copropriétaire (tels des carrelages, caillebotis en bois ou des dalles en gravillons). Ils constituent un élément du gros œuvre et sont à ce titre parties communes (▪ CA Riom, 3 mars 2011, n° 10/00545 : *AJDI* 2011, p. 631).

12) Clauses du règlement. Le règlement de copropriété peut, au sujet des balcons, comporter des dispositions variées : en faire une partie intégralement commune (V. ▪ Cass. 3e civ., 3 nov. 1975 : *JCP* G 1976, IV, p. 7) ou une partie commune dont la jouissance exclusive est concédée aux copropriétaires, ou une partie intégralement privative (▪ Cass. 1re civ., 9 janv. 1967 : *Bull. civ.* I, n° 10, p. 7) ou encore les ventiler en parties communes (pour le gros œuvre) et parties privatives (pour les balustrades, les garde-corps, le revêtement du sol...).

Quel que soit le parti pris par les rédacteurs du règlement, il constituera ultérieurement la loi de la copropriété : la qualification retenue devra être respectée et s'imposera à tous. Ainsi lorsque le règlement range les balcons dans leur intégralité parmi les parties privatives (▪ Cass. 3e civ., 7 janv. 2021, n° 19-19.459, FS-P : *JurisData* n° 2021-000229 ; *Loyers et copr.* 2021, comm. 47, note C. Coutant-Lapalus ; *Rev. loyers* 2021, p. 146, note L. Guégan-Gélinet. ▪ Cass. 3e civ., 28 mars 1990 : *Loyers et copr.* mai 1990, n° 231) ou lorsqu'il déclare que sont privatifs les balcons et leur balustrade (▪ Cass. 3e civ., 24 oct. 1990 : *Loyers et copr.* déc. 1990, n° 483) ou les garde-corps des balcons (▪ Cass. 3e civ., 20 mai 1998 : *RD imm.* 1998, p. 412, obs. P. Capoulade).

B – Terrasses

V. sur la question : M.-H. Martial, *Valorisation d'une toiture terrasse inaccessible* : *AJDI* 2014, p. 266

13) Privatisation. Les procédés utilisés par les rédacteurs de règlement pour « privatiser » les terrasses revêtent des aspects divers :

– le plus classique consiste à en *concéder la « jouissance privative »* ou l'« *usage exclusif* » : en ce cas, il est bien établi que le copropriétaire titulaire de ce droit ne peut pas y construire (V. *infra*, comm., L. art. 3 et ▪ Cass. 3e civ., 12 juill. 1995 : *Loyers et copr.* oct. 1995, n° 434) et qu'il n'a la « jouissance » que de la partie superficielle (revêtement) et non de sa structure (gros œuvre et étanchéité – V. ▪ CA Paris, 23e ch., 29 avr. 1994 : *Loyers et copr.* 1994, n° 393) dont le syndicat de copropriété doit assumer les charges ;

– mais il se peut aussi que *le règlement déclare la terrasse « privative »*. Ceci ne change rien en principe, sauf convention contraire expresse : ce caractère privatif ne s'applique qu'au revêtement superficiel. En fait le copropriétaire n'a que la jouissance privative de la terrasse (▪ CA Paris, 23e ch. B, 16 déc. 1999 : *D.* 2000, somm. p. 213, note C. Atias) et les dépenses d'étanchéité incombent à la copropriété dans son ensemble (▪ Cass. 3e civ., 18 déc. 1996 : *Loyers et copr.* mars 1997, n° 907). Il en sera ainsi même si des tantièmes de copropriété sont affectés à la terrasse (▪ CA Paris, 23e ch., 7 oct. 1994 : *Loyers et copr.* mars 1995, n° 123. ▪ Cass. 3e civ., 4 mai 1995 : *Loyers et copr.* oct. 1995, n° 433 : *Inf. rap. copr.* nov. 1995, p. 9, obs. P. Capoulade ; *Bull. civ.* III, n° 112 ; *RD imm.* 1995, p. 584).

Si le règlement énonce que tous les frais sans distinction (entretien ou remise en état) doivent être supportés par la copropriété, cette clause doit être respectée (▪ Cass. 3e civ., 30 mai 1995 : *Loyers et copr.* août-sept. 1995, n° 386). À l'inverse, le règlement pourrait stipuler que le gros œuvre et l'étanchéité seront propriété privative, et que les charges correspondantes incomberont au « propriétaire » de la terrasse, mais il faut que cette stipulation soit claire et explicite (▪ Cass. 3e civ., 10 oct. 1990 : *Loyers et copr.* n° 485. ▪ CA Paris, 9 oct. 1992 : *Loyers et copr.* 1993, comm. 106. – V. également ▪ Cass. 3e civ., 28 mars 1990 : *JurisData* n° 1990-001171).

III – ACTION EN BORNAGE

14) Irrecevabilité. En cas de contestation relative à la fixation de la ligne divisoire entre parties privatives ou entre parties communes et parties privatives, il n'est pas possible d'exercer une action en bornage, qui est irrecevable (▪ Cass. 3e civ., 19 nov. 2015, n° 14-25.403 : *Bull. civ.* III, n° 240 ; *JurisData* n° 2015-025827 ; *Constr.-Urb.* 2016, n° 8, note C. Sizaire ; *RTD civ.* 2016, p. 159, note W. Dross. ▪ Cass. 3e civ., 27 avr. 2000 : *JurisData* n° 2000-001572 ; *Loyers et copr.* 2000, comm. 179 ; *Constr.-Urb.* 2000, comm. 184, obs. D. Sizaire ; *Defrénois* 2000, art. 37 242, n° 73 ; *Rev. Administrer* oct. 2000, p. 63, obs. P. Capoulade. – Dans le même sens, ▪ CA Nancy, 7 janv. 2016 : *JurisData* n° 2016-000162 ; *Loyers et copr.* 2016, n° 107, obs. G.-V.).

IV – INTANGIBILITÉ DE LA RÉPARTITION EN PARTIES PRIVATIVES ET COMMUNES

15) Principe. Le classement des différentes parties de l'immeuble en parties privatives et communes, tel qu'il résulte du règlement de copropriété est une donnée contractuelle. Il ne peut être remis en cause qu'à l'unanimité (▪ Cass. 1re civ., 10 nov. 1965 : *Bull. civ.* I, n° 602. ▪ CA Paris, 23e ch. B, 3 oct. 1997 : *JurisData* n° 1997-022716 ; *Loyers et copr.* 1998, comm. 112).

Art. 3 ***(Mod., L. n° 2018-1021, 23 nov. 2018).*** **– Sont communes les parties des bâtiments et des terrains affectées à l'usage ou à l'utilité de tous les copropriétaires ou de plusieurs d'entre eux.**

Dans le silence ou la contradiction des titres, sont réputés parties communes :

– le sol, les cours, les parcs et jardins, les voies d'accès ;

– le gros œuvre des bâtiments, les éléments d'équipement commun, y compris les parties de canalisations y afférentes qui traversent des locaux privatifs ;

– les coffres, gaines et têtes de cheminées ;

– les locaux des services communs ;

– les passages et corridors ;

– tout élément incorporé dans les parties communes.

Sont réputés droits accessoires aux parties communes dans le silence ou la contradiction des titres :

– le droit de surélever un bâtiment affecté à l'usage commun ou comportant plusieurs locaux qui constituent des parties privatives différentes, ou d'en affouiller le sol ;

– le droit d'édifier des bâtiments nouveaux dans des cours, parcs ou jardins constituant des parties communes ;

– le droit d'affouiller de tels cours, parcs ou jardins ;

– le droit de mitoyenneté afférent aux parties communes ;

– le droit d'affichage sur les parties communes ;

– le droit de construire afférent aux parties communes.

Bibliographie : E. Kischinewsky-Broquisse, *La copropriété des immeubles bâtis*, Litec, 4e éd. 1989, nos 64 et s. • F. Bayard-Jammes, *La nature juridique du droit du copropriétaire immobilier*, LGDJ 2003. • C. Atias, *À la rencontre des qualifications réelles et personnelles : les parties communes : Rev. Administrer* nov. 2005, p. 17. • J.-F. Dalbin et S. Lelièvre, *Clarifier la définition des parties privatives, parties communes et droits accessoires : Actes prat. ing. immobilière* 2015, n° 4, dossier 34. • *La copropriété*, Dalloz Action, 10e éd., 2021-2022, P. Capoulade et D. Tomasin (dir.), nos 112-31 et s.

JurisClasseurs. G. Vigneron : *JCl. Copropriété*, Fasc. 62, actualisé par C. Coutant-Lapalus. • J. Lafond, *JCl. Notarial Formulaire, V° Copropriété*, Fasc. 10. • *JCl. Notarial Répertoire, V° Copropriété*, Fasc. 20 par H. Charliac, actualisé par G. Gil.

• *Sommaire*

I – DÉFINITION DES PARTIES COMMUNES 32
II – ÉNUMÉRATION OU DES PARTIES COMMUNES 33
A – Rôle de la convention 33
B – Parties d'immeubles réputées communes 34
1° *Force et portée de la présomption* 34
2° *Énumération légale* 34
C – Applications jurisprudentielles 37
III – DROITS ACCESSOIRES AUX PARTIES COMMUNES 40
A – Inventaire des droits accessoires aux parties communes 40
B – Exercice des droits accessoires aux parties communes 42
IV – PARTIES COMMUNES SPÉCIALES À CERTAINS COPROPRIÉTAIRES 43
V – PARTIES COMMUNES EN JOUISSANCE PRIVATIVE 43
VI – TRANSFORMATION DE PARTIES COMMUNES EN PARTIES PRIVATIVES 43

I – DÉFINITION DES PARTIES COMMUNES

1) **Critères.** Des termes mêmes de la définition légale, il résulte que les parties communes peuvent comprendre des parties de *bâtiments* ou de *terrains*.

Voir : sur ce point ce qui a été dit sous L. 10 juill. 1965, art. 2, comm. n° 5, p. 29.

Aux termes de l'article 3 de la loi du 10 juillet 1965, le critère de la partie commune est qu'elle est affectée « à l'usage ou à l'utilité de tous les copropriétaires ou de plusieurs d'entre eux ». Il n'est pas suffisant, pour qualifier une partie d'immeuble litigieuse de « partie commune », de constater qu'elle est accessible depuis les parties communes (▪ Cass. 3e civ., 15 févr. 2018, n° 16-27.858). De même le fait que cette partie d'immeuble ne soit accessible que par une partie privative ne lui confère pas automatiquement la qualification de partie privative (▪ Cass. 3e civ., 26 janv. 2017, n° 15-25.859. ▪ Cass. 3e civ., 31 mars 2016, n° 14-18.824).

Il faut qu'elle soit affecté à l'usage ou à l'utilité de tous les copropriétaires (▪ Cass. 3e civ., 17 déc. 2015, n° 14-20.138 : *JurisData* n° 2015-028754 ; *Loyers et copr.* 2016, n° 75, obs. G. Vigneron ; *Administrer* avr. 2016, p. 43, note J.-R. Bouyeure). Les juges pour qualifier une partie d'immeuble litigieuse de « commune » doivent donc rechercher si elle est affectée à l'usage ou à l'utilité de tous les copropriétaires ou de partie d'entre eux (▪ Cass. 3e civ., 9 juill. 2020, n° 19-14.368. ▪ Cass. 3e civ., 12 déc. 2019, n° 18-22.757).

Le fait que le syndicat des copropriétaires ait pris en charge dans le passé le coût de remplacement d'une coupole située au-dessus d'un local privatif ne suffit pas à en établir la nature commune (▪ Cass. 3e civ., 20 mai 2021, n° 19-24.440 : *AJDI* 2022, p. 127, note N. Le Rudulier ; *Administrer* août-sept. 2021, p. 35, obs. P. Déchelette-Tolot).

Lorsqu'un copropriétaire prétend qu'une partie d'immeuble dont la propriété est discutée est une partie commune (en l'espèce un espace sur lequel étaient entreposées les poubelles), c'est à lui qu'il appartient d'en rapporter la preuve (▪ Cass. 3e civ., 21 sept. 2022, n° 21-18.375 : *Administrer* nov. 2022, p. 70, obs. P. Dechelette-Tolot).

II – ÉNUMÉRATIONOU DES PARTIES COMMUNES

Bibliographie : C. Atias, *À la rencontre des qualifications réelles et personnelles : les parties communes* : *Rev. Administrer* nov. 2005, p. 17. – M. Bertrand, *Cour d'immeuble, un espace convoité* : *Le Particulier immobilier* juill.-août 2009, p. 31. – *Une VMC sous contrôle* : *Le Particulier immobilier* déc. 2009, p. 38. – M. Poumarède, *La définition des parties communes* : *AJDI* 2024, p. 92.

A – Rôle de la convention

2) Rôle prééminent du règlement de copropriété. L'énumération donnée par l'article 3 de la loi (nos 7 à 18), qui n'est d'ailleurs nullement exhaustive, a ceci de particulier qu'elle n'est pas d'ordre public. Elle ne joue que dans « le silence ou la contradiction des titres ».

C'est dire que le *terrain* support de l'immeuble pourrait, par exemple, être propriété privative. De même la toiture-terrasse, ou encore les cours ou jardins, ou encore les planchers (▪ CA Paris, 23e ch., 4 sept. 2008 : *AJDI* 2008, p. 948).

Un *bail à construction*, constitutif d'un droit réel peut éventuellement constituer le terrain d'assiette d'une copropriété (*Contra*, ▪ CA Pau, 22 janv. 1992 : *JCP* N 1993, II, p. 53, note B. Stemmer).

3) Parties d'immeuble non attribuées. En ce qui concerne les parties d'immeuble non attribuées par le règlement de copropriété, il appartient aux tribunaux, en cas de litige, de déterminer leur caractère privatif ou commun en appliquant les critères posés par les articles 2 et 3 de la loi (V. ▪ Cass. 3e civ., 30 mars 2010, n° 09-14.229). Ainsi, pour savoir si une partie de bâtiment ou de terrain peut être qualifiée de commune, il faut déterminer si elle est ou non « affectée à l'usage ou à l'utilité de tous les copropriétaires ou de certains d'entre eux ».

En application de ce critère ont été considérés comme parties communes :

- des chemins sablés communs à plusieurs maisons (▪ CA Paris, 23e ch. A, 9 juin 1999 : *Dossier CSAB* n° 78, nov. 1999, n° 127, note A. Dunes) ;
- ou encore des W.-C. auxquels un lot avait un droit d'accès, mais qui étaient également à l'usage du concierge (▪ Cass. 3e civ., 11 mai 1999, n° 97-18.224) ;
- une porte palière et un palier desservant deux lots (▪ Cass. 3e civ., 3 avr. 2002, n° 00-21.506 : *Loyers et copr.*, comm. 191) ;
- l'allée centrale d'une terrasse aménagée en parc de stationnement dès lors qu'elle comporte des jardinières communes et permet d'accéder à d'autres lots (▪ Cass. 3e civ., 20 juin 2001, n° 99-19.012) ;
- le flocage d'amiante appliqué au plafond du rez-de-chaussée, dès lors qu'il s'agit d'un équipement de sécurité dans l'intérêt de l'ensemble des copropriétaires (▪ Cass. 3e civ., 7 mai 2003, n° 02-11.218 : *Bull. civ.* III, n° 100 ; *Loyers et copr.* 2003, comm. 166, obs. G. Vigneron ; *Constr.-Urb.* 2003, comm. 182, obs. D. Sizaire ; *Defrénois* 2003, p. 1350, note C. Atias ; *Rev. Administrer* juill. 2003, p. 44, obs. J.-R. Bouyeure ; *Rev. loyers* 2003, p. 445, note P. Déchelette-Tolot. – V. également, ▪ CA Paris, 23e ch. B, 6 févr. 2003 : *Loyers et copr.* 2003, comm. n° 161, obs. G. Vigneron ; *AJDI* 2003, p. 766, note C. Giverdon) ;
- un vide-sanitaire, même s'il n'est accessible que par l'appartement d'un des copropriétaires dont il est séparé par un mur partie commune dès lors que sa fonction est isolante et que de multiples canalisations communes y sont incluses (▪ Cass. 3e civ., 4 avr. 2002, n° 98-21.719 : *BPIM* mars 2002, n° 208) ;
- une voie intérieure, formant galerie marchande à laquelle tous les copropriétaires ont accès (▪ Cass. 3e civ., 14 sept. 2017, n° 16-19.228).

Les juges ne peuvent se dispenser de rechercher si la partie d'immeuble litigieuse est ou non affectée à l'usage exclusif d'un copropriétaire au motif qu'il existerait des parties communes « par nature » (▪ Cass. 3e civ., 23 janv. 1991, n° 89-14.242 : *Loyers et copr.* 1991, n° 129. – V. pour une *cour* et une *remise* attenante, ▪ Cass. 3e civ., 7 déc. 1994 : *RD imm.* 1995, p. 149, obs. P. Capoulade ; et pour une *cave* située sous un lot et communiquant avec lui, déclarée néanmoins partie commune : ▪ Cass. 3e civ., 22 févr. 1995 : *RD imm.* 1995, p. 371 ; *Loyers et copr.* 1995, n° 227 ; pour le *radier* d'une salle de cinéma, ▪ Cass. 3e civ., 19 juill. 1995 : *Loyers et copr.* déc. 1995, n° 531).

4) Rétablissement de la qualification d'une partie d'immeuble constituant un lot. Dans le silence des titres, le fait que la partie de l'immeuble litigieuse soit constituée en lots avec attribution de millièmes, s'il paraît indispensable pour qu'il y ait lot privatif (▪ CA Paris, 24 juin 1980 : *D.* 1981, inf. rap. p. 100, n° 52, note Brane), n'entraînerait pas automatiquement selon certaines décisions l'attribution du caractère privatif, s'il s'agit d'une « partie commune par nature » (V. pour la loge de concierge, ▪ Cass. 3e civ., 15 janv. 1985 : *Administrer* n° 160, p. 37. ▪ Cass. 3e civ., 2 juill. 1975 : *Rev. loyers* 1975, p. 440. ▪ TGI Paris, 24 sept. 1980 : *D.* 1981, IR p. 209, obs. Cl. Giverdon.).

Voir : sur cette notion critiquable de « partie commune par nature », L. 10 juill. 1965, art. 3, comm. n° 18, p. 36 et ▪ Cass. 3e civ., 17 mai 1995, n° 93-12.757 : *RD imm.* 1995, p. 585.

Un arrêt de la Cour de cassation du 19 juin 1996 paraît condamner cette jurisprudence : selon cette décision, dès lors qu'un local (loge du gardien) est érigé en lot comportant une partie privative et une quote-part de parties communes, il est un lot privatif, alors même que le règlement de copropriété le qualifierait de partie commune spéciale (▪ Cass. 3e civ., 19 juin 1996, n° 94-12.354 : *Bull. civ.* III, n° 152 ; *Inf. rap. copr.* avr. 1997, p. 8, obs. P. Capoulade ; *Loyers et copr.* oct. 1996, n° 402).

Toutefois, par exception il a parfois été admis qu'un lot qualifié de privatif puisse être requalifié de « partie commune ».

Pour qu'il puisse en être ainsi, il faudrait :

– ou bien que l'attribution de tantièmes de copropriété à la partie d'immeuble litigieuse soit le résultat d'une *erreur manifeste* (▪ Cass. 3e civ., 2 juill. 1975, préc. ▪ CA Colmar, 14 nov. 1973 : *D.* 1974, somm. p. 50) ;

– ou bien qu'il existe une *contradiction* ou une incompatibilité dans les dispositions du règlement, ce qui justifie une interprétation, faisant apparaître que l'intention des rédacteurs a été en réalité de faire de la partie d'immeuble litigieuse une partie commune (▪ Cass. 3e civ., 15 janv. 1985, préc. ▪ CA Colmar, 14 nov. 1973, préc. ▪ TGI Paris, 2 juill. 1976 : *D.* 1976, inf. rap. p. 315. ▪ CA Paris, 23e ch., 3 mars 1989 : *Loyers et copr.* avr. 1989, n° 195. – V. dans le cas d'un escalier, ▪ CA Orléans, 10 juill. 2023, n° 20/02499 : *JurisData* n° 2023-014489 ; *Loyers et copr.* 2023, comm. 155, note C. Coutant-Lapalus).

Selon un arrêt de la cour de Paris (▪ CA Paris, 23e ch. A., 28 mai 1997 : *D.* 1997, somm. p. 325, obs. C. Atias ; *Loyers et copr.* nov. 1997, n° 297) en cas d'erreur matérielle l'assemblée pourrait la rectifier par une décision rendue à la majorité de l'article 26.

B – Parties d'immeubles réputées communes

1° *Force et portée de la présomption*

5) Force de la présomption. Il peut toujours être démontré que la partie de l'immeuble ou l'élément d'équipement réputés communs par l'article 3 de la loi sont en fait privatifs. Autrement dit, la présomption n'est pas irréfragable. La preuve contraire est possible (V. pour la présomption de parties communes concernant le gros œuvre de l'immeuble, ▪ Cass. 3e civ., 20 déc. 2018, n° 17-28.925 : *Administrer* mars 2019, p. 56, obs. J.-R. Bouyeure). Cette preuve sera apportée en démontrant que la partie de l'immeuble litigieuse est en fait à l'usage exclusif du copropriétaire d'un lot déterminé (critère posé par l'article 2 de la loi).

Les juges ne pourraient pas se dispenser de faire cette recherche, si elle leur est demandée, au motif que la partie d'immeuble litigieuse constituerait une partie commune par « nature » (V. *supra*, n° 17).

6) Portée de la présomption. Il faut noter que la présomption ne joue que dans la contradiction des titres (et non pas s'ils sont parfaitement clairs...) ou dans le « silence des titres ». Comme nous l'avons vu (V. *supra*, n° 16), les articles 2 et 3 n'ont aucun caractère impératif et laissent donc le rédacteur de règlement entièrement libre de qualifier à sa guise telle ou telle partie d'immeuble de commune ou de privative (il s'agit d'une simple question d'opportunité). Si donc une partie d'immeuble déterminée est qualifiée de commune, cette qualification doit être respectée ; de même si elle est qualifiée de privative. La présomption légale n'a pas à jouer (V. *supra*, n° 16). Ainsi une cour, réputée partie commune, peut être qualifiée de « privative » et constituer la partie privative d'un lot (▪ Cass. 3e civ., 15 déc. 2009, n° 08-19.888 : *Rev. loyers* 2010, p. 88).

2° *Énumération légale*

Bibliographie : G. Gil, *Les installations sanitaires communes : Ann. loyers*, juin 2021, p. 52. – P. Sablière, *Alimentation électrique d'une cave en copropriété* : *AJDI* 2021, p. 652.

7) Énonciation. Dans le silence ou la contradiction des titres, l'article 3 de la loi répute parties communes :

– le sol, les cours, les parcs et jardins, les voies d'accès ;

– le gros œuvre des bâtiments ;

– les éléments d'équipement commun, y compris les parties de canalisations y afférentes qui traversent des locaux privatifs ;

– les coffres, gaines et têtes de cheminées ;

– les locaux des services communs ;

– les passages et corridors ;

– tout élément incorporé dans les parties communes.

8) Sol. Le sol est *a priori* partie commune (■ Cass. 3e civ., 11 janv. 1995, n° 93-70204 : *Inf. rap. copr.* juill.-août 1995, p. 8, obs. P. Capoulade) même si la jouissance en a été concédée à titre privatif (■ Cass. 3e civ., 6 févr. 2020, n° 18-18 825 : *JurisData* n° 2020-003592 ; *Loyers et copr.* 2020, comm. 54, note C. Coutant-Lapalus).

Le sol d'un bâtiment réputé partie commune au sens de l'article 3 de la loi et du règlement de copropriété comprend la surface du terrain ainsi que le tréfonds, avec tout ce qui y est intégré. Par suite, le copropriétaire ne dispose pas du droit d'affouiller le sol qui constitue un droit accessoire aux parties communes (■ CA Paris, 23e ch. B, 7 janv. 1999 : *JurisData* n° 1999-020066 ; *Loyers et copr.* 1999, comm. 138). Il a été jugé que si un immeuble comporte des arcades sous lesquelles circulent les piétons et au-dessus desquelles le bâtiment en copropriété est édifié, alors que la façade se trouve au droit des piliers soutenant les arcades, le sol situé sous les arcades est une partie commune (■ Cass. 3e civ., 11 déc. 2012, n° 11-17.334 : *JurisData* n° 2012-031269 ; *Administrer* mars 2013, p. 48, obs. J.-R. Bouyeure).

Bibliographie : C. Chazelle et Th. Poulichot, *La copropriété hors sol : Inf. rap. copr.* mars 2022, p. 25.

9) Cours, parcs et jardins. Les cours sont réputées parties communes (elles sont fréquemment l'objet de « droits de jouissance privative), ainsi que les « parcs et jardins » (V. J.-L. Sablon, *Jardins et copropriété : Inf. rap. copr.* juill.-août 2020, p. 20. – F. Bérenger, *Les espaces verts dans la coporpriété : Administrer*, févr. 2019, p. 7).

Si un jardin ou une cour sont qualifiés de « parties privatives » alors que par ailleurs le sol est qualifié de partie commune (ou présumé parties communes en vertu de la loi), le copropriétaire de cette « partie privative » n'a aucun droit sur le tréfonds (■ Cass. 3e civ., 12 avr. 2018, n° 17-11.765 : *JurisData* n° 2018-008354 ; *Loyers et copr.* 2018, comm. 159, note A. Lebatteux). Il n'a en fait qu'un « droit de jouissance privative » sur le sol.

10) Voies d'accès. Sont également réputées parties communes les voies d'accès. Leur propriété est parfois transférée à la collectivité publique. Mais le fait qu'une voie soit ouverte à la circulation publique, ou même qu'elle soit classée dans la voirie communale ne peut, en l'absence d'actes translatifs de propriété, avoir pour effet d'incorporer cette voie dans le domaine public routier communal (■ Cass. 1re civ., 1er juill. 2015, n° 14-14.807, publié au *Bull.* : *JurisData* n° 2015-016157 ; *AJDI* 2016, p. 119, note N. Le Rudulier. – Sur l'incorporation des voies dans le domaine communal, V. S. Déliancourt, *Le transfert des voies privées ouvertes à la circulation générale dans le domaine public communal : Ann. loyers* janv.-févr. 2024, p. 42).

11) Gros œuvre des bâtiments. Est également réputé partie commune le gros œuvre des bâtiments, ce qui comprend les planchers, les plafonds, la toiture, les murs extérieurs assurant la clôture... (V. de Morant et Peynet, *Différenciation entre parties communes et parties privatives : application au gros œuvre : Inf. rap. copr.* oct. 1982, p. 173 et s.). Cette notion de « gros œuvre » est souverainement appréciée par les juges du fond (■ Cass. 3e civ., 28 févr. 2001 : *Bull. civ.* III, n° 25 ; *JCP G* 2001, IV, 1741 ; *D.* 2001, somm. p. 1527, obs. J.-R. Bouyeure. – V. aussi, pour des solives, ■ Cass. 3e civ., 2 déc. 2014, n° 13-23.068 : *Administrer* févr. 2015, p. 46, obs. J.-R. Bouyeure). Il a été ainsi jugé qu'un toit en plaques ondulées légères n'est pas assimilable à une toiture relevant des parties communes (■ Cass. 3e civ., 9 juill. 2014, n° 13-18.320 : *AJDI* 2014, p. 791). Si le règlement de copropriété qualifie le « gros œuvre » des planchers de « parties communes », un plancher constitué d'une ossature bois et de poutrelles, fichées directement dans le mur et destinées à accueillir la portance du revêtement formant le sol, constitue une partie commune (■ Cass. 3e civ., 20 oct. 2016, n° 15-22.671 : *Administrer* févr. 2017, p. 51, obs. J.-R. Bouyeure).

La jurisprudence considère également comme parties communes les *éléments incorporés au gros œuvre* : par exemple des *châssis vitrés* fixés dans le béton et non manœuvrables par les copropriétaires (■ Cass. 3e civ., 4 juill. 1990 : *Loyers et copr.* 1990, n° 399 ; *Rev. Administrer* févr. 1991, p. 46, obs. E.-J. Guillot. – V. aussi, ■ Cass. 3e civ., 5 mars 2018, n° 16-26.177), ou une verrière, élément de la toiture participant du gros œuvre comme ancrée et fixée structurellement et de façon permanente sur le mur voisin (■ CA Paris, pôle 4, 2e ch., 16 janv. 2013, n° 09/18294 : *JurisData* n° 2013-000360 ; *Loyers et copr.* 2013, comm. 162, obs. G.V.) ; ou les *conduits de fumée* (■ Cass. 3e civ., 5 janv. 1994 : *AJPI* 1995, p. 411. ■ CA Versailles, 17 févr. 1995 : *Bull. inf. C. cass.* 15 juill. 1995, p. 40) ou des poutres métalliques (■ CA Dijon, 29 juin 2004 : *JurisData* n° 2004-243734). Il a été jugé ainsi que les garde-corps et barres d'appui qui font corps avec le gros œuvre ne sont pas des éléments d'équipement mais des parties communes (■ CA Versailles, 4e ch., 13 sept. 2010 : *AJDI* 2011, p. 63). – Sur le caractère commun de solives, considérés comme faisant partie du gros œuvre, V. ■ Cass. 3e civ., 2 déc. 2014, n° 13-23.068 : *Administrer* févr. 2015, p. 46, note J.-R. Bouyeure

12) Éléments d'équipement commun. Les « éléments d'équipement commun »,sont réputés parties communes, ce qui englobe : les ascenseurs (mais l'ascenseur peut être une partie commune à certains copropriétaires seulement, ■ Cass. 3e civ., 6 nov. 1969 : *D.* 1970, J. 286. ■ Cass. 3e civ.,

21 févr. 1978 : *D.* 1978, inf. rap. p. 431, obs. Giverdon ; *JCP* 1978, II, 237, note Atias), les monte-charges, les installations de chauffage collectif (y compris la soufflerie : ▪ Cass. 3e civ., 30 oct. 1978 : *Gaz. Pal.* 1979, 1, pan. p. 119) et de conditionnement d'air ; les installations de production et de distribution d'eau chaude ; les surpresseurs assurant la distribution d'eau aux étages (▪ CA Rouen, 29 mai 1973 : *D.* 1973, inf. rap. p. 156), les gaines à ordures, les compteurs (V. Guillot, *Les compteurs d'eau : Rev. Administrer* 1983, n° 132, p. 12), l'interphone (▪ CA Aix-en-Provence, 22 avr. 1968 : *Gaz. Pal.* 1969, 2, p. 257), une station d'épuration affectée à l'usage ou l'utilité de tous les copropriétaires (▪ CA Paris, 23e ch. B, 14 nov. 1984 : *RD imm.* 1985, p. 14, obs. Giverdon).

13) Canalisations. Les canalisations en général, y compris les parties de canalisations traversant les locaux privatifs sont réputées parties communes (V. à ce sujet *infra*)

14) Coffres, gaines et têtes de cheminée. Les coffres, gaines et têtes de cheminées, ce qui englobe les cheminées d'évacuation des gaz brûlés (▪ CA Paris, 23e ch. B, 2 nov. 2006 : *JurisData* n° 2006-315649) et les conduits de fumée (▪ CA Paris, 19e ch. A, 25 oct. 2006 : *JurisData* n° 2006-314368) sont réputés parties communes.

15) Locaux des services communs. Sont également réputés parties communes les locaux des services communs : par exemple les locaux de la chaufferie, la conciergerie (V. *supra*) ou encore les buanderies et séchoirs (▪ Cass. 3e civ., 2 mai 1978 : *D.* 1978, somm. p. 428), les locaux techniques, les locaux affectés aux activités des résidents (club-house, salle de réunion...).

16) Passages et corridors. Les passages et corridors sont réputés parties communes (▪ Cass. civ., 10 févr. 1965 : *Inf. rap. copr.* 1965, p. 573. ▪ Cass. 3e civ., 19 déc. 1978 : *JCP* G 1979, IV, 72) ; ce qui englobe les passages et dégagements des caves (▪ Cass. 3e civ., 14 mai 1970 : *JCP* N 1970, II, 16431). Ainsi est partie commune une galerie marchande, à laquelle tous les copropriétaires ont accès par l'intérieur de l'immeuble (▪ Cass. 3e civ., 14 sept. 2017, n° 16-19.228 : *JurisData* n° 2017-021185 ; *Loyers et copr.* 2017, n° 216, note C. Coutant-Lapalus)

17) Éléments incorporés dans les parties communes. Tout élément incorporé dans les parties communes est réputé parties commune. Cette nouveauté résulte de la loi du 23 novembre 2018, dite « loi ELAN », qui a consacré la jurisprudence antérieure (V. n° 11). À la différence de la notion d' « accessoire », la notion « d'incorporation » ne fait pas référence à un critère d'ordre juridique. Déterminer si tel ou tel élément est incorporé à une partie commune est un problème purement matériel. Ce sera le cas s'il ne peut plus être matériellement détaché de la partie commune dans laquelle il est intégré et avec laquelle il fait corps (V. les exemples cités ci-dessus à propos des éléments incorporés au gros œuvre). Il en est ainsi pour une verrière dès lors que le dormant des châssis est fixé dans le béton des murs de façade (▪ CA Rennes, 4e ch., 6 juin 2019, n° 16/05307).

– Sur l'obligation de réserver des places de stationnement adaptées aux personnes handicapées dans les parties communes, V. L. 10 juill. 1965, art. 8, II, p. 61.

18) Rôle du règlement de copropriété. C'est au premier chef au règlement de copropriété qu'il appartient de procéder au classement des diverses parties de l'immeuble en parties communes et parties privatives. Les dispositions d'un acte de vente antérieur au règlement et relatif à la définition des parties communes et des parties privatives ne pourraient être opposées au syndicat des copropriétaires (▪ Cass. 3e civ., 9 juill. 2013, n° 12-19.426 : *Administrer* nov. 2013, p. 54, note J.-R. Bouyeure) non plus que la notice descriptive annexée aux actes de vente en état futur d'achèvement (▪ Cass. 3e civ., 9 mai 2019, n° 18-16.717, publié au *Bull.* : *JCP* N 2020, 1016, obs. G. Durand-Pasquier).

En ce domaine, le principe est celui de la liberté des conventions. Le règlement de copropriété peut faire des parties d'immeuble réputées communes, ou des éléments d'équipement commun, des parties privatives, ou en conférer la jouissance privative à tel ou tel copropriétaire.

Si le règlement énonce que « les parties et choses communes comprendront la totalité du sol, bâti ou non bâti », des terrains se trouvant au droit de chaque lot constituent des parties communes, le fait que chaque copropriétaire en a en fait l'usage étant sans incidence (▪ CA Paris, 2e ch. B, 27 mars 2003 : *Defrénois* 2004, art. 37-856, n° 3, p. 1264, note C. Atias).

Voir : sur les droits de jouissance privative, L. 10 juill. 1965, art. 2, comm. n° 8, p. 29 et art. 3, comm. nos 9 et 12, p. 35.

19) Parties communes acquises par prescription. Il a été admis que les copropriétaires pouvaient, collectivement, acquérir par prescription acquisitive (C. civ., art. 2261) des immeubles ou des parcelles de terrain appartenant à un tiers, qui devenaient ainsi parties communes (▪ Cass. 3e civ., 30 avr. 2003, n° 01-15.078 : *Bull. civ.* III, n° 91 ; *Loyers et copr.* 2003, comm. 186, obs. G. Vigneron ; *Constr.-Urb.* 2003, comm. 273, obs.

D. Sizaire ; *JCP* G 2003, I, 172, p. 1868, obs. H. Périnet-Marquet ; *D.* 2003, somm., p. 2047, note B. Mallet-Bricout ; *AJDI* 2003, p. 768, note C. Giverdon. ▪ CA Nancy, 27 févr. 2007 : *Loyers et copr.* 2007, comm. 206, note G. Vigneron. ▪ CA Paris, pôle 4, ch. 1, 31 mars 2023, n° 20/06283 : *Administrer* juin 2023, p. 41, obs. P. Décehelette-Tolot).

Voir : sur le jeu de la prescription, L. 10 juill. 1965, art. 9, comm. n°s 96 et 97, p. 127.

C – Applications jurisprudentielles

20) Balcons. Sur les balcons, voir l'article 2 de la loi et son commentaire.

21) Bow-windows. Il s'agit de parties privatives si la partie de l'immeuble vitrée est elle-même partie privative (▪ TI Neuilly, 8 avr. 1981 : *Inf. rap. copr.* oct. 1982, p. 177. – V. aussi ▪ CA Rouen, 1re ch., 22 juin 2004 : *JurisData* n° 2004-249034). Pour la Cour de Dijon, il s'agit d'une partie privative dès lors que le bow-window est réservé à l'usage exclusif de son propriétaire, qu'il assure un prolongement de l'appartement en façade et que les ouvrants sont des parties privatives comme le plafond et le revêtement de sol. En revanche, le gros œuvre qui constitue la structure et l'armature de l'avancée par rapport à la façade de l'immeuble ainsi que la couverture de cette structure relèvent des parties communes en ce que ces éléments sont intégrés dans la façade de l'immeuble et font partie de son ornementation, en rompant le monotonie de celle-ci qui serait sans leur présence uniformément plate (▪ CA Dijon, 21 avr. 2011 : *JurisData* n° 2011-009594).

22) Canalisations. Sont souvent ainsi visés les tuyaux d'évacuation ou d'écoulement, les colonnes montantes d'eau, de gaz, d'électricité et les canalisations de chauffage collectif de l'immeuble.

Toute canalisation est présumée partie commune par l'article 3, y compris celles qui traversent les parties privatives (▪ CA Paris, 23e ch., 22 mai 1992 : *Loyers et copr.* 1992, n° 439). Mais encore faut-il qu'il s'agisse de canalisations afférentes aux éléments d'équipement commun (V. Vielle, *Le sort des canalisations encastrées à usage privatif* : *Ann. loyers* 1977, p. 488). Ce pourrait ne pas être le cas pour des canalisations dont la fonction est d'évacuer vers les conduites collectives les eaux ménagères et usées des copropriétaires (V. ▪ CA Paris, 19e ch. B, 22 juin 2000 : *Dossier CSAB* n° 89, févr. 2001, n° 128, obs. A. Dunes. – *Contra* : ▪ CA Versailles, 4e ch., 20 mars 1985 : *RD imm.* 1986, p. 410 – qui qualifie ces canalisations de privatives). Il a été jugé qu'une canalisation raccordant un appartement aux canalisations de l'immeuble était un branchement particulier et constituait donc une partie privative, alors même qu'elle était encastrée et inaccessible (▪ CA Paris, 7 juill. 1995 : *Loyers et copr.* déc. 1995, n° 532. – V. également, ▪ Cass. 3e civ., 21 mars 2000 : *AJDI* 2000, p. 822, obs. P. Guitard). Selon un autre arrêt de la cour de Paris, une canalisation qui n'est pas située à l'intérieur d'un appartement mais qui passe au travers du gros œuvre, et qui se retrouve identiquement à chaque étage ne constitue pas un branchement particulier et doit être considérée comme une partie commune (▪ CA Paris, 6e ch. B, 21 déc. 2000 : *AJDI* 2001, p. 258. – V. aussi, pour une canalisation encastrée dans une dalle partie commune, non apparente et ne pouvant être atteinte que par dégradation du gros œuvre, ▪ CA Paris, pôle 4, 2e ch., 16 mars 2011 : *Rev. Administrer* juin 2011, p. 42, obs. J.-R. Bouyeure). La culotte destinée à accueillir les eaux vannes d'un appartement est partie commune lorsqu'elle est située hors du lot (▪ Cass. 3e civ., 18 déc. 2001, n° 00-17.947).

En définitive, et en application des critères posés par l'article 3 de la loi, une canalisation est commune lorsqu'elle dessert plusieurs lots ou qu'elle est afférente à un élément d'équipement commun (V. cependant, ▪ Cass. 3e civ., 26 janv. 2017, n° 15-28.256). Dans les autres cas, elle est privative, alors même qu'elle traverse des parties communes ou d'autres locaux privatifs (V. obs. P. Guitard, note préc. – V. ▪ Cass. 3e civ., 2 mai 2012, n° 10-17.366). Il a été jugé qu'une conduite encastrée dans un couloir, qui dessert des parties privatives, constitue une partie commune spéciale aux lots desservis (▪ Cass. 3e civ., 7 juill. 2015, n° 14-12.666 : *JurisData* n° 2015-020141 ; *Loyers et copr.* 2015, n° 2009, obs. G. Vigneron).

Le règlement de copropriété peut comporter des dispositions particulières à leur propos. Aussi inopportunes qu'elles puissent paraître, elles devront être respectées : par exemple, si le règlement de copropriété fait des canalisations, même encastrées ou intégrées dans le sol, des parties privatives (V. ▪ Cass. 3e civ., 23 avr. 1986 : *Rev. loyers* 1986, p. 252. ▪ CA Paris, 18 nov. 1983 : *D.* 1984, inf. rap. p. 380, obs. Giverdon. – V. aussi ▪ CA Paris, 7e ch. A, 3 mars 1993 : *Rev. Administrer* déc. 1993, p. 55, obs. A. Dunes ; *RD imm.* 1993, p. 407, obs. P. Capoulade) ou encore des parties communes spéciales à certains lots ou à un bâtiment (▪ Cass. 3e civ., 28 févr. 2007 : *Rev. Administrer* mai 2007, p. 49, obs. J.-R. Bouyeure).

Le point de savoir qui, du syndicat ou des copropriétaires, a la charge de leurs réparations, ou des dommages qu'elles peuvent avoir causés dépendra bien évidemment de leur qualification (partie commune ou partie privative).

Si la demande de dépose d'un réseau d'alimentation en eau des chambres de service irrégulièrement installé est prescrite, ce réseau devient partie commune en application de la clause du règlement qui énonce que sont des parties communes « les tuyaux et canalisations de tout genre » (▪ CA Paris, pôle 4, 2e ch., 3 avr. 2013, n° 11/13043 : *Administrer* juin 2013, p. 58, obs. J.-R. Bouyeure).

Bibliographie : G. Gil, *Les canalisations en copropriété* : *Inf. rap. copr.* janv.-févr. 2014, p. 17. – Sur les responsabilités relatives au gel des canalisations, l'étude de M. Giverdon : *Loyers et copr.* mars 1985, p. 4 et s.

23) Colonnes montantes. La prise en charge des frais de réfection des colonnes montantes d'électricité, vétustes pour une grande partie, pose problème.

Les deux questions principales ayant donné lieu à débat devant les juridictions du fond sont les suivantes : y a-t-il une présomption d'incorporation des colonnes montantes dans le réseau public ? Les copropriétés peuvent-elles faire abandon de ces ouvrages sans remises en état préalable ?

Ces questions ont été finalement résolues par l'intervention de la loi n° 2018-1021 du 23 novembre 2018 (loi ELAN).

Postérieurement la loi n° 2022-217 du 21 février 2022 dite « loi 3DS » a adopté une solution identique (le transfert dans le réseau public) en ce qui concerne les colonnes montantes de gaz. – V. à ce sujet, annexes, V° Colonnes montantes.

24) Combles. Les combles ne sont pas visés dans l'énumération des parties d'immeubles « réputées parties communes ». S'il y a litige en ce qui concerne leur propriété, il faut donc pour le résoudre appliquer les critères posés par les articles 2 et 3 de la loi du 10 juillet 1965.

• S'il s'avère en raison de la disposition matérielle des lieux qu'un comble était en fait réservé à l'usage exclusif d'un copropriétaire, il pourra être décidé qu'il est sa propriété privative (▪ Cass. 3e civ., 18 mai 1989 : *Bull. civ.* III, n° 113 ; *JCP* N 1989, prat. p. 535. ▪ Cass. 3e civ., 14 févr. 1990 : *Bull. civ.* III, n° 49 ; *Rev. Administrer* août-sept. 1990, p. 52, obs. Guillot. ▪ Cass. 3e civ., 18 mai 1990 : *Bull. civ.* III, n° 113. ▪ CA Paris, 6e ch. B, 10 févr. 2005 : *Rev. loyers* 2005, p. 402. ▪ CA Paris, pôle 4, 2e ch., 10 oct. 2012 : *Administrer* mai 2013, p. 47, obs. J.-R. Bouyeure). Savoir si le comble est ou non « à l'utilité et à l'usage exclusif » de tel ou tel copropriétaire doit être apprécié cas par cas. Il en est ainsi lorsque le comble n'abrite aucun élément d'équipement collectif (▪ Cass. 3e civ., 6 oct. 1993 : *RD imm.* 1993, p. 537, obs. Capoulade) ou lorsque, compte tenu de la configuration des lieux, il ne peut en fait être utilisé que par le copropriétaire dont le lot en commande l'accès (▪ Cass. 3e civ., 17 mai 1995 : *Loyers et copr.* août-sept. 1995, n° 381 ; *RD imm.* 1995, p. 583, obs. C. Giverdon. – V. également ▪ Cass. 3e civ., 26 janv. 2017, n° 15-25.859 : *JurisData* n° 2017-001110 ; *Loyers et copr.* 2017, comm. 88, note C. Coutant-Lapalus ; *Administrer* avr. 2017, p. 39, obs. J.-R. Bouyeure. ▪ Cass. 3e civ., 3 juill. 1996 : *Loyers et copr.* oct. 1996, n° 402. ▪ CA Paris, 23e ch. B, 22 mars 2007 : *JurisData* n° 2007-329200. – V., dans le même sens, ▪ CA Paris, 6e ch. B, 10 févr. 2005 : *Rev. loyers* 2005, p. 402. ▪ CA Paris, 23e ch. B, 8 févr. 2007 : *JurisData* n° 2007-324821, qui constate que des combles annexés par un copropriétaire « ne sont d'aucune utilité pour la copropriété »).

Toutefois, si un comble est une partie privative lorsqu'il est réservé à l'usage exclusif d'un copropriétaire, ou lorsqu'il ne peut être utilisé que par un copropriétaire dont le lot en commande l'accès, le comble reste une partie commune lorsque cet usage exclusif et cet accès par le lot d'un copropriétaire résultent d'une voie de fait de ce dernier, qui a procédé à des travaux en posant une trappe dans le plafond de son appartement sans autorisation de l'assemblée, alors que la configuration des lieux tels qu'elle résulte de la construction de l'immeuble ne prévoyait pas un accès et un usage privatif des combles (▪ Cass. 3e civ., 17 janv. 2007, n° 05-19.104 : *AJDI* 2007, p. 843, note P. Capoulade. – V. aussi ▪ Cass. 3e civ., 31 mars 2016, n° 14-18.824). La Cour de cassation a bien souligné que le fait que les combles ne soient accessibles qu'à partir du lot du copropriétaire revendiquant ne suffit pas à lui seul à caractériser « l'usage exclusif ». Si ces locaux abritent depuis l'origine une volumineuse gaine VMC externe, on doit considérer qu'ils sont affectés à l'utilité de tous les copropriétaires (▪ Cass. 3e civ., 15 déc. 2009 : *Rev. Administrer* mars 2010, p. 45, obs. J.-R. Bouyeure).

• Par contre, le comble est partie commune lorsqu'il a pour fonction de permettre l'accès à la toiture (ou à des équipements collectifs), pour en assurer l'entretien et la réparation (▪ Cass. 3e civ., 30 mai 1995 : *Loyers et copr.* août-sept. 1995, n° 381 ; *RD imm.* 1995, p. 583, obs. C. Giverdon. ▪ CA Versailles, 4e ch., 19 juin 2000 : *Dossier CSAB* n° 89, févr. 2001, n° 129) ou qu'il abrite le vase d'expansion du chauffage collectif (▪ CA Paris, 23e ch. B, 2 déc. 2004 : *JurisData* n° 2004-263268 ; *AJDI* 2005, p. 144).

Les combles sont également parties communes lorsqu'ils ne sont accessibles que depuis des parties communes, par exemple le palier de l'escalier commun (▪ Cass. 3e civ., 30 nov. 2010 : *Rev. Administrer* mars 2011, p. 42, obs. J.-R. Bouyeure. – V. aussi ▪ Cass. 3e civ., 31 mars 2016, n° 14-18.824 : *Administrer* juill. 2016, p. 46, obs. J.-R. Bouyeure). Si une trappe d'accès aux combles, qui se situe au-dessus de l'escalier desservant le premier étage, permet d'y accéder sans pénétrer dans l'appartement du copropriétaire qui revendique la propriété des combles, on doit considérer que ces combles constituent une partie commune (▪ Cass. 3e civ., 27 sept. 2006 : *Rev. Administrer* déc. 2006, p. 77, obs. J.-R. Bouyeure. – V. aussi ▪ Cass. 3e civ., 7 sept. 2017, n° 16-18.908 : *Administrer* nov.

abrégeait 2017, p. 40, note J.-R. Bouyeure). Il en est de même lorsque les combles, qui ne sont pas fractionnés par des cloisons, sont accessibles directement depuis les parties communes par des trappes de visite pratiquées en plafond des couloirs du dernier étage (■ CA Paris, 2 déc. 2009 : *AJDI* 2010, p. 232).

Au motif que des combles « ne présentaient d'intérêt que pour les copropriétaires d'un bâtiment », un tribunal les a déclarés parties communes spéciales à ce bâtiment (■ CA Besançon, 30 juin 1995 : *JurisData*, n° 1995-043967).

Dans tous les cas il y a lieu de tenir compte des dispositions particulières du règlement. Si celui-ci prévoit que les copropriétaires du sixième étage peuvent annexer le volume des combles situés au-dessus de leurs lots sous condition d'une approbation de l'assemblée générale il en résulte que les combles doivent être qualifiés de parties communes (■ CA Paris, pôle 4, 2e ch., 25 oct. 2017, n° 15/18 250 : *Administrer* févr. 2018, p. 39, obs. J.-R. Bouyeure. – V. aussi ■ CA Paris, pôle 4, 2e ch., 13 déc. 2017, n° 15/15 299 : *Rev. loyers* 2018, p. 112, obs. S. Bénissi).

Bibliographie : G. Vigneron, *Les combles mutants : Loyers et copr.* nov. 2012, étude 14. – J. Hocquard, *Les combles, de l'ombre à la lumière : Inf. rap. copr.* juill.-août 2003, p. 15.

Voir : jurisprudence citée, L. 10 juill. 1965, art. 2, comm. n° 11, p. 30

25) Escaliers. Il s'agit en principe d'une partie commune (partie du gros œuvre) mais, s'y adjoignent des « éléments d'équipement commun » (tapis, revêtements...). La qualification de parties communes d'un escalier et d'une entrée est subordonnée à la preuve qu'ils sont affectés à l'usage ou à l'utilité de l'ensemble des copropriétaires ou de plusieurs d'entre eux (■ Cass. 3e civ., 12 déc. 2019, n° 18-22.757 : *JurisData* n° 2019-022569 : *Loyers et copr.* 2020, comm. 42, obs. C. Coutant-Lapalus ; *Administrer* févr. 2020, p. 39, note J.-R. Bouyeure. – ■ CA Orléans, 10 juill. 2023, n° 20/02499 : *JurisData* n° 2023-014489 ; *Loyers et copr.* 2023, comm. 155, note C. Coutant-Lapalus).

Voir aussi : L. art. 10, et D. art. 1er.

26) Loge de concierge. Elle est « présumée » partie commune en tant que « locaux des services communs » (V. art. 3 de la loi. – Sur les problèmes de qualification posés par la loge de concierge, V. Guillot, *Concierge et conciergerie dans un immeuble en copropriété* : *Rev. Administrer* oct. 1990, p. 11 et s. et la note de M. Atias sous ■ CA Paris, 23e ch. A, 5 mars 1990 : *D.* 1990, jurispr. p. 407).

Cette présomption jouera, en particulier, dans le cas de contradiction ou d'imprécision des titres : elle permettra de protéger les acquéreurs contre les agissements des auteurs de la division de l'immeuble (vendeur, promoteur...) qui tentent de se réserver la propriété de la loge que les copropriétaires avaient pensé être une partie commune (V. pour des exemples d'interprétation du règlement de copropriété qualifiant alors la loge de partie commune : ■ Cass. 3e civ., 2 juill. 1975 : *JCP N* 1976, 6364, p. 340 ; *Bull. civ.* III, p. 79. ■ Cass. 3e civ., 17 mars 1981 : *Rev. Administrer* oct. 1981, p. 36, note Guillot. ■ Cass. 3e civ., 15 janv. 1985 : *Rev. Administrer* août-sept. 1985, p. 3, note Guillot. ■ TGI Paris, 24 sept. 1980 : *Rev. Administrer* déc. 1980, p. 36, note Lot).

Voir pour une tentative (avortée) de rechercher la responsabilité du promoteur au motif qu'il avait trompé les acquéreurs en se réservant la propriété de la loge : ■ Cass. 3e civ., 3 févr. 1993 : *Loyers et copr.* 1993, n° 145.

Mais le règlement peut avoir constitué la loge en lot, assorti de tantièmes de parties communes : il s'agira alors d'une partie privative (■ Cass. 3e civ., 21 déc. 2017, n° 16-24.180 : *JurisData* n° 2017-027878 ; *Loyers et copr.* 2018, comm. 45, note C. Coutant-Lapalus ; *Administrer* mars 2018, p. 44, note J.-R. Bouyeure. ■ Cass. 1re civ., 11 mai 1966 : *AJPI* 1966, p. 1016, note Cabanac. ■ Cass. 3e civ., 26 oct. 1983 : *D.* 1984, inf. rap. p. 381, obs. Giverdon. ■ Cass. 3e civ., 24 nov. 1987 : *Loyers et copr.* janv. 1988, n° 34. ■ CA Paris, 30 juin 1980 : *D.* 1981, inf. rap. p. 100, n° 53. ■ CA Paris, 24 nov. 1983 : *D.* 1984, inf. rap. p. 381, obs. Giverdon), ce qui peut ressortir du fait qu'elle est louée au syndicat (■ Cass. 3e civ., 19 nov. 1986 : *Rev. loyers* 1987, p. 57). Celui qui en est propriétaire peut alors en disposer librement (■ CA Paris, 23e ch. A, 4 déc. 1991 : *Loyers et copr.* 1992, n° 127). Le fait que le lot d'un copropriétaire porte la mention « gardien » sur le plan annexé au règlement de copropriété ne peut entraîner l'obligation pour ce copropriétaire de mettre gratuitement le lot à la disposition du syndicat pour servir de loge de concierge (■ Cass. 3e civ., 3 juin 2009 : *Rev. Administrer* nov. 2009, p. 67, obs. J.-R. Bouyeure).

Exceptionnellement cependant la jurisprudence admet que la loge de concierge puisse être qualifiée de « partie commune » alors même qu'elle est constituée en lot privatif :

– lorsqu'il existe une « contradiction dans les titres » (sur le pouvoir d'interprétation des juges en pareil cas. V. ■ Cass. 3e civ., 27 juin 1990 : *Loyers et copr.* 1990, n° 359). Cette contradiction peut apparaître à la lecture du règlement de copropriété lorsque, malgré le caractère ambigu ou équivoque de ses clauses, on peut estimer que ses rédacteurs ont entendu réserver la loge à un usage collectif (sur ce pouvoir d'interprétation des tribunaux, V. ■ CA Paris, 23e ch. B, 3 mars 1989 : *Loyers et copr.* avr. 1989, n° 195), ou même lorsqu'il existe des antinomies ou incompatibilités entre le règlement et d'autres actes ou documents : par exemple la notice descriptive remise aux acquéreurs de l'immeuble (■ Cass. 3e civ.,

15 janv. 1985 : *Rev. Administrer* août-sept. 1985, p. 37, note Guillot. ▪ CA Paris, 23e ch., 6 oct. 1988 : *Loyers et copr.* déc. 1988, n° 548) ou le règlement de copropriété et l'état descriptif de division (▪ CA Paris, 23e ch., 26 nov. 1993 : *Loyers et copr.* 1994, n° 120). Le fait qu'un lot soit désigné par l'appellation « appartement de gardien » ne suffit pas, dans la contradiction des titres, pour en déduire qu'il s'agit d'un local de services communs relevant en tant que tel des parties communes. Il y a lieu de rechercher s'il est effectivement affecté à l'utilité de tous les copropriétaires ou de plusieurs d'entre eux ou s'il est à l'usage exclusif d'un copropriétaire déterminé (▪ Cass. 3e civ., 30 mars 2010, n° 09-14.229) ;

– ou encore lorsqu'il apparaît à la lecture du règlement que l'attribution au local litigieux de tantièmes de copropriété procède d'une erreur manifeste (V. *supra* L. art. 3, comm. n° 18).

En l'absence de ces circonstances particulières le fait que la loge ait été constituée en lot doit amener obligatoirement à la considérer comme une partie privative (▪ Cass. 3e civ., 7 déc. 1988 : *Loyers et copr.* févr. 1989, n° 85. ▪ Cass. 3e civ., 3 mai 1990 : *Loyers et copr.* 1990, n° 316. ▪ Cass. 3e civ., 25 janv. 1994 : *Loyers et copr.* 1994, n° 163. ▪ Cass. 3e civ., 17 mai 1995 : *RD imm.* 1995, p. 585. ▪ Cass. 3e civ., 19 juin 1996 : *Loyers et copr.* oct. 1996, n° 402 ; *RD imm.* 1996, p. 604, obs. P. Capoulade ; *AJPI* 1996, p. 1025, obs. P. Guitard).

Bibliographie : L. Guégan, *Le logement du gardien : Administrer* juill. 2014, p. 19

27) Terrasse. Si elle sert de toiture au bâtiment, la terrasse est partie commune (▪ Cass. 3e civ., 13 nov. 1975 : *JCP* G 1976, IV, 17). Si un copropriétaire en a la jouissance exclusive ou même la propriété privative, les tribunaux estiment qu'il n'est en principe (sauf clause contraire du règlement) propriétaire que de la partie superficielle (revêtement) et non de sa structure (gros œuvre et couche d'étanchéité) qui reste partie commune (▪ Cass. 3e civ., 18 déc. 1996 : *Rev. loyers* 1997, p. 614. ▪ Cass. 3e civ., 30 mai 1973 : *JCP* G 1973, IV, 271. ▪ CA Aix-en-Provence, 9 déc. 2005 : *JurisData* n° 2005-307997. ▪ CA Paris, 23e ch. A, 11 déc. 1996 : *Loyers et copr.* avr. 1997, n° 119. ▪ CA Paris, 3 juin 1981 : *D.* 1982, inf. rap. p. 141).

Voir : L. 10 juill. 1965, art. 2, comm. n° 14, p. 31 et sur les charges, L. 10 juill. 1965, art. 10, comm. n° 57, p. 161.

Bibliographie : C. Atias, *Les toitures-terrasses, de la résistance du régime des parties communes : Inf. rap. copr.* avr. 1997, p. 22. – P. Compérat, *Les toitures-terrasses : agrément ou désagrément ? : Rev. habitat* mai 2017, p. 28. – J. Hainaut, *Étanchéité des toitures terrasse : Inf. rap. copr.* sept. 2017, p. 25.

III – DROITS ACCESSOIRES AUX PARTIES COMMUNES

Bibliographie : J.-M. Roux, *Les droits accessoires aux parties communes : Inf. rap. copr.* juin 2006, p. 26.

A – Inventaire des droits accessoires aux parties communes

28) Droits réputés accessoires aux parties communes. L'article 3 de la loi du 10 juillet 1965, qui a été complété sur ce point par la loi n° 2018-1021 du 23 novembre 2018 (loi ELAN) répute « droits accessoires aux parties communes », dans le silence ou la contradiction des titres : le droit de surélever un bâtiment affecté à l'usage commun ou comportant plusieurs locaux qui constituent des parties privatives différentes, ou d'en affouiller le sol ; le droit d'édifier des bâtiments nouveaux dans des cours, parcs ou jardins constituant des parties communes ; le droit d'affouiller de tels cours, parcs ou jardins ; le droit de mitoyenneté afférent aux parties communes ; le droit d'affichage sur les parties communes ; le droit de construire afférent aux parties communes.

29) Énumération non limitative. L'article 3 de la loi énumère divers droits accessoires. Il peut s'en rencontrer d'autres. La cour de Paris (23e ch. B, 21 décembre 1984), a qualifié par exemple de « droits accessoires aux parties communes » les droits de propriété et de *servitude* dont les copropriétaires sont titulaires sur une voie d'accès aux parties communes (*D.* 1985, inf. rap. p. 430, obs. Cl. Giverdon). La Cour de cassation a admis explicitement que l'énumération des droits accessoires aux parties communes figurant dans l'article 3 de la loi du 10 juillet 1965 n'était pas limitative (▪ Cass. 3e civ., 24 mai 2006, n° 05-14038 : *Bull. civ.* III, n° 134 ; *Loyers et copr.* 2006, comm. 188, note G. Vigneron ; *Rev. loyers* 2006, p. 346, note Th. Dubaele ; *Rev. Administrer* août-sept. 2006, p. 53, obs. J.-R. Bouyeure).

30) Rôle de la convention. L'énumération légale s'entend « *dans le silence ou la contradiction des titres* ». Les droits cités peuvent donc être érigés en droits accessoires à des parties privatives. Dans ce cas, incorporés à un lot, ils peuvent être exercés librement par leur propriétaire – sauf à respecter les dispositions de l'article 25-*b* de la loi, le cas échéant.

31) Droit de surélévation. Le *droit de surélever* un bâtiment affecté à l'usage commun ou comportant plusieurs locaux qui constituent des parties privatives différentes ou le droit d'en affouiller le sol sont considérés comme accessoires aux parties communes. Dès lors qu'il n'est pas rattaché à une partie privative, le droit de surélever demeure accessoire aux parties communes (▪ Cass. 3e civ., 22 mars 1995, n° 92-19.599 : *Loyers et copr.* juill. 1995, n° 345 ; *RD imm.* 1995, p. 594, obs. P. Capoulade ; *AJPI* 1995, p. 795, obs. M. Morand).

Voir aussi : Sur le droit de surélévation, *JCl Notarial formulaire, V° Copropriété*, fasc. 242 et *JCl Constr.-Urb.*, fasc. 97-25, par J. Lafond. – Sur l'exercice du droit de surélévation, V. L. 10 juill. 1965, art. 35.

NB : Il est à noter qu'à la suite de la réforme opérée par la loi ELAN du 23 novembre 2018, et par dérogation à l'article 37, ce droit de surélévation, ne peut faire l'objet d'une convention par laquelle un propriétaire ou un tiers s'en réserverait l'exercice. Ce droit peut toutefois constituer la partie privative d'un lot transitoire (L. 10 juill. 1965, art. 37-1).

32) Droit d'édifier des bâtiments nouveaux dans des cours, parcs ou jardins constituant des parties communes. (V. *infra* Droit de construire, *comm. 36*).

33) Droit d'affouiller (constructions en sous-sol). Le *droit d'affouiller* les cours, parcs ou jardins, parties communes est également un droit accessoire aux parties communes. Il en résulte que le copropriétaire qui veut creuser le sol ou le tréfonds, par exemple pour installer une piscine (ou créer une cave ou un garage souterrains), doit solliciter au préalable l'autorisation de l'assemblée – qui doit être en principe donnée à la majorité de l'article 26, s'agissant d'une aliénation de parties communes (V. ▪ Cass. 3e civ., 1er déc. 1999, n° 98-13.438 : *JurisData* n° 1999-004300 ; *Loyers et copr.* 2000, comm. 57, obs. G. Vigneron. ▪ CA Paris, 23e ch. A, 26 avr. 2000 : *JurisData* n° 2000-114084 ; *Loyers et copr.* 2000, comm. 262. ▪ CA Paris, 23e ch. B, 7 janv. 1999 : *JurisData* n° 1999-020066 ; *Loyers et copr.* 1999, comm, n° 138).

La raréfaction des surfaces constructibles, la flambée des prix de l'immobilier en centre-ville ont fait que se développe la pratique des « souplex », qui pose des problèmes divers (V. *J. Hainaut, Aménager un souplex : Inf.rap. copr. juill.-août 2017, p. 31. – C. Chazelle, Le souplex, une idée à creuser : Inf.rap. copr. juill.-août 2017, p. 19. – C. Coutant-Lapalus, La vente d'un souplex : attention au mesurage : Inf.rap. copr. juill.-août 2017, p. 27*).

NB : Il est à noter qu'à la suite de la réforme opérée par la loi ELAN du 23 novembre 2018, et par dérogation à l'article 37, ce droit d'affouiller, ne peut faire l'objet d'une convention par laquelle un propriétaire ou un tiers s'en réserverait l'exercice. Ce droit peut toutefois constituer la partie privative d'un lot transitoire (L. 10 juill. 1965, art. 37-1).

Voir : Sur le sous-sol de la copropriété, ses utilités et son exploitation, V. C. Jaffuel, *Les dessous de la copropriété : Inf. rap. copr.* juill.-août 2017, p. 17. – S. Trincal, *L'utilité publique du tréfonds d'une copropriété : Inf. rap. copr.* juill.-août 2017, p. 25. – A. Longuépée, *Sous-sol, copropriété et urbanisme : Inf. rap. copr.* juill.-août 2017, p. 25.

34) Droit de mitoyenneté. Le *droit de mitoyenneté* afférent aux parties communes est également qualifié de droit accessoire aux parties communes. Le droit de mitoyenneté afférent aux parties communes paraît être en réalité un droit de copropriété pur et simple, faisant partie des choses communes de l'immeuble (en ce sens, Sizaire, *préc.*, note 70, p. 33), et réparti avec elles entre les copropriétaires, au *prorata* de leurs tantièmes respectifs (V. en ce sens : ▪ CA Paris, 23e ch. A, 26 avr. 2000 : *Loyers et copr.* 2000, comm. 262).

35) Droit d'affichage. Le « droit d'affichage sur les parties communes » a été ajouté à la liste des droits accessoires aux parties communes par la loi ELAN du 23 novembre 2018.

La question de la nature juridique du droit ainsi concédé avait été antérieurement débattue. La Cour de cassation a été amenée à intervenir pour censurer la fausse qualification d'« usufruit » donnée par les juges du fond aux droits ainsi réservés (▪ Cass. 3e civ., 18 janv. 1984 : *D.* 1985, p. 504, note F. Zénati ; *RD imm.* 1984, p. 392, obs. Givord et Giverdon ; *JCP* G 1986, II, 20547 et *JCP* N 1987, II, p. 224, note J.-J. Barbiéri).

En fait il appartient au titre constitutif de définir na nature de ce droit : droit réel (de jouissance spéciale, ou de jouissance privative) perpétuel ou temporaire, ou simple droit personnel.

Voir : sur la réserve du droit d'affichage sur la façade ou les murs de l'immeuble, D. 17 mars 1967, art. 2, comm. n° 7, p. 663.

36) Droit de construire. Le droit de construire « afférent aux parties communes » a été intégré à la liste des droits accessoires aux parties communes par la loi ELAN du 23 novembre 2018.

La solution avait été admise par la jurisprudence : la réalisation par un copropriétaire de modifications dans l'utilisation de locaux existants ayant une incidence sur le coefficient d'occupation des sols (COS) constitue l'exercice d'un droit accessoire aux parties communes (▪ Cass. 3e civ., 10 janv. 2001 : *Constr.-Urb.* 2001, comm. 58, obs. D. Sizaire ; *Loyers et copr.* 2001, comm. 105, note G. Vigneron ; *JCP* G 2001, n° 43-44, p. 1989, obs. H. Périnet-Marquet ; *AJDI* 2001, p. 438, note C. Giverdon). L'intérêt de cette décision était de dire que la constructibilité résiduelle résultant du COS était un droit accessoire aux parties communes, comme le droit de construire dont elle pouvait être distincte, par exemple lorsque celui-ci était un droit accessoire aux parties privatives (D. Sizaire, note préc. 6 V. aussi à propos de l'édification d'une mezzanine,

■ CA Paris, pôle 4, 2e ch., 5 mars 2014 : *JurisData* n° 2014-005311 ; *Loyers et copr.* 2014, comm. 277, obs. G. Vigneron ; *Administrer* juin 2014, p. 53, obs. J.-R. Bouyeure).

Cette jurisprudence est devenue partiellement obsolète avec la suppression de la réglementation concernant le « COS » et la « superficie minimale constructible », opérée par la loi n° 2014-366 du 24 mars 2014, dite « loi ALUR » (sur les effets immédiats et les effets à terme de cette loi, V. E. Wurmser, *ALUR : pour qui sonne le glas des COS ? : Constr.-Urb.* mai 2014, dossier 3. – H. Cloez, *La rénovation des outils de l'urbanisme : Opérations immobilières* avr.-mai 2014, p. 26. – G. Daudré et J.-Ph. Meng, *Loi ALUR et urbanisme : Defrénois* 2014, n° 10, p. 582. – R. Ducourau et M. Juan, *La modernisation du PLU par la loi ALUR : nota bene, Cridon Sud-Ouest* avr.-mai 2014, 774. – H. Cloez, *Les nouveaux droits à construire : Opérations immobilières* sept. 2014, p. 26). Cependant il ne faudrait pas en déduire que les solutions antérieures deviennent caduques : d'une part parce que le COS n'a pas totalement disparu et d'autre part parce que l'exercice du droit de construire par un copropriétaire est de nature à affecter les droits de construire de la collectivité (V. C. Jobelot, *Les travaux réglementaires : Inf. rap. copr.*, sept. 2018, p. 19), ceci en fonction de la nature des travaux entrepris, et des dispositions du plan local d'urbanisme (PLU), qu'il y a lieu dans chaque cas de consulter.

La loi elle-même affirme aujourd'hui le caractère de « droit accessoire aux parties communes » du droit de construire afférent aux parties communes. Mais il reste que le droit de construire peut aussi constituer un accessoire aux parties privatives. Ainsi lorsque les constructions sont édifiées sur un terrain correspondant à l'emprise d'un lot constituant une partie privative (■ Cass. 3e civ., 13 déc. 2018, n° 17-23 008 : *Administrer*, févr. 2019, p. 43, note J. R. Bouyeure).

N.B. Il est à noter qu'à la suite de la réforme opérée par la loi ELAN du 23 novembre 2018, et par dérogation à l'article 37, ce droit de construire, ne peut faire l'objet d'une convention par laquelle un propriétaire ou un tiers s'en réserverait l'exercice. Ce droit peut toutefois constituer la partie privative d'un lot transitoire (L. 10 juillet 1965, art. 37-1).

Lorsque ce droit de construire appartient à la collectivité des copropriétaires, il peut être utilisé :

– pour créer des locaux communs ;

– pour créer des locaux privatifs, soit au profit du syndicat, soit au profit d'un copropriétaire ou d'un tiers auxquels le droit de construire est cédé.

Enfin, il est possible d'en faire un lot privatif : cette formule est utilisée, par exemple, pour la création des « lots transitoires » dans les ensembles immobiliers (exemple de désignation d'un lot ainsi constitué : « lot n° 1 : droit d'utiliser une surface de x mètres carrés, portant le n° 1 au plan d'ensemble ci-annexé, et d'y construire un bâtiment de deux étages conformément aux plans annexés, ledit lot comportant 250 millièmes de la propriété indivise du terrain »). L'article 37 de la loi du 10 juillet 1965 n'est pas alors applicable (■ Cass. 3e civ., 17 déc. 2013, n° 12-23.636 : *Administrer* mars 2014, p. 43, note J.-R. Bouyeure. – V. aussi, ■ Cass. 3e civ., 12 mai 2015, n° 13-12.385).

Si le droit de construire n'est pas « privatisé », d'une manière ou d'une autre, le propriétaire qui veut utiliser ce droit doit l'acquérir du syndicat (V. pour le droit d'affouiller le sol en vue de la construction d'une piscine, ■ Cass. 3e civ., 27 janv. 2015, nos 13-23.304 et 13-25.665).

Voir : Sur le droit de construire sur un lot transitoire, V. L. 10 juill. 1965, art. 1er, comm. nos 14, p. 8 et 22, p. 11.

Bibliographie : G. Beaussonie, *La privatisation des parties communes et des droits accessoires aux parties communes : la question du droit de construire au sein de la copropriété : AJDI* 2015, p. 262. – S. Lelièvre, *L'appartenance du droit de construire en copropriété : AJDI* : 2011, p. 610. – S. Lelièvre et S. Chaix-Bryan, *L'utilisation du droit de construire en copropriété : Defrénois* : 2007, art. 38601, p. 917. – D. Sizaire, *Droit de construire et copropriété : AJDI* 2006, p. 547.

Voir aussi : L. 10 juill. 1965, art. 37.

37) Accession. Il a été jugé que les constructions édifiées sur un terrain commun par un copropriétaire deviennent elles-mêmes communes par voie d'accession, en l'absence de convention particulière fixant le sort de ces constructions (■ CA Aix-en-Provence, 4e ch., 19 oct. 1983 : *Bull.* Aix-en-Provence avr. 1983, n° 129, p. 25. – V. pour une véranda empiétant sur les parties communes : ■ CA Paris, 23e ch. B, 31 mai 1990 : *JurisData* n° 1990-118231 ; *Loyers et copr.* 2001, comm. 21).

B – Exercice des droits accessoires aux parties communes

38) Modalités d'exercice. Les droits accessoires (autres que celui de mitoyenneté, V. *infra*) sont normalement exercés par la collectivité des propriétaires.

Le droit de surélévation exercé par le syndicat pour créer des locaux communs est étudié *infra*, sous l'article 30.

Le droit de surélévation exercé par le syndicat pour créer des locaux privatifs est étudié *infra*, sous l'article 35.

Mais les droits accessoires peuvent aussi être exercés par une personne à laquelle ils ont été réservés : ce régime est étudié *infra*, sous les articles 37 et 37-1 de la loi du 10 juillet 1965.

IV – PARTIES COMMUNES SPÉCIALES À CERTAINS COPROPRIÉTAIRES

39) Renvoi. V. à ce sujet L. 10 juill. 1965, art. 6-2.

V – PARTIES COMMUNES EN JOUISSANCE PRIVATIVE

40) Renvoi. V. à ce sujet L. 10 juill. 1965, art. 6-3.

VI – TRANSFORMATION DE PARTIES COMMUNES EN PARTIES PRIVATIVES

Bibliographie : J. Lafond : *JCl. Notarial Formulaire, V° Copropriété*, Fasc. 240.

41) Mécanismes. Une partie commune peut être transformée en partie privative pendant le cours de la vie de la copropriété : cela suppose qu'elle soit constituée en lot, assorti de tantièmes de copropriété.

Pour ce faire, il a été préconisé, puisqu'il faut alors répartir les parties communes en un plus grand nombre de lots, d'augmenter la base originaire de mille d'autant de tantièmes qu'en requièrent le ou les nouveaux lots. *Exemple* : si un nouveau lot doit être affecté de 10 millièmes, la base de répartition originaire deviendra 1 000 + 10 = 1 010/1 010.

Cela permet de diminuer la quote-part de tous les autres lots d'une façon rigoureusement proportionnelle (Morand, *Création de lots nouveaux sur ou dans des parties communes* : *Gaz. Pal.* 1986, 1, doctr. p. 13).

Quelles que soient les méthodes adoptées (affectation de millièmes aux nouveaux lots par prélèvement sur l'ensemble des lots, si on veut laisser subsister la répartition originaire en millièmes ou dix millièmes : refonte totale de l'état descriptif de division...) l'important est que la nouvelle répartition des tantièmes adoptée reflète la « valeur relative » des lots les uns par rapport aux autres, conformément aux critères de l'article 5 de la loi du 10 juillet 1965 (d'application obligatoire pour la répartition des charges dites « générales » de copropriété, V. art. 10 de la loi).

Voir : sur les incidences et les divers aspects de cette opération de transformation de partie commune en partie privative du point de vue de la publicité foncière, Instr. 1er août 1979, nos 89 et s., p. 1427.

42) Intervention de l'assemblée. Le lot issu de la transformation ne peut être purement et simplement transféré à un copropriétaire sans contrepartie (sauf décision unanime de l'assemblée, V. ▪ CA Paris, 23e ch. A, 25 mars 1987 : *RD imm.* 1987, p. 372, obs. Givord et Giverdon). Normalement, il sera aliéné ou échangé : la décision étant prise alors à la majorité et dans les conditions prévues par l'article 26 de la loi du 10 juillet 1965 (V. ce texte. ▪ Cass. 3e civ., 14 juin 2000 : *AJDI* 2000, p. 847).

Voir : L. 10 juill. 1965, art. 26, comm. n° 35, p. 485.

Cette majorité est applicable tant pour décider de la vente elle-même (et en fixer les conditions) que pour approuver la création du lot privatif (en l'assortissant de tantièmes de copropriété) qui est le préalable nécessaire de la vente (▪ Cass. 3e civ., 11 janv. 1989 : *Loyers et copr.* 1989, n° 140. ▪ Cass. 3e civ., 8 nov. 1989 : *Loyers et copr.* 1990, n° 49 ; *JCP* N 1990, prat. 1503, pan. jurispr. par J. Lafond).

Art. 4. – **Les parties communes sont l'objet d'une propriété indivise entre l'ensemble des copropriétaires ou certains d'entre eux seulement ; *(Mots aj. à compter du 1er juin 2020, Ord. n° 2019-1101, 30 oct. 2019)* « selon le cas elles sont générales ou spéciales ». Leur administration et leur jouissance sont organisées conformément aux dispositions de la présente loi.**

Bibliographie : G. Vigneron : *JCl. Copropriété*, Fasc. 62. • E. Kischinewsky-Broquisse, *La copropriété des immeubles bâtis*, Litec, 4e éd. 1989, n° 93. • Sur l'analyse du droit de copropriété sur les lots et la présentation des thèses dualistes ou unitaires, V. *La copropriété*, Dalloz Action, 10e éd., 2021-2022, P. Capoulade et D. Tomasin (dir.), nos 212 et s.

1) Texte d'ordre public. L'ordonnance n° 2019-1101 du 30 octobre 2019, applicable à compter du 1er juin 2020 confère à l'article 4 un caractère impératif en l'incluant dans la liste des textes d'ordre public visés à l'article 43 de la loi du 10 juillet 1965 (V. ce texte).

I – PARTIES COMMUNES GÉNÉRALES ET SPÉCIALES

2) Parties communes spéciales. On a déjà rencontré (*supra*, art. 3) la possibilité de créer des parties communes spéciales à certains copropriétaires seulement. L'article 3 traitait de l'usage ou de l'utilité de (tous ou) plusieurs copropriétaires, et le présent article en tire la conséquence au niveau de la propriété, en prévoyant que les parties communes peuvent être la propriété « de l'ensemble des copropriétaires ou de certains d'entre eux seulement ». L'ordonnance n° 2019-1101 du 30 octobre 2019, applicable à compter du 1er juin 2020, a donné au texte encore plus de précision en ajoutant que : « selon le cas, elles (les parties communes) sont générales ou spéciales ».

L'intérêt de la création de parties communes spéciales est évident lorsque la copropriété doit comprendre plusieurs entités différenciées (par exemple plusieurs immeubles). Il est alors logique de procéder également à la différenciation des parties communes. Ainsi, dans un groupe d'immeubles ou dans un ensemble immobilier, on stipulera que les murs et la toiture de chaque immeuble sont parties communes aux seuls copropriétaires dont les lots composent cet immeuble (à défaut les copropriétaires de l'immeuble A devront participer à la réfection de la toiture de l'immeuble B, et réciproquement, ce qui risque d'être mal compris !...).

Mais cet intérêt se manifeste également dans le cas d'un bâtiment unique : ainsi lorsque ce bâtiment comporte plusieurs entrées ou « cages d'escaliers ». On peut alors envisager de constituer des escaliers, les ascenseurs, etc., en parties communes spéciales à l'immeuble dont ils dépendent directement.

Dans tous les cas, l'opportunité de créer des parties communes spéciales apparaît lorsque certaines parties d'immeuble ne peuvent manifestement servir qu'à l'utilité ou à l'usage de certains copropriétaires : ainsi par exemple un couloir qui ne donne accès qu'à certains lots, une cour à laquelle certains lots seulement peuvent accéder, etc. (V. par exemple, pour des « circulations commerciales » constituées en parties communes particulières aux lots commerciaux, ▪ TGI Paris, 12 mars 1984 : *D.* 1984, inf. rap. p. 381, obs. Cl. Giverdon).

Cette limitation du droit de propriété sur certaines parties d'immeuble à certains des copropriétaires seulement peut également s'appliquer aux éléments d'équipement. Ainsi peut-on faire de l'ascenseur une partie commune aux lots qu'il dessert (▪ CA Paris, 23e ch., 1er juill. 1985 : *Inf. rap. copr.* 1985, p. 205).

Voir : sur les parties communes spéciales, les indications données *infra* L. 10 juill. 1965, art. 6-2.

3) Administration et mode de jouissance des parties communes. L'article 4 de la loi renvoie expressément « aux dispositions de la présente loi » pour tout ce qui est de l'administration et du mode de jouissance des parties communes. Or, ces dispositions – notamment celles relatives à la destination de l'immeuble, aux pouvoirs des assemblées, aux travaux pouvant affecter les parties communes, aux charges... – sont pratiquement toutes *d'ordre public*.

En ce qui concerne le mode de jouissance des parties communes, il est défini par l'article 9 de la loi du 10 juillet 1965. Quant à leur administration, elle est assurée à la fois par le syndicat des copropriétaires (L. 10 juill. 1965, art. 14) et par le syndic qui agit en tant qu'agent d'exécution du syndicat (L. 10 juill. 1965) mais qui dispose également de pouvoirs propres (D. 17 mars 1967, art. 37).

Les « dispositions » auxquelles renvoie l'article 4 – notamment celles relatives à la destination de l'immeuble, aux pouvoirs des assemblées, aux travaux pouvant affecter les parties communes, aux charges... – sont pratiquement toutes *d'ordre public*. Il était donc logique que l'ordonnance n° 2009-1101 du 30 octobre 2019 confère à ce texte un caractère d'ordre public.

4) Partage des parties communes. Du caractère d'indivision nécessaire des droits des copropriétaires sur les parties communes, il résulte que le partage n'en serait possible (en supposant qu'il le soit matériellement) que moyennant une décision unanime : la cessation de l'état de copropriété ne peut être décidée qu'à l'*unanimité* (▪ Cass. 3e civ., 24 janv. 1978, n° 76-13.136 : *Bull. civ.* III, n° 48).

Cette indivision, organisée et figée dans une destination particulière, constitue une exception remarquable aux règles des articles 815 et 815-I du Code civil.

Art. 5. – Dans le silence ou la contradiction des titres, la quote-part des parties communes *(Mots aj. à compter du 1er juin 2020, Ord. n° 2019-1101, 30 oct. 2019)* « tant générales que spéciales » afférente à chaque lot est proportionnelle à la valeur relative de chaque partie privative par rapport à l'ensemble des valeurs desdites parties, telles que ces valeurs résultent, lors de l'établissement de la copropriété, de la consistance, de la superficie et de la situation des lots, sans égard à leur utilisation.

Bibliographie : E. Kischinewsky-Broquisse, *La copropriété des immeubles bâtis*, Litec, 4e éd. 1989, nos 125 et s. • *La copropriété*, Dalloz action, 10e éd., 2021-2022, ss direction de P. Capoulade et D. Tomasin, nos 112-171 et s.

JurisClasseurs. B. de Jode et J. Lafond, *JCl. Notarial Formulaire, V° Copropriété*, Fasc. 84. • G. Vigneron, *JCl. Copropriété*, Fasc. 63, actualisé par C. Coutant-Lapalus et Fasc. 102 A, par G. Vigneron.

I – CARACTÈRE ET PORTÉE DE L'ARTICLE 5 – INTÉRÊTS DE LA RÉPARTITION

1) Absence de caractère impératif. À l'évidence, ce texte n'est *pas d'ordre public*. Cela résulte du début du texte lui-même, et l'article 43 de la loi le confirme.

Il est donc possible de répartir les parties communes entre les lots d'une autre façon et selon d'autres critères que ceux visés au texte (V. ▪ Cass. 3e civ., 9 juill. 2020, n° 19-13.849 : *Administrer* oct. 2020, p. 40, note J.-R. Bouyeure. ▪ CA Paris, 23e ch. B, 16 janv. 2003 : *Loyers et copr.* 2003, comm. 140, obs. G. Vigneron ; *AJDI* 2003, p. 204. ▪ CA Versailles,

28 mai 1985 : *Rev. loyers* 1986, p. 36). La pratique en donne des exemples, et cela est parfaitement licite, même si on utilise des paramètres que la loi écarte (critère de l'utilisation des lots, par exemple).

2) Conséquences pratiques. Mais, pour plusieurs raisons additionnées, cette façon de faire, pour licite qu'elle soit, a de graves inconvénients.

Tout d'abord, les critères de répartition indiqués par l'article 5 sont d'application obligatoire pour la répartition des charges de conservation, d'entretien et d'administration des parties communes. Ainsi en dispose l'article 10 de la loi (V. cet article *infra*), qui est, lui, d'ordre public (■ Cass. 3ᵉ civ., 14 oct. 2014, n° 13-19.837 : *Administrer* févr. 2015, p. 45, obs. J.-R. Bouyeure).

Si, comme on en a le droit, on répartit les tantièmes de parties communes selon des critères différents, il n'y aura pas de correspondance entre les tantièmes de propriété et les tantièmes de charges, ce qui risque d'être mal perçu par les copropriétaires.

Il faut se rappeler en effet que le nombre de tantièmes de parties communes attaché à un lot détermine le nombre de ses voix à l'assemblée des copropriétaires (*infra*, art. 22), la part qui lui revient dans le prix de cession de parties communes (*infra*, art. 16-1), sa part dans le prix des acquisitions, dans les indemnités à payer et à recevoir, dans l'indemnité de sinistre éventuellement...

Si tous ces éléments obéissent à des critères de répartition qui ne sont pas ceux de la répartition des charges, on aboutit, bien que cela ne soit pas illégal, à un illogisme économique et juridique, ce qui n'est pas souhaitable.

En pratique, dans les rares cas où la répartition des parties communes n'obéit pas aux critères définis par l'article 5, le but peut être de faire ressortir certains avantages, et donc certains suppléments de valeur : par exemple, valeur accrue du lot en raison de la jouissance privative de la terrasse formant toit de l'immeuble, et qu'on veut accentuer plus qu'on ne pourra le faire pour le calcul des charges générales.

II – MÉTHODES ET CALCULS DE RÉPARTITION DES TANTIÈMES DE PARTIES COMMUNES

Bibliographie : G. Vigneron, *JCl. Copropriété*, Fasc. 102-10. – P. Azais, Ph. Gouvernaire et M. Morand, *Critères et facteurs de calcul des quotes-parts des parties et des charges communes* : *AJPI* 1993, p. 235.

3) Règles posées par la loi. Après avoir rappelé qu'elles ne sont pas ici d'ordre public – et qu'on peut donc les écarter – ces règles sont les suivantes :

– il est tenu compte de la consistance des lots (c'est-à-dire de leur nature physique : logement, garage, cave, local commercial...) et de leur qualité intrinsèque (hauteur sous plafond, qualité des matériaux..., éléments de confort tels qu'éclairement, desserte, accessoires tels que terrasses, balcons, etc.), ou le cas échéant de leur constructibilité (■ Cass. 3ᵉ civ., 19 févr. 2002 : *Rev. Administrer* juin 2002, p. 54, obs. J.-R. Bouyeure) ;

– il est tenu compte de la *superficie des locaux*, qui est évidemment l'une des composantes premières de la valeur relative d'un lot ;

– il est tenu compte de la *situation des lots*. Ce critère est devenu fort important dans les villes. La situation s'entend de l'emplacement (sur rue ou sur cour, par exemple), de l'élévation (qui conditionne l'éclairement, le calme...) et de l'orientation (qui conditionne notamment l'ensoleillement). La vue sur un paysage, qui a éventuellement une grande importance, se rattache à ce même critère.

4) Tantièmes de copropriétés spéciaux. Les parties communes spéciales doivent être affectées de tantièmes de copropriété « spéciaux ». L'article 5 de la loi du 10 juillet 1965, modifié par l'ordonnance du 30 octobre 2019, applicable à compter du 1ᵉʳ juin 2020, énonce que ces tantièmes sont calculés selon les mêmes modalités que les quotes-parts de parties communes « générales ». La quote-part attribuée à chaque copropriétaire titulaire de droits dans la partie commune spéciale concernée doit donc être proportionnelle à la valeur relative de la partie privative de son lot par rapport à l'ensemble des valeurs des parties privatives des copropriétaires titulaires de droits dans cette partie commune spéciale. Ces « valeurs relatives » seront calculées en fonction de la consistance de la superficie et de la situation des lots, sans égard à leur utilisation, conformément aux règles posées par l'article 5.

5) Utilisation des lots. Il n'est pas tenu compte de l'utilisation des lots. Notamment, on ne peut pas tenir pour un avantage en valeur relative le fait que certains lots soient utilisés pour des activités commerciales ou professionnelles. Le « facteur de commercialité » est exclu par la loi (■ Cass. 3ᵉ civ., 21 juin 1977, n° 76-11.129 : *Bull. civ.* III, n° 271 ; *D.* 1978, inf. rap. p. 23 ; *Defrénois* 1978, art. 31653, note Souleau).

6) Moment de l'évaluation. L'estimation des valeurs relatives des parties privatives se fait au moment de l'établissement de la copropriété. Ce qui adviendra par la suite :

– ou bien sera le fait d'un copropriétaire à l'intérieur de sa partie privative (embellissements, enrichissements divers), et restera sans influence sur la répartition initialement opérée des parties communes ;

– ou bien sera le fait d'une décision collective affectant un lot (annexion d'une partie commune à un lot, par exemple) et la collectivité aura, éventuellement, prévu l'incidence de l'événement sur la répartition des parties communes.

– ou bien, sera le fait de circonstances extérieures, qui seront en principe sans incidence : ainsi lorsqu'un lot à l'origine constructible devient par la suite inconstructible (■ Cass. 3e civ., 19 févr. 2002, n° 00-14.875 : *Rev. Administrer* juin 2002, p. 54, obs. J.-R. Bouyeure).

En application du principe selon lequel la détermination de la quote-part de parties communes attribuée à un lot s'apprécie au regard de la valeur relative de la partie privative comprise dans ce lot lors de l'établissement de la copropriété, il a été jugé que les nouvelles constructions réalisées ultérieurement sur un lot ne pouvaient justifier la remise en cause de la répartition faite à l'origine (■ Cass. 3e civ., 11 déc. 2013, n° 12-27.210 : *AJDI* 2014, p. 524, note N. Le Rudulier).

7) Méthodes de calcul. Dans la pratique, la méthode la plus simple et la plus couramment utilisée consiste à partir des superficies réelles des locaux, et à *pondérer* le chiffre qui en résulte par des coefficients, dont les plus courants sont les suivants :

– locaux accessoires : garages, 0,3 à 0,5 de la superficie réelle ; caves, 0,1 de la superficie réelle ou forfait égal pour toutes les caves ;

– parkings extérieurs : ramenés en général à un forfait égal pour tous, de l'ordre de 0,1 de la superficie réelle ;

– coefficient d'élévation : en général 5 % d'augmentation par étage. Il peut varier sensiblement dans certains cas, par exemple lorsque à un certain étage commence la jouissance d'une vue ;

– coefficient d'ensoleillement (orientation), de calme, etc. Il dépend de chaque cas particulier, et on peut difficilement fixer une règle ;

– accessoires des lots : terrasses en jouissance privative, jardins en jouissance privative, balcons, loggias, etc. : en général, 0,1 à 0,2 de la superficie réelle (dépend de chaque cas particulier) ;

– droits accessoires réservés : le coefficient dépend évidemment de chaque cas particulier ;

– critère de consistance : il joue quelquefois lorsqu'il y a plusieurs immeubles de qualité différente, ou lorsque, dans un même immeuble, certains locaux sont plus frustes dans leur construction (locaux commerciaux, par exemple : un coefficient de 0,9 est souvent appliqué, pour ces locaux dont la consistance est parfois appréciée différemment de celle des locaux d'habitation).

8) Adaptation aux circonstances de fait. Tout cela n'est évidemment qu'indicatif. En chaque espèce, le calcul doit s'adapter aux faits et aux circonstances. Il ne peut pas être proposé de « méthode » valable pour tous les cas.

Il a été jugé que la valeur d'un lot non encore construit (« lot transitoire », par exemple – V. L. art. 1er) devait s'apprécier non pas en considération de la valeur d'un terrain nu mais de celle d'un lot destiné à la construction d'un bâtiment (■ Cass. 3e civ., 23 avr. 1992 : *Loyers et copr.* 1992, n° 351).

Le rédacteur du règlement engage sa responsabilité dans la mesure du préjudice causé, en cas d'erreur grossière de calcul, que le syndic doit signaler aux copropriétaires (■ CA Toulouse, 17 déc. 2001 : *Loyers et copr.* 2002, comm. 216).

Bibliographie : Sur les techniques de calcul, V. Arnaud et Bouyeure, *Millièmes et charges de copropriété*, 3e éd. 1982. – *JCl. Copropriété*, Fasc. 102-10. – E. Kischinewsky-Broquisse, *La copropriété des immeubles bâtis*, Litec, 4e éd. 1989, nos 125 et s.

III – OBLIGATION D'INDIQUER LE MODE DE CALCUL DANS LE RÈGLEMENT

9) Renvoi. Il est rappelé que le règlement de copropriété doit indiquer les éléments pris en considération et la méthode de calcul ayant permis de fixer la quote-part de parties communes afférente à chaque lot (L. 10 juill. 1965, art. 10, al. 3).

IV – INTANGIBILITÉ DES TANTIÈMES DE PARTIES COMMUNES

10) Principe. La répartition des tantièmes de parties communes, une fois adoptée et portée dans l'état descriptif de division, est *intangible*, ce qui veut dire qu'elle ne peut être modifiée qu'à l'unanimité (■ CA Paris, 23e ch. B, 3 oct. 1997 : *Loyers et copr.* avr. 1998, n° 112). Il en est ainsi non seulement parce qu'elle est un contrat (G. Vigneron : *JCl. Copropriété*, Fasc. 102-10, n° 30), mais encore parce qu'elle définit l'étendue et le quantum de la propriété de chaque copropriétaire. Il en a été déduit que la décision de mandater un géomètre afin de déterminer le calcul des millièmes de copropriété suite à l'aménagement des combles par plusieurs copropriétaires, ne pouvait être prise qu'à l'unanimité (■ CA Colmar, 16 janv. 2015, n° 13-2015 : *AJDI* 2015, p. 441).

Il en résulte qu'elle ne peut être modifiée judiciairement (■ Cass. 3e civ., 6 mars 1991 : *Loyers et copr.* 1991, n° 225. ■ CA Paris, pôle 4, 2e ch., 23 mars 2016, n° 14/07725 : *Administrer* juill. 2016, p. 47, obs. J.-R. Bouyeure). Il en résulte également que le copropriétaire qui entend obtenir une modification de la répartition des charges communes générales visées à l'article 10, alinéa 2, de la loi du 10 juillet 1965 ne doit pas fonder son action sur une demande de modification des tantièmes de copropriété, dont il ne peut qu'être débouté

(■ Cass. 3e civ., 4 nov. 2014, n° 13-22.243 : *JurisData* n° 2014-26782 ; *Loyers et copr.* 2015, comm. 21, note G. Vigneron).

La répartition, libre et intangible, des quotes-parts de parties communes attribuées à chaque lot peut-être différente de celle des charges et demeure licite même si elle est faite sur des bases non conformes aux critères de l'article 5 de la loi du 10 juillet 1965 (même décision).

11) Exceptions. Cette répartition peut être modifiée cependant lorsque certaines décisions ou certains événements y obligent : par exemple, une surélévation créant de nouveaux locaux privatifs. Dans ce cas, selon la doctrine, la modification des tantièmes des parties communes doit se faire à la même majorité que celle qui a pris la décision obligeant à y procéder (V. *JCl. Copropriété*, Fasc. 96-10).

Si l'assemblée ne prend pas de décision sur ce point, le tribunal ne pourrait pas se substituer à elle. – *Contra* : ■ CA Paris, 10 mars 1981 : *D.* 1982, inf. rap. p. 287.

Selon un arrêt de la cour de Paris, l'installation d'une véranda n'aboutit pas à la création d'un nouveau local privatif et ne justifie donc pas la modification de la répartition des tantièmes de copropriété (■ CA Paris, 23e ch. A, 1er avr. 1998 : *Loyers et copr.* déc. 1998, n° 317).

La répartition sera encore modifiée en cas de *division d'un lot* (avec, par exemple, rattachement, au surplus, d'une des parties du lot divisé à un lot voisin). En ce cas, les propriétaires des lots intéressés opèrent seuls la modification. Mais il ne s'agit là que d'une modification qui n'affecte en rien les autres lots de l'immeuble, et donc pas d'une « modification de la répartition des parties communes » au sens ici examiné.

12) Absence de corrélation entre la modification des tantièmes de copropriété et de charges. La modification de la répartition des choses communes ne s'accompagne pas nécessairement d'une *modification de la répartition des charges* (et vice versa).

En effet, il existe des hypothèses dans lesquelles les charges peuvent être modifiées (par ex. en cas de changement de l'usage d'une partie privative, *infra*, art. 25, *f* – ou encore en cas de révision – *infra*, art. 12), sans que cela puisse influer en aucune façon sur la répartition des tantièmes de parties communes, même si celle des charges avait été calquée sur elle.

Voir : L. 10 juill. 1965, art. 5, comm. n° 1, p. 44.

D'autre part, la répartition des parties communes a d'autres incidences sur la vie de la copropriété : elle conditionne notamment le nombre de voix à l'assemblée, la participation de chacun dans les indemnités à payer ou à recevoir par la copropriété, dans le prix de vente des parties communes, etc. : tout cela n'est pas nécessairement lié à l'évolution possible de la répartition des charges.

Voir : L. 10 juill. 1965, art. 5, comm. n° 2, p. 45.

V – L'ÉTAT DESCRIPTIF DE DIVISION

Bibliographie : S. Lamiaux, *L'état descriptif de division « forcé » : JCP* N 2015, n° 5, 1062.

13) Nature. L'état descriptif de division est un document technique, descriptif comme son nom l'indique, qui détermine, localise et identifie les lots en tant qu'immeubles ou fractions d'immeubles, objet d'un droit de propriété.

Voir : sur l'aspect contractuel – discuté – de l'état descriptif de division, sous D. 17 mars 1967, art. 3, p. 664.

14) Réglementation. L'état descriptif de division prévu par l'article 7 du décret du 4 janvier 1955 est décrit et réglementé par l'article 71 du décret du 14 octobre 1955, modifié par un décret du 7 janvier 1959 et surtout, en dernier lieu, par le décret n° 79-405 du 21 mai 1979, pris pour l'application de la loi n° 79-2 du 2 janvier 1979 (V. *infra*, art. 6-1).

Voir : on trouvera ces textes et l'instruction du 1er août 1979 prise pour l'application de la loi du 2 janvier 1979 et du décret du 21 mai 1979 en Annexe 52, *Publicité foncière*, p. 1397.

Art. 6. – Les parties communes et les droits qui leur sont accessoires ne peuvent faire l'objet, séparément des parties privatives, d'une action en partage ni d'une licitation forcée.

Bibliographie : E. Kischinewsky-Broquisse, *La copropriété des immeubles bâtis*, Litec, 4e éd. 1989, n° 93. • *La copropriété*, Dalloz action, 10e éd., 2021-2022, ss direction de P. Capoulade et D. Tomasin, nos 112-221 et s.

1) Caractère impératif. Ce texte est d'*ordre public* (art. 43 de la loi).

Il en résulte que les parties communes sont placées sous un régime d'indivision forcée. L'une des conséquences est que si des droits dans les parties communes sont cédés, les copropriétaires ne peuvent exercer le droit de préemption prévu par l'article 815-14 du Code civil (V. sur ces deux points, ■ Cass. 3e civ., 27 mai 2010 : *JurisData* n° 2010-007275 ; *Bull. civ.* 2010, III, n° 107 ; *Rev. Administrer* oct. 2010, p. 59).

Bibliographie : D. Sizaire, *Statut de la copropriété des immeubles bâtis*, Litec, n° 43.

2) Portée du texte. Il est impossible que les parties privatives d'un lot fassent l'objet d'un acte de disposition, d'une licitation ou d'un partage, séparément de la quote-part de parties communes qui est attachée à ce lot, et inversement (D. Sizaire, *op. cit.*, n° 45).

Autrement dit, *la composition d'un lot* telle que l'a voulue la loi – partie privative et quote-part des parties communes – *est un tout indivisible*.

Et si un lot vient à être divisé en deux lots, par exemple, ce sera dans ses deux composantes, de sorte que chaque lot issu de la division comprendra, d'indivisible façon, une partie privative et une quote-part de parties communes.

3) Droits accessoires. Le texte vise logiquement les *droits accessoires*, en tant qu'accessoires aux parties communes.

On a vu plus haut (*supra*, sous art. 3) que les droits accessoires peuvent être accessoires aux parties privatives et non plus aux parties communes. En pareil cas, naturellement, l'article 6 de la loi ne les concerne plus : ces droits accessoires font alors partie intégrante d'une partie privative.

4) Partage. Suppression de l'état de copropriété. La Cour de cassation a jugé que pour *mettre fin à l'état de copropriété*, une *décision unanime* des copropriétaires est nécessaire. En l'espèce, cette unanimité a été exigée pour supprimer ce qui était commun entre divers immeubles en copropriété, en l'occurrence la propriété du sol (▪ Cass. 3e civ., 24 janv. 1978 : *Bull. civ.* III, n° 48 ; *RTD civ.* 1979, p. 891, obs. C. Giverdon).

N'est-ce pas admettre que si tous les copropriétaires sont d'accord, ils peuvent procéder à un *partage des parties communes* ?

L'article 6 ne l'interdit nullement. Il ne faut pas, en effet, le prendre à la lettre pour en déduire qu'un partage des parties communes ne serait pas possible : ainsi entendu il n'aurait guère de sens. Le texte ne peut vouloir dire que les parties communes ne peuvent être partagées indépendamment (« séparément ») des parties privatives...

Il signifie seulement qu'en tant que composantes indivisibles d'un lot, parties privatives et parties communes (quote-part de –) suivent obligatoirement le même sort (hypothèque, vente, usufruit ...).

Mais la volonté (unanime) de mettre fin à l'état de copropriété suppose nécessairement, cette fois, qu'on partage les parties communes seules.

Art. 6-1 A ***(Aj., à compter du 1er juin 2020, Ord. n° 2019-1101, 30 oct. 2019).*** **– Aucune servitude ne peut être établie sur une partie commune au profit d'un lot.**

1) Servitudes : controverses. Le problème des servitudes a donné lieu à d'importantes controverses en droit de la copropriété. L'ordonnance n° 2019-1101 du 30 octobre 2019, applicable à compter du 1er juin 2020 introduit dans la loi du 10 juillet 1965 le nouvel article 6-1 A, qui ne fait qu'entériner les solutions jusqu'ici admises par la jurisprudence et qui sont rappelés ci-dessous.

Bibliographie : D. Tomasin, *Servitudes et copropriété : Dr. et ville*, n° 30, p. 29 et s. et R. Martin, *Action possessoire, servitude et copropriété : Ann. loyers* 1991, p. 477. – J.-J. Anville N'Goran, *Servitude et copropriété : Rev. loyers* 1997, p. 527. – J.-M. Gélinet, *Servitudes et copropriété : Rev. loyers* 2000, p. 81. – J.-L. Bourgois, *Copropriété, droit de passage, consultation : JCP* N 1999, n° 48, p. 1720. – P. Capoulade, *Le statut de la copropriété et les servitudes : Inf. rap. copr.* oct. 2001, p. 17. – M.-F. Ritschy, *Servitudes et copropriété : Inf. rap. copr.* sept. 2002, p. 22. – G. Delattre et Cl. Becqué-Deverre, *Les servitudes dans la copropriété : LPA*, 6 sept. 2007, p. 54. – A. Cayol, *Servitudes et copropriété des immeubles bâtis : AJDI* 2018, p. 340. – F. Bérenger, *Les servitudes en copropriété immobilière : Administrer* juin 2021, p. 7. – F. Vern, *Les servitudes affectant les parties communes en copropriété : JCP* N 2023, n° 26, 1127.

JurisClasseurs. G. Vigneron *JCl. Copropriété*, fasc. 61 et *JCl. Construction*, fasc. 90-20. – C. Masson-Daum *JCl. Civil Code*, App. art. 544 à 577, fasc. 20. – J. Lafond *JCl. Notarial Formulaire, V° Copropriété*, fasc. 10.

2) Servitudes entre parties privatives et communes. Les parties privatives et les parties communes formant un tout indissociable, on en a déduit qu'il était inconcevable qu'une servitude soit constituée *entre parties privatives et communes* (J.-L. Bergel : *JCl. Notarial Répertoire V° Servitudes légales*, fasc. A, n° 10. ▪ CA Paris, 2e ch. A, 25 avr. 1979 : *RD imm.* 1979, p. 444, obs. J.-L. Bergel ; *D.* 1980, IR p. 234, obs. Cl. Giverdon).

L'existence d'une servitude suppose en effet qu'il y ait des *fonds distincts* (un fonds servant et un fonds dominant) constituant des propriétés indépendantes et appartenant à des personnes différentes (V. ▪ Cass. 3e civ., 2 déc. 1980, n° 79-11.182 : *Bull. civ.* III, n° 187, p. 141 ; *JCP* N 1981, II, p. 266, note B. Stemmer ; *RD imm.* 1981, p. 247, obs. Cl. Giverdon. – V. dans le même sens, ▪ Cass. 3e civ., 11 janv. 1989, n° 87-13.605 : *Bull. civ.* III, n° 11, p. 6 ; *RD imm.* 1989, p. 243, obs. Givord et Giverdon ; *JCP* N 1990, prat. 1503, n° 16, obs. J. Lafond. – V. égal. ▪ Cass. 3e civ., 8 nov. 1989 : *Rev. loyers* 1990, p. 181. ▪ Cass. 3e civ., 9 déc. 1998, n° 97-13.010 : *Loyers et copr.* mars 1999, n° 77, note G. Vigneron). Cette règle doit s'appliquer même dans le cas où la partie commune que l'on entend grever d'une servitude est à jouissance privative : en effet, le droit de jouissance privative ne fait pas perdre aux espaces sur lesquels il porte leur nature de parties communes (▪ Cass. 3e civ., 23 sept. 2021, n° 19-22.556, F-D : *JurisData* n° 2021-018161 ; *Loyers et copr.* 2021, comm. 192, note C. Coutant-Lapalus ; *Defrénois* 14 avr. 2022, n° 15, p. 35, note J. Laurent ; *RTD civ.* 2022, p. 161, note W. Dross).

Cette solution a été consacrée par l'ordonnance du 30 octobre 2019, applicable à compter du 1er juin 2020, dans le nouvel article 6-1 A de la loi du 10 juillet 1965.

Alors que précédemment on pouvait s'interroger sur la sanction applicable lorsque cette règle était enfreinte (nullité ou caractère « non écrit » de la clause ?) il n'y a plus aujourd'hui de doute. L'article 6-1 A figurant dans la liste des textes à caractère impératif visés par l'article 43, toute clause contraire doit être « réputée non écrite ».

Bibliographie : sur ce sujet les remarques de B. Stemmer, note précitée, et les observations critiques de M. Atias, *Naissance d'un principe : des servitudes en copropriété immobilière* : *D.* 1987, chron., p. 285.

3) Servitudes au profit de tiers. En revanche, une servitude peut parfaitement être créée *sur des parties communes de l'immeuble au profit d'un tiers*...

Ainsi une servitude de passage peut être créée sur le terrain d'assiette d'une copropriété au profit d'une autre copropriété située en retrait (▪ CA Paris, 23e ch. A, 1er oct. 1985 : *RD imm.* 1986, p. 100, obs. Givord et Giverdon. ▪ CA Lyon, 18 mars 2010 : *JurisData* n° 2010-007554 ; *Loyers et copr.* 2010, comm. 303, obs. G.V.) ou au profit d'un immeuble voisin (▪ Cass. 3e civ., 26 mars 2003, n° 01-14.858 : *D.* 2003, p. 3002, obs. P. Capoulade).

4) Servitudes entre parties privatives. La jurisprudence en la matière a évolué :

– dans un premier temps, la Cour de cassation a estimé qu'il existait « une incompatibilité entre la division d'un immeuble en lots de copropriété et la création au profit de la partie privative d'un lot, d'une servitude sur les parties privatives d'un autre lot » (▪ Cass. 3e civ., 6 mars 1991 : *RD imm.* 1991, p. 247, obs. P. Capoulade et Cl. Giverdon ; *Defrénois* 1991, art. 35062, obs. H. Souleau. – V. dans le même sens, ▪ Cass. 3e civ., 27 mars 1991 : *Loyers et copr.* 1991, n° 266 ; *JCP* N 1991, II, p. 205, obs. B. Stemmer).

La Cour de cassation a confirmé sa position dans de nombreux arrêts postérieurs (V. sur la question, D. Sizaire, *Copropriété et servitudes, la fin d'un tabou ?* : *Constr.-Urb.* sept. 2004, n° 161. – F. Bayard-Jammes, *Le principe de compatibilité du régime des servitudes et de la copropriété immobilière* : *AJDI* 2005, p. 193) ;

– puis, elle est revenue sur cette jurisprudence en admettant que « la division d'un immeuble en lots n'est pas incompatible avec l'établissement de servitudes entre les parties privatives de deux lots, ces héritages appartenant à des propriétaires distincts » (▪ Cass. 3e civ., 30 juin 2004, n° 03-11.562 : *Bull. civ.* III, n° 140 ; *Loyers et copr.* 2004, comm. 196, obs. G. Vigneron ; *JCP* G 2004, n° 43, p. 1906, obs. H. Périnet-Marquet ; *Rev. loyers* 2004, p. 706, note Th. Dubaele. – V. dans le même sens, ▪ Cass. 3e civ., 13 sept. 2005 : *Constr.-Urb.* 2006, comm. 8, obs. D. Sizaire ; *Loyers et copr.* 2005, comm. 228, obs. G. Vigneron. ▪ Cass. 3e civ., 1er juill. 2009, n° 08-14.963. : *Bull. civ.* III, n° 164 ; *Rev. loyers* 2009, p. 450, note J.-M. Roux).

C'est la solution qui se trouve consacrée (*a contrario*) par le nouvel article 6-1 A de la loi du 10 juillet 1965.

5) Servitudes légales. En ce qui concerne les servitudes de vue, il a été jugé que, puisque dans le régime de la copropriété des immeubles bâtis les lots ne sont séparés par aucune ligne divisoire, le sol étant partie commune ; l'interdiction des vues directes sur le fonds voisin résultant de l'article 675 du Code civil y est donc inapplicable (▪ Cass. 3e civ., 19 juill. 1995, n° 93-12.325 : *Bull. civ.* III, n° 201 ; *Administrer* nov. 1995, p. 57, obs. P. Capoulade ; *D.* 1996, somm. p. 93, obs. C. Atias). Il a été jugé qu'un copropriétaire qui avait procédé à des ouvertures dans le mur extérieur de la copropriété, créant ainsi des vues sur le fonds voisin, pouvait invoquer l'acquisition par prescription d'une servitude de vue, même si les travaux effectués n'avaient pas été autorisés par l'assemblée générale et n'avaient pas été précédés d'une autorisation d'urbanisme (▪ Cass. 3e civ., 21 avr. 2022, n° 21-12.240 : *JurisData* n° 2022-006246 ; *Loyers et copr.* 2022, comm. 108, note A. Lebatteux ; *DEF* 5 mai 2022, n° DEF207t1, note J. Laurent ; *GPL* 30 août 2022, n° GPL439j4, note C. Mimran).

D'autre part, il a été jugé que si un lot était enclavé, son copropriétaire était fondé à réclamer un passage suffisant sur un lot voisin pour assurer la desserte de son fonds (▪ Cass. 3e civ., 19 janv. 2010, n° 09-12.522 : *JurisData* n° 2010-003162 ; *Loyers et copr.* 2010, comm. 145, obs. G. Vigneron ; *Administrer* avr. 2010, p. 39, obs. J.-R. Bouyeure).

6) Servitude de cour commune. Une servitude de cour commune interdisant toute construction sur un terrain compris dans l'assiette de la copropriété s'analyse comme une charge le grevant à perpétuité et s'impose au syndicat des copropriétaires. Les copropriétaires, comme le syndicat lui-même ont intérêt à agir aux fins d'obtenir la démolition des constructions édifiées en violation de cette servitude. D'autre part doivent être réputées non écrites les clauses du règlement de copropriété contrevenant à la convention ayant institué la cour commune dans l'intérêt de la collectivité (▪ Cass. 3e civ., 15 déc. 1999, n° 97-22.161 : *JurisData* n° 1999-004456 ; *Bull. civ.*

III, n° 250 ; *Loyers et copr.* 2000, comm. 56 ; *Constr.-Urb.*, comm. 38, obs. D. Sizaire ; *Inf. rap. copr.* sept. 2000, p. 9, obs. P. Capoulade ; *RD imm.* 2000, p. 147, obs. J.-L. Bergel et M. Bruschi). Le caractère perpétuel de la servitude ne fait nullement obstacle à l'application de la prescription extinctive de 30 ans à l'action réelle en démolition de l'ouvrage édifié en violation de cette servitude (■ CA Paris, pôle 4, 2e ch., 15 janv. 2014, n° 12-04.796 : *Administrer* avr. 2014, p. 55, obs. J.-R. Bouyeure).

Art. 6-1 ***(L. n° 79-2, 2 janv. 1979).*** **– En cas de modification dans les quotes-parts des parties communes afférentes aux lots, quelle qu'en soit la cause, les droits soumis ou admis à publicité dont les lots sont l'objet s'éteignent sur les quotes-parts qui en sont détachées et s'étendent à celles qui y sont rattachées.**

En cas de changement de l'emprise d'une copropriété résultant de l'aliénation volontaire ou forcée ou de l'acquisition de parties communes, les droits soumis ou admis à publicité, autres que les servitudes, dont les lots sont l'objet, s'éteignent sur le bien cédé et s'étendent au bien acquis.

Toutefois, l'extension prévue à l'alinéa précédent, qui s'opère avec le rang attaché à la publicité primitive, n'a lieu que par la publication au fichier immobilier de la déclaration faite par le syndic ou un créancier que le bien acquis est libre de tout droit de même nature au jour de la mutation ou qu'il est devenu libre de ces mêmes droits. L'inexactitude de cette déclaration entraîne le rejet de la formalité de publicité.

1) Publicité foncière : réforme opérée par la loi du 2 janvier 1979. L'article 6-1 a été introduit dans la loi du 10 juillet 1965 par l'article 1er de la loi n° 79-2 du 2 janvier 1979.

Les modalités d'application de la loi du 2 janvier 1979 ont été précisées par le décret n° 79-405 du 21 mai 1979, modifiant à cet effet plusieurs dispositions du décret n° 55-1350 du 14 octobre 1955.

Une instruction du 1er août 1979 (*BODGI* 10 E-I-79) a analysé et précisé la portée et le mécanisme de ces textes. Deux instructions ont, par ailleurs, mis fin au régime transitoire institué par le décret n° 60-963 du 5 septembre 1960, en ce qui concerne l'établissement des états descriptifs de division : Instruction 10 E-5-80 et 10 E-1-81 au *BODGI*. On trouvera ces textes en Annexe 52, *Publicité foncière*, p. 1397.

Voir aussi : Circ. Conseil supérieur du notariat 1236, 28 janv. 1981.

Bibliographie : Sur la loi du 2 janvier 1979, V. essentiellement Cl. Thibierge : *Defrénois* 1979, art. 31934 et 32065. – M. Dagot, *Les modifications de la copropriété et le droit de la publicité foncière* : *JCP* 1979, doctr. p. 125 et s. – J. Viatte, *Les droits réels sur les parties communes* : *Rev. loyers* 1979, p. 179 et s. – *Modification du régime des parties communes des immeubles en copropriété* : *Journ. not.* 1979, art. 54768.

2) Portée. Le *premier principe* de cette réforme a été de faire en sorte que, en cas de variation de la quote-part de parties communes incluses dans un lot, les titulaires de droits sur ce lot aient toujours pour assiette de leurs prérogatives l'ensemble des « millièmes » inclus dans ce lot, et seulement ceux-ci.

Ce principe s'applique en cas de *changement dans la quote-part de parties communes* incluses dans les lots, et en cas de changement de la consistance même de ces parties communes, et notamment dans les hypothèses suivantes :

– transformation d'un lot en parties communes, et vice versa ;

– cession de parties communes modifiant l'emprise de la copropriété ;

– réunion ou division de copropriétés ;

– modification ne portant que sur la quote-part de parties communes.

Le texte s'applique :

– que la modification concerne ou non la totalité ou une part importante de la copropriété ;

– quelles que soient les causes des modifications affectant les parties communes ;

– quels que soient les droits inscrits sur les lots de la copropriété.

Mais les servitudes ne sont pas, par exception, affectées par les règles posées par l'article 6-1 de la loi.

Et, en cas d'*acquisition de parties communes*, l'effet d'extension prévu par l'article 6-1 ne se produit que si le syndic – ou un créancier – déclare que le terrain acquis est libre de tous droits nés du chef de ses précédents propriétaires.

3) Dispositions concernant les privilèges et hypothèques. En complément de ces dispositions, et pour les besoins de la technique hypothécaire, l'article 2429 (ancien art. 2148-1) du Code civil, né de la même réforme, indique que, « pour les besoins de leur publication », les *privilèges et hypothèques* sont réputés ne pas grever la quote-part de parties communes afférente au lot intéressé. Le créancier conserve ses droits sur cette quote-part, mais la règle sus-énoncée permet que s'opère l'effet d'extinction prévu par l'article 6-1 sans qu'on rencontre de difficultés au niveau de la disparition du « signe hypothécaire » du fichier immobilier.

Ce texte se trouve très complètement et abondamment commenté dans l'instruction précitée du 1er août 1979 aux n° 12 et suivants de ladite instruction à laquelle on voudra bien se reporter. On trouvera cette instruction en Annexe 52, *Publicité foncière*, p. 1397.

Art. 6-2 ***(Al. mod. à compter du 1er juin 2020, Ord. n° 2019-1101, 30 oct. 2019).*** **– Les parties communes spéciales sont celles affectées** ***(Mots rempl. à compter du 1er juin 2020, Ord. n° 2019-1101, 30 oct. 2019)*** **« à l'usage ou à l'utilité » de plusieurs copropriétaires. Elles sont la propriété indivise de ces derniers.**

La création de parties communes spéciales est indissociable de l'établissement de charges spéciales à chacune d'entre elles.

Les décisions afférentes aux seules parties communes spéciales peuvent être prises soit au cours d'une assemblée spéciale, soit au cours de l'assemblée générale de tous les copropriétaires. Seuls prennent part au vote les copropriétaires ***(Mots rempl. à compter du 1er juin 2020, Ord. n° 2019-1101, 30 oct. 2019)*** **« à l'usage ou à l'utilité » desquels sont affectées ces parties communes.**

> **Rédaction antérieure. Art. 6-2** *(L. n° 2018-1021, 23 nov. 2018).* – Les parties communes spéciales sont celles affectées à l'usage et à l'utilité de plusieurs copropriétaires. Elles sont la propriété indivise de ces derniers.
>
> La création de parties communes spéciales est indissociable de l'établissement de charges spéciales à chacune d'entre elles.
>
> Les décisions afférentes aux seules parties communes spéciales peuvent être prises soit au cours d'une assemblée spéciale, soit au cours de l'assemblée générale de tous les copropriétaires. Seuls prennent part au vote les copropriétaires à l'usage et à l'utilité desquels sont affectées ces parties communes.

Bibliographie : Sur les modalités de la création des parties communes spéciales et ses incidences, L. Arnaud et J.-R. Bouyeure, *Millièmes et charges de copropriété*: *Le Moniteur*, 3e éd., 1982, p. 34 et s. – J.-R. Bouyeure, *Parties communes particulières et assemblées de copropriété : Administrer* nov. 1980, p. 14 et s. – *Les limites de la spécialisation des charges de copropriété : AJPI* 1980, p. 464 et s. – G. Gil, *Parties communes spéciales, charges particulières et assemblées restreintes : Administrer* nov. 2010, p. 19. – P.-H. Hanoune, *Les parties communes spéciales après la loi ELAN : Administrer*, oct. 2019, p. 15. – G. Gil, *Parties communes spéciales et charges spéciales : Inf. rap. copr.* déc. 2020, p. 25 (1re partie) ; *Inf. rap. copr.* janv.-févr. 2021, p. 36 (2e partie).

Jurisclasseurs. *JCl. Copropriété*, Fasc. 62, par G. Vigneron, actualisé par C. Coutant-Lapalus. – *JCl. Notarial Formulaire, V° Copropriété*, Fasc. 10, par J. Lafond.

1) Texte d'ordre public. L'article 6-2 a un caractère impératif. Les clauses contraires à ce texte sont réputées non écrites (V. L. 10 juill. 1965, art. 5).

I – INSTITUTION DE PARTIES COMMUNES SPÉCIALES

2) Licéité de la création de parties communes spéciales. « Les parties communes sont l'objet d'une propriété indivise entre l'ensemble des copropriétaires ou certains d'entre eux seulement » énonce l'article 4 de la loi du 10 juillet 1965. Sur le fondement de ce texte, la jurisprudence admettait de longue date que l'on puisse créer des « parties communes spéciales à certains copropriétaires seulement. (Sur *la validité* de la création de parties communes spéciales, V. ▪ Cass. 3e civ., 6 nov. 1969 : *D.* 1970, p. 286. ▪ Cass. 3e civ., 21 févr. 1978, n° 76-14.288 : *Bull. civ.* III, n° 86 ; *JCP* N 1978, II, p. 267, note Atias).

À la suite de la loi n° 2018-1021 du 23 novembre 2018 (dite « loi Élan ») la licéité de la création de parties communes spéciales est expressément affirmée par l'article 6-2, alinéa 1er de la loi du 10 juillet 1965, qui précise que ces parties communes :

– sont celles affectées à l'usage et l'utilité de plusieurs copropriétaires ;

– et qu'elles sont leur « propriété indivise ».

L'article 6-2 dans sa rédaction issue de la loi ELAN du 23 novembre 2018 définissait les parties communes spéciales comme étant « celles affectées à l'usage **et** à l'utilité de plusieurs copropriétaires ». Les parties communes spéciales ont été redéfinies par l'ordonnance du 30 octobre 2019, applicable à compter du 1er juin 2020 comme étant les parties communes affectées « à l'usage **ou** à l'utilité » de plusieurs copropriétaires (L. 10 juill. 1965, art. 6-2 nouveau). Les critères d'usage ou d'utilité qui président à la création de parties communes spéciales sont donc devenus alternatifs et non plus cumulatifs.

Ce critère d'utilité doit être respecté : ainsi, une galerie commerciale qui n'est pas seulement réservée à l'usage des propriétaires des lots qui y sont situés, mais qui sert aussi d'accès aux lots de la partie à usage d'habitation de l'immeuble en copropriété, ne peut être qualifiée de partie commune spéciale (▪ Cass. 3e civ., 8 avr. 2021, n° 19-19.201, F-D : *AJDI* 2021, p. 452, note P.-E. Lagraulet).

3) Opportunité de créer des parties communes spéciales. L'*intérêt* en est évident lorsque la copropriété comprend plusieurs entités différenciées (plusieurs immeubles, notamment), de telle sorte qu'il est logique de donner la propriété de leurs choses communes aux seuls copropriétaires qu'intéresse chaque entité : gros œuvre de chaque immeuble, installation propre à chaque immeuble (chauffage, etc.), selon le degré d'autonomie des entités. À défaut, s'il existe par exemple deux bâtiments A et B et que des travaux sont nécessaires sur les parties communes du bâtiment A, le coût de ces travaux sera obligatoirement réparti entre tous les copropriétaires titulaires de lots dans les bâtiments A et B (■ CA Paris, pôle 4, 2e ch., 11 mai 2022, n° 18/27701 : *Administrer* août-sept. 2022, p. 38, obs. P. Dechelette-Tolot). Dans le cas considéré, si le toit-terrasse de l'immeuble A est loué à un opérateur de téléphonie mobile pour y installer des antennes relais, les loyers doivent être répartis entre l'ensemble des copropriétaires des bâtiments A et B (■ CA Paris, pôle 4, 2e ch., 6 avr. 2022, n° 18/16930).

On peut ainsi faire de l'*ascenseur* une partie commune aux lots qu'il dessert (■ CA Paris, 23e ch., 1er juill. 1985 : *Inf. rap. copr.* 1985, p. 205)... ou encore faire des « *circulations commerciales* » des parties communes particulières aux lots commerciaux (■ TGI Paris, 12 mars 1984 : *D.* 1984, inf. rap. p. 381, obs. Cl. Giverdon).

Mais il restera toujours nécessairement des parties communes à l'ensemble, puisque l'ensemble est une copropriété : sol commun, loge de gardien commune, éventuellement éléments d'équipements communs à l'ensemble (chaufferie unique pour plusieurs immeubles, par exemple), et cætera

4) Mode de création des parties communes spéciales. On ne peut s'appuyer sur les seuls termes de la loi du 10 juillet 1965 pour conclure à l'existence de parties communes spéciales dans un immeuble déterminé. Si cette loi prévoit la possibilité de créer des parties communes particulières, encore faut-il qu'elles aient été définies par le règlement de copropriété (■ CA Paris, 27 avr. 2011, n° 09/22061 : *AJDI* 2011, p. 633). L'article 6-4 de la loi du 10 juillet 1965 énonce d'ailleurs que l'existence de parties communes spéciales est « subordonnée à leur mention expresse dans le règlement de copropriété » (V. ce texte ci-dessous).

Cette exigence sera généralement satisfaite car les parties communes sont le plus instituées dès l'origine, lors de la rédaction du règlement.

Il en résulte que le juge n'a pas le pouvoir de créer de toutes pièces *a posteriori* et pour des raisons d'opportunité des parties communes spéciales, afin de pallier les lacunes et les insuffisances du règlement (V. pour un exemple ■ Cass. 3e civ., 7 déc. 2017, n° 16-23.562 : *JurisData* n° 2017-027874 ; *Loyers et copr.* 2018, comm. 44, note C. Coutant-Lapalus). Si le règlement énumère au titre des parties communes générales les cages d'escaliers et les paliers, le juge ne peut les qualifier de parties communes spéciales, à peine de dénaturer l'écrit qui lui a été soumis (■ Cass. 3e civ., 7 déc. 2017, n° 16-23.562 : *JurisData* n° 2017-027874 ; *Loyers et copr.* 2018, comm. 44, note C. Coutant-Lapalus).

5) Obligation de mentionner l'existence des parties communes spéciales dans le règlement. L'existence d'une partie commune spéciale résulte dans certains cas d'un autre document que le règlement de copropriété : état descriptif de division ; procès-verbal d'assemblée non publié, etc.

Cette situation n'a plus lieu d'être depuis la loi ELAN du 23 novembre 2018. En effet, l'article 6-4 de la loi du 10 juillet 1965 énonce que l'existence de parties communes spéciales est « subordonnée à leur mention expresse dans le règlement de copropriété » (V. ce texte ci-dessous).

V. à ce sujet P.-E. Lagraulet, *Variations sur les parties communes spéciales : beaucoup de bruit pour rien ?* : *AJDI* 2021, p. 481. – V. également les propositions du GRECCO, *La mise en conformité du règlement de copropriété avec les dispositions relatives aux parties communes spéciales*, préconisations n° 12 du 21 avril 2021.

Sur la nécessité d'une régularisation pour les parties communes spéciales existant avant l'entrée en vigueur de la loi ELAN, V. L. 10 juill. 1965, art. 6-4.

6) Statut juridique des parties communes spéciales. L'article 6-2, alinéa 1er précise que les parties communes spéciales sont la « propriété indivise » des copropriétaires à l'usage et à l'utilité desquels ces parties communes sont affectées. Le fait de consentir « l'affectation spéciale » d'une partie commune (en l'espèce une galerie commerciale) à certains copropriétaires n'en fait pas autant une partie commune spéciale, et ne dispense donc pas les autres copropriétaires de participer aux charges correspondantes. En effet les parties communes spéciales doivent être exclusivement affectées à l'usage des copropriétaires dont elles sont la propriété (■ Cass. 3e civ., 8 avr. 2021, n° 19-19.201 : *JurisData* n° 2021-005515 ; *Loyers et copr.* juin 2021, comm. 101, note A. Lebatteux ; *AJDI* 2021, p. 452, note P.-E. Lagraulet).

La Cour de cassation avait précisé que les copropriétaires des parties communes spéciales ne constituaient pas une indivision de droit commun, et que l'administration et la disposition de ces parties communes étaient régies par les dispositions de la loi du 10 juillet 1965 (■ Cass. 3e civ., 11 oct. 1995, n° 94-11.308 : *RD imm.* 1996, p. 103, obs. P. Capoulade. – V. dans le même sens : ■ CA Paris, 19e ch. B, 6 sept. 1996 : *RD imm.* 1996, p. 609, obs. C. Giverdon). L'article 20 du décret du 17 mars 1967 renvoie d'ailleurs pour leur administration aux règles prévues pour les assemblées générales de copropriétaires.

Selon un autre arrêt de la Cour de cassation, l'institution par le règlement de copropriété de parties communes spéciales affectées de tantièmes particuliers crée une propriété indivise entre les copropriétaires concernés excluant tout droit de propriété des autres copropriétaires sur ces parties communes, même en l'absence de syndicat secondaire (■ Cass. 3e civ., 19 nov. 2014, n° 13-18.925 : *Bull. civ.* III, n° 154 ; *Administrer* févr. 2015, p. 44, obs. J.-R. Bouyeure).

II – DÉCISIONS AFFÉRENTES AUX « PARTIES COMMUNES SPÉCIALES »

Bibliographie : E.-J. Guillot, *Les décisions qui n'intéressent que certains copropriétaires : Administrer* avr. 1981, p. 2 et s. – E. Kischinewsky-Broquisse, *La copropriété des immeubles bâtis* : Litec, 4e éd., 1989, nos 582 et s. – P. Lebatteux, *Les assemblées spéciales de copropriété : AJPI* 1992, p. 264 et s. – M. Morand, *Répartitions spéciales et votes spéciaux : Gaz. Pal.* 1994, 1, doctr. p. 483. – J.-R. Bouyeure, *Les assemblées générales de copropriété* : éd. Publications Administrer, 2007, et suppl. 2009, nos 35 et s. – J.-R. Bouyeure, *Assemblée générale et assemblée spéciale de copropriétaires : concurrence, hiérarchie des normes ou complémentarité ? : Administrer* nov. 2017, p. 6.

Jurisclasseurs. *JCl. Copropriété*, fasc. 84-10, par G. Vigneron, act. par C. Coutant-Lapalus.

7) Modalités de la prise de décision. La question de savoir si la création de parties communes spéciales entraîne création automatique d'assemblées spéciales ou simple spécialisation des votes au sein de l'assemblée générale a été longtemps débattue.

Le problème est aujourd'hui résolu par l'article 6-2, alinéa 3 qui énonce que « les décisions afférentes aux seules parties communes spéciales peuvent être prises soit au cours d'une assemblée spéciale, soit au cours de l'assemblée générale de tous les copropriétaires ». En ce dernier cas, précise ce même texte, seuls prennent part au vote les copropriétaires à l'usage et l'utilité desquels sont affectées ces parties communes. En application de ce principe, la Cour de cassation a jugé que si une assemblée générale est appelée à se prononcer sur la cession de parties communes spéciales, seuls les copropriétaires qui étaient propriétaires de celles-ci devaient décider de leur aliénation (■ Cass. 3e civ., 1er juin 2022, n° 21-16.232, FS-B : *JurisData* n° 2022-008779 ; *Loyers et copr.* 2022, comm. 143, note C. Coutant-Lapalus ; *DEF* 20 oct. 2022, n° DEF210i8, note L.-A. Poletti ; *Administrer* juill. 2022, p. 45, obs. P. Dechelette-Tolot. – V. dans le même sens, ■ Cass. 3e civ., 6 avr. 2023, n° 22-10.722 : *JurisData* n° 2023-5405 ; *Loyers et copr.* 2023, comm. 103, note C. Coutant-Lapalus ; *Rev. Loyers* 2023, p. 249, note V. Zalewski-Sicard ; *Administrer* juin 2023, p. 61, obs. P. Dechelette-Tolot. – V. sur le sujet J. Lafond, *Comment vendre une partie commune spéciale : JCP* N 2022, n° 38, 1223 ; *Loyers et copr.* 2022, étude 13. – Préconisations GRECCO n° 17, *La cession des parties communes spéciales bâties*).

Ces assemblées spéciales sont régies par les règles du statut de la copropriété (V. ci-dessus, n° 5).

8) Compétence des assemblées spéciales. Les actes de disposition concernant les parties communes spéciales relèvent de la compétence d'une assemblée spéciale ne réunissant que les copropriétaires ayant des droits dans ces parties communes. Ils doivent se prononcer à la majorité de l'article 26 de la loi (■ CA Paris, 19e ch., 6 sept. 1996 : *Loyers et copr.* 1996, n° 485). Toutefois, il a été jugé que la décision d'aliéner une partie commune spéciale relevait également de l'assemblée générale des copropriétaires et non pas de l'assemblée spéciale, dans la mesure où elle nécessite la création d'un lot comportant à la fois une quote-part dans les parties communes générales et une quote-part dans les parties communes spéciales (■ CA Paris, 23e ch. B, 4 sept. 2008 : *Rev. Administrer* mai 2009, p. 49, obs. J.-R. Bouyeure).

Par ailleurs lorsque des travaux sont de nature à modifier l'harmonie générale de l'immeuble, alors que celui-ci comporte plusieurs bâtiments, l'autorisation prévue par l'article 25 *b* de la loi (V. ce texte) relève de l'assemblée générale des copropriétaires (■ Cass. 3e civ., 14 mars 2001, n° 99-16.292 : *Administrer* août-sept. 2001, p. 44, obs. J.-R. Bouyeure. ■ CA Paris, 23e ch. A, 15 mai 2002 : *AJDI* 2002, p. 618). Mais selon un arrêt de la cour de Paris les assemblées spéciales de chacun des bâtiments concernés resteraient compétentes pour décider des modalités d'exécution des travaux (■ CA Paris, 23e ch. B, 29 juin 2000 : *Loyers et copr.* 2001, comm. 53, note G. Vigneron).

Lorsqu'une décision concerne à la fois une partie commune spéciale et une partie commune générale (par exemple la création d'une ouverture dans un mur partie commune spéciale sur une cour partie commune générale), la décision doit être prise par l'assemblée générale (■ CA Paris, 23e ch. A, 26 janv. 2000 : *Administrer* août-sept. 2001, p. 39, obs. J.-R. Bouyeure).

III – CONSÉQUENCES DE LA CRÉATION DE PARTIES COMMUNES SPÉCIALES

Bibliographie : J.-R. Bouyeure, *Parties communes spéciales et charges spéciales*, in *Mélanges en l'honneur de D. Tomasin*, Éditions Dalloz, 2022, p. 25.

9) Contributions aux charges. Répartition d'indemnités. Les conséquences de l'institution de parties communes « spéciales » sont les suivantes :

– à ces parties communes spéciales doivent correspondre des répartitions de *charges* spéciales (V. ci-dessous, n° 11, et sur ces deux points,

▪ Cass. 3e civ., 3 juin 2009 : *Administrer* oct. 2009, p. 56, obs. J.-R. Bouyeure. – V. aussi à ce sujet comm. D., 17 mars 1967, art. 1er) ;

– si une indemnité est due à la suite de la destruction d'une partie commune spéciale, elle est répartie entre les seuls copropriétaires ayant des droits dans cette partie commune spéciale (▪ Cass. 3e civ., 6 mai 2014, n° 12-23.810).

La clause du règlement prévoyant que les dépenses d'entretien et de conservation des bâtiments constituant des parties communes spéciales incombent aux seuls copropriétaires du bâtiment concerné et que ces derniers ont seuls qualité pour prendre part au vote concernant les dépenses n'est pas applicable lorsque l'assemblée générale décide, après exécution des travaux de réfection nécessaires, de répartir le solde de l'indemnité obtenue entre tous les copropriétaires (▪ Cass. 3e civ., 20 mai 2015, n° 14-10.423 : *Administrer* nov. 2015, p. 40, note J.-R. Bouyeure).

Voir : D. 17 mars 1967, art. 1er, comm. nos 11 à 16, p. 659. – Il est traité des charges spéciales et de ce problème particulier notamment, sous L. 10 juill. 1965, art. 10, nos 70 à 76, p. 165.

10) Corrélation entre charges spéciales et parties communes spéciales. On a observé que si l'article 6-2 indique dans son alinéa 2 que la création de parties communes spéciales est indissociable de l'établissement de charges spéciales, il laisse entière la question de savoir si la réciproque est vraie et donc s'il est possible de créer des charges spéciales sans créer en parallèle des parties communes spéciales (V. C. Coutant-Lapalus, *L'organisation de la copropriété après la loi ELAN : Loyers et copr.* févr. 2019, dossier 6. – J.-M. Roux, *La copropriété à l'épreuve de la loi ELAN Inf. rap. copr.*, déc. 2018, p. 17. – L. Guégan-Gélinet, *Loi ELAN et copropriété : Rev. loyers* janv. 2019, p. 4).

La doctrine a généralement estimé que la réponse était négative (V. en ce sens M. Poumarède, *L'impact de la loi élan sur le droit de la copropriété : RDI* 2019, p. 44. – J.-M. Roux, prec. – P. Baudouin, *Les incidences de la loi ELAN sur le droit de la copropriété : Administrer* déc. 2018, p. 7. – F. Bayard Jammes, *La réforme de la prise de décision au sein de la copropriété : AJDI* 2019, p. 873, note 26). Cependant, la discussion reste ouverte (V. C. Coutant-Lapalus, étude précitée. – P.-H. Hanoune, *Les parties communes spéciales après la loi ELAN : Administrer* oct. 2019, p. 19 et 20. – G. Gil, *Parties communes et charges spéciales : Inf. rap. copr.* déc. 2020, p. 27 (1re partie) et *Inf. rap. copr.* janv.-févr. 2021, p. 36 : 2e partie).

On observe d'ailleurs que l'article 10, alinéa 4, de la loi du 10 juillet 1965 permet comme par le passé de mettre à la charge de certains copropriétaires les dépenses d'entretien et de fonctionnement de certains éléments d'équipement (par exemple l'ascenseur...), sans pour autant exiger qu'ils constituent des parties communes spéciales.

Art. 6-3 ***(Aj., L. n° 2018-1021, 23 nov. 2018).*** **– Les parties communes à jouissance privative sont les parties communes affectées *(Mots rempl. à compter du 1er juin 2020, Ord. n° 2019-1101, 30 oct. 2019)* « à l'usage ou à l'utilité » exclusifs d'un lot. Elles appartiennent indivisément à tous les copropriétaires.**

Le droit de jouissance privative est nécessairement accessoire au lot de copropriété auquel il est attaché. Il ne peut en aucun cas constituer la partie privative d'un lot.

(Al. aj. à compter du 1er juin 2020, Ord. n° 2019-1101, 30 oct. 2019) **Le règlement de copropriété précise, le cas échéant, les charges que le titulaire de ce droit de jouissance privative supporte.**

Bibliographie : J. Viatte, *La jouissance exclusive d'une partie commune : Rev. loyers* 1975, p. 431. • J. Cabanac, *Droit de copropriété privative et droit de jouissance exclusif : Inf. rap. copr.* mai 1976, p. 65 et s. • C. Atias, *Propriété indivise et usage privatif : terrasses et terrains privés en copropriété immobilière : JCP* N 1987, doctr. p. 353. • C. Atias, *Terrasses en copropriété : J. Finances* 14 janv. 1982, p. 29. • R. Leost, *Le droit de jouissance privatif sur une partie commune : AJPI* 1995, p. 868 et s. • J.-M. Roux, *Le droit de jouissance exclusif des parties communes : Loyers et copr.* oct. 2004, p. 6. • B. Kan-Balivet, *La nature juridique du droit de jouissance exclusive sur les parties communes : Defrénois* 2008, art. 38825, p. 1765. • R. Boffa, *La nature juridique du droit de jouissance exclusif sur les parties communes : LPA* 10 nov. 2010, p. 3. • L. Guégan, *La jouissance privative d'une partie commune : Administrer* juin 2011, p. 16. • V. Streiff et J. Dubarry, *Le droit réel de jouissance spéciale et la copropriété : Actes prat. ing. immobilière* juill. 2018, dossier 23. • F.-X. Agostini, *Quelles difficultés pour le rédacteur d'actes dans la détermination de la nature du droit réel de jouissance spéciale : Sol. notaires*, nov. 2018, inf. 10 et déc. 2018, inf. 11. • V. Streiff, *Le droit de la copropriété à l'épreuve des droits réels de jouissance spéciale : Actes prat. ing. immobilière* janv. 2020, dossier 4. • G. Tredez, *Questionnement autour de la clarification du droit de jouissance spéciale : AJDI* 2020, p. 260. • G. Chantepie, *Les droits de jouissance privative sur des parties communes en copropriété immobilière : AJDI* 2021, p. 347. • M. Thomas, *Le droit de jouissance exclusive : un droit de propriété ? : DEF* 2023, n° DEF215v0. • J. Laurent, *Le droit de jouissance privative : une consécration mais toujours des interrogations ! : AJDI* 2024, p. 96. • *La copropriété*, Dalloz action, 9e éd. 2018, ss dir. P. Capoulade et D. Tomasin, nos 112-101 et s.

JurisClasseurs. *JCl. Copropriété*, fasc. 67, par J. Laurent. • J. Lafond, *JCl. Notarial Formulaire, V° Copropriété*, fasc. 244.

1) Texte d'ordre public. L'article 6-3 a un caractère impératif. Les clauses contraires à ce texte sont réputées non écrites (V. L. 10 juill. 1965, art. 43).

2) Application. Il arrive fréquemment que certaines parties de l'immeuble, qui sont des parties communes, soient affectées en « jouissance privative » à tel ou tel copropriétaire : il en est ainsi, par exemple, de terrasses, ou d'une cour intérieure, ou encore de parties du sol commun utilisées comme jardins. Ces parties communes à jouissance privative sont des parties communes « affectées à l'usage ou à l'utilité exclusifs d'un lot ». Dans sa rédaction issue de la loi ELAN du 23 novembre 2018, l'article 6-3 définissait les parties communes spéciales comme étant « celles affectées à l'usage **et** (*et non pas « ou »*) à l'utilité de plusieurs copropriétaires ». Les parties communes spéciales ont été redéfinies par l'ordonnance du 30 octobre 2019, applicable à compter du 1er juin 2020, comme étant les parties communes affectées « à l'usage **ou** à l'utilité » de plusieurs copropriétaires (L. 10 juill. 1965, art. 6-2 nouveau). Les critères d'usage ou d'utilité qui président à la création de parties communes spéciales sont donc devenus alternatifs et non plus cumulatifs.

I – SOURCES DU DROIT DE JOUISSANCE EXCLUSIVE

3) Concession par le règlement de copropriété ou par une décision d'assemblée. Le droit de jouissance exclusive peut tout d'abord être concédé par le règlement de copropriété. Si le règlement mentionne, dans la désignation d'un lot, la jouissance privative d'un jardin, le propriétaire de ce lot est fondé à revendiquer ce droit à l'encontre du syndicat, même si le précédent propriétaire du lot y a renoncé (▪ Cass. 3e civ., 21 juin 2006, n° 05-14.441 : *Bull. civ.* III, n° 158 ; *JCP* G 2006, IV, 2555 ; *Rev. loyers* 2006, p. 422, note L. Guégan ; *Administrer* oct. 2006, p. 61, obs. J.-R. Bouyeure ; *Defrénois* 2007, art. 38553, p. 381, note C. Atias). Peu importe que dans l'acte de vente d'un lot le vendeur n'ait pas fait mention de la jouissance privative d'une cour et d'un jardin, attachée à ce lot. L'acquéreur peut revendiquer le bénéfice de ce droit dès lors que le règlement de copropriété en fait mention (▪ Cass. 3e civ., 4 juill. 2007, n° 06-13.264). Mais comme l'indique l'article 6-4 de la loi du 10 juillet 1965 (V. ci-dessous), cette mention doit être « expresse ».

Le droit de jouissance exclusive peut aussi résulter d'une décision de l'assemblée prise à la majorité de l'article 26 (V. ▪ Cass. 3e civ., 26 mars 2020, n° 19-10.210).

Voir : sur ce point, L. n° 10 juill. 1965, art. 26, p. 469.

4) Modes d'acquisition autres. La « jouissance privative » d'une partie commune peut aussi *s'acquérir par prescription* si les conditions énoncées par les articles 2261 et suivants du Code civil sont réunies (▪ Cass. 3e civ., 24 oct. 2007, n° 06-19260 : *Bull. civ.* III, n° 183 ; *Loyers et copr.* 2007, comm. 255, obs. G. Vigneron ; *JCP* N 2007, n° 501328, note Y. Stemmer ; *JCP* G 2008, n° 12, p. 26, obs. H. Périnet-Marquet ; *Administrer* janv. 2008, p. 58, obs. J.-R. Bouyeure. – V. aussi, Cass 3e civ., 18 janv. 2018, n° 16-16.955 : *AJDI* 2018, p. 455, note N. Le Rudulier. Ainsi il a été jugé que le droit d'apposer une enseigne sur des parties communes, s'analysant en un droit de jouissance privative, pouvait s'acquérir par prescription (▪ Cass. 3e civ., 22 oct. 2020, n° 19-21.732 : *Rev. loyers* 2020, p. 497, note V. Zalewski-Sicard ; *LPA* 15 janv. 2021, p. 17, note P.-L. Niel. – V. J. Laurent, *Acquisition par prescription du droit d'apposer une enseigne sur des parties communes : Defrénois* 2021, n° 21-22, p. 21. – V. précédemment dans le même sens, ▪ CA Paris, pôle 4, 2e, 15 mai 2019, n° 17/06400 : *Administrer* août-sept. 2019, p. 47, obs. J.-R. Bouyeure).

Ces conditions ne sont pas réunies si la jouissance de la partie commune par un copropriétaire résulte d'une simple tolérance (▪ Cass. 3e civ., 6 mai 2014, n° 13-16.790 : *JurisData* n° 2014-009960). De même la prescription ne peut pas jouer sur une cour commune si un autre copropriétaire, dont le lot donne sur cette cour, s'est vu reconnaître judiciairement le droit d'avoir accès à cette cour (▪ Cass. 3e civ., 9 sept. 2008, n° 07-17.592 : *Rev. loyers* 2008, p. 516).

Selon une décision, ce droit de jouissance exclusif pourrait également résulter de l'appropriation d'une partie commune par un copropriétaire (en l'espèce un escalier) avec l'assentiment des copropriétaires voisins qui ont renoncé à l'utiliser (▪ Cass. 3e civ., 15 déc. 2004 : *Loyers et copr.* 2005, comm. 56, note G. Vigneron).

Bibliographie : I. Degage, *La distinction entre la propriété et la jouissance exclusive d'une partie commune acquise par prescription* : *Defrénois* 2012, art. 40360.

5) Le droit de jouissance privative des parties communes implique l'exclusivité de l'usage de cette partie d'immeuble. Le droit de « jouissance privative » est distinct du droit de jouir des parties communes afférent à tout lot de copropriété, qui est un droit à caractère collectif (V. sur l'incidence en matière d'acquisition du droit de jouissance exclusive par prescription, ▪ Cass. 3e civ., 18 janv. 2018, n° 16-16.950 : *JurisData* n° 2018-000451 ; *Loyers et copr.* 2018, comm. 74, note le A. Lebatteux *AJDI* 2018, p. 455, note N. Le Rudulier).

6) Obligation de mentionner le droit de jouissance exclusive dans le règlement. Quelle que soit son origine, le droit de jouissance exclusive doit être expressément mentionné dans le règlement (V. L. 10 juill. 1965, art. 6-4).

S'il n'est pas institué dès l'origine et qu'il prend naissance pendant le cours de la vie de la copropriété, ceci implique qu'il soit procédé à une modification du règlement de copropriété pour en constater l'existence.

Sur la nécessité d'une régularisation pour les droits de jouissance exclusive constitués avant l'entrée ne vigueur de la loi du 23 novembre 2018 (loi ELAN), V. *infra* L. 10 juill. 1965, art. 6-4.

II – NATURE DU DROIT DE JOUISSANCE EXCLUSIVE

7) Importance du titre constitutif. Ce droit, création de la pratique, *a une nature et un contenu variables, définis par le titre constitutif*. C'est donc au titre constitutif du droit de jouissance exclusif (règlement de copropriété ou décision de l'assemblée) qu'il appartiendra de fixer la nature du droit concédé (V. L. n° 65-557, 10 juill. 1965, art. 9, p. 85. – Sur la nécessaire analyse des titres, V. ▪ Cass. 3e civ., 25 janv. 1995, n° 92-19.600 : *Bull. civ.* III, n° 29 ; *JCP* G 1995, IV, 739 ; *Inf. rap. copr.* mai 1995, p. 17, obs. C. Atias. ▪ Cass. 3e civ., 14 févr. 1996, n° 94-11547 : *RD imm.* 1996, p. 264, obs. C. Giverdon). C'est seulement dans le silence des titres que le droit de jouissance exclusive sera considéré comme un droit réel (V. n° 9).

Il est ainsi possible de ne conférer à un copropriétaire qu'un simple « droit de jouissance exclusif » à caractère temporaire (et même viager, qui s'éteint alors au décès du bénéficiaire : ▪ Cass. 3e civ., 13 nov. 2003, n° 02-12.384 : *Administrer* mars 2004, p. 39, obs. J.-R. Bouyeure. ▪ CA Paris, 23e ch. B, 17 janv. 2002 : *Rev. loyers* 2002, p. 307), ou de stipuler expressément que ce droit aura un caractère strictement personnel et révocable (V. pour des « droits de jouissance exclusifs concernant des couloirs ou paliers communs » : ▪ CA Paris, 2e ch., 20 mars 1992 : *RD imm.* 1992, p. 367, obs. C. Giverdon. ▪ Cass. 3e civ., 3 oct. 1991, n° 89-21.712 : *RD imm.* 1992, p. 111, obs. P. Capoulade). Il en est ainsi *a priori* lorsqu'il est accordé par le règlement à une personne nommément identifiée (▪ Cass. 3e civ., 13 nov. 2003, prec.). Ce droit ne peut alors être retiré au copropriétaire abusivement (▪ CA Paris, 23e ch., 16 nov. 1993 : *Loyers et copr.* 1994, n° 122).

8) Interprétation du titre. Les rédacteurs de règlements de copropriété font assez souvent d'une partie d'immeuble ordinairement commune (sol, cour, terrasse), une partie privative, ou une partie incluse dans les parties privatives d'un lot, ce qui est source d'interprétation et de contentieux. La convention doit être très précise à cet égard, pour éviter toute confusion (V. J. Lafond, *Les clauses du règlement de copropriété relatives aux parties privatives et communes : JCP* N 2010, n° 28-1242).

Dans le doute, il faut interpréter le titre ou la délibération qui a institué le droit de jouissance exclusif.

Lorsqu'une terrasse est partagée en jouissance exclusive entre deux copropriétaires distincts, les limites séparatives des deux surfaces de l'ouvrage résultent du plan joint à l'état descriptif de division et du règlement de copropriété régulièrement publiés (▪ Cass. 3e civ., 3 déc. 2015, n° 14-24.945 : *JurisData* n° 2015-027105 ; *Loyers et copr.* 2016, n° 49, note G. Vigneron).

9) Un droit réel et perpétuel. La Cour de cassation a, à plusieurs reprises énoncé que le droit de jouissance « exclusif et privatif » sur une fraction de l'immeuble, attribué par le règlement de copropriété avait un caractère réel et perpétuel et que l'usage effectif de ce droit était sans incidence sur sa pérennité et ceci :

– dans le cas où ce droit de jouissance privative était l'accessoire d'un lot (▪ Cass. 3e civ., 4 mars 1992, n° 90-13.145 : *JurisData* n° 1992-000344 ; *Bull. civ.* III, n° 73 ; *Loyers et copr.* 1992, comm. 265 ; *Inf. rap. copr.* juill.-août 1992, p. 237, obs. P. Capoulade ; *Defrénois* 1992, art. 35349, p. 1140, obs. H. Souleau ; *D.* 1992, p. 386, note C. Atias. – V. postérieurement dans le même sens, ▪ Cass. 3e civ., 17 juin 1997, n° 96-10.506 : *Loyers et copr.* nov. 1997, n° 296 ;

– mais aussi lorsque ce droit avait une existence autonome ▪ Cass. 3e civ., 24 oct. 2007, n° 06-19.260 : *JurisData* n° 2007-041007 ; *JCP* N 2007, n° 50, 1328, note Y. Stemmer ; *JCP* G 2008, n° 12, p. 26, obs. H. Périnet-Marquet ; *Loyers et copr.* 2007, comm. 255, note Vigneron ; *Administrer* janv. 2008, p. 58, obs. J.-R. Bouyeure. ▪ Cass. 3e civ., 2 déc. 2009, n° 08-20.310 : *JurisData* n° 2009-050590 ; *Bull. civ.* III, n° 266 ; *JCP* G 2010, n° 12, p. 335, n° 13, obs. H. Périnet-Marquet ; *Defrénois* 2010, art. 39065, p. 313, note C. Atias ; *Rev. loyers* 2010, p. 80, note J.-M. Roux ; *AJDI* 2010, p. 644, note D. Tomasin ; *Administrer* mai 2010, p. 42, note P. Capoulade).

Sur les conséquences du point de vue de la publicité foncière, V. M. Suquet-Cozic, *Droit réel de jouissance spéciale et publicité foncière : Sol. notaires*, févr. 2020, n° 7, p. 11.

III – RÉGIME JURIDIQUE DES PARTIES COMMUNES À JOUISSANCE PRIVATIVE

Bibliographie : J. Lafond, *Jouissance privative des terrasses en copropriété : clauses du règlement : Loyers et copr.* 2020, formule 6.

10) La partie commune reste une partie commune. Selon l'article 6-3, alinéa 1er « les parties communes à jouissance privative sont les parties communes affectées à l'usage et à l'utilité exclusifs d'un lot. Elles appartiennent indivisément à tous les copropriétaires ».

En précisant que les parties communes affectées à l'utilité et à l'usage exclusif d'un lot « appartiennent indivisément à tous les copropriétaires », l'article 6-3 alinéa 1er ne fait que consacrer une jurisprudence antérieure bien établie (sur le principe, V. par ex., ▪ Cass. 3e civ., 26 juin 1974, n° 73-70.289, *Bull. civ.* III, n° 269. ▪ Cass. 3e civ., 14 janv. 1975, n° 73-13.157 : *Bull. civ.* III, n° 8. ▪ Cass. 3e civ., 28 oct. 1980 : *JCP* N 1981, II, p. 113, obs. Stemmer. ▪ Cass. 3e civ., 25 janv. 1995, n° 92-19.600 : *Bull. civ.* III, n° 29 ; *RD imm.* 1995, p. 370 ; *Inf. rap. copr.* mai 1995, p. 17, note C. Atias). Le titulaire d'un droit de jouissance privative ne devient en aucun cas propriétaire de la partie commune sur laquelle s'exerce ce droit. Ainsi avait-il été jugé que la partie du sol réservée à l'usage exclusif d'un copropriétaire ne devenait pas une partie privative (▪ Cass. 3e civ., 22 mai 1973, n° 72-11.406 : *Bull. civ.* III, n° 359) et que dans une copropriété horizontale, lorsqu'un droit de « jouissance exclusive et privative du terrain » est conféré aux propriétaires des maisons qui y sont implantés, le sol reste partie commune (▪ Cass. 3e civ., 2 oct. 2013, n° 12-17.084 : *JurisData* n° 2013-021399 ; *Loyers et copr.* 2013, n° 350, obs. G. Vigneron).

La jurisprudence a tiré diverses conséquences de ce principe, notamment en matière de contribution aux charges, et de travaux ou encore d'exercice du droit de construire (V. comm. L. 10 juill. 1965, art. 9, nos 99 à 108) ou de constitution de servitudes (V. comm. L. 10 juill. 1965, art. 6-1 A).

Il a été jugé par exemple que le droit de jouissance exclusif ainsi conféré n'étant pas un « droit de propriété exclusif », ceci empêchait son titulaire de réclamer le droit de se retirer de la copropriété en application de l'article 28 de la loi du 10 juillet 1965 (V. ▪ Cass. 3e civ., 15 févr. 2018, n° 16-27.858 : *JurisData* n° 2018-002881 : *Loyers et copr.* 2018, n° 103, note C. Coutant-Lapalus).

IV – DROIT DE JOUISSANCE PRIVATIVE ET ÉLÉMENTS CONSTITUTIFS DU LOT DE COPROPRIÉTÉ

A – Le droit de jouissance privative « accessoire » du lot auquel il est attaché

11) Portée de la formule utilisée. Le droit de jouissance privative est « nécessairement accessoire au lot de copropriété auquel il est attaché », énonce l'article 6-3, alinéa 2. Il est alors réel et perpétuel par accessoire (▪ Cass. 3e civ., 7 juin 2018, n° 17-17.240 : publié au *Bull.* ; *JurisData* n° 2018-009366 ; *Loyers et copr.* 2018, comm. 182, note C. Coutant-Lapalus).

On peut s'interroger sur la portée de la formule employée (« nécessairement accessoire »). Il semble que le législateur ait ainsi voulu consacrer la jurisprudence selon laquelle le droit de jouissance privative attaché à un lot ne pouvait en être dissocié, du moins par la seule volonté du titulaire du lot (V. à ce sujet L. 10 juill. 1965, art. 9, comm. n° 105132). On concevrait mal que le législateur ait voulu dire par là qu'un droit de jouissance privative ne pourrait jamais être concédé de manière autonome, soit à un copropriétaire soit à un tiers, et qu'il est nécessairement l'accessoire d'un lot. Le texte ne dit pas d'ailleurs que le droit de jouissance privative est nécessairement l'accessoire d'un lot, mais qu'il nécessairement l'accessoire *du lot* auquel il est attaché.

B – Le droit de jouissance privative ne peut pas constituer la partie privative d'un lot

12) Consécration de la jurisprudence. En affirmant qu'un droit de jouissance privative ne peut en aucun cas constituer la partie privative d'un lot (sans se prononcer sur la nature de ce droit et sans en donner la raison…), l'article 6-3, alinéa 2 met fin à un long feuilleton judiciaire et à d'interminables controverses doctrinales. Il n'est pas inutile de les rapporter brièvement, ne serait-ce que pour appréhender la raison d'être de cette solution et des diverses conséquences qu'elle engendre.

La Cour de cassation avait déjà affirmé dans plusieurs arrêts qu'un « droit de jouissance exclusif sur des parties communes n'est pas un droit de propriété et ne peut constituer la partie privative d'un lot » (▪ Cass. 3e civ., 8 oct. 2008, n° 07-16.540 : *Loyers et copr.* 2008, comm. 285, obs. G. Vigneron ; *Defrénois* 2009, art. 38 902, p. 444, obs. C. Atias. ▪ Cass. 3e civ., 16 janv. 2008, n° 06-15.314 : *Bull. civ.* III, n° 8 ; *Loyers et copr.* 2008, comm. 67 ; *JCP* G 2008, n° 41, p. 21, n° 11, obs. H. Périnet-Marquet ; *AJDI* 2009, p. 35, note D. Tomasin ; *Defrénois* 2008, art. 38740, p. 705, obs. C. Atias. ▪ Cass. 3e civ., 6 juin 2007, n° 06-13.477 : *Bull. civ.* III, n° 98 ; *JCP* G 2007, n° 42, p. 20, et *JCP* N 2007, n° 49, p. 18, obs. H. Périnet-Marquet ; *Loyers et copr.* 2007, comm. 181, note G. Vigneron ; *Defrénois* 2008, art. 38691, p. 1684, obs. C. Atias ; *RTD civ.* 2007, p. 591, obs. Th. Revet ; *Administrer* août-sept. 2007, p. 49, note P. Capoulade ; *D.* 2007, p. 1871, note G. Forest ; *Rev. loyers* 2007, p. 410, note L. Guégan ; *AJDI* 2007, p. 529, obs. P. Capoulade, et p. 575, avec l'avis contraire de M.-O. Guérin, av. gén.).

Cette jurisprudence a soulevé de nombreux problèmes dans les copropriétés où existaient des lots dont la partie privative était constituée d'un droit de jouissance privative : qu'allaient devenir ces lots ? Quelle devait être l'attitude du syndic en attendant leur « annulation » ? S'ils étaient annulés, quels étaient les droits de l'ancien copropriétaire ? Dans quelle mesure devait-il participer aux charges ? etc. (V. sur l'inventaire de ces difficultés et les solutions proposées, J. Lafond, *Droit de jouissance exclusif et copropriété, une histoire tourmentée : Loyers et copr.* 2015, étude 6).

Il avait été jugé que l'annulation du lot ainsi constitué ne pouvait avoir pour effet de faire disparaître le droit de jouissance exclusif dont bénéficiait son titulaire (▪ Cass. 3e civ., 1er mars 2006, n° 04-18.547 : *Loyers et copr.* 2006, comm. 112, obs. G. Vigneron). Le lot « irrégulier » ne devenait donc pas « inexistant ». Le copropriétaire qui le détenait restait titulaire d'un droit réel, alors qualifié de perpétuel (▪ Cass. 3e civ., 2 déc. 2009, n° 08-20.310 : *Bull. civ.* III, n° 266 ; *Rev. loyers* 2010, p. 80, note J.-M. Roux ; *Defrénois* 2010, art. 39065, chron. Atias ; *AJDI* 2010, p. 644, note D. Tomasin. – V., à propos de cette décision, P. Capoulade, *Le droit de jouissance privative* : *Administrer* mai 2010, p. 42).

Sur la nature juridique du « droit de jouissance privative » V. ci-dessus, comm. 7 à 9).

Bibliographie : *V. sur la question.* C. Calfayan, *La notion de partie privative à l'épreuve du droit de jouissance exclusive sur une partie commune* : *JCP* N 2007, n° 44-1273. – S. Lelièvre et S. Chaix-Bryan, *Droit de jouissance exclusive d'une partie commune : la fin d'un questionnement ?* : *Defrénois* 2007, art. 58637, p. 1173. – J.-R. Bouyeure, *Réflexions sur les conséquences de la nullité des lots dont la partie privative est constituée par un droit de jouissance exclusive sur une partie commune* : *Administrer* oct. 2007, p. 70. – C. Atias, *Jouissance réelle ne vaut pas propriété virtuelle* : *D.* 2007, p. 2356 ; *Une propriété sans objet (propriété, vocation et contrat)* : *D.* 2007, p. 2415. – B. Kan-Balivet, *La nature juridique du droit de jouissance exclusive sur les parties communes* : *Defrénois* 2008, art. 38825, p. 1765. – G. Rouzet, *L'acquisition de lots de copropriété et l'erreur obstacle* : *Defrénois* 2008, art. 38831, p. 1893 ; *La désignation des lots dits « en jouissance exclusive »* : *Defrénois* 2010, art. 39058. – V. Matet, *La pratique notariale du droit de jouissance exclusif sur les parties communes : l'histoire d'un inventeur dépassé par sa créature* : *Bull. Cridon Bordeaux-Toulouse*, févr. 2010, 610. – G. Gil, *Les « lots » constitués par la jouissance exclusive d'une partie commune : le point de la situation* : *Administrer* juin 2013, p. 7 et s. – J.-M. Roux, *Les lots atypiques* : *Rev. loyers* 2014, p. 3. – *La notion contestée de lots-parking dits « de jouissance » : références indicatives (étude anonyme)* : *Inf. rap. copr.*, juill.-août 2018, p. 15.

C – Droit de jouissance exclusive affecté d'une quote part de charges

13) Situation en résultant. Il a été jugé que si le droit de jouissance exclusif était affecté de tantièmes qui indiquaient simplement les charges que son titulaire devait supporter, il n'était pas assimilable à un droit de propriété et ne conférait aucun droit réel sur la partie commune qui en était l'objet (▪ Cass. 3e civ., 3 janv. 2006, n° 04-20.456 : *Administrer* mars 2006, p. 50, note J.-R. Bouyeure. ▪ Cass. 3e civ., 4 mai 1995, n° 93-11.121 : *Bull. civ.* III, n° 112 ; *Defrénois* 1995, art. 36151, p. 1123 ; *Inf. rap. copr.* nov. 1995, p. 9, note C. Atias ; *RD imm.* 584, obs. P. Capoulade. ▪ Cass. 3e civ., 19 déc. 1990, n° 89-12.526 ; *Bull. civ.* III, n° 267 ; *Administrer* juin 1991, p. 41, note E.-J. Guillot). Un arrêt postérieur a réaffirmé que « le droit de jouissance exclusive d'un copropriétaire même s'il est affecté d'une quote-part de parties communes correspondant aux charges que son titulaire doit supporter ne peut être assimilé à un droit de propriété et constituer la partie privative d'un lot » (▪ Cass. 3e civ., 27 mars 2008, n° 07-11.801 : *Bull. civ.* III, 59 ; *Loyers et copr.* 2008, comm. 139, note G. Vigneron ; *Administrer* juin 2008, p. 47, note crit. J.-R. Bouyeure ; *Rev. loyers* 2008, p. 337, note J.-M. Gélinet). Les remarques de Me Bouyeure dans sa note précitée mettent en évidence la bizarrerie de la situation qui en résulte. Un arrêt postérieur paraît avoir pris conscience de cette anomalie. Il énonce qu'un droit de jouissance exclusive sur un emplacement de stationnement ne confère pas la qualité de copropriétaire mais qu'en raison du droit réel et perpétuel dont il bénéficie, le titulaire de ce droit pouvait être redevable des frais d'entretien et de réparation de ces emplacements, en vertu des stipulations du règlement (▪ Cass. 3e civ., 2 déc. 2009, n° 08-20.310 : *Bull. civ.* III, n° 266 ; *Rev. loyers* 2010, p. 80, note J.-M. Roux ; *Defrénois* 2010, art. 39065, chron. Atias ; *AJDI* 2010, p. 644, note D. Tomasin. – V., à propos de cette décision, P. Capoulade, *Le droit de jouissance privative* : *Rev. Administrer* mai 2010, p. 42).

14) Mention dans le règlement de copropriété des charges afférentes aux droits de jouissance privative. L'ordonnance du 30 octobre 2019 a ajouté à l'article 6-3 un alinéa obligeant à préciser, « le cas échéant », dans le règlement les charges que le titulaire du droit de jouissance privative doit supporter.

Pour l'interprétation de ce texte, deux situations paraissent devoir être distinguées :

– celle où le droit de jouissance privative est l'accessoire d'un lot. En ce cas il contribue à augmenter la « valeur relative » de ce lot et par la même les charges qui lui sont afférentes. Il n'y a pas alors de répartition de charges spécifique au droit de jouissance privative lui-même. Les charges indiquées dans le règlement de copropriété sont celles concernant le lot de copropriété lui-même ;

– celle où le droit de jouissance privative a une existence autonome. C'est alors que l'article 6-3, alinéa 3 prend tout son sens. Le titulaire de ce droit de jouissance privative bénéficie d'un droit réel et perpétuel sur le sol d'assiette de la copropriété, sans toutefois en faire partie. Il y a lieu de déterminer (le cas échéant, indique le texte) les charges de la copropriété auxquelles il doit participer. Mais il est dans la même situation qu'un tiers. C'est une convention entre le syndicat des copropriétaires et le titulaire du droit qui va définir les charges auxquelles il devra contribuer ainsi que le montant de sa participation.

V – DROITS ET OBLIGATIONS DU TITULAIRE DU DROIT DE JOUISSANCE EXCLUSIVE

15) Voir. sur les prérogatives du titulaire du droit de jouissance exclusif, L. n° 10 juill. 1965, art. 9, comm. 97, p. 129 à comm. 108, p. 134.

Art. 6-4 *(Aj., L. n° 2018-1021, 23 nov. 2018)*. **– L'existence des parties communes spéciales et de celles à jouissance privative est subordonnée à leur mention expresse dans le règlement de copropriété.**

Loi n° 2018-1021 du 23 novembre 2018

portant évolution du logement, de l'aménagement et du numérique

Art. 209 *(Mod., L. n° 2022-217, 21 févr. 2022)*. **–** II. - L'article 6-4 de la loi n° 65-557 du 10 juillet 1965 fixant le statut de la copropriété des immeubles bâtis n'est applicable qu'aux immeubles dont la mise en copropriété est postérieure au 1er juillet 2022.

Pour les immeubles dont la mise en copropriété est antérieure au 1er juillet 2022, quand le règlement de copropriété ne mentionne pas les parties communes spéciales ou à jouissance privative existantes, le syndicat des copropriétaires inscrit à l'ordre du jour de chaque assemblée générale des copropriétaires la question de cette mention dans le règlement de copropriété. Cette décision est prise à la majorité des voix exprimées des copropriétaires présentés, représentés ou ayant voté par correspondance. L'absence d'une telle mention dans le règlement de copropriété est sans conséquence sur l'existence de ces parties communes.

Loi n° 2022-217 du 21 février 2022

relative à la différenciation, la décentralisation, la déconcentration et portant diverses mesures de simplification de l'action publique locale

Art. 89. – 2° Le II de l'article 209 est ainsi rédigé :

« II. - L'article 6-4 de la loi n° 65-557 du 10 juillet 1965 fixant le statut de la copropriété des immeubles bâtis'est applicable qu'aux immeubles dont la mise en copropriété est postérieure au 1er juillet 2022.

Pour les immeubles dont la mise en copropriété est antérieure au 1er juillet 2022, quand le règlement de copropriété ne mentionne pas les parties communes spéciales ou à jouissance privative existantes, le syndicat (sic) des copropriétaires inscrit à l'ordre du jour de chaque assemblée générale des copropriétaires la question de cette mention dans le règlement de copropriété. Cette décision est prise à la majorité des voix exprimées des copropriétaires présentés (resic), représentés ou ayant voté par correspondance. L'absence d'une telle mention dans le règlement de copropriété est sans conséquence sur l'existence de ces parties communes. »

1) Texte d'ordre public. Selon l'article 6-4 de la loi du 10 juillet 1965, issu de l'article 209, I de la loi n° 2018-1021 du 23 novembre 2018 (loi « ELAN »), « L'existence des parties communes spéciales et de celles à jouissance privative est subordonnée à leur mention expresse dans le règlement de copropriété. »

L'article 6-4 a un caractère impératif. Les clauses contraires à ce texte sont réputées non écrites (V. L. 10 juill. 1965, art. 43).

I – MENTION OBLIGATOIRE DES PARTIES COMMUNES SPÉCIALES DANS LE RÈGLEMENT

Bibliographie : Sur les difficultés d'application de l'article 209, II, dans sa rédaction issue de la loi du 23 novembre 2018, J. Lafond, *Loi ELAN et mise en conformité des règlements antérieurs : JCP* N 2019, n° 37, 1271 ; *Loyers et copr.* 2019, étude 11. – S. Lelièvre, *Mise en conformité du règlement de copropriété : SNH* 19 déc. 2019, p. 19. – N. Brocard et A. Papé, *Les parties communes spéciales et la mise en conformité du règlement de copropriété : Inf. rap. copr.* oct. 2020, p. 47. – C. Chazelle, *Comment procéder à la mise en conformité du règlement de copropriété ? : Inf. rap. copr.* oct. 2020, p. 49. – Ch. Gijsbers, *Mise en conformité des règlements de copropriété avant le 23 novembre 2021 : l'extinction des droits n'aura pas lieu ! : JCP* N 2021, n° 5, 1102. – H. Périnet-Marquet, *Les clauses non écrites en droit de la copropriété : JCP* N 2021, n° 9, 1124. – P. Déchelette-Tolot, *La mise en conformité du règlement de copropriété avec la loi ELAN : Administrer* avr. 2021, p. 7. – J. Laurent et M. Poumarède, *Mise en conformité du règlement de copropriété : abrogeons l'article 6-4 de la loi du 10 juillet 1965 ! : JCP* N 2021, n° 19, 1186. – P.-E. Lagraulet, *Varia-*

tions sur les parties communes spéciales : beaucoup de bruit pour rien ? : AJDI 2021, p. 480.

Voir : sur le sujet, préconisations du GRECCO n° 12, 11 avr. 2021 : *La mise en conformité du règlement de copropriété avec les dispositions relatives aux parties communes spéciales* : *JCP* N 2021, n° 19, act. 511.

2) Problématique. L'article 6-4 de la loi du 10 juillet 1965 amène à évoquer l'hypothèse où l'existence de parties communes spéciales est mentionnée non pas dans le règlement de copropriété mais dans un autre document (le plus souvent dans l'état descriptif de division).

Si tel est le cas, une lecture littérale de ce texte peut amener à penser que, si ses dispositions ne sont pas respectées, « l'existence » des parties communes spéciales est en cause. Les conséquences de cette « inexistence » sont redoutables. Aussi divers auteurs avaient opté pour une interprétation plus acceptable : il a été soutenu que l'article 6-4 était en fait dépourvu de toute sanction (Ch. Gijsbers V. Bibliographie ci-dessus)... ou encore que la sanction encourue était non pas l'inexistence mais le caractère « non écrit » de la constitution des parties communes spéciales (H. Périnet-Marquet, V. Bibliographie ci-dessus).

Cependant, l'interrogation subsistait et il était urgent de trouver une réponse, car le texte d'origine impartissait un délai de 3 ans à compter de la promulgation de la loi du 23 novembre 2018 pour procéder à une régularisation. La loi n° 2022-217 du 21 février 2022 dite « loi 3DS » est donc intervenue. Ce texte, rédigé manifestement à la hâte, donne lieu à de nombreuses difficultés d'interprétation, de nature à générer un abondant contentieux et il a suscité de nombreuses appréciations critiques (V. P.-E. Lagraulet, *Loi 3DS et mise en conformité des règlements de copropriété : AJDI* 2022, p. 347. – J. Laurent, *Mise en conformité des règlements de copropriété et loi 3DS : Defrénois* 2022, n° 18, p. 32. – L. Guégan-Gélinet, *Loi 3DS : obligation de mise en conformité des règlements de copropriété : quelles modalités ? Quelle sanction ? : Rev. loyers* avr. 2022, p. 158).

La loi précitée du 21 février 2022 fixe un nouveau calendrier de régularisation (A) détermine le processus (B) et indique la sanction applicable en cas de défaut de régularisation (C).

A – Calendrier : date charnière du 1er juillet 2022

3) Avant ou après le 1er juillet 2022. L'article 209, II, de la loi du 23 novembre 2018 dans sa rédaction issue de la loi n° 2022-217 du 21 février 2022 énonce tout d'abord que « l'article 6-4 de la loi du 10 juillet 1965 n'est applicable qu'aux immeubles dont la mise en copropriété est postérieure au 1er juillet 2022 ». Puis il détermine un processus de régularisation pour les immeubles dont la mise en copropriété est « antérieure au 1er juillet 2022 » (quid des immeuble mis en copropriété le 1er juillet ?).

En fait, selon le GRECCO, la situation est plus complexe qu'elle ne parait (Préconisation n° 14 du 22 avril 2022 : *Loyers et copr.* juin 2022, Focus. – Alerte 49. – Sur cette préconisation, V. C. Coutant-Lapalus, *L'incidence de la loi 3DS sur les règlements de copropriété : préconisations du GRECCO* : *JCP* N 2022, n° 20, Focus 587. On est amené à distinguer 3 périodes :

– les mises en copropriété intervenues entre le 23 novembre 2018 et le 22 février 2022 : l'article 6-4 dans sa version issue de la loi ELAN a été alors pleinement applicable ;

– les mises en copropriété intervenues entre le 23 février 2022 et le 30 juin 2022 (prorogation des délais en raison de la crise sanitaire) : l'article-64 dans sa version issue de la loi ELAN n'était pas applicable ;

– les mises en copropriété intervenant à compter du 1er juillet (ou 2 juillet...) 2022 : l'article 6-4 dans sa version issue de la loi ELAN est alors pleinement applicable.

B – Processus de régularisation

4) Obligations du syndic. Pour les immeubles dont la mise en copropriété est antérieure au 1er juillet 2022, et dont le règlement de copropriété ne mentionne pas les parties communes spéciales, le syndic doit inscrire à l'ordre du jour de chaque assemblée générale la question de la mention des parties communes spéciales dans le règlement.

L'assemblée se prononce à la majorité des voix exprimées des copropriétaires présents ou représentés ou ayant voté par correspondance.

C – Incidences de l'absence de régularisation

5) Absence de sanction expresse. Après avoir défini le processus de régularisation relatif aux mentions concernant les parties communes spéciales dans le règlement, l'article 209, II alinéa 2 de la loi du 23 novembre 2018 précité indique dans sa rédaction issue de la loi du 21 février 2022 : « L'absence d'une telle mention dans le règlement de copropriété est sans conséquence sur l'existence de ces parties communes ».

II – MENTION OBLIGATOIRE DES PARTIES COMMUNES EN JOUISSANCE PRIVATIVE DANS LE RÈGLEMENT

6) Problématique. Selon l'article 6-4 de la loi du 10 juillet 1965, « L'existence des parties communes... à jouissance privative [....] est subordonnée à leur mention expresse dans le règlement de copropriété ».

L'article 209, II, alinéa 1er de la loi n° 2018-1021 du 23 novembre 2018, dite « loi ELAN » (V. ce texte ci-dessus dans sa rédaction d'origine) avait institué une procédure de mise en conformité concernant le cas où les parties communes en jouissance privative n'avait pas été expressément mentionnées dans le règlement. Un délai de 3 ans à compter de la promulgation de la loi du 23 novembre 2018 avait été imparti pour procéder à cette régularisation.

Cela étant, les textes applicables aux parties communes en jouissance privative et aux parties communes spéciales étant identiques, les problèmes déjà évoqués précédemment à propos des parties communes spéciales se sont posés exactement dans les mêmes termes : et ils ont reçu la même solution par la loi n° 2022-217 du 21 février 2022 dite « loi 3DS », qui a modifié l'article 209, II, de la loi du 23 novembre 2018 (V. ce texte ci-dessus dans sa nouvelle rédaction).

En conséquence, ce qui a été dit ci-dessus à propos des parties communes spéciales (calendrier de régularisation ; processus de régularisation ; incidence de l'absence de régularisation) est également valable pour les parties communes à jouissance privative.

On se reportera donc à nos développements précédents (nos 2 à 5).

Voir : sur le sujet, M.-H. Martial, *La partie commune à jouissance privative et la mise en conformité des règlements de copropriété : Inf. rap.* copr. oct. 2020, p. 47. – Préconisation du GRECCO n° 13, 3 mai 2021, *La mise en conformité du règlement de copropriété avec les dispositions relatives aux parties communes à jouissance privative.*

Art. 7. – Les cloisons ou murs, séparant des parties privatives et non compris dans le gros œuvre, sont présumés mitoyens entre les locaux qu'ils séparent.

Bibliographie : *JCl. Copropriété*, Fasc. 62, n° 123. • E. Kischinewsky-Broquisse, *La copropriété des immeubles bâtis*, Litec, 4e éd. 1989, n° 67. • P. Walet, *Copropriété et mitoyenneté : Inf. rap. copr.* avr. 1998, p. 9. • G. Gil, *Copropriété et mitoyenneté : Rev. Administrer* mars 2011, p. 15.

1) Portée du texte. La présomption de mitoyenneté édictée par le texte ne vise que des cloisons ou murs *séparant des parties privatives* (appartements, boutiques, garages...) et non ceux séparant une partie privative d'une partie commune (appartement et couloir commun, par ex.).

Et il ne concerne que les murs ou cloisons *non compris dans le gros œuvre*. Si ces éléments sont murs porteurs, ou éléments de gros œuvre, ils sont parties communes, au sens de l'article 3 de la loi (V. *supra*. ▪ CA Paris, 23e ch. A, 30 janv. 2002 : *Rev. Administrer* mai 2002, p. 49, obs. J.-R. Bouyeure).

2) Caractère impératif. La doctrine enseigne couramment que, « l'article 7 de la loi n'étant pas impératif », il serait possible de donner aux cloisons et murs séparant les locaux privatifs, et non compris dans le gros œuvre, un statut autre que celui d'éléments mitoyens.

À la lecture de l'article 43 de la loi, cependant (V. *infra*), il n'apparaît pas certain que l'article 7 ne soit pas impératif puisque toute clause contraire à son texte est réputée non écrite...

Mais il est vrai aussi que les mots « sont présumés » laissent évidemment entendre la possibilité d'une solution différente : c'est sans doute par une inadvertance que l'article 7 fait partie des textes auxquels l'article 43 ne tolère pas qu'il soit dérogé.

La jurisprudence n'a pas eu, semble-t-il, à se pencher sur cette question jusqu'à ce jour.

Art. 8 ***(Mod., Ord. n° 2014-1090, 26 sept. 2014).*** **– I. – Un règlement conventionnel de copropriété, incluant ou non l'état descriptif de division, détermine la destination des parties tant privatives que communes, ainsi que les conditions de leur jouissance ; il fixe également, sous réserve des dispositions de la présente loi, les règles relatives à l'administration des parties communes.** ***(Mots aj. à compter du 1er juin 2020, Ord. n° 2019-1101, 30 oct. 2019)*** **« Il énumère, s'il y a lieu, les parties communes spéciales et celles à jouissance privative ».**

Le règlement de copropriété ne peut imposer aucune restriction aux droits des copropriétaires en dehors de celles qui seraient justifiées par la destination de l'immeuble, telle qu'elle est définie aux actes, par ses caractères ou sa situation.

II. – Le règlement de copropriété des immeubles dont le permis de construire est délivré conformément à un plan local d'urbanisme ou à d'autres documents d'urbanisme imposant la réalisation d'aires de stationnement prévoit qu'une partie des places de stationnement adaptées prévues au titre de l'obligation d'accessibilité définie à ***(Réf. rempl. à compter d'une date fixée par décret en Conseil d'État et au plus tard le 1er juillet 2021, Ord. n° 2020-71, 29 janv. 2020)*** **« l'article L. 161-1 du Code de la construction et de l'habitation » est incluse dans les parties communes.**

Le règlement de copropriété des immeubles prévoit, dans des conditions définies par décret, les modalités selon lesquelles ces places de stationnement adaptées sont louées de manière prioritaire aux personnes handicapées habitant la copropriété.

III *(Al. aj. à compter du 31 décembre 2028, Ord. n° 2024-562, 19 juin 2024)*. - En application des dispositions de l'article 710-22 du Code civil, le règlement est soumis à la publication prévue au 1° de l'article 710-3 du même code.

Loi n° 70-598 du 9 juillet 1970

modifiant et complétant la loi n° 48-1360 du 1er septembre 1948 portant modification et codification de la législation relative aux rapports des bailleurs et locataires ou occupants de locaux d'habitation ou à usage professionnel

Art. 10. – I. *(Mod., L. n° 2012-387, 22 mars 2012)* Sauf dans les contrats de location saisonnière de meublés de tourisme, est réputée non écrite toute stipulation tendant à interdire la détention d'un animal dans un local d'habitation dans la mesure où elle concerne un animal familier. Cette détention est toutefois subordonnée au fait que ledit animal ne cause aucun dégât à l'immeuble ni aucun trouble de jouissance aux occupants de celui-ci.

(L. n° 99-5, 6 janv. 1999) Est licite la stipulation tendant à interdire la détention d'un chien appartenant à la première catégorie mentionnée à l'article 211-1 du Code rural.

[...]

• *Sommaire*

I – CARACTÈRE OBLIGATOIRE DU RÈGLEMENT DE COPROPRIÉTÉ 63
II – NATURE DU RÈGLEMENT DE COPROPRIÉTÉ 63
A – Une nature controversée 63
B – Interprétation du règlement 64
III – ÉTABLISSEMENT DU RÈGLEMENT DE COPROPRIÉTÉ 64
IV – OBJET DU RÈGLEMENT DE COPROPRIÉTÉ 66
A – Contenu fixé par la loi 66
B – Personnes handicapées : places de stationnement adaptées 66
C – Conventions particulières 66
V – RESTRICTIONS AUX DROITS DES COPROPRIÉTAIRES 67
A – Conditions de validité 67
B – Applications 68
1° Clauses relatives à la location des lots 68
2° Clauses relatives à la vente des lots 70
3° Clauses relatives à la division ou à la réunion des lots 70
4° Clauses relatives à l'affectation des lots 71
5° Clauses d'habitation bourgeoise 72
6° Clauses restreignant la concurrence 73
7° Clauses restreignant les droits des copropriétaires sur les parties communes 74
8° Clauses interdisant la détention d'animaux 75
9° Clauses relatives à l'usage des lots 75
10° Clauses relatives aux travaux 76
11° Clauses limitant ou interdisant l'exercice de certaines activités 77
12° Clauses du règlement imposant l'adhésion des copropriétaires à une structure extérieure 79
13° Droits réservés 79
VI – RESPECT DE L'ORDRE PUBLIC 80
A – Ordre public du statut de la copropriété 80
B – Ordre public en général 80
VII – SANCTIONS DES VIOLATIONS DU RÈGLEMENT DE COPROPRIÉTÉ 81
A – Sanctions conventionnelles 81
B – Sanctions judiciaires 81
VIII – OPPOSABILITÉ DU RÈGLEMENT DE COPROPRIÉTÉ 82
IX – MODIFICATION OU « ADAPTATION » DU RÈGLEMENT 82
X – CLAUSES RÉPUTÉES NON ÉCRITES 82
XI – RESPONSABILITÉ DU RÉDACTEUR 82

1) Règlement de copropriété : généralités. Le règlement de copropriété, document obligatoire, constitue en quelque sorte la charte de la copropriété. Plusieurs textes de la loi s'y réfèrent directement :

– Le contenu du règlement de copropriété est fixé par l'article 8 de la loi du 10 juillet 1965, que complètent les articles 6-4, 8-1 de cette même loi et les articles 1er, 2 et 3 du décret du 17 mars 1967 (V. ces textes).

– Le problème de l'opposabilité du règlement est évoqué par l'article 13 de la loi (problème lié à celui de la publicité foncière du règlement dont traitent les articles 35, D. 4 janv. 1955 et 85, D. 14 oct. 1955, V. Annexe 52, *Publicité foncière*, p. 1397) et par les articles 3 et 4 du décret du 17 mars 1967.

– Les modalités d'établissement et de modification du règlement sont précisées par l'article 26 de la loi (V. ce texte).

Il résulte de ce dernier texte qu'il y a en réalité *deux types de règlement* : celui établi avant la mise en copropriété, dont l'objet est extrêmement large, et celui établi postérieurement à cette mise en copropriété qui, lorsqu'il est voté à la majorité de l'article 26, ne peut concerner que « la jouissance, l'usage et l'administration des parties communes ».

Lorsque le règlement de copropriété est préétabli, ce qui sera le plus souvent le cas, il aura pratiquement un caractère immuable, mis à part la faculté limitée de modification offerte par l'article 26 de la loi. Toutefois, certaines de ses clauses peuvent être remises en cause. Les clauses illicites seront « réputées non écrites » et cette illicéité sera appréciée par référence à l'article 43 de la loi, et par rapport aux diverses prescriptions dont ce texte affirme le caractère impératif. Il est fréquent que les règlements de copropriété antérieurs à la loi de 1965 contiennent ainsi des clauses illicites (la loi du 10 juillet 1965 leur est applicable. – V. J.-R. Bouyeure, *L'application de la loi du 10 juillet 1965 aux règlements antérieurs* : *AJPI* 1970, p. 737).

Dans la mesure où le règlement de copropriété fige, en pratique, la physionomie de la copropriété sa vie durant, il y a le plus grand intérêt à le rédiger de façon claire et précise et à n'y insérer que des clauses qui soient à l'abri de toute critique, pour éviter tout contentieux ultérieur, faute de quoi la responsabilité du rédacteur peut être recherchée (J. Cabanac, *La responsabilité civile des auteurs de règlements de copropriété* : *Inf. rap. copr.* oct. 1981, p. 161 et s. – Sur la responsabilité du rédacteur, V. D. 17 mars 1967, art. 3).

Bibliographie : S. Roseau et F. Ruffinoni, *La mise en copropriété de l'immeuble* : *Actes prat. ing. immobilière* n° 1, janv. 2017, dossier 4. – C. Atias, *Le règlement de copropriété* : *Ann. loyers* 2005, p. 84. – J.-M. Roux, *Les documents de la copropriété : règlement de copropriété et état descriptif de division* : *Inf. rap. copr.* déc. 2016, p. 14. – J. Lafond, *Incidence de l'ordonnance du 30 octobre 2019 sur les règlements de copropriété* : *Loyers et copr.* janv. 2020, étude 4. – E. Kischinewsky-Broquisse, *La copropriété des immeubles bâtis*, Litec, 4ᵉ éd. 1989, n°s 97 et s., 536 et s. – *La copropriété*, Dalloz action, 10ᵉ éd., 2021-2022, ss direction de P. Capoulade et D. Tomasin, n°s 311 et s.

JurisClasseurs. JCl. Copropriété, fasc. 76 et 77-10 (comm. par G. Vigneron). – *JCl. Copropriété*, Fasc. 115 à 170 (Formules). – *JCl. Notarial Formulaire*, *V° Copropriété*, fasc. 30 à 60 par J. Lafond.

Voir : sur la mise à jour des règlements de copropriété, L. 10 juill. 1965, art. 24, comm. n° 20, p. 401.

I – CARACTÈRE OBLIGATOIRE DU RÈGLEMENT DE COPROPRIÉTÉ

2) Règle impérative. L'article 8 est d'*ordre public* : il en découle que l'établissement d'un règlement de copropriété est obligatoire. L'état descriptif de division ne peut tenir lieu de règlement (▪ CA Aix-en-Provence, 1ʳᵉ ch., 7ᵉ sect., 21 mars 2024, n° 21/00348). Si une *copropriété* est *sans règlement*, ceci n'empêche pas toutefois que le statut de la copropriété lui soit néanmoins applicable de plein droit, dans toutes ses dispositions (▪ Cass. 3ᵉ civ., 19 sept. 2012, n°s 11-10.827 et 11-12.963 : *JurisData* n° 2012-020800 ; *Loyers et copr.* 2012, comm. 335, obs. G. Vigneron ; *JCP* G 2013, n° 15, p. 429, obs. H. Périnet-Marquet ; *Rev. loyers* 2012, p. 424, note C. Franceschi. – V. également ▪ Cass. 3ᵉ civ., 18 sept. 2012, n° 11-10.826. ▪ Cass. 3ᵉ civ., 19 févr. 1992 : *Loyers et copr.* 1992, comm. 220. ▪ Cass. 3ᵉ civ., 15 nov. 1989 : *Bull. civ.* III, n° 214 ; *Loyers et copr.* 1990, comm. 91. ▪ Cass. 3ᵉ civ., 6 oct. 1983 : *Administrer* oct. 1984, p. 43. ▪ Cass. 3ᵉ civ., 29 nov. 1972 : *JCP* G 1973, II, 17338).

L'assemblée peut décider de se doter d'un règlement intérieur. En ce cas, si un copropriétaire entend faire juger que certaines clauses de ce règlement intérieur sont « réputées non écrites », il doit agir dans le délai de deux mois de la notification du procès-verbal, en application de l'article 42 de la loi (V. ce texte), faute de quoi il est forclos (▪ Cass. 3ᵉ civ., 12 mai 2016, n° 14-25.099 : *Administrer* déc. 2016, p. 40, note J.-R. Bouyeure).

II – NATURE DU RÈGLEMENT DE COPROPRIÉTÉ

A – Une nature controversée

3) Caractère conventionnel ? L'article 8 fait état du caractère « conventionnel » du règlement de copropriété. S'agit-il effectivement d'une convention ?

Le problème de la nature juridique du règlement de copropriété s'est posé en doctrine (*JCl. Copropriété*, Fasc. 76, n°s 10 et s. – E. Kischinewsky-Broquisse, *La copropriété des immeubles bâtis*, Litec, 4ᵉ éd. 1989, n° 513. – *La copropriété*, Dalloz action, 9ᵉ éd. 2018, ss direction de P. Capoulade et D. Tomasin, n°s 311-21 et s.). Il n'a pas qu'un intérêt théorique. Il s'agit en particulier de savoir si les règles prévues en matière de contrat vont jouer en la matière : les principes d'interprétation des contrats posés par le Code civil et les règles d'opposabilité des contrats et conventions.

Voir aussi : L. art. 13.

4) L'assimilation au contrat par la jurisprudence. La jurisprudence assimile le plus souvent le règlement de copropriété à un *contrat* (▪ Cass. 3ᵉ civ., 28 févr. 1969 : *JCP* 1970, II, 16220. ▪ Cass.

3e civ., 30 oct. 1973 : *JCP* G 1974, IV, 402. ▪ Cass. 3e civ., 17 mars 1976 : *JCP* 1977, II, 18542, note Guillot). Ainsi la Cour de cassation a-t-elle affirmé que « les stipulations du règlement de copropriété ont force de loi entre tous les copropriétaires » et qu'en conséquence « aucun d'eux n'a le pouvoir de les modifier par des conventions particulières » (▪ Cass. 3e civ., 4 janv. 1990 : *Rev. Administrer* oct. 1990, p. 50, obs. Guillot).

Voir aussi : sur l'application en la matière des principes d'interprétation des contrats prévus par le Code civil, L. 10 juill. 1965, art. 8, comm. n° 5, p. 64.

Mais si le règlement de copropriété a effectivement un caractère conventionnel lorsque les copropriétaires y adhèrent individuellement lors de l'acquisition de leurs lots, ou lorsqu'il est établi à l'unanimité, il n'en est pas toujours ainsi : par exemple lorsqu'il est imposé à la minorité par la majorité (V. art. 26 de la loi) ou établi par le juge. Certains en ont déduit qu'il avait un caractère institutionnel (Cl. Lombois, *Commentaire de la loi* : *D.* 1966, p. 101 et 453. – J. Lafond, *La copropriété, contrat ou institution ?* : *Rev. Administrer* mars 1977, p. 2. – V. sur ce débat, J. Lafond, *Statut de la copropriété et théorie de l'institution, Mélanges en l'honneur de D. Tomasin*, Dalloz, 2022, p. 95 et s.) ; d'autres lui reconnaissent un « caractère *sui generis* » (E. Kischinewsky-Broquisse, *La copropriété des immeubles bâtis*, Litec, 4e éd. 1989, n° 513. –D. Sizaire, n° 112).

B – Interprétation du règlement

Bibliographie : G. Gil, *L'interprétation du règlement de copropriété* : *Inf. rap. copr.* nov. 2021, p. 37.

5) Application des règles du Code civil. La jurisprudence applique en la matière les *principes d'interprétation* des contrats prévus par le Code civil (▪ CA Paris, 23e ch. B, 19 juin 2008 : *Loyers et copr.* 2008, comm. n° 256, obs. G. Vigneron ; *AJDI* 2008, p. 776. ▪ CA Paris, 3 juill. 1972 : *Gaz. Pal.* 1972, 2, p. 794. ▪ CA Colmar, 14 nov. 1973 : *D.* 1974, somm. p. 50)... dans ses articles 1188 (anc. art. 1156) et suivants. Ainsi a-t-il été jugé que, lorsqu'une clause était douteuse, elle devait s'interpréter en faveur de celui qui avait adhéré au contrat (le copropriétaire) et contre le rédacteur du règlement (application C. civ., art. 1162, devenu art. 1190. ▪ CA Paris, 3 juill. 1972, préc.).

L'interprétation du règlement relevait antérieurement du tribunal de grande instance (aujourd'hui du tribunal judiciaire) mais le tribunal d'instance était compétent pour y procéder lorsque le problème est soulevé comme moyen de défense (▪ CA Versailles, 1re ch., 26 mars 1992 : *Rev. Administrer* oct. 1992, p. 97, obs. A. Dunes). Les juges du fond ont un pouvoir souverain d'appréciation (▪ Cass. 3e civ., 22 nov. 2000 : *AJDI* 2001, p. 146, obs. C. Giverdon).

Interprétant la clause imposant au concierge le tri du courrier, les juges peuvent ainsi en déduire que cette obligation ne peut aller jusqu'à lui imposer de faire des recherches pour retrouver les destinataires, clients d'une entreprise de domiciliation (▪ CA Paris, 23e ch. B, 7 déc. 2000 : *AJDI* 2001, p. 441, obs. C. Giverdon).

III – ÉTABLISSEMENT DU RÈGLEMENT DE COPROPRIÉTÉ

Bibliographie : *JCl. Notarial formulaire*, V° *Copropriété*, Fasc. 30 : Règlement de copropriété : établissement par J. Lafond. – Pour des formules de règlement, V. *JCl. Copropriété* : Fasc. 155 à 167, et *JCl. Notarial Formulaire*, Fasc. 115 à 165 par G. Vigneron et J. Lafond. – G. Daublon, *Formules de règlements de copropriété* : *Defrénois* 2002, art. 37495 et 37520.

6) Règlement établi avant la naissance de la copropriété. Le règlement de copropriété peut être *établi avant la naissance* de la copropriété (V. C. Atias, *Le « règlement de copropriété » avant la copropriété* : *Defrénois* 2012, art. 40599). Il entrera alors en vigueur lorsque le syndicat naîtra (sur la naissance du syndicat, V. art. 14 de la loi).

Ainsi en cas de vente en état futur d'achèvement, il est établi par le promoteur (sur l'obligation d'en remettre un exemplaire à chaque acquéreur, V. CCH, art. L. 261-11, al. 4). Se pose alors le problème des pouvoirs du promoteur : peut-il modifier ce règlement ? Il faut distinguer selon que la modification intervient avant ou après l'achèvement de l'immeuble (V. C. Sizaire, *Promotion de l'immeuble collectif des modifications au règlement de copropriété en VEFA* : *Inf. rap. copr.* mai 2013, p. 16). La notice descriptive annexée aux actes de vente en l'état futur d'achèvement a pour but de déterminer les caractéristiques principales de la construction et la nature et la qualité des matériaux, mais elle ne définit pas les droits de l'acquéreur et ne prime pas sur les dispositions claires du règlement de copropriété et de l'état descriptif de division qui confèrent aux lots litigieux des tantièmes de parties communes et prévoient qu'il s'agit de parties privatives (▪ Cass. 3e civ., 9 mai 2019, n° 18-16.717, FS-PBI : *JurisData* n° 2019-007426 ; *Loyers et copr.* 2019, n° 133, note C. Coutant-Lapalus ; *Administrer* juill. 2019, p. 61, note J.-R. Bouyeure ; *Gaz. Pal.* 10 sept. 2019, p. 77, note V. Zalewski-Sicard).

Dans le cas d'un immeuble construit par une société immobilière d'attribution, il doit être établi avant tout commencement des travaux ou, s'il s'agit d'une société d'acquisition, avant toute entrée en jouissance des associés (CCH, art. L. 212-2).

Il entrera alors en vigueur lors de la dissolution de la société ou lors du retrait de l'un des associés.

Sur l'opposabilité de la modification du règlement de copropriété effectuée par les associés d'une société d'attribution, avant la naissance de la copropriété : ▪ Cass. 3e civ., 19 févr. 1992 : *Loyers et copr.* 1992, n° 223 (V. L. 10 juill. 1965, art. 23, p. 387).

7) Règlement adopté par l'assemblée. Le règlement de copropriété peut aussi être *adopté par l'assemblée* à la majorité : mais il a alors un objet limité. Ne peuvent être ainsi votées que les dispositions concernant « la jouissance, l'usage et l'administration des parties communes » (V. L. 10 juill. 1965, art 26 *b*. – V. ▪ CA Paris, pôle 4, 2e ch., 9 juin 2021, n° 18/04259 : *Administrer* nov. 2021, p. 55, obs. P. Dechelette-Tolot).

Il ne suffit pas que le règlement de copropriété soit accepté à l'unanimité par les deux copropriétaires de l'immeuble. Le juge doit rechercher s'il a été approuvé par une assemblée générale (▪ Cass. 3e civ., 24 avr. 2013, n° 12-14.593 : *JurisData* n° 2013-008135 ; *Loyers et copr.* 2013, comm. 218, obs. G. Vigneron).

Voir : sur l'établissement et la modification du règlement, L. 10 juill. 1965, art. 26, comm. nos 14 et 15, p. 475.

8) Règlement établi par le juge. Le règlement peut-il être *imposé par le juge* ? (V. P.-E. Lagraulet, *L'établissement judiciaire du règlement de copropriété* : *Inf. rap. copr.* avr. 2023, p. 6).

L'établissement du règlement de copropriété étant obligatoire en vertu de la loi, on pouvait concevoir qu'en cas de carence ou d'impossibilité, les juges se substituent à l'assemblée pour l'établir. Si cette possibilité était admise lorsque la copropriété était un moyen de sortir de l'indivision dans le cadre d'un partage judiciaire, les juges répugnaient en général à empiéter sur les pouvoirs de l'assemblée en la matière (sauf toutefois dans des situations d'urgence ou de blocage : V. ▪ TGI Brest, 8 avr. 1970 : *AJPI* 1970, p. 1221, note J.-R. Bouyeure) et préféraient procéder par voie d'injonction (▪ CA Riom, 25 oct. 1961 : *JCP* 1962, II, 12470. ▪ Cass. 3e civ., 25 mai 1976 : *Bull. civ.* III, n° 226). Cette possibilité est toujours ouverte (V. pour l'injonction faite à l'assemblée d'établir un règlement, à peine d'astreinte, ▪ CA Paris, 8e ch. B, 14 sept. 2006 : *JurisData* n° 2006-315129).

Mais la Cour de cassation a tranché la difficulté dans un important arrêt du 15 novembre 1989 (n° 87-15.213 ; *Bull. civ.* III, n° 214 ; *D.* 1990, p. 195, note P. Capoulade et C. Giverdon ; *Defrénois* 1990, art. 34802, obs. Souleau. – J. Lafond, *Panorama de jurisprudence* : *JCP* N 1990, prat. 1503, n° 15). Selon cette décision, « à défaut d'accord entre les parties, le règlement de copropriété peut résulter d'un acte judiciaire » (V. dans le cas d'une copropriété ne comprenant que deux copropriétaires : ▪ Cass. 3e civ., 17 oct. 2012, n° 11-18.431 : *JurisData* n° 2012-023632 ; *Loyers et copr.* 2012, comm. 338, obs. G. Vigneron). La demande peut être formée par un copropriétaire sans qu'il ait à démontrer que l'absence de règlement lui cause un préjudice personnel (▪ Cass. 3e civ., 17 oct. 2012, n° 11-18.431).

Le règlement ainsi établi ne peut concerner que « la jouissance, l'usage et l'administration des parties communes », le tribunal ne pouvant avoir plus de pouvoir que l'assemblée qui ne peut pour sa part établir un règlement à la majorité qualifiée que s'il a cet unique objet (art. 26, *b* de la loi). Mais il paraît pouvoir être admis que le tribunal a le pouvoir d'établir (en pratique par expertise) la répartition des charges et même celle des tantièmes de copropriété puisque, en ce domaine, il ne s'agit que d'appliquer des critères légaux (posés par les art. 5 et 10 de la loi). Si les parties sont en désaccord sur le projet de règlement de copropriété élaboré par un notaire mandaté judiciairement, le tribunal est habilité à statuer sur la validité des clauses de ce règlement (▪ CA Paris, 2e ch., 6 nov. 2008 : *Loyers et copr.* 2009, comm. n° 75, obs. G. Vigneron).

Si un règlement de copropriété dressé par un expert a été homologué par une décision judiciaire irrévocable, il peut être procédé à la désignation par ordonnance d'un notaire pour la « mise en forme » et la publication de ce règlement (▪ Cass. 3e civ., 13 sept. 2005, n° 04-15.768 : *Loyers et copr.* 2005, comm. 231, obs. G. Vigneron ; *AJDI* oct. 2006, p. 34, note P. Capoulade).

Si un notaire a été désigné judiciairement pour établir un règlement de copropriété, ce règlement doit, pour devenir opératoire, être soumis au vote de l'assemblée générale ou homologué judiciairement. En effet la commission du notaire par le juge n'équivaut pas à une homologation judiciaire (▪ Cass. 3e civ., 22 mars 2018, n° 17-16.449 : *JurisData* n° 2018-005177 ; *Loyers et copr.* 2018, comm. 131, note C. Coutant-Lapalus).

Voir aussi : sur ce problème, D. 17 mars 1967, art. 3.

9) Dissolution de société civile. Adoption du règlement de copropriété. Si un immeuble indivis appartient à une SCI, que la liquidation amiable de la société est décidée par les associés et qu'un projet de partage est établi par acte authentique, le règlement inclus dans ce projet de partage, approuvé par l'assemblée générale extraordinaire de la société, doit être considéré comme ayant été valablement adopté et s'impose au syndicat issu de la liquidation de la société (▪ Cass. 3e civ., 3 juill. 2007, n° 06-15.335 : *AJDI* 2007, p. 935 ; *Rev. Administrer* nov. 2007, p. 50, obs. J.-R. Bouyeure).

IV – OBJET DU RÈGLEMENT DE COPROPRIÉTÉ

Bibliographie : J.-M. Roux, *Le notaire et la rédaction du règlement de copropriété : entre liberté contractuelle et ordre public* : *JCP* N 2007, n° 461297 ; *Loyers et copr.* sept. 2007, étude 9, p. 7.

A – Contenu fixé par la loi

Bibliographie : C. Atias, *Des dispositions légales dans le règlement de copropriété (analyse et formule)* : *Defrénois* 2010, art. 39166, p. 2090. – J. Lafond, *Les clauses du règlement de copropriété relatives aux parties privatives et communes* : *JCP* N 2010, n° 28-1242.

10) Clauses obligatoires. Le règlement de copropriété *doit obligatoirement comporter* selon l'article 8, I, alinéa 1er des dispositions :

– déterminant la destination des parties privatives et communes ;

– fixant les conditions de jouissance des parties privatives et communes ;

– relatives à l'administration des parties communes ;

– énumérant s'il y a lieu les parties communes spéciales et celles à jouissance privative.

D'autre part le règlement doit obligatoirement mentionner :

– la création et la consistance des lots transitoires (L. art. 1er, I, al. 4) ;

– l'existence de parties communes spéciales à jouissance privative (L. art. 6-4) ;

– les modalités de location des places de stationnement adaptées aux personnes handicapées (L. art. 8, II, al. 2. – V. ci-dessous n° 11) ;

– les éléments pris en considération et la méthode de calcul ayant permis de fixer la quote part de parties communes (L. 10, al. 3) ;

– les éléments pris en considération et la méthode de calcul ayant permis de fixer la quote part de charges afférente à chaque lot dans chaque catégorie de charges (L. art. 10 al. 3. – D., art. 1er).

L'article 1er du décret du 17 mars 1967 mentionne en outre « l'état de répartition des charges » (V. ce texte).

Mais il n'est plus nécessaire à partir du 1er juin 2020, que le règlement comporte une disposition expresse indiquant que le syndicat peut adopter la forme coopérative (V. L. art. 14, al. 2 anc., abrogé par Ord. 30 oct. 2019).

Cette liste n'est nullement limitative. En pratique, le règlement de copropriété comporte de nombreuses autres dispositions (V. art. 2 du décret) : distinction des parties privatives et communes, ou clauses particulières.

Voir aussi : sur le problème de la licéité de ces clauses, V. L. art. 43.

B – Personnes handicapées : places de stationnement adaptées

Bibliographie : J. Lafond, *Droit de priorité des copropriétaires en cas de vente d'un parking* : *Loyers et copr.* 2020, formule 10.

11) Stipulations du règlement. L'ordonnance n° 2014-1090 du 26 septembre 2014 a ajouté à l'article 8 de la loi du 10 juillet 1965 un II. Selon ce texte, dans les immeubles dont le permis de construire est délivré conformément à un plan local d'urbanisme ou à d'autres documents d'urbanisme imposant la réalisation d'aires de stationnement, le règlement de copropriété doit prévoir qu'une partie des places de stationnement adaptées prévues au titre de l'obligation d'accessibilité définie à l'article L. 161-1 du Code de la construction et de l'habitation est incluse dans les parties communes.

Par ailleurs, en vertu de ce même texte, le règlement de copropriété doit prévoir également, dans des conditions définies par décret, les modalités selon lesquelles ces places de stationnement adaptées sont louées de manière prioritaire aux personnes handicapées habitant la copropriété. Les modalités d'application de ce texte ont été fixées par le décret n° 2017-688 du 28 avril 2017 (*JO* 30 avr. : V. Annexe n° 48 « Personnes handicapées »).

Ces dispositions sont applicables respectivement aux logements et aux copropriétés des immeubles bâtis dont la demande de permis de construire est déposée à compter du 1er janvier 2015 (Ord. n° 2014-1090, 26 sept. 2014, art. 18).

Le règlement de copropriété peut également prévoir, de façon facultative, un droit de priorité aux copropriétaires en cas de vente de lots exclusivement à usage de stationnement au sein de la copropriété (V. à ce sujet l'article 8-1 de la loi, *infra*).

C – Conventions particulières

12) Conditions d'opposabilité aux copropriétaires. Le règlement peut comprendre des *conventions annexes* qui sortent de son objet tel qu'il est défini par la loi.

Ces conventions particulières ne deviennent opposables aux copropriétaires que s'il est établi qu'ils les ont formellement acceptées : ainsi pour une clause prévoyant que, pour le service du chauffage et de la climatisation, les copropriétaires ont l'obligation d'adhérer au contrat passé avec une société d'exploitation, propriétaire des équipements pendant toute la durée de ce contrat (■ Cass. 3e civ., 18 juin 2003 : *RJDA* 10/2003, n° 911), il en est ainsi, par exemple, si les actes de ventes mentionnent que les acquéreurs doivent se constituer en *association syndicale* et qu'ils déclarent dans ces actes adhérer aux obligations résultant du règlement de copropriété. Ils sont alors tenus de payer les charges afférentes à cette association, dès lors que le règlement leur impose expressément cette obligation (■ Cass. 3e civ., 28 avr. 1983 : *Bull. civ.* III, n° 57).

Un *plan* de division de l'immeuble n'est opposable à chacun des copropriétaires que s'il est constaté qu'il leur a été remis à l'occasion de l'acquisition de leur lot (■ CA Paris, 23e ch., 23 nov. 1993 : *Loyers et copr.* 1994, n° 204. – Sur l'opportunité d'intégrer des plans au règlement de copropriété, V. l'étude de V. Picard : *Loyers et copr.* janv. 2013, étude 1).

Ces conventions annexes ne pourraient cependant avoir pour effet de priver par anticipation l'assemblée de ses pouvoirs de décision : ainsi par exemple, si *une clause autorisant un copropriétaire à se retirer de la copropriété* sans respecter les formalités prévues par l'article 28 de la loi (■ CA Toulouse, 1re ch., 1re sect. 4 mars 2019, n° 17/00515. – *Contra*, ■ CA Paris, 23e ch. B, 3 avr. 1992 : *Administrer* nov. 1992, p. 81, obs. Dunes).

Voir aussi : à ce propos, L. 10 juill. 1965, art. 13, comm. n° 7, p. 213.

Les copropriétaires ne peuvent faire référence au POS et au plan masse annexés à une demande de permis modificatif pour réclamer la réalisation d'emplacements de parkings plus nombreux que ceux prévus par le permis initial car il ne s'agit pas d'un document contractuel liant le promoteur aux copropriétaires, à la différence du règlement de copropriété (■ Cass. 3e civ., 8 oct. 1997 : *RD imm.* 1998, p. 136, obs. P. Capoulade).

Voir aussi : sur la validité contestée des clauses du règlement dessaisissant l'assemblée de ses pouvoirs en donnant par avance des autorisations relevant de sa compétence : L. 10 juill. 1965, art. 8, comm. n° 42, p. 76.

Il est à noter que lorsqu'une copropriété est édifiée à l'intérieur du périmètre d'un *lotissement*, le règlement de copropriété doit respecter les dispositions du règlement du lotissement, en particulier en ce qui concerne la destination des lots (■ Cass. 3e civ., 26 oct. 1988 : *Bull. civ.* III, n° 147 ; *Rev. Administrer* mai 1989, p. 19, note Guillot ; *D.* 1989, chron., p. 263. – V. E.-J. Guillot, *Immeuble en copropriété dans un lotissement* : *Rev. Administrer* août-sept. 1990, p. 13).

13) Action en nullité. La nullité d'une convention annexée au règlement de copropriété, passée entre le constructeur de l'immeuble et une entreprise de chauffage, qui prévoit que la chaufferie deviendra la propriété de l'exploitant de chauffage et ne fera donc pas partie des parties communes, relève du droit commun et doit être demandée dans le délai de cinq ans prévu par l'article 2224 (anc. art. 1304) du Code civil. En effet, cette clause n'est contraire à aucune disposition d'ordre public de la loi du 10 juillet 1965, la définition des parties privatives et communes étant libre (■ Cass. 3e civ., 5 déc. 2007, n° 06-19.690 : *JurisData* n° 2007-041807 ; *Rev. Administrer* avr. 2008, p. 46, obs. J.-R. Bouyeure).

V – RESTRICTIONS AUX DROITS DES COPROPRIÉTAIRES

A – Conditions de validité

Bibliographie : Th. Delesalle, *Règlement de copropriété, les clauses restrictives des droits des copropriétaires* : *Inf. rap. copr.* juill.-août 2013, p. 16. – F. Chenot, *Technique de « l'entre-soi » au sein du règlement de copropriété des immeubles bâtis : la police des activités et des comportements* : *AJDI* 2015, p. 250. – P.-H. Hanoune, *Les chambres de services, nos petits lots d'ennuis* : *Administrer* mai 2015, p. 7. – D. Rocher, *Les restrictions au droit d'aliéner les lots secondaires* : *Administrer* août-sept. 2015, p. 25. – J.-R. Bouyeure, *La destination de l'immeuble, concept à géométrie variable, a-t-elle encore un sens ?* : *Administrer* mars 2021, p. 7. – G. Gil, *La destination des parties privatives : que reste-t-il du contrat ?* : *Administrer* avr. 2021, p. 11.

Jurisclasseurs. P.-E. Lagraulet, *JCl. Notarial Répertoire, V° Copropriété.*, Fasc. 21. – J. Lafond, *JCl. Notarial formulaire, V° Copropriété*, Fasc. 50, Étude de clauses.

14) Conformité à la destination de l'immeuble. Les restrictions aux droits des copropriétaires édictées par le règlement de copropriété ne peuvent être imposées que si elles sont, dit le texte, « *justifiées par la destination de l'immeuble*, telle qu'elle est définie aux actes par ses caractères et sa situation » (sur la notion de « destination de l'immeuble, V. *infra*, L. 10 juill. 1965, art. 9. – J. Lafond, *La clause du règlement concernant la destination de l'immeuble* : *JCP* N 2006, n° 1-1001).

Leur validité doit donc être examinée cas par cas. Une clause restreignant la faculté pour les copropriétaires de disposer de leurs lots ne peut par exemple être déclarée réputée non écrite sans que les juges aient examiné, comme il leur était demandé, si cette restriction n'était pas justifiée par la destination de l'immeuble telle que définie par ses caractères et sa situation (■ Cass. 3e civ., 9 juin 2010, n° 09-14.206 : *JurisData* n° 2010-876500 ; *Loyers et copr.* 2010, comm. 233, note G. Vigneron ; *Rev. loyers* 2010, p. 329, note J.-M. Roux, et *Rev. loyers* 2010, p. 433, note J.-M. Gélinet).

En outre, le règlement ne peut pas avoir d'effet rétroactif, en ce sens qu'il ne doit pas porter atteinte à des droits acquis antérieurement à son entrée en vigueur (■ Cass. 3e civ., 25 mars 1992 : *RD imm.* 1992, p. 241. ■ Cass. 3e civ., 20 janv. 1970 : *D.* 1970, somm. p. 84. ■ CA Paris, 30 janv. 2003 : *Rev. Administrer* mai 2003, p. 16. ■ CA Paris, 21 avr. 1992 : *Loyers et copr.* 1992, comm. 309, obs.

G. Vigneron). Toutefois, il peut prévoir qu'une activité existante ne pourra plus être exercée à partir du moment où l'exploitation aura cessé (▪ CA Paris, 21 oct. 2004 : *Loyers et copr.* 2005, comm. 17, obs. G. Vigneron).

15) Évolution de la destination de l'immeuble. Il résulte indirectement de ce texte que si la « destination » de l'immeuble évolue (sur cette notion, V. art. 9 de la loi), les dispositions restrictives du règlement peuvent n'être plus « justifiées » et être réputées non écrites au regard de la nouvelle « destination » (V. pour une application audacieuse de cette idée, ▪ CA Paris, 19e ch. B, 27 mai 1992 : *RD imm.* 1992, p. 366, obs. P. Capoulade ; *Rev. Administrer* mai 1993, p. 58, obs. A. Dunes, qui, compte tenu de l'évolution de la commercialité du quartier annule la clause d'un règlement limitant l'exercice du commerce à un seul lot. – V. aussi, ▪ CA Paris, 23e ch. B, 9 févr. 2006 : *AJDI* 2006, p. 473).

16) Interprétation stricte. Lorsque le règlement de copropriété apporte des restrictions aux droits des copropriétaires, elles doivent être interprétées strictement. Ainsi une clause imposant une occupation bourgeoise des étages n'empêche pas l'installation au rez-de-chaussée à usage commercial d'un centre d'aide aux toxicomanes (▪ Cass. 3e civ., 2 juill. 2002, n° 01-10.608). Si une clause interdit les activités générant des nuisances et donne un certain nombre d'exemples dans lesquels ne figure pas la restauration, le principe de la liberté du commerce s'oppose à ce que cette activité soit considérée *a priori* comme interdite (▪ Cass. 3e civ. 21 nov. 2000 : *AJDI* 2001, p. 146, obs. C. Giverdon).

Une clause « interdisant de faire de la publicité sur la façade de l'immeuble » ne peut empêcher la pose de plaques par les professionnels libéraux exerçant leur activité dans l'immeuble (▪ CA Paris, 23e ch. B, 28 févr. 2001 : *Rev. loyers* 2001, p. 151). De même encore la clause du règlement de copropriété interdisant la location des chambres de service annexées à un appartement ne s'applique pas à celles constituant un lot indépendant (▪ Cass. 3e civ., 22 mai 2012, n° 11-10.032).

17) Droit des copropriétaires de disposer de leurs lots. Dans un premier temps, la Cour de cassation a estimé, en se référant à l'article 9 de la loi que les droits des copropriétaires ne pouvaient être restreints par le règlement que pour ce qui concernait l'usage et la jouissance de leurs lots. Puis, dans une série d'arrêts, elle a finalement admis que le droit pour les copropriétaires de disposer de leurs lots pouvait également être limité, par référence à la destination de l'immeuble (sur cette évolution, V. H. Souleau, *Le droit de disposer d'un lot dans un immeuble en copropriété* : *Mél. Flour*, p. 409 et s. – C. Atias, note sous ▪ Cass. 3e civ., 8 déc. 1976 : *JCP* N 1977, II, 179).

18) Appréciation *in concreto*. En pratique, lorsqu'il s'agira d'apprécier si une clause limitant les droits des copropriétaires est ou non valable, il faudra toujours procéder à une *appréciation « in concreto »* et vérifier si, dans le cas considéré, la « destination de l'immeuble » justifie ou non la restriction aux droits des copropriétaires formulée par le règlement (V. pour un rappel du principe, ▪ Cass. 3e civ., 9 juin 2010, n° 09-14.206 : *JurisData* n° 2010-008765. ▪ Cass. 3e civ., 24 oct. 1990 : *Bull. civ.* III, n° 200, p. 115). Il n'est donc pas possible de dire dans l'abstrait que telle ou telle clause restrictive des droits des copropriétaires est valable ou non (à moins qu'elle ne soit directement contraire aux dispositions d'ordre public de la loi, V. art. 43 de la loi).

Sous le bénéfice de cette observation, on peut dresser un inventaire des clauses dont la licéité est ou n'est pas actuellement admise.

B – Applications

1° Clauses relatives à la location des lots

Bibliographie : D. Rodrigues, *La place des locataires en copropriété* : *Inf. rap. copr.* mars 2020, p. 37. – C. Ivars, *La colocation en copropriété* : *Inf. rap. copr.* juin 2021, p. 25. – A.-L. Thomat-Raynaud, *Bail et copropriété : quelle place pour la liberté contractuelle du bailleur ?* : *GPL* 30 nov. 2021, n° GPL429p5. – C. Coutant-Lapalus, *Bail commercial et contraintes de copropriété* : *AJDI* 2022, p. 252.

19) Conditions de validité. La limitation de la faculté de louer peut se justifier en considération de la destination de l'immeuble ; ainsi lorsqu'il s'agit de préserver les conditions d'occupation d'origine de l'immeuble en évitant la multiplication du nombre des occupants... ou en interdisant des modes d'occupation (par exemple la location en meublé) qui ne seraient pas en harmonie avec le type d'occupation dont l'immeuble fait l'objet.

Mais il n'y a pas en ce domaine de solution de principe. La licéité ou l'illicéité de la clause est fonction dans chaque cas de l'atteinte portée par la location incriminée à la destination de l'immeuble et aux conditions de jouissance des parties privatives des autres copropriétaires, et doit être appréciée en fonction des circonstances de la cause (V. pour le rappel du principe, à propos d'une clause interdisant la location des garages à d'autres que les occupants de l'immeuble, ▪ Cass. 3e civ., 9 juin 2010, n° 09-14.206 : *JurisData* n° 2010-008765. – Pour l'illicéité d'une clause interdisant la location en meublé, sauf par appartements entiers : ▪ CA Paris, 23e ch. B, 18 mai 2000 : *JurisData* n° 2000-118268 ; *Loyers et copr.* 2000, comm. 256, ou encore d'une clause stipulant que « la transformation des locaux en pièces meublées destinées à être loués à des personnes distinctes est interdite » : ▪ CA Versailles, 4e ch., 2e sect., 12 mars 2018, n° 16/01462 : *Rev. loyers* 2018, p. 272, note S. Bénilsi. – V. au contraire, pour la licéité de semblables clauses, justifiées par le standing de l'immeuble, ▪ CA Paris, 23e ch. B, 14 févr. 2002 : *Dossier CSAB* n° 102, nov. 2002, n° 165, obs. A. Dunes. ▪ CA Paris, 23e ch. B, 15 juin 2000 : *JurisData* n° 2000-118222, et dans un cas où le règlement de copropriété autorisait l'exercice des professions libérales : ▪ CA Paris, pôle 4, 2e ch., 3 févr. 2010 : *AJDI* 2010, p. 557).

20) Clauses reconnues licites. Ainsi est licite, dans un immeuble à caractère résidentiel :

– *la clause stipulant que les lots ne pourront en aucun cas être divisés* en vue de la location (▪ CA Paris, 19 juin 1985 : *D.* 1985, inf. rap. p. 425, obs. Giverdon, confirmé par ▪ Cass. 3e civ., 6 mai 1987 : *Loyers et copr.* août-sept. 1987, n° 278) ;

– une clause qui dans un immeuble de grand standing interdit la *location de chambres de service* à des personnes étrangères à la copropriété (▪ CA Paris, pôle 4, 2e ch., 15 mai 2013 : *JurisData* n° 2013-008963 ; *Loyers et copr.* 2013, n° 284, obs. G. Vigneron. ▪ CA Paris, 23e ch. A, 4 juin 1997 : *Loyers et copr.* nov. 1997, n° 298, note G. Vigneron. – V. aussi ▪ CA Aix-en-Provence, 4e ch., 19 juin 1986 : *Ann. loyers* 1986, p. 1112, n° 10865. ▪ CA Paris, 27 avr. 1984 : *D.* 1984, inf. rap. p. 385. ▪ CA Paris, 12 févr. 1976 : *D.* 1977, inf. rap. p. 42). L'interdiction peut se justifier en outre par la configuration des lieux, lorsqu'il apparaît que les chambres de services font l'objet d'une désignation collective, sont situées en sous-sol, et qu'elles sont exiguës, mal éclairées, mal ventilées, dépourvues de toilettes et desservies par un couloir étroit et sinueux (▪ Cass. 3e civ., 20 mai 2014, n° 12-25.822 : *AJDI* 2014, p. 624) ;

– la clause restreignant la location de chambres garnies à des personnes honorables agréées par le syndic s'il apparaît que ce type de location entraîne un va-et-vient incessant de personnes étrangères à l'immeuble et en modifie les conditions d'habitation (▪ Cass. 3e civ., 25 avr. 2006, n° 05-13.096 : *Rev. Administrer* juill. 2006, p. 57, obs. J.-R. Bouyeure) ;

– une *clause interdisant la location des pièces d'un même appartement à des personnes différentes* (▪ Cass. 3e civ., 8 déc. 1976 : *JCP G* 1977, IV, 25. ▪ CA Paris, 23e ch. A, 4 juin 1997 ; *Loyers et copr.* nov. 1997, n° 298, note G. Vigneron) ou qui interdit la location en meublé de parties d'immeubles à des personnes distinctes dans un immeuble à usage principal d'habitation (▪ CA Paris, pôle 4, 2e ch., 7 déc. 2011, n° 10/00592 : *JurisData* n° 2011-027920 ; *Loyers et copr.* 2012, comm. 213, note G. Vigneron. ▪ CA Paris, 23e ch. B, 15 oct. 1998 : *Loyers et copr.* mars 1999, n° 81) ;

– dans un immeuble « de caractère luxueux et de standing » la clause du règlement selon laquelle les chambres de personnel sont des annexes ou des accessoires des appartements et ne peuvent être possédées que par des propriétaires d'appartements et louées qu'avec ceux-ci est justifiée par la destination de l'immeuble car elle a pour but d'en préserver le caractère (▪ Cass. 3e civ., 28 févr. 2006, n° 05-11.409 : *Rev. Administrer* juin 2006, p. 54, obs. J.-R. Bouyeure).

Ces différents types de clause permettent de faire obstacle à la colocation, très en vogue actuellement, ou encore aux inconvénients créés par les locations touristiques de courte durée à une clientèle de passage, qui prolifèrent *via* des plates-formes numériques telles que Airbnb, V. pour plus de détails, Annexe, V° « Meublés touristiques ».

La colocation peut d'ailleurs être directement interdite sous réserve que la « destination » de l'immeuble le justifie (V. pour un exemple, ▪ CA Paris, pôle 4, 2e ch., 23 mai 2012, n° 10-07.710 : *JurisData* n° 2012-021591 ; *Administrer* nov. 2012, p. 49, obs. J.-R. Bouyeure).

V. pour plus de détails, Annexe, *V° « Locations meublées »*.

21) Clauses déclarées illicites. Par contre est illicite parce qu'étrangère à la destination de l'immeuble la clause obligeant à confier la gérance des lots au syndic (▪ CA Lyon, 22 janv. 1969 : *AJPI* 1969, p. 418) ou imposant aux propriétaires de certains lots de les louer au syndicat pour loger le concierge (▪ CA Versailles, 4e ch., 13 mars 2000 : *Dossier CSAB* n° 89, févr. 2001, n° 120, obs. A. Dunes).

Une cour d'appel peut déclarer non écrite, parce que non justifiée par la destination de l'immeuble, la clause d'un règlement de copropriété qui soumet la location meublée de courte durée à l'autorisation discrétionnaire de l'assemblée générale, après avoir relevé que ce règlement autorise expressément l'exercice d'une profession libérale qui entraîne des inconvénients similaires à ceux dénoncés par le syndicat pour l'activité litigieuse, et après avoir souverainement retenu que l'activité de location n'avait provoqué aucune nuisance (▪ Cass. 3e civ., 8 juin 2011, n° 10-15.891 : *JurisData* n° 2011-011067 ; *Loyers et copr.* 2011, comm. 253, obs. G. Vigneron ; *Rev. loyers* 2011, p. 378, note L. Guégan ; *Administrer* nov. 2011, p. 42, obs. J.-R. Bouyeure ; *AJDI* 2012, p. 435, note D. Tomasin, confirmant ▪ CA Paris, pôle 4, 2e ch., 3 févr. 2010 : *Rev. Administrer* avr. 2010, p. 38, obs. J.-R. Bouyeure).

2° *Clauses relatives à la vente des lots*

22) Clauses déclarées illicites. Une clause obligeant les copropriétaires à vendre leurs lots comme sanction de la violation du règlement de copropriété serait illicite (▪ TGI Grenoble, 6 avr. 1964 : *JCP* 1964, II, 13663 à propos de l'exercice de la prostitution) ; de même pour les clauses subordonnant l'aliénation à une autorisation de l'assemblée (▪ Cass. 3e civ., 6 mars 1973 : *Gaz. Pal.* 1973, 2, p. 497. ▪ TGI Paris, 8 nov. 1975 : *D.* 1976, inf. rap. p. 320).

De même est illicite, si elle n'est pas justifiée par la destination de l'immeuble, une clause interdisant la vente des caves à des personnes étrangères à l'immeuble (▪ CA Paris, 23e ch. A, 4 juill. 2001 : *Loyers et copr.* 2002, comm. 48). Est également illicite la clause interdisant de céder séparément les lots à usage de chambres de service, dans un immeuble à usage d'habitation ou professionnel comportant des commerces au rez-de-chaussée, dès lors que cet immeuble ne présente pas les caractéristiques d'un immeuble de très haut standing (▪ CA Paris, pôle 4, 2e ch., 3 sept. 2014, n° 12-21386 : *Administrer* nov. 2014, p. 48, note J.-R. Bouyeure).

23) Clauses éventuellement licites. Par contre, peuvent être éventuellement justifiées par la destination de l'immeuble (ainsi lorsqu'elles concernent un immeuble qui, compte tenu de son agencement, de son standing, des équipements dont il dispose a été conçu pour un nombre limité d'habitants), les clauses interdisant la vente séparée de chambres de service pour ne pas multiplier le nombre des occupants (▪ Cass. 3e civ., 4 juin 1998, n° 96-16.452 : *JurisData* n° 1998-002548 ; *Loyers et copr.* sept. 1998, n° 227, obs. G. Vigneron ; *RD imm.* 1998, p. 416, obs. C. Giverdon. ▪ Cass. 3e civ., 10 mars 1981 n° 79-12.950 : *Bull. civ.* III, n° 52 ; *JCP* G 1982, II, 19765, note E.-J. Guillot. ▪ CA Paris, 23e ch. B, 3 nov. 2005 : *Loyers et copr.* 2006, comm. 90, obs. G. Vigneron. ▪ CA Paris, 23e ch. B, 22 mars 1996 : *JurisData* n° 1996-020641 ; *Loyers et copr.* 1996, comm. 315. ▪ CA Paris, 23e ch. B, 19 juin 1985 : *D.* 1985, inf. rap. p. 425, obs. Giverdon) ou encore la clause interdisant la vente des chambres de service à des personnes étrangères à la copropriété (▪ Cass. 3e civ., 9 juin 2010, n° 09-14.206 : *JurisData* n° 2010-008765. ▪ Cass. 3e civ., 26 févr. 2006 : *Administrer* juin 2006, p. 54, note J.-R. Bouyeure. ▪ CA Paris, 3. nov. 2005 : *JurisData* n° 2005-287965 ; *Loyers et copr.* 2006, comm. 90, note G. Vigneron).

Bibliographie : C. Chazelle, *Le lot accessoires, un lot de soucis* : *Inf. rap. copr.* mars 2023, p. 23.

Pour la licéité d'une clause obligeant à vendre les débarras à un copropriétaire. – V. ▪ CA Paris, 2e ch. A, 19 janv. 1999 : *JurisData* n° 1999-020086 ; *Loyers et copr.* 1999, comm. 128. – Pour la licéité d'une clause interdisant la vente de cave à une autre personne qu'un copropriétaire, ainsi que les ventes séparées : ▪ CA Paris, pôle 4, 2e ch., 21 mars 2012, n° 08/19768 : *JurisData* n° 2012-005413 ; *Loyers et copr.* 2012, comm. 217, note G. Vigneron. – V. sur la question Morand, *Destination de l'immeuble et limitation du droit de disposition des locaux accessoires* : *Gaz. Pal.* 1983, 1, doctr. p. 250. – P.-H. Hanoune, *Les chambres de services, nos petits lots d'ennuis* : *Administrer* mai 2015, p. 7. – D. Rocher, *Les restrictions au droit d'aliéner les lots secondaires* : *Administrer* août-sept. 2015, p. 25. – S. Bouchet, *La vente du local accessoire* : *Inf. rap. copr.* avr. 2016, p. 15).

24) Droit de préférence. Un arrêt de la Cour de cassation (▪ Cass. 3e civ., 29 mai 1979 : *D.* 1979, J, 548, note EEF ; *Journ. not.* 1980, art. 55344, note Viatte) a refusé d'admettre la validité d'une *clause prévoyant un droit de préférence* au profit des autres copropriétaires en cas de vente de lots « comme contraire aux dispositions de l'article 8, alinéa 2 » (V. aussi, ▪ CA Toulouse, 18 janv. 2011 : *JurisData* n° 2011-003607 ; *Loyers et copr.* 2011, comm. 187, obs. G. Vigneron).

Mais cette jurisprudence mériterait d'être nuancée : la validité d'un pacte de préférence pourrait, à notre avis, être admise dans un immeuble à destination familiale (lorsque la copropriété a été créée par exemple à la suite d'un partage successoral...) où les lots seraient « imbriqués de telle sorte qu'il serait impossible d'envisager la cohabitation avec des tiers sans créer une promiscuité intolérable » (situation qui était celle ayant donné lieu à l'arrêt de la Cour de cassation du 29 mai 1979, préc.).

3° *Clauses relatives à la division ou à la réunion des lots*

25) Conditions de validité. Il est *licite* de restreindre la faculté de diviser les lots (en vue de la location ou de la vente) *si cette restriction est justifiée par la destination de l'immeuble* : par exemple, la volonté de limiter le nombre des occupants pour maintenir son standing (V. ▪ Cass. 3e civ., 9 mars 1982 : *Rev. Administrer* oct. 1982, p. 28, note Guillot. ▪ CA Paris, 23e ch. B, 19 juin 1985 : *D.* 1985, inf. rap. p. 425. ▪ CA Paris, 23e ch. A, 17 avr. 1996 : *Loyers et copr.* juill. 1996, n° 317. V. sur le problème, V. J. Lafond, *Le droit de diviser son lot* : *JCP* N 1978, doctr. p. 139 et s. ; *Rev. Administrer* mai 1979, p. 10 et s. – J. Barnier-Stabowicz, *Division d'un lot en présence d'une clause contraire du règlement de copropriété* : *Inf. rap. copr.* avr. 1982, p. 61. – G. Vigneron, *Propos sur les restrictions au droit de diviser un lot de copropriété* : *Loyers et copr.* juill. 1987, p. 2).

Un arrêt de la Cour de cassation du 6 mai 1987 (*Loyers et copr.* août-sept. 1987, n° 278) confirmant l'arrêt de la cour de Paris du 19 juin 1985 précité a estimé qu'une clause interdisant la division des lots était licite dans un immeuble résidentiel comportant des appartements spacieux dans un cadre calme, dégagé et verdoyant, au sein d'un quartier très recherché parce qu'elle se justifiait par la destination de l'immeuble telle qu'elle était définie aux actes par ses caractères et sa situation.

En effet, ajoute cet arrêt, la division des appartements et la multiplication des unités familiales qui en résulterait ne manqueraient pas d'altérer profondément le caractère privilégié de cet habitat par une modification de la manière de vivre des habitants, par une fréquentation plus importante et plus intense, donc plus bruyante de l'immeuble et de ses abords, et par l'impossibilité d'assurer une égalité et une intangibilité des droits quant aux garages et aux jardins communs (pour des applications, V. aussi ▪ CA Paris, 23e ch. B, 11 janv. 2007 : *Loyers et copr.* 2007, comm. 84, obs. G. Vigneron. ▪ CA Paris, 23e ch. A, 24 sept. 1997 : *Loyers et copr.* févr. 1998, n° 53, note G. Vigneron. ▪ CA Versailles, 16 juill. 2009 : *JurisData* n° 2009-379397 ; *Loyers et copr.* 2010, comm. 49, obs. G. Vigneron, confirmant ▪ TGI Nanterre, 8e ch., 19 mars 2009 : *AJDI* 2009, p. 721, obs. Y. Rouquet. – V., sur la validité d'une clause interdisant la division des lots et la location de chambres de service à des tiers dans un immeuble de grand standing : ▪ CA Paris, pôle 4, 2e sect., 24 nov. 2010 : *JurisData* n° 2010-262590 ; *Loyers et copr.* 2011, comm. 124, obs. G. Vigneron. ▪ CA Grenoble, 2e ch. civ., 11 avr. 2017, n° 15/02573). V. également, sur la validité d'une clause prohibant la division des lots dans un immeuble essentiellement résidentiel et familial, dans le but d'éviter « le morcellement de l'immeuble en lot de petites surfaces » 6, ▪ CA Paris, pôle 4, ch. 2, 6 avr. 2022, n° 18/23178 : *Administrer* juin 2022, p. 45, obs. P. Déchelette-Tolot.

26) Clauses déclarées illicites. Est *illicite* et doit être réputée non écrite (V. art. 43 de la loi) la clause d'un règlement de copropriété interdisant la division de lots s'il apparaît que cette division ne portera pas atteinte à la destination de l'immeuble considéré (▪ CA Paris, pôle 4, 2e ch., 3 sept. 2014, n° 12/21386 : *Rev. loyers* 2014, p. 485. ▪ CA Paris, 23e ch., 11 sept. 2008 : *AJDI* 2009, p. 39. ▪ CA Paris, 19e ch., 9 avr. 1992 : *Loyers et copr.* 1992, n° 308. ▪ CA Paris, 23e ch., 29 mai 1992 : *Loyers et copr.* 1992, n° 400). Est également illicite la clause interdisant la division des lots dans un immeuble de standing moyen lorsqu'il apparaît que l'augmentation du nombre de lots n'apporterait aucun bouleversement dans l'équilibre et le fonctionnement de la copropriété (▪ CA Paris, 23e ch. A, 4 mars 1998 : *Defrénois* 1998, p. 819, obs. C. Atias).

De même pour une clause interdisant la réunion de lots (▪ CA Paris, 19e ch. B, 12 oct. 1995 : *D.* 1996, somm. p. 91, obs. C. Atias). Est illicite la clause autorisant un copropriétaire à s'approprier des parties communes à l'occasion de regroupements de lots (▪ Cass. 3e civ., 11 mai 2005 : *Loyers et copr.* 2005, comm. 146, note G. Vigneron ; *JCP* G 2005, IV, 2413 ; *Rev. Administrer* juill. 2005, p. 54).

4° *Clauses relatives à l'affectation des lots*

27) Conditions de licéité. Le règlement peut comporter des règles particulières concernant les modes d'utilisation possibles des lots (sur les changements d'affectation en l'absence de clause, V. art. 9 de la loi). Ces clauses devront alors être respectées (V. ▪ Cass. 3e civ., 16 oct. 1979, *Cts Oudot* : *D.* 1980, inf. rap. p. 233, obs. Cl. Giverdon. ▪ CA Paris, 27 oct. 1981 : *D.* 1983, inf. rap. p. 334. ▪ TGI Paris, 19 févr. 1982 : *D.* 1982, inf. rap. p. 288, obs. Cl. Giverdon) à condition que les restrictions ainsi apportées par ces clauses aux droits des copropriétaires sur leurs lots soient *justifiées par la destination de l'immeuble* (▪ Cass. 3e civ., 24 oct. 1990, n° 88-18.193 : *Bull. civ.* III, n° 200, p. 115. – Sur la licéité d'une clause réservant l'usage des *caves* et *greniers* aux propriétaires d'appartements dans l'immeuble, V. ▪ Cass. 3e civ., 30 nov. 1988 : *Loyers et copr.* 1989, n° 92. – Sur la licéité d'une clause interdisant l'affectation de locaux dénommés « hobby rooms » à usage d'habitation, V. ▪ Cass. 3e civ., 27 avr. 1988 : *RD imm.* 1988, p. 340, obs. F. Givord et Cl. Giverdon). Une affectation non prévue ne peut alors être autorisée qu'à l'unanimité (▪ Cass. 3e civ., 3 janv. 1979 : *D.* 1979, inf. rap. p. 444, obs. Giverdon. ▪ Cass. 3e civ., 2 oct. 1979 : *JCP* G 1980, II, 19289).

Dans un immeuble à destination mixte comprenant une part majoritaire d'habitation bourgeoise, est licite la clause soumettant à l'agrément de l'assemblée générale tout changement d'activité commerciale, et stipulant que seront refusés les commerces générant des nuisances par leur odeur, leur aspect et leurs dangers (▪ Cass. 3e civ., 18 sept. 2013, n° 12-23.602 : *JurisData* n° 2013-022808 ; *JCP* N 2013, nos 44-45, act. 1068 ; *Administrer* nov. 2013, p. 56, obs. J.-R. Bouyeure). Mais a été jugée illicite la clause du règlement prévoyant que les changements d'affectation ne pourraient être effectués qu'après autorisation unanime des copropriétaires (▪ CA Paris, 23e ch. B, 12 janv. 2006 : *JurisData* n° 2006-290839).

A été déclarée licite, dans un immeuble cossu, une clause réservant l'occupation des chambres de bonne aux seuls domestiques des copropriétaires et interdisant de les louer ou de les prêter à d'autres personnes (▪ Cass. 3e civ., 26 nov. 2003 : *Administrer* mars 2004, p. 39, obs. J.-R. Bouyeure).

Voir aussi : pour des exemples de changements d'affectation admis ou refusés par interprétation du règlement de copropriété, L. 10 juill. 1965, art. 9, comm. n° 46, p. 108 et s.

Toutefois une clause au départ licite peut devenir illicite si, entre-temps, la destination de l'immeuble évolue ou se modifie. La clause exigeant de façon générale, sans référence à une possible évolution de la destination de l'immeuble, l'agrément de l'assemblée pour tout changement d'activité par rapport à celle exercée à l'origine, ne peut être considérée comme conforme à la destination de l'immeuble (▪ CA Paris, 16e ch. A, 15 mars 2006 : *AJDI* 2006, p. 577).

Voir aussi : sur ce point, L. 10 juill. 1965, art. 8, comm. n° 15, p. 68

28) Indication de la nature du lot : portée. Lorsque le règlement de copropriété se contente d'indiquer la nature du lot (« appartement », « grenier », « cave », etc.) exclut-il par là même toute utilisation autre ? (par ex. la transformation d'un grenier en appartement).

Cette question a été longtemps très controversée. Une tendance paraissait se dessiner pour considérer que la destination des parties privatives se trouvait ainsi contractuellement fixée et ne pouvait donc être modifiée qu'à l'unanimité (▪ Cass. 3e civ., 16 oct. 1979 : *JCP* G 1979, IV, 380. ▪ Cass. 3e civ., 28 mars 1984 : *Bull. civ.* III, n° 82, p. 64 ; *JCP* G 1984, IV, 177), à moins que rien ne justifie en fait la destination ainsi impartie, compte tenu des caractères que présentaient les locaux (V. pour des lots qualifiés « greniers » et pouvant être habités, ▪ Cass. 3e civ., 12 janv. 1982 : *D.* 1982, inf. rap. p. 289, obs.Cl. Giverdon ; *Rev. Administrer* mai 1982, p. 31, note E.-J. Guillot).

Mais la jurisprudence a ensuite évolué dans un tout autre sens (V. à propos des changements d'affectation de locaux « accessoires », L. 10 juill. 1965, art. 9, comm. n° 40, p. 105).

29) Affectation du lot à un commerce déterminé. La clause affectant tel ou tel lot à l'exercice d'un commerce déterminé dans le but *d'éviter la concurrence* serait nulle (▪ Cass. 3e civ., 22 janv. 1975 : *JCP* 1975, II, 17992, note E.-J. Guillot. ▪ Cass. 3e civ., 2 mai 1979 : *Defrénois* 1979, art. 32162, note H. Souleau ; *D.* 1979, inf. rap. p. 445, obs.Cl. Giverdon), à moins que ce ne soit dans un *centre commercial* situé loin du centre-ville. Mais la clause d'un règlement imposant l'exercice d'un commerce de luxe dans un local commercial n'est pas illicite, dès lors qu'elle est justifiée par la destination de l'immeuble. Le refus du syndicat d'autoriser l'installation d'un commerce de restauration rapide n'est donc pas abusif (▪ Cass. 3e civ., 13 nov. 2013, n° 12-24.446 : *Rev. loyers* 2014, p. 138, note M. Plaidy ; *Administrer* juin 2014, p. 48, note J.-R. Bouyeure).

Voir : L. n° 65-557, 10 juill. 1965, art. 8, comm. nos 32 et 33, p. 73.

30) Clause affectant un lot à l'utilité collective. A été considérée comme illicite et inopposable à l'adjudicataire des lots concernés, la clause, insérée par le promoteur vendeur, stipulant que « le concierge habitera obligatoirement dans des locaux (correspondant à des lots restés la propriété du promoteur) spécialement affectés à cet effet » (▪ Cass. 3e civ., 4 nov. 2004 : *Bull. civ.* III, n° 190 ; *Loyers et copr.* 2005, comm. 16, obs. G. Vigneron ; *JCP* N 2005, n° 6-1085, note G. Kessler ; *Rev. loyers* 2005, p. 105, note J.-M. Gélinet ; *Rev. Administrer* janv. 2005, p. 49, obs. J.-R. Bouyeure). Est également illicite la clause obligeant le propriétaire d'un lot à le louer au syndicat pour l'affecter au logement du concierge (▪ CA Aix-en-Provence, 4e ch. A, 13 janv. 2006 : *Constr.-Urb.* 2007, comm. 13, obs. D. Sizaire).

Par contre a été déclarée licite la clause prescrivant qu'un lot sera occupé gratuitement par la concierge. L'acquéreur de ce lot peut alors faire cesser cette occupation gratuite qui s'analyse en un prêt à usage au profit du syndicat (▪ CA Paris, 23e ch. B, 7 févr. 2008 : *AJDI* 2008, p. 400). De même a été déclarée licite une clause indiquant qu'un appartement était « à usage de conciergerie », justifiée par le fait que l'immeuble (résidence étudiante) exigeait un gardiennage, et alors que ce lot faisait l'objet d'une location au syndicat par son propriétaire (▪ CA Toulouse, 1re ch., 1re sect., 24 mars 2014, n° 13-00121 : *Rev. loyers* 2014, p. 380).

Bibliographie : L. Guégan, *Le logement du gardien : Administrer* juill. 2014, p. 19.

5° *Clauses d'habitation bourgeoise*

31) Portée. De telles clauses demandent très souvent à être interprétées (V. M. Dagot, *La clause d'habitation bourgeoise* : *JCP* 1967, I, 2108, et sur ces difficultés d'interprétation : ▪ CA Paris, 18 mai 1979 et ▪ CA Paris, 14 juin 1979 : *D.* 1980, inf. rap. p. 235, obs. Cl. Giverdon. ▪ Cass. 3e civ., 3 févr. 1981 : *D.* 1982, inf. rap. p. 290). La jurisprudence distingue :

– la *clause d'habitation bourgeoise ordinaire* qui permet l'exercice d'une activité professionnelle et, spécialement, libérale (▪ Cass. 3e civ., 8 juill. 1980 : *Rev. loyers* 1981, p. 34, note J.-C. Berthault. ▪ Cass. 3e civ., 20 déc. 1976 : *D.* 1977, inf. rap. p. 321, obs. Cl. Giverdon. ▪ CA Paris, 23e ch. B, 16 déc. 1999 : *JurisData* n° 1999-102726 ; *Loyers et copr.* 2000, comm. 102. ▪ CA Paris, 23e ch. B, 13 janv. 2000 : *Rev. loyers* 2000, p. 264) sous réserve des nuisances éventuellement générées (▪ CA Paris, 23e ch. B, 4 juill. 2002 : *AJDI* 2002, p. 618). Mais elle exclut toute activité commerciale (▪ Cass. 3e civ., 3 févr. 1981 : *Gaz. Pal.* 1981, 2, somm. p. 197), y compris l'installation de bureaux commerciaux (▪ CA Paris, 23e ch. A, 4 févr. 1999 : *Gaz. Pal.* 1999, 2, p. 558) ;

– ... et la *clause d'habitation bourgeoise exclusive* qui est incompatible avec toute activité professionnelle.

La clause d'habitation bourgeoise ordinaire permettrait, selon une décision, l'exercice d'activités syndicales dans les lieux (■ Cass. 3e civ., 16 mars 1983 : *D.* 1984, inf. rap. p. 382, obs. Cl. Giverdon). Mais le caractère « bourgeois » de l'immeuble devant malgré tout être conservé la réception des visiteurs doit se faire en nombre limité (■ Cass. 3e civ., 21 févr. 1995 : *RD imm.* 1995, p. 374, et *D.* 1998, somm. p. 263, obs. P. Capoulade), et si l'installation d'un bureau est permise, il ne peut s'agir d'un bureau commercial (■ CA Versailles, 4e ch., 19 juin 2000 : *Dossier CSAB* n° 89, févr. 2001, n° 123, obs. A. Dunes). Sur l'interprétation d'une clause selon laquelle les logements ne pourront être utilisés que « concurremment à l'habitation et à l'exercice d'une profession libérale », ■ CA Aix-en-Provence, 4e ch., 11 mai 1999 : *D.* 1999, somm. p. 315, obs. C. Atias.

À noter qu'une réponse ministérielle a exclu que la clause d'occupation bourgeoise puisse être constitutive d'une pratique discriminatoire (Rép. min. : *JOAN* Q 3 mai 2011, p. 4562).

Il a été jugé que la clause d'habitation bourgeoise figurant au règlement de copropriété ne permettait pas de s'opposer à la création de logements sociaux (■ Cass. 3e civ., 23 nov. 2017, n° 16-20.805 : *JurisData* n° 2017-028414 ; *Loyers et copr.* 2018, comm. 75, note A. Lebatteux).

Si le règlement énonce que « les appartements pourront être habités bourgeoisement et à charge d'en jouir en bon père de famille et personne de bonne vie et mœurs », l'utilisation du verbe « pourront » ne remet pas en cause la portée de la clause, qui en l'espèce n'autorise pas l'exercice d'une activité professionnelle libérale (■ CA Paris pôle 4, ch. 2, 24 mars 2021, n° 17/15876 : *Administrer* juin 2021, p. 49, note J.-R. Bouyeure).

Voir aussi : sur la possibilité de domicilier une entreprise dans les locaux d'habitation, L. 21 déc. 1984, à l'Annexe 24, *Domiciliation d'une entreprise*, p. 1187.

Pour des exemples d'interprétation de clauses d'habitation bourgeoise, V. L. 10 juill. 1965, art. 9, comm. n° 52, p. 111.

À la clause d'habitation bourgeoise, on peut assimiler des clauses anciennes interdisant tout mode d'occupation incompatible avec la « bonne tenue de l'immeuble ». Une telle clause prohibe l'installation d'un sex-shop (■ Cass. 3e civ., 6 févr. 2002, n° 99-21.065 : *AJDI* 2002, p. 383, note C. Giverdon ; *Rev. Administrer* juill. 2002, p. 40, obs. A. Alfandari. – V. sur le sujet J. Hocquard, *Sex-shops et copropriété : Inf. rap. copr.* juill.-août 2021, p. 19).

Sont également assimilables aux clauses d'habitation bourgeoise les clauses « de bonnes mœurs » indiquant par exemple que « les appartements doivent être occupés et habités par des personnes de bonne vie et mœurs » (V. J.-M. Roux, *La clause de bonnes mœurs : Inf. rap. copr.* juill.- août 2021, p. 23. – V. également J.-M. Le Masson, *Prostitution et copropriété : Inf. rap. copr.* juill.-août 2021, p. 15. – D. Houtcieff, *Pour un retour aux bonnes mœurs contractuelles : RTD civ.* 2021, p. 757).

6° *Clauses restreignant la concurrence*

Bibliographie : Sur ces questions, V. Puill, *L'activité commerciale dans la copropriété : RTD com.* 1979, p. 419 et s. – Paisant, *Pour la validité des clauses de non-concurrence dans les règlements de copropriété : RD imm.* 1980, p. 117 et s. – Chatelain et Gautier-Le Chatelier, *La concurrence dans les centres commerciaux : JCP* CI 1981, 13643. – A. Koenig, *Commerce, distribution, franchise et copropriété : mariage contre nature ? : Defrénois* 1996, art. 36398. – J. Lafond, *Centres commerciaux : JCl. Notarial Formulaire, V° Bail commercial*, Fasc. 170. – C.-E. Bucher, *JCl. Concurrence-consommation*, Fasc. 111.

32) Illicéité, sauf exception. La règle actuellement admise en jurisprudence est que les clauses tendant à restreindre la concurrence au sein de l'immeuble en copropriété sont « *étrangères* » *à la destination de l'immeuble* dès lors qu'elles n'ont pas pour but de préserver un intérêt collectif mais qu'elles sont édictées pour protéger des intérêts particuliers (celui du promoteur vendeur ou celui des commerçants installés dans l'immeuble). Ces clauses sont donc *illicites* (■ Cass. 3e civ., 11 mars 1971 [deux arrêts] : *JCP* 1971, II, 16722, concl. Paucot, note Guillot ; *Defrénois* 1972, p. 274, note Dunes. ■ Cass. 3e civ., 27 mai 1971 : *JCP* 1971, II, 16819, note Guillot. ■ Cass. 3e civ., 15 oct. 1974 : *JCP* 74, II, 17889, note Guillot ; *Gaz. Pal.* 1975, 1, p. 284, note Morand ; *Defrénois* 1975, art. 30965, obs. Souleau. ■ Cass. 3e civ., 2 juill. 1975 : *AJPI* 1976, p. 802, note Bouyeure ; *Bull. civ.* III, n° 234. ■ Cass. 3e civ., 2 mai 1979 : *Defrénois* 1979, art. 32162, obs. Souleau ; *D.* 1979, inf. rap. p. 445, obs. Giverdon. ■ CA Paris, 19e ch. A, 31 mars 1998 : *Loyers et copr.* déc. 1998, n° 314 ; *Defrénois* 1998, p. 820, obs. C. Atias. ■ CA Paris, 16e ch. B, 28 juin 2002 : *Loyers et copr.* 2003, comm. 22, obs. G. Vigneron. ■ CA Paris, 3 juin 2022, n° 21/00450). Selon une décision (critiquée), de telles clauses restent efficaces tant qu'elles n'ont pas été déclarées « non écrites » par une décision de justice (■ CA Paris, pôle 4, 2e ch., 14 mai 2014, n° 12-08312 : *Administrer* oct. 2014, p. 44, note J.-R. Bouyeure).

Voir : sur les clauses « réputées non écrites », V. L. 10 juill. 1965, art. 43, p. 628.

La jurisprudence admet cependant la validité des *clauses insérées dans les règlements de centres commerciaux* éloignés du centre d'une agglomération, en considérant qu'il est alors conforme à la destination de l'immeuble de permettre le développement d'activités diversifiées, nécessaires à la vie quotidienne des habitants (▪ Cass. 3e civ., 14 déc. 1976 : *D.* 1977, inf. rap. p. 156, obs. Cl. Giverdon ; *AJPI* 1977, p. 732, note Brun. ▪ Cass. 3e civ., 25 nov. 1980 : *Bull. civ.* III, n° 184 ; *Defrénois* 1981, art. 32608, note H. Souleau. ▪ TGI Toulouse, 24 mars 1980 : *JCP* N 1982, II, p. 123, note Puill). Mais cette solution ne peut être posée en principe. Il convient d'examiner dans chaque cas s'il est justifié ou non de limiter ou d'organiser la concurrence, compte tenu de la nature du centre commercial, de son éloignement, etc. (V. pour l'illicéité d'une clause restreignant la concurrence : ▪ CA Paris, 23e ch. B, 9 déc. 1999 : *JurisData* n° 1999-103842 ; *Loyers et copr.* 2000, comm. 103 ; *Constr.-Urb.* 2000, comm. 147, obs. D. Sizaire). Ce n'est pas le cas dans un centre commercial inséré dans le tissu urbain, et en conséquence une clause contraignant les commerçants à ne céder leurs fonds que pour y exercer une activité identique doit être réputée non écrite (▪ CA Paris, 23e ch. B, 7 mars 2002 : *Dossier CSAB* n° 102, nov. 2002, n° 185, obs. A. Dunes ; *AJDI* 2002, p. 472. ▪ CA Paris, 23e ch. A, 30 oct. 2002 : *AJDI* 2003, p. 206).

33) Moyens indirects de limiter la concurrence. Ne peut-on parvenir indirectement à limiter la concurrence par des *stipulations* appropriées, *insérées dans les actes de vente des lots* ?

– Si l'acte de vente se contente de reproduire la clause de non-concurrence figurant dans le règlement de copropriété (elle-même « réputée non écrite »), cette clause ne peut produire aucun effet (▪ Cass. 3e civ., 2 juill. 1975 : *Bull. civ.* III, n° 234, p. 178 ; *AJPI* 1976, p. 802, note Bouyeure).

– Par contre, la Cour de cassation dans un arrêt du 9 novembre 1982 (▪ Cass. 3e civ., 9 nov. 1982 : *Bull. civ.* III, n° 215, p. 161 ; *D.* 1983, inf. rap. p. 422, obs. Giverdon ; *Defrénois* 1983, art. 33093, obs. Souleau) paraissant revenir sur sa jurisprudence antérieure (▪ Cass. 3e civ., 22 janv. 1975 : *Bull. civ.* III, n° 26, p. 20 ; *JCP* 1975, II, 17992, concl. Paucot, note Guillot ; *Defrénois* 1975, p. 1589, obs. Souleau) a admis la validité d'une clause de l'acte de vente stipulant que l'acquéreur ne pourrait exploiter dans le lot vendu qu'un commerce déterminé, le vendeur s'interdisant pour sa part de vendre un autre lot à un commerçant concurrent.

Les engagements pris directement entre les parties à l'acte sont donc valables, dès lors qu'ils n'ont pas pour objet de réaliser « une fraude à la loi » (▪ Cass. 3e civ., 9 nov. 1982, préc.), mais tendent seulement à faciliter la commercialisation des lots :

– ainsi lorsque le vendeur garantit une exclusivité à l'acquéreur pour l'exploitation d'une activité déterminée (▪ CA Aix-en-Provence, 16 juin 1981 : *Bull.* Aix-en-Provence 2/1981, n° 78)... ;

– ... lorsqu'il s'interdit de vendre (▪ Cass. 3e civ., 29 juin 1977 : *Gaz. Pal.* 1977, somm. p. 308. ▪ TGI Tours, 4 oct. 1979 : *Gaz. Pal.* 1980, 1, somm. p. 274) ou de louer (▪ Cass. 3e civ., 7 mars 1984 : *Bull. civ.* III, n° 63 ; *D.* 1984, inf. rap. p. 384) pour l'exercice d'une activité concurrente de celle de l'acquéreur ou du locataire.

7° *Clauses restreignant les droits des copropriétaires sur les parties communes*

34) Conditions de validité. Les clauses restreignant les droits des copropriétaires sur les parties communes sont *valables* lorsqu'elles sont *justifiées par le souci de maintenir le standing (la destination) de l'immeuble* : restriction au droit de faire de la *publicité* commerciale (▪ CA Versailles, 5 janv. 1981 : *Rev. loyers* 1981, p. 379) ; interdiction *d'étendre du linge* aux fenêtres (▪ Cass. 3e civ., 24 nov. 1973 : *JCP* 1974, II, 17644) ; réglementation de la *circulation ou du stationnement sur les parties communes* (▪ Cass. 3e civ., 11 déc. 1973 : *JCP* 1974, II, 17659, note Guillot) ; restrictions relatives à l'*apposition d'enseignes* ou de *plaques professionnelles* (▪ Cass. 3e civ., 18 juin 1975 : *Gaz. Pal.* 1975, 2, somm. p. 224 et ▪ CA Versailles, 5 janv. 1981 : *Rev. loyers* 1981, p. 379).

Doivent être « réputées non écrites » (L. art. 43), en revanche, les *clauses non justifiées par la destination de l'immeuble*, ou encore incompatibles avec cette destination : ainsi lorsque le règlement prévoit une *interdiction de circulation* des véhicules à moteur qui, dans un immeuble où sont autorisées les activités commerciales, empêche les commerçants d'être livrés (▪ CA Paris, 8e ch. B, 9 avr. 1987 : *D.* 1987, inf. rap. p. 130).

Il en est de même lorsque dans un immeuble à usage commercial le règlement interdit l'apposition d'*enseigne* ou l'occupation des trottoirs par des commerçants (▪ CA Paris, 23e ch., 16 déc. 1992 : *Rev. Administrer* août-sept. 1993, p. 50, obs. Dunes. – V. également ▪ CA Paris, 23e ch. A, 28 juin 1995 : *Loyers et copr.* déc. 1995, n° 535. – Sur les clauses concernant les enseignes, V. également ci-dessous comm. 40.

Est également illicite la *clause interdisant l'apposition de plaques professionnelles* dans un immeuble où l'exercice de professions libérales est autorisé (▪ CA Paris, 23e ch. B, 8 févr. 2001 : *Loyers et copr.* 2001, comm. 189 ; *D.* 2001, somm. p. 3582, obs. C. Atias. ▪ CA Paris, 23 févr. 1996 : *Loyers et copr.* juin 1996, n° 272).

35) Interprétation. Ces clauses doivent être interprétées strictement. Une clause autorisant l'installation d'*enseignes* ne permet pas la mise en place de calicots ou banderoles publicitaires (▪ CA Versailles, 8 sept. 1995 : *Rev. loyers* 1996, p. 139). Et une clause excluant l'usage de l'escalier par les gens de maison, les fournisseurs et les ouvriers ne saurait s'appliquer aux copropriétaires titulaires de lots constitués par les chambres de service (■ CA Paris, 23e ch. B, 19 sept. 1997 : *Loyers et copr.* janv. 1998, n° 23).

8° *Clauses interdisant la détention d'animaux*

Bibliographie : J. Lafond, *Clauses du règlement de copropriété concernant la détention d'animaux* : *Loyers et copr.* 2022, formule 7.

36) Interdiction légale. L'article 10-1 de la loi du 10 juillet 1970 *répute non écrite toute stipulation tendant à interdire la détention d'un animal* dans un local d'habitation, dans la mesure où elle concerne un animal familier. Le règlement de copropriété doit respecter les prescriptions de ce texte (■ Cass. 3e civ., 13 oct. 1981 : *JCP G* 1982, IV, p. 5 ; *Rev. loyers* 1982, p. 39. – V. Lot, *Détention d'un animal dans un immeuble* : *Rev. Administrer* déc. 1983, p. 8. – Sur la finalité du texte et l'interprétation à lui donner, V. Rép. min. 28 déc. 1987 : *Loyers et copr.* juin 1988, n° 294).

Voir aussi : le texte de l'article 10-1 de la loi du 10 juillet 1970, *supra*, sous L. 10 juill. 1965, art. 8. – V. également dans les annexes, *V° Animaux*.

37) Portée de l'interdiction. Il a été estimé (à tort, peut-on penser) que la loi du 10 juillet 1970 n'impliquait « aucune limite quantitative à la détention d'un *animal familier* » et qu'en conséquence le règlement de copropriété ne pourrait interdire la détention de *plusieurs* animaux familiers dans un appartement (■ CA Versailles, 4e ch., 17 avr. 1985 : *JCP G* 1987, II, 20848, note Ivainer) : il faut cependant, précise la loi, que le (ou « les animaux », si l'on suit la cour de Versailles...) admis dans les appartements ne cause(nt) aucun dégât à l'immeuble ou trouble de jouissance à ses occupants (V. pour des troubles causés par la présence de plusieurs chats siamois dans un appartement : ■ Cass. 3e civ., 1er déc. 1992 : *RD imm.* 1993, p. 124, obs. P. Capoulade).

Depuis la loi du 6 janvier 1999, il est licite d'interdire la détention d'un chien de « première catégorie » au sens de l'article 211-1 du Code rural.

Voir : ce texte en Annexe 3, *Animaux*, p. 933.

9° *Clauses relatives à l'usage des lots*

38) Idée générale. D'une manière générale, le règlement peut contenir des clauses relatives à l'usage des parties privatives dans la mesure où ces clauses ont pour objet d'assurer le respect de la destination de l'immeuble, ou d'assurer la défense des intérêts collectifs des copropriétaires.

39) Clauses destinées à préserver l'harmonie de l'immeuble. Le règlement de copropriété peut interdire la modification de tout ce qui affecte l'harmonie de l'immeuble (■ CA Paris, 14e ch. B, 1er sept. 2005 : *AJDI* 2005, p. 844. ■ CA Versailles, 4e ch., 5 juin 2000 : *Dossier CSAB* n° 81, oct. 2000, n° 117, obs. A. Dunes. ■ CA Paris, 23e ch., 28 oct. 1992 : *Loyers et copr.* 1993, n° 32) et cette interdiction peut affecter les parties privatives (■ Cass. 3e civ., 11 nov. 1984 : *Rev. Administrer* juin 1985, p. 40, obs. Guillot et ■ Cass. 3e civ., 5 mai 1981 : *Gaz. Pal.* 1981, 2, pan. p. 350) : en interdisant par exemple la *modification des fenêtres* parties privatives ou des *portes-fenêtres* (■ CA Aix-en-Provence, 21 mai 1986 : *Bull.* Aix-en-Provence 2/1986, p. 23) ou encore des *volets* (■ CA Paris, 23e ch., 27 sept. 1995 : *Loyers et copr.* janv. 1996, n° 36. – V. aussi, pour l'aménagement de *loggias*, ■ Cass. 3e civ., 30 janv. 1996 : *RD imm.* 1996, p. 262. ■ CA Grenoble, 24 févr. 2009 : *JurisData* n° 2009-001746 ; *Loyers et copr.* 2009, comm. 221, obs. G.V.), ou en *interdisant d'édifier sur les terrasses ou loggias des superstructures*, même en matériaux légers (■ Cass. 3e civ., 7 oct. 1992 : *Rev. loyers* 1992, p. 462 ; *RD imm.* 1993, p. 121, obs. P. Capoulade. – V. également pour une clause obligeant à respecter la destination de « jardin » : ■ CA Paris, 19e ch., 15 avr. 1992 : *Rev. Administrer* nov. 1992, p. 81, obs. Dunes). Le règlement peut interdire d'entreposer des meubles ou objets sur les balcons (■ Cass. 3e civ., 12 sept. 2006 : *AJDI* 2006, p. 838).

Une clause interdisant l'édification de constructions sur les balcons et par là même l'installation de « cabanes » lors de la fête juive des cabanes doit produire effet, sans que l'on puisse retenir qu'elle porte atteinte à la liberté religieuse (■ CA Aix-en-Provence, 18 janv. 2005 : *Loyers et copr.* 2005, comm. 209, obs. G. Vigneron, confirmé par ■ Cass. 3e civ., 8 juin 2006. – V. cet arrêt, L. n° 65-557, 10 juill. 1965, art. 8, comm. n° 50, p. 80.

40) Clauses concernant les enseignes. Selon un arrêt de la Cour de cassation, dès lors qu'aucune disposition du règlement n'accorde de plein droit la possibilité de poser sur la façade de l'immeuble des enseignes lumineuses, les copropriétaires doivent solliciter et obtenir l'autorisation de l'assemblée à cette fin (■ Cass. 3e civ., 24 oct. 1990, n° 88-17.514 : *Bull. civ.* III, n° 199. – V. aussi, pour une clause autorisant l'apposition d'enseignes, ■ CA Paris, 23e ch., 8 avr. 1994 : *Loyers et copr.* 1994, n° 265). Mais cette jurisprudence ne paraît plus d'actualité (V. *infra*, n° 38) : actuellement, une clause autorisant la pose d'une enseigne sans intervention de l'assemblée devrait être déclarée non écrite (V. en ce sens, ■ CA Paris, pôle 4, 2e ch., 4 juill. 2012, n° 10-06721 : *Administrer* juill. 2013, p. 59, note J.-R. Bouyeure).

Par ailleurs le règlement ne peut interdire l'installation d'enseignes si l'immeuble a, en tout ou en partie, une destination commerciale (■ Cass. 3e civ., 16 mars 1988, n° 86-15.098 : *JurisData* n° 1988-000615 ; *Loyers et copr.* 1988, comm. 239. ▪ CA Paris, 23e ch., 16 déc. 1992 : *Rev. Administrer* août-sept. 1993, p. 50, obs. Dunes. – V. également ▪ CA Paris, 23e ch. A, 28 juin 1995 : *Loyers et copr.* déc. 1995, n° 535. ▪ CA Metz, 1re ch., 5 sept. 2013 : *JurisData* n° 2013-019112 ; *Loyers et copr.* 2014, comm. 34, obs. G. V.). Par contre sont valables les restrictions relatives à l'apposition d'enseignes ou de plaques professionnelles, destinées à préserver l'harmonie de l'immeuble ou son standing (▪ Cass. 3e civ., 18 juin 1975 : *Gaz. Pal.* 1975, 2, somm. p. 224. ▪ CA Versailles, 5 janv. 1981 : *Rev. loyers* 1981, p. 379). De même serait valable, dans un immeuble comprenant des locaux commerciaux la clause interdisant la pose d'enseignes en façade si elles correspondent à la destination de l'immeuble situé dans le périmètre de protection des remparts de la commune d'Avignon (▪ Cass. 3e civ., 26 mars 2020, n° 18-22.441, FS-PBI : *Loyers et copr.* 2020, comm. 72, note C. Coutant-Lapalus ; *RJDA* 2020, comm. 411 et la note ; *Loyers et copr.* 2020, comm. 70, note E. Marcet).

41) Clauses destinées à préserver la « tranquillité » de l'immeuble. Le règlement comporte fréquemment l'interdiction de « porter atteinte à la tranquillité de l'immeuble » ou « des copropriétaires ». En pareil cas, les copropriétaires ont simplement à démontrer l'existence d'un trouble pour en obtenir la cessation. Ils n'ont pas à démontrer son caractère anormal (▪ Cass. 3e civ., 23 mai 2006, n° 05-14.482. – V. dans le cas d'un barbecue refoulant des fumées chez les voisins et dont la démolition a été ordonnée : ▪ CA Paris, pôle 4, 9e ch., 4 oct. 2012, n° 10/15746 : *JurisData* n° 2012-023344 ; *Loyers et copr.* 2013, comm. 32, obs. G.V.). Si le règlement prévoit que « les appartements ou logements ne pourront être occupés que par des personnes soit habitant bourgeoisement, soit exerçant des professions libérales ou commerciales à l'exclusion de celles pouvant apporter un trouble de jouissance quelconque, » et qu'il ajoute que « les copropriétaires doivent tous agir de manière que rien ne puisse nuire à l'agrément et à la tranquillité de la maison », un lot à usage commercial ne peut être transformé en salle de prière dès lors que ce changement d'affectation est générateur d'importants troubles de jouissance (▪ Cass. 3e civ., 20 mai 2021, n° 20-15.449 : *JurisData* n° 2021-007715, *Loyers et copr.* 2021, comm. 121, note C. Coutant-Lapalus ; *Administrer* juill. 2021, p. 39, obs. J.-R. Bouyeure ; *Defrénois* 22 avr. 2021, n° 41, p. 40, note L.-A. Poletti).

Le règlement peut ainsi prévoir que les revêtements de sol ne pourront être modifiés qu'après accord de la copropriété. Ainsi, est licite la clause selon laquelle le revêtement des sols ne pourra être modifié que « sous la condition expresse que le procédé utilisé et les nouveaux matériaux employés présentent des caractéristiques d'isolation phonique au moins égales à celle des procédés et matériaux d'origine ». Il a été jugé que cette clause devait produire effet, sur le fondement de l'article 1134 (devenu art. 1103) du Code civil (▪ Cass. 3e civ., 17 déc. 1996, n° 95-10.699 : *JurisData* n° 1996-005076 ; *Loyers et copr.* 1997, comm. 121 ; *Rev. loyers* 1998, p. 19, et la note. ▪ CA Paris, 23e ch., 21 déc. 2000 : *JurisData* n° 2000-132339 ; *Loyers et copr.* 2001, comm. 165. ▪ CA Paris, 2e ch. B, 8 avr. 1999 : *Loyers et copr.* 1999, comm. 276. ▪ CA Paris, 1re ch. G, aud. sol. 17 juin 1998 : *Loyers et copr.* 1998, comm. n° 313). En effet la libre jouissance par chaque copropriétaire des lots privatifs a pour limite la condition de ne pas porter atteinte aux droits des autres copropriétaires (L. 10 juill. 1965, art. 9).

Le copropriétaire qui ne respecte pas cette clause doit réparer le préjudice causé à son voisin du dessous du fait d'une perte de confort acoustique (▪ Cass. 3e civ., 15 janv. 2003, n° 01-14.472 : *Bull. civ.* III, n° 4 ; *Loyers et copr.* 2003, comm. 100, obs. G. Vigneron ; *Rev. loyers* 2003, p. 241, note P. Déchelette-Tolot ; *AJDI* 2003, p. 425, note P. Capoulade ; *D.* 2003, somm. p. 1332, note C. Giverdon ; *JCP* G 2003, IV, 1391. ▪ CA Paris, 17 juin 1998 : *Loyers et copr.* déc. 1998, n° 313. – V. pour des exemples plus récents, ▪ CA Paris, pôle 4, 2e ch., 1er mars 2017, n° 14-02.091 : *JurisData* n° 2017-3929 ; *Loyers et copr.* 2017, comm. 121, obs. A. Lebatteux. ▪ CA Paris, pôle 4, 2e ch., 15 mars 2017, n° 15-02.877 : *JurisData* n° 2017-005053).

10° Clauses relatives aux travaux

42) Illicéité des autorisations anticipées de travaux. Le règlement de copropriété ne peut pas donner, par avance, des autorisations de travaux. Un arrêt de la 3e chambre civile du 9 février 1982 (▪ Cass. 3e civ., 9 févr. 1982, n° 80-11.710 : *Bull. civ.* III, n° 38 ; *JCP* G 1982, IV, 151) répute non écrites les clauses du règlement autorisant les copropriétaires à effectuer des travaux sur les parties communes, même s'ils sont définis de façon précise. C'est à l'assemblée seule qu'il appartient de les autoriser.

Quelques décisions postérieures avaient pris des positions moins tranchées (▪ Cass. 3e civ., 6 nov. 1984 : *JCP* N 1985, II, 137, obs. B. Stemmer ; *Rev. Administrer* mai 1985, p. 36, note Guillot. ▪ CA Paris, 23e ch. B, 27 avr. 1990 : *Loyers et copr.* juill. 1990, n° 327). – V. également pour une clause autorisant des commerçants à modifier comme ils l'entendent leur devanture (▪ CA Versailles, 1re ch., 16 avr. 1992 : *Rev. Administrer* nov. 1992, p. 80, obs. Dunes). Mais un arrêt de la troisième chambre civile du 12 mars 1997 a mis fin à toute hésitation : il *répute non écrites* les clauses autorisant par avance à effectuer des travaux affectant les parties communes ou l'aspect extérieur de l'immeuble même si la nature de ces travaux a été précisément définie (■ Cass. 3e civ., 12 mars 1997 : *Rev. Administrer* oct. 1997, p. 57 et *RD imm.* 1997, p. 291, obs. P. Capoulade ; *JCP* N 1997, II, p. 1185, note J. Lafond. – V. précédemment : ■ Cass. 3e civ., 25 janv. 1995 : *RD imm.* 1995, p. 383. ■ Cass. 3e civ., 31 janv. 1996 : *RD imm.* 1996, p. 263, obs. P. Capoulade. ■ CA Paris, 23e ch. A, 29 nov. 1995 : *Loyers et copr.* mars 1996, n° 142 ; *Rev. Administrer* juin 1996, p. 51, obs. Le Masson). La solution vaut même si l'autorisation a été donnée à un copropriétaire précisément identifié (■ Cass. 3e civ., 25 juin 1997 : *Loyers et copr.* oct. 1997, n° 276, obs. G. Vigneron ; *RD imm.* 1997, p. 486, obs. P. Capoulade ; *Defrénois* 1997, p. 1073, obs. C. Atias. – V. également ■ Cass. 3e civ., 2 févr. 1999 : *Loyers et copr.* avr. 1999, n° 110 ; *Inf. rap. copr.* juin 1999, p. 12, obs. P. Capoulade).

C'est donc à l'assemblée et à elle seule qu'il revient d'autoriser les travaux : une clause du règlement ne saurait dispenser de cette autorisation (■ Cass. 3e civ., 2 oct. 2001 : *Loyers et copr.* 2002, comm. 25 ; *Constr.-Urb.* 2002, comm. 36, note D. Sizaire ; *AJDI* 2001, p. 992, note P. Capoulade. ■ CA Aix-en-Provence, 3 juin 2016, n° 14-20.691 : *AJDI* 2016, p. 845. ■ CA Versailles, 4e ch., 28 févr. 2011 : *JurisData* n° 2011-291800. ■ CA Paris, 23e ch. B, 8 janv. 2009 : *JurisData* n° 2009-374069. ■ CA Paris, 23e ch. B, 7 avr. 2005 : *AJDI* 2005, p. 745. – V. cependant, dans un cas d'espèce, pour une prise de position plus souple, ■ Cass. 3e civ., 22 mai 2012, n° 11-13.862).

43) Clauses réglementant les travaux. Le règlement peut réglementer les travaux portant tant sur les parties privatives que communes et concernant l'aspect extérieur ou l'harmonie de l'immeuble, et par exemple obliger les copropriétaires à coordonner les travaux portant sur les parties privatives, dans la mesure où ils affectent l'aspect extérieur de l'immeuble (*clauses dites « d'harmonie »*, V. dans une copropriété pavillonnaire, ■ CA Aix-en-Provence, 4e ch. B, 14 oct. 2004 : *JurisData* n° 2004-257047, et sur un plan général, ■ CA Paris, 23e ch. B, 29 juin 2000 : *JurisData* n° 2000-121047 ; *Loyers et copr.* 2001, comm. 54. ■ CA Paris, 23e ch. A, 2 oct. 1996 : *Loyers et copr.* déc. 1996, n° 484. – Pour le ravalement, ■ CA Paris, 14e ch. 5 nov. 2004 : *AJDI* 2005, p. 486, note P. Capoulade). Ainsi, est valable la clause prévoyant que « pour la bonne tenue et l'aspect général de l'immeuble, les garde-corps des fenêtres, balcons, quoique faisant partie de la propriété privative de chaque copropriétaire, seront entretenus, y compris la peinture, dans les mêmes conditions que les parties communes » (■ CA Caen, 15 mars 2011, n° 08/01859 : *JurisData* n° 2011-007511 ; *AJDI* 2011, p. 632).

Il est même possible de stipuler en pareil cas que le coût des travaux sera réparti entre tous les copropriétaires au prorata de leurs tantièmes de copropriété (■ CA Paris, 23e ch. A, 19 mars 1997 : *Loyers et copr.* nov. 1997, n° 294). Il a été jugé que ce type de clause ne s'appliquait pas aux devantures des locaux commerciaux du rez-de-chaussée (■ CA Paris, 19e ch., 25 févr. 2004 : *Loyers et copr.* 2004, comm. 137, obs. G. Vigneron).

Si une clause énonce qu'en vue de respecter l'aspect et l'harmonie de l'immeuble la réfection de la peinture des volets « fera l'objet d'une opération d'ensemble décidée par l'assemblée générale des copropriétaires statuant à la majorité simple, l'assemblée ne peut pas, en s'appuyant sur cette clause, décider de la remise en état des parties métalliques des volets, de la réparation des menuiseries ou de leur remplacement par des volets neufs (■ CA Paris, pôle 4, 2e ch., 14 mars 2012, n° 10/10094 : *JurisData* n° 2012-004545 ; *Loyers et copr.* 2012, n° 180, obs. G. Vigneron ; *Administrer* juin 2012, p. 54, obs. J.-R. Bouyeure). Autrement dit les clauses de ce type sont d'interprétation stricte.

Si, pour la bonne harmonie de l'ensemble immobilier, un article du règlement interdit aux copropriétaires de changer l'aspect extérieur des constructions et l'aspect général des jardins, l'assemblée ne peut valablement autoriser un copropriétaire à effectuer des travaux affectant l'aspect extérieur de l'immeuble sans modifier le règlement (■ Cass. 3e civ., 29 oct. 2013, n° 12-23.972 : *Administrer* janv. 2014, p. 50, obs. J.-R. Bouyeure. – V. aussi, ■ Cass. 3e civ., 10 oct. 2007, n° 06-17.932 : *Bull. civ.* III, n° 172 ; *JurisData* n° 2007-040732).

A été déclarée licite une clause prescrivant que les travaux affectant les parties communes ou l'aspect extérieur de l'immeuble devraient être effectués sous la surveillance de l'architecte de l'immeuble dont les honoraires seraient à la charge du copropriétaire maître d'œuvre (■ CA Paris pôle 4, ch. 2, 12 janv. 2022, n° 18/09897. – V. aussi ■ CA Grenoble, 2e ch. civ., 30 nov. 2021, n° 19/01205).

Voir aussi : L. 10 juill. 1965, art. 8, comm. n° 39, p. 75.

11° Clauses limitant ou interdisant l'exercice de certaines activités

44) Clauses limitant ou interdisant l'exercice d'activités gênantes. Les clauses du règlement de copropriété limitant ou interdisant l'exercice de certaines activités sont licites lorsqu'elles sont justifiées par la destination de l'immeuble.

– Ainsi, le règlement de copropriété peut *interdire toute activité gênante par le bruit, ou l'odeur.*

Voir : L. 10 juill. 1965, art. 9, comm. n° 6, p. 90.

En présence d'une semblable clause, il s'agira dans chaque cas d'apprécier, lorsqu'une activité déterminée est envisagée dans un lot, si elle est ou non « gênante » (■ Cass. 3e civ., 12 janv. 2005, n° 03-18.939).

Il est des cas, il est vrai, où cette appréciation paraît pouvoir être formulée sans grand risque d'erreur :

– on ne peut installer au rez-de-chaussée d'un immeuble de standing un commerce de *bar, salon de thé*, ouvert jusqu'à 2 heures du matin, où l'on sert des aliments cuisinés... (▪ Cass. 3e civ., 14 janv. 1987 : *Gaz. Pal.* 5 mars 1987, pan. p. 14. – V. pour une affaire similaire, ▪ CA Pau, 1re ch., 3 juill. 1985 : *Cah. jurispr. Aquitaine* 1986-3, p. 539, n° C 201) ;

– la solution est identique dans le cas où il s'agirait d'installer dans les lieux une *blanchisserie*, activité qui, par le bruit, l'odeur et les émanations, est de nature à incommoder les copropriétaires (V. ▪ Cass. 3e civ., 18 févr. 1987 : *Rev. loyers* 1987, p. 221).

Mais il y a toujours des *cas limites* : pour éviter tout risque de contentieux, le copropriétaire du lot peut alors décider de saisir l'assemblée en lui demandant de constater que l'activité envisagée est conforme à la destination de l'immeuble et aux stipulations du règlement et de l'autoriser en tant que de besoin à la majorité de l'article 24 (majorité applicable aux décisions de gestion courante). Ce *processus empirique* permettra d'obtenir une autorisation qui, une fois expiré le délai de recours de deux mois prévu par l'article 42 de la loi du 10 juillet 1965 (V. ce texte *infra*), ne pourra plus être remise en cause.

Mais si le règlement exclut toute activité entraînant des nuisances olfactives, et qu'une activité déterminée (en l'espèce un restaurant pizzeria) génère effectivement de telles nuisances, doit être cassée la décision qui refuse néanmoins d'ordonner la cessation de cette activité et ordonne une expertise afin de proposer des solutions techniques de nature à remédier aux nuisances constatées (▪ Cass. 3e civ., 13 nov. 2013, n° 12-26.121 : *JurisData* n° 2013-025733 ; *Loyers et copr.* 2014, n° 25, obs. G. Vigneron ; *Administrer* mars 2014, p. 45, obs. J.-R. Bouyeure. – V. également ▪ Cass. 3e civ., 27 avr. 2017, n° 15-24.031 : *JurisData* n° 2017-009215 ; *Loyers et copr.* 2017, comm. 148, note C. Coutant-Lapalus).

45) Autorisation d'exercer certaines activités seulement. Le règlement peut aussi ne permettre que l'exercice de certaines activités : par exemple la seule installation de « *bureaux* » (ce qui prohibe alors l'exploitation d'un *restaurant* [V. ▪ Cass. 3e civ., 9 déc. 1986 : *Rev. loyers* 1987, p. 57]. – ou l'installation d'un service hospitalier de jour : ▪ CA Paris, 23e ch. B, 25 oct. 2001 : *AJDI* 2002, p. 41) ou encore ne permettre que l'exercice de *professions libérales* (ce qui exclut l'installation de *cabinets dentaires* ou de bureaux par une *caisse d'assurance maladie* [▪ Cass. 3e civ., 10 nov. 1987 : *Loyers et copr.* n° 461] ; ou encore de bureaux commerciaux ▪ CA Paris, 23e ch. B, 11 oct. 2001 : *Loyers et copr.* 2002, comm. 74). Dans un immeuble à usage mixte d'habitation et commercial, le règlement peut prohiber diverses activités commerciales susceptibles de troubler la quiétude des lots à usage d'habitation (▪ CA Paris, pôle 4, 2e ch., 31 août 2011, n° 10/10826 : *Administrer* nov. 2011, p. 42, obs. J.-R. Bouyeure). Il a été jugé que la clause du règlement aux termes de laquelle « seul un commerce de luxe sera autorisé » dans les locaux à destination commerciale n'était pas justifiée par la destination d'un immeuble qui ne comprenait pas et n'avait jamais compris de commerce de luxe : ▪ CA Paris, pôle 4, ch. 2, 12 mai 2021, n° 19/20.769 : *Administrer* juill. 2021, p. 37, obs. J.-R. Bouyeure.

Lorsque le règlement n'autorise l'exercice que de certaines activités professionnelles ou commerciales, la tendance de la jurisprudence est d'admettre l'exercice d'activités ne présentant pas pour les copropriétaires plus d'inconvénients que celles autorisées. Ainsi s'il interdit l'installation d'associations mais permet par ailleurs l'utilisation à usage de bureaux, l'ASSEDIC, qui est une association, peut installer ses bureaux dans l'immeuble (▪ CA Paris, 23e ch. B, 30 avr. 1998 : *Rev. Administrer* févr. 1999, p. 67, obs. J.-R. Bouyeure). Si le règlement autorise l'activité de médecin, celle de kinésithérapeute ou d'ostéopathe a été admise (▪ CA Paris, 23e ch. B, 11 janv. 2001 : *AJDI* 2001, p. 529).

Voir : L. 10 juill. 1965, art. 9, comm. n° 46, p. 108.

46) Interdiction d'exercer des activités déterminées. Est licite dans un immeuble à destination mixte, la clause interdisant l'utilisation des boutiques pour « des commerces qui par leur nature, le bruit, les trépidations, les odeurs seraient de nature à nuire au standing de l'immeuble, ou à apporter une gêne quelconque à ses habitants ». En présence d'une semblable clause, les juges du fond ne peuvent autoriser une activité de salon de thé et petite restauration. Il leur appartient de rechercher si cette activité est « précisément interdite par le règlement de copropriété » et si elle est « effectivement génératrice de nuisances » (▪ Cass. 3e civ., 2 juill. 2013, nos 11-26.363 et 12-19.096 : *JurisData* n° 2013-013852 ; *Loyers et copr.* 2013, comm. 285, obs. G. Vigneron ; *Administrer* nov. 2013, p. 57, obs. J.-R. Bouyeure. – V. aussi, ▪ Cass. 3e civ., 14 oct. 2014, n° 13-20.585 : *JurisData* n° 2014-024423 ; *Loyers et copr.* 2014, comm. 304, note G. Vigneron).

Lorsqu'un copropriétaire exerce une activité prohibée par le règlement, cette situation caractérise un trouble manifestement illicite (▪ Cass. 3e civ., 18 janv. 2023, n° 21-23.119, F-D : *JurisData* n° 2023-000567 ; *Loyers et copr.* 2023, comm. 52, note C. Coutant-Lapalus). Le cas échéant, le juge des référés a compétence pour faire cesser l'activité illicite (▪ Cass. 3e civ., 18 janv. 2023, n° 21-23.119 : *AJDI* 2023, p. 275, note P.-E. Lagraulet).

Si le règlement interdit l'exercice de certaines activités, il n'est pas possible d'étendre cette interdiction à des activités voisines (en l'espèce un restaurant) au motif qu'elles présenteraient les mêmes inconvénients que celles jugées indésirables (V. ▪ Cass. 3e civ., 21 nov. 2000 : *AJDI* 2001, p. 146, obs. C. Giverdon : cet arrêt invoque le principe de la liberté du commerce), sauf à ce que l'assemblée se prononce à l'unanimité (▪ CA Paris, pôle 4, 2e ch., 30 oct. 2013 : *JurisData* n° 2013-024358 ; *Loyers et copr.* 2014, n° 125, obs. G. Vigneron).

Si le règlement prévoit que des locaux d'habitation ne peuvent être transformés en locaux à usage professionnel ou commercial que sous réserve de l'obtention des autorisations administratives nécessaires et que ces autorisations sont refusées, le syndicat peut demander qu'il soit mis fin à l'exercice de l'activité non autorisée (▪ CA Paris, pôle 4, ch. 2, 7 avr. 2021, n° 18/04125 : *Administrer* août-sept. 2021, p. 36, obs. J.-R. Bouyeure. ▪ CA Paris, 23e ch. A, 28 janv. 1998 : *Loyers et copr.* sept. 1998, n° 224). Sur la validité d'une clause interdisant l'exercice d'*activités politiques ou confessionnelles*, V. ▪ TGI Paris, 17 juin 1987 : *Rev. loyers* 1987, p. 487.

Voir aussi : sur l'*interprétation des clauses du règlement* concernant l'affectation des lots, V. L. 10 juill. 1965, art. 9, comm. n° 41, p. 106.

12° Clauses du règlement imposant l'adhésion des copropriétaires à une structure extérieure

Bibliographie : J.-M. Roux, *Les contrats jumelés en copropriété immobilière* : *Inf. rap. copr.* avr. 2013, p. 19.

47) Clauses licites et illicites. La jurisprudence tend à admettre que les clauses imposant l'adhésion des copropriétaires à une structure extérieure sont licites lorsque cette structure est essentielle pour le bon fonctionnement de la copropriété telle qu'elle a été conçue et que l'obligation ainsi faite est donc justifiée par la « destination de l'immeuble ».

– Ainsi est valable l'obligation imposée à tout acquéreur de lots dans un centre commercial de souscrire des actions d'une société dont l'objet est de regrouper les commerçants, de gérer le centre et d'assurer sa promotion commerciale (▪ Cass. 3e civ., 12 févr. 1997, n° 95-12.125 : *Bull. civ.* III, n° 33 ; *Loyers et copr.* avr. 1997, n° 122, note G. Vigneron ; *Inf. rap. copr.* sept. 1997, p. II, note C. Atias. ▪ CA Lyon, 6e ch., 23 févr. 2000 : *JurisData* n° 2000-121574 ; *Loyers et copr.* 2000, comm. 286). De même est valable la clause obligeant les copropriétaires à adhérer à un groupement d'intérêt économique dont l'objet est l'exploitation de restaurants interentreprises et d'une cafétéria (▪ Cass. 3e civ., 21 juill. 1999, n° 98-11.181 : *RD imm.* 1999, p. 683, obs. P. Capoulade).

– est également valable dans une copropriété comprenant des aménagements à usage sportif l'obligation faite aux copropriétaires d'être titulaires d'une part de la société civile qui gère ces équipements. Cette clause fait obstacle à ce que des copropriétaires prétendent se retirer de la société au motif qu'ils n'utilisent pas les installations sportives (▪ Cass. 3e civ., 8 juill. 1998, n° 96-20.583 : *Bull. civ.* III, n° 362 ; *JCP* N 1999, p. 257, note D. Sizaire ; *Loyers et copr.* oct. 1998, n° 256, note G. Vigneron ; *Defrénois* 1999, art. 36942, p. 243, note P. Le Cannu).

Par contre a été déclarée nulle l'obligation d'adhérer à une association de la loi de 1901 assumant la gestion d'un centre sportif et de loisirs, au motif qu'elle n'était justifiée par aucune disposition législative (▪ Cass. 3e civ., 19 juill. 2000, n° 98-23.013 : *Constr.-Urb.* 2000, comm. 243, obs. D. Sizaire). La Cour de cassation, réunie en assemblée plénière, a par ailleurs rappelé que nul n'était tenu d'adhérer à une association, ou, lorsqu'il y a adhéré, d'en demeurer membre (▪ Cass. ass. plén., 9 févr. 2001, n° 99-17.642, 5 arrêts : *Bull. civ.*, ▪ Cass. ass. plén., n° 3, p. 7 ; *Constr.-Urb.* 2001, comm. 92, note D. Sizaire ; *AJDI* 2001, p. 611, note C. Giverdon ; *JCP* E 2002, n° 18-19, p. 724, p. 758, obs. E. Garaud ; *Defrénois* 2001, art. 37376, n° 52, obs. C. Atias. – Sur cette décision, V. P. Capoulade, *La liberté d'association : entre restrictions tolérées et atteintes prohibées* : *Inf. rap. copr.* oct. 2001, p. 4. – E. Alfandari, *Les liaisons dangereuses du droit associatif et du droit immobilier* : *D.* 2001, p. 1493. – M. Thioye, *La liberté individuelle d'association : entre restrictions tolérées et atteintes prohibées* : *JCP* N 2001, n° 36, p. 1301. – V. aussi, ▪ Cass. 3e civ., 12 juin 2003, n° 02-10.778 : *Bull. civ.* III, n° 125 ; *Constr.-Urb.* 2003, comm. 274, note D. Sizaire).

13° Droits réservés

48) Régime. Il peut se produire que le règlement réserve au profit de telle ou telle personne (assez fréquemment : le promoteur), ou de tel ou tel lot, un droit particulier. En principe les tribunaux voient ce type de clause avec défaveur, dans la mesure où elle a pour effet de dépouiller par avance l'assemblée de ses pouvoirs, ou les copropriétaires de leurs droits (V. pour une clause donnant tous pouvoirs au syndic pour régulariser à première demande du promoteur une convention d'occupation précaire sur un local partie commune, ou pour le lui vendre, à des conditions fixées dans le règlement : ▪ Cass. 3e civ., 11 févr. 2009 : *Bull. civ.* III, n° 35 ; *JurisData* n° 2009-047096 ;

Defrénois 2010, p. 984, obs. C. Atias). Il peut en être autrement dans des cas très particuliers. Ainsi il a été admis qu'une clause du règlement puisse conférer à la SCI venderesse le pouvoir de consentir des servitudes au profit des terrains voisins enclavés du fait de la construction de l'immeuble en copropriété (▪ Cass. 3e civ., 3 mai 2001 : *Loyers et copr.* 2001, comm. 212 ; *Constr.-Urb.* sept. 2001, comm. 176, obs. D. Sizaire ; *AJDI* 2001, p. 803, obs. P. Capoulade).

Voir aussi : sur la « réserve » de droits accessoires aux parties communes ou de droits de nature diverse, V. L. 10 juillet 1965, art. 37 et 37-1 et D. 17 mars 1967, art. 3.

VI – RESPECT DE L'ORDRE PUBLIC

Bibliographie : J.-M. Roux, *Le notaire et la rédaction du règlement de copropriété : entre liberté contractuelle et ordre public* : *JCP* N 2007, nos 46-1297 ; *Loyers et copr.* sept. 2007, étude 9, p. 7.

49) Principe. Le règlement ne peut pas comporter de clauses contraires à des dispositions d'ordre public :

– si ces clauses sont en contradiction avec les dispositions à caractère impératif de la loi du 10 juillet 1965 ou du décret du 17 mars 1967, elles seront « réputées non écrites » (V. *infra*, L. art. 43) ;

– si ces clauses sont contraires à des textes législatifs ou réglementaires ayant un caractère d'ordre public, elles seront nulles, d'une nullité absolue.

A – Ordre public du statut de la copropriété

50) Clauses de « fonds de couloir ». Les dispositions du statut de la copropriété ont, très majoritairement, un caractère impératif (V. L. 10 juill. 1965, art. 43). Très nombreuses sont donc a priori les clauses du règlement qui peuvent être « réputées non écrites ». On en trouvera des exemples dans le présent Code, lors des commentaires des divers textes constitutifs du statut de la copropriété. Nous évoquerons simplement ici les clauses, relativement fréquentes, dites « de fond de couloir » (F. Berenger, *Les clauses dites « de fond de couloir » : Administrer* mars 2015, p. 7. – C. Ivars, *La licéité de la clause dite « de fonds de couloir » : Inf. rap. copr.* juin 2023, p. 25). Ces clauses ont un double aspect :

– elles permettent lors d'une réunion de lots l'appropriation d'un « bout du couloir » partie commune par le propriétaire des lots objet de la réunion, qui les adjoint à ses parties privatives, grâce à l'octroi par le règlement de copropriété d'un droit de jouissance privative ;

– elles emportent autorisation d'effectuer les travaux de fermeture du couloir qui se trouve ainsi « privatisé ».

L'assemblée se trouve donc à un double titre privée de son pouvoir de décision : l'octroi d'un droit de jouissance privative, comme l'autorisation de travaux relève en effet de sa compétence. Cette clause devrait donc logiquement être déclarée illicite, comme toutes les clauses portant atteinte aux prérogatives de l'assemblée (V. G. Gil, *La protection jurisprudentielle des prérogatives de l'assemblée générale : Ann. loyers* sept. 2021, p. 41). Cependant la Cour de cassation a validé des clauses de ce type octroyant par avance un droit de jouissance privative aux copropriétaires réunissant des lots leur appartenant (▪ Cass. 3e civ., 21 oct. 2008, n° 07-18.971. ▪ Cass. 3e civ. 25 janv. 2011, n° 09-65.731 : *Administrer* mai 2011, p. 47, note J.-R. Bouyeure. – V. dans le même sens, ▪ CA Paris, pôle 4, ch. 2, 15 sept. 2021, n° 18/02691 : *Administrer* nov. 2021, p. 50, obs. J.-R. Bouyeure). Alors qu'une décision précédente du 11 mai 2005 avait condamné une clause autorisant par avance un copropriétaire à effectuer des travaux sans avoir à requérir l'autorisation de l'assemblée (▪ Cass. 3e civ., 11 mai 2005, n° 03-19.183), une décision postérieure a admis la validité d'une clause autorisant à la fois la privatisation de parties communes et l'exécution de travaux dans le cas d'une réunion de lots (▪ Cass. 3e civ., 22 mai 2012, n° 11-13.862).

B – Ordre public en général

51) Clauses du règlement et liberté religieuse. Une clause interdisant « la mise en place de canisses ou de tout autre matériau le long des garde-corps, balustrades, rampes et barres d'appui... et d'une façon générale toute modification de tout ce qui contribue à l'harmonie de l'ensemble immobilier » fait obstacle de ce que des copropriétaires de religion juive édifient sur leurs balcons une cabane précaire formée de végétaux, pour leur permettre de respecter les prescriptions de leur religion (▪ Cass. 3e civ., 8 juin 2006, n° 05-14.774 : *Bull. civ.* III, n° 140 ; *JCP* G 2006, n° 41, I, 178, n° 8, obs. H. Périnet-Marquet ; *Loyers et copr.* 2006, comm. 189, obs. G. Vigneron ; *Rev. loyers* 2006, p. 355, note Th. Dubaele ; *Rev. Administrer* nov. 2006, p. 45, obs. J.-R. Bouyeure ; *AJDI* 2007, p. 312, note P. Capoulade ; *RJPF* oct. 2006, p. 12, note E. Putman ; *D.* 2006, p. 2887, note C. Atias. – V. sur cette décision, D. Fenouillet, *Règlement de copropriété et liberté religieuse, ou la difficile cohabitation des consciences* : *LPA* 5 juill. 2006, p. 9).

Par ailleurs, il a été jugé que le syndicat était en droit d'agir en justice afin que soit immédiatement et définitivement stoppée la pratique d'un culte religieux créant d'importants inconvénients de voisinage, étant donné que cette action n'avait pas pour objet d'interdire de pratiquer un culte religieux dans le lot considéré mais de faire respecter la destination du lot prévue par le règlement de copropriété (▪ Cass. 3e civ., 16 sept. 2015, n° 14-14.518 : *JurisData* n° 2015-020697 ; *Loyers et copr.* 2015, comm. 238, note Vigneron ; *AJDI* 2016, p. 274, note N. Le Rudulier).

Bibliographie : C. Biguenet-Maurel, *Droit de la copropriété et pratique d'une religion : un mariage difficile* : *AJDI* 2005, p. 560. – N. Dissaux, *Liberté religieuse et copropriété* : *Rev. Administrer* mai 2007, p. 28. – J.-M. Gélinet, *Pratiques religieuses et copropriété* : *Rev. loyers* 2007, p. 166. – M.-C. Ruffet, *Copropriété et religion* : *Inf. rap. copr.* déc. 2004, p. 24. – A.-S. Ract et C. Amson, *La difficile conciliation de la loi civile et de la loi religieuse : l'exemple de la copropriété* : *Gaz. Pal.* 8-9 juin 2007, p. 2. – S. Bouchet, *Copropriété et religion* : *Inf. rap. copr.* 2017, p. 15. – *Droit à la liberté religieuse et droit de la copropriété* : *Inf. rap. copr.* déc. 2017, p. 19. – *La religion dans les prétoires (étude anonyme)* : *Inf. rap. copr.* déc. 2017, p. 21.

52) Interdiction d'édifier des clôtures. Le règlement de copropriété peut stipuler « qu'il ne pourra être élevé aucune clôture autre que celles fournies lors de la construction et prévues par le permis de construire ». La nullité de cette clause ne peut être invoquée au motif qu'elle ferait échec à la règle posée par l'article 647 du Code civil, car ce texte n'est pas d'ordre public (▪ Cass. 3e civ., 7 mars 2007 : *JCP G* 2007, IV, 1762 ; *Loyers et copr.* 2007, comm. 111, obs. G. Vigneron ; *AJDI* 2008, p. 215, note P. Capoulade ; *LPA*, 13 juin 2007, p. 20, note J.-F. Barbiéri ; *Rev. Administrer* juin 2007, p. 55, obs. J.-R. Bouyeure ; *Rev. loyers* 2007, p. 244, note P. Déchelette-Tolot).

VII – SANCTIONS DES VIOLATIONS DU RÈGLEMENT DE COPROPRIÉTÉ

A – Sanctions conventionnelles

Bibliographie : J. Lot, *Clauses d'intérêts et clauses pénales dans les règlements de copropriété* : *Rev. Administrer* juill. 1984, p 14.

53) Clauses pénales. Des clauses peuvent être insérées dans le règlement de copropriété, prévoyant des sanctions à titre préventif : par exemple, une *clause pénale* (▪ Cass. 3e civ., 30 oct. 1973 : *JCP* G 1973, IV, 402. – V. pour une clause prévoyant des pénalités en cas *de stationnement abusif* : ▪ Cass. 3e civ., 17 janv. 1990 : *Rev. Administrer* août-sept. 1990, p. 52) ou une amende en cas d'encombrement de passages communs (▪ CA Paris, 23e ch. B : *AJDI* 2004, p. 39) ou stipulant des *intérêts de retard* (par ex. sur les appels de provision, ▪ CA Paris, 30 oct. 1979 : *D.* 1980, inf. rap. p. 240, obs. Giverdon).

Cependant, de telles clauses seraient *réputées non écrites* si elles avaient pour effet de sanctionner l'exercice par les copropriétaires de leurs droits légitimes. Ainsi une clause du règlement ne peut obliger le copropriétaire qui emménage à verser au syndicat une *indemnité de déménagement* pour compenser forfaitairement les dégâts qu'il pourrait causer aux parties communes lors du transport de ses meubles (▪ TGI Chambéry, 6 déc. 1967 : *Inf. rap. copr.* 1968, p. 10. ▪ CA Lyon, 22 janv. 1969 : *Inf. rap. copr.* mars 1969, p. 4, note Cabanac).

Rappelons que selon l'article 1231-5 (anc. art. 1152), alinéa 2 du Code civil, le juge peut même d'office modérer la peine qui avait été convenue si elle est manifestement excessive, toute stipulation contraire étant réputée non écrite (selon ce même texte, le juge pourrait également s'il y a lieu l'augmenter).

Voir : sur les *clauses relatives au recouvrement des charges communes*, V. L. 10 juill. 1965, art. 10, comm. nos 122 à 127, p. 187. – Sur les *intérêts* qui peuvent être exigés en vertu de la loi sur les sommes dues au syndicat et sur les possibilités d'aménagement des règles légales, D. 17 mars 1967, art. 36.

B – Sanctions judiciaires

54) Actions pouvant être introduites. Sur un plan général, tout copropriétaire ainsi que le syndic peuvent obtenir la cessation de l'infraction au règlement.

S'agissant d'une action tendant à obtenir l'exécution d'un « contrat », *le syndicat n'a pas à justifier de l'existence d'un préjudice* (V. pour la démolition de constructions irrégulières, ▪ Cass. 3e civ., 13 oct. 1981 : *JCP* G 1981, IV, p. 4). Il en est ainsi lorsqu'un copropriétaire entend agir pour obtenir le respect du règlement (V. par exemple, ▪ Cass. 3e civ., 22 nov. 2006 : *Loyers et copr.* 2007, n° 41).

– Sur les actions à mettre en œuvre et leurs conditions de recevabilité, V. art. 15 de la loi.

– Sur les délais de prescription de l'action, V. article 42 de la loi.

55) Principe de l'exécution en nature. Violer le règlement de copropriété c'est enfreindre une obligation de nature contractuelle (▪ Cass. civ., 22 févr. 1965 : *AJPI* 1965, II, 778, note Cabanac. ▪ Cass. civ., 13 oct. 1965 : *Gaz. Pal.* 1966, 1, p. 41, note Cabanac). Les actions sanctionnant la violation du règlement de copropriété sont donc celles du droit commun des contrats.

Dès lors, le principe est celui de l'*exécution en nature* (C. civ., art. 1221 et 1242 : anc. art. 1142 et 1143).

Il en résulte que lorsqu'un copropriétaire exerce une activité interdite par le règlement de copropriété, qu'il utilise son lot contrairement aux prescriptions de ce dernier, qu'il procède à des installations ou travaux interdits... il doit être *condamné à remettre les choses dans un état conforme aux exigences du règlement*, ce qui implique l'interdiction d'exercer des activités irrégulières, ou la suppression des installations ou travaux irréguliers (▪ Cass. 1re civ., 12 oct. 1965 : *JCP G* 1965, IV, 141. ▪ Cass. 1re civ., 3 janv. 1966 : *Bull. civ.* I, n° 4. ▪ Cass. 3e civ., 3 juin 1971 : *Bull. civ.* III, n° 349, p. 249 ; *JCP G* 1971, IV, n° 179. ▪ Cass. 3e civ., 13 oct. 1981 : *Gaz. Pal.* 13 mars 1982, pan. jurispr., p. 90. ▪ Cass. 3e civ., 1er déc. 1981 : *JCP G* 1982, IV, 74). Dès lors que l'activité (en l'espèce de restauration) entraîne des nuisances olfactives en violation des clauses du règlement, les juges du fond ne peuvent refuser d'ordonner la cessation de cette activité, au motif que le syndicat refuse toutes mesures adéquates pour faire cesser les inconvénients invoqués, et ordonner une expertise pour rechercher les moyens de remédier à ces inconvénients (▪ Cass. 3e civ., 13 nov. 2013, n° 12-26.121 : *Administrer* mars 2014, p. 45, note J.-R. Bouyeure).

Peu importe la *tolérance* dont un copropriétaire a pu bénéficier : elle ne lui confère, en effet, aucun droit (▪ CA Versailles, 26 mars 1979 : *Gaz. Pal.* 1980, 1, somm. p. 375. ▪ CA Paris, 9 déc. 1994 : *Loyers et copr.* 1995, n° 231).

Si le règlement de copropriété énonce que des copropriétaires devront autoriser l'accès aux parties privatives pour les travaux décidés par l'assemblée, le copropriétaire qui s'y refuse peut y être contraint par une *astreinte* prononcée par le juge des référés (▪ CA Paris, 14e ch. B, 2 mars 1984 : *D.* 1985, inf. rap. p. 424).

56) Principe de proportionnalité. Il avait été jugé que l'exécution en nature ne pouvait être évitée que si elle était impossible (▪ Cass. 3e civ., 18 juin 1975 : *Bull. civ.* III, n° 208, p. 160) et non pas seulement « presque impossible » (▪ Cass. 3e civ., 4 juin 1975 : *Bull. civ.* III, n° 191, p. 148).

L'article 1221 du Code civil créé par l'ordonnance n° 2016-131 du 10 février 2016 portant réforme du droit des contrats, tout en consacrant cette jurisprudence, a ajouté une autre exception au principe de l'exécution forcée en nature : elle n'est pas justifiée « s'il existe une disproportion manifeste entre son coût pour le débiteur et son intérêt pour le créancier ». Ce « principe de proportionnalité » est de plus en plus fréquemment invoqué devant les tribunaux.

Pour plus de détails, V. comm. L. 10 juill. 1965, art. 9, n° 25, p. 98.

Voir : sur la prescription des actions tendant à obtenir le respect du règlement, V. L. 10 juill. 1965, art. 42, al. 1er, p. 596. – Sur la qualité pour agir, L. art. 15.

VIII – OPPOSABILITÉ DU RÈGLEMENT DE COPROPRIÉTÉ

57) Renvoi. Voir sur ce problème, L. 10 juill. 1965, art. 13, p. 210 et D. 17 mars 1967, art. 4, p. 668.

IX – MODIFICATION OU « ADAPTATION » DU RÈGLEMENT

58) Renvoi. Il y a lieu de consulter :

– sur les modifications du règlement par l'assemblée, L. 10 juill. 1965, art. 26, comm. nos 14 et 15, p. 475 ;

– sur les possibilités (temporaires) de mise en conformité des règlements à la suite de la loi ELAN du 23 novembre 2018 (pour les dispositions concernant les lots transitoires, les parties communes spéciales et les parties communes à jouissance privative) : L. 10 juill. 1965, art. 6-2, 6-3 et 6-4, p. 3 ;

– sur l'adaptation du règlement aux modifications législatives et réglementaires, L. 10 juill. 1965, art. 24, II, f, p. 392.

X – CLAUSES RÉPUTÉES NON ÉCRITES

59) Renvoi. L. 10 juill. 1965, art. 43, p. 628.

XI – RESPONSABILITÉ DU RÉDACTEUR

60) Renvoi. Sur ce problème, V. D. 17 mars 1967, art. 3, comm. n° 2, p. 665.

Art. 8-1 *(L. n° 2009-323, 25 mars 2009)*. – **Le règlement de copropriété des immeubles dont le permis de construire a été délivré conformément à un plan local d'urbanisme ou d'autres documents d'urbanisme imposant la réalisation d'aires de stationnement peut prévoir une clause attribuant un droit de priorité aux copropriétaires à l'occasion de la vente de lots exclusivement à usage de stationnement au sein de la copropriété.**

Dans ce cas, le vendeur doit, préalablement à la conclusion de toute vente d'un ou plusieurs lots à usage de stationnement, faire connaître au syndic par lettre recommandée avec demande d'avis de réception son intention de vendre, en indiquant le prix et les conditions de la vente.

Cette information est transmise sans délai à chaque copropriétaire par le syndic par lettre recommandée avec demande d'avis de réception, aux frais du vendeur. Elle vaut offre de vente pendant une durée de deux mois à compter de sa notification.

Bibliographie : V. sur ce texte, B. Gelot : *Defrénois* 2009, art. 38944, p. 993. • Pour des formules d'application, G. Rouzet, D. Feigna et C. Becqué-Deverre, *Le droit de priorité sur les ventes de lots de stationnement* : *Defrénois* 2009, art. 39 021, p. 2061. • P. Capoulade, *Le droit de priorité du copropriétaire et la vente du lot à usage exclusif de stationnement* : *JCP* N 2011, n° 40, 1265. • J. Lafond, *Droit de priorité des copropriétaires en cas de vente d'un parking (commentaires et formules* : *Loyers et copr.* déc. 2020, Formule 10.

1) Droit de priorité en cas de vente de parkings. La loi du 25 mars 2009 a introduit dans la loi du 10 juillet 1965 un nouvel article 8-1, permettant d'insérer dans le règlement une clause attribuant un « droit de priorité » aux copropriétaires à l'occasion de la vente de lots d'emplacements de stationnement.

Ce texte est de nature à faire naître de nombreuses difficultés (V. pour un commentaire détaillé, J. Lafond : *JCP* N 2009, n° 27-1224).

Il a un caractère d'ordre public (V. L. 10 juill. 1965, art. 43).

I – CHAMP D'APPLICATION

2) Conditions à remplir. Pour que ce « droit de priorité » puisse être prévu dans le règlement, plusieurs conditions doivent être remplies :

– Il faut tout d'abord que le permis de construire ait été délivré « conformément à un plan local d'urbanisme ou d'autres documents d'urbanisme imposant la réalisation d'aires de stationnement ».

– Il faut qu'il y ait « vente ». Le droit de priorité ne saurait donc être étendu à des opérations à titre onéreux assimilables à une vente. D'autre part, le droit de priorité n'est appelé à jouer que si cette vente est consentie à une personne qui n'est pas copropriétaire.

– Il faut ensuite qu'il y ait « vente de lots ... à usage de stationnement ». Le lot vendu doit être affecté à usage exclusif d'emplacement de stationnement. Le droit de priorité ne s'appliquera donc pas s'il est affecté également à un autre usage (exemple de locaux commerciaux utilisés à la fois pour garer des véhicules et pour entreposer des marchandises).

– La vente doit intervenir « au sein de la copropriété ». Le parking vendu doit donc constituer un lot de cette copropriété. Le droit de priorité ne jouera pas si le vendeur est propriétaire d'un parking dans une copropriété ou dans un immeuble voisin.

– Le « droit de priorité » s'appliquera qu'il y ait « vente d'un ou plusieurs lots ».

Une réponse ministérielle a precisé :

– que la loi n'opérait pas de distinction selon que le lot à usage de stationnement était la propriété d'un copropriétaire ou celle du syndicat des copropriétaires ;

– que si le PLU fixait un nombre de places de stationnement à respecter lors de la réalisation d'une opération de construction, le respect de cette obligation s'appréciait au moment de la délivrance du permis de construire. Le PLU ne saurait donc empêcher la vente ultérieure des places de stationnement (Rép. min. n° 3087 : *JOAN* Q 3 janv. 2023, p. 118).

II – MÉCANISME

3) Notification au syndic. Le vendeur doit « faire connaître au syndic, par lettre recommandée avec demande d'avis de réception, son intention de vendre, en indiquant le prix et les conditions de la vente ». Cette notification doit être « préalable » à la conclusion de toute vente, précise l'article 8-1, alinéa 2. Les copropriétaires se voient conférer un « droit de priorité » et non pas un droit de préemption.

4) Information des copropriétaires. L'information est « transmise ... à chaque copropriétaire par le syndic par lettre recommandée avec demande d'avis de réception ». Cette notification qui doit être faite « sans délai » par le syndic intervient, précise le texte, « aux frais du vendeur ». L'alinéa 3 de l'article 8-1 précise que la notification « vaut offre de vente pendant une durée de deux mois ». Ce délai court « à compter de la notification ». Rappelons qu'en vertu de l'article 64 du décret du 17 mars 1967, il aura pour point de départ, selon le cas, soit le lendemain du jour de la première présentation de la lettre recommandée au domicile du destinataire, soit le lendemain du jour de la réception de la télécopie par le destinataire.

5) Insertion d'un droit de priorité dans le règlement. Si le règlement ne contient aucune clause relative au droit de priorité concernant la vente de lots exclusivement à l'usage de stationnement et que les conditions prévues par l'article 8-1 sont remplies, l'assemblée peut décider de l'insertion d'une telle clause dans le règlement de copropriété à l'unanimité des voix de tous les copropriétaires. Il ne peut être fait application en la matière de l'article 49 de la loi du 10 juillet 1965 qui permet à l'assemblée de voter à la majorité simple prévue à l'article 24 les adaptations du règlement rendues nécessaires par les modifications législatives et réglementaires postérieures à son établissement (Rép. min. n° 120883 : *JOAN* Q, 3 janv. 2012, p. 86.

L'article 8-1 ne se prononce pas sur la majorité nécessaire pour insérer un droit de priorité dans le règlement (sur la nécessité d'une décision unanime, V. ▪ CA Rennes, 31 mai 2018, 4e ch., n° 14/09048 : *Rev. loyers* 2018, p. 381, obs. S. B. – V. également en ce sens : Rép. min. n° 21978 : *JOAN* 12 nov. 2019, p. 9981. – Sur la nécessité d'une décision unanime, V. ▪ CA Rennes, 4e ch., 31 mai 2018, n° 14/09048 : *Rev. loyers* 2018, p. 381, obs. S.B.).

Art. 8-2 *(Aj., L. n° 2014-366, 24 mars 2014).* **– Le syndic établit une fiche synthétique de la copropriété regroupant les données financières et techniques essentielles relatives à la copropriété et à son bâti, dont le contenu est défini par décret. Le syndic met à jour la fiche synthétique de la copropriété chaque année.**

Le syndic met cette fiche à disposition des copropriétaires.

(Al. rempl. à compter du 1er juin 2020, Ord. n° 2019-1101, 30 oct. 2019) **« En l'absence de mise à disposition d'un copropriétaire de la fiche synthétique au-delà d'un délai d'un mois à compter de la demande, des pénalités par jour de retard, dont le montant est fixé par décret, sont imputées sur la rémunération forfaitaire annuelle du syndic. Ces pénalités sont déduites de la rémunération du syndic lors de l'arrêté des comptes à soumettre à l'assemblée générale ».**

Ces dispositions ne sont pas applicables aux syndics administrant des immeubles à destination totale autre que d'habitation.

Bibliographie : C. Coutant-Lapalus, *Quelques précisions sur la fiche synthétique de la copropriété : Loyers et copr.* 2017, Focus. • Ph. Marin, *La fiche synthétique : nouveau document obligatoire : Ann. loyers* 2017, p. 158. • B. Wehrle-Detroye, *Fiche synthétique : après l'immatriculation, un pas de plus vers le big data : Inf. rap. copr.* oct. 2017, p. 21.

I – OBLIGATION

1) Fiche synthétique de la copropriété. La « fiche synthétique » doit regrouper les données financières et techniques essentielles concernant la copropriété et son bâti. Son contenu doit être défini par décret (V. n° 3). Elle est établie par le syndic : son défaut de réalisation constitue un motif de révocation.

Cette fiche doit être mise à jour chaque année par le syndic et tenue à la disposition des copropriétaires.

Elle fait partie des informations à annexer aux promesses de vente ou, à défaut de promesses, à l'acte authentique de vente de lots de copropriété (CCH, art. L. 721-2. – V. Annexe, *V° Vente de lots*).

2) Application différée. En vertu de l'article 54, IV de la loi n° 2014-366 du 24 mars 2014 (Loi ALUR), l'article 8-2 est devenu applicable à compter du :

1° 31 décembre 2016, pour les syndicats de copropriétaires comportant plus de 200 lots ;

2° 31 décembre 2017, pour les syndicats de copropriétaires comportant plus de 50 lots ;

3° 31 décembre 2018, pour les autres syndicats de copropriétaires.

3) Décret d'application. Le décret n° 2016-1822 du 21 décembre 2016 complète l'article 8-2 de la loi. Ce décret, qui fixe les modalités d'établissement et le contenu de la fiche synthétique, peut être consulté à l'annexe « Fiche synthétique de la copropriété » à laquelle on voudra bien se reporter.

II – CHAMP D'APPLICATION DU TEXTE

4) Immeubles à destination totale ou partielle d'habitation. Les dispositions de l'article 8-2 ne sont pas applicables au syndic administrant des immeubles à destination totale autre que d'habitation (immeuble de bureaux ; immeuble à usage commercial, etc.). Elles ne s'appliquent, *a contrario* qu'aux immeubles à destination totale ou partielle d'habitation.

III – SANCTION

5) Sanction applicable jusqu'au 31 mai 2020. À l'origine la sanction était double : le défaut de réalisation de la fiche synthétique constituait tout d'abord un motif de révocation du syndic.

Par ailleurs le contrat de syndic devait prévoir obligatoirement une pénalité financière forfaitaire automatique à l'encontre du syndic chaque fois que celui-ci ne mettait pas la fiche synthétique à disposition d'un copropriétaire dans un délai de 15 jours à compter de la demande. Cette pénalité devait être déduite de la rémunération du syndic lors du dernier appel de charges de l'exercice. Cette sanction a été adoucie par l'ordonnance du 30 octobre 2019 (V. n° 6)

6) Réforme opérée par l'ordonnance du 30 octobre 2019. L'ordonnance n° 2019-1101 du 30 octobre a réécrit l'alinéa 4 de l'article 8-2. Le défaut de réalisation de la fiche synthétique n'est plus un « motif de révocation du syndic ».

L'absence de mise à disposition d'un copropriétaire de la fiche synthétique au-delà du délai d'un mois à compter de la demande rend le syndic passible de pénalités par jour de retard. Ces pénalités sont imputées sur la rémunération forfaitaire annuelle du syndic. Elles sont déduites de cette rémunération lors de l'arrêté des comptes à soumettre à l'assemblée générale (V.sur cette sanction, C. Coutant-Lapalus, *Les incidences de la réforme du droit de la copropriété sur le syndic de copropriété : Loyers et copr.* janv. 2020, étude 2, n° 17). Le décret n° 2020-1229 du 7 octobre 2020 (JO 9 oct. 2020) a fixé à 15 € par jour de retard le montant de la pénalité applicable au syndic à défaut de mise à disposition d'un copropriétaire de la fiche synthétique.

Art. 9 *(Mod., L. n° 2009-526, 12 mai 2009 ; L. n° 2014-366, 24 mars 2014 ; à compter du 1er juin 2020, Ord. n° 2019-1101, 30 oct. 2019).* **– I. - Chaque copropriétaire dispose des parties privatives comprises dans son lot ; il use et jouit librement des parties privatives et des parties communes sous la condition de ne porter atteinte ni aux droits des autres copropriétaires ni à la destination de l'immeuble.**

Les travaux supposant un accès aux parties privatives doivent être notifiés aux copropriétaires concernés au moins huit jours avant le début de leur réalisation, sauf impératif de sécurité ou de conservation des biens.

II. - Un copropriétaire ne peut faire obstacle à l'exécution, même sur ses parties privatives, de travaux d'intérêt collectif régulièrement décidés par l'assemblée générale des copropriétaires, dès lors que l'affectation, la consistance ou la jouissance des parties privatives n'en sont pas altérées de manière durable. La réalisation de tels travaux sur une partie privative, lorsqu'il existe une autre solution n'affectant pas cette partie, ne peut être imposée au copropriétaire concerné que si les circonstances le justifient.

Pour la réalisation de travaux d'intérêt collectif sur des parties privatives, le syndicat exerce les pouvoirs du maître d'ouvrage jusqu'à la réception des travaux.

III. - Les copropriétaires qui subissent un préjudice par suite de l'exécution des travaux, en raison soit d'une diminution définitive de la valeur de leur lot, soit d'un trouble de jouissance grave, même s'il est temporaire, soit de dégradations, ont droit à une indemnité. En cas de privation totale temporaire de jouissance du lot, l'assemblée générale accorde au copropriétaire qui en fait la demande une indemnité provisionnelle à valoir sur le montant de l'indemnité définitive.

L'indemnité provisionnelle ou définitive due à la suite de la réalisation de travaux d'intérêt collectif est à la charge du syndicat des copropriétaires. Elle est répartie en proportion de la participation de chacun des copropriétaires au coût des travaux.

Rédaction antérieure. Art. 9 *(Mod., L. n° 85-1470, 31 déc. 1985 ; L. n° 2006-872, 13 juill. 2006 ; L. n° 2006-1772, 30 déc. 2006 ; L. n° 2009-526, 12 mai 2009 ; L. n° 2014-366, 24 mars 2014 ; applicable jusqu'au 31 mai 2020).* – Chaque copropriétaire dispose des parties privatives comprises dans son lot ; il use et jouit librement des parties privatives et des parties communes sous la condition de ne porter atteinte ni aux droits des autres copropriétaires ni à la destination de l'immeuble.

Toutefois, si les circonstances l'exigent et à condition que l'affectation, la consistance ou la jouissance des parties privatives comprises dans son lot n'en soient pas altérées de manière durable, aucun des copropriétaires ou de leurs ayants droit ne peut faire obstacle à l'exécution, même à l'intérieur de ses parties privatives, des travaux régulièrement et expressément décidés par l'assemblée générale en vertu des *a* et *b* du II de l'article 24, des *f*, *g* et *o* de l'article 25 et de l'article 30.

Pour la réalisation des travaux d'intérêt collectif réalisés sur les parties privatives, le syndicat exerce les pouvoirs du maître d'ouvrage jusqu'à réception des travaux.

Les travaux entraînant un accès aux parties privatives doivent être notifiés aux copropriétaires au moins huit jours avant le début de leur réalisation, sauf impératif de sécurité ou de conservation des biens.

Les copropriétaires qui subissent un préjudice par suite de l'exécution des travaux, en raison soit d'une diminution définitive de la valeur de leur lot, soit d'un trouble de jouissance grave, même s'il est temporaire, soit de dégradations, ont droit à une indemnité.

Cette indemnité, qui est à la charge de l'ensemble des copropriétaires, est répartie, s'agissant des travaux décidés dans les conditions prévues par les *a* et *b* du II de l'article 24, des *f*, *g* et *o* de l'article 25 et par l'article 30, en proportion de la participation de chacun au coût des travaux.

• ***Sommaire***

I - LIMITATIONS GÉNÉRALES AUX DROITS DES COPROPRIÉTAIRES 87

II - DROITS DES COPROPRIÉTAIRES SUR LES PARTIES PRIVATIVES 88

A - Droit de disposer des parties privatives 88

B - Usage et jouissance des parties privatives 88

C - Troubles de voisinage 89
- 1° *Règles générales* 90
- 2° *Exemples de troubles de voisinage* 90
- 3° *Conditions à remplir pour qu'une activité déterminée soit interdite* 92
- 4° *Sanctions des troubles de voisinage* 93

D - Domiciliation d'une entreprise commerciale 94

E - Travaux 94
- 1° *Règles générales* 94
- 2° *Autorisation de construire* 95
- 3° *Permis de construire – Autorisations d'urbanisme* 95
- 4° *Sanction des travaux non autorisés* 97

III - CHANGEMENTS D'AFFECTATION 99

A - Typologie des changements d'affectation 100
- 1° *Premier cas : l'utilisation projetée est directement contraire à la destination de l'immeuble* 100
- 2° *Deuxième cas : l'utilisation projetée est prohibée par le règlement* 101
- 3° *Troisième cas : le changement d'affectation est autorisé par le règlement* 101

4° *Quatrième cas : le changement d'affectation n'est ni prohibé par le règlement, ni directement contraire à la destination de l'immeuble* 102
B – Difficultés diverses 105
1° *Changements d'affectation des locaux accessoires (caves, greniers, débarras, garages, etc.)* 105
2° *Exercice d'une activité professionnelle ou commerciale* 107
3° *Changements d'affectation admis ou refusés par interprétation du règlement de copropriété* 108
C – Sanction 112
IV – LOCATION DE LOTS 112
A – Le droit de louer son lot 113
B – La location ne crée en principe de rapports qu'entre le locataire et le bailleur 114
C – Le locataire ne peut pas ignorer la copropriété (et réciproquement) 115
V – DIVISION ET RÉUNION DE LOTS 119
A – Division de lots 119
B – Réunion de lots 121
VI – OBLIGATION POUR LES COPROPRIÉTAIRES DE SUPPORTER L'EXÉCUTION DE CERTAINS TRAVAUX MÊME À L'INTÉRIEUR DE LEURS PARTIES PRIVATIVES 121
A – Travaux concernés 122
1° *Nature des travaux* 122
B – Conditions d'application du texte 122
C – Modalités d'exécution des travaux 123
1° *Notification préalable* 123
2° *Accès aux locaux* 123
D – Indemnisation des copropriétaires 124
1° *Préjudices indemnisables* 124
2° *Indemnités provisionnelles* 125
3° *Répartition de la charge des indemnités* 125
VII – DROITS DES COPROPRIÉTAIRES SUR LES PARTIES COMMUNES 125
A – Règles générales concernant les modalités de jouissance des parties communes 125
1° *Respect du règlement et des droits des autres copropriétaires* 126
2° *Respect de la destination de l'immeuble* 127
B – Prescription acquisitive des parties communes 127
1° *Licéité* 127
2° *Conditions à remplir* 128
C – Droit de « jouissance privative » 129
1° *Le titulaire d'un droit de jouissance exclusive a les droits que lui confère son titre* 129
2° *Le titulaire d'un droit de jouissance exclusive n'a sauf stipulation contraire que les droits de tout copropriétaire sur les parties communes* 130
D – Travaux affectant les parties communes 134
E – Enseignes ou plaques professionnelles – Affichage 135
F – Stationnement des véhicules 136
G – Interdiction de fumer 136
H – Injures publiques 136

1) Article 9. La lecture de l'article 9 de la loi pourrait laisser penser que le copropriétaire est dans la situation d'un propriétaire ordinaire. Ainsi peut-il : disposer de la propriété de son lot par tous les modes de transmission habituels (vente, location, donation, legs, etc.), constituer sur ce lot des droits réels (hypothèque, usufruit, droit d'usage et d'habitation, etc.), ou conférer la jouissance de son lot gratuitement ou à titre onéreux (location).

Mais, en réalité, nombreuses sont les limitations résultant de l'état de copropriété :

– en sa qualité de débiteur potentiel du syndicat, le législateur a voulu que le copropriétaire puisse répondre de ses dettes sur son lot : aussi le syndicat peut-il inscrire une hypothèque légale (V. L. art. 19). Et la vente du lot est soumise à diverses formalités destinées à permettre le recouvrement des charges (V. L. art. 20) ;

– par ailleurs, diverses restrictions au droit de propriété peuvent résulter des dispositions du règlement (V. L. art. 8), ou de l'exercice concurrent des droits reconnus aux autres copropriétaires. Ces restrictions sont particulièrement sensibles en ce qui concerne les droits du copropriétaire sur les parties communes ;

– enfin, dans l'usage qu'il fait de son lot, le copropriétaire est tenu de respecter la « destination de l'immeuble ».

Dans la pratique, ce critère, qui se veut régulateur, a un effet paralysant. La notion de « destination de l'immeuble » est floue (V. *infra*). C'est pourtant en s'y référant que le copropriétaire doit déterminer s'il peut ou non effectuer telle ou telle opération relative à son lot. Si la destination est atteinte, il lui faut une autorisation unanime. Si elle n'est pas affectée, il n'est besoin d'aucune autorisation. Mais comment avoir à l'avance une certitude ? En pratique, le copropriétaire se trouve placé devant le dilemme suivant :

– ou bien il se fait juge et estime pouvoir se passer de toute autorisation de l'assemblée. Il est alors théoriquement exposé (pendant 5 ans : V. L. 10 juill. 1965, art. 42, al. 1er) à l'action d'un autre copropriétaire qui soutiendra que l'opération intervenue porte atteinte à la destination de l'immeuble. Le critère est tellement imprécis qu'un contentieux peut toujours s'ouvrir. Le copropriétaire s'installe alors dans l'insécurité ;

– ou bien il estime devoir recourir à l'autorisation de l'assemblée, mais peut-il espérer réunir l'unanimité nécessaire ? Il risque alors de déboucher sur une impasse ...

Un processus purement empirique peut alors être proposé pour sortir de ce dilemme : le copropriétaire saisit l'assemblée en lui demandant de « constater que l'opération envisagée est conforme à la destination de l'immeuble et de l'autoriser en tant que de besoin ». L'autorisation sera donnée à la majorité de l'article 24 de la loi (puisqu'on postule qu'il n'y a aucune atteinte à la destination de l'immeuble...) ou de l'article 25 (si des travaux affectant les parties communes sont nécessaires. – V. L. art. 25-*b*). Le copropriétaire sera ainsi « couvert » par une décision de l'assemblée qui deviendra définitive une fois expiré le délai de recours de l'article 42 de la loi. Si l'assemblée refuse d'acquiescer à la demande, il lui appartiendra s'il le juge opportun d'exercer un recours à l'encontre de la décision intervenue. On notera qu'un arrêt de la cour de Paris a admis la validité d'une clause du règlement prévoyant qu'en cas d'incertitude sur la possibilité pour un copropriétaire d'exercer une profession ou un commerce dans ses parties primitives il pourrait, afin de se prémunir contre toute contestation ultérieure, soumettre son projet au syndic à charge par celui-ci de saisir l'assemblée (▪ CA Paris, pôle 4, 2ᵉ ch., 28 mars 2012, n° 10/11623 : *Administrer* juin 2012, p. 52, obs. J.-R. Bouyeure). Mais depuis le 1ᵉʳ janvier 2021, en application des articles 17-1 AA de la loi du 10 juillet 1965 et 8-1 du décret du 17 mars 1967, tout copropriétaire peut demander au syndic de convoquer une assemblée générale à ses frais pour lui soumettre une question qui le concerne. Cette procédure peut donc être utilisée pour soumettre à l'assemblée le problème de la licéité de telle ou telle opération envisagée.

Bibliographie : *JCl. Copropriété*, Fasc. 64 à 66. – P.-E. Lagraulet, *JCl. Civil Code*, Fasc. 30. – E. Kischinewsky-Broquisse, *La copropriété des immeubles bâtis*, Litec, 4ᵉ éd. 1989, nᵒˢ 95 et s., 188 et s. – *La copropriété*, Dalloz Action 2018-2019, 9ᵉ éd., ss direction de P. Capoulade et D. Tomasin, nᵒˢ 212 et s. – J.-R. Bouyeure, *La copropriété constitue-t-elle une limite au droit de propriété ?* : *Rev. Administrer* déc. 1989, p. 29. – F. Bayard-Jammes, *La nature juridique du droit du copropriétaire immobilier*, LGDJ, coll. « Thèse », 2003.

I – LIMITATIONS GÉNÉRALES AUX DROITS DES COPROPRIÉTAIRES

Bibliographie : Sur la destination de l'immeuble, V. J.-R. Bouyeure, *La destination de l'immeuble, mythe ou réalité* : *Rev. hab. fr.* mars 1979, p. 139. – Couineau, *La destination de l'immeuble* : *Rev. Administrer* 1978, nᵒˢ 79, p. 11 et s. – C. Atias, *Propriété et communauté dans la propriété des immeubles bâtis* : *JCP* G 1980, I, 2971. – M.-F. Ritschy, *Le changement de destination des parties privatives* : *Inf. rap. copr.* nov. 1995, p. 15. – E. Kischinewsky-Broquisse, *Destination de l'immeuble et affectation des parties privatives* : *RD imm.* 1995, p. 422 et s. ; *Inf. rap. copr.* avr. 1996, p. 10 et s. – C. Atias, *En copropriété immobilière de la cave au garage* : *Ann. loyers* 1995, p. 871 et s. – J.-R. Bouyeure, *Aspect architectural et destination de l'immeuble en copropriété* : *Rev. Administrer* mai 1995, p. 50. – J.-L. Aubert, *Essai de synthèse sur la destination de l'immeuble* : *Defrénois* 1995, art. 36164. – D. Sizaire, *La détermination contractuelle de la destination de l'immeuble* : *RD imm.* 1995, p. 415 et s. ; *Inf. rap. copr.* févr. 1996, p. 12 et s. – P. Capoulade, *Destination de l'immeuble en restructuration des lots et des syndicats* : *RD imm.* 1995, p. 489 et s. – D. Guevel, *Destination de l'immeuble et domiciliation d'entreprise* : *RD imm.* 1995, p. 441 et s. – G. Liet-Vaux, *Destination et changement de destination en matière de permis de construire* : *RD imm.* 1995, p. 465 et s. – J. Lafond, *L'acquisition d'un lot de copropriété en vue d'en modifier l'affectation* : *JCP* N 1995, prat. 3468. – J. Lafond, *La clause du règlement concernant la destination de l'immeuble* : *JCP* N 2006, n° 1-1001. – S. Thibert-Belaman, *Le changement de destination d'un lot de copropriété au regard de la loi du 10 juillet 1965* : *Gaz. Pal.* 5-7 avr. 2009, p. 13. – G. Rouzet, *Existe-t-il encore une vie privée en copropriété ?* : *Inf. rap. copr.*, janv.-févr. 2019, p. 33. – Ph. Marin et J.-M. Roux, *La destination de l'immeuble en copropriété* : *Ann. loyers* 2019, p. 25. – L. Belfanti, *La notion de destination de l'immeuble en droit de la copropriété*, thèse, Montpellier-II, 1999. – G. Vigneron, *JCl. Copropriété*, Fasc. 64, nᵒˢ 7 et s. – E. Kischinewsky-Broquisse, *La copropriété des immeubles bâtis*, Litec, 4ᵉ éd. 1989, nᵒˢ 108 et s. – *La copropriété*, Dalloz Action, 2021-2022, 10 ᵉ éd., ss direction de D. Tomasin et P. Capoulade nᵒˢ 23 et s. et 313 et s.

JurisClasseurs. *JCl. Copropriété*, Fasc. 64, par G. Vigneron.

2) Respect des droits des autres copropriétaires et de la destination de l'immeuble. Le texte impose sur un plan général *deux limitations aux droits des copropriétaires* :

• *Obligation de ne pas porter atteinte aux droits des autres copropriétaires*

La règle exprimée se rattache à un principe plus général : l'obligation de ne pas nuire, de ne pas causer d'actes dommageables (C. civ., art. 1240 et 1241). Mais tout copropriétaire doit aussi respecter les « droits des autres copropriétaires », tels qu'ils résultent du « contrat » de départ (le règlement de copropriété. – V. *supra*, art. 8) ou de la loi ;

La promiscuité engendrée par la vie en copropriété est fréquemment l'occasion de « frictions » entre copropriétaires, par exemple d'atteintes à l'intimité de la vie privée (■ Cass. 3e civ., 28 févr. 2024, n° 21-17.414 : *Administrer* avr. 2024, p. 55, note P. Dechelette-Tolot) ou de phénomènes de harcèlement (F. Bérenger, *Le harcèlement en copropriété* : *Administrer* févr. 2024, p. 12). Le préjudice causé par ce type de comportement est réparé en application des règles de droit commun de la responsabilité civile.

• *Obligation de respecter la destination de l'immeuble*

La notion de destination de l'immeuble est une notion clé à laquelle se réfèrent plusieurs articles de la loi (art. 8, al. 2 ; 9 ; 25-*b* ; 26 ; 30, al. 1 ; 34). Elle intervient :

• pour limiter les droits des copropriétaires sur leurs lots (art. 9) ;

• mais aussi pour limiter les pouvoirs de l'assemblée lors des décisions à prendre en matière de travaux, d'actes de disposition, etc. ;

• et pour protéger les copropriétaires contre les clauses abusives du règlement de copropriété (V. art. 8).

Notion clé, la destination de l'immeuble est malheureusement une notion floue. Elle se définit par les « actes », les « caractères », la « situation de l'immeuble » :

– les actes : les documents constitutifs de la copropriété (règlement de copropriété, état descriptif de division) permettent de définir la destination que l'on a entendu conférer à l'immeuble dès le départ (V. pour une application, ■ Cass. 3e civ., 28 mars 2001 : *Rev. Administrer* janv. 2002, p. 47, note P. Capoulade) ;

– les caractères de l'immeuble : qualité architecturale, « standing » (ce qui inclut les conditions d'occupation de l'immeuble) sont une des composantes de sa destination ;

– la situation de l'immeuble : dans un quartier résidentiel ou non, dans un environnement donné, définit également sa « destination ».

La destination de l'immeuble fixée au départ est susceptible de se modifier dans le temps en fonction des changements affectant les caractères de l'immeuble (niveau d'entretien), ses conditions d'occupation, l'évolution du quartier, etc. Il s'agit donc d'une notion évolutive (V. pour un exemple, ■ CA Toulouse, 1re ch., 8 sept. 2008 : *Loyers et copr.* 2009, comm. n° 72, obs. G. Vigneron).

Bibliographie : *Études récentes.* J.-R. Bouyeure, *La destination de l'immeuble, concept à géométrie variable, a-t-elle encore un sens ? : Administrer* mars 2021, p. 7. – P.-E. Lagraulet, *Jurisclasseur Notarial Répertoire, V° Copropriété*, Fasc. 21.

II – DROITS DES COPROPRIÉTAIRES SUR LES PARTIES PRIVATIVES

3) Règles générales. Pour vérifier si un acte de disposition ou un mode déterminé d'utilisation ou de jouissance du lot est ou non autorisé, il faut se demander en premier lieu s'il existe une disposition du règlement y relative et si elle est licite (V. L. art. 8) et, en second lieu, si les droits des autres copropriétaires ainsi que la destination de l'immeuble risquent d'en être affectés.

Voir : sur ces critères, L. 10 juill. 1965, art. 9, comm. n° 2, p. 87.

A – Droit de disposer des parties privatives

4) Principe. Le copropriétaire peut librement disposer de son lot (vente, donation, etc. ■ Cass. 3e civ., 17 juill. 1972 : *JCP* 1972, II, 17241, note E. J. Guillot. ■ Cass. 3e civ., 4 janv. 1989 : *D.* 1989, inf. rap. p. 26), sauf à respecter les clauses restrictives licites figurant dans le règlement de copropriété, les droits des autres copropriétaires et la destination de l'immeuble.

Voir : sur ces clauses, L. 10 juill. 1965, art. 8, comm. nos 22 à 24, p. 70.

B – Usage et jouissance des parties privatives

5) Étendue de la liberté du copropriétaire. Chaque copropriétaire « use et jouit librement des parties privatives de son lot », sous réserve de respecter les dispositions du règlement, la destination de l'immeuble et les droits des autres copropriétaires (V. pour un rappel du principe, à propos d'un changement d'affectation de lots à usage commercial, ■ Cass. 3e civ., 24 mars 2015, n° 13-25.528 : *JurisData* n° 2015-006562 ; *Loyers et copr.* 2015, comm. 152, note G. Vigneron ; *Rev. loyers* 2015, p. 301, note V. Zalewski).

Voir : L. 10 juill. 1965, art. 9, comm. n° 2, p. 87.

Ce principe de liberté affirmé par le texte se traduit sur plusieurs plans :

• le copropriétaire est libre de faire de son lot l'usage qui lui convient dans la mesure toutefois où le règlement de copropriété et la destination de l'immeuble le permettent et où il ne porte pas atteinte aux droits des autres copropriétaires (V. pour la transformation irrégulière d'un garage, partie privative donnant accès à la chaudière de chauffage central commune, en une cuisine, ■ Cass. 3e civ., 4 janv. 1990 : *Rev. loyers* 1990, p. 234). Ainsi, par exemple, s'il est propriétaire du lot abritant la conciergerie, rien ne l'oblige, sauf convention particulière, à loger le concierge (■ Cass. 3e civ., 4 nov. 2004 : *JurisData* 2004-025458 ; *Bull. civ.* III, n° 90 ; *Administrer* nov. 2005, p. 49, obs. J.-R. Bouyeure. ■ Cass. 3e civ., 3 juin 2009, n° 08-16.338 : *Administrer* nov. 2009, p. 67, obs. J.-R. Bouyeure. ▪ CA Paris, pôle 4, 2e ch., 4 mai 2011 : *Administrer* août-sept. 2011, p. 47, obs. J.-R. Bouyeure) et s'il le fait, rien ne l'oblige à le faire gratuitement (▪ CA Paris, 23e ch., 24 juin 2004 : *Administrer* avr. 2005, p. 35, obs. A. Alfandari) ;

• Il ne peut ainsi :

– supprimer la vue d'un copropriétaire voisin en installant une haie d'arbustes sur sa terrasse (▪ CA Paris, 23e ch., 18 févr. 1994 : *Loyers et copr.* juill. 1994, n° 300) ou réduire l'ensoleillement et nuire au calme des voisins en clôturant un toit terrasse par des claustras d'une hauteur de 2 m et en l'aménageant en terrasse d'agrément (▪ Cass. 3e civ., 13 nov. 2012, n° 11-19.943 : *Administrer* févr. 2013, p. 46, obs. J.-R. Bouyeure) ;

– laisser les arbres de son jardin pousser jusqu'à une hauteur excessive, obstruant la vue du balcon voisin (▪ CA Lyon, 6e ch., 13 juin 2001 : *Loyers et copr.* 2002, comm. 51. – V. G. Vigneron, *Le vert sied à la copropriété : Loyers et copr.* janv. 2012, étude 1) ;

– couper le compteur général de la copropriété installé dans ses parties privatives privant ainsi l'ensemble de la copropriété d'alimentation en eau (▪ Cass. 3e civ., 29 nov. 2011, n° 10-27.140 : *Rev. loyers* 2012, p. 27) ;

– transformer une cour en parking, causant ainsi une gêne anormale à son voisin (▪ Cass. 3e civ., 22 juin 1994 : *Bull. civ.* III, n° 128 ; *Defrénois* 1995, p. 411, obs. C. Atias) ou cloisonner un parking en rendant ainsi impraticable l'emplacement voisin (▪ Cass. 3e civ., 28 mai 2002 : *Rev. loyers* 2002, p. 452) ;

– entreposer dans son lot des livres en quantité excessive créant ainsi un risque d'effondrement du plancher et un risque d'incendie (▪ CA Paris, 14e ch. A, 4 oct. 2006 : *Loyers et copr.* 2007, comm. 63, obs. G. Vigneron) ;

– déposer une épave sur un emplacement de stationnement alors que le règlement intérieur interdit les abandons de véhicules en mauvais état (▪ Cass. 3e civ., 20 mai 2008, n° 07-15.483).

Il est responsable s'il laisse des squatters s'installer dans son lot (▪ CA Paris, 23e ch. B, 15 févr. 1994 : *Rev. Administrer* déc. 1994, p. 56) ;

• le copropriétaire est libre de faire des travaux, sous réserve d'obtenir une autorisation s'ils affectent les parties communes ou l'aspect extérieur de l'immeuble ;

Voir : L. 10 juill. 1965, art. 25 *b)*, p. 428 et art. 9, comm. nos 17 et 19, p. 94.

• le copropriétaire est libre de supprimer les éléments d'équipement commun inclus dans son lot ou de ne pas les utiliser : par exemple de couper les radiateurs, mais dans la mesure où cela n'a pas pour effet de déséquilibrer le système de distribution de chaleur et ne porte pas atteinte à la jouissance des autres parties privatives ou communes (▪ CA Versailles, 17 mars 1986 : *Rev. loyers* 1987, p. 108. – V. également à propos de l'installation de radiateurs particuliers ayant pour effet de perturber le rendement d'ensemble de la chaufferie, ▪ Cass. 3e civ., 7 mai 2003 : *AJDI* 2003, p. 599) : mais cela ne peut le dispenser de continuer à participer aux charges correspondantes à ces éléments d'équipement commun ;

Voir : L. 10 juill. 1965, art. 10, comm. n° 13, p. 143.

• Il peut modifier l'affectation de son lot, sous réserve de ne pas porter atteinte aux droits des autres copropriétaires et à la destination de l'immeuble (V. , comm. n° 26, p. 99 à comm. n° 53, p. 112), par exemple (solution d'espèce) transformer un jardin privatif en emplacement de stationnement (▪ Cass. 3e civ., 3 juin 1998 : *Loyers et copr.* sept. 1998, n° 223).

Voir : sur l'interdiction faite à l'assemblée de porter atteinte à la jouissance des lots des copropriétaires, L. 10 juill. 1965, art. 26, comm. nos 27, 29 à 31, p. 479.

C – Troubles de voisinage

Bibliographie : Puill, *Les nuisances dans la copropriété : AJPI* juin 1980, p. 453. – Basse, *Les relations de voisinage dans les copropriétés : Inf. rap. copr.* mai 1991, p. 164 et s. – V. Grafan, *Les troubles de voisinage et le régime de la copropriété : Inf. rap. copr.* 1987, p. 219 et s. – E. Vichrova, *Bruit : pollution moderne : Le Particulier immobilier*, févr. 1995, p. 34 et s. et du même auteur : *Le bruit dans l'habitat, une surveillance rapprochée : Inf. rap. copr.* févr. 1995, p. 27 et s. ; *Voisins bruyants : quels recours ? : Le Particulier immobilier*, avr. 2000, p. 37. – S. Beaugendre, *Responsabilité pour troubles de voisinage et les enseignements de la jurisprudence récente : Dr. et patrimoine*, 3/2000, p. 44 et s. – C. Atias, *Relations de voisinage en copropriété immobilière : Ann. loyers* 2002, p. 1686. – Y. Trémorin, *Le bénéfice de préoccupation et la réparation des troubles de voisinage : JCP N* 2004, n° 29-1340. – H. Boucard, *Troubles anormaux de voisinage et Convention européenne des droits de l'homme : AJDI* 2004, p. 189. – J.-M. Roux, *Les troubles de voisinage en copropriété immobilière : Inf. rap. copr.* nov. 2006, p. 18. – F. Le Fichant, *Trouble anormal de voisinage et antériorité d'occupation : Administrer* févr. 2012, p. 18. – F. Bérenger, *Les troubles anormaux de voisinage en copropriété : Administrer* juin 2012, p. 16. – G. Turenne, *Bruits et odeurs, comment s'en protéger ? : Inf. rap. copr.* janv.-févr. 2013, p. 24. – J.-Ph. Tricoire, F. Rouvière et F. Colonna d'Istria, *Les troubles anormaux de voisinage : points de vue croisés : Gaz. Pal.* 31 août-2 sept. 2014, p. 7 et s. – *Le processus judiciaire pour troubles de voisinage : Inf. rap. copr.* nov. 2017, p. 49. – J.-M. Roux, *L'activité commerciale génératrice de troubles de* *voisinage : Inf. rap. copr.* nov. 2017, p. 23. – C. Coutant-Lapalus, *Les locataires et les troubles anormaux de voisinage : Inf. rap. copr.* nov. 2017, p. 43. – F. Bérenger, *L'urgence et les troubles anormaux de voisinage : Ann. loyers*, sept. 2018, p. 178. – S. Michelin-Mazeran, *La copropriété face aux troubles anormaux de voisinage : Inf. rap. copr.* mai 2021, p. 17.

JurisClasseurs. G. Courtieu, *Troubles de voisinage : JCl. Civil Code*, art. 1382 à 1386, Fasc. 265-10 et 265-20 et *JCl. Notarial Répertoire, V° Responsabilité civile*, Fasc. 265-10 et 265-20.

Voir : Annexe 11, *Bruit*, p. 1031 et Annexe 60-1, *Troubles de voisinage*, p. 1569.

1° Règles générales

6) Principes régissant la matière. Dans l'usage de leur lot, les copropriétaires doivent en particulier *s'abstenir de tous actes générateurs de troubles de voisinage* (▪ Cass. 3e civ., 24 oct. 1990 : *RD imm.* 1991, p. 98, obs. P. Capoulade. – Sur l'application de la théorie des troubles de voisinage en copropriété, dans les rapports entre le syndicat et les copropriétaires ou entre les copropriétaires, V. ▪ Cass. 3e civ., 11 mai 2017, n° 16-14.339, publié au *Bulletin : JurisData* n° 2017-008883 ; *Loyers et copr.* 2017, comm. 145, note A. Lebatteux). Ce trouble sera sanctionné :

- dans tous les cas, s'il provient d'un usage du lot contraire au règlement de copropriété,

Ainsi, il a été jugé que si le règlement de copropriété imposait de « ne produire aucun bruit de nature à gêner les voisins », un copropriétaire ne pouvait remplacer la moquette par un parquet dès lors que ce nouveau revêtement diminuait l'isolation phonique, et même si celle-ci restait conforme à la réglementation (▪ Cass. 3e civ., 15 janv. 2003 : *Bull. civ.* III, n° 4 ; *Loyers et copr.* 2003, comm. 100, obs. G. Vigneron ; *Rev. loyers* 2003, p. 241, note P. Déchelette-Tolot ; *AJDI* 2003, p. 425, note P. Capoulade ; *D.* 2003, somm. p. 1332, note C. Giverdon ; *JCP G* 2003, IV, 1391 ; *Gaz. Pal.* 17-18 mars 2004, p. 28, note J.-M. Gélinet. ▪ CA Paris, 2e ch. A, 24 nov. 2004 : *JurisData* n° 2004-263205. ▪ CA Paris, 19e ch. A, 14 déc. 2005 : *JurisData* n° 2005-288761. ▪ CA Paris, 2e ch. B, 21 déc. 2000 : *Loyers et copr.* 2001, comm. 165. – V. sur ce problème, A. Cattan, *Le changement du revêtement de sol : immeubles en copropriété et locatifs : Rev. Administrer* oct. 2005, p. 21. – C. Atias, *Moquette exigée, carrelage s'abstenir : Inf. rap. copr.*, avr. 2004, p. 27. – *Le revêtement de sol : changez-le sans souci, Le Particulier immobilier* févr. 2007, p. 45).

De même si le règlement interdit dans les locaux à usage commercial les activités générant des nuisances sonores, la fermeture d'un commerce après 22 heures peut être interdite même si les nuisances constatées n'excèdent pas les inconvénients normaux du voisinage (▪ Cass. 3e civ., 14 avr. 2010, n° 09-13.315. ▪ CA Paris, pôle 4, 2e ch., 9 avr. 2014, n° 12-11416 : *Administrer* août-sept. 2014, p. 55, obs. J.-R. Bouyeure. ▪ CA Aix-en-Provence, 20 mars 2014, n° 13-09969 : *JurisData* n° 2014-007919 ; *Loyers et copr.* 2014, comm. 227, obs. G. V.) ;

- et, en l'absence de dispositions particulières du règlement, seulement s'il présente un caractère anormal (V. pour des nuisances sonores, ▪ Cass. 3e civ., 5 oct. 1994 : *D.* 1994, inf. rap. p. 246. – Pour des troubles phoniques et olfactifs résultant de la transformation de lots en cuisine : ▪ Cass. 3e civ., 17 janv. 1996 : *Rev. loyers* 1996, p. 404 ; ou résultant de l'installation d'une terrasse de restaurant : ▪ Cass. 3e civ., 29 janv. 1997 : *RD imm.* 1997, p. 280, obs. P. Capoulade. – V. aussi pour les déjections d'un chien : ▪ CA Paris, 6e ch. C, 3 oct. 2000 : *Rev. loyers* 2000, p. 487). La responsabilité d'un copropriétaire a été ainsi engagée pour trouble anormal de voisinage à la suite de travaux ayant entraîné des fissures dans l'appartement voisin, et ceci même en l'absence de toute faute (▪ Cass. 3e civ., 24 sept. 2003, n° 01-17.733 : *Rev. Administrer* juin 2004, p. 52, obs. J.-R. Bouyeure. ▪ Cass. 3e civ., 24 févr. 2004 : *Rev. loyers* 2004, p. 406). L'anormalité du trouble s'apprécie de façon objective et n'est pas fonction de l'état de santé ou d'une sensibilité particulière de la personne qui le ressent et s'en plaint (▪ CA Paris, pôle 4, 2e ch., 11 mai 2016, n° 15/04007 : *JurisData* n° 2016-009766 ; *Loyers et copr.* 2016, comm. 187, obs. G. Vigneron).

L'action peut être dirigée contre le propriétaire actuel du lot, quand bien même celui-ci n'aurait pas commis la faute à l'origine des troubles (▪ Cass. 3e civ., 11 mai 2017, n° 16-14.665 : *JurisData* n° 2017-008968 ; *Loyers et copr.* 2017, comm. 145, note A. Lebatteux).

Voir : sur les actions que peut intenter en pareil cas le syndicat, L. 10 juill. 1965, art. 15, comm. n° 29, p. 259.

2° Exemples de troubles de voisinage

7) Bruits. Le bruit excessif est l'exemple type de trouble anormal de voisinage. La jurisprudence donne de nombreux exemples de contentieux en ce domaine (▪ CA Paris, 23e ch., 30 juin 2005 : *Loyers et copr.* 2005, comm. 210, obs. G. Vigneron : bruits créés par l'exploitation d'une boulangerie. – V. aussi ▪ CA Paris, 1er mars 1963 : *D.* 1964, somm., p. 14. ▪ CA Paris, 2 mai 1983 : *Rev. Administrer* mars 1984, p. 47) ; chants et danses diurnes ou nocturnes (▪ CA Paris, 23e ch. A, 13 juin 2001 : *Loyers et copr.* 2001, comm. 297. ▪ CA Riom, 3 mai 1966 : *AJPI* 1967, p. 38, note Cabanac) ; orchestres (▪ Cass. 3e civ., 20 déc. 1962 : *AJPI* 1963, II, 430, note Cabanac) ; aboiements de chiens (▪ CA Paris, 22 juin 1962 : *Gaz. Pal.* 1962, 2, 318. ▪ TGI Paris, 9 févr.

1977 : *D.* 1978, inf. rap. p. 118) ; exercice d'un culte (▪ CA Aix-en-Provence, 10 juin 1981 : *Bull.* Aix-en-Provence 2/1981, n° 79).

Il n'y aura « trouble de jouissance » qu'à la condition que les nuisances sonores invoquées excèdent les inconvénients normaux de voisinage (▪ Cass. 3e civ., 28 févr. 2001 : *Loyers et copr.* 2001, comm. 166. ▪ CA Paris, pôle 4, 2e ch., 9 mars 2011 : *JurisData* n° 2011-003840). Le trouble causé par un copropriétaire qui joue du piano peut être considéré comme excessif en fonction des caractéristiques de l'immeuble (▪ TGI Paris, 21 déc. 1984 : *Inf. rap. copr.* 1985, p. 185. – Comp. pour la pratique du tennis de table : ▪ CA Chambéry, 2e ch. civ., 9 déc. 2008 : *JurisData*, n° 2008-374592). De même lorsqu'un locataire joue de la guitare et écoute de la musique à des heures tardives sur des plages horaires diurnes importantes et à un niveau élevé dépassant le seuil de tolérance (▪ CA Paris, pôle 4, 3e ch., 9 sept. 2009 : *Loyers et copr.* 2010, comm. 30, obs. G.V.). L'appréciation de la réalité des nuisances et du trouble ne se fait pas en considération du respect ou non d'un seuil réglementaire. Seule la nature des nuisances, au regard notamment de l'intensité du bruit et de sa persistance dans la journée et dans le temps, doit être prise en considération afin de déterminer l'existence d'un trouble (▪ CA Paris, pôle 4, 2e ch., 18 mai 2017, n° 15/04860 : *Administrer* août-sept. 2017, p. 64, obs. J.-R. Bouyeure).

La création d'une salle d'eau avec une pompe de relevage au-dessus d'une chambre à coucher constitue un trouble anormal de voisinage dès lors qu'elle est génératrice de bruits inusités dans une pièce affectée au repos (▪ CA Paris, 23e ch. B, 18 déc. 2008 : *RJDA* 7/2009, n° 690). Un copropriétaire a été condamné à exécuter les travaux indispensables pour mettre fin aux nuisances sonores créées pour les copropriétaires de l'étage en dessous par le grincement d'un parquet vétuste (▪ TGI Paris, 24 juin 2009 : *JurisData* n° 2010-023228 ; *Loyers et copr.* 2010, comm. 237, obs. G. Vigneron).

Ne constituent pas un trouble anormal de voisinage des bruits sur une courte période (bruit de pas, claquements de porte, conversations audibles, sonnerie d'interphone ou de téléphone) sans preuve d'un caractère excessif soit dans leur fréquence, soit dans leur intensité et qui ne sont que la conséquence de la configuration même des lieux et du mode d'habitation collectif (▪ CA Paris, 23e ch. B, 22 nov. 2007 : *Loyers et copr.* 2008, comm. 121). – V. également, pour des pas d'enfants ou des bruits de conversation, dès lors que leur perception à l'étage inférieur est due à la conception de l'immeuble (▪ CA Paris, 23e ch. B, 18 déc. 2008 : *RJDA* 7/2009, n° 690).

8) Remplacement du revêtement de sol. Même en l'absence de toute disposition particulière dans le règlement, peut être déclaré responsable de l'augmentation du bruit pour le voisin de l'étage inférieur, le copropriétaire qui a enlevé la moquette pour la remplacer par du plancher ou du carrelage, diminuant ainsi l'isolation phonique (▪ Cass. 3e civ., 3 juin 2009 : *AJDI* 2009, p. 633. ▪ Cass. 3e civ., 21 juill. 1999 : *RD imm.* 1999, p. 677, note P. Capoulade. ▪ CA Versailles, 24 sept. 2012, n° 09/6575 : *Loyers et copr.* 2012, comm. 344, obs. G. Vigneron. ▪ CA Paris, pôle 4, 2e ch., 12 avr. 2012 : *JurisData* n° 2012-007759 ; *Loyers et copr.* 2012, comm. 278, note G. Vigneron. ▪ CA Dijon, 27 mars 2012 : *JurisData* n° 2012-010324 ; *Loyers et copr.* 2012, comm. 284, obs. G.V. ▪ CA Paris, pôle 4, 2e ch., 14 avr. 2010 : *JurisData* n° 2010-008145 ; *Loyers et copr.* 2010, comm. 237, obs. G. Vigneron ; *Rev. Administrer* juill. 2010, p. 51, obs. J.-R. Bouyeure. ▪ CA Paris, 23e ch. B, 28 févr. 2008 : *JurisData* n° 2008-358612. ▪ CA Paris, 2e ch. A, 15 nov. 2006 : *JurisData* n° 2006-318279. ▪ CA Lyon, 6e ch. civ., 23 mai 2006 : *JurisData* n° 2006-309381. ▪ CA Paris, 2e ch. B, 8 avr. 1999 : *Loyers et copr.* 1999, comm. 276. – V. L. 10 juill. 1965, art. 9, comm. n° 6, p. 90, la jurisprudence citée). Mais selon une décision, encore faut-il que la détérioration de l'isolation acoustique excède alors les normes réglementaires (▪ CA Colmar, 3e ch. civ. A, 24 sept. 2007 : *JurisData* n° 2007-359092). En fait le trouble de jouissance causé ne sera sanctionné que s'il présente un caractère anormal, ce qui est apprécié souverainement par les juges du fond (V. pour des nuisances résultant de l'installation d'un parquet flottant, ▪ Cass. 3e civ., 14 déc. 2011, n° 10-27.128. ▪ CA Rennes, 28 janv. 2016, n° 12/04975 : *Rev. loyers* 2016, p. 159. – Pour le remplacement du parquet par du carrelage, ▪ CA Chambéry, 30 août 2011 : *JurisData* n° 2011-019689 ; *Loyers et copr.* 2012, n° 25, obs. G. Vigneron. – V. également ▪ Cass. 3e civ., 8 oct. 2015, n° 14-17.680, qui considère que les troubles invoqués ne constituent que des bruits de la vie courante dans un immeuble ancien et mal insonorisé depuis l'origine).

Bibliographie : P. Turenne, *En finir avec les nuisances sonores* : *Inf. rap. copr.* mars 2010, p. 28.

9) Odeurs. Tout copropriétaire peut être sanctionné s'il crée des odeurs incommodantes : Voir pour des odeurs causées par l'exploitation d'une cordonnerie (V. ▪ TGI Paris, 23 mars 1977 : *D.* 1978, inf. rap. p. 128) – ou par l'exploitation d'un chenil (V. ▪ TGI Paris, 9 févr. 1977 : *D.* 1978, inf. rap. p. 118) ; pour des odeurs de mazout (V. ▪ TGI Paris, 11 juill. 1974 : *D.* 1976, inf. rap. p. 61) ; pour des odeurs créées par un restaurant (▪ Cass. 3e civ., 8 oct. 2003 : *Rev. loyers* 2004, p. 105. ▪ CA Bastia, 12 janv. 2011 : *JurisData* n° 2011-43650. ▪ CA Versailles, 22 sept. 2010 : *JurisData* n° 2010-205090 ; *Loyers et copr.* 2011, comm. 69. ▪ CA Paris, 23e ch. B, 29 janv. 2009 : *JurisData* n° 2009-376484. ▪ TGI Marseille, 6 mars 1986 : *Ann. loyers* 1986, p. 110, n° 16861) ou par l'exploitation d'une pizzeria (V. ▪ Cass. 3e civ., 26 mai 1993 : *Loyers et copr.* 1993, n° 360).

10) Activités incommodantes ou créant des risques ou des dangers. Les copropriétaires doivent éviter l'exercice d'*activités insalubres ou dangereuses* (risques d'incendie, V. ▪ TGI Paris, 15 avr. 1969 : *AJPI* 1970, p. 136, note Cabanac) ou *incommodantes* (location en meublé, V. ▪ Cass. 3e civ., 26 oct. 1976 : *Inf. rap. copr.* 1977, p. 26).

Pour échapper à sa responsabilité, le copropriétaire fautif ne peut faire valoir, en invoquant l'article L. 112-16 du Code de la construction et de l'habitation, qu'il exerçait déjà l'activité génératrice de troubles de voisinage avant que le demandeur n'ait acquis son appartement (▪ Cass. 3e civ., 23 janv. 1991 : *Bull. civ.* III, n° 31 ; *RD imm.* 1991, p. 252, obs. P. Capoulade. ▪ CA Paris, 2e ch. A, 15 nov. 2006 : *Loyers et copr.* 2007, comm. 66, obs. G. Vigneron. ▪ CA Paris, 19e ch. A, 7 avr. 2004, n° 2003/06511 : *Constr.-Urb.* 2004, comm. 125, obs. P. Cornille ; *Loyers et copr.* 2004, comm. 156, obs. G. Vigneron).

11) Activités contraires aux bonnes mœurs. Les copropriétaires ne doivent pas exercer une *activité contraire à la décence* : racolage, débauche, prostitution (▪ Cass. 3e civ., 2 juill. 2008, n° 07-18.15 : *Rev. loyers* 2008, p. 515. ▪ CA Paris, 8 mars 1963 : *Gaz. Pal.* 1963, 2, p. 178. ▪ TGI Grenoble, 6 avr. 1964 : *JCP* G 1964, II, 13663. ▪ CA Paris, 2e ch. B, 15 sept. 1995 : *Loyers et copr.* janv. 1996, n° 37) ; exploitation d'un sex-shop (▪ TGI Paris, 8 oct. 1976 : *D.* 1976, inf. rap. p. 314. ▪ CA Paris, 16 juin 1978 : *D.* 1980, inf. rap. p. 235, obs. Giverdon. ▪ TGI Paris, 11 juin 1976 : *D.* 1976, inf. rap. p. 304) ; massages thaïlandais (▪ CA Paris, 13 oct. 1982 : *D.* 1983, inf. rap. p. 336) ; exhibitionnisme (▪ CA Aix-en-Provence, 20 mars 2014, n° 13-05044 : *JurisData* n° 2014-008023 ; *Loyers et copr.* 2014, comm. 228, obs. G. Vigneron).

Bibliographie : V. sur le sujet, J. Hocquard, *Sex-shops et copropriété : Inf. rap. copr.* juill.-août 2021, p. 19. – J.-M. Le Masson, *Prostitution et copropriété : Inf. rap. copr.* juill.-août 2021, p. 15. – J.-M. Roux, *La clause de bonnes mœurs : Inf. rap. copr.* juill.-août 2021, p. 23. – D. Rodrigues, *Voyeurisme et exhibitionnisme en copropriété : Inf. rap. copr.* juill.-août 2021, p. 11. – Th. Poulichot, *Prévention des violences sexuelles en copropriété : Inf. rap. copr.* juill.-août 2021, p. 27.

12) Comportements créant des gênes diverses. On peut citer le cas où un copropriétaire ne procède pas à l'élagage des arbres situés sur son lot (▪ Cass. 2e civ., 17 mars 2005 : *D.* 2005, p. 2357, obs. B. Mallet-Bricout ; *AJDI* 2005, p. 762, note S. Prigent. ▪ CA Douai, 25 oct. 2004 : *JurisData* n° 2004-261202. – V. G. Vigneron, *Le vert sied à la copropriété : Loyers et copr.* janv. 2012, étude 1) ou édifie une structure métallique à des fins publicitaires, gênant la vue sur la mer des autres copropriétaires (▪ Cass. 3e civ., 30 mars 2005 : *AJDI* 2005, p. 583). De même lorsqu'un copropriétaire édifie une verrière surplombant un local commercial dont elle compromet l'exploitation (▪ Cass. 3e civ., 10 févr. 2010, nos 09-10.418 et 09-14.265 : *JurisData* n° 2010-051582 ; *Loyers et copr.* 2010, comm. 204, obs. G. Vigneron) ou s'il fait des travaux entraînant des fissures dans l'appartement voisin (▪ CA Versailles, 3e ch., 15 avr. 2010 : *JurisData* n° 2010-005027).

L'installation par un copropriétaire dans ses parties privatives d'un **système de vidéosurveillance** permettant d'observer les parties communes est contraire à la fois à l'article 9 de la loi du 10 juillet 1965 et aux articles 6 et 8 de la Convention européenne des droits de l'homme (▪ Cass. 3e civ., 11 mai 2011, n° 10-16.967 (P+B) : *JurisData* n° 2011-008443. – V. sur ce problème, G. Rouzet, *Vidéo protection et copropriété : la problématique : Inf. rap. copr.* juill.-août 2013, p. 20. – P. Turenne, *Vidéoprotection des parties communes : Inf. rap. copr.* oct. 2013, p. 8).

• Sur la réglementation applicable en la matière, V. Annexes, V° Vidéosurveillance.

3° *Conditions à remplir pour qu'une activité déterminée soit interdite*

13) Absence de disposition particulière dans le règlement. En l'absence de dispositions particulières dans le règlement, l'exercice d'une activité déterminée ne peut être interdite par le juge :

• si elle n'est pas contraire à la destination de l'immeuble, ce qu'il appartient au juge de vérifier dans chaque cas, en fonction des données particulières de l'espèce (▪ Cass. 3e civ., 3 déc. 2020, n° 19-20.642 : *JurisData* n° 2020-020016 ; *Loyers et copr.* 2021, comm. 30, note C. Coutant-Lapalus. ▪ Cass. 3e civ., 9 juill. 2020, n° 19-14.456 : *AJDI* mars 2021, p. 220, note N. Le Rudulier).

• si elle ne crée pas d'inconvénients anormaux de voisinage (V., pour un restaurant, ▪ Cass. 3e civ., 8 oct. 2003 : *Rev. Administrer* nov. 2004, p. 39, obs. J.-R. Bouyeure. – Pour une plomberie fumisterie, ▪ Cass. 3e civ., 1er déc. 1985 : *AJPI* 1986, p. 709. – Pour une épicerie alimentation, ▪ TGI Paris, 18 avr. 1988 : *RD imm.* 1989, p. 94. – Pour l'accumulation de détritus dans un appartement : ▪ CA Paris, 23e ch. B, 11 janv. 2001, *Synd. copr., 27 av. Raymond Poincaré à Paris*. – V. pour un stationnement gênant intermittent : ▪ CA Paris, 23e ch. A, 7 mai 2002 : *Loyers et copr.* 2002, comm. 272), ce qui est fonction des circonstances de chaque espèce. Ainsi la poursuite de l'activité d'un centre d'accueil de toxicomanes peut être suivant les cas admise ou interdite, en fonction des inconvénients qu'elle génère (▪ Cass. 3e civ., 3 déc. 2002, arrêt n° 1828 F-D. ▪ Cass. 3e civ., 2 juill. 2002, arrêt n° 1164 F-D. ▪ Cass. 3e civ., 11 juill. 2001, n° 00-10.274 : *Resp. civ. et assur.* 2001, comm. 320. ▪ CA Paris, 23e ch. B, 15 févr. 2001 : *AJDI* 2001, p. 445) ;

Il a été jugé qu'en l'état actuel des connaissances il n'était pas démontré que l'installation d'un relais de téléphonie mobile sur le toit de l'immeuble créait des nuisances anormales (▪ CA Paris, 23e ch. A, 7 mai 2002 : *Loyers et copr.* 2002, comm. 272, note G. Vigneron. – V. pour plus de détails sur ce problème, Annexe 4, *Antennes*, p. 941) ;

• si le copropriétaire qui s'en plaint a acquis son lot en pleine connaissance de cause (▪ TGI Paris, 13 avr. 1988 : *RD imm.* 1989, p. 93, obs. Givord et Giverdon. ▪ CA Agen, 8 sept. 1993 : *Cah. jurispr. d'Aquitaine* 1994, n° 1-2, p. 86).

14) Dispositions du règlement. Les copropriétaires doivent bien entendu respecter les dispositions du règlement, qui cependant, doivent être justifiées par la destination de l'immeuble (▪ Cass. 3e civ., 4 oct. 2014, n° 13-20.585 : *Administrer* févr. 2015, p. 47, obs. J.-R. Bouyeure). Le règlement comporte fréquemment des *clauses imposant de « n'apporter aucune gêne aux voisins par les bruits et odeurs »*, ce qui est susceptible d'interdire l'exploitation :

– d'un commerce de bar-salon de thé, ouvert jusqu'à 2 heures du matin (▪ Cass. 3e civ., 14 janv. 1987 : *Rev. Administrer* juin 1987, p. 33, note Guillot) ;

– d'un restaurant (▪ Cass. 3e civ., 18 févr. 1987 : *Rev. Administrer* sept. 1987, p. 49. ▪ Cass. 3e civ., 22 mai 1986 : *Rev. loyers* 1986, p. 322) ;

– d'un bar discothèque (▪ CA Paris, 23e ch., 5 mars 1986 : *JurisData* n° 1986-022252) ;

– d'un atelier de réparations de cyclomoteurs (▪ Cass. 3e civ., 22 févr. 1984 : *Rev. Administrer* oct. 1984, p. 43, note Guillot. ▪ CA Paris, 23e ch. B, 8 nov. 2007 : *JurisData* n° 2007-346587) ;

– d'une laverie (▪ CA Paris, 23e ch. B, 20 déc. 2007 : *AJDI* 2008, p. 219) ;

– ou d'une supérette (▪ CA Lyon, 28 juin 2016, n° 14/08992 : *JurisData* n° 2016-013114 ; *Loyers et copr.* 2016, comm. 239, obs. G. Vigneron et C. Coutant-Lapalus).

Mais bien entendu les juges devront dans chaque cas apprécier s'il y a ou non violation du règlement, au regard des inconvénients générés par l'activité concernée. Ainsi l'installation d'une enseigne lumineuse même autorisée par le règlement peut être ou non, selon les circonstances, à l'origine d'un trouble anormal de voisinage (V. pour une pharmacie, ▪ CA Paris, 16e ch. A, 7 mai 2009 : *AJDI* 2009, p. 881).

Si le règlement impose « de *ne rien faire qui puisse nuire à la bonne tenue de l'immeuble* », cette clause interdit l'exploitation d'un sex-shop (▪ CA Paris, 13 oct. 1982 : *D.* 1983, inf. rap. p. 336. ▪ CA Paris, 24 févr. 1986 : *Inf. rap. copr.* juin 1986, p. 107).

Le fait qu'une activité soit autorisée par le règlement n'empêche pas que les copropriétaires doivent l'exercer sans créer de troubles à leurs voisins (V. pour une activité de débit de boissons, restaurant et bar de nuit : ▪ Cass. 3e civ., 29 févr. 2012, n° 10-28.618 : *Inf. rap. copr.* janv.-févr. 2013, p. 14, note F. Karamani-Pelacuer. – Pour une activité de location en meublé autorisée : ▪ Cass. 3e civ., 26 oct. 1976 : *Inf. rap. copr.* 1977, p. 26 ; pour des troubles créés par une discothèque : ▪ Cass. 3e civ., 2 oct. 1996 : *JCP* G 1996, I, 4010, p. 142, obs. H. Périnet-Marquet ; et sur le principe : ▪ Cass. 3e civ., 11 févr. 1998 : *Loyers et copr.* mai 1998, n° 148 ; *Inf. rap. copr.* juill.-août 1998, p. 13, obs. P. Capoulade. ▪ Cass. 3e civ., 4 juin 1998 : *D.* 1998, inf. rap. p. 155. ▪ CA Paris, 2e ch. A, 15 nov. 2006 : *Loyers et copr.* 2007, comm. 66, obs. G. Vigneron).

4° *Sanctions des troubles de voisinage*

15) Diversité des sanctions. Lorsque l'usage du lot n'est pas conforme aux règles ci-dessus énoncées, les tribunaux peuvent prescrire des mesures de nature à faire cesser les inconvénients constatés (▪ Cass. 3e civ., 5 oct. 2017, n° 16-21.087 : *JurisData* n° 2017-019838 ; *Loyers et copr.* 2017, comm. 249, note C. Coutant-Lapalus ; *Administrer* déc. 2017, p. 59, note J.-R. Bouyeure) : travaux divers (▪ TGI Paris, 11 juill. 1974 : *D.* 1976, inf. rap. p. 61), par exemple d'insonorisation... ou condamnation à cesser les agissements dommageables sous astreinte...

Le tribunal peut *ordonner la cessation de l'activité* qui est à l'origine des troubles (pour une activité génératrice de bruits excessifs, V. ▪ Cass. 3e civ., 17 mai 1995 : *Loyers et copr.* août-sept. 1995, n° 384) à condition que la demande en soit faite expressément (▪ Cass. 3e civ., 17 janv. 1996 ; *Loyers et copr.* avr. 1996, n° 175 : *RD imm.* 1996, p. 268, obs. C. Giverdon). Cette demande ne sera en principe accueillie que s'il n'est pas possible de porter remède aux inconvénients recensés (▪ Cass. 3e civ., 17 déc. 1996, arrêt n° 1947 D, aff. *Millia*. ▪ CA Paris, 19e ch. B, 29 juin 1995 : *Loyers et copr.* déc. 1995, n° 536). Et la décision doit se limiter aux seules sanctions strictement nécessaires pour assurer le respect du règlement de copropriété (▪ Cass. 3e civ., 11 oct. 2005 : *Loyers et copr.* 2005, comm. 230, obs. G. Vigneron ; *Rev. Administrer* janv. 2006, p. 49, obs. J.-R. Bouyeure) et, par exemple, ordonner l'aménagement des horaires d'ouverture d'un restaurant en attendant des travaux d'insonorisation (▪ CA Paris, pôle 4, 2e ch., 16 janv. 2013, n° 10/23356 : *Administrer* avr. 2013, p. 58, obs. J.-R. Bouyeure).

L'action en cessation des troubles de voisinage peut être introduite soit par un copropriétaire soit par le syndicat des copropriétaires, depuis un arrêt de la Cour de cassation du 11 mai 2017 (L. 10 juill. 1965, art. 15, n° 45).

L'action en réparation des troubles anormaux de voisinage constitue non pas une action réelle immobilière, mais une action en responsabilité civile extracontractuelle soumise à la prescription de 5 ans de l'article 2224 du Code civil (▪ Cass. 2e civ., 16 janv. 2020, n° 16-24.352, publié au *Bull.* : *RDC* 2020, p. 113, note F. Danos. – V. précédemment ▪ Cass. 2e civ., 7 mars 2019, n° 18-10.074 : *JurisData* n° 2019-003323 ; *Constr.-Urb.* 2019, comm. 61, note M.-L. Pagès de Varenne. ▪ Cass. 3e civ., 13 sept. 2018, n° 17-22.474 : *AJDI* 2019, p. 470, note N. Le Rudulier).

Voir aussi : sur la qualité pour agir et les actions susceptibles d'être intentées, L. art. 15.

D – Domiciliation d'une entreprise commerciale

16) Autorisation de la loi. L'article L. 123-11 du Code de commerce autorise la domiciliation d'une entreprise dans un appartement.

Sur ce texte et son commentaire, C. com., art. L. 123-11-1, p. 1188.

E – Travaux

Bibliographie : Guillot, *L'aménagement d'une terrasse par un copropriétaire* : *Rev. Administrer* févr. 1985, p. 5. – P. Capoulade, *Les travaux privatifs dans un immeuble en copropriété* : *Inf. rap. copr.* sept. 2000, p. 16. – P. Déchelette-Tolot, *La création de mezzanine dans les lots privatifs de copropriété* : *Administrer* févr. 2020, p. 9.

1° Règles générales

17) Liberté de faire des travaux. Les copropriétaires peuvent en principe faire tous travaux dans leurs lots sans autorisation particulière (▪ TGI Paris, 13 mars 1975 : *D.* 1976, inf. rap. p. 70 ; pour des travaux concernant la devanture d'un magasin, ▪ Cass. 3e civ., 26 avr. 1979 : *D.* 1980, inf. rap. p. 31). Il en est ainsi, de plus fort, si leur lot est défini comme une « annexe aménageable » (▪ CA Paris, pôle 4, 2e ch., 27 nov. 2013 : *JurisData* n° 2013-027255 ; *Loyers et copr.* 2014, n° 126, obs. G. Vigneron).

Voir : L. 10 juill. 1965, art. 9, comm. n° 2, p. 87 et comm. n° 19, p. 94.

Ils peuvent ainsi procéder à un réaménagement intérieur de leur lot (▪ CA Paris, 3 mars 1988 : *D.* 1988, inf. rap. p. 99) par exemple installer une cuisine aux lieu et place d'une salle à manger (▪ CA Paris, 1re ch. urg., 24 mars 1988 : *JurisData* n° 1988-021802), percer un plancher pour relier deux lots situés à des niveaux différents si ce plancher est privatif (▪ CA Paris, 3e ch., 8 juill. 1986 : *JurisData*, n° 1986-023893), pratiquer une ouverture dans une cloison privative non porteuse (▪ CA Paris, 27 mai 1981 : *D.* 1982, inf. rap. p. 143), modifier la distribution intérieure de leur lot en créant ou en supprimant des cloisons séparatives (▪ CA Paris, 6e ch. B., 27 mai 1981 : *D.* 1982, inf. rap. p. 143, n° 46) ou aménager une mezzanine (▪ Cass. 3e civ., 26 mai 1993 : *Loyers et copr.* 1993, n° 315).

Il peut être nécessaire de coordonner les travaux concernant les parties privatives et communes à l'occasion du ravalement de la façade (▪ CA Paris, 23e ch. A, 28 avr. 1987 : *D.* 1987, inf. rap. p. 130).

18) Limitations à la liberté de faire des travaux. Le principe de liberté énoncé plus haut connaît toutefois *diverses limitations* :

- Les travaux doivent être autorisés par l'assemblée s'ils affectent les parties communes ou l'harmonie de l'immeuble.

Voir : sur ce point L. 10 juill. 1965, art. 9, comm. n° 19, p. 94 et art. 25, comm. n° 5, p. 432 à n° 32, p. 448).

- Il importe en outre que les travaux soient effectués conformément aux *dispositions du règlement* s'il en existe et, en toute hypothèse, qu'ils n'entraînent aucun dommage à l'égard des parties communes de l'immeuble (qu'ils ne portent pas, par exemple, atteinte à sa solidité ou à son esthétique, V. ▪ CA Paris, 19e ch. A, 3 juill. 1996 : *Loyers et copr.* nov. 1996, n° 442).
- Ils ne doivent pas porter atteinte aux droits des autres copropriétaires.

Voir : sur ce point, L. 10 juill. 19659, comm. n° 14, p. 93.

- Enfin, les travaux doivent être exécutés conformément aux règles du droit de la construction et de l'urbanisme (V. à propos de loggias, A. Lebatteux et Jobelot, *Impact de la fermeture des loggias au regard du droit de la copropriété et du droit de l'urbanisme* : *Administrer* janv. 2024, p. 7.

Voir : L. 10 juill. 1965, art. 8, comm. n° 39, p. 75 et comm. n° 42, p. 76.

19) Illustrations. *Si les travaux affectent des parties communes, ou l'aspect extérieur de l'immeuble* (percement de murs communs, travaux en façade...), ils doivent être autorisés à la majorité de l'article 25-*b* de la loi (▪ Cass. 3e civ., 15 janv. 1980 : *JCP* G 1980, IV, 122. ▪ Cass. 3e civ., 10 mars 1981 : *JCP* G 1982, II, 19765, note Guillot. ▪ Cass. 3e civ., 5 mai 1981 : *Gaz. Pal.* 1981, 2, pan. p. 350. ▪ Cass. 3e civ., 24 oct. 1990 : *RD imm.* 1991, p. 98, obs. P. Capoulade. ▪ CA Paris, 24 nov. 1981 : *D.* 1982, inf. rap. p. 143. ▪ CA Rouen, 29 juin 1982 : *Gaz. Pal.* 1983, 1, somm. p. 193. ▪ CA Paris, 19e ch. A, 21 avr. 1992 : *Loyers et copr.* 1992, n° 35).

L'urgence ne dispense pas les copropriétaires de solliciter l'autorisation de l'assemblée (▪ Cass. 3e civ., 3 juin 2014, n° 13-15.424 : *AJDI* 2014, p. 792).

V. sur ce point, et pour plus de détails le commentaire de l'article 25 *b* de la loi du 10 juillet 1965, *infra*.

Les travaux *ne doivent pas porter atteinte aux modalités de jouissance privative des lots des autres copropriétaires*, par exemple en supprimant la vue ou l'ensoleillement de ces lots (V. ▪ CA Paris, 23e ch. A, 20 nov. 1996 : *Loyers et copr.* mars 1997, n° 91) ou en entraînant des désordres graves dans un lot voisin (▪ CA Limoges, 25 oct. 2012 : *JurisData* n° 2012-027613 ; *Loyers et copr.* 2013, comm. 100, obs. G.V.). Toutefois un empiètement temporaire mais nécessaire sur un lot privatif peut être toléré (▪ Cass. 3e civ., 9 nov. 2017, n° 16-21.411 : *Administrer* janv. 2018, p. 62, obs. J.-R. Bouyeure).

Le copropriétaire qui entreprend les travaux est *responsable* des préjudices de tous ordres qu'ils peuvent causer (▪ CA Paris pôle 4, ch. 2, 24 févr. 2021, n° 18/2267 : *Administrer* juill. 2021, p. 38, obs. J.-R. Bouyeure ▪ CA Paris, 23e ch. A, 24 juin 1998 : *Loyers et copr.* janv. 1999, n° 24) et par exemple des fissurations qu'ils entraînent dans le lot voisin (▪ CA Paris, 23e ch. A, 20 oct. 1999 : *Rev. loyers* 2000, p. 327. – V. aussi, pour des travaux ayant entraîné un affaissement de la charpente vétuste, ▪ Cass. 3e civ., 20 mai 1998 : *Rev. loyers* 1999, p. 428, obs. J. Rémy et ▪ CA Paris, 23e ch. A, 29 mars 2000 : *JurisData* n° 2000-111153 ; *Loyers et copr.* 2000, comm. 208).

Ils ne doivent pas non plus être contraires à la destination de l'immeuble ou des parties privatives (ce dont on a déduit l'interdiction de cloisonner et fermer un emplacement de stationnement, ce qui en changerait la nature : ▪ CA Paris, 23e ch. B, 20 nov. 2003 : *Loyers et copr.* 2004, comm. 79, obs. G. Vigneron. – V. dans le même sens ▪ CA Paris, pôle 1, 2e ch., 13 oct. 2015 : *JurisData* n° 2015-023132 ; *Loyers et copr.* 2015, n° 257, note G. Vigneron).

2° *Autorisation de construire*

20) Incidence des droits du constructeur. S'il s'agit de construire, les autorisations exigées varient tout d'abord *selon la nature des droits du constructeur* :

– si le droit de construire a été inclus dans les parties privatives de son lot (V. par exemple ▪ Cass. 3e civ., 14 déc. 1982, n° 81-13.737 : *JCP* 1983, II, 20116, note B. Stemmer. ▪ CA Versailles, 15 févr. 1983 : *Rev. loyers* 1983, p. 493), il n'a pas en principe à demander d'autorisation particulière à la copropriété (V. dans le cas où le lot est désigné comme « le droit de construire une maison, une terrasse couverte, un garage, une piscine » (▪ Cass. 3e civ., 12 mai 2015, n° 13-12.385 : *Administrer* août-sept. 2015, p. 50, obs. J.-R. Bouyeure).

Voir aussi : sur le cas où la construction a été par avance autorisée par le règlement, L. 10 juill. 1965, art. 8, comm. n° 42, p. 76. – Sur l'exercice du droit de construire par un copropriétaire, V. aussi L. 10 juill. 1965, art. 35, p. 559.

– si le constructeur n'a qu'un droit de jouissance exclusive sur les parties communes, il ne peut en principe construire sans acquérir préalablement ce droit du syndicat. – Sur ce point L. art. 9, n° 101.

21) Incidence de la nature des travaux. Les autorisations requises varient également *selon la nature des travaux* : il y a parfois doute sur le point de savoir s'ils constituent des travaux affectant l'aspect extérieur de l'immeuble, devant être autorisés à la majorité de l'article 25 *b* de la loi, ou de véritables travaux de surélévation, relevant de l'article 35 de la loi (V. ce texte). Ces autorisations bénéficient ensuite à l'acquéreur du lot (▪ CA Aix-en-Provence, 4e ch. A, 1er nov. 2004 : *D.* 2004, inf. rap. p. 1427).

L'obtention d'un permis de construire ne dispense pas de ces autorisations et ne peut y suppléer.

Bibliographie : Liet-Veaux, *Le copropriétaire face au permis de construire concernant son lot privatif* : *Inf. rap. copr.* juin 1984, p. 170.

3° *Permis de construire – Autorisations d'urbanisme*

22) Solutions antérieures au décret du 5 janvier 2007. Un arrêt du Conseil d'État du 22 mars 1985 (▪ CE, 22 mars 1985 : *JCP* N 1985, II, p. 195, note B. Stemmer) avait énoncé que lorsqu'un permis de construire était demandé par un copropriétaire, l'administration devait vérifier qu'il était bien nanti « des diverses autorisations auxquelles la loi, complétée le cas échéant par les stipulations du règlement de copropriété, subordonne l'exercice du droit de construire par chacun des copropriétaires » (V. Ph. Boulisset, *Permis de construire affectant les parties communes : nécessité d'une autorisation de l'assemblée générale* : *Ann. loyers* 2002, p. 1102).

Voir : L. 10 juill. 1965, art. 25, comm. n° 22, p. 442.

MM. Liet-Veaux et Sizaire résumaient ainsi l'état de la jurisprudence à la suite des décisions du Conseil d'État :

– Si les titres (règlement de copropriété et état descriptif de division) ou, éventuellement, une convention (conclue en vertu de art. 37 de la loi, V. ce texte) reconnaissaient au copropriétaire demandeur le droit de construire (ou de surélever) aucune autorisation n'était alors requise (V. CE, 6e et 2e sous-sect., 28 juill. 1993, req. nos 127760 et 127866, *Époux Guyot* : *JCP* N 1993, II, p. 366, obs. B. Stemmer et A. Mourocq ; *RD imm.* 1994, p. 104, obs. P. Capoulade).

– Si le droit de construire (ou de surélever) n'était pas l'accessoire ou l'élément d'un lot privatif, le copropriétaire devait alors demander à l'assemblée l'autorisation prévue par l'article 25 *b* de la loi du 10 juillet 1965 (▪ CE, 6 avr. 1992 : *Dr. adm.* 1992, n° 270, 28 juill. 1993. – CE, 6e et 2e sous-sect., req. n° 101621, *SCI Atruim* : *JCP* N 1993, II, p. 366, préc. ; *JCP* G 1994, II, 22255, préc.).

En bref, il appartenait à l'autorité administrative de vérifier que le pétitionnaire avait produit les autorisations auxquelles la loi, complétée le cas échéant par les stipulations du règlement, subordonnait le droit, pour chacun des copropriétaires, de réaliser certains travaux (▪ CE, 29 juin 2005, n° 268782 : *JurisData* n° 2005-068669 ; *Constr.-Urb.* 2005, comm. 253, note P. Cornille). Mais si les autorisations nécessaires n'étaient pas jointes à la demande, le maire n'était pas tenu, avant de rejeter cette demande, d'inviter le pétitionnaire à régulariser son dossier (même décision).

La sanction du défaut d'autorisation préalable de l'assemblée était la nullité du permis (▪ CE, 22 avr. 2005, n° 262705 : *Constr.-Urb.* 2005, comm. 194, note P. Cornille). Le moyen tiré de ce que l'accord de la copropriété joint à la demande de permis n'avait pas été délivré dans les conditions prévues par l'article 25 *b* de la loi du 10 juillet 1965 n'était pas d'ordre public et n'était pas susceptible d'être soulevé devant la Cour de cassation (▪ CE, 7 mars 2005, n° 259685 : *Constr.-Urb.* 2005, comm. 118, note Ph. Benoît-Cattin).

23) Nouvelles règles à compter du 1er octobre 2007. À la suite du décret n° 2007-18 du 5 janvier 2007, pris pour l'application de l'ordonnance n° 2005-1527 du 8 décembre 2005 relatif aux permis de construire et aux autorisations d'urbanisme, le point de savoir si les règles précitées restent ou non d'actualité était discuté.

Partant de cette idée que le décret du 5 janvier 2007, applicable à compter du 1er octobre 2007, avait décidé d'opérer « une dissociation radicale entre le contrôle des règles d'urbanisme et celui des dispositions de droit privé » (F. Priet, *La demande de permis de construire* : *Droit et ville* 2007, n° 64, p. 50 s.) et prenant acte de ce qu'il n'était désormais plus nécessaire pour le pétitionnaire de justifier d'un titre l'habilitant à déposer une demande de permis, certains en avaient déduit, en tirant argument du nouvel article R. 423-1 *b*) du Code de l'urbanisme, qu'une demande de permis de construire pourrait dorénavant être valablement instruite sans production préalable d'un procès-verbal d'assemblée ou la signature des autres copropriétaires, ce qui rendrait caduque la jurisprudence précitée (*Rev. Géomètre*, févr. 2007, p. 42. – V. également en ce sens, Y. Broussole, *Permis de construire et copropriété : la suppression de l'obligation de fournir le titre habilitant à construire* : *Rev. Administrer* avr. 2011, p. 19. – V. l'opinion prudente de P. Cornille : *Constr.-Urb.* 2007, n° 130, note ss ▪ CAA Versailles, 15 mars 2007 et ▪ CAA Bordeaux, 5 avr. 2007).

L'administration avait confirmé que le pétitionnaire du permis devait seulement attester qu'il était autorisé à réaliser les travaux et qu'il n'avait plus à compléter son dossier par l'autorisation de l'assemblée générale. Mais elle ajoute que « ce système déclaratif ne remettait pas en cause l'obligation pour ce copropriétaire d'obtenir au préalable l'accord des copropriétaires. Lorsque cet accord n'avait pas été recueilli, le permis obtenu grâce à une fausse déclaration était illégal. Cette pratique constituait une fraude et la jurisprudence autorisait en pareil cas le retrait du permis par l'autorité compétente sans condition de délai sur demande de la copropriété » (Rép. min. Breton : *JOAN* Q 6 juill. 2010, p. 7645, n° 51235). Une réponse ministérielle postérieure avait admis que le copropriétaire pouvait donc demander l'autorisation de l'assemblée générale postérieurement à l'obtention de l'autorisation d'urbanisme (Rép. min. n° 12194 : *JOAN* 12 mars 2013, p. 2844 ; *JCP* N 2013, n° 13, act. 125).

Le Conseil d'État a de son côté adopté une position libérale (▪ CE, 15 févr. 2012, n° 333631 : *JurisData* n° 2012-002033 ; *Dr. adm.* 2012, n° 45, note R. Noguellou ; *LPA* 15 juin 2012, p. 26, note D. Dutrieux ; *Rev. loyers* 2012, p. 183, note M. Plaidy). Selon cette décision l'administration n'a plus à exiger la production des autorisations auxquelles la loi subordonne le droit, pour chacun des copropriétaires, de réaliser certains travaux et, en particulier, à vérifier si ces travaux affectaient les parties communes ou l'aspect extérieur de l'immeuble et nécessitaient ainsi l'assentiment de l'assemblée générale des copropriétaires (V., dans le même sens, ▪ CE, 13 déc. 2013, n° 356297 : *JurisData* n° 2013-028560 ; *Constr.-Urb.* 2014, comm. 42, note L. Santoni ; *Defrénois* 2014, n° 5, p. 230, note G. D.). Le fait que le demandeur n'est pas autorisé par le syndicat à réaliser les travaux à la date de l'autorisation n'est pas constitutif d'une manœuvre frauduleuse (V., aussi, ▪ CAA Bordeaux, 1re ch., 15 nov. 2012 : *JurisData* n° 2012-031493 ; *Constr.-Urb.* févr. 2013, comm. 18, note P. Cornille. – Sur les demandes de permis dans les copropriétés horizontales, V. ▪ CAA Marseille, 11 mai 2015 : *JurisData* n° 2015-013539 ; *Constr.-Urb.* 2015, comm. n° 104, note P. Cornille).

Dans une décision plus récente, le Conseil d'État énonce que si un copropriétaire a obtenu un permis de construire sans présenter d'autorisation de l'assemblée et que cette autorisation obtenue postérieurement est ensuite contestée, ces faits ne caractérisent pas une fraude du pétitionnaire entachant d'irrégularité la demande de permis de construire (▪ CE, 3 avr. 2020, n° 422802, *Ville de Paris* : *JurisData* n° 2020-004680 ; *JCP* N 2020, n° 17, 401, obs. L. Epstein ; *Rev. loyers* 2020, p. 259, note V. Zalewski-Sicard ; *Loyers et copr.* 2021, comm. 49, note A. Lebatteux ; *Defrénois* 2021 n° 5, p. 26, note G. Daudré ; *Defrénois* 2021, n° 17, note M.-A. Le Floch, chron. P.-L. Niel ; *LPA* 4 mai 2021, p. 18. – V. sur cette décision, H. Périnet-Marquet, *Permis de construire et copropriété : l'ignorance érigée en dogme : Constr.-urb.* nov. 2020, Repère 10).

Comme l'exprime l'article A 424-8, dernier alinéa du Code de l'urbanisme, « Le permis est délivré sous réserve du droit des tiers : il vérifie la conformité du projet aux règles et servitudes d'urbanisme. Il ne vérifie pas si le projet respecte les autres réglementations et les règles de droit privé. Toute personne s'estimant lésée par la méconnaissance du droit de propriété ou d'autres dispositions de droit privé peut donc faire valoir ses droits en saisissant les tribunaux civils, même si le permis respecte les règles d'urbanisme ».

Bibliographie : B. Stemmer, *Le Conseil d'État et la copropriété* : *JCP* N 1987, prat. 387. – Liet-Veaux et Sizaire, *Le permis de construire et le statut de la copropriété des immeubles* : *AJDA* 1988, p. 371. – B. Stemmer, *Urbanisme et copropriété : vers l'inextricable ?* : *JCP* N 1987, prat. 34. – J.-R. Bouyeure et M.-F. Ritschy, *Travaux sur l'immeuble en copropriété et permis de construire* : *Gaz. Pal.* 1988, 1, p. 350. – G. Vigneron, *Permis de construire et copropriété* : *Loyers et copr.* nov. 1987, p. 1. – J. Lafond, *Permis de construire et copropriété* : *Rev. Administrer* févr. 1990, p. 11 et s. – H. Charles, *Autorisations et contrôles administratifs des travaux des copropriétaires* : *AJPI* 1991, p. 88 et s. – D. Sizaire, *Copropriété, construction et urbanisme* : *Inf. rap. copr.* févr. 1997, p. 12 et s. – A. Duflot, *La copropriété et le permis de construire* : *Inf. rap. copr.* mai 2003, p. 15. – J.-M. Roux, *Permis de construire individuel et autorisation d'assemblée générale* : *Ann. loyers* 2004, p. 2454. – Y. Broussole, *Les conditions à remplir et les justifications à fournir pour déposer une demande de permis de construire ou une déclaration de travaux* : *Administrer* avr. 2017, p. 10. – Ph. Boulisset, *Le contrôle de la qualité du demandeur de l'autorisation d'urbanisme* : *Ann. loyers* 2021, p. 45.

4° *Sanction des travaux non autorisés*

Bibliographie : V. Matet, *Le notaire déjoue le piège d'une transformation irrégulière du lot de copropriété : NOTA BENE Cridon Bordeaux Sud-Ouest* mars 2014, n°s 767 et 768. – J. Hocquard, *Parties communes : démolition et/remise en état des constructions illégales ?* : *Inf. rap. copr.* janv.-févr. 2019, p. 27.

Sur la sanction des travaux non autorisés, V. dans d'autres parties du présent code :

- travaux effectués en violation du règlement de copropriété : L. 10 juill. 1965, art. 8, n°s 53 à 55, p. 81 ;
- travaux portant atteinte à la destination de l'immeuble ou aux droits des autres copropriétaires : L. 10 juill. 1965, art. 9, n° 110, p. 134 ;
- travaux portant atteinte à l'aspect extérieur de l'immeuble ou aux parties communes : L. 10 juill. 1965, art. 25, n° 29, p. 444.

24) Principe : remise des lieux en leur état antérieur. La jurisprudence en la matière a subi une évolution :

- Le principe, selon une jurisprudence bien établie, est que la sanction en cas de travaux non autorisés était la remise des lieux en leur état antérieur. (▪ Cass. 3e civ., 18 mars 1980 : *JCP* G 1980, IV, 214. ▪ Cass. 3e civ., 13 oct. 1981 : *D.* 1982, inf. rap. p. 290, obs. Cl. Giverdon. ▪ Cass. 3e civ., 1er déc. 1981 : *D.* 1982, inf. rap. p. 163. ▪ Cass. 3e civ., 14 déc. 1982 : *Gaz. Pal.* 1983, 2, pan. p. 90. ▪ Cass. 3e civ., 20 mars 1991 : *RD imm.* 1991, p. 250, obs. P. Capoulade. ▪ Cass. 3e civ., 12 mai 1993 : *Loyers et copr.* 1993, n° 281. ▪ Cass. 3e civ., 12 mars 1997 : *JurisData* n° 1997-001056 ; *JCP* G 1997, IV, 958. ▪ Cass. 3e civ., 14 avr. 1999 : *RD imm.* 1999, p. 464, obs. P. Capoulade. ▪ Cass. 3e civ., 15 déc. 1999 : *JurisData* n° 1999-004818 ; *Loyers et copr.* 2000, comm. 80. ▪ Cass. 3e civ., 6 mars 2002, n° 01-00.335. ▪ Cass. 3e civ., 30 mars 2017, n° 15-24.612 : *JurisData* n° 2017-007823 ; *Loyers et copr.* 2017, comm. 151, note A. Lebatteux), le cas échéant sous astreinte (▪ CA Paris, pôle 4, 2e ch., 10 nov. 2021, n° 18/04772 : *Administrer* janv. 2022, p. 41, obs. P. Dechelette-Tolot. ▪ CA Montpellier, 5e ch. A, 18 sept. 2006 : *JurisData* n° 2006-315207).

On notera cependant que des tempéraments ont été apportés à ce principe, notamment à la suite de la réforme du droit des contrats et des obligations par l'ordonnance du 10 février 2016 (V. ci-dessous, comm. 25).

Peu importe qu'un accord soit intervenu entre les copropriétaires des lots concernés par les travaux : en l'absence d'autorisation de l'assemblée générale, la destruction des ouvrages doit être prononcée, tout copropriétaire étant fondé à demander la suppression d'un ouvrage édifié en violation du règlement de copropriété ou portant atteinte aux parties communes (▪ Cass. 3e civ., 25 janv. 2024, n° 22-022.758 : *JurisData* n° 2024-000627 ; *Loyers et copr.* 2024, comm. 54, note C. Coutant-Lapalus). Peu importe que les travaux irréguliers n'entraînent qu'une emprise minime sur les parties communes (▪ Cass. 3e civ., 17 avr. 1991 : *RD imm.* 1991, p. 377, obs. C. Giverdon et P. Capoulade) ou qu'ils n'engendrent aucun préjudice (▪ Cass. 3e civ., 12 oct. 1981 : *Bull. civ.* III, n° 152), ou qu'ils aient été nécessaires pour l'exercice de l'activité du copropriétaire (▪ Cass. 3e civ., 15 févr. 2018, n° 16-17.759 : publié au *Bull.* ; *JurisData* n° 2018-001990 ; *Loyers et copr.* 2018, comm. 105, note C. Coutant-Lapalus) ou qu'ils aient été effectués par un précédent propriétaire. En cas de vente de lot, l'action du syndicat ne peut être dirigée que contre le propriétaire actuel du lot, qui ne peut se défendre en faisant valoir que les travaux ont été effectués par le précédent propriétaire (▪ CA Paris, 23e ch. A, 30 janv. 2002 : *Administrer* mai 2002, p. 49, obs. J.-R. Bouyeure. ▪ CA Paris,

23e ch. B, 17 févr. 2000 : *AJDI* 2000, p. 438). Il lui appartient d'exercer une action en garantie contre son vendeur (▪ CA Paris, 23e ch. B, 10 janv. 2008 : *JurisData* n° 2008-351978 ; *AJDI* 2008, p. 220).

La demande de démolition ne constitue pas un abus de droit et n'est pas contraire à la Convention de sauvegarde des droits de l'homme et des libertés fondamentales (▪ Cass. 3e civ., 21 déc. 2017, n° 16-25.406 : publié au *Bull.* ; *JurisData* n° 2017-026659). Mais il a été jugé que le syndicat ne pouvait remettre en cause des ouvrages réalisés antérieurement au placement de l'immeuble sous le statut de la copropriété (▪ CA Paris, pôle 4, 2e ch., 17 oct. 2012, n° 10/21218 : *JurisData* n° 2012-023389 ; *Loyers et copr.* 2013, comm. 93, obs. G. Vigneron).

Il a été précisé qu'en aucun cas le syndicat des copropriétaires ne pouvait de son propre chef entreprendre la destruction d'une construction effectuée par un copropriétaire, même si elle était irrégulière : la décision n'appartient qu'au juge (▪ Cass. 3e civ., 25 mars 2021, n° 20-14.570 : *JurisData* n° 2021-004325 ; *Loyers et copr.* 2021, comm. 103, note A. Lebatteux).

• L'action à introduire pose quelques problèmes procéduraux.

L'accomplissement de travaux sans autorisation du syndicat des copropriétaires constitue un « trouble manifestement illicite » : le juge des référés peut donc en ordonner la cessation en prescrivant les mesures conservatoires ou de remise en état qui s'imposent, même en présence d'une contestation sérieuse (CPC, art. 835, al. 1er-anc. art. 809, al. 1er. ▪ Cass. 3e civ., 21 avr. 2022, n° 21-15.820, F-D : *Loyers et copr.* 2022, comm. 103, note A. Lebatteux ; *Administrer* juin 2022, p. 35, obs. P. Déchelette-Tolot. ▪ Cass. 3e civ., 9 mars 2022, n° 21-15.797, F-D : *JurisData* n° 2022-006476 ; *Loyers et copr.* 2022, comm. 69, note A. Lebatteux. ▪ Cass. 3e civ., 27 janv. 2015, n° 13-23.853. ▪ Cass. 3e civ., 1er mars 2011, n° 10-15.337. ▪ Cass. 3e civ., 17 janv. 1996 : *Bull. civ.* III, n° 16 ; *Loyers et copr.* 1996, n° 189). Il est inutile de justifier de l'urgence (▪ CA Paris, 14e ch. B, 11 févr. 2000 : *AJDI* 2000, p. 439).

Si les travaux ne sont pas achevés, leur suspension peut être ordonnée (▪ Cass. 3e civ., 27 janv. 2015, n° 13-23.853. ▪ CA Paris, 23e ch., 4 déc. 1992 : *Loyers et copr.* 1993, n° 199). Si le copropriétaire qui a entrepris les travaux sans autorisation soutient (à propos d'une mezzanine) qu'il s'agit d'une structure amovible et temporaire, c'est à lui qu'il appartient de l'établir, et non pas au syndicat des copropriétaires de prouver le contraire (▪ Cass. 3e civ., 6 févr. 2013, n° 12-12.118 : *Administrer* avr. 2013, p. 61, obs. J.-R. Bouyeure ; *AJDI* 2013, p. 357).

Voir aussi : sur la qualité pour agir, L. 10 juill. 1965, art. 15. – Sur la prescription des actions, L. 10 juill. 1965, art. 42. – Sur l'impossibilité d'obtenir, une fois les travaux effectués, l'autorisation judiciaire prévue par l'art. 25 *b)*, V. L. 65-557, 10 juill. 1965, art. 30, comm. n° 23, p. 551.

25) Dérogation au principe de la remise des lieux en leur état antérieur. Le principe ci-dessus énoncé (n° 24) connaît cependant quelques dérogations :

– il faut réserver le cas où la suppression des travaux irréguliers entraînerait des dommages pour l'immeuble par exemple la fragilisation de sa structure. Le juge peut alors refuser de faire droit à la demande de suppression (▪ Cass. 3e civ., 8 juin 2017, n° 16-16.677 : *Administrer* oct. 2017, p. 67, obs. J.-R. Bouyeure) ou la subordonner à l'exécution préalable par le syndicat de travaux de comportement (▪ Cass. 3e civ., 12 déc. 2019, n° 18-22.514 : *Administrer* févr. 2020, p. 44, note J.-R. Bouyeure).

– sous l'empire du droit antérieur à la réforme du droit des obligations, il avait été jugé que l'exécution en nature ne pouvait être évitée que si elle était impossible (▪ Cass. 3e civ., 18 juin 1975, n° 74-10.297 : *Bull. civ.* III, n° 208, p. 160) et non pas seulement « presque impossible » (▪ Cass. 3e civ., 4 juin 1975, n° 74-10.610 : *Bull. civ.* III, n° 191, p. 148).

L'article 1221 du Code civil créé par l'ordonnance n° 2016-131 du 10 février 2016 portant réforme du droit des contrats, tout en consacrant l'idée dont s'inspirait cette jurisprudence, a ajouté une autre exception au principe de l'exécution forcée en nature : elle n'est pas justifiée « s'il existe une disproportion manifeste entre son coût pour le débiteur et son intérêt pour le créancier ». Ce « **principe de proportionnalité** » est de plus en plus fréquemment invoqué devant les tribunaux et il peut tenir en échec une demande de démolition (V. ▪ Cass. 3e civ., 27 févr. 2020, n° 18-18.189 : *Administrer* mai 2020, p. 55, obs. J.-R. Bouyeure. – Et, dans un cas où le constructeur non autorisé invoquait le bénéfice tiré de cette construction pour la copropriété, ▪ Cass. 3e civ., 28 mai 2020, n° 19-11.995 : *JurisData* n° 2020-007407 ; *Loyers et copr.* 2020, comm. 87, note C. Coutant-Lapalus ; *Administrer* juill. 2020, p. 55, obs. J.-R. Bouyeure. – V. également pour une demande de démolition de 6 bâtiments, ▪ Cass. 3e civ., 12 sept. 2019, n° 18-19.232 : *Administrer* nov. 2019, p. 53, obs. J.-R. Bouyeure ; *AJDI* 2020, p. 453, note N. LeRudulier. – Pour la démolition d'une surélévation non autorisée, autorisée ▪ CA Paris, pôle 1, ch. 8, 20 oct. 2023, n °23/03732 : *Administrer* déc. 2023, p. 48, et la note).

Bibliographie : (limitée au droit de la copropriété) : V. sur le sujet, P.-L. Niel, *Empiétement et constructions sur la propriété d'autrui : bilan et perspectives du contrôle de proportionnalité* : *AJDI* 2020, p. 255. – F. Bérenger, *Le droit immobilier à l'épreuve du contrôle de proportionnalité* : *Administrer* juill. 2020, p. 7. – B. Ménard, *Le contrôle de* *proportionnalité : vers une deuxième vie de la théorie de l'abus de droit ?* : *RTD civ.* 2022, p. 1. – N. Boullez, *Sauf atteinte tangible au droit de propriété, la disproportion chasse la démolition !* : *Administrer* févr. 2024, p. 7.

III – CHANGEMENTS D'AFFECTATION

26) Une source de contentieux. Le point de savoir si un copropriétaire peut ou non changer librement l'affectation de son lot a été l'un des plus débattus en doctrine et en jurisprudence (V. C. Atias, *Le changement de destination des parties privatives* : *JCP* N 1979, doctr. p. 59. – *Le pouvoir de la majorité d'autoriser un changement de la destination des parties privatives* : *JCP* N 1980, doctr. 378. *Propriété et communauté dans la copropriété des immeubles bâtis* : *JCP* G 1980, I, 2971. – J.-R. Bouyeure, *Destination des parties privatives, le contrat avant tout* : *Rev. hab. fr.* 1981, p. 393 et s. – D. Sizaire, *Propos sur l'évolution de la jurisprudence de la Cour de cassation concernant l'usage des parties privatives* : *Rev. Administrer* oct. 1981, p. 9 et s. – Olivié, *Le point sur le changement de destination d'un lot dans les immeubles en copropriété* : *Gaz. Pal.* 1981, 2, p. 558. – *Le changement de destination des parties privatives* : *Rev. Administrer* janv. 1982, p. 22 et s. – *Changement d'affectation des parties privatives* : *Inf. rap. copr.* 1982, p. 11 et s. – P. Lebatteux, *Transformation de chambres de service en appartements* : *Inf. rap. copr.* 1983, p. 223 et s. – B. Boccara, *La copropriété sous désinformation* : *JCP* G 1983, I, 3115. – E. Kischinewsky-Broquisse, *La copropriété des immeubles bâtis*, Litec, 4ᵉ éd. 1989, nᵒˢ 100 et s. – J.-L. Aubert, *Le changement d'affectation d'un lot de copropriété* : *Rev. Administrer* juill. 1992, p. 2 et s. – C. Atias, *La destination des parties privatives* : *AJDI* 2011, p. 433. – G. Vigneron et J.-M. Roux, *Changement d'affectation de lots (formules)* : *Loyers et copr.* oct. 2011, p. 33. – C. Diloy, *L'abus de majorité lors du changement d'affectation des parties privatives* : *AJDI* 2013, p. 95. – N. Paricaud, *Changement d'usage et de destination d'un lot de copropriété* : *Defrénois* 2014, n° 21, p. 1131. – P. Baudouin, *La question de la destination des parties privatives au regard de la jurisprudence récente* : *Administrer* juin 2016, p. 8. – C. Sardot et A. Teitgen, *La multifonctionnalité dans l'immeuble : une mixité des fonctions ab initio* : *JCP* N 2018, nᵒˢ 18-19, 1179. – A. Poletti, *De quelques problèmes récurrents en copropriété autour de la « destination de l'immeuble »* : *Bull. CRIDON Paris* 1ᵉʳ sept. 2017, p. 2 et s. – M. Plaidy, *Le changement d'affectation des lots de copropriété dans la pratique notariale* : *Cahiers du CRIDON* Lyon, n° 82, nov. 2018, p. 19. – D. Rodrigues, *L'exercice d'une activité professionnelle en copropriété* : *Inf. rap. copr.* janv.-févr. 2019, p. 39. – C. Coutant-Lapalus, *Destination, affectation, usage : essai de clarification* : *Inf. rap. copr.* juin 2019, p. 15. – M. Plaidy, *Le changement d'affectation des lots de copropriété dans la pratique notariale* : *Cah. Cridon Lyon*, n° 82, nov. 2018, p. 19. – D. Rodrigues, *L'exercice d'une activité professionnelle en copropriété* : *Inf. rap. copr.* janv.-févr. 2019, p. 39. – C. Coutant-Lapalus, *Destination, affectation, usage : essai de clarification* : *Inf. rap. copr.*, juin 2019, p. 15.

Bibliographie : *JurisClasseurs. JCl. Copropriété*, fasc. 64, par G. Vigneron. – *JCl. Notarial formulaire*, V° Construction et urbanisme, fasc. 900, par D. Blaise.

Voir aussi : sur la prescription des actions sanctionnant des changements d'affectation illicites, L. , 10 juill. 1965, art. 42, comm. n° 7, p. 596.

27) Règles à respecter. Lorsqu'un copropriétaire entend changer l'affectation de ses parties privatives, il doit, indépendamment du respect des règles d'urbanisme (V. *infra*) s'assurer :

– que cette affectation est compatible avec les dispositions du règlement de copropriété ;

– qu'elle ne porte pas atteinte à la destination de l'immeuble ;

– qu'elle ne porte pas atteinte aux droits des autres copropriétaires (V. pour la réaffirmation de ces principes, ▪ Cass. 3ᵉ civ., 5 déc. 2007 : *Loyers et copr.* 2008, n° 44, obs. G. Vigneron ; *Rev. Administrer*, avr. 2008, p. 48, obs. J.-R. Bouyeure). On trouvera diverses illustrations de ces principes dans les développements qui suivent (L. 10 juill. 1965, art. 9, comm. n° 30, p. 100 à n° 45, p. 108).

28) Intervention de l'assemblée. Très fréquemment, il y a doute sur le point de savoir si le changement d'affectation envisagée est ou non licite. Aussi certains copropriétaires décident, à titre préventif, et pour éviter tout contentieux ultérieur, de saisir l'assemblée, bien qu'aucun texte de la loi du 10 juillet 1965 ne prévoie cette saisine. Si un copropriétaire utilise cette procédure et qu'il se voit refuser par l'assemblée le changement d'affectation sollicité, il doit exercer un recours contre cette décision, faute de quoi elle devient définitive et s'impose tant au copropriétaire concerné qu'à tous les autres copropriétaires (▪ Cass. 3ᵉ civ., 8 juin 2017, n° 16-16.566 : publié au *Bull.* ; *JurisData* n° 2017-010944 ; *Loyers et copr.* 2017, comm. 202, note C. Coutant-Lapalus ; *Administrer* août-sept. 2017, p. 62, obs. J.-R. Bouyeure).

À quelle majorité l'assemblée doit alors se prononcer ? L'alternative paraît être la suivante :

s'il n'y a aucune atteinte à la destination de l'immeuble et aux droits des autres copropriétaires, et aucune infraction aux clauses du règlement, l'assemblée ne peut que constater que le changement d'affectation ne se heurte à aucun obstacle et elle peut, à notre avis, le faire à la majorité de l'article 24 de la loi du 10 juillet 1965 ;

– s'il y a une atteinte à la destination de l'immeuble, ou aux droits des autres copropriétaires, la décision ne peut être prise qu'à l'unanimité.

L'assemblée saisie d'une demande d'autorisation de changement d'affectation d'un lot n'a pas de pouvoir discrétionnaire. Elle ne peut refuser cette autorisation qu'à la condition de constater que l'activité projetée est interdite par le règlement, ou qu'elle est incompatible avec la destination de l'immeuble, ou qu'elle porte atteinte aux droits des autres copropriétaires (▪ Cass. 3e civ., 4 oct. 2014, n° 13-20.585 : *Administrer* févr. 2015, p. 47, note J.-R. Bouyeure). Elle ne peut se borner à constater que la nouvelle activité envisagée, plus bruyante que la précédente, « entraîne une modification de la destination de l'immeuble » (▪ Cass. 3e civ., 24 mars 2015, n° 13-25.528 [publié au Bulletin] : *JurisData* n° 2015-006562 ; *Loyers et copr.* 2015, comm. 152, obs. G. Vigneron ; *Rev. loyers* 2015, p. 301, note V. Zalewski). Un refus qui n'a aucune justification, peut constituer un abus de majorité (▪ Cass. 3e civ., 17 déc. 2014, n° 13-25.134 [publié au Bulletin] : *JurisData* n° 2014-031347 ; *Loyers et copr.* 2015, comm. 78, obs. G. Vigneron ; *Rev. loyers* 2015, p. 85, note P. Déchelette Tolet. – Sur la notion d'abus de majorité, V. L. 10 juill. 1965, art. 24, comm. n° 31 et s., p. 407). Mais il n'y a pas d'abus si le refus est justifié, au vu d'une clause limitant l'activité commerciale, dans un immeuble comportant une majorité de lots à usage d'habitation (▪ Cass. 3e civ., 18 sept. 2013, n° 12-23.602).

On observera que la Cour de cassation a déclaré licite la clause du règlement de copropriété soumettant à l'autorisation du syndicat la possibilité d'exercer une activité commerciale dans les locaux du rez-de-chaussée de l'immeuble, dès lors que cette autorisation n'est pas soumise à son appréciation discrétionnaire, le syndicat devant seulement vérifier que la tranquillité et la sécurité des occupants de l'immeuble ne serait pas compromise par l'exercice du commerce envisagé (▪ Cass. 3e civ., 19 nov. 2015, n° 14-23.733 : *Administrer* avr. 2016, p. 45, note J.-R. Bouyeure).

29) Autorisations d'urbanisme. Bien entendu le copropriétaire qui entend changer l'affectation de son lot doit, outre une éventuelle autorisation de l'assemblée, se préoccuper d'obtenir les autorisations d'urbanisme nécessaires (▪ Cass. 3e civ., 26 mars 1997 : *JCP* N 1997, p. 1047) notamment en vertu de l'article L. 631-7 du Code de la construction et de l'habitation (V. aussi pour la nécessité d'un permis de construire pour la transformation en studios de sous-sols à usage de garages : ▪ Cass. 3e civ., 26 mars 1997 : *D.* 1997, somm. p. 331 ; *JCP* N 1997, p. 1047).

Il a été jugé que le syndicat était en droit d'invoquer les dispositions de l'article 631-7 du Code de la construction et de l'habitation pour s'opposer à un changement d'affectation irrégulier au regard de ce texte (▪ Cass. 3e civ., 15 janv. 2003 : *Loyers et copr.* 2003, comm. 95, obs. G. Vigneron ; *Gaz. Pal.* 17-18 mars 2004, p. 24, note J.-M. Gélinet). – V. aussi en Annexe le mot « Changement d'affectation ».

– Sur ce problème, V. Y. Broussolle, *Changement de destination des locaux et autorisations d'urbanisme* : *Rev. Administrer* juill. 2010, p. 20. – Ph. Boulisset, *Changement de destination et changement d'affectation des constructions dans le cadre du permis de construire* : *Ann. loyers* 2004, p. 2506. – C. Beddeleem, *L'autorisation préfectorale de changement d'affectation* : *Ann. loyers* 2004, p. 1505.

– Sur l'incidence des changements d'affectation sur le COS, composante du droit de construire accessoire aux parties communes, V. H. Périnet-Marquet, note sous ▪ Cass. 3e civ., 10 janv. 2001 : *JCP* G 2001, n° 43-44, p. 1989. – V. également, sur cette décision : *D.* 2002, somm. p. 1521, obs. C. Giverdon.

A – Typologie des changements d'affectation

Bibliographie : C. Atias, *La « destination » des parties privatives* : *AJDI* 2011, p. 433.

30) Quatre cas. Si l'on veut présenter de manière exhaustive les diverses hypothèses de changement d'affectation susceptibles de se rencontrer, il paraît possible de les regrouper autour de quatre thèmes : le cas où *l'utilisation projetée est directement contraire à la destination de l'immeuble*, le cas où *l'utilisation projetée est prohibée par le règlement*, le cas où *le changement d'affectation est autorisé par le règlement*, enfin le cas où *le changement d'affectation n'est ni prohibé par le règlement, ni directement contraire à la destination de l'immeuble*.

1° Premier cas : l'utilisation projetée est directement contraire à la destination de l'immeuble

31) Interdiction, sauf unanimité. Le changement d'affectation doit être alors autorisé à l'*unanimité* (par ex. : installation d'un local commercial dans un immeuble à usage d'habitation : ▪ Cass. 3e civ., 28 avr. 1993 : *RD imm.* 1993, p. 412. – V. pour un restaurant, ▪ Cass. 3e civ., 3 janv. 1984 : *Rev. loyers* 1984, p. 141. – Pour l'installation de bureaux dans un immeuble à destination d'habitation bourgeoise exclusive, ▪ Cass. 3e civ., 31 oct. 1989 : *Bull. civ.* III, n° 207 ; *D.* 1990, inf. rap. p. 124, obs. Cl. Giverdon. – V. également ▪ Cass. 3e civ., 7 févr. 1990 : *Rev. loyers* 1990, p. 277).

Mais encore faut-il que la destination de l'immeuble soit clairement fixée. Si le règlement confère à chaque copropriétaire la liberté d'user de son lot « sous les réserves, concernant les lots soumis au statut des résidences de tourisme, des règles de ce statut », on ne peut en déduire que l'immeuble est affecté à destination exclusivement hôtelière ou parahôtelière, alors qu'il n'est pas classé en résidence de tourisme (▪ Cass. 3e civ., 15 avr. 2015, n° 14-12.151 : *AJDI* 2015, p. 781, note N. Le Rudulier).

2° *Deuxième cas : l'utilisation projetée est prohibée par le règlement*

32) Interdiction, sauf unanimité. Le changement d'affectation doit également être autorisé à l'*unanimité* (▪ Cass. 3e civ., 3 janv. 1979 : *D.* 1979, inf. rap. p. 444, obs. Giverdon).

Voir aussi : sur les clauses du règlement relatives à l'affectation des lots, *supra*, L. art. 8.

Rappelons ici que les clauses du règlement de copropriété relatives à l'affectation des lots ne sont valables que si elles sont justifiées par la destination de l'immeuble. Il est donc possible d'imposer un changement d'affectation interdit par le règlement en faisant juger que la clause le prohibant est illicite. Les juges doivent rechercher dans chaque cas en se référant aux actes, aux caractères et à la situation de l'immeuble considéré si les stipulations du règlement relatives à l'affectation des lots sont ou non conformes à la destination de l'immeuble (jurisprudence constante : V. ▪ Cass. 3e civ., 14 janv. 1987 : *Rev. Administrer* juin 1987, p. 33. ▪ Cass. 3e civ., 10 nov. 1987 : *Inf. rap. copr.* févr. 1988, p. 46. ▪ Cass. 3e civ., 27 avr. 1988 : *Rev. loyers* 1988, p. 273). Ils doivent motiver leur décision en indiquant en quoi la clause d'affectation contestée est ou n'est pas conforme à la destination de l'immeuble (▪ Cass. 3e civ., 11 févr. 1975 : *JCP* 1975, II, 18084. ▪ Cass. 3e civ., 8 juill. 1987 : *D.* 1988, inf. rap. p. 137).

Si l'on pousse jusqu'au bout cette logique qui fait de la destination de l'immeuble une « donnée supérieure » (V. J.-L. Aubert, *Le changement d'affectation d'un lot de copropriété* : *Rev. Administrer* juill. 1992, p. 2 et s.), le caractère « conventionnel » du règlement de copropriété (art. 8 de la loi) passe au second plan et l'on peut en arriver à admettre des changements d'affectation contraires aux clauses du règlement, au motif que la « destination de l'immeuble » qui justifiait ces clauses restrictives s'est modifiée (V. ainsi : ▪ CA Paris, 19e ch., 27 mars 1992 : *RD imm.* 1992, p. 366, obs. C. Giverdon. – Sur la critique de cette position, *RD imm.* 1992, obs. C. Giverdon, p. 537 et s.).

Rappelons ici que les *indications concernant la « nature du lot » figurant dans l'état descriptif de division* – et non pas dans le règlement – ne peuvent en aucune manière être invoquées, soit pour permettre, soit pour interdire un changement d'affectation, ce document n'ayant selon l'actuelle jurisprudence de la Cour de cassation aucun caractère contractuel (V. pour des applications, ▪ Cass. 3e civ., 18 déc. 1991, *Giancaspro* : *RD imm.* 1992, p. 242, obs. C. Giverdon. ▪ Cass. 3e civ., 18 nov. 1992 : *Rev. loyers* 1993, p. 38. ▪ CA Paris, 23e ch. B, 13 nov. 2003 : *Loyers et copr.* 2004, comm. 56, obs. G. Vigneron et les commentaires figurant à l'article 3 du décret. – Sur les clauses du règlement définissant la nature du lot, V. L. 10 juill. 1965, art. 8, comm. n° 40, p. 75).

3° *Troisième cas : le changement d'affectation est autorisé par le règlement*

33) Clauses prévoyant une liberté d'affectation. Certains règlements comportent une clause selon laquelle les lots pourront être « indistinctement affectés à l'usage de bureaux ou à l'exercice d'une profession ou d'une activité artisanale ou commerciale de toute nature », étant précisé que « les copropriétaires pourront procéder à ces nouvelles affectations sans avoir à solliciter l'autorisation de la copropriété ». Ces clauses sont licites et doivent être respectées (▪ CA Versailles, 4e ch., 25 avr. 2000 : *Dossier CSAB* n° 89, févr. 2001, n° 124, obs. A. Dunes). Ainsi lorsque le règlement de copropriété indique que les locaux pourront être utilisés pour l'habitation ou pour l'exercice d'une profession, d'un commerce ou d'une industrie, une société peut affecter à usage d'habitation les lots qu'elle possède au rez-de-chaussée, même si l'état descriptif de division décrit ces lots comme étant des « boutiques » (▪ CA Paris, pôle 4, 2e ch., 15 févr. 2012 : *JurisData* n° 2012-003596 ; *Loyers et copr.* 2012, n° 176, obs. G. Vigneron). La seule difficulté est alors d'interpréter le règlement, si les changements d'affectation autorisés ne sont pas clairement précisés.

Mais le fait que le règlement autorise l'exercice de plusieurs activités n'empêche pas que telle ou telle de ces activités puisse être interdite s'il s'avère qu'elle crée des troubles anormaux de voisinage (▪ Cass. 3e civ., 29 févr. 2012, n° 10-28.618 : *JurisData* n° 2012-003300 ; *Loyers et copr.* 2012, n° 151, obs. G. Vigneron ; *Rev. loyers* 2012, p. 180, note P. Déchelette-Tolot). En effet le copropriétaire ne doit user de son lot que sous réserve de respecter les droits des autres copropriétaires (V. *supra* n° 5).

Pour tenter de contourner les difficultés liées au changement d'affectation des lots de copropriété, il a été suggéré de stipuler une clause de « réversibilité » permettant à tout copropriétaire de changer librement l'affectation de son lot (V. pour plus de détails, M. Raunet et S. Cascales, *De l'éternité à la réversibilité des bâtiments : quel rôle pour le notaire ?* : *JCP N* 2024, n° 10, 1049).

4° *Quatrième cas : le changement d'affectation n'est ni prohibé par le règlement, ni directement contraire à la destination de l'immeuble*

34) Problématique. La difficulté survient lorsque le changement d'affectation n'est ni prohibé par le règlement, ni directement contraire à la destination de l'immeuble : par exemple, dans le cas de transformation d'un local d'habitation en local commercial dans un immeuble qui est déjà à destination mixte, ou de transformation d'un grenier en appartement dans un immeuble à usage principal d'habitation.

Le problème est alors de déterminer si la désignation de ce local faite dans le règlement (appartement, cave, grenier, etc.) a un caractère simplement descriptif ou s'il s'agit d'une donnée contractuelle, qui ne peut être modifiée qu'à l'unanimité.

35) Portée de la qualification du lot dans le règlement. Un mouvement paraissait se dessiner en jurisprudence pour admettre que lorsque la nature du lot était fixée par le règlement (« local commercial », « appartement », « cave », etc.) la décision autorisant un changement d'affectation devait être prise à l'unanimité (▪ Cass. 3e civ., 16 oct. 1979 : *JCP* G 1980, II, 19289, note Guillot ; *D.* 1980, inf. rap. p. 233, obs. Giverdon. ▪ Cass. 3e civ., 28 mars 1984 : *Bull. civ.* III, n° 82, p. 64 ; *JCP* G 1984, IV, 177. ▪ Cass. 3e civ., 30 oct. 1984 : *D.* 1985, jurispr. p. 410, note F.G.-C.G. ; *Bull. CNEIL* 1985, n° 208, IV, p. 24, obs. Sizaire ; *Defrénois* 1985, art. 33543, n° 52, obs. Souleau. ▪ CA Paris, 1re ch. B, 25 nov. 1982 : *D.* 1983, inf. rap. p. 334, obs. Giverdon).

Mais la Cour de cassation a pris une position différente dans une série d'arrêts datant de fin 1986 et de 1987 qui concernent les changements d'affectation des locaux accessoires, d'une part, et l'exercice d'une activité professionnelle ou commerciale dans les lots, d'autre part (▪ Cass. 3e civ., 10 déc. 1986 : *JCP* N 1987, II, 247. ▪ Cass. 3e civ., 22 juill. 1987 : *RD imm.* mars 1988, p. 132 ; *JurisData* n° 1987-702478. ▪ Cass. 3e civ., 7 déc. 1994 : *Loyers et copr.* 1995, comm. 124 ; *JurisData* n° 1994-002794. ▪ Cass. 3e civ., 17 déc. 1996 : *Loyers et copr.* 1997, comm. 120 ; *JurisData* n° 1996-005078. ▪ Cass. 3e civ., 2 févr. 1999 : *Loyers et copr.* 1999, comm. 102 ; *JurisData* n° 1999-000541).

Selon cette jurisprudence, il n'est pas possible de s'opposer à un changement d'affectation en invoquant la « destination contractuelle du lot » ou le « caractère contractuel obligatoire » de son affectation actuelle. *Le changement d'affectation est autorisé dès lors qu'il n'est pas contraire à la destination générale de l'immeuble et ne porte pas atteinte aux droits des autres copropriétaires* (▪ Cass. 3e civ., 7 déc. 1994 : *Loyers et copr.* 1995, comm. 124 ; *JurisData* n° 1994-002794. ▪ Cass. 3e civ., 17 déc. 1996 : *Loyers et copr.* 1997, comm. 120 ; *JurisData* n° 1996-005078. ▪ Cass. 3e civ., 2 févr. 1999 : *Loyers et copr.* 1999, comm. 102 ; *JurisData* n° 1999-000541. ▪ CA Paris, 23e ch. B, 11 janv. 2007 : *AJDI* 2007, p. 398. ▪ CA Paris, 14e ch. B, 14 juin 2001 : *AJDI* 2001, p. 892. ▪ CA Paris, 23e ch. B, 6 déc. 2001 : *AJDI* 2002, p. 309. – V. pour l'installation d'une école d'esthétique : ▪ CA Paris, 23e ch. A, 7 févr. 2001 : *Loyers et copr.* 2001, comm. 190. – Pour la transformation de locaux qualifiés de « resserres » en boxes de stationnement : ▪ CA Paris, 23e ch., 27 juin 2001 : *Loyers et copr.* 2001, comm. 298).

Cette double condition doit être remplie.

Le changement d'affectation ne peut donc être prohibé que par référence à la destination de l'immeuble, ou par référence aux « droits des autres copropriétaires » (▪ Cass. 3e civ., 5 déc. 2007, n° 06-16.031). Ainsi a-t-il été jugé que la transformation d'un local commercial en salle de prière, dans laquelle étaient célébrés un culte et des cérémonies, ne pouvait être admise dès lors que cette transformation était génératrice de troubles de jouissance et d'une atteinte à la tranquillité de l'immeuble (▪ Cass. 3e civ., 20 mai 2021, n° 20-15.449 : *JurisData* n° 2021-007715 ; *Loyers et copr.* juill.-août 2021, comm. 121, note C. Coutant-Lapalus ; *Administrer* juill. 2021, p. 39, note J.-R. Bouyeure).

Bibliographie : Sur cette évolution jurisprudentielle, Giverdon, *Rev. jurispr.* : *D.* 1988, inf. rap. p. 137 ; *Changement de destination des parties privatives, le point sur la question* : *Inf. imm.* janv. 1988, p. 12 et s. et févr. 1988, p. 12 et s. – Atias, *Pour servir à la pratique du changement de la destination des parties privatives* : *JCP* 1987, I, p. 375. – J. Lafond, *Droit de la copropriété* : *Rev. jurispr.* ; *JCP* N 1989, prat. 899 ; *JCP* 1990, prat. 1503. – Vigneron : *JCl. Copropriété*, Fasc. 65.

- **Premier critère : appréciation par référence à la destination de l'immeuble**

Bibliographie : Th. Dubaele, *Changement d'affectation d'un lot : de l'usage de commerce à celui d'habitation* : *Rev. loyers* 2003, p. 2 ; du même auteur, *Affectation d'un lot de copropriété et usage d'habitation* : *Dr. et patrimoine* nov. 2002, p. 45.

36) Immeuble à destination exclusive commerciale ou d'habitation. Est prohibé tout changement d'affectation de nature à porter atteinte à la destination de l'immeuble, ce qui est apprécié cas par cas :

– dans un *immeuble à destination exclusivement commerciale* (en l'espèce un centre commercial) il peut être interdit d'exercer une activité autre que commerciale (▪ CA Douai, 13 févr. 1995 : *Rev. loyers* 1995, p. 350). Ainsi a été interdite l'affectation d'un lot à usage d'habitation dans un immeuble à destination uniquement commerciale et professionnelle

(■ CA Aix-en-Provence, 4e ch. B, 14 oct. 2004 : *Loyers et copr.* 2005, comm. 55, obs. G. Vigneron) ;

– dans un *immeuble à usage exclusif d'habitation* il a été interdit de modifier l'affectation de lots qualifiés d'emplacements de stationnement (■ Cass. 3e civ., 12 juill. 1995 : *Loyers et copr.* nov. 1995, n° 484 ; *RD imm.* 1995, p. 779, obs. P. Capoulade ; *D.* 1996, somm. p. 94, obs. C. Atias). De même a été déclarée contraire à la destination de l'immeuble la transformation en musée d'un bâtiment défini comme étant un « hôtel particulier », cette affectation ne pouvant être assimilée à l'exercice d'une « activité libérale » par ailleurs autorisée (■ CA Paris, 19e ch. B, 12 févr. 1998 : *Loyers et copr.* avr. 1998, n° 109).

37) Immeuble à destination mixte. Dans un *immeuble à destination mixte*, l'affectation de surfaces supplémentaires à l'un des usages déjà admis (commercial, professionnel, habitation...) est en principe licite (ex. : rez-de-chaussée à usage commercial, étages à usage d'habitation...) : ainsi, le logement annexe d'un lot à usage commercial peut être transformé en locaux techniques (■ Cass. 3e civ., 6 déc. 1989 : *Bull. civ.* III, n° 225, p. 123 ; *Defrénois* 1990, art. 34802, obs. Souleau ; *D.* 1990, inf. rap. p. 126, note crit. Givord et Giverdon. – V. aussi ■ Cass. 3e civ., 20 nov. 1996 : *Loyers et copr.* févr. 1997, n° 58. ■ CA Aix-en-Provence, 19 déc. 1996 : *D.* 1998, somm. p. 124, note C. Atias. – V. cependant ■ Cass. 3e civ., 6 févr. 1991 : *Rev. loyers* 1991, p. 254 qui se réfère à la « destination contractuelle du lot » pour interdire dans un immeuble mixte à usage d'habitation et commercial l'utilisation à usage commercial d'un lot désigné comme « appartement »).

De même dans un immeuble à usage mixte d'habitation et commercial, un local qualifié de « commercial » peut être affecté ou réaffecté à usage d'habitation (■ Cass. 3e civ., 5 janv. 1994 : *Loyers et copr.* 1994, n° 206. ■ CA Paris, 23e ch. A, 26 mars 2003 : *AJDI* 2003, p. 428 ; *Rev. Administrer* nov. 2003, p. 43, obs. A. Alfandari. ■ CA Paris, 23e ch. B, 23 mai 2002 : *AJDI* 2002, p. 619. ■ CA Paris, 23e ch., 12 mai 1992 : *Loyers et copr.* 1992, n° 353. – *Contra* : ■ CA Paris, 23e ch. A, 10 févr. 1999 : *Gaz. Pal.* 1999, 2, somm. p. 559) ; des locaux à usage de « bureaux et d'entrepôts peuvent être affectés à usage de bureaux et d'appartements » (■ CA Paris, 23e ch., 4 oct. 1993 : *Loyers et copr.* 1994, n° 29). Un atelier peut être transformé en boutique (■ CA Paris, 23e ch., 23 nov. 1994 : *Loyers et copr.* 1995, n° 230).

Peuvent être transformés en annexes de locaux commerciaux : des lots qualifiés de garages (■ CA Paris, 23e ch., 21 oct. 1994 : *Loyers et copr.* avr. 1995, n° 173), de « remises » (■ Cass. 3e civ., 10 mai 1994 : *Rev. loyers* 1994, p. 508) de « réserves » (■ Cass. 3e civ., 2 oct. 1996 : *Loyers et copr.* nov. 1996, n° 441) ou de « caves » (transformées en l'espèce en salon de coiffure : ■ CA Paris, 23e ch. A, 16 mai 2001 : *Loyers et copr.* 2001, comm. 244 ; *Rev. Administrer* mai 2001, p. 58 obs. J.-R. Bouyeure).

Cependant un arrêt de la Cour de cassation invite à plus de rigueur. Dans un immeuble à usage d'habitation où le copropriétaire d'un lot unique à usage professionnel avait demandé à le transformer en appartement, les juges du fond avaient fait droit à la demande au motif que « l'affectation de surfaces supplémentaires à l'un des usages admis est en principe licite » et qu'il n'était pas « justifié d'une atteinte à la destination de l'immeuble ». La Cour de cassation leur a reproché de s'être déterminé « par un motif d'ordre général et abstrait » et « sans préciser en quoi l'affectation de surfaces supplémentaires à un usage d'habitation était conforme à la destination de l'immeuble » (■ Cass. 3e civ., 23 janv. 2013, n° 11-23.787 : *JurisData* n° 2013-000799 ; *Loyers et copr.* 2013, comm. 122, note G. Vigneron). La conformité du changement d'affectation à la destination de l'immeuble doit donc être dans chaque cas vérifiée (V. ci-dessous).

● Tout changement d'affectation doit tout d'abord respecter la destination de l'immeuble, ce qui doit être apprécié cas par cas. Il a été jugé par exemple que lorsqu'un immeuble est à destination essentiellement bourgeoise, un local du rez-de-chaussée décrit comme « boutique » ne peut être utilisé autrement que comme lieu de vente sans fabrication (■ CA Paris, 16e ch. A, 14 janv. 1998 : *Loyers et copr.* juin 1998, n° 173).

Une affectation à usage administratif (en l'espèce : l'installation d'un commissariat de police) n'est pas nécessairement conforme à la destination de l'immeuble (■ Cass. 3e civ., 22 juill. 1998 : *Loyers et copr.* oct. 1998, n° 252 ; *RD imm.* 1998, p. 680, obs. P. Capoulade, cassation de ■ CA Paris, 23e ch. A, 25 sept. 1996 : *Loyers et copr.* déc. 1996, n° 482). De même, la transformation en locaux d'habitation de locaux commerciaux situés au rez-de-chaussée peut porter atteinte à la destination de l'immeuble s'il apparaît que l'existence de ces locaux est nécessaire pour desservir la copropriété en commerces (■ Cass. 3e civ., 26 avr. 2006, n° 05-12.045 : *Rev. Administrer* juill. 2006, p. 57, obs. J.-R. Bouyeure. – Comparer, ■ CA Paris, pôle 4, 2e ch., 15 févr. 2012, n° 10/12301 : *Administrer* oct. 2012, p. 59, obs. J.-R. Bouyeure).

● Il faut en outre respecter la destination par « niveaux » (■ CA Paris, 23e ch. A, 10 et 17 févr. 1999, et ■ CA Paris, 23e ch. B, 4 févr. 1999 : *Gaz. Pal.* 1999, 2, somm. p. 558, note Ph. Rémy). Ainsi lorsque le rez-de-chaussée seul est à usage commercial on ne peut exercer une activité commerciale dans les appartements situés dans les étages (■ CA Paris, 1re ch. A, 18 sept. 1996 : *Loyers et copr.* déc. 1996, n° 481. – V. sur le principe : ■ Cass. 3e civ., 20 mai 1998 : *Loyers et copr.* sept. 1998, n° 225).

• D'autre part, l'activité exercée dans la partie affectée à usage commercial doit être compatible avec le standing des locaux à usage d'habitation. Dans un *immeuble de grand luxe*, situé dans un quartier résidentiel, il ne peut être installé une salle de gymnastique (▪ CA Aix-en-Provence, 4e ch., 25 févr. 1999 : *D.* 1999, somm. p. 313, note C. Atias), ou des jeux de poursuite laser (▪ Cass. 3e civ., 23 mai 2006, n° 05-14.482 : *Rev. Administrer* août-sept. 2006, p. 54, obs. J.-R. Bouyeure. ▪ CA Paris, 23e ch., 3 févr. 2005 : *Loyers et copr.* 2005, comm. 80, obs. G. Vigneron). Peu importe que le règlement autorise l'exercice de toutes activités dans la partie à usage commercial de l'immeuble. Cette clause ne peut retirer à l'assemblée son pouvoir d'appréciation et l'empêcher d'interdire l'exercice d'activités incompatibles avec le caractère bourgeois du surplus de l'immeuble (▪ CA Paris, 23e ch. B, 8 janv. 2004 : *Loyers et copr.* 2004, comm. 57, obs. G. Vigneron ; *Defrénois* 2004, p. 1166, obs. C. Atias).

• Enfin il faut tenir compte des limitations pouvant résulter des clauses du règlement, et notamment des « clauses de tranquillité ». Dans un immeuble à usage mixte interdisant certaines activités entraînant des nuisances telles que les activités bruyantes ou gênantes par l'odeur, les trépidations le bruit ou encore les activités justifiant des surprimes d'assurances, il a été admis que l'utilisation de locaux pour l'exercice d'activités cultuelles, non expressément interdite, était illicite car elle générait des nuisances pour les autres copropriétaires en raison des allées et venues de nombreux fidèles (▪ Cass. 3e civ., 16 sept. 2015, n° 14-14.518 : *JurisData* n° 2015-020697 : *Loyers et copr.* 2015, n° 238, note G. Vigneron ; *AJDI* 2016, p. 274, note N. Le Rudulier).

En fonction de ses divers critères, ont été jugé licites :

– l'exercice d'une activité de restaurant dans un lot à usage mixte commercial et d'habitation, dès lors que la nouvelle activité ne causait pas de trouble au copropriétaire voisin (▪ Cass. 3e civ., 24 mars 2015, n° 13-25.528 : *Administrer* juill. 2015, p. 54, note J.-R. Bouyeure) ou l'exercice d'une activité de restauration dans un lot désigné comme boutique (▪ CA Paris, pôle 4, 2e ch., 13 janv. 2016, n° 14/12/1993 : *Administrer* avr. 2016, p. 44, obs. J.-R. Bouyeure).

– la transformation de locaux de bureaux en école (▪ CA Paris, pôle 4, 2e ch., 27 mai 2015, n° 13/03375 : *Administrer* août-sept. 2015, p. 51, obs. J.-R. Bouyeure).

• Deuxième critère : appréciation par rapport aux droits des autres copropriétaires

Bibliographie : B. Bevière, *Cours de danse et copropriété* : *LPA* 14 juin 1999, p. 6. – Th. Poulichot, *L'agriculture en copropriété* : *Inf. rap. copr.* avr. 2022, p. 23.

38) Obstacles au changement d'affectation. L'idée générale qui inspire la jurisprudence est que sont prohibées – même si elles sont par ailleurs conformes à la destination de l'immeuble les activités qui créent pour les autres copropriétaires des inconvénients (par ex., bruits, odeurs...) excédant les inconvénients normaux de voisinage (▪ Cass. 3e civ., 5 oct. 1994 : *AJPI* 1995, p. 493, note C. Giraudel et B. Drobenko ; *Inf. rap. copr.* janv. 1995, p. 9, note C. Atias et P. Capoulade ; *RD imm.* 1995, p. 150) – sauf s'il est possible d'y porter remède par des aménagements ou équipements particuliers (▪ Cass. 3e civ., 15 janv. 1997, arrêt n° 42 D, aff. *Synd. 17-19, rue Lauriston à Paris*).

A été prohibée en raison des troubles apportés par ce changement d'usage aux lots voisins l'installation d'un centre de contrôle automobile : (▪ CA Paris, 23e ch. B, 7 déc. 1999 : *JurisData* n° 1999-603845 ; *Loyers et copr.* 2000, comm. 124). Par contre sera admis l'exercice d'activités qui ne créent pas plus d'inconvénients que celles déjà existantes (V. par ex., ▪ Cass. 3e civ., 20 nov. 1996 : *Loyers et copr.* févr. 1997, n° 58. ▪ Cass. 3e civ., 8 mars 1995 : *Inf. rap. copr.* oct. 1995, p. 10).

Voir : L. 10 juill. 1965, art. 9, comm. n° 51, p. 110 à propos des activités cultuelles.

39) Exemple : l'installation d'un restaurant. Des problèmes se posent fréquemment à propos de *restaurants*. Dès lors que le lot considéré peut être affecté à usage commercial, ou que l'immeuble est à usage mixte (▪ Cass. 3e civ., 14 déc. 2010, n° 09-71.134 : *AJDI* 2011, p. 536, obs. P. Capoulade. ▪ CA Paris, pôle 4, 2e ch., 16 janv. 2013, n° 10/23356 : *JurisData* n° 2013-000362 ; *Loyers et copr.* 2013, comm. 152, obs. G. Vigneron) il ne saurait être question d'y interdire *a priori* d'y installer un restaurant, au motif qu'il s'agirait d'une activité par nature incommodante (▪ Cass. 3e civ., 21 nov. 2000 : *JurisData* n° 2000-007061 ; *Loyers et copr.* 2001, comm. 46. ▪ Cass. 3e civ., 6 oct. 1999 : *JurisData* n° 1999-003475 ; *Loyers et copr.* 2000, comm. 25. ▪ Cass. 3e civ., 3 juin 1998 : *Rev. Administrer* mai 1999, p. 51. ▪ CA Paris, 19e ch. B, 28 janv. 1999 : *JurisData* n° 1999-020059 ; *Loyers et copr.* 1999, comm. 163). Il faut dans chaque cas vérifier si l'exploitation du restaurant est susceptible d'engendrer des nuisances (▪ Cass. 3e civ., 8 oct. 2003 : *Rev. Administrer* juin 2004, p. 52, obs. A. Alfandari. ▪ CA Paris, 2 mars 2000 : *Dossier CSAB* n° 89, févr. 2001, n° 122, obs. A. Dunes. ▪ CA Paris, 23e ch. B, 7 sept. 2000 : *AJDI* 2000, p. 961), et, dans l'affirmative, si elles peuvent être aisément évitées et même supprimées par la mise en œuvre de « solutions techniquement appropriées » (▪ Cass. 3e civ., 11 mai 1999 : *Rev. Administrer* août-sept. 1999, p. 74, obs. J.-R. Bouyeure).

Ainsi la transformation d'une cave en cuisine d'un restaurant avec installation d'une terrasse sur une dalle dont le propriétaire du lot avait la jouissance exclusive a été prohibée en raison des troubles apportés par ce changement d'usage aux lots voisins (▪ Cass. 3e civ., 29 janv. 1997, n° 95-14.316, aff. *SCI Brumaire*. – V. également pour l'installation d'une pizzeria : ▪ CA Versailles, 8 sept. 1995 : *Loyers et copr.* janv. 1996, n° 40).

Les troubles de jouissance invoqués doivent être réels (V. pour l'installation d'un restaurant considérée comme ne créant pas de trouble dans un quartier commerçant : ▪ Cass. 3e civ., 2 févr. 1999 : *Loyers et copr.* avr. 1999, n° 102. – V. aussi, ▪ CA Paris, pôle 4, 2e ch., 14 nov. 2012, n° 11/21174 : *JurisData* n° 2012-026067 ; *Loyers et copr.* 2013, comm. 125, obs. Vigneron). Si les copropriétaires s'opposaient sans motif valable à l'exercice d'une activité déterminée (en l'espèce celle de restaurant) ils engageraient leur responsabilité dans la mesure du préjudice causé (▪ CA Paris, 23e ch. B, 24 oct. 1997 : *Rev. Administrer* janv. 1998, p. 55).

Voir aussi : sur le cas où le règlement de copropriété prohibe les activités générant des nuisances, L. 10 juill. 1965, art. 9, comm. n° 49, p. 109.

Bibliographie : M.-H. Martial, *Panorama de jurisprudence : copropriété et restauration* : *Administrer* juill. 2023, p. 9.

B – Difficultés diverses

1° *Changements d'affectation des locaux accessoires (caves, greniers, débarras, garages, etc.)*

Bibliographie : *Sur le changement d'affectation des combles.* J. Hocquard, *Les combles, de l'ombre à la lumière* : *Inf. rap. copr.* juill. août 2003, p. 15. – D. Rocher, *L'aménagement des combles pour l'habitation* : *Rev. Administrer* nov. 2006, p. 19. – S. Lelièvre et S. Chaix-Bryan, *L'aménagement des combles et des sous-sols : quels contrôles ?* : *AJPI* 2007, p. 545.

Sur le changement d'affectation des chambres de service. V. G. Gil, *Les chambres de service* : *Inf. rap. copr.* avr. 2013, p. 11. – J. Sroussi, *Le casse-tête des chambres de service* : *Inf. rap. copr.* déc. 2021, p. 17.

Sur les changements d'affectation de lots de garages. V. C. Atias, *Le copropriétaire attendu à la porte du garage* : *Inf. rap. copr.* déc. 2003, p. 27. – G. Gil, *La transformation d'un emplacement de parking en box* : *Ann. loyers* 2022, p. 38.

Sur la création d'un « souplex ». V. F. Bault, *Quel avenir pour le souplex ?* : *Rev. habitat* déc. 2013, p. 20. – F. Bérenger, *L'acquisition d'un souplex* : *Administrer* oct. 2013, p. 19.

40) Absence de dispositions particulières dans le règlement. Il résulte de la jurisprudence actuelle de la Cour de cassation que la dénomination de « cave, grenier, débarras... » impartie à un lot de copropriété n'empêche pas d'en changer la nature pour l'affecter à un autre usage : *à la condition que ce changement d'affectation soit conforme à la destination de l'immeuble et ne nuise pas aux droits des autres copropriétaires.* Si ces locaux annexes peuvent recevoir une affectation différente sans que la destination de l'immeuble en pâtisse et qu'il en résulte d'inconvénients pour les autres copropriétaires, ce changement d'affectation sera admis (V. ▪ Cass. 3e civ., 15 nov. 1989 : *Loyers et copr.* 1990, n° 52. ▪ Cass. 3e civ., 4 janv. 1990 : *Loyers et copr.* 1990, n° 140. ▪ CA Paris, 23e ch. A, 10 juill. 1989 : *Loyers et copr.* 1989, n° 399). Mais il n'est pas possible de déduire du fait qu'un lot est désigné comme « locaux » qu'il peut être affecté à toutes sortes d'usage y compris d'habitation (▪ Cass. 3e civ., 4 juill. 2012, n° 11-16.051 : *JurisData* n° 2012-015278 ; *Loyers et copr.* 2012, comm. 274, note G. Vigneron ; *Administrer* oct. 2012, p. 60, note J.-R. Bouyeure, cassant ▪ CA Aix-en-Provence, 21 janv. 2011 : *AJDI* 2011, p. 307). S'il apparaît que le changement d'affectation (en l'espèce la transformation d'une remise en logement) ne porte pas atteinte à la destination de l'immeuble et aux droits des autres copropriétaires, le refus d'autoriser la pose d'une boîte aux lettres dans le hall de l'immeuble pour la desserte du logement ainsi créé est illicite (▪ Cass. 3e civ., 8 juin 2017, n° 16-13.280 : *JurisData* n° 2017-011112 ; *Loyers et copr.* 2017, comm. 203, note A. Lebatteux ; *AJDI* 2017, p. 782, notes N. Le Rudulier ; *Administrer* oct. 2017, p. 63, obs. J.-R. Bouyeure).

• Transformation à usage d'habitation :

– Ainsi il a été jugé, (toujours en fonction de l'examen des circonstances particulières de l'espèce) que dans un *immeuble déjà utilisé à usage d'habitation*, un grenier ou des combles pouvaient être aménagés en studio ou en appartement (▪ Cass. 3e civ. 3 mai 2001, n° 99-18.179 ▪ Cass. 3e civ., 10 déc. 1986, n° 82-15.198 : *Rev. Administrer* mars 1987, p. 31, obs. Guillot ; *D.* 1987, p. 146, obs. Giverdon. ▪ CA Douai, 1re ch., 2e sect., 18 oct. 2006 : *JurisData* n° 2006-317509. ▪ CA Paris, 23e ch. B, 14 déc. 2000 : *Loyers et copr.* 2001, comm. 160. ▪ CA Reims, 17 mai 1993 : *JCP* N 1994, II, p. 300. ▪ CA Paris, 23e ch. A, 30 mai 1989.– Et ▪ CA Paris, 17 oct. 1989 : *D.* 1990, inf. rap. p. 124, obs. Givord et Giverdon).

De même il a été admis que pouvaient être transformés en logements ou en pièces annexes à usage d'habitation :

– un local désigné comme « remise » (▪ Cass. 3e civ., 8 juill. 1987 : *Bull. civ.* III, n° 141. ▪ Cass. 3e civ., 18 déc. 1991 : *Loyers et copr.* 1992, n° 80. ▪ CA Paris, pôle 4, 2e ch., 1er déc. 2011 : *JurisData* n° 2011-027600 ; *Loyers et copr.* 2012, comm. 281, obs. G.V. ▪ CA Paris, 23e ch. B, 7 déc. 2006 : *JCP G* 2007, IV, 1114. ▪ CA Paris, pôle 4, 2e ch., 18 mai 2011 : *JurisData* n° 2011-009917. ▪ CA

Paris, 23e ch. B, 9 févr. 2006 : *Loyers et copr.* 2006, comm. 187, obs. G. Vigneron) ;

– des locaux qualifiés de « celliers » ou « réserves » (▪ Cass. 3e civ., 3 juin 1998 : *Loyers et copr.* sept. 1998, n° 226), des locaux situés en sous-sol (▪ CA Versailles, 30 avr. 1990 : *RD imm.* 1990, p. 407, obs. Giverdon) ;

– des locaux en sous-sol à usage de garage, qui pouvaient être rendus habitables (▪ Cass. 3e civ., 17 mars 2016, n° 14-26.954 : *Administrer* juin 2016, p. 45, note J.-R. Bouyeure) ;

– ou des locaux désignés comme « bureaux » (▪ CA Paris, 23e ch. A, 10 juill. 1989 : *D.* 1990, inf. rap. p. 126, obs. Giverdon. – Confirmé par ▪ Cass. 3e civ., 17 avr. 1991 : *Loyers et copr.* 1991, n° 313) ;

– des chambres de service (▪ Cass. 3e civ., 6 déc. 1989 : *Rev. loyers* 1990, p. 137). Mais cette transformation peut dans certains cas ne pas être conforme à la destination de l'immeuble (▪ CA Paris, 23e ch. B, 29 juin 2006 : *Loyers et copr.* 2007, comm. 14, obs. G. Vigneron ;

– des locaux qualifiés de « resserres » (▪ CA Versailles, 21 déc. 1989 : *Rev. Administrer* févr. 1991, p. 45, note Guillot) ;

– ou encore des celliers (▪ Cass. 3e civ., 17 avr. 1991 : *Loyers et copr.* juill. 1991, n° 312) ou des garages (▪ CA Paris, 23e ch. B, 11 févr. 1999 : *JurisData* n° 1999-020400 ; *Loyers et copr.* 1999, comm. 224 ; *contra :* ▪ CA Aix-en-Provence, 24 juin 1999 : *D.* 1999, somm. p. 320, note C. Atias). Il a été également admis que des garages pouvaient être transformés en celliers (▪ Cass. 3e civ., 15 nov. 1989 : *Loyers et copr.* 1990, n° 52), ou que des locaux à usage de « débarras » puissent être transformés en garages individuels (▪ Cass. 3e civ., 7 avr. 2004 : *Rev. Administrer* juill. 2004, p. 36, obs. J.-R. Bouyeure) ;

– ou des pièces désignées comme « débarras » (▪ CA Paris, pôle 4, 2e ch., 17 nov. 2010 : *Rev. Administrer* févr. 2011, p. 41. ▪ CA Aix-en-Provence, 21 mai 2010 : *JurisData* n° 2010-025101 ; *Loyers et copr.* 2011, comm. 97).

Toutefois il a été jugé que dans un immeuble de standing élevé la transformation de celliers en studios peut porter atteinte à la destination de l'immeuble en imposant une surdensité d'occupants incompatible avec cette destination (▪ CA Aix-en-Provence, 14 mai 1996 : *Loyers et copr.* juill. 1997, n° 214. – V. dans le même sens : ▪ CA Paris, 23e ch. B, 22 févr. 2001 : *AJDI* 2001, p. 447. ▪ CA Toulouse, 3 janv. 2011, n° 09-5418 : *AJDI* 2011, p. 377).

Le changement d'affectation est prohibé si les caractéristiques des locaux et la configuration des lieux sont incompatibles avec l'usage envisagé (en l'espèce, transformation de « lingeries » en locaux d'habitation : ▪ CA Colmar, 1re ch. civ., 6 sept. 2007 : *JCP G* 2008, IV, 1612. – V. aussi pour la transformation de locaux en sous-sol insalubres en locaux d'habitation, ▪ CA Aix-en-Provence, 4e ch. A, 7 sept. 2007 : *JurisData* n° 2007-355984), ou encore s'ils affectent la jouissance des parties privatives d'un autre lot (V. pour la transformation d'un débarras en pièce d'habitation, ▪ CA Paris, pôle 4, 2e ch., 9 sept. 2009 : *Loyers et copr.* 2010, comm. 24, obs. G. Vigneron, confirmé par ▪ Cass. 3e civ., 5 juill. 2011, n° 09-71.263 : *AJDI* 2011, p. 712) ;

• Transformation en locaux à usage commercial :

– de même, il a été admis dans un *immeuble à usage commercial ou à usage mixte d'habitation et commercial*, qu'une cave pouvait être transformée en annexe d'un local commercial (V. Guillot, obs. sous ▪ Cass. 3e civ., 18 févr. 1987 : *Rev. Administrer* août-sept. 1987, p. 48. ▪ Cass. 3e civ., 21 oct. 1992 : *Loyers et copr.* 1993, n° 34. ▪ Cass. 3e civ., 15 janv. 1997 : *RD imm.* 1997, p. 280, obs. P. Capoulade. ▪ CA Paris, pôle 4, 2e ch., 10 mars 2010 : *JurisData* n° 2010-010157 ; *Loyers et copr.* 2010, comm. 298, obs. G. Vigneron. ▪ CA Paris, 23e ch. B, 29 mai 2008 : *JurisData* n° 2008-364393. ▪ CA Paris, 23e ch. B, 15 mai 2008 : *JurisData* n° 2008-363121. ▪ CA Paris, 23e ch. A, 16 mai 2001 : *Loyers et copr.* 2001, comm. 244. ▪ CA Paris, 23e ch., 17 févr. 1999 : *Gaz. Pal.* 1999, 2, somm. p. 558. ▪ CA Paris, 19e ch., 27 févr. 1992 : *Loyers et copr.* 1992, n° 22).

Une « remise » peut être affectée à tous usages liés à l'exploitation d'un fonds de commerce, à l'exclusion de la réception de clientèle (▪ CA Paris, 8e ch. A, 14 nov. 1990 : *Loyers et copr.* 1991, n° 36. ▪ Cass. 3e civ., 10 mai 1994 : *Loyers et copr.* 1994, n° 350). De même pour un lot qualifié de « cellier » (▪ Cass. 3e civ., 17 juin 1997 : *RD imm.* 1997, p. 478, note C. Giverdon).

Mais dans tous les cas, la Cour de cassation invite le juge à vérifier que le changement d'usage est conforme aux critères ci-dessus énoncés : ainsi la transformation d'une partie d'un local à usage de garage en local de vente et d'exposition ouvert à la clientèle ne peut être refusée sans qu'il ait été constaté que ce changement d'usage est contraire aux droits des autres copropriétaires ou à la destination de l'immeuble (▪ Cass. 3e civ., 11 déc. 2012, n° 11-25.339 : *JurisData* n° 2012-029342).

41) Clauses particulières dans le règlement. Le règlement de copropriété peut comporter des dispositions restrictives (valables si elles sont justifiées par la destination de l'immeuble...) qui doivent être respectées : par exemple s'il déclare que seuls les locaux du rez-de-chaussée peuvent être utilisés à des fins commerciales, une cave en sous-sol ne peut être affectée à cet usage (V. ▪ Cass. 3e civ., 18 févr. 1987 : *Rev. Administrer* août-sept. 1987, p. 48, obs. Guillot. – Pour la transformation d'une cave en salon de coiffure : ▪ CA Paris, 23e ch. B, 19 oct. 2000 : *AJDI* 2000, p. 1064).

Dans l'exercice de leur pouvoir de contrôle, les tribunaux, pour décider si la qualification donnée à un lot est ou non compatible avec la modification de son utilisation, s'attachent à vérifier que le changement d'affectation ne portera pas atteinte à la destination de l'immeuble et aux droits des autres copropriétaires.

– Une clause d'affectation de locaux à usage de grenier devra être respectée si leurs *caractéristiques physiques* (dimensions, agencement) ne permettent pas un autre usage (▪ Cass. 3e civ., 16 oct. 1979 : *JCP* G 1980, II, 19289, note Guillot. ▪ CA Versailles, 14 déc. 1981 : *Rev. loyers* 1982, p. 340). De même, pour des locaux qualifiés de caves (▪ Cass. 3e civ., 3 juill. 1996 : *Loyers et copr.* oct. 1996, n° 403. ▪ Cass. 3e civ., 28 mars 1984 : *Rev. loyers* 1984, p. 376. ▪ Cass. 3e civ., 18 févr. 1987 : *Rev. Administrer* sept. 1987, p. 48. ▪ CA Paris, 19e ch. B, 9 oct. 1997 : *Loyers et copr.* févr. 1998, n° 58), de parkings et de box (▪ CA Paris, 26 févr. 1982 : *D.* 1982, inf. rap. p. 289. ▪ CA Versailles, 7 mars 1983 : *RD imm.* 1985, p. 88) ou de hobby-rooms (▪ Cass. 3e civ., 27 avr. 1988 : *Rev. loyers* 1988, p. 273) ou encore pour des locaux qualifiés d'habitation situés sous les combles et manifestement inaptes à un tel usage (▪ Cass. 3e civ., 20 mars 1978 : *JCP* N 1979, II, p. 36. – V. aussi : pour des caves manifestement inhabitables : ▪ CA Paris, 23e ch., 13 mai 1994 : *Loyers et copr.* 1994, n° 440. – Pour l'interdiction de transformer des remises situées dans une cour et des greniers en locaux d'habitation : ▪ CA Paris, 23e ch. A, 5 juill. 1995 : *Loyers et copr.* déc. 1995, n° 534. – Pour l'interdiction de transformer un garage en dépôt d'archives en raison du risque d'incendie : ▪ Cass. 3e civ., 11 oct. 1995 : *AJPI* 1996, p. 898, note Guitard ; *Loyers et copr.* févr. 1996, n° 81).

– Par contre, si les locaux sont aptes à l'affectation nouvelle que l'on entend leur donner, la qualification qu'ils ont reçue dans le règlement ne fera pas obstacle au changement d'affectation projeté, s'il n'entraîne pas d'atteinte à la destination de l'immeuble ou aux droits des autres copropriétaires (V. pour un rappel du principe, ▪ CA Nancy, 24 janv. 2006 : *Loyers et copr.* 2006, comm. 139, obs. G. Vigneron. – Pour des locaux inexactement qualifiés de « greniers » alors qu'ils sont habitables, ▪ Cass. 3e civ., 12 janv. 1982 : *Rev. loyers* 1982, p. 210 ; et à propos d'une cave : ▪ CA Paris, 23e ch. A, 5 juill. 1995 : *Loyers et copr.* déc. 1995, n° 534, ou pour des lots qualifiés d'ateliers et susceptibles d'être affectés à l'habitation : ▪ CA Aix-en-Provence, 30 avr. 1996 : *Loyers et copr.* juill. 1997, n° 213.

Lorsque le règlement de copropriété, établi à une date très ancienne, se réfère à des activités qui à l'époque engendraient des nuisances importantes, il convient d'en faire une interprétation compréhensive (V. pour l'admission de l'exercice d'une activité de petite restauration, ▪ CA Paris, pôle 4, 2e ch., 16 nov. 2011 : *JurisData* n° 2011-026764 ; *Loyers et copr.* 2012, n° 120, obs. G. Vigneron ; *Administrer* févr. 2012, p. 46, obs. J.-R. Bouyeure).

2° *Exercice d'une activité professionnelle ou commerciale*

Bibliographie : J.-P. Forestier, *L'installation d'un restaurant dans un immeuble en copropriété* : *Rev. Administrer* janv. 1998, p. 22. – M. Bertrand, *Commerce et activité libérale, peut-on s'opposer à leur installation ?* : *Le Particulier immobilier*, janv. 2003, p. 51. – S. Laporte-Leconte, *Immeuble et mixité commerciale* : *AJDI* 2010, p. 273 et s. – G. Gil, *Exercice d'une activité médicale en copropriété* : *Inf. rap. copr.* mars 2017, p. 19.

42) Affectation à une activité professionnelle ou commerciale. Dans quelle mesure un lot déterminé peut-il être affecté à une activité professionnelle ou commerciale ?

Plusieurs cas doivent être distingués, selon que le lot est à usage d'habitation, qu'il est affecté à un usage professionnel ou commercial déterminé, ou qu'il doit être considéré comme étant à usage mixte (commercial ou professionnel et d'habitation).

43) Lot à usage d'habitation. Si l'immeuble est à usage exclusif d'habitation, ou s'il est à usage mixte commercial (ou professionnel) et d'habitation, et que le lot considéré se trouve dans un groupe de lots situés dans un niveau affecté à l'habitation (ex., le premier étage alors que seul le rez-de-chaussée est à usage professionnel ou commercial...), l'affectation à un usage professionnel ou commercial est contraire à la fois aux dispositions du règlement de copropriété et à la destination de l'immeuble : il implique une autorisation unanime de l'assemblée (▪ CA Paris, 23e ch. B, 16 mai 1986 : *RD imm.*, p. 388, obs. Givord et Giverdon). Il en est de même si une société commerciale veut s'installer dans ce lot, quelle que soit par ailleurs la nature de son activité (▪ Cass. 3e civ., 29 janv. 2003 : *AJDI* 2003, p. 206).

Mais si un lot à usage d'habitation d'après le règlement est utilisé depuis quarante ans à usage commercial, l'assemblée ne peut refuser de constater ce changement d'affectation dès lors qu'il ne peut plus être remis en cause en raison de la prescription édictée par l'article 42, alinéa 1 de la loi du 10 juillet 1965 (▪ CA Paris, pôle 4, 2e ch., 29 sept. 2010 : *Rev. Administrer* avr. 2011, p. 41, obs. J.-R. Bouyeure).

44) Lot affecté à un usage professionnel ou commercial déterminé. Lorsque le règlement de copropriété indique expressément la nature de l'activité exercée, on ne saurait en déduire que ce lot est par là même « destiné » à l'exercice de cette seule activité et que tout changement d'affectation nécessite un accord de l'ensemble des copropriétaires.

... Ainsi un lot désigné comme étant une « salle de spectacles » peut être utilisé pour l'exploitation d'un restaurant (■ Cass. 3e civ., 10 déc. 1986, aff. *SA Cinéma La Rotonde* : *D.* 1987, p. 146, obs. Giverdon).

... Un lot désigné comme « station-service » peut être réaffecté à un commerce de vente de produits alimentaires ou exotiques (■ Cass. 3e civ., 10 déc. 1986, aff. *Vinh Cuong Hua* : *JCP* 1987, II, 207, note Boccara ; *Rev. Administrer* mars 1987, p. 31, obs. Guillot).

... Des locaux à usage d'agence immobilière peuvent être transformés en pizzeria (■ CA Versailles, 22 sept. 2010 : *JurisData* n° 2010-020509 ; *Loyers et copr.* 2011, comm. 63, obs. G.V.).

Comme l'indique un arrêt de la Cour de cassation du 22 juillet 1987 (■ Cass. 3e civ., 22 juill. 1987 : *Bull. civ.* III, n° 155, p. 90 ; *D.* 1987, inf. rap. p. 188) « un changement de nature de l'activité commerciale dans un lot où le règlement de copropriété autorise l'exercice du commerce n'implique pas par lui-même une modification de la destination de l'immeuble et peut s'effectuer librement, sous réserve de ne porter atteinte ni aux droits des autres copropriétaires ni à des limitations conventionnelles justifiées par la destination de l'immeuble » (V. aussi ■ CA Paris, 23e ch. A, 13 févr. 1990 : *Loyers et copr.* 1990, n° 232 et ■ Cass. 3e civ., 7 déc. 1994 : *RD imm.* 1995, p. 151 ; *Loyers et copr.* mars 1995, n° 124).

Dans un immeuble affecté, en tout ou en partie, à l'usage commercial, les copropriétaires sont donc libres d'exercer dans les lots réservés à cet usage le commerce qui leur convient. Ils n'ont aucune autorisation à requérir de l'assemblée (■ Cass. 3e civ., 20 janv. 2004 : *Loyers et copr.* 2004, comm. 78, obs. G. Vigneron ; *Rev. Administrer* avr. 2004, p. 52, obs. J.-R. Bouyeure. – V. aussi ■ Cass. 3e civ., 3 mars 2004 : *AJDI* 2004, p. 736, note C. Giverdon). Les seules limites possibles à cette liberté sont celles-là mêmes découlant des articles 8 et 9 de la loi du 10 juillet 1965 :

– il ne peut être porté atteinte aux droits des autres copropriétaires : ainsi l'activité envisagée ne doit pas créer de troubles de voisinage (V. pour l'interdiction d'une activité de jeux laser dans un immeuble de standing : ■ CA Paris, 23e ch. B, 3 févr. 2005 : *AJDI* 2005, p. 398) ;

– ... ou aux limitations conventionnelles (figurant dans le règlement) justifiées par la destination de l'immeuble (V. ■ CA Paris, 23e ch. A, 13 févr. 1990 : *Loyers et copr.* mai 1990, n° 232).

45) Lot à usage mixte (commercial ou professionnel et habitation). La jurisprudence récente accepte sous les réserves indiquées plus haut (absence d'atteinte à la destination de l'immeuble et aux droits des copropriétaires) qu'une affectation admise dans un lot à usage mixte puisse être étendue à l'ensemble du lot. Ainsi, un lot à usage mixte d'habitation et commercial peut être utilisé en totalité à usage commercial (■ CA Paris, 23e ch. B, 19 mai 1989 : *D.* 1990, inf. rap. p. 125, obs. Giverdon. ■ Cass. 3e civ., 6 déc. 1989 : *Rev. Administrer* oct. 1990, p. 49, note Guillot ; *D.* 1990, inf. rap. p. 126 et *RD imm.* 1990, p. 408, obs. Giverdon ; *Defrénois* 1990, art. 34802, note Souleau). Dans un immeuble à usage commercial et d'habitation, des logements peuvent être utilisés pour l'exercice d'une activité d'enseignement (■ CA Paris, 23e ch. A, 30 mai 1989 : *D.* 1990, inf. rap. p. 124). Des locaux d'habitation peuvent également être transformés en cuisine d'un restaurant (■ Cass. 3e civ., 20 nov. 1996 : *Loyers et copr.* févr. 1997, n° 58).

3° *Changements d'affectation admis ou refusés par interprétation du règlement de copropriété*

46) Clauses d'interdiction ou d'autorisation expresses. La jurisprudence contrôle également les changements d'affectation en interprétant les *clauses des règlements de copropriété*.

Le règlement peut ainsi :

– *interdire certaines activités* désignées en fonction de leur nature : par exemple les « activités commerciales » (ce qui exclut en principe l'exercice de la profession de loueur en meublé : ■ CA Paris, 19e ch. B, 7 déc. 1995 : *D.* 1996, inf. rap. p. 19 et, bien entendu, l'exploitation d'un restaurant : ■ Cass. 3e civ., 2 juill. 2008, n° 07-18.15 : *Rev. loyers* 2008, p. 515), ou, de manière plus spécifique, par exemple « les commerces alimentaires » (■ Cass. 3e civ., 4 oct. 1995 : *RD imm.* 1996, p. 104, obs. P. Capoulade). Ces interdictions lorsqu'elles sont précises ne donnent pas lieu à interprétation et doivent être strictement appliquées. Par contre, l'interprétation est possible lorsque l'interdiction vise certaines activités désignées de manière générique : par exemple les « activités bruyantes » ou « incommodantes » (ce qui interdit en principe l'installation d'un bar ou restaurant : ■ Cass. 3e civ., 27 mars 1996, arrêt n° 637 D, aff. *Jezéquel.* ■ CA Paris, 23e ch. A, 3 mai 1996 : *Loyers et copr.* août-sept. 1996, n° 362. ■ CA Paris, 16e ch., 15 sept. 1994 : *Loyers et copr.* janv. 1995, n° 31) ;

– *autoriser certaines activités,* par exemple les « activités libérales » (ce qui exclut l'exercice d'activités en relation avec le monde industriel : ■ CA Paris, 23e ch., 12 mai 1995 : *D.* 1996, somm. 94, obs. C. Atias ; *RD imm.* 1995, p. 778 ; *Loyers et copr.* oct. 1995, n° 432), éventuellement en les cantonnant dans certains lots, ce qui exclut leur exercice dans des lots autres (■ CA Paris, 23e ch., 9 déc. 1994 : *Loyers et copr.* mai 1995, n° 231) même accessoires ou annexes (■ CA Douai, 18 sept. 1995 : *Rev. Administrer* juin 1996, p. 43). Si la liste des activités autorisées est énonciative, les tribunaux admettent généralement l'exercice des activités ne présentant pas plus d'inconvénients que celles indiquées (V. ainsi ■ CA Paris, 25 sept. 1996 : *Loyers et copr.* déc. 1996, n° 482. ■ Cass. 3e civ., 20 juill. 1994, n° 92-17.651 : *Bull. civ.* III, n° 156. ■ Cass. 3e civ., 17 déc. 1996 : *Loyers et copr.* avr. 1997, n° 120). Selon un arrêt de la Cour de Paris, une crèche peut être installée dans un lot désigné à l'état descriptif de division comme « local à usage professionnel » (■ CA Paris, pôle 4, 2e ch., 21 nov. 2012, n° 11/210 : *JurisData* n° 2012-026876 ; *Loyers et copr.* 2013, comm. 63, obs. G.V. ; *Administrer* avr. 2013, p. 59, obs. J.-R. Bouyeure).

Il a été jugé qu'était illicite la clause du règlement prévoyant que les changements d'affectation ne pourraient être effectués qu'après autorisation unanime des copropriétaires (■ CA Paris, 23e ch. B, 12 janv. 2006 : *JurisData* n° 2006-290839).

Voir : sur le critère de l'équivalence des inconvénients, comm. n° 52, p. 111.

47) Usage de bureau. Lorsqu'un lot est à *usage de « bureau »*, il ne peut y être exercé des activités de type commercial (■ CA Paris, 18 mai 1979 : *D.* 1980, inf. rap. p. 235), ce qui ne permet pas l'installation d'une succursale de banque (■ CA Paris, 14 juin 1979 : *D.* 1980, inf. rap. p. 235) ou d'un restaurant (■ Cass. 3e civ., 9 déc. 1986 : *RD imm.* 1987, p. 88, note Giverdon). Il ne peut, non plus, y être installé un cabinet médical ou paramédical (■ CA Paris, 4e ch., 2 avr. 2009 : *JurisData* n° 2009-377107 ; *Loyers et copr.* 2009, comm. 300, obs. G. Vigneron ; *Rev. Administrer* juill. 2009, p. 55, obs. J.-R. Bouyeure).

48) Usage de « boutique ». Lorsqu'un lot est à *usage de « boutique »* on ne peut y exercer qu'une activité commerciale à l'exclusion de toute activité de stockage (■ Cass. 3e civ., 12 janv. 2000 : *RD imm.* 2000, p. 233, obs. P. Capoulade), ou de transformation, par exemple artisanale (■ CA Paris, 10 mai 1985 : *D.* 1985, inf. rap. p. 424, confirmé par ■ Cass. 3e civ., 18 févr. 1987 : *Rev. loyers* 1987, p. 221. – *Contra :* ■ CA Paris, 23e ch. B, 25 mai 1990 qui admet l'exercice d'une activité artisanale : *RD imm.* 1990, p. 407, obs. Giverdon). Un salon de thé-crêperie peut être installé dans un lot désigné comme « boutique » sous réserve qu'il n'y ait pas atteinte à la destination de l'immeuble et aux droits des autres copropriétaires (■ Cass. 3e civ., 7 févr. 1990 : *Loyers et copr.* avr. 1990, n° 183. V. aussi ■ CA Paris, 23e ch. A, 6 nov. 1990 : *Loyers et copr.* 1991, n° 35) ; ou même éventuellement (sous les mêmes réserves) un restaurant (■ Cass. 3e civ., 16 sept. 2003 : *Rev. Administrer* janv. 2004, p. 39, obs. A. Alfandari. ■ Cass. 3e civ., 11 mai 1994 : *RD imm.* 1994, p. 489. ■ CA Paris, 23e ch. B, 6 avr. 2006 : *AJDI* 2006, p. 649. ■ CA Paris, 16e ch. B, 28 juin 2002 : *Loyers et copr.* 2003, comm. 22, obs. G. Vigneron. ■ CA Paris, 19e ch., 17 mars 1992 : *Loyers et copr.* 1992, n° 263. ■ CA Paris, 23e ch. 18 déc. 1991 : *Loyers et copr.* 1992, n° 129).

49) Interdiction d'activités susceptibles de créer des nuisances par le bruit et l'odeur, ou de porter atteinte à la tranquillité de l'immeuble. Lorsqu'une clause du règlement *interdit les activités susceptibles de créer des nuisances par le bruit ou les odeurs*, ou *de préjudicier à la « tranquillité » de l'immeuble*, les juges du fond apprécient souverainement si telle ou telle activité, lorsqu'elle n'est pas expressément visée, entre ou non au nombre de celles que le règlement a voulu interdire. L'exercice d'une activité de restauration sera le plus souvent incompatible avec une clause de ce type (V. ■ Cass. 3e civ., 12 janv. 2005, n° 03-18.939 : *Rev. Administrer* mai 2005, p. 49, obs. J.-R. Bouyeure. ■ Cass. 3e civ., 18 déc. 1991, n° 90-12.737 : *RD imm.* 1992, p. 242, obs. C. Giverdon. ■ Cass. 3e civ., 28 avr. 1993 : *RD imm.* 1993, p. 412. ■ Cass. 3e civ., 26 mai 1993 : *Rev. loyers* 1993, p. 357. ■ CA Paris, 23e ch. B, 8 sept. 2005 : *AJDI* 2005, p. 914. ■ CA Paris, 23e ch., 2 oct. 1992 : *Loyers et copr.* 1993, n° 480). Mais tout est fonction des circonstances de chaque espèce (sur la nécessité de procéder à une appréciation *in concreto*, V. par ex., pour un restaurant, ■ CA Paris, 23e ch. B, 19 juin 2003 : *Loyers et copr.* 2004, comm. 19, obs. G. Vigneron ; *AJDI* 2003, p. 773. ■ CA Paris, 23e ch. B, 20 nov. 2003 : *AJDI* 2004, p. 126). Ainsi une semblable clause peut ne pas interdire absolument l'exploitation d'un restaurant (■ CA Paris, 23e ch., 18 nov. 1991 : *Loyers et copr.* 1992, n° 128. ■ CA Paris, 26 nov. 1993 : *Loyers et copr.* 1994, n° 80) ou l'utilisation de locaux comme cuisine (■ Cass. 3e civ., 24 févr. 1993 : *Loyers et copr.* 1993, n° 233) ou l'installation d'un garage (■ Cass. 3e civ., 1er déc. 1993 : *Loyers et copr.* 1994, n° 78). Si le règlement interdit les activités bruyantes insalubres ou exhalant de mauvaises odeurs, l'exploitation d'un restaurant n'est pas pour autant et *a priori* prohibée : il n'y a pas en la matière de présomption de nuisance (■ Cass. 3e civ., 14 déc. 2010 : *JurisData* n° 2010-024012 ; *Loyers et copr.* 2011, comm. 94, obs. G. Vigneron ; *Rev. Administrer* avr. 2011, p. 40, obs. J.-R. Bouyeure).

Et il sera tenu compte de la possibilité de pallier les inconvénients générés par l'activité envisagée moyennant des aménagements adéquats (■ CA Paris, 23e ch. A, 4 oct. 1995 : *Loyers et copr.* févr. 1996, n° 82).

Une clause du règlement stipulant de ne rien faire qui puisse nuire « à la tranquillité et à la bonne tenue » de l'immeuble fait qu'il n'est pas possible d'y exploiter un sex-shop (■ Cass. 3e civ., 14 déc. 1999, n° 97-20.696. ■ Cass. 3e civ., 22 nov. 2000, n° 98-21.927 : *AJDI* 2001, p. 146, obs. C. Giverdon. ■ CA Paris, 23e ch. A, 8 oct. 1997 : *Loyers et copr.* mars 1998, n° 82. ■ CA Paris, 23e ch. A, 18 nov. 1998 : *Loyers et copr.* avr. 1999, n° 103. ■ CA Paris, 23e ch. A, 8 sept. 1999 : *Dossiers CSAB* n° 130, oct. 1999, obs. A. Dunes. ■ TGI Nice, 11 mai 1999 : *Rev. Administrer* août-sept. 1999, p. 73, obs. J.-R. Bouyeure). Il a été jugé qu'une clause du règlement prohibant les activités susceptibles de nuire à la tranquillité des occupants de l'immeuble empêche l'installation d'une grande surface (■ Cass. 3e civ., 19 oct. 2010, n° 09-70.515 : *AJDI* 2010, p. 899).

50) Parkings. Le point de savoir si un emplacement de parking peut être transformé en « box » dépend des circonstances de fait : par exemple de la gêne que cette transformation est susceptible d'apporter aux copropriétaires voisins (V. par ex., ■ Cass. 3e civ., 10 mars 1993 : *RD imm.* 1993, p. 253, obs. P. Capoulade. ■ Cass. 3e civ., 2 févr. 1994 : *Loyers et copr.* 1994, 205. – Pour un cas où l'emplacement voisin devenait de ce fait impraticable, V. ■ Cass. 3e civ., 28 mai 2002 : *Rev. loyers* 2002, p. 452). Les dispositions du règlement peuvent cependant y faire obstacle (■ CA Paris, 14e ch. B, 19 janv. 2001 : *AJDI* 2001, p. 258. ■ CA Paris, 23e ch., 20 janv. 1993 : *Loyers et copr.* 1993, n° 232).

Certaines décisions ont considéré que cette transformation porte *a priori* atteinte à la destination de l'immeuble car elle modifie la nature du lot (■ CA Amiens, 1re ch., 7 juin 2005 : *JurisData* n° 2005-288704. ■ CA Paris, 14e ch. B, 19 janv. 2001 : *Loyers et copr.* 2001, comm. 191. ■ CA Rennes, 4e ch., 5 juill. 2001 : *Bull. inf. C. cass.* 15 nov. 2001, n° 1124). Mais cette approche ne paraît pas conforme à la jurisprudence de la Cour de cassation selon laquelle il y a lieu de vérifier dans chaque cas si le changement d'affectation porte atteinte ou non à la destination de l'immeuble ou aux droits des autres copropriétaires (V. ci-dessus, comm. 35).

Bibliographie : G. Gil, *La transformation d'un emplacement de parking en box : Ann. loyers* 2022, p. 38 ; *Inf. rap. copr.* oct. 2022, p. 41. – A. Berteaux, *Fermer sa place de parking : Le particulier immobilier* mars 2022, p. 32.

51) Activités politiques, cultuelles, associatives. Dans un local à usage mixte d'habitation et professionnel, l'exercice d'une *activité cultuelle* n'est pas *a priori* interdite si elle n'est pas « de nature à créer des nuisances ou des risques excédant ceux qui peuvent résulter de la destination de l'immeuble » (■ Cass. 3e civ., 20 juill. 1994 : *Rev. Administrer* juill. 1995, p. 39, note J.-M. Gélinet ; *Loyers et copr.* déc. 1994, n° 482 ; *RD imm.* 1994, p. 690, obs. P. Capoulade ; *Bull. civ.* III, n° 156. ■ CA Aix-en-Provence, 10 nov. 1992 : *Loyers et copr.* 1993, n° 33. ■ CA Paris, 23e ch. A, 28 oct. 1998 : *Gaz. Pal.* 1999, 1, somm. p. 153. ■ CA Paris, 1er juin 1999 : *Gaz. Pal.* 1999, 2, somm. p. 508) ou ceux résultant des activités autorisées ou déjà exercées dans l'immeuble (■ Cass. 3e civ., 8 mars 1995 : *Loyers et copr.* juin 1995, n° 287 ; *JCP* G 1995, IV, 1100 ; *Bull. civ.* III, n° 74 ; *AJPI* 1996, p. 313, note Guitard ; *Inf. rap. copr.* oct. 1995, p. 10, obs. P. Capoulade. – Voir dans un cas où le règlement autorise l'exercice d'activités commerciales ou industrielles : ■ CA Paris, 23e ch., 17 avr. 2008 : *Loyers et copr.* 2008, comm. n° 287, obs. G. Vigneron ; *AJDI* 2008, p. 595). Le syndicat est en droit de demander l'arrêt des activités d'une association cultuelle, qui organise des activités culturelles et des offices religieux dans un local à usage commercial, sans que l'on puisse lui opposer que cette demande est contraire au droit à la liberté religieuse consacré par la déclaration des droits de l'homme et du citoyen et l'article 9 du Code civil (■ Cass. 3e civ., 16 sept. 2015, n° 14-14.518 : *JurisData* n° 2015-020697 ; *Loyers et copr.* 2015, n° 233, note G. Vigneron).

Il en est de même pour l'installation dans l'immeuble d'un *parti politique* (■ CA Paris, 1re ch., 26 juin 1992 : *RD imm.* 1992, p. 537, obs. C. Giverdon) ou d'une *association* (■ CA Paris, 23e ch., 5 nov. 1993 : *RD imm.* 1994, p. 95, obs. C. Giverdon). Il a été jugé que l'installation dans des locaux commerciaux situés dans un immeuble à usage mixte d'un centre d'aide aux toxicomanes, géré par une association, n'était pas contraire à la destination de l'immeuble (■ Cass. 3e civ., 2 juill. 2002 : *Rev. Administrer* nov. 2002, p. 35, obs. J.-R. Bouyeure).

Bibliographie : sur le sujet, P. Baudouin, *Le droit à la liberté religieuse à l'épreuve de la copropriété : Rev. habitat* nov. 2012, p. 26. – C. Biguenet-Maurel, *Droit de la copropriété et pratique d'une religion : un mariage difficile* : *AJDI* 2005, p. 560.

52) Dark-stores et dark kitchens. Le « Quick commerce », qui répond à un besoin de livraison rapide des produits de consommation courante, s'est concrétisé tout d'abord par la création des « Dark stores » qui ont pour fonction l'entreposage, le stockage et la préparation de livraisons avec ou sans accueil du public. On a parfois distingué les *dark stores* exclusivement utilisés pour la livraison sans accueil du public pour les assimiler à des entrepôts, et les *dark stores* exerçant une activité de stockage avec un comptoir de retrait de marchandises par le client, assimilés à des activités de services, de nature commerciale. En droit de l'urbanisme, ces établissements sont considérés comme des « entrepôts » (■ CE, 5e et 6e ch. réunies,

23 mars 2023, n° 468362 : *Loyers et copr.* 2023, comm. 84, note J. Monéger ; *Constr.-Urb.* 2023, comm. 58, note L. Santoni). – V. C. urb., art. R. 151-27 et R. 151-28 et A. 22 mars 2023 : *JO* du 24). À Paris, les locaux situés en rez-de-chaussée ne peuvent être utilisés à cet usage (▪ CE, 23 mars 2023, n° 468360, *Ville de Paris* : *JCP* N 2023, n° 13, act. 459, note L. Erstein).

Autre figure du « quick commerce » : les *dark kitchens*, qui correspondent à la « préparation de repas commandés par voie télématique ». Du point de vue du droit de l'urbanisme, cette activité n'est pas englobée dans la destination « commerces et activités de services », où figurent les restaurants, eux-mêmes définis comme une « construction destinée à la restauration sur place ou à emporter avec accueil d'une clientèle », activité de nature commerciale. L'activité de « restauration » se distingue de la « cuisine dédiée à la vente en ligne », de nature non commerciale, dès lors qu'il n'est pas procédé dans le local à la vente des mets confectionnés, mais seulement à leur préparation.

Le problème de la qualification de l'activité exercée (notamment son caractère commercial ou non...) a une importance lorsqu'il s'agit de déterminer si elle est ou non compatible avec la destination de l'immeuble ou les clauses du règlement. Mais ce qui importe au premier chef ce sont les conditions d'exercice concrètes de cette activité et les troubles qu'elle peut causer aux habitants de l'immeuble.

Bibliographie : O. Soulié-Dugenie et J. Janvier, *Les dark stores : point sur la réglementation* : *Actes prat. ing. immobilière* 2022, n° 4, 4. – D. Gillig, *Les dark stores, une activité en voie de disparition ?* : *Constr.-Urb.* 2022, focus 85. – C. Ivars, *L'épineux problème des dark stores en copropriété* : *Inf. rap. copr.* nov. 2022, p. 39. – V. Le Grand, *Le nouveau statut des dark stores et dark kitchens en droit de l'urbanisme* : *BPIM* 3/23, 152. – V. Zalewski-Sicard, *Dark stores, dark kitchens et pratique notariale* : *JCP* N 2023, n° 17, act. 526. – J. Monéger, *Les dark stores retrouvent la lumière* : *Loyers et copr.* 2023, repère 6. – Ph.-S. Hansen et B. Marx, *Dark stores, Dark kitchens, logistique urbaine : les nouveaux modes de commerce et le droit de l'urbanisme* : *JCP* G 2023, n° 19, act. 588. – S. Lamy-Willing, *Dark stores, dark kitchens, drives et data center : le clair-obscur du décret et de l'arrêté du 22 mars 2023* : *Constr.-Urb.* 2023, repère 5. – A. de Courvoisier de Vomécourt, *L'encadrement des dark stores : l'urbanisme à la rescousse... ou la régulation en amont et la fin de l'implantation des dark stores en rez-de-chaussée sur rue des immeubles parisiens* : *AJDI* 2023, p. 650. – P. de Platter, *Dark stores et dark kitchens : de l'urbanisme au contrat* : *AJDI* 2023, p. 653. – N. Bellatreche-Titouche, *Focus sur les conséquences en matière de bail commercial et de copropriété du changement de statut des dark stores* : *Rev. loyers* 2023, p. 402.

53) Occupation « bourgeoise ». Lorsqu'un immeuble est destiné à l'« *occupation bourgeoise* », l'exploitation d'un fonds de commerce de restauration rapide y est interdite (▪ CA Versailles, 1re ch., 3 avr. 1990 : *Rev. Administrer* août-sept. 1990, p. 59), de même que l'installation de bureaux administratifs, même si le règlement admet l'exercice de professions libérales (▪ Cass. 3e civ., 3 mai 1990 : *Rev. loyers* 1990, p. 401 ; *Loyers et copr.* 1990, n° 317). L'activité de service public hospitalier a été jugée incompatible avec la destination d'un immeuble affecté prioritairement à usage d'habitation (▪ CA Aix-en-Provence, 7 mai 2010 : *JurisData* n° 2010-250990 ; *Loyers et copr.* 2011, comm. 93, obs. G.V.).

Par contre, l'exercice d'une activité d'enseignement peut être admis (▪ Cass. 3e civ., 27 févr. 1991 : *Loyers et copr.* 1991, n° 173), sous réserve qu'elle ne crée pas d'inconvénients anormaux de voisinage (▪ Cass. 3e civ., 27 janv. 2009, n° 08-10.821 : *Rev. Administrer* 2009, p. 52 ; *AJDI* 2009, p. 310), mais non pas l'installation d'un hôpital de jour (▪ CA Paris, 23e ch. B, 25 oct. 2001 : *Loyers et copr.* 2002, comm. 19 ; *AJDI* 2002, p. 41, confirmé par ▪ Cass. 3e civ., 17 juin 2003 : *AJDI* 2003, p. 598 ; *Rev. Administrer* oct. 2003, p. 61, obs. J.-R. Bouyeure).

Selon un arrêt de la Cour de cassation, dans un immeuble d'habitation bourgeoise, la location en meublé n'est pas en elle-même contraire à la destination de l'immeuble, dès lors que des nuisances particulières et répétées ne sont pas démontrées (▪ Cass. 3e civ., 22 mai 2012, n° 11-10.032 : *AJDI* 2012, p. 524). Mais la Cour de Paris a estimé qu'était interdite l'exploitation par une société de locations de courte durée en meublé, avec services annexes (fourniture de petits déjeuners) qui apparentent ces locations à des locations en garni (système « Penthouse » : ▪ CA Paris, 23e ch. A, 12 févr. 2003 : *AJDI* 2003, p. 429). La Cour de cassation a également jugée contraire à la destination d'un immeuble résidentiel la division d'appartements en studios en vue de leur location pour de brèves périodes, comme « hôtels studios meublés », accompagnée de prestations de services, ce qui s'apparentait à une exploitation de type commercial (▪ Cass. 3e civ., 8 mars 2018, n° 14-15.864 : *JurisData* n° 2018-003731 ; *Loyers et copr.* 2018, comm. 101, note C. Coutant-Lapalus ; *Rev. loyers* 2018, p. 319, note L. Guégan-Gélinet ; *Administrer* mai 2018, p. 41, obs. J.-R. Bouyeure).

Voir : sur les difficultés causées par ce type de locations, L. 10 juill. 1965, art. 8, comm. n° 20, p. 69. Annexe 14, V° *Changement d'affectation*, p. 1061.

D'une façon générale, et sans pouvoir recenser ici les décisions innombrables rendues en la matière, la tendance de la jurisprudence appelée à interpréter les clauses des règlements de copropriété est d'admettre l'exercice d'activités qui ne présenteraient pas plus d'inconvénient pour l'immeuble et ses occupants que celles expressément autorisées, appliquant ainsi un critère que l'on pourrait appeler de l'« équivalence des inconvénients », sans s'arrêter aux termes littéraux du règlement. Ainsi dans un immeuble ou certaines professions sont autorisées par une clause d'habitation bourgeoise, l'exercice de l'activité d'ostéopathe ou d'ophtalmologue a été admis, la preuve n'étant pas rapportée que ces activités généreraient des nuisances supérieures à celles entraînées par les professions déjà installées (▪ CA Paris, 23e ch. B, 4 juill. 2002 : *Loyers et copr.* 2002, comm. 294. – V. aussi ▪ TGI Nanterre, 5e ch. B, 6 oct. 2004 : *AJDI* 2005, p. 580, note R. Pautrat. – V. également pour l'installation, autorisée, d'un club de bridge, dans un immeuble de standing où l'exercice de professions libérales ou l'installation de sièges de sociétés étaient autorisés : ▪ CA Paris, 2e ch. B, 17 juin 2004 : *Loyers et copr.* 2004, comm. 174, obs. G. Vigneron, conf. par ▪ Cass. 3e civ., 6 déc. 2005 : *JurisData* n° 2005-031221 ; *Rev. Administrer* mars 2006, p. 50, obs. J.-R. Bouyeure ; *AJDI* 2006, p. 207).

Voir aussi : sur la clause d'habitation bourgeoise et ses incidences, V. L. 10 juill. 1965, art. 8, comm. n° 31, p. 72. – Sur les restrictions pouvant résulter du règlement qui peut interdire ou limiter l'exercice de certaines activités, L. 10 juill. 1965,art. 8, p. 61. – Sur la possibilité de domicilier dans un lot une entreprise commerciale, comm. n° 16, p. 94.

C – Sanction

54) Rétablissement des lieux à leur affectation antérieure. La sanction d'un changement d'affectation illicite est le rétablissement des lieux à leur affectation antérieure, en supposant qu'elle soit licite. L'action est ouverte pendant un délai de 5 ans (L. 10 juill. 1965, art. 42, al. 1er : V. ce texte *infra*). Passé ce délai, le changement d'affectation ne peut plus être remis en cause (▪ Cass. 3e civ., 2 févr. 1999 : *Rev. Administrer* janv. 2000, p. 37, obs. J.-R. Bouyeure ; *Loyers et copr.* 1999, comm. 137. ▪ Cass. 3e civ., 9 juin 1993 : *Bull. civ.* III, n° 82 ; *JCP* G 1993, IV, 2013. ▪ CA Paris, pôle 5, 20 janv. 2016, n° 14/01247 : *Rev. loyers* 2016, p. 159. ▪ CA Paris, 23e ch. B, 22 nov. 2007 : *Loyers et copr.* 2008, n° 119. ▪ CA Paris, 19e ch. B, 28 janv. 1999 : *Loyers et copr.* 1999, comm. 161).

Le point de départ de la prescription est « le jour où le titulaire du droit a connu ou aurait dû connaître les faits lui permettant de l'exercer » (C. civ., art. 2224). En harmonie avec le principe ainsi posé, la Cour de cassation a énoncé qu'en cas de changement d'usage d'un lot, la prescription de l'action pouvant être exercée par le syndicat courrait du jour où le syndicat avait eu connaissance de ce changement d'usage (▪ Cass. 3e civ., 12 avr. 2018, n° 17-12.574 : *JurisData* n° 2018-006979 ; *Loyers et copr.* 2018, comm. 157, note C. Coutant-Lapalus. – V. également ▪ Cass. 3e civ., 28 mai 2020, n° 19-12.908). Si la même infraction se répète d'année en année (en l'espèce une location saisonnière en violation du règlement), chaque nouvelle infraction n'est pas le point de départ d'un nouveau délai de prescription. La prescription court du jour de la première infraction (▪ Cass. 3e civ., 24 nov. 2021, n° 20-17.684 : *Rev. loyers* 2022, p. 136, note L. Guégan-Gélinet. – V. précédemment ▪ Cass. 3e civ., 9 juin 1993, n° 90-18.043 : *Bull. civ.* III, n° 82).

Il a été par ailleurs jugé que si les copropriétaires ont toléré pendant plus de 10 ans l'utilisation comme bureau d'un lot à usage de « réserve », il n'en étaient pas moins fondés à agir postérieurement en cessation de l'affectation de ce lot à une activité commerciale ce qui constituait une infraction au règlement de copropriété distincte de la précédente (▪ Cass. 3e civ., 8 juin 2017, n° 16-16.565 : *JurisData* n° 2017-011115 ; *Loyers et copr.* 2017, comm. 204, note A. Lebatteux ; *Administrer* oct. 2017, p. 59, note J.-R. Bouyeure).

Le cas échéant, le juge des référés peut être saisi, à la condition que le caractère illicite de la nouvelle affectation ne donne pas lieu à discussion. Ainsi il a été jugé que l'exercice d'une activité commerciale, alors que le règlement n'autorisait que les activités libérales, constituait un trouble manifestement illicite permettant au juge des référés de faire injonction au copropriétaire concerné de restituer à son lot un usage conforme au règlement de copropriété (▪ Cass. 3e civ., 15 sept. 2015, n° 14-11.602 : *Administrer* déc. 2015, p. 40). Si le juge des référés ne se reconnaît pas compétent, car il y a lieu d'interpréter les clauses du règlement de copropriété, il peut néanmoins statuer sur les troubles de voisinage qui constituent un dommage imminent ou manifestement illicite (▪ CA Lyon, 17 mars 2015, n° 13/08281 : *JurisData* n° 2015-006244 ; *Loyers et copr.* 2015, n° 171, note G. Vigneron).

IV – LOCATION DE LOTS

Bibliographie : *La copropriété*, Dalloz Action, 2021-2022, 10e éd., ss direction de P. Capoulade et D. Tomasin n°s 234 et s. – E. Kischinewsky-Broquisse, *La copropriété des immeubles bâtis*, Litec, 4e éd. 1989, n°s 266 et s. – J. Lot, *Rapports juridiques entre syndicat de copropriété et locataires* : *Rev. Administrer* juill. 1979, p. 9 et s. – E. Kischinewsky-Broquisse, *Les charges et le contrat de location dans l'immeuble en copropriété* : *Rev. écon. et dr. imm.*, n° 109, p. 2. – D. Tomasin, *Le contrat de loca-*

tion dans l'immeuble en copropriété : *Rev. Dr. et ville* 1984, numéro spécial, p. 11 et s. – A. Goyet, *Le bail d'habitation d'un lot de copropriété* : *Rev. bleue*, juin-juill. 1988, p. 47 et s. – *Louage immobilier et statut de la copropriété* par J.-P. Mantelet : *Rev. Administrer* févr. 1994, p. 2 et s. – B. Raclet, *L'installation d'un locataire commerçant dans une copropriété* : *Inf. rap. copr.* févr. 2004, p. 18. – C. Atias, *La portée du règlement de copropriété face aux conventions locatives* : *AJDI* 2004, p. 541. – J.-M. Roux, *L'opposabilité du règlement de copropriété, le cas du locataire* : *Inf. rap. copr.* mai 2006, p. 28. – C. Jaffuel, *Copropriété et bail d'habitation* : *Loyers et copr.* févr. 2007, étude 3. – C. Saint Didier, *Bail et copropriété inorganisée* : *Ann. loyers* 2011, p. 885. – C. Coutant-Lapalus, *Les locataires, parties prenantes de la copropriété* : *Inf. rap. copr.* janv.-févr. 2017, p. 19 (1re partie) ; *Inf. rap. copr.* juin 2017, p. 16 (2e partie). – D. Rodriguès, *La place des locataires en copropriété* : *Inf. rap. copr.* mars 2020, p. 37. – S. Prigent, *La rédaction du bail commercial en copropriété* : *Ann. loyers* 2020, p. 49. – C. Ivars, *La colocation en copropriété* : *Inf. rap. copr.* juin 2021, p. 25 – C. Coutant-Lapalus, *Bail commercial et contraintes de copropriété* : *AJDI* 2022, p. 252 – J. Sroussi, *Actualités sur le bailleur et la copropriété* : *Inf. rap. copr.* mai 2023, p. 21. – D. Rodrigues, *Les troubles causés par le locataire* : *Inf. rap. copr.* mai 2023, p. 11.

Jurisclasseurs. A. Djigo, *JCl. Civil Code, App. art. 544 à 577*, Fasc. 32 et *JCl. Notarial Répertoire*, V° *Copropriété*, Fasc. 32. – C. Ivars, *JCL Bail à loyer* Fasc. 1250-10 et 1250-20 (Bail commercial et copropriété). – M. Dagneaux, *JCl. Copropriété*, fasc. 68-20.

A – Le droit de louer son lot

55) Conditions de validité de la location. Les copropriétaires peuvent librement louer leurs lots sous réserve de respecter les dispositions du règlement régissant la location s'il en existe (Sur les clauses licites ou illicites, V. *supra*, art. 8 de la loi) et, en particulier, les clauses du règlement relatives à l'affectation des lots, et sous les réserves indiquées plus haut (sur la location de lots, V. *JCl. Copropriété*, Fasc. 68, nos 89 et s.). Mais ils n'ont aucun pouvoir sur les parties communes : ainsi un copropriétaire ne peut louer à une société de téléphonie mobile un emplacement dépendant des parties communes pour y implanter une antenne (▪ CA Paris, 6e ch. B, 3 juill. 2003 : *AJDI* 2003, p. 678).

En l'absence de clauses particulières, la location doit être conforme à la destination de l'immeuble. Ainsi dans un immeuble destiné à « l'habitation bourgeoise », un copropriétaire ne peut louer un local à usage commercial.

Voir : sur cette notion de destination de l'immeuble, comm. n° 2, p. 87.

La location doit également être conforme à la destination particulière du local considéré : elle peut être interdite s'il n'est pas adapté à cet usage (V. pour la location d'un lot dont l'habitabilité n'était pas établie, ▪ Cass. 3e civ., 30 mars 1978 : *JCP* G 1978, IV, 176. – V. pour la location d'une chambre de bonne, dont la conformité aux normes minimales d'habitabilité et aux critères de décence est discutée, ▪ Cass. 3e civ., 19 mai 2015, n° 14-11.849).

Voir : sur la compatibilité de locations meublées de courte durée avec la destination à usage d'habitation de l'immeuble ou des parties privatives, Annexe, « Locations meublées ».

56) Conséquences de la location irrégulière. Un copropriétaire engage sa *responsabilité vis-à-vis du locataire* s'il loue un local pour l'exercice d'une *activité interdite par le règlement* (▪ Cass. 3e civ., 20 janv. 1981 : *JCP* G 1981, IV, 113. ▪ Cass. 3e civ., 21 déc. 1987 : *Loyers et copr.* févr. 1988, n° 82. ▪ Cass. 3e civ., 9 janv. 1991 : *Loyers et copr.* 1991, n° 132). Toutefois il faut réserver le cas où le locataire était au courant de la violation du règlement et s'en est rendu complice (▪ Cass. 3e civ., 17 juill. 1986 : *Rev. loyers* 1987, p. 450).

Il l'expose, en effet, à devoir cesser cette activité si le syndicat l'exige (▪ CA Paris, 23e ch. B, 20 oct. 2007 : *JurisData* n° 2007-351663. ▪ CA Aix-en-Provence, 4e ch. A, 31 janv. 2002 : *Loyers et copr.* 2002, comm. 29. ▪ CA Paris, 10 mai 1985 : *D.* 1985, inf. rap. p. 424).

Le bailleur est également *responsable vis-à-vis du syndicat* des conséquences préjudiciables de cette violation du règlement de copropriété (▪ Cass. 3e civ., 10 oct. 1990 : *Loyers et copr.* 1990, comm. 486. ▪ Cass. 3e civ., 28 janv. 1987 : *Rev. Administrer* août-sept. 1987, p. 46, obs. E.-J. Guillot. ▪ CA Paris, 23e ch., 24 févr. 1986 : *Inf. rap. copr.* juin 1986, p. 107 ; *RD imm.* 1986, p. 238, obs. Givord et Giverdon. ▪ CA Pau, 3 juill. 1985 : *Petites affiches de la Seine*, 10 avr. 1987, p. 14, obs. Barbiéri. ▪ CA Versailles, 9 avr. 1986 : *Rev. loyers* 1987, p. 113. ▪ CA Paris, 23e ch. A, 9 oct. 1990 : *Loyers et copr.* 1990, n° 486. ▪ CA Paris, 19e ch. A, 13 avr. 1999 : *Loyers et copr.* 1999, comm. 248). De même s'il donne des autorisations contraires au règlement (▪ Cass. 3e civ., 15 févr. 1995 : *Loyers et copr.* 1995, n° 176). Il peut être condamné à faire cesser l'activité du locataire à peine d'astreinte (▪ CA Pau, 1re ch., 20 févr. 2007 : *JurisData* n° 2007-337570. ▪ CA Paris, 23e ch., 14 févr. 1992 : *Rev. Administrer* mai 1992, p. 45, obs. Dunes. ▪ CA Paris, 15 avr. 1992 : *Loyers et copr.* 1992, n° 307) ou à indemniser le syndicat des copropriétaires du préjudice causé (V., pour l'installation d'un sex-shop, ▪ CA Paris, 16e ch., 10 juin 2004 : *Loyers et copr.* 2004, comm. 195, obs. G. Vigneron ; *AJDI* 2004, p. 820). Le locataire peut éventuellement faire tierce opposition au jugement (▪ Cass. 3e civ., 18 nov. 1992 : *Loyers et copr.* 1993, n° 68).

En cas de location irrégulière (lorsque le locataire exerce par exemple une activité prohibée par le règlement), il faut noter que *les copropriétaires peuvent également agir individuellement à l'encontre du locataire*, et ceci sans qu'il soit nécessaire de mettre en cause le bailleur (▪ Cass. 3e civ., 4 janv. 1991 : *Bull. civ.* II, p. 1 ; *Loyers et copr.* 1991, n° 133 ; *Bull. civ.* III, n° 104 ; *Inf. rap. copr.* 1988, p. 297 ; *RD imm.* 1988, p. 497, obs. Givord et Giverdon. ▪ Cass. 3e civ., 27 mars 1991 : *Loyers et copr.* juin 1991, n° 267).

B – La location ne crée en principe de rapports qu'entre le locataire et le bailleur

57) Principe. Le contrat de location ne crée juridiquement de rapports contractuels qu'entre le bailleur et son locataire. Ce contrat reste étranger à la copropriété, avec laquelle le locataire n'a aucun lien de droit (▪ Cass. 3e civ., 5 juin 1991 : *Rev. Administrer* avr. 1992, p. 49, note E.-J. Guillot). Les clauses du bail ne sont pas opposables au syndicat (▪ CA Paris, 23e ch. B, 14 juin 2001 : *Loyers et copr.* 2002, comm. 20. ▪ CA Paris, 23e ch., 14 mars 2002 : *Loyers et copr.* 2002, comm. 239). Le propriétaire exerce donc seul toutes ses prérogatives de bailleur (droit de donner congé, droit de demander la résiliation du bail, encaissement des loyers...). Il a été jugé que le syndicat des copropriétaires ne pouvait invoquer que le logement loué n'était pas décent pour soutenir que la location (en l'espèce d'une chambre de bonne) était contraire à la destination de l'immeuble (▪ CA Aix-en-Provence, 4e ch., 11 janv. 2013, n° 11/11568 : *Rev. loyers* 2013, p. 157).

58) Actions du locataire contre le bailleur. C'est à *l'encontre du bailleur seul* que le locataire doit agir lorsqu'il veut mettre en jeu sa responsabilité contractuelle (V. sur tous ces points, E. Kischinewsky-Broquisse, *La copropriété des immeubles bâtis*, Litec, 4e éd. 1989, nos 278 et s. – *JCl. Copropriété*, Fasc. 68). Le bailleur est responsable dans les termes du contrat signé avec son locataire, qui peut en outre invoquer à son encontre les obligations de droit commune résultant du contrat de bail, variables selon le statut locatif applicable (V. Code des baux, LexisNexis. Sur la possibilité pour le locataire d'invoquer la garantie du bailleur pour vice caché, V. ▪ Cass. 3e civ., 2 mars 1993 : *Inf. rap. copr.* sept. 1993, p. 261).

Sous tous les régimes, le bailleur est tenu d'assurer à son locataire une jouissance paisible et il est responsable à ce titre des nuisances acoustiques générées par les installations ou équipements communs (V., pour une piscine, ▪ CA Aix-en-Provence, 4e ch. A, 9 oct. 2009 : *JurisData* n° 2009-022604). De même le locataire peut sur ce fondement agir à l'encontre du bailleur lorsqu'il a procédé à des aménagements irréguliers dont le syndicat demande la suppression (▪ Cass. 3e civ., 30 avr. 2002 : *Rev. Administrer* oct. 2002, p. 33, obs. J.-R. Bouyeure) ou en cas de troubles de jouissance (▪ Cass. 1re civ., 21 mars 1961 : *AJPI* 1961, II, 172. ▪ Cass. 1re civ., 19 juill. 1971 : *Inf. rap. copr.* 1962, p. 136. ▪ CA Paris, 23e ch. A, 26 avr. 2000 : *JurisData* n° 2000-114086. ▪ CA Paris, 18 nov. 1967 : *Gaz. Pal.* 1968, 2, p. 6. ▪ TGI Marseille, 29 juin 1976 : *Ann. loyers* 1977, p. 871). Mais le bailleur n'est pas responsable des troubles de jouissance que les copropriétaires – qui sont des « tiers » au sens de l'article 1725 du Code civil – font subir au locataire (▪ Cass. 3e civ., 25 mars 1998 : *JCP* G 1998, II, 10 107, note A. Djigo ; *AJDI* 1998, p. 841, note C. Giraudel. ▪ CA Paris, 8e ch. D, 21 sept. 1999 : *JurisData* n° 1999-024244 ; *Loyers et copr.* 2000, comm. 133) ou des voies de fait commises par le syndicat (▪ CA Paris, 16e ch. A, 7 avr. 2004 : *AJDI* 2004, p. 717).

Le bailleur qui est l'objet de demandes du locataire conformes aux clauses de son bail (par exemple une demande d'autorisation de travaux) doit tout faire pour obtenir de la copropriété que le contrat puisse être exécuté (▪ Cass. 3e civ., 9 févr. 2010, n° 08-10.324 : *Defrénois* 2010, p. 983, obs. C. Atias. ▪ Cass. 3e civ., 26 mars 1997 : *Rev. Administrer* mai 1998, p. 46, obs. P. Capoulade. ▪ Cass. 3e civ., 9 janv. 1991 : *Loyers et copr.* 1991, n° 132. ▪ Cass. 3e civ., 11 mars 1982 : *Bull. civ.* III, n° 81. ▪ Cass. 3e civ., 18 nov. 1992 : *RD imm.* 1993, p. 123, obs. P. Capoulade. ▪ CA Paris, 16e ch. B, 28 juin 2002 : *Loyers et copr.* 2003, comm. 24. ▪ CA Pau, 1re ch., 28 avr. 1986 : *Petites Affiches de la Seine* 10 avr. 1987, p. 14, obs. Barbiéri). Mais sa responsabilité n'est pas engagée si l'assemblée lui refuse les autorisations nécessaires (▪ Cass. 3e civ., 5 mai 1999 : *Dr. et patrimoine* nov. 1999, p. 115, note P. Chauvel ; *Rev. Administrer* juill. 1999, p. 31, note J.-R. Bouyeure). Toutefois s'il s'est engagé à obtenir de la copropriété une autorisation de travaux, il doit alors, en cas de refus par l'assemblée, demander une autorisation judiciaire lorsque les conditions d'application de l'article 30, alinéa 4 de la loi (V. ce texte), sont réunies (▪ CA Paris, 23e ch. B, 17 oct. 2007 : *JurisData* n° 2007-349976).

Il a été jugé qu'un bailleur pris individuellement ne pouvait être tenu pour responsable des désordres causés à un locataire par les parties communes de l'immeuble (▪ Cass. 3e civ., 11 avr. 2019, n° 17-22.758 : *JurisData* n° 2019-007315 ; *Loyers et copr.* 2019, comm. 106, note C. Coutant-Lapalus).

59) Recours du bailleur à l'encontre du syndicat des copropriétaires. Lorsque la responsabilité contractuelle du bailleur est mise en cause, il peut exercer éventuellement un recours à l'encontre du syndicat : par exemple, si le dommage dont se plaint le locataire provient d'un vice de construction ou d'un défaut d'entretien ou de malfaçons dans les parties communes (sur la responsabilité d'un syndicat en ce domaine, V. art. 14 de la loi. – V. pour un recours de ce type, ▪ CA Paris, 23 nov. 1981 : *Gaz. Pal.* 1982, 1, somm. p. 17. ▪ CA Paris, 6ᵉ ch. A, 5 févr. 1986 : *Gaz. Pal.* 13 au 15 avr. 1986, p. 10). Ainsi lorsque le bailleur a dû indemniser son locataire à la suite d'infiltrations ou de défauts d'étanchéité de la toiture ou de parties communes (▪ CA Paris, 6ᵉ ch. B, 8 mars 2007 : *JurisData* n° 2007-328456. ▪ CA Paris, 16ᵉ ch. B, 25 janv. 2007 : *JurisData* n° 2007-326608. ▪ CA Paris, 23ᵉ ch. B, 21 déc. 2006 : *JurisData* n° 2006-322415), ou à la suite du dysfonctionnement de la chaudière (▪ CA Paris, 6ᵉ ch. B, 3 mai 2007 : *Loyers et copr.* 2007, n° 180, obs. G. Vigneron).

Ainsi, la responsabilité du syndicat est engagée vis-à-vis du bailleur s'il a décidé de vider l'immeuble (ce qui a entraîné l'évacuation des locataires) pour procéder à une éradication de l'amiante, alors que ces travaux n'étaient pas légalement obligatoires au regard de la réglementation en vigueur (▪ Cass. 3ᵉ civ., 20 juin 2007 : *JurisData* n° 2007-039697).

Le syndicat n'a pas à intervenir dans les conflits entre bailleurs et locataires concernant des travaux n'affectant que les parties privatives (▪ Cass. 3ᵉ civ., 20 nov. 1996 : *Loyers et copr.* avr. 1997, n° 127).

Le locataire n'est pas fondé à se prévaloir d'un différend entre le bailleur et le syndicat en matière d'autorisation de travaux pour refuser de payer son loyer (▪ Cass. 3ᵉ civ., 30 nov. 1988 : *Rev. Administrer* mai 1989, p. 21, obs. Guillot).

60) Agissements fautifs du locataire. Un copropriétaire peut agir contre un autre pour obtenir que cessent des *troubles de jouissance* commis par son locataire (▪ Cass. 3ᵉ civ., 30 juin 2004 : *JCP G* 2004, IV, 2826. ▪ Cass. 3ᵉ civ., 16 juill. 1996 : *RD imm.* 1996, p. 605, obs. C. Giverdon. ▪ Cass. 3ᵉ civ., 17 avr. 1996 : *RTD civ.* 1996, p. 638, obs. P. Jourdain ; *JCP G* 1996, IV, 1381. ▪ Cass. 3ᵉ civ., 28 janv. 1999 : *JurisData* n° 1999-020054 ; *Loyers et copr.* 1999, comm. 166. ▪ CA Paris, 2ᵉ ch. B, 31 mai 2000 : *JurisData* n° 2000-118253 ; *Loyers et copr.* 2001, comm. 20).

Il s'agit d'une sorte de responsabilité du fait d'autrui. Le bailleur est alors en droit d'exercer un recours à l'encontre de son locataire (▪ Cass. 3ᵉ civ., 22 févr. 2006, n° 04-16.057. ▪ CA Dijon, 1ʳᵉ ch., 17 nov. 2000 : *JCP G* 2001, IV, 2381. ▪ CA Paris, 19ᵉ ch. B, 29 juin 1995 : *Loyers et copr.* déc. 1995, n° 536).

De cette même idée, il découle que le bailleur est responsable vis-à-vis du syndicat des agissements de son locataire (▪ CA Paris, 23ᵉ ch. B, 31 mai 2001 : *AJDI* 2001, p. 806, obs. P. Capoulade. ▪ CA Paris, 23ᵉ ch. A, 21 nov. 2001 : *Loyers et copr.* 2002, comm. 102, obs. G. Vigneron. ▪ CA Paris, 19ᵉ ch. A, 13 avr. 1999 : *JurisData* n° 1999-022719 ; *Loyers et copr.* 1999, comm. 248. ▪ CA Paris, 16ᵉ ch. A, 18 mars 1987 : *D.* 1987, inf. rap. p. 99. ▪ CA Paris, 25ᵉ ch. A, 29 mai 1987 : *D.* 1987, inf. rap. p. 167). Selon un arrêt de la Cour de cassation du 29 mai 2002 (▪ Cass. 3ᵉ civ., 29 mai 2002, arrêt n° 939 FS-D, aff. *Renault*), la responsabilité du bailleur ne pourrait être mise en cause si la location ne contrevient pas au règlement, si le bailleur n'était pas au courant des agissements du locataire et s'il n'a pas été mis en demeure par le syndic de les faire cesser.

Enfin, le locataire est personnellement responsable, selon le droit commun, envers le syndicat des dommages qu'il peut causer, par exemple des dégâts occasionnés par la chute d'une antenne (▪ CA Paris, 8ᵉ ch. A, 30 mars 1999 : *JurisData* n° 1999-022717 ; *Loyers et copr.* 1999, comm. 247).

Bibliographie : A. Djigo, *Le copropriétaire garant du fait d'autrui* : *Rev. Administrer* mars 2011, p. 9. – O. Abram, *Troubles de voisinage commis par le locataire et responsabilité du bailleur* : *AJDI* 2003, p. 162.

61) Charges locatives. Le copropriétaire reste le seul débiteur des charges vis-à-vis du syndicat (▪ TGI Lyon, 30 janv. 1962 : *AJPI* 1962, II, p. 932, note Cabanac. ▪ CA Paris, 20 janv. 1983 : *D.* 1983, inf. rap. p. 335). Les accords pris entre bailleur et locataire sur ce point sont inopposables au syndicat.

Le fait que le bailleur ne puisse pas contester ou n'ait pas contesté les charges réclamées n'empêche pas le locataire de se prévaloir d'erreurs de calcul (▪ CA Paris, 23ᵉ ch., 17 janv. 1995 : *Loyers et copr.* 1995, n° 175). Mais d'une manière générale les répartitions figurant dans le règlement lui sont opposables (▪ CA Reims, 2 nov. 2000 : *JCP G* 2001, IV, 2168).

Aucun texte n'oblige le syndic à adresser au copropriétaire bailleur des appels de fonds sur lesquels figure la ventilation des charges récupérables (▪ CA Paris, 23ᵉ ch. B, 18 nov. 2004 : *JurisData* n° 2004-260155).

Voir : L. 10 juill. 1965, art. 10, comm. n° 107, p. 182.

Bibliographie : Sur la question : C. Atias, *La confusion entre charges de copropriété et charges locatives* : *Inf. rap. copr.* avr. 1996, p. 24.

C – Le locataire ne peut pas ignorer la copropriété (et réciproquement)

Bibliographie : O. Bedddeleem, *L'opposabilité du règlement de copropriété au locataire* : *Ann. Loyers* 2021, p. 31.

62) Obligation pour le locataire de respecter le règlement. L'idée selon laquelle le contrat de location est étranger à la copropriété ne peut pas être poussée jusqu'à son terme : le preneur ne peut en effet être dispensé de respecter l'organisation collective de l'immeuble.

Aussi est-il bien admis que *le locataire doit respecter le règlement* (sur l'opposabilité du règlement de copropriété aux locataires, V. l'article 13 de la loi et son commentaire) et se conformer aux décisions de l'assemblée (jurisprudence constante, V. E. Kischinewsky-Broquisse, *La copropriété des immeubles bâtis*, Litec, 4e éd. 1989, n° 281. – *JCl. Copropriété*, Fasc. 68. – V. en dernier lieu, ■ Cass. 3e civ., 14 févr. 1996 : *Rev. huissiers* 1997, p. 997. ■ Cass. 3e civ., 5 févr. 1997 : *RJDA* 4/1997, n° 477. ■ CA Paris, pôle 4, 2e ch., 19 juin 2013, n° 12/02247 : *Administrer* oct. 2013, p. 52, obs. J.-R. Bouyeure. ■ CA Paris, 23e ch. B, 14 mars 2002 : *Dossier CSAB* n° 182, nov. 2002, obs. A. Dunes. ■ CA Paris, 18 mars 1987 : *Rev. loyers* 1988, p. 275), l'argument généralement invoqué étant que le locataire ne peut avoir plus de droits que son bailleur (■ Cass. 3e civ., 4 janv. 1991 : *JCP* N 1991, n° 42, p. 269 ; *Loyers et copr.* 1991, comm. 33. ■ Cass. 3e civ., 9 déc. 1987 : *Loyers et copr.* 1988, n° 37). Dans l'usage qu'il fait de son lot, il a exactement les mêmes droits et obligations que son bailleur (V. pour la possibilité d'utiliser les parkings communs pour les besoins de sa clientèle, ■ Cass. 3e civ., 28 mars 1988 : *Loyers et copr.* mai 1988, n° 24 et G. Vigneron, *L'utilisation du parking de l'immeuble par le locataire d'un lot* : *Loyers et copr.* mai 1988, p. 1 et s.).

Un arrêt de la Cour de cassation a jeté un certain trouble dans la mesure où il paraît dire que le locataire n'est tenu de respecter le règlement que s'il en a eu connaissance (■ Cass. 3e civ., 3 mars 2004 : *Loyers et copr.* 2004, comm. 73, obs. G. Vigneron ; *AJDI* 2004, p. 558, obs. C. Giverdon ; *Rev. loyers* 2004, p. 392, note J.-M. Roux ; *Rev. Administrer* juin 2004, p. 52, note J.-R. Bouyeure ; *Defrénois* 2004, art. 38 004, p. 62, obs. C. Atias. – V. sur cette décision, C. Atias, *Location contre copropriété* : *Ann. loyers* 2004, p. 1554. – *Alerte au cyclone sur la copropriété* : *Inf. rap. copr.* mai 2004, p. 21). Mais cette décision s'explique par les circonstances très particulières de l'espèce : le locataire n'avait pas été informé de la création d'une copropriété par le copropriétaire-bailleur qui avait, au surplus, autorisé les travaux qu'il reprochait à son locataire d'avoir effectués.

Mais si la mise en copropriété est postérieure à l'installation du locataire dans l'immeuble, une clause du règlement prétendant interdire l'exercice de son activité lui serait inopposable (■ CA Paris, 23e ch. B, 30 janv. 2003 : *Loyers et copr.* 2003, comm. 143, obs. G. Vigneron ; *Rev. Administrer* mai 2003, p. 46, obs. J.-R. Bouyeure ; *AJDI* 2003, p. 356).

63) Action directe du syndicat contre le locataire. Le syndicat se voit reconnaître la possibilité d'*agir directement à l'encontre du locataire* s'il viole le règlement de copropriété ou ne tient pas compte des décisions de l'assemblée (V. pour l'exercice d'activités prohibées par le règlement, ■ Cass. 3e civ., 12 mai 2015, n° 14-11.658. ■ Cass. 3e civ., 22 juin 2005 : *Rev. Administrer* nov. 2005, p. 32, note P. Capoulade. ■ Cass. 3e civ., 20 juin 1973 : *JCP* 1973, II, 17504, note Guillot. ■ Cass. 1re civ., 12 oct. 1967 : *Rev. loyers* 1967, p. 427. ■ CA Paris, pôle 1, 2e ch., 14 févr. 2013, n° 12/7476 : *Rev. loyers* 2013, p. 200. ■ CA Grenoble, 30 oct. 2012 : *JurisData* n° 2012-024672 ; *Loyers et copr.* 2013, comm. 62, obs. G.V. ■ CA Paris, 23e ch. B, 29 nov. 2007 : *Loyers et copr.* 2008, comm. 69, obs. G. Vigneron. – Par exemple :

– en cas de stationnement abusif : ■ Cass. 3e civ., 5 avr. 1968 : *Bull. civ.* III, n° 158, p. 125. ■ TGI Paris, 24 oct. 1976 : *D.* 1976, inf. rap. p. 312 ;

– en cas d'empiétement ou d'installation irrégulière sur les parties communes : ■ Cass. 3e civ., 9 févr. 1965 : *AJPI* 1965, p. 779, note Cabanac. ■ Cass. 1re civ., 13 déc. 1965 : *AJPI* 1966, II, p. 511. ■ CA Paris, 13 déc. 1994 : *Loyers et copr.* 1995, n° 237. ■ CA Versailles, 1re ch., 4 juin 1999 : *Dossier CSAB* n° 78, nov. 1999, n° 128, obs. A. Dunes. ■ CA Grenoble, 13 oct. 1965 : *D.* 1966, p. 168 ;

– en cas de trouble de voisinage [en l'espèce des nuisances olfactives] : ■ CA Paris, pôle 4, 2e ch., 15 déc. 2021, n° 17/07804 : *Administrer* févr. 2022, p. 65, obs. P. Dechelette-Tolot. ■ CA Paris, 19e ch. A, 13 avr. 1999 : *Loyers et copr.* 1999, comm. 248, note G. Vigneron [V. également pour des nuisances sonores, ■ CA Paris, pôle 4, 2e ch., 9 sept. 2009 : *JurisData* n° 2009-379046] ;

– ou en cas de travaux irrégulièrement effectués sur les parties communes : ■ CA Paris, 16e ch. A, 18 mars 1987 : *RTD civ.* 1987, p. 372, obs. Giverdon ; *D.* 1987, inf. rap. p. 99). La responsabilité du locataire vis-à-vis du syndicat est de nature délictuelle (■ Cass. 3e civ., 3 mars 2004, arrêt n° 275 D, n° 02-17.761).

Mais un locataire ne peut être condamné à remettre les lieux en l'état si l'infraction a été commise par le locataire antérieur (■ Cass. 3e civ., 31 mars 1993 : *Inf. rap. copr.* juin 1993, p. 187, obs. P. Capoulade).

Le syndicat peut également agir pour obtenir le respect de dispositions législatives ou réglementaires d'ordre public (V. pour des changements d'affectation effectués en violation des dispositions de l'article L. 631-7 du Code de la construction et de l'habitation, ■ Cass. 3e civ., 15 janv. 2003 : *Procédures* avr. 2003, comm. 95 ; *AJDI* 2003, p. 426, note Y. Rouquet ; *Rev. loyers* 2003, p. 184). Mais il a été jugé que le syndicat n'était pas en droit d'agir en résiliation d'un bail à usage d'habitation au motif que les locaux loués n'étaient pas « décents » (■ Cass. 3e civ., 19 mai 2015, n° 14-11.849).

Il peut aussi agir contre un locataire, en dehors même de toute violation du règlement ou d'une décision de l'assemblée lorsqu'il crée des troubles de voisinage (▪ CA Paris, 19e ch. B, 24 janv. 2003 : *AJDI* 2003, p. 204). Mais encore faut-il que ces troubles aient un caractère anormal (V., pour l'installation de l'église de scientologie : ▪ CA Paris, 23e ch. B, 21 nov. 2002 : *Rev. loyers* 2003, p. 263), ou plus généralement sur le fondement des principes généraux de la responsabilité civile. Mais le locataire ne peut se voir reprocher la circulation de ses salariés dans l'immeuble : il a un droit d'accès aux parties communes qu'il tire de l'existence de son bail (▪ CA Paris, pôle 4, 2e ch., 9 févr. 2011 : *JurisData* n° 2011-001603).

Il a été également admis que le syndicat des copropriétaires, tiers au contrat de bail, pouvait invoquer, sur le fondement de la responsabilité délictuelle, le manquement contractuel du locataire, qui n'avait pas effectué les réparations à sa charge, dès lors que ce manquement a causé un dommage aux parties communes (▪ Cass. 3e civ., 30 sept. 2015, n° 14-21.237, publié au Bulletin).

64) Action du syndicat contre le locataire par la voie oblique. Il a même été admis qu'en cas de carence du bailleur, le syndicat pouvait exercer en ses lieu et place par voie d'*action oblique* (C. civ., art. 1341-1, anc. art. 1166) les actions dont il dispose à l'encontre de son locataire : par exemple, demander au nom du bailleur la résiliation du bail si, en violation des clauses du contrat de location, le locataire ne respecte pas le règlement de copropriété (▪ Cass. 3e civ., 8 avr. 2021, n° 20-18.327, FS-P : *JurisData* n° 2021-004997 ; *Defrénois* 17 juin 2021, n° 41, p. 36, note J. Laurent ; *RDC* 2021, p. 21, note S. Pellet ; *RDC* 2021, p. 30, note A. Hontebeyrie. ▪ Cass. 3e civ., 22 juin 2005 : *Rev. Administrer* mai 2006, p. 36, note J.-D. Barbier. ▪ Cass. 3e civ., 20 déc. 1994 : *Loyers et copr.* mars 1995, n° 125 ; *RD imm.* 1995, p. 154, obs. P. Capoulade ; *Bull. civ.* III, n° 225 ; *Rev. Administrer* juin 1995, p. 30, obs. P. Capoulade. ▪ Cass. 3e civ., 14 nov. 1985 : *Rev. Administrer* mai 1986, p. 28 ; *Rev. loyers* 1986, p. 253, note Aubert ; *JCP* N 1987, II, p. 75, note Moury. – Sur ce problème, V. *L'action oblique du syndicat* par Martin : *Ann. loyers* 1986, p. 981). Mais l'exercice de cette action suppose une carence du bailleur qui doit être établie faute de quoi l'action, n'est pas recevable (▪ Cass. 3e civ., 12 juill. 2018, n° 17-20.680 : *JurisData* n° 2018-012695 ; *Loyers et copr.* 2018, comm. 207, note C. Coutant-Lapalus. ▪ CA Lyon, 22 mars 2016, n° 14/09100 : *JurisData* n° 2016-005698 ; *Loyers et copr.* 2016, n° 158, obs. G. Vigneron. ▪ CA Paris, 4 juin 2014, n° 12-12350 : *AJDI* 2015, p. 127. ▪ CA Pau, 13 févr. 2014, n° 12-04020).

Mais il ne peut plus inquiéter le locataire si l'action qui aurait pu être engagée à l'encontre du copropriétaire bailleur est atteinte par la *prescription* édictée par l'article 42, alinéa 1 de la loi (V. ce texte. ▪ Cass. 3e civ., 9 juin 1993 : *RD imm.* 1993, p. 429, obs. P. Capoulade. ▪ CA Paris, 23e ch. B, 5 avr. 2007 : *AJDI* 2007, p. 667).

65) Action du syndicat contre le bailleur. Le syndicat peut aussi en pareil cas *agir contre le propriétaire* (▪ Cass. 3e civ., 20 avr. 1977 : *Rev. loyers* 1978, p. 326. ▪ Cass. 3e civ., 31 mars 1978 : *Gaz. Pal.* 1978, 2, somm. 265. ▪ Cass. 3e civ., 9 déc. 1987 : *Loyers et copr.* janv. 1988, n° 37), par exemple en cas de troubles de jouissance ou de dommages causés par le locataire aux parties communes (▪ Cass. 3e civ., 18 déc. 1991 : *Loyers et copr.* 1992, n° 84. ▪ CA Paris, 14e ch. A, 13 mai 2009, n° 377562. ▪ CA Paris, 14e ch. A, 19 mars 2008 : *AJDI* 2008, p. 777. ▪ CA Versailles, 18 oct. 1983 : *Gaz. Pal.* 1er-2 août 1984. ▪ CA Versailles, 15 févr. 1984 : *Rev. Administrer* 1984, n° 146, obs. Guillot. ▪ CA Paris, 23 janv. 1984 : *D.* 1984, inf. rap. p. 184. – V., pour des nuisances sonores résultant de l'exercice de l'activité du locataire, ▪ CA Paris, pôle 4, 2e ch., 9 sept. 2009 : *JurisData* n° 2009-379046) ou pour des travaux irréguliers (V. ▪ Cass. 3e civ., 27 nov. 1991 : *Loyers et copr.* 1992, n° 34. ▪ CA Paris, 14e ch. A, 14 janv. 2009 : *JurisData* n° 2009-375615. ▪ CA Paris, 23e ch., 26 févr. 2009 : *JurisData* n° 2009-376258 ; *Loyers et copr.* 2009, comm. 223, obs. G.V. ▪ CA Paris, 28 déc. 2009 : *JurisData* n° 2009-380011 ; *Loyers et copr.* 2010, comm. 89, obs. G.V.). Peu importe que les travaux aient été accomplis à l'insu du copropriétaire bailleur (▪ CA Paris, 23e ch., 14 mai 2009 : *JurisData* n° 2009-377904 ; *Loyers et copr.* 2010, comm. 33, obs. G.V.) – De même le copropriétaire bailleur est responsable s'il consent une location en violation des dispositions du règlement et à plus forte raison si le règlement prévoit que « les copropriétaires sont responsables des nuisances causées par leurs locataires » (▪ Cass. 3e civ., 16 juill. 1996 : *RD imm.* 1996, p. 605, obs. P. Capoulade). La cour de Paris (2e ch. A) a condamné *in solidum* le bailleur et son locataire en cas de violation par ce dernier du règlement de copropriété (▪ CA Paris, 2e ch., sect. A, 31 oct. 2006 : *JurisData* n° 2006-315627).

Le copropriétaire bailleur ne peut se contenter de transmettre au locataire les réclamations du syndicat. Il doit prendre toutes mesures pour faire cesser les infractions (▪ CA Versailles, 25 mai 1992 : *Rev. Administrer* nov. 1992, p. 80, obs. A. Dunes), sans se contenter d'une simple mise en demeure adressée au locataire (▪ CA Paris, 23e ch., 21 oct. 2009 : *JurisData* n° 2009-380012 ; *Loyers et copr.* 2010, comm. 89, obs. G.V.). Il est en effet tenu de faire respecter par son locataire les dispositions du règlement (▪ CA Paris, pôle 4, 5 févr. 2014, n° 10-02991 : *Administrer* mai 2014, p. 48, obs. J.-R. Bouyeure).

Le syndicat de copropriétaires peut également agir à l'encontre du bailleur pour obtenir la cessation de la location, lorsqu'elle contrevient aux dispositions du règlement de copropriété. Le délai pour intenter cette action (actuellement 5 ans en vertu de l'article 42, alinéa 1er de la loi du 10 juillet 1965) ne court que du jour où le syndicat a connaissance de la location (▪ Cass. 3e civ., 28 mai 2020, n° 19-12.908).

Voir : la jurisprudence citée, L. 10 juill. 1965, art. 9, comm. n° 55, p. 113.

Bibliographie : B. Raclet, *Les actions en justice du syndicat des copropriétaires contre le locataire d'un lot et réciproquement* : *Inf. rap. copr.* mars 2005, p. 28.

66) Action des autres copropriétaires. Les autres copropriétaires peuvent agir directement contre le bailleur (V. *supra*, pour des nuisances olfactives créées par l'activité du locataire, ▪ CA Aix-en-Provence, 4e ch. B, 22 juin 2009 : *JurisData* n° 2009-379187 ; *Loyers et copr.* 2009, n° 89, obs. G.V. ▪ CA Paris, pôle 2, 5e ch., 2 juin 2009 : *JurisData* n° 2009-379027). Ils peuvent également, en cas de carence du bailleur, agir en résiliation du bail contre le locataire par voie d'action oblique (▪ Cass. 3e civ., 8 avr. 2021, n° 20-18.327 : *JurisData* n° 2021-4997 ; *Loyers et copr.* 2021, comm. 99, note C. Coutant-Lapalus ; *Rev. loyers* 2021, p. 307, note L. Guégan-Gélinet ; *JCP* G 2021, n° 21, 580, note Y Strickler. ▪ CA Dijon, 23 mars 1994 : *Rev. loyers* 1995, p. 495).

Voir : sur cette action directe, L. 10 juill. 1965, art. 9, comm. n° 55, p. 113 et comm. n° 59, p. 115.

67) Actions du locataire. Le locataire ne peut exercer à l'encontre du syndicat des actions, ou formuler des demandes qui sont liées à la qualité de copropriétaire ; par exemple exiger des travaux sur les parties communes (▪ Cass. 3e civ., 20 juill. 1988 : *Rev. Administrer* févr. 1989, p. 24, obs. Guillot. ▪ CA Paris, 23e ch., 4 juin 1991 : *Rev. Administrer* févr. 1993, p. 37, obs. J.-L. Aubert. ▪ Cass. 3e civ., 16 juin 1993 : *Bull. civ.* III, n° 91 ; *RD imm.* 1993, p. 409, obs. P. Capoulade ; *Inf. rap. copr.* déc. 1993, p. 378, obs. P. Capoulade) ou encore demander au syndicat une modification aux conditions de jouissance des parties communes (▪ Cass. 3e civ., 23 mars 1988 : *Rev. Administrer* oct. 1988, p. 44 ; *RD imm.* 1988, p. 240, obs. Giverdon).

Mais il peut agir à l'encontre du syndicat sur le terrain délictuel pour mettre en cause sa responsabilité. Ainsi le locataire peut invoquer les articles 1240, 1241, 1242 et 1244 (anciens art. 1382, 1383, 1384, alinéa 1, ou 1386 du Code civil) lorsqu'il veut obtenir réparation des troubles de voisinage causés par des travaux lourds de désamiantage qui ont duré plusieurs années (▪ CA Paris pôle 4, ch. 2, 12 janv. 2021, n° 17-20.006 : *Administrer* janv. 2021, p. 41, obs. J.-R. Bouyeure).

Il peut également se prévaloir à l'encontre du syndicat de l'article 14 de la loi du 10 juillet 1965 (V. ce texte. – ▪ Cass. 3e civ., 17 juin 2008, n° B 07-14.864 : *Loyers et copr.* 2008, comm. 230, obs. G. Vigneron ; *Rev. loyers* 2008, p. 450 : demande de remboursement de frais de nettoyage d'une colonne d'évacuation des eaux, partie commune). La responsabilité du syndicat a été fréquemment recherchée sur le fondement de ce texte pour vice de construction ou défaut d'entretien des parties communes (▪ CA Paris, 23e ch. B, 21 oct. 2004 : *AJDI* 2005, p. 220. ▪ CA Paris, 23e ch. A, 21 nov. 2001 : *Loyers et copr.* 2002, comm. 102, obs. G. Vigneron. ▪ CA Versailles, 4e ch., 9 mai 2000 : *Cahiers CSAB* n° 89, févr. 2001, obs. A. Dunes. ▪ CA Versailles, 7 nov. 1996 : *AJPI* 1997, p. 565, note J.-M. Gélinet. ▪ CA Versailles, 24 oct. 1983 : *Gaz. Pal.* 27-29 mai 1984, note Souleau) ou en cas d'inondation (▪ Cass. 2e civ., 1er avr. 1999 : *JurisData* n° 1999-013177 ; *Loyers et copr.* 1999, comm. 168) ou encore d'infiltrations d'eau dans les locaux loués (▪ CA Paris, 16e ch. B, 14 juin 2007 : *JurisData* n° 2007-350612. ▪ CA Paris, 23e ch., 22 nov. 1991 : *Loyers et copr.* 1992, n° 140. ▪ CA Paris, 23e ch., 18 nov. 1992 : *Loyers et copr.* 1993, n° 72) ou à la suite de l'effondrement d'un plafond infesté de termites (▪ CA Paris, 14e ch. A, 10 oct. 2007 : *JurisData* n° 2007-352272).

Voir : L. 10 juill. 1965, art. 14, p. 213.

Mais le syndicat n'est pas responsable si la copropriété prend à l'unanimité la décision de supprimer le chauffage collectif (▪ Cass. 3e civ., 22 juill. 1998 : *Rev. Administrer* févr. 1999, p. 63, obs. J.-R. Bouyeure ; *RD imm.* 1998, p. 681, obs. P. Capoulade et, sur renvoi, ▪ CA Paris, 1re ch. G, aud. sol. 5 mai 1999 : *JurisData* n° 1999-022718 ; *Loyers et copr.* 1999, comm. 252). Toutefois, il a été jugé que le syndicat devait indemniser, sur le fondement de la responsabilité délictuelle, le locataire qui avait exercé une activité prohibée par le règlement, mais que l'assemblée avait pourtant autorisée, même si la décision avait été ensuite annulée (▪ CA Paris, 19e ch., 22 sept. 2004 : *Loyers et copr.* 2005, comm. 58, obs. G. Vigneron).

Le locataire peut aussi agir contre le syndicat par voie d'action oblique pour réclamer le respect du règlement ou exercer les droits du bailleur (▪ Cass. 3e civ., 6 nov. 1991 : *Loyers et copr.* févr. 1992, n° 83. ▪ CA Paris, 19e ch., 15 déc. 1994 : *Loyers et copr.* 1995, n° 235). Par contre, il a été jugé que le locataire n'avait pas d'action directe à l'encontre du syndicat, pour lui reprocher de n'avoir pas agi pour faire cesser des troubles de jouissance causés par l'occupant d'un lot voisin (▪ CA Paris, 6e ch. C, 9 sept. 2008 : *Loyers et copr.* 2009, comm. 22, obs. G. Vigneron).

Bibliographie : O. Abram, *Les recours du locataire en cas de déficience des parties communes* : *AJDI* 2002, p. 831.

V – DIVISION ET RÉUNION DE LOTS

Bibliographie : J.-M. Roux, *La division de lot de copropriété* : *Rev. Administrer*, juill. 2009, p. 7. – G. Vigneron, *Division de lot* : *Inf. rap. copr.*, avr. 2008, p. 21. – J. Lafond, *Le droit pour le copropriétaire de diviser son lot* : *JCP* N 1978, doctr. p. 139 et s. ; *Rev. Administrer* mai 1979, p. 10 et s. – M. Vion : *Defrénois* 1977, art. 31529. – J.-R. Bouyeure, *Réflexion sur la division de lots à usage de garage dans les immeubles en copropriété* : *Gaz. Pal.* 1988, 1, doctr. – R. Martin : *Ann. loyers* 1988, p. 555 et s. – E.-J. Guillot, *La division d'un lot* : *Rev. Administrer* juill. 1989, p. 9 et s. – J. Lafond, *Les divisions de lots de copropriété* : *Inf. rap. copr.* 1990, p. 106 et s. – Sur les formalités à effectuer du point de vue de la publicité foncière : *JCP* N 1980, prat. 7424 et solutions d'examens ; *Defrénois* 1979, art. 32022.

JurisClasseurs. J. Lafond et V. Matet : *JCl. Notarial Formulaire, V° Copropriété*, Fasc. 198.

A – Division de lots

68) Principe de liberté. En l'état actuel de la jurisprudence, les copropriétaires ont le droit de diviser librement leurs lots (ou de les réunir) sans avoir à demander d'autorisation particulière à ce titre (▪ Cass. 3e civ., 24 févr. 2009, n° 08-18.133 : *Rev. Administrer* juin 2009, p. 47, obs. J.-R. Bouyeure. – V. ▪ Cass. 3e civ., 8 déc. 1976 : *JCP* 1977, II, p. 67, note Guillot ; *JCP* 1977, II, 184, note Atias. – Comp. ▪ Cass. 3e civ., 10 mars 1981 : *JCP* G 1982, II, 19765 ; *D.* 1981, inf. rap. p. 395. ▪ Cass. 3e civ., 26 mai 1988 : *D.* 1989, jurispr., p. 421, note Atias. ▪ Cass. 3e civ., 5 juill. 1989, n° 88-10.028 : *Bull. civ.* III, n° 154 ; *Inf. rap. copr.* juill.-août 1990, p. 207, obs. Capoulade ; *D.* 1990, inf. rap. p. 128, obs. Giverdon ; *Defrénois* 1990, art. 34750, obs. Souleau. ▪ Cass. 3e civ., 6 déc. 1989, n° 88-11.357 : *Loyers et copr.* 1990, n° 93. ▪ Cass. 3e civ., 4 janv. 1990, n° 88-12.350 : *Loyers et copr.* 1990, n° 142. ▪ Cass. 3e civ., 4 avr. 1990 : *Inf. rap. copr.* juin 1990, p. 175, obs. Capoulade. – V., dans un cas où un copropriétaire avait demandé, par erreur, une autorisation de diviser qui n'était pas nécessaire, et où l'assemblée l'avait refusée, pour des motifs reconnus valables : ▪ CA Paris, pôle 4, 2e ch., 9 mai 2012, n° 10-10.178 : *JurisData* n° 2012-021585 ; *Loyers et copr.* 2012, comm. 342, obs. G.V. ; *Administrer* oct. 2012, p. 57, obs. J.-R. Bouyeure).

Ce principe connaît toutefois un tempérament (V. annot. n° 68, p. 119) et des exceptions (nos 69 et 70).

La division du lot va entraîner son éclatement : le lot originaire disparaît et est remplacé par les différents lots issus de la division du lot primitif (▪ Cass. 3e civ., 22 févr. 1989 : *Bull. civ.* n° 46 ; *D.* 1990, inf. rap. p. 128, obs. Giverdon). Si dans une copropriété composée de deux lots, constituant un « groupe d'immeubles » il a été prévu par le règlement que ces lots « pourraient être divisés en copropriété verticale », la division d'un lot ne peut pas avoir pour effet de donner naissance à un nouveau syndicat des copropriétaires (▪ Cass. 3e civ., 18 janv. 2018, n° 16-26.072 : publié au *Bull.* ; *JurisData* n° 2018-000378 ; *Loyers et copr.* 2018, comm. 49, note C. Coutant-Lapalus ; *AJDI* 2018, p. 367, note D. Tomasin ; *Administrer* mars 2018, p. 39, obs. J.-R. Bouyeure ; *Inf. rap. copr.* mars 2018, p. 11, note J.-M. Roux).

69) Approbation de la nouvelle répartition des charges. L'assemblée doit être saisie pour approuver la nouvelle répartition des charges entre les lots issus de la subdivision.

Voir : sur l'obligation de saisir l'assemblée, L. 10 juill. 1965, art. 11, al. 2, comm. n° 11, p. 200.

70) Exceptions. Toutefois, le principe selon lequel les copropriétaires peuvent librement diviser leur lot connaît diverses exceptions :

- lorsque le règlement comporte des limitations à cette faculté, elles doivent être respectées (à moins que ces clauses restrictives ne soient pas justifiées par la destination de l'immeuble auquel cas elles pourraient être « réputées non écrites » ;

Voir : sur ce point, L. 10 juill. 1965, art. 8, comm. n° 14, p. 61, comm. nos 25 et 26, p. 70.

- lorsque la division de lots implique des travaux affectant les parties communes : en ce cas une autorisation doit être requise en vertu de l'article 25 *b* de la loi du 10 juillet 1965 (V. ce texte) ;
- si le règlement de copropriété interdit les divisions de lots et qu'un acquéreur entend passer outre, en considérant que cette clause est obsolète, il appartient au notaire de l'informer des difficultés liées au refus éventuel mais possible de l'assemblée générale d'autoriser la division, et d'en prévenir les effets préjudiciables, notamment en érigeant l'obtention de l'autorisation en condition de la vente (▪ Cass. 1re civ., 25 févr. 2010, n° 09-12.171 : *JurisData* n° 2010-000887 ; *Loyers et copr.* 2010, comm. 149, obs. G. Vigneron. ▪ CA Paris, pôle 4, 1re ch., 6 déc. 2012, n° 10/15870 : *JurisData* n° 2012-029247 ; *Loyers et copr.* 2013, comm. 92, note G. Vigneron) ;
- lorsque la division de lots porte atteinte aux droits des autres copropriétaires (ce qui est une question de fait) : en ce cas une autorisation unanime doit être obtenue ;
- lorsque l'immeuble n'a pas fait l'objet des diagnostics prescrits par la réglementation en

matière d'amiante et de saturnisme (V. à ce sujet, commentaire de l'article 1 de la loi sur les interdictions de diviser concernant certains immeubles).

En outre, la division suppose une autorisation unanime de l'assemblée si elle porte atteinte à la destination de l'immeuble (V. ci-dessous comm. 30).

71) Atteinte à la destination de l'immeuble. Le point de savoir si une division de lot porte ou non atteinte à la destination de l'immeuble est une question de fait : tout dépend principalement de son « standing » (V. G. Vigneron, *Propos sur les restrictions au droit de diviser un lot de copropriété* : *Loyers et copr.* juill. 1987, p. 2. – V. pour une application dans le cas d'un immeuble résidentiel, ▪ CA Paris, 23e ch. B, 3 oct. 1985 : *RD imm.* 1986, p. 102, obs. Givord et Giverdon et ▪ CA Paris, 23e ch., 6 juill. 1994 : *Loyers et copr.* févr. 1995, n° 76. – V., dans un cas où l'immeuble ne présentait pas de « caractère particulièrement exceptionnel ou luxueux » (▪ Cass. 3e civ., 17 juin 2014, n° 12-16.700).

Selon le critère admis par la Cour de cassation (▪ Cass. 3e civ., 6 mars 1987 : *Loyers et copr.*, préc.), il faut s'attacher à rechercher si la division des appartements et la multiplication du nombre des unités familiales qui en résulterait altéreraient ou non le caractère de l'habitat, par exemple par une modification de la manière de vivre des habitants, par une fréquentation plus importante et donc plus bruyante de l'immeuble et de ses abords, et si elles sont compatibles avec les équipements et installations existants qui n'ont en principe été conçus que pour un nombre déterminé d'utilisateurs (V. aussi ▪ Cass. 3e civ., 4 mai 1995 : *Loyers et copr.* juill. 1995, n° 332 ; *Defrénois* 1996, art. 36278, obs. C. Atias ; et ▪ Cass. 3e civ., 11 oct. 1995 : *RD imm.* 1996, p. 266). A été jugé contraire à la destination de l'immeuble un projet de division entraînant une augmentation de 42 % du nombre des appartements (▪ CA Versailles, 16 juill. 2009 : *JurisData* n° 2009-379397 ; *Loyers et copr.* 2010, comm. 55, obs. G. Vigneron), ou encore une modification de lot ayant pour effet de créer 5 studios au lieu d'un seul logement au dernier étage et d'augmenter ainsi le nombre des occupants, contrairement à la « destination bourgeoise » de l'immeuble (▪ CA Colmar, 2e ch. A, 28 janv. 2016, n° 14/02469 : *Rev. loyers* 2016, p. 160).

La division de lot doit en substance être compatible avec les clauses du règlement de copropriété, n'emporter aucun bouleversement dans l'équilibre et le fonctionnement de la copropriété, être conforme au caractère et à la situation de l'immeuble et à sa destination telle qu'elle résulte des actes (V. les termes d'un arrêt de la ▪ Cass. 3e civ., 4 févr. 1987 : *D.* 1987, jurispr. p. 541, note Atias). Si tel est le cas le syndicat ne peut s'y opposer (▪ CA Paris, 23e ch. B, 5 nov. 1998 : *JurisData* n° 1998-023169 ; *Loyers et copr.* 1999, comm. 193 [2e esp.]). Ce « bouleversement de l'équilibre du syndicat » peut résulter de la multiplication du nombre des copropriétaires, de l'altération profonde du caractère privilégié de l'habitat, de la modification de la manière de vivre des habitants et d'une fréquentation plus intense et plus bruyante de certaines parties communes (P. Capoulade, note ss ▪ Cass. 3e civ., 4 juin 1998, n° 96-16.452 : *JurisData* n° 1998-002548 ; *Inf. rap. copr.* mars 1999, p. 17. – V. pour des exemples de référence à cette notion « d'équilibre », ▪ Cass. 3e civ., 17 juin 2014, n° 12-16.700. ▪ Cass. 3e civ., 4 mai 1995, n° 93-10.785 : *JurisData* n° 1995-001773 ; *Loyers et copr.* 1995, comm. 332 ; *Defrénois* 1996, art. 36278, p. 396, obs. C. Atias ; *RD imm.* 1996, p. 266, obs. P. Capoulade).

• En cas d'atteinte à la destination de l'immeuble, la division de lots est prohibée et le règlement de copropriété peut valablement l'interdire (V. dans le cas d'un immeuble résidentiel et bourgeois : ▪ CA Paris, 23e ch. B, 18 févr. 1999 : *JurisData* n° 1998-020404 ; *Loyers et copr.* 1999, comm. 193).

Sur la sanction d'une division de lot non autorisée (remise des lieux en l'état antérieur et annulation de la vente), V. ▪ CA Paris, 27 mars 1979 : *D.* 1980, inf. rap. p. 236, obs. Giverdon.

L'action se prescrit alors par cinq ans, par application de l'article 42 alinéa 1er de la loi (V. ce texte et son commentaire, ▪ Cass. 3e civ., 7 mars 1990 : *Inf. rap. copr.* 1990, p. 136, obs. Capoulade : en l'espèce, il s'agissait d'obtenir la démolition de constructions édifiées sur le lot subdivisé).

• En l'absence d'atteinte à la destination de l'immeuble, la division de lots est permise et les clauses contraires figurant dans le règlement doivent être réputées non écrites (V. dans le cas d'un immeuble ne présentant aucun caractère exceptionnel ou luxueux, et déjà divisé en petits logements : ▪ CA Paris, 23e ch. B, 5 nov. 1998 : *JurisData* n° 1998-023169 ; *Loyers et copr.* 1999, comm. 193 [2e esp.]. ▪ CA Paris, 23e ch. B, 3 févr. 2000 : *AJDI* 2000, p. 348. – V. aussi, dans le cas d'un immeuble se composant d'un bâtiment d'habitation et d'un bâtiment industriel, n'ayant aucun caractère bourgeois ni standing particulier, ▪ CA Versailles, 12 déc. 2011, n° 10/7188 : *JurisData* n° 2011-033982 ; *Loyers et copr.* 2012, comm. 282, obs. G.V. confirmé par ▪ Cass. 3e civ., 17 juin 2014, n° 12-16.700).

72) Formalités. La division de lots doit se traduire par une modification (obligatoire) de l'état descriptif de division – et du règlement de copropriété (V. Annexe 52, *Publicité foncière*, p. 1397).

Le copropriétaire qui divise son lot peut à cette occasion modifier unilatéralement l'état descriptif de division, le syndicat ne pouvant s'opposer à cette opération que si elle porte atteinte à la destination de l'immeuble (■ Cass. 3e civ., 7 oct. 2009 : *JurisData* n° 2009-049925 ; *Loyers et copr.* 2009, comm. 301, obs. G. Vigneron ; *AJDI* 2010, p. 321, note P. Capoulade ; *Rev. Administrer* janv. 2010, p. 63, obs. J.-R. Bouyeure).

B – Réunion de lots

Bibliographie : *JCl. Notarial Formulaire, V° Copropriété*, Fasc. 200, par J. Lafond. – J.-M. Roux, *La réunion de lots : Administrer* févr. 2014, p. 5. – J. Lafond, *Réunir des lots de copropriété : JCP* N 2017, n° 41, 1281.

73) Règles applicables. Le principe est le même qu'en matière de division de lots. Les copropriétaires sont libres de réunir leurs lots (■ Cass. 3e civ., 8 juill. 1980 : *Gaz. Pal.* 1980, 2, somm. p. 544. ■ CA Versailles, 29 oct. 1990 : *Rev. loyers* 1991, p. 287. – Pour la réunion de trois lots commerciaux dont un en sous-sol, V. ■ CA Paris, 19e ch. B, 12 oct. 1995 : *Loyers et copr.* mars 1996, n° 128). Ils doivent cependant :

– respecter les dispositions particulières du règlement,

– et, en l'absence de clauses particulières, ne pas porter atteinte à la destination de l'immeuble ou aux droits des autres copropriétaires.

Porte atteinte à la destination de l'immeuble la réunion de lots avec ceux dépendant d'un immeuble voisin qui entraîne le classement de l'immeuble tout entier en immeuble de grande hauteur de catégorie GHZ (■ CA Paris, 23e ch. B, 4 juill. 2002 : *Loyers et copr.* 2002, comm. 293).

Voir aussi : sur la réunion d'un lot avec un autre lot situé dans l'immeuble voisin, L. 10 juill. 1965, art. 25, n° 15, p. 438.

74) Formalités. La réunion de lots doit se traduire par une modification (obligatoire) de l'état descriptif de division et du règlement de copropriété (V. Annexe 52, *Publicité foncière*, p. 1397).

À propos d'une réunion de lot un arrêt de la Cour de cassation (3e civ.) du 6 février 2002 rappelle que « pour qu'un lot s'incorpore à un autre, il faut que l'état descriptif de division et le règlement de copropriété aient été modifiés en conséquence (■ Cass. 3e civ., 6 févr. 2002, n° 00-17.781 : *Bull. civ.* III, n° 31 ; *Loyers et copr.* 2002, comm. 136 ; *AJDI* 2002, p. 384, obs. C. Giverdon ; *Rev. Administrer* juill. 2002, p. 39, obs. A. Alfandari).

Bibliographie : Pour des exemples pratiques, B. Stemmer et M.-F. Bost, *Solutions d'examens professionnels : JCP* N 1983, prat. 8622 et Vion ; *Defrénois* 1979, art. 32022.

VI – OBLIGATION POUR LES COPROPRIÉTAIRES DE SUPPORTER L'EXÉCUTION DE CERTAINS TRAVAUX MÊME À L'INTÉRIEUR DE LEURS PARTIES PRIVATIVES

Bibliographie : D. Rocher, *Les travaux sur les parties communes nécessitant un accès aux parties privatives : Administrer* août-sept. 2014, p. 26. – J.-M. Roux, *Les travaux d'intérêt collectif en copropriété immobilière : Inf. rap. copr.* nov. 2013, p. 9. – C. Atias, *Les travaux collectifs affectant les locaux privés : Inf. rap. copr.* oct. 2004, p. 20. – P. Capoulade, *Les travaux communs : Inf. rap. copr.* oct. 2000, p. 16. – Petit, *L'accès aux parties privatives à l'occasion de travaux affectant les parties communes : Rev. Administrer* avr. 1986, p. 18 et s. – *La copropriété*, Dalloz action 2018-2019, ss direction de P. Capoulade et D. Tomasin, 9e éd., nos 411 91 et s. – E. Kischinewsky-Broquisse, *La copropriété des immeubles bâtis*, Litec, 4e éd. 1989, nos 96 et s. – J.-R. Bouyeure, *Les travaux dans la copropriété*, n° 231.

JurisClasseurs. *JCl. Copropriété*, Fasc. 64. – *JCl. Civil*, App. art. 544 à 577, Fasc. 50 et *JCl. Notarial Répertoire, V° Copropriété*, Fasc. 50, par M. Saluden.

75) Évolution du texte. La loi du 31 décembre 1985 a tout d'abord complété l'article 9 de la loi du 10 juillet 1965 par quatre nouveaux alinéas. Ces textes avaient pour but d'étendre le domaine des travaux à l'exécution desquels le copropriétaire ne pouvait faire obstacle, même à l'intérieur de ses parties privatives.

Les conditions dans lesquelles un copropriétaire pouvait être obligé de supporter des travaux dans ses parties privatives étaient antérieurement prévues par l'article 31 de la loi du 10 juillet 1965, supprimé par la loi du 31 décembre 1985 et qui ne concernait que les seuls « travaux d'amélioration » visés par l'article 30 de la loi du 10 juillet 1965.

Pour tenir compte du fait que certains travaux, particulièrement utiles, pouvaient impliquer pour leur réalisation un accès aux parties privatives, le législateur de 1985 a étendu le champ d'application des dispositions de l'ancien article 31, en les regroupant à l'article 9 de la loi du 10 juillet 1965 relatif au droit pour chaque copropriétaire de disposer et de jouir librement de ses parties privatives. « L'exception à ce principe fondamental doit en effet logiquement figurer au même article que le principe lui-même », a estimé M. Bonnemaison, rapporteur de la loi (Doc. AN n° 2960, p. 31). Après diverses péripéties législatives, l'article 8 de l'ordonnance n° 2019-1100 du 30 octobre 2019 a réécrit l'ensemble du régime des travaux d'intérêt collectif au sein de l'article 9 de la loi du 10 juillet 1965 (V. *Loyers et copr.* 2020, étude 10 par G. Gil). Selon une réponse ministérielle, les dispositions de cette ordonnance restent en vigueur bien qu'elle n'ait pas été ratifiée expressément par le Parlement (Rep. min., n° 36 517 : *JOAN* Sénat 16 nov. 2021, p. 8350).

Nous examinerons successivement les travaux concernés (A) les conditions d'application de l'article 9 (B) les modalités d'exécution des travaux (C) et les problèmes d'indemnisation des copropriétaires (D).

A – Travaux concernés

1° Nature des travaux

76) Travaux d'intérêt collectif. Dans l'état du texte antérieur à la réforme opérée par l'ordonnance du 30 octobre 2019, il était procédé à une énumération des travaux concernés :

– travaux nécessaires à la conservation de l'immeuble ainsi qu'à la préservation de la santé et de la sécurité physique des occupants définis à l'article 24, II, *a)* de la loi du 10 juillet 1965 (V. ce texte) ;

– travaux rendus obligatoires en vertu de dispositions législatives ou réglementaires ou d'un arrêté de police administrative relatif à la sécurité ou à la salubrité publique, notifié au syndicat des copropriétaires (V. L. 10 juill. 1965, art. 24, II, *b*, p. 392) ;

– travaux d'économies d'énergie ou de réduction des émissions de gaz à effet de serre (L. 10 juill. 1965, art. 25 *f)* ;

– travaux de suppression des vide-ordures pour des impératifs d'hygiène (L. 10 juill. 1965, art. 25 *g*) ;

– travaux faisant suite à une demande d'individualisation des contrats de fourniture d'eau (L. 10 juill. 1965, art. 25 o) ;

– travaux d'amélioration décidés en application de l'article 30.

L'inconvénient de cette méthode était que l'énumération était apparue à l'usage comme incomplète. Ainsi le texte ne visait ni les travaux d'installation d'antenne collective (prévus par art. 25 *j)*) ni les travaux d'entretien, de réparation ou de réfection pouvant être décidés à la majorité de l'article 24 (▪ CA Paris, 23e ch. B, 20 avr. 2000 : *Loyers et copr.* 2000, comm. 214) non plus que les travaux dont le syndic peut prendre l'initiative en vertu de l'article 37 du décret (V. ce texte).

L'ordonnance du 30 octobre 2019 a procédé différemment : l'article 9, II, alinéa 1er vise d'une manière générale les « travaux d'intérêt collectif ».

Ces travaux posent problème, lorsqu'ils doivent être exécutés en tout ou en partie à l'intérieur des parties privatives.

77) Travaux régulièrement décidés par l'assemblée. Dans sa rédaction antérieure l'article 9, alinéa 2 indiquait que les travaux devaient avoir été « régulièrement et expressément décidés par l'assemblée générale ». L'article 9 dans sa rédaction issue de l'ordonnance du 30 octobre 2019 parle plus simplement et plus justement de travaux « régulièrement décidés » par l'assemblée (en effet la décision ne peut être implicite).

La « régularité » de la décision prise sera appréciée au regard des critères posés par l'article 9 et en particulier des conditions d'application de ce texte (V. nos 77 et 78).

L'assemblée sortirait du cadre de ses pouvoirs, et sa décision ne serait pas « régulière » si elle prétendait imposer à un copropriétaire l'exécution de travaux à l'intérieur de ses parties privatives. Elle n'a pas le pouvoir d'ordonner des travaux concernant les parties privatives : par exemple la réfection du revêtement du sol des balcons (▪ CA Paris, 19 ch. B, 19 mars 1998 : *Loyers et copr.* oct. 1998, n° 258). Par contre si des travaux de réfection de l'étanchéité sont nécessaires, le copropriétaire d'un balcon doit laisser réaliser les travaux de dépose et de repose du carrelage (▪ CA Paris, 23e ch. A, 19 janv. 2000 : *JurisData* n° 2000-106266 ; *Loyers et copr.* 2000, comm. 158). De même il a été fait application de l'article 9 pour autoriser l'accès à un lot privatif pour l'exécution de travaux affectant les parties communes effectués par un copropriétaire et autorisés par l'assemblée dans le cadre de l'article 25 *b* de la loi du 10 juillet 1965 (▪ CA Paris, 14e ch. B, 27 févr. 2009 : *AJDI* 2009, p. 882).

B – Conditions d'application du texte

78) Principe et exception. Le **principe** est que tout copropriétaire peut faire obstacle à l'exécution de travaux d'intérêt collectif sur ses parties privatives si « *l'affectation, la consistance ou la jouissance* » de ces parties privatives en sont « *altérées de manière durable* » (L., art. 9, II, al. 1er) V. dans un cas où la chaudière commune était située dans un lot privatif : ▪ CA Paris, 23e ch. A, 5 juill. 1995 : *Loyers et copr.* déc. 1995, n° 533). Ce n'est pas le cas pour des travaux consistant à remplacer des canalisations existantes par des canalisations neuves (▪ CA Paris, 14e ch., 24 juin 2005 : *Loyers et copr.* 2005, comm. 212, note G. Vigneron. – Voir aussi ▪ CA Paris, 20 avr. 2000 : *Loyers et copr.* 2000, comm. 214).

L'article 9, II, alinéa 1er pose une **exception.** Si des travaux d'intérêt collectif portent atteinte de manière durable à l'affectation, à la consistance ou à la jouissance des parties privatives d'un lot, ils peuvent être néanmoins imposés aux copropriétaires lorsqu'il n'existe pas d'autre solution ou encore lorsqu'une autre solution est envisageable, si « les circonstances le justifient » (art. 9, II, al. 1er). Dans sa rédaction issue de l'ordonnance du 30 octobre 2019 applicable à compter du 1er juin 2020, le législateur a repris les solutions antérieurement adoptées par la jurisprudence (V. ▪ Cass.

3e civ., 12 mars 1997 : *Loyers et copr.* juin 1997, n° 187, note G. Vigneron ; *RD imm.* 1997, p. 293, obs. P. Capoulade. – Et sur renvoi : ▪ CA Rouen, aud. sol. 9 mai 2000 : *Loyers et copr.* 2000, comm. 285. – Sur la nécessité de choisir la solution ou l'atteinte aux parties privatives est la plus légère possible : ▪ Cass. 3e civ., 30 juin 1998 : *RD imm.* 1998, p. 680).

79) Travaux sortant du cadre légal. Les copropriétaires qui estimeraient que ces conditions ne sont pas remplies pourraient faire obstacle à l'exécution des travaux à l'intérieur de leurs parties privatives. Il resterait alors à la copropriété à les assigner, pour faire juger que les conditions exigées par le texte sont en l'espèce remplies et que leur résistance n'est pas légitime. On observera que les critères posés par le texte sont suffisamment flous pour permettre le développement d'un abondant contentieux (V. ▪ Cass. 3e civ., 8 juin 1988 : *Loyers et copr.* juill. 1988, n° 354).

Si le syndicat s'arroge le droit de débarrasser la cave privative d'un copropriétaire des objets qui sont entreposés, sans avoir rempli les formalités préalables exigées par l'article 9 de la loi, et qu'il facture les frais au copropriétaire concerné au titre des charges, celui-ci est en droit d'en obtenir le remboursement (▪ Cass. 3e civ., 20 oct. 2010, n° 09-14.244 : *JurisData* n° 2010-019047 ; *Loyers et copr.* 2010, comm. 322, obs. G. Vigneron ; *Rev. loyers* 2010, p. 483, note L. Guégan ; *Administrer* févr. 2011, p. 44, obs. J.-R. Bouyeure ; *AJDI* 2011, p. 303, note P. Capoulade ; *AJDI* 2011, p. 373, obs. D. Tomasin).

C – Modalités d'exécution des travaux

80) Maîtrise d'ouvrage. Comblant une lacune de la législation intérieure, la loi du 24 mars 2014 avait précisé que pour la réalisation des travaux d'intérêt collectif effectués sur les parties privatives, le syndicat exerce les pouvoirs du maître d'ouvrage jusqu'à réception des travaux, disposition figurant actuellement à l'article 9, II, alinéa 2. Dès lors que le syndicat fait procéder à des travaux portant sur les parties privatives, il est responsable des dommages en résultant (▪ Cass. 3e civ., 9 juin 2016, n° 15-17.944).

1° Notification préalable

81) Modalités. Le texte (art. 9, I, al. 2) prévoit que les travaux « doivent être notifiés aux copropriétaires au moins huit jours avant le début de leur réalisation ». Cette *notification* doit être faite par lettre recommandée avec avis de réception ou selon les autres modes de notification autorisés par l'article 42-1 de la loi du 10 juillet 1965 (V. ce texte) ou par l'article 64 du décret du 17 mars 1967 (V. ce texte), ou au besoin par acte d'huissier. Le *délai de huit jours* imparti pour prévenir les copropriétaires concernés doit être considéré comme un minimum (« au moins huit jours », dit le texte).

Toutefois, ce principe connaît une *exception* en cas *« d'impératif de sécurité ou de conservation des biens »*. Si l'on prend le texte à la lettre (l'étude des travaux préparatoires ne permettant en rien de l'expliciter...), il faudrait en déduire que lorsque des impératifs de sécurité ou de conservation de l'immeuble entrent en jeu (menace d'incendie, d'explosion, de graves inondations ou de dégâts des eaux...), les travaux pourraient être entrepris sans notification préalable et sans délai. En pratique on voit mal cependant comment il pourrait en être ainsi, à moins bien évidemment que le copropriétaire concerné soit d'accord (ce qui suppose qu'il ait été avisé...). S'il n'est pas possible d'obtenir son accord, devra-t-on considérer que la loi offre la possibilité de pénétrer dans les lieux sans qu'il y ait pour autant violation de domicile (sans autorisation de justice préalable) ? Il aurait été souhaitable que le texte soit plus précis sur ce point (sur la nécessité de consulter le propriétaire du lot, V. ▪ Cass. 3e civ., 27 mars 1991 : *RD imm.* 1991, p. 377).

2° Accès aux locaux

82) Autorisation judiciaire. En cas d'impossibilité de pénétrer dans les lieux, alors que l'urgence l'exigerait pourtant ou plus généralement de résistance injustifiée des copropriétaires, une autorisation de justice peut (et doit) être demandée (ordonnance sur requête ou pordonnance de référé) pour accéder aux parties privatives de tel ou tel lot (V. pour des applications, ▪ CA Paris, 14e ch. B, 12 sept. 2008 : *Loyers et copr.* 2009, comm. 73, obs. G. Vigneron. ▪ CA Aix-en-Provence, 1re ch. C, 16 janv. 2007 : *Loyers et copr.* 2007, n° 135, obs. G. Vigneron. ▪ CA Paris, 14e ch. B, 12 oct. 2001 : *Loyers et copr.* 2002, comm. 79. ▪ CA Paris, 23e ch. A, 8 déc. 1986 : *RD imm.* 1987, p. 373, obs. Cl. Giverdon). Ajoutons que l'obligation de laisser les travaux décidés par l'assemblée s'exécuter à l'intérieur des parties privatives du lot s'impose non seulement aux copropriétaires mais également à « leurs ayants droit » : c'est-à-dire en particulier aux locataires.

Lorsqu'un copropriétaire refuse de laisser accéder à ses parties privatives, le syndic doit mettre en œuvre les moyens judiciaires dont il dispose : à défaut il pourrait voir sa responsabilité engagée en raison du fait qu'il aurait par sa faute contribué à retarder la réalisation des travaux (▪ Cass. 3e civ., 7 sept. 2017, n° 16-19.659 : *JurisData* n° 2017-017371 ; *Loyers et copr.* 2017, comm. 221, note C. Coutant-Lapalus. ▪ Cass. 3e civ., 27 avr. 2017, n° 14-24.518 : *JurisData* n° 2017-009455 ; *Loyers et copr.* 2017, comm. 152, note A. Lebatteux ; *Administrer* juill. 2017, p. 48, note J.-R. Bouyeure).

83) Sanctions du refus abusif. Le copropriétaire qui s'oppose sans motif valable à l'exécution des travaux peut être condamné à laisser accéder à son lot à peine d'astreinte (▪ CA Aix-en-Provence, 1re ch. C, 8 janv. 2007 : *Loyers et copr.* 2007, comm. 112, obs. G. Vigneron. ▪ CA Paris, 23e ch. A, 29 mars 2000 : *JurisData* n° 2000-111154 ; *Loyers et copr.* 2000, comm. 215. ▪ CA Paris, 14e ch. B, 20 mars 1984 et ▪ CA Paris, 23e ch. A, 22 avr. 1985 : *RD imm.* 1985, p. 415, obs. Givord et Giverdon). Il peut également être condamné au paiement de dommages et intérêts réparant par exemple le préjudice causé par l'aggravation du dommage et l'alourdissement du coût des travaux du fait du retard occasionné (V. ▪ Cass. 3e civ., 26 nov. 1985, aff. *Jacquin* citée par Petit, étude préc.) ou le coût des factures de l'entreprise correspondant à ses déplacements infructueux (▪ Cass. 2e civ., 21 janv. 2010, n° 08-15.884 : *JurisData* n° 2010-051229 ; *Loyers et copr.* 2010, comm. 84, obs. G. Vigneron) ou encore le coût de la facturation supplémentaire de la location des échafaudages qui a dû rester plus longtemps en place (▪ Cass. 3e civ., 27 avr. 2017, n° 14-24.518 préc.).

D – Indemnisation des copropriétaires

Bibliographie : J.-M. Roux, *L'indemnisation des copropriétaires du fait des travaux sur les parties communes* : *Inf. rap. copr.* janv.-févr. 2008, p. 27.

1° Préjudices indemnisables

84) Préjudices subis « par suite de l'exécution des travaux ». L'alinéa 5 du texte pose le principe de l'indemnisation des copropriétaires à condition bien entendu qu'ils subissent un préjudice « par suite de l'exécution des travaux » (ce préjudice n'apparaîtra donc par définition qu'une fois les travaux effectués). Selon un arrêt de la cour de Paris, le texte ne peut pas être invoqué par un copropriétaire lorsque les travaux ont causé à tous un préjudice identique et qu'il ne justifie pas pour sa part d'un préjudice spécifique (▪ CA Paris, 23e ch. B, 11 févr. 1999 : *Loyers et copr.* 1999, comm. 200). Un locataire ne peut d'autre part invoquer ce texte s'il subit un préjudice à la suite de travaux entrepris par le syndicat. Il lui appartient d'agir contre son bailleur (▪ CA Paris, 23e ch. A, 26 avr. 2000 : *Loyers et copr.* 2000, comm. 238 ; *Rev. Administrer* août-sept. 2001, p. 44, obs. J.-R. Bouyeure).

Le texte est d'ordre public : une clause du règlement prévoyant que les copropriétaires devront souffrir sans indemnité les travaux nécessaires aux parties communes doit en conséquence être réputée non écrite (▪ CA Paris, 23e ch. B, 28 mai 2009 : *JurisData* n° 2009-377938 ; *Loyers et copr.* 2009, comm. 269, obs. G. Vigneron. ▪ CA Paris, 19e ch., 4 nov. 1994 : *Loyers et copr.* 1995, n° 177).

Comme exemple de préjudice indemnisable, le texte cite le cas de « diminution définitive de la valeur du lot », le « trouble de jouissance grave, même s'il est temporaire » ou encore les « dégradations ». Ce texte étant « une simple application du principe de l'enrichissement sans cause » selon l'auteur de la proposition de loi (rapport Bonnemaison au nom de la commission des lois : Doc. AN n° 2 960, p. 32), il ne semble pas que l'on doive considérer cette liste comme limitative. Tout préjudice éprouvé par le copropriétaire du fait de l'exécution des travaux paraît susceptible d'être indemnisé (V. pour le préjudice causé par la pose d'étais à l'intérieur d'un lot à usage commercial : ▪ Cass. 3e civ., 20 mai 1992 : *Loyers et copr.* 1992, n° 352. – Pour le préjudice causé par l'empoussièrement de la totalité d'un appartement : ▪ CA Paris, 23e ch. A, 26 avr. 2000, préc.).

Il a été jugé que des travaux même non visés par l'article 9 devaient donner lieu à indemnisation, dès lors qu'ils étaient préjudiciables (▪ CA Paris, 23e ch. B, 23 févr. 1996 : *Loyers et copr.* juin 1996, n° 283).

85) Action récursoire du copropriétaire bailleur contre le syndicat. Si un copropriétaire bailleur a été condamné à réparer le préjudice causé à son locataire en raison de troubles de jouissance subis par lui à la suite de travaux entrepris par le syndicat sur les parties communes, et qu'il exerce une action récursoire contre le syndicat sur le fondement de l'article 1384 (devenu art. 1242) du Code civil, cette action ne peut aboutir. En effet le préjudice dont le copropriétaire demande réparation s'analyse en un préjudice personnel, qui doit être réparé sur le fondement de l'article 9, alinéa 4, de la loi du 10 juillet 1965 (▪ Cass. 3e civ., 14 janv. 2015, n° 13-28.030 : *JurisData* n° 2015-028030 ; *Bull. civ.* III, n° 3 ; *Loyers et copr.* 2015, comm. 79, obs. G. Vigneron ; *Administrer* avr. 2015, p. 46, obs. J.-R. Bouyeure ; *JCP* N 2015, n° 27, 1115, note J. Monéger ; *Rev. loyers* 2015, p. 145, note M. Plaidy. – V., sur renvoi, ▪ CA Paris, pôle 4, 2e ch., 19 avr. 2017, n° 15/06019 : *Administrer* juill. 2017, p. 46, note J.-R. Bouyeure).

86) Diminution définitive de la valeur d'un lot. La *diminution définitive de la valeur d'un lot* se conçoit très bien : perte de tranquillité, de luminosité, d'ensoleillement... due aux travaux exécutés (V. pour une application : ▪ Cass. 3e civ., 29 janv. 1997 : *Loyers et copr.* mai 1997, n° 156, note G. Vigneron).

Comme la majorité des auteurs, nous estimons que si la loi admet implicitement que des travaux puissent altérer la valeur d'un lot, cela n'autorise pas à penser qu'on peut aller jusqu'à porter une atteinte directe aux parties privatives de ce lot lui-même (par exemple, en diminuant sa superficie). C'est de sa valeur qu'il s'agit, et non de sa consistance, et celle-ci ne peut être altérée à aucun moment. Ce serait là une atteinte à la propriété qu'aucune disposition du texte ne saurait autoriser (V. en ce sens, J.-R. Bouyeure, *Les travaux dans la copropriété*, *op. cit.*, n° 247).

87) Trouble de jouissance temporaire. Le *trouble de jouissance temporaire* subi par un copropriétaire du fait des travaux n'est indemnisable que s'il est « grave ». Les tribunaux apprécieront souverainement s'il y a trouble « grave » ou non, et l'on retrouvera là, sans doute, la jurisprudence relative aux troubles normaux – ou non – de voisinage (sur l'absence d'indemnisation lorsque les troubles éprouvés ne présentent pas de caractère de gravité, V. ▪ Cass. 3e civ., 22 juin 1994 : *Loyers et copr.* 1994, n° 447. – V. au contraire dans un cas où une fenêtre avait été murée empêchant de louer le lot d'un copropriétaire : ▪ CA Paris, 23 juill. 1994 : *Loyers et copr.* janv. 1995, n° 30. ▪ CA Paris, pôle 4, 2e ch., 20 févr. 2013, n° 10/20772 : *Administrer* mai 2013, p. 46, obs. J.-R. Bouyeure. ▪ CA Paris, 23e ch. A, 26 avr. 2000, préc.).

Si le trouble de jouissance est définitif, il rejoint la notion, exprimée ci-dessus, de diminution de la valeur d'un lot, à moins que le copropriétaire lésé ne puisse, par des travaux appropriés, y remédier : dans ce cas, il sera indemnisé du coût de ces travaux.

Sur la possibilité d'obtenir en pareil cas une indemnité provisionnelle, V. n° 88.

Cette dernière solution démontre d'ailleurs qu'il n'y avait ni trouble définitif, ni diminution de valeur définitive, puisqu'on a pu y remédier, et il est normal que le copropriétaire qui élimine le chef d'indemnisation que lui accorde la loi soit remboursé de ses frais par ceux qui profitent de ce résultat.

Ce remboursement doit se cumuler, à notre avis, avec l'indemnisation du trouble de jouissance temporaire subi par l'intéressé, si ce trouble a été « grave ».

88) Dégradations. Les « *dégradations* » *causées aux parties privatives d'un lot* demandent une remise en état ; la solution s'impose d'elle-même.

2° Indemnités provisionnelles

89) Possibilité d'obtenir une indemnité provisionnelle. L'ordonnance du 30 octobre 2019 a introduit, en cas de « privation de jouissance » la possibilité pour le copropriétaire victime de préjudice d'obtenir une indemnité provisionnelle à valoir sur le montant de l'indemnité définitive. Le texte pose cependant deux conditions : il faut que cette privation de jouissance soit totale et qu'elle soit temporaire. La demande d'indemnité doit être faite à l'assemblée générale (L. art. 9, III, al. 1er).

3° Répartition de la charge des indemnités

90) Répartition de la charge des indemnités. L'indemnité provisionnelle ou définitive due à la suite de travaux d'intérêt collectif, précise l'article 9, III, alinéa 2, est « à la charge du syndicat de copropriétaires ». Elle doit être répartie « en proportion de la participation de chacun au coût des travaux ».

En pratique, il est souhaitable que lorsque l'assemblée décide de travaux d'intérêt collectif concernant les parties communes, qui doivent affecter les parties privatives, les préjudices susceptibles d'être éprouvés par les copropriétaires des lots concernés soient à l'avance (dans la mesure du possible) aperçus, et que les indemnités dues soient chiffrées, au moins approximativement, en concertation avec les copropriétaires concernés. Ainsi, l'assemblée pourra prendre sa décision en étant éclairée sur ses conséquences.

VII – DROITS DES COPROPRIÉTAIRES SUR LES PARTIES COMMUNES

91) Aspects divers de l'utilisation des parties communes. Après avoir rappelé les principes généraux qui régissent l'usage des parties communes (A), nous examinerons diverses problèmes particuliers : la question de la prescription acquisitive (B) les problèmes posés lorsque les parties communes font l'objet d'un droit de jouissance privative (C) la question des travaux affectant les parties communes (D), des enseignes ou des plaques professionnelles du stationnement (E) de l'application de l'interdiction de fumer (F) et de l'infraction d'injure publique (G).

A – Règles générales concernant les modalités de jouissance des parties communes

92) Principe de l'égalité de traitement. Les copropriétaires ont un droit égal d'accès aux parties communes et aux éléments d'équipement commun. L'assemblée ne peut donc interdire à un copropriétaire (restaurateur) d'entreposer ses conteneurs de déchets dans le local affecté à cet usage au prétexte qu'il les encombre (▪ Cass. 3e civ., 11 mars 2009 : *Loyers et copr.* 2009, comm. 131, obs. G. Vigneron ; *Rev. Administrer* juin 2009, p. 47, obs. J.-R. Bouyeure). Elle ne peut non plus réserver à certaines catégories de copropriétaires l'usage de certains accès à l'immeuble (▪ CA Paris, 23e ch. B, 18 déc. 2008 : *AJDI* 2009, p. 206), ou attribuer des places de stationnement aux mêmes copropriétaires moyennant un loyer toujours identique (▪ Cass. 3e civ., 8 sept. 2016, n° 15-16.954 : *Administrer* févr. 2017, p. 52, obs. J.-R. Bouyeure). En vertu de ce principe, si l'escalier principal est une partie commune générale, la communication du badge et du code d'accès à cet escalier ne peut être refusée au copropriétaire du rez-de-chaussée (▪ Cass. 3e civ., 8 févr. 2024, n° 22-24.119 : *Administrer* avr. 2024, p. 43, obs. P. Dechelette-Tolot).

Chaque copropriétaire doit dans l'usage qu'il fait des parties communes respecter le règlement et les droits des autres copropriétaires (1°) et respecter la destination de l'immeuble (2°).

1° *Respect du règlement et des droits des autres copropriétaires*

93) Portée des exigences légales. Les copropriétaires doivent jouir des parties communes selon les dispositions du règlement. Un copropriétaire ne peut donc s'approprier une cour classée par le règlement dans les parties communes (▪ Cass. 3e civ., 21 juin 2000 : *RD imm.* 2000, p. 385, obs. P. Capoulade).

Voir : L. 10 juill. 1965, art. 9, comm. n° 2, p. 87.

Ils doivent en outre *respecter les droits des autres copropriétaires* (L. art. 9, al. 1) : il est interdit de s'approprier une partie commune pour en faire un usage privatif (du moins sans autorisation) ou d'empêcher le droit d'usage concurrent des autres copropriétaires par exemple en encombrant des couloirs parties communes (▪ Cass. 3e civ., 17 juin 1997 : *RD imm.* 1997, p. 479, obs. P. Capoulade et C. Giverdon. ▪ CA Paris, 14e ch. A, 30 avr. 2003 : *Loyers et copr.* 2003, comm. 206, obs. G. Vigneron. ▪ CA Paris, 9 déc. 1970 : *Gaz. Pal.* 1971, 1, p. 374) ; en fermant à clé un couloir commun : ▪ TGI Paris, 19 mai 1976 : *D.* 1976, inf. rap. p. 313) ; en clôturant un parking, en empiétant sur les parties communes, et en gênant le copropriétaire voisin (▪ Cass. 3e civ., 3 mai 1990 : *Inf. rap. copr.* 1990, p. 210) ; en stationnant de manière gênante (▪ Cass. 3e civ., 10 oct. 1990 : *Rev. loyers* 1991, p. 29) ; en occupant irrégulièrement une terrasse (▪ CA Paris, 23e ch., 20 mars 1992 : *Rev. Administrer* oct. 1992, p. 88, obs. A. Dunes) ou un couloir commun (▪ CA Paris, 19e ch., 27 févr. 1992 : *Loyers et copr.* 1992, n° 222). Un copropriétaire ne peut ainsi s'approprier un couloir et un escalier commun (▪ CA Paris, 9 juin 1999 : *JurisData* n° 1999-023517 ; *Loyers et copr.* 1999, comm. 275) ou implanter une citerne à gaz dans le sous-sol d'une cour commune (▪ CA Paris, 8e ch. D, 3 févr. 1999 : *BPIM* févr. 2000, p. 19). Il ne peut non plus l'encombrer par une accumulation de plantes vertes et de pots de fleurs (▪ CA Bastia, 21 avr. 2010 : *JurisData* n° 2010-106980 ; *Loyers et copr.* 2010, comm. 302, obs. G.V.). Les copropriétaires ne peuvent non plus laisser les animaux divaguer dans les parties communes (▪ CA Paris, pôle 4, 2e ch., 22 mars 2012, n° 09/15811 : *JurisData* n° 2012-005986 ; *Loyers et copr.*, comm. 216, note G. Vigneron).

Des copropriétaires commerçants ne peuvent utiliser des parties communes pour y entreposer leur matériel ou leurs marchandises (▪ Cass. 3e civ., 15 nov. 2007 : *Loyers et copr.* 2008, comm. 20, obs. G. Vigneron) ou pour y stocker leurs containers de déchets (▪ CA Paris, 23e ch. B, 15 nov. 2007 : *AJDI* 2008, p. 130).

Voir :

- Sur le stationnement dans les parties communes, V. annot. n° 108, p. 136 ;
- Sur les abus en matière d'affichage, V. annot. n° 107, p. 136 ;
- Sur les problèmes posés par l'utilisation de la toiture à des fins « agricoles » V. C. Sardot et A. Teitgen, *Les particularités juridiques de l'agriculture urbaine intra-muros : JCP* N 2018, n° 20, 1185 ;
- Sur l'implantation sur les parties communes de « jardins partagés », N. Brocard, *Jardins « partagés » en copropriété : Inf. rap. copr.* mars 2018, p. 17.

Un copropriétaire ne peut créer une ouverture dans un mur aveugle le séparant d'un lot contigu (▪ Cass. 3e civ., 4 janv. 1996 : *AJPI* 1996, p. 1023, note H. Gallet). Il ne peut non plus ouvrir sans l'accord de la copropriété une issue de secours donnant sur un passage commun (▪ Cass. 3e civ., 9 sept. 2014, n° 13-17.905 : *Administrer* nov. 2014, p. 50, note J.-R. Bouyeure). Au nom du principe de libre accès de tous aux parties communes et éléments d'équipement commun, tout copropriétaire doit permettre à la copropriété d'accéder aux équipements communs situés dans son lot privatif (▪ Cass. 3e civ., 17 janv. 1996 : *Loyers et copr.* 1996, n° 174).

Un copropriétaires ne peut pas non plus installer dans ses parties privatives un système de vidéosurveillance lui permettant de filmer les parties communes (▪ Cass. 3e civ., 11 mai 2011, n° 10-16.967 : *JurisData* n° 2011-008443 ; *Loyers et copr.* 2011, n° 227, obs. G. Vigneron ; *Administrer* août-sept. 2011, p. 45, obs. J.-R. Bouyeure ; *Rev. loyers* 2011, p. 430, note L. Guégan).

Des autorisations d'occupation ou d'utilisation particulière des parties communes consenties par les copropriétaires individuellement n'ont aucune portée. L'autorisation ne peut être donnée que par une décision d'assemblée (▪ Cass. 3e civ., 6 sept. 2011, n° 10-23.553) :

– Sur les actions pouvant être exercées, V. L. 10 juill. 1965, art. 15, p. 246 ;

– Sur la prescription des actions, V. L. 10 juill. 1965, art. 42, p. 593 ;

– Sur les moyens de régulariser des annexions irrégulières de parties communes, V. Th. Delesalle, *La régularisation des annexions de parties communes : mode d'emploi : Loyers et copr.* déc. 2011, étude 12 ; *JCP* N 2011, 1282.

Voir : L. 10 juill. 1965, art. 15, p. 246.

94) Sanctions. En cas d'usage abusif des parties communes (occupation abusive, annexion, etc.), le syndicat est fondé à demander la cessation par le copropriétaire de l'occupation indue, outre des dommages intérêts en réparation du préjudice causé à la copropriété (▪ CA Paris, 23e ch. B, 25 janv. 2007 : *Loyers et copr.* 2007, comm. 109, obs. G. Vigneron. – V. cependant, dans un cas où la partie commune indûment annexée n'avait aucune utilité pour la collectivité : ▪ CA Paris,

23e ch. B, 8 févr. 2007 : *Loyers et copr.* 2007, comm. 110, obs. G. Vigneron).

En cas d'utilisation abusive d'un passage commun, un copropriétaire peut se voir interdire par le juge d'y entreposer des objets (▪ Cass. 2e civ., 15 nov. 2007 : *JCP G* 2007, IV, 3266).

Le copropriétaire qui occupe illégalement une partie commune ne peut demander sa remise en état lorsqu'elle est sinistrée (▪ Cass. 3e civ., 8 nov. 2006, n° 05-15.786, arrêt n° 1150 D).

Le syndicat peut éventuellement saisir le juge des référés pour obtenir la cessation du trouble (▪ Cass. 3e civ., 19 déc. 2012, n° 10-15.682 : *AJDI* 2013, p. 289). Il lui appartient alors de démontrer que ce trouble est « manifestement illicite » (CPC, art. 809). C'est le cas lorsque le copropriétaire agit en violation du règlement et sans autorisation de l'assemblée (▪ CA Versailles, 14e ch., 6 janv. 2010 : *JurisData* n° 2010-004277), mais non pas lorsque le copropriétaire peut se prévaloir d'une autorisation donnée par une lettre du syndic faisant état de l'accord des copropriétaires (▪ Cass. 3e civ., 30 sept. 2009, n° 07-21.155 : *JurisData* n° 2009-049752 ; *Defrénois* 2010, p. 349, obs. C. Atias).

En cas de demande de remise en état de parties communes, à la suite d'abus de jouissance commis par l'usufruitier, l'action doit être dirigée à la fois contre l'usufruitier et contre le nu-propriétaire (▪ Cass. 3e civ., 22 mai 2012, n° 11-10.032).

– Sur les actions pouvant être exercées, et la qualité pour agir, V. *infra*, L. 10 juill. 1965, art. 15, p. 246.

– Sur la prescription des actions, V. L. n° 10 juill. 1965, art. 42, p. 593.

2° Respect de la destination de l'immeuble

95) Illustration. Les copropriétaires doivent en outre respecter la destination de l'immeuble et de la partie commune concernée (L. art. 9, al. 1. – Pour l'usage d'un couloir commun pour des besoins commerciaux, ▪ Cass. 3e civ., 31 janv. 1984 : *D.* 1984, inf. rap. p. 184 ; *Rev. loyers* 1984, p. 212 ou pour l'usage du hall et de l'ascenseur pour l'accès du titulaire d'un lot commercial à une réserve, ▪ CA Paris, 23e ch. B, 26 janv. 1996 : *Loyers et copr.* mai 1996, n° 224). Un copropriétaire ne pourrait ainsi utiliser le hall commun pour y installer une hôtesse d'accueil pour les besoins de sa profession (▪ CA Paris, 25 avr. 1980 : *D.* 1981, inf. rap. p. 102, n° 63, note Brane) ou y placer des panneaux publicitaires (▪ Cass. 3e civ., 24 nov. 1987 : *Loyers et copr.* janv. 1988, n° 36). Un copropriétaire ne peut procéder à un coffrage des canalisations traversant son lot qui les rend inaccessibles (▪ CA Versailles, 26 mars 2009 : *JurisData* n° 2009-070280 ; *Loyers et copr.* 2010, n° 62, obs. G.V.).

La restriction d'accès à un jardin de partie commune se justifie dans un immeuble de grand standing bénéficiant d'une adresse prestigieuse dans un environnement préservé, si ce jardin est destiné uniquement à l'agrément visuel des occupants de l'immeuble et a un but exclusivement ornemental (▪ CA Paris, pôle 4, ch. 2, 22 févr. 2023, n° 19154 : *Administrer* avr. 2023, p. 36, note).

– Sur l'encombrement des parties communes : ▪ CA Versailles, 26 mars 1979 : *Gaz. Pal.* 1980, 1, somm., p. 275.

– Pour la transformation par un copropriétaire d'une cour commune en annexe de son magasin : ▪ CA Grenoble, 10 nov. 1962 : S. 1963, II, 107.

Voir : L. 10 juill. 1965, art. 9, comm. n° 103, p. 134 à comm. n° 107, p. 136 à propos des divers modes d'utilisation des parties communes.

B – Prescription acquisitive des parties communes

Bibliographie : S. Lelièvre, *La prescription acquisitive des parties communes : condition est mise en œuvre pratique* : *AJDI* 2024, p. 117.

1° Licéité

96) Absence d'obstacle de principe. Un copropriétaire qui s'est approprié une partie commune peut-il ensuite invoquer la prescription acquisitive et en devenir propriétaire au bout de 30 ans ?

Il a été montré que le plus souvent les conditions requises pour pouvoir prescrire valablement (C. civ., art. 2261) ne seraient pas remplies et que les dispositions des articles 2262 et 2270 du Code civil y feraient obstacle : le copropriétaire ne pouvant prescrire contre son titre (le règlement de copropriété – application de C. civ., art. 2256) et la possession invoquée étant équivoque (V. J.-P. Forestier, *Annexion de parties communes : Rev. Administrer* août-sept. 1985, p. 9. – Et ▪ CA Paris, 23e ch., 7 oct. 1981, inédit cité par cet auteur. V. pour des applications : ▪ CA Paris, 23e ch., 20 mars 1992 : *Loyers et copr.* 1992, n° 262. ▪ CA Paris, 23 ch. A, 1er avr. 1998 : *Loyers et copr.* déc. 1998, n° 312. ▪ CA Paris, 23e ch. A, 28 nov. 2001 : *AJDI* 2002, p. 310).

Mais il n'y a pas d'obstacle de principe à ce que la prescription acquisitive puisse jouer au profit d'un copropriétaire si toutes les conditions sont remplies (V. ▪ Cass. 3e civ., 11 juill. 2019, n° 18-17.771 : *JurisData* n° 2019-13269 ; *Loyers et copr.* 2019, comm. 154, obs. A. Lebatteux. ▪ Cass. 3e civ., 12 juill. 2018, n° 17-15.938 : *JurisData* n° 2018-012870 ; *Loyers et copr.* 2018, n° 211, obs. C. Coutant-Lapalus. ▪ Cass. 3e civ., 20 mars 1996, n° 94-15.698 : *Loyers et copr.* juin 1996, n° 271. – V. pour la prescription d'une courette couverte d'une toiture depuis plus de 30 ans : ▪ Cass. 3e civ., 5 nov. 2015, n° 14-22.285. – V. aussi : ▪ CA Paris, 23e ch., 22 avr. 1992 : *RD imm.* 1992, p. 368, obs. P. Capoulade. ▪ CA Paris, 23e ch. A, 29 nov.

2000 : *AJDI* 2001, p. 37. ▪ CA Paris, 19e ch. A, 19 nov. 2003 : *AJDI* 2004, p. 126. – Et pour la prescription d'une cave : ▪ CA Paris, 27 avr. 2011, n° 10/8646 : *AJDI* 2011, p. 632).

Le cas échéant, et selon le droit commun, le demandeur qui invoque la prescription acquisitive peut joindre sa possession à celle de son auteur (▪ Cass. 3e civ., 11 janv. 2024, n° 22-21.817 : *Administrer* févr. 2024, p. 51, note P. Dechelette-Tolot. ▪ Cass. 3e civ., 19 oct. 2022, n° 21-19.852 : *Administrer* déc. 2022, p. 61, obs. P. Dechelette-Tolot). Cependant, l'acquéreur d'un lot de copropriété ne peut pas se prévaloir de la possession de son auteur sur une partie commune qu'il a annexée, si cette partie commune n'est pas comprise dans l'acte de vente (▪ Cass. 3e civ., 15 févr. 2023, n° 21-21.446 : *JurisData* n° 2023-003141 ; *Loyers et copr.* 2023, comm. 68, note C. Coutant-Lapalus ; *DEF* 2023, n° DEF216r7, note J. Laurent).

2° *Conditions à remplir*

97) Actes de possession : caractérisation. Pour pouvoir prescrire, il faut une possession continue et non interrompue, paisible, publique non équivoque, et à titre de propriétaire (C. civ., art. 2261). La possession n'est pas publique, si les copropriétaires n'étaient pas en mesure de se rendre compte qu'une terrasse située dans les étages était privatisée par un copropriétaire (▪ Cass. 3e civ., 9 juill. 2020, n° 19-14.968 : *Administrer*, oct. 2020, p. 38, obs. J.-R. Bouyeure). Un copropriétaire qui invoque la prescription doit pouvoir justifier d'actes de possession contraires aux droits des autres copropriétaires (▪ Cass. 3e civ., 29 janv. 2003, n° 01-12.566 : *Administrer* juin 2003, p. 55, obs. J.-R. Bouyeure). Celui qui revendique le bénéfice de la prescription acquisitive doit bien entendu établir la réalité des faits de possession correspondant au critère légal (sur le contrôle des tribunaux, V. ▪ Cass. 3e civ., 25 févr. 1998 : *Loyers et copr.* avr. 1998, n° 111 : *Defrénois* 1998, art. 36828, p. 811, note C. Atias. ▪ Cass. 3e civ., 26 juin 1996 : *Defrénois* 1997, art. 36526, p. 385, note C. Atias).

La prescription peut être admise lorsqu'un copropriétaire a construit sur une partie commune ou se l'est appropriée depuis plus de 30 ans (▪ Cass. 3e civ., 25 janv. 2005, n° 03-18.926 : *AJDI* 2005, p. 314. ▪ Cass. 3e civ., 10 déc. 2003 : *Administrer* nov. 2004, p. 38, obs. J.-R. Bouyeure). Mais la prescription est exclue lorsqu'un copropriétaire occupe une partie commune à la suite d'une simple tolérance du syndicat des copropriétaires (▪ Cass. 3e civ., 3 mars 2004 : *Administrer* nov. 2005, p. 35, obs. J.-R. Bouyeure. ▪ CA Paris, 23e ch. B, 10 mars 2005 : *JurisData* n° 2005-166259). Et un copropriétaire ne peut se prévaloir de la prescription d'une véranda partie commune dont il a la jouissance exclusive et qu'il a transformé en pièces de séjour, sa possession étant équivoque (▪ Cass. 3e civ., 10 déc. 2015, n° 14-13.832 : *JurisData* n° 2015-029151 ; *Loyers et copr.* 2016, n° 50, obs. G. Vigneron).

Une autre difficulté consiste à analyser « l'animus » du copropriétaire : a-t-il voulu prescrire seulement un droit réel de jouissance exclusive ? (▪ Cass. 3e civ., 18 janv. 2018, n° 16-16.950 : *JurisData* n° 2018-000451 ; H. Périnet-Marquet : *JCP* N 2018, n° 14, p. 686 ; *Rev. loyers* 2018, p. 166, note V. Zalewski-Sicard ; *Administrer* avr. 2018, p. 35, obs. J.-R. Bouyeure. – V. Th. Poulichot, *Copropriétaires successifs : Inf. rap. copr.* avr. 2018, p. 15 ; *Inf. rap. copr.* 2018, p. 15) A-t-il voulu devenir propriétaire du bien ?

Un copropriétaire peut éventuellement se prévaloir de la prescription abrégée s'il a un « juste titre » (▪ CA Paris, 19e ch. A., 25 juin 1996 : *Loyers et copr.* nov. 1996, n° 440. – Sur la notion de « juste titre », V. ▪ CA Paris, 23e ch., 13 déc. 1994 : *Loyers et copr.* 1995, n° 229. ▪ CA Paris, 23e ch. B, 15 sept. 1995 : *Defrénois* 1996, p. 802). Un droit « d'usage et de jouissance » ne constitue pas un juste titre (▪ Cass. 3e civ., 5 oct. 1994 : *Bull. civ.* III, n° 167 ; *Loyers et copr.* janv. 1995, n° 29) non plus que le procès-verbal d'une assemblée où n'est intervenue aucune décision (▪ Cass. 3e civ., 9 juill. 1997 : *RD imm.* 1997, p. 622, note P. Capoulade), non plus d'ailleurs que les mentions figurant dans l'état descriptif de division (▪ Cass. 3e civ., 30 avr. 2002 : *Bull. civ.* III, n° 89 ; *Administrer* nov. 2002, p. 35, obs. J.-R. Bouyeure ; *D.* 2002, somm. p. 2510, note N. Reboul-Maupin) ou des indications portées dans l'acte de vente contraires à celles figurant dans le règlement de copropriété (▪ Cass. 3e civ., 15 févr. 2023, n° 21-21.446 : *JurisData* n° 2023-003141 ; *Loyers et copr.* 2023, comm. 68, note C. Coutant-Lapalus ; *Administrer* mars 2023, p. 50, obs. P. Dechelette-Tolot. ▪ CA Paris, 23e ch. A, 28 nov. 2001 : *AJDI* 2002, p. 310. – V. aussi, ▪ CA Paris, pôle 4, 2e ch., 12 sept. 2012, n° 12/22350 : *Administrer* mai 2013, p. 45, obs. J.-R. Bouyeure). Un acte de vente peut être le juste titre permettant de prescrire les droits indivis de propriété sur une partie commune (en l'espèce une courette) acquise accessoirement aux droits exclusifs sur les parties privatives (▪ Cass. 3e civ., 25 mars 2014, n° 11-17.435 : *JurisData* n° 2014-006080).

Il faut cependant, en application du droit commun, que la vente ait été consentie par une personne n'ayant pas la qualité de propriétaire (▪ Cass. 3e civ., 22 nov. 2011, n° 10-26.923 : *Administrer* mars 2012, p. 47, obs. J.-R. Bouyeure).

– Sur l'acquisition d'un droit de jouissance exclusif par prescription, V. L. n° 10 juill. 1965, art. 3, comm. 15, p. 36.

Bibliographie : J.-R. Bouyeure, *La prescription en matière de copropriété* : *Rev. Administrer* juill.

1990, p. 7. – J.-M. Le Masson, note ss ■ CA Paris, 19e ch. B, 11 avr. 1996 : *Administrer* mai 1997, p. 48 ; *Constr.-Urb.* avr. 2004, chron. 4, p. 6. – J.-M. Roux, *La prescription de parties communes en copropriété* : *Loyers et copr.* avr. 2004, étude 4, p. 6 ; *Constr.-Urb.* avr. 2004, chron. 4, p. 6. – Y. Célébic, *L'usucapion et la copropriété* : *La Revue bleue*, avr. 2008, p. 32. – S. Olivier, *Prescription acquisitive de parties communes de copropriété (réponses pratiques et formules)* : *Defrénois* 2013, p. 298. – S. Bouchet, *Usucaper les parties communes en copropriété* : *Inf. rap. copr.* juin 2016, p. 19. – D. Rocher, *La prescription acquisitive en copropriété* : *Administrer* juin 2016, p. 12.

C – Droit de « jouissance privative »

Bibliographie : Sur l'ensemble du problème R. Leost, *Le droit de jouissance privative sur les parties communes de l'immeuble en copropriété* : *AJPI* 1995, p. 868 et s. – A. Valdès, *L'usage et la jouissance du lot privatif dans un immeuble en copropriété* : *Inf. rap. copr.* nov. 1999, p. 14. – L. Guégan, *La jouissance privative d'une partie commune* : *Rev. Administrer* juin 2011, p. 16.

JurisClasseurs. *JCl. Copropriété*, Fasc. 67, par J. Laurent. – *JCl. Civil*, art. 544 à 577, Fasc. 20 et *JCl. Notarial Répertoire*, *V° Copropriété*, Fasc. 20, par C. Masson-Daum. – *JCl. Notarial Formulaire*, *V° Copropriété*, Fasc. 244, par J. Lafond.

98) Sources et contenu du droit. Un droit de « jouissance exclusive » ou « privative » peut bénéficier à un copropriétaire déterminé sur une partie commune de l'immeuble.

Ce droit de jouissance privative peut avoir plusieurs sources :

– il peut être accordé par le règlement de copropriété, qui doit en faire expressément mention (L. 10 juill. 1965, art. 6-4) ;

– il peut être concédé par une décision de l'assemblée, prise en principe à la majorité de l'article 26 de la loi du 10 juillet 1965 (V. ce texte) ;

– enfin il a été admis qu'un droit de jouissance exclusive sur une partie commune à caractère réel et perpétuel pouvait s'acquérir par usucapion (■ Cass. 3e civ., 22 oct. 2020, n° 19-21.732 ; *JurisData* n° 2020-018015 ; *RTD civ.*, 2020, p. 914, obs. W. Dross. ■ Cass. 3e civ., 24 oct. 2007, n° 06-19.260 ; *Bull. civ.* III, n° 383 ; *JCP* N 2007, n° 50, 1328, note Y. Stemmer ; *JCP* G 2008, n° 12, p. 26, obs. H. Périnet-Marquet ; *Loyers et copr.* 2007, comm. 255, note Vigneron ; *Administrer* janv. 2008, p. 58, obs. J.-R. Bouyeure). Ainsi, des copropriétaires qui ont considéré une cour comme une dépendance de leurs parties privatives peuvent faire juger qu'ils en ont la jouissance exclusive (■ CA Paris, 23e ch., sect. B, 18 nov. 1994 : *D.* 1997, somm. p. 243, obs. Cl. Giverdon). Ce droit a une nature et un contenu variables, définis par le titre constitutif. À défaut de précision particulière, il s'agit d'un droit réel (V. L. 10 juill. 1965, art. 6-3, nos 7 à 9, p. 56).

Rien n'empêche de concéder ce droit à titre purement personnel et révocable ou à titre temporaire et viager. Dans le doute, il faut interpréter le titre ou la délibération qui a institué le droit de jouissance exclusive.

Voir : sur l'octroi du droit de jouissance privative, L. 10 juill. 1965, art. 6-3, comm. nos 1 à 6, p. 55 et L. 10 juill. 1965, art. 26, comm. n° 10, p. 474.

Sur la « nature » du droit de jouissance exclusive, V. L. 10 juill. 1965, art. 6-3, nos 7 à 9, p. 56.

1° *Le titulaire d'un droit de jouissance exclusive a les droits que lui confère son titre*

99) Prérogatives. Le copropriétaire ne peut « utiliser la partie commune assujettie au droit privatif que selon les modalités fixées dans l'acte d'attribution » déclare ainsi un arrêt de la cour de Paris (■ CA Paris, 23e ch., 4 nov. 1994 : *Loyers et copr.* 1995, n° 174).

Ainsi, par exemple, si le règlement de copropriété a prévu que « constituent des charges générales l'entretien et la réparation des terrasses et balcons, même réservés à l'usage exclusif d'un copropriétaire », ces dispositions doivent être respectées. Il n'y a pas alors, en ce qui concerne les charges, à distinguer comme le fait habituellement la jurisprudence celles relatives au revêtement superficiel (à la charge du titulaire du droit de jouissance exclusive) et celles afférentes à la structure (à la charge de la copropriété). Toutes les charges, sans distinction, doivent être supportées par la copropriété, à peine de dénaturer les dispositions du règlement (■ Cass. 3e civ., 30 mai 1995 : *Loyers et copr.* 1995, n° 386).

Le règlement de copropriété peut ainsi de manière licite (car la clause est justifiée par la destination de l'immeuble) interdire l'installation de toutes superstructures ou tous aménagements tels que véranda, pergola, etc. (■ CA Paris, 19e ch., 3 juin 1993 : *Rev. Administrer* févr. 1994, p. 68, obs. A. Dunes) ou n'autoriser que la création d'un jardin d'été à l'exclusion de toutes pièces fermées et chauffées (■ CA Paris, 19e ch., 13 janv. 1994 : *D.* 1994, somm. p. 126, obs. C. Atias).

Si le droit de jouissance exclusive est attribué par l'assemblée, sa décision doit être expresse et parfaitement claire (■ CA Paris, 2e ch. B, 22 oct. 1998 : *RD imm.* 1999, p. 115, obs. P. Capoulade). La simple approbation du projet de construction d'une piscine ne vaut pas attribution d'un droit de jouissance exclusive (■ Cass. 3e civ., 1er déc. 1999 : *AJDI* 2000, p. 260). Si un copropriétaire a reçu l'autorisation de fermer une partie de sa terrasse il ne peut pour autant déposer l'ancienne baie donnant sur cette terrasse et changer sa destination. Il n'est pas en droit, en particulier, de munir la terrasse d'un parquet sans discontinuité avec son salon, ce qui a pour conséquence d'agrandir celui-ci de 19 m² supplémentaires et de permettre d'y loger un piano à queue. S'agissant d'une partie commune à jouissance exclusive sur laquelle le copropriétaire ne dispose que d'un simple droit de jouissance et non d'une partie privative, il ne peut en changer ainsi l'affectation à son gré. Le règlement de copropriété affecte cette partie commune à l'usage de terrasse et non à l'usage de pièce d'habitation et cette affectation doit être respectée (▪ CA Versailles, 4e ch., 30 janv. 2012 : *JurisData* n° 2012-002159 ; *Loyers et copr.* 2012, comm. 152, obs. G. Vigneron).

Voir : sur l'octroi du droit de jouissance privative, L. 10 juill. 1965, art. 6-3, comm. nos 1 à 6, p. 55 et L. 10 juill. 1965, art. 26, comm. n° 10, p. 474.

Mais lorsque le règlement de copropriété ou la décision de l'assemblée se contente de conférer à un copropriétaire un « droit de jouissance exclusif » sans autre précision, quelles sont les prérogatives de ce dernier ?

2° *Le titulaire d'un droit de jouissance exclusive n'a sauf stipulation contraire que les droits de tout copropriétaire sur les parties communes*

100) Seule la jouissance est privative. Celui qui bénéficie, en vertu du règlement de copropriété, d'un droit de jouissance exclusive à titre de simple tolérance, ne peut invoquer le bénéfice de la prescription acquisitive (▪ Cass. 3e civ., 3 mars 2004, n° 02-17.390. ▪ CA Paris, pôle 4, 2e ch., 26 oct. 2016, n° 14/22446 : *Rev. loyers* 2016, p. 503, obs. S. B.).

Le copropriétaire titulaire du droit de jouissance exclusive peut intervenir volontairement en cause d'appel dans une instance concernant les parties communes pour faire valoir ses droits, car il dispose d'un droit propre échappant à la représentation par le syndicat (▪ Cass. 3e civ., 16 oct. 2013, n° 12-23.793 : *Bull. civ.* III, n° 130 ; *Rev. loyers* 2013, p. 510, note P. Déchelette-Tolot).

101) Conséquences en matière de travaux. En conséquence, le syndicat des copropriétaires peut *décider de travaux* concernant la partie commune, objet du droit de jouissance exclusive (à la majorité de l'article 24) s'il s'agit de travaux d'entretien. – Sur le principe, V. ▪ CA Versailles, 29 juin 1995 : *JCP* G 1995, IV, 2326. – Voir pour la réfection d'une terrasse : ▪ Cass. 3e civ., 25 mars 1992 : *RD imm.* 1992, p. 241, obs. P. Capoulade. ▪ CA Paris, 23e ch. C, 5 oct. 2006 : *Loyers et copr.* 2007, comm. 15, obs. G. Vigneron). Le syndicat des copropriétaires peut ainsi faire réaliser des travaux d'installation d'une canalisation commune dans le sous-sol d'un jardin dont la jouissance privative est conférée à un lot (▪ Cass. 3e civ., 10 sept. 2008, n° 07-14.568 : *Rev. loyers* 2008, p. 516).

Voir : sur la protection des droits du copropriétaire, L. 10 juill. 1965, art. 9, comm. n° 100, p. 133. – Sur la charge des frais de dépose des installations ou équipements, à propos des travaux concernant des terrasses, L. 10 juill. 1965, art. 10, comm. n° 58, p. 161.

Le copropriétaire qui entreprend des travaux affectant l'étanchéité d'une terrasse, qui constitue une partie commune, est responsable vis-à-vis du syndicat des désordres qui en résultent, d'autant que ce faisant, il a empiété sur les parties communes (▪ CA Paris, 23e ch. A, 4 déc. 2002 : *Loyers et copr.* 2003, comm. 96, note G. Vigneron).

D'autre part, il a été jugé que les ouvrages réalisés par un copropriétaire sur des parties communes dont il a la jouissance privative ont la nature de parties communes. Le syndicat des copropriétaires, tenu de conserver l'immeuble ainsi édifié et de veiller à l'administration des parties communes, peut, par suite, voir sa responsabilité civile engagée lorsque ces ouvrages réalisés irrégulièrement empiètent sur les parties communes d'une autre copropriété (▪ Cass. 3e civ., 25 janv. 2023, n° 22-12.974 : *Loyers et copr.* 2023, comm. 51, note C. Coutant-Lapalus).

Bibliographie : J. Barnier-Sztabowicz, *Prise en charge de la dépose et de la repose des aménagements privatifs en terrasse en cas de réfection de l'étanchéité* : *Rev. Administrer* févr. 2003, p. 28.

102) Modalités d'usage du droit de jouissance exclusive. Le titulaire du droit de jouissance exclusive devra en user conformément à la destination de l'immeuble et de la partie commune concernée, et en respectant les droits des autres copropriétaires (application de la règle posée par l'article 9 de la loi), ce qui lui interdit notamment de faire usage de droits qui sont des accessoires des parties communes (V. L. art. 3).

On comprend dès lors :

– que le copropriétaire ne puisse pas transformer en local clos une courette dont il a la jouissance exclusive (▪ CA Paris, 23e ch. B, 21 mai 1986 : *D.* 1987, inf. rap. p. 287) ;

– ... ou couvrir en dur une terrasse (▪ TGI Paris, 7 mai 1980 : *D.* 1981, inf. rap. p. 210, obs. Giverdon) ;

– ... ou faire édifier sur une terrasse un bac à plantes et un bassin en maçonnerie (▪ CA Paris, 18 oct. 1979 : *D.* 1981, inf. rap. p. 101, n° 56, obs. Brane) ;

– ... ou édifier un abri de jardin (▪ CA Paris, 8e ch. A, 26 juin 2001 : *Dossier CSAB* n° 102, nov. 2002, n° 163, obs. A. Dunes) ;

– ... ou affouiller le sol d'un jardin dont il a la jouissance exclusive pour y aménager une piscine (▪ Cass. 3e civ., 22 juill. 1987 : *Loyers et copr.* oct. 1987, n° 382), le droit d'affouiller le sol étant un droit accessoire aux parties communes (V. L. 10 juill. 1965, art. 3 et Vigneron, *Piscines privatives construites sur parties communes* : *Loyers et copr.* févr. 1988, p. 3 et s.) ;

– ou encore transformer une cour en local clos privatif par l'installation d'une grille (■ CA Paris, 23e ch., 4 nov. 1994 : *Loyers et copr.* 1995, n° 174) ;

– ou édifier une structure métallique à des fins publicitaires, gênant la vue sur la mer des autres copropriétaires (■ Cass. 3e civ., 30 mars 2005 : *AJDI* 2005, p. 583) ;

– ou fermer une partie de la terrasse dont il a la jouissance privative, faire déposer l'ancienne baie donnant sur la terrasse et l'équiper d'un parquet pour agrandir son salon (■ CA Versailles, 30 janv. 2012, n° 10/7525 : *AJDI* 2013, p. 359) ;

– ou transformer la terrasse en jardin (■ CA Aix-en-Provence, 27 janv. 2012, n° 10/20266 : *JurisData* n° 2012-007837 ; *Loyers et copr.* 2012, comm. 275, note G. Vigneron).

Sur un plan général, le copropriétaire titulaire d'un droit de jouissance exclusive peut se voir assigné en responsabilité délictuelle par un autre copropriétaire qui subit des dommages ayant leur origine dans la partie commune grevée de ce droit (■ Cass. 3e civ., 26 janv. 2022, n° 20-23.614, FS-B).

En revanche, le copropriétaire titulaire d'un droit de jouissance exclusive peut :

– fermer par une porte la cour intérieure dont il a la jouissance exclusive (■ TGI Marseille, 26 févr. 1979 : *Ann. loyers* 1979, p. 1475, n° 12100) ;

– placer sur la partie commune concernée des installations diverses pourvu qu'elles soient amovibles (qu'elles ne s'analysent pas en des constructions…) et qu'elles n'affectent pas l'aspect extérieur ou l'harmonie de l'immeuble (auquel cas une autorisation serait nécessaire sur le fondement de art. 25 *b*, L. 10 juill. 1965, V. ce texte) ;

– implanter un carrelage ou des dalles de protection sur une terrasse à jouissance privative (■ CA Aix-en-Provence, 13 mars 1997 : *D.* 1998, somm. p. 120, obs. Atias) ;

– installer sur un emplacement de parking un système d'interdiction d'accès « dès lors qu'il est d'aspect discret et fixé dans le sol par un ancrage léger et superficiel » (■ Cass. 3e civ., 19 nov. 1997 : *Bull. civ.* III, n° 206 ; *Defrénois* 1998, art. 36765 ; *AJPI* 1998, p. 273, obs. Guitard) ;

– en jouir personnellement ou en concéder la jouissance à un tiers (par ex., à un locataire : ■ CA Paris, 8e ch., 2 févr. 1993 : *Loyers et copr.* 1993, n° 234) ;

– créer un emplacement de stationnement dans un jardin d'agrément privatif (■ Cass. 3e civ., 3 juin 1998 : *Rev. loyers* 1999, p. 390, note Ph. Rémy). Mais tout est fonction de la configuration des lieux (V. ■ CA Paris, 11 mars 1983 : *D.* 1984, inf. rap. p. 334, obs. C. Giverdon).

– utiliser une cour destinée au parking de ses véhicules pour y installer un atelier de plein air et entreposer des matériaux (■ Cass. 3e civ., 26 mars 2008 : n° E 07-11.923 ; *Rev. loyers* 2008, p. 344).

103) Absence de droit de construire. Une jurisprudence aujourd'hui bien établie interdit au copropriétaire bénéficiaire d'un droit de jouissance privatif sur une partie commune de transformer celle-ci, et notamment d'y construire (parmi de nombreuses décisions, V. ■ Cass. 3e civ., 23 janv. 2020, n° 18-24.676 : *JurisData* n° 2020-000767 ; *Loyers et copr.* 2020, comm. 43, note C. Coutant-Lapalus ; *Administrer*, mars 2020, p. 45, note J.-R. Bouyeure. ■ Cass. 3e civ., 4 mai 1995 : *Loyers et copr.* 1995, n° 433. ■ Cass. 3e civ., 5 oct. 1994 : *Loyers et copr.* 1995, n° 208. ■ Cass. 3e civ., 19 déc. 1990 : *JCP* N 1990, II, 239. Il en est ainsi de tout ouvrage (pour une piscine, ■ Cass. 3e civ., 22 juill. 1987 : *Loyers et copr.*, n° 102). Le droit de jouissance affecté d'une quote-part des parties communes n'est pas assimilable à un droit de propriété et ne donne pas à son titulaire la possibilité de transformer en local privatif la parcelle qui en est grevée, qui reste une partie commune (■ Cass. 3e civ., 3 janv. 2006, n° 04-20.556 : *Rev. Administrer* mars 2006, p. 50, obs. J.-R. Bouyeure).

La majorité requise pour conférer le droit de construire au titulaire d'un droit de jouissance exclusive est en principe celle de l'article 26 de la loi (■ Cass. 3e civ., 4 nov. 2004 : *Bull. civ.* III, n° 189 ; *Loyers et copr.* 2005, comm. 21, obs. G. Vigneron ; *AJDI* 2004, p. 311, note C. Giverdon), l'opération de construction pouvant s'assimiler à une modification du règlement de copropriété, et à une aliénation du droit, de nature collective *a priori*, de construire sur ou dans les parties communes (droit accessoire aux parties communes). C'est cette même majorité qui est nécessaire pour donner au copropriétaire qui a construit irrégulièrement (en l'espèce une véranda) une autorisation *a posteriori* (■ Cass. 3e civ., 20 mars 2002 : *Bull. civ.* III, n° 70 ; *Loyers et copr.* 2002, comm. 159 ; *Constr.-Urb.* juill.-août 2002, comm. 173, obs. D. Sizaire ; *Inf. rap. copr.* juin 2002, p. 10, note C. Atias ; *Rev. loyers* juin 2002, p. 364, obs. L. Guégan ; *AJDI* 2002, p. 773, note P. Capoulade) car il y a « emprise » sur les parties communes, ce qui rend nécessaire la modification du règlement de copropriété d'une part et s'analyse en un acte de disposition sur les parties communes d'autre part.

Certaines juridictions s'étaient contentées dans le passé d'une décision prise à la majorité de l'article 25 de la loi, pour autoriser la mise en place d'aménagements légers ou provisoires, considérant qu'il n'y avait pas alors appropriation, ni même altération, des parties communes (Pour une verrière, ■ CA Paris, 5 nov. 1993 : *Rev. Admi-*

nistrer avr. 1994, p. 64. – Pour un jardin d'hiver, ▪ CA Paris, 13 janv. 1994 : *D.* 1994, somm. p. 126. – Pour une véranda : ▪ CA Paris, 10 déc. 1997 : *Constr.-Urb.* 1998, comm. 232. ▪ CA Paris, 1er avr. 1998 : *Constr.-Urb.* 1998, comm. 347). Mais cette jurisprudence ne paraît plus d'actualité, encore que les arrêts rendus en la matière peuvent susciter une certaine perplexité (V. plus bas à ce sujet le commentaire de l'article 25 b de la loi concernant les travaux affectant les parties communes, n° 8). Selon un arrêt de la troisième chambre civile du 8 novembre 2006, la construction d'une véranda sur un terrain grevé d'un droit de jouissance exclusive doit être autorisée par l'assemblée à la majorité de l'article 26 dès lors qu'elle est réalisée sur une partie commune (*Loyers et copr.* 2007, comm. 18, obs. G. Vigneron ; *Rev. Administrer* janv. 2007, p. 59, obs. J.-R. Bouyeure). La Cour de cassation s'était prononcée dans le même sens dans un précédent arrêt (▪ Cass. 3e civ., 20 mars 2002 : *Loyers et copr.* 2002, comm. 159, obs. G. Vigneron ; *AJDI* 2002, p. 773, note P. Capoulade. – V. également ▪ Cass. 3e civ., 4 nov. 2004 : *Rev. Administrer* mars 2005, p. 42, obs. J.-R. Bouyeure).

Si la construction projetée était contraire à la destination de l'immeuble ou aux modalités de jouissance des lots des autres copropriétaires, la décision devrait être prise à l'unanimité.

Voir : sur le cas où le règlement de copropriété comporte une autorisation de construire, L. 10 juill. 1965, art. 8, comm. nos 42 et 43, p. 76.

104) Droit de jouissance exclusive assorti d'un droit de construire. Il a été jugé que si le droit de jouissance exclusive sur les parties communes est assorti d'un droit de construire, ce droit devient caduc, en vertu de l'article 37 de la loi du 10 juillet 1965 (V. ce texte, *infra*) s'il n'a pas été exercé dans les 10 années du titre constitutif (▪ CA Paris, 23e ch., 3 mars 2005 : *Loyers et copr.* 2005, comm. 164, note G. Vigneron. Mais il en est autrement si le lot ainsi constitué peut être analysé en un « lot transitoire » (▪ CA Paris, 23e ch., 9 avr. 2006 : *Loyers et copr.* 2006, comm. 113, note G. Vigneron).

Voir : sur le lot transitoire, L. n° 65-557, 10 juill. 1965, art. 1er, comm. 14 à 22, p. 8.

105) Constructions irrégulières. Si un copropriétaire titulaire d'un simple droit de jouissance exclusive sur les parties communes élève des constructions sans autorisation, ou, plus généralement, s'il entreprend des travaux s'analysant en une appropriation des parties communes, il peut être assigné en démolition pendant une durée de 30 ans, l'action ayant un caractère réel et non pas personnel (▪ Cass. 3e civ., 20 avr. 2023, n° 21-16.733 : *Loyers et copr.* 2023, comm. 104, note C. Coutant-Lapalus ; *Administrer* juin 2023, p. 49, obs. P. Dechelette-Tolot. – ▪ Cass. 3e civ., 7 sept. 2022, n° 21-13.014. : *JurisData* n° 2022-015250 ; *Loyers et copr.* 2022, comm. 187, note C. Coutant-Lapalus ; *Administrer* oct. 2022, p. 44, obs. P. Dechelette-Tolot). Ces règles sont celles applicables sur un plan général à toute construction édifiée sans autorisation sur une partie commune.

Une décision de la Cour de cassation a admis qu'engage sa responsabilité le syndicat qui ne fait pas respecter l'interdiction par un copropriétaire de réaliser des travaux sur les parties communes dont il a la jouissance privative et dont il est résulté un empiétement (▪ Cass. 3e civ., 25 janv. 2023, n° 22-12.874 : *AJDI* 2023, p. 444, note P.-E. Lagraulet ; *Rev. Loyers* 2023, p. 94, notes V. Zalewski-Sicard). Par ailleurs, il résulte d'une autre décision de la Cour de cassation que l'article 14 de la loi du 10 juillet 1965 qui rend le syndicat de copropriétaires responsable pour les dommages ayant leur origine dans les parties communes n'exclut pas qu'une action en responsabilité délictuelle de droit commun puisse être engagée contre le copropriétaire à l'origine de désordres survenus à la suite d'aménagements auxquels il a procédé sur des parties communes dont il a la jouissance exclusive (▪ Cass. 3e civ., 26 janv. 2022, n° 20-23.614 : *JurisData* n° 2022-000971 ; *JCP* N 2022, n° 25, 1181, note F. Vern).

106) Droit de jouissance exclusive et droits accessoires aux parties communes. La faculté, prévue au règlement, de fermer une terrasse dont un copropriétaire a la jouissance privative, constitue un droit accessoire aux parties communes, au sens de l'article 3 de la loi du 10 juillet 1965, et ne peut être exercée que pendant dix ans, en vertu de l'article 37 de cette même loi (▪ Cass. 3e civ., 24 mai 2006 : *Bull. civ.* III, n° 134 ; *Loyers et copr.* 2006, comm. 172, obs. G. Vigneron ; *Constr.-Urb.* 2006, comm. 172, obs. D. Sizaire). Cet arrêt, qui casse un arrêt de la cour de Paris du 27 janvier 2005 (Loyers et copr. 2005, comm. 165, note G. Vigneron) s'en est remis à l'interprétation souveraine par les juges du fond des stipulations du règlement de copropriété.

107) Vente – Location. Le titulaire d'un droit de jouissance exclusive sur les parties communes dispose de ce droit comme du reste de son lot : il le vend, le loue, etc. : en réalité, c'est d'ailleurs *le lot* qui est vendu, loué, hypothéqué, etc., parce que ses différentes composantes sont inséparables. Dans un cas où des lots du rez-de-chaussée bordant un passage ouvert à la circulation publique bénéficiaient d'un droit de jouissance exclusif et particulier sur ce passage, il a été jugé que ce droit de jouissance, dépendance directe des locaux en bénéficiant ne pouvait être vendu séparément de ces locaux ni loué à un tiers

(■ Cass. 3e civ., 25 janv. 1995, n° 92-19.600 ; *JurisData* n° 1995-000107 : *Bull. civ.* III, n° 29. – V. également ■ Cass. 3e civ., 4 janv. 1990 : *Administrer* oct. 1990, p. 50, qui décide que le titulaire de la jouissance privative d'un jardin ne pouvait pas vendre son lot à une personne et la jouissance du jardin à une autre. Et ■ CA Aix-en-Provence, 4 mars 1975 : *JCP* 75, II, 18059, note E.-J. Guillot). Le droit de jouissance privative d'une partie commune, attaché par le règlement de copropriété à un lot, ne peut être cédé en tout ou partie au propriétaire d'un autre lot qu'avec l'accord du syndicat des copropriétaires (■ Cass. 3e civ., 17 déc. 2013, n° 12-23.670 : *JurisData* n° 2013-030031 ; *Loyers et copr.* 2014, n° 93, obs. G. Vigneron ; *Rev. loyers* 2014, p. 79, note V. Zalewski-Sicard. ■ CA Paris, 23e ch., 16 févr. 2006 : *Loyers et copr.* 2006, comm. 138, obs. G. Vigneron). Il a également été jugé que les acquéreurs d'un lot au profit duquel avait été créé par le règlement de copropriété un droit de jouissance exclusive portant sur un jardin ne pouvaient renoncer à ce droit au moyen de conventions particulières (■ Cass. 3e civ., 4 janv. 1990, préc.).

Dans tous ces cas, il apparaissait que, compte tenu des conventions ou de la configuration des lieux, le droit de jouissance privative était indissociable du lot auquel il était attaché (V. déjà ■ Cass. 3e civ., 16 janv. 2008, n° 06-15.314, FS-PB).

Aujourd'hui l'article 6-3 de la loi du 10 juillet 1965 qui a un caractère impératif énonce que « le droit de jouissance privative est nécessairement accessoire au lot de copropriété auquel il est attaché ». Il apparaît donc qu'il est par principe indissociable de ce lot.

Néanmoins, il a été admis qu'un copropriétaire pouvait donner à bail les parties privatives de son lot indépendamment du droit de jouissance privative sur les parties communes attachées à ce lot (■ Cass. 3e civ., 23 sept. 2021, n° 20-18.901, FS-B : *JurisData* n° 2021-014.808 ; *Loyers et copr.* 2021, comm. 191, note C. Coutant-Lapalus ; *Defrénois* 5 mai 2022, n° 18, p. 29, note J. Laurent ; *RJDA* 12/2021, comm. 764 et la note). Il n'y a pas de contradiction avec la jurisprudence précédente, car s'il y a bien alors « dissociation » de la jouissance du lot, le titulaire de ce lot reste propriétaire du tout et le caractère accessoire du droit de jouissance ne se trouve pas affecté. Il en serait autrement si ce droit était vendu.

Si un droit de jouissance exclusif a été conféré à un copropriétaire déterminé sur un palier commun, à la condition que tous les lots desservis par ce palier soient réunis entre ses mains, il en résulte que lorsque les lots sont vendus à plusieurs acquéreurs distincts, ce droit de jouissance s'éteint (■ CA Paris, 14e ch. B, 9 janv. 2009 : *Loyers et copr.* 2009, comm. 136).

Bibliographie : J.-M. Le Masson, *La transmission du droit de jouissance exclusif sur parties communes* : *Rev. Administrer* oct. 2008, p. 36.

108) Protection du copropriétaire. Ni l'assemblée des copropriétaires, ni l'autorité judiciaire ne sont en droit de modifier l'étendue du droit de jouissance d'une partie commune faisant partie d'un lot (■ CA Paris, 5 févr. 1990 : *JCP* N 1990, II, p. 168). Ainsi l'assemblée ne peut sans un vote unanime décider l'exécution de travaux sur des terrasses privatives qui entraîneraient une impossibilité pour les copropriétaires d'en jouir normalement (■ CA Paris, 23e ch. B, 14 janv. 1999 : *Loyers et copr.* 1999, comm. 165) par exemple l'édification de constructions (■ CA Paris, 23e ch. A, 2 oct. 2002 : *Loyers et copr.* 2003, comm. 51). Si un droit de jouissance exclusive été concédé par le règlement de copropriété à deux copropriétaires sur une partie commune spéciale, ce droit ne peut être limité, réduit ou remis en cause sans le consentement de ses bénéficiaires (■ Cass. 3e civ., 17 juin 1997 : *Loyers et copr.* 1997, comm. 296, obs. G. Vigneron. ■ Cass. 3e civ., 4 mars 1992 : *D.* 1992, jurispr. p. 386).

L'assemblée ne peut donc décider d'en étendre le bénéfice à un troisième copropriétaire (■ Cass. 3e civ., 14 mars 2006 : *AJDI* 2006, p. 473). Elle ne peut non plus remettre en cause ce droit de jouissance exclusive (■ CA Paris, 23e ch. B, 29 mars 2007 : *Loyers et copr.* 2007, comm. 159, obs. G. Vigneron).

Le titulaire d'un droit de jouissance exclusive a qualité et intérêt pour agir en justice en vue de faire cesser un empiètement sur la partie commune sur laquelle s'exerce son droit (■ Cass. 3e civ., 15 déc. 2016, n° 15-22.583 : *JurisData* n° 2016-028801 ; *Loyers et copr.* 2017, comm. 55, note C. Coutant-Lapalus).

109) Plantations. Le droit de jouissance exclusive ne comprend pas celui de jouir d'arbres déterminés : en conséquence le syndicat peut décider, si nécessaire, de supprimer l'un des arbres (■ CA Paris, 23e ch. B, 11 avr. 2002 : *Loyers et copr.* 2002, comm. 268 ; *AJDI* 2002, p. 537). Il peut également effectuer des plantations remplaçant des végétaux antérieurs malades (■ CA Versailles, 4e ch., 29 nov. 2004 : *Rev. Administrer* mars 2005, p. 41, obs. J.-R. Bouyeure).

Il peut également procéder à l'élagage des arbres situés sur la partie commune grevée d'un droit de jouissance exclusive (■ CA Versailles, 17 déc. 2009 : *JurisData* n° 2009-235110 ; *Loyers et copr.* 2010, comm. 299, obs. G. Vigneron). C'est même une obligation de procéder à l'élagage des arbres, lorsque leur croissance désordonnée cause un préjudice (■ CA Paris, pôle 4, 2e ch., 29 sept. 2010 : *JurisData* n° 2010-199260 ; *Loyers et copr.* 2011, comm. 24, obs. G. Vigneron).

Mais si l'assemblée a autorisé l'élagage d'arbres déterminés, le syndic ne peut faire procéder à leur abattage, qui cause préjudice au titulaire du droit de jouissance exclusive (▪ CA Aix-en-Provence, 29 mai 2009 : *JurisData* n° 2009-023983 ; *Loyers et copr.* 2011, comm. 126, obs. G. Vigneron).

Bibliographie : J. Lafond, *Les arbres et la copropriété* : *Loyers et copr.* 2022, formule 2.

Voir : sur les charges d'entretien afférentes aux plantations, V. le n° suivant.

110) Charges. Dès lors que la partie commune grevée d'un droit de jouissance exclusive reste partie commune (V. L. 10 juill. 1965, art. 6-3), il en résulte que toutes les dépenses afférentes à la partie commune grevée de ce droit restent à la charge de la collectivité des propriétaires. restent à la charge de la collectivité des propriétaires. Ainsi, une *terrasse* affectée à la jouissance exclusive du propriétaire du dernier étage n'en reste pas moins une partie commune qui est la couverture de l'immeuble : la réfection de l'étanchéité est à la charge de la copropriété, tandis que la réfection du dallage est à la charge du copropriétaire qui a la jouissance de la terrasse (V. not. ▪ Cass. 3e civ., 16 nov. 1976 : *Rev. loyers* 1977, p. 108. – Et ▪ CA Aix-en-Provence, 7 juin 1983 : *JCP* N 1985, II, p. 137, obs. B. Stemmer et la jurisprudence citée, L. n° 10 juill. 1965, art. 10, comm. 57, p. 82).

Le copropriétaire bénéficiaire du droit de jouissance exclusive a la charge de toutes les dépenses d'entretien sauf les réparations concernant le gros œuvre (sur le rôle du règlement, V. ▪ Cass. 3e civ., 8 oct. 1991 : *RD imm.* 1992, p. 114, obs. P. Capoulade). Mais une clause contraire est valable et doit être respectée.

La taille et le remplacement d'arbres de haute futaie implantés dans un jardin à usage privatif doivent être pris en charge par la copropriété (▪ CA Aix-en-Provence, 4e ch., 6 juin 2008 : *Loyers et copr.* 2009, comm. 74, obs. G. Vigneron) à plus forte raison si le règlement l'impose. Mais le remplacement d'une haie de cyprès morts est à la charge du titulaire du droit de jouissance exclusive, ne s'agissant pas d'arbres de haute futaie (▪ Cass. 3e civ., 22 sept. 2016, n° 15-20.913 : *Administrer* déc. 2016, p. 44, obs. J.-R. Bouyeure).

Le titulaire d'un droit de jouissance exclusive sur un terrain non bâti et d'ailleurs non constructible n'a pas à supporter des charges communes spéciales afférentes à la piscine et au tennis qui ne sont d'aucune utilité pour le titulaire de ce droit dès lors qu'il n'est pas avéré que le terrain serait affecté de manière habituelle à accueillir des habitations mobiles de loisirs (▪ CA Poitiers, 15 juin 2011 : *JurisData* n° 2011-031768 ; *Loyers et copr.* 2011, n° 126, obs. G.V.).

Voir : sur le cas des terrasses et les frais de dépose et de repose des aménagements effectués par le titulaire du droit de jouissance exclusive, L. 10 juill. 1965, art. 10, comm. n° 58, p. 161.

D – Travaux affectant les parties communes

111) Principe général. Les copropriétaires ne peuvent faire en principe de travaux affectant les parties communes sans *autorisation* (▪ CA Paris, 23e ch., 5 nov. 1993 : *Rev. Administrer* avr. 1994, p. 68, obs. A. Dunes. V. art. 25 *b* de la loi), sauf des menus travaux touchant aux parties communes dépendant directement du lot (scellement par exemple) ou des travaux indispensables pour la desserte du lot (branchement sur des canalisations de descente des eaux usées, ▪ CA Paris, 13 oct. 1983. ▪ Cass. 3e civ., 31 janv. 1984 : *D.* 1984, inf. rap. p. 382, obs. Giverdon. – V. cependant, *contra*, dans le cas où ce branchement s'accompagnait du percement du gros œuvre du plancher : ▪ CA Paris, 23e ch., 12 janv. 1994 : *D.* 1994, somm. comm. p. 128).

Des *distinctions* sont à opérer selon les cas :

– s'il s'agit de travaux « affectant » simplement les parties communes, l'autorisation doit être donnée à la majorité prévue par l'article 25 *b* de la loi (V. ce texte) ;

– si les travaux entraînent appropriation des parties communes (ou éventuellement leur destruction...), ils doivent être autorisés à la majorité fixée par l'article 26 de la loi (V. ce texte). Ainsi pour la construction d'une piscine, qui implique une emprise du sol commun et une utilisation du droit d'affouiller, accessoire aux parties communes (▪ Cass. 3e civ., 1er déc. 2000 : *AJDI* 2000, p. 260).

Exceptionnellement, les copropriétaires pourront sans autorisation (mais à leurs risques et périls...) faire effectuer des travaux sans autorisation préalable dans l'intérêt de tous, lorsque l'urgence le justifie. L'assemblée peut ensuite décider de ratifier leur initiative (▪ Cass. 3e civ., 29 oct. 1986 : *Bull. civ.* III, n° 141, p. 110) en les remboursant de leurs frais (▪ CA Paris, 23e ch. B, 21 mai 1986 : *RD imm.* 1986, p. 495, obs. Givord et Giverdon).

V. à ce sujet, G. Gil, *La gestion d'affaires : Administrer* févr. 2015, p. 5.

Voir : sur la sanction des travaux irréguliers, L. 10 juill. 1965, art. 25, comm. nos 27 et 29, p. 444. – Sur les conditions de délivrance du permis de construire dans le cas où les travaux affectent les parties communes, L. 10 juill. 1965, art. 9, comm. n° 22, p. 95.

112) Droit de construire. Le droit de construire sur des parties communes est un droit accessoire aux parties communes qui appartient normalement au syndicat (V. L. 10 juill. 1965, art. 3, n° 36).

Les copropriétaires n'ont pas le droit d'édifier des constructions sur les parties communes, même s'ils sont titulaires d'un droit « de jouissance exclusif » (V. *supra*). La solution est bien établie : peu importe que le copropriétaire ait obtenu un permis de construire. S'il n'a pas d'autorisation de l'assemblée, et que le délai imparti pour agir n'est pas expiré, la démolition de la construction peut être demandée (V. art. 25 *b* et art. 42 de la loi. ▪ Cass. 3e civ., 7 mars 1990 : *Inf. rap. copr.* 1990, p. 209 ; *Loyers et copr.* 1990, n° 233).

Voir : sur les autorisations à requérir pour construire, L. 10 juill. 1965, art. 9, comm. nos 20 à 23, p. 95. Sur les sanctions encourues en cas de construction irrégulière, L. 10 juill. 1965, art. 9, nos 24 et 25. – Sur les constructions irrégulièrement édifiées par le titulaire d'un droit de jouissance exclusif sur une partie commune, L. 10 juill. 1965, art. 9, n° 105.

Le copropriétaire qui a construit irrégulièrement peut cependant :

– invoquer éventuellement la prescription acquisitive ;

Voir : , art. 9, comm. nos 95 et 96, p. 127.

– ou tenter d'obtenir du syndicat une autorisation *a posteriori*.

Voir : L. 10 juill. 1965, art. 25, comm. n° 32, p. 447.

Si un copropriétaire s'est vu expressément reconnaître le droit d'édifier une construction, ceci ne le dispense pas de solliciter avant de construire une autorisation de l'assemblée, en application de l'article 25, *b)* de la loi (▪ Cass. 3e civ., 6 déc. 2000 : *AJDI* 2001, p. 256, obs. C. Giverdon).

E – Enseignes ou plaques professionnelles – Affichage

113) Enseignes. Plaques professionnelles. Lorsqu'un immeuble comprend des *lots à usage commercial ou professionnel*, des enseignes, plaques professionnelles ou panneaux publicitaires peuvent être apposés sur les parties communes moyennant toutefois *autorisation de l'assemblée* donnée à la majorité de l'article 25 *b* de la loi (▪ TGI Paris, 22 nov. 1974 ; ▪ TGI Paris, 19 févr. 1975 et ▪ TGI Paris, 26 avr. 1975 : *D.* 1976, inf. rap. p. 68). Cette autorisation est, en toute hypothèse, nécessaire à moins que le règlement n'accorde de plein droit la possibilité de poser sur la façade de l'immeuble des enseignes (▪ Cass. 3e civ., 24 oct. 1990 : *Bull. civ.* III, n° 199 ; *Rev. Administrer* mai 1991, p. 52, obs. Guillot. ▪ CA Paris, 23e ch., 8 avr. 1994 : *D.* 1994, somm. p. 203, obs. C. Giverdon. – V., dans un cas où l'enseigne apposée n'entrait manifestement pas dans le cadre de celles autorisées par le règlement : ▪ CA Paris, 23e ch. B, 11 avr. 2002 : *Loyers et copr.* 2002, comm. 214. – V. également dans un cas où, compte tenu des travaux d'ancrage importants nécessités par l'installation de l'enseigne, la clause du règlement dispensant d'autorisation a été réputée non écrite : ▪ CA Paris, pôle 4, 2e ch., 4 juill. 2012, n° 10/6721 : *JurisData* n° 2012-021602 ; *Loyers et copr.* 2013, comm. 64, obs. G.V.).

Rien n'interdit, *a priori*, que l'enseigne soit lumineuse, si la destination de l'immeuble ne s'en trouve pas affectée (▪ CA Paris, 23e ch. A, 20 mars 1991 : *Rev. Administrer* mai 1991, p. 60). Mais le *règlement* peut comporter des dispositions restrictives (▪ CA Versailles, 5 janv. 1981 : *Rev. loyers* 1981, p. 379. ▪ TGI Paris, 25 mai 1983 : *Inf. rap. copr.* 1983, p. 198. ▪ CA Paris, 15 juin 1988 : *Loyers et copr.* 1988, n° 456). Cependant, pour être licites, les clauses limitant ou interdisant la pose d'enseignes doivent être justifiées par la destination de l'immeuble (▪ Cass. 3e civ., 16 mars 1988 : *Loyers et copr.* 1988, n° 239). Est justifiée par la destination de l'immeuble la clause d'un règlement n'autorisant l'apposition de plaques professionnelles qu'à l'entrée des appartements dans un immeuble à destination bourgeoise, où certaines professions sont cependant tolérées (▪ Cass. 3e civ., 16 janv. 1991 : *Loyers et copr.* 1991, n° 131 ; *RD imm.* 1991, p. 249, obs. Givord et Giverdon) ou interdisant de faire de la publicité ce qui empêche d'apposer un panneau annonçant une mise en location (▪ CA Paris, 23e ch. B, 22 nov. 2001 : *Loyers et copr.* 2002, comm. 131).

La pose d'enseignes lumineuses peut être interdite lorsqu'elle crée des inconvénients de voisinage (V. *supra* L. art. 9, comm. n° 6 à 13). Mais encore faut-il que les troubles constatés aient un caractère « anormal » (▪ CA Orléans, 1re ch. civ., 2 févr. 2009 : *JurisData* n° 2009-022231).

Il a été jugé que le droit de jouissance privatif permettant d'apposer une enseigne pouvait s'acquérir par prescription (▪ CA Paris, pôle 4, 2e ch., 15 mai 2019, n° 17/06400 : *Administrer* août-sept. 2019, p. 47, obs. J.-R. Bouyeure).

Voir : sur les autorisations à requérir, L. 10 juill. 1965, art. 25, comm. nos 7 et s. et 9 et s., p. 433.

114) Affichage. Sur la réserve du droit d'affichage sur les parties communes, voir l'article 2 du décret du 17 mars 1967.

La possibilité de procéder à des affichages dans les parties communes est en principe réservée aux organes de la copropriété. Mais cette prérogative ne doit pas dégénérer en abus. L'affichage d'une note concernant la défaillance dans le paiement des charges d'un copropriétaire, lui imputant la responsabilité du défaut de réalisation de travaux, constitue un abus de la liberté d'expression, réprimé sur le fondement de l'article 29 de la loi de 1881 (▪ Cass. 3e civ., 3 nov. 2016, n° 15-17.150, publié au *Bull.* ; *JurisData* n° 2016-022763 ; *Loyers et copr.* 2017, comm. 24, note C. Coutant-Lapalus).

Bibliographie : Sur ces problèmes, V. Morand, *À propos des enseignes, panonceaux et plaques professionnelles* : *Inf. rap. copr.* mai 1979, p. 81 et s.

– Sur le problème du droit d'affichage en général, V. Franck, *Affichage et publicité* : *Rev. Administrer* avr. 1989, p. 11. – P. Laporte-Bisquit, *Panneaux publicitaires, enseignes et pratique notariale* : *JCP* N 1994, prat. 2957. – M.-C. Ruffet, *La façade, source de dépenses, de profit et de discussions* : *Inf. rap. copr.* oct. 1994, p. 24. – P. Turenne, *Gérer les places de parking : les contrôles d'accès* : *Inf. rap. copr.* janv.-févr. 2012, p. 29.

F – Stationnement des véhicules

Bibliographie : P. Turenne, *Gérer les places de parking : les contrôles d'accès* : *Inf. rap. copr.* janv.-févr. 2012, p. 29. – *La notion contestée de lots-parkings de jouissance (étude anonyme)* : *Inf. rap. copr.* juill.-août 2018, p. 15. – J.-R. Bouyeure, *Le stationnement des véhicules dans les immeubles en copropriété* : *Administrer* mars 2019, p. 18.

115) Principe, aménagements et sanctions. Il est en principe interdit d'utiliser les cours communes ou terrains communs pour y faire stationner son véhicule (▪ Cass. 3e civ., 5 avr. 1968 : *Gaz. Pal.* 1968, 2, somm., p. 3. ▪ TGI Lyon, 2 févr. 1972 : *JCP* 1972, II, 17076. ▪ TGI Paris, 23 oct. 1975 : *D.* 1976, inf. rap. p. 312). Un copropriétaire ne peut s'approprier une cour pour y créer des emplacements de stationnement (▪ CA Paris, 23e ch. B, 7 oct. 1999 : *BPIM* févr. 2000, p. 19). Il ne peut non plus laisser stationner des véhicules de manière prolongée dans une cour commune (▪ CA Paris, pôle 4, 2e ch., 26 janv. 2011 : *JurisData* n° 2011-896000 ; *Loyers et copr.* 2011, comm. 125).

Le stationnement peut être organisé par décision de l'assemblée statuant à la majorité de l'article 26 (▪ CA Paris, 23e ch. B, 27 janv. 2000 : *Rev. Administrer* oct. 2000, p. 73, obs. J.-R. Bouyeure) : mais le fait de ne donner d'autorisation de stationner qu'à certains copropriétaires seulement peut constituer un abus de majorité (▪ CA Paris, 24 avr. 1984 : *D.* 1984, inf. rap. p. 383, obs. Giverdon). Attribuer des places de stationnement aux mêmes copropriétaires moyennant un loyer toujours identique constitue une rupture d'égalité et donc une décision abusive (▪ Cass. 3e civ., 8 sept. 2016, n° 15-16.954 : *Administrer* févr. 2017, p. 52, obs. J.-R. Bouyeure).

Le copropriétaire qui stationne irrégulièrement peut être condamné à une pénalité par infraction constatée (▪ Cass. 3e civ., 13 oct. 1993, n° 91-17.447 : *Rev. loyers* 1994, p. 18).

Si la copropriété a conservé le statut privatif de son parking, les stationnements illicites peuvent faire l'objet de la procédure prévue aux articles L. 325-12 et R. 325-47 à R. 325-52 du Code de la route, permettant à la demande du maître des lieux et sous sa responsabilité, de faire évacuer les véhicules laissés sans droit dans les lieux non ouverts à la circulation publique (Rép. min. n° 17865 : *JOAN* Q 26 nov. 2013, p. 12418 : *JCP* N 2013, n° 49, p. 9).

Voir aussi : sur les dispositions du règlement relatives au stationnement, L. art. 8.

Bibliographie : V. sur ces problèmes, J.-R. Bouyeure, *L'utilisation des parties communes pour le stationnement des véhicules automobiles* : *AJPI* 1971, p. 15 et s. – Guillot, *Les stationnements abusifs de véhicules* : *Rev. Administrer* mars 1978, p. 7. – *Parkings et copropriété* : *Inf. rap. copr.* févr. 1979, p. 21. – C. Atias, *Stationnement irrégulier en copropriété* : *J. finances* 16 août 1984, p. 1022. – J.-M. Roux, *La réglementation du stationnement des véhicules en copropriété* : *Inf. rap. copr.* mai 2010, p. 16. – M.-H. Martial, *Stationnement en copropriété : litiges de voisinage ou infraction au règlement de copropriété ?* : *AJDI* 2012, p. 417.

G – Interdiction de fumer

116) Application dans les parties communes de l'immeuble. L'article L. 3511-7 du Code de la santé publique, créé par l'ordonnance n° 2006-593 du 26 mai 2006 (devenu art. L. 3512-8), interdit de fumer dans les locaux à usage collectif (V. *L'interdiction de fumer dans les locaux à usage collectif* : *Cah. dr. entr.* janv.-févr. 2007, p. 45). L'article R. 3511-1 (devenu art. R. 3512-7) du même code a précisé que cette interdiction concernait en particulier les lieux fermés ou couverts accueillant du public, ce qui englobe les parties communes des immeubles en copropriété. En vertu de ce texte, applicable à compter du 1er février 2007, un panneau doit signaler cette interdiction conformément aux dispositions de l'arrêté ministériel du 22 janvier 2007 (*JO* 24 janv.).

H – Injures publiques

117) Injures proférées dans les parties communes. Malgré le caractère privé d'une cour d'immeuble en copropriété, l'infraction d'injure publique prévue par l'article 23 de la loi du 29 juillet 1881 est constituée lorsque cette cour est accessible au public et que les propos injurieux ont été proférés dans des circonstances traduisant une volonté de les rendre publics (▪ Cass. crim., 8 avr. 2014, n° 12-87.497 : *Bull. crim.* 2014, n° 105 ; *AJDI* 2015, p. 123, note L. Belfanti. – V. sur cette décision, G. Gil, *Injure publique et copropriété* : *Inf. rap. copr.* oct. 2014, p. 9).

Art. 9-1 ***(L. n° 2014-366, 24 mars 2014).*** **– Chaque copropriétaire est tenu de s'assurer contre les risques de responsabilité civile dont il doit répondre en sa qualité soit de copropriétaire occupant, soit de copropriétaire non-occupant. Chaque syndicat de copropriétaires est tenu de s'assurer contre les risques de responsabilité civile dont il doit répondre.**

Code des assurances

Art. L. 215-2 *(Aj., L. n° 2014-366, 24 mars 2014)*. **–** Tout copropriétaire ou tout syndicat des copropriétaires, représenté par son syndic, assujetti à l'obligation d'assurance prévue à l'article 9-1 de la loi n° 65-557 du 10 juillet 1965 fixant le statut de la copropriété des immeubles bâtis, ayant sollicité la souscription d'un contrat auprès d'une entreprise d'assurance couvrant en France les risques mentionnés à ce même article et qui se voit opposer un refus, peut également saisir le bureau central de tarification mentionné à l'article L. 215-1 du présent code, qui fixe le montant de la prime moyennant laquelle l'entreprise d'assurance intéressée est tenue de garantir, dans des conditions prévues par décret en Conseil d'État, le risque qui lui a été proposé. Il peut, dans les conditions fixées par décret en Conseil d'État, déterminer le montant d'une franchise qui reste à la charge de l'assuré.

Dans ce cas, le dernier alinéa du même article L. 215-1 est applicable.

Art. L. 215-3 *(Aj., L. n° 2014-366, 24 mars 2014)*. **–** Est nulle toute clause des traités de réassurance tendant à exclure les risques mentionnés aux articles L. 215-1 et L. 215-2 de la garantie de réassurance en raison de la tarification adoptée par le bureau central de tarification.

Art. L. 215-4 *(Aj., L. n° 2014-366, 24 mars 2014)*. **–** Les conditions de constitution et les règles de fonctionnement du bureau central de tarification mentionné à l'article L. 215-1 sont fixées par décret en Conseil d'État.

Bibliographie : Deschamps, *L'assurance et la copropriété* : *AJPI* 1965, I, p. 172. • V. N. Bernard, *Les assurances de l'immeuble et la responsabilité du syndic* : *Inf. rap. copr.* avr. 1992, p. 133 et s. • C. Delahaye, *La pratique de l'assurance pour l'administrateur de biens* : *Administrer* 1991. • N. Bernard, *Les assurances du copropriétaire occupant et non occupant* : *Inf. rap. copr.* avr. 1993, p. 129 et s. • N. Bernard, *L'assurance et la copropriété : cas pratiques* : *Inf. rap. copr.* oct. 1993, p. 312 et s. • F. Vielle, *Assurance et copropriété* : *Ann. loyers* 1992, p. 660 et s. • B. Quignard, *Problèmes d'assurance en matière d'ascenseur* : *JCP* N 1992, prat. 2149. • M. Philibert, *Assurances et copropriété, Les responsabilités couvertes* : *Inf. rap. copr.* avr. 2006, p. 31. • M.-H. Martial, *La copropriété et l'assurance multirisques* : *Inf. rap. copr.* mai 2014, p. 25. • P. Turenne, *Bien s'assurer en copropriété* : *Inf. rap. copr.* juin 2015, p. 29. • S. Michelin-Mazeran, *Savoir lire le contrat d'assurance de la copropriété* : *Inf. rap. copr.*, nov. 2018, p. 53. • J. Hocquard, *Les obligations du syndic en matière d'assurance* : *Inf. rap. copr.* nov. 2018, p. 21. • H. Gilliot et S. Pelletier, *Clauses d'exclusion de garantie pour défaut d'entretien ou de réparation des parties communes : conditions d'opposabilité au syndicat des copropriétaires* : *Loyers et copr.* 2020, étude 11.

1) Assurance personnelle des copropriétaires. L'article 9-1, créé par la loi du 24 mars 2004, impose à chaque copropriétaire l'obligation de s'assurer contre les risques de responsabilité civile dont il doit répondre que ce soit en qualité de propriétaire occupant ou de propriétaire non occupant (ainsi s'il loue son lot).

Aucune sanction n'a été prévue par ce texte pour le cas où cette obligation ne serait pas respectée. Il appartient à notre avis au syndic de vérifier que chaque copropriétaire a bien souscrit une assurance selon les termes de la loi. Si un copropriétaire refusait d'en justifier, ou de s'assurer, le syndic pourrait, après mise en demeure, obtenir du juge qu'il soit condamné à produire la justification de cette assurance à peine d'astreinte.

En l'absence de tout contrôle, le syndic engagerait sa responsabilité, dans la mesure du préjudice causé par le défaut d'assurance.

2) Assurance du syndicat de copropriétaires. L'obligation d'assurer le syndicat de copropriétaires contre les risques susceptibles d'engager sa responsabilité civile n'est pas une innovation. En effet cette obligation pesait déjà sur le syndic en vertu de l'article 18 de la loi du 10 juillet 1965 qui lui impose « de pourvoir à la conservation de l'immeuble » (V. ce texte. – Sur la qualité de tiers lésé des copropriétaires entre eux et du syndicat lui-même au regard de la police d'assurance du syndicat, V. ▪ Cass. 3e civ., 20 mai 2020, n° 18-17.992 : *JurisData* n° 2020-007102 ; *Resp. civ. et assur.* 2020, comm. 160).

Si le syndic ne respecte pas cette obligation, sa responsabilité contractuelle peut être engagée vis-à-vis du syndicat des copropriétaires dont il est le mandataire légal, et les copropriétaires peuvent également mettre en cause sa responsabilité sur le terrain délictuel. La condamnation d'un syndic, qui avait négligé d'assurer l'immeuble a été obtenue par un copropriétaire dont les lots avaient été détruits par un incendie. Les dommages-intérêts alloués ont été calculés sur la base de la « perte de chance » (▪ Cass. 3e civ., 23 nov. 2017, n° 16-22.053).

Art. 10 *(Mod. à compter du 1er juin 2020, Ord. n° 2019-1101, 30 oct. 2019 ; L. n° 2021-1104, 22 août 2021).* **– Les copropriétaires sont tenus de participer aux charges entraînées par les services collectifs et les éléments d'équipement commun en fonction de l'utilité objective que ces services et éléments présentent à l'égard de chaque lot, dès lors que ces charges ne sont pas individualisées.**

(Mod. à compter du 1er janvier 2023, et dans le futur aux dates indiquées en note (1), *L. n° 2021-1104, 22 août 2021)* **Ils sont tenus de participer aux charges relatives à la conservation, à l'entretien et à l'administration des parties communes, générales et spéciales, et de verser au fonds de travaux mentionné à l'article 14-2, la cotisation prévue au même article, proportionnellement aux valeurs relatives des parties privatives comprises dans leurs lots, telles que ces valeurs résultent des dispositions de l'article 5.**

Le règlement de copropriété fixe la quote-part afférente à chaque lot dans chacune des catégories de charges et indique les éléments pris en considération ainsi que la méthode de calcul ayant permis de fixer les quotes-parts de parties communes et la répartition des charges.

Lorsque le règlement de copropriété met à la seule charge de certains copropriétaires les dépenses d'entretien et de fonctionnement entraînées par certains services collectifs ou éléments d'équipements, il peut prévoir que ces copropriétaires prennent seuls part au vote sur les décisions qui concernent ces dépenses. Chacun d'eux dispose d'un nombre de voix proportionnel à sa participation auxdites dépenses.

• *Sommaire*

I – NOTION DE CHARGES COMMUNES 140

II – PRINCIPES DU CLASSEMENT DES CHARGES EN DEUX CATÉGORIES 141

A – Charges entraînées par les services collectifs et les éléments d'équipement communs 141

B – Charges relatives à la conservation, à l'entretien et à l'administration des parties communes 142

III – CRITÈRES DE RÉPARTITION DES CHARGES 142

A – Services collectifs et éléments d'équipement communs : critère de l'utilité relative 142

1° Notion d'utilité 143

2° Mesure de l'utilité 144

B – Charges dites « générales » : critère de la valeur relative des lots 145

IV – APPLICATIONS JURISPRUDENTIELLES 147

A – Exemples de difficultés 147

1° Administration de l'immeuble 147

2° Antenne 147

3° Ascenseur 148

4° Balcons 149

5° Charges communes spéciales 149

6° Chauffage 149

7° Concierge (ou gardien) 153

8° Conservation de l'immeuble 153

9° Eau chaude 153

10° Eau froide 154

11° Éclairage, électricité 155

12° Écoulement des eaux 155

13° Entretien de l'immeuble 155

14° Escalier 156

15° Gardiennage 157

16° Impôts et taxes 157

17° Interphones – Digicodes 157

18° Location-accession 158

19° Locaux indépendants 158

20° Nettoyage 158

21° Nu-propriétaire 158

22° Parkings 158

23° Ravalement 159

24° Services de sécurité 160

25° Tennis 161

26° Terrasses 161

27° Usufruit 162

28° Vide-ordures 162

29° VMC 162

30° Voierie 162

B – Procès 162

V – L'ARTICLE 10 DE LA LOI EST D'ORDRE PUBLIC 163

VI – LE RÈGLEMENT DE COPROPRIÉTÉ ET LA RÉPARTITION DES CHARGES 164

A – Répartition des charges en deux catégories 164

(1) Dates d'entrée en vigueur du texte dans sa nouvelle rédaction :

1° Le 1er janvier 2023, pour les syndicats de copropriétaires comprenant plus de deux cents lots à usage de logements, de bureaux ou de commerces ;

2° Le 1er janvier 2024, pour les syndicats de copropriétaires comprenant un nombre de lots à usage de logements, de bureaux ou de commerces compris entre cinquante et un et deux cents ;

3° Le 1er janvier 2025, pour les syndicats de copropriétaires comprenant au plus cinquante lots à usage de logements, de bureaux ou de commerces.

B – Obligation d'indiquer le mode de calcul des charges dans le règlement 164
C – Clauses du règlement relatives à la répartition des charges 164
1° Charges dites « générales » 165
2° Charges des services collectifs et éléments d'équipement communs 167
3° Spécialisation conventionnelle des charges concernant certains services collectifs et éléments d'équipements communs (L. 10 juill. 1965, al. 4) 167
VII – LE RECOUVREMENT DES CHARGES 168
A – Modalités du recouvrement des charges 169
B – Les moyens de défense des copropriétaires 173
1° Moyens tirés de l'absence d'approbation des comptes 173
2° Contestation de l'assemblée ou de la décision approuvant les comptes 173
3° Contestation pour erreur dans les comptes individuels 174
4° Autres moyens de défense 175
5° Sanction de la résistance abusive des copropriétaires 176
6° Délais de grâce 178
VIII – DIFFICULTÉS RELATIVES À LA CONTRIBUTION AUX CHARGES OU À LEUR RECOUVREMENT 178
A – Adjudication d'un lot 178
B – Ambassades ou locaux diplomatiques 179
C – Bail à réhabilitation 179
D – Bail dans le cadre d'une convention d'usufruit 179
E – Collectivités publiques (communes, départements, État) 179
F – Copropriétaires en « faillite » 179
G – Copropriétaires non présents ou absents 180
H – Décès d'un copropriétaire 180
I – Époux 181
J – Expropriation 182
K – Location du lot 182
L – Lot en indivision 182
M – Lot grevé d'un droit d'usage et d'habitation 183
N – Lot grevé d'usufruit 184
O – Lots transitoires 186
P – PACS 186
Q – Résidences services 186
R – Société 186
S – Vente de lots 187
T – Surendettement d'un copropriétaire 187
U – Droit de jouissance exclusive 187
IX – CLAUSES DU RÈGLEMENT DE COPROPRIÉTÉ RELATIVES AU RECOUVREMENT DES CHARGES 187
X – OBLIGATION DE MENTIONNER LE MODE DE CALCUL DES TANTIÈMES DE COPROPRIÉTÉ ET DE CHARGES DANS LE RÈGLEMENT DE COPROPRIÉTÉ 189
XI – RESTITUTION DE CHARGES INDUES 189

1) Articles 10 à 12. Avec les règles relatives à la répartition des charges (L. art. 10 à 12), on aborde un domaine « sensible ». Le poids des charges s'est fait d'année en année plus lourd, ce qui explique que les copropriétaires y soient de plus en plus attentifs et que le contentieux à leur sujet soit de plus en plus abondant.

Le législateur a réparti les charges en deux catégories :

– celles relatives à la conservation, à l'entretien, à l'administration des parties communes. Le copropriétaire ne peut pas y échapper : elles sont dues en tout état de cause et elles sont réparties en fonction d'éléments objectifs (la notion de « valeur relative des lots ») ;

– celles relatives aux services collectifs et éléments d'équipement commun : elles frappent les copropriétaires inégalement. On prend cette fois en considération la situation concrète du lot. Les charges ne sont dues que dans la mesure de l'utilité effective (objectivement entendue) des équipements ou services pour le lot considéré.

La répartition des charges fixée par le règlement est en principe immuable : elle ne peut être modifiée qu'à l'unanimité (L. art. 11). Toutefois, le législateur a prévu la possibilité d'en obtenir la révision (art. 12) et la jurisprudence a créé de toutes pièces une « action en nullité » de la répartition des charges.

Pour limiter le développement du contentieux, que nous évoquions plus haut, le législateur, la jurisprudence ou la pratique ont fait porter leurs efforts dans diverses directions : « spécialisation » des charges communes (par la création de charges communes spéciales...), personnalisation de la consommation, par l'adoption de techniques de comptage (compteurs individuels d'eau froide, d'eau chaude...) ou privatisation de certains éléments d'équipement (décision de suppression du chauffage collectif pouvant être prise à la majorité selon la jurisprudence). On aboutit à réduire ainsi le domaine des charges communes et donc à limiter les occasions d'affrontement entre copropriétaires ou entre copropriétaires et syndicat. Des efforts sont faits simultanément pour parvenir à des économies de charges.

Voir : sur ces problèmes Annexe 26, *Économie d'énergie (travaux)*, p. 1197, et le modèle de contrat d'économie de charges en Annexe 58, *Syndic de copropriété*, p. 1487.

Bibliographie : *Ouvrages.* *JCl. Copropriété*, Fasc. 70 à 75. – E. Kischinewsky-Broquisse, *La copropriété des immeubles bâtis*, Litec, 4e éd. 1989, nos 132 et s. – *La copropriété*, Dalloz Action, 2020-2021, 10e éd., ss direction de P. Capoulade et D. Tomasin, nos 242-21 et s. – Arnaud et Bouyeure, *Millièmes et charges de copropriété*, 3e éd. 1982. – *Les charges de A à Z*, Guide du ministère de l'Urbanisme et du Logement, 1985. – J.-M. Roux, *Les charges de copropriété*, Edilaix, 2021.

Études. Azaïs, Gouvernaire et Morand, *Répartition des dépenses de chauffage et d'entretien* : *AJPI* 1993, p. 235. – C. Atias, *Dépenses du syndicat, dépenses du syndic, dépenses des copropriétaires* : *Inf. rap. copr.* juin 2004, p. 23. – P. Beaudouin, *Chronique de cinq années de jurisprudence sur les charges de copropriété* : *Rev. Administrer* mars 1996, p. 4 ; *Les charges de copropriété, Compte rendu du Congrès de la Chambre nationale des experts en copropriété 2007* : *AJDI* 2008, p. 538 et s. – C. Michalopoulos, *Des différentes sommes dues par les copropriétaires d'un immeuble* : *Inf. rap. copr.* juin 2017, p. 23. – J. Hainaut, *Vous avez dit « charges »* : *Inf. rap. copr.* nov. 2017, p. 53. – G. Gil, *Les répartitions de charges contraires aux dispositions d'ordre public de la loi du 10 juillet 1965* : *Administrer* juill. 2019, p. 10. – M. Tota, *Charges de copropriété : apports et lacunes de l'ordonnance du 30 octobre 2019* : *LPA* 18 déc. 2019, p. 10. – P.-E. Lagraulet, *AJDI* 2020, p. 598.

I – NOTION DE CHARGES COMMUNES

2) Problème de qualification. L'article 10 de la loi régit la répartition des charges communes, et à aucun moment ne vise les charges relatives aux parties privatives des lots. Ces dernières incombent évidemment au seul propriétaire du lot intéressé, sauf comptes à faire lorsque les frais afférents aux parties privatives sont occasionnés par les parties communes et vice versa.

3) Dépenses considérées comme des charges communes. On doit entendre par « charges » :

• tous les frais entraînés par la gestion courante de l'immeuble (conservation, entretien et administration...), ce qui englobe par exemple les honoraires versés à des auxiliaires de justice pour le recouvrement des charges (■ CA Paris, 23e ch. B, 23 mai 2001 : *Loyers et copr.* 2001, comm. 269). Il a été jugé qu'entrait dans des charges communes le loyer du bail à construction dans le cadre duquel avait été édifié l'immeuble (■ CA Pau, 25 mars 1998 : *JCP* G 1998, IV, 3478), mais ne comprend pas le versement d'une participation à une association de quartier (Rép. min. : *JOAN Q*, 15 févr. 2005, n° 48183, p. 1738).

• ainsi que les dépenses de fonctionnement des services collectifs et des éléments d'équipement commun.

Il a été jugé que les dépenses de raccordement du réseau interne de l'immeuble au réseau urbain prévues par les contrats de vente constituaient des charges communes à répartir entre tous les copropriétaires (■ Cass. 3e civ., 11 mai 1994, n° 91-17.072 : *RD imm.* 1994, p. 490, obs. P. Capoulade). Il en est de même pour les charges de fonctionnement et les dépenses d'entretien des locaux abritant un restaurant inter-entreprises ouvert à tous les copropriétaires (■ Cass. 3e civ., 28 févr. 2006, n° 05-12.070 : *Rev. Administrer* juin 2006, p. 52, obs. J.-R. Bouyeure).

4) Dépenses non considérées comme des charges communes. N'entrent pas dans la catégorie des charges communes :

• les dépenses à faire en vue de l'achèvement de l'immeuble (■ Cass. 3e civ., 20 déc. 1976 : *Rev. Administrer* avr. 1977, p. 24, note Guillot ; *D.* 1977, inf. rap. p. 320, obs. Giverdon. – *Contra*, ■ CA Fort-de-France, 16 oct. 2009 : *JurisData* n° 2009-022013 ; *Loyers et copr.* 2010, comm. 231, obs. G. Vigneron). Il s'agit de « charges de construction » et non pas de charges de copropriété (■ CA Paris, 23e ch. A, 17 févr. 1986 : *Inf. rap. copr.* 1986, p. 110) dont le paiement incombe normalement au constructeur ;

• le coût de l'abonnement aux chaînes d'un réseau câblé (■ Cass. 3e civ., 1er déc. 1999, n° 98-11.726 : *JurisData* n° 1999-004296 ; *Loyers et copr.* 2000, comm. 47 ; *Rev. Administrer* août-sept. 2000, p. 38, note J.-R. Bouyeure ; *Constr.-Urb.* 2000, comm. 37, obs. D. Sizaire ; *D.* 2001, somm. p. 346, obs. C. Giverdon. – V. sur cet arrêt, chron. d'A. Djigo : *JCP* N 2000, p. 643) ;

• une rente viagère due à l'ancien propriétaire de l'immeuble (■ Cass. 3e civ., 5 févr. 1991, n° 89-20.502 : *RD imm.* 1991, p. 253, obs. P. Capoulade) ;

• le versement d'une participation à une association de quartier (RM n° 48183 : *JOAN Q*, 15 févr. 2005, p. 1738).

Par ailleurs, les dépenses consécutives à des travaux d'amélioration ne constituent pas des charges au sens de l'article 10 : elles sont réparties selon des critères particuliers fixés par l'article 30 de la loi (V. ce texte).

Sur le point de savoir si la contribution aux charges d'un immeuble voisin, en contrepartie de l'octroi d'un droit de passage, peut être qualifiée de charges : V. les observations de P. Capoulade et C. Giverdon : *RD imm.* 1992, p. 114.

5) Dépenses concernant à la fois les parties privatives et communes. Les dépenses occasionnées par les parties privatives ne constituent pas en principe des charges communes (■ Cass. 3e civ., 3 oct. 1969 : *Inf. rap. copr.* 1970, p. 77).

Un problème se pose lorsque des travaux d'entretien portent à la fois sur des parties privatives et communes. Il faut alors ventiler les dépenses. Si cette ventilation s'avère impossible, il a été jugé que la totalité de la dépense devait être réputée charge commune (■ TGI Paris, 1er mars 1974 : *AJPI* 1974, p. 811, note J.-R. Bouyeure).

Voir : sur le problème du ravalement, comm. n° 53, p. 159.

6) Travaux sur les parties privatives. Il a été jugé que l'assemblée pourrait, pour des motifs relevant de la sécurité, mettre à la charge de la copropriété des travaux concernant les parties privatives de l'immeuble ayant une incidence sur sa stabilité (■ Cass. 3e civ., 4 déc. 2007, n° 06-19.673 : *Rev. loyers* 2008, p. 120).

Cependant un arrêt de la Cour de cassation a jugé que le montant des travaux effectués par le syndicat et portant sur des parties privatives ne saurait être réparti en application de l'article 10, alinéa 2 de la loi du 10 juillet 1965 (■ Cass. 3e civ., 22 mars 2018, n° 17-13.867 : *Administrer* juin 2018, p. 39, obs. J.-R. Bouyeure ; *AJDI* 2018, p. 867, note C. Dreveau).

II – PRINCIPES DU CLASSEMENT DES CHARGES EN DEUX CATÉGORIES

Bibliographie : E.-J. Guillot, *La difficulté du classement des charges communes dans l'une ou l'autre des catégories définies par les alinéas 1 et 2 de l'article 10 de la loi du 10 juillet 1965 : Rev. Administrer* juill. 1988, p. 8 et s.

7) Obligation de distinguer. La loi institue *deux catégories de charges* :

– les charges entraînées par les services collectifs et les éléments d'équipement communs d'une part ;

– les charges relatives à la conservation, à l'entretien et à l'administration des parties communes d'autre part.

Il est indispensable de les distinguer, en particulier dans le règlement de copropriété (V. *D.* 17 mars 1967, art. 1er), car elles n'obéissent pas aux mêmes règles de répartition.

Un tribunal ne pourrait prononcer une condamnation au paiement « des charges » sans autre précision (sur le rappel de ces principes, V. ■ Cass. 3e civ., 13 mai 1987, n° 88-18.877 : *JCP* G 1987, IV, 24. ■ Cass. 3e civ., 3 mai 1990, n° 88-19.348 : *Bull. civ.* III, n° 106 et ■ Cass. 3e civ., 3 mai 1990 : *Bull. civ.* III, n° 107. – Ce dernier arrêt concernant les lots dits « transitoires ». – V. aussi ■ CA Versailles, 4e ch., 22 mars 2004 : *Rev. Administrer* juin 2004, p. 51, obs. A. Alfandari).

La loi n° 2014-366 du 24 mars 2014 (dite « loi ALUR ») a créé une nouvelle obligation à la charge des copropriétaires : ils ont été tenus de verser au fonds de travaux mentionné à l'article 14-2 de la loi du 10 juillet 1965 (V. ce texte) la cotisation prévue par ce texte, proportionnellement aux tantièmes de copropriété afférents à leur lots (V. L. 10 juill. 1965, art. 9, al. 2, p. 85). Mais cette obligation n'est entrée en vigueur qu'à compter du 1er janvier 2017, date à compter de laquelle ont pu être institués des « fonds de travaux ».

A – Charges entraînées par les services collectifs et les éléments d'équipement communs

8) Une définition problématique. Que faut-il entendre par « charges entraînées par les services collectifs et les éléments d'équipement communs » ? La définition va de soi pour certaines charges communes : chauffage collectif, ascenseurs, antenne de télévision...

Pour d'autres, elle est moins évidente : une piscine, par exemple, est-elle un élément d'équipement commun ou, au contraire, une partie de l'immeuble proprement dit ? Il résulte implicitement d'un arrêt de la Cour de cassation qu'il s'agit d'un élément d'équipement commun, ce qui implique que les charges y afférentes soient réparties en fonction de son utilité, entendue objectivement. La formule consistant à faire payer une cotisation à chaque copropriétaire souhaitant utiliser la piscine n'est donc pas conforme aux dispositions de l'article 10 de la loi du 10 juillet 1965 (■ Cass. 3e civ., 26 mai 2016, n° 15-16.288 : *JurisData* n° 2016-010151 ; *Loyers et copr.* 2016, comm. 181, note G. Vigneron ; *Administrer* août-sept. 2016, p. 62, obs. J.-R. Bouyeure).

Pour d'autres encore, elle n'est que partielle : un escalier, par exemple, est un élément de gros œuvre faisant partie de l'immeuble, mais l'usure des tapis est celle d'éléments d'équipement commun.

Il appartiendra aux rédacteurs des règlements de copropriété de donner les précisions utiles sur ces points, dans le respect des principes posés par le texte.

Il est aujourd'hui admis que cette notion de « charges entraînées par les services collectifs ou éléments d'équipement communs » recouvre non seulement les dépenses de fonctionnement ou d'entretien mais également les dépenses entraînées par la remise en état, le remplacement, la réfection ou la mise en conformité (■ Cass. 3e civ., 5 juin 1970 : *JCP* 1970, II, 16537. ■ Cass. 3e civ., 17 mars 1971 : *JCP* G 1971, IV, 112. ■ Cass. 3e civ., 19 févr. 1976, n° 74-12.779 : *Bull. civ.* III, n° 77 ; *JCP* 1977, II, 18525, note Guillot. ■ CA Paris, 23e ch., 19 juin 1992 : *Loyers et copr.* 1992, n° 442. ■ CA Paris, 23e ch. B., 16 mai 1997 : *Loyers et copr.* nov. 1997, n° 293, note G. Vigneron).

Voir : sur la notion d'équipement commun et sur les charges entrant dans cette catégorie, comm.

n° 12, p. 142 et D. 17 mars 1967, art. 1er, comm. nos 5 et 7, p. 657.

B – Charges relatives à la conservation, à l'entretien et à l'administration des parties communes

9) Charges dites « générales ». On qualifie souvent ces charges de « générales », par opposition à celles dites « spéciales » examinées au A ci-dessus.

Cette qualification qui ne figure pas dans la loi n'est pas nécessairement exacte. Dans un ensemble comprenant plusieurs immeubles, chacun de ceux-ci peut se voir attribuer, à titre de charges propres, ou « spéciales à ce bâtiment », ses charges d'entretien et de conservation. Dans ce cas, seules sont générales les charges partagées entre tous les copropriétaires de tous les bâtiments. La terminologie doit donc être adaptée à chaque situation.

On peut difficilement dresser une liste exhaustive des charges visées par l'article 10, alinéa 2 de la loi ; classiquement, elles comprennent tout ce qui est maintenance de l'immeuble proprement dit c'est-à-dire des parties communes (gros œuvre, canalisations, étanchéité...) et tout ce qui est fonctionnement du syndicat (honoraires du syndic, etc.). Un arrêt de la Cour de cassation fait figurer au nombre des charges de conservation d'entretien et d'administration, les contrats d'assurance de l'immeuble, les contrats d'entretien des espaces verts, les contrats de fourniture d'électricité dans les parties communes, les charges afférentes au syndic, les dépenses afférentes aux curages préventifs des conduites d'eaux usées et les dépenses de ravalement (▪ Cass. 3e civ., 14 mars 2019, n° 18-50.026). Un arrêt de la Cour de cassation fait figurer au nombre des charges de conservation d'entretien et d'administration, les contrats d'assurance de l'immeuble, les contrats d'entretien des espaces verts, les contrats de fourniture d'électricité dans les parties communes, les charges afférentes au syndic, les dépenses afférentes aux curages préventifs des conduites d'eaux usées et les dépenses de ravalement (▪ Cass. 3e civ., 14 mars 2019, n° 18-50.026).

Les charges visées ci-dessus *s'entendent aussi bien du simple entretien que de la réparation ou de la réfection totale.*

Voir : L. 10 juill. 1965, art. 10, comm. n° 8, p. 141, en ce qui concerne les charges des services collectifs et des éléments d'équipement communs.

Sur les charges entrant dans cette catégorie, L. 10 juill. 1965, art. , comm. n° 24, p. 147, comm. n° 24, p. 147 et comm. n° 24, p. 147. – V. aussi, D. 17 mars 1967, art. 1er, comm. nos 2 à 5, p. 656. – Sur la possibilité de créer des répartitions de charges communes spéciales, D. 17 mars 1967, art. 1er, comm. nos 11 à 15, p. 659.

III – CRITÈRES DE RÉPARTITION DES CHARGES

Bibliographie : G. Vigneron : *JCl. Copropriété*, Fasc. 71. – E. Kischinewsky-Broquisse, *La copropriété des immeubles bâtis*, Litec, 4e éd. 1989, nos 142 et s. – *La copropriété*, Dalloz Action 2018-2019, ss direction de P. Capoulade et D. Tomasin, nos 242-111. – G. Vigneron, *La répartition des charges de copropriété et ses subtilités* : *Loyers et copr.* avr. 1999, p. 5. – B. Quignard, *Répartition des charges de copropriété dans des immeubles mixtes* : *Gaz. Pal.* 1er-2 févr. 2002, p. 20 et *Rev. hab. fr.* mars 2002, p. 25. – D. Costa-Ferrandi, *Détermination des charges et expertise judiciaire* : *AJDI* 2008, p. 539. – B. Gillier, *Détermination des charges, un interlocuteur privilégié, le géomètre expert* : *AJDI* 2008, p. 543. – J.-M. Roux, *Charges de copropriété : les critères de répartition* : *Inf. rap. copr.* nov. 2012, p. 23.

10) Double critère. L'article 10 de la loi institue un double critère :

– les charges entraînées par les services collectifs et les éléments d'équipement communs sont réparties en fonction de l'utilité que ces services et éléments présentent à l'égard de chaque lot ;

– les charges relatives à la conservation, à l'entretien et à l'administration des parties communes sont proportionnelles aux valeurs relatives des parties privatives comprises dans les lots, c'est-à-dire en pratique proportionnelles aux tantièmes de copropriété.

11) Rôle du juge. Il a été admis que le juge pouvait intervenir en ce domaine pour pallier les lacunes, ou rectifier les erreurs matérielles que comportait le règlement. Ainsi a-t-il été admis que le juge pouvait ordonner une nouvelle répartition dans le cas où les charges attribuées à un lot auraient manifestement dû être affectées à un autre lot (▪ Cass. 3e civ., 30 avr. 2002, n° 00-17.332 : *AJDI* 2002, p. 697, note C. Giverdon) ou que si un règlement ne comporte aucune clé de répartition des charges, le juge peut nommer un expert pour combler cette lacune (▪ CA Paris, 23e ch. B, 21 févr. 2002 : *AJDI* 2002, p. 388).

Voir cependant la jurisprudence relative à la rectification des erreurs matérielles manifestes concernant la répartition des charges considérée comme une action en révision, *infra*, L. 10 juill. 1965, art. 12, comm. n° 14, p. 207.

Voir : sur les clauses réputées non écrites, L. 10 juill. 1965, art. 43, p. 628.

A – Services collectifs et éléments d'équipement communs : critère de l'utilité relative

12) Charges concernant les services collectifs et éléments d'équipement communs. *Dans la première catégorie*, le critère de répartition est l'utilité relative des services ou éléments d'équipement pour chaque lot (V. Guillot, *L'utilité pour un lot d'un service collectif ou élément d'équipement commun* : *Rev. Administrer* nov. 1984, p. 2. – G. Vigneron, *Les charges communes réparties en fonction de l'utilité* : *Inf. rap. copr.* mars 2000, p. 15).

1° Notion d'utilité

13) Notion objective. Cette « utilité » doit être entendue objectivement : un copropriétaire est tenu de participer aux charges d'un service collectif ou d'un élément d'équipement commun dès lors qu'il a la possibilité objective d'en bénéficier et qu'il est donc *a priori* et dans l'abstrait « utile » pour son lot (V., pour les charges afférentes à un ascenseur desservant le premier sous-sol, objectivement utile pour un lot situé au deuxième sous-sol, ▪ Cass. 3e civ., 22 sept. 2016, n° 15-20.086 : *Administrer* déc. 2016, p. 41, obs. J.-R. Bouyeure). Peu importe qu'en fait il ne l'utilise pas, par exemple pour des raisons de convenance personnelle (▪ Cass. 3e civ., 16 nov. 2011, n° 10-18.056 : *Administrer* févr. 2012, p. 46, obs. J.-R. Bouyeure ; *AJDI* 2012, p. 44). Il ne peut pas, pour ce motif, se dispenser ou être dispensé de payer les charges correspondantes.

Sur le principe, V. ▪ Cass. 3e civ., 13 mai 1980 : *JCP G* 1980, IV, 278 ; *D.* 1980, inf. rap. p. 448, note Giverdon. ▪ Cass. 3e civ., 26 oct. 1983, n° 81-16.768 : *Bull. civ.* III, n° 201 ; *JCP G* 1984, IV, p. 4. ▪ CA Lyon, 13 juill. 1983 : *Gaz. Pal.* 1984, 1, somm. 31. ▪ CA Paris, 23e ch. B : *Rev. Administrer* mars 1981, p. 41. ▪ CA Nîmes, 21 avr. 1982 : *Inf. rap. copr.* 1982, p. 30, note Julian et Quignard. – Pour des installations sportives, V. ▪ CA Versailles, 1re ch., 16 avr. 1992 : *Rev. Administrer* nov. 1992, p. 82, obs. A. Dunes. – V. aussi : *Un copropriétaire doit-il payer les charges d'ascenseur et de chauffage en cas d'inoccupation des locaux ?* : *AJPI* 1987, p. 213.

Peu importe également que cette utilité ne soit que potentielle et que l'utilisation d'un élément d'équipement commun soit temporairement impossible pour des raisons conjoncturelles (par exemple un incendie : ▪ Cass. 3e civ., 13 sept. 2005, n° 04-16.002 : *Rev. Administrer* févr. 2006, p. 43, obs. J.-R. Bouyeure). Ainsi seul un arrêt définitif de l'ascenseur et non une impossibilité d'utilisation temporaire pourrait justifier une dispense de participation aux charges correspondantes (▪ Cass. 3e civ., 15 mars 2005, n° 04-11.304).

14) Utilité nulle. Lorsque l'utilité est nulle, le lot considéré ne participe pas aux charges. Ainsi, par exemple, en est-il de l'ascenseur pour le lot du rez-de-chaussée. Et si le propriétaire de ce lot utilise l'ascenseur pour atteindre son garage en sous-sol, c'est le lot « garage en sous-sol » – et non le lot « appartement au rez-de-chaussée » – qui doit participer aux charges de l'ascenseur.

L'utilité est nulle si le raccordement à l'installation collective est techniquement impossible (V. L. 10 juill. 1965, art. 10, comm. n° 32, p. 152, à propos du chauffage, et à propos de la VMC, ▪ CA Paris, 23e ch. B, 24 févr. 2005 : *JurisData* n° 2005-264878) ou s'il est objectivement impossible de bénéficier d'un équipement ou d'un service collectif donné (V. L. 10 juill. 1965, art. 10, comm. nos 45 et 48, p. 157, à propos des parkings ou locaux indépendants et à propos de l'installation de nouvelles canalisations : ▪ CA Paris, 23e ch., 22 mai 1992 : *Loyers et copr.* 1992, n° 441). Ainsi par exemple des lots situés en rez-de-chaussée ou en sous-sol, n'ont pas à participer aux charges de remplacement des revêtements de l'escalier (▪ CA Paris, 23e ch. B, 16 juin 2005 : *Rev. loyers* 2005, p. 514, note L. Guégan). De même un lot n'a pas à participer aux charges afférentes à un monte-charge si son utilisation est soumise à des contraintes de complexité et de temps d'accès qui rendent objectivement son utilité sans intérêt pour ce lot (▪ Cass. 3e civ., 15 mars 2011, n° 10-13.899 : *Rev. Administrer* juin 2011, p. 42, obs. J.-R. Bouyeure).

En application de ce critère, le coût de l'installation de pompes de relevage rendue nécessaire par l'activité de certains lots situés au sous-sol, doit être supporté par les copropriétaires de ces lots dès lors que ces éléments d'équipement n'ont aucune utilité pour les autres lots (▪ Cass. 3e civ., 27 févr. 2007, n° 06-10.575).

On trouvera ci-dessous dans l'inventaire alphabétique des divers types de charges plusieurs applications particulières de cette idée (en particulier en ce qui concerne les charges de chauffage...).

15) Lot vendu avant achèvement de l'immeuble : apport de l'ordonnance du 30 octobre 2019. Dans sa jurisprudence la plus récente, la Cour de cassation fixait la date d'exigibilité des charges à « l'achèvement du lot acquis », ce qui excluait que les charges puissent être exigées alors que le lot était « pour partie habitable », solution adoptée par l'arrêt censuré (▪ Cass. 3e civ., 22 janv. 2014, n° 12-29.368 : *JurisData* n° 2014-000672 ; *Bull. civ.* III, n° 9 ; *Loyers et copr.* 2014, n° 89, obs. G. Vigneron ; *Rev. loyers* 2014, p. 141, note L. Guégan ; *Constr.-Urb.* 2014, comm. 53, note C. Sizaire ; *Bull. dict. permanent Gestion immobilière* févr. 2014, p. 2, chron. C. Masson-Daum. – V. sur cette décision, *Gaz. Pal.* 2-4 mars 2014, p. 30, note V. Zalewski-Sicard. – J.-M. Roux, *Être ou ne pas être copropriétaire* : *Loyers et copr.* juill.-août 2014, étude 8. – V. Zalewski-Sicard, *Copropriété et vente en état futur d'achèvement* : *Rev. loyers* 2014, p. 240). En l'absence d'achèvement, le promoteur vendeur restait débiteur des charges (▪ Cass. 3e civ., 4 avr. 2019, n° 17-26.825 : *JurisData* n° 2019-007316 ; *Loyers et copr.* 2019, comm. 105, note C. Coutant-Lapalus ; *Administrer* juin. 2019, p. 51, obs. J.-R. Bouyeure). Mais si l'acte de vente comportait à ce sujet une clause particulière, elle devait s'appliquer (■ Cass. 3e civ., 19 nov. 2009, n° 08-14.930 V. sur ces problèmes, A. Valdès, *L'incidence de l'achèvement des lots de copropriété vendus en l'état futur d'achèvement sur l'exigibilité des charges et la participation aux assemblées générales : Administrer* déc. 2015, p. 14).

Rappelons qu'aux termes de l'article 1-1 de loi du 10 juillet 1965 (V. ce texte), issu de la loi ELAN du 23 novembre 2018, le statut de la copropriété n'entre en vigueur en pareil cas que « lors de la livraison du premier lot ». On a vu que la jurisprudence antérieure à l'ordonnance du 30 octobre 2019 se référait habituellement à la notion d'achèvement. Mais l'achèvement est différent de la livraison, appelée aussi « parachèvement ». Lors de l'achèvement, l'immeuble est simplement habitable alors que lors de la livraison il doit être complètement terminé.

Le promoteur titulaire d'un *lot « transitoire »* constitué par un droit de construire n'a pas à participer aux charges des services collectifs et des éléments d'équipement communs puisqu'ils ne présentent aucune « utilité objective pour son lot » (■ Cass. 3e civ., 13 mai 1987, n° 85-15.772 : *Bull. civ.* III, n° 100 ; *RD imm.* 1987, p. 478, obs. Cl. Giverdon. – Voir dans le même sens : ■ Cass. 3e civ., 9 déc. 1987, n° 86-16.104 : *Loyers et copr.* janv. 1988, n° 40 et, sur ce problème, J. Lafond, *Le statut juridique des ensembles immobiliers en copropriété inachevés* : *JCP* N 1988, doctr. p. 25 et s. – G. Vigneron, *Lots non bâtis et répartition des charges* : *Inf. rap. copr.* avr. 1999, p. 13).

Mais dans le cas de vente à terme avec transfert différé de la propriété (CCH, art. L. 261-10), le vendeur (en l'espèce une société d'HLM) restant propriétaire est tenu envers le syndicat au paiement des charges (■ Cass. 3e civ., 29 mai 2002, n° 00-17.446 : *Bull. civ.* III, n° 114 ; *Constr.-Urb.* sept. 2002, comm. 196, note D. Sizaire ; *AJDI* 2003, p. 199, note C. Giverdon).

16) Impossibilité d'utiliser les services collectifs ou éléments d'équipement communs. Lorsqu'un copropriétaire ne peut pas utiliser un service collectif ou un élément d'équipement commun pour des raisons de droit ou de fait, il n'a pas non plus à participer aux charges correspondantes.

Ainsi, lorsque le règlement lui interdit l'usage d'un élément d'équipement commun : les copropriétaires de lots de parking n'ont pas à participer au paiement des charges d'eau froide lorsqu'il leur est interdit d'utiliser les postes d'eau pour le lavage des voitures (■ CA Paris, 5 juill. 1977 : *Gaz. Pal.* 1978, 1, 6, note Morand. – V. aussi ■ TGI Paris, 2 nov. 1979 : *Rev. Administrer* févr. 1980, p. 20, note Lot). Une expertise peut être éventuellement ordonnée pour vérifier l'absence d'utilité de l'élément d'équipement commun ou du service collectif pour le lot considéré (■ CA Paris, 8e ch. A, 15 oct. 1979 : *D.* 1980, inf. rap. p. 238, obs. Giverdon)...

17) Lot devenu inhabitable. Lorsqu'un lot devient inhabitable, peut-il être exonéré des charges afférentes aux éléments d'équipement communs et des services collectifs ?

Certaines juridictions l'avaient admis, par exemple en cas d'arrêté de péril portant interdiction d'habiter (■ CA Paris, 8 nov. 1983 : *D.* 1984, inf. rap. p. 385) ou dans le cas où un bâtiment avait été détruit par un incendie (■ CA Paris, 23e ch. B, 19 mai 1989 : *Loyers et copr.* juill. 1989, nos 37 et 354 ; *RD imm.* 1989, p. 385, obs. Givord et Giverdon, solution implicite).

Mais la Cour de cassation a pris des positions différentes. Un arrêt de la troisième chambre civile a déclaré que le propriétaire d'un lot devenu inhabitable en raison d'infiltrations d'eau devait néanmoins acquitter toutes les charges de copropriété sans distinction (■ Cass. 3e civ., 13 juill. 1993, n° 92-19.762 : *Loyers et copr.* nov. 1993, n° 404 ; *Rev. loyers* 1993, p. 527, note JCB). Et la même solution a été adoptée à propos d'un lot devenu inhabitable à la suite d'un arrêté de péril (■ Cass. 3e civ., 17 mai 1995, n° 93-16.624 : *Loyers et copr.* sept. 1995, n° 388).

La Cour de cassation paraît ainsi signifier qu'il n'y a pas à tenir compte d'éléments temporaires et conjoncturels pour apprécier l'utilité objective des éléments d'équipement communs et des services collectifs (V., pour des charges de chauffage, en cas de pannes ou de dysfonctionnements répétitifs au cours d'une saison de chauffe, ■ CA Paris, pôle 4, 2e ch., 28 sept. 2011 : *JurisData* n° 2011-020804 ; *Loyers et copr.* 2012, n° 21, obs. G. Vigneron).

Ce serait réintroduire des facteurs tenant à l'utilisation, qui sont normalement écartés (V. pour l'application du critère de l'utilité potentielle en cas d'impossibilité d'utiliser des éléments d'équipement à la suite d'un incendie : ■ Cass. 3e civ., 13 sept. 2005, n° 04-16.002 : *Administrer* févr. 2006, p. 43, obs. J.-R. Bouyeure).

2° *Mesure de l'utilité*

18) Critères. Le critère de mesure de l'utilité n'est pas fourni par la loi. Toute méthode de calcul est *a priori* acceptable. Cependant la tâche n'est pas aisée (V. *JCl. Copropriété*, Fasc. 71 par G. Vigneron) et ceci pour deux raisons :

– mesurer « l'utilité » implique le recours à des méthodes qui varient selon le type de service ou l'élément d'équipement considéré. Celle employée pour répartir les charges d'ascenseur ne peut évidemment servir pour la répartition des dépenses de chauffage ou de consommation d'eau...

– par ailleurs, pour un même service ou élément d'équipement commun, les spécialistes prônent des méthodes qui ne sont pas forcément concordantes.

Voir : L. 10 juill. 1965, art. 10, comm. n° 29, p. 149 – les diverses techniques de répartition des charges de chauffage utilisées en pratique.

L'utilité relative d'un service commun peut se mesurer, le cas échéant, au moyen des critères posés par l'article 10, alinéa 2 de la loi (superficie des lots notamment) : eau à usage commun, par exemple, service de conciergerie, produits d'entretien des parties communes... Tout dépend, à cet égard, du service considéré. Ainsi il a été jugé que la répartition des dépenses afférentes à un service commun en proportion des quotes-parts de copropriété attachées aux lots n'était pas fondamentalement contraire au critère légal de l'utilité (▪ CA Paris, 24 sept. 1986 : *JCP* N 1987, II, p. 131, obs. Vigneron).

S'il n'est pas possible de mesurer l'utilité respective d'un service ou d'un élément d'équipement commun pour chacun des lots, ou si elle est *a priori* absolument identique, on applique alors en pratique les critères de répartition de l'article 10, alinéa 2 de la loi : les charges correspondantes seront réparties en proportion des tantièmes de copropriété : ce système a été dans son principe reconnu valable par la jurisprudence et utilisé dans de nombreux cas : pour la répartition du coût d'installation et d'entretien d'un portail automatique à l'entrée des garages (▪ Cass. 3e civ., 23 sept. 2014, n° 13-19.282 : *JurisData* n° 2014-031782 ; *Loyers et copr.* 2015, comm. 19, obs. G. Vigneron ; *Administrer* déc. 2014, p. 48, obs. J.-R. Bouyeure), pour la répartition des dépenses d'eau lorsqu'il n'existe pas de compteurs individuels, pour les charges relatives aux antennes de télévision, parfois pour les dépenses de chauffage (▪ CA Paris, 9 mai 1984 : *D.* 1984, inf. rap. 385. ▪ CA Paris, 7 déc. 1984 : *RD imm.* 1985, p. 185, obs. Givord et Giverdon. ▪ CA Paris, 23e ch., 24 sept. 1986 : *JCP* N 1987, II, p. 131, obs. Vigneron. ▪ CA Paris, 18 déc. 1987 : *D.* 1990, inf. rap. p. 130. – V. aussi ci-dessous n° 28), pour les dépenses d'entretien de la VMC (▪ CA Paris, 23e ch. B, 24 févr. 2005 : *JurisData* n° 2005-264878. – V. également ci-dessous, pour des exemples, la liste alphabétique des charges).

B – Charges dites « générales » : critère de la valeur relative des lots

19) Charges concernant la conservation, l'entretien et l'administration des parties communes. *Dans la seconde catégorie de charges*, le critère de répartition est celui de la valeur relative des lots.

Cette valeur relative *doit obligatoirement être calculée comme il est dit à l'article 5 de la loi*. Ces règles, facultatives pour le calcul des tantièmes de parties communes, deviennent obligatoires pour le calcul des charges examinées ici. En effet, le renvoi par l'article 10, alinéa 2, de la loi du 10 juillet 1965 à l'article 5 de cette même loi rend d'ordre public le calcul des quotes-parts de parties communes en proportion de la valeur relative des parties privatives (▪ Cass. 3e civ., 14 oct. 2014, n° 13-19.837 : *JurisData* n° 2014-025230 ; *Administrer* févr. 2015, p. 45, note J.-R. Bouyeure. – V. aussi, ▪ Cass. 3e civ., 21 juin 1977, n° 76-11.129 : *Bull. civ.* III, n° 271 ; *D.* 1978, inf. rap. p. 23, obs. Giverdon ; *Rev. Administrer* janv. 1978, p. 58, note Guillot. ▪ CA Paris, 23e ch., 16 janv. 2003 : *Loyers et copr.* 2003, comm. 140, obs. G. Vigneron ; *AJDI* 2003, p. 204. ▪ CA Paris, 19e ch. B, 16 janv. 1998 : *Loyers et copr.* juin 1998, n° 170, note G. Vigneron). Est illicite une clause prévoyant que les charges sont réparties en fonction des quotes-parts de propriété de chaque lot, alors que ces quotes-parts ne correspondent pas aux valeurs relatives des parties privatives, appréciées selon les critères posés par l'article 5 de la loi (▪ Cass. 3e civ., 4 avr. 2001, n° 99-17.634 : *Rev. Administrer* août-sept. 2001, p. 41, obs. J.-R. Bouyeure. ▪ CA Paris, 23e ch. B, 21 févr. 2002 : *Loyers et copr.* 2002, comm. 211. ▪ CA Paris, 23e ch. A, 16 mai 2001 : *Loyers et copr.* 2001, comm. 239).

Il faut donc prendre en compte la valeur des lots lors de l'établissement de la copropriété, fixée compte tenu de leur consistance, de leur superficie et de leur situation, *sans avoir égard à leur utilisation*. Il n'y a pas lieu, par exemple, de prendre en compte leur utilisation à usage commercial (▪ Cass. 3e civ., 21 juin 1977, préc.) ou leur affectation à usage d'habitation ou commercial ou professionnel (▪ Cass. 3e civ., 11 janv. 1995, n° 93-10.237 : *Loyers et copr.* 1995, n° 178 ; *RD imm.* 1995, p. 371, obs. P. Capoulade. ▪ CA Paris, 23e ch. A, 27 mars 1996 : *Loyers et copr.* juill. 1996, n° 318). L'application d'un coefficient majoré de pondération en raison de la hauteur sous plafond de locaux commerciaux à été jugée licite comme prenant en considération la « consistance » particulière de ces locaux (▪ CA Paris, pôle 4, 2e ch., 26 oct. 2016, n° 13/09085 : *Administrer* mars 2017, p. 45, obs. J.-R. Bouyeure). Il a été jugé que la valeur d'un lot destiné à la construction d'un bâtiment ne devait pas être fixée par rapport à celle d'un terrain nu, mais devait tenir compte du droit de construire attaché à ce lot (▪ Cass. 3e civ., 23 avr. 1992, n° 89-21.086 : *Bull. civ.* III, n° 136 ; *Loyers et copr.* 1992, n° 351. – V. aussi : ▪ Cass. 3e civ., 19 févr. 2002, n° 00-14.875 : *Rev. Administrer* juin 2002, p. 54, obs. J. R. Bouyoure).

Si ces critères n'étaient pas respectés et que ces charges soient, par exemple, réparties en fonction de la seule superficie des locaux, la répartition serait illicite (▪ Cass. 3e civ., 19 nov. 1986, n° 85-11.358 : *Bull. civ.* III, n° 163, p. 126 ; *JCP* G 1987, IV, 34. ▪ CA Paris, 19e ch. B, 16 janv. 1998 : *Loyers et copr.* juin 1998, n° 170, note G. Vigneron). Est illicite une répartition des charges dites « générales » qui ne prend pas en considération le critère de situation, les tantièmes étant identiques pour des superficies égales, ou le critère de consistance, un lot à usage de réserve étant affecté de tantièmes identiques à ceux d'un appartement (▪ CA Paris, pôle 4, 2e ch., 16 févr. 2011 : *JurisData* n° 2011-001655). De même serait illicite la répartition faite en fonction de la valeur locative de chaque lot (Rép. min. 15 avr. 1985 : *Rev. Administrer* juin 1985, p. 38 ; *Inf. rap. copr.* 1985, p. 93).

Voir : sur les conditions d'exercice de l'action en « nullité » en pareil cas, L. 10 juill. 1965, art. 12, comm. n° 11, p. 205.

20) Modifications de la valeur relative des lots depuis la création de la copropriété. Il avait été soutenu que les quotes-parts de charges entrant dans cette catégorie devaient être modifiées pendant le cours de la vie de la copropriété si la valeur relative des lots venait elle-même à changer : par exemple, en raison de la construction d'un ascenseur (Morand et Azaïs, *Construction d'un ascenseur, le réajustement des quotes-parts de charges générales* : *AJPI* 1991, p. 76 et s.).

La Cour de cassation a admis qu'un copropriétaire pouvait, à tout moment, faire constater l'absence de conformité de la clause de répartition des charges, aux dispositions de l'article 10 alinéa 2 de la loi du 10 juillet 1965, que cette répartition résulte du règlement de copropriété, d'un acte modificatif ultérieur ou d'une décision d'assemblée générale, et faire établir une nouvelle répartition conforme à ces dispositions (▪ Cass. 3e civ., 28 janv. 2016, n° 14-26.921, publié au Bulletin : *JurisData* n° 2016-001094 ; *Loyers et copr.* 2016, n° 101, note G. Vigneron ; *Rev. loyers* 2016, p. 153, note V. Zalewski ; *Administrer* mai 2016, p. 40, note J.-R. Bouyeure). En l'espèce, depuis la création de la copropriété, de nombreuses modifications étaient intervenues dans la composition des lots d'origines, dont la valeur relative avait été affectée. Après avoir tenté d'obtenir de l'assemblée la décision de nommer un géomètre expert aux fins d'établir un modificatif au règlement de copropriété, des copropriétaires s'étaient vu opposer un refus et avaient assigné le syndicat des copropriétaires afin que soient réputées non écrites les clauses de répartition des charges générales, d'ascenseurs et d'escalier. Les juges du fond avaient rejeté la demande au vu de l'article 5 de la loi du 10 juillet 1965 au motif que l'estimation de la valeur relative des parties privatives s'opérerait « lors de l'établissement de la copropriété » et qu'elle restait intangible par la suite, thèse que condamne la Cour de cassation (V. pour une application de cette jurisprudence en cas de réunion de lots après travaux, ▪ CA Paris pôle 4, ch. 2, 9 juin 2021, n° 17-17.912 : *Administrer* déc. 2021, p. 43, obs. J.-R. Bouyeure).

Voir aussi : sur ce point, les explications données sous l'article 5 *supra*, avec le détail des modalités de calcul prévues par ce texte.

21) Participation obligatoire de tous les lots. Tous les lots doivent contribuer à ces charges en proportion des tantièmes de copropriété y afférents, même si elles ne présentent pour eux aucune utilité (▪ Cass. 3e civ., 14 mars 2019, n° 18-50.026 : *JurisData* n° 2019-003897 ; *Loyers et copr.* 2019, comm. 86, note C. Coutant-Lapalus. ▪ Cass. 3e civ., 4 déc. 1969 : *Rev. loyers* 1970, p. 218 et ▪ Cass. 3e civ., 1er avr. 1987, n° 85-13.519 : *Bull. civ.* III, n° 71 ; *JCP* G 1987, IV, 201. – Pour des parkings, ▪ Cass. 3e civ., 23 janv. 1979 : *Gaz. Pal.* 1979, 1, somm. 221. – Pour un immeuble frappé d'un arrêté de péril, ▪ CA Paris, 8 nov. 1983 : *D.* 1984, inf. rap. p. 386, obs. Giverdon). V. pour les frais d'installation d'un compteur et d'une ligne électrique pour l'alimentation des parties communes désolidarisées de certains lots privatifs, ▪ Cass. 3e civ., 6 mars 1991 : *Loyers et copr.* 1991, n° 232. Ainsi le propriétaire d'un lot au rez-de-chaussée doit participer aux frais de nettoyage de l'escalier et d'achat d'un aspirateur (▪ CA Paris, 23e ch. B, 9 mars 2006 : *Loyers et copr.* 2006, comm. 185, obs. G. Vigneron). De même, un copropriétaire dépourvu de balcons doit contribuer à la charge des travaux les concernant, s'agissant d'une charge commune dite « générale » (▪ CA Paris, pôle 4, ch. 2, 23 nov. 2022, n° 18/28197 : *Administrer* févr. 2023, p. 47, obs. P. Dechelette-Tolot). Serait nulle la décision de l'assemblée mettant à la charge d'une partie des copropriétaires le coût des travaux de réfection des voies d'accès qui sont des parties communes (▪ CA Versailles, 4e ch., 8 mars 2010 : *JurisData* n° 2010-007043 ; *Loyers et copr.* 2010, comm. 268, obs. G. Vigneron).

Le principe de la participation obligatoire de tous les lots aux charges communes dites « générales » connaît une exception lorsqu'il existe dans le règlement de copropriété des répartitions de charges « spéciales » (V. *infra*, D. 17 mars 1967, art. 1, nos 11 à 14).

Les charges dites « générales » sont dues à raison de la propriété du lot et non pas de son utilisation ou de son occupation effective. Le copropriétaire en sera donc redevable même dans le cas d'interdiction d'habiter (▪ Cass. 3e civ., 17 mai 1995, n° 93-16.624 : *Loyers et copr.* août-sept. 1995, n° 388 ; *RD imm.* 1995, p. 591, obs. C. Giverdon) ou si le lot est inconstructible (▪ Cass. 3e civ., 8 févr. 1995, n° 92-15.799 : *Bull. civ.* III, n° 41 ; *Loyers et copr.* juin 1995, n° 290 ; *RD imm.* 1995, p. 375, obs. P. Capoulade ; *Defrénois* 1995, art. 36161, obs. C. Atias. ▪ CA Paris, 23e ch. B, 21 févr. 2002 : *Loyers et copr.* 2002, comm. 187 ; *AJDI* 2002, p. 387). – V. aussi, pour des parkings fermés provisoirement à la suite d'une décision de justice : ▪ CA Paris, 4e ch., 9 avr. 2009 : *JurisData* n° 2009-377109.

Même si aucun tantième de copropriété n'a été, par erreur, affecté à certains lots, le copropriétaire doit néanmoins participer aux charges « générales » y afférentes en fonction des quotes-parts qui leur sont attribuées dans le tableau de répartition de ces charges (▪ Cass. 3e civ., 14 janv. 1987 : *Loyers et copr.* 1987, n° 99. – V. dans le cas d'un lot dont la « consistance » était douteuse : ▪ Cass. 3e civ., 18 juill. 2001, n° 00-11.987 : *AJDI* 2002, p. 136, obs. C. Giverdon).

Si à la suite d'une opération de division de lot, il est décidé de supprimer l'un des lots issus de cette division pour le transformer en partie commune, le propriétaire de ce lot restera débiteur des charges dites « générales » y afférentes jusqu'à sa suppression effective, entérinée par la modification du règlement acceptée par l'assemblée générale des copropriétaires (▪ Cass. 3e civ., 25 janv. 2024, n° 22-22.597 : *Administrer* mars 2024, p. 41, note P. Dechelette-Tolot).

Voir : L. 10 juill. 1965, art. 10, comm. n° 48, p. 158, le problème des locaux indépendants.

22) Rôle du juge. Les critères de répartition de l'une et l'autre catégorie de charges étant différents, un tribunal ne peut pas condamner un copropriétaire au paiement de charges sans en avoir préalablement défini la nature (et donc la catégorie dans laquelle elles sont à classer : ▪ Cass. 3e civ., 13 mai 1987, n° 85-15.772 : *Bull. civ.* III, n° 100 ; *JCP* G 1987, IV, 241. ▪ Cass. 3e civ., 3 mai 1990, n° 88-18.877 : *Bull. civ.* III, n° 106 ; *Loyers et copr.* juill. 1990, n° 321).

IV – APPLICATIONS JURISPRUDENTIELLES

A – Exemples de difficultés

23) Plan. Nous présenterons ici les points de contentieux les plus fréquents relatifs à la répartition des charges (par ordre alphabétique).

1° Administration de l'immeuble

24) Charges concernées. Entrent dans la catégorie des charges concernant l'administration de l'immeuble les impôts et assurances relatifs à l'immeuble, les dépenses de fonctionnement du syndicat et du conseil syndical, les honoraires du syndic...

Les primes d'assurance souscrites dans l'intérêt de l'ensemble des copropriétaires d'un immeuble comprenant une galerie marchande constituent des charges générales à répartir entre tous les lots (▪ Cass. 3e civ., 4 juin 2009, n° 08-14.889 : *JurisData* n° 2009-48 513 ; *Bull. civ.* III, n° 131 ; *Loyers et copr.* 2009, comm. 216, obs. G. Vigneron ; *Rev. Administrer* oct. 2009, p. 55, obs. J.-R. Bouyeure ; *AJDI* 2009, p. 799, note P. Capoulade. – V. aussi, à propos des clauses relatives aux « surprimes », considérées comme une aggravation des charges, L. 10 juill. 1965, art. 10, comm. 130, p. 187).

Les frais de convocation de l'assemblée doivent être répartis entre tous les copropriétaires, même ceux afférents à la tenue d'une assemblée générale « supplémentaire », rendue nécessaire par le comportement d'un copropriétaire (▪ Cass. 3e civ., 12 nov. 2020, n° 19-22.060). Toutefois ils sont exceptionnellement supportés par le copropriétaire demandeur de la convocation qui agit en vertu de l'article 17-1 AA de la loi du 10 juillet 1965 (V. ce texte).

Il en est de même pour les frais de nomination d'un administrateur provisoire (V. D. art. 47).

Voir aussi : pour plus de détails, comm., D. 17 mars 1967, art. 1er.

2° Antenne

25) Élément d'équipement commun. L'antenne est un élément d'équipement commun dont les charges doivent être réparties en conséquence en fonction de « l'utilité » qu'elle présente pour chacun des lots (L. art. 10, al. 1. ▪ CA Paris, 23e ch., 10 mai 2001 : *Loyers et copr.* 2001, comm. 235). Dès lors qu'un lot est relié à l'antenne collective, il doit participer aux charges correspondantes : qu'il s'agisse de charges d'entretien ou même de remplacement. Le raccordement à l'antenne signifie en effet nécessairement qu'elle présente pour ce lot une « utilité » objective (▪ Cass. 3e civ., 24 mai 1989, n° 87-15.111 et ▪ CA Paris, 10 nov. 1989 : *D.* 1990, inf. rap. p. 130, obs. Giverdon. ▪ Cass. 3e civ., 10 mai 1994, n° 92-12.460 : *Loyers et copr.* 1994, n° 353 ; *AJPI* 1995, p. 593, note M. Gélinet ; *Inf. rap. copr.* sept. 1994, p. 7, obs. P. Capoulade. ▪ CA Versailles, 29 sept. 1987 : *RD imm.* 1988, p. 382, obs. Givord et Giverdon. ▪ CA Paris, 10 nov. 1989 : *Loyers et copr.* 1990, n° 53. – *Contra*, ▪ CA Paris, 10 mars 1988 : *Loyers et copr.* 1988, n° 243 qui estime que les frais de remplacement d'une antenne collective constituent des « charges générales » visées à l'article 10, alinéa 2 de la loi à répartir en proportion des tantièmes de copropriété).

Si « l'utilité » de l'antenne est *a priori* égale pour tous les lots reliés, ou que l'utilité qu'elle présente pour chacun des lots n'est pas aisément mesurable, on peut concevoir en pratique et par commodité que les frais soient répartis en proportion des tantièmes de copropriété.

Il a été jugé que le coût des travaux d'installation de la partie commune d'un système de réception satellite par implantation d'antennes paraboliques collectives s'imposait à tous les copropriétaires, à l'exception des dépenses de raccordement aux appartements, relevant du choix individuel de chacun (■ CA Lyon, 6e ch., 10 mai 2000 : *Bull. inf. C. cass.* 1er avr. 2001, n° 377).

3° *Ascenseur*

26) Mode de répartition des charges. L'ascenseur est un élément d'équipement commun. Les charges doivent en être réparties suivant le critère d'utilité. Une clause répartissant les charges proportionnellement aux tantièmes de copropriété doit être réputée non écrite (■ CA Paris, 23e ch. B, 13 juin 2002 : *JCP* G 2002, IV, 2619 ; *Rev. loyers* 2002, p. 519, note P. Déchelette-Tolot). Il en est de même si la répartition est opérée par parts égales entre des lots situés à des étages différents (■ Cass. 3e civ., 9 mai 2019, n° 18-17.334, publié au *Bull.* : *JurisData* n° 2019-007428 ; *Loyers et copr.* 2019, comm. 131, note C. Coutant-Lapalus ; L. Guégan-Gélinet : *Rev. loyers* 2019, p. 309. ■ CA Paris pôle 4, ch. 2, 24 mars 2021, n° 20/02954 : *Administrer* juin 2021, p. 43, obs. Bouilloire).

Une clause prévoyant que « tous les frais de répartition d'entretien concernant l'ascenseur, sa machinerie, ou son remplacement, ainsi que les frais d'assurance contre les accidents causés par l'ascenseur seront supportés par les copropriétaires des étages au prorata de leurs droits dans les parties communes de l'immeuble, les copropriétaires du rez-de-chaussée n'ayant pas à y participer », ne peut être validée sur le simple motif que « le critère de l'utilité n'exige pas que la répartition des charges en ce qu'elle est relative à la réparation et à l'entretien des équipements communs parties communes tienne compte d'une utilisation effective, qui au demeurant ne dépend pas seulement de la situation de chaque ou dans l'immeuble mais aussi de circonstances de fait qui ne saurait être déterminé *a priori* ». En statuant ainsi sans rechercher si la répartition des charges de réparation et d'entretien de l'ascenseur au prorata des droits des copropriétaires dans les parties communes est conforme à l'utilité pour chaque lot de cet élément d'équipement, les juges du fond ne donnent pas de base légale à leur décision (■ Cass. 3e civ., 23 juin 2010, n° 09-67.529 : *JurisData* n° 2010-010100 ; *Bull. civ.* III, n° 129 ; *Loyers et copr.* 2010, comm. 263, obs. G. Vigneron ; *Rev. Administrer* nov. 2010, p. 60, obs. J.-R. Bouyeure ; *Rev. loyers* 2010, p. 392, note O. Douek).

Le critère d'utilité n'est pas respecté et la répartition des charges doit être réputée non écrite lorsqu'il apparaît que des logements de même type situés au même niveau se voient affecter au titre des charges d'ascenseurs des tantièmes totalement différents (■ CA Reims, 15 déc. 2015, n° 14/00477 : *Rev. loyers* 2016, p. 94). Il en est de même lorsqu'une grille de répartition unique est établie pour un ascenseur qui dessert deux bâtiments différents (■ CA Paris, pôle 4, 2e ch., 11 mai 2016, n° 16/3808 : *JurisData* n° 2016-20174) ou lorsque la répartition des dépenses afférentes à l'entretien de l'escalier principal, du vestibule et des tapis, les charges de l'ascenseur principal, de l'escalier de service et de l'ascenseur de service sont réparties selon une clé commune, ce qui a pour conséquence de faire participer certains lots à des dépenses dont ils n'ont aucune utilité (V. ■ Cass. 3e civ., 9 sept. 2021, n° 20-15.608 : *JurisData* n° 2021-014080 ; *Loyers et copr.* 2021, comm. 172, note C. Coutant-Lapalus ; *Administrer* nov. 2021, p. 46, obs. J.-R. Bouyeure).

Sur les méthodes utilisées, V. Arnaud et Bouyeure, *Millièmes et charges de copropriété*, p. 203 et s. – De Morant : *Gaz. Pal.* 1972, 1, doctr., p. 169 et s. – Quignard, *La répartition des frais d'exploitation des ascenseurs* : *AJPI* 1981, p. 197. – D. Cordier, *La répartition des charges d'ascenseur est-elle toujours équitable ?* : *Inf. rap. copr.* sept. 1994, p. 20. – B. Quignard, *Ascenseur et copropriété*, Eyrolles 2000.

Voir : L. 10 juill. 1965, art. 10, comm. nos 12 à 18, p. 142.

Le critère d'utilité s'applique aussi bien aux frais de fonctionnement qu'à ceux de réfection ou de remplacement de l'ascenseur (■ Cass. 3e civ., 4 avr. 2002 : *Loyers et copr.* 2002, comm. 164. – V. aussi *supra*) et même aux éléments annexes (parois de sécurité : V. ■ Cass. 3e civ., 19 févr. 1976 : *JCP* 1977, II, 18525, note Guillot) par exemple l'installation d'une alarme pour des raisons de sécurité (■ CA Paris, 15 nov. 1989 : *Loyers et copr.* 1990, n° 54). Une clause prévoyant la répartition par tantièmes de copropriété des grosses réparations des ascenseurs doit être réputée non écrite (■ CA Rouen, 15 janv. 2015, n° 13-06722 : *Rev. loyers* 2015, p. 148).

L'ascenseur peut aussi être une partie commune spéciale à certains copropriétaires qui l'ont installé à leurs frais. En ce cas, les charges n'incombent qu'à eux.

En principe, les lots de rez-de-chaussée n'ont pas à participer aux charges de l'ascenseur, qui ne présente pour eux aucune utilité (■ Cass. 3e civ., 21 févr. 2001 : *Rev. loyers* 2001, p. 22, note Ch.-H. Gallet. ■ Cass. 3e civ., 5 juin 1970 : *JCP* 1970, II, 16537, note Guillot. ■ Cass. 3e civ., 17 mars 1971 : *Gaz. Pal.* 1971, 2, 425, note Morand). Mais, dès lors que le propriétaire d'un lot a la possibilité tant matérielle que juridique d'utiliser l'ascenseur pour accéder à son lot (par exemple un lot en sous-sol : ■ Cass. 3e civ., 20 mars 1991 : *Loyers et copr.* 1991, n° 315. ■ CA Bourges, ch. civ., 21 juin 2005 : *Loyers et copr.* 2006, comm. 137, note G. Vigneron. ■ CA Paris, 17 déc. 1982 : *D.* 1983, inf. rap. p. 337, obs. Giverdon. ■ CA Paris, 23e ch. A, 26 nov. 1990 : *Loyers et copr.* 1991, n° 87), il doit participer aux charges (■ Cass. 3e civ., 12 févr. 1980 : *D.* 1980, inf.

rap. p. 447 ; *Defrénois* 1980, art. 32503, note Souleau. ▪ Cass. 3e civ., 26 oct. 1983 : *D.* 1984, p. 313, note Souleau. – Voir pour des applications de ce critère : ▪ CA Paris, pôle 4, 2e ch., 25 janv. 2012 : *JurisData* n° 2012-001027 ; *Loyers et copr.* 2012, n° 184, obs. G.V. ▪ CA Paris, 19e ch. B, 20 févr. 1998 : *Loyers et copr.* juill.-août 1998, n° 196). Ainsi, le propriétaire d'un lot situé au deuxième sous-sol doit participer aux charges de l'ascenseur qui dessert le premier sous-sol, car cet ascenseur a une utilité objective pour son lot (▪ Cass. 3e civ., 22 sept. 2016, n° 15-20.086 : *Administrer* déc. 2016, p. 41, obs. J.-R. Bouyeure). Un copropriétaire ne peut prétendre être dispensé des charges d'ascenseur au motif qu'il en a condamné l'accès à son étage, de sa propre initiative (▪ CA Paris, 23e ch. B, 24 oct. 2002 : *Rev. loyers* 2003, p. 264) ou encore au motif que l'ascenseur démarre à demi-palier, alors qu'il lui suffit de monter ou descendre quelques marches pour l'utiliser (▪ CA Paris, pôle 4, 2e ch., 27 nov. 2013 : *JurisData* n° 2013-027266 ; *Loyers et copr.* 2014, n° 92, obs. G. Vigneron. – V. aussi pour un problème voisin, ▪ CA Paris, pôle 4, 2e ch., 15 nov. 2017, n° 15/21824).

Seul un arrêt définitif de l'ascenseur et non une impossibilité d'utilisation temporaire pourrait justifier une dispense de participation aux charges correspondantes (▪ Cass. 3e civ., 15 mars 2005, arrêt n° 351 F-D, n° 04-11.304).

La prime d'assurance concernant l'ascenseur, étant indivisible, fait partie des charges « générales » devant être supportées par tous les copropriétaires, y compris ceux du rez-de-chaussée (▪ CA Paris, 23e ch., 7 déc. 1993 : *Loyers et copr.* 1994, n° 125).

Il a été jugé qu'était nulle la clause prévoyant une majoration des charges d'ascenseur dans le cas où un appartement serait utilisé pour un usage autre que l'habitation (▪ CA Paris, pôle 4, 2e ch., 27 nov. 2013, n° 11/12070 : *JurisData* n° 2013-027266 ; *Loyers et copr.* 2014, n° 95, obs. G. Vigneron).

4° *Balcons*

27) Distinctions à opérer. La question de savoir qui supporte les charges afférentes aux balcons est liée au statut juridique de cette partie d'immeuble :

- s'il s'agit d'une partie commune, les charges seront également communes. Un copropriétaire dépourvu de balcons doit contribuer à la charge des travaux entrepris sur tous ceux-ci, s'agissant d'une charge commune dite « générale » (▪CA Paris, pôle 4, ch. 2, 23 nov. 2022, n° 18/28197 : *Administrer* févr. 2023, p. 47, obs. P. Dechelette-Tolot) ;
- s'il s'agit d'une partie intégralement privative, le propriétaire du lot dans lequel est intégré ce balcon peut être appelé à en supporter toutes les charges quelle qu'en soit la nature (▪ Cass. 3e civ., 28 mars 1990 : *Loyers et copr.* mai 1990, n° 231) ;
- si le balcon, partie commune, est grevé d'un « droit de jouissance privative » au profit d'un lot déterminé, les solutions actuellement admises par la jurisprudence sont les suivantes :

– si aucune faute ne peut être imputée au bénéficiaire dans l'exercice qu'il fait de son droit d'usage, le syndicat des copropriétaires doit supporter toutes les dépenses qui se rapportent aux substructures des balcons en tant qu'ils font partie intégrante de l'immeuble (en particulier l'étanchéité... : V. en dernier lieu, ▪ CA Riom, 3 mars 2011 : *JurisData* n° 2011-003493) ;

– le bénéficiaire du droit de jouissance exclusive doit, quant à lui, « assurer les frais d'entretien des revêtements superficiels » (V. ▪ Cass. 3e civ., 30 mai 1973 : *Bull. civ.* III, n° 380 ; *JCP* G 1973, IV, 271. ▪ Cass. 3e civ., 16 nov. 1976 : *Gaz. Pal.* 1977, 1, somm. 21. ▪ CA Bordeaux, 3 juin 1981 : *Rev. loyers* 1981, p. 522. ▪ CA Paris, 10 nov. 1976 : *Rev. Administrer* janv. 1982, p. 37. ▪ CA Paris, 3 juin 1981 : *D.* 1982, inf. rap. p. 141. ▪ CA Paris, 30 janv. 1985 : *D.* 1985, inf. rap. p. 430. ▪ CA Paris, 17 oct. 1985 : *RD imm.* mars 1986, p. 101).

Voir : sur le caractère privatif ou commun des balcons, L. 10 juill. 1965, art. 2, comm. n° 12, p. 31. – Sur la taxe sur les balcons, L. 10 juill. 1965, art. 10, comm. n° 45, p. 157.

5° *Charges communes spéciales*

28) Renvoi. Sur la possibilité d'établir des répartitions de charges communes spéciales, voir le commentaire de l'article 1er du décret du 17 mars 1967.

6° *Chauffage*

Bibliographie : D. Cordier, *Les charges de chauffage collectif* : *Inf. rap. copr.* févr. 2001, p. 11. – N. Painnot et A. Lebatteux, *L'individualisation des frais de chauffage en copropriété* : *Administrer* nov. 2020, p. 9.

29) Critères de répartition des charges. Les charges de cet « élément d'équipement commun » doivent être réparties en fonction du critère d'utilité. Des *méthodes diverses* sont utilisées (répartition au prorata de la surface des éléments chauffants : méthode dite « de la surface de chauffe » – ou au prorata du volume chauffé. – Voir sur ces techniques Olivié, *Le point sur la répartition des charges de chauffage en copropriété* : *Gaz. Pal.* 1982, 1, doctr. 125). La Cour de cassation ne tranche pas entre ces différentes méthodes, laissant aux juges le soin de *vérifier dans chaque cas leur conformité au critère d'utilité* (▪ Cass. 3e civ., 8 févr. 1977 : *D.* 1978, p. 22, note Souleau ; *JCP* 1979, II, 19068, note Atias. ▪ Cass. 3e civ., 23 mai 1978 : *D.* 1978, inf. rap. p. 400, obs. Giverdon. ▪ Cass. 3e civ., 18 nov. 1980 : *Defrénois* 1981, art. 32608, note Souleau et ▪ Cass. 3e civ., 19 nov. 1986 : *JCP* G 1987, IV, 34. ▪ CA Créteil, 26 sept. 1979 : *D.* 1980, inf. rap. p. 447, note Giverdon. ▪ CA Paris, 21 oct. 1980 : *D.* 1981, inf. rap. p. 216, obs. Giverdon et ▪ CA Paris, 19e ch. B, 11 janv. 1990 : *RD imm.* 1990, p. 247) ;

– sur une répartition au « volume chauffé » (V. ▪ Cass. 3e civ., 9 juin 1993 : *Loyers et copr.* 1993, n° 36. ▪ CA Paris, 23e ch. B, 29 sept. 2005 : *Loyers et copr.* 2006, comm. 20, obs. G. Vigneron) ;

– pour la validité d'une répartition au prorata tant de la puissance souscrite que de la consommation enregistrée (V. ▪ Cass. 3e civ., 21 juin 2000 : *AJDI* 2000, p. 845) ;

– sur la possibilité éventuelle d'adopter une **répartition proportionnelle aux tantièmes de copropriété** (V. ▪ Cass. 3e civ., 28 mars 2006 : *Rev. Administrer* juin 2006, p. 51, obs. J.-R. Bouyeure. ▪ Cass. 3e civ., 9 juin 1993, n° 91-14.792 : *Loyers et copr.* 1993, comm. 362, obs. G. Vigneron ▪ Cass. 3e civ., 4 janv. 1991 : *Loyers et copr.* 1991, n° 136. ▪ Cass. 3e civ., 8 févr. 1977, préc. ▪ CA Lyon, 9 avr. 2013, n° 12/04098 : *AJDI* 2013, p. 684 ▪ CA Paris, 23e ch. B, 18 déc. 1987 : *D.* 1990, inf. rap. 130, obs. C. Giverdon. – *Contra* : ▪ CA Paris, 23e ch. A, 15 nov. 2000 : *AJDI* 2001, p. 36), pour qui cette répartition est illicite depuis la loi du 29 octobre 1974 et le décret du 30 septembre 1991 qui ont rendu obligatoire l'installation de compteurs de chaleur. La répartition des charges de chauffage en proportion des tantièmes de copropriété n'est pas conforme au critère de l'utilité dès lors que le chauffage des parties communes (loge et hall du rez-de-chaussée) n'est supporté que par les 13 lots équipés d'un chauffage alors que les charges correspondantes doivent être réparties entre tous les lots de la copropriété (▪ CA Paris, pôle 4, 2e ch., 16 déc. 2015 : *JurisData* n° 2015-028460 ; *Loyers et copr.* 2016, n° 131, note G. Vigneron) ;

– sur la validation d'une répartition empirique selon les tantièmes de copropriété, adoptée dans le silence du règlement (V. ▪ Cass. 3e civ., 9 nov. 1994, n° 92-21.494 : *Bull. civ.* III, n° 186 ; *Loyers et copr.* 1995, n° 80 ; *Inf. rap. copr.* févr. 1995, obs. P. Capoulade et D. Sizaire ; *Gaz. Pal.* 1995, 2, somm. 421, obs. M. Gélinet. – *Contra* : ▪ CA Paris, 23e ch. B, 7 févr. 2002 : *Rev. Administrer* juill. 2002, p. 7, obs. J.-R. Bouyeure).

Toutefois, le critère fondamental restant celui de l'utilité, la répartition d'après les tantièmes de copropriété n'est valable que si, vérification faite, cette répartition est conforme à celle qui résulterait de l'application de ce critère (▪ Cass. 3e civ., 18 déc. 1991 : *Bull. civ.* III, n° 324 : *RD imm.* 1992, p. 115, obs. P. Capoulade. ▪ Cass. 3e civ., 9 juin 1993 : *Inf. rap. copr.* 1994, p. 415, obs. P. Capoulade), ainsi s'il est tenu compte de la surface pondérée des locaux (▪ Cass. 3e civ., 12 janv. 2000, n° 98-16.848, aff. *Synd. copr. 143, Grande Rue à Sèvres*. V. C. Atias, *La répartition des charges de chauffage en fonction des millièmes de copropriété* : *Ann. loyers* 1994, p. 525 et s.).

La répartition de la dépense de chauffage des parties communes (loge, hall d'entrée et escalier) en fonction de la **surface de chauffe** entre les appartements bénéficiant du chauffage collectif n'est pas conforme aux critères légaux, cette dépense devant être répartie entre tous les copropriétaires en proportion de leurs tantièmes de copropriété (▪ CA Paris, pôle 4, 2e ch., 16 déc. 2015 : *JurisData* n° 2015-028460 ; *Loyers et copr.* 2016, n° 131, note G. Vigneron). Si le règlement de copropriété prévoit la répartition des charges en fonction de l'importance des surfaces de chauffe, l'assemblée doit, nécessairement, se voir reconnaître le pouvoir de procéder à un relevé de ces surfaces, sans que pour autant cette décision soit considérée comme une modification du règlement (▪ Cass. 3e civ., 27 févr. 1991 : *Inf. rap. copr.* juill.-août 1991, p. 228, obs. Capoulade. ▪ CA Paris, pôle 4, 2e ch., 11 avr. 2012, n° 10/12703 : *Administrer* juin 2012, p. 51, obs. J.-R. Bouyeure). Et un copropriétaire est en droit de se prévaloir de la modification de ses surfaces pour demander une modification corrélative de ses charges (▪ CA Paris, 23e ch. B, 7 mai 1998 : *Rev. Administrer* août-sept. 1999, p. 72, obs. J.-R. Bouyeure). Si le relevé effectué à l'origine est inexact, un arrêt a estimé que l'action tendant à faire rectifier l'erreur commise se prescrivait dans les délais prévus à l'article 12 de la loi (▪ CA Paris, 23e ch. B, 27 mai 1999 : *AJDI* 1999, p. 718). Après établissement d'une nouvelle grille, et à la différence du cas où une clause répartissant les charges est réputée non écrite (V. *infra*, art. 43 de la loi), la nouvelle répartition adoptée par l'assemblée n'a pas d'effet rétroactif (▪ CA Paris, pôle 4, 2e ch., 12 sept. 2012, n° 09/22262 : *JurisData* n° 2012-021608 ; *Loyers et copr.* 2013, comm. 22, note G. Vigneron).

– Sur la validité en fonction des circonstances de l'espèce d'une répartition d'après les surfaces de chauffe, elles-mêmes calculées en fonction des tantièmes de copropriété, V. ▪ Cass. 3e civ., 17 févr. 1999 : *JCP* G 1999, IV, 1665.

Il n'y a pas à tenir compte d'éléments temporaires et/ou conjoncturels (tels que des pannes de chauffage ou des dysfonctionnements répétitifs au cours d'une saison de chauffe) pour répartir les charges (▪ CA Paris, pôle 4, 2e ch., 28 sept. 2011 : *JurisData* n° 2011-020804 ; *Loyers et copr.* 2012, n° 21, obs. G. Vigneron).

30) Répartition des charges en présence de compteurs de chaleur. Les règles concernant l'obligation d'individualiser les frais de chauffage dans les immeubles collectifs sont codifiées sous les articles L. 131-3 et suivants et R. 131-1 et suivants du Code de la construction et de l'habitation, L. 241-9 et R. 241-6 à R. 241-44 du Code de l'énergie (V. pour plus de détails, Annexe 15, *Chauffage des immeubles*, p. 1069).

Une réponse ministérielle rappelle que les articles L. 131-3 et R. 131-1 du Code de la construction et de l'habitation posent pour certains immeubles l'obligation d'installer des appareils permettant de mesurer la quantité de chaleur fournie à chaque local occupé à titre privatif, et fixent les critères de répartition des frais de chauffage en tenant compte de la consommation mesurée. Cette obligation concerne les biens dans lesquels tout à la fois la quantité de chaleur fournie est réglable par l'occupant, les frais annuels de combustible dépassent un seuil qui justifie la pose d'appareils de mesure de la consommation individuelle et lorsque la pose de tels appareils est techniquement possible. Pour ce type de biens, la mise en œuvre de la réglementation nécessite une décision de l'assemblée à la majorité de l'article 25 de la loi du 10 juillet 1965. Une fois que ces immeubles sont équipés d'appareils de mesure, la répartition des charges de chauffage tient alors compte de la consommation de chaque local desservi. La répartition s'effectue selon trois catégories de frais :

– d'une part les frais communs de combustible ou d'énergie qui correspondent à la part de consommation énergétique qui n'est pas maîtrisable par l'occupant, telle la déperdition de chaleur dans les réseaux, sont répartis indépendamment de la consommation de chaque local desservi, dans les conditions fixées par le règlement de copropriété ou les documents en tenant lieu. Ils sont obtenus en affectant la dépense annuelle de combustible d'un coefficient de 0,5. Toutefois, l'assemblée générale peut décider à la majorité prévue à l'article 25 de moduler la part des frais communs en fixant un coefficient inférieur ;

– d'autre part les frais individuels de combustible et d'énergie qui correspondent à la consommation individuelle des locaux desservis, obtenus par différence entre les frais totaux de combustible et les frais communs de combustible, sont quant à eux répartis en fonction de la consommation individuelle mesurée de chaque local ;

– les autres frais de chauffage, relatifs par exemple à l'entretien, la réparation et le remplacement des installations, ainsi qu'à la consommation d'énergie nécessaire au fonctionnement du système de chauffage collectif, sont répartis indépendamment de la consommation des locaux desservis, dans les conditions fixées par le règlement de copropriété où les documents en tenant lieu (Rép. min. n° 67758 : *JOAN* Q 25 mai 2010, p. 5793).

Plusieurs incidents peuvent survenir à ce propos :

– les compteurs installés présentent des déficiences de fonctionnement : il a été admis que l'assemblée pouvait, après avoir constaté cette déficience, écarter la répartition des charges en résultant (▪ Cass. 3e civ., 17 janv. 1990, n° 88-15.653) ;

– certains répartiteurs ne peuvent pas être relevés, ou ont été déposés par les occupants : a été déclaré illicite la décision de l'assemblée d'appliquer alors un forfait de 20 unités par radiateur, à titre de sanction (▪ Cass. 3e civ., 7 juill. 2016, n° 15-16.694 : *Administrer* nov. 2016, p. 53, note J.-R. Bouyeure) ;

– le règlement de copropriété fixe la participation aux charges de chauffage et d'eau chaude en fonction du comptage mais les compteurs individuels n'ont pas été installés : la règle de répartition figurant au règlement ne peut alors être modifiée qu'à l'unanimité (▪ Cass. 3e civ., 27 avr. 2017, n° 15-24.794 : *Administrer* août-sept. 2017, p. 58, note J.-R. Bouyeure).

31) Absence d'utilisation volontaire. En ce qui concerne la contribution aux charges, il est admis qu'*un copropriétaire ne peut pas se désolidariser volontairement de l'installation collective* en installant un chauffage individuel (▪ Cass. 3e civ., 14 déc. 2004 : *Rev. Administrer* avr. 2005, p. 35, obs. J.-R. Bouyeure. ▪ Cass. 3e civ., 26 oct. 1983 : *JCP* G 1984, IV, p. 4. ▪ Cass. 3e civ., 13 mai 1980 : *D.* 1980, inf. rap. p. 448, obs. Giverdon. ▪ CA Paris, 26 janv. 2006 : *JurisData* n° 2006-292592. ▪ CA Paris, 23e ch., 26 janv. 1994 : *Loyers et copr.* 1994, n° 304).

Il doit alors continuer à participer aux charges communes de chauffage (▪ Cass. 3e civ., 18 févr. 2014, n° 12-29.975. ▪ Cass. 3e civ., 4 juill. 2007, n° 06-13.769. ▪ Cass. 3e civ., 28 mars 2006 : *Rev. Administrer* juin 2006, p. 51, obs. J.-R. Bouyeure. ▪ CA Paris, 23e ch. B, 4 juill. 2002 : *Loyers et copr.* 2002, comm. 291. ▪ CA Paris, 23e ch. A, 19 sept. 2001 : *AJDI* 2002, p. 140), même si l'assemblée l'a autorisé à installer un chauffage individuel (▪ Cass. 3e civ., 26 nov. 1985 : *Bull. civ.* III, n° 156 ; *Rev. Administrer* juill. 1986, p. 38, note Guillot ; *Defrénois* 1986, art. 33745, note Souleau ; *RTD civ.* 1986, p. 787, obs. Givord et Giverdon et Salvage-Gerest. ▪ Cass. 3e civ., 13 avr. 1988 : *D.* 1990, inf. rap. p. 131, obs. Giverdon. ▪ CA Aix-en-Provence, 4e ch. A, 30 mars 1999 : *D.* 1999, somm. p. 314, obs. C. Atias. ▪ TGI Paris, 8e ch., 25 nov. 1994 : *Loyers et copr.* mars 1995, n° 126) à moins qu'il n'ait été dispensé de toute participation par une décision *unanime* (▪ CA Paris, 26 févr. 1987, préc.), ou si l'installation dont il s'est désolidarisé ne présentait pour lui aucune utilité (▪ Cass. 3e civ., 29 juin 1988 : *Loyers et copr.* 1988, n° 409 ; *D.* 1990, inf. rap. p. 131, obs. Giverdon. – V. sur ces problèmes, Morand, *Possibilités et conditions de débranchement d'un lot de chauffage collectif* : *Gaz. Pal.* 1989, 2, doctr., p. 474). Cette utilité peut résulter du fait que le chauffage assure la mise hors gel des lots de la copropriété (▪ CA Grenoble, 14 sept.

2010 : *JurisData* n° 2010-029111 ; *Loyers et copr.* 2011, comm. 185, obs. G. Vigneron).

Un copropriétaire ne peut pas, par ailleurs, refuser de payer les charges au motif qu'il n'occupe pas les lieux (■ Cass. 3e civ., 19 juin 1979 : *D.* 1980, inf. rap. p. 238, obs. Giverdon ; *Rev. Administrer* févr. 1980, p. 22, note Guillot) ou que ses radiateurs ne fonctionnent pas (■ CA Paris, 23e ch., 22 sept. 1995 : *Loyers et copr.* mars 1996, n° 129) ou qu'il n'utilise pas le chauffage collectif (■ Cass. 3e civ., 28 mars 2006, arrêt n° 447 D, n° 05-12.840. ■ CA Paris, 23e ch. B, 29 sept. 2005 : *Loyers et copr.* 2006, comm. 20, obs. G. Vigneron). Il y a utilité du raccordement d'un lot à l'installation collective de chauffage s'il lui est objectivement possible d'en bénéficier (■ CA Grenoble, 2e ch. civ., 14 sept. 2010 : *JurisData* n° 2010-029111).

Dès lors qu'un lot est effectivement raccordé aux installations de chauffage, il doit participer aux charges, le chauffage présentant pour son lot une utilité objective (V. pour des locaux commerciaux : ■ CA Lyon, 25 janv. 1996 : *JurisData* n° 1996-041179. ■ CA Paris, 23e ch. B, juill. 1994 : *Loyers et copr.* déc. 1994, n° 484).

32) Lot non raccordé à l'installation collective. Qu'en est-il *lorsque le lot n'est pas raccordé à l'installation collective de chauffage ?*

La question a évolué : les solutions actuellement adoptées par la jurisprudence sont les suivantes (V. *Le chauffage collectif dans les immeubles en copropriété : lots non raccordés, lots débranchés et installations de chaudières collectives* : *Rev. Administrer* juill. 1987, p. 16 et s., par Zurfluh et Barnier-Sztabowicz).

- Le lot est équipé pour être raccordé au chauffage collectif, mais n'est pas en fait raccordé :

– le copropriétaire qui est « dans l'attente du raccordement » ou qui a différé ce raccordement doit participer aux charges communes (■ CA Paris, 23e ch. B, 2 oct. 1981 : *D.* 1982, inf. rap. p. 434, obs. Giverdon) ;

– de même, si après s'être raccordé à l'installation collective, un copropriétaire s'en est détaché (■ Cass. 3e civ., 26 oct. 1983 : *Rev. Administrer* nov. 1984, p. 39).

Le fait, constaté par huissier, qu'un lot ne soit pas raccordé aux éléments d'équipement commun, car l'immeuble n'a été que partiellement remis en état à la suite d'un incendie, n'établit pas que ces éléments d'équipement sont dépourvus d'utilité pour son lot (■ Cass. 3e civ., 13 sept. 2005 : *Rev. Administrer* févr. 2006, p. 43, obs. J.-R. Bouyeure). S'il apparaît qu'un lot n'est pas raccordé à l'installation de chauffage, le syndicat des copropriétaires qui entend obtenir le paiement des charges doit établir que cette absence de raccordement est volontaire, le copropriétaire ou son prédécesseur s'étant volontairement privé du service du chauffage collectif (■ Cass. 3e civ., 26 janv. 2010, n° 09-11.014 : *Administrer* mai 2010, p. 48, obs. J.-R. Bouyeure).

Le lot n'est pas équipé pour être raccordé :

– si le raccordement est techniquement possible, le copropriétaire doit participer aux charges communes de chauffage (■ Cass. 3e civ., 8 oct. 1985 : *RD imm.* 1986, p. 103, obs. Givord et Giverdon ; *Rev. Administrer* févr. 1986, p. 47, obs. Guillot. – Solution implicite, V. J. Lafond, *Panorama de droit de la copropriété : JCP* N 1987, prat. p. 465, n° 19. ■ Cass. 3e civ., 13 avr. 1988 : *D.* 1990, somm. p. 131, obs. Giverdon. ■ CA Paris, 18e ch., 11 oct. 1991 : *Rev. Administrer* févr. 1992, p. 60, obs. A. Dunes). Il en sera ainsi si les « tuyauteries de chauffage central passent dans l'appartement » (V. en ce sens ■ Cass. 3e civ., 19 nov. 1986 : *Rev. loyers* 1987, p. 59). Encore faut-il que ce raccordement soit utile, ce qui n'est pas le cas lorsque le lot est déjà raccordé à la chaufferie commune indépendante (■ Cass. 3e civ., 9 déc. 1998 : *JurisData* n° 1998-004747 ; *Bull. civ.* III, n° 139 ; *RD imm.* 1999, p. 146, obs. C. Giverdon).

Par contre, si des travaux importants sont nécessaires pour procéder à ce raccordement (par exemple le remplacement des colonnes montantes...) qui sont onéreux et qui risquent en outre de « compromettre l'équilibre de l'installation actuelle », on doit considérer que l'installation de chauffage n'a, et n'est susceptible d'avoir, aucune « utilité » pour le lot considéré (V. ■ CA Paris, pôle 4, 9 sept. 2015, n° 11/11369 : *Administrer* déc. 2015, p. 36, obs. J.-R. Bouyeure. ■ CA Paris, 23e ch. B, 20 sept. 1985 : *RD imm.* 1986, p. 103, obs. Givord et Giverdon. ■ CA Versailles, 1re ch., 14 oct. 1986 : *Rev. loyers* 1987, p. 111. ■ CA Versailles, 1re ch., 2 juin 1988 : *D.* 1990, inf. rap. p. 131, obs. Giverdon. ■ CA Paris, 23e ch., 27 sept. 1994 : *Loyers et copr.* févr. 1995, n° 77. ■ CA Paris, 19e ch. A, 26 janv. 1998 : *Loyers et copr.* juin 1998, n° 169) ;

– si le raccordement n'est pas matériellement et techniquement possible, le lot est dispensé de toute participation aux charges de chauffage (V. dans un cas où le chauffage desservant des pavillons indépendants n'avait jamais fonctionné : ■ Cass. 3e civ., 20 janv. 2004 : *Rev. loyers* 2004, p. 251. – V. aussi ■ Cass. 3e civ., 27 sept. 2005 : *Rev. Administrer* mars 2006, p. 48, obs. J.-R. Bouyeure) ;

– si le lot est depuis l'origine conçu comme totalement indépendant du reste de l'immeuble et au surplus autorisé par le règlement à disposer d'une installation de chauffage autonome, il n'a pas à participer aux charges (■ Cass. 3e civ., 27 sept. 2005 : *Rev. Administrer* mars 2006, p. 48, obs. J.-R. Bouyeure) alors même qu'il est traversé par les colonnes montantes desservant les étages supérieurs (■ Cass. 3e civ., 9 déc. 1998 : *JCP* G 1999, IV, 1180).

C'est à la copropriété qui réclame à un copropriétaire, dont les lots ne sont pas raccordés, une participation aux charges de chauffage d'apporter la preuve de ce qu'en raison de la possibilité de raccordement de ce lot à l'installation collective, le chauffage présente bien pour lui une « utilité » objectivement entendue (▪ Cass. 3e civ., 13 juin 1984 : *D.* 1984, inf. rap. p. 386, obs. Giverdon ; *Defrénois* 1985, art. 33481-17, p. 387, note Aubert. ▪ Cass. 3e civ., 8 oct. 1985, préc. ▪ Cass. 3e civ., 26 janv. 2010, n° 09-11.014 : *Rev. Administrer* mai 2010, p. 48, obs. J.-R. Bouyeure. – V. également un rappel de ce principe à propos des charges de la VMC, ▪ Cass. 3e civ., 11 oct. 2006 : *Loyers et copr.* 2006, comm. 207, obs. G. Vigneron ; *Constr.-Urb.* 2007, comm. 8, note D. Sizaire ; *Rev. Administrer* déc. 2006, p. 75, obs. J.-R. Bouyeure. – Arrêt cassant ▪ CA Paris, 23e ch. B, 24 févr. 2005 : *JurisData* n° 2005-264878). Mais cette utilité ne peut être simplement « virtuelle » et résulter du fait que le lot bénéficie de la chaleur dégagée par les colonnes montantes qui le traversent (▪ Cass. 3e civ., 10 mai 1994 : *RD imm.* 1994, p. 491, obs. P. Capoulade. – V. à la suite de cet arrêt, et après renvoi : ▪ Cass. 3e civ., 9 déc. 1998, préc.).

Bibliographie : sur tous ces points, J.-P. Forestier, *Installations et charges de chauffage dans les immeubles en copropriété* : *Rev. Administrer* nov. 1983, p. 8 et s. – Martin, *Le chauffage collectif* : *Ann. loyers* 1983, p. 209 et s. – V. aussi B. Quignard, *Un copropriétaire doit-il payer les charges d'ascenseur et de chauffage en cas d'inoccupation de ses locaux* : *Gaz. Pal.* 1987, doctr., 71.

7° *Concierge (ou gardien)*

33) Répartition selon les tantièmes de copropriété. Certains tribunaux avaient considéré le concierge comme un « service collectif » (dont les charges sont alors réparties en fonction du critère d'utilité), dans le but de dispenser par mesure d'équité certains locaux indépendants de participer aux charges correspondantes (▪ TGI Paris, 4 nov. 1976 : *D.* 1978, inf. rap. p. 125. ▪ Cass. 3e civ., 18 juill. 1979 : *D.* 1980, inf. rap. p. 238, obs. Giverdon. ▪ CA Versailles, 31 janv. 1983 : *Rev. loyers* 1983, p. 377. ▪ CA Paris, 26 mai 1989 : *D.* 1990, inf. rap. p. 131, obs. Giverdon. ▪ CA Paris, 4 avr. 1990 : *Loyers et copr.* 1990, n° 275).

Mais cette solution a été condamnée par plusieurs arrêts de la Cour de cassation (▪ Cass. 3e civ., 4 janv. 1991 : *JCP* G 1991, IV, 74. ▪ Cass. 3e civ., 6 mars 1991 : *Gaz. Pal.* 1992, 1, note H. Souleau. ▪ Cass. 3e civ., 27 nov. 1991 : *Rev. Administrer* juill. 1992, p. 33, note E.-J. Guillot ; *RD imm.* 1992, p. 115, obs. P. Capoulade et C. Giverdon. ▪ Cass. 3e civ., 11 juin 1992 : *Rev. Administrer* mars 1993, p. 54, note E.-J. Guillot ; *Defrénois* 1993, art. 35400, obs. J.-L. Aubert ; *AJPI* 1993, p. 430, note Gélinet. ▪ Cass. 3e civ., 9 déc. 1992 : *Loyers et copr.* 1993, n° 108. ▪ CA Paris, 23e ch., 23 nov. 1993 : *Rev. Administrer* janv. 1994, p. 59. – V. dans le même sens : ▪ CA Paris, 19e ch. A, 1er déc. 1998 : *JurisData* n° 1998-023179 ; *Loyers et copr.* 1999, comm. 133. ▪ CA Paris, pôle 1, 2e ch., 3 mars 2010 : *JurisData* n° 2010-002374).

Tous les lots participent donc à ces charges en proportion de leurs tantièmes de copropriété, même si le concierge n'a pour eux aucune utilité (cas des locaux indépendants : ▪ CA Paris, pôle 4, 2e ch., 4 avr. 2012, n° 10-12.199 : *Administrer* juin 2012, p. 49, obs. J.-R. Bouyeure). Si le règlement de copropriété définit des parties communes spéciales et des charges communes spéciales, ceci n'implique pas que le temps de travail des gardiens passé à l'entretien de ces parties communes spéciales et les équipements communs qui s'y trouvent ne constitue pas des charges « générales ». Autrement dit les frais de gardiennage ne peuvent être « spécialisés » (▪ Cass. 3e civ., 13 déc. 2011, n° 10-28.763 : *Administrer* févr. 2012, p. 47, obs. J.-R. Bouyeure).

8° *Conservation de l'immeuble*

34) Renvoi. Sur les charges entrant dans cette catégorie, V. D. 17 mars 1967, art. 1er.

9° *Eau chaude*

35) Règles de répartition. En l'absence de compteurs, la répartition peut se faire au prorata des millièmes de copropriété (▪ TGI Paris, 8 nov. 1976 : *D.* 1978, inf. rap. p. 124).

Mais la loi n° 74-908 du 29 octobre 1974 relative aux économies d'énergie a prévu des dispositions particulières (V. CCH, art. L. 131-3, p. 1564 et Annexe 26, *Économie d'énergie (travaux)*, p. 1197), complétées par le décret n° 75-496 du 19 juin 1975 (*JCP* 1975, III, 42964) codifié sous l'article R. 131-9 du Code de la construction et de l'habitation et par un arrêté du 25 août 1975 (*JCP* 1975, III, 44761). La règle est la répartition selon comptage, pour les frais de combustible et d'énergie. Les autres frais (entretien et réparations de l'installation de production d'eau chaude par exemple) sont répartis en fonction du critère « d'utilité » (V. sur ces problèmes, Zurfluh, *Les frais d'eau chaude dans les immeubles collectifs et la pose de compteurs individuels* : *Inf. rap. copr.* 1982, p. 81 et s.).

Selon la cour de Paris, le coût de remplacement des réservoirs d'eau chaude peut être réparti d'après les consommations relevées au compteur divisionnaire (▪ CA Paris, 19 juin 1985 : *D.* 1985, inf. rap. p. 427).

Selon cette même cour de Paris (▪ CA Paris, 23e ch. B, 28 févr. 1990 : *Loyers et copr.* n° 236), l'assemblée pourrait décider à la majorité de l'article 24 de faire payer aux copropriétaires qui n'auraient pas fait relever leurs compteurs, un acompte forfaitaire à valoir sur leurs consommations afin qu'elles ne soient pas supportées par les seuls copropriétaires dont les compteurs peuvent être relevés (V. *contra*, ▪ CA Versailles, 4e ch., 23 janv. 2006 : *Rev. Administrer* avr. 2006, p. 38, obs. J.-R. Bouyeure). Mais ce forfait n'est plus applicable si le copropriétaire établit que sa consommation a été inférieure (▪ CA Paris, 23e ch. B, 12 sept. 2001 : *Rev. Administrer* févr. 2002, p. 40, obs. J.-R. Bouyeure).

Si l'assemblée décide, en application des textes précités, l'installation de compteurs d'eau chaude sanitaire et de chauffage, elle peut, à la même majorité (et donc sans que l'unanimité prévue par l'article 11 de la loi soit nécessaire) décider de la nouvelle répartition des charges en résultant (▪ Cass. 3e civ., 17 nov. 2004 : *Bull. civ.* III, n° 201 ; *JCP G* 2004, IV, 3519 ; *Rev. Administrer* mai 2005, p. 46, obs. J.-R. Bouyeure).

Voir : à ce propos l'Annexe 25, *Eau chaude*, p. 1195.

10° Eau froide

36) Répartition en l'absence de compteurs individuels. En l'absence de compteurs individuels, le règlement peut répartir ces charges au prorata des tantièmes de copropriété (▪ Cass. 3e civ., 10 oct. 1990 : *RD imm.* 1991, p. 255, obs. C. Giverdon et P. Capoulade. ▪ CA Paris, pôle 4, 2e ch., 23 nov. 2011 : *JurisData* n° 2011-026780 ; *Loyers et copr.* 2012, n° 90, obs. G.V. ▪ CA Paris, 23e ch. B, 6 mars 2003 : *Loyers et copr.* 2003, comm. 203, obs. G. Vigneron. ▪ CA Paris, 23e ch. B, 21 févr. 2002 : *Loyers et copr.* 2002, comm. 183. ▪ CA Paris, 23e ch. A, 17 janv. 1996 : *Loyers et copr.* avr. 1996, n° 176. ▪ CA Paris, 23e ch., 27 sept. 1994 : *Loyers et copr.* févr. 1995, n° 77) ou même en fonction du nombre de personnes habitant chaque lot (▪ CA Paris, 23e ch. B, 13 janv. 2005 : *AJDI* 2005, p. 313).

Les frais d'installation d'un surpresseur doivent être répartis sur les mêmes bases que les dépenses d'eau (▪ CA Paris, 23e ch., 28 oct. 1994 : *Loyers et copr.* 1995, n° 240).

Si les consommations enregistrées sont manifestement anormales, c'est au syndicat de justifier de leur réalité et de leur exactitude (▪ Cass. 3e civ., 26 nov. 2013, n° 12-25.863 : *AJDI* 2014, p. 215). Le défenseur des droits a fait connaître qu'un syndicat des copropriétaires à destination partielle ou totale d'habitation bénéficiait des dispositions de l'article L. 2224-12-4 du Code général des collectivités territoriales obligeant le service d'eau potable de la commune à signaler toute consommation anormale au compteur et à procéder à un dégrèvement de la surconsommation d'eau due à la fuite calculée sur celle afférente aux services collectifs de l'immeuble (▪ Déf. droits 15 nov. 2019, déc. n° 2019-296 : *JOAN* 17 nov. 2019, obs. A. Lebatteux).

37) Installation de compteurs individuels. Un copropriétaire ne pourrait en faisant installer un compteur individuel pour des raisons personnelles échapper à ces modes de répartition (▪ Cass. 3e civ., 12 févr. 1986 : *Rev. loyers* 1986, p. 147 ; *Defrénois* 1986, art. 33745, note Souleau. ▪ CA Paris, 23e ch. B, 20 mars 2003 : *AJDI* 2003, p. 517. ▪ CA Paris, 19e ch. A, 26 mai 1999 : *JurisData* n° 020125 ; *Loyers et copr.* 2000, comm. 20) et se dispenser de payer les dépenses d'eau afférentes aux parties communes générales (▪ CA Paris, 8e ch., 18 janv. 1994 : *D.* 1994, somm. comm. p. 121. ▪ CA Versailles, 5 mai 1995 : *Rev. loyers* 1995, p. 459) ou prétendre que ces charges n'ont aucune utilité pour son lot (▪ Cass. 3e civ., 21 nov. 2000 : *JurisData* n° 2000-007060 ; *Loyers et copr.* 2001, comm. 42).

Il a été admis que lorsqu'un copropriétaire se refusait obstinément à laisser accéder à son compteur, le syndic pouvait lui imputer un quantum de charges forfaitaire, pourvu qu'il corresponde à une consommation raisonnablement estimée (▪ Cass. 3e civ., 9 mai 2007, n° 06-12.387 : *AJDI* 2007, p. 755. ▪ CA Paris, pôle 4, 2e ch., 9 mars 2011, n° 10/02848 : *Administrer* août-sept. 2011, p. 43, obs. J.-R. Bouyeure). De même si le copropriétaire débiteur reconnaît être consommateur d'eau mais n'a pas transmis son relevé de compteur, il a été jugé que le syndic était fondé à calculer les charges dues par application des millièmes (▪ Cass. 3e civ., 11 mai 2017, n° 16-15.625 : *Administrer* août-sept. 2017, p. 59, obs. J.-R. Bouyeure).

S'il existe des compteurs individuels et que, constatant que les relevés n'étaient pas fiables, l'assemblée décide de résilier le contrat de l'entreprise qui les effectuait, le fait de revenir à une répartition de l'eau au prorata des millièmes généraux ne constitue pas, en l'absence de stipulation particulière du règlement, une modification de la répartition des charges nécessitant une décision unanime (▪ Cass. 3e civ., 11 janv. 2012, n° 10-23.142). Le relevé de compteur produit par le syndicat des copropriétaires ne constitue qu'une présomption simple de la réalité de la consommation de l'abonné et ne suffit pas à en établir l'exactitude, en cas d'anomalies exceptionnelles dans son montant (▪ Cass. 3e civ., 26 nov. 2013, n° 12-25.863 : *Administrer* juin 2014, p. 46, obs. J.-R. Bouyeure). S'il existe une différence de consommation constatée entre le relevé du compteur général et l'addition des compteurs individuels, cette différence constitue une charge générale à répartir en fonction des tantièmes de copropriété attribués à chaque lot (▪ Cass. 3e civ., 28 janv. 2016, n° 14-26.222 : *JurisData* n° 2016-001194 ; *Loyers et copr.* 2016, n° 100, obs. G. Vigneron ; *Administrer* mai 2016, p. 42, obs. J.-R. Bouyeure).

En présence de compteurs, il incombe au copropriétaire qui conteste la consommation d'eau résultant du comptage de justifier des éléments de nature à renverser la présomption d'exactitude des relevés du compteur (■ Cass. 3e civ., 7 févr. 2019, n° 17-21.568 : *JurisData* n° 2019-001601 ; *Loyers et copr.* 2019, comm. 62, note C. Coutant-Lapalus ; *Administrer* avr. 2019, p. 46, obs. J.-R. Bouyeure).

Un copropriétaire ne saurait se plaindre de la répartition des charges d'eau par tantièmes de copropriété durant la période transitoire d'installation des compteurs d'eau individualisés, sauf à rapporter la preuve de ses relevés de consommation d'eau en début et en fin d'exercice (■ Cass. 3e civ., 14 avr. 2015, n° 14-13.256 : *AJDI* 2015, p. 690, note N. Le Rudulier).

Voir : sur la possibilité pour l'assemblée, offerte par la loi du 13 décembre 2000, d'installer des compteurs divisionnaires, V. L. art. 25 *m* et Annexe 19, *Compteurs d'eau*, p. 1157.

Bibliographie : *L'eau en copropriété : Dossier Intérêts privés*, juill.-août 2000, p. 27 et s. – V. Colliot, *Les charges d'eau dans les immeubles en copropriété : Rev. Administrer* févr. 1981, p. 19. – E.-J. Guillot, *Les compteurs d'eau : Rev. Administrer* févr. 1983, p. 12. – J. Hugot, *Les charges d'eau froide : Conseils par des notaires*, 6 avr. 1999, p. 11. – P. Maes, *Individualiser les factures d'eau dans les copropriétés : Inf. rap. copr.* juill.-août 2003, p. 22. – V. Valin-Stein, *Copropriété : faut-il installer des compteurs d'eau individuels ? : Le Particulier immobilier* janv. 2004, p. 45. – *Copropriété : gérez mieux votre eau ! : Dossier Intérêts privés*, nov. 2004, p. 27 et s. – G. Gil, *L'eau dans la copropriété : Administrer* juin 2020, p. 11.

11° Éclairage, électricité

38) Répartition selon les « tantièmes » de copropriété. Les frais d'éclairage des parties communes sont des charges générales (■ Cass. 3e civ., 14 mai 1970 : *D.* 1971, 95) qui doivent en conséquence être réparties en fonction des tantièmes de copropriété afférents à chaque lot et non en fonction du critère d'utilité (■ Cass. 3e civ., 4 janv. 1989 : *JCP* N 1989, prat. 296. ■ Cass. 3e civ., 27 nov. 1991 : *Loyers et copr.* 1992, n° 85. ■ CA Paris, 23e ch. B, 21 févr. 2002 : *Loyers et copr.* 2002, comm. 183. ■ CA Paris, 23e ch., 7 déc. 1993 : *Loyers et copr.* 1994, n° 124. ■ CA Paris, 23e ch. B, 14 déc. 1990 : *Loyers et copr.* 1991, n° 85. ■ CA Paris, 23e ch., 23 sept. 1994 : *Loyers et copr.* févr. 1995, n° 77). Peu importe que le raccordement au réseau n'ait pas été effectué à l'initiative des copropriétaires (■ Cass. 3e civ., 21 nov. 2000 : *JurisData* n° 2000-007060 ; *Loyers et copr.* 2001, comm. 42). Si dans certains cas une évaluation forfaitaire des charges d'électricité peut être admise, c'est à la condition que les modalités de calcul des charges soient justifiées (■ Cass. 3e civ., 16 mars 2011, n° 10-30.514).

Il paraît logique que la charge des travaux de mise aux normes de l'électricité soit répartie selon les mêmes règles (■ Cass. 3e civ., 9 mai 2007, n° 06-13.630 ; *Rev. Administrer* août-sept. 2007, p. 55, obs. J.-R. Bouyeure ; *Rev. loyers* 2007, p. 363).

À défaut de compteur permettant de répartir des dépenses d'électricité constituant des charges spéciales à un bâtiment, la répartition doit se faire selon les tantièmes de parties communes (■ Cass. 3e civ., 2 oct. 2020, n° 19-18.460).

12° Écoulement des eaux

39) Répartition selon les « tantièmes » de copropriété. Les chutes d'écoulement des eaux pluviales constituant des parties communes à l'ensemble des copropriétaires, les charges correspondantes doivent être réparties en proportion des tantièmes de copropriété (■ CA Paris, 16 juin 1989 : *D.* 1989, inf. rap. p. 216).

13° Entretien de l'immeuble

40) Charges concernées. Entrent essentiellement dans cette catégorie les travaux de maintenance, tels qu'ils sont actuellement définis par l'article 45 du décret du 17 mars 1967 (V. ce texte *infra*).

Constituent des charges afférentes à l'entretien de l'immeuble celles liées à l'arrosage des espaces verts, à l'entretien, la réparation ou le remboursement d'ouvrage concernant les accès et voies de circulation, les espaces libres et verts avec leurs plantations et équipements, qui constituent des parties communes générales. Doivent être réputées non écrites les clauses d'un règlement qui dispensent certains lots de participer à ces charges (■ CA Aix-en-Provence, 4e ch. A, 3 sept. 2010 : *JurisData* n° 2010-284510). De même sont des charges d'entretien à répartir en fonction des tantièmes de copropriété les travaux exécutés par la copropriété liés à la présence d'insectes xylophages (■ CA Paris, pôle 4, 2e ch., 26 janv. 2011 : *Loyers et copr.* 2011, comm. 130, obs. G.V.).

Il a été jugé que les charges entraînées par des travauxde mise en conformité de l'immeuble entrant dans la catégorie d'établissement recevant du public ou des travailleurs étaient, du fait de leur utilité objective, afférentes à sa conservation et à son administration, dès lors qu'elles tendaient à protéger les personnes le fréquentant mais aussi le bâtiment lui-même. En conséquence, elles doivent être réparties entre tous les copropriétaires en fonction de leurs tantièmes de copropriété (■ Cass. 3e civ., 3 nov. 2009, n° 08-20.645 : *AJDI* 2010, p. 47. – V. au contraire, pour la charge de travaux affectant un parc de stationnement souterrain, ■ Cass. 3e civ., 22 sept. 2009, *infra*, L. art. 10, comm. n° 45).

Voir aussi : comm., D. 17 mars 1967, art. 1er.

14° Escalier

41) Charges afférentes au gros œuvre. Il est admis que l'escalier n'est pas un élément d'équipement. Il fait partie du gros œuvre, car il constitue une partie essentielle de l'immeuble. La conséquence est que les charges le concernant constituent des charges « générales » visées à l'article 10, alinéa 2 de la loi (▪ Cass. 3e civ., 22 mars 1989 : *Loyers et copr.* mai 1989, n° 244).

Il en résulte que les *réparations* (réfection des marches, des murs, etc.) et les *travaux d'entretien* (peinture de la cage d'escalier) sont des charges communes incombant à tous les copropriétaires (y compris ceux du rez-de-chaussée) en proportion de leurs tantièmes de copropriété (V. ▪ Cass. 3e civ., 12 janv. 1982 : *Gaz. Pal.* 1983, 1, p. 227 ; *Rev. Administrer* avr. 1982, p. 34, note Guillot – et la note du professeur Souleau : *D.* 1989, p. 260 sous ▪ Cass. 3e civ., 4 janv. 1989, et la jurisprudence citée. ▪ CA Aix-en-Provence, 3 sept. 2010 : *JurisData* n° 2010-021822 ; *Loyers et copr.* 2011, comm. 66, obs. G.V. ▪ CA Paris, 23e ch. B, 14 févr. 2002 : *Loyers et copr.* 2002, comm. 184. ▪ CA Paris, 23e ch. B, 22 mars 2001 : *Dossier CSAB* n° 102, nov. 2002, n° 148, obs. A. Dunes. ▪ CA Paris, 23e ch. B, 5 avr. 1991 : *Loyers et copr.* 1991, n° 270. ▪ CA Paris, 23e ch. A, 20 sept. 1995 : *Loyers et copr.* févr. 1996, n° 84). Les copropriétaires du rez-de-chaussée peuvent être exonérés de ces charges si l'escalier constitue une partie commune spéciale (▪ CA Paris, pôle 4, 2e ch., 3 févr. 2010 : *JurisData* n° 2010-380755 ; *Loyers et copr.* 2010, n° 178, obs. G.V.). Mais une clause stipulant que « les lots n'ayant aucun accès aux parties communes ne participeront pas aux frais d'éclairage et d'entretien des escaliers » ne peut dispenser les copropriétaires du rez-de-chaussée de participer aux charges de rénovation de la cage d'escalier s'ils ont accès au hall (▪ CA Paris, pôle 4, 2e ch., 8 févr. 2012, n° 2012/2110 : *Administrer* juin 2012, p. 50, obs. J.-R. Bouyeure).

Mais, qu'en est-il en ce qui concerne l'éclairage, les frais de nettoyage, les frais de remplacement des revêtements ou des tapis d'escalier ?

– Les *frais de nettoyage* de l'escalier constituent des charges relatives à « l'entretien des parties communes » et doivent en conséquence être répartis en proportion des tantièmes de copropriété afférents à chaque lot (▪ Cass. 3e civ., 1er avr. 1987 : *JCP G* 1987, IV, p. 200 et 201 ; *RD imm.* juin 1987, p. 275, obs. Givord et Giverdon. – V. dans le même sens, ▪ Cass. 3e civ., 4 janv. 1989 cité *infra*).

– Les charges afférentes à l'*éclairage* de l'escalier entrent également dans la catégorie des charges relatives à la conservation, l'entretien, l'administration des parties communes à répartir en proportion des tantièmes de copropriété afférents à chaque lot (▪ Cass. 3e civ., 4 janv. 1989 : *D.* 1989, jurispr. p. 260, note H. Souleau ; *Rev. Administrer* juill. 1989, p. 39, obs. Guillot. ▪ CA Paris, 23e ch., 2 juill. 1993 : *Loyers et copr.* 1994, n° 124. – Voir sur tous ces points : Me Martin, *Du nouveau dans l'escalier : Ann. loyers* 1989, p. 1149), à moins selon une décision, que le règlement n'en dispense les lots du rez-de-chaussée (▪ CA Paris, 23e ch. B, 11 oct. 2001, comm. 72, obs. G. Vigneron).

Il en résulte :

– que l'assemblée n'est pas en droit de mettre à la charge de certains des copropriétaires sous forme de taxation forfaitaire une partie des frais d'entretien de l'escalier. Cette résolution méconnaîtrait les dispositions d'ordre public de l'article 10, alinéa 2 de la loi (▪ CA Paris, 23e ch. A, 9 oct. 1989 : *Loyers et copr.* 1989, n° 543) ;

– que si un ascenseur est installé dans l'immeuble, cet événement n'a pas normalement de répercussion sur la répartition des charges d'escalier puisqu'elles constituent des charges communes devant être supportées en proportion de la valeur de chaque lot (▪ CA Paris, 23e ch. B, 15 déc. 1989 : *Loyers et copr.* 1990, n° 135. – V. cependant Morand et Azaïs, *Construction d'un ascenseur ; le réajustement des quotes-parts de charges générales : AJPI* 1991, p. 76 et s.) ;

– qu'une répartition des charges afférentes à l'escalier organisant la participation aux charges en fonction de coefficients d'étage est réputée non écrite (▪ CA Paris, 23e ch. B, 11 oct. 2001 : *Dossier CSAB* n° 102, nov. 2002, n° 147, obs. A. Dunes).

42) Éléments d'équipement commun. Les *frais relatifs aux éléments d'équipement de l'escalier* (tapis, revêtements) doivent en principe être répartis conformément au critère d'utilité (▪ Cass. 3e civ., 23 nov. 1977 : *Journ. not.* 1978, art. 54462, note Viatte ; *D.* 1978, inf. rap. p. 294. ▪ CA Paris, 23e ch. B, 11 oct. 2001, comm. 72, obs. G. Vigneron. ▪ CA Paris, 23e ch. B, 15 déc. 1989 : *Loyers et copr.* 1990, n° 135). Dès lors, le copropriétaire de lots au rez-de-chaussée ou en sous-sol n'a pas à participer aux frais concernant le revêtement de l'escalier (▪ CA Paris, 23e ch. B, 16 juin 2005 : *JurisData* n° 2005-274666 ; *Rev. loyers* 2005, p. 514, note L. Guégan). Mais il a été admis que le règlement de copropriété pouvait de manière licite classer les tapis d'escalier dans les parties communes, auquel cas les charges seront réparties en proportion des tantièmes de copropriété (▪ Cass. 3e civ., 10 mai 1994 : *Loyers et copr.* 1994, n° 352 ; *AJPI* 1995, p. 313, obs. M. Gélinet).

43) Escalier partie commune spéciale – Charges spéciales. Lorsque l'escalier ne dessert pas tous les lots, il était admis que le règlement de copropriété pouvait instituer des répartitions de charges spéciales aux seuls lots auxquels l'escalier donne accès (V. ▪ Cass. 3e civ., 1er avr. 1987 :

JCP G 1987, IV, 20. ▪ CA Paris, 19e ch. B, 20 févr. 1998 : *Loyers et copr.* juill.-août 1998, n° 196. – V. cependant ▪ CA Paris, 23e ch., 2 juill. 1993 : *RD imm.* 1993, p. 539, obs. C. Giverdon).

Mais la possibilité de créer des « charges spéciales » sans créer également des parties communes spéciales a été remise en cause par un arrêt de la Cour de cassation (▪ Cass. 3e civ., 8 juill. 1998 : *Rev. Administrer* févr. 1999, p. 59, note J.-R. Bouyeure ; *RD imm.* 1998, p. 682, note Capoulade ; *Loyers et copr.* déc. 1998, n° 250. – V. cependant, *contra* : ▪ CA Paris, 23e ch. B, 11 oct. 2001 : *Dossier CSAB* n° 102, nov. 2002, n° 147, obs. A. Dunes. ▪ CA Versailles, 18 juin 2001 : *Rev. Administrer* nov. 2001, p. 7, obs. J.-R. Bouyeure. ▪ CA Paris, 23e ch. B., 25 nov. 1999 : *D.* 2000, somm. p. 210, note C. Atias. – Comp. : ▪ CA Paris, 23e ch. B, 5 oct. 2000 : *AJDI* 2000, p. 960). Un nouvel arrêt a déclaré non écrite la clause d'un règlement de copropriété dispensant des dépenses d'entretien et de réfection des escaliers et des frais de leur éclairage des locaux commerciaux situés au rez-de-chaussée alors, souligne cette décision, que les escaliers ne figurent pas au nombre des parties communes spéciales (▪ Cass. 3e civ., 6 mai 2003 : *Bull. civ.* III, n° 95 ; *Loyers et copr.* 2003, comm. 162, obs. G. Vigneron ; *AJDI* 2003, p. 764, note C. Giverdon ; *Defrénois* 2003, art. 37 825, n° 97, p. 1344, obs. C. Atias ; *Rev. loyers* 2003, p. 447, note L. Guégan. – V. également ▪ CA Paris, 23e ch. B, 21 oct. 2004 : *Loyers et copr.* 2005, comm. 37, obs. G. Vigneron). Il résulte toutefois de la décision précitée de la Cour de cassation qu'une exonération de charges serait valable si le lot considéré n'avait aucun accès à la partie commune correspondante (V. également, ▪ CA Paris, 23e ch. A, 28 mai 2003 : *AJDI* 2003, p. 771 ; *Rev. loyers* 2003, p. 619). Un arrêt postérieur a de même admis que les appartements du rez-de-chaussée pouvaient être dispensés de toute participation aux frais d'entretien des escaliers extérieurs permettant l'accès aux appartements situés en étages dès lors qu'il ne présentait pour eux aucune utilité (▪ Cass. 3e civ., 12 sept. 2019, n° 18-11.922 : *JurisData* n° 2019-015670 ; *Loyers et copr.* 2019, comm. 199, note C. Coutant-Lapalus ; *Defrénois* 2020, n° 11, p. 30 note L.-A. Poletti).

Remarque : Il reste à déterminer si cette jurisprudence est toujours valable au regard du nouvel article 6-2 de la loi du 10 juillet 1965 (V. comm. L. 10 juill. 1965, art. 6-2).

Cependant la dispense de charges n'est plus licite lorsque le lot exonéré dispose d'un accès « virtuel » aux parties communes de l'immeuble auxquelles s'applique cette exonération. Ainsi, lorsque le règlement de copropriété prévoyait le rattachement du lot au reste du bâtiment, les copropriétaires de ce lot ne pouvaient être déchargés de toute participation à la réfection de la cage d'escalier (▪ Cass. 3e civ., 21 sept. 2004, n° 03-13.788 : *Rev. Administrer* janv. 2005, p. 48, note J.-R. Bouyeure). La question a encore évolué postérieurement et dans le dernier état de la jurisprudence, tel qu'il résulte d'une arrêt de la Cour de cassation du 4 juillet 2006, la création de charges spéciales pour l'escalier ne paraît possible qu'à la condition d'en faire une partie commune spéciale (sur ce problème, V. D. 17 mars 1967, art. 1er, comm. n° 13, p. 660). Il a été jugé qu'un copropriétaire ayant voté en faveur d'une résolution relative à la clé de répartition des charges d'électricité des escaliers avait reconnu expressément devoir participer à ces charges et ne pouvait donc contester sa participation aux charges communes spéciales d'escalier (▪ Cass. 3e civ., 24 mars 2009, n° 08-10.863 : *Rev. loyers* 2009, p. 301).

Sur les problèmes posés par les charges d'escalier, V. Hermet-Lartigue et Me Brane, *Les escaliers en copropriété : Rev. hab. fr.* 20 mai 1987, p. 269. – M. Morand, *L'escalier : partie commune ou élément d'équipement ? : JCP* N 1990, prat. 1469.

Voir aussi : sur les parties communes spéciales, L. 10 juill. 1965, art. 3, comm. n° 2, p. 33 et sur les charges communes spéciales, comm., D. 17 mars 1967, art. 1er, comm. n° 11, p. 659 à comm. n° 15, p. 661.

15° Gardiennage

44) Renvoi. V. *supra*, Concierge.

16° Impôts et taxes

45) Exemples. Le règlement de copropriété peut prévoir que les impôts et taxes non recouvrés par l'administration au nom des copropriétaires individuellement feront partie des charges communes générales (▪ CA Paris, 23e ch. B, 21 févr. 2002 : *Loyers et copr.* 2002, comm. 183) :

• la *taxe sur les balcons* peut ainsi être répartie selon les millièmes généraux de copropriété dès lors que les balcons sont parties communes (▪ Cass. 3e civ., 27 janv. 1988 : *Loyers et copr.* 1988, n° 134). En l'absence de disposition spéciale dans le règlement, il a été décidé que le paiement de la taxe incombait aux seuls copropriétaires disposant de balcons (▪ CA Paris, 19 janv. 1990 : *Loyers et copr.* mars 1990, n° 143. ▪ CA Paris, 23e ch., 7 déc. 1993 : *Loyers et copr.* 1994, n° 123. V. sur la question : *La taxe sur les balcons doit-elle s'imputer individuellement ?* par M. Morand : *AJPI* 1995, p. 123).

• quant à la *taxe de raccordement à l'égout*, elle est due par les propriétaires de l'immeuble au jour du raccordement (▪ Cass. 3e civ., 8 juin 1994 : *RD imm.* 1994, p. 492).

17° Interphones – Digicodes

46) Répartition selon les « tantièmes » de copropriété. Les dépenses relatives à l'entretien des interphones et plus généralement des systèmes de vidéosurveillance sont réparties indépendamment de toute notion d'utilité, en fonction des tantièmes de copropriété (▪ Cass. 3e civ., 21 nov. 2000 : *JurisData* n° 2000-007060 ; *Loyers et copr.* 2001, comm. 42). Il en est de même pour les dépenses concernant les digicodes (▪ Cass. 3e civ., 20 déc. 2000 : *Loyers et copr.* 2001, comm. 42). Il en est autrement cependant si les digicodes sont propres à certains lots (V. pour les parkings, L. 10 juill. 1965, art. 10, comm. n° 2, p. 140).

18° *Location-accession*

47) Renvoi. Sur la location-accession, voir Annexe 44, *Location-accession*, p. 1337.

19° *Locaux indépendants*

48) Distinction selon les charges. Les locaux indépendants de la copropriété (par exemple des boutiques commerciales situées au rez-de-chaussée en façade ou des lots en sous-sol...) n'ont pas à contribuer aux *charges des éléments d'équipement et des services collectifs* ne présentant pour eux aucune utilité (pour des applications, V. ▪ Cass. 3e civ., 18 juill. 1979 et ▪ CA Paris, 15 oct. 1979 : *D.* 1980, inf. rap. p. 238, obs. Giverdon. ▪ TGI Beauvais, 21 déc. 1979 : *JCP* 1980, II, 129, obs. Atias. ▪ TGI Bayonne, 6 janv. 1981 : *Rev. Administrer* août-sept. 1981, p. 34, obs. Guillot).

Par contre, ils doivent participer aux *charges dites « générales »* (conservation, entretien, administration des parties communes – V. *supra*) en proportion des tantièmes de copropriété et, par exemple, aux frais de ravalement de l'immeuble, aux charges concernant le digicode et le vide-ordures (▪ CA Paris, 23e ch., 7 déc. 1993 : *Loyers et copr.* 1994, n° 124) ou aux frais d'entretien du hall, des escaliers ou de la concierge (▪ Cass. 3e civ., 6 mars 1991 : *Rev. loyers* 1991, p. 505). Ainsi un lot de cave devra contribuer à ces charges (▪ Cass. 3e civ., 14 janv. 1987 : *RD imm.* 1987, p. 276, obs. Givord et Giverdon). De même un lot à usage commercial doit participer aux charges d'eau et d'électricité, dès lors qu'il a la possibilité de se raccorder au réseau, et à l'entretien du système de vidéosurveillance et des interphones (▪ Cass. 3e civ., 21 nov. 2000 : *JurisData* n° 2000-007060 ; *Loyers et copr.*, comm. 2001, n° 42. – V. aussi ▪ CA Paris, 23e ch. B, 30 mars 2000 : *JurisData* n° 2000-111163 ; *Loyers et copr.* 2000, comm. 207).

Toutefois, la jurisprudence a tendance à ne faire contribuer les « locaux indépendants » que dans la mesure où ils ont accès aux parties communes correspondantes (V. pour les charges concernant le digicode et le vide-ordures, ▪ Cass. 3e civ., 20 déc. 2000 : *JurisData* n° 2000-007484 ; *Loyers et copr.* 2001, comm. 74. – Pour les charges d'escalier, ▪ CA Paris, pôle 4, 2e ch., 12 sept. 2012, n° 10/16089 : *Administrer* mai 2013, p. 44, obs. J.-R. Bouyeure. – Pour les charges afférentes au hall de l'immeuble où sont disposées les boîtes aux lettres des locaux commerciaux, ▪ CA Paris, 23e ch., 1er avr. 1987 : *Loyers et copr.* 1987, n° 231. – Pour des charges d'éclairage, de nettoyage, de gardiennage, ▪ CA Paris, 23e ch. A, 11 oct. 1989 : *Loyers et copr.* déc. 1989, n° 542. ▪ CA Paris, 23e ch. B, 10 nov. 1989 : *Loyers et copr.* janv. 1990, n° 53). On a même vu une décision admettre que les travaux affectant un parc de stationnement souterrain ne profitant qu'aux seuls propriétaires d'emplacements de stationnement à l'intérieur de ce parc incombaient aux seuls propriétaires de lots de parkings, même si aucune stipulation du règlement ne l'avait prévu (▪ Cass. 3e civ., 22 sept. 2009, n° 08-18.637 : *AJDI* 2010, p. 48).

Justifiées sur le plan de l'équité, ces solutions ne sont pas cependant à l'abri de la critique : il ne peut en principe y avoir de dispense de contribution aux charges dites « générales » que s'il y a eu création de parties communes « spéciales » ou institution de répartitions de charges communes « spéciales » (V. en ce sens, ▪ CA Paris, pôle 4, 2e ch., 27 mars 2013, n° 07-21727 : *JurisData* n° 2013-006426 ; *Loyers et copr.* 2013, comm. 289, obs. G. V.).

Remarque : Il reste à déterminer si cette jurisprudence est toujours valable au regard du nouvel article 6-2 de la loi du 10 juillet 1965 (V. comm. L. 10 juill. 1965, art. 6-2).

Voir aussi : sur les parties communes spéciales, L. 10 juill. 1965, art. 3, comm. n° 2, p. 33, et sur les charges communes spéciales, D. 17 mars 1967, art. 1er, comm. nos 11 à 15, p. 659.

20° *Nettoyage*

49) Répartition selon les « tantièmes » de copropriété. Les charges de nettoyage des parties communes constituent des charges relatives à la conservation, à l'entretien et à l'administration de l'immeuble à répartir en proportion des tantièmes de copropriété (▪ Cass. 3e civ., 4 janv. 1989 : *D.* 1989, p. 260, note Souleau. ▪ Cass. 3e civ., 27 nov. 1991 : *Loyers et copr.* 1992, n° 85. ▪ CA Paris, 23e ch. A, 11 oct. 1989 : *Loyers et copr.* déc. 1989, n° 542).

21° *Nu-propriétaire*

50) Renvoi. Le problème de la répartition des charges entre nus-propriétaires et usufruitiers est traité ci-dessous.

Voir : L. 10 juill. 1965, art. 10, comm. nos 117 à 119, p. 184.

22° *Parkings*

Bibliographie : Morand et Fondaneche, *Garages et boxes dans les immeubles en copropriété* : *Gaz. Pal.* 1973, 1, doctr. p. 439. – *Parkings et copropriété* : *Inf. rap. copr.* avr. 1979. – Bouyeure, *Parkings et charges de copropriété* : *Rev. Administrer* avr. 1982, p. 15 et s.

51) Distinctions selon la nature des charges. Les litiges relatifs à la contribution des lots de parking aux charges de copropriété sont fréquents. Les parkings doivent contribuer aux charges « générales » en proportion de leurs tantièmes (■ Cass. 3e civ., 23 janv. 1979 : *Gaz. Pal.* 1979, 1, somm. 221. ■ CA Paris, 10 juill. 1980 : *D.* 1981, inf. rap. p. 98. ■ CA Paris, 23e ch. A, 17 janv. 1996 : *Loyers et copr.* avr. 1996, n° 176) et par exemple aux charges de ravalement s'il s'agit de parcs couverts (■ CA Paris, 7 mai 1993 : *Loyers et copr.* 1993, n° 318). Ils doivent supporter les frais de réfection d'une rampe d'accès aux garages si des répartitions de charges spéciales ont été prévues à ce sujet (■ Cass. 3e civ., 26 mars 2008, n° 07-15.496 : *Rev. loyers* 2008, p. 341). La charge du désamiantage du flocage des lots de parkings n'incombe qu'aux copropriétaires de ces lots (■ CA Paris, 23e ch. B, 14 févr. 2008 : *JurisData* n° 2008-358088).

Mais les lots de parkings peuvent être dispensés des charges relatives aux éléments d'équipement ou de services collectifs ne présentant pour eux aucune utilité (■ CA Paris, 30 janv. 1979 : *D.* 1980, inf. rap. p. 150, n° 27. – Comp. ■ CA Paris, 11 oct. 1979 : *D.* 1981, inf. rap. p. 97, n° 24). – Ainsi n'ont-ils pas à contribuer aux charges de chauffage s'ils ne sont pas reliés à la chaudière collective (■ CA Paris, 23e ch. A, 21 nov. 1989 : *Loyers et copr.* 1990, n° 95) ou encore aux charges d'eau chaude, de vide-ordures, d'interphone, et aux charges des antennes et câbles de télévision (■ CA Paris, 23e ch. A, 15 janv. 1997 : *Loyers et copr.* mai 1997, n° 150). Par contre, les charges afférentes aux portes automatiques d'accès aux parkings avec télécommande et digicode sont des charges propres aux lots de parkings (■ CA Paris, pôle 4, 2e ch., 24 févr. 2010 : *JurisData* n° 2010-001426 ; *Loyers et copr.* 2010, comm. 172, obs. G. Vigneron ; *Rev. Administrer* juin 2010, p. 58, obs. J.-R. Bouyeure).

En l'absence de parties communes spéciales, les travaux et l'entretien du parking sont à la charge de tous les copropriétaires, y compris ceux qui ne disposent d'aucun lot dans ces parkings (■ Cass. 3e civ., 8 juin 2017, n° 16-12.224 : *JurisData* n° 2017-016617 ; *Loyers et copr.* 2017, comm. 201, note A. Lebatteux ; *Administrer* oct. 2017, p. 61, note J.-R. Bouyeure).

52) Gardiennage et sécurité. Il a été jugé que si le copropriétaire d'un emplacement de parking en sous-sol bénéficie de la surveillance du concierge et du nettoyage et de l'entretien des rampes d'accès auxquels procède ce dernier en utilisant l'eau et l'éclairage communs, il doit participer aux charges correspondantes (■ Cass. 3e civ., 11 déc. 1984 : *D.* 1985, inf. rap. p. 426, obs. Giverdon ; *Rev. Administrer* juill. 1985, p. 33, obs. Guillot. ■ CA Paris, 23e ch. A, 11 oct. 1989 : *Loyers et copr.* 1989, n° 542). Si le service de gardiennage est propre au parc de stationnement, les charges correspondantes doivent être supportées par les seuls copropriétaires de parkings (■ CA Paris, 23e ch. B, 26 mai 1989. – V. au contraire dans un cas où les charges de gardiennage ne présentent aucune utilité pour les lots de parking, ■ CA Paris, 23e ch. A, 24 avr. 1990 : *Loyers et copr.* juin 1990, n° 275).

Mais il faut tenir compte, en ce domaine, de la jurisprudence de la Cour de cassation (V. arrêt cité ci-dessus) qui considère que les frais de gardiennage sont des charges relatives à la conservation, à l'entretien et à l'administration de parties communes et que les copropriétaires sont tenus d'y participer proportionnellement aux valeurs relatives des parties privatives comprises dans leurs lots. Il en résulte qu'un copropriétaire de parking ne peut s'exonérer des charges de gardiennage en prétendant qu'elles n'ont pour lui aucune utilité. La solution du problème appartient aux rédacteurs de règlements, qui doivent prévoir la ventilation des charges en charges communes générales et spéciales (V. ■ Cass. 3e civ., 13 juill. 1993 : *RD imm.* 1993, p. 539, obs. P. Capoulade).

S'il apparaît que le coût des mesures destinées à renforcer la sécurité d'un parking (installation d'un système de vidéosurveillance et de détection des fumées d'incendie) bénéficie en fait à tout l'immeuble et non pas uniquement aux lots de garages, les charges y afférentes doivent être réparties entre tous les copropriétaires au prorata de leurs tantièmes de copropriété (■ CA Paris, 23e ch. B, 4 déc. 2003 : *Loyers et copr.* 2004, comm. 76, obs. G. Vigneron. ■ CA Paris, 23e ch. B, 15 janv. 2004 : *Loyers et copr.* 2004, comm. 80, obs. G. Vigneron. – V. aussi pour la répartition en « charges générales » des dépenses de sécurité incendie afférentes à une galerie marchande située en pied d'immeuble, ■ CA Paris, pôle 4, 2e ch., 20 janv. 2016, n° 14/15520 : *Administrer* oct. 2016, p. 51, obs. J.-R. Bouyeure).

23° *Ravalement*

53) Répartition selon les « tantièmes » de copropriété. Les charges de ravalement sont des charges communes générales, puisque relatives à la conservation ou à l'entretien de l'immeuble, lorsque ce ravalement est obligatoire ou rendu nécessaire par l'état des façades (■ Cass. 3e civ., 26 oct. 1971 : *Rev. loyers* 1972, p. 47. ■ CA Paris, 23e ch. B, 25 oct. 2007 : *JurisData* n° 2007-345397. ■ CA Riom, 1re ch., 8 déc. 2014, n° 13/03083 : *Rev. loyers* 2015, p. 88. ■ CA Paris, 24 juin 1981 : *D.* 1982, inf. rap. p. 435. ■ TGI Paris, 11 févr. 1981 : *Rev. loyers* 1981, p. 35. ■ TGI Nanterre, 7 janv. 1981 : *Gaz. Pal.* 1981, 1, 374), sinon il s'agit de travaux d'amélioration votés et répartis selon les critères posés par les articles 30 et suivants de la loi (V. ces textes).

Mis à part ce dernier cas, tous les lots doivent donc y participer en proportion de leurs tantièmes de copropriété, y compris les locaux commerciaux du rez-de-chaussée, même s'ils ont déjà à leur charge l'entretien de leurs devantures (■ CA Bourges, 21 juin 2005 : *Loyers et copr.* 2006, comm. 137, note G. Vigneron. ■ CA Paris, 23e ch. B, 30 nov. 2000 : *Loyers et copr.* 2001, comm. 127).

Pour échapper à la règle, un copropriétaire ne peut se prévaloir de ce que la copropriété avait tacitement accepté de le dispenser de participer aux frais d'un précédent ravalement (■ Cass. 3e civ., 9 déc. 1987 : *Rev. Administrer* 1988, p. 52 ; *Inf. rap. copr.* mars 1988, p. 89) ou faire valoir qu'il ne retire aucun avantage des travaux du fait qu'ils ne sont pas exécutés dans la partie du bâtiment où son lot est situé (■ Cass. 3e civ., 10 févr. 1988 : *JCP* G 1988, II, 21118, note Atias ; *Inf. rap. copr.* 1988, p. 160. ■ CA Paris, 23e ch., 1er avr. 1987 : *Loyers et copr.* juin 1987, n° 231), ou encore du fait que son appartement situé au rez-de-chaussée ne comporte pas de garde corps (■ Cass. 3e civ., 9 nov. 2017, n° 16-17.851 : *JurisData* n° 2017-022400 ; *Loyers et copr.* 2018, comm. 27, note A. Lebatteux ; *Administrer* janv. 2018, p. 58, obs. J.-R. Bouyeure).

Mais, encore faut-il que ces frais affectent les parties communes : les frais de ravalement des parties privatives (volets, persiennes, portes-fenêtres, balcons, etc.) doivent être supportés par chacun des copropriétaires en fonction de leur coût (■ CA Paris, 23e ch. B, 12 juin 1998 : *Loyers et copr.* janv. 1999, n° 17, note G. Vigneron) à moins que le règlement de copropriété n'en ait décidé autrement (■ CA Paris, 23e ch. B, 22 mars 2007 : *JurisData* n° 2007-329313 ; *Loyers et copr.* 2007, n° 160, obs. G. Vigneron. ■ CA Paris, 23e ch., 22 févr. 1995 : *Loyers et copr.* juin 1995, n° 289). Il en serait de même pour les frais de pose et de dépose de conduit d'évacuation des gaz brûlés et des vapeurs d'un pressing, constituant des parties privatives (■ CA Paris, 19 mai 1989 : *D.* 1990, inf. rap. p. 132). – V. sur la question G. Vigneron, *Le ravalement des immeubles en copropriété* : *Loyers et copr.* août-sept. 1988, p. 1). Si le ravalement porte de façon indivisible sur des parties communes (la façade, les balcons et terrasses) et sur des parties privatives qui font partie intégrante du gros œuvre (les garde-corps des balcons), les charges sont à répartir entre tous les copropriétaires en fonction de leurs tantièmes de copropriété (■ CA Paris, pôle 4, 2e ch., 19 janv. 2011 : *JurisData* n° 2011-000656 ; *Loyers et copr.* 2011, comm. 122, obs. G. Vigneron).

Voir : sur les clauses du règlement de copropriété concernant les charges de ravalement, V. L. 10 juill. 1965, art. 10, comm. n° 66, p. 164.

Il a été jugé que si des parties privatives faisaient partie du gros œuvre (ainsi pour les balcons, ou loggias, ou les devantures de locaux commerciaux) les charges de leur ravalement étaient intégralement communes (■ Cass. 3e civ., 11 mai 1999, n° 97-17.844). Si l'assemblée vote la réalisation de travaux de remplacement du bois des balcons parties privatives, en décidant de répartir leur coût sur les propriétaires de balcons en fonction de leurs mètres linéaires, sa décision est valable, sans qu'il y ait à considérer que ces travaux confèrent à l'immeuble un aspect attrayant bénéficiant à tous les copropriétaires (■ Cass. 3e civ., 22 mars 2018, n° 17-13.867 : *JurisData* n° 2018-006409 ; *Loyers et copr.* 2018, comm. 127, note A. Lebatteux).

54) Charges communes spéciales. Les charges de ravalement peuvent constituer des charges spéciales par immeuble, si le règlement de copropriété le prévoit ainsi (■ CA Paris, 2 oct. 1996 : *Loyers et copr.* déc. 1996, n° 483). Si les façades constituent des parties communes spéciales, les charges seront supportées par les seuls copropriétaires titulaires de droits dans ces parties communes (■ CA Paris, 23e ch. B, 29 juin 2000 : *JurisData* n° 2000-121047 ; *Loyers et copr.* 2001, comm. 53, note G. Vigneron). Mais si ces façades constituent des parties communes générales, les frais de ravalement d'un bâtiment déterminé doivent être répartis entre tous les copropriétaires du groupe d'immeubles au prorata de leurs quotes-parts de parties communes (■ Cass. 3e civ., 20 mai 2014, n° 13-12.420. ■ Cass. 3e civ., 15 oct. 2013, n° 12-23.531).

Voir : D. 17 mars 1967, art. 1er, comm. nos 11 et 13, p. 659.

24° Services de sécurité

55) Nuances apportées par la jurisprudence. Lorsque existe un service de sécurité – par exemple dans un immeuble de grande hauteur – et que l'immeuble comporte, à la fois, des locaux à usage commercial et d'habitation et des locaux à usage d'hôtel et de bureaux, ces derniers exigent en général un personnel plus important que les premiers pour assurer leur sécurité. Aussi la Cour de cassation a-t-elle estimé que les dépenses correspondantes pouvaient être réparties selon le critère de l'utilité (■ Cass. 3e civ., 14 déc. 2004 : *Rev. Administrer* avr. 2005, p. 35, obs. J.-R. Bouyeure), mais sans exclure cependant une répartition en proportion des tantièmes de copropriété, si l'utilité respective de ces services pour chaque lot ne pouvait pas être mesurée de façon précise (■ Cass. 2e civ., 10 avr. 1986, deux arrêts : *Bull. civ.* III, nos 38 et 39 ; *Rev. Administrer* oct. 1986, p. 38, note Guillot ; *Defrénois* 1987, art. 33913, note Souleau). Il a été jugé que dans un immeuble comprenant une galerie marchande, le paiement des factures du responsable du service de sécurité de l'ensemble immobilier pouvait constituer des charges générales à répartir entre tous les lots (■ Cass. 3e civ., 4 juin 2009 : *JurisData* n° 2009-48513 ; *Bull. civ.* III, n° 131 ; *Loyers et copr.* 2009, comm. 216, obs. G. Vigneron ; *Rev. Administrer* oct. 2009, p. 55, obs. J.-R. Bouyeure ; *AJDI* 2009, p. 799, note P. Capoulade).

25° Tennis

56) Incertitudes jurisprudentielles. Il a été jugé que les frais afférents à un terrain de tennis ne pouvaient pas être imputés à tous les copropriétaires, cette installation étant d'utilité nulle pour certains d'entre eux (▪ CA Paris, 9 mai 1989 : *Loyers et copr.* n° 350). Mais cette décision est critiquable au regard du critère de « l'utilité objective ». – V. *contra*, pour des installations sportives : ▪ CA Versailles, 16 avr. 1992 : *Rev. Administrer* nov. 1992, p. 82, obs. A. Dunes.

Voir : L. 10 juill. 1965, art. 10, comm. n° 13, p. 143.

Bibliographie : Sur les charges afférentes aux courts de tennis, V. G. Vigneron, *La récupération des charges des courts de tennis : JCP* N 1996, prat. p. 113, n° 1282.

26° Terrasses

57) Distinction selon la nature des réparations. Lorsqu'un copropriétaire a la jouissance privative d'une terrasse, les dépenses relatives au revêtement superficiel lui incombent, celles relatives à la couche d'étanchéité et au gros œuvre entrent dans les charges communes générales, réparties entre tous les copropriétaires en proportion de leurs tantièmes (▪ Cass. 3e civ., 29 déc. 2006 : *Rev. Administrer* avr. 2007, p. 52, obs. J.-R. Bouyeure. ▪ Cass. 3e civ., 30 mai 1973 : *AJPI* 1973, p. 1173. ▪ Cass. 3e civ., 16 nov. 1976 : *Rev. loyers* 1977, p. 103. ▪ CA Paris, 23e ch. A, 20 juin 2001 : *Loyers et copr.* 2001, comm. 301).

La solution est identique dans le cas où le règlement qualifie la terrasse de « partie privative » car ce caractère privatif ne s'applique en principe qu'au revêtement superficiel (▪ Cass. 3e civ., 18 déc. 1996 : *Loyers et copr.* mars 1997, n° 90, note G. Vigneron).

Cette solution, de principe, joue en l'absence de clause particulière dans le règlement et à plus forte raison lorsque le règlement le prévoit (▪ Cass. 3e civ., 30 mai 1995 : *Rev. loyers* 1995, p. 449). Mais rien n'empêche que celui-ci mette à la charge d'un copropriétaire la réfection de l'étanchéité de la terrasse dont il a la jouissance exclusive (▪ Cass. 3e civ., 16 sept. 2003 : *Rev. Administrer* janv. 2004, p. 38, obs. J.-R. Bouyeure. ▪ Cass. 3e civ., 10 oct. 1990 : *Rev. Administrer* avr. 1991, p. 31, obs. Guillot ; *Loyers et copr.* 1990, n° 485. ▪ CA Paris, 23e ch., 9 oct. 1992 : *Loyers et copr.* 1993, n° 106). Une clause en ce sens est valable et doit être respectée. Par ailleurs, la réfection de l'étanchéité peut être mise à la charge du copropriétaire bénéficiaire du droit de jouissance exclusive si le défaut d'étanchéité est imputable à des abus de jouissance (en l'espèce, l'installation d'un véritable jardin suspendu : ▪ CA Aix-en-Provence, 4e ch. A, 21 oct. 2005 : *JurisData* n° 2005-308712. – V., pour une clause indiquant que les bénéficiaires de la jouissance exclusive des terrasses sont personnellement responsables de tout dommage provenant de leur fait et des aménagements et installations qu'ils auraient effectués, seuls les gros travaux résultant d'une vétusté normale étant à la charge de la collectivité : ▪ Cass. 3e civ., 12 juin 2012, n° 11-17.372 : *AJDI* 2012, p. 605). Mais la réfection du dallage n'incombe pas au bénéficiaire du droit de jouissance privative si la déformation des dalles résulte d'un vice de conception (▪ CA Riom, 4 févr. 2013 : *JurisData* n° 2013-001464 ; *Loyers et copr.* 2013, comm. 161, obs. G.V.) ou si ces dalles font partie intégrante du complexe d'étanchéité (▪ CA Versailles, 5 déc. 2011 : *JurisData* n° 2011-027927 : *Loyers et copr.* 2012, comm. 221, obs. G.V.).

Si une cour-terrasse sert d'assise à cinq immeubles dépendant d'une même copropriété, les charges d'entretien du gros œuvre de cette cour-terrasse sont valablement réparties entre lesdits immeubles proportionnellement à l'étendue de l'implantation de chacun des immeubles (▪ CA Paris, 2 déc. 1985 : *Inf. rap. copr.* janv.-févr. 1987, p. 17. ▪ Cass. 3e civ., 22 juill. 1987 : *Rev. Administrer* févr. 1988, p. 40).

Si le règlement de copropriété prévoit une répartition des charges par bâtiment, le montant des travaux de remise en état d'un toit terrasse ne pèse que sur les copropriétaires du bâtiment concerné et non pas sur l'ensemble des copropriétaires au prorata de leurs millièmes généraux (▪ Cass. 3e civ., 3 juin 2009, n° 07-20.314 : *JurisData* n° 2009-048621).

58) Dépose des installations. Si la copropriété doit effectuer des travaux concernant le gros œuvre des terrasses, les frais de dépose et d'enlèvement des installations, équipements ou constructions qui y ont été installés par le bénéficiaire du droit de jouissance exclusif constituent des dépenses accessoires, à répartir de la même manière que la charge des travaux. Toutefois il en est autrement :

– pour tous les aménagements effectués par le copropriétaire titulaire du droit de jouissance exclusif qui, n'étant pas prévus par le règlement et n'existant pas dès l'origine, ne peuvent être considérés comme des parties communes (▪ Cass. 3e civ., 30 avr. 2002 : *Loyers et copr.* 2002, comm. 220, obs. G. Vigneron ; *Rev. Administrer* nov. 2002, p. 36, obs. J.-R. Bouyeure ; *Inf. rap. copr.* juill.-août 2002, p. 18, note P. Capoulade. ▪ CA Besançon, 2e ch. civ., 13 avr. 2007 : *JurisData* n° 2007-334555. ▪ CA Paris, 23e ch. B, 5 avr. 2007 : *Rev. Administrer* juill. 2007, p. 33, obs. J.-R. Bouyeure. ▪ CA Reims, ch. civ., 27 sept. 2004 : *JCP* G 2005, IV, 2402). Mais les frais de remplacement des jardinières fixes incorporées au gros œuvre dès l'origine par des bacs à fleurs mobiles, rendus nécessaires par l'exécution de travaux d'étanchéité, doivent être pris en charge par le syndicat (▪ Cass. 3e civ., 6 oct. 1999 : *Loyers et copr.* 2000, comm. n° 24) ;

– pour tous les aménagements effectués de manière irrégulière, auquel cas les frais de dépose et de remise en état incomberont au seul attributaire du droit de jouissance exclusif (V. ▪ CA Paris, 15e ch. B, 4 oct. 1990 : *Loyers et copr.* 1991, n° 39 – *a contrario* – et ▪ CA Versailles, 20 déc. 1990 : *Rev. Administrer* mars 1991, p. 63). Ainsi lorsque le copropriétaire a procédé au coffrage de canalisations communes les rendant ainsi inaccessibles (▪ Cass. 3e civ., 17 juin 2009, n° 08-16.144 : *Rev. Administrer* nov. 2009, p. 66, obs. J.-R. Bouyeure ; *AJDI* 2009, p. 723) ;

– ou encore, si le règlement contient une clause imposant de laisser un libre accès à la terrasse en cas de travaux (▪ Cass. 3e civ., 5 janv. 1994 : *Loyers et copr.* 1994, n° 208).

Bibliographie : sur le sujet : M.-F. Ritschy, *JCl. Copropriété*, Fasc. 280. – T. Dubaele, *La rénovation de la toiture terrasse en copropriété* : *Dr. et patrimoine*, juill.-août 2000, p. 43. – J. Barnier-Sztabowicz, *Prise en charge de la dépose et de la repose des aménagements privatifs en terrasse en cas de réfection de l'étanchéité* : *Rev. Administrer* févr. 2003, p. 28.

27° Usufruit

59) Renvoi. Le problème de la répartition des charges entre nu-propriétaire et usufruitier est étudié ci-dessous.

Voir : L. 10 juill. 1965, art. 10, comm. nos 117 à 119, p. 184.

28° Vide-ordures

60) Distinctions à opérer. La gaine et le local de réception au pied de la gaine ainsi que le « vidoir » constituent des parties communes. Les vidoirs situés dans les appartements sont, par contre, des parties privatives (▪ TGI Lyon, 17 oct. 1960 : *AJPI* 1961, II, 10). En revanche, s'il existe une porte de vide-ordures par étage desservant plusieurs locaux privatifs, le vidoir ainsi que le local de vide-ordures d'étage sont parties communes...

Les dépenses de réparation et d'entretien de ce qui est partie commune sont réparties en proportion des tantièmes de copropriété (V. ▪ Cass. 3e civ., 20 déc. 2000 : *JurisData* n° 2000-007484 ; *Loyers et copr.* 2001, comm. 74. ▪ Cass. 3e civ., 1er avr. 1987 : *Bull. civ.* III, n° 73, p. 43. ▪ CA Paris, 23e ch. A, 11 oct. 1989 : *Loyers et copr.* déc. 1989, n° 542. ▪ CA Paris, 23e ch., 7 déc. 1993 : *Loyers et copr.* 1994, n° 124).

Par contre, les gaines des vide-ordures sont des éléments d'équipement communs : les frais d'entretien, de débouchage et de désinfection sont répartis selon le critère d'utilité (V. L. art. 10, al. 1). Tout lot pour lequel cet équipement présente une utilité objective doit y participer (▪ CA Paris, 23e ch. B, 10 nov. 1989 : *Loyers et copr.* janv. 1990, n° 53). L'utilité pour chaque lot étant difficile à mesurer, on peut en pratique procéder à une répartition selon les tantièmes de copropriété (V. ▪ Cass. 3e civ., 1er avr. 1987, préc.).

Toutefois un arrêt postérieur en fait une partie commune dont toutes les charges, y compris de nettoyage, doivent être réparties en fonction des tantièmes de copropriété (▪ CA Paris, 23e ch., 1er juill. 1994 : *Loyers et copr.* janv. 1995, n° 33).

29° VMC

61) Critère de l'utilité. La ventilation mécanique contrôlée (VMC) étant un équipement commun, les dépenses d'entretien y afférentes doivent être réparties en fonction de l'utilité que présente cet équipement pour chaque lot. Cette utilité doit être entendue comme la possibilité objective d'en bénéficier. Il appartient au syndicat qui demande le paiement de charges d'entretien de démontrer que le raccordement du lot à la VMC est techniquement possible (▪ Cass. 3e civ., 11 oct. 2006 : *Bull. civ.* III, n° 195 ; *Defrénois* 2007, art. 38614, p. 975, obs. C. Atias. ▪ CA Paris, 23e ch. B, 5 juill. 2007 : *Loyers et copr.* 2007, comm. 229, obs. G. Vigneron).

30° Voierie

62) Répartition selon les « tantièmes » de copropriété. Les frais d'entretien des voies sont normalement répartis entre tous les copropriétaires au prorata de leurs tantièmes de copropriété. Il a cependant été jugé que les frais afférents aux voies de desserte exclusivement réservées aux bâtiments commerciaux d'une copropriété constituaient une charge commune spéciale à ces bâtiments (▪ Cass. 3e civ., 6 juill. 1988 : *Loyers et copr.* 1988, n° 407 ; *Inf. rap. copr.* 1988, p. 297). Si le juge qualifie une galerie marchande de partie commune générale, car elle est empruntée par tous les copropriétaires, les charges liées à cette galerie doivent être réparties au prorata des tantièmes généraux de copropriété et non pas comme des charges communes spéciales prévues en l'espèce pour les circulations intérieures (▪ Cass. 3e civ., 14 sept. 2017, n° 16-19.228 : *JurisData* n° 2017-021185 ; *Loyers et copr.* 2017, comm. 216, note C. Coutant-Lapalus).

B – Procès

63) Répartition des condamnations et des dépens selon les « tantièmes » de copropriété. Les dommages et intérêts et frais de procédure auxquels le syndicat est condamné sont des charges communes générales. Chaque copropriétaire (y compris celui qui a gagné le procès contre la copropriété) doit donc en principe contribuer à leur paiement en proportion de ses tantièmes de copropriété. Seul le copropriétaire qui a vu sa prétention déclarée bien fondée dans un litige l'opposant au syndicat des copropriétaires peut en être dispensé, sur le fondement de l'article 10-1 de la loi du 10 juillet 1965 (■ Cass. 3e civ., 16 mars 2023, n° 22-11.756 : *JurisData* n° 2023-003887 ; *Loyers et copr.* 2023, comm. 87, note C. Coutant-Lapalus).

La clause du règlement de copropriété selon laquelle, en cas d'action judiciaire, les frais de procès incomberont au seul copropriétaire intéressé, en raison de l'existence d'une spécialisation des charges par bâtiment est contraire à l'article 10 de la loi du 10 juillet 1965 et doit être réputé non écrite (■ CA Paris, pôle 4, 2e ch., 19 juin 2019, n° 16/7824 : *Administrer*, nov. 2019, p. 50, note J.-R. Bouyeure).

Voir aussi : L. art. 15.

La cour de Paris déclare ainsi que tous les copropriétaires, y compris le copropriétaire demandeur, doivent contribuer au paiement des indemnités mises à la charge du syndicat en réparation du préjudice résultant du défaut d'entretien des parties communes (■ CA Paris, 30 nov. 1984 : *D.* 1985, inf. rap. p. 427, obs. Giverdon. ■ CA Paris, 1er juill. 1994 : *D.* 1994, inf. rap. p. 224, et, dans le même sens : ■ Cass. 3e civ., 22 juill. 1987 : *Gaz. Pal.* 25-27 sept. 1987, pan. p. 234. ■ Cass. 3e civ., 28 mars 1990 : *D.* 1990, jurispr. p. 508, obs. H. Souleau ; *Loyers et copr.* mai 1990, n° 235. – V. aussi J.-R. Bouyeure, *La charge des dépens dans une copropriété : Rev. Administrer* mai 1985, p. 9). Les dommages-intérêts alloués à un propriétaire voisin ne peuvent être mis à la charge d'un immeuble déterminé, au motif que l'incendie qui a causé le sinistre est né dans cet immeuble (■ CA Paris, 23e ch. B, 18 oct. 2007 : *JurisData* n° 2007-345900).

Il a été jugé que la contribution pour sa quote-part à l'indemnisation et à l'astreinte mise à la charge du syndicat au titre des charges relatives à la conservation, à l'entretien et à l'administration des parties communes par le copropriétaire bénéficiaire des condamnations prononcées, proportionnellement à ses tantièmes de copropriété ne porte pas atteinte au principe constitutionnel de responsabilité, ni au droit à l'exécution des décisions juridictionnelles, mais découle de sa qualité de copropriétaire membre du syndicat (■ Cass. 3e civ., 15 nov. 2018, n° 18-12.714 : *Administrer* janv. 2019, p. 40, note J.-R. Bouyeure ; *AJDI* 2019, p. 452, note N. Le Rudulier. – V. également ■ Cass. 3e civ., 20 juin 2019, n° 18-12.714 : *JurisData* n° 2019-010674 ; *Loyers et copr.* 2019, n° 158, note C. Coutant-Lapalus ; *Administrer*, oct. 2019, p. 61, note J.-R. Bouyeure).

NB : Ces solutions restent valables en ce qui concerne les condamnations à dommages et intérêts. Mais le problème de la *charge des dépens* a trouvé une solution nouvelle depuis la loi du 13 décembre 2000, qui a introduit dans la loi du 10 juillet 1965 un nouvel article 10-1.

Voir : L. 10 juill. 1965, art. 10-1, p. 190.

V – L'ARTICLE 10 DE LA LOI EST D'ORDRE PUBLIC

64) Sanctions. Toute répartition des charges de copropriété contraire aux règles posées à l'article 10 est illicite et réputée non écrite. Il en est ainsi par exemple pour une clause répartissant les charges dites « générales » sans avoir égard aux critères posés par l'article 5 de la loi du 10 juillet 1965 : consistance, superficie et situation de chaque lot sans avoir égard à son utilisation (■ CA Paris, pôle 4, 2e ch., 16 févr. 2011 : *JurisData* n° 2011-001655 ; *Loyers et copr.* 2011, comm. 156, obs. G. Vigneron). De même pour une clause imposant à tous les copropriétaires, même ceux qui ne sont pas propriétaires d'un emplacement de bateau, de participer aux « frais de nettoyage du bassin tel que le curage et l'entretien régulier du plan d'eau aménagé en port de plaisance » (■ CA Aix-en-Provence, 2 mai 2010 : *JurisData* n° 2010-023604 ; *Loyers et copr.* 2011, comm. 89, obs. G. Vigneron).

Lorsque la répartition des charges ne respecte pas les règles posées par l'article 10 de la loi, le copropriétaire qui en pâtit dispose de plusieurs recours :

– il peut tout d'abord tenter d'obtenir la « révision » de la répartition des charges en intentant l'action prévue par l'article 12 de la loi (V. ci-dessous ce texte et son commentaire) ;

– il peut éventuellement exercer une action tendant à faire reconnaître le caractère « non écrit » de la répartition des charges (qualifiée parfois en pratique d'« action en nullité » de la répartition des charges), dont la jurisprudence a admis la possibilité.

Il peut également tenter d'obtenir à l'amiable de l'assemblée une nouvelle répartition des charges. La Cour de cassation a en effet admis que l'assemblée générale des copropriétaires pouvait constater, à la majorité de l'article 24 de la loi du 10 juillet 1965 le caractère « non écrit » d'une clause du règlement (V. L. 10 juill. 1965, art. 43). La décision est en principe prise à l'unanimité (V. L. 10 juill. 1965, art. 11, p. 196) : un refus de statuer, obligeant le copropriétaire intéressé à aller en justice, constituerait un abus de majorité.

Voir : sur les conditions d'exercice de cette action, V. L. 10 juill. 1965, art. 12, p. 202. – Sur l'abus de majorité, L. 10 juill. 1965, art. 24, comm. nos 31 à 37, p. 407.

VI – LE RÈGLEMENT DE COPROPRIÉTÉ ET LA RÉPARTITION DES CHARGES

Bibliographie : S. Lelièvre et S. Chaix-Bryan, *Tantièmes de copropriété et tantièmes de charges* : *JCP* N 2007, n° 28, 1212.

A – Répartition des charges en deux catégories

65) Distinction nécessaire. Selon l'article 1er du décret du 17 mars 1967 (V. ce texte), *l'état de répartition des charges* prévu par l'article 10 de la loi doit distinguer les différentes catégories de charges. Cette répartition ne peut pas être arbitraire : le règlement ne peut qualifier de « charges de conservation de l'immeuble » des dépenses qui relèvent des services collectifs et des éléments d'équipement communs (■ Cass. 3e civ., 12 sept. 2019, n° 18-18.845 : *AJDI* 2020, p. 454).

Il doit fixer la quote-part de chaque lot dans chacune de ces catégories de charges. À défaut, il doit en fixer les bases de répartition mais, en pratique, le règlement fixe toujours la quote-part de charges incombant à chaque lot.

Il appartient au règlement de copropriété de prendre parti sur certaines charges dont la classification n'est pas évidente : tennis, piscine, etc., et de déterminer s'il convient de spécialiser les charges de conservation, d'entretien et d'administration par bâtiment, le cas échéant.

Voir : L. 10 juill. 1965, art. 10, comm. n° 8, p. 141.

Le règlement de copropriété peut aussi déterminer des parties communes à certains lots seulement, dans ce cas, il répartit les charges correspondantes entre ces lots.

Voir aussi : sur les parties communes spéciales, L. 10 juill. 1965, art. 3, comm. n° 2, p. 33 et sur les charges communes spéciales, comm., D. 17 mars 1967, art. 1er, comm. nos 11 à 15, p. 659.

B – Obligation d'indiquer le mode de calcul des charges dans le règlement

66) Innovation introduite par la loi du 13 décembre 2000. L'article 76 de la loi du 13 décembre 2000 avait complété l'article 10 de la loi du 10 juillet 1965 par un alinéa 4 ainsi rédigé : « Tout règlement de copropriété publié à compter du 31 décembre 2002 indique les éléments pris en considération et la méthode de calcul permettant de fixer les quotes-parts de parties communes et la répartition des charges. »

L'objectif du texte, introduit par voie d'amendement devant l'assemblée (première séance du 16 mars 2000 : *JO*, p. 2118) était « d'expliquer une fois pour toutes à chacun des copropriétaires comment ses charges sont calculées » (déclaration de M. Marcovitch).

Ce texte a été déplacé et modifié par l'ordonnance n° 2019-1101 du 30 octobre 2019, applicable à compter du 1er juin 2020, et figure à l'article 10 alinéa 3 de la loi et non plus à l'alinéa 4. Dans sa nouvelle rédaction il précise que cette obligation s'appliquera dorénavant à tout règlement, et non pas seulement à ceux « publiés à compter du 31 décembre 2002 », cette mention ayant été supprimée dans la nouvelle version du texte.

67) Informations à fournir. Le règlement de copropriété doit indiquer :

- les éléments pris en considération ;
- la méthode de calcul...

... qui ont permis de « fixer les quotes-parts de parties communes et la répartition des charges ».

68) Sanctions. Que se passera-t-il si, contrairement aux vœux du législateur, le règlement de copropriété ne donne aucune précision quant aux modalités de calcul des tantièmes de copropriété et de charges ?

La loi a malheureusement oublié de le préciser. Faute de texte le prévoyant, il ne semble pas que l'on puisse conclure à la nullité ou au caractère inopérant (à l'inexistence) de la répartition des tantièmes de copropriété et de charges. La seule sanction possible paraît être une action en exécution de l'obligation légale. N'importe lequel des copropriétaires (et bien entendu le syndicat) serait en droit d'exiger du rédacteur du règlement la fourniture des renseignements prévus par l'article 10, alinéa 4 nouveau de la loi du 10 juillet 1965. Un document complémentaire devrait être à cette occasion établi en la forme authentique pour être publié, car dans l'esprit de la loi il fait corps avec le règlement de copropriété.

La réparation de cette omission se fera aux frais du responsable. Ce sera en principe le rédacteur du règlement mais si l'omission est postérieure au 31 décembre 2002 et que le règlement de copropriété a été publié en l'état, la responsabilité du syndic et du notaire pourrait être recherchée, dans la mesure du préjudice causé.

C – Clauses du règlement relatives à la répartition des charges

69) Clauses réputées non écrites. Pour déclarer non écrite une clause du règlement concernant la répartition des charges, les juges du fond doivent constater qu'elle est contraire aux critères de répartition prévus à l'article 10 de la loi du 10 juillet 1965 (■ Cass. 3e civ., 9 juin 2010, n° 09-13.067 : *JurisData* n° 2010-008767 ; *Loyers et copr.* 2010, comm. 235, obs. G. Vigneron). Doit être déclarée illicite la clause répartissant des charges au prorata des tantièmes de copropriété sans faire de distinction entre celles visées par les alinéas 1 et 2 de l'article 10 de la loi (■ Cass. 3e civ., 21 janv. 2014, n° 12-27.514 : *JurisData* n° 2014-000812 ; *Loyers et copr.* 2014, n° 124, obs. G. Vigneron. ■ CA Paris, 19e ch., 12 févr. 1993 : *Rev. Administrer* déc. 1993, p. 53, obs. A. Dunes. ■ CA Versailles, 29 avr. 1993 : *Rev. Administrer* févr. 1994, p. 67, obs. A. Dunes).

Si une clause du règlement de copropriété répartit les charges selon des modalités contraires aux règles d'ordre public fixées par l'article 10 de la loi du 10 juillet 1965, le juge doit non pas annuler cette clause, mais la réputer « non écrite » conformément à l'article 43 de la loi du 10 juillet 1965 (■ Cass. 3e civ., 25 janv. 2024, n° 22-22.036, FS-B : *JurisData* n° 2024-000532 ; *Loyers et copr.* 2024, comm. 53, note C. Coutant-Lapalus ; *Administrer* mars 2024, p. 45, note P. Dechelette-Tolot. – V. déjà, ■ Cass. 3e civ., 20 janv. 1993, n° 91-17.509 : *JurisData* n° 1993-000359. – V. G. Gil, *La répartition des charges contraires aux dispositions d'ordre public de la loi du 10 juillet 1965* : *Administrer* juill. 2019, p. 10). La distinction est importante à plusieurs titres, notamment parce que ces sanctions (nullité ou caractère non écrit de la clause) n'obéissent pas au même régime de prescription (V. pour plus de détails, L. 10 juill. 1965, comm. art. 43, p. 628).

Tant que l'illicéité d'une clause du règlement n'a pas été soulevée, elle doit recevoir application (■ Cass. 3e civ., 23 janv. 1991 : *Inf. rap. copr.* oct. 1991, p. 296, obs. P. Capoulade). Ainsi, le syndicat est en droit de réclamer à un copropriétaire le paiement des charges de chauffage bien que son lot ne soit pas raccordé, tant que la clause du règlement le prescrivant n'a pas été réputée non écrite (■ Cass. 3e civ., 9 juill. 2020, n° 19-12.599 : *Administrer* oct. 2020, p. 41, note J.-R. Bouyeure. – V. aussi sur ce point, L. 65-557 10 juill. 1965, art. 43, p. 628.

Voir : sur le point de savoir si la décision reconnaissant le caractère illicite de la répartition des charges a ou non un effet rétroactif, V. L. 10 juill. 1965, art. 43, p. 628.

1° Charges dites « générales »

70) Exonérations abusives. Ont été réputées non écrites :

– les clauses tendant à exonérer certains copropriétaires de leur participation aux charges communes générales. Ainsi pour les clauses qui, dans un ensemble immobilier en construction, exonèrent de charges les lots construits mais non encore livrés (■ Cass. 3e civ., 27 janv. 1981 : *RTD civ.* 1981, p. 879, note Giverdon. ■ Cass. 3e civ., 24 mars 1981 : *Gaz. Pal.* 1981, 2, somm. 277. ■ Cass. 3e civ., 8 déc. 1981 : *Rev. loyers* 1982, p. 90) ou prévoyant que le règlement de copropriété entrera en vigueur au fur et à mesure de l'achèvement des bâtiments, afin de dispenser de charges les lots non bâtis (« lots transitoires » : ■ Cass. 3e civ., 30 juin 1998 : *Loyers et copr.* nov. 1998, p. 4 ; *JCP* N 1998, p. 13, note J. Lafond ; *Rev. Administrer* janv. 1999, p. 62, note P. Capoulade) ;

Serait également illicite une clause dispensant un copropriétaire de participer au paiement des frais de gestion (honoraires du syndic), de la prime d'assurance et des travaux relatifs à l'égout desservant l'immeuble (■ Cass. 3e civ., 1er avr. 1987 : *Bull. civ.* III, n° 74, p. 43 ; *D.* 1987, inf. rap. p. 91), ou encore une clause exonérant un lot de toute participation aux charges d'entretien et de conservation au motif que l'imbrication des habitations ne laisse subsister qu'une entrée au rez-de-chaussée qui ne présente pas d'utilité pour la desserte de ce lot, qui s'effectue par une autre rue (■ Cass. 3e civ., 24 janv. 2012, n° 10-27.944. – V. aussi ■ CA Paris, pôle 4, 2e ch., 23 nov. 2011 : *JurisData* n° 2011-026780 ; *Loyers et copr.* 2012, n° 91, obs. G.V.).

Voir aussi : sur la notion « d'utilité » à retenir, V. L. 10 juill. 1965, art. 10, comm. n° 13, p. 143.

De même, ont été déclarées illicites :

– la clause dispensant les locaux commerciaux du rez-de-chaussée de participer aux frais de ravalement de l'immeuble (■ Cass. 3e civ., 8 juill. 1998, n° 92-21.629 : *Bull. civ.* III, n° 161 ; *Rev. Administrer* févr. 1999, p. 59 et *RD imm.* 1998, p. 683, obs. P. Capoulade. ■ CA Paris, 19e ch. A, 18 juin 1997 : *Loyers et copr.* déc. 1997, n° 321. ■ CA Paris, 23e ch. A, 24 juin 1998 : *Loyers et copr.* janv. 1999, n° 18. ■ CA Paris, 23e ch., 6 nov. 1992 : *RD imm.* 1993, p. 124, obs. C. Giverdon. ■ CA Versailles, 29 avr. 1993, préc.) ou aux frais d'entretien, de réparation, de nettoyage et d'éclairage de l'escalier (■ CA Paris, 23e ch., 7 déc. 1993 : *D.* 1994, somm., p. 197, obs. J.-R. Bouyeure) ou encore aux frais concernant le gardien ou concierge, s'agissant de charges relatives à l'entretien et à la conservation des parties communes, qui ne sont pas réparties en fonction de leur utilité (■ Cass. 3e civ., 12 juill. 1995 : *Loyers et copr.* 1995, n° 436 ; *RD imm.* 1995, p. 781, obs. P. Capoulade. ■ CA Paris, 23e ch. A, 21 févr. 1996 : *Loyers et copr.* juin 1996, n° 274) ;

– la clause dispensant les garages en sous-sol de toute participation à ces mêmes frais (■ CA Paris, 23e ch., 7 mai 1993 : *Loyers et copr.* 1993, n° 318) ou dispensant les lots du rez-de-chaussée et du premier étage des charges d'entretien des escaliers et de l'ascenseur (■ CA Paris, 23e ch. A, 20 sept. 1995 : *Loyers et copr.* févr. 1996, n° 84).

71) Exonération de charges licites. D'un arrêt de la Cour de cassation rendu sur le visa de l'article 1134 (devenu art. 1103) du Code civil (■ Cass. 3e civ., 1er févr. 2006, n° 05-10.398 : *JurisData* n° 2006-031991 ; *Loyers et copr.* 2006, comm. 85, obs. G. Vigneron ; *Administrer* avr. 2006, p. 37, obs. J.-R. Bouyeure ; *Constr.-Urb.* 2006, comm. 192, obs.

D. Sizaire ; *Inf. rap. copr.* juin 2006, p. 16, note P. Capoulade), on a déduit que la spécialisation des charges dites « générales » pouvait être valable sur un fondement exclusivement contractuel et sans référence à l'article 24, alinéa 2 de la loi du 10 juillet 1965 (J.-R. Bouyeure, *La spécialisation des charges de l'article 10, alinéa 2 de la loi du 10 juillet 1965 : Administrer* juin 2010, p. 18. – Dans le même sens, G. Gil, *Parties communes spéciales, charges particulières et assemblées restreintes : Administrer* nov. 2010, p. 24. – V. déjà, se référant à l'article 1134 (devenu art. 1103) du Code civil, ▪ Cass. 3e civ., 18 mai 1988, n° 86-18.499).

Mais la possibilité d'exonérer ainsi tel ou tel lot de charges dites « générales » connaît une double limite :

– l'exonération doit être justifiée ;

– l'exonération ne peut pas jouer pour toutes les charges.

72) L'exonération de charges doit être justifiée. L'exonération n'est possible que pour les dépenses concernant les parties communes dont les lots exonérés n'ont ni l'usage ni l'utilité. Cette absence d'utilité sera fonction par exemple de la « situation particulière » du lot dans l'immeuble, selon l'expression utilisée par un arrêt de la Cour de cassation du 1er avril 1987 (*JurisData* n° 1987-000649 ; *Bull. civ.* 1987, III, n° 72) – lot extérieur, emplacement de stationnement en sous-sol, etc. –, ou d'autres éléments objectifs dont il résulte qu'il ne peut tirer aucun avantage des dépenses dont il est exonéré, par exemple sa destination spécifique, qui fait qu'il constitue une sorte de « *sous-copropriété dans l'immeuble* » (▪ Cass. 3e civ., 18 déc. 1996 : *JurisData* n° 1996-005069 ; *Loyers et copr.* 1997, comm. 82, note G. Vigneron). Cet avantage peut n'être que potentiel (V. pour des lots dont l'accès est temporairement neutralisé, *infra*, n° 68). Ainsi il a été jugé que le règlement pouvait valablement distinguer les charges à supporter par les propriétaires d'appartements et de caves, et les charges incombant aux propriétaires de locaux commerciaux dès lors que cette distinction est justifiée par la différence de situation des locaux en cause au regard de l'utilisation des parties communes (▪ Cass. 3e civ., 18 déc. 1996 : *Loyers et copr.* mars 1997, n° 82, note G. Vigneron). Ce même critère de « l'utilité » a été mis en avant pour admettre la licéité d'une clause du règlement imposant à un lot à usage commercial du rez-de-chaussée de l'immeuble de participer aux charges relatives au digicode et au vide-ordures, considérés comme se rapportant à la conservation, à l'entretien et à l'administration des parties communes. Cette clause est licite, a estimé la Cour de cassation, dès lors que l'issue de secours des locaux concernés donne dans l'entrée de l'immeuble (▪ Cass. 3e civ., 20 déc. 2000 : *Bull. civ.* III, n° 198). Il est paradoxal de justifier l'exonération de charges dites « générales » par référence au critère d'utilité qui ne s'applique qu'aux charges concernant les « services collectifs » et « équipements communs ».

Remarque : Il reste à savoir si cette jurisprudence est toujours d'actualité et se maintiendra, au regard de la nouvelle rédaction de l'article 6-2 de la loi du 10 juillet 1965 (V. ce texte) – qui établit une corrélation entre l'institution de charges spéciales et de la création de parties communes spéciales correspondantes – et de l'article 10-4 de cette même loi (V. nos 77 à 79).

73) Applications. Les applications jurisprudentielles de cette idée ont été nombreuses :

– en matière de ravalement, tout d'abord, il avait été admis qu'une dispense de participer aux charges de ravalement (considérées implicitement ici comme des dépenses d'entretien) appliquée à des locaux commerciaux du rez-de-chaussée n'était pas fondée, au motif que ces locaux bénéficiaient nécessairement de ces travaux (▪ CA Paris, 23e ch. B, 30 nov. 2000 : *Loyers et copr.* 2001, comm. 127. ▪ CA Versailles, 29 avr. 1993 : *JurisData* n° 1993-041788 ; *D.* 1994, somm. p. 197, note J.-R. Bouyeure ; *Rev. Administrer* févr. 1994, p. 67, note A. Dunes. ▪ CA Paris, 6 nov. 1992 : *JurisData* n° 1992-022951 ; *Loyers et copr.* 1993, comm. 35 ; *RD imm.* 1993, p. 124, obs. C. Giverdon) ;

– des solutions identiques ont été données à propos des charges concernant les halls d'entrée et les cages d'escalier de l'immeuble. Il a été jugé que les lots qui n'y ont pas accès pouvaient être dispensés des charges afférentes à leur entretien (▪ CA Paris, 19e ch., sect. B, 20 févr. 1998 : *JurisData* n° 1998-020305 ; *Loyers et copr.* 1998, comm. 196. ▪ CA Paris, 19e ch., sect. B, 21 févr. 1996 : *Loyers et copr.* 1996, comm. 274). Par contre les lots ayant un accès à l'escalier ne peuvent être dispensés des charges de la réfection de la cage d'escalier (▪ CA ▪ Paris, pôle 4, 2e ch., 23 nov. 2011 : *JurisData* n° 2011-026780 ; *Loyers et copr.* 2012, comm. 91, obs. G.V.), même si cet accès n'est que virtuel, dès lors qu'il est « possible de revenir, sans infraction au règlement, à une communication du lot avec le hall l'immeuble » (▪ Cass. 3e civ., 21 sept. 2004, n° 03-13.788 : *Administrer* janv. 2005, p. 48, note J.-R. Bouyeure. – V. aussi, ▪ CA Paris, pôle 4, 2e ch., 8 févr. 2012 : *JurisData* n° 2012-002110, dans le cas d'un accès temporairement obturé. – V. également pour le caractère illicite d'une exonération de charges « générales » concernant un lot qui avait une entrée au rez-de-chaussée : ▪ Cass. 3e civ., 24 janv. 2012, n° 10-27.944 : *JurisData* n° 2012-000971 ; *Loyers et copr.* 2012, n° 118, obs. G. Vigneron ; *Rev. loyers* 2012, p. 129 ; *Administrer* avr. 2012, p. 49, obs. J.-R. Bouyeure. ▪ CA Paris, pôle 4, 2e ch., 23 nov. 2011 : *JurisData* n° 2011-026780 ; *Loyers et copr.* 2012, n° 91, obs. G.V.).

Remarque : Il reste à savoir si cette jurisprudence est toujours d'actualité et se maintiendra, au regard de la nouvelle rédaction de l'article 6-2 de la loi du 10 juillet 1965 (V. ce texte) – qui établit une corrélation entre l'institution de charges spéciales et de la création de parties communes spéciales correspondantes – et de l'article 10-4 de cette même loi (V. n°s 77 à 79).

74) L'exonération ne peut pas concerner toutes les charges. En toute hypothèse, des lots ne peuvent être dispensés, par la création de répartitions de charges spéciales, de certaines catégories de charges dites « générales ».

Exemples. Une répartition de charge spéciale à une galerie marchande ne s'applique pas aux primes d'assurances qui sont souscrites dans l'intérêt de l'ensemble des copropriétaires et qui constituent des charges générales (▪ Cass. 3e civ., 4 juin 2009, n° 08-14.899 : *JurisData* n° 2009-048513 ; *Bull. civ.* III, n° 132). Autre exemple : même si le règlement de copropriété définit des parties communes spéciales et des charges communes spéciales, ceci n'implique pas que le temps de travail des gardiens passés à l'entretien de ces parties communes spéciales et les équipements communs qui s'y trouvent ne constitue pas des charges « générales ». Autrement dit les frais de gardiennage ne peuvent être « spécialisés » (▪ Cass. 3e civ., 13 déc. 2011, n° 10-28.763 : *Administrer* févr. 2012, p. 47, obs. J.-R. Bouyeure). Certains lots ne peuvent être dispensés de participation aux charges liées à l'arrosage des espaces verts, l'entretien, la réparation ou le remboursement d'ouvrages tels que les accès, les voies de circulation, les espaces libres et verts avec leurs plantations. S'agissant de parties communes générales tous les copropriétaires doivent participer aux charges y relatives sans avoir à considérer leur utilité ou leur usage (▪ CA Aix-en-Provence, 3 sept. 2010 : *JurisData* n° 2010-021823 ; *Loyers et copr.* 2011, comm. 67, obs. G.V.).

Remarque : Il reste à savoir si cette jurisprudence est toujours d'actualité et se maintiendra, au regard de la nouvelle rédaction de l'article 6-2 de la loi du 10 juillet 1965 (V. ce texte) – qui établit une corrélation entre l'institution de charges spéciales et de la création de parties communes spéciales correspondantes – et de l'article 10-4 de cette même loi (V. n°s 77 à 79).

2° *Charges des services collectifs et éléments d'équipement communs*

75) Imputation de charges abusive. Sont illicites les clauses tendant à faire supporter à certains copropriétaires des charges relatives à des éléments d'équipement communs ou à des services collectifs ne présentant pour eux aucune utilité (V. pour la « nullité » de la clause imposant à un copropriétaire du rez-de-chaussée de supporter des charges d'ascenseur, ▪ Cass. 3e civ., 5 juin 1970 : *JCP* 1970, II, 16537. ▪ Cass. 3e civ., 17 mars 1971 : *Gaz. Pal.* 1971, 2, 425, note Morand. ▪ Cass. 3e civ., 12 févr. 1980 : *JCP* G 1980, IV, 165 ; *Defrénois* 1980, art. 32503, note Souleau).

Voir aussi : sur la notion « d'utilité » à retenir, V. L. n° 10 juill. 1965, art. 10, comm. n° 13, p. 143.

76) Exonération de charges. Un copropriétaire ne peut être exonéré du paiement des charges relatives à un service collectif ou un élément d'équipement commun qu'en l'absence d'utilité de ces éléments d'équipement ou service à l'égard de son lot (▪ Cass. 3e civ., 25 janv. 2012, n° 10-27.014 : *JurisData* n° 2012-000967 ; *Loyers et copr.* 2012, n° 119, obs. G. Vigneron ; *Administrer* avr. 2012, p. 50, obs. J.-R. Bouyeure).

Il a été jugé que si le règlement prévoit que « les frais d'entretien des squares seront supportés par chaque immeuble ayant façade sur ces squares proportionnellement à la longueur de cette façade », le copropriétaire de lots qui ne comporte aucune façade sur ces squares doit être exonéré des charges correspondantes (▪ CA Paris, pôle 4, 2e ch., 24 févr. 2010 : *JurisData* n° 2010-001426).

Voir : sur la possibilité de mettre à la charge de certains copropriétaires seulement les dépenses d'entretien d'une partie de l'immeuble ou celles d'entretien et de fonctionnement d'un élément d'équipement commun en créant des répartitions de charges communes spéciales ; sur les parties communes spéciales, L. 10 juill. 1965, art. 3, comm. n° 2, p. 33, et sur les charges communes spéciales, comm., D. 17 mars 1967, art. 1er, comm. n°s 11 à 15, p. 659. – Sur les charges d'escalier, L. 10 juill. 1965, art. 10, comm. n°s 41 à 43, p. 156 et sur la possibilité d'exonérer les locaux « indépendants », L. 10 juill. 1965, art. 10, comm. n° 48, p. 158.

3° *Spécialisation conventionnelle des charges concernant certains services collectifs et éléments d'équipements communs (L. 10 juill. 1965, al. 4)*

77) Raison d'être évolution de la réglementation. La nécessité est apparue très tôt en pratique de n'imputer la charge de certaines dépenses qu'à une partie seulement des copropriétaires : exclusion des frais de peinture et d'entretien de l'escalier pour les copropriétaires du rez-de-chaussée ; garages affectés à certains copropriétaires à l'exclusion des autres, etc. (V. F. Givord et C. Giverdon, *La copropriété*, 4e ed., n° 567). Certains règlements pouvaient distinguer en conséquence, d'une part, les charges communes à tous et, d'autre part, les charges limitées à certains copropriétaires, tout en organisant des « assemblées particulières » auxquelles avait seul accès les débiteurs de ces charges. L'article 24 de la loi juillet 1965 avait légalisé cette pratique d'abord dans son alinéa 2 puis *in fine* dans son § III en disposant que :

« Lorsque le règlement de copropriété met à la charge de certains copropriétaires seulement les dépenses d'entretien d'une partie de l'immeuble ou celles d'entretien et de fonctionnement d'un élément d'équipement, il peut être prévu par ledit règlement que ces copropriétaires seuls prennent part au vote sur les décisions qui concernent ces dépenses. Chacun d'eux vote avec un nombre de voix proportionnelles à sa participation aux dites dépenses ».

Ce texte a été transféré, avec une nouvelle rédaction à l'alinéa 4 de la loi du 10 juillet 1965 par l'ordonnance n° 2019-1100 du 30 octobre 2019.

78) Répartition conventionnelle des charges. La nouvelle rédaction de l'article 10, alinéa 4, apporte une nouveauté. La possibilité de spécialiser certaines charges communes ne concerne plus que « les dépenses d'entretien et de fonctionnement entraînées par certains services collectifs ou éléments d'équipements ».

Il résulte de la nouvelle rédaction du texte que « les dépenses d'entretien d'une partie de l'immeuble » ne peuvent plus faire l'objet d'une spécialisation conventionnelle : elles sont soumises aux règles de droit commun des répartitions des charges énoncées par l'article 10, alinéa 2, qui vont s'appliquer de manière impérative. Dans cette mesure, certaines décisions antérieures, qui admettaient qu'une exonération de charges concernant des parties communes puisse être justifiée en raison de la situation particulière du lot dans l'immeuble, ne paraissent plus d'actualité.

En revanche, le texte ouvre la possibilité nouvelle de « spécialiser » les dépenses d'entretien et de fonctionnement entraînées par certains services collectifs remplaçant par exemple des services de gardiennage). Et la faculté d'instituer une répartition conventionnelle de charges en ce qui concerne les dépenses d'entretien et de fonctionnement entraînées par des éléments d'équipement reste toujours offerte.

On peut observer que les répartitions conventionnelles ainsi autorisées sont parfaitement « autonomes ». Elles ne sont nullement subordonnées à l'existence de parties communes spéciales (ce qui s'explique puisque les parties communes sont aujourd'hui exclues du champ d'application de l'article 10, alinéa 4, mais pourrait se concevoir pour certains éléments d'équipement : par exemple l'ascenseur). L'article 10 alinéa 4 apparaît comme un texte autonome dérogatoire aux règles générales concernant la répartition des charges en général et plus particulièrement à la répartition des charges dites « spéciales ».

79) Prise de décision. En matière de prise de décision, l'article 10 alinéa 4, reprend les solutions antérieurement admises sous l'empire de l'article 24 de la loi du 10 juillet 1965 (V. ci-dessus n° 77).

Le règlement de copropriété peut prévoir que les copropriétaires prennent seuls part au vote sur les décisions qui concernent les dépenses d'entretien et de fonctionnement entraînées par certains services collectifs ou éléments d'équipements communs. La tenue de ces « assemblées spéciales » n'est possible que si le règlement le prévoit expressément (▪ CA Aix-en-Provence, 22 avr. 1969 : *AJPI* 1969, p. 721. ▪ TGI Paris, 23 nov. 1970 : *Inf. rap. copr.* 1971, p. 28).

Chacun des copropriétaires « dispose d'un nombre de voix proportionnel à sa participation aux dites dépenses », ce qui constituait déjà la règle dans la rédaction antérieure de l'article 24 (V. ci-dessus) mais constitue une curiosité par rapport aux règles habituelles régissant la prise de décision (L. 10 juill. 1965, art. 22, al. 2).

À l'époque où ces dispositions figuraient sous l'article 24 de la loi du 10 juillet 1965, il avait été jugé que ces assemblées ne pouvaient concerner que les seules décisions relevant de la majorité de l'article 24 (▪ Cass. 3e civ., 4 déc. 2007, n° 06-19.428 : *Administrer* juin 2008, p. 45, obs. J.-R. Bouyeure. – *Contra* : ▪ CA Paris, pôle 4, 2e ch., 12 oct. 2011, n° 10/11534 : *Administrer* mars 2012, p. 44, obs. J.-R. Bouyeure). Il apparaît à la lecture de l'article 10, alinéa 4, que, aujourd'hui, comme hier, les décisions à prendre ne peuvent concerner que les dépenses d'entretien de parties communes ou d'entretien et de fonctionnement d'éléments d'équipement commun. On peut observer que ces décisions relèvent *a priori* de la majorité de l'article 24.

VII – LE RECOUVREMENT DES CHARGES

Bibliographie : H. Calfan, *Le risque d'impayé dans la copropriété* : *Gaz. Pal.* 1983, 2, doctr., p. 436. – Lot, *Recouvrement des créances du syndicat ; la saisie-arrêt et le privilège mobilier* : *Rev. Administrer* févr. 1982, p. 4. – Guiraud, *Le recouvrement des charges de copropriété* : *Inf. rap. copr.* 1986, p. 241 et s. – G. Vigneron, *Le sort des frais exposés pour le recouvrement des charges* : *Loyers et copr.* mars 1989, p. 1. – C. Atias, *Le titre de créance du syndicat poursuivant le recouvrement des charges* : *Inf. rap. copr.* nov. 1996, p. 22. – J.-P. Mantelet, *Le recouvrement des charges de copropriété devant le tribunal d'instance* : *Rev. Administrer* mars 1996, p. 24. – B. Nicod, *Les procédures d'exécution pour le recouvrement des charges* : *AJPI* 1996, p. 377. – *Charges impayées : comment les prévenir et les recouvrer (étude anonyme)* : *Rev. hab. fr.* sept. 1999, p. 23. – R. Willmann, *Copropriété : réagir contre les impayés : Conseils par des notaires*, 31 mai 1999, p. 8. – M. Bertrand, *Charges, la fin des mauvais payeurs* : *Le Particu-*

lier immobilier nov. 1999, p. 40. – L. Roy, *Copropriété, réagissez au premier impayé* : *Le Particulier immobilier* oct. 2002, p. 30. – P. Baudouin, *Modalités pratiques de recouvrement des charges de copropriété* : *Rev. Administrer* févr. 2003, p. 18. – J. Barnier-Sztabowicz, *Le recouvrement accéléré des provisions et des charges* : *Rev. Administrer* févr. 2003, p. 23. – F. Baladine et V. Carteron, *Procédures de recouvrement de charges de copropriété* : *AJDI* 2003, p. 646. – G. Roman, *Le recouvrement des charges de copropriété* : *AJDI* 2008, p. 567. – J.-M. Roux, *Le débiteur des charges* : *AJDI* 2008, p. 554. – J. Sroussi, *Le recouvrement des charges de copropriété* : *Inf. rap. copr.* nov. 2023, p. 39. – *La copropriété*, Dalloz Action, 2021-2022, 10e ed., ss direction de P. Capoulade et D. Tomasin, nos 242-391 et s.

A – Modalités du recouvrement des charges

80) Compétence du syndic. Le recouvrement des charges est confié au syndic qui a compétence exclusive en ce domaine (▪ Cass. 3e civ., 8 oct. 2015, n° 14-19.245 : *Administrer* janv. 2016, p. 33, note J.-R. Bouyeure). Aucun tiers ne peut se substituer à lui dans cette tâche, en particulier des cabinets spécialisés dans le recouvrement (Rép. min. n° 79285 : *JOAN Q* 15 sept. 2015, p. 7051). Ainsi, dans une résidence-services, il ne peut déléguer le soin de procéder à ce recouvrement à l'exploitant de la résidence fournissant les services spécifiques (▪ Cass. 3e civ., 9 févr. 2017, n° 15-28.436 : *JurisData* n° 2017-001994 ; *Loyers et copr.* 2017, comm. 92, obs. A. Lebatteux. – V., dans le même sens, ▪ Cass. 3e civ., 20 oct. 2016, n° 15-18.736).

Il lui appartient à cette occasion de répartir les charges entre les copropriétaires, sous sa responsabilité (▪ CA Paris, 23e ch. B, 29 mars 2007 : *JCP G* 2007, IV, 2041). L'assemblée ne pourrait priver le syndicat ou le syndic de leur pouvoir, qu'ils tiennent des dispositions d'ordre public de l'article 15 de la loi et de l'article 55 du décret, d'agir en recouvrement des charges (▪ Cass. 3e civ., 18 sept. 2012, n° 11-17.701. ▪ CA Paris, pôle 4, 2e ch., 5 mai 2010 : *Rev. Administrer* oct. 2010, p. 57, obs. J.-R. Bouyeure).

C'est au syndic ès qualités qu'il appartient de rapporter la preuve que le copropriétaire poursuivi est effectivement débiteur des sommes réclamées, en produisant notamment des états détaillés des divers comptes dont résulte sa dette (▪ Cass. 3e civ., 25 févr. 2016, n° 14-29.245 : *JurisData* n° 2016-003250 ; *Loyers et copr.* 2016, n° 156, obs. G. Vigneron. ▪ Cass. 3e civ., 16 déc. 1987 : *Loyers et copr.* janv. 1988, n° 84).

Pour recouvrer les charges de copropriété, *le syndic dispose d'un ensemble de moyens qu'il a le devoir de mettre en œuvre.*

Bibliographie : C. Atias, *Le syndic, maitre de la répartition des charges ?* : *AJDI* 2013, p. 81 (à propos de l'arrêt de la Cour de cassation du 18 septembre 2012, précité).

Voir aussi : L. art. 18 et son commentaire. – Sur la responsabilité du syndic qui tarde à recouvrer les charges ou néglige de les recouvrer, V. L. art. 18. – Sur la carence du syndic et ses sanctions, V. D. art. 49.

81) Actions en paiement. Dans le cas de retard de paiement, le syndic doit notifier une mise en demeure selon les formes prévues par les articles 64 ou 64-2 du décret du 17 mars 1967 (V. ces textes) pour faire courir les intérêts de retard dus au syndicat (sur le taux de ces intérêts, V. D. art. 36).

– Il peut bien entendu actionner le copropriétaire récalcitrant en paiement (sur le tribunal compétent, V. art. 62 du décret – sur les autorisations nécessaires, V. D. art. 55). Une demande additionnelle peut être faite en cas d'appel pour les charges nouvelles échues depuis le jugement de première instance (▪ Cass. 3e civ., 2 mars 1994 : *Loyers et copr.* 1994, n° 253). Le syndic peut, le cas échéant, demander le paiement des charges en référé si la créance n'est pas sérieusement contestable (▪ Cass. 3e civ., 20 juin 2007, n° 06-19.475).

– Il peut aussi agir par la voie oblique pour obtenir la mainlevée d'une clause d'inaliénabilité grevant un lot et permettre qu'il soit vendu pour payer les charges (application de l'article 900-1 du Code civil : ▪ CA Paris, 23e ch. A, 17 déc. 1997 : *Loyers et copr.* avr. 1998, n° 108, note G. Vigneron).

– Il pourrait également exercer l'action paulienne (C. civ., art. 1341-2) pour obtenir qu'un acte d'appauvrissement du copropriétaire débiteur soit déclaré inopposable au syndicat (▪ CA Paris, pôle 4, 2e ch., 22 févr. 2017, n° 12/17059 : *Administrer* mai 2017, p. 35, obs. J.-R. Bouyeure).

– Sur le cas où le syndicat exerce des poursuites abusives, V. *infra*, n° (79).

Lorsqu'un copropriétaire ne s'acquitte de sa dette que partiellement, ce sont les règles d'imputation édictées par le Code civil (C. civ., art. 1253, devenu art. 1342-10) qui sont applicables (▪ Cass. 3e civ., 18 déc. 2001 : *Dossier CAB* n° 97, févr. 2002, n° 22, obs. A. Dunes). Les versements épisodiques opérés s'imputent sur les dettes les plus anciennes (▪ CA Paris, pôle 4, 2e ch., 2 déc. 2009 : *AJDI* 2010, p. 232. ▪ CA Paris, 23e ch. B, 1er févr. 2007 : *AJDI* 2007, p. 397).

La remise d'un chèque (qui s'est égaré) n'opère pas novation et n'opère pas paiement de sorte que la dette subsiste tant qu'il n'est pas payé (▪ Cass. com., 14 juin 2005 : *JurisData* n° 2005-028991).

Sur le délai de prescription de l'action (dix ans), voir commentaire L. article 42, alinéa 1.

82) Prescription. Les actions en recouvrement des charges sont soumises au délai de prescription de l'article 42, alinéa 1 de la loi du 10 juillet 1965 (V. ce texte *infra*. ▪ Cass. 3e civ., 9 févr. 2010, n° 09-12.366 : *JurisData* n° 2010-051588. ▪ Cass. 3e civ., 1er mars 2006 : *Bull. civ.* III, n° 51 ; *Defrénois* 2007, art. 38553, p. 376, obs. C. Atias. ▪ Cass. 3e civ., 17 nov. 1999 : *Bull. civ.* III, n° 218 ; *Loyers et copr.* 2000, comm. 16, note G. Vigneron ; *Rev. Administrer* mars 2000, p. 37, note P. Capoulade ; *AJDI* 2000, p. 531, obs. P. Guitard. Ce délai a été réduit à 5 ans par la loi ELAN du 23 novembre 2018.

Lorsqu'à la suite d'une action en mainlevée d'une opposition, un arrêt de la Cour passé en force de chose jugée fixe la créance du syndicat des copropriétaires, la prescription, qui est régie par le droit commun, a pour point de départ la date de l'arrêt (▪ Cass. 3e civ., 8 juin 2011, n° 10-14.379 : *JurisData* n° 2011-011066 ; *Bull. civ.* III, n° 94).

La prescription n'est pas suspendue par le décès du copropriétaire débiteur et par le fait qu'en raison de la vacance de sa succession il y a lieu de désigner un curateur (▪ CA Paris, pôle 4, 2e ch., 27 oct. 2010 : *Rev. Administrer* janv. 2011, p. 60, obs. J.-R. Bouyeure). Elle n'est pas interrompue par une simple mise en demeure (▪ Cass. 3e civ., 12 mai 2015, n° 13-25.688 : *JurisData* n° 2015-011222 ; *Loyers et copr.* 2015, comm. 173, obs. G. Vigneron), mais seulement par les actes visés par les articles 2241 et 2244 du Code civil : demande en justice, même en référé, mesures conservatoires prises en vertu du Code de procédure civile ou actes d'exécution forcée.

83) Restitution des charges indues. V. ci-dessous, n° 135.

84) Justifications à fournir. C'est au syndicat qui prétend être créancier de prouver la réalité de sa créance, sa liquidité et son exigibilité (▪ Cass. 3e civ., 12 janv. 2022, n° 21-10.481 : *JurisData* n° 2022-000327 ; *Loyers et copr.* 2022, comm. 45, note C. Coutant-Lapalus, qui rappelle la nature des documents à fournir (V. ci-dessous). ▪ Cass. 3e civ., 25 févr. 2016, n° 14-29.245 : *JurisData* n° 2016-003250 : *Loyers et copr.* 2016, n° 156, obs. G. Vigneron. ▪ Cass. 3e civ., 27 avr. 2004 : *Rev. Administrer* août-sept. 2004, p. 35, obs. J.-R. Bouyeure. ▪ Cass. 3e civ., 18 déc. 2001 et ▪ Cass. 3e civ., 19 févr. 2002 : *AJDI* 2002, p. 462, obs. C. Giverdon). Cette preuve peut résulter d'une reconnaissance de dette par le copropriétaire débiteur (▪ Cass. 3e civ., 20 juin 2001 : *AJDI* 2002, p. 39, obs. C. Giverdon) mais non pas de la simple production de relevés informatiques (▪ CA Paris, 23e ch. B, 25 janv. 2007 : *AJDI* 2007, p. 397. ▪ CA Paris, 23e ch. B, 27 janv. 2005 : *AJDI* 2005, p. 398. ▪ CA Paris, 23e ch. B, 29 nov. 2001 : *Loyers et copr.* 2002, comm. 101. ▪ CA Paris, 23e ch. B, 11 janv. 2001 : *Loyers et copr.* 2001, comm. 154). Ce principe interdit au syndicat de réclamer à un copropriétaire un « report à nouveau » non justifié (▪ Cass. 3e civ., 14 juin 2018, n° 17-14.766 : *JurisData* n° 2018-010382 ; *Loyers et copr.* 2018, n° 181, note A. Lebatteux).

Les textes n'indiquent pas les documents justificatifs à fournir. Le syndicat de copropriétaires qui sollicite le paiement des charges de copropriété doit établir l'existence de l'obligation au paiement et présenter pour ce faire des documents couvrant l'ensemble des périodes concernées par les impayés (▪ Cass. 3e civ., 12 nov. 2020, n° 19-21.018 : *JurisData* n° 2020-018438 ; *Loyers. copr.* 2021, comm. 14, note C. Coutant-Lapalus) et en particulier les documents comptables (▪ Cass. 3e civ., 28 sept. 2022, n° 21-19.980, F-D).

Ces documents doivent permettre, de connaître la quote-part de charges due par le défendeur pour chaque poste de dépenses (▪ Cass. 3e civ., 3 déc. 2020, n° 19-20.666 : *JurisData* n° 2020-020017 ; *Loyers. copr.* 2021, comm. 29, note C. Coutant-Lapalus ; *AJDI* 2021, p. 682 note N. Le Rudulier). La Cour de cassation a précisé que le syndicat devait produire le procès-verbal de l'assemblée approuvant les comptes de l'exercice correspondant (▪ Cass. 3e civ., 24 oct. 2019, n° 18-19.172 : *AJDI* 2020, p. 513, note N. Le Rudulier. ▪ Cass. 3e civ., 20 mai 2014, n° 13-11.602 : *JurisData* n° 2014-010899) ainsi que les documents comptables et le décompte de répartition des charges (▪ Cass. 3e civ., 27 janv. 2015, n° 13-26.571 : *JurisData* n° 2015-001238 ; *Loyers et copr.* 2015, comm. 103, obs. G. Vigneron ; *Administrer* mai 2015, p. 39, obs. J.-R. Bouyeure. ▪ Cass. 3e civ., 15 oct. 2013, n° 12-19.017 : *AJDI* 2014, p. 48. ▪ Cass. 3e civ., 11 déc. 2012, n° 11-26.348 : *JurisData* n° 2012-029344 ; *Loyers et copr.* 2013, comm. 59, obs. G. Vigneron ; *Administrer* mars 2013, p. 46, obs. J.-R. Bouyeure). Le syndicat doit également justifier de l'approbation des comptes des exercices précédents les exercices réclamés (▪ Cass. 3e civ., 12 avr. 2018, n° 17-11.667). Mais le syndicat n'a pas à produire les appels de fonds pour justifier de sa créance (▪ Cass. 3e civ., 8 mars 2018, n° 17-15.959 : *JurisData* n° 2018-003809 ; *Loyers et copr.* 2018, comm. 100, note A. Lebatteux). Les comptes produits sont irréguliers s'ils n'incluent pas certaines des dépenses du syndicat des copropriétaires au cours de l'exercice écoulé, par exemple les frais d'une assemblée générale extraordinaire convoquée à la demande d'un copropriétaire (▪ Cass. 3e civ., 15 avr. 2015, n° 14-13.255, publié au Bulletin : *JurisData* n° 2015-008272). Il a été jugé que si des factures ont été libellées par erreur au nom de certains copropriétaires et non du syndicat, cette erreur n'affectait pas le bien-fondé de la demande s'il apparaissait que la dépense avait été engagée pour et au nom de la copropriété (▪ Cass. 3e civ.,

3 juin 2021, n° 20-14.160 : *JurisData* n° 2021-014397 : *Loyers et copr.* 2021, comm. 158, note C. Coutant-Lapalus).

Si un copropriétaire sollicite un compte détaillé et justifié des sommes réclamées et une explication sur les tantièmes applicables, la simple offre de consultation des pièces sur rendez-vous ou le renvoi du copropriétaire à la lecture de l'ordre du jour de l'assemblée générale sur le changement des tantièmes de son lot n'est pas satisfaisante (▪ CA Paris, pôle 4, 2e ch., 27 janv. 2010 : *JurisData* n° 2010-380749 ; *Loyers et copr.* 2010, comm. 151, obs. G.V.). Un arrêt postérieur a indiqué que le syndicat n'avait pas à produire l'ensemble des documents comptables qu'il détenait, dès lors qu'il était loisible aux copropriétaires de les consulter selon les modalités prévues par l'article 18-1 de la loi du 10 juillet 1965 (▪ CA Paris, pôle 4, 26 juin 2012, n° 10/07171 : *JurisData* n° 2012-021596 ; *Loyers et copr.* 2012, comm. 341, obs. G. Vigneron). Les « reprises de soldes » doivent être également justifiées (▪ CA Paris, pôle 4, 2e ch., 28 mai 2009 : *AJDI* 2010, p. 47). Il appartient au syndicat d'établir le compte définitif d'exécution des décisions de justice intervenues, le Juge ne pouvant prononcer de condamnation au paiement de sommes pour lesquelles le syndicat des copropriétaires dispose déjà de titres exécutoires. C'est à tort que le syndicat fusionne dans un même relevé historique les écritures comptables se rapportant à l'exécution de décisions de condamnation d'une part et celles correspondant aux charges pour lesquelles aucune condamnation n'a été prononcée (▪ CA Paris, pôle 4, 2e ch., 14 mars 2012, n° 10/704 : *Administrer* juin 2012, p. 49, obs. J.-R. Bouyeure).

Le syndicat doit également vérifier qu'il s'adresse au véritable propriétaire. L'obligation au paiement des charges est attachée à la qualité de copropriétaire telle qu'elle résulte du titre de propriété du titulaire du lot et non pas à la jouissance effective ou prétendue de ce même lot ou à l'utilité que celui-ci présente pour la personne actionnée en paiement. Un copropriétaire ne peut être condamné au paiement des charges afférentes à un lot dont il n'est pas propriétaire (▪ CA Paris, pôle 4, 2e ch., 9 mars 2011 : *JurisData* n° 2011-003795). Si une société est aux termes du règlement de copropriété, propriétaire de lots affectés de quotes-parts de parties communes, qui dans les faits sont inexistants, le syndic ne peut se dispenser d'appeler les charges correspondantes tant que le règlement n'a pas été modifié (▪ CA Aix-en-Provence, 11 janv. 2013 : *Rev. loyers* 2013, p. 157).

85) Recouvrement judiciaire. La cour de Paris (23e ch. B) a donné dans plusieurs décisions successives les directives suivantes (V. en particulier, ▪ CA Paris, 23e ch. B, 15 nov. 2001 : *AJDI* 2002, p. 309) :

– le syndicat doit produire le procès-verbal de l'assemblée générale approuvant les comptes de l'exercice précédent et adoptant le budget prévisionnel de l'exercice à venir, le procès-verbal de l'assemblée générale de l'année suivante, éventuellement nécessaire, ainsi que la totalité du décompte de charges, les relevés des appels de fonds et un état récapitulatif détaillé de sa créance (▪ Cass. 3e civ., 12 avr. 2018, n° 17-11.667 : *Administrer* juill. 2018, p. 42, obs. J.-R. Bouyeure. – V. aussi, la jurisprudence citée n° 81) ;

– les avocats doivent viser par l'apposition de leur cachet professionnel toutes les pièces qu'ils communiquent au tribunal (V. pour une approbation de cette jurisprudence, ▪ Cass. 3e civ., 3 janv. 2006 : *Rev. Administrer* 3 janv. 2006, p. 38, obs. J.-R. Bouyeure. ▪ Cass. 3e civ., 3 déc. 2002, n° 01-12.008).

Il y a lieu également de prouver la qualité de copropriétaire du prétendu débiteur (▪ CA Paris, 23e ch. B, 29 mars 2007 : *JurisData* n° 2007-330101) par la production de documents cadastraux, hypothécaires ou notariaux (▪ CA Paris, 23e ch. B, 22 mars 2007 : *JurisData* n° 2007-329312).

Une demande portant sur des intérêts de retard doit être détaillée en indiquant notamment la base et le mode de calcul de ces intérêts (▪ Cass. 3e civ., 28 mars 2006 : *AJDI* 2006, p. 473).

Les juges du fond se prononcent souverainement sur la valeur probante des éléments de preuve qui leur sont soumis (▪ Cass. 3e civ., 3 janv. 2006, n° 04-19.282 : *Rev. Administrer* 3 janv. 2006, p. 38, obs. J.-R. Bouyeure. ▪ Cass. 3e civ., 24 janv. 2001 et 27 févr. 2001 : *AJDI* 2001, p. 613, obs. C. Giverdon). Les documents justificatifs de la créance de charges de copropriété impayées du syndicat des copropriétaires doivent impérativement faire l'objet d'une analyse même sommaire par le juge, qui ne peut se limiter à les viser pour déclarer fondée la demande en paiement du syndicat des copropriétaires (▪ Cass. 3e civ., 4 juill. 2019, n° 18-17.089. ▪ Cass. 3e civ., 25 sept. 2007, n° 06-17.811 ; *Rev. loyers* 2007, p. 469).

Si le syndicat ne rapporte pas la preuve de sa créance et qu'il est débouté « en l'état », un arrêt a estimé qu'il ne pouvait redemander par la suite le paiement des mêmes charges en apportant des preuves complémentaires (▪ CA Paris, 23e ch. B, 20 mars 2003 : *AJDI* 2003, p. 517. ▪ CA Paris, 23e ch. B, 13 janv. 2000 : *AJDI* 2000, p. 261 ; *Rev. Administrer* avr. 2000, p. 54).

La demande initiale peut être actualisée par conclusions, en ce qui concerne les charges échues postérieurement (▪ Cass. 3e civ., 21 juin 2000 : *RD imm.* 2000, p. 387).

Si les conditions prévues par la loi sont réunies et si, en particulier, les dettes réciproques sont liquides et exigibles, le tribunal peut opérer la compensation entre les sommes dues par le copropriétaire et celles qui lui sont dues par le syndicat (▪ Cass. 1re civ., 12 mai 2010, n° 08-19.150 : *AJDI* 2010, p. 556. – V., pour un exemple, ▪ CA Paris, 11 mai 2016, n° 14/18365 : *AJDI* 2016, p. 617).

Bibliographie : sur la question : P.-E. Lagraulet, note ss ▪ Cass. 3e civ., 4 janv. 2023, n° 21-25.662 : *AJPI* 2023, p. 689. – P.-E. Lagraulet, *Nature de l'obligation de paiement des charges et règlement de copropriété* : *AJDI* 2020, p. 598. – G. Chiaroni, *Les pièces nécessaires à une action en recouvrement des charges de copropriété* : *Rev. Administrer* avr. 2000, p. 10.

86) Voies d'exécution. Le syndic peut utiliser toutes les procédures d'exécution de droit commun. Encore faut-il, pour qu'il puisse agir, qu'il ait été valablement désigné et que son mandat soit toujours en cours (▪ Cass. 3e civ., 8 avr. 2009, n° 08-11.965 : *JCP* G 2009, IV, 1826).

Les procédures utilisables sont, au regard du Code des procédures civiles d'exécution qui régit la matière :

– la saisie-attribution : la créance permettant de pratiquer cette saisie doit être liquide et exigible (CPC exéc., art. L. 211-1 et R. 211-1 et s.).

Le créancier doit en outre avoir un titre exécutoire au sens de l'article L. 111-3 du Code des procédures civiles d'exécution (jugement, acte notarié revêtu de la formule exécutoire). Une résolution d'assemblée ne peut pas constituer ce titre. Qu'en est-il en ce qui concerne le règlement de copropriété ? On peut douter qu'il puisse constituer un titre exécutoire dans la mesure où il ne contient pas tous les éléments permettant d'évaluer la créance, et donc de la considérer comme « liquide » au sens des articles 2 et 3 de la loi du 9 juillet 1991 (V. antérieurement sur ce problème, qui cependant s'est posé dans des termes différents : obs. E.-J. Guillot sous ▪ TI Paris 5e, 20 déc. 1973 : *JCP* 1975, II, 18114) ;

– la saisie des rémunérations du travail (C. trav., art. L. 3252-1 à L. 3252-13 et R. 3252-1 à R. 3252-49 et pour les agents publics, L. 212-1 à L. 212-6 et R. 212-1 à R. 212-6) qui suppose également l'existence d'un « titre exécutoire » ;

– la saisie des droits d'associé ou de valeurs mobilières (CPC exéc. L. 231-1 et s.) ;

– la saisie-vente qui suppose également l'existence d'un titre exécutoire constatant une créance liquide et exigible (CPC exéc., art. L. 221-1 et s. et R. 221-1 et s.) ;

– la saisie conservatoire qui peut être pratiquée selon le cas, soit sans titre (mais avec autorisation de justice préalable : CPC exéc., art. L. 521-1 et s.), soit par le syndicat muni d'un titre. Si une autorisation préalable doit être requise, elle relève du juge de l'exécution du lieu où demeure le débiteur (D. 31 juill. 1992, art. 211) ;

– la saisie immobilière (CPC exéc., art. L. 321-1 et s. et R. 311-1), ce qui suppose que le syndicat ait un titre exécutoire (sur la procédure, V. A. Leborgne, *La saisie immobilière d'un lot dans un immeuble en copropriété* : *AJDI* 2008, p. 569). Il a été jugé que la preuve de la nécessité de l'utilisation de cette procédure pour le recouvrement de la créance devait être rapportée, en application de l'article L. 111-7 du Code des procédures civiles d'exécution (▪ Cass. 2e civ., 22 juin 2017, n° 16-16.871) ;

– l'injonction de payer (CPC, art. 1405 et s.). La requête (qui peut être présentée par le syndic) est de la compétence du juge du lieu de la situation de l'immeuble (V. D. 17 mars 1967, art. 60) ;

– la procédure européenne de règlement des petits litiges (créances et dettes d'un montant inférieur à 2 000 €), figurant aux articles 1382 à 1390 du Code de procédure civile ;

– la procédure de recouvrement simplifié des petites créances, réglementée par les articles L. 125-1 et R. 125-1 à 125-8 du Code des procédures civiles d'exécution.

87) Sûretés – Oppositions. Le syndic peut inscrire l'hypothèque légale du syndicat (V. L. art. 19) et bénéficier de l'hypothèque légale spéciale (occulte) accordée par l'article 2402, 3° du Code civil à l'occasion de la vente du lot du copropriétaire débiteur, en faisant opposition sur le prix de vente.

Il faut rappeler que le syndicat peut se prévaloir d'un privilège mobilier pour le recouvrement des charges (V. L. art. 19) ;

Voir : Sur les hypothèques dont bénéficie le syndicat, V. Annexe.... V° Hypothèques légales du syndicat. – Sur l'insertion dans le cahier des charges d'une clause de solidarité lors d'une vente forcée et sur la clause de solidarité en général, V. L. art. 20 et D. art. 5.

88) Poursuites abusives. Si le syndicat de copropriété entreprend des poursuites abusives en paiement des charges, il peut être selon le droit commun condamné à payer des dommages et intérêts aux copropriétaires défendeurs en réparation du préjudice causé (▪ CA Paris, 23e ch., 11 févr. 1994 : *Loyers et copr.* n° 308). Ainsi lorsque l'assignation en paiement est nulle (▪ CA Paris, 23e ch. B, 23 sept. 1999 : *RD imm.* 1999, p. 686) ou lorsque sa créance n'est pas exigible (▪ CA Paris, 23e ch. B, 16 nov. 2000 : *Rev. loyers* 2001, p. 100).

Le syndicat des copropriétaires peut également être condamné au paiement de dommages et intérêts : lorsqu'il engage une procédure de saisie immobilière pour recouvrer une créance qui n'était pas en péril (▪ CA Paris, 23e ch. B, 26 avr. 2007 : *AJDI* 2007, p. 668) ou une créance très modeste (▪ CA Paris, pôle 4, 2e ch., 28 oct. 2009 : *JurisData* n° 2009-380014 ; *Loyers et copr.* 2010, comm. 91, obs. G.V. ▪ CA Paris, 23e ch. B, 17 avr. 2008 : *AJDI* 2008,

p. 595), ou lorsqu'il multiplie à plaisir les procédures à l'encontre d'un copropriétaire qui, malgré quelques retards, ne peut être considéré comme un mauvais payeur (■ CA Paris, 23e ch. B, 14 juin 2007 : *AJDI* 2007, p. 934) ou encore lorsqu'il exerce des poursuites alors que le compte du copropriétaire présente un solde positif (■ CA Paris, 23e ch. B, 8 mars 2007 : *AJDI* 2007, p. 580). Une saisie immobilière portant sur 2 lots, propriété du débiteur, présente un caractère disproportionné au regard des articles L. 111-7 et L. 121-2 du Code des procédures civiles d'exécution s'il apparaît que la vente d'un seul lot suffit à apurer la créance du syndicat (■ Cass. 3e civ., 10 sept. 2020, n° 19-12.511 : *Administrer* janv. 2021, p. 54, obs. J.-R. Bouyeure ; *Gaz. Pal* 8t déc. 2020, p. 45, note J.-J. Ansault).

Le syndic commet une faute s'il impute à un copropriétaire et non au syndicat le coût de la réparation d'une canalisation partie commune (■ Cass. 3e civ., 12 avr. 2018, n° 17-15.057 : *JurisData* n° 2018-006039 ; *Loyers et copr.* 2018, comm. 160, note C. Coutant-Lapalus). De même, il y a faute du syndic lorsque, après avoir fait réaliser des travaux excédant ceux approuvés par l'assemblée, il recouvre à l'encontre des copropriétaires les charges correspondantes. Les copropriétaires peuvent alors agir en dommages-intérêts à l'encontre du syndic en réparation du préjudice actuel et direct qu'ils ont subi (■ Cass. 3e civ., 24 nov. 2021, n° 20-14.003).

B – Les moyens de défense des copropriétaires

Bibliographie : C. Atias, *Le compte de charges* : *Ann. loyers* 2002, p. 1712. – P. Déchelette-Tolet, *Les comptes et la gestion de la copropriété* : *Inf. imm.* oct. 2001, p. 19.

1° Moyens tirés de l'absence d'approbation des comptes

89) Avances de trésorerie permanente et provisions. Les copropriétaires ne peuvent pas faire valoir que les comptes n'ont pas été définitivement approuvés pour refuser de répondre au versement des avances de trésorerie permanente ou aux demandes de provisions. En effet les sommes appelées à titre provisionnel sont dues en vertu de la loi (V. D. art. 35) et avant même l'approbation des comptes (■ Cass. 3e civ., 21 nov. 2000 : *JurisData* n° 2000-007065 ; *Loyers et copr.* 2001, comm. 43. ■ Cass. 3e civ., 9 juill. 1997 : *Loyers et copr.* oct. 1997, n° 270 ; *Rev. Administrer* déc. 1997, p. 53, obs. J.-R. Bouyeure ; *RD imm.* 1997, p. 625, obs. P. Capoulade. ■ CA Paris, 23e ch. B, 11 mars 1982 ; *D.* 1982, inf. rap. p. 433, obs. Giverdon. ■ CA Paris, 23e ch. B, 16 févr. 1983 : *D.* 1983, inf. rap. p. 338, obs. Giverdon. ■ CA Paris, 23e ch. A, 27 juin 1990 : *Loyers et copr.* 1990, n° 400. ■ CA Paris, 23e ch. A, 14 mars 2001 : *AJDI* 2001, p. 715).

Toutefois le syndicat ne peut demander de provisions sur charges que dans la mesure où un budget prévisionnel a été voté (■ CA Paris, 23e ch., 2 avr. 1997 : *Loyers et copr.* oct. 1997, n° 271).

90) Recouvrement du solde débiteur d'un copropriétaire. Par contre l'approbation préalable des comptes est nécessaire lorsque le syndicat veut recouvrer le solde débiteur d'un copropriétaire en fin d'exercice, et non plus l'une des créances énumérées à l'article 35 du décret (■ Cass. 3e civ., 20 mai 2014, n° 13-11.602 : *JurisData* n° 2014-010899. ■ Cass. 3e civ., 15 oct. 2013, n° 12-19.017 : *AJDI* 2014, p. 48. ■ Cass. 3e civ., 11 déc. 2012, n° 11-26.348 : *JurisData* n° 2012-029344 ; *Loyers et copr.* 2013, comm. 59, obs. G. Vigneron ; *Administrer* mars 2013, p. 46, obs. J.-R. Bouyeure. ■ CA Paris, 23e ch. A, 14 mars 2001 : *AJDI* 2001, p. 715. ■ CA Paris, 23e ch. B, 21 sept. 2000 : *AJDI* 2000, p. 961. ■ CA Paris, 9 mars 2000 : *JurisData* n° 2000-108716 ; *Loyers et copr.* 2000, comm. 175. ■ CA Aix-en-Provence, 4 févr. 1999 : *D.* 1999, somm. p. 315, obs. C. Atias). L'approbation des comptes reste valable même si elle intervient tardivement (V. dans un cas où l'assemblée générale annuelle n'avait pas été réunie : ■ CA Paris, 8e ch. D, 10 févr. 2000 : *JurisData* n° 2000-108724 ; *Loyers et copr.* 2000, comm. 178). Mais lorsque les comptes ont été approuvés, les copropriétaires qui n'ont pas contesté l'assemblée qui a voté cette approbation ne sont plus en droit de refuser de payer leur quote-part de charges (■ Cass. 3e civ., 14 oct. 2014, n° 13-19.634 : *JurisData* n° 2014-031783 ; *Loyers et copr.* 2015, comm. 20, obs. G. Vigneron. ■ Cass. 3e civ., 22 mars 1989 et ■ Cass. 3e civ., 30 mars 1989 : *Loyers et copr.* 1989, n° 247. – V. aussi ■ Cass. 3e civ., 9 mars 1988 : *D.* 1989, jurispr. p. 143, note Atias. ■ Cass. 3e civ., 7 oct. 1992 : *Loyers et copr.* 1992, n° 485. ■ Cass. 3e civ., 2 déc. 1992 : *Loyers et copr.* 1993, n° 71. ■ Cass. 3e civ., 1er déc. 1993 : *Loyers et copr.* 1994, n° 128 ; *JCP* N 1994, prat. 122. ■ Cass. 3e civ., 6 mai 1996 : *RD imm.* 1996, p. 612, obs. P. Capoulade). Une demande d'expertise des comptes est irrecevable (■ Cass. 3e civ., 9 mai 2012, n° 11-14.370 : *Administrer* août-sept. 2012, p. 53, obs. J.-R. Bouyeure. ■ Cass. 3e civ., 22 nov. 1994 : *Loyers et copr.* mars 1995, n° 127). Mais le copropriétaire assigné en paiement peut aussi invoquer par voie d'exception qu'il n'est pas débiteur des charges qui n'ont pour son lot aucune utilité (■ Cass. 3e civ., 3 févr. 2004, n° 02-17.944).

2° Contestation de l'assemblée ou de la décision approuvant les comptes

91) Motifs et portée de la contestation. L'assemblée approuvant les comptes peut être contestée parce qu'elle est affectée de vices de forme ou de fond. Ainsi par exemple :

– lorsque la décision d'approbation a été prise par une assemblée où les représentants de copropriétaires incapables majeurs n'avaient pas été convoqués (nullité résultant de art. 502 du Code civil. – V. ▪ Cass. 3e civ., 6 nov. 1991 : *AJPI* 1992, p. 277) ;

– lorsque le copropriétaire contestataire n'a pas été convoqué à l'assemblée dont la décision lui est alors inopposable (V. pour le titulaire d'un droit d'usage et d'habitation : ▪ CA Paris, 23e ch., 14 janv. 1994 : *Loyers et copr.* 1994, n° 211).

Un copropriétaire peut aussi se borner à contester la décision approuvant les comptes. Ainsi :

– lorsque l'approbation des comptes a été faite dans le cadre d'une assemblée incompétente (V., pour une assemblée constituée en vertu d'une convention passée entre plusieurs syndicats, ▪ Cass. 3e civ., 12 juin 1991 : *Rev. Administrer* avr. 1992, p. 52, obs. E.-J. Guillot) ;

– lorsque les comptes approuvés par l'assemblée comportent des dépenses (en l'espèce des honoraires d'avocat et des frais d'huissier) dont la date et l'affectation ne sont pas précisées (▪ TGI Nanterre, 5e ch., 5 mars 2002 : *Rev. Administrer* juin 2002, p. 52, obs. J.-R. Bouyeure).

Mais lorsqu'un copropriétaire conteste une décision d'approbation des comptes, elle lui reste opposable tant qu'elle n'a pas été annulée (▪ Cass. 3e civ., 19 juin 2007 : *Loyers et copr.* 2007, comm. 205, obs. G. Vigneron ; *AJDI* 2007, p. 755. ▪ Cass. 3e civ., 27 juin 2001 : *Loyers et copr.* 2001, comm. 238. ▪ Cass. 3e civ., 27 nov. 1990 : *Loyers et copr.* 1991, n° 88. ▪ Cass. 3e civ., 9 mars 1988, préc.).

L'approbation des comptes est indépendante de la répartition des charges et ne peut faire obstacle à la contestation par un copropriétaire des modalités de répartition des charges qui lui sont appliquées (▪ Cass. 3e civ., 27 mars 2012, n° 11-13.064 : *Administrer* juin 2012, p. 48, obs. J.-R. Bouyeure).

Voir aussi : sur l'impossibilité d'obtenir la restitution des charges d'ores et déjà payées, L. 10 juill. 1965, art. 10, comm. nos 135 et 136, p. 189.

3° *Contestation pour erreur dans les comptes individuels*

92) Recevabilité. Tout copropriétaire peut demander la rectification d'erreurs commises par le syndic dans l'établissement des comptes individuels (▪ Cass. 3e civ., 9 mai 2007 : *AJDI* 2007, p. 755. ▪ Cass. 3e civ., 21 mars 2000 [2e esp.] : *AJDI* 2001, p. 254, note P. Guitard. ▪ Cass. 3e civ., 20 juill. 1999 : *RD imm.* 1999, p. 681, obs. P. Capoulade. ▪ Cass. 3e civ., 6 juill. 1994 : *Loyers et copr.* 1994, n° 359 ; *AJPI* 1994, p. 925, note C. G. ; *RD imm.* 1994, p. 694, obs. P. Capoulade. ▪ CA Versailles, 12 sept. 2016, n° 14/7638 : *JurisData* n° 2016-019247 ; *Loyers et copr.* 2016, comm. 265, obs. Vigneron et C. Coutant-Lapalus).

On ne peut lui opposer que les comptes ont été approuvés : l'approbation des comptes ne constitue pas une approbation du compte individuel de chaque copropriétaire (▪ Cass. 3e civ., 3 juin 2021, n° 19-20.657 : *JurisData* n° 2021-008737 ; *Loyers et copr.* 2021, comm. 138, note C. Coutant-Lapalus ; *AJDI* 2022, p. 214, note N. Le Rudulier ; *Administrer* oct. 2021, p. 40, note J.-R. Bouyeure. ▪ Cass. 3e civ., 11 juill. 2019, n° 18-19.961 : *AJDI* 2020, p. 121 note, N. Le Rudulier. ▪ Cass. 3e civ., 1er févr. 2018, n° 16-26.992 : *AJDI* 2018, p. 529, note, N. Le Rudulier). La solution a été reprise par l'article 45-1, alinéa 1 du décret du 17 mars 1967 (V. ce texte).

Cette contestation peut être élevée pendant 5 ans. (L. art. 42, al. 1. ▪ CA Rouen, 2 déc. 2009 : *JurisData* n° 2009-022160 ; *Loyers et copr.* 2010, comm. 275, obs. G.V. – V. sur cette jurisprudence : P. Capoulade, *Des comptes aux décomptes* : *Inf. rap. copr.* juill.-août 2001, p. 16 et, du même auteur, *Des comptes du syndicat aux décomptes individuels* : *Inf. rap. copr.* oct. 2002, p. 16). Le copropriétaire peut ainsi invoquer le fait que la répartition des charges n'a pas été calculée conformément au règlement de copropriété (▪ Cass. 3e civ., 1er déc. 2010, n° 09-72.402 : *Rev. Administrer* mars 2011, p. 41, obs. J.-R. Bouyeure) ou encore que son compte individuel reprend à tort au débit des sommes visées par un jugement de débouté (▪ CA Paris, pôle 4, 2e ch., 6 oct. 2010 : *Rev. Administrer* janv. 2011, p. 61, obs. J.-R. Bouyeure).

Il apparaît donc que la condamnation d'un copropriétaire ne peut être prononcée pour le seul motif que les comptes ont été approuvés et le budget prévisionnel voté : il convient de rechercher si les charges réclamées lui sont bien imputables (▪ Cass. 3e civ., 12 mai 2016, n° 15-14.426 : *AJDI* 2017, p. 122, note N. Le Rudulier). Il n'y a pas lieu de condamner un copropriétaire lorsque les charges sont facturées de façon forfaitaire (▪ CA Paris, pôle 4, 2e ch., 1er mars 2017, n° 15/00272 : *JurisData* n° 2017-03922 ; *Loyers et copr.* 2017, comm. 122, obs. C. Coutant-Lapalus).

93) Preuve à apporter. Même si les comptes ont été approuvés, il appartient au syndicat de rapporter la preuve que le copropriétaire poursuivi est effectivement débiteur des sommes réclamées (▪ Cass. 3e civ., 16 oct. 1991 et ▪ Cass. 3e civ., 14 nov. 1991 : *RD imm.* 1992, p. 116, obs. P. Capoulade. ▪ Cass. 3e civ., 20 oct. 1993 : *RD imm.* 1994, p. 98, obs. P. Capoulade. ▪ CA Paris, 8e ch., 24 janv. 1992 : *Rev. Administrer* mai 1992, p. 45. ▪ CA Paris, 19e ch., 14 déc. 1992 : *Loyers et copr.* 1993, n° 150). Le syndic doit satisfaire aux demandes d'un copropriétaire qui sollicite un décompte détaillé et justifié des sommes réclamées au titre des charges et une explication sur les tantièmes applicables (▪ CA Paris, pôle 4, 2e ch., 27 janv. 2010 : *AJDI* 2010, p. 556). Un tribunal ne peut condamner un copropriétaire qui soutient qu'un « report à nouveau » figurant dans son décompte individuel est erroné, sans répondre à son argumentation. Il appartient en effet au syndicat de justifier du bien-fondé de sa créance (▪ Cass. 3e civ., 11 juill. 2019, n° 18-18.502).

Mais si un copropriétaire soutient qu'il a déjà payé les sommes réclamées, c'est à lui d'en apporter la preuve (▪ Cass. 3e civ., 25 sept. 2007, n° 06-17.443).

Voir aussi : sur les justifications à apporter, L. 10 juill. 1965, art. 10, comm. n° 81, p. 170.

4° *Autres moyens de défense*

94) Moyens de défense non admis. Les copropriétaires ne peuvent refuser d'acquitter la quote-part des charges afférentes à leur lot votée par l'assemblée générale au motif que la décision ne leur a pas été préalablement notifiée. Il suffit qu'ils en aient connaissance pour qu'elle leur soit opposable (▪ Cass. 3e civ., 28 avr. 1987 : *Loyers et copr.* 1987, n° 234).

Ils ne peuvent pas non plus invoquer le non-accomplissement par le syndicat de ses obligations (J.-M. Roux, *L'exception d'inexécution ou l'impossibilité d'échapper au paiement des charges* : *Inf. rap. copr.*, mai 2019, p. 15), par exemple :

– un vice de construction de l'immeuble (▪ Cass. 3e civ., 13 sept. 2018, n° 17-17.514 : *JurisData* n° 2018-015557 ; *Loyers et copr.* 2018, comm. 232, note C. Coutant-Lapalus ; *Rev. loyers* 2018, p. 492, note C. Rattin).

– l'inexécution des obligations du syndicat ou sa carence en matière de travaux ou d'entretien de l'immeuble (▪ Cass. 3e civ., 30 mars 2017, n° 15-24.882. ▪ Cass. 3e civ., 26 mai 2016, n° 15-17.378. ▪ Cass. 3e civ., 5 nov. 2015, n° 14-23.496 : *JurisData* n° 2015-024791 ; *Loyers et copr.* 2016, n° 21, note G. Vigneron ; *Administrer* mars 2016, p. 48, note J.-R. Bouyeure. ▪ Cass. 3e civ., 19 déc. 2007 : *JCP G* 2007, IV, 1145 ; *Loyers et copr.* 2008, n° 65, obs. G. Vigneron ; *D.* 2008, p. 224, obs. G. Forest ; *Rev. Administrer* juin 2008, p. 47, obs. J.-R. Bouyeure. ▪ Cass. 3e civ., 10 juill. 2007, n° 06-12.576 : *Rev. Administrer* nov. 2007, p. 50, obs. J.-R. Bouyeure ; *AJDI* 2007, p. 847. ▪ CA Paris, pôle 4, 2e ch., 10 avr. 2013, n° 10/22588 : *Rev. loyers* 2013, p. 297. ▪ CA Paris, pôle 4, 2e ch., 17 févr. 2010 : *JurisData* n° 2010-001410 ; *Loyers et copr.* 2010, comm. 207, obs. G.V.). Il n'y a pas de compensation possible en pareil cas, dès lors que la créance du copropriétaire représentant le préjudice éprouvé de ce chef n'est pas liquidée : ▪ CA Paris, 8e ch., 18 janv. 1979 : *D.* 1980, inf. rap. p. 148, n° 21. ▪ CA Aix-en-Provence, 9 mars 1983 : *Bull.* Aix-en-Provence mars 1983, p. 26. ▪ CA Paris, 19e ch. B, 27 nov. 1996 : *RD imm.* 1997, p. 126, obs. C. Giverdon. ▪ CA Paris, 19e ch. B, 19 déc. 1996 : *Loyers et copr.* avr. 1997, n° 117),

– ... ou l'existence de malfaçons affectant les parties communes et privatives (▪ Cass. 3e civ., 26 nov. 1990 : *Loyers et copr.* févr. 1991, n° 89. ▪ CA Paris, 8e ch., 5 déc. 1991 : *Loyers et copr.* 1992, n° 135),

– ... ou l'existence de désordres affectant les parties privatives ayant amené le syndicat à agir contre le constructeur (▪ Cass. 3e civ., 13 juill. 1993 : *RD imm.* 1993, p. 541, obs. P. Capoulade. – V. aussi ▪ Cass. 3e civ., 28 avr. 1993 : *Defrénois* 1993, art. 35673, note J.L.A.),

– ... ou des troubles de jouissance dans les parties privatives dus à l'incurie du syndicat (par exemple un dégât des eaux : ▪ CA Paris, 19e ch. B, 16 oct. 1996 : *Loyers et copr.* févr. 1997, n° 56 ; V. aussi : ▪ CA Paris, 23e ch. A, 18 févr. 1998 : *Loyers et copr.* juin 1998, n° 172, note G. Vigneron), ou les dysfonctionnements des services de production d'eau chaude et de chauffage (▪ CA Paris, pôle 4, ch. 2, 13 sept. 2023, n° 19/013927 : *Administrer* nov. 2023, p. 38 et la note).

– ... ou des manquements à ses obligations imputés au syndic (par ex., l'inexécution de décision de l'assemblée générale, ▪ Cass. 3e civ., 25 janv. 2024, n° 22-22.597 : *Administrer* mars 2024, p. 41, note P. Dechelette-Tolot. – ▪ CA Paris, 23e B, 21 févr. 2008 : *JurisData* n° 2008-358090) ;

– des irrégularités dans la tenue des comptes, ou dans les décisions des assemblées (▪ CA Paris, 23e ch. B, 19 févr. 2009 : *JurisData* n° 2009-375622) ;

– ... le fait que les clauses du règlement concernant la répartition des charges n'aient pas été « adaptées » aux modifications législatives intervenues depuis son établissement (▪ Cass. 3e civ., 3 nov. 2016, n° 15-24.793, publié au *Bull.* ; *Rev. loyers* 2016, p. 500, note V. Zalewski).

Il a été jugé que l'occupation, même fautive, de locaux privatifs par le syndicat ne dispensait pas le propriétaire de ces locaux du paiement des charges y afférentes (▪ Cass. 3e civ., 14 avr. 2015, n° 13-17.648 : *JurisData* n° 2015-008418 ; *Loyers et copr.* 2015, comm. 150, note G. Vigneron ; *Administrer* juill. 2015, p. 52, note J.-R. Bouyeure ; *Rev. loyers* 2015, p. 361, note M. Plaidy ; *Inf. rap. copr.* juin 2015, p. 13, note J.-M. Roux).

Un copropriétaire ne peut, pour se soustraire au paiement des charges, invoquer que les travaux votés concernant des gardes-corps, ont un caractère privatif, alors que la décision de l'assemblée qui les a autorisés s'impose à tous les copropriétaires dès lors qu'elle n'a pas été contestée (▪ Cass. 3e civ., 17 mars 2016, n° 15-10.052).

– Sur le moyen tiré du caractère non écrit de la répartition des charges, V. comm. L. 10 juill. 1965, art. 12.

95) Moyens de défense admis. Par contre, un copropriétaire pourrait invoquer par voie d'exception :

– le fait que les charges réclamées ne correspondent pas aux modalités de répartition prévues par le règlement (■ Cass. 3e civ., 1er juill. 2014, n° 13-16.282 : *JurisData* n° 2014-015184 : *Loyers et copr.* 2014, comm. 252, obs. G. Vigneron ; *AJDI* 2015, p. 208, note N. Le Rudulier. ■ Cass. 3e civ., 2 juill. 2013, n° 12-17.758 : *JurisData* n° 2013-013853. – V. aussi ■ Cass. 3e civ., 10 juill. 2013, n° 12-14.569 : *JurisData* n° 2013-014563 ; *Loyers et copr.* 2013, n° 281, obs. G. Vigneron, où le copropriétaire recherché en paiement était exonéré par le règlement). Mais un copropriétaire est tenu de participer aux charges d'entretien des escaliers selon la répartition prévue par une décision d'assemblée devenue définitive, même si le règlement exonère son lot du paiement de ces charges (■ Cass. 3e civ., 13 nov. 2013, n° 11-20.956 : *Rev. loyers* 2014, p. 76, note M. Plaidy) ;

– le fait que le mandat du syndic est expiré (V. D. art. 28) ou nul (V. L. art. 18. – V. par ex., ■ Cass. 3e civ., 15 mars 2011, n° 10-11.899 : *JurisData* n° 2011-003906 ; *Loyers et copr.* 2011, n° 224, obs. G. Vigneron) ;

– ou le fait que les documents comptables communiqués à l'assemblée ne permettent pas de distinguer les différentes charges selon leur nature (■ Cass. 3e civ., 9 févr. 2011, n° 09-70.951 : *Bull. civ.* III, n° 22 ; *JurisData* n° 2011-001370 ; *AJDI* 2011, p. 537, note D. Tomasin ;

– ou le fait qu'il n'est pas le véritable débiteur des charges. Ainsi l'associé d'une SCI n'est pas débiteur des charges dues par la société (■ Cass. 3e civ., 24 févr. 1998 : *Loyers et copr.* mai 1998, n° 135. ■ CA Paris, 23e ch. A, 24 sept. 1997 : *Loyers et copr.* mars 1998, n° 80) ;

– ou le fait que la répartition des charges n'a pas été calculée conformément aux prescriptions d'un jugement antérieur (■ Cass. 3e civ., 15 juin 2000 : *D.* 2001, somm. p. 346 ; *RD imm.* 2000, p. 387, obs. C. Giverdon) ;

– ou le fait que les charges font l'objet d'une répartition empirique, qui ne résulte ni du règlement ni d'une décision d'assemblée (■ CA Paris, 23e ch. B, 7 févr. 2002 : *AJDI* 2002, p. 389). Le fait qu'un copropriétaire ait bénéficié de cette répartition illicite ne l'empêche pas de la contester (■ CA Versailles, 4e ch., 21 juin 2004 : *Rev. Administrer* janv. 2005, p. 47) ;

– ou le fait que le lot n'appartient pas à celui à qui les charges sont réclamées (■ TI Aix-en-Provence, 7 juin 2002 : *Defrénois* 2002, p. 1314, obs. C. Atias) ;

– ou le fait que le syndicat des copropriétaires a reconnu expressément dans une décision d'assemblée qu'il était à jour (■ Cass. 3e civ., 20 sept. 2011, n° 10-21.011 : *AJDI* 2011, p. 872).

– ou le fait que le syndicat de copropriétaires invoque à l'appui de sa demande une modification de la répartition des charges qui n'a pas été décidée dans le cadre d'une assemblée générale régulière (■ Cass. 3e civ., 7 déc. 2022, n° 21-22.126 : *JurisData* n° 2022-020901 ; *Loyers et copr.* 2023, comm. 30, note C. Coutant-Lapalus ; *Administrer* janv. 2023, p. 41, note P. Dechelette-Tolot).

L'action en contestation d'un appel de charges est une action personnelle née de l'application de la loi du 10 juillet 1965 qui en conséquence se prescrit par 10 ans en application de l'article 42 alinéa premier de cette loi (■ Cass. 3e civ., 1er févr. 2018, n° 16-26.992 : *JurisData* n° 2018-001168 ; *Loyers et copr.* 2018, comm. 73, note C. Coutant-Lapalus ; *Administrer* avr. 2018, p. 38, obs. J.-R. Bouyeure).

96) Abandon du lot. La question de savoir si un copropriétaire peut abandonner unilatéralement son lot au syndicat pour se libérer de l'obligation de contribuer aux charges était controversée (V. pour l'affirmative [sol. implicite] : ■ Cass. 3e civ., 26 juin 1991 : *Loyers et copr.* 1991, comm. 348 ; *RD imm.* 1991, p. 503, obs. P. Capoulade et C. Giverdon. – Et pour la négative : ■ CA Paris, 23e ch. B, 21 févr. 2002 : *AJDI* 2002, p. 387).

Il a été finalement jugé que le titulaire d'un lot transitoire devenu inconstructible n'était pas en droit d'abandonner ce lot pour échapper aux charges y afférentes car « le caractère contractuel du règlement de copropriété implique qu'un copropriétaire ne peut se dégager unilatéralement de ses obligations sans le consentement des autres copropriétaires » (■ Cass. 3e civ., 7 avr. 2004, n° 02-14.670 : *Bull. civ.* III, n° 75 ; *JCP* G 2004, IV, 2181 ; *Constr.-Urb.* 2004, comm. 142, obs. D. Sizaire ; *AJDI* 2004, p. 733, note C. Giverdon ; *Rev. Administrer* juill. 2004, p. 34, obs. J.-R. Bouyeure. – V. sur cette décision, C. Atias, *L'abandon d'un lot de copropriété* : *Defrénois* 2005, art. 38282. – V. dans le même sens ■ Orléans, 18 mai 2011 : *AJDI* 2012, p. 205, note N. Le Rudulier (V. sur le sujet, P.-E. Lagraulet, *Abandon et délaissement du lot de copropriété* : *Inf. rap. copr.* mars 2023, p. 35).

5° *Sanction de la résistance abusive des copropriétaires*

97) Condamnation à dommages et intérêts. Toute résistance abusive expose les copropriétaires à des dommages et intérêts, selon le droit commun.

Ils ne peuvent toutefois être accordés pour ce seul motif qu'en s'abstenant de payer les charges leur incombant, les copropriétaires débiteurs ont contraint les autres copropriétaires à faire l'avance des fonds correspondants et leur ont ainsi causé un préjudice (■ Cass. 3e civ., 25 juin 1985 : *Gaz. Pal.* 1985, 2, p. 329). Plusieurs conditions doivent être réunies :

• il faut que le syndicat établisse le **préjudice** particulier qu'il a subi. Le préjudice doit être indépendant de celui résultant du retard dans l'exécution de l'obligation (■ Cass. 3e civ., 20 oct. 2016, n° 15-20.587). Ce préjudice peut consister dans les perturbations causées au fonctionnement du syndicat (▪ CA Versailles, 4e ch., 28 févr. 2011 : *JurisData* n° 2011-002919). Le plus souvent les juges retiendront l'existence d'un préjudice financier (par ex., des difficultés de trésorerie : ▪ Cass. 3e civ., 23 nov. 2017, n° 16-24.123. ▪ Cass. 3e civ., 14 nov. 1991 : *Loyers et copr.* 1992, n° 36. ▪ Cass. 3e civ., 27 nov. 1990 : *Bull. civ.* III, n° 249 ; *Rev. Administrer* mai 1991, p. 54, obs. E.-J. Guillot. ▪ CA Paris, 8e ch. A, 21 mars 1990 : *Loyers et copr.* 1990, n° 276. ▪ CA Paris, 23e ch., 17 nov. 1992 : *Rev. Administrer* juin 1993, p. 45, obs. A. Dunes. ▪ CA Paris, 23e ch., 15 févr. 1994 : *Loyers et copr.* 1994, n° 306. ▪ CA Paris, 23e ch. A, 3 déc. 1997 : *Loyers et copr.* mai 1998, n° 139. ▪ CA Paris, 23e ch. B, 24 avr. 1998 : *Loyers et copr.* déc. 1998, n° 315. ▪ CA Paris, 23e ch. B, 3 juill. 1998 : *Loyers et copr.* févr. 1999, n° 51. ▪ CA Paris, 19e ch. A, 21 sept. 1999 : *Dossier CSAB* n° 83, mai 2000, n° 7, obs. A. Dunes. ▪ CA Paris, 23e ch. B, 13 janv. 2000 : *JurisData* n° 2000-103854 ; *Loyers et copr.* 2000, comm. 148. ▪ CA Versailles, 4 févr. 2013 : *JurisData* n° 2013-001802 ; *Loyers et copr.* 2013, comm. 158. – V., pour un rejet de la demande, en l'absence de préjudice financier justifié : ▪ CA Paris, 23e ch. B, 17 juin 1999 et ▪ CA Paris, 23 sept. 1999 : *RD imm.* 1999, p. 678, obs. P. Capoulade. V. par ex., des frais d'avocat, pouvant se distinguer de l'article 700 prononcé sur le fondement de l'équité, ▪ Cass. 3e civ., 13 oct. 2021, n° 20-19.295 : *Ann. Loyers* 2021, p. 99, obs. J.-M. Roux.

Pour la cour de Paris, le préjudice financier causé au syndicat résulte du fait que la carence d'un copropriétaire le contraint à faire l'avance des fonds (▪ CA Paris, pôle 4, 2e ch., 16 nov. 2011 : *JurisData* n° 2011-026762 ; *Loyers et copr.* 2012, n° 95, obs. G.V. ▪ CA Paris, 23e ch. B, 22 mars 2007 : *JurisData* n° 2007-329195. ▪ CA Paris, 23e ch. B, 25 janv. 2007 : *JurisData* n° 2007-323580. V. également ▪ CA Versailles, 15 sept. 2021, n° 10/032471 : *Ann. Loyers*. 2021, p. 102, obs. J.-M. Roux), et du fait qu'il se trouve « privé de sommes nécessaires à la gestion et à l'entretien de l'immeuble » (▪ CA Paris, 23e ch. B, 15 mars 2007 : *JurisData* n° 2007-328598. ▪ CA Paris, 23e ch. B, 5 oct. 2006 : *JurisData* n° 2006-312523. ▪ CA Paris, 23e ch. B, 15 déc. 2005 : *JurisData* n° 2005-288532. ▪ CA Paris, 23e ch. B, 29 sept. 2005 : *Loyers et copr.* 2006, comm. 19, obs. G. Vigneron. ▪ CA Paris, 23e ch. B, 13 janv. 2005 : *JurisData* n° 2005-263185), ou du fait qu'il a dû exposer des frais d'avocat ou de constitution de dossier (▪ Cass. 3e civ., 29 janv. 2008, n° C 06-21.968 : *Rev. Administrer* mai 2008, p. 67, obs. J.-R. Bouyeure) ;

• il faut que le syndicat démontre que le copropriétaire débiteur était de **mauvaise foi** (application de l'art. 1231-6, anc. art. 1153, al. 4, C. civ.) et donc que sa carence était constitutive d'une faute et que cette faute est caractérisée (▪ CA Paris, pôle 4, ch. 2, 7 juill. 2021, n° 19/06032 : *Ann. Loyers* oct. 2021, p. 78, obs. J.-M. Roux. ▪ Cass. 3e civ., 24 mars 2009, n° 07-21.107 : *Rev. Administrer* juin 2009, p. 46, obs. J.-R. Bouyeure. – V. ▪ Cass. 3e civ., 26 févr. 2008, n° G 07-10.546 : *Rev. Administrer* mai 2008, p. 67, obs. J.-R. Bouyeure. ▪ Cass. 3e civ., 1er déc. 1993 : *Bull. civ.* III, n° 156 ; *JCP* N 1994, prat. p. 122. ▪ Cass. 3e civ., 17 janv. 1996 : *Loyers et copr.* avr. 1996, n° 178). Ainsi dans le cas d'incidents de paiement répétés, non justifiés par des raisons valables (▪ Cass. 3e civ., 12 juill. 2018, n° 17-21.518. ▪ Cass. 3e civ., 17 juin 2008, n° 07-15.447. ▪ Cass. 3e civ., 4 déc. 2007, n° 06-19.111 : *AJDI* 2008, p. 299 ; *Rev. loyers* 2008, p. 185. ▪ CA Paris, 23e ch. B, 26 mars 2009 : *JCP* G 2009, IV, 1763. ▪ CA Paris, 23e ch. B, 20 sept. 2007 : *JurisData* n° 2007-343710. ▪ CA Paris, 23e ch. B, 10 mai 2007 : *AJDI* 2007, p. 756. ▪ CA Paris, 23e ch. B, 30 mars 2000 : *JurisData* n° 2000-111263 ; *Loyers et copr.* 2000, comm. 206. ▪ CA Paris, 13 janv. 2000 : *JurisData* n° 2000-103854 ; *Loyers et copr.* 2000, comm. 148). De même, en cas de confusion entretenue volontairement par des paiements partiels avec des affectations différentes aux multiples dettes du copropriétaire poursuivi (▪ Cass. 3e civ., 7 juill. 2016, n° 14-28.395).

La décision de condamnation du copropriétaire doit préciser les « circonstances particulières de nature à caractériser la mauvaise foi » (▪ Cass. 3e civ., 12 oct. 2023, n° 22-19.388 : *JurisData* n° 2023-017498 ; *Loyers copr.* 2023, comm. 191, note C. Coutant-Lapalus). Il a été jugé que si un copropriétaire ne payait pas ses charges de copropriété il pouvait voir sa responsabilité délictuelle engagée à l'égard d'un autre copropriétaire, souffrant du fait que la copropriété n'avait pu engager les travaux nécessaires à l'absence d'étanchéité de la toiture (▪ Cass. 3e civ., 7 sept. 2017, n° 16-18.777 : publié au *Bull.* ; *JurisData* n° 2017-017203 ; *Loyers et copr.* 2017, comm. 218, note A. Lebatteux ; *Administrer* nov. 2017, p. 37, obs. J.-R. Bouyeure ; *AJDI* 2017, p. 858, note C. Sabatié ; *Rev. loyers* 2017, p. 437, note V. Zalewski-Sicard). Ainsi lorsque le retard mis par le syndicat à exécuter les travaux nécessaires pour réparer les dégradations causées par un copropriétaire aux parties communes a causé un préjudice particulier à un autre copropriétaire (en l'espèce, un préjudice locatif : ▪ Cass. 3e civ., 29 févr. 2024, n° 22-24.471 : *Rev. loyers* 2024, p. 249 note V. Zalewski-Sicard).

Bibliographie : Sur ce problème, V. A. Dunes, *Retard et non-paiement des charges de copropriété* : *Dossier CSAB* n° 83, mai 2000, p. 3 et s. – C. Atias, *La responsabilité pour défaillance des charges* : *Inf. rap. copr.* juill.-août 2001, p. 19).

La demande de dommages-intérêts accessoire à la demande principale en recouvrement de charges est recevable alors même que le syndic n'a pas été autorisé à la former, dès lors qu'une telle autorisation n'est pas une condition de recevabilité des actions en recouvrement de créances (■ Cass. 3ᵉ civ., 25 janv. 2012, n° 17-19.180 : *Rev. loyers* 2012, p. 129).

6° *Délais de grâce*

98) Caractère exceptionnel. Des délais de grâce pour le paiement des charges (C. civ., art. 1343-5 [anc. art. 1244-1]) ne devraient être accordés que de façon très exceptionnelle, car la carence de l'un des copropriétaires entraîne, en fait, une surcharge des autres. En effet souligne la cour de Paris les dépenses auxquelles le syndicat doit faire face exigent le paiement ponctuel des charges par tous les copropriétaires (■ CA Paris, 19ᵉ ch. B, 2 esp., 27 nov. 1996 : *Loyers et copr.* mars 1997, n° 117. – V. pour des exemples de refus de délai : ■ TGI Paris, 7 juill. 1977 : *D.* 1978, inf. rap. p. 126, n° 141. ■ CA Paris, 23ᵉ ch., 11 oct. 1989 : *JurisData* n° 1989-024871 et sous l'empire de art. 1244-1, C. civ. : ■ CA Paris, 23ᵉ ch., 4 déc. 1992 : *Rev. Administrer* août-sept. 1993, p. 49, obs. A. Dunes. – *Contra* : ■ CA Paris, 19ᵉ ch. B, 27 nov. 1996 : *Cahiers CSAB*, mars 1997, n° 75, p. 14, obs. A. Dunes).

Les délais sont accordés « compte tenu des besoins du créancier » (c'est-à-dire en l'espèce le syndicat) et de la situation du débiteur (C. civ., art. 1343-5). Si le copropriétaire ne justifie pas de circonstances particulières expliquant sa carence (maladie, chômage, revers de fortune, etc.) la demande de délais doit être rejetée (■ CA Paris, 19ᵉ ch. A, 21 sept. 1999 : *RD imm.* 1999, p. 680, obs. P. Capoulade. ■ CA Paris, 23ᵉ ch. B, 7 oct. 1999 : *Dossier CSAB*, n° 83, mai 2000, n° 3, obs. A. Dunes).

VIII - DIFFICULTÉS RELATIVES À LA CONTRIBUTION AUX CHARGES OU À LEUR RECOUVREMENT

A - Adjudication d'un lot

99) Débiteur des charges. L'adjudicataire d'un lot devient débiteur des charges à compter du jugement d'adjudication, même si celui-ci n'a pas été publié (■ CA Paris, 23ᵉ ch. B, 8 sept. 2005 : *AJDI* 2005, p. 914).

Sur l'adjudication d'un lot, voir à ce propos, L. art. 20 et son commentaire.

100) Clause de solidarité. Dans un premier temps, *la Cour de cassation avait condamné la clause de solidarité en toute hypothèse*, que le syndicat l'insère dans le cahier des charges d'une saisie poursuivie par lui ou par voie de dire. Cette clause, qui lui confère un privilège non prévu par la loi, a été déclarée contraire aux dispositions des articles 2093 et 2094 (devenus art. 2285 et 2323) du Code civil (■ Cass. 2ᵉ civ., 18 janv. 1995 : *JCP* G 1995, IV, 692. ■ Cass. 3ᵉ civ., 22 mai 1995 : *Loyers et copr.* août-sept. 1995, n° 389. ■ Cass. 3ᵉ civ., 13 mars 1996 : *Loyers et copr.* juin 1996, n° 275).

Bibliographie : sur ces problèmes, M. Martin, *Paiement des charges par l'adjudicataire* : *Ann. loyers* 1986, p. 983 et du même auteur, *Recouvrement des charges arriérées en cas de saisie immobilière* : *Ann. loyers* 1988, p. 70. – V. aussi G. Vigneron, *Le recouvrement des charges impayées auprès de l'adjudicataire de lots* : *Loyers et copr.* janv. 1988, p. 2. – E.-J. Guillot, *Le sort de la créance du syndicat des copropriétaires sur le saisi lors de la vente judiciaire d'un lot* : *Rev. Administrer* juin 1988, p. 12. – B. Cukier, *Le syndicat de copropriétaires face à l'adjudication du lot du copropriétaire défaillant* : *Gaz. Pal.* 1988, 2, doctr. p. 726.

101) Par un arrêt de sa deuxième chambre civile, la Cour de cassation a déclaré qu'un adjudicataire n'était pas recevable à invoquer la nullité d'une clause de solidarité au motif qu'elle modifierait l'ordre de paiement des créanciers (■ Cass. 2ᵉ civ., 18 févr. 1999 : *Bull. civ.* II, n° 30). La portée de cet arrêt, approuvé par certains (obs. J. J. : *Procédures* 1999, comm. 157, note Veron ; *Gaz. Pal.* 2 sept. 1999, p. 20, *V° Saisie immobilière*. – P. Guitard : *Inf. rap. copr.* juin 2000, p. 11 et *AJDI* 2000, p. 239), et critiqué par d'autres (C. Giverdon, obs. : *D.* 2000, somm. p. 135 ; *RD imm.* 2000, p. 90. – M. Bosqué, *Adjudication et charges de copropriété* : *Gaz. Pal.* 5-6 nov. 1999, p. 21) a été contestée (V. R. Martin, *Adjudication sur saisie immobilière et arriérés de charges de copropriété* : *Ann. loyers* 2000, p. 77 : pour cet auteur, il ne remettrait pas en cause l'arrêt précité du 18 janvier 1995 rendu sur le fondement de l'article 714 du Code de procédure civile).

Dans un nouvel arrêt, la deuxième chambre civile a fait produire effet à une clause de solidarité insérée dans le cahier des charges d'une adjudication sur saisie au motif que l'adjudicataire avait eu connaissance du cahier des charges dont il avait accepté toutes les clauses et conditions et qui n'avaient pas été contestées en temps utile (■ Cass. 2ᵉ civ., 21 déc. 2000 : V. sur cet arrêt, A. Cermolacce, *Validité des clauses de paiement des charges de copropriété insérées dans un cahier des charges* : *JCP* N 2002, n° 46, p. 1567, et la formule proposée).

Dans un arrêt plus récent, la Cour de cassation énonce que le cahier des charges de la vente (poursuivie en l'espèce par le syndicat des copropriétaires), que toute personne, y compris l'adjudicataire, peut consulter avant la vente, constitue un contrat qui, faute de contestation avant l'audience, s'impose à toutes les parties. Dès lors la clause imposant à l'adjudicataire de payer les charges de copropriété dues par le débiteur saisi lui est opposable (■ Cass. 2ᵉ civ., 7 juill. 2011, n° 10-13.913 : *JurisData* n° 2011-019897 ; *Loyers et copr.* 2011, n° 281, obs. G. Vigneron).

B – Ambassades ou locaux diplomatiques

102) Immunité de juridiction et d'exécution. Lorsqu'un État étranger est débiteur de charges impayées, il convient, puisque les règles de droit international public s'opposent à tout recouvrement forcé, d'aviser le service du protocole du ministère des Affaires étrangères, pour qu'il intervienne auprès de l'ambassade de l'État concerné (Rép. min. 20 mars 2000 : *JOAN*, n° 40 703, p. 1774).

Selon un arrêt de la cour de Paris (23e ch. B) du 25 janvier 2001 (■ CA Paris, 23e ch. B, 25 janv. 2001 : *AJDI* 2001, p. 530), l'immunité diplomatique n'est accordée que pour permettre aux organismes qui en bénéficient le bon accomplissement de leur mission. Celle-ci n'est pas compromise par une action en recouvrement des charges de copropriété et une condamnation au paiement peut donc intervenir. D'autre part, l'immunité diplomatique n'est accordée que pour les locaux qui sont affectés à un service public ou à un agent qui bénéficie en raison de ses fonctions de l'immunité, ce qui n'est pas le cas si l'ambassade du pays concerné est installée en un autre lieu (■ CA Paris, 23e ch. B, 26 juin 2003 : *AJDI* 2004, p. 38). Un arrêt de la Cour de cassation reprend les mêmes principes (■ Cass. 1re civ., 25 janv. 2005 : *JurisData* n° 2005-026629). Selon cette décision, il n'y a plus d'immunité de juridiction lorsque le bien concerné se rattache non pas à l'exercice d'une activité de souveraineté, mais à une opération économique commerciale ou civile relevant du droit privé : ainsi lorsque les lots de copropriété concernés ne sont pas affectés au service de l'ambassade ou à la résidence de l'ambassadeur (V., dans le même sens, ■ CA Paris, pôle 4, 2e ch., 11 oct. 2017, n° 15/17763 : *Administrer* août-sept. 2018, p. 43, obs. J.-R. Bouyeure. ■ CA Paris, pôle 4, 2e ch., 5 oct. 2016, n° 14-20.368 : *Administrer* janv. 2017, p. 61, obs. J.-R. Bouyeure).

C – Bail à réhabilitation

103) Renvoi. Sur les règles particulières applicables, V. Annexe, *V° Bail à réhabilitation*.

D – Bail dans le cadre d'une convention d'usufruit

104) Renvoi. Sur les règles particulières applicables, V. Annexe, *V° Bail dans le cadre d'une convention d'usufruit*.

E – Collectivités publiques (communes, départements, État)

105) Conséquences de la domanialité publique. Il est aujourd'hui admis que les lots de copropriété, dont une collectivité publique est propriétaire, sont soumis au statut de la copropriété. Les règles de la domanialité publique ne leur sont pas applicables (V. L. art. 1er).

Selon une réponse du ministre de la Justice du 11 septembre 1989, les collectivités publiques titulaires de lots de copropriété doivent se soumettre à la loi commune : l'État ne peut donc refuser de payer les charges correspondant aux assurances au motif qu'il est son propre assureur (*JCP* N 1989, prat., p. 547).

La Ville de Paris n'est pas fondée à soutenir qu'en raison du caractère insaisissable de ses biens, aucune voie d'exécution ne peut être pratiquée par le syndicat des copropriétaires, de sorte qu'elle ne serait pas redevable du coût de la sommation de payer ses charges (■ CA Paris, pôle 4, 2e ch., 20 janv. 2016, n° 14/13522 : *JurisData* n° 2016-000815 ; *Loyers et copr.* 2016, n° 130, note G. Vigneron).

F – Copropriétaires en « faillite »

Bibliographie : S. Bénilsi, *Le syndicat confronté à la procédure collective d'un copropriétaire : Rev. loyers* 2015, p. 431. – C. Mounet, *Les droits du syndicat des copropriétaires et du propriétaire d'immeuble en cas de procédures collectives du copropriétaire ou du locataire débiteur : Administrer* oct. 2016, p. 14.

106) Déclaration de la créance. Si un copropriétaire (artisan, commerçant, personne morale...) est mis en « redressement ou en liquidation judiciaires », il appartient au syndic de se faire connaître au plus tôt au représentant des créanciers ou au mandataire liquidateur désigné par le tribunal et de déclarer la créance de charges arriérées dans les deux mois de la publication au *BODAC* du jugement d'ouverture (C. com., art. L. 622-24 et R. 622-24. – Sur les mentions à faire figurer dans cette déclaration, V. C. com., art. L. 622-25 et R. 622-23). Il a été jugé que la déclaration de créance était une mesure conservatoire que le syndic de copropriété était habilité à effectuer sans avoir à requérir une autorisation particulière de l'assemblée (■ Cass. 3e civ., 29 janv. 2003 : *JCP* N 2003-1370, p. 930, note A. Djigo ; *Procédures* 2003, comm. 146, note C. L. ; *Rev. loyers* 2003, p. 244, note. L. Guégan ; C. Delattre, *La déclaration de créance effectuée par le syndic de copropriété : Ann. loyers* 2003, p. 805 ; *Loyers et copr.* 2003, comm. 117, obs. G. Vigneron ; *Cahiers CSAB* mai 2003, n° 74, obs. A. Dunes ; *Rev. Administrer* avr. 2003, p. 55, obs. J.-R. Bouyeure).

Le syndicat de copropriété ne bénéficiant que d'un privilège immobilier spécial occulte (devenu hypothèque légale spéciale : V. Annexes, V. Privilégie immobiliers du syndicat) n'a pas à être averti d'avoir à déclarer sa créance (■ Cass. com., 4 mars 2003 : *Rev. pr. coll.* 2003, p. 317, n° 4 et la note. ■ CA Paris, 2e ch. B, 8 févr. 2001 : *Loyers et copr.* 2001, comm. 273 ; *AJDI* 2002, p. 888, note P. Capoulade) sauf s'il a inscrit son hypothèque légale.

Si cette déclaration n'est pas faite en temps utile, la créance du syndicat n'est pas admise dans les répartitions (C. com., art. L. 622-26), ce qui engage la responsabilité du syndic (V. ▪ Cass. 3e civ., 22 mars 1995 : *Rev. Administrer* oct. 1995, p. 44. ▪ CA Paris, 23e ch. A, 17 févr. 1999 : *Loyers et copr.* 1999, comm. 198). Toutefois, il peut bénéficier d'un relevé de forclusion en application de l'article L. 622-26 du Code de commerce, s'il est établi que sa défaillance n'est pas due à son fait (▪ CA Paris, 3e ch. B, 20 sept. 2007 : *JurisData* n° 2007-342185).

107) Recouvrement des charges. Après le jugement d'ouverture, le syndic de copropriété ne peut plus entreprendre de poursuites pour les charges antérieures impayées (C. com., art. L. 621-40), ni inscrire l'hypothèque légale du syndicat (C. com., art. L. 621-50. – V. ▪ Cass. 3e civ., 2 juill. 2003 : *Cahiers CSAB* n° 107, oct. 2003, obs. A. Dunes ; *Rev. Administrer* oct. 2003, p. 59, obs. J.-R. Bouyeure. ▪ CA Paris, pôle 4, 11 févr. 2015, n° 12-16246 : *Administrer* mai 2015, p. 40, note J.-R. Bouyeure). Ceci concerne les créances du syndicat trouvant leur origine antérieurement au jugement déclaratif, même si leur exigibilité est postérieure (▪ CA Versailles, 4e ch., 16 déc. 2002 : *Rev. Administrer* avr. 2003, p. 58, obs. J.-R. Bouyeure).

Quant aux charges venant à échéance après le jugement d'ouverture, elles doivent être payées à leur échéance (C. com., art. L. 622-17), par priorité à toutes autres créances, en tenant compte de l'ordre indiqué par ce texte (V. ▪ Cass. 3e civ., 2 juill. 2003, préc. ▪ Cass. 3e civ., 3 déc. 1996 : *Loyers et copr.* févr. 1997, n° 57. – V. pour une application dans le cas de liquidation judiciaire sans poursuite d'activité, ▪ CA Paris, pôle 4, 2e ch., 1er mars 2017, n° 15/06265 : *Rev. loyers* mai 2017, p. 251, note critique S. B.). À défaut, le syndic serait en droit d'engager des poursuites pour en obtenir paiement, et d'inscrire l'hypothèque légale du syndicat.

Selon un avis de la Cour de cassation du 21 janvier 2002, les créances du syndicat nées après le jugement d'ouverture font partie des « autres créances » visées par l'article L. 621-32-III-5° (devenu art. L. 622-17, III, 3°) du Code de commerce et ne sont donc payées qu'après les diverses créances privilégiées visées au 1° à 4° de ce texte (V. sur ce point, I. Fosset-Lefebvre, *Le privilège spécial immobilier du syndicat des copropriétaires et l'article L. 621-32 du Code de commerce* : *Rev. pr. coll.* mars 2002, p. 5. – J.-J. Fraimout, *Liquidation judiciaire du copropriétaire, le superprivilège en difficulté* : *Act. pr. coll.* 1er mars 2002. – J. Hocquard, *Privilèges du syndicat des copropriétaires et procédures collectives, de la divine surprise à la divine comédie* : *Rev. Administrer* oct. 2002, p. 8 ; *Defrénois* 2002, p. 1092, obs. Ph. Théry. – C. Delattre, *Le rang de la créance du syndicat des copropriétaires en liquidation judiciaire* : *Ann. loyers* 2002, p. 1585 ; *D.* 2003, p. 1334, obs. C. Giverdon).

Bibliographie : Sur tous ces problèmes : V. Ferme, *La copropriété face à la situation d'un copropriétaire défaillant dans le cas du nouveau régime des entreprises en difficultés* : *Rev. Administrer* mai 1986, p. 6 et juin 1986, p. 16 et s. et les formules d'application proposées et Th. Grundeler, *Le recouvrement des charges contre le copropriétaire surendetté ou en « faillite »* : *Rev. Administrer* mars 1996, p. 53. – O.-J. Brane, *Le recouvrement des charges de copropriété en cas de faillite du copropriétaire* : *Revue bleue* mai 1999, p. 22. – V. aussi : S. Jaccoux d'Eyssantier, *Charges de copropriété : oppositions et procédures collectives* : *AJDI* 1999, p. 504. – G. Lejwi, *Le copropriétaire commerçant, les procédures collectives et les sûretés immobilières détenues par le syndicat* : *Rev. loyers* 2000, p. 278. – Ph. Dupuis, *Privilège du syndicat des copropriétaires et liquidation des sociétés* : *Gaz. Pal.* 2 et 3 févr. 2000, p. 3. – J.-L. Malherbe, *La liquidation judiciaire et le syndicat des copropriétaires* : *Gaz. Pal.* 15-16 sept. 2000, p. 19. – C. Delattre, *Les sûretés immobilières des charges de copropriété à l'épreuve des procédures collectives* : *Ann. loyers* 2001, p. 1412 et erratum, p. 2237. – Du même auteur, *Le rang de la créance du syndicat des copropriétaires en liquidation judiciaire* : *Ann. loyers* 2002, p. 1585.

G – Copropriétaires non présents ou absents

108) Mesures à prendre. Lorsqu'un copropriétaire a « cessé de paraître au lieu de son domicile ou de sa résidence sans que l'on ait de ses nouvelles » (cas de « présomption d'absence » visé : C. civ., art. 112), le syndic peut faire nommer un administrateur pour le représenter dans l'exercice de ses droits (procédure prévue par : C. civ., art. 113, et CPC, art. 1062 et s.).

Il aura pour mission d'exercer en particulier les droits de l'absent en tant que copropriétaire et de remplir ses obligations (notamment le paiement des charges, V. sur ce problème : Ferme, *L'absence et la copropriété* : *Rev. Administrer* oct. 1986, p. 21 et s. et les modèles de délibération proposés).

H – Décès d'un copropriétaire

Bibliographie : J.-M. Roux, *Le décès d'un copropriétaire* : *Administrer* févr. 2012, p. 7.

109) Incidences de la dévolution de la succession. Lorsqu'un copropriétaire décède, les problèmes posés par le recouvrement des charges sont fonction de la dévolution de la succession.

Le lot peut se trouver en indivision pure et simple ou grevé d'un usufruit (Sur ces problèmes,

V. Guillot, *Le paiement des charges d'un lot compris dans une succession* : *Rev. Administrer* mai 1982, p. 8 et s. et l'importante étude de J.-M. Le Masson, *Le lot de copropriété dans la dévolution successorale légale* : *Rev. Administrer* oct. 1998, p. 20).

S'il y a indivision on applique les règles indiquées ci-dessous. De même s'il existe un usufruitier (V. L. 10 juill. 1965, art. 10, comm. n°s 117 et 118, p. 184).

Des difficultés peuvent surgir :

– Lorsque la succession est en cours de règlement mais qu'il n'y a pas eu d'établissement d'acte de notoriété ou d'attestation de propriété. En pareil cas, le syndicat des copropriétaires ne peut obtenir du notaire chargé de la succession la communication de l'identité des héritiers, en raison du secret professionnel, qui ne peut être levé par le juge (▪ Cass. 1re civ., 20 avr. 2022, n° 20-23.160 : *JurisData* n° 2022-006104 ; *Loyers et copr.* 2022, comm. 127, note C. Coutant-Lapalus ; *Ann. loyer* 2022, note Th. Poulichot ; *Rev. loyers* 2022, p. 297, note V. Zalewski-Sicard). Pour sortir de l'impasse, il y a lieu d'utiliser les possibilités offertes par l'article 813-1 du Code civil, en faisant nommer judiciairement une personne qualifiée en qualité de mandataire successoral (V. ci-dessous).

– Lorsque *la succession est acceptée à concurrence de l'actif net* (C. civ., art. 787 et s. et CPC, art. 1334 et s.). Ce mode d'acceptation a remplacé l'ancienne acceptation *sous bénéfice d'inventaire* (V. Ferme, *Le bénéfice d'inventaire et la copropriété : ses graves conséquences* : *Rev. Administrer* mars 1982, p. 15 et s.). Le syndic doit alors déclarer la créance du syndicat – éventuellement à titre provisionnel – en notifiant le titre de créance au domicile élu de la succession, et ceci dans les quinze mois de la publicité effectuée en vertu de l'article 788 du Code civil (C. civ., art. 792). Pendant ce même délai, toute voie d'exécution ou prise d'inscription est interdite (C. civ., art. 792-1, al. 1). La créance du syndicat est payée selon le rang de sa sûreté (s'il y a eu inscription d'hypothèque légale) ou dans l'ordre des déclarations (C. civ., art. 796). En pareil cas, lorsqu'il y a eu un inventaire régulier, les héritiers ne peuvent être condamnés *in solidum* au paiement des charges de copropriété (▪ Cass. 3e civ., 1er déc. 1999 : *JurisData* n° 1999-004288 ; *Loyers et copr.* 2000, comm. 52).

– Lorsque *la succession est vacante* : le syndic doit alors solliciter la désignation de l'administration des domaines en qualité de curateur à la succession (ce curateur payant ensuite les charges sur les fonds disponibles – sur la procédure applicable, V. C. civ., art. 809-1 et CPC, art. 1342 et s.). Le syndic devra ensuite déclarer la créance du syndicat au curateur. Mais le syndicat n'a pas alors qualité pour demander par voie d'action oblique la vente d'un bien successoral, la décision appartenant au curateur (▪ CA Paris, 2e ch. B, 8 mars 2001 : *AJDI* 2001, p. 617).

Bien entendu les héritiers ne peuvent plus être poursuivis lorsqu'ils ont renoncé à la succession.

Sur un plan général, le syndicat peut utiliser les possibilités offertes par l'article 813-1 du Code civil qui permet à tout créancier de faire désigner par le Président du tribunal judiciaire statuant en référé un administrateur provisoire de la succession (▪ Cass. 1re civ., 4 déc. 2013, n° 12-10.183 : *Bull. civ.* I, n° 237 ; *JurisData* n° 2013-027911 ; *Gaz. Pal.* 7-9 sept. 2014, p. 25, et la note). Cet administrateur provisoire a le pouvoir de faire expulser une personne occupant le lot sans droit ni titre (▪ Cass. 3e civ., 7 mai 2014, n° 13-12.541 : *JurisData* n° 2014-009898 ; *Loyers et copr.* 2014, comm. 216, obs. G. Vigneron). La désignation d'un mandataire judiciaire peut être demandée par le syndicat de copropriétaires en vertu de l'article 813-1 du Code civil même s'il existe un légataire universel, et donc en l'absence d'indivision (▪ Cass. 1re civ., 17 oct. 2019, n° 18-23.409, publié au *Bull.* : *JurisData* n° 2019-017993 ; *Loyers et copr.* 2019, comm. C. Coutant-Lapalus ; *Rev. loyers* 2019, p. 480 2, note V. Zalewski-Sicard).

I – Époux

Bibliographie : C. Coutant-Lapalus, *Mariage et copropriété : un ménage tourmenté* : *Inf. rap. copr.* déc. 2013, p. 15 et s. ; *Inf. rap. copr.* mars 2014, p. 15 et s.

110) Lot dépendant de la communauté. Lorsque le lot de copropriété est un *bien commun*, le recouvrement des charges peut être poursuivi sur ce lot (qui peut être saisi). Les époux étant codébiteurs, leurs biens propres et leurs gains et salaires sont également engagés (C. civ., art. 1411. – Sur la possibilité pour le syndicat d'invoquer la solidarité légale, V. ci-dessous *Lot propre à un époux*).

En cas de divorce, les époux restent obligés à l'égard du syndicat jusqu'à la liquidation et au partage (▪ CA Paris, 23e ch. A, 3 nov. 1999 : *Rev. Administrer* avr. 2000, p. 54, obs. J.-R. Bouyeure. ▪ CA Paris, 23e ch., 24 sept. 1993 : *JCP* N 1994, II, p. 116, note A. Djigo. ▪ CA Paris, 23e ch., 18 oct. 1994 : *Rev. Administrer* 1994, p. 58, obs. A. Dunes. ▪ CA Paris, 23e ch. A, 15 mai 1996 : *Loyers et copr.* août-sept. 1996, n° 365) – mais sans solidarité, chacun étant tenu à proportion de ses droits dans l'indivision (▪ CA Paris, 23e ch. B, 7 avr. 1995 : *Loyers et copr.* oct. 1995, n° 437. ▪ CA Dijon, 20 déc. 1994 : *JurisData* n° 1994-053397). Les conventions prises entre eux pour le paiement du passif ne sont pas opposables au syndicat des copropriétaires (▪ CA Paris, 23e ch. B, 14 févr. 2008 : *JurisData* n° 2008-358087), non plus que les dispositions de l'ordonnance de non-conciliation, qui impute les charges à un seul des époux (■ CA Paris, 23e ch. B, 22 mai 2008, n° 07/13838).

111) Lot propre à un époux. Lorsque le lot de copropriété est *propre à un époux* (quel que soit son régime matrimonial), c'est lui seul qui est responsable du paiement des charges y afférentes, du moins lorsque l'immeuble ne constitue pas le logement de la famille (■ CA Toulouse, 1re ch., 1re sect., 11 oct. 2010 : *JurisData* n° 2010-029350). Le syndicat qui poursuit par erreur l'autre époux ne peut invoquer le « mandat apparent » (■ CA Paris, 23e ch. B, 4 juin 2009 : *JurisData* n° 2009-377894 ; *Loyers et copr.* 2009, n° 299, obs. G. Vigneron).

Mais lorsque ce lot constitue le logement de la famille, il paraît possible de considérer les charges de copropriété afférentes à la gestion courante comme des « dettes ménagères » dont les époux sont solidairement responsables par application de l'article 220 du Code civil (V. ■ Cass. 3e civ., 24 sept. 2008, n° 07-17.360 : *Rev. loyers* 2008, p. 570. ■ Cass. 3e civ., 1er déc. 1999 : *JurisData* n° 1999-004296 ; *Loyers et copr.* 2000, comm. 49. ■ CA Paris, 23e ch. B, 13 juin 2002 : *D.* 2003, inf. rap. p. 2717. ■ CA Paris, 23e ch. B, 19 déc. 1980 : *RD imm.* 1981, p. 247, obs. Givord et Giverdon et ■ CA Paris, 8e ch. B, 1er févr. 1980 : *D.* 1980, inf. rap. p. 270, obs. Giverdon. ■ CA Saint-Denis-de-la-Réunion, 17 nov. 1989 : *JurisData* n° 1989-050245. – Sur l'ensemble du problème, V. J. Lafond, *La réforme des régimes matrimoniaux et la pratique des administrateurs de biens* : *Rev. Administrer* juill. 1986, p. 8 et s., nos 26 et s.). Cette solidarité subsiste en principe jusqu'à la publicité à l'état civil de la décision de divorce ou de séparation de corps (C. civ., art. 262 et CPC, art. 1082. – V. sur le principe, ■ Cass. 1re civ., 13 oct. 1992 : *JCP* 1993, II, 12047, note J. Hauser).

J – Expropriation

112) Obligation au paiement des charges. L'expropriant est tenu de payer les charges non pas seulement à partir du paiement de l'indemnité d'expropriation ou de sa condamnation (c'est-à-dire de l'entrée en possession, V. C. expr., art. L. 15) mais à partir de la date de la notification au syndic de l'ordonnance d'expropriation (■ Cass. 3e civ., 11 mai 1994 : *RD imm.* 1994, p. 490, obs. P. Capoulade ; *JCP* G 1994, II, 22344, note A. Djigo).

K – Location du lot

113) Conventions locatives et droit de poursuite du syndicat. Il est possible dans certains cas de stipuler dans le bail que le preneur remboursera au bailleur la totalité des charges de copropriété (ainsi, en matière de baux à usage exclusivement professionnel). Il en est autrement toutefois lorsque la location est soumise à une législation d'exception, et que les charges récupérables à l'encontre du locataire sont limitativement énumérées.

C'est le cas pour les locations soumises à la loi du 6 juillet 1989 applicable aux baux d'habitation et à usage mixte et professionnel ainsi qu'aux locaux soumis à la loi du 1er septembre 1948, V. article 40-II de la loi – sur les charges récupérables, V. l'article 23 de la loi du 6 juillet 1989 et le décret n° 87-713 du 26 août 1987.

Mais les conventions intervenues entre le bailleur et le locataire ne regardent pas le syndic : vis-à-vis du syndicat, c'est le bailleur qui demeure seul débiteur des charges (V. ■ Cass. 3e civ., 3 juin 2021, n° 20-14.160 : *JurisData* n° 2021-014397 ; *Loyers et copr.* 2021, comm. 158, note C. Coutant-Lapalus). Il lui appartient de se retourner ensuite contre son locataire pour récupérer les charges incombant à ce dernier aux termes du bail ou de la loi : mais celui-ci ne peut pas s'appuyer sur les règles de répartition des charges de la loi du 10 juillet 1965 pour soutenir que la convention est illicite. En effet, ces règles ne sont pas applicables dans les relations entre le bailleur et le locataire (■ Cass. 3e civ., 3 juin 2021, préc.).

Le copropriétaire bailleur ne pourrait, pour s'opposer au paiement des charges réclamées récupérables sur le locataire, faire valoir qu'elles ne sont pas dues pour toute période où l'immeuble n'a pu être donné en location (■ Cass. 3e civ., 28 avr. 1993 : *Bull. civ.* III, n° 58).

Bibliographie : sur le sujet : D. Cordier, *Charges de copropriété et charges locatives, les règles de répartition à respecter* : *Inf. rap. copr.* sept. 1999, p. 15.

L – Lot en indivision

114) Obligation conjointe et non solidaire. Il n'y a pas de solidarité entre les coïndivisaires pour le paiement des charges. Chacun d'eux est donc tenu d'acquitter sa quote-part en fonction de ses droits dans l'indivision (V. à propos d'indivisions successorales : ■ Cass. 1re civ., 16 juill. 1992 : *RD imm.* 1993, p. 26, obs. P. Capoulade ; *Loyers et copr.* 1993, n° 403. ■ Cass. 3e civ., 20 juin 1993 : *Inf. rap. copr.* 1993, p. 78, obs. P. Capoulade. ■ Cass. 3e civ., 22 juin 1994 : *Loyers et copr.* 1994, n° 441. ■ CA Paris, 23e ch., 23 sept. 1994 : *Loyers et copr.* févr. 1995, n° 84. ■ CA Paris, 19e ch., 21 nov. 1994 : *Loyers et copr.* 1995, n° 238. ■ CA Paris, 23e ch. A, 14 juin 1995 : *Loyers et copr.* janv. 1996, n° 43 ; *RD imm.* 1995, p. 589, obs. P. Capoulade. ■ CA Paris, 26 mars 1997 : *Loyers et copr.* juill. 1997, n° 211. ■ CA Paris, 23e ch. B, 7 janv. 1999 : *AJDI* 1999, p. 243. ■ CA Paris, 23e ch. B, 23 mai 2001 : *Loyers et copr.* 2001, comm. 267. ■ CA Paris, 23e ch. B, 20 déc. 2001 : *Loyers et copr.* 2002, comm. 134. ■ CA Paris,

23e ch. B, 14 mars 2002 : *AJDI* 2002, p. 470). Un arrêt de la cour de Paris a pris une position contraire, en décidant que chaque indivisaire était tenu pour le total des charges, au motif que l'obligation est indivisible (application de l'article 1222 du Code civil. ▪ CA Paris, 8e ch. D, 31 août 2000 : *JurisData* n° 121066 ; *Loyers et copr.* 2001, comm. 44). Et selon une autre décision (▪ CA Paris, 19e ch. B, 25 févr. 1999 : *JurisData* n° 1999-020416 ; *Loyers et copr.* 2000, comm. 218) le syndic est fondé à demander le paiement de la totalité des charges au copropriétaire apparent, s'il n'a pas été informé de l'existence de l'indivision (V. aussi, ▪ CA Paris, pôle 4, 2e ch., 17 avr. 2013, n° 11/16909 : *Rev. loyers* 2013, p. 297).

Toutefois, si le syndic a été informé de la part de chacun des indivisaires dans l'indivision (en l'espèce par la notification de l'attestation notariée après décès), le recouvrement des charges doit s'opérer dans les proportions en résultant (▪ Cass. 1re civ., 7 nov. 2018, n° 17-26.729 : *JurisData* n° 2018-019673 ; *Loyers et copr.* 2019, comm. 17, note C. Coutant-Lapalus).

Lorsque le syndicat est créancier de l'indivision, il est en droit, par application de l'article 815-17, alinéa 1 du Code civil, soit de se faire payer par prélèvement sur l'actif avant tout partage soit de poursuivre la saisie et la vente du lot de copropriété indivis (▪ CA Paris, 13 nov. 1989 : *Loyers et copr.* 1990, n° 53. ▪ CA Paris, 23e ch., 7 déc. 1994 : *Loyers et copr.* mars 1995, n° 128).

Les indivisaires peuvent être condamnés *in solidum* au paiement de dommages-intérêts (▪ CA Paris, 23e ch. B, 15 mars 2007 : *Loyers et copr.* 2007, n° 134, obs. G. Vigneron).

Lorsque le partage a été opéré, l'indivisaire attributaire du lot doit être considéré comme propriétaire à compter de la naissance de l'indivision et il devient en raison de l'effet déclaratif du partage, rétroactivement débiteur des charges depuis cette date (et donc depuis l'ouverture de la succession en cas d'indivision successorale : ▪ CA Paris, pôle 4, 2e ch., 19 nov. 2014, n° 12-01410 : *Administrer* mars 2015, p. 49, obs. J.-R. Bouyeure).

Voir aussi : en cas de décès d'un copropriétaire, ci-dessus, L. 10 juill. 1965, art. 10, comm. n° 109, p. 180.

115) Clause de solidarité. Il arrive que le règlement de copropriété comporte *une clause instituant une solidarité*, en vue de permettre au syndic de demander à l'un quelconque des indivisaires le paiement de la totalité des charges dues.

La licéité d'une telle clause avait été mise en doute (M. Dagot, *Le lot de copropriété en indivision* : *JCP* N 1979, prat., p. 464 et s. – J. Lafond, *La loi relative à l'organisation de l'indivision* : *Rev. Administrer* janv. 1981, p. 48 et s. – E. Kischinewsky-Broquisse, *La copropriété des immeubles bâtis*, Litec, 4e éd. 1989, nos 235 et s. – Givord et Giverdon, *La copropriété*, 4e éd., n° 175, p. 142) et les juridictions du fond étaient partagées.

La Cour de cassation s'est finalement prononcée, dans une affaire où le règlement de copropriété contenait une clause de « solidarité entre les indivisaires d'un ou plusieurs lots » pour le paiement des charges (▪ Cass. 3e civ., 1er déc. 2004 : *JCP* N 2005, n° 13-14.1206, note A. Djigo ; *Loyers et copr.* 2005, comm. 36, obs. G. Vigneron ; *Rev. Administrer* févr. 2005, p. 53, note J.-R. Bouyeure ; *AJDI* 2005, p. 487, note C. Giverdon). Cette clause était arguée de nullité par le demandeur, mais son pourvoi a été rejeté, la Cour de cassation déclarant que : « La clause de solidarité stipulée dans un règlement de copropriété n'est pas prohibée entre indivisaires conventionnels d'un lot, tenus de désigner un mandataire commun ». Postérieurement, un arrêt devait préciser que la clause de solidarité était licite et devait produire effet « quelle que soit l'origine de l'indivision », et par exemple dans une indivision d'origine successorale (▪ Cass. 3e civ., 23 mai 2007 : *Bull. civ.* III, n° 82 ; *Loyers et copr.* 2007, comm. 158, note Vigneron ; *JCP* G 2007, n° 49, p. 20, obs. H. Périnet-Marquet ; *AJDI* 2008, p. 297, note P. Capoulade. – V. sur cette décision, G. Vigneron, *Quand la clause de solidarité retrouve sa légitimité* : *Loyers et copr.* nov. 2007, étude p. 7. – V., pour des applications, pour des époux en instance de divorce, ▪ CA Paris, pôle 4, 2e ch., 12 juin 2013, n° 11/13419 : *Administrer* oct. 2013, p. 51, obs. J.-R. Bouyeure, et dans d'autres cas, ▪ CA Paris, pôle 4, 2e ch., 17 avr. 2013, n° 11/16909 : *Administrer* juill. 2013, p. 57, obs. J.-R. Bouyeure. ▪ CA Versailles, 8 avr. 2013 : *JurisData* n° 2013-007140 ; *Loyers et copr.* 2013, n° 255, obs. G. V.).

Bibliographie : G. Gil, *Le paiement des charges afférentes à un lot indivis : un pour tous ou chacun pour soi* : *Rev. Administrer* nov. 2005, p. 12. – J.-M. Roux, *La clause de solidarité dans la copropriété* : *Inf. rap. copr.* janv.-févr. 2006, p. 25.

M – Lot grevé d'un droit d'usage et d'habitation

116) Droit de poursuite du syndicat et contribution à la dette. Tant en ce qui concerne les rapports entre chacun des titulaires de droits sur le lot (problème de la contribution à la dette) que le problème du droit de poursuite du syndicat, on applique en la matière, à défaut de convention contraire, les mêmes règles qu'en cas d'usufruit (C. civ., art. 635 ; V. Guillot, *Qui doit payer les charges quand un lot est grevé d'un droit d'usage et d'habitation* : *Rev. Administrer* févr. 1979, p. 16. ▪ Cass. 3e civ., 14 nov. 1996 : *RJDA* janv. 1997, n° 105. ▪ CA Paris, 2e ch. B, 27 janv. 2000 : *JurisData* n° 2000-106264. ▪ CA Versailles, 1re ch., 28 juin 1990 : *Rev. Administrer* nov. 1990, p. 54). Les charges « courantes » doivent être acquittées par le titulaire du droit d'usage et d'habitation (■ CA Paris, 23e ch. B, 1er mars 2007 : *JurisData* n° 2007-328575. – *Contra* ■ CA Aix-en-Provence, 4e ch. A, 13 avr. 2007 : *Loyers et copr.* 2007, n° 230, obs. G. Vigneron, pour qui seul le propriétaire du lot grevé peut être poursuivi). Mais si le droit d'usage et d'habitation est converti en rente viagère, l'ancien titulaire du droit n'est plus débiteur des charges (■ CA Paris, 23e ch. B, 1er mars 2007 : *Loyers et copr.* 2007, n° 137, obs. G. Vigneron).

Le droit d'usage et d'habitation comporte cependant une particularité par rapport au droit d'usufruit : étant en principe insaisissable, le syndicat ne peut pas le faire vendre si son titulaire ne paie pas les charges dues (■ CA Aix-en-Provence, 4e ch. A, 13 avr. 2007 : *Loyers et copr.* 2007, n° 230, obs. G. Vigneron).

En ce qui concerne le droit de poursuite du syndicat, pour éviter que le syndicat qui entend recouvrer des charges ne soit obligé de les ventiler entre les titulaires de droits respectifs (ce qui pose des problèmes délicats), les règlements de copropriété comportent parfois une « clause de solidarité » dont la validité reste en la matière controversée (V. ■ CA Paris, 23e ch. B, 26 nov. 1998 : *JurisData* n° 1998-023181 ; *Loyers et copr.* 1999, n° 134, qui considère comme illicite une semblable clause. – *Contra* ■ CA Aix-en-Provence, 18 févr. 2005 : *Rev. loyers* 2005, p. 215, note J.-M. Roux). Au regard de la jurisprudence de la Cour de cassation en matière de lots indivis (V. L. 10 juill. 1965, art. 10, comm. n° 109, p. 183), et de lots grevés d'usufruit (V. L. 10 juill. 1965, art. 10, comm. n° 111, p. 184), on peut penser que sa validité sera un jour explicitement consacrée en la matière.

Mais il a été admis que le propriétaire et le titulaire du droit d'usage et d'habitation pouvaient être condamnés *in solidum* au paiement des charges de copropriété (■ Cass. 3e civ., 23 févr. 2000 : *JurisData* n° 2000-000753 ; *Loyers et copr.* 2000, comm. 150 ; *Bull. civ.* III, n° 40 ; *JCP* N 2000, p. 1190, note A. Djigo ; *Rev. Administrer* août-sept. 2000, p. 36, note P. Capoulade ; *AJDI* 2000, p. 824, note C. Giverdon. ■ CA Paris, pôle 4, 2e ch., 26 mars 2014, n° 12/02837 : *Rev. loyers* 2014, p. 305, note S. Bénilsi). Si cette jurisprudence règle le problème du droit de poursuite du syndicat, la question de la contribution à la dette entre les coobligés reste posée (elle peut être tranchée par le titre constitutif, dont les stipulations ne sont pas opposables au syndicat).

N – Lot grevé d'usufruit

Bibliographie : C. Atias, *Les charges dues par l'usufruitier et le nu-propriétaire d'un lot de copropriété : Inf. rap. copr.* oct. 2001, p. 22. – P. Capoulade, *Usufruit et charges de copropriété : Rev. hab. fr.* avr. 2000, p. 15. – J. Lafond, *Les conflits autour de l'usufruit : Le Particulier immobilier* déc. 1986, p. 43 et s. ; *Usufruitier : vos droits et obligations en copropriété : Le Particulier immobilier* sept. 2002, p. 40. – V. Matet, *La boîte à outils du notaire rédacteur d'un démembrement du droit de propriété sur un lot de copropriété : NOTA-BENE Cridon Bordeaux-Toulouse* janv. 2008, n° 523. – A. Tadros, *Le paiement des charges de copropriété d'un lot grevé d'usufruit : RDC* 2016, n° 4, p. 741. – F. Collard et J.-F. Pillebout, *Travaux et paiements des charges d'un lot de copropriétés grevées d'usufruit : JCP* N 2017, n° 22, 1193, avec formules d'application. – J. Hocquard, *Le démembrement de propriété du lot : Inf. rap. copr.* juin 2022, p. 21.

117) Droit de poursuite du syndicat. En ce qui concerne le *droit de poursuite du syndicat*, deux situations doivent être distinguées :

- le démembrement de propriété a été régulièrement notifié au syndic conformément à l'article 6 du décret du 17 mars 1967 (V. ce texte *infra*). La conséquence est alors que ce démembrement est opposable au syndicat. Comme l'indique M. Guillot (*La pratique de la copropriété*, p. 48, nos 9-15), il n'y a pas de solidarité entre usufruitier et nu-propriétaire pour le paiement des charges, ce que confirme d'ailleurs la jurisprudence (■ TGI Grenoble, 5 mai 1980 : *RD imm.* 1980, p. 457. ■ CA Paris, 4 déc. 1985 : *Inf. rap. copr.* avr. 1986, p. 67. ■ CA Paris, 8e ch. B, 27 oct. 1989 : *Loyers et copr.* 1989, n° 541. ■ CA Versailles, 1re ch., 28 juin 1990 : *Rev. Administrer* nov. 1990, p. 54. ■ CA Paris, 23e ch. A, 24 nov. 1999 : *Rev. loyers* 2000, p. 213).

Le syndic doit en tenir compte et procéder à une ventilation entre les charges imputables à l'usufruitier et celles imputables au nu-propriétaire » (M.-M. Arnaud et Bouyeure, *Millièmes et charges de copropriété*, p. 262) en fonction des articles 605 et 606 du Code civil (■ Cass. 3e civ., 16 nov. 2004, n° 02-12.562 : *JurisData* n° 2004-0256681. ■ CA Paris, 8e ch., sect. B, 27 oct. 1989, n° 88/014276 : *JurisData* n° 1989-025063 ; *Loyers et copr.* 1989, p. 10, n° 541. ■ CA Versailles, 1re ch., sect. 1, 28 juin 1990 : *JurisData* n° 1990-044647. ■ CA Paris, 21 déc. 1994, n° 93/9247 : *JurisData* n° 1994-024761 ; *Loyers et copr.* 1995, comm. 179. ■ CA Paris, 2e ch., sect. A, 11 janv. 2000, n° 97/12200 : *JurisData* n° 2000-105092 ; *Loyers et copr.* 2000, comm. 122, obs. G. Vigneron. ■ CA Paris, 23e ch., 12 janv. 2006 : *JurisData* n° 2006-290838 ; *Loyers et copr.* 2006, comm. 86, obs. G. Vigneron). Ce principe est toutefois malmené par certaines juridictions qui accueillent favorablement la possibilité de condamner *in solidum* le nu-propriétaire et l'usufruitier, sans avoir à procéder à une répartition des charges.

- le démembrement de propriété n'a pas été notifié au syndic. Il a été jugé que tant que le démembrement de propriété ne lui avait pas été notifié, le syndicat n'était pas tenu de procéder à la ventilation des charges entre le nu-propriétaire et l'usufruitier, et qu'ils pouvaient être condamnés *in solidum* (▪ CA Versailles, 4e ch., 15 févr. 2010 : *JurisData* n° 2010-001437 ; *Loyers et copr.* 2010, comm. 234, obs. G. Vigneron. ▪ CA Paris, 23e ch. B, 27 janv. 2007 : *JurisData* n° 2007-324390 ; *Loyers et copr.* 2007, comm. 107, obs. G. Vigneron. ▪ CA Paris, 23e ch. B, 12 déc. 2002 : *Loyers et copr.* 2003, comm. 163, obs. G. Vigneron). Cependant, un arrêt de la cour de Paris a estimé qu'en l'absence d'une clause particulière du règlement, la répartition des charges entre le nu-propriétaire et l'usufruitier devait être opérée par le syndic conformément à l'article 605 du Code civil et que la demande de condamnation *in solidum* du nu-propriétaire et de l'usufruitier devait être rejetée (▪ CA Paris, pôle 4, 2e ch., 24 mars 2010 : *Rev. Administrer* juill. 2010, p. 46, obs. J.-R. Bouyeure. – V. aussi ▪ CA Paris, pôle 4, 2e ch., 16 mars 2011 : *JurisData* n° 2011-004370).

Voir aussi : sur la possibilité de prononcer une condamnation *in solidum*, l'arrêt de la Cour de cassation du 23 février 2000 : L. 10 juill. 1965, art. 10, comm. n° 110, p. 183 et ▪ CA Versailles, 25 janv. 2010 : *JurisData* n° 2010-004652 ; *Loyers et copr.* 2010, comm. 200, obs. G. Vigneron.

Sur la nécessité de notifier le démembrement de propriété et sa sanction, V. *infra*, D. 17 mars 1967, art. 6, p. 684.

118) Clause de solidarité. Pour éviter au syndic toute difficulté dans le recouvrement, il est assez fréquent que le règlement de copropriété oblige solidairement le nu-propriétaire et l'usufruitier au règlement de toutes dépenses afférentes au lot dont la propriété est démembrée.

La licéité de cette clause a été mise en doute, mais, suivant en cela les juridictions du fond, qui avaient conclu majoritairement en ce sens, la Cour de cassation a finalement admis la validité de cette clause (▪ Cass. 3e civ., 30 nov. 2004, n° 03-11.201 : *JurisData* n° 2004-025921 ; *JCP* N 2005, n° 13, p. 673, note A. Djigo ; *Loyers et copr.* 2005, comm. 36, obs. G. Vigneron ; *Rev. Administrer* avr. 2005, p. 34, obs. J.-R. Bouyeure). La Cour de cassation a confirmé sa jurisprudence dans une décision postérieure (▪ Cass. 3e civ., 14 avr. 2016, n° 15-12.545, publié au Bulletin : *JurisData* n° 2016-007078 ; *Loyers et copr.* 2016, n° 155, obs. Vigneron ; *Rev. loyers* 2016, p. 297, note L. Guégan. V. dans le même sens, ▪ CA Paris, 20 déc. 2017, n° 15/23503).

Selon une réponse ministérielle, qui reprend une solution adoptée par la cour d'appel de Rennes (▪ CA Rennes, 20 mai 2021, n° 19-02202), la clause de solidarité s'applique aux cotisations du fonds de travaux (Rep. Rauch, *JOAN* Q, 2 nov. 2021, p. 7991, n° 40 008).

Voir aussi : sur ce débat, à propos du lot en indivision, L. 10 juill. 1965, art. 10, comm. n° 109, p. 183.

119) Contribution au paiement des charges. Des difficultés naissent ensuite à propos de la *contribution au paiement des charges communes*. Comment doivent-elles être réparties entre nu-propriétaire et usufruitier ?

L'acte opérant le démembrement de propriété peut comporter à ce sujet des clauses spéciales, qu'il faudra alors respecter (▪ CA Paris, 23e ch., 21 déc. 1994 : *Loyers et copr.* 1995, n° 179. V. pour des exemples de clauses : *JCl. Notarial Formulaire, V° Usufruit*, Fasc. B, formule 2 par Me Pillebout et *À propos de la rédaction des actes contenant réserve d'usufruit* : *JCP* N 1987, prat., p. 238). Il a été jugé que si l'usufruitier est contractuellement obligé au paiement des charges, l'acquéreur du lot peut agir en garantie à son encontre pour les charges de copropriété dues au syndicat des copropriétaires, sans qu'il soit nécessaire de prouver qu'il a réglé ces charges, car les règles concernant les recours contre un codébiteur solidaire ne sont pas ici applicables (▪ Cass. 3e civ., 8 juill. 2021, n° 20-10.803 : *JurisData* n° 2021-011248 ; *Loyers et copr.* 2021, comm. 157, note A. Lebatteux).

En l'absence de clause, les charges se répartissent selon les principes posés par le Code civil (C. civ., art. 605 et s.). L'usufruitier doit supporter les charges ou dépenses qui se rattachent à la jouissance ; les grosses réparations sont à la charge du nu-propriétaire (C. civ., art. 606. – V. sur ces problèmes, E. Kischinewsky-Broquisse, *La copropriété des immeubles bâtis*, Litec, 4e éd. 1989, nos 234 et s.). Sont de grosses réparations « celles qui constituent une dépense exceptionnelle normalement prise sur le capital » (*JCl. Civil*, art. 605 à 616, n° 72).

En application de ces critères, sont par exemple à la charge de l'usufruitier (G. Vigneron, *JCl. Copropriété*, Fasc. 74) :

– les dépenses d'entretien et de réparations courantes de l'immeuble ;

– les frais de ravalement (Rép. min. Justice : *JOAN*, 12 août 1972, p. 3470) ;

– les dépenses d'administration de l'immeuble (salaires et charges sociales des préposés du syndicat, honoraires du syndic et d'architecte...) ;

– les frais de fonctionnement des services collectifs et éléments d'équipement communs (dépenses d'ascenseur, de chauffage, d'électricité, d'eau, de climatisation, d'entretien des espaces verts et de la voirie intérieure...) ;

– les impôts et taxes perçus sur l'immeuble, ainsi que les primes d'assurance collective.

Le nu-propriétaire devra, pour sa part, supporter les dépenses « en capital » qui sont nécessaires pour maintenir en état, ou pour restaurer les structures essentielles de l'immeuble, par exemple la réfection totale de l'installation électrique commune, la réfection de la toiture, la réfection d'un mur pignon et d'un portail en fer de l'immeuble (▪ CA Paris, 1er juill. 1999 : *JurisData* n° 1999-023735 ; *Loyers et copr.* 2000, comm. 19) ; la réfection de l'ascenseur et d'un monte-voitures (▪ CA Paris, 23e ch. A, 24 nov. 1999 : *JurisData* n° 1999-101117) ; le remplacement de l'ascenseur (▪ CA Paris, 23e ch. B, 12 janv. 2006 : *Loyers et copr.* 2006, comm. 86, obs. G. Vigneron), les grosses réparations (▪ CA Paris, 23e ch., 16 oct. 2008 : *Loyers et copr.* 2009, comm. 50). Voir cependant un arrêt de la cour de Paris (2e ch. A) du 11 janvier 2000, qui a mis à la charge de l'usufruitier les travaux de reprise de l'étanchéité des terrasses, la réparation des ascenseurs et la réfection de l'installation de chauffage (▪ CA Paris, 2e ch. A., 11 janv. 2000 : *JurisData* n° 2000-105092 ; *Loyers et copr.* 2000, comm. 122 ; *RD imm.* 2000, p. 236, obs. P. Capoulade).

Il a été jugé que pour exercer une action en répétition de charges de copropriété indûment payées un accord unanime entre l'usufruitier et le nu-propriétaire ne pouvait être exigé (▪ Cass. 3e civ., 12 févr. 2020, n° 18-22.537 : *JurisData* n° 2020-001883 ; *Loyers et copr.* 2020, comm. 53, note C. Coutant-Lapalus).

Bibliographie : sur tous ces points, C. Atias, *Les charges dues par l'usufruitier et le nu-propriétaire d'un lot de copropriété* : *Inf. rap. copr.* oct. 2001, p. 22. – P. Capoulade, *Usufruit et charges de copropriété* : *Rev. hab. fr.* avr. 2000, p. 15. – J. Lafond, *Les conflits autour de l'usufruit* : *Le Particulier immobilier* déc. 1986, p. 43 et s. ; *Usufruitier : vos droits et obligations en copropriété* : *Le Particulier immobilier* sept. 2002, p. 40. – V. Matet, *La boîte à outils du notaire rédacteur d'un démembrement du droit de propriété sur un lot de copropriété* : *NOTA-BENE Cridon Bordeaux-Toulouse* janv. 2008, n° 523.

O – Lots transitoires

120) Renvoi. Ce problème est traité (L. 65-557 10 juill. 1965, art. 1er, annot. nos 19 et 20, p. 10).

P – PACS

121) Incidences. Depuis le 1er janvier 2007, les personnes liées par un Pacs sont tenues solidairement à l'égard des tiers des dettes contractées par l'une d'elles « pour les besoins de la vie courante » (C. civ., art. 515-4, al. 2). Il semble que cette formule très générale puisse concerner les charges de copropriété afférentes à leur logement commun. Le problème est pour le syndic de connaître l'existence du « PACS ».

Si le syndic est amené à procéder à un recouvrement forcé et à inscrire une hypothèque légale, il lui faudra savoir qui est propriétaire. Deux situations peuvent se rencontrer :

– le lot appartient en propre à l'un des deux « partenaires » (C. civ., art. 515-5, al. 2) ;

– le lot appartient en indivision par moitié à chacun d'eux (C. civ., art. 515-5-1), en vertu du « pacte » initial ou d'une convention modificative.

Q – Résidences services

122) Débiteurs des charges. Lorsqu'elles constituent des charges de copropriété, les charges des résidences services pour personnes âgées sont en principe réparties entre les résidents en fonction de l'utilité qu'elles présentent pour chaque lot.

Voir aussi : sur ce point *supra*, L. n° 65-557, 10 juill. 1965, art. 41-1 à 41-5.

Mais lorsque les services sont assurés par une entité extérieure au syndicat, par exemple une association syndicale ou une société, les statuts de cette structure juridique extérieure peuvent stipuler que les copropriétaires seront tenus de payer une cotisation mensuelle, que l'appartement soit occupé ou non (▪ Cass. 3e civ., 22 oct. 2002 : *Loyers et copr.* 2002, comm. 97, note G. Vigneron) et/ou encore qu'en cas de décès les cotisations continueront d'être dues (▪ Cass. 3e civ., 12 mars 2003 : *Bull. civ.* III, n° 59 ; *Loyers et copr.* 2003, comm. n° 142, obs. G. Vigneron ; *JCP* G 2003, p. 1871, obs. H. Périnet-Marquet ; *Rev. Administrer* juill. 2003, p. 44, obs. J.-R. Bouyeure ; *Defrénois* 2003, p. 1347, obs. C. Atias). Le fait que le contrat de service soit inséré dans le règlement et que le prestataire de service soit autorisé à facturer directement les charges aux copropriétaires ne fait pas pour autant des dépenses correspondantes des charges de copropriété (mêmes décisions).

123) Renvoi. Sur les règles applicables en pareil cas en matière de recouvrement de charges, V. D. 17 mars 1967, art. 6, n° 4, p. 685.

R – Société

124) Obligations de la société. Lorsqu'un lot appartient à une société, c'est à celle-ci, personne morale, qu'incombe le paiement des charges, qui devront donc être réclamées à son représentant statutaire et non pas directement aux associés (▪ CA Paris, 23e ch. A, 5 juin 1996 : *Loyers et copr.* août-sept. 1996, n° 364). Il appartient, ensuite, à ce dernier de répartir entre les associés, conformément aux statuts, les sommes dont la société est redevable (▪ CA Paris, 23e ch. B, 18 déc. 1979 : *D.* 1981, inf. rap. p. 98, n° 15). Le syndic ne peut poursuivre directement les associés, qui n'ont pas la qualité de copropriétaires (▪ Cass. 3e civ., 6 juill. 1988 : *Bull. civ.* III, n° 121. ▪ Cass. 3e civ., 9 juin 1993 : *JCP* N 1994, II, p. 33, note A. Djigo ; *Inf. rap. copr.* 1993, p. 379, obs. P. Capoulade). Dans le cas de société civile, des poursuites peuvent toutefois être entreprises à l'encontre des associés après que le syndicat a obtenu un titre à l'encontre de la société et qu'elle a elle-même été l'objet de poursuites qui se sont avérées vaines (C. civ., art. 1858. ▪ Cass. 3e civ., 26 mai 1994 : *RD imm.* 1994, p. 493).

S'il s'agit d'une société d'attribution, le syndicat n'a pas qualité pour agir en paiement d'une dette de charges contre un associé attributaire en jouissance (▪ CA Paris, 5 juin 1996 : *Loyers et copr.* août-sept. 1996, n° 364), à moins qu'une clause des statuts ne le permette (▪ CA Paris, 23e ch. B, 4 juin 2009 : *AJDI* 2009, p. 880). Jusqu'au retrait de l'un des associés, la société est seule débitrice des charges communes (▪ CA Paris, 23e ch., 9 sept. 2009 : *JurisData* n° 2009-379273 ; *Loyers et copr.* 2010, comm. 61, obs. G.V.).

Sur le recouvrement des charges lorsque le copropriétaire est une société d'attribution (V. M. Gélinet, *Sociétés d'attribution et charges de copropriété* : *Rev. Administrer* juin 1995, p. 4 et s.).

Si une société civile n'a pas été immatriculée, elle n'est pas pour autant dissoute mais se transforme en une société en participation. Ses biens (et donc les lots dont elle est copropriétaire) se trouvent alors en indivision (▪ CA Paris, pôle 4, 2e ch., 4 mai 2011, n° 09/19780 : *Administrer* août-sept. 2011, p. 44, obs. J.-R. Bouyeure. – V. précédemment, ▪ CA Paris, pôle 4, 2e ch., 8 déc. 2010 : *Rev. Administrer* mars 2011, p. 40, obs. J.-R. Bouyeure).

S – Vente de lots

125) Renvoi. Sur les problèmes de recouvrement de charges en matière de vente de lots, voir L. art. 20 et D. art. 5 et leurs commentaires.

T – Surendettement d'un copropriétaire

126) Incidences sur les charges. La loi n° 89-1010 du 31 décembre 1989 (*JO* 2 janv. 1990) a entendu porter remède aux situations de surendettement des particuliers par l'étalement dans le temps, la réduction ou la remise d'intérêts, voire de capital, de leurs dettes non professionnelles, et depuis peu professionnelles. Cette loi avait principalement en vue les dettes résultant d'emprunts. Mais la jurisprudence l'a appliquée à toutes les créances quelle qu'en soit la nature (V. ▪ CA Paris, 13 nov. 1990 : *Gaz. Pal.* 1991, 1, p. 17, note Le Carny), et donc aux charges de copropriété.

Après plusieurs réformes successives, ces dispositions législatives ont été codifiées sous les articles L. 771-1 et suivants du Code de la consommation (V. *JCl. Procédures collectives*, Fasc. 1717-1712 par S. Djidara-Decaix).

U – Droit de jouissance exclusive

127) Renvoi. Les difficultés concernant la contribution aux charges des titulaires de droits de jouissance exclusive sur les parties communes sont diverses :

– sur la contribution des lots bénéficiant d'un droit de jouissance exclusive accessoire à leurs parties privatives, V., à propos des terrasses, *supra*, comm. n° 57, p. 161 ;

– sur la contribution des titulaires de droits de jouissance exclusive à titre principal, V. L. 10 juill. 1965, art. 6-3, comm. n° 13, p. 59.

IX – CLAUSES DU RÈGLEMENT DE COPROPRIÉTÉ RELATIVES AU RECOUVREMENT DES CHARGES

128) Clauses pénales – Clauses concernant les intérêts. Sont illicites les clauses imposant *le paiement d'indemnités* indues : par exemple la clause imposant le paiement au syndicat d'une indemnité forfaitaire en cas de déménagement pour compenser des dégâts éventuels aux parties communes (▪ TGI Chambéry, 6 déc. 1967 : *AJPI* 1968, II, p. 230, note Cabanac. ▪ CA Lyon, 22 janv. 1969 : *Inf. rap. copr.* 1969, p. 44, note Cabanac). – V. sur ce problème : Cabanac, *Les déménagements et la copropriété* : *Inf. rap. copr.* 1972, p. 161 et s. ;

... ou imposant un supplément de charges en cas de location à une personne étrangère à la copropriété (▪ CA Paris, 31 janv. 1976 : *Ann. loyers* 1977, p. 876).

Voir aussi : sur les clauses pénales, V. L. 10 juill. 1965, art. 8, comm. n° 52, p. 81. – Sur les clauses relatives au paiement des intérêts, V. D. art. 36. – Sur la clause de solidarité, V. L. 10 juill. 1965, art. 10, comm. n° 112, p. 183.

129) Clause d'aggravation des charges. Est licite la clause mettant à la charge des copropriétaires responsables l'aggravation des charges provenant de leur fait (pour des exemples d'application : ▪ Cass. 3e civ., 2 juin 1981 : *Rev. Administrer* févr. 1982, p. 18. ▪ CA Versailles, 21 juin 1988 : *D.* 1988, inf. rap. p. 263, et plus récemment : ▪ CA Paris, 29 mai 1992 : *Loyers et copr.* 1992, n° 401. ▪ CA Paris, 11 juin 1992 : *JCP G* 1992, IV, n° 2852. ▪ CA Paris, 25 sept. 1992 : *Loyers et copr.* 1993, n° 36. ▪ CA Paris, 23e ch. B, 10 mai 2001 : *Rev. loyers* 2001, p. 349. – V. G. Vigneron, *La clause dite d'aggravation des charges et son efficacité* : *Loyers et copr.* mars 1993, p. 1 et s.).

Lorsqu'elle est licite, la clause d'aggravation des charges ne peut recevoir application que dans le cadre des règles générales de la responsabilité civile. Elle pourra être utilisée pour obtenir la condamnation d'un copropriétaire : mais elle n'autorise pas à imputer directement à son compte des sommes arbitrées unilatéralement par le syndicat (▪ Cass. 3e civ., 28 mai 2020, n° 19-13.406 : *Administrer* juill. 2020, p. 49, obs.

J.-R. Bouyeure) (■ CA Chambéry, 8 nov. 2011 : *JurisData* n° 2011-032542 ; *Loyers et copr.* 2011, n° 182, obs. G.V. ■ CA Aix-en-Provence, 4e ch. A, 30 mai 2006 : *JurisData* n° 2006-313745). L'application de cette clause suppose un comportement fautif du débiteur, dont l'appréciation doit résulter d'une décision judiciaire et non d'une décision de l'assemblée (■ Cass. 3e civ., 27 mars 2013, n° 12-13.012 : *Administrer* juin 2013, p. 54, obs. J.-R. Bouyeure ; *Rev. loyers* 2013, p. 296, obs. Ph. Colmar. ■ Cass. 3e civ., 30 janv. 2007 : *Loyers et copr.* 2007, comm. 85, obs. G. Vigneron). Il en est de même pour l'appréciation des conséquences de la faute et la réparation du préjudice causé. V. en ce sens, ■ Cass. 3e civ., 26 janv. 2000 : *JurisData* n° 2000-000321 ; *Loyers et copr.* 2000, comm. 100 ; *Bull. civ.* III, n° 16 ; *AJDI* 2000, p. 711, obs. C. Giverdon. ■ CA Paris, 23e ch. B, 31 août 2000 : *JurisData* n° 2000-126119 ; *Loyers et copr.* 2001, comm. 76. ■ CA Aix-en-Provence, 4e ch. A, 24 févr. 2000 : *D.* 2000, somm. p. 214, note C. Atias. ■ CA Aix-en-Provence, 4e ch. A, 4 févr. 1999 : *D.* 1999, somm. p. 315, note C. Atias). La clause ne peut recevoir application du seul fait du changement d'affectation d'un lot. Une clause prévoyant un doublement des charges en cas d'affectation à un autre usage que l'habitation est illicite (■ CA Paris, 23e ch. B, 25 févr. 1999 : *JurisData* n° 1999-020415 ; *Loyers et copr.* 1999, comm. 225 ; *RD imm.* 1999, p. 299. ■ CA Paris, 23 mai 1989 : *Loyers et copr.* 1989, n° 404).

La décision d'insérer dans le règlement une clause d'aggravation des charges implique un vote unanime (■ CA Paris, 23e ch. B, 10 nov. 2005 : *Loyers et copr.* 2006, comm. 64, obs. G. Vigneron).

Bibliographie : sur le sujet, C. Giverdon, *Variations sur la clause d'aggravation des charges* : *Loyers et copr.* juill.-août 2000, p. 4.

130) Clause concernant les primes d'assurance. Il a été jugé que le paiement des primes de l'assurance souscrite pour les parties communes et privatives de l'immeuble constituant une charge relative à la conservation, à l'entretien et l'administration des parties communes, la clause du règlement de copropriété faisant supporter une surprime par le copropriétaire qui en était responsable (en l'espèce du fait de l'exploitation d'une discothèque) devait être réputée non écrite (■ Cass. 3e civ., 22 mai 2013, n° 12-16.217 : *Administrer* août-sept. 2013, p. 59, obs. J.-R. Bouyeure. – V. dans le même sens, à propos d'un dancing, ■ Cass. 3e civ., 8 sept. 2016, n° 15-17.000 : *JurisData* n° 2016-018237 ; *Loyers et copr.* 2016, comm. 237, obs. G. Vigneron et C. Coutant-Lapalus ; *Administrer* janv. 2017, p. 60, obs. J.-R. Bouyeure. ■ Cass. 3e civ., 6 sept. 2011, n° 17-18.972 : *JurisData* n° 2011-018191 ; *Loyers et copr.* 2011, comm. 307, obs. G. Vigneron ; *Administrer* déc. 2011, p. 64, obs. J.-R. Bouyeure, cassant ■ CA Paris, pôle 4, 2e ch., 14 avr. 2010 : *JurisData* n° 2010-008143 ; *Loyers et copr.* 2010, comm. 264, obs. G. Vigneron. ■ Cass. 3e civ., 17 mars 2010 : *JurisData* n° 2010-002194 ; *Loyers et copr.* 2010, comm. 146, obs. G. Vigneron ; *AJDI* 2010, p. 897, note D. Tomasin ; *Rev. Administrer* juill. 2010, p. 44, obs. J.-R. Bouyeure. ■ CA Paris, pôle 4, 2e ch., 7 mars 2013, n° 11/17679 : *JurisData* n° 2013-003904 ; *Loyers et copr.* 2013, comm. 187, note G. Vigneron. – *Contra*, ■ CA Paris, pôle 4, 2e ch., 8 déc. 2010 : *JurisData* n° 2010-250250 ; *Loyers et copr.* 2011, comm. 90, obs. G. Vigneron ; *Rev. Administrer* mars 2011, p. 39, obs. J.-R. Bouyeure. ■ CA Paris, pôle 5, 3e ch., 15 sept. 2010 : *AJDI* 2010, p. 898. – V. sur le problème, P. Capoulade, *Les surprimes d'assurance* : *AJDI* 2009, p. 799).

Voir : sur les effets de la constatation du caractère non écrit de la clause, et la possibilité de réclamer la restitution des charges indues pour le passé, V. L. 10 juill. 1965, art. 12, annot. nos 22 à 24, p. 209 L. 10 juill. 1965, art. 43.

131) Clauses d'aggravation des charges et récupération des « frais de recouvrement » amiable à l'encontre des copropriétaires mauvais payeurs. Le problème principal qu'a posé la clause d'aggravation des charges dans la pratique est de savoir si elle peut être utilisée pour obtenir d'un copropriétaire le remboursement des frais divers engagés par la copropriété pour recouvrer à son encontre les charges de copropriété.

Voir la solution apportée à ce problème par l'article 10-1 de la loi (p. 190).

Bibliographie : J.-C. Berthault, *De grâce accordez vos violons* : *Rev. loyers* 1995, p. 388 et s. – J.-M. Gélinet, *Les frais et honoraires afférents au recouvrement des charges de copropriété* : *Rev. Administrer* mars 1996, p. 33 et s. – C. Giverdon, *La clause d'aggravation des charges en jurisprudence* : *AJPI* 1996, p. 205. – G.-C. Chiaroni, *Les clauses d'aggravation des charges, réflexion sur l'évolution jurisprudentielle* : *Rev. Administrer* févr. 1999, p. 35.

132) Dispositions du Code des procédures civiles d'exécution. Avec *la loi du 9 juillet 1991*, le problème a changé de nature. On s'est demandé si une clause qui mettrait expressément à la charge du copropriétaire récalcitrant le paiement de l'ensemble des frais de recouvrement des charges (y compris les « frais de relance » exposés par le syndic) – et dont la portée ne pourrait donc pas être discutée serait valable au regard des dispositions de l'article 32 de la loi précitée (V. l'étude de J.-R. Bouyeure in *Rev. Administrer* nov. 1993, p. 4 et s. et les obs. de C. Giverdon in *RD imm.* 1994, p. 98 et s.).

Il a été admis, dans le dernier état de la jurisprudence, que ce texte s'appliquait en la matière (■ Cass. 3e civ., 15 déc. 1999 : *Loyers et copr.* 2000, comm. 50, note G. Vigneron ; *Constr.-Urb.* févr.

2000, comm. 33, obs. D. Sizaire ; *RD imm.* 2000, p. 824 et *AJDI* 2000, p. 91, note C. Giverdon. ▪ Cass. 3e civ., 9 févr. 2000 : *Bull. civ.* III, n° 29 ; *RD imm.* 2000, p. 239, obs. C. Giverdon).

Ce texte a été depuis lors abrogé et partiellement codifié à compter du 1er juin 2012, à l'article L. 111-8 du Code des procédures civiles d'exécution, avec la rédaction suivante :

Code des procédures civiles d'exécution

Art. L. 111-8 *(Mod., L. n° 2014-344, 17 mars 2014)*. **–** À l'exception des droits proportionnels de recouvrement ou d'encaissement qui peuvent être mis partiellement à la charge des créanciers dans des conditions fixées par décret en Conseil d'État, les frais de l'exécution forcée sont à la charge du débiteur, sauf s'il est manifeste qu'ils n'étaient pas nécessaires au moment où ils ont été exposés. Les contestations sont tranchées par le juge.

Les frais de recouvrement entrepris sans titre exécutoire restent à la charge du créancier, sauf s'ils concernent un acte dont l'accomplissement est prescrit par la loi au créancier. Toute stipulation contraire est réputée non écrite, sauf disposition législative contraire.

Cependant, le créancier qui justifie du caractère nécessaire des démarches entreprises pour recouvrer sa créance peut demander au juge de l'exécution de laisser tout ou partie des frais ainsi exposés à la charge du débiteur de mauvaise foi.

Ce texte comme le précédent, distingue les « frais de l'exécution forcée » (tous ceux avancés pour obtenir l'exécution du jugement) et les « frais de recouvrement entrepris sans titre exécutoire » (ce qui vise, par exemple, les frais de recouvrement dus au syndic en vertu de son contrat, ou les frais et honoraires des huissiers ou avocats exposés avant l'introduction de la procédure ou lorsque le recouvrement intervient en dehors de toute procédure). Seuls les frais d'exécution forcée et non pas les frais de recouvrement peuvent être mis à la charge d'un copropriétaire en vertu d'une clause d'aggravation des charges (▪ Cass. 3e civ., 28 mars 2006, n° 05-12.839 : *Rev. Administrer* juin 2006, p. 53, obs. J.-R. Bouyeure).

Il a été jugé que les « frais de relance » constituaient des « frais de recouvrement » au sens de l'article 32 de la loi du 9 juillet 1991 précité (devenu art. L. 111-8 du CPC exéc.) et qu'ils ne pouvaient être réclamés à un copropriétaire (▪ Cass. 3e civ., 22 nov. 2000 : *AJDI* 2001, p. 147, obs. P. Capoulade. – V. aussi ▪ CA Paris, 23e ch. B, 8 juin 2000 : *AJDI* 2000, p. 742. ▪ CA Paris, 23e ch. B, 31 oct. 2002 : *AJDI* 2003, p. 203. ▪ CA Paris, 23e ch. B, 7 nov. 2002 : *AJDI* 2003, p. 203). Peu importe que le contrat de syndic prévoie le contraire car « les rapports entre les copropriétaires et le syndicat sont régis exclusivement par le règlement de copropriété et non par le contrat de syndic » (▪ Cass. 3e civ., 5 mai 2009 : *JurisData* n° 2009-048191 ; *Loyers et copr.* 2009, comm. 185, obs. G. Vigneron ; *Rev. Administrer* août-sept. 2009, obs. J.-R. Bouyeure).

Au regard de l'article 32 (préc.), il a été également jugé que le règlement de copropriété n'était pas un « titre exécutoire » au sens de ce texte (ce qui aurait permis d'en éviter l'application : V. ▪ CA Paris, 23e ch., 7 oct. 1994 : *Loyers et copr.* 1995, n° 489. ▪ CA Paris, 23e ch., 17 janv. 1996 : *Loyers et copr.* mars 1995, n° 130. ▪ CA Paris, 21 juin 1995 : *Loyers et copr.* avr. 1996, n° 179).

133) Frais de recouvrement récupérables. Ces « frais de recouvrement » restent en principe à la charge du créancier, qui peut cependant les recouvrer à l'encontre du débiteur dans deux cas :

- Lorsqu'ils concernent un acte « dont l'exécution est prescrite par la loi ». Il en est ainsi pour l'inscription d'hypothèque légale du syndicat et les frais correspondants (▪ CA Paris, 23e ch. B, 21 oct. 1999 : *Loyers et copr.* 2000, comm. 51) ou pour les frais de l'opposition pratiquée lors de la vente d'un lot sur le fondement de l'article 20 de la loi (▪ Cass. 3e civ., 16 mai 2001 : *Bull. civ.* III, n° 64 ; *JCP* G 2002, IV, 2260 ; *Loyers et copr.* 2001, comm. 210).
- Lorsque le créancier démontre le « caractère nécessaire des démarches entreprises », il peut alors demander au juge de l'exécution de mettre ces frais à la charge du débiteur, à la condition de démontrer sa « mauvaise foi ».

X – OBLIGATION DE MENTIONNER LE MODE DE CALCUL DES TANTIÈMES DE COPROPRIÉTÉ ET DE CHARGES DANS LE RÈGLEMENT DE COPROPRIÉTÉ

134) Renvoi. Voir ci-dessus, comm. 66 à 68.

XI – RESTITUTION DE CHARGES INDUES

Bibliographie : G. Gil, *Les remboursements en copropriété : Ann. loyers* mai 2020, p. 85.

135) Cas où la restitution est possible. L'action en restitution de charges indues peut être intentée alors même que la décision d'assemblée qui a donné lieu à la perception de ces charges est définitive (▪ Cass. 3e civ., 6 févr. 2002 : *Bull. civ.* III, n° 30 ; *JCP* G 2002, IV, 1488 ; *Loyers et copr.* 2002, comm. 213). Passé le délai de prescription, la répétition de l'indu peut être opposée au syndicat par voie d'exception (▪ Cass. 3e civ., 25 sept. 2007 : *Rev. loyers* 2007, p. 466, note J. Rémy).

Lorsqu'une assemblée en vertu de laquelle des charges ont été perçues (par exemple une assemblée décidant des travaux) a été annulée, il n'y a pas lieu à restitution des charges. Leur perception a sa cause dans l'obligation pour tout copropriétaire de régler les charges résultant du règlement de copropriété (▪ Cass. 3e civ., 20 mai 2014, n° 13-12.455. ▪ Cass. 3e civ., 12 déc. 2001 : *Bull. civ.* III, n° 151 ; *Loyers et copr.* 2002, comm. 71, obs. G. Vigneron ; *Constr.-Urb.* 2002, n° 91, obs. D. Sizaire ; *JCP* N 2002, n° 31-35-1464, p. 1167, obs. H. Périnet-Marquet ; *AJDI* 2002, p. 227, obs. C. Giverdon ; *Rev. Administrer* mars 2002, p. 41, note J.-R. Bouyeure ; *Rev. loyers* 2002, p. 102, note L. Guégan. – B. et Y. Stemmer, *L'annulation des assemblées de copropriétaires et l'obligation au paiement des charges* : *BPIM* 3/02, p. 2. – P. Guitard, *Exigibilité des charges et annulation d'assemblées générales en cascade* : *Inf. rap. copr.* nov. 2002, p. 20). Il a été jugé que l'annulation de l'assemblée approuvant les comptes d'un exercice permettait à un copropriétaire d'obtenir la restitution des charges payées en vertu d'une condamnation définitive prononcée à son encontre au titre de l'exercice concerné (▪ Cass. 3e civ., 12 oct. 2005 : *Rev. Administrer* janv. 2006, p. 46, obs. J.-R. Bouyeure).

Par contre en l'état actuel du droit positif, la restitution paraît possible lorsque les charges ont été perçues en vertu d'une clause du règlement postérieurement déclarée « non écrite » (V. L. 10 juill. 1965, art. 12, p. 202). Mais lorsque la répartition des charges est modifiée par une décision d'assemblée, cette décision n'a pas d'effet rétroactif (V. ▪ Cass. 3e civ., 11 juill. 2001 : *Rev. Administrer* févr. 2001, p. 33 et *AJDI* 2001, p. 805, obs. P. Capoulade).

136) Prescription. Il avait été jugé qu'une action en restitution de charges indûment payées au titre de travaux pouvait être diligentée pendant le délai de prescription de dix ans (alors en vigueur, et ramené depuis lors à 5 ans) de l'article 42, alinéa 1 de la loi du 10 juillet 1965 (V. ce texte) si une décision de l'assemblée, même devenue définitive, avait réparti les travaux sans tenir compte du critère prévu au règlement de copropriété (▪ Cass. 3e civ., 30 nov. 2004 : *Rev. Administrer* févr. 2005, p. 52, obs. J.-R. Bouyeure). Mais postérieurement, la Cour de cassation a décidé que l'action en restitution des sommes indues à verser au titre des charges de copropriété, frais et honoraires, qui relève du régime spécifique des quasi-contrats (C. civ., art. 1371, devenu art. 1303), était soumise à la prescription régissant les actions personnelles mobilières (prescription de cinq ans : C. civ., art. 2224. ▪ Cass. 3e civ., 3 juin 2021, n° 19-20.657. ▪ Cass. 3e civ., 8 févr. 2012, n° 10-25.951 : *JurisData* n° 2012-001843 ; *Loyers et copr.* 2012, n° 117, obs. J.-R. Bouyeure. – V. aussi, ▪ Cass. 3e civ., 9 juin 2015, n° 14-13.943). Les demandes formées par un copropriétaire en remboursement de charges indûment payées n'ont pas pour objet de contester les décisions des assemblées générales. En conséquence le délai de deux mois prévu par l'article 42, alinéa 2 de la loi du 10 juillet 1965 ne s'applique pas (▪ CA Paris, pôle 4, 2e ch., 7 mars 2013, n° 11/17679 : *JurisData* n° 2013-003904 ; *Loyers et copr.* 2013, comm. 187, note G. Vigneron).

Le point de départ de la prescription est l'événement qui a créé l'indu (en principe le paiement). Selon un arrêt de la Cour de cassation, la prescription quinquennale de l'action en remboursement de charges ne commence à courir qu'à compter des décisions qui ont annulé les comptes des exercices relatifs aux charges réclamées et réduit la quote-part de charges du demandeur (▪ Cass. 3e civ., 17 mai 2018, n° 16-21.084 : *JurisData* n° 2018-010472 ; *Loyers et copr.* 2018, comm. 180, note C. Coutant-Lapalus). Dans un arrêt postérieur, la Cour de cassation énonce que le délai de prescription court « à compter de l'événement ayant fait naître l'indu » (▪ Cass. 3e civ., 3 juin 2021, n° 19-20.657 : *JurisData* n° 2021-008737 ; *Loyers et copr.* 2021, comm. 138, note C. Coutant-Lapalus ; *AJDI* 2022, p. 214, note N. Le Rudulier ; *Administrer* oct. 2021, p. 40, obs. J.-R. Bouyeure).

Bibliographie : C. Atias, *Le remboursement des sommes payées en trop au syndicat par un copropriétaire* : *Inf. rap. copr.* juin 2005, p. 21.

Art. 10-1 ***(L. n° 2000-1208, 13 déc. 2000 ; mod., L. n° 2006-872, 13 juill. 2006 ; L. n° 2009-526, 12 mai 2009 ; L. n° 2010-788, 12 juill. 2010 ; L. n° 2014-366, 24 mars 2014 ; mod. à compter du 1er mars 2019, L. n° 2018-1021, 23 nov. 2018 ; mod. à compter du 1er juin 2020, Ord. n° 2019-1101, 30 oct. 2019).*** **– Par dérogation aux dispositions du deuxième alinéa de l'article 10, sont imputables au seul copropriétaire concerné :**

a) **Les frais nécessaires exposés par le syndicat, notamment les frais de mise en demeure, de relance et de prise d'hypothèque à compter de la mise en demeure, pour le recouvrement d'une créance justifiée à l'encontre d'un copropriétaire ainsi que les droits et émoluments des actes des huissiers de justice et le droit de recouvrement ou d'encaissement à la charge du débiteur ;**

b) Les frais et honoraires du syndic afférents aux prestations qu'il doit effectuer pour l'établissement de l'état daté à l'occasion de la mutation à titre onéreux d'un lot ou d'une fraction de lot. Les honoraires ou frais perçus par le syndic au titre des prestations susmentionnées ne peuvent excéder un montant fixé par décret ;

c) Les dépenses pour travaux d'intérêt collectif réalisés sur les parties privatives en application du *c* du II de l'article 24 et du *f* de l'article 25 ;

d) Les astreintes, fixées par lot, relatives à des mesures ou travaux prescrits par l'autorité administrative compétente ayant fait l'objet d'un vote en assemblée générale et qui n'ont pu être réalisés en raison de la défaillance du copropriétaire.

Le copropriétaire qui, à l'issue d'une instance judiciaire l'opposant au syndicat, voit sa prétention déclarée fondée par le juge, est dispensé, même en l'absence de demande de sa part, de toute participation à la dépense commune des frais de procédure, dont la charge est répartie entre les autres copropriétaires.

Le juge peut toutefois en décider autrement en considération de l'équité ou de la situation économique des parties au litige.

NB : Conformément aux dispositions du VI de l'article 194 de la loi n° 2018-1021 du 23 novembre 2018, les dispositions introduites dans le texte par cette loi sont entrées en vigueur le 1er jour du 4e mois suivant sa publication soit le 1er mars 2019.

Bibliographie : G. Vigneron, *Frais de recouvrement et règlements de copropriété : les innovations de la loi SRU* : *Loyers et copr.* juin 2001, p. 4. • O. Fradin, *Loi SRU : aspects de procédure civile et de procédure d'exécution en matière de copropriété* : *Procédures*, juin 2001, chron. p. 7. • A. Thèvenot, *À propos de l'article 10-1 de la loi du 10 juillet 1965 issu de la loi SRU* : *Gaz. Pal.* 12-13 sept. 2001, p. 27. • J.-R. Bouyeure, *Les frais nécessaires de recouvrement : vraie solution ou coup d'épée dans l'eau ?* : *Rev. Administrer* oct. 2001, p. 33. • J. Lafond, *La récupération des frais accessoires auprès des copropriétaires mauvais payeurs* : *Maisons et habitat* oct.-nov. 2001, p. 20. • G. Taormina, *Loi SRU et recouvrement des charges de copropriété* : *AJDI* 2001, p. 858. • J.-P. Cordelier, *Les apports de la loi SRU en matière de recouvrement de charges de copropriété* : *Gaz. Pal.* 15-16 mars 2002, p. 39. • C. Giverdon, *Libres propos sur l'article 10-1 nouveau de la loi du 10 juillet 1965* : *Rev. Administrer* avr. 2002, p. 20. • P. Capoulade, *Le recouvrement des charges de copropriété, les règles applicables après la loi SRU* : *Rev. hab. fr.* juill.-août 2002, p. 11. • P. Guitard, *Les frais nécessaires de recouvrement, un statut qui se cherche* : *Inf. rap. copr.* déc. 2002, p. 22. • P. Baudouin, *Modalités pratiques de recouvrement des charges de copropriété* : *Rev. Administrer* févr. 2003, p. 18. • J. Barnier-Sztabowicz, *Le recouvrement accéléré des provisions et des charges* : *Rev. Administrer* févr. 2003, p. 23. • F. Baladine et V. Carteron, *Procédures de recouvrement de charges de copropriété* : *AJDI* 2003, p. 646. • G. Vigneron, *L'article 10-1 de la loi du 10 juillet 1965 : à la recherche d'Ariane* : *Loyers et copr.* déc. 2005, étude 13. • J.-M. Roux, *La lecture jurisprudentielle des frais nécessaires de l'article 10-1 de la loi du 10 juillet 1965* : *Inf. rap. copr.* oct. 2006, p. 20. • G. Gil, *Les frais de recouvrement des charges* : *Administrer* juin 2023, p. 7. • *La copropriété*, Dalloz action 2021-2022, 10e ed. ss dir. D. Tomasin et P. Capoulade, n° 242-561 à 242-567.

Jurisclasseurs. *JCl. Notarial Répertoire*, V° Copropriété, Fasc. 31-1, par Ch.-E. Bucher. • *JCl. Copropriété*, Fasc. 75-10, par G. Vigneron.

1) Dérogations à la règle de l'article 10, alinéa 2. L'article 10-1 se présente comme une dérogation à la règle posée par l'article 10, alinéa 2 de la loi, selon laquelle les charges de copropriété dites « générales » se répartissent entre tous les copropriétaires au prorata des tantièmes de copropriété afférents à chaque lot. Cette dérogation a été instituée dans plusieurs cas :

– lorsque le syndicat expose des frais pour le recouvrement de sa créance à l'encontre d'un copropriétaire. Il a paru justifié que le copropriétaire en supporte la charge ;

– lorsque le syndicat se voit facturer par le syndic des frais qui en fait ne bénéficient qu'à un seul copropriétaire (frais de mutation en cas de vente de lot) ;

– lorsqu'un copropriétaire gagne un procès qui l'opposait au syndicat ;

– dans le cas de dépenses pour travaux d'intérêt collectif réalisés sur les parties privatives ;

– lorsque le syndicat est condamné à une astreinte par la faute d'un copropriétaire.

Sur le pouvoir pour le juge d'exclure l'application de ce texte, voir L. 10 juill. 1965, art. 10-1, comm. n° 7, p. 194.

I – FRAIS DE RECOUVREMENT DES CRÉANCES DU SYNDICAT

Bibliographie : (Études récentes. – V. également les études antérieures citées *supra*, dans la bibliographie générale) : D. Rodrigues, *Impayés de charges et notion de « frais nécessaires »* : *Inf. rap. copr.* sept. 2018, p. 31. – D. Rodrigues, *Les frais nécessaires* : *Inf. rap. copr.* avr. 2022, p. 20.

A – Imputation des frais de recouvrement au seul copropriétaire débiteur

2) Conditions à remplir. L'article 10-1, alinéa 1, dans la rédaction que lui a donnée la loi du 13 juillet 2006 permet d'imputer au compte individuel du copropriétaire débiteur, en dehors même de toute procédure, les frais exposés par le syndicat pour le recouvrement de ses créances.

Pour que cette imputation soit admise, trois conditions doivent être réunies :

• il faut tout d'abord que la créance du syndicat soit justifiée (■ Cass. 3e civ., 18 déc. 2012, n° 11-25.923 : *AJDI* 2013, p. 761, note N. Le Rudulier. – Sur le sens à donner à ce terme, V. L. 10 juill. 1965, art. 10, comm. nos 81 et 82, p. 170), ce que le copropriétaire peut le cas échéant contester en saisissant le tribunal ;

• il faut ensuite, lorsqu'il s'agit de « frais de relance », que ces frais aient été exposés « à compter de la mise en demeure » (■ Cass. 3e civ., 27 sept. 2006, n° 05-15.048 : *Rev. Administrer* déc. 2006, p. 76, obs. J.-R. Bouyeure. 2023, p. 7. – V. ■ Cass. 3e civ., 1er févr. 2005, n° 03-19.692 : *Loyers et copr.* 2005, comm. 75, obs. G. Vigneron ; *Constr.-Urb.* 2005, comm. 88, note D. Sizaire ; *JCP* G 2006, I, 127, n° 7, obs. H. Périnet-Marquet ; *Rev. Administrer* mars 2006, p. 46, obs. J.-R. Bouyeure ; *AJDI* oct. 2005, p. 742, note P. Capoulade ; *Defrénois* 2005, p. 1178, obs. C. Atias, qui énonce que « Les frais nécessaires exposés par le syndicat à compter de la mise en demeure – en l'espèce des "frais de relance" facturés par le syndic – peuvent être imputés au copropriétaire défaillant ») ;

• il faut enfin que ces frais soient « nécessaires » ce qui, là encore, ouvre une possibilité de contestation judiciaire. L'énumération des « frais nécessaires » par l'article 10-1 *a)* n'a pas de caractère exhaustif. Dès lors que les frais réclamés sont liés au paiement des charges, ils peuvent être réclamés au copropriétaire défaillant (■ CA Paris, pôle 4, 9e ch., 4 févr. 2010 : *JurisData* n° 2010-003103 ; *Loyers et copr.* 2010, comm. 240, obs. G.V.). Il n'y pas à se référer aux dispositions du contrat de syndic et peu importe que l'assemblée ait approuvé cette imputation au copropriétaire défaillant (■ CA Paris, 11 mai 2016, n° 14/02712 : *AJDI* 2016, p. 613. ■ CA Paris, pôle 4, 2e ch., 9 oct. 2013, n° 12/09248 : *JurisData* n° 2013-022524 ; *Loyers et copr.* 2014, n° 56, obs. G. Vigneron).

3) Notion de « frais nécessaires ». Le juge ne peut se contenter de constater que le défendeur ne conteste pas que les frais ont été occasionnés à la suite de sa défaillance : il doit rechercher parmi les frais et honoraires afférents à la procédure diligentée à son encontre quels sont ceux qui étaient nécessaires au recouvrement de la créance (■ Cass. 3e civ., 7 oct. 2009 [2 arrêts, nos 08-19.001 et 09-17.219] : *Bull. civ.* III, n° 214 ; *JurisData* n° 2009-049791 ; *Loyers et copr.* 2009, comm. 298, obs. G. Vigneron ; *Rev. Administrer* mars 2010, p. 44, obs. J.-R. Bouyeure. ■ Cass. 3e civ., 6 oct. 2009, n° 08-15.141). Ces « frais » n'ont rien à voir avec les dépens, dont ils doivent être soigneusement distingués (■ Cass. 3e civ., 9 nov. 2022, n° 21-20.516, F-D). Il appartient au syndicat de justifier du caractère nécessaire des frais exposés (■ Cass. 3e civ., 30 nov. 2010, n° 09-17.219 : *JurisData* n° 2010-228550 ; *Loyers et copr.* 2011, comm. 57, obs. G. Vigneron).

La pratique s'est parfois instaurée d'évaluer forfaitairement les frais nécessaires (■ Cass. 3e civ., 8 sept. 2009, n° 08-17.343 : *AJDI* 2009, p. 802. ■ CA Paris, pôle 4, 2e ch., 25 janv. 2012 : *Administrer* avr. 2012, p. 51, obs. J.-R. Bouyeure. – V. sur le cas où les frais avaient été déduits du décompte initial de la créance du syndicat et non du décompte actualisé, ■ Cass. 3e civ., 30 mars 2010, n° 09-66.166 : *JurisData* n° 2010-003190 ; *Loyers et copr.* 2010, comm. 199, obs. G. Vigneron). Mais la Cour de cassation paraît condamner cette façon de faire, en affirmant que le juge doit rechercher si les frais réclamés par le syndicat étaient nécessaires au recouvrement de sa créance (■ Cass. 3e civ., 18 déc. 2012, n° 11-25.923 : *Administrer* mars 2013, p. 46, obs. J.-R. Bouyeure).

La question de savoir si des frais sont ou non « nécessaires » relève de l'appréciation souveraine des juges du fond (■ Cass. 3e civ., 14 déc. 2010, n° 10-10.725). Le juge doit constater le caractère « nécessaire » des frais exposés : il ne peut se contenter de se prononcer sur le seul visa des documents produits qui n'ont fait l'objet d'aucune analyse même sommaire (■ Cass. 3e civ., 5 oct. 2010, n° 09-72.093 : *AJDI* 2010, p. 899).

Que faut-il entendre par « frais nécessaires exposés pour le recouvrement de la créance » ? Cette question avait suscité avant la loi du 13 juillet 2006 un abondant contentieux. Pour comprendre la portée du nouveau texte, il faut se référer aux solutions adoptées par la jurisprudence antérieure (essentiellement celle de la cour de Paris), en contemplation desquelles le législateur s'est déterminé. Pour plus de clarté nous distinguerons les frais réclamés par le syndic d'une part et par les intervenants extérieurs, d'autre part (huissiers, avocats, avoués, etc.).

B – Rémunération du syndic

4) Frais de relance ou de « constitution de dossier » : solutions traditionnelles. Les contrats de syndic prévoient habituellement des honoraires particuliers au titre des « frais de relance », ou de « remise du dossier » à l'huissier, ou de « constitution du dossier » pour l'avocat, ou encore des frais de « suivi » de recouvrement ou de suivi de la procédure. La cour de Paris a estimé de manière constante que ces frais ne pouvaient pas être imputés au copropriétaire débiteur dès lors qu'ils n'étaient pas « procéduralement nécessaires » (■ CA Paris, 22 juin 2022, n° 21/17897. – ■ CA Paris, pôle 4, 2e ch., 6 avr. 2022, n° 20/04800 : *Administrer* juill. 2022, p. 49, obs. P. Dechelette-Tolot. ■ CA Paris, 23e ch. B, 7 avr. 2005 : *Loyers et copr.* 2005, comm. 187, note G. Vigneron. – V., dans le même sens, ■ CA Dijon, 23 août 2016, n° 15/01236 : *Rev. loyers* 2016, p. 449, obs. S. Bénilsi. ▪ CA Versailles, 30 janv. 2012, n° 17/00906 : *AJDI* 2013, p. 358). Ces prestations constituent en effet selon la cour de Paris des « actes élémentaires d'administration de la copropriété » (▪ CA Paris, 23e ch. B, 23 févr. 2006 : *Loyers et copr.* 2006, comm. 111, note G. Vigneron) faisant partie des « fonctions de base » du syndic (▪ CA Paris, 23e ch. B, 6 mars 2005. ▪ CA Paris, 23e ch. B, 31 mars 2005 : *Loyers et copr.* 2005, comm. 163, note G. Vigneron). Ils ne peuvent être considérés comme « nécessaires » que si le syndic a déployé une activité inhabituelle ou exceptionnelle pour parvenir au recouvrement (▪ CA Paris, 23e ch. B, 3 mai 2007 : *JurisData* n° 2007-335164. ▪ CA Paris, 23e ch. B, 5 avr. 2007 : *AJDI* 2007, p. 668. ▪ CA Paris, 23e ch. B, 14 déc. 2006 : *AJDI* 2007, p. 211. ▪ CA Paris, 23e ch. B, 8 sept. 2005 : *JurisData* n° 2005-280324 ; *AJDI* 2006, p. 36), ainsi par exemple s'il a dû procéder à une saisie immobilière (▪ CA Paris, 23e ch. B, 3 mars 2005 : *JurisData* n° 2005-267070).

On a fait valoir de façon plus radicale que pour apprécier si des frais nécessaires exposés par le syndicat pouvaient être mis à la charge du copropriétaire débiteur, il n'était pas possible de se référer aux clauses du contrat de syndic, qui ne concernent que les rapports entre le syndicat et le syndic et non pas les rapports entre le syndicat des copropriétaires et ses membres (▪ Cass. 3e civ., 11 déc. 2012, n° 11-27.631 : *Administrer* avr. 2013, p. 57, obs. J.-R. Bouyeure ; *AJDI* 2013, p. 125. ▪ CA Paris, 11 mai 2016, n° 14/02712 : *AJDI* 2016, p. 613).

5) Incidences du décret du 26 mars 2015. Le décret n° 2015-342 du 26 mars 2015 (*JO* 28 mars) définit le contrat-type de syndic de copropriété et la liste limitative des prestations particulières pouvant donner lieu à versement au profit du syndic d'une rémunération spécifique complémentaire. V. ce contrat-type en « annexe, *V° Syndic* ».

La rubrique 9 de l'annexe à ce décret, intitulé « frais et honoraires imputables aux seuls copropriétaires » indique que « le coût des prestations suivantes est imputable aux seuls copropriétaires concernés et non au syndicat des copropriétaires, qui ne peut être tenu d'aucune somme à ce titre. Il énumère au titre des frais ou honoraires concernés :

– la mise en demeure par lettre recommandée avec accusé de réception ;

– la relance après mise en demeure ;

– la conclusion d'un protocole d'accord par acte sous seing privé ;

– les frais de constitution et de mainlevée d'hypothèque ;

– le dépôt d'une requête en injonction de payer ;

– la constitution du dossier transmis à l'auxiliaire de justice (uniquement en cas de diligence exceptionnelle) ;

– le suivi du dossier transmis à l'avocat (uniquement en cas de diligence exceptionnelle).

On a objecté à ce propos que selon une jurisprudence constante le contrat de syndic n'est pas en tant que tel opposable aux copropriétaires et qu'il ne peut contenir d'obligations à leur charge et que d'autre part la matière est réglementée s'agissant des frais de recouvrement par l'article 10-1 de la loi du 10 juillet 1965. Un décret ne pouvant déroger à la loi, s'il apparaît que la liste des dépenses visées à l'article 9 du contrat-type va au-delà des prévisions de l'article 10-1, elles ne pourront donc être retenues par le tribunal en cas de litige (J.-R. Bouyeure, *Commentaire du décret du 26 mars 2015 : Administrer* avr. 2015, p. 7 et 8. – V. dans le même sens, P. Déchelette-Tolot, *Le contrat-type de syndic : Rev. loyers* mai 2015, p. 223). On peut craindre que le contentieux qui s'est développé en ce domaine ne soit donc pas tari.

C – Frais dus à des intervenants extérieurs

6) Frais concernés. Le recouvrement de la créance amène le syndicat à exposer des frais divers :

• *frais réglés au service de la publicité foncière* : les frais d'inscription d'hypothèque légale sont imputables au copropriétaire débiteur en vertu de l'article 10-1 nouveau (V. déjà, ▪ CA Paris, 23e ch. B, 18 janv. 2001 : *Rev. Administrer* févr. 2001, p. 37, note J.-R. Bouyeure). Quant aux frais de délivrance de renseignements hypothécaires, il paraissent également nécessaires au recouvrement de la créance et récupérables à ce titre sur le copropriétaire débiteur ;

• *frais du procès* : Les frais d'avocats exposés pour l'obtention d'une décision de justice ne sont pas imputables au copropriétaire débiteur car ils sont soit compris dans les dépens, soit compensés par l'indemnité allouée au titre de l'article 700 du CPC (▪ CA Versailles, 18 févr. 2013, n° 12/00480 : *JurisData* n° 2013-002895 ; *Loyers et copr.* 2013, comm. 193, obs. G.V. ▪ CA Paris, pôle 4, 2e ch., 13 janv. 2010 : *Rev. Administrer* août-sept. 2010, p. 40, obs. J.-R. Bouyeure. ▪ CA Paris, 23 févr. 2006 et 18 sept. 2005, préc. – *Contra*, ▪ CA Aix-en-Provence, 4e ch., 14 mars 2002 : *Loyers et copr.* 2005, comm. 41. ▪ TI Boulogne : *Rev. Administrer* oct. 2001, p. 65). En fait cette indemnité ne compense le plus souvent que partiellement les honoraires d'avocat et la procédure se traduit pour le syndicat par une perte sèche. Le nouveau texte ne paraît pas exclure que le syndicat puisse imputer au copropriétaire le montant des frais et honoraires non compensés (l'énumération des frais nécessaires n'est pas limitative..., *contra* : ▪ CA Versailles, 4e ch., 18 févr. 2013 : *JurisData* n° 2013-002895). Mais le syndicat ne peut inclure dans les frais de recouvrement visé à l'article 10-1 de la loi du 10 juillet 1965 des frais inclus dans les dépens proprement dits (▪ Cass. 3e civ., 7 juill. 2016, n° 15-18.270 : *Administrer* nov. 2016, p. 52, obs. J.-R. Bouyeure) ;

• *frais de commissaire de justice (ancien « huissier ») :* en dehors des frais de commissaire de justice exposés dans le cadre du procès, qui seront récupérés au titre des dépens, le syndicat peut avoir réglé au commissaire de justice des frais de mise en demeure dans le cadre d'une procédure pré-contentieuse, ou encore, lorsque le recouvrement s'est effectué sans titre exécutoire, l'émolument proportionnel à la charge du créancier sur les sommes encaissées par le commissaire de justice (V. M. Malet : *Procédures* 2023, étude 2). – En visant, outre « le droit de recouvrement ou d'encaissement à la charge du débiteur », les droits et émoluments des actes des commissaires de justice, le nouveau texte paraît permettre le recouvrement à l'encontre du débiteur de l'émolument dû en pareil cas par le syndicat.

Sur l'incidence en la matière du décret du 26 mars 2015, définissant le contrat-type de syndic, V. ci-dessus, n° 4.

II – HONORAIRES DU SYNDIC AU TITRE DE « L'ÉTAT DATÉ » (FRAIS DE MUTATION)

7) Une source de difficultés. La loi elle-même reconnaît au syndic un droit à « honoraires » pour les « prestations qu'il doit effectuer pour l'établissement de l'état daté » (L. 10 juill. 1965, art. 10-1, *b*). Mais ceci ne suffisait pas à supprimer tous les problèmes :

– le syndic devait pouvoir justifier du montant réclamé, par un titre opposable à la personne à qui l'honoraire est réclamé. Or il résulte d'une jurisprudence aujourd'hui bien établie, et comme l'a indiqué très clairement l'arrêt le plus récent en la matière, que « le syndic ne peut réclamer à un copropriétaire des honoraires à l'occasion d'une mutation en se fondant sur les clauses d'un contrat qu'il a conclu avec le syndicat des copropriétaires, alors que ce contrat ne lie que ses signataires » (▪ Cass. 3e civ., 30 janv. 2008, n° 07-10.750 : *JurisData* n° 2008-042518 ; *Loyers et copr.* 2009, comm. 93, obs. G. Vigneron ; *Rev. loyers* 2008, p. 217, note L. Guégan ; *Administrer* mai 2008, p. 40, note J.-R. Bouyeure).

Un arrêt de la Cour de cassation en avait tiré la conséquence que le notaire qui avait réglé directement au syndic, qui se prévalait des dispositions de son contrat, par prélèvement sur le prix de vente, une somme correspondant aux frais d'établissement de « l'état daté » avait commis une faute (▪ Cass. 3e civ., 26 oct. 2004, n° 03-11.599 : *Administrer* mars 2005, p. 41, obs. J.-R. Bouyeure).

Ce problème du montant des honoraires du syndic a aujourd'hui trouvé une solution. En effet le décret annoncé par l'article 10-1, *b*) de la loi est intervenu (*D. n° 2020-153, 23 févr. 2020*) : le montant mentionné au *b* de l'article 10-1 de la loi du 10 juillet 1965 a été fixé à 380 € TTC. Le recours formé contre ce décret au motif, notamment, qu'il porterait une atteinte disproportionnée à la liberté d'entreprendre a été rejeté (▪ CE, 9e et 10e ch. réunies, 29 déc. 2021, n° 441005).

– qui est débiteur des honoraires du syndic ? La loi n° 2006-872 du 13 juillet 2006, portant engagement national pour le logement, a modifié l'article 10-1 de la loi de 1965 en prévoyant que les honoraires du syndic sont imputables au seul « copropriétaire concerné ». Le décret du 26 mars 2015 définissant le contrat-type de syndic de copropriété (V. ci-dessus, n° 4) reprend la même formule en indiquant que le coût de cette prestation est « imputable au seul copropriétaire concerné » (Annexe 9-2).

La doctrine majoritaire a considéré que le copropriétaire ainsi visé était le vendeur. C'est en effet à celui « qui transfère tout ou partie de ses droits sur le lot » qu'il incombe d'obtenir la délivrance d'un état daté (V. D. 17 mars 1967, art. 5, p. 672), ceci pour satisfaire à « l'obligation de renseignement » à laquelle il est tenu. Il paraît donc justifié *a priori* que le coût de la fourniture de ce document pèse sur lui (V. cependant J.-R. Bouyeure, note ss ▪ Cass. 3e civ., 30 janv. 2008 : *Administrer* mai 2008, p. 63).

Si la vente intervient par voie de saisie immobilière, le coût de l'état daté incombe à l'adjudicataire sur saisie, en application de l'article L. 322-9 du Code des procédures civiles d'exécution, car il fait partie des « frais de la vente » au sens de ce texte (▪ Cass. 3e civ., 20 mai 2021, n° 20-15.633 : *JurisData* n° 2021-007776 ; *Loyers et copr.* juill.-août 2021, comm. 120, note C. Coutant-Lapalus).

III – PROCÈS OPPOSANT UN COPROPRIÉTAIRE ET LE SYNDICAT : SORT DES FRAIS DE PROCÉDURE

A – Frais de procédure

1° Principe

8) Dispense de participation du copropriétaire qui a gagné le procès à la dépense commune. Le principe était à l'origine, que les frais et dépens constituaient des charges communes qui devaient être réparties entre tous les copropriétaires, y compris celui ou ceux qui avaient plaidé contre le syndicat, même s'ils avaient gagné leur procès (▪ Cass. 3e civ., 29 oct. 1974 : *JCP* 1975, II, 17921, note E.-J. Guillot.). La solution jouait même si le copropriétaire défendeur avait obtenu l'aide judiciaire (▪ TGI Paris, 7 mars 1980 : *D.* 1980, IR p. 403, obs. Cl. Giverdon).

Cette solution a été remise en cause par la loi du 13 décembre 2000, qui a introduit à cette fin un nouvel article 10-1 dans la loi du 10 juillet 1965 (V. ce texte *supra*).

L'article 10-1, alinéa 2, pose en principe que le copropriétaire qui gagne un procès à l'encontre du syndicat est dispensé de toute participation à la dépense commune des « frais de procédure », dont la charge est répartie entre les autres copropriétaires.

Le principal problème posé par ce texte est de savoir ce qu'il faut entendre par « frais de procédure ». Si on l'interprète strictement, on en limitera l'application aux seuls dépens en l'étendant toutefois aux condamnations prononcées au titre de l'article 700 du Code de procédure civile. Mais l'esprit d'équité qui anime le texte commande, peut-on penser, d'en faire une application compréhensive et d'englober dans cette notion de « frais de procédure » tous les frais exposés pour la conduite des procès et donc par exemple les honoraires d'avocat, les honoraires de consultation, etc.

9) Caractère automatique de la dispense. La rédaction première du texte (« le copropriétaire *est dispensé* ») laissait entendre que la dispense de participation aux « frais de procédure » jouait automatiquement à partir du moment où le copropriétaire voyait « sa demande déclarée fondée par le juge », sans qu'il ait à en demander expressément l'application au juge. Mais la jurisprudence était divisée (en ce sens, ▪ CA Paris, 1er sept. 2005 : *AJDI* 2005, p. 842. – *Contra*, ▪ CA Paris, 23e ch. B, 20 déc. 2001 : *Rev. loyers* 2002, p. 158, note L. Guégan). Un doute subsistait donc. La loi du 12 mai 2009 qui a donné une nouvelle rédaction à l'article 10-1 met fin à toute discussion en précisant que le copropriétaire concerné est dispensé de toute participation « même en l'absence de demande de sa part ».

La dispense s'applique donc de plein droit, même si la décision intervenue n'en fait pas état. Les travaux préparatoires indiquent ce sujet que « en application de cette disposition, le syndic de copropriété devra donc d'office répartir entre les autres copropriétaires les frais de procédure liés au contentieux gagné par ce copropriétaire (Rapport de M. Bernard Saugey au nom de la Commission des lois du Sénat, doc. n° 209, t. I, comm. de l'art. 5).

L'article 10-1 ayant pour effet de dispenser le copropriétaire qui a obtenu gain de cause contre le syndicat de copropriétaires de sa quote-part dans les frais de procédure ne peut s'appliquer que lorsque les décisions sont définitives (▪ Cass. 3e civ., 11 juill. 2019, n° 18-13.598 : *JurisData* n° 2019-016164 ; *Loyers et copr.* 2019, comm. 183, note A. Lebatteux).

Pour que l'article 10-1 soit applicable, il faut :

– qu'un litige oppose le syndicat et un copropriétaire ;

– que la prétention du copropriétaire ait été déclarée fondée (V., pour un rappel de ces exigences, à la suite d'une mauvaise interprétation du texte faite par les juges du fond, ▪ Cass. 3e civ., 16 mars 2023, n° 22-11.756 : *JurisData* n° 2023-003887 ; *Loyers et copr.* 2023, comm. 87, note C. Coutant-Lapalus).

2° *Pouvoirs du juge*

10) Possibilité d'écarter le jeu de la loi. Le juge peut « décider autrement », c'est-à-dire adopter une solution contraire à celles prévues par les alinéas 1 et 2 du texte, et donc décider que les frais de recouvrement d'une créance du syndicat seront supportés en tout ou en partie par le syndicat (V. ▪ CA Paris, 23e ch. A, 29 mai 2002 : *Rev. loyers* 2002, p. 527), ou encore qu'un copropriétaire qui a gagné son procès contre le syndicat participera néanmoins aux frais de procédure engagés par la collectivité (V. pour des applications, ▪ CA Paris, 23e ch. B, 1er mars 2001 : *AJDI* 2001, p. 714, note C. Giverdon. ▪ CA Paris, 23e ch. B, 1er févr. 2001 : *AJDI* 2001, p. 713, obs. C. Giverdon).

La décision doit se justifier par des considérations d'équité, ou par référence à la « situation économique des parties » (c'est-à-dire aussi bien celle du syndicat que du copropriétaire concerné). Ainsi le juge peut estimer équitable de répartir les frais de procédure entre tous les copropriétaires, y compris celui qui a gagné son procès contre le syndicat, si la procédure s'est avérée nécessaire pour établir les droits respectifs des parties (▪ Cass. 3e civ., 10 déc. 2013, n° 09-71.287 : *AJDI* 2014, p. 290). Le copropriétaire qui se désiste de sa demande de nullité d'une décision d'assemblée, au motif qu'une assemblée ultérieure a revoté de manière régulière, ne peut obtenir des indemnités au titre de l'article 700 du CPC, ni être dispensé des frais communs de procédure en application de l'article 10-1 de la loi du 10 juillet 1965 (▪ CA Paris, pôle 4, 2e ch., 4 déc. 2013, n° 12-5301 : *Administrer* mai 2014, p. 44, note J.-R. Bouyeure).

B – Dommages-intérêts

11) Non-application de l'article 10-1. Le problème s'est posé de savoir si la dispense édictée par l'article 10-1 pouvait être étendue aux dommages et intérêts. Les condamnations éventuelles à dommages et intérêts pour procédure abusive mériteraient de suivre le même sort que celui des « frais de procédure » (V. en faveur d'une interprétation « large » : Rép. min. Logement, 12 sept. 2006 : *JOAN* p. 9619, n° 86132. – *Contra* : ▪ CA Paris, 4 avr. 2012, n° 10/02720 : *AJDI* 2013, p. 446. ▪ CA Paris, pôle 4, 2e ch., 16 nov. 2011 : *JurisData* n° 2011-026759 ; *Loyers et copr.* 2012, n° 92, obs. G.V.). Ce n'est pas la solution retenue par la Cour de cassation.

Lorsqu'un syndicat a été condamné à entreprendre à ses frais divers travaux destinés à permettre le fonctionnement normal de la chaufferie, et à payer des dommages et intérêts aux copropriétaires ayant supporté des troubles de jouissance dans leurs lots du fait des défectuosités de cette installation, il avait été jugé dans le passé que ces derniers devaient participer en proportion de leurs tantièmes de copropriété au paiement des dommages et intérêts mis à la charge du syndicat (■ Cass. 3e civ., 28 mars 1990 : *D.* 1990, jurispr. p. 508, note H. Souleau ; *Loyers et copr.* 1990, n° 235).

Il a été jugé postérieurement que la contribution pour sa quote-part à l'indemnisation et à l'astreinte mise à la charge du syndicat au titre des charges relatives à la conservation, à l'entretien et à l'administration des parties communes par le copropriétaire bénéficiaire des condamnations prononcées, proportionnellement à ses tantièmes de copropriété ne portait pas atteinte au principe constitutionnel de responsabilité, ni au droit à l'exécution des décisions juridictionnelles mais découlait de sa qualité de copropriétaire membre du syndicat (■ Cass. 3e civ., 15 nov. 2018, n° 18-12.714 : *Administrer* janv. 2019, p. 40, note J.-R. Bouyeure ; *AJDI* 2019, p. 452, note Le Rudulier).

L'article 10-1 fait donc l'objet d'une inteprétation stricte. (V. cependant la solution particulière adoptée en ce qui concerne les astreintes, n° 12.

IV – DÉPENSES D'INTÉRÊT COLLECTIF

12) Innovation introduite par la loi du 12 juillet 2010. Par dérogation au principe posé par l'article 10-2 de la loi du 10 juillet 1965, l'article 10-1 c), introduit par la loi n° 2010-788 du 12 juillet 2010, permet d'imputer aux seuls copropriétaires concernés le coût des dépenses pour « travaux d'intérêt collectif », notamment ceux définis à l'article 24, II, *c)* et à l'article 25 f de la loi (V. ces textes *infra*).

V – ASTREINTES

Bibliographie : G. Gil, *La liquidation de l'astreinte en droit de la copropriété : AJDI* 2020, p. 733.

13) Copropriétaires défaillants. L'article 10-1, d) pose en principe que lorsque des mesures ou travaux prescrits par l'autorité administrative ont été votés par l'assemblée, et qu'ils n'ont pu être réalisés du fait de la défaillance d'un copropriétaire, ce qui a entraîné la condamnation du syndicat au paiement d'une astreinte, la charge de cette astreinte doit être supportée par le copropriétaire défaillant. Le texte indique que les astreintes sont « fixées par lot ».

Sont concernées :

– les astreintes prévues par l'article L. 1331-29-1 sanctionnant la non exécution des travaux prescrits en exécution des articles L. 1331-22 à L. 1331-25 et 1331-28 du Code de la santé publique (locaux ou installations présente un danger pour la santé ou la sécurité de leurs occupants, notamment les logements insalubres) ;

– les astreintes prévues par l'article L. 1334-2 de ce même code (en cas de présence dans l'immeuble de revêtements contenant du plomb) ;

– les astreintes prévues à l'article L. 129-2 du Code de la construction et de l'habitation en cas de non exécution des travaux prescrits lorsque, du fait de la carence des propriétaires, des équipements communs d'un immeuble collectif à usage principal d'habitation présentent un fonctionnement défectueux ou un défaut d'entretien de nature à créer des risques sérieux pour la sécurité des occupants ou à compromettre gravement leurs conditions d'habitation (CCH, art. L. 129-1).

– les astreintes prévues à l'article L. 511-2 du Code de la construction et de l'habitation en exécution de l'article L. 511-1 du même code, concernant les immeubles menaçant ruine.

Art. 11. – **Sous réserve des dispositions de l'article 12 ci-dessous, la répartition des charges ne peut être modifiée qu'à l'unanimité des copropriétaires. Toutefois, lorsque des travaux ou des actes d'acquisition ou de disposition sont décidés par l'assemblée générale statuant à la majorité exigée par la loi, la modification de la répartition des charges ainsi rendue nécessaire peut être décidée par l'assemblée générale statuant à la même majorité.**

En cas d'aliénation séparée d'une ou plusieurs fractions d'un lot, la répartition des charges entre ces fractions est, lorsqu'elle n'est pas fixée par le règlement de copropriété, soumise à l'approbation de l'assemblée générale statuant à la majorité prévue à l'article 24.

À défaut de décision de l'assemblée générale modifiant les bases de répartition des charges dans les cas prévus aux alinéas précédents, tout copropriétaire pourra saisir *(Mod. à compter du 1er janvier 2020, Ord. n° 2019-964, 19 sept. 2019)* « le tribunal judiciaire » de la situation de l'immeuble à l'effet de faire procéder à la nouvelle répartition rendue nécessaire.

Bibliographie : *La copropriété*, Dalloz Action, 2018-2019, ss dir. de P. Capoulade et D. Tomasin, nos 242-231 à 242-381. • *Les charges de copropriété* par J.-M. Roux et D. Brachet, Edilaix 2021, nos 153 à 193. • E. Kischinewsky-Broquisse, *La copropriété des immeubles bâtis*, Litec, 4e éd. 1989, nos 145 et s. • Berthault, *Modification de la répartition des charges de la copropriété : Rev. loyers* 1980, p. 467 et s. • R. Martin, *La modification de la répartition des charges de copropriété : Ann. loyers* 1993,

p. 529 et s. • M.-F. Ristschy, *La modification de la répartition des charges* : *Inf. rap. copr.* avr. 1994, p. 29 et s. • J.-R. Bouyeure, *La modification de la répartition des charges* : *Rev. Administrer* mars 1996, p. 16 et s. • P. Viard, *Modification de la répartition des charges de copropriété, le recours à l'arbitrage* : *AJDI* 2000, p. 220. • J. Bedos, *Les modifications de la répartition des charges* : *Maisons et habitat* juill.-août 2006, p. 22. • D. Brachet, V. Picard, F. Pichon, Ph. Séchet et J.-F. Dalbin, *Répartition des charges : propositions pour une modification non judiciaire* : *Inf. rap. copr.* sept. 2016, p. 19. • G. Rouzet, *Retour sur la « fraction de lot »* : *Inf. rap. copr.* mai 2017, p. 11. • J. Hocquard, *La modification de la répartition des charges de copropriété* : *Inf. rap. copr.* nov. 2019, p. 53.

Jurisclasseurs. *JCl. Copropriété*, Fasc. 72 et 73, par G. Vigneron.

I – MODIFICATION DE LA RÉPARTITION DES CHARGES : PRINCIPE D'UNANIMITÉ

1) Énoncé du principe. Nous avons vu que la répartition des quotes-parts de parties communes ne peut être modifiée qu'à l'unanimité (V. *supra*, L. art. 5). Il en est de même pour la répartition des charges, et ceci nonobstant toute clause contraire du règlement de copropriété, ou toute décision collective contraire, l'article 11 de la loi étant d'ordre public (L. art. 43).

Voir aussi : sur ce qu'il faut entendre par « unanimité », V. L. 10 juill. 1965, art. 26, p. 484.

La jurisprudence a affirmé à de nombreuses reprises que l'assemblée ne pouvait pas en dehors d'une décision prise à l'unanimité des copropriétaires décider de répartir les charges sur des bases différentes de celles prévues dans le règlement de copropriété (▪ Cass. 3e civ., 9 déc. 1987 : *Loyers et copr.* 1988, n° 38. ▪ CA Paris, 22 sept. 1989, 1re ch. urg., 19 sept. 1989 : *Loyers et copr.* 1989, n° 496) par exemple supprimer des répartitions de charges spéciales pour en faire des charges générales (▪ CA Paris, 23e ch. B, 1er juill. 2004 : *AJDI* 2004, p. 738). Ce principe s'applique par exemple lorsqu'il s'agit de refondre le règlement de copropriété (▪ CA Paris, 23e ch. B, 16 déc. 1999 : *D.* 2000, somm. p. 212, obs. C. Atias). La décision de modifier la répartition des charges de copropriété en imposant une participation supplémentaire aux charges d'électricité et d'ascenseur pour les lots à usage professionnel ne peut être assimilée à une décision de modification du règlement concernant l'usage et l'administration des parties communes qui pourrait être décidée à la majorité de l'article 26 de la loi (▪ Cass. 3e civ., 18 févr. 2004 : *Bull. civ.* III, n° 31 ; *JCP* G 2004, IV, 1752 ; *Rev. loyers* 2004, p. 232, note Th. Dubaele ; *Rev. Administrer* mai 2004, p. 45, obs. J.-R. Bouyeure). Le changement de critères de répartition des charges en raison du caractère inapplicable de celui énoncé dans le règlement de copropriété constitue une modification de la répartition des charges qui ne peut être adoptée à la majorité de l'article 24 (▪ Cass. 3e civ., 27 avr. 2017, n° 15-24.794 : *JurisData* n° 2017-000190 ; *Loyers et copr.* 2017, comm. 147, note C. Coutant-Lapalus ; *AJDI* 2017, p. 680, note N. Le Rudulier). Mais il a été jugé que la décision d'appliquer un forfait annuel de consommations aux copropriétaires qui n'avaient pas fait relever leurs compteurs ne s'analysait pas en une modification de la répartition des charges d'eau chaude mais en une simple mesure de gestion (paiement d'un acompte forfaitaire à valoir sur la consommation) pouvant être décidée à la majorité prévue par l'article 24 de la loi (▪ CA Paris, 23e ch. B, 28 févr. 1990 : *RD imm.* 1990, p. 409, obs. Giverdon ; *Loyers et copr.* mai 1990, n° 238).

2) Notion de « modification de la répartition des charges ». La décision des copropriétaires de réintégrer dans les charges communes générales les détournements de promoteurs, puis d'y affecter les dépenses relatives à la poursuite de la restauration des parties communes ne constitue pas une modification de la répartition des charges telle que prévue au règlement de copropriété, ni une rupture de l'égalité des copropriétaires dans la jouissance des parties communes sans contrepartie (▪ Cass. 3e civ., 5 déc. 2007 : *JCP* G 2007, IV, 1043 ; *Loyers et copr.* 2008, comm. 42, obs. G. Vigneron).

Il y a modification de la répartition des charges si l'assemblée décide de répartir certaines charges d'entretien sur l'ensemble des copropriétaires alors qu'auparavant ces charges ne visaient que certains d'entre eux (▪ CA Aix-en-Provence, 4e ch. A, 6 avr. 2007 : *JurisData* n° 2007-337078). Il en est de même si l'assemblée met à la charge d'un copropriétaire les travaux de réfection de la terrasse située au-dessus de son garage, alors que le règlement dispose que les charges générales comprennent les « frais d'entretien et de réparation des terrasses » (▪ CA Paris, 23e ch. B, 27 sept. 2007 : *Loyers et copr.* 2008, comm. 41, obs. G. Vigneron).

On relève en la matière deux décisions innovantes. Dans chacun de ces cas l'assemblée avait constaté le caractère non écrit de la grille de répartition existante, non conforme aux règles d'ordre public posées par l'article 10 de la loi du 10 juillet 1965 et procédé aux nouvelles répartitions rendues nécessaires par le « retranchement » de la clause litigieuse (▪ Cass. 3e civ., 2 oct. 2012, n° 11-22.990 : *Administrer* janv. 2013, p. 56, obs. J.-R. Bouyeure. ▪ CA Versailles, 5 déc. 2011 : *JurisData* n° 2011-027929 ; *Loyers et copr.* 2012, comm. 218, obs. G.V.). Tant la Cour de cassation que la Cour de Versailles ont admis que s'agissant, comme le relève la Cour de cassation, « d'adapter la clé de répartition des charges aux dispositions d'ordre public de l'article 10 de la loi du 10 juillet 1965 » l'assemblée avait pu se prononcer à la majorité (de l'article 25 dans l'affaire soumise à la Cour de cassation et de l'article 26 dans le litige soumis à la Cour de Versailles).

3) Modalités de la prise de décision. Selon les termes mêmes du texte, *la décision de modifier les charges doit être prise en assemblée* (V. art. 11, al. 3). Il ne pourrait y être procédé par un acte signé de l'ensemble des copropriétaires, ou suppléé par une consultation écrite (sauf dans le cas prévu par l'article 41-12 de la loi du 10 juillet 1965 : V. *infra*). L'accord individuel des copropriétaires recueilli en dehors de toute assemblée n'a aucune portée juridique (▪ Cass. 3e civ., 14 juin 2000, n° 98-20.526 : *JurisData* n° 2000-002551 ; *Constr.-Urb.* 2000, n° 215, note D. Sizaire). De même serait illicite la décision de modifier la répartition des charges et d'accorder à un copropriétaire une ristourne sur ses charges, résultant d'un protocole d'accord (▪ Cass. 3e civ., 8 avr. 2008, nos 07-14.020 et 07-14.021 : *Rev. loyers* 2008, p. 343).

Voir aussi : sur la nécessité sur un plan général de prendre les décisions en assemblée, V. L. art. 17 et son commentaire.

La décision ne peut pas être simplement implicite et résulter de la seule approbation des comptes de la copropriété (▪ Cass. 3e civ., 25 nov. 2003, n° 02-14.119 : *JurisData* n° 2003-021263 *Loyers et copr.* 2004, comm. 36, obs. G. Vigneron ; *Rev. Administrer* mars 2004, p. 38, obs. J.-R. Bouyeure. ▪ Cass. 3e civ., 3 oct. 1991 : *Rev. loyers* 1992, p. 244). Et elle doit être constatée au procès-verbal (▪ Cass. 3e civ., 14 sept. 2017, n° 16-20.751 : *JurisData* n° 2017-017913, note C. Coutant-Lapalus ; *Administrer* déc. 2017, p. 56, obs. J.-R. Bouyeure. ▪ Cass. 3e civ., 25 avr. 2006, n° 05-13.748 : *Rev. Administrer* août-sept. 2006, p. 51, obs. J.-R. Bouyeure. ▪ CA Paris, pôle 4, 2e ch., 7 mars 2012 : *Loyers et copr.* 2012, n° 183).

Voir aussi : sur les conditions dans lesquelles une assemblée peut, sur un plan général, être convoquée : D. art. 9.

Le syndic ne peut pas, de son propre chef, procéder à une modification de la répartition des charges, même si elle est manifestement irrégulière. Il lui appartient de convoquer l'assemblée à cette fin (Rép. min. 25 avr. 1983 : *JOAN*, p. 1920, n° 28119).

Une « acceptation de principe » de la modification de la répartition des charges est en soi inefficace : tant qu'un nouveau règlement de copropriété n'a pas été établi et soumis à l'approbation des copropriétaires, le syndic est tenu d'appliquer la répartition des charges résultant du règlement de copropriété existant (▪ Cass. 3e civ., 16 avr. 1986 : *Rev. Administrer* août-sept. 1986, p. 42. note Guillot ; *Rev. loyers* 1986, p. 269 ; *JCP* G 1986, IV, 172).

4) Conséquences de la décision. La décision de l'assemblée modifiant régulièrement les charges (dans les cas prévus par le présent texte) est susceptible de recours comme le prévoit l'article 42, alinéa 4 de la loi (V. ce texte). Signalons, toutefois, que si l'assemblée modifiait, à la majorité, la répartition des charges, en dehors des cas strictement autorisés par l'article 11 (V. *supra*), cette décision ne pourrait plus en principe être remise en cause, si aucun recours n'était formé dans le délai de deux mois prévu par l'article 42 de la loi (V. le commentaire de ce texte et notamment : ▪ Cass. 3e civ., 9 juin 2016, n° 15-16.854. ▪ Cass. 3e civ., 9 juin 2016, n° 15-15.112. ▪ Cass. 3e civ., 9 mars 1988 : *Bull. civ.* III, n° 54. ▪ Cass. 3e civ., 17 juill. 1991 : *Inf. rap. copr.* mai 1992, p. 159, obs. P. Capoulade. ▪ CA Rennes, 17 janv. 2002 : *Loyers et copr.* 2002, comm. 237. ▪ CA Paris, 23e ch. B, 18 oct. 1996 : *Loyers et copr.* janv. 1997, n° 29). Il en serait autrement toutefois si la décision de l'assemblée avait pour effet de mettre en place une répartition de charges contraire aux règles d'ordre public posées par l'article 10 de la loi. Elle pourrait alors être remise en cause à tout moment, sur le fondement de l'article 43 de la loi (V. la jurisprudence citée sous L. art. 43, n° 5).

Lorsque la répartition des charges est modifiée par une décision d'assemblée, cette décision n'a pas d'effet rétroactif (V. ▪ Cass. 3e civ., 11 juill. 2001 : *Rev. Administrer* févr. 2001, p. 33 et *AJDI* 2001, p. 805, obs. P. Capoulade). Mais lorsque la décision de l'assemblée fixe la répartition des charges pour pallier l'absence de grille de répartition conforme à la loi, un copropriétaire ne peut prétendre ne régler que les seules charges postérieures à cette décision (▪ CA Paris, 23e ch. B, 14 févr. 2008 : *AJDI* 2008, p. 399).

Voir aussi : L. art. 43 et la jurisprudence citée, L. 10 juill. 1965, art. 12, comm. n° 19, p. 208.

II – EXCEPTIONS À LA RÈGLE D'UNANIMITÉ

5) Énumération. Il est *dérogé à la règle selon laquelle l'unanimité est requise* pour modifier la répartition des charges dans les *divers cas suivants :*

- le cas de travaux ou actes de disposition, voir L. 10 juill. 1965, art. 11, comm. n° 6, p. 199 à comm. n° 9, p. 199 ;
- le cas de division de lot, voir L. 10 juill. 1965, art. 11, comm. nos 11 et 12, p. 200 ;

Il est, par ailleurs, divers autres cas où il est possible de procéder à la modification des charges, en l'absence de toute décision unanime de l'assemblée :

- lorsque la répartition des charges est lésionnaire (cas prévu par L. art. 12. – V. ce texte dont l'article 11 réserve expressément l'application) ;

• lorsque la répartition des charges, figurant dans le règlement, n'est pas conforme aux règles d'ordre public posées par l'article 10 de la loi : la jurisprudence permet, alors, de remettre en cause les répartitions de charges irrégulières (sur cette action en « nullité » de la répartition des charges, V. L. art. 12) ;

• dans le cas prévu par l'article 25-f de la loi (V. ce texte) : lorsqu'il y a changement d'usage d'un lot ;

• en cas de création de syndicat secondaire (V. L. art. 27 et son commentaire).

• enfin en cas de scission de copropriété (V. L. art. 28 et son commentaire).

Il a été décidé que le règlement de copropriété pouvait être modifié par une sentence arbitrale, déclarée exécutoire par ordonnance d'exequatur (■ CA Paris, 25 oct. 2023, n° 20/00617 : *Administrer* déc. 2023, p. 55, obs. P. Dechelette-Tolot).

III – MODIFICATION RENDUE NÉCESSAIRE PAR DES TRAVAUX OU DES ACTES « D'ACQUISITION OU DE DISPOSITION », DÉCIDÉS PAR L'ASSEMBLÉE

Bibliographie : G. Gil, *La modification pour cause de travaux de la répartition des charges : Administrer* nov. 2012, p. 17.

A – Événements justifiant la modification

6) Travaux. La loi n'en précise ni la nature ni l'objet.

Les travaux d'amélioration, ou de création de nouveaux locaux privatifs, sont certainement visés. La responsabilité du syndicat peut être engagée si les charges ne sont pas modifiées à la suite de travaux d'amélioration d'un bâtiment, et qu'un copropriétaire supporte ainsi indûment un surcroît de charges (■ CA Paris, 23ᵉ ch. B, 27 avr. 2000 : *AJDI* 2000, p. 642. – V. aussi, sur le principe, ■ CA Paris pôle 4, ch. 2, 9 févr. 2022, n° 19/0194 : *Administrer* juin 2022, p. 37, obs. P. Déchelette-Tolot). Sans doute faut-il y ajouter les travaux réalisés par certains copropriétaires dans les termes de l'article 25-*b* de la loi (V. ce texte *infra*). L'absence de vote d'une nouvelle répartition des charges ne constitue pas une cause de nullité de la décision autorisant les travaux. Cette décision peut simplement être contestée (■ CA Paris, 19ᵉ ch., 12 oct. 1994 : *D.* 1994, inf. rap. p. 37).

Il a été jugé que les dispositions de l'article 11, alinéa 1, n'étaient pas applicables lorsque les travaux, rendant nécessaire la modification de la répartition des charges, n'avaient été ni décidés ni autorisés par l'assemblée (■ Cass. 3ᵉ civ., 29 oct. 1984 : *Rev. Administrer* 1985, p. 37, note Guillot). Ainsi lorsque les travaux ont été exécutés sans autorisation par un copropriétaire (■ Cass. 3ᵉ civ., 21 juin 2005, n° 04-13.613 : *Rev. Administrer* oct. 2005, p. 57, obs. J.-R. Bouyeure). En pareil cas, la répartition des charges ne pourrait être modifiée qu'à l'unanimité, à moins que l'assemblée n'autorise *a posteriori* ces travaux et procède du même coup à la modification des charges qui s'impose.

L'installation d'un compteur de calories dans un lot par un copropriétaire, de sa propre initiative, ne permet pas au tribunal d'intervenir pour procéder à une nouvelle répartition des charges (■ Cass. 3ᵉ civ., 12 févr. 2003 : *Loyers et copr.* 2003, comm. 141, note G. Vigneron).

7) Actes d'acquisition ou de disposition. Entrent dans cette catégorie d'actes, sans que cette énumération soit limitative :

– les actes d'achat et de vente de terrains ;

– la constitution de servitudes ou de tous droits réels ;

– la vente du droit de surélever ;

– l'aliénation d'une partie commune (en l'espèce d'un palier) au profit d'un copropriétaire (■ CA Paris, 23ᵉ ch. A, 24 sept. 1997 : *Loyers et copr.* févr. 1998, n° 51, note G. Vigneron).

B – Conditions à remplir

8) Caractéristique commune. Il faut que les actes ou travaux réalisés « rendent nécessaire » la modification de la répartition des charges.

Cela apparaît à l'évidence dans certains cas. Par exemple, la création de locaux privatifs par surélévation oblige à revoir la répartition de toutes les charges, aussi bien d'entretien, de conservation et d'administration que celles relatives aux éléments d'équipement commun et aux services collectifs (V. *supra*, art. 10).

En d'autres circonstances, seules seront visées certaines charges, ou catégories de charges, par exemple en cas de création d'un ascenseur.

Dans tous les cas, les nouvelles répartitions opérées devront être conformes aux critères posés par l'article 10 de la loi (V. *supra*) : ces critères sont, et restent en toute circonstance, d'ordre public.

C – Prise de décision

9) Majorités requises. La majorité qualifiée pour modifier la répartition des charges est la même que celle qui a pu autoriser les travaux ou actes visés ci-dessus.

Ce peut être l'unanimité (création des locaux privatifs par le syndicat), ou encore la majorité de l'article 26 de la loi (actes d'acquisition, travaux d'amélioration...) ou même la majorité de l'article 25 de la loi (actes de disposition visés art. 25 *d*, V. *infra*).

IV – LA DIVISION DE LOT ET LES CHARGES

Bibliographie : J.-M. Roux, *La division de lot* : *Administrer* juill. 2009, p. 7. – G. Vigneron et J.-M. Roux, *Approbation de la répartition des charges entre les nouvelles fractions d'un lot divisé par son propriétaire (formule)* : *Loyers et copr.* juin 2012, formule 6. – C. Chazelle, *La division du lot en copropriété* : *Inf. rap. copr.* juin 2019, p. 19. – D. Bardaji-Prost, Fl. Bayard Jammes et S. Bazalgette, *Étude pratique sur la division d'un lot de copropriété* : *Inf. rap. copr.* mai 2023, p. 25.

Jurisclasseurs. J. Lafond et V. Matet, *Division de lots* : *JCl. Notarial Formulaire, V° Copropriété*, Fasc. 198.

10) Principe. Selon l'article 11, alinéa 2, précité, en cas d'aliénation séparée d'une ou plusieurs fractions d'un lot (notamment en cas de division de lot) la répartition des charges entre ces fractions est, lorsqu'elle n'est pas fixée par le règlement de copropriété, soumise à l'approbation de l'assemblée générale statuant à la majorité prévue à l'article 24.

À défaut de décision de l'assemblée générale, tout copropriétaire pourra saisir le tribunal de grande instance de la situation de l'immeuble à l'effet de faire procéder à la nouvelle répartition rendue nécessaire.

Cette procédure ne s'applique que dans le cas de division de lot, et non pas de réunion de lot. S'il y a lieu en pareil cas de modifier la répartition des charges, la décision relève de l'unanimité (▪ CA Versailles, 4e ch., 30 mars 2015, n° 12/08844 : *Rev. loyers* 2015, p. 260).

A – Intervention de l'assemblée

11) Cas où l'intervention de l'assemblée n'est pas nécessaire. L'intervention de l'assemblée est prévue par l'article 11, alinéa 2, en cas d'aliénation séparée d'une ou plusieurs fractions d'un lot (et non pas lorsqu'un copropriétaire divise son lot sans le vendre). Il est important d'observer que l'assemblée générale n'a ici à intervenir que si le *règlement de copropriété* n'a pas prévu comment s'opérera, en pareil cas, la répartition des charges entre les fractions des lots issues de la division.

Il est bien certain que le règlement ne peut pas fixer la quote-part de chacune de ces fractions, puisqu'il en ignore la future importance (il faudrait, pour qu'il le puisse, entrer dans un détail d'hypothèses tout à fait excessif). Mais il peut fixer les bases de la sous-répartition : dans la meilleure hypothèse, une sous-répartition au prorata des superficies convient parfaitement si l'on considère que le critère de superficie peut être la base du calcul de pratiquement toutes les charges (V. notes sous art. 10 de la loi), et que les fractions issues d'une division de lot sont nécessairement, sauf cas particulier, situées au même étage de l'immeuble.

12) Saisine de l'assemblée. À défaut de clause en ce sens dans le règlement de copropriété, *l'assemblée* aura à approuver après coup (et non à autoriser) la sous-répartition des charges entre les fractions de lot issues de la division.

L'assemblée doit être saisie même si le total des quotes-parts de charges des nouveaux lots est égal à celui des lots divisés (ce qui est en principe la règle. – V. ▪ Cass. 3e civ., 11 oct. 1995, n° 93-21.887 : *Bull. civ.* III, n° 217 ; *Defrénois* 1996, art. 36278, obs. C. Atias ; *RD imm.* 1996, p. 104, obs. P. Capoulade ; *JCP* N 1997, p. 611, note D. Sizaire).

La décision relève de la majorité de l'article 24 (V. L. art. 11). Toutefois, si à cette occasion l'assemblée entendait revoir la répartition de l'ensemble des charges, l'unanimité serait bien entendu requise (▪ Cass. 3e civ., 22 mars 1995, n° 93-15.614 : *Loyers et copr.* juill. 1995, n° 334 ; *RD imm.* 1995, p. 589, obs. P. Capoulade). Il en serait de même s'il apparaissait que la division de lot porte atteinte à la destination de l'immeuble (V. *a contrario*, ▪ CA Paris, 23e ch., 7 mai 2009 : *JurisData* n° 2009-377905 ; *Loyers et copr.* 2010, comm. 34, obs. G.V.).

Si, de manière totalement irrégulière, l'assemblée décide que les copropriétaires des lots issus de la subdivision seront solidaires pour le paiement des charges, cette décision s'imposera si elle n'est pas contestée dans les délais (▪ Cass. 3e civ., 3 oct. 1991, n° 89-20.904 : *Bull. civ.* III, n° 224 ; *Rev. Administrer* mai 1992, p. 27, obs. E.-J. Guillot).

Si l'assemblée se refuse sans raison à modifier la répartition des charges, elle engage sa responsabilité (▪ TGI Lyon, 30 nov. 1967 : *AJPI* 1968, 687, note J. Cabanac). Les conséquences de sa carence sont graves (V. *infra* ci-dessous).

13) Conséquences de l'absence d'approbation de la nouvelle répartition des charges. La Cour de cassation retenait jusqu'à une date récente qu'à défaut d'approbation par l'assemblée générale de la répartition des charges après une aliénation de fraction de lot, la participation des propriétaires des lots concernés, nés de la division, à l'assemblée des copropriétaires, entachait celle-ci de nullité (▪ Cass. 3e civ., 2 févr. 2005, 2 arrêts, nos 03-16.900 et 03-17.069 : *Rev. Administrer* mai 2005, p. 47, obs. J.-R. Bouyeure. – B. Terrier-Lavirotte : *Cah. Cridon* Lyon 2005, n° 44, p. 23 et s. – J. Lafond : *JCP* N 2006, chron. 1223, nos 7 et 8. ▪ CA Paris, pôle 4, 2e ch., 7 mai 2014, n° 11-20182 : *Administrer* août-sept. 2014, p. 52, obs. J.-R. Bouyeure. ▪ CA Paris, pôle 4, 2e ch., 16 mars 2011 : *JurisData* n° 2011-436900 ; *Administrer* juill. 2011, p. 67, obs. J.-R. Bouyeure). Tant que l'assemblée ne s'était pas prononcée, elle ne pouvait pas délibérer valablement. On pouvait trouver la sanction très sévère, alors surtout que la répartition des charges entre les lots issus de la division n'intéresse pas les autres copropriétaires dès lors que sont respectés les critères de l'article 10 de la loi.

D'autre part, il avait été jugé que le syndicat pouvait continuer de réclamer la totalité des charges au copropriétaire initial comme si la division n'avait pas eu lieu (■ Cass. 3e civ., 6 oct. 1999, n° 98-10.924 : *Bull. civ.* III, n° 197 ; *Rev. Administrer* févr. 2000, p. 48 ; *RD imm.* 2000, p. 237, obs. P. Capoulade ; *AJDI* 2000, p. 321, obs. P. Guitard ; *Gaz. Pal.* 13-14 sept. 2000, p. 48, note J.-M. Gélinet ; *JCP* N 2000, p. 811, obs. H. Périnet-Marquet. ■ CA Paris, 23e ch. B, 14 mars 2002 : *Constr.-Urb.* 2002, comm. 272, note D. Sizaire ; *Rev. Administrer* janv. 2003, p. 51, obs. J.-R. Bouyeure.). Il importe peu que des modificatifs du règlement de copropriété et de l'état descriptif de division aient été publiés : ils sont inopposables à l'assemblée s'ils n'ont pas été approuvés par elle (■ CA Aix-en-Provence, 30 juin 2011, n° 09/18345 : *AJDI* 2012, p. 762).

La Cour de cassation a en partie brisé cette jurisprudence (■ Cass. 3e civ., 7 févr. 2019, n° 17-31.101 : publié au Bull. ; *JurisData* n° 2019-001560 ; *Loyers et copr.* 2019, comm. 65, note C. Coutant-Lapalus ; *Rev. loyers* 2019, p. 196, note L. Guégan-Gélinet ; *Administrer* avr. 2019, p. 47, note J. R. Bouyeure). Selon cette décision l'opposabilité au syndicat des copropriétaires de la cession d'une fraction de lot subdivisé n'est pas subordonnée à l'approbation de la nouvelle répartition des charges par l'assemblée générale. La notification au syndic du transfert de propriété des fractions du lot divisé le rend opposable au syndicat et donne ainsi aux acquéreurs la qualité de copropriétaires tenus au paiement des charges de la copropriété à compter de la notification. De cette décision il découle tout d'abord que même si la nouvelle répartition des charges n'a pas été soumise à l'assemblée, le syndic ne peut que prendre acte de la division du lot et qu'il doit convoquer à la fois chaque copropriétaire des lots issus de la subdivision. D'autre part il ne peut réclamer la totalité des charges au vendeur, qui n'est plus entièrement (ou parfois plus du tout) propriétaire du lot. Reste le problème du recouvrement des charges en l'absence d'approbation par l'assemblée : comment les répartir ? Le problème peut ne pas se poser en pratique si la répartition organisée par les parties lors de la division du lot ne donne lieu à aucune objection : le syndicat peut l'avaliser. Mais dans le cas contraire ? Il semble qu'il soit alors nécessaire de saisir l'assemblée, qui a compétence aux termes même de l'article 11, pour établir une répartition.

B – Intervention du tribunal

14) Saisine du tribunal. Dans les cas visés ci-dessus, si l'assemblée ne se prononce pas, tout copropriétaire peut saisir le tribunal pour le faire à sa place. Mais l'assemblée doit avoir été préalablement invitée à statuer, faute de quoi le tribunal ne pourrait se prononcer (■ Cass. 3e civ., 4 janv. 2006, n° 04-15.723 : *Loyers et copr.* 2006, comm. 65, obs. G. Vigneron ; *AJDI* 2006, p. 573, note P. Capoulade ; *Inf. rap. copr.* mars 2006, p. 18. ■ Cass. 3e civ., 6 oct. 1999, préc. ■ CA Paris, 23e ch. B, 17 févr. 2000 : *AJDI* 2000, p. 437. ■ CA Paris, 19e ch. B, 27 nov. 1997 : *Loyers et copr.* mai 1998, n° 138. ■ CA Paris, 9 févr. 1996 : *Loyers et copr.* mai 1996, n° 225).

L'énumération par l'article 11, alinéa 3, des cas où le tribunal peut intervenir doit être considérée comme limitative : il doit s'agir d'une modification rendue nécessaire soit par l'exécution de travaux ou des actes d'acquisition ou de disposition décidés par l'assemblée, soit du fait de l'aliénation séparée d'une ou plusieurs fractions d'un lot (■ CA Paris, 23e ch. B, 9 févr. 1996 : *Loyers et copr.* mai 1996, n° 225). Le tribunal ne peut, en dehors de ces hypothèses, être saisi : par exemple, lorsqu'une modification de la répartition des charges est imposée par un changement de l'usage d'une ou plusieurs parties privatives (cas prévu par L. 10 juill. 1965, art. 25 *f*), p. 428). Il avait été jugé qu'il ne pouvait, pour sa part, imposer une nouvelle répartition des charges préconisée par un expert en dehors des hypothèses, visées par l'article 12 (En ce sens, ■ Cass. 3e civ., 30 mars 1993 : *Inf. rap. copr.* 1994, p. 417, obs. P. Capoulade). Mais la Cour de cassation a admis qu'un copropriétaire pouvait, à tout moment, faire constater l'absence de conformité de la clause de répartition des charges, aux dispositions de l'article 10, alinéa 2 de la loi du 10 juillet 1965, que cette répartition résulte du règlement de copropriété, d'un acte modificatif ultérieur ou d'une décision d'assemblée générale, et faire établir une nouvelle répartition conforme à ces dispositions (■ Cass. 3e civ., 28 janv. 2016, n° 14-26.921 : *JurisData* n° 2016-001094 ; *Bull. civ.* III, n° 18 ; *Loyers et copr.* 2016, n° 101, note G. Vigneron ; *Rev. loyers* 2016, p. 153, note V. Zalewski). En l'espèce depuis la création de la copropriété, de nombreuses modifications étaient intervenues dans la composition des lots d'origines, dont la valeur relative avait été affectée. Après avoir tenté d'obtenir de l'assemblée la décision de nommer un géomètre expert aux fins d'établir un modificatif au règlement de copropriété, des copropriétaires s'étaient vu opposer un refus et avaient assigné le syndicat des copropriétaires afin que soient réputées non écrites les clauses de répartition des charges générales, d'ascenseurs et d'escalier. Les juges du fond avaient rejeté la demande au vu de l'article 5 de la loi du 10 juillet 1965 au motif que l'estimation de la valeur relative des parties privatives s'opérait « lors de l'établissement de la copropriété » et qu'elle restait intangible par la suite, thèse que condamne la Cour de cassation.

C'est contre le syndicat que doit être exercée l'action (V. D. 17 mars 1967, art. 54, p. 845) et, selon la doctrine, elle doit l'être dans les deux mois de la notification de la décision autorisant les travaux ou les actes d'acquisition ou de disposition, et dans les dix ans, s'il s'agit de la division d'un lot.

Pour justifier la référence au délai de deux mois (délai de recours de droit commun. – V. L. 10 juill. 1965, art. 42, comm. n° 22, p. 603 et comm. n° 52, p. 616), les auteurs assimilent le silence de l'assemblée à un refus de modifier la répartition des charges : mais il n'est pas évident qu'une absence de décision équivaille à un refus.

Il semble que l'on puisse introduire la distinction suivante :

– s'il y a eu refus exprès de modifier la répartition, après que l'assemblée a été sollicitée de se prononcer, le délai de recours contre cette décision est effectivement de deux mois selon le droit commun ;

– en l'absence de décision expresse de l'assemblée, mais après qu'elle a été sollicitée de se prononcer (s'il a été par exemple impossible de réunir la majorité requise pour modifier les charges...), le tribunal paraît pouvoir alors être saisi pendant dix ans, délai de recours de droit commun (V. L. 10 juill. 1965, art. 42, al. 1, comm. n° 3, p. 595. – En ce sens ▪ CA Paris, 23e ch. B, 15 déc. 1995 : *Loyers et copr.* avr. 1996, n° 177).

Le tribunal peut aussi être saisi par les copropriétaires, non plus pour suppléer la carence de l'assemblée, mais pour contester la décision prise par celle-ci et relative à la modification de la répartition des charges (L. 10 juill. 1965, art. 42, al. 3, p. 593).

Il faut alors respecter le délai de deux mois qui est celui de la contestation des décisions d'assemblée (V. L. 10 juill. 1965, art. 42, comm. n° 22, p. 603 et comm. n° 52, p. 616), et cette fois également le recours n'est plus limité aux seules hypothèses visées aux ci-dessus.

Art. 12. – Dans les cinq ans de la publication du règlement de copropriété au fichier immobilier, chaque propriétaire peut poursuivre en justice la révision de la répartition des charges si la part correspondant à son lot est supérieure de plus d'un quart, ou si la part correspondant à celle d'un autre copropriétaire est inférieure de plus d'un quart, dans l'une ou l'autre des catégories de charges, à celle qui résulterait d'une répartition conforme aux dispositions de l'article 10. Si l'action est reconnue fondée, le tribunal procède à la nouvelle répartition des charges.

Cette action peut également être exercée par le propriétaire d'un lot avant l'expiration d'un délai de deux ans à compter de la première mutation à titre onéreux de ce lot intervenue depuis la publication du règlement de copropriété au fichier immobilier.

Bibliographie : *La copropriété*, Dalloz Action, 2021-2022, ss dir. de P. Capoulade et D. Tomasin, nos 242-291 à 242-381. • J.-M. Roux et D. Brachet, *Les charges de copropriété*, Edilaix 2021, nos 185 à 193. • E. Kischinewsky-Broquisse, *La copropriété des immeubles bâtis*, Litec, 4e éd. 1989, nos 154 et s. • B. Quignard, *Révision des charges de copropriété* : *Gaz. Pal.* 1989, doctr. I, p. 237 et *JCP* N 1990, prat. 677. • M. Morand, *Action en nullité d'une répartition de charges, perspectives nouvelles* : *Inf. rap. copr.* 1990, p. 43 et s. • J.-R. Bouyeure, *La modification de la répartition des charges* : *Rev. Administrer* mars 1996, p. 16 et s. • C. Atias, *Action en déclaration d'illégalité de la répartition des charges et actions en révision pour lésion* : *AJDI* 2008, p. 546. • J.-M. Talau, *La correction judiciaire de la répartition illégale des charges de copropriété : consistance et interrogations* : *Loyers et copr.* sept. 2010, étude 10. • M.-C. Ruffet, *Charges de copropriété : les actions en justice* : *Inf. rap. copr.* nov. 2012, p. 27. • G. Gil, *Les répartitions de charges contraires aux dispositions d'ordre public de la loi du 10 juillet 1965* : *Administrer* juill. 2019, p. 10. • J.-M. Roux, *L'action en « nullité » de la répartition des charges* : *Ann. loyers* 2021, p. 33.

Jurisclasseurs. JCl. Copropriété, Fasc. 73.

I – OBSERVATION PRÉALABLE

1) Champ d'application de l'action en révision. Il semble que l'action en révision instituée par l'article 12 ne peut concerner que la répartition des charges fixée par le règlement de copropriété. Une répartition décidée par l'assemblée générale relèverait du contentieux des assemblées, et donc des délais fixés par l'article 42 de la loi (V. *infra*. – En ce sens, ▪ Cass. 3e civ., 7 janv. 1976, n° 74-12.641 : *Bull. civ.* III, n° 7 ; *RTD civ.* 1976, p. 808, obs. Cl. Giverdon. ▪ Cass. 3e civ., 26 févr. 1980 : *JCP* G 1990, IV, 183. – *Contra :* ▪ CA Paris, 23e ch., 6 déc. 1982 : *JurisData* n° 1982-028072. ▪ CA Versailles, 1re ch., 1er juill. 1987 : *JurisData* n° 1987-045815).

2) Domaine de l'action en révision. L'action en révision de la répartition des charges peut être intentée dans le cas où les principes posés par l'article 10 de la loi du 10 juillet 1965 ont bien été appliqués, mais de manière erronée, si bien qu'en raison des erreurs d'appréciation ou de calcul commises, une lésion apparaît, par référence aux répartitions qui résulteraient d'une application stricte des critères légaux (■ Cass. 3e civ., 5 déc. 1972, n° 71-13.293 : *JCP* G 1973, II, 17348, note E.-J. Guillot. ■ CA Paris, 16 févr. 1968 : *Gaz. Pal.* 1968, 2, p. 178 et note). Toute action tendant à rectifier des surévaluations des tantièmes de charges, par suite d'erreurs de calcul ou d'une mauvaise application des critères de pondération est une action en révision (■ CA Paris, 23e ch. B, 3 avr. 2008 : *JurisData* n° 2008-360349 ; *Loyers et copr.* 2008, comm. 227, obs. G. Vigneron).

L'action relève de l'article 12 de la loi du 10 juillet 1965 lorsqu'est critiqué le quantum des charges incombant aux lots. Par contre lorsque est invoquée la non-conformité de la répartition des charges aux règles d'ordre public posées par l'article 10, l'action à intenter est une action dite « en nullité » de cette répartition (■ CA Paris, pôle 4, 2e ch., 24 janv. 2018, n° 16/08863 : *Administrer* avr. 2018, p. 37, note J.-R. Bouyeure), c'est-à-dire en fait une action tendant à la faire réputer « non écrite ».

3) Exemples. Si le règlement de copropriété prévoit la répartition des charges de chauffage selon la superficie pondérée des lots, la remise en cause par un copropriétaire du seul quantum du coefficient de pondération appliqué à son lot, sans mettre en question la légalité de la répartition, s'analyse en une action en révision prévue à l'article 12 de la loi du 10 juillet 1965 et non pas en une action en « nullité » fondée sur l'article 43 de cette même loi (■ Cass. 3e civ., 12 janv. 2000, n° 98-16.848 : *JurisData* n° 2000-000098 ; *Loyers et copr.* 2000, comm. 72 ; *Constr.-Urb.* 2000, comm. 66, note D. Sizaire ; *Rev. Administrer* mars 2000, p. 34, note P. Capoulade).

Il en est de même, selon la Cour de Paris, lorsque les critères d'appréciation de la valeur relative des lots posés par l'article 5 de la loi du 10 juillet 1965 n'ont pas été appliqués, ce qui rend impossible une répartition des charges dites « générales » conforme aux prescriptions de l'article 10, alinéa 2 de la loi (■ CA Paris, 23e ch. B, 16 janv. 2003 : *Loyers et copr.* 2003, comm. 140, obs. G. Vigneron).

De même on est en présence d'une action en révision selon la jurisprudence :

– lorsque des lots ont des superficies bien plus grandes que celles décrites dans le règlement de copropriété en raison de l'annexion postérieure de parties communes, en l'espèce des combles (■ Cass. 3e civ., 9 juin 2010, n° 09-13.067 : *JurisData* n° 2010-008767 ; *Bull. civ.* III, n° 115 ; *JurisData* n° 2010-008767 ; *Administrer* nov. 2010, p. 61, vouloir ; *Loyers et copr.* 2010, comm. 235, obs. G. Vigneron ; *Rev. loyers* 2010, p. 335, note L. Guégan. – V. aussi ■ Cass. 3e civ., 19 déc. 2006, n° 05-21.252 : *Administrer* mars 2007, p. 54, obs. J.-R. Bouyeure, confirmant ■ CA Paris, 23e ch. B, 15 sept. 2005 : *Administrer* févr. 2006, p. 39, note J.-R. Bouyeure) ;

– lorsque deux lots ont été intervertis si bien que l'un des lots se trouve doté d'un quantum de charges qui, en considération de sa surface, correspond à l'autre lot et inversement (■ Cass. 3e civ., 17 juin 2009, n° 08-16.324 : *JurisData* n° 2009-048930 ; *Bull. civ.* III, n° 144 ; *Loyers et copr.* 2009, comm. 244, note J.-M. Roux ; *Administrer* nov. 2009, p. 65, obs. J.-R. Bouyeure, confirmant ■ CA Paris, 23e ch. B, 3 avr. 2008 : *Loyers et copr.* 2008, comm. 227, obs. G. Vigneron. – V. antérieurement, qui déclare recevable une action en « nullité » de la répartition, ■ Cass. 3e civ., 30 juin 1998 : *JurisData* n° 1998-003016 ; *AJDI* 1998, p. 1078, note P. Guitard. – Sur renvoi ■ CA Caen, ch. réunies, 9 mai 2000 : *JurisData* n° 2000-133636 ; *Loyers et copr.* 2009, comm. 244 et ■ Cass. 3e civ., 30 avr. 2002, n° 00-17.332 : *JurisData* n° 2009-048930 ; *AJDI* 2002, p. 697, note Cl. Giverdon).

II – CONDITIONS DE RECEVABILITÉ DE L'ACTION EN RÉVISION DES CHARGES

4) La lésion doit être de plus du quart. Ce peut être aussi bien une lésion au détriment du demandeur qu'une « lésion » en faveur d'un autre copropriétaire. Tout écart de plus du quart par rapport à l'application normale de l'article 10 est de nature à justifier l'action, que ce soit en plus ou en moins.

Exemple : un copropriétaire devrait normalement supporter 50 millièmes de charges : or il en supporte 80. Il peut agir pour faire réviser la répartition des charges. De même, si la part des autres copropriétaires est de 20 millièmes alors qu'elle devrait être de 50 : l'un quelconque des copropriétaires peut agir à son encontre pour faire redresser sa contribution.

Autre exemple : supposons des garages en sous-sol desservis par un ascenseur, aux charges duquel ils ne participent pas ; les lots d'appartements en étages ne sont pas pour autant lésés de plus du quart ; mais l'avantage pour les garages est de plus du quart (il est de 100 %) et l'action est donc possible.

L'appréciation de la lésion ne se fait pas en comparant les charges de tel lot à celles de tel autre, mais en comparant les charges de l'un et l'autre à celles qu'il devrait supporter si les critères de répartition posés par l'article 10 de la loi étaient respectés (V. ce texte). La méthode est objective, non comparative (■ Cass. 3e civ., 5 déc. 1972 : *JCP* G 1973, II, 17348).

5) Délai général. *Le délai général* est celui de *cinq ans à partir de la publication du règlement de copropriété* : il peut courir alors même que la copropriété n'est pas encore née. En effet, le règlement de copropriété peut fort bien être publié avant l'achèvement de l'immeuble et, en tout cas, avant qu'une première vente ait lieu dans l'immeuble divisé.

Malgré quelques décisions en sens contraire, il faut admettre que le délai de cinq ans court dans tous les cas à compter de la publication du règlement (V. ▪ Cass. 3e civ., 20 déc. 1976 : *JCP* N 1978, II, 18800, note Guillot). Ainsi le fait que le relevé des surfaces de chauffe, destiné à permettre la répartition des charges de chaque lot, est intervenu tardivement n'a pas pour effet de suspendre le délai (▪ CA Paris, 23e ch., 6 juill. 1994 : *Loyers et copr.* 1994, comm. 485).

Lorsque l'immeuble est édifié par une société d'attribution, la loi (L. n° 71-579, 16 juill. 1971, art. 10 inséré dans C. civ., art. L. 216-6, al. 4) donne aux associés la faculté de faire procéder à la révision des charges dans des termes identiques à ceux du texte ici examiné, et aux mêmes conditions.

Mais, cette fois, le délai ne court pas, du moins tant que subsiste l'état d'associé. Mais en cas de dissolution-partage, ou de retrait d'associé, l'état de copropriété naît *ipso facto*, et le délai de cinq ans commence à courir, car le règlement, jusqu'ici dit « de jouissance », devient alors règlement de copropriété au sens propre du terme.

La Cour de cassation a approuvé, sur ce point, une série de décisions en ce sens des juridictions parisiennes (▪ Cass. 3e civ., 9 déc. 1980 : *JCP* G 1981, IV, 77).

Le délai pour agir en révision de la répartition des charges de chauffage n'est pas suspendu jusqu'au calcul des surfaces de chauffe servant de base à cette répartition (▪ CA Paris, 23e ch., 6 juill. 1994 : *Loyers et copr.* déc. 1994, n° 485).

6) Délai particulier. Un délai particulier de **deux ans** est ouvert au *premier acquéreur d'un lot*, à compter de son *acquisition à titre onéreux* de ce lot depuis la publication du règlement de copropriété. Il a été jugé que le délai de 2 ans était un délai préfix de telle sorte qu'après son expiration il n'était pas possible d'invoquer la lésion par voie d'exception (▪ CA Paris, pôle 4, 2e ch., 12 sept. 2018, n° 15-15.932 : *Administrer* mars 2019, p. 54, obs. J.-R. Bouyeure).

Si cette acquisition se situe dans les cinq ans de la publication de ce règlement, il y a donc superposition des deux délais : celui de cinq ans ouvert au propriétaire du lot au moment de ladite publication, et celui de deux ans ouvert au premier acquéreur du lot depuis cette publication (V. pour une application : ▪ CA Paris, 23e ch., 4 oct. 1991 : *Rev. Administrer* févr. 1992, p. 60, note A. Dunes).

Après l'expiration du premier, il n'y a pas de limite dans le temps à l'ouverture du second, la première mutation à titre onéreux pouvant se placer très longtemps après la publication du règlement de copropriété.

Exemple : le règlement est publié le 1er février 1980 : l'action en révision cesse d'être recevable à compter du 2 février 1985.

En revanche, si une vente intervient le 15 mai 1988, l'action en révision pourra être intentée par l'acquéreur du lot jusqu'au 15 mai 1990.

La mutation d'un appartement ne fait pas courir le délai de deux ans tant que le délai de cinq ans n'est pas expiré, a jugé la cour d'Aix-en-Provence (▪ CA Aix-en-Provence, 24 juill. 1984 : *Bull.* Aix-en-Provence mars 1984, n° 70, p. 24).

Selon une réponse ministérielle du 24 août 1987 (*JOAN*, p. 4754) le délai de révision des charges est susceptible de courir à chaque publication d'un nouveau règlement de copropriété.

7) Délai spécial aux copropriétés antérieures à la loi du 10 juillet 1965. Les délais de l'action en révision des charges sont des *délais préfix* : la forclusion est définitive, même dans le cas de demande formée par voie d'exception contre une action en recouvrement des charges (▪ Cass. 3e civ., 20 déc. 1976 : *JCP* 1978, II, 18800. ▪ TGI Paris, 15 et 21 déc. 1976 : *D.* 1978, inf. rap. p. 127. ▪ Cass. 3e civ., 2 juin 1981 : *JCP* G 1981, IV, 296).

Voir : L. 10 juill. 1965, art. 45, p. 635.

III – PROCÉDURE ET EFFETS DE L'ACTION EN RÉVISION

8) Procédure. La demande est portée devant le tribunal judiciaire du lieu de situation de l'immeuble (V. D. 17 mars 1967, art. 62, p. 875).

Le demandeur est celui qui invoque la lésion de plus du quart, et le défendeur est :

– le syndicat si le demandeur prétend que sa contribution est supérieure de plus du quart à ce qu'elle devrait être (V. plus loin, D. art. 52) ;

– un ou d'autres copropriétaires si le demandeur prétend que sa contribution est inférieure de plus du quart à ce qu'elle devrait être (V. plus loin D. 17 mars 1967, art. 53). Le syndicat devra alors être appelé dans la cause (▪ Cass. 3e civ., 23 nov. 1994, n° 92-21.586), et le syndic en avisera chaque copropriétaire, qui pourra intervenir à l'instance, et même faire désigner éventuellement un mandataire *ad hoc*). Il a été jugé que faute par le syndicat d'aviser les copropriétaires de l'instance introduite, en application de l'article 59 du décret du 17 mars 1967, ceux-ci pouvaient faire opposition au jugement rendu, dans la mesure où la nouvelle répartition avait pour effet d'augmenter leur quote-part de charges (▪ CA Rennes, 21 juin 2012 : *JurisData* n° 2012-014765 ; *Loyers et copr.* 2013, comm. 27, obs. G.V.).

Voir aussi : sur ces différents points, D. 17 mars 1967, art. 52, 53, 54 et 59, al. 1, p. 845.

9) Publicité foncière. La demande doit-elle être publiée au fichier immobilier ? Mettant fin aux hésitations des juridictions du fond, la Cour de cassation a finalement jugé qu'il n'y a pas à publier l'action en révision des charges, qui ne figure pas au rang de celles qui sont soumises à publicité en application des articles 30-5° du décret du 4 janvier 1955 et 28-1 et 4 de ce même décret (▪ Cass. 3e civ., 21 nov. 2000, n° 99-14.614, inédit : *JurisData* n° 2000-007067 ; *Loyers et copr.* 2001, comm. 48. ▪ Cass. 3e civ., 18 déc. 1996, n° 94-21.573 : *Bull. civ.* III, n° 243 : *JCP* N 1998, p. 516, note P. Frémont ; *Loyers et copr.* mars 1997, n° 85, note G. Vigneron ; *Rev. Administrer* juin 1997, p. 46, note P. Capoulade. ▪ CA Paris, 23e ch. B, 27 mai 1999 : *JurisData* n° 1999-023204 ; *Loyers et copr.* 2000, comm. 53).

Mais, en toute hypothèse, la publication des modifications apportées au règlement de copropriété à la suite de la révision des charges non conformes à la loi doit être opérée (▪ CA Paris, 15 déc. 1989 : *D.* 1990, inf. rap. p. 15 ; *Loyers et copr.* 1990, n° 146).

Voir : sur le champ d'application de l'action en révision par rapport à l'action dite « en nullité » de la répartition des charges, L. 10 juill. 1965, art. 12, comm. n° 11, p. 205 et sur la publicité foncière des demandes, L. 10 juill. 1965, art. 12, comm. n° 18, p. 208.

10) Effets. Le tribunal se place pour « procéder à la nouvelle répartition des charges » (au moyen d'une expertise, en pratique) à la date d'établissement du règlement de copropriété, sauf évolution postérieure des critères légaux de répartition des charges.

Le jugement publié comme modificatif au règlement de copropriété initial a autorité de la chose jugée à l'égard de tous et *n'a d'effet que pour l'avenir*. Il n'y a pas de « rappels » ni de restitutions possibles pour les périodes passées ; on ne remonte même pas au jour de l'assignation en justice.

Il a été admis par la jurisprudence que la nouvelle répartition prenait effet au jour du jugement (▪ Cass. 3e civ., 24 oct. 1972, n° 71-11.870 : *Bull. civ.* III, n° 538 ; *JCP* G 1973, 17291, note E.-J. Guillot et ▪ Cass. 3e civ., 1er juill. 1975 : *JCP* G 1975, 18114, note E.-J. Guillot. ▪ Cass. 3e civ., 20 oct. 1981 : *Rev. Administrer* janv. 1982, p. 34, note E.-J. Guillot. ▪ Cass. 3e civ., 10 nov. 1987 : *Loyers et copr.* déc. 1987, n° 465.

Elle est opposable à cette date à l'ensemble des copropriétaires : il serait infondé de subordonner cette opposabilité à la publication du jugement au fichier immobilier. Cette solution, affirmée à propos d'une action en « nullité » de la répartition des charges (V. ci-dessous, n° 22 : ▪ Cass. 3e civ., 23 sept. 2021, n° 20-16.572), vaut également dans le cas d'une action en révision.

Il a été jugé qu'en cas d'appel si la cour confirme le jugement, c'est la date du jugement confirmé (et non celle de l'arrêt de la cour) qui marque le point de départ de la nouvelle répartition (▪ Cass. 3e civ., 23 avr. 1992, n° 89-21.086 : *Bull. civ.* III, n° 136 *Rev. Administrer* janv. 1993, p. 32, note E.-J. Guillot ; *AJPI* 1994, p. 293, note P. Lebatteux et J. Barnier-Sztabowicz). Contrairement aux principes énoncés plus haut, il y aura alors des rappels ou restitutions à opérer pour toute la période courue entre la date du jugement et celle de l'arrêt de la cour.

Cependant, le copropriétaire lésé peut obtenir des dommages-intérêts pour résistance abusive du syndicat, ou agir contre le promoteur auteur de la répartition lésionnaire, et cela compense, le cas échéant, la non-rétroactivité de la révision des charges. (V. pour un exemple, (▪ CA Paris, pôle 4, 2e ch., 24 janv. 2018, n° 12-16.722 : *Administrer* juill. 2018, p. 41, obs. J.-R. Bouyeure).

La jurisprudence, absolument ferme sur cette non-rétroactivité, tend à la compenser, semble-t-il, par ce principe de dédommagement autrement causé (V. sur ces points l'abondante jurisprudence citée au *JCl. Copropriété*, Fasc. 73 et en dernier lieu, ▪ Cass. 3e civ., 15 mars 1983 : *Rev. Administrer* 1983, n° 43, p. 27, note E.-J. Guillot).

Voir : sur les incidences de l'action ayant pour objet de faire déclarer une clause « non écrite », L. 10 juill. 1965, art. 12, comm. n° 19, p. 208.

IV – LA RÉPARTITION DE CHARGES ILLÉGALE ET L'ACTION EN « NULLITÉ »

Bibliographie : J.-M. Roux, *L'action en nullité de la répartition des charges* : *Rev. Administrer* févr. 2006, p. 11.

11) Possibilité reconnue par la jurisprudence d'agir en « nullité » de la répartition des charges. On a dit plus haut que les délais de l'action en révision sont des délais préfix, et que la forclusion est absolue et définitive.

Or, il existe des répartitions de charges qui, lésionnaires de plus du quart *ou non*, sont illégales parce que non conformes aux règles d'ordre public de l'article 10 de la loi.

L'article 43 de la loi réputant non écrite toute stipulation contraire à l'article 10 (entre autres textes), la question s'est donc posée de savoir si, indépendamment de l'action en révision de l'article 12, il n'existait pas une action permettant de remettre en cause, pour violation de la loi, des répartitions de charges non conformes à l'article 10 et, si cette action existait, quel était le délai pour l'exercer.

La jurisprudence a admis la possibilité d'une action fondée sur la violation de l'article 10, mais dans un premier temps, l'a soumise au délai de dix ans de l'article 42, alinéa 1 de la loi (V. ce texte *infra*).

Dans un deuxième temps, la Cour de cassation a décidé que la prescription de dix ans prévue par l'article 42 de la loi (V. ce texte) ne s'appliquait pas en la matière (■ Cass. 3e civ., 11 janv. 1983 : *D.* 1983, inf. rap. p. 465, obs. Giverdon ; *JCP* 1984, II, 20187, note Blaisse ; *Defrénois* 1983, art. 33093, p. 837, note Souleau. ■ Cass. 3e civ., 13 juin 1984 : *Defrénois* 1984, art. 34432, note Souleau ; *D.* 1984, inf. rap. p. 386, obs. Giverdon). Plusieurs arrêts ont par la suite énoncé qu'une clause réputée non écrite étant censée n'avoir jamais existé, le syndicat et tout copropriétaire pouvait, *à tout moment*, faire constater l'absence de conformité des clauses du règlement aux dispositions légales (V. ■ Cass. 3e civ., 28 janv. 2016, n° 14-26.921, publié au *Bull.* ; *AJDI* 2016, p. 610, note D. Tomasin. V. antérieurement [outre la jurisprudence citée ss l'article 43 de la loi], ■ Cass. 3e civ., 1er avr. 1987 : *JCP* N 1988, II, 21028 ; *RD imm.* 1988, p. 246, obs. Givord et Giverdon. ■ Cass. 3e civ., 9 mars 1988 : *JCP* G 1988, IV, 182. ■ Cass. 3e civ., 26 avr. 1989 : *Bull. civ.* III, n° 93, p. 51 ; *Inf. rap. copr.* 1990, p. 13, obs. Capoulade. – V. dans le même sens : ■ CA Paris, 19e ch., 12 nov. 1992 : *Rev. Administrer* juin 1993, p. 44, obs. A. Dunes. ■ CA Versailles 13 sept. 1996 : *Rev. Administrer* août-sept. 1997, p. 46, obs. J.-R. Bouyeure). Ainsi il a été admis que si, dans une résidence-service, la répartition des charges est opérée en fonction du nombre de logements par bâtiment et qu'elle est devenue obsolète en raison des modifications successives de ce nombre et de l'état descriptif de division, cette répartition peut être mise en cause sur le fondement de l'article 43 de la loi du 10 juillet 1965 (■ Cass. 3e civ., 14 mars 2019, n° 17-25.845 : *JurisData* n° 2019-003893 ; *Loyers et copr.* 2019, comm. 83, note A. Lebatteux ; *Administrer* mai 2019, p. 54, obs. J.-R. Bouyeure).

Alors que l'action en révision se trouve enfermée dans des délais stricts, la possibilité d'agir pour remettre en cause la répartition des charges est en fait imprescriptible.

12) Répartition des charges résultant d'une décision d'assemblée définitive. L'action est recevable alors même que la clause de répartition des charges résulte d'une décision d'assemblée générale qui ne peut plus être contestée (■ Cass. 3e civ., 28 nov. 2019, n° 18-15.307 : *JurisData* n° 2019-021321 ; *Loyers et copr.* 2020, comm. 40, note C. Coutant-Lapalus ; *Defrénois* 2020, n° 11, p. 27, note L.-A. Poletti ; *Administrer* janv. 2020, p. 55, obs. J.-R. Bouyeure ; *Rev. loyers* 2020, p. 44, note L. Guégan-Gélinet. ■ Cass. 3e civ., 12 mai 2016, n° 15-15.166. ■ Cass. 3e civ., 28 janv. 2016, n° 14-26.921 : publié au *Bull.*. ■ Cass. 3e civ., 27 sept. 2000, n° 98-22.792 : *Bull. civ.* III, n° 154).

Mais dans quels cas peut-on intenter cette action ?

13) Champs d'application respectifs de l'action en « nullité » et de l'action en révision. Ces deux catégories d'action n'ont pas le même champ d'application :

● *L'action en révision* suppose que la répartition des charges a été calculée en application des critères posés par la loi, mais de façon erronée : le quantum de charges que doit supporter tel ou tel lot étant d'un montant tel que la répartition s'avère lésionnaire, par exemple en raison d'une erreur dans le calcul de la superficie des lots (V. ■ CA Paris, 23e ch. B, 15 sept. 2005 : *Rev. Administrer* févr. 2006, p. 39, note J.-R. Bouyeure, conf. par ■ Cass. 3e civ., 19 déc. 2006, n° 05-21.252 : *Rev. Administrer* mars 2007, p. 54, obs. J.-R. Bouyeure. – V. pour un exemple d'erreurs dans les surfaces et dans l'application des coefficients de pondération, ■ CA Paris, 23e ch. B, 3 avr. 2008 : *Loyers et copr.* 2008, comm. 227, obs. G. Vigneron). Lorsque les frais de chauffage sont établis en fonction de la surface pondérée des lots, et qu'une erreur dans le mesurage des superficies est alléguée, l'action concernant le quantum du coefficient de pondération, et non la légalité de la répartition des charges, s'analyse en action en révision (■ Cass. 3e civ., 12 janv. 2000 : *JurisData* n° 2000-000098 ; *Loyers et copr.* 2000, comm. 72 ; *Rev. Administrer* mars 2000, p. 34, obs. P. Capoulade ; *Constr.-Urb.* 2000, comm. 66, obs. D. Sizaire).

On est *a priori* en présence d'une action en révision lorsque les lots objet du litige ont des superficies bien plus grandes que celles décrites dans le règlement de copropriété et que de ce fait les copropriétaires des autres lots supportent des charges supérieures à celles qui devraient être les leurs. Le juge ne peut alors déclarer la répartition non écrite qu'en démontrant qu'elle est contraire aux règles prévues par l'article 10 de la loi du 10 juillet 1965 (■ Cass. 3e civ., 23 mai 2013, n° 12-14.692. ■ Cass. 3e civ., 9 juin 2010, n° 09-13.067 : *Rev. Administrer* nov. 2010, p. 61, obs. J.-R. Bouyeure ; *Rev. loyers* 2010, p. 335, note L. Guégan).

● *L'action en « nullité »* concerne les répartitions dont les bases de calcul sont contraires aux critères d'ordre public posés par la loi (art. 10 – V. ce texte) et qui, à ce titre, doivent être réputées non écrites (L. art. 43 de la loi) : ainsi par exemple si la « commercialité » des lots a été prise en compte pour le calcul des millièmes de copropriété et de charges (■ CA Paris, 23e ch. B, 20 déc. 2007 : *JCP* G 2007, IV, 1223 ; *AJDI* 2008, p. 218).

Le demandeur doit préciser dans son assignation sur quel fondement il agit, les deux actions ayant des régimes procéduraux différents. S'il invoque le caractère illicite d'une répartition de charges dites « générales », qui ne serait pas conforme à la valeur relative des lots, il lui appartient de démontrer que les critères posés par l'article 5 de la loi n'ont pas été respectés (■ Cass. 3e civ., 19 déc. 2006, préc.).

L'action introduite sur le fondement de la lésion de plus d'un quart étant prescrite, doit être rejetée la demande d'un copropriétaire qui invoque un excédent de charges sans prouver que les critères de l'article 10 de la loi ont été méconnus (▪ CA Paris, 5 juin 1996 : *Loyers et copr.* août-sept. 1996, n° 363).

En ce qui concerne l'action en « nullité » elle s'applique aujourd'hui à l'ensemble des charges visées à l'article 10 de la loi du 10 juillet 1965.

14) Distinction entre les actions en révision et en « nullité » et d'autres actions possibles. Il faut en outre distinguer les actions en révision ou en nullité d'autres actions possibles :

– tout copropriétaire peut ainsi faire établir une nouvelle répartition tenant compte de la situation actuelle lorsqu'il apparaît que la répartition figurant dans le règlement ne tient pas compte des changements intervenus dans la composition des parties privatives et communes de l'immeuble (▪ CA Paris, 23e ch. B, 26 juin 1998 : *Loyers et copr.* févr. 1999, n° 50). Ainsi par exemple la répartition initiale des charges d'ascenseur doit être réputée non écrite si du fait de la modification des modalités de desserte des parkings, le critère de « l'utilité » n'est plus respecté (▪ Cass. 3e civ., 12 mars 2003 : *Loyers et copr.* 2003, comm. 184, note G. Vigneron). Il s'agit ici d'une « mise en conformité » de la répartition des charges.

Mais il n'y a pas lieu de remettre en cause la répartition des charges d'un lot, calculée comme si le droit de surélévation dont il est assorti avait été exercé, alors que ce droit est devenu caduc (▪ Cass. 3e civ., 17 juin 2008 : *Rev. Administrer* oct. 2008, p. 66, obs. J.-R. Bouyeure).

– si la répartition critiquable a été instaurée par une décision d'assemblée, on a considéré dans un premier temps qu'elle ne pouvait être remise en cause qu'en contestant cette décision dans les délais légaux (▪ CA Paris, 9 juin 1995 : *Loyers et copr.* nov. 1995, n° 485). Mais la jurisprudence a par la suite permis de mieux définir le domaine respectif des actions en « nullité » de la répartition des charges et des actions en révision ou en contestation d'assemblée. Si une décision d'assemblée non contestée en temps utile consacre une répartition des charges illicite, cette répartition peut néanmoins être remise en cause sur le fondement de l'article 43 de la loi, en faisant juger qu'elle doit être réputée non écrite (▪ Cass. 3e civ., 12 mai 2016, n° 15-15.166. ▪ Cass. 3e civ., 27 sept. 2000 : *JurisData* n° 2000-006034 ; *JCP G* 2000, IV, n° 2677 ; *Rev. Administrer* janv. 2001, p. 47, note J.-R. Bouyeure ; *RD imm.* 2000, p. 597, obs. P. Capoulade).

15) Erreur matérielle. Si la répartition critiquable provient d'une *erreur matérielle* manifeste, cette erreur peut à notre avis être rétablie par l'assemblée statuant à la majorité de l'article 24, ou à défaut par le tribunal (V. cependant ▪ TGI Paris, 8e ch., 16 sept. 1994 qui analyse cette action en une demande de révision des charges : *Rev. hab. fr.* août-sept. 1995, p. 317, obs. R. Paucot et ▪ CA Paris, 23e ch. B, 16 déc. 1999 : *AJDI* 2000, p. 260, qui analyse la demande en une rectification de la répartition des charges, exigeant une décision unanime).

Dans un premier temps, la Cour de cassation a décidé qu'une erreur dans la répartition des charges (en l'espèce deux lots quasi identiques étaient assortis de tantièmes de charges différents) ne suffit pas à elle seule à entraîner la nullité. Le tribunal ne peut être saisi que s'il est démontré en quoi cette répartition est contraire aux critères légaux (▪ Cass. 3e civ., 30 juin 1998 : *RD imm.* 1998, p. 684, obs. P. Capoulade ; *AJDI* 1998, p. 1070, note P. Guitard). Ainsi par exemple lorsque le règlement de copropriété attribue par erreur deux étages au bâtiment, alors qu'en réalité il en comprend trois (▪ CA Paris, 23e ch. B, 2 mars 2000 : *AJDI* 2000, p. 559). Mais un arrêt postérieur a estimé que lorsque le règlement attribue à un lot une quote-part de charges qui aurait dû être celle du lot voisin, dont la surface est supérieure, cette clause peut être réputée non écrite (▪ Cass. 3e civ., 30 avr. 2002 : *AJDI* 2002, p. 697, note C. Giverdon).

Selon une décision plus récente, encore faut-il pour que l'action soit recevable que le demandeur n'invoque pas une surévaluation des charges due à un « calcul erroné de la superficie des parties privatives correspondant à son lot » et non pas la méconnaissance des critères légaux de répartition des charges car en ce cas sa demande s'analyse en une action en révision, qui relève des dispositions de l'article 12 de la loi (▪ Cass. 3e civ., 17 juin 2009 : *Bull. civ.* III, n° 344 ; *JurisData* nos 2009-049214 et 2009-048930 ; *Loyers et copr.* 2009, comm. 244, obs. G. Vigneron ; *Rev. Administrer* nov. 2009, p. 65, obs. J.-R. Bouyeure. – V. aussi ▪ Cass. 3e civ., 9 juin 2010 : *JurisData* n° 2010-008767, et plus récemment ▪ Cass. 3e civ., 23 mai 2013, n° 12-14.692 : *Administrer* août-sept. 2013, p. 57, obs. J.-R. Bouyeure, qui indique que le fait qu'une surface erronée des lots ait été prise en compte pour le calcul de la répartition des charges ne peut donner lieu qu'à une action en révision).

16) Responsabilité du rédacteur. Le notaire et le promoteur qui a établi le règlement de copropriété sont responsables du préjudice causé à tel ou tel copropriétaire dans le cas d'erreur de répartition des charges (▪ CA Paris, 23e ch. A, 24 nov. 1999 : *Rev. Administrer* mars 2000, p 40, note J.-R. Bouyeure. ▪ CA Toulouse, 17 déc. 2001 : *Loyers et copr.* 2002, comm. 216).

A – Charges relatives à la conservation, à l'entretien et à l'administration des parties communes (art. 10, al. 2 de la loi)

17) Sort des répartitions illicites. Jusqu'à une date relativement récente, la jurisprudence estimait que la répartition de ces charges ne pouvait être remise en cause que par le biais d'une action en révision.

Mais l'action en « nullité » était néanmoins admise dans deux cas :

• en cas d'exonération abusive de ces charges (exemple : lorsque le promoteur est exonéré par le règlement des charges correspondant aux appartements non vendus et non encore livrés, ▪ Cass. 3ᵉ civ., 8 déc. 1981 : *Rev. Administrer* mai 1982, p. 35, obs. E.-J. Guillot) ;

• en cas de participation injustifiée : lorsque, par exemple, il est fait obligation à un copropriétaire de participer à des charges afférentes à des parties communes dans lesquelles il n'a aucun droit (▪ Cass. 3ᵉ civ., 17 oct. 1979 : *Rev. Administrer* janv. 1980, p. 37, obs. E.-J. Guillot. ▪ CA Paris, 24 juin 1981 : *AJPI* 1982, p. 99, note J.-R. Bouyeure).

Ces solutions restent toujours d'actualité mais il ne s'agit plus aujourd'hui d'une exception à une règle de principe contraire. En effet, la jurisprudence est revenue sur la position qu'elle adoptait jusqu'alors. Lorsque le calcul de ces charges a été effectué en violation des dispositions de l'article 5 de la loi (V. ce texte), les clauses correspondantes du règlement doivent être réputées non écrites (▪ Cass. 3ᵉ civ., 6 mars 1991 : *Inf. rap. copr.* 1991, p. 152, note P. Capoulade. ▪ Cass. 3ᵉ civ., 12 juin 1991 : *Inf. rap. copr.* mars 1992, p. 86, obs. P. Capoulade. – Sur cette violation, V. outre les notes de M. Capoulade précitées : M.-F. Ritschy, *La modification de la répartition des charges* : *Inf. rap. copr.* 1994, p. 29 et R. Martin, *Modification de la répartition des charges* : *Ann. loyers* 1994, p. 529 et s. – J.-R. Bouyeure, *La modification de la répartition des charges* : *Rev. Administrer* mars 1996, p. 16 et s.).

En effet, le renvoi par l'article 10, alinéa 2, de la loi du 10 juillet 1965 à l'article 5 de cette même loi rend d'ordre public le calcul des quotes-parts de parties communes en proportion de la valeur relative des parties privatives, mais pour la seule répartition des charges (▪ Cass. 3ᵉ civ., 14 oct. 2014, n° 13-19.837 : *JurisData* n° 2014-025230 ; *Administrer* févr. 2015, p. 45, note J.-R. Bouyeure). Ainsi, la répartition de ces charges peut être déclarée « non écrite » si par exemple, en violation des dispositions de l'article 5 de la loi (V. ce texte), il a été tenu compte de l'utilisation commerciale des lots (▪ Cass. 3ᵉ civ., 6 mars 1991, préc.). Il en résulte que le copropriétaire qui entend obtenir une modification de la répartition des charges communes générales visées à l'article 10, alinéa 2, de la loi du 10 juillet 1965 ne doit pas fonder son action sur une demande de modification des tantièmes de copropriété, dont il ne peut qu'être débouté (▪ Cass. 3ᵉ civ., 4 nov. 2014, n° 13-22.243 : *JurisData* n° 2014-26782 ; *Loyers et copr.* 2015, comm. 21, note G. Vigneron). Il lui appartient de démontrer que la répartition opérée doit être réputée non écrite parce qu'elle ne correspond pas aux critères posés par l'article 5 de la loi du 10 juillet 1965.

B – Charges afférentes aux services collectifs et éléments d'équipement commun

18) Distinctions à établir. L'action en « nullité » de la répartition des charges est admise lorsqu'il y a discussion *sur le principe* de la participation aux charges (s'il y a au contraire discussion *sur le quantum*, il faut agir en révision).

Ainsi :

– lorsque le règlement impose une participation aux charges alors que le service ou l'élément d'équipement n'a aucune utilité pour le lot considéré ;

– lorsque le règlement exonère un lot de toute participation aux charges d'un service ou élément d'équipement qui présente pour lui une utilité ;

– lorsque le calcul ne tient aucun compte du critère d'utilité (ex., répartition de charges d'ascenseur sans coefficient de progressivité en fonction des étages : ▪ CA Paris, 24 sept. 1982 : *AJPI* 1984, p. 79. – V. pour des charges d'escalier et d'ascenseur, ▪ Cass. 3ᵉ civ., 22 oct. 2008, n° 07-18.201 : *Rev. Administrer* janv. 2009, p. 47, obs. J.-R. Bouyeure ; *Rev. loyers* 2009, p. 34 ; *AJDI* 2009, p. 38).

L'illicéité de la répartition des charges de service figurant au règlement peut résulter de l'obsolescence de la grille initiale, calculée en fonction du nombre de logements, lorsqu'il apparaît que ce nombre a évolué (▪ Cass. 3ᵉ civ., 14 mars 2019, n° 17-25.845 : *JurisData* n° 2019-003893 ; *Loyers et copr.* 2019, comm. 83, note A. Lebatteux).

C – Procédure

19) Publicité foncière. Il a été jugé qu'une demande de modification du règlement, pour mettre en conformité avec la loi ses dispositions relatives à la répartition des charges, n'était pas soumise à publication au fichier immobilier (▪ Cass. 3ᵉ civ., 21 janv. 2004 : *Bull. civ.* III, n° 11 ; *Loyers et copr.* 2004, comm. 98, obs. G. Vigneron ; *JCP G* 2004, IV, 1528. – *Contra* ▪ CA Versailles, 4ᵉ ch., 29 mars 1999 : *Rev. Administrer* août sept. 1999, p. 71, note critique J.-R. Bouyeure). La Cour de cassation étend ainsi à l'action en « nullité » la solution donnée à propos des actions en révision de la répartition des charges.

Voir : L. 10 juill. 1965, art. 12, comm. n° 9, p. 205.

20) Pouvoirs du juge. Alors que la question était discutée avant la loi du 31 décembre 1985, il ne fait plus de doute, aujourd'hui, que *le juge qui répute non écrite une clause relative à la répartition de charges est en droit de procéder à la nouvelle répartition.* L'article 43 de la loi lui donne ce pouvoir (V. ce texte).

21) Tierce opposition. Dans l'action en « nullité » de clauses du règlement concernant la répartition des charges communes, le syndicat défendeur représente la totalité des copropriétaires. Faute de pouvoir justifier d'un intérêt personnel totalement distinct de ceux défendus par le syndicat, les copropriétaires sont irrecevables à agir en tierce opposition (▪ CA Versailles, 4e ch., 10 juin 2013, n° 11/07449 : *JurisData* n° 2013-012547 ; *Loyers et copr.* 2013, n° 283, obs. Vigneron).

Voir : sur la possibilité de tierce opposition à la décision du juge, V. P. Le More, *Tierce opposition et correction judiciaire de la répartition des charges de copropriété* : *AJDI* 2013, p. 339.

D – Portée de la décision

1° *Cas où une clause du règlement répartissant les charges est réputée non écrite*

22) Absence de rétroactivité de la décision. Après avoir admis dans un premier temps que la décision déclarant « non écrite » une clause du règlement concernant la répartition des charges n'avait pas de portée rétroactive, la Cour de cassation avait pris une position différente en faisant valoir que lorsqu'une clause était réputée non écrite, elle était « censée n'avoir jamais existé » (▪ Cass. 3e civ., 2 mars 2005, n° 03-16.731 : *Bull. civ.* III, n° 53 ; *Loyers et copr.* 2005, comm. 98, obs. G. Vigneron ; *Constr.-Urb.* 2005, comm. 107, note D. Sizaire ; *Administrer* juin 2005, p. 43, note J.-R. Bouyeure ; *Gaz. Pal.* 9-11 juill. 2006, p. 20, note J.-M. Gélinet. ▪ Cass. 3e civ., 27 sept. 2005, n° 03-12.402 : *Loyers et copr.* 2005, comm. 229, obs. G. Vigneron).

Un arrêt de la Cour de cassation du 10 juillet 2013 a remis en cause cette jurisprudence, en revenant à la solution admise en premier lieu. En effet, selon cette décision, la nouvelle répartition ordonnée par le juge, après que le caractère non écrit d'une clause du règlement a été reconnu, ne prend effet qu'à compter de la date où la décision a acquis l'autorité de la chose jugée (▪ Cass. 3e civ., 10 juill. 2013, n° 12-14.569 : *JurisData* n° 2013-014563 ; *Bull. civ.* III, n° 98 ; *JCP* G 2013, n° 41, 1060, p. 1863, obs. H. Périnet-Marquet ; *Loyers et copr.* 2013, comm. 251, obs. G. Vigneron ; *AJDI* 2014, p. 44, note C. Atias ; *Rev. loyers* 2013, p. 408, note V. Zalewski-Sicard ; *Administrer* oct. 2013, p. 50, obs. J.-R. Bouyeure. – V. sur cette décision, J. Mazure, *Copropriété : la saga des clauses réputées non écrites continue* : *Defrénois* 2013, p. 1080. – V. dans le même sens, ▪ Cass. 3e civ., 21 janv. 2014, n° 12-26.689 : *JurisData* n° 2014-000811 ; *Loyers et copr.* 2014, comm. 91, obs. G. Vigneron). Sans reprendre cette formulation, un arrêt plus récent de la Cour de cassation s'est contenté de dire que la décision de réputer non écrite une clause de répartition de charges irrégulière « n'a d'effet que pour l'avenir » (▪ Cass. 3e civ., 28 nov. 2019, n° 18-15.307 : *JurisData* n° 2019-021321 ; *Loyers et copr.* 2020, comm. 40, note C. Coutant-Lapalus ; *Defrénois* 2020, n° 11, p. 27, note L.-A. Poletti ; *Administrer* janv. 2020, p. 55, obs. J.-R. Bouyeure ; *Rev. loyers* 2020, p. 44, note L. Guégan-Gélinet. – V. aussi, ▪ Cass. 3e civ., 9 sept. 2021, n° 20-15.608 : *JurisData* n° 2021-014081 ; *Loyers et copr.* 2021, comm. 172, note C. Coutant-Lapalus ; *Administrer* nov. 2021, p. 46, obs. J.-R. Bouyeure ▪ Cass. 3e civ., 28 nov. 2019, nos 15308 et 15505). La question a été renouvelée par l'**ordonnance du 30 octobre 2019** qui a modifié l'article 43 de la loi du 10 juillet 1965. Désormais, lorsque le juge réputé non écrite une clause relative à la répartition des charges, « il procède à leur nouvelle répartition. Cette nouvelle répartition prend effet au premier jour de l'exercice comptable suivant la date à laquelle la décision est devenue définitive ».

Elle est opposable à cette date à l'ensemble des copropriétaires : il serait infondé de subordonner cette opposabilité à la publication du jugement au fichier immobilier (▪ Cass. 3e civ., 23 sept. 2021, n° 20-16.572 : *JurisData* n° 2021-015021 ; *Loyers et copr.* 2021, comm. 189, note C. Coutant-Lapalus).

2° *Clause de dispense de participation aux charges*

23) Effet rétroactif. Lorsqu'une décision répute non écrite une clause de dispense de participation, cette dispense est juridiquement censée n'avoir jamais existé. Il en résulte que les sommes versées en violation de cette clause ne sont pas restituables et que, dans cette mesure, la décision rendue a un effet rétroactif (▪ Cass. 3e civ., 17 sept. 2013, n° 11-21.770 : *JurisData* n° 2013-01397 ; *Loyers et copr.* 2013, comm. 320, obs. Vigneron ; *Administrer* déc. 2013, p. 52, obs. J.-R. Bouyeure).

3° *Autres cas*

24) Rétroactivité écartée. Par ailleurs la rétroactivité a été écartée :

– lorsque l'excédent de charges invoqué était dû à la surévaluation des tantièmes de copropriété définis dans un acte de partage et non pas dans une clause du règlement de copropriété (▪ Cass. 3e civ., 9 mai 2012, n° 11-10.903 : *JurisData* n° 2012-010141 ; *Loyers et copr.* 2012, comm. 211, note G. Vigneron) ;

– dans un cas où l'assemblée avait adopté une nouvelle répartition des charges de chauffage, à la suite d'un nouveau calcul opéré par référence aux surfaces de chauffe (▪ CA Paris, pôle 4, 2e ch., 12 sept. 2012, n° 09/22262 : *JurisData* n° 2012-021608 ; *Loyers et copr.* 2013, comm. 22, note G. Vigneron).

Par contre, dans un cas où un copropriétaire s'était vu imposer par le règlement la charge d'une « surprime » d'assurance, clause réputée non écrite, la cour de Paris a énoncé que cette clause étant censée n'avoir jamais existé, avec effet rétroactif, le copropriétaire concerné était en droit de réclamer la restitution des charges indûment perçues pour le passé (▪ CA Paris, pôle 4, 2e ch., 7 mars 2013 : *JurisData* n° 2013-003904 ; *Loyers et copr.* 2013, comm. 187, obs. G. Vigneron. – V. également dans le sens de l'effet rétroactif de la constatation du caractère non écrit de la clause, ▪ CA Versailles, 20 sept. 2010, n° 09/4374 : *AJDI* 2011, p. 63. ▪ CA Riom, 25 févr. 2010 : *JurisData* n° 2010-001342 ; *Loyers et copr.* 2010, comm. 31, obs. G. V.).

On a proposé une grille de lecture de cette jurisprudence. Il y aurait lieu de distinguer deux cas :

– si après la décision intervenue, qui procède au simple retranchement d'une clause contraire à la loi, les charges peuvent toujours pour le surplus être appelées sur la base contractuelle fixée, sans qu'une nouvelle répartition soit nécessaire, la décision intervenue aurait un effet rétroactif (ainsi lorsque le juge déclare non écrite une dispense de charges dont bénéficie un lot) : V. n° 23 ;

– par contre, si une nouvelle répartition des charges est nécessaire, la décision ne vaudra que pour l'avenir et la nouvelle répartition ne s'appliquera qu'à compter de la date où elle acquiert l'autorité de la chose jugée (J.-R. Bouyeure : *Administrer* oct. 2013, p. 50, note sous ▪ Cass. 3e civ., 10 juill. 2013, préc. – C. Atias, *Guide de la copropriété : Ann. loyers* 2014, p. 2093. – P. Burdy-Clément, *Charges de copropriété : les actions en justice : Inf. rap. copr.* 2012, n° 583, p. 27).

Cependant, en l'état actuel du droit positif, il n'apparaît pas que cette distinction ait été adoptée par la jurisprudence (V. cependant dans le cas d'une clause dispensant les boutiques du rez-de-chaussée de participation aux dépenses de ravalement, réputée non écrite, ▪ CA Paris, pôle 4, 2e ch., 5 oct. 2016, n° 14-15.787 : *Administrer* janv. 2017, p. 62, note J.-R. Bouyeure).

Art. 13. – Le règlement de copropriété et les modifications qui peuvent lui être apportées ne sont opposables aux ayants cause à titre particulier des copropriétaires qu'à dater de leur publication au fichier immobilier.

Bibliographie : *La copropriété*, Dalloz Action, 2020-2021, ss dir. de P. Capoulade et D. Tomasin, nos 312-161 à 312-166 et s. • E. Kischinewsky-Broquisse, *La copropriété des immeubles bâtis*, Litec, 4e éd. 1989, nos 50 et s. • *La copropriété*, Dalloz action 2018-2019, ss direction de P. Capoulade et D. Tomasin, nos 312-151 et s. • P. Frémont, *De la force obligatoire des règlements de copropriété et de leurs modifications éventuelles* : *Rev. Administrer* mars 1998, p. 13.

Jurisclasseurs. *JCl. Copropriété*, Fasc. 77 et s.

I – PUBLICATION DU RÈGLEMENT ET DE SES MODIFICATIONS

1) Publication du règlement lui-même. Le règlement de copropriété doit être publié au fichier immobilier (D. 4 oct. 1955, art. 35. – V. ce texte en Annexe 52, *Publicité foncière*, p. 1397).

Il en est de même de toutes les modifications dont il est ultérieurement l'objet. Ainsi, si le propriétaire unique d'un immeuble modifie unilatéralement le règlement qu'il avait établi avant la conclusion des ventes, ce modificatif n'est pas opposable aux acquéreurs s'il n'a pas été publié avant la publication des ventes (▪ CA Paris, 23e ch. B, 8 janv. 2004 : *Loyers et copr.* 2005, comm. 58, obs. G. Vigneron).

Ces modifications interviendront normalement par voie de décision d'assemblée : sur les modalités de publication des décisions d'assemblée établies en la forme sous seing privé (V. D. n° 55-1350, 14 oct. 1955, art. 85, p. 1426).

Selon l'article 18 de la loi du 10 juillet 1965, *le syndic* est chargé « de représenter le syndicat [...] pour la publication de l'état descriptif de division, du règlement de copropriété ou des modifications apportées à ces actes, sans que soit nécessaire l'intervention de chaque copropriétaire à l'acte ou à la réquisition de publication ».

En pratique, la publication du règlement originaire s'opérera à la diligence du notaire. Pour les modifications résultant de décisions d'assemblée, le syndic devra faire établir un acte notarié reprenant la teneur des décisions prises. Il n'y a pas à l'occasion de cette publication à mentionner le nom des copropriétaires non plus qu'à certifier leur identité (V. Bulté : *JCP* N 1968, IV, 4337).

2) Demande en justice. Par ailleurs, l'article 30-5 du décret du 4 janvier 1955 soumet à publication obligatoire, à peine d'irrecevabilité, les demandes tendant à faire prononcer la résolution, la révocation, l'annulation ou la rescision de droits ou d'actes soumis à publication (V. J. Lot, *De la publication des demandes en justice, tendant à la modification du règlement de copropriété* : *Rev. Administrer* mars 1983, p. 10).

Par application de ce texte, sont soumises à publication :

– les demandes tendant à l'annulation d'une clause du règlement de copropriété ;

– mais non pas la demande d'un copropriétaire tendant à faire prononcer la nullité d'une assemblée générale portant sur la vente de quotes-parts de parties communes, faute de convocation régulière, qui ne peut s'analyser en une demande tendant à la résolution, la révocation, l'annulation ou la rescision de droits résultant d'actes soumis à publicité (▪ Cass. 3e civ., 11 mai 2005 : *JurisData* n° 2005-028340).

Voir aussi : à propos des demandes en révision ou en « nullité » des répartitions de charges de copropriété, la jurisprudence citée, L. 10 juill. 1965, art. 12, comm. n° 9, p. 205 et comm. n° 18, p. 208.

II – OPPOSABILITÉ DU RÈGLEMENT

Bibliographie : P. Capoulade, *L'opposabilité des modifications au règlement de copropriété* : *Inf. rap. copr.* déc. 2009, p. 6. – G. Gil, *L'opposabilité aux tiers du règlement de copropriété et de ses modificatifs* : *Inf. rap. copr.* oct. 2011, p. 25. – J.-R. Bouyeure, *L'opposabilité des modifications du règlement de copropriété* : *Gaz. Pal.* 15-16 mars 2002, p. 2. – O. Beddeleem, *L'opposabilité du règlement de copropriété au locataire* : *Ann. loyers* 2021, p. 31. – J. Hocquard, *Opposabilité du modificatif du règlement de copropriété non publié* : *Inf. rap. copr.* nov. 2021, p. 43.

3) Distinction entre les copropriétaires et les tiers. Le rôle de cet article est de préciser les conditions dans lesquelles le règlement de copropriété devient opposable aux « tiers » (au sens des textes sur la publicité foncière) et cela qu'il s'agisse d'un règlement portant sur une propriété bâtie ou à bâtir (Instr. 13 déc. 1977 : *BODGI* 10-D-I-78 ; *JCP* N 1978, prat. 6787). Si une modification du règlement de copropriété n'a pas été publiée, le syndicat des copropriétaires ne peut pas soutenir qu'elle lui est en conséquence inopposable (▪ Cass. 3e civ., 19 nov. 2008 : *Loyers et copr.* 2009, comm. 45, obs. G. Vigneron ; *Defrénois* 2009, art. 38950, p. 1051, obs. C. Atias ; *Rev. Administrer* févr. 2009, p. 50 obs. J.-R. Bouyeure).

Il a été précisé qu'on ne pouvait agir à l'encontre de *personnes étrangères à la copropriété* en leur opposant les dispositions du règlement, qui ne leur sont pas applicables (V. pour le stationnement abusif de tiers sur les parties communes de l'immeuble : ▪ Cass. 3e civ., 12 juin 1991 : *Rev. loyers* 1992, p. 160).

Le texte amène à distinguer entre les ayants cause universels ou à titre universel (n° 4) et les ayants cause à titre particulier (n° 5). Le cas du locataire pose des problèmes spécifiques (n° 6).

4) Copropriétaires et ayants cause universels ou à titre universel. En ce qui concerne *les copropriétaires eux-mêmes*, ou *leurs ayants cause universels ou à titre universel* (héritiers et légataires universels), le règlement leur est de plein droit opposable qu'il ait été ou non publié (▪ CA Versailles, 4e ch., 7 mars 2016, n° 14/8655 : *JurisData* n° 2016-003981. ▪ CA Paris, 23e ch., 21 févr. 2002 : *JurisData* n° 2002-169673 ; *Loyers et copr.* 2002, comm. 194).

Lorsqu'un nouveau règlement est adopté par l'assemblée (et cela est également vrai pour toute modification au règlement de copropriété...), il est opposable à tous les copropriétaires ayant cette qualité à la date de l'assemblée, sa publication n'étant nécessaire que pour le rendre opposable aux ayants cause à titre particulier de ces derniers (▪ Cass. 3e civ., 22 nov. 2000 : *JurisData* n° 2000-007073 ; *Constr.-Urb.* 2001, comm. 29, obs. D. Sizaire. ▪ Cass. 3e civ., 23 juin 1976 : *JCP* G 1976, IV, 271 ; *Defrénois* 1977, p. 442, note H. Souleau. ▪ CA Paris, pôle 4, 2e ch., 15 mai 2019 : *Administrer* août-sept. 2019, p. 54, obs. J.-R. Bouyeure. ▪ CA Paris, 23e ch. B, 21 févr. 2002 : *Loyers et copr.* 2002, comm. 194).

En conséquence, le syndicat des copropriétaires n'est pas en droit de refuser d'appliquer une décision d'assemblée exonérant les lots à destination commerciale des charges afférentes aux salaires et aux charges sociales des gardiens, bien qu'irrégulière, au motif que cette décision n'a pas donné lieu à un modificatif au règlement de copropriété publié au fichier immobilier (▪ CA Paris, pôle 4, 2e ch., 19 mai 2010 : *Rev. Administrer* août-sept. 2010, p. 41, obs. J.-R. Bouyeure).

5) Ayants cause à titre particulier. Quant aux « *ayants cause à titre particulier des copropriétaires* », le règlement de copropriété et les modifications qui peuvent lui être apportées ne leur sont opposables qu'à dater de leur publication (V. pour une décision de l'assemblée modifiant la répartition des charges de copropriété ▪ Cass. 3e civ., 3 déc. 2015, n° 14-24.945. – V. aussi ▪ CA Versailles, 4e ch., 7 mars 2016, n° 14/8655 : *JurisData* n° 2016-003981).

Ceci concerne notamment :

– les donataires ;

– les légataires à titre particulier ;

– les acquéreurs, que ce soit par vente amiable (▪ Cass. 3e civ., 8 avr. 1970 : *JCP* N 1970, et G, II, 16 390, note Guillot) ou par adjudication (▪ Cass. 3e civ., 30 juin 1971 : *Bull. civ.* III, p. 302, n° 425 ; *JCP* N 1972, prat. 5222).

Il a été jugé qu'une modification au règlement de copropriété qui n'avait pas été publiée n'était pas opposable à un copropriétaire qui avait acquis son lot après cette modification et qui avait effectué des travaux en contravention avec les nouvelles dispositions du règlement (V. ▪ Cass.

3e civ., 7 juin 1983 : *JCP* G 1983, IV, 257 ; *RD imm.* 1984, p. 93, obs. F. Givord et Cl. Giverdon ; *Gaz. Pal.* 1983, II, pan. 288, V. aussi ▪ Cass. 3e civ., 31 janv. 1996, n° 93-18.318 : *Bull. civ.* III, n° 29 ; *RD imm.* 1996, p. 274, obs. P. Capoulade). Il en serait de même pour un rectificatif au règlement de copropriété modifiant la répartition des charges : il ne sera opposable à l'acquéreur d'un lot qu'à compter de sa publication (▪ CA Caen, 1re ch. civ., 20 mars 2018, n° 15/04501 : *Rev. loyers* 2018, p. 274, obs. S.-B. ▪ CA Rennes, 4e ch., 7 sept. 2017, n° 14/06561 : *Rev. loyers* 2017, p. 444, obs. S.-B. ▪ CA Paris, 23e ch. B, 28 nov. 2002 : *AJDI* 2003, p. 277. ▪ CA Paris, 25 mars 1988 : *D.* 1988, inf. rap. p. 139), à moins qu'il n'y ait adhéré dans l'acte de vente (▪ Cass. 3e civ., 11 juill. 2001 : *AJDI* 2001, p. 990, note P. Capoulade. ▪ CA Paris, 14e ch. B, 22 oct. 1997 : *JurisData* n° 1997-023034 ; *Loyers et copr.* 1998, comm. 24). L'acquéreur qui, dans l'ignorance de cette solution, aurait payé les charges sur la base du règlement modifié pourrait demander la restitution (▪ CA Paris, 14e ch. B, 11 févr. 2000 : *AJDI* 2000, p. 437).

Une modification de la répartition des charges figurant au règlement de copropriété, décidée par l'assemblée et non publiée, ne peut être déclarée opposable à l'acquéreur du lot au motif que le vendeur n'a pas contesté la délibération de l'assemblée. Cette opposabilité ne peut résulter que de la publication aux hypothèques ou de la mention expresse de la modification intervenue dans l'acte d'acquisition, avec adhésion du nouveau copropriétaire aux obligations qui en résultent (▪ Cass. 3e civ., 8 sept. 2009, n° 08-15146 : *JurisData* n° 2009-049426 ; *Rev. Administrer* déc. 2009, p. 51, obs. J.-R. Bouyeure. – V. dans le même sens ▪ Cass. 3e civ., 22 sept. 2009, n° 08-16.120 : *JurisData* n° 2009-049617 ; *Rev. Administrer* mars 2010, p. 46, obs. J.-R. Bouyeure. – V., sur ces deux décisions, note P. Capoulade, *L'opposabilité des modifications au règlement de copropriété* : *Inf. rap. copr.* déc. 2009, p. 6. – V., aussi, dans le même sens, ▪ Cass. 3e civ., 26 nov. 2013, n° 12-23.549, et pour un exemple, ▪ CA Aix-en-Provence, 17 juin 2011, n° 09/06985 : *AJDI* 2012, p. 869).

La vente de parties communes apporte une modification au règlement de copropriété qui n'est opposable aux ayants cause à titre particulier du copropriétaire qu'à dater de sa publication au fichier immobilier (▪ CA Paris, 23e ch. B, 2 juill. 2009 : *AJDI* 2010, p. 50).

Mais si la décision prise par l'assemblée n'est pas sujette à publication, elle est opposable de plein droit à l'acquéreur dès lors qu'elle est devenue définitive antérieurement à l'acquisition de son lot (▪ Cass. 3e civ., 26 mai 2010, n° 09-15.087 : *AJDI* 2010, p. 556. ▪ Cass. 3e civ., 11 mai 2010, n° 09-66.116 : *Rev. Administrer* août-sept. 2010, p. 38, obs. J.-R. Bouyeure).

Remarque : Selon l'article 4, alinéa 3, du décret du 17 mars 1967 (V. ce texte), le règlement de copropriété et ses modifications mêmes non publiées s'imposent néanmoins aux acquéreurs de lots ou titulaires de droits réels sur un lot, s'il est expressément constaté dans les actes visés à l'alinéa 1er de ce même article 4, qu'ils en ont eu préalablement connaissance et qu'ils ont adhéré aux obligations qui en résultent : cette double condition doit être remplie.

Bibliographie : – V. sur le sujet, G. Gil, *L'opposabilité aux tiers du règlement de copropriété et de ses modifications* : *Inf. rap. copr.* oct. 2011, p. 25.

6) Cas particulier du locataire. L'opposabilité du règlement au locataire ne paraît pas obligatoirement liée à sa publicité. La tendance est de rendre ce règlement opposable de plein droit au locataire (▪ Cass. 3e civ., 14 avr. 2010, n° 09-13.315 : *Rev. Administrer* août-sept. 2010, p. 40, obs. J.-R. Bouyeure), au motif qu'il ne dispose pas de « droits plus étendus que ceux dont jouit lui-même son bailleur » (▪ CA Paris, 2 déc. 1982 : *D.* 1983, inf. rap. p. 335, obs. Cl. Giverdon. ▪ CA Paris, 26 févr. 1982 : *RTD civ.* juin 1982, p. 438 ; *D.* 1982, inf. rap. p. 289, obs. Cl. Giverdon ; *RD imm.* 1983, p. 267, obs. F. Givord).

Il a été jugé que le règlement ne s'imposait au locataire que dans la mesure où il était entré en vigueur avant la conclusion du bail (▪ CA Paris, pôle 4, 2e ch., 17 oct. 2012, n° 10/21218 : *Administrer* févr. 2013, p. 45, obs. J.-R. Bouyeure. ▪ CA Aix-en-Provence, 25 avr. 1977 : *Bull.* Aix-en-Provence févr. 1977, p. 3, n° 103. ▪ TGI Paris, 27 mai 1975 : *D.* 1976, inf. rap. p. 61, n° 1). Un règlement de copropriété établi postérieurement à l'installation d'un locataire dans l'immeuble ne peut priver ce dernier d'un droit acquis antérieurement, par exemple en interdisant une quelconque exploitation commerciale des lots (▪ CA Paris, 23e ch. B, 30 janv. 2003 : *Rev. Administrer* mai 2003, p. 46, obs. J.-R. Bouyeure ; *AJDI* 2003, p. 356 ; *Loyers et copr.* 2003, comm. 143, obs. G. Vigneron).

Conseil pratique

En pratique, pour éviter toute difficulté, on prendra soin de donner connaissance au locataire des dispositions du règlement et de lui faire prendre dans le bail l'engagement de les respecter.

La loi du 6 juillet 1989 impose d'ailleurs pour les locations qu'elle régit – locations de résidence principale à usage d'habitation ou à usage mixte professionnel et d'habitation – de communiquer au locataire « les extraits du règlement de copropriété concernant la destination de l'immeuble, la jouissance et l'usage des parties privatives et communes et précisant la quote-part afférente aux lots loués dans chacune des catégories de charges ». Sur cette obligation et ses sanctions, V. J. Lafond et B. Vial-Pédroletti, *Les baux d'habitation*, LexisNexis 2017, 8e éd., n° 768 à 770 et Annexe 44, *Location-accession*, p. 1337.

Il faut souligner toutefois que même si cette obligation n'était pas respectée, de même que si, dans un bail d'une autre nature, il n'était pas fait obligation expresse au locataire de respecter les dispositions du règlement, celui-ci lui serait néanmoins opposable comme à tous les occupants de l'immeuble (V. ci-dessus et sur tous ces points, D. Tomasin, *Le contrat de location et le droit de la copropriété* : *Rev. Dr. et ville* 1984, n°s 18 et 24 et s. – J.-M. Roux, *L'opposabilité du règlement de copropriété : le cas du locataire* : *Inf. rap. copr.* mai 2006, p. 28).

III – DOCUMENTS OU CONVENTIONS EXTÉRIEURS AU RÈGLEMENT DE COPROPRIÉTÉ

7) Conditions d'opposabilité. Le problème de l'opposabilité de documents ou conventions extérieurs au règlement de copropriété s'est parfois posé en jurisprudence :

– ainsi pour *les plans* (V. M. Dagot : *Plans et règlement de copropriété* : *JCP* N 1988, doctr. p. 301 et s.). Un plan des caves de l'immeuble dressé lors de sa mise en copropriété et non matérialisé sur place alors que les lots en sous-sol avaient été ultérieurement modifiés par le constructeur lors de la division des lots n'a pas de valeur juridique (▪ Cass. 3e civ., 2 févr. 1994, *Syndicat London House à Trouville*).

Le plan annexé au règlement n'est opposable à l'acquéreur que si l'acte de vente constate qu'il lui a été remis. À défaut de cette remise il peut éventuellement contester la consistance de son lot (▪ CA Paris, 23e ch., 23 nov. 1993 : *Loyers et copr.* 1994, n° 204) :

– un « *descriptif* » imposant aux commerçants des galeries marchandes des obligations particulières annexées au règlement de copropriété ne leur est opposable que s'il a été publié (▪ Cass. 3e civ., 20 oct. 1993 : *RD imm.* 1994, p. 103, obs. P. Capoulade) ;

– un copropriétaire ne peut invoquer des *engagements pris* envers lui *par le vendeur* (concernant l'affectation des lots) pour prétendre ignorer le règlement de copropriété qui constitue la charte commune (▪ CA Paris, 23e ch., 21 déc. 1990 : *RD imm.* 1991, p. 257, obs. Giverdon) ;

– une *convention* réservant à l'auteur de la mise en copropriété le droit d'affouiller le sol inclus dans le règlement de copropriété n'est opposable aux acquéreurs que s'ils l'ont formellement acceptée à l'occasion de leur acquisition, le règlement étant annexé à l'acte de vente (▪ CA Paris, 23e ch., 3 avr. 1992 : *Rev. Administrer* nov. 1992, p. 81, obs. A. Dunes). Il en est de même lorsque le règlement prévoit que pour le service du chauffage et de la climatisation, les copropriétaires ont l'obligation d'adhérer au contrat passé avec une société d'exploitation, propriétaire des équipements pendant toute la durée de ce contrat (▪ Cass. 3e civ., 18 juin 2003 : *RJDA* 10/2003, n° 911).

8) Règlement intérieur. Si un règlement intérieur complète le règlement de copropriété, un simple renvoi du règlement à cet acte ne suffit pas à le rendre opposable aux copropriétaires. Sauf accomplissement des formalités de publicité foncière, son efficacité suppose qu'il soit rappelé dans les actes de cession de lots ou de constitution de droits réels et dans les contrats de location, avec une clause d'adhésion (▪ CA Aix-en-Provence, 4e ch. A, 14 oct. 2005 : *D.* 2006, p. 1857, obs. P. Capoulade et C. Atias).

Bibliographie : V. sur le sujet, P.-E. Lagraulet et L. Cherblanc : *Le règlement intérieur, ce décret d'application du règlement de copropriété* : *AJDI* 2024, 362.

Art. 14 ***(Mod. à compter du 1er juin 2020, Ord. n° 2019-1101, 30 oct. 2019).*** **– La collectivité des copropriétaires est constituée en un syndicat qui a la personnalité civile.**

Le syndicat peut revêtir la forme d'un syndicat coopératif régi par les dispositions de la présente loi.

Il établit, s'il y a lieu, et modifie le règlement de copropriété.

Il a pour objet la conservation et l'amélioration de l'immeuble ainsi que l'administration des parties communes.

Le syndicat est responsable des dommages causés aux copropriétaires ou aux tiers ayant leur origine dans les parties communes, sans préjudice de toutes actions récursoires.

Code civil

Art. 1240 *(Ord. n° 2016-131, 10 févr. 2016 ; anc. art. 1382).* – Tout fait quelconque de l'homme, qui cause à autrui un dommage, oblige celui par la faute duquel il est arrivé, à le réparer.

Art. 1241 *(Ord. n° 2016-131, 10 févr. 2016 ; anc. art. 1383).* – Chacun est responsable du dommage qu'il a causé non seulement par son fait, mais encore par sa négligence ou par son imprudence.

Art. 1242 *(Ord. n° 2016-131, 10 févr. 2016 ; anc. art. 1384).* – On est responsable non seulement du dommage que l'on cause par son propre fait, mais encore de celui qui est causé par le fait des personnes dont on doit répondre, ou des choses que l'on a sous sa garde.

Toutefois, celui qui détient à un titre quelconque tout ou partie de l'immeuble ou des biens mobiliers dans lesquels un incendie a pris naissance ne sera responsable vis-à-vis des tiers des dommages causés par cet incendie que s'il est prouvé qu'il doit être attribué à sa faute ou à la faute des personnes dont il est responsable.

Cette disposition ne s'applique pas aux rapports entre propriétaires et locataires qui demeurent régis par les articles 1733 et 1734 du Code civil.

[...]

• *Sommaire*

I – NAISSANCE DU SYNDICAT 215

II – PERSONNALITÉ MORALE DU SYNDICAT 216

III – FORME DU SYNDICAT 218

IV – OBJET DU SYNDICAT 219

A – Définition légale 219

B – Carence du syndicat 220

V – POUVOIRS DU SYNDICAT 220

VI – RESPONSABILITÉ DU SYNDICAT : DROIT COMMUN 221

A – Responsabilité du fait des choses 221

B – Responsabilité du fait des bâtiments 223

C – Responsabilité du fait des préposés 223

D – Responsabilité du syndicat du fait du syndic 223

E – Responsabilité pour faute 224

1° *Responsabilité envers les copropriétaires* 224

2° *Responsabilité envers les tiers* 225

3° *Responsabilité envers les salariés* 226

VII – RESPONSABILITÉ SPÉCIALE DU SYNDICAT 226

A – Situation antérieure à l'ordonnance du 30 octobre 2019 226

1° *Sources de la responsabilité spéciale du syndicat* 226

2° *Régime juridique de la responsabilité* 230

3° *Objet et incidences de l'action* 232

B – Apports de l'ordonnance du 30 octobre 2019 233

VIII – RESPONSABILITÉ PÉNALE DU SYNDICAT 234

IX – REPRÉSENTATION DU SYNDICAT 234

X – LE SYNDICAT ET LE DROIT DE LA CONSOMMATION 235

XI – LE SYNDICAT ET LE DROIT DU TRAVAIL 236

XII – DISPARITION DU SYNDICAT 236

A – Solutions antérieures à l'ordonnance du 30 octobre 2019 236

B – Apport de l'ordonnance du 30 octobre 2019 238

1) Articles 14 à 16. La reconnaissance de la personnalité morale du syndicat, principal apport de la loi du 10 juillet 1965, s'est traduite de façon visible par l'octroi de diverses prérogatives : possibilité d'agir en justice (L. art. 15), possibilité d'avoir un patrimoine (L. art. 16), missions particulières confiées au syndicat de représentation des copropriétaires à l'égard des tiers (L. art. 16).

Il ne s'est toutefois pas simplement agi de confier à une entité distincte des missions (d'entretien de l'immeuble, de sauvegarde de l'immeuble, de représentation envers les tiers...) qui ne pouvaient pas commodément être remplies par les copropriétaires individuellement. La personnification du syndicat ne découle pas que d'impératifs techniques : elle manifeste l'existence d'intérêts collectifs dépassant les intérêts individuels, pouvant même s'agir de défendre la collectivité, au besoin, contre des copropriétaires eux-mêmes, pris individuellement. C'est ainsi que le syndicat s'est vu conférer la mission d'assurer la « maintenance » et l'amélioration de l'immeuble en tant qu'objet du droit des copropriétaires (art. 14, al. 4) et son utilisation paisible par tous et dans l'intérêt de tous (possibilité d'agir contre les copropriétaires reconnue par art. 15, al. 1 de la loi). Surtout, en conséquence de son objet, et de sa personnification, la responsabilité du syndicat s'est mue au fil des ans pour devenir une responsabilité de plein droit dès lors que le préjudice qu'une personne peut subir trouve son origine dans les parties communes (art. 14, al. 5).

Bibliographie : *JCl. Copropriété*, Fasc. 78 à 81. – E. Kischinewsky-Broquisse, *La copropriété des immeubles bâtis*, Litec, 4e éd. 1989, nos 322 et s. et 643 et s. – *La copropriété*, Dalloz action 2021-2022, ss direction de P. Capoulade et D. Tomasin, nos 321-154 et s. – E.-J. Guillot, *La personnalité morale du syndicat* : *Rev. Administrer* juin 1979, p. 7 et s. – H. Hanoune, *Le syndicat des copropriétaires et la réglementation : le bras armé de l'ordre public ? : Administrer* août-sept. 2018, p. 18. – P. Déchelette-Tolot, *Les rapports entre le syndic, le syndicat des copropriétaires et les copropriétaires pris individuellement : Administrer* oct. 2018, p. 20. – J. Lafond, *Le syndicat de copropriétaires après l'ordonnance* *du 30 octobre 2019* : *Loyers et copr.* janv. 2020, dossier 3. – P.-E. Lagraulet, *L'administration de la copropriété réformée*, *AJDI* 2019, p. 852. – M. Tota, *Les régimes spéciaux de responsabilité du syndicat de copropriété : apports et lacunes de l'ordonnance du 30 octobre 2019* : *LPA* mars 2020, n° LPA151a4, p. 11. – H. Gilliot et S. Pelletier, *Clause d'exclusion de garantie pour défaut d'entretien ou de réparation des parties communes : conditions d'opposabilité au syndicat des copropriétaires* : *Loyers et copr.* 2020, n° 10, étude 11. – M. Poumarède, *Quelle responsabilité spéciale du syndicat des copropriétaires ?* : *Loyers et copr.* 2021, n° 3, étude 2. – J.-R. Bouyeure, *Dommages ayant leur origine dans les parties communes : quels risques pour le syndicat et pour les copropriétaires ?* : *Administrer* mai 2024, n° 586, p. 7.

I – NAISSANCE DU SYNDICAT

Bibliographie : R. Martin, *La naissance de la copropriété* : *Ann. loyers* 1990, p. 1032. – S. Lelièvre et S. Chaix-Bryan, *La naissance de la copropriété* : *AJDI* 2007, p. 460. – C. Atias, *La naissance d'une copropriété : qu'est-ce qu'un bâtiment ?* : *Inf. rap. copr.* févr. 2002, p. 25. – J. Laporte et A. de Coster, *De la naissance du syndicat des copropriétaires à la première assemblée générale* : *AJDI* 2016, p. 583.

2) Caractère automatique. La date de naissance du syndicat est désormais fixée par l'article 1-1 de la loi du 10 juillet 1965 (V. ce texte).

Le syndicat *naît automatiquement en vertu de la loi* sans qu'il soit nécessaire d'établir un acte ou d'effectuer des déclarations ou formalités quelconques pour le constater (▪ Cass. 3e civ., 4 oct. 2011, n° 10-25.043). La constitution du syndicat ne dépend pas de la volonté des copropriétaires. Le statut de la copropriété s'applique, et le syndicat naît de plein droit lorsque les conditions énoncées par l'article premier de la loi du 10 juillet 1965 sont remplies (▪ Cass. 3e civ., 11 janv. 2012, n° 10-24.413 : *JurisData* n° 2012-000224 ; *Bull. civ.* III, n° 7 ; *Rev. loyers* 2012, p. 126, note M. Plaidy ; *AJDI* 2012, p. 679, note D. Tomasin). Peu importe qu'aucun règlement de copropriété n'ait été établi, ou qu'aucun syndic n'ait été désigné (Sur les conditions d'application du statut de la copropriété exigées par l'article 1er de la loi du 10 juillet 1965, V. ce texte *supra*).

Si dans une copropriété composée de deux lots, constituant un « groupe d'immeubles » il a été prévu par le règlement que ces lots « pourraient être divisés en copropriété verticale », la division d'un lot ne peut pas avoir pour effet de donner naissance à un nouveau syndicat des copropriétaires (▪ Cass. 3e civ., 18 janv. 2018, n° 16-26.072 : publié au *Bull.* ; *JurisData* n° 2018-000378 ; *Loyers et copr.* 2018, comm. 49, note C. Coutant-Lapalus ; *AJDI* 2018, p. 367, note D. Tomasin ; *Administrer* mars 2018, p. 39, obs. J.-R. Bouyeure ; *Inf. rap. copr.* mars 2018, p. 11, note J.-M. Roux).

Le syndicat est une organisation obligatoire de la copropriété : sauf dans le cas d'ensemble immobilier ou d'immeuble à destination totale autre que d'habitation (Sur ces notions, V. *supra*, art. 1er de la loi). Il n'est pas possible de créer d'autre structure juridique pour administrer des parties communes : par exemple, une association foncière urbaine (▪ Cass. 3e civ., 9 févr. 1982 : *JCP* G 1982, IV, 150 ; *D.* 1982, inf. rap. p. 436, obs. Giverdon).

3) Immatriculation du syndicat. L'article L. 711-1 du Code de la construction et de l'habitation, issu de la loi ALUR (n° 2014-366, 24 mars 2014) impose l'immatriculation des syndicats. L'absence d'immatriculation est néanmoins sans incidence sur la personnalité morale du syndicat (L. 10 juill. 1965, art. 1-1, al. 3).

Voir : sur cette nouvelle obligation, V. Annexe, V° *Immatriculation du syndicat*.

4) Distinction selon l'origine de la copropriété. Lorsque le syndicat naît de la *dissolution d'une société d'attribution*, il est de plein droit constitué au jour de l'approbation des comptes de liquidation (▪ CA Paris, 30 janv. 1979 : *D.* 1979, inf. rap. p. 441, obs. Giverdon. ▪ CA Paris, 12 janv. 1983 : *D.* 1983, inf. rap. p. 333, obs. Giverdon) ou lors du premier retrait d'un associé (▪ CA Paris, 23e ch. B, 9 nov. 1984 : *RD imm.* 1985, p. 182, obs. Giverdon). Il succède alors aux droits de la société (▪ CA Paris, 4 oct. 1979 : *D.* 1981, inf. rap. p. 105, n° 96. ▪ CA Paris, 30 janv. 1979, préc.) mais non pas à ses obligations ou dettes (▪ TGI Paris, 17 déc. 1971 : *Ann. loyers* 1972, p. 1694. ▪ TGI Paris, 31 mars 1977 : *D.* 1978, inf. rap. p. 132).

Dans le cas de *mise en vente d'un immeuble déjà construit*, le syndicat existe dès la première vente (V. dans le cas de location-vente : ▪ Cass. 3e civ., 11 mars 1998, arrêt n° 382 D).

Dans le cas d'*immeuble à construire*, le syndicat naît à compter de l'achèvement de l'immeuble et à partir du moment où il existe deux lots distincts appartenant à des personnes différentes (▪ Cass. 3e civ., 15 déc. 1965 : *Bull. civ.* III, n° 717, p. 548 ; *Inf. rap. copr.* 1966, p. 165. ▪ Cass. 3e civ., 20 déc. 1978 : II, 18800, note E.-J. Guillot. ▪ CA Paris, 23e ch., 25 avr. 1997 : *Loyers et copr.* oct. 1997, n° 269, note G. Vigneron – V. toutefois ▪ CA Versailles, 22 mai 1984 : *RD imm.* 1984, p. 351 admettant – à tort selon nous – l'application du statut de la copropriété à un immeuble en construction : voir dans le même sens : ▪ CA Paris, 23e ch., 22 sept. 1995 : *Loyers et copr.* févr. 1996, n° 80). Son « fonctionnement » est toutefois repoussé à la livraison des parties communes (art. 1-1, L. 1965), ce qui n'est pas sans poser des questions et des difficultés nouvelles. Un projet de réforme a ainsi pu être déposé en vue de compléter cette unique, et insuffisante, disposition (proposition de loi relative à l'application du statut de la copropriété en cas de vente d'immeuble à construire, n° 1211, enregistré à la présidence de l'AN le 10 mai 2023).

Lorsqu'un *ensemble immobilier était édifié par tranches*, il avait été admis après bien des discussions que le statut de la copropriété devenait applicable et que le syndicat naissait dès qu'un des immeubles était achevé et après la vente d'un premier lot (donc aujourd'hui, en cas de vente d'immeuble à construire après la livraison du premier lot : V. L'article 1er-1 de la loi du 10 juillet 1965).

Voir : Sur ce problème, qui est également celui de la naissance de la copropriété, L. 10 juill. 1965, art. 1er-1, p. 25.

5) Obligations antérieures à la naissance du syndicat. Il a été jugé que le syndicat, lorsqu'il prenait naissance, pouvait se voir opposer les engagements souscrits par le promoteur envers chaque acquéreur dans leurs actes d'acquisition (il s'agissait en l'espèce d'une convention conclue entre la société promotrice et la commune constituant des droits réels au profit de cette dernière. ▪ Cass. 3e civ., 11 juill. 1990 : *Loyers et copr.* oct. 1990, n° 402).

Le syndicat est tenu par les obligations attachées à l'immeuble contractées par l'acquéreur du terrain sur lequel il est édifié (▪ Cass. 3e civ., 22 mai 2007, n° 05-18.172. – V. aussi pour l'obligation de raccordement à un réseau collectif de distribution de chaleur, ▪ Cass. 3e civ., 5 juin 2007 : *AJDI* 2007, p. 669). Mais les engagements personnels souscrits par le promoteur (en l'espèce une convention souscrite avec EDF en vue de l'implantation d'un transformateur) ne sont transmis au syndicat que si celui-ci a repris à son compte les termes de la convention (▪ Cass. 3e civ., 7 juill. 2010, n° 09-69.204 : *JurisData* n° 2010-011821 ; *Loyers et copr.* 2010, comm. 267, obs. G. Vigneron).

Voir aussi : cependant L. 10 juill. 1965, art. 13, comm. n° 7, p. 213.

II – PERSONNALITÉ MORALE DU SYNDICAT

Bibliographie : E.-J. Guillot, *La personnalité morale du syndicat des copropriétaires* : *Rev. Administrer* juin 1979, p. 7 et s. – E. Kischinewsky-Broquisse, *La copropriété des immeubles bâtis*, Litec, 4e éd. 1989, nos 301 et s. – *JCl. Copropriété*, Fasc. 78, nos 18 et s. – C. Atias, *Les biens*, t. 2, nos 102 et s. – J.-M. Gélinet, *Les rapports financiers entre un syndicat de copropriétaires et les tiers* : *Rev. Administrer* avr. 1996, p. 14 et s. – C. Atias, *Les qualités juridiques du syndicat des copropriétaires* : *Inf. rap. copr.* sept. 2001, p. 20. – J.-P. Cordelier, *Le syndicat des copropriétaires, cet inconnu* : *Gaz. Pal.* 15-16 mars 2002, p. 38. – F. Planckeel, *La personnalité du syndicat des copropriétaires à l'épreuve des poursuites de ses créanciers contre ses membres* : *Rev. Administrer* janv. 2007, p. 14. – C. Atias, *Les copropriétaires, le syndicat et les tiers « penitus extranei »* : *Ann. loyers* 2009, p. 1101. – J.-M. Roux, *Le syndicat copropriétaire* : *Administrer* juin 2013, p. 19. – P.-E. Lagraulet et C. Ivars, *Le droit de propriété du syndicat sur un lot* : *Ann. loyers* 2022, p. 33.

6) Patrimoine du syndicat. Le syndicat bénéficie de la personnalité morale sans avoir à accomplir de formalités particulières. La personnalité morale du syndicat se traduit par la *possibilité d'avoir un patrimoine* (V. L. art. 16, al. 2) actif et passif (J.-M. Roux, *Le patrimoine du syndicat des copropriétaires* : *Dr. et patrimoine* juill.-août 2004, p. 48). Ainsi peut-il contracter des emprunts en son nom (V. ▪ CA Paris, 23e ch. B, 14 déc. 2000 : *Loyers et copr.* 2001, comm. 152. – V. D. Cordier, *La délicate question des emprunts de syndicats* : *Inf. rap. copr.* juill.-août 1999, p. 18. – *Les dettes et créances et la trésorerie du syndicat* : *Inf. rap. copr.* juill.-août 2000, p. 12).

Il peut aussi bénéficier de la prescription acquisitive au préjudice d'un tiers (▪ CA Paris, 23e ch. A, 7 mai 2002 : *AJDI* 2002, p. 619) et par exemple, prescrire deux cours communes, au détriment d'un syndicat de copropriétaires voisin, en invoquant un juste titre et donc le délai de prescription abrégé de l'article 2272 du Code civil (▪ Cass. 3e civ., 25 mars 2014, n° 11-17.435 : *Administrer* nov. 2014, p. 49, note J.-R. Bouyeure ; *AJDI* 2014, p. 874, note N. Le Rudulier).

Aucune disposition légale ne s'oppose à ce que le syndicat acquière par prescription la propriété d'un lot (▪ Cass. 3e civ., 8 oct. 2015, n° 14-16.071 : *JurisData* n° 2015-022207 ; *Bull. civ.* III, n° 94 ; *Loyers et copr.* 2015, n° 260, note G. Vigneron ; *AJDI* 2016, p. 277, note N. Le Rudulier ; *JCP G* 2015, n° 52, 1423, note M.-A. Chardeaux ; *RTD civ.* 2016, p. 157, obs. W. Dross ; *Rev. loyers* 2015, p. 533, note M. Plaidy, chron. S. Bénilsi ; *Defrénois* 2016, n° 3, p. 119, cassant ▪ CA Reims, 4 févr. 2014 : *JurisData* n° 2014-004867 ; *Loyers et copr.* 2014, n° 128, obs. G. Vigneron). Il a été jugé que le syndicat pouvait invoquer le bénéfice de la prescription abrégée, car les actes de vente des lots de copropriété, composés d'une partie privative et d'une quote-part de parties communes, peuvent constituer le juste titre prévu par l'article 2272 du Code civil (▪ Cass. 3e civ., 7 déc. 2017, n° 16-23.182 : *JurisData* n° 2017-024942 ; *Loyers et copr.* 2018, comm. 46, note A. Lebatteux ; *Constr.-Urb.* 2018, comm. 19, note C. Sizaire ; *RTD civ.* 2018, p. 163, obs. W. Dross). Le syndicat exerce alors la prescription pour « l'ensemble des copropriétaires »

(■ Cass. 3e civ., 7 déc. 2017, préc. ■ Cass. 3e civ., 25 mars 2014, n° 11-17.435 : *JurisData* n° 2014-006080. ■ Cass. 3e civ., 30 avr. 2003, n° 01-15.078 : *JurisData* n° 2003-018809), ce qui laisse entendre que les biens acquis deviennent parties communes.

Si la **réputation du syndicat** est atteinte par une affiche apposée par un copropriétaire, il ne peut obtenir réparation au titre du droit commun de la responsabilité car les abus de la liberté d'expression prévus et réprimés par la loi du 29 juillet 1881 ne peuvent être réparés sur le fondement de l'article 1382 (devenu art. 1240) du Code civil (■ Cass. 3e civ., 1er déc. 2016, n° 15-26.559 : *JurisData* n° 2016-025510 ; *Loyers et copr.* 2017, comm. 52, note A. Lebatteux ; *Administrer* mars 2017, p. 44, obs. J.-R. Bouyeure).

7) Contrats passés par le syndicat. Les contrats passés pour le compte du syndicat n'engagent que lui et non pas les copropriétaires (V. dans le cas d'un contrat passé par l'architecte membre du conseil syndical, ■ CA Paris, pôle 4, 6e ch., 25 févr. 2010 : *JurisData* n° 2010-001432). V. cependant n° 9.

Pour la signature des contrats, le syndicat est représenté par le syndic.

– Sur l'application du droit de la consommation aux contrats conclus par le syndicat, V. nos 52 et 53.

8) Action des créanciers contre le syndicat. Les *créanciers du syndicat* peuvent pratiquer une saisie entre les mains du syndic (■ CA Paris, 15e ch., 30 juin 1983 : *D.* 1983, inf. rap. p. 447. ■ CA Paris, 30 juin 1984 : *Rev. Administrer* mai 1984, p. 47, note Lot. ■ CA Paris, 8e ch. B, 28 sept. 1995 : *Loyers et copr.* févr. 1996, n° 85) ou de l'administrateur provisoire du syndicat (■ CA Paris, 8e ch. B, 22 oct. 1998 : *RD imm.* 1999, p. 307, note P. Capoulade) même s'il n'avait qu'un seul compte bancaire pour plusieurs copropriétés (■ CA Paris, 14e ch. A, 23 juill. 1980 : *D.* 1981, inf. rap. p. 398, obs. Giverdon) ; cette situation ne sera plus que très marginale, et fautive, dès lors que tout syndic doit ouvrir deux comptes bancaires séparés (fonds courants + fonds de travaux) par syndicat qu'il administre (cf. art. 18, L. 1965). Encore faut-il que le syndicat ait bénéficié effectivement des prestations (V. pour le cas où les fournitures avaient été délivrées à une association syndicale libre regroupant des syndicats : ■ Cass. 3e civ., 27 sept. 2000 : *JCP G* 2000, IV, n° 2679).

S'il reçoit une *saisie-attribution* le syndic doit savoir :

– qu'il est tenu personnellement de payer, dans la mesure des fonds qu'il détient pour le syndicat (V. ■ CA Paris, 8e ch. B, 13 mai 2004 : *AJDI* 2004, p. 819, note P. Capoulade), la créance que le saisissant a sur le syndicat, et qu'il peut y être contraint par toute voie de droit ;

– que, si personnellement il est le tiers saisi, il est aussi le saisi ès qualités puisqu'il est le représentant du syndicat ; qu'à ce titre il pourra, s'il conteste la saisie, saisir, dans le délai d'un mois, le juge de l'exécution qui différera le paiement ou l'autorisera pour une somme qu'il déterminera (E.-J. Guillot, note sous ■ CA Paris, 20 juin 1991 : *Rev. Administrer* juill. 1992, p. 31).

Sur les possibilités d'exécution à l'encontre du syndicat de copropriété (action directe, action oblique, saisie-arrêt, nomination d'un administrateur judiciaire, V. Lot, *Poursuites et exécution contre un syndicat de copropriété* : *Rev. Administrer* avr. 1979, p. 8 et s. – P. Guitard, *Moyens d'action et saisie entre les mains du syndic* : *Inf. rap. copr.* janv. 2002, p. 13. – Sur la nature de l'action, V. obs. M. Capoulade sous ■ Cass. 3e civ., 7 nov. 1990 : *Inf. rap. copr.* avr. 1991, p. 114. – V. aussi note M. Capoulade : *Inf. rap. copr.* mars 2000, p. 12 sous ■ CA Paris, 14e ch. A, 9 juin 1999 [demande de nomination d'un administrateur provisoire par la voie oblique]. ■ CA Paris, 23e ch. B, 1er janv. 1999 [assignation du syndic à titre personnel]).

Voir aussi : sur la non-application au syndicat des procédures collectives de redressement judiciaire et de liquidation des biens, L. art. 29-1. – Sur le point de savoir si le syndicat a la qualité de « consommateur » et pourrait bénéficier à ce titre des diverses mesures protectrices édictées par le Code de la consommation, note C. Giverdon sous ■ CA Paris, 8e ch. B, 13 nov. 1997 : *RD imm.* 1998, p. 298.

Si une association est chargé d'assurer les services de l'immeuble en copropriété et qu'il est prévu dans son contrat que le budget prévisionnel de l'association concernant le coût de ses interventions doit être transmis et approuvé chaque année par l'assemblée des copropriétaires, elle peut, en tant que cocontractant, obtenir la condamnation du syndicat à tenir cette assemblée (■ Cass. 3e civ., 31 mars 2016, n° 15-14.168).

Si le syndicat des copropriétaires est dissous, les créanciers devront poursuivre le syndicat dissous dont la personnalité morale subsiste pour les besoins de sa liquidation, au besoin en faisant désigner judiciairement un mandataire *ad hoc* (■ Cass. 3e civ., 12 nov. 2020, n° 19-17.954 : *JurisData* n° 2020-018442 ; *Loyers et copr.* 2021, n° 1, comm. 15, Ch. Coutant-Lapalus ; *Administrer* janv. 2021, p. 58, obs. J.-R. Bouyeure).

9) Action des créanciers contre les copropriétaires. Les créanciers du syndicat peuvent aussi *agir directement contre les copropriétaires* à concurrence de leur quote-part dans les parties communes, en cas de carence du syndicat (■ Cass. 3e civ., 30 oct. 1984 : *JCP G* 1985, IV, 12 ; *Gaz. Pal.* 1985, pan. p. 42, note Souleau. ■ Cass. 3e civ., 7 nov. 1990 : *Loyers et copr.* 1991, n° 41. ■ CA Paris, 19e ch. B, 13 mars 1998 : *JCP E* 1999, p. 621, note Dubœuf Hild. ■ CA Paris, ch., 12 janv. 2000 : *JurisData* n° 2000-

106270 ; *Loyers et copr.* 2000, comm. 156). Le fondement de cette action était toutefois discuté (V. ■ Cass. 3e civ., 13 juill. 1999 : *D.* 2000, somm. p. 140 ; *RD imm.* 1999, p. 679, obs. C. Giverdon et *Rev. Administrer* janv. 2000, p. 40, qui parle d'action « directe »). La Cour de cassation l'a finalement qualifiée d'action oblique (■ Cass. 3e civ., 26 oct. 2005 : *JCP G* 2006, I, 127, n° 10, obs. H. Périnet-Marquet ; *Loyers et copr.* 2006, comm. 52, obs. G. Vigneron ; *Rev. Administrer* févr. 2006, p. 44, obs. J.-R. Bouyeure ; *Rev. loyers* 2006, p. 51, note L. Guégan. – V. sur cette décision l'article de F. Planckeel, cité *supra* en bibliographie). Si le créancier ne se borne pas à exercer les droits du syndicat des copropriétaires mais réclame le paiement de ce qui lui est dû, le syndicat doit être appelé en cause (■ Cass. 1re civ., 4 oct. 2017, n° 12-29.390 : *JurisData* n° 2017-019409 ; *Loyers et copr.* 2017, comm. 248, note C. Coutant-Lapalus).

Encore faut-il, pour que cette action soit recevable, que la demande en paiement ne soit pas atteinte par la prescription édictée par l'article 42, alinéa 1 de la loi n° 65-557, 10 juillet 1965 (V. ce texte) que le copropriétaire peut opposer au créancier au même titre qu'il aurait pu le faire à l'encontre du syndicat (■ Cass. 3e civ., 1er mars 2006 : *Rev. Administrer* juin 2006, p. 56, obs. J.-R. Bouyeure).

Le créancier qui entend agir par la voie oblique est en droit d'obtenir du syndic les documents lui permettant de connaître le nom des copropriétaires défaillants, le montant de leur dette et de justifier de la créance du syndicat (■ CA Paris, 14e ch. B, 28 avr. 2006 : *Loyers et copr.* 2006, comm. 209, obs. G. Vigneron).

Bibliographie : G. Gil, *L'action oblique des créanciers du syndicat des copropriétaires* : *Inf. rap. copr.* nov. 2012, p. 33. – P.-E. Lagraulet, *L'action oblique en copropriété* : *Inf. Rap. Copr.* juill. 2020.

10) Action paulienne du syndicat contre les copropriétaires. Le syndicat est fondé à exercer une action paulienne (C. civ., art. 1341-2) à l'encontre d'un copropriétaire qui cherche à se soustraire au paiement des charges en organisant son insolvabilité par des opérations frauduleuses (■ Cass. 1re civ., 7 nov. 2006, n° 04-18.346, arrêt n° 1151 D).

11) Personnel du syndicat. Les problèmes concernant le personnel du syndicat sont traités à l'article 31 du décret du 17 mars 1967.

12) Application de la TVA. Les syndicats de copropriétaires, dotés de la personnalité morale, effectuent des opérations qui entrent dans le champ d'application de la TVA.

Toutefois, il paraît possible de les autoriser à exclure de leur base d'imposition les remboursements de charges correspondant à leurs dépenses liées à la conservation des immeubles et à l'entretien des parties communes de copropriétés traditionnelles dont l'usage est limité à l'occupation. En revanche, ils doivent soumettre à la TVA les services supplémentaires qu'ils rendent aux copropriétaires (Rép. min. n° 7387 à M. Laurent Dominati : *JOAN* Q, 31 oct. 1994, p. 5420). La doctrine de cette réponse ministérielle a été confirmée par le Conseil d'État (■ CE, sect., 7 déc. 2001, n° 212273, *Synd. de copr. des Réaux* : *Dr. fisc.* 2002, n° 27, comm. 571, avec les concl. de M. le commissaire du gouvernement Bachelier ; *AJDI* 2002, p. 382, obs. C. Giverdon).

Il a été jugé que l'indemnité d'assurance versée au syndicat de copropriétaires, représentant le coût de travaux de réparation, devait être majorée de la TVA applicable (■ CA Toulouse, 6 juin 2016, n° 14/06162).

Sur le régime particulier des résidences services au regard de la TVA, V. l'instruction du 27 avril 1998 (*BOI* 3 A-3-99 ; *JCP* N 1998, n° 26, p. 1009).

Voir : sur le régime particulier de certains travaux soumis à une TVA à 5,5 %, Annexe 32, *Fiscalité*, p. 1245.

III – FORME DU SYNDICAT

Bibliographie : A. Kerspern, *Le syndicat coopératif de copropriété* : *Inf. rap. copr.* 1987, p. 39 et s. – P. Lebatteux, *Syndicats coopératifs, scission de copropriété et unions de syndicats* : *Loyers et copr.* n° hors-série, mai 2001, p. 16. – D. Cordier, *La spécificité des grands ensembles autogérés en copropriété* : *Inf. rap. copr.* mars 2003, p. 22. – N. Dassonville, *Gestion coopérative, et si c'était la solution ?* : *Int. privés* févr. 2006, p. 20. – N. Dassonville, *Copropriété, les atouts de la gestion directe* : *Int. Privés* oct. 2007, p. 26. – S. Laporte-Leconte, *Vers une gestion différente de l'immeuble en copropriété : plus individualiste ou plus collective* : *APII* oct. 2015, dossier 38. – J. Lafond, *Le syndicat de copropriétaires après l'ordonnance du 30 octobre 2019* : *Loyers et copr.* 2020, dossier 3.

13) Syndicat coopératif. Le syndicat, dit le texte (al. 2), peut revêtir la forme d'un syndicat coopératif.

Voir : sur le syndicat coopératif, L. 10 juill. 1965, art. 17-1, p. 281 et D. 17 mars 1967, art. 40 à 42, p. 824.

Dans sa rédaction en vigueur jusqu'au 31 mai 2020, l'article 14, alinéa 2 énonçait que le règlement de copropriété devait « expressément prévoir cette modalité de gestion ». Il s'agissait simplement, par cette mention, d'attirer l'attention des copropriétaires sur la possibilité d'avoir recours à ce mode de gestion (déclaration de M. Auroux, min. Urb. et Log. : *JOAN*, 28 nov. 1985, p. 5026). L'article 17 de la loi du 31 décembre 1985 avait précisé que cette mention obligatoire n'avait toutefois à figurer que dans les règlements de copropriété établis après l'entrée en vigueur de la loi.

Il n'y avait donc pas à « mettre en conformité » les règlements antérieurs.

L'ordonnance n° 2019-1100 du 30 octobre 2019 a, étonnamment, supprimé cette exigence qui constituait pourtant une protection des copropriétaires contre une importante modification des modalités d'administration du syndicat.

Voir aussi : sur les conséquences de l'adoption de la forme coopérative, L. 65-557 10 juill. 1965, art. 17-1. – Sur les modalités de création des syndicats coopératifs, V. également D. 17 mars 1967, art. 40 à 42, p. 824, dans le présent code.

14) Syndicat secondaire. À côté du syndicat principal peuvent exister des syndicats secondaires.

Voir : sur le syndicat secondaire, L. 10 juill. 1965, art. 27, p. 496.

15) Union de syndicats. Les syndicats peuvent constituer entre eux des unions.

Voir : L. 10 juill. 1965, art. 29, p. 511 et D. 17 mars 1967, art. 42 et 42-2, p. 825.

IV – OBJET DU SYNDICAT

A – Définition légale

16) Conservation et amélioration de l'immeuble, et administration des parties communes. Le syndicat avait pour objet « la conservation de l'immeuble et l'administration des parties communes ». L'ordonnance du 30 octobre 2019, applicable depuis le 1er juin 2020, a modifié ce texte : dorénavant le syndicat aura pour objet « la conservation **et l'amélioration** de l'immeuble, ainsi que l'administration des parties communes ». Il paraît s'agir d'une simple mesure de cohérence. En effet, aux termes de l'article 30 de la loi du 10 juillet 1965, l'assemblée générale des copropriétaires a, depuis l'origine, le pouvoir de « décider toute amélioration ». Or, si l'assemblée, qui est l'organe délibérant du syndicat peut apporter des améliorations à l'immeuble, et comme ses pouvoirs ne peuvent s'exercer que dans la limite de l'objet du syndicat, il est logique de mentionner dans l'article 14 que celui-ci a des pouvoirs « d'amélioration ». Néanmoins, l'intégration de ce qui était jusqu'alors une simple faculté paraît l'ériger en véritable obligation du syndicat : il doit désormais non seulement conserver l'immeuble, mais même l'améliorer. Il faut y voir ici, à notre sens, la volonté du législateur de marquer l'obligation, en particulier, de rénovation énergétique des immeubles (V. sur ce sujet, P.-E. Lagraulet, *L'administration de la copropriété réformée : AJDI* 2019, p. 852).

La conservation de l'immeuble englobe, quant à elle, à la fois les parties privatives et les parties communes. Le syndicat a pour rôle de maintenir à l'immeuble ses caractères initiaux, en particulier sa « destination », son niveau de confort et d'entretien, ce qui oblige à entretenir et réparer les parties communes et éléments d'équipement communs (sur le caractère obligatoire de cette mission légale, V. ▪ CA Paris, 10 déc. 1979 : *D.* 1981, inf. rap. p. 101 ; *RTD civ.* 1980, p. 139, obs. Giverdon). Il doit également défendre son intégrité matérielle et juridique contre les entreprises ou empiétements des copropriétaires ou des tiers (sur les pouvoirs du syndicat en matière judiciaire, V. L. art. 15) et veiller au respect du règlement (V. ▪ Cass. 3e civ., 16 juill. 1996 : *RD imm.* 1996, p. 613, obs. P. Capoulade).

Le pouvoir « d'administration » du syndicat doit être entendu au sens large. Il s'exerce par l'intermédiaire du syndic nommé par le syndicat (sur les pouvoirs du syndic, V. L. art. 18) mais il ne se réduit pas à de simples pouvoirs de gestion courante. Ainsi, le syndicat peut acquérir ou aliéner des parties communes (V. L. art. 26).

17) Travaux. Le syndicat qui entreprend des travaux a la qualité de maître de l'ouvrage, ce qui va lui donner en particulier la possibilité ultérieure d'agir en responsabilité à l'encontre de l'architecte ou de l'entrepreneur si des désordres ou malfaçons sont constatés (V. L. art. 15 et D. art. 55). Le syndic est en conséquence le maître d'ouvrage délégué du syndicat des copropriétaires.

Il est astreint à respecter la législation relative au coordonnateur santé sécurité (C. trav., art. L. 235-1 et s. – V. ▪ Cass. 3e civ., 11 juill. 2001 : *Bull. civ.* III, n° 95 ; *Constr.-Urb.* oct. 2001, comm. 204, obs. D. Sizaire ; *Defrénois* 2002, p. 60, note C. Atias ; *Rev. Administrer* févr. 2002, p. 41, obs. J.-R. Bouyeure). C'est à lui qu'il appartient de procéder à la mainlevée des réserves (▪ CA Montpellier, 9 juill. 2013, n° 11-08541 : *JurisData* n° 2013-033380 ; *Loyers et copr.* 2013, comm. 226, obs. G. V.).

Voir : sur les diverses obligations à respecter, et dont le syndic doit se préoccuper, L. 10 juill. 1965, art. 18, comm. n°os nos 9 à 11, p. 291.

Bibliographie : C. Atias, *La qualité de maître d'ouvrage du syndicat des copropriétaires : Inf. rap. copr.* janv. 2002, p. 18.

Sur les aides possibles. V. en Annexe « Agence nationale de l'habitat ».

18) Le syndicat ne peut agir que dans le cadre de son objet. Comme pour toute personne morale, les pouvoirs du syndicat sont limités par son objet. Il ne peut prendre de décision ou intervenir que dans le cadre de son objet, tel que défini par l'article 14 de la loi. Il en résulte en particulier qu'est irrecevable une demande en justice qui est étrangère à cet objet (▪ Cass. 3e civ., 15 mai 2002 : *Loyers et copr.*

2002, comm. 218 ; *Inf. rap. copr.* sept. 2002, p. 19, obs. P. Capoulade ; *Rev. Administrer* août-sept. 2002, p. 62, obs. J.-R. Bouyeure). De même, le syndicat ne peut acquérir des parts sociales d'une société civile immobilière propriétaire d'immeubles extérieurs à l'emprise de la copropriété, cette opération n'entrant pas dans son objet (▪ Cass. 3e civ., 4 nov. 2009, n° 08-18.979 : *JurisData* n° 2009-050155 ; *Bull. civ.* 2009, III, n° 242 ; *AJDI* 2010, p. 476, note P. Capoulade ; *Loyers et copr.* 2010, comm. 26, obs. G. Vigneron ; *Rev. Administrer* févr. 2010, p. 57, obs. J.-R. Bouyeure ; *D.* 2009, p. 2809, obs. Y. Rouquet ; *Defrénois* 2010, p. 981, obs. C. Atias). Il n'entre pas non plus dans l'objet social d'un syndicat d'adhérer et de voter une subvention à une association de défense (▪ CA Aix-en-Provence, 20 janv. 2012, n° 09/21945 : *AJDI* 2013, p. 359, confirmé par ▪ Cass. 3e civ., 9 juill. 2003, n° 12-18.281 : *Administrer* oct. 2013, p. 53, obs. J.-R. Bouyeure), ou d'organiser la fête annuelle des voisins et de contraindre les copropriétaires à en supporter les charges (▪ TGI Nanterre, 26 mai 2016, n° 14-12.381 : *JurisData* n° 2016-011421 ; *Loyers et copr.* 2016, comm. 184, note G. Vigneron ; *Administrer* oct. 2016, p. 55, obs. J.-R. Bouyeure).

Le syndicat n'a pas enfin à intervenir dans la gestion d'un lot privatif indivis (▪ Cass. 3e civ., 9 avr. 2013, n° 12-14.679 : *AJDI* 2013, p. 682).

B – Carence du syndicat

19) Refus par le syndicat d'exécuter sa mission. Toute décision du syndicat s'analysant en un refus d'exécuter la mission qui lui est confiée par la loi (par exemple une décision refusant d'effectuer les réparations indispensables aux parties communes) constitue un abus de majorité et peut être annulée pour ce motif.

Voir : sur l'abus de majorité, L. 10 juill. 1965, art. 24, comm. n° 35, p. 410. – Sur la carence du syndicat dans l'accomplissement de ses obligations et les mesures qui peuvent être prises pour pallier cette carence (y compris une décision d'expropriation), Annexe 12, *Carence du syndicat*, p. 1039. – Sur le recours au Juge, V. *infra*, n° 21.

20) Substitution d'un copropriétaire au syndicat. Un copropriétaire ne peut se substituer de son propre chef au syndicat pour effectuer des travaux dont celui-ci a normalement la charge et prétendre ensuite se faire indemniser (▪ Cass. 3e civ., 23 nov. 1994 : *Loyers et copr.* mars 1995, n° 132), en invoquant par exemple la gestion d'affaires ▪ CA Aix-en-Provence, 9 sept. 2011 : *JurisData* n° 2011-020046, obs. G.V.). Un bailleur copropriétaire ne peut ainsi, pour répondre à la demande de son locataire, prendre l'initiative de faire des travaux concernant les parties communes au motif qu'ils sont urgents et en demander le remboursement au syndicat (▪ CA Paris, pôle 4, 2e ch., 30 janv. 2013, n° 10/01679 : *JurisData* n° 2013-001397 ; *Loyers et copr.* 2013, comm. 163, obs. G.V. ; V. également, ▪ CA Paris, pôle 4, ch. 2, 19 juin 2013, n° 09/01560 : *JurisData* n° 2013-012856 ; *Loyers et copr.* 2013, comm. 293).

Cependant dans certains cas un recours du copropriétaire ayant avancé les frais de réparation a été admis : ainsi lorsque l'assemblée ne s'était pas opposée à son intervention (▪ Cass. 3e civ., 7 mai 2003 : *JurisData* n° 2003-018913) ou lorsque le copropriétaire avait agi dans l'urgence, dans une copropriété à deux personnes, et/ou en l'absence de syndic (▪ Cass. 1re civ., 20 mars 2014, n° 12-15.067 : *AJDI* 2014, p. 789, note N. Le Rudulier. ▪ Cass. 3e civ., 11 janv. 2012, n° 10-24.413 : *Bull. civ.* III, n° 7 ; *JurisData* n° 2012-000224 ; *Loyers et copr.* 2012, n° 87, obs. G. Vigneron ; *Rev. loyers* 2012, p. 126, note M. Plaidy. – V. aussi, ▪ CA Douai, 7 juill. 2011, n° 10/00335 : *AJDI* 2012, p. 867).

Bibliographie : G. Gil, *La gestion d'affaires en copropriété : Administrer* févr. 2015, p. 5 ; *JCl. Copropriété*, Fasc. 94, Travaux à l'initiative du syndicat, P.-E. Lagraulet.

21) Intervention du juge. La jurisprudence admet parfois que le juge peut faire injonction au syndicat d'exécuter des travaux, lorsqu'ils sont rendus obligatoires par la réglementation existante. Ainsi a-t-il été jugé qu'il entre dans les pouvoirs du juge de faire respecter les règles d'hygiène résultant de prescriptions réglementaires (▪ CA Paris, pôle 4, 2e ch., 14 nov. 2012, n° 09/21092 : *JurisData* n° 2012-026050 ; *Loyers et copr.* 2013, comm. 90, note G. Vigneron. ▪ CA Aix-en-Provence, 10 mars 1989 : *JurisData* n° 1989-045264. ▪ CA Paris, 27 avr. 1987 : *JurisData* n° 1987-021846).

Il a même été admis que le juge pouvait intervenir pour faire injonction au syndicat d'exécuter des travaux nécessaires et urgents, alors même qu'une décision de l'assemblée non contestée avait refusé de les effectuer (▪ CA Paris, pôle 4, 23 janv. 2013, n° 11/7144 : *Administrer* avr. 2013, p. 60, note J.-R. Bouyeure) ou bien après avoir annulé la décision contestée (▪ TJ Créteil, 5e ch. civ., 18 juin 2021, n° 20/02309).

Bibliographie : J.-R. Bouyeure, *Le rôle du juge dans le contentieux de la copropriété : Administrer* avr. 2012, p. 17.

V – POUVOIRS DU SYNDICAT

Bibliographie : G. Vigneron, *Le pouvoir normatif du syndicat des copropriétaires : Inf. rap. copr.* oct. 2012, p. 15.

22) Énumération – Limites. Le syndicat établit et, s'il y a lieu, modifie le règlement de copropriété (art. 14, al. 3). Il s'en déduit que, par principe, la modification du règlement de copropriété ne relève pas des pouvoirs du juge (■ Cass. 3e civ., 9 sept. 2021, n° 20-11.674 : *JurisData* n° 2021-014079 ; *Loyers et copr.* 2021, comm. 173, Ch. Coutant-Lapalus ; *Ann. Loyers* 2021, p. 100, obs. J.-M. Roux ; *Administrer* nov. 2021, p. 53, obs. J.-R. Bouyeure). Sur les modalités d'exercice de cette prérogative, voir article 26 de la loi. Le syndicat a ensuite divers pouvoirs énoncés par des textes particuliers :

- ... en matière de travaux (L. art. 25, 26 et 30) ;
- ... de reconstruction (L. art. 38 et s.) ;
- ... d'actes de disposition (L. art. 25 et 26) ;
- ... d'acquisitions (L. art. 16, 25 et 26) ;
- ... de désignation et de révocation du syndic (L. art. 25) ;
- ... ainsi que le pouvoir d'agir en justice (L. art. 15).

Ces pouvoirs du syndicat connaissent cependant diverses *limites* :

- ils sont limités par l'objet du syndicat, conformément au principe de spécialité des personnes morales. Toute décision prise en dehors de l'objet du syndicat est nulle si elle n'est pas votée à l'unanimité ;

Voir : sur l'objet du syndicat, L. 10 juill. 1965, art. 14, comm. nos 16 à 18, p. 219.

- le syndicat ne peut porter atteinte aux droits fondamentaux des copropriétaires, tels qu'ils résultent de la loi et des documents constitutifs de la copropriété. Il ne peut en particulier modifier par ses décisions le « contrat » de départ. Les prescriptions du règlement de copropriété s'imposent à lui (sauf à les modifier dans les conditions fixées par l'article 26-*b* de la loi) en particulier en ce qu'ils définissent la destination de l'immeuble et ses conditions de jouissance ;
- le syndicat ne peut prendre des décisions affectant le droit de propriété des copropriétaires sur les parties privatives de leurs lots : modifier la répartition des tantièmes de copropriété ou des charges (V. L. art. 11), ou prendre des décisions affectant le droit de jouissance de ces mêmes parties privatives (V. L. art. 26).

Néanmoins, si une telle décision était prise à l'unanimité, elle ne saurait être contestée dans la mesure où seuls les copropriétaires défaillants ou opposants ont qualité à agir en application de l'article 42 de la loi du 10 juillet 1965.

Voir aussi : sur les décisions requérant l'unanimité, V. L. art. 26, al. 5.

VI – RESPONSABILITÉ DU SYNDICAT : DROIT COMMUN

Bibliographie : *JCl. Copropriété*, Fasc. 80. – *La copropriété*, Dalloz action 2018-2019, 9e éd. ss direction de P. Capoulade et D. Tomasin, nos 321-161 et s. – C. Atias, *Le syndicat gardien de l'immeuble : Inf. rap. copr.* mars 1999, p. 22. – N. Dassonville, *Syndicat de copropriété : responsable par principe : Le Particulier immobilier* févr. 1998, p. 47. – C. Atias, *La spécificité de la responsabilité du syndicat des copropriétaires : Inf. rap. copr.* sept. 2003, p. 20.

23) Prescription de l'action. La responsabilité du syndicat ne peut plus être recherchée par les copropriétaires après écoulement d'un délai fixé actuellement à cinq ans (application de l'art. 42, al. 1 de la loi : V. ce texte *infra*. ■ Cass. 3e civ., 12 juin 2002, n° 01-02.154 : *Bull. civ.* III, n° 137 ; *Constr.-Urb.* sept. 2002, comm. 206, obs. D. Sizaire ; *Rev. Administrer* oct. 2002, p. 31, obs. J.-R. Bouyeure. ■ CA Versailles, 4e ch., 8 mars 2010 : *JurisData* n° 2010-004655).

Le délai court du jour où la cause des dommages est connue de façon certaine par le copropriétaire victime (informé en l'espèce par l'avis de l'architecte de la copropriété) : ■ Cass. 3e civ., 2 mars 2005, n° 03-14.713 : *JurisData* n° 2005-027252 ; *Bull. civ.* III, n° 52 ; *JCP G* 2005, IV, 1834. – V. aussi ■ Cass. 3e civ., 21 déc. 2017, n° 14-18.284 : *Administrer* mars 2018, p. 36, note J.-R. Bouyeure. ■ Cass. 3e civ., 19 nov. 2015, n° 14-17.784 : *JurisData* n° 2015-025829 ; *Bull. civ.* III, n° 116 ; *Loyers et copr.* 2016, n° 53, note G. Vigneron ; *Administrer* févr. 2016, p. 38, note J.-R. Bouyeure, qui font courir le délai à compter du dépôt du rapport de l'expert. ■ Cass. 3e civ., 30 mars 2010 : *Rev. Administrer* août-sept. 2010, p. 36, obs. J.-R. Bouyeure. ■ Cass. 3e civ., 12 févr. 2008, n° 07-10.049). Il court, par exemple, à la date de l'apparition des vices de construction des parties communes, sans que la vente postérieure des lots concernés puisse interrompre ce délai (■ Cass. 3e civ., 25 févr. 2009, n° 08-16.161 : *Bull. civ.* III, n° 51). Le délai court à compter de la survenance des faits dont le demandeur a eu connaissance, même si les désordres se sont perpétués dans le temps (■ CA Versailles, 8 mars 2010 : *JurisData* n° 2010-004655 ; *Loyers et copr.* 2010, comm. 241, obs. G.V.).

Le juge ne peut déclarer non prescrite l'action du copropriétaire dirigée contre le syndicat (NB. : ou à l'inverse admettre la prescription) en réparation des désordres causés par des infiltrations dans les parties privatives, sans relever à quelle date il avait eu connaissance de façon certaine la cause des désordres subis (■ Cass. 3e civ., 21 déc. 2017, n° 14-18.284 : *JurisData* n° 2017-026645 ; *Loyers et copr.* 2018, comm. 48, note C. Coutant-Lapalus).

A – Responsabilité du fait des choses

24) Application de l'article 1242 (anc. art. 1384, alinéa 1) du Code civil. Quoi qu'il existe un régime de responsabilité plus favorable (V. nos 36 et s.), le syndicat peut être assigné sur le fondement de l'*article 1242 (anc. 1384)* du Code civil par les copropriétaires ou les tiers lorsque le dommage est causé par une partie commune ou un élément d'équipement commun dont il a la garde (■ Cass. 3e civ., 27 janv. 1977 : *JCP* G 1977, IV, 71. ■ Cass. 3e civ., 15 mars 1978 : *D.* 1979, inf. rap. p. 128, obs. Giverdon. ■ Cass. 3e civ., 6 févr. 1980 : *Gaz. Pal.* 1980, 2, somm. p. 341. ■ Cass. 3e civ., 30 nov. 2023, n° 22-16.825 : *Loyers et copr.* 2024, comm. 33, Ch. Coutant-Lapalus), par exemple :

– un ascenseur (■ Cass. 3e civ., 27 janv. 1977, préc. ■ CA Paris, 20 juin 2005 : *BPIM* janv. 2006, n° 61). Ainsi lorsqu'un enfant fait, en l'utilisant, une chute mortelle (■ Cass. 3e civ., 18 mars 2004) ;

– un escalier en mauvais état (■ CA Paris, 7e ch. A, 18 juin 2002 : *Loyers et copr.* 2003, comm. 27. ■ CA Paris, 3 mars 1977 : *D.* 1978, inf. rap. p. 136. ■ CA Paris, 24 mai 1977 : *D.* 1978, inf. rap. p. 136. ■ CA Paris, 9 déc. 1979 : *D.* 1981, inf. rap. p. 104, n° 86) ou mal entretenu (■ CA Paris, 7e ch. A, 18 juin 2002 : *Loyers et copr.* 2003, comm. 27) ;

– une digue construite pour protéger l'immeuble en bord de mer (■ Cass. 3e civ., 19 juin 2007 : *Rev. Administrer* oct. 2007, p. 90, obs. J.-R. Bouyeure) ;

– ... ou des parties vitrées (■ Cass. 3e civ., 15 mars 1978, préc. ■ CA Paris, 7 nov. 1979 : *D.* 1981, inf. rap. p. 104) ;

C'est sur le fondement de l'article 1384 *(devenu art. 1242)*, alinéa 1 du Code civil que la responsabilité du syndicat a été retenue en cas de chute sur le sol verglacé d'une partie commune (V. ■ Cass. 2e civ., 17 mai 1983 : *Defrénois* 1984, art. 33251, note Souleau ; *Rev. Administrer* févr. 1984, p. 30, note Guillot. ■ CA Grenoble, 2e ch. civ., 28 juin 2016, n° 15-02.720 : *JurisData* n° 2016-013235 ; *Loyers et copr.* 2016, comm. 242, obs. G. Vigneron et C. Coutant-Lapalus. ■ CA Poitiers, 27 févr. 2013 : *JurisData* n° 2013-018160 ; *Loyers et copr.* 2013, n° 321, note G. Vigneron), ou de chute causée par la présence d'une flaque d'huile dans le hall de l'immeuble (■ Cass. 3e civ., 16 févr. 1994 : *Loyers et copr.* 1994, n° 256. – V. aussi ■ CA Pau, 14 déc. 2005 : *JCP* G 2007, IV, 1397) ou de flaques de neige dans la cour de l'immeuble (■ CA Lyon, 9 févr. 2016, n° 13/07093 : *Rev. loyers* 2016, p. 261) ou à la suite de brûlures causées à un enfant par l'eau chaude de la chaudière (■ CA Aix-en-Provence, 16 sept. 2004 : *JurisData* n° 2004-256940), ou de l'endommagement d'une clôture résultant de la chute de neige massivement accumulée sur un toit de l'immeuble en copropriété (■ CA Grenoble, 2e ch. civ., 23 mars 2021, n° 19/01417 : *Lexbase hebdo priv.* 29 avr. 2021, N7343BYM, obs. P.-E. Lagraulet) ou d'un accident causé par la rupture d'une rambarde (■ CA Paris, 17e ch. A, 30 janv. 2006 : *JurisData* n° 2006-292240) ou d'une chute résultant de l'absence de garde-corps (■ CA Paris, pôle 4, ch. 2, 21 févr. 2024, n° 20/13887 : *Administrer* avr. 2024, 49, obs. P. Déchelette-Tolot). Le syndicat est responsable sur le fondement de l'article 1384, alinéa 1, en tant que gardien du tréfonds, des dommages dus à l'effondrement d'une cavité souterraine (■ CA Paris, 19e ch. A, 28 mai 2002 : *Loyers et copr.* 2002, comm. 271, note G. Vigneron). Mais le syndicat n'est pas responsable en cas de dommages causés par la neige accumulée sur le toit de l'immeuble car il n'en est pas le « gardien » au sens de l'article 1384, alinéa 1 (■ CA Paris, 8e ch. B, 28 sept. 1990 : *Loyers et copr.* janv. 1991, n° 43).

En dehors des cas d'accidents, le syndicat est responsable des préjudices divers causés par les choses qu'il a sous sa garde (parties communes ou éléments d'équipement communs) :

– les infiltrations causées par un poste de lavage (■ Cass. 3e civ., 17 juin 1997 : *RD imm.* 1997, p. 485, note P. Capoulade) ;

– les dommages causés à un copropriétaire en raison d'une déficience de fonctionnement de la ventilation mécanique contrôlée de l'immeuble (■ Cass. 3e civ., 12 juin 1991 : *Loyers et copr.* août-sept. 1991, n° 352) ou les bruits anormaux générés par cette ventilation (■ CA Paris, 23e ch. B, 27 oct. 2005 : *JurisData* n° 2005-288523) ;

– les dommages causés par l'explosion d'une canalisation de gaz (■ Cass. 3e civ., 24 févr. 1988 : *Inf. rap. copr.* 1988, p. 294. ■ Cass. 3e civ., 30 mars 1989 : *Rev. loyers* 1989, p. 221. ■ CA Paris, 23e ch. A, 9 mai 1989 : *Loyers et copr.* juill. 1989, n° 353), ou des dommages causés aux tiers par l'explosion de l'immeuble elle-même pour une cause indéterminée (■ Cass. 3e civ., 14 nov. 2002 : *JCP* G 2002, IV, 1017) ;

– les dommages causés à un copropriétaire par les températures excessives du chauffage collectif (■ CA Paris, 19e ch., 29 sept. 2004 : *Loyers et copr.* 2005, comm. 19, obs. G. Vigneron).Le fait de confier à une entreprise spécialisée la surveillance de l'immeuble et de ses installations n'a pas pour effet de lui en transférer la garde et d'exonérer le syndicat en cas de sinistre (■ Cass. 3e civ., 16 juin 1998 : *RD imm.* 1998, p. 690, obs. P. Capoulade ; *Loyers et copr.* oct. 1998, n° 257).

La responsabilité du syndicat ne peut être recherchée que si le dommage prend sa source dans une partie commune ou un élément d'équipement commun (V. pour la mise hors de cause du syndicat, dans le cas où une fuite résultant du défaut d'un évier privatif avait endommagé le plancher commun : ■ Cass. 3e civ., 30 sept. 2015, n° 14-21.237 : *Administrer* déc. 2015, p. 37, note J.-R. Bouyeure). La responsabilité du syndicat ne peut être mise en cause lorsque le dommage a été causé par une canalisation partie commune spéciale (■ Cass. 3e civ., 7 juill. 2015, n° 14-12.666 : *AJDI* 2016, p. 439, note N. Le Rudulier). Le cas échéant, la responsabilité peut être partagée avec le copropriétaire demandeur, par exemple lorsqu'il y a eu aggravation des dommages (en l'espèce des infiltrations) par son fait (■ Cass. 3e civ., 20 juin 2007, n° 06-11.886 : *Rev. Administrer* oct. 2007, p. 89, obs. J.-R. Bouyeure. – V. aussi : ■ Cass. 3e civ., 14 mars 2007, n° 05-20.716 : *Rev. Administrer* juin 2007, p. 89, obs. J.-R. Bouyeure).

La Cour de cassation a pu préciser, au cas d'un incendie, que l'article 1384, alinéa 2, devenu 1242, alinéa 2, du Code civil, n'exclut pas l'application de l'article 1384, alinéa 1er, devenu 1242, alinéa 1er (■ Cass. 2e civ., 27 oct. 2022, n° 21-14.559 : *Resp. civ. et assur.* 2023, n° 1, comm. 6, S. Hocquet-Berg).

25) Dommages créés par des travaux sur les parties privatives. Si un copropriétaire bailleur a été condamné à réparer le préjudice causé à son locataire en raison de troubles de jouissance subis par lui à la suite de travaux entrepris par le syndicat sur les parties communes, et qu'il exerce une action récursoire contre le syndicat sur le fondement de l'article 1384 (devenu art. 1242) du Code civil, cette action ne peut aboutir. En effet le préjudice dont le copropriétaire demande réparation s'analyse en un préjudice personnel, qui doit être réparé sur le fondement de l'article 9 alinéa 4 de la loi du 10 juillet 1965 (■ Cass. 3e civ., 14 janv. 2015, n° 13-28.030 : *JurisData* n° 2015-028030 ; *Bull. civ.* III, n° 3 ; *Loyers et copr.* 2015, comm. 79, obs. G. Vigneron ; *Administrer* avr. 2015, p. 46, obs. J.-R. Bouyeure ; *JCP* N 2015, n° 6, note J. Monéger ; *Rev. loyers* 2015, p. 145, note M. Plaidy).

B – Responsabilité du fait des bâtiments

26) Application de l'article 1244 (anc. art. 1386 du Code civil). Lorsqu'un dommage est causé par la ruine du bâtiment, la responsabilité du syndicat est engagée sur le fondement de l'article 1386 (devenu art. 1244) du Code civil et non pas de l'article 1384 (devenu art. 1242), alinéa 1 (■ Cass. 2e civ., 17 déc. 1997 : *Loyers et copr.* mars 1998, n° 84. – *Rev. Administrer* févr. 2003, p. 47, note A. Valdès). V. pour des dégâts causés par la chute d'une cheminée : ■ CA Aix-en-Provence, 14 janv. 2010 : *JurisData* n° 2010-004785 ; *Loyers et copr.* 2010, comm. 242, obs. G. V.

C – Responsabilité du fait des préposés

27) Applications. Le syndicat est responsable sur le fondement de l'*article 1384 (devenu art. 1242), alinéa 5* du Code civil des fautes commises par ses préposés : par exemple les gardiens et concierges de l'immeuble (■ Cass. 3e civ., 11 oct. 1978 : *D.* 1979, inf. rap. p. 129. ■ CA Paris, 29 nov. 1979 : *D.* 1981, inf. rap. p. 104). Mais la responsabilité du syndicat ne peut pas être recherchée si la faute n'a pas été commise dans le cadre d'une mission entrant dans les attributions du concierge (V. pour la remise des lettres recommandées aux copropriétaires, ■ CA Paris, pôle 4, 9e ch., 7 févr. 2013, n° 11/15879 : *JurisData* n° 2011-033646 ; *Loyers et copr.* 2013, comm. 313, obs. G.V.).

Ainsi lorsque la femme de service du syndicat enduit le sol d'un produit anormalement glissant, ce qui entraîne la chute d'un copropriétaire qui se blesse (■ Cass. 3e civ., 9 mai 1985 : *Defrénois* 1985, art. 33636, obs. Souleau). Le syndicat des copropriétaires a été déclaré responsable, du fait de la gardienne de l'immeuble, de la contamination par le virus VIH d'un éboueur piqué par une seringue se trouvant dans un sac à ordures abandonné en un lieu autre que celui prévu à cet effet et en dehors des heures de passage fixées par la réglementation (■ Cass. 2e civ., 2 juin 2005 : *Rev. loyers* 2005, p. 456, note J. Aussant ; *AJDI* 2005, p. 912, note Y. Rouquet. ■ TGI Paris, 1re ch., 29 sept. 1997 : *Rev. Administrer* déc. 1997, p. 45, note J.-P. Forestier). Mais une entreprise chargée par le syndicat de faire des travaux n'est pas sa préposée (■ CA Paris, 19e ch. A, 21 mai 1997 : *Loyers et copr.* déc. 1997, n° 323).

Dans le cas de *vol*, la responsabilité du syndicat envers les copropriétaires ou les tiers n'est engagée que s'il y a faute caractérisée du préposé (■ Cass. 3e civ., 11 oct. 1978, préc.) : ainsi lorsque le vol s'est produit à raison d'un défaut de surveillance du gardien (■ Cass. 3e civ., 14 juin 1995 : *Loyers et copr.* oct. 1995, n° 444 ; *RD imm.* 1995, p. 793, obs. P. Capoulade. ■ CA Paris, 23e ch. B, 14 sept. 2000 : *JurisData* n° 2000-123729 ; *Loyers et copr.* 2001, comm. 52).

D – Responsabilité du syndicat du fait du syndic

28) Fondement, juridique. La Cour de cassation a rappelé que le syndicat était responsable envers les copropriétaires des fautes commises par le syndic dans le cadre de son mandat, sur le fondement de l'article 1998 du Code civil (■ Cass. 3e civ., 2 oct. 2012, n° 11-24.200 : *JurisData* n° 2012-022389 ; *Loyers et copr.* 2012, comm. 339, note G. Vigneron ; *AJDI* 2013, p. 123, note N. Le Rudulier. ■ CA Paris, pôle 4, 2e ch., 9 avr. 2014 : *JurisData* n° 2014-007850 ; *Loyers et copr.* 2014, comm. 254, obs. G. Vigneron. – Sur la responsabilité du syndicat du fait du syndic, en cas de mandat apparent et malgré l'annulation de ce mandat, V. ■ Cass. 3e civ., 11 mai 2017, n° 16-17.322 : *Loyers et copr.* 2017, comm. 177, note A. Lebatteux).

Comme l'indique M. Le Rudulier dans sa note précitée, trois situations doivent être distinguées :

– si le syndic a agi dans le cadre strict de ses pouvoirs la seule responsabilité qui puisse être recherchée est celle du syndicat (■ Cass. 3e civ., 15 févr. 2006, n° 05-11.263 : *JurisData* n° 2006-032226 ; *Loyers et copr.* 2006, comm. 91, note G. Vigneron. ■ CA Paris, 30 sept. 2009, n° 08/13682 : *JurisData* n° 2009-380162. – V. G. Vigneron, *Horaces et Curiaces : Loyers et copr.* 2011, étude 3) ;

– si tout en agissant dans le cadre de son mandat, le syndic a commis une faute, sa responsabilité personnelle pourra être engagée sur le fondement des articles 1382 et 1383 (devenus art. 1240 et 1241) du Code civil, outre celle du syndicat des copropriétaires (▪ CA Paris, 15 déc. 2005, n° 05/06930 : *JurisData* n° 2005-288531. ▪ CA Paris, 5 oct. 2000 : *AJDI* 2000, p. 96) ;

– si le syndic a agi en dehors de sa mission, seule sa responsabilité pourra être recherchée (▪ Cass. 3e civ., 2 oct. 2012, préc.).

Par contre le syndic engage sa responsabilité à l'égard du syndicat, qui est susceptible d'agir à son encontre quelle que soit la nature de sa faute, sans qu'il y ait à rechercher si elle est ou non « détachable de ses fonctions » (▪ Cass. 3e civ., 23 mai 2012, n° 11-14.599 : *Bull. civ.* III, n° 82 ; *JurisData* n° 2012-010935 ; *Loyers et copr.* 2012, comm. 245, note G. Vigneron). Le syndicat peut exercer une action contre le syndic pour avoir réparation du préjudice causé par sa faute, s'il a engagé des dépenses afin d'effectuer des travaux sans autorisation de l'assemblée (▪ Cass. 3e civ., 23 janv. 2020, n° 18-21.357 : *Rev. loyers* avr. 2020, p. 210, note L. Guégan-Gélinet. – V. également ▪ CA Paris, pôle 4, 2e ch., 20 janv. 2020, n° 17/2154 : *Administrer* avr. 2020, p. 60, obs. J.-R. Bouyeure).

La responsabilité du syndicat du fait du syndic peut être recherchée sans que le syndic soit mis en cause (▪ Cass. 3e civ., 11 févr. 2016, n° 14-29.345 : *Administrer* mai 2016, p. 45, obs. J.-R. Bouyeure). V. sur l'hypothèse de l'absence de signalement aux acquéreurs d'un lot, par le syndic, de la présence d'insectes xylophages dans les parties communes (▪ Cass. 3e civ., 15 juin 2022, n° 21-16.223 : *Loyers et copr.* 2022, n° 9, comm. 146, A. Lebatteux ; *AJDI* 2023, 605, obs. P.-E. Lagraulet).

E – Responsabilité pour faute

1° *Responsabilité envers les copropriétaires*

29) Application des articles 1240 et 1241 (anc. art. 1382 et 1383 du Code civil). Le syndicat peut également voir sa responsabilité contractuelle ou délictuelle engagée en vertu des *articles 1240 et 1241* du Code civil s'il remplit mal sa mission :

– par exemple en ne faisant pas observer le règlement de copropriété... (▪ Cass. 2e civ., 20 déc. 1962 : *Bull. civ.* II, n° 824. ▪ Cass. civ., 13 oct. 1965 : *AJPI* 1966, II, p. 141, note Cabanac. ▪ CA Paris, 23e ch., 19 sept. 1988 : *Loyers et copr.* déc. 1988, n° 553). Mais il n'est pas suffisant que des manquements aient été constatés à l'interdiction de stationnement de véhicules utilitaires dans la cour de l'immeuble pour caractériser la carence du syndicat à faire respecter cette interdiction (▪ Cass. 3e civ., 30 nov. 2011, n° 10-26.615 : *JurisData* n° 2011-026875 ; *Loyers et copr.* 2012, n° 54, obs. G. Vigneron) ;

– ... ou en laissant entreprendre par des copropriétaires des travaux irréguliers (▪ Cass. 3e civ., 6 juill. 1994 : *RD imm.* 1994, p. 700, obs. P. Capoulade ; ▪ Cass. 3e civ., 21 avr. 2022, nos 21-12.240 et 21-12.703 : *JurisData* n° 2022-006246 ; *Loyers et copr.* 2022, comm. 108, A. Lebatteux ; *Ann. Loyers* 2022, p. 92, obs. J.-M. Roux ; *Administrer* juin 2022, n° 565, obs. P. Déchelette-Tolot ; *AJDI* 2022, 685, obs. P.-E. Lagraulet). Mais sa responsabilité ne peut être recherchée si l'existence, l'ampleur et la nature de ces travaux ne pouvaient être décelées car, du fait de leur clandestinité, ils n'étaient pas visibles de la voie publique (▪ Cass. 3e civ., 5 déc. 2007 : *Loyers et copr.* 2008, n° 46, obs. G. Vigneron) ;

– ... ou en négligeant de prendre les mesures conservatoires et d'administration des parties communes qui s'imposent (▪ CA Versailles, 2 juill. 2012, n° 11/3420 : *JurisData* n° 2012-016320 ; *Loyers et copr.* 2013, comm. 29, obs. G.V.). De même, s'il tarde à exécuter des travaux destinés à mettre fin à des infiltrations subies par un copropriétaire (▪ CA Paris, 14 mars 1980 : *D.* 1981, inf. rap. p. 105, n° 87, par Brane. – ▪ Cass. 3e civ., 29 févr. 2024, n° 22-24.471 : *Loyers et copr.* 2024, comm. Ch. Coutant-Lapalus ; *Administrer* avr. 2024, p. 51, obs. P. Déchelette-Tolot ; *Rev. Loyers* 2024, n° 1047, obs. V. Zalewski-Sicard) ou à faire des travaux urgents (▪ CA Paris, 28 sept. 1979 : *D.* 1981, inf. rap. p. 104, n° 117, par Brane. ▪ CA Paris, 19 juin 1980 : *D.* 1981, inf. rap. p. 105, n° 91, par Brane. ▪ Cass. 3e civ., 5 janv. 1994 : *Inf. rap. copr.* mars 1994, p. 488, obs. P. Capoulade). De même encore, s'il ne prend pas en temps utile les mesures nécessaires pour assurer le fonctionnement du chauffage (▪ Cass. 3e civ., 26 nov. 1985, n° 84-15.809 : *Gaz. Pal.* 1986, I, somm., p. 58) ou l'alimentation en eau de l'immeuble (▪ CA Paris, 23e ch. B, 17 oct. 2002 : *AJDI* 2003, p. 43). – Sur la responsabilité du syndicat pour les préjudices divers causés par le retard, en particulier par l'augmentation du coût des travaux (V. ▪ CA Paris, 27 nov. 1979 : *D.* 1981, inf. rap. p. 104, n° 83, par Brane) ;

– lorsque son refus de prendre une décision (en l'espèce la création d'une AFUL) a perpétué une situation préjudiciable aux copropriétaires (▪ CA Versailles, 12 déc. 2011, n° 10/07273 : *JurisData* n° 2011-033646 ; *Loyers et copr.*, comm. 313, obs. G.V.). Il en est ainsi lorsque le refus de l'assemblée d'effectuer des travaux de rénovation entraîne un préjudice pour certains copropriétaires (▪ Cass. 3e civ., 11 juill. 2019, n° 18-11.676 : *JurisData* n° 2019-012516 ; *Loyers et copr.* 2019, comm. 185, note C. Coutant-Lapalus).

Il a été jugé que l'action engagée à l'encontre du syndicat par un copropriétaire pour n'avoir pas respecté le règlement de copropriété avait un fondement contractuel (ce qui exclut que puisse être invoqué l'article 1382 du Code civil : ■ Cass. 3e civ., 4 oct. 1987 : *Loyers et copr.* 1987, n° 467).

Le syndicat ne peut opposer aux copropriétaires les clauses, en particulier celles d'exonération de garantie, figurant dans leur acte de vente, dont seul le vendeur peut se prévaloir (■ CA Paris, 19e ch., 22 oct. 1993 : *Rev. Administrer* mai 1994, p. 53). Il ne peut pas invoquer la carence d'un précédent syndic pour tenter d'échapper à sa responsabilité pour défaut d'entretien des parties communes (■ CA Paris, pôle 4, 2e ch., 6 juin 2012, n° 10/18382 : *Administrer* mai 2013, p. 48, note J.-R. Bouyeure).

Les responsabilités du syndicat et du syndic peuvent aussi être solidaires dans le cas de faute partagée (■ Cass. 3e civ., 19 mai 1981 : *Defrénois* 1981, art. 32797, note Souleau ; *Rev. Administrer* oct. 1981, p. 37, note Guillot).

30) Exemples de cas où la responsabilité du syndicat n'a pas été reconnue. Le syndicat n'est pas responsable d'un vol commis dans les parties privatives si toutes les mesures de sécurité imposées par le règlement de copropriété et les délibérations de l'assemblée ont été prises et qu'il a rempli l'obligation de moyens – et non de résultat – lui incombant (■ CA Paris, 7e ch., 11 févr. 1993 : *Rev. Administrer* déc. 1993, p. 58, obs. A. Dunes ; V. dans un cas où le règlement de copropriété excluait la responsabilité du syndicat pour ce motif : ■ Cass. 3e civ., 17 juill. 1997 : *RD imm.* 1997, p. 625, obs. P. Capoulade).

Il a été décidé que le syndicat n'avait pas commis de faute :

– pour ne pas avoir sollicité le concours d'un architecte pour surveiller des travaux (■ Cass. 3e civ., 6 mai 1998 : *RD imm.* 1998, p. 418, obs. P. Capoulade) ou pour avoir décidé l'aménagement d'un ascenseur sans s'adjoindre les services d'un maître d'œuvre qualifié, dès lors que l'installateur était en mesure d'informer utilement le maître d'ouvrage (■ Cass. 3e civ., 6 juill. 2010, n° 09-66.757 : *JurisData* n° 2010-011674 ; *Rev. Administrer* nov. 2010, p. 64, obs. J.-R. Bouyeure) ;

– en raison du retard mis à obtenir l'indemnisation d'un copropriétaire par l'assureur de l'immeuble, en l'absence de toute négligence de sa part (■ Cass. 3e civ., 6 mai 1998 : *RD imm.* 1998, p. 418).

31) Exemples de cas où la responsabilité du syndicat a été reconnue. Par contre, la responsabilité du syndicat peut être engagée si le syndic laisse des squatters s'installer dans l'immeuble sans signaler leur présence au propriétaire du lot concerné (■ Cass. 3e civ., 27 avr. 1994, n° 91 15.023 : *RD imm.* 1994, p. 500, obs. P. Capoulade).

... ou s'il poursuit à tort un copropriétaire (■ CA Paris, 26 mars 1981 : *D.* 1982, inf. rap. p. 436).

... ou s'il plaide abusivement à l'encontre d'un copropriétaire (■ CA Paris, 8e ch., 2 juin 1992 : *Loyers et copr.* 1992, n° 446).

... ou s'il tient sa comptabilité de manière erronée, en laissant apparaître de façon persistante au débit d'un copropriétaire une dette depuis longtemps acquittée (■ Cass. 3e civ., 2 oct. 2001 : *AJDI* 2001, p. 993, obs. P. Capoulade).

... ou si le syndic expulse *manu militari* un copropriétaire de l'assemblée (■ Cass. 3e civ., 4 avr. 2002 : *JCP* G 2002, I, 176, p. 1901, obs. H. Périnet-Marquet).

32) Responsabilité du fait des assemblées. Le syndicat ne doit pas prendre de décisions « abusives ». Il est responsable du préjudice causé au copropriétaire bailleur par le refus abusif de laisser le locataire exercer son activité de restauration (■ Cass. 3e civ., 6 oct. 1999 : *Loyers et copr.* 2000, comm. 25).

Un copropriétaire ne peut demander réparation au syndicat ou au syndic de préjudices liés à des résolutions adoptées par l'assemblée, alors que les décisions prises n'ont pas été contestées ou ont été contestées pour d'autres motifs (■ Cass. 3e civ., 16 mars 2017, n° 15-22.185 : *JurisData* n° 2017-004805 ; *Loyers et copr.* 2017, comm. 118, note C. Coutant-Lapalus ; *Rev. loyers* 2017, p. 195, note V. Zalewski-Sicard. ■ Cass. 3e civ., 7 juill. 2015, n° 14-14.002 : *Administrer* nov. 2015, p. 43, obs. J.-R. Bouyeure, confirmant ■ CA Paris, pôle 4, 2e ch., 8 avr. 2004, n° 12/12846 : *Administrer* juill. 2015, p. 55, obs. J.-R. Bouyeure).

Voir : sur l'abus de majorité, L. 10 juill. 1965, art. 24, comm. nos 31 à 37, p. 407.

Il n'est pas responsable du retard mis à prendre une décision si ce retard provient en fait du demandeur (■ CA Paris 23e, 24 juin 1994 : *Loyers et copr.* déc. 1994, n° 487). Le syndicat doit répondre du préjudice causé s'il ne se préoccupe pas de faire exécuter par le syndic une décision de l'assemblée dans un délai raisonnable (■ CA Grenoble, 7 avr. 2015, n° 14/04436 : *JurisData* n° 2015-009166 ; *Loyers et copr.* 2015, comm. 178, obs. G. V.).

33) Faute du copropriétaire demandeur. Un copropriétaire n'est pas en droit de se plaindre du défaut d'entretien de l'immeuble s'il a lui-même mis en péril la trésorerie du syndicat en ne payant pas ses charges, le mettant ainsi dans l'impossibilité de faire les travaux nécessaires (■ Cass. 3e civ., 27 févr. 2007, n° 06-11.205. ■ Cass. 3e civ., 17 mai 1995 : *RD imm.* 1995, p. 593, obs. P. Capoulade. ■ Cass. 3e civ., 13 déc. 1995 : *JCP* G 1996, IV, 305 ; *RD imm.* 1996, p. 115, obs. P. Capoulade).

2° Responsabilité envers les tiers

34) Application des règles de droit commun. Le syndicat est responsable *à l'égard des tiers* lorsqu'il effectue des travaux de construction qui entraînent pour eux des troubles excédant les inconvénients normaux de voisinage (par exemple la fissuration des murs de l'immeuble voisin : V. ▪ Cass. 3e civ., 10 avr. 1986 : *Quot. jur.* 28 avr. 1987, p. 7 et ▪ Cass. 3e civ., 11 mai 2000 : *JurisData* n° 2000-001858 ; *Loyers et copr.* 2000, comm. 241 ; *Bull. civ.* III, n° 106 ; *AJDI* 2001, p. 345, obs. P. Guitard ; *D.* 2001, somm. p. 3581, obs. C. Atias, ou des infiltrations dans le mur séparatif : ▪ Cass. 3e civ., 5 avr. 2006 : n° 05-13.001) ou lorsqu'à l'occasion de travaux il empiète sur le fonds voisin (▪ CA Paris, 23e ch. A, 7 nov. 2001 : *AJDI* 2002, p. 310). Constitue un trouble anormal de voisinage entraînant la responsabilité du syndicat, l'implantation d'une antenne de téléphonie mobile à trois mètres d'une terrasse privative de l'immeuble voisin (▪ CA Paris, 19e ch., 7 janv. 2004 : *Rev. Administrer* févr. 2004, p. 47).

La responsabilité du syndicat a été retenue à l'égard d'un voisin de la copropriété qui subissait des ouvertures irrégulièrement pratiquées par l'un des copropriétaires dans un mur commun : il lui a été reproché de n'avoir pas pris les mesures nécessaires pour mettre ce copropriétaire en demeure de rétablir les lieux en leur état initial (▪ Cass. 3e civ., 11 mars 1987 : *Rev. Administrer* août-sept. 1987, p. 51, note Guillot ; ▪ Cass. 3e civ., 21 avr. 2022, n° 21-12.240 : *JurisData* n° 2022-006246 ; *Loyers et copr.* 2022, comm. 108, A. Lebatteux ; *AJDI* 2022, 685, obs. P.-E. Lagraulet). Elle a également été retenue du fait de n'avoir pas agi contre l'un de ses membres en cessation d'un empiétement sur la propriété voisine (▪ Cass. 3e civ., 25 janv. 2023, n° 22-12.874 : *Loyers et copr.* 2023, n° 51, obs. C. Coutant-Lapalus ; *AJDI* 2023, 444, obs. P.-E. Lagraulet ; *Administrer* févr. 2023, p. 61, obs. P. Déchelette-Tolot). De même le syndicat a été reconnu responsable envers un voisin du préjudice causé par le défaut d'entretien de ses plantations, qui le privait d'une vue sur la mer (▪ CA Aix-en-Provence, 1er déc. 2015, n° 14/08970 : *JurisData* n° 2015-027185 ; *Loyers et copr.* 2016, n° 78, note G. Vigneron).

De même la responsabilité du syndicat peut être engagée sur le fondement de l'article 1384 (devenu art. 1242), alinéa 1 du Code civil en cas d'explosion ayant endommagé l'immeuble voisin (▪ Cass. 2e civ., 14 nov. 2002 : *Bull. civ.* II, n° 258).

3° *Responsabilité envers les salariés*

35) Application du droit du travail. Le syndicat est responsable envers ses salariés lorsque le droit du travail n'est pas respecté. Ainsi dans le cas de licenciement irrégulier de la concierge en congé de maladie, remplacée par un salarié d'une entreprise de services (▪ Cass. ass. plén., 22 avr. 2011, n° 09-43.334 : *JurisData* n° 2011-006527 ; *Loyers et copr.* 2012 n° 23, obs. G. Vigneron). De même le syndicat, tenu d'une obligation de sécurité en matière de protection de la santé et de la sécurité des travailleurs, doit répondre des agissements du président du conseil syndical coupable de harcèlement moral du gardien-concierge, sur lequel il exerçait une autorité de fait (▪ Cass. soc., 19 oct. 2011, n° 09-68.272 : *JurisData* n° 2011-022293 ; *Loyers et copr.* 2012, n° 24, obs. G. Vigneron.

VII – RESPONSABILITÉ SPÉCIALE DU SYNDICAT

Bibliographie : G. Gil, *La responsabilité du syndicat pour vice de construction des parties communes : Inf. rap.* copr. mai 2014, p. 15. – J.-M. Roux, *La responsabilité spéciale du syndicat des copropriétaires : Rev. Administrer* janv. 2005, p. 11. – P.-E. Lagraulet, *L'administration de la copropriété réformée, AJDI* 2019, p. 852. – H. Gilliot et S. Pelletier, *Clause d'exclusion de garantie pour défaut d'entretien ou de réparation des parties communes : conditions d'opposabilité au syndicat des copropriétaires : Loyers et copr.* 2020, n° 10, étude 11. – M. Poumarède, *Quelle responsabilité spéciale du syndicat des copropriétaires ? : Loyers et copr.* 2021, n° 3, étude 2. – M.-H. Martial, *Responsabilité du syndicat des copropriétaires et parties communes spéciales : Administrer* nov. 2022, p. 32. – J.-R. Bouyeure, *Dommages ayant leur origine dans les parties communes : quels risques pour le syndicat et pour les copropriétaires ? : Administrer* mai 2024, n° 586, p. 7.

36) Réforme opérée par l'ordonnance du 30 octobre 2019. L'ordonnance n° 2019-1101 du 30 octobre 2019 a réformé à compter du 1er juin 2020 ce qu'il était convenu d'appeler la « responsabilité spéciale » du syndicat de copropriétaires. Dorénavant, le syndicat sera responsable des « dommages… ayant leur origine dans les parties communes ». Le nouveau texte donne lieu à quelques interrogations (V. n° 49). Dans cette période intermédiaire il a été choisi de relater la jurisprudence antérieure qui ne paraît pas avoir perdu, tant s'en faut, toute actualité.

A – Situation antérieure à l'ordonnance du 30 octobre 2019

1° *Sources de la responsabilité spéciale du syndicat*

37) Vice de construction et défaut d'entretien des parties communes. Avant le 1er juin 2020, selon l'article 14, alinéa 4, de la loi du 10 juillet 1965 le syndicat était responsable, de plein droit (▪ Cass. 3e civ., 17 déc. 2015, n° 14-16.372 : *JurisData* n° 2015-028309 ; *Loyers et copr.* 2016, comm. 79, G. Vigneron), en cas de *dommages causés par le*

« vice de construction ou le défaut d'entretien des parties communes » y compris pour les vices antérieurs à la mise en copropriété de l'immeuble (id.).

Cette responsabilité spéciale ne pouvait être invoquée que dans les seuls cas visés au texte, qui fut à l'origine d'interprétation stricte (V. ▪ TGI Paris, 27 févr. 1989 : *Rev. loyers* 1990, p. 88), et non pas par exemple lorsque le dommage avait pour origine des causes naturelles (▪ CA Paris, 23e ch. A, 20 nov. 2002 : *AJDI* 2003, p. 180).

Elle concerna avec le temps, plus généralement et moins strictement, les dommages ayant leur origine dans les parties communes (V. pour des désordres provenant du sol : ▪ CA Paris, ch., 8 sept. 1999 : *AJDI* 1999, p. 1041. – Pour le défaut d'étanchéité d'une terrasse : ▪ CA Paris, 23e ch. A, 20 juin 2001 : *Loyers et copr.* 2001, comm. 301, ou d'un mur : ▪ CA Paris, 16e ch. A, 27 sept. 2006 : *Loyers et copr.* 2007, n° 74, obs. G. Vigneron) et par exemple un local mis à la disposition d'EDF (▪ CA Paris, 23e ch. A, 29 juin 1999 : *JurisData* n° 1999-024220 ; *Constr.-Urb.* 2000, comm. 98, note D. Sizaire). Sont ainsi visées les parties communes générales, mais non pas les parties communes spéciales : seuls les copropriétaires ayant des droits dans ces parties communes spéciales sont responsables des vices qui les affectent (▪ Cass. 3e civ., 7 juill. 2015, n° 14-12.666). La responsabilité du syndicat n'est pas engagée si le dommage provient d'une partie privative (▪ Cass. 3e civ., 10 sept. 2020, n° 19-13.373, FS-PBI). Il appartient au juge de rechercher quelle est la nature juridique de la partie de l'immeuble dans laquelle le dommage a pris sa source (▪ Cass. 3e civ., 1er oct. 2020, n° 19-16.661 : *JurisData* n° 2020-015475 ; *Loyers et copr.* 2020, comm. 134, note C. Coutant-Lapalus).

La responsabilité du syndicat pouvait être invoquée tant par les copropriétaires que par les tiers : et par exemple par un locataire (▪ Cass. 3e civ., 28 nov. 1978 : *JCP G* 1979, IV, 46. ▪ CA Paris, 16 nov. 1988 : *Loyers et copr.* janv. 1989, n° 38. ▪ CA Paris, 23e ch., 1er mars 1994 : *Loyers et copr.* 1994, n° 354. ▪ CA Paris, 1re ch. G, aud. sol. 5 mai 1999 : *Loyers et copr.* 1999, comm. 252, note G. Vigneron. – V. pour le préjudice causé par des fuites d'eau provenant d'un défaut d'étanchéité de toitures terrasses, ▪ CA Paris, pôle 4, 2e ch., 28 janv. 2015, n° 13-04.476 : *JurisData* n° 2015-002047 ; *Loyers et copr.* 2015, comm. 174, note G. Vigneron. ▪ CA Paris, pôle 4, 2e ch., 12 oct. 2022, n° 18/01417).

Le syndicat pouvait ainsi être rendu responsable sur le fondement de l'article 14 de la loi du 10 juillet 1965 de dommages causés à des tiers par des travaux effectués par des copropriétaires sur les parties communes en violation des autorisations qui leur avaient été accordées (▪ Cass. 3e civ., 13 déc. 2018, n° 16-16.065 : *JurisData* n° 2018-025123 ; *Loyers et copr.* 2019, comm. 42, note C. Coutant-Lapalus ; *Administrer* févr. 2019, p. 47, note J.-R. Bouyeure ; ▪ Cass. 3e civ., 26 janv. 2022, n° 20-23.614 : *JurisData* n° 2022-000971 ; *Loyers et copr.* 2022, n° 3, comm. 50, Ch. Coutant-Lapalus ; *Administrer* mars 2022, p. 40, note P. Déchelette-Tolot ; *AJDI* 2022, 530, obs. P.-E. Lagraulet).

• Vices de construction

38) Exemples. Le syndicat était responsable des *vices de construction* même s'ils n'étaient pas de son fait (▪ Cass. 3e civ., 18 juill. 1979 : *D.* 1980, inf. rap. p. 275), ainsi lorsqu'ils provenaient de travaux de surélévation exécutés de façon défectueuse par le promoteur vendeur (▪ CA Paris, 23e ch. A, 17 mars 1999 : *Constr.-Urb.* 1999, comm. 302, note D. Sizaire), par exemple dans le cas d'effondrement d'un plancher (▪ TGI Paris, 13 déc. 1974 : *D.* 1976, inf. rap. p. 74. ▪ TGI Paris, 15 avr. 1976 : *D.* 1976, inf. rap. p. 318. ▪ TGI Paris, 6 janv. 1977 : *D.* 1978, inf. rap. p. 135), d'infiltrations d'eau provenant d'un désordre de construction (▪ CA Paris, 6 juin 1980 : *D.* 1981, inf. rap. p. 104, n° 90. ▪ CA Paris, 23e ch. A, 21 févr. 1984 : *RD imm.* 1985, p. 1. – V. aussi ▪ Cass. 3e civ., 8 févr. 1995 : *RD imm.* 1995, p. 379), ou d'une humidité chronique (▪ Cass. 3e civ., 30 janv. 1996 : *RD imm.* 1996, p. 276, obs. P. Capoulade) ou des dégâts causés par la rupture d'une canalisation (▪ CA Aix-en-Provence, 4e ch., 26 févr. 1985 : *Bull. Aix-en-Provence* janv. 1985, n° 66, p. 25). Le vice de construction ne doit cependant pas être confondu avec le défaut de livraison conforme (▪ Cass. 3e civ., 9 juill. 2020, n° 19-12.253).

● Sur les responsabilités respectives des copropriétaires et du syndicat dans le cas de gel des canalisations (V. Giverdon, *Responsabilités consécutives au gel des canalisations dans les immeubles soumis au statut de la copropriété* : *Rev. loyers* mars 1985, p. 4 et s.).

Le syndicat était également responsable sur ce même fondement :

... d'un **défaut d'isolation phonique** (▪ CA Paris, 19e ch. A, 17 déc. 2003 : *Constr.-Urb.* 2004, comm. 54, obs. D. Sizaire. ▪ CA Paris, 12 nov. 1979 : *D.* 1981, inf. rap. p. 104, n° 81. – Comp. ▪ CA Paris, 16 oct. 1979 : *ibid.* n° 79. ▪ Cass. 3e civ., 10 juill. 1984 : *Gaz. Pal.* 1985, 1, pan. p. 9).

... ou de **nuisances sonores** provenant du fonctionnement de la chaufferie (▪ Cass. 3e civ., 28 mars 1990, n° 238 : *Inf. rap. copr.* 1990, p. 171, obs. Capoulade. ▪ CA Paris, 23e ch. A, 21 janv. 1991 : *Loyers et copr.* 1991, n° 176. ▪ CA Paris, 1re ch., 12 mai 1987 : *D.* 1987, inf. rap. p. 99), du bruit d'une machinerie d'ascenseur (▪ Cass. 3e civ., 1er févr. 2018, n° 16-26.135), ou du bruit excessif provenant de la VMC (▪ CA Versailles, 12 juin 2000, n° 15/03681 : *Rev. loyers* 2017, p. 394, obs. S.-B.). – Sur les modes d'évaluation du préjudice, V. ▪ CA Paris, 14e ch. A, 10 oct. 2007 : *AJDI* 2008,

p. 131) ou d'un ascenseur qui n'était plus aux normes (■ CA Paris, 8e ch. A, 18 mai 1999 : *JurisData* n° 1999-023198 ; *Loyers et copr.* 1999, comm. 277. – V. aussi pour les nuisances acoustiques produites par un ascenseur vétuste : ■ CA Aix-en-Provence, 2 avr. 2010 : *JurisData* n° 2010-012767 ; *Loyers et copr.* 2010, comm. 324, obs. Vigneron. ■ CA Paris, pôle 4, 5e ch., 27 nov. 2013 : *JurisData* n° 2013-027264 ; *Loyers et copr.* 2013, comm. 225, obs. G. V.). Si l'acquéreur d'un lot se plaignant de nuisances acoustiques agit à l'encontre du syndicat, on ne peut lui opposer la forclusion d'un an de l'article L. 111-11 du Code de la construction et de l'habitation, qui ne concerne que les rapports entre le premier occupant de chaque logement et le vendeur ou promoteur immobilier (■ Cass. 3e civ., 3 juin 2015, n° 14-15.119).

Plus généralement, le syndicat avait été rendu responsable :

... des vices de construction affectant les éléments d'équipement de l'immeuble (V., pour la chaufferie, ■ Cass. 3e civ., 28 mars 1990 : *Loyers et copr.* mai 1990, n° 238. – Pour des vices de construction affectant les gouttières, ■ CA Paris, 23e ch. A, 30 avr. 1990 : *Loyers et copr.* juill. 1990, n° 323).

... des troubles de jouissance aux parties privatives engendrés par la pose d'étais nécessitée par un glissement de terrain (■ Cass. 3e civ., 28 oct. 1985 : *JCP G* 1986, IV, p. 21).

... ou encore lorsque l'humidité constatée dans un appartement provenait du défaut d'étanchéité des murs extérieurs et du mauvais état de l'enduit (■ CA Paris, 23e ch. A, 6 janv. 1986 : *Inf. rap. copr.* 1987, p. 68. – V. aussi ■ Cass. 3e civ., 6 déc. 2005, n° 04-17.431), ou du défaut d'étanchéité de la couverture ou du toit-terrasse (■ Cass. 3e civ., 26 janv. 2005, n° 03-16.536, arrêt n° 99 FS-D. ■ CA Besançon, 2e ch., 30 nov. 2004 : *JurisData* n° 2004-256844. ■ CA Paris, 19e ch. A, 25 mars 1997 : *Loyers et copr.* août-sept. 1997, n° 244. ■ CA Paris, 19e ch. A, 16 mars 1998 : *Loyers et copr.* juin 1998, n° 174), ou du défaut d'étanchéité de joints de calfeutrement des fenêtres (■ CA Versailles, 1re ch., 11 juin 1999 : *Dossier CSAB* n° 78, nov. 1999, n° 129, note A. Dunes) ou de fuites d'eau provenant de canalisations des parties communes (■ CA Lyon, 3 nov. 2005 : *JurisData* n° 2005-291096), ou plus généralement de toute humidité ayant pu favoriser le développement de champignon lignivore contribuant à la fragilisation puis l'effondrement d'un plancher (■ CA Paris, pôle 4, 2e ch., 12 oct. 2022, n° 18/01417 : *Administrer* déc. 2022, p. 59, obs. P. Déchelette-Tolot).

Au vice de construction était assimilé le « *vice de conception* » : par exemple un « mauvais aménagement des lieux conçu par le promoteur » (■ Cass. 3e civ., 27 nov. 1991 : *Inf. rap. copr.* avr. 1992, p. 123, obs. P. Capoulade. – V. aussi ■ Cass. 3e civ., 28 mars 1990, préc. ■ CA Paris, 16e ch. A, 27 sept. 2006 : *JurisData* n° 2006-324741), ou un défaut de conception du système de ventilation générant des nuisances sonores (■ CA Montpellier, 1re ch. A, 16 mai 2006 : *JurisData* n° 2006-317799) ou un aménagement défectueux des combles, supprimant toute aération et entraînant de mauvaises odeurs (■ CA Pau, 1re ch., 25 sept. 2006 : *JurisData* n° 2006-328860). Il a été jugé que la modification par le constructeur de l'immeuble de l'emplacement de l'ascenseur ne constituait pas un vice de construction au sens de l'article 14 alinéa 4 de la loi de 1965, mais un défaut de livraison conforme, qui ne permettait pas de rechercher la responsabilité du syndicat (■ Cass. 3e civ., 9 juill. 2020, n° 19-12 256 : *Administrer* oct. 2020, p. 45, note J.-R. Bouyeure).

Peu importait, dans tous ces cas, que les vices aient été ignorés du syndicat (■ CA Paris, 23e ch. A, 9 mars 2000 : *JurisData* n° 2000-111953 ; *Loyers et copr.* 2000, comm. 213).

Il a même été jugé que le syndicat était responsable pour avoir pris possession de l'immeuble alors qu'il ne correspondait pas à la description faite dans les documents contractuels, en raison des modifications irrégulières qui lui avaient été apportées par le promoteur (V. ■ CA Versailles, 1re ch., 28 nov. 1984 : *RD imm.* 1985, p. 282, obs. Giverdon ; *D.* 1985, inf. rap. p. 427, obs. Giverdon).

Mais la responsabilité du syndicat ne pouvait être engagée en cas de vice de construction affectant les parties privatives, par exemple d'un défaut d'isolation phonique (■ CA Poitiers, 26 nov. 2010 : *AJDI* 2011, p. 221).

Voir aussi : sur l'opportunité de faire procéder, au plus tôt, par le syndic à une prise de possession des parties communes, dans le cas où l'immeuble a été vendu en état futur d'achèvement, afin de faire courir le délai de garantie prévu en matière de vice apparent (C. civ., art. 1642-I. – V. l'étude de M. Sizaire, *Le syndicat et la prise de possession des parties communes dans un immeuble vendu en état futur d'achèvement* : *Rev. bleue* août-sept. 1985, p. 37 et s.).

• Défaut d'entretien des parties communes

39) Accidents ou préjudices divers causés par le défaut d'entretien. Le syndicat était également responsable en cas de *défaut d'entretien des parties communes* (■ Cass. 3e civ., 3 janv. 1980. ■ CA Paris, 28 janv. 1979 : *D.* 1980, inf. rap. p. 156, n° 65. ■ Cass. 3e civ., 30 nov. 2023, n° 22-22.738 : *Loyers et copr.* 2024, n° 1, comm. 14, A. Lebatteux ; *Rev. Loyers* n° 1044, févr. 2024, obs. V. Zalewski-Sicaard). Ainsi par exemple, lorsque survenait une chute dans l'escalier de l'immeuble causée par une flaque d'huile (■ CA Toulouse, 3e ch., 1re sect., 9 nov. 2010 : *JurisData* n° 2010-029351. ■ CA Aix-en-Provence, 1er févr. 1982 : *Bull. Aix-en-Provence* janv. 1982, n° 19), ou dans une partie d'immeuble non éclairée (■ CA Aix en Provence, 10e ch., 9 avr. 2015, n° 13-17.929 : *Rev. loyers* 2015, p. 309. ■ CA Paris, 23e ch. A, 30 avr. 2003 : *Loyers et copr.* 2003, comm. 228, obs. G. Vigneron), ou lorsqu'un accident était causé par la mauvaise fixation d'une barre (■ CA Paris, 23e ch. B, 27 oct. 1995 : *Loyers et copr.* févr. 1996, n° 86. – Sur la preuve à apporter, V. ■ CA Paris, 7e ch., 26 oct. 1994 : *Loyers et copr.* mars 1995, n° 131), ou par la présence d'un produit de nettoyage glissant sur le sol d'une cour commune (■ CA Paris, 17e ch. A, 28 janv. 2008 : *JurisData* n° 2008-358073), ou par l'effondrement d'une poutre commune (■ Cass. 3e civ., 28 janv. 2009, n° 07-20.997) ou d'un balcon (■ CA Paris, 14e ch. B, 12 déc. 2008 : *AJDI* 2009, p. 555) ou d'un plafond (■ CA Paris, pôle 1, ch. 2, 29 févr. 2024, n° 23/11775).

Le syndicat avait été déclaré responsable de dommages causés à un copropriétaire du fait de l'accumulation de neige sur le toit (■ Cass. 3e civ., 12 juill. 2018, n° 17-16.967 : *Administrer* nov. 2018, p. 35, obs. J.-R. Bouyeure).

40) Infiltrations. La responsabilité du syndicat était fréquemment recherchée sur le fondement de l'article 14, alinéa 4, de la loi du 10 juillet 1965 lorsque des infiltrations se produisaient, en raison par exemple du défaut d'entretien de l'étanchéité d'un toit-terrasse (■ CA Paris, 23e ch. A, 20 oct. 1999 : *JurisData* n° 1999-024521 ; *Loyers et copr.* 2000, comm. 79) ou de la toiture (■ CA Paris, pôle 4, 2e ch., 12 oct. 2011 : *JurisData* n° 2011-022879 ; *Loyers et copr.* 2012, n° 59, obs. G.V. ■ CA Nancy, 18 avr. 2006 : *JurisData* n° 2006-309045), ou du mauvais entretien et de la vétusté de canalisations (■ CA Paris, 23e ch. B, 1er mars 2007 : *JurisData* n° 2007-328577. ■ CA Paris, 23e ch. A, 30 oct. 2002 : *AJDI* 2003, p. 205. ■ CA Paris, 23e ch. B, 14 janv. 1999 : *Loyers et copr.* comm. 167) ou dans le cas d'inondation provenant d'un puits perdu partie commune (■ TI Valence, 25 janv. 1984 : *Rev. Administrer* mai 1984, p. 24, note E.-J. Guillot) ou d'un caniveau partie commune (■ Cass. 3e civ., 4 déc. 2007, n° 06-19.671 : *Rev. loyers* 2007, p. 185).

De même encore, dans le cas de mauvais raccordement des descentes d'eaux pluviales (■ CA Versailles, 1er févr. 2010 : *AJDI* 2010, p. 734, note P.-L. Niel), ou de dégâts des eaux causés par une fuite sur le réseau d'alimentation d'eau chaude (■ CA Paris, pôle 4, 2e ch., 16 mars 2011 : *JurisData* n° 2011-004368) ou encore de dégâts causés par la corrosion d'une partie commune (■ Cass. 3e civ., 15 mars 2018, n° 16-26.179 : *JurisData* n° 2018-005481 ; *Loyers et copr.* 2018, comm. 130, note C. Coutant-Lapalus).

Voir, pour des dégâts des eaux, ■ CA Paris, pôle 4, 2e ch., 9 févr. 2011 : *JurisData* n° 2011-001601 ; *Loyers et copr.* 2011, n° 283, obs. G.V. ■ CA Paris, 23e ch. A, 16 mai 1990 : *Loyers et copr.* juill. 1990, n° 323. ■ CA Paris, 23e ch. A, 31 oct. 1989 : *Loyers et copr.* 1989, n° 544. ■ Cass. 3e civ., 16 janv. 1991 : *RD imm.* 1991, p. 257, obs. F. Givord et C. Giverdon.

Toutefois, le syndicat ne pouvait être déclaré responsable lorsque le dommage prenait sa source dans une canalisation constituant une partie commune spéciale (■ Cass. 3e civ., 7 juill. 2015, n° 14-12.666 : *AJDI* 2016, p. 439, note N. Le Rudulier ; *Administrer* nov. 2015, p. 42, obs. J.-R. Bouyeure). En effet, la responsabilité de l'entretien incombe aux seuls copropriétaires qui ont des droits dans cette partie commune.

Le syndicat ne pouvait cependant être condamné, pour remédier aux désordres subis par un copropriétaire dans ses parties privatives, à exécuter les travaux sur la voie publique (■ Cass. 3e civ., 7 sept. 2017, n° 16-19.571 : *Administrer* mai 2018, p. 43, note J.-R. Bouyeure).

41) Troubles de jouissance. De même, le syndicat pouvait être déclaré responsable sur le fondement de l'article 14, alinéa 4, de l'effondrement d'un plafond provoqué par des insectes xylophages (■ CA Paris, 23e ch. A, 11 juin 2003 : *Rev. loyers* 2003, p. 670), ou de l'insuffisance de chauffage dans les parties privatives due à un défaut d'entretien ou à des dysfonctionnements des installations (■ CA Montpellier, 1re ch., 9 avr. 2009 : *JurisData* n° 2009-009279 ; *Loyers et copr.* 2010, n° 90, obs. G. V. ■ CA Paris, 19e ch. A, 4 févr. 2004 : *Loyers et copr.* 2004, comm. 134, obs. G. Vigneron), ou des troubles dus au défaut d'élagage d'arbres (■ CA Paris, 23e ch. B, 2 déc. 2004 : *AJDI* 2005, p. 145). De même, un syndicat a été déclaré responsable de dégâts des eaux dus au fait qu'il avait supprimé des toilettes communes à l'étage sans faire le nécessaire pour que les copropriétaires puissent raccorder leurs installations sanitaires (■ Cass. 3e civ., 29 nov. 2011, n° 10-24.235). Un syndicat a été déclaré responsable d'un vol rendu possible par le dysfonctionnement récurrent d'un portail (■ CA Montpellier, 1re ch. D, 16 déc. 2014, n° 13-00.797 : *Gaz. Pal.* 6-7 mai 2015, p. 23) ou encore du préjudice de jouissance causé par le défaut de mise aux normes des conduites collectives d'évacuation des fumées (■ CA Nancy, 1re ch. civ., 14 juin 2016, n° 15-01.097 : *JurisData* n° 2016-013463 ; *Loyers et copr.* 2016, comm. 212).

Il a été jugé que le syndicat était tenu de répondre du préjudice résultant de la dégradation de l'immeuble qui avait rendu inutilisables des locaux à usage d'entrepôt. Il n'a pas été admis à faire valoir, pour s'exonérer, qu'il n'avait pas la trésorerie nécessaire pour faire les travaux en raison du retard mis par certains copropriétaires à régler les appels de fonds (il lui appartient en effet d'agir à leur encontre, V. ■ CA Paris, 23e ch., 6 oct. 1987 : *Loyers et copr.* 1987, n° 466). Il a pu être précisé que faute pour le syndicat de rapporter la preuve de la faute exclusive d'un copropriétaire, d'un tiers ou d'un cas de force majeure, le syndicat était responsable de l'impossibilité de poursuivre l'exploitation d'un fonds de commerce de bar-restaurant (▪ Cass. 3e civ., 3 déc. 2020, nos 19-12.871 et 19-13.125 : *JurisData* n° 2020-020015 ; *Loyers et copr.* 2021, n° 2, comm. 31, Ch. Coutant-Lapalus). Cette décision s'inscrit dans la lignée d'une précédente décision ayant retenu que le syndicat des copropriétaires pouvait être responsable du vice de construction résultant des travaux sur les parties communes réalisés par un copropriétaire, à ses frais, autorisé par l'assemblée générale (▪ Cass. 3e civ., 13 déc. 2018, n° 16-16.065 : *JurisData* n° 2018-025123 ; *Loyers et copr.* 2019, comm. 42, Ch. Coutant-Lapalus ; *Administrer* févr. 2019, p. 46, obs. J.-R. Bouyeure).

La responsabilité d'un syndicat a été retenue en raison de l'infestation des parties communes par des souris (▪ CA Paris, 19e ch. A, 14 janv. 2004 : *Bull. inf. C. cass.* 15 juill. 2004, n° 1158), dont la présence était anormalement élevée (▪ CA Paris, 23e ch. B, 27 oct. 2005 : *Rev. Administrer* févr. 2006, p. 45, obs. J.-R. Bouyeure) et imputable à un défaut d'entretien (▪ Cass. 3e civ., 7 juin 2005 : *Rev. Administrer* août-sept. 2005, p. 72, obs. J.-R. Bouyeure).

La responsabilité du syndicat ne peut être dégagée au prétexte qu'il n'avait pas été saisi d'une demande écrite d'effectuer les travaux d'entretien nécessaires (▪ Cass. 3e civ., 5 juill. 2011, n° 10-17.609 : *AJDI* 2011, p. 712), sauf toutefois dans le cas où les désordres affectaient les parties privatives et ne pouvaient être connus du syndicat que s'il en était informé (▪ CA Versailles, 3 mai 2011, n° 10/544 : *AJDI* 2012, p. 356).

42) Retard dans les travaux. Un syndicat a été également déclaré responsable sur le fondement de l'article 14, alinéa 4, pour avoir tardé à entreprendre les travaux nécessaires au gros œuvre de l'immeuble, ou pour s'être refusé sans motif à accomplir les travaux nécessaires à la conservation de l'immeuble. Il peut alors être condamné à indemniser un copropriétaire empêché de louer son lot, ou de l'exploiter normalement (▪ Cass. 3e civ., 30 mars 1989 : *Rev. Administrer* mai 1990, p. 48, obs. Guillot. ▪ Cass. 3e civ., 7 mars 1990 : *Loyers et copr.* 1990, n° 239 ; *Inf. rap. copr.* mai 1990, p. 137. ▪ CA Paris, 23e ch. A, 4 juill. 1990 ; *Rev. Administrer* nov. 1990, p. 55. – V. Pour des troubles de jouissance subis par des copropriétaires dans leur logement : ▪ CA Paris, 23e ch. A, 16 juin 1999 : *Loyers et copr.* 2000, comm. 32). Ainsi encore, il a été jugé que si le syndicat ne procédait pas aux travaux indispensables de remise en état de la loge insalubre, il devait alors indemniser le concierge (▪ CA Paris, 23e ch. B, 7 juin 2001 : *Loyers et copr.* 2001, comm. 300). La responsabilité d'un syndicat a été également engagée au motif qu'il n'avait pas procédé en temps utile à des sondages pour vérifier si les structures porteuses des planchers n'avaient pas été détériorées par une inondation (▪ CA Paris, 23e ch. A, 12 sept. 2001 : *Loyers et copr.* 2002, comm. 77). La responsabilité du syndicat peut être partagée avec le bailleur si celui-ci n'a pris aucune mesure pour faire cesser les troubles causés au locataire (▪ Cass. 3e civ., 30 sept. 2005 : *Rev. Administrer* janv. 2006, p. 50, obs. J.-R. Bouyeure).

La responsabilité du syndicat peut être également engagée en cas de mauvais entretien des arbres ou arbustes, à raison du préjudice causé (▪ CA Paris, pôle 4, 2e ch., 29 sept. 2010 : *Rev. Administrer* déc. 2010, p. 84, obs. J.-R. Bouyeure. – Pour des arbres proliférants qui masquent un panneau publicitaire : ▪ CA Versailles, 27 sept. 2010 : *AJDI* 2011, p. 63).

– Sur les droits et devoirs du syndicat en matière d'entretien des végétaux, V. G. Gil, *Les végétaux en copropriété : Inf. rap. copr.* nov. 2010, p. 31.

43) Absence de prise de décision. Il a été jugé que le syndicat n'est pas responsable lorsque la décision a été prise de ne pas réparer l'immeuble à la suite d'un sinistre (V. L. art. 41 et son commentaire) et que la toiture, endommagée, occasionne des dommages aux appartements subsistant aux étages inférieurs (▪ Cass. 3e civ., 24 janv. 1990 : *Loyers et copr.* 1990, n° 186). Il n'est pas non plus responsable d'un défaut d'entretien des parties communes qui trouve sa cause dans le fait que le demandeur s'est constamment opposé au vote des travaux nécessaires (▪ Cass. 3e civ., 27 févr. 2007 : *Rev. Administrer* mai 2007, p. 50, obs. J.-R. Bouyeure. ▪ CA Montpellier, 1re ch. B, 21 mars 2006 : *JurisData* n° 2006-313381).

Le fait que le copropriétaire demandeur n'ait pas contesté en temps utile la décision de l'assemblée refusant d'exécuter les travaux de réfection nécessaires ne l'empêche pas d'engager la responsabilité du syndicat (▪ CA Versailles, 4e ch., 10 nov. 2003 : *Rev. Administrer* févr. 2004, p. 54).

Voir : sur la carence du syndicat dans l'accomplissement de ses obligations et les mesures qui peuvent être prises pour pallier cette carence (y compris une décision d'expropriation), Annexe 12, *Carence du syndicat*, p. 1039.

2° *Régime juridique de la responsabilité*

44) Exonération du syndicat. Peu importe que les défectuosités de l'état de l'immeuble aient été ignorées du syndicat (▪ Cass. 3e civ., 18 déc. 2001 : *Rev. Administrer* juill. 2002, p. 32, note J. Hocquard. ▪ CA Paris, pôle 4, 2e ch., 15 mai 2013, n° 10/03416 : *Administrer* août-sept. 2013, p. 61, obs. J.-R. Bouyeure. ▪ CA Paris, 23e ch. A, 29 mars 2000 : *JurisData* n° 2000-

111153 ; *Loyers et copr.* 2000, comm. 213) et ne soient apparues qu'à l'occasion de travaux effectués par un copropriétaire (▪ CA Paris, 23e ch. B, 1er juill. 2004 : *Rev. Administrer* avr. 2005, p. 36, obs. J.-R. Bouyeure. ▪ CA Paris, 23e ch. A, 12 nov. 1997 : *Loyers et copr.* avr. 1998, n° 113).

Peu importe également que les vices de construction aient été antérieurs à la mise en copropriété de l'immeuble (▪ Cass. 3e civ., 17 déc. 2015, n° 14-16.372, publié au Bulletin : *JurisData* n° 2015-028309 ; *Loyers et copr.* 2016, n° 79, note G. Vigneron ; *Administrer* mars 2016, p. 51, note J.-R. Bouyeure ; *Rev. loyers* 2016, p. 92, note L. Guégan).

Il ne suffisait pas au syndicat pour s'exonérer de prouver qu'il n'avait commis aucune faute et d'invoquer des difficultés de trésorerie (▪ Cass. 3e civ., 29 oct. 2003 : *Rev. Administrer* févr. 2004, p. 53. ▪ Cass. 3e civ., 28 janv. 2021, n° 19-19.261 : *Ann. loyers* 2021, p. 96, obs. J.-M. Roux ; V. cependant ▪ Cass. 3e civ., 30 mars 2005, n° 04-13.842). Il s'agit d'un cas de responsabilité objective (▪ Cass. 3e civ., 23 janv. 2020, n° 18-19.359 : *JurisData* n° 2020-001735 ; *Loyers et copr.* 2020, comm. 44, note C. Coutant-Lapalus). La victime avait seulement à prouver le vice de construction ou le défaut d'entretien des parties communes. Peu importait la cause du dommage allégué (▪ CA Aix-en-Provence, 4e ch. A, 2 oct. 2009 : *Rev. Administrer* mai 2010, p. 52, obs. J.-M. Roux).

Une décision d'assemblée refusant l'exécution des travaux nécessaires n'exonérait pas le syndicat des copropriétaires de ses obligations légales et n'empêchait pas un copropriétaire d'agir en responsabilité à son encontre (▪ Cass. 3e civ., 30 sept. 2014, n° 13-20.563 : *JurisData* n° 2014-022716 ; *Loyers et copr.* 2014, comm. 305, obs. G. Vigneron ; *Administrer* déc. 2014, p. 52, note J.-R. Bouyeure).

D'autre part, le syndicat ne pouvait s'exonérer en invoquant le fait que les troubles de jouissance invoqués ne provenaient pas d'un défaut d'entretien de sa part mais de la vétusté des installations. Le fait de ne pas procéder aux travaux de réhabilitation nécessaires pour que ces installations puissent continuer à remplir leur fonction constituait en effet un défaut d'entretien au sens de l'article 14 de la loi du 10 juillet 1965 (▪ Cass. 3e civ., 15 oct. 2014, n° 13-18.343 : *JurisData* n° 2014-024424 ; *Loyers et copr.* 2014, comm. 305, obs. G. Vigneron).

Le syndicat ne pouvait éviter une condamnation qu'en rapportant la preuve d'une faute de la victime ou de celle d'un tiers, ou d'un cas de force majeure (▪ Cass. 3e civ., 3 déc. 2020, nos 19-12.871 et 19-12.125 : *JurisData* n° 2020-020015 ; *Loyers et copr.* 2021, comm. 32, note C. Coutant-Lapalus. ▪ Cass. 3e civ., 9 mai 2019, n° 18-13.670 : *JurisData* n° 2019-007540 ; *Loyers et copr.* 2019, comm. 135, Ch. Coutant-Lapalus. ▪ Cass. 3e civ., 12 sept. 2012, n° 11-10.421 : *JurisData* n° 2012-020103 ; *Bull. civ.* III, n° 119 ; *Loyers et copr.* 2012, comm. 309, note G. Vigneron ; *Rev. loyers* 2012, p. 374, note L. Guégan ; *AJDI* 2013, p. 617, note D. Tomasin. ▪ Cass. 3e civ., 14 déc. 2004 : *Rev. Administrer* avr. 2005, p. 36, obs. J.-R. Bouyeure). La faute de la victime pouvait éventuellement entraîner un partage de responsabilité (▪ CA Paris, 10 et 28 janv. 1979 : *D.* 1980, inf. rap. p. 156. ▪ CA Versailles, 26 nov. 1987 : *RD imm.* 1988, p. 143, obs. F. Givord). Pour exonérer le syndicat, la faute de la victime devait être avérée (▪ Cass. 3e civ., 29 oct. 2013, n° 12-23.953 : *JurisData* n° 2013-024165 ; *Loyers et copr.* 2014, n° 26, obs. G. Vigneron) et le syndicat devait en rapporter la preuve (▪ Cass. 3e civ., 9 mai 2019, n° 18-13.670 : *JurisData* n° 2019-007540 ; *Loyers et copr.* 2019, comm. 135, note C. Coutant-Lapalus ; *Administrer* juill. 2019, p. 63, obs. J.-R. Bouyeure. ▪ Cass. 3e civ., 10 sept. 2020, n° 18-25.979. ▪ Cass. 3e civ., 15 juin 2023, n° 22-16.155 : *Loyers et copr.* 2023, n° 9, comm. 141, Ch. Coutant-Lapalus).

Si la force majeure était invoquée, encore fallait qu'un événement imprévisible et irrésistible soit à l'origine du dommage (V. pour le rappel de cette exigence à propos d'infiltrations causées par une tempête, ▪ Cass. 3e civ., 12 mai 2010, n° 09-13.707 : *JurisData* n° 2010-006136 ; *Loyers et copr.* 2010, comm. 202, obs. G. Vigneron). Il a été jugé que l'absence de normes parasismiques n'excluait pas à elle seule l'existence d'un vice de construction et que le syndicat devait répondre des conséquences d'un séisme en l'absence de force majeure caractérisée (▪ Cass. 3e civ., 18 sept. 2013, n° 12-17.440 : *Bull. civ.* III, n° 108 ; *Rev. loyers* 2013, p. 466, note L. Guégan ; *Gaz. Pal.* 15-17 déc. 2013, p. 11, note F.-X. Ajaccio, A. Caston et R. Porte).

La victime pouvait éventuellement agir en invoquant l'article 1384, alinéa 1er du Code civil, ou se placer sur le terrain de la responsabilité civile de droit commun si les conditions pour ce faire sont remplies et qu'elle l'estime plus avantageux.

Voir : L. 10 juill. 1965, art. 14, comm. n° 24, p. 221.

Une clause d'exonération de responsabilité insérée dans le règlement par une décision d'assemblée était opposable au copropriétaire demandeur, si cette décision n'avait pas été contestée en temps utile (▪ CA Paris, 23e ch. B, 17 mars 1995 : *Bull. CNAB* Paris, juin 1995, p. 14, obs. Dunes ; *RD imm.* 1995, p. 380, obs. C. Giverdon).

45) Prescription de l'action. En application de l'article 42, alinéa 1 de la loi (V. ce texte), l'action se prescrivait en principe par 5 ans à compter de la survenance du dommage (▪ CA Paris, 30 mars 1984 : *D.* 1984, inf. rap. p. 412, obs. Giverdon et ▪ Cass. 3e civ., 26 mai 1992 : *Inf. rap. copr.* nov. 1994, p. 27, note A. Valdès. – Solution toujours actuelle, V. art. 42 de la loi). Mais en cas de vice de construction elle ne court que pour autant que la cause de ce vice est connue (■ Cass. 3e civ., 2 mars 2005 : *JCP* G 2005, IV, 1834 ; *Rev. Administrer* mai 2005, p. 47, obs. J.-R. Bouyeure. ■ CA Paris, 23e ch., 10 févr. 1995 : *Loyers et copr.* juin 1995, n° 295), ce qui peut être le cas seulement à compter du dépôt du rapport d'expertise (■ Cass. 3e civ., 21 avr. 2022, n° 21-15.581 : *Loyers et copr.* 2022, comm. 125, Ch. Coutant-Lapalus ; *Administrer* juin 2022, p. 33, obs. P. Déchelette-Tolot).

Voir aussi : comm. n° 23, la jurisprudence citée, p. 221.

3° *Objet et incidences de l'action*

46) Défendeur à l'action. L'action doit être introduite contre le syndicat des copropriétaires, pris en la personne de son syndic. Une action intentée contre les copropriétaires individuellement est irrecevable (V. pour une copropriété ne comprenant que deux copropriétaires et dépourvue de syndic, ■ Cass. 3e civ., 15 déc. 2010, n° 09-17.162 : *Rev. Administrer* avr. 2011, p. 43, note J.-R. Bouyeure).

L'action directe formée par un copropriétaire à l'encontre de l'assureur garantissant la responsabilité civile du syndicat sur le fondement de l'article L. 124-3 du Code des assurances doit être rejetée, si le demandeur recherche la responsabilité du syndic et non pas celle du syndicat (■ Cass. 3e civ., 14 sept. 2017, n° 16-19.467 : *Administrer* déc. 2017, p. 63, obs. J.-R. Bouyeure).

47) Modalités de la réparation. L'action engagée à l'encontre du syndicat tendra à obtenir soit la réparation des dommages causés, soit des dommages et intérêts, (V. par exemple, pour l'impossibilité momentanée d'exploiter un restaurant : ■ CA Paris, 23e ch. A, 7 juin 2000 : *Rev. Administrer* janv. 2001, p. 48, obs. J.-R. Bouyeure), soit les deux à la fois.

Les copropriétaires sont en droit de *demander au tribunal la condamnation du syndicat à exécuter, au besoin sous astreinte, les travaux* de réfection nécessaires pour porter remède aux dommages dont ils souffrent (■ Cass. 3e civ., 19 juin 2007 : *Rev. Administrer* oct. 2007, p. 89, obs. J.-R. Bouyeure. ■ CA Paris, 12 mars 1987 : *D.* 1987, inf. rap. p. 99. ■ CA Paris, 15 nov. 1989 : *Loyers et copr.* févr. 1990, n° 97. ■ CA Paris, 24 janv. 1981 : *AJPI* 1982, p. 99, note J.-R. Bouyeure).

Il n'y a pas lieu de s'arrêter à l'objection selon laquelle la décision d'exécuter des travaux sur parties communes ne relèverait que de l'assemblée générale (*Contra*, ■ CA Paris, 18 mars 1988 : *Loyers et copr.* 1988, n° 285). La Cour de cassation a affirmé en effet que le juge avait « le pouvoir d'ordonner des mesures propres à permettre l'exercice de leurs droits par les copropriétaires » (et donc en l'espèce les autoriser à effectuer des branchements sur des équipements collectifs de l'immeuble. – V. ■ Cass. 3e civ., 4 juill. 1990 : *Loyers et copr.* août-sept. 1990, n° 365). Encore faut-il que les travaux soient réalisables, ce que le juge doit rechercher lorsque cela lui est demandé, à défaut de quoi il ne donnera pas de base légale à sa décision (■ Cass. 3e civ., 23 sept. 2021, n° 20-19.583 : *Rev. Loyers* 2021, obs. V. Zalewski-Sicard). En ce sens, le syndicat des copropriétaires ne peut être condamné à exécuter des travaux sur la voie publique (■ Cass. 3e civ., 7 sept. 2017, n° 16-19.571).

Les copropriétaires peuvent également *se faire autoriser à effectuer les travaux eux-mêmes*, les frais qu'ils ont avancés devant ensuite leur être remboursés par le syndicat (■ Cass. 3e civ., 4 juill. 1990 : *préc.*).

Si une demande de dommages et intérêts est formulée, l'indemnisation s'opère selon les principes de droit commun. Ainsi la réparation d'une perte de chance (en l'espèce l'impossibilité de louer à la suite d'un dégât des eaux) doit être mesurée à la chance perdue (en l'espèce une indemnisation forfaitaire) et ne peut être égale à l'avantage qu'aurait procuré cette chance si elle s'était réalisée (en l'espèce le cumul des loyers « perdus » : ■ Cass. 3e civ., 22 sept. 2009 : *JurisData* n° 2009-049616 ; *Rev. Administrer* mai 2010, p. 49, obs. J.-R. Bouyeure). Il a pu être jugé que pour évaluer le préjudice subi par un copropriétaire bailleur, il convenait de se baser sur la valeur locative (■ Cass. 3e civ., 17 janv. 2019, n° 17-26.948). Le copropriétaire demandeur peut obtenir non seulement des dommages et intérêts en réparation des troubles de jouissance éprouvés, mais également la réparation du préjudice moral dû à la dégradation de son état de santé (■ Cass. 3e civ., 17 sept. 2013, n° 12-17.746 : *Administrer* nov. 2014, p. 51, obs. J.-R. Bouyeure).

Les conséquences de la condamnation prononcée à l'encontre du syndicat en vertu de l'article 14 doivent être supportées par tous les copropriétaires même si sa responsabilité concerne des parties communes spéciales, dès lors qu'il n'y a pas de syndicat secondaire (■ CA Paris, 23e ch., 3 juill. 1992 : *Loyers et copr.* 1992, n° 445).

Si la responsabilité du syndic est également engagée, le copropriétaire victime d'un préjudice peut obtenir la condamnation *in solidum* du syndicat et du syndic (■ Cass. 3e civ., 18 juin 2008, n° 07-17.406).

48) Actions récursoires. Le syndicat peut se retourner contre le véritable responsable : le constructeur (■ TGI Paris, 26 mai 1977 : *D.* 1978, inf. rap. p. 135. – V. A. Valdès, *L'obligation de conseil des constructeurs à l'égard du syndicat de copropriétaires* : *Inf. rap. copr.* janv. 1997, p. 9), un copropriétaire (■ Cass. 1re civ., 13 oct. 1965 : *Gaz. Pal.* 1966, 1, p. 41) ou un tiers : l'entreprise chargée de l'entretien (■ Cass. 1re civ., 22 mars 1966 : *AJPI* 1966, II, 892, note Cabanac. ■ CA Paris, 7e ch., 26 mai 1993 : *Rev.*

Administrer févr. 1994, p. 71, note A. Dunes) ou des travaux (■ CA Paris, 23 nov. 1981 : *Gaz. Pal.* 1982, 1, somm., p. 17. ■ TGI Draguignan, 29 janv. 1981 : *Rev. loyers* 1982, p. 212). Ainsi le syndicat est fondé à invoquer la responsabilité du copropriétaire plaignant dans la persistance de la situation dommageable (■ CA Paris, pôle 4, 2e ch., 11 janv. 2012 : *JurisData* n° 2012-000661 ; *Loyers et copr.* 2012, n° 121, obs. G. Vigneron). Le syndicat ne peut néanmoins imputer de sa propre initiative au copropriétaire le coût de réparation des désordres, seule une décision de justice pouvant déterminer la responsabilité d'un copropriétaire dans la survenance d'un désordre (■ Cass. 3e civ., 14 juin 2018, n° 17-14.130).

La possibilité de ce recours est expressément prévue par l'article 14, alinéa 4 de la loi. Les juges du fond doivent, lorsqu'ils y sont invités, rechercher si les désordres ne sont pas de la responsabilité exclusive d'un tiers (V. pour le cas de l'inadaptation d'un réseau collectif d'évacuation des eaux usées : ■ Cass. 3e civ., 7 sept. 2017, n° 16.17-825 ; V. également ■ Cass. 3e civ., 28 janv. 2021, n° 19-19.261).

Selon une décision de la Cour de cassation, constitutive d'un revirement de jurisprudence, le point de départ de la prescription pour exercer une action récursoire est la date à laquelle la victime forme effectivement une demande indemnitaire, c'est-à-dire assigne soit par voie d'assignation au fond, soit par voie d'assignation en référé provision (■ Cass. 3e civ., 14 déc. 2022, n° 21-21.305 : *Loyers et copr.* 2023, comm. 27, A. Lebatteux).

Le syndicat peut aussi se retourner contre le syndic, lorsque le préjudice a été causé par sa carence (■ Cass. 3e civ., 21 sept. 2010, n° 09-15.625 : *AJDI* 2010, p. 812. – Sur la conjonction des responsabilité du syndic et du syndicat, V. G. Vigneron, *Horaces et Curiaces : Loyers et copr.* mars 2011, étude 3). Ainsi par exemple lorsqu'il n'a pas usé de son pouvoir d'initiative pour effectuer des travaux urgents (■ Cass. 3e civ., 10 janv. 2012, n° 10-26.207 : *JurisData* n° 2012-000254 ; *Loyers et copr.* 2013, comm. 88, note G. Vigneron. ■ CA Paris, pôle 4, 2e ch., 5 déc. 2012, n° 08/22751 : *JurisData* n° 2012-028739 ; *Loyers et copr.* 2013, comm. 155, note G. Vigneron). Le cas échéant la responsabilité peut être partagée entre le syndicat et le syndic, en fonction du lien de causalité entre le préjudice causé et les fautes commises par l'un et l'autre (■ Cass. 3e civ., 21 déc. 2017, n° 16-25.753 : *JurisData* n° 2017-026652 ; *Loyers et copr.* 2018, comm. 47, note A. Lebatteux ; *Administrer* mars 2018, p. 47, note J.-R. Bouyeure. ■ Cass. 3e civ., 16 juin 2011, n° 10-11.591. ■ Cass. 3e civ., 2 mars 2010, n° 09-13.755). Parfois le syndicat et le syndic sont condamnés *in solidum* (■ Cass. 3e civ., 17 juin 2014, n° 12-24.827. ■ Cass. 3e civ., 11 mai 2010, n° 09-14.340 ; ■ CA Paris, pôle 4, ch. 2, 23 mars 2022, n° 18/07647 : *JurisData* n° 2022-004809 ; *Loyers et copr.* 2022, n° 6, comm. 106, Ch. Coutant-Lapalus).

Bibliographie : Sur les recours possibles en cas d'accidents d'ascenseur, N. Jacob, *La responsabilité des prestataires de services spécialement de l'ascensoriste : Gaz. Pal.* 1995, 1, doctr. p. 659. – B. Quignard, *Analyse juridique et technique de l'accident d'ascenseur : Gaz. Pal.* 1994, 2, doctr. p. 1037.

B – Apports de l'ordonnance du 30 octobre 2019

Bibliographie : M. Tota, *Les régimes spéciaux de responsabilité du syndicat de copropriété : apports et lacunes de l'ordonnance du 30 octobre 2019 : LPA* 3 mars 2020, p. 11. – P.-E. Lagraulet, *L'administration de la copropriété réformée : AJDI* 2019, p. 852. – M. Poumarède, *Quelle responsabilité spéciale du syndicat des copropriétaires ? : Loyers et copr.* mars 2021, étude 2. – J.-R. Bouyeure, *Dommages ayant leur origine dans les parties communes : quels risques pour le syndicat et pour les copropriétaires ? : Administrer* mai 2024, n° 586, p. 7.

49) Interrogations. Dans sa rédaction antérieure, l'article 14 de la loi du 10 juillet 1965 cantonnait la « responsabilité spéciale » du syndicat aux seuls cas de dommages causés aux copropriétaires ou aux tiers par le vice de construction ou le défaut d'entretien des parties communes.

Dans ce système, pour obtenir la mise en jeu de cette responsabilité de plein droit du syndicat, il fallait démontrer l'existence d'un défaut d'entretien ou d'un vice de construction affectant les parties communes et établir que le dommage causé provenait de ce défaut d'entretien ou de ce vice de construction.

Dorénavant il n'y aura plus à établir l'existence d'un « défaut d'entretien » ou d'un « vice de construction » des parties communes : la responsabilité du syndicat sera engagée dès lors que le dommage causé à son « origine dans les parties communes ».

Est-ce à dire que la tâche de la victime s'en trouvera simplifiée ? Pour qu'il en soit ainsi, encore faudrait-il savoir de façon certaine ce qu'il faut entendre par « origine » du dommage. Ce terme peut avoir plusieurs sens : il peut désigner le lieu d'où il provient, ou encore ce qui a provoqué ce dommage, ce qui en est la cause. Selon l'interprétation choisie, les conséquences ne sont pas identiques. Prenons l'exemple, fréquemment rencontré en jurisprudence, d'une chute provoquée par la présence d'une plaque de glace, d'une flaque d'huile, etc. dans les parties communes. La responsabilité du syndicat est-elle de plein droit engagée dès lors que la chute a son « origine » dans les parties communes (lieu géographique) ? Ne faut-il pas, dans une autre approche, s'interroger pour savoir si la partie commune concernée est bien à la source du dommage, autrement dit si elle en est la cause ?

Le problème se pose dans les mêmes termes dans le cas, également fréquent, où un bloc de neige se détache du toit et crée dans sa chute un dommage. Quelle est « l'origine » de ce dommage ? Va-t-on engager la responsabilité du syndicat du seul fait qu'il provient du toit partie commune ? Doit-on au contraire l'écarter au motif que l'origine du dommage n'est pas la toiture mais le bloc de neige ou de glace qui s'est détaché du toit ?

Le Rapport au Président de la République (JO 31 oct. 2019) donne les indications suivantes quant à l'intention du législateur. Il s'agit « de clarifier les conditions d'engagement de la responsabilité objective du syndicat... en supprimant la référence au vice de construction et au défaut d'entretien. S'agissant du défaut d'entretien, cette formulation semblait renvoyer à la notion de faute, alors qu'il était admis en jurisprudence que le syndicat était responsable des désordres ayant pour origine les parties communes sans qu'il soit nécessaire de démontrer l'existence d'un comportement fautif de la part du syndicat. S'agissant du vice de construction, ce concept se rapproche de la responsabilité prévue à l'article 1792 du Code civil, qui ne se réfère qu'au dommage. Ainsi, la loi disposera désormais clairement que la responsabilité du syndicat est engagée de plein droit dès lors que le siège du dommage se situe dans les parties communes ».

La référence à la notion de « responsabilité objective » et de « siège du dommage » laisse entendre que la responsabilité du syndicat sera automatiquement engagée dès que le dommage prend sa source dans les parties communes, sans qu'il y ait à procéder à la recherche d'un « lien de causalité » (le « fait générateur »). Cette conception est de nature à élargir considérablement le champ d'application de la « responsabilité spéciale » du syndicat, ce que l'on a déploré (P.-E. Lagraulet, *Étude précitée, AJDI 2019, 852* ; M. Poumarède, *Étude précitée* : *Loyers et copr.* 2021, étude 2, n° 18 ; V° *contra* : J.-R. Bouyeure, *Dommages ayant leur origine dans les parties communes : quels risques pour le syndicat et pour les copropriétaires ?* : *Administrer* mai 2024, n° 586, p. 7). Il reste à attendre la position que prendra la jurisprudence...

VIII – RESPONSABILITÉ PÉNALE DU SYNDICAT

50) Application des règles de droit commun. Comme toute personne morale, le syndicat des copropriétaires est susceptible de voir sa responsabilité pénale engagée, sur le fondement de l'article L. 121-2 du Code pénal, dès lors qu'une infraction a été commise « pour son compte, par ses organes ou représentants » (V. *La copropriété*, Dalloz action 2021-2022, ss direction de P. Capoulade et D. Tomasin, nos 321-211. – V. sur l'élargissement de cette responsabilité par la « loi Perben II », N. Stolowy, *La disparition du principe de spécialité dans la mise en cause pénale des personnes morales* : *JCP* G 2004, I, 138).

Il a été jugé que la responsabilité pénale du syndicat ne pouvait être engagée vis-à-vis de la gardienne d'immeuble salariée, victime d'un harcèlement moral par un copropriétaire membre du conseil syndical, car le délit de harcèlement moral n'a vocation à s'appliquer qu'aux faits commis dans le cadre d'une relation de travail (▪ Cass. crim., 28 mars 2017, n° 15-86.509 : *JurisData* n° 2017-005725 ; *Loyers et copr.* 2017, comm. 119, note A. Lebatteux. – V. précédemment un arrêt de la cour de Paris ayant retenu la responsabilité du syndicat des copropriétaires pour harcèlement moral commis par le président du conseil syndical à l'encontre du gardien d'immeuble, ▪ CA Paris, ch. 6-4, 29 juin 2016, n° 12-06.998).

Sur l'évolution de la question, V. J.-H. Robert, *Vers une refondation de la responsabilité pénale des personnes morales* : *JCP* E 2012, n° 27-1451. – R. Hervet et F. Benouniche, *La responsabilité pénale des personnes morales : vers la nécessaire identification de l'organe ou du représentant auteur du manquement* : *Gaz. Pal.* 20-21 juin 2012, p. 5. – J. Lasserre-Capdeville, *Évolution et interrogations autour de la responsabilité pénale des personnes morales* : *LPA* 13 juin 2012, p. 15. – D. Boccon-Gibod, *Du nouveau en matière de responsabilité pénale des personnes morales* : *RJDA* févr. 2012, p. 99.

IX – REPRÉSENTATION DU SYNDICAT

Bibliographie : P.-E. Lagraulet, *Le syndic de copropriété* : Edilaix, 2021, spéc., p. 177 et s.

51) Mécanisme et incidents. Le syndicat est représenté par le syndic (L. 10 juill. 1965, I, al. 5) ou par la personne qui lui est valablement substituée (notamment dans le cas de copropriétés en difficulté).

Lorsque le syndic commande des travaux, il y a lieu de vérifier dans chaque cas s'il est intervenu à titre personnel ou en qualité de mandataire du syndicat (▪ Cass. 3e civ., 23 sept. 2009 : *JurisData* n° 2009-049611 ; *Loyers et copr.* 2009, comm. 270, obs. G. Vigneron). Pour que le syndicat soit directement engagé au titre des contrats et marchés, il doit être constaté que le syndic est bien intervenu ès-qualités et non pas à titre personnel (▪ Cass. 3e civ., 27 avr. 2017, n° 15-24.468 : *JurisData* n° 2017-008189 ; *Loyers et copr.* 2017, comm. 150, note C. Coutant-Lapalus ; *Administrer* juill. 2017, p. 45, note J.-R. Bouyeure. ▪ Cass. 3e civ., 17 déc. 2015, n° 14-21.275 : *JurisData* n° 2015-028753 ; *Loyers et copr.* 2016, n° 77, note G. Vigneron).

Dans la mesure où le syndicat se trouverait engagé vis-à-vis des tiers dans le cas de dépassement de son mandat par le syndic (ainsi s'il commandait des travaux au-delà de ceux autorisés par l'assemblée), le syndicat pourrait engager une action en responsabilité à son encontre (■ Cass. 3e civ., 11 mai 2010, n° 09-14.340 : *JurisData* n° 2010-009330 ; *Loyers et copr.* 2010, comm. 203, obs. G. Vigneron. – V., à ce propos, la jurisprudence citée, L. 10 juill. 1965, art. 18, p. 284).

Si un tiers (en l'espèce un promoteur) autre que le syndic conclut un contrat (en l'espèce une transaction) avec un copropriétaire sans mandat, censé contracter au nom de l'ensemble des copropriétaires, il a été jugé que seul le syndicat des copropriétaires pouvait se prévaloir de la nullité du contrat pour défaut de pouvoir (■ Cass. 3e civ., 26 janv. 2017, n° 15-26.814, publié au *Bull.* ; *JurisData* n° 2017-000952 ; *Loyers et copr.* 2017, comm. 91, note C. Coutant-Lapalus ; *Rev. loyers* 2017, p. 141, note V. Zalewski ; *AJDI* 2017, p. 520, note D. Tomasin). Cette décision a été rendue sous l'empire de la législation antérieure à l'ordonnance n° 2016-131 du 10 février 2016 portant réforme du droit des contrats. À l'avenir, ce type de difficultés devra être résolu au regard des nouvelles dispositions de l'article 1156, alinéa 2 du Code civil. Le tiers contractant pour obtenir la nullité du contrat doit désormais avoir ignoré que l'acte était accompli par un représentant sans pouvoir ou au-delà de ses pouvoirs (V. la note de V. Zalewski préc.).

X – LE SYNDICAT ET LE DROIT DE LA CONSOMMATION

Bibliographie : J. Chamard, *Le statut du syndicat des copropriétaires au regard des dispositions du Code de la consommation : Administrer* mars 2015, p. 13. – N. Figuière-Brocard, *Le syndicat de copropriétaires, funambule du droit de la consommation : Inf. rap. copr.* nov. 2016, p. 49. – P. Déchelette-Tolot, *Le syndicat, le syndic et le droit de la consommation : Administrer* oct. 2016, p. 8.

52) Le syndicat n'est pas un « consommateur ». Il résulte des dispositions combinées des articles L. 421-1 et L. 421-6 du Code de la consommation que les associations ayant pour objet statutaire la défense des consommateurs peuvent agir devant la juridiction civile, notamment pour obtenir la suppression de clauses abusives. Mais ces textes sont réservés aux seuls « consommateurs ». La Cour de cassation a estimé que les syndicats de copropriétaires ne pouvaient pas en bénéficier. Elle a en conséquence jugée irrecevable l'action engagée par une association de consommateurs pour obtenir la suppression de clauses jugées abusives dans un contrat-type de syndic proposé par un groupe immobilier à des syndicats de copropriétaires (■ Cass. 1re civ., 4 juin 2014, n° 13-13.779 : C. Rouquette-Terrouanne, *Le syndicat des copropriétaires est un non-professionnel, mais pas un consommateur : Loyers et copr.* oct. 2014, étude 10 ; *LPA* 2-3 sept. 2014, p. L. Litaize. – V. dans le même sens ■ Cass. 1re civ., 1er juin 2016, n° 14-28.334 : *JurisData* n° 2016-013978. – Et ■ Cass. 1re civ., 1er juin 2016, n° 15-20.119 : *JurisData* n° 2016-013979 ; *Loyers et copr.* 2016, comm. 210, note G. Vigneron et C. Coutant-Lapalus).

53) Le syndicat n'a pas la qualité de « professionnel ». L'article L. 136-1 du Code de la consommation oblige le professionnel prestataire de services à informer le consommateur ou le « non-professionnel » de la possibilité de ne pas reconduire un contrat comportant une clause de reconduction tacite. [...]

Depuis la loi du 3 janvier 2008 qui a modifié ce texte il a été admis qu'il était applicable aux syndicats de copropriétaires (Rép. min. n° 23114 : *JOAN Q* 28 oct. 2008, p. 9314. – V. en ce sens, ■ Cass. 1re civ., 23 juin 2011, n° 10-30.645 : *JurisData* n° 2011-012279 ; *Loyers et copr.* 2011, n° 278, obs. G. Vigneron ; *Bull. civ.* III, n° 122 ; *Rev. loyers* 2011, p. 325, note Ph. Gomar ; *JCP E* 2011, n° 37, 1660, note P. Lemay. – CA Aix en Provence, 18 nov. 2014, n° 13-02749 : *Loyers et copr.* 2015, comm. 52, obs. G. Vigneron. – V. précédemment en sens contraire, ■ CA Versailles, 8 sept. 2010 : *Rev. Administrer* mars 2011, p. 44, obs. J.-R. Bouyeure, qui a estimé que le syndicat, personne morale gérée par un syndic professionnel, ne pouvait se prévaloir de cette disposition. – V. sur la question, C. Rouquette-Terouanne, *Le syndicat des copropriétaires est un non-professionnel au sens de l'article L. 136-1 du Code de la consommation : Loyers et copr.* nov. 2011, étude 11). Dans une nouvelle décision, la Cour de cassation a jugé que la représentation du syndicat par un syndic professionnel ne lui faisait pas perdre sa qualité de non professionnel, de sorte qu'il pouvait bénéficier des dispositions protectrices de l'article L. 136-1 du Code de la consommation, concernant la reconduction des contrats de prestation de services (■ Cass. 1re civ., 25 nov. 2015, nos 14-21.873 et 14-20.760, publiés au Bulletin : *JurisData* nos 2015-026217 et 2015-026228 ; *Loyers et copr.* 2016, n° 52, note G. Vigneron ; *Constr.-Urb.* 2016, n° 14, note C. Sizaire ; *Rev. loyers* 2016, p. 581, note L. Guégan ; *AJDI* 2016, p. 1, chron. E. Elbaz ; *AJDI* 2016, p. 518, note D. Tomasin. – V., dans le même sens, ■ Cass. 1re civ., 29 mars 2017, n° 16-10.007, publié au *Bull.* ; *JurisData* n° 2017-005677 ; *Loyers et copr.* 2017, comm. 117, note C. Coutant-Lapalus ; *Contrats, conc. consom.* juin 2017, comm. 137, note S. Bernheim-Desvaux).

La loi de ratification de l'ordonnance concernant la réorganisation du Code de la consommation (L. n° 2017-203, 21 févr. 2017 : *JO* 22 févr.) définit dorénavant le « non-professionnel » comme « toute personne morale qui n'agit pas à des fins professionnelles » (C. consom., art. liminaire). Cette réforme clôt la discussion. Il est clair que le syndicat des copropriétaires, qui n'a pas pour finalité l'exercice d'une activité professionnelle, répond à cette définition.

Le fait qu'un syndic professionnel soit copropriétaire majoritaire dans la copropriété ne fait pas perdre au syndicat sa qualité de non-professionnel (▪ Cass. 3e civ., 12 juill. 2018, n° 17-21.564 : *JurisData* n° 2018-012474 ; *Loyers et copr.* 2018, comm. 208, note C. Coutant-Lapalus ; *JurisData* n° 2018-12474 ; *RDC* déc. 2018, p. 586, note J. Julien).

Cependant le syndicat ne peut invoquer les dispositions de l'article L. 218-2 du Code de la consommation, dont le bénéfice est réservé aux « consommateurs », pour soutenir que l'action en paiement de travaux sur un ascenseur diligentée par une entreprise à son encontre est soumise à la prescription de 2 ans prévue par ce texte (▪ CA Paris, pôle 4, 2e ch., 5 juin 2019, n° 16/00259 : *Administrer* mars 2020, p. 48, obs. J.-R. Bouyeure). Cette solution, réitérée par la cour d'appel de Paris (20 mai 2021), a été confirmée par la Cour de cassation (▪ Cass. 3e civ., 28 sept. 2022, n° 21-19.829 : *JCP* N 2023, 1024, n° 06, obs. H. Périnet-Marquet ; *Loyers et copr.* 2022, n° 12, comm. 198, C. Coutant-Lapalus. V. également ▪ Cass. 3e civ., 6 oct. 2022, n° 20-16.886 : *Loyers et copr.* 2022, n° 12, comm. 197, C. Coutant-Lapalus).

XI – LE SYNDICAT ET LE DROIT DU TRAVAIL

Bibliographie : I. Béranger, *Suppression du poste de gardien : comment licencier dans les règles ? : Dict. perm. Gestion immobilière, Bull.* avr.-mai 2017, p. 2 et s. – L. Guégan-Gélinet, *Licenciement du gardien et suppression du poste en copropriété : Administrer* août-sept. 2017, p. 21. – J. Colonna et V. Renaux-Personnic, *Le licenciement économique et le syndicat des copropriétaires : Inf. rap. copr.* mars 2019, p. 13. – J. Hocquard, *Le syndicat des copropriétaires employeur et le plan de prévention des risques professionnels : Inf. rap. copr.* juill. août 2019, p. 23.

54) Non-application des règles du licenciement pour motif économique. Un syndicat de copropriétaires n'étant pas une entreprise au sens de l'article L. 1233-1 du Code du travail, le licenciement d'un salarié (en l'espèce le gardien), même s'il repose sur un motif non inhérent à sa personne, n'est pas soumis aux dispositions concernant les licenciements pour motif économique (▪ Cass. soc., 1er févr. 2017, n° 15-26.853, publié au *Bull.* ; *JurisData* n° 2017-001395 ; *Loyers et copr.* 2017, comm. 90, note C. Coutant-Lapalus ; *Rev. loyers* 2017, p. 247, note L. Guégan-Gélinet ; *AJDI* 2017, p. 448, note D. Bert).

Cependant, dans une résidence-services, où le syndicat gère un service médical, activité qui peut être considérée comme une entreprise au sens de l'article L. 1233-1 du Code du travail, les règles du licenciement économique sont applicables lorsque le syndicat procède au licenciement d'infirmières employées dans ce service (▪ Cass. soc., 21 nov. 2018, n° 17-12.599 : publié au *Bull.* ; *JurisData* n° 2018-020719 ; *Loyers et copr.* 2019, comm. 43, note A. Lebatteux ; *Ann. loyers* 2019, p. 98, note J. Colonna et V. Renaux-Personnic ; *AJDI* 2019, p. 543, note D. Tomasin).

XII – DISPARITION DU SYNDICAT

Bibliographie : Sur ces problèmes, E.-J. Guillot, *La disparition du syndicat des copropriétaires : Rev. Administrer* avr. 1979, p. 4 et s. – P. Capoulade, *Quand le syndicat des copropriétaires est voué à disparaître : Rev. Géomètre* oct. 1998, p. 42 ; *Dissolution et liquidation du syndicat des copropriétaires : les solutions dégagées par la jurisprudence : Rev. Habitat* juin 2008, p. 10. – J. Lafond, *Liquidation des syndicats de copropriétaires : l'impasse : JCP* N 2008, n° 38-1286 (avec formules). – P. Capoulade, *Le point sur la jurisprudence relative à la dissolution et à la liquidation du syndicat des copropriétaires : Inf. rap. copr.* mai 2009, p. 19. – M. Suquet-Cozic, *Réunion de lots de copropriétés en une seule main : comment vendre en bloc ? : BPIM* 2/09, p. 16. – G. Rouzet, *Réunion des lots de copropriété en une seule main : quelles conséquences ? : Defrénois* 2009, art. 38945. – C. Cambon et P. Lebatteux, *Les difficultés concrètes liées à la disparition du syndicat des copropriétaires : Administrer* juin 2013, p. 26.

55) Les problèmes posés par la dissolution et la liquidation du syndicat sont aujourd'hui abordés par l'article 46-1 nouveau de la loi du 10 juillet 1965, créé par l'ordonnance n° 2019-1101 du 30 octobre 2019. Ce texte traite du cas de réunion de tous les lots entre les mains d'un même propriétaire.

Il sera ici renvoyé. Cependant la jurisprudence antérieure à l'ordonnance du 30 octobre 2019 reste en grande partie d'actualité : elle est donc rappelée ci-dessous.

A – Solutions antérieures à l'ordonnance du 30 octobre 2019

56) Hypothèses diverses. La disparition du syndicat peut résulter :

• d'une décision des copropriétaires mettant fin à l'état de copropriété, décision qui doit être unanime (▪ Cass. 3e civ., 24 janv. 1978 : *RTD civ.* 1979,

p. 891, obs. Giverdon). Ainsi, lorsque, dans une copropriété horizontale, les copropriétaires décident de transférer à une association syndicale la propriété de l'intégralité des parties communes et des ouvrages d'intérêt commun à tous les propriétaires de l'ensemble immobilier et de faire éclater la copropriété en propriétés autonomes (▪ Cass. 3e civ., 7 mars 1990 : *Loyers et copr.* 1990, n° 229. ▪ TGI Nancy, 22 févr. 2007 : *Loyers et copr.* 2007, n° 209, et la note) ;

• de la destruction de l'immeuble (V. L. art. 38 et s.) ;

• de la réunion de tous les lots entre les mains d'une même personne, par exemple à la suite d'un achat, d'un héritage, d'un apport en société, d'une expropriation, etc. Ainsi lorsqu'un OPAC rachète tous les lots d'un immeuble en copropriété (▪ Cass. 3e civ., 27 avr. 2017, n° 16-11.278 : *JurisData* n° 2017-009454 ; *Loyers et copr.* 2017, comm. 149, note A. Lebatteux. ▪ Cass. 3e civ., 28 janv. 2009, n° 06-19.650 : *Bull. civ.* 2009, III, n° 25 ; *Loyers et copr.* 2009, comm. 102, obs. G. Vigneron ; *Rev. Administrer* mai 2009, p. 55, obs. J.-R. Bouyeure ; *Defrénois* 2009, p. 1049, note C. Atias ; *Rev. loyers* 2009, p. 136, note J.-M. Gélinet ; *AJDI* 2009, p. 550, note P. Capoulade. ▪ Cass. 3e civ., 22 oct. 2008, n° 07-17.473 : *AJDI* 2009, p. 39. ▪ Cass. 3e civ., 12 sept. 2007 : *Bull. civ.* III, n° 138 ; *Loyers et copr.* 2007, comm. 228, note G. Vigneron ; *Rev. Administrer* févr. 2008, p. 37, obs. J.-R. Bouyeure ; *Inf. rap. copr.* mars 2008, p. 22, note P. Capoulade ; *D.* 2007, p. 2388, note G. Forest. ▪ Cass. 3e civ., 4 juill. 2007 : *Bull. civ.* III, n° 121 ; *JCP* N 2007, n° 29, act. 341, note A. Djigo ; *JCP* N 2007, n° 49, p. 19, n° 7, obs. H. Périnet-Marquet ; *Loyers et copr.* 2007, comm. 204, note G. Vigneron ; *D.* 2007, p. 2389, note Y. Rouquet ; *Administrer* nov. 2007, p. 53, obs. J.-R. Bouyeure ; *AJDI* 2008, p. 488, note P. Capoulade) ;

Cette hypothèse est aujourd'hui règlementée par l'article 46-1 de la loi du 10 juillet 1965, introduit par l'ordonnance n° 2019-1101 du 30 octobre 2019.

• de la fusion de copropriétés, qui ne peut résulter que d'une décision unanime (▪ TGI Montpellier, 24 oct. 2005. – V. sur cette décision J.-M. Roux, *Vous avez dit « fusion de copropriété » ? : Ann. loyers* 2006, p. 1283) ;

• de la scission de la copropriété (V. L. 10 juill. 1965, art. 28, p. 504).

57) Conséquences de la disparition du syndicat. Le syndicat survit alors pour les besoins de sa liquidation (▪ Cass. 3e civ., 27 avr. 2017, n° 16-11.278 : *JurisData* n° 2017-009454 ; *Loyers et copr.* 2017, n° 149, obs. A. Lebatteux. ▪ Cass. 3e civ., 13 janv. 2015, n° 13-20.908 : *JurisData* n° 2015-000409 ; *Loyers et copr.* 2015, comm. 104, obs. G. Vigneron ; *Administrer* avr. 2015, p. 48, note J.-R. Bouyeure. ▪ Cass. 3e civ., 4 juill. 2007, préc. ▪ Cass. 3e civ., 5 déc. 2007 : *Bull. civ.* III, n° 220 ; *Loyers et copr.* 2008, comm. 43, note G. Vigneron ; *JCP* G 2008, n° 12, p. 27, n° 18, obs. H. Périnet-Marquet ; *Rev. Administrer* mai 2008, p. 56, note P. Capoulade ; *Rev. loyers* 2008, p. 178, note J.-M. Roux ; *D.* 2008, p. 87, note G. Forest. ▪ CA Paris, 23e ch., 15 sept. 1995 : *Loyers et copr.* janv. 1995, n° 44). Cette liquidation n'est pas soumise à la loi du 10 juillet 1965 (▪ Cass. 3e civ., 27 avr. 2017, n° 16-11.278 : *JurisData* n° 2017-009454 ; *Loyers et copr.* 2017, comm. D 149, note A. Lebatteux).

La réunion de la totalité des lots en une seule main a pour effet de transmettre à l'acquéreur, devenu propriétaire de la totalité des parties communes et des parties privatives, et donc ayant cause à titre particulier du syndicat, les actions dont ce dernier disposait à l'encontre tant de l'assureur dommages ouvrage que des constructeurs et de leurs assureurs. Ces actions, en l'absence de règlement d'avance et de préfinancement par le syndicat des travaux de réparation, ne relèvent pas en effet de celles pour lesquelles ce dernier survit pour les besoins de la liquidation de son patrimoine (▪ Cass. 3e civ., 12 sept. 2007, préc. – V. aussi ▪ CA Paris, 19e ch. A, 21 nov. 2000 : *Loyers et copr.* 2001, comm. 135, pour qui l'unique propriétaire ne peut être considéré comme le « successeur » du syndicat ou son liquidateur de fait). Toutefois, l'acquéreur de tous les lots d'une copropriété n'est pas tenu de plein droit des obligations personnelles du syndicat dissous, dont la personnalité morale subsiste pour les besoins de sa liquidation. Les créanciers du syndicat doivent donc le mettre en cause même si la copropriété a disparu du fait de la réunion de tous les lots entre les mains d'un même propriétaire (▪ Cass. 3e civ., 12 nov. 2020, n° 19-17.954 : *Administrer* janv. 2021, p. 58, note J.-R. Bouyeure). Si le syndicat des copropriétaires n'a pour membres que deux sociétés, et que l'une d'elles apporte l'ensemble de ses actifs à l'autre qui devient seule propriétaire de l'immeuble, celle-ci n'est pas pour autant tenue des dettes du syndicat des copropriétaires, qui est de ce fait dissous (▪ Cass. 3e civ., 2 oct. 2013, n° 12-17.098 : *JurisData* n° 2013-021521 ; *Loyers et copr.* 2014, n° 27, obs. G. Vigneron). Le créancier du syndicat qui agit en paiement contre les copropriétaires par voie d'action oblique doit mettre en cause le syndicat, même s'il a disparu du fait de la réunion de tous les lots en une seule main, car sa personnalité survit pour les besoins de sa liquidation, et l'acquéreur n'est pas tenu des obligations personnelles du syndicat (▪ Cass. 3e civ., 13 janv. 2015, préc.).

58) Processus de la liquidation. Comme l'a souligné la Cour de cassation (▪ Cass. 3e civ., 6 juin 2019, n° 17-30.923 : *Administrer* août-sept. 2019, p. 55, note J.-R. Bouyeure. ▪ Cass. 3e civ., 27 avr. 2017, préc. ▪ Cass. 3e civ., 5 déc. 2007, préc.), aucune disposition de la loi du 10 juillet 1965 n'a vocation à régir la liquidation de la copropriété. Selon cette décision, les anciens copropriétaires réunis en assemblée générale peuvent désigner un liquidateur amiable chargé de représenter le syndicat (Sur le point de savoir si ce liquidateur peut être désigné autrement qu'à l'unanimité et à quelles conditions, V. la note de J.-M. Roux préc. : *Rev. loyers* 2008, p. 178). Dans quelles conditions l'assemblée va-t-elle statuer ? Les règles relatives aux assemblées générales de copropriété ne s'appliquent pas à une assemblée générale tenue postérieurement à la dissolution du syndicat. Il en résulte que les décisions doivent alors être prises à l'unanimité (▪ Cass. 3e civ., 6 juin 2019, n° 17-30.923 : *Administrer* août-sept. 2019, p. 55, note J.-R. Bouyeure).

À défaut, le liquidateur peut être désigné par la voie judiciaire, éventuellement en référé (▪ CA Versailles, 18 juin 2014, n° 13/06603 : *Loyers et copr.* 2014, comm. 287, obs. G. V. ▪ TGI Paris, réf. 20 févr. 2007 : *AJDI* 2008, p. 129, note P. Capoulade).

Dans tous les cas, une action peut être introduite, le cas échéant, pour constater la disparition du syndicat, et voir homologuer l'acte de dissolution-partage de la copropriété (▪ TGI Nancy, 2e ch. civ., 22 févr. 2007 : *Loyers et copr.* 2007, n° 209, et la note). Par ailleurs, le créancier du syndicat peut demander en justice la désignation d'un mandataire *ad hoc* pour procéder à la liquidation de sa créance (▪ Cass. 3e civ., 27 avr. 2017, n° 16-11.278 : *JurisData* n° 2017-009454 ; *Loyers et copr.* 2017, comm. 178, note C. Coutant-Lapalus).

L'article 29-1, alinéa 4 nouveau de la loi du 10 juillet 1965, issu de la loi n° 2014-366 du 24 mars 2014 (loi ALUR) apporte une solution à ce type de situation, en permettant de faire désigner un administrateur provisoire pour procéder à la liquidation des dettes du syndicat. Ces dispositions ont été complétées par décret (D. 17 mars 1967, art. 62-28).

B – Apport de l'ordonnance du 30 octobre 2019

59) Renvoi. V. l'article 46-1 de la loi du 10 juillet 1965.

Art. 14-1 ***(Mod., L. n° 2000-1208, 13 déc. 2000 ; L. n° 2021-1104, 22 août 2021).*** **– I. – Pour faire face aux dépenses courantes de maintenance, de fonctionnement et d'administration des parties communes et équipements communs de l'immeuble, le syndicat des copropriétaires vote, chaque année, un budget prévisionnel. L'assemblée générale des copropriétaires appelée à voter le budget prévisionnel est réunie dans un délai de six mois à compter du dernier jour de l'exercice comptable précédent.**

Les copropriétaires versent au syndicat des provisions égales au quart du budget voté. Toutefois, l'assemblée générale peut fixer des modalités différentes.

La provision est exigible le premier jour de chaque trimestre ou le premier jour de la période fixée par l'assemblée générale.

(Aj. à compter du 1er janvier 2023, L. n° 2021-1104, 22 août 2021) **II. – Ne sont pas comprises dans le budget prévisionnel les dépenses du syndicat pour travaux, dont la liste est fixée par décret en Conseil d'État. Les sommes afférentes à ces dépenses sont exigibles selon les modalités votées par l'assemblée générale.**

1) Entrée en vigueur. Le II de cet article entre en vigueur :

1° Le 1er janvier 2023, pour les syndicats de copropriétaires comprenant plus de deux cents lots à usage de logements, de bureaux ou de commerces ;

2° Le 1er janvier 2024, pour les syndicats de copropriétaires comprenant un nombre de lots à usage de logements, de bureaux ou de commerces compris entre cinquante et un et deux cents ;

3° Le 1er janvier 2025, pour les syndicats de copropriétaires comprenant au plus cinquante lots à usage de logements, de bureaux ou de commerces.

Voir : sur la notion de travaux de maintenance, D. 17 mars 1967, art. 45, p. 830.

Bibliographie : G. Vigneron, *Le budget prévisionnel depuis la loi du 13 décembre 2000 : Loyers et copr.* déc. 2001, p. 5. – D. Cordier, *Le budget prévisionnel et les appels des charges répétibles auprès des copropriétaires : Inf. rap. copr.* mai 2002, p. 17. – P. Philippot, *Comptabilité du syndicat, de nouvelles règles pour la copropriété : Rev. hab. fr.* déc. 2001, p. 14. – T. Eoche-Duval, *Optimiser la trésorerie de sa copropriété : Le Particulier immobilier* févr. 2002, p. 53. – P. Capoulade, *Les appels de fonds après la loi SRU : Inf. rap. copr.* juin 2003, p. 17. – J. Hainaut, *Élaborer le budget prévisionnel avec le syndic : Inf. rap. copr.* mars 2016, p. 29. – A. Laux, *Le traitement comptable des travaux : Inf. rap. copr.* avr. 2023, p. 31.

I – OBLIGATION D'ÉTABLIR UN BUDGET PRÉVISIONNEL

2) Objet du budget. L'article 14-1, alinéa 1, oblige le syndicat à voter chaque année un budget prévisionnel.

Le budget prévisionnel englobe les dépenses courantes de maintenance, de fonctionnement et d'administration des parties communes et équipements communs de l'immeuble, à l'exclusion des dépenses pour travaux (V. ci-dessous, art. 14-2).

3) Préparation et vote. Le budget prévisionnel est voté chaque année. Il obéit donc au principe de l'annualité. Il correspond à un exercice comptable.

Il est préparé et établi par le syndic. Il est souhaitable, comme l'a préconisé la 13e recommandation de la regrettée Commission relative à la copropriété que le conseil syndical soit associé à sa préparation. Une fois établi, le budget prévisionnel sera notifié aux copropriétaires au plus tard en même temps que l'ordre du jour de l'assemblée appelée à l'approuver (à la majorité de l'article 24). L'efficacité du système mis en place par la loi SRU exige impérativement que le vote de ce budget intervienne rapidement après le terme de l'exercice précédent : le texte prévoit donc que l'assemblée appelée à voter le budget prévisionnel doit être réunie dans un délai de six mois à compter du dernier jour de l'exercice comptable précédent. Il a été jugé que ce délai de six mois n'était pas prescrit à peine de nullité de l'assemblée (▪ CA Paris, pôle 4, 2e ch., 5 déc. 2012 : n° 10/23732 ; *Administrer* mars 2013, p. 44, obs. J.-R. Bouyeure). Pendant cette période, le syndic est habilité à appeler successivement deux provisions trimestrielles, chacune égale au quart du budget prévisionnel précédemment voté.

Voir : D. 17 mars 1967, art. 43, p. 829.

II – VERSEMENT DE PROVISIONS

4) Montant et exigibilité. L'article 14-1, alinéa 2, indique que les copropriétaires doivent verser au syndicat des provisions égales au quart du budget voté. L'assemblée peut toutefois fixer des modalités différentes. Cette souplesse vise à répondre au cas des petites copropriétés à faibles charges où un appel semestriel est adapté, ainsi qu'à celui des immeubles regroupant des résidents aux revenus modestes, qui préféreront opter pour un règlement mensuel (Rapport au nom de la Commission de la production et des échanges : *Doc. AN* n° 2229, p. 222. – V. également Rép. Raoult, *JOAN* Q, 25 nov. 2002, p. 446, n° 2140. – Rép. Depierre, *JOAN* Q, 18 août 2003, n° 19005). Cette mensualisation des appels a d'ailleurs pu être préconisé pour faire face aux difficultés financières des copropriétaires et des syndicats (V. Recommandation de l'association QUALISR).

La provision est exigible le premier jour de chaque trimestre ou le premier jour de la période fixée par l'assemblée générale.

Il a été souligné dans les travaux préparatoires que cette rédaction interdisait aux copropriétés fonctionnant sur un paiement à terme échu des factures effectivement réglées par le syndic au cours du trimestre de continuer de régler leurs dépenses sur ce mode, même si elles votent par ailleurs un budget prévisionnel (Rapport de la Commission de la production et des échanges, préc., p. 221). Selon une réponse ministérielle du 13 août 2001 (*JOAN* n° 62 351, p. 4731) « les modalités différentes que peut fixer l'assemblée générale des copropriétaires ne peuvent porter que sur la définition de la périodicité et sur le montant de chaque provision exigible en début de période » (V. en ce sens la 21e recommandation de la Commission relative à la copropriété et l'étude de P. Philippot, préc., p. 15). La loi SRU a entendu mettre un terme aux pratiques anciennes : les rétablir par le biais d'un vote de l'assemblée paraît contraire à l'intention du législateur et au système de gestion qu'il a voulu mettre en place.

5) Annulation de l'approbation des comptes. L'annulation de la décision ayant approuvé les comptes empêche l'imputation à chaque copropriétaire de sa part définitive de charges et de dépenses communes, mais les copropriétaires restent tenus au paiement des provisions au titre du budget prévisionnel voté en assemblée (▪ Cass. 3e civ., 24 mars 2009, n° 08-12.278 : *Rev. Administrer* juin 2009, p. 44, obs. J.-R. Bouyeure ; *Rev. loyers* 2009, p. 302 ; *AJDI* 2009, p. 461). L'annulation de la résolution de l'assemblée générale ayant décidé des travaux n'emporte pas *de plano* l'annulation postérieure de la répartition des charges qui en résultent (▪ Cass. 3e civ., 10 sept. 2020, n° 19-22.278 : *Administrer* janv. 2021, p. 55, obs. J.-R. Bouyeure).

III – DÉPENSES POUR TRAVAUX ET BUDGET PROVISIONNEL

6) Nature de ces dépenses. Ce texte, figurant antérieurement à l'article 14-2 (avant la loi CLIMAT de 2021) qui précise que certaines « dépenses pour travaux » ne sont pas incluses dans le budget prévisionnel, a été complété par le décret n° 2004-479 du 27 mai 2004, qui a fixé la liste de ces dépenses, qui figure dans l'article 44 du décret du 17 mars 1967 (V. ce texte *infra*).

Les sommes afférentes à ces dépenses sont exigibles « selon les modalités fixées par l'assemblée générale ». Lorsque l'assemblée décide d'entreprendre des travaux visés par l'article 44 du décret du 17 mars 1967 (V. ce texte *infra*), qui complète l'article 14-1 de la loi, il lui appartient donc de fixer le calendrier des appels de fonds correspondants.

Voir : sur la liste des dépenses non comprises dans le budget prévisionnel, *infra*, D. 17 mars 1967, art. 44, p. 829.

Art. 14-2 ***(Mod. à compter du 1er janvier 2023, L. n° 2021-1104, 22 août 2021).* – I. – À l'expiration d'un délai de quinze ans à compter de la date de réception des travaux de construction de l'immeuble, un projet de**

plan pluriannuel de travaux est élaboré dans les immeubles à destination partielle ou totale d'habitation soumis à la présente loi. Il est actualisé tous les dix ans.

Ce projet de plan pluriannuel de travaux comprend, à partir d'une analyse du bâti et des équipements de l'immeuble ainsi que du diagnostic de performance énergétique mentionné à l'article L. 126-31 du Code de la construction et de l'habitation, sauf lorsque l'exemption prévue au deuxième alinéa du même article L. 126-31 s'applique, et, le cas échéant, à partir du diagnostic technique global prévu à l'article L. 731-1 du même code dès lors que ce dernier a été réalisé :

1° La liste des travaux nécessaires à la sauvegarde de l'immeuble, à la préservation de la santé et de la sécurité des occupants, à la réalisation d'économies d'énergie et à la réduction des émissions de gaz à effet de serre ;

2° Une estimation du niveau de performance au sens de l'article L. 173-1-1 dudit code que les travaux mentionnés au 1° du présent I permettent d'atteindre ;

3° Une estimation sommaire du coût de ces travaux et leur hiérarchisation ;

4° Une proposition d'échéancier pour les travaux dont la réalisation apparaît nécessaire dans les dix prochaines années.

Si le diagnostic technique global mentionné au deuxième alinéa du présent I ne fait apparaître aucun besoin de travaux au cours des dix années qui suivent son élaboration, le syndicat est dispensé de l'obligation d'élaborer un projet de plan pluriannuel de travaux.

Le projet de plan pluriannuel de travaux est établi par une personne disposant des compétences et des garanties précisées par décret, pouvant différer de celles du tiers mentionné à l'article L. 731-1 du Code de la construction et de l'habitation.

Le syndic inscrit à l'ordre du jour de l'assemblée générale des copropriétaires les modalités d'élaboration du projet de plan pluriannuel de travaux, qui sont votées à la majorité des voix exprimées des copropriétaires présents, représentés ou ayant voté par correspondance.

Les travaux prescrits dans le plan pluriannuel de travaux ainsi que leur échéancier et, le cas échéant, ceux prescrits par le diagnostic technique global sont intégrés dans le carnet d'entretien de l'immeuble prévu à l'article 18 de la présente loi.

II. – Le projet de plan pluriannuel de travaux est présenté à la première assemblée générale des copropriétaires qui suit son élaboration ou sa révision. Lorsque ce projet de plan fait apparaître la nécessité de réaliser des travaux au cours des dix prochaines années, le syndic inscrit à l'ordre du jour de cette assemblée générale la question de l'adoption de tout ou partie du projet de plan pluriannuel de travaux, qui est soumise à la majorité des voix de tous les copropriétaires.

Au regard des décisions prises par l'assemblée générale mentionnée au premier alinéa du présent II, le syndic inscrit à l'ordre du jour de chaque assemblée générale appelée à approuver les comptes soit la question de l'adoption de tout ou partie du projet de plan pluriannuel de travaux, s'il n'a pas été adopté, soit les décisions relatives à la mise en œuvre de l'échéancier du plan pluriannuel de travaux adopté.

III. – Dans le cadre de l'exercice de la police de la sécurité et de la salubrité des immeubles, locaux et installations prévue au titre Ier du livre V du Code de la construction et de l'habitation, l'autorité administrative compétente peut à tout moment demander au syndic de lui transmettre le plan pluriannuel de travaux adopté dans les conditions prévues au II du présent article, afin de vérifier que les travaux programmés permettent de garantir la sauvegarde de l'immeuble et la sécurité de ses occupants.

À défaut de transmission du plan pluriannuel de travaux adopté dans un délai d'un mois à compter de la notification de la demande ou si le plan transmis ne prescrit manifestement pas les travaux nécessaires à la préservation de la sécurité des occupants de l'immeuble, l'autorité administrative peut élaborer ou actualiser d'office le projet de plan pluriannuel de travaux, en lieu et place du syndicat des copropriétaires et aux frais de ce dernier.

Dès réception du projet de plan pluriannuel de travaux notifié par l'autorité administrative, le syndic convoque l'assemblée générale, qui se prononce sur la question de l'adoption de tout ou partie de ce projet de plan.

Entrée en vigueur. Cet article entre en vigueur :

1° Le 1er janvier 2023, pour les syndicats de copropriétaires comprenant plus de deux cents lots à usage de logements, de bureaux ou de commerces ;

2° Le 1er janvier 2024, pour les syndicats de copropriétaires comprenant un nombre de lots à usage de logements, de bureaux ou de commerces compris entre cinquante et un et deux cents ;

3° Le 1er janvier 2025, pour les syndicats de copropriétaires comprenant au plus cinquante lots à usage de logements, de bureaux ou de commerces.

Bibliographie : *Sur le plan pluriannuel de travaux avant la loi CLIMAT.* P. Lebatteux, *Un espoir déçu, la disparition du plan pluriannuel de travaux : Administrer* janv. 2020, p. 9. • A. Lebatteux, *Ordonnance ELAN : le plan pluriannuel de travaux obligatoires, victime de son anti-constitutionnalité : Inf. rap. copr.* avr.-mai 2020, p. 32. • P.-E. Lagraulet, *La plasticité du droit de la copropriété : AJDI* 2020, 398.

Sur le plan pluriannuel de travaux et le diagnostic de performance énergétique (depuis la loi Climat). A. Lebatteux, *Impacts de la loi Climat et Résilience en copropriété : Loyers et copr.* nov. 2021, étude 10. • P.-E. Lagraulet, *L'incidence de la loi Climat sur le droit de la copropriété : AJDI* 2021, 736. • P. Déchelette-Tolot, *Impact de la loi Climat et Résilience sur la copropriété : Administrer* nov. 2021, p. 7. • H. Périnet-Marquet, *Diagnostics et audits énergétiques après la loi climat et résilience : Constr.-Urb.* oct. 2021, étude 9. • S. Michelin-Mazeran, *Le plan pluriannuel de travaux : Inf. rap. copr.* oct. 2021, 8. • A. Fourmon et C. Saint Geniest, *Vers un nouveau durcissement progressif de la réglementation encadrant la rénovation énergétique des bâtiments : Loyers et copr.* 2021, n° 12, étude 13. • V. Zalewski-Sicard, *Le nouveau diagnostic de performance énergétique et la responsabilité des diagnostiqueurs : Rev. Loyers* 2022. • P.-E. Lagraulet, *Les outils juridiques de la rénovation énergétique : Inf. rap. copr.* avr. 2023, p. 27. • P.-E. Lagraulet, *Adaptation de l'immeuble d'habitation au changement climatique : Inf. rap. copr.* mars 2024, p. 23.

I – FONDS DE TRAVAUX (RÉGIME ANTÉRIEUR À LA LOI N° 2021-1104 DU 22 AOÛT 2021)

Voir : V° note ss art. 14-1, p. 238.

II – PLAN PLURIANNUEL DE TRAVAUX (RÉGIME ISSU DE LA LOI N° 2021-1104 DU 22 AOÛT 2021)

1) Objectif poursuivi. Le législateur a profondément réformé l'outil que constituait le plan pluriannuel de travaux. Jusqu'alors connu comme un outil facultatif pour envisager dans la durée la réalisation de travaux, il est désormais devenu un pivot, avec le DPE collectif, de la rénovation énergétique des immeubles. En effet, la loi « Climat » du 22 août 2021 impose la réalisation d'un projet de plan pluriannuel de travaux qui, en raison de son contenu obligatoire, permettra une information des copropriétaires sur l'état du bâti et les travaux à réaliser pour l'entretenir et surtout l'améliorer énergétiquement.

Bien que ni l'adoption du plan ne soit pas rendu obligatoire, contrairement à l'élaboration du « plan », la connaissance par le syndicat et les copropriétaires des travaux à réaliser aura nécessairement de grandes incidences sur la responsabilité du syndicat. Ce sera particulièrement le cas à l'aune de l'interdiction future de location des locaux d'habitation dont la note énergétique pourra être synonyme de non-décence du logement (V. art. 6, L. n° 89-462 du 6 juill. 1989, en particulièrement dans sa version en vigueur à compter du 1er janvier 2025).

A – Obligation d'élaborer un projet de plan pluriannuel de travaux

2) Immeubles à destination d'habitation. Sont concernés les immeubles à destination partielle ou totale d'habitation soumis à la loi du 10 juillet 1965 portant statut de la copropriété dont la réception des travaux de construction est antérieure à 15 ans. Les syndicats de copropriétaires de ces immeubles ont l'obligation de réaliser un projet de plan pluriannuel de travaux qui devra être actualisé tous les 10 ans.

3) Dérogation. Si le diagnostic technique global (DTG ; V. art. L. 731-1 CCH) de l'immeuble a été réalisé et ne fait apparaître aucun besoin de travaux, alors le syndicat des copropriétaires est dispensé d'élaborer ce projet de plan. L'exception paraît assez théorique dans la mesure où, en pratique, peu de syndicats paraissent avoir réalisé le DTG, et, le cas échéant, il nous paraît également assez peu vraisemblable que celui-ci ne fasse apparaître strictement aucun besoin de travaux.

4) Établissement à partir du DPE et le cas échéant du DTG. Le projet doit être établi obligatoirement à partir du diagnostic de performance énergétique, sauf lorsque le DPE de l'immeuble lui attribue une étiquette A, B ou C. Le cas échéant, le projet de plan reprendra les préconisations en matière de travaux que ce diagnostic doit contenir (V. art. 6 à 9 de l'arrêté du 31 mars 2021 relatif au diagnostic de performance énergétique pour les bâtiments ou parties de bâtiments à usage d'habitation en France métropolitaine). En raison de l'obligation de réaliser le Projet de PPT, cela suppose que tous les immeubles concernés seront dans l'obligation préalable, ou du moins simultanée, de réaliser un DPE collectif. Néanmoins, il faut souligner que cette obligation de réaliser un DPE dépasse le champ d'application du projet de plan dans la mesure où l'article L. 126-31 du CCH impose sa réalisation pour tout bâtiment d'habitation collective dont le permis de construire a été déposé avant le 1er janvier 2013.

Si un DTG a été réalisé, le plan pluriannuel doit également prendre en considération son contenu.

B – Vote des modalités d'établissement du projet de plan

5) Vote de l'assemblée générale. Selon le calendrier d'entrée en vigueur de l'article 14-2, le syndic devra inscrire à l'ordre du jour de l'assemblée générale des copropriétaires les modalités d'élaboration du projet de plan pluriannuel. Ces modalités, c'est-à-dire notamment les devis des prestataires spécialisés, seront votées à la majorité des voix exprimées des copropriétaires présents, représentés ou ayant voté par correspondance, c'est-à-dire à la majorité simple. Il faut ici souligner que le pouvoir de l'assemblée générale se borne à l'adoption des modalités de réalisation du projet, et non à l'adoption du projet qui est obligatoire (c'est en somme le même mécanisme que celui connu pour le fonds de travaux, obligatoirement constitué pour un montant minimal de 5 % (art. 14-2-1, L. 1965), ou que celui de la participation électronique à l'assemblée générale (art. 17-1 A, L. 1965 et 13-1, *D.* 1967) que le syndicat doit obligatoirement proposer, mais a la faculté de choisir les moyens déployés).

C – Contenu du projet de plan pluriannuel de travaux

6) Établissement par une personne habilitée. Le décret n° 2022-663 du 25 avril 2022 a précisé les compétences et les garanties exigées pour les personnes établissant le projet de plan pluriannuel de travaux des immeubles soumis au statut de la copropriété. Elles doivent notamment justifier de compétences dans des domaines déterminés (modes constructifs, pathologies du bâtiment, thermique, évaluation des émissions de gaz à effet de serre, etc.).

7) Contenu obligatoire. Le projet de plan pluriannuel de travaux doit mettre en évidence l'ensemble des travaux nécessaires à la sauvegarde de l'immeuble, et à la préservation de la santé et de la sécurité des occupants. Le projet devra également faire état des travaux permettant la réalisation d'économies d'énergie et de réduction des émissions de gaz à effet de serre. Il devra aussi préciser le niveau de performance, au sens de l'article L. 173-1-1 du Code de la construction et de l'habitation, que les travaux permettront d'atteindre. Ces informations seront reprises, et complétées si nécessaire, du DPE collectif (cf. *supra*). Il devra également préciser l'estimation sommaire du coût de ces travaux et leur hiérarchisation, c'est-à-dire définir ceux qui paraissent être le plus pertinents. Enfin, le Projet de PPT devra contenir une proposition d'échéancier pour les travaux dont la réalisation apparaît nécessaire dans les dix prochaines années. Il s'agira alors de classer par ordre d'exécution les travaux semblant les plus utiles. Cette classification devrait ainsi permettre au syndicat de copropriétaires de voter dans un ordre logique leur réalisation.

D – Adoption facultative du plan pluriannuel de travaux projeté

8) Présentation obligatoire du projet élaboré. La loi Climat n'a pas rendu obligatoire l'adoption du plan pluriannuel de travaux projeté, mais seulement sa présentation obligatoire à l'assemblée générale qui suit son établissement, peu important qu'il relève ou non des travaux à réaliser dans les 10 ans à venir.

9) Obligation d'inscrire à l'ordre du jour l'adoption du plan. Le syndic a l'obligation, lorsque le projet de plan laisse apparaître la nécessité de réaliser des travaux au cours des dix prochaines années, d'inscrire à l'ordre du jour l'adoption du projet de plan.

10) Adoption facultative du plan. L'assemblée générale n'a aucunement l'obligation d'adopter le plan proposé. Elle peut souverainement l'adopter, en totalité ou partiellement, ou le rejeter, à la majorité absolue, c'est-à-dire à la majorité des voix de tous les copropriétaires. Aucune obligation n'est donc faite à l'assemblée générale d'adopter le projet pour en faire un plan qui lierait le syndicat des copropriétaires et ses membres. En ce sens, comme cela a pu être souligné, le plan, comme le projet, n'est qu'un outil méthodologique devant permettre la réalisation des travaux, dont certains peuvent être obligatoires (P.-E. Lagraulet, *L'incidence de la loi Climat sur le droit de la copropriété : AJDI* 2021, 736). Si l'assemblée n'adopte pas le projet, alors le syndic devra inscrire à l'ordre du jour de chaque assemblée générale appelée à approuver les comptes la question de l'adoption de tout ou partie dudit projet. Attention à ne pas commettre un raccourci trop rapide : le défaut d'adoption du plan ne permet pas au syndicat de déroger aux obligations de réaliser des travaux de rénovation énergétique. En effet, l'article 173-2 du Code de la construction et de l'habitation, créé par la loi n° 2019-1147 du 8 novembre 2019 relative à l'énergie et au climat, impose que : « À compter du 1er janvier 2028, le niveau de performance, déterminé selon la méthode du diagnostic de performance énergétique, des bâtiments ou parties de bâtiment à usage d'habitation est compris entre les classes A et E au sens de l'article L. 173-1-1 ». En ce sens, le dispositif retenu par le législateur d'élaboration d'un projet de plan n'est qu'un outil méthodologique, mais pas une fin en soi.

E – Exécution du plan pluriannuel de travaux adopté

11) Obligation du syndic. En cas d'adoption du plan pluriannuel de travaux, le syndic aura l'obligation d'inscrire à l'ordre du jour de chaque assemblée générale appelée à approuver les comptes les décisions relatives à la mise en œuvre du plan. Il s'agira donc pour lui de présenter les devis de réalisation des travaux retenus par le plan pluriannuel. Cette obligation n'emporte pas celle du syndicat d'adopter les résolutions proposées, sous la réserve énoncée préalablement quant aux travaux de rénovation énergétique.

F – Information des acquéreurs

12) Information en cas d'adoption du plan. En cas d'adoption du plan, celui-ci devra obligatoirement être transmis à l'acquéreur des lots, conformément aux dispositions de l'article L. 721-2 du Code de la construction et de l'habitation. En outre, les travaux prescrits dans le plan pluriannuel, comme ceux prescrits par le diagnostic technique global sont intégrés dans le carnet d'entretien de l'immeuble par le syndic.

13) Information en cas de non-adoption du plan. Si le projet de plan n'est pas adopté, aucune mention ne sera obligatoirement portée au carnet d'entretien, sauf décision expresse de l'assemblée générale en ce sens. L'article 14-2 dans sa nouvelle version ne vise en effet que les travaux prescrits « dans le plan » et non « par le projet de plan ». Néanmoins, le projet de plan devra être communiquée en cas de promesse de vente (ou à défaut à l'occasion de l'acte authentique) conformément à l'article L. 721-2, II, 7° du Code de la construction et de l'habitation.

G – Pouvoirs de l'autorité administrative

14) Contrôle et intervention de l'autorisation administrative. L'autorité administrative peut, selon le texte de l'article 14-2 nouveau, demander au syndic de lui remettre le plan de travaux adopté. À défaut de transmission, ou donc d'adoption, ou même d'adoption insuffisante à garantir la préservation de la sécurité des occupants de l'immeuble, l'autorité administrative pourra élaborer ou actualiser d'office le projet de plan. Elle n'aura néanmoins pas le pouvoir d'imposer ce projet au syndicat, la notification du projet n'emportant que l'obligation pour le syndic de convoquer l'assemblée générale qui se prononcera, souverainement, sur l'adoption de tout ou partie du projet de plan établi ou actualisé par l'autorité administrative.

Art. 14-2-1. – I. – *(Aj., L. n° 2021-1104, 22 août 2021 – Sur la date d'entrée en vigueur V. précisions sous le texte de l'article)* Dans les immeubles à destination totale ou partielle d'habitation, le syndicat des copropriétaires constitue un fonds de travaux au terme d'une période de dix ans à compter de la date de la réception des travaux de construction de l'immeuble, pour faire face aux dépenses résultant :

1° De l'élaboration du projet de plan pluriannuel de travaux mentionné à l'article 14-2 et, le cas échéant, du diagnostic technique global mentionné à l'article L. 731-1 du Code de la construction et de l'habitation ;

2° De la réalisation des travaux prévus dans le plan pluriannuel de travaux adopté par l'assemblée générale des copropriétaires ;

3° Des travaux décidés par le syndic en cas d'urgence, dans les conditions prévues au troisième alinéa du I de l'article 18 de la présente loi ;

4° Des travaux nécessaires à la sauvegarde de l'immeuble, à la préservation de la santé et de la sécurité des occupants et à la réalisation d'économies d'énergie, non prévus dans le plan pluriannuel de travaux.

Ce fonds de travaux est alimenté par une cotisation annuelle obligatoire. Chaque copropriétaire contribue au fonds selon les mêmes modalités que celles décidées par l'assemblée générale pour le versement des provisions du budget prévisionnel.

L'assemblée générale peut, par un vote à la même majorité que celle applicable aux dépenses concernées, affecter tout ou partie des sommes déposées sur le fonds de travaux au financement des dépenses mentionnées aux 1° à 4° du présent I. Cette affectation doit tenir compte de l'existence de parties communes spéciales ou de clefs de répartition des charges.

Lorsque l'assemblée générale a adopté le plan pluriannuel de travaux mentionné à l'article 14-2, le montant de la cotisation annuelle ne peut être inférieur à 2,5 % du montant des travaux prévus dans le plan adopté et à 5 % du budget prévisionnel mentionné à l'article 14-1. À défaut d'adoption d'un plan, le montant de la cotisation annuelle ne peut être inférieur à 5 % du budget prévisionnel mentionné au même article 14-1.

L'assemblée générale, votant à la majorité des voix de tous les copropriétaires, peut décider d'un montant supérieur.

II. – L'assemblée générale se prononce sur la question de la suspension des cotisations au fonds de travaux lorsque son montant excède le montant du budget prévisionnel mentionné à l'article 14-1. Lorsqu'un plan pluriannuel de travaux a été adopté par l'assemblée générale, celle-ci se prononce sur cette suspension lorsque le montant du fonds de travaux excède, en outre, 50 % du montant des travaux prévus dans le plan adopté.

III. – Les sommes versées au titre du fonds de travaux sont attachées aux lots et entrent définitivement, dès leur versement, dans le patrimoine du syndicat des copropriétaires. Elles ne donnent pas lieu à un remboursement par le syndicat des copropriétaires à l'occasion de la cession d'un lot. L'acquéreur peut consentir à verser au vendeur un montant équivalent à ces sommes en sus du prix de vente du lot.

1) Entrée en vigueur. Cet article entre en vigueur :

1° Le 1er janvier 2023, pour les syndicats de copropriétaires comprenant plus de deux cents lots à usage de logements, de bureaux ou de commerces ;

2° Le 1er janvier 2024, pour les syndicats de copropriétaires comprenant un nombre de lots à usage de logements, de bureaux ou de commerces compris entre cinquante et un et deux cents ;

3° Le 1er janvier 2025, pour les syndicats de copropriétaires comprenant au plus cinquante lots à usage de logements, de bureaux ou de commerces.

Bibliographie : *Sur le « fonds de travaux » (avant la loi CLIMAT).* P. Capoulade, *La cotisation au fonds de travaux : Inf. rap. copr.* nov. 2015, p. 35. – Ph. Malinvaud, *Fonds de travaux dans la copropriété, une fausse bonne idée : AJDI* 2015, p. 727. – J. Laporte, *Fonds de travaux en copropriété : chronique d'une naissance annoncée : AJDI* 2016, p. 19. – J.-R. Bouyeure, *Le fonds de travaux : Inf. rap. copr.* mai 2017, p. 45. – D. Rodrigues, *Le fonds de travaux obligatoires : Inf. rap. copr.* mai 2017, p. 55. – C. Gouraud, *Réflexions sur le fonds de travaux créés par la loi ALUR : Defrénois* 12 avr. 2018, n° 15, p. 13.

Sur le « fonds de travaux » (après la loi CLIMAT). A. Lebatteux, *Impacts de la loi Climat et Résilience en copropriété : Loyers et copr.* 2021, étude 10. – P.-E. *Lagraulet, L'incidence de la loi Climat sur le droit de la copropriété : AJDI* 2021, 736. – P. Déchelette-Tolot, *Impact de la loi Climat et Résilience sur la copropriété : Administrer* nov. 2021, p. 7. – D. Brachet, *La répartition du fonds de travaux : Inf. rap. copr.* oct. 2021. – D. Rodrigues, *Le fonds de travaux* : *Inf. rap. copr.* avr. 2023, p. 21.

2) Institution. Dans les immeubles à destination totale ou partielle d'habitation soumis à la loi du 10 juillet 1965, la loi n° 2014-366 du 24 mars 2014 (loi ALUR) a prévu l'obligation de constituer un « fonds de travaux ». La loi n° 2021-1104, 22 août 2021 (Climat) a modifié le dispositif afin d'étendre son champ d'application et de le corréler au plan pluriannuel de travaux.

I – IMMEUBLES CONCERNÉS

3) Immeubles à destination d'habitation. Sont concernés les immeubles à destination partielle ou totale d'habitation soumis à la loi du 10 juillet 1965 portant statut de la copropriété. Cependant, le fonds de travaux ne s'applique pas :

– pendant une période de10 ans suivant la date de la réception des travaux (art. 14-2-1, al. 1er).

La dérogation relative aux copropriétés de petite taille (moins de 10 lots) a été supprimée par la loi Climat. Il n'est donc désormais plus possible pour le syndicat de décider de ne pas constituer de fonds de travaux.

II – MODALITÉS DE CONSTITUTION DU FONDS ET AFFECTATION DES COTISATIONS

4) Caractère obligatoire. Mis à part les cas de dispense (V. n° 2) la constitution d'un fonds de travaux est obligatoire. L'assemblée n'a donc pas à statuer à ce propos. Elle ne se prononce qu'à propos de la fixation du montant de la cotisation annuelle. Ce montant est fixé en pourcentage du budget provisionnel (V. art. 14-1, p. 238) et du montant des travaux du plan pluriannuel lorsque celui-ci est adopté : il ne peut être inférieur à 5 % du montant de ce budget (art. 14-2-1) ou à 2,5 % du montant des travaux définis par le plan. La cotisation est versée selon les mêmes modalités que celles décidées par l'assemblée générale pour le versement des provisions du budget prévisionnel (art. 14-2-1).

La cotisation annuelle est répartie entre les copropriétaires au prorata de leurs tantièmes de copropriété, dans les parties communes générales ou spéciales, comme les charges dites « générales » (L. 10 juill. 1965, al. 2 : en ce sens, J.-R. Bouyeure, art. précité : V. Bibliographie).

Lorsque l'assiette de calcul du fonds de travaux est le budget du syndicat des copropriétaires, il ne peut être ajouté, pour base, celui de l'association syndicale dont sont membres les copropriétaires (■ Cass. 3e civ., 9 mars 2023, n° 21-21.793 : *Loyers et copr.* 2023, n° 5, comm. 88, A. Lebatteux ; *Administrer* avr. 2023, p. 29, obs. P. Déchelette-Tolot ; *AJDI* 2023, obs. A. de Coster et P.-E. Lagraulet).

5) Affectation des cotisations. L'assemblée votant dans les conditions de majorité prévues aux articles 25 et 25-1 de la loi du 10 juillet 1965 (V. ces textes *infra*) peut affecter tout ou partie des sommes déposées sur le fonds de travaux au financement de l'élaboration du projet de plan pluriannuel de travaux (art. 14-2-1, 1°), de la réalisation des travaux prévus par ce plan lorsqu'il est adopté par l'assemblée générale (14-2-1, 2°). Les sommes déposées peuvent également être affectées à la réalisation de travaux décidés par le syndic en cas d'urgence (14-2-1, 3°) ou encore pour la réalisation de travaux nécessaires à la sauvegarde de l'immeuble, à la préservation de la santé et de la sécurité des occupants et à la réalisation d'économies d'énergie non prévues dans le plan pluriannuel de travaux (14-2-1, 4°). Cette affectation doit tenir compte de l'existence de parties communes spéciales ou de clefs de répartition des charges (art. 14-2-1).

6) Création d'un compte séparé. Les sommes à recueillir au titre du fonds de travaux doivent être versées sur un compte spécial distinct de celui du compte séparé du syndicat des copropriétaires. Ce compte est rémunéré, mais les intérêts qu'il produit sont acquis au syndicat et non pas aux copropriétaires eux-mêmes (Sur les obligations du syndic en ce domaine, V., II, p. 271).

7) Fonds de travaux pléthorique. Si le montant du fonds de travaux atteint un montant supérieur au budget prévisionnel mentionné à l'article 14-1 de la loi du 10 juillet 1965, et lorsqu'un plan a été adopté à 50 % du montant des travaux envisagés, le syndic inscrit à l'ordre du jour de l'assemblée générale la question de la suspension des cotisations au fonds de travaux.

8) Cession d'un lot. Selon l'article 14-2-1, les sommes versées au titre du fonds de travaux sont attachées aux lots et définitivement acquises au syndicat des copropriétaires. Elles ne donnent pas lieu à un remboursement par le syndicat à l'occasion de la cession d'un lot.

Le montant de la quote-part du fonds des travaux attaché au lot figure dans les informations transmises par le vendeur à l'acquéreur au moment des transactions immobilières. Le vendeur peut donc faire valoir l'existence de ce fonds de travaux au moment de la négociation du prix de vente, ce qui pourrait lui permettre de compenser le fait que les sommes versées à ce titre ne lui soient pas remboursables (Rép. min. n° 94652 : *JOAN Q*, 13 sept. 2016, p. 8221).

Art. 14-3 ***(Mod. à compter du 1er juin 2020, Ord. n° 2019-1101, 30 oct. 2019).*** **– Les comptes du syndicat comprenant le budget prévisionnel, les charges et produits de l'exercice, la situation de trésorerie, ainsi que les annexes au budget prévisionnel sont établis conformément à des règles comptables spécifiques fixées par décret. Les comptes sont présentés avec comparatif des comptes de l'exercice précédent approuvé.**

Les charges et les produits du syndicat, prévus au plan comptable, sont enregistrés dès leur engagement juridique par le syndic indépendamment de leur règlement. L'engagement est soldé par le règlement.

Les dispositions des articles 1er à 5 de la loi n° 98-261 du 6 avril 1998 portant réforme de la réglementation comptable et adaptation du régime de la publicité foncière ne sont pas applicables aux syndicats de copropriétaires.

Bibliographie : J. Laporte, *Introduction d'une norme comptable dans le statut de la copropriété : Gaz. Pal.* 15-16 mars 2002, p. 23. • C. Giverdon et C. Jaffuel, *Le dispositif comptable : Loyers et copr.* mai 2001, n° hors-série, p. 7. • C. Jaffuel, *Loi SRU, le dispositif comptable de la réforme : maisons et habitat*, avr.-mai 2001, n° 374, p. 5. • J.-M. Le Masson, *La nouvelle comptabilité du syndicat de copropriétaires : les outils financiers : AJDI* 2002, p. 103. • P. Philippot, *Comptabilité du syndicat, de nouvelles règles pour la copropriété : Rev. hab. fr.* déc. 2001, p. 14. • T. Eoche-Duval, *Optimiser la trésorerie de sa copropriété : Le Particulier immobilier* févr. 2002, p. 53. • J.-L. Picquart et Ph. Cibelly, *Contrôle des comptes de la copropriété : cinq étapes pour bien l'exercer : 25 millions de copropriétaires* sept. 2013, p. 24. • J. Laporte, *Loi ALUR et comptabilité des copropriétés : un mariage difficile : Loyers et copr.* mai 2016, étude 6. • A. Laux, *Le régime comptable des petites copropriétés : IRC* mai 2023, n° 688, 12.

I – RÈGLES COMPTABLES : PRINCIPE

1) Entrée en vigueur. La loi du 13 décembre 2000 (loi « SRU ») a créé l'article 14-1, devenu depuis l'article 14-3, qui impose dorénavant aux copropriétés de tenir une comptabilité en règle. Ce texte, qui a été finalement complété par le décret du 14 mars 2005 (V. D. n° 2005-240, 14 mars 2005, p. 1141), devait entrer en vigueur à l'origine le 1er janvier 2004 (L. n° 2000-1208, 13 déc. 2000, art. 75, III, al. 2). Mais la loi Urbanisme et habitat (L. n° 2003-590, 2 juill. 2003, art. 89 : *JO* 3 juill., p. 11176) a repoussé cette date au 1er janvier 2005. Puis la loi n° 2005-32 du 18 janvier 2005, dite « de programmation pour la cohésion sociale » (*JO* 19 janv.) a de nouveau reporté cette date au 1er janvier 2006. Enfin un nouveau report, au 1er janvier 2007, a été prévu par la loi « ENL » du 13 juillet 2006 (art. 94, II), qui a modifié en ce sens l'article 75 de la loi n° 2000-1208 du 13 décembre 2000. Dans sa nouvelle rédaction ce texte précise que les comptes du syndicat sont tenus conformément aux règles prévues par le décret du 14 mars 2005 « à partir du premier exercice comptable commençant à compter du 1er janvier 2007 ».

2) Sanction. Si les comptes ne respectent pas les règles de la comptabilité d'engagement, il doit être fait droit à une demande de nullité de la décision d'approbation de ces comptes. Il en est ainsi lorsque ne figure pas dans les comptes de l'exercice écoulé, au titre des opérations exceptionnelles, l'indemnité allouée au syndicat par une décision de justice, peu important qu'elle ait été versée postérieurement à l'exercice approuvé (▪ Cass. 3e civ., 5 févr. 2014, n° 12-19.047 : *Bull. civ.* III, n° 17).

Est irrégulière la décision de l'assemblée générale approuvant les comptes de l'exercice, si ces derniers ne comportent pas toutes les charges et tous les produits de l'exercice (▪ Cass. 3e civ., 15 avr. 2015, n° 14-13.255 : *Bull. civ.* III, n° 39 ; *Administrer* 2015, p. 53, obs. J.-R. Bouyeure).

Sur les règles régissant la comptabilité des syndicats de copropriétaires, V. ann. 18, *Comptabilité des syndicats*, p. 1141.

II – RÉGIME DÉROGATOIRE POUR LES « PETITES COPROPRIÉTÉS »

3) **Syndicats de moins de dix lots.** La loi « ENL » du 13 juillet 2006 (art. 92) avait institué un régime spécifique bénéficiant aux syndicats « comportant moins de dix lots à usage de logements, de bureaux ou de commerces ». Lorsque le budget prévisionnel moyen de ces syndicats sur une période de trois exercices consécutifs était inférieur à 15 000 €, ils n'étaient pas tenus à une comptabilité en partie double. Leurs engagements pouvaient être constatés en fin d'exercice. Ce régime est resté applicable jusqu'au 31 mai 2020.

Ces dispositions ne figurent plus à l'article 14-3, à la suite de la réécriture de ce texte par l'ordonnance du 30 octobre 2019, applicable à compter du 1er juin 2020. Ceci ne veut pas dire que les « petites copropriétés » ne bénéficient plus d'un régime comptable spécial. Un régime dérogatoire leur est applicable dans des conditions légèrement différentes, aux termes de l'article 41-10 de la loi du 10 juillet 1965 (V. ce texte).

Art. 15 *(Mod. à compter du 1er juin 2020, Ord. n° 2019-1101, 30 oct. 2019)*. – **Le syndicat a qualité pour agir en justice, tant en demandant qu'en défendant, même contre certains des copropriétaires ; il peut notamment agir, conjointement ou non avec un ou plusieurs de ces derniers, en vue de la sauvegarde des droits afférents à l'immeuble.**

Tout copropriétaire peut néanmoins exercer seul les actions concernant la propriété ou la jouissance de son lot, à charge d'en informer le syndic.

En cas de carence ou d'inaction du syndic, le président du conseil syndical peut également, sur délégation expresse de l'assemblée générale, exercer une action contre le syndic, en réparation du préjudice subi par le syndicat des copropriétaires. Lorsque la copropriété n'a pas de conseil syndical, cette action peut être exercée par un ou plusieurs copropriétaires représentant au moins un quart des voix de tous les copropriétaires.

En cas de condamnation, les dommages et intérêts sont alloués au syndicat des copropriétaires.

Si, à l'issue de l'instance judiciaire, l'action exercée dans l'intérêt du syndicat est déclarée bien fondée par le juge, la charge des frais de procédure non supportés par le syndic est répartie entre tous les copropriétaires proportionnellement aux quotes-parts de parties communes afférentes à leur lot.

Bibliographie : E. Kischinewsky-Broquisse, *La copropriété des immeubles bâtis*, Litec, 4e éd., 1989, nos 464 et s. • *La copropriété*, Dalloz Action 2021-2022, ss dir. de P. Capoulade et D. Tomasin, nos 51.09 et s. • Cabanac, *L'évolution des actions collectives et individuelles dans le domaine de la copropriété : Rev. éco. et dr. imm.* 1977, n° 69, p. 58 et s. • Giverdon, *Le contentieux de la copropriété : Rev. éco. et dr. imm.* n° 57/58, p. 166 et s. • Grellière, *Actions syndicales et actions individuelles : AJPI* 1975, p. 187 et s. • Zurfluh, *La représentation des copropriétaires à titre individuel : Rev. Administrer* juin 1981, p. 6 et s. • M.-C. Ruffet, *Les actions du syndicat en vue de sa sauvegarde : Inf. rap. copr.* déc. 1995, p. 12 et s. ; *Action collective et action individuelle : Inf. rap. copr.* mars 1996, p. 13 et s. • P. Capoulade, *Le juge et la copropriété : Inf. rap. copr.* mai 1996, p. 11 et s. • D. Tomasin, *Le juge et la copropriété : Mél. Perrot*, p. 499 et s. • C. Atias, *La copropriété saisie par le contentieux : Inf. rap. copr.* juin 1997, p. 22. • C. Atias, *La copropriété devant la justice administrative : Inf. rap. copr.* avr. 1999, p. 24. • J. Monéger, *L'article 15 de la loi du 10 juillet 1965 : incertitudes récentes et appel à la fermeté : Loyers et copr.* nov. 1999, p. 3. • Ph. Viard, *Le recours à l'arbitrage en copropriété : Inf. rap. copr.* févr. 2000, p. 19. • C. Atias, *Les actions en justice à fin de police civile dans les groupements de propriétaires : D.* 2000, chron. p. 447 ; *Contrat ou délit, la confusion jurisprudentielle en copropriété immobilière : Inf. rap. copr.* mai 2000, p. 24 ; *L'avocat de la copropriété : Inf. rap. copr.* juill.-août 2000, p. 25. • C. Atias, *Copropriétaires et syndicat : des relations procédurales complexes : Inf. rap. copr.* mai 2002, p. 22. • C. Coutant-Lapalus, *Atteinte aux parties communes, quels pouvoirs des copropriétaires : Loyers et copr.* juill.-août 2010, étude 9. • E. Kalantarian, *Copropriété : actions collectives et individuelles : Administrer* juill. 2011, p. 11. • A. Lebatteux, P. Burdy-Clément et C. Sabatié, *Pour un traitement plus efficace du contentieux en copropriété : Inf. rap. copr.* oct. 2016, p. 27 (1re partie) ; *Inf. rap. copr.* déc. 2016, p. 19 (2e partie). • P.-H. Hanoune, *Les désordres privatifs et l'action du syndicat des copropriétaires : empathie, devoir ou bienveillance ? : Administrer* nov. 2017, p. 13. • Y. Strickler, *Les dispositions de procédure civile du décret n° 2017-892 du 6 mai 2017 : Procédures* 2017, n° 7, étude 14. • A. Benois, *Les actions du syndicat des copropriétaires face à l'exploitation abusive d'un local commercial : Administrer* nov. 2017, 13. • P.-E. Lagraulet, *L'administration de la copropriété réformée : AJDI* 2019, 852. • C. Ivars, *L'impact de l'ordonnance du 30 octobre 2019 sur les règles procédurales en droit de la copropriété : Loyers et copr.* 2020, dossier 11. • D. Tomasin, *La structure de la copropriété, les syndics et leurs contrats et les procédures judiciaires après le décret du 2 juillet 2020 : AJDI* 2020, 558. • P.-E. Lagraulet, *Nature de l'obligation de paiement des charges et règlement de copropriété : AJDI* 2020, 598. • D. Rodrigues, *L'action ut singuli : Inf. rap. copr.* oct. 2023, p. 25. • P.-E. Lagraulet, *L'action ut singuli : Inf. rap. copr.* juin 2024, p. 11.

JurisClasseurs. JCl. Copropriété, Fasc. 100, 101-10 et 101-20, par G. Vigneron, actualisé par G. Gil. • *JCl. Civil Code*, art. 544 à 577, Fasc. 60 et *JCl. Notarial Répertoire, V° Copropriété*, Fasc. 60 « Contentieux de la copropriété, actions judiciaires ; procédure » par A. Djigo.

• Sommaire

I – ACTIONS COLLECTIVES 247

A – Domaine de compétence du syndicat 248

1° *Actions en vue de la sauvegarde matérielle et juridique des parties communes* 248

2° *Défense aux actions concernant les parties communes* 248

3° *Imbrication des intérêts individuels et collectifs* 249

B – Applications 250

1° *Troubles de jouissance à caractère collectif* 250

2° *Actions tendant à obtenir le respect de règles d'ordre public* 252

3° *Actions à l'encontre des constructeurs ou des vendeurs de l'immeuble* 252

C – Sort des indemnités obtenues 253

II – ACTIONS INDIVIDUELLES 253

A – Conditions de recevabilité de l'action individuelle 254

1° *Action sanctionnant une atteinte aux parties communes* 254

2° *Action d'un copropriétaire en cas de violation du règlement de copropriété* 255

3° *Actions concernant la propriété ou la jouissance du lot* 256

B – Modes d'exercice de l'action individuelle 256

III – EXAMEN DES DIVERS TYPES DE LITIGES 257

A – Litiges entre copropriétaires 257

1° *Actions possessoires (avant leur suppression par la loi n° 2015-177 du 16 février 2015)* 257

2° *Actions pétitoires* 257

3° *Litiges nés de la violation du règlement* 257

4° *Litiges entre copropriétaires ne mettant pas en cause l'application du règlement* 258

B – Litiges entre copropriétaires et syndicat 259

1° *Procès intenté par le syndicat aux copropriétaires* 259

2° *Procès intenté par les copropriétaires au syndicat* 260

3° *Répartition des dépens et des dommages et intérêts* 261

C – Litiges entre copropriétaires et personnes étrangères à la copropriété 261

1° *Rapports contractuels des copropriétaires et des tiers* 261

2° *Rapports extracontractuels entre les copropriétaires et des tiers* 262

D – Litiges entre le syndicat et des tiers 262

1° *Contrats passés par le syndicat* 262

2° *Sauvegarde des droits afférents à l'immeuble* 262

3° *Action en responsabilité contre les constructeurs* 263

4° *Limites à l'extension de l'action syndicale* 264

IV – RÈGLES PROCÉDURALES 265

A – Compétence 265

1° *Compétence territoriale* 265

2° *Compétence d'attribution* 265

B – Modes alternatifs de règlement des conflits (MARC) 266

1° *Arbitrage* 266

2° *Médiation – Conciliation* 266

V – PRESCRIPTION DES ACTIONS NÉES DE LA LOI DU 10 JUILLET 1965 267

VI – CARENCE OU INACTION DU SYNDIC 267

1) Trois catégories d'actions. L'exercice des actions en justice dans le domaine de la copropriété obéit aux règles générales de procédure. Mais il existe aussi des règles particulières, principalement en raison du fait que l'action s'exerce ici dans un cadre collectif : on est ainsi amené à distinguer trois catégories d'actions :

– les *actions individuelles*, qui ne peuvent être exercées que par les copropriétaires ;

– les *actions collectives*, dont l'exercice appartient au syndicat ;

– les *actions individuelles et collectives*, qui peuvent être exercées à la fois par le syndicat et les copropriétaires.

Nous rappellerons successivement les règles applicables aux actions collectives (I) puis aux actions individuelles (II), avant de donner des exemples d'application de ces règles dans les différents litiges susceptibles de naître dans le cadre de la copropriété (III). Nous terminerons par l'exposé de quelques règles générales de compétence (IV).

I – ACTIONS COLLECTIVES

2) Compétence du syndicat. Outre l'article 15, les actions collectives sont régies par des textes spéciaux auxquels on voudra bien se reporter.

Voir : sur la représentation du syndicat par le syndic en la matière, L. art. 18 et D. art. 55. – Sur la nécessité amoindrie, pour le syndic, d'une autorisation préalable pour agir, D. art. 55. – Sur l'obligation, pour le syndic, d'informer les copropriétaires, D. art. 59 et 63. – Sur la prescription, L. art. 42.

3) Sauvegarde des droits afférents à l'immeuble. Le syndicat, dit l'article 15, peut « notamment agir... en vue de la *sauvegarde des droits afférents à l'immeuble* ».

Voir : pour des applications, L. 10 juill. 1965, art. 15, comm. n° 46, p. 262.

L'interprétation donnée à ce texte a fait que le domaine de la compétence du syndicat a été progressivement étendu.

A – Domaine de compétence du syndicat

1° Actions en vue de la sauvegarde matérielle et juridique des parties communes

4) Objet du litige. Il n'a jamais fait de doute que le syndicat a ***qualité pour agir* en vue de la sauvegarde matérielle et juridique des parties communes** : par exemple :

– pour obtenir la cessation d'empiétement sur des parties communes... ;

– pour obtenir la cessation de travaux irréguliers ou la remise des lieux en leur état antérieur (■ CA Paris, 23ᵉ ch. B, 26 sept. 2002 : *Loyers et copr.* 2003, comm. 46) ;

– pour exercer des actions possessoires ou pétitoires relatives aux parties communes... même d'ailleurs s'il s'agit de parties communes spéciales (■ Cass. 3ᵉ civ., 20 nov. 1996 : *Loyers et copr.* févr. 1997, n° 53. – V. plus bas pour des exemples d'application...) ;

– de même encore, le syndicat a seul qualité pour agir à l'encontre d'un tiers voisin de la copropriété qui porte atteinte à une partie commune (V. L. 65-557 10 juill. 1965, art. 15, comm. n° 17, p. 255), ou pour agir en restitution de parties communes après que l'assemblée ait ordonné à un copropriétaire de les restituer (■ Cass. 3ᵉ civ., 7 juin 2006, n° 05-19.117) ou pour faire procéder à l'élagage des arbres d'une copropriété contiguë (■ CA Bastia, 26 nov. 2014, n° 12-00003 : *JurisData* n° 2014-034986 ; *Loyers et copr.* 2015, comm. 80, obs. G. Vigneron).

L'intérêt à agir du syndicat des copropriétaires en vue de la suppression des atteintes portées à des parties de bâtiments n'est pas subordonné à la preuve de la qualité de parties communes de ces parties de bâtiment (■ Cass. 3ᵉ civ., 24 oct. 2019, n° 18-21.202 : *JurisData* n° 2019-19 897 ; *Loyers et copr.* 2019, comm. 218, note C. Coutant-Lapalus).

Encore faut-il, pour qu'elle soit recevable, que la demande soit en relation avec l'objet du syndicat, tel que défini par l'article 14 de la loi (conservation et amélioration de l'immeuble et administration des parties communes). Il ne peut agir par exemple en invoquant la défense de l'intérêt public ou « un droit de contrôle des citoyens sur les opérations immobilières d'une commune » (■ Cass. 3ᵉ civ., 15 mai 2002 : *Bull. civ.* III, n° 102 ; *JCP* G 2002, IV, 2100 ; *AJDI* 2002, p. 862, obs. C. Giverdon). Le syndicat n'a pas non plus qualité pour agir si les parties d'immeuble concernées par la demande sont gérées par une association syndicale libre (■ Cass. 3ᵉ civ., 3 oct. 2001 : *AJDI* 2002, p. 303, obs. crit. P. Capoulade). En ce sens, seule l'ASL dont est membre le syndicat peut agir afin de faire entrer un bien dans son patrimoine (■ Cass. 3ᵉ civ., 23 janv. 2020, n° 19-11.863 : *Loyers et copr.* 2020, comm. n° 39, A. Lebatteux ; *Constr.-Urb.* 2020, comm. 45, P. Cornille).

Il a été jugé que le syndicat avait intérêt à agir en justice pour obtenir le respect d'une décision adoptée par l'assemblée générale en vue de la sauvegarde de l'intérêt collectif des copropriétaires (■ Cass. 3ᵉ civ., 28 mai 2020, n° 18-20.368 : *Administrer* juill. 2020, p. 47, note J.-R. Bouyeure).

Une action en annulation de lots de copropriété, qui a pour conséquence d'accroître les parties communes relève de la compétence du syndicat des copropriétaires (■ CA Aix-en-Provence, 26 sept. 2008 : *Loyers et copr.* 2009, comm. n° 100, obs. G. Vigneron).

2° Défense aux actions concernant les parties communes

5) Qualité exclusive du syndicat. De même le syndicat a qualité (exclusive) pour défendre à une action concernant les parties communes, par exemple :

– lorsque la démolition des parties communes est demandée (■ Cass. 3ᵉ civ., 6 déc. 2006 : *Loyers et copr.* 2007, comm. 35, obs. G. Vigneron. ■ CA Paris, 23ᵉ ch. B, 20 juin 1985 : *D.* 1985, inf. rap. p. 431) ou lorsqu'une action tend à obtenir la modification d'un droit de passage sur une partie commune (■ Cass. 3ᵉ civ., 23 sept. 2014, n° 13-20.095 : *JurisData* n° 2014-022174 ; *Loyers et copr.* 2014, comm. 303, note G. Vigneron ; *Administrer* avr. 2015, p. 38, note J.-R. Bouyeure) ;

– lorsqu'une action est introduite pour obtenir l'obturation de jours et fenêtres éclairant un lot privatif, ouverts dans un mur partie commune. Mais le copropriétaire du lot concerné doit être mis en cause pour que la décision lui soit opposable (■ Cass. 3ᵉ civ., 7 mai 2003 : *Bull. civ.* III, n° 99 ; *Loyers et copr.* 2003, comm. 164, obs. G. Vigneron ; *JCP* G 2003, IV, 2165 ; *AJDI* 2003, p. 35 et *D.* 2003, p. 2987, obs. C. Giverdon ; *Defrénois* 2003, art. 37825, n° 102, p. 1351, note C. Atias) ;

– de même encore, c'est à l'encontre du syndicat et de lui seul que doit être exercée une action en bornage (■ Cass. 3ᵉ civ., 13 mars 2007 : *JurisData* n° 2007-038031 ; *Rev. Administrer* mai 2007, p. 47, obs. J.-R. Bouyeure.

Mais la qualité du syndicat est limitée à la défense des intérêts collectifs. Une action tendant à obtenir la démolition d'un immeuble construit dans un lotissement dépassant la hauteur autorisée par le cahier des charges et privant certains copropriétaires de la vue dont ils jouissaient doit être intentée contre les copropriétaires fautifs personnellement et non pas contre le syndicat (■ Cass. 3ᵉ civ., 4 janv. 1989 : *Bull. civ.* 1989, III, n° 1). De même, est irrecevable l'action intentée par un propriétaire voisin contre le syndicat, en suppression de vues créées irrégulièrement sur son fonds, si les ouvertures litigieuses sont des parties privatives (■ Cass. 3ᵉ civ., 10 sept. 2020, n° 19-13.373, FS-P+B+I : *JurisData* n° 2020-012855 ; *Loyers et copr.* 2020, comm. 117, note A. Lebatteux ;

RTD civ. 2020, p. 921, W. Dross. ; *AJDI* 2021, p. 286, D. Tomasin).

Sur un plan général, tout copropriétaire est admis à intervenir à l'instance au soutien des intérêts du syndicat qui sont, par définition, aussi les siens, étant entendu qu'à moins de faire valoir des intérêts qui lui sont propres, cette intervention doit être considérée comme accessoire (■ CA Aix-en-Provence, 18 nov. 2011 : *JurisData* n° 2011-035032 ; *Loyers et copr.* 2012, comm. 96, obs. G.V.). Ainsi, le copropriétaire titulaire d'un droit de jouissance exclusive peut intervenir volontairement en cause d'appel dans une instance concernant les parties communes pour faire valoir ses droits, car il dispose d'un droit propre échappant à la représentation par le syndicat (■ Cass. 3e civ., 16 oct. 2013, n° 12-23.793 : *Bull. civ.* III, n° 130 ; *Rev. loyers* 2013, p. 510, note P. Déchelette-Tolot). Lorsque l'action est engagée par le syndicat, pour la sauvegarde de droits afférents à l'immeuble, la décision n'est opposable aux copropriétaires dont les droits sont susceptibles d'être affectés que s'ils ont été appelés en cause (■ Cass. 3e civ., 23 sept. 2014, n° 13-20.095 : *JurisData* n° 2014-022174 ; *Loyers et copr.* 2014, comm. 303, note G. Vigneron ; *Administrer* avr. 2015, p. 38, note J.-R. Bouyeure).

3° *Imbrication des intérêts individuels et collectifs*

6) Idée générale. L'idée s'est progressivement imposée que lorsque les intérêts collectifs et individuels qu'il s'agissait de défendre étaient étroitement imbriqués, le syndicat avait qualité pour agir même dans le cas où le litige était relatif à la propriété indivise des parties communes ou encore que le syndicat avait qualité pour agir alors même que les parties communes n'étaient pas concernées, lorsque le préjudice affectait l'ensemble des copropriétaires (V. à propos des troubles de jouissance, L. 10 juill. 1965, art. 15, comm. n° 9, p. 250).

7) Caractère « collectif » du trouble subi. Le caractère « *collectif* » *du trouble subi* qui justifie que l'action puisse être exercée par le syndicat se caractérise de diverses manières selon la jurisprudence :

- soit parce que les dommages causés aux parties privatives (en l'espèce des infiltrations d'eau) ont leur origine dans les parties communes. Le syndicat a alors également qualité pour demander la réparation des troubles éprouvés par chacun des copropriétaires à l'intérieur de ses parties privatives (■ Cass. 3e civ., 31 mai 2000 : *JurisData* n° 2000-002416 ; *Loyers et copr.* 2000, comm. 134 ; *RD imm.* 2000, p. 397, obs. C. Giverdon. ■ Cass. 3e civ., 16 mars 1988 : *D.* 1989, jurispr. p. 195, note Atias ; *RD imm.* 1988, p. 245, obs. Givord et Giverdon. – Pour un rappel des principes : ■ CA Paris, 19e ch., 19 déc. 1991 : *RD imm.* 1992, p. 255, obs. Giverdon. ■ CA Paris, 23e ch., 18 mai 1992 : *Loyers et copr.* 1992, n° 363. – V. à ce sujet, L. Martin, *L'action du syndicat pour les troubles affectant les parties privatives : Ann. loyers* 1988, p. 1125).

Dans un premier temps, la jurisprudence exigeait que les dommages constatés n'aient pas été « diversement éprouvés » par les copropriétaires. Sinon, le syndicat n'avait plus alors qualité pour en demander la réparation (■ Cass. 3e civ., 27 janv. 1988 : *Loyers et copr.* mars 1988, n° 144 ; *JCP* G 1988, IV, 122 et ■ Cass. 3e civ., 21 févr. 1995 : *Loyers et copr.* mai 1995, n° 246).

Postérieurement, un arrêt a posé en principe que le syndicat avait « qualité pour agir en réparation des dommages ayant leur origine dans les parties communes et affectant les parties privatives d'un ou plusieurs lots » (■ Cass. 3e civ., 23 juin 2004 : *Bull. civ.* III, n° 128 ; *Loyers et copr.* 2004, comm. 190, obs. G. Vigneron ; *Constr.-Urb.* 2004, comm. 209, note D. Sizaire ; *AJDI* 2005, p. 139, note C. Giverdon ; *Rev. loyers* 2004, p. 597, note Th. Dubaele ; *Inf. rap. copr.* oct. 2004, p. 12, note P. Capoulade ; *Rev. Administrer* oct. 2004, p. 66, obs. A. Alfandari. – Dans le même sens, ■ Cass. 3e civ., 5 déc. 2007 : *Bull. civ.* III, n° 221 ; *JCP* G 2008, IV, 1044 ; *Rev. loyers* 2008, p. 114, note J.-M. Roux. ■ Cass. 3e civ., 11 mai 2005 : *Rev. Administrer* août-sept. 2005, p. 69, obs. J.-R. Bouyeure). Le critère de l'égalité dans l'intensité subie du dommage par les copropriétaires paraît ainsi abandonné dès lors que les parties communes sont également touchées.

Mais lorsqu'aucun lien précis n'apparaît entre les désordres affectant les parties privatives et ceux affectant les parties communes, ou si l'habitabilité des parties privatives est seule en cause, il appartient au seul copropriétaire intéressé d'agir individuellement (■ CA Paris, 19e ch. A, 24 sept. 2003 : *Loyers et copr.* 2004, comm. 18, obs. G. Vigneron. ■ CA Paris, 19e ch., 8 juin 1995 : *Loyers et copr.* déc. 1995, n° 544. – Pour un rappel des principes : V. ■ Cass. 3e civ., 27 nov. 1991 : *Loyers et copr.* 1992, n° 92) ;

- soit parce que le dommage atteint indivisiblement l'ensemble des parties communes et privatives (■ Cass. 3e civ., 27 févr. 2008 : *Loyers et copr.* 2008, comm. 118, obs. G. Vigneron : *Rev. Administrer* mai 2008, p. 64, obs. J.-R. Bouyeure. – ■ CE, 10e et 9e sect. réunies, 9 mai 2005, req. n° 272071 : *AJDI* 2005, p. 841, note P. Capoulade. ■ Cass. 3e civ., 24 févr. 1988 : *Loyers et copr.* mai 1988, n° 250) ou qu'il y a une « étroite connexité entre les désordres privatifs et ceux affectant les parties communes » (■ CA Paris, 23e ch. B, 9 févr. 1989 : *Loyers et copr.* 1989, n° 202. – V. aussi : ■ CA Paris, 23e ch. A, 13 déc. 2002 : *Loyers et copr.* 2002, comm. 158) ;
- soit parce que les vices dont il s'agit d'obtenir réparation sont généralisés à l'ensemble du bâtiment (V. pour des défauts de conformité, ■ Cass. 3e civ., 14 févr. 1990 : *JCP* G 1990, IV, 140).

... Ainsi pour des désordres acoustiques entraînés par les équipements sanitaires de tous les appartements ou par l'insuffisance d'isolation phonique des surpresseurs et colonnes d'eaux usées (V. ▪ CA Paris, 23e ch. B, 16 mars 1990 : *Loyers et copr.* 1990, n° 244. ▪ Cass. 3e civ., 14 nov. 1990 : *Bull. civ.* III, n° 230, p. 131). – Pour des mauvaises odeurs se propageant dans l'ensemble des lots par les gaines de ventilation (V. ▪ Cass. 3e civ., 6 mars 1991 : *Loyers et copr.* 1991, n° 237. – Pour des nuisances olfactives et sonores subies par l'ensemble des copropriétaires provenant de l'activité d'un restaurant : ▪ CA Paris, pôle 4, 2e ch., 4 déc. 2019, n° 17/04766 : *Administrer* avr. 2020, p. 56, obs. J.-R. Bouyeure. – Pour des nuisances sonores provenant de l'activité de l'un des occupants de l'immeuble. ▪ CA Paris, pôle 4, 2e ch., 11 juill. 2018, n° 15/14013 : *Administrer* juill. 2019, p. 53, note J.-R. Bouyeure).

Dans un troisième temps, la jurisprudence paraît être revenue à la règle initiale, plus stricte, exigeant que le préjudice affecte la totalité des parties privatives et qu'il soit éprouvé « uniformément » par tous (sur le rappel de cette exigence : V. ▪ Cass. 3e civ., 26 avr. 2006 : *Loyers et copr.* 2006, comm. 160, obs. G. Vigneron ; *Rev. Administrer* juill. 2006, p. 55, obs. J.-R. Bouyeure. ▪ Cass. 3e civ., 12 mai 1993 : *RD imm.* 1993, p. 427, obs. P. Capoulade. ▪ CA Paris, 23e ch. A, 14 mars 2001 : *AJDI* 2001, p. 715). Ce n'est pas le cas, dans une copropriété horizontale si les vices n'affectent que six pavillons sur soixante (▪ CA Paris, 19e ch. B, 24 oct. 2002 : *Constr.-Urb.* 2003, comm. n° 72, obs. D. Sizaire ; *Loyers et copr.* 2003, comm. 74, obs. G. Vigneron. – V. aussi, pour une copropriété verticale ▪ CA Paris, pôle 4, ch. 2, 9 févr. 2022, n° 18/07212 : *Administrer* mai 2022, p. 56, obs. P. Déchelette-Tolot) ;

• soit parce que le préjudice affecte la collectivité des copropriétaires. Ainsi il a été admis que le syndicat avait qualité pour agir :

– en réparation du préjudice causé par le défaut de paiement des charges par un copropriétaire (▪ Cass. 3e civ., 27 nov. 1990 : *RD imm.* 1991, p. 107) ;

– ou, pour obtenir la réduction d'honoraires d'avocat payés par la copropriété : ▪ Cass. 3e civ., 21 juill. 1999 : *RD imm.* 1999, p. 687, obs. C. Giverdon) ;

– ou pour obtenir de la banque débitrice de la garantie d'achèvement de l'immeuble le versement des fonds nécessaires à l'achèvement des travaux (▪ Cass. 3e civ., 6 nov. 2007 : *Loyers et copr.* 2008, n° 19, obs. G. Vigneron) ;

– ou pour agir à l'encontre de l'organisme financier débiteur de la garantie d'achèvement en réparation du préjudice causé à l'ensemble des copropriétaires qui avaient supporté chacun le paiement d'une somme supplémentaire pour achever l'immeuble (▪ Cass. 3e civ., 17 oct. 2012, n° 11-17.066 : *Administrer* janv. 2013, p. 54, note J.-R. Bouyeure).

Le syndicat a également qualité pour demander réparation des désordres affectant les toitures, qualifiées dans le règlement de copropriété de *parties communes spéciales*, de certains pavillons de l'ensemble immobilier, bien que ces désordres ne concernent qu'un nombre limité de bâtiments (▪ Cass. 3e civ., 20 nov. 1996 : *Loyers et copr.* févr. 1997, n° 53).

8) Caractère non « collectif » du préjudice subi. Le syndicat n'a pas qualité pour agir si le préjudice n'a pas un caractère collectif au sens indiqué plus haut, avec la réserve qu'il faut exprimer sur le caractère apparemment encore fluctuant de la jurisprudence sur le sujet.

Ainsi par exemple lorsque les intérêts communs de la collectivité ou les parties communes de l'immeuble ne sont pas concernés (V. dans le cas de désordres affectant la jouissance d'un pavillon dans une copropriété horizontale, ▪ Cass. 3e civ., 27 nov. 1991 : *RD imm.* 1992, p. 120, obs. Givord et Giverdon). Ce peut être le cas lorsque quelques lots seulement sont concernés par les empiétements commis par le propriétaire voisin (▪ Cass. 3e civ., 1er avr. 1998 : *Rev. Administrer* oct. 1998, p. 56, obs. P. Capoulade) ou par des nuisances phoniques provenant d'un fonds voisin (▪ Cass. 3e civ., 2 oct. 2001 : *Rev. loyers* 2001, p. 524. ▪ CA Paris, 14e ch. B, 23 nov. 2007 : *JurisData* n° 2007-350638. ▪ CA Paris, 23e ch. A, 14 mars 2001 : *AJDI* 2001, p. 715). Le préjudice éprouvé a, dans ces cas, un caractère personnel aux copropriétaires qui en souffrent et le syndicat n'a pas qualité pour en demander réparation (V. sur le principe, ▪ Cass. 3e civ., 24 févr. 1998 : *Rev. Administrer* juill. 1998, p. 47, obs. J.-R. Bouyeure et ▪ Cass. 3e civ., 1er avr. 1998 : *RD imm.* 1998, p. 420, obs. P. Capoulade. ▪ CA Paris, pôle 4, 2e ch., 12 févr. 2014, n° 12-04012 : *Administrer* oct. 2014, p. 39, obs. J.-R. Bouyeure).

De même le syndicat n'a pas qualité pour engager la responsabilité d'un notaire, rédacteur des actes de vente, avec lequel il n'a aucun lien contractuel (▪ Cass. 3e civ., 20 nov. 1997 : *JCP* G 1997, IV, 81 ; *Rev. Administrer* avr. 1997, p. 43, note P. Capoulade, avec l'avis de M. l'avocat général Weber ; *RD imm.* 1997, p. 135 ; *Bull. civ.* III, n° 221).

Voir : sur la question du caractère « collectif » du trouble subi, L. 10 juill. 1965, art. 15, comm. n° 7, p. 249, comm. nos 9 à 11, p. 250.

B – Applications

1° *Troubles de jouissance à caractère collectif*

9) Définition et illustration. Lorsque des *troubles de jouissance* sont causés aux copropriétaires pris individuellement mais qu'ils ont par leur importance et leur étendue un caractère finalement collectif, le syndicat a qualité pour agir (Sur le problème posé par les troubles de voisinage et la qualité du syndicat pour agir, V. ci-dessous, comm. n° 34, p. 260). Il faut que le préjudice soit éprouvé par l'ensemble des copropriétaires et qu'ils le supportent de la même façon (▪ Cass. 3e civ., 7 sept. 2011, n° 09-70.993 : *Bull. civ.* III, n° 140 ; *Loyers et copr.* 2011, n° 309, obs. G. Vigneron ; *Administrer* déc. 2011, p. 61, obs. J.-R. Bouyeure. ▪ Cass. 3e civ., 6 oct. 2009 : *Rev. Administrer* déc. 2009, p. 47, obs. J.-R. Bouyeure. ▪ Cass. 3e civ., 27 sept. 2000 : *JurisData* n° 2000-006083 ; *Loyers et copr.* 2000, comm. 283. ▪ CA Paris, pôle 1, 2e ch., 15 oct. 2015, n° 13/23786 : *Rev. loyers* 2015, p. 536. ▪ CA Versailles, 11 mars 2013, n° 10-09498 : *JurisData* n° 2013-005149 ; *Loyers et copr.* 2013, comm. 287, obs. G. V. ▪ CA Paris, pôle 4, 2e ch., 27 janv. 2010 : *JurisData* n° 2010-380747 ; *Loyers et copr.* 2010, comm. 147, obs. G. Vigneron. ▪ CA Paris, 23e ch. B, 29 janv. 2009 : *JurisData* n° 2009-376484 ; *Loyers et copr.* 2009, comm. 245, obs. G. Vigneron). On peut néanmoins remarquer que dans un arrêt récent, la Cour de cassation paraît infléchir sa position pour retenir la recevabilité de l'action du syndicat en présence d'un trouble collectif, bien que non subi de la même manière par tous les copropriétaires (▪ Cass. 3e civ., 8 juin 2023, n° 21-22.420 : *LEDIU* sept. 2023, n° DIU201t9, obs. G. Gil).

• ainsi, lorsque le dommage dont il est demandé réparation résulte d'un empoussièrement de l'intérieur des lots affectant également les parties communes, dont est responsable une usine voisine (▪ Cass. 3e civ., 10 oct. 1984 : *JCP* G 1984, IV, 344 ; *RD imm.* 1985, p. 94, obs. Givord et Giverdon). De même lorsqu'un copropriétaire en modifiant ses radiateurs perturbe le fonctionnement de l'installation collective de chauffage (▪ Cass. 3e civ., 7 mai 2003, n° 00-19.464) ;

• ... ou encore lorsqu'il s'agit d'obtenir réparation du trouble de jouissance résultant de l'interruption du chauffage collectif, dès lors que ce trouble a été « général et ressenti de la même manière par l'ensemble des copropriétaires » (▪ Cass. 3e civ., 4 juin 1986 : *Bull. civ.* III, n° 88, p. 69 ; *RD imm.* 1986, p. 502, obs. Givord et Giverdon ; *JCP* G 1986, IV, 235. ▪ CA Paris, 19e ch. A, 23 juin 2004 : *Loyers et copr.* 2004, comm. 191, obs. G. Vigneron. ▪ CA Paris, 23e ch., 18 mai 2000 : *JurisData* n° 2000-118268 ; *Loyers et copr.* 2000, comm. 255) ;

• de même dans le cas d'un dancing causant des troubles de jouissance à l'ensemble des copropriétaires (▪ Cass. 3e civ., 28 janv. 1987 : *D.* 1988, jurispr. p. 140, note Atias). V. aussi pour une demande en dommages et intérêts pour troubles de jouissance subis par les copropriétaires formée par le syndicat (▪ Cass. 3e civ., 20 avr. 1977 : *AJPI* 1978, p. 288 ; *Rev. loyers* 1978, p. 326, note J.V.) ; pour des troubles de voisinage causés à des copropriétaires par les agissements de tiers (▪ Cass. 3e civ., 26 oct. 1983 : *Gaz. Pal.* 1984, pan. p. 280. ▪ Cass. 3e civ., 12 oct. 1994 : *Loyers et copr.* janv. 1995, n° 20 ; *Rev. loyers* 1996, p. 24. ▪ CA Paris, 19e ch., 2 nov. 1994 : *Loyers et copr.* 1994, n° 189. – V., pour l'implantation d'un bâtiment supprimant des vues à l'ensemble de la copropriété, ▪ CA Toulouse, 12 déc. 2005 : *Loyers et copr.* 2006, comm. 164, obs. G. Vigneron. – V. aussi pour la construction d'un bâtiment voisin supprimant l'ensoleillement de la copropriété, ▪ Cass. 3e civ., 21 oct. 2009, n° 08-16692 : *AJDI* 2010, p. 388, note D. Tomasin. – Pour des troubles causés à l'ensemble des lots par les nuisances sonores d'un atelier de mécanique exploité par un locataire : ▪ Cass. 3e civ., 26 janv. 2010, n° 08-21.438 : *Rev. Administrer* oct. 2010, p. 55, obs. J.-R. Bouyeure) ou par des travaux ayant nécessité l'évacuation de l'ensemble des lots, ▪ CA Paris, pôle 4, 2e ch., 17 avr. 2013 : *JurisData* n° 2013-007647 ; *Loyers et copr.* 2013, comm. 254, obs. G. V. – Pour un préjudice esthétique affectant l'ensemble des lots, ▪ CA Aix-en-Provence, 31 oct. 2013, n° 2013-475 : *JurisData* n° 2013-024462 ; *Loyers et copr.* 2014, comm. 62, obs. G. V.). Il pourra néanmoins agir en qualité de « voisin immédiat » en nullité d'un permis de construire (▪ CE, 24 févr. 2021, n° 432096 : *Loyers et copr.* 2021, n° 61, obs. A. Lebatteux).

Le syndicat n'a plus qualité pour agir si les troubles (infiltrations d'eau, nuisances diverses) ne sont éprouvés que par une minorité de copropriétaires ou par certains d'entre eux seulement (▪ CA Aix-en-Provence, 28 oct. 2011 : *JurisData* n° 2011-025213 ; *Constr.-Urb.* 2012, n° 29, obs. M.-L. Pagès de Varenne, ▪ CA Paris, 2e ch., 27 janv. 2010 : *Ann. loyers* 2010, p. 2191, note F. Bérenger et p. 2193, note J.-M. Roux. ▪ CA Aix-en-Provence, 4e ch. B, 7 déc. 2009 : *JurisData* n° 2009-022607. ▪ CA Paris, 23e ch. B, 16 déc. 1999 : *JurisData* n° 1999-103845 ; *Loyers et copr.* 2000, comm. 123. ▪ CA Paris, 23e ch. B, 27 janv. 2000 : *AJDI* 2000, p. 348. ▪ CA Paris, 16e ch. A, 20 déc. 2000 : *AJDI* 2001, p. 149. ▪ CA Paris, 19e ch. A, 24 sept. 2003 : *Loyers et copr.* 2004, comm. 18, obs. G. Vigneron), du moins lorsque les parties communes ne sont pas affectées (V. aussi la jurisprudence citée L. 10 juill. 1965, art. 15, comm. n° 7, p. 249). Les troubles doivent avoir été « uniformément éprouvés » par l'ensemble des copropriétaires : ce n'est pas le cas lorsqu'en l'absence de certificat de conformité, il apparaît que les appartements ont pu néanmoins être vendus, sans perte de valeur (▪ Cass. 3e civ., 26 avr. 2006 : *Loyers et copr.* 2006, comm. 160, obs. G. Vigneron ; *Rev. Administrer* juill. 2006, p. 55, obs. J. R. Bouyeure).

Le syndicat n'a pas qualité pour agir si, malgré le caractère collectif du trouble subi, l'assemblée a par une décision définitive, réservé l'exercice des actions aux copropriétaires individuellement (■ Cass. 3e civ., 1er mars 2006, n° 04-17.092 : *Rev. Administrer* juill. 2006, p. 54, obs. J.-R. Bouyeure).

2° *Actions tendant à obtenir le respect de règles d'ordre public*

10) Compétence du syndicat. Le syndicat a qualité pour agir, sans justifier d'un préjudice particulier, lorsqu'il s'agit d'obtenir le respect de règles d'ordre public : par exemple de la réglementation d'urbanisme (V. pour des changements d'affectation effectués en violation des dispositions de l'article L. 631-7 du Code de la construction et de l'habitation, ■ Cass. 3e civ., 15 janv. 2003 : *Procédures* avr. 2003, comm. n° 95 ; *AJDI* 2003, p. 426, note Y. Rouquet ; *Rev. loyers* 2003, p. 184) ou de normes réglementaires concernant les parties privatives (V. pour des cuisines, ■ Cass. 3e civ., 6 déc. 2006 : *Bull. civ.* III, n° 242 ; *JCP* G 2006, IV, 1068). Toutefois il a été jugé que le syndicat n'avait pas qualité pour agir afin d'obtenir le respect des prescriptions du règlement sanitaire de la ville de Paris concernant l'occupation d'un lot (■ CA Paris, 23e ch., 6 oct. 1992 : *RD imm.* 1993, p. 134).

3° *Actions à l'encontre des constructeurs ou des vendeurs de l'immeuble*

Bibliographie : Y. Broussolle, *Les droits et actions des copropriétaires et du syndicat pour les désordres et malfaçons après la réalisation de travaux : Administrer* nov. 2016, p. 19. – D. Rocher, *Le syndicat des copropriétaires face aux désordres de construction : les prescriptions : Administrer* août-sept. 2007, p. 23. – A. Valdès, *Nature des désordres relevant de la responsabilité décennale des constructeurs : Inf. rap. copr.* janv.-févr. 2005, p. 24 ; *La responsabilité des constructeurs au gré de l'évolution des règles de prescription : Ann. loyers* 2009, p. 601 ; *Les différents régimes de responsabilité des constructeurs : Bull. inf. C. cass.* n° 706, 15 juill. 2009. – Ph. Rees, *Un an de responsabilité des constructeurs : Contrats et marchés publics* janv. 2021, chron. 1.

11) Objets de l'action syndicale. Le syndicat est également compétent lorsqu'il y a lieu d'*agir à l'encontre du constructeur de l'immeuble.* Ainsi peut-il agir contre le promoteur – vendeur en garantie du préjudice causé par une convention insérée par lui dans le règlement (■ Cass. 3e civ., 14 mars 1978 : *D.* 1978, inf. rap. p. 296, note Giverdon), ou pour obtenir le respect de son obligation de délivrance (■ Cass. 3e civ., 3 avr. 2013, nos 11-27.053 et 12-16.024 : *JurisData* n° 2013-006296 ; *Loyers et copr.* 2013, comm. 188, note G. Vigneron), par exemple la délivrance de la loge de gardien (■ Cass. 3e civ., 25 sept. 2012, n° 09-16.634 : *Rev. loyers* 2012, p. 431) ; ou agir en réparation de malfaçons affectant l'ensemble de l'immeuble (■ Cass. 3e civ., 20 juin 1978 : *D.* 1978, inf. rap. 430. ■ CA Paris, 27 avr. 1987 : *D.* 1987, inf. rap. p. 125) ; ... ou agir contre les promoteurs vendeurs en réparation de malfaçons ou vices affectant l'ensemble de l'immeuble (■ Cass. 3e civ., 24 juin 2015, n° 14-15.205, publié au Bulletin : *JurisData* n° 2015-015492 ; *Loyers et copr.* 2015, n° 199, obs. G. Vigneron ; *Constr.-Urb.* 2015, n° 129, note C. Sizaire ; *AJDI* 2015, p. 866, note F. Cohet ; *Administrer* oct. 2015, p. 43, note J.-R. Bouyeure. ■ CA Aix-en-Provence, 26 mai 1986 : *Bull.* Aix-en-Provence févr. 1986, n° 77, p. 26) ; ... ou pour obtenir réparation du préjudice causé à la copropriété par l'absence de conciergerie (■ Cass. 3e civ., 19 févr. 1980 : *Rev. Administrer* juin 1980, p. 22, note Guillot ; *D.* 1980, inf. rap. p. 452, obs. Giverdon ; *JCP* G 1980, IV, p. 175) ; ou pour obtenir la réparation de malfaçons causant des troubles de jouissance dans l'ensemble des parties privatives (■ Cass. 3e civ., 18 févr. 1981 : *Defrénois* 1981, 32686, note Souleau. ■ Cass. 3e civ., 28 avr. 1981 : *D.* 1981, inf. rap. p. 403, obs. Giverdon. – Obs. Giverdon : *RD imm.* 1981, p. 534 et s.), ou l'indemnisation d'une moins-value résultant du défaut d'obtention d'un label de qualité d'isolation phonique (■ CA Montpellier, 3 sept. 2015, 1re ch., sect. AO1, n° 12/02416 : *Gaz. Pal.* 16-17 déc. 2015, p. 24). De même le syndicat peut agir contre le constructeur pour qu'il fasse les travaux nécessaires pour obtenir le certificat de conformité (■ CA Paris, 23e ch. B, 26 mai 2005 : *AJDI* 2005, p. 842. ■ CA Paris, 23e ch. B, 18 nov. 2004 : *Loyers et copr.* 2005, comm. 76, obs. G. Vigneron. – V. dans le cas d'absence du certificat pour non-réalisation d'emplacements de stationnement : ■ CA Paris, 23e ch., 6 janv. 1995 : *RD imm.* 1995, p. 384).

Il est à noter que le syndicat bénéficie de l'assurance dommages-ouvrages souscrite par le promoteur-constructeur de l'immeuble en copropriété (■ Cass. 3e civ., 20 oct. 2004 : *Bull. civ.* III, n° 173. ■ Cass. 3e civ., 11 janv. 2023, n° 21-20.418 : *Loyers et copr.* 2023, n° 48, obs. A. Lebatteux).

Voir : sur les actions appartenant aux copropriétaires, jurisprudence citée L. 10 juill. 1965, art. 15, comm. nos 42 et 43, p. 261 et comm. n° 47, p. 263.

Le syndic est ainsi fondé à agir pour obtenir réparation du préjudice causé aux copropriétaires par le défaut de souscription par le constructeur des assurances prévues par les articles L. 241-1 et L. 242-2 du Code des assurances, ce qui a mis l'ensemble des copropriétaires dans l'obligation de s'assurer à leurs frais pour se prémunir contre les sinistres visés par la loi (■ Cass. crim., 4 nov. 1986 : *Bull. crim.*, n° 316, p. 803. ■ Cass. crim., 11 juin 1985 et ■ Cass. crim., 4 nov. 1986 : *JCP* G 1988, II, 21014, note Chétivaux-David) ou encore du préjudice engendré par le surcoût de consommation dû à la défectuosité de l'installation de chauffage et par la souscription d'un contrat de fournitures inadapté (■ Cass. 3e civ., 3 juill. 1991 : *RD imm.* 1991, p. 512, obs. Givord et Giverdon).

Le syndicat de copropriété a aussi qualité pour agir au nom de tous les copropriétaires en réparation du préjudice qui résulte pour eux de la destruction totale du bâtiment dont la reconstruction a été décidée (■ Cass. 3e civ., 8 mars 1989 : *Inf. rap. copr.* 1990, p. 11, obs. Capoulade ; *Defrénois* 1990, art. 34750, obs. Souleau ; *Rev. Administrer* nov. 1989, p. 38, note Guillot) : et ceci alors que la disparition du bâtiment entraîne la perte des parties construites tant communes que privatives mais aussi des préjudices plus personnalisés (détérioration du mobilier, frais de déménagement, de réinstallation, d'hébergement, perte de loyer, etc.).

Mais le syndicat n'a pas qualité pour agir lorsque les dommages se cantonnent aux seules parties privatives de certains lots. Il appartient alors aux copropriétaires concernés d'intenter les actions appropriées (■ Cass. 3e civ., 7 mai 2003 : *Loyers et copr.* 2003, comm. n° 205, obs. G. Vigneron ; *Rev. loyers* 2003, p. 459. ■ CA Aix-en-Provence, 3e ch. B : *Loyers et copr.* 2007, comm. 62, obs. G. Vigneron. – V. aussi ■ CA Paris, 23e ch. B, 14 oct. 2004 : *AJDI* 2005, p. 38. ■ CA Paris, 19e ch. A, 24 sept. 2003 : *Loyers et copr.* 2004, comm. 18, obs. G Vigneron. ■ CA Paris, 19e ch. B, 24 oct. 2002 : *Constr.-Urb.* 2003, comm. 72, obs. D. Sizaire ; *Loyers et copr.* 2003, comm. 74, obs. G. Vigneron).

Il a été jugé :

– qu'un arrêt avait estimé à tort qu'en raison de la réception sans réserves intervenue entre le maître de l'ouvrage et les entreprises titulaires des - différents marchés avant toute prise de possession de l'immeuble par les acquéreurs et en l'absence de toute réception des parties communes, une demande de réparation concernant les « désordres intermédiaires » n'était pas recevable. Cette décision a été réformée par la Cour de cassation qui énonce que la réception des travaux prononcés sans réserves par le promoteur vendeur en état futur d'achèvement est sans effet sur l'obligation de ce vendeur qui est, comme les constructeurs, tenu à l'égard des propriétaires successifs d'une responsabilité pour faute prouvée en ce qui concerne les désordres intermédiaires (■ Cass. 3e civ., 4 juin 2009, n° 08-13.239 : *Bull. civ.* 2009, III, n° 130) ;

– que la réception des travaux au sens de l'article 1642-1 du Code civil résulte de l'acte passé entre le maître de l'ouvrage et les constructeurs et que la participation des acquéreurs à cette réception n'a aucun effet juridique. En l'espèce, l'arrêt avait retenu que le syndic avait signé le procès-verbal de réception sans formuler de réserves et qu'il était donc censé avoir accepté les non-conformités concernées en raison de leur caractère apparent (■ Cass. 3e civ., 4 nov. 2010, n° 09-70.235. – V. également ■ Cass. 3e civ., 8 sept. 2010 : *Rev. loyers* 2010, p. 485, note Ph. Marin et J.-M. Roux).

Voir : sur la notion de préjudice collectif autorisant le syndicat à agir, L. 10 juill. 1965, art. 15, comm. n° 7, p. 249 à comm. n° 9, p. 250.

C – Sort des indemnités obtenues

12) Répartition. C'est au syndicat qu'il appartient de répartir l'indemnité obtenue à la suite d'une procédure. Le tribunal ne pourrait être saisi à cette fin que si cette répartition présentait des difficultés particulières donnant lieu à litige (■ Cass. 3e civ., 31 mars 2010, n° 09-13.254 : *Bull. civ.* 2010, III, n° 71 ; *Rev. Administrer* juill. 2010, p. 49, obs. J.-R. Bouyeure). Cette répartition doit être opérée en principe au prorata des tantièmes de parties communes de chacun des copropriétaires. Mais il peut en être autrement. L'assemblée des copropriétaires commettrait un abus de majorité si elle décidait de répartir de façon égalitaire entre tous les copropriétaires une indemnité transactionnelle obtenue pour réparer un ensemble de préjudices particuliers à certains d'entre eux (■ Cass. 3e civ., 12 janv. 2011, n° 09-72.175 : *JurisData* n° 2011-225000 ; *Loyers et copr.* 2011, comm. 92, obs. G. Vigneron ; *Rev. Administrer* mai 2011, p. 45, obs. J.-R. Bouyeure). Lorsque le syndicat agit pour obtenir la réparation de troubles affectant l'ensemble des parties privatives (*supra*, n° 7), il convient d'opérer une ventilation des sommes demandées lot par lot d'une part, et pour les parties communes d'autre part (■ Cass. 3e civ., 10 oct. 2012, n° 11-17.627 : *Administrer* déc. 2012, p. 59, note J.-R. Bouyeure).

II – ACTIONS INDIVIDUELLES

Bibliographie : P. Guitard, *Les actions des copropriétaires : Inf. rap. copr.* juin 2001, p. 15. – M.-C. Ruffet, *Les actions du copropriétaire pour la défense de ses intérêts : Inf. rap. copr.* janv. 1996, p. 13 et s. ; *Les actions du copropriétaire individuel : Inf. rap. copr.* févr. 1996, p. 17 et s. – A. Valdès, *Les actions individuelles entre copropriétaires : Inf. rap. copr.* juin 2004, p. 17. – C. Atias, *Le sort réservé à l'intérêt individuel du copropriétaire : Ann. loyers* 2012, p. 1034. – D. Rocher, *L'action individuelle en cas de violation du règlement de copropriété, d'atteintes aux parties communes et d'appropriation de parties communes : Administrer* déc. 2012, p. 29.

13) Autorisation de l'assemblée ? Le copropriétaire qui agit individuellement en suppression de constructions édifiées irrégulièrement n'a pas à saisir préalablement l'assemblée pour provoquer une décision de sa part (■ Cass. 3e civ., 6 sept. 2011, n° 10-20.258 : *JurisData* n° 2011-018194 ; *Loyers et copr.* 2011, n° 308, obs. G. Vigneron ; *Administrer* déc. 2011, p. 62, obs. J.-R. Bouyeure. ▪ Cass. 3e civ., 21 sept. 2010, n° 09-14.024 : *Loyers et copr.* 2010, comm. 297, obs. G. Vigneron ; *Rev. Administrer* févr. 2011, p. 39. ▪ Cass. 3e civ., 28 avr. 1981 : *JCP* G 1981, IV, p. 248. ▪ CA Paris, 15 janv. 1980 : *D.* 1980, inf. rap. p. 453, obs. Giverdon. – *Contra*, ▪ CA Versailles, 14e ch., 22 sept. 2010 : *AJDI* 2011, p. 60).

Le copropriétaire qui poursuit la destruction d'un ouvrage édifié en violation du règlement et d'une décision de l'assemblée n'a pas à solliciter préalablement l'inscription à l'ordre du jour d'une décision d'habilitation du syndic à agir en justice (▪ Cass. 3e civ., 11 févr. 2016, n° 14-12.968 : *Rev. loyers* 2016, p. 205, note L. Guégan. ▪ Cass. 3e civ., 11 févr. 2016, n° 14-29.848 publié au Bulletin : *JurisData* n° 2016-002226 ; *Loyers et copr.* 2016, n° 103, note G. Vigneron ; *Administrer* mai 2016, p. 37, note J.-R. Bouyeure).

Une action tendant à obtenir qu'il soit enjoint au syndicat des copropriétaires de prendre sans délai les dispositions nécessaires afin de faire réaliser les travaux nécessaires à la remise en état des parties communes n'est pas recevable si la question n'a pas été préalablement inscrite à l'ordre du jour d'une assemblée générale des copropriétaires. En effet, une telle décision n'appartient qu'au syndicat des copropriétaires et le juge ne peut empiéter sur ses prérogatives (▪ Cass. 3e civ., 13 janv. 2010, n° 08-21.110 : *JurisData* n° 2010-051060 ; *Loyers et copr.* 2010, comm. 82, obs. G. Vigneron. – V. dans le même sens ▪ CA Aix-en-Provence, 4e ch. A, 29 oct. 2010 : *Rev. Administrer* mars 2011, p. 50, obs. J.-R. Bouyeure).

Voir aussi : sur l'obligation d'informer l'assemblée, D. art. 51. – Sur l'action en révision ou en nullité de la répartition des charges, L. art. 11 et 12 et D. art. 52 à 54. – Sur la prescription, L. art. 42.

A – Conditions de recevabilité de l'action individuelle

14) Observations préliminaires. Comme nous le verrons, la jurisprudence a connu des fluctuations en matière de recevabilité de l'action individuelle des copropriétaires. Nous distinguerons :

– les actions sanctionnant des atteintes aux parties communes (1°)

– les actions sanctionnant une violation du règlement de copropriété (2°)

– les actions concernant la propriété ou la jouissance du lot (3°).

Il a été jugé que l'intérêt à agir, et donc la recevabilité de l'action, n'était pas subordonné à la démonstration de son bien-fondé et que l'existence du droit invoqué par le demandeur n'était pas une condition de recevabilité de son action, mais de son succès (▪ Cass. 3e civ., 23 janv. 2020, n° 18-24.432 : *Administrer* mars 2020, p. 42, obs. J.-R. Bouyeure. ▪ Cass. 3e civ., 14 janv. 2016, n° 14-25.538 : *JurisData* n° 2016-000431 ; *Loyers et copr.* 2016, n° 74, obs. Vigneron. ▪ Cass. 3e civ., 18 juin 2008, n° 07-14 852 : *Loyers et copr.* 2008, comm. 199, obs. G. Vigneron ; *Rev. Administrer* oct. 2008, p. 64, obs. J.-R. Bouyeure). Il ne faut toutefois pas confondre intérêt et qualité à agir. Ainsi, un copropriétaire, qui n'est pas partie à la vente d'une partie commune, n'a pas qualité à agir en réitération de celle-ci (▪ Cass. 3e civ., 6 avr. 2023, n° 22-13.733 : *Loyers et copr.* 2023, n° 6, comm. 106, A. Lebatteux ; *Administrer* juin 2023, n° 576, p. 39, obs. P. Déchelette-Tolot). Il en va de même du copropriétaire sollicitant l'annulation d'un acte d'échange entre parties communes et parties privatives (▪ CA Paris, pôle 4, ch. 2, 20 déc. 2023, n° 19/09223 : *Administrer* févr. 2024, p. 40, obs. P. Déchelette-Tolot).

1° *Action sanctionnant une atteinte aux parties communes*

Bibliographie : J.-R. Bouyeure, *Les conditions de recevabilité de l'action individuelle en rétablissement des parties communes : Rev. Administrer* mars 1994, p. 14 et s. – P. Guitard, *La recevabilité de l'action individuelle relative aux atteintes aux parties communes : Inf. rap. copr.* nov. 2001, p. 19. – *La copropriété*, Dalloz Action 2020-2021, ss direction de P. Capoulade et D. Tomasin, nos 533 et s. – G. Vigneron et G. Gil, *JCl. Copropriété*, Fasc. 100.

15) Une jurisprudence fluctuante. Jusqu'à une date relativement récente, pour pouvoir agir individuellement en cas d'atteinte aux parties communes, en dehors de toute violation du règlement de copropriété, les copropriétaires devaient pouvoir justifier d'un *préjudice personnel*. Et la jurisprudence avait varié quant à la définition des éléments constitutifs de ce préjudice personnel. Mais ce principe comportait une exception en cas de violation d'une disposition du règlement : l'exigence d'un préjudice personnel n'était plus une condition de recevabilité de l'action. Dorénavant, en cas d'atteinte aux parties communes, les conditions de recevabilité de l'action individuelle d'un copropriétaire sont les mêmes qu'il y ait ou non violation du règlement (sur la qualité de tout copropriétaire pour agir, dans l'un et l'autre cas, V. ▪ Cass. 3e civ., 15 mars 2005 : *Loyers et copr.* 2005, comm. 143, obs. G. Vigneron).

Mais lorsque le copropriétaire agit à titre individuel contre un tiers, il doit démontrer l'existence d'un préjudice personnel (L. 65-557 10 juill. 1965, art. 15, comm. n° 17, p. 255).

16) Atteinte aux parties communes causées par un autre copropriétaire. Un arrêt de la Cour de cassation (3e civ.) du 26 novembre 2003 est à l'origine du revirement de jurisprudence (*Bull. civ.* III, n° 210 ;

Loyers et copr. 2004, comm. 38, obs. G. Vigneron ; *Constr.-Urb.* 2004, comm. 8, obs. D. Sizaire ; *JCP* G 2004, n° 14, p. 615, obs. H. Périnet-Marquet ; *AJDI* 2004, p. 293, note P. Capoulade ; *Rev. Administrer* mars 2004, p. 35, obs. J.-R. Bouyeure ; *D.* 2004, p. 31 et la note ; *Rev. loyers* 2004, p. 88, avec la note de synthèse de J.-M. Roux). Selon cette décision, chaque copropriétaire a le droit d'exiger la cessation d'une atteinte aux parties communes sans être astreint à démontrer qu'il subit un préjudice personnel et distinct de celui dont souffre la collectivité des membres du syndicat. Plusieurs arrêts postérieurs sont dans le même sens et la jurisprudence paraît à l'heure actuelle bien fixée (▪ Cass. 3e civ., 26 janv. 2017, n° 15-24.030 : *JurisData* n° 2017-001112 ; *Loyers et copr.* 2017, comm. 87, note A. Lebatteux ; *Rev. loyers* 2017, p. 139, note J.-M. Roux. ▪ Cass. 3e civ., 11 févr. 2016, n° 14-29.648 : *AJDI* 2016, p. 694, note N. Le Rudulier. ▪ Cass. 3e civ., 9 mai 2012, n° 11-10.552. ▪ Cass. 3e civ., 29 mars 2011, n° 10-16.487 : *JurisData* n° 2011-005080 ; *Loyers et copr.* 2011, comm. 186, obs. G. Vigneron. ▪ Cass. 3e civ., 18 déc. 2007, n° 06-19.111 : *JurisData* n° 2007-042055. ▪ Cass. 3e civ., 9 oct. 2007 : *JurisData* n° 2007-040756. ▪ Cass. 3e civ., 13 sept. 2006 : *JurisData* n° 2006-034950. ▪ Cass. 3e civ., 5 juill. 2006 : *Loyers et copr.* 2006, comm. 218, obs. G. Vigneron ; *Rev. Administrer* nov. 2006, p. 48, obs. J.-R. Bouyeure. ▪ Cass. 3e civ., 14 déc. 2004 : *Loyers et copr.* 2005, comm. 54, obs. G. Vigneron. ▪ Cass. 3e civ., 17 nov. 2004 : *AJDI* 2005, p. 581, note C. Giverdon. ▪ Cass. 3e civ., 9 juin 2004 : *Rev. Administrer* oct. 2004, p. 65, obs. A. Alfandari. ▪ CA Paris, pôle 4, 2e ch., 25 janv. 2023, n° 19/05271).

Il a été jugé qu'un copropriétaire avait qualité pour demander la reconstruction d'un mur partie commune, indûment démoli (▪ Cass. 3e civ., 18 juin 2008, n° 07-17.406).

Selon un arrêt de la cour de Versailles, l'action ne serait pas recevable si le copropriétaire demandeur voulait obtenir le respect de la jouissance d'une partie commune qu'il a annexée de manière illicite (▪ CA Versailles, 4e ch., 6 sept. 2010 : *AJDI* 2011, p. 150). Par ailleurs un copropriétaire n'a pas qualité pour demander la cessation d'atteintes à des parties communes spéciales dans lesquelles il n'a aucun droit (▪ Cass. 3e civ., 19 nov. 2014, n° 13-18.925 : *JurisData* n° 2014-028089 ; *Loyers et copr.* 2014, comm. 22, obs. G. Vigneron ; *JCP* N 2015, n° 10, 1088, note G. Chantepie ; *Rev. loyers* 2015, p. 83, note L. Guégan ; *Administrer* févr. 2015, p. 44, note J.-R. Bouyeure). ▪ CA Paris, pôle 4, 2e ch., 11 mai 2011, n° 09/14837 : *Administrer* août-sept. 2011, p. 40, obs. J.-R. Bouyeure).

Si un copropriétaire ayant exercé une action individuelle est bénéficiaire d'une décision de justice ordonnant sous astreinte la suppression de travaux sur les parties communes, il a qualité pour demander la liquidation de cette astreinte étant le syndicat (▪ Cass. 3e civ., 17 déc. 2013, n° 12-19.969 : *Administrer* mars 2014, p. 39, obs. J.-R. Bouyeure).

Au contraire, la Cour de cassation a pu juger que l'action en paiement du coût des travaux de remise en état (et non la demande de remise en état elle-même), était exclusivement attitrée au syndicat des copropriétaires (▪ Cass. 3e civ., 8 juin 2023, n° 21-15.692 : *Loyers et copr.* 2023, nos 7-8, comm. 121, A. Lebatteux ; *Administrer* juill. 2023, n° 577, p. 45, obs. P. Déchelette-Tolot ; *Administrer* août-sept. 2023, n° 578, 49, N. Boullez ; *AJDI* 2023, 937, obs. F. Masson ; *LEDIU* sept. 2023, n° DIU201u0, obs. G. Gil).

17) Atteinte aux parties communes causée par des tiers étrangers à la copropriété. Si l'auteur de l'atteinte aux parties communes n'est pas un copropriétaire mais un tiers, le syndicat des copropriétaires peut seul agir pour assurer la sauvegarde des droits afférents à l'immeuble, si cette atteinte ne cause pas de préjudice propre à un copropriétaire (▪ Cass. 3e civ., 17 janv. 2007, n° 05-19.313 : *BPIM* 2/2007, n° 149. ▪ Cass. 3e civ., 22 sept. 2004 : *Bull. civ.* III, n° 155 ; *JCP* G 2005, p. 436, obs. H. Périnet-Marquet ; *Loyers et copr.* 2004, comm. 211, obs. G. Vigneron ; *Constr.-Urb.* 2004, comm. 208, note D. Sizaire ; *AJDI* 2005, p. 141, note C. Giverdon ; *Rev. loyers* 2004, p. 650, note J.-M. Roux ; *Rev. Administrer* juin 2005, p. 45, obs. J.-R. Bouyeure. ▪ Cass. 3e civ., 7 mars 2024, n° 17-28.537 : *Loyers et copr.* 2024, n° 4, comm. A. Lebatteux ; *Administrer* mai 2024, p. 35, obs. P. Déchelette-Tolot). Un copropriétaire n'a qualité pour agir que s'il démontre l'existence d'un préjudice personnellement éprouvé (▪ Cass. 3e civ., 27 mars 2013, n° 12-12.121 ▪ Cass. 3e civ., 6 sept. 2011, n° 10-25.092 : *Administrer* mai 2012, p. 43, obs. J.-R. Bouyeure. ▪ Cass. 3e civ., 13 sept. 2006, n° 05-14.478 : *Rev. Administrer* déc. 2006, p. 73, obs. J.-R. Bouyeure. ▪ CA Grenoble, 1re ch. civ., 9 avr. 2013, n° 11/01118 : *Rev. loyers* 2013, p. 298). En l'absence de préjudice personnel son action est irrecevable (▪ CA Versailles, 23 mai 2011 : *AJDI* 2012, p. 361).

A été déclarée irrecevable la demande d'un copropriétaire agissant à l'encontre du locataire d'un autre copropriétaire afin d'obtenir la remise en état des parties communes annexées par ce dernier, au motif que le demandeur ne pouvait justifier d'un préjudice personnellement éprouvé dans la propriété ou la jouissance de ses lots, et indépendant de celui subi par la collectivité des copropriétaires (▪ Cass. 3e civ., 15 nov. 2018, n° 17-13.514 : *JurisData* n° 2018-024251 ; *Loyers et copr.* 2019, comm. 14, note A. Lebatteux ; *Administrer* janv. 2019, p. 36, obs. J.-R. Bouyeure).

2° *Action d'un copropriétaire en cas de violation du règlement de copropriété*

18) Renvoi. Il est admis qu'un copropriétaire peut agir sans avoir à justifier d'un préjudice personnel lorsqu'il se plaint d'une violation du règlement de copropriété (V. L. 10 juill. 1965, art. 15, comm. n° 27, p. 257).

3° *Actions concernant la propriété ou la jouissance du lot*

19) Action individuelle. Aux termes de l'article 15, alinéa 2, tout copropriétaire a qualité pour exercer seul les actions concernant « la propriété ou la jouissance de son lot », mais « à charge d'en informer le syndic » (■ Cass. 3e civ., 26 janv. 2017, n° 15-24.030 : *JurisData* n° 2017-1112 ; *Loyers et copr.* 2017, comm. 87, note A. Lebatteux ; *Rev. loyers* 2017, p. 139, note J.-M. Roux). Cette information est suffisante. Le syndicat des copropriétaires n'a pas à être appelé en cause (■ Cass. 3e civ., 30 juin 2009, n° 08-14908). Ainsi un copropriétaire peut agir individuellement pour faire cesser un trouble à la jouissance privative d'un jardin partie commune dont il a la jouissance exclusive (■ Cass. 3e civ., 11 déc. 2012, n° 11-26.704 : *JurisData* n° 2012-029346 ; *Loyers et copr.* 2013, comm. 55, note G. Vigneron).

B – Modes d'exercice de l'action individuelle

20) Autonomie de l'action individuelle. Lorsque le copropriétaire est recevable à agir à titre individuel, son action prend un caractère autonome. Elle n'est en rien subordonnée à celle du syndicat (V. sur le principe ■ Cass. 3e civ., 17 juill. 1996 : *Loyers et copr.* oct. 1996 ; *RD imm.* n° 441 ; *AJPI* 1996, p. 1021, note P. Guitard ; *RD imm.* 1996, p. 616 et *Inf. rap. copr.* 1996, p. 8, obs. P. Capoulade). Le copropriétaire qui agit contre un autre en réparation du préjudice subi à la suite de travaux irréguliers sur parties communes n'est pas tenu d'appeler le syndicat des copropriétaires dans la cause (■ Cass. 3e civ., 19 déc. 2019, n° 18-22.902 : *Administrer* févr. 2020, p. 36, note J.-R. Bouyeure). Mais il n'a pas qualité pour obtenir le paiement des frais de remise en état même s'il est le seul propriétaire concerné (■ Cass. 3e civ., 19 déc. 2019, n° 18-23.974).

• Il peut intervenir dans la procédure engagée par le syndicat (■ Cass. 3e civ., 22 mars 1995 : *RD imm.* 1995, p. 596, obs. P. Capoulade).

• Peu importe que l'action syndicale soit déclarée irrecevable (■ Cass. 3e civ., 17 mars 1999 : *JurisData* n° 1999-001216 ; *Loyers et copr.* 1999, comm. 220. ■ Cass. 3e civ., 17 juill. 1996, précité et ■ Cass. 3e civ., 3 févr. 1999, arrêt n° 188 D). Peu importe également que le syndicat ait renoncé à agir (■ Cass. 3e civ., 18 déc. 1996, arrêt n° 1939 D, aff. *Galesa* et ■ Cass. 3e civ., 15 janv. 1997 : *Loyers et copr.* avr. 1997, n° 118. ■ CA Paris, 23e ch. B, 3 mai 2007 : *JurisData* n° 2007-335165). Le copropriétaire qui éprouve un préjudice personnel peut néanmoins faire valoir ses droits propres.

• La transaction acceptée par le syndicat en ce qui concerne le préjudice collectif n'empêche pas un copropriétaire d'agir en réparation de son préjudice personnel (■ Cass. 3e civ., 17 déc. 1996 : *RD imm.* 1997, p. 136, obs. P. Capoulade ; *Loyers et copr.* mars 1997, n° 89).

Un copropriétaire est ainsi fondé à demander réparation des désordres subis par ses parties privatives, consécutifs aux désordres affectant les parties communes (■ Cass. 3e civ., 7 mai 2003 : *Loyers et copr.* 2003, comm. 205, note G. Vigneron). Il a été jugé toutefois que le copropriétaire ne pouvait agir qu'aux côtés du syndicat lorsque la réparation demandée (rétablissement des parties communes dans leur état antérieur) met en jeu l'appréciation des intérêts collectifs (■ CA Versailles, 23 janv. 1995 : *Rev. loyers* 1995, p. 459), ainsi lorsque l'action individuelle tend à obtenir la destruction de constructions irrégulièrement élevées sur les parties communes (■ Cass. 3e civ., 17 juin 2003 : *Rev. Administrer* oct. 2003, p. 58, obs. J.-R. Bouyeure).

S'agissant d'obtenir réparation d'un trouble manifestement illicite, l'action individuelle peut être portée devant le juge des référés (■ Cass. 3e civ., 20 juill. 1994 : *Loyers et copr.* déc. 1994, n° 498 ; *RD imm.* 1994, p. 702. ■ Cass. 3e civ., 23 nov. 1994 : *RD imm.* 1995, p. 163, obs. P. Capoulade. ■ Cass. 3e civ., 17 janv. 1996 : *RD imm.* 1996, p. 276, obs. P. Capoulade).

21) Action conjointe. Les copropriétaires sont aussi fondés à *agir aux côtés du syndicat* pour préserver la jouissance de leur propre lot : ainsi lorsqu'un copropriétaire construit une piscine sur un terrain attenant à la maison d'un autre copropriétaire en violation des dispositions du règlement de copropriété (■ Cass. 3e civ., 22 juill. 1987 : *D.* 1987, inf. rap. p. 187). –... ou encore lorsque des désordres se sont produits dans les parties communes (ce qui a justifié une action du syndicat...) mais qu'ils se sont accompagnés de troubles de jouissance particuliers éprouvés par un copropriétaire – infiltrations d'eau – qui peut donc agir pour demander réparation de son préjudice personnel (■ Cass. 3e civ., 18 juin 1985 : *Gaz. Pal.* 1986, 1, somm., p. 79 ; *JCP G* 1985, IV, 301. – V. pour un vice affectant les poutres parties communes rendant impossible l'habitation d'un appartement, ■ Cass. 3e civ., 26 juin 1991 : *RD imm.* 1991, p. 511, obs. Givord et Giverdon), pour un vice caché qui aurait justifié un moindre prix des lots ■ CA Paris, pôle 4, 1re ch., n° 12-22515 : *JurisData* n° 2014-006895. De même, lorsqu'il s'agit d'obtenir le respect d'une servitude dont les copropriétaires sont titulaires sur une voie d'accès à la copropriété (■ CA Paris, 23e ch. B, 21 déc. 1984 : *D.* 1985, inf. rap. p. 430).

Le syndicat peut, pour sa part, intervenir dans l'instance introduite par un copropriétaire si des intérêts collectifs sont en jeu (V. pour une action en résiliation de bail : ■ CA Paris, 6e ch., 8 mars 1993 : *Loyers et copr.* 1993, n° 283).

Si aucun lien précis n'apparaît entre les désordres affectant les parties privatives et ceux concernant les parties communes, ou si l'habitabilité des parties privatives est seule en cause, il appartient aux copropriétaires d'agir individuellement (▪ TGI Le Mans, 29 mai 1984 : *Gaz. Pal.* 6 et 8 janv. 1985, somm. p. 13).

S'il n'a pas exercé d'action individuelle, un copropriétaire peut néanmoins contester la décision de ne pas faire appel prise par le syndicat qui a échoué dans son action collective, mais à la condition de démontrer qu'elle constitue un « abus de majorité » (▪ Cass. 3e civ., 10 juill. 1996 : *Loyers et copr.* oct. 1996, n° 409).

22) Obligations particulières. L'article 15, alinéa 2, impose au copropriétaire qui exerce une action concernant « la propriété ou la jouissance » d'informer le syndic. Les modalités de cette information sont fixées par l'article 51 du décret du 17 mars 1967 (V. ce texte).

Mais lorsque l'action exercée par un copropriétaire à titre individuel ne concerne pas la propriété ou la jouissance de son lot, sa recevabilité est conditionnée par la mise en cause du syndicat des copropriétaires, dès lors qu'un copropriétaire ne peut, au vu de l'alinéa 2 de l'article 15 de la loi du 10 juillet 1965, exercer seul que les actions concernant la propriété ou la jouissance de son lot (▪ Cass. 3e civ., 8 juill. 2015, n° 14-16.975 : *JurisData* n° 2015-016475 ; *Loyers et copr.* 2015, n° 208, note Vigneron ; *Administrer* nov. 2015, p. 38, note J.-R. Bouyeure ; *LPA* 4 nov. 2015, p. 10, note P.-L. Niel ; *AJDI* 2016, p. 47, note N. Le Rudulier. ▪ CA Paris, pôle 4, 2e ch., 3 avr. 2013, n° 11/20385 : *Administrer* juin 2013, p. 51, obs. J.-R. Bouyeure).

23) Tierce opposition. Lorsqu'une action a été engagée par (ou contre) le syndicat, un copropriétaire ne peut former tierce opposition que s'il justifie d'un préjudice personnel et d'intérêts distincts de ceux défendus par le syndicat (▪ Cass. 3e civ., 2 oct. 1996 : *Loyers et copr.* nov. 1996, n° 454 ; *RD imm.* 1997, p. 138, obs. P. Capoulade et ▪ CA Paris, 1re ch. A, 5 mars 1997 : *RD imm.* 1997, p. 627, obs. C. Giverdon). V. P.-E. Lagraulet, *La recevabilité de la tierce opposition d'un copropriétaire* : *IRC* juin 2022, p. 6.

Voir : sur la tierce opposition, L. 10 juill. 1965, art. 15, comm. n° 34, p. 260.

III – EXAMEN DES DIVERS TYPES DE LITIGES

24) Inventaire des actions. Nous avons choisi de présenter les diverses actions en fonction des personnes (demandeur et défendeur) que le litige met en cause et non en fonction de l'objet du litige. Nous serons ainsi appelés à distinguer :

– les litiges entre copropriétaires ;
– les litiges entre copropriétaires et syndicat ;
– les litiges entre copropriétaires et tiers ;
– les litiges entre le syndicat et les tiers.

Les litiges entre les copropriétaires ou le syndicat et le syndic sont évoqués sous l'article 18 de la loi.

A – Litiges entre copropriétaires

1° *Actions possessoires (avant leur suppression par la loi n° 2015-177 du 16 février 2015)*

Bibliographie : Sur le problème, Viatte, *Protection possessoire et copropriété* : *Rev. loyers* 1979, p. 283 et s. – R. Martin, *Action possessoire, servitude et copropriété* : *Ann. loyers* 1991, p. 477.

25) Irrecevabilité de l'action. Il avait été jugé que l'action possessoire *intentée par un copropriétaire à l'encontre d'un autre n'était pas recevable,* lorsqu'il s'agissait d'obtenir la réparation de troubles de jouissance se rattachant au règlement de copropriété. La protection possessoire n'était pas accordée en effet à celui qui demandait réparation d'un trouble provenant de l'inexécution d'une *convention* (V. en dernier lieu, ▪ Cass. 3e civ., 9 juin 1999, n° 97-18.739 : *JurisData* n° 1999-002331 ; *Bull. civ.* III, n° 136. ▪ Cass. 3e civ., 6 mars 1991, n° 89-14.374 : *RD imm.* 1991, p. 247, obs. Capoulade et Giverdon ; *Defrénois* 1991, art. 35062, obs. Souleau.

Ces solutions, rappelées pour mémoire, n'ont plus qu'un intérêt historique. En effet l'article 9 de la loi n° 2015-177 du 16 février 2015 a abrogé l'article 2279 du Code civil, et donc les actions possessoires (A. Marque, *Fin de partie pour l'action possessoire ou les beaux jours du référé* : *LPA* 21 avr. 2015, p. 4 et s.).

2° *Actions pétitoires*

26) Modalités d'exercice de l'action. Les copropriétaires exercent seuls les *actions en revendication* contre un autre copropriétaire concernant les parties privatives de leurs lots (▪ CA Paris, 13 janv. 1984 : *D.* 1984, inf. rap. p. 411, obs. Giverdon).

Voir aussi : sur l'obligation d'informer l'assemblée, V. D. art. 51.

Si un lot de copropriété appartient à l'un des époux à titre de bien propre, seul cet époux peut agir en justice pour faire valoir les droits afférents à ce lot, à l'exclusion de l'autre (▪ CA Aix-en-Provence, 7 juin 1983 : *JCP* 1985, II, 137 ; *Bull. CNEIL* 1985, III, n° 208, p. 28). Si le lot est commun, l'un ou l'autre des époux peut agir (C. civ., art. 1421).

3° *Litiges nés de la violation du règlement*

27) Recevabilité de l'action même en l'absence de préjudice personnel. La jurisprudence a décidé, dans un premier temps, qu'un copropriétaire ne pouvait exercer à l'encontre d'un autre copropriétaire une action tendant à obtenir le respect d'une disposition du règlement qu'à la condition de pouvoir justifier d'un *préjudice personnel* dans la jouissance ou la propriété de ses parties privatives ou même dans la jouissance des parties communes (■ Cass. 3e civ., 3 mars 1999, n° 97-14.128 : *AJDI* 1999, p. 798, obs. C. Giverdon).

Le préjudice personnel invoqué devait être propre au copropriétaire demandeur : par exemple, des bruits (■ Cass. 1re civ., 20 déc. 1962 : *AJPI* 1963, p. 430, obs. Cabanac), des odeurs (■ Cass. 3e civ., 18 déc. 1973 : *JCP* 1974, II, 17682, note Guillot. ■ Cass. 3e civ., 18 juill. 1979, préc.), des vues supprimées (■ Cass. 3e civ., 9 janv. 1973 : *JCP* 1973, II, 17358).

Mais la Cour de cassation a opéré un *revirement*, en décidant que l'action individuelle d'un copropriétaire contre un autre copropriétaire ou contre son locataire était recevable sans qu'il y ait à justifier d'un préjudice, le règlement de copropriété ayant le caractère d'un contrat. Cette jurisprudence est actuellement bien établie (■ Cass. 3e civ., 29 mars 2011, n° 10-16.487 : *Administrer* juill. 2011, p. 54, note J.-R. Bouyeure ■ Cass. 3e civ., 24 févr. 2009, n° 08-11.261 : *Loyers et copr.* 2009, comm. 127, obs. G. Vigneron ; *Rev. Administrer* juin 2009, p. 43, obs. J.-R. Bouyeure. ■ Cass. 3e civ., 4 nov. 2008, n° 08-11.261 : *Loyers et copr.* 2009, comm. 21, obs. G. Vigneron ; *Rev. Administrer* janv. 2009, p. 35. ■ Cass. 3e civ., 1er juill. 2008, n° 07-15.729. ■ Cass. 3e civ., 18 déc. 2007, n° 06-21.364. ■ Cass. 3e civ., 9 oct. 2007 : *Loyers et copr.* 2007, n° 252, obs. G. Vigneron ; *Rev. Administrer* janv. 2008, p. 55, obs. J.-R. Bouyeure. ■ Cass. 3e civ., 17 nov. 2004 : *Loyers et copr.* 2005, comm. 39, obs. G. Vigneron. ■ Cass. 3e civ., 25 mai 2004 : *Rev. Administrer* août-sept. 2004, p. 32, obs. J.-R. Bouyeure. ■ Cass. 3e civ., 26 nov. 2003 : *Bull. civ.* III, n° 210. ■ Cass. 3e civ., 29 janv. 2003 : *Bull. civ.* III, n° 19 ; *JCP* G 2003, IV, 1505 ; *Loyers et copr.* 2003, comm. 116, obs. G. Vigneron. ■ Cass. 3e civ., 22 mars 2000 : *Bull. civ.* III, n° 64 ; *Loyers et copr.* 2000, comm. 127, note G. Vigneron ; *Defrénois* 2000, art. 37196, n° 51, note C. Atias ; *Rev. Administrer* mai 2000, p. 50, obs. P. Capoulade ; *D.* 2001, somm. p. 345, note C. Atias. ■ Cass. 3e civ., 10 janv. 2001 : *Constr.-Urb.* 2001, comm. 60, obs. D. Sizaire. ■ CA Paris, pôle 4, 2e ch., 16 nov. 2011 : *JurisData* n° 2011-026760 ; *Loyers et copr.* 2012, n° 93, obs. G.V.). Le copropriétaire demandeur doit indiquer de façon précise les stipulations du règlement qui ont été enfreintes (■ Cass. 3e civ., 18 déc. 2001, n° 00-18.115).

Il a été jugé que l'action se prescrivait par dix ans (délai réduit aujourd'hui à 5 ans) conformément aux dispositions de l'article 42, alinéa 1 de la loi (V. ce texte *infra*. ■ Cass. 3e civ., 17 janv. 2007 : *AJDI* 2008, p. 36, note P. Capoulade).

4° *Litiges entre copropriétaires ne mettant pas en cause l'application du règlement*

28) Actions concernant les parties communes. L'action d'un copropriétaire contre un autre tendant à obtenir la cessation d'empiétement, d'emprise ou d'abus de jouissance sur les parties communes est recevable sans que le copropriétaire ait à justifier d'un préjudice personnel et distinct de celui éprouvé par la collectivité (V. en dernier lieu, ■ Cass. 3e civ., 29 mars 2011, n° 10-16.487 : *Administrer* juill. 2011, p. 54, note J.-R. Bouyeure. ■ Cass. 3e civ., 24 févr. 2009 : *Loyers et copr.* 2009, comm. 127, obs. G. Vigneron ; *Rev. Administrer* juin 2009, p. 43, obs. J.-R. Bouyeure. ■ Cass. 3e civ., 4 nov. 2008, n° 07-18.067 : *Loyers et copr.* 2009, comm. 21, obs. G. Vigneron ; *Rev. Administrer* janv. 2009, p. 35. ■ Cass. 3e civ., 7 mai 2003, n° 01-17.546. – *Contra*, ■ CA Toulouse, 1re ch., 25 janv. 2010 : *JurisData* n° 2010-003640 ; *Loyers et copr.* 2010, comm. 208, obs. G.V.). Si l'auteur de travaux irréguliers agit sans les autorisations administratives nécessaires ce qui constitue une infraction pénale, tout copropriétaire peut porter plainte et se constituer partie civile (■ Cass. crim., 19 mars 2019, n° 18-83.833 : *JurisData* n° 2019-004114 ; *Loyers et copr.* juill.-août 2019, comm. 132, note A. Lebatteux).

Mais le copropriétaire demandeur doit être titulaire de droits dans la partie commune concernée. Ce n'est pas le cas s'il s'agit d'une partie commune spéciale dans laquelle il n'a aucun droit de propriété indivis (■ Cass. 3e civ., 19 nov. 2014, n° 13-18.925 : *JurisData* n° 2014-028089 ; *Loyers et copr.* 2014, comm. 22, obs. G. Vigneron ; *JCP* N 2015, n° 10, 1088, note G. Chantepie ; *Rev. loyers* 2015, p. 83, note L. Guégan ; *Administrer* févr. 2015, p. 44, note J.-R. Bouyeure). Il lui faudra également rapporter la preuve du caractère commun des parties de l'immeuble dont il poursuit la remise en état (■ CA Paris, pôle 4, 2e ch., 23 nov. 2022, n° 19/05391 : *Administrer* févr. 2023, p. 44, obs. P. Dechelette-Tolot).

Le copropriétaire demandeur est en droit d'obtenir du juge la cessation de toute atteinte aux parties communes de l'immeuble et par exemple la reconstruction d'un mur irrégulièrement démoli : l'assemblée générale n'est pas seule compétente pour ordonner cette reconstruction (■ Cass. 3e civ., 18 juin 2008, n° 07-17.406 : *Rev. Administrer* oct. 2008, p. 64, obs. J.-R. Bouyeure). Si un copropriétaire engage une action pour « exiger du syndicat à la mise en œuvre de toutes les dispositions nécessaires à la remise en état des parties communes », sa demande est irrecevable, la mesure réclamée relevant des prérogatives de l'assemblée qui aurait dû être saisie par le copropriétaire (■ Cass. 3e civ., 13 janv. 2010 : *JurisData* n° 2010-051060 ; *Loyers et copr.* 2010, comm. 82, obs. G. Vigneron ; *Rev. Administrer* avr. 2010, p. 34, obs. J.-R. Bouyeure. – V., sur cette décision, C. Coutant-Lapalus, *Atteinte aux parties communes, quels pouvoirs des copropriétaires : Loyers et copr.*, juill.-août 2010, étude 9). Selon un arrêt de la Cour de cassation (publié au Bulletin) le copropriétaire qui exerce à titre individuel une action en remise en état des parties communes doit appeler le syndicat des copropriétaires en la cause. Si la copropriété ne comprend que deux personnes, il y a lieu de faire désigner judiciairement un représentant du syndicat (▪ Cass. 3e civ., 8 juill. 2015, n° 14-16.975 : *JurisData* n° 2015-016475).

L'action tendant à obtenir la fermeture de fenêtres ouvertes dans un mur commun doit être exercée contre les propriétaires du lot dès lors que ces fenêtres sont privatives aux termes du règlement (▪ CA Aix-en-Provence, 2 mai 2002 : *Loyers et copr.* 2002, comm. 266).

Si le copropriétaire demandeur obtient la condamnation du contrevenant à la suppression de travaux irréguliers sur parties communes à peine d'astreinte, il a qualité pour demander la liquidation de cette astreinte (▪ Cass. 3e civ., 17 déc. 2013, n° 12-19.969 : *Administrer* mars 2014, p. 39, note J.-R. Bouyeure).

29) Actions en responsabilité pour troubles de voisinage. Ces actions peuvent être intentées soit selon le droit commun, en invoquant les principes de la responsabilité civile (C. civ., art. 1240) soit sur le fondement du principe selon lequel nul ne doit causer à autrui un trouble dépassant les inconvénients normaux de voisinage (▪ Cass. 3e civ., 19 févr. 2003 : *AJDI* 2003, p. 377, note O. Abram. – V. pour des applications ▪ Cass. 1re civ., 20 déc. 1962 : *Bull. civ.* I, p. 603. ▪ Cass. 3e civ., 30 mars 1978 : *JCP* G 1978, IV, 176. – Pour une action fondée sur le caractère anormal de trouble : ▪ Cass. 3e civ., 24 sept. 2003, arrêt n° 997 D, aff. *Brière*. – Pour des bruits : ▪ TGI Paris, 22 mars 1977 : *D.* 1978, inf. rap. p. 128. Pour des odeurs : ▪ CA Paris, 23 mars 1977 : *D.* 1978, inf. rap. p. 128). L'action peut être intentée contre le copropriétaire du lot même si le trouble provient d'un locataire (▪ Cass. 3e civ., 22 mai 1975 : *Inf. rap. copr.* 1976, p. 9), contre lequel le copropriétaire bailleur peut se retourner (▪ Cass. 3e civ., 31 mars 1978 : *Gaz. Pal.* 1978, 2, somm. p. 265. ▪ CA Paris, 31 mars 1977 : *Rev. loyers* 1977, p. 421). Mais la victime des troubles peut aussi agir directement contre le locataire (▪ Cass. 3e civ., 13 déc. 1965 : *AJPI* 1966, p. 511. ▪ TGI Paris, 15 avr. 1969 : *AJPI* 1970, p. 136, note Cabanac).

• Sur les troubles de voisinage en copropriété, V. L. 10 juill. 1965, art. 9, comm. 6 à 15, p. 90 et n° 49, p. 109.

Voir aussi : sur ces problèmes, *JCl. Copropriété*, Fasc. 64, nos 83 et s., par G. Vigneron, Fasc. 100, nos 158 et s. et A. Valdès, *L'action en réparation des troubles de voisinage : inf. rap. copr.* mai 1998, p. 8.

B – Litiges entre copropriétaires et syndicat

1° Procès intenté par le syndicat aux copropriétaires

30) Défense de l'intégrité juridique de l'immeuble. Le syndicat peut exercer des *actions pétitoires* à l'encontre des copropriétaires qui tenteraient de s'approprier les parties communes (E. Kischinewsky-Broquisse, *La copropriété des immeubles bâtis*, Litec, 4e éd. 1989, n° 453. – *JCl. Copropriété*, Fasc. 100, n° 100).

31) Défense de l'intégrité matérielle de l'immeuble. Le syndicat a qualité pour agir afin de faire cesser les empiétements divers commis par les copropriétaires sur les parties communes (V. l'étude de M. Miquel : *Dr. et ville*, déc. 1981, p. 146 et s.) et pour obtenir la remise des lieux en leur état primitif : par exemple au cas d'empiétement ou de construction irrégulière (▪ Cass. 1re civ., 10 nov. 1965 : *JCP* G 1965, IV, 158. ▪ Cass. 3e civ., 23 mars 1968 : *AJPI* 1969, p. 127. ▪ Cass. 3e civ., 3 juin 1971 : *JCP* G 1971, IV, 179. ▪ Cass. 3e civ., 18 janv. 1972 : *JCP* G 1972, IV, 52. ▪ Cass. 3e civ., 20 mars 1979 : *Inf. rap. copr.* 1980, p. 69)... à peine d'astreinte (▪ TGI Grenoble, 6 avr. 1964 : *JCP* 1965, II, 13633, note Savatier) et d'éventuels dommages et intérêts.

Il a été jugé que l'action en revendication des parties communes n'était pas assujettie à la publicité foncière (▪ CA Paris, 23e ch. B, 24 nov. 2005 : *AJDI* 2006, p. 390).

Un copropriétaire ne peut agir en justice contre le syndicat afin d'obtenir le rétablissement d'une partie commune supprimée par décision de justice. Il doit d'abord provoquer une décision de l'assemblée, à laquelle le juge ne peut se substituer (▪ Cass. 3e civ., 26 sept. 2007, n° 06-18.305).

32) Violations du règlement de copropriété. Le syndicat a qualité pour agir en cas de violation par les copropriétaires des dispositions du règlement (▪ Cass. 3e civ., 7 nov. 1973 : *JCP* 1974, II, 17644, note Guillot. ▪ Cass. 3e civ., 20 avr. 1977 : *D.* 1978, inf. rap. p. 26, obs. Giverdon)... ce qui n'exclut pas la possibilité pour les copropriétaires d'agir individuellement.

Voir : L. 10 juill. 1965, art. 15, comm. n° 27, p. 257.

33) Troubles de jouissance. Mettant fin aux incertitudes, la Cour de cassation a finalement admis que le syndicat pouvait agir à l'encontre d'un copropriétaire sur le fondement de la théorie des troubles anormaux de voisinage (▪ Cass. 3e civ., 11 mai 2017, n° 16-14.339 : publié au *Bull.* ; *JurisData* n° 2017-008883 ; *Loyers et copr.* 2017, comm. 145, note A. Lebatteux ; *AJDI* 2017, p. 594, note ; *RTD civ.* 2017, p. 670, obs. ; *Administrer* août-sept. 2017, p. 61, obs. J.-R. Bouyeure ; *Rev. loyers* 2017, p. 298, note V. Zalewski-Sicard ; *LPA* 13 juill. 2017, p. 19, note P.-M. Niel et M. Morin ; *Gaz. Pal.* 5 sept. 2017, p. 70, note A.-L. Thomas-Raynaud). Cette solution présente un avantage. La responsabilité pour troubles de voisinage est de nature objective : elle peut être engagée sans que le syndicat ait à établir l'existence d'une faute du copropriétaire incriminé. D'autre part, l'action peut être dirigée contre le propriétaire actuel du lot quand bien même il ne serait pas à l'origine des troubles de voisinage reprochés (■ Cass. 3e civ., 11 mai 2017, n° 16-14.665 : *JurisData* n° 2017-008968 ; *Loyers et copr.* 2017, comm. 145, note A. Lebatteux).

34) Tierce opposition. Si un jugement déboute le syndicat d'une action intentée à l'encontre de certains copropriétaires, d'autres copropriétaires qui y auraient intérêt ne sont pas fondés à former *tierce opposition* à ce jugement, qui leur est opposable (■ Cass. 3e civ., 17 juill. 1985 : *Defrénois* 1986, art. 33694, obs. Souleau ; *RD imm.* 1986, p. 248, obs. Givord et Giverdon ; *Rev. Administrer* déc. 1985, p. 40, obs. Guillot ; voir pour un jugement déboutant le syndicat d'une demande en remboursement de surprime d'assurance formée à l'encontre d'un copropriétaire : ■ Cass. 3e civ., 9 déc. 1992 : *RD imm.* 1993, p. 271, obs. P. Capoulade). En tant que membres du syndicat, ils ont été en effet représentés par celui-ci (■ CA Aix-en-Provence, 4e ch. A, 30 juin 2010 : *Rev. Administrer* oct. 2010, p. 64, obs. J.-R. Bouyeure. ■ CA Bordeaux, 29 janv. 2009 : *Loyers et copr.* 2009, comm. 129, obs. G. Vigneron. ■ CA Paris, 23e ch. A, 26 mai 1982 : *Gaz. Pal.* 1982, 2, somm. p. 302). Ainsi ne peuvent-ils mettre en cause la responsabilité du syndic si cette responsabilité a déjà été recherchée pour le même motif par le syndicat, qui a été débouté (■ Cass. 3e civ., 18 juin 2013, n° 12-18.800 : *Administrer* oct. 2013, obs. J.-R. Bouyeure).

C'est seulement dans le cas où ils auraient des intérêts personnels totalement distincts de ceux défendus par le syndicat que cette tierce opposition pourrait être admise (V. obs. Givord et Giverdon : *RD imm.*, préc. – V. pour des applications ■ Cass. 3e civ., 28 juin 1989 : *Bull. civ.* III, n° 83 ; *Rev. Administrer* mars 1990, p. 41, obs. A. Dunes. ■ CA Versailles, 31 janv. 1991 : *Rev. loyers* 1992, p. 41).

Il en serait ainsi dans le cas où leurs droits privatifs seraient susceptibles d'être affectés par le jugement (■ Cass. 3e civ., 4 janv. 1989 : *JCP* G 1989, IV, 79), lorsque par exemple le jugement rendu est de nature à remettre en cause les droits de jouissance d'un copropriétaire sur son lot (en l'espèce ses modalités d'utilisation : V. ■ Cass. 3e civ., 2 févr. 1994 : *RD imm.* 1994, p. 306, obs, P. Capoulade. – V. aussi pour un jugement ayant des conséquences sur la contenance ou les modalités de jouissance d'un lot ■ Cass. 3e civ., 25 févr. 2016, nos 15-11.469 et 15-11.473 : *JurisData* n° 2016-003248 ; *Loyers et copr.* 2016, n° 104, obs. G. Vigneron. ■ Cass. 3e civ., 29 sept. 2015, n° 14-20.031), ou s'il affecte les prérogatives d'un copropriétaire sur son lot, par exemple le droit de construire (■ Cass. 3e civ., 7 juill. 2015, n° 14-16.566 : *JurisData* n° 2015-017399 ; *Loyers et copr.* 2015, n° 207, note G. Vigneron).

Bibliographie : Cl. Giverdon, *Copropriété et tierce opposition : Administrer* mars 2012, p. 10.

35) Recouvrement des charges communes. Le syndicat a en la matière une compétence exclusive.

Voir aussi : les pouvoirs du syndic en ce domaine sous L. art. 18.

36) Refus d'agir en justice. Sur les cas où le syndicat refuse d'agir en justice et sur le caractère éventuellement abusif de ce refus, V. L. 10 juill. 1965, art. 24, p. 392.

2° *Procès intenté par les copropriétaires au syndicat*

37) Divers types de contentieux. On peut citer comme exemples :

– l'action intentée contre le syndicat exerçant illégalement ses pouvoirs, voir article 42 de la loi ;

– l'action sanctionnant la carence du syndicat dans l'exercice de ses pouvoirs, voir article 14 de la loi ;

– les actions en contestation et en nullité des assemblées générales : l'action doit être engagée et poursuivie contre le syndicat (■ Cass. 3e civ., 10 juin 1981 : *JCP* G 1981, IV, 307), voir article 42 de la loi ;

– les actions en « nullité » d'une clause du règlement (V. L. art. 43) : elle doit être engagée contre le syndicat bien qu'il ne soit pas l'auteur du règlement (■ Cass. 3e civ., 13 mars 1979 : *JCP* G 1979, IV, 176).

Tout copropriétaire a le droit d'exiger le respect du règlement de copropriété ou la cessation d'une atteinte aux parties communes sans être astreint à démontrer qu'il subit un préjudice personnel et distinct de celui dont souffre la collectivité (■ Cass. 3e civ., 12 sept. 2019, n° 18-11.922).

Lorsqu'un copropriétaire agit contre le syndicat, il ne peut produire en justice sans l'accord de ce dernier, une consultation sollicitée par celui-ci auprès d'un avocat, qui est couverte par le secret professionnel (TGI Bobigny, 5e ch., 1re sect., 16 oct. 2013, n° 12-12499 : *Administrer* mars 2014, p. 40, note J.-R. Bouyeure).

38) Abus de procédure. Lorsque l'action d'un copropriétaire est manifestement dépourvue de fondement et que les diverses procédures engagées par lui aboutissent à des échecs, alors que ses charges restent impayées, il doit être sanctionné pour abus de procédure (■ Cass. 3e civ., 6 mars 2002 : *Loyers et copr.* 2002, comm. 160. – V. également dans le cas où, après avoir fait appel, le copropriétaire n'avait pas suivi sur la procédure : ■ CA Paris, 23e ch. B, 18 oct. 2001 : *Dossier CSAB* n° 98, mars 2002, n° 30, obs. A. Dunes). De même lorsqu'une personne qui n'est pas copropriétaire mais simple porteur de parts tente à dix reprises de faire annuler dix assemblées alors que cette demande est manifestement irrecevable et qu'elle a chaque fois été déboutée (▪ Cass. 3e civ., 25 nov. 2003 : *AJDI* 2004, p. 292, note P. Capoulade. – V. également, pour l'introduction d'une demande « manifestement irrecevable », ▪ Cass. 3e civ., 9 mai 2007, n° 06-17.479). Mais le seul fait qu'un copropriétaire ait été débouté de plusieurs demandes successives ne suffit pas à caractériser l'abus : il faut que la preuve d'une faute soit rapportée (▪ Cass. 3e civ., 24 nov. 2021, n° 19-25.687 : *Ann. loyers* 2022, p. 97, obs. J.-M. Roux. ▪ Cass. 3e civ., 21 mai 2008, n° 07-13 458 : *Loyers et copr.* 2008, comm. 171, obs. G. Vigneron. ▪ Cass. 3e civ., 22 juin 2004, arrêt n° 798 D, n° 03-11366). Il n'y a pas abus dans le simple fait de faire appel, en reprenant devant la Cour l'argumentation rejetée en première instance (▪ Cass. 3e civ., 30 janv. 2008, n° G 06-21.421). L'abus est par contre constitué s'il apparaît que le plaideur a soutenu une argumentation téméraire dépourvue de fondement et de sérieux dans le seul but de prolonger abusivement le procès et de nuire aux copropriétaires (▪ Cass. 3e civ., 10 juill. 2007 : *AJDI* 2007, p. 847).

Bibliographie : J.-M. Roux, *Le copropriétaire procédurier ou l'abus du droit d'agir en justice en copropriété : Loyers et copr.* févr. 2008, étude 2. – M.-R. Renard : *Gaz. Pal.* 23-24 mai 2007, p. 6.

Voir aussi : en matière de contestation d'assemblée, L. 10 juill. 1965, art. 42, comm. nos 78 et 79, p. 627.

39) Transaction. La décision d'assemblée prise à l'unanimité acceptant l'abandon pur et simple des procédures engagées par un copropriétaire moyennant le versement d'une somme globale et forfaitaire constitue une transaction au sens de l'article 2044 du Code civil. Le copropriétaire concerné n'est pas fondé à reprendre la procédure au prétexte qu'aucun document écrit n'a été établi pour constater cette transaction (▪ Cass. 3e civ., 8 sept. 2010 : *Rev. Administrer* déc. 2010, p. 77, obs. J.-R. Bouyeure).

Bibliographie : V. sur le sujet, P.-L. Niel, *Contrat de transaction et copropriété : Defrénois* 2011, p. 1404.

3° *Répartition des dépens et des dommages et intérêts*

40) Dispense de participation du copropriétaire « gagnant ». V. sur le sujet *supra*, L. 10 juill. 1965, art. 10-1.

C – Litiges entre copropriétaires et personnes étrangères à la copropriété

1° *Rapports contractuels des copropriétaires et des tiers*

41) Baux passés par les copropriétaires. Les copropriétaires ont seuls qualité pour agir sur le terrain contractuel à l'encontre de leurs locataires, pour recouvrer les loyers (▪ Cass. soc., 19 juill. 1961 : *JCP* N 1962, II, 12431), ou pour donner congé. Mais une action peut également être intentée par les autres copropriétaires pour mettre en jeu la responsabilité délictuelle des locataires ou par le syndicat que ce soit directement ou par voie d'action oblique.

Voir aussi : V. L. 10 juill. 1965, art. 9, comm. n° 59, p. 115, comm. n° 61, p. 115 à comm. n° 65, p. 118.

42) Action en garantie des copropriétaires contre le promoteur vendeur. L'action appartient aux copropriétaires à l'exclusion du syndicat lorsqu'il s'agit d'obtenir réparation du préjudice causé aux parties privatives (▪ CA Paris, 12 mai 1977 : *Gaz. Pal.* 1978, 1, somm. p. 47. ▪ CA Paris, 20 oct. 1978 : *D.* 1979, inf. rap. p. 124, obs. Giverdon. ▪ CA Paris, 9 oct. 1979 : *D.* 1980, inf. rap. p. 111).

... par exemple en cas d'insuffisance de l'isolation phonique de leur lot (▪ Cass. 3e civ., 30 nov. 1983 : *D.* 1984, inf. rap. p. 411, obs. Giverdon) ;

... ou encore lorsque le copropriétaire prétend que les parties communes générales de l'immeuble (voies d'accès, parkings, etc.) n'ont pas été aménagées conformément à la notice descriptive visée dans son acte d'achat et demande réparation du préjudice qui lui est causé (▪ CA Versailles, 18 avr. 1984 : *D.* 1985, inf. rap. p. 429, obs. Giverdon) ou lorsqu'il veut obtenir réparation de vices affectant une toiture dont il a la jouissance exclusive (▪ CA Paris, 2e ch. B, 8 nov. 1989 : *Loyers et copr.* 1990, n° 59). De même tout copropriétaire a qualité pour demander l'achèvement des parties communes acquises en état futur d'achèvement (▪ CA Paris, 14e ch. A, 27 mai 2009 : *AJDI* 2010, p. 46). Le syndicat n'est pas habilité à demander au promoteur vendeur l'exécution de son obligation de délivrance (absence de local pour les bicyclettes et les poussettes) : l'action n'appartient qu'au copropriétaire acquéreur (▪ CA Nancy, 1re ch. civ., 18 mars 2008 : *JurisData* n° 2008-364672 ; *JCP* G 2008, IV, 2553).

Le syndicat peut également avoir compétence au titre de la « sauvegarde des droits afférents à l'immeuble » dans la mesure où le préjudice prend un caractère collectif. Ainsi par exemple en cas de défaut d'isolation phonique s'il s'agit d'obtenir le respect de ses engagements contractuels par le promoteur vendeur (▪ CA Paris, 23e ch. A, 22 nov. 2000 : *Loyers et copr.* 2001, comm. 124).

Voir : L. 10 juill. 1965, art. 15, comm. n° 47, p. 263.

43) Action des copropriétaires contre les entrepreneurs ou architectes en responsabilité décennale. Les copropriétaires ont seuls qualité pour demander réparation des conséquences dommageables des désordres affectant les parties privatives (▪ Cass. 3e civ., 7 mai 2003 : *Loyers et copr.* 2003, comm. 205, obs. G. Vigneron ; *Rev.*

loyers 2003, p. 459. ▪ CA Paris, 19e ch. B, 24 oct. 2002 : *Constr.-Urb.* 2003, comm. 72, obs. D. Sizaire ; *Loyers et copr.* 2003, comm. 74, obs. G. Vigneron. – V. aussi, ▪ CA Paris, 19e ch. A, 24 sept. 2003 : *Loyers et copr.* 2004, comm. 18, obs. G. Vigneron. ▪ TGI Paris, 27 févr. 1980 : *D.* 1980, inf. rap. p. 453. ▪ CA Paris, 26 juin 1978 : *D.* 1978, inf. rap. p. 430. ▪ CA Paris, 20 oct. 1978 : *D.* 1979, inf. rap. p. 124).

Mais, là encore, la compétence du syndicat peut être admise au titre de la « sauvegarde des droits afférents à l'immeuble » lorsque le préjudice, éprouvé par tous, prend ainsi un caractère collectif (V. *infra*).

Voir : sur la possibilité pour les copropriétaires de se prévaloir ou non du bénéfice de l'interruption de prescription résultant de l'action intentée par le syndicat, L. 10 juill. 1965, art. 15, comm. n° 48, p. 264.

Les copropriétaires peuvent également agir en réparation du préjudice qui leur est causé en raison de malfaçons affectant les parties communes (en l'espèce la rampe d'accès au parking). Ils doivent alors assigner sur le fondement de l'article 1792 du Code civil (▪ Cass. 3e civ., 9 juin 1999 : *JCP* E 2000, p. 461 et *JCP* G 1999, II, 10215, note M. Billiau ; *RD imm.* 2000, p. 58, note Bergel ; *RTD civ.* 2000, p. 118, note P. Jourdain). Leur action n'est recevable sur ce terrain qu'à la condition de justifier d'un préjudice personnel éprouvé dans la jouissance soit des parties privatives comprises dans leur lot, soit des parties communes (▪ Cass. 3e civ., 10 févr. 2010, nos 09-10.418 et 09-14.265 : *Rev. Administrer* juin 2010, p. 5, obs. J.-R. Bouyeure. ▪ CA Paris, pôle 4, 1re ch., 1er avr. 2010 : *JurisData* n° 2010-008245, demande de réparation du préjudice causé par le retard dans la réalisation de l'ascenseur. – V. également ▪ CA Versailles, 7 mai 2012 : *JurisData* n° 2012-010515 ; *Loyers et copr.* 2012, comm. 251, obs. G.V.).

L'assignation, en référé ou au fond, n'interrompt le délai de mise en jeu de la responsabilité décennale que si elle désigne expressément les désordres dénoncés (▪ Cass. 3e civ., 17 avr. 1991 : *RD imm.* 1991, p. 389. ▪ Cass. 3e civ., 19 juill. 1995 : *Bull. civ.* III, n° 189).

Les copropriétaires – y compris l'acquéreur d'un lot – peuvent invoquer le bénéfice de l'assurance dommages-ouvrages et non pas seulement le syndicat des copropriétaires (▪ Cass. 3e civ., 3 mars 2010, n° 07-21.950).

2° *Rapports extracontractuels entre les copropriétaires et des tiers*

44) Actions pouvant être engagées. Les copropriétaires peuvent *agir en responsabilité contre des tiers étrangers à la copropriété* pour obtenir réparation des nuisances ou dommages divers affectant leurs lots (▪ CA Paris, 30 nov. 1979 : *D.* 1981, inf. rap. p. 94. – V. pour des dommages matériels, ▪ CA Grenoble, 21 nov. 1966 : *D.* 1968, jurispr. p. 90).

Ils peuvent aussi intenter seuls des actions en revendication à l'encontre de tiers (▪ Cass. 1re civ., 8 mars 1965 : *D.* 1965, jurispr. p. 411. ▪ CA Paris, 8 nov. 1966 : *Gaz. Pal.* 1967, 1, p. 143). Il a été jugé que le copropriétaire qui a la jouissance privative d'une cour commune contiguë à une copropriété voisine était recevable à en demander le bornage (▪ CA Paris, 14e ch. B, 13 févr. 2004 : *AJDI* 2004, p. 405). De même, les copropriétaires défendent seuls aux actions intentées par des tiers relatives à la propriété ou à la jouissance de leurs lots.

D – Litiges entre le syndicat et des tiers

1° *Contrats passés par le syndicat*

45) Contentieux. Le syndicat a bien évidemment qualité pour intenter toutes les *actions nées des contrats qu'il a lui-même passés avec des tiers :* contrat de vente..., contrats d'entreprise... Les copropriétaires qui auraient éprouvé un préjudice personnel seraient fondés à se joindre à l'action.

Voir aussi : sur cette notion de « préjudice personnel », L. 10 juill. 1965, art. 15, comm. n° 15, p. 254.

2° *Sauvegarde des droits afférents à l'immeuble*

46) Compétence du syndicat. Le syndicat a par ailleurs *compétence générale pour tout ce qui concerne la « sauvegarde des droits afférents à l'immeuble »*. Nous avons dit qu'en raison d'une interprétation extensive de cette notion, le domaine de l'action syndicale avait été considérablement étendu par la jurisprudence récente (V. *supra*). Lorsque l'action concerne l'ensemble des copropriétaires ou l'ensemble des lots, auxquels elle est appelée à bénéficier également, on considère qu'elle prend alors une coloration collective qui justifie qu'elle puisse être intentée par le syndicat.

Voir : sur cette notion de « sauvegarde des droits afférents à l'immeuble », L. 10 juill. 1965, art. 15, comm. n° 3, p. 247 à comm. n° 11, p. 252.

Ainsi, bien que non propriétaire de l'immeuble, le syndicat peut agir au pétitoire contre les tiers, par exemple, pour faire acquérir la mitoyenneté d'un mur à la copropriété (▪ Cass. 3e civ., 22 avr. 1971 : *AJPI* 1971, II, 768) ou faire respecter le droit des copropriétaires sur le sol de l'immeuble (▪ Cass. 3e civ., 6 mars 1973 : *D.* 1973, inf. rap. p. 102), ou sur les parties communes, (par exemple en agissant pour faire fermer une fenêtre et une porte ouvertes irrégulièrement par un tiers dans les parties communes de l'immeuble (▪ Cass. 3e civ., 26 oct. 1988 : *Rev. Administrer* avr. 1989, p. 44 ; *D.* 1988, inf. rap. p. 263) pour faire enlever une enseigne irrégulièrement installée par un locataire (▪ CA Versailles, 1re ch., 4 juin 1999 : *Dossier CSAB*, oct. 1999, n° 128, obs. A. Dunes), ou pour faire respecter une servitude bénéficiant à la copropriété (▪ Cass. 3e civ., 27 févr. 2002 : *Gaz. Pal.* 10-11 avr. 2002, p. 19. ▪ CA Paris, 1re ch. G, 14 juin 2002 : *Loyers et copr.* 2001, comm. 17, note G. Vigneron). Il peut également défendre à une action tendant à la création d'une servitude de cour commune (sur le principe et sur les préjudices qu'il peut faire valoir : V. ▪ Cass. 3e civ., 20 janv. 1993 : *Inf. rap. copr.* mars 1993, p. 80, obs. P. Capoulade). Il a également qualité pour faire désigner par la voie oblique un curateur à une succession vacante après le décès d'un copropriétaire (▪ CA Paris, 6e ch. C, 20 juin 2000 : *JurisData* n° 2000-123245 ; *Loyers et copr.* 2001, comm. 25 ; *RD imm.* 2000, p. 606, obs. C. Giverdon ; *Rev. loyers* 2000, p. 508, obs. J.-M. Gélinet).

C'est le syndicat qui a qualité pour défendre à une action concernant la mitoyenneté d'un mur partie commune (▪ Cass. 3e civ., 6 déc. 2006 : *AJDI* 2007, p. 665, note P. Capoulade) ou pour défendre à une action en bornage (▪ Cass. 3e civ., 13 mars 2007, n° 06-11.269). Le syndicat a seul qualité à l'exclusion des copropriétaires pris individuellement, pour former un recours contre l'ordonnance ayant taxé les honoraires d'un administrateur provisoire de la copropriété (▪ Cass. 3e civ., 7 mai 2014, n° 13-10.943 : *Bull. civ.* III, n° 57).

3° *Action en responsabilité contre les constructeurs*

47) Qualité pour agir. De même, on admet que le syndicat a qualité pour agir en responsabilité contre les architectes ou entrepreneurs constructeurs de l'immeuble, dès lors que les malfaçons affectent l'ensemble de l'immeuble (▪ Cass. 3e civ., 20 juin 1978 et ▪ CA Nancy, 20 févr. 1978 : *D.* 1978, inf. rap. p. 430, obs. Giverdon. ▪ Cass. 3e civ., 18 févr. 1981 : *Rev. loyers* 1981, p. 266, note J.V. ; *Defrénois* 1981, p. 921, obs. Souleau). Cette condition est remplie lorsque les dommages causés aux parties privatives ne peuvent être séparés des désordres affectant les parties communes soit parce que les uns ne sont que l'extension des autres, soit parce que leurs causes ne peuvent être dissociées (▪ Cass. 3e civ., 11 mai 2005 : *AJDI* 2005, p. 664. ▪ CA Paris, 4 mars 1983, 2e esp. : *D.* 1983, inf. rap. p. 463, obs. Giverdon. ▪ CA Aix-en-Provence, 10 déc. 1985 : *Bull.* Aix-en-Provence, n° 112, p. 19. ▪ CA Aix-en-Provence, 3e ch., 26 mai 1986 : *Bull.* Aix-en-Provence févr. 1986, n° 77, p. 26. ▪ CA Paris, 27 avr. 1987 : *D.* 1987, inf. rap. p. 125).

... ou *lorsque les malfaçons de parties privatives causent à tous les copropriétaires un dommage à caractère collectif* (▪ CA Paris, 1er juill. 1983 : *Rev. Administrer* févr. 1984, p. 40, note Lot). Bien entendu, les copropriétaires peuvent également agir dans la mesure de leur préjudice personnel.

Voir : L. 10 juill. 1965, art. 15, comm. n° 15, p. 254.

Lorsqu'il y a ainsi *indivisibilité* de l'action des copropriétaires et de celle du syndicat, qui tendent à la répartition du même vice de construction affectant les parties communes, le copropriétaire qui assigne l'architecte en réparation d'un vice avant l'expiration du délai de la garantie décennale conserve l'action du syndicat contre cet architecte en réparation du même vice, et peu importe qu'elle soit exercée après l'expiration du délai légal (▪ Cass. 3e civ., 18 mars 1987 : *Bull. civ.* III, n° 55. ▪ Cass. 3e civ., 24 févr. 1988 : *Inf. rap. copr.* 1989, p. 126, obs. P.C.).

De même, la jurisprudence a admis que le syndicat était recevable à agir en *garantie des vices cachés* contre le constructeur vendeur lorsque les malfaçons compromettaient gravement l'habitabilité tant des parties communes que privatives et que les désordres affectaient l'ensemble de façon indivisible (▪ Cass. 3e civ., 30 juin 1978 : *JCP* G 1978, IV, 262. ▪ CA Versailles, 15 nov. 2010 : *JurisData* n° 2011-026106 ; *Loyers et copr.* 2011, comm. 127, obs. G.V. ▪ CA Paris, 23e ch., 9 oct. 1992 : *Loyers et copr.* 1993, n° 119). Mais, là encore, les copropriétaires pourraient agir en réparation de leur préjudice personnel.

Dans son dernier état et après avoir adopté une solution contraire (▪ Cass. 3e civ., 31 mai 1989 : *Bull. civ.* III, n° 121) la jurisprudence admet que l'action en responsabilité contractuelle de droit commun du maître de l'ouvrage (les sociétés venderesses) contre l'entreprise se transmet au syndicat qui peut donc mettre en jeu la responsabilité contractuelle de l'entrepreneur, bien qu'il n'ait pas été partie au contrat passé avec lui (▪ Cass. 3e civ., 26 mai 1992 : *RD imm.* 1992, p. 274, obs. P. Capoulade ; *Defrénois* 1992, art. 34408, note J.-L. Aubert ; *AJPI* 1993, p. 584, obs. Karila. ▪ Cass. 3e civ., 4 nov. 1993 : *RD imm.* 1994, p. 107, obs. P. Capoulade. ▪ Cass. 3e civ., 20 juin 2001 : *RD imm.* 2001, p. 522, note Ph. Malinvaud). Le constructeur qui entend s'exonérer de la garantie décennale dont il est débiteur doit établir l'absence de lien entre le désordre constaté et son intervention (▪ Cass. 3e civ., 14 mai 2020, n° 19-12.988).

Voir aussi : jurisprudence citée L. 10 juill. 1965, art. 15, comm. n° 11, p. 252.

Le syndicat (et les copropriétaires) peut agir directement au titre de l'assurance de responsabilité souscrite dans la police des maîtres d'ouvrage à l'encontre du promoteur vendeur (▪ Cass. 1re civ., 4 juin 1996 : *Resp. civ. et ass.* 1996, comm. 331). Et il peut également invoquer le bénéfice de l'assurance dommages ouvrage souscrite par le rénovateur qui avait ensuite revendu l'immeuble rénové par lots (▪ Cass. 3e civ., 17 mars 1999 : *Defrénois* 1999, art. 37082, n° 110, note C. Atias). Mais s'il demande une expertise en référé, encore faut-il qu'il ait préalablement fait une déclaration de sinistre établissant que le siège des désordres se situe dans les parties communes, sinon sa demande est irrecevable (application des articles L. 242-1 et A. 243-1 du Code des assurances : ▪ CA Paris, 14e ch. A, 28 avr. 2004 : *AJDI* 2004, p. 712, note S. Bertolaso).

Lorsque le syndicat engage une action pour obtenir réparation de malfaçons, il doit lui être alloué, outre des dommages-intérêts au titre des frais non compris dans les dépens (application art. 700, CPC), une indemnité pour frais supplémentaires d'administration entraînés pour la copropriété par les désordres et les expertises auxquels elles ont donné lieu (▪ Cass. 3e civ., 17 avr. 1984 : *Bull. civ.* III, n° 86).

48) Interruption de la prescription. L'assignation, en référé ou au fond, n'interrompt le délai de mise en jeu de la responsabilité décennale que si elle désigne expressément les désordres dénoncés (▪ Cass. 3e civ., 17 avr. 1991 : *RD imm.* 1991, p. 389. ▪ Cass. 3e civ., 19 juill. 1995 : *Bull. civ.* III, n° 189), et ces désordres doivent être précisés dans la délibération habilitant le syndic à agir. Si les entreprises et leurs assureurs n'ont pas été attraits dans la procédure de référé, le syndicat ne peut se prévaloir de l'interruption de la prescription décennale dans la procédure engagée au fond contre eux, après expiration du délai de garantie (▪ Cass. 3e civ., 12 avr. 2005 : *Loyers et copr.* 2005, comm. 118, note G. Vigneron). L'interruption de la prescription ne peut être invoquée par le syndicat que si le syndic n'a pas agi à titre personnel mais au nom des copropriétaires constitués en un syndicat (▪ Cass. 3e civ., 16 sept. 2015, n° 14-16.705 : *Administrer* déc. 2015, p. 33, note J.-R. Bouyeure).

Voir : D. 17 mars 1967, art. 55, comm. n° 13, p. 854.

Si les désordres affectent les parties communes et privatives de manière indivisible, l'action intentée par le syndicat interrompt la prescription en ce qui concerne l'action individuelle (▪ Cass. 3e civ., 10 mars 2015, n° 13-28.186 : *Administrer* juin 2015, p. 35, obs. J.-R. Bouyeure. ▪ Cass. 3e civ., 31 mars 2004 : *Bull. civ.* III, n° 65 ; *Constr.-Urb.* 2004, comm. 107, obs. D. Sizaire ; *JCP* G 2004, IV, 2097. – CA Aix en Provence, 4 avr. 2013, n° 11-14785 : *Loyers et copr.* 2013, comm. 247, obs. G. Vigneron), et les copropriétaires intéressés peuvent intervenir dans l'instance même après expiration du délai (▪ Cass. 3e civ., 20 mai 1998 : *Loyers et copr.* juill.-août 1998, n° 198 ; *RD imm.* 1998, p. 420, obs. P. Capoulade). À l'inverse, il a été admis qu'en pareil cas l'action intentée par un copropriétaire interrompait la prescription au profit du syndicat (▪ Cass. 3e civ., 20 mars 2002 : *Bull. civ.* III, n° 69 ; *Rev. Administrer* juin 2002, p. 51, note J.-R. Bouyeure ; *RD imm.* 2002, p. 239, obs. Ph. Malinvaud).

Mais lorsque le syndicat agit en responsabilité décennale pour avoir réparation de dommages causés aux parties communes, son action n'interrompt pas le délai de prescription en ce qui concerne les dégâts aux lots privatifs, dont les copropriétaires ont seuls qualité pour demander réparation (▪ Cass. 3e civ., 10 déc. 1985 : *Rev. Administrer* juin 1986, p. 49, note Guillot ; *Defrénois* 1986, p. 797, obs. Souleau ; *RTD civ.* 1986, p. 790, obs. Giverdon et P. Salvage-Gerest. ▪ Cass. 3e civ., 16 mars 1994 : *Bull. civ.* III, n° 56 ; *Rev. Administrer* juill. 1994, p. 32, note G. Duthil. ▪ Cass. 3e civ., 7 juill. 1999 : *JurisData* n° 1999-002793 ; *Loyers et copr.* 1999, comm. 271 ; *Constr.-Urb.* 1999, comm. 270, obs. D. Sizaire ; *RD imm.* 1999, p. 688, obs. C. Giverdon ; *Rev. Administrer* janv. 2001, p. 38, obs. J.-R. Bouyeure).

Bibliographie : Sur le sujet, B. Chemin et X. Chemin, *De quelques pièges de procédure dans les litiges de construction : RD imm.* 1993, p. 461 et s. – A. Valdès, *L'action en responsabilité contractuelle de droit commun contre les constructeurs : Inf. rap. copr.* oct. 1994, p. 11. – C. Atias, *Suspension et interruption du délai de garantie décennale : Inf. rap. copr.* janv. 1998, p. 16.

4° *Limites à l'extension de l'action syndicale*

49) Caractère collectif du préjudice éprouvé. Toutefois, il y a une *limite à l'extension de l'action syndicale* : le droit dont le syndicat entend assurer la sauvegarde doit concerner la copropriété dans son ensemble. S'il s'agit de sauvegarder des droits entièrement propres aux copropriétaires (par exemple d'obtenir la réparation du dommage résultant de la perte du droit des copropriétaires à la prime à la construction : ▪ CA Bastia, 2 nov. 1976 : *JCP* N 1978, II, p. 38 ; *D.* 1977, inf. rap. p. 317, obs. Giverdon), l'action ne relève plus alors de la compétence du syndicat.

De même, s'il s'agit de faire remplacer les moquettes dans les appartements « alors que le préjudice causé à chaque copropriétaire est distinct de celui des autres et qu'ils ont déjà fait eux-mêmes les réparations » (▪ Cass. 3e civ., 4 juin 1986 : *JCP* 1986, IV, 235 ; *RTD civ.* 1986, p. 790, obs. Giverdon et P. Salvage-Gerest).

... ou s'il s'agit d'obtenir réparation de dommages ne concernant que certains lots seulement (▪ CA Paris, 12 janv. 1983 : *RD imm.* 1983, p. 261, obs. Giverdon et Givord), alors que la copropriété ne subit aucun trouble (▪ Cass. 3e civ., 26 oct. 2005, arrêt n° 1141D, n° 04-14.476), ou encore lorsqu'un trouble de jouissance n'a pas été éprouvé de la même façon par tous les copropriétaires mais différemment en fonction, en particulier, de la localisation des appartements (▪ CA Paris, pôle 6, 10e ch., 13 oct. 2010 : *JurisData* n° 2010-027822 ; *Loyers et copr.* 2011, comm. 163, obs. G.V. – V. pour des nuisances sonores causées par un copropriétaire et n'affectant que certains lots : ▪ CA Paris, pôle 4, 2e ch., 27 janv. 2010 : *JurisData* n° 2010-380747 ; *Constr.-Urb.* 2010, n° 55, note M.-L. Pagès de Varenne).

En outre, le litige doit concerner les parties communes (V. pour une action contre le promoteur en réalisation d'emplacements de stationnement manquants, la demande étant irrecevable s'il s'agit de parties privatives : ▪ Cass. 3e civ., 16 mars 1994 : *RD imm.* 1994, p. 305, obs. P. Capoulade).

Le syndicat peut agir en réparation de désordres affectant la toiture de plusieurs bâtiments bien qu'il s'agisse de parties communes spéciales (▪ Cass. 3e civ., 20 nov. 1996 : *Loyers et copr.* 1997, comm. 53. ▪ CA Paris, 19e ch. B, 26 sept. 1996 : *Loyers et copr.* 1996, comm. 498).

De même il peut agir en responsabilité sur le fondement de l'article 1382 du Code civil à l'encontre d'une banque qui a consenti des prêts inconsidérés à un copropriétaire qui s'est trouvé par la suite dans l'impossibilité de payer ses charges (▪ CA Aix-en-Provence, 6 nov. 2004 : *Loyers et copr.* 2005, comm. 119, note G. Vigneron).

Voir aussi : sur la notion de préjudice collectif justifiant l'action du syndicat, L. 10 juill. 1965, art. 15, comm. n° 3, p. 247.

50) Tierce opposition. Lorsque le syndicat exerce ainsi à l'encontre d'un tiers une action tendant à la « sauvegarde des droits afférents à l'immeuble », il ne représente pas les copropriétaires pour la défense de leurs droits sur leurs parties privatives (V. pour une application dans le cas d'un litige concernant une partie commune grevée d'un droit de jouissance exclusive, ▪ Cass. 3e civ., 16 oct. 2013, n° 12-23.793). Dès lors, si la décision obtenue leur porte préjudice, ils sont recevables à former tierce opposition : par exemple à l'encontre d'un jugement rendu à la demande du syndicat qui a condamné l'architecte à faire effectuer dans les parties communes des travaux entravant l'accès à leurs parties privatives (▪ Cass. 3e civ., 28 juin 1989 : *Bull. civ.* III, n° 152, p. 83 ; *Loyers et copr.* 1989, n° 499 ; *Rev. Administrer* mars 1990, p. 42, obs. Guillot).

Bibliographie : C. Giverdon, *Copropriété et tierce opposition : Rev. Administrer* mars 2002, p. 10. – P.-E. Lagraulet, *Recevabilité de la tierce-opposition d'un copropriétaire : Inf. rap. copr.* juin 2022.

IV – RÈGLES PROCÉDURALES

A – Compétence

Bibliographie : P. Capoulade, *Le juge en copropriété des immeubles bâtis : Ann. loyers* 2006, p. 916. – J.-M. Gélinet, *Faut-il un juge de la copropriété ? État des lieux et compétences de principe du TGI en matière de copropriété : AJDI* 2006, p. 550. – J.-M. Roux, *Compétence juridictionnelle en copropriété : Inf. rap. copr.* juill.-août 2006, p. 30. – C. Atias, *Quelques aspects des contentieux de la copropriété immobilière : AJDI* 2009, p. 349.

1° Compétence territoriale

51) Renvoi. En ce qui concerne *la compétence territoriale*, D. 17 mars 1967, art. 62, p. 875.

2° Compétence d'attribution

52) Réforme de la justice. Depuis le 1er janvier 2020, et à la suite de la loi n° 2019-222 du 23 mars 2019, il n'existe plus qu'une unique juridiction civile née de la fusion des tribunaux de grande instance d'instance : le tribunal judiciaire.

Au sein du tribunal judiciaire sont créés des « tribunaux de proximité » qui vont recueillir les compétences des anciens « tribunaux d'instance », à l'exception de celles dévolues au juge des contentieux de la protection (qui n'intervient pas en matière de litiges de copropriété). Ces tribunaux de proximité seront par exemple compétents en matière d'actions mobilières dont l'enjeu est inférieur à 10 000 €.

Par ailleurs dans les départements ayant plusieurs tribunaux judiciaires l'un d'eux pourra être spécialement désigné pour connaître, dans l'ensemble de ce département, de certaines matières techniques appelant des compétences particulières (COJ, art. D. 212-19-2) : la copropriété peut ainsi relever de ces « tribunaux spécialisés ». (V. S. Degouys, *1er janvier 2020 : disparition du tribunal d'instance, naissance du tribunal judiciaire JCP* G 2019, n° 46, 1144).

En outre cette spécialisation affecte également les cours d'appel pour les matières visées par décret : il en est ainsi pour les recours contre les actions en contestation des décisions des assemblées générales et celles relative aux copropriétés en difficulté, relevant de la loi n° 65-557 du 10 juillet 1965 *(D. n° 2019-1339, 11 déc. 2019, art. 1er)*.

53) Tribunal judiciaire. Le *tribunal judiciaire* (qui a succédé au tribunal de grande instance) est compétent, aux termes de la loi du 10 juillet 1965 pour connaître des litiges relatifs à l'interprétation du règlement de copropriété, à la modification de la répartition des charges communes (L. art. 11, al. 3 et art. 42, al. 4) ou à la révision de cette répartition (art. 12) ; à la validité des décisions d'assemblée (art. 42, al. 2) ; aux travaux d'amélioration (art. 30, al. 4, art. 34) ; à la détermination des parties communes et des parties privatives ainsi qu'aux modalités de leur jouissance, etc.

Si le syndicat des copropriétaires se plaint des nuisances causées par un transformateur propriété d'EDF, le litige est de la compétence des tribunaux de l'ordre judiciaire, comme étant né de l'activité d'un établissement public industriel et commercial (▪ CA Aix-en-Provence, 1re ch. C, 19 sept. 2006 : *JurisData* n° 2006-321709).

54) Compétence du président du tribunal judiciaire. Par ailleurs, *le président du tribunal judiciaire* est compétent en vertu de textes spéciaux :

• demande de désignation du conseil syndical (L. art. 21, dernier alinéa ; D. art. 48) ;

• demande de désignation d'un syndic (L. art. 17, al. 3 ; D. art. 46) ;

• demande de désignation d'un administrateur provisoire (D. art. 47) ;

• demande de désignation d'un mandataire commun en cas d'indivision ou de démembrement de propriété du lot (L. art. 23, al. 2 et 3).

Le président du tribunal judiciaire peut statuer sur requête, mais il peut aussi, comme antérieurement le président du tribunal de grande instance, être saisi en tant que *juge des référés*, soit par le syndicat, soit par un copropriétaire lorsqu'il y a « trouble manifestement illicite », par exemple violation du règlement, ou exécution de travaux irréguliers (■ Cass. 3e civ., 20 juill. 1994 : *RD imm.* 1994, p. 702, obs. P. Capoulade ; *Loyers et copr.* déc. 1994, n° 498. ■ Cass. 3e civ., 23 nov. 1994 : *RD imm.* 1995, p. 163, note p. 163, note P. Capoulade. ■ Cass. 3e civ., 17 janv. 1996 : *RD imm.* 1996, p. 276, obs. P. Capoulade). Le juge des référés peut ainsi ordonner la cessation d'une activité dont l'exercice a été refusé par l'assemblée (■ Cass. 3e civ., 3 mai 2001, arrêt n° 99-20082) ou ordonner la dépose d'une enseigne et de dispositifs installés sur la façade de l'immeuble en violation d'une décision d'assemblée (■ Cass. 3e civ., 27 févr. 2001 : *Loyers et copr.* 2001, comm. 157). Il doit selon le droit commun se déclarer incompétent lorsqu'il y a contestation sérieuse (par exemple en matière de recouvrement de charges, lorsqu'un copropriétaire conteste la légalité de la répartition des charges : ■ Cass. 3e civ., 7 févr. 2002 : *Loyers et copr.* 2002, comm. 153). Mais le juge des référés est compétent si la créance du syndicat n'est pas sérieusement contestable (■ Cass. 3e civ., 20 juin 2007, n° 06-19.475).

Voir aussi : sur la *compétence du président du tribunal de grande instance statuant en référé* :

• pour la désignation d'un administrateur provisoire en cas d'empêchement ou de carence du syndic, D. art. 49 ;

• pour l'habilitation d'un copropriétaire ou d'un mandataire de justice à l'effet de convoquer l'assemblée, D. art. 50 ;

• pour la désignation d'un mandataire *ad hoc*, dans le cas de copropriétés en difficultés (L. 10 juill. 1965, art. 29-1 B) ou un administrateur provisoire (L. 10 juill. 1965, art. 29-1) dans le cas de copropriétés en difficultés.

Bibliographie : sur le sujet, C. Atias, *La juridiction des référés en copropriété immobilière : Ann. loyers* 2005, p. 74.

55) Actes de procédure. Sur le libellé des actes de procédure, V. D. 17 mars 1967, art. 59, p. 864.

B – Modes alternatifs de règlement des conflits (MARC)

1° *Arbitrage*

Bibliographie : G. Rouzet, *La clause compromissoire : Ann. loyers* juin 2018, p. 113.

56) Nullité de la clause compromissoire. La clause compromissoire par laquelle les copropriétaires conviendraient à l'avance de soumettre à des arbitres leurs différends éventuels est frappée de nullité selon le droit commun (C. civ., art. 2061). Les clauses insérées dans les règlements de copropriété antérieurs à la mise en vigueur de la loi de 1965 doivent être réputées non écrites (art. 43. ■ Cass. 3e civ., 18 mai 1971 : *JCP* 1972, II, 16974. ■ CA Colmar, 20 janv. 2011 : *AJDI* 2011, p. 307. ■ CA Paris, 23e ch., 5 nov. 1993 : *Rev. Administrer* juin 1994, p. 54, obs. A. Dunes). Serait nulle l'acceptation par l'assemblée d'un protocole transactionnel prévoyant le règlement des conflits entre le syndicat et des copropriétaires par une clause compromissoire (■ CA Paris, pôle 4, 2e ch., 18 mai 2016, n° 14-05.939 : *JurisData* n° 2016-014049 ; *Administrer* nov. 2016, p. 49, obs. J.-R. Bouyeure).

Mais rien n'empêche, bien évidemment, de recourir à l'arbitrage, pour trancher le litige, une fois qu'il est né (V. M. Morand, *Solutions de litiges en copropriété par arbitrage et exequatur du tribunal : Bull. Infos FNAIM* févr. 1989, p. 23 et s. – V. Canu, *Médiation et copropriété : Rev. loyers* 2005, p. 74. – Y. Desdevises, *Règlement alternatif des litiges et droit de l'immobilier : Rev. Administrer* févr. 2005, p. 24. – R. Crône, *Arbitrage au secours de la copropriété : BPIM* 4/2011, p. 7. – C. Jaffuel, *La médiation judiciaire et les litiges de copropriété : Inf. rap. copr.* janv.-févr. 2013, p. 16).

2° *Médiation – Conciliation*

57) Développement actuel. Le législateur moderne s'emploie à faire la promotion de la médiation, afin d'éviter le contentieux judiciaire et du même coup l'encombrement des tribunaux.

Rien n'empêche d'insérer dans le règlement de copropriété une clause imposant une tentative de conciliation obligatoire tout litige ou de recourir à un médiateur une fois le litige né (sur la médiation en copropriété, V. P. Déchelette-Tolot, *La copropriété, terrain de prédilection de la médiation : Administrer* oct. 2019, p. 26. – O. Safar, *Médiation et copropriété : retour d'expérience : Actes prat. ing. immobilière* oct. 2019, n° 4, dossier 28. – S. Michelin-Mazéran, *La copropriété, un terreau fertile pour la médiation : Inf. rap. copr.* janv.-févr. 2020, p. 11).

V - PRESCRIPTION DES ACTIONS NÉES DE LA LOI DU 10 JUILLET 1965

58) Renvoi. V. sur la prescription des actions nées de l'application de la loi du 10 juillet 1965, L. , 10 juill. 1965, art. 42, al. 1, p. 593.

VI - CARENCE OU INACTION DU SYNDIC

Bibliographie : C. Ivars, *L'impact de l'ordonnance du 30 octobre 2019 sur les règles procédurales en droit de la copropriété : Loyers et copr.* févr. 2020, dossier 11. – P.-E. Lagraulet, *Le syndic de copropriété* : Edilaix, 2021, §§ IV. 3.7 et s.

59) Procédure spécifique. L'ordonnance n° 2019-1100 du 30 octobre 2019, applicable au 1er juin 2020, a institué une procédure spéciale permettant d'exercer une action contre le syndic en cas de carence ou d'inaction de sa part, pour avoir réparation du préjudice subi par le syndicat des copropriétaires.

60) Champ d'application de la procédure. La procédure s'applique en cas de carence ou d'inaction du syndic.

– La notion de « carence » du syndic se retrouve dans les articles 18, V de la loi du 10 juillet 1965 et 49 du décret du 17 mars 1967. La jurisprudence en a fixé les contours pour l'application de ces textes (V. les commentaires de ces dispositions) ;

– cette procédure vient également sanctionner l'« inaction » du syndic. Comme on l'a justement observé (C. Ivars, étude préc., n° 21-22) les cas de carence ou d'inaction du syndic peuvent parfois se recouper ce qui peut engendrer des difficultés. Il conviendra aussi de bien distinguer l'inaction du syndic de son éventuelle action fautive, les deux situations n'étant pas identiques (P.-E. Lagraulet, ouvrage préc.).

En toute hypothèse il appartiendra au demandeur d'établir que les conditions de recevabilité de l'action sont réunies : en pratique il sera souhaitable d'adresser une mise en demeure préalable au syndic pour établir son inaction ou sa carence.

61) Initiative de la procédure. L'action est exercée *en principe* par le président du conseil syndical qui agit sur délégation expresse de l'assemblée générale. La délégation devra être donnée dans les conditions prévues par l'article 25, *i)* de la loi du 10 juillet 1965 (V. ce texte) et à la majorité prévue par ce texte (avec possibilité si les conditions sont réunies, d'utiliser la « passerelle » prévue par l'article 25-1 de cette même loi). Le président du conseil syndical agira au nom et pour le compte du syndicat des copropriétaires.

À titre subsidiaire, lorsque la copropriété n'a pas de conseil syndical, l'action pourra être exercée par un ou plusieurs copropriétaires représentant au moins un quart des voix de tous les copropriétaires. Ceux-ci ont qualité pour agir en vertu de la loi : cette action qui tend à réparer non pas un préjudice personnel mais le préjudice subi par le syndicat des copropriétaires à un caractère collectif (V. art. 15, al. 3). La loi indique expressément qu'elle bénéficiera au syndicat lui-même (V. n° 62). En pareil cas, un mandataire *ad hoc* doit être désigné par le président du tribunal judiciaire saisi pour représenter les intérêts du syndicat (*D. 17 mars 1967, art. 49-1, al. 2.* – V. ce texte).

Sur la juridiction compétente, V. D. 17 mars 1967, art. 49-1.

62) Objet de la procédure. La procédure a pour but d'obtenir la réparation du préjudice subi par le syndicat des copropriétaires du fait de la carence ou de l'inaction du syndic. Si elle aboutit, cette procédure va normalement déboucher sur l'octroi de dommages et intérêts qui bénéficieront au syndicat des copropriétaires (art. 15, al. 4).

63) « Frais de procédure ». Lorsque l'action est exercée par un ou plusieurs copropriétaires, ils doivent en avancer les frais. Si l'action est rejetée par le juge ils en supporteront définitivement la charge (*D. 17 mars 1967, art. 49-1, al. 3*).

L'alinéa 5 de l'article 15 évoque le cas où à l'issue de l'instance judiciaire, l'action exercée dans l'intérêt du syndicat est déclarée bien fondée par le juge. Le texte indique que la charge des frais de procédure non supportée par le syndic devra être répartie entre tous les copropriétaires proportionnellement aux quotes-parts de parties communes afférentes à leur lot.

Art. 16. – Tous actes d'acquisition ou d'aliénation des parties communes ou de constitution de droits réels immobiliers au profit ou à la charge de ces dernières, à la condition qu'ils aient été décidés conformément aux dispositions des articles 6, 25 et 26, sont valablement passés par le syndicat lui-même et de son chef.

Le syndicat peut acquérir lui-même, à titre onéreux ou gratuit, des parties privatives sans que celles-ci perdent pour autant leur caractère privatif. Il peut les aliéner dans les conditions prévues à l'alinéa précédent. Il ne dispose pas de voix, en assemblée générale, au titre des parties privatives acquises par lui.

Bibliographie : J.-M. Roux, *Le syndicat copropriétaire : Administrer* juin 2013, p. 19. • G. Gil, *La vente des parties communes : Administrer* oct. 2018, 29. • P.-E. Lagraulet et C. Ivars, *Le droit de propriété du syndicat sur un lot : Ann. loyers* 2022, p. 33. • P.-E. Lagraulet, *Abandon et délaissement du lot de copropriété : Inf. rap. copr.* mars 2023, p. 35.

1) Passation des actes du chef du syndicat. L'alinéa 1 de ce texte instaure un mécanisme simplificateur : bien que le syndicat ne soit pas propriétaire des parties communes, s'il en acquiert ou les aliène, ou si des droits réels (servitude, hypothèque...) sont constitués sur ces mêmes parties communes, les actes sont « valablement passés par le syndicat lui-même ou de son chef ». Le syndic ès qualités représentera le syndicat (V. art. 18 de la loi), sans qu'il soit nécessaire de faire intervenir les copropriétaires à l'acte, ni du point de vue civil, ni du point de vue de la publicité foncière (V. pour des ventes de parties communes : *Bull. AMC*, art. 640 et 748 ; *JCP* N 1964, prat. 3674 ; *JCP* N 1969, prat. 4578. – Pour une expropriation de parties communes : *Bull. AMC*, art. 968).

L'alinéa 2 consacre la possibilité pour le syndicat d'avoir en tant que personne morale un patrimoine propre (sur les implications du point de vue de la publicité foncière, V. Bulté : *JCP* 1968, IV, 3337 ; Chardonnal, chron. : *JCP* N 1984, prat. 9071, acquisition d'un lot par le syndicat). S'il acquiert des lots dans la copropriété, les millièmes y étant attachés ne lui donnent pas le droit de vote.

2) Cas où le syndicat est propriétaire. En pareil cas, lorsque le syndicat acquiert ou aliène des parties *privatives*, en conformité des dispositions de l'alinéa 2 de l'article 16 de la loi du 10 juillet 1965 précité, il agit en son nom personnel et peut, dès lors, au plan de la publicité foncière, être assimilé à un propriétaire ordinaire (*BAMC*, art. 640). Il en résulte notamment qu'une fiche personnelle doit être créée au nom du syndicat, à l'occasion de l'acquisition à son profit de parties privatives, et annotée comme le serait celle de tout autre acquéreur de lot. D'autre part, lors de l'aliénation des parties privatives ainsi acquises, la règle de l'effet relatif de la publicité est applicable dans les conditions habituelles (V. chron. Chardonnal : *JCP* N 1984, prat. 9071).

Lorsque l'assemblée décide d'acquérir un bien, il importe que la délibération précise si cette acquisition est destinée à constituer une partie commune (auquel cas elle interviendra pour le compte des copropriétaires représentés par le syndic) ou une partie privative entrant dans le patrimoine du syndicat (auquel cas l'achat sera fait pour le compte du syndicat représenté, là encore, par le syndic...).

3) Vote aux assemblées. Selon l'article 16 alinéa 2, lorsque le syndicat devient propriétaire pour son compte personnel, « il ne dispose pas de voix en assemblée au titre des parties privatives acquises par lui ». Autrement dit, les majorités doivent être calculées, à peine de nullité des décisions prises, en défalquant les tantièmes de copropriété afférents aux lots dont le syndicat est propriétaire (■ Cass. 3e civ., 21 juin 2006 : *Bull. civ.* III, n° 160 ; *JCP* G 2006, IV, 2554 ; *Loyers et copr.* 2006, comm. 191, obs. G. Vigneron ; *Rev. loyers* 2006, p. 421, note P. Déchelette-Tolot). Si la majorité n'est pas calculée en défalquant les voix du syndicat, la nullité des décisions prises est encourue (■ CA Paris, pôle 4, 2e ch., 30 janv. 2019, n° 15-22.510 : *Administrer* mai 2019, p. 49, obs. J.-R. Bouyeure).

Art. 16-1 *(L. n° 79-2, 2 janv. 1979 ; Ord. n° 2014-1345, 6 nov. 2014 ; mod. à compter du 1er juin 2020, Ord. n° 2019-1101, 30 oct. 2019).* **– Les sommes représentant le prix des parties communes cédées se divisent de plein droit entre les copropriétaires dans les lots desquels figuraient ces parties communes et proportionnellement à la quotité de ces parties afférentes à chaque lot.**

La part du prix revenant à chaque copropriétaire lui est remise directement par le syndic, après déduction des sommes exigibles par le syndicat des copropriétaires.

Code de l'expropriation pour cause d'utilité publique

Art. L. 222-3 *(Mod. à compter du 1er janvier 2022, Ord. n° 2021-1192, 15 sept. 2021).* **–** Les droits des créanciers régulièrement inscrits sur les immeubles expropriés avant la publication au fichier immobilier de l'ordonnance d'expropriation, de l'ordonnance de donné acte ou de l'acte de cession consentie après la déclaration d'utilité publique ont reportés sur l'indemnité compte tenu du rang de préférence qui leur est reconnu par les textes qui les régissent.

Le renouvellement de droit commun des inscriptions de privilèges ou d'hypothèques est obligatoire jusqu'à la date de péremption prévue au troisième alinéa de l'article L. 222-2.

Bibliographie : F. Morelon, *L'expropriation des parties communes et des lots de copropriété : AJDI* 2007, p. 721. • A. Bernard, *L'expropriation d'un immeuble en copropriété : AJDI* 2000, p. 193 et s. • J.-M. Roux, *L'expropriation et la copropriété : Rev. Administrer* janv. 2009, p. 7. • P. Benoît et N. Benoît, *Estimation de la valeur vénale des parties communes d'un immeuble : AJDI* 2012, p. 578.

Voir : sur ce point Annexe 17, *Commission relative à la copropriété*, la 11e recommandation, p. 1095.

Voir aussi : sur la loi du 2 janvier 1979, l'article 6-1.

1) Distribution du prix de vente de parties communes. Ce texte pose des règles particulières relatives à la distribution du prix de vente *lorsque le syndicat de copropriété aliène des parties communes*. Il en résulte :

– que le prix doit être remis au syndic de copropriété pour en faire la répartition ;

– que le syndic le répartira (sous sa responsabilité) entre les copropriétaires dans les lots desquels figuraient les parties communes vendues et proportionnellement à leurs tantièmes de copropriété, ceci « nonobstant l'existence de toute sûreté » grevant le lot.

L'assemblée des copropriétaires ne peut décider de placer le produit de la vente d'un parking commun sur un compte à terme et de le conserver en vue du paiement de divers travaux de rénovation de l'immeuble. Les copropriétaires sont en droit d'obtenir une distribution immédiate du prix au prorata de leurs droits dans les parties communes vendues (▪ CA Montpellier, 1re ch. D, 17 déc. 2013 : *Rev. loyers* 2014, p. 86).

Si un immeuble en copropriété comprend deux bâtiments distincts, et une loge de concierge, partie commune à ces deux bâtiments et que cette loge est vendue, le syndic ne peut affecter à chacun des deux immeubles la moitié du prix de vente, puis répartir chacune de ces portions du prix entre les copropriétaires de chacun des bâtiments, en fonction des quotes-parts des parties communes détenues par eux dans le bâtiment considéré. Le prix de vente de la loge ne doit pas être divisé par moitié entre les deux bâtiments, mais réparti entre les copropriétaires de tous les lots ayant des droits dans cette partie commune, au prorata de leurs tantièmes dans les « parties communes générales » de l'immeuble (▪ Cass. 3e civ., 22 janv. 2014, n° 12-25.785 : *JurisData* n° 2014-000671 ; *Bull. civ.* III, n° 10 ; *Loyers et copr.* 2014, n° 94, obs. G. Vigneron ; *Rev. loyers* 2014, p. 210, note P. Déchelette-Tolot).

Les dispositions de l'article 16-1 ne pouvaient faire obstacle à ce que le prix de cession de parties communes consiste en autre chose que le versement d'une somme d'argent. Ce prix pouvait ainsi être converti en l'obligation pour l'acquéreur de réaliser des travaux sur les parties communes (▪ Cass. 3e civ., 28 mai 2020, n° 19-13.245 : *AJDI* 2020, p. 622, note P.-E. Lagraulet). Depuis l'ordonnance d'octobre 2019, il semble que la solution soit inverse (V. n° 3, compensation).

2) Créanciers hypothécaires. L'acquéreur n'a à craindre aucun *droit de suite des créanciers* puisqu'aux termes de l'article 6-1 de la loi du 10 juillet 1965 (V. ce texte), les hypothèques ou privilèges grevant les parties communes vendues « s'éteignent de plein droit ».

Toutefois, l'article 8 de la loi du 2 janvier 1979 a prévu des *dispositions transitoires au profit des créanciers inscrits avant le 1er juillet 1979.* Ces créanciers ont la possibilité de s'opposer à la remise des fonds prévue à l'article 16, alinéa 2. « Cette opposition est notifiée au notaire détenteur de la minute du règlement initial de copropriété antérieurement à la constatation de la cession en la forme authentique » (cette opposition doit être faite par huissier, V. CPC ancien, art. 559). « Dans ce cas, la part du copropriétaire intéressé doit être consignée au profit du ou des créanciers opposants pour leur être distribuée, compte tenu du rang de préférence des inscriptions portant sur les parties privatives comprises dans les lots concernés par ces oppositions ».

Ce dernier texte entraîne diverses conséquences pratiques en ce qui concerne la distribution du prix de vente de parties communes d'immeubles en copropriété : le notaire qui reçoit l'acte de vente doit s'enquérir dans tous les cas auprès du notaire détenteur de la minute du règlement de copropriété, lorsque l'inscription est antérieure au 1er juillet 1979, pour savoir si une opposition du créancier, faite en vertu de l'article 8 de la loi du 2 janvier 1979, a été ou non notifiée...

– Dans l'affirmative, la distribution du prix aura lieu selon les modalités particulières prévues par ce même texte.

– Dans la négative, l'article 16-1, qui impose la remise du prix au syndic en vue de sa distribution, sera purement et simplement appliqué.

3) Compensation. À la suite de la réforme opérée par l'ordonnance du 30 octobre 2019, le syndic est autorisé à retenir sur la part revenant à chacun des copropriétaires le montant de ses dettes exigibles envers le syndicat. Ce mécanisme nouveau paraît interdire le paiement du prix de cession autrement qu'en une somme d'argent (V. en ce sens P.-E. Lagraulet : *AJDI* 2020, p. 622).

4) Parties communes spéciales. Dans le cas de vente de *parties communes spéciales*, le produit de la vente se répartit entre les seuls copropriétaires titulaires de droits dans ces parties communes (▪ CA Besançon, 30 juin 1995 : *JurisData* n° 1995-043967 ; V° en ce sens, ▪ Cass. 3e civ., 1er juin 2022, n° 21-16.232 : seuls les copropriétaires concernés peuvent décider de l'aliénation de celles-ci).

Art. 16-2 *(L. n° 96-987, 14 nov. 1996 ; mod. à compter du 1er janvier 2015, Ord. n° 2014-1345, 6 nov. 2014).* **– L'expropriation pour cause d'utilité publique d'un immeuble bâti, d'un groupe d'immeubles bâtis ou d'un ensemble immobilier soumis à la présente loi est poursuivie et prononcée dans les conditions prévues par l'article L. 221-2 du Code de l'expropriation pour cause d'utilité publique.**

Code de l'expropriation pour cause d'utilité publique

Art. L. 222-3 *(Mod., Ord. n° 2021-1192, 15 sept. 2021)*. **–** Les droits des créanciers régulièrement inscrits sur les immeubles expropriés avant la publication au fichier immobilier de l'ordonnance d'expropriation, de l'ordonnance de donné acte ou de l'acte de cession consentie après la déclaration d'utilité publique ont reportés sur l'indemnité compte tenu du rang de préférence qui leur est reconnu par les textes qui les régissent.

Le renouvellement de droit commun des inscriptions de privilèges ou d'hypothèques est obligatoire jusqu'à la date de péremption prévue au troisième alinéa de l'article L. 222-2.

I - PROCÉDURE DE L'EXPROPRIATION

Bibliographie : G. Gil, *La copropriété et l'expropriation : Administrer* août-sept. 2017, p. 31. – G. Vaysse, *Expropriation et statut de la copropriété : AJDI* 2017, p. 741. – S. Trincal, *L'utilité publique du tréfonds d'une copropriété : Inf. rap. copr.* juill.-août 2017, 25. – J.-M. Roux, *Guide de l'évaluation de l'immeuble en copropriété : Ann. loyers* mai-juin 2011, p. 679 et s. – A. Bernard, *L'expropriation d'un immeuble en copropriété : AJDI* 2000, p. 193 et s.

A - Expropriation de tout l'immeuble

1) Conduite de la procédure et évaluation des indemnités. Si l'expropriation porte sur l'ensemble d'un immeuble en copropriété (immeuble bâti, groupe d'immeubles bâtis, ou ensemble immobilier), elle est poursuivie :

– en ce qui concerne les parties privatives à l'encontre de chacun des copropriétaires ;

– en ce qui concerne les parties communes à l'encontre du syndicat. L'immeuble n'est pas alors évalué en bloc mais lot par lot, à l'exception des cas où bien que divisé en lots de copropriété, il appartient à un seul copropriétaire. L'indemnité doit être évaluée pour chaque lot privatif en fonction des mètres carrés utiles de ce lot, en y intégrant la valeur des parties communes appréciée en tenant compte des avantages conférés par ces parties communes à chacun des lots (A. Bernard, *op. cit.*, et la jurisprudence citée). Les copropriétaires peuvent intervenir à l'instance pour obtenir l'indemnisation de leurs préjudices propres (▪ Cass. 3e civ., 11 oct. 2006, n° 05-16.037 : *Bull. civ.* III, n° 198 : *RDI* 2007, p. 342, obs. C. Morel) et en particulier lorsque l'expropriation concerne un bien qui est la propriété du syndicat et qui est donc indivis entre tous les copropriétaires (▪ CA Paris, pôle 4, 7e ch., 27 mars 2014 : *JurisData* n° 2014-006901 ; *Loyers et copr.* 2014, comm. p. 53, note G. Vigneron).

B - Expropriation partielle

Bibliographie : A. Lebatteux, *L'expropriation partielle des parties communes après la loi ALUR (CCH, art. L. 615-10) : Inf. rap. copr.* févr. 2015, p. 12 (1re partie) et mars 2015, p. 15 (2e partie).

2) Expropriation de parties communes. Si l'expropriation *porte uniquement sur des parties communes* (par ex., un terrain commun), elle est poursuivie à l'encontre du syndicat. Cependant, le syndicat n'a pas qualité pour demander la réparation du préjudice individuel spécifique à tel ou tel copropriétaire. Il ne peut représenter les copropriétaires pour la défense de leurs droits sur leur lot et il ne peut donc se voir allouer une indemnité de dépréciation du surplus de l'ensemble de la copropriété (▪ Cass. 3e civ., 16 mars 2023, n° 22-11.429 : *JurisData* n° 2023-003726 ; *Loyers et copr.* 2023, comm. 86, note C. Coutant-Lapalus).

Les propriétaires d'un lot, titulaires à ce titre de droits réels sur les parties communes sont à ce titre recevables à se pourvoir en cassation contre une ordonnance portant transfert de propriété de parties communes alors même qu'ils ne sont pas inscrits sur la liste de propriétaires dressée conformément aux dispositions de l'article R. 11-19 du Code de l'expropriation (▪ Cass. 3e civ., 18 déc. 1996 : *Bull. civ.* III, n° 242 ; *RD imm.* 1997, p. 123, obs. C. Giverdon).

L'indemnisation des copropriétaires au titre des parties communes expropriées n'exclut pas qu'ils puissent être également indemnisés si, du fait de cette expropriation, leurs lots subissent une moins-value (▪ Cass. 3e civ., 11 oct. 2006 : *Bull. civ.* III, n° 198 ; *Loyers et copr.* 2006, comm. 210, obs. G. Vigneron ; *Constr.-Urb.* 2007, comm. 56, obs. D. Sizaire ; *Rev. Administrer* janv. 2007, p. 53, note P. Capoulade ; *Defrénois* 2006, art. 39614, p. 973, obs. C. Atias). Lorsque le syndicat défend à une action tendant à l'expropriation des parties communes, il ne représente pas les copropriétaires pour la défense de leurs droits sur leurs parties privatives (▪ Cass. 3e civ., 18 nov. 2014, n° 13-21.822 : *AJDI* 2015, p. 290, note N. Le Rudulier).

Est irrecevable la tierce opposition formée par des copropriétaires contre le jugement fixant l'indemnité due au syndicat en raison de l'expropriation de parties communes (▪ Cass. 3e civ., 16 mai 2019, n° 18-14.457 : *Administrer* juill. 2019, p. 51, note J.-R. Bouyeure. – V. précédemment, ▪ Cass. 3e civ., 18 nov. 2014, n° 13-21.822 : *AJDI* 2015, p. 290, note N. Le Rudulier).

3) Expropriation concernant un lot. Si l'expropriation porte sur un lot, elle est poursuivie et prononcée contre le ou les propriétaires de ce lot, et confère à l'expropriant la qualité de copropriétaire aux lieu et place de l'exproprié (■ Cass. 3e civ., 11 juin 1975 : *Bull. civ.* III, n° 199. ■ Cass. 3e civ., 11 mai 1995 : *Bull. civ.* III, n° 91). Le syndicat ne peut représenter chaque copropriétaire pour la défense de leurs droits sur leurs lots. En conséquence, le syndicat ne peut se voir allouer une indemnité de dépréciation du surplus de l'ensemble de la copropriété (■ Cass. 3e civ., 16 mars 2023, n° 22-11.429 : *JurisData* n° 2023-003726 ; *JCP* N 2023, 6222, n° 5, obs. H. Périnet-Marquet ; *Loyers et copr.* 2023, n° 5, comm. 86, C. Coutant-Lapalus ; *RDI* 2023, p. 284, obs. R. Hostiou).

L'expropriation porte obligatoirement sur la totalité du lot : les parties privatives et la quote-part de parties communes y attachées. Elle ne peut se limiter aux parties privatives (■ Cass. 3e civ., 31 janv. 2007 : *Constr.-Urb.* 2007, comm. 56, obs. D. Sizaire ; *JCP* G 2007, n° 49, p. 19, obs. H. Périnet-Marquet ; *Rev. loyers* 2007, p. 193, note P. Déchelette-Tolot ; *AJDI* 2007, p. 484, note P. Capoulade). Mais elle n'emporte pas transfert de la propriété d'une fraction du sol commun, même affecté à la jouissance d'un copropriétaire (■ Cass. 3e civ., 11 janv. 1995 : *RD imm.* 1995, p. 369, note P. Capoulade).

II – INDEMNISATION

4) Répartition des indemnités. L'article 16-2 précise que les indemnités afférentes aux parties communes sont réparties entre les copropriétaires selon les dispositions de l'article 16-1 de la loi (V. ce texte).

Il en est ainsi également lorsque l'expropriation porte sur une partie commune grevée d'un *droit de jouissance exclusive* au profit d'un copropriétaire (■ CA Versailles, 30 juin 1995 : *D.* 1997, somm. p. 9, obs. C. Atias. – Sur l'évaluation du droit de jouissance exclusive, V. ■ CA Versailles, 10 mars 1998 : *AJDI* 1998, p. 1082, note A. Lévy). À l'inverse, une simple tolérance, par exemple de stationnement, ne peut ouvrir droit à indemnisation en cas d'expropriation (■ Cass. 3e civ., 18 mars 2021, n° 20-13.562 : *Loyers et copr.* 2021, comm. n° 82, Ch. Coutant-Lapalus).

Selon la Cour européenne des droits de l'homme, les copropriétaires insatisfaits des sommes allouées judiciairement au titre des indemnités d'expropriation des parties communes disposent pour seul recours, en cas de refus de l'assemblée générale d'interjeter appel de la décision, de contester cette décision sur le fondement de l'abus de majorité, puis, en cas de succès, de solliciter une réparation pour la perte de chance de pouvoir interjeter appel… Autant dire que, si le syndicat n'agit pas, il est presque vain pour les copropriétaires d'espérer quoi que ce soit (■ CEDH, 5e sect., 4 mai 2023, nos 59832, 27523/20, 27534/20, 27578/20, 27586/20, 27589/20 et 27591/20 : *Loyers et copr.* 2023, comm. 123, C. Coutant-Lapalus).

Si une construction a été édifiée par un copropriétaire sur les parties communes, le sol d'implantation de cette construction reste néanmoins partie commune et le syndicat peut prétendre à une indemnité à ce titre (■ Cass. 3e civ., 11 janv. 1995 : *D.* 1998, somm. p. 264, note P. Capoulade).

Si une indemnité d'assurance est destinée à indemniser la valeur d'usage d'un centre commercial, détruit et non reconstruit, elle doit être répartie entre les seuls copropriétaires de ce centre, partie commune spéciale, sans que les copropriétaires des lots de parkings reconstruits y participent (■ Cass. 3e civ., 6 mai 2014, n° 12-23.810).

III – CONSÉQUENCES DE L'EXPROPRIATION

5) Entrée de l'expropriant dans la copropriété. Lorsque l'expropriation ne porte que *sur une partie des lots*, l'autorité expropriante entre dans la copropriété avec tous les droits et obligations attachés à la qualité de copropriétaire.

Ainsi devra-t-elle *payer les charges*, à compter de la notification au syndic du transfert de propriété (opéré en principe par l'ordonnance d'expropriation) conformément à l'article 6 du décret du 17 mars 1967 (■ Cass. 3e civ., 11 mai 1994 : *JCP* G 1994, II, 22344, note A. Djigo ; *RD imm.* 1994, p. 490, obs. C. Giverdon ; *Rev. Administrer* nov. 1994, p. 22, note M. Gélinet).

Les dépenses entraînées par l'expropriation, relatives à la modification de l'état descriptif de division et du règlement de copropriété sont à la charge de l'autorité expropriante (■ TGI Paris, 30 mai 1979 : *AJPI* 1979, p. 60).

IV – EXPROPRIATION EN CAS DE CARENCE DU SYNDICAT

6) Expropriation liée à l'état de carence. La loi d'orientation et de programmation pour la ville et la rénovation urbaine (L. n° 2003-710, 1er août 2003, art. 20 : *JO* 2 août) a créé une procédure applicable lorsque, du fait de graves difficultés financières ou de gestion et de l'importance des travaux à mettre en œuvre, le syndicat des copropriétaires est dans l'incapacité d'exercer ses missions de gestion et d'assurer la conservation de l'immeuble, ou que la sécurité des occupants est gravement menacée.

L'état de « carence » du syndicat peut alors être constaté, ce qui débouche sur l'expropriation de l'immeuble.

7) Apports de la loi n° 2024-322 du 9 avril 2024. La loi n° 2024-322 du 29 avril 2024 a apporté plusieurs innovations en la matière :

– en créant une nouvelle procédure d'expropriation concernant les immeubles indignes à titre remédiable (L. n° 2024-322, 9 avr. 2024, art. 9 ; C. expr., art. L. 512-1 et s.) ;

– en prolongeant de 10 années l'application de la procédure d'expropriation des parties communes instaurée à titre expérimental par la loi n° 2014-366 du 24 mars 2014 dite « loi ALUR » (L. n° 2024-322, 9 avr. 2024, art. 11, I : CCH art. L. 615-10) ;

– en instaurant une nouvelle procédure d'expropriation expérimentale lorsque l'immeuble remplit les conditions requises pour voir prononcer son état de carence (L. n° 2024-322, 9 avr. 2024, art. 11, II). Une convention peut être conclue par l'expropriant avec le syndicat des copropriétaires en vue de l'acquisition temporaire à titre onéreux soit du seul terrain d'assiette de la copropriété, soit des seules parties et équipements communs des immeubles qui la constituent, soit du terrain et des parties et équipements communs. (V. Annexe 12, *Carence du syndicat*, p. 1039 et Annexe 20-1, *Copropriétés dégradées*, p. 1039).

Voir : sur les textes régissant la matière, Annexe 12, *Carence du syndicat*, p. 1039.

CHAPITRE II. – ADMINISTRATION DE LA COPROPRIÉTÉ

Section I. – Dispositions générales

Art. 17 *(Mod., L. n° 2014-366, 24 mars 2014 ; L. n° 2015-990, 6 août 2015 ; à compter du 1er janvier 2020, Ord. n° 2019-964, 18 sept. 2019).* – **Les décisions du syndicat sont prises en assemblée générale des copropriétaires ; leur exécution est confiée à un syndic placé éventuellement sous le contrôle d'un conseil syndical.**

Dans les cas où, avant la réunion de la première assemblée générale suivant la mise en copropriété, un syndic provisoire a été désigné par le règlement de copropriété ou par tout autre accord des parties, ce syndic ne peut être maintenu que par décision de l'assemblée générale, après mise en concurrence préalable de plusieurs contrats de syndics effectuée par le conseil syndical, s'il en existe un, ou les copropriétaires.

À défaut de nomination du syndic par l'assemblée générale des copropriétaires convoquée à cet effet, le syndic est désigné par le président du tribunal judiciaire saisi à la requête d'un ou plusieurs copropriétaires, du maire de la commune ou du président de l'établissement public de coopération intercommunale compétent en matière d'habitat du lieu de situation de l'immeuble.

Dans tous les autres cas où le syndicat est dépourvu de syndic, l'assemblée générale des copropriétaires peut être convoquée par tout copropriétaire, aux fins de nommer un syndic. À défaut d'une telle convocation, le président du tribunal judiciaire statuant par ordonnance sur requête à la demande de tout intéressé, désigne un administrateur provisoire de la copropriété qui est notamment chargé de convoquer l'assemblée des copropriétaires en vue de la désignation d'un syndic.

Bibliographie : *JCl. Copropriété*, Fasc. 84-10 à 93. • E. Kischinewsky-Broquisse, *La copropriété des immeubles bâtis*, Litec, 4e éd. 1989, nos 363 et s. • *La copropriété*, Dalloz Action, 10e éd. 2021, ss dir. D. Tomasin, nos 331-21 et s. • C. Atias, *La constitution de l'assemblée générale des copropriétaires : Inf. rap. copr.* janv. 2003, p. 26. • J.-M. Roux, *L'assemblée générale, une nécessité : Inf. rap. copr.* févr. 2011, p. 31. • G. Gil, *La protection jurisprudentielle des prérogatives de l'assemblée générale : Ann. loyers* 2021, p. 41. • D. Rodrigues, *L'assemblée générale et le copropriétaire : Inf. rap. copr.* oct. 2021, p. 29. • P.-E. Lagraulet, *La procédure de désignation d'un administrateur provisoire : Inf. rap. copr.* juill.-août 2021, p. 8. • P.-E. Lagraulet, *L'habilitation du copropriétaire à convoquer l'assemblée générale : Inf. rap. copr.* juill.-août 2023, p. 6.

Sur les réformes opérées par l'ordonnance du 30 octobre 2019. V. A. Lebatteux, *Les dispositions de l'ordonnance du 30 octobre 2019 applicable aux assemblées générales de copropriété : Loyers et copr.* 2020, dossier, étude 5. • F. Bayard-Jammes, *La réforme de la prise de décision au sein de la copropriété : AJDI* 2019, p. 870. • P.-E. Lagraulet, *L'administration de la copropriété réformée : AJDI* 2019, p. 852. • M.-H. Martial, *La pratique de l'assemblée générale « dématérialisée » : Inf. rap. copr.* oct. 2021, p. 33.

1) **Principes d'organisation et de fonctionnement du syndicat de copropriétaires.** L'article 17 de la loi pose les grands principes qui président à l'organisation et au fonctionnement des syndicats de copropriétaires : ces principes concernent l'assemblée, organe décision du syndicat et le syndic qui est son organe d'exécution

I – L'ASSEMBLÉE, ORGANE DE DÉCISION DU SYNDICAT DE COPROPRIÉTAIRES

2) **Énoncé des règles de principe.** Plusieurs règles sont posées par l'article 17 de la loi, ou résultent de l'interprétation de ce texte par la jurisprudence : toutes les décisions sont en principe prises en assemblée (A). Tous les copropriétaires font partie de l'assemblée (B). L'assemblée est l'organe de décision principal (C). Chaque décision nécessite un vote distinct (D).

A – Obligation de prendre toutes les décisions en assemblée

Bibliographie : J. Lafond, *Est-il toujours nécessaire de réunir l'assemblée des copropriétaires ? : JCP* N 1982, prat. 8337 ; *Les décisions hors assemblée : JCP* N 2005, n° 49, 1489.

3) **Le principe et ses exceptions.** Le principe selon lequel toutes les décisions doivent être prises en assemblée qui était traditionnellement affirmé (1°) n'est plus tout à fait vrai depuis le 1er juin 2020, date d'entrée en vigueur de l'ordonnance du 30 octobre 2019. En effet, outre l'admission du vote par correspondance, qui s'est généralisé, (L. art. 17-1 A), cette ordonnance a apporté des dérogations à ce principe concernant les « petites copropriétés » ou les « copropriétés à 2 personnes » (2°).

1° Portée du principe

4) **Invalidité des décisions prises en dehors d'une assemblée.** Les décisions du syndicat sont *prises en assemblée générale des copropriétaires* (al. 1). On ne peut pas se dispenser de réunir l'assemblée en procédant à une *consultation écrite* des copropriétaires (▪ Cass. 3e civ., 22 mai 1973, n° 72-10.427 : *Bull. civ.* III, n° 360 ; *Gaz. Pal.* 1973, 2, p. 939, note Morand. ▪ Cass. 3e civ., 23 oct. 1979 : *Defrénois* 1980, art. 32363, note H. Souleau.

▪ Cass. 3e civ., 13 avr. 1988, n° 86-19.171 : *JurisData* n° 1988-000652 ; *Loyers et copr.* 1988, n° 290 ; *JCP G* 1988, IV, 208. *Contra*, ▪ CA Aix-en-Provence, 4e ch. B, 2 mars 2010 : *JurisData* n° 2010-007830, qui admet de façon critiquable « qu'en l'absence d'organisation de la copropriété », une autorisation peut être donnée par écrit à un copropriétaire). Ainsi, n'a aucune valeur juridique la modification du règlement de copropriété résultant d'un accord unanime des copropriétaires obtenu hors assemblée (▪ Cass. 3e civ., 14 juin 2000, n° 98-20.526 : *JurisData* n° 2000-002551 ; *Loyers et copr.* 2000, comm. 239 ; *Constr.-Urb.* 2000, comm. 215, note D. Sizaire). – V. aussi ▪ Cass. 3e civ., 25 avr. 2006, n° 05-10.514 : *JurisData* n° 2006-033244 ; *Administrer* juill. 2006, p. 56, obs. J.-R. Bouyeure) ou d'un accord relatif à la répartition des charges résultant d'un document écrit (▪ CA Toulouse, 1re ch., 29 mars 2010 : *JurisData* n° 2010-008336) ou d'une autorisation de travaux sur les parties communes donnée par écrit par les copropriétaires à l'un d'entre eux (▪ Cass. 3e civ., 6 sept. 2011, n° 10-23.553 : *Administrer* janv. 2012, p. 65, obs. J.-R. Bouyeure). De même est illicite l'établissement d'un modificatif au règlement de copropriété portant création de servitudes sur certains lots, même s'il a été demandé au notaire par l'ensemble des copropriétaires (▪ Cass. 3e civ., 8 juin 2011, n° 10-18.220 : *JurisData* n° 2011-011071 ; *Bull. civ.* III, n° 98 ; *Loyers et copr.* 2011, comm. 256, obs. G. Vigneron).

La solution était applicable même lorsque la copropriété ne comprenait que deux personnes (▪ Cass. 3e civ., 19 juin 1996, n° 94-19.328 : *JurisData* n° 1996-002699 ; *RD imm.* 1996, p. 613 ; *Inf. rap. copr.* févr. 1997, p. 9, obs. P. Capoulade). Ainsi a été considéré comme dépourvu de toute valeur un protocole d'accord prévoyant une modification du règlement et une réorganisation de la distribution des lots dès lors qu'il avait été établi en dehors de toute assemblée, peu important qu'il ait été signé par les deux seuls copropriétaires (▪ Cass. 3e civ., 26 janv. 2022, n° 20-21.643 : *JurisData* n° 2022-000998 ; *Loyers et copr.* 2022, comm. 47, obs. A. Lebatteux ; *Administrer* juill. 2022, p. 47, obs. P. Déchelette-Tolot ; *Ann. loyers* 2022, p. 91, obs. J.-M. Roux ; *Rev. loyers* 2022, p. 140. – Dans le même sens, pour une autorisation de travaux donnée par un copropriétaire à l'autre en dehors de toute assemblée : ▪ Cass. 3e civ., 29 juin 2023, n° 22-14.466 : *Loyers et copr.* 2023, comm. 154, obs. C. Coutant-Lapalus. – Pour un protocole de cession de parties communes conclu entre les deux copropriétaires : ▪ CA Orléans, ch. civ., 16 janv. 2024, n° 21/02945 : *JurisData* n° 2024-003842 ; *Rev. loyers* 2024, p. 147, obs. S. Bénilsi).

Cependant une décision de la Cour de cassation a affaibli considérablement ce principe. En l'espèce les deux copropriétaires, seuls membres du syndicat, s'étaient réunis de façon informelle et avaient établi un document qualifié de « compte rendu de l'assemblée générale extraordinaire du syndicat des copropriétaires ». La Cour de cassation énonce que : « Une décision d'assemblée générale existe dès qu'une question est soumise à l'ensemble des copropriétaires et est sanctionnée par un vote. Les irrégularités d'une telle assemblée, tenant à une absence de convocation ou à une convocation irrégulière à la suite de l'expiration du mandat du syndic, ne rendent pas les décisions prises inexistantes mais annulables » (▪ Cass. 3e civ., 13 nov. 2013, n° 12-12.084 : *Bull. civ.* III, n° 144 ; *JurisData* n° 2013-025644 ; *Loyers et copr.* 2014, n° 23, obs. G. Vigneron ; *Rev. loyers* 2014, p. 32, note V. Zalewski-Sicard ; *Administrer* janv. 2014, p. 46, obs. J.-R. Bouyeure). Une décision prise dans des conditions totalement irrégulières peut donc produire effet si sa nullité n'est pas demandée et que la réunion est assimilée à une « assemblée ».

Voir : sur les autorisations données par avance dans le règlement de copropriété, L. 10 juill. 1965, art. 8, comm. n° 42, p. 76.

2° *Exceptions au principe*

5) Introduction du vote par correspondance. L'ordonnance n° 2019-1101 du 30 octobre 2019 a généralisé le vote par correspondance (V. L. 10 juill. 1965, art. 17-1 A, al. 2. – D. art. 14-1). Peut-on encore parler « d'assemblée » lorsque tous les copropriétaires ou certains d'entre eux votent par correspondance (V. à ce propos, J.-R. Bouyeure, *Le vote par correspondance : une dénaturation de la notion d'assemblée générale ? : Administrer* mars 2020, p. 11) ? Il a en tous cas été jugé, à propos des assemblées générales tenues pendant la crise sanitaire, que le syndic ne pouvait recourir au seul vote par correspondance que si l'utilisation d'autres formes plus interactives d'expression, telles que la visioconférence ou toute autre forme de communication électronique, s'avérait impossible (▪ TJ Paris, 25 janv. 2024, n° 21/03428 : *AJDI* 2024, p. 539, obs. A. Fontin).

6) Les mini-copropriétés. L'ordonnance n° 2019-1101 du 30 octobre 2019 applicable à compter du 1er juin 2020 a institué des régimes spéciaux dérogatoires à la loi du 10 juillet 1965 pour les « petites copropriétés » (articles 41-8 à 41-12 de la loi du 10 juillet 1965 : V. ces textes) et pour les copropriétés dont le nombre de voix est réparti entre deux copropriétaires (articles 41-13 à 41-23 : V. ces textes)

– dans les « petites copropriétés », par dérogation à l'article 17, certaines décisions peuvent être prises sans qu'il y ait lieu de convoquer une assemblée générale : les copropriétaires peuvent être consultés par écrit, ou également au cours d'une réunion (L. art. 41-12) ;

– dans les copropriétés à deux personnes, certaines décisions peuvent être prises sans réunion de l'assemblée générale (L. art. 41-17 et 41-18). Dans certains cas la décision peut même émaner d'un seul copropriétaire (L. art. 41-16).

B – Tous les copropriétaires font de plein droit partie de l'assemblée

7) Règle d'ordre public. Le principe selon lequel tous les copropriétaires font de plein droit partie de l'assemblée est d'ordre public. Tous les membres du syndicat devant être convoqués à l'assemblée générale (▪ CA Paris, pôle 4, 2e ch., 15 sept. 2021, n° 19/14408 : *JurisData* n° 2021-015742. ▪ CA Paris, pôle 4, 2e ch., 9 févr. 2022, n° 16/08726 : *JurisData* n° 2022-002902. ▪ CA Paris, pôle 4, 2e ch., 25 janv. 2023, n° 19/14241 : *JurisData* n° 2023-001249), il n'est donc pas possible d'en écarter certains au prétexte qu'ils ne seraient pas concernés par les questions portées à l'ordre du jour (▪ CA Aix-en-Provence, 22 avr. 1969 : *Gaz. Pal.* 1969, 2, p. 257. ▪ TGI Paris, 17 nov. 1973 : *Gaz. Pal.* 1974, 1, p. 125. ▪ Cass. 3e civ., 18 juin 1985 : *Administrer* déc. 1985, p. 39, obs. Guillot). Même ceux qui ont un intérêt personnel à la décision sont appelés à participer à l'assemblée et à y voter.

Une assemblée tenue en l'absence de copropriétaires expulsés manu militari encourt l'annulation, indépendamment de tout autre motif : ▪ CA Paris, 23e ch., 2 févr. 2006 : *Loyers et copr.* 2006, comm. 117). De même si un copropriétaire a été empêché par intimidation par un autre copropriétaire de faire valoir son point de vue (▪ CA Paris, 23e ch. B, 6 juill. 2006 : *JCP* G 2006, IV, 2916).

Voir : L. 10 juill. 1965, art. 22, comm. n° 4, p. 374.

Une décision concernant les parties communes générales prise par une partie seulement des copropriétaires serait nulle (▪ Cass. 3e civ., 18 juin 1985 : *Administrer* déc. 1985, p. 9, note E.-J. Guillot). Ainsi une assemblée composée de copropriétaires d'une cage d'escalier d'un bâtiment ne pourrait prétendre interdire aux autres copropriétaires l'accès au garage souterrain par les portes de communication entre leur bâtiment et ce garage (▪ Cass. 3e civ., 30 juin 1992, n° 90-17.436 : *JurisData* n° 1992-001450 ; *Bull. civ.* III, n° 230 ; *AJPI* 1993, p. 863, note J.-M. Gélinet. – V. E.-J. Guillot, *Les prétendues assemblées de copropriétaires non constitués en syndicats secondaires : Administrer* avr. 1993, p. 7 et s.). Mais, bien entendu, lorsque la décision ne concerne que des parties communes spéciales, seuls les copropriétaires ayant des droits dans cette partie commune sont appelés à délibérer (pour la cession des parties communes spéciales, ▪ Cass. 3e civ., 6 avr. 2023, n° 22-10.722 : *JurisData* n° 2023-005405 ; *Loyers et copr.* 2023, comm. 103, obs. C. Coutant-Lapalus ; *Administrer* juin 2023, p. 51, obs. P. Déchelette-Tolot ; *Rev. Loyers* 2023, n° 4126, obs. V. Zalewski-Sicard. ▪ Cass. 3e civ., 1er juin 2022, n° 21-16.232 : *JurisData* n° 2022-008779 ; *Loyers et copr.* 2022, comm. 143, obs. C. Coutant-Lapalus ; *JCP* N 2022, 1311, obs. H. Périnet-Marquet ; *Administrer* juill. 2022, p. 45, obs. *GPL* 29 nov. 2022, n° GPL442z2, obs. J. Dubarry. – V. L. n° 65-557, 10 juill. 1965, art. 6-2).

Selon un arrêt de la cour d'Aix-en-Provence, serait valable l'assemblée à laquelle n'assiste qu'un unique propriétaire ou un unique mandataire (▪ CA Aix-en-Provence, 4e ch. A, 16 sept. 2011, n° 09/19486 : *Administrer* mai 2012, p. 52, note J.-M. Roux. – V. dans le même sens, ▪ CA Paris, pôle 4, 2e ch., 23 oct. 2013, n° 12/05208 : *JurisData* n° 2013-024836).

8) Immeubles soumis à un arrêté de police. Constatant que les acteurs publics sont rarement à même de déclencher des procédures préventives, comme le mandat *ad hoc* (L. 1965, art. 29-1 A), car ils ne sont pas informés des difficultés des syndicats, les rédacteurs de la loi n° 2024-322 du 9 avril 2024 ont prévu, lorsque l'immeuble fait l'objet d'une procédure relevant de l'exercice de la police de la sécurité et de la salubrité, que le signataire de cet arrêté, maire ou préfet, puisse assister ou se faire représenter à l'assemblée générale et formuler des observations sur les questions inscrites à l'ordre du jour (L. 1965, art. 29-16).

Sur le principe de la participation de tous les copropriétaires à l'assemblée, V. aussi L. 10 juill. 1965, art. 22, comm. 4, p. 374.

C – L'assemblée est l'unique organe de décision

1° *Principe*

9) L'assemblée est l'unique organe de décision. La jurisprudence s'attache à rappeler que l'assemblée, étant l'organe souverain de la copropriété (▪ CA Paris, 23e ch., B, 20 mars 2008 : *JurisData* n° 2008-367768 ; *Loyers et copr.* 2008, comm. 286, obs. G. Vigneron), ne peut pas être dessaisie de ses pouvoirs :

– soit par les dispositions du règlement de copropriété. Ainsi un mandat donné au vendeur d'immeuble à construire en application de l'article R. 261-5 du Code de la construction et de l'habitation ne peut permettre au promoteur de constituer une servitude sur les parties communes, la décision relevant de la seule assemblée (▪ Cass. 3e civ., 28 oct. 2009, n° 08-18.614 : *JurisData* n° 2009-050093 ; *Loyers et copr.* 2010, comm. 25, obs. G. Vigneron ; *Administrer* janv. 2010, p. 64, obs. J.-R. Bouyeure. – V. Pour la constitution d'unions de syndicats, prévue par anticipation dans le règlement de copropriété, L. 10 juill. 1965, art. 29. – Pour des autorisations anticipées de travaux, L. 10 juill. 1965, art. 8, comm. n° 42, p. 76) ;

– soit par le juge. Aucun texte ne prévoit qu'un tribunal puisse enjoindre à une assemblée générale de voter une résolution (■ CA Paris, pôle 4, 2e ch., 10 mars 2020, n° 17/04441 : *JurisData* n° 2020-017616 ; *Administrer* mai 2021, p. 47, obs. J.-R. Bouyeure. – V. pour l'impossibilité d'enjoindre au syndicat de régler le chauffage collectif à une température déterminée, cette décision appartenant à la seule assemblée : ■ CA Versailles, 4e ch., 2e sect., 13 déc. 2022, n° 21/00090 : *JurisData* n° 2022-022190). Ainsi un copropriétaire ne peut demander la condamnation du syndicat à prendre les dispositions nécessaires pour que l'auteur d'une atteinte aux parties communes les remette en état. C'est à l'assemblée de décider des mesures appropriées (■ Cass. 3e civ., 13 janv. 2010, n° 08-21.110 : *JurisData* n° 2010-051060 ; *Administrer* avr. 2010, p. 34, obs. J.-R. Bouyeure). De même un copropriétaire ne peut demander au juge de répartir entre les copropriétaires une indemnité allouée au syndicat, la décision relevant uniquement des pouvoirs de l'assemblée (■ Cass. 3e civ., 31 mars 2010, n° 09-13.254 : *JurisData* n° 2010-002933 ; *Rev. loyers* 2010, p. 228, note J.-M. Gélinet). Il a également été souligné qu'en dehors des cas prévus par la loi, la modification du règlement de copropriété ne relève pas des pouvoirs du juge, mais de ceux des copropriétaires réunis en assemblée générale (■ Cass. 3e civ., 9 sept. 2021, n° 20-11.674 : *JurisData* n° 2021-014079 ; *Loyers et copr.* 2021, comm. 173, obs. C. Coutant-Lapalus ; *Administrer* nov. 2021, p. 53, obs. J.-R. Bouyeure ; *Ann. loyers* 2011, p. 100, obs. J.-M. Roux). Si le juge ne peut donc, par principe, se substituer à l'assemblée pour prendre une décision qui relève d'un vote des copropriétaires, il peut cependant, lorsque l'obligation du syndicat à l'égard d'un de ses membres n'est pas sérieusement contestable, obliger la personne morale à tenir une réunion pour statuer sur la question litigieuse, notamment sur la mise en œuvre de travaux réparatoires (■ CA Paris, pôle 1, 2e ch., 1er sept. 2022, n° 21/22301 : *Administrer* oct. 2022, p. 55, obs. P. Déchelette-Tolot). De même, en l'état d'un dommage imminent, le juge des référés peut ordonner au syndicat de déplacer un élément d'équipement commun (en l'espèce, un compteur électrique) situé dans les parties privatives d'un lot et présentant un danger mortel pour les occupants, même si ces derniers n'ont pas saisi au préalable l'assemblée d'une telle demande (■ CA Paris, pôle 1, 3e ch., 21 juin 2023, n° 23/00593 : *JurisData* n° 2023-013306).

2° *Dérogation*

10) Ordonnance du 30 octobre 2019. L'ordonnance n° 2019-1101 du 30 octobre 2019 a créé des dérogations au principe selon lequel l'assemblée générale des copropriétaires est l'unique organe de décision.

– dans les « petites copropriétés », l'article 41-12 de la loi du 10 juillet 1965 permet dans certains cas de prendre des décisions à l'unanimité des voix des copropriétaires, à l'occasion d'une consultation écrite, sans convocation d'une assemblée générale ;

– dans les copropriétés à deux personnes : l'ordonnance précitée du 30 octobre 2019 permet dans certains cas à un seul copropriétaire de prendre une décision sans réunion de l'assemblée générale (L., art. 41-17).

D – Nécessité d'un vote distinct pour chaque décision

Bibliographie : D. Rodrigues, *L'unicité des résolutions en assemblée générale : Inf. rap. copr.* nov. 2022, p. 30.

11) Principe. L'assemblée générale a l'obligation d'émettre un vote séparé sur chacune des questions figurant à l'ordre du jour ; un seul vote bloqué sur plusieurs des questions inscrites est nul, en vertu du principe de l'autonomie des décisions et de la spécificité des majorités. La jurisprudence sur ce point est constante (■ Cass. 3e civ., 8 oct. 2015, n° 14-22.391 : *AJDI* 2016, p. 440, note N. Le Rudulier. ■ Cass. 3e civ., 13 nov. 2013, n° 12-25.157 : *JurisData* n° 2013-025734 ; *Loyers et copr.* 2014, comm. 22, note G. Vigneron. ■ Cass. 3e civ., 14 janv. 2009, n° 08-10.624 : *JurisData* n° 2009-046533 ; *Loyers et copr.* 2009, comm. 68, note G. Vigneron. ■ Cass. 3e civ., 26 sept. 2007, n° 06-11.191 : *JurisData* n° 2007-040514 ; *Bull. civ.* III, n° 152 ; *Loyers et copr.* 2007, comm. 251. ■ Cass. 3e civ., 26 juin 2001 : *JurisData* n° 2001-151258. ■ Cass. 3e civ., 17 févr. 1999, n° 97-14.454 : *JurisData* n° 1999-000678 ; *Bull. civ.* III, n° 43 ; *D.* 2000, somm. p. 137, obs. C. Giverdon : *Administrer* avr. 1999, p. 35. ■ CA Paris, pôle 4, 2e ch., 13 sept. 2023, n° 19/16512 : *JurisData* n° 2023-016736 ; *Administrer* nov. 2023, p. 36, obs. P. Déchelette-Tolot. ■ CA Paris, pôle 4, 2e ch., 22 févr. 2023, n° 19/11492 : *JurisData* n° 2023-004688. ■ CA Paris, 23e ch., B, 16 déc. 1999 : *Loyers et copr.* 2000, comm. 98, obs. G. Vigneron).

Voir : sur le vote concernant la désignation du Président de l'assemblée, V. D. 17 mars 1967, art. 15, p. 747.

Ainsi, il ne peut y avoir de vote unique :

– sur des travaux relevant les uns de la majorité de l'article 24 et les autres de la majorité de l'article 25 (■ CA Paris, 23e ch. A, 27 oct. 1999 : *Administrer* mai 2000, p. 54, obs. J.-R. Bouyeure) ;

– sur le principe de travaux et sur la délégation donnée au syndic et au conseil syndical pour le choix des entreprises (■ CA Paris, 23e ch. B, 18 janv. 2007 : *JurisData* n° 2007-323579 ; *AJDI* 2007, p. 314) ;

– sur l'approbation des comptes et le quitus (■ Cass. 3e civ., 14 janv. 2009, n° 08-10 624 : *Bull. civ.* III, n° 11 ; *Loyers et copr.* 2009, comm. 68, obs. G. Vigneron ; *Defrénois* 2009, p. 1047, obs. C. Atias ;

Administrer avr. 2009, p. 56, obs. J.-R. Bouyeure ; *Rev. loyers* 2009, p. 83, note L. Guégan ; *AJPI* 2009, p. 549, note P. Capoulade) ;

– pour élire les membres du conseil syndical (▪ Cass. 3e civ., 15 mai 2001, n° 99-18.537 : *JurisData* n° 2001-009644 ; *Administrer* août-sept. 2001, p. 41, obs. J.-R. Bouyeure, *contra* ▪ CA Paris, 1re ch. G, aud. sol., 7 mai 2003 : *Loyers et copr.* 2003, comm. 204, obs. G. Vigneron ; *D.* 2003, somm., p. 3002, obs. C. Atias ; *Administrer* oct. 2003, p. 60, obs. J.-R. Bouyeure).

Mais si la décision irrégulière a été prise à l'unanimité (en l'espèce la désignation par un vote unique du président et des scrutateurs), elle ne peut plus être contestée (▪ Cass. 3e civ., 13 févr. 2008, n° 07-12.988 : *JurisData* n° 2008-042768 ; *Loyers et copr.* 2008, n° 87, note G. Vigneron ; *Administrer* mai 2008, p. 64, obs. J.-R. Bouyeure). Toutefois, pour la cour de Paris, un copropriétaire non opposant pourrait agir en contestation de la décision s'il a pu être trompé par la complexité du vote bloqué sur des questions distinctes (▪ CA Paris, 23e ch. B, 29 nov. 2007 : *Loyers et copr.* 2008, n° 115, obs. G. Vigneron ; *AJDI* 2008, p. 1218).

12) Tempéraments. Le principe selon lequel chaque question figurant à l'ordre du jour doit faire l'objet d'un vote séparé est parfois appliqué avec souplesse, lorsqu'il existe un lien étroit entre les décisions faisant l'objet d'un même vote (▪ CA Paris, pôle 4, 2e ch., 12 oct. 2022, n° 17/12180 : *JurisData* n° 2022-018083. ▪ CA Paris, 23e ch. B, 10 nov. 2005 : *Loyers et copr.* 2006, comm. 61, note G. Vigneron). Ainsi ont été considérés comme valables :

- un vote unique à la majorité de l'article 25 sur le renouvellement du mandat du syndic, et sa rémunération, ces questions étant indissociables et relevant de la même majorité, s'agissant d'un deuxième vote (▪ Cass. 3e civ., 19 déc. 2007, n° 07-13.703 : *JurisData* n° 2007-042058 ; *Loyers et copr.* 2008, comm. 64, note G. Vigneron. – V. aussi ▪ Cass. 3e civ., 8 oct. 2008, n° 07-15.730 : *Rev. loyers* 2008, p. 570). De même il est possible de se prononcer par un vote unique sur la désignation du syndic et l'approbation de son contrat (▪ Cass. 3e civ., 12 sept. 2019, n° 18-18.880 : *JurisData* n° 2019-017815 ; *Loyers et copr.* 2019, n° 202, note A. Lebatteux ; *Administrer* janv. 2020, p. 56, obs. J.-R. Bouyeure ; *Inf. rap. copr.* nov. 2020, p. 61, obs. F. Bayard-Jammes) ;
- un vote unique concernant un ensemble de travaux indivisibles (▪ Cass. 3e civ., 9 mars 2023, n° 21-25.644 : *JurisData* n° 2023-005999 ; *Loyers et copr.* 2023, comm. 89, obs. A. Lebatteux ; *Administrer* avr. 2023, p. 34, obs. P. Déchelette-Tolot ; *Ann. loyers* 2023, p. 79, obs. J.-M. Roux. ▪ Cass. 3e civ., 9 févr. 2022, n° 21-10.408 : *Loyers et copr.* 2022, comm. 67, obs. A. Lebatteux ; *Administrer* avr. 2022, p. 47, obs. P. Déchelette-Tolot ; *Rev. loyers* 2022, p. 257. ▪ Cass. 3e civ., 9 juill. 2020, n° 19-18.623 : *JurisData* n° 2020-012828 ; *Administrer* mars 2021, p. 57, obs. J.-R. Bouyeure. ▪ CA Paris, pôle 4, 2e ch., 8 mars 2023, n° 19/05130 : *Administrer* mai 2023, p. 34, obs. P. Déchelette-Tolot. ▪ CA Paris, pôle 4, 2e ch., 23 nov. 2022, n° 18/28197 : *Administrer* févr. 2023, p. 47, obs. P. Déchelette-Tolot. – V. au contraire, pour des travaux ne présentant aucun lien de dépendance ou de connexité, ▪ CA Versailles, 19 sept. 2016, n° 14/1361 : *JurisData* n° 2016-019244 ; *Loyers et copr.* 2016, comm. 263, obs. G. Vigneron et C. Coutant-Lapalus) ;
- un vote unique interdisant la location des lots pour des activités génératrices de troubles et autorisant le syndic à agir en cas d'infraction : ▪ CA Paris, 23e ch. B, 10 nov. 2005 : *Loyers et copr.* 2006, comm. 361, obs. G. Vigneron) ;
- un vote unique sur la non-modification du règlement pour instituer un service de gardiennage et par voie de conséquence le non-remplacement de la gardienne et la restitution de la jouissance de la loge à son propriétaire (▪ CA Versailles, 7 déc. 2009 : *JurisData* n° 2009-235120 ; *Loyers et copr.* 2010, comm. 295, obs. G. Vigneron) ;
- un vote unique concernant la décision de procéder à des travaux, la désignation de l'architecte et la décision de souscrire une assurance dommages ouvrage, la fixation des honoraires du syndic et du calendrier des travaux (▪ Cass. 3e civ., 28 janv. 2021, n° 19-22.681 : *JurisData* n° 2021-002321 ; *Loyers et copr.* 2021, comm. 44, note A. Lebatteux ; *Administrer* mars 2021, p. 60, note J.-R. Bouyeure ; *Ann. loyers* 2021, p. 99, obs. J.-M. Roux ; *Rev. loyers* 2021, p. 249, note L. Guégan-Gélinet. – Confirmant ▪ CA Paris, pôle 4, ch. 2, 24 juill. 2019, n° 16/00501 : *Administrer* nov. 2019, p. 46, note J.-R. Bouyeure).

Le caractère indissociable de l'objet de plusieurs décisions ne résulte pas du seul fait que les questions ont été portées au même point de l'ordre du jour (▪ Cass. 3e civ., 14 mars 2001, n° 99-16.369. – V. aussi ▪ Cass. 3e civ., 8 oct. 2015, préc.).

Le recours au vote unique impose de démontrer le caractère indissociable des objets de la décision (▪ Cass. 3e civ., 11 juill. 2019, n° 18-16.904 : *JurisData* n° 2019-012517 ; *Loyers et copr.* 2019, n° 181, note C. Coutant-Lapalus ; *Administrer* oct. 2019, p. 57, obs. J.-R. Bouyeure ; *AJDI* 2020, p. 121, note N. Le Rudulier).

13) Sanction. Lorsque plusieurs questions font l'objet d'un vote unique, la décision prise est entachée de nullité. Éventuellement la nullité de l'assemblée est encourue, lorsque la décision prise conditionne sa validité (ainsi par exemple dans le cas de désignation par un vote unique du président et des scrutateurs).

Même dans le cas de violation d'une condition de validité que l'on peut considérer comme « substantielle », il y a bien « décision » au sens de l'article 42 de la loi du 10 juillet 1965 et la contestation doit être élevée dans le délai de 2 mois prévu par ce texte (V. pour la désignation du président et des membres du bureau par un vote unique, ▪ Cass. 3e civ., 13 févr. 2008, n° 07-12.988 : *JurisData* n° 2008-042768 ; *Loyers et copr.* 2008, comm. 87, note G. Vigneron ; *Administrer* mai 2008, p. 64, obs. J.-R. Bouyeure. ▪ Cass. 3e civ., 7 sept. 2011, n° 10-22.728 : *JurisData* n° 2011-018183 ; *Bull. civ.* III, n° 142 ; *Loyers et copr.* 2011, comm. 304, note G. Vigneron ; *Administrer* janv. 2012, p. 68, obs. J.-R. Bouyeure).

II – LE SYNDIC ORGANE D'EXÉCUTION DES DÉCISIONS DE L'ASSEMBLÉE

Bibliographie : G. Gil, *L'exécution des décisions d'assemblée générale : Administrer* oct. 2015, p. 26.

14) Exécution des décisions de l'assemblée. L'exécution des décisions de l'assemblée est confiée au syndic (sur ses pouvoirs et sa responsabilité en la matière, V. L. art. 18). Il est placé éventuellement sous le contrôle du conseil syndical (V. D. art. 26).

Il n'a pas en principe de pouvoir de décision, sauf en matière de travaux urgents (V. L. art. 18).

Une clause du règlement de copropriété ne pourrait priver par avance l'assemblée générale des pouvoirs de disposition et d'administration des parties communes au profit du syndic (▪ Cass. 3e civ., 11 févr. 2009, n° 07-21.318 : *JurisData* n° 2009-047096 ; *Bull. civ.* III, n° 35 ; *Loyers et copr.* 2009, comm. 101, obs. G. Vigneron ; *JCP* G 2009, IV, 1424 ; *Administrer* janv. 2010, p. 55, note P. Capoulade ; *Ann. loyers* 2009, p. 2559, obs. J.-M. Roux ; *Defrénois* 2010, art. 39010, p. 345, obs. C. Atias. – Confirmant ▪ CA Paris, 23e ch. B, 20 déc. 2007 : *AJDI* 2008, p. 218).

A – Désignation du syndic

15) Caractère obligatoire. La désignation d'un syndic est *obligatoire*, même si la copropriété ne comprend que deux personnes (▪ CA Montpellier, 13 oct. 1964 : *Gaz. Pal.* 1965, 1, p. 8. ▪ CA Paris, 4 mai 1968 : *Inf. rap. copr.* 1968, p. 108. ▪ CA Versailles, 2 juin 1980 : *Rev. loyers* 1981, p. 93).

Le syndic peut être désigné avant la première réunion de l'assemblée suivant la mise en copropriété (syndic provisoire) ou, pendant le cours de la vie de la copropriété, par l'assemblée générale ou à défaut judiciairement.

16) Syndic « provisoire ». Consacrée par la loi du 24 mars 2014, l'expression syndic « provisoire » fait référence au syndic désigné par le règlement de copropriété ou par « tout autre accord des parties » : par exemple par les associés d'une société d'attribution avant sa dissolution-partage, par des futurs copropriétaires avant que l'immeuble soit assujetti au statut de la copropriété (▪ Cass. 3e civ., 24 oct. 1972, n° 71-11.035 : *JurisData* n° 1972-000539 ; *Bull. civ.* III, n° 539 ; *Rev. loyers* 1973, p. 108. – E. Kischinewsky-Broquisse, *La copropriété des immeubles bâtis* Litec, 4e éd. 1989, n° 364).

Alors que, sous l'empire du texte ancien, la désignation du syndic provisoire devait être simplement soumise à la ratification de la toute première assemblée générale, la loi n° 2014-366 du 24 mars 2014 a souhaité introduire la possibilité de mettre en concurrence, dès le départ, différents candidats syndics. L'alinéa 2 de l'article 17 de la loi de 1965 énonce désormais que ce syndic ne peut être maintenu que par décision de l'assemblée générale, après mise en concurrence préalable de plusieurs contrats de syndics effectuée par le conseil syndical, s'il en existe un, ou les copropriétaires.

Comme par le passé, on peut estimer que cette décision de l'organe délibérant est impérative, sinon le syndic cesse de plein droit ses fonctions (▪ Cass. 3e civ., 7 mai 2018, n° 17-15.000 : *Administrer* juill. 2018, p. 44, obs. J.-R. Bouyeure.-V. déjà ▪ Cass. 3e civ., 8 janv. 1970, n° 68-14.208 : *Bull. civ.* III, n° 19 ; *JCP* G 1970, II, 16266. ▪ Cass. 3e civ., 24 oct. 1972, préc. ▪ Cass. 3e civ., 16 mai 1977, n° 76-11.544 : *Bull. civ.* III, n° 207 ; *Rev. loyers* 1978, p. 106, note Viatte. ▪ Cass. 3e civ., 29 janv. 1980, n° 78-13.768 : *JurisData* n° 1980-799024 ; *Bull. civ.* III, n° 24 ; *JCP* G 1980, IV, p. 144 ; *D.* 1980, IR p. 275, obs. Giverdon).

Il n'a plus alors de pouvoir à l'encontre des copropriétaires ou des tiers : il ne peut pas être considéré comme « syndic de fait » (V. D. art. 28 et comm.). Il n'a plus en particulier qualité pour recouvrer les charges de copropriété (▪ Cass. 3e civ., 16 janv. 1979 : *Administrer* juill. 1979, p. 29, note E.-J. Guillot. ▪ Cass. 3e civ., 29 janv. 1980, prec.).

La désignation du syndic « provisoire » ne peut être modifiée que par l'assemblée générale des copropriétaires réunie à cet effet. La clause figurant dans les actes de vente des lots de la copropriété en l'état futur d'achèvement, selon laquelle les acquéreurs mandatent le promoteur pour désigner un syndic professionnel provisoire est sans effet (▪ Cass. 3e civ., 27 mars 2013, n° 12-13.328 : *JurisData* n° 2013-005628 ; *Bull. civ.* III, n° 42 ; *Loyers et copr.* 2013, comm. 191, note G. Vigneron ; *Administrer* juin 2013, p. 57, obs. J.-R. Bouyeure ; *JCP* N 2013, n° 15, act. 466, obs. J.-M. Roux ; *Rev. loyers* 2013, p. 242, note M. Plaidy ; *Inf. rap. copr.* avr. 2014, p. 10, obs. M.-F. Ritschy ; *AJDI* 2014, p. 41, note D. Tomasin). Il en a été déduit en l'espèce que le procès-verbal de livraison des parties communes signé par la personne substituée au syndic provisoire était inopposable au syndicat.

Si l'assemblée a été réunie et qu'aucune décision n'est prise soit pour nommer un nouveau syndic, soit pour ratifier la désignation du syndic provisoire, on recourra à la procédure prévue par l'article 46 du décret (■ Cass. 3e civ., 8 janv. 1970, préc. ■ Cass. 3e civ., 16 janv. 1979 : *Gaz. Pal.* 1979, 1, somm. p. 221). À ce propos, la loi du 24 mars 2014 étend le droit de saisine du président du tribunal judiciaire au maire de la commune et au président de l'établissement public de coopération intercommunale compétent en matière d'habitat du lieu de situation de l'immeuble, à défaut de nomination d'un syndic (L. 1965, art. 17, al. 3, mod.).

Si l'assemblée n'a pas été réunie, c'est la procédure prévue par l'article 47 du décret qui recevra application (V. ces textes. – V. l'application de ces principes dans le cas où le syndic provisoire n'ayant pas été confirmé dans ses fonctions, la copropriété était administrée par un syndic de fait : ■ Cass. 3e civ., 27 avr. 1994, n° 92-12.332 : *Inf. rap. copr.* juin 1994, p. 27, obs. P. Capoulade).

Bibliographie : N. Figuière, *Le syndic provisoire : Inf. rap. copr.* mai 2014, p. 31. – J. Sroussi, *La responsabilité du syndic provisoire : Inf. rap. copr.* oct. 2022, p. 37.

17) Désignation par l'assemblée générale. Voir L. art. 25.

18) Défaut de nomination du syndic par l'assemblée. Le syndic est alors désigné par le président du tribunal judiciaire (L. art. 17, al. 3).

Voir : sur la procédure, D. 17 mars 1967, art. 46, p. 831.

19) Problèmes concernant la nomination du syndic. Diverses questions en relation avec le problème de la nomination du syndic sont évoquées sous d'autres articles :

– qui peut-être syndic ? (D. 17 mars 1967, art. 28, p. 782) ;

– absence de syndic (D. 17 mars 1967, art. 47, p. 833) ;

– carence du syndic (D. 17 mars 1967, art. 49, p. 841) ;

– empêchement du syndic (D., 17 mars 1967, art. 49, p. 841) ;

– désignation d'un mandataire *ad hoc* (D. 17 mars 1967, art. 56, p. 863).

B – Copropriété dépourvue de syndic

20) Convocation de l'assemblée par un copropriétaire (Loi du 6 août 2015). La loi n° 2015-990 du 6 août 2015, dite « loi Macron » a ajouté un quatrième alinéa à l'article 17. Ce texte, qui réserve le cas de « défaut de nomination du syndic par l'assemblée générale des copropriétaires convoquée à cet effet », prévu par l'alinéa 3 de l'article 17, s'applique « dans tous les autres cas où le syndicat est dépourvu de syndic ». (Sur les cas où le syndicat doit être considéré comme « dépourvu de syndic », V. D. n° 67-223, 17 mars 1967, art. 47, comm. n° 3, p. 835).

L'assemblée générale des copropriétaires peut alors être convoquée par tout copropriétaire, aux fins de nommer un syndic. La désignation du syndic doit constituer l'unique objet de cette assemblée (■ CA Colmar, 2e ch. civ., 12 nov. 2021, n° 18/02305 : *JurisData* n° 2021-019758).

À défaut d'une telle convocation, le président du tribunal judiciaire, peut, à la requête de « tout intéressé », rendre une ordonnance désignant un administrateur provisoire de la copropriété, qui est notamment chargé de convoquer l'assemblée des copropriétaires en vue de la désignation d'un syndic (Sur la procédure applicable, V. D. n° 67-223, 17 mars 1967, art. 47, p. 833).

Il a été jugé que l'acheteur d'un appartement dans une copropriété ne pouvait invoquer l'absence de syndic pour obtenir une réduction du prix sur le fondement de l'action estimatoire : l'absence de syndic ne constitue pas un vice de nature à rendre l'immeuble impropre à l'usage d'habitation, ni à en diminuer tellement cet usage que l'acheteur ne l'aurait acquis qu'à un prix moindre s'il l'avait connu (■ Cass 3e civ., 8 déc. 2016, nos 14-27.986 et 15-16.494, publié au bulletin : *JurisData* n° 2016-026301 ; *JCP* N 2017, n° 9, note Y. Dagorne-Labbé ; *JCP* N 2017, n° 22, note C. Coulon ; *AJDI* 2017, p. 377, note F. Cohet ; *Gaz. Pal.* 28 févr. 2017, p. 67, note N. Parmentier).

V. sur la question, V. Matet, *Vente en l'absence de syndic de copropriété, quel danger ? Quels remèdes ?* NOTA-BENE (Rev. Cridon Sud-ouest), févr. 2018, 933.

L'article 17 alinéa 4 permettant, dans certains cas, la convocation de l'assemblée par un copropriétaire lorsque « le syndicat est « dépourvu de syndic » ne peut être utilisé lorsqu'il existe un syndic en place, même si sa situation est précaire au regard du risque de « nullité en cascade » de l'assemblée qui l'a nommé (■ Cass. 3e civ., 8 avr. 2021, n° 20-15.306 : *JurisData* n° 2021-005516 ; *Loyers et copr.* 2021, comm. 100, note A. Lebatteux).

Art. 17-1 AA *(Aj. à compter du 1er juin 2020, Ord. n° 2019-1101, 30 oct. 2019).* **– Tout copropriétaire peut solliciter du syndic la convocation et la tenue, à ses frais, d'une assemblée générale pour faire inscrire à l'ordre du jour une ou plusieurs questions ne concernant que ses droits ou obligations.**

NB : Ces dispositions s'appliquent aux assemblées générales de copropriétaires tenues à compter du 31 décembre 2020 *(D. n° 2020-834, 2 juill. 2020, art. 53, V).*

Bibliographie : J. Lafond, *Les assemblées de copropriétaires à la demande : commentaires et formules* : *Loyers et copr.*, sept. 2020, formule 7.

Sur les textes complémentaires V. D. 17 mars 1967, art. 8-1 et 10, al. 2.

1) Objet. Ce texte, créé par l'ordonnance du 30 octobre 2019, applicable à compter du 1er juin 2020, permet à tout copropriétaire de demander au syndic la convocation et la tenue à ses frais d'une assemblée générale, pour faire statuer sur une ou plusieurs questions qui ne concernent que « ses droits ou obligations », c'est-à-dire en fait ses intérêts personnels.

2) Intérêt. Dans l'état antérieur de la législation, le copropriétaire qui se trouvait dans l'obligation de saisir l'assemblée pour faire statuer sur une demande urgente était en fait contraint d'attendre l'assemblée générale annuelle pour obtenir une décision. Dorénavant, il pourra le faire à tout moment, à la condition de supporter les frais de convocation et de tenue de l'assemblée (la notion de « frais » couvrant à notre avis non seulement les « frais » proprement dits, mais également les honoraires du syndic).

L'inconvénient de ce texte est que le syndic peut se trouver confronté à des demandes abusives, ou incongrues (il exercera à cette occasion son devoir de conseil). Mais le fait que l'assemblée se tienne aux frais du demandeur est de nature à freiner ce genre de demande… (sur les conditions d'application de ce texte, V. D. 17 mars 1967, art. 8-1 et 10, al. 2).

Art. 17-1 A *(Aj. à compter du 1er juin 2020, Ord. n° 2019-1101, 30 oct. 2019).* **– Les copropriétaires peuvent participer à l'assemblée générale par présence physique, par visioconférence ou par tout autre moyen de communication électronique permettant leur identification.**

Les copropriétaires peuvent, par ailleurs, voter par correspondance avant la tenue de l'assemblée générale, au moyen d'un formulaire établi conformément à un modèle fixé par arrêté. Si la résolution objet du vote par correspondance est amendée en cours d'assemblée générale, le votant par correspondance ayant voté favorablement est assimilé à un copropriétaire défaillant pour cette résolution.

Les conditions d'identification des copropriétaires usant de moyens de communication électronique pour participer à l'assemblée générale et les modalités de remise au syndic du formulaire de vote par correspondance sont définies par décret en Conseil d'État.

Sur les textes complémentaires :
- sur la visioconférence ou les autres moyens électroniques, V. D. 17 mars 1967, art. 13-1, 13-2 et 14 ;
- sur le vote par correspondance, V. D. 17 mars 1967, art. 9, al. 2, 9 *bis*, 14. - V. Annexe 65, « Vote par correspondance », p. 1609.

Rédaction antérieure. Art. 17-1 A *(L. n° 2018-1021, 23 nov. 2018).* **–** Les copropriétaires peuvent participer à l'assemblée générale par présence physique, par visioconférence ou par tout autre moyen de communication électronique permettant leur identification.

Les copropriétaires peuvent, par ailleurs, voter par correspondance avant la tenue de l'assemblée générale, au moyen d'un formulaire. Les formulaires ne donnant aucun sens précis de vote ou exprimant une abstention sont considérés comme des votes défavorables. Sont également considérés comme défavorables les votes par correspondance portant sur des résolutions qui, à l'issue des débats en assemblée générale, ont évolué de manière substantielle.

Les conditions d'identification des copropriétaires usant de moyens de communication électronique pour participer à l'assemblée générale, les mentions du formulaire de vote par correspondance et ses modalités de remise au syndic sont définies par décret en Conseil d'État.

Bibliographie : P. Baudouin, *Les difficultés relatives au vote par correspondance* : *Administrer* juin 2023, p. 22. • J.-R. Bouyeure, *Le vote par correspondance : une dénaturation de la notion d'assemblée générale ?* : *Administrer* mars 2020, p. 11. • D. Rodrigues, *La visioconférence en copropriété* : *Inf. rap. copr.* juill.-août 2024, p. 11.

I – PARTICIPATION À L'ASSEMBLÉE PAR VISIOCONFÉRENCE OU TOUT AUTRE MOYEN DE COMMUNICATION ÉLECTRONIQUE

1) Réglementations successives. L'alinéa premier de l'article 17-1 A, issu de la loi Élan ouvrait la possibilité de participer à l'assemblée générale par visioconférence ou, ajoutait le texte, « par tout autre moyen de communication électronique permettant leur identification ». Cette disposition a été reprise à l'identique par l'ordonnance du 30 octobre 2019 qui a modifié par ailleurs l'article 17-1 A, applicable sur ce point à compter du 1er juillet 2020.

L'alinéa 3 de ce même article renvoyait à un décret le soin de définir les conditions d'identification des copropriétaires qui usent de moyens électroniques pour participer à l'assemblée générale (V. ci-dessous n° 2). Le décret n° 2019-652 du 27 juin 2019 a introduit à cette fin deux nouveaux articles dans le décret du 17 mars 1967 : les articles 13-1 et 13-2 (V. ces textes).

L'objectif poursuivi est clair : il s'agit de lutter contre l'absentéisme aux assemblées, en permettant à des copropriétaires légitimement empêchés ou non résidents d'y participer de façon active comme s'ils y étaient présents. Cette technique est déjà utilisée dans les sociétés commerciales. Elle n'apparaît *a priori* envisageable que pour des copropriétés de dimension modeste et peut présenter à l'usage des inconvénients divers (par exemple en cas d'incident technique qui empêche de poursuivre l'assemblée...). D'autre part des précautions doivent être prises pour que la participation des copropriétaires « extérieurs » puisse être effective, ce qui implique des garanties techniques.

2) Règlementation en vigueur. La réglementation en vigueur découle du décret n° 2019-652 du 27 juin 2019, qui a introduit à cette fin deux nouveaux articles dans le décret du 17 mars 1967 : les articles 13-1 et 13-2 (V. ces textes).

Elle est applicable à compter du 1er juin 2020.

II – VOTE PAR CORRESPONDANCE

Bibliographie : P. Batttistini, *Les copropriétaires vont pouvoir voter par correspondance : LPA* 31 mars 2021, p. 6. – C. Coutant-Lapalus, *Le vote par correspondance en assemblée générale : Loyers et copr.*, oct. 2020, focus 56. – D. Rodrigues, *Le syndic, le conseil syndical et le vote par correspondance : AJDI* 2021, p. 321.

3) Modifications législatives successives. L'alinéa 2 de l'article 17-1 A, issu de la loi Élan du 21 novembre 2018, a autorisé le vote par correspondance. Cette disposition a également été reprise par l'ordonnance du 30 octobre 2019, qui a modifié l'article 17-1 A (V. sur le sujet, J.-R. Bouyeure, *Le vote par correspondance : une dénaturation de la notion d'assemblée générale ? : Administrer* mars 2020, p. 11). Le texte comporte plusieurs précisions :

– le vote ne peut intervenir qu'avant la tenue de l'assemblée ;

– il s'opère par le moyen d'un formulaire. L'ordonnance du 30 octobre 2019 a indiqué que le modèle de formulaire serait fixé par arrêté. Cet arrêté est intervenu le 2 juillet 2020 (*JOAN* 3 juill., texte n° 5) ;

– dans la rédaction première de ce texte il était indiqué que les formulaires ne donnant aucune indication précise de vote ou exprimant une abstention seraient considérés comme des votes défavorables. On a observé à ce propos que ce dispositif posait un problème puisque l'abstention n'avait pas le même effet si elle se manifestait au cours de l'assemblée générale (elle équivalait alors à un vote neutre), ou dans le cadre d'un vote par correspondance (elle était alors considérée comme un vote « contre »). L'objection a été prise en compte : l'ordonnance du 30 octobre 2019 a supprimé cette indication dans la nouvelle rédaction du texte ;

– dans la rédaction première de ce texte, il était précisé que seraient également considérés comme défavorables les votes par correspondance portant sur des résolutions qui, à l'issue des débats en assemblée générale, auraient évolué de manière substantielle. La réserve était justifiée : le copropriétaire qui a donné son accord sur le vu d'un projet de résolution déterminé peut ne plus être d'accord si la résolution est finalement amendée, à la suite par exemple d'un « incident de séance ». Encore fallait-il que la modification intervenue soit « substantielle », ce qui devrait être apprécié au cas par cas, appréciation qui est susceptible de déboucher sur un contentieux... (sur les diverses objections auxquelles peut donner lieu le vote par correspondance, V. le site de l'ARC).

L'ordonnance du 30 octobre 2019, a simplifié les choses en indiquant que « Si la résolution objet du vote par correspondance est amendée en cours d'assemblée générale, le votant par correspondance ayant voté favorablement est assimilé à un copropriétaire défaillant pour cette résolution ».

4) Décret d'application. Les modalités de remise au syndic du formulaire de vote par correspondance ont été définies tardivement par le décret n° 2020-834 du 2 juillet 2020 (alors que la loi devait entrer en vigueur le 1er juin 2020), dont les dispositions ont été codifiées aux articles 9, alinéa 2, 9 *bis* et 14 du décret du 17 mars 1967 (V. ces textes). De ce fait le vote par correspondance n'est devenu applicable qu'à compter du 4 juillet 2020, date d'entrée en vigueur du décret du 2 juillet 2020.

Voir également : la préconisation du GRECCO concernant le vote par correspondance Annexe 65 « Vote par correspondance », p. 1609.

Art. 17-1. – ***(Anc. dernier al. de l'art. 17 transféré et rempl., L. n° 2000-1208, 13 déc. 2000)*** **Dans le cas où l'administration de la copropriété est confiée à un syndicat coopératif, la constitution d'un conseil syndical est obligatoire et le syndic est élu par les membres de ce conseil et choisi parmi ceux-ci. Il exerce de plein droit les fonctions de président du conseil syndical. En outre, le conseil syndical peut élire, dans les mêmes conditions, un vice-président qui supplée le syndic en cas d'empêchement de celui-ci.**

Le président et le vice-président sont l'un et l'autre révocables dans les mêmes conditions. L'assemblée générale désigne une ou plusieurs personnes physiques ou morales qui peuvent être des copropriétaires ou des personnes extérieures qualifiées pour assurer le contrôle des comptes du syndicat.

L'adoption ou l'abandon de la forme coopérative du syndicat est décidé à la majorité de l'article 25 et le cas échéant de l'article 25-1.

Loi n° 2006-872 du 13 juillet 2006

portant engagement national pour le logement

Art. 93. – I. – Les syndicats coopératifs, les syndicats gérés par un copropriétaire syndic non professionnel et les associations syndicales libres peuvent, même si les immeubles ne sont pas contigus ou voisins, constituer entre eux des unions coopératives ayant pour objet de créer et de gérer des services destinés à faciliter leur gestion.

II. – Ces unions coopératives peuvent être propriétaires des biens nécessaires à leur objet. Les adhérents sont représentés à l'assemblée générale de l'union coopérative par leurs présidents ou syndics. L'assemblée générale élit, parmi les représentants des syndicats ou associations syndicales libres adhérents, les membres du conseil d'administration de l'union. Leur mandat ne peut excéder trois ans renouvelables. Il ne donne pas lieu à rémunération.

III. – Chaque syndicat ou association syndicale libre décide parmi les services proposés par une union coopérative ceux dont il veut bénéficier. Les unions coopératives ne sont pas soumises aux dispositions de la section 8 du décret n° 67-223 du 17 mars 1967 pris pour l'application de la loi n° 65-557 du 10 juillet 1965 fixant le statut de la copropriété des immeubles bâtis.

Bibliographie : A. Laux, *Gestion coopérative et union de services : Inf. rap. copr.* mai 2015, p. 19. • S. Laporte-Leconte, *L'entre soi et le mouvement coopératif en copropriété : AJDI* 2015, p. 257. • Th. Poulichot, *La notion de coopération dans le cadre du statut de la copropriété : Inf. rap. copr.* juill.-août 2014, p. 27. • P. Lebatteux, *Syndicats coopératifs, scission de copropriété et union de syndicats : Loyers et copr.* n° hors-série, mai 2001, p. 16. • N. Dassonville, *Copropriété, les atouts de la gestion directe : Int. privés* oct. 2007, p. 26 ; *Syndicat coopératif : reprenez votre immeuble en main : Le Particulier immobilier* févr. 2009, p. 24.

NB : La Fédération des syndicats coopératifs de copropriété (FSCC : 20 *ter* rue de Bezons – 92400 Courbevoie) édite une « lettre » mensuelle.

1) Syndicats constitués sous la forme coopérative. Ce texte, introduit par la loi du 13 décembre 2000 (dite « loi SRU ») a pour objet de faciliter la constitution de syndicat coopératif. La possibilité pour le syndicat de revêtir la forme coopérative est par ailleurs admise par l'article 14, alinéa 2 de la loi.

I – CONSTITUTION DU SYNDICAT SOUS LA FORME COOPÉRATIVE

2) Constitution. L'adoption de la forme coopérative est décidée à la majorité de l'article 25, et le cas échéant de l'article 25-1 (art. 17-1, al. 3).

3) Abandon de la forme coopérative. Cet abandon est décidé à la majorité de l'article 25, et le cas échéant de l'article 25-1 (art. 17-1, al. 3).

Voir : D. 17 mars 1967, art. 40 à 42-2, p. 824.

II – PARTICULARITÉS DE FONCTIONNEMENT

4) Caractère obligatoire du conseil syndical. Lorsque le syndicat a la forme coopérative, la constitution d'un conseil syndical est obligatoire. Le conseil syndical élit le syndic (V. *infra*) qui sera également son président. Il peut également élire en son sein un vice-président qui suppléera le syndic en cas d'empêchement de celui-ci.

Le délai de recours à l'encontre des élections internes au conseil syndical d'un syndicat coopératif est celui de l'article 42, alinéa 2 de la loi du 10 juillet 1965 (▪ Cass. 3e civ., 13 janv. 2009, n° 07-11.935 : *Rev. Administrer* avr. 2009, p. 55, obs. J.-R. Bouyeure).

5) Syndic. Le syndic est élu par le conseil syndical, et choisi parmi ses membres. Il exerce de plein droit les fonctions de président de conseil syndical. Il peut être, le cas échéant, suppléé par le vice-président, si le conseil syndical en a élu un. Le mandat de syndic étant lié à celui de membre du conseil syndical, le syndic perd tout pouvoir à partir du moment où il n'a plus la qualité de membre de ce conseil (▪ CA Aix-en-Provence, 4e ch., 26 déc. 2001 : *JCP* G 2002, IV, 2175). De même le mandat du syndic devient caduc si la désignation du conseil syndical est invalidée (▪ Cass. 3e civ., 26 avr. 2006 : *Bull. civ.* III, n° 104 ; *JurisData* n° 2006-033200 ; *Loyers et copr.* 2006, comm. 159, obs. G. Vigneron ; *AJDI* 2007, p. 208, note P. Capoulade ; *Inf. rap. copr.* mai 2007, p. 11, obs. Ritschy).

Ainsi, l'annulation de la désignation des membres du conseil syndical par une décision de justice devenue définitive entraîne rétroactivement l'annulation de la désignation du syndic qui devient sans qualité pour représenter le syndicat en justice (▪ Cass. 3e civ., 13 janv. 2009, n° 05-12.741 : *Rev. Administrer* avr. 2009, p. 52, obs. J.-R. Bouyeure ; *Ann. loyers* 2009, p. 2559, obs. J.-M. Roux ; *AJDI* 2009, p. 549, note P. Capoulade).

Il a été jugé que l'article 17-1 n'exigeait pas de votes séparés pour élire les membres du bureau et le président-syndic (■ CA Paris, 23e ch., 9 avr. 2009 : *JurisData* n° 2009-377571).

Le président de conseil syndical, qui est donc également syndic, et le vice-président peuvent être révoqués à la même majorité que celle nécessaire pour leur élection (art. 17-1, al. 1).

6) Contrôle des comptes. L'assemblée générale désigne une ou plusieurs personnes physiques ou morales pour assurer le contrôle des comptes du syndicat. Cette obligation est impérative. Ces contrôleurs peuvent être « des copropriétaires ou des personnes extérieures qualifiées », précise le texte.

III – CRÉATION D'UNIONS COOPÉRATIVES

7) Champ d'application et objet de l'union. En vertu de l'article 93 de la loi du 13 juillet 2006 (V. ce texte *supra*) les syndicats coopératifs peuvent, même si les immeubles ne sont pas contigus ou voisins, constituer des unions coopératives avec des syndicats gérés par un copropriétaire syndic non professionnel, ou avec des associations syndicales libres.

Ces unions coopératives ont pour objet de créer et de gérer des services destinés à faciliter leur gestion (L. 13 juill. 2006, art. 93, I). Chaque syndicat ou association syndicale libre décide parmi les services proposés par une union coopérative ceux dont il veut bénéficier (L. 13 juill. 2006, art. 93, III).

8) Fonctionnement de l'union. Les unions coopératives peuvent être propriétaires des biens nécessaires à leur objet.

Elles comprennent :

– un organe délibérant : l'assemblée générale de l'union, dans laquelle les adhérents sont représentés par leurs présidents ou leur syndic ;

– un conseil d'administration, dont les membres sont élus par l'assemblée parmi les représentants des syndicats ou associations syndicales libres adhérents. Le mandat des membres du conseil ne peut excéder trois ans renouvelables. Il ne donne pas lieu à rémunération (L. 13 juill. 2006, art. 93, II).

Les dispositions de la section 8 du décret du 17 mars 1967 (art. 63 à 63-4), concernant les unions de syndicats de copropriétaires, ne sont pas applicables aux unions coopératives (L. 13 juill. 2006, art. 93, III).

Art. 17-1-1 *(Abr. à compter du 1er juin 2020, Ord. n° 2019-1101, 30 oct. 2019).*

Rédaction antérieure. Art. 17-1-1 *(L. n° 2014-366, 24 mars 2014).* **–** Lorsque le syndicat de copropriétaires comporte moins de dix lots à usage de logements, de bureaux ou de commerces et que son budget prévisionnel moyen sur une période de trois exercices consécutifs est inférieur à 15 000 €, le syndicat peut bénéficier des dérogations suivantes aux articles 17-1 et 26 :

A. - La modification du règlement de copropriété en vue de prévoir la possibilité d'adopter la forme coopérative est approuvée à la majorité de l'article 25 et le cas échéant, à la majorité de l'article 25-1.

B. - Lorsque l'assemblée générale de ce syndicat a décidé d'adopter la forme coopérative, elle peut également décider, par une délibération spéciale, à la majorité de l'article 25, de ne pas constituer de conseil syndical et de procéder directement à la désignation du syndic parmi ses membres.

Dans ce cas, et par dérogation à l'article 17-1 :

1° La désignation du syndic se fait par vote séparé à la majorité de l'article 25. L'assemblée générale peut également désigner un copropriétaire pour suppléer le syndic en cas d'empêchement de celui-ci. Le syndic et son suppléant sont l'un et l'autre révocables dans les mêmes conditions. L'assemblée générale désigne une ou plusieurs personnes physiques ou morales, qui peuvent être des copropriétaires ou des personnes extérieures qualifiées, pour assurer le contrôle des comptes du syndicat ;

2° En cas d'empêchement du syndic ou de défaillance de celui-ci mettant en péril la conservation de l'immeuble, la santé ou la sécurité des occupants, chaque copropriétaire peut prendre l'initiative de convoquer une assemblée générale extraordinaire pour désigner un nouveau syndic ou prendre les décisions nécessaires à la conservation de l'immeuble, de la santé ou de la sécurité de ses occupants.

Bibliographie : J.-M. Roux, *Fonctionnement des copropriétés : Loyers et copr.* 2014, étude 3, nos 32 à 35.

1) Adoption de la forme coopérative par des copropriétés de petite taille. L'article 17-1-1 a pour objet de permettre l'adoption de la forme coopérative par des copropriétés de petite taille. Pour que ce texte soit applicable, deux conditions doivent être cumulativement remplies :

- le syndicat doit comporter moins de dix lots, à usage de logements, de bureaux, ou de commerces ;
- son budget prévisionnel moyen sur une période de trois exercices consécutifs doit être inférieur à 15 000 euros.

L'adoption de la forme coopérative se fait alors selon des modalités dérogatoires aux articles 17-1 de la loi du 10 juillet 1965 (V. ce texte ci-dessus) et à l'article 26 de cette même loi.

I – MODIFICATION DU RÈGLEMENT DE COPROPRIÉTÉ

2) Majorité allégée. Si les conditions ci-dessus évoquées sont remplies, la modification du règlement de copropriété en vue de prévoir l'adoption de la forme coopérative est approuvée par l'assemblée à la majorité de l'article 25 de la loi du 10 juillet 1965 (V. ce texte) et, le cas échéant, à la majorité de l'article 25-1 (V. ce texte).

II – DÉCISION DE NE PAS CONSTITUER DE CONSEIL SYNDICAL ET DE DÉSIGNER UN SYNDIC PARMI LES MEMBRES DU SYNDICAT

3) **Délibération spéciale.** Lorsque, dans le cas prévu à l'article 17-1-1, l'assemblée des copropriétaires décide d'adopter la forme coopérative, elle peut également décider par une délibération spéciale, à la majorité de l'article 25 :

- de ne pas constituer de conseil syndical ;
- de procéder directement à la désignation du syndic parmi ses membres.

En pareil cas, l'article 17-1-1, B, prévoit des règles dérogatoires en ce qui concerne la désignation, la révocation et le contrôle du syndic (n° 4) et le cas d'empêchement ou de défaillance du syndic (n° 5).

4) **Statut spécial du syndic.** Le syndic, qui sera donc désigné parmi les membres du syndicat, obéit alors à un statut spécial, dérogatoire aux règles posées par l'article 17-1 de la loi du 10 juillet 1965 :

- sa désignation se fait par vote séparé (distinct de la décision de principe prise en vertu de l'article 17-1-1, B, al. 1 : V. annot. n° 3, p. 284), à la majorité de l'article 25 de la loi du 10 juillet 1965 ;
- l'assemblée peut désigner un copropriétaire pour suppléer le syndic en cas d'empêchement celui-ci.

Le syndic et son suppléant sont l'un et l'autre révocables dans les mêmes conditions ;

- en cas d'empêchement du syndic ou de défaillance de celui-ci, et si, de ce fait, la conservation de l'immeuble, la santé ou la sécurité des occupants sont mis en péril, chaque copropriétaire peut prendre l'initiative de convoquer une assemblée générale extraordinaire afin de désigner un nouveau syndic ou de prendre les décisions nécessaires à la conservation de l'immeuble, de la santé ou de la sécurité de ses occupants.

Art. 17-2 *(L. n° 2014-366, 24 mars 2014 ; mod. à compter du 1er juin 2020, Ord. n° 2019-1101, 30 oct. 2019)*. **– Seul un copropriétaire d'un ou plusieurs lots dans la copropriété qu'il est amené à gérer peut être syndic non professionnel.**

Si cette condition disparaît, le mandat devient caduc à l'expiration d'un délai de trois mois suivant l'événement. Durant ce délai, le syndic convoque une assemblée générale et inscrit à l'ordre du jour la question de la désignation d'un nouveau syndic.

> **Rédaction antérieure.** Art. 17-2 *(L. n° 2014-366, 24 mars 2014 ; en vigueur jusqu'au 31 mai 2020)*. – Tout syndic non professionnel, bénévole ou coopératif, doit être copropriétaire d'un ou plusieurs lots ou fractions de lots dans la copropriété qu'il est amené à gérer.

1) **Syndic non professionnel.** La rédaction de l'article 17-2 a été modifiée par l'ordonnance n° 2019-1001 du 30 octobre 2019, : mais le principe est le même. La fonction de syndic non professionnel ne peut ête exercée que par une personne propriétaire d'un ou plusieurs lots ou fractions de lots dans la copropriété qu'elle est amenée à gérer.

2) **Perte de la qualité de copropriétaire.** Si le syndic ainsi désigné perd sa qualité de copropriétaire, son mandat devient caduc à l'expiration d'un délai de 3 mois suivant l'événement qui est à l'origine de cette perte de qualité (par exemple une mutation à titre onéreux ou gratuit de son lot).

Si un tel événement survient, le syndic doit pendant ce délai de 3 mois convoquer une assemblée générale en inscrivant à l'ordre du jour la question de la désignation d'un nouveau syndic.

Art. 18 *(L. n° 94-624, 21 juill. 1994 ; L. n° 2000-1208, 13 déc. 2000 ; L. n° 2007-309, 5 mars 2007 ; L. n° 2010-788, 12 juill. 2010 ; L. n° 2014-366, 24 mars 2014 ; Ord. n° 2015-1324, 22 oct. 2015 ; L. n° 2018-1021, 23 nov. 2018 ; Ord. n° 2019-1101, 30 oct. 2019 ; L. n° 2021-1104, 22 août 2021 ; à compter du 1er janvier 2022, L. n° 2021-1104, 22 août 2021 ; L. n° 2024-322, 9 avr. 2024)*. **– I. – Indépendamment des pouvoirs qui lui sont conférés par d'autres dispositions de la présente loi ou par une délibération spéciale de l'assemblée générale, le syndic est chargé, dans les conditions qui seront éventuellement définies par le décret prévu à l'article 47 ci-dessous :**

– d'assurer l'exécution des dispositions du règlement de copropriété et des délibérations de l'assemblée générale ;

– d'administrer l'immeuble, de pourvoir à sa conservation, à sa garde et à son entretien et, en cas d'urgence, de faire procéder de sa propre initiative à l'exécution de tous travaux nécessaires à la sauvegarde de celui-ci ;

– de soumettre au vote de l'assemblée générale, à la majorité de l'article 24, la décision de souscrire un contrat d'assurance contre les risques de responsabilité civile dont le syndicat doit répondre. En cas de refus de l'assemblée générale, l'assurance peut être contractée par le syndic pour le compte du syndicat des copropriétaires, en application de l'article L. 112-1 du Code des assurances ;

– de représenter le syndicat dans tous les actes civils et en justice dans les cas mentionnés aux articles 15 et 16 de la présente loi, ainsi que pour la publication de l'état descriptif de division et du règlement de copropriété ou des modifications apportées à ces actes, sans que soit nécessaire l'intervention de chaque copropriétaire à l'acte ou à la réquisition de publication ;

– d'assurer la conservation des archives relatives au syndicat des copropriétaires. La décision de confier les archives du syndicat des copropriétaires à une entreprise spécialisée aux frais dudit syndicat est prise à la majorité des voix de tous les copropriétaires. Une telle décision ne peut donner lieu à aucune rémunération complémentaire au profit du syndic ;

– d'établir et de tenir à jour et à disposition des copropriétaires un carnet d'entretien de l'immeuble conformément à un contenu défini par décret ;

– de réaliser les démarches prévues aux articles L. 711-1 à L. 711-6 du Code de la construction et de l'habitation relatifs à l'immatriculation du syndicat de copropriétaires, sous peine de l'astreinte prévue au même article L. 711-6 ;

– d'assurer l'information des occupants de chaque immeuble de la copropriété des décisions prises par l'assemblée générale, selon des modalités définies par décret ;

– de proposer, lorsque le syndic est un syndic professionnel, un accès en ligne sécurisé aux documents dématérialisés relatifs à la gestion de l'immeuble ou des lots gérés, sauf décision contraire de l'assemblée générale prise à la majorité de l'article 25 de la présente loi. Cet accès est différencié selon la nature des documents mis à la disposition des membres du syndicat de copropriétaires ou de ceux du conseil syndical. Un décret précise la liste minimale des documents devant être accessibles en ligne dans un espace sécurisé ;

– d'informer les copropriétaires et les occupants de la copropriété qu'un immeuble fait l'objet d'une procédure relevant de l'exercice de la police de la sécurité et de la salubrité des immeubles, locaux et installations prévue au titre Ier du livre V du Code de la construction et de l'habitation.

II. – Le syndic assure la gestion comptable et financière du syndicat et, à ce titre, est chargé :

– d'établir le budget prévisionnel en concertation avec le conseil syndical, les comptes du syndicat et leurs annexes, de les soumettre au vote de l'assemblée générale et de tenir pour chaque syndicat une comptabilité séparée qui fait apparaître la position de chaque copropriétaire à l'égard du syndicat ;

– d'ouvrir, dans l'établissement bancaire qu'il choisit, un compte séparé au nom du syndicat, sur lequel sont versées sans délai toutes les sommes ou valeurs reçues au nom ou pour le compte du syndicat. L'assemblée générale peut décider, à la majorité de l'article 25, que ce compte est ouvert dans un autre établissement bancaire de son choix. Ce compte bancaire ne peut faire l'objet ni d'une convention de fusion, ni d'une compensation avec tout autre compte. Les éventuels intérêts produits par ce compte sont définitivement acquis au syndicat. La méconnaissance par le syndic de ces obligations emporte la nullité de plein droit de son mandat à l'expiration du délai de trois mois suivant sa désignation. Toutefois, les actes qu'il a passés avec des tiers de bonne foi demeurent valables. Le syndic met à disposition du conseil syndical une copie des relevés périodiques du compte, dès réception de ceux-ci ;

– *(Al. mod. à compter du 1er janvier 2023, L. n° 2021-1104, 22 août 2021)* d'ouvrir, dans l'établissement bancaire qu'il a choisi ou que l'assemblée générale a choisi pour le compte mentionné au troisième alinéa du présent II, un compte séparé rémunéré au nom du syndicat, sur lequel sont versées sans délai les cotisations au fonds de travaux prévu à l'article 14-2-1. Ce compte bancaire ne peut faire l'objet d'aucune convention de fusion, ni d'une compensation avec tout autre compte. Les virements en provenance du compte mentionné au troisième alinéa du présent II sont autorisés. Les intérêts produits par ce compte sont définitivement acquis au syndicat. La méconnaissance par le syndic de ces obligations emporte la nullité de plein droit de son mandat à l'expiration du délai de trois mois suivant sa désignation. Toutefois, les actes qu'il a passés avec des tiers de bonne foi demeurent valables. Le syndic met à disposition du conseil syndical une copie des relevés périodiques du compte, dès réception de ceux-ci.

À l'exception du syndic provisoire et de l'administrateur provisoire désigné en application des articles 29-1 et 29-11, le syndic de copropriété ne peut avancer de fonds au syndicat de copropriétaires.

III. – Le syndic est également chargé :

– de notifier sans délai au représentant de l'État dans le département et aux copropriétaires l'information selon laquelle les deux tiers des copropriétaires, représentant au moins deux tiers des quotes-parts de parties communes, ont exercé leur droit de délaissement dans les conditions prévues par l'article L. 515-16-3 du Code de l'environnement. La notification aux copropriétaires mentionne expressément les dispositions du IV de cet article ;

– lorsqu'un réseau de communications électroniques interne à l'immeuble distribue des services de télévision et si l'installation permet l'accès aux services nationaux en clair de télévision par voie hertzienne terrestre en mode numérique, d'informer de manière claire et visible les copropriétaires de cette possibilité et de fournir les coordonnées du distributeur de services auquel le copropriétaire doit s'adresser pour bénéficier du « service antenne » numérique, tel que prévu au deuxième alinéa de l'article 34-1 de la loi n° 86-1067 du 30 septembre 1986 relative à la liberté de communication ;

– *(Al. mod. à compter du 1er janvier 2023, L. n° 2021-1104, 22 août 2021)* d'informer les copropriétaires des règles locales en matière de tri des déchets et de l'adresse, des horaires et des modalités d'accès des déchetteries dont dépend la copropriété. Cette information est affichée de manière visible dans les espaces affectés à la dépose des ordures ménagères par les occupants de la copropriété et transmise au moins une fois par an à ces occupants ainsi qu'aux copropriétaires ;

– sur les territoires dont les rejets d'eaux usées et pluviales ont une incidence sur la qualité de l'eau pour les épreuves olympiques de nage libre et de triathlon en Seine, de faire réaliser le contrôle des raccordements de l'immeuble au réseau public de collecte des eaux usées mentionné au II de l'article L. 2224-8 du Code général des collectivités territoriales et de tenir à la disposition des copropriétaires qui en font la demande le document établi à l'issue de ce contrôle.

IV. – Seul responsable de sa gestion, il ne peut se faire substituer. L'assemblée générale peut seule autoriser, à la majorité prévue par l'article 25, une délégation de pouvoir à une fin déterminée.

V. – En cas d'empêchement du syndic, pour quelque cause que ce soit, le président du conseil syndical peut convoquer une assemblée générale appelée à désigner un nouveau syndic. En cas de carence du syndic et à défaut de stipulation du règlement de copropriété, un administrateur *ad hoc* peut être désigné par décision de justice.

VI. – Le contrat de syndic est conclu pour une durée déterminée. Il est approuvé par une décision expresse de l'assemblée générale.

VII. – Lorsqu'une partie ne souhaite pas conclure un nouveau contrat de syndic avec le même cocontractant, il peut y être mis fin sans indemnité, dans les conditions suivantes.

Les questions de la désignation d'un nouveau syndic ainsi que de la fixation d'une date anticipée de fin de contrat sont portées à l'ordre du jour d'une assemblée générale tenue dans les trois mois précédant le terme du contrat. Lorsque l'initiative émane du syndic, celui-ci informe le conseil syndical de son intention de ne pas conclure un nouveau contrat au plus tard trois mois avant la tenue de cette assemblée générale.

L'assemblée générale désigne un nouveau syndic et fixe les dates de fin du contrat en cours et de prise d'effet du nouveau contrat, qui interviennent au plus tôt un jour franc après la tenue de cette assemblée.

VIII. – Le contrat de syndic peut être résilié par une partie en cas d'inexécution suffisamment grave de l'autre partie.

Lorsque le syndic est à l'initiative de la résiliation du contrat, il notifie sa volonté de résiliation au président du conseil syndical, ou à défaut de conseil syndical, à l'ensemble des copropriétaires, en précisant la ou les inexécutions reprochées au syndicat des copropriétaires.

Dans un délai qui ne peut être inférieur à deux mois à compter de cette notification, le syndic convoque une assemblée générale et inscrit à l'ordre du jour la question de la désignation d'un nouveau syndic. La résiliation du contrat prend effet au plus tôt un jour franc après la tenue de l'assemblée générale.

Lorsqu'au cours de cette assemblée générale le syndicat des copropriétaires désigne un nouveau syndic, il fixe la date de prise d'effet du contrat.

Lorsque le conseil syndical est à l'initiative de la résiliation du contrat, il notifie au syndic une demande motivée d'inscription de cette question à l'ordre du jour de la prochaine assemblée générale, en précisant la ou les inexécutions qui lui sont reprochées.

Le syndic est tenu de convoquer une assemblée générale dans un délai de deux mois à compter de la première présentation d'une lettre recommandée, lorsque le président du conseil syndical en fait la demande. À défaut, le président du conseil syndical est habilité à la convoquer.

L'assemblée générale se prononce sur la question de la résiliation du contrat et, le cas échéant, fixe sa date de prise d'effet au plus tôt un jour franc après la tenue de cette assemblée.

Lorsqu'au cours de la même assemblée le syndicat des copropriétaires désigne un nouveau syndic, il fixe la date de prise d'effet du contrat.

NB : Conformément aux dispositions du II de l'article 41 de l'ordonnance n° 2019-1101 du 30 octobre 2019, les dispositions du 2° de l'article 15 de ladite ordonnance modifiant le troisième alinéa du II de l'article 18 entrent en vigueur le 31 décembre 2020.

• ***Sommaire***

I – GÉNÉRALITÉS SUR LA FONCTION DE SYNDIC 289
II – POUVOIRS CONFÉRÉS PAR D'AUTRES DISPOSITIONS QUE L'ARTICLE 18 289
III – POUVOIRS CONFÉRÉS PAR UNE DÉLIBÉRATION SPÉCIALE DE L'ASSEMBLÉE 290
IV – RESPECT DU RÈGLEMENT 290
V – EXÉCUTION DES DÉCISIONS DE L'ASSEMBLÉE 291
A – Principes généraux 291
B – Exécution des travaux pour le compte de la copropriété 291
VI – ADMINISTRATION DE L'IMMEUBLE 293
VII – CONSERVATION, GARDE ET ENTRETIEN DE L'IMMEUBLE 294
A – Assurance 294
B – Garde, conservation et entretien de l'immeuble 295
C – Tenue d'un carnet d'entretien 297
VIII – POUVOIR D'INITIATIVE DU SYNDIC 297
IX – MISSION DU SYNDIC SUR LE PLAN COMPTABLE 298
A – Obligations comptables 299
B – Approbation des comptes 300
X – CONSERVATION DES ARCHIVES – ARCHIVAGE PAR UN PRESTATAIRE EXTÉRIEUR 301
XI – IMMATRICULATION DU SYNDICAT 301
XII – FICHE SYNTHÉTIQUE DE L'IMMEUBLE 302
XIII – INFORMATION DES OCCUPANTS 302
XIV – ACCÈS AUX DOCUMENTS DE GESTION 303
XV – OUVERTURE D'UN COMPTE SÉPARÉ AU NOM DE LA COPROPRIÉTÉ 303
A – Le débat sur le compte séparé 303
B – Le compte séparé avant la loi du 13 décembre 2000 304
1° Obligation de soumettre la question à l'assemblée 304
2° Sanctions 305
3° Décision de l'assemblée 307
C – Le compte séparé après la loi du 13 décembre 2000 308
D – Les apports de la loi ALUR 310
1° Compte séparé « ordinaire » 310
2° Compte séparé « bis » 311
E – Le compte séparé après l'ordonnance du 30 octobre 2019 311
XVI – POSSIBILITÉ DE CONSTITUER UN FONDS DE RÉSERVE POUR TRAVAUX FUTURS 312
A – Initiative 312
B – Nature des travaux concernés 312
1° Travaux d'entretien et de conservation 312
2° Travaux non encore décidés par l'assemblée 312
3° Travaux « nécessaires » 313
C – Décision de l'assemblée 313
XVII – REPRÉSENTATION DU SYNDICAT 313
A – Actes civils 313
B – Représentation du syndicat en justice 314
XVIII – NOTIFICATION DE L'EXERCICE D'UN DROIT DE DÉLAISSEMENT 315
XIX – INFORMATION SUR L'ACCÈS À LA TNT 316
XX – CONTRÔLE DES RACCORDEMENTS DE L'IMMEUBLE AU RÉSEAU DE COLLECTE DES EAUX USÉES 316
XXI – RESPONSABILITÉ DU SYNDIC 316
A – Responsabilité civile 316
1° Responsabilité vis-à-vis du syndicat 317
2° Responsabilité du syndic vis-à-vis des copropriétaires 323
3° Responsabilité du syndic vis-à-vis des tiers 325
B – Responsabilité pénale du syndic 326
C – Protection du syndic contre les copropriétaires 327
XXII – EMPÊCHEMENT DU SYNDIC 327
XXIII – CARENCE DU SYNDIC 328
XXIV – INTERDICTION DES AVANCES DE FONDS 328
XXV – INTERDICTION DE SE FAIRE SUBSTITUER 329
XXVI – NATURE ET APPROBATION DU CONTRAT DE SYNDIC 331
XXVII – NON-RENOUVELLEMENT DU CONTRAT DE SYNDIC 331
XXVIII – RÉSILIATION DU CONTRAT DE SYNDIC 331
A – Initiative du syndic 331
B – Initiative du conseil syndical 332

1) Article 18. Le *statut* du syndic au sein de la copropriété n'est pas clairement fixé. La loi fait preuve à son sujet d'un *flou regrettable*.

L'article 17 indique que l'exécution des décisions de l'assemblée est confiée à un syndic ; l'article 18 énumère ses prérogatives : mais la nature juridique du lien qui l'unit au syndicat n'est pas clairement précisée. L'article 29 du décret, comme les articles 46 et 47 parlent de « mandat », l'article 30 fait état de « l'exécution de sa mission » (ce qui laisserait entendre qu'il s'agit d'un organe de la copropriété chargé d'une mission légale).

L'*ambiguïté* est entretenue par le fait que la loi confère par ailleurs au syndic des pouvoirs propres (art. 18) : pouvoir de gestion et d'administration courante et pouvoir d'initiative et qu'en même temps diverses dispositions manifestent une méfiance du législateur envers le syndic :

– les délégations de pouvoir que peut consentir l'assemblée au syndic sont limitées (L. art. 18, al. 2 ; D. art. 21) ;

– il lui est interdit de présider l'assemblée (L. art. 22 *in fine*) ;

– il lui est interdit de recevoir mandat pour représenter un copropriétaire à l'assemblée (L. art. 22 *in fine*).

Aussi, ne faut-il pas s'étonner que la doctrine et la jurisprudence aient quelque peu tâtonné lorsqu'il s'est agi de définir la nature juridique de ses fonctions.

Voir : L. 10 juill. 1965, art. 18, comm. n° 2, p. 289.

Deux écoles de pensée s'affrontent :

– On peut tenter de réduire au maximum les pouvoirs du syndic en lui appliquant strictement les règles du mandat. On considérera alors que le pouvoir d'agir appartient au premier chef au syndicat, le syndic n'ayant qu'une « compétence liée », c'est un exécutant, un représentant... (mais, nous le verrons, il n'est pas possible de pousser jusqu'au bout cette analyse. L'application des règles du mandat a dû être écartée par la jurisprudence dans un certain nombre de cas).

– On peut, au contraire, considérer que le syndic est un organe distinct du syndicat, chacun ayant des pouvoirs différents. Ceux confiés au syndic n'ont d'autre limite que l'intérêt de la copropriété, qui peut d'ailleurs être apprécié par le syndic objectivement et indépendamment de l'idée qu'en ont les copropriétaires. Un assez large pouvoir d'initiative lui est alors reconnu.

La loi laisse le champ libre à des *divergences d'interprétation*. Il serait souhaitable, dans l'intérêt d'un meilleur fonctionnement de la copropriété, que le statut du syndic fasse l'objet d'une définition plus précise. Il y a pour cela deux voies possibles :

– *la voie contractuelle* : l'article 18 est d'ordre public (V. L. art. 43).

Il laisse néanmoins, dans une certaine mesure, place au champ contractuel.

Dans le prolongement de la loi n° 2014-366 du 24 mars 2014 (dite loi ALUR), un contrat-type de syndic a été élaboré par le décret n° 2015-342 du 26 mars 2015 (V. Annexe 58, *Syndic de copropriété*, p. 1487).

Ce contrat doit s'attacher à régler par avance les principaux points qui, compte tenu des lacunes des textes, pourraient faire difficulté : problème des avances faites par le syndic, de sa révocation, de l'exercice éventuel de son droit de rétention ; définition de ses pouvoirs de gestion, de ses pouvoirs d'initiative, de ses pouvoirs judiciaires, etc. ;

– *la voie de la réforme législative* : on a souhaité un renforcement des pouvoirs du syndic pour en faire un véritable organe de la copropriété. L'article 18-1 A de la loi du 10 juillet 1965 a d'ailleurs prévu que le contrat de syndic devra respecter un contrat-type dont les termes ont été définis par le décret n° 2015-342 du 26 mars 2015 (V. Annexe 58, *Syndic de copropriété*, p. 1487). Certains avaient même proposé de lui conférer le statut d'un véritable officier public ou ministériel (V. sur ces propositions, Atias et Serres : *JCP* N 1981, I, p. 365. – Calfan, *Les fonctions du syndic de copropriété en rapport avec leur nature juridique* : *JCP* N 1979, doctr. p. 316 et s. – *Le syndic de l'immeuble en copropriété* : *Gaz. Pal.* 1979, 2, doctr. p. 351 et s.).

Un pas en ce sens a été fait lorsque le législateur a réglementé la profession de syndic par les lois du 2 janvier 1970 et le décret du 20 juillet 1972, en particulier après l'intervention de la loi n° 2014-366 du 24 mars 2014 avec la création du Conseil national de la transaction et de la gestion immobilière (V. Annexe 58, *Syndic de copropriété*, p. 1487).

L'article 17 de la loi est complété par divers autres textes : l'article 18 fixant les pouvoirs du syndic, l'article 19 (pouvoirs du syndic en matière d'inscription d'hypothèque légale), l'article 22 (interdiction faite au syndic de présider l'assemblée ou de représenter les copropriétaires), les articles 28 à 39 du décret (V. la présentation de ces textes à la section IV, D. 17 mars 1967), l'article 41 du décret (relatif à la fonction de syndic dans les syndicats coopératifs), les articles 46 à 50 du décret (mesures à prendre en cas d'absence, d'empêchement ou de carence du syndic), l'article 55 du décret (pouvoirs du syndic en matière judiciaire).

Bibliographie : *JCl. Copropriété*, Fasc. 88-10 à 91-20, par G. Vigneron. – E. Kischinewsky-Broquisse, *La copropriété des immeubles bâtis* Litec, 4e éd. 1989, nos 397 et s. – P. Capoulade et D. Tomasin, *La copropriété*, Dalloz Action 2018-2019, nos 341.00 et s. – P.-E. Lagraulet, *Le syndic de copropriété*, Édilaix, 2021. – J. Lot, *Le mandat du syndic* : *Rev. Administrer* n° 68, p. 6 et s. ; n° 70, p. 4 et s. ;

n° 71, p. 9. – J. Saulais, *Le syndic soliveau ou pierre angulaire de la copropriété ?* : *Rev. Administrer* août-sept. 1992, p. 11. Le *syndic, un mandataire*, *table ronde organisée par la CNAB* : *Rev. Administrer* mars 1997, p. 16 s. – D. Tomasin, *La création d'une organisation professionnelle des administrateurs de biens* : *Rev. Administrer* déc. 1998, p. 21 et s. – J.-F. Weber, *Le syndic de copropriété à travers la jurisprudence récente de la Troisième Chambre civile* : *Rev. hab. fr.* juin 2001, p. 10. – G. Vigneron et C. Coutant-Lapalus, *Le syndic de copropriété*, LexisNexis, 7e éd., 2021. – *Relations syndics-copropriétaires : table ronde du 18 mars 2004* : *Rev. hab. fr.* avr. 2004, p. 11. – M.-C. Ruffet, *La fonction de syndic : pouvoirs et dangers* : *Inf. rap. copr.* 2008, p. 19. – *Syndic, tout simplement : 47e congrès de la CNAB* : *Rev. Administrer*, n° spécial, déc. 2009. – *Les difficultés judiciaires du syndic* : *Inf. rap. copr.* nov. 2010, p. 26 (1re partie) et *Inf. rap. copr.* déc. 2010, p. 13 (2e partie). – P. Turenne, *Syndic à bas-coût : l'alternative pour les petites copropriétés* : *Inf. rap. copr.* janv.-févr. 2014, p. 35. – J.-M. Roux, *Syndic « low-cost » et le droit de la copropriété* : *Inf. rap. copr.* janv.-févr. 2014, p. 38. – Sur certains aspects de droit comparé, *Inf. rap. copr.* mai 2014, p. 7. – C. Coutant-Lapalus, *Les nouvelles obligations légales du syndic* : *Inf. rap. copr.* oct. 2016, p. 17. – S. Ledan-Cabarroque, *Les syndics et la lutte contre le blanchiment de capitaux* : *Inf. rap. copr.* juin 2018, p. 11. – P. Déchelette-Tolot, *Les rapports entre le syndic, le syndicat des copropriétaires et les copropriétaires pris individuellement* : *Administrer* oct. 2018, p. 20. – D. Rodrigues, *Les relations conseil syndical-syndic* : *Inf. rap. copr.* janv.-févr. 2019, p. 9. – C. Coutant-Lapalus, *Les incidences de la réforme du droit de la copropriété sur le syndic de copropriété* : *Loyers et copr.* 2020, étude 2. – *Dossier spécial « Un monde sans syndic »* : *Inf. rap. copr.* sept. 2020, p. 21 et s. – P.-E. Lagraulet, *Le syndic professionnel liquidé* : *Inf. rap. copr.* juill.-août 2022, p. 18.

I – GÉNÉRALITÉS SUR LA FONCTION DE SYNDIC

2) Le syndic mandataire. On s'est interrogé sur le *statut juridique du syndic (V. note 1)*. Il ne s'agit pas d'un préposé du syndicat (en l'absence de lien de subordination, il n'a pas à s'inscrire à la Sécurité sociale (▪ CA Colmar, 17 mars 1973 : *AJPI* 1974, p. 810). La jurisprudence le qualifie souvent de *mandataire* (▪ Cass. 3e civ., 19 déc. 1978 et ▪ TGI Marseille, 1er oct. 1977 : *D.* 1979, inf. rap. p. 447, obs. Giverdon. – V. également, ▪ Cass. 3e civ., 16 juill. 1996 : *Loyers et copr.* 1996, n° 408. ▪ CA Paris, 7 févr. 1994 : *Rev. Administrer* déc. 1994, p. 58, note A. Dunes et sur la question, « *Le syndic : un mandataire* », *Journées d'étude de la CNAB* : *Rev. Administrer* mars 1997, p. 16 et s.) et cette qualification est reprise par l'article 29 du décret... mais il est mandataire du syndicat et non pas des copropriétaires individuellement (▪ Cass. 3e civ., 9 sept. 2021, n° 20-11.743 : *Ann. loyers* 2021, p. 102, obs. J.-M. Roux ; *Administrer* nov. 2021, p. 43, obs. J.-R. Bouyeure. ▪ TGI Paris, 4 nov. 1974 : *D.* 1976, inf. rap. p. 72. ▪ CA Paris, 9 févr. 1960 : *Rev. loyers* 1960, p. 345) à qui il n'a pas à rendre compte (▪ CA Paris, 24 avr. 1984 : *D.* 1984, inf. rap. p. 364).

Mais rien n'empêche les copropriétaires de lui confier un mandat dans leur intérêt personnel (▪ Cass. 3e civ., 16 juill. 1996 : *Loyers et copr.* 1996, comm. 408. – V. aussi, D. 17 mars 1967, art. 39-1, p. 820). Il peut alors, selon le droit commun du mandat, obtenir le remboursement de ses avances (▪ CA Paris, 23e ch. B, 16 déc. 1999 : *D.* 2000, somm. p. 210, note C. Atias). Si une prime à l'amélioration de l'habitat est demandée par certains copropriétaires pour des travaux sur les parties communes, elle peut être versée au syndic (CCH, art. R. 322-2. ▪ TA Rennes, 1re ch., 24 févr. 2000 : *Rev. loyers* 2000, p. 372, note J. Rémy). Il peut aussi être le mandataire de tiers pourvu que la copropriété en soit informée (▪ CA Chambéry, 1er avr. 1998 : *Bull. inf. C. cass.* 15 oct. 1998, p. 16, n° 1087).

Toutefois, l'idée de mandat est incompatible avec un certain nombre de règles posées par la loi ou dégagées par la jurisprudence (désignation du syndic par la majorité des copropriétaires, absence de caractère *intuitu personae* absolu, interdiction de se faire substituer, limitation à la faculté de révocation, pouvoirs propres du syndic). Aussi a-t-on parlé de « mandat légal », de « contrat *sui generis* » ou encore « d'organe d'une institution ».

Bibliographie : sur ce débat, Calfan, *Les fonctions du syndic de copropriété en rapport avec leur nature juridique* : *JCP G* 1979, I, 2948 et *JCP N*, I, p. 316 et s. – J. Lafond, *La copropriété, contrat ou institution* : *Rev. Administrer* mars 1977, p. 2 et s. – *JCl. Copropriété*, Fasc. 88, nos 1 et s. – E. Kischinewsky-Broquisse, *La copropriété des immeubles bâtis* Litec, 4e éd. 1989, nos 363 et s.

Voir : sur la nature du contrat du syndic, D. 17 mars 1967, art. 29, p. 794.

II – POUVOIRS CONFÉRÉS PAR D'AUTRES DISPOSITIONS QUE L'ARTICLE 18

3) Inventaire. Le texte évoque les *pouvoirs conférés au syndic par d'autres dispositions de la loi*, savoir :

– pouvoir d'inscrire l'hypothèque légale du syndicat (L. art. 19) ;

– pouvoir de faire opposition sur le prix de vente des lots (L. art. 20) ;

– pouvoir en matière d'assemblée : convocation de l'assemblée (D. art. 7) ; tenue de l'assemblée (D. art. 15 et 17) ; notification du procès-verbal (L. art. 42) ;

– engagement et congédiement du personnel (D. art. 31) ;

– pouvoirs d'ordre administratif et comptable : établissement de la liste des copropriétaires (D. art. 32) ; tenue des archives du syndicat (D. art. 33) ; tenue de la comptabilité (D. art. 34) ; pouvoirs en matière de versements pouvant être demandés aux propriétaires (D. art. 35) ;

– pouvoir de décision en matière de travaux urgents (D. art. 37) ;

– pouvoir d'initiative en matière judiciaire (D. art. 55).

• Les pouvoirs du syndic peuvent-ils être conventionnellement étendus ? (V. L. art. 43).

Voir : sur l'interdiction pour le syndic de se faire substituer, L. 10 juill. 1965, art. 18, annot. n° 122, p. 329.

III – POUVOIRS CONFÉRÉS PAR UNE DÉLIBÉRATION SPÉCIALE DE L'ASSEMBLÉE

4) Mandat spécial ou délégations. Le syndic peut *recevoir mandat d'accomplir un acte déterminé* dans les conditions du droit commun. *L'assemblée peut aussi lui déléguer ses pouvoirs* mais seulement s'il s'agit de prendre une décision relevant de l'article 24 (V. L. art. 25 *a*).

Voir : sur les conditions et les modalités de cette délégation, D. 17 mars 1967, art. 21, p. 774.

IV – RESPECT DU RÈGLEMENT

5) Aspects de la mission du syndic. Le syndic doit tout d'abord *faire publier le règlement* et ses modifications.

Il a par ailleurs dans sa mission légale de *faire respecter le règlement* par les copropriétaires ou occupants de l'immeuble (▪ Cass. civ., 19 juill. 1965 : *D.* 1965, p. 280. ▪ Cass. civ., 13 mars 1953 : *D.* 1953, p. 220. ▪ CA Montpellier, 19 oct. 1962 : *Gaz. Pal.* 1963, 1, p. 115). Le syndic peut agir directement contre un locataire pour obtenir qu'il cesse d'exercer une activité non conforme au règlement (▪ CA Paris, 10 mai 1985 : *D.* 1985, inf. rap. p. 424). Il doit effectuer toute diligence pour faire cesser les infractions (▪ Cass. 3e civ., 9 janv. 1973 : *JCP* 1973, II, 17358, note Guillot) par des mises en demeure ou injonctions (▪ Cass. 3e civ., 5 avr. 1968 : *Inf. rap. copr.* 1971, p. 32. ▪ Cass. 3e civ., 8 mars 1995 : *Bull. civ.* III, n° 75. ▪ Cass. 3e civ., 13 oct. 1965 : *Gaz. Pal.* 1966, 1, p. 41, note J. Cabanac). Il lui appartient de se faire autoriser par l'assemblée à poursuivre le contrevenant s'il n'obtient pas satisfaction à l'amiable (▪ Cass. 3e civ., 26 févr. 1975 : *AJPI* 1976, p. 219, note J.-R. Bouyeure).

Voir : L. 10 juill. 1965, art. 9, annot. n° 62, p. 116.

6) Responsabilité du syndic. Le syndic qui ne fait pas respecter le règlement *engage la responsabilité du syndicat et sa propre responsabilité* vis-à-vis des copropriétaires pris individuellement. Ainsi, par exemple, s'il ne prend aucune initiative (mise en demeure, injonction et éventuellement introduction d'une action en justice) pour faire cesser des infractions persistantes au règlement de copropriété consistant en l'espèce dans l'encombrement des parties communes, et des atteintes à l'ordre, à la propreté, à la salubrité et à la sécurité de l'immeuble (▪ Cass. 3e civ., 8 mars 1995 : *Bull. civ.* III, n° 75 ; *AJPI* 1995, p. 798, note P. Guitard ; *JCP* G 1995, IV, 1101 ; *Loyers et copr.* 1995, n° 299). De même s'il interprète mal le règlement, au préjudice d'un copropriétaire (▪ CA Paris, 23e ch. A, 1er avr. 1998 : *Loyers et copr.* 1998, n° 316) ou s'il procède à une répartition erronée des charges (▪ Cass. 3e civ., 25 mars 1997 : *RD imm.* 1997, p. 287, obs. P. Capoulade). Mais il n'a pas à se faire juge du caractère illicite d'une clause du règlement et doit l'appliquer tant qu'elle n'a pas été déclarée non écrite (▪ Cass. 3e civ., 3 juill. 1996 : *RD imm.* 1996, p. 611, obs. P. Capoulade. ▪ CA Paris, 19e ch. A, 10 oct. 2000 : *JurisData* n° 2000-126100 ; *Loyers et copr.* 2001, comm. 80, obs. G. Vigneron).

Voir : sur le fondement de l'action, L. 10 juill. 1965, art. 18, annot. nos 105 et 80, p. 323.

Le syndic à titre personnel et le syndicat peuvent être condamnés *in solidum* à réparer le préjudice causé aux copropriétaires (▪ CA Paris, 4 déc. 1992 : *Rev. Administrer* août-sept. 1993, p. 52, obs. A. Dunes). Toutefois, la responsabilité du syndic est dégagée si l'assemblée lui refuse les moyens d'agir (V. ▪ Cass. 3e civ., 22 juin 1983 : *D.* 1984, p. 253, note H. Souleau ; *Rev. Administrer* janv. 1984, p. 38, obs. E.-J. Guillot).

Un arrêt de la cour de Paris du 27 février 1985 (*RD imm.* 1985, p. 189, obs. F. Givord et C. Giverdon) montre l'intérêt pour le syndic de se faire « couvrir » par l'assemblée. En l'espèce, pour empêcher le stationnement interdit par le règlement de copropriété dans la cour commune, il avait pris l'initiative de faire poser des bornes scellées. Cette initiative qualifiée d'« abus de pouvoir » a été désavouée par les juges (V. aussi dans un cas où le syndic avait de son propre chef procédé à l'expulsion d'un copropriétaire occupant irrégulièrement un local commun : ▪ CA Paris, 14e ch. A, 28 nov. 2001 : *Loyers et copr.* 2002, comm. 103).

V - EXÉCUTION DES DÉCISIONS DE L'ASSEMBLÉE

A - Principes généraux

7) Pouvoir exclusif. Le syndic est *chargé par la loi d'exécuter les décisions de l'assemblée*. Il a en ce domaine un pouvoir exclusif. Un copropriétaire n'a aucune qualité pour se substituer à lui dans l'exercice de son mandat (▪ Cass. 3e civ., 3 juin 1998 : *Loyers et copr.* sept. 1998, n° 228). Mais le syndic ne doit pas mettre à exécution un simple vœu qui n'a pas été voté (▪ TGI Paris, 13 janv. 1977 : *D.* 1978, inf. rap. p. 134) ou une simple décision de principe (▪ CA Paris, 23e ch., 15 févr. 1994 : *Loyers et copr.* juill. 1994, n° 315). Il n'a pas à se faire juge de l'opportunité de ces décisions ou de leur régularité (▪ Cass. 1re civ., 9 juill. 1963 : *AJPI* 1964, II, 395. ▪ CA Paris, 3 janv. 1964 : *AJPI* 1964, II, 844).

8) Responsabilité. S'il *exécute mal*, ou *avec retard*, les décisions de l'assemblée, le syndic engage sa *responsabilité* envers le syndicat (▪ CA Paris, 22 sept. 1978 : *D.* 1979, inf. rap. p. 127, note C. Giverdon). Ainsi, par exemple, s'il néglige d'installer une serrure de sécurité, ce qui permet un vol dans un local collectif (▪ Cass. 3e civ., 4 oct. 1995 : *D.* 1998, somm. p. 274). – V. également L. 10 juill. 1965, art. 18, comm. n° 106, p. 324). Le copropriétaire qui s'en plaint et qui veut obtenir la réparation du préjudice personnel par lui éprouvé doit assigner le syndic personnellement et non pas ès qualités (▪ TGI Paris, 17 févr. 1975 : *D.* 1976, inf. rap. p. 73. ▪ CA Paris, 16 oct. 1981 : *D.* 1982, inf. rap. p. 439, obs. C. Giverdon). Si le syndic n'est toutefois pas responsable s'il n'a pas de moyens suffisants (V. dans le cas d'absence de trésorerie, ▪ CA Paris, 3 janv. 1969 : *AJPI* 1969, p. 908, note J.-R. Bouyeure), encore faut-il qu'il ait accompli toutes les diligences nécessaires permettant de recueillir les fonds (▪ Cass. 3e civ., 17 avr. 2013, n° 11-28.887 : *JurisData* n° 2013-007506 ; *Loyers et copr.* 2013, comm. 221, obs. G. Vigneron ; *Rev. Administrer* juin 2013, p. 56, obs. J.-R. Bouyeure ; *Inf. rap. copr.* avr. 2014, p. 9, obs. M.-F. Ritschy ; *AJDI* 2013, p. 682). Pour une synthèse intéressante des différentes hypothèses de responsabilité du syndic en matière d'exécution des décisions d'assemblée générale, Rép. min. n° 121 380 : *JOAN Q*, 15 mai 2007, p. 4538 ; *JCP N* 2007, n° 25, p. 7, n° 477.

Le syndic ne peut pas non plus prendre de décision à la place de l'organe délibérant (▪ CA Versailles, 14 oct. 2013 : *AJDI* 2014, p. 218. ▪ CA Pau, 24 oct. 2013 : *AJDI* 2014, p. 288. ▪ CA Aix-en-Provence, 21 nov. 2013 : *AJDI* 2014, p. 463. – V. également L. 10 juill. 1965, art. 17, annot. n° 7, p. 278).

Voir : sur la recevabilité d'une action directe à l'encontre du syndic, L. 10 juill. 1965, art. 18, comm. n° 105, p. 323. – Sur le point de savoir à partir de quel moment une décision est exécutoire, L. 10 juill. 1965, art. 42, comm. n° 69, p. 624 et comm. nos 74 à 76, p. 626.

B - Exécution des travaux pour le compte de la copropriété

9) Passation des marchés. L'exécution des contrats et travaux pour le compte de la copropriété pose plusieurs problèmes :

En tant qu'agent d'exécution du syndicat, le syndic *passe les marchés* et *surveille les travaux* décidés par l'assemblée (▪ Cass. 1re civ., 6 févr. 1963 : *AJPI* 1963, II, p. 505 et ▪ CA Paris, 7 mai 1984 : *RD imm.* 1984, p. 449, obs. Givord et Giverdon. ▪ CA Paris, 9 févr. 1960 : *RTD civ.* 1960, p. 498)... mais s'il rencontre des difficultés (augmentation de tarif, nécessité de travaux supplémentaires...), il doit en principe en référer à l'assemblée (▪ TGI Paris, 26 mai 1976 : *D.* 1976, inf. rap. p. 309. – *Contra :* ▪ TGI Paris, 14 juin 1976 : *D.* 1976, inf. rap. p. 319).

Il agit comme mandataire du syndicat et doit faire connaître sa qualité à ceux avec qui il traite, faute de quoi il peut être tenu pour personnellement responsable du paiement des travaux (▪ Cass. 3e civ., 12 mai 2004 : *Bull. civ.* III, n° 94 ; *Loyers et copr.* 2004, comm. 154, obs. G. Vigneron ; *Inf. rap. copr.* 2004, p. 13, note P. Capoulade ; *AJDI* 2004, p. 746, note M. Thioye. ▪ Cass. 3e civ., 11 mars 1998 : *RD imm.* 1998, p. 296, obs. P. Capoulade. ▪ CA Rennes, 7 mai 1996 : *Rev. Administrer* mai 1997, p. 57, note J.-M. Gélinet. – Sur le cas où le syndic est mandaté par un groupe de copropriétaires autorisés à installer un ascenseur, V. ▪ Cass. 3e civ., 16 juill. 1996 : *Inf. rap. copr.* mai 1997, p. 7, note P. Capoulade). Il lui restera ensuite à exercer un recours contre le syndicat pour obtenir le remboursement des sommes versées pour son compte (▪ Cass. 3e civ., 12 mai 2004, préc.).

Il doit rester dans les limites de son mandat : il commettrait un excès de pouvoir s'il confiait à un architecte un contrat de maîtrise d'œuvre pour le ravalement de l'immeuble alors que l'assemblée avait seulement décidé une étude préalable dans le cadre d'un crédit limité (▪ CA Paris 1re ch. A, 30 sept. 1998 : *Loyers et copr.* 1999, n° 83) ou s'il engageait des travaux supplémentaires sans autorisation (▪ CA Paris, 23e ch. B, 25 janv. 2001 : *AJDI* 2001, p. 530). Il engage également sa responsabilité s'il commande et paye des travaux supplémentaires sans l'accord de l'assemblée générale (▪ Cass. 3e civ., 11 mai 2010 : *Rev. Administrer* oct. 2010, p. 60, obs. J.-R. Bouyeure ; *Inf. rap. copr.* mai 2011, p. 14, obs. M.-F. Ritschy).

Sa responsabilité peut être engagée vis-à-vis des tiers entrepreneurs non payés, s'il commande des travaux sans avoir la couverture financière nécessaire (▪ Cass. 3e civ., 16 mai 2001 : *Bull. civ.* III, n° 65 ; *Loyers et copr.* 2001, comm. 215 ; *Constr.-Urb.* 2001, comm. 177, obs. D. Sizaire ; *AJDI* 2001, p. 712, note P. Capoulade ; *D.* 2001, p. 2706, note C. Atias, confirmant ▪ CA Paris, 23e ch. B, 1er juill. 1999 : *JurisData* n° 1999-023742 ; *Loyers et copr.* 2000, comm. 31 ; *RD imm.* 1999, p. 685, note P. Capoulade).

Bibliographie : sur tous ces points, G. Vigneron, *La passation des contrats et marchés par le syndic : Inf. rap. copr.* déc. 1997, p. 14. – G. Vigneron, *Approbation des marchés par l'assemblée : Loyers et copr.* déc. 1998, p. 4.

Voir : également la 16e recommandation de la Commission relative à la copropriété *in* Annexe 17, *Commission relative à la copropriété*, p. 1095.

10) Suivi et surveillance des chantiers. La mission du syndic peut être étendue au suivi et à la surveillance du chantier. Il peut prendre ainsi la qualité de maître d'œuvre soit officiellement (le contrat doit alors être approuvé par l'assemblée : ▪ CA Paris, 23e ch. A, 18 juin 1997 : *Loyers et copr.* 1997, n° 324), soit en fait (▪ CA Montpellier, 1re ch., 29 avr. 1997 : *Rev. Administrer* août-sept. 1997, p. 48, note J.-R. Bouyeure). Mais il n'a pas la qualité de maître d'œuvre si les copropriétaires choisissent eux-mêmes les devis des entreprises et prennent la direction des travaux, le syndic ne faisant que percevoir des honoraires pour le suivi du chantier (▪ Cass. 3e civ., 30 nov. 2004 : *Rev. Administrer* févr. 2005, p. 53, obs. J.-R. Bouyeure).

Il lui appartient de veiller à ce que les obligations imposées par les textes soient respectées :

– souscription d'une assurance dommages-ouvrages (V. M. Davin, *Réussir au mieux son indemnisation en dommages-ouvrages : Inf. rap. copr.* déc. 1998, p. 9. ▪ CA Aix-en-Provence, 30 mai 2002 : *Loyers et copr.* 2003, comm. 26). À défaut de souscription d'une telle assurance, le syndic est en faute et son assurance professionnelle doit garantir le syndicat des préjudices subis (▪ CA Paris, 23e ch. B, 23 sept. 2004 : *AJDI* 2005, p. 40. V. *infra*).

Voir : la 18e recommandation de la Commission relative à la copropriété *in* Annexe 17, *Commission relative à la copropriété*, p. 1095 et L. 10 juill. 1965, art. 18, comm. n° 20, p. 295.

– établissement par un coordinateur d'un plan général de coordination en matière de sécurité et de protection de la santé (application C. trav., art. L. 235-4 et R. 238-1 à R. 238-45 [désormais art. L. 4532-3, L. 4532-4, L. 4532-7, L. 4532-18 et R. 4532-2 et s.]. – V. Rép. min. n° 7308 : *JOAN*, 9 mars 1998, p. 1361 ; *JCP* N 1998, p. 465. ▪ Cass. 3e civ., 11 juill. 2001 : *Bull. civ.* III, n° 95).

Bibliographie : sur ce sujet, P. Gareau, *Prévention des risques sur les chantiers : les conséquences pour les maîtres d'ouvrage du décret n° 2003-68 du 24 janvier 2003 et des arrêtés du 25 février 2003 : Rev. Administrer* août-sept. 2003, p. 9. – D. Rocher, *Le coordonnateur de sécurité et la copropriété : Inf. rap. copr.* sept. 2003, p. 14.

– respect des obligations résultant de la loi du 31 décembre 1975 sur la sous-traitance (▪ CA Paris, 23e ch. A, 23 mai 2001 : *AJDI* 2001, p. 807).

C'est au syndic qu'il incombe de réceptionner les ouvrages concernant les parties communes (V. P. Capoulade, *Le rôle du syndic dans la réception, la livraison et la prise de possession des ouvrages : Inf. rap. copr.* sept. 1998, p. 17 et s.).

11) Responsabilité. La responsabilité du syndic peut être engagée du fait des travaux : par exemple en raison de ses négligences dans le choix et la surveillance de l'entreprise (▪ CA Besançon, 2e ch., nov. 1999 : *JurisData* n° 1999-531576 ; *JCP* G 2000, IV, n° 1944. ▪ CA Paris, 23e ch. A, 3 juin 1998 : *Loyers et copr.* 1998, n° 283), lorsqu'il n'éclaire pas le syndicat sur le peu d'intérêt des travaux (▪ CA Paris, 23e ch. A, 26 mai 1999 : *Rev. loyers* 2000, p. 440), lorsqu'il ne met pas en œuvre les dispositions de l'article 9 de la loi de 1965 relatives à l'accès aux parties privatives (▪ Cass. 3e civ., 27 avr. 2017, n° 14-24.518 : *Loyers et copr.* 2017, comm. 152, obs. A. Lebatteux ; *Rev. Administrer* juill. 2017, p. 48, obs. J.-R. Bouyeure) ou encore lorsqu'il ne respecte pas l'ensemble des formalités administratives imposées par la législation existante (▪ CA Paris, 23e ch. B, 5 sept. 2002 : *AJDI* 2002, p. 779). Mais encore faut-il qu'une faute précise puisse lui être reprochée (▪ Cass. 3e civ., 10 juill. 2002 : *Rev. Administrer* nov. 2002, p. 36, obs. J.-R. Bouyeure. ▪ Cass. 3e civ., 15 mai 2002 : *Rev. loyers* 2002, p. 515, obs. Th. Dubaele).

La responsabilité du syndicat peut aussi être recherchée par les copropriétaires : s'il choisit par exemple délibérément une solution techniquement non satisfaisante en raison de son moindre coût (▪ Cass. 3e civ., 10 juill. 1996 : *RD imm.* 1996, p. 614). Mais sa responsabilité ne peut être mise en cause du seul fait qu'il n'a pas eu recours à un maître d'œuvre (▪ Cass. 3e civ., 6 mai 1998 : *Loyers et copr.* 1998, n° 203).

Le syndic ne peut se voir déclarer responsable ni de l'état de cessation des paiements de l'entreprise prestataire du syndicat ni de sa mise en liquidation judiciaire intervenue plusieurs mois après la passation de commande (▪ CA Paris, pôle 4, ch. 2, 17 sept. 2015 : *Rev. Administrer* déc. 2014, p. 49, obs. J.-R. Bouyeure).

Il faut tenir compte, pour l'appréciation des responsabilités éventuelles du syndic ou du syndicat, de ce que le constructeur a également un devoir de conseil vis-à-vis du syndicat (A. Valdès, *L'obligation de conseil du constructeur à l'égard du syndicat des copropriétaires : Inf. rap. copr.* janv. 1997, p. 9. – V. ▪ Cass. 1re civ., 11 juin 1996 : *Rev. Administrer*, déc. 1997, p. 54).

VI – ADMINISTRATION DE L'IMMEUBLE

12) Pouvoirs limités à la gestion courante. Selon l'article 18, le syndic est chargé « *d'administrer l'immeuble* » c'est-à-dire de procéder à tous les *actes de gestion courante*. Le syndic paie sans autorisation particulière les dépenses courantes relatives à l'administration de l'immeuble, y compris les dépenses supplémentaires résultant de clauses de révision ou d'actualisation figurant dans les contrats (▪ TGI Marseille, 28 avr. 1977 : *Ann. loyers* 1977, p. 705). Mais des dépenses anormalement élevées nécessitent une autorisation de l'assemblée (V. pour des frais importants engagés par le syndic de sa propre initiative : ▪ Cass. 3e civ., 3 juin 1998 : *Loyers et copr.* 1998, n° 229). Sortent du domaine de la « *gestion courante* » la commande d'une étude rémunérée à un architecte (▪ Cass. 3e civ., 15 mai 2002 : *Bull. civ.* III, n° 100 ; *Loyers et copr.* 2002, comm. 217 ; *Rev. Administrer* août-sept. 2002, p. 56, obs. P. Capoulade ; *Inf. rap. copr.* sept. 2002, p. 17, et *AJDI* 2002, p. 772, obs. P. Capoulade), la conclusion d'une convention d'honoraires avec un avocat (▪ Cass. 3e civ., 12 juin 2002 : *Loyers et copr.* 2002, comm. 246. ▪ TGI Paris, 25 févr. 1969 : *JCP* G 1969, IV, p. 218), ou la commande d'une étude rémunérée préalable au changement des fenêtres (▪ CA Paris, 23e ch. A, 4 juill. 2001 : *AJDI* 2001, p. 893).

L'autorisation donnée à un tiers d'implanter des tirants d'ancrage dans le sol de la copropriété dépasse le cadre des pouvoirs de gestion courante du syndic (▪ CA Paris, 23e ch. A, 5 juin 2002 : *AJDI* 2002, p. 863, note P. Capoulade).

Les actes de disposition n'entrent pas dans le cadre de ses pouvoirs propres : pour agir, il doit avoir un mandat spécial de l'assemblée (par ex., pour renoncer à une servitude : V. ▪ Cass. 3e civ., 10 févr. 1993 : *RD imm.* 1993, p. 267, obs. P. Capoulade).

L'administration de l'immeuble comprend plusieurs volets :

– le recouvrement des charges communes *(infra)* et des créances du syndicat *(infra)* ;

– la conservation de l'immeuble *(infra)* ;

– la garde de l'immeuble *(infra)* ;

– l'entretien de l'immeuble *(infra)* ;

– les mesures à prendre en cas d'urgence *(infra)*.

13) Recouvrement des charges communes. Le recouvrement des charges communes est un des aspects de l'administration de l'immeuble. Le syndic est chargé de ce recouvrement (▪ Cass. 3e civ., 17 nov. 1976 : *D.* 1977, inf. rap. p. 156. ▪ Cass. 3e civ., 14 mai 1970 : *JCP* 1970, II, 16431. ▪ Cass. 3e civ., 10 juin 1963 : *Ann. loyers* 1964, p. 903. ▪ Cass. 3e civ., 17 oct. 1962 : *AJPI* 1963, II, 89. ▪ Cass. 3e civ., 14 mai 1970 : *JCP* 1970, II, 16431. ▪ Cass. 3e civ., 10 juin 1963 : *Ann. loyers* 1964, p. 903. ▪ Cass. 3e civ., 17 oct. 1962 : *AJPI* 1963, II, 89). L'assemblée ne pourrait pas désigner un mandataire spécial pour y procéder ; cette mission, comme toutes celles qui lui sont confiées par la loi, est un monopole du syndic (▪ Cass. 3e civ., 13 mars 1984 : *Gaz. Pal.* 1984, pan. p. 281, note Souleau).

Par ailleurs, un syndic « de fait » demeuré en fonction alors que son mandat est expiré n'a plus aucune qualité pour poursuivre le recouvrement des charges communes (▪ Cass. 3e civ., 14 oct. 1987 : *JCP* G 1987, IV, 380 ; *D.* 1988, p. 229, note Atias. – V. également, D. art. 28, n° 17, p. 433).

Il en est de même pour le syndic dont la désignation a été annulée (▪ Cass. 3e civ., 7 juill. 1999 : *JurisData* n° 1999-002794 ; *Loyers et copr.* 1999, comm. 270). Mais le syndic conserve sa qualité pour agir, dès lors que sa nomination n'a pas été annulée au jour où le tribunal se prononce (▪ Cass. 3e civ., 20 juill. 1999 : *Rev. Administrer* avr. 2000, p. 53, note J.-R. Bouyeure).

Le syndic n'a pas besoin d'autorisation spéciale de l'assemblée pour agir (V. D. art. 55).

Voir : sur les moyens dont dispose le syndic, V. comm. L. art. 10, art. 19 (inscription d'hypothèque légale), art. 20 (opposition sur vente de lots) et D. 17 mars 1967, art. 55, p. 846 et art. 58, p. 864.

14) Responsabilité du syndic en matière de recouvrement des charges. Le syndic engage sa responsabilité envers le syndicat s'il ne fait pas diligence pour obtenir le paiement des charges par les copropriétaires (▪ Cass. 3e civ. 15 mai 2002 : *Rev. Administrer* août-sept. 2002, p. 61, obs. J.-R. Bouyeure. ▪ Cass. 3e civ., 17 nov. 1976 : *AJPI* 1977, p. 733, note J.-R. Bouyeure. ▪ CA Paris, 23e ch. A, 17 févr. 1999 : *JurisData* n° 1999-020402 ; *Loyers et copr.* 1999, comm. 198. ▪ CA Paris, 10 juin 1980 : *Inf. rap. copr.* 1981, p. 12. ▪ CA Paris, 8 févr. 1979 : *D.* 1980, inf. rap. p. 111. – V. dans un cas où des charges étaient impayées depuis plusieurs années, ▪ CA Paris, 23e ch. B, 13 mars 2003 : *AJDI* 2003, p. 427), sauf circonstances particulières (V. pour un syndic bénévole, ▪ Cass. 3e civ., 20 juin 1972 : *JCP* 1972, II, 17202, note Guillot). Ainsi, par exemple, s'il néglige de faire opposition pour obtenir le paiement des charges dues lors d'une vente de lot (▪ CA Paris, 23e ch. B, 7 oct. 2004 : *AJDI* 2005, p. 220. ▪ CA Paris, 23e ch., 2 avr. 1997 : *Loyers et copr.* oct. 1997, n° 275) ou s'il n'inscrit pas en temps utile l'hypothèque légale du syndicat (▪ CA Paris, 23e ch. A, 18 déc. 1996 : *Loyers et copr.* 1997, comm. 125).

Dans un cas où l'absence systématique de recouvrement des charges procédait de l'intention délibérée d'avantager un copropriétaire, cette pratique étant dissimulée par des moyens frauduleux, il a été jugé que l'assureur du syndicat était fondé à refuser sa garantie en raison de la faute intentionnelle ou dolosive commise par le syndic (C. assur., art. L. 113-1, al. 2. ▪ Cass. 3e civ., 9 janv. 2002 : *Bull. civ.* III, n° 2 ; *JCP* G 2002, IV, 1271 ; *Rev. Administrer* mars 2002, p. 44, obs. J.-R. Bouyeure ; *Rev. Administrer* avr. 2002, p. 46 ; *AJDI* 2002, p. 229, obs. P. Capoulade).

Mais encore faut-il, pour que le syndicat soit indemnisé, que sa négligence ait causé un préjudice. Ce ne sera pas le cas si les charges étaient irrécouvrables (V. dans le cas d'un copropriétaire en liquidation judiciaire : ▪ Cass. 3e civ., 13 juill. 1999 : *JurisData* n° 1999-0029148 ; *JCP* G 1999, IV, n° 2696. – V. également dans le cas de copropriétaires manifestement insolvables, ▪ CA Paris, 23e ch. B, 23 oct. 2003 : *AJDI* 2004, p. 126).

Le syndic peut également engager sa responsabilité vis-à-vis des copropriétaires. Ainsi lorsqu'il réclame des charges calculées sur des bases autres que celles qu'il aurait dû appliquer (▪ Cass. 3e civ., 21 juin 2000 : *JurisData* n° 2000-002665 ; *Loyers et copr.* 2001, comm. 51), ou s'il engage des poursuites abusives, par exemple en procédant à une saisie immobilière pour obtenir le paiement de sommes modiques (▪ Cass. 3e civ., 15 déc. 1999 : *JurisData* n° 1999-004618 ; *Loyers et copr.* 2000, comm. 78 ; *Rev. Administrer* avr. 2000, p. 47 et *RD imm.* 2000, p. 244, obs. P. Capoulade).

Bibliographie : Ph. Marin, *La responsabilité du syndic et les charges : Inf. rap. copr.* sept. 2018, p. 13.

15) Recouvrement des créances du syndicat. Le syndic doit faire toutes diligences pour recouvrer les créances du syndicat. Il lui appartient en particulier de déclarer sa créance en cas de procédure collective du débiteur, et ce sans avoir à requérir une autorisation de l'assemblée (V. *supra*, comm. art. 10 de la loi). Il engage sa responsabilité pour le préjudice causé par sa carence, ses atermoiements ou ses erreurs (V. dans le cas d'une déclaration de créance : ▪ CA Paris, 23e ch. B, 28 févr. 2002 : *Rev. Administrer* janv. 2003, p. 52, obs. J.-R. Bouyeure).

Bibliographie : C. Atias, *Le syndic, maître de la répartition des charges ? : AJDI* 2013, p. 81.

VII – CONSERVATION, GARDE ET ENTRETIEN DE L'IMMEUBLE

A – Assurance

16) Risques à assurer. En vertu de l'obligation qui lui est faite de « pourvoir à la conservation de l'immeuble », il avait été décidé que le syndic devait assurer l'immeuble contre les divers risques, sinon il engageait sa responsabilité (▪ Cass. 3e civ., 8 juin 1982 : *Defrénois* 1983, n° 384, obs. H. Souleau ; *D.* 1983, p. 458, obs. C. Giverdon).

17) Couverture des risques de responsabilité civile. La loi n° 2014-366 du 24 mars 2014 a entendu insérer de manière explicite dans le régime de la copropriété l'obligation d'assurance. Ainsi, chaque syndicat de copropriétaires est tenu de s'assurer contre les risques de responsabilité civile dont il doit répondre (V. L. 10 juill. 1965, art. 9-1 nouveau, p. 136).

18) Modalités. Encore fallait-il définir de quelle manière la décision devait être prise par le syndicat. À ce titre, il appartient au syndic « de soumettre au vote de l'assemblée générale, à la majorité de l'article 24 [majorité simple], la décision de souscrire un contrat d'assurance contre les risques de responsabilité civile dont le syndicat doit répondre ». Conformément aux règles générales, le vote interviendra après une mise en concurrence des entreprises concernées.

19) Prérogative du syndic. Le syndic n'est pas entièrement tributaire de la décision prise par l'assemblée puisque la loi de 2014 impose une obligation d'assurance. Partant, afin de permettre à tout syndicat de bénéficier d'une couverture, il a été prévu qu'en cas de refus de l'assemblée générale, l'assurance peut être contractée par le syndic pour le compte du syndicat des copropriétaires, en application de l'article L. 112-1 du Code des assurances (L. 1965, art. 18-I-3e tiret, nouveau). Dans cette hypothèse, il appartient au syndic de choisir l'entreprise qui assurera l'immeuble.

Sur les divers risques et responsabilités à assurer, voir C. Delahaye, *La pratique de l'assurance pour les administrateurs de biens, Publications Administrer* et *Rev. bleue* mars 1985, p. 49 et s., *Assurance d'un immeuble en copropriété*.

Le syndic engage également sa responsabilité vis-à-vis du syndicat si l'immeuble est insuffisamment assuré (▪ CA Nancy, 23 mai 2016 : *AJDI* 2016, p. 846. ▪ CA Paris, 23e ch., 20 mai 1999 : *JurisData* n° 1999-023201 ; *JCP* G 2001, IV, n° 1203). S'il change d'assureur de sa propre initiative, il est responsable du surcroît de primes injustifié qui en découle (▪ CA Paris, 23e ch. B, 13 janv. 2000 : *JurisData* n° 2000-105074 ; *Loyers et copr.* 2000, comm. 155). Mais le syndic ne peut voir sa responsabilité engagée vis-à-vis d'un copropriétaire pour défaut d'assurance, si le défaut de paiement des primes est précisément dû au fait que ce copropriétaire ne payait pas ses charges (▪ Cass. 3e civ., 13 juill. 1999 : *Rev. Administrer* janv. 2000, p. 39, note J.-R. Bouyeure).

Bibliographie : Deschamps, *L'assurance et la copropriété : AJPI* 1965, I, p. 172. – V. N. Bernard, *Les assurances de l'immeuble et la responsabilité* *du syndic : Inf. rap. copr.* avr. 1992, p. 133 et s. – C. Delahaye, *La pratique de l'assurance pour l'administrateur de biens : Rev. Administrer* 1991. – N. Bernard, *Les assurances du copropriétaire occupant et non occupant : Inf. rap. copr.* avr. 1993, p. 129 et s. – N. Bernard, *L'assurance et la copropriété : cas pratiques : Inf. rap. copr.* oct. 1993, p. 312 et s. – F. Vielle, *Assurance et copropriété : Ann. loyers* 1992, p. 660 et s. – B. Quignard, *Problèmes d'assurance en matière d'ascenseur : JCP* N 1992, prat. 2149. – M. Philibert, *Assurances et copropriété, Les responsabilités couvertes : Inf. rap. copr.* avr. 2006, p. 31. – M.-H. Martial, *La copropriété et l'assurance multirisques : Inf. rap. copr.* mai 2014, p. 25.

20) Assurance dommages-ouvrages. Le syndic doit veiller à la souscription d'une police *assurance dommages* lorsque le syndicat procède à des travaux concernés par la loi n° 78-12 du 4 janvier 1978 (Rép. min. 18 août 1980 : *JOAN*, p. 3504, n° 30685), codifiée aux articles L. 111-30 du Code de la construction et de l'habitation, par exemple des travaux d'étanchéité d'une terrasse (▪ CA Paris, 23ᵉ ch. B, 18 mai 2000 : *Loyers et copr.* 2000, comm. 258). À défaut sa responsabilité est engagée (▪ CA Paris, 23ᵉ ch. B, 23 sept. 2004 : *Rev. Administrer* mai 2005, p. 49, obs. J.-R. Bouyeure). Mais il n'est pas tenu de contracter lui-même une assurance de responsabilité en vertu de cette même loi, n'étant pas « locateur d'ouvrage » au sens de l'article 1792-1-3° du Code civil, sauf s'il s'est comporté comme tel ou s'est immiscé dans l'opération de construction (Rép. min. 13 oct. 1979 : *JOAN*, p. 3485, n° 21126).

Sa police responsabilité civile ne le garantit pas lorsqu'il assume la fonction de maître d'œuvre (▪ CA Paris, ch., 26 oct. 2000 : *AJDI* 2000, p. 1067).

Voir : sur la transmission du bénéfice de l'assurance dommages-ouvrages, L. 10 juill. 1965, art. 15, n° 47, p. 263.

Il a été jugé que le syndic ne pouvait pas être poursuivi pénalement s'il s'était borné à suivre la décision du conseil syndical de ne pas souscrire d'assurance dommages-ouvrages (▪ T. corr. Marseille, 13 déc. 1999, cité par B. Stemmer et A. Vidal-Naquet : *JCP* N 1999, p. 1548. ▪ T. corr. Paris, 25 avr. 1991 : *Rev. Administrer* janv. 1991, p. 63, note E.-J. Guillot) ou pour conclure des contrats d'approvisionnement pour la fourniture d'eau chaude ou froide (▪ CA Paris, 23ᵉ ch. A, 17 mai 2000 : *Loyers et copr.* 2000, comm. 259. – Sur ce problème, V. M. Zavaro, *Le syndic, l'assureur dommages-ouvrages et le juge : Rev. loyers* 2002, p. 470. – P. Lebatteux, *Le syndic et l'assurance dommages-ouvrages : AJPI* 1990, p. 605 et s. – A. Guiraud : *Inf. rap. copr.* juin 1991, p. 194. – A. Valdès, *Le syndic et l'assurance dommages-ouvrages : Inf. rap. copr.* juill.-août 1996, p. 12 et s.).

Comme l'indique Me P. Lebatteux (étude préc.) :

– la réalisation de travaux sur existant, même s'il s'agit de travaux d'entretien sans adjonction d'éléments nouveaux, implique la souscription d'une assurance dommages-ouvrages : c'est à l'assemblée qu'il incombe de décider ou non de contracter cette assurance ;

– si l'assemblée ne prend pas de décision ou prend une décision négative, le syndic ne peut être personnellement recherché devant la juridiction pénale pour infraction aux dispositions de l'article L. 111-30 du Code de la construction et de l'habitation.

Ne constitue ni une faute de gestion ni un excès de pouvoir, le fait pour un syndic d'avoir contracté une assurance dommages-ouvrage obligatoire couvrant des travaux régulièrement votés, sans mandat exprès de l'assemblée générale (▪ CA Paris, pôle 4, ch. 2, 25 janv. 2017 : *Rev. Administrer* avr. 2017, p. 43, obs. J.-R. Bouyeure).

Sur l'assurance dommages-ouvrages, voir la 18ᵉ recommandation de la Commission relative à la copropriété en Annexe 17, *Commission relative à la copropriété*, p. 1095.

Il a été jugé qu'ayant laissé une copropriétaire entreprendre des travaux sans que celle-ci ait produit les attestations d'assurance, le syndic commet une faute conduisant à la réparation du préjudice du syndicat résultant de la perte d'une chance de n'avoir pas subi les dommages ou de ne pas être privé de la possibilité d'être indemnisé (▪ Cass. 3ᵉ civ., 3 nov. 2016, n° 15-21.705 : *JurisData* n° 2016-022915 ; *Loyers et copr.* 2017, comm. 26, obs. C. Coutant-Lapalus ; *Ann. loyers* 2017, p. 71, obs. J.-M. Roux ; *Rev. Administrer* févr. 2017, p. 54, obs. J.-R. Bouyeure).

Bibliographie : B. Stemmer et A. Vidal-Naquet, *Le syndic et l'assurance dommages-ouvrages : JCP* N 2000, p. 1548. – M. Daviou, *L'assurance des travaux dans les immeubles placés sous le régime de la copropriété : Inf. rap. copr.* juill.-août 1999, p. 11. – A. Valdès, *L'assurance obligatoire dommages-ouvrages avant la réception des travaux dans un immeuble en copropriété : Rev. Administrer* févr. 2000, p. 24. – *L'obligation de souscrire une assurance dommages-ouvrages* (étude anonyme : *Rev. hab. fr.* juill.-août 2001, p. 22). – A. Cattan, *Les travaux entrepris en copropriété : l'assurance dommages-ouvrages : Rev. Administrer* févr. 2005, p. 9. – J. Hocquard, *Les obligations du syndic en matière d'assurance : Inf. rap. copr.* nov. 2018, p. 21.

B – Garde, conservation et entretien de l'immeuble

Bibliographie : P. Maes, *Assurer la maintenance des immeubles : Inf. rap. copr.* mai 2002, p. 25. – C. Blanchard, *L'étanchéité des toitures et des ter-*

rasses : Inf. rap. copr. déc. 2003, p. 29. – J.-M. Le Masson, *La conservation de l'immeuble en copropriété : Inf. rap. copr.* janv.-févr. 2006, p. 20. – J. Bedos, *Les travaux en copropriété à l'initiative du syndicat : Maison et habitat* févr. 2006, p. 26. – D. Lefebvre, *Travaux sur les parties communes, comment les mener à bien : Rev. habitat* mars 2006, p. 13. – O. Safar, *Les travaux en copropriété, nouvelles obligations comptables : Rev. loyers*, oct. 2005, p. 416.

21) Garde de l'immeuble. Par référence à cette notion de « garde » de l'immeuble, il appartient au syndic de prendre de sa propre initiative les mesures tendant à en sécuriser les accès lorsqu'elles peuvent entrer dans le cadre de la gestion courante : par exemple la pose d'une serrure de sécurité à la suite de plusieurs cambriolages (▪ Cass. 3e civ., 17 déc. 1996 : *RD imm.* 1997, p. 132). Il engage sa responsabilité s'il laisse s'installer des squatters dans certains lots (▪ CA Paris, 23e ch. B, 12 févr. 2004 : *AJDI* 2004, p. 391).

Voir : sur les pouvoirs du syndic pour engager des gardiens, V. D. 17 mars 1967, art. 31, p. 801.

22) Conservation et entretien de l'immeuble. Les travaux de menu entretien doivent être exécutés par le syndic de sa propre initiative (▪ TGI Paris, 21 avr. 1976 : *D.* 1976, inf. rap. p. 319). Constitue une simple dépense d'entretien le remplacement d'un élément usé ou détérioré sans modification de cet élément (▪ TGI Marseille, 25 sept. 1979 : *Ann. loyers* 1980, p. 1237) ou l'achat d'extincteurs (▪ Cass. 3e civ., 15 nov. 1995, sol. impl. : *Loyers et copr.* 1996, n° 92 ; *RD imm.* 1996, p. 112) ou encore tous les petits travaux d'entretien, quand bien même n'y aurait-il pas eu de fixation de seuil d'engagement de ce type de dépense (▪ CA Paris, pôle 4, 2e ch., 31 août 2011 : *JurisData* n° 2011-017490 ; *Loyers et copr.* 2011, comm. 336, obs. G. Vigneron). Le syndic peut aussi établir trimestriellement un état parasitaire (exigé par la loi en cas de vente de lots, V. Annexe 60, *Termites*, p. 1563) concernant les parties communes sans autorisation de l'assemblée (▪ Cass. 3e civ., 4 janv. 2006 : *Loyers et copr.* 2006, comm. 68, obs. G. Vigneron). En revanche, engage sa responsabilité le syndic qui choisit unilatéralement un revêtement d'une qualité inférieure à celle choisie initialement par l'assemblée générale (▪ CA Versailles, 31 mai 2010 : *JurisData* n° 2010-017428 ; *Loyers et copr.* 2010, comm. 329, obs. G. Vigneron). Le syndic qui ne fait pas en temps utile les travaux nécessaires ne peut, pour s'exonérer de sa responsabilité, invoquer l'absence de trésorerie en raison de la carence de certains copropriétaires. En effet, il lui appartenait de procéder au recouvrement forcé des charges pour pallier cette carence (▪ Cass. 3e civ., 29 oct. 2003 : *Rev. Administrer* févr. 2004, p. 53, obs. J.-R. Bouyeure).

Si le syndic a compétence pour passer une commande relative à l'approvisionnement en combustible de la copropriété, ou pour conclure des contrats d'approvisionnement pour la fourniture d'eau chaude ou froide (▪ CA Paris, 23e ch. A, 17 mai 2000 : *Loyers et copr.* 2000, comm. 259), il lui faut l'autorisation de l'assemblée pour conclure un contrat de longue durée relatif à l'installation du chauffage, et concernant l'entretien courant et une garantie totale des installations consistant à assurer d'une façon permanente le gros entretien (▪ CA Versailles, 28 juin 1988 : *Rev. Administrer* mars 1989, p. 29 ; *D.* 1988, inf. rap. p. 263. – V. également ▪ CA Paris, 23e ch., 6 oct. 1995 : *Loyers et copr.* 1996, comm. 93), ou pour conclure des contrats d'approvisionnement pour la fourniture d'eau chaude ou froide (▪ CA Paris, 23e ch. A, 17 mai 2000 : *Loyers et copr.* 2000, comm. 259).

Voir : sur le cas où le syndic commande des travaux sans indiquer qu'il agit au nom du syndicat, L. 10 juill. 1965, art. 18, comm. n° 9, p. 291.

Dans le cadre de ses pouvoirs de conservation de l'immeuble, il appartient au syndic (en l'espèce un syndic provisoire) d'émettre les réserves qui s'imposent en cas de défaut de conformité lors de la livraison des parties communes par le promoteur vendeur (▪ CA Paris, 23e ch. A, 9 juin 1999 : *Constr.-Urb.* 1999, comm. 329, note D. Sizaire). Il doit également agir pour empêcher les copropriétaires de porter atteinte aux parties communes (▪ CA Paris, 23e ch. A, 29 mars 2000 : *JurisData* n° 2000-111154 ; *Loyers et copr.* 2000, comm. 212).

En revanche, le syndic n'est tenu ni au relevé des compteurs privatifs ni à l'entretien de canalisations privatives (▪ Cass. 3e civ., 15 déc. 2016, n° 15-25.305 : *Loyers et copr.* 2017, comm. C. Coutant-Lapalus ; *Inf. rap. copr.* avr. 2018, p. 12, obs. M.-F. Ritschy ; *Ann. loyers* 2017, p. 72, obs. J.-M. Roux ; *Rev. Administrer* mars 2017, p. 49, obs. J.-R. Bouyeure).

23) Devoir de conseil. Le syndic a un devoir de conseil vis-à-vis de l'assemblée : il ne doit pas, sans l'avoir mise en garde, faire voter des travaux qui dépasseraient manifestement ses possibilités de financement (▪ CA Paris, 23e ch., 16 oct. 1992 : *D.* 1994, somm. p. 207, obs. J.-R. Bouyeure) ou souscrire avec un architecte un contrat comportant des honoraires très élevés (▪ CA Paris, 23e ch., 8 avr. 1992 : *Rev. Administrer* nov. 1992, p. 83, obs. A. Dunes). Le syndic manque également à son devoir de conseil en ne mettant pas en cause la responsabilité des entrepreneurs dans le délai de prescription décennale (▪ CA Paris, 23e ch. B, 29 janv. 2004 : *Loyers et copr.* 2004, comm. 99, obs. G. Vigneron) ou s'il ne permet pas aux copropriétaires de prendre les décisions autorisant la réalisation de travaux conformément à la réglementation en vigueur (■ CA Versailles, 31 mai 2010 : *JurisData* n° 2010-017428 ; *Loyers et copr.* 2010, comm. 329, obs. G. Vigneron).

Bibliographie : C. Atias, *Pouvoir majoritaire et pouvoir du syndic : Inf. rap. copr.* oct. 2000, p. 26.

C – Tenue d'un carnet d'entretien

24) Obligations du syndic. Depuis la loi n° 2014-366 du 24 mars 2014, il incombe au syndic d'établir et de tenir à jour le carnet d'entretien de l'immeuble mais aussi (la règle figurait auparavant dans le décret du 17 mars 1967) de le mettre à la disposition des copropriétaires.

Le contenu de ce carnet d'entretien a été fixé par le décret n° 2001-477 du 30 mai 2001 (p. 1051) (*JO* 3 juin ; *JCP* G 2001, III, 20504).

Grâce à la consultation du carnet d'entretien, l'acquéreur pourra constater quelles ont été les mesures prises en conformité du diagnostic porté à l'origine, apprécier l'état d'entretien de l'immeuble, les travaux nécessaires dans le futur, etc., ce qui éclairera sa décision d'achat.

Si ce carnet d'entretien n'était pas régulièrement et complètement tenu à jour et que l'acquéreur soit, de ce fait, incomplètement ou faussement informé, la responsabilité du syndic pourrait être engagée, dans la mesure du préjudice causé.

Voir : sur le rôle du syndic en matière de carnet d'entretien, Annexe 13, *Carnet d'entretien*, p. 1051 et D. 17 mars 1967, art. 33, p. 806. – Sur la rémunération pouvant être exigée par le syndic, Annexe 13, *Carnet d'entretien*, p. 1051.

VIII – POUVOIR D'INITIATIVE DU SYNDIC

Bibliographie : E. Kischinewsky-Broquisse, *L'urgence en copropriété : Gaz. Pal.* 1994, 1, doctr. p. 475. – M.-F. Ritschy, *L'urgence dans le droit de la copropriété : Inf. rap. copr.* sept. 1998, p. 12. – C. Atias, *L'urgence en copropriété immobilière : Inf. rap. copr.* nov. 2001, p. 25. – J.-M. Roux, *Les travaux urgents et le syndic de copropriété : Rev. Administrer* juin 2006, p. 23. – C. Chazelle, *Le syndic et les travaux urgents : Inf. rap. copr.* sept. 2018, p. 15.

25) Principe. Le syndic a le pouvoir de procéder de sa propre initiative aux travaux présentant un caractère d'urgence et nécessaires pour la sauvegarde de l'immeuble.

Si le syndic a le pouvoir d'effectuer les travaux urgents, il en a également le devoir. Il engage sa responsabilité s'il ne satisfait pas à cette obligation légale (V. par ex., ■ Cass. 3e civ., 6 juill. 2017, n° 16-18.950 : *Inf. rap. copr.* avr. 2018, p. 12, obs. M.-F. Ritschy ; *Ann. loyers* oct. 2017, p. 56, obs. J.-M. Roux ; *Rev. Administrer* nov. 2017, p. 42, obs. J.-R. Bouyeure. ■ Cass. 3e civ., 10 janv. 2012, n° 10-26.207 : *JurisData* n° 2012-000254 ; *Loyers et copr.* 2012, comm. 88, obs. G. Vigneron ; *Inf. rap. copr.* mai 2013, p. 15, obs. M.-F. Ritschy ; *Rev. Administrer* avr. 2012, p. 53, obs. J.-R. Bouyeure. ■ Cass. 3e civ., 15 nov. 2011, n° 10-25.840 : *AJDI* 2012, p. 43. ■ CA Paris, pôle 4, 5e ch., 2 mai 2012 : *JurisData* n° 2012-010350. ■ CA Paris, 7 juin 1993 : *Rev. Administrer* févr. 1994, p. 70, obs. A. Dunes). En présence de désordres olfactifs, présentant un caractère d'urgence au sens de l'article 18 de la loi du 10 juillet 1965, le syndic qui n'allègue pas s'être régulièrement rendu sur place pendant les quatorze années durant lesquelles les désordres s'étaient produits ni avoir pris l'initiative de faire appel à un expert pour évaluer l'ampleur et la nature de ceux-ci, doit être déclaré responsable (■ Cass. 3e civ., 28 janv. 2016, n° 14-24.478 : *AJDI* 2016, p. 281). Toutefois, il en serait autrement et la responsabilité du syndic ne pourrait pas être recherchée si l'assemblée avait décidé d'ajourner des travaux de réfection pourtant urgents, au motif que les copropriétaires n'étaient pas en mesure d'en assumer le financement (■ Cass. 3e civ., 15 mai 1991 : *Rev. Administrer* févr. 1992, p. 48, note E.-J. Guillot ; *Defrénois* 1992, art. 35303, p. 813, note H. Souleau).

Certaines décisions avaient même admis que si les travaux étaient urgents et nécessaires à la sauvegarde de l'immeuble, le syndic pouvait les faire exécuter malgré une décision contraire de l'assemblée (■ Cass. 3e civ., 29 oct. 1969 : *Gaz. Pal.* 1970, 1, p. 229, note M. Morand. – V. dans le même sens ■ CA Toulouse, 21 janv. 1988 : *Rev. Administrer* nov. 1988, p. 38, note E.-J. Guillot. ■ CA Toulouse, 10 déc. 1987 : *Rev. loyers* 1988, p. 227). Mais un arrêt de la Cour de cassation (3e ch. civ.) du 6 février 2002 énonce, de manière à notre avis mieux fondée, que le syndic n'est pas responsable de ne pas avoir fait exécuter des travaux urgents et nécessaires à la sauvegarde de l'immeuble dès lors que l'assemblée s'est opposée à leur exécution (■ Cass. 3e civ., 6 févr. 2002 : *Bull. civ.* II, n° 33 ; *Loyers et copr.* 2002, comm. 163 ; *Rev. loyers* 2002, p. 235, note P. Déchelette-Tolot ; *Rev. Administrer* mai 2002, p. 48, obs. J.-R. Bouyeure. – V. également, dans le cas où le syndic en raison des atermoiements du syndicat ne peut satisfaire à une injonction du préfet : ■ CA Paris, 24 sept. 1997 : *Loyers et copr.* 1998, n° 54).

Les copropriétaires doivent laisser l'accès à leurs parties privatives pour l'exécution des travaux décidés par le syndic en vertu de l'article 18 de la loi du 10 juillet 1965 (■ CA Paris, 23e ch. A, 22 avr. 1985 : *D.* 1985, inf. rap. p. 424). À défaut le syndic peut obtenir du juge des référés l'autorisation de pénétrer dans les lieux (■ CA Paris, 14e ch. B, 1er févr. 2002 : *Loyers et copr.* 2002, comm. 165).

26) Travaux considérés comme urgents. Selon M. Atias (*Les travaux urgents en copropriété immo-*

bilière : Rev. Administrer oct. 1987, p. 2 et s.), il y a urgence lorsqu'en lui-même le défaut de réaction rapide entraînerait préjudice et que ce préjudice à éviter est imminent, ce qui empêche d'envisager une convocation préalable de l'assemblée (V. aussi, J.-M. Roux, *Les travaux urgents et le syndic de copropriété : Rev. Administrer* juin 2006, p. 23).

Il en est ainsi par exemple pour des travaux confortatifs dans un but de sécurité (■ TGI Paris, 25 juin 1980 : *Rev. loyers* 1981, p. 273. – V. également, ■ Cass. 3ᵉ civ., 30 mars 2010 : *AJDI* 2010, p. 391), pour la réparation et la consolidation de solives et de voûtes d'un bâtiment (■ TGI Seine, 13 janv. 1964 : *Gaz. Pal.* 1964, 2, p. 89), pour la réfection de souches de cheminées menaçant ruine (■ TGI Paris, 7 janv. 1976 : *D.* 1976, inf. rap. p. 319), pour des travaux destinés à assurer l'étanchéité (■ Cass. 3ᵉ civ., 17 juin 2014, n° 12-24.827 : *Ann. loyers* 2014, p. 2970, obs. C. Atias. ■ Cass. 3ᵉ civ., 12 janv. 1994 : *Loyers et copr.* 1994, comm. 167. ■ CA Versailles, 17 févr. 2014 : *JurisData* n° 2014-002860 ; *Loyers et copr.* 2014, comm. G. Vigneron. ■ CA Paris, 14 juin 1983 : *D.* 1984, inf. rap. p. 19) ou destinés à permettre la continuité du fonctionnement des équipements collectifs (remise en état d'une canalisation brusquement crevée : ■ Cass. 3ᵉ civ., 23 juin 1971 : *Inf. rap. copr.* 1973, p. 15. – V. aussi ■ CA Paris, 23ᵉ ch. B, 16 déc. 1999 : *JurisData* n° 1999-102739 ; *Loyers et copr.* 2000, comm. 183. – Pour un branchement destiné à permettre l'alimentation en eau : ■ CA Paris, 14ᵉ ch. B, 1ᵉʳ févr. 2002 : *Loyers et copr.* 2002, comm. 165), pour la réparation de fuites d'eau (■ CA Paris, 23ᵉ ch. B, 5 avr. 2002 : *Loyers et copr.* 2002, comm. 214. ■ CA Paris, 23ᵉ ch. A, 13 mars 2002 : *AJDI* 2002, p. 473), pour des travaux destinés à pallier une grave insuffisance de chauffage (■ CA Paris, 23ᵉ ch. B, 18 nov. 1999 : *D.* 2000, somm. p. 211, note C. Atias. ■ CA Paris, 30 avr. 1981 : *D.* 1982, inf. rap. p. 145) ou à réparer ou remplacer une chaudière (■ TGI Paris, 12 oct. 1974 : *D.* 1976, inf. rap. p. 72), pour des travaux d'étaiement consécutifs à l'effondrement du plafond d'un appartement (■ CA Versailles, 4ᵉ ch., 4 mai 2012 : *JurisData* n° 2012-011629), pour des travaux destinés à porter remède au danger résultant d'un stationnement anarchique des véhicules (■ TGI Versailles, 21 févr. 1979 : *Gaz. Pal.* 1980, 2, p. 719, note M. Morand ; *RD imm.* 1980, p. 119, obs. F. Givord et C. Giverdon), pour des travaux de remplacement de la canalisation générale des eaux usées qui s'était rompue (■ TGI Marseille, 23 nov. 1978 : *Rev. Administrer* mars 1980, p. 37, obs. E.-J. Guillot), pour des travaux de dégorgement et de réparation d'un collecteur d'égouts (V. ■ CA Paris, 8ᵉ ch. A, 1ᵉʳ juin 1981 : *D.* 1982, inf. rap. p. 146, n° 67, note Brane), pour des travaux d'étaiement du plafond d'un appartement (■ CA Versailles, 4ᵉ ch., 14 mai 2012 : *JurisData* n° 2012-011629 ; *Loyers et copr.* 2012, comm. 277, obs. G. Vigneron ; *Inf. rap. copr.* mai 2013, p. 14, obs. M.-F. Ritschy). Après injonction de l'administration de faire des travaux de ravalement, le syndic peut prendre l'initiative de mandater des architectes pour présenter des devis (■ CA Paris, 23ᵉ ch., 18 juin 1997 : *Loyers et copr.* 1997, comm. 326).

27) Travaux n'ayant pas un caractère d'urgence. En revanche, ne sont pas des travaux urgents et nécessaires pour la sauvegarde de l'immeuble, la transformation de générateurs à charbon en une chaudière unique au mazout avec installation d'une cuve : ils constituent des améliorations au sens de l'article 30 de la loi (■ TGI Paris, 29 mars 1971 : *AJPI* 1973, p. 616. ■ TGI Nice, 8 janv. 1965 : *Inf. rap. copr.* 1965, p. 526) ou le remplacement des adoucisseurs d'eau (■ CA Paris, 23ᵉ ch. B, 11 janv. 2001 : *Loyers et copr.* 2001, comm. 163).

En cas de contestation, les juges du fond doivent rechercher si les travaux sont à la fois urgents et nécessaires à la sauvegarde de l'immeuble (■ Cass. 3ᵉ civ., 23 mars 2022, n° 21-13.083 : *Inf. rap. copr.* oct. 2022, p. 45 ; *AJDI* 2022, p. 367 ; *Administrer* mai 2022, p. 46, obs. P. Déchelette-Tolot). À défaut, la responsabilité du syndic est engagée vis-à-vis du syndicat (■ Cass. 3ᵉ civ., 14 juin 2000 : *JurisData* n° 2000-002555 ; *Loyers et copr.* 2000, comm. 242 ; *Rev. Administrer* oct. 2000, p. 77, note J.-R. Bouyeure). Mais encore faut-il démontrer quel a été le préjudice causé au syndicat (■ CA Paris, 23ᵉ ch. A, 30 janv. 2002 : *AJDI* 2002, p. 472).

Si le syndic engage de son propre chef des travaux qui ne sont ni urgents ni nécessaires à la sauvegarde de l'immeuble, il ne peut invoquer la théorie de la gestion d'affaires pour en obtenir le remboursement et il s'expose à des dommages et intérêts si le syndicat subit un préjudice (■ Cass. 3ᵉ civ., 3 juin 1987 : *Bull. civ.* III, n° 115, p. 68 ; *D.* 1987, inf. rap. p. 148 ; *JCP G* 1987, IV, 273. ■ CA Paris, 23ᵉ ch., 5 oct. 1993 : *Loyers et copr.* 1995, n° 135).

Ce préjudice est inexistant si les travaux ont été correctement réalisés et à un prix satisfaisant (■ CA Paris, 23ᵉ ch. B, 22 nov. 2001 : *AJDI* 2002, p. 310. ■ CA Paris, 14 mars 2012 : *AJDI* 2013, p. 291).

Voir : sur l'obligation pour le syndic de convoquer immédiatement une assemblée, et la possibilité de demander des provisions, D. 17 mars 1967, art. 37, p. 817.

Voir aussi : sur la possibilité d'affecter tout ou partie des sommes déposées sur le fonds de travaux au financement des travaux urgents, L. 10 juill. 1965, art. 14-2-II, al. 4, nouveau, p. 239.

IX – MISSION DU SYNDIC SUR LE PLAN COMPTABLE

Bibliographie : V. L. Arnaud, *La comptabilité des syndicats de copropriété : Rev. éco. et dr. imm.* 1976, n° 65, p. 32 ; *Inf. rap. copr.* févr. 1975, p. 17 et s. et mars 1975, p. 33 et s. – G. Vigneron, *La gestion financière de la copropriété* : *JCP* N 1976, I, 2811. – *JCl. Copropriété*, Fasc. 90, nos 80 et s. et Fasc. 310. – D. Cordier, *La vérification des comptes de copropriété* : *Inf. rap. copr.* juin 1991, p. 201 et s. – J. Laporte, *La nouvelle comptabilité de la copropriété*, Delmas 2007. – M. Morand, *Les situations de trésorerie fallacieuses dans les syndicats de copropriété* : *Gaz. Pal.* 1999, 2, doctr. p. 1326. – R. Roussel, *Vers l'élaboration d'un plan comptable normalisé à l'usage des syndicats de copropriétaires* : *AJDI* 2000, p. 211. – J.-L. Picquart, *La comptabilité du syndicat : mieux la comprendre pour mieux la vérifier* : *Rev. hab. fr.* déc. 1999, p. 10. – A. Laux, *Les obligations comptables du syndic* : *Inf. rap. copr.* oct. 2023, p. 29.

28) Vers de nouvelles règles. Les règles ci-dessous énoncées ne sont applicables que jusqu'au 31 décembre 2006. À compter du 1er janvier 2007, le nouvel article 18, alinéa 4, dans sa rédaction issue de la loi du 13 décembre 2000, entre en vigueur, en même temps que les règles comptables posées par les articles 14-1 à 14-3 nouveau de la loi (L. 13 déc. 2000, art. 75-III, mod. par L. n° 2003-590, 2 juill. 2003, art. 89, par L. n° 2005-32, 18 janv. 2005, art. 119 et par L. n° 2006-872, 13 juill. 2006, art. 94, II. – Voir, Annexe 18, *Comptabilité des syndicats*, p. 1141).

29) Obligations en vigueur jusqu'au 31 décembre 2006. Aux termes de l'article 18, alinéa 4 nouveau, issu de la loi du 31 décembre 1985, le syndic a reçu mission :

– d'*établir le budget prévisionnel* du syndicat et de le *soumettre au vote* de l'assemblée ;

– de *tenir pour chaque syndicat une comptabilité séparée*, qui doit faire apparaître la position de chaque copropriétaire à l'égard du syndicat.

Sur tous ces points, le texte n'a fait que reprendre les dispositions de l'article 34 du décret du 17 mars 1967.

La loi du 31 décembre 1985 a ajouté cependant que cette comptabilité séparée devait également faire apparaître la « situation de trésorerie du syndicat ».

Cette exigence nouvelle avait un double but :

– permettre au syndic d'apprécier à tout moment dans quelle mesure il est opportun de procéder à de nouveaux appels de fonds (*JO Sénat*, 6 nov. 1985, p. 2722 – déclaration de M. Ceccaldi-Pavard) ;

– permettre au syndic sortant de s'acquitter de l'obligation qui lui est imposée par l'article 18-2 nouveau (V. ce texte) de reverser les fonds « immédiatement disponibles » au nouveau syndic (V. les déclarations de M. Ceccaldi-Pavard : *JO Sénat*, 6 nov. 1985, p. 2723).

A – Obligations comptables

30) Comptabilité par syndicat. Le syndicat qui administre plusieurs copropriétés doit tenir une comptabilité séparée par syndicat.

Il n'y a pas, jusqu'au 1er janvier 2007, de règles spécifiques concernant la tenue de cette comptabilité. Des recommandations ont été faites par la Commission relative à la copropriété (V. en Annexe 18, *Comptabilité des syndicats*, p. 1141 la 6e recommandation. – À propos de l'envoi de relevés généraux de dépenses par les syndics, Rép. min. n° 101155 : *JOAN* Q, 24 mai 2011, p. 5539 ; *D.* 2011, p. 1560 ; *AJDI* 2011, p. 499).

La jurisprudence fait preuve de souplesse et n'exige pas que le syndic se comporte comme un professionnel de la comptabilité (▪ Cass. 3e civ., 3 févr. 1993 : *RD imm.* 1993, p. 268). Sur le plan pratique, il y a cependant intérêt pour les copropriétés importantes à tenir une comptabilité relativement élaborée, au besoin avec le concours d'un comptable ou d'un expert-comptable (J. Laporte, *La nouvelle comptabilité de la copropriété*, Delmas 2007).

Voir aussi : sur les nouvelles obligations comptables issues de la loi du 13 décembre 2000, V. *supra*, le texte de l'article 18 modifié et L. art. 14-1 à 14-3.

31) Comptes de chaque copropriétaire. Les comptes du syndic doivent faire apparaître clairement les noms des copropriétaires débiteurs et le montant de leur dette (▪ TGI Paris, 8 juill. 1976 : *D.* 1976, inf. rap. p. 307).

Mais le syndic n'a pas à fournir à chaque copropriétaire des relevés de gestion des charges communes mentionnant poste par poste la *TVA* payée, afin qu'elle puisse être récupérée (▪ Cass. com., 7 juin 1982 : *D.* 1983, inf. rap. p. 450, obs. C. Giverdon. ▪ CA Versailles, 4e ch., 7 juin 2000 : *Dossier CSAB* n° 89, févr. 2001, n° 138, obs. A. Dunes. – J. Lafond : *Rev. Administrer* avr. 1982, p. 46. – V. également, Rép. min. n° 101155, *JOAN* Q, 24 mai 2011, p. 5539 ; *D.* 2011, p. 1560 ; *AJDI* 2011, p. 499). Toutefois, ces indications peuvent être fournies spontanément aux copropriétaires ou en application d'une clause particulière du contrat liant le syndic avec la copropriété (Rép. min. à M. Ligot : *JOAN*, 18 janv. 1988, p. 226. – V. dans le même sens : Rép. min. Budget, 29 juin 1992 : *Rev. Administrer* mai 1993, p. 64. – Et sur ce problème, V. Canu, *La récupération de la TVA payée sur les charges de copropriété par le copropriétaire assujetti* : *Rev. Administrer* juill. 1995, p. 18 et s.).

En revanche, le syndic doit fournir à chaque copropriétaire « en temps utile les éléments nécessaires à la déclaration d'ensemble de leurs revenus et notamment le détail des dépenses payées pendant l'année civile au nom de la copropriété pour en permettre éventuellement la déduction » (Rép. min. 15 oct. 1981 : *JO* Sénat, p. 2019).

En ce qui concerne les *déclarations fiscales à souscrire par les copropriétaires* au titre des *revenus fonciers*, il a été rappelé que les charges à déduire s'entendaient de celles effectivement acquittées au cours de l'année civile, soit qu'elles aient été payées au syndic lui-même pour ses honoraires et frais, soit qu'elles l'aient été par l'intermédiaire de celui-ci au profit des tiers fournisseurs ou entrepreneurs de travaux. Un copropriétaire ne peut déduire les charges immobilières que pour la partie des provisions annuelles versées par lui qui a été effectivement déboursée la même année par le syndic de la copropriété (Rép. min. 27 oct. 1986 : *JOAN*, p. 3999 ; *JCP* N 1987, prat. 103-2).

Il appartient à l'assemblée de préciser, lors de la négociation du « contrat de syndic », les modalités de délivrance et de contenu des attestations ou des relevés à remettre aux copropriétaires ainsi que les conditions de rémunération de ce service (Rép. min. 10 juin 1985 : *JOAN*, p. 2627).

Sur l'ensemble des obligations du syndic en ce domaine, J. Lafond, *Les documents et renseignements pouvant être réclamés aux syndics de copropriété : Rev. Administrer* nov. 1988, p. 14 et s.

Sur l'impact de l'obligation d'ouverture d'un compte séparé au nom du syndicat, Rép. min. : *JOAN* Q, 18 mars 2014, p. 2671 ; *Inf. rap. copr.* mai 2014, p. 24.

32) Budget prévisionnel. La loi n° 2014-366 du 24 mars 2014 est venue préciser que le syndic devra aussi établir le budget prévisionnel prévu à l'article 14-1 de la loi de 1965, en concertation avec le conseil syndical (L. 1965, art. 18-II-1er tiret).

Ce budget est en principe annuel (Rép. min. 6 sept. 1975 : *JOAN*, p. 5995). Il peut être établi simplement par référence à celui de l'année antérieure (■ CA Paris, 23e ch., 21 févr. 1976 : *AJPI* 1976, p. 403).

Le budget prévisionnel, une fois approuvé, permet au syndic de demander les provisions prévues par l'article 35 du décret du 17 mars 1967 (V. D. 17 mars 1967, art. 35, comm. n° 5, p. 811). Le syndic ne peut engager des dépenses non prévues au budget sans autorisation de l'assemblée (sauf urgence).

Le budget prévisionnel peut être valablement voté alors même que les comptes des exercices précédents n'ont pas été approuvés et que le syndic n'a pas reçu quitus (■ CA Paris, 19e ch., 15 févr. 1995 : *Loyers et copr.* 1995, n° 340).

Voir aussi : sur les nouvelles règles applicables en matière de budget prévisionnel à compter du 1er janvier 2007, V. L. art. 14-1 à 14-3 nouv.

B – Approbation des comptes

33) Modalités et objet. Les comptes du syndic sont soumis à l'approbation de l'assemblée. Les formes dans lesquelles le syndic doit rendre les comptes n'étaient pas à l'origine fixées par les textes. L'article 11-1° du décret énonçait simplement les documents à joindre à l'ordre du jour lorsque l'assemblée était appelée à approuver les comptes (V. ce texte). L'approbation des comptes est l'un des aspects de la reddition des comptes, obligation essentielle de tout mandataire envers son mandant (C. civ., art. 1993). Elle *ne concerne que la gestion financière* (alors que le *quitus* emporte décharge de la responsabilité pour l'ensemble de la gestion du syndic). La différence n'est pas toujours exactement faite en jurisprudence (V. ■ Cass. 3e civ., 20 mai 1992 : *RD imm.* 1992, p. 543, obs. P. Capoulade. – Pour le rappel du principe, V. ■ Cass. 3e civ., 6 juill. 1994 : *RD imm.* 1994, p. 698, obs. C. Giverdon. ■ CA Paris, 23e ch., 5 oct. 1994 : *Loyers et copr.* 1995, n° 137. ■ CA Paris, 23e ch., 16 mars 1992 : *Loyers et copr.* 1992, n° 272. – Sur la question, G. Vigneron, *Approbation des comptes et quitus au syndic : Inf. rap. copr.* 1993, p. 277).

Voir : L. 10 juill. 1965, art. 18, comm. n° 103, p. 322. – Sur les documents à joindre aux convocations en vue de l'information des copropriétaires après le décret du 27 mai 2004 et le décret comptable du 14 mars 2005 (D. 17 mars 1967, art. 11, I, 1° et 2°).

34) Conséquences. Si la décision d'approbation ne donne lieu à aucun recours en annulation dans le délai de deux mois de sa notification aux copropriétaires opposants ou défaillants (L. 10 juill. 1965, art. 42 – V. ce texte), les *comptes approuvés ne peuvent plus être remis en cause* sauf en cas d'erreur, d'omission ou de présentation inexacte (CPC, art. 1269. ■ Cass. 3e civ., 22 mars 1989 : *Loyers et copr.* 1989, n° 247. ■ Cass. 3e civ., 9 nov. 1988 : *Loyers et copr.* 1989, comm. 91. ■ Cass. 3e civ., 27 avr. 1988 : *Loyers et copr.* 1988, n° 349. ■ CA Paris, 23e ch. A, 10 déc. 1997 : *Dossier CSAB* n° 62, mars 1998, obs. A. Dunes). Chaque copropriétaire est alors tenu de régler sa quote-part dans les charges communes telles que celles-ci résultent des comptes approuvés. Il peut cependant demander au syndic une correction de son compte individuel s'il présente des erreurs matérielles, par exemple en ce qui concerne la répartition entre les copropriétaires du montant des charges communes approuvé par l'assemblée (V. G. Vigneron, *Reddition des comptes et quitus du syndic : Loyers et copr.* juin 1989, p. 1). Le fait qu'un copropriétaire approuve les comptes de la copropriété ne vaut pas approbation de son compte individuel (V. ■ Cass. 3e civ., 6 juill. 1994 : *Loyers et copr.* 1994, n° 359. ■ CA Paris, 23e ch.,

25 oct. 1993 : *Loyers et copr.* 1994, comm. 40), ce qu'indique désormais expressément l'article 45-1, alinéa 1er, du décret du 17 mars 1967 (V. ce texte).

Voir : sur l'incidence de l'approbation des comptes sur le recouvrement des charges communes, L. 10 juill. 1965, art. 10, comm. n° 84, p. 173.

L'approbation des comptes vaut en même temps *ratification par le syndicat des actes accomplis par le syndic* qui se sont concrétisés par l'engagement des dépenses approuvées, même si le syndic les a engagées à la suite d'un excès de pouvoir (■ Cass. 3e civ., 15 mars 1989 : *Loyers et copr.* 1989, comm. 252). L'approbation d'une dépense concernant des travaux ou fournitures entraîne ainsi du même coup l'acceptation du contrat ou marché correspondant que le syndic aurait passé de sa propre initiative alors que l'assemblée aurait dû être saisie de la question (V. cependant ■ CA Paris, 19e ch., 19 févr. 1998 : *Dossier CSAB* n° 70, déc. 1998, n° 153, obs. A. Dunes : une gratification allouée au gardien doit faire l'objet d'une décision spécifique et ne doit pas être considérée comme admise du fait qu'elle figure dans les comptes qui ont été approuvés. – V. aussi ■ CA Paris, 23e ch. A : *Dossier CSAB* n° 70, déc. 1998, n° 163, obs. A. Dunes).

Si des copropriétaires citent le syndicat en référé pour obtenir une vérification des comptes de l'ancien syndic sans le mettre en cause, celui-ci est fondé à faire tierce opposition à l'ordonnance intervenue (■ Cass. 3e civ., 20 juill. 1988 : *Inf. rap. copr.* 1989, p. 363, note P.C. ; *Loyers et copr.* 1988, comm. 463).

Toutefois, l'absence d'approbation des comptes lors de l'assemblée générale n'emporte pas de plein droit la nullité du mandat du syndic et l'impossibilité pour lui d'exercer son mandat (■ Cass. 3e civ., 21 nov. 2006 : *Rev. Administrer* févr. 2007, p. 49, obs. J.-R. Bouyeure).

X – CONSERVATION DES ARCHIVES – ARCHIVAGE PAR UN PRESTATAIRE EXTÉRIEUR

35) Conservation des archives. L'ordonnance n° 2019-1101 du 30 octobre 2019 modifie l'article 18 afin de mentionner explicitement l'obligation d'assurer la conservation des archives du syndicat au titre des missions générales de gestion administrative du syndic. Cette obligation se déduisait implicitement des dispositions du premier alinéa de l'article 18-2, qui traite de l'hypothèse particulière de la remise par l'ancien syndic au nouveau de l'ensemble des documents et archives du syndicat, et de l'article 33, alinéa 1er, du décret du 17 mars 1967.

36) Interrogation de l'assemblée générale. En tant que détenteur et gestionnaire des archives du syndicat, le syndic est parfois appelé à recourir à des entreprises tierces eu égard à la place, parfois considérable, nécessaire à leur conservation. L'intervention d'une société d'archivage avait d'ailleurs été spécialement avalisée par la loi n° 2009-323 du 25 mars 2009 (V. L. 10 juill. 1965, art. 18-2, al. 1er, p. 337).

Dans ce cadre, la loi n° 2014-366 du 24 mars 2014 a prévu que le syndic devait soumettre au vote de l'assemblée générale, à la majorité de l'article 25, la décision de confier les archives du syndicat des copropriétaires à une entreprise spécialisée aux frais dudit syndicat (L. 1965, art. 18-I-5e tiret, nouveau). Il ressort de la formulation retenue qu'un second vote ne pourra intervenir sur cette question en application de l'article 25-1 de la loi de 1965.

37) Absence de rétribution particulière. Dans le droit fil d'une gestion globale de l'immeuble, forfaitisée dans le contrat qui l'unit au syndicat, le nouveau texte prend soin de souligner qu'une telle décision ne pourra donner lieu à aucune rémunération complémentaire au profit du syndic.

XI – IMMATRICULATION DU SYNDICAT

38) Obligation de communication des données. Comme exposé en annexe de cet ouvrage Annexe 38, p. 1291, il appartient au syndic de réaliser les démarches prévues aux articles L. 711-1 à L. 711-6, nouveaux, du Code de la construction et de l'habitation relatifs à l'immatriculation du syndicat de copropriétaires. Il s'agit pour lui non seulement de procéder à l'immatriculation du syndicat qu'il est chargé d'administrer, mais également de communiquer au registre national des copropriétés les éléments permettant de mettre à jour ce fichier.

39) Sanction. Afin de rendre effectif l'obligation d'immatriculation et d'actualisation des données, la loi du 24 mars 2014 a prévu que le syndic défaillant pouvait de se voir condamné à une astreinte en cas de défaillance. C'est ce que rappelle l'article 18-I-8e tiret, nouveau.

Rappelons que dans l'hypothèse où le syndic n'aurait pas satisfait à ses obligations déclaratives, le teneur de registre peut, après mise en demeure du syndic restée infructueuse pendant un mois, appliquer une astreinte à l'encontre du syndic. L'astreinte court à compter de la fin de la mise en demeure et jusqu'à la complète transmission ou actualisation des données. L'astreinte est recouvrée comme en matière de contributions directes au profit de l'établissement public chargé de la tenue du registre, et son montant ne pourra être supérieur à 20 € par lot et par semaine. Cette somme ne pourra être facturée par le syndic aux copropriétaires, sauf si le syndic n'est pas rémunéré pour l'exercice de son mandat (V. CCH, art. L. 711-6-II, nouveau, en annexe, p. 1293).

XII – FICHE SYNTHÉTIQUE DE L'IMMEUBLE

Bibliographie : B. Wehrle-Detroye, *Fiche synthétique : après l'immatriculation, un pas de plus vers le big data ? : Inf. rap. copr.* oct. 2017, p. 21.

40) Renseignements relatifs à l'immeuble. Un nouveau document fait son apparition dans les immeubles en copropriété. Il s'agit de la « fiche synthétique » qui regroupe « les données financières et techniques essentielles relatives à la copropriété et à son bâti », dont le contenu sera défini par décret. Il appartient au syndic, non seulement d'établir cette fiche, mais également de la mettre à jour chaque année et de mettre cette fiche à disposition des copropriétaires (V. comm. L. 10 juill. 1965, art. 8-2, al. 1er, nouveau, p. 84).

Le décret n° 2020-1229 du 7 octobre 2020 (*JO* 9 oct.) fixe à 15 € par jour de retard le montant de la pénalité applicable au syndic à défaut de mise à disposition d'un copropriétaire de la fiche synthétique (V. *Fiche synthétique de la copropriété*, Annexe 30, p. 1233).

XIII – INFORMATION DES OCCUPANTS

Bibliographie : C. Coutant-Lapalus, *Une information renforcée des occupants d'immeubles en copropriété : Loyers et copr.* févr. 2016, Focus n° 9. – J.-M. Roux, *Avis à la population ! : Inf. rap. copr.* janv.-févr. 2016, p. 27.

41) Connaissance des décisions de l'organe délibérant. Mis à part les copropriétaires eux-mêmes (et parfois certaines personnes expressément visées par la loi), le syndic n'a pas à communiquer les procès-verbaux des assemblées générales à des tiers.

Néanmoins, afin d'améliorer la transparence et permettre une bonne connaissance par tous des initiatives et des contraintes dans la copropriété, la loi n° 2014-366 du 24 mars 2014 a instauré l'obligation, pour le syndic, d'assurer l'information des occupants de chaque immeuble des décisions prises par l'assemblée générale (L. 1965, art. 18-I-9e tiret, nouveau).

42) Personnes concernées. Par l'expression « occupants », le législateur a entendu principalement les locataires mais aussi, semble-t-il, les occupants à titre gratuit. L'expression « occupants de chaque immeuble » semble faire référence aux personnes situées dans chaque bâtiment.

Les modalités de cette information ont été définies par le décret n° 2015-1681 du 15 décembre 2015 (*JO* 17 déc.).

43) Délai imparti. Le syndic doit assurer l'information des occupants de chaque immeuble dans un délai de trois mois après la tenue de chaque assemblée générale des copropriétaires (D. 2015, art. 1er). C'est donc la date de la réunion qui sert de point de départ du délai.

Toutefois, le décret précise qu'une décision ayant pour effet le licenciement du gardien, concierge ou employé d'immeubles ne peut être portée à la connaissance des occupants avant que ce dernier ait reçu la lettre lui notifiant son licenciement (D. 2015, art. 1er, al. 4).

Il est à noter qu'aucune sanction n'a été prévue en cas d'absence de diligence du syndic.

44) Décisions à communiquer. Sont concernées les décisions prises par l'assemblée générale susceptibles d'avoir des conséquences sur les conditions d'occupation de l'immeuble et sur les charges des occupants.

À titre d'illustration, l'article 1er du décret de 2015 cite plusieurs exemples de résolutions, bien que la liste ne soit pas exhaustive. Il s'agit des décisions relatives à la maintenance et à l'entretien de l'immeuble, aux travaux de toute nature et aux actes techniques concourant à la préparation de ces travaux, tels que les diagnostics, les audits, les études techniques, ou encore des décisions relatives à la présence du personnel ou des prestataires.

Il a été précisé que lorsque ces décisions comprennent des informations à caractère personnel, il est procédé à l'anonymisation de leur contenu (D. 2015, art. 1er, al. 2).

45) Décisions non communicables. Le texte réglementaire prohibe la diffusion de certains types de résolutions. En effet, ne peuvent être portées à la connaissance des occupants les décisions de l'assemblée générale concernant une saisie immobilière ou une procédure contentieuse opposant un ou plusieurs copropriétaires au syndicat, mais aussi les prestations de gestion confiées au syndic ou pour lesquelles il est mandaté. Il semble que, dans ces cas de figure, la liste visée soit limitative (D. 2015, art. 1er, al. 3).

46) Modes de communication. L'article 2 du décret de 2015 dispose que l'information est réalisée soit par un document affiché pendant un mois à l'emplacement prévu à cet effet s'il en existe un, soit, à défaut, déposé dans chacune des boîtes aux lettres, soit, enfin, remis selon les modalités habituellement utilisées dans la copropriété pour la remise des courriers.

47) Entrée en vigueur. L'obligation d'information s'applique aux assemblées générales convoquées à compter du 1er avril 2016 (D. 2015, art. 3).

XIV – ACCÈS AUX DOCUMENTS DE GESTION

Bibliographie : A. Lebatteux, *Étude sur les trois décrets parus en application des dispositions de la loi n° 2018-1021 du 23 novembre 2018 dite « loi ELAN » en matière de copropriété : Loyers et copr.* 2019, étude 5, p. 13.

48) Informations en ligne. La loi du 24 mars 2014 instaure, à différents niveaux, la possibilité de recourir aux nouvelles technologies dans les immeubles soumis au statut de la copropriété, notamment afin d'avoir la possibilité d'obtenir des informations afférentes à l'administration du syndicat. Cela se traduit par l'obligation qui est faite au syndic de proposer un accès en ligne sécurisé aux documents dématérialisés relatifs à la gestion de l'immeuble ou des lots gérés (L. 1965, art. 18-I-10e tiret, nouveau).

49) Débiteur de l'obligation. Le syndic est tenu de formuler la proposition d'accès aux documents sous la forme dématérialisée uniquement lorsqu'il est un professionnel. Il n'en va pas de même pour un syndic bénévole.

50) Différenciation d'accès. Le texte prévoit un accès différencié à ces informations selon la nature des documents mis à la disposition des membres du syndicat des copropriétaires ou de ceux du conseil syndical. En l'occurrence, les membres du conseil syndical disposeront d'un accès plus large eu égard à leur mission d'assistance et de contrôle concernant toutes les questions intéressant le syndicat.

51) Liste minimale des documents dématérialisés. Le décret n° 2019-502 du 23 mai 2019 (*JO* 24 mai) détermine la liste minimale des documents de gestion de l'immeuble et relatifs aux lots gérés devant être mis à disposition des copropriétaires d'une part, et des membres du conseil syndical d'autre part (V. ce texte en ann., *V° Espace en ligne sécurisé*).

Voir : la liste des documents figure à l'annexe Espace en ligne sécurisé. V. également, D. 17 mars 1967, art. 33-1-1, p. 809.

52) Possibilité de dispense. Le syndic peut être exonéré de l'obligation d'inscrire à l'ordre du jour de l'assemblée générale l'accès aux documents de gestion à la condition que l'assemblée générale adopte une décision en ce sens à la majorité de l'article 25 de la loi.

XV – OUVERTURE D'UN COMPTE SÉPARÉ AU NOM DE LA COPROPRIÉTÉ

Bibliographie : Ch. Levinshon, *Compte unique ou compte séparé en copropriété : Inf. rap. copr.* oct. 1990, p. 285 et s. – D. Favre, *Contribution à l'étude de l'article 18 de la loi du 10 juillet 1965 : LPA* 14 juill. 1997, p. 4. – I. de Bénalcazar, *Le compte séparé au nom du syndicat, une initiative législative décevante : LPA* 24 mars 2000, p. 6. – C. Atias, *La consultation de l'assemblée sur l'ouverture d'un compte séparé : Inf. rap. copr.* juin 2000, p. 23. – J.-M. Roux, *La nullité du mandat du syndic : Ann. loyers* 2004, p. 2576. – J.-M. Le Masson, *Le syndic dans l'ALUR : Inf. rap. copr.* déc. 2014, p. 18 et s.

53) Raison d'être et évolution de la législation. L'idée mise en avant par la proposition de loi Bonnemaison était « qu'une gestion financière et comptable autonome devant être assurée pour chaque syndicat de copropriétaires », il devait être fait obligation au syndic « d'ouvrir un compte séparé pour chaque syndicat » (rapport Bonnemaison, doc. AN, n° 2960, p. 3).

Cette obligation n'existait jusqu'ici à la charge du syndic que dans l'hypothèse (en fait rarissime) où la garantie financière dont il devait bénéficier aux termes de la loi résultait d'un cautionnement déposé à la Caisse des dépôts et consignations (D. n° 72-678, 20 juill. 1972, art. 71, p. 1517).

D'âpres discussions ont préludé devant l'Assemblée à l'adoption de l'article 18, alinéa 5. Et il n'est pas sans intérêt – puisque aussi bien les copropriétaires auront à se prononcer sur l'opportunité d'ouvrir ce compte séparé – de rappeler les arguments qui ont été avancés en faveur ou à l'encontre du compte séparé (A). Nous exposerons ensuite le régime antérieur à la loi du 13 décembre 2000 (B) et la nouvelle réglementation issue de cette loi (C).

A – Le débat sur le compte séparé

54) Arguments en faveur du compte séparé. Pour justifier l'ouverture d'un compte séparé, on a fait valoir divers arguments :

• Est évitée toute confusion des patrimoines de divers syndicats. Ainsi, pourrait-on connaître à chaque instant la trésorerie exacte du syndicat, ce qui n'est pas nécessairement le cas avec un compte unique, même si une comptabilité séparée existe pour chaque syndicat (rapport Bonnemaison au nom de la Commission des lois, doc. AN, n° 2960, p. 11). On a souligné en particulier que l'absence de compte séparé entraînait de graves inconvénients dans le cas de défaillance du syndic. La liquidation des biens (aujourd'hui liquidation judiciaire) de ce dernier empêche alors leur récupération par le syndicat, même si le syndic avait placé l'argent reçu sur des sous-comptes individualisés par copropriété (▪ Cass. 3e civ., 19 janv. 1994 : *Bull. civ.* III, n° 8 ; *Gaz. Pal.* 1994, 1, pan. jurispr. p. 121 – Sur les dangers des sous-comptes, V. également ▪ Cass. com., 4 oct. 1994 : *Loyers et copr.* 1995, comm. 39). En revanche, le solde créditeur d'un compte destiné exclusivement à recevoir les fonds appartenant aux copropriétaires ne fait pas partie des éléments d'actif de la liquidation judiciaire du syndic (■ CA Paris, 3e ch. B, 6 oct. 1995 : *Loyers et copr.* 1996, comm. 91 ; *Inf. rap. copr.* juin 1996, p. 8, obs. P. Capoulade. – V. également, ■ Cass. com., 17 avr. 2019, n° 18-11.766 : *Loyers et copr.* 2019, comm. 107, obs. A. Lebatteux ; *JurisData* n° 2019-006153).

• Les organismes de caution ne peuvent intervenir qu'au cas où la défaillance du syndic est avérée. Or, les opérations nécessaires pour rétablir les comptes peuvent être en cas de compte unique, fort longues. Pendant toute la durée de ces investigations, les fonds appartenant aux divers syndicats sont bloqués et les copropriétaires doivent répondre à de nouveaux appels de fonds pour reconstituer les fonds de roulement (Doc. Sénat, n° 53, p. 10. – V. également les déclarations de M. Collet, rapporteur : *JO Sénat*, 6 nov. 1985, p. 2724).

Dans un cas où une convention de fusion des divers comptes du syndic (compte « cabinet », compte « syndicats de copropriété » et compte « gérance ») était intervenue avec sa banque, il a été jugé que cette convention était inopposable aux syndicats de copropriété, les fonds déposés au compte « copropriété » n'appartenant pas au syndic, qui ne les recevait qu'en qualité de mandataire (■ Cass. com., 10 févr. 1998 : *RD imm.* 1998, p. 295, obs. P. Capoulade ; V. aussi ■ Cass. 3e civ., 8 juill. 1998 : *RD imm.* p. 687, obs. P. Capoulade et sur le sujet : *La garantie des fonds du syndicat : Rev. Administrer* mai 1996, p. 14). – Sur le cas où le syndic avait ouvert plusieurs comptes comportant chacun son nom et celui du syndicat des copropriétaires (V. ■ Cass. com., 6 avr. 1999 : *Bull. civ.* IV, n° 83 ; *Loyers et copr.* 1999, comm. 195, note G. Vigneron ; *Inf. rap. copr.* sept. 1999, p. 9, note P. Capoulade ; *RD imm.* 2000, p. 81, obs. D. Tomasin ; *RD bancaire et bourse*, juill.-août 1999, p. 120, note F. Crédot et Y. Gérard).

• Toute compensation entre les fonds provenant des divers syndicats devenant impossible, le syndic peut plus facilement exiger des copropriétaires défaillants qu'ils remplissent leurs obligations légales en participant aux charges sans retard (doc. AN, n° 2960, p. 12).

C'est donc un objectif de « clarté et de sécurité » qui est poursuivi (doc. Ass. nat., n° 2960, p. 11) : on cherche ainsi à renforcer « la confiance réciproque devant exister entre le syndic et les copropriétaires, en assurant une plus grande clarté dans la gestion de la copropriété et en faisant prendre conscience aux copropriétaires de leurs responsabilités » (doc. AN, n° 2960, p. 12).

55) Arguments défavorables à l'ouverture du compte séparé. Les professionnels ont souligné que l'ouverture d'un compte séparé présentait des inconvénients notables.

C'est une formule onéreuse qui multiplie les opérations comptables. La gestion du syndic, mais également celle des banques ou des fournisseurs va s'en trouver alourdie. Au lieu de régler par un seul chèque la pluralité des dettes contractées à l'encontre du fournisseur unique de plusieurs syndicats, le syndic devra dorénavant émettre autant de chèques qu'il y a de copropriétés : d'où une multiplicité d'opérations génératrices de frais et de risques d'erreurs (doc. Sénat, n° 53, p. 8).

Le compte séparé entraîne une plus grande rigidité de la gestion alors que la fongibilité des comptes des divers syndicats permet une certaine « solidarité temporaire entre les copropriétaires » (doc. Sénat, n° 53, p. 9). « L'institution de comptes séparés a pour effet quasi mécanique d'entraîner l'augmentation des fonds de roulement », a-t-il été affirmé.

B – Le compte séparé avant la loi du 13 décembre 2000

1° *Obligation de soumettre la question à l'assemblée*

56) Texte de l'article 18 ancien. Avant la loi du 13 décembre 2000, l'article 18 était ainsi rédigé (en ce qui concerne le « compte séparé ») :

« Le syndic est chargé :

– (L. n° 85-1470, 31 déc. 1985) de soumettre au vote de l'assemblée générale, lors de la première désignation et au moins tous les trois ans, la décision d'ouvrir ou non un compte bancaire ou postal séparé au nom du syndicat, sur lequel seront versées toutes les sommes ou valeurs reçues par ce dernier. Cette décision est prise à la majorité mentionnée à l'article 25 de la présente loi. Le syndic dispose d'un délai de six mois pour exécuter la décision de l'assemblée générale lorsqu'elle a pour effet de modifier les modalités de dépôt des fonds du syndicat. Faute par le syndic de faire délibérer l'assemblée sur l'ouverture ou non d'un compte séparé dans les conditions ci-dessus définies, son mandat est nul de plein droit ; toutefois les actes qu'il aurait passés avec les tiers de bonne foi demeurent valables ».

57) Portée de l'obligation. Dans le droit antérieur, c'était une obligation pour le syndic (d'ordre public puisque l'article 18 a un caractère impératif. – V. L. 10 juill. 1965, art. 43) de soumettre au vote de l'assemblée la décision d'ouvrir un compte bancaire ou postal séparé au nom du syndicat.

Le texte ne visant que la « *première désignation du syndic* », il était permis de penser que l'obligation légale ne s'imposait qu'aux syndics désignés soit comme premier, soit comme nouveau syndic, et que les syndics en place n'avaient pas d'autre obligation que de faire statuer l'assemblée sur la question avant le 31 décembre 1988 (pour respecter le délai de trois ans imparti par la loi : V. en ce sens, H. Souleau et J.-R. Bouyeure, comm. L. n° 85-1470, 31 déc. 1985 : *Gaz. Pal.* 1986, 1, doctr. p. 155, spéc., p. 156, col. 3. – G. Vigneron, comm. : *JCP* N 1986, I, p. 77, n° 16. – J. Lafond et B. Stemmer, *Code de la copropriété*, 1re éd., art. 18, n° 15).

Le texte ne s'appliquerait donc que lorsqu'il n'y a pas de compte séparé existant (▪ CA Paris, 8e ch., 21 févr. 1992 : *RD imm.* 1992, p. 252, obs. F. Givord et C. Giverdon). Si un compte avait déjà été ouvert, il n'y aurait pas lieu de demander à l'assemblée de délibérer de nouveau, même si le syndic a changé (▪ CA Paris, 8e ch., 26 mars 1992 : *Rev. Administrer* juin 1992, p. 11).

Mais cette interprétation a été condamnée par la Cour de cassation (▪ Cass. 3e civ., 15 déc. 1993 : *Inf. rap. copr.* mars 1994, p. 486 ; *D.* 1994, somm., p. 206, note P. Capoulade ; *Loyers et copr.* 1994, comm. 82).

Il faut ajouter que le compte doit être ouvert au nom du syndicat, et non pas du syndic (▪ Cass. 3e civ., 21 janv. 2004 : arrêt n° 45 D, aff. *Ép. Robert*).

Voir : sur les obligations du syndic en matière de placement des fonds, V. D. 17 mars 1967, art. 35-1, p. 815 et D. 17 mars 1967, art. 38, p. 818.

58) État du droit antérieur à la loi du 13 décembre 2000. En droit positif, les solutions adoptées étaient les suivantes :

– la décision d'ouvrir ou non un compte séparé devait être soumise à l'assemblée par le syndic *lors de sa nomination, et, par la suite, au moins tous les trois ans*, soit lors du renouvellement du mandat du syndic, soit lors de la nomination d'un nouveau syndic (▪ Cass. 3e civ., 27 févr. 2001 : *AJDI* 2001, p. 708, note P. Capoulade. ▪ Cass. 3e civ., 6 juill. 1994 : *Loyers et copr.* 1994, comm. 491 ; *Rev. Administrer* janv. 1995, p. 58, obs. P. Capoulade ; *AJPI* 1995, p. 38, obs. J.-M. Gélinet) ;

– l'assemblée devait être saisie *alors même qu'il existait déjà un compte séparé* ouvert à la suite d'une précédente décision (▪ Cass. 3e civ., 6 juill. 1994, préc. – Sur la nécessité de délibérer de nouveau alors même que le syndicat était titulaire d'un compte séparé avant la loi du 31 décembre 1985, V. ▪ Cass. 3e civ., 14 juin 1995 : *Loyers et copr.* 1995, comm. 407 ; *Ann. loyers* 1995, p. 1094, obs. R. Martin. ▪ CA Paris, 10 févr. 1987 : *D.* 1987, p. 2683, note C. Giverdon ; *Rev. Administrer* juill. 1987, p. 41, note J.-M. Gélinet ; *Ann. loyers* 1987. – V. dans le même sens, ▪ Cass. 3e civ., 11 oct. 1994 : *RD imm.* 1996, p. 113, obs. P. Capoulade).

Plusieurs décisions des juges du fond ayant statué en sens contraire, l'Assemblée plénière de la Cour de cassation était finalement intervenue pour confirmer que l'obligation édictée par la loi devait être respectée alors même que le syndicat avait déjà un compte séparé (▪ arrêt du 27 nov. 1998 : *Loyers et copr.* 1999, comm. 53, obs. G. Vigneron ; *JCP* N 1999, p. 544, note D. Sizaire ; *JCP* G 1999, II, 10048, note H. Périnet-Marquet ; *Rev. Administrer* févr. 1999, p. 55, note P. Capoulade. – V. sur l'évolution et le point de la jurisprudence les conclusions de M. l'avocat général Joinet et le rapport de Mme Lardet au *Bull. inf. C. cass.* 15 févr. 1999, p. 3 et s.).

59) Syndic bénévole. Il avait été précisé cependant que l'obligation légale ne s'appliquait pas au *syndic bénévole* (▪ Cass. 3e civ., 18 déc. 2001, arrêt n° 1789 F-D, aff. *SCI Tray*. ▪ Cass. 3e civ., 5 juill. 2000 : *RD imm.* 2000, p. 605, obs. P. Capoulade. ▪ Cass. 3e civ., 30 sept. 1998 : *Loyers et copr.* 1999, comm. 27, obs. G. Vigneron ; *Rev. loyers* 1999, p. 124, obs. J.-M. Gélinet. ▪ Cass. 3e civ., 23 avr. 1997 : *Inf. rap. copr.* juin 1997, p. 7 et *RD imm.* 1997, p. 484, obs. P. Capoulade ; *Loyers et copr.* juin 1997, comm. 218.

Bibliographie : G. Vigneron, *Compte ouvert au nom du syndicat ou du syndic : les pièges de l'article 18 de la loi du 10 juillet 1965 : Loyers et copr.* févr. 2000, p. 5.

2° *Sanctions*

• Nullité du mandat du syndic

60) Titulaires de l'action. Si l'obligation faite au syndic de soumettre à l'assemblée la question de l'ouverture d'un compte séparé n'était pas respectée, le mandat du syndic, indiquait le texte, sera nul « de plein droit » (▪ Cass. 3e civ., 13 févr. 2007 : *Rev. Administrer* mai 2007, p. 47, obs. J.-R. Bouyeure).

L'action en nullité ne peut être exercée que par les copropriétaires, quand bien même auraient-ils voté en faveur de certaines résolutions de l'assemblée générale (▪ Cass. 3e civ., 13 févr. 2007, préc.). La demande formée par un tiers est irrecevable (V. pour une demande formée par l'ancien syndic, ▪ Cass. 3e civ., 23 juin 1999 : *JurisData* n° 1999-002637 ; *JCP* G 1999, IV, 2541 ; *Bull. civ.* III, n° 149 ; *RD imm.* 1999, p. 45, obs. P. Capoulade. – Pour une demande formée par le constructeur de l'immeuble et son assureur : ▪ Cass. 3e civ., 23 juin 1999 : *JurisData* n° 1999-002633 ; *Loyers et copr.* 1999, comm. 244 ; *Bull. civ.* III, n° 148. – Sur ces deux décisions, V. note P. Capoulade : *Rev. Administrer* déc. 1999, p. 47).

61) Possibilité de « rattrapage ». Une décision de la Cour de cassation (3e ch. civ.) du 30 juin 1993 avait fait cependant une application souple du texte : un syndic ayant été désigné lors d'une assemblée convoquée par un administrateur provisoire, sans que la question du compte séparé ait été portée à l'ordre du jour, elle a estimé que la nullité de son mandat n'était pas encourue s'il convoque « immédiatement » une nouvelle assemblée pour se prononcer à ce propos (*RD imm.* 1993, p. 543, obs. P. Capoulade. – Sur l'ambiguïté de cette décision, V. J. Lafond, note *in Rev. Administrer* avr. 1994, p. 48. – V. également dans un cas où le syndic, désigné par une assemblée convoquée par un administrateur provisoire, n'avait soumis la question de l'ouverture d'un compte séparé que lors de l'assemblée suivante convoquée par lui deux mois et demi plus tard : ▪ Cass. 3e civ., 21 mai 2003 : *JCP* G 2003, IV, 2253).

Il a été jugé qu'une assemblée pouvait ratifier des décisions annulées du fait de la convocation de l'assemblée par un syndic dont le mandat était nul (▪ CA Paris, 23e ch. B, 2 déc. 1999 : *Loyers et copr.* 2000, comm. 99).

Mais que se passera-t-il *si une assemblée convoquée irrégulièrement par le syndic déchu de son mandat élit de nouveau ce syndic*, en décidant avec retard l'ouverture d'un compte séparé ? La nullité du mandat du syndic sera néanmoins encourue (▪ Cass. 3e civ., 29 janv. 1997 : *Loyers et copr.* 1997, comm. 151 ; *RD imm.* 1997, p. 282, obs. P. Capoulade). Ainsi par exemple si le syndic fait délibérer l'assemblée sur ce point huit mois après son élection (▪ Cass. 3e civ., 11 févr. 1998 : *Loyers et copr.* 1998, comm. 114 ; *Rev. Administrer* oct. 1998, p. 61, obs. J.-R. Bouyeure. – *Contra*, ▪ CA Paris, 19e ch. A, 24 juin 1998 : *Loyers et copr.* 1999, comm. 52).

62) Absence de contestation de l'assemblée. Les copropriétaires qui n'avaient pas contesté dans le délai légal de l'article 42, alinéa 2 (V. ce texte), la décision ayant désigné le syndic, sans que l'assemblée ait été sollicitée de délibérer sur l'ouverture d'un compte séparé, perdaient-ils la possibilité d'invoquer la nullité du mandat du syndic ?

La jurisprudence n'avait pas retenu cette solution. Elle estimait qu'un copropriétaire pouvait se prévaloir de la nullité du mandat du syndic bien qu'il n'ait pas introduit d'action en contestation dans le délai légal (▪ Cass. 3e civ., 13 févr. 2007 : *Inf. rap. copr.* mars 2008, p. 16, obs. M.-F. Ritschy. ▪ Cass. 3e civ., 14 juin 2000 : *JurisData* n° 2000-002546 ; *Loyers et copr.* 2000, comm. 240. ▪ Cass. 3e civ., 22 mars 2000 : *JurisData* n° 2000-001218 ; *Loyers et copr.* 2000, comm. 154, note G. Vigneron ; *Constr.-Urb.* 2000, comm. 199, obs. D. Sizaire. – V. sur ces deux décisions, note J.-R. Bouyeure : *Rev. Administrer* oct. 2000, p. 75. ▪ Cass. 3e civ., 28 juin 1995 : *Bull. civ.* III, n° 158 ; *RD imm.* 1995, p. 790 : *Loyers et copr.* 1995, comm. 496 ; *Rev. Administrer* janv. 1996, p. 69, obs. P. Capoulade. ▪ CA Paris, 23e ch., 14 oct. 1994 : *Loyers et copr.* 1995, comm. 186. ▪ CA Paris, 19e ch. A, 13 déc. 1995 : *Loyers et copr.* 1996, comm. 186). La nullité ne peut toutefois être demandée que pendant un délai de dix ans à compter de la date de l'assemblée (application de l'article 42, alinéa 1er, de la loi : ▪ CA Paris, 23e ch. B, 26 oct. 2000 : *AJDI* 2000, p. 1065).

• Conséquences de la nullité du mandat du syndic

63) Désignation d'un administrateur provisoire. La nullité étant automatique, la copropriété se trouvera alors dépourvue de syndic et tout intéressé pourra, en vertu de l'article 47 du décret du 17 mars 1967 (V. ce texte), demander la désignation d'un *administrateur provisoire* (V. J.-R. Bouyeure : *AJPI* 1986, p. 600. ▪ CA Toulouse, 1re ch., 15 nov. 2004 : *JurisData* n° 2004-266744. ▪ CA Paris, 14e ch. B, 4 oct. 1996 : *Loyers et copr.* 1996, comm. 493. ▪ TGI Bordeaux, réf., 22 juin 1994 : *AJPI* 1995, p. 38, obs. J.-M. Gélinet) éventuellement en référé (▪ Cass. 3e civ., 14 juin 1995 : *D.* 1998, somm. p. 274, obs. P. Capoulade).

La décision qui constate la nullité de plein droit du mandat du syndic peut, en même temps, désigner cet administrateur provisoire si la demande lui en est faite (▪ Cass. 3e civ., 4 janv. 1996 : *RD imm.* 1996, p. 279, obs. P. Capoulade. ▪ Cass. 3e civ., 11 oct. 1995 : *RD imm.* 1996, p. 113, obs. P. Capoulade). Par ailleurs, cette nullité devra être constatée à l'issue d'une procédure contradictoire (▪ Cass. 3e civ., 5 juill. 2018, n° 17-21.034 : *Loyers et copr.* 2018, comm. 210, obs. C. Coutant-Lapalus ; *JurisData* n° 2018-011883 ; *Ann. loyers* oct. 2018, p. 66, obs. J.-M. Roux ; *Rev. Administrer* oct. 2018, p. 51, obs. J.-R. Bouyeure ; *AJDI* 2019, p. 289, obs. D. Tomasin).

64) Nullité des actes accomplis par le syndic. Cette sanction est extrêmement grave et risque de mettre en péril le fonctionnement de nombreuses copropriétés. En effet, il est à craindre que cette obligation soit parfois perdue de vue. En ce cas, le mandat du syndic étant nul, les *actes concernant la gestion interne de la copropriété* (convocation de l'assemblée, recouvrement des charges...) accomplis par lui pourront être éventuellement remis en cause (▪ Cass. 3e civ., 30 janv. 2007 : *Loyers et copr.* 2007, comm. 83. ▪ Cass. 3e civ., 24 avr. 2007 : *Loyers et copr.* 2007, comm. 154. ▪ Cass. 3e civ., 10 févr. 2009 : *Loyers et copr.* 2009, comm. 98).

Le syndic n'aura donc plus qualité pour agir au nom de la copropriété : ainsi, les demandes en justice qu'il pourrait former pourraient être déclarées irrecevables (▪ CA Paris, 23e ch. B, 26 févr. 2004 : *AJDI* 2004, p. 296. ▪ CA Paris, 23e ch. B, 28 oct. 1988 : *Loyers et copr.* 1988, comm. 555. – V. pour une déclaration d'appel : ▪ CA Paris, 23e ch. B, 31 août 2000 : *AJDI* 2000, p. 960 ; *Dossier CSAB* n° 89, févr. 2001, n° 137, obs. A. Dunes). De même, il n'a plus qualité pour recouvrer les charges et tout copropriétaire à qui elles sont réclamées peut invoquer ce moyen (■ Cass. 3e civ., 8 avr. 2009 : *Loyers et copr.* 2009, comm. 188, obs. G. Vigneron. ■ Cass. 3e civ., 11 févr. 1998, préc. ■ CA Paris, 23e ch. A, 14 avr. 1999 : *JurisData* n° 1999-022721 ; *Loyers et copr.* 1999, comm. 250. ■ CA Paris, 23e ch. A, 19 mars 1997 : *Loyers et copr.* 1997, comm. 300, obs. G. Vigneron) et il ne pourra plus convoquer valablement une assemblée (■ CA Paris, 23e ch. B, 19 févr. 2009 : *Loyers et copr.* 2009, comm. 160, obs. G. Vigneron. ■ CA Paris, 19e ch. A, 10 oct. 2000 : *Dossier CSAB* n° 89, févr. 2001, n° 139, obs. A. Dunes. ■ CA Paris, 23e ch. B, 27 mai 1999 : *Loyers et copr.* 2000, comm. 77. ■ CA Paris, 23e ch., 28 janv. 1994 : *Loyers et copr.* 1994, comm. 312 ; pour une appréciation bienveillante des actes accomplis par le syndic pour le compte du syndicat (■ Cass. 3e civ., 20 sept. 2018, n° 17-10.901 : *Ann. loyers* nov. 2018, p. 67, obs. J.-M. Roux).

Selon la cour de Paris (arrêt du 27 mai 1999, préc.) le syndic dont le mandat a été annulé pourrait néanmoins réclamer des honoraires pour sa gestion de fait.

Le syndic « déchu » pourrait être désigné de nouveau : mais il n'aurait pas le pouvoir de convoquer de lui-même une assemblée à cette fin. C'est à l'administrateur provisoire qu'il appartiendra de le faire (■ Cass. 3e civ., 29 janv. 1997, préc.).

Toutefois les *actes passés par le syndic avec les tiers* de bonne foi demeureront valables.

Le syndic qui néglige de soumettre à l'assemblée en temps utile la question du compte séparé doit répondre vis-à-vis des copropriétaires des conséquences préjudiciables qui en découlent (■ CA Paris, 23e ch., 22 mars 1993 : *Loyers et copr.* 1993, comm. 324).

3° *Décision de l'assemblée*

65) Majorités nécessaires. La décision de l'assemblée d'ouvrir ou non un compte séparé est, dit le texte dans sa rédaction antérieure à la loi du 13 décembre 2000, comme dans sa rédaction actuelle, « prise à la *majorité mentionnée à l'article 25* » de la loi.

L'article 18 ne précisait pas s'il était possible ou non de réunir une nouvelle assemblée appelée à se prononcer à la majorité de l'article 24, dans le cas où la majorité de l'article 25 n'aurait pas pu être obtenue lors de la première assemblée : ceci par application de l'article 25, dernier alinéa (ancien) de la loi du 10 juillet 1965 (V. ce texte *supra*).

Mais la question s'était modifiée après la parution du décret du 9 juin 1986, qui avait adopté pour sa part une formule légèrement différente en précisant que « la décision d'ouvrir un compte séparé est prise dans *les conditions de majorité prévues à l'article 25* » (V. D. art. 29, al. 2) dans sa rédaction antérieure.

Si l'on considère que cette disposition a eu essentiellement pour but d'interpréter la loi (puisqu'un décret ne peut pas la modifier...), la formulation différente du texte, avec le renvoi fait cette fois aux mots « Conditions de majorité prévues à l'article 25 » laissait entendre qu'effectivement le *recours à une deuxième assemblée tenue à la majorité de l'article 24 était bien possible* (V. en ce sens après la parution du décret du 9 juin 1986 : J.-R. Bouyeure : *AJPI* 1986, p. 600. – A. Zurfluh, P. Lebatteux, J. Barnier-Sztabovicz : *Gaz. Pal.* 4 au 6 janv. 1987, p. 5. – Courrech, *Commentaire de la réforme : RD imm.* 1986, p. 424, note 10).

66) Modalités de la délibération. La loi n'impose pas de forme particulière pour la fixation de l'ordre du jour. L'important est que la question de l'ouverture du compte séparé soit bien soumise à l'assemblée (■ CA Paris, 23e ch. B, 17 déc. 1998 : *Loyers et copr.* 1999, comm. 129). Selon la cour de Paris l'assemblée se prononce valablement sur la question intitulée : « ouverture ou non d'un compte bancaire séparé au nom du syndicat ». Cette formulation est conforme au texte de l'article 18 (■ CA Paris, 4 nov. 1998 : *Loyers et copr.* 1999, comm. 75).

Voir : sur le libellé de l'ordre du jour de l'assemblée destinée à se prononcer sur l'ouverture d'un compte séparé, voir la 14e recommandation de la Commission relative à la copropriété, dans l'Annexe 17, *Commission relative à la copropriété*, p. 1095.

L'assemblée doit réellement délibérer. Le simple engagement pris par le syndic d'ouvrir un compte séparé ne satisfait pas au vœu de la loi (■ CA Paris, 14e ch. B, 4 oct. 1996 : *Loyers et copr.* 1996, comm. 493). De même la loi n'est pas respectée si le compte est ouvert sans délibération de l'assemblée, en vertu des obligations inscrites dans le contrat du syndic (■ CA Paris, 23e ch. B, 18 févr. 1999 : *Loyers et copr.* 1999, comm. 197 ; *JurisData* n° 1999-020401), ou de la propre initiative du syndic (■ CA Paris, 23e ch., 12 juill. 1993 : *RD imm.* 1993, p. 544, obs. C. Giverdon).

Il a été jugé que l'assemblée pouvait se prononcer par un vote unique sur le renouvellement du mandat du syndic et l'ouverture d'un compte séparé (■ CA Paris, 23e ch. A, 24 févr. 1999 : *Loyers et copr.* 1999, comm. 228, note G. Vigneron ; *JurisData* n° 1999-020413. – V. sur ce problème la jurisprudence citée, L. art. 17).

Si la décision de l'assemblée est positive, et qu'elle a pour effet de modifier les modalités de dépôt des fonds du syndicat, l'article 18 précisait dans sa rédaction antérieure que le syndic disposait d'un délai de six mois pour l'exécuter.

Si la décision prise par l'assemblée de ne pas ouvrir un compte séparé est nulle car la résolution a été irrégulièrement adoptée, la question n'ayant pas été portée à l'ordre du jour, la validité du mandat du syndic ne peut être contestée faute d'ouverture d'un compte séparé si la décision de l'assemblée n'a pas été elle-même contestée dans les délais légaux (■ CA Paris, 26 oct. 2000 : *Loyers et copr.* 2001, comm. 134, note G. Vigneron ; *Rev. loyers* 2001, p. 130, obs. L. Guégan).

C – Le compte séparé après la loi du 13 décembre 2000

Bibliographie : G. Vigneron, *Les nouvelles obligations du syndic : Gaz. Pal.* 15-16 mars 2002, p. 35. – C. Giverdon, *L'ouverture du compte bancaire ou postal séparé depuis la loi du 13 décembre 2000 : Loyers et copr.* mars 2002, p. 4. – C. Atias, *La nullité du mandat du syndic : Inf. rap. copr.* juill.-août 2004, p. 27. – M.-C. Ruffet, *Le compte séparé : entre le « questionnement obligatoire » et « automatismes aux dispenses » : Inf. rap. copr.* juin 2005, p. 16. – T. Eoche-Duval, *Compte séparé, la règle devient l'exception : Le Particulier immobilier* janv. 2006, p. 44.

67) Ouverture obligatoire. Le principe posé par la loi du 13 décembre 2000 est que le syndic doit, obligatoirement et de manière automatique, ouvrir un compte séparé au nom du syndicat, sans qu'il y ait lieu de faire délibérer l'assemblée à ce propos (■ Cass. 3e civ., 23 janv. 2013, n° 11-28.246 : *JurisData* n° 2013-000785 ; *Loyers et copr.* 2013, comm. 124, obs. G. Vigneron ; *Ann. loyers* 2013, p. 549, obs. C. Atias ; *Inf. rap. copr.* avr. 2014, p. 8, obs. M.-F. Ritschy ; *AJDI* 2013, p. 835, note D. Tomasin. ■ CA Versailles, 4e ch., 20 sept. 2004 : *Rev. Administrer* janv. 2005, p. 20, et chron. D. Rocher, *Si le compte m'était conté*).

Il appartient au syndic de fournir aux copropriétaires qui en font la demande, la justification de l'existence d'un compte séparé (■ Cass. 3e civ., 17 oct. 2012, n° 11-22.130 : *AJDI* 2013, p. 760, note N. Le Rudulier).

68) Notion de « compte séparé ». Il a été jugé sous l'empire de l'ancien texte que ne répondait pas à la définition du compte séparé le compte ouvert au nom du « cabinet X... Résidence Saint-Léonard », le client de la banque étant alors l'administrateur de biens et non pas le syndicat (■ CA Paris, 23e ch. B, 29 juin 2000 : *AJDI* 2000, p. 846. – V. dans le même sens, dans un cas où le compte avait été ouvert au nom du syndic, et non du syndicat : ■ Cass. 3e civ., 21 janv. 2004 : *Rev. loyers* 2004, p. 252. ■ Cass. 3e civ., 9 sept. 2009 : *Rev. Administrer* déc. 2009, p. 53, obs. J.-R. Bouyeure ; *Inf. rap. copr.* mars 2010, p. 8, obs. M.-F. Ritschy. – Pour un libellé de compte ambigu : ■ Cass. 3e civ., 1er déc. 2009 : *Rev. Administrer* mars 2010, p. 48, obs. J.-R. Bouyeure) ou encore un compte personnel du syndic, divisé en sous-comptes dont chacun recueillait les écritures de chacun des syndicats administrés (■ Cass. 3e civ., 9 avr. 2008 : *Loyers et copr.* 2008, n° 140, obs. G. Vigneron ; *AJDI* 2009, p. 36, obs. P. Capoulade ; *JCP N* 2008, chron. 1328, n° 12, obs. H. Périnet-Marquet ; *Inf. rap. copr.* avr. 2008, p. 15, obs. M.-F. Ritschy ; *Ann. loyers* 2008, p. 2468, n° 27542, obs. J.-M. Roux – sur cette décision, V. également : *Rev. Administrer* mars 2009, p. 62, obs. J.-R. Bouyeure. ■ Cass. 3e civ., 3 mai 2001 : *Rev. Administrer* oct. 2001 ; *AJDI* 2001, p. 711, note P. Capoulade. ■ CA Versailles, 3 juin 1999 : *Dossier CSAB* n° 134, oct. 1999, obs. A. Dunes. ■ CA Paris, 4e pôle, 2e ch., 16 févr. 2011 : *JurisData* n° 2011-001657 ; *Loyers et copr.* 2011, comm. 189, obs. G. Vigneron ; *Inf. rap. copr.* mars 2012, p. 13, obs. M.-F. Ritschy ; *Rev. Administrer* mai 2011, p. 50, obs. J.-R. Bouyeure. – *Contra*, pour ce motif que le sous-compte récapitulait les opérations relatives à l'immeuble concerné : ■ CA Paris, 23e ch. B, 20 mai 1999 : *AJDI* 1999, p. 719. – Sur la pratique des sous-comptes, V. Rép. min. n° 117891 : *JOAN Q*, 17 avr. 2007, p. 3785). La prudence est également de mise lorsque l'intitulé du compte comporte le nom du syndicat et celui du syndic (■ Cass. 3e civ., 7 sept. 2022, nos 21-16.422 et 21-16.423 : *JurisData* n° 2022-015251 ; *Loyers et copr.* 2022, comm. 185, obs. C. Coutant-Lapalus ; *Administrer* oct. 2022, p. 42, obs. P. Déchelette-Tolot ; *AJDI* 2022, p. 761). En revanche, l'intitulé d'un compte ouvert au nom de « copropriété les Hauts de Saint-Genis » et non « Syndicat Saint-Genis » ne peut prêter à confusion et permet d'identifier le titulaire du compte (■ Cass. 3e civ., 10 févr. 2010 : *JurisData* n° 2010-051580 ; *Loyers et copr.* 2010, comm. 115, obs. G. Vigneron ; *Rev. Administrer* juin 2010, p. 59, obs. J.-R. Bouyeure ; *AJDI* 2010, p. 323 ; *Rev. loyers* 2010, p. 190 ; *Inf. rap. copr.* mai 2011, p. 11, obs. M.-F. Ritschy).

L'argument fondé sur l'absence d'ouverture d'un compte séparé n'est pas pertinent lorsque le compte ouvert par le précédent syndic a été repris par son successeur (■ Cass. 3e civ., 21 déc. 2017, n° 16-24.587 : *Rev. Administrer* mars 2018, p. 46, obs. J.-R. Bouyeure).

Jugé que dès lors que le banquier atteste que le syndicat des copropriétaires était effectivement le titulaire du compte, que celui-ci était un compte séparé et qu'il ne pouvait fusionner avec quelque autre compte que ce soit, le titulaire du compte ouvert auprès de l'établissement de crédit était bien le syndicat des copropriétaires et que le syndic avait rempli ses obligations. Peu importe que le syndic soit désigné titulaire du compte bancaire séparé, un syndicat ne pouvant lui-même signer un document (■ Cass. 3e civ., 6 juin 2012, n° 11-14.485 : *JurisData* n° 2012-012366 ; *Loyers et copr.* 2012, comm. 276, obs. G. Vigneron ; *Inf. rap. copr.* mai 2013, p. 10, obs. M.-F. Ritschy).

Aucune violation de l'article 18 de la loi de 1965 ne peut être caractérisée lorsque les sommes reçues au nom du syndicat transitent par le compte du syndic avant d'être transférées sur le compte séparé ouvert au nom du syndicat des copropriétaires (■ Cass. 3e civ., 12 mai 2016, n° 15-12.575 : *Ann. loyers* juill.-août 2016, p. 69, obs. J.-M. Roux ; *Rev. Administrer* août-sept. 2016, p. 67, obs. J.-R. Bouyeure ; *AJDI* 2017, p. 121, obs. N. Le Rudulier).

Lorsque le compte ouvert par le syndic comporte plusieurs sous-comptes, la banque ne peut opérer la fusion des divers comptes ou sous-comptes sans l'accord des syndicats concernés, de sorte que, nonobstant cette fusion, l'un d'eux peut revendiquer le solde créditeur figurant à son sous-compte et mettre en cause la responsabilité de la banque (■ Cass. com., 17 janv. 2006 : *Loyers et copr.* 2006, comm. 87, obs. G. Vigneron ; *D.* 2006, act. jurispr. p. 440, obs. X. Delpech ; *AJDI* 2006, p. 914, obs. P. Capoulade. – Dans le même sens ■ CA Paris, 27 nov. 2013 : *AJDI* 2014, p. 459). L'accord de la copropriété ne peut se déduire du fait que le syndicat n'a pas demandé l'ouverture d'un compte séparé à son nom.

Il a été jugé que des fonds d'un syndicat, déposés sur un sous-compte d'un compte ouvert au nom d'une société qui n'a pas la qualité de syndic dudit syndicat, constituent une entité qui ne peut être confondue avec les autres fonds déposés dans la même banque et peuvent être remis au syndicat à l'occasion de la liquidation judiciaire de la société (■ Cass. 3e civ., 23 sept. 2009 : *Rev. Administrer* févr. 2010, p. 49, note P. Capoulade ; *D.* 2009, p. 2428, obs. Y. Rouquet ; *Rev. loyers* 2009, p. 512, obs. J.-M. Gélinet ; AJDI 2010, p. 473, note P. Capoulade).

Si le compte ouvert au nom du syndic présente un solde débiteur, les intérêts prévus par la convention conclue avec la banque ne peuvent être réclamés au syndicat des copropriétaires, mais seulement au syndic (■ Cass. 3e civ., 1er mars 2006, n° 03-10.383, arrêt n° 273 P+ B).

69) Décision contraire de l'assemblée. L'assemblée peut décider de ne pas ouvrir de compte séparé, à la majorité de l'article 25. Une deuxième décision peut être prise à la majorité de l'article 25-1 (V. ce texte), mais uniquement dans le cas où le syndic est régi par la loi du 2 janvier 1970 (p. 1487) ou lorsque son activité est soumise à une réglementation professionnelle organisant le maniement des fonds du syndicat (pour une illustration, V. ■ CA Versailles, 20 sept. 2010 : *JurisData* n° 2010-020508 ; *Loyers et copr.* 2011, comm. 96, obs. G. Vigneron ; *Inf. rap. copr.* mai 2011, p. 11, obs. M.-F. Ritschy). La décision de dispense d'ouverture d'un compte séparé doit déterminer la durée de cette dispense (■ Cass. 3e civ., 25 oct. 2018, n° 17-20.131 : *Loyers et copr.* 2018, comm. 261, obs. C. Coutant-Lapalus ; *JurisData* n° 2018-019141 ; *Inf. rap. copr.* janv.-févr. 2019, p. 18, obs. N. Brocard ; *Administrer* déc. 2018, p. 45, obs. J.-R. Bouyeure).

Il a été jugé que la décision de dispense devenait caduque lorsque le syndic était démis de ses fonctions, puis était « redésigné » en cette qualité après qu'un administrateur provisoire ait été désigné dans l'intervalle (■ Cass. 3e civ., 8 avr. 2009 : *JCP* N 2010, 1305, n° 10, obs. H. Périnet-Marquet ; *D.* 2009, p. 1279, obs. Y. Rouquet et p. 1419 et *D.* 2010, p. 120, obs. P. Capoulade ; *Rev. loyers* 2009, p. 352, obs. L. Guégan ; *Rev. Administrer* juill. 2009, p. 56, obs. J.-R. Bouyeure ; *Inf. rap. copr.* mars 2010, p. 8, obs. M.-F. Ritschy).

Il a été jugé qu'un syndic qui a soumis à l'assemblée une question portant sur « le maintien de la tenue du compte bancaire séparé de la copropriété au nom du syndic de l'immeuble » avait rempli son obligation au regard de l'article 18 de la loi, les copropriétaires ayant été en mesure d'approuver ou de rejeter l'absence de compte séparé au nom du syndicat (■ CA Paris, 23e ch., 9 avr. 2009 : *AJDI* 2009, p. 552).

Cette décision contraire n'apparaît pas possible dans le cas du syndic « bénévole » puisque l'ouverture d'un compte séparé est alors obligatoire (D. art. 38, désormais abrogé par D. n° 2004-479, 27 mai 2004).

70) Conséquences du non-respect de la loi. La méconnaissance par le syndic de l'obligation qui lui incombe emporte la nullité de son mandat, avec les mêmes conséquences que celles antérieurement déduites par la jurisprudence. En revanche, le défaut d'ouverture d'un compte bancaire séparé au nom du syndicat des copropriétaires en application de l'article 18 de la loi du 10 juillet 1965 n'est pas susceptible d'entraîner l'annulation du mandat de l'administrateur provisoire désigné en application de l'article 47 du décret de 1967 (■ Cass. 3e civ., 14 janv. 2016, n° 14-23.898 : *Rev. Administrer* avr. 2016, p. 47, obs. J.-R. Bouyeure ; *Ann. loyers* mars 2016, p. 65, obs. J.-M. Roux).

Voir : L. 10 juill. 1965, art. 18, comm. n° 60, p. 305.

Il a été également jugé que la nullité rétroactive prive le syndic de tout droit à rémunération, quel que soit le fondement juridique invoqué (gestion d'affaires, mandat apparent, enrichissement sans cause, ...), qu'il s'agisse de ses honoraires proprement dit ou de ses débours, que sa gestion fût utile ou bénéfique au syndicat (■ CA Paris, pôle 4, 2e ch., 2 nov. 2011, n° 10/01144 : *Rev. Administrer* févr. 2012, p. 50, obs. J.-R. Bouyeure). Au demeurant, le défaut d'ouverture d'un compte séparé n'est pas constitutif d'un préjudice pour les copropriétaires (■ Cass. 3e civ., 13 sept. 2018, n° 17-19.450 : *Loyers et copr.* 2018, comm. 235, obs. A. Lebatteux ; *JurisData* n° 2018-016165 ; *Ann. loyers* nov. 2018, p. 67, obs. J.-M. Roux).

Toutefois :

– cette nullité n'est encourue qu'à l'expiration d'un délai de trois mois à compter de la désignation du syndic ;

– comme sous le droit antérieur, les actes passés avec les tiers de bonne foi demeurent valables.

Selon un arrêt de la cour de Paris du 31 mai 2001 (▪ CA Paris, 23e ch. B, 31 mai 2001 : *AJDI* 2001, p. 808), le mandat du syndic demeure valable tant que sa nullité n'a pas été prononcée. Néanmoins, la nullité « de plein droit » du mandat du syndic engendre ses effets sans qu'une décision judiciaire ne soit nécessaire, à l'expiration du délai imparti par la loi (▪ Cass. 3e civ., 8 avr. 2009, préc. – Sur la nullité de plein droit, ▪ Cass. 3e civ., 16 mars 2011 : *JurisData* n° 2011-003807 ; *Loyers et copr.* 2011, comm. 160, obs. G. Vigneron ; *Rev. Administrer* juin 2011, p. 43, obs. J.-R. Bouyeure ; *Ann. loyers* 2011, p. 1692, obs. J.-M. Roux. ▪ CA Paris, pôle 4, ch. 2, 3 oct. 2012 : *JurisData* n° 2012-022413 ; *Loyers et copr.* 2013, comm. 65, obs. G. V.).

Il avait été jugé que l'action en nullité de plein droit du mandat pour défaut d'ouverture d'un compte séparé était recevable au-delà du délai de deux mois de l'article 42, alinéa 2, de la loi de 1965 car elle ne s'analyse pas en une action en contestation de l'assemblée générale ayant désigné le syndic (▪ Cass. 3e civ., 19 nov. 2014, n° 13-21.399 : *JurisData* n° 2014-028088 ; *Loyers et copr.* 2015, comm. 51, obs. G. Vigneron ; *Rev. Administrer* janv. 2015, p. 67, obs. J.-R. Bouyeure ; *Inf. rap. copr.* juin 2015, p. 8, obs. M.-F. Ritschy ; *Ann. loyers* 2015, p. 65, obs. C. et L. Atias. ▪ CA Versailles, 26 nov. 2012 : *JurisData* n° 2012-027584 ; *Loyers et copr.* 2013, comm. 154, obs. G. Vigneron ; *Inf. rap. copr.* avr. 2014, p. 8, obs. M.-F. Ritschy). La Cour de cassation a estimé que la demande pouvait être exercée dans le délai décennal de l'article 42, alinéa 1er, de la loi du 10 juillet 1965 (▪ Cass. 3e civ., 13 oct. 2021, n° 20-16.092 : *JurisData* n° 2021-018160 ; *Loyers et copr.* 2021, comm. 193, obs. A. Lebatteux ; *Ann. loyers* déc. 2021, p. 98, obs. J.-M. Roux ; *Inf. rap. copr.* oct. 2022, p. 46. ▪ Cass. 3e civ., 9 nov. 2017, n° 16-20.752 : *JurisData* n° 2017-022397 ; *Loyers et copr.* 2018, comm. 28, obs. C. Coutant-Lapalus ; *Inf. rap. copr.* avr. 2018, p. 11, obs. M.-F. Ritschy).

Jugé que la nullité de plein droit de son mandat pour défaut d'ouverture d'un compte bancaire séparé encourue par le syndic ne rétroagit qu'au jour où la dispense a cessé et où l'obligation concomitante d'ouvrir un tel compte est née (▪ Cass. 3e civ., 1er juin 2022, n° 21-16.946 : *JurisData* n° 2022-011584 ; *Loyers et copr.* 2022, comm. 147, obs. C. Coutant-Lapalus ; *Ann. loyers* 2022, p. 99, obs. J.-M. Roux ; *Administrer* oct. 2022, p. 40, obs. P. Déchelette-Tolot).

La Cour de cassation a également précisé que la demande d'annulation d'une assignation en raison de la nullité de plein droit du mandat du syndic pour défaut d'ouverture, à l'expiration d'un délai de trois mois suivant sa désignation, d'un compte bancaire séparé au nom du syndicat, implique qu'il soit statué contradictoirement à l'égard du syndic (▪ Cass. 3e civ., 13 oct. 2021, n° 20-16.092 : *JurisData* n° 2021-018160 ; *Loyers et copr.* 2021, comm. 193, obs. A. Lebatteux ; *Ann. loyers* déc. 2021, p. 98, obs. J.-M. Roux ; *Inf. rap. copr.* oct. 2022, p. 46).

Par ailleurs, si un compte présente un solde qui globalise la gestion de toutes les copropriétés gérées par le syndic, et faute pour le syndic d'avoir fait procéder à l'ouverture de sous-comptes, des copropriétaires ne peuvent réclamer à la banque le remboursement d'un trop-perçu (▪ Cass. 3e civ., 30 sept. 2015, n° 14-20.829 : *Loyers et copr.* 2015, comm. 259, obs. G. Vigneron ; *JurisData* n° 2015-021621 ; *Inf. rap. copr.* avr. 2016, p. 11, obs. M.-F. Ritschy).

Comme on pouvait le craindre, le défaut d'ouverture d'un compte séparé a pour conséquence l'annulation de l'assemblée générale convoquée par le syndic dont le mandat est nul de plein droit (▪ Cass. 3e civ., 7 sept. 2022, n° 21-16.424 : *JurisData* n° 2022-015253 ; *Loyers et copr.* 2022, comm. 182, C. Coutant-Lapalus ; *Ann. loyers* 2022, p. 83, obs. J.-M. Roux).

D – Les apports de la loi ALUR

1° *Compte séparé « ordinaire »*

71) Généralisation de l'obligation. Il s'agit de l'un des points centraux de la réforme des missions confiées au syndic opérée par la loi n° 2014-366 du 24 mars 2014. La loi ALUR a instauré l'exigence d'ouvrir, dans l'établissement bancaire qu'il choisit, un compte séparé au nom du syndicat, sur lequel sont versées, sans délai, toutes les sommes ou valeurs reçues au nom ou pour le compte du syndicat.

72) Choix de l'établissement bancaire. Afin de conférer au syndicat la maîtrise du compte créé à son nom, il a été mentionné que l'assemblée générale pourra décider, à la majorité de l'article 25, que ce compte sera ouvert dans un autre établissement bancaire de son choix. La formulation du nouveau texte suppose qu'un second vote ne pourra intervenir sur cette question en application de l'article 25-1 de la loi de 1965.

73) Modalités de fonctionnement. Dans le but d'éviter les débats qui avaient émaillé la jurisprudence, il est mentionné que le compte bancaire ne pourra faire l'objet ni d'une convention de fusion ni d'une compensation avec tout autre compte. De surcroît, les éventuels intérêts produits par ce compte sont définitivement acquis au syndicat, ce qui met fin aux questionnements passés sur le sort de ces intérêts.

74) Sanction. Comme cela avait été prévu initialement, la méconnaissance par le syndic de ces obligations emportera la nullité de plein droit de son mandat à l'expiration du délai de trois mois suivant sa désignation.

Ainsi, il n'a plus qualité pour représenter le syndicat des copropriétaires dans le cadre des instances intentées avant la décision constatant la nullité de plein droit (■ Cass. 3e civ., 1er févr. 2018, n° 17-13.980 : *JurisData* n° 2018-001036 ; *Loyers et copr.* 2018, comm. 78, obs. A. Lebatteux).

Toutefois, les actes qu'il aura passés avec des tiers de bonne foi demeureront valables.

75) Exception pour les « petites copropriétés ». Une exception, limitée, à la mise en place d'un compte unique a été accordée à des conditions rigoureuses. Lorsque le syndicat des copropriétaires comporte au plus quinze lots à usage de logements, de bureaux ou de commerces, l'assemblée générale se voit offrir la possibilité, à la majorité de l'article 25 et, le cas échéant, de l'article 25-1, de dispenser le syndic soumis à la loi n° 70-9 du 2 janvier 1970 réglementant les conditions d'exercice des activités relatives à certaines opérations portant sur les immeubles et les fonds de commerce, ou dont l'activité est soumise à une réglementation professionnelle organisant le maniement des fonds du syndicat, d'ouvrir un compte bancaire séparé au nom du syndicat (Rép. min. n° 24589 : *JOAN* Q 28 oct. 2014, p. 9083 ; *AJDI* 2015, p. 7).

76) Gestion du compte unique. Il a été précisé qu'en cas de compte unique, celui-ci fait apparaître dans les écritures de l'établissement bancaire un sous-compte individualisant comptablement les versements et prélèvements afférents au syndicat.

Le syndic effectue sur ce sous-compte, sans délai, les versements des sommes et valeurs appartenant au syndicat et y reporte les dépenses effectuées pour son compte. Dans ce cas, le syndic ne peut pas proposer une rémunération différenciée en fonction de la décision de l'assemblée relative à la dispense de compte bancaire séparé.

Le syndic transmettra au président du conseil syndical une copie des relevés périodiques bancaires du sous-compte, dès réception de ceux-ci.

77) Entrée en vigueur. L'article 55-III de la loi du 24 mars 2014 prévoit que l'obligation relative à l'ouverture d'un compte séparé entrera en vigueur dans le délai d'un an à compter de la promulgation de la loi (*JO* 26 mars).

De plus, elle s'appliquera aux mandats en cours à compter de leur renouvellement. L'emploi du terme « renouvellement » est assez curieux dans la mesure où après l'intervention du décret n° 2010-391 du 20 avril 2010, on ne parlait plus de renouvellement mais d'un syndic qui était de nouveau désigné par l'assemblée générale, ce qui signifiait clairement qu'un contrat prenait la place du précédent (V. comm. D. 17 mars 1967, art. 28, al. 3, p. 782).

2° *Compte séparé « bis »*

78) Conséquence du fonds de travaux. Pour tenir compte de la constitution d'un fonds de travaux tel que l'a instauré l'article 58 de la loi du 24 mars 2014 (V. comm. L. 10 juill. 1965, art. 14-2-II, nouveau et s., p. 239), le syndic est également dans l'obligation d'ouvrir, dans l'établissement bancaire qu'il a choisi ou que l'assemblée générale a choisi pour le compte mentionné précédemment, un compte séparé rémunéré au nom du syndicat, sur lequel sont versées sans délai les cotisations au fonds de travaux prévu à l'article 14-2.

79) Modalités de fonctionnement. Comme son homologue, ce compte bancaire ne pourra faire l'objet d'aucune convention de fusion, ni d'une compensation avec tout autre compte. Les virements en provenance du compte séparé « de droit commun » sont cependant autorisés.

Les intérêts produits par ce compte sont, eux aussi, définitivement acquis au syndicat.

80) Consultation du conseil syndical. Le syndic doit mettre à disposition du conseil syndical une copie des relevés périodiques du compte, dès réception de ceux-ci.

81) Sanction. La méconnaissance par le syndic de ces obligations emporte, là encore, la « nullité » de plein droit de son mandat à l'expiration du délai de trois mois suivant sa désignation, mais les actes qu'il aurait passés avec des tiers de bonne foi demeurent valables.

E – Le compte séparé après l'ordonnance du 30 octobre 2019

82) Suppression de la dispense. L'ordonnance n° 2019-1101 du 30 octobre 2019 a supprimé la possibilité pour un syndic professionnel de se prévaloir d'une dispense d'ouverture d'un compte séparé dans le cadre de copropriétés de petite dimension. L'existence d'un compte séparé a été considérée comme une garantie pour toute copropriété, quelle que soit sa taille. Outre une plus grande transparence dans l'usage des fonds de la copropriété par le syndic, le compte séparé permettrait également d'identifier précocement des signaux d'alerte, tels que des difficultés financières ou une trésorerie fragilisée.

Conformément aux dispositions du II de l'article 41 de l'ordonnance du 30 octobre 2019, les dispositions modifiant le troisième alinéa du II de l'article 18 entrent en vigueur le 31 décembre 2020.

XVI – POSSIBILITÉ DE CONSTITUER UN FONDS DE RÉSERVE POUR TRAVAUX FUTURS

83) Évolution de la législation. La décision de constituer un fonds de réserve pour des travaux futurs peut être, *a priori*, considérée comme un acte de saine gestion. Mais il n'appartient pas au syndic d'en prendre l'initiative. Il avait été jugé que les pouvoirs conférés par l'article 35-4 ancien du décret du 17 mars 1967 (possibilité d'exiger le versement de provisions spéciales destinées à permettre l'exécution de décisions de l'assemblée) ne le lui permettent pas (V. en ce sens, ▪ CA Paris, 13 nov. 1991 : *Loyers et copr.* 1992, comm. 133).

Il faut donc une délibération de l'assemblée : mais cette décision entre-t-elle dans sa compétence ?

Faisant une application stricte des dispositions de l'article 35-4 du décret dans sa rédaction antérieure (V. ce texte sous l'art. 35 actuel), la Cour de cassation avait décidé que les provisions spéciales prévues par ce texte étaient exclusivement destinées à permettre l'exécution de décisions prises par l'assemblée de procéder à des travaux. Il n'est donc pas possible d'exiger le versement de fonds pour faire face à des travaux futurs que les copropriétaires n'ont pas encore décidé d'accomplir par une décision antérieure ou concomitante : une simple décision préparatoire ou de principe n'est pas suffisante (▪ Cass. 3e civ., 16 févr. 1994 : *Bull. civ.* III, n° 25 ; *Inf. rap. copr.* mai 1994, p. 12, obs. P. Capoulade).

La loi du 21 juillet 1994 est venue ouvrir la porte, fermée par la Cour de cassation, en permettant, sous certaines conditions de constituer un fonds de réserve pour travaux futurs.

Elle a ajouté pour cela un nouvel alinéa à l'article 18 de la loi du 10 juillet 1965.

A – Initiative

84) L'initiative appartient au syndic. Il « est chargé » (il s'agit donc d'une mission légale et donc d'une obligation) de soumettre au vote de l'assemblée la décision de constituer des provisions spéciales pour travaux :

– lors de sa première désignation ;
– et au moins tous les trois ans.

La formule reprise de l'article 18, alinéa 5 de la loi du 10 juillet 1965 concernant l'ouverture d'un compte séparé s'interprétera de la même manière. Mais il n'y a pas cette fois de nullité du mandat du syndic pour le cas où il ne satisferait pas à cette obligation légale. La sanction ne peut donc être qu'une action en responsabilité (pour le cas où la copropriété subirait un préjudice particulier du fait de l'imprévoyance du syndic) ou la révocation.

B – Nature des travaux concernés

1° Travaux d'entretien et de conservation

85) Travaux. Les travaux dont le financement anticipé est ainsi permis sont uniquement :

– les travaux d'*entretien*,
– ou les travaux de *conservation* (le ravalement, la révision d'une toiture...) portant sur des parties communes ou des éléments d'équipement communs, à l'exclusion donc des travaux d'amélioration.

2° Travaux non encore décidés par l'assemblée

86) Principe. Ces travaux ne doivent pas avoir encore été décidés par l'assemblée (sinon le syndic tirerait de l'article 35 la possibilité d'exiger le versement de provisions spéciales).

Mais, le texte laisse planer une ambiguïté. L'assemblée peut-elle décider de demander des provisions spéciales pour travaux *sans décider en même temps d'exécuter ces travaux ?*

La Cour de cassation avait, nous l'avons vu *(supra)*, établi un lien indissociable entre demande de provision et décision d'exécution des travaux. Ce lien semble bien rompu par le texte actuel qui fait état des travaux « non encore décidés par l'assemblée ».

87) Application. Comment les choses vont-elles se passer en pratique ? On conçoit difficilement que l'assemblée décide de constituer un fonds de réserve pour effectuer des travaux si elle n'en connaît pas le coût au moins approximatif. C'est en fonction de ce coût que seront fixés le montant des provisions, leur périodicité, etc. Le syndic devra donc joindre à la convocation un rapport d'architecte, ou des devis estimatifs.

Cela étant, il sera le plus souvent impossible de connaître, au moment où la décision sera prise, le coût définitif des travaux et de définir leurs modalités précises d'exécution, puisqu'ils ne doivent pas être effectués dans l'immédiat mais « dans les trois ans ». L'assemblée peut alors prendre une simple « décision de principe » (qui ne la lie pas), quitte à définir ultérieurement les modalités d'exécution des travaux (choix de l'entreprise, époque de l'exécution, etc.) – ou même ne pas prendre de décision du tout ...

Il importe que le syndic invite parallèlement l'assemblée à décider du *placement des fonds* ainsi recueillis (V. art. 35-1 du décret). Ces fonds devront normalement rester immobilisés à un compte spécial, en raison de leur affectation particulière. Il paraît également nécessaire de décider de leur sort, pour le cas où, en définitive, les travaux ne seraient pas exécutés... à moins de laisser le soin de prendre cette décision à la nouvelle assemblée qui devra se réunir lorsque le problème de l'exécution des travaux deviendra d'actualité.

3° *Travaux « nécessaires »*

88) Gestion prévisionnelle. Les travaux doivent être « *susceptibles d'être nécessaires dans les trois années à échoir* ». Le syndic est invité par ce texte à faire de la gestion prévisionnelle en matière de travaux puisqu'il lui faudra dorénavant apprécier quels sont les travaux d'entretien et de conservation dont la nécessité s'imposera à la copropriété, dans les années qui suivront.

C – Décision de l'assemblée

89) Majorité de l'article 25. La décision de constituer ou non des provisions spéciales est prise par l'assemblée à la *majorité de l'article 25*.

On va retrouver, à propos de ce texte, une controverse déjà née à propos de l'article 18 dans son texte originaire : est-il possible de réunir une deuxième assemblée pour statuer à la majorité de l'article 24 ? Le texte indiquant que la décision est prise « à la majorité mentionnée à l'article 25 », nous pensons que le palliatif prévu par l'article 25-1 de la loi (V. ce texte) et donc la possibilité pour l'assemblée de se prononcer à la majorité de l'article 24 s'appliquent en l'espèce.

XVII – REPRÉSENTATION DU SYNDICAT

Bibliographie : G. Vigneron, *La passation des contrats et marchés par le syndic : Inf. rap. copr.* déc. 1997, p. 14 et du même auteur, *Mission du syndic dans la passation des contrats relatifs à la gestion de la copropriété : Loyers et copr.* mars 1998, p. 4.

90) Vérification des pouvoirs du syndic. La qualité du syndic à représenter le syndicat suppose qu'il ait été régulièrement désigné (sur la désignation du syndic, V. L. art. 25 et D. art. 28) et que son mandat soit toujours en cours (V. D. art. 28). C'est au moment où il accomplit un acte pour le compte du syndicat qu'il convient de se placer pour savoir s'il dispose ou non des pouvoirs nécessaires (▪ Cass. 3e civ., 27 sept. 2000 : *Bull. civ.* III, n° 153 ; *Rev. Administrer* janv. 2001, p. 40 et *RD imm.* 2001, p. 601, obs. P. Capoulade). Est sans pouvoir :

– le syndic dont le mandat est expiré (V. par exemple : ▪ CA Paris, 23e ch. B, 28 juin 2001 : *AJDI* 2001, p. 893) ;

– le syndic dont l'élection a été annulée (▪ Cass. 3e civ., 3 oct. 2001 : *JCP* N 2002, n° 31-35, p. 1165, obs. H. Périnet-Marquet ; *AJDI* 2001, p. 994, note Y. Rouquet). Mais le mandat du syndic reste valable si la décision d'annulation est frappée d'appel et non assortie de l'exécution provisoire (▪ Cass. 3e civ., 3 avr. 2002 : *AJDI* 2002, p. 390) ;

– une personne désignée sans vote de l'assemblée pour assurer l'intérim entre le syndic non renouvelé et le futur syndic (▪ CA Paris, 23e ch. B, 18 janv. 2001 : *Loyers et copr.* 2001, comm. 181 ; *AJDI* 2001, p. 615, obs. P. Capoulade).

Voir : sur la nullité du mandat du syndic en cas d'absence d'ouverture d'un compte séparé, L. 10 juill. 1965, art. 18, comm. n° 60, p. 305.

A – Actes civils

91) Modalités de la représentation. Le syndic représente le syndicat *dans les actes civils* mentionnés aux articles 15 et 16 de la loi (V. ce texte) ainsi que pour la publication de l'état descriptif de division et du règlement de copropriété ou des modifications apportées à ces actes, sans que soit nécessaire l'intervention de chaque copropriétaire à l'acte ou à la réquisition de publication.

Faisant application des règles du mandat (C. civ., art. 1998), la jurisprudence décide que le syndic engage le syndicat vis-à-vis des tiers pour les actes qu'il accomplit dans le cadre de ses attributions légales (V. pour des travaux commandés par le syndic, ▪ CA Paris, 8e ch. B, 19 sept. 1980 : *D.* 1981, inf. rap. p. 397, obs. Giverdon. ▪ TGI Versailles, 21 févr. 1979 : *Gaz. Pal.* 1980, 2, p. 719, note M. Morand. – Pour un ordre de service donné par une société en qualité de syndic, ▪ Cass. com., 23 nov. 2010 : *JurisData* n° 2010-022111 ; *Loyers et copr.* 2011, comm. 27, obs. G. Vigneron ; *Inf. rap. copr.* mai 2011, p. 12, obs. M.-F. Ritschy).

Le syndicat devient le débiteur direct des engagements résultant des diverses conventions passées par le syndic avec des tiers : marchés de travaux (▪ Cass. 3e civ., 16 juill. 1996 : *Loyers et copr.* 1996, comm. 408), contrats d'entretien ou de gardiennage (▪ Cass. 3e civ., 27 avr. 2017, n° 15-24.468 : *Loyers et copr.* 2017, comm. 150, obs. C. Coutant-Lapalus ; *Ann. loyers* 2017, p. 72, obs. J.-M. Roux ; *Inf. rap. copr.* avr. 2018, p. 11, obs. M.-F. Ritschy ; *Rev. Administrer* juill. 2017, p. 45, obs. J.-R. Bouyeure ; *AJDI* 2017, p. 525. ▪ Cass. 3e civ., 17 déc. 2015, n° 14-21.275 : *Ann. loyers* mars 2016, p. 63, obs. J.-M. Roux. ▪ Cass. 3e civ., 19 déc. 1978 : *D.* 1979, inf. rap. p. 447, obs. C. Giverdon). Le syndicat est ainsi responsable vis-à-vis des banques des découverts créés par le syndic (▪ Cass. 3e civ., 13 nov. 1986 : *Rev. loyers* 1987, p. 60). C'est le syndicat (pris en la personne du syndic) et non pas le syndic pris en son nom personnel que la banque doit alors assigner (V. ▪ T. com. Paris, 24 mai 1984 : *AJPI* 1985, p. 676).

Le syndic doit prendre soin lorsqu'il traite avec des tiers de préciser qu'il intervient ès qualités, pour le compte du syndicat (▪ Cass. 3e civ., 22 oct.

2020, n° 19-10.385 : *Ann. loyers* déc. 2020, p. 95, obs. J.-M. Roux ; *Rev. Administrer* janv. 2021, p. 57, obs. J.-R. Bouyeure). À défaut, les tiers avec lesquels il contracte sont en droit de le considérer comme personnellement débiteur de l'engagement qu'il a souscrit (▪ Cass. 3e civ., 11 mars 1998 : *RD imm.* 1998, p. 296, obs. P. Capoulade. ▪ Cass. 3e civ., 9 nov. 1994 : *Bull. civ.* III, n° 187 ; *RD imm.* 1995, p. 162, obs. P. Capoulade. ▪ Cass. 3e civ., 10 févr. 1988 : *Loyers et copr.* 1988, comm. 142. ▪ CA Lyon, 13 mars 2001 : *Loyers et copr.* 2002, comm. 23. ▪ CA Rennes, 7 mai 1996 : *Rev. Administrer* mai 1997, p. 57, obs. J.-M. Gélinet). Le syndic ainsi condamné à titre personnel dispose bien évidemment d'un recours à l'encontre du syndicat (qu'il peut appeler en cause) pour se faire rembourser les sommes qu'il aurait pu verser.

Voir : en matière de passation des marchés de travaux, L. 10 juill. 1965, art. 18, comm. n° 9, p. 291.

Si le syndic a encaissé personnellement un trop-perçu de charges, qu'il est dans l'incapacité de restituer, le syndicat doit procéder à cette restitution (▪ CA Paris, 23e ch. A, 3 févr. 1999 : *Rev. Administrer*. oct. 2000, p. 72, obs. J.-R. Bouyeure).

92) Dépassement de pouvoirs. Si le syndic passe des actes excédant sa compétence, continue-t-il à engager le syndicat ? On considère, en général, par application de la théorie du « mandat apparent » que si l'acte est en relation directe avec l'exercice de son activité de mandataire légal et les nécessaires besoins d'un immeuble en copropriété, les tiers peuvent se dispenser de vérifier l'existence de ses pouvoirs. Mais ils doivent, au contraire, lui demander d'en justifier pour les actes particulièrement importants, dépassant le cadre de la gestion courante de l'immeuble : pour les acquisitions, les aliénations, les travaux très importants... Faute de quoi le syndicat ne serait pas engagé si le syndic excède ses pouvoirs ou agit sans autorisation (V. G. Gil, *Le mandat apparent en copropriété : Ann. loyers* avr. 2021, p. 23).

Le problème s'est posé à propos d'*emprunts souscrits par le syndic*. S'il agit dans le cadre strict de son mandat, le syndicat est engagé (▪ Cass. 3e civ., 30 juin 1993 : *Loyers et copr.* 1994, comm. 216. ▪ Cass. 3e civ., 13 mai 1993 : *Loyers et copr.* 1993, comm. 278). S'il outrepasse les termes de son mandat, l'organisme prêteur ne peut réclamer le remboursement au syndicat (▪ Cass. 3e civ., 8 mars 1995 : *Loyers et copr.* 1995, comm. 298. ▪ Cass. 3e civ., 7 déc. 1994 : *Loyers et copr.* 1995, comm. 136. ▪ Cass. 3e civ., 6 juill. 1994 : *Loyers et copr.* 1994, comm. 452 ; *RD imm.* 1994, p. 699, obs. P. Capoulade. ▪ Cass. 3e civ., 2 févr. 1994 : *RD imm.* 1994, p. 302, obs. P. Capoulade ; *Loyers et copr.* 1994, comm. 216. ▪ CA Paris, pôle 4, 2e ch., 24 juill. 2019 : *Administrer* oct. 2019, p. 59, obs. J.-R. Bouyeure).

Les conditions exigées pour que la théorie du mandat apparent puisse être invoquée ne seront pas, la plupart du temps, réunies (▪ Cass. 3e civ., 30 mai 2012, n° 11-11.993 : *Rev. Administrer* oct. 2012, p. 61, obs. J.-R. Bouyeure. ▪ Paris, 15e ch., 1er oct. 1993 : *Loyers et copr.* 1994, comm. 39. ▪ CA Paris, 15e ch., 11 déc. 1992 : *Loyers et copr.* 1993, comm. 154).

Pour une application du mandat apparent en matière de travaux, V. ▪ CA Paris, 23e ch. A, 7 févr. 1994 : *Rev. Administrer* déc. 1994, p. 58, obs. A. Dunes, ou, pour la conclusion d'un contrat pour la fourniture d'eau chaude et froide, V. ▪ CA Paris, 23e ch. A, 17 mai 2000 : *JurisData* n° 2000-118249 ; *Loyers et copr.* 2000 comm. 259, note G. Vigneron.

Le syndic engage sa responsabilité envers le syndicat s'il a excédé ses pouvoirs (V. pour des autorisations données irrégulièrement par le syndic, ▪ CA Paris, 4 juill. 1979 : *Rev. Administrer* 1981, n° 110, p. 28, note E.-J. Guillot. ▪ CA Aix-en-Provence, 21 oct. 1975 : *AJPI* 1976, p. 788, note J.-R. Bouyeure. ▪ CA Paris, 22 oct. 1974 : *D.* 1976, inf. rap. p. 73. ▪ CA Paris, 26 sept. 1974 : *Rev. Administrer* janv. 1975, p. 29, note Lot. Toutefois l'assemblée peut aussi ratifier ses initiatives (▪ Cass. 3e civ., 6 févr. 1973 : *Bull. civ.* III, n° 97).

Voir : sur le cas où le syndic a consenti des avances à la copropriété, D. 17 mars 1967, art. 35, comm. n° 14, p. 814.

B – Représentation du syndicat en justice

93) Monopole de représentation. Le syndic a seul qualité pour représenter le syndicat en justice : une action lancée au nom de la copropriété par le président du conseil syndical serait irrecevable (▪ Cass. 3e civ., 9 déc. 1998 : *RD imm.* 1999, p. 154, obs. P. Capoulade. ▪ Cass. 3e civ., 24 févr. 1993 : *RD imm.* 1993, p. 173 ; *Inf. rap. copr.* avr. 1993, p. 121, note P. Capoulade. ▪ Cass. 3e civ., 17 avr. 1985 : *JCP G* 1985, IV, 226. ▪ CA Paris, 19e ch. A, 14 févr. 1996 : *Loyers et copr.* 1996, comm. 281. ▪ CA Lyon, 27 janv. 2011 : *AJDI* 2011, p. 376. ▪ CA Paris, 23e ch. B, 26 janv. 1996 : *Loyers et copr.* 1996, comm. 241. – V. aussi, ▪ CE, 11 sept. 1996, req. n° 140992, *Santelli : RD imm.* 1997, p. 134).

De même si l'action était lancée par le conseil syndical (▪ Cass. 3e civ., 11 juin 1992 : *RD imm.* 1992, p. 379. ▪ Cass. 3e civ., 17 mai 1991 : *Inf. rap. copr.* sept. 1992, p. 275, note P. Capoulade. ▪ CA Paris, 23e ch. A, 20 oct. 1999 : *AJDI* 2000, p. 74).

En défense, il convient de bien distinguer en pratique les actions où l'on veut mettre en cause le syndicat (elles doivent être lancées contre le syndic ès qualités... ▪ Cass. 17 nov. 2021, n° 20-21.482 : *Ann. loyers* janv.-févr. 2021, p. 100, obs. J.-M. Roux. ▪ Cass. 3e civ., 31 mars 2016, n° 15-10.409 : *Ann. loyers* mai 2016, p. 83, obs. J.-M. Roux ; *Rev. Adminis-*

trer juill. 2016, p. 41, obs. J.-R. Bouyeure ; *AJDI* 2016, p. 773, obs. N. Le Rudulier) et celles concernant le syndic personnellement. Si le syndic est assigné par erreur en son nom personnel alors que la demande concerne en réalité le syndicat, l'action est irrecevable (▪ Cass. soc., 14 janv. 1987 : *Rev. Administrer* août-sept. 1987, p. 53, note J.-M. Gélinet. – V. également, ▪ Cass. 3e civ., 11 oct. 2005 : *AJDI* 2006, p. 284, note P. Capoulade). Néanmoins, si une personne est assignée en qualité de syndic de la copropriété, il importe peu que le syndicat ne soit pas expressément visé par l'acte de procédure (▪ Cass. 3e civ., 17 nov. 2021, n° 20-21.482 : *Ann. loyers* janv.-févr. 2021, p. 100, obs. J.-M. Roux).

Il a été jugé que l'assignation visant à désigner un mandataire judiciaire afin de convoquer l'assemblée générale devait être délivrée au syndic en son nom personnel, l'initiative de convoquer cette assemblée relevant d'une obligation qui lui est propre (▪ CA Paris, 14e ch. B, 4 avr. 2008 : *AJDI* 2008, p. 777).

Dans le cadre de son devoir de conseil, le syndic doit vérifier qu'il a bien qualité pour représenter le syndicat (▪ Cass. 3e civ., 27 sept. 2000 : *JurisData* n° 2000-006035 ; *JCP G* 2000, IV, n° 2678 ; *Bull. civ.* III, n° 153 ; *Rev. Administrer* janv. 2001, p. 40, note P. Capoulade) et prendre soin de se faire régulièrement autoriser (V. D. art. 55). Cette responsabilité pèse également sur l'avocat du syndicat.

Encore faut-il que la signification ait été faite à l'adresse du syndic en exercice (▪ Cass. 3e civ., 28 mars 2019, n° 17-26.251 : *Loyers et copr.* 2019, comm. 89, obs. A. Lebatteux ; *JurisData* n° 2019-006976 ; *AJDI* 2019, p. 375). La procédure est atteinte d'une irrégularité de fond si le mandat du syndic vient à être annulé (▪ Cass. 3e civ., 9 sept. 2014, n° 13-18.880 : *Inf. rap. copr.* sept. 2015, p. 11, obs. M.-F. Ritschy. ▪ CA Paris, 23e ch. B, 21 sept. 2000, n° 89 : *Dossier CSAB* n° 136, févr. 2001, obs. A. Dunes) ou s'il agit après expiration de son mandat (▪ Cass. 3e civ., 21 juin 2006 : *Rev. Administrer* oct. 2006, p. 58, obs. J.-R. Bouyeure. ▪ Cass. 3e civ., 15 déc. 1999 : *Rev. Administrer* avr. 2000, p. 57, note J.-R. Bouyeure. ▪ Cass. 3e civ., 30 sept. 1998 : *RD imm.* 1999, p. 155, obs. P. Capoulade). De même si son mandat prend fin en cours de procédure (▪ Cass. 3e civ., 14 avr. 1999 : *JurisData* n° 1999-001634 ; *Loyers et copr.* 1999, comm. 192). Mais si, en cours de procédure, un syndicat change de syndic, la signification du jugement est valablement faite au syndicat représenté par son ancien syndic (▪ CA Paris, 23e ch. B, 9 sept. 2004 : *Rev. Administrer* nov. 2005, p. 34, obs. J.-R. Bouyeure).

Selon la cour de Paris, le pouvoir de représentation légale conféré au syndic par l'article 18 de la loi implique qu'il puisse charger un conseil de la défense du syndicat sans avoir préalablement soumis le choix de ce conseil à l'assemblée générale (▪ CA Paris, pôle 4, 2e ch., 8 oct. 2015 : *Inf. rap. copr.* avr. 2016, p. 12, obs. M.-F. Ritschy).

Voir : pour plus de détails sur les actions pouvant être exercées par le syndic, L. art. 15 et D. 17 mars 1967, art. 55, p. 846 et 59 et leur commentaire. – Sur la désignation du syndic dans les actes de procédure : D. 17 mars 1967, art. 59, p. 864. – Sur l'obligation d'aviser le syndicat des actions introduites à son encontre, V. D. art. 59.

XVIII – NOTIFICATION DE L'EXERCICE D'UN DROIT DE DÉLAISSEMENT

Bibliographie : C. Atias, *La copropriété immobilière dans la politique de défense de l'environnement* : *Ann. loyers* 2010, p. 2185.

94) Prévention des risques technologiques. À l'intérieur du périmètre d'exposition aux risques, les plans de prévention des risques technologiques peuvent délimiter l'intérieur des zones concernées, des secteurs où, en raison de l'existence de « risques importants d'accidents à cinétique rapide présentant un danger grave pour la vie humaine », est instauré un droit de délaissement au profit des propriétaires d'immeubles ou de droits réels immobiliers compris dans ces secteurs (CCH, art. L. 515-16-2° a).

95) Notification du délaissement. En vertu de l'article 5 de l'ordonnance n° 2015-1324 du 22 octobre 2015, lorsque l'immeuble est situé dans l'un des secteurs mentionnés au *a* du 2° de l'article L. 515-16 du Code de l'environnement, le syndic inscrit à l'ordre du jour de l'assemblée générale l'information sur l'exercice par les copropriétaires du droit de délaissement prévu au même article (L. 1965, art. 24-6, al. 1er nouveau. – V. ce texte). Il notifie en même temps que l'ordre du jour un état actualisé des lots délaissés. Cet état comprend le nombre de copropriétaires ayant exercé leur droit de délaissement, ainsi que les quotes-parts des parties communes qu'ils représentent, et mentionne les dispositions du deuxième alinéa du III de l'article 18 de la loi de 1965 et de l'article L. 515-16-1 du Code de l'environnement (D. 1967, art. 11-II-6°, issu du D. n° 2012-475, 12 avr. 2012. V. ce texte *infra*).

Partant, l'article 18-III 1er tiret de la loi du 10 juillet 1965 (issu de l'ordonnance n° 2015-1324, 22 oct. 2015) charge le syndic de notifier sans délai au représentant de l'État dans le département et aux copropriétaires l'information selon laquelle les deux tiers des copropriétaires, représentant au moins deux tiers des quotes-parts de parties communes, ont exercé leur droit de délaissement dans les conditions prévues par l'article L. 515-16-3 du Code de l'environnement. La notification aux copropriétaires mentionne expressément les dispositions du IV de cet article (V. ce texte sous l'article 24-6 de la loi de 1965, *infra*).

Au vu de la notification mentionnée au III de l'article 18 de la loi de 1965, l'autorité administrative compétente peut déclarer d'utilité publique l'expropriation des immeubles ou droits réels immobiliers non délaissés, lorsque les charges nécessaires à l'entretien des lots délaissés sont, pour les collectivités territoriales ou les établissements publics de coopération intercommunale compétents en matière d'urbanisme, disproportionnées au regard de l'intérêt qui s'attache à cet entretien (CCH, art. L. 515-16-3 IV, al. 1er).

XIX – INFORMATION SUR L'ACCÈS À LA TNT

96) Communications à la charge du syndic. La loi n° 2007-309 du 5 mars 2007 relative à la modernisation de la diffusion audiovisuelle et à la télévision du futur a créé un 8e tiret au premier alinéa de l'article 18 de la loi du 10 juillet 1965. Cette loi prévoit que si un réseau de communications électroniques interne à l'immeuble distribue des services de télévision et si l'installation permet l'accès aux services nationaux en clair de télévision par voie hertzienne terrestre en mode numérique, le syndic doit informer « de manière claire et visible » les copropriétaires de cette possibilité. Il doit également fournir les coordonnées du distributeur de services auquel un copropriétaire doit s'adresser afin de bénéficier du « service antenne » numérique au sens de l'article 34-1, alinéa 2 de la loi n° 86-1067 du 3 septembre 1986 relative à la liberté de communication.

De surcroît, il est précisé qu'à compter de la publication de la loi du 5 mars 2007 (*JO* 7 mars), cette information sera fournie dans le relevé de charges envoyé régulièrement par le syndic aux copropriétaires, et ce jusqu'au 30 novembre 2011.

Voir aussi : sur la mention à l'ordre du jour de l'examen d'une proposition commerciale tendant à organiser l'accès aux services nationaux en clair de télévision par voie hertzienne terrestre en mode numérique, *infra*, L. art. 24-1. – V. également, L. art. 25-j.

XX – CONTRÔLE DES RACCORDEMENTS DE L'IMMEUBLE AU RÉSEAU DE COLLECTE DES EAUX USÉES

97) Collecte des eaux usées. La loi n° 2021-1104 du 22 août 2021, dite loi Climat, dispose que le syndic était aussi chargé de faire réaliser le contrôle des raccordements de l'immeuble au réseau public de collecte des eaux usées et de tenir à la disposition des copropriétaires qui en font la demande le document établi à l'issue de ce contrôle (*L. 10 juill. 1965, art. 18, III, 3e tiret, nouveau*). Cette précision, qui fait référence au II de l'article L. 2224-8 du Code général des collectivités territoriales, a été apportée en prévision des Jeux olympiques de Paris 2024. Elle concerne les territoires dont les rejets d'eaux usées et pluviales ont une incidence sur la qualité de l'eau pour les épreuves de nage libre et de triathlon en Seine.

Le décret n° 2022-93 du 31 janvier 2022 (*JO* 1er févr.) fixe la liste des territoires dont les rejets d'eaux usées et pluviales ont une incidence sur la qualité de l'eau pour les épreuves olympiques de nage libre et de triathlon en Seine.

XXI – RESPONSABILITÉ DU SYNDIC

Bibliographie : J. Cabanac, *Responsabilité du syndic à l'occasion des nullités d'assemblée : RD imm.* nos 57-58, p. 89 et s. – Calfan, *Jurisprudence sur la responsabilité civile et pénale du syndic : Inf. rap. copr.* juin-juill. 1979, p. 121. – Rémy et Pialoux, *La responsabilité professionnelle des administrateurs de biens et syndic de copropriété : Rev. loyers* 1985, p. 54 et s. – M.-C. Ruffet, *La responsabilité civile du syndic : Inf. rap. copr.* juin 1990, p. 180 et s. ; *Responsabilité du syndic professionnel : savoir maîtriser les équilibres : Inf. rap. copr.* janv. 1999, p. 4. – B. Latrille et G. Lejwi, *Responsabilité de l'administrateur de biens au quotidien : Dossier CSAB* n° 22, août 1995. – M.-C. Ruffet, *Les assurances du syndic : Inf. rap. copr.* janv. 2001, p. 19. – *Annulation d'assemblée générale et responsabilité du syndic : Inf. rap. copr.* juin 1999, p. 15 et s. ; *JCl. Copropriété*, Fasc. 91-20, par G. Vigneron. – G. Vigneron et C. Coutant-Lapalus, *Le syndic de copropriété*, LexisNexis, 7e éd., 2021. – P.-L. Niel, *La faute de gestion commise par le syndic de copropriété : AJDI* 2009, p. 855. – C. Coutant-Lapalus, *Quelques réflexions sur la responsabilité civile et le syndic de copropriété : Loyers et copr.* janv. 2014, étude 1. – J. Sroussi, *La responsabilité du syndic provisoire : Inf. rap. copr.* oct. 2022, p. 37. – P.-E. Lagraulet, *Le syndic de copropriété*, Edilaix, 2021, § IV.3.1 et s.

98) Sources de la responsabilité du syndic. Nous avons déjà signalé la responsabilité encourue par le syndic à l'occasion de l'exécution de certaines de ses missions légales.

Voir : L. 10 juill. 1965, art. 18, comm. nos 2 et 5, p. 289.

Sur un plan général, la responsabilité du syndic peut être engagée du point de vue civil ou du point de vue pénal.

A – Responsabilité civile

99) Action en responsabilité. La responsabilité civile du syndic peut être mise en jeu par le syndicat, par les copropriétaires ou par des tiers. L'action en responsabilité doit être engagée contre le syndic personnellement.

1° *Responsabilité vis-à-vis du syndicat*

100) Application des règles du mandat. La responsabilité du syndic est, en général, appréciée selon les règles du mandat (C. civ., art. 1992). Comme tout mandataire, le syndic est responsable non seulement du dol, mais également des fautes qu'il commet dans sa gestion (E. Kischinewsky-Broquisse, *La copropriété des immeubles bâtis* Litec, 4e éd. 1989, n° 483. – E.-J. Guillot, *La responsabilité civile appliquée au syndic de copropriété : Rev. Administrer* mars 1975, p. 5 et 6 ; *Rev. Administrer* janv. 1983, p. 13 et s.). Cette responsabilité est donc considérée comme étant d'ordre contractuel : le syndic doit gérer en « bon père de famille » (▪ CA Paris, pôle 4, 2e ch., 16 oct. 2013 : *JurisData* n° 2013-023038 ; *Loyers et copr.* 2014, comm. 99, obs. G. V. ; *AJDI* 2014, p. 218). Il sera responsable de son dol (syndic qui choisit l'entrepreneur le plus cher pour obtenir une ristourne sur les travaux, ▪ Cass. civ., 30 nov. 1971 : *Rev. loyers* 1972, p. 148), mais aussi de toutes les fautes qu'il commet dans sa gestion, par exemple dues à son imprudence ou à sa négligence (V. pour un retard dans la prise de mesures urgentes, ▪ Cass. 3e civ., 10 oct. 1990 : *Inf. rap. copr.* oct. 1991, p. 290, obs. P. Capoulade. ▪ CA Versailles, 1er févr. 2010 : *JurisData* n° 2010-002373 ; *Loyers et copr.* 2010, comm. 175, obs. G. Vigneron ; *Inf. rap. copr.* mai 2011, p. 13, obs. M.-F. Ritschy. – Pour des négligences au cours d'opérations d'expertise, ▪ CA Paris, pôle 4, 2e ch., 5 déc. 2012 : *JurisData* n° 2012-028739 ; *Loyers et copr.* 2013, comm. 155, obs. G. Vigneron ; *AJDI* 2013, p. 44, note D. Tomasin), peu important que les fautes commises soient ou non détachables de ses fonctions de syndic (▪ Cass. 3e civ., 23 mai 2012, n° 11-14.599 : *JurisData* n° 2012-010935 ; *Loyers et copr.* 2012, comm. 246, obs. G. Vigneron ; *JCP* N 2012, 632 ; *Inf. rap. copr.* mai 2013, p. 14, obs. M.-F. Ritschy ; *D.* 2012, p. 1480). La responsabilité du syndic ne peut être engagée envers le syndicat que sur le fondement d'une faute dans l'exercice de son mandat, sans qu'aucune présomption de responsabilité puisse être invoquée (▪ Cass. 3e civ., 6 févr. 2020, n° 18-22.788 : *Ann. loyers* avr.-mai 2020, p. 127, obs. J.-M. Roux ; *Inf. rap. copr.* nov. 2020, p. 61, obs. F. Bayard-Jammes). Sa responsabilité ne peut donc être retenue sans qu'il soit précisé à quelles obligations expresses de son mandat il a manqué au cours de l'exercice de ses fonctions (▪ Cass. 3e civ., 15 mai 2002 : *JurisData* n° 2002-014237 ; *JCP* G 2002, IV, 2099 ; *Rev. loyers* 2002, p. 515, note P. Déchelette-Tolot).

Conformément aux règles du mandat (C. civ., art. 1992, al. 2), la responsabilité du syndic est appréciée moins rigoureusement dans le cas où ce syndic est bénévole (V. D. art. 7. ▪ Cass. 3e civ., 20 juin 1972 : *D.* 1972, I, p. 659. ▪ CA Paris, 16e ch., 24 avr. 1975 : *JCP* 1975, II, 18097, note E.-J. Guillot), ce qui n'empêche pas sa condamnation en cas de négligences graves et répétées (▪ CA Paris, 4e ch., 25 juin 2009 : *AJDI* 2009, p. 879).

Si le syndic est une SARL, le gérant ne peut être condamné à titre personnel, seul ou solidairement, sans rechercher si les fautes commises par ce gérant sont ou non détachables de ses fonctions (▪ Cass. 3e civ., 4 avr. 2001 : *Bull. civ.* III, n° 45 ; *AJDI* 2002, p. 60, note D. Tomasin).

Si une action est intentée par le syndicat à l'encontre d'un ancien syndic qui s'est maintenu en fonction en exerçant une gestion de fait, cette action est alors fondée sur les règles de la responsabilité délictuelle (▪ CA Paris, 23e ch. B, 8 déc. 2005 : *JurisData* n° 2005-288779).

- **Cas où la responsabilité du syndic peut être recherchée**

101) Négligence. Le syndic peut engager sa responsabilité vis-à-vis du syndicat s'il néglige de faire respecter le règlement de copropriété, d'exécuter les décisions de l'assemblée, de recouvrer les charges communes ou à l'occasion de sa mission générale d'administration de l'immeuble, ou des missions particulières qui lui incombent en vertu des textes particuliers énoncés ci-dessus.

Voir : L. 10 juill. 1965, art. 18, comm. nos 5 et s, p. 290.

L'étude de ces responsabilités particulières est faite à l'occasion de chacun des pouvoirs particuliers du syndic. Nous ne donnerons ci-dessous que quelques exemples :

– sur la responsabilité du syndic dans la gestion du personnel, V. D. 17 mars 1967, art. 31, p. 801 ;

– sur la responsabilité du syndic à l'occasion des ventes de lots, V. L. 10 juill. 1965, art. 20, p. 351.

• *négligence dans l'exercice des actions en justice :* le syndic qui, assigné ès qualités en responsabilité pour malfaçons, néglige de mettre en cause la responsabilité des architectes et entrepreneurs en les appelant en garantie, engage sa responsabilité (▪ TGI Nice, 25 avr. 1985 : *Gaz. Pal.* 1985, 2, somm. p. 235) ; de même s'il ne met pas, ou met tardivement en cause la responsabilité des entrepreneurs pour malfaçons (▪ Cass. 3e civ., 26 févr. 1997 : *RD imm.* 1997, p. 287, obs. P. Capoulade) ou en l'absence de réalisation des travaux (▪ CA Metz, 12 nov. 2013 : *AJDI* 2014, p. 462), s'il n'engage pas de procédure interruptive de prescription avant l'expiration de la garantie biennale (▪ Cass. 3e civ., 23 avr. 2013, n° 12-15.551 : *JurisData* n° 2013-008132 ; *Inf. rap. copr.* avr. 2014, p. 9, obs. M.-F. Ritschy), s'il est négligent dans le suivi et l'évolution du procès (▪ CA Paris, pôle 4, ch. 2, 24 nov. 2010 : *Inf. rap. copr.* mai 2011, p. 13, obs. M.-F. Ritschy) ou ne conseille pas les copropriétaires et leur syndicat en les avertissant de la nécessité d'agir rapidement au lieu de laisser passer les années (▪ CA Paris, 23e ch. B, 25 sept. 2008 : *Loyers et copr.* 2009, n° 79 ; *AJDI* 2009, p. 134. Dans le même sens, ▪ CA Aix-en-Provence, 10 sept. 2020, n° 18/11191 : *AJDI* 2021, p. 59). De même encore si, négligeant de convoquer l'assemblée en temps utile, il empêche le syndicat d'exercer dans les délais les recours contre les entreprises responsables de malfaçons (▪ CA Paris, 27e ch. B, 15 oct. 1984 : *RD imm.* 1985, p. 288, obs. F. Givord et C. Giverdon. – V. aussi, ▪ Cass. 3e civ., 5 oct. 1994 : *Loyers et copr.* 1995, n° 89 ; *JCP* G 1994, IV, 2404 ; *Rev. Administrer* avr. 1995, p. 30, note E.-E. Frank. ▪ Cass. 3e civ., 8 sept. 2010 : *Rev. Administrer* janv. 2011, p. 65, obs. J.-R. Bouyeure ; *Inf. rap. copr.* mai 2011, p. 14, obs. M.-F. Ritschy), s'il n'informe pas les copropriétaires en assemblée générale des conséquences résultant de l'expiration de la garantie décennale (▪ CA Paris, 23e ch. B, 11 janv. 2007 : *Loyers et copr.* 2007, comm. 86, obs. G. Vigneron ; *Inf. rap. copr.* 2008, p. 17, obs. M.-F. Ritschy), s'il ne régularise pas une procédure en garantie décennale (▪ Cass. 3e civ., 7 avr. 2009 : *Rev. Administrer* juill. 2009, p. 57, obs. J.-R. Bouyeure ; *Inf. rap. copr.* mars 2010, p. 12, obs. M.-F. Ritschy) ou s'il laisse condamner le syndicat à des dommages et intérêts alors que sa responsabilité n'est pas engagée (▪ CA Versailles, 26 juin 1985 : *Rev. loyers* 1986, p. 40). La responsabilité du syndic est également engagée si, faute d'habilitation régulière, le syndicat est débouté de l'action en responsabilité engagée contre les constructeurs (▪ Cass. 3e civ., 16 févr. 2005 : *Rev. Administrer* mai 2005, p. 49, obs. J.-R. Bouyeure) ou si le procès-verbal de l'assemblée a été rédigé de manière défectueuse faisant perdre une chance au syndicat d'obtenir l'indemnisation intégrale des désordres (▪ Cass. 3e civ., 4 juill. 2019, n° 17-22.743 : *JurisData* n° 2019-011813 ; *Loyers et copr.* 2019, comm. 160, obs. C. Coutant-Lapalus ; *Ann. loyers* oct. 2019, p. 92, obs. J.-M. Roux ; *Administrer* oct. 2019, p. 53, obs. J.-R. Bouyeure). Il en va de même s'il s'abstient d'assigner les constructeurs dans le délai de la garantie décennale alors qu'aucune autorisation de l'assemblée n'était nécessaire pour une assignation en référé interruptive de ce délai (▪ CA Paris, pôle 4, ch. 2, 21 janv. 2010 : *JurisData* n° 2010-008250 ; *Loyers et copr.* 2010, comm. 274, obs. G. Vigneron).

Commet également une faute, le syndic qui s'abstient d'exiger la restitution d'une partie commune indûment occupée par un copropriétaire (▪ Cass. 3e civ., 23 avr. 2013, n° 12-14.436 : *JurisData* n° 2013-008130 ; *Inf. rap. copr.* avr. 2014, p. 9, obs. M.-F. Ritschy).

Le syndic engage sa responsabilité si, faute d'avoir tenu à jour la liste des copropriétaires, il assigne en paiement de charges une personne qui n'est pas débitrice (▪ CA Paris, 23e ch. B, 7 avr. 2005 : *AJDI* 2005, p. 744. – V. également, ▪ CA Paris, 14e ch., 12 mai 2006 : *AJDI* 2006, p. 650).

En revanche, a rempli ses obligations, le syndic qui a fait inscrire à l'ordre du jour de l'assemblée générale une question relative au comportement de l'auteur de troubles de voisinage et a adressé un courrier à son bailleur à la suite des troubles constatés, sans pouvoir aller à l'encontre de la décision prise par l'organe délibérant refusant d'engager une quelconque action en justice (▪ CA Paris, 6e ch., 9 sept. 2008 : *Loyers et copr.* 2009, comm. 23, obs. G. Vigneron) ;

• *négligence dans la gestion courante.* De même encore, le syndic est responsable s'il n'assure pas ou assure mal l'immeuble en cas d'incendie (▪ Cass. 3e civ., 20 juill. 1994 : *Rev. loyers* 1994, p. 540. ▪ CA Aix-en-Provence, 4e ch. A, 21 janv. 1999 : *Defrénois* 1999, art. 33017, n° 53, note C. Atias), s'il indique une superficie inférieure à la superficie réelle de l'immeuble dans le contrat d'assurance (▪ Cass. 3e civ., 11 janv. 2023, n° 21-20.418 : *Juris-Data* n° 2023-001389 ; *Loyers et copr.* 2023, comm. 48, obs. A. Lebatteux. ▪ Cass. 3e civ., 9 sept. 2021, n° 20-12.554 : *Juris-Data* n° 2021-014417 ; *Loyers et copr.* 2021, comm. 140, obs. A. Lebatteux. ▪ CA Paris, pôle 4, 2e ch., 20 janv. 2020 : *Administrer* avr. 2020, p. 60, obs. J.-R. Bouyeure), s'il n'effectue pas de déclaration de sinistre auprès de l'assureur de l'immeuble (▪ CA Paris, pôle 4, ch. 2, 21 janv. 2010 : *JurisData* n° 2010-008250 ; *Loyers et copr.* 2010, comm. 274, obs. G. Vigneron. ▪ CA Paris, 23e ch. B, 20 sept. 2007 : *JurisData* n° 2007-343707 ; *Loyers et copr.* 2008, comm. 145, 2e esp. – Pour une déclaration tardive ▪ CA Paris, pôle 4, 2e ch., 15 mai 2013 : *Juris-Data* n° 2013-010478), s'il ne réalise pas des travaux de rénovation (▪ CA Chambéry, 18 janv. 2011 : *AJDI* 2011, p. 307) ou n'a rien entrepris pour faire mettre en conformité des installations sanitaires défectueuses (▪ Cass. 3e civ., 18 nov. 2008 : *Rev. Administrer* févr. 2008, p. 52, obs. J.-R. Bouyeure ; *Rev. loyers* 2009, p. 35 ; *Inf. rap. copr.* mars 2010, p. 12, obs. M.-F. Ritschy) ou encore s'il n'a pas pris les mesures nécessaires pour mettre fin à une surconsommation d'eau (▪ Cass. 3e civ., 8 févr. 1995 : *Bull. civ.* III, n° 44 ; *JCP* G 1995, IV, 874. – Pour une incurie dans la maintenance d'un système de production et de distribution d'eau chaude : ▪ CA Grenoble, 30 oct. 2007 : *Loyers et copr.* 2008, comm. 145, 1re esp. – Pour l'absence de transfert du contrat d'abonnement en eau au nom du syndicat : ▪ Cass. 1re civ., 9 juin 2017, n° 16-15.338 : *Inf. rap. copr.* avr. 2018, p. 13, obs. M.-F. Ritschy ; *Ann. loyers* sept. 2017, p. 57, obs. J.-M. Roux. – Pour des négligences graves dans l'entretien des parties communes : ▪ Cass. 3e civ., 24 mars 2015, n° 13-24.791 : *AJDI* 2015, p. 441. ▪ CA Paris, 4e ch., 25 juin 2009, préc. ▪ CA Nîmes, 3 oct. 2013 : *AJDI* 2014, p. 216. ▪ CA Paris, pôle 4, ch. 2, 9 avr. 2014 :

JurisData n° 2014-007850 ; *Loyers et copr.* 2014, comm. 254, obs. G. Vigneron. ■ CA Paris, pôle 2, 2e ch., 12 juin 2015 : *Rev. Loyers* 2015, p. 415, obs. S.-B.). De même, s'il procède à des appels de charges sans respecter les clauses du règlement de copropriété (■ Cass. 3e civ., 3 juill. 1996 : *JCP G* 1996, IV, 2000) ou s'il ne respecte pas la durée légale du temps de travail d'un gardien d'immeuble (■ CA Versailles, 4e ch., 12 nov. 2007 : *Inf. rap. copr.* avr. 2008, p. 16, obs. M.-F. Ritschy ; *Rev. Administrer* août-sept. 2008, p. 46, obs. J.-R. Bouyeure). Engage sa responsabilité le syndic qui, avisé de la gravité des désordres affectant les parties communes et des troubles qu'ils avaient entraînés, aurait dû alerter le syndicat sur la nécessité d'une intervention et sur les conséquences prévisibles de toute carence (■ Cass. 3e civ., 26 févr. 2016, n° 14-29.434 : *JurisData* n° 2016-003252 ; *Loyers et copr.* 2016, comm. 105, obs. G. Vigneron ; *Ann. loyers* avr. 2016, p. 45, obs. J.-M. Roux ; *Inf. rap. copr.* oct. 2016, p. 14, obs. M.-F. Ritschy). De même également, s'il ne prend pas les mesures pour mettre fin à une fuite révélée par une surconsommation de fuel (■ CA Paris, 19e ch. B, 18 juin 1998 : *Loyers et copr.* 1999, comm. 55). Tel est aussi le cas lorsque le syndic doit exécuter les décisions de l'assemblée générale des copropriétaires le chargeant notamment de l'obtention des autorisations administratives et s'il n'a rien fait relativement à celles-ci et ne s'est même pas assuré que le maître d'œuvre s'en était chargé (■ Cass. 3e civ., 24 mars 2016, n° 14-19.837 : *AJDI* 2016, p. 370).

Il est également responsable des irrégularités des assemblées et de leurs conséquences (■ Cass. 3e civ., 8 avr. 2021, n° 19-16.190 : *Ann. loyers* juin 2021, p. 102, obs. J.-M. Roux. ■ Cass. 3e civ., 7 sept. 2017, n° 16-19.659 : *Inf. rap. copr.* avr. 2018, p. 12, obs. M.-F. Ritschy ; *Rev. Administrer* nov. 2017, p. 41, obs. J.-R. Bouyeure. ■ CA Versailles, 20 mai 2020, n° 18/00903 : *Ann. loyers* sept. 2020, p. 69, note O. Beddeleem. ■ CA Paris, 23e ch. B, 17 juin 1999 : *Dossier CSAB* n° 140, oct. 1999, obs. A. Dunes. ■ TGI Évry, 15 sept. 1994 : *Rev. loyers* 1995, p. 330. ■ CA Paris, 23e ch. B, 11 oct. 2007 : *AJDI* 2008, p. 38 ; *Inf. rap. copr.* 2008, p. 17, obs. M.-F. Ritschy. ■ CA Aix-en-Provence, 4e ch., 9 nov. 2007 : *Bull. Aix-en-Provence* 2008-1, p. 66, obs. C. Atias), s'il omet de convoquer l'assemblée avant l'expiration de son mandat (■ CA Besançon, 1re ch., sect. A, 15 févr. 2012 : *JurisData* n° 2012-007810 ; *Loyers et copr.* 2012, comm. 250, obs. G. Vigneron ; *Inf. rap. copr.* mai 2013, p. 14, obs. M.-F. Ritschy), s'il convoque l'assemblée six mois après la survenance d'un grave sinistre (■ CA Paris, pôle 4, 2e ch., 24 avr. 2013 : *JurisData* n° 2013-007880), en cas de rédaction défectueuse d'une résolution l'autorisant à agir en justice (■ Cass. 3e civ., 4 juill. 2019, n° 17-27.743 : *JurisData* n° 2019-011813 ; *Loyers et copr.* 2019, comm. 160, obs. C. Coutant-Lapalus ; *Ann. loyers* oct. 2019, p. 92, obs. J.-M. Roux ; *Administrer* nov. 2019, p. 53, obs. J.-R. Bouyeure), en cas de défaut de suivi de travaux (■ Cass. 3e civ., 16 nov. 2023, n° 22-21.144 : *Loyers et copr.* 2024, comm. 15, obs. A. Lebatteux) ou de son absence de diligence dans l'exécution des décisions de l'assemblée (■ Cass. 3e civ., 17 sept. 2013, n° 12-20.566 : *JurisData* n° 2013-019996 ; *Loyers et copr.* 2013, comm. 352, obs. G. Vigneron ; *Ann. loyers* 2014, p. 95, obs. C. Atias. ■ CA Paris, 23e ch., 17 mai 1995 : *Loyers et copr.* oct. 1995, n° 448. – Rép. min. n° 121380 : *JOAN Q*, 15 mai 2007, p. 4538 ; *Inf. rap. copr.* sept. 2007, p. 531). Il a été jugé qu'en présence d'« incertitudes jurisprudentielles » relatives au point de départ d'un délai de convocation de l'assemblée, il incombait au syndic de pourvoir au mieux aux intérêts de son mandant et de le préserver de tout risque connu (■ Cass. 3e civ., 21 oct. 2009 : *JurisData* n° 2009-050151 ; *Loyers et copr.* 2010, comm. 20, obs. G. Vigneron ; *Ann. loyers* 2009, p. 2560, obs. J.-M. Roux ; *Rev. Administrer* janv. 2010, p. 65, obs. J.-R. Bouyeure ; *D.* 2009, p. 2687, obs. Y. Rouquet ; *Rev. loyers* 2010, p. 34, obs. L. Guégan ; *Inf. rap. copr.* mars 2010, p. 9, obs. M.-F. Ritschy).

Doit être déclaré responsable le syndic professionnel qui a exercé son mandat sans prendre connaissance du règlement de copropriété de l'ensemble immobilier et des syndicats secondaires et sans être en possession des tableaux de répartition des charges entre les copropriétaires, ce qui l'a amené à ne jamais convoquer les copropriétaires en assemblée générale, mais seulement les syndics des syndicats secondaires et à procéder à l'appel des charges auprès de ces derniers sans vérification ni contrôle envisageables (■ CA Paris, 14e ch., 12 mai 2006, préc.). Est également responsable, le syndic d'un syndicat principal qui gère un ensemble immobilier comme si le syndicat était composé par les syndicats secondaires et non par les copropriétaires (■ TGI Paris, 8e ch., 1re sect., 15 avr. 2008 : *Rev. Administrer* mai 2009, p. 53, obs. J.-R. Bouyeure).

En revanche, ne commet pas de faute le syndic qui autorise l'exécution de travaux ayant fait l'objet d'une résolution de l'assemblée, exécutoire tant qu'elle n'a pas été annulée. Et la faute du syndic ne saurait résulter de la seule annulation de résolutions de l'assemblée, qui ne sont pas son œuvre (■ Cass. 3e civ., 13 avr. 2005 : *Rev. Administrer* août-sept. 2005, p. 72, obs. J.-R. Bouyeure). N'est pas non plus fautif, le syndic qui s'est heurté au refus des copropriétaires de renouveler son mandat et de nommer en ses lieu et place un successeur, les frais occasionnés par la nomination judiciaire d'un syndic et les honoraires demandés par celui-ci ne pouvant être mis à la charge du syndic évincé (■ Cass. 3e civ., 24 oct. 2006 : *AJDI* 2007, p. 45 ; *Rev. Administrer* janv. 2007, p. 58, obs. J.-R. Bouyeure). Ne pouvant agir à l'encontre de la volonté exprimée par son mandant, le syndic ne peut être tenu pour responsable des conséquences négatives des décisions adoptées en toute connaissance de cause (▪ Cass. 3e civ., 31 mars 2016, n° 15-14.759 : *Inf. rap. copr.* oct. 2016, p. 14, obs. M.-F. Ritschy ; *Rev. Administrer* août-sept. 2016, p. 68, obs. J.-R. Bouyeure. ▪ CA Toulouse, 1re ch., 1re sect., 5 mars 2012 : *JurisData* n° 2012-007348 ; *Loyers et copr.* 2012, comm. 253, obs. G. Vigneron ; *Inf. rap. copr.* mai 2013, p. 15, obs. M.-F. Ritschy). Un syndic n'a commis aucune faute pour remédier aux désordres venant de parties communes dès lors, en l'absence de péril imminent, qu'il a régulièrement convoqué les assemblées générales afin de faire voter les travaux nécessaires qui ont été réalisés dans les délais prévus (▪ CA Versailles, 23 nov. 2009 : *JurisData* n° 2009-380665 ; *Loyers et copr.* 2010, comm. 181, obs. G. Vigneron). Il ne peut être reproché à un syndic de n'avoir pas pu mettre en concurrence des ascensoristes, aucun d'entre eux ne voulant intervenir sur des installations qu'il n'avait pas réalisées (▪ Cass. 3e civ., 21 juin 2011, n° 10-20.026 : *Inf. rap. copr.* mars 2012, p. 16, obs. M.-F. Ritschy ; *Rev. Administrer* oct. 2011, p. 73, obs. J.-R. Bouyeure) ;

• *négligence dans la gestion financière*. Il peut aussi y avoir faute dans la gestion des fonds du syndicat. Ainsi, lorsque le syndic procède à des règlements erronés ou abusifs (▪ Cass. 3e civ., 8 avr. 1998 : *D.* 2000, somm. p. 138, obs. P. Capoulade), ou qu'il détourne les fonds du syndicat (▪ CA Dijon, 1re ch., 10 sept. 1999 : *Rev. Administrer* août-sept. 2000, p. 43, obs. A. Cattan), qu'il paie des honoraires à un avocat sans convention d'honoraires préalable (▪ CA Paris, 23e ch. B, 26 oct. 2000 : *AJDI* 2000, p. 1066), s'il s'octroie des défraiements non approuvés en assemblée générale (▪ CA Chambéry, 18 janv. 2011 : *AJDI* 2011, p. 307) ou s'il paie au maître de l'ouvrage délégué une somme ne correspondant pas à celle votée par l'assemblée (▪ CA Douai, 1re ch., 11 mai 2005 : *JurisData* n° 2005-292160) ou encore s'il fait exécuter des travaux dépassant le montant voté en assemblée générale (▪ CA Paris, pôle 4, ch. 2, 29 janv. 2020, n° 16/11048 : *Rev. Administrer* août-sept. 2020, p. 55, obs. J.-R. Bouyeure). De même encore s'il crée des difficultés de trésorerie en ne procédant pas à des appels de fonds suffisants pour couvrir les charges courantes (▪ Cass. 3e civ., 25 mars 1997 : *RD imm.* 1997, p. 287, obs. P. Capoulade), s'il ne détermine pas précisément les décomptes de charges par locaux (▪ CA Paris, 23e ch. B, 10 avr. 2008 : *AJDI* 2008, p. 594) ou par syndicats (▪ CA Colmar, 24 sept. 2020, n° 272/2020 : *AJDI* 2021, p. 63), ou s'il ne forme pas opposition au paiement du prix de vente d'un lot (▪ CA Paris, pôle 4, ch. 2, 13 sept. 2017 : *Inf. rap. copr.* avr. 2018, p. 13, obs. M.-F. Ritschy ; *Rev. Administrer* nov. 2017, p. 41, obs. J.-R. Bouyeure). La responsabilité solidaire des syndics successifs a pu être retenue lorsqu'ils n'ont pas proposé à l'assemblée générale de modifier le règlement de copropriété comportant une erreur dans l'imputation des charges générales (▪ CA Versailles, 12 avr. 2012 : *AJDI* 2013, p. 290).

Ne sont pas susceptibles d'engager la responsabilité du syndic de simples erreurs dans les attributions d'unité de valeur dans le cadre du calcul de la rémunération du gardien de l'immeuble (▪ CA Paris, 23e ch. B, 20 déc. 2007 : *AJDI* 2008, p. 220) ou le refus d'octroi d'un prêt couvrant la quote-part d'un copropriétaire dans les travaux décidés par l'assemblée générale (▪ CA Paris, pôle 4, ch. 2, 27 oct. 2010 : *Rev. Administrer* mars 2011, p. 43, obs. J.-R. Bouyeure ; *Inf. rap. copr.* mai 2011, p. 14, obs. M.-F. Ritschy) ou encore l'utilisation, pour la gestion courante, des montants des indemnisations reçues au titre de la destruction d'une partie de l'immeuble alors que les copropriétaires ne payaient pas volontairement leurs charges (▪ Cass. 3e civ., 24 mai 2011, n° 10-16.868 : *Rev. Administrer* oct. 2011, p. 72, obs. J.-R. Bouyeure).

Sur l'incidence des manquements d'un ancien syndic sur les poursuites intentées par son successeur en recouvrement des charges, ▪ CA Paris, 23e ch. B, 14 sept. 2006 : *AJDI* 2006, p. 916.

102) Excès de pouvoir. Le syndic engage également sa responsabilité s'il *excède ses pouvoirs* : en entreprenant des travaux sans avoir l'autorisation nécessaire de l'assemblée (▪ Cass. 3e civ., 3 janv. 1980 : *JCP* G 1980, IV, p. 101 ; *Rev. Administrer*. avr. 1980, p. 41, note E.-J. Guillot. ▪ Cass. 3e civ., 30 nov. 1971 : *AJPI* 1972, p. 816, note J. Cabanac) ou en faisant réaliser des travaux non conformes à la décision de l'assemblée (▪ CA Dijon, 7 déc. 2010 : *JurisData* n° 2010-024873 ; *Loyers et copr.* 2011, comm. 260, obs. G. V.) ou pour un prix excédant l'autorisation accordée (▪ Cass. 3e civ., 7 févr. 2012, n° 11-11.051 : *JurisData* n° 2012-001844 ; *Loyers et copr.* 2012, comm. 122, obs. G. Vigneron ; *Inf. rap. copr.* mai 2013, p. 13, obs. M.-F. Ritschy ; *Rev. loyers* 2012, p. 130 ; *Rev. Administrer* mai 2012, p. 49, obs. J.-R. Bouyeure ; *AJDI* 2012, p. 436, obs. N. Le Rudulier), en payant une facture de dédit pour annulation d'une commande non autorisée par l'assemblée générale (▪ Cass. 3e civ., 12 sept. 2019, n° 18-18.585 : *JurisData* n° 2019-015667 ; *Loyers et copr.* 2019, comm. 160, obs. A. Lebatteux ; *Ann. loyers* nov. 2019, p. 93, obs. J.-M. Roux ; *Inf. rap. copr.* nov. 2020, p. 62, obs. F. Bayard-Jammes) ou encore en donnant à des copropriétaires des autorisations relevant de la compétence de l'assemblée (▪ CA Paris, 4 juill. 1979 : *Rev. Administrer* 1981, n° 110, p. 28, note E.-J. Guillot. ▪ CA Aix-en-Provence, 21 oct. 1975 : *AJPI* 1976, p. 798, note

J.-R. Bouyeure. ▪ CA Paris, 26 sept. 1974 : *Rev. Administrer* janv. 1975, p. 29, note Lot). – V. pour des travaux ayant entraîné une atteinte aux droits d'un copropriétaire (▪ CA Paris, 23e ch. B, 5 oct. 2000 : *AJDI* 2000, p. 961). Néanmoins, l'assemblée générale peut ratifier les travaux d'entretien de l'immeuble commandés par le syndic dans l'intérêt de la copropriété (▪ CA Paris, 23e ch. B, 3 avr. 2008 : *Loyers et copr.* 2008, comm. 232, obs. G. Vigneron ; *Ann. loyers* 2008, p. 2469, n° 27543, obs. J.-M. Roux).

Outrepasse également ses pouvoirs le syndic qui signe au nom du syndicat et sans autorisation un avenant de reconduction d'un contrat de location d'une partie commune (▪ CA Paris, pôle 4, 2e ch., 9 mars 2011 : *JurisData* n° 2011-003796 ; *Loyers et copr.* 2011, comm. 280, obs. G. Vigneron ; *Inf. rap. copr.* mars 2012, p. 16, obs. M.-F. Ritschy) ou qui renégocie les conditions d'un prêt sans obtenir le pouvoir de procéder à sa signature (▪ Cass. 3e civ., 29 nov. 2011, n° 10-16.945 : *AJDI* 2012, p. 208). L'argument tiré de la gestion d'affaires ne saurait aboutir (▪ Cass. 3e civ., 4 janv. 2023, n° 21-24.741 : *Ann. loyers* 2023, p. 65, note T. Poulichot ; *Ann. loyers* 2023, p. 69, obs. J.-M. Roux).

103) Devoir de conseil. La jurisprudence considère que, comme tout professionnel libéral, le syndic est tenu d'un devoir de conseil vis-à-vis du syndicat et des copropriétaires (V. *JCl. Copropriété*, Fasc. 91-20 par G. Vigneron. – J.-R. Bouyeure, *À propos du devoir de conseil et d'information du syndic de copropriété : Rev. Administrer* août-sept. 2008, p. 26. – B. Lehnisch et J.-P. Mariani, *Le devoir de conseil du syndic en matière juridique : AJDI* 2021, p. 411. – G. Gil, *Le devoir de conseil du syndic : Inf. rap. copr.* oct. 2022, p. 29. – C. Ivars, *Les devoirs d'information et de conseil du syndic : Inf. rap. copr.* oct. 2023, p. 21). Ainsi, il est en faute pour ne pas avoir signalé à l'assemblée l'illégalité d'une décision qu'elle se proposait de prendre (▪ CA Paris, pôle 4, 2e ch., 11 janv. 2012 : *JurisData* n° 2012-000668 ; *Loyers et copr.* 2012, comm. 155, obs. G. Vigneron ; *Inf. rap. copr.* mai 2013, p. 14, obs. M.-F. Ritschy ; *Rev. Administrer* mars 2012, p. 50, obs. J.-R. Bouyeure. ▪ CA Paris, 26 févr. 2004 : *Loyers et copr.* 2004, comm. 136 ; *AJDI* 2004, p. 297), pour ne pas avoir attiré l'attention de l'assemblée appelée à autoriser une activité de restauration rapide, sur le caractère « douteux, discutable, de la conformité de la nouvelle activité » avec les clauses du règlement de copropriété (▪ CA Paris, 19e ch. B, 22 sept. 2004 : *Loyers et copr.* 2005, comm. 59, obs. G. Vigneron, confirmé par ▪ Cass. 3e civ., 17 janv. 2006 : *Rev. Administrer* avr. 2006, p. 39, obs. J.-R. Bouyeure. – V. aussi, pour un changement de destination illicite, ▪ CA Rouen, 1re ch., 5 janv. 2005 : *JurisData* n° 2005-268597), pour ne pas avoir informé les copropriétaires en assemblée générale des risques de la présence de termites et de la nécessité de procéder à des contrôles adaptés (▪ CA Paris, pôle 4, ch. 2, 9 mars 2011 : *Rev. Administrer* juin 2011, p. 44, obs. J.-R. Bouyeure ; *Inf. rap. copr.* mars 2012, p. 16, obs. M.-F. Ritschy. – Dans le même sens pour la présence de mérule, ▪ CA Caen, 2 avr. 2013 : *JurisData* n° 2013-009738 ; *Loyers et copr.* 2014, comm. 64, obs. G. V. ▪ CA Paris, pôle 4, ch. 2, 22 sept. 2010 : *JurisData* n° 2010-019932 ; *Loyers et copr.* 2011, comm. 32, obs. G. Vigneron), pour ne pas avoir alerté les copropriétaires sur les difficultés financières pouvant résulter de l'adoption d'un nouveau calendrier de paiement des charges (▪ CA Paris, 23e ch. B, 12 févr. 2004 : *AJDI* 2004, p. 389. – V. aussi, pour un « manque d'autorité dans son obligation de conseil envers les copropriétaires » : ▪ CA Paris, 23e ch. B, 6 janv. 2005 : *AJDI* 2005, p. 313) ou s'il ne vérifie pas qu'une entreprise chargée de réaliser des travaux a souscrit les assurances nécessaires afin de garantir leur bonne fin (▪ Cass. 3e civ., 11 mars 2014, n° 13-10.875 : *JurisData* n° 2014-007715 ; *Loyers et copr.* 2014, comm. 159, obs. G. Vigneron ; *Rev. Administrer* juin 2014, p. 50, obs. J.-R. Bouyeure ; *Inf. rap. copr.* juin 2015, p. 8, obs. M.-F. Ritschy) ou encore s'il ne préconise pas le recours à un maître d'œuvre pour la conception et la réalisation de travaux sur des façades de l'immeuble (▪ CA Paris, 6e ch., 20 nov. 2009 : *JurisData* n° 2009-380514 ; *Loyers et copr.* 2010, comm. 152, obs. G. Vigneron).

Voir : sur le devoir de conseil du syndic en matière de travaux, L. 10 juill. 1965, art. 18, comm. n° 23, p. 296.

- **Cas où la responsabilité du syndic ne peut plus être mise en cause**

104) Ratification – Prescription – Quitus. La responsabilité du syndic ne peut plus être mise en cause :

- lorsque *l'assemblée a ratifié ses initiatives* par une délibération spéciale (▪ Cass. 3e civ., 6 févr. 1973 : *Bull. civ.* III, n° 97 ; *JCP G* 1973, IV, p. 113) ;
- lorsque l'*action en responsabilité est prescrite* : la prescription était en principe de trente ans mais si le syndic était commerçant ce délai était ramené à dix ans (C. com., art. L. 110-4. – E. Kischinewsky-Broquisse, *La copropriété des immeubles bâtis* Litec, 4e éd. 1989, n° 488. ▪ Cass. 3e civ., 11 mars 2008 : n° 07-10.199, n° 237 D, *Synd. des copr. « Le Bel Aval »* contre *Sté Alfaga Sati et a.*). Le délai court à compter du fait dommageable (*JCl. Copropriété*, Fasc. 91, n° 157). Le délai est de cinq ans depuis la loi n° 2008-561 du 17 juin 2008 (V. C. civ., art. 2224) ou de dix ans s'il y a eu dommage corporel (V. C. civ., art. 2226).
- lorsque *l'assemblée a donné* quitus.

105) Quitus. Le *quitus* entraîne ratification par l'assemblée de tous les actes dont elle a eu connaissance même s'ils excédaient les pouvoirs du syndic, et renonciation à critiquer l'exécution du mandat du syndic (▪ Cass. 3e civ., 27 mars 2012, n° 11-11.113 : *AJDI* 2012, p. 438. ▪ Cass. 3e civ., 6 févr. 1963 : *AJPI* 1963, II, p. 505, note J. Cabanac. ▪ CA Paris, 23e ch., 27 janv. 1995 : *Loyers et copr.* 1995, comm. 344. ▪ CA Versailles, 24 sept. 1992 : *Rev. Administrer* mars 1993, p. 61, obs. A. Dunes. ▪ CA Paris, 8 déc. 1988 : *Loyers et copr.* 1989, comm. 146. ▪ TGI Paris, 2 juill. 1984 : *Rev. loyers* 1985, p. 152. ▪ CA Paris, 24 nov. 1978 : *D.* 1980, inf. rap. p. 153. ▪ TGI Marseille, 25 oct. 1966 : *Ann. loyers* 1967, p. 1610. – J. Hocquard, *Le quitus donné au syndic* : *Inf. rap. copr.* nov. 2020, p. 53. – C. Michalopoulos, *Le quitus donné au syndic* : *Inf. rap. copr.* 1979, p. 1 et s. – *Du quitus donné au syndic de copropriété* : *Inf. rap. copr.* 1988, p. 257. – G. Vigneron, *Reddition des comptes et quitus du syndic* : *JCP* N 1990, prat., n° 1265 et *Loyers et copr.* juin 1989, p. 1. – P. Lebatteux, *Le quitus au syndic* : *Rev. Administrer* mars 2007, p. 24. – G. Gil, *Le quitus au syndic* : *AJDI* 2012, p. 15). Il a été admis que l'assemblée pouvait donner quitus à un syndic réélu, pour la période pendant laquelle il avait géré la copropriété en tant que « syndic de fait » (▪ CA Paris, 23e ch. B, 4 mars 1999 : *Loyers et copr.* 1999, comm. 249, obs. G. Vigneron).

Les effets du quitus sont donc plus étendus que l'approbation des comptes. Il emporte reconnaissance que le syndic a régulièrement assumé la gestion d'ensemble de la copropriété, que ce soit dans le domaine financier ou dans les autres domaines où il a pu intervenir (▪ Cass. 3e civ., 6 févr. 1973 : *JCP* G 1973, IV, p. 113).

Toutefois, le quitus n'a cet effet exonératoire que s'il n'est assorti d'aucune réserve (▪ CA Paris, 23e ch., 8 déc. 1988 et ▪ CA Paris, 23e ch., 21 déc. 1988 : *Loyers et copr.* 1989, comm. 146 et 148). La portée d'un vote sur le quitus doit être appréciée en fonction de cette réserve, ledit quitus ne pouvant concerner un litige en cours et ne faisant pas obstacle à la recevabilité de la demande du syndicat des copropriétaires (▪ CA Aix-en-Provence, 4e ch. A, 1er juin 2007 : *Bull. Aix-en-Provence* 2007-4, p. 146, obs. C. Atias). Par ailleurs, il ne couvre pas les actes dont le syndicat n'aurait pas eu connaissance et dont il n'aurait pas été à même, lors du vote, d'apprécier les conséquences (▪ Cass. 3e civ., 23 juin 1999 : *JurisData* n° 1999-002686 ; *Loyers et copr.* 1999, comm. 251. ▪ Cass. 3e civ., 23 mai 1991 : *RD imm.* 1992, p. 386. ▪ CA Paris, pôle 4, 2e ch., 30 oct. 2013 : *JurisData* n° 2013-024342 ; *Loyers et copr.* 2014, comm. 65, obs. G. V. ▪ CA Limoges, 12 janv. 2012 : *JurisData* n° 2012-005900. ▪ CA Paris, pôle 4, ch. 2, 21 janv. 2010 : *JurisData* n° 2010-008250 ; *Loyers et copr.* 2010, comm. 274, obs. G. Vigneron. ▪ CA Paris, 23e ch. B, 29 mars 2001 : *AJDI* 2001, p. 716. ▪ TGI Pontoise, 3 juin 1997 : *Rev. Administrer* déc. 1997, p. 57, note J.-R. Bouyeure. ▪ CA Paris, 23e ch. B, 23 mai 1997 : *Loyers et copr.* 1998, comm. 25. ▪ CA Paris, 23e ch. B, 26 janv. 1996 : *Loyers et copr.* 1996, comm. 235. ▪ CA Paris, 23e ch., 7 juin 1993 : *Loyers et copr.* 1993, comm. 413. ▪ CA Versailles, 1re ch., 25 mai 1992 : *Rev. Administrer* nov. 1992, p. 83, obs. A. Dunes. ▪ CA Paris, 8e ch., 11 déc. 1991 : *Loyers et copr.* 1992, comm. 144. ▪ CA Versailles, 1re ch., 17 janv. 1991 ; *Rev. loyers* 1992, p. 41. ▪ CA Versailles, 4 juin 1986 : *Rev. loyers* 1986, p. 323). Sa portée est souverainement appréciée par les juges du fond (▪ Cass. 3e civ., 17 juill. 1996 : *RD imm.* 1996, p. 612, obs. P. Capoulade. – Sur la nullité d'une résolution, donnant quitus au syndic, pour défaut de mise à disposition d'un copropriétaire des pièces comptables, ▪ CA Paris, 2e ch., 14 oct. 2009 : *AJDI* 2010, p. 48. – Les copropriétaires doivent disposer d'éléments suffisants sur les comptes de la copropriété pour donner valablement quitus au syndic, ▪ CA Versailles, 10 nov. 2014 : *AJDI* 2015, p. 209). Mais si une information loyale a été donnée par le syndic, le quitus couvre même ses pratiques douteuses (▪ CA Caen, 9 nov. 2010 : *JurisData* n° 2010-029358 ; *Loyers et copr.* 2011, comm. 198, obs. G. Vigneron).

Quitus et approbation des comptes ne sont pas nécessairement liés : l'assemblée peut approuver les comptes d'un exercice donné tout en différant le quitus, ou en limitant sa portée à certaines questions seulement (▪ Cass. 3e civ., 14 mai 1978 : *Bull. civ.* III, n° 218 ; *RTD civ.* 1979, p. 165, obs. C. Giverdon).

– Sur la distinction du quitus et de la reddition de comptes, V. ▪ CA Paris, 23e ch. A, 7 oct. 1998 : *Loyers et copr.* 1999, comm. 44 et ▪ CA Paris, 23e ch., 5 oct. 1994 : *Loyers et copr.* 1995, comm. 137.

Voir : sur la possibilité ou non d'émettre un vote unique, V. L. 10 juill. 1965, art. 17, p. 273.

Le quitus donné au syndic par l'assemblée ne prive pas un copropriétaire de rechercher la responsabilité de ce syndic pour faute délictuelle ou quasi délictuelle qui lui a causé un préjudice personnel (▪ Cass. 3e civ., 29 févr. 2024, n° 22-24.558 : *Loyers et copr.* 2024, alerte 70. ▪ CA Caen, 7 déc. 2010 : *JurisData* n° 2010-029135 ; *Loyers et copr.* 2011, comm. 199, obs. G. Vigneron. ▪ CA Paris, 10 févr. 2005 : *Loyers et copr.* 2005, comm. 145, obs. G. Vigneron. ▪ CA Paris, 19e ch. B, 8 oct. 1998 : *Loyers et copr.* 1999, comm. 54. ▪ CA Paris, 19e ch. B, 21 févr. 1997 : *Loyers et copr.* 1997, comm. 245. – V. cependant ▪ CA Paris, 19e ch. A, 21 oct. 1996 : *Loyers et copr.* 1997, comm. 60). Mais selon un arrêt, un copropriétaire ne pourrait plus agir s'il avait voté en faveur du quitus (▪ CA Paris, 19e ch. B, 23 juin 2004 : *Loyers et copr.* 2004, comm. 175, obs. G. Vigneron).

• Exercice de l'action

106) Syndicat ou copropriétaires ? L'action en responsabilité contre le syndic pour fautes de gestion *appartient au syndicat* et non aux copropriétaires individuellement, faute par ces derniers de pouvoir justifier d'un préjudice personnel (▪ CA Versailles, 25 mai 1992, préc. ▪ CA Paris, 23e ch. B, 17 nov. 1989 : *Loyers et copr.* 1990, comm. 104. ▪ CA Paris, 20 mars 1985 : *D.* 1985, inf. rap. p. 431, obs. C. Giverdon confirmé par ▪ Cass. 3e civ., 13 nov. 1986 : *Rev. Administrer* juill. 1987, p. 40, note E.-J. Guillot).

S'ils peuvent justifier d'un préjudice personnel, les *copropriétaires* peuvent mettre en cause la responsabilité du syndic sur le fondement de l'article 1382 (aujourd'hui 1240) du Code civil, malgré le quitus donné par l'assemblée (▪ CA Paris, 19e ch., 21 oct. 1996 : *Loyers et copr.* 1997, comm. 60. ▪ CA Paris, 19e ch., 9 janv. 1995 : *Loyers et copr.* 1995, comm. 188. – V. aussi *supra* et *infra*). Encore faut-il pouvoir démontrer la relation entre le préjudice qu'ils éprouvent et la faute commise par le syndic (▪ Cass. 3e civ., 13 sept. 2018, n° 17-17.702 : *Loyers et copr.* 2018, comm. 236, obs. A. Lebatteux ; *JurisData* n° 2018-015558 ; *Ann. loyers* nov. 2018, p. 68, obs. J.-M. Roux ; *Inf. rap. copr.* janv.-févr. 2019, p. 17, obs. N. Brocard ; *Administrer* nov. 2018, p. 34, obs. J.-R. Bouyeure ; *AJDI* 2018, p. 790. ▪ Cass. 3e civ., 14 févr. 2006 : *Rev. Administrer* mai 2006, p. 40, obs. J.-R. Bouyeure).

Les copropriétaires peuvent aussi agir à l'encontre du syndicat, qui est responsable, à leur égard, des fautes commises par le syndic, son mandataire, dans l'exercice de ses fonctions (▪ Cass. 3e civ., 15 févr. 2006 : *Loyers et copr.* 2006, comm. 91, obs. G. Vigneron).

Voir : sur la prescription, L. 10 juill. 1965, art. 18, comm. n° 102, p. 321.

2° *Responsabilité du syndic vis-à-vis des copropriétaires*

107) Responsabilité délictuelle. Le syndic n'étant pas le mandataire des copropriétaires individuellement, sa responsabilité envers eux est d'ordre délictuel (▪ Cass. 3e civ., 9 juill. 1985 : *Defrénois* 1986, art. 33694 ; *Bull. CNEIL* déc. 1985, n° 210, III, p. 35, obs. D. Sizaire. ▪ Cass. 3e civ., 17 mars 1976 : *D.* 1976, somm. p. 54. ▪ Cass. 3e civ., 4 juill. 1974 : *D.* 1974, inf. rap. p. 224. ▪ CA Paris, 23e ch., 10 mai 1995 : *Loyers et copr.* 1995, comm. 448. ▪ CA Paris, 23e ch., 23 nov. 1993 : *Loyers et copr.* 1994, comm. 87, obs. H. Souleau. ▪ CA Aix-en-Provence, 4e ch. A, 7 sept. 2007 : *Bull. Aix-en-Provence* 2007-4, p. 154, obs. C. Atias. ▪ CA Versailles, 17 oct. 2011 : *JurisData* n° 2011 023331 ; *Loyers et copr.* 2012, comm. 28, obs. G. Vigneron. – V. aussi Martin, *Responsabilité du syndic à l'égard des copropriétaires* : *Ann. loyers* 1987, p. 351).

La qualité de syndic bénévole est, à cet égard, inopérante (▪ CA Paris, pôle 4, 2e ch., 6 févr. 2013 : *JurisData* n° 2013-001779 ; *Loyers et copr.* 2013, comm. 225, obs. G. V.).

Si les fautes imputées au syndic constituent des erreurs ou déficiences commises dans la gestion de la copropriété (absence d'entretien de l'immeuble, non-exécution de travaux indispensables...), et même si elles ont une répercussion sur les parties privatives (impossibilité de louer, dévalorisation, etc.), il avait tout d'abord été décidé par la jurisprudence qu'il appartenait au syndicat et à lui seul d'agir à l'encontre du syndic, les copropriétaires ne pouvant mettre personnellement en cause la responsabilité de ce dernier (▪ Cass. 3e civ., 13 nov. 1986 : *Rev. Administrer* juill. 1987, p. 40, note E.-J. Guillot ; *Rev. loyers* 1987, p. 61 et ▪ CA Paris, 23e ch. A, 20 mars 1985 : *D.* 1985, inf. rap. p. 431, obs. C. Giverdon).

Mais la Cour de cassation a finalement admis que le syndic était responsable à l'égard de chaque copropriétaire des fautes commises dans l'accomplissement de sa mission et que *toute faute délictuelle ou quasi délictuelle* du syndic permettait donc aux copropriétaires d'engager sa responsabilité, *sans qu'il y ait à rechercher si cette faute était ou non détachable de ses fonctions* (▪ Cass. 3e civ., 6 mars 1991 : *Loyers et copr.* 1991, comm. 231 ; *RD imm.* 1991, p. 260, obs. F. Givord et C. Giverdon. – V. aussi ▪ Cass. 3e civ., 8 oct. 1997 : *RD imm.* 1998, p. 138, obs. P. Capoulade. ▪ Cass. 3e civ., 25 janv. 1994 : *Inf. rap. copr.* avr. 1994, p. 11, obs. P. Capoulade ; *Loyers et copr.* 1994, comm. 169 ; *Defrénois* 1994, art. 35851, note J.-L. Aubert. ▪ Cass. 3e civ., 22 janv. 1992 : *RD imm.* 1992, p. 253. ▪ CA Paris, 23e ch., 12 nov. 1993 : *Loyers et copr.* 1994, comm. 87. ▪ CA Versailles, 11 mars 2013 : *JurisData* n° 2013-004541 ; *Loyers et copr.* 2013, comm. 196, obs. V. G. ▪ CA Versailles, 11 mars 2013 : *JurisData* n° 2013-004541).

Le copropriétaire doit établir, conformément aux articles 1240 et 1241 (anciennement articles1382 et 1383) du Code civil, que le syndic a commis une faute (pour des carences dont le syndicat était responsable et non le syndic, ▪ CA Aix-en-Provence, 4e ch. A, 16 mars 2007 : *Bull. Aix-en-Provence* 2007-3, p. 48, obs. C. Atias). Il doit établir également qu'il éprouve un préjudice personnel (▪ CA Aix-en-Provence, 13 mars 2010 : *JurisData* n° 2010-012741 ; *Loyers et copr.* 2010, comm. 330, obs. G. Vigneron. – Sur l'absence de préjudice certain et la notion de perte d'une chance, ▪ Cass. 3e civ., 6 déc. 2005 : *Rev. Administrer* nov. 2006, p. 46, obs. J.-R. Bouyeure) et qu'il existe un lien entre ce préjudice et la faute commise par le syndic (▪ Cass. 3e civ., 21 févr. 1995 : *Rev. loyers* 1995, p. 269. ▪ CA Aix-en-Provence, 4e ch. A, 7 sept. 2007, préc.).

108) Exemples. La responsabilité du syndic a été par exemple engagée :

– pour le cas d'opposition injustifiée en cas de vente de lots : ▪ Cass. 2e civ., 8 janv. 1997, arrêt n° 14 D, aff. *Cassellas*. ▪ CA Paris, 12 janv. 1979 : *D.* 1980, inf. rap. p. 154 (la responsabilité du syndic a été néanmoins écartée lorsque le copropriétaire vendeur a mis le syndic dans l'impossibilité de déterminer le montant exact des sommes dues au syndicat : ▪ Cass. 3e civ., 9 mai 2007 : *Rev. Administrer* août-sept. 2007, p. 57, obs. J.-R. Bouyeure). – Pour des infiltrations subies dans ses parties privatives, à la suite d'un défaut d'entretien de la toiture : ▪ CA Colmar, 2e ch., 6 mai 2004 : *JCP G* 2004, IV, 1388 ; dans le même sens, ▪ CA Paris, pôle 4, ch. 2, 15 déc. 2021, n° 19/09053 : *Administrer* févr. 2022, p. 61, obs. P. Déchelette-Tolot. – Pour des dégâts causés par un incendie survenu par la faute du syndic : ▪ Cass. 3e civ., 17 mars 1976 : *Rev. Administrer* févr. 1977, p. 35, obs. E.-J. Guillot. ▪ Cass. 2e civ., 4 juill. 1974 : *D.* 1974, inf. rap. p. 224. – Pour le cas de rédaction par le syndic d'un faux procès-verbal d'assemblée : ▪ CA Paris, 16e ch., 24 avr. 1975 : *JCP* 1975, II, 18097, note E.-J. Guillot, confirmé par ▪ Cass. 3e civ., 11 janv. 1977 : *Inf. rap. copr.* mars 1977, p. 45. – Pour une demande de remboursement de frais à la suite d'un procès irrégulièrement introduit par le syndic : ▪ CA Paris, 23e ch., 14 juin 1978 : *Rev. Administrer* sept. 1978, p. 32. – Pour le préjudice causé par des troubles de jouissance résultant de stationnements irréguliers et de bruits que le syndic avait pouvoir et mission de faire cesser : ▪ Cass. 3e civ., 21 déc. 1988 : *Loyers et copr.* 1989, comm. 96. – Pour le préjudice causé par l'absence de convocation de l'assemblée, ▪ Cass. 3e civ., 7 févr. 1990 : *Loyers et copr.* 1990, comm. 195. – Pour les préjudices subis du fait de l'annulation d'une assemblée générale alors que son mandat était expiré : ▪ CA Versailles, 25 juill. 2018, n° 16/00709 : *Ann. loyers* oct. 2018, p. 65, obs. J.-M. Roux. – Pour le préjudice causé par le refus de faire droit à la demande du propriétaire de plusieurs lots de fournir un décompte des charges pour chacun de ces lots, et non pas un décompte global, V. ▪ CA Paris, 8e ch. B, 23 nov. 1989 : *RD imm.* 1990, p. 122, obs. F. Givord et C. Giverdon. – Pour le préjudice causé par des poursuites abusives accompagnées de manœuvres d'intimidation, V. ▪ CA Paris, 19e ch., 24 nov. 1992 : *Rev. Administrer* juin 1993, p. 46, obs. A. Dunes. – Pour un mode de gestion consistant à générer artificiellement des frais au profit exclusif du syndic, V. ▪ CA Paris, 23e ch. B, 30 nov. 2006 : *AJDI* 2007, p. 141. – Pour le préjudice causé par le défaut de souscription d'une assurance dommages-ouvrages, V. ▪ Cass. 3e civ., 25 janv. 1994 : *Rev. Administrer* juin 1994, p. 48 ; *D.* 1994, somm., p. 207, obs. P. Capoulade. – Pour la perte d'une chance d'être indemnisé à raison d'un défaut d'assurance des parties communes, V. ▪ Cass. 3e civ., 23 nov. 2017, n° 16-22.053 : *Ann. loyers* janv.-févr. 2018, p. 75, obs. J.-M. Roux. – Pour avoir donné à un copropriétaire des indications erronées quant à ses droits (▪ TGI Nanterre, 12 mai 1995 : *Rev. loyers* 1996, p. 348) ou des autorisations indues (▪ CA Paris 23e ch. A, 6 déc. 1995 : *Loyers et copr.* 1996, comm. 187). – Pour la fourniture d'un état daté incomplet, V. ▪ Cass. 3e civ., 20 juin 2019, n° 18-10.516 : *JurisData* n° 2019-102278 ; *Loyers et copr.* 2019, comm. 159, obs. C. Coutant-Lapalus ; *Administrer* oct. 2019, p. 58, obs. J.-R. Bouyeure ; *AJDI* déc. 2019, p. 909, obs. N. Le Rudulier. – Pour un partage de responsabilité entre le syndic et le syndicat à la suite d'un sinistre dû au défaut d'entretien des parties communes, V. ▪ Cass. 3e civ., 21 déc. 2017, n° 16-25.753 : *JurisData* n° 2017-026652 ; *Loyers et copr.* 2018, comm. 47, obs. A. Lebatteux ; *Ann. loyers* mars 2018, p. 65, obs. J.-M. Roux ; *Rev. Administrer* mars 2018, p. 47, obs. J.-R. Bouyeure ; *AJDI* 2018, p. 131. – Ou en cas d'exécution défectueuse d'une décision de l'assemblée (▪ CA Paris 23e ch., 12 sept. 1994 : *Loyers et copr.* 1995, comm. 40) ou d'erreur dans la répartition des charges (▪ Cass. 3e civ., 25 mars 1997 : *RD imm.* 1997, p. 287). De même s'il fait exécuter des travaux par une entreprise non qualifiée (▪ CA Paris, 23e ch. A, 3 juin 1998 : *Loyers et copr.* 1998, comm. 283), s'il détourne une indemnité d'assurances revenant à un copropriétaire (▪ CA Paris, 23e ch. B, 13 janv. 2000 : *AJDI* 2000, p. 263), ou s'il tarde à effectuer des travaux destinés à pallier une insuffisance de chauffage (▪ CA Paris, 23e ch. B, 18 nov. 1999 : *Dossier CSAB* n° 89, févr. 2001, n° 143, obs. A. Dunes. Dans le même sens, ▪ Cass. 3e civ., 17 févr. 2014 : *Ann. loyers* 2015, p. 57, obs. J.-M. Roux), ou encore s'il réclame à un copropriétaire des charges indues (▪ Cass. 3e civ., 24 nov. 2021, n° 20-14.003 : *JurisData* n° 2021-019156 ; *Loyers et copr.* 2021, comm. 31, obs. C. Coutant-Lapalus ; *Inf. rap. copr.* oct. 2022, p. 45 ; *Administrer* janv. 2022, p. 47, obs. P. Déchelette-Tolot. ▪ Cass. 3e civ., 12 avr. 2018, n° 17-15.057 : *Loyers et copr.* 2018, comm. 160, obs. C. Coutant-Lapalus ; *JurisData* n° 2018-006039 ; *Ann. loyers* juin 2018, p. 63, obs. J.-M. Roux ; *Inf. rap. copr.* janv.-févr. 2019, p. 17, obs. N. Brocard. ▪ Cass. 3e civ., 9 juin 2016, n° 15-19.470 : *Ann. loyers* 2016, p. 69, obs. J.-M. Roux ; *Rev. Administrer* oct. 2016, p. 55, obs. J.-R. Bouyeure. ▪ CA Paris, 19e ch. A, 10 oct. 2000 : *Dossier CSAB* n° 89, févr. 2001, n° 141, obs. A. Dunes).

La faute commise par un syndic qui a retiré de l'ordre du jour de l'assemblée générale une question relative à des travaux de remise en état de la toiture, entraîne l'obligation pour lui de réparer les préjudices subis à la suite des dégradations de la toiture lors d'une tempête (▪ CA Paris, 19e ch. A, 3 déc. 2008 : *Loyers et copr.* 2009, comm. 134 ; *Inf.*

rap. copr. mars 2010, p. 8, obs. M.-F. Ritschy). La responsabilité du syndic doit également être retenue lorsqu'il présente de manière délibérément partiale et tendancieuse une information relative aux demandes de mise à l'ordre du jour d'un copropriétaire (▪ CA Orléans, 26 janv. 2009 : *JurisData* n° 2009-377943 ; *Loyers et copr.* 2009, comm. 275, obs. G. Vigneron ; *Inf. rap. copr.* mars 2010, p. 11, obs. M.-F. Ritschy) ou s'il refuse de prendre en compte le vote exprimé par le mandataire d'un copropriétaire au prétexte que ce vote serait contraire aux instructions du mandant (▪ CA Paris, pôle 4, ch. 2, 16 mars 2021, n° 17/04791 : *Rev. Administrer* mai 2021, p. 49, obs. J.-R. Bouyeure. – V. déjà, ▪ Cass. 3e civ., 8 sept. 2016, n° 15-20.860 : *Ann. loyers* nov. 2016, p. 77, obs. J.-M. Roux ; *Administrer* déc. 2016, p. 38, obs. J.-R. Bouyeure ; J.-M. Roux, *Les vicissitudes du mandat de vote en assemblée générale* : *Ann. loyers* nov. 2016, p. 115).

Est coupable d'un manque de loyauté, un syndic, mandataire d'un copropriétaire, qui ne révèle pas spontanément à ce dernier qu'il avait convoqué l'assemblée générale directement à son siège, raison pour laquelle son mandant n'a pas reçu de convocation, l'exposant à des démarches désagréables (▪ CA Paris, 23e ch., 15 janv. 2009 : *Loyers et copr.* 2009, comm. 135).

Le syndic engage sa responsabilité lorsqu'il tarde à faire réparer le système de fermeture d'un parking, ce qui a facilité la commission d'un cambriolage dans les lieux (▪ CA Paris, 23e ch. B, 6 juill. 2006 : *JurisData* n° 2006-307618 ; *Loyers et copr.* 2006, comm. 212, obs. G. Vigneron).

Toutefois, le syndic n'est pas responsable en cas de vol de véhicule à la suite d'une panne de la porte du parking, s'il a donné en temps utile les instructions pour la réparer (▪ CA Versailles, 25 juin 1999 : *Dossier CSAB* n° 143, oct. 1999, obs. A. Dunes. – V. aussi dans le cas d'un vol commis avant le changement de serrure ordonné par le syndic, ▪ CA Riom, 9 déc. 2004 : *Loyers et copr.* 2005, comm. 232, obs. G. Vigneron). Il en va de même lorsque, en dépit de la persistance de désordres, des diligences ont été accomplies par le syndic et alors qu'une délibération d'assemblée générale avait été respectée par celui-ci qui avait mandaté un architecte et était intervenue auprès des copropriétaires pour déterminer l'origine des désordres et les faire cesser (▪ Cass. 3e civ., 8 juill. 2015, n° 13-28.083 : *AJDI* 2015, p. 691).

Encore faut-il que la faute du syndic ait entraîné un préjudice.

109) Exercice de l'action. Lorsqu'il y a faute du syndic autorisant les copropriétaires à agir en réparation de leur préjudice personnel, c'est le syndic lui-même qui doit être assigné et non pas le syndicat (▪ Cass. 3e civ., 13 avr. 1988 : *Rev. loyers* 1989, p. 20. – Pour une application, V. ▪ Cass. 3e civ., 22 janv. 1992 : *RD imm.* 1992, p. 253). Un ancien propriétaire peut agir à l'encontre du syndic après avoir vendu son lot (▪ CA Paris, 23e ch., 25 janv. 1993 : *Rev. Administrer* déc. 1993, p. 57, obs. A. Dunes).

Au demeurant, le copropriétaire qui s'obstine à vouloir engager, à tout prix, la responsabilité du syndic peut commettre un abus du droit d'agir en justice (▪ Cass. 3e civ., 9 mai 2019, n° 18-14.360 : *Ann. loyers* juill.-août 2019, p. 99, obs. J.-M. Roux).

Voir : sur l'influence du quitus, L. 10 juill. 1965, art. 18, comm. n° 103, p. 322.

110) Mandat donné par un copropriétaire. Le syndic peut aussi accomplir des *actes pour le compte de certains copropriétaires* : par exemple lorsqu'il se voit confier la gestion de leurs appartements. Il n'agit plus alors en tant que syndic, mais il est dans la position d'un mandataire ordinaire et il est responsable des fautes qu'il peut commettre dans sa gestion envers ses mandants, en vertu de l'article 1992 du Code civil (▪ Cass. 3e civ., 9 juill. 1985 : *Rev. Administrer* 1985, n° 162, p. 34, obs. E.-J. Guillot) ; ainsi, lorsqu'il consent un bail pour l'exercice d'une activité interdite par le règlement (▪ CA Versailles, 30 mai 1988 : *D.* 1988, inf. rap. p. 217).

Voir : sur le mandat confié par les copropriétaires au syndic, V. D. 17 mars 1967, art. 39-1, p. 820.

3° *Responsabilité du syndic vis-à-vis des tiers*

111) Responsabilité délictuelle de droit commun. Le syndic engage sa responsabilité délictuelle vis-à-vis des tiers sur le fondement du droit commun (C. civ., art. 1382 et 1383 ; art. 1240 et 1241 à compter du 1er octobre 2016). – À propos d'un syndic n'ayant pas pris toutes mesures utiles de nature à prévenir les accidents au sein de l'immeuble, ▪ Cass. 3e civ., 23 juin 2010 : *JurisData* n° 2010-010424 ; *Loyers et copr.* 2010, comm. 266, obs. G. Vigneron ; *Rev. Administrer* nov. 2010, p. 63, obs. J.-R. Bouyeure ; *Inf. rap. copr.* mai 2011, p. 13, obs. M.-F. Ritschy ; *Rev. loyers* 2010, p. 395, et en particulier vis-à-vis des *locataires* (Fau et Porte, *Le syndic et les locataires* : *Ann. loyers* 1977, p. 747 et s.).

Lorsqu'il contracte avec des tiers, sa responsabilité personnelle peut être engagée si la preuve est rapportée qu'il a agi en dehors de ses fonctions de mandataire du syndicat (▪ Cass. 3e civ., 19 déc. 1978 : *D.* 1979, inf. rap. p. 447). Il peut ainsi être déclaré responsable envers des architectes lorsqu'il passe avec eux un contrat d'étude sans le soumettre à l'approbation de l'assemblée (▪ TGI Paris, 15 avr. 1988 : *Inf. rap. copr.* 1989, p. 11), ou vis-à-vis d'une entreprise, s'il a commandé des travaux (impayés) alors que la situation de la copropriété était très obérée (▪ Cass. 3e civ., 16 mai 2001 : *Bull. civ.* III, n° 65 ; *Loyers et copr.*

2001, comm. 215 ; *Constr.-Urb.* 2001, comm. 177, obs. D. Sizaire ; *AJDI* 2001, p. 712, note P. Capoulade ; *D.* 2001, p. 2706, note C. Atias, confirmant ▪ CA Paris, 23e ch. B, 1er juill. 1999 : *JurisData* n° 1999-023742 ; *Loyers et copr.* 2000, comm. 31 ; *RD imm.* 1999, p. 685, obs. P. Capoulade).

Le syndic peut également engager sa responsabilité délictuelle envers les tiers, notamment sur le fondement des articles 1382 et 1383 du Code civil : ainsi, lorsqu'il élimine volontairement la candidature d'un syndic concurrent susceptible de le remplacer (▪ CA Aix-en-Provence, 4e ch. A, 4 nov. 2004 : *JurisData* n° 2004-264969).

Encore faut-il démontrer l'existence d'un lien de causalité entre la faute alléguée et le préjudice invoqué par le tiers (▪ CA Paris, 2e ch., 14 oct. 2009 : *JurisData* n° 2009-380165 ; *Loyers et copr.* 2010, comm. 83, obs. G. Vigneron).

Voir : L. 10 juill. 1965, art. 18, comm. n° 90, p. 313.

– Sur la responsabilité du syndic envers l'acquéreur de parties communes pour défaut de diligences dans la passation de l'acte authentique, ▪ CA Paris, 23e ch., 17 mai 1995 : *Loyers et copr.* 1996, comm. 448.

– Sur la responsabilité du syndic envers les acquéreurs d'un lot, faute d'information sur l'existence d'une injonction administrative de ravalement de la façade de l'immeuble (▪ CA Paris, 23e ch. B, 14 sept. 2006 : *JurisData* n° 2006-310603 ; *Loyers et copr.* 2007, comm. 16, obs. G. Vigneron) ou sur un procès en cours contre le syndicat (▪ CA Versailles, 4e ch., 11 janv. 2010 : *JurisData* n° 2010-004342 ; *Loyers et copr.* 2010, comm. 205, obs. G. Vigneron).

– Le syndic, représentant légal du syndicat, est tenu au titre de l'administration de l'immeuble, de mettre en œuvre les mesures propres à assurer la sécurité des personnes au service de la copropriété, notamment les gardiens d'immeuble (▪ Cass. 3e civ., 26 avr. 2006 : *JurisData* n° 2006-033206 et sur renvoi, ▪ CA Paris, 23e ch. B, 24 mai 2007 : *Loyers et copr.* 2007, comm. 183, obs. G. Vigneron ; *Inf. rap. copr.* 2008, p. 17, obs. M.-F. Ritschy). Faute d'avoir pris les mesures appropriées, le syndic engage sa responsabilité (▪ CA Paris, 23e ch. B, 24 mai 2007 : *Loyers et copr.* 2007, comm. 183, obs. Vigneron ; *JurisData* n° 2007-335160).

B – Responsabilité pénale du syndic

Bibliographie : E.-J. Guillot, *La responsabilité pénale des administrateurs de biens et des syndics de copropriété : Rev. Administrer* août-sept. 1987, p. 3 et s. – M.-C. Ruffet, *La responsabilité pénale du syndic : Inf. rap. copr.* nov. 1990, p. 325 et s. et *Inf. rap. copr.* déc. 2000, p. 12. – P. Lebatteux, *La responsabilité pénale des syndics : Rev. Administrer* janv. 1995, p. 6. – P. Déchelette-Tolot, *Le risque pénal du syndic professionnel de copropriété : Rev. loyers* nov. 2002, p. 542 s. et déc. 2002, p. 604 et s. – P.-E. Lagraulet, *Le syndic de copropriété*, Edilaix, 2021, § IV.3.28.

112) Application du droit commun. La responsabilité pénale du syndic peut être recherchée *selon le droit commun* lorsqu'il commet des délits volontaires (Détournements de fonds : ▪ TGI Saint-Étienne, 3 avr. 1979 : *Inf. rap. copr.* 1980, p. 129, note J. Cabanac. – Dépassement des honoraires autorisés, ▪ CA Paris, 19 déc. 1978 : *Rev. loyers* 1980, p. 163. – Détournement de pièces appartenant au syndicat, ▪ Cass. crim., 5 avr. 1973 : *D.* 1973, somm., p. 81) – ou des délits involontaires (Blessure par imprudence en cas d'accident dû à la négligence ou au défaut de surveillance du syndic, ▪ T. corr. Seine, 13 avr. 1962 : *Inf. rap. copr.* 1963, p. 235. ▪ CA Paris, 22 janv. 1958 : *Ann. loyers* 1960, p. 415. ▪ T. corr. Seine, 31 janv. 1957 : *Gaz. Pal.* 1957, 1, p. 200).

Se rend coupable d'abus de confiance, le syndic qui, ayant reçu des primes et ristournes des entreprises prestataires de services, les conserve par-devers lui (▪ Cass. crim., 12 nov. 1985 : *Bull. crim.*, n° 349, p. 893 ; *RD imm.* 1986, p. 390).

De même, s'il néglige de répondre aux injonctions de l'Administration (pour des travaux d'hygiène, ▪ CA Paris, 2 juill. 1959 : *JCP* 1959, II, 12076, note Desiry) ou de respecter la réglementation administrative (pour un défaut de surveillance de travaux exécutés en violation du permis de construire, ▪ Cass. crim., 3 mai 1978 : *D.* 1978, inf. rap. p. 343), s'il néglige de prendre les mesures nécessaires pour mettre fin aux poursuites constituant une infraction au décret du 5 mai 1988 (▪ Cass. crim., 13 juin 1991 : *Loyers et copr.* 1992, comm. 40) ou s'il utilise frauduleusement un décodeur pour assurer à tous les résidents la diffusion d'une chaîne de télévision cryptée (▪ Cass. crim., 13 août 1992 : *RJDA* nov. 1992, p. 862).

– Voir pour une infraction à la réglementation sanitaire : ▪ CA Paris 13e ch. corr., 25 juin 1986 : *Rev. Administrer* janv. 1987, p. 48.

Mais sa responsabilité ne peut être retenue que s'il y a faute de sa part, ce qui suppose qu'il ait eu les moyens juridiques et matériels d'agir (V. pour des cas de relaxe, ▪ CA Paris, 29 nov. 1960 : *JCP* 1961, II, 12076 – pour des travaux de salubrité, ▪ T. pol. Lyon, 26 juill. 1960 : *AJPI* 1960, II, p. 156 – pour une infraction au règlement sanitaire, pour un ravalement obligatoire non exécuté, ▪ CA Paris, 22 déc. 1980 : *Gaz. Pal.* 1981, 1, p. 320. ▪ CA Paris, 14 mars 1973 : *Gaz. Pal.* 1973, 1, p. 261, note M. Morand. – pour un accident causé par la chute d'un bloc de glace alors que l'assemblée avait refusé la mise en place d'un dispositif de protection : ▪ CA Grenoble, 7 mars 1987 : *Rev. Administrer* avr. 1988, p. 37, note E.-J. Guillot. – Pour l'absence de connaissance de la dangerosité d'un balcon qui a causé un accident mortel : ▪ CA

Aix-en-Provence, 7e ch. A, 20 janv. 2014 : *Rev. Administrer* juin 2014, p. 51, obs. J.-R. Bouyeure ; *Inf. rap. copr.* juin 2015, p. 9, obs. M.-F. Ritschy), ou qu'il ait fait tout ce qui était en son pouvoir (V. pour un cas de relaxe en cas d'accident d'ascenseur, ▪ CA Paris, 27 oct. 1976 : *Gaz. Pal.* 1977, 1, somm. p. 130).

Toutefois, si l'on se trouve en présence d'une « infraction matérielle » constituée dès que la loi est violée, il n'y a pas alors à rechercher si cette violation a été commise de bonne ou de mauvaise foi et la responsabilité du syndic est engagée en toute hypothèse (V. pour le défaut de souscription d'une assurance dommages : ▪ CA Paris, 2e ch. d'accusation, 25 mars 1988 : *JCP G* 1988, 21044, note Bigot. – J. Lafond, *Le droit de la copropriété : Rev. Administrer* mai 1989, n° 7, p. 32. – R. Martin, *Inculpation d'un syndic pour défaut d'assurance de travaux : Ann. loyers* 1989, p. 594).

Il peut, par ailleurs, engager sa responsabilité pénale *pour des délits ou contraventions prévus par sa propre réglementation professionnelle* (V. L. n° 70-9, 2 janv. 1970, p. 1487 et D. n° 72-678, 20 juill. 1972, p. 1497) : ainsi s'il n'est pas ou n'est plus titulaire de la carte professionnelle (L. 2 janv. 1970, art. 16, I) ou s'il perd sa garantie financière.

C – Protection du syndic contre les copropriétaires

113) Atteintes à la réputation du syndic. Les copropriétaires sont libres de critiquer la gestion du syndic, mais ils ne doivent pas recourir à l'injure (▪ Cass. crim., 2 juill. 1975 : *D.* 1975, inf. rap. p. 190. ▪ CA Paris, 12 févr. 1958 : *Chambre des propriétaires* avr. 1958) ou à la diffamation (▪ T. corr. Paris, 26 nov. 1975 : *Rev. Administrer* juin 1976, p. 30. – Serres, *Copropriété, libre critique et diffamation : Journ fin.* 7 déc. 1972, p. 1076), par exemple en accusant le syndic de détournements (▪ CA Rennes, 30 sept. 1979 : *Rev. Administrer* juill. 1979, p. 33, note E.-J. Guillot) ou de manœuvres douteuses (▪ CA Paris, 23e ch. A, 24 juin 1998 : *Loyers et copr.* 1999, comm. 23. ▪ TI Marseille, 10 oct. 1979 : *Rev. Administrer* août-sept. 1980, p. 28, obs. E.-J. Guillot) ou de « racket » (▪ CA Caen, 16 avr. 1997 : *Rev. Administrer* août-sept. 1997, p. 48, obs. J.-R. Bouyeure) ou en mettant en cause son honnêteté (▪ CA Rouen, 1re ch., 16 févr. 2005 : *JurisData* n° 2005-280135).

Les actions abusives ouvrent droit à des dommages et intérêts au profit du syndic (▪ Cass. 3e civ., 3 oct. 2001, arrêt n° 1364 FS-D, aff. *époux Rolland.* ▪ Cass. 3e civ., 22 juin 1983 : *D.* 1984, J, p. 253, note H. Souleau).

Les injures proférées à l'encontre du syndic dans le cadre de l'assemblée constituent, sur le plan pénal, des injures non publiques ou des faits de diffamation non publics pouvant être poursuivis dans le cadre de la loi du 29 juillet 1881 (▪ CA Paris, 8e ch. A, 6 nov. 2001 : *Dossier CSAB* n° 98, mars 2002, n° 49, obs. A. Dunes). Mais les copropriétaires peuvent également être poursuivis pour diffamation (V. pour un exemple, ▪ CA Paris, 23e ch. B, 12 févr. 2004 : *AJDI* 2004, p. 391).

Bibliographie : J.-P. Forestier, *Le droit à l'honneur et à la réputation de l'administrateur de biens : Rev. Administrer* mai 1987, p. 16 et s.

XXII – EMPÊCHEMENT DU SYNDIC

114) Extension des pouvoirs du président du conseil syndical. Le décret du 17 mars 1967 reconnaissait déjà le droit du président du conseil syndical de convoquer valablement l'assemblée générale après mise en demeure du syndic restée infructueuse pendant plus de huit jours (V. comm. D. 17 mars 1967, art. 8, al. 2, p. 699).

L'article 49 du décret du 17 mars 1967 prévoyait jusqu'alors qu'en cas d'empêchement ou de carence du syndic, le syndic en fonction pouvait être assigné devant le président du tribunal de grande instance statuant en matière de référé en vue de la désignation d'un administrateur provisoire de la copropriété (V. comm. D. 17 mars 1967, art. 49, p. 841).

L'un des reproches fait au dispositif mis en place résidait dans la nécessité, en particulier pour un copropriétaire, de saisir la justice à ses frais, même si les sommes qu'il avait dû débourser devaient finalement être supportées définitivement par l'ensemble des copropriétaires au prorata de leurs tantièmes.

Afin d'éviter une procédure judiciaire, l'article 18 de la loi du 10 juillet 1965 dispose que : « En cas d'empêchement du syndic, pour quelque cause que ce soit, le président du conseil syndical peut convoquer une assemblée générale appelée à désigner un nouveau syndic » (L. 1965, art. 18-V, nouveau). Dans l'hypothèse visée par le texte, le président du conseil syndical n'est plus tributaire d'une mise en demeure préalable du syndic restée infructueuse pendant plus de huit jours.

115) Champ d'application. Il reste à définir ce qu'il faut entendre par « empêchement du syndic ». Doit-on y voir uniquement des circonstances faisant obstacle à la possibilité pour le syndic d'accomplir sa mission, à l'instar de ce qui était retenu dans le cadre de l'article 49 du décret de 1967 (congés, maladie, accident, perte de la garantie financière,...) – auquel cas, la règle nouvelle aurait une portée très limitée –.

Le décès, la démission, la révocation n'entrent apparemment pas dans le champ d'application du nouvel article 18-V puisqu'ils ne sont pas des hypothèses d'empêchement *stricto sensu*.

116) Renvoi. Sur l'empêchement du syndic, évoqué par l'article 18-V, alinéa 1er et la désignation d'un syndic judiciaire, d'un administrateur provisoire ou d'un administrateur *ad hoc*, V. D. 17 mars 1967, art. 46 à 49, p. 831.

XXIII – CARENCE DU SYNDIC

117) Élargissement. Alors que la rédaction ancienne de ce qui était l'alinéa 3 de l'article 18 mentionnait la carence du syndic « à exercer les droits et actions du syndicat », l'alinéa 1er de l'article 18-V ne vise que sa « carence » sans autre précision. On peut en déduire que tout manquement aux obligations du syndic, en sa qualité de représentant du syndicat, est susceptible de conduire à la désignation d'un administrateur « provisoire », sous réserve d'une stipulation particulière dans le règlement de copropriété. Encore faut-il démontrer la carence alléguée (▪ Cass. 3e civ., 26 janv. 2017, n° 15-25.971 : *Ann. loyers* 2017, p. 63, obs. J.-M. Roux). Il est à noter que la notion d'administrateur « provisoire » figurant dans le texte d'origine a été remplacée par celle d'administrateur « *ad hoc* » afin d'éviter toute confusion avec l'administrateur provisoire de l'article 29-1 désigné dans le cadre des dispositions relatives aux copropriétés en difficulté.

118) Renvoi. Sur la carence du syndic, évoquée par l'article 18-V, alinéa 1er et la désignation d'un syndic judiciaire ou d'un administrateur *ad hoc*, V. D. 17 mars 1967, art. 46 à 49, p. 831.

XXIV – INTERDICTION DES AVANCES DE FONDS

Bibliographie : D. Sa Silva Farge, *Avances de trésorerie, état de la jurisprudence : JCP* N 1999, p. 954. – A. Djigo, *Les avances de trésorerie consenties par le syndic de copropriété : Loyers et copr.* déc. 1999, p. 4. – A. Valdès, *La rémunération du syndic et son droit à remboursement des avances de trésorerie faites aux syndicats : Inf. rap. copr.* avr. 2000, p. 15.

119) Le débat antérieur à la loi du 24 mars 2014. Lorsqu'il a effectué de telles avances, le syndic peut-il en obtenir le remboursement ? Et dans l'affirmative sur quel fondement ? La question avait donné lieu à une abondante jurisprudence.

La Cour de cassation avait estimé que les règles de la gestion d'affaires non plus que celles de l'enrichissement sans cause, n'avaient pas leur place en la matière, dès lors que le syndic était lié au syndicat par un contrat de mandat (▪ Cass. 3e civ., 20 janv. 1999 : *Loyers et copr.* 1999, comm. 107, obs. G. Vigneron ; *JCP* G 1999, IV, 1455 ; *Rev. Administrer* juill. 1999, p. 43 ; *RD imm.* 1999, p. 6, obs. P. Capoulade, confirmant ▪ CA Paris, 23e ch., 12 mars 1997 : *JCP* N 1998, p. 1297, note A. Djigo ; *Loyers et copr.* 1997, comm. 215. ▪ Cass. 3e civ., 3 juin 1987 : *JCP* G 1987, IV, 273 ; *D.* 1987, inf. rap. p. 148).

L'arrêt précité de la Cour de cassation du 20 janvier 1999 soulignait que les avances faites par le syndic aux syndicats constituaient des « anomalies de gestion ». C'est précisément en raison de cette considération que certaines juridictions avaient refusé au syndic tout remboursement (V. en dernier lieu ▪ CA Paris, 23e ch. A, 23 juin 1999 : *Loyers et copr.* 2000, comm. 28, obs. G. Vigneron. ▪ CA Aix-en-Provence, 29 avr. 1999 : *D.* 1999, somm. p. 319, note C. Atias. ▪ CA Paris, 23e ch. A, 13 sept. 2000 : *Loyers et copr.* 2001, comm. 28, obs. G. Vigneron).

En se référant aux règles du mandat (C. civ., art. 1999), la Cour de cassation avait admis le remboursement des avances faites par le syndic (▪ Cass. 3e civ., 13 juill. 1999 : *Bull. civ.* III, n° 173 ; *Loyers et copr.* 1999, comm. 278, obs. G. Vigneron ; *AJDI* 2000, p. 50, note P. Guitard. ▪ Cass. 3e civ., 14 avr. 1999 : *Bull. civ.* III, n° 98 ; *Loyers et copr.* 1999, comm. 194 ; *Rev. Administrer* août-sept. 1999, p. 67 et *RD imm.* 1999, p. 461, note P. Capoulade. V. sur ces décisions la note de M. P. Capoulade : *Rev. Administrer* oct. 1999, p. 41).

Mais dans un arrêt postérieur, du 29 mars 2000 (*Bull. civ.* III, n° 74 ; *Loyers et copr.* 2000, comm. 128, note G. Vigneron ; *Rev. Administrer* juill. 2000, p. 39 ; *RD imm.* 2000, p. 241 et *Inf. rap. copr.* juin 2000, p. 14, note P. Capoulade ; *Defrénois* 2000, art. 37196, p. 782, note C. Atias), la Cour de cassation (troisième chambre civile) soulignait que les textes légaux définissant sa mission ne permettaient pas au syndic de faire des avances aux syndicats. Et elle en déduisait que le syndic ne pouvait, en principe, obtenir le remboursement de ces avances « à défaut de circonstances particulières justifiant l'application de l'article 1999 du Code civil » (c'est-à-dire les règles du mandat. – V. dans le même sens : ▪ Cass. 3e civ., 8 avr. 2021, n° 19-17.594 : *Ann. loyers* juin 2021, p. 101, obs. J.-M. Roux ; *AJDI* 2021, p. 529. ▪ Cass. 3e civ., 18 nov. 2009 : *Rev. Administrer* févr. 2010, p. 57, obs. J.-R. Bouyeure ; *D.* 2009, p. 2865, obs. Y. Rouquet ; *Rev. loyers* 2010, p. 83, obs. L. Guégan ; *Inf. rap. copr.* mars 2010, p. 11, obs. M.-F. Ritschy. ▪ Cass. 3e civ., 29 mai 2002 : *Bull. civ.* III, n° 115 ; *Loyers et copr.* 2002, comm. 242, confirmant ▪ CA Paris, 23e ch. A, 13 sept. 2000 : *JurisData* n° 2000-123320 ; *Loyers et copr.* 2001, comm. 49, obs. G. Vigneron. ▪ Cass. 3e civ., 14 mars 2001 : *Bull. civ.* III, n° 33 ; *Loyers et copr.* 2001, comm. 161 ; *Rev. loyers* 2001, p. 246, note J.-M. Gélinet ; *Rev. Administrer* juin 2001, p. 34 ; *AJDI* 2001, p. 528, obs. P. Capoulade. ▪ CA Paris, 15 janv. 2020, n° 16/10821 : *Rev. Administrer* nov. 2020, p. 58, obs. J.-R. Bouyeure. ▪ CA

Paris, 23e ch. B, 15 févr. 2007 : *JurisData* n° 2007-326151. ■ CA Paris, 23e ch. B, 12 févr. 2004 : *Loyers et copr.* 2004, comm. 153, obs. G. Vigneron).

Par « circonstances particulières », il fallait entendre des circonstances qui s'étaient imposées au syndic, et dont il n'avait pas la maîtrise (■ CA Paris, 13 sept. 2000, préc.), par exemple, lorsque le syndic qui avait « hérité » d'une situation particulièrement obérée fait des avances pour éviter un arrêté de péril (■ CA Paris, 23e ch. B, 7 oct. 2004 : *AJDI* 2004, p. 220). Ceci excluait que les avances avaient dû être consenties pour compenser l'absence de rentrée des charges due à une gestion laxiste (■ CA Paris, 23e ch. B, 6 oct. 2005 : *AJDI* 2006, p. 37. ■ CA Paris, 23e ch. B, 3 juin 2004 : *Loyers et copr.* 2004, comm. 172, obs. G. Vigneron. ■ CA Paris, 23e ch. A, 23 juin 1999 : *Loyers et copr.* 2000, comm. 28, obs. G. Vigneron). L'arrêt précité du 13 juillet 1989 parle « d'état de nécessité » (V. pour une application : ■ CA Paris, 23e ch. B, 5 oct. 2000 : *Rev. loyers* 2001, p. 11, note J.-M. Gélinet) et une décision postérieure de la Cour de cassation (3e civ.) du 9 janvier 2002 parlait « d'actes urgents » se « justifiant par une nécessité impérieuse » (■ Cass. 3e civ., 9 janv. 2002 : *Bull. civ.* III, n° 3 ; *Rev. Administrer* avr. 2002, p. 43 ; *AJDI* 2002, p. 306, obs. P. Capoulade ; *Rev. loyers* 2002, p. 213, obs. L. Guégan ; *Defrénois* 2002, p. 395, obs. C. Atias). Si ces « circonstances particulières » étaient réunies (ce qu'il fallait établir), le syndic pouvait à titre exceptionnel réclamer le remboursement de ses avances, sauf à en apporter la preuve (■ Cass. 3e civ., 20 juill. 1999 : *RD imm.* 1999, p. 683, obs. P. Capoulade. ■ Cass. 3e civ., 11 mai 1999 : *RD imm.* 1999, p. 684, note P. Capoulade). Il devait, en outre, prouver que les paiements avaient été antérieurs à l'expiration de son mandat, et qu'ils avaient été effectués sur ses fonds personnels (V. pour le remboursement d'avances faites par un syndic bénévole : ■ CA Paris, 23e ch. B, 5 oct. 2000 : *AJDI* 2000, p. 960).

120) La situation après la loi du 24 mars 2014. Dans le but d'éviter toute discussion, la position jurisprudentielle précédemment rappelée a été entérinée par le dernier alinéa de l'article 18-II (nouveau) qui énonce que le syndic de copropriété ne peut avancer de fonds au syndicat de copropriétaires. Ainsi, la Cour de cassation a jugé que le fait pour le syndic d'abonder sur ses propres deniers le compte du syndicat des copropriétaires constitue une faute sanctionnée par la non-restitution de ce solde (■ Cass. 3e civ., 4 juill. 2019, n° 17-27.743 : *Administrer* nov. 2019, p. 53, obs. J.-R. Bouyeure ; *AJDI* févr. 2020, p. 120, obs. N. Le Rudulier. ■ CA Paris, pôle 4, ch. 2, 15 déc. 2021, n° 18/17264 : *Administrer* févr. 2022, p. 62, obs. P. Déchelette-Tolot).

Il n'y a pas à distinguer selon que le syndic soit un bénévole ou un professionnel.

Dès le départ, il a toutefois été prévu une exception pour le syndic provisoire, ce qui s'explique par la nécessité pour lui de commencer à gérer le syndicat alors que, par la force des choses, il n'a pas encore réuni l'assemblée générale afin de faire voter le budget de la copropriété.

Par ailleurs, la loi n° 2017-86 du 27 janvier 2017 relative à l'égalité et à la citoyenneté a autorisé l'administrateur provisoire d'une copropriété en difficulté à effectuer également des avances de fonds dans le cadre des articles 29-1 et 29-11 de la loi du 10 juillet 1965 (notamment afin de procéder aux mesures de publicité).

V. L. n° 65-557, 10 juill. 1965, art. 29-1, p. 523 et art. 29-11, p. 538.

XXV – INTERDICTION DE SE FAIRE SUBSTITUER

Bibliographie : A. Djigo, *Du transfert du mandat du syndic en cas de fusion absorption : LPA* 1er nov. 2000, p. 4. – J.-M. Roux, *Le syndic en fusion : Loyers et copr.* déc. 2010, étude 13, p. 8. – Le Rudulier, *Fusion-absorption de syndic : pas de substitution automatique : AJDI* 2021, p. 596. – P.-E. Lagraulet, *Le syndic de copropriété*, Edilaix, 2021, § III.3.9.

121) Portée de l'interdiction. L'article 18 II interdit au syndic de se faire substituer : en chargeant par exemple une société de gestion dont il serait le gérant, d'exercer ses fonctions (■ CA Lyon, 16 janv. 1967 : *AJPI* 1967, II, 603), ou en transmettant ses pouvoirs au locataire-gérant de son fonds (■ CA Paris, 8e ch., 27 févr. 1992 : *Loyers et copr.* 1992, comm. 227, confirmé par ■ Cass. 3e civ., 4 oct. 1995 : *RD imm.* 1996, p. 113, obs. P. Capoulade. – V. dans le même sens, ■ CA Paris, 23e ch. B, 30 mars 2000 : *Dossier CSAB* n° 89, févr. 2001, n° 144, obs. A. Dunes. ■ CA Paris, 15e ch. B, 14 janv. 1999 : *JurisData* n° 1999-020064 ; *Loyers et copr.* 1999, comm. 169, obs. G. Vigneron. ■ CA Paris, 3 déc. 1998 : *JurisData* n° 1998-023168 ; *Loyers et copr.* 1999, comm. 140, obs. G. Vigneron) ou en cédant à une autre société de syndic les mandats de gestion dont il est titulaire (■ CA Versailles, 4e ch., 14 janv. 2008, n° 06-02.562, *Synd. des copr. La Caravelle et a. c/ Sté Évidence Gestion.* ■ CA Pau, 14 sept. 2010 : *JurisData* n° 2010-028311 ; *Loyers et copr.* 2011, comm. 164, obs. G. Vigneron). En cas de cession du fonds, la société cédant conserve son mandat, avec la garantie financière y étant attachée (■ CA Paris, pôle 4, ch. 2, 10 sept. 2014 : *JurisData* n° 2014-027787 ; *Loyers et copr.* 2015, comm. 23, obs. G. V. ; *Rev. Administrer* déc. 2014, p. 50, obs. J.-R. Bouyeure ; *Inf. rap. copr.* juin 2015, p. 7, obs. M.-F. Ritschy).

De même s'il regroupe son cabinet avec celui d'une société de gestion, la nouvelle entité n'a aucune qualité pour exercer les fonctions dévolues à l'ancien syndic (▪ Cass. 3e civ., 28 janv. 2021, n° 19-22.714 : *JurisData* n° 2021-000950 ; *Loyers et copr.* mai 2021, comm. 83, obs. C. Coutant-Lapalus ; *Ann. loyers* mai 2021, p. 97, obs. J.-M. Roux ; *Rev. Administrer* avr. 2021, p. 46, obs. J.-R. Bouyeure. ▪ Cass. 3e civ., 13 nov. 2012, n° 11-23.121 : *JurisData* n° 2012-025936 ; *Loyers et copr.* 2013, comm. 23, obs. G. Vigneron ; *Inf. rap. copr.* mai 2013, p. 12, obs. M.-F. Ritschy ; *Ann. loyers* 2013, p. 56, obs. C. Atias ; *Rev. Administrer* févr. 2013, p. 48, obs. J.-R. Bouyeure. ▪ Cass. 3e civ., 29 févr. 2012, n° 10-27.259 : *JurisData* n° 2012-003126 ; *Loyers et copr.* 2012, comm. 153, obs. G. Vigneron ; *JCP* N 2012, 362 ; *Inf. rap. copr.* mai 2013, p. 13, obs. M.-F. Ritschy ; *Rev. loyers* 2012, p. 232, note M. Plaidy ; *AJDI* 2012, p. 248 ; *Ann. loyers* 2012, p. 1043, obs. B. Brignon ; *D.* 2012, p. 683, obs. Y. Rouquet. ▪ Cass. com., 30 mai 2000 : *Loyers et copr.* 2000, comm. 211 ; *JCP* G 2000, II, 10401, note A. Viandier ; *Rev. Administrer* oct. 2000, p. 66, note P. Capoulade ; *D.* 2001, p. 320, note M. Boizard ; *RTD civ.* 2001, p. 858, obs. P.-Y. Gautier. ▪ Cass. 3e civ., 10 nov. 1998 : *JCP* G 1999, II, 10056, note A. Djigo ; *Rev. Administrer* avr. 1999, p. 39, note J.-R. Bouyeure ; *RTD civ.* 1999, p. 416, note P.-Y. Gautier ; *RD imm.* 1999, p. 442, obs. D. Tomasin ; *AJDI* 1999, p. 1028, obs. P. Guitard. ▪ CA Paris, pôle 4, ch. 2, 16 janv. 2019, n° 15/11342 : *Administrer* mars 2019, p. 58, obs. J.-R. Bouyeure. ▪ CA Aix-en-Provence, 4e ch., 30 juin 2010 : *JurisData* n° 2010-028396 ; *Loyers et copr.* 2011, comm. 200, obs. G. Vigneron. ▪ CA Versailles, 4e ch., 21 juin 2010 : *JurisData* n° 2010-018540 ; *Loyers et copr.* 2011, comm. 59, obs. G. Vigneron ; *Inf. rap. copr.* mai 2011, p. 12, obs. M.-F. Ritschy ; *AJDI* 2011, p. 150. ▪ CA Versailles, 4e ch., 14 janv. 2008 : *Inf. rap. copr.* avr. 2009, p. 14, obs. M.-F. Ritschy ; *Rev. Administrer* nov. 2008, p. 58, obs. J.-R. Bouyeure. ▪ CA Aix-en-Provence, 4e ch., 21 oct. 1999 : *D.* 2000, somm. p. 213, note C. Atias).

Dans le cas de mise en location-gérance du cabinet du syndic, ou de fusion de sa société, il sera nécessaire de faire élire comme syndic le locataire gérant ou la société issue de la fusion avant la conclusion définitive du contrat qui dessaisira le syndic de ses pouvoirs (▪ CA Paris, 23e ch., 4 janv. 1993 : *Loyers et copr.* 1993, n° 198 ; *Rev. Administrer* août-sept. 1993, p. 51, obs. A. Dunes. – Sur le transfert du mandat du syndic au profit de la société absorbante, ▪ Cass. 3e civ., 24 avr. 2013, n° 08-14.987 : *JurisData* n° 2013-008133 ; *Loyers et copr.* 2013, comm. 220, obs. G. Vigneron ; *AJDI* 2014, p. 42, note C. Atias). Sinon les personnes qui seraient ainsi substituées au syndic n'auraient aucune qualité pour accomplir quelque acte que ce soit entrant dans les fonctions de ce dernier. Le caractère *intuitu personae* du contrat de syndic suppose que la société absorbante ne peut invoquer la gestion d'affaires pour obtenir du syndicat des copropriétaires le paiement d'honoraires (▪ CA Paris, 14 mars 2012 : *AJDI* 2013, p. 291). Il est en effet « seul responsable de sa gestion ». Il a néanmoins été jugé qu'en cas d'absorption de la société syndic par sa société « mère », la société absorbante était devenue titulaire de tous les droits et de toutes les obligations afférant au contrat de syndic (▪ CA Paris, 23e ch. B, 28 févr. 2008 : *AJDI* 2008, p. 401).

Il a cependant été décidé que malgré le changement de dénomination et de forme juridique, la personne morale qui avait été désignée initialement syndic était restée la même alors que, de plus, le dirigeant qui représentait ladite personne morale était demeuré le même, ce qui implique un respect du caractère *intuitu personae* (▪ Cass. 3e civ., 28 avr. 2011 : *JurisData* n° 2011-007833 ; *Loyers et copr.* 2011, comm. 225, obs. G. Vigneron ; *Inf. rap. copr.* mars 2012, p. 13, obs. M.-F. Ritschy ; *Ann. loyers* 2011, p. 1693, obs. J.-M. Roux. – Dans le même sens, ▪ Cass. 3e civ., 18 sept. 2012, n° 11-17.701 : *Inf. rap. copr.* mai 2013, p. 12, obs. M.-F. Ritschy ; *Rev. Administrer* déc. 2012, p. 67, obs. J.-R. Bouyeure).

Par ailleurs, un changement d'actionnariat ou des modifications internes à la société, tel le changement de représentant, ne contredisent pas le caractère *intuitu personae* du mandat du syndic (▪ CA Pau, 25 mars 2013 : *JurisData* n° 2013-010326 ; *Loyers et copr.* 2013, comm. 290, obs. G. V.). Dans le même sens, une cession de parts d'une société syndic et le remplacement de sa gérante n'ayant pas entraîné la dissolution de la personne morale, ladite société demeure investie des fonctions de syndic (▪ Cass. 3e civ., 9 mai 2019, n° 18-14.360 : *Loyers et copr.* 2019, comm. 134, obs. A. Lebatteux ; *JurisData* n° 2019-008505 ; *Ann. loyers* juill.-août 2019, p. 97, obs. J.-M. Roux).

Voir : sur le caractère personnel du mandat du syndic, L. 10 juill. 1965, art. 25, comm. n° 36, p. 450.

Mais il lui est possible de se faire représenter par des personnes qui sont ses *préposés* (ses collaborateurs...) et agissent sous sa responsabilité (V. D. 17 mars 1967, art. 30).

Toutefois, l'assemblée pourrait, à la majorité de l'article 25 (V. ce texte), l'autoriser à déléguer ses pouvoirs « à une fin déterminée » : par exemple, pour charger une entreprise spécialisée du contrôle permanent du fonctionnement d'un élément d'équipement commun (tel le chauffage).

Même si le syndic est chargé par la loi de pourvoir à la conservation de l'immeuble et à son entretien, il a été jugé que ne constituait pas un excès de pouvoir la décision de l'assemblée générale autorisant les membres du conseil syndical à participer bénévolement à l'entretien courant de l'immeuble (▪ Cass. 3e civ., 22 sept. 2016, n° 15-22.593 : *Loyers et copr.* 2016, comm. 238, obs. G. Vigneron et C. Coutant-Lapalus ; *Ann. loyers* 2016, p. 78, obs. J.-M. Roux ; *Inf. rap. copr.* mars 2017, p. 9, obs. M.-F. Ritschy ; *Rev. Administrer* déc. 2016, p. 42, obs. J.-R. Bouyeure ; *AJDI* 2017, p. 124, obs. N. Le Rudulier).

Par ailleurs, l'assemblée générale peut lui consentir elle-même délégation de pouvoir dans les conditions prévues à l'article 25 de la loi (V. ce texte).

XXVI – NATURE ET APPROBATION DU CONTRAT DE SYNDIC

122) Durée déterminée. Si le décret du 17 mars 1967 prévoyait déjà que la durée des fonctions du syndic ne pouvait pas dépasser trois ans, les auteurs de l'ordonnance n° 2019-1101 du 30 octobre 2019 ont souhaité rappeler que le contrat de syndic est conclu pour une durée déterminée (L. 1965, art. 18 VI). La précision est principalement à vocation pédagogique. Il s'agit de préciser que le contrat ne peut être tacitement reconduit comme le prévoit l'article 1212 du Code civil.

123) Approbation en assemblée générale. Là encore, l'ordonnance n° 2019-1101 du 30 octobre 2019 a entendu préciser que le contrat de syndic est approuvé par une décision expresse de l'assemblée générale (L. 1965, art. 18 VI). Conformément au 4° du I de l'article 11 du décret du 17 mars 1967, le projet de contrat aura été préalablement notifié au plus tard en même temps que l'ordre du jour de l'assemblée générale (V. ce texte).

XXVII – NON-RENOUVELLEMENT DU CONTRAT DE SYNDIC

124) Hypothèse du non-renouvellement. L'ordonnance n° 2019-1101 du 30 octobre 2019 a entendu opérer une distinction entre le non-renouvellement du contrat de syndic à l'arrivée de son terme (art. 18 VII) et la résiliation anticipée de ce contrat par une partie avant terme (art. 18 VIII). Le texte de l'article 18 VII vise le cas où une partie ne souhaite pas conclure un nouveau contrat de syndic avec le même cocontractant. Ce dispositif a été conçu de manière à encadrer et sécuriser les modalités de succession entre syndics afin d'assurer la continuité de la gestion administrative et financière du syndicat pendant cette période transitoire.

125) Absence d'indemnité. En vertu de l'alinéa 1er de l'article 18 VII, il peut être mis fin au contrat de syndic sans indemnité. La précision est importante car il est possible que l'assemblée générale décide que le contrat en cours prenne fin de manière anticipée (V. *infra* n° 134 et s.).

126) Mention à l'ordre du jour de l'assemblée générale. Les questions de la désignation d'un nouveau syndic ainsi que de la fixation d'une date anticipée de fin de contrat sont portées à l'ordre du jour d'une assemblée générale. Celle-ci doit se tenir dans les trois mois précédant le terme du contrat (L. 1965, art. 18 VII, al. 2).

127) Information du conseil syndical. Lorsque l'initiative du non-renouvellement émane du syndic, celui-ci informe le conseil syndical de son intention de ne pas conclure un nouveau contrat au plus tard trois mois avant la tenue de l'assemblée générale (L. 1965, art. 18 VII, al. 2), et ce afin de lui permettre d'organiser utilement une mise en concurrence.

128) Transition organisée. L'assemblée générale désigne un nouveau syndic et fixe les dates de fin du contrat en cours et de prise d'effet du nouveau contrat, qui interviennent au plus tôt un jour franc après la tenue de cette assemblée (L. 1965, art. 18 VII, al. 3). Grace à cette mesure, il ne sera plus possible au syndic sortant de quitter l'assemblée générale dès le vote de la fin anticipée de son contrat, compromettant ainsi la poursuite de l'assemblée. Il sera au contraire tenu de poursuivre sa mission, notamment en notifiant les procès-verbaux d'assemblée générale aux copropriétaires et en engageant le processus de transmission des archives à son successeur.

XXVIII – RÉSILIATION DU CONTRAT DE SYNDIC

129) Objet du texte. Comme nous l'avons signalé auparavant pour le non-renouvellement, le dispositif mis en place à l'article 18 VIII de la loi a été conçu de manière à encadrer et sécuriser les modalités de succession entre syndics afin d'assurer la continuité de la gestion administrative et financière du syndicat pendant cette période transitoire, tout en évitant les copropriétés sans syndic et les doubles paiements d'honoraires.

130) Motif de résiliation. À l'instar du droit commun des contrats (C. civ., art. 1224), le contrat de syndic ne peut être résilié unilatéralement par une partie qu'en cas d'inexécution suffisamment grave de l'autre partie (L. 1965, art. 18 VIII, al. 1er). La preuve d'un manquement de nature à justifier cette résiliation devra être rapportée par la personne qui l'invoque.

A – Initiative du syndic

131) Notification préalable. Lorsque le syndic est à l'initiative de la résiliation du contrat, il doit notifier sa volonté de résiliation au président du conseil syndical ou, à défaut de conseil syndical, à l'ensemble des copropriétaires, en précisant la ou les inexécutions reprochées au syndicat des copropriétaires (L. 1965, art. 18 VIII, al. 2). Il s'agit de respecter les principes de loyauté et de la contradiction envers le cocontractant.

132) Convocation d'une assemblée générale. Dans un délai qui ne peut être inférieur à 2 mois à compter de la notification signalée précédemment, le syndic doit convoquer une assemblée générale et inscrire à l'ordre du jour la question de la désignation d'un nouveau syndic (L. 1965, art. 18 VIII, al. 3). Ce délai devrait permettre au conseil syndical d'organiser une mise en concurrence et de transmettre, le cas échéant, au syndic des projets de contrats de syndics, en vue d'une notification en même temps que la convocation.

133) Date de prise d'effet. La résiliation du contrat de syndic ne prend effet, au plus tôt, qu'un jour franc après la tenue de l'assemblée générale (L. 1965, art. 18 VIII, al. 3). Comme pour le non-renouvellement, il ne sera plus possible au syndic sortant de quitter l'assemblée générale dès le vote de la résiliation de son contrat, compromettant ainsi la poursuite de l'assemblée. Il sera tenu de poursuivre sa mission, notamment en notifiant les procès-verbaux d'assemblée générale aux copropriétaires et en engageant le processus de transmission des archives à son successeur.

134) Prise d'effet du nouveau contrat de syndic. Lorsqu'au cours de cette assemblée générale, le syndicat des copropriétaires désigne un nouveau syndic, il fixe la date de prise d'effet du contrat du successeur (L. 1965, art. 18 VIII, al. 4).

B – Initiative du conseil syndical

135) Demande d'inscription à l'ordre du jour. Lorsque le conseil syndical est à l'initiative de la résiliation du contrat de syndic, il doit notifier au syndic une demande motivée d'inscription de cette question à l'ordre du jour de la prochaine assemblée générale, en précisant la ou les inexécutions qui lui sont reprochées (L. 1965, art. 18 VIII, al. 5), et ce toujours afin de respecter les principes de loyauté et de la contradiction envers l'autre partie.

136) Décision de résiliation. L'assemblée générale se prononce sur la question de la résiliation du contrat et, le cas échéant, fixe sa date de prise d'effet au plus tôt un jour franc après la tenue de cette assemblée (L. 1965, art. 18 VIII, al. 6).

Bibliographie : J. Hocquard, *Les indemnités de fin de contrat du syndic : Inf. rap. copr.* déc. 2021, p. 13. – P.-E. Lagraulet, *Le syndic de copropriété*, Edilaix, 2021, § V.1.12. et s. – P.-E. Lagraulet, *L'administration de la copropriété réformé : AJDI* 2019, 852.

137) Prise d'effet du nouveau contrat de syndic. Lorsqu'au cours de la même assemblée le syndicat des copropriétaires désigne un nouveau syndic, il fixe la date de prise d'effet du contrat (L. 1965, art. 18 VIII, al. 7).

Art. 18-1 AA *(Aj., L. n° 2014-366, 24 mars 2014).* – **Pour les immeubles à destination totale autre que d'habitation, lorsqu'un syndicat de copropriétaires est composé exclusivement de personnes morales, les copropriétaires peuvent décider, à la majorité définie à l'article 25, de déroger à l'article 18 et, le cas échéant, de définir avec le syndic, dans le cadre de son contrat, les missions du syndic, les honoraires de celui-ci, la durée du mandat, les modalités de fonctionnement du compte bancaire unique ou séparé et les modalités de perception des fonds.**

1) Mise à l'écart partielle du régime impératif. La loi n° 2014-366 du 24 mars 2014 (dite loi ALUR) a souhaité redonner aux copropriétaires, pour la gestion de leur immeuble, une latitude qui était extrêmement limitée jusqu'à présent. Il s'agit d'établir conventionnellement les conditions de l'administration de la copropriété confiée au syndic. Eu égard au caractère exceptionnel d'une telle opportunité, il y a lieu de penser que l'article 18-1 AA doit être interprété de manière stricte.

2) Conditions. Les nouvelles dispositions ne sont susceptibles de s'appliquer que dans deux hypothèses cumulatives.

Il faut tout d'abord que l'immeuble soit à destination totale autre que d'habitation. Il s'agira des copropriétés dont les lots sont entièrement à usage professionnel, commercial et/ou industriel (bureaux, centres commerciaux, galeries marchandes,...). Dès l'instant où un seul lot est affecté au logement, il semble exclu que l'on puisse déroger aux règles d'ordre public du statut de la copropriété.

Ensuite, tous les copropriétaires doivent être des personnes morales, ce qui est une situation relativement fréquente pour des copropriétés à destination autre que d'habitation.

3) Modalités. Les copropriétaires, réunis en assemblée générale, doivent prendre la décision à la majorité de l'article 25 de la loi de 1965 (majorité des voix du syndicat). La formule employée paraît exclure le recours à la passerelle de l'article 25-1 (V. ce texte).

Les dérogations, décidées d'un commun accord entre les copropriétaires et le syndic, porteront sur les missions qui sont confiées à ce dernier, sa rémunération, la durée de son mandat ainsi que sur les modalités de fonctionnement du compte bancaire (unique ou séparé) tout comme les modalités de perception des fonds. Les termes employés par le nouveau texte autorisent la prévision, dans le contrat :

– des tâches qui incomberont au syndic (qui pourraient être inférieures ou supérieures à celles prévues par la loi) ;

– d'une durée qui pourrait être supérieure à trois ans ;

– d'honoraires qui ne seraient pas soumis au caractère forfaitaire au lendemain de la loi ALUR ;

– d'une dispense d'ouverture d'un compte bancaire séparé et des conditions de fonctionnement de ce compte ;

– des modalités spécifiques de perception des fonds provenant des copropriétaires.

À défaut de stipulations particulières dans le contrat de syndic, il est vraisemblable que les dispositions légales impératives trouveront à s'appliquer.

Art. 18-1 A *(L. n° 2009-323, 25 mars 2009 ; mod., L. n° 2014-366, 24 mars 2014 ; à compter du 1er juin 2020, Ord. n° 2019-1101, 30 oct. 2019).* **– I. – La rémunération du syndic, pour les prestations qu'il fournit au titre de sa mission, est déterminée de manière forfaitaire. Toutefois, une rémunération spécifique complémentaire peut être perçue à l'occasion de prestations particulières de syndic qui ne relèvent pas de la gestion courante et qui sont définies par décret en Conseil d'État.**

Le décret prévu au premier alinéa fait l'objet d'une concertation bisannuelle en vue de son éventuelle révision. Cette concertation est organisée par le ministre chargé du logement et associe notamment le Conseil national de la transaction et de la gestion immobilières créé en application de l'article 13-1 de la loi n° 70-9 du 2 janvier 1970 réglementant les conditions d'exercice des activités relatives à certaines opérations portant sur les immeubles et les fonds de commerce.

Tout contrat ou projet de contrat relatif à l'exercice de la mission de syndic respecte un contrat type défini par décret en Conseil d'État. Le projet de contrat est accompagné d'une fiche d'information sur le prix et les prestations proposées par le syndic selon un modèle fixé par arrêté.

Tout manquement aux obligations mentionnées aux premier et troisième alinéas du présent article est passible d'une amende administrative dont le montant ne peut excéder 3 000 € pour une personne physique et 15 000 € pour une personne morale. Cette amende est prononcée dans les conditions prévues au chapitre II du titre II du livre V du Code de la consommation.

II. – Le syndic peut conclure avec le syndicat une convention portant sur des prestations de services autres que celles relevant de sa mission de syndic, après autorisation expresse de l'assemblée générale donnée à la majorité des voix exprimées de tous les copropriétaires présents, représentés ou ayant voté par correspondance. Ces prestations ne peuvent figurer dans le contrat de syndic.

Le syndic soumet à l'autorisation de l'assemblée générale prise à la même majorité toute convention passée entre le syndicat et une personne ou une entreprise avec laquelle le syndic a des liens de nature capitalistique ou juridique, en précisant la nature des liens qui rendent nécessaire l'autorisation de la convention.

Les conventions conclues en méconnaissance de ces dispositions ne sont pas opposables au syndicat.

(Al. mod. à compter du 1er janvier 2023, L. n° 2021-1104, 22 août 2021) **Les travaux mentionnés au II de l'article 14-1 et votés par l'assemblée générale des copropriétaires en application des articles 24, 25, 26-3 et 30 peuvent faire l'objet d'honoraires spécifiques au profit du syndic. Ces honoraires sont votés lors de la même assemblée générale que les travaux concernés, aux mêmes règles de majorité.**

La rémunération fixée dans le projet de résolution soumis au vote de l'assemblée générale doit être exprimée en pourcentage du montant hors taxes des travaux, à un taux dégressif selon l'importance des travaux préalablement à leur exécution.

IV. – Les dispositions du présent article ne s'appliquent pas lorsque le syndic n'est pas rémunéré. Celui-ci peut néanmoins proposer à l'assemblée générale un contrat de syndic conforme au contrat type.

Bibliographie : P.-E. Lagraulet, *Contrat de prestations de services et conflits d'intérêt : Ann. loyers* nov. 2020, p. 30 ; *Inf. rap. copr.* nov. 2020, p. 47.

1) **Encadrement légal.** Les conditions dans lesquelles le syndic exerce les différentes missions qui lui ont été confiées par la loi font régulièrement l'objet de contrôles, de rapports et de débats, voire de condamnations judiciaires. La profession est régulièrement pointée du doigt soit par les associations de consommateurs immobiliers, soit par les organismes de régulation et de veille mis en place par les pouvoirs publics (Recommandations émises par la Commission des clauses abusives [nos 96-01 et 11-01] et l'autorité de contrôle prudentiel [n° 2011-R-01], et le rapport rendu par la DGCCRF le 14 mars 2014 sur les contrats de mandats entre les syndics et les syndicats de copropriétaires [www.economie.gouv.fr].

Les auteurs de la loi n° 2014-366 du 24 mars 2014 ont entendu répondre aux attentes de certains visant à contrôler, encadrer et même s'immiscer dans les relations contractuelles entre le syndic et le syndicat, son mandant. Les nouvelles dispositions contenues dans l'article 18-1-A, nouveau, de la loi de 1965 en sont la traduction.

I - RÉMUNÉRATION DU SYNDIC

2) Caractère forfaitaire de la rémunération. En vertu de l'article 18-1-A, alinéa 1er, la rémunération des syndics est déterminée de manière forfaitaire. Toutefois, une rémunération spécifique complémentaire pourra être perçue à l'occasion de prestations particulières, définies par décret en Conseil d'État. Il est à noter que ce texte prend le contre-pied du régime jusque-là en vigueur consistant à déterminer la liste des missions entrant dans le forfait, les autres tâches pouvant donner lieu à des honoraires particuliers (V. Annexe 58, p. 1487).

3) Modalités de révision. Le décret en Conseil d'État, auquel le nouveau texte fait référence (D. n° 2015-342, 26 mars 2015), doit faire l'objet d'une concertation bisannuelle en vue de son éventuelle révision. Cette concertation sera organisée par le ministre chargé du logement et associe notamment le récent Conseil national de la transaction et de la gestion immobilières créé en application de l'article 13-1 de la loi n° 70-9 du 2 janvier 1970 réglementant les conditions d'exercice des activités relatives à certaines opérations portant sur les immeubles et les fonds de commerce (L. 1965, art. 18-1-A, al. 2).

II - CONTRAT TYPE DE SYNDIC

4) Contrat-type. Une autre mesure inédite, et redoutée par les praticiens, réside dans l'alinéa 3 de l'article 18-1-A, nouveau, aux termes duquel le projet ou le contrat de syndic doit respecter un contrat type défini par décret en Conseil d'État, ce qui écarte de manière importante le principe de la liberté contractuelle dans les rapports entre le syndicat et son mandataire. L'objectif est de favoriser la comparabilité des projets soumis, notamment, au conseil syndical. Désormais, le cadre des missions et la rémunération des syndics de copropriété sont strictement encadrés et leurs conditions fixées par le décret n° 2015-342 du 26 mars 2015 (V. Annexe 58, *Syndic de copropriété*, p. 1487).

5) Fiche d'information. Afin de permettre la réalisation d'une mise en concurrence éclairée par le conseil syndical, et sur le modèle de l'article L. 112-2 du Code des assurances, le projet de contrat est accompagné d'une fiche d'information sur le prix et les prestations proposées par le syndic selon un modèle fixé par arrêté (V. ann. 58, *Syndic de copropriété*, p. 1487).

6) Sanctions. Tout manquement aux obligations relative à la rémunération ou au formalisme contractuel défini par l'article 18-1 A est passible d'une amende administrative dont le montant ne peut excéder 3 000 € pour une personne physique et 15 000 € pour une personne morale. Cette amende est prononcée par la DGCCRF dans les conditions prévues au chapitre II du titre II du livre V du Code de la consommation.

III - CONVENTION DE PRESTATION DE SERVICE

7) Missions hors contrat de syndic. L'une des innovations notables de l'ordonnance n° 2019-1101 du 30 octobre 2019 réside dans la possibilité reconnue au syndic de conclure avec le syndicat une convention portant sur des prestations de services autres que celles relevant de sa mission de syndic. Il a été précisé que ces prestations ne pouvaient pas figurer dans le contrat de syndic (L. 1965, art. 18-1 A, II, al. 1er).

8) Décision de l'assemblée générale. La conclusion d'une telle convention implique une autorisation expresse de l'assemblée générale donnée à la majorité des voix exprimées de tous les copropriétaires présents, représentés ou ayant voté par correspondance (L. 1965, art. 18-1 A, II, al. 1er).

9) Sanction. Les conventions conclues en méconnaissance de cette disposition ne sont pas opposables au syndicat (L. 1965, art. 18-1 A, II, al. 3).

IV - PRÉVENTION DES CONFLITS D'INTÉRÊTS

10) Lien capitalistique ou juridique. La conclusion de contrats particuliers entre le syndicat et le syndic ou des personnes avec qui il est lié, avait déjà fait l'objet de l'article 39 du décret du 17 mars 1967 (V. ce texte, p. 819). La volonté d'éviter les conflits d'intérêts et la défiance envers les yndics ont amené les pouvoirs publics à remanier les règles en la matière, qui deviennent légales et non plus réglementaires. Le syndic doit soumettre à l'organe délibérant toute convention passée entre le syndicat et une personne ou une entreprise avec laquelle le syndic a des liens de nature capitalistique ou juridique. Il doit également préciser la nature des liens qui rendent nécessaire l'autorisation de la convention (L. 1965, art. 18-1 A, II, al. 2).

11) Majorité requise. L'autorisation de l'assemblée générale sera donnée à la majorité des voix exprimées de tous les copropriétaires présents, représentés ou ayant voté par correspondance.

12) Sanction. Les conventions conclues en méconnaissance de cette disposition ne sont pas opposables au syndicat (L. 1965, art. 18-1 A, II, al. 3).

V – HONORAIRES POUR TRAVAUX

13) Honoraires spécifiques pour travaux. Les contrats de syndic prévoient parfois que la rémunération du représentant du syndicat sera calculée sur un certain pourcentage du montant des travaux décidés en assemblée générale. Afin de prévenir d'éventuels abus, la loi n° 2009-323 du 25 mars 2009 a entendu restreindre cette pratique en cantonnant la possibilité pour les syndics de demander des honoraires spécifiques pour des travaux ne ressortissant pas de la gestion courante de la copropriété (V. également en ce sens la recommandation n° 96-01 de la commission des clauses abusives en annexe 58. – V. le D. n° 2015-342, 26 mars 2015, p. 1532, Annexe 58, *Syndic de copropriété*, p. 1487).

14) Travaux concernés. Selon l'article 18-1 A, seuls les travaux mentionnés à l'article 14-2 de la loi du 10 juillet 1965 peuvent justifier l'allocation d'honoraires spécifiques. Il s'agit des travaux, non compris dans le budget prévisionnel, n'entrant pas dans la catégorie des travaux de maintenance. Sont donc exclus les travaux d'entretien courant, exécutés en vue de maintenir l'état de l'immeuble ou de prévenir la défaillance d'un équipement commun, ainsi que les menues réparations (sur ces travaux, V. D. 17 mars 1967, art. 45).

Voir : L. 10 juill. 1965, art. 14-2, p. 239 et D. 17 mars 1967, art. 45, p. 830.

15) Majorités requises. Le législateur a souhaité éviter que les rémunérations supplémentaires ne soient déterminées à l'avance dans le contrat de syndic. Les honoraires doivent être discutés à l'occasion de la même assemblée générale qui décide des travaux à effectuer. Les conditions de majorité applicables au vote des travaux seront également celles qui permettront de fixer le montant des honoraires du syndic. Il s'agit essentiellement des articles 24, 25, 26 et 30 de la loi du 10 juillet 1965.

16) Fixation des honoraires spécifiques. Le syndic ne pouvait mentionner, dans le contrat de syndic soumis au vote de l'assemblée générale de la copropriété, de barème relatif à ces honoraires spécifiques, même à titre indicatif. Cette interdiction a été supprimée par l'ordonnance du 30 octobre 2019 dans un souci de transparence, le barème indicatif étant susceptible de servir de base ultérieure de négociation. Une telle rémunération, fixée dans le projet de résolution soumis au vote de l'assemblée générale, doit être exprimée en pourcentage du montant hors taxes des travaux, à un taux dégressif selon l'importance des travaux préalablement à leur exécution (L. 1965, art. 18-1-A, III. – V. le D. n° 2015-342, 26 mars 2015, p. 1532, Annexe 58, *Syndic de copropriété*, p. 1487).

Sur ces différents aspects, Rép. min. : *JOAN* Q 20 mai 2014, p. 4104 et 4105 ; *Inf. rap. copr.* juin 2014, p. 23.

VI – SYNDIC NON PROFESSIONNEL

17) Choix possible. Il a été mentionné que les dispositions de l'article 18-1 A ne s'appliquaient pas lorsque le syndic n'était pas rémunéré. Ce dernier peut néanmoins proposer à l'assemblée générale un contrat de syndic conforme au contrat type (L. 1965, art. 18-1 A, IV).

Art. 18-1 ***(Mod. à compter du 25 octobre 2020, Ord. n° 2020-866, 15 juill. 2020).*** **– Pendant le délai s'écoulant entre la convocation de l'assemblée générale appelée à connaître des comptes et la tenue de celle-ci, les pièces justificatives des charges de copropriété, notamment les factures, les contrats de fourniture et d'exploitation en cours et leurs avenants, la quantité consommée et le prix unitaire ou forfaitaire de chacune des catégories de charges, ainsi que, le cas échéant, une note d'information sur les modalités de calcul des charges de chauffage, de refroidissement et de production d'eau chaude sanitaire collectifs, sont tenues à la disposition de tous les copropriétaires par le syndic, selon des modalités précisées par décret en Conseil d'État.**

Voir : Texte complémentaire : D. 17 mars 1967, art. 9-1 (V. *supra*).

Rédaction antérieure. Art. 18-1 ***(En vigueur jusqu'au 24 oct. 2020).*** – Pendant le délai s'écoulant entre la convocation de l'assemblée générale appelée à connaître des comptes et la tenue de celle-ci, les pièces justificatives des charges de copropriété, notamment les factures, les contrats de fourniture et d'exploitation en cours et leurs avenants, la quantité consommée et le prix unitaire ou forfaitaire de chacune des catégories de charges, ainsi que, le cas échéant, une note d'information sur les modalités de calcul des charges de chauffage, de refroidissement et de production d'eau chaude sanitaire collectifs, sont tenues à la disposition de tous les copropriétaires par le syndic, selon des modalités précisées par décret en Conseil d'État.

Bibliographie : J. Lafond, *La mise à disposition des copropriétaires des pièces justificatives des charges de copropriété : Rev. Administrer* déc. 1988, p. 14. • G. Gil, *La consultation des pièces justificatives des charges : Inf. rap. copr.* sept. 2010, p. 8. • G. Vigneron : *JCl. Copropriété*, Fasc. 630. • E. Kischinewsky-Broquisse, *La copropriété des immeubles bâtis*, Litec, 4e éd. 1989, n° 505. • P. Capoulade et D. Tomasin, *La copropriété*, Dalloz Action 2018-2019, n° 341.361.

1) Droit d'accès aux pièces justificatives des charges. L'article 18-1, dans sa rédaction antérieure à la loi ALUR du 24 mars 2014, a créé un *droit d'accès des copropriétaires aux pièces justificatives des charges de copropriété*. Jusqu'à la loi du 31 décembre 1985, seul le conseil syndical disposait de cette possibilité (D. 17 mars 1967, art. 26, al. 4), sans limitation. Par ailleurs, le droit de consulter les pièces justificatives des charges avait été ouvert aux locataires par l'article 24 de la loi du 22 juin 1982. Mais ce texte a été abrogé par l'article 55 de la loi du 23 décembre 1986 (loi « Méhaignerie »).

L'article 18-1 a été réécrit par la loi « ALUR » du 24 mars 2014. Les modalités d'application du nouveau texte devaient être fixées par un décret. Dans l'attente de ce décret, l'article 18-1 est resté applicable dans son ancienne rédaction. Le décret attendu est finalement intervenu : il s'agit du décret n° 2015-1907 du 30 décembre 2015 (*JO* 31 déc.). Ce texte a inséré dans le décret du 17 mars 1967 un nouvel article (art. 9-1), qui complète l'article 18-1 de la loi.

I – CHAMP D'APPLICATION DU TEXTE

2) Bénéficiaires de l'information. Ce droit d'accès aux pièces justificatives des charges s'exerce au profit des copropriétaires. C'est le titulaire du droit de propriété sur le lot et lui seul qui peut en bénéficier. En cas de démembrement de propriété (existence d'un droit d'usage et d'habitation ou d'un droit d'usufruit sur un lot) ou en cas d'indivision, c'est le mandataire commun qui doit être désigné aux termes de l'article 23, alinéas 2 et 3, de la loi du 10 juillet 1965 (V. le commentaire de ce texte) qui, à notre avis, pourra exercer ce droit.

3) Objet de l'information. Ce nouveau droit des copropriétaires joue uniquement *lorsque l'assemblée est « appelée à connaître des comptes »*. Il concerne les « pièces justificatives des charges de copropriété » *notamment*, dit le texte (ce qui montre que cette énumération n'est pas limitative) : « les factures, les contrats de fournitures et d'exploitation en cours et leurs avenants, la quantité consommée et le prix unitaire ou forfaitaire de chacune des catégories de charges » (V. sur la portée du texte : ▪ Cass. 3e civ., 11 mars 1998, n° 96-17.728 : *RD imm.* 1998, p. 295).

Depuis la loi n° 2014-366 du 24 mars 2014, dans sa rédaction modifiée par l'ordonnance n° 2020-866 du 15 juillet 2020, applicable à compter du 15 octobre 2020, le texte de l'article 18-1 mentionne également « le cas échéant, une note d'information sur les modalités de calcul des charges de chauffage, de refroidissement et de production d'eau chaude sanitaire collectifs ». Il s'agit là de la seule modification apportée à l'article 18-1 par l'ordonnance du 15 juillet 2020. Ce texte s'est en effet contenté de réorganiser le texte antérieur pour le rendre plus clair, en classant sous deux rubriques les éléments d'information à transmettre à l'assemblée :

– d'une part les « pièces justificatives des charges de copropriété » (dont l'énumération reprend textuellement celle figurant dans l'ancien texte de l'article 18-1) ;

– d'autre part la notice d'information, dont le contenu a été légèrement modifié puisqu'elle intègre dorénavant les modalités de calcul des charges « de refroidissement ».

II – MODALITÉS D'APPLICATION

4) Détermination des modalités de consultation des pièces justificatives des charges. Dans la version antérieure du texte, les modalités selon lesquelles les pièces justificatives des charges pouvaient être consultées par les copropriétaires devaient être « *définies par l'assemblée générale* », ce qui avait fait naître des problèmes dans le cas où l'assemblée omettait de se prononcer.

Dans la version issue de la loi n° 2014-366 du 24 mars 2014 (loi ALUR), c'est le syndic qui est chargé de définir les modalités de consultation des pièces justificatives des charges, dans les conditions fixées par l'article 9-1 du décret du 17 mars 1967 (V. ce texte).

Il a été jugé qu'aucun texte n'impose à un syndic d'envoyer par la voie postale une copie des pièces justificatives des charges mentionnées à l'article 18-1 aux copropriétaires qui le demandent, même s'ils accompagnent leur demande d'un chèque afin de défrayer ledit syndic (▪ Cass. 3e civ., 9 févr. 2022, n° 21-11.197 : *Ann. loyers* avr. 2022, p. 90, obs. J.-M. Roux ; *Administrer* mars 2022, p. 38, obs. P. Déchelette-Tolot ; *AJDI* 2022, p. 531, obs. P.-E. Lagraulet).

5) Caractère impératif du texte. Le texte étant d'ordre public (V. ci-dessous L. n° 65-557, 10 juill. 1965, art. 43, p. 628), le syndic doit impérativement mettre les pièces justificatives des charges à disposition des copropriétaires dans les conditions définies par l'article 18-1 de la loi du 10 juillet 1965 et l'article 9-1 du décret du 17 mars 1967. Ces textes sont d'ordre public (V. ci-dessous L. n° 65-557,

10 juill. 1965, art. 43, p. 628), et toute disposition contraire figurant dans le règlement doit être réputée non écrite.

Il avait été jugé, sous l'empire de l'ancien texte, que si l'assemblée n'avait pas décidé des modalités de consultation des pièces justificatives des charges de copropriété, tout copropriétaire pouvait saisir le juge des référés afin de se faire autoriser à consulter ces pièces aux jour et heure par lui fixés (■ TGI Moulins, réf., 17 mars 1986 : *Gaz. Pal.* 1986, 1, p. 246 ; *RD imm.* 1986, p. 243, obs. F. Givord et C. Giverdon ; *Defrénois* 1986, art. 33795, note H. Souleau ; *Rev. loyers* 1986, p. 496). En l'absence de décision de l'assemblée, les copropriétaires ne pouvaient prétendre qu'ils étaient en droit de consulter les pièces justificatives le jour de leur choix pendant tout le délai couru entre la convocation et la tenue de l'assemblée (■ CA Paris, 23e ch. A, 13 juin 1990 : *RD imm.* 1990, p. 412, obs. C. Giverdon ; *D.* 1990, inf. rap. p. 190).

Si le syndic n'accomplit pas la mission qui lui a été confiée par l'article 18-1 de la loi, il est en état de carence au sens de l'article 50 du décret du 17 mars 1967 et il peut éventuellement, après mise en demeure, être assigné en référé en vue de la désignation d'un administrateur provisoire (V. ce texte). Mais il peut aussi, plus simplement, être assigné en référé pour qu'il lui soit imparti un délai, à peine d'astreinte, pour fixer, dans le respect des dispositions de l'article 9-1 nouveau du décret du 17 mars 1967, les modalités de consultation des pièces justificatives des charges.

6) Mention dans les convocations. *L'article 9 alinéa 1er du décret du 17 mars 1967* (V. ce texte) exige que la *convocation à l'assemblée* rappelle les modalités de consultation des pièces justificatives des charges telles qu'elles ont été arrêtées par le syndic de copropriété.

Voir : sur les sanctions du non-respect de cette exigence, V. comm. D. n° 67-223, 17 mars 1967, art. 9-1, p. 713.

Art. 18-1-1 ***(L. n° 2018-1021, 23 nov. 2018 ; mod. à compter du 1er janvier 2021, Ord. n° 2020-1144, 16 sept. 2020).*** **– Le syndic signale au procureur de la République les faits qui sont susceptibles de constituer une des infractions prévues aux articles 225-14 du Code pénal et L. 511-22 du Code de la construction et de l'habitation.**

Ce signalement est effectué sans préjudice, le cas échéant, de la déclaration prévue à l'article L. 561-15 du Code monétaire et financier.

Ces dispositions ne sont pas applicables aux syndics mentionnés à l'article 17-2 de la présente loi.

1) Dénonciation des marchands de sommeil. Dans le cadre de la lutte contre les marchands de sommeil et l'éradication de l'habitat indigne prôné par la loi n° 2018-1021 du 23 novembre 2018, dite « loi ELAN », il est fait obligation au syndic de signaler des comportements pouvant ressortir des articles 225-14 du Code pénal, L. 1337-4 du Code de la santé publique et L. 123-3, L. 511-6 et L. 521-4 du Code de la construction et de l'habitation (il s'agit, par exemple, du fait de soumettre une personne dont la vulnérabilité ou l'état de dépendance sont apparents ou connus de l'auteur, à des conditions d'hébergement incompatibles avec la dignité humaine).

2) Lutte anti-blanchiment et financement du terrorisme. Il a été précisé que l'obligation de signalement qui pèse sur le syndic est indépendante de celle qui impose à ce dernier d'être vigilant à l'égard des personnes avec qui il entretient des « relations d'affaires » (V. art. 24 V, L. n° 2014-366, 24 mars 2014, modifiant, art. L. 561-2).

3) Dispense du syndic bénévole ou coopératif. L'obligation de signalement n'a pas été étendue à tous les syndics de copropriété, seuls les professionnels y étant assujettis. À cet égard, un article 8-2-1 a été inséré dans la loi Hoguet du 2 janvier 1970 rappelant la nécessité de dénoncer les faits précédemment visés (V. ann., V° *Syndic de copropriété*).

Bibliographie : J.-M. Roux, *Le syndic et les marchands de sommeil : Les cahiers des copropriétés en difficulté* in *Inf. rap. copr.* déc. 2018, p. VI. – D. Boulanger, *La loi ELAN et la lutte contre l'habitat indigne et les marchands de sommeil : Loyers et copr.* 2019, étude 1, p. 7.

Art. 18-2 ***(Mod. à compter du 1er juin 2020, Ord. n° 2019-1101, 30 oct. 2019 ; L. n° 2024-322, 9 avr. 2024).*** **– En cas de changement de syndic, l'ancien syndic est tenu de remettre au nouveau syndic, dans le délai de quinze jours à compter de la cessation de ses fonctions, la situation de trésorerie, les références des comptes bancaires du syndicat et les coordonnées de la banque. Il remet, dans le délai d'un mois à compter de la même date, l'ensemble des documents et archives du syndicat ainsi que, le cas échéant, l'ensemble des documents dématérialisés relatifs à la gestion de l'immeuble ou aux lots gérés mentionnés à l'avant-dernier alinéa du I de l'article 18, dans un format téléchargeable et imprimable. Dans l'hypothèse où le syndicat des copropriétaires a fait le choix de confier tout ou partie de ses archives à un prestataire spécialisé, il est tenu,**

dans ce même délai, d'informer le prestataire de ce changement en communiquant les coordonnées du nouveau syndic.

Dans le délai de deux mois suivant l'expiration du délai mentionné ci-dessus, l'ancien syndic est tenu de fournir au nouveau syndic l'état des comptes des copropriétaires ainsi que celui des comptes du syndicat, après apurement et clôture.

Après mise en demeure restée infructueuse, le syndic nouvellement désigné ou le président du conseil syndical pourra demander au président du tribunal judiciaire statuant en référé, d'ordonner sous astreinte la remise des pièces, informations et documents dématérialisés mentionnés aux deux premiers alinéas ainsi que le versement des intérêts provisionnels dus à compter de la mise en demeure, sans préjudice de toute provision à valoir sur dommages et intérêts.

Voir : sur le bordereau à établir pour justifier de la remise des pièces au nouveau syndic, V. D. n° 67-223, 17 mars 1967, art. 33-1, p. 808.

Bibliographie : P. Capoulade et D. Tomasin, *La copropriété*, Dalloz Action 2018-2019, n° 341.211. • D. Cordier, *Le changement de syndic : JCl. Copropriété*, Fasc. 317. • E. Kischinewsky-Broquisse, *La copropriété des immeubles bâtis*, Litec, 4e éd. 1989, n° 509. • C. Atias et J.-M. Roux, *La transmission des archives du syndicat : Inf. rap. copr.* avr. 2018, p. 19. • A. Duflot, *Le changement de syndic et l'obligation de remise des fonds et des documents : Inf. rap. copr.* avr. 1995, p. 20. • G. Vigneron et C. Coutant-Lapalus, *Le syndic de copropriété*, LexisNexis, 7e éd., 2021. • J.-M. Roux, *La transmission des documents et archives du syndicat des copropriétaires depuis le décret du 27 mai 2004 : Constr.-Urb.* mai 2005, étude, p. 7 ; du même auteur, *Le syndic sortant : Rev. Administrer* févr. 2007, p. 11 et s. • D. Rocher, *L'article 18-2 : anatomie d'une courroie de transmission : Rev. Administrer* juin 2010, p. 26. • M. de Araujo et S. Choisez, *Succession de syndics : le contentieux de l'article 18-2 de la loi de 1965 échappe au juge des référés : Loyers et copr.* mars 2010, Focus, p. 3. • J.-G. Gélinet, *Les archives du syndicat des copropriétaires : Rev. loyers* 2010, p. 3 et s. • J.-M. Roux, *Les archives du syndicat des copropriétaires : Inf. rap. copr.* juill.-août 2010, p. 8 et s. • Du même auteur, *Archives ? Vous avez dit « archives » ? : Inf. rap. copr.* avr. 2012, p. 32.

1) Changement de syndic : passation des pouvoirs. L'article 18-2 est destiné à permettre une passation des pouvoirs sans heurts au cas de « changement de syndic » en organisant la *transmission, au nouveau syndic des coordonnées bancaires du syndicat ainsi que des pièces administratives et comptables détenues par l'ancien syndic.*

2) Champ d'application du texte. Il a été jugé que le texte pouvait être appliqué pour réclamer les pièces administratives et comptables à un « syndic de fait », qui gérait la copropriété depuis plusieurs années (▪ Cass. 3e civ., 7 mai 2003 : *Bull. civ.* III, n° 101 ; *JCP G* 2003, IV, 2161). Il s'applique également au syndic bénévole (▪ CA Paris, pôle 1, 3e ch., 28 janv. 2014, n° 13-08095 : *Rev. loyers* 2014, p. 213). Selon un arrêt de la cour de Paris du 4 juillet 1995 (▪ CA Paris, ch. 19 A, 4 juill. 1995 : *RD imm.* 1995, p. 789, obs. crit. C. Giverdon), l'obligation légale joue même si le nouveau syndic a été nommé irrégulièrement.

L'article 18-2, alinéa 1er, vise l'ancien syndic et non pas seulement le syndic précédent (▪ CA Paris, 1re ch., sect. B, 27 févr. 2009 : *Loyers et copr.* 2009, comm. 191, obs. G. Vigneron ; *AJDI* 2009, p. 802 ; *Inf. rap. copr.* mars 2010, p. 9, obs. M.-F. Ritschy. ▪ CA Paris, pôle 1, ch. 2, 16 oct. 2014 : *JurisData* n° 2014-034987 ; *Loyers et copr.* 2015, comm. 81, obs. G. Vigneron). Puisqu'il ne faut pas distinguer là où la loi ne distingue pas, la demande du nouveau syndic à l'égard de l'ancien est recevable, quand bien même y aurait-il eu un administrateur provisoire entre eux (▪ CA Paris, 14e ch. A, 4 janv. 2006 : *AJDI* 2006, p. 744, obs. P. Capoulade). En fait il y a lieu de considérer que le texte est applicable à tout ancien syndic (▪ CA Paris, pôle 1, 3e ch., 16 oct. 2014, n° 13-01948 : *JurisData* n° 2014-034987 ; *Loyers et copr.* 2015, comm. 81, obs. G. Vigneron).

Remarque : Pour les syndicats de copropriétaires ayant été dispensés de l'obligation d'ouvrir un compte séparé au nom du syndicat par décision de l'assemblée générale, les dispositions de l'article 17 de l'ordonnance (modifiant l'article 18-2) n'entrent en vigueur que le 31 décembre 2020. (Ord. n° 2019-1101, 30 oct. 2019, art. 41-3)

I – OBLIGATION FAITE À L'ANCIEN SYNDIC DE REMETTRE AU NOUVEAU SYNDIC LES PIÈCES ADMINISTRATIVES ET COMPTABLES DISPONIBLES

3) Nature de l'obligation et mise en œuvre. Avant toute chose, l'article 18-2 n'est destiné qu'à organiser la transmission au nouveau syndic des pièces administratives et comptables détenues par l'ancien syndic et n'a pas pour objet de contraindre ce dernier à établir postérieurement à son dessaisissement des documents qu'il n'avait pas tenus préalablement, même s'il le devait (▪ CA Paris, 14e ch. A, 19 mars 2008 : *AJDI* 2008, p. 778).

Le texte fixe le contenu des obligations faites à l'ancien syndic et détermine les modalités de sa mise en œuvre.

L'obligation pesant sur l'ancien syndic va s'exécuter en plusieurs étapes (A) selon des modalités précisées par la jurisprudence (B). Il ne peut exercer de droit de rétention (C) et prétendre à rémunération pour l'exécution de cette obligation légale (D).

A – Étapes de la remise

1° *Premier temps*

4) Documents concernés. Dans un délai de 15 jours à compter de la cessation de ses fonctions, l'ancien syndic doit transmettre au nouveau syndic :

- la situation de trésorerie ;
- les références des comptes bancaires du syndicat ;
- les coordonnées de la banque.

2° *Deuxième temps*

5) Documents concernés. Dans le **délai d'un mois** à compter de la cessation de ses fonctions, l'ancien syndic doit transmettre à son successeur :

– l'ensemble des documents et archives du syndicat ;

– ainsi que, le cas échéant, l'ensemble des documents dématérialisés relatifs à la gestion de l'immeuble ou aux lots gérés mentionnés à l'alinéa 11 du I de l'article 18, dans un format téléchargeable et imprimable.

6) Information de la société d'archivage. Dans l'hypothèse où le syndicat des copropriétaires a fait le choix de confier tout ou partie de ses archives à un prestataire spécialisé, l'ancien syndic est tenu, dans ce même **délai d'un mois**, d'informer le prestataire de ce changement en communiquant les coordonnées du nouveau syndic.

3° *Troisième temps*

7) Informations comptables. Dans le **délai de deux mois** suivant l'expiration du délai d'un mois mentionné ci-dessus (n° 5), l'ancien syndic est tenu de fournir au nouveau syndic :

– l'état des comptes des copropriétaires ;

– l'état des comptes du syndicat, après apurement et clôture.

Il avait été jugé sous l'empire de l'ancien texte que le syndic devait fournir à son successeur un historique des comptes des copropriétaires individualisés (▪ CA Paris, 14e ch. A, 8 oct. 2008 : *AJDI* 2009, p. 207. – sur les documents à remettre V. aussi ▪ CA Besançon, 3 déc. 2008 : *Loyers et copr.* 2009, comm. 108) et qu'il ne pouvait s'opposer à la remise du grand livre de banque et des relevés bancaires y compris celui relatif aux soldes bancaires en faisant valoir que le syndicat avait décidé de ne pas opter pour l'ouverture d'un compte séparé, car ceci ne le dispensait pas d'ouvrir des sous-comptes (▪ CA Paris, 19e ch., 19 déc. 2008 : *AJDI* 2009, p. 371).

À ce stade, selon la jurisprudence antérieure, le nouveau syndic devra être en possession de l'ensemble des documents et archives du syndicat et ceci sans exception : grands-livres d'immeuble, relevés bancaires, factures d'honoraires du syndic, historique des comptes individuels des copropriétaires, etc. (▪ CA Paris, 14e ch. B, 4 juill. 1997 : *Loyers et copr.* déc. 1997, comm. 327. ▪ Cass. 3e civ., 5 déc. 2007, 1re esp. : *AJDI* 2008, p. 861, obs. P. Capoulade. – Sur la tenue et la transmission d'un « compte fournisseur », ▪ CA Paris, 14e ch. A, 4 janv. 2006 : *AJDI* 2006, p. 647, obs. P. Capoulade).

B – Modalités d'exécution de l'obligation.

8) Caractère impératif de l'obligation. L'ancien syndic n'a pas à se faire juge de l'opportunité de transmettre ou non les pièces (▪ CA Paris, 14e ch. A, 19 avr. 2000 : *Inf. rap. copr.* juill.-août 2000, p. 22, obs. P. Capoulade). Il n'a pas non plus à faire un tri entre les « archives vivantes » et les « archives mortes » : toutes les archives doivent être transmises (▪ CA Paris, 14e ch. A, 18 janv. 2006 : *AJDI* 2006, p. 745, note P. Capoulade), quelle que soit leur ancienneté (▪ CA Paris, 2e ch., 9 déc. 2009 : *AJDI* 2010, p. 323).

La transmission doit être spontanée et la charge de la preuve de la remise des pièces et des fonds pèse sur le syndic sortant (▪ Cass. 3e civ., 23 mars 2022, n° 21-11.289 : *JurisData* n° 2022-007375 ; *Loyers et copr.* 2022, comm. 107, obs. C. Coutant-Lapalus ; *Inf. rap. copr.* oct. 2022, p. 46 ; *Administrer* mai 2022, p. 48, obs. P. Déchelette-Tolot. ▪ Cass. 3e civ., 31 oct. 2012, n° 11-10.590 : *JurisData* n° 2012-024347 ; *Rev. loyers* 2013, p. 36, note P. Déchelette-Tolot ; *Administrer* janv. 2013, p. 58, note J.-R. Bouyeure. – V. sur cet arrêt, J.-M. Roux, *Le syndic sortant et la transmission des archives du syndicat : Ann. loyers* 2013, p. 62. ▪ Cass. 3e civ., 2 mai 2012, n° 11-15.295. ▪ Cass. 3e civ., 24 mai 2011, n° 10-10.868 : *Administrer* oct. 2011, p. 72, obs. J.-R. Bouyeure. ▪ Cass. 3e civ., 29 mars 2011 : *JurisData* n° 2011-005088 ; *Loyers et copr.* 2011, comm. 190, obs. G. Vigneron ; *Inf. rap. copr.* mars 2012, p. 15, obs. M.-F. Ritschy ; *Ann. loyers* 2011, p. 1693, obs. J.-M. Roux. ▪ Cass. 3e civ., 14 sept. 2005, n° 04-13.724 : *AJDI* 2007, p. 42, note P. Capoulade. ▪ CA Paris, 20 déc. 2017 : *AJDI* 2018, p. 208. ▪ CA Paris, pôle 1, ch. 3, 21 oct. 2014 : *JurisData* n° 2014-031789 ; *Loyers et copr.* 2015, comm. 28, obs. G. V.

La loi prévoyant la remise des pièces par l'ancien syndic au nouveau, ce n'est pas à ce dernier d'aller quérir celles-ci (▪ CA Paris, ch. 14 A, 18 janv. 2006, préc.). Sommation peut être faite à l'ancien syndic dès l'expiration du délai imparti par la loi pour obtenir la remise de ces pièces (▪ CA Versailles, 14e ch., 20 sept. 1991 : *Administrer* févr. 1992, p. 61, obs. A. Dunes).

9) Preuve de la remise. Le syndic sortant est garant de la conservation des archives du syndicat, y compris de celles de ses prédécesseurs (▪ Cass. 3e civ., 8 juin 2017, n° 16-16.387 : *Ann. loyers* sept. 2017, p. 57, obs. J.-M. Roux ; *Inf. rap. copr.* avr. 2018, p. 11, obs. M.-F. Ritschy ; *Rev. Administrer* oct. 2017, p. 65, obs. J.-R. Bouyeure). C'est à lui d'établir qu'il s'est acquitté de son obligation (▪ CA Paris, ch. 14 B, 20 janv. 2006 : *AJDI* 2006, p. 745, obs. P. Capoulade) ou qu'il a, par tous les moyens, cherché à satisfaire à l'obligation qui lui incombait en application de l'article 18-2 de la loi du 10 juillet 1965 (▪ CA Paris, ch. 14 B, 1er déc. 2006 : *AJDI* 2007, p. 213). À défaut, il peut être condamné à une astreinte (V. n° 16).

Il ne saurait prétendre être libéré de son obligation par la seule allégation selon laquelle il ne disposerait plus des pièces ou qu'un tiers les détiendrait (▪ CA Paris, pôle 1, 3e ch., 8 mars 2016 : *JurisData* n° 2016-004101 ; *Loyers et copr.* 2016, comm. 134, obs. G. Vigneron ; *Inf. rap. copr.* oct. 2016, p. 13, obs. M.-F. Ritschy).

La preuve de cette remise est appréciée souverainement par les juges du fond (▪ Cass. 3e civ., 23 mars 2022, n° 21-11.289 : *JurisData* n° 2022-007375 ; *Loyers et copr.* 2022, comm. 107, obs. C. Coutant-Lapalus. – V. aussi, ▪ CA Paris, pôle 1, ch. 2, 12 janv. 2023 : *Administrer* févr. 2023, p. 58, obs. P. Déchelette-Tolot).

10) Obligation limitée aux pièces détenues effectivement par le syndic. Bien entendu, l'obligation de transmettre les archives syndicales ne peut s'appliquer qu'aux pièces que l'ancien syndic détenait effectivement (sur les « archives » du syndicat, voir l'article 33 du décret du 17 mars 1967 et son commentaire) – et non pas à celles qu'il n'a jamais eues en sa possession (▪ CA Paris, 14e ch. B, 4 nov. 2005 et ▪ CA Paris, 14e ch. A, 21 sept. 2005 : *AJDI* 2006, p. 387, note P. Capoulade. ▪ CA Paris, 14e ch., 24 juin 2005 : *AJDI* 2005, p. 843) : par exemple, les plans de construction de l'immeuble (▪ Cass. 3e civ., 10 oct. 1990 : *Loyers et copr.* 1990, comm. 493).

Il appartient à l'ancien syndic de démontrer qu'il n'a jamais eu en sa possession les pièces réclamées par son successeur (▪ Cass. 3e civ., 5 déc. 2007 : *AJDI* 2008, p. 301 et p. 861, obs. P. Capoulade ; *Rev. loyers* 2008, p. 184 ; *Inf. rap. copr.* avr. 2008, p. 15, obs. M.-F. Ritschy, pour un procès-verbal de la préfecture de police afférent à la sécurité des immeubles de grande hauteur. – Pour les documents relatifs à la construction de l'immeuble alors que l'ancien syndic a été le premier syndic de la copropriété, ▪ Cass. 3e civ., 3 nov. 2011, n° 10-21.009 : *JurisData* n° 2011-023822 ; *Loyers et copr.* 2012, comm. 22, obs. G. Vigneron ; *Inf. rap. copr.* mars 2012, p. 15, obs. M.-F. Ritschy ; *Rev. Administrer* févr. 2012, p. 48, obs. J.-R. Bouyeure ; *D.* 2011, p. 2798, obs. Y. Rouquet ; *AJDI* 2012, p. 522, note D. Tomasin). De plus, il doit expliquer de façon crédible pourquoi il ne détient pas les documents qu'il devrait détenir pour que le juge puisse vérifier s'il peut ou non entrer en possession desdits documents (▪ CA Paris, pôle 1, 3e ch., 21 oct. 2014, n° 13-23131 : *JurisData* n° 2014-031789 ; *Loyers et copr.* 2015, comm. 28, obs. G. Vigneron). ▪ CA Paris, 14e ch. A, 9 janv. 2008 : *Loyers et copr.* 2008, comm. 94, obs. G. Vigneron. – V. aussi ▪ CA Paris, pôle 1, 2e ch., 9 déc. 2009 : *AJDI* 2010, p. 323). Il ne peut se contenter de déclarer qu'il ne détient pas les documents ou qu'un tiers les détiendrait (▪ CA Paris, pôle 4, 13e ch., 8 mars 2016, n° 14/25259 : *JurisData* n° 2016-004101 ; *Loyers et copr.* 2016, n° 134, note G. Vigneron).

11) Pouvoirs du juge. Le cas échéant, le juge peut, malgré ses dénégations, ordonner au syndic de remettre les pièces réclamées si le contenu des documents précédemment transmis laisse présumer l'existence de ces pièces (▪ Cass. 3e civ., 5 déc. 2007 [2 déc.] : *AJDI* 2008, p. 861, note P. Capoulade).

Cependant, le juge n'a pas à déférer à la demande s'il apparaît que les pièces réclamées sont introuvables, sans que leur perte puisse être imputée à l'un ou à l'autre des syndics et qu'il ne peut être retenu à l'encontre ni de l'un ni de l'autre aucune inertie fautive dans la recherche de ces documents égarés (▪ Cass. 3e civ., 14 janv. 2009, n° 05-11.985 : *Rev. Administrer* avr. 2009, p. 58, obs. J.-R. Bouyeure ; *Inf. rap. copr.* mars 2010, p. 10, obs. M.-F. Ritschy. – Dans le même sens, ▪ CA Lyon, 8e ch., 29 juill. 2014, n° 13-04740 : *JurisData* n° 2014-017530 ; *Loyers et copr.* 2014, comm. 288, obs. G. V.).

Il a été précisé que l'article 18-2 n'était destiné qu'à organiser la transmission au nouveau syndic des pièces administratives et comptables détenues par l'ancien, mais qu'il n'avait pas pour objet de contraindre ce dernier à établir postérieurement à son dessaisissement des documents qu'il n'avait pas détenus préalablement même s'il le devait, ce qui pourrait engager sa responsabilité professionnelle (▪ Cass. 3e civ., 4 juin 2009, n° 08-15.737 : *Bull. civ.* III, n° 132 ; *JurisData* n° 2009-048514 ; *Loyers et copr.* 2009, comm. 217, obs. G. Vigneron ; *Ann. loyers* 2009, p. 2560, obs. J.-M. Roux ; *Rev. Administrer* oct. 2009, p. 57, obs. J.-R. Bouyeure ; *D.* 2010, p. 120, obs. P. Capoulade ; *Rev. loyers* 2009, p. 402, obs. P. Déchelette-Tolot ; *Inf. rap. copr.* mars 2010, p. 10, obs. M.-F. Ritschy, confirmant ▪ CA Paris, 14e ch. A, 19 mars 2008 : *AJDI* 2008, p. 778). Le fait que les documents réclamés par le nouveau syndic n'auraient pas été dressés ou conservés par l'ancien syndic relève de la responsabilité de ce dernier et non de la procédure de communication forcée de l'article 18-2 de la loi de 1965 (▪ CA Douai, 21 sept. 2011 : *Juris-*

Data n° 2011-019964 ; *Loyers et copr.* 2012, comm. 60, obs. G. Vigneron).

Voir : sur les modalités de la transmission des pièces, D. n° , 17 mars 1967, art. 33-1, p. 808. – Et sur la transmission des documents comptables, D. n° 2005-240, 14 mars 2005, art. 6, p. 1143.

C – Droit de rétention

12) Pas de droit de rétention. Avant la loi du 31 décembre 1985, il arrivait assez fréquemment qu'un syndic, resté créancier du syndicat après l'expiration de ses fonctions prétende, pour obtenir paiement, exercer un *droit de rétention sur les archives* (Lot, *Droit de rétention du syndic sur les archives et pièces du syndicat : Gaz. Pal.* 1970, 1, doctr., p. 131. – E.-J. Guillot, *Le droit de rétention : Rev. Administrer* déc. 1975, p. 28).

La jurisprudence dominante lui reconnaissait ce droit (V. par ex., ▪ Cass. 3e civ., 10 juin 1970 : *JCP* G 1970, II, 16465, note E.-J. Guillot. ▪ CA Grenoble, 11 juin 1970 : *D.* 1971, somm. p. 115) et la doctrine y était favorable (E. Kischinewsky-Broquisse, *La copropriété des immeubles bâtis*, Litec, 4e éd. 1989, n° 481. – *JCl. Copropriété*, Fasc. 88, nos 142 et s. – J. Cabanac, *Le droit de rétention du syndic : Rev. éco. et dr. imm.* 1973, n° 55, p. 2).

Mais le syndic qui aurait retenu les documents du syndicat au prétexte qu'il était créancier alors qu'il est débiteur, s'exposait à être poursuivi pour détournement ou même abus de confiance (▪ Cass. crim., 5 avr. 1973 : *Ann. loyers* 1974, p. 802).

Le syndic ne peut plus dorénavant, au vu des termes de l'article 18-2 – qui a, rappelons-le, un caractère d'ordre public – se soustraire à l'obligation de restituer les pièces et fonds disponibles (il « est tenu... », dit ce texte, ce qui marque bien le caractère impératif de l'obligation qui lui est faite.

Il ne pourrait prétendre exercer sur les pièces ou fonds appartenant au syndicat un droit de rétention, au motif que des honoraires lui sont dus (en ce sens : E.-J. Guillot, *Commentaire de la loi : Rev. Administrer* févr. 1986, p. 5. – C. Giverdon, *Commentaire de la loi : D.* 1986, p. 44, col. 2. – G. Vigneron : *JCP* N 1986, doctr. p. 77 et s., n° 20. ▪ CA Paris, 23e ch. A, 23 juin 1999 : *Dossier CSAB* n° 138, oct. 1999, obs. A. Dunes. ▪ CA Paris, 14e ch. B, 13 nov. 1998 : *Inf. rap. copr.* mars 1999, p. 14, obs. P. Capoulade).

D – Rémunération

13) Absence de rémunération spécifique. Il serait abusif de la part de l'ancien syndic de copropriété de réclamer des frais de remise de dossier à son successeur, s'agissant d'une obligation légale qui pèse sur le syndic dont le mandat est achevé (▪ CA Paris, pôle 1, 2e ch., 18 nov. 2009 : *AJDI* 2010, p. 233. ▪ CA Paris, 23e ch. B, 24 mars 2005 : *JurisData* n° 2005-268755. ▪ CA Paris, 14e ch. B, 13 oct. 2000 : *Loyers et copr.* 2001, comm. 81. ▪ CA Paris, 8e ch. A, 11 janv. 2000 : *D.* 2000, somm. p. 219, obs. C. Atias. ▪ CA Paris, 23e ch. B, 17 juin 1999 : *Dossier CSAB* n° 78, nov. 1999, n° 137, obs. A. Dunes. ▪ CA Paris, 19e ch., 21 oct. 1992 : *Loyers et copr.* 1992, n° 494). Cette position a été consacrée par l'arrêté du 19 mars 2010, dit arrêté « Novelli », qui inclut dans le forfait annuel la transmission des archives au successeur (V. Contrat de syndic, Annexe 58, *Syndic de copropriété*, p. 1487). Le décret n° 2010-391 du 20 avril 2010 précise, quant à lui, que « la conservation et la gestion des archives sont comprises dans la mission ordinaire du syndic » (à ce propos, V. S. Pavlovic, *Archives du syndicat et rémunération du syndic : l'arrêté du 19 mars 2010 déjà remis en cause : AJDI* 2010, p. 433). Pour des applications récentes, ▪ Cass. 3e civ., 1er mars 2011 : *Inf. rap. copr.* mars 2012, p. 15, obs. M.-F. Ritschy ; *Rev. loyers* 2011, p. 168 ; *AJDI* 2011, p. 628, obs. P. Capoulade. ▪ CA Paris, pôle 4, 2e ch., 1er févr. 2012 : *JurisData* n° 2012-001656 ; *Loyers et copr.* 2012, comm. 154, obs. G. Vigneron.

La même solution a été retenue par le décret n° 2015-342 du 26 mars 2015, définissant le contrat-type de syndic, qui décide que les prestations correspondantes sont incluses dans le « forfait » (Annexe au contrat de syndic, IV, 14° *b*).

V. le D. n° 2015-342, 26 mars 2015, p. 1532 (Annexe 58, *Syndic de copropriété*, p. 1487).

II – SANCTIONS

14) Mise en demeure préalable. Si l'ancien syndic n'exécute pas les obligations lui incombant, dans l'un ou l'autre des délais qui lui sont impartis (V. *supra*), une *mise en demeure* doit lui être adressée (selon les modalités admises par l'article 64 ou 64-2 du décret du 17 mars 1967) soit par le nouveau syndic, soit par le président du conseil syndical (art. 18-2, al. 3).

Cette mise en demeure est un préalable nécessaire à toute action contre l'ancien syndic (▪ CA Paris, 14e ch. A, 24 janv. 2007 : *JurisData* n° 2007-327696 ; *AJDI* 2007, p. 485). Elle fera courir les intérêts (au taux légal) sur le montant des fonds qui auraient dû être reversés au syndicat, comme le prévoit expressément l'article 18-2, alinéa 3. Ces intérêts courront tant que la remise des archives du syndicat n'aura pas été complète (▪ CA Paris, 14e ch. B, 17 déc. 2004 : *AJDI* 2005, p. 220).

Voir : D. n° , 17 mars 1967, art. 34, p. 810.

15) Recours au juge. Avant l'intervention de la loi n° 2009-526 du 12 mai 2009, si la mise en demeure n'était pas suivie d'effet, le nouveau syndic ou le président du conseil syndical pouvaient l'assigner en référé devant le président du tribunal de grande instance (V. rapport Bonnemaison au nom de la Commission des lois, doc. AN n° 3101, p. 10).

Il n'y avait pas à rechercher s'il y avait ou non urgence, la compétence du juge des référés résultant expressément de l'article 18-2. (▪ Cass. 3e civ., 4 janv. 1990 : *Loyers et copr.* avr. 1990, comm. 194 ; *Rev. Administrer* oct. 1990, p. 51, obs. E.-J. Guillot. – Sur l'appréciation du montant des fonds transmis par le juge des référés, ▪ CA Paris, 14e ch. B, 29 févr. 2008 : *AJDI* 2008, p. 491). Il y avait cependant « difficulté sérieuse » rendant incompétent le juge des référés lorsque les fonds du syndicat, versés sur un compte commun avec ceux d'autres syndicats, ne pouvaient de ce fait être individualisés (▪ Cass. 3e civ., 8 juill. 1998, n° 96-21.439 : *Loyers et copr.* 1998, comm. 253). Il en allait de même lorsque l'ancien syndic n'était pas parvenu à recouvrer l'arriéré de charges (▪ CA Paris, 14e ch. B, 19 oct. 2007 : *AJDI* 2008, p. 683, obs. P. Capoulade).

Après un intermède imputable à la loi du 12 mai 2009, qui avait retenu la compétence du président du tribunal de grande instance, « statuant comme en matière de référé », la procédure prévue au troisième alinéa de l'article 18-2 redevient une procédure de référé classique relevant de la compétence du président du tribunal judiciaire, en vertu de l'ordonnance n° 2019-738 du 17 juillet 2019 applicable à compter du 1er janvier 2020). Dès lors, les enseignements de la jurisprudence antérieure à la réforme du 12 mai 2009 (V. *supra*) seront à nouveau d'actualité. Il en découle, en particulier, que la décision rendue par ce biais sera provisoire, dépourvue de l'autorité de la chose jugée. Il a été jugé qu'en dépit des termes de l'article 18-2, alinéa 3, le nouveau syndic avait toujours la possibilité d'agir devant le tribunal judiciaire statuant au fond (▪ TJ Nanterre, 1er juin 2022, n° 20/07437 : *AJDI* 2022, p. 836, obs. P.-E. Lagraulet).

16) Mesures de contrainte judiciaire. L'action tendra à obtenir la condamnation du syndic à remettre les pièces informations et documents dématérialisés mentionnés aux deux premiers alinéas de l'article 18-2 qu'il détient à peine d'une *astreinte* par jour de retard (V. art. 18-2, al. 3), ce qu'admettait déjà la jurisprudence antérieure. La condamnation sous astreinte ne peut porter que sur la transmission de documents précisément identifiés (▪ CA Paris, 23e ch. B, 15 mai 2008 : *Loyers et copr.* 2008, comm. 235).

L'astreinte et les éventuels intérêts de retard courront tant que la remise des archives du syndicat n'aura pas été complète (▪ CA Paris, 14e ch. B, 17 déc. 2004 : *AJDI* 2005, p. 220).

Le juge des référés peut également octroyer une provision au syndicat, à valoir sur dommages intérêts (V. *infra*, n° 19).

17) Demande formée par le syndic. L'action est en principe exercée par le nouveau syndic. Le syndic entrant s'expose à une sanction s'il ne demande pas la remise des archives à son prédécesseur (▪ CA Paris, ch. 23, 4 févr. 1986 : *JurisData* n° 1986-020904).

Le syndic nouvellement désigné peut agir en son propre nom contre l'ancien syndic sur le fondement de l'article 18-2 de la loi du 10 juillet 1965 (▪ Cass. 3e civ., 16 sept. 2015, n° 14-22.419 : *JurisData* n° 2015-020616 ; *Bull. civ.* III, n° 835 ; *Loyers et copr.* 2015, comm. 232, obs. G. Vigneron ; *Ann. loyers* 2015, p. 66, obs. J.-M. Roux ; *Inf. rap. copr.* avr. 2016, p. 12, obs. M.-F. Ritschy. ; *Administrer* déc. 2015, p. 41, obs. J.-R. Bouyeure).

Il n'y a pas d'autorisation préalable de l'assemblée à requérir pour réclamer en justice la remise des pièces et des fonds à l'ancien syndic (▪ Cass. 3e civ., 16 sept. 2015, préc. ▪ CA Paris, 27 mars 2012 : *AJDI* 2013, p. 291) ou pour faire fixer l'astreinte prononcée par le juge (▪ Cass. 3e civ., 16 sept. 2015, préc. ▪ Cass. 3e civ., 26 sept. 2012, n° 11-21.527 : *Inf. rap. copr.* mai 2013, p. 12, obs. M.-F. Ritschy ; *Rev. Administrer* janv. 2013, p. 59, obs. J.-R. Bouyeure).

Il a été jugé qu'en cas de liquidation judiciaire de l'ancien syndic, l'action exercée sur le fondement de l'article 18-2 échappe à l'interdiction des poursuites de l'article L. 622-21, I du Code de commerce dès lors qu'elle tend au respect d'une obligation légale, inhérente à la profession de syndic et non au paiement d'une somme d'argent (▪ Cass. com., 20 mars 2019, n° 17-22.417 : *Ann. loyers* mai 2019, p. 94, obs. J.-M. Roux ; *Administrer* mai 2019, p. 57, obs. J.-R. Bouyeure).

Sur l'appréciation de l'existence d'une « contestation sérieuse », V. ▪ CA Paris, 14e ch. B, 1er déc. 2006 : *AJDI* 2007, p. 213).

18) Action exercée par le syndicat. L'article 18-2 de la loi du 10 juillet 1965, qui permet au nouveau syndic ou au président du conseil syndical d'agir contre l'ancien syndic pour obtenir la remise des pièces du syndicat, n'exclut pas l'action du syndicat des copropriétaires représenté par son syndic *ès qualités* (▪ Cass. 3e civ., 3 nov. 2011, n° 10-21.009 : *JurisData* n° 2011-023822 ; *Bull. civ.* III, n° 180 ; *Loyers et copr.* 2012, comm. 22, obs. G. Vigneron ; *Rev. Administrer* févr. 2012, p. 48, obs. J.-R. Bouyeure ; *D.* 2011, p. 2798, obs. Y. Rouquet. ▪ Cass. 3e civ., 31 oct. 2012, n° 11-10.590 : *JurisData* n° 2012-024347 ; *Loyers et copr.* 2013, comm. 24, obs. G. Vigneron ; *JCP N* 2012, n° 978 ; *Inf. rap. copr.* mai 2013, p. 11, obs. M.-F. Ritschy ; *Rev. Administrer* janv. 2013, p. 58, obs. J.-R. Bouyeure ; *Ann. loyers* 2013, p. 56, obs. C. Atias ; *Rev. loyers* 2013, p. 36, note P. Déchelette-Tolot. ▪ CA Paris, 14e ch. B, 27 nov. 1998 : *JurisData* n° 1998-023182 ; *Loyers et copr.* 1999, comm. 141), qui peut demander la liquidation de l'astreinte (▪ CA Versailles, 16e ch., 7 sept. 2006 :

Rev. loyers 2006, p. 477, note Th. Dubaele ; V. cependant *contra*, ▪ TGI Pontoise, 20 mars 2015 : *Rev. Administrer* oct. 2015, p. 70, obs. J.-R. Bouyeure). Il a été jugé que le liquidateur du syndicat ne pouvait agir sur le fondement de l'article 18-2, ce texte étant d'interprétation stricte (▪ CA Paris, pôle 1, 2e ch., 30 mars 2017, n° 15/20859 : *Rev. loyers* 2017, p. 252, obs. S. B.).

L'ancien syndic devra supporter les frais irrépétibles de procédure et les dépens, y compris s'il a exécuté son obligation de transmission en cours de procédure (▪ CA Paris, 14e ch. A, 31 janv. 2007 : *JurisData* n° 2007-324814 ; *AJDI* 2007, p. 486).

19) Dommages-intérêts. La loi n° 2009-526 du 12 mai 2009 avait précisé que l'obligation de remise des pièces et documents pourrait être sanctionnée, en cas de violation, par des dommages et intérêts. Le principe a été maintenu dans le texte de l'article 18-2 alinéa 3, issu de l'ordonnance du 30 octobre 2019 précitée. Il s'agit là d'une consécration de la jurisprudence antérieure. Le syndic est responsable vis-à-vis du syndicat du préjudice causé par l'absence de restitution des pièces comptables en temps utile (▪ CA Paris, ch. 23 B, 27 févr. 2009 : *JurisData* n° 2009-376247 ; *Loyers et copr.* 2009, comm. 192, obs. G. Vigneron).

Par le passé, le syndicat a pu obtenir des dommages et intérêts s'il justifiait de préjudices particuliers non compensés par le versement d'intérêts de retard (▪ CA Paris, 23e ch. B, 11 janv. 2007 : *JurisData* n° 2007-322405. ▪ CA Paris, 18 févr. 1992 : *Rev. Administrer* mai 1992, p. 45, obs. A. Dunes. – Pour des dommages-intérêts correspondant aux frais d'expertise imputables à sa carence, ▪ Cass. 3e civ., 6 mai 2008 : *Ann. loyers* 2008, p. 2469, n° 27544, obs. J.-M. Roux. – Pour les dommages-intérêts réparant le préjudice correspondant à une gestion plus difficile de la copropriété (▪ CA Pau, 25 juill. 2011 : *JurisData* n° 2011-025125 ; *Loyers et copr.* 2011, comm. 337, obs. G. Vigneron ; *Inf. rap. copr.* mars 2012, p. 15, obs. M.-F. Ritschy), notamment le recouvrement des charges, ▪ Cass. 3e civ., 10 déc. 2013, n° 12-25.954 : *JurisData* n° 2013-028829 ; *Loyers et copr.* 2014, comm. 59, obs. G. Vigneron ; *Inf. rap. copr.* juin 2015, p. 9, obs. M.-F. Ritschy, retenant la notion de perte d'une chance. ▪ CA Paris, 23e ch., sect. B, 5 mars 2009 : *Loyers et copr.* 2009, comm. 192, obs. G. Giverdon ; *Inf. rap. copr.* mars 2010, p. 10, obs. M.-F. Ritschy). Mais c'est alors le tribunal saisi au fond qui serait compétent pour prononcer la condamnation. Le syndicat a été déclaré recevable à agir contre l'assureur du syndic fautif pour obtenir la réparation de son préjudice (▪ CA Paris, 23e ch., 11 sept. 1992 : *Loyers et copr.* 1992, comm. 493).

À compter du 1er janvier 2020, en vertu de l'ordonnance n° 2019-738 du 17 juillet 2019, la violation de l'obligation de l'article 18-2 pourra donner lieu à l'allocation d'une **« provision »** à valoir sur les dommages-intérêts demandés par le syndicat, dans le cadre de la procédure de référé exercée devant le président du tribunal judiciaire (L. 10 juill. 1965, art. 18-2, al. 3, mod.).

Art. 18-3 ***(Aj., L. n° 2024-322, 9 avr. 2024).*** **– I. – L'agrément de syndic d'intérêt collectif atteste de la compétence de son bénéficiaire pour intervenir dans les copropriétés faisant l'objet des procédures prévues aux articles 29-1 A et 29-1.**

Le syndic d'intérêt collectif est présumé compétent pour gérer les copropriétés pour lesquelles un mandataire ad hoc a été désigné sur le fondement de l'article 29-1 A. Il peut également, à la demande d'un administrateur provisoire désigné sur le fondement de l'article 29-1, assister ledit administrateur dans ses fonctions de gestion.

L'agrément est délivré par le représentant de l'État dans le département pour une durée de cinq ans, au regard notamment de la capacité et des compétences du syndic à accomplir les missions prévues au deuxième alinéa du présent I.

II. – Le représentant de l'État dans le département transmet la liste des syndics d'intérêt collectif au Conseil national des administrateurs judiciaires et des mandataires judiciaires.

III. – Les organismes d'habitations à loyer modéré mentionnés aux deuxième à quatrième alinéas de l'article L. 411-2 du Code de la construction et de l'habitation et les sociétés d'économie mixte mentionnées à l'article L. 481-1 du même code peuvent, à leur demande expresse, se voir reconnaître de droit la qualité de syndic d'intérêt collectif, sans se soumettre à la procédure d'agrément prévue au dernier alinéa du I du présent article.

IV. – Un décret détermine les modalités d'application du présent article.

Bibliographie : J.-M. Roux et Ph. Marin, *Les copropriétés en difficulté*, Edilaix, 2e éd., 2024. • D. Begriche et D. Rodrigues, *Loi habitat dégradé : principales mesures* : *Inf. rap. copr.* mai 2024, p. 17.

1) Un nouvel acteur. À raison de la spécificité et de la complexité des règles applicables en la matière, les pouvoirs publics ont souhaité faire participer des personnes spécialisées à l'administration des copropriétés fragiles ou en difficulté.

En vertu de la loi n° 2024-322 du 9 avril 2024, un syndic dit « d'intérêt collectif » est ainsi susceptible d'intervenir dans deux hypothèses ; celle d'un syndicat soumis à une procédure de mandat *ad hoc* ou celle dans laquelle un administrateur provisoire a été désigné en application de l'article 29-1 de la loi du 10 juillet 1965.

Dans la première hypothèse, le syndic d'intérêt collectif est présumé compétent afin de gérer la copropriété ayant fait l'objet de la procédure de l'article 29-1 A de la loi. Une incertitude demeure toutefois quant au rôle exact qu'il pourra jouer dans ce cadre. En effet, le syndic « ordinaire » demeure en fonction en présence d'un mandat *ad hoc*. Il ne s'agit donc pas de lui confier l'administration de la copropriété. Le syndic d'intérêt collectif a-t-il pour rôle de collaborer avec le syndic ou peut-il être désigné mandataire *ad hoc* ? L'incertitude demeure.

Dans la seconde hypothèse, il s'agira pour le syndic d'intérêt collectif d'assister l'administrateur provisoire 29-1, notamment en matière comptable et financière. Il interviendra alors à la demande expresse dudit administrateur provisoire.

2) **Nécessité d'un agrément.** L'intéressé devra impérativement obtenir un agrément attestant qu'il dispose d'une compétence particulière lorsqu'une copropriété a fait l'objet d'un mandat *ad hoc* ou d'une administration provisoire.

Il incombera vraisemblablement au décret annoncé de déterminer quelles sont les qualités requises en vue de l'obtention de cet agrément.

3) **Délivrance de l'agrément.** Il appartient au représentant de l'État dans le département d'octroyer l'agrément, une fois que l'intéressé aura démontrer avoir la capacité et les compétences requises en vue d'exécuter les missions dévolues au syndic d'intérêt collectif. L'emploi de l'adverbe « notamment » semble indiquer que d'autres qualités pourraient être nécessaires ou que certaines circonstances pourraient faire obstacle à l'obtention de l'agrément.

4) **Durée de l'agrément.** L'octroi de l'agrément est limité à une durée de cinq années. Il devrait être renouvelable, sous réserve des précisions qui pourraient être apportées par le décret attendu.

5) **Transmission au CNAJMJ.** La liste des syndics d'intérêts collectif sera transmise par le représentant de l'État dans le département au Conseil national des administrateurs judiciaires et des mandataires judiciaires. Rappelons qu'en vertu des articles 29-1 C et 29-1, III, de la loi du 10 juillet 1965 les administrateurs judiciaires possèdent une compétence de principe afin d'être désignés mandataire *ad hoc* et administrateur provisoire de copropriété. Ces professionnels auront ainsi une information relative aux personnes susceptibles d'intervenir à leur côté en vue de prévenir ou de redresser un syndicat des copropriétaires.

6) **Dispense d'agrément.** Il est expressément prévu à l'article 18-3, III, que ne sont pas soumis à la procédure d'agrément les organismes d'habitations à loyer modéré mentionnés aux deuxième à quatrième alinéas de l'article L. 411-2 du Code de la construction et de l'habitation et les sociétés d'économie mixte mentionnées à l'article L. 481-1 du même code.

Le premier texte vise certains organismes d'habitations à loyer modéré (offices publics de l'habitat, sociétés anonymes d'habitations à loyer modéré, sociétés anonymes coopératives de production, sociétés anonymes coopératives d'intérêt collectif d'habitations à loyer modéré, fondations d'habitations à loyer modéré, sociétés de coordination mentionnées et sociétés de vente d'habitations à loyer modéré). Le second concerne les sociétés d'économie mixte de construction et de gestion de logements sociaux.

Il sera nécessaire que la demande tendant à se voir reconnaître de droit la qualité de syndic d'intérêt collectif soit exprimée de façon expresse.

7) **Modalités d'application.** Le IV de l'article 18-3 prévoit que les modalités d'application des dispositions légales seront déterminées par un décret.

Art. 19. – Les créances de toute nature du syndicat à l'encontre de chaque copropriétaire sont, qu'il s'agisse de provision ou de paiement définitif, garanties par une hypothèque légale sur son lot. L'hypothèque peut être inscrite soit après mise en demeure restée infructueuse d'avoir à payer une dette devenue exigible, soit dès que le copropriétaire invoque les dispositions de l'article 33 de la présente loi.

(Al. mod. à compter du 1er juin 2020, Ord. n° 2019-1101, 30 oct. 2019) **Le syndic a qualité, sans autorisation préalable de l'assemblée générale, pour faire inscrire cette hypothèque au profit du syndicat, en consentir la main levée et, en cas d'extinction de la dette, en requérir la radiation.**

Le copropriétaire défaillant peut, même en cas d'instance au principal, sous condition d'une offre de paiement suffisante ou d'une garantie équivalente, demander mainlevée totale ou partielle ***(Mod. à compter du 1er janvier 2020, Ord. n° 2019-738, 17 juill. 2019)*** **« au président du tribunal judiciaire statuant selon la procédure accélérée au fond ».**

Aucune inscription ou inscription complémentaire ne peut être requise pour des créances exigibles depuis plus de cinq ans.

(Al. mod. à compter du 1er juin 2020, Ord. n° 2019-1101, 30 oct. 2019) **Les créances visées à l'alinéa 1er bénéficient, en outre, du privilège prévu par l'article 2332 1° du Code civil en faveur du bailleur. Ce privilège porte sur les meubles garnissant les lieux appartenant au copropriétaire ainsi que sur les sommes dues par le locataire à son bailleur.**

1) Articles 19, 19-1 et 20. Les charges incombant à un copropriétaire constituent des dettes personnelles de ce dernier à l'égard du syndicat. Telle est l'opinion majoritaire, qui écarte donc la qualification « d'obligation *propter rem* » de cette dette (V. *La copropriété*, Dalloz Action 2021-2022, ss dir. P. Capoulade et D. Tomasin, n° 242-12).

Il était important que le syndicat dispose d'un arsenal de moyens assez variés pour le recouvrement des charges. Outre les procédures de recouvrement de droit commun (saisie immobilière, saisie-arrêt, saisie-exécution, etc.), le syndicat bénéficie de garanties spécifiques. Il peut inscrire une hypothèque légale (L. art. 19). Il bénéficie également en vertu de l'article 19-1 de la loi du 10 juillet 1965 (V. ci-dessous) de l'hypothèque légale spéciale conférée par l'article 2402, 3°, du Code civil et d'un privilège mobilier (L. 10 juill. 1965, art. 19, al. 5). Il peut recourir à l'ensemble des voies d'exécution du droit commun et notamment à l'injonction de payer (D. art. 60). Des règles particulières de compétence ont en outre été posées pour faciliter l'exercice de ces actions (D. art. 61-1).

Par ailleurs, le règlement de copropriété peut comporter diverses clauses de nature à faire pression sur les copropriétaires ou à les inciter à régler ponctuellement leurs charges (V. L. art. 8).

La mission de recouvrer les charges communes incombe au syndic (V. L. art. 18). S'il ne peut agir contre les copropriétaires que dans la mesure des dépenses régulièrement engagées par l'assemblée, diverses possibilités lui sont, dans cette limite, offertes, afin que le syndicat ne connaisse pas de problème de trésorerie : avances de trésorerie permanente ; versement de provision, etc. (V. D. art. 35 et s.).

Par ailleurs, la loi impose aux propriétaires qui cèdent leurs lots des formalités particulières destinées à avertir le syndic de la cession et à lui permettre de recouvrer les charges dues (L. art. 20).

Voir aussi : sur les problèmes généraux que pose le recouvrement des charges, V. comm., L. art. 10.

Bibliographie : *La copropriété*, Dalloz Action 2021-2022, ss dir. P. Capoulade et D. Tomasin, nos 242-571 à 242-621. – E. Kischinewsky-Broquisse, *La copropriété des immeubles bâtis* Litec, 4e éd. 1989, nos 181 et s. et 186 et s. – *La copropriété*, Dalloz Action 2018-2019, ss dir. P. Capoulade et D. Tomasin, nos 242-581 et s. – J.-R. Bouyeure, *L'hypothèque légale du syndicat des copropriétaires : Rev. Administrer* févr. 1989, p. 9 et s. – J.-M. Roux, *L'hypothèque légale du syndicat des copropriétaires : utilité et actualité : Inf. rap. copr.* juill.-août 2007, p. 14. – J. Lafond, *Inscription de l'hypothèque légale du syndicat de copropriétaires : Loyers et copr.* 2023, formule 2.

Jurisclasseurs. *JCl. Copropriété*, Fasc. 75-10 et 75-20 par G. Vigneron.

I – HYPOTHÈQUE LÉGALE DU SYNDICAT

2) Incidences de la réforme des sûretés. La réforme des sûretés opérée par l'ordonnance n° 2021-1192 du 15 septembre 2021, applicable à compter du 1er janvier 2022, a modifié la physionomie des garanties offertes au syndicat de copropriétaires pour le recouvrement de ses créances.

• Avant cette réforme, le syndicat bénéficiait d'une double garantie :

– une hypothèque légale, résultant de l'article 19 de la loi du 10 juillet 1965 portant statut de la copropriété ;

– un privilège immobilier résultant de l'article 2374, 1° *bis* ancien du Code civil. Ce privilège ne jouait qu'en cas de vente de lots. Il était dispensé d'inscription et avait donc un caractère occulte.

• Après la réforme des sûretés, la situation s'est modifiée :

– le syndicat de copropriétaires bénéficie toujours de l'hypothèque légale résultant de l'article 19 de la loi du 10 juillet 1965 qui peut être inscrite à tout moment mais qui ne porte que « sur le lot du copropriétaire débiteur » ;

– le privilège immobilier dont bénéficiait le syndicat a été supprimé (V. F. Bérenger, *Brefs propos sur la disparition du privilège du syndicat des copropriétaires : Administrer* janv. 2022, p. 17). Il a été remplacé par une hypothèque légale spéciale résultant de l'article 2402, 3° du Code civil. Cette hypothèque légale ne s'exerce, comme l'ancien privilège immobilier, qu'en cas de vente d'un lot de copropriété et ne porte que « sur le lot vendu ».

Elle est dispensée d'inscription (C. civ., art. 2418, al. 2) et reste donc occulte (V. ann. 36-1, *V° Hypothèques du syndicat*, p. 1285).

A – Créances et créanciers garantis

3) Créances garanties. L'article 19 précise que l'hypothèque légale garantit les « créances de toute nature » du syndicat, mais il convient de préciser. Par « créance », il semble qu'il faille entendre « créance exigible » : non pas que l'hypothèque ne puisse, selon le droit commun, garantir une créance éventuelle, ou conditionnelle, mais parce que la loi parle de mise en demeure préalable d'avoir à payer une dette exigible, et que le renvoi à l'article 33 suppose, lui aussi, une dette exigible.

L'expression « créances de toute nature » n'englobe *pas seulement les dettes de charges.* Il peut s'agir de dettes de dommages-intérêts, de dettes du prix d'acquisition d'un bien par le syndicat :

– des dépenses exposées par le syndicat pour la réalisation de travaux d'amélioration ;

– d'avances ou provisions dont le syndic peut demander le versement en vertu de l'article 35 du décret du 17 mars 1967 (V. ce texte) ;

– de toute somme dont le syndicat peut être créancier à l'encontre d'un copropriétaire (par exemple, à la suite de condamnation au paiement de dommages et intérêts).

4) Prescription de la créance. Aucune inscription ne peut être prise pour des *créances du syndicat devenues exigibles depuis plus de 5 ans.*

Il faut donc définir ce qu'est une créance du syndicat exigible, et à quel moment elle devient exigible.

De façon générale, il faut entendre par « exigible », la créance résultant d'une décision d'engagement de la dépense (V. pour plus de détails sur cette notion, D. 17 mars 1967, art. 5, p. 672).

L'article 33 de la loi déclare exigibles les annuités restant dues au moment de l'aliénation d'un lot. Mais la publication de la vente empêchera évidemment l'inscription de l'hypothèque légale (V. art. 33).

Voir : sur ces questions d'exigibilité des créances du synd., V. plus loin les explications données, D. 17 mars 1967, art. 5, 5-1 et 6, p. 672.

5) Créanciers garantis. Le créancier garanti est le syndicat, même si certains copropriétaires ont avancé les sommes dues par les défaillants, mais les mécanismes de droit commun permettent au créancier régulièrement subrogé de bénéficier de l'hypothèque légale, le cas échéant. Une réponse ministérielle est en ce sens (*JOAN*, 25 oct. 1968, p. 8583), et on ne voit pas ce qui, dans le texte de l'article 19, pourrait s'opposer au jeu normal de la subrogation (V. Guide de la publicité foncière LexisNexis, *V° Copropriété*, n° 2411).

6) Fiscalité. On rappelle qu'en vertu des dispositions des articles 663 et 677 du Code général des impôts, les hypothèques légales sont exonérées de taxe de publicité foncière.

Seule sera due la contribution de sécurité immobilière au taux de 0,10 % sur le montant des sommes garanties.

Le syndicat est fondé à demander au copropriétaire débiteur le remboursement des frais d'inscription y compris ceux de l'intervention de l'huissier (▪ CA Paris, 19e ch., 11 mai 1995 : *Loyers et copr.* 1995, n° 441).

B – Prise d'inscription

Bibliographie : J. Lafond, *Inscription de l'hypothèque légale du syndicat de copropriétaires* : *Loyers et copr.* 2023, formule 2.

7) Modalités. L'inscription sera prise à l'*initiative du syndic* (art. 19 al. 2) qui n'a besoin pour ce faire d'aucune autorisation préalable.

Rappelons qu'un certain nombre d'événements *arrêtent le cours des inscriptions* hypothécaires ou empêchent qu'elles puissent être prises utilement : l'hypothèque légale doit donc être inscrite avant qu'ils ne surviennent. Citons par exemple :

– la publication de la vente du lot, amiable ou sur adjudication (C. civ., art. 2422, al. 1er) ;

– la mise en procédure collective du propriétaire du lot : l'hypothèque ne peut pas être inscrite postérieurement au jugement d'ouverture du redressement judiciaire (C. com., art. L. 622-30) ;

– le décès du propriétaire du lot, lorsqu'il est suivi d'une acceptation à concurrence de l'actif net ou lorsque sa succession est déclarée vacante (C. civ., art. 2422, al. 2) ;

– la publication d'un commandement de saisie sur le lot vendu (CPC exéc., art. L. 321-2, al. 2).

Le fait qu'une société civile immobilière, débitrice du syndicat, n'est pas inscrite au registre du commerce et des sociétés n'est pas un obstacle à la prise d'inscription (▪ Cass. 3e civ., 1er juill. 2009 : *Bull. civ.* III, n° 167 ; *Rev. Administrer* déc. 2009, p. 50, obs. J.-R. Bouyeure ; *Defrénois* 2009, art. 39023, p. 2069, note S. Piedelièvre).

8) Assiette de l'hypothèque. C'est le lot, en tant qu'il est un immeuble distinct, qui est hypothéqué, y compris par conséquent sa quote-part de parties communes. Mais cette dernière observation est sans portée ni inconvénient, depuis la réforme introduite dans la loi, par la loi du 2 juillet 1979 (V. *supra*, sous art. 6-1).

9) Conditions de l'inscription. La loi exige une *mise en demeure préalable.* Cette mise en demeure peut être effectuée soit par lettre recommandée avec demande d'avis de réception (D. 17 mars 1967, art. 64), soit par lettre recommandée électronique (L. 10 juill. 1965, art. 42-1 et D. 17 mars 1967, art. 64 2 à 64-5), sous réserve de l'accord exprès du copropriétaire concerné.

Le délai à impartir au débiteur pour s'exécuter et à faire figurer sur la mise en demeure est laissé à l'appréciation du syndic.

La mise en demeure n'est plus exigée lorsque le propriétaire a bénéficié des dispositions de l'article 33 de la loi : rappelons que ce texte permet à un copropriétaire de régler par annuités égales au dixième la partie mise à sa charge du coût des travaux d'amélioration décidé par le syndicat sur lesquels il n'a pas donné son accord lors du vote par l'assemblée. L'inscription d'hypothèque légale peut être prise dès que ce copropriétaire manifeste l'intention de se prévaloir des facilités légales (art. 19, al. 1).

L'hypothèque légale ne prend rang selon le droit commun qu'à la date de son inscription au fichier immobilier (C. civ., art. 2418, al. 1er).

C – Mainlevée de l'inscription

10) Mainlevée judiciaire. Par dérogation aux règles du droit civil (C. civ., art. 2435), le président du tribunal judiciaire statuant selon la procédure accélérée au fond peut accepter la mainlevée totale ou partielle de l'inscription – même en cas d'instance au fond engagée – sous condition d'une offre de paiement suffisante ou d'une garantie équivalente.

11) Mainlevée amiable. L'article 19, alinéa 2 de la loi donne au syndic le pouvoir de donner mainlevée et de requérir la radiation de l'hypothèque, sans autorisation de l'assemblée à la condition que la dette soit éteinte. Dans le cas contraire (si la dette subsiste ou qu'elle n'est que partiellement éteinte), la mainlevée sans paiement étant un acte de disposition, le syndic doit être habilité par une décision collective prise à la majorité de l'article 26 de la loi du 10 juillet 1965 (H. Bulté, chron. hyp. : *JCP* 1965, IV, 3929, n° 16).

Dès lors que toutes les sommes garanties par l'inscription ont été réglées, le débiteur est fondé à en obtenir la mainlevée. Peu importe que d'autres sommes restent dues au syndicat ou au syndic au titre de ses honoraires (▪ Cass. 3e civ., 26 juin 2002 : *Bull. civ.* III, n° 151 ; *Loyers et copr.* 2002, comm. 238 ; *Rev. Administrer* oct. 2002, p. 33, obs. J.-R. Bouyeure et nov. 2002, p. 31, note P. Capoulade ; *Rev. loyers* 2002, p. 573, note J.-M. Gélinet. ▪ CA Paris, 14e ch. B, 8 déc. 2000 : *AJDI* 2001, p. 149).

II – PRIVILÈGE MOBILIER

12) Le syndicat de copropriétaires bénéficie du privilège du bailleur d'immeuble. Le syndicat de copropriétaires bénéficie du privilège du bailleur d'immeuble institué par l'article 2332, 1° du Code civil (V. art. 19, al. 5) pour le recouvrement de toutes les créances qui sont garanties par l'hypothèque légale (V. ci-dessus comm. 2). Ce privilège porte, selon la rédaction donnée au texte par l'ordonnance du 30 octobre 2019, applicable à compter du 1er juin 2020, sur « les meubles garnissant les lieux appartenant au copropriétaire ainsi que sur les sommes dues par le locataire à son bailleur ». Dans sa rédaction antérieure, ce privilège s'appliquait à « tout ce qui garnit les lieux, sauf si ces derniers font l'objet d'une location non meublée ». En ce dernier cas il était « reporté sur les loyers dus par le locataire ».

Le bénéfice de ce privilège – qui est indépendant de l'hypothèque légale et s'étend à toute créance échue – n'est subordonné à aucune formalité particulière (▪ T. com. Grasse, 6 oct. 1986 : *Administrer* mai 1987, p. 1, note J.-M. Gélinet).

Il porte sur tous les meubles qui garnissent les lieux, sauf ceux que la loi déclare insaisissables.

Voir aussi : sur les meubles insaisissables, V. CPC exéc., art. L. 112-1 à L. 112-4 et R. 112-1 à R. 112-5.

Le syndicat, en vertu du privilège mobilier, peut poursuivre le paiement de sa créance par voie de saisie-vente (s'il a un titre exécutoire), de saisie-conservatoire ou même de saisie-revendication puisqu'il bénéficie d'un droit de suite en vertu de l'article 2102-2° du Code civil (toujours visé par le texte mais qui est devenu l'article 2332 du Code civil).

Le privilège l'emporte sur une délégation de loyer à un créancier..., à moins que le créancier délégataire n'ait signifié la délégation au locataire avant que le syndic ne saisisse les loyers (▪ CA Paris, 19 déc. 1978 : *D.* 1979, inf. rap. p. 137).

Il permet au syndicat de produire à titre privilégié à une liquidation de biens, pour les créanciers visés à l'article 19 de la loi (T. com. Grasse, 6 oct. 1986, cité ci-dessus).

Art. 19-1 ***(Mod. à compter du 1er janvier 2022, Ord. n° 2021-1192, 15 sept. 2021).*** **– Toutes les créances mentionnées au premier alinéa de l'article 19 sont garanties par l'hypothèque légale prévue à l'article 2402 du Code civil.**

Bibliographie : J. Lafond, *L'hypothèque légale spéciale du syndicat de copropriétaires : JCP* N 2023, n° 12, 1056.

1) Rappel : de la situation antérieure institution d'un privilège immobilier au profit du syndicat. La loi du 21 juillet 1994 avait créé au profit du syndicat de copropriété un privilège immobilier garantissant le paiement de certaines créances.

À compter du 1er janvier 2017, la rédaction de l'article 19-1 a été modifiée par la loi ALUR (L. n° 2014-366, 24 mars 2014). Ce texte, dans sa nouvelle rédaction, a ajouté aux sommes antérieurement garanties par le privilège de l'article 2374 (les charges et travaux mentionnés aux articles 10 et 30 de la loi du 10 juillet 1965) diverses autres créances.

Cette extension des créances garanties est entrée en vigueur à compter du 1er janvier 2017 (L. n° 2014-366, 24 mars 2014, art. 58, III).

Puis l'ordonnance n° 2019-1101 du 30 octobre 2019 a de nouveau modifié l'article 19-1 en énonçant que « toutes les créances mentionnées au premier alinéa de l'article 19 étaient garanties par le privilège immobilier spécial alors prévu à l'article 2374 du Code civil ».

À compter du 1er juin 2020, date d'entrée en vigueur de ce texte, l'assiette du privilège du syndicat a donc été étendue aux « créances de toute nature du syndicat à l'encontre de chaque copropriétaire, qu'il s'agisse de provision ou de paiement définitif ».

Sur le privilège immobilier du syndicat, V. Annexe 51, *Privilège immobilier du syndicat*, p. 1395.

2) Remplacement du privilège immobilier du syndicat par une hypothèque légale spéciale. À la suite de la réforme des sûretés opérée par l'ordonnance n° 2021-1192 du 15 septembre 2021, entrée en vigueur le 1er janvier 2022, le privilège immobilier spécial du syndicat a été supprimé. Il a été remplacé par une hypothèque légale spéciale, régie par le nouvel article 2402, 3° du Code civil (F. Béranger, *Brefs propos sur la disparition du privilège du syndicat des copropriétaires : Administrer* janv. 2022, p. 17).

Cette hypothèque, n'est pas sujette à inscription (elle est « occulte » : C. civ., art. 2418, al. 2). Elle est attachée aux « créances de toute nature du syndicat des copropriétaires relatives à l'année courante ainsi qu'aux 4 dernières années échues » (C. civ., art. 2402, 3°). Elle s'exerce « sur le lot vendu du copropriétaire débiteur » (même texte) à la suite de l'opposition sur le prix de vente formée à cette occasion par le syndic (V. ann. 36-1, *V° Hypothèques légales du syndicat*, p. 1285).

Cette hypothèque légale spéciale prime toutes les autres hypothèques pour l'année courante et pour les 2 dernières années échues. Elle vient en concours avec l'hypothèque du vendeur et du prêteur de deniers pour les années antérieures (C. civ., art. 2418, al. 2).

NB : Conformément au I de l'article 37 de l'ordonnance n° 2021-1192 du 15 septembre 2021, ces dispositions sont entrées en vigueur le 1er janvier 2022.

Art. 19-2 ***(Mod. à compter du 1er janvier 2023, L. n° 2021-1104, 22 août 2021).*** **– À défaut du versement à sa date d'exigibilité d'une provision due au titre de l'article 14-1, et après mise en demeure restée infructueuse passé un délai de trente jours, les autres provisions non encore échues en application du même article 14-1 ainsi que les sommes restant dues appelées au titre des exercices précédents après approbation des comptes deviennent immédiatement exigibles.**

Le président du tribunal judiciaire statuant selon la procédure accélérée au fond, après avoir constaté, selon le cas, l'approbation par l'assemblée générale des copropriétaires du budget prévisionnel, des travaux ou des comptes annuels, ainsi que la défaillance du copropriétaire, condamne ce dernier au paiement des provisions ou sommes exigibles.

Le présent article est applicable aux cotisations du fonds de travaux mentionné à l'article 14-2-1.

Lorsque la mesure d'exécution porte sur une créance à exécution successive du débiteur du copropriétaire défaillant, notamment une créance de loyer ou d'indemnité d'occupation, cette mesure se poursuit jusqu'à l'extinction de la créance du syndicat résultant de l'ordonnance.

Si l'assemblée générale vote pour autoriser le syndic à agir en justice pour obtenir la saisie en vue de la vente d'un lot d'un copropriétaire débiteur vis-à-vis du syndicat, la voix de ce copropriétaire n'est pas prise en compte dans le décompte de la majorité et ce copropriétaire ne peut recevoir mandat pour représenter un autre copropriétaire en application de l'article 22.

NB : Sur les dates d'entrée en vigueur successives de ce texte, V. ci-dessous comm. art. 19-2, n° 1.

Rédaction antérieure. Art. 19-2 ***(Mod. à compter du 1er janvier 2020 au 31 decembre 2022, Ord. n° 2019-738, 17 juill. 2019).*** **–** À défaut du versement à sa date d'exigibilité d'une provision due au titre de l'article 14-1 ou du I de l'article 14-2, et après mise en demeure restée infructueuse passé un délai de trente jours, les autres provisions non encore échues en application des mêmes articles 14-1 ou 14-2 ainsi que les sommes restant dues appelées au titre des exercices précédents après approbation des comptes deviennent immédiatement exigibles.

Le président du tribunal judiciaire statuant selon la procédure accélérée au fond, après avoir constaté, selon le cas, l'approbation par l'assemblée générale des copropriétaires du budget prévisionnel, des travaux ou des comptes annuels, ainsi que la défaillance du copropriétaire, condamne ce dernier au paiement des provisions ou sommes exigibles.

Le présent article est applicable aux cotisations du fonds de travaux mentionné à l'article 14-2.

Lorsque la mesure d'exécution porte sur une créance à exécution successive du débiteur du copropriétaire défaillant, notamment une créance de loyer ou d'indemnité d'occupation, cette mesure se poursuit jusqu'à l'extinction de la créance du syndicat résultant de l'ordonnance.

Si l'assemblée générale vote pour autoriser le syndic à agir en justice pour obtenir la saisie en vue de la vente d'un lot d'un copropriétaire débiteur vis-à-vis du syndicat, la voix de ce copropriétaire n'est pas prise en compte dans le décompte de la majorité et ce copropriétaire ne peut recevoir mandat pour représenter un autre copropriétaire en application de l'article 22.

NB : Conformément à l'article 30 de l'ordonnance n° 2019-738 du 17 juillet 2019, ces dispositions s'appliquent aux demandes introduites à compter du 1er janvier 2020.

1) Entrée en vigueur. L'article 19-2 entrera en vigueur dans sa nouvelle rédaction :

1° Le 1er janvier 2023, pour les syndicats de copropriétaires comprenant plus de deux cents lots à usage de logements, de bureaux ou de commerces ;

2° Le 1er janvier 2024, pour les syndicats de copropriétaires comprenant un nombre de lots à usage de logements, de bureaux ou de commerces compris entre cinquante et un et deux cents ;

3° Le 1er janvier 2025, pour les syndicats de copropriétaires comprenant au plus cinquante lots à usage de logements, de bureaux ou de commerces.

I – EXIGIBILITÉ ANTICIPÉE DES CRÉANCES DU SYNDICAT

Bibliographie : J.-M. Le Masson, *La nouvelle comptabilité du syndicat de copropriétaires : les outils financiers : AJDI* 2002, p. 103. – J.-P. Cordelier, *Les apports de la loi SRU en matière de recouvrement de charges de copropriété : Gaz. Pal.* 15-16 mars 2002, p. 39. – J. Laporte, *Introduction d'une norme comptable dans le statut de la copropriété : Gaz. Pal.* 15-16 mars 2002, p. 23. – G. Vigneron, *Le budget prévisionnel depuis la loi du 13 décembre 2001 : Loyers et copr.* déc. 2001, p. 5. – C. Jaffuel, *Le dispositif comptable de la réforme : Maisons et habitat* avr.-mai 2001, n° 374, p. 8. – T. Eoche-Duval, *Optimiser la trésorerie de sa copropriété : Le Particulier immobilier* févr. 2002, p. 53. – P. Philippot, *Comptabilité du syndicat : de nouvelles règles pour la copropriété : Rev. hab. fr.* déc. 2001, p. 14. – C. Giverdon et C. Jaffuel, *Aménagements au droit de la copropriété par la loi sur la solidarité et le renouvellement urbain. Le dispositif comptable : Loyers et copr.* n° hors-série, mai 2001, p. 7 et s. – G. Gourdin, *L'article 19-2 de la loi du 10 juillet 1965 : AJDI* 2011, p. 685. – D. Rodrigues, *Le recouvrement anticipé des provisions : Inf. rap. copr.* juin 2017, p. 39. – J.-M. Roux, *Le point sur le recours élargi à l'article 19-2 après la loi ELAN : Inf. rap. copr.* juin 2019, Cahiers des copropriétés en difficulté.

2) Champ d'application. L'article 19-2, alinéa 1, sanctionnait seulement à l'origine le non-paiement d'une provision prévue par l'article 14-1 de la loi qui vise les provisions concernant le budget prévisionnel (V. ce texte) par l'exigibilité anticipée des provisions non encore échues.

Pour que le syndicat puisse se prévaloir de cette exigibilité anticipée, la jurisprudence avait fixé les conditions suivantes :

– le budget prévisionnel devait avoir été voté (▪ CA Aix-en-Provence, 1re ch. C, 23 janv. 2007 : *Loyers et copr.* 2007, n° 133, obs. G. Vigneron). Peu importe que la décision approuvant ce budget ait été contestée (▪ CA Paris, 14e ch., 27 juin 2008 : *AJDI* 2009, p. 132. ▪ CA Orléans, 12 mars 2008 : *Loyers et copr.* 2009, comm. 105) ;

– une provision exigible devait être restée impayée (▪ CA Paris, 14e ch. A, 8 oct. 2008 : *Loyers et copr.* 2009, comm. 19, obs. G. Vigneron). Mais ce texte ne s'appliquait pas aux charges échues, dont le recouvrement devait être poursuivi par le syndicat dans les conditions de droit commun (▪ CA Paris, 14e ch. A, 8 oct. 2008 : *AJDI* 2009, p. 630, note crit. G. Gourdin).

Le champ d'application de l'article 19-2 a été étendu par la loi du 23 novembre 2018 dite « loi ELAN » aux provisions dues au titre de l'article 14-2, I (V. ce texte) qui vise les provisions afférentes aux dépenses pour travaux non comprises dans le budget prévisionnel.

Cette procédure était donc devenue applicable non seulement aux provisions du budget courant, mais également aux provisions sur travaux ainsi qu'aux arriérés de charges des années précédentes, à la seule condition que les comptes aient été approuvés. Seul était exclu le recouvrement des dommages et intérêts (A. Lebatteux, note ss ▪ Cass. 3e civ., 9 mars 2022 : *Loyers et copr.* 2022, comm. 89).

La loi n° 2021-1124 du 22 août 2021 a de nouveau modifié le texte en supprimant toute référence à l'article 14-2, I, de la loi du 10 juillet 1965. Dans sa rédaction actuelle ne sont donc concernées, comme à l'origine, que les seules provisions visées par l'article 14-1. Mais cette réforme n'entrera en vigueur que progressivement (V. ci-dessus, comm. n° 1).

3) Mécanisme. Lorsqu'une provision due au titre de l'article 14-1 (ou, dans la mesure où l'ancien texte reste en vigueur, de l'article 14-2, I) de la loi du 10 juillet 1965 n'a pas été versée à sa date d'exigibilité, une mise en demeure doit être adressée par le syndic au copropriétaire concerné. Cette mise en demeure peut être effectuée soit par lettre recommandée avec demande d'avis de réception (D. 17 mars 1967, art. 64), soit par lettre recommandée électronique (L. 10 juill. 1965, art. 42-1 et D. 17 mars 1967, art. 64 2 à 64-5), sous réserve de l'accord exprès du copropriétaire concerné. L'assignation en paiement ne peut prétendre remplacer cette mise en demeure (▪ CA Paris, pôle 1, 3e ch., 10 nov. 2009 : *AJDI* 2010, p. 322) ;

Cette mise en demeure fait courir un délai de 30 jours (sur le point de départ de ce délai, V. D. 17 mars 1967, art. 64 et 64-2, p. 894).

Si cette mise en demeure reste infructueuse passé ce délai de 30 jours :

– les autres provisions non encore échues en application de ces mêmes articles 14-1 (et 14-2, I, dans la mesure où l'ancien texte reste en vigueur) deviennent exigibles ;

– il en est de même pour « les sommes restant dues appelées au titre des exercices précédents après approbation des comptes ».

L'article 19-2 ne peut recevoir application pour recouvrer des appels de provision postérieurs à la mise en demeure (▪ Cass. 3e civ., 9 mars 2022, n° 21-12.988 : *Loyers et copr.* 2022, comm. 99, note A. Lebatteux).

4) Cotisation au fonds de travaux. En vertu de l'article 19-2, alinéa 3, la procédure prévue par ce texte est également applicable pour le recouvrement des cotisations au fonds de travaux prévu par l'article 14-2 de la loi du 10 juillet 1965 (V. ce texte).

II – RECOURS AU PRÉSIDENT DU TRIBUNAL

5) Saisine du juge. Depuis le 1er janvier 2020 *(Ord. n° 2019-738, 17 juill. 2019, art. 30)*, l'article 19-2, alinéa 2 confie au président du tribunal judiciaire le pouvoir de statuer sur les litiges nés à propos de ce texte. Sa compétence est exclusive, quel que soit le montant de la demande.

Le président statue selon la procédure accélérée au fond, dans les conditions prévues aux articles 839 et 481-1 du Code de procédure civile (V. Y. Strickler, *De la forme des référés à la procédure accélérée au fond : JCP* G 2019, n° 38, 928). Cette procédure spécifique peut être utilisée pour le recouvrement de toutes les créances du syndicat entrant dans le champ d'application de l'article 19-2 (V. ci-dessus, comm. 1 et 2).

Il a été jugé que le paiement spontané des sommes visées dans la mise en demeure arrête les poursuites engagées dans le cadre de la procédure accélérée au fond (▪ Cass. 3e civ., 9 mars 2022, n° 21-12.988 : *Loyers et copr.* 2022, comm. 89, note A. Lebatteux).

6) Rôle du juge. Le président du tribunal vérifie tout d'abord :

– qu'il y a eu approbation par l'assemblée générale des copropriétaires du budget provisionnel, des travaux ou des comptes annuels (selon le cas) ;

– ... et que le copropriétaire est réellement défaillant, après délivrance d'une mise en demeure régulière (Sur le contrôle que doit exercer le juge à ce titre, V. ▪ Cass. 3e civ., 21 avr. 2022, n° 20-20.866 : *JurisData* n° 2022-006588 ; *Loyers et copr.* 2022, comm. 126, note C. Coutant-Lapalus).

Si tel est le cas il « condamne » le copropriétaire défaillant au versement des diverses sommes devenues exigibles en application de l'article 19-2...

Dans une version précédente le texte indiquait que le juge « pouvait condamner » L'expression utilisée par le législateur laissait entendre que le juge pouvait, au lieu de prononcer une condamnation immédiate, accorder des délais au débiteur, en application de l'article 1244-1 du Code civil alors en vigueur (V. en ce sens document du Sénat n° 37, rapport au nom de la Commission des lois, p. 161). Ce changement terminologique ne paraît pas signifier que le juge est aujourd'hui privé de la faculté d'accorder un délai de grâce sur le fondement de l'article 1343-5 du Code civil. En effet l'article 1343-5 selon lequel un délai de grâce « peut être consenti par le juge au débiteur pour toute dette de droit privé » est une disposition d'ordre public (V. al. 5 de ce texte). Et lorsque le législateur entend interdire au juge d'octroyer les délais de grâce au débiteur, il l'indique expressément, par une disposition spéciale (V. en matière de dette d'aliments, C. civ., art. 1343-5, al. 6. – Et en matière d'effets de commerce : C. com., art. L. 511-81 et L. 512-3).

Le jugement est assorti de l'exécution provisoire de plein droit (CPC, art. 481-1, 6°).

7) Saisie des créances à exécution successive. La condamnation prononcée par le juge constitue un titre exécutoire permettant de procéder à une saisie-attribution, en particulier des créances à exécution successive. L'article 19-2, alinéa 4, vise « notamment les créances de loyer et d'indemnité d'occupation » (ce type de saisie est réglementé par les articles L. 211-1 et suivants du Code des procédures civile d'exécution). L'article 19-2, alinéa 3, précise qu'en pareil cas la mesure « se poursuit jusqu'à l'extinction de la créance du syndicat résultant de l'ordonnance ».

III – SAISIE IMMOBILIÈRE

8) Autorisation du syndic. Aux termes du dernier alinéa de l'article 19-2, créé par la loi n° 2014-366 du 24 mars 2014 (loi ALUR), lors du vote de la décision autorisant le syndic à pratiquer une saisie immobilière au préjudice d'un copropriétaire débiteur du syndicat, la voix de ce copropriétaire n'est pas prise en compte dans le décompte de la majorité. En outre ce copropriétaire ne peut recevoir mandat pour représenter un autre copropriétaire en application de l'article 22 de la loi.

IV – MESURES D'EXÉCUTION EN GÉNÉRAL

9) Apport de la loi n° 2024-322 du 9 avril 2024. Les mesures d'exécution forcée (par ex., la saisie des biens ou des comptes bancaires) impliquent l'obtention préalable d'un titre exécutoire (*CPCex., art. L. 111-2 et L. 111-3*). En attendant l'obtention de ce titre, les copropriétaires solvables sont tenus en pratique d'assumer la charge de la dette résultant des impayés des copropriétaires en difficulté ou en conflit avec la copropriété. Pour éviter que cette situation se prolonge, dans l'attente de l'obtention d'un titre exécutoire, la loi n° 2024-322 du 9 avril 2024 (art. 19) a modifié l'article L. 511-2 du Code des procédures civiles d'exécution. Ce texte indique désormais qu'une autorisation préalable du juge n'est pas nécessaire lorsque le créancier invoque le défaut de paiement des provisions mentionnées au premier alinéa de l'article 19-2 de la loi n° 65-557 du 10 juillet 1965, exigibles ou rendues exigibles dans les conditions prévues à ce même article 19-2.

Art. 20 *(Rempl., L. n° 94-624, 21 juill. 1994 ; mod., L. n° 2000-1208, 13 déc. 2000 ; L. n° 2014-366, 24 mars 2014 ; à compter du 1er janvier 2020, Ord. n° 2019-964, 18 sept. 2019 ; mod., L. n° 2024-322, 9 avr. 2024)*. **– I. - Lors de la mutation à titre onéreux d'un lot, et si le vendeur n'a pas présenté au notaire un certificat du syndic ayant moins d'un mois de date, attestant qu'il est libre de toute obligation à l'égard du syndicat, avis de la mutation doit être donné par le notaire au syndic de l'immeuble par lettre recommandée avec avis de réception dans un délai de quinze jours à compter de la date du transfert de propriété. Avant l'expiration d'un délai de quinze jours à compter de la réception de cet avis, le syndic peut former au domicile élu, par acte extrajudiciaire, opposition au versement des fonds dans la limite ci-après pour obtenir le paiement des sommes restant dues par l'ancien propriétaire. Cette opposition contient élection de domicile dans le ressort du tribunal judiciaire de la situation de l'immeuble et à peine de nullité, énonce le montant et les causes de la créance. Les effets de l'opposition sont limités au montant ainsi énoncé. Le notaire libère les fonds dès l'accord entre le syndic et le vendeur sur les sommes restant dues. À défaut d'accord, dans un délai de trois mois après la constitution par le syndic de l'opposition régulière, il verse les sommes retenues au syndicat, sauf contestation de l'opposition devant les tribunaux par une des parties.**

Tout paiement ou transfert amiable ou judiciaire du prix opéré en violation des dispositions de l'alinéa précédent est inopposable au syndic ayant régulièrement fait opposition.

L'opposition régulière vaut au profit du syndicat mise en œuvre de l'hypothèque légale mentionnée à l'article 19-1.

II. - Préalablement à l'établissement de l'acte authentique de vente d'un lot ou d'une fraction de lot, le cas échéant après que le titulaire du droit de préemption instauré en application du dernier alinéa de l'article L. 211-4 du Code de l'urbanisme a renoncé à l'exercice de ce droit, le notaire notifie au syndic de la copropriété le nom du candidat acquéreur ou le nom des mandataires sociaux et des associés de la société civile immobilière ou de la société en nom collectif se portant acquéreur, ainsi que le nom de leurs conjoints ou partenaires liés par un pacte civil de solidarité.

Dans un délai d'un mois, le syndic délivre au notaire un certificat datant de moins d'un mois attestant :

1° Soit que l'acquéreur ou les mandataires sociaux et les associés de la société se portant acquéreur, leurs conjoints ou partenaires liés à eux par un pacte civil de solidarité ne sont pas copropriétaires de l'immeuble concerné par la mutation ;

2° Soit, si l'une de ces personnes est copropriétaire de l'immeuble concerné par la mutation, qu'elle n'a pas fait l'objet d'une mise en demeure de payer du syndic restée infructueuse depuis plus de quarante-cinq jours.

Si le copropriétaire n'est pas à jour de ses charges au sens du 2° du présent II, le notaire notifie aux parties l'impossibilité de conclure la vente.

Dans l'hypothèse où un avant-contrat de vente a été signé préalablement à l'acte authentique de vente, l'acquéreur ou les mandataires sociaux et les associés de la société se portant acquéreur, leurs conjoints ou partenaires liés à eux par un pacte civil de solidarité, dont les noms ont été notifiés par le notaire, disposent d'un délai de trente jours à compter de cette notification pour s'acquitter de leur dette vis-à-vis du syndicat. Si aucun certificat attestant du règlement des charges n'est produit à l'issue de ce délai, l'avant-contrat est réputé nul et non avenu aux torts de l'acquéreur.

1) Article 20. Les cessions à titre onéreux de lots de copropriété sont réglementées par l'article 20 de la loi, complété par les articles 5 et 6 du décret du 17 mars 1967. Elles donnent lieu, dans la pratique, à des difficultés fréquentes, qui deviennent le plus souvent contentieuses. Or ces incidents proviennent très généralement du fait que les diverses formalités prescrites par les textes n'ont pas été suivies.

Ce texte a été remanié et complété par la loi n° 2014-366 du 24 mars 2014 (loi ALUR) qui a notamment mieux défini les modalités de détention et de distribution du prix de vente en cas d'opposition du syndic, et pris des dispositions pour éviter l'entrée dans la copropriété de personnes de solvabilité douteuse, puis par l'ordonnance n° 2019-964 du 18 septembre 2019.

Rappelons ici sommairement quel doit être le processus pratique dans le cas de cessions à titre onéreux de lots de copropriété.

2) Avant la vente. Le notaire ou l'agent immobilier chargé d'établir la promesse de vente doit, afin de pouvoir renseigner l'acquéreur sur l'état de l'immeuble, constituer le dossier de diagnostic technique prévu par l'article L. 271-4 du Code de la construction et de l'habitation, et requérir les divers diagnostics immobiliers prévus par ce texte. Le notaire doit pour sa part s'assurer, le cas échéant avant d'établir l'acte authentique de vente d'un lot à usage d'habitation, que l'acquéreur n'a pas été condamné à une peine d'interdiction d'acquérir un tel bien (V. CCH, art. L. 551-1, Annexe « Vente de lots »).

Le cédant ou son mandataire (notaire, agent immobilier, etc.) requiert du syndic un « certificat » attestant qu'il est libre de toute obligation à l'égard du syndicat. Ce « certificat de l'article 20 » (rarement délivré en pratique...) fera apparaître la situation du compte individuel du copropriétaire et, le cas échéant, le montant des « dettes liquides ou exigibles ». À titre de renseignement complémentaire, il indiquera le montant des appels de fonds à prévoir...

– Si ce certificat n'est pas délivré avant la vente, ou s'il fait apparaître une dette « liquide et exigible » du vendeur à l'égard du syndicat, avis de la mutation doit être donné au syndic dans les conditions prévues à l'article 20.

– S'il résulte du certificat produit que le vendeur est en règle à l'égard du syndicat, « l'avis de mutation » prévu par l'article 20 n'a pas à être adressé au syndic.

En outre, « indépendamment du certificat de l'article 20 », le notaire chargé de la vente ou le vendeur requerront du syndic « l'état daté » en vue de l'information des parties prévue par l'article 5 du décret du 17 mars 1967 (V. ce texte).

Depuis une époque récente, l'accent a été mis sur *l'information de l'acquéreur*, l'objectif recherché l étant que la vente se déroule avec un maximum de transparence (V. C. Coutant-Lapalus, *L'information de l'acquéreur d'un lot de copropriété* : *Inf. rap. copr.* déc. 2021, p. 25. – C. Chazelle, *La transparence : l'information des copropriétaires* : *Inf. rap. copr.*, mai 2017, p. 29). La loi du 10 juillet 1965 ne contient que peu de dispositions à cette fin, mis à part quelques articles du décret du 17 mars 1967 concernant l'information devant être délivrée l'acquéreur en vertu de la « loi Carrez » (D., art. 4-1 à 4-3) ; ou l'obligation de communiquer au notaire chargé de la vente un « état daté » (D. art. 5).

Le texte essentiel en la matière est l'article L. 721-2 du Code de la construction et de l'habitation qui oblige lors de la signature de l'avant-contrat à communiquer à l'acquéreur de lots dépendant d'un immeuble à usage total ou partiel d'habitation divers documents ou informations destinées à éclairer sa décision. On trouvera ce texte en annexe, *V° Vente de lots*. Ce texte aurait naturellement sa place dans le futur « Code de la copropriété » après codification de la loi du 10 juillet 1965.

3) Après la vente. L'acte de vente peut théoriquement être passé alors même que l'un ou l'autre des certificats ou états dont il est parlé ci-dessus n'a pas été obtenu : mais le danger est alors que ni le vendeur ni l'acquéreur ne sachent exactement quelles sont les sommes qui peuvent leur être respectivement réclamées par le syndicat. Ils ne peuvent alors prendre des accords (parfaitement valables entre eux mais non opposables au syndicat) pour en répartir la charge. D'où un risque de contentieux ultérieur...

En l'absence de certificat attestant que le vendeur est libre de toute obligation à l'égard du syndicat, la vente doit être notifiée au syndic dans les quinze jours à compter de la date du transfert de propriété, ce qui fera courir le délai imparti au syndic pour faire opposition.

En toute hypothèse, il est indispensable de notifier la vente du lot au syndic dans les conditions prévues par l'article 6 du décret du 17 mars 1967 (V. ce texte) pour rendre le transfert de lot opposable au syndicat.

Bibliographie : *Depuis la loi du 21 juillet 1994 (Études conservant un intérêt).* B. Boussageon, *Rédaction et notification des actes inhérents à la vente amiable ou forcée d'un lot* : *AJPI* 1996, p. 390 et s. – J.-P. Mantelet, *Théorie et pratique de la gestion des mutations de lots* : *Rev. Administrer* févr. 1996, p. 4 et s. – A. Boyer, *La gestion de la vente amiable d'un lot de copropriétés* : *Rev. Administrer* mai 1999, p. 23. – C. Destame, *Comment vendre un lot de copropriété modifié ?* : *JCP* N 2000, p. 898. – A. Mourocq, *Les obligations du syndic à l'occasion de la vente d'un lot de copropriété* : *Rev. Administrer* nov. 2000, p. 8. – Sur la vente de lots dépendant de l'actif d'une liquidation judiciaire, chron. F. Vauvillé : *Dr. et patrimoine*, oct. 2000, p. 62. – D. Dutrieux, *Droit de préemption urbain et copropriété* : *JCP* N 2003, n° 43-44, p. 1537.

Depuis le décret du 27 mai 2004. O. Farthouat, *Mise en œuvre des articles 5, 6-2 et 6-3 du décret du 17 mars 1967 dans la pratique notariale : LPA* 17 déc. 2004, p. 12 ; *Vente de lots de copropriétés et paiement des charges après le décret du 27 mai 2004 : l'état daté : Bull. Cridon*, Lyon 2004, n° 41, p. 24 ; *Vente d'un bien en copropriété : Rev. hab. fr.* oct. 2004, p. 23. – D. Rocher, *Les débiteurs de charges en cas de mutation : Inf. rap. copr.* nov. 2004, p. 18. – L. Griffon, *Vente de lots de copropriétés : quel cadre juridique pour les relations notaire syndic : Defrénois* 2004, art. 38054, p. 1510. – J. Lafond, *Les mutations de lots de copropriété après le décret du 27 mai 2004 : JCP* N 2004, n° 37, 1411 ; *Ventes de lots de copropriété après le décret du 27 mai 2004, formules : JCP* N 2004, n° 44, 1526. – J.-P. Prohaska, *La cession d'un lot de copropriété : quelles particularités ? Informer pour informer : Rev. Administrer* juin 2005, p. 14. – S. Lelièvre et O. Tyl, *La modification de la consistance du lot de copropriété : JCP* N 2005, n° 24-1112. – J.-L. Morin, *Incidence des modifications récentes sur les mutations : JCP* N 2005, n° 4-1104. – C. Sabatié, *La mutation d'un lot de copropriété : AJDI* 2005, p. 714. – J.-M. Roux, *La mutation de lots de copropriété : constats et évolution : Ann. loyers* 2006, p. 891. – J.-M. Gélinet, *Copropriété et vente judiciaire d'un lot : AJPI* 2007, p. 724. – S. Bouchet, *La vente du lot de copropriété et le notaire : la constitution du dossier de cession (1re partie) : Inf. rap. copr.* déc. 2010, p. 19 ; (2e partie) : *La rédaction des actes : Inf. rap. copr.* janv.-févr. 2011, p. 14 ; (3e partie) : *Questions pratiques : Inf. rap. copr.* mars 2011, p. 25. – F. Cohet-Cordey, *La cession d'un lot de copropriétés : les pièges à éviter : AJDI* 2012, p. 813. – G. Rouzet, *Retour sur la « fraction de lot » : Inf. rap. copr.* mai 2017, p. 11. – C. Coutant-Lapalus, *La vente d'une place de stationnement : Inf. rap. copr.* juill.-août 2018, p. 17. – A. Laux, *Le traitement comptable de la cession de lot : Inf. rap. copr.* déc. 2022, p. 21.

JurisClasseurs. G. Vigneron, *JCl. Copropriété*, Fasc. 68-10 et J. Lafond, Fasc. 107-12 à 107-60. – J. Lafond, *JCl. Notarial Formulaire*, V° Copropriété, Fasc. 208 à 222.

Ouvrages. *La copropriété : Dalloz Action* 2021-2022, 10e éd., Capoulade et D. Tomasin, nos 232 et s. – J. Lafond et G. Rouzet, *Pratique de la vente du lot de copropriété (avec formules d'application)*, LexisNexis, avr. 2016.

Voir : les études citées, D. 17 mars 1967, art. 5, p. 44.

4) Plan d'exposé. L'article 20 traite tout d'abord des modalités de récupération, à l'occasion de la mutation d'un lot, des sommes dues au syndicat par le vendeur (I). En outre il instaure un mécanisme de contrôle de la solvabilité de l'acquéreur (II).

I – RÉCUPÉRATION DES SOMMES DUES AU SYNDICAT PAR LE VENDEUR

5) Pour permettre au syndic de faire valoir les droits du syndicat, l'article 20 prévoit tout d'abord qu'il doit être avisé de la mutation (A), ce qui va lui permettre de faire éventuellement opposition sur le prix (B). S'il y a opposition, l'article 20 détermine les modalités de détention et de distribution du prix (C).

A – Avis à donner au syndic

Bibliographie : Voir la bibliographie citée plus bas sous le B.

6) Nature et objet. Avis de la mutation doit être donné au syndic, énonce l'article 20. Cet avis est destiné *à permettre au syndic de recouvrer les créances du syndicat en faisant opposition sur le prix de vente du lot.* Ceci explique que la notification de cet avis est inutile lorsque le vendeur a « présenté au notaire un certificat du syndic ayant moins d'un mois de date, attestant qu'il est libre de toute obligation à l'égard du syndicat » (V. art. 20, al. 1). Si le vendeur remet au notaire ce certificat, il n'y a pas d'avis à donner au syndic.

Depuis la loi du 21 juillet 1994, *la charge de notifier cet avis pèse sur le notaire* (*ou sur l'avocat* en cas de vente judiciaire) (V. D. art. 5-1).

Lorsqu'un tiers est subrogé dans les droits du syndicat, le notaire doit seulement notifier l'avis au syndic, et cette notification fait courir le délai (imparti en l'espèce au créancier subrogé) pour faire opposition (■ Cass. 3e civ., 3 mars 2004 : *Bull. civ.* III, n° 48).

7) Avis de mutation, « état daté » et notification de la mutation au syndic. L'avis de mutation doit être distingué :

– de la demande de renseignements (« l'état daté ») faite au syndic, prévue par l'article 5 du décret du 17 mars 1967, qui a essentiellement pour but l'information de l'acquéreur (V. ce texte) ;

– de la notification à effectuer au syndic en vertu de l'article 6 du décret du 17 mars 1967 dont le but est de faire connaître au syndic le changement de propriétaire du lot (V. ce texte). – Sur la distinction entre ces deux formalités et leurs finalités respectives, V. ■ CA Paris, 23e ch. A, 13 mars 1991 : *D.* 1991, inf. rap. p. 106 (V. aussi D. art. 6).

Ni la lettre recommandée adressée au syndic lui notifiant le transfert de propriété, ni la lettre recommandée adressée au créancier subrogé dans les droits du syndicat l'avisant de la vente ne sont susceptibles de constituer l'avis de mutation visé par l'article 20 de la loi (■ CA Paris, 2e ch. A, 21 nov. 2007 : *Loyers et copr.* 2008, n° 116, obs. G. Vigneron).

8) Champ d'application. Cette formalité s'applique comme l'indique le texte « *lors de la mutation à titre onéreux d'un lot* » : donc en cas de vente qu'elle soit amiable ou par adjudication sur saisie (▪ Cass. 3e civ., 1er janv. 1977 : *JCP* N 1977, prat. 6699. ▪ Cass. 3e civ., 1er juill. 1980 : *D.* 1981, p. 1, note Giverdon et Capoulade. ▪ CA Aix-en-Provence, 30 avr. 1980 : *D.* 1982, inf. rap. p. 431. ▪ CA Paris, 12 oct. 1983 : *D.* 1984, inf. rap. p. 384. ▪ CA Paris, 21 mars 1988 : *D.* 1988, inf. rap. p. 107. – Rép. min. 16 févr. 1987 : *JOAN*, p. 905. ▪ Cass. 3e civ., 11 mars 1992 : *Defrénois* 1992, art. 35303, p. 807, note H. Souleau. – V. sur le sujet, C. Atias, *L'avis d'adjudication d'un lot de copropriété : D.* 1988, chron. p. 47). L'avis doit également être notifié au syndic s'il y a échange ou apport en société à titre onéreux ou dation en paiement : mais l'opposition du syndic ne se justifie alors que si des fonds sont versés à l'occasion de cette mutation, ce qui sera rarement le cas (mise à part l'éventualité d'un échange avec soulte).

Il a été précisé que la notification ne devait être faite qu'au moment de la réalisation effective de la vente et non pas lorsqu'elle n'était qu'au stade de projet (▪ Cass. 3e civ., 19 févr. 1976 : *JCP* N 1977, II, p. 54, note Guillot).

9) Délai. La loi du 13 décembre 2000 (loi « SRU ») a modifié l'article 20, en prévoyant que l'avis de mutation devait être notifié au syndic dans un délai de quinze jours à compter de la date du transfert de propriété (qui n'est pas nécessairement la date de l'acte authentique de vente). Tout retard anormal causant un préjudice au syndicat est de nature à engager la responsabilité de l'acheteur ou de son mandataire. Le règlement de copropriété ne saurait imposer un délai au-delà duquel les parties deviendraient solidaires de l'arriéré de charges. Le syndic peut faire opposition dans les quinze jours de l'avis de mutation, même si celui-ci est tardif (▪ CA Versailles, 9 oct. 1989 : *D.* 1990, somm. p. 129).

10) Formes. Cet avis doit être notifié par lettre recommandée avec avis de réception, seule forme admise par l'article 20 : l'envoi d'une simple note de renseignements au syndic, adressée par le notaire après la vente, ne pourrait y suppléer.

Une notification irrégulière ne ferait pas courir le délai d'opposition (et empêcherait donc de payer valablement le prix au vendeur : V. ▪ Cass. 3e civ., 19 févr. 1976 : *Journ. not.* 1977, art. 53562, note Viatte). Il a cependant été jugé (solution critiquable) que le syndic devait tenir compte d'un avis notifié par lettre simple s'il apparaissait qu'il l'avait effectivement reçu (▪ CA Paris, 23e ch., 13 mars 1991 : *RD imm.* 1991, p. 378, obs. Giverdon).

Il a été jugé (à tort selon nous) que l'avis de mutation ne pouvait être déclaré nul à défaut de mention d'une élection de domicile claire et précise (▪ CA Paris, 2e ch. A, 10 oct. 2001 : *AJDI* 2001, p. 614, note P. Capoulade. – V. précédemment en sens contraire, ▪ CA Paris, 2e ch. B, 5 juill. 2001 : *Loyers et copr.* 2002, comm. 40. ▪ CA Paris, 2e ch. A, 14 déc. 1999 : *AJDI* 2001, p. 260).

L'avis de mutation ne comporte aucune mention obligatoire. Il n'est pas nul au motif qu'il ne vise pas l'article 20 de la loi et ne fait pas mention de la faculté d'opposition ouverte au syndic (▪ CA Versailles, 4e ch., 23 oct. 2006 : *Dossier CSAB* n° 127, févr. 2007, n° 34, p. 20, obs. A. Dunes). En pratique ces mentions sont souhaitables... (V. ▪ CA Chambéry, 11 avr. 2023, n° 21/00328 : *Loyers et copr.* 2023, n° 7-8, obs. Ch. Coutant-Lapalus).

11) Absence d'avis au syndic. Cette formalité a une *importance capitale*. En l'absence d'avis de mutation, aucune forclusion ne peut être opposée au syndicat qui peut donc faire opposition à tout moment (▪ Cass. 3e civ., 18 juill. 2001 : *Bull. civ.* III, n° 99 ; *Loyers et copr.* 2001, comm. 275 ; *Constr.-Urb.* oct. 2001, comm. 203, obs. D. Sizaire ; *AJDI* 2001, p. 886 et *Rev. Administrer* nov. 2001, p. 34, note P. Capoulade ; *Defrénois* 2002, p. 1094, obs. C. Atias).

Si, en l'absence d'avis, le syndic n'est pas en mesure de faire opposition au versement du prix entre les mains du vendeur, l'acquéreur peut être condamné à payer les sommes dues par ce vendeur au syndicat (▪ Cass. 3e civ., 7 nov. 2007 : *Loyers et copr.* 2008, comm. 23, obs. G. Vigneron ; *JCP* G 2007, IV, 3206, n° 10, p. 28, obs. H. Périnet-Marquet ; *Rev. Administrer* févr. 2008, p. 30, et la note. ▪ Cass. 3e civ., 11 janv. 1977 : *Bull. civ.* III, n° 11, p. 9 et, pour le cas d'adjudication judiciaire d'un lot, ▪ CA Aix-en-Provence, 30 oct. 1985 : *Bull.* Aix-en-Provence avr. 1985, n° 110. ▪ Cass. 3e civ., 11 mars 1992 : *Rev. Administrer* nov. 1992, p. 71, obs. E.-J. Guillot ; *RD imm.*, p. 243, obs. P. Capoulade. ▪ CA Paris, 23e ch., 22 nov. 1991 : *Loyers et copr.* 1992, n° 139).

La condamnation de l'acquéreur ne serait pas justifiée si l'absence d'avis ne causait aucun préjudice au syndicat, par exemple si le prix était entièrement absorbé par les créanciers hypothécaires (▪ CA Paris, 19 janv. 1984 : *D.* 1984, inf. rap. p. 383, obs. Giverdon. ▪ Cass. 3e civ., 25 oct. 1989 : *Loyers et copr.* janv. 1990, n° 56).

La preuve que le syndicat n'a pas subi de préjudice pèse sur celui qui devait adresser l'avis de mutation au syndic (actuellement le notaire ou l'avocat – V. antérieurement : ▪ Cass. 3e civ., 11 mars 1992 : *Defrénois* 1992, art. 35303, note H. Souleau).

La responsabilité de l'acheteur n'empêche pas celle du notaire d'être engagée, au titre du devoir de conseil, s'il n'a pas attiré l'attention de l'acquéreur sur les risques d'un paiement « hors la vue » (V. ▪ CA Paris, 23e ch. B, 27 mars 2003 : *AJDI* 2003, p. 518 ; *Congrès des notaires 1976*, rapport Ysnel, p. 64 et s.) : en effet le paiement du prix est, alors, selon l'article 20 de la loi, *inopposable* au syndicat.

Voir : sur tous ces points, les indications données sous D. 17 mars 1967, art. 5-1, p. 679.

B – Opposition du syndic

Bibliographie : J.-M. Gélinet, *L'opposition de l'article 20 de la loi du 10 juillet 1965 : Rev. Administrer* nov. 1992, p. 35 et s. – M. Bosqué, *Aspects pratiques pour les avocats de la mise en œuvre de l'opposition du syndic de copropriété dans les ventes judiciaires : Gaz. Pal.* 1996, 2, doctr. p. 983. – S. Jaccoux d'Eyssautier, *Le règlement des charges lors de la mutation des lots en copropriété : portée de l'opposition de l'article 20 notamment en cas de procédure collective : Ann. loyers* 1999, p. 345. – C. Atias, *L'opposition du syndic au versement du prix de cession d'un lot : Inf. rap. copr. avr.* 2000, p. 22. – P. Capoulade, *L'opposition « article 20 » et le privilège de l'article 19-1 : Inf. rap.* copr. juill.-août 2001, p. 6. – P.-A. Girard et J. Prohaszka, *L'opposition du syndic sur le prix de vente : LPA* 25 mars 2003. – J.-L. Puygauthier, *Conditions de forme et de délai de l'opposition du syndicat des copropriétaires : JCP* N 2005, n° 26-1322. – J.-M. Gélinet, *L'opposition de l'article 20 de la loi du 10 juillet 1965 : Rev. Administrer* août-sept. 2005, p. 36. – J. Lafond, *Vente de lot de copropriété : JCl.* Copropriété, Fasc. 107-20 et *JCl. Notarial Formulaire, V° Copropriété*, Fasc. 222.

12) Nature de l'opposition. La doctrine enseigne que l'opposition de l'article 20 est le premier acte d'une procédure simplifiée de saisie. La jurisprudence la considère « ... comme une véritable saisie ; la procédure engagée par le syndic permet au syndicat d'obtenir un paiement forcé » (■ CA Versailles, 29 févr. 1984 : *Rev. Administrer* juin 1984, p. 36).

Mais l'opposition n'a pour effet immédiat que d'empêcher la remise des fonds au vendeur : elle *n'emporte pas transfert du prix au syndic* comme en matière de saisie-attribution (■ TGI Paris, réf., 31 oct. 1990 : *Rev. loyers* 1991, p. 288). Cet effet de « blocage » se produit alors même que l'opposition n'a pas été validée (voir sous le régime antérieur des voies d'exécution : ■ Cass. 3e civ., 14 avr. 1982 : *JCP* G 1982, IV, 218).

La *validation de l'opposition* devient nécessaire lorsque le vendeur conteste la créance du syndicat et s'oppose à la remise des fonds au syndic. Si, par contre, le vendeur ne discute pas les causes de l'opposition, celle-ci peut être réglée purement et simplement avec son accord, sans qu'il y ait lieu de recourir au tribunal (■ CA Paris, 23e ch. A, 21 mars 1988 : *RD imm.* 1988, p. 342, obs. Givord et Giverdon. ■ CA Paris, 15 avr. 1986 : *D.* 1986, inf. rap. p. 297).

Voir : pour plus de détails, L. 10 juill. 1965, art. 20, comm. n° 23, p. 359.

Le paiement de la créance du syndic ne sera en fait possible que si cette créance n'est pas contestée et qu'il n'existe pas de créancier de rang préférable.

Voir : sur la nécessité de dénoncer l'opposition aux *créanciers inscrits*, D. 17 mars 1967, art. 6-1, p. 688, institué par le décret du 15 février 1995.

1° *Modalités de l'opposition*

13) Formes de l'opposition. Parce qu'elle est un acte de procédure, elle doit *obligatoirement* être notifiée par *acte d'huissier* : aujourd'hui : de commissaire de justice (■ CA Versailles, préc.). Une lettre recommandée avec accusé de réception serait inopérante (■ CA Aix-en-Provence, 19 avr. 1988 : *JCP* N 1989, n° 41. ■ CA Paris, 8e ch., 17 mars 1992 : *Loyers et copr.* 1992, n° 267. ■ CA Paris, 1re ch., 21 mai 1993 : *Rev. loyers* 1994, p. 253. ■ CA Paris, 2e ch., 11 févr. 1994 : *D.* 1994, somm. p. 202, obs. Giverdon – V. en ce sens la chronique du professeur Ph. Théry : *Quelques précisions relatives à l'opposition du syndic de copropriété en cas de vente d'un lot : Bull. Cridon* Paris 1989, n° 23, p. 151).

La solution résulte aujourd'hui clairement d'un arrêt de la Cour de cassation du 18 décembre 1996, selon lequel l'*opposition faite par lettre simple* « ne peut produire effet » (■ Cass. 3e civ., 18 déc. 1996, n° 94-18.754 : *Bull. civ.* III, n° 240 ; *JCP* G 1997, IV, 318 : *Inf. rap. copr.* mars 1997, p. 9, obs. P. Capoulade : *Rev. Administrer* juin 1997, p. 49, obs. J.-R. Bouyeure).

Les syndics agiront donc prudemment en respectant les formes légales et en recourant à l'acte de commissaire de justice.

En effet, le détenteur du prix de vente qui reçoit une opposition par lettre est en droit de n'en tenir aucun compte (en ce sens ■ CA Paris, 2e ch., 11 févr. 1994, préc.). S'il remet les fonds au vendeur et que la créance du syndicat devient irrécouvrable, le syndic aura engagé sa responsabilité vis-à-vis de la copropriété.

L'opposition peut être faite, comme d'ailleurs la saisie-attribution de droit commun, même si la créance n'est pas en péril (■ CA Paris, 25 mai 1982 : *D.* 1982, inf. rap. p. 433).

14) Délais de l'opposition. Le *délai* imparti au syndic pour faire opposition est de *quinze jours*, à compter de la réception de l'avis de mutation prévu par le texte. En l'absence de notification de l'avis de mutation, le délai ne court pas (V. *supra*).

Voir : sur la forme de l'opposition, L. 10 juill. 1965, art. 20, comm. n° 10, p. 354.

Ce délai se calcule selon les prescriptions cumulées des articles 64 et 64-2 du décret du 17 mars

1967 (V. ces textes) et 640 et suivants du Code de procédure civile :

– le jour de la réception de l'avis de mutation ne compte pas (CPC, art. 641, al. 1 et D. art. 64) ;

– le délai expire le 15e jour à 24 h : si ce jour est un dimanche, un samedi ou un jour férié ou chômé, il est prorogé jusqu'au premier jour ouvrable suivant.

Pendant le cours de ce délai, le prix est indisponible et ne peut être remis au vendeur. Le notaire qui paie le vendeur avant l'expiration du délai d'opposition engage sa responsabilité, dans la mesure du préjudice causé (ainsi lorsque le syndicat ne peut plus de ce fait recouvrer sa créance : ▪ CA Paris, 8e ch. A, 9 avr. 2009 : *JurisData* n° 2009-376965).

L'opposition doit être signifiée avant l'expiration de ce délai : cette prescription légale doit être impérativement respectée car, à défaut, l'opposition en la forme simplifiée prévue par l'article 20 ne serait plus recevable (▪ Cass. 3e civ., 26 mai 1994, n° 92-17.143, inédit. ▪ CA Paris, 23e ch. B, 22 mai 1998 : *Rev. Administrer* août-sept. 1998, p. 58, obs. J.-R. Bouyeure) et le syndic engagerait sa responsabilité vis-à-vis du syndicat s'il en résultait un préjudice pour celui-ci (▪ CA Paris, 23e ch., 1er oct. 1993 : *Rev. Administrer* avr. 1994, p. 70, obs. Dunes). La faute du syndic fait perdre au syndicat la chance de recouvrer sa créance au moment de la vente et le préjudice causé au syndicat doit être réparé sur ce fondement nonobstant le fait que la créance peut être recouvrée par d'autres voies (▪ CA Paris, pôle 4, 2e ch., 13 sept. 2017, n° 15 13769 ; *Administrer* nov. A017, p. 41, obs. J. R. Bouyeure).

L'opposition, même irrégulière, prive le syndicat de former ultérieurement une nouvelle opposition, à tout le moins après l'expiration du délai de 15 jours à compter de l'opposition initiale (▪ Cass. 2e civ., 20 oct. 2005, n° 03-17.550 : *Loyers et copr.* 2006, comm. 18, note G. Vigneron ; *Rev. loyers* 2006, p. 117, note L. Guégan. ▪ Cass. 3e civ., 18 juill. 2001 : *Bull. civ.* 2001, III, n° 99 ; *Loyers et copr.* 2001, comm. 275 ; *Constr.-Urb.* oct. 2001, comm. 203, obs. D. Sizaire ; *AJDI* 2001, p. 886 ; *Rev. Administrer* nov. 2001, p. 34, note P. Capoulade ; *Defrénois* 2002, p. 1094, obs. C. Atias ; *Rev. loyers* 2001, p. 459, note P. Dechelette-Tolot).

Le syndic devra alors recourir aux voies d'exécution de droit commun (saisie-attribution ; saisie-conservatoire ; etc.).

15) Où faire opposition ? L'opposition doit en principe être formée entre les mains de l'auteur de l'avis de mutation, chez qui domicile est élu. Dans le cas de vente sur saisie immobilière, poursuivie par le syndicat, elle sera faite entre les mains de son propre avocat, qui poursuit la saisie (▪ CA Paris, 2e ch. A, 1er oct. 2002 : *Loyers et copr.* 2003, comm. 52, obs. G. Vigneron. ▪ CA Paris, 2e ch. A, 11 déc. 2001 : *JurisData* n° 2001-165492). L'opposition formée auprès d'une personne qui n'a pas qualité pour en être le destinataire (en l'espèce le Bâtonnier, séquestre d'un prix d'adjudication) n'est pas valable et ne peut avoir pour effet de mettre en œuvre le privilège spécial immobilier du syndicat (▪ Cass. 3e civ., 28 févr. 2001, n° 99-15.330 : *JurisData* n° 2001-008367 ; *Bull. civ.* III, n° 264 ; *Rev. Administrer* juin 2001, p. 37, obs. P. Capoulade).

16) Contenu de l'opposition. Les exigences légales concernant le contenu de l'opposition sont doubles :

• Elle doit tout d'abord contenir *élection de domicile* dans le ressort du tribunal de grande instance de la situation de l'immeuble.

Selon une décision du tribunal de grande instance de Paris du 15 mars 1972 (*Gaz. Pal.* 1972, 2, p. 650), cette élection de domicile serait inutile si le syndic de l'immeuble est situé dans le ressort du même tribunal.

Mais il existe une décision en sens contraire (▪ CA Paris, 23e ch. B, 29 nov. 1985, inédit, signalée par Me Gélinet, *L'opposition de l'article 20 de la loi du 10 juillet 1965 : Rev. Administrer* nov. 1992, p. 35). Aussi la prudence commande de respecter cette exigence légale.

Cette exigence n'est pas prescrite à peine de nullité.

• Elle doit ensuite *énoncer « le montant et les causes de la créance »*.

On notera que cette deuxième exigence est cette fois prescrite « à peine de nullité » (sur la portée de cette sanction, V. D. 17 mars 1967, art. 5-1, comm. n° 15, p. 683). Il est donc nécessaire que l'opposition soit précise afin de permettre de vérifier l'exigibilité des sommes dont le recouvrement est poursuivi (▪ Cass. 3e civ., 12 oct. 2023, n° 22-18.723 : *Loyers et copr.* 2023, n° 12, 190, obs. Ch. Coutant-Lapalus ; *AJDI* 2024, 127, obs. P.-E. Lagraulet ; *Rev. Loyers* 2023, n° 1042, obs. V. Zalewski-Sicard).

Pour ce qui est des « causes » de la créance, il importe que celui qui reçoit l'opposition soit mis en mesure d'apprécier si la créance invoquée a ou non un caractère privilégié, ce qui détermine son rang et donc les possibilités de règlement.

Pour ce faire le syndic devra :

– préciser l'origine de la créance (charges courantes impayées, demande de provision, dette au titre des travaux, etc.) ;

– et indiquer si – et à quel titre – elle est privilégiée, en précisant pour ce faire à quelle date elle a pris naissance.

Voir : sur les mentions à insérer dans l'opposition, D. 17 mars 1967, art. 5-1, p. 679 et art. 6-3, p. 690, introduit par le décret du 15 février 1995. – V. également, J. Lafond, *Créances du syndicat et* *opposition sur vente de lots de copropriété : formule : Loyers et copr.* 2023, formule 1.

2° *Effets de l'opposition*

17) Créances garanties. Les créances que le syndic peut récupérer par la voie de l'opposition sont celles *liquides et exigibles au moment de la vente du lot* (sur le principe, V. ▪ CA Paris, 8e ch. B, 31 oct. 1996 : *Loyers et copr.* janv. 1997, n° 26. – Sur cette notion de « créance liquide et exigible », V. D. art. 5-1).

Dès lors que l'assemblée a, antérieurement à la date de la notification de la mutation, autorisé le syndic à présenter des appels de fonds provisionnels par tiers pour le financement des travaux de ravalement, la créance du syndicat est certaine, exigible et liquide et peut être recouvrée à l'encontre du vendeur (▪ Cass. 3e civ., 27 févr. 2001 : *JurisData* n° 2001-008480 ; *Loyers et copr.* 2001, comm. 155, obs. G. Vigneron). Sur un plan général, pour que l'opposition, soit justifiée, il faut que la fixation et la répartition des charges résulte de comptes régulièrement approuvés par des décisions d'assemblée non contestées dans les délais légaux (▪ Cass. 3e civ., 5 mai 2009, n° 08-14.392 : *Rev. loyers* 2009, p. 355).

Si l'opposition est formée pour des créances ne présentant pas ce caractère (par exemple des créances simplement éventuelles), elle ne peut produire effet (▪ CA Paris, 23e ch. B, 6 mai 2004 : *JurisData* n° 2004-239968. ▪ CA Paris, 14e ch., 22 janv. 1993 : *Loyers et copr.* 1993, n° 239. ▪ CA Paris, 23e ch., 15 juin 1992 : *Loyers et copr.* 1992, n° 444). Ainsi le syndicat n'est pas fondé à faire opposition pour avoir paiement d'une somme représentant le coût des travaux que le vendeur s'est engagé à effectuer en contrepartie de l'autorisation de changement d'activité donnée par le syndicat, et qui n'est pas contradictoirement fixée (▪ CA Paris, pôle 4, 2e ch., 4 nov. 2015, n° 15/07113 : *Administrer* juin 2016, p. 42, obs. J.-R. Bouyeure). Toute clause établie entre les parties à ce sujet est inopposable au syndicat des copropriétaires (▪ CA Paris, 16 oct. 1996 : *Loyers et copr.* janv. 1997, n° 25).

En outre, elle est susceptible d'engager la responsabilité du syndic dans la mesure du préjudice causé au vendeur (▪ CA Paris, 23e ch. B, 15 déc. 2005 : *JurisData* n° 2005-288531. ▪ CA Paris, 23e ch., 14 juin 1993 : *Loyers et copr.* 1993, n° 405).

18) Créances concernant plusieurs lots. L'opposition sur le prix de vente d'un lot donné ne se limite pas aux dettes ou charges arriérées relatives à ce seul lot : les dettes ou charges afférentes à d'autres lots du vendeur peuvent être récupérées par cette opposition (▪ Cass. 3e civ., 14 avr. 1982, n° 80-16.285 : *Bull. civ.* III, n° 87 ; *JCP* G 1982, IV, 218).

L'opposition formée par le syndic d'un syndicat principal lors de la cession de divers lots d'un bâtiment constitué en syndicat secondaire est valable, malgré la création du syndicat secondaire, dès lors que les charges de copropriété impayées sont nées antérieurement à cette création et que ni la répartition des charges ni le règlement de copropriété n'ont été modifiés (▪ Cass. 3e civ., 6 sept. 2011, n° 10-17.271).

19) Indisponibilité du prix. L'alinéa 2 de l'article 20 de la loi du 10 juillet 1965 rend *inopposable au syndic tout paiement ou tout transfert amiable ou judiciaire du prix*, opéré « en violation des dispositions de l'alinéa précédent ».

Par « transfert amiable du prix », il faut entendre notamment toutes opérations ayant pour effet de transférer la créance à un tiers (par exemple, la délégation, le paiement par compensation) ou d'éteindre ou de réduire la dette du prix (remise de dette, novation, notamment par rapport à des créances sur le vendeur que détiendrait l'acheteur...).

Quant au « transfert judiciaire » du prix, cette hypothèse vise notamment le cas où une saisie-attribution serait signifiée postérieurement à l'opposition : elle ne pourrait alors produire son effet habituel d'attribution du moins dans la mesure où le prix ne serait pas suffisant pour payer à la fois le montant de l'opposition et celui de la saisie.

20) Portée du principe de l'indisponibilité du prix. Deux remarques s'imposent à propos de cette indisponibilité du prix :

- elle n'opère qu'à *concurrence du montant énoncé dans l'opposition*. L'opposition ne rend donc pas indisponible la totalité du prix.

Le notaire pourra donc remettre au vendeur le surplus du prix s'il n'y a par ailleurs aucune cause d'indisponibilité, après avoir retenu la somme nécessaire au règlement des causes de l'opposition ;

- l'opposition *ne produit ses effets que si elle est « régulière »*.

Le texte ancien a été complété sur ce point. L'ancien texte se contentait en effet d'indiquer que le paiement (ou le transfert) du prix était inopposable au syndic « ayant fait opposition dans le délai (légal) ».

Le texte actuel subordonne cette inopposabilité au fait que le syndic ait régulièrement fait opposition. Il faut donc que l'opposition comprenne toutes les mentions exigées par la loi, à peine de nullité (V. *supra*) et qu'elle ait été signifiée dans le délai légal (L. 10 juill. 1965, art. 20, comm. n° 16, p. 356).

Si ces conditions sont réunies, tout paiement fait au mépris de l'opposition sera inopposable au syndicat.

À partir du moment donc où le syndic a fait opposition, le détenteur du prix ne peut plus le remettre au vendeur du moins à concurrence de la créance du syndicat. Il n'est pas juge de la validité de cette opposition : mis à part le cas où elle devrait être considérée comme inopérante parce que faite par simple lettre ou lorsqu'elle ne répondrait manifestement pas aux exigences de l'article 5-1 du décret du 17 mars 1967 (V. ce texte. ▪ Cass. 3e civ., 21 mai 2008, n° 07-13.441).

Selon un arrêt de la Cour de cassation ▪ Cass. 3e civ., 18 juill. 2001, n° 00-13.404 : *Bull. civ.* III, n° 99 ; *Loyers et copr.* 2001, comm. 277 ; *AJDI* 2001, p. 886 et *Rev. Administrer* nov. 2001, p. 34, note P. Capoulade ; *Defrénois* 2002, p. 1094, obs. C. Atias), l'opposition, même irrégulière, prive le syndicat « du droit de former ultérieurement toute nouvelle opposition, à tout le moins après l'expiration du délai de quinze jours à compter de la date de l'opposition initialement formée ».

21) Mainlevée de l'opposition. Depuis l'abrogation de l'article 57 du décret du 17 mars 1967 par le décret du 15 février 1995, aucun texte ne prévoyait la compétence du juge de l'exécution pour statuer sur l'opposition au prix vente d'un lot de copropriété (▪ CA Aix-en-Provence, 15e ch. A, 6 mai 2005 : *JurisData* n° 2005-277098. ▪ CA Paris, 8e ch. A, 24 avr. 2003 : *D.* 2003, inf. rap. p. 1337). La demande en mainlevée paraît relever aujourd'hui soit du juge des référés soit du tribunal saisi au fond. Ce n'est que dans un cas très particulier, où la demande tendait à obtenir la restitution de sommes trop-perçues en exécution d'un jugement, que la compétence du juge de l'exécution a été retenue (▪ Cass. 3e civ., 11 déc. 2012, n° 11-22.001 : *AJDI* 2013, p. 125).

22) Mise en œuvre de l'hypothèque légale spéciale du syndicat. Par ailleurs (c'est le second effet produit par l'opposition) selon l'article 20, alinéa 3, *l'opposition « vaut au profit du syndicat mise en œuvre du privilège mentionné à l'article 19-1 »*. Ce privilège a été supprimé par la réforme des sûretés (V. ann. 36-1, *V° Hypothèques légales du syndicat*, p. 1285) et remplacé par l'hypothèque légale spéciale prévue par l'article 2102, 3° du Code civil, mais le texte de l'article 20 de la loi du 10 juillet 1965 n'a pas été modifié en conséquence. Il faut donc lire que l'opposition « vaut, au profit du syndicat, mise en œuvre de l'hypothèque légale spéciale mentionnée à l'article 2402, 3° du Code civil ».

On doit donc considérer que par le fait même, le syndicat manifeste son intention de faire valoir le droit de préférence qui lui est reconnu par l'article 2102, 3° du Code civil. Il n'y a aucune autre formalité à accomplir pour s'en prévaloir.

Mais l'opposition n'opère « mise en œuvre » de l'hypothèque légale spéciale, au sens que nous venons d'indiquer, *que dans la mesure où elle est régulière*. (Sur les conditions de régularité de l'opposition, V. D. 17 mars 1967, art. 5-1).

Il avait été jugé, à propos du privilège du syndicat des copropriétaires, que l'opposition qui n'indiquait pas le montant et les causes de la créance ne pouvait valoir mise en œuvre de ce privilège (▪ CA Paris, 2e ch. A, 10 oct. 2001 : *Loyers et copr.* 2001, comm. 106. ▪ CA Paris, 12 juin 1999 : *Loyers et copr.* 1999, comm. 191). L'opposition qui énonce de façon insuffisante les causes et le montant des créances du syndicat ne permettait pas à celui-ci de bénéficier du privilège (▪ Cass. 3e civ., 25 oct. 2006, n° 05-16.835 : *JCP G* 2007, IV, 3232 ; *Loyers et copr.* 2007, comm. 17, obs. G. Vigneron ; *Rev. loyers* 2007, p. 44, note J.-M. Gélinet ; *Rev. Administrer* janv. 2007, p. 57, obs. J.-R. Bouyeure). Il en était de même si l'opposition était faite entre les mains d'une personne n'ayant pas qualité pour le recevoir (▪ Cass. 3e civ., 28 févr. 2001 : *JurisData* n° 2001-008366 ; *Loyers et copr.* 2001, comm. 133, obs. G. Vigneron ; *Administrer* mai 2001, p. 56, obs. J.-R. Bouyeure).

Ces solutions valent également pour la mise en œuvre de l'hypothèque légale spéciale de l'article 2402, 3° du Code civil.

Voir : L. 10 juill. 1965, art. 20, comm. nos 16 et 20, p. 356. – D. 17 mars 1967, art. 5-1, comm. n° 15, p. 683. – Et sur le lien entre la régularité de l'opposition et la conservation du privilège, Annexe 51, *Privilège immobilier du syndicat*, p. 1395.

Les créanciers inscrits ou saisissants auront le plus grand intérêt à soulever éventuellement l'irrégularité de l'opposition car s'ils aboutissent dans leur demande, il en résultera que le syndicat ne pourra invoquer à leur détriment le droit de préférence dont il bénéficie en vertu de l'hypothèque légale spéciale de l'article 2402, 3° du Code civil.

L'opposition formée régulièrement par le syndic valant antérieurement mise en œuvre du privilège du syndicat (et aujourd'hui de l'hypothèque légale spéciale instituée par l'article 2402, 3° du Code civil, le destinataire de cette opposition doit en informer le juge chargé de la distribution du prix afin de faire convoquer le syndicat à la procédure. À défaut, le syndic est recevable à faire opposition au procès-verbal de règlement (V. sous l'ancienne procédure d'ordre, ▪ Cass. 3e civ., 4 juin 2008, n° 07-10.051 : *Loyers et copr.* 2008, comm. 231, obs. G. Vigneron ; *Rev. Administrer* août-sept. 2008, p. 41, note P. Capoulade ; *Rev. loyers* 2008, p. 393, note L. Guégan. – Sur la possibilité d'appliquer cette solution, purement prétorienne, sous le nouveau régime des procédures de distribution résultant du décret n° 2006-936 du 27 juillet 2006, codifiées aux articles R. 331-1 à R. 334-3 du Code des procédures civiles d'exécution, V. note préc. de L. Guégan).

C – Paiement des sommes réclamées par le syndic

1° *Solutions dégagées par la jurisprudence avant la loi ALUR*

23) Conditions à réunir avant de payer le syndic. On notera que le fait que le syndicat bénéficie d'un privilège ne signifie pas que le règlement de sa créance devra automatiquement intervenir dès qu'il se sera manifesté auprès du notaire par voie d'opposition.

Il peut, en effet, y avoir des contestations élevées, soit par le copropriétaire débiteur, soit par d'autres créanciers, en ce qui concerne soit la réalité de la créance, soit son caractère privilégié.

Si tel est le cas, le notaire ne pourra se faire juge et la question ne pourra être tranchée que judiciairement, dans le cadre d'une procédure de validation de l'opposition, ou d'une procédure de distribution.

S'il n'était pas tenu compte de l'opposition, l'acquéreur pourrait se voir réclamer deux fois le prix à concurrence des sommes dues à la copropriété.

L'opposition produit cet effet de « blocage du prix » alors même qu'elle n'a pas été validée. Son efficacité n'est donc pas subordonnée à l'engagement d'une instance en validation.

Voir : L. 10 juill. 1965, art. 20, comm. n° 12, p. 355.

Mais le syndic ne pourra être payé sur le prix qu'avec l'accord du vendeur : si ce dernier conteste la créance du syndic, celui-ci devra faire valider son opposition en assignant devant le tribunal compétent (▪ CA Paris, 14e ch. A, 12 sept. 2007 : *JurisData* n° 2007-342349. ▪ CA Paris, 8e ch. A, 15 avr. 1986 : *D.* 1986, inf. rap. p. 297). Si le vendeur conteste la validité en la forme de l'opposition, ou si elle est manifestement mal fondée, il peut tenter de faire constater son inexistence, ou sa nullité, en saisissant le juge des référés (▪ TGI Paris, réf., 11 avr. 1973 : *Gaz. Pal.* 1973, 2, p. 546). La contestation doit être dirigée contre le syndic ayant formé l'opposition et non contre le notaire (▪ CA Paris, 14e ch. A, 12 sept. 2007 : *AJDI* 2008, p. 132).

L'appréciation du juge s'opérera uniquement à partir des dispositions de l'article 20, qui ont un caractère autonome. Les règles posées par la loi du 9 juillet 1991 ne sont pas applicables en l'espèce (▪ Cass. 2e civ., 6 mai 1999 : *Loyers et copr.* 1999, comm. 219, note G. Vigneron ; *Rev. Administrer* août-sept. 1999, p. 64 ; *RD imm.* 1999, p. 456, obs. P. Capoulade ; *Defrénois* 1999, art. 37041, n° 77, obs. Ph. Delebecque ; *Gaz. Pal.* 13-14 sept. 2000, p. 49, obs. J.-M. Gélinet). Pour valider l'opposition, le juge ne peut se contenter de déclarer que le vendeur était bien débiteur du syndicat : il doit constater que les comptes avaient bien été approuvés et que les sommes réclamées correspondaient à des créances liquides et exigibles lors de la vente (▪ Cass. 3e civ., 20 mai 2014, n° 13-11.602 : *JurisData* n° 2014-010899 ; *Loyers et copr.* 2014, comm. 220, obs. G. Vigneron).

Le *notaire qui reçoit une opposition :*

– ne peut donc payer le vendeur alors même que cette opposition n'a pas été suivie d'une assignation en validité (V. ▪ Cass. 3e civ., 14 avr. 1982 : *Bull. civ.* III, n° 87, p. 61 ; *D.* 1982, inf. rap. p. 433, obs. Giverdon). ▪ CA Paris, pôle 4, 2e ch., 19 nov. 2014, n° 12-17523 : *Administrer* mars 2015, p. 49, obs. J.-R. Bouyeure) ;

– et ne peut pas non plus payer le syndic lorsque sa créance est contestée par le vendeur, tant qu'il n'a pas fait valider son opposition (▪ Cass. 1re civ., 12 juin 2012, n° 11-18.100 : *AJDI* 2012, p. 605. ▪ CA Paris, 15 avr. 1986, préc. et ▪ CA Versailles, 2 mai 1989 : *D.* 1990, inf. rap. p. 133). Il a été précisé que si le notaire payait le syndic sans avoir l'accord du vendeur, le fait que ce dernier n'ait pas protesté auprès du syndic pour contester la validité de l'opposition ne l'empêche pas de mettre en jeu la responsabilité du notaire (▪ Cass. 3e civ., 12 juin 2012, n° 11-18.100).

Ces solutions résultent clairement a contrario, depuis la « loi ALUR » (L. n° 2014-366, 24 mars 2014) du principe posé par l'article 20 selon lequel « le notaire libère les fonds dès l'accord entre le syndic et le vendeur sur les sommes restant dues » (V. ci-dessous, n° 25).

24) Consécration de la créance du syndic et prescription. Lorsqu'à la suite d'une action en mainlevée d'une opposition, un arrêt de la Cour passé en force de chose jugée fixe la créance du syndicat des copropriétaires, le copropriétaire débiteur ne peut se prévaloir de la prescription de l'action en paiement des charges en invoquant l'expiration du délai de dix ans prévu par l'article 42 de la loi du 10 juillet 1965. La prescription, qui est régie par le droit commun, a pour point de départ la date de l'arrêt (▪ Cass. 3e civ., 8 juin 2011, n° 10-14.379 : *JurisData* n° 2011-011066 ; *Bull. civ.* III, n° 94).

2° *Apports de la loi ALUR*

Bibliographie : G. Rouzet, *Spécificité de la vente en rente viagère du lot de copropriété : Inf. rap. copr.* avr. 2015, p. 19. – S. Bouchet, *Vente du lot et loi ALUR : Inf. rap. copr.* avr. 2015, p. 14. – J.-M. Roux, *La vente de lots de copropriété au lendemain de la loi ALUR : Inf. rap. copr.* déc. 2014, p. 27.

25) Précisions concernant la libération des fonds. L'article 20 de la loi du 10 juillet 1965, dans sa rédaction antérieure à la loi ALUR, ne donnait aucune indication quant aux conditions dans lesquelles le notaire pouvait procéder au paiement après opposition du syndic. Les solutions avaient été dégagées par la jurisprudence (V., art. 20, comm. n° 23, p. 359).

La loi ALUR a apporté sur ce point des précisions bienvenues. Elle indique que le notaire ne peut libérer les fonds qu'après accord entre le syndic et le vendeur sur les sommes dues.

Mais que se passe-t-il s'il n'y a pas d'accord ? L'article 20 de la loi du 10 juillet 1965, modifié par la loi ALUR apporte la réponse :

– il faut qu'une « contestation de l'opposition devant les tribunaux » intervienne dans les trois mois de « la constitution (*sic*) par le syndic de l'opposition régulière » ;

– s'il n'y a pas de contestation dans ce délai, le notaire « verse les sommes retenues au syndicat ».

En pratique c'est le vendeur qui aura la charge de saisir le tribunal. En effet le syndic n'est nullement obligé de prendre l'initiative d'une procédure : il lui suffit d'attendre l'expiration du délai de trois mois. À cette date de deux choses l'une : ou bien le vendeur aura assigné en contestation de l'opposition, et le syndic devra alors soutenir le procès ; ou bien le vendeur n'aura pas contesté l'opposition, et le notaire devra alors verser les sommes retenues au syndic.

II – CONTRÔLE DE LA SOLVABILITÉ DE L'ACQUÉREUR

26) Institution par la loi ALUR. La loi ALUR a ajouté à l'article 20 de la loi du 10 juillet 1965 un II, dans le but d'empêcher l'entrée dans la copropriété de candidats acquéreurs déjà copropriétaires dans l'immeuble, et qui ne sont pas à jour de leurs charges.

Ce contrôle va s'opérer par l'intermédiaire du notaire chargé de la vente (Sur le contrôle prévu par ailleurs par l'article L. 551-1 du Code de la construction et de l'habitation, destiné à éliminer les acquéreurs indésirables, V. annexes 63, *V° Vente de lots*, p. 1589).

27) Notification par le notaire. Le notaire chargé de recevoir l'acte de vente doit notifier au syndic :

– le nom du candidat acquéreur ;

– ou le nom des mandataires sociaux et des associés si le candidat acquéreur est une société civile immobilière ou une société en nom collectif ;

– le nom de leurs conjoints ou partenaires liés par un pacte civil de solidarité.

Cette notification doit être faite :

– après que, le cas échéant, le titulaire du droit de préemption prévu par l'article L. 211-4 dernier alinéa du Code de l'urbanisme (droit de préemption urbain) ait renoncé à l'exercice de son droit ;

– et préalablement à l'établissement de l'acte authentique de vente.

28) Suites de la notification. À la suite de cette notification, et dans le délai d'un mois, le syndic doit délivrer au notaire un certificat datant de moins d'un mois attestant :

– soit que les personnes dénommées dans la notification « ne sont pas copropriétaires de l'immeuble concerné par la mutation » ;

– soit, si l'une de ces personnes est copropriétaire, qu'elle n'a pas fait l'objet d'une mise en demeure de payer du syndic restée infructueuse pendant plus de 45 jours.

Si tel est le cas, le notaire « notifie aux parties l'impossibilité de conclure la vente ».

Cependant il existe une possibilité de « rattrapage ». Si un avant-contrat a été signé préalablement à l'acte authentique de vente, les personnes dont le nom a été notifié par le notaire au syndic disposent d'un délai de 30 jours à compter de cette notification pour s'acquitter de leur dette vis-à-vis du syndicat.

Si aucun certificat (du syndic) attestant du règlement des charges n'est produit à l'issue de ce délai, l'avant-contrat est réputé nul et non avenu aux torts de l'acquéreur.

Art. 21 ***(L. n° 85-1470, 31 déc. 1985 ; L. n° 2000-1208, 13 déc. 2000 ; L. n° 2009-526, 12 mai 2009 ; L. n° 2014-366, 24 mars 2014 ; L. n° 2015-990, 6 août 2015 ; à compter du 1er juin 2020, Ord. n° 2019-1101, 30 oct. 2019).*** **– Dans tout syndicat de copropriétaires, un conseil syndical assiste le syndic et contrôle sa gestion.**

En outre, il donne son avis au syndic ou à l'assemblée générale sur toutes questions concernant le syndicat, pour lesquelles il est consulté ou dont il se saisit lui-même. L'assemblée générale des copropriétaires, statuant à la majorité de l'article 25, arrête un montant des marchés et des contrats à partir duquel la consultation du conseil syndical est rendue obligatoire. À la même majorité, elle arrête un montant des marchés et des contrats autres que celui de syndic à partir duquel une mise en concurrence est rendue obligatoire.

En vue de l'information de l'assemblée générale appelée à se prononcer sur la désignation d'un syndic professionnel et sans que cette formalité ne soit prescrite à peine d'irrégularité de la décision de désignation du syndic, le conseil syndical met en concurrence plusieurs projets de contrats de syndic, établis conformément au contrat type mentionné à l'article 18-1-A et accompagnés de la fiche d'information mentionnée au même article. Le conseil syndical peut être dispensé de mise en concurrence par décision votée à la majorité des voix de tous les copropriétaires. À cette fin, il fait inscrire la demande à l'ordre du jour de l'assemblée générale précédente.

Dans tous les cas, un copropriétaire peut demander au syndic d'inscrire à l'ordre du jour de l'assemblée générale, appelée à se prononcer sur la désignation du syndic, l'examen de projets de contrat de syndic qu'il communique à cet effet.

Le conseil syndical peut se prononcer, par un avis écrit, sur tout projet de contrat de syndic. Si un tel avis est émis, il est joint à la convocation de l'assemblée générale, concomitamment avec les projets de contrat concernés.

Lorsque la copropriété n'a pas institué de conseil syndical, la mise en concurrence n'est pas obligatoire.

Le conseil syndical peut prendre connaissance, et copie, à sa demande, et après en avoir donné avis au syndic, de toutes pièces ou documents, correspondances ou registres se rapportant à la gestion du syndic et, d'une manière générale, à l'administration de la copropriété. En cas d'absence de transmission de ces pièces, au-delà d'un délai d'un mois à compter de la demande du conseil syndical, des pénalités par jour de retard, dont le montant est fixé par décret, sont imputées sur la rémunération forfaitaire annuelle du syndic. Ces pénalités sont déduites de la rémunération du syndic lors de l'établissement des comptes définitifs à clôturer et à soumettre à l'assemblée générale pour approbation. À défaut, le président du conseil syndical peut demander au président du tribunal judiciaire, statuant selon la procédure accélérée au fond, la condamnation du syndic au paiement de ces pénalités au profit du syndicat des copropriétaires.

Il reçoit sur sa demande, communication de tout document intéressant le syndicat.

Les membres du conseil syndical sont désignés par l'assemblée générale parmi les copropriétaires, leurs ascendants ou descendants, les associés dans le cas prévu par le premier alinéa de l'article 23 de la présente loi, les accédants ou les acquéreurs à terme, leurs conjoints, les partenaires liés à eux par un pacte civil de solidarité, leurs représentants légaux, ou leurs usufruitiers. Lorsqu'une personne morale est nommée en qualité de membre du conseil syndical, elle peut s'y faire représenter, soit par son représentant légal ou statutaire, soit par un fondé de pouvoir spécialement habilité à cet effet.

Le syndic, ses préposés, leurs conjoints, leurs partenaires liés à eux par un pacte civil de solidarité, leurs concubins, leurs ascendants ou descendants, leurs parents en ligne collatérale jusqu'au deuxième degré, même s'ils sont copropriétaires, associés ou acquéreurs à terme, ne peuvent être membres du conseil syndical. Les dispositions du présent alinéa ne sont pas applicables aux syndicats gérés par des syndics non professionnels.

Le conseil syndical élit son président parmi ses membres.

Lorsque l'assemblée générale ne parvient pas, faute de candidature ou faute pour les candidats d'obtenir la majorité requise, à la désignation des membres du conseil syndical, le procès-verbal, qui en fait explicitement mention, est notifié, dans un délai d'un mois, à tous les copropriétaires.

L'assemblée générale peut décider par une délibération spéciale, à la majorité prévue par l'article 26, de ne pas instituer de conseil syndical. La décision contraire est prise à la majorité des voix de tous les copropriétaires.

À défaut de désignation par l'assemblée générale à la majorité requise, et sous réserve des dispositions de l'alinéa précédent, le juge, saisi par un ou plusieurs copropriétaires ou par le syndic, peut, avec l'acceptation des intéressés, désigner les membres du conseil syndical ; il peut également constater l'impossibilité d'instituer un conseil syndical.

Bibliographie : J.-M. Roux, *Le conseil syndical*, Litec 2011. • Le conseil syndical depuis la loi du 31 décembre 1985. • P.-E. Lagraulet et G. Gil, *Le conseil syndical*, Edilaix, 2023. • C. Atias et J.-M. Roux, *Le conseil syndical : création, missions et responsabilité : Inf. rap. copr.* oct. 2017, p. 15. • M.-C. Ruffet, *Le conseil syndical, un outil renforcé : Inf. rap. copr.* mai 1986, p. 90 et *Les relations conseil syndical-syndic : Inf. rap. copr.* 1991, p. 230 et s. • M.-F. Ritschy, *Pour renforcer l'efficacité du conseil syndical : Inf. rap. copr.* mai 1996, p. 15. • J.-P. Cordelier, *Le conseil syndical : Gaz. Pal.* 13-14 sept. 2000, p. 38. • C. Danguy, *Conseil syndical : entre copropriétaires et syndic : Le Particulier immobilier* avr. 2000, p. 22. • E. Bonvallet, *Le conseil syndical : un organe clé de la copropriété : Rev. hab. fr.* mars 2004, p. 19. • P. Capoulade et D. Tomasin, *La copropriété*, Dalloz Action 2018-2019, n°s 35.00 et s. • *Dictionnaire permanent de gestion immobilière, V° Conseil syndical.* • E. Kischinewsky-Broquisse, *La copropriété des immeubles bâtis* Litec, 4e éd. 1989, n°s 519 et s. • *JCl. Copropriété*, Fasc. 92 et 93, par G. Vigneron. • J.-M. Roux, *Recommandation n° 13 bis relative au conseil syndical : les cas particuliers : Loyers et copr.* mars 2011, focus 17. • C. Michalopoulos, *Le conseil syndical et la copropriété : Inf. rap. copr.* mars 2013, p. 13. • J.-M. Roux, *Le nouveau visage du conseil syndical après la loi ALUR : Inf. rap. copr.* nov. 2014, p. 31. • C. Chazelle, *Conseil syndical : vers une nouvelle gouvernance ? : Inf. rap. copr.* juill.-août 2016, p. 13. • D. Rodrigues, *Les relations conseil syndical-syndic : Inf. rap. copr.* janv.-févr. 2019, p. 9. • J.-M. Roux, *Le conseil syndical au lendemain de l'ordonnance du 30 octobre 2019 : Loyers et copr.* 2020, étude 6. • P. Turenne, *Le conseil syndical, acteur essentiel de la gestion de la copropriété : Inf. rap. copr.* mai 2021, p. 11. • C. Chazelle, *La responsabilité des membres du conseil syndical : Inf. rap. copr.* avr. 2021, p. 23. • D. Rodrigues, *Famille, proches et conseil syndical : Inf. rap. copr.* juill.-août 2023, p. 9.

Voir : D. 17 mars 1967, art. 22 à 27, p. 775 et Annexe 17, *Commission relative à la copropriété*, 13e recommandation, p. 1095, Annexe 17, *Commission relative à la copropriété*, recommandation 13 *bis*, p. 1095. Annexe 35, *Groupe de recherche sur la copropriété*, préconisation 15 (le conseil syndical : désignation et organisation), p. 1255 et Annexe 35, *Groupe de recherche sur la copropriété*, préconisation 16 (le conseil syndical : prérogatives), p. 1255.

1) Un organe fondamental. L'auteur de la proposition de loi d'où est issu le texte ci-dessus a mis l'accent sur la « place éminente » qui devait être celle du conseil syndical dans la gestion des copropriétés « en assurant un dialogue et une information entre l'ensemble des copropriétaires et le syndic, ce qui est le meilleur moyen de maintenir un climat de confiance réciproque » (Rapport Bonnemaison au nom de la Commission des lois, doc. AN, n° 2960, p. 16).

Bibliographie : L'innovation de la loi du 29 décembre 1985 a consisté à en généraliser l'institution (sur le conseil syndical avant la loi du 31 décembre 1985, V. J. Cabanac, *Le conseil syndical : Rev. éco. et dr. imm.* 1981, n° 90, p. 23 et s. – *JCl. Copropriété*, Fasc. 92. – E. Kischinewsky-Broquisse, *La copropriété des immeubles bâtis*, Litec, 4e éd. 1989, nos 491 et s. et 506 et s.).

I – LE CONSEIL SYNDICAL, ORGANE OBLIGATOIRE DE LA COPROPRIÉTÉ

2) Existence de principe. L'assemblée n'a plus à décider d'instituer un conseil syndical, comme le prévoyait l'ancien article 21 de la loi du 10 juillet 1965. Ce conseil syndical *existe aujourd'hui de plein droit*, dans toutes les copropriétés, en vertu de la loi (V. art. 21, al. 1). Il s'agit d'un organe légal de gestion de la copropriété, au même titre que le syndicat ou le syndic ; il appartient simplement à l'assemblée d'en élire les membres.

3) Cas exceptionnel d'absence de conseil syndical. Il n'est que deux cas où la copropriété peut être dépourvue de conseil syndical :

a) lorsque *l'assemblée en décide ainsi* (lorsque la copropriété est de dimensions réduites par exemple).

Elle peut en effet par une « délibération spéciale » prise à la majorité de l'article 26, décider de ne pas instituer de conseil syndical (art. 21, al. 13). Il semble que cette même majorité soit requise pour supprimer un conseil syndical existant (V. ▪ Cass. 3e civ., 31 janv. 1996 : *Loyers et copr.* 1996, n° 236 ; *RD imm.* 1996, p. 277, obs. P. Capoulade).

Si elle entend par la suite revenir sur cette décision, elle devra le faire « à la majorité des voix de tous les copropriétaires » (c'est-à-dire en fait à la majorité de l'article 25 de la loi). D'après la nouvelle rédaction de l'article 25-1 de la loi, un second vote peut désormais intervenir immédiatement à la majorité des voix exprimées des copropriétaires présents, représentés ou ayant voté par correspondance si le projet a obtenu au moins le tiers des voix de tous les copropriétaires ;

b) lorsqu'il n'y a *pas de candidat*, ou que *ceux qui se présentent n'obtiennent pas la majorité requise* (V. *infra*).

En ce cas, le conseil syndical peut éventuellement être désigné judiciairement.

Les copropriétés existant au moment de l'entrée en vigueur de la loi du 29 décembre 1985 devront donc soit se doter d'un conseil syndical, soit décider de ne pas en instituer : la loi nouvelle leur est immédiatement applicable, à défaut de dispositions contraires.

II – RÔLE DU CONSEIL SYNDICAL

4) Mission d'assistance et de contrôle. Reprenant les dispositions figurant dans l'ancien article 21, le nouveau texte indique que le conseil syndical est chargé d'*assister le syndic* et de *contrôler sa gestion*.

Le conseil syndical doit rester dans le cadre fixé par la loi. Ainsi ne pourrait-il substituer le syndic, en procédant au recouvrement des charges ou représenter le syndicat en justice (▪ Cass. 3e civ., 22 mai 1990 : *Bull. civ.* III, n° 123. ▪ TGI Nice, 15 déc. 1971 : *Gaz. Pal.* 1972, 2, p. 821. ▪ CA Paris, 31 mai 1969 : *JCP* G 1970, IV, 75 ; *AJPI* 1972, p. 435, note J.-R. Bouyeure).

Il n'a par lui-même aucun pouvoir de gestion, ou de décision. Ainsi, une clause du règlement soumettant à l'autorisation préalable du conseil syndical l'exercice de certaines professions dans l'immeuble serait nulle, l'assemblée ayant, en la matière, compétence exclusive pour se prononcer (▪ CA Paris, 15 mai 1986 : *Gaz. Pal.* 1986, 2, p. 454). Le conseil syndical ne peut non plus autoriser des travaux (▪ CA Paris, 23e ch. A, 19 janv. 2000 : *Loyers et copr.* 2000, comm. 157, note G. Vigneron). N'ayant pas la personnalité morale, il ne peut agir en justice (▪ CA Versailles, 4e ch., 13 juin 2000 : *Rev. Administrer* oct. 2000, p. 72, obs. J.-R. Bouyeure. – V. *infra*, L. 10 juill. 1965, art. 25, comm. n° 22, p. 442).

A – Mission d'assistance

5) Avis au syndic ou à l'assemblée. Cette mission d'assistance du syndic se traduit par le fait que le conseil syndical *donne son avis au syndic ou à l'assemblée générale* sur « toute question concernant le syndicat ». Le contrat de syndic n'est pas visé par ce texte et n'est donc pas soumis à avis préalable du conseil syndical (▪ CA Paris,

23e ch., 10 nov. 2005 : *Loyers et copr.* 2006, comm. 67, obs. G. Vigneron ; *AJDI* 2006, p. 131 ; *Inf. rap. copr.* déc. 2006, p. 14, obs. M.-F. Ritschy).

• *Tantôt le conseil syndical sera consulté par le syndic ou l'assemblée générale* ; et en matière de « marchés » et de « contrats », cette consultation est *obligatoire*, à partir d'un seuil qu'il appartient toutefois à l'assemblée de fixer, à la majorité de l'article 25 (V. art. 21, al. 2).

Lorsque cette formalité est omise il a été jugé que l'assemblée n'était pas nulle, et qu'en particulier la nomination des membres du conseil syndical intervenue le même jour était valable (▪ CA Paris, 23e ch. A, 4 juin 1998 : *Dossier CSAB* n° 164, déc. 1998, p. 8).

On s'est demandé si lorsque l'avis du conseil syndical est ainsi obligatoire, l'absence de consultation du conseil syndical était ou non de nature à entraîner la nullité de la décision prise par l'assemblée de passer ces marchés ou contrats. L'affirmative paraît devoir être admise par application de l'article 13 du décret du 17 mars 1967 (V. ce texte).

En effet, la convocation ne sera pas régulière, faute de respecter les prescriptions du nouvel article 11-6° du décret (V. ce texte, en ce sens Courrech : *RD imm.* 1986, p. 426 et J.-R. Bouyeure et H. Souleau, *Commentaire de la loi : Gaz. Pal.* 1986, 1, doctr. p. 155, spécialement p. 159, col. 2. ▪ Cass. 3e civ., 29 janv. 2008 : *Loyers et copr.* 2008, n° 90, obs. G. Vigneron. ▪ CA Paris, 23 mai 2001 : *JurisData* n° 2001-146858). Depuis l'intervention du décret n° 2004-479 du 27 mai 2004, l'avis du conseil syndical n'est plus notifié aux copropriétaires pour la validité de la décision, mais seulement pour leur information.

Mais la nullité du contrat s'ensuivrait-elle, dès lors que le tiers contractant était de bonne foi ?

Il semble que si la nullité de la décision est prononcée, l'action doit simplement aboutir à la mise en cause de la responsabilité du syndic et à l'allocation de dommages et intérêts au profit des copropriétaires qui auront subi un préjudice (V. Courrech, *Commentaire de la loi : RD imm.* 1986, p. 425).

Il appartient au syndic – ou éventuellement au président du conseil syndical – de provoquer une délibération de l'assemblée pour la fixation du seuil au-delà duquel s'impose la consultation du conseil syndical, afin que la loi puisse recevoir exécution (et que les contrats et marchés puissent donc être passés régulièrement...).

Voir aussi : sur la nécessité de notifier aux copropriétaires l'avis du conseil syndical lorsque sa consultation est obligatoire, V. D. 17 mars 1967, art. 11 6°, p. 722.

L'avis du conseil syndical qui est également obligatoire dans le cas prévu par l'article 37, alinéa 2, du décret (V. ce texte) ne lie pas le syndic (▪ TGI Rouen, 8 févr. 1979 : *Gaz. Pal.* 1981, 1, somm. p. 31).

• *Tantôt le conseil syndical se saisira lui-même* (art. 21, al. 2).

Le pouvoir d'initiative du conseil syndical est extrêmement étendu. Il peut exprimer un avis tant au syndic qu'à l'assemblée sur les questions les plus diverses (« Toutes questions concernant le syndicat », dit le texte), qu'il s'agisse d'éclairer l'assemblée sur une décision à prendre (par exemple le choix d'un nouveau syndic : ▪ CA Paris, 23e ch. B, 6 sept. 2001 : *Loyers et copr.* 2002, comm. 46), ou de se prononcer sur les modalités d'exécution d'une décision déjà prise.

6) Forme des avis – Conseil pratique. Il avait été recommandé par la Commission relative à la copropriété que les avis soient donnés par écrit et consignés sur un registre spécial (V. la 13e recommandation en annexe). Il appartient au règlement de copropriété, et à défaut à l'assemblée, de définir la forme et la présentation des avis (en exigeant par exemple une authentification par la signature du président et des membres présents : V. Rép. min. 14 juin 1999 : *JOAN*, n° 26513, p. 3694 ; *JCP* N 1999, p. 1355).

B – Mission de contrôle

Bibliographie : M. Galimard, *Le contrôle a priori par le conseil syndical des règlements financiers de la copropriété : Journ. not.* 1991, art. 60327 et *Le contrôle financier et de gestion en cas de changement de syndic par le conseil syndical : Journ. not.* 1991, art. 60357.

7) Moyens d'information du conseil syndical. La mission de contrôle confiée au conseil syndical implique qu'il ait tous les éléments d'information sur la gestion de la copropriété. À cette fin, le texte a pris les dispositions suivantes :

• le conseil syndical peut prendre connaissance en se rendant au bureau du syndic de toutes pièces ou documents, correspondances, ou registres se rapportant à la gestion du syndic et d'une manière générale à l'administration de la copropriété (V. L. art. 21, al. 7).

Cette faculté de communication paraît impliquer que le syndic doit éventuellement se dessaisir – contre décharge – des originaux des pièces visées par la loi (en ce sens, J.-R. Bouyeure et H. Souleau, *Commentaire de la loi : Gaz. Pal.* 1986, 1, doctr. 15 et spécialement p. 159, col. 2) ;

• le conseil syndical peut demander copie des pièces visées à l'article 21, alinéa 7, et qui l'intéressent. Il doit aviser préalablement le syndic. Le texte ne précisant pas dans quelle forme, cet avis peut être soit verbal, soit écrit (cette dernière forme étant préférable si l'on veut en garder trace, en cas de difficulté).

La loi n° 2018-1021 du 23 novembre 2018 avait précisé qu'en cas d'absence de transmission des pièces, au-delà d'un délai d'un mois à compter de la demande du conseil syndical, des pénalités par jour de retard seront imputées sur les honoraires de base du syndic. Le montant minimal de cette pénalité a été fixé par le décret n° 2019-503 du 23 mai 2019 à 15 euros par jour de retard (A. Lebatteux, *Étude sur les trois décrets parus en application des dispositions de la loi n° 2018-1021 du 23 novembre 2018 dite loi ELAN en matière de copropriété : Loyers et copr.* juill.-août 2019, étude 5, p. 13). Désormais, les pénalités par jour de retard sont imputées sur la rémunération forfaitaire annuelle du syndic. Ces pénalités sont déduites de la rémunération du syndic lors de l'établissement des comptes définitifs à clôturer et à soumettre à l'assemblée générale pour approbation. À défaut, le président du conseil syndical peut demander au président du tribunal judiciaire, statuant selon la procédure accélérée au fond, la condamnation du syndic au paiement de ces pénalités au profit du syndicat des copropriétaires ;

• le conseil syndical peut aussi, sans déplacement, se faire communiquer à sa demande (écrite ou verbale) la copie de « tous documents intéressant le syndicat » (art. 21, al. 8).

La mission de contrôle dont le conseil syndical se trouve investi peut s'exercer soit *a priori* (par ex. en vérifiant la bonne exécution de ses missions par le syndic, ce qui permettra d'éclairer l'assemblée dans sa décision relative à leur approbation et au « quitus »), soit *a posteriori* (par ex. en vérifiant la bonne exécution par le syndic des décisions de l'assemblée).

En pratique, cette mission de contrôle impliquera éventuellement que le syndic vienne rendre compte de sa gestion devant le conseil syndical. Il a d'ailleurs été jugé qu'aucun texte ne s'opposait à ce que le syndic assiste aux séances du conseil syndical, chargé d'assister et de contrôler sa gestion (▪ Cass. 3e civ., 2 mars 2011 : *JurisData* n° 2011-003347 ; *Loyers et copr.* 2011, comm. 158, obs. G. Vigneron ; *Inf. rap. copr.* mars 2012, p. 12, obs. M.-F. Ritschy ; *Rev. Administrer* juin 2011, p. 40, obs. J.-R. Bouyeure ; *AJDI* 2011, p. 710, obs. P. Capoulade ; *Ann. loyers* 2011, p. 1694, obs. J.-M. Roux). De surcroît, le conseil syndical présente un rapport à l'assemblée sur l'ensemble de la gestion du syndic, où figurera, en outre, le compte rendu détaillé des activités du conseil.

Voir : sur l'objet et les modalités d'exercice de ce contrôle, V. plus bas, D. art. 26 pris pour l'application de ce texte. – Sur la possibilité, pour le conseil syndical, de se faire assister par des techniciens pour l'accomplissement de cette mission, V. D. 17 mars 1967, art. 27, p. 780.

C – Délégations de l'assemblée

8) Objet. Comme le rappelle l'article 26 du décret du 17 mars 1967 (V. ce texte), le conseil syndical *peut se voir confier le pouvoir de prendre par délégation les décisions visées à l'article 24*, c'est-à-dire celles concernant la gestion courante de l'immeuble, ainsi que le prévoit l'article 25 *a* de la loi.

Voir : le commentaire de ce texte, L. 10 juill. 1965, art. 25, comm. n° 3, p. 428.

Ainsi l'assemblée peut, après avoir pris la décision de faire exécuter les travaux, déléguer au conseil syndical le soin de provoquer des appels d'offres par les entreprises, et les mettre en concurrence (▪ TGI Nice, 26 juin 1986 : *Inf. rap. copr.* août 1987, p. 223). Mais il ne peut, dans ce cas, se voir confier la mission de choisir un syndic (ou de le révoquer), cette décision entrant au nombre de celles expressément visées par l'article 25 de la loi (et non par l'article 24) et relevant donc de la compétence exclusive de l'assemblée (▪ CA Paris, 2 juin 1988 : *D.* 1988, inf. rap. p. 204 ; *RD imm.* p. 502, obs. F. Givord et C. Giverdon), ou encore se voir confier la mission d'élaborer un règlement de copropriété destiné à entrer en vigueur sans que l'assemblée ait à l'approuver (▪ Cass. 3e civ., 21 juin 2000, aff. *Commune de Mulhouse*, arrêt n° 1036 D).

La délégation doit fixer le cadre des pouvoirs dévolus au conseil syndical et la marge de liberté dont il dispose. Au besoin l'étendue des pouvoirs conférés sera appréciée par le juge (V. pour la possibilité pour le conseil syndical de choisir la couleur de la peinture après consultation des copropriétaires, ▪ Cass. 3e civ., 24 sept. 2003, arrêt n° 1010 FS-D, aff. *Thiriot*). Le conseil syndical bénéficiant d'une délégation est dans la position d'un mandataire et doit donc agir dans la limite stricte des pouvoirs qui lui sont attribués. S'il les outrepasse, par exemple dans le choix d'une entreprise, sa décision doit être maintenue dès lors qu'il y a équivalence des prestations et que le syndicat ne subit aucun préjudice (▪ Cass. 3e civ., 25 sept. 2002, arrêt n° 1273 D, aff. *Courtois*).

Voir : sur la possibilité pour l'assemblée, sur un plan général, de déléguer ses pouvoirs en vertu de l'article 25 *a*, V. comm. sous D. 17 mars 1967, art. 21, p. 774, et sur la possibilité pour le conseil syndical de recevoir une délégation de pouvoir étendue, V. ss L. 10 juill. 1965, art. 21-1 et s., p. 370.

III – DÉSIGNATION DU CONSEIL SYNDICAL

Bibliographie : C. Atias, *La désignation des membres du conseil syndical : Inf. rap. copr.* oct. 2003, p. 20.

– P. Turenne, *Se faire élire au conseil syndical : Inf. rap. copr.* mai 2012, p. 37.

A – Désignation par l'assemblée

9) Majorité requise. Rappelons que le conseil syndical doit être désigné par l'assemblée à la majorité des voix de tous les copropriétaires (V. art. 25 c).

L'assemblée pourra désigner les membres du conseil syndical lors d'une seconde votation immédiate statuant à la majorité de l'article 24 si le projet a recueilli au moins le tiers des voix de tous les copropriétaires (V. L. art. 25-1).

Le règlement de copropriété ne pourrait pas prévoir une majorité différente, les dispositions de ce texte étant d'ordre public.

10) Candidature requise. Selon un arrêt de la Cour de cassation du 16 mars 2011, l'élection d'une personne en tant que conseiller syndical suppose qu'elle ait fait acte de candidature à ce poste (■ Cass. 3ᵉ civ., 16 mars 2011 : *JurisData* n° 2011-003804 ; *Loyers et copr.* 2011, comm. 157, obs. G. Vigneron ; *Inf. rap. copr.* mars 2012, p. 12, obs. M.-F. Ritschy ; *Rev. loyers* 2011, p. 165, note M. Plaidy ; *Rev. Administrer* juin 2011, p. 41, obs. J.-R. Bouyeure ; *D.* 2011, p. 879, obs. Y. Rouquet ; *AJDI* 2011, p. 711, obs. P. Capoulade ; *Ann. loyers* 2011, p. 1694, obs. J.-M. Roux ; sur cette décision, V. également, J.-M. Roux, *Désignation des membres du conseil syndical : Présentez vos candidatures ! : Inf. rap. copr.* mai 2011, p. 16).

11) Désignation individuelle. Statuant sur renvoi de cassation (■ Cass. 3ᵉ civ., 15 mai 2001 : *AJDI* 2001, p. 804, obs. P. Capoulade ; *Rev. Administrer* août-sept. 2001, p. 41, obs. J.-R. Bouyeure), la cour de Paris (1ʳᵉ ch. G) a jugé qu'aucune disposition législative ou réglementaire n'interdit l'élection en bloc des conseillers syndicaux dès lors que le nombre de candidats est égal au nombre de sièges à pourvoir et qu'aucun copropriétaire n'a demandé qu'il soit procédé à une désignation individuelle (■ CA Paris, 1ʳᵉ ch. G, aud. sol., 7 mai 2003 : *Loyers et copr.* 2003, comm. 204, obs. G. Vigneron ; *D.* 2003, somm., p. 3002, obs. C. Atias ; *Rev. Administrer* oct. 2003, p. 60, obs. J.-R. Bouyeure. – *Contra*, ■ CA Aix-en-Provence, 4ᵉ ch. A, 14 sept. 2007 : *Bull. Aix-en-Provence* 2007-4, p. 151, obs. C. Atias. – V. pour un procès-verbal mentionnant que les dix-sept membres du conseil syndical ont été élus à l'unanimité des copropriétaires présents ou représentés, ■ CA Aix-en-Provence, 4ᵉ ch. A, 26 oct. 2007 : *Bull. Aix-en-Provence* 2008-1, p. 57, obs. C. Atias). Il en va de même en cas de renouvellement des membres du conseil (■ Cass. 3ᵉ civ., 15 avr. 2015, n° 14-13.255 [publié au *Bulletin*] : *JurisData* n° 2015-008272 ; *Loyers et copr.* 2015, comm. 148, note G. Vigneron ; *Rev. loyers* 2015, p. 304, note L. Guégan ; *Inf. rap. copr.* janv.-févr. 2016, p. 9, obs. M.-F. Ritschy).

Il a été jugé qu'en présence d'un nombre de candidats supérieur aux sièges à pourvoir, la nécessité de désignations individuelles interdisait le vote bloqué (■ CA Versailles, 1ʳᵉ ch., 21 janv. 1993 : *Inf. rap. copr.* févr. 1995, p. 11, note D. Sizaire).

12) Difficultés diverses. Si, lors d'une première assemblée dix membres ont été élus à la majorité requise, les trois autres candidats n'ayant pas obtenu un nombre suffisant de voix, une seconde assemblée est valablement réunie pour pourvoir à ces trois autres postes à la majorité simple de l'article 24 de la loi (■ Cass. 3ᵉ civ., 11 mars 1998 : *Loyers et copr.* 1998, comm. 137, obs. G. Vigneron ; *RD imm.* 1998, obs. P. Capoulade).

Le conseil syndical est valablement constitué à partir du moment où deux de ses membres ont accepté leur mission, sans qu'il y ait lieu d'attendre l'accord des autres membres désignés (■ CA Paris, 1ʳᵉ ch. G, 13 janv. 1999 : *JurisData* n° 1999-020407 ; *Loyers et copr.* 1999, comm. 159). Mais il ne peut être composé d'une seule personne, même dans le cas d'une petite copropriété (■ CA Paris, 23ᵉ ch. A, 24 févr. 1999 : *JurisData* n° 1999-020414 ; *Loyers et copr.* 1999, comm. 191, obs. G. Vigneron).

S'il n'y a pas de candidats, il est inutile de réunir une deuxième assemblée (Rép. min. 14 avr. 1997 : *JOAN*, p. 1929, n° 43965 ; *JCP* N 1997, prat. 4103). En ce cas, ou si la majorité requise n'est pas obtenue, le procès-verbal doit faire expressément mention de ce fait et être notifié dans le délai d'un mois à tous les copropriétaires (art. 21, al. 8) : cela pour leur permettre de provoquer la désignation d'un conseil syndical par le juge (déclaration de M. Auroux, min. Urb. et Log. : *JO Sénat*, 5 nov. 1985, p. 2729).

La Cour de cassation a décidé que lorsque le nombre de membres au conseil syndical est fixé par le règlement de copropriété, il ne peut être modifié par l'assemblée générale qui les désigne (■ Cass. 3ᵉ civ., 21 juin 2006 : *AJDI* 2007, p. 209, obs. P. Capoulade ; *Ann. loyers* 2006, p. 1847 ; *Inf. rap. copr.* déc. 2006, p. 14, obs. M.-F. Ritschy).

Voir : sur la durée et le renouvellement du mandat des membres du conseil syndical, V. D. 17 mars 1967, art. 22, p. 775. – Sur la désignation de membres suppléants pour le cas de vacance du poste, V. D. 17 mars 1967, art. 25, p. 777. – Sur le caractère gratuit des fonctions de membre du conseil syndical, V. D. 17 mars 1967, art. 27, p. 780.

B – Désignation par le juge

13) Modalités. Le juge ne peut être saisi qu'à titre subsidiaire. Il faut que l'assemblée ait d'abord été mise en demeure de se prononcer et qu'elle n'ait pu procéder à la désignation des membres du conseil syndical à la majorité requise (art. 21, al. 14. Pour une illustration, ▪ Cass. 3e civ., 17 nov. 2017, n° 15-23.027 : *Ann. loyers* 2017, p. 72, obs. J.-M. Roux ; *Inf. rap. copr.* mars 2019, p. 8, obs. F. Bayard-Jammes).

La procédure à suivre et le juge compétent sont indiqués par l'article 48 du décret du 17 mars 1967 (V. le commentaire de ce texte dans le présent code).

Le juge peut être saisi soit par un ou plusieurs copropriétaires, soit par le syndic.

Il peut éventuellement « charger un mandataire de justice d'une mission d'information ».

Aux termes de cette procédure, le juge peut :

– soit désigner judiciairement les membres du conseil syndical. Il a donc ainsi le pouvoir de désigner des personnes dont la candidature n'aurait pas obtenu la majorité requise dans l'assemblée... Le texte précise toutefois que les personnes désignées doivent être d'accord (il faut leur « acceptation ») ;

– soit constater l'impossibilité d'instituer un conseil syndical.

IV – DÉMISSION ET RÉVOCATION DES MEMBRES DU CONSEIL SYNDICAL

14) Démission. La démission des membres du conseil syndical peut être présentée soit au président du conseil syndical, soit au syndicat en la personne du syndic (▪ CA Versailles, 4e ch., 6 avr. 1999 : *Dossier CSAB* n° 125, oct. 1999, obs. A. Dunes).

15) Révocation. La révocation des membres du conseil syndical peut intervenir de *deux manières* :

– *soit par l'assemblée*, qui se prononcera à la majorité de l'article 25 de la loi, comme le prévoit ce texte dans son *c)* ;

Voir : L. 10 juill. 1965, art. 25 c, comm. n° 39, p. 452.

– soit *judiciairement* : la révocation interviendra alors dans les mêmes formes que celles utilisées pour la nomination des membres du conseil syndical (V. D. art. 48).

V – COMPOSITION DU CONSEIL SYNDICAL

Bibliographie : D. Rodrigues et P.-E. Lagraulet, *Conditions d'éligibilité des membres du conseil syndical : Inf. rap. copr.* déc. 2020, p. 17.

16) Personnes pouvant être membres du conseil syndical. Le conseil syndical est choisi (art. 21, al. 9) :

• parmi les copropriétaires (ce qui exclut le titulaire d'un simple droit d'usage et d'habitation : Rép. min. 26 févr. 1971 : *JOAN*, Sénat, p. 59, ou encore un locataire : Rép. min. 25 févr. 1980 : *JOAN*, p. 741).

Lorsqu'un lot est en indivision, l'un quelconque des indivisaires peut être désigné comme membre du conseil syndical (▪ CA Paris, 23e ch. A, 24 juin 1998 : *Loyers et copr.* 1999, n° 20) ;

• parmi les ascendants ou les descendants des copropriétaires ;

• parmi les associés (dans le cas de société « d'attribution » Voir *infra*, L. 10 juill. 1965, art. 23, al. 1) ;

• parmi les personnes bénéficiant d'un contrat de location-accession : accédants ou acquéreurs à terme mentionnés à l'article 41 de la loi n° 84-595 du 12 juillet 1984, bien que la loi n° 2009-526 du 12 mai 2009 ait supprimé la référence à cette loi dans le corps du texte de l'article 21 (l'art. 102, I, 6°, L. n° 2005-32, 18 janv. 2005 ayant abrogé l'art. 41 de la loi du 12 juillet 1984).

Peuvent également être choisis :

• les conjoints des personnes énumérées plus haut, ce qui implique que le copropriétaire lui-même ne se porte pas candidat, et qu'il soit d'accord sur la candidature de son conjoint : ceci suppose en pratique que ce dernier soit titulaire d'un mandat exprès (▪ CA Rouen, 1re ch. civ., 30 mars 2005 : *Loyers et copr.* 2005, comm. 208, obs. G. Vigneron. ▪ CA Paris, 23e ch. B, 26 oct. 2000 : *Rev. loyers* janv. 2001, p. 21, obs. J.-M. Gélinet ; *Rev. Administrer* mars 2001, p. 46, note J.-R. Bouyeure. – V. les observations critiques de C. Atias, *Le conseil syndical saisi par le formalisme : Inf. rap. copr.* janv. 2001, p. 18). Si le conjoint du copropriétaire est par la suite désigné comme président du conseil syndical et que le copropriétaire révoque le mandat donné à son conjoint, ce dernier doit se démettre de sa fonction de président du conseil et de membre du conseil syndical (Rép. min. 5 mars 1990 : *JOAN*, p. 1088 ; *Loyers et copr.* 1990, comm. 243).

S'il paraît admis que lorsque deux conjoints sont chacun propriétaire d'un lot dans l'immeuble, ils peuvent l'un et l'autre poser leur candidature au conseil syndical, une difficulté se présente lorsqu'un couple est propriétaire d'un seul et même lot. Il a été déclaré qu'un seul d'entre eux pouvait alors se porter candidat (Rép. min. n° 24604 : *JOAN Q*, 27 janv. 2009, p. 822 ; *Rev. Administrer* avr. 2009, p. 63. – Rép. min. n° 34796 : *JOAN Q*, 9 nov. 2004, p. 8881). Mais le problème reste posé lorsque le couple possède en communauté plusieurs lots et non un seul.

• les partenaires des personnes énumérées plus haut dans le cadre d'un pacte civil de solidarité. La Haute autorité de lutte contre les discriminations et pour l'égalité (HALDE) avait rendu une délibération relevant le caractère discriminatoire de l'impossibilité pour la personne liée par un

PACS à un copropriétaire de siéger au conseil syndical de la copropriété (délib. n° 2006-249, 20 nov. 2006). La loi n° 2009-526 du 12 mai 2009 est venue modifier l'article 21 afin de permettre l'accès des partenaires au conseil syndical. Au demeurant, les concubins d'un copropriétaire restent, quant à eux, toujours exclus de cet organe.

• le représentant légal de ces mêmes personnes (par exemple le tuteur d'un copropriétaire incapable mineur ou majeur).

• les usufruitiers de ces personnes depuis la loi n° 2009-526 du 12 mai 2009.

Les membres du conseil syndical sont soit des personnes physiques, soit des personnes morales (sociétés, associations...). En ce dernier cas, le texte précise que la personne morale membre du conseil syndical y sera représentée par son représentant légal ou statutaire, ou à défaut par un fondé de pouvoir spécialement habilité à cet effet.

Le nombre des membres du conseil syndical ne doit pas, en pratique, être inférieur à trois, si l'on veut qu'il puisse correctement fonctionner et « délibérer ».

17) Personnes ne pouvant pas être membres du conseil syndical. Le texte de l'alinéa 10 indique que le syndic, ses préposés, leurs conjoints, leurs partenaires liés à eux par un pacte civil de solidarité, leurs concubins, leurs ascendants ou descendants, leurs parents en ligne collatérale jusqu'au deuxième degré, même s'ils sont copropriétaires, associés ou acquéreurs à terme, ne peuvent être membres du conseil syndical.

Ces interdictions ne sont toutefois pas applicables aux syndicats gérés par des « syndics non professionnels » (art. 21, al. 10). Cette situation comprend les copropriétés gérées par un syndic bénévole ou par un syndic coopératif.

Lorsque le *syndic est une personne morale*, une application littérale du texte amènerait à conclure que si cette personne morale ne peut pas être membre en tant que tel du conseil syndical, l'un quelconque des associés, ou même son représentant statutaire, pourrait pour sa part être désigné. La Cour de cassation a ainsi admis qu'un membre du conseil d'administration de la société syndic de l'immeuble pouvait être désigné comme représentant d'un syndicat secondaire au conseil syndical du syndicat principal (■ Cass. 3e civ., 14 janv. 1998 : *Loyers et copr.* 1998, n° 81 ; *RD imm.* 1998, p. 297, obs. P. Capoulade). Mais cette interprétation paraît peu compatible avec l'esprit du texte. Les membres du conseil syndical doivent être totalement indépendants du syndic, si l'on veut que leur contrôle soit objectif et effectif.

Par ailleurs, si l'article 21 de la loi de 1965 prohibe au syndic de faire partie du conseil syndical, aucun texte ne s'oppose à ce qu'il assiste à ses séances (■ Cass. 3e civ., 9 mars 2011 : *JCP* N 2011, jurispr. 321).

Selon une réponse ministérielle du 6 avril 1998 (*JOAN*, p. 1980 ; *Rev. Administrer* nov. 1998, p. 56), le gardien de l'immeuble ne pourrait pas être membre du conseil syndical. Une précédente réponse estimait seulement que cette désignation était en pratique peu opportune (Rép. min. 11 nov. 1996 : *JOAN*, p. 5922, n° 41978). Selon une autre réponse, serait illicite la clause privant du droit d'être membre du conseil syndical, les copropriétaires qui seraient employés ou salariés du syndicat (Rép. min. : *JOAN* Q, 26 oct. 2004, p. 8487, n° 40180).

D'après une autre réponse ministérielle, le mandataire d'un copropriétaire, lui-même non copropriétaire, ne peut être désigné membre du conseil syndical que s'il est conjoint, partenaire lié à lui par un PACS, représentant légal ou usufruitier d'un copropriétaire (Rép. min. n° 128095 : *JOAN* Q, 17 avr. 2012, p. 3070 ; *Loyers et copr.* juin 2012, p. 5 ; *JCP* N 2012, 504 ; *Inf. rap. copr.* juin 2012, p. 22 ; *AJDI* 2012, p. 403).

La clause du règlement prévoyant que seuls peuvent être élus les copropriétaires à jour de leurs charges doit être réputée non écrite (■ Cass. 3e civ., 18 déc. 2002 : *Bull. civ.* III, n° 268 ; *JCP* G 2003, IV, 1305 ; *Loyers et copr.* 2003, comm. 70 ; *Rev. loyers* 2003, p. 246, note J.-M. Gélinet ; *Rev. Administrer* avr. 2003, p. 58, obs. J.-R. Bouyeure).

VI – ORGANISATION INTERNE DU CONSEIL SYNDICAL

18) Règles applicables. Le texte ne donne aucune précision quant à l'organisation interne du conseil syndical. Mais l'article 22 du décret du 17 mars 1967 (V. ce texte) précise que les règles relatives à son organisation et à son fonctionnement sont fixées :

– soit par le *règlement de copropriété ;*

– soit par *l'assemblée* qui désigne les membres du conseil syndical, statuant à la majorité de l'article 25 de la loi (V. plus bas, comm. D. art. 22).

19) Président du conseil syndical. Il est simplement précisé que le président doit être élu parmi ses membres (art. 21, al. 11).

Il a été jugé qu'il appartient au seul conseil syndical de procéder à l'élection de son président et le syndic ne peut s'immiscer dans une telle délibération, sauf à commettre un manquement à l'indépendance dont doit bénéficier un organisme chargé d'une mission de surveillance de la gestion de la copropriété par le même syndic (■ CA Riom, 3 févr. 2011 : *JurisData* n° 2011-001337).

Voir : sur le *rôle particulier du président du conseil syndical* en matière de convocation d'assemblée, V. D. 17 mars 1967, art. 8, al. 2, p. 699.

Bibliographie : B. Pollin, *Le président du conseil syndical : Rev. Administrer* juill. 1999, p. 22. – J.-M. Roux, *Le président du conseil syndical : Rev. Administrer* juin 2007, p. 13.

VII – RESPONSABILITÉ DES MEMBRES DU CONSEIL SYNDICAL

Bibliographie : D. Sizaire, *La responsabilité des membres du conseil syndical : Gaz. Pal.* 1975, 2, doctr. p. 697. – Souied, *La responsabilité des membres du conseil syndical : Rev. bleue*, janv. 2000, p. 23. – J.-M. Gélinet, *La responsabilité des membres du conseil syndical : Rev. loyers* 2007, p. 375. – J.-M. Roux, *La responsabilité civile des membres du conseil syndical : Inf. rap. copr.* sept. 2011, p. 11. – D. Rodrigues, *La responsabilité des conseillers syndicaux : Inf. rap. copr.* janv.-févr. 2022, p. 12.

20) Cas où elle peut être recherchée. La responsabilité des membres du conseil syndical (et non pas du conseil syndical lui-même puisqu'il n'a pas la personnalité morale) peut être engagée vis-à-vis du syndicat s'il accomplit mal sa mission (D. Sizaire, *La responsabilité des membres du conseil syndical : Gaz. Pal.* 1975, 2. doctr. p. 697 et s. – B. Boussageon, *La responsabilité du conseil syndical et de ses membres : AJPI* 1995, p. 209 et s. – F. Jammes-Bayard, *Responsabilité du conseil syndical : Inf. rap. copr.* déc. 1997, p. 22) ou vis-à-vis du syndic (par exemple en cas de contrôle abusif ou vexatoire : ■ TGI Nice, 15 déc. 1971 : *Gaz. Pal.* 1972, 2, p. 821. ■ T. com. Marseille, 10 nov. 1965 : *Inf. rap. copr.* 1966, p. 47). Elle sera appréciée en tenant compte de ce que le « mandat » des membres du conseil syndical est gratuit (application de l'article 1992, alinéa 2, du Code civil. – V. D. art. 27).

Le juge se montrera moins sévère que pour un mandat salarié, lorsqu'il s'agira d'apprécier s'il y a ou non faute : seules les fautes graves pourront être sanctionnées ; ainsi, s'il y a carence systématique du conseil syndical dans sa mission de contrôle, et à plus forte raison, s'il y a eu collusion frauduleuse avec le syndic. Il a été jugé qu'il ne pouvait être exigé du président du conseil syndical une obligation de résultat quant à la gestion du syndic dont il avait proposé la désignation à l'assemblée générale (■ CA Paris, pôle 4, ch. 2, 20 sept. 2017 : *Inf. rap. copr.* mars 2019, p. 8, obs. F. Bayard-Jammes ; *Rev. Administrer* déc. 2017, p. 57, obs. J.-R. Bouyeure). Il en va de même en cas de négligence dans la surveillance des comptes du syndic, faute de collusion frauduleuse avec ledit syndic (■ Cass. 3e civ., 29 nov. 2018, n° 17-27.766 : *Loyers et copr.* 2019, comm. 18, obs. C. Coutant-Lapalus ; *JurisData* n° 2018-021402 ; *Ann. loyers* janv.-févr. 2019, p. 57, obs. J.-M. Roux ; *Inf. rap. copr.* mars 2019, p. 8, obs. F. Bayard-Jammes ; *Administrer* janv. 2019, p. 42, obs. J.-R. Bouyeure).

La responsabilité des membres du conseil syndical peut aussi être engagée envers les copropriétaires : elle est alors de nature délictuelle (■ CA Paris, 23e ch., 18 févr. 1994 : *Loyers et copr.* 1994, comm. 317). Ce sera le cas s'ils ont « agi en connaissance de cause dans un intérêt contraire à celui de la copropriété » (■ CA Paris, 23e ch. A, 4 oct. 2000 : *JurisData* n° 2000-126801 ; *Loyers et copr.* 2001, comm. 100, obs. G. Vigneron ; *AJDI* 2000, p. 962). Mais l'imprudence ou la négligence pourrait aussi être sanctionnée en application des articles 1382-1383 du Code civil.

Il a été recommandé que le président du conseil syndical et ses membres souscrivent une assurance responsabilité civile pour prévenir les risques liés à l'exercice de leurs fonctions (Rép. min. 9 mars 2000 : *JO* déb. Sénat, p. 888, n° 19764).

Des accusations à la limite de la diffamation peuvent donner lieu à réparation au profit des membres du conseil syndical injustement mis en cause (■ CA Paris, 19e ch., 21 oct. 2004 : *Loyers et copr.* 2005, comm. 57, obs. G. Vigneron). L'action doit alors être intentée sur le fondement de la loi du 29 juillet 1881 au titre d'une allégation ou imputation d'un fait qui porte atteinte à l'honneur ou à la réputation de la personne (■ Cass. 3e civ., 3 nov. 2016, n° 15-17.150 : *Ann. loyers* 2017, p. 72, obs. J.-M. Roux).

Voir : Annexe 17, *Commission relative à la copropriété* (13e recommandation), p. 1095.

VIII – MISE EN CONCURRENCE DES PRESTATAIRES DE SERVICE

21) Innovation introduite par la loi du 13 décembre 2000. Ajoutant à l'article 21, alinéa 2, la loi du 13 décembre 2000 oblige l'assemblée à arrêter un montant des marchés et contrats autres que celui de syndic à partir duquel une mise en concurrence est rendue obligatoire. S'agissant d'un impératif légal, il appartient au syndic de porter la question d'office à l'ordre du jour.

L'assemblée arrête ce montant à la majorité de l'article 25, avec possibilité le cas échéant de statuer à la majorité de l'article 24, conformément à l'article 25-1.

Voir : sur les modalités de la mise en concurrence, D. 17 mars 1967, art. 19-2, p. 772.

IX – MISE EN CONCURRENCE DES CANDIDATS SYNDICS

22) Obligation pesant sur le conseil syndical. La loi n° 2014-366 du 24 mars 2014 avait entendu principalement confier au conseil syndical la tâche de collecter les propositions émanant des candidats syndics dans l'hypothèse où l'assemblée générale est appelée à se prononcer sur la désignation du représentant du syndicat (L. 1965, art. 21, al. 3, nouveau, mod., Ord. n° 2019-1101, 30 oct. 2019 ; sur la non application de la mise en concurrence et de la consultation du conseil syndical antérieurement à la loi ALUR, ▪ Cass. 3e civ., 15 avr. 2015, n° 14-13.255 : *JurisData* n° 2015-008272 ; *Loyers et copr.* 2015, comm. 153, obs. G. Vigneron ; *Inf. rap. copr.* janv.-févr. 2016, p. 9, obs. M.-F. Ritschy). D'après la cour de Paris, le syndic est tenu d'un devoir d'information et de conseil envers les copropriétaires en cas d'absence de mise en concurrence afin que ces derniers puissent proposer eux-mêmes des candidatures (▪ CA Paris, pôle 4, ch. 2, 16 mai 2018, n° 16/17765 : *Administrer* août-sept. 2018, p. 46, obs. J.-R. Bouyeure).

La mise en concurrence portera sur plusieurs projets de contrats de syndic, établis conformément au contrat type mentionné à l'article 18-1-A de la loi de 1965, et accompagnés de la fiche d'information mentionnée au même article (L. 1965, art. 21, al. 3 ; V. ann. 58, *Syndic de copropriété*, p. 1487).

23) Moment de la mise en concurrence. L'article 21, alinéa 3, actuel prévoit que la mise en concurrence doit être effectuée « *en vue de l'information de l'assemblée générale appelée à se prononcer sur la désignation d'un syndic professionnel* ». Il faut en déduire que la mise en concurrence n'a pas à être organisée par le conseil syndical lors de chaque réunion de l'assemblée générale appelée à désigner le syndic mais uniquement à l'occasion de la réunion de celle qui doit statuer sur le mandat de syndic.

24) Préalable à l'assemblée générale. Depuis la loi du 6 août 2015, la mise en concurrence de plusieurs projets de contrat de syndic par le conseil syndical, doit intervenir avant la tenue de la prochaine assemblée générale appelée à se prononcer sur la désignation du syndic. Le législateur n'a cependant pas prévu de sanction particulière à défaut de mise en concurrence préalablement à la réunion de l'organe délibérant. L'ordonnance n° 2019-1101 du 30 octobre 2019 a d'ailleurs précisé, au sein de l'alinéa 3, que cette formalité n'était pas prescrite à peine d'irrégularité de la décision de désignation du syndic (sous l'empire du droit antérieur, ▪ Cass. 3e civ., 21 sept. 2022, n° 21-17.295 : *Ann. loyers* 2022, p. 82, obs. J.-M. Roux ; *Administrer* nov. 2022, p. 63, obs. P. Déchelette-Tolot ; *AJDI* 2023, p. 128, obs. P.-E. Lagraulet. ▪ Cass. 3e civ., 3 juin 2021, n° 20-13.269 : *JurisData* n° 2021-008458 ; *Loyers et copr.* 2021, comm. 142, obs. C. Coutant-Lapalus ; *Ann. loyers* sept. 2021, p. 98, obs. J.-M. Roux ; *Administrer* août-sept. 2021, p. 33, obs. J.-R. Bouyeure).

25) Initiative des copropriétaires. Le rôle du conseil syndical n'empêche pas la possibilité, pour les copropriétaires, de demander au syndic l'inscription à l'ordre du jour de l'assemblée générale, de l'examen des projets de contrats de syndic qu'ils lui auront communiqués à cet effet. En vertu du nouvel alinéa 4 de l'article 21 de la loi (issu de l'ordonnance n° 2019-1101 du 30 octobre 2019), il est expressément indiqué que dans tous les cas, un copropriétaire peut demander au syndic d'inscrire à l'ordre du jour de l'assemblée générale, appelée à se prononcer sur la désignation du syndic, l'examen de projets de contrat de syndic qu'il communique à cet effet.

26) Avis du conseil syndical. Dans le cadre de sa mission d'information, le conseil syndical peut se prononcer, par un avis écrit, sur tout projet de contrat de syndic. Si un tel avis est émis, il est joint à la convocation de l'assemblée générale, concomitamment avec les projets de contrat concernés (L. 1965, art. 21, al. 5, nouveau).

27) Première dispense. Lorsque la copropriété est dépourvue de conseil syndical, la mise en concurrence de candidats syndics n'est pas obligatoire (L. 1965, art. 21, al. 6, nouveau).

28) Seconde dispense. Deux conditions sont spécifiquement posées par la loi afin qu'une assemblée générale puisse dispenser le conseil syndical de procéder à une mise en concurrence.

Tout d'abord, le conseil syndical est dispensé lorsque l'assemblée générale annuelle qui précède celle appelée à se prononcer sur la désignation d'un syndic après mise en concurrence obligatoire, décide à la majorité des voix de tous les copropriétaires de déroger à la règle. La formulation permet désormais le recours à la passerelle de l'article 25-1 de la loi de 1965 (V. ce texte).

Ensuite, et en application de la règle classique posée par l'article 13, alinéa 1er, du décret du 17 mars 1967, cette question est obligatoirement inscrite à l'ordre du jour de l'assemblée générale concernée (L. 1965, art. 21, al. 3, nouveau). Il est aujourd'hui mentionné à l'article 21, alinéa 3, qu'à des fins de dispense, le conseil syndical fait inscrire la demande à l'ordre du jour de l'assemblée générale précédente.

Bibliographie : L. Guégan, *La mise en concurrence du contrat de syndic après la loi Macron du 6 août 2015 : Loyers et copr.* déc. 2015, étude n° 14, p. 11. – J.-R. Bouyeure, *La mise en concurrence : Rev. Administrer* oct. 2015, p. 5. – N. Figuière-Brocard, *Mise en concurrence des syndics : le rôle du conseil syndical : Inf. rap. copr.* avr. 2017, p. 13.

X – DÉLÉGATION DE POUVOIR AU CONSEIL SYNDICAL

29) Objectif du texte. L'ordonnance n° 2019-1101 du 30 octobre 2019 a inséré cinq articles (21-1 à 21-5) au sein de la loi du 10 juillet 1965 créant la possibilité d'une délégation conventionnelle au profit d'un conseil syndical. Il s'est agi de permettre la prise de décision en copropriété sans nécessairement convoquer une assemblée générale. Un certain nombre de conditions ont été posées par la réforme ainsi que des « garde-fous » afin d'éviter une confiscation du pouvoir de décision par le conseil syndical, les copropriétaires étant susceptibles d'intervenir régulièrement pour déterminer les limites de la délégation octroyée par l'organe délibérant.

Art. 21-1 *(Aj. à compter du 1er juin 2020, Ord. n° 2019-1101, 30 oct. 2019).* **– Sans préjudice des dispositions du a de l'article 25, lorsque le conseil syndical est composé d'au moins trois membres, l'assemblée générale peut, par décision prise à la majorité des voix de tous les copropriétaires, lui déléguer le pouvoir de prendre tout ou partie des décisions relevant de la majorité des voix exprimées des copropriétaires présents, représentés, ou votant par correspondance.**

La délégation de pouvoirs ne peut toutefois porter sur l'approbation des comptes, sur la détermination du budget prévisionnel, ou sur les adaptations du règlement de copropriété rendues nécessaires par les modifications législatives et règlementaires intervenues depuis son établissement.

Bibliographie : D. Rodrigues, *La délégation conventionnelle au profit du conseil syndical : Inf. rap. copr.* avr. 2021, p. 27. • L. Guégan-Gélinet, *Les nouveaux rôles et pouvoirs du conseil syndical : Rev. Administrer* févr. 2021, p. 27.

1) Alternative. Comme par le passé, l'assemblée générale conserve la possibilité de déléguer au conseil syndical le pouvoir de prendre, ponctuellement, un acte ou une décision dans le cadre de l'article 25, *a*, de la loi de 1965 (V. ce texte). Une autre démarche s'offre désormais aux copropriétaires grâce à l'article 21-1 nouveau.

2) Composition du conseil syndical. La délégation de pouvoir ne peut intervenir qu'au profit des conseils syndicaux composés d'au moins trois membres.

3) Majorité absolue. Il appartient à l'assemblée générale de voter cette délégation à la majorité des voix de tous les copropriétaires. La formulation employée par le texte autorise l'assemblée à procéder à un second vote à la majorité simple de l'article 24 si les conditions de l'article 25-1 sont remplies (V. ce texte).

4) Décisions concernées. La délégation peut porter sur tout ou partie des décisions relevant de la majorité des voix exprimées des copropriétaires présents, représentés, ou votant par correspondance (V. L. 1965, art. 24).

5) Décisions exclues. Même si elles ressortissent de l'article 24 de la loi du 10 juillet 1965, certaines décisions doivent, dans tous les cas, être adoptées en assemblée générale. Ainsi, ne peuvent faire l'objet d'une délégation au conseil syndical :
- l'approbation des comptes ;
- la détermination du budget prévisionnel ;
- les adaptations du règlement de copropriété rendues nécessaires par les modifications législatives et règlementaires intervenues depuis son établissement.

Art. 21-2 *(Aj. à compter du 1er juin 2020, Ord. n° 2019-1101, 30 oct. 2019).* **– L'assemblée générale fixe le montant maximum des sommes allouées au conseil syndical pour mettre en œuvre sa délégation de pouvoirs.**

Enveloppe financière. Il appartient aux copropriétaires de prévoir la limite budgétaire octroyée au conseil syndical agissant en vertu d'une délégation de pouvoir. À ce titre, l'organe délibérant devra déterminer le montant maximal des sommes permettant l'exécution des décisions prises par le conseil. Il pourra s'agir, selon nous, d'une enveloppe globale ne détaillant pas nécessairement l'attribution des sommes (V. D. 1967, art. 26-1 nouv.).

Un arrêté du 20 août 2020 (*JO* 9 oct.) met à jour la nomenclature comptable de l'arrêté du 14 mars 2005 relatif aux comptes du syndicat des copropriétaires pour y intégrer les provisions et charges résultant du montant alloué au conseil syndical pour la mise en œuvre de la délégation de pouvoirs qui lui a été accordée par l'assemblée générale des copropriétaires (V. Annexe 18, *Comptabilité des syndicats*, p. 1141).

Art. 21-3 *(Aj. à compter du 1er juin 2020, Ord. n° 2019-1101, 30 oct. 2019).* **– La délégation de pouvoirs mentionnée à l'article 21-1 est accordée au conseil syndical pour une durée maximale de deux ans. Elle est renouvelable par une décision expresse de l'assemblée générale.**

1) Durée de la délégation. L'encadrement de la délégation de pouvoir suppose une limitation temporelle. La délégation ne peut excéder 2 ans.

2) Renouvellement. La tacite reconduction n'est pas autorisée. Les copropriétaires doivent pouvoir « garder la main ». Si le renouvellement d'une délégation est permis, il implique une décision expresse de l'assemblée adoptée dans les mêmes conditions que la délégation initiale. L'assemblée générale demeure libre de renouveler la délégation arrivée à son terme, si les décisions qui en sont l'objet sont récurrentes et que l'action du conseil syndical est satisfaisante.

Art. 21-4 ***(Aj. à compter du 1er juin 2020, Ord. n° 2019-1101, 30 oct. 2019).*** **– Le syndicat des copropriétaires souscrit, pour chacun des membres du conseil syndical, une assurance de responsabilité civile.**

Assurance obligatoire. Si les avis rendus par le conseil syndical ne font pas grief, il en va autrement des décisions adoptées en application d'une délégation de pouvoir. Partant, la loi fait obligation au syndicat des copropriétaires de souscrire une assurance de responsabilité couvrant chaque membre du conseil syndical. L'objectif consiste à les protéger et ne pas décourager les initiatives de mandataires bénévoles eu égard aux conséquences des décisions prises par eux.

Art. 21-5 ***(Aj. à compter du 1er juin 2020, Ord. n° 2019-1101, 30 oct. 2019).*** **– Les décisions du conseil syndical pour l'exercice de la délégation de pouvoirs mentionnée à l'article 21-1 sont prises à la majorité de ses membres. En cas de partage des voix, le président du conseil syndical a voix prépondérante.**

Le conseil syndical rend compte de l'exercice de sa délégation de pouvoirs devant l'assemblée générale votant l'approbation des comptes.

Il établit un rapport en vue de l'information des copropriétaires.

1) **Prise de décision.** Alors que les modalités d'adoption des avis du conseil syndical sont librement déterminées au sein de chaque copropriété, celles relatives aux décisions fondées sur une délégation de pouvoir ont été précisées par l'ordonnance du 30 octobre 2019. Les décisions du conseil syndical sont prises à la majorité de ses membres. Dans l'occurrence d'un partage des voix, une voix prépondérante est reconnue au président du conseil syndical (L. 1965, art. 21-5, al. 1er ; V. aussi D. 1967, art. 21-1 nouv.).

2) **Reddition des comptes.** Il appartient au conseil syndical de rendre compte de la mission qui lui a été confiée devant l'assemblée générale appelée à approuver les comptes du syndicat (L. 1965, art. 21-5, al. 2).

3) **Rapport.** Afin d'informer les copropriétaires, le conseil syndical rédige un rapport relatif à l'exercice de la délégation dont il a fait l'objet (L. 1965, art. 21-5, al. 3).

Art. 22 ***(Mod., L. n° 66-1006, 28 déc. 1966 ; L. n° 85-1470, 31 déc. 1985 ; L. n° 2009-526, 12 mai 2009 ; L. n° 2014-366, 24 mars 2014 ; L. n° 2018-1021, 23 nov. 2018 ; à compter du 1er juin 2020, Ord. n° 2019-1101, 30 oct. 2019).*** **– I. – Le règlement de copropriété détermine, dans le respect des dispositions de la présente loi, les règles de fonctionnement et les pouvoirs des assemblées générales.**

Chaque copropriétaire dispose d'un nombre de voix correspondant à sa quote-part dans les parties communes. Toutefois, lorsqu'un copropriétaire possède une quote-part des parties communes supérieure à la moitié, le nombre de voix dont il dispose est réduit à la somme des voix des autres copropriétaires.

Tout copropriétaire peut déléguer son droit de vote à un mandataire, que ce dernier soit ou non membre du syndicat. Chaque mandataire ne peut, à quelque titre que ce soit, recevoir plus de trois délégations de vote. Toutefois, un mandataire peut recevoir plus de trois délégations de vote si le total des voix dont il dispose lui-même et de celles de ses mandants n'excède pas 10 % des voix du syndicat. Chacun des époux copropriétaires communs ou indivis d'un lot peut recevoir personnellement des délégations de vote, dans les conditions prévues au présent article. Tout mandataire désigné peut subdéléguer son mandat à une autre personne, à condition que cela ne soit pas interdit par le mandat. Le mandataire peut, en outre, recevoir plus de trois délégations de vote s'il participe à l'assemblée générale d'un syndicat principal et si tous ses mandants appartiennent à un même syndicat secondaire. Lorsque le syndic a reçu des mandats sans indication de mandataire, il ne peut ni les conserver pour voter en son nom, ni les distribuer lui-même aux mandataires qu'il choisit.

Ne peuvent ni recevoir de mandat pour représenter un copropriétaire, ni présider l'assemblée générale :

1° Le syndic, son conjoint, le partenaire lié à lui par un pacte civil de solidarité, son concubin ;

2° Les ascendants et descendants du syndic ainsi que ceux de son conjoint ou du partenaire lié à lui par un pacte civil de solidarité ou de son concubin ;

3° Les préposés du syndic, leur conjoint, le partenaire lié à eux par un pacte civil de solidarité, leur concubin ;

4° Les ascendants et descendants des préposés du syndic ainsi que ceux de leur conjoint ou du partenaire lié à eux par un pacte civil de solidarité ou de leur concubin.

II. – L'assemblée générale d'un syndicat secondaire statuant à la majorité mentionnée à l'article 25 peut mandater, pour une durée d'un an, le président du conseil syndical secondaire pour représenter les copropriétaires à l'assemblée générale du syndicat principal. Par dérogation au I du présent article, le mandat confié au président du conseil syndical secondaire emporte délégation de vote de tous les copropriétaires pour les décisions inscrites à l'ordre du jour de l'assemblée générale du syndicat principal nécessitant un vote relevant de l'article 24.

Pour les décisions inscrites à l'ordre du jour de l'assemblée générale du syndicat principal nécessitant la majorité mentionnée aux articles 25 ou 26 ou l'unanimité, le président du conseil syndical secondaire ne peut prendre part au vote que s'il dispose d'une délibération de l'assemblée générale du syndicat secondaire se prononçant sur cette décision aux majorités requises par la présente loi.

Le président du conseil syndical secondaire rend compte de son activité à chaque assemblée générale du syndicat secondaire. Le renouvellement de son mandat est inscrit chaque année à l'ordre du jour de l'assemblée générale.

III. – Le II est applicable pour la représentation au sein de l'assemblée générale des associations syndicales libres des membres du syndicat des copropriétaires des immeubles inclus dans le périmètre de l'association syndicale libre.

Pour les décisions inscrites à l'ordre du jour de l'assemblée générale de l'association syndicale libre pour lesquelles les statuts de ladite association prévoient une majorité qualifiée, le mandataire désigné dans les conditions prévues au II ne peut prendre part au vote s'il ne dispose d'une délibération de l'assemblée générale des copropriétaires le mandatant et se prononçant sur cette décision à la même majorité.

Bibliographie : *JCl. Copropriété*, Fasc. 84-10 par G. Vigneron, actualisé par C. Coutant-Lapalus. • E. Kischinewsky-Broquisse, *La copropriété des immeubles bâtis* Litec, 4e éd. 1989, nos 575 et s. • *La copropriété*, Dalloz Action, 2021, 10e éd., ss dir. D. Tomasin, nos 331-41 et s. • *JCl. Notarial Répertoire*, V° Copropriété, Fasc. 41-1 et *JCl. Civil Code*, art. 544 à 577, Fasc. 41-1 par A. Blaisse.

• Sommaire

I – DISPOSITIONS DU RÈGLEMENT DE COPROPRIÉTÉ RELATIVES AU FONCTIONNEMENT ET AU POUVOIR DES ASSEMBLÉES 372
II – ATTRIBUTIONS DES VOIX 373
III – RÉDUCTION DES VOIX DU COPROPRIÉTAIRE MAJORITAIRE 374
A – Le mécanisme légal et ses inconvénients 374
B – Opérations frauduleuses 376
IV – COPROPRIÉTÉ À DEUX PERSONNES 377
V – POLICE DES ASSEMBLÉES 377
VI – REPRÉSENTATION AUX ASSEMBLÉES 378
A – Principes généraux 378
B – Formes du mandat 379
C – Difficultés diverses 381
D – Sanctions 382
E – Limitation du nombre de mandats 383
F – Règles particulières concernant la représentation aux assemblées 385
VII – INTERDICTIONS FAITES AU SYNDIC ET AUX PROCHES ET SALARIÉS DU SYNDIC 385
A – Interdiction de présider l'assemblée 385
B – Interdiction de recevoir mandat 386
VIII – POUVOIRS EN BLANC 386

I – DISPOSITIONS DU RÈGLEMENT DE COPROPRIÉTÉ RELATIVES AU FONCTIONNEMENT ET AU POUVOIR DES ASSEMBLÉES

1) Limites à la liberté des conventions. Dans sa version applicable à compter du 1er juin 2020, issue de l'ordonnance du 30 octobre 2019, l'article 22 alinéa 1er énonce que le « règlement de copropriété détermine, dans le respect des dispositions de la présente loi, les règles de fonctionnement et les pouvoirs des assemblées générales ». Il indiquait antérieurement que le règlement de copropriété « détermine les règles de fonctionnement et les pouvoirs des assemblées sous réserve des dispositions du présent article et de celles des articles 24 à 26 ci-dessous ».

L'article 22 est d'*ordre public* (L. 10 juill. 1965, art. 43) et la liberté des rédacteurs de règlements est donc limitée, lorsqu'il s'agit de fixer les règles de fonctionnement et les pouvoirs des assemblées générales. Il y a lieu de respecter non seulement les dispositions de la loi comme l'indique le texte, mais également celles du décret du 17 mars 1967 prises pour son application.

Ainsi est réputée non écrite la clause du règlement qui exige un quorum pour que l'assemblée puisse valablement délibérer (▪ Cass. 3e civ., 4 juill. 2007, n° 06-15.599 : *AJDI* 2008, p. 398, note P. Capoulade ; *Administrer* nov. 2007, p. 51, obs. J. R. Bouyeure). Mais le juge ne peut annuler la décision prise en application de cette clause sans l'avoir préalablement déclarée non écrite (même déc.).

Le règlement ne peut déroger à la règle de limitation des voix posée par l'article 22, alinéa 2 (▪ CA Paris, 4 mai 1968 : *Gaz. Pal.* 1968, 2, p. 127, note Morand).

Voir : L. 10 juill. 1965, art. 22, comm. n° 5, p. 374.

De même, seraient réputées non écrites (V. L. art. 43) les clauses qui, pour l'adoption des décisions visées aux articles 24 à 26, fixeraient des majorités inférieures ou supérieures (▪ CA Grenoble, 2e ch. civ., 8 mars 2022, n° 19/03982 : *JurisData* n° 2022-013318. ▪ CA Aix-en-Provence, 28 janv. 1969 : *Gaz. Pal.* 1969, 2, p. 64, note M. Morand. – E. Kischinewsky-Broquisse, *La copropriété des immeubles bâtis*, Litec, 4e éd. 1989, n° 520) ;

– ou encore les clauses qui prétendraient déroger aux prescriptions des articles 26 à 30 de la loi (V. ces textes) relatives à l'exécution des travaux d'amélioration (▪ Cass. 3e civ., 30 mai 1972, n° 71-10.724 : *Bull. civ.* III, n° 350. ▪ Cass. 3e civ. 9 févr. 1982, n° 80-11.710 : *Bull. civ.* III, n° 38 ; *JCP* G 1982, IV, 151).

Les clauses du règlement de copropriété afférentes aux règles de fonctionnement des assemblées posées par des dispositions spéciales de la loi ou du décret sont évoquées sous ces dispositions.

II – ATTRIBUTIONS DES VOIX

Bibliographie : C. Chazelle, *Le droit de vote : de l'équilibre entre le droit fondamental et l'intérêt collectif* : *Inf. rap. copr.* oct. 2015, p. 18. – C. Atias, *La vocation des copropriétaires à participer au vote en assemblée générale* : *Inf. rap. copr.* oct. 1995, p. 23.

2) Proportionnalité aux tantièmes de copropriété. Les voix attribuées aux copropriétaires sont fonction des tantièmes de copropriété afférents à leurs lots. Ce texte étant d'ordre public, le règlement ne pourrait pas prévoir un mode de calcul différent (▪ CA Paris, 23e ch. B, 31 janv. 2002 : *Loyers et copr.* 2002, comm. 210) par exemple une majorité en nombre de lots (▪ CA Paris, 4 mai 1968 : *Gaz. Pal.* 1968, 2, p. 128) – ou au prorata des tantièmes de charges (▪ CA Paris, pôle 4, 2e ch., 14 déc. 2022, n° 19/14424 : *Administrer* janv. 2023, p. 38, obs. P. Déchelette-Tolot. ▪ CA Montpellier, 1re ch. D, 3 mars 2015, n° 13-01473 : *Rev. loyers* 2015, p. 259, obs. S. Bénilsi. ▪ CA Paris, pôle 4, 2e ch., 15 déc. 2010 : *Administrer* oct. 2011, p. 67, obs. J.-R. Bouyeure).

Si le nombre de voix est de 10 000/10 000, le vote ne peut intervenir en neutralisant 46/10 000, afférents aux parkings. La délibération ainsi prise est nulle, sans qu'il y ait à considérer si les voix omises auraient eu ou non une influence sur le vote (▪ Cass. 3e civ., 20 nov. 1996, n° 94-19.140 : *JurisData* n° 1996-004392 ; *JCP* G 1996, IV, 80 ; *Bull. civ.* III, n° 220 ; *Administrer* avr. 1997, p. 40, obs. P. Capoulade ; *RD imm.* 1997, p. 129). Dès lors, la nullité des décisions prises est encourue même si l'erreur commise était minime (▪ CA Paris, pôle 4, 2e ch., 15 sept. 2021, n° 19/14778 : *Administrer* déc. 2021, p. 41, obs. J.-R. Bouyeure).

L'assemblée doit être annulée s'il n'est pas justifié que la répartition des tantièmes de copropriété sur la base de laquelle est intervenue le vote était opposable aux copropriétaires : ainsi lorsque cette répartition est purement empirique et ne figure ni dans l'état descriptif de division ni dans le règlement de copropriété (▪ Cass. 3e civ., 5 nov. 2015, n° 14-21.846 : *Bull. civ.* III, n° 109 ; *JurisData* n° 2015-024633 ; *Loyers et copr.* 2016, comm. 20, note G. Vigneron ; *Administrer* févr. 2016, p. 39, obs. J.-R. Bouyeure. – V. dans le même sens, ▪ CA Montpellier, 1re ch. D, 15 déc. 2015, n° 14/01265 : *JurisData* n° 2015-030394).

Est régulier, pour l'application de l'article 22, alinéa 2, de la loi du 10 juillet 1965 relatif à la répartition des voix en assemblée générale, le calcul des quotes-parts de parties communes générales attachées à chaque lot prenant en considération à la fois les quotes-parts attribuées à chaque bloc d'immeuble et les millièmes attachés à chaque lot du bâtiment principal (▪ Cass 3e civ., 7 sept. 2017, n° 16-18.331 : *JurisData* n° 2017-017201 ; publié au *Bull.*; *Administrer* nov. 2017, p. 35, note J.-R. Bouyeure ; *Rev. loyers* 2017, p. 507, note L. Guégan-Gélinet).

Est réputée non écrite la clause qui ne donne que voix consultative aux propriétaires de boutiques pour le vote du ravalement, mais qui met à leur charge les frais de ce ravalement proportionnellement à leurs tantièmes de copropriété (▪ CA Paris, 23e ch. B, 21 févr. 2002 : *Loyers et copr.* 2002, comm. 181 ; *Rev. loyers* 2002, p. 310). De même est réputée non écrite, une sentence arbitrale, même revêtue de l'exequatur, prévoyant que les voix des copropriétaires seront réparties au prorata de leur participation aux charges communes générales (■ CA Paris, pôle 4, 2e ch., 8 janv. 2014, n° 12-06528 : *JurisData* n° 2014-000102 ; *Loyers et copr.* 2014, comm. 286, obs. G. Vigneron ; *Administrer* avr. 2014, p. 57, obs. J.-R. Bouyeure).

3) Lots transitoires. Les « *lots transitoires* » dont dispose le promoteur dans un ensemble immobilier en construction lui permettent-ils de voter ?

À partir du moment où la jurisprudence admet que ces lots constituent de véritables lots de copropriété, et qu'ils doivent participer aux charges, elle en a logiquement déduit que leurs titulaires participent aux votes avec les voix correspondantes aux tantièmes des lots ou des bâtiments inachevés (■ Cass. 3e civ., 9 févr. 2022, n° 20-22.928 : *JurisData* n° 2022-001700 ; *Loyers et copr.* 2022, comm. 49, obs. A. Lebatteux).

Voir : sur ce problème, L. 65-557 10 juill. 1965, art. 1er, comm. n° 21, p. 11.

4) Participation des copropriétaires. En principe, *tous les copropriétaires participent aux assemblées* et les irrégularités affectant la composition de celles-ci entraînent leur nullité, sans qu'il soit nécessaire de justifier d'un grief (■ Cass. 3e civ., 13 juin 2024, n° 22-17.764 : *JurisData* n° 2024-009416) :

... Les personnes intéressées à la décision prennent part au vote (Rép. min. 25 févr. 1980 : *JOAN*, p. 741 ; *JCP* G 1980, IV, p. 161. ■ CA Lyon, 2 avr. 1981 : *Gaz. Pal.* 1981, 2, p. 638, note M. Morand. ■ CA Paris, 23e ch., 31 mars 1993 : *Loyers et copr.* 1993, comm. 320).

... Il n'y a pas lieu d'exclure du vote certains copropriétaires au motif que la décision ne les concerne pas directement (Rép. min. 16 juin 1972 : *JOAN*, p. 2560. ■ CA Aix-en-Provence, 22 avr. 1969 : *Gaz. Pal.* 1969, 2, p. 257. ■ Cass. 3e civ., 18 juin 1985 : *Administrer* déc. 1985, p. 39).

... De même, le syndic qui est en même temps copropriétaire peut voter (■ TGI Nice, 23 avr. 1971 : *Ann. loyers* 1972, p. 505).

La règle selon laquelle tous les copropriétaires participent aux assemblées connaît quelques *exceptions* :

– lorsque le syndicat est propriétaire de parties privatives (■ CA Paris, pôle 4, 2e ch., 8 juin 2022, n° 17/10373 : *JurisData* n° 2022-010064 ; *Administrer* août-sept. 2022, p. 47, obs. P. Déchelette-Tolot ; *AJDI* 2022, p. 686. – V. L. art. 16) ;

– dans le cas d'assemblées spéciales (V. L. art. 6-2, al. 3 et art. 10, al. 4) ;

– lorsqu'il y a lieu d'autoriser l'assemblée à pratiquer une saisie immobilière à l'encontre d'un copropriétaire (L. 10 juill. 1965, art. 19-2, al. 5).

Toute atteinte au « droit fondamental des copropriétaires de participer ou de se faire représenter à l'assemblée générale » entraîne la nullité des décisions prises sans qu'il y ait à rechercher si le vote de ce copropriétaire (ou de son mandataire) aurait eu une incidence sur la majorité requise par la loi (■ Cass. 3e civ., 22 févr. 1989, n° 87-17.497 : *JurisData* n° 1989-700499 ; *Bull. civ.* III, n° 47. – ■ CA Paris, pôle 4, 1re ch., 2 juin 2023, n° 22/08312 : *JurisData* n° 2023-014533. ■ CA Paris, pôle 4, 2e ch., 25 janv. 2023, n° 19/14241 : *JurisData* n° 2023-001249 ; *Administrer* mars 2023, p. 43, obs. P. Déchelette-Tolot). Toutefois, il a été jugé que le fait de tenir l'assemblée dans un lieu inaccessible à une personne handicapée donnait seulement lieu à une condamnation du syndic à des dommages-intérêts au profit de cette dernière (■ CA Aix-en-Provence, 4e ch. A, 6 avr. 2012 : *JurisData* n° 2012-015138).

Ainsi est nulle une décision prise par les copropriétaires d'un bâtiment concernant des travaux à accomplir sur une partie commune générale. Le vote doit alors intervenir au sein d'une assemblée réunissant tous les copropriétaires (■ Cass. 3e civ., 25 juin 1997, n° 95-21.305 : *Administrer* mars 1998, p. 45, obs. P. Capoulade).

III – RÉDUCTION DES VOIX DU COPROPRIÉTAIRE MAJORITAIRE

Bibliographie : D. Rodrigues, *La copropriété en main dominante* : *Inf. rap. copr.* janv.-févr. 2024, p. 11. – J.-M. Roux, *Réduction des voix du copropriétaire majoritaire et fraude à la loi* : *JCP* N 2013, n° 8, 1034 et *Loyers et copr.* 2013, étude 3. – C. Blanc-Tardy, *La force du propriétaire majoritaire* : *Inf. rap. copr.* sept. 2012, p. 39. – J.-R. Bouyeure, *La réduction des voix du copropriétaire majoritaire* : *Administrer* mars 1993, p. 13.

A – Le mécanisme légal et ses inconvénients

5) Modalités d'application de la réduction des voix. Les voix du copropriétaire qui détient à lui seul la majorité à l'assemblée sont *réduites à la somme des voix des autres copropriétaires.* Si un copropriétaire détient par exemple 600/1 000 sur 1 000/1 000, ses voix seront réduites à 400. Pour vérifier si un copropriétaire est « majoritaire », il y a lieu de comparer les voix dont il dispose à l'ensemble des voix du syndicat et non pas aux voix présentes ou représentées lors d'une assemblée déterminée (■ Cass. 3e civ., 2 juill. 2008, n° 07-14.619 : *JurisData* n° 2008-044654 ; *Bull. civ.* III, n° 118 ; *Loyers et copr.* 2008, comm. 198, obs. G. Vigneron ; *Inf. rap. copr.* 2009, p. 17, note P. Capoulade ; *Administrer* nov. 2008, p. 55, obs. J.-R. Bouyeure ; *D.* 2008, p. 2000, note Y. Rouquet ; *Rev. loyers* 2008, p. 511, note

P. Déchelette-Tolot. ▪ CA Aix-en-Provence, 4e ch. A, 24 juin 2004 : *Administrer* juill. 2007, p. 32, obs. J.-R. Bouyeure. – V. précédemment *contra*, ▪ CA Paris, 19e ch. B, 23 oct. 1998 : *Loyers et copr.* mars 1999, n° 73 – selon cette décision, la réduction devrait s'opérer à partir des voix des copropriétaires présents ou représentés à l'assemblée).

Cette réduction doit être effectuée que la majorité soit celle de l'article 24 ou de l'article 25 (▪ CA Paris, 23e ch. B, 29 nov. 2007 : *Loyers et copr.* 2008, n° 120). L'effet néfaste de cette disposition qui constitue un facteur de blocage a été maintes fois dénoncé en doctrine (V. les études citées au *JCl. Copropriété*, Fasc. 84-10 par G. Vigneron et C. Coutant-Lapalus. – E. Kischinewsky-Broquisse, *La copropriété des immeubles bâtis* Litec, 4e éd. 1989, n° 575). Elle s'applique également lorsque la copropriété ne comprend que deux personnes (▪ CA Versailles, 4e ch., 23 juin 2003 : *Dossiers CSAB* n° 111, avr. 2004, n° 85, obs. A. Dunes).

Voir aussi : sur le point de savoir si l'article 22, alinéa 2, s'applique à une société de construction copropriétaire, L. art. 23.

L'assemblée ne peut prendre aucune décision au cas de partage égal des voix et la seule issue serait l'intervention du tribunal qui déciderait, en se substituant à l'assemblée. Certains tribunaux ont accepté de le faire lorsque l'urgence le justifiait (▪ TGI Brest, 8 avr. 1970 : *Gaz. Pal.* 1972, 1, p. 445. ▪ TGI Lyon, 30 sept. 1970 : *JCP* 1970, II, 16522, note R.D.). Le cas échéant cette situation peut se dénouer par la désignation d'un administrateur provisoire dans les conditions prévues par l'article 29-1 B de la loi du 10 juillet 1965 (V. ce texte *infra*). Le cas échéant si le blocage met le syndicat dans l'incapacité d'assurer la conservation de l'immeuble ou la sécurité des occupants et que celui-ci se trouve en état de carence au sens de l'article L. 615-6 du Code de la construction et de l'habitation, il est possible de demander au maire, ou au président de l'établissement public de coopération intercommunale compétent en matière d'habitat, ou au préfet de saisir le juge pour voir constater la carence du syndicat des copropriétaires, procédure radicale qui débouche sur l'expropriation de l'immeuble (Rép. min. n° 101151 : *JOAN* Q, 15 nov. 2011, p. 12069).

Voir : sur la non-application du mécanisme de la réduction des voix aux HLM copropriétaires, V. Annexe HLM, obs. sous CCH, art. L. 443-15, p. 1273.

6) Interprétation stricte du texte. Les dispositions de l'article 22 sont *d'interprétation stricte* : elles ne s'appliquent pas lorsque deux ou plusieurs copropriétaires, qui détiennent à eux seuls la majorité, se coalisent pour imposer leur volonté à la copropriété (▪ CA Lyon, 6e ch., 10 févr. 1999 : *JurisData* n° 1999-121578 ; *Loyers et copr.* 1999, comm. 278 ; *Administrer* août-sept. 1999, p. 70, note J.-R. Bouyeure. ▪ CA Versailles, 1re ch., 25 mai 1992 : *RD imm.* 1993, p. 129. ▪ CA Paris, 23e ch., 2 mars 1993 : *Loyers et copr.* 1993, n° 241). Le remède consiste alors à invoquer (éventuellement) l'abus de majorité.

Voir : sur cette notion, L. 10 juill. 1965, art. 24, comm. nos 31 à 37, p. 407.

De même l'article 22 n'est pas applicable :

• lorsque les nus-propriétaires des lots en cause sont différents, la désignation de l'usufruitier de l'ensemble des lots comme mandataire commun chargé de les représenter étant sans incidence sur les quotes-parts de parties communes (▪ Cass. 3e civ., 25 mai 2023, n° 22-14.180 : *JurisData* n° 2023-008616 ; *Loyers et copr.* 2023, comm. 139, obs. C. Coutant-Lapalus ; *Administrer* juill. 2023, p. 53, obs. P. Déchelette-Tolot ; *AJDI* 2023, p. 524 ; *Ann. loyers* 2023, p. 83, obs. J.-M. Roux ; *DEF* 19 oct. 2023, n° DEF216s0, p. 34, obs. J. Laurent) ;

• lorsqu'un époux détient en propre un lot, alors qu'un autre lot est commun avec son épouse (▪ CA Lyon, 19 oct. 1994 : *Loyers et copr.* janv. 1996, n° 45) ;

• lorsqu'un des époux détient un lot en propre et que l'autre époux est présent à l'assemblée comme représentant de l'indivision existant avec son conjoint sur un autre lot (▪ Cass. 3e civ., 25 sept. 2002, n° 01-00.161 : *JurisData* n° 2002-015573 ; *Bull. civ.* III, n° 179 ; *JCP* G 2002, IV, 2735 ; *Loyers et copr.* 2003, comm. 16, note G. Vigneron ; *Constr.-Urb.* 2003, comm. 12, obs. D. Sizaire ; *JCP* N 2003, n° 49, p. 1773, note V. Bremond ; *AJDI* 2003, p. 595, note P. Capoulade ; *Rev. loyers* 2002, p. 641, note Th. Dubaele) ;

• ou lorsqu'une SCI détient un lot et son gérant un autre lot (▪ CA Paris, 23e ch. A, 20 sept. 2000 : *Administrer* mars 2001, p. 45, note J.-R. Bouyeure). De même, l'article 22, alinéa 2, ne s'applique pas en présence de deux sociétés distinctes, qu'il n'y a pas lieu de considérer comme une seule personne au motif qu'elles ont le même gérant et que leurs associés sont les membres d'une même famille (▪ CA Amiens, 25 nov. 2010 : *AJDI* 2011, p. 219). Une solution identique s'applique aux sociétés d'un même groupe, chacune d'elles conservant une personnalité distincte malgré les liens économiques et juridiques qui les unissent (▪ Cass. 3e civ., 21 sept. 2022, n° 21-21.031 : *JurisData* n° 2022-016838 ; *Loyers et copr.* 2022, comm. 83, obs. A. Lebatteux).

Selon la Cour de cassation, pour que le texte joue, les lots concernés doivent être « entre les mêmes mains » (▪ Cass. 3e civ., 25 sept. 2002, n° 01-00.161 : *JurisData* n° 2002-015573 ; *Constr.-Urb.* 2003, comm. 12, obs. D. Sizaire ; *Loyers et copr.* 2003, comm. 16, obs. G. Vigneron ; *Administrer* nov. 2003,

p. 41, obs. J.-R. Bouyeure ; *AJDI* 2003, p. 595, obs. P. Capoulade). Il ne s'applique pas en conséquence si deux époux séparés de biens contrôlent plusieurs SCI, et que le total des voix de ces sociétés est supérieur à 50 %, car les lots appartiennent à deux personnes morales distinctes (■ CA Paris, 23e ch., 29 sept. 2005 : *Administrer* nov. 2006, p. 43, obs. J.-R. Bouyeure).

7) Sanction. Ce texte est d'ordre public (V. L. 10 juill. 1965, art. 43). Si ses dispositions ne sont pas respectées, la décision prise est nulle (■ CA Paris, 23e ch. B, 29 nov. 2007 : *Loyers et copr.* 2008, comm. 120. ■ CA Paris, 23e ch., 23 févr. 1996 : *Loyers et copr.* 1996, comm. 278. ■ CA Paris, 23e ch., 18 mai 1994 : *Loyers et copr.* 1994, comm. 448). Mais l'assemblée ne pourrait, tant qu'aucune décision de justice n'est intervenue, décider de ne pas prendre en compte les voix d'un copropriétaire au motif que son entrée dans la copropriété avait pour but de tourner les dispositions de l'article 22 de la loi. Les décisions prises seraient alors nulles (■ CA Paris, 23e ch. B, 9 déc. 1999 : *AJDI* 2000, p. 147). Selon un arrêt, la nullité frappe l'assemblée elle-même, puisque toutes ses décisions ont été prises irrégulièrement (■ CA Paris, 23e ch. B, 7 oct. 2009 : *AJDI* 2010, p. 47).

La circonstance que la réduction des voix prévue par l'article 22 n'aurait pas modifié le sens du scrutin ne peut faire obstacle au droit d'agir en nullité de la décision votée par l'assemblée générale, le copropriétaire demandeur n'étant pas tenu de justifier de griefs. Il n'y a donc pas à rechercher si après application de la réduction des voix, la décision eût été néanmoins acquise (■ Cass. 3e civ., 3 mars 2010, n° 09-11.874 : *Administrer* janv. 2010, p. 59, obs. J.-R. Bouyeure. ■ Cass. 3e civ., 7 oct. 2009, n° 09-11.874 : *JurisData* n° 2009-049873 ; *Bull. civ.* III, n° 215 ; *Loyers et copr.* 2010, comm. 22, obs. G. Vigneron ; *Administrer* janv. 2010, p. 59, obs. J.-R. Bouyeure).

Lorsqu'il n'a pas été fait application de la règle de la réduction des voix du copropriétaire majoritaire, un copropriétaire ne peut intenter d'action en contestation qu'à l'encontre des décisions auxquelles il s'est opposé (■ Cass. 3e civ., 4 févr. 2014, nos 12-27.512 et 12-28.381 : *Administrer* juin 2014, p. 45, obs. J.-R. Bouyeure).

B – Opérations frauduleuses

8) Ventes frauduleuses. On a parfois cherché à tourner la règle de l'article 22, en procédant à des *ventes frauduleuses* à des comparses, en vue de faire disparaître, en apparence seulement, la majorité dont dispose un copropriétaire.

La jurisprudence a, dans un premier temps, sanctionné ces manœuvres en annulant les décisions qu'elles avaient permis d'obtenir (■ CA Aix-en-Provence, 21 oct. 1971 : *AJPI* 1972, II, p. 431, obs. Boussageon confirmé par ■ Cass. 3e civ., 4 juin 1973, n° 72-10.449 : *Bull. civ.* III, n° 392. ■ TGI Paris, 21 avr. 1977 : *AJPI* 1978, p. 814, obs. J.-R. Bouyeure). Si cette sanction demeure d'actualité (■ CA Versailles, 4e ch., 31 janv. 2024, n° 21/03262 : *JurisData* n° 2024-004185), certaines décisions ont prononcé également la nullité de la vente frauduleuse (■ Cass. 3e civ., 6 juill. 1982, n° 81-12.453 : *Bull. civ.* III, n° 169 ; *Administrer* avr. 1983, p. 39, note E.-J. Guillot ; *Defrénois* 1983, art. 33027, note H. Souleau) ou l'ont déclaré inopposable aux autres copropriétaires pour le décompte des voix en assemblée générale (■ TGI Paris, 24 mai 1984 : *Gaz. Pal.* 30 août 1984, p. 11, note J.-R. Bouyeure. – V. J. Lafond, *Panorama de doctrine et de jurisprudence : JCP* N 1984, prat. 9192, nos 8 et s. – V. également en ce sens ■ Cass. 3e civ., 9 déc. 1986 : *Gaz. Pal.* 7 avr. 1987, pan., p. 11 ; *JCP* N 1987, prat. 268 et pan. de jurisprudence. – J. Lafond, *Droit de la copropriété : JCP* N 1987, prat. 268, n° 1. – V. aussi M. Morand, *Majorités abusives par connivence : Gaz. Pal.* 1987, 1, doctr. p. 70), sanction qui paraît la plus appropriée (V. en ce sens, ■ CA Paris, pôle 4, 1er oct. 2014, n° 12/14184 : *Administrer* janv. 2015, p. 61, note J.-R. Bouyeure).

9) Procédés divers. Malgré cette jurisprudence très ferme de la Cour de cassation, la pratique montre que les manœuvres pour tenter de tourner la règle de l'article 22, alinéa 2 de la loi restent fréquentes (V. pour l'exemple d'une *donation frauduleuse* : ■ CA Paris, 14 mars 1988 : *RD imm.* sept. 1988, p. 246, obs. F. Givord et C. Giverdon et ■ Cass. 3e civ., 21 févr. 1995, n° 93-13.162 : *JurisData* n° 1995-001663 ; *Loyers et copr.* 1995, comm. 296. – V. également le cas de constitution d'une *société civile immobilière déclarée « fictive »* : ■ CA Paris, 23e ch. A, 3 oct. 1990 : *Loyers et copr.* 1990, comm. 490 confirmé par ■ Cass. 3e civ., 20 janv. 1993, n° 90-21.997 : *JurisData* n° 1993-000445 ; *D.* 1994, somm. p. 201, obs. J.-R. Bouyeure. – Pour une fraude réalisée par le moyen d'un *testament partage*, ■ TGI Paris, 8e ch., 14 févr. 1996 : *Administrer* mai 1996, p. 44, note J.-R. Bouyeure confirmé par ■ CA Paris, 2e ch. A, 16 juin 1998 : *Loyers et copr.* déc. 1998, n° 309. – V. pour un cas de fraude apparu à la suite de la résolution amiable de la vente d'un lot : ■ Cass. 3e civ., 21 sept. 2010, n° 09-12.682 : *JurisData* n° 2010-016749 ; *Loyers et copr.* 2010, comm. 293, obs. G. Vigneron. – V. pour une fraude réalisée par la vente d'une partie de ses parts par une société copropriétaire majoritaire à ses propres associés : ■ CA Chambéry, 11 juill. 2013 : *JurisData* n° 2013-024488 ; *Loyers et copr.* 2014, comm. 88, obs. G. Vigneron).

10) Preuve de la fraude. La fraude est établie lorsque l'opération n'a, par elle-même, aucune justification apparente autre que de tourner la règle de l'article 22 (■ CA Paris, pôle 4, 2e ch., 8 mars 2023, n° 19/07704 : *JurisData* n° 2023-005124 ; *Admi-*

nistrer avr. 2023, p. 39, obs. P. Déchelette-Tolot. – V. pour un partage qui n'avait aucune motivation familiale ou fiscale, ▪ Cass. 3e civ., 20 juin 2006, n° 05-15.255 : *Administrer* oct. 2006, p. 58, obs. J.-R. Bouyeure. – V. pour des cas où les cessions de lots avaient une justification : ▪ CA Paris, 23e ch., 2 mars 1993 : *Loyers et copr.* 1993, comm. 24. ▪ CA Versailles, 1re ch., 13 déc. 1993 : *Administrer* juin 1994, p. 58, obs. A. Dunes. – Pour une donation-partage réalisée pour des motifs fiscaux, en dehors de toute intention frauduleuse, V. ▪ Cass. 3e civ., 28 juin 1995, n° 93-16.559 : *JurisData* n° 1995-002473 ; *Loyers et copr.* 1995, comm. 445 ; *RD imm.* 1995, p. 786, obs. P. Capoulade. – Pour une donation-partage considérée comme un acte de gestion patrimoniale normal, en raison de l'âge du donateur : ▪ Cass. 3e civ., 28 avr. 2011, n° 10-16.948 : *AJDI* 2011, p. 458). Il apparaît qu'une donation n'a aucun caractère frauduleux si elle est consentie par des parents âgés dont l'état de santé est déclinant, dans le cadre d'une opération de restructuration de leur patrimoine, afin de bénéficier de dispositions fiscales et successorales avantageuses (▪ Cass. 3e civ., 12 mai 2016, n° 15-13.907 : *Administrer* oct. 2016, p. 50, obs. J.-R. Bouyeure).

Le *notaire* qui aurait connaissance du but recherché par les parties aurait le devoir de refuser d'instrumenter l'acte de vente fraudant les droits des tiers et contraire aux dispositions d'ordre public de la loi du 10 juillet 1965.

Voir : sur le problème de la réduction des voix dans le cas où le lot est grevé d'un usufruit, L. 10 juill. 1965, art. 23, comm. n° 5, p. 387.

IV – COPROPRIÉTÉ À DEUX PERSONNES

11) Une source de contentieux. Le contentieux concernant les copropriétés ne comprenant que deux personnes était extrêmement fréquent (V. en dernier lieu, M. Roux, *La copropriété à deux personnes : les difficultés de l'assemblée générale : Ann. loyers* 2010, p. 2187. – P.-H. Hanoune, *La copropriété à deux personnes : condamnées à s'aimer : Administrer* déc. 2013, p. 20. – J.-Ph. Borel, *Les pathologies de la copropriété à deux lots : Rev. loyers* 2017, p. 979).

En effet en pareil cas aucune majorité ne peut se dégager en cas de désaccord. Le « blocage » est irrémédiable, à moins d'intervention judiciaire (pour un ex. : ▪ CA Paris, ch. 19 B, 16 oct. 1996 : *RD imm.* 1997, p. 122, obs. C. Giverdon). Cependant les copropriétaires doivent néanmoins tenir des assemblées régulières. Les décisions prises en dehors de toute assemblée n'auraient aucune valeur (V. pour une autorisation de travaux donnée par simple lettre : ▪ Cass. 3e civ., 19 juin 1996, n° 94-19.328 : *JurisData* n° 1996-002699 ; *Inf. rap. copr.* févr. 1997, p. 9, obs. P. Capoulade).

Pour permettre le fonctionnement de ce type de copropriétés le législateur est intervenu. **L'ordonnance du 30 octobre 2019** les a dotées d'un statut spécial (V. plus loin L. 10 juill. 1965, art. 41-13 à 41-23).

V – POLICE DES ASSEMBLÉES

Bibliographie : C. Atias, *Assemblées ouvertes ou fermées ? : Inf. rap. copr.* févr. 1998, p. 22. – M.-F. Ritschy, *La présence d'un tiers à l'assemblée générale des copropriétaires : Inf. rap. copr.* juin 1999, p. 20. – C. Mounet, *La présence de l'avocat à l'assemblée générale : Administrer* janv. 2019, p. 7.

12) Réunion privée. On admet généralement que la réunion des copropriétaires en assemblée générale est une *réunion privée* à laquelle les personnes étrangères au syndicat ne peuvent assister sans l'autorisation de l'assemblée (V. ▪ TGI Paris, 25 mai 1988 : *Rev. loyers* 1989, p. 21). Si un tiers veut assister à l'assemblée contre le gré du syndicat ou de l'un des copropriétaires, une ordonnance sur requête du président du tribunal judiciaire doit être obtenue pour l'y autoriser (sur la désignation d'un huissier commis, V. ▪ TGI Marseille, 4 mars 1969 : *AJPI* 1969, p. 639, note J. Cabanac). La présentation d'une requête à cette fin par un copropriétaire ne peut être considérée en soi comme fautive (▪ Cass. 3e civ., 8 avr. 1998, n° 96-17.138 : *RD imm.* 1998, p. 414, obs. P. Capoulade). S'il n'y a pas d'opposition, l'assistance d'un tiers à l'assemblée ne saurait entraîner sa nullité (▪ Cass. 3e civ., 29 mars 2000, n° 98-18.296 : *Administrer* juin 2000, p. 57, note J.-R. Bouyeure. – V. pour le cas de présence du maire de la commune, ▪ CA Orléans, ch. civ., 25 mai 2023, n° 20/01480 : *JurisData* n° 2023-014477. – V. pour le cas de présence d'un huissier avec une sténotypiste, à la demande du syndic, ▪ CA Paris, 8e ch. A, 23 oct. 1990 : *Loyers et copr.* 1990, comm. 489 ; V. aussi ▪ CA Paris, 19e ch. B, 9 oct. 1997 : *Loyers et copr.* 1998, comm. 50). Ainsi lorsqu'un avocat assiste à l'assemblée de manière purement passive sans participer aux discussions et que sa présence n'a donc pas été de nature à influencer le vote (▪ CA Orléans, 15 juin 2009 : *JurisData* n° 2009-380682 ; *Loyers et copr.* 2009, comm. 119, obs. G. Vigneron).

Selon une réponse ministérielle du 16 juin 1972 (*JOAN*, p. 2560), l'époux d'un copropriétaire pourrait en toute hypothèse assister à l'assemblée, à condition, s'il y a opposition des autres membres de l'assemblée, de rester taisant. – Voir sur la question, E.-J. Guillot, *Présence d'un non-copropriétaire à l'assemblée : Administrer* mars 1981, p. 7.

Il a été par ailleurs admis que le syndic pouvait en cours d'assemblée consulter téléphoniquement un avocat (■ CA Paris, 4 avr. 1991 : *Administrer* janv. 1992, p. 64, obs. E.-J. Guillot).

Sur la situation des immeubles faisant l'objet d'un arrêté de police, V. L. 1965, art. 29-16.

13) Propos injurieux ou diffamatoires. Les propos injurieux ou diffamatoires tenus au cours de l'assemblée mettant en cause l'honneur d'un copropriétaire ou du syndic sont susceptibles d'être poursuivis pénalement pour injure ou diffamation non publique (■ CA Rouen, ch. corr., 7 janv. 2010 : *JurisData* n° 2010-003310). Ainsi lorsqu'un copropriétaire se fait traiter de « corbeau » ■ CA Colmar, 3e ch. civ. A, 25 janv. 2010 : *JurisData* n° 2010-001890).

Bibliographie : V. sur le sujet, G. Gil, *L'honneur en copropriété : injures et diffamation au sein du syndicat : Inf. rap. copr.* juill.-août 2009, p. 37 et la jurisprudence citée. – Sur l'atteinte à l'honneur du syndic, V. également *supra*, L. 10 juill. 1965, art. 18, comm. n° 5, p. 290.

VI – REPRÉSENTATION AUX ASSEMBLÉES

Bibliographie : E.-J. Guillot, *La délégation de pouvoir aux assemblées générales de copropriétaires : Administrer* juin 1987, p. 7 et s. – J. Lafond, *La représentation aux assemblées de copropriété : Inf. rap. copr.* janv. 1991, p. 17 et s. – C. Atias, *La vérification des mandats de vote en assemblée de copropriété immobilière : D.* 1995, chron. p. 175. – J.-R. Bouyeure, *La représentation à l'assemblée générale des copropriétaires : Gaz. Pal.* 2000, 2, doctr. p. 1550. – G. Vigneron, *Le pouvoir de représentation aux assemblées générales : Loyers et copr.* sept. 2002, p. 5 et *JCP N* 2003, n° 9, p. 351. – C. Atias, *Les limites du mandat de vote : Inf. rap. copr.* nov. 2002, p. 24. – A. Duflot, *Le copropriétaire face au choix de son mandataire : Inf. rap. copr.* mai 2004, p. 18. – C. Coutant-Lapalus, *Le mandat de vote, entre certitudes et incertitudes : Inf. rap. copr.* oct. 2015, p. 13. – G. Rouzet, *Mandat impératif, faut-il légiférer ? : Loyers et copr.* oct. 2015, n° 10, dossier 7. – J.-M. Roux, *Les vicissitudes du mandat de vote en assemblée générale : Inf. rap. copr.* nov. 2016, p. 17. – C. Chazelle, *Le lot partagé : Inf. rap. copr.* janv.-févr. 2018, p. 21. – G. Gil, *La délégation du droit de vote en assemblée générale : Inf. rap. copr.* juin 2023, p. 21.

A – Principes généraux

14) Modalité de la représentation. Les copropriétaires peuvent *se faire représenter*, sauf la limitation prévue par l'article 22, I, alinéa 3 (V. *infra*).

Voir : sur les pouvoirs « en blanc » : L. 10 juill. 1965, art. 22, comm. n° 40, p. 386.

Le mandat peut comporter la faculté de substituer (V. ci-dessous, comm. n° 40, p. 386).

Le fait qu'une société détienne toutes les parts d'une autre société, copropriétaire de lots, ne lui donne pas de plein droit qualité pour la représenter. La société « en mains unique » conserve sa personnalité morale et doit donc donner mandat (■ Cass. 3e civ., 22 nov. 2006, n° 05-19.042).

15) Nécessité d'un mandat écrit. Les mandats devant être annexés à la feuille de présence, ils doivent nécessairement être écrits (■ Cass. 3e civ., 30 mars 2017, n° 16-13.249 : *JurisData* n° 2017-005874 ; *Loyers et copr.* 2017, comm. 114, note C. Coutant-Lapalus ; *Administrer* juin 2017, p. 43, obs. J.-R. Bouyeure). Il importe peu que le nom du mandant soit inscrit au crayon (■ CA Paris, 19e ch. B, 22 nov. 2001 : *Loyers et copr.* 2002, comm. 29). D'autre part, la validité du mandat n'exige pas qu'il mentionne « bon pour mandat » (V. pour la nullité d'une assemblée ayant rejeté un mandat pour ce motif erroné, ■ CA Paris, 23e ch. B, 27 mars 2003 : *Loyers et copr.* 2003, comm. 181, obs. G. Vigneron. – Dans le même sens pour la mention « bon pour acceptation » jugée comme étant dénuée de portée juridique : ■ CA Toulouse, 1re ch., 1re sect., 19 sept. 2022, n° 21/01245 : *JurisData* n° 2022-019363). Il a été admis que les copropriétaires pouvaient transmettre leur pouvoir par la voie électronique (■ Cass. 3e civ., 9 sept. 2014, n° 13-16.495 : *Administrer* nov. 2014, p. 46, obs. J.-R. Bouyeure).

Le mandat doit être signé : à défaut la nullité de l'assemblée générale en son entier est encourue et elle peut être demandée par l'un quelconque des copropriétaires (■ Cass. 3e civ., 13 sept. 2018, n° 17-23.292 : *JurisData* n° 2018-015555 ; *Loyers et copr.* 2018, comm. 230, note C. Coutant-Lapalus).

L'exigence d'un mandat écrit exclut toute possibilité de « mandat apparent » (■ Cass. 3e civ., 19 juill. 1995, n° 93-17.911 : *Bull. civ.* III, n° 203 ; *Loyers et copr.* 1995, comm. 493 ; *Inf. rap. copr.* janv. 1996, p. 11, obs. P. Capoulade ; *AJPI* 1996, p. 50, note J.-M. Gélinet. ■ CA Versailles, ch. réunies, 11 déc. 1996 : *RD imm.* 1997, p. 623, obs. C. Giverdon. ■ CA Aix-en-Provence, 4e ch. A, 9 mars 2000 : *D.* 2000, somm. p. 214, note C. Atias. – V. cependant ■ TGI Pontoise, 1re ch., 3 juin 2008 : *Administrer* janv. 2009, p. 46, obs. J.-R. Bouyeure. V. notamment, G. Gil, *Le mandat apparent en copropriété : Ann. loyers* 2022, p. 23).

Mais un mandat tacite peut être admis lorsque la loi le prévoit expressément (par exemple en matière de lot indivis : C. civ., art. 815-3. – V. comm. n° 19, p. 380).

Si en cours d'instance un copropriétaire argue de faux le mandat qui a été donné par un autre copropriétaire, les juges n'ont pas à procéder à la vérification d'écriture prévue par les articles 287 à 298 du Code de procédure civile, non plus qu'à la vérification de la signature si le demandeur n'apporte aucun élément de preuve (■ Cass. 3e civ., 9 mars 2005, n° 03-12.596 : *JurisData* n° 2005-027461 ; *Bull. civ.* III, n° 64 ; *JCP* G 2005, IV, 1871). S'il y a doute sur la signature du mandataire, les votes effectués au nom du mandant ne doivent pas être pris en compte. Il sera considéré comme absent et non représenté (■ Cass. 3e civ., 14 févr. 2006, n° 04-20.488).

Il a été jugé que le pouvoir qui ne mentionne pas le numéro du ou des lots dont le mandant est propriétaire n'est pas nul (■ Cass. 3e civ., 15 sept. 2015, n° 14-16.916).

Voir : L. 10 juill. 1965, art. 23, p. 387. – Et sur les cas où le mandat apparent a été parfois admis, comm. n° 25, p. 382.

16) Liberté d'avoir recours à un mandataire. Avant la loi du 31 décembre 1985, il était admis que le règlement de copropriété pouvait exclure la possibilité de donner mandat à certaines personnes, par exemple aux locataires, ou exiger que le mandataire soit lui-même copropriétaire.

Ces solutions ne sont plus d'actualité depuis la modification de l'article 22, alinéa 3, par la loi du 31 décembre 1985. Tout copropriétaire peut « déléguer son droit de vote à un mandataire » énonce l'alinéa 3 de l'article 22, issu de cette loi. Et ce mandataire peut être ou non membre du syndicat : il peut s'agir d'un tiers (par exemple un parent mais aussi un locataire, un professionnel du droit, etc.).

Le texte étant d'*ordre public*, il en résulte que le règlement de copropriété ne peut pas interdire de se faire représenter par telle ou telle personne déterminée (V. déclaration min. Urb. et Log. : *JOAN*, 28 nov. 1985, p. 5027). Les clauses figurant dans les règlements de copropriété existants doivent être réputées non écrites (Rapport Bonnemaison : doc. AN 2960, p. 22. – Rapport Collet : doc. Sénat, n° 53, p. 15. – En ce sens : J.-R. Bouyeure, *Commentaire de la loi : AJPI* 1986, p. 603. – E.-J. Guillot, *Commentaire de la loi : Administrer* févr. 1986, p. 7).

Toutefois l'article 22, I, alinéas 4 et 5 interdit de donner mandat au syndic, et à diverses personnes qui lui sont liées (V. L. 10 juill. 1965, art. 22, nos 38 et 38, p. 386).

Selon une réponse ministérielle, le propriétaire de plusieurs lots n'aurait pas la possibilité de désigner plusieurs mandataires (un par lot...) le droit de vote étant « par nature personnel et indivisible » (Rép. min. 27 févr. 1984 : *JOAN*, p. 923, n° 41132 ; *JCP* N 1984, prat. 9084-2).

Si le mandat est donné « au président du conseil syndical », et que ce président n'a pas été désigné, le mandat ne peut valablement être utilisé, même s'il désigne nommément la personne qui assure une présidence « de fait » (■ Cass. 3e civ., 28 janv. 2003, n° 01-15.061 : *JurisData* n° 2003-017485 ; *Bull. civ.* III, n° 17 ; *Loyer et copr.*, comm. 114, obs. G. Vigneron ; *AJDI* 2003, p. 674, note P. Capoulade ; *Rev. loyers* 2003, p. 306, note P. Déchelett-Tolot).

Selon une décision de la cour de Paris, le mandat donné pour une assemblée déterminée ne vaut que pour cette assemblée, et non pas, sauf stipulation expresse, pour une assemblée postérieure, même si elle a le même objet (■ CA Paris, 23e ch. B, 22 févr. 2007 : *JurisData* n° 2007-327699 ; *AJDI* 2007, p. 396. ■ CA Paris, 23e ch., 14 janv. 1994 : *RD imm.* 1994, p. 298, obs. C. Giverdon).

Voir aussi : sur la représentation au cas de lots en indivision ou d'usufruit sur un lot, V. L. art. 23.

17) Subdélégation. La jurisprudence admettait que le mandataire désigné pouvait subdéléguer le droit de vote à une autre personne, dès lors que cette faculté n'avait pas été expressément interdite par le mandant (■ Cass. 3e civ., 16 mars 2011, nos 10-14.005 et 10-14.591 : *JurisData* n° 2011-003807 ; *Loyers et copr.* 2011, comm. 153, obs. G. Vigneron : *JCP* N 2011, n° 181152, note J.-J. Barbiéri ; *Rev. loyers* 2011, p. 162, note P. Déchelette-Tolot ; *Administrer* juin 2011, p. 43, obs. J.-R. Bouyeure ; *AJDI* 2012, p. 204, note D. Tomasin. – V. pour une application, ■ CA Metz, 4 nov. 2014, n° 09-00741 : *Rev. Loyers* 2015, p. 46, obs. S. B. – V. J.-M. Roux, *La substitution de mandataire : Loyers et copr.* sept. 2011, étude 8. – M.-H. Martial, *La délégation de pouvoir en assemblée générale de copropriété : AJDI* 2012, p. 29).

Cette faculté de subdélégation a été expressément reconnue par la loi ELAN du 23 novembre 2018. L'article 22, I, alinéa 3 indique en effet désormais que « Tout mandataire désigné peut subdéléguer son mandat à une autre personne, à condition que cela ne soit pas interdit par le mandat. »

Si le mandat principal est irrégulier, la sous-délégation du mandat l'est aussi (■ Cass. 3e civ., 30 mars 2017, n° 16-13.249 : *JurisData* n° 2017-005874 ; *Loyers et copr.* 2017, comm. 114, note C. Coutant-Lapalus ; *Administrer* juin 2017, p. 43, obs. J.-R. Bouyeure).

Bibliographie : A. Lebatteux, *De la lutte contre l'absentéisme à la lutte contre l'abstention : Administrer* mai 2013, p. 14.

B – Formes du mandat

18) Mandat impératif. Le point de savoir si le mandat peut être impératif est *discuté*. Certains ont contesté la validité d'un tel mandat : il serait, a-t-on dit, inconciliable avec l'esprit qui doit gouverner les assemblées de copropriétaires, et qui commande d'écarter toute prise de position *a priori* à l'égard des problèmes soumis à discussion (V. Chevallier, *Commentaire de la loi du 28 juin 1938 : DH* 1939, p. 84. – C. Michalopoulos cité par Vigneron : *JCl. Copropriété*, Fasc. 84, n° 78).

À cela on peut répondre que si la loi a pris soin d'exiger la communication de tous les documents utiles et la rédaction anticipée des projets de résolution (D. 17 mars 1967, art. 11), c'est précisément pour que les copropriétaires aient tous les éléments de décision avant la tenue de l'assemblée et qu'ils puissent y venir avec une opinion déjà arrêtée. On s'explique en conséquence que la majorité des auteurs soit favorable à la validité du mandat impératif (E. Kischinewsky-Broquisse, *La copropriété des immeubles bâtis*, Litec, 4e éd. 1989, p. 655. – F. Givord, C. Giverdon et P. Capoulade, *La copropriété*, 6e éd., n° 768. – J.-R. Bouyeure, *L'administration de la copropriété*, p. 212).

– Sur la validité du mandat impératif, V. ▪ CA Toulouse, 23e ch., 11 févr. 1985 : *JurisData* n° 1985-040366.

Engage sa responsabilité le syndic qui, en qualité de secrétaire de séance de l'assemblée, refuse de prendre en compte le vote exprimé en séance par le mandataire d'un copropriétaire, au motif que ce vote va à l'encontre des instructions de son mandant (▪ CA Paris, pôle 4, 2e ch., 16 mars 2021, 17/04791 : *JurisData* n° 2020-020732 ; *Administrer* mai 2021, p. 49, note J.-R. Bouyeure).

Bibliographie : G. Rouzet, *Mandat impératif, faut-il légiférer ? : Loyers et copr.* oct. 2015, dossier 7, n° 10.

19) Mandat tacite. Si l'on admet que le mandat doit en principe être écrit on ne devrait pouvoir recourir à la notion de « mandat tacite » que dans la mesure où un texte le prévoit expressément c'est-à-dire entre époux (V. *infra*, comm. n° 40, p. 386) ou dans le cas où un lot est dans l'indivision (*infra*, L. art. 23).

Bibliographie : Sur le mandat tacite, V. G. Vigneron, *La taciturnité en copropriété : Loyers et copr.* mai 2008, étude 6, p. 6.

Voir : comm. n° 15, p. 378 et comm. n° 25, p. 382.

20) Mandat conçu en termes généraux. Le mandataire recevra le plus souvent pouvoir « *de représenter M. X à l'assemblée des copropriétaires de l'immeuble... convoquée le...* » sans autres précisions. Un tel mandat est régulier même s'il ne détaille pas les questions à l'ordre du jour (▪ CA Aix-en-Provence, 4e ch. A, 9 déc. 2005 : *JurisData* n° 2005-308002. ▪ CA Paris, 23e ch. A, 8 nov. 1995 : *Loyers et copr.* 1996, comm. 87).

Est-on en pareil cas en présence d'un mandat conçu en termes généraux, dont on sait qu'aux termes de l'article 1988 du Code civil, il ne permet pas au mandataire de faire des actes de disposition ?

La Cour de cassation a éliminé le problème en considérant qu'un tel mandat était par définition « spécial » : il faudrait en réalité dire « exprès » (▪ Cass. 3e civ., 10 oct. 1984, n° 83-12.946 : *Bull. civ.* III, n° 166 ; *D.* 1984, jurispr. p. 378, note H. Souleau). En effet, il est donné en considération d'un ordre du jour qui est par hypothèse connu. Il s'agit donc d'un mandat de voter sur des questions déterminées.

21) Vérification des pouvoirs. La vérification des pouvoirs ne peut intervenir que lorsque le président de l'assemblée a été désigné (V. *infra*, D. 17 mars 1967, art. 15, p. 747). Ce principe comporte une difficulté de mise en œuvre. En effet, pour vérifier les pouvoirs il faut que le président soit élu, et pour élire le président il faut que les pouvoirs aient été vérifiés. Pour tourner la difficulté, la commission relative à la copropriété a préconisé dans sa quatrième recommandation d'opérer une première vérification des pouvoirs (qualifiée de provisoire) par le syndic avant l'élection du président et des membres du bureau puis une certification définitive par le président après son élection. Si les pouvoirs étaient vérifiés par les copropriétaires eux-mêmes avant toute constitution du bureau, cette opération serait nulle et entraînerait la nullité de l'assemblée (▪ Cass. 3e civ., 14 déc. 2010, n° 09-71.974 : *Administrer* avr. 2011, p. 39, note J.-R. Bouyeure).

Il a été jugé que la nullité de l'assemblée était encourue :

– si un mandat n'a pas été signé par le copropriétaire mais signé « pour ordre » (▪ CA Paris, pôle 4, 2e ch., 13 oct. 2010 : *JurisData* n° 2010-020379 ; *Loyers et copr.* 2011, comm. 61, obs. G. Vigneron ; *Administrer* déc. 2010, p. 79, obs. J.-R. Bouyeure) ;

– si un pouvoir n'a pas été distribué (▪ CA Aix-en-Provence, 14 janv. 2011 : *AJDI* 2011, p. 306). Mais encore faut-il, en ce dernier cas, qu'une action en nullité de l'assemblée ait été introduite dans le délai fixé par l'article 42, alinéa 2 de la loi du 10 juillet 1965, le mandant ayant seul qualité pour contester la validité de l'assemblée (▪ Cass. 3e civ., 24 avr. 2013, n° 12-13.330 : *JurisData* n° 2013-008020 ; *Bull. civ.* III, n° 55. – V. ce texte *infra*) ;

– si des copropriétaires mandatés pour représenter d'autres copropriétaires n'ont pu se rendre à l'assemblée, et que les voix des mandants sont malgré tout comptabilisés par le syndic (▪ CA Paris, pôle 4, 2e ch., 28 oct. 2015, n° 13/18506 : *Rev. loyers* 2015, p. 536) ;

– si le copropriétaire, dont le mandat de président du conseil syndical a expiré, n'a plus qualité pour recevoir de délégation de vote dévolue au président de cet organe (▪ Cass. 3e civ., 9 sept. 2021, n° 20-11.743 : *JurisData* n° 2021-014083 ; *Loyers et copr.* 2021, comm. 171, obs. C. Coutant-Lapalus ; *AJDI* 2022, p. 39, obs. N. Le Rudulier ; *Ann. loyers* 2011, p. 100, obs. J.-M. Roux. – Dans le même sens pour la délégation de vote consentie à un membre du conseil syndical dont le mandat a expiré : ▪ CA Paris, pôle 4, 1re ch., 4 nov. 2022, n° 21/18982 : *JurisData* n° 2022-022514) ;

– si le syndic refuse à tort de prendre en compte un pouvoir au motif qu'il serait irrégulier. L'assemblée peut alors être annulée sans qu'il y ait à rechercher si le vote du mandataire aura eu ou non une influence sur la décision prise (▪ Cass. 3e civ., 15 sept. 2015, n° 14-16.916 : *Administrer* déc. 2015, p. 34, obs. J.-R. Bouyeure).

Il a été jugé que le pouvoir qui ne mentionne pas le numéro du ou des lots dont le mandant est propriétaire n'est pas nul (▪ Cass. 3e civ., 15 sept. 2015, n° 14-16.916).

C – Difficultés diverses

Bibliographie : J.-M. Roux, *Les vicissitudes du mandat de vote en assemblée générale : Inf. rap. copr.* nov. 2016, p. 17.

22) Mandat permanent. Il peut y avoir mandat permanent, dans le cas où un copropriétaire a confié la gestion de son lot à un administrateur de biens, qui le représentera aux assemblées (▪ CA Aix-en-Provence, 7 déc. 2000 : *Loyers et copr.* 2001, comm. 237 ; *AJDI* 2001, p. 148, obs. C. Giverdon. ▪ CA Paris, 19e ch. B, 17 mai 2001 : *Administrer* mai 2002, p. 45, obs. J.-R. Bouyeure. ▪ CA Paris, 22 nov. 2001 : *Loyers et copr.* 2002, comm. 128. – *Contra* : Rép. secrét. Logement, 10 sept. 2001 : *JOAN*, p. 5260 ; *Inf. rap. copr.* janv. 2002, p. 20) ou encore, dans le cas de crédit-bail, lorsque le crédit bailleur donne mandat au crédit preneur. Mais le pouvoir permanent doit être joint à la feuille de présence et sa validité contrôlée (▪ CA Paris, pôle 4, 2e ch., 12 mai 2021, n° 18/02550 : *JurisData* n° 2021-011404 ; *Administrer* août-sept. 2021, p. 30, obs. J.-R. Bouyeure. ▪ CA Paris, 23e ch. B, 9 oct. 2003 : *AJDI* 2003, p. 860). Si un copropriétaire a donné un mandat de gestion à une agence immobilière et que ce mandat est expiré, la nullité du mandat entraîne la nullité de l'assemblée (▪ CA Paris, 23e ch. B, 28 mai 2009 : *AJDI* 2010, p. 46).

23) Mandat donné pour une assemblée déterminée. Le mandat donné pour une assemblée ne vaut que pour celle-ci et non pour une assemblée postérieure, même si elle a le même objet, à moins que ce mandat précise qu'il est donné pour une assemblée dont la date est indiquée ou pour celle qui aura lieu ultérieurement si la première n'a pas réuni une majorité suffisante (▪ CA Paris, 23e ch. B, 22 févr. 2007 : *Loyers et copr.* 2007, comm. 130, obs. G. Vigneron. ▪ CA Paris, 23e ch., 14 janv. 1994 : *RD imm.* 1994, p. 298, obs. C. Giverdon).

24) Mandataire infidèle. Le copropriétaire est engagé par les prises de position de son mandataire même s'il ne respecte pas ses consignes de vote (▪ Cass. 3e civ., 17 nov. 2016, n° 15-23.027. ▪ CA Paris, pôle 4, 2e ch., 27 mai 2015, n° 13/12388 : *JurisData* n° 2015-018283 ; *Administrer* août-sept. 2015, p. 46, note J.-R. Bouyeure. ▪ CA Paris, 23e ch. A, 7 mai 2002 : *Loyers et copr.* 2002, comm. 264. ▪ CA Paris, 23e ch. B, 16 nov. 2000 : *AJDI* 2001, p. 36. ▪ CA Paris, 23e ch. B, 31 mai 2000 : *Loyers et copr.* 2000, comm. 233. – V. cependant ▪ CA Paris, 23e ch. A, 13 janv. 1999 : *JurisData* n° 1999-020065 ; *Loyers et copr.* 1999, comm. 158. ▪ CA Paris, 23e ch., 25 sept. 1992 : *Loyers et copr.* 1992, comm. 491). En conséquence, le syndic ne pourrait refuser de prendre en considération le vote exprimé par le mandataire au motif qu'il ne serait pas conforme aux consignes de vote données par le mandant (▪ Cass. 3e civ., 8 sept. 2016, n° 15-20.860, publié au Bulletin : *JurisData* n° 2016-018139 ; *Loyers et copr.* 2016, comm. 234, note G. Vigneron et C. Coutant-Lapalus ; *Administrer* déc. 2016, p. 38, note J.-R. Bouyeure ; *AJDI* 2017, p. 445, note D. Tomasin ; *Rev. loyers* 2016, p. 393, note V. Zalewski-Sicard). Par ailleurs, il n'est pas possible pour les autres copropriétaires d'invoquer, pour obtenir la nullité d'une décision d'assemblée, le non-respect des consignes de vote par le mandataire, ces copropriétaires étant des tiers au contrat de mandat, dont ils ne peuvent se prévaloir (▪ Cass. 3e civ., 17 nov. 2016, n° 15-23.027, préc.).

Si le mandataire vote sur des questions qui n'ont pas été portées à l'ordre du jour, il a été jugé que son mandant pouvait contester la décision car le mandataire n'ayant par définition pas reçu pouvoir de se prononcer sur la question, son vote ne pouvait pas être pris en considération (▪ Cass. 3e civ., 8 sept. 2016, n° 15-23.422 : *JurisData* n° 2016-018138 ; publié au *Bull.* ; *Administrer* déc. 2016, p. 39, obs. J.-R. Bouyeure ; *Rev. loyers* 2016, p. 396, note L. Guégan-Gélinet. ▪ Cass. 3e civ., 17 juin 1997, n° 95-18.684 : *JurisData* n° 1997-002930 ; *RD imm.* 1997, p. 482, obs. P. Capoulade. ▪ CA Paris, 23e ch. B, 29 mars 2007 : *Loyers et copr.* 2007, comm. 257, obs. G. Vigneron. ▪ CA Paris, 23e ch. A, 27 févr. 2002 : *Administrer* mai 2002, p. 46, obs. J.-R. Bouyeure ; *AJDI* 2002, p. 385. ▪ CA Paris, 23e ch. A, 9 juin 1999 : *JurisData* n° 1999-023519 ; *Loyers et copr.* 1999, comm. 269. ▪ CA Rouen, 1re ch., 14 févr. 1996 : *JCP* N 1997, p. 275, note A. Djigo ; *RD imm.* 1996, p. 610, obs. P. Capoulade. ▪ CA Paris, 23e ch. A, 30 avr. 1990 : *Loyers et copr.* 1990, comm. 278. ▪ CA Aix-en-Provence, 4e ch., 8 juin 1978 : *Bull. Aix-en-Provence* févr. 1978, n° 172). Mais, il en serait autrement si le mandat était rédigé en des termes très généraux, ce qui ne permettrait plus de dire que le mandataire était sans pouvoir (▪ CA Paris, 23e ch. A, 13 juin 1990 : *Loyers et copr.* 1990, comm. 407).

Un arrêt a admis que l'assemblée pouvait être annulée si le mandataire s'est servi du pouvoir pour faire prendre de manière frauduleuse et délibérée des décisions allant à l'encontre des intérêts de son mandant (▪ Cass. 3e civ., 21 mai 2014, n° 13-15.550 : *JurisData* n° 2014-010901 ; *Loyers et copr.* 2014, comm. 219, note G. Vigneron ; *Administrer* oct. 2014, p. 41, obs. J.-R. Bouyeure).

Voir : sur le cas où le mandataire ne prend pas part au vote alors que le mandat incluait des réserves expresses quant à la validité de l'assemblée : ▪ Cass. 3e civ., 10 sept. 2008 sous L. 10 juill. 1965, art. 42, comm. n° 49, p. 615.

Bibliographie : A. Djigo, *L'indélicatesse et l'infidélité du mandataire du copropriétaire : Loyers et copr.*, sept. 2017, étude 8. – J.-M. Roux, *Le mandataire infidèle : Loyers et copr.* nov. 2008, étude 10.

25) Époux. Entre époux les règles de représentation se déterminent en fonction du régime matrimonial. Mais selon certaines décisions le syndic est fondé à considérer que l'époux qui se présente comme le représentant du couple dispose d'un mandat tacite (▪ CA Paris, 23e ch. A, 15 janv. 2003 : *AJDI* 2003, p. 202. ▪ CA Paris, 23e ch. A, 11 juin 2003 : *Loyers et copr.* 2004, comm. 14, obs. G. Vigneron. ▪ CA Paris, 19e ch., 14 mai 1993 : *Administrer* févr. 1994, p. 66).

– Sur la prise en considération d'une lettre du mari indiquant qu'il « représente » son épouse : V. ▪ CA Paris, 19e ch. B, 20 déc. 1995 : *Loyers et copr.* 1996, comm. 229.

Si l'on admet que le mandat doit en principe être écrit – ce qui empêche d'invoquer le « mandat apparent » – les règles suivantes nous paraissent devoir s'appliquer :

– on ne devrait admettre le « mandat tacite » que lorsque la loi elle-même l'admet, c'est-à-dire dans le cas de gestion d'un bien propre au conjoint (application de l'article 1432 du Code civil en régime de communauté et de l'article 1540 du Code civil en régime de séparation de biens : V. ▪ CA Paris, 23e ch., 21 oct. 2004 : *Loyers et copr.* 2005, comm. 15, obs. G. Vigneron), ou encore pour la gestion d'un bien indivis entre les époux (application de l'article 815-3 du Code civil : ▪ CA Paris, 23e ch., 11 sept. 1992 : *Administrer* janv. 1993, p. 48, obs. A. Dunes, solution finalement adoptée par la Cour de cassation : ▪ Cass. 3e civ., 12 janv. 2005, n° 03-14.571 : *AJDI* 2006, p. 386, note P. Capoulade ; *Rev. loyers* 2005, p. 219. – V. dans le même sens, ▪ Cass. 3e civ., 12 mai 2016, n° 15-12.575 : *AJDI* 2017, p. 121, note N. Le Rudulier) ;

Voir : sur le cas de lot indivis, V. L. 10 juill. 1965, art. 23, p. 387.

– dans le cas où le lot de la copropriété dépend de la communauté existant entre les époux, le principe de cogestion posé par l'article 1421 du Code civil doit permettre aux époux de se représenter mutuellement, dans les limites posées par ce texte (▪ CA Paris, 7 févr. 1996 : *JCP* G 1997, II, 22715, note A. Djigo ; *JCP* N 1997, p. 1295 et la note).

– Sur les règles de convocation aux assemblées applicables aux époux communs en biens, V. D. 17 mars 1967, art. 7, p. 692.

– Sur les règles concernant la limitation du nombre des mandants, V. ci-dessous, annot. n° 29, p. 383.

Bibliographie : Ph. Marin et J.-M. Roux, *Les époux et les assemblées de copropriétaires : Rev. loyers* 2007, p. 66 et *RJPF* nov. 2008, p. 8. – J.-M. Roux, *Les mandats de vote donnés aux époux indivis en copropriété : Rev. loyers* 2008, p. 421. – C. Coutant-Lapalus, *Mariage et copropriété : un ménage tourmenté : Inf. rap. copr.* déc. 2013, p. 15 et s. ; *Inf. rap. copr.* mars 2014, p. 15 et s.

26) Personne protégée majeure ou mineure. La personne protégée, majeure ou mineure doit participer à l'assemblée par l'intermédiaire de son représentant légal. À défaut, si par exemple elle y assiste et y vote personnellement, la nullité de l'assemblée est encourue (V. pour un majeur en tutelle : ▪ Cass. 1re civ., 14 janv. 1997, n° 94-19.060 : *JurisData* n° 1997-000165 ; *Loyers et copr.* 1997, comm. 116, note G. Vigneron ; *RD imm.* 1997, p. 285, obs. P. Capoulade).

D – Sanctions

27) Nullité. Si les règles ci-dessus exposées concernant la validité des mandats ne sont pas respectées, la nullité de l'assemblée, au cours de laquelle ont été employées des délégations de vote irrégulières, peut être demandée par tout copropriétaire, n'importe quel membre du syndicat étant recevable à contester la régularité du mandat donné en vue d'une assemblée générale (▪ Cass. 3e civ., 7 déc. 2022, n° 21-23.915 : *JurisData* n° 2022-020808 ; *Loyers et copr.* 2023, comm. 28, obs. C. Coutant-Lapalus ; *Administrer* janv. 2023, p. 40, obs. P. Déchelette-Tolot ; *AJDI* 2023, p. 444, obs. P.-E. Lagraulet ; *Ann. loyers* 2023, p. 75, obs. J.-M. Roux ; *D.* 2023, p. 273, obs. N. Le Rudulier ; *GPL* 17 janv. 2023, n° GPL440r0, p. 56, obs. M. Parmentier ; *Rev. Loyers* 2023, n° 4038, obs. V. Zalewski-Sicard. ▪ Cass. 3e civ., 7 déc. 2022, n° 21-18.014 : *JurisData* n° 2022-020903 ; *AJDI* 2023, p. 273). Cette assemblée est nulle sans qu'il y ait à rechercher si le vote du mandataire aurait eu une incidence sur l'obtention de la majorité requise (▪ Cass. 3e civ., 21 sept. 2022, n° 21-20.227 : *JurisData* n° 2022-015563 ; *AJDI* 2023, p. 127, obs. P.-E. Lagraulet ; *Ann. loyers* 2022, p. 84, obs. J.-M. Roux. ▪ Cass. 3e civ., 22 févr. 1989, n° 87-17.497 : *JurisData* n° 1989-700499 ; *Bull. civ.* III, n° 47. ▪ CA Paris, pôle 4, 2e ch., 9 mars 2011 : *Administrer* oct. 2011, p. 68, obs. J.-R. Bouyeure. ▪ CA Paris, 23e ch. B, 22 févr. 2007 : *Loyers et copr.* 2007, comm. 130, obs. G. Vigneron. ▪ CA Paris, 19e ch. B, 22 nov. 2001 : *Loyers et copr.* 2002, comm. 98. ▪ CA Aix-en-Provence, 4e ch. A, 9 mars 2000 : *D.* 2000, somm. p. 214, note C. Atias).

De même, la décision (ou l'assemblée) est nulle si le vote est émis par une personne qui n'était pas le véritable mandataire, par exemple un conseiller syndical alors que le mandat a été donné à « M. le président du conseil syndical » (■ Cass. 3e civ., 28 janv. 2003, n° 01-15.061 : *JurisData* n° 2003-017485 ; *Bull. civ.* III, n° 17 ; *JCP* G 2003, IV, 1503). Un arrêt de la Cour de cassation s'est borné en pareil cas à annuler la participation au vote du copropriétaire mandant (■ Cass. 3e civ., 14 févr. 2006, n° 04-20.488 : *Administrer* mai 2006, p. 47, obs. J.-R. Bouyeure). La responsabilité du syndic qui a commis une erreur dans la dévolution du mandat ne peut être engagée, en l'absence de grief, s'il n'est pas démontré que l'assemblée aurait émis un vote différent si le mandat avait été transmis à son véritable destinataire (■ Cass. 3e civ., 6 déc. 2005, n° 05-13.602 : *Administrer* nov. 2006, p. 59, obs. J.-R. Bouyeure).

Si la signature du mandat est contestée non pas par le mandant mais par un autre copropriétaire, il n'y a pas lieu d'utiliser la procédure de vérification d'écriture prévue par les articles 287 à 298 du Code de procédure civile (■ Cass. 3e civ., 9 mars 2005, n° 03-12.596 : *JurisData* n° 2005-027461 ; *Bull. civ.* III, n° 64).

E – Limitation du nombre de mandats

28) Pas plus de trois mandats en principe. Chaque mandataire ne peut recevoir en principe plus de *trois mandats.*

Mais le texte prévoit *deux exceptions* :

- un mandataire peut recevoir plus de trois délégations de vote si le total des voix dont il dispose lui-même et de celles de ses mandants n'excède pas 10 % des voix du syndicat, ce pourcentage ayant été porté de 5 à 10 % par la loi ELAN du 23 novembre 2018 (■ CA Toulouse, 1re ch., 1re sect., 19 sept. 2022, n° 21/01245 : *JurisData* n° 2022-019363).

Seuls les millièmes relatifs aux parties communes générales sont pris en compte pour ce calcul (■ CA Paris, 23e ch., 6 mars 1992 : *Administrer* 1992, p. 50, obs. A. Dunes) ;

- de même, un mandataire peut recevoir plus de trois mandats s'il participe à l'assemblée générale d'un syndicat principal et si tous ses mandants appartiennent à un même syndicat secondaire.

Il se peut que le mandataire titulaire de trois mandats dispose de ce fait de la majorité à l'assemblée : en ce cas, la réduction de voix prévue par l'article 22 de la loi du 10 juillet 1965 ne joue pas, à moins qu'à lui seul le mandant ou l'un des mandataires dispose de cette majorité (l'article 22, alinéa 2, ne s'appliquera alors qu'à la personne concernée).

Les calculs et vérifications éventuellement nécessaires devront être effectués au moment de l'établissement de la feuille de présence, qui doit en porter mention (V. D. 17 mars 1967, art. 14, p. 743).

Il a été précisé que pour l'appréciation de la limitation du nombre des mandats, une personne qui signe la feuille de présence en qualité de représentant légal d'une société ne peut être considérée comme le mandataire de celle-ci (■ Cass. 3e civ., 10 sept. 2020, n° 18-24.350 : *Administrer* déc. 2020, p. 53, note J.-R. Bouyeure).

29) Lot en indivision. Comment s'applique le principe de limitation des mandats posé par l'article 22, I, alinéa 3, de la loi du 10 juillet 1965 lorsqu'un lot est en indivision ? Selon une réponse ministérielle, chaque indivisaire ayant la qualité de copropriétaire pourrait recevoir personnellement trois *délégations de vote*. Un mandataire commun représentant trois indivisaires pourrait donc se présenter à l'assemblée avec neuf délégations (Rép. min. Justice, 27 févr. 1984 : *JOAN*, p. 923, n° 41132 ; *JCP* N 1984, IV, 9084-2). Cette réponse a fait l'objet de critiques (Vieille, *Droits de vote des indivisaires aux assemblées générales de copropriété : Ann. loyers* 1985, p. 36).

Cependant, il a été jugé que si une personne est copropriétaire indivis d'un lot et qu'elle détient plus de trois mandats, il n'y a pas lieu pour vérifier si le seuil de 5 % (aujourd'hui 10 %) est atteint de prendre en compte les voix attachées au lot indivis, s'il s'avère que c'est le coïndivisaire qui a voté pour le compte de l'indivision et non pas l'indivisaire mandataire (■ Cass. 3e civ., 20 juill. 1994, n° 92-12.973 : *Bull. civ.* III, n° 157 ; *RD imm.* 1994, p. 697, obs. P. Capoulade ; *Loyers et copr.* 1994, comm. 488 ; *Administrer* nov. 1994, p. 46, obs. P. Capoulade). Postérieurement, la Cour de cassation est venue dire que « le copropriétaire qui participe à l'assemblée générale en tant que mandataire commun d'une indivision peut recevoir jusqu'à trois délégations de vote » (■ Cass. 3e civ., 1er juill. 2009, n° 08-18.109 : *JurisData* n° 2009-048935 ; *Bull. civ.* III, n° 365 ; *Loyers et copr.* 2009, comm. 243, obs. G. Vigneron ; *Administrer* déc. 2009, p. 48, obs. J.-R. Bouyeure ; *Rev. loyers* 2009, p. 458, note L. Guégan. – V. dans le même sens, ■ Cass. 3e civ., 12 mai 2010, n° 09-14.106 : *Administrer* août-sept. 2010, p. 38, obs. J.-R. Bouyeure).

30) Époux. Un arrêt de la Cour de cassation (non publié au bulletin) a énoncé que la règle du non-dépassement du quota de 5 % (aujourd'hui 10 %) ne s'applique pas dans les cas où un époux mandataire dispose de plus de 3 mandats (■ Cass. 3e civ., 2 oct. 2012, n° 11-20.596 : *JurisData* n° 2012-022388 ; *Loyers et copr.* 2012, comm. 334, note G. Vigneron ; *Administrer* déc. 2012, p. 61, obs. J.-R. Bouyeure). En l'espèce (s'agissant apparemment d'un lot de communauté) l'un des époux disposait de trois pouvoirs et l'autre de deux, si bien qu'en totalisant ces pouvoirs le seuil de 5 % (aujourd'hui 10 %) n'était pas respecté. La Cour de cassation énonce qu'aucun des copropriétaires n'ayant excédé la limite de trois mandats, le nombre de tantièmes représenté par chacun d'eux était en conséquence indifférent. Autrement dit, si les époux sont propriétaires d'un lot en commun, l'appréciation de la limite des trois mandats doit se faire par tête et pour chacun d'entre eux. L'un et l'autre peuvent recevoir trois mandats et il importe peu que le nombre total des voix détenues et représentées par les époux dépasse 5 % (aujourd'hui 10 %) du total (J.-R. Bouyeure, note préc.).

Postérieurement, la Cour de cassation a réaffirmé qu'en présence d'époux copropriétaires le décompte de la somme des voix qui leur sont déléguées doit s'effectuer en distinguant chacun des époux. En l'espèce, l'épouse qui avait exercé le droit de vote au nom des deux époux disposait de six mandats représentant avec les voix de son lot moins de 5 % des voix (pourcentage alors en vigueur), tandis que l'époux qui n'avait pas voté pour son propre lot disposait de 9 mandats représentant également moins de 5 % des voix. La Cour de cassation estime que les dispositions de l'article 22 ont été respectées. Elle rappelle que le nombre de voix afférent aux lots dont les époux sont copropriétaires ne doit être comptabilisé que pour le seul époux votant au titre de ce lot (▪ Cass. 3e civ., 9 févr. 2017, n° 15-26.268 : *JurisData* n° 2017-004582 ; *Loyers et copr.* 2017, comm. 86, note C. Coutant-Lapalus ; *Administrer* mai 2017, p. 31, obs. J.-R. Bouyeure. – V. déjà précédemment ▪ Cass. 3e civ., 25 sept. 2002, n° 01-00.161 ; *JurisData* n° 2002-015573 ; *Bull. civ.* III, n° 179. ▪ Cass. 3e civ., 20 juill. 1994, n° 92-12.973 : *Bull. civ.* III, n° 157 ; *RD imm.* 1994, p. 697, obs. P. Capoulade ; *Loyers et copr.* 1994, n° 488 ; *Administrer* nov. 1994, p. 46, obs. P. Capoulade).

La loi ELAN a consacré cette jurisprudence en énonçant que « Chacun des époux copropriétaire commun ou indivis d'un lot peut recevoir un ou plusieurs mandats dans les conditions prévues à l'article 22 de la loi du 10 juillet 1965 » (L. 10 juill. 1965, art. 22, I, al. 3 nv. – L. ELAN, art. 211, I, 2°). Les circonstances ayant donné lieu à l'arrêt de la Cour de cassation du 9 février 2017 (V. ci-dessus) éclairent la portée de la loi nouvelle. En l'espèce deux époux étaient propriétaires de deux lots dépendant de leur communauté. Le mari et la femme avaient exercé chacun de leur côté le droit de vote attaché à ces lots. Ils disposaient l'un de 6 mandats, l'autre de 9 mandats sans que, dans chaque cas, les voix détenues par eux excèdent le taux limite de 5 % des voix alors en vigueur. La Cour de cassation n'a rien trouvé à redire…

Le mandat de représentation tacite entre époux (V. L. 10 juill. 1965, art. 22, comm. nos 19 et 25, p. 380) ne fait pas obstacle à la détention de trois pouvoirs. Il n'est pas assimilable à un pouvoir que l'un aurait conféré à l'autre qui l'aurait accepté (▪ CA Paris, 23e ch. B, 22 mars 2007 : *JurisData* n° 2007-329315 ; *Loyers et copr.* 2007, comm. 156, obs. G. Vigneron ; *AJDI* 2007, p. 579).

31) Administrateurs de biens titulaires de mandats d'administration générale. Il a été jugé que la limitation du nombre des délégations de vote édictée par l'article 22, alinéa 3 ne s'appliquait pas dans le cas où un administrateur de biens était titulaire de plusieurs mandats de gestion afférents à différents lots (▪ CA Aix-en-Provence, 4e ch. A, 7 déc. 2000 : *AJDI* 2001, p. 148. ▪ CA Fort de France, 16 janv. 2009 : *JurisData* n° 2009-376955. – *Contra*, ▪ CA Montpellier, 20 mai 2008 : *Loyers et copr.* 2009, comm. 157, obs. G. Vigneron. – V. sur ce problème, C. Atias, *Mandat de vote et mandat de gestion d'un appartement* : *Inf. rap. copr.* sept. 1999, p. 22. – V. les réticences de Rép. min. n° 59977 : *JOAN Q*, 17 mai 2005, p. 5163 ; *AJDI* 2005, p. 769, obs. Y. Rouquet).

Pour contrecarrer cette jurisprudence, la loi du 12 mai 2009 a modifié l'article 22, alinéa 3 en précisant que chaque mandataire ne peut « à quelque titre que ce soit » recevoir plus de trois délégations de vote. La limitation à trois délégations acquiert de ce fait un caractère général, sous réserve des deux exceptions déjà expressément prévues par l'article 22 de la loi du 10 juillet 1965. En conséquence, un administrateur de biens ne pourra désormais détenir plus de trois délégations de vote, nonobstant la généralité du mandat de gestion qui lui aura été donné par un ou plusieurs copropriétaires.

32) Sanction. Quelle est la *sanction de la violation de ces dispositions ?*

À partir du moment où un vote est émis en vertu d'un mandat donné contrairement aux règles légales, la *décision est nulle*, sans qu'il y ait à rechercher si les voix du mandant étaient ou non indispensables pour obtenir la majorité requise (▪ Cass. 3e civ., 11 févr. 1975, n° 73-13.338 : *Bull. civ.* III, n° 52, p. 41 ; *JCP* 1975, II, 18013, note Guillot. ▪ Cass. 3e civ., 22 févr. 1989, n° 87-17.497 : *JurisData* n° 1989-700499 ; *Bull. civ.* III, n° 47 ; *Inf. rap. copr.* nov. 1989, p. 364, obs. P. Capoulade ; *D.* 1989, inf. rap. p. 87, obs. C. Giverdon. ▪ CA Paris, 23e ch., 3 juin 1994 : *Administrer* août-sept. 1994, p. 32, note J.-R. Bouyeure. ▪ CA Paris, 23e ch. A, 4 nov. 1998 : *Loyers et copr.* 1999, comm. 75). Le mandataire qui ne peut, en raison de ses fonctions passées et présentes au sein du conseil syndical, ignorer la règle de limitation des mandats à laquelle il a contrevenu, engage sa responsabilité en raison de l'annulation de l'assemblée (▪ CA Paris, pôle 4, 2e ch., 6 déc. 2023, n° 21/05248 : *JurisData* n° 2023-

023151 ; *Administrer* janv. 2024, p. 55, obs. P. Déchelette-Tolot).

Mais la nullité n'est pas encourue si le copropriétaire qui a reçu un nombre de mandats excessif remet à d'autres les pouvoirs qui lui avaient été donnés et qui comportaient une faculté de substitution (■ CA Paris, 23e ch. B, 5 sept. 2002 : *AJDI* 2002, p. 777. ■ CA Versailles, 21 mars 1991 : *Rev. loyers* 1991, p. 506). La validité de la subdélégation a été admise par la Cour de cassation (■ Cass. 3e civ., 18 déc. 2002, n° 01-02.867 : *JurisData* n° 2002-017029 ; *Bull. civ.* III, n° 269 ; *Loyers et copr.* 2003, comm. 69 ; *JCP G* 2003, IV, 1304 ; *D.* 2003, inf. rap. p. 178, et la note), à moins que le mandat ne l'interdise (V. *supra*, n° 17).

F – Règles particulières concernant la représentation aux assemblées

33) Représentation du syndicat principal aux assemblées du syndicat secondaire. Dans le cas de coexistence d'un syndicat principal et du syndicat secondaire, l'article 22, II, prévoit les modalités de représentation du syndicat secondaire à l'assemblée du syndicat principal.

Ces règles seront examinées sous l'article 27 de la loi du 10 juillet 1965 (V. ce texte).

34) Représentation aux assemblées des associations syndicales libres. L'article 22, III, organise la représentation des membres du syndicat des copropriétaires à l'assemblée générale des associations syndicales libres dont ils dépendent.

Ces règles sont examinées en Annexe (*V° Association syndicale*).

35) Saisie immobilière. Rappelons que l'article 19-2 de la loi du 10 juillet 1965 (V. ce texte) interdit aux copropriétaires qui font l'objet d'une saisie immobilière de la part du syndicat, de recevoir mandat pour représenter un autre copropriétaire (V. ce texte).

36) Interdictions faites au syndic, à ses proches et à ses préposés ou salariés. V. ci-dessous, comm. nos 37 à 39, p. 385.

VII – INTERDICTIONS FAITES AU SYNDIC ET AUX PROCHES ET SALARIÉS DU SYNDIC

37) Apports de la loi ELAN. La liste des personnes qui ne peuvent recevoir de mandats pour présider l'assemblée ou représenter un copropriétaire, en raison de leur proximité avec le syndic (liens de conjugalité, de parenté, ou de subordination) a été réécrite et considérablement augmentée par la loi du 23 novembre 2018 (L. 10 juill. 1965, art. 22, I, al. 4 à 8 nouveaux. V. ci-dessous).

On peut se demander *a priori* si les interdictions ainsi édictées sont bien réalistes. Les vérifications à opérer lors du contrôle des mandats pour savoir si les dispositions légales sont ou non respectées s'apparentent dans certains à des investigations quasi policières (ainsi lorsqu'il s'agit de déterminer si le mandataire est ou non le concubin d'un préposé du syndic…) ou présupposent la production d'un arbre généalogique ! (par exemple pour s'assurer que le mandataire n'est pas l'ascendant ou le descendant du partenaire d'un préposé du syndic…). On voit mal *a priori* comment mettre en œuvre cette règlementation de façon satisfaisante et l'on peut craindre que ces dispositions aient surtout pour résultat d'alimenter le contentieux des assemblées. Ainsi lorsqu'un copropriétaire procédurier découvrira *a posteriori*, après avoir pris le temps pour procéder aux investigations nécessaires, que les règles de représentation, n'ont pas été respectées…

A – Interdiction de présider l'assemblée

38) Portée de l'interdiction. L'interdiction de présider l'assemblée s'applique :

- **au syndic.** Cette interdiction de présider l'assemblée a été étendue par la Cour de Paris à l'*administrateur provisoire* désigné en vertu de l'article 47 du décret du 17 mars 1967 (■ Cass. 3e civ., 14 janv. 1998, n° 96-12.513 : *JurisData* n° 1998-000048 ; *Bull. civ.* III, n° 7 ; *Loyers et copr.* 1998, comm. 76 ; *RD imm.* 1998, p. 293, obs. C. Giverdon).

Va à l'encontre des dispositions de l'article 22, et est susceptible d'entraîner la nullité de l'assemblée une immixtion insistante, pressante et déplacée du syndic dans la présidence de l'assemblée (■ CA Aix-en-Provence, 12 mars 1998 : *Defrénois* 1998, art. 36877, p. 1175, note C. Atias).

Si le président de l'assemblée est élu en qualité de syndic non professionnel, et qu'il n'est pas précisé que le point de départ de son mandat est reporté après la fin de la réunion, cette nomination a un effet immédiat, et il y a violation de l'article 22, alinéa 4 de la loi, qui entraîne la nullité de l'assemblée (■ Cass. 3e civ., 9 juin 2010, n° 08-19.696 : *JurisData* n° 2010-008763 ; *Loyers et copr.* 2010, comm. 230, obs. G. Vigneron ; *Rev. loyers* 2010, p. 332, note M. Plaidy ; *AJDI* 2011, p. 535, note P. Capoulade) ;

- au conjoint du syndic et à son partenaire pacsé, à son concubin ;
- aux ascendants et descendants du syndic ainsi qu'à ceux de son conjoint ou du partenaire lié à lui par un pacte civil de solidarité ou de son concubin ;
- aux préposés du syndic, à leurs conjoints, aux partenaires qui leur sont liés par un PACS, et à leur concubin (sur la notion de « préposé, V. ci-dessous, n° 38).
- aux ascendants et descendants des préposés du syndic ainsi qu'à ceux de leur conjoint ou du

partenaire lié à eux par un pacte civil de solidarité ou de leur concubin.

Bibliographie : J.-M. Roux, *Concubinage, pacs et copropriété* : *Inf. rap. copr.* janv.-févr. 2010, p. 19.

B – Interdiction de recevoir mandat

39) Syndic et personnes proches du syndic. Les personnes à qui la loi interdit de présider l'assemblée (V. n° précédent) ne peuvent recevoir mandat pour représenter un copropriétaire, à peine, là encore, de nullité de la délibération (▪ Cass. 3ᵉ civ., 11 févr. 1975, n° 73-13.338 : *Bull. civ.* III, n° 52, p. 41 ; *JCP* 1976, II, 18013, note E.-J. Guillot. ▪ CA Lyon, 23 avr. 1968 : *Inf. rap. copr.* 1968, p. 93).

Il a été jugé que cette interdiction s'appliquait même à l'ancien syndic présent à l'assemblée qui devait statuer sur ses comptes et lui donner quitus : elle continue donc de jouer même après la cessation de ses fonctions (▪ Cass. 3ᵉ civ., 11 mars 1987, n° 85-17.070 : *JurisData* n° 1987-000493 ; *Bull. civ.* III, n° 45, p. 27 ; *D.* 1987, inf. rap. p. 67) du moins pour les assemblées appelées à se prononcer sur des questions qui sont en relation avec la gestion de l'ancien syndic (V. M.-F. Ritschy, *L'ancien syndic peut-il recevoir des pouvoirs ?* : *Inf. rap. copr.* janv. 1995, p. 19).

L'interdiction de recevoir mandat s'applique également à l'administrateur provisoire désigné en application de l'article 47 du décret du 17 mars 2004 (▪ Cass. 3ᵉ civ., 18 févr. 2004, n° 02-15.645 : *JurisData* n° 2004-022518 ; *Rev. loyers* 2004, p. 331).

Le syndic ne peut représenter les copropriétaires auxquels il est lié, dans le cadre de son activité de gestionnaire de patrimoine, par un contrat de mandat lui donnant pouvoir de représenter le propriétaire du lot aux assemblées générales (▪ Cass. 3ᵉ civ., 7 mai 2014, n° 12-26.426 : *JurisData* n° 2014-009901 ; *Bull. civ.* III, n° 60 ; *Loyers et copr.* 2014, comm. 217, obs. G. Vigneron).

En cas de violation de ces dispositions, c'est l'assemblée tout entière qui se trouve entachée de nullité, et non pas seulement les voix du copropriétaire irrégulièrement représenté (ce qui conduirait à valider la décision, s'il apparaissait que ces voix n'étaient pas indispensables pour obtenir la majorité requise).

40) Préposés du syndic et personnes proches des préposés du syndic. Dans sa rédaction antérieure, l'article 22, alinéa 5, interdisait aux « préposés » du syndic de recevoir mandat pour représenter un copropriétaire. La loi n° 2014-366 du 24 mars 2014 a complété et précisé cette interdiction (V. art. 22, I, al. 6, p. 371), qui a été encore étendue par la loi ELAN du 23 novembre 2018. Ne peuvent désormais recevoir mandat d'autres copropriétaires pour voter lors de l'assemblée générale même s'ils sont également copropriétaires :

– les préposés du syndic. Peut être considéré comme préposé du syndic au sens de l'article 22, alinéa 4 (devenu alinéa 7), la personne qui, même en l'absence de tout contrat de travail le liant au syndic, travaille pour son compte, exécute ses ordres, accomplit pour son compte des actes de gestion et se comporte à l'égard des tiers et des copropriétaires comme un préposé (▪ Cass. 3ᵉ civ., 7 mai 2014, n° 13-11.743 : *JurisData* n° 2014-009900 ; *Bull. civ.* III, n° 59 ; *Loyers et copr.* 2014, comm. 218, obs. G. Vigneron ; *Administrer* août-sept. 2014, p. 52, obs. J.-R. Bouyeure). Il a été jugé que cette interdiction ne joue pas cependant pour le gardien de l'immeuble qui, bien que pouvant être amené dans l'accomplissement de ses tâches à exécuter les ordres du syndic, n'accomplit pas pour le compte de ce dernier des actes de gestion ni ne se comporte à l'égard des tiers et des copropriétaires comme l'un de ses préposés (▪ CA Paris, pôle 4, 2ᵉ ch., 26 mai 2021, n° 18/03741 : *JurisData* n° 2021-012875 ; *Administrer* août-sept. 2021, p. 31, obs. J.-R. Bouyeure. ▪ CA Versailles, 4ᵉ ch., 24 nov. 2003 : *Dossiers CSAB* n° 111, avr. 2004, n° 70, obs. A. Dunes) ;

– les conjoints ou les partenaires pacsés des préposés du syndic ou leur concubin ;

– les ascendants ou descendants des préposés du syndic, ainsi que ceux de leur conjoint ou du partenaire lié à eux par un PACS, ou de leur concubin.

Bibliographie : J.-M. Roux, *Concubinage, pacs et copropriété* : *Inf. rap. copr.* janv.-févr. 2010, p. 19.

Voir : jurisprudence citée plus haut, L. 10 juill. 1965, art. 22, comm. n° 28, p. 383.

VIII – POUVOIRS EN BLANC

41) Pratique des « pouvoirs en blanc ». La jurisprudence avait, à de multiples reprises, *condamné la pratique* consistant à envoyer au syndic des « pouvoirs en blanc » (V. par exemple, ▪ CA Paris, 23ᵉ ch. B, 22 janv. 1980 : *D.* 1989, inf. rap. p. 274, obs. C. Giverdon. ▪ CA Paris, 10 juin 1981 : *D.* 1982, inf. rap. p. 441, obs. C. Giverdon. ▪ CA Paris, 11 juill. 1985 : *D.* 1986, inf. rap. p. 82. – V. sur ce problème, P. Lebatteux, *Les pouvoirs en blanc* : *Administrer* avr. 1998, p. 18 et s. – F. Vieille, *L'usage des pouvoirs en blanc* : *Ann. loyers* 1980, p. 1127. – E.-J. Guillot, *Le pouvoir en blanc aux assemblées générales de copropriétaires* : *Administrer* mai 1984, nᵒˢ 11 et s. – G. Vigneron, *La pratique des pouvoirs en blanc* : *Loyers et copr.* juill. 1990, p. 1. – *La copropriété*, Dalloz Action, 10ᵉ éd. 2021, ss dir. D. Tomasin, nᵒˢ 331-47. – E.-J. Guillot, *La pratique de la copropriété*, 2ᵉ éd., p. 95, n° 708. – E. Kischinewsky-Broquisse, *La copropriété des immeubles bâtis*, Litec, 4e éd. 1989, nos 578 et 579).

Cette condamnation était ainsi justifiée : lorsqu'on lui adresse un pouvoir en blanc, le syndic peut inscrire comme mandataire le nom des copropriétaires de son choix, ce qui lui permet ainsi de composer une majorité qui lui est favorable. On viole donc indirectement l'interdiction faite au syndic par l'article 22, alinéa 4 de la loi du 10 juillet 1965 de recevoir mandat pour représenter un copropriétaire...

Cependant, un arrêt de la Cour de cassation (3e ch. civ.) du 28 mars 1990 a marqué une *évolution* en admettant que l'article 22 de la loi ne prohibait pas l'envoi au syndic de pouvoirs en blanc dès lors qu'ils n'étaient pas distribués par le syndic lui-même à des mandataires choisis par lui, le syndic n'ayant ni personnellement utilisé ses pouvoirs et ne les ayant pas distribués de manière à nuire aux intérêts d'un copropriétaire ou de l'ensemble de la copropriété en faussant le résultat du vote (▪ Cass. 3e civ., 28 mars 1990, n° 88-16.259 : *JurisData* n° 1990-000707 ; *Bull. civ.* III, n° 87 ; *Administrer* juin 1990, p. 48, note E.-J Guillot ; *D.* 1991, inf. rap. p. 83, obs. C. Giverdon, J.-R. Bouyeure et J. Lafond. ▪ CA Paris, 19e ch. A, 17 janv. 1996 : *Loyers et copr.* 1996, n° 181 et ▪ Cass. 3e civ., 20 nov. 1996 : *RJDA* mars 1997, n° 403, p. 257 ; *RD imm.* 1997, p. 130, obs. P. Capoulade et ▪ CA Rouen, 1re ch., 27 nov. 1996 : *Administrer* p. 52, obs. J.-R. Bouyeure).

Cette pratique restait cependant dangereuse : en effet, elle ouvrait la possibilité d'un contentieux, s'il s'avérait que les conditions fixées par l'arrêt de la Cour de cassation précité n'étaient pas remplies (si par exemple les pouvoirs ont été distribués par le syndic lui-même à des mandataires choisis par lui, de manière à fausser le résultat des votes : V. ainsi ▪ CA Paris, 23e ch. B, 23 janv. 1998 : *Loyers et copr.* juin 1998, n° 167, obs. G. Vigneron).

Cette jurisprudence a inspiré la loi ELAN du 23 novembre 2018, qui indique dans l'article 22, I, alinéa 3, que « lorsque le syndic a reçu des mandats sans indication de mandataire, il ne peut ni les conserver pour voter en son nom, ni les distribuer lui-même aux mandataires qu'il choisit ».

Ce texte est complété par l'article 15-1 du décret du 17 mars 1967 (V. ce texte) issu du décret n° 2019-650 du 27 juin 2019 qui oblige le syndic qui a reçu des pouvoirs en blanc à les distribuer soit au président du conseil syndical soit au président de séance.

Voir : sur le mandat impératif, L. 10 juill. 1965, art. 22, comm. n° 18, p. 379.

Art. 23 ***(Mod., L. n° 2014-366, 24 mars 2014 ; à compter du 1er juin 2020, Ord. n° 2019-1101, 30 oct. 2019).*** **– Lorsque plusieurs lots sont attribués à des personnes qui ont constitué une société propriétaire de ces lots, chaque associé participe néanmoins à l'assemblée du syndicat et y dispose d'un nombre de voix égal à la quote-part dans les parties communes correspondant au lot dont il a la jouissance.**

En cas d'indivision, les indivisaires sont représentés par un mandataire commun qui est, à défaut d'accord, désigné par le président du tribunal judiciaire saisi par l'un d'entre eux ou par le syndic.

En cas d'usufruit, les intéressés sont, à défaut d'accord, représentés par le nu-propriétaire. En cas de pluralité de nus-propriétaires, le mandataire commun est, à défaut d'accord, désigné par le président du tribunal judiciaire saisi par l'un d'entre eux ou par le syndic.

La désignation judiciaire d'un mandataire commun en application des dispositions des deux alinéas précédents est aux frais des indivisaires ou des nus-propriétaires.

Dans les autres hypothèses de démembrement du droit de propriété, à défaut d'accord, les intéressés sont représentés par le propriétaire.

Rédaction antérieure. Art. 23 ***(Mod. à compter du 1er janvier 2020, Ord. n° 2019-964, 18 sept. 2019 ; applicable jusqu'au 31 mai 2020).*** – Lorsque plusieurs lots sont attribués à des personnes qui ont constitué une société propriétaire de ces lots, chaque associé participe néanmoins à l'assemblée du syndicat et y dispose d'un nombre de voix égal à la quote-part dans les parties communes correspondant au lot dont il a la jouissance.

En cas d'indivision ou de démembrement du droit de propriété, les intéressés doivent être représentés par un mandataire commun qui est, à défaut d'accord, désigné par le président du tribunal judiciaire à la requête de l'un d'entre eux ou du syndic.

Loi n° 86-18 du 6 janvier 1986

relative aux sociétés d'attribution d'immeubles en jouissance à temps partagé
(JO 8 janv. 1986)

Art. 17. – Le premier alinéa de l'article 23 de la loi n° 65-557 du 10 juillet 1965 fixant le statut de la copropriété des immeubles bâtis ne s'applique pas aux associés des sociétés régies par la présente loi, lorsque ces sociétés sont membres d'un syndicat de copropriété.

(Al. mod. à compter du 24 septembre 2014, L. n° 2014-366, 24 mars 2014) Lorsque les sociétés régies par la présente loi sont membres d'un tel syndicat nonobstant toutes dispositions contraires des statuts, elles sont représentées à l'assemblée du syndicat par toute personne désignée chaque année par l'assemblée générale appelée à approuver les comptes sociaux. Cette personne rend compte aux associés des décisions prises par le syndicat de copropriété lors de la première assemblée générale tenue après l'assemblée du syndicat.

Voir : la loi n° 86-18 du 6 janvier 1986 relative aux sociétés d'attribution d'immeubles en jouissance à temps partagé (*JO* 8 janv. 1986 : *JCP* N 1986, III, 58205), en Annexe 47, *Multipropriété*, p. 1357.

I – SOCIÉTÉ DE CONSTRUCTION PROPRIÉTAIRE DE LOTS

Bibliographie : sur tous ces problèmes, V. l'ouvrage de M. Walet, *Les sociétés de construction*, éd. Joly, 1981, et la bibliographie citée ci-dessous. D. Sizaire, *Le passage du régime de la société d'attribution à celui de la copropriété : Administrer* janv. 1979, p. 4 et s. – Zurfluh et P. Lebatteux, *Coexistence dans un syndicat de copropriété des associés de la société de construction et des copropriétaires : Administrer* n° 129, p. 15 et s. – D. Sizaire, *Les quasi-copropriétaires : Administrer* juill. 1987, p. 7 et s. – D. Cordier, *Les sociétés d'attribution et les syndicats de copropriétaires : Inf. rap. copr.* juill.-août 2002, p. 20. – A. Guérin, *Conséquences de la non-immatriculation d'une SCI au registre du commerce et des sociétés : illustration dans les relations de la société avec la copropriété : Administrer* oct. 2005, p. 25. – J.-M. Roux, *La société copropriétaire : Administrer* oct. 2007, p. 59.

A – Entrée en vigueur du statut de la copropriété

1) Moment. Tant que l'immeuble est la propriété d'une société de construction, le statut de la copropriété n'est pas applicable. Le règlement de copropriété qui a été préétabli ne vaut que comme règlement de cojouissance. Le syndicat de copropriété n'a pas d'existence juridique (▪ CA Paris, 4 juill. 1960 : *JCP* 1961, II, 12230). Il n'y a pas de « syndic » de copropriété (▪ Cass. 1re civ., 12 nov. 1963 : *D.* 1964, p. 281). La société est administrée dans le cadre de la loi ou des statuts. Les statuts peuvent comporter des clauses qui seraient illicites si elles étaient insérées dans le règlement de copropriété (▪ Cass. 3e civ., 12 févr. 1997, n° 94-20.239 : *JurisData* n° 1997-000622 ; *Loyers et copr.* 1997, comm. 149).

Mais dès le premier « retrait » (CCH, art. L. 212-9), la copropriété naît entre l'associé qui s'est retiré et la société. C'est le syndicat de copropriété qui administrera dorénavant l'immeuble. Cette situation particulière où l'on voit coexister le régime de la société et celui de la copropriété est visée par plusieurs textes dont l'économie ne manque pas de surprendre. C'est ainsi que chaque associé participera aux assemblées comme s'il était propriétaire alors qu'il ne l'est pas, tandis que la société qui, elle, est copropriétaire, n'y participe pas (L. 10 juill. 1965, art. 23). Les associés seront donc convoqués individuellement (D. 17 mars 1967, art. 12). Mais les notifications faisant courir le délai de recours contre les décisions prises seront adressées non pas aux associés mais au représentant légal de la société (L. 10 juill. 1965, art. 42).

B – Assemblées de copropriété

2) Modalités de participation. La situation visée par le texte (al. 1) est celle où, dans un immeuble en copropriété coexistent des copropriétaires de lots et une société immobilière dite d'attribution (régie par CCH, art. L. 212-1 et s.). Ce sont alors les associés (et non la société elle-même en la personne de son représentant statutaire) qui participeront aux assemblées. Ils voteront, avec le nombre de voix correspondant aux lots qu'ils ont vocation à se voir attribuer. La réduction des voix prévue par l'article 22, alinéa 2, s'appliquera, en prenant en considération les voix dont dispose chaque associé et non l'ensemble des voix de la société (▪ TGI Paris, 7 janv. 1977 : *D.* 1978, inf. rap. p. 122). En vertu de l'article 22 de la loi (al. 3), également applicable, aucun associé ne pourra détenir plus de trois mandats (▪ TGI Paris, 20 avr. 1977 : *D.* 1978, inf. rap. p. 85, p. 123). Pour plus de détails, voir le commentaire de l'article 22 de la loi.

Les associés de la société d'attribution participent à l'assemblée avec les mêmes prérogatives que les copropriétaires. Ils peuvent donc être désignés comme président de séance ou scrutateurs (▪ Cass. 3e civ., 6 mars 2002, n° 00-10.405 : *JurisData* n° 2002-013335 ; *Bull. civ.* III, n° 58 ; *JCP* G 2002, IV, 1676 ; *Administrer* juin 2002, p. 52, obs. J.-R. Bouyeure ; *AJDI* 2002, p. 465, obs. P. Capoulade).

Le représentant de la société qui doit être régulièrement convoqué peut cependant assister à l'assemblée avec voix consultative.

Il a été jugé que le syndicat des copropriétaires avait qualité pour faire désigner un administrateur provisoire à la société d'attribution dépourvue d'organe de gestion (▪ CA Paris, 14e ch. B, 26 juill. 2002 : *Constr.-Urb.* 2003, comm. 11, note D. Sizaire).

Les solutions ci-dessus, découlant de l'article 23, ne s'appliquent qu'aux sociétés relevant des articles L. 212-1 et suivants du Code de la construction et de l'habitation (sociétés dites « d'attribution »), et non pas dans le cas où une société civile immobilière ordinaire est copropriétaire (▪ Cass. 3e civ., 9 nov. 2005, n° 04-13.570 : *JurisData* n° 2005-030641 ; *JCP* G 2006, I, 127, n° 9, obs. H. Périnet-Marquet ; *Rev. loyers* 2006, p. 49, note J.-M. Gélinet).

3) Limites à la « transparence » de la société. La « transparence » de la société ne joue que pour l'assistance aux assemblées : en dehors de ce cas, la société doit être considérée comme seule copropriétaire.

Elle seule peut agir pour obtenir le respect du règlement (▪ TGI Versailles, 10 déc. 1975 : *Rev. loyers* 1976, p. 285).

Elle seule a qualité *pour agir en nullité de l'assemblée* en vertu de l'article 42 de la loi (V. ce texte. – En ce sens, ▪ Cass. 3e civ., 4 nov. 1977, n° 76-10.487 : *Bull. civ.* III, n° 371 ; *JCP* G 1978, IV, 3. ▪ Cass. 3e civ., 22 janv. 1992, n° 88-13.980 : *Bull. civ.* III, n° 26 ; *JCP* N 1993, II, p. 48, note T. Bonneau ; *Administrer* nov. 1992, p. 73, note E.-J. Guillot. ▪ Cass. 3e civ., 3 févr. 1993, n° 91-10.604 : *JurisData* n° 1993-000457 ; *RD imm.* 1993, p. 266, obs. Capoulade. ▪ Cass. 3e civ., 7 déc. 1994, n° 92-15.482 : *JurisData* n° 1994-002883 ; *Loyers et copr.* 1995, n° 187 ; *D.* 1997, somm. p. 249, obs. P. Capoulade. ▪ Cass. 3e civ., 31 mai 1995, n° 93-17.653 : *JurisData* n° 1995-002224 ; *Loyers et copr.* 1995, comm. 392 ; *RD imm.* 1995, p. 591, obs. P. Capoulade. ▪ CA Paris, 23e ch. A, 17 déc. 1997 : *Loyers et copr.* 1998, comm. 222. ▪ CA Paris, 23e ch., 24 sept. 1993 : *Rev. Administrer* mai 1994, p. 54, obs. A. Dunes. ▪ CA Paris, 23e ch., 18 mars 1994 : *D.* 1994, somm. p. 200, obs. C. Giverdon. – V. Martin, *Recours contre les décisions des assemblées du syndicat de copropriétaires par une société d'attribution ou ses associés : Ann. loyers* 1986, p. 55).

C'est d'ailleurs à elle que l'extrait de procès-verbal doit être notifié (V. D. art. 18, al. 3 et Guillot, *La contestation des décisions d'une assemblée de copropriétaires par une société de construction copropriétaire : Administrer* janv. 1985, p. 2 et s.).

L'ensemble de ces solutions ne joue plus lorsque c'est une société autre qu'une société d'attribution qui est copropriétaire : par exemple une société civile ordinaire ou une société de construction vente : ainsi dans le cas d'une société civile ordinaire, c'est la société elle-même qui doit être convoquée à l'assemblée (▪ Cass. 3e civ., 9 nov. 2005, n° 04-13.570 : *JurisData* n° 2005-030641 ; *Bull. civ.* III, n° 217 ; *Administrer* févr. 2006, p. 40, note P. Capoulade ; *AJDI* 2006, p. 470, note P. Capoulade). ▪ Cass. 3e civ., 12 déc. 2001, n° 00-14.157 : *JurisData* n° 2001-012108 ; *Bull. civ.* III, n° 150 ; *Rev. loyers* 2002, p. 1054, note J.-M. Gélinet). Un associé ne peut prétendre représenter la société même s'il en a la maîtrise, à moins d'être titulaire d'une délégation de vote (▪ Cass. 3e civ., 8 avr. 2021, n° 20-15.306 : *JurisData* n° 2021-005516 ; *Loyers et copr.* 2021, comm. 100, obs. A. Lebatteux ; *Administrer* juin 2021, p. 42, obs. J.-R. Bouyeure ; *AJDI* 2022, p. 39, obs. N. Le Rudulier. – V. également ▪ Cass. 3e civ., 19 juill. 1995, n° 93-17.911 : *JurisData* n° 1995-002099 ; *Bull. civ.* III, n° 203).

Les associés n'ont pas le droit de participer à l'assemblée à laquelle ils sont représentés par leur gérant (▪ CA Paris, 23e ch., 19 mars 1993 : *Loyers et copr.* 1993, comm. 406) et ils ne peuvent non plus agir en contestation de l'assemblée, l'action étant réservée à la société (▪ CA Paris, 23e ch. B, 19 oct. 2000 : *Loyers et copr.* 2001, comm. 73 ; *Dossier CSAB* n° 92, avr. 2001, n° 181, obs. A. Dunes) et ceci pendant toute la période de liquidation.

Voir aussi : sur les règles régissant en pareil cas les convocations aux assemblées, V. plus bas D. art. 12. – Sur la participation des associés de la société d'attribution au conseil syndical, V. L. art. 21. – Sur les mentions à faire figurer au procès-verbal, V. plus bas, D. art. 17. – Sur les notifications des décisions de l'assemblée, V. plus bas, D. art. 18.

II – SOCIÉTÉ DE MULTIJOUISSANCE (MULTIPROPRIÉTÉ)

4) Représentation. La loi n° 86-18 du 6 janvier 1986 relative aux sociétés d'attribution d'immeubles en jouissance à temps partagé (*JO* 8 janv. 1986 : *JCP* N 1986, III, 58205) comprend un article 17 ainsi conçu : « Le premier alinéa de l'article 23 de la loi n° 65-557 du 10 juillet 1965 fixant le statut de la copropriété des immeubles bâtis ne s'applique pas aux associés des sociétés régies par la présente loi, lorsque ces sociétés sont membres d'un syndicat de copropriété ».

En pareil cas, selon l'alinéa 2 du même texte, nonobstant toutes dispositions contraires des statuts, ces sociétés sont représentées à l'assemblée du syndicat par toute personne désignée chaque année par l'assemblée générale appelée à approuver les comptes sociaux. Cette personne rend compte aux associés des décisions prises par le syndicat de copropriété lors de la première assemblée générale tenue après l'assemblée du syndicat ».

III – LOT EN INDIVISION, GREVÉS D'UN USUFRUIT OU DONT LA PROPRIÉTÉ EST DÉMEMBRÉE

Bibliographie : J.-M. Gélinet, *Indivision et copropriété : Administrer* mai 1996, p. 22 et s. ; *Le mandataire commun de l'article 23 de la loi du 10 juillet 1965 : Administrer* nov. 1994, p. 11. – F. Colonna d'Istria, *Les indivisions sur les lots de copropriété :*

AJDI 2022, p. 266. – J. Hocquard, *Le démembrement de propriété du lot : Inf. rap. copr.* 2022, p. 21. – *JCl. Notarial Répertoire, V° Copropriété*, Fasc. 41-1 et *JCl. Civil Code*, art. 544 à 577, Fasc. 41-1 par A. Blaisse, actualisé par A. Djigo.

A – Lots en indivision

5) Obligation de désigner un mandataire commun. En cas d'indivision ou de démembrement de propriété d'un lot, l'article 23, alinéa 2 de la loi impose la *désignation d'un mandataire commun*.

Avant le 27 mars 2014, date d'entrée en vigueur de la loi n° 2014-366 du 24 mars 2014 (loi ALUR), ce même texte prévoyait que le règlement de copropriété pouvait comporter une stipulation contraire : par exemple, une clause stipulant que l'usufruitier sera seul convoqué aux assemblées générales et aura seul le droit d'agir et de voter sauf convention contraire entre lui et le nu-propriétaire dûment notifiée au syndicat (V. ▪ Cass. 3e civ., 6 déc. 1983 : *Administrer* oct. 1984, p. 43, obs. E.-J. Guillot. ▪ CA Paris, 23e ch., 21 déc. 2006 : *Loyers et copr.* 2007, comm. 82, obs. G. Vigneron) ou encore que faute de désignation d'un mandataire commun, le syndic pourra valablement convoquer l'un des indivisaires (▪ CA Paris, 23e ch. B, 4 juill. 2002 : *AJDI* 2002, p. 617 ; *Rev. loyers* 2003, p. 38, note Th. Dubaele).

Cette possibilité n'est plus admise depuis la modification du texte par la loi ALUR. En conséquence les clauses dispensant de la désignation d'un mandataire commun en cas d'indivision de démembrement de propriété d'un lot sont, depuis le 27 mars 2014, réputées non écrites.

6) Désignation du mandataire par la voie judiciaire. Si les intéressés ne se mettent pas d'accord, le syndic, ou l'un des indivisaires ont qualité pour faire désigner par le juge un mandataire commun. Ce principe, posé par l'article 23, alinéa 2 ancien, a été repris dans l'article 23, alinéa 2 nouveau de la loi, issu de l'ordonnance du 30 octobre 2019, applicable à compter du 1er juin 2020.

C'est le président du tribunal judiciaire (antérieurement, le président du tribunal de grande instance) saisi par voie de requête qui a qualité pour procéder à cette désignation (art. 23, al. 2).

Il avait été jugé que faute de demande en ce sens, l'assemblée ne pouvait pas être valablement convoquée (▪ CA Paris, 23e ch. B, 20 déc. 2001 : *Loyers et copr.* 2002, comm. 158).

Il a été jugé également, conformément à la position prise par la commission relative à la copropriété (recommandation n° 3. – V. Annexe) que tant que le mandataire commun n'a pas été désigné, le syndic doit convoquer tous les titulaires de droits sur le lot (V. précédemment : ▪ CA Paris, 23e ch. B, 27 nov. 2008 : *Loyers et copr.* 2009, comm. 72, obs. G. Vigneron. ▪ CA Paris, 23e ch. B, 21 sept. 2000 : *JurisData* n° 2000-126114 ; *Loyers et copr.* 2001, comm. 71) et que la notification du procès-verbal devait être effectuée tant à l'usufruitier qu'aux nus-propriétaires du lot (▪ Cass. 3e civ., 30 mars 2011, n° 10-14.381 : *JurisData* n° 2011-005068 ; *Loyers et copr.* 2011, comm. 188, obs. G. Vigneron ; *Rev. loyers* 2011, p. 268, note M. Plaidy).

Cette jurisprudence n'est plus d'actualité. La désignation d'un mandataire commun est, en pareil cas, impérative. Il appartient au syndic, après avoir mis en demeure les indivisaires ou les titulaires des droits démembrés de se mettre d'accord sur la désignation d'un mandataire commun dans un délai déterminé, de faire désigner ce mandataire par la voie judiciaire, si cette mise en demeure reste sans effet.

Il est inutile de faire désigner ce mandataire commun si les règles du mandat tacite peuvent être invoquées (V. ci-dessous), ainsi lorsqu'un indivisaire prend en mains la gestion d'un appartement dépendant de la succession de sa mère (▪ CA Paris, 23e ch., 3 juin 2004 : *Administrer* févr. 2005, p. 50, obs. J.-R. Bouyeure).

Voir : sur la procédure à employer, D. 17 mars 1967, art. 61, p. 868.

7) Frais et honoraires de désignation. L'ordonnance n° 2019-1101 du 30 octobre 2019 applicable à compter du 1er juin 2020, a précisé dans l'article 23, alinéa 4 que la désignation du mandataire commun par la voie judiciaire était effectuée « aux frais des indivisaires ». Ces frais doivent donc être supportés par l'ensemble des indivisaires au *prorata* de leurs droits dans l'indivision.

8) Pouvoirs du mandataire commun. C'est le mandataire commun et lui seul qui a qualité pour agir. Un indivisaire ne peut intenter seul une action en contestation de l'assemblée si la qualité de mandataire commun lui est déniée par ses coïndivisaires (▪ Cass. 3e civ., 10 févr. 2015, n° 13-26.490. ▪ Cass. 3e civ., 11 oct. 2000, n° 99-10.216 : *JurisData* n° 2000-006245 ; *Loyers et copr.* 2001, comm. 14, obs. G. Vigneron ; *D.* 2001, somm. p. 3580, obs. J.-R. Bouyeure. ▪ CA Paris, 23e ch. B, 4 juill. 2002 : *Loyers et copr.* 2002, comm. 286. ▪ CA Paris, 23e ch. B, 8 mars 2001 : *AJDI* 2011, p. 715. – V. pour le titulaire d'un droit d'usage et d'habitation : ▪ CA Paris, 23e ch. B, 14 juin 2001 : *Loyers et copr.* 2002, comm. 17).

Selon un arrêt de la Cour de cassation, en cas d'indivision d'un lot de copropriété le syndic qui reçoit la notification de la désignation d'un mandataire commun n'a pas à se faire juge de la régularité de cette désignation. Il lui appartient de convoquer ce mandataire à l'assemblée (▪ Cass. 3e civ., 11 janv. 2012, n° 10-25.526 : *Administrer* mai 2012, p. 45, obs. J.-R. Bouyeure).

Voir : sur les *obligations du nu-propriétaire et de l'usufruitier envers le syndic*, D. 17 mars 1967, art. 65, p. 902. – Sur la *répartition des charges entre nu-propriétaire et usufruitier*, L. 10 juill. 1965, art. 10, comm. n°s 111 et 116, p. 184.

9) Mandat tacite. Puisque le mandat doit en principe être écrit (V. L. 10 juill. 1965, art. 22, p. 371), toute possibilité de « mandat tacite » devrait être exclue. Toutefois, la Cour de cassation a admis la validité du mandat tacite dans des cas où le lot de copropriété était dans l'indivision. Il est vrai que la loi sur l'indivision (C. civ., art. 815-3) prévoit expressément la validité d'un tel mandat (pour la validité du mandat tacite en cas d'indivision successorale, V. ■ Cass. 3e civ., 12 mars 1997, n° 94-16.766 : *JurisData* n° 1997-001065 ; *Bull. civ.* III, n° 59 ; *JCP* N 1997, p. 1463, note A. Djigo ; *Loyers et copr.* 1997, comm. 184, obs. G. Vigneron ; *Administrer* nov. 1997, p. 75 et *RD imm.* 1997, p. 282, obs. P. Capoulade. ■ CA Paris, 23e ch. B, 25 oct. 2007 : *JurisData* n° 2007-345904 ; et dans le cas d'une indivision entre époux : ■ Cass. 3e civ., 1er juin 2022, n° 21-16.514 : *JurisData* n° 2022-009505 ; *Loyers et copr.* 2022, comm. 142, obs. A. Lebatteux ; *Administrer* juill. 2022, p. 60, obs. P. Déchelette-Tolot ; *AJDI* 2022, p. 760, obs. F. Colonna d'Istria. ■ Cass. 3e civ., 12 janv. 2005, n° 03-14.573 : *Administrer* août-sept. 2005, p. 71, obs. J.-R. Bouyeure ; *AJDI* 2006, p. 386, note P. Capoulade. ■ Cass. 3e civ., 11 mars 1998 : *Loyers et copr.* 1998, comm. 133, note G. Vigneron ; *Administrer* août-sept. 1998, p. 52 et *RD imm.* 1998, p. 289, obs. P. Capoulade. – V. dans le cas d'un concubinage : ■ CA Cayenne, ch. civ., 9 oct. 2023, n° 21/00439 : *JurisData* n° 2023-022624. – V. dans le cas d'un conjoint survivant usufruitier, resté en possession du lot : ■ CA Toulouse, 1re ch., 1re sect., 15 nov. 2010 : *JurisData* n° 2010-293550). L'existence du mandat tacite se prouve par présomptions (■ CA Paris, 14e ch. A, 25 avr. 2007 : *AJDI* 2008, p. 37. – V. pour une application : ■ CA Paris, pôle 4, 2e ch., 29 sept. 2010 : *JurisData* n° 2010-019931 ; *Loyers et copr.* 2011, comm. 21, obs. G. Vigneron) et impose de caractériser l'accomplissement d'actes de gestion au vu et au su des autres indivisaires ainsi que l'absence d'opposition de leur part à cette prise en main par l'un d'eux de l'intérêt commun.

Cette représentation par voie de mandat tacite peut jouer quel que soit l'objet de la décision à prendre. D'autre part, le mandataire commun peut déléguer son droit de vote en application de l'article 22 de la loi du 10 juillet 1965 (■ Cass. 3e civ., 12 mai 2016, n° 15-12.575 : *AJDI* 2017, p. 121, note N. Le Rudulier ; *Inf. rap. copr.* oct. 2016, p. 14, obs. M.-F. Ritschy).

Dans le cas de mandat tacite, seul le mandataire peut agir en contestation de l'assemblée, l'action appartenant à l'indivision et non à chacun des indivisaires (■ CA Versailles, 4e ch., 15 déc. 2003 : *Cahiers CSAB* n° 111, avr. 2004, n° 695, obs. A. Dunes). C'est à celui qui agit de faire la preuve de l'existence de ce mandat (■ CA Paris, 23e ch. B, 25 oct. 2007 : *Loyers et copr.* 2008, comm. 66, obs. G. Vigneron). Il peut résulter du fait que l'un des copropriétaires a pris en main pendant plusieurs années la gestion du lot indivis, sans soulever la moindre réserve ou protestation des coïndivisaires (■ CA Paris, pôle 4, 2e ch., 14 mai 2014, n° 11/07498 : *JurisData* n° 2014-016721 ; *Loyers et copr.* 2014, comm. 279, obs. G. Vigneron).

Le mandat tacite est valable tant qu'il n'a pas été contesté et que les apparences permettent de croire à la bonne entente des indivisaires (■ Cass. 3e civ., 12 janv. 2005, préc. ■ CA Paris, 23e ch. B, 6 oct. 2005 : *AJDI* 2006, p. 36). En revanche, il doit être écarté lorsque des éléments de fait, tels que l'introduction d'une demande de divorce, indiquent l'existence de divergences entre les parties (■ TJ Paris, 8e ch., 11 juin 2024, n° 23/08214 : *JurisData* n° 2024-009179).

Voir : sur le mandat écrit, L. 10 juill. 1965, art. 22, comm. n° 15, p. 378.

B – Lots grevés d'un usufruit

10) Régime juridique. Avant la réforme opérée par l'ordonnance du 30 octobre 2019, entrée en vigueur à compter du 1er juin 2020, les règles applicables en cas d'indivision ou de démembrement du droit de propriété étaient les mêmes : le nu-propriétaire et l'usufruitier devaient être représentés par un mandataire commun désigné à défaut d'accord par le président du tribunal de grande instance à la requête de l'un d'entre eux ou du syndic.

L'ordonnance précitée a modifié l'article 23 en consacrant un alinéa spécial au cas de démembrement en usufruit et nue-propriété.

– le principe est que les intéressés sont alors, à défaut d'accord entre eux, représentés par le nu-propriétaire. En pratique il faudra que le syndic soit informé de ce « défaut d'accord » pour savoir notamment qui convoquer à l'assemblée. À défaut d'information, il serait fondé à considérer que le mandataire commun (habilité en vertu de la loi) est le nu-propriétaire ;

– s'il y a plusieurs nus-propriétaires le mandataire commun est, à défaut d'accord, désigné par le président du tribunal judiciaire saisi par l'un d'entre eux ou par le syndic.

Les frais et honoraires entraînés par la procédure doivent être supportés par les nus-propriétaires (L. art. 23, al. 4).

C – Autres démembrements de propriété

11) Régime applicable. Dans sa rédaction antérieure à la loi du 24 mars 2014, l'obligation de désigner un mandataire commun s'appliquait en cas d'indivision du lot ou d'usufruit d'un lot.

Cette obligation de constituer un mandataire commun avait été étendue par la jurisprudence au cas où un lot était *grevé d'un droit d'usage et d'habitation* (■ CA Paris, 14 avr. 1980 : *D.* 1980, IR p. 451. ■ CA Paris, ch. 23, 14 janv. 1994 : *D.* 1994, somm. p. 121, note C. Atias. – V. aussi ■ Cass. 3e civ., 28 juin 1995, n° 93-16.559 : *JurisData* n° 1995-002473 ; *RD imm.* 1995, p. 786, obs. P. Capoulade). À compter du 27 mars 2014, l'obligation de désignation d'un mandataire commun s'est appliquée d'une manière générale dans tous les cas de « démembrement de propriété » d'un lot...

Ce principe reste applicable après la modification de l'article 23 par l'ordonnance du 30 octobre 2019. Toutefois, alors que l'article 23, alinéa 2 ancien indiquait que ce mandataire commun devait, à défaut d'accord, être désigné judiciairement (à l'époque par le président du tribunal de grande instance, saisi à la requête de l'un des copropriétaires ou du syndic), l'ordonnance du 30 octobre 2019 a modifié cette situation en énonçant que « à défaut d'accord, les intéressés sont représentés par le propriétaire ».

Art. 24 *(Mod., L. n° 2003-590, 2 juill. 2003 ; L. n° 2014-366, 24 mars 2014 ; L. n° 2015-992, 17 août 2015 ; Ord. n° 2019-1101, 30 oct. 2019 ; L. n° 2019-1428, 24 déc. 2019 ; L. n° 2021-1520, 25 nov. 2021 ; L. n° 2023-175, 10 mars 2023).* **– I. - Les décisions de l'assemblée générale sont prises à la majorité des voix exprimées des copropriétaires présents, représentés ou ayant voté par correspondance, s'il n'en est autrement ordonné par la loi.**

II. - Sont notamment approuvés dans les conditions de majorité prévues au I :

a) **Les travaux nécessaires à la conservation de l'immeuble ainsi qu'à la préservation de la santé et de la sécurité physique des occupants, qui incluent les travaux portant sur la stabilité de l'immeuble, le clos, le couvert ou les réseaux et les travaux permettant d'assurer la mise en conformité des logements avec les normes de salubrité, de sécurité et d'équipement définies par les dispositions prises pour l'application de l'article 1er de la loi n° 67-561 du 12 juillet 1967 relative à l'amélioration de l'habitat ;**

b) **Les modalités de réalisation et d'exécution des travaux rendus obligatoires en vertu de dispositions législatives ou réglementaires ou d'un arrêté de police administrative relatif à la sécurité ou à la salubrité publique, notifié au syndicat des copropriétaires pris en la personne du syndic ;**

c) **Les modalités de réalisation et d'exécution des travaux notifiés en vertu de l'article L. 313-4-2 du Code de l'urbanisme, notamment la faculté pour le syndicat des copropriétaires d'assurer la maîtrise d'ouvrage des travaux notifiés portant sur les parties privatives de tout ou partie des copropriétaires et qui sont alors réalisés aux frais du copropriétaire du lot concerné ;**

d) **Les travaux d'accessibilité aux personnes handicapées ou à mobilité réduite, sous réserve qu'ils n'affectent pas la structure de l'immeuble ou ses éléments d'équipement essentiels ;**

e) **La suppression des vide-ordures pour des impératifs d'hygiène ;**

f) **Les adaptations du règlement de copropriété rendues nécessaires par les modifications législatives et réglementaires intervenues depuis son établissement. La publication de ces modifications du règlement de copropriété est effectuée au droit fixe ;**

g) **La décision d'engager le diagnostic prévu à l'article L. 731-1 du Code de la construction et de l'habitation ainsi que ses modalités de réalisation ;**

h) (Mod., L. n° 2021-1520, 25 nov. 2021) **L'autorisation permanente accordée à la police municipale de pénétrer dans les parties communes ;**

i) (Aj., L. n° 2019-1428, 24 déc. 2019) **La décision d'équiper les emplacements de stationnement d'accès sécurisé à usage privatif avec des bornes de recharge pour véhicules électriques et hybrides rechargeables et de réaliser l'étude mentionnée au III de l'article 24-5 ;**

j) (Aj., L. n° 2019-1428, 24 déc. 2019) **L'autorisation donnée à un ou plusieurs copropriétaires d'effectuer à leurs frais les travaux permettant le stationnement sécurisé des vélos dans les parties communes, sous réserve que ces travaux n'affectent pas la structure de l'immeuble, sa destination ou ses éléments d'équipement essentiels et qu'ils ne mettent pas en cause la sécurité des occupants.**

k) (Aj., L. n° 2023-175, 10 mars 2023) **La décision d'installer des ouvrages nécessaires à la production d'énergie solaire photovoltaïque et thermique sur les toits, les façades et les garde-corps.**

III. - *(Abr. à compter du 1er juin 2020, et transféré pour partie à l'art. 10 al. 4, Ord. n° 2019-1101, 30 oct. 2019).*

• ***Sommaire***

I – MAJORITÉ DE DROIT COMMUN 394

II – TRAVAUX 395

A – Travaux non expressément visés par un texte particulier 395

1° *Travaux d'entretien et de conservation de l'immeuble* 395

2° *Distinction entre travaux d'entretien et travaux d'amélioration* 396

B – Travaux visés par l'article 24 397

1° *Travaux à l'initiative de l'assemblée (art. 24, II, a)* 397

2° *Travaux obligatoires (art. 24, II, b)* 397

3° *Opérations de restauration immobilière (art. 24, II, c)* 399

4° *Travaux bénéficiant à des personnes handicapées ou à mobilité réduite (art. 24, II, d)* 399

5° *Suppression des vide-ordures (art. 24, II, e)* 400

6° *Équipements pour véhicules électriques (art. 24, II, i)* 400

7° *Travaux permettant le stationnement sécurisé des vélos (art. 24, II, j)* 401

III – DÉCISIONS DIVERSES 401

A – Adaptation du règlement de copropriété (art. 24 II, *f*) 401

1° *Qu'est-ce que l'adaptation du règlement ?* 402

2° *Procédure à suivre* 402

B – Réalisation du diagnostic technique global (art. 24, II, *g*) 403

C – Autorisations données à la police municipale (art. 24, II, *h*) 403

D – Installation de panneaux solaires (art. 24, II, *k*) 404

IV – MODALITÉS DE LA PRISE DE DÉCISION 405

V – CALCUL DE LA MAJORITÉ 405

VI – L'ASSEMBLÉE PEUT-ELLE REVENIR SUR UNE PRÉCÉDENTE DÉCISION ? 406

A – Conditions requises 406

B – Procédure à suivre 407

VII – ABUS DE MAJORITÉ – ABUS DE MINORITÉ 407

A – Abus de majorité 407

B – Abus de minorité 412

VIII – ASSEMBLÉES SPÉCIALES 413

A – Cas d'existence d'assemblées spéciales 413

1° *Assemblées spéciales résultant de la création de charges spéciales* 413

2° *Assemblées spéciales résultant de la création de parties communes spéciales* 413

3° *Assemblées spéciales prévues par des textes particuliers* 413

B – Tenues des assemblées spéciales 414

IX – INTERPRÉTATION DES DÉCISIONS DE L'ASSEMBLÉE 414

1) Articles 24 à 26. L'assemblée constitue l'organe délibérant du syndicat. Les articles 24 à 26-8 de la loi fixent ses pouvoirs. Ces textes ont un caractère impératif (■ CA Rouen, 1re ch. civ., 17 mars 2021, n° 20/00929 : *JurisData* n° 2021-005964. – V. L. art. 43). Ils sont l'illustration d'une remarque de M. Gastaud (*Personnalité morale et droit subjectif*, LGDJ 1977) qui observe que « les copropriétaires sont à la fois dans le syndicat et contre lui » (n° 258).

– Membres du syndicat, les copropriétaires ont en cette qualité un certain nombre de droits : celui de participer à l'assemblée et d'y voter (V. L. art. 22), celui de contester les décisions de l'assemblée (V. L. art. 42) ou de susciter sa convocation (V. D. art. 8).

– Mais le législateur, tout en définissant les pouvoirs de l'assemblée, a manifesté le souci de protéger les copropriétaires contre des abus possibles. Ainsi, les décisions doivent-elles être prises à des majorités savamment graduées en fonction de l'objet de la délibération : de la majorité des voix exprimées des présents ou représentés, pour les actes de gestion courante (V. L. art. 24) on passe à la majorité des voix (V. L. art. 25), puis à la majorité qualifiée en voix et en nombre des copropriétaires pour les actes les plus graves (L. art. 26). Si la mention dans la convocation d'une majorité erronée n'emporte aucune conséquence sur la régularité du vote dès lors que la décision a bel et bien été adoptée à la majorité légalement requise (■ CA Paris, pôle 4, 2e ch., 13 sept. 2023, n° 19/05242 : *JurisData* n° 2023-017237), cette gradation doit être respectée par le syndicat, le vote d'une résolution à une majorité inférieure à celle prévue par la loi n'étant pas une simple erreur matérielle, mais une erreur de droit justifiant la nullité de la décision (■ CA Toulouse, 1re ch., 1re sect., 26 sept. 2022, n° 20/01334 : *JurisData* n° 2022-019289). Pour autant, faute d'avoir été contestée dans le délai légal de deux mois (L. n° 65-557, 10 juill. 1965, art. 42, al. 2), la résolution adoptée à une majorité irrégulière devient définitive (■ CA Chambéry, 1re ch., 5 juill. 2022, n° 20/00471 : *JurisData* n° 2022-014976).

Par ailleurs, la jurisprudence applique éventuellement la théorie de « l'abus de majorité » si l'assemblée est tentée d'abuser des pouvoirs qu'elle tient de la loi.

Enfin, le législateur interdit à l'assemblée de prendre des décisions de nature à affecter les droits des copropriétaires sur leurs parties privatives : décisions portant atteinte directement ou indirectement aux droits de jouissance des copropriétaires sur leurs lots (V. L. art. 26, al. 7) ou à la destination de l'immeuble. Ainsi, est affirmée, en face des prérogatives du syndicat, l'existence de droits fondamentaux des copropriétaires auxquels il n'est pas possible de porter atteinte : droit au respect de la destination de l'immeuble, droit au respect de la destination des parties privatives, droit au respect des conditions de jouissance des parties privatives.

Tout le formalisme relatif aux convocations et à la tenue des assemblées (règles édictées par les art. 7 à 21 du décret) apparaît aussi comme inspiré par un souci de protection des copropriétaires « contre le syndicat ».

Ces textes ont été assez profondément remaniés par la loi n° 2014-366 du 24 mars 2014 (loi ALUR). Les mesures prises vont toutes dans le même sens : il s'agit de faciliter la prise de décision en diminuant, dans certains domaines, et en particulier en matière de travaux, les majorités requises. On assiste ainsi à un glissement : certaines décisions requérant antérieurement la majorité de l'article 26 pourront dorénavant être prises à la majorité de l'article 26, et des décisions relevant auparavant de la majorité de l'article 25 pourront intervenir à la majorité de l'article 24 (V. pour un bilan, J.-M. Roux, *Fonctionnement des copropriétés : Loyers et copr.* 2014, n° spécial « loi ALUR », étude 3, n°s 145 à 155). Le phénomène s'est poursuivi postérieurement, avec l'ordonnance du 30 octobre 2019, qui a, en outre, institué des « passerelles », permettant à l'assemblée de se prononcer à une majorité inférieure à celle prévue par la loi lorsque certaines conditions sont réunies (V. L. 10 juill. 1965, art. 25-1 et 26-1).

Bibliographie : *JCl. Copropriété*, Fasc. 86 par G. Vigneron, actualisé par P.-E. Lagraulet. – E. Kischinewsky-Broquisse, *La copropriété des immeubles bâtis*, Litec, 4e éd. 1989, n°s 596 et s. – *La copropriété*, Dalloz Action, 10e éd. 2021, ss dir. D. Tomasin, n°s 333.00 et s. – G. Vigneron, *La ronde des majorités : Loyers et copr.* juin 2004, p. 6. – P. Capoulade, *Les majorités dans les assemblées générales de copropriétaires : Inf. rap. copr.* sept. 2005, p. 14. – D. Tomasin, *Évolution du rôle des copropriétaires dans la préparation des assemblées générales et dans la sanction de leurs irrégularités : Ann. loyers* 2006, p. 860 et s. – J.-M. Roux, *Réflexions sur l'assouplissement des conditions d'adoption des décisions en assemblée générale de copropriété : Loyers et copr.* juin 2007, étude 6. – J.-M. Roux, *Le mythe du quorum en assemblée générale de copropriétaires : Ann. loyers* 2011, p. 56. – J.-M. Roux, *Les différentes majorités d'une assemblée générale de copropriétaires : Inf. rap. copr.* janv.-févr. 2012, p. 17. – C. Atias, *La nature de l'assemblée générale des copropriétaires : Administrer* juin 2014, p. 21. – J.-M. Roux, *Tableau synoptique des majorités en copropriété : Inf. rap. copr.* nov. 2014, supplément. – P. Lebatteux, *Pratiques et abaissement des majorités : Administrer* août-sept. 2020, p. 12. – G. Gil, *Règles de majorité et passerelles en graphique : Inf. rap. copr.* mai 2021, p. 20.

I – MAJORITÉ DE DROIT COMMUN

2) Majorité par défaut. Toutes les décisions sont *prises à la majorité de l'article 24 « s'il n'en est autrement ordonné par la loi »*. Chaque fois donc qu'une résolution doit être votée, sans que soit prévue une majorité spéciale, c'est la *majorité de droit commun* de l'article 24 qui s'applique (V. pour une application de ce principe : ▪ CA Paris, 19e ch. A, 28 oct. 1996 : *Loyers et copr.* 1997, comm. 93). Ce texte joue essentiellement en matière d'*actes d'administration* :

• fixation du lieu de réunion du syndicat (▪ Cass. 3e civ., 10 juin 1970, n° 68-14.219 : *Bull. civ.* III, n° 394 ; *JCP* 1970, II, 16465, note E.-J. Guillot) ;

• mesures tendant à interdire à des véhicules tiers l'accès aux parties communes de l'immeuble (▪ Cass. 3e civ., 24 oct. 1973, n° 72-13.593 : *Bull. civ.* III, n° 544 ; *JCP* G 1973, IV, 393. – V. pour la pose d'une barrière : ▪ CA Paris, 23e ch. B, 7 déc. 2006 : *AJDI* 2007, p. 212) ;

• transfert de l'assiette d'une servitude s'exerçant au profit d'un tiers sur les parties communes (▪ Cass. 1re civ., 11 oct. 1961, n° 59-13.407 : *Bull. civ.* I, n° 451 ; *D.* 1962, p. 327) ;

• acceptation d'un protocole d'accord transactionnel mettant fin à un litige entre le syndicat et un garant immobilier (▪ CA Paris, pôle 4, 2e ch., 23 mars 2022, n° 18/15894 : *JurisData* n° 2022-004814) ;

• institution d'un fonds de solidarité, sous forme d'avance remboursable, afin de reconstituer la trésorerie du syndicat mise à mal par la défaillance de certains copropriétaires (▪ CA Paris, pôle 4, 2e ch., 9 févr. 2022, n° 19/03901 : *JurisData* n° 2022-002047) ;

• location de parties communes : on estime généralement que la décision de louer des parties communes relève de la majorité de l'article 24 (V. J.-R. Bouyeure, *La location de terrasses communes pour l'installation de téléphones portables : Administrer* juin 1998, p. 15. – *Louer un mur aveugle : Rev. hab. fr.* juin 1998, p. 19. – V. cependant ▪ Cass. 3e civ., 6 mai 2003, n° 01-15.067 : *JurisData* n° 2003-018944 ; *Loyers et copr.* 2003, comm. 249, obs. G. Vigneron ; *Administrer* oct. 2003, p. 61, obs. J.-R. Bouyeure ; *Rev. loyers* 2003, p. 457, rendu sur le visa de l'article 26 a de la loi. ▪ CA

Colmar, 2e ch. civ., A, 31 janv. 2020, n° 18/02144 : *JurisData* n° 2020-001268) – sauf s'il y a atteinte à la destination de l'immeuble ou aux droits de certains copropriétaires (l'unanimité serait alors nécessaire). Ainsi la mise en location de la loge peut être décidée à la majorité de l'article 24, après que l'assemblée a décidé de supprimer la gardienne (▪ CA Paris, pôle 4, 2e ch., 25 juin 2009 : *JurisData* n° 2009-378457 ; *AJDI* 2009, p. 879) :

– concession d'un droit d'occupation précaire sur les parties communes (▪ Cass 3e civ., 5 avr. 2018, n° 17-14.138 : publié au *Bull.* ; *JurisData* n° 2018-005176 ; *Loyers et copr.* 2018, comm. 155, note C. Coutant-Lapalus) : en l'espèce l'autorisation donnée à un restaurant d'occuper des parties communes pour installer une terrasse démontable ;

– suppression dans le règlement d'une clause de répartition des charges réputée non écrite (▪ TGI Nanterre, 8e ch., 19 mars 2009 : *AJDI* 2009, p. 719, note Y. Rouquet) ;

– autorisation donnée à un copropriétaire d'occuper à titre privatif et précaire un comble qui n'est pas utilisé par la copropriété (▪ Cass. 3e civ., 2 mars 2010, n° 09-13.090 : *AJDI* 2010, p. 391) ;

– décision de conclure un contrat en vue d'assurer le gardiennage de l'immeuble, alors que le règlement prévoit un service de gardiennage et lui affecte des locaux (▪ Cass. 3e civ., 28 nov. 2012, n° 11-25.476 : *JurisData* n° 2012-027430 ; *Bull. civ.* III, n° 175).

II – TRAVAUX

Bibliographie : C. Coutant-Lapalus, *Ordonnance ELAN, des travaux facilités pour la copropriété* : *Inf. rap. copr.* avr.-mai 2020, p. 19. – A. Lebatteux, *Le vote des travaux d'amélioration en copropriété : panorama des majorités requises après l'ordonnance du 30 octobre 2019* : *Loyers et copr.* dec. 2020, étude 13. – *JCl. Copropriété*, Fasc. 94, *Travaux à l'initiative du syndicat*, P.-E. Lagraulet.

A – Travaux non expressément visés par un texte particulier

1° *Travaux d'entretien et de conservation de l'immeuble*

3) Exemples. Pouvant être tenu responsable des dommages liés à sa négligence dans la mise en œuvre de mesures d'administration des parties communes, le syndicat doit veiller à l'exécution des travaux permettant d'assurer la conservation et l'entretien de l'immeuble (▪ CA Versailles, 1re ch., 1re sect., 17 oct. 2023, n° 22/01533 : *JurisData* n° 2023-025261. ▪ CA Toulouse, 1re ch., 1re sect., 16 mai 2023, n° 21/00972 : *JurisData* n° 2023-019903). Dans ce cadre, il relève de la mission du syndic d'établir un programme de travaux d'entretien de la copropriété sans attendre de dommages aux parties communes ou privatives (▪ CA Paris, pôle 4, 2e ch., 11 janv. 2023, n° 19/18585 : *JurisData* n° 2023-001024). Sont ainsi susceptibles d'être adoptés à la majorité de l'article 24 :

– les travaux ou aménagements de minime importance : installation du téléphone dans la conciergerie, de l'éclairage dans une cave, pose de vasques de fleurs (▪ Cass. 3e civ., 13 déc. 1977, n° 76-12.240 : *Bull. civ.* III, n° 443 ; *Gaz. Pal.* 1978, 1, somm. p. 87) ;

– les travaux de conservation des parties communes, par exemple le rebouchage d'une trémie et la création d'une ventilation haute (▪ CA Paris, 23e ch. B, 24 janv. 2008 : *JurisData* n° 2008-355065) ;

– les travaux de réfection, de restauration ou de remplacement de parties communes ou d'éléments d'équipement communs rendus nécessaires par l'usure ou la vétusté (pour les installations de chauffage : ▪ Cass. 3e civ., 22 mai 1997, n° 95-13.824 : *JurisData* n° 1997-002175 ; *Bull. civ.* III, n° 111 ; *Loyers et copr.* 1997, comm. 240 ; *Administrer* nov. 1997, p. 72, obs. P. Capoulade ; *D.* 1997, somm. p. 328, note C. Atias ; *RJDA* août-sept. 1997, n° 1095, p. 754. ▪ CA Paris, 23e ch. A, 20 janv. 1999 : *AJDI* 1999, p. 242. ▪ CA Paris, 31 août 2000 : *Administrer* juin 2001, p. 44, obs. J.-R. Bouyeure. – Pour une armoire de télécommande électrique vétuste et dangereuse : ▪ CA Paris, 1re ch., 19 oct. 2000 : *Loyers et copr.* 2000, comm. 82, note G. Vigneron. – Pour un ascenseur (▪ CA Paris, pôle 4, 2e ch., 5 déc. 2012, n° 10/23732 : *JurisData* n° 2012-028748 ; *Loyers et copr.* 2013, comm. 86, obs. G. Vigneron). Peu importe que le remplacement ne s'effectue pas à l'identique et se traduise par la mise en place d'équipements correspondant aux techniques actuelles (▪ CA Paris, 23e ch. B, 15 déc. 2005 : *Loyers et copr.* 2006, comm. 92, note G. Vigneron ; *AJDI* 2006, p. 206) ;

– la pose de poteaux antistationnement sur les parties communes (▪ Cass. 3e civ., 17 déc. 2013, n° 12-25.269) ;

– l'installation d'une main courante dans un escalier (Rép. min. 16 oct. 1987 : *JOAN*, p. 5953) ;

– l'autorisation donnée à un propriétaire voisin d'implanter des tirants dans le sous-sol pour permettre la construction d'un immeuble (▪ CA Paris, 19e ch. A, 28 oct. 1996 : *Loyers et copr.* 1997, comm. 93) ;

– la décision de procéder à l'abattage d'un arbre planté sur une cour commune pour des raisons de sécurité (▪ CA Paris pôle, 4, 2e ch., 10 mai 2017, n° 15/03175 : *Administrer* août-sept. 2017, p. 59, obs. J.-R. Bouyeure) ou pour éviter la dégradation des parties communes (▪ CA Paris, pôle 4, 2e ch., 23 juin 2021, n° 18/21720 : *JurisData* n° 2021-015612) ;

– la décision d'effectuer des travaux d'aménagement d'un local à poubelles régulièrement dégradé, de le remettre en état et d'en limiter les accès aux seuls copropriétaires (■ Cass 3e civ., 18 janv. 2018, n° 16-27.470 : *JurisData* n° 2018-000452 ; *Loyers et copr.* 2018, comm. 71, note C. Coutant-Lapalus ; *AJDI* 2018, p. 442, note N. Le Rudulier).

Ces travaux d'entretien nécessaires à la conservation de l'immeuble, en ce qu'ils permettent à terme d'éviter des sinistres, sont conformes aux intérêts collectifs des copropriétaires et peuvent être votés à titre préventif sans que soit commis par l'assemblée un abus de majorité (■ CA Paris, pôle 4, 2e ch., 31 mai 2023, n° 19/01106 : *AJDI* 2023, p. 607). Par contre l'assemblée sort de son domaine si elle décide de procéder à la remise en état des volets, parties privatives, ou à leur remplacement éventuel préalablement à la réfection des peintures (■ CA Paris, pôle 4, 2e ch., 14 mars 2012, n° 10/10094 : *JurisData* n° 2012-000545 ; *Loyers et copr.* 2012, comm. 214, obs. G. Vigneron). Et si, pour la réalisation des travaux, il est nécessaire d'acquérir une partie privative, la décision concernant cette acquisition doit alors être prise à la majorité de l'article 26 de la loi du 10 juillet 1965 (■ Cass. 3e civ., 9 sept. 2014, n° 12-13.605 : *JurisData* n° 2014-020515 ; *Loyers et copr.* 2014, comm. 306, obs. G. Vigneron).

Lorsque des travaux sont, sur un plan général, décidés par l'assemblée, rien n'interdit au syndicat de prendre comme architecte l'un des copropriétaires (■ CA Lyon, 2 avr. 1981 : *Gaz. Pal.* 1981, 2, p. 638, note M. Morand).

2° *Distinction entre travaux d'entretien et travaux d'amélioration*

4) Renvoi. Dans certains cas il peut y avoir difficulté à distinguer entre les travaux qui ne sont que « d'entretien », et qui relèvent de l'article 24, et ceux qui constituent des travaux d'amélioration, qui doivent être décidés à la majorité de l'article 25.

Voir : sur la distinction entre travaux d'entretien et travaux d'amélioration (V. L. 10 juill. 1965, art. 30, p. 542).

Relèvent de l'article 24 de la loi les travaux ou aménagements de peu d'importance, ceux de réfection ou de remplacement de parties communes ou d'éléments d'équipement communs rendus nécessaire par l'usure, la vétusté, la dangerosité ou la non-conformité aux règles de sécurité (■ CA Aix-en-Provence, ch. 1-5, 24 févr. 2022, n° 19/05784 : *JurisData* n° 2022-015675. ■ CA Versailles, 31 oct. 2011 : *JurisData* n° 2011-024895 ; *Loyers et copr.* 2012, comm. 55, obs. G. Vigneron. – Dans le même sens pour le changement des portes de l'immeuble et des interphones rendu nécessaire par leur état de vétusté : ■ CA Paris, pôle 4, 2e ch., 13 sept. 2023, n° 19/16512 : *JurisData* n° 2023-016736).

Voir aussi : ■ TGI Nancy, 26 août 1975 : *D.* 1976, inf. rap. p. 11, obs. C. Giverdon. ■ CA Nancy, 29 janv. 1980 : *D.* 1981, inf. rap. p. 402, obs. C. Giverdon. – Pour un ascenseur : ■ CA Riom, 3 mai 1967 : *AJPI* 1967, p. 600 ; pour des travaux de réfection de la cage d'escalier et de remise en état de la minuterie : ■ CA Paris, 19e ch. A, 12 nov. 1997 : *Loyers et copr.* 1998, comm. 107.

5) Ravalement. Le ravalement de l'immeuble relève *a priori* de l'entretien et peut être décidé à la majorité de l'article 24 lorsqu'il est indispensable en raison de l'état défectueux des façades (■ Cass. 3e civ., 18 nov. 1997, n° 96-13.926 : *RD imm.* 1998, p. 134, obs. C. Giverdon. ■ Cass. 3e civ., 26 oct. 1971, n° 70-11.055 : *Bull. civ.* III, n° 511. ■ CA Paris, 23e ch., 16 sept. 1994 : *Loyers et copr.* 1995, comm. 78. ■ CA Paris, 23e ch. B, 9 févr. 1996 : *Loyers et copr.* 1996, comm. 238. ■ CA Paris, pôle 4, 2e ch., 29 sept. 2021, n° 18/03035 : *JurisData* n° 2021-016617) et ceci quel que soit son coût (■ CA Paris, 23e ch. B, 15 nov. 2001 : *Loyers et copr.* 2002, comm. 107. ■ CA Paris, 23e ch. B, 28 nov. 2001 : *Administrer* avr. 2002, p. 51, obs. A. Alfandari). Peu importe que ce ravalement se traduise par la mise en place de matériaux ou d'équipements correspondant aux techniques actuelles telles que la pose d'un treillis galvanisé et d'une imperméabilisation (■ CA Versailles, 4e ch., 29 mars 2016, n° 13/08863 : *Rev. loyers* 2016, p. 300).

S'il est prescrit par l'autorité administrative, la décision relèvera de la majorité de l'article 24 de la loi en vertu de l'article 24, II, *b* (V. ce texte).

Si rien ne l'impose absolument, il s'agira alors de travaux d'amélioration entrant dans le cadre de l'article 30 (V. ce texte. ■ TGI Nanterre, 7 janv. 1981 : *Gaz. Pal.* 1981, 1, p. 274, note M. Morand. – Sur le ravalement, V. E. Vichrova : *Inf. rap. copr.* 1991, p. 135 et s. et mai 1991, p. 171 et s. – F. Virolleaud et M. Laurent, *Le ravalement des immeubles : AJPI* 1991, p. 165 et s. et des mêmes auteurs, *Le ravalement, guide technique réglementaire et juridique*, éd. du Moniteur. – C. Atias, *Le ravalement obligatoire : Inf. rap. copr.* nov. 1995, p. 23).

Voir : sur le ravalement, ce mot Annexe 53, p. 1457.

Si les travaux concernent le ravalement des façades extérieures, le syndicat ne peut y inclure la réfection de l'étanchéité des balcons sans une nouvelle délibération, le conseil syndical ne pouvant en aucun cas autoriser des travaux supplémentaires (■ CA Paris, 23e ch. A, 19 janv. 2000 : *JurisData* n° 2000-106266 ; *Loyers et copr.* 2000, comm. 157, note G. Vigneron). Le syndicat peut décider du ravalement même s'il concerne des parties communes spéciales, dès lors que le règlement de copropriété lui donne compétence à cet effet (■ CA Paris, 23e ch. B, 29 juin 2000 : *JurisData* n° 2000-121047 ; *Loyers et copr.* 2001, comm. 53, note G. Vigneron). Afin de garantir l'homogénéité de l'harmonie des façades et dès lors que le ravalement ne modifie pas la destination des parties privatives, l'assemblée générale est également compétente, même en l'absence de clause du règlement le prévoyant, pour décider de la réalisation de travaux de ravalement qui affectent simultanément des parties communes et des parties privatives, la décision étant prise à la majorité de l'article 24 lorsque le ravalement relève de l'entretien de l'immeuble (■ Cass. 3e civ., 9 mars 2023, n° 21-25.644 : *JurisData* n° 2023-005999 ; *Loyers et copr.* 2023, comm. 89, obs. A. Lebatteux ; *Administrer* avr. 2023, p. 34, obs. P. Déchelette-Tolot ; *Ann. loyers* 2023, p. 79, obs. J.-M. Roux ; *DEF* 1er févr. 2024, n° DEF216t9, p. 20, obs. M.-A. Le Floch et A. Gratadeix. – ■ CA Paris, pôle 4, 2e ch., 29 sept. 2021, n° 17/17213 : *Administrer* déc. 2021, p. 51, obs. J.-R. Bouyeure).

B – Travaux visés par l'article 24

6) Dans sa nouvelle rédaction, issue de la loi n° 2014-366 du 24 mars 2014, dite loi ALUR, l'article 24, II, procède à une énumération détaillée des travaux relevant de la majorité prévue par ce texte. Cette liste n'est pas limitative puisque, nous l'avons vu, la majorité de l'article 24 doit être considérée comme une « majorité par défaut » qui s'applique dans tous les cas où un texte spécifique ne prévoit pas le recours à une autre majorité.

Relèvent désormais de la majorité de l'article 24 un certain nombre de décisions qui devaient être prises antérieurement à la majorité de l'article 25.

1° Travaux à l'initiative de l'assemblée (art. 24, II, a)

7) Énumération. L'article 24 II, *a)* énumère un certain nombre de travaux susceptibles d'être décidés par l'assemblée à la majorité de l'article 24 :

– les travaux nécessaires à la conservation de l'immeuble ;

– les travaux nécessaires à la préservation de la santé et de la sécurité physique des occupants. Il a été jugé que relève de cette catégorie de travaux l'installation d'une vidéosurveillance couvrant les seules parties communes de l'immeuble et ne constituant pas une atteinte à la vie privée des occupants, ce projet pouvant être adopté à la majorité simple de l'article 24 (■ CA Aix-en-Provence, ch. 1-8, 18 oct. 2023, n° 21/01166 : *JurisData* n° 2023-019432 ; *Loyers et copr.* 2023, comm. 192, obs. C. Coutant-Lapalus) ;

– les travaux portant sur la stabilité de l'immeuble, le clos, le couvert ou les réseaux ;

– les travaux permettant d'assurer la mise en conformité des logements avec les normes de salubrité, de sécurité et d'équipement définies par les dispositions prises pour l'application de l'article premier de la loi n° 67-561 du 12 juillet 1967 relatif à l'amélioration de l'habitat. Quelles sont ces « dispositions » ? Il s'agit du décret n° 68-976 du 9 novembre 1968 (D. n° 68-976, 9 nov. 1968). En raison de l'abrogation partielle de ce décret, ces travaux sont ceux qui ont pour but de mettre les locaux en conformité avec les normes de décence fixées par le décret n° 2002-120 du 30 janvier 2002 (*JO* 31 janv. ; *JCP* 2002, III, 20035). Il avait été jugé à propos de ce dernier texte, qui est la reprise partielle de l'ancien article 25 *h* de la loi du 10 juillet 1965, que l'installation d'un interphone dans une cabine d'ascenseur ne relevait pas des dispositions de ce texte mais devait être décidée dans le cadre de l'article 30 de la loi (■ CA Paris, 23e ch. A, 6 mai 1998 : *Loyers et copr.* 1998, comm. 286).

D'autre part, il avait été précisé à propos de ce même article 25 *h* ancien qu'étaient seulement concernés par ce texte les travaux portant sur les parties communes (Rapport de M. Bonnemaison au nom de la Commission des lois : doc. Ass. nat., n° 2960, p. 25).

Voir aussi : sur la possibilité offerte par l'article 9 nouveau d'avoir accès aux parties privatives des lots pour les besoins de l'exécution de ces travaux, V. plus haut, art. 9 modifié, p. 85.

Enfin, il faut ajouter que la possibilité de décider de ces travaux à la majorité des voix des copropriétaires disparaîtrait s'ils portaient atteinte à la « jouissance des parties privatives », ou s'ils affectaient la destination de l'immeuble. En ce cas, l'autorisation ne pourrait être donnée qu'à l'unanimité.

2° Travaux obligatoires (art. 24, II, b)

Bibliographie : E. Kischinewsky-Broquisse, *La copropriété des immeubles bâtis*, Litec, 4e éd. 1989, nos 628 et s. ; *JCl. Copropriété*, Fasc. 94 par P.-E. Lagraulet ; *JCl. Civil*, art. 544 à 577, Fasc. 50-1 par M. Saluden. – J.-R. Bouyeure, *Les travaux dans la copropriété*, Sirey 1989, nos 95 et s. ; *Travaux collectifs en copropriété : les points clés (étude anonyme) : Rev. habitat* nov. 2012, p. 13. – Th. Dubaele, *Les travaux en copropriété : Opérations immobilières* mars 2013, p. 19.

8) Travaux concernés. L'article 24 II, *b)*, qui reprend les termes de l'article 25 *e)* ancien de la loi du 10 juillet 1965, vise les travaux relatifs à la sécurité ou à la salubrité publique rendus obligatoires en vertu de dispositions législatives ou réglementaires ou d'un arrêté de police administrative notifié au syndicat des copropriétaires pris en la personne du syndic.

Il peut s'agir par exemple :

– de travaux de ravalement (■ Cass. 3e civ., 26 oct. 1971, n° 70-11.055 : *Bull. civ.* III, n° 511 ; *Rev.*

loyers 1972, p. 47. ▪ CA Paris, 22 mai 1970 : *Gaz. Pal.* 1970, 2, p. 209, note M. Morand), ou de raccordement à l'égout ;

– ou de travaux de désamiantage de l'immeuble (▪ CA Paris, 23e ch. B, 26 janv. 2006 : *JurisData* n° 2006-292594. – V. Annexe 2, *Amiante*, p. 913) ;

– du renouvellement des ascenseurs rendu nécessaire du fait de leur contamination par l'amiante (▪ Cass. 3e civ., 23 mai 2007, n° 06-13.521 : *JurisData* n° 2007-038939 ; *Bull. civ.* III, n° 84 ; *JCP* G 2007, IV, 2302 ; *Administrer* août-sept. 2007, p. 54, note J.-R. Bouyeure ; *AJDI* 2008, p. 298, note P. Capoulade ; *Rev. loyers* 2007, p. 361, note J.-M. Gélinet) ;

– de la création d'un local destiné à recevoir les conteneurs à ordures ménagères (▪ Cass. 3e civ., 19 juin 2007, n° 05-21.501 : *Administrer* oct. 2007, p. 91, obs. J.-R. Bouyeure).

Sont réputés « obligatoires » les travaux qu'une association foncière urbaine a pour objet de réaliser (V. C. urb., art. L. 322-9-1, p. 1013).

Il a été jugé, sous l'empire de la législation antérieure, que l'assemblée pouvait à la majorité de l'article 25 (et donc aujourd'hui de l'article 24) renoncer à l'usage exclusif qu'elle détient sur une partie d'une dalle pour permettre l'aménagement de sorties de secours de parkings imposées par la réglementation (▪ CA Paris, 23e ch. B, 26 avr. 2001 : *Loyers et copr.* 2001, comm. 248). Elle pourrait même acquérir à cette même majorité des parties privatives si cette acquisition était nécessaire pour satisfaire à des normes législatives ou réglementaires (▪ Cass. 3e civ., 4 déc. 2007, n° 06-19.428 : *Rev. loyers* 2008, p. 119).

L'article 24 II, *b* vise uniquement le cas des *travaux à effectuer sur les parties communes* par le syndicat de copropriétaires. Si ces travaux doivent être effectués par un copropriétaire et affectent les parties communes, il doit alors requérir une autorisation de l'assemblée en vertu de l'article 25 *b* de la loi.

9) Prise de décision. L'assemblée a seulement *à se prononcer sur les modalités de réalisation et d'exécution de ces travaux* : si elle ne le fait pas, il a été jugé que l'autorité judiciaire ne pourrait se substituer à elle (▪ CA Paris, 2 nov. 1978 : *D.* 1979, inf. rap. p. 126, note C. Giverdon).

La *répartition du coût des travaux* s'effectue selon les règles applicables à la répartition des charges communes, fixées par l'article 10 de la loi (V. ce texte). Le copropriétaire du rez-de-chaussée n'a donc pas à participer aux travaux de mise en conformité d'un ascenseur (▪ Cass. 3e civ., 19 févr. 1976, n° 74-12.679 : *Bull. civ.* III, n° 77 ; *D.* 1976, somm. p. 43).

Les *travaux qui constituent le prolongement normal de ceux prescrits par l'administration* peuvent être décidés à cette même majorité de l'article 24 (V. pour l'application de l'article 25 e ancien, ▪ Cass. 3e civ., 27 mars 1973, n° 71-13.330 : *Bull. civ.* III, n° 225 ; *JCP* G 1973, II, 17431, note E.-J. Guillot ; *JCP* N 1973, II, 17454 *bis*. ▪ Cass. 3e civ., 28 nov. 1968 : *Bull. civ.* III, n° 518. ▪ Cass. 3e civ., 4 déc. 1968 : *Gaz. Pal.* 1969, 1, p. 308. ▪ CA Paris, 4 mai 1981 : *D.* 1982, inf. rap. p. 139).

Par contre, s'il y a « *transformation, addition ou amélioration* », c'est-à-dire des travaux qui pourraient ne pas être nécessairement accomplis pour satisfaire aux prescriptions de l'autorité publique, c'est *l'article 25 n* qui doit s'appliquer et la majorité prévue par ce texte (V. sur cette difficulté, art. 30 de la loi et à propos de ravalement : ▪ TGI Nanterre, 7 janv. 1981, comm. M. Morand, *Ravalement et copropriété : Gaz. Pal.* 1981, 1, p. 374). Et la charge des travaux sera alors répartie conformément aux prescriptions de l'article 30 de la loi (V. ce texte).

Voir aussi : sur les notifications à faire en vue de la convocation de l'assemblée, D. n° 67-223, 17 mars 1967art. 11, nos 17 à 25, p. 728.

10) Refus d'autoriser les travaux. Il est à noter que *si l'assemblée se refusait à exécuter ces travaux*, diverses mesures pourraient être prises pour l'y contraindre :

– l'administration peut tout d'abord prendre diverses mesures coercitives (interdiction d'utiliser un élément d'équipement défectueux comme un ascenseur, exécution des travaux d'office, etc.) ;

– des sanctions pénales peuvent être encourues (le refus délibéré et sans motif légitime d'exécuter les travaux prescrits par l'autorité administrative dans le cadre de la mise en sécurité de l'immeuble ou du traitement de l'insalubrité constitue ainsi un délit réprimé par l'article L. 511-22 du Code de la construction et de l'habitation) ;

– la responsabilité du syndic peut être engagée et sa carence justifier alors la mise en œuvre de la procédure prévue par l'article 49 du décret (V. ce texte) ;

– enfin, en cas de refus délibéré de l'assemblée (qui constitue un abus de majorité), les copropriétaires peuvent saisir le tribunal pour demander qu'il soit fait injonction au syndicat d'exécuter les travaux sous astreinte (▪ CA Rennes, 4e ch., 16 sept. 2021, n° 19/03676 : *JurisData* n° 2021-021978. – V. sur tous ces points, J.-R. Bouyeure, *op. cit.*, nos 107 et 108), ou le cas échéant provoquer l'ouverture d'une procédure de carence à l'encontre du syndicat (V. ann. *V° Carence du syndicat*).

Lorsqu'est annulé l'arrêté de péril ayant servi de fondement à l'exécution d'office par la commune des travaux que le syndicat se refusait à réaliser, la collectivité publique, privée de titre exécutoire en raison de l'annulation de l'arrêté, peut obtenir le remboursement du coût des travaux en invoquant l'enrichissement sans cause du syndicat (■ Cass. 3e civ., 26 oct. 2022, n° 21-12.674 : *JurisData* n° 2022-017730 ; *JCP* A 2023, 2180, obs. V. Farrugia ; *JCP* N 2022, act. 1098, obs. L. Erstein ; *Administrer* déc. 2022, p. 61, obs. P. Déchelette-Tolot ; *AJCT* 2023, p. 174 ; *AJDA* 2022, p. 2088 ; *AJDI* 2023, p. 57, obs. N. Le Rudulier ; *Rev. loyers* 2022, n° 4012, obs. V. Zalewski-Sicard).

3° *Opérations de restauration immobilière (art. 24, II, c)*

11) Selon l'article 24 II, *c)*, l'assemblée est appelée à fixer à la majorité prévue par ce texte les modalités de réalisation et d'exécution des travaux notifiés en vertu de l'article L. 313-4-2 du Code de l'urbanisme, et notamment la faculté pour le syndicat des copropriétaires d'assurer la maîtrise d'ouvrage des travaux portant sur les parties privatives de tout ou partie des copropriétaires, et qui sont alors réalisés aux frais du copropriétaire du lot concerné.

Rappelons que les opérations de restauration immobilière consistent en des travaux de remise en état, de modernisation ou de démolition ayant pour objet ou pour effet la transformation des conditions d'habitabilité d'un immeuble ou d'un ensemble d'immeubles (C. urb., art. L. 313-4). Après le prononcé de la déclaration d'utilité publique, le programme des travaux à réaliser est arrêté et notifié à chaque copropriétaire, et pour ce qui concerne les parties communes, au syndic de la copropriété.

4° *Travaux bénéficiant à des personnes handicapées ou à mobilité réduite (art. 24, II, d)*

Bibliographie : G. Vigneron, *Nouveautés estivales : Loyers et copr.* 2003, p. 4. – J.-M. Roux, *Le statut de la copropriété, art. 93 de la loi urbanisme et habitat : Ann. loyers* 2003, p. 2362. – C. Atias, *Actualités législatives estivales 2003 en copropriété immobilière : AJDI* 2003, p. 749. – J.-R. Bouyeure, *Les dispositions législatives des 2 juillet, 30 juillet et 1er août 2003 modifiant le statut de la copropriété ou applicables aux immeubles en copropriété : Administrer* janv. 2004, p. 8. – C. Atias, *Des immeubles accessibles à tous : Inf. rap. copr.* sept. 2004, p. 24. – P. Galan, *JCl. Construction*, Fasc. 11-25. – D. Rodrigues, *Les travaux d'accessibilité : Inf. rap. copr.* juin 2024, p. 23.

NB : V. également sur le sujet, Annexe 48, *V° Personnes handicapées*, p. 1365.

12) Bénéficiaires des travaux. Le législateur a pensé aux copropriétaires qui sont des « personnes handicapées ou à mobilité réduite ».(art. 24, II, *d)* Ce texte doit être très largement entendu. En tant qu'il vise les handicapés, il concerne tout type de handicap et pas seulement les handicapés moteurs (par exemple les malvoyants). Le cas de mobilité réduite ne peut à notre avis être pris en considération que si cette réduction de mobilité est permanente et non pas temporaire (personne accidentée ; femme enceinte...).

• **Nature des travaux**

13) Conditions posées. Il résulte de l'article 24, II, *d)* et *e)* que, dans tous les cas, les travaux doivent avoir pour finalité d'améliorer « l'accessibilité », et qu'ils ne doivent pas affecter la structure de l'immeuble ou ses éléments d'équipement essentiels. Mais il faut ajouter qu'ils doivent également répondre aux exigences de droit commun concernant tous les travaux : ils ne peuvent pas porter atteinte à la destination de l'immeuble (la condition est posée expressément par l'article 24 II, *e)*, mais vaut à notre avis dans tous les cas) et aux droits des copropriétaires, et ne peuvent, en particulier, affecter les modalités de jouissance des parties privatives des lots.

L'assemblée ne commet aucun abus de majorité, mais manifeste simplement la volonté de préserver l'harmonie architecturale de l'immeuble en refusant l'installation d'un monte-escalier qui aurait pour effet de modifier l'esthétique et le cachet d'un immeuble bourgeois et de condamner l'usage de l'une des deux rampes en cuivre (■ CA Aix-en-Provence, 2 avr. 2010 : *JurisData* n° 2010-12713 ; *Loyers et copr.* 2010, comm. 331, obs. G. Vigneron).

14) Travaux « d'accessibilité ». Les travaux visés par le texte sont des travaux « d'accessibilité » qui, par définition, concernent les parties communes (mais pour les besoins de leur exécution, il est possible d'avoir accès aux parties privatives. – V. L. art. 9 commenté plus haut). Il s'agit donc de travaux ayant pour objet de rendre mieux accessibles aux handicapés concernés ou aux personnes à mobilité réduite les parties communes (élargissement de portes, établissement de plans inclinés...) ou les éléments d'équipement de l'immeuble (ascenseur, parking, salle commune..., V. Rép. min. 6 oct. 1997 : *Ann. loyers* 1998, p. 45, note par R. Porte).

Ce texte reprend, en élargissant son domaine d'application, l'ancien article 25 i, introduit par la loi n° 85-1470 du 31 décembre 1985. Il s'inscrit dans le cadre du dispositif prévu par les articles L. 161-1 et R. 163-1 à R. 163-3 du Code de la construction et de l'habitation qui généralisent l'accessibilité et l'adaptabilité des logements aux personnes handicapées (V. aussi, Annexe 48, *V° Personnes handicapées*, p. 1365).

15) Travaux n'affectant pas la structure de l'immeuble ou ses éléments d'équipement

essentiels. Si les travaux *affectent la « structure de l'immeuble » ou « ses éléments d'équipement essentiels »*, ils sortent du cadre de ce texte.

La référence à la notion de « structure de l'immeuble » est relativement imprécise. Il semble que l'on ait voulu viser par là les travaux touchant au gros œuvre de l'immeuble et qui sont de nature à affecter en profondeur ce gros œuvre (par exemple en mettant en cause sa solidité). M. Bonnemaison, auteur de la proposition de loi, donne l'exemple suivant (Rapport au nom de la commission des lois : *doc. AN*, n° 2960, p. 26) :

« S'agissant de travaux touchant à des murs porteurs, il ne sera pas possible de décider à la majorité de l'article 25 d'élargir une porte cochère située dans le mur. En revanche, le percement de mur pour y faire passer un câble électrique, par exemple, n'en affectera pas la structure et pourra donc être décidé à la majorité de l'article 25, de même que des travaux d'installation d'une rampe d'accès s'ils n'obligent pas à élargir la porte d'entrée ».

S'il y a atteinte à la « structure de l'immeuble » ou à ses « éléments d'équipement essentiels », la décision devra être prise selon le cas :

– la majorité de l'article 30 de la loi du 10 juillet 1965 (V. ce texte) s'il s'agit de travaux d'amélioration... ;

– à l'unanimité si les travaux portent atteinte aux modalités de jouissance des parties privatives ou à la destination de l'immeuble.

• Financement des travaux

16) Premier cas : financement par la collectivité des copropriétaires. L'article 24 II, *d)* traite du cas où les travaux sont « approuvés » par l'ensemble des copropriétaires, et donc décidés par la collectivité, qui accepte de les financer. Mais comment va se répartir le coût des travaux ? Dès lors que l'on peut *a priori* les considérer comme des travaux « d'amélioration », il semble que l'on puisse appliquer en la matière le critère de « l'avantage », posé par l'article 30, alinéa 2 de la loi (V. ce texte). Sous l'empire de l'ancien texte, il avait été jugé que le coût de l'installation d'une plateforme élévatrice ne devait pas être supporté par le seul copropriétaire dont le fils est handicapé, mais réparti entre tous, en fonction de l'utilité objective de cette installation (▪ CA Paris, 23e ch. B, 7 juill. 1995 : *JCP* G 1995, IV, 2704).

17) Deuxième cas : financement par les copropriétaires directement intéressés. L'article 24, *e)*, dans sa rédaction antérieure à l'ordonnance du 30 octobre 2019, ouvrait la possibilité pour les copropriétaires directement intéressés de financer eux-mêmes les travaux. Le texte pouvait recevoir application, comme l'article 25 *b*, dont il était manifestement inspiré (V. ce texte), lorsque les travaux affectent les parties communes ou l'aspect extérieur de l'immeuble.

L'article 24, e, a été remplacé à compter du 1er juin 2020 et n'a plus le même objet (V. n° 20). Cependant la possibilité pour chaque copropriétaire de faire réaliser à ses frais des travaux pour l'accessibilité des logements aux personnes handicapées ou à modalité réduite subsiste : elle est dorénavant prévue par l'article 25-2 de la loi, applicable à compter du 1er juin 2020 (V. ce texte *infra*).

5° *Suppression des vide-ordures (art. 24, II, e)*

18) Possibilité de supprimer les vide-ordures à la majorité de l'article 24. L'article 25, *g*, ancien de la loi du 10 juillet 1965, créé par la loi du 24 mars 2014 (loi ALUR) permettait de supprimer les vide-ordures à la majorité de l'article 25 alors que, s'agissant d'un élément d'équipement commun, cette suppression devrait normalement être votée soit à la majorité de l'article 26, soit à l'unanimité (V. le commentaire de l'article 26). Toutefois la décision ne pouvait être prise en vertu de l'article 25 que « pour des impératifs d'hygiène » (V. S. Dropsy, *La suppression des vide-ordures en copropriété : Administrer* août-sept. 2004, p. 17). Tel est le cas si les vide-ordures, devenus vétustes et dangereux, ne peuvent être nettoyés et désinfectés (V. ▪ Cass. 3e civ., 22 sept. 2009, n° 08-19.411 : *Administrer* févr. 2010, p. 55 ; *AJDI* 2010, p. 320, note P. Capoulade. – V. aussi ▪ CA Colmar, 2e ch. civ. A, 22 oct. 2009 : *JurisData* n° 2009-022301).

L'ordonnance n° 2019-1101 du 30 octobre 2019, applicable à compter du 1er juin 2020, a transféré l'article 25, *g*, ancien à l'article 24, II, e, de la loi, avec la même rédaction. Dans le cadre de ce dispositif, la suppression des vide-ordures peut être adoptée par l'assemblée dès lors qu'est rapportée la preuve des problèmes de salubrité qu'ils engendrent, sans qu'il y ait à tenir compte de la situation personnelle de certains occupants (▪ CA Versailles, 4e ch., 2e sect., 15 nov. 2023, n° 21/01699 : *JurisData* n° 2023-024834 ; *Rev. loyers* 2024, p. 36, obs. S. Bénilsi. – V. également ▪ CA Paris, pôle 4, 2e ch., 5 avr. 2023, n° 21/11852 : *Administrer* juin 2023, p. 43, obs. P. Déchelette-Tolot).

6° *Équipements pour véhicules électriques (art. 24, II,* i*)*

19) La loi n° 2019-1428 du 24 décembre 2019 (L. n° 2019-1428, 24 déc. 2019, art. 69) a ajouté un alinéa (i) à l'article 24, II, afin de permettre le vote, à la majorité prévue par ce texte, de la décision d'équiper les emplacements de stationnement d'accès sécurisé à usage privatif avec des bornes de recharge pour véhicules électriques et hybrides rechargeables. La décision de réaliser l'étude mentionnée à l'article 24-5, III (V. ce texte) peut être prise à cette même majorité.

Ce texte s'inscrit dans le cadre du dispositif prévu par les articles L. 113-11 à L. 113-17 et R. 113-6 à R. 113-10 du Code de la construction et de l'habitation. Sur la réglementation en la matière, V. Annexe, *V° Véhicules électriques-alimentation*.

7° *Travaux permettant le stationnement sécurisé des vélos (art. 24, II, j)*

20) La loi n° 2019-1428 du 24 décembre 2019 (L. n° 2019-1428, 24 déc. 2019, art. 54) a ajouté un alinéa (j) à l'article 24, II, afin de pouvoir d'autoriser un ou plusieurs copropriétaires à effectuer à leurs frais les travaux permettant le stationnement sécurisé des vélos dans les parties communes. Pour que la décision puisse être prise à la majorité de l'article 24, le texte exige :

– que ces travaux n'affectent pas la structure de l'immeuble, sa destination, ou encore ces éléments d'équipement essentiels

– … et qu'ils ne mettent pas en cause la sécurité des occupants.

Ce texte s'inscrit dans le cadre du dispositif prévu par les articles L. 113-18 à L. 113-20 et R. 113-11 à R. 113-18 du Code de la construction et de l'habitation. Sur la réglementation en la matière, V. ann., *V° Vélos*.

III – DÉCISIONS DIVERSES

A – Adaptation du règlement de copropriété (art. 24 II, *f*)

Bibliographie : J.-R. Bouyeure, *Adaptation des règlements de copropriété anciens et répartition des charges : Administrer* juill. 2001, p. 16. – J. Lafond, *Loi SRU et pratique notariale de la copropriété : JCP* N 2001, p. 767. – G. Vigneron, *La grande toilette des règlements de copropriété : Loyers et copr.* avr. 2002, p. 5. – P. Capoulade, *Adaptation du règlement de copropriété : Administrer* févr. 2002, p. 8 ; *L'adaptation du règlement de copropriété : Inf. rap. copr.* juin 2002, p. 15 ; *Adaptation des règlements de copropriété anciens : Rev. hab. fr.* janv. 2002, p. 10. – J. Bedos, *Adaptation des règlements de copropriété : Maisons et habitat*, n° 379, p. 19. – T. Eoche-Duval, *Copropriété, quatre ans pour revoir votre règlement : Le Particulier immobilier* janv. 2002, p. 38 ; *Votre règlement de copropriété est-il hors-la-loi ? : Le Particulier immobilier* mai 2002, p. 51. – J.-M. Gélinet, *L'adaptation des règlements de copropriété après la loi SRU : Rev. loyers* 2003, p. 196. – P. Lebatteux, *Le nouvel article 49 de la loi du 10 juillet 1965 : Gaz. Pal.* 25-26 avr. 2003, p. 3. – J. Lafond, *L'adaptation des règlements de copropriété anciens à l'évolution de la législation : JCP* N 2003, p. 1314 et s. – J.-M. Le Masson, *La mise à jour des règlements de copropriété : AJDI* 2003, p. 837. – N. Dassonville, *Règlement de copropriété : faut-il l'adapter ? : Intérêts privés* nov. 2003, p. 18. – Étude anonyme, *Règlement de copropriété : faut-il l'adapter ? : Rev. hab. fr.* déc. 2003, p. 25. – C. Atias, *La mise à jour des règlements de copropriété : comment semer le trouble ? : Inf. rap. copr.* janv. 2004, p. 18. – G. Vigneron, *Nouvelles réflexions sur l'article 49 de la loi du 10 juillet 1965 : Loyers et copr.* févr. 2004, p. 4. – P. Maes, *Faut-il procéder à l'adaptation des règlements de copropriété : Inf. rap. copr.* juin 2004, p. 26. – M.-C. Ruffet, *L'adaptation des règlements de copropriété, réflexion sur les dérives : Inf. rap. copr.* juill.-août 2004, p. 22. – A. Renault, *La modernisation des règlements de copropriété*, Mémoire DSN, Université de Paris II, oct. 2006. – C. Atias, *L'adaptation du règlement de copropriété : Ann. loyers* 2004, p. 1607 ; *Questions pratiques : Defrénois* 2004, art. 37955, p. 797 ; *Les embarras de « l'adaptation » des règlements de copropriété : Inf. rap. copr.* janv.-févr. 2005, p. 28 ; *L'adaptation du règlement de copropriété : Inf. rap. copr.* oct. 2011, p. 30. – J. Hocquard, *L'actualisation du règlement de copropriété au sens de la loi SRU : Inf. rap. copr.* déc. 2021, page 21. – *JCl. Notarial Formulaire, V° Copropriété*, Fasc. 74, par J. Lafond.

Voir aussi : à ce propos, en annexe, la 23ᵉ recommandation de la Commission relative à la copropriété et la note du Conseil supérieur du notariat, département des affaires juridiques, du 25 novembre 2003 : *JCP* N 2003, n° 49, act. 245.

21) L'adaptation est-elle obligatoire ? Ce texte permet à l'assemblée de procéder aux « adaptations du règlement de copropriété rendues nécessaires par les modifications législatives depuis son établissement ». Le pouvoir « d'adapter » le règlement n'appartient qu'à l'assemblée et non pas au juge (■ CA Paris, pôle 4, ch. 2, 16 janv. 2013, n° 11/12284 : *JurisData* n° 2013-000365 ; *Loyers et copr.* 2013, comm. 164, obs. G. V.).

À la différence de l'article 49 de la loi du 10 juillet 1965 qui régissait antérieurement la matière, l'article 24, II, f de la loi, qui traite du problème de l'adaptation du règlement, depuis la loi du 24 mars 2014 fait partie des textes auxquels l'article 43 confère un caractère impératif. Ce qui est obligatoire c'est que l'assemblée soit saisie de la question et qu'elle prenne une décision.

Il a été jugé qu'un copropriétaire ne pouvait invoquer l'absence d'adaptation du règlement de copropriété aux textes législatifs ou réglementaires intervenus depuis son établissement pour se dispenser du paiement des charges (■ Cass. 3ᵉ civ., 3 nov. 2016, n° 15-24.793, publié au *Bull.* ; *JurisData* n° 2016-022762 ; *Loyers et copr.* 2017, comm. 22, note A. Lebatteux ; *Administrer* févr. 2017, p. 52, note J.-R. Bouyeure).

1° Qu'est-ce que l'adaptation du règlement ?

22) Conditions à remplir. Deux conditions doivent être réunies pour que le texte soit applicable :

– qu'une ou plusieurs modifications législatives soient intervenues depuis l'établissement du règlement ;

– et que ces modifications rendent nécessaire « l'adaptation » du règlement de copropriété pour le rendre conforme au droit positif. Ce sera le cas lorsque le règlement de copropriété aura reproduit les textes en vigueur lors de son établissement et que ces textes auront été depuis lors réformés.

23) Objet de « l'adaptation ». Le législateur ayant voulu que les copropriétaires puissent disposer d'un règlement de copropriété conforme au droit positif, on ne doit pas, selon nous, s'en tenir à une simple réfection matérielle du règlement (substitution des textes nouveaux aux textes anciens périmés ; insertion des textes nouveaux). « L'adaptation » du règlement implique que l'on puisse en expurger toutes les clauses qui ont été déclarées illicites par la jurisprudence au regard du droit positif (en ce sens J.-M. Gélinet, *op. cit.* ; J.-M. Le Masson, *op. cit.* ; G. Vigneron, *op. cit.* ; V. cependant, *contra*, P. Capoulade, *op. cit.*, p. 10. – P. Lebatteux, *Évolution des majorités dans les assemblées générales de copropriétaires : Rev. Dr. et ville* 2001, n° 52, p. 150). Cette faculté d'adaptation n'a cependant pas vocation à être employée afin de prendre en compte un arrêté municipal autorisant le changement de certains lots, cet arrêté ne constituant pas une modification législative ou réglementaire qui s'impose à la copropriété (▪ CA Versailles, 4e ch., 2e sect., 30 mars 2022, n° 21/02018 : *JurisData* n° 2022-006634).

Diverses réponses ministérielles avaient fait une interprétation particulièrement stricte du champ d'application de l'ancien article 49 : en décidant que l'on ne peut pour « adapter » le règlement y introduire des dispositions législatives ou réglementaires antérieures à son établissement (Rép. Cochet, *JOAN* 14 avr. 2003, p. 2989, n° 10631. – V. également Rép. Accoyer, *JOAN* 14 avr. 2003, p. 2993, n° 12894) ou encore modifier les quotes-parts de charges, ajuster le quantum des charges ou rectifier des erreurs de calcul même si ces modifications sont nécessaires au regard des règles légales en vigueur (Rép. Tibéri, *JOAN* 22 sept. 2003, p. 7294, n° 18993) ou si elles sont justifiées par les erreurs de surface figurant dans le règlement et qui servent de base au calcul des charges (Rép. min., n° 55158 : *JOAN* Q 5 avr. 2005, p. 3549 ; *AJDI* 2005, p. 684).

Dans la ligne de ces réponses, une décision de la cour de Paris avait considéré qu'il n'était pas possible de modifier la répartition des charges figurant dans un règlement de copropriété établi en 1967, dès lors que les textes régissant la matière (L. 10 juill. 1965, art. 5 et 10) n'avaient fait l'objet d'aucune modification depuis l'établissement du règlement (▪ CA Paris, pôle 4, 2e ch., 11 déc. 2013 : *JurisData* n° 2013-028887 ; *Loyers et copr.* 2014, comm. 127, obs. G. Vigneron. ▪ CA Paris, 23e ch. B, 2 déc. 2004 : *Constr.-Urb.* 2005, comm. 87, obs. D. Sizaire. – V. dans le même sens, ▪ CA Aix-en-Provence, 23 avr. 2010 : *JurisData* n° 2010-012830 ; *Loyers et copr.* 2011, comm. 25, obs. G. Vigneron. ▪ CA Versailles, 4e ch., 12 avr. 2010 : *JurisData* n° 2010-011329 ; *Loyers et copr.* 2010, comm. 272, obs. G. Vigneron). Toutefois, une décision de la Cour de cassation a admis que l'assemblée pouvait, à la majorité de l'article 24, retrancher du règlement, antérieur à la loi du 10 juillet 1965 une clause relative à la répartition des charges contraire à l'article 10 de cette loi (▪ Cass. 3e civ., 23 mai 2012, n° 10-28.619 : *JurisData* n° 2012-010930 ; *Loyers et copr.* 2012, comm. 244, note G. Vigneron ; *Administrer* août-sept. 2012, p. 55, note J.-R. Bouyeure. – V. pour une dispense de contribution aux charges illicite, ▪ CA Paris, pôle 4, 2e ch., 8 oct. 2014, n° 12/07625 : *Administrer* janv. 2015, p. 65, note J.-R. Bouyeure). De même il a été admis que l'assemblée pouvait, dans le cadre d'une « adaptation » du règlement, procéder à la ventilation des charges relevant respectivement des alinéas 1 et 2 de l'article 10 de la loi (V. ce texte), qui étaient, de façon illicite, « globalisées » (▪ Cass. 3e civ., 8 avr. 2014, n° 13-11.633 : *Administrer* oct. 2014, p. 45, note J.-R. Bouyeure. – ▪ CA Paris, pôle 4, 2e ch., 22 juin 2022, n° 19/10546 : *JurisData* n° 2022-011618 ; *Administrer* août-sept. 2022, p. 50, obs. P. Déchelette-Tolot. – *Contra*, retenant l'unanimité : ▪ CA Aix-en-Provence, ch. 1-5, 22 juin 2023, n° 19/19161 : *Rev. loyers* 2023, p. 455, obs. S. Bénilsi).

Par contre, on peut approuver les réponses indiquant que « l'adaptation » du règlement ne permet pas de modifier l'état descriptif de division (Rép. Liberti, *JOAN* 1er déc. 2003, p. 9218, n° 25421) ou de modifier les tantièmes de copropriété (Rép. Mancel, *JOAN* 16 juin 2003, n° 12999, p. 4835), ce qu'a admis la cour de Paris (▪ CA Paris, pôle 4, 2e ch., 20 janv. 2016, n° 14/15077 : *JurisData* n° 2016-000818 ; *Loyers et copr.* 2016, comm. 133, note G. Vigneron ; *Administrer* mai 2016, p. 44, note J.-R. Bouyeure).

2° Procédure à suivre

24) Absence de délai imparti. La décision « d'adapter » les règlements de copropriété aux modifications législatives survenues depuis leur mise en vigueur devait à l'origine être prise par l'assemblée « dans les cinq ans suivant la promulgation de la loi du 13 décembre 2000 ». Il a été précisé que le texte nouveau ne pouvait être invoqué dans les instances en cours lors de l'entrée en vigueur de la loi du 13 décembre 2000 (■ Cass. 3e civ., 12 févr. 2003, n° 01-12.456 : *JurisData* n° 2003-017775 ; *Administrer* avr. 2003, p. 50, note P. Capoulade). Le délai imparti expirait donc le 13 décembre 2005. Ce délai a été porté de cinq à huit ans par la loi « ENL » du 13 juillet 2006 et il arrivait à son terme le 13 décembre 2008.

Puis, la loi du 25 mars 2009 (art. 22) a décidé de pérenniser la faculté « d'adaptation » des règlements offerte par l'ancien article 49, ce qui est une bonne chose compte tenu du rythme des réformes concernant le statut de la copropriété, qui implique une mise à jour permanente.

25) Décision de l'assemblée. C'est à l'assemblée, et non au juge, qu'il appartient de procéder aux adaptations du règlement de copropriété (■ CA Paris, pôle 4, 2e ch., 16 janv. 2013 : *JurisData* n° 2013-000365). L'assemblée devra se prononcer à la majorité de l'article 24. Toutefois si la décision sort du cadre strict des mesures d'adaptation prévues par la loi, les règles de droit commun reprennent leur empire (V. par ex. ■ CA Paris, pôle 4, 2e ch., 11 mai 2011, n° 09/02627 : *JurisData* n° 2011-009905 ; *Administrer* août-sept. 2011, p. 41, obs. J.-R. Bouyeure. ■ CA Bordeaux, 1re ch., 26 févr. 2010 : *JurisData* n° 2010-003758 ; *Loyers et copr.* 2010, comm. 201, obs. G. Vigneron). À moins qu'il ne s'agisse de constater le caractère « non écrit » d'une clause du règlement, l'assemblée ne peut modifier, sinon à l'unanimité, que les seules clauses du règlement concernant » la jouissance, l'usage et l'administration des parties communes (cas prévu par l'article 26 *b* de la loi du 10 juillet 1965). Si la décision à prendre concerne à la fois des dispositions constituant une simple « adaptation » du règlement et des dispositions constituant des modifications, il est possible de procéder à un vote global sur l'ensemble (■ Cass. 3e civ., 23 janv. 2013, n° 11-27.477 : *Bull. civ.* III, n° 12 ; *JurisData* n° 2013-000787 ; *Loyers et copr.* 2013, comm. 123, note G. Vigneron ; *AJDI* 2013, p. 762, note crit. D. Tomasin. – V. précédemment, *contra*, ■ CA Paris, 23e ch. B, 9 avr. 2009 : *AJDI* 2009, p. 552).

Lorsqu'il y a difficulté sur le point de savoir si la modification de tel ou tel article entre ou non dans le cadre de « l'adaptation » du règlement, il est préférable que les articles concernés fassent l'objet d'un vote distinct (ce qui permettra, en cas de difficultés, d'obtenir une approbation au moins partielle du nouveau règlement au lieu de le voir rejeté en bloc).

Si l'assemblée se refusait purement et simplement, sans motif valable, à procéder à l'adaptation du règlement de copropriété, alors que les conditions requises par la loi sont réunies, cette décision pourrait être, à notre avis, constitutive d'un abus de majorité.

Il a été jugé que le mandat donné au syndic de « procéder à l'adaptation du règlement » devait s'interpréter comme un mandat d'étudier, en concertation avec le conseil syndical, un projet de règlement « adapté » à soumettre ultérieurement au vote de l'assemblée (■ CA Paris, 23e ch. B, 10 nov. 2005 : *AJDI* 2006, p. 132).

26) Coût de l'adaptation et publicité foncière. Le règlement de copropriété modifié doit être établi par acte notarié. Selon une réponse ministérielle, la rémunération du notaire pour le dépôt au rang de ses minutes de l'acte modifiant le règlement de copropriété serait, par référence au n° 79 du tableau I du tarif des notaires, de 3/10 d'UV par page (Rép. min. n° 110062, *Cohésion sociale et logement : JCP* N 2007, n° 19, act. 375). Cette réponse a été critiquée (F. Hébert, *JCP* N 2007, n° 20, act. 385). L'auteur estime que tout acte de dépôt de pièces destinées à la publicité foncière doit être rémunéré par l'émolument plein. Cet émolument devrait s'établir en l'espèce à 100 UV.

Les modifications du règlement devront être ensuite publiées au fichier immobilier (L. n° 65-557, 10 juill. 1965, art. 13). Peu importe que la publication n'intervienne qu'après l'expiration du délai imparti pour procéder à l'adaptation, dès lors que l'adaptation elle-même a été effectuée à l'intérieur de ce délai (Rép. min. n° 78528 : *JOAN* Q 7 févr. 2006, p. 1290).

L'article 49 ancien de la loi du 10 juillet 1965 prévoyait que cette publication intervenait « au droit fixe » (plus exactement moyennant une taxe fixe, qui est actuellement de 125 €). Elle donnera également lieu à la perception de la contribution de sécurité immobilière au taux fixe (soit actuellement 15 €). La solution n'est pas reprise par l'article 24, II, *b*, mais elle reste valable au regard de la réglementation fiscale en vigueur.

B – Réalisation du diagnostic technique global (art. 24, II, *g*)

27) Décision. La décision de procéder au diagnostic prévu à l'article L. 731-1 du Code de la construction et de l'habitation (diagnostic technique global) et la détermination de ses modalités de réalisation) est prise à la majorité de l'article 24 (V. art. 24, II, *g*). Rappelons que ce diagnostic est exigé depuis le 1er janvier 2017 (V. ann. 22, *V° Diagnostic global*, p. 1173).

C – Autorisations données à la police municipale (art. 24, II, *h*)

Bibliographie : C. Giverdon, *Gare aux passe-murailles* : *Administrer* avr. 1995, p. 3. – Y. Rouquet, *Accès aux parties communes par les forces de l'ordre : AJDI* 2021, p. 811. – P. Battistini, *Parties communes et images des parties communes d'un* *immeuble : quels accès pour les forces de l'ordre ? : LPA* avr. 2022, n° LPA201n1.

28) Modalités. La loi n° 95-73 du 21 janvier 1995 « d'orientation et de programmation relative à la sécurité » (*JO* 24 janv.) avait introduit dans l'article 25 un nouvel alinéa (art. 25 *k*) prévoyant la possibilité pour les copropriétaires de conférer à la police ou à la gendarmerie nationales, à la majorité prévue par ce texte, une autorisation permanente de pénétrer dans les parties communes, pour l'accomplissement de leurs missions habituelles. Ce texte est devenu l'article 25, *i*, à la suite de la loi ALUR du 24 mars 2014.

Puis il a été transféré, sans modification, à l'article 24, II, *h*, de la loi du 10 juillet 1965, par l'ordonnance n° 2019-1101 du 30 octobre 2019, applicable à compter du 1er juin 2020. Une disposition au contenu similaire figurait par ailleurs au sein du Code de la construction et de l'habitation (CCH, ancien art. L. 126-1). Ce dispositif a été réformé par la loi n° 2021-1520 du 25 novembre 2021 (*JO* 26 nov.) qui a institué l'obligation pour les propriétaires ou les exploitants d'immeubles à usage d'habitation ou leurs représentants de s'assurer que les services de police et de gendarmerie nationales, ainsi que les services d'incendie et de secours, soient en mesure d'accéder aux parties communes de ces immeubles aux fins d'intervention (CSI, art. L. 272-1, al. 1er). Dès lors, la faculté pour l'assemblée générale d'accorder une autorisation permanente d'accès aux parties communes ne concerne plus que les services de police municipale.

Le texte n'indique pas de quelle manière les autorités de police municipale seront averties de la décision prise (qui peut définir les modalités de l'accès). Sur un plan pratique, il conviendra que le syndic communique une copie de la décision au responsable de la police municipale, lorsqu'elle sera définitive, et qu'il avertisse le concierge ou le gardien. On peut également envisager l'apposition d'une plaque ou affichette à l'entrée des parties communes concernées, afin qu'en cas d'urgence les autorités de police municipale puissent avoir immédiatement connaissance de la latitude qui leur est offerte.

Une réponse ministérielle du 28 juin 1999 (*JOAN*, p. 4023, n° 28833) précise d'autre part que les officiers de police judiciaire peuvent pénétrer dans l'immeuble lorsqu'ils en sont requis par les habitants pour venir constater les infractions qui y sont commises (CPP, art. 53, al. 2).

Si la qualification de lieu privé, appliquée aux parties communes avant la réforme opérée par la loi n° 2021-1520 du 25 novembre 2021, tendait à conduire à restreindre les facultés d'intervention des forces de l'ordre (V. pour des opérations de captation et de fixation d'images : ▪ Cass. crim., 27 mai 2009, n° 09-82.115 : *JurisData* n° 2009-048558 ; *Bull. crim.* n° 108 ; *GPL* 11-13 oct. 2009, p. 8, note L. Belfanti. – Pour la pose d'une balise de géolocalisation : ▪ Cass. crim., 11 janv. 2023, n° 22-81.750 : *JurisData* n° 2023-000128), l'évolution de la législation a conduit à faciliter l'entrée des autorités publiques dans ces lieux.

Voir : L. 10 juill. 1965, art. 25, comm. 56 et Ann. 57, *Surveillance et sécurité des immeubles*, p. 428.

D – Installation de panneaux solaires (art. 24, II, *k*)

Bibliographie : C. Rattin, *L'installation de panneaux photovoltaïques en copropriété : Rev. Loyers* 2022, n° 3991. – C. Coutant-Lapalus, *Le retour du soleil : Loyers et copr.* 2023, repère 5. – C. Jeanne, *Loi Énergies renouvelables : dispositions relatives à la copropriété et à l'information des locataires : Rev. Loyers* 2023, n° 4091. – Y. Rouquet, *Copropriété : coup de boost sur le solaire : Dalloz actualité*, 17 mars 2023.

29) La loi n° 2023-175 du 10 mars 2023, entrée en vigueur le 12 mars 2023, a complété la liste des décisions susceptibles d'être prises à la majorité de droit commun en y ajoutant celle d'installer des ouvrages nécessaires à la production d'énergie solaire photovoltaïque et thermique sur les toits, les façades et les garde-corps. Cet ajout, d'une utilité pratique limitée puisque les dispositions de l'article 25-1 permettaient déjà, sous l'empire du droit antérieur, de voter *in fine* de telles décisions à la majorité de l'article 24, soulève des interrogations quant à sa portée exacte. Si la compétence du syndicat pour adopter de telles décisions ne pose pas de difficultés lorsque les emplacements d'installation des ouvrages constituent des parties communes, elle est bien plus douteuse lorsqu'en vertu de la liberté accordée aux rédacteurs du règlement le toit, les façades ou, bien plus couramment, les garde-corps ont été qualifiés de parties privatives. L'interdiction de distinguer là où la loi ne distingue pas devrait conduire à adopter une lecture littérale d'un texte qui ne prend aucunement en compte la nature juridique de l'emplacement, et donc à admettre que le syndicat est en droit d'imposer aux copropriétaires la présence de tels ouvrages sur leurs parties privatives. Le dispositif se rapprocherait alors de celui concernant les travaux d'intérêt collectif de réduction des gaz à effet de serre ou d'économies d'énergie (Y. Rouquet, *Copropriété : coup de boost sur le solaire ! : Dalloz actualité*, 17 mars 2023. – V. L. n° 65-557, 10 juill. 1965, art. 25, *f*). Si les deux hypothèses sont unies par un thème commun, force est cependant de constater que le législateur a pris la précaution dans l'article 25, *f*, de viser explicitement l'hypothèse de réalisation de tels travaux communs sur parties privatives et de régler la question de l'imputation de leur coût, tandis que le silence gardé par l'article 24, II, *k*, sur ces deux points peut être interprété comme étant le résultat d'une inadvertance législative dont il faut se garder d'étendre la portée au regard du principe de spécialité applicable au syndicat.

IV - MODALITÉS DE LA PRISE DE DÉCISION

Bibliographie : C. Atias, *Publicité ou secret des votes ? : Inf. rap. copr.* juin 1995, p. 20.

30) Modalités de vote admises. Le *vote à bulletins secrets* est interdit car incompatible avec les prescriptions de l'article 17, alinéa 2 du décret (V. ce texte. ▪ CA Paris, 23e ch. B, 28 nov. 1984 : *JurisData* n° 1984-027175 ; *D.* 1985, inf. rap. p. 428, obs. C. Giverdon. – E. Kischinewsky-Broquisse, *La copropriété des immeubles bâtis* Litec, 4e éd. 1989, nos 592 et 645. – *La copropriété*, Dalloz Action, 10e éd. 2021, ss dir. D. Tomasin, n° 332.274).

Le *vote à main levée* est valable (▪ Cass. 3e civ., 4 mars 1980 : *Defrénois* 1980, art. 32503, note H. Souleau ; *Administrer* nov. 1980, p. 24, note E.-J. Guillot ; *D.* 1980, inf. rap. p. 452, obs. C. Giverdon), mais encore faut-il pour que le procès-verbal puisse être régulièrement établi (V. D. art. 17) qu'il soit nominatif, « que chaque votant se fasse reconnaître et que le nombre de voix qu'il possède ou qu'il représente soit décompté » (▪ CA Pau, 1re ch., 1er avr. 1980 : *D.* 1981, inf. rap. p. 401, obs. C. Giverdon). Bien entendu, il n'y aura pas de difficulté si la décision est adoptée à l'unanimité (▪ TGI Marseille, 17 nov. 1986 : *Ann. loyers* 1988, p. 781). Le vote à main levée s'analyse donc finalement en un vote oral.

Si, en cours d'assemblée, certains copropriétaires entendent qu'une décision soit soumise à un vote par écrit, cette décision peut être prise à la majorité simple des membres présents ou représentés, s'agissant de la simple organisation des modalités du vote sur une question déterminée de l'ordre du jour (▪ CA Poitiers, 13 avr. 2011 : *JurisData* n° 2011-023462 ; *Loyers et copr.* 2012, comm. 85, obs. G. Vigneron).

À ces modes de votation traditionnels, la loi ELAN (L. n° 2018-1021, 23 nov. 2018) a ajouté la possibilité de participer à l'assemblée par **visioconférence** ou tout autre moyen de communication électronique, et le **vote par correspondance** (V. L. 10 juill. 1965, art. 17-1 A).

En outre l'ordonnance n° 2019-1100 du 30 octobre 2019 a institué de nouvelles modalités de prise de décision pour les « petites copropriétés » (L. 10 juill. 1965, art. 41-8 à 41-12) ou les copropriétés à deux personnes (L. 10 juill. 1965, art. 41-13 à 41-23).

V - CALCUL DE LA MAJORITÉ

31) Mode de calcul. Dans son texte initial, l'article 24 indiquait que la majorité se calculait à partir des voix détenues par les copropriétaires présents ou représentés.

La majorité de l'article 24 n'était donc obtenue que si le total des voix pour était supérieur au total des voix contre et des voix de ceux qui s'étaient abstenus et n'avaient pas pris part au vote (V. J.-R. Bouyeure, *Assemblées générales : Rev. hab. fr.* 20 mai 1986, p. 247). Il y avait lieu le cas échéant d'appliquer la réduction de voix prévue par l'article 22 de la loi (V. ce texte *supra*) lorsqu'un copropriétaire était à lui seul majoritaire (▪ CA Paris, 19e ch. B, 23 oct. 1998 : *Loyers et copr.* 1999, comm. 73). Il était reproché à ce texte de ne pas défalquer les bulletins blancs ou nuls pour déterminer la majorité, et d'assimiler en fait l'abstentionniste à l'opposant pour le calcul de cette majorité.

La loi SRU du 13 décembre 2000 a modifié cet état de choses en indiquant que la majorité ne se calculait que sur les voix « exprimées ». Dorénavant il faudra décompter, pour chaque décision, le nombre de voix pour et le nombre de voix contre.

Exemple : sur 1 000 millièmes, sont présents ou représentés 800 millièmes. Une résolution recueille 380 voix pour et 220 voix contre. Elle est adoptée (dans l'ancien système elle aurait été considérée comme rejetée).

La pratique consistant à déterminer le nombre de voix « pour » par différence entre les voix des présents ou représentés (décomptées à partir de la feuille de présence) et les votes contre des non-votants ou des abstentionnistes, ne peut plus être suivie.

Ce mode de calcul est propre à la majorité de l'article 24. Cette majorité se calcule sur les voix exprimées par les copropriétaires présents ou représentés ou ayant voté par correspondance (art. 24, I).

32) Départ ou arrivée en cours d'assemblée. Ce calcul peut donner lieu à difficulté lorsqu'à l'occasion de scrutins successifs, le nombre de présents varie. Le *copropriétaire qui quitte la séance* sera considéré comme présent (▪ CA Pau, 1er avr. 1980 : *D.* 1981, inf. rap. p. 399, obs. C. Giverdon. ▪ CA Aix-en-Provence, 4e ch., A, 16 déc. 2005 : *JurisData* n° 2005-307999). Il peut toutefois apporter la preuve contraire (▪ TGI Paris, 20 déc. 1975 : *D.* 1976, inf. rap. p. 304) par tous moyens (▪ Cass. 3e civ., 11 janv. 1977 : *Inf. rap. copr.* 1977, p. 45).

Les copropriétaires doivent donc faire mentionner leur départ (ou leur arrivée) sur le procès-verbal des délibérations. À défaut, ils seront décomptés comme présents (▪ Cass. 3e civ., 1er juill. 2009, n° 08-18.109 : *JurisData* n° 2009-048935 ; *Bull. civ.* III, n° 365 ; *Loyers et copr.* 2009, comm. 243, obs. G. Vigneron ; *Administrer* déc. 2009, p. 48, obs. J.-R. Bouyeure ; *Rev. loyers* 2009, p. 458, note L. Guégan), ce qui les empêchera de contester ultérieurement la décision (▪ TGI Paris, 2 juill. 1980 : *Gaz. Pal.* 1981, 2, p. 236. ▪ CA Paris, 14e ch. B, 12 janv. 1988 : *Loyers et copr.* 1990, comm. 193. ▪ CA Amiens, 1re ch. civ., 3 déc. 2020, n° 19/00988 : *JurisData* n° 2020-022025. V. article 42 de la loi), ou comme absents (▪ CA Lyon, 2 avr. 1981 : *Gaz. Pal.* 1981, 2, p. 638, note M. Morand ; *Administrer* janv. 1982, p. 32, note E.-J. Guillot). Si le procès-verbal fait état de l'absence du copropriétaire mais n'en tient pas compte dans le décompte des voix, les résolutions entachées de cette erreur sont annulables (▪ CA Paris, 23e ch. B, 15 mars 2007 : *Loyers et copr.* 2007, comm. 132, obs. G. Vigneron).

Voir aussi : sur ce point, les incidences en matière de contestations des décisions prises, L. 10 juill. 1965, art. 42, et à propos de l'établissement de la feuille de présence, D. 17 mars 1967, art. 14.

VI – L'ASSEMBLÉE PEUT-ELLE REVENIR SUR UNE PRÉCÉDENTE DÉCISION ?

Bibliographie : J.-R. Bouyeure, *L'assemblée générale peut-elle revenir sur une décision antérieure ? : Administrer* mars 1990, p. 14 et s. – G. Vigneron, *La pratique des votes successifs sur une même question : Loyers et copr.* juin 1998, p. 4. – J.-M. Le Masson, *Les « droits acquis » en copropriété : Administrer* mai 2002, p. 11. – G. Gil, *La faculté pour l'assemblée générale d'être inconstante ? : Inf. rap. copr.* mai 2012, p. 27. – D. Rodrigues, *Assemblée générale et modification d'une résolution antérieure : Inf. rap. copr.* avr. 2024, p. 11.

A – Conditions requises

33) Énoncé. Les auteurs et la jurisprudence l'admettent : il est possible aux assemblées de revenir sur la décision prise lors d'une délibération antérieure mais à *diverses conditions* toutefois :

• que la première résolution n'ait pas déjà été exécutée ;

• que la seconde résolution n'ait pas été prise en méconnaissance de l'intérêt collectif ou ne soit pas le résultat de manœuvres frauduleuses tendant à obtenir un résultat contraire à cet intérêt (V. pour une décision décidant, à l'encontre d'une décision précédente, de renoncer à agir en justice à l'encontre d'un copropriétaire, ▪ CA Paris, 23e ch., 21 févr. 1990 : *Loyers et copr.* 1990, comm. 241, et pour une approbation frauduleuse des comptes du syndic après un refus de quitus antérieur : ▪ CA Paris, 23e ch. A, 17 déc. 1997 : *Loyers et copr.* 1998, comm. 165) ;

• qu'elle ne porte pas atteinte aux droits acquis par les copropriétaires en vertu de la décision précédente (▪ Cass. 3e civ., 7 juill. 2010, n° 09-15.373 : *JurisData* n° 2010-011311 ; *Loyers et copr.* 2010, comm. 262, note G. Vigneron. ▪ Cass. 3e civ., 12 avr. 2005, n° 04-10.507 : *Administrer* juill. 2005, p. 50, obs. J.-R. Bouyeure ; *AJDI* 2005, p. 488. ▪ Cass. 3e civ., 6 oct. 1999, n° 98-10.711 : *JurisData* 1999-003388 ; *Bull. civ.* III, n° 198 ; *RD imm.* 2000, p. 240, obs. P. Capoulade), ce qui exclut qu'elle puisse avoir un caractère rétroactif (▪ CA Paris, pôle 4, ch. 2, 17 oct. 2013 : *JurisData* n° 2013-032703 ; *Loyers et copr.* 2014, comm. 155, obs. G. Vigneron). Il en serait ainsi, par exemple, si la précédente décision avait conféré à un copropriétaire un droit particulier : la jouissance privative d'une partie commune (V. pour une autorisation de stationner, ▪ CA Lyon, 28 juin 2016, n° 15/276 : *JurisData* n° 2016-013116 ; *Loyers et copr.* 2016, comm. 235, note G. Vigneron et C. Coutant-Lapalus), l'autorisation d'exécuter des travaux affectant les parties communes ou l'aspect extérieur de l'immeuble, etc. (V. pour l'autorisation d'exécuter des travaux : ▪ CA Paris, pôle 4, 2e ch., 20 févr. 2013, n° 05/17691 : *JurisData* n° 2013-003297 ; *Loyers et copr.* 2013, comm. 197, obs. G. Vigneron. ▪ CA Paris, 23e ch., 27 mars 1985 : *JurisData* n° 1985-22009. ▪ CA Paris, 23e ch., 9 oct. 1985 : *JurisData* n° 1985-26978. ▪ CA Paris, 23e ch. A, 29 nov. 1995 : *Loyers et copr.* 1996, comm. 134 ; *D.* 1997, somm. p. 13, obs. C. Atias. – Pour la cession de parties communes : ▪ CA Lyon, 1re ch. civ. B, 5 mars 2024, n° 21/09019 : *JurisData* n° 2024-004644. – Pour une autorisation de diviser des appartements : ▪ Cass. 3e civ., 9 janv. 1985 : *JCP* G 1985, IV, 110. – Pour l'autorisation d'utiliser un lot à usage commercial : ▪ CA Paris, 19e ch., 21 avr. 1992 : *Loyers et copr.* 1992, comm. 309. – Pour le retrait d'un droit de construire antérieurement accordé : ▪ CA Paris, 23e ch. A, 10 déc. 1997 : *Loyers et copr.* 1998, comm. 131. – V. aussi ▪ CA Aix-en-Provence, 29 oct. 1998 : *Defrénois* 1999, p. 426, note C. Atias. – Et pour la décision d'abattre un arbre gênant : ▪ TGI Nanterre, 5e ch., 24 oct. 2001 : *Administrer* févr. 2002, p. 37, obs. J.-R. Bouyeure). L'assemblée ne peut, après avoir donné sans contrepartie à un copropriétaire une autorisation de construire, décider postérieurement d'exiger une indemnisation (▪ Cass. 3e civ., 13 janv. 2010, n° 08-21.990) ou décider d'opérer la répartition de la charge de travaux sur des bases différentes de celles votées par une précédente décision devenue définitive (▪ CA Paris, pôle 4, 2e ch., 22 sept. 2010 : *AJDI* 2011, p. 62). La remise en cause d'un droit acquis ne peut se faire sous couvert d'interprétation d'une décision antérieure (▪ CA Paris, 19e ch. A, 29 févr. 2000 : *Administrer* oct. 2000, p. 70, note J.-R. Bouyeure).

Ce que l'assemblée, organe de décision de la copropriété, a pu faire, elle peut le défaire, sans qu'il y ait d'autres conditions imposées que celles énoncées plus haut (V. en ce sens, ▪ CA Paris, pôle 4, 2e ch., 20 mars 2024, n° 18/20687 : *JurisData* n° 2024-007240. ▪ CA Paris, pôle 4, ch. 2, 13 févr. 2019, n° 16/09043 : *Administrer* juin 2019, p. 48, obs. J.-R. Bouyeure. ▪ CA Aix-en-Provence, 4 sept. 2009, n° 07/11339 : *JurisData* n° 2009-024058 ; *Loyers et copr.* 2009, comm. 231, obs. G. Vigneron).

Il a été jugé toutefois que la remise en cause d'une décision devait être justifiée par la survenance de faits nouveaux rendant nécessaire l'adoption de mesures nouvelles qu'une décision antérieure ne permettait plus de satisfaire (▪ CA Paris, pôle 4, 2e ch., 20 juin 2012, n° 10/10372 : *Administrer* oct. 2012, p. 55, obs. J.-R. Bouyeure. ▪ CA Paris, 14e ch. B, 20 févr. 2009 : *JurisData* n° 2009-376252 ; *Loyers et copr.* 2009, comm. 220, obs. G. Vigneron ; *AJDI* 2009, p. 723. ▪ TGI Paris, 8e ch., 2e sect., 1er déc. 2005 : *Administrer* mai 2006, p. 46, obs. J.-R. Bouyeure). Ainsi l'assemblée peut décider de ne pas exécuter des travaux de réfection de l'étanchéité des toitures terrasses précédemment votés s'il apparaît *a posteriori* que l'immeuble ne subit pas d'infiltrations (▪ Cass. 3e civ., 7 juill. 2010, n° 09-15.373 : *JurisData* n° 2010-011311 ; *Administrer* nov. 2010, p. 56, obs. J.-R. Bouyeure).

B – Procédure à suivre

34) Modalités. Même si un tribunal s'est prononcé en sens contraire (▪ TGI Brest, 20 févr. 1973 : *AJPI* 1974, p. 207, obs. J.-R. Bouyeure) il n'est pas nécessaire que la décision soit prise à l'unanimité. Il suffira qu'elle intervienne à la majorité légalement requise par la loi (▪ TGI Bayonne, 2 févr. 1970 : *JCP* 1970, II, 16295). Une décision d'assemblée votée par certains copropriétaires seulement ne peut remettre en cause une précédente décision ayant approuvé à l'unanimité la répartition des millièmes de l'immeuble en copropriété, fût-ce par le biais de la désignation d'un expert pour procéder à leur refonte (▪ Cass. 3e civ., 16 nov. 2010, n° 09-70.875 : *Rev. loyers* 2011, p. 31, note Ph. Gomar).

Pour que la deuxième délibération soit valable, la décision de remettre en cause la précédente délibération doit figurer à l'ordre du jour. Elle ne peut être prise en cours d'assemblée de manière inopinée (▪ Cass. 3e civ., 9 juin 1993, n° 91-15.791 : *JurisData* n° 1993-001000 ; *Bull. civ.* III, n° 83 ; *Administrer* mai 1994, p. 27, obs. J. Lafond). L'assemblée ne peut donc en cours de réunion revenir sur une décision prise quelques instants auparavant (▪ CA Paris, 23e ch., 27 mars 1998 : *Loyers et copr.* 1998, comm. 168).

Lorsqu'une *première décision* a été *annulée pour irrégularité*, l'assemblée peut parfaitement prendre postérieurement une nouvelle décision, régulière cette fois, ayant le même objet (▪ Cass. 3e civ., 2 juill. 1986, n° 84-17.252 : *JurisData* n° 1986-702914 ; *Bull. civ.* III, n° 104 ; *Loyers et copr.* 1987, comm. 51. – V. dans le même sens, ▪ Cass. 3e civ., 30 avr. 1974, n° 73-10.480 : *Bull. civ.* III, n° 177 ; *JCP* G 1974, IV, 220 et ▪ CA Paris, pôle 4, 2e ch., 26 oct. 2022, n° 18/26663 : *JurisData* n° 2022-018683. ▪ CA Paris, pôle 4, 2e ch., 11 mai 2022, n° 18/27566 : *JurisData* n° 2022-007434. ▪ CA Versailles, 1re ch., 25 mai 1992 : *Administrer* nov. 1992, p. 79, obs. A. Dunes).

VII – ABUS DE MAJORITÉ – ABUS DE MINORITÉ

Bibliographie : G. Gil, *Les abus en assemblée générale : Inf. rap. copr.* avr. 2011, p. 21. – J. Lafond, *L'abus de majorité dans les assemblées de copropriété : Administrer* janv. 1988, p. 14 et *Droit de la copropriété, Panorama de doctrine et de jurisprudence : Administrer* mars 1989, p. 43, n° 13 et nov. 1990, p. 46, n° 15. – E. Kischinewsky-Broquisse, *L'abus de majorité en copropriété : Inf. rap. copr.* févr. 1994, p. 466 et s. – M.-F. Ritschy, *L'abus de majorité dans le droit de la copropriété : Inf. rap. copr.* avr. 1996, p. 16. – A. Blaisse : *JCl. Notarial*, V° *Copropriété*, Fasc. 41-2. – *La copropriété*, Dalloz Action, 10e éd. 2021, ss dir. P. Capoulade et D. Tomasin, n° 334-71. – J.-R. Bouyeure, *Les assemblées de copropriété*, éd. Publications Administrer, n° 358.

35) Limites aux pouvoirs de l'assemblée. La jurisprudence a eu, à plusieurs reprises et dans plusieurs domaines, l'occasion de marquer les limites des pouvoirs de l'assemblée.

– Il faut rappeler tout d'abord que l'assemblée ne peut prendre de décision que dans le cadre de l'objet du syndicat (▪ CA Rennes, 4e ch., 12 oct. 2023, n° 22/02564 : *JurisData* n° 2023-025226. – V. L. n° 65-557, 10 juill. 1965, art. 14, p. 213) ;

– d'autre part ses décisions ne doivent pas constituer un abus de majorité (V. ci-dessous) ;

– enfin l'assemblée ne peut prendre des décisions de nature juridictionnelle par exemple en imputant le coût de la reprise de travaux sur parties communes aux copropriétaires qui les ont réalisés (▪ Cass. 3e civ., 14 juin 2018, n° 17-14.130 : *Administrer* oct. 2018, p. 56, obs. J.-R. Bouyeure). C'est pour cette même raison qu'il lui a été refusé le pouvoir de mettre en œuvre les clauses d'aggravation des charges figurant dans le règlement de copropriété ce qui suppose l'imputabilité d'une faute, et ne peut relever que de l'appréciation du tribunal (▪ Cass. 3e civ., 26 janv. 2000, n° 98-15.900 : *JurisData* n° 2000-000231 ; *Bull. civ.* III, n° 16).

A – Abus de majorité

36) Notion d'abus de majorité. La jurisprudence et la doctrine admettent que certaines décisions de l'assemblée puissent être annulées pour « abus de majorité » (*La copropriété*, Dalloz Action, 10e éd., 2021, ss dir. D. Tomasin, n° 334-71. – E. Kischinewsky-Broquisse, *La copropriété des immeubles bâtis* Litec, 4e éd. 1989, n° 687. – Si les critères de cette notion étaient originellement flous, la Cour de cassation a progressivement clarifié la définition de l'abus de majorité. Une décision d'assemblée ne peut être annulée pour abus de majorité que s'il est établi qu'elle est contraire aux intérêts collectifs des copropriétaires, ou qu'elle a été prise dans le seul but de favoriser les intérêts personnels des copropriétaires majoritaires, au détriment des copropriétaires minoritaires (▪ Cass. 3e civ., 17 déc. 2014, n° 13-25.134 : *JurisData* n° 2014-031347 ; *Bull. civ.* III, n° 168 ; *Loyers et copr.* 2015, comm. 78, obs. G. Vigneron ; *Rev. loyers* 2015, p. 85, note P. Déchelette-Tolot), définition reprise par plusieurs arrêts postérieurs (▪ Cass. 3e civ., 22 juin 2022, n° 21-17.071 : *Administrer* août-sept. 2022, p. 44, obs. P. Déchelette-Tolot ; *Ann. loyers* 2022, p. 100, obs. J.-M. Roux ; *Rev. Loyers* 2022, n° 3963, obs. V. Zalewski-Sicard. ▪ Cass. 3e civ., 9 juin 2016, n° 15-17.529 : *JurisData* n° 2016-011244 ; *Loyers et copr.* 2016, comm. 207, note G. Vigneron et C. Coutant-Lapalus ; *Administrer* nov. 2016, p. 48, note J.-R. Bouyeure. – ▪ CA Versailles, 4e ch., 2e sect., 15 nov. 2023, n° 21/03389 : *JurisData* n° 2023-024103. ▪ CA Paris, pôle 4, 2e ch., 16 févr. 2023, n° 19/21326 : *JurisData* n° 2023-007375). On peut dire qu'il y a abus lorsque la majorité use de ses droits sans profit pour elle-même, dans l'intention de nuire ou, à tout le moins, dans un but autre que l'intérêt commun de la copropriété (▪ CA Paris, pôle 4, 2e ch., 20 mars 2024, n° 20/11511 : *JurisData* n° 2024-007236. ▪ CA Paris, pôle 4, 2e ch., 16 déc. 2015, n° 13/19621 : *JurisData* n° 2015-028451 ; *Loyers et copr.* 2016, comm. 154, obs. G. Vigneron. – V. également ▪ CA Paris, pôle 4, 2e ch., 12 janv. 2011 : *JurisData* n° 2011-005770 ; *Loyers et copr.* 2011, comm. 228, obs. G. V.). C'est au demandeur qu'il incombe de rapporter la preuve du caractère abusif de la décision (▪ Cass. 3e civ., 16 nov. 2023, n° 22-18.908 : *JurisData* n° 2023-024108 ; *Loyers et copr.* 2024, comm. 34, obs. C. Coutant-Lapalus ; *Administrer* janv. 2024, p. 52, obs. P. Déchelette-Tolot ; *Ann. loyers* 2024, p. 82, obs. J.-M. Roux. ▪ CA Paris, pôle 4, 2e ch., 10 janv. 2024, n° 20/06177 : *JurisData* n° 2024-000507. ▪ CA Grenoble, 6 nov. 2012, n° 11-00483 et 13 nov. 2012, n° 09-05032 : *JurisData* nos 2012-35335 et 2012-35337 ; *Loyers et copr.* 2013, comm. 316, note G. Vigneron). Si l'assemblée décide d'agir en justice à l'encontre d'un copropriétaire, il y a lieu d'établir que la décision est abusive en elle-même, indépendamment du bien ou du mal fondé de l'action que le syndic a été autorisé à diligenter (▪ Cass. 3e civ., 9 juin 2016, préc.).

Les tribunaux ne peuvent, dans le cadre du contrôle des abus de majorité, se livrer à un véritable contrôle d'opportunité des décisions prises par l'assemblée (▪ Cass. 3e civ., 17 déc. 2014, n° 13-25.134 [publié au Bulletin] : *JurisData* n° 2014-031347 ; *Loyers et copr.* 2015, comm. 78, obs. G. Vigneron ; *Rev. loyers* 2015, p. 85, note P. Déchelette Tolot. ▪ CA Paris, pôle 4, 2e ch., 14 sept. 2022, n° 18/23103 : *JurisData* n° 2022-015277. ▪ CA Paris, 23e ch. A, 27 janv. 1999 : *Loyers et copr.* 1999 comm. 223, note G. Vigneron ; *RD imm.* 1999, p. 300, obs. C. Giverdon. – V. pour l'affirmation du principe de la liberté pour l'assemblée de choisir son contractant, ▪ Cass. 3e civ., 8 mars 1995, n° 93-15.380 : *JurisData* n° 1995-001662 ; *Loyers et copr.* 1995, comm. 293. – V. aussi à propos du refus d'agir en justice, *infra*, comm. n° 19). Ainsi il n'y a pas d'abus de majorité dans le fait que le syndic aurait payé à un avocat des honoraires jugés excessifs par certains copropriétaires. Il s'agit d'une question d'opportunité relevant du seul pouvoir d'appréciation de l'assemblée (▪ Cass. 3e civ., 3 juin 2009, n° 08-16.189 : *Administrer* oct. 2009, p. 56, obs. J.-R. Bouyeure). De même, il a été jugé qu'il n'y avait pas d'abus dans le fait de céder à un copropriétaire l'ancienne loge de concierge à un prix « raisonnable », alors même qu'un autre copropriétaire avait fait une offre plus avantageuse (▪ CA Paris, pôle 4, 2e ch., 6 déc. 2017, n° 15/21182 : *Administrer* mars 2018, p. 42, note J.-R. Bouyeure).

Les juges peuvent se fonder sur des éléments postérieurs à la décision contestée pour apprécier l'existence d'un abus de majorité au moment de la décision (▪ Cass. 3e civ., 27 avr. 2017, n° 16-13.886 : *JurisData* n° 2017-009214 ; *Loyers et copr.* 2017, comm. 146, note C. Coutant-Lapalus).

Il a été jugé que la notion d'abus de majorité pouvait s'appliquer même dans le cas d'égalité des voix entre les copropriétaires, par exemple en raison de la réduction des voix du copropriétaire majoritaire à celles des voix du minoritaire, en application de l'article 22 alinéa 2 de la loi du 10 juillet 1965 (▪ Cass. 3e civ., 22 oct. 2020, n° 18-25.921 : *JurisData* n° 2020-019058 ; *Loyers et copr.* 2021, comm. 13, note C. Coutant-Lapalus ; *Defrénois* 22 avr. 2021, p. 24, obs. M.-A. Le Floch, L.-A. Poletti et J. Laurent). Lorsque l'abus d'égalité au sein d'une copropriété composée de deux lots est caractérisé, il constitue une faute qui engage la responsabilité civile du défendeur, mais non celle du syndicat des copropriétaires (▪ CA Paris, pôle 4, 2e ch., 22 juin 2022, n° 21/15410 : *JurisData* n° 2022-011620 ; *AJDI* 2022, p. 691).

37) Décisions non inspirées par la poursuite de l'intérêt collectif. Sont abusives les décisions votées dans le cadre des pouvoirs de l'assemblée mais *allant à l'encontre de l'intérêt collectif* ou « *prises dans un intérêt autre que l'intérêt collectif* » (▪ Cass. 3e civ., 8 févr. 1989, n° 87-14.322 : *JurisData* n° 1989-000408 ; *Rev. loyers* 1989, p. 187. ▪ CA Poitiers, 13 avr. 2011 : *JurisData* n° 2011-029462 ; *Loyers et copr.* 2012, comm. 85, obs. G. Vigneron. ▪ CA Lyon, 24 juin 1980 : *D.* 1981, inf. rap. p. 401, obs. C. Giverdon), par exemple en vue de nuire à certains copropriétaires (▪ Cass. 3e civ., 8 févr. 1989, préc. ▪ CA Paris, 23e ch., 6 juill. 1993 : *Loyers et copr.* 1993, comm. 407), ou destinées à servir les seuls intérêts du gestionnaire de l'immeuble (▪ CA Bordeaux, 15 oct. 2009 : *JurisData* n° 2009-380678 ; *Loyers et copr.* 2010, comm. 177, obs. G. Vigneron). Doit également être regardée comme abusive la résolution d'assemblée prise dans le seul but de faire obstacle à l'exécution d'une décision de justice ayant condamné un copropriétaire (▪ CA Pau, 1re ch., 22 juin 2021, n° 18/01595 : *JurisData* n° 2021-009819), notamment en le désignant comme syndic alors qu'il a été judiciairement reconnu débiteur du syndicat, cette désignation créant une contrariété manifeste entre les intérêts personnels de ce copropriétaire et l'exercice des fonctions de représentant de la personne morale (▪ CA Aix-en-Provence, ch. 1-8, 24 janv. 2024, n° 22/12314 : *JurisData* n° 2024-000845).

On peut rattacher à ce cas de figure l'hypothèse où l'assemblée des copropriétaires prend une décision contraire aux principes posés par la loi du 10 juillet 1965, excédant ainsi ses pouvoirs : par exemple lorsqu'elle décide de répartir de façon égalitaire entre tous les copropriétaires une indemnité transactionnelle obtenue pour réparer un ensemble de préjudices particuliers à certains d'entre eux (▪ Cass. 3e civ., 12 janv. 2011, n° 09-72.175 : *JurisData* n° 2011-225000 ; *Loyers et copr.* 2011, comm. 92, obs. G. Vigneron ; *Administrer* mai 2011, p. 45, obs. J.-R. Bouyeure). Il en est de même dans l'hypothèse où, alors que des décisions de justice ont écarté la responsabilité d'un copropriétaire dans l'apparition de dégâts causés aux parties communes, l'assemblée impute à celui-ci l'intégralité des charges de remise en état (▪ CA Aix-en-Provence, 1re et 5e ch., 3 févr. 2022, n° 19/05434 : *JurisData* n° 2022-004494).

38) Préoccupations partisanes. Sont abusives les décisions de refus d'autorisation opposées à des copropriétaires inspirées par des préoccupations partisanes (▪ Cass. 1re civ., 28 oct. 1964 : *Bull. civ.* I, n° 343. ▪ TGI Nice, 30 avr. 1968 : *Gaz. Pal.* 1968, 2, p. 284. ▪ TGI Paris, 2 mai 1968 : *Gaz. Pal.* 1968, 2, p. 102, note M. Morand. ▪ CA Lyon, 17 févr. 1971 : *JCP* 1971, II, 16880, note Desiry. ▪ Cass. 3e civ., 17 janv. 1978, n° 76-12.896 : *Bull. civ.* III, n° 41 ; *D.* 1978, inf. rap. p. 434 ; *RTD civ.* 1979, p. 896, note C. Giverdon), par exemple le désir de sanctionner une attitude d'opposition légitime d'un copropriétaire (▪ CA Paris, 23e ch., 1er nov. 1993 : *Administrer* juin 1994, p. 58), la recherche d'intérêts purement personnels (▪ Cass. 3e civ., 19 nov. 1997, n° 95-20.078 : *JurisData* n° 1997-004758 ; *Loyers et copr.* 1998, comm. 47) et, de manière générale, toutes les décisions inspirées par la volonté de favoriser les intérêts personnels des copropriétaires majoritaires au détriment des minoritaires (▪ CA Rennes, 4e ch., 17 nov. 2022, n° 21/02400 : *JurisData* n° 2022-023538).

Il y a abus dans le fait de refuser d'autoriser des travaux nécessaires à la poursuite d'une activité autorisée (un restaurant) mais que les copropriétaires considèrent comme indésirable (▪ CA Paris, 23e ch. A, 20 juin 2001 : *Loyers et copr.* 2001, comm. 302).

Il y a abus dans le refus opposé par certains copropriétaires d'adopter une nouvelle répartition des charges d'ascenseur alors que la répartition existante est irrégulière, pour cette seule raison que la régularisation à opérer leur serait défavorable (▪ CA Aix-en-Provence, 12 juin 2009 : *JurisData* n° 2009-023986 ; *Loyers et copr.* 2011, comm. 155, obs. G. Vigneron).

De même il y a abus dans le fait de revenir sur une autorisation donnée précédemment dans le seul but de nuire aux copropriétaires en bénéficiant (▪ Cass. 3e civ., 29 nov. 2011, n° 10-28.146 : *AJDI* 2012, p. 207. – V. également ▪ CA Toulouse, 30 mai 2011 : *JurisData* n° 2011-033401 ; *Loyers et copr.* 2011, comm. 185, obs. G. Vigneron).

39) Rupture d'égalité. Sont abusives les *décisions qui rompent l'égalité entre les copropriétaires* :

– ... en dispensant certains d'entre eux de contribuer à des charges communes, leur conférant ainsi un avantage excessif au détriment des autres copropriétaires qui en supportent seuls le paiement (▪ CA Paris, pôle 4, 2e ch., 8 nov. 2023, n° 21/11928 : *JurisData* n° 2023-023052) ;

– ... en autorisant certains d'entre eux seulement à stationner dans une cour commune (▪ CA Paris, 23e ch. A, 24 avr. 1984 : *D.* 1984, inf. rap. p. 383 et ▪ CA Paris, 19e ch., 2 avr. 1993 : *D.* 1993, inf. rap. p. 143) ou en attribuant à certains copropriétaires des places de stationnement sans contrepartie pour les autres (▪ Cass. 3e civ., 8 sept. 2016, n° 15-16.954 : *JurisData* n° 2016-18235 ; *Loyers et copr.* 2016, comm. 236, note G. Vigneron et C. Coutant-Lapalus ; *Administrer* févr. 2017, p. 52, obs. J.-R. Bouyeure. ▪ Cass. 3e civ., 11 mai 2006, n° 05-10.924 : *JurisData* n° 2006-033529 ; *Bull. civ.* III, n° 120 ; *Loyers et copr.* 2006, comm. 163, obs. G. Vigneron ; *Constr.-Urb.* 2006, comm. 173, obs. D. Sizaire ; *Administrer* août-sept. 2006, p. 52, obs. J.-R. Bouyeure ; *D.* 2006, p. 2373, note C. Atias. – V. aussi en matière de réglementation des emplacements de stationnement, ▪ CA Aix-en-Provence, ch. 1-7, 4 avr. 2024, n° 21/02354 : *JurisData* n° 2024-007523) ou en interdisant à un copropriétaire (restaurateur) d'entreposer ses conteneurs de déchets dans le local affecté à cet usage au prétexte qu'ils sont trop encombrants (■ Cass. 3e civ., 11 mars 2009, n° 08-10.566 : *Loyers et copr.* 2009, comm. 131, obs. G. Vigneron ; *Administrer* juin 2009, p. 47, obs. J.-R. Bouyeure ; *Defrénois* 2009, art. 38980, p. 1505, note C. Atias. – V. aussi pour l'octroi sans contrepartie à un copropriétaire du droit de s'approprier un palier commun, ■ CA Paris, 23e ch., 12 nov. 1991 : *Loyers et copr.* 1992, comm. 90 – ou du droit de surélever : ■ CA Paris, 19e ch. B, 9 oct. 1997 : *Rev. loyers* 1998, p. 611 – ou de la jouissance exclusive d'un local partie commune ■ CA Aix-en-Provence, 23 avr. 2010 : *JurisData* n° 2010-012889 ; *Loyers et copr.* 2011, comm. 33, obs. G. Vigneron. – V. à l'inverse pour une décision exclusive de tous abus, ■ CA Paris, 23e ch., 7 mai 1993 : *Administrer* févr. 1994, p. 68 et ■ CA Paris, 23e ch. A, 19 déc. 1994 : *D.* 1997, somm. p. 244, obs. C. Giverdon) ou en imputant à certains copropriétaires une surconsommation d'eau non justifiée en son principe et son quantum (■ CA Paris, pôle 4, 2e ch., 11 mai 2022, n° 20/02432 : *JurisData* n° 2022-007428 ; *Administrer* août-sept. 2022, p. 40, obs. P. Déchelette-Tolot) ;

– ... ou en prenant des mesures discriminatoires (■ CA Versailles, 17 mars 1986 : *Rev. loyers* 1987, p. 108) par exemple en refusant d'autoriser une activité commerciale permise à d'autres (■ Cass. 3e civ., 15 déc. 1993, n° 92-10.619 : *Loyers et copr.* 1994, comm. 83) ou en refusant à un commerçant l'autorisation d'installer une climatisation en façade, alors qu'il en existe déjà (■ Cass. 3e civ., 16 juin 2009, n° 08-16.069 : *Administrer* oct. 2009, p. 58, obs. J.-R. Bouyeure ; *Defrénois* 2010, p. 348, obs. C. Atias. – V. pour un refus de raccordement au gaz d'un lot alors que les autres locaux sont déjà raccordés : ■ TJ Rouen, 9 févr. 2023 : *JurisData* n° 2023-015370) ou en refusant à un copropriétaire une autorisation de fermeture d'un balcon accordée à d'autres dans des circonstances identiques : ■ CA Versailles, 12 déc. 2009 : *JurisData* n° 2009-379391 ; *Loyers et copr.* 2010, comm. 86, obs. G. Vigneron. – Pour la cession à un copropriétaire de parties communes à un prix de faveur, V. ■ CA Paris, 23e ch. B, 28 juin 2001 : *Loyers et copr.* 2001, comm. 294 ; *AJDI* 2001, p. 892. – V. pour d'autres exemples, ■ Cass. 3e civ., 1er oct. 2020, n° 19-17.965 : *Administrer* déc. 2020, p. 54, note J.-R. Bouyeure).

Il y a abus sur un plan général lorsqu'une décision est prise uniquement en vue de favoriser un groupe de copropriétaires au détriment des autres (■ CA Versailles, 4e ch., 17 janv. 2024, n° 21/01538 : *JurisData* n° 2024-004180. – V. pour le droit de stationner, ■ Cass. 3e civ., 10 mars 1993 : *RD imm.* 1993, p. 417, obs. P. Capoulade. ■ CA Aix-en-Provence, 23 janv. 2009 : *JurisData* n° 2009-376844 ; *Loyers et copr.* 2009, comm. 273, obs. G. Vigneron. ■ CA Paris, 23e ch., 26 mai 1995 : *Loyers et copr.* 1995, comm. 495). Le fait que le demandeur proposait de prendre en charge les quotes-parts de travaux de rénovation des parties communes en contrepartie d'un vote positif en faveur de son projet ne constitue pas une rupture d'égalité dès lors que la proposition est faite à l'ensemble des copropriétaires et qu'aucune charge n'est imposée aux copropriétaires minoritaires (■ CA Pau, 1re ch., 21 nov. 2013, n° 12/01817 : *AJDI* 2014, p. 458).

Mais le principe d'égalité ne signifie pas que l'autorisation donnée à un copropriétaire oblige dans l'avenir à donner la même autorisation à qui la demandera, sans qu'il y ait à examiner la spécificité de chaque demande (■ CA Paris, pôle 4, 2e ch., 25 oct. 2023, n° 20/00583 : *JurisData* n° 2023-023046. ■ CA Paris, 23e ch., 27 janv. 1995 : *Loyers et copr.* 1995, comm. 336. – V. également pour une prétendue « rupture d'égalité » à la suite de la cession à un copropriétaire d'un palier commun, ■ CA Paris, 23e ch., 19 déc. 1994 : *Loyers et copr.* 1995, comm. 182). Il n'y a pas de rupture d'égalité si une autorisation de travaux a été accordée à certains copropriétaires et refusée à d'autres, si les travaux n'étaient pas de même nature (■ Cass 3e civ., 27 avr. 2017, n° 16-13.886 : *JurisData* n° 2017-009214 ; *Loyers et copr.* 2017, comm. 146, note C. Coutant-Lapalus ; *Administrer* juill. 2017, p. 41, note J.-R. Bouyeure). On ne peut parler de rupture d'égalité que si les situations sont identiques (■ Cass. 3e civ., 9 juill. 2020, n° 18-24.063 : *JurisData* n° 2020-010469 ; *Loyers et copr.* 2020, comm. 101, note C. Coutant-Lapalus ; *Administrer* déc. 2020, p. 53, obs. J.-R. Bouyeure. ■ CA Versailles, 4e ch., 2e ch., 13 mars 2017, n° 15/01947 : *Administrer* févr. 2018, p. 35, obs. J.-R. Bouyeure).

Bibliographie : P. Baudouin, *La notion d'égalité entre les copropriétaires : Administrer* mars 2018, p. 15. – G. Vigneron, *L'égalité pour tous en copropriété : Loyers et copr.* mars 2010, étude 4.

40) Refus d'agir. Sont abusives les décisions par lesquelles l'assemblée refuse d'exercer les pouvoirs qu'elle tient de la loi.

Par exemple :

- le refus d'exécuter des travaux ou des réparations indispensables (■ Cass. 3e civ., 29 oct. 1969, n° 67-14.630 : *Bull. civ.* III, n° 689 ; *Gaz. Pal.* 1970, 1, p. 229, note M. Morand. – ■ CA Grenoble, 2e ch., 6 févr. 2024, n° 21/01772 : *Rev. loyers* 2024, p. 201, obs. S. Bénilsi),
- le refus de se prononcer sur la division d'un lot malgré les dispositions de l'article 11, alinéa 2 (V. ce texte. ■ TGI Lyon, 30 nov. 1967 : *AJPI* 1968, p. 687),
- le refus d'indemniser les copropriétaires pour des dégâts causés à leurs parties privatives et qui trouvent leur origine dans les parties communes et de procéder aux réparations nécessaires (■ CA

Paris, 19e ch. B, 22 nov. 1989 : *Loyers et copr.* 1990, comm. 100),

• le refus de prendre les mesures nécessaires à assurer le fonctionnement normal des équipements d'un centre commercial au motif que ce centre est voué à la disparition en raison d'un projet de rénovation urbaine impliquant sa démolition (▪ CA Paris, 23e ch. B, 10 janv. 2008 : *Loyers et copr.* 2008, comm. 143, obs. G. Vigneron ; *AJDI* 2008, p. 217).

De même il y a abus lorsque l'assemblée refuse les crédits nécessaires à la réfection d'une toiture (▪ TGI Paris, 24 mai 1984 : *Gaz. Pal.* 1984, 2, p. 220), lorsqu'elle refuse d'exécuter des travaux nécessaires ou urgents (▪ CA Versailles, 16 sept. 1985 : *Rev. loyers* 1986, p. 40. ▪ CA Paris, 10 déc. 1979 : *D.* 1980, inf. rap. p. 273. – V. pour un refus justifié par l'insuffisance de la trésorerie : ▪ CA Paris, 23e ch., 14 janv. 1994 : *Loyers et copr.* 1994, comm. 213).

Le refus des copropriétaires de décider d'une mesure imposée par la loi peut éventuellement les rendre passibles des sanctions pénales prévues par les textes (V. pour le refus de procéder à un ravalement obligatoire : ▪ T. corr. Paris, 3e ch., 1er juill. 1998 : *Administrer* févr. 1999, p. 69, note J.-R. Bouyeure).

À propos de *refus d'agir en justice*, la cour de Paris a estimé que « les copropriétaires sont libres d'apprécier l'opportunité d'introduire une procédure, le juge ne devant pas procéder à un contrôle d'opportunité des décisions prises en assemblée générale » (▪ CA Paris, 23e ch. B, 14 févr. 2008 : *JurisData* n° 2008-358071). Cet arrêt rejette la demande de nullité d'une décision ayant refusé de mettre en œuvre « une action civile et pénale à l'encontre des membres du conseil syndical qui ont détourné des installations électriques communes du sous-sol de l'immeuble pour leurs besoins privatifs ». Pour la cour de Versailles, le juge a toutefois la possibilité de vérifier si la décision de ne pas engager d'action judiciaire est bien justifiée par la poursuite de l'intérêt commun (V. pour le refus d'agir en justice à l'encontre de deux copropriétaires qui occupent une allée de circulation du parking : ▪ CA Versailles, 2 nov. 2010 : *JurisData* n° 2010-026102 ; *Loyers et copr.* 2011, comm. 128, obs. G. Vigneron).

L'assemblée a toute latitude pour apprécier l'opportunité d'une action, tant en comparant les risques que le coût des procédures, et le résultat attendu (▪ CA Paris, 23e ch. B, 13 mars 2008 : *JurisData* n° 2008-359145 ; *Loyers et copr.* 2008, comm. 173, obs. G. Vigneron). Il n'y aura abus que si le refus d'agir ne se fonde sur aucune raison pertinente et objective, ou si ce refus a pour résultat de couvrir les infractions commises par un copropriétaire et traduit le désir de favoriser les intérêts d'un groupe majoritaire (▪ CA Paris, pôle 4, 2e ch., 3 mars 2010 : *JurisData* n° 2010-002361 ; *Loyers et copr.* 2010, comm. 170, obs. G. Vigneron).

41) Absence de motif valable – Motifs spécieux. Sont abusives sur un plan général les *décisions qui ne sont justifiées par aucun motif valable* (▪ Cass. 11 janv. 1984 : *RD imm.* 1984, p. 450, obs. F. Givord et C. Giverdon. ▪ CA Paris, 10 déc. 1979 : *D.* 1980, inf. rap. p. 273, obs. C. Giverdon. ▪ CA Paris, pôle 4, 2e ch., 25 janv. 2023, n° 19/00727 : *JurisData* n° 2023-002343. ▪ CA Paris, 19e ch. B, 21 déc. 1989 : *Loyers et copr.* 1990, comm. 148. ▪ CA Paris, 23e ch. B, 30 juin 1995 : *Loyers et copr.* 1995, n° 539). Ainsi, il y a abus à refuser à un copropriétaire l'autorisation de faire des travaux d'amélioration, à savoir l'ouverture d'une fenêtre susceptible de rendre habitable son lot (▪ CA Paris, 23e ch. B, 17 janv. 2008 : *JurisData* n° 2008-352089) ou dans le fait de refuser à un copropriétaire exerçant une activité professionnelle la remise de deux « bips » supplémentaires (▪ CA Riom, 11 mars 2013 : *JurisData* n° 2013-005239 ; *Loyers et copr.* 2013, comm. 354, obs. G. Vigneron).

Il y a abus dans le fait de refuser d'entériner un changement d'affectation illicite effectué il y a plus de quarante ans, et donc à un moment où l'action du syndicat est prescrite (▪ CA Paris, pôle 4, 2e ch., 29 sept. 2010 : *JurisData* n° 2010-199280 ; *Loyers et copr.* 2011, comm. 20, obs. G. Vigneron).

De même sont abusives les décisions qui prennent appui sur une interprétation fausse ou spécieuse du règlement de copropriété (par ex. pour interdire l'exercice d'une activité déterminée : ▪ CA Paris, 23e ch. B, 24 oct. 1997 : *Administrer* janv. 1998, p. 55. ▪ CA Paris, 23e ch. B, 24 sept. 1998 : *Loyers et copr.* 1999, comm. 45 – V. aussi ▪ CA Paris, 23e ch. B, 19 sept. 1997 : *Loyers et copr.* 1998, comm. 23).

Mais il ne suffit pas pour qu'elle soit abusive qu'une décision lèse les intérêts d'un ou plusieurs copropriétaires (▪ CA Paris, pôle 4, 2e ch., 12 oct. 2022, n° 17/12180 : *JurisData* n° 2022-018083. – pour la fermeture à clef d'un passage, V. ▪ CA Paris, 23e ch., 10 déc. 1993 : *Loyers et copr.* 1994, comm. 164. – V. aussi sur le principe : ▪ CA Paris, 19e ch., 1er févr. 1994 : *D.* 1994, somm. p. 124. – V. aussi ▪ Cass. 24 févr. 1993, n° 90-21.144 : *JurisData* n° 1993-000958 ; *Inf. rap. copr.* 1993, p. 116, obs. P. Capoulade) ou qu'elle ne convienne pas à certains d'entre eux (V. pour la mise en place de containers à ordures, ▪ CA Paris, 23e ch. B, 22 sept. 2005 : *JurisData* n° 2005-282573. ▪ 9 déc. 2004 : *JurisData* n° 2004-262723. ▪ 18 nov. 2004 : *JurisData* n° 2004-260153). En effet, dès lors que l'abus de majorité doit être distingué de la simple opposition d'intérêts propre au système de vote majoritaire (▪ CA Paris, pôle 4, 2e ch., 8 déc. 2021, n° 19/17499 : *JurisData* n° 2021-019810), il faut en outre qu'elle ne soit pas conforme à l'intérêt commun de la copropriété

(■ CA Paris, 12 mai 1982 : *D.* 1982, inf. rap. p. 440) ou inspirée par un autre motif que la défense de cet intérêt (■ TGI Nice, 20 nov. 1986 : *Inf. rap. copr.* 1988, p. 128. ■ TGI Paris, 3 mars 1988 : *Bull. inf. C. cass.* 15 juin 1988, p. 21).

42) Abus de majorité non établi. L'abus de majorité doit être écarté lorsque, en contre preuve de l'abus invoqué, le syndicat est en mesure de justifier de motifs sérieux et légitimes fondant la décision adoptée (■ CA Paris, pôle 4, 2e ch., 8 nov. 2023, n° 21/11928 : *JurisData* n° 2023-023052). Ainsi, il n'y a pas d'abus :

• dans le fait d'autoriser le syndic à agir en justice pour obtenir le rétablissement de la libre circulation sur une partie commune (■ CA Paris, pôle 4, 2e ch., 27 sept. 2023, n° 19/07945 : *JurisData* n° 2023-017244 ; *Administrer* déc. 2023, p. 61, obs. P. Déchelette-Tolot),

• dans le fait de refuser d'autoriser *a posteriori* des travaux irréguliers même si cette situation date de plusieurs années (■ CA Paris, 23e ch. A, 15 nov. 2000 : *Loyers et copr.* 2001, comm. 132). Mais, *a contrario*, est abusive la demande de remise en état des lieux qui porte atteinte aux droits que le copropriétaire a acquis par prescription : ■ CA Paris, pôle 4, 2e ch., 3 avr. 2024, n° 20/05751 : *JurisData* n° 2024-007250. ■ CA Rennes, 4e ch., 12 oct. 2023, n° 22/02564 : *JurisData* n° 2023-025226),

• dans le fait d'autoriser le percement d'une issue de secours dans le mur d'une salle de restaurant en sous-sol si aucun inconvénient n'en résulte pour la copropriété (■ CA Paris, 23e ch. A, 19 déc. 2001 : *Loyers et copr.* 2002, comm. 139), ou encore dans le fait de refuser une autorisation de travaux si des renseignements insuffisants sont fournis à l'assemblée (■ CA Aix-en-Provence, ch. 1-8, 17 janv. 2024, n° 22/08265 : *JurisData* n° 2024-000386. ■ CA Paris, pôle 4, 2e ch., 25 oct. 2023, n° 20/00583 : *JurisData* n° 2023-023046. ■ CA Paris, pôle 4, 2e ch., 22 mars 2023, n° 19/00112 : *Administrer* oct. 2023, p. 48, obs. P. Déchelette-Tolot. ■ CA Paris, 23e ch. B, 1er févr. 2001 : *Loyers et copr.* 2001, comm. 217),

• ou dans le refus de créer un emplacement supplémentaire de parking dans la cour commune (■ CA Paris, 19e ch. B, 10 mai 2001 : *Loyers et copr.* 2001, comm. 243, obs. G. Vigneron),

• ou dans le refus d'installer des serrures spéciales, lorsque cette demande est inspirée par des motifs religieux (■ CA Paris, 23e ch. B, 20 févr. 2003 : *Loyers et copr.* 2003, comm. 182, obs. G. Vigneron. ■ CA Paris, 23e ch. B, 24 oct. 2002 : *JCP* G, IV, 1476) ;

• ou dans le fait de ne pas retenir l'entreprise dont le devis est le moins disant (■ CA Paris, pôle 4, 2e ch., 8 déc. 2010 : *Administrer* mars 2011, p. 45) ;

• ou dans le fait d'autoriser l'exercice dans les parties privatives d'une profession libérale, si la résolution ne traduit par elle-même aucune intention de porter atteinte à l'intérêt collectif ou à celui de l'un ou l'autre des copropriétaires ou de favoriser tel ou tel copropriétaire (■ CA Toulouse, 15 nov. 2010 : *JurisData* n° 2010-029355).

De même, n'est pas abusif le refus d'autoriser l'aménagement d'un toit terrasse, si l'utilisation envisagée créait des nuisances diverses pour les autres copropriétaires (■ CA Paris, 23e ch. B, 30 oct. 2003 : *Dossiers CSAB* n° 111, avr. 2004, n° 79, obs. A. Dunes) ou le refus de reconsidérer les conditions d'accès du parking afin d'éviter un stationnement en surnombre (■ CA Versailles, 4e ch., 4 mars 2002 : *Dossiers CSAB* n° 111, avr. 2004, n° 59, obs. A. Dunes) ou la suppression d'un conduit justifiée par des raisons techniques (■ Cass. 3e civ., 11 janv. 2005, n° 03-19.019).

Le choix d'un syndic ayant des liens juridiques et financiers avec les copropriétaires qui l'ont élu n'est pas nécessairement abusif (■ CA Paris, 23e ch. B, 8 nov. 2007 : *AJDI* 2008, p. 131).

Dès lors que l'assemblée générale a approuvé les comptes et donné quitus au syndic au vu des documents exigés par la réglementation pour permettre aux copropriétaires de se prononcer en connaissance de cause, sa décision n'est pas entachée d'un abus de majorité (■ Cass. 3e civ., 9 juin 2016, n° 15-19.470 : *JurisData* n° 2016-11248 ; *Loyers et copr.* 2016, comm. 209, note G. Vigneron et C. Coutant-Lapalus).

N'a pas été reconnu abusif le fait de prendre des mesures pour empêcher les véhicules de grand gabarit (camping-cars) de stationner sur les parkings afin d'assurer le respect de la destination de l'immeuble et des droits des autres copropriétaires (■ CA Grenoble, 12 févr. 2019, n° 15/02272 : *JurisData* n° 2019-001852 ; *Loyers et copr.* 2019, comm. 63, note C. Coutant-Lapalus). Il en va de même de la décision d'interdire l'accès des copropriétaires à un jardin commun, cette fermeture, applicable à tous, étant justifiée au regard de la destination de l'immeuble et de la nécessité de préserver la tranquillité des occupants d'un immeuble de haut standing (■ CA Paris, pôle 4, 2e ch., 22 févr. 2023, n° 19/15154 : *JurisData* n° 2023-004685). La prise en compte des intérêts de l'ensemble des copropriétaires et du standing de l'immeuble, qui s'inscrit dans l'habitat haut de gamme, peut également justifier le refus de l'assemblée d'approuver la transformation de caves et débarras en locaux d'habitation (■ CA Aix-en-Provence, ch. 1-7, 8 févr. 2024, n° 21/05599 : *JurisData* n° 2024-003120).

B – Abus de minorité

Bibliographie : F. Bérenger, *L'abus de minorité en copropriété* : *Administrer* oct. 2010, p. 36. – Sur le problème plus général de savoir si la responsabilité des copropriétaires peut être engagée en raison de l'exercice abusif de leur droit de vote, V. J.-M. Le Masson, *La responsabilité des copropriétaires en raison de leur vote : Administrer* nov. 1997, p. 30.

43) Notion. Des copropriétaires peuvent abuser de leur droit de vote en empêchant systématiquement la prise de décision. Cette attitude peut être sanctionnée par l'octroi de dommages et intérêts (V. sur le principe : ▪ CA Paris, 23e ch. A, 8 avr. 1998 : *Loyers et copr.* 1998, comm. 310, obs. G. Vigneron. ▪ TGI Paris, 1er mars 1974 : *AJPI* 1974, p. 811, note J.-R. Bouyeure. – E. Kischinewsky-Broquisse, *La copropriété des immeubles bâtis* Litec, 4e éd. 1989, n° 691. – G. Vigneron : *JCl. Copropriété*, Fasc. 87-10, n° 111). Mais l'auteur du vote incriminé ne peut être sanctionné qu'à la condition de relever une faute de sa part, de nature à faire dégénérer en abus l'exercice du droit de vote (▪ Cass. 3e civ., 10 sept. 2020, n° 19-19.673 : *Administrer* nov. 2020, p. 51, note J.-R. Bouyeure).

L'abus de minorité peut se définir comme l'utilisation par un copropriétaire minoritaire de son droit de vote dans un sens contraire à l'intérêt général de la copropriété, en l'absence d'intérêt légitime. Le simple fait qu'un copropriétaire vote à l'encontre de ses propres intérêts ne caractérise pas l'abus de minorité s'il n'est pas établi que son comportement procède d'une intention de nuire (▪ Cass. 3e civ., 19 sept. 2019, n° 18-18.800 : *JurisData* n° 2019-017814 ; *Loyers et copr.* 2019, n° 198, note C. Coutant-Lapalus ; *Administrer* nov. 2019, p. 45, obs. J.-R. Bouyeure).

Le fait, pour un copropriétaire majoritaire, de s'opposer à l'exécution de travaux urgents peut constituer un abus du droit de vote et engager sa responsabilité vis-à-vis du copropriétaire victime du désordre (▪ CA Paris, pôle 4, ch. 2, 15 mai 2019, n° 16-20.956 : *Administrer* juill. 2019, p. 55, obs. J.-R. Bouyeure).

VIII – ASSEMBLÉES SPÉCIALES

Bibliographie : E.-J. Guillot, *Les décisions qui n'intéressent que certains copropriétaires : Administrer* avr. 1981, p. 2 et s. – E. Kischinewsky-Broquisse, *La copropriété des immeubles bâtis*, Litec, 4e éd. 1989, nos 582 et s. – P. Lebatteux, *Les assemblées spéciales de copropriété : AJPI* 1992, p. 264 et s. – M. Morand, *Répartitions spéciales et votes spéciaux : Gaz. Pal.* 1994, 1, doctr. p. 483. – G. Gil, *Parties communes spéciales, charges particulières et assemblées restreintes : Administrer* nov. 2010, p. 19. – J.-R. Bouyeure, *Assemblée générale et assemblée spéciale de copropriétaires : concurrence, hiérarchie des normes ou complémentarité ? : Administrer* nov. 2017, p. 6. – J.-R. Bouyeure, *Les assemblées générales de copropriété*, éd. Publications Administrer 2007, et suppl. 2009, nos 35 et s. – G. Vigneron : *JCl. Copropriété*, fasc. 84-10, actualisé par C. Coutant-Lapalus.

A – Cas d'existence d'assemblées spéciales

1° *Assemblées spéciales résultant de la création de charges spéciales*

44) Cas où elles peuvent être réunies. L'article 24, III, *permettait la tenue d'assemblées spéciales* de copropriétaires lorsque le règlement mettait à la charge de certains copropriétaires seulement les dépenses d'entretien d'une partie d'immeuble, ou celles d'entretien et de fonctionnement d'un élément d'équipement : ce qui résulte d'ailleurs de la lettre même du texte. Ce texte a été abrogé à compter du 1er juin 2020 et transféré par l'ordonnance du 30 octobre 2019, sans modification, à l'article 10, alinéa 4 de la loi du 10 juillet 1965 (V. ce texte et son commentaire).

2° *Assemblées spéciales résultant de la création de parties communes spéciales*

45) Renvoi. Par ailleurs, la tenue d'assemblées spéciales peut découler de la création par le règlement de *parties communes spéciales* à certains copropriétaires seulement.

Les problèmes en découlant sont examinés au commentaire de l'article 6-2 de la loi du 10 juillet 1965.

3° *Assemblées spéciales prévues par des textes particuliers*

46) Cas prévus par des textes spéciaux. En dehors de l'article 24, alinéa 4 de la loi, certains textes prévoient expressément la tenue d'assemblées spéciales :

– l'article 27, alinéa 1 (création de syndicats secondaires) ;

– l'article 28, alinéa 1 (en matière de scission de copropriété) ;

– l'article 35, alinéa 2 (aliénation du droit de surélever) ;

– l'article 38, alinéa 1 (dans le cas de reconstruction de l'immeuble).

On se reportera au commentaire de chacun de ces textes.

Si l'on ne se trouve pas dans un cas où la loi ou le règlement l'autorise, la tenue d'une assemblée spéciale est totalement irrégulière : il en est ainsi pour l'assemblée tenue par les copropriétaires d'une cage d'escalier, pour interdire aux autres copropriétaires le passage par les parties communes de leur immeuble (▪ Cass. 3e civ., 30 juin 1992, n° 90-17.436 : *JurisData* n° 1992-001450 ; *Bull. civ.* III, n° 230 ; *AJPI* 1993, p. 863, note J.-M. Gélinet). En l'absence de stipulation du règlement, le syndic ne peut de son propre chef décider de restreindre le droit de vote aux copropriétaires concernés par un élément d'équipement déterminé (▪ CA Aix-en-

Provence, 4e ch. A, 15 oct. 2010 : *Administrer* mars 2011, p. 46, obs. J.-M. Roux).

B – Tenues des assemblées spéciales

47) Règles applicables. Lorsqu'une assemblée spéciale est prévue par le règlement de copropriété en raison de l'existence de répartition des charges spéciales, les voix sont calculées *en proportion des tantièmes de charges*.

Dans tous les cas, que l'assemblée soit tenue en raison de l'existence de répartition de charges spéciales ou du fait de l'existence de parties communes « spéciales », *seuls doivent voter les copropriétaires concernés* (▪ Cass. 3e civ., 30 janv. 1973 : *Gaz. Pal.* 1973, 1, p. 384). Si la délibération était votée par l'assemblée générale ou par l'ensemble des copropriétaires, elle serait nulle (▪ Cass. 3e civ., 30 janv. 1973, préc. ▪ CA Paris, 20 sept. 1988 : *D.* 1988, inf. rap. p. 287. ▪ CA Paris, 23e ch., 4 nov. 1994, préc. ▪ CA Paris, 23e ch. B, 16 déc. 1999 : *JurisData* n° 1999-102738 ; *Loyers et copr.* 2000, comm. 95) de même que serait nulle à l'inverse une délibération concernant une partie commune générale votée en assemblée spéciale (▪ Cass. 3e civ., 25 juin 1997, n° 95-21.305 : *RD imm.* 1997, p. 479, obs. C. Giverdon et P. Capoulade. ▪ CA Chambéry, 14 nov. 2001 : *Loyers et copr.* 2002, comm. 182).

IX – INTERPRÉTATION DES DÉCISIONS DE L'ASSEMBLÉE

48) Pouvoirs des juges. Les juges peuvent interpréter de manière souveraine (sous réserve de dénaturation) les décisions de l'assemblée lorsqu'elles sont équivoques ou ambiguës (▪ Cass. 3e civ., 17 avr. 1991, n° 89-15.172 : *Inf. rap. copr.* févr. 1992, p. 47, obs. P. Capoulade. ▪ Cass. 3e civ., 17 janv. 1996, n° 94-11.679 : *RD imm.* 1996, p. 272, obs. P. Capoulade).

Ainsi peuvent-ils estimer qu'une autorisation de ne pas démolir une construction irrégulière vaut autorisation de construire *a posteriori* (▪ Cass. 3e civ., 19 nov. 1997, n° 96-10.771 : *JurisData* n° 1997-004761 ; *RD imm.* 1998, p. 135, obs. P. Capoulade). Mais les juges ne peuvent reconstituer par voie d'enquête ce qu'a été la volonté des copropriétaires pour lui faire produire effet en l'absence de décision expresse (▪ Cass. 3e civ., 23 mai 1991, n° 89-14.404 : *RD imm.* 1991, p. 384, obs. P. Capoulade).

Art. 24-1 *(L. n° 2007-309, 5 mars 2007).* **– Lorsqu'un réseau de communications électroniques interne à l'immeuble distribue des services de télévision, l'ordre du jour de l'assemblée générale comporte de droit, si l'installation ne permet pas encore l'accès aux services nationaux en clair de télévision par voie hertzienne terrestre en mode numérique et si le distributeur de services dispose d'une offre en mode numérique, l'examen de toute proposition commerciale telle que visée à la deuxième phrase du deuxième alinéa de l'article 34-1 de la loi n° 86-1067 du 30 septembre 1986 relative à la liberté de communication** (1).

(Al. mod., L. n° 2014-366, 24 mars 2014) **Par dérogation au *h* de l'article 25 de la présente loi, la décision d'accepter cette proposition commerciale est acquise à la majorité prévue au premier alinéa du I de l'article 24.**

Bibliographie : M. Philibert, *Le numérique bientôt dans tous les immeubles : Le Particulier immobilier* févr. 2010, p. 28.

1) Objet du texte. Comme l'indique le rapport de M.-E. Hamelin, au nom de la Commission des affaires culturelles, familiales et sociales (Doc. AN n° 3604), cette disposition a pour but de lever les blocages à la mise à niveau d'une installation commune de câblage pour permettre à la copropriété d'accéder à la télévision numérique terrestre et de basculer vers le « service antenne » numérique.

2) Modalités d'application. Pour que le texte s'applique, plusieurs conditions doivent être réunies :

– il faut que le réseau de communications électroniques interne à l'immeuble distribue des services de télévision ;

– il faut que l'installation existante ne permette pas encore l'accès aux services nationaux en clair de télévision par voie hertzienne terrestre en mode numérique ;

– il faut enfin que le distributeur de services dispose d'une offre en mode numérique.

Si ces conditions sont réunies, le syndic doit porter d'office à l'ordre du jour de l'assemblée l'examen de la proposition commerciale permettant la distribution de la télévision numérique terrestre.

La décision d'accepter ou non cette proposition commerciale sera prise par l'assemblée à la majorité de l'article 24 de la loi du 10 juillet 1965 (V. ce texte).

Voir aussi : sur les autres obligations imposées en la matière au syndic, L. 10 juillet 1965, art. 18, al. 9.

(1) V. ce texte en Annexe 59, *Télévision par câble.*

Art. 24-2 *(L. n° 2008-776, 4 août 2008 ; mod., Ord. n° 2014-329, 12 mars 2014 ; L. n° 2014-366, 24 mars 2014).* – **Lorsque l'immeuble n'est pas équipé de lignes de communications électroniques à très haut débit en fibre optique, toute proposition émanant d'un opérateur de communications électroniques d'installer de telles lignes en vue de permettre la desserte de l'ensemble des occupants par un réseau de communications électroniques à très haut débit ouvert au public dans le respect des articles L. 33-6 et L. 34-8-3 du Code des postes et des communications électroniques est inscrite de droit à l'ordre du jour de la prochaine assemblée générale.**

L'assemblée générale est tenue de statuer sur toute proposition visée au premier alinéa *(Mots aj., L. n° 2018-1021, 23 nov. 2018)* **« au plus tard douze mois suivant la date de réception de celle-ci par le syndic ».**

(Al. mod., L. n° 2014-366, 24 mars 2014) **Par dérogation au *h* de l'article 25 de la présente loi, la décision d'accepter cette proposition est acquise à la majorité prévue au premier alinéa du I de l'article 24.**

(L. n° 2015-990, 6 août 2015) **L'assemblée générale peut également, dans les mêmes conditions, donner mandat au conseil syndical pour se prononcer sur toute proposition future émanant d'un opérateur de communications électroniques en vue d'installer des lignes de communication électroniques à très haut débit mentionnées au premier alinéa du présent article. Tant qu'une telle installation n'a pas été autorisée, l'ordre du jour de l'assemblée générale comporte de droit un projet de résolution donnant au conseil syndical un tel mandat.**

(Al. aj., L. n° 2016-1321, 7 oct. 2016) **Lorsqu'une demande de raccordement à un réseau de communications électroniques à très haut débit en fibre optique est effectuée par le propriétaire, le locataire ou un occupant de bonne foi d'un logement d'un immeuble comportant plusieurs logements ou d'un immeuble à usage mixte dans les conditions prévues à l'article 1er de la loi n° 66-457 du 2 juillet 1966 relative à l'installation d'antennes réceptrices de radiodiffusion, le syndicat des copropriétaires ne peut s'opposer, nonobstant toute convention contraire, sans motif sérieux et légitime conformément au II du même article 1er, à l'installation de telles lignes dans les parties communes de l'immeuble de manière à permettre la desserte de chacun des logements, sous réserve que l'immeuble dispose des infrastructures d'accueil adaptées.**

(Al. aj., L. n° 2016-1321, 7 oct. 2016) **« Cette installation, réalisée aux frais de l'opérateur conformément à l'article L. 34-8-3 du Code des postes et des communications électroniques, fait l'objet d'une convention conclue dans les conditions prévues à l'article L. 33-6 du même code avec le syndicat des copropriétaires, après avis du conseil syndical lorsque celui-ci a été institué. »**

Voir : les dispositions du Code des postes et des communications électroniques en Annexe (*V° Fibre optique*).

I – PROPOSITION DE RACCORDEMENT À LA FIBRE OPTIQUE ÉMANANT D'UN OPÉRATEUR

1) Objet du texte. Les lignes de communications électroniques à très haut débit dont il est nécessaire de pourvoir les immeubles existant pour faire face au développement d'Internet et des services associés doivent être en fibre optique. Or, la mise en place de ce réseau de nouvelle génération, appelé à remplacer le réseau cuivre déployé par France Télécom, implique, en ce qui concerne les immeubles en copropriété, une décision collective. Pour la faciliter, la loi du 4 août 2008, dite de modernisation de l'économie, a inséré dans la loi du 10 juillet 1965 un nouvel article 24-2. Ce dispositif s'inspire directement de celui figurant dans l'article 24-1, créé par la loi n° 2007-309 du 5 mars 2007 relative à la modernisation de la diffusion audiovisuelle et à la télévision du futur, afin d'encourager le développement de la Télévision numérique terrestre (TNT).

2) Conditions d'application du texte. Le texte est appelé à jouer :

– « lorsque l'immeuble n'est pas équipé de lignes de communications électroniques à très haut débit en fibre optique » ;

– et qu'un opérateur de communications électroniques propose d'installer, à ses frais, de telles lignes en vue de « permettre la desserte de l'ensemble des occupants par un réseau de communications électroniques à très haut débit ouvert au public ».

L'alinéa 1 de l'article 24-2 précise que cette proposition doit être faite « dans le respect des articles L. 33-6 et L. 34-8-3 du Code des postes et des communications électroniques » (V. ces textes en Annexe 29, *V° Fibre optique*, p. 1223).

3) Mécanisme. L'alinéa 1 du texte énonce que lorsqu'une proposition est faite elle est « inscrite de droit (sous-entendu : par le syndic) à l'ordre du jour de la prochaine assemblée générale ».

L'alinéa 2 indique pour sa part que l'assemblée générale est « tenue de statuer » sur la proposition (ce qui paraît exclure tout renvoi ou tout sursis à statuer...) « au plus tard douze mois suivant la date de réception de celle-ci par le syndic », étant entendu qu'elle reste libre de sa décision. L'assemblée pourrait toutefois soit refuser purement et simplement la proposition, soit refuser de statuer s'il apparaissait qu'elle n'était pas conforme aux exigences légales.

Pour faciliter l'adoption de la proposition d'installation de la fibre, le troisième alinéa de ce nouvel article 24-2 prévoit son acceptation par la majorité des voix exprimées des copropriétaires présents ou représentés : cette majorité (prévue à l'article 24 de la loi de 1965) est dérogatoire par rapport à ce que prévoit l'article 25 *h)*, qui exige la majorité des voix de tous les copropriétaires pour « *l'installation ou la modification d'une antenne collective ou d'un réseau de communications électroniques interne à l'immeuble dès lors qu'elle porte sur des parties communes* ».

NB : L'autorité de régulation des communications électroniques (Arcep) a publié une version actualisée de la convention-type établie par elle en 2008 (téléchargeable sur www.arcep.fr), à établir entre le syndicat des copropriétaires et l'opérateur et destinée à protéger les copropriétaires contre les démarches abusives.

4) Mandat au conseil syndical. L'assemblée générale peut également, à la majorité des voix exprimées des copropriétaires présents ou représentés, donner mandat au conseil syndical pour se prononcer sur toute proposition future émanant d'un opérateur de communications électroniques en vue d'installer des lignes de communication électroniques à très haut débit. Tant qu'une telle installation n'a pas été autorisée, l'ordre du jour de l'assemblée générale comporte de droit un projet de résolution donnant au conseil syndical un tel mandat (art. 24-2, al. 4).

II – DEMANDE DE RACCORDEMENT FORMULÉE PAR UN HABITANT DE L'IMMEUBLE

5) Personnes habilitées à former la demande. L'article 24-2 évoque dans son alinéa 5 le cas où une demande de raccordement à un réseau de communications électroniques à très haut débit en fibre optique est effectuée par un propriétaire, un locataire ou un occupant de bonne foi « d'un logement d'un immeuble comportant plusieurs logements ou d'un immeuble à usage mixte ». Les immeubles en copropriété sont évidemment concernés.

La demande doit être formulée « dans les conditions prévues à l'article 1er de la loi n° 66-457 du 2 juillet 1966 relative à l'installation d'antennes réceptrices de radiodiffusion » (V. ce texte dans la partie Annexe 4, V° *Antennes*, p. 941).

6) Suites de la demande. Le syndicat des copropriétaires ne peut s'opposer, nonobstant toute convention contraire, à l'installation de telles lignes de communication électroniques à très haut débit dans les parties communes de l'immeuble de manière à permettre la desserte de chacun des logements, que dans deux cas (art. 24-2, al. 6) :

– lorsque l'immeuble ne dispose pas des infrastructures d'accueil adaptées (ainsi par exemple dans le cas de difficulté de passage des câbles : V. Rapport Sénat 2015-2016, n° 543) ;

– lorsqu'il peut invoquer un « motif sérieux et légitime », conformément au II de l'article 1er la loi n° 66-457 du 2 juillet 1966 relative à l'installation d'antennes réceptrices de radiodiffusion » (V. ce texte dans la partie Annexe 4, V° *Antennes*, p. 941).

Art. 24-3 ***(L. n° 2009-258, 5 mars 2009).*** **–** (1) **Lorsque l'immeuble reçoit des services de télévision par voie hertzienne terrestre par une antenne collective, l'ordre du jour de l'assemblée générale comporte, avant la fin de la mise en œuvre dans la commune du schéma national d'arrêt de la diffusion analogique et de basculement vers le numérique, un projet de résolution sur les travaux et les modifications nécessaires à la réception, par l'antenne collective de l'immeuble, des services de télévision par voie hertzienne terrestre en mode numérique.**

(Al. mod., L. n° 2014-366, 24 mars 2014) **Par dérogation au *h* de l'article 25, la décision de réaliser les travaux et modifications prévus à l'alinéa précédent est acquise à la majorité prévue au premier alinéa du I de l'article 24.**

L'assemblée générale peut également, dans les mêmes conditions, donner mandat au conseil syndical ou, à défaut, au syndic pour conduire, dans la limite d'un montant de dépenses, les modifications nécessaires à la continuité de la réception par l'antenne collective des services de télévision lors de l'arrêt de la télévision analogique ou lors des changements des fréquences d'émission des services de télévision par voie hertzienne terrestre en mode numérique.

Bibliographie : J.-M. Roux, *Diffusion analogique et basculement vers le numérique : Inf. rap. copr.* sept. 2009, p. 20.

(1) Dispositions applicables dans les îles Wallis-et-Futuna, en Polynésie française, en Nouvelle-Calédonie et dans les Terres australes et antarctiques françaises, L. n° 2009-258, 5 mars 2009, art. 93.

1) **Objet du texte.** La loi n° 2009-258 du 5 mars 2009 (*JO* 7 mars) a créé dans la loi du 10 juillet 1965 un nouvel article 24-3 afin de prévoir les modalités de passage à la télévision numérique.

2) **Rôle de l'assemblée.** Selon ce texte, lorsque l'immeuble reçoit des services de télévision par voie hertzienne terrestre par une antenne collective, il y a lieu de saisir l'assemblée, avant la fin de la mise en œuvre dans la commune du schéma national d'arrêt de la diffusion analogique et de basculement vers le numérique, d'un projet de résolution sur les travaux et les modifications nécessaires à la réception, par l'antenne collective de l'immeuble, des services de télévision par voie hertzienne terrestre en mode numérique.

Le texte ajoute que par dérogation à l'article 25 *h)*, la décision de réaliser les travaux et modifications nécessaires sera prise à la majorité prévue au premier alinéa de l'article 24 (majorité calculée sur la somme des voix exprimées des copropriétaires présents ou représentés).

3) **Mandat au conseil syndical ou au syndic.** Le texte ajoute que l'assemblée peut également, dans les mêmes conditions de majorité, donner mandat au conseil syndical ou, à défaut, au syndic pour conduire, dans la limite d'un montant de dépenses fixé à l'avance, les modifications nécessaires à la continuité de la réception par l'antenne collective des services de télévision lors de l'arrêt de la télévision analogique ou lors des changements des fréquences d'émission des services de télévision par voie hertzienne terrestre en mode numérique.

Art. 24-4 *(L. n° 2010-788, 12 juill. 2010 ; mod. à compter du 1er janvier 2017, L. n° 2014-366, 24 mars 2014). – (Al. mod. à compter du 1er janvier 2023, L. n° 2021-1104, 22 août 2021)* **Le syndic inscrit à l'ordre du jour de l'assemblée générale des copropriétaires qui suit l'établissement d'un diagnostic de performance énergétique prévu à l'article L. 126-31 du Code de la construction et de l'habitation la question d'un plan de travaux d'économies d'énergie ou d'un contrat de performance énergétique.**

Avant de soumettre au vote de l'assemblée générale un projet de conclusion d'un tel contrat, le syndic procède à une mise en concurrence de plusieurs prestataires et recueille l'avis du conseil syndical.

(Al. mod. à compter du 1er janvier 2023, L. n° 2021-1104, 22 août 2021) **L'obligation prévue au premier alinéa est satisfaite si le plan pluriannuel de travaux, inscrit à l'ordre du jour de l'assemblée générale en application de l'article 14-2 de la présente loi, comporte des travaux d'économie d'énergie.**

Un décret en Conseil d'État fixe les conditions d'application du présent article.

NB : Conformément aux dispositions du VI de l'article 171 de la loi n° 2021-1104 du 22 août 2021, ce texte est entré en vigueur le 1er janvier 2023.

Rédaction antérieure. Art. 24-4 *(Applicable du 1er juillet 2021 au 1er janvier 2023, Ord. n° 2020-71, 29 janv. 2020).* – Pour tout immeuble équipé d'une installation collective de chauffage ou de refroidissement, le syndic inscrit à l'ordre du jour de l'assemblée générale des copropriétaires qui suit l'établissement d'un diagnostic de performance énergétique prévu à l'article L. 126-26 du Code de la construction et de l'habitation ou d'un audit énergétique prévu à l'article L. 126-31 du même code la question d'un plan de travaux d'économies d'énergie ou d'un contrat de performance énergétique.

Avant de soumettre au vote de l'assemblée générale un projet de conclusion d'un tel contrat, le syndic procède à une mise en concurrence de plusieurs prestataires et recueille l'avis du conseil syndical.

L'obligation prévue au premier alinéa est satisfaite si le plan pluriannuel de travaux, inscrit à l'ordre du jour de l'assemblée générale en application de l'article L. 731-2 du Code de la construction et de l'habitation, comporte des travaux d'économie d'énergie.

Un décret en Conseil d'État fixe les conditions d'application du présent article.

1) **Évaluation de la performance énergétique.** L'article 1er de la loi n° 2010-788 du 12 juillet 2010 portant engagement national pour l'environnement, dite loi « Grenelle 2 », a imposé, selon des modalités différenciées, la mise en place d'outils d'évaluation de la performance énergétique des bâtiments en copropriété. En raison de la fiabilité jugée à l'époque insuffisante du diagnostic de performance énergétique, une distinction avait été établie entre les obligations de diagnostic et les obligations d'audit énergétique. Par principe, les bâtiments équipés d'une installation collective de chauffage ou de refroidissement étaient globalement soumis à l'obligation d'établir un diagnostic de performance énergétique. Mais, s'agissant des bâtiments d'habitation collective en copropriété de 50 lots ou plus et ayant une date de dépôt de demande de permis de construire antérieure au 1er juin 2001, l'obligation de diagnostic était remplacée par une obligation, plus contraignante, d'établir un audit énergétique *(CCH, art. L. 126-31 ancien).*

2) **Réforme du dispositif par la loi Climat.** Afin de mieux informer les propriétaires sur les travaux à réaliser et d'inciter à la mise en place de travaux permettant de réduire la consommation énergétique des bâtiments, la loi n° 2021-1104 du 22 août 2021 réforme, en le généralisant, le système du diagnostic collectif. Elle soumet, de façon

globale, l'ensemble des bâtiments d'habitation collective, dont le permis de construire a été déposé avant le 1er janvier 2013, à l'obligation d'établir un diagnostic de performance énergétique *(CCH, art. L. 126-31)* et supprime corrélativement l'obligation spécifique d'audit énergétique pesant sur les copropriétés de plus de 50 lots équipées de chauffage collectif. Ce dispositif entre par principe en vigueur le 1er janvier 2024, mais n'est applicable qu'au 1er janvier 2025 pour les copropriétés entre 50 et 200 lots et au 1er janvier 2026 pour celles d'au plus 50 lots *(L. n° 2021-1104, 22 août 2021, art. 158, VI)*. Quant aux syndicats situés en Guadeloupe, Martinique, Guyane et à Mayotte, il ne leur est applicable qu'au 1er janvier 2028 *(L. n° 2021-1104, 22 août 2021, art. 158, IX)*. Le diagnostic de performance énergétique doit être renouvelé et mis à jour tous les 10 ans, sauf dans le cas où un diagnostic, réalisé après le 1er juillet 2021, évalue le bâtiment comme très performant ou moyennement performant, car appartenant aux classes A, B, ou C établies par l'article L. 173-1-1 du Code de la construction et de l'habitation.

3) Intervention de l'assemblée. Le diagnostic a vocation à révéler les faiblesses de l'immeuble en matière d'efficacité énergétique et donc à souligner les besoins de rénovation. Dans cette perspective, les copropriétaires appelés à participer à l'assemblée devant envisager la question de l'adoption d'un plan de travaux d'économies d'énergie ou d'un contrat de performance énergétique doivent en être les destinataires, le syndic étant tenu de joindre ce document à la convocation (CCH, art. R. 173-9). Cette question des suites à donner au diagnostic doit être inscrite à l'ordre du jour de l'assemblée générale des copropriétaires qui suit l'établissement d'un diagnostic de performance énergétique prévu à l'article L. 126-31 du Code de la construction et de l'habitation *(L. n° 65-557, 10 juill. 1965, art. 24-4, al. 1er)*. Cette obligation est cependant considérée comme satisfaite si le plan pluriannuel de travaux, inscrit à l'ordre du jour de l'assemblée générale en application de l'article 14-2 de la loi n° 65-557 du 10 juillet 1965, comporte des travaux d'économie d'énergie *(L. n° 65-557, 10 juill. 1965, art. 24-4, al. 3)*.

4) Suites à donner au diagnostic. L'assemblée peut choisir soit de conclure un contrat de performance énergétique, soit d'adopter un plan de travaux d'économies d'énergie. Les *contrats de performance énergétique* sont définis par la directive n° 2006/32/CE du 5 avril 2006 relative aux services énergétiques, qui les décrit comme « un accord contractuel entre les bénéficiaires et les fournisseurs autour d'une mesure visant à améliorer l'efficacité énergétique, selon lequel les investissements dans cette mesure seront consentis afin de parvenir à un niveau d'amélioration de l'efficacité énergétique contractuellement défini ». Avant de soumettre au vote de l'assemblée générale le vote d'un contrat de performance énergétique, l'article 24-4, alinéa 2, impose au syndic deux obligations :

– première obligation : *mettre en concurrence plusieurs prestataires*. Cette mise en concurrence doit être systématique. Le législateur l'a voulu ainsi dans la mesure où un contrat de performance énergétique peut être d'un coût nul si les investissements sont compensés par les économies d'énergie réalisées. Dès lors, le montant apparent des travaux restant inférieur au seuil prévu par l'article 21 de la loi du 10 juillet 1965 (V. ce texte *supra*) à partir duquel une mise en concurrence est obligatoire, le syndic serait dispensé, au regard de ce texte, d'opérer une mise en concurrence, alors même que l'importance des investissements bruts à terme devrait théoriquement l'y obliger. Pour l'éviter, le texte impose une mise en concurrence obligatoire préalable à la conclusion d'un contrat de performance énergétique, quel que soit le montant apparent des travaux ;

– deuxième obligation : *recueillir l'avis du conseil syndical*. Là encore, il s'agit d'une formalité obligatoire, par dérogation aux dispositions de l'article 21, alinéa 2, de la loi du 10 juillet 1965.

Le contenu des plans de travaux d'économie d'énergie est déterminé, quant à lui, par l'article R. 173-10 du Code de la construction et de l'habitation. Dans le cas où le syndicat décide de réaliser les travaux d'économie d'énergie, le représentant de la personne morale procède à la mise en concurrence d'entreprises pour la réalisation de ces travaux et inscrit à l'ordre du jour de l'assemblée suivant cette mise en concurrence le vote, sur la base des devis recueillis, soit d'un plan d'économies d'énergie, soit d'un contrat de performance énergétique *(CCH, art. R. 173-9, créé par D. n° 2021-872, 30 juin 2021)*.

5) Entrée en vigueur. Les modifications apportées par l'article 171, I, 7° de la loi du 22 août 2021 entrent en vigueur :

1° Le 1er janvier 2023, pour les syndicats de copropriétaires comprenant plus de deux cents lots à usage de logements, de bureaux ou de commerces ;

2° Le 1er janvier 2024, pour les syndicats de copropriétaires comprenant un nombre de lots à usage de logements, de bureaux ou de commerces compris entre cinquante et un et deux cents ;

3° Le 1er janvier 2025, pour les syndicats de copropriétaires comprenant au plus cinquante lots à usage de logements, de bureaux ou de commerces *(L. n° 2021-1104, 22 août 2021, art. 171, VI)*.

Art. 24-5 *(L. n° 2010-788, 12 juill. 2010 ; mod. à compter du 1er janvier 2017, L. n° 2014-366, 24 mars 2014 ; mod., L. n° 2019-1428, 24 déc. 2019).* **– I. - Lorsque l'immeuble possède des emplacements de stationnement d'accès sécurisé à usage privatif et n'est pas équipé de stationnements sécurisés pour les vélos, le syndic inscrit à l'ordre du jour de l'assemblée générale la question des travaux permettant le stationnement sécurisé des vélos, ainsi que la présentation des devis élaborés à cet effet.**

II. - Les III et IV du présent article sont applicables lorsque l'immeuble possède des emplacements de stationnement d'accès sécurisé à usage privatif et n'est pas équipé des installations électriques intérieures et extérieures permettant l'alimentation de ces emplacements pour permettre la recharge des véhicules électriques et hybrides rechargeables ou des installations de recharge électrique permettant un comptage individuel pour ces mêmes véhicules.

III. - Quand les travaux permettant de réaliser les installations mentionnées au II n'ont pas été réalisés, le syndic inscrit à l'ordre du jour de l'assemblée générale des copropriétaires la question de la réalisation d'une étude portant sur l'adéquation des installations électriques existantes aux équipements de recharge et, le cas échéant, les travaux à réaliser à cet effet.

IV. - Le syndic inscrit à l'ordre du jour de l'assemblée générale des copropriétaires la question des travaux mentionnés au i du II de l'article 24 ou au j de l'article 25 et, le cas échéant, les conditions de gestion ultérieure du nouveau réseau électrique.

Sont joints à la convocation à l'assemblée générale des copropriétaires :

1° Le détail des travaux à réaliser ;

2° Les devis et les plans de financement élaborés à cet effet ;

3° Le cas échéant, le projet de contrat fixant les conditions de gestion du réseau électrique modifié ;

4° Lorsqu'elle a été réalisée, l'étude mentionnée au III du présent article.

Un ou plusieurs copropriétaires peuvent demander au syndic d'inscrire à l'ordre du jour de l'assemblée générale des copropriétaires la question des travaux mentionnés au premier alinéa du présent IV pour qu'ils soient réalisés sous la responsabilité du syndicat des copropriétaires et aux frais des seuls copropriétaires demandeurs. Cette délibération est adoptée dans les conditions prévues au I de l'article 24.

NB : Conformément aux III et IV de l'article 69 de la loi n° 2019-1428 du 24 décembre 2019 :

III. - L'article 24-5 de la loi n° 65-557 du 10 juillet 1965 fixant le statut de la copropriété des immeubles bâtis est applicable, dans sa rédaction résultant de la présente loi, aux assemblées générales de copropriétaires convoquées à compter du premier jour du troisième mois suivant la promulgation de la présente loi (soit le 1er mars 2020).

IV. - Le syndic inscrit les questions mentionnées au III et au premier alinéa du IV de l'article 24-5 de la loi n° 65-557 du 10 juillet 1965 fixant le statut de la copropriété des immeubles bâtis, dans sa rédaction résultant de la présente loi, à l'ordre du jour de l'assemblée générale des copropriétaires avant le 1er janvier 2023.

Rédaction antérieure. Art. 24-5 *(Mod., L. n° 2014-366, 24 mars 2014).* **–** Lorsque l'immeuble possède des emplacements de stationnement d'accès sécurisé à usage privatif et n'est pas équipé de stationnements sécurisés pour les vélos ou des installations électriques intérieures permettant l'alimentation de ces emplacements pour permettre la recharge des véhicules électriques ou hybrides ou des installations de recharge électrique permettant un comptage individuel pour ces mêmes véhicules, le syndic inscrit à l'ordre du jour de l'assemblée générale la question des travaux permettant le stationnement sécurisé des vélos ou la recharge des véhicules électriques ou hybrides et des conditions de gestion ultérieure du nouveau réseau électrique, ainsi que la présentation des devis élaborés à cet effet.

Bibliographie : J.-M. Talau, *La modification de la loi du 10 juillet 1965 par la loi « Grenelle II » : Loyers et copr.* oct. 2010, étude 11. • C. Atias, *La copropriété immobilière dans la politique de défense de l'environnement : Ann. loyers* 2010, p. 2180. • P. Capoulade, *La copropriété dans la loi Grenelle II : AJDI* 2010, p. 777. • J.-M. Talau, *Commentaire du décret du 25 juillet 2011 : Loyers et copr.* oct. 2011, Focus 73. • O. Beddeleem, *Véhicules électriques et copropriété : Ann. loyers* 2021, p. 53. • B. Naudin, *La recharge des véhicules électriques et hybrides en copropriété : DEF* 2 juin 2023, n° DEF211f4, p. 17. • J.-M. Roux, *La copropriété verte : Ann. loyers* 2023, p. 34.

1) Évolution de la législation. L'article 24-5 a été institué par la loi n° 2010-788 du 12 juillet 2010. Puis il a subi diverses modifications par la loi ALUR (L. n° 2014-366, 24 mars 2014) et en dernier lieu par la loi n° 2019-1428 du 24 décembre 2019 d'orientation des mobilités.

I – VÉLOS

2) Emplacements de stationnement sécurisés. Si l'immeuble possède des emplacements de stationnement d'accès sécurisé à usage privatif et qu'il n'est pas équipé de stationnements sécurisés pour les vélos, le syndic doit inscrire à l'ordre du jour de l'assemblée générale la question des travaux permettant ce stationnement sécurisé et présenter les devis élaborés à cet effet. (art. 24-5, I). Les caractéristiques techniques de ces infrastructures au sein des bâtiments existants à usage tertiaire, notamment quant à leur sécurisation, sont déterminées par les articles R. 113-11 à R. 113-17 du Code de la construction et de l'habitation.

Voir : sur la réglementation en matière de stationnement des vélos, V. ann. 62, *Vélos*, p. 1585.

II – VÉHICULES ÉLECTRIQUES OU HYBRIDES

3) Points d'alimentation des véhicules électriques ou hybrides : conditions d'application du texte. L'article 24-5, II vise le cas :

– où l'immeuble possède des emplacements de stationnement d'accès sécurisé à usage privatif ;

– et où il n'est pas équipé des installations électriques intérieures et extérieures permettant l'alimentation de ces emplacements pour permettre la recharge des véhicules électriques ou hybrides ou des installations de recharge électrique permettant un comptage individuel pour ces mêmes véhicules.

A – Étude préalable à la réalisation des travaux

4) Réalisation. Lorsque les travaux permettant de réaliser les installations mentionnées au n° 3 n'ont pas été réalisés, le syndic doit inscrire à l'ordre du jour de l'assemblée générale des copropriétaires la question de la réalisation d'une étude portant :

– sur l'adéquation des installations électriques existantes aux équipements de recharge ;

– et, le cas échéant, concernant les travaux à réaliser à cet effet.

Il s'agit là d'une obligation pour le syndic. Lorsque les conditions énoncées à l'article 24-5, II (V. n° 3) sont réunies, il doit porter la question d'office à l'ordre du jour de la plus prochaine assemblée, et faire établir des devis correspondant aux travaux nécessaires.

B – Réalisation des travaux nécessaires

5) Ordre du jour de l'assemblée. Il appartient au syndic d'inscrire à l'ordre du jour de l'assemblée générale des copropriétaires la question :

– des travaux mentionnés à l'article 24, II, *i* (équipement des places de stationnement couvert ou d'accès sécurisé avec des bornes de recharge pour véhicules électriques) ;

– ou des travaux mentionnés à l'article 25, *j* (installation ou modification des installations électriques intérieures permettant l'alimentation des emplacements de stationnement d'accès sécurisé à usage privatif, pour permettre la recharge des véhicules électriques ou hybrides, ainsi que la réalisation des installations de recharge électrique permettant un comptage individuel pour ces mêmes véhicules).

Le cas échéant l'assemblée devra se prononcer sur « les conditions de gestion ultérieure du nouveau réseau électrique ». (art. 24-5, IV, al. 1er).

6) Documents à joindre à la convocation. L'article 24-5, IV, alinéa 2 énumère les documents ou les informations à joindre à la convocation, savoir :

– le détail des travaux à réaliser ;

– les devis et les plans de financement élaborés à cet effet ;

– le cas échéant, le projet de contrat fixant les conditions de gestion du réseau électrique modifié ;

– et lorsqu'elle a été réalisée, l'étude mentionnée à l'article 24-III (V. n° 4).

Sur les motifs pouvant être invoqués par l'assemblée pour opposer un refus, V. CCH, art. L. 113-16 (ann., V° Véhicules électriques : Alimentation), étant précisé que cette disposition ne dresse pas une liste limitative des situations caractérisant un motif sérieux et légitime (■ CA Versailles, 14e ch., 6 avr. 2023, n° 22/04953).

C – Réalisation des travaux aux frais des seuls copropriétaires demandeurs

7) Modalités de la demande. L'article 24-5, IV, dernier alinéa prévoit qu'un ou plusieurs copropriétaires peuvent demander au syndic d'inscrire à l'ordre du jour de l'assemblée générale des copropriétaires la question des travaux mentionnés à l'article 24-5, IV, premier alinéa (V. n° 3) afin qu'ils soient réalisés sous la responsabilité du syndicat des copropriétaires et aux frais des seuls copropriétaires demandeurs. Pour être recevable, la demande d'exercice du droit à la prise doit être accompagnée dès l'origine d'une description détaillée des travaux à entreprendre comportant tous les éléments nécessaires à l'information de l'assemblée (■ CA Paris, pôle 4, 2e ch., 28 juin 2023, n° 22/14535 : *JurisData* n° 2023-013342 ; *Administrer* oct. 2023, p. 34, obs. P. Déchelette-Tolot).

L'assemblée doit se prononcer à la majorité de l'article 24, I (majorité des voix exprimées des copropriétaires présents ou représentés ou ayant voté par correspondance).

NB : Les dispositions régissant l'installation d'équipements électriques permettant la recharge des véhicules électriques et hybrides dans les parcs de stationnement des bâtiments sont détaillées au sein du Code de la construction et de l'habitation (CCH, art. L. 113-11 à L. 113-17 et R. 113-6 à R. 113-10. ■ *V° « Véhicules électriques-alimentation »*). Le droit à la prise ne constituant pas un droit absolu mais nécessitant une demande préalable formulée dans le cadre de procédures légalement établies, constitue un trouble manifestement illicite l'installation par le copropriétaire d'un point de recharge individuel sur son emplacement de stationnement sans qu'aient été respectées les procédures légales (■ CA Versailles, 14e ch., 29 août 2019, n° 19/01122).

III – ENTRÉE EN VIGUEUR

8) Loi du 31 décembre 2019. Conformément aux III et IV de l'article 69 de la loi n° 2019-1428 du 24 décembre 2019 :

– L'article 24-5 de la loi n° 65-557 du 10 juillet 1965 fixant le statut de la copropriété des immeubles bâtis est applicable, dans sa rédaction résultant de la présente loi, aux assemblées générales de copropriétaires convoquées à compter du premier jour du troisième mois suivant la promulgation de la présente loi (art. 69, III).

– Le syndic inscrit les questions mentionnées au III et au premier alinéa du IV de l'article 24-5 de la loi n° 65-557 du 10 juillet 1965 fixant le statut de la copropriété des immeubles bâtis, dans sa rédaction résultant de la présente loi, à l'ordre du jour de l'assemblée générale des copropriétaires avant le 1er **janvier 2023** (art. 69, IV).

Art. 24-5-1 ***(Aj., L. n° 2021-1104, 22 août 2021).*** **– Par dérogation au *j* de l'article 25, sont acquises à la majorité prévue au premier alinéa de l'article 24 :**

1° La décision de conclure une convention avec le gestionnaire du réseau public de distribution d'électricité ayant pour objet l'installation, sans frais pour le syndicat des copropriétaires, d'une infrastructure collective, relevant du réseau public d'électricité, qui rend possible l'installation ultérieure de points de recharge pour véhicules électriques ou hybrides rechargeables, dans les conditions prévues à l'article L. 353-12 du Code de l'énergie ;

2° La décision de conclure une convention avec un opérateur d'infrastructures de recharge ayant pour objet l'installation, sans frais pour le syndicat des copropriétaires, d'une infrastructure collective qui rend possible l'installation ultérieure de points de recharge pour véhicules électriques ou hybrides rechargeables.

La convention mentionnée au 2° du présent article est conclue dans les conditions prévues à l'article L. 353-13 du Code de l'énergie, après avis du conseil syndical lorsque celui-ci a été institué.

1) Points de recharge pour les véhicules électriques : prise de décision. L'article 24-5-1 traite de la décision de conclure une convention soit avec le gestionnaire du réseau public de distribution d'électricité, soit avec un opérateur d'infrastructures de recharge, dans le but d'installer sans frais pour le syndicat des copropriétaires une infrastructure collective rendant possible l'installation ultérieure de points de recharge pour véhicules électriques ou hybrides rechargeables. Il est renvoyé à ce sujet aux articles L. 353-12 et L. 353-13 du Code de l'énergie (V. ces textes en Annexe, V° Véhicules électriques [alimentation]). Il précise que le vote intervient à la majorité prévue à l'article 24 alinéa 1er de la loi du 10 juillet 1965 (ce qui facilite bien évidemment la prise de décision).

2) Conclusion d'une convention avec le gestionnaire du réseau public. Lorsque le syndicat décide de faire appel au gestionnaire du réseau public de distribution d'électricité pour installer l'infrastructure collective de recharge, les coûts de celle-ci sont couverts par le tarif d'utilisation des réseaux publics de distribution d'électricité, à condition que le syndicat justifie de la demande d'au moins un devis pour l'installation d'une telle infrastructure auprès d'un opérateur (C. énergie, art. L. 353-12, al. 2 et D. 353-12-4). Chaque utilisateur demandant la création d'un ouvrage de branchement individuel alimenté par l'infrastructure collective est redevable de deux contributions, l'une au titre de l'infrastructure collective et l'autre au titre des ouvrages de branchements individuels (C. énergie, art. L. 353-12, al. 3, D. 353-12-2 et D. 353-12-3). Le montant de ces contributions est déterminé par la convention de raccordement conclue entre le gestionnaire de réseau et le syndicat en tenant compte, pour celle due au titre de l'infrastructure collective, des seuils fixés par les pouvoirs publics (V. A. 2 juin 2023 : *JO* du 10). Cette convention détermine également les délais d'installation ainsi que les éventuels travaux annexes non pris en charge par le gestionnaire (Sur les modalités de prise en charge des travaux annexes, V. C. énergie, art. D. 353-12, al. 3). Elle précise les conditions matérielles et financières des raccordements individuels (C. énergie, art. L. 353-12, al. 3 et 6. – Sur le contenu de la convention, V. C. énergie, art. D. 353-12-1).

3) Conclusion d'une convention avec un opérateur d'infrastructures. Le dernier alinéa de l'article 24-5-1 énonce que la convention dont il s'agit est conclue dans les conditions prévues à l'article L. 353-13 du Code de l'énergie (V. ce texte en Annexe, V° Véhicules automobiles électriques [alimentation]). Le conseil syndical doit donner son avis, lorsqu'il a été institué. Rappelant le principe légal selon lequel l'installation de l'infrastructure collective de recharge est réalisée sans frais pour le syndicat, les textes d'application (D. n° 2022-959, 26 juin 2022, *JO* 30 juin) soulignent que cette opération ne peut être liée à une quelconque contrepartie financière demandée au syndicat des copropriétaires. La convention conclue avec l'opérateur doit, à cet égard, mentionner la gratuité pour le syndicat des copropriétaires de l'ensemble des prestations d'installation et d'évolution, tant technique que de puissance, de l'infrastructure collective de recharge pour toute la durée de la convention. Cette dernière doit également préciser, d'une part, les éléments contractuels essentiels entre l'opérateur signataire et le syndicat des copropriétaires et, d'autre part, les conditions générales des relations contractuelles entre l'opérateur signataire et les futurs utilisateurs de points de recharge raccordés à l'infrastructure collective, sans préjudice des contrats complémentaires entre l'opérateur et ces utilisateurs (C. énergie, art. R. 353-13-1). Au titre des éléments contractuels essentiels figurent notamment la nature, l'importance, la durée des travaux d'installation à effectuer ; les conditions d'exécution des travaux par l'opérateur qui doivent s'achever au plus tard six mois à compter de la signature de la convention ; les responsabilités et les assurances de l'opérateur ; les conditions de gestion, d'entretien et de remplacement des équipements et installations, la périodicité des entretiens et des contrôles ; les modalités d'information du syndicat des copropriétaires ; les modalités d'accès aux parties communes de l'immeuble pour l'installation, la gestion et l'entretien de l'infrastructure ; la durée de la convention et les conditions de son renouvellement ou de sa résiliation ; la propriété des installations à l'issue de la convention et le montant des indemnités en cas de résiliation ; les caractéristiques techniques de l'installation quant à sa puissance et au nombre de raccordements (C. énergie, art. R. 353-13-2). L'opérateur, endossant la responsabilité de tous les dommages causés par les travaux ou par ses installations et équipements, doit contracter au préalable les assurances nécessaires pour couvrir les éventuels dommages matériels ou corporels. Les intérêts du syndicat sont préservés au travers de la réalisation, préalablement à la conclusion de la convention, d'un état des lieux contradictoire de l'état technique des parties communes de l'immeuble et, en cas de dégradations imputables aux travaux, la remise en état est à la charge de l'opérateur signataire (C. énergie, art. R. 353-13-3).

Art. 24-6 ***(L. n° 2010-788, 12 juill. 2010 ; mod., L. n° 2014-366, 24 mars 2014). – (Al. mod., Ord. n° 2015-1324, 22 oct. 2015)*** **Lorsque l'immeuble est situé dans l'un des secteurs mentionnés au *a* du 2° de l'article L. 515-16 du Code de l'environnement, le syndic inscrit à l'ordre du jour de l'assemblée générale l'information sur l'exercice par les copropriétaires du droit de délaissement prévu au même article.**

Il notifie en même temps que l'ordre du jour un état actualisé des lots délaissés. Cet état comprend le nombre de copropriétaires ayant exercé leur droit de délaissement, ainsi que les quotes-parts des parties communes qu'ils représentent, et mentionne les dispositions du deuxième alinéa du III de l'article 18 de la présente loi et de l'article L. 515-16-1 du Code de l'environnement.

Bibliographie : J.-M. Talau, *La modification de la loi du 10 juillet 1965 par la loi « Grenelle » II : Loyers et copr.* oct. 2010, étude 11. • P. Capoulade, *La copropriété dans la loi Grenelle II : AJDI* 2010, p. 777.

Code de l'environnement

Art. L. 515-16 *(Rempl., Ord. n° 2015-1324, 22 oct. 2015)* (1). – À l'intérieur du périmètre d'exposition aux risques, les plans de prévention des risques technologiques peuvent, en fonction du type de risques, de leur gravité, de leur probabilité et de leur cinétique, délimiter :

1° Des zones dites de maîtrise de l'urbanisation future, soumises aux dispositions de l'article L. 515-16-1 ;

2° Des zones dites de prescription, relatives à l'urbanisation existante, soumises aux dispositions de l'article L. 515-16-2, à l'intérieur desquelles les plans peuvent délimiter :

a) Des secteurs dits de délaissement, soumis aux dispositions des articles L. 515-16-3 et L. 515-16-5 à L. 515-16-7 en raison de l'existence de risques importants d'accident à cinétique rapide présentant un danger grave pour la vie humaine ;

b) Des secteurs dits d'expropriation, soumis aux dispositions des articles L. 515-16-3 à L. 515-16-7 en raison de l'existence de risques importants d'accident à cinétique rapide présentant un danger très grave pour la vie humaine.

Au sein d'une même zone ou d'un même secteur, les mesures prises en application des articles L. 515-16-1 à L. 515-16-4 peuvent différer en fonction des critères mentionnés au premier alinéa.

Art. L. 515-16-1 *(Mod., L. n° 2019-1147, 8 nov. 2019)*. – Dans les zones de maîtrise de l'urbanisation future mentionnées à l'article L. 515-16, les plans de prévention des risques technologiques peuvent interdire la réalisation d'aménagements ou d'ouvrages, ainsi que les constructions nouvelles et l'extension des constructions existantes, ou les subordonner au respect de prescriptions relatives à leur construction, leur utilisation ou leur exploitation.

Dans ces zones, le droit de préemption urbain peut être exercé dans les conditions définies au chapitre Ier du titre Ier du livre II du Code de l'urbanisme.

Le représentant de l'État dans le département peut, après avis de la commune et de l'établissement public de coopération intercommunale concernés, accorder des dérogations aux interdictions et prescriptions fixées par les plans de prévention des risques technologiques mentionnées au premier alinéa du présent article pour

(1) Dispositions d'application particulières et transitoires : V. Ord. n° 2015-1324, 22 oct. 2015, art. 6.

permettre l'implantation d'installations de production d'énergie renouvelable. Ces dérogations fixent les conditions particulières auxquelles est subordonnée la réalisation du projet.

....

Art. L. 515-16-3 *(Ord. n° 2015-1324, 22 oct. 2015)*. **–** I. – Dans les secteurs de délaissement et d'expropriation mentionnés à l'article L. 515-16, les propriétaires d'immeubles ou de droits réels immobiliers peuvent mettre en demeure la collectivité territoriale ou l'établissement public de coopération intercommunale compétent en matière d'urbanisme de procéder à leur acquisition.

Ce droit de délaissement est ouvert pendant une durée de six ans à compter de la date de signature de la convention mentionnée au II de l'article L. 515-19-1 ou de la mise en place de la répartition par défaut des contributions prévue à l'article L. 515-19-2, ou, si cette date est antérieure au 23 octobre 2015, jusqu'au 23 octobre 2021.

II. – L'acquisition est réalisée dans les conditions définies au titre III du livre II du Code de l'urbanisme, sous réserve des dispositions du présent II.

Pour la détermination du prix d'acquisition, la valeur du bien est appréciée sans tenir compte de la dépréciation supplémentaire éventuelle découlant des servitudes et prescriptions instituées en application des articles L. 515-16-1 et L. 515-16-2.

Par dérogation aux dispositions de l'article L. 230-5 du Code de l'urbanisme, pour les biens faisant l'objet d'une location ou d'un affermage, la collectivité territoriale ou l'établissement public de coopération intercommunale compétent en matière d'urbanisme peut, sur demande du locataire ou du fermier, se substituer dans les droits du bailleur initial et poursuivre le contrat de location ou d'affermage pour une durée maximale de trois ans à compter du transfert de propriété.

Lorsque le propriétaire d'un local à usage commercial ou artisanal faisant l'objet d'une location envisage d'exercer le droit de délaissement, il en informe le locataire par lettre recommandée avec demande d'avis de réception, ou remise en main propre contre récépissé ou émargement. Cette notification doit, à peine de nullité de la mise en demeure mentionnée au I, être effectuée au plus tard concomitamment avec celle-ci et indiquer le prix d'acquisition souhaité par le propriétaire dans le cadre du délaissement. Elle vaut offre de vente au profit du locataire. Ce dernier dispose d'un délai d'un mois à compter de la réception de cette offre pour se prononcer. En cas d'acceptation, le locataire dispose, à compter de la date d'envoi de sa réponse au bailleur, d'un délai de deux mois pour la réalisation de la vente. Si, dans sa réponse, il notifie son intention de recourir à un prêt, l'acceptation par le locataire de l'offre de vente est subordonnée à l'obtention du prêt et le délai de réalisation de la vente est porté à quatre mois. Si, à l'expiration de ce délai, la vente n'a pas été réalisée, l'acceptation de l'offre de vente est sans effet. L'acquisition du bien par le locataire met fin à la procédure de délaissement si celle-ci a été engagée.

III. – Le financement des délaissements est réalisé dans les conditions prévues aux articles L. 515-19-1 et L. 515-19-2.

IV. – Au vu de la notification mentionnée au III de l'article 18 de la loi n° 65-557 du 10 juillet 1965 fixant le statut de la copropriété des immeubles bâtis, l'autorité administrative compétente peut déclarer d'utilité publique l'expropriation des immeubles ou droits réels immobiliers non délaissés, lorsque les charges nécessaires à l'entretien des lots délaissés sont, pour les collectivités territoriales ou les établissements publics de coopération intercommunale compétents en matière d'urbanisme, disproportionnées au regard de l'intérêt qui s'attache à cet entretien.

Il est procédé à la déclaration d'utilité publique dans les conditions prévues aux I et II de l'article L. 515-16-4.

Pour la fixation du prix d'acquisition, la valeur du bien est déterminée sans tenir compte de la dépréciation supplémentaire éventuelle découlant des servitudes et prescriptions instituées en application des articles L. 515-16-1 et L. 515-16-2.

1) Information concernant le droit de délaissement prévu à l'article L. 515-16 du Code de l'environnement. Lorsque l'immeuble est situé dans un des secteurs mentionnés au *a* du 2° de l'article L. 515-16 du Code de l'environnement (V. ce texte *supra*) et dans un secteur où a été institué un droit de délaissement, le syndic inscrit à l'ordre du jour de l'assemblée générale l'information sur la possibilité et les modalités d'exercice de ce droit par les copropriétaires, dont les conditions sont fixées par les articles L. 230-1 et suivants du Code de l'urbanisme.

Ce texte est complété par les dispositions de l'article 18, III alinéa 2 de la loi du 10 juillet 1965 (V. *supra*).

2) Obligations du syndic. Outre l'obligation d'information qui lui est impartie (V. *supra*, 1), le syndic doit notifier en même temps que l'ordre du jour un état actualisé des lots délaissés. Cet état comprend le nombre de copropriétaires ayant exercé leur droit de délaissement, ainsi que les quotes-parts des parties communes qu'ils représentent, et mentionne les dispositions de l'article 18, III alinéa 1er de la loi du 10 juillet 1965 et de l'article L. 515-16-1 du Code de l'environnement (V. ce texte *supra*).

Voir aussi : D. 17 mars 1967, art. 11, II, 6°, pris pour l'application de ce texte, p. 722.

Art. 24-7 *(L. n° 2014-366, 24 mars 2014).* **– Sauf dans le cas où le syndicat des copropriétaires assure la maîtrise d'ouvrage des travaux portant sur les parties communes et les parties privatives de l'immeuble en application du *c* du II de l'article 24, le syndicat des copropriétaires peut délibérer sur la création ou l'adhésion à une association foncière urbaine prévue au 5° de l'article L. 322-2 du Code de l'urbanisme. Dans ce cas, par dérogation à l'article 14, l'association foncière urbaine exerce les pouvoirs du syndicat des copropriétaires portant sur les travaux de restauration immobilière relatifs aux parties communes de l'immeuble jusqu'à leur réception définitive.**

1) Principe. Ce texte pose en principe que le syndicat des copropriétaires peut délibérer en vue de la création ou de l'adhésion à une association foncière urbaine prévue à l'article L. 322-2, 5° du Code de l'urbanisme. Ce texte concerne « la conservation, la restauration et la mise en valeur des sites patrimoniaux remarquables ainsi que la restauration immobilière régies par les articles L. 313-1 à L. 313-14, les articles 3 et 12 de la loi n° 48-1360 du 1er septembre 1948 modifiée et les articles L. 145-6, L. 145-18 et L. 145-28 du Code de commerce ».

En ce cas, et par dérogation au principe posé par l'article 14 de la loi du 10 juillet 1965, cette association exercera les pouvoirs du syndicat des copropriétaires en ce qui concerne les travaux de restauration immobilière relative aux parties communes de l'immeuble, et ceci jusqu'à leur réception définitive.

2) Exception. La possibilité de créer une association foncière urbaine ou d'y adhérer est exclue lorsque le syndicat des copropriétaires assure la maîtrise d'ouvrage des travaux portant sur les parties communes et les parties privatives de l'immeuble, en application de l'article 24, II, *c)* de la loi du 10 juillet 1965 (V. ce texte).

Art. 24-8 *(Mod. à compter du 1er janvier 2021, Ord. n° 2020-1144, 16 sept. 2020).* **– Lorsque, en application de l'article L. 511-15 du Code de la construction et de l'habitation, une astreinte applicable à chaque lot a été notifiée au syndicat des copropriétaires, pris en la personne du syndic, par une autorité publique, le syndic en informe immédiatement les copropriétaires.**

Lorsque l'inexécution des travaux et mesures prescrits par l'arrêté de police administrative résulte de la défaillance de certains copropriétaires, le syndic en informe l'autorité publique compétente, en lui indiquant les démarches entreprises et en lui fournissant une attestation de défaillance. Sont réputés défaillants les copropriétaires qui, après avoir été mis en demeure par le syndic, n'ont pas répondu aux appels de fonds nécessaires à la réalisation des travaux dans le délai de quinze jours après la sommation de payer. Au vu de l'attestation de défaillance, l'autorité publique notifie le montant de l'astreinte aux copropriétaires défaillants et procède à sa liquidation et à son recouvrement comme il est prévu à l'article L. 511-15 du Code de la construction et de l'habitation.

Lorsque l'assemblée générale des copropriétaires n'a pas été en mesure de voter les modalités de réalisation des travaux prescrits par un des arrêtés de police administrative mentionnés aux mêmes articles et que le syndicat des copropriétaires est lui-même défaillant, chacun des copropriétaires est redevable du montant de l'astreinte correspondant à son lot de copropriété notifié par l'autorité publique compétente.

Bibliographie : G. Gil, *La liquidation de l'astreinte en droit de la copropriété* : *AJDI* 2020, p. 733.

I – NOTIFICATION D'UNE ASTREINTE PAR UNE AUTORITÉ PUBLIQUE

1) Hypothèses visées par le texte. L'article 24-8 vise le cas où une astreinte applicable à chaque lot a été notifiée au syndicat des copropriétaires pris en la personne du syndic, par une autorité publique, en application de l'article L. 511-15 du Code de la construction et de l'habitation.

Le syndic doit en informer immédiatement les copropriétaires.

L'article L. 511-15 auquel il est ainsi renvoyé concerne le cas où des mesures et travaux prescrits par un arrêté de mise en sécurité ou de traitement de l'insalubrité n'ont pas été exécutés dans le délai fixé. Sauf dans le cas mentionné à la première phrase du dernier alinéa de l'article L. 511-11, la personne tenue de les réaliser est redevable d'une astreinte dont le montant, sous le plafond de 1 000 € par jour de retard, est fixé par arrêté de l'autorité compétente en tenant compte de l'ampleur des mesures et travaux prescrits et des conséquences de la non-exécution.

II – SUITES DE L'ASTREINTE

2) Inexécution des travaux à la suite de la défaillance de certains copropriétaires. L'article 24-8, alinéa 2, traite du cas où les travaux ou les mesures prescrits par l'arrêté de police administrative ne sont pas exécutés à la suite de « la défaillance de certains copropriétaires ».

Sont réputés défaillants selon ce texte les copropriétaires qui, après avoir été mis en demeure par le syndic, n'ont pas répondu aux appels de fonds nécessaires à la réalisation des travaux, dans le délai de 15 jours après la sommation de payer.

Le syndic informe alors l'autorité publique compétente de cette défaillance en indiquant les démarches entreprises et en lui fournissant une « attestation de défaillance ». Au vu de cette attestation, l'autorité publique notifie alors le montant de l'astreinte aux copropriétaires défaillants, et procède à sa liquidation et à son recouvrement. Ce dernier est engagé par trimestre échu, l'autorité compétente pouvant, lors de la liquidation trimestrielle de l'astreinte, consentir une exonération partielle ou totale de son produit si le redevable établit que la non-exécution de l'intégralité de ses obligations est due à des circonstances qui ne sont pas de son fait (CCH, art. L. 511-15).

NB : Aux termes de l'article 10-1, d, de la loi du 10 juillet 1965 (V. ce texte), ces astreintes sont imputables aux seuls copropriétaires concernés.

3) Inexécution des travaux à la suite d'une carence collective. L'article 24-8, alinéa 3, envisage ensuite le cas où l'assemblée des copropriétaires « n'a pas été en mesure de voter » les modalités de réalisation des travaux prescrits par l'arrêté de police administrative qui lui a été notifié et où le syndicat des copropriétaires est lui-même défaillant. Chacun des copropriétaires devient alors personnellement redevable du montant de l'astreinte notifiée par l'autorité publique correspondant à son lot de copropriété.

Art. 24-9 ***(Aj. à compter du 17 février 2016, L. n° 2015-992, 17 août 2015 ; mod. à compter du 25 octobre 2020, Ord. n° 2020-866, 15 juill. 2020).*** **– Lorsque l'immeuble est pourvu d'une installation centrale de chauffage, de froid ou d'eau chaude sanitaire, commune à tout ou partie des locaux occupés à titre privatif, et est soumis à l'obligation d'individualisation des frais en application de l'*****(Réf. rempl. à compter du 25 octobre 2020, Ord. n° 2020-71, 29 janv. 2020)*** **article L. 174-2 du Code de la construction et de l'habitation, le syndic inscrit à l'ordre du jour de l'assemblée générale la question des travaux permettant de munir l'immeuble d'un tel dispositif d'individualisation, ainsi que la présentation des devis élaborés à cet effet.**

Lorsque ce dispositif est installé et qu'il est télé-relevable, le syndicat des copropriétaires transmet à chaque copropriétaire une évaluation de la consommation de chaleur, de froid et d'eau chaude sanitaire de ses locaux privatifs, selon des modalités précisées par décret en Conseil d'État, notamment en ce qui concerne la fréquence de cette information.

Le syndic transmet à chaque copropriétaire, concomitamment avec la convocation de l'assemblée générale appelée à connaître des comptes, une note d'information sur la consommation de chaleur, de froid et d'eau chaude sanitaire de son logement, selon des modalités prévues par décret en Conseil d'État.

NB : Conformément à l'article 6 de l'ordonnance n° 2020-866 du 15 juillet 2020, ce texte est entré en vigueur le 25 octobre 2020.

Rédaction antérieure. Art. 24-9 ***(L. n° 2015-992, 17 août 2015. - Applicable jusqu'au 24 octobre 2020).*** **–** Lorsque l'immeuble est pourvu d'un chauffage commun à tout ou partie des locaux occupés à titre privatif et fournissant à chacun de ces locaux une quantité de chaleur réglable par l'occupant et est soumis à l'obligation d'individualisation des frais de chauffage en application de l'article L. 241-9 du Code de l'énergie, le syndic inscrit à l'ordre du jour de l'assemblée générale la question des travaux permettant de munir l'installation de chauffage d'un tel dispositif d'individualisation, ainsi que la présentation des devis élaborés à cet effet.

1) Individualisation des frais de chauffage : saisie de l'assemblée. La loi n° 2015-992 du 17 août 2015 relative à la transition énergétique a créé l'article 24-9, qui concerne le cas où l'immeuble est pourvu d'une installation centrale de chauffage, de froid ou d'eau chaude sanitaire, commune à tout ou partie des locaux occupés à titre privatif.

Lorsque cet immeuble est soumis à l'obligation d'individualisation des frais de chauffage en application de l'article L. 174-2 du Code de la construction et de l'habitation (ancien art. L. 241-9 du Code de l'énergie : – V. ce texte en Annexe, *V° Chauffage*), le syndic doit inscrire à l'ordre du jour de l'assemblée générale :

– la question des travaux permettant de munir l'immeuble d'un tel dispositif d'individualisation ;

– la présentation des devis élaborés à cet effet.

Ce texte a été modifié à compter du 25 octobre 2020 par l'ordonnance n° 2020-866 du 15 juillet 2020, portant diverses dispositions de l'adaptation au droit de l'union européenne dans le domaine de l'énergie et du climat.

Voir : sur les modalités d'application de ce texte et les obligations du syndic en la matière, V. le commentaire figurant en Annexe 15, *V° Chauffage*, p. 1069.

2) Obligations du syndic après installation du dispositif. Lorsque le dispositif d'individualisation des frais est installé et qu'il est télé-relevable, le syndicat des copropriétaires doit transmettre à chaque copropriétaire une évaluation de la consommation de chaleur, de froid et d'eau chaude sanitaire de ses locaux privatifs. Cette évaluation est transmise mensuellement à compter du 1er janvier 2022 (CCH, art. R. 174-12, qui se substitue à l'ancien article R. 241-14-1 du Code de l'énergie créé par D. n° 2020-886, 20 juill. 2020, *JO* 21 juill.). Les évaluations transmises par le syndicat à chaque copropriétaire doivent comprendre au moins la consommation de chaleur, de froid et d'eau chaude sanitaire correspondant à la période comprise entre le dernier relevé et la dernière évaluation transmise ainsi que la consommation cumulée sur l'année civile (A. 2 août 2012, art. 5-2, mod. A. 24 juill. 2020 : *JO* 31 juill.).

Le syndic doit en outre transmettre à chaque copropriétaire, concomitamment avec la convocation de l'assemblée générale appelée à connaître des comptes, une note d'information sur la consommation de chaleur, de froid et d'eau chaude sanitaire de son logement.

Art. 24-10 *(Aj. à compter du 1er janvier 2022, L. n° 2021-1104, 22 août 2021).* **– Lorsque le syndicat ne dispose pas du document mentionné au II de l'article L. 2224-8 du Code général des collectivités territoriales, en cours de validité, il en fait la demande auprès de la commune. Le document établi à l'issue de ce contrôle lui est délivré dans les conditions prévues au même article L. 2224-8.**

Code général des collectivités territoriales

Art. L. 2224-8 *(Mod., L. n° 2021-1104, 22 août 2021 ; L. n° 2021-1308, 8 oct. 2021).* **–** I. - Les communes sont compétentes en matière d'assainissement des eaux usées.

Dans ce cadre, elles établissent un schéma d'assainissement collectif comprenant, avant la fin de l'année 2013, un descriptif détaillé des ouvrages de collecte et de transport des eaux usées. Ce descriptif est mis à jour selon une périodicité fixée par décret afin de prendre en compte les travaux réalisés sur ces ouvrages.

II. - Les communes assurent le contrôle des raccordements au réseau public de collecte, la collecte, le transport et l'épuration des eaux usées, ainsi que l'élimination des boues produites. Elles peuvent également, à la demande des propriétaires, assurer les travaux de mise en conformité des ouvrages visés à l'article L. 1331-4 du Code de la santé publique, depuis le bas des colonnes descendantes des constructions jusqu'à la partie publique du branchement, et les travaux de suppression ou d'obturation des fosses et autres installations de même nature à l'occasion du raccordement de l'immeuble.

Le contrôle du raccordement est notamment réalisé pour tout nouveau raccordement d'un immeuble au réseau public de collecte des eaux usées conformément au premier alinéa de l'article L. 1331-1 du même code et lorsque les conditions de raccordement sont modifiées. À l'issue du contrôle de raccordement au réseau public, la commune établit et transmet au propriétaire de l'immeuble ou, en cas de copropriété, au syndicat des copropriétaires un document décrivant le contrôle réalisé et évaluant la conformité du raccordement au regard des prescriptions réglementaires. La durée de validité de ce document est de dix ans. Le contrôle effectué à la demande du propriétaire de l'immeuble ou du syndicat des copropriétaires est réalisé aux frais de ce dernier et la commune lui transmet ce document dans un délai fixé par décret en Conseil d'État.

L'étendue des prestations afférentes aux services d'assainissement municipaux et les délais dans lesquels ces prestations doivent être effectivement assurées sont fixés par décret en Conseil d'État, en fonction des caractéristiques des communes et notamment de l'importance des populations totales agglomérées et saisonnières.

III. - Pour les immeubles non raccordés au réseau public de collecte, la commune assure le contrôle des installations d'assainissement non collectif. Cette mission consiste :

1° Dans le cas des installations neuves ou à réhabiliter, en un examen préalable de la conception joint, s'il y a lieu, à tout dépôt de demande de permis de construire ou d'aménager et en une vérification de l'exécution. À l'issue du contrôle, la commune établit un document qui évalue la conformité de l'installation au regard des prescriptions réglementaires ;

2° Dans le cas des autres installations, en une vérification du fonctionnement et de l'entretien. À l'issue du contrôle, la commune établit un document précisant les travaux à réaliser pour éliminer les dangers pour la santé des personnes et les risques avérés de pollution de l'environnement.

Les modalités d'exécution de la mission de contrôle, les critères d'évaluation de la conformité, les critères d'évaluation des dangers pour la santé et des risques de pollution de l'environnement, ainsi que le contenu du document remis au propriétaire à l'issue du contrôle sont définis par un arrêté des ministres chargés de l'intérieur, de la santé, de l'environnement et du logement.

Les communes déterminent la date à laquelle elles procèdent au contrôle des installations d'assainissement non collectif ; elles effectuent ce contrôle au plus tard le 31 décembre 2012, puis selon une périodicité qui ne peut pas excéder dix ans.

Elles peuvent assurer, avec l'accord écrit du propriétaire, l'entretien, les travaux de réalisation et les travaux de réhabilitation des installations d'assainissement non collectif prescrits dans le document de contrôle. Elles peuvent en outre assurer le traitement des matières de vidanges issues des installations d'assainissement non collectif.

Elles peuvent fixer des prescriptions techniques, notamment pour l'étude des sols ou le choix de la filière, en vue de l'implantation ou de la réhabilitation de tout ou partie d'une installation d'assainissement non collectif.

Les installations d'assainissement non collectif recevant des eaux usées domestiques ou assimilées au sens de l'article L. 214-2 du Code de l'environnement et n'entrant pas dans la catégorie des installations avec traitement par le sol font l'objet d'un agrément délivré *(Mots rempl. à compter du 1er mars 2021, L. n° 2020-1525, 7 déc. 2020)* « par un ou plusieurs organismes, notifiés par l'État à la Commission européenne au titre du règlement (UE) n° 305/2011 du Parlement européen et du Conseil du 9 mars 2011 établissant des conditions harmonisées de commercialisation pour les produits de construction et abrogeant la directive 89/106/CEE du Conseil, compétents dans le domaine des produits d'assainissement et désignés par arrêté des ministres chargés de l'environnement et de la santé. »

(Al. aj. à compter du 1er mars 2021, L. n° 2020-1525, 7 déc. 2020) Les ministres chargés de l'environnement et de la santé peuvent, dans des conditions précisées par décret, demander à l'organisme notifié de procéder à une nouvelle évaluation d'une demande d'agrément que celui-ci a instruite.

NB : Entrée en vigueur. Conformément au VII de l'article 63 de la loi n° 2021-1104, ces dispositions entrent en vigueur le 1er janvier 2023 pour les territoires non concernés par le décret prévu au IV.

NB : Le « IV » de l'article 63 de la loi du 22 août 2021 auquel il est renvoyé est ainsi rédigé :

IV. - Après l'article 11 de la loi n° 2018-202 du 26 mars 2018 relative à l'organisation des Jeux olympiques et paralympiques de 2024, il est inséré un article 11-1 ainsi rédigé :

Art. 11-1. - Sur les territoires dont les rejets d'eaux usées et pluviales ont une incidence sur la qualité de l'eau pour les épreuves olympiques de nage libre et de triathlon en Seine, les propriétaires des immeubles font procéder aux travaux prescrits par le document établi en application du II de l'article L. 2224-8 du Code général des collectivités territoriales dans un délai maximal de deux ans à compter de la notification de ce document.

La liste des territoires concernés est fixée par décret (D. n° 2022-93, 31 janv. 2022, *JO* 1er févr.).

Raccordement de l'immeuble au réseau public de collecte des eaux usées. En ce qui concerne les immeubles en copropriété raccordés au réseau public de collecte de transport et d'épuration des eaux usées, le syndicat des copropriétaires peut avoir à subir un contrôle destiné à vérifier la conformité de ces équipements à la réglementation en vigueur.

Ce contrôle peut aussi être effectué à la demande du syndicat et à ses frais. Le syndicat est invité à provoquer ce contrôle s'il ne dispose pas d'un document en cours de validité attestant de la conformité de ses installations à la réglementation en vigueur. À l'issue du contrôle de raccordement au réseau public, la commune établit et transmet au syndicat, dans un délai fixé par le règlement de service mais qui ne peut excéder six semaines à compter de la réception de la demande de contrôle (CGCT, art. R. 2224-15-1), un document décrivant les opérations réalisées et évaluant la conformité du raccordement au regard des prescriptions réglementaires. Ce document est valable 10 ans.

Ce texte concerne également le cas des immeubles non raccordés au réseau public, ce qui, peut-on penser, constitue une relative rareté en ce qui concerne les immeubles en copropriété.

Art. 24-11 ***(Aj. à compter du 24 décembre 2022, Ord. n° 2022-1611, 22 déc. 2022).*** **– Lorsque le contrat de fourniture d'eau n'est pas individualisé, le syndic transmet à chaque copropriétaire la facture établie dans les conditions prévues à l'article L. 2224-12-1 du Code général des collectivités territoriales ainsi que les informations complémentaires sur la qualité de l'eau qui lui ont été adressées, concomitamment à la convocation de l'assemblée générale appelée à connaître des comptes ou, à défaut, au moins une fois par an.**

Bibliographie : Y. Rouquet, *Ordonnance « Eaux destinées à la consommation humaine » : transmission de la facture : Dalloz actualité,* 9 janv. 2023.

1) **Amélioration de l'information du copropriétaire.** Les dispositions de l'article 24-11 sont issues de l'ordonnance n° 2022-1611 du 22 décembre 2022 (*JO* du 23) visant à transposer en droit interne la directive n° 2020/184 du 20 décembre 2020 relative à la qualité des eaux destinées à la consommation humaine. Elles s'insèrent dans un ensemble de textes visant à améliorer l'information de l'occupant quant au prix et à la qualité de l'eau distribuée dans le logement puisqu'à côté de l'information du copropriétaire par le syndic, l'ordonnance prévoit également pour les logements du parc privé (L. n° 89-462, 6 juill. 1989, art. 6-3, al. 1er) comme pour ceux du secteur social (CCH, art. L. 442-3, I, al. 7), l'information du preneur par le bailleur, cette information étant due par principe concomitamment à la communication du décompte de charges et, à défaut, au moins une fois par an. Le dispositif prévoit d'ailleurs une articulation entre les règles du statut de

la copropriété et celle du droit des baux en prévoyant que, lorsque le logement est situé dans un immeuble relevant du statut de la copropriété, le bailleur transmet au locataire les informations qu'il a reçues du syndic dans les conditions de l'article 24-11 de la loi n° 65-557 du 10 juillet 1965 (L. n° 89-462, 6 juill. 1989, art. 6-3, al. 2).

2) Contenu et modalités de l'information. Les éléments transmis au copropriétaire portent sur deux points. Le premier concerne le prix, le syndic étant tenu de transmettre la facture qui, devant être établie conformément aux prévisions de l'article L. 2224-12-1 du Code général des collectivités territoriales, doit faire apparaître une facturation au tarif applicable à la catégorie d'usagers correspondante et comporter les rubriques et indications prescrites par les dispositions réglementaires (A. 10 juill. 1996 relatif aux factures de distribution de l'eau et de collecte et de traitement des eaux usées, *JO* du 23). Le second point porte sur la qualité de l'eau fournie aux copropriétaires, ces informations résultant des éléments essentiels de la note de synthèse annuelle ou de la synthèse commentée de l'eau établie par l'agence régionale de santé et qui doivent être portées à la connaissance de l'abonné, une fois par an, à l'occasion d'une facturation. S'agissant des modalités de transmission de ces informations, le texte n'exige pas que la facture et les informations sur la qualité de l'eau soient notifiées avec l'ordre du jour de l'assemblée, mais seulement qu'elles fassent l'objet, préférentiellement, d'une transmission concomitante à la convocation de la réunion. Il découle d'une telle rédaction, d'une part, que le rapport entre la transmission de ces informations et la convocation de l'assemblée est conçu exclusivement comme une relation temporelle, mais non comme un lien matériel ou intellectuel. Encore faut-il souligner que la concomitance avec l'assemblée annuelle d'approbation des comptes n'est légalement mentionnée que comme une situation à privilégier, sans impératif aucun de devoir jumeler les deux événements puisque le texte admet la réalisation de cette formalité à un tout autre moment, pourvu qu'elle soit accomplie annuellement. D'autre part, la lettre de la loi employant le terme « transmettre » et non « notifier », la forme de cette communication est libre. Pour autant, même si cette transmission est formellement décorrélée des notifications et notamment de celles afférentes à la convocation de l'assemblée, il semble possible, par un raisonnement *a fortiori*, de considérer que cette transmission puisse, dans les conditions prévues par l'article 64-1 du décret du 17 mars 1967, être valablement effectuée au travers d'une mise à disposition de ces documents dans l'espace en ligne sécurisé de la copropriété.

Art. 25 *(Mod., L. n° 74-908, 29 oct. 1974 ; L. n° 77-804, 19 juill. 1977 ; L. n° 85-1470, 31 déc. 1985 ; L. n° 92-653, 13 juill. 1992 ; L. n° 95-73, 21 janv. 1995 ; L. n° 96-1236, 30 déc. 1996 ; L. n° 2000-1208, 13 déc. 2000 ; L. n° 2003-590, 2 juill. 2003 ; L. n° 2004-669, 9 juill. 2004 ; L. n° 2006-872, 13 juill. 2006 ; L. n° 2007-297, 5 mars 2007 ; L. n° 2007-309, 5 mars 2007 ; L. n° 2009-526, 12 mai 2009 ; L. n° 2010-788, 12 juill. 2010 ; L. n° 2011-267, 14 mars 2011 ; L. n° 2014-366, 24 mars 2014 ; L. n° 2015-990, 6 août 2015 ; Ord. n° 2019-1101, 30 oct. 2019 ; L. n° 2019-1428, 24 déc. 2019).* – **Ne sont adoptées qu'à la majorité des voix de tous les copropriétaires les décisions concernant :**

a) (Al. mod. à compter du 1er juin 2020, Ord. n° 2019-1101, 30 oct. 2019) **Toute délégation du pouvoir donnée au syndic, au conseil syndical ou à toute personne de prendre un acte ou une décision mentionné à l'article 24. Lorsque l'assemblée autorise le délégataire à décider de dépenses, elle fixe le montant maximum des sommes allouées à ce titre ;**

b) **L'autorisation donnée à certains copropriétaires d'effectuer à leurs frais des travaux affectant les parties communes ou l'aspect extérieur de l'immeuble, et conformes à la destination de celui-ci ;**

c) **La désignation ou la révocation du ou des syndics et des membres du conseil syndical ;**

d) **Les conditions auxquelles sont réalisés les actes de disposition sur les parties communes ou sur des droits accessoires à ces parties communes, lorsque ces actes résultent d'obligations légales ou réglementaires telles que celles relatives à l'établissement de cours communes, d'autres servitudes ou à la cession de droits de mitoyenneté ;**

e) **La modification de la répartition des charges visées à l'alinéa 1er de l'article 10 ci-dessus rendue nécessaire par un changement de l'usage d'une ou plusieurs parties privatives ;**

f) (Mots suppr., L. n° 2018-1021, 23 nov. 2018) **[...] Les travaux d'économies d'énergie ou de réduction des émissions de gaz à effet de serre. Ces travaux peuvent comprendre des travaux d'intérêt collectif réalisés sur les parties privatives et aux frais du copropriétaire du lot concerné, sauf dans le cas où ce dernier est en mesure de produire la preuve de la réalisation de travaux équivalents dans les dix années précédentes.**

Un décret en Conseil d'État précise les conditions d'application du présent *f*.

g) (Texte abr. et rempl. à compter du 1er juin 2020, Ord. n° 2019-1101, 30 oct. 2019) **Les modalités d'ouverture des portes d'accès aux immeubles. En cas de fermeture totale de l'immeuble, celle-ci doit être compatible avec l'exercice d'une activité autorisée par le règlement de copropriété ;**

h) (Mod., L. n° 2015-990, 6 août 2015) L'installation d'une station radioélectrique nécessaire au déploiement d'un réseau radioélectrique ouvert au public ou l'installation ou la modification d'une antenne collective ou d'un réseau de communications électroniques interne à l'immeuble dès lors qu'elles portent sur des parties communes ;

i) (Texte abr. et rempl. à compter du 1er juin 2020, Ord. n° 2019-1101, 30 oct. 2019) La délégation de pouvoir au président du conseil syndical d'introduire une action judiciaire contre le syndic en réparation du préjudice subi par le syndicat des copropriétaires ;

j) L'installation ou la modification des installations électriques intérieures ou extérieures permettant l'alimentation des emplacements de stationnement d'accès sécurisé à usage privatif pour permettre la recharge des véhicules électriques ou hybrides rechargeables, ainsi que la réalisation des installations de recharge électrique permettant un comptage individuel pour ces mêmes véhicules ;

k) L'installation de compteurs d'eau froide divisionnaires.

l) L'installation de compteurs d'énergie thermique ou de répartiteurs de frais de chauffage ;

m) L'autorisation de transmettre aux services chargés du maintien de l'ordre les images réalisées en vue de la protection des parties communes, dans les conditions prévues à l'article *(Art. transféré à l'article L. 272-2 du CSI, Ord. n° 2020-71, 29 janv. 2020)* L. 126-1-1 du Code de la construction et de l'habitation ;

n) L'ensemble des travaux comportant transformation, addition ou amélioration ;

o) La demande d'individualisation des contrats de fourniture d'eau et la réalisation des études et travaux nécessaires à cette individualisation.

Code de l'urbanisme

Art. L. 322-9-1 *(L. n° 85-729, 18 juill. 1985 ; mod., L. n° 2014-366, 24 mars 2014)*. **–** Lorsqu'un ou plusieurs des immeubles compris dans le périmètre d'une association foncière urbaine sont régis par la loi n° 65-557 du 10 juillet 1965 fixant le statut de la copropriété des immeubles bâtis, les travaux sur lesquels porte l'objet de l'association sont réputés rendus obligatoires au sens du *e* de l'article 25 de ladite loi *(Abr. et transféré à l'art. 24, b de cette même loi)*.

Dans chaque copropriété, les copropriétaires peuvent charger un ou plusieurs d'entre eux, un mandataire *ad hoc* ou le syndic de la copropriété, dûment mandaté, de les représenter à l'assemblée des propriétaires de l'association. Un même syndic ne peut être mandaté par les copropriétaires de plus d'une copropriété.

Bibliographie : *JCl. Copropriété,* Fasc. 94, P.-E. Lagraulet. • *JCl. Civil Code,* art. 544 à 577, Fasc. 50-1 et s. par M. Saluden. • E. Kischinewsky-Broquisse, *La copropriété des immeubles bâtis,* Litec, 4e éd. 1989, nos 604 et s. • *La copropriété,* Dalloz Action, 10e éd. 2021, ss dir. D. Tomasin, nos 333-101 et s. • Zurfluh, *De l'entretien à l'amélioration : Administrer* n° 108, p. 11 et s. • G. Vigneron, *La ronde des majorités : Loyers et copr.* juin 2004, p. 6. • J.-R. Bouyeure, *Les assemblées générales de copropriété, Éditions Administrer,* nos 301 et s. • J.-M. Roux, *Les différentes majorités d'une assemblée générale de copropriétaires : Inf. rap. copr.* janv.-févr. 2012, p. 17. • G. Vigneron et J.-M. Roux, *Copropriété : exécution de travaux bénéficiant d'un régime particulier (formule) : Loyers et copr.* mars 2012, p. 33. • P. Lebatteux, *Pratique et abaissement des majorités : Administrer* août-sept. 2020, p. 12. • G. Gil, *Règles de majorité et passerelle en graphique : Inf. rap. copr.* mai 2021, p. 20.

• *Sommaire*

I – CALCUL DE LA MAJORITÉ 430
II – DÉLÉGATION DE POUVOIR (ART. 25 *A*) 431
III – AUTORISATION D'EFFECTUER DES TRAVAUX AFFECTANT LES PARTIES COMMUNES OU L'ASPECT EXTÉRIEUR DE L'IMMEUBLE (ART. 25 *B*) 432
A – Travaux entrant dans le champ d'application du texte 432
1° Travaux affectant les parties communes 432
2° Travaux affectant l'aspect extérieur de l'immeuble 435
B – Travaux sortant du champ d'application de l'article 25 437
1° Travaux ne nécessitant pas d'autorisation 437
2° Travaux interdits ou réglementés par le règlement 438
3° Travaux entraînant une appropriation des parties communes 438
4° Travaux portant atteinte à la destination de l'immeuble 440
5° Travaux portant atteinte à l'harmonie ou à l'esthétique de l'immeuble 441
6° Travaux portant atteinte aux droits des copropriétaires 441
C – Modalités de l'autorisation 442
D – Travaux non autorisés 444
E – Refus d'autorisation 448
IV – DÉSIGNATION DU SYNDIC (ART. 25 C) 449

V – RÉVOCATION DU SYNDIC (ART. 25 *C*) 451

VI – DÉSIGNATION OU RÉVOCATION DES MEMBRES DU CONSEIL SYNDICAL (ART. 25 *C*) 452

VII – ACTES DE DISPOSITION À CARACTÈRE OBLIGATOIRE CONCERNANT LES PARTIES COMMUNES (ART. 25 *D*) 452

VIII – MODIFICATION DE LA RÉPARTITION DES CHARGES (ART. 25 *E*) 453

IX – TRAVAUX CONCERNANT LES INSTALLATIONS DE CHAUFFAGE (ART. 25, *F* ANCIEN) 454

X – TRAVAUX D'ÉCONOMIE D'ÉNERGIE (ART. 25 *F*) 454

A – Situation antérieure à la loi du 12 juillet 2010 454

B – Modification apportée par la loi du 12 juillet 2010 455

XI – TRAVAUX CONCERNANT LES VIDE-ORDURES (ART. 25 *G* ANCIEN) 456

XII – RÉGLEMENTATION DE L'ACCÈS À L'IMMEUBLE (ART. 25 *G*) 456

A – Absence d'« activités » dans l'immeuble 457

B – Exercice d'« activités » dans l'immeuble 458

XIII – INSTALLATION OU MODIFICATION DES ANTENNES COLLECTIVES (ART. 25 *H*) 459

XIV – AUTORISATION À LA POLICE OU À LA GENDARMERIE DE PÉNÉTRER DANS LES PARTIES COMMUNES (ART. 25, I) 461

XV – ACTION EN JUSTICE DU SYNDICAT CONTRE LE SYNDIC (ART. 25 I NOUVEAU) 461

XVI – TRAVAUX PERMETTANT L'ALIMENTATION ÉLECTRIQUE DES EMPLACEMENTS DE STATIONNEMENT (ART. 25 *J*) 461

XVII – INSTALLATION DE COMPTEURS D'EAU FROIDE (ART. 25 *K*) 461

XVIII – COMPTEURS D'ÉNERGIE THERMIQUE ET RÉPARTITEURS DE FRAIS DE CHAUFFAGE (ART. 25 *L*) 462

XIX – VIDÉOPROTECTION (ART. 25 *M*) 462

XX – TRAVAUX COMPORTANT TRANSFORMATION, ADDITION OU AMÉLIORATION (ART. 25 *N*) 462

XXI – INDIVIDUALISATION DES CONTRATS DE FOURNITURE D'EAU (ART. 25 O) 462

1) Remaniement de l'article 25 par la loi ALUR. La refonte de l'article 25 opérée par la loi n° 2014-366 du 24 mars 2014 (loi ALUR) a pris diverses formes :

– certains textes ont été extraits de l'article 25 pour être transférés à l'article 24 (art. 25 e ancien, concernant la réalisation de travaux obligatoires, qui devient l'article 24, II, *b*. – article 25 *h* concernant certains travaux d'amélioration et de mise aux normes, intégré à l'article 24, II, *a)*. – article 25 *n* concernant les travaux à effectuer sur les parties communes en vue de prévenir les atteintes aux personnes et aux biens, intégré à l'article 24, II, *a)* ;

– d'autres textes ont été extraits de l'article 26, pour être insérés à l'article 25. Ainsi pour l'article 25 *n)* nouveau, qui concerne les travaux comportant transformation, addition ou amélioration (antérieurement visés par l'article 26 c). De même pour l'article 25 *o)* nouveau, concernant les demandes d'individualisation des contrats de fourniture d'eau et la réalisation des études et travaux nécessaires à cette individualisation ;

– d'autres enfin ont été simplement déplacés à l'intérieur de l'article 25, sans modification de leur teneur :

- l'article 25 *f* ancien devient l'article 25 e ;
- l'article 25 *g* ancien devient l'article 25 *f* ;
- l'article 25 *h* est supprimé ;
- l'article 25 *i* devient l'article 25 *g* ;
- l'article 25 *j* devient l'article 25 *h* ;
- l'article 25 *k* devient l'article 25 *i* ;
- l'article 25 *l* devient l'article 25 *j* ;
- l'article 25 *m* devient l'article 25 *k* ;
- l'article 25 *n* est abrogé et transféré à l'article 24 (V. ci-dessus) ;
- l'article 25 o devient l'article 25 *l* ;
- l'article 25 p devient l'article 25 *m*.

2) Nouveau remaniement de l'article 25 par l'ordonnance du 30 octobre 2019. Le « ballet » des textes s'est poursuivi avec l'ordonnance n° 2019-1120 du 30 octobre 2019, applicable à compter du 1er juin 2020. Les modifications opérées ont toutes pour but de faciliter l'adoption des décisions, en permettant de statuer à une majorité inférieure :

– l'article 25, *g* ancien (suppression des vide-ordures) est transféré à l'article 24, II, e et l'ancien article 26, *c*, prend sa place et devient donc l'article 25 *g* nouveau ;

– l'article 25, *i* (autorisations données aux forces de l'ordre) est transféré à l'article 24, II, *h*.

I – CALCUL DE LA MAJORITÉ

3) Majorité de l'ensemble des voix. La majorité *se calcule sur la totalité des voix des copropriétaires de l'immeuble, qu'ils soient ou non présents ou représentés*. Si ce total est de 1 000 millièmes, la décision sera adoptée si 501 voix lui sont favorables (V. pour un rappel du principe, ■ Cass. 3e civ., 16 mars 2005, n° 03-18.153 : *JurisData* n° 2005-027643 ; *Administrer* juin 2005, p. 49, obs. J.-R. Bouyeure).

Les règles énoncées plus haut sous l'article 24 sont pour le surplus applicables, ainsi que les règles posées par les articles 21, alinéa 2, et 16, alinéa 2 (V. ces textes). Il y a lieu, le cas échéant, d'appliquer la réduction des voix édictée par l'article 22, alinéa 2 de la loi (V. ce texte).

Dans une *copropriété comportant plusieurs bâtiments*, la majorité doit toujours être calculée en fonction des voix de tous les copropriétaires, même de ceux qui ne sont pas directement concernés, sauf pour les décisions relatives aux parties communes spéciales à chaque bâtiment s'il en est créé. Ainsi lorsque des travaux affectent l'aspect extérieur de l'ensemble immobilier, ils doivent être décidés par tous (▪ TGI Lyon, 12 mars 1976 : *D.* 1976, inf. rap. p. 303. ▪ TGI Paris, 5 mars 1976 : *Gaz. Pal.* 1977, somm. p. 203. ▪ CA Paris, 7 mai 1981 : *D.* 1982, inf. rap. p. 139).

Dès lors que la majorité requise est atteinte, peu importe que le procès-verbal fasse état d'une majorité erronée (▪ Cass. 3e civ., 5 juill. 2011, n° 10-20.743 : *Administrer* nov. 2011, p. 37, obs. J.-R. Bouyeure ; *AJDI* 2011, p. 712).

II – DÉLÉGATION DE POUVOIR (ART. 25 *A*)

Bibliographie : D. Cordier, *La délégation de pouvoirs : Inf. rap. copr.* juin 1994, p. 8 et s. ; juill. 1994, p. 25 et s. – A. Fontin, *Délégations de pouvoirs au conseil syndical : préconisation du Grecco : Dalloz actualité*, 7 juill. 2023.

4) Délégation de pouvoir par l'assemblée : objet. L'article 25, *a*, permet à l'assemblée, de déléguer ses pouvoirs, mais pose diverses limites à cette faculté :

• cette délégation ne peut porter que **sur les décisions relevant de la majorité de l'article 24**, c'est-à-dire celles relatives à la gestion courante de l'immeuble. Elle ne peut être donnée en dehors de ces limites.

L'assemblée ne peut donc confier à quiconque le soin de choisir le syndic (décision relevant de l'article 25, V. *infra*. ▪ Cass. 3e civ., 25 mai 1976, n° 75-10.126 : *Bull. civ.* III, n° 226 ; *JCP* G 1976, IV, 238 ; *RTD civ.* 1976, p. 806, note C. Giverdon. ▪ CA Paris, 2 juin 1988 : *D.* 1988, IR p. 204). L'assemblée ne peut déléguer au conseil syndical la mission d'approuver les comptes du syndic et de lui donner *quitus* (▪ Cass. 3e civ., 25 mai 1976, préc.) ou la mission de nommer ou de révoquer le syndic de copropriété (▪ CA Paris, 2 juin 1988 : *D.* 1988, IR p. 204).

L'assemblée ne peut pas donner délégation de décider l'exécution de travaux d'amélioration (▪ CA Chambéry, ch. civ., 1re sect., 23 nov. 2021, n° 19/01504 : *JurisData* n° 2021-019427. ▪ CA Paris, 11 oct. 1979 : *D.* 1980, IR p. 270) ou d'accomplir un acte de disposition (V. pour une délégation consentie au syndic : ▪ CA Colmar, 28 févr. 1997 : *Bull. inf. C. cass.* 15 juill. 1997, p. 37, n° 943).

L'assemblée ne peut pas non plus décider de travaux à la majorité de l'article 24 tout en donnant mandat au conseil syndical à cette même majorité de choisir l'entreprise chargée de les réaliser : il s'agit d'une délégation de pouvoirs relevant de la majorité de l'article 25 (▪ Cass 3e civ., 31 mai 2018, n° 17-18.046 : publié au *Bull.* ; *JurisData* n° 2018-009093 ; *Loyers et copr.* 2018, comm. 186, note C. Coutant-Lapalus, cassant ▪ CA Paris, pôle 4, ch. 2, 15 mars 2017, n° 15-16.841 : *Administrer* juin 2017, p. 44, obs. crit. J.-R. Bouyeure).

Par contre, l'assemblée peut à la majorité de l'article 25 charger des copropriétaires d'étudier des devis (▪ TGI Paris, 9 févr. 1980 : *JCP* G 1981, IV, 361). Mais la délégation doit faire l'objet d'un vote exprès, après que la question a été portée à l'ordre du jour (▪ TGI Paris, 8e ch., 22 sept. 1998 : *Administrer* févr. 1999, p. 64).

• la délégation ne peut concerner qu'**un acte ou une décision déterminés**. L'assemblée peut par exemple déléguer au syndic le pouvoir de déterminer l'emplacement, la forme, les modalités de fixation des plaques professionnelles dont le règlement de copropriété (ou une décision de l'assemblée) autorise l'apposition sur les parties communes.

Il ne peut donc y avoir de délégation générale, consentie pour une durée indéterminée (V. D. 17 mars 1967, art. 21).

• le bénéficiaire de la délégation peut recevoir l'**autorisation d'engager des dépenses**. Dans la rédaction du texte issue de l'ordonnance n° 2019-1101 du 30 octobre 2019, applicable à compter du 1er juin 2020, il est indiqué que lorsque l'assemblée autorise le délégataire à décider de dépenses, elle doit fixer le montant maximum des sommes allouées à ce titre (V. pour la validité d'une délégation donnée au conseil syndical pour l'engagement de dépenses urgentes en cas d'absence du syndic et dans la limite d'un plafond : ▪ CA Paris, ch. 19 B, 9 oct. 1997 : *Loyers et copr.* févr. 1998, n° 48. ▪ CA Paris, ch. 23 B, 28 juin 2001 : *Loyers et copr.* 2002, comm. 47. – Et pour une délégation donnée au syndic : ▪ CA Paris, ch. 23 B, 22 mai 1998 : *Loyers et copr.* 1998, comm. 318).

En application de l'article 11-5° du décret (V. ce texte, devenu art. 11, I, 7° *supra*) lorsque l'assemblée consent ainsi une délégation, un projet de résolution doit être notifié avec l'ordre du jour, à peine de nullité de la délibération (▪ CA Paris, ch. 23 B, 18 janv. 2001 : *Loyers et copr.* 2001, comm. 187).

5) Bénéficiaires de la délégation – Obligations. La délégation peut être donnée *au syndic*, *au conseil syndical* ou *à toute autre personne* : il résulte du texte que le bénéficiaire de la « délégation » est en fait un mandataire. Il doit agir dans la limite stricte des pouvoirs qui lui sont ainsi délégués (▪ Cass. 3e civ., 27 mars 1973, n° 71-14.214 :

Bull. civ. III, n° 226 ; *JCP* G 1973, IV, p. 187 ; *D.* 1973, somm. p. 90).

Il résulte de l'alinéa 4 que le bénéficiaire doit rendre compte de l'exécution de la délégation (V. D. 17 mars 1967, art. 21).

Sur la règlementation spéciale concernant les délégations consenties au conseil syndical, V. L. 10 juill. 1965, art. 21-1 à 21-5. – Et D. 17 mars 1967, art. 21-1.

Voir aussi : sur les modalités de la délégation de pouvoir, V. D. art. 21. – Sur les notifications à faire en vue de la convocation de l'assemblée, V. D. art. 11-I-7°. – Sur la possibilité de consentir une délégation au conseil syndical, V. D. art. 26.

6) Travaux et contrats financés dans le cadre du budget prévisionnel de charges. La loi n° 2014-366 du 24 mars 2014 (loi ALUR) avait prévu que pouvait être adoptée à la majorité de l'article 25, lorsque le syndicat comporte au plus 15 lots à usage de logements, de bureau ou de commerce, toute délégation de pouvoir concernant la mise en application et le suivi des travaux et contrats financés dans le cadre du budget prévisionnel de charges. En ce cas, indique le texte, les membres du conseil syndical doivent être couverts par une assurance de responsabilité civile.

Cette disposition a été abrogée par l'ordonnance n° 2019-1101 du 30 octobre 2019, à compter du 1er juin 2020.

III – AUTORISATION D'EFFECTUER DES TRAVAUX AFFECTANT LES PARTIES COMMUNES OU L'ASPECT EXTÉRIEUR DE L'IMMEUBLE (ART. 25 *B*)

Bibliographie : J.-R. Bouyeure, *Les travaux dans la copropriété* : Sirey 1989, nos 339 et s. – C.A., *Applications jurisprudentielles de l'article 25 b de la loi du 10 juillet 1965 : JCP* N 1979, prat. 7149. – Berthault, *Sur l'application des dispositions de l'article 25 b de la loi du 10 juillet 1965 : Rev. loyers* 1985, p. 16. – C. Atias, *Autorisation de travaux et droit acquis : D.* 2000, chron. p. 233. – Du même auteur : *Travaux minimes et dérogatoires en copropriété immobilière : Inf. rap. copr.* oct. 1999, p. 25. – N. Dassonville, *Travaux : le copropriétaire n'est pas maître chez lui : Intérêts privés* déc. 2002, p. 16. – J. Lafond, *L'autorisation de travaux dans le cas du lot en usufruit : Inf. rap. copr.* mars 2003, p. 27. – J.-L. Gantier, *Travaux chez soi, faire en sorte d'obtenir l'aval de la copropriété : Le Particulier immobilier* mars 2004, p. 40. – C. Atias, *La détermination requise de l'autorisation de travaux de l'article 25 b de la loi du 10 juillet 1965 : Ann. loyers* 2005, p. 727. – G. Vigneron, *Digressions sur l'exécution des travaux privatifs en copropriété : Loyers et copr.* juin 2005, p. 11. – Y. Broussole, *Travaux et copropriété : bilan pratique : Defrénois* 2010, art. 39 167, p. 2095. – Th. Dubaele, *Les travaux en copropriété : Opérations immobilières*, mars 2013, p. 19. – J.-R. Bouyeure, *Les travaux dans la copropriété*, Sirey, 1989, nos 339 et s.

Jurisclasseurs. G. Vigneron, *JCl. Copropriété*, Fasc. 98, actualisé par C. Coutant-Lapalus et 99, actualisé par G. Gil. – M. Saluden, *JCl. Civil App.*, art. 544 à 577, Fasc. 50-2 et *JCl. Notarial Répertoire*, V° *Copropriété*, Fasc. 51.

7) Autorisation donnée à un copropriétaire. L'article 25 *b* permet à un copropriétaire (ou à plusieurs d'entre eux) de se faire autoriser à effectuer à ses frais des travaux affectant les parties communes ou l'aspect extérieur de l'immeuble et conformes à sa destination.

A – Travaux entrant dans le champ d'application du texte

8) Types de travaux. Il s'agit de *travaux effectués dans l'intérêt d'un ou plusieurs copropriétaires et à ses frais* : il n'y a pas à rechercher pour les autoriser s'ils constituent une amélioration pour l'ensemble des copropriétaires au sens de l'article 30 (▪ Cass. 3e civ., 26 oct. 1971, n° 70-11.707 : *Bull. civ.* III, n° 512 ; *JCP* 1972, II, 16941, note E.-J. Guillot. ▪ Cass. 3e civ., 18 mai 1983, n° 82-10.831 : *JurisData* n° 1983-701283 ; *Bull. civ.* III, n° 116 ; *D.* 1983, inf. rap. p. 430, obs. C. Giverdon ; *Defrénois* 1983, art. 33144, note H. Souleau. – ▪ CA Paris, pôle 4, 2e ch., 23 nov. 2022, n° 19/02028 : *JurisData* n° 2022-020204. – ▪ CA Paris, pôle 4, 2e ch., 26 oct. 2022, n° 20/04726 : *JurisData* n° 2022-018680).

La Cour de cassation a indiqué que les travaux pouvant être autorisés en vertu de l'article 25 *b* de la loi concernaient aussi bien les travaux de caractère obligatoire que les travaux d'amélioration visés par l'article 30 de la loi (▪ Cass. 3e civ., 2 mars 1988, n° 86-16.878 : *JCP* G 1988, IV, 173 ; *Loyers et copr.* 1988, comm. 191). Le fait que les travaux soient imposés par la réglementation en vigueur ne dispense pas de requérir l'autorisation prévue par l'article 25 *b* (▪ Cass. 3e civ., 8 nov. 2006, n° 05-19.141 : *JurisData* n° 2006-035845 ; *Loyers et copr.* 2007, comm. 19, obs. G. Vigneron ; *Constr.-Urb.* 2007, comm. 7, obs. D. Sizaire. ▪ CA Paris, pôle 4, 2e ch., 26 avr. 2017, n° 15/04355 : *JurisData* n° 2017-008547).

L'autorisation des copropriétaires réunis en assemblée générale est requise dès lors que les travaux, affectant les parties communes ou l'aspect extérieur de l'immeuble, sont réalisés après la soumission de l'immeuble au statut de la copropriété, peu important l'accord antérieurement obtenu du promoteur vendeur pour aménager le gros œuvre du bâtiment en construction (▪ Cass. 3e civ., 30 mai 2024, n° 22-23.878 : *JurisData* n° 2024-008419 ; *Loyers et copr.* 2024, comm. 125, obs. C. Coutant-Lapalus).

1° Travaux affectant les parties communes

Bibliographie : E. Botrel, *Les travaux sur les lots privatifs : quelle liberté ? Quelles sanctions ? : AJDI*

2015, p. 270. – A. Valdès, *Autorisation de travaux affectant les parties communes : Inf. rap. copr.* avr. 2002, p. 16.

9) Travaux concernés. Ne sont soumis à autorisation que les seuls travaux affectant les parties communes, s'ils affectent exclusivement les parties privatives aucune autorisation n'est évidemment nécessaire (sur les problèmes de qualification, V. ▪ Cass. 3e civ., 10 sept. 2020, n° 18-23.797 : *JurisData* n° 2020-013088. ▪ CA Pau, 1re ch., 14 sept. 2021, n° 19/03515 : *JurisData* n° 2021-014073 et les art. 2 et 3, L. 10 juill. 1965).

Par « travaux affectant les parties communes », il faut entendre des travaux effectués dans les parties privatives mais qui comportent des incidences sur les parties communes, qu'elles affectent dans leur consistance matérielle ou les modalités de leur usage, sans toutefois s'analyser en une véritable appropriation (▪ Cass. 3e civ., 20 mai 1998, n° 96-20.889 : *RD imm.* 1998, p. 419, note P. Capoulade).

Tous les travaux affectant les parties communes doivent être autorisés, même ceux destinés à remettre les lieux dans leur état antérieur (▪ CA Lyon, 6e ch., 25 avr. 2001 : *Loyers et copr.* 2002, comm. 52 ; *Constr.-Urb.* 2002, comm. 36, obs. D. Sizaire. – V. pour la réouverture d'une porte murée : ▪ CA Paris, 23e ch. B, 14 mai 2009 : *AJDI* 2009, p. 801, ou le rétablissement d'une ouverture ancienne dans un mur : ▪ CA Paris, pôle 4, 2e ch., 5 oct. 2016, n° 14/20690 : *Administrer* mars 2017, p. 51, obs. J.-R. Bouyeure) ou même s'ils tendent à rendre l'immeuble conforme au règlement de copropriété (▪ CA Aix-en-Provence, ch. 1-2, 1er déc. 2022, n° 22/10297 : *JurisData* n° 2022-020855. ▪ CA Paris, pôle 4, 2e ch., 14 juin 2017, n° 15/10746 : *JurisData* n° 2017-020277. – V. pour la réouverture d'une trémie existant à l'origine : ▪ Cass. 3e civ., 2 mars 2005, n° 03-20.889 : *JurisData* 2005-027250 ; *Bull. civ.* III, n° 54 ; *Loyers et copr.* 2005, comm. 101, note G. Vigneron ; *JCP* G 2005, IV, 1832 ; *Administrer* juin 2005, p. 50, obs. J.-R. Bouyeure). Un copropriétaire ne pourrait se dispenser de l'autorisation prévue par la loi au motif que les travaux constituent un aménagement normal de son appartement, qu'ils ne portent pas atteinte à la solidité de l'immeuble, qu'ils sont conformes à sa destination et ne réduisent pas l'usage des parties communes par les autres copropriétaires (▪ Cass. 3e civ., 4 déc. 2007, n° 06-19.931 : *JurisData* n° 2007-041820), ou encore en faisant valoir que les locaux ont été acquis par lui « bruts de béton » et qu'il n'a procédé qu'à des travaux de parachèvement alors qu'il a construit une terrasse fermée (▪ CA Paris, 14e ch. A, 10 déc. 2008 : *Loyers et copr.* 2009, comm. 133, obs. G. Vigneron). L'urgence ne dispense pas les copropriétaires de solliciter l'autorisation de l'assemblée (▪ Cass. 3e civ., 3 juin 2014, n° 13-15.424 : *AJDI* 2014, p. 792). Ils ne peuvent davantage se prévaloir de l'absence de syndic au moment de la réalisation des travaux, puisqu'il leur appartenait alors de solliciter la désignation d'un mandataire de justice en vue de provoquer la tenue d'une assemblée (▪ CA Colmar, 2e ch., A, 31 mai 2023, n° 21/00320 : *JurisData* n° 2023-009156). Les travaux affectant les parties communes doivent être autorisés par l'assemblée même s'ils sont exigés par les services administratifs et autorisés par le syndic (▪ Cass 3e civ., 22 mars 2018, n° 17-10.053 : *JurisData* n° 2018-006051 ; *Loyers et copr.* 2018, comm. 133, note A. Lebatteux. – V. précédemment Cass 3e civ., 8 nov. 2006, n° 05-19.141 : *JurisData* n° 2006-035845 ; *Administrer* févr. 2007, p. 47, obs. J.-R. Bouyeure). Il en va de même des travaux constituant des mesures de sécurité puisque, quelles que soient les raisons présidant à la réalisation d'opérations affectant les parties communes, elles ne peuvent dispenser les copropriétaires de l'obligation de solliciter une autorisation de l'assemblée générale (▪ CA Orléans, ch. civ., 10 juill. 2023, n° 20/02499 : *JurisData* n° 2023-014489).

Mais s'il y a lieu d'autoriser un copropriétaire à déposer une demande à la CDEC en vue de l'augmentation de sa surface de vente, et une demande de permis de construire, la décision relève de la majorité de l'article 24. Il ne s'agit pas en effet d'autoriser les travaux, ce qui doit faire l'objet d'une nouvelle décision (▪ TGI Angers, 1re ch., 8 janv. 2007 : *Administrer* août-sept. 2008, p. 47, obs. J.-R. Bouyeure).

Un copropriétaire qui a exécuté à ses frais des travaux de réfection des parties communes sans que ces travaux aient été approuvés par l'assemblée générale ne peut en demander le remboursement sur le fondement de l'enrichissement sans cause (▪ Cass. 3e civ., 11 févr. 2009, n° 07-18.910 : *Administrer* mai 2009, p. 56, obs. J.-R. Bouyeure). Mais, lorsqu'aucun commencement d'exécution des travaux n'a pas eu lieu, il est en droit de demander la nullité pour cause d'erreur du contrat conclu avec l'entrepreneur et la restitution des sommes versées à ce dernier (▪ CA Pau, 1re ch., 28 mai 2024, n° 22/01528 : *JurisData* n° 2024-008894).

Voir : L. 10 juill. 1965, art. 25, comm. n° 8, p. 433.

10) Exemples. Entrent dans le champ d'application de l'article 25 *b* :

- des travaux pour l'évacuation des eaux usées avec branchement sur les canalisations communes (▪ Cass. 3e civ., 15 janv. 2003, n° 01-10.337 : *JurisData* n° 2003-017543 ; *Dossiers CSAB* mai 2003, n° 87, obs. A. Dunes. ▪ Cass. 3e civ., 10 mars 1981, n° 79-12.950 : *Bull. civ.* III, n° 52 ; *JCP* G 1981, II, 19765. ▪ CA Paris, 1re ch. G, 18 oct. 2000 : *Loyers et copr.* 2001, comm. 109. ▪ CA Paris, 23e ch. B, 20 juin 2002 : *Loyers et copr.* 2002, comm. 300. ▪ CA Paris, pôle 4-2, 4 juin 2009 : *JurisData* n° 2009-377566. ▪ CA Paris, pôle 4, 5e ch., 27 janv. 2010 : *JurisData* n° 2010-380746 ; *Loyers et copr.* 2010, comm. 153, obs. G. Vigneron. – V. pour le branchement d'un sanibroyeur sur le réseau d'évacuation ▪ CA

Paris, pôle 4, 2e ch., 28 sept. 2011, n° 10/09702 : *Administrer* déc. 2011, p. 68, obs. J.-R. Bouyeure. – Pour le raccordement à la canalisation commune d'alimentation en eau : ▪ CA Grenoble, 2e ch., 6 sept. 2022, n° 20/02349 : *JurisData* n° 2022/019763).

Toutefois un arrêt (▪ CA Limoges, 14 sept. 2010), confirmé par la Cour de cassation a estimé que les raccordements aux canalisations existantes ne constituaient pas des travaux portant atteinte aux parties communes mais un usage normal de celles-ci pour assurer la jouissance d'une partie privative (▪ Cass. 3e civ., 29 nov. 2011, n° 10-28.476. – V. également ▪ CA Versailles, 4e ch., 25 févr. 2008 : *JurisData* n° 2008-358614, pour qui ce raccordement ne nécessite pas d'autorisation, au regard de l'article 9 de la loi du 10 juillet 1965. – V. ce texte. – V. dans le même sens ▪ CA Rennes, 1re ch., 15 nov. 2016, n° 15/05802 : *JurisData* n° 2016-024348 ; *Loyers et copr.* 2017, comm. 60, obs. A. Lebatteux). En somme, si le raccordement aux réseaux constitue un droit pour le copropriétaire, son exercice nécessite une autorisation de l'assemblée dès lors que la mise en œuvre de la prérogative impose la réalisation de travaux qui, tels le percement de murs ou la pose de canalisations, affectent les parties communes (▪ CA Aix-en-Provence, ch. 1-2, 7 sept. 2023, n° 22/10828 : *JurisData* n° 2023-015514 ; *Loyers et copr.* 2023, comm. 171, obs. C. Coutant-Lapalus ; *Rev. loyers* 2023, p. 537, obs. S. Bénilsi) ;

• la modification de l'implantation des gaines de gaz et d'électricité avec pose d'une armoire à compteur destinée aux copropriétaires du deuxième étage (V. ▪ Cass. 3e civ., 30 juin 1982 : *JurisData* n° 1982-701884 ; *Gaz. Pal.* 1982, 2, pan. p. 354. – Voir pour des travaux concernant la réfection d'équipements communs situés dans les parties privatives, ▪ Cass. 3e civ., 6 mars 1991, n° 88-16.770 : *JurisData* n° 1991-000392 ; *Bull. civ.* III, n° 81 ; *Administrer* avr. 1992, p. 48, note E.-J. Guillot) ;

• des travaux impliquant le passage de conduits ou canalisations sur ou à travers des parties communes (▪ Cass. 3e civ., 27 nov. 1990, n° 89-12.925 : *JurisData* n° 1990-003795 ; *Loyers et copr.* 1991, comm. 84. ▪ Cass. 3e civ., 11 févr. 1975, n° 73-13.337 : *Bull. civ.* III, n° 51 ; *JCP* 1975, II, 18024, note E.-J. Guillot. ▪ TGI Paris, 17 déc. 1970 : *Gaz. Pal.* 1971, 1, p. 246. ▪ CA Aix-en-Provence, 12 avr. 1977 : *Ann. loyers* 1979, p. 235. ▪ CA Aix-en-Provence, 19 oct. 1978 : *Ann. loyers* 1979, p. 1474. ▪ CA Paris, 11 juin 1980 : *D.* 1981, inf. rap. p. 101), par exemple l'installation d'un conduit de ventilation (▪ CA Reims, ch. civ., 10 sept. 2007 : *JurisData* n° 2007-344144) ;

• des travaux de percement ou d'agrandissement de fenêtres ou d'ouvertures dans les murs (▪ Cass. 3e civ., 14 déc. 1976, n° 75-14.097 : *Bull. civ.* III, n° 461 ; *JCP* N 1978, II, p. 38, obs. Guillot. ▪ Cass. 3e civ., 5 oct. 1977, n° 76-11.184 : *Bull. civ.* III, n° 328 ; *JCP* N 1978, II, p. 45. ▪ CA Paris, 31 janv. 1978 : *JCP* N 1979, II, p. 210, confirmé par ▪ Cass. 3e civ., 3 juill. 1979 : *D.* 1980, inf. rap. p. 278, obs. C. Giverdon. ▪ CA Paris, 23e ch. B, 23 mars 1990 : *Loyers et copr.* 1990, comm. 279. ▪ CA Paris, 23e ch. A, 6 oct. 1990 : *Loyers et copr.* 1991, comm. 37. ▪ CA Paris, pôle 4, 2e ch., 10 nov. 2021, n° 18/04772 : *Administrer* janv. 2022, p. 40, obs. P. Déchelette-Tolot). Peu importe qu'il s'agisse de murs situés à l'intérieur des parties privatives, dès lors qu'ils ont un caractère commun (V. pour un mur de refend, ▪ CA Paris, 23e ch. B, 30 nov. 1990 : *Loyers et copr.* 1991, comm. 94. – V. aussi, ▪ CA Versailles, 29 oct. 2012 : *JurisData* n° 2012-024512 ; *Loyers et copr.* 2013, comm. 30, obs. G. Vigneron) ;

• des travaux concernant l'aménagement de combles ou de greniers et affectant la toiture partie commune (▪ TGI Paris, 30 nov. 1973 : *Gaz. Pal.* 1974, 1, p. 276. ▪ CA Paris, 6 déc. 1975 : *JCP* 1976, II, 18447. ▪ TGI Paris, 14 nov. 1976 et ▪ TGI Paris, 5 mai 1977 : *D.* 1978, inf. rap. p. 133. – Pour l'ouverture de jours dans la toiture, ▪ Cass. 3e civ., 15 janv. 2003, n° 01-10.337 : *JurisData* n° 2003-017543 ; *Dossiers CSAB* mai 2003, n° 7, obs. A. Dunes. ▪ Cass. 3e civ., 10 mars 1981, n° 79-12.950 : *Bull. civ.* III, n° 52 ; *JCP* 1982, II, 19765. ▪ Cass. 3e civ., 18 mai 1983, n° 82-10.831 : *JurisData* n° 1983-701283 ; *Bull. civ.* III, n° 116 ; *Rev. loyers* 1983, p. 494 ; *D.* 1983, inf. rap. p. 430, obs. C. Giverdon) ; par exemple la pose d'un Velux dans le toit pour éclairer les combles (▪ CA Paris, 23e ch. B, 14 déc. 1990 : *Loyers et copr.* 1991, comm. 93) ;

• d'importants travaux de restructuration d'un appartement affectant diverses parties communes ou éléments d'équipement communs (▪ CA Paris, 23e ch. B, 26 janv. 1996 : *Loyers et copr.* 1996, comm. 239. ▪ CA Paris 23e ch., 12 mai 1995 : *Loyers et copr.* 1995, comm. 449), notamment la suppression de murs porteurs intérieurs (▪ CA Lyon, 8e ch., 24 août 2022, n° 21/06915 : *JurisData* n° 2022-014339) ;

• des travaux nécessaires pour l'installation d'un chauffage individuel dans un lot (▪ Cass. 3e civ., 26 nov. 1985, n° 84-15.809 : *JurisData* n° 1985-003398 ; *Bull. civ.* III, n° 156 ; *RD imm.* 1986, p. 245, obs. F. Givord et C. Giverdon). Mais le copropriétaire ayant obtenu cette autorisation ne se trouve pas pour autant dispensé de contribuer aux charges du chauffage collectif ;

Voir : L. 10 juill. 1965, art. 10, comm. n° 31, p. 151.

• le percement d'un mur commun pour créer un nouvel accès aux parties communes ou faire communiquer deux appartements (▪ Cass. 3e civ., 20 févr. 1969 : *Inf. rap. copr.* 1969, p. 124. ▪ Cass. 3e civ., 7 déc. 1971, n° 70-12.818 : *Bull. civ.* III, n° 602 ; *JCP* 1972, II, 17001. ▪ Cass. 3e civ., 25 avr. 1972, n° 71-10.119 : *Bull. civ.* III, n° 258 ; *Inf. rap. copr.* 1973, p. 61. ▪ Cass. 3e civ., 29 mai 1973, n° 72-11.447 : *Bull. civ.* III, n° 373 ; *Gaz. Pal.* 1973, 2, p. 938, note M. Morand. ▪ Cass. 3e civ., 4 déc. 1976 : *JCP* G 1977, II, 18713, note E.-J. Guillot. ▪ CA Paris, 23e ch., 9 nov. 1993 : *Loyers et copr.* 1994, comm. 89), à condition que les travaux ne portent pas atteinte à la destination de l'immeuble ;

Voir : L. 10 juill. 1965, art. 25, comm. n° 19, p. 440.

• le percement d'un mur mitoyen avec la propriété voisine (■ Cass. 3e civ., 16 déc. 2008, n° 07-20.973 : *Administrer* mars 2009, p. 63, obs. J.-R. Bouyeure. ■ CA Paris, 23e ch. A, 26 avr. 2000 : *JurisData* n° 2000-114084 ; *Loyers et copr.* 2000, comm. 262) ;

• l'ouverture d'une trémie dans le plancher afin de créer un « duplex » entre deux appartements (■ Cass. 3e civ., 31 janv. 1996, n° 93-16.161 : *RD imm.* 1996, p. 263. – ■ TJ Paris, 23 avr. 2024, n° 22/11962 : *JurisData* n° 2024-005978) ;

• le percement d'une dalle partie commune, même pour procéder à un simple sondage (■ Cass. 3e civ., 22 mai 1997, n° 95-16.438 : *JurisData* n° 1997-002178 ; *Bull. civ.* III, n° 110 ; *JCP* N 1997, II, p. 1358) ;

• l'installation d'un plancher intermédiaire, reposant par encastrement sur les poteaux en béton armé de l'immeuble (■ Cass. 3e civ., 15 déc. 1999, n° 98-12.715 : *JurisData* n° 1999-004616 ; *Loyers et copr.* 2000, comm. 80, note G. Vigneron) ;

• l'installation d'un interphone (■ CA Paris, 23e ch. A, 4 mars 1998 : *Loyers et copr.* 1998, comm. 288) ;

• l'apposition de plaques, enseignes ou panneaux sur les parties communes (■ Cass. 3e civ., 30 mai 1972 : *JCP* 1972, II, 17174, note E.-J. Guillot. ■ Cass. 3e civ., 14 mai 1973 : *AJPI* 1975, p. 805. ■ CA Paris, 12 janv. 1979 : *D.* 1980, inf. rap. p. 151, obs. C. Giverdon. ■ CA Paris, 10 mars 1981 : *D.* 1982, inf. rap. p. 237, obs. C. Giverdon. ■ CA Rouen, 29 juin 1982 : *Gaz. Pal.* 1983, 1, somm. p. 193) ou encore de spots lumineux (■ CA Paris, 23e ch. B, 19 janv. 1996 : *Loyers et copr.* 1996, comm. 188) ;

• les travaux d'installation d'une cloison et d'une porte pour séparer matériellement le palier partie commune générale d'une partie commune spéciale (■ CA Paris, 8e ch. A, 23 oct. 1990 : *Loyers et copr.* 1990, comm. 495) ;

• l'installation de panneaux publicitaires dans les parties communes (■ Cass. 3e civ., 24 nov. 1987, n° 86-13.527 : *Loyers et copr.* 1988, comm. 36. ■ CA Paris, 4 mai 1993 : *Administrer* févr. 1994, p. 60, note A. Dunes) ;

• des travaux d'installation d'un ascenseur (■ CA Paris, 1re ch., 24 oct. 1988 : *Loyers et copr.* 1988, comm. 558) ou tendant à obtenir la prolongation de la course d'un ascenseur jusqu'à l'étage supérieur (■ CA Paris, 23e ch. B, 30 nov. 1990 : *Loyers et copr.* 1991, comm. 92) ;

• des travaux de couverture et de fermeture d'une cour commune (■ Cass. 3e civ., 2 juill. 2002, n° 01-10.491 : *Administrer* nov. 2002, p. 36, obs. J.-R. Bouyeure) ;

• des travaux prenant appui sur le sol ou les murs porteurs de l'immeuble, par exemple la mise en place d'un escalier pour réunir les lots d'un copropriétaire (■ CA Paris, 23e ch. B, 28 juin 2007 : *JurisData* n° 2007-337253), ou la pose de barreaux à un fenestron (■ Cass. 3e civ., 4 déc. 2007, n° 06-19.931 : *JurisData* n° 2007-041820 ; *Loyers et copr.* 2008, comm. 47, obs. G. Vigneron ; *Administrer* mars 2008, p. 45, obs. J.-R. Bouyeure) ;

• l'autorisation donnée à un copropriétaire de remplacer à ses frais la chaudière (■ Cass. 3e civ., 18 sept. 2012, n° 11-18.894 : *AJDI* 2012, p. 759) ;

• la transformation d'emplacements de parking en boxes fermés (■ Cass. 3e civ., 10 juin 2015, n° 14-12.270. – ■ CA Aix-en-Provence, ch. 1-2, 9 mars 2023, n° 21/18406 : *JurisData* n° 2023-004043) ;

• la création d'une mezzanine, dès lors que son ossature s'appuie sur une structure maçonnée et est en partie suspendue à deux fermes de la charpente (■ CA Paris, pôle 4, 2e ch., 25 oct. 2017, n° 15/18259 : *Administrer* févr. 2018, p. 39, note J.-R. Bouyeure).

La liste donnée ci-dessus n'est nullement limitative...

Voir aussi : sur la *distinction entre ces travaux et les travaux d'amélioration*, V. L. art. 30.

2° *Travaux affectant l'aspect extérieur de l'immeuble*

Bibliographie : G. Gil, *La transformation d'un emplacement de parking en box : Inf. rap. copr.* oct. 2022, p. 41. – C. Schmidiger, *Véranda, créer un espace habitable : Le Particulier immobilier* juin 2001, p. 26. – E. Vichrova, *Aménager une serre dans l'habitat collectif : Inf. rap. copr.* juill.-août 2002, p. 8.

11) Exemples. On peut citer comme exemples :

• les *travaux affectant la façade* (sur le principe : ■ CA Paris, 23e ch., 8 oct. 1997 : *JurisData* n° 1997-022721), par exemple :

– la pose de plaques professionnelles (■ TGI Paris, 2 mai 1968 : *Gaz. Pal.* 1968, 2, p. 102, note M. Morand) ;

– l'installation d'enseignes ou de panneaux publicitaires (■ Cass. 3e civ., 24 oct. 1990, n° 88-17.514 : *JurisData* n° 1990-002674 ; *Bull. civ.* III, n° 199 ; *RD imm.* 1991, p. 94, obs. F. Givord et C. Giverdon et les décisions citées *supra*. – ■ CA Poitiers, 2e ch., 30 avr. 2024, n° 23/02122 : *JurisData* n° 2024-009082. ■ CA Aix-en-Provence, ch. 1-7, 7 déc. 2023, n° 20/08394 : *JurisData* n° 2023-022428. ■ CA Paris, 3e ch. B, 26 janv. 1996 : *Loyers et copr.* 1996, comm. 239. – V. sur le sujet, C. Atias, *À propos d'installation d'enseignes commerciales : Inf. rap. copr.* févr. 1996, p. 23). Il a été jugé à ce propos que, même si le règlement reconnaît aux copropriétaires d'un lot à usage commercial le droit à l'installation d'une enseigne sur la façade de l'immeuble, ceci ne le dispense pas de solliciter l'autorisation de l'assemblée lorsqu'il entend procéder à la pose de cette enseigne (■ Cass. 3e civ., 18 nov. 2014, n° 13-20.968 : *JurisData* n° 2014-033478 ; *Loyers et copr.* 2015, comm. 54, note G. Vigneron) ;

– la pose de climatiseurs en façade (■ CA Paris, pôle 1, 2e ch., 9 mars 2023, n° 22/14845 : *Administrer* mai 2023, p. 37, obs. P. Déchelette-Tolot. ■ CA

Paris, 23e ch., 2 déc. 2009 : *JurisData* n° 2009-021079 ; *Loyers et copr.* 2010, comm. 180, obs. G. Vigneron.) ou sur le toit du bâtiment (■ CA Paris, 14e ch. B, 27 mars 2009 : *JurisData* n° 2009-377111. – V. aussi, à propos de climatiseurs : ■ CA Paris, pôle 4, 2e ch., 12 janv. 2022, n° 19/19618 : *JurisData* n° 2022-000532 ; *Administrer* mars 2022, p. 50, obs. P. Déchelette-Tolot. ■ CA Metz, 1re ch. civ., 4 juin 2019, n° 18/00471 : *JurisData* n° 2019-009371) ;

– la pose en façade de conduits d'évacuation de fumées (■ CA Paris, pôle 4, 2e ch., 11 janv. 2023, n° 19/17100 : *JurisData* n° 2023-001023) ou le raccordement d'une ventilation forcée à un conduit disposé sur le mur extérieur (■ CA Paris, 23e ch. B, 6 sept. 2001 : *Loyers et copr.* 2002, comm. 80) ;

– l'apposition d'un projecteur, d'un boîtier d'alarme, de plaques et d'une enseigne commerciale (■ CA Paris, 1re ch. G, 10 avr. 2002 : *Loyers et copr.* 2002, comm. 165) ;

– les travaux portant sur une devanture, une enseigne et la mise aux normes de conduits de fumée (■ CA Paris, 23e ch. B, 12 oct. 2006 : *Loyers et copr.* 2007, comm. 40, obs. G. Vigneron) ;

– l'ajout de châssis vitrés (■ CA Caen, 29 mai 2007 : *JurisData* n° 2007-344523) ou le remplacement d'une porte-fenêtre par une baie vitrée (■ CA Paris, pôle 1, 2e ch., 2 mai 2024, n° 23/16101 : *Administrer* juin 2024, p. 45, obs. P. Déchelette-Tolot) ;

– l'installation dans une vitrine d'un écran vidéo de grande dimension qui, posé à proximité immédiate de la vitre, se confond depuis l'extérieur avec la façade de l'immeuble (■ CA Paris, pôle 4, 2e ch., 26 oct. 2022, n° 18/01160 : *JurisData* n° 2022-018682) ;

• les travaux de *fermeture d'une loggia* (■ Cass. 3e civ., 7 nov. 1978, n° 77-11.421 : *Bull. civ.* III, n° 333 ; *Gaz. Pal.* 1979, 1, somm. p. 20 et Rép. min. 7 sept. 1987 : *JOAN*, 19 oct. 1987, p. 5814. ■ CA Montpellier, 5e ch. A, 18 janv. 2007 : *Loyers et copr.* 2007, n° 208, obs. G. Vigneron). Si la décision concernait l'ensemble des loggias, elle relèverait alors de l'article 30 de la loi (V. ce texte).

Toutefois, il a été soutenu que la fermeture des loggias (ou balcons) emportant non seulement modification de l'aspect extérieur de l'immeuble mais également modification de l'usage des parties communes telles qu'elles résultent du règlement de copropriété, la décision relevait de l'article 26 (D. Sizaire, *La fermeture des loggias ou balcons dans les immeubles en copropriété* : *Administrer* oct. 1988, p. 20 et s. V. également sur cette question A. Lebatteux et C. Jobelot, *Impact de la fermeture des loggias au regard du droit de la copropriété et du droit de l'urbanisme* : *Administrer* janv. 2024, p. 7) ;

• la création d'une *porte en façade* (■ CA Chambéry, ch. civ., 1re sect., 30 mars 2021, n° 19/00362 : *JurisData* n° 2021-007656), la *réouverture d'une fenêtre* obturée (■ Cass. 3e civ., 12 mai 1993, n° 91-11.889 : *JurisData* n° 1993-001701 ; *RD imm.* 1993, p. 409, obs. C. Giverdon) ou l'agrandissement d'une petite ouverture en fenêtre à deux vantaux (■ CA Paris, pôle 4, 2e ch., 28 juin 2023, n° 20/10973 : *JurisData* n° 2023-013339) ;

• la pose de *glaces de sécurité* (■ CA Paris, 23e ch. A, 3 févr. 1986 : *Inf. rap. copr.* 1986, p. 69) ;

• les travaux relatifs aux *devantures ou vitrines de magasins* (■ Cass. 3e civ., 30 mai 1972, n° 71-10.724 : *Bull. civ.* III, n° 350 ; *AJPI* 1973, p. 804. ■ CA Paris, 20 mars 1991 : *Loyers et copr.* 1991, comm. 234. ■ CA Paris, 14e ch. A, 19 oct. 2005 : *AJDI* 2006, p. 574, note P. Capoulade. ■ TGI Paris, 5 janv. 1977 : *D.* 1978, inf. rap. p. 120) sauf si ni les parties communes ni l'aspect extérieur ne sont affectés (■ CA Lyon, 15 oct. 1975 : *D.* 1976, inf. rap. p. 57. ■ TGI Paris, 21 juin 1975 : *Gaz. Pal.* 1977, 2, somm. p. 389. – V. à ce propos : C. Atias, *La guerre des vitrines* : *Inf. rap. copr.* juill.-août 1995, p. 24) ;

• l'installation de grilles d'aération modifiant des soupiraux (■ CA Paris, 23e ch. B, 24 oct. 2002 : *Loyers et copr.* 2003, comm. 80) ;

• l'édification de nouvelles constructions jouxtant les constructions existantes sur un terrain appartenant à un copropriétaire (■ CA Paris, 23e ch. B, 14 nov. 2002 : *Loyers et copr.* 2003, comm. 99, obs. G. Vigneron) ;

• la pose de barreaux aux fenêtres (■ Cass. 3e civ., 4 déc. 2007, n° 06-19.931 : *JurisData* n° 2007-041820 ; *AJDI* 2008, p. 492) ;

• la transformation d'un parking en box (■ CA Paris, pôle 1, 8e ch., 30 nov. 2022, n° 22/08433 : *JurisData* n° 2022-021780. ■ CA Rennes, 4e ch., 17 nov. 2022, n° 21/02400 : *JurisData* n° 2022-023538. ■ CA Douai, 23 nov. 2011 : *JurisData* n° 2011-032955 ; *Loyers et copr.* 2012, comm. 253, obs. G. Vigneron) ;

• le remplacement des fenêtres d'une loggia, séparées par un bardage métallique rouge, par une baie vitrée coulissante (■ CA Poitiers 27 févr. 2008 : *Loyers et copr.* 2009, comm. 48, obs. G. Vigneron) ;

• l'installation d'une pergola (■ CA Bastia, ch. civ., 14 déc. 2022, n° 21/00864 : *JurisData* n° 2022-022168) ou d'une véranda (■ CA Aix-en-Provence, 1re ch. C, 26 janv. 2017, n° 16-1589 : *Rev. loyers* 2017, p. 144, obs. S. Bénilsi). Toutefois, il a été jugé que la mise en place d'une véranda démontable créée sur une terrasse privative n'avait pas à être autorisée, n'étant pas susceptible de conduire à une appropriation de la partie commune concernée (■ CA Paris, pôle 4, 2e ch., 1er mars 2017, n° 15/184 : *JurisData* n° 2017-3924 ; *Loyers et copr.* 2017, comm. 120, note A. Lebatteux) ;

• le remplacement d'une porte de garage en façade (■ CA Nîmes, 15 juin 2017, 2e ch. civ., sect. A, n° 15/05085 : *Rev. loyers* 2017, p. 394, obs. S. Bénilsi), notamment par un modèle de forme et de couleur différentes de la porte d'origine (■ CA Montpellier, 5e ch. civ., 11 oct. 2022, n° 20/02726 : *JurisData* n° 2022-023888).

On ne peut dire que des travaux affectent l'aspect extérieur de l'immeuble s'ils ne sont visibles d'aucun endroit (■ Cass. 3e civ., 11 mai 1999, n° 93-10.477 : *AJDI* 1999, p. 821), ce qui permettrait d'admettre qu'aucune autorisation n'est nécessaire pour installer un velux venant en remplacement de tabatières anciennes (■ CA Paris, pôle 4, 2e ch., 31 août 2011, n° 10/6020 : *Administrer* nov. 2011, p. 44, obs. J.-R. Bouyeure. – V. aussi ■ CA Paris, pôle 4, 2e ch., 6 juin 2012, n° 10/17189 : *Administrer* nov. 2012, p. 52, obs. J.-R. Bouyeure). Il a de même été jugé qu'une atteinte restreinte à l'esthétique de l'immeuble ne peut justifier un refus d'autoriser les travaux demandés (■ CA Paris, pôle 4, 2e ch., 8 nov. 2023, n° 19/05282 : *JurisData* n° 2023-023057). Mais chaque cas est un cas d'espèce qui relève de l'appréciation souveraine des juges du fond.

12) Construction sur une partie privative ou sur une partie commune grevée d'un droit de jouissance exclusive. Il est de principe que le copropriétaire qui souhaite réaliser des travaux affectant les parties communes doit obtenir une autorisation préalable de l'assemblée, même si les parties communes en cause sont réservées à son usage privatif (■ CA Aix-en-Provence, ch. 1-3, 15 juin 2023, n° 22/13526 : *JurisData* n° 2023-011920). Cependant, dans certains cas, on peut hésiter sur le point de savoir si l'autorisation relève de l'article 25 *b* (travaux affectant l'aspect extérieur de l'immeuble) ou de l'article 26 (travaux impliquant l'acquisition du droit de construire).

Ainsi lorsqu'un copropriétaire entend édifier sur une partie privative ou sur une partie commune grevée d'un droit de jouissance privative une construction légère (par ex. un jardin d'hiver). Il semble que la jurisprudence se détermine au cas par cas en fonction de la nature des travaux projetés. S'ils débouchent sur une véritable « construction », l'autorisation à donner, qui consacre une appropriation des parties communes ou du droit de construire (accessoire aux parties communes, V. *supra*, L. art. 3), s'analyse en un véritable acte de disposition et relève de la majorité de l'article 26 (■ Cass. 3e civ., 4 nov. 2004, n° 03-11.741 : *JurisData* n° 2004-025454 ; *Bull. civ.* III, n° 189 ; *JCP G* 2004, IV, 3409 ; *Administrer* mars 2005, p. 42, obs. J.-R. Bouyeure. ■ CA Paris, pôle 4, 2e ch., 9 févr. 2022, n° 19/08885 : *JurisData* n° 2022-002051). Par contre, l'autorisation relèverait de l'article 25 *b*, si la construction n'était pas « en dur » mais était constituée de matériaux légers et aisément démontables (■ Cass. 3e civ., 9 mars 2005, n° 03-12.596 : *JurisData* n° 2005-027461 ; *Bull. civ.* III, n° 64 ; *Constr.-Urb.* 2005, comm. 242, note D. Sizaire ; *Loyers et copr.* 2005, comm. 103, note G. Vigneron. ■ Cass. 3e civ., 19 nov. 1997, n° 95-20.079 : *JurisData* n° 1997-004555 ; *Bull. civ.* III, n° 206 ; *Loyers et copr.* 1998, comm. 56. ■ CA Paris, 23e ch. B, 24 avr. 1998 : *Loyers et copr.* 1998, comm. 287. ■ CA Paris, 23e ch. A, 1er avr. 1998 : *Loyers et copr.* 1998, comm. 347. ■ CA Paris, 23e ch. A, 10 déc. 1997 : *Loyers et copr.* 1998, comm. 147). Ainsi, il a été jugé que la mise en place d'une véranda démontable créée sur une terrasse privative n'avait pas à être autorisée, n'étant pas susceptible de conduire à une appropriation de la partie commune concernée (■ CA Paris, pôle 4, 2e ch., 1er mars 2017, n° 15/184 : *JurisData* n° 2017-3924 ; *Loyers et copr.* 2017, comm. 120, note A. Lebatteux).

Cependant, certaines décisions ne paraissent pas faire de distinction et considèrent que l'autorisation de construire relève de la majorité de l'article 26 (V. pour la construction d'une véranda, ■ Cass. 3e civ., 8 nov. 2006, n° 05-19.757 : *JurisData* n° 2006-035844. – V. également ■ Cass. 3e civ., 20 mars 2002, n° 00-17.751 : *JurisData* n° 2002-013613 ; *Bull. civ.* III, n° 70, qui paraît dire que la ratification par l'assemblée de la construction irrégulière d'une véranda sur une terrasse en jouissance privative exige en toute hypothèse la majorité de l'article 26). Au total, la situation est quelque peu confuse... (V. ■ CA Aix-en-Provence, 29 janv. 2010 : *JurisData* n° 2010-019813 ; *Loyers et copr.* 2011, comm. 98, obs. G. V. qui refuse la construction d'une véranda sur une partie à usage privatif au motif qu'elle ne peut être considérée comme « un ouvrage léger ou amovible dès lors qu'elle dispose d'un ancrage dans le mur maître »).

13) Surélévation d'un immeuble ou d'un « pavillon » individuel. Voir L. 10 juill. 1965, art. 35, comm. n° 8, p. 561.

B – Travaux sortant du champ d'application de l'article 25

14) Énumération. Sortent du champ d'application de l'article 25 *b* : les travaux ne nécessitant pas d'autorisation, les travaux interdits par le règlement, les travaux entraînant une appropriation des parties communes, les travaux contraires à la destination de l'immeuble, les travaux portant atteinte à l'harmonie et à l'esthétique de l'immeuble, les travaux portant atteinte aux droits des copropriétaires sur les parties communes et privatives.

Voir : L. 10 juill. 1965, art. 25, comm. n° 13, p. 437 à comm. n° 21, p. 441.

1° *Travaux ne nécessitant pas d'autorisation*

Bibliographie : B. Lehnisch, *Travaux sur parties communes : les travaux minimes non soumis à autorisation* : *AJDI* 2021, p. 831.

15) Exemples. En ce qui concerne les *travaux affectant les parties communes* il a été jugé que l'installation par un copropriétaire dans le sol d'un emplacement de parking dont il avait la jouissance exclusive d'un dispositif destiné à en interdire l'accès n'affecte pas les parties communes dès lors que ce dispositif a un aspect discret par ses formes et dimensions et qu'il est fixé dans le sol par un ancrage léger et superficiel (■ Cass. 3e civ., 19 nov. 1997, n° 95-20.079 : *JurisData* n° 1997-004555 ; *Bull. civ.* III, n° 206 ; *Loyers et copr.* janv. 1998, comm. 27, note G. Vigneron ; *RD imm.* 1998, p. 129, obs. P. Capoulade). Des travaux qui n'entraînent qu'une emprise minime, sans dommage réel pour les parties communes et pour l'immeuble non plus que pour les autres copropriétaires pourraient donc être accomplis sans autorisation (■ CA Paris, pôle 1, 8e ch., 14 oct. 2022, n° 22/03717 : *Administrer* déc. 2022, p. 45, obs. P. Déchelette-Tolot. – V. sur ce point : C. Atias, *Travaux minimes et dérogatoires en copropriété immobilière : Inf. rap. copr.* oct. 1999, p. 25). De même ne nécessite pas d'autorisation la construction d'une piscine lorsque le droit d'affouiller le sol à cette fin est attaché au lot (■ Cass. 3e civ., 13 nov. 2013, n° 12-24.097).

En ce qui concerne les *travaux affectant l'aspect extérieur* de l'immeuble il a été jugé que les travaux de parachèvement de locaux commerciaux livrés « bruts » concernant la devanture ne demandent pas d'autorisation particulière (■ Cass. 3e civ., 26 avr. 1979 : *D.* 1980, inf. rap. p. 236, obs. C. Giverdon. – J.-R. Bouyeure, *Les modifications apportées par les copropriétaires de boutiques à la façade de l'immeuble en copropriété : AJPI* 1973, II, 786. ■ CA Paris, 23e ch. B, 13 sept. 2001 : *Loyers et copr.* 2002, comm. 106 ; *Constr.-Urb.* 2002, comm. 36, obs. D. Sizaire. – *Contra :* ■ CA Paris, 23e ch. A, 20 mars 1991 : *Loyers et copr.* 1991, comm. 234). De même il n'est pas besoin d'autorisation lorsque l'aspect extérieur n'est pas réellement affecté, par exemple dans le cas de remplacement de vitres opaques minces non armées par des vitres transparentes armées antieffraction (■ CA Paris, 14e ch. A, 3 oct. 2001 : *AJDI* 2001, p. 995). En revanche, le fait que l'élément modifié, en l'espèce une fenêtre, soit une partie privative n'est pas de nature à autoriser le copropriétaire à modifier l'aspect extérieur de l'immeuble en condamnant cette ouverture (■ CA Lyon, 8e ch., 27 juill. 2018, n° 17/07691 : *JurisData* n° 2018-013403).

2° *Travaux interdits ou réglementés par le règlement*

16) Conditions de licéité des clauses. Le règlement peut interdire ou réglementer certains travaux. Ces interdictions sont licites à condition qu'elles soient justifiées par la destination de l'immeuble. Ainsi lorsqu'il s'agit de s'assurer que les travaux ne mettront pas en péril la solidité de l'immeuble et seront effectués selon les règles de l'art (V. pour la licéité d'une clause imposant la surveillance de l'architecte de l'immeuble pour le percement de tout gros mur ou mur de refend : ■ CA Versailles, 17 févr. 1995 : *JurisData* n° 1995-040717 et pour une clause imposant l'intervention de l'architecte de la copropriété en cas de modification des revêtements de sol : ■ Cass. 3e civ., 17 déc. 1996, n° 95-10.699 : *JurisData* n° 1996-005076 ; *Loyers et copr.* 1997, comm. 121. V. dans le même sens pour la clause prévoyant la surveillance de l'architecte de l'immeuble en cas de travaux modifiant la distribution d'un lot : ■ CA Paris, pôle 4, 2e ch., 12 janv. 2022, n° 18/09897 : *JurisData* n° 2022-000523 ; *Administrer* mars 2022, p. 47, obs. P. Déchelette-Tolot ; *Rev. loyers* 2022, p. 138, obs. S. Bénilsi). De même lorsqu'il s'agit de préserver les droits de chaque copropriétaire sur son lot (V. pour une clause interdisant de clore des emplacements de stationnement pour les transformer en boxes sans l'accord des copropriétaires contigus : ■ CA Versailles, 30 sept. 1993 : *JurisData* n° 1993-045967. ■ CA Paris, 23e ch., 29 janv. 1993 : *JurisData* n° 1993-020548).

Le règlement peut aussi réglementer les travaux dans le but de préserver l'aspect extérieur et l'harmonie de l'immeuble. (V. pour des exemples, ■ CA Paris, 23e ch., 6 nov. 2008 : *Loyers et copr.* 2009, comm. 107 ; *AJDI* 2009, p. 204. ■ CA Besançon, 1re ch. civ. A, 8 oct. 2008 : *JCP G* 2009, IV, 1227).

Mais serait réputée non écrite, comme contraire aux dispositions d'ordre public de l'article 25, la clause du règlement exigeant un vote à la majorité de l'article 26 de la loi pour autoriser des travaux d'un copropriétaire affectant les parties communes (■ CA Chambéry, 30 août 2011 : *JurisData* n° 2011-031694 : *Loyers et copr.* 2011, comm. 186, obs. G. Vigneron). À plus forte raison en va-t-il de même d'une clause requérant en cette matière l'unanimité (■ CA Rouen, 1re ch. civ., 17 mars 2021, n° 20/00929 : *JurisData* n° 2021-005964).

Voir : L. 10 juill. 1965, art. 8, comm. nos 42 et 43, p. 76.

3° *Travaux entraînant une appropriation des parties communes*

17) Exemples. Sortent également du champ d'application de l'article 25 les *travaux entraînant une appropriation des parties communes :* si les travaux peuvent « affecter » les parties communes, l'emprise qu'ils supposent (ancrage, appui, passage, etc.) ne doit pas être si importante qu'elle s'analyse en une véritable aliénation qui nécessiterait alors une décision à la majorité de l'article 26 – sous réserve d'atteinte à la destination de l'immeuble (■ CA Paris, pôle 4, 2e ch., 1er mars 2017, n° 15/00184 : *JurisData* n° 2017-003924 ; *Loyers et copr.* 2017, comm. 120, obs. A. Lebatteux). Il en est ainsi lorsque les parties communes se trouvent, du fait des travaux, définitivement soustraites à leur destination initiale et que le droit de jouissance des autres copropriétaires disparaît totalement sur la partie commune concernée (■ CA Lyon, 12 juill. 2011, n° 00/00553 : *AJDI* 2012, p. 869. ■ CA Paris, 13 mars 1980 : *D.* 1980, inf. rap. p. 445, note C. Giverdon. ■ CA Paris, 11 févr. 1981 : *D.* 1982, inf. rap. p. 440, obs. C. Giverdon).

La décision doit alors être prise à la majorité de l'article 26 (pour une annexion de couloirs communs : ▪ Cass. 3e civ., 19 déc. 1978, n° 77-13.266 : *JurisData* n° 1978-799041. – Pour l'annexion du sol d'une cour commune : ▪ Cass. 3e civ., 7 déc. 1982, n° 81-14.552 : *Bull. civ.* III, n° 241 ; *JCP* G 1983, IV, 67. – Pour l'installation d'une cuve à essence sur un sol commun : ▪ Cass. 3e civ., 16 janv. 1979 : *Gaz. Pal.* 1979, 1, somm. p. 221 ; *D.* 1979, inf. rap. p. 443, obs. C. Giverdon. – E.-J. Guillot, note sous ▪ CA Lyon, 2 mars 1978 et ▪ Cass. 3e civ., 16 oct. 1979 : *JCP* G 1980, II, 19289 ; *JCP* N 1980, II, p. 81. – Pour la transformation de grenier en appartement nécessitant des travaux assimilés à une surélévation : ▪ Cass. 3e civ., 16 nov. 1982, n° 81-12.087 : *Bull. civ.* III, n° 224 ; *D.* 1983, inf. rap. p. 129, obs. C. Giverdon. – Pour des travaux sur une terrasse partie commune attribuée en jouissance exclusive : ▪ Cass. 3e civ., 18 mai 1982 : *JurisData* n° 1982-701601 ; *JCP* G 1982, IV, 265 ; *Defrénois* 1983, art. 33027, note H. Souloau ; *Administrer* nov. 1982, p. 34, note E.-J. Guillot. ▪ CA Paris, 23e ch., 23 févr. 1994 : *Loyers et copr.* juill. 1994, n° 301. – Pour des constructions prenant appui sur la façade de l'immeuble et un escalier partie commune : ▪ Cass. 3e civ., 11 mars 1987, n° 85-14.990 : *JurisData* n° 1987-000492 ; *JCP* G 1987, IV, 172 ; pour des travaux d'affouillement du sol en vue de la création d'une piscine de rééducation : ▪ CA Paris, 23e ch., 24 mars 1992 : *Loyers et copr.* 1992, comm. 274 et ▪ CA Paris, 23e ch., 3 avr. 1992 : *Loyers et copr.* 1992, comm. 315. – Pour la construction d'un escalier entraînant une emprise sur une terrasse partie commune, ▪ Cass. 3e civ., 6 mai 2014, n° 13-14.057. – Pour des travaux de percement d'un mur commun afin de créer un passage personnel : ▪ CA Paris, pôle 4, 2e ch., 24 juin 2020, n° 16/22345 : *Administrer* août-sept. 2020, p. 56, obs. J.-R. Bouyeure. ▪ CA Reims, ch. civ., 1re sect., 18 oct. 2016, n° 15/00169 : *JurisData* n° 2016-025766).

Le simple surplomb des parties communes ne peut *a priori* être considéré comme entraînant aliénation (▪ Cass. 3e civ., 3 juill. 1979 : *D.* 1980, inf. rap. p. 278. ▪ CA Paris, 31 janv. 1978 : *JCP* G 1978, II, 18950. – Sur la mise en œuvre du droit de surplomb institué par l'article L. 113-5-1, I, du Code de la construction, V. P.-E. Lagraulet, *L'exercice du droit de surplomb précisé par décret* : *Dalloz actualité*, 30 juin 2022. – B. Naudin, *Les travaux d'isolation embarqués, droit de surplomb et d'accès au fonds voisin* : *DEF* 6 avr. 2023, n° DEF211f7, p. 14. – P. Déchelette-Tolot et V. Hardouin, *La sobriété énergétique en copropriété* : *Administrer* août-sept. 2023, p. 11. – P.-E. Lagraulet, *L'opposition à l'exercice du droit de surplomb* : *Inf. rap. copr.* mars 2024, p. 4).

Il a été jugé que l'installation d'un ascenseur dans la cage d'escalier ne s'analysait pas en une appropriation de parties communes (▪ Cass. 3e civ., 10 oct. 2006, n° 05-17.565 : *Administrer* janv. 2007, p. 60, obs. J.-R. Bouyeure), dès lors que cet élément d'équipement s'incorporait aux parties communes, ou encore que la transformation de places de parking en boxes clos ne réalisait pas une appropriation des parties communes et que l'autorisation pouvait donc être donnée à la majorité de l'article 25 *b* (▪ Cass. 3e civ., 10 juin 2015, n° 14-12.270 : *AJDI* 2015, p. 844, note N. Le Rudulier). De même il a été jugé que l'emprise d'un escalier de secours sur une voie commune de circulation peut être autorisée à la majorité de l'article 25 si cette emprise est de faible importance, que l'escalier ne comporte aucune fondation, qu'il est constitué d'une structure métallique facilement démontable et qu'il ne prive pas les autres copropriétaires de l'usage de la partie commune sur laquelle est implanté cet escalier (▪ Cass. 3e civ., 14 juin 2018, n° 17-18.613 : *JurisData* n° 2018-010378 ; *Administrer* oct. 2018, p. 61, obs. J.-R. Bouyeure).

18) Critères. Le point de *savoir s'il y a ou non « appropriation » des parties communes* est souvent délicat à résoudre : il s'agira d'une question de fait. On ne s'étonnera donc pas qu'il existe des contradictions ou des inconséquences de la jurisprudence...

Si l'on veut les éviter, il paraît nécessaire d'abandonner le critère « quantitatif » qui s'attache au caractère plus ou moins important de l'emprise sur les parties communes qu'engendrent les travaux projetés (ce critère n'est pas satisfaisant : ainsi admet-on que l'on puisse implanter un ascenseur dans la cage d'un escalier ou d'une cour commune sur le fondement de l'article 25 *b*, tout en rejetant des travaux d'importance moindre : par exemple l'installation d'une cuve à essence sur un sol commun – V. ci-dessus).

Il paraît préférable de considérer plutôt le but poursuivi ou le résultat obtenu par les travaux (en ce sens J.-R. Bouyeure, *Les travaux dans la copropriété, op. cit.*, n° 350).

– Des travaux affectant les parties communes et permettant d'améliorer les conditions de jouissance des parties privatives relèveraient alors de l'article 25 *b* (sauf si par leur importance ils créent une emprise constituant une véritable aliénation des parties communes).

– En revanche, les travaux sur parties communes dont l'objet ou la conséquence est d'entraîner ou de permettre un agrandissement des parties privatives ou la création de nouvelles parties privatives relèveraient de l'article 26 (V. ▪ Cass. 3e civ., 4 nov. 2004, n° 03-11.741 : *JurisData* n° 2004-023864 ; *Bull. civ.*, III, n° 189 ; *Loyers et copr.* 2005, comm. 21, obs. G. Vigneron ; *AJDI* 2004, p. 311, note C. Giverdon. ▪ CA Paris, pôle 4, 2e ch., 11 mars 2015, n° 13/08683 : *Administrer* juin 2015, p. 43, note J.-R. Bouyeure).

Lorsque des juges sont appelés à apprécier la validité d'une autorisation donnée à un copropriétaire par l'assemblée concernant des travaux affectant les parties communes, il leur appartient de vérifier si ces travaux sont susceptibles de réaliser une emprise sur ses parties communes et s'ils sont conformes aux stipulations du règlement

(■ Cass. 3e civ., 6 mai 2014, n° 13-14.057 : *Administrer* juill. 2014, p. 38, note J.-R. Bouyeure).

4° Travaux portant atteinte à la destination de l'immeuble

19) Appréciation des juges. Sortent du champ d'application de l'article 25 les *travaux contraires à la destination de l'immeuble*. Ces travaux ne peuvent alors être autorisés qu'à l'unanimité (■ CA Versailles, 4e ch., 2e sect., 25 sept. 2019, n° 17/05416 : *JurisData* n° 2019-019508).

Le point de savoir si des travaux portent atteinte à la destination de l'immeuble est souverainement apprécié par les juges du fond (■ Cass. 3e civ., 10 juin 1981, n° 79-16.503 : *JurisData* n° 1981-702443 ; *Bull. civ.* III, n° 115 ; *D.* 1982, inf. rap. p. 290, obs. C. Giverdon), qui peuvent cependant encourir la censure de la Cour de cassation s'ils ne motivent pas suffisamment en fait leur décision, ou dénaturent les clauses du règlement. Les juges du fond ne peuvent, pour se prononcer, considérer que l'assemblée a « souverainement apprécié » si l'intérêt collectif de la copropriété justifiait d'autoriser les travaux : le juge a l'obligation de vérifier si les travaux litigieux sont ou non conformes à la destination de l'immeuble (■ Cass. 3e civ., 22 oct. 2020, n° 19-21.961 : *JurisData* n 2020-016986 ; *Administrer* janv. 2021, p. 61, note J.-R. Bouyeure).

Voir aussi : sur la notion de destination, V. L. art. 8.

20) Installation d'un ascenseur. Dans le cas d'*installation d'un ascenseur*, on recherchera par exemple si les travaux correspondent aux caractéristiques et à la destination de l'immeuble et ne portent pas atteinte aux parties privatives, et au droit de jouissance sur les parties communes des copropriétaires autres que ceux bénéficiant de l'autorisation, si les accès, la circulation dans l'escalier, la manutention du mobilier ou le transport des malades ne seront pas de ce fait beaucoup plus difficiles sinon impossibles (V. pour des exemples ■ CA Paris, 1re ch., 24 oct. 1988 et ■ CA Paris, 23e ch., 19 oct. 1988 : *Loyers et copr.* 1988, comm. 558. ■ CA Paris, 23e ch., 6 mars 1995 : *Loyers et copr.* 1995, comm. 346. ■ CA Paris, 23e ch. A, juill. 1995 : *Loyers et copr.* 1995, comm. 542. ■ CA Paris, 23e ch., 27 juin 1994 : *Loyers et copr.* 1994, comm. 496. – V. également ■ CA Paris, 23e ch., 11 mai 1993 : *Administrer* févr. 1994, p. 65, qui refuse l'installation d'un ascenseur dans un immeuble classé monument historique. V. également pour l'installation d'un ascenseur dans un immeuble de standing, refusée parce qu'elle porte atteinte à l'harmonie architecturale de l'immeuble : ■ CA Paris, 19e ch., 25 avr. 1997 : *Administrer* août-sept. 1997, p. 49, et ■ CA Versailles, 12 sept. 1997 : *Administrer* avr. 1998, p. 48, note J.-R. Bouyeure). L'installation de l'ascenseur peut être refusée si elle diminue l'emmarchement à tous les étages et, qu'en outre, elle porte atteinte à l'esthétique de l'immeuble (■ CA Paris, 23e ch. B, 10 févr. 2005 : *Loyers et copr.* 2005, comm. 147, note G. Vigneron) ou si elle entraîne une réduction de la surface des paliers et qu'aucune étude d'impact n'a été effectuée (■ CA Paris, 23e ch. B, 16 déc. 2004 : *JurisData* n° 2004-262704. – V. ■ CA Toulouse, 1re ch., 10 sept. 2007 : *JurisData* n° 2007-344953, qui admet une emprise de 15 % sur la cour intérieure de l'immeuble). Est régulière la résolution qui accepte l'installation d'un ascenseur dans un immeuble ancien dès lors que la largeur de l'emmarchement résiduel, si elle est dans certains endroits inférieure à 80 cm, n'est jamais inférieure à 76 cm (■ CA Paris, pôle 4, 2e ch., 23 nov. 2016, n° 14/21784 : *Administrer* mars 2017, p. 50, note J.-R. Bouyeure).

Voir aussi : *supra*.

21) Exemples divers. Ont été par exemple jugés contraires à la destination de l'immeuble :

- le *percement de murs* pour réunir un lot avec l'immeuble voisin (■ Cass. 3e civ., 14 déc. 1976, n° 75-14.097 : *Bull. civ* III, n° 461 ; *D.* 1977, p. 417, note C. Atias ; *JCP* G 1977, II, 18713, note E.-J. Guillot. ■ Cass. 3e civ., 13 févr. 1979 : *JurisData* n° 1979-700044 ; *Defrénois* 1979, art. 33162, note H. Souleau ; *JCP* G 1979, IV, 135 ; *Journ. not.* 1979, art. 54803, note J. Viatte). Ces travaux doivent alors être autorisés à l'unanimité.

Toutefois le point de savoir s'il y a en pareil cas atteinte à la destination de l'immeuble doit être examiné au cas par cas (■ Cass. 3e civ., 5 avr. 1995, n° 93-17.714 : *Administrer* nov. 1996, p. 30, note J.-M. Gélinet. – V. pour la création d'un complexe professionnel par réunion de deux cabinets, moyennant percement d'un mur mitoyen : ■ CA Paris, 23e ch., 5 déc. 1994 : *Loyers et copr.* 1995, comm. 139. – Sur le problème voisin de la mise en communication de deux escaliers, V. E.-E. Frank, *Les litiges résultant de la jonction des deux escaliers de certains immeubles en copropriété* : *Administrer* août-sept. 1996, p. 4). Il y a atteinte à la destination de l'immeuble lorsqu'un propriétaire de locaux commerciaux situés dans deux immeubles mitoyens souhaite percer le mur porteur de manière à les réunir pour installer sur l'ensemble un supermarché, d'autant que les travaux sont de nature à porter atteinte à la solidité de l'immeuble (■ Cass. 3e civ., 13 sept. 2005, n° 04-15.905 : *Administrer* nov. 2005, p. 40, obs. J.-R. Bouyeure, et déc. 2005, p. 71, obs. P. Capoulade),

- des travaux de désamiantage qui aboutissent à rendre l'immeuble « brut de béton » (■ Cass. 3e civ., 27 mars 2007, n° 05-14.326 : *JurisData* n° 2007-038303),

- des travaux concernant les parties communes d'un centre commercial de nature à affecter son attractivité en engendrant une rupture de l'unité commerciale existant au sein de la copropriété (■ Cass. 3e civ., 9 mai 2007, n° 06-14.106 : *Administrer* août-sept. 2007, p. 57, obs. J.-R. Bouyeure).

• la création d'une sortie de secours donnant dans la cour intérieure de l'immeuble, susceptible d'en faciliter l'accès et de créer un va-et-vient intempestif et fréquent de personnes étrangères à l'immeuble (▪ CA Paris, pôle 4, 6e ch., 26 juin 2009 : *JurisData* n° 2009-378453 ; *Loyers et copr.* 2010, comm. 32, obs. G. Vigneron) ;

• l'installation d'une chaise élévatrice dans la cage d'escalier d'un immeuble, les juges considérant qu'elle portait atteinte à la sécurité des personnes, en interdisant l'accès des pompiers ou l'évacuation des blessés sur un brancard, et qu'elle portait également atteinte à l'esthétique de l'immeuble à destination bourgeoise (▪ CA Paris, pôle 4, 2e ch., 12 mai 2021, n° 18/06835 : *JurisData* n° 2021-012834 ; *Administrer* juill. 2021, p. 45, note J.-R. Bouyeure).

5° *Travaux portant atteinte à l'harmonie ou à l'esthétique de l'immeuble*

Bibliographie : sur le sujet : G. Gil, *L'harmonie de l'immeuble : Ann. loyers* juin 2019, p. 55. – F. Bayard-Jammes, *Les travaux sur partie communes : Inf. rap. copr.* mai 2019, p. 12. – J.-M. Le Masson, *Esthétique de l'immeuble et droit de propriété : pérégrinations en droit de la copropriété : Administrer* juill. 2005, p. 25.

22) Exemples. Sortent également du champ d'application de l'article 25 : les *travaux portant atteinte à l'harmonie ou à l'esthétique de l'immeuble*, qui sont un des éléments de sa « destination » (▪ Cass. 3e civ., 7 nov. 1978, n° 77-11.421 : *Bull. civ.* III, n° 333 ; *Gaz. Pal.* 1979, 1, somm. p. 20. ▪ Cass. 3e civ., 5 mai 1981 : *JurisData* n° 1981-001436 ; *Gaz. Pal.* 1981, 2, pan. p. 350. ▪ CA Paris, 11 janv. 1979 : *D.* 1980, inf. rap. p. 151. ▪ CA Paris, 13 déc. 1979 : *D.* 1981, inf. rap. p. 101. ▪ CA Paris, 10 mars 1981 : *D.* 1982, inf. rap. p. 287, obs. C. Giverdon). Ainsi par exemple lorsque la transformation d'une fenêtre en porte, au rez-de-chaussée de l'immeuble, affecte son harmonie et son esthétique (▪ Cass. 3e civ., 21 mai 2008, n° 07-12.703. – V. également pour l'installation d'un rideau opaque blanc à l'intérieur des parties privatives, ▪ CA Paris, 11 mai 2016, n° 14/11417 : *AJDI* 2016, p. 520). L'autorisation doit alors être donnée à l'unanimité. L'appréciation s'opère au cas par cas en fonction des données particulières de chaque espèce (V. pour l'installation d'une terrasse et d'une pergola sur un jardin en jouissance privative, ▪ CA Pau, 31 janv. 2005 : *Loyers et copr.* 2005, comm. 213, note G. Vigneron. – Pour l'installation, admise, d'un climatiseur en façade, ▪ CA Paris, 14e ch. B, 23 janv. 2009 : *AJDI* 2009, p. 552). L'assemblée devant pouvoir apprécier, en fonction des spécificités de chaque demande, la conformité ou non des travaux projetés avec la destination de l'immeuble, il ne saurait être octroyé par anticipation à un copropriétaire une autorisation générale d'aménagement des parties communes, seraient-elles à usage privatif, qui pourrait avoir pour effet de modifier l'aspect extérieur de l'immeuble (▪ CA Aix-en-Provence, ch. 1-3, 15 juin 2023, n° 22/13526 : *JurisData* n° 2023-011920).

Bibliographie : sur le sujet : J.-M. Le Masson, *Esthétique de l'immeuble et droit de propriété : pérégrinations en droit de la copropriété : Administrer* juill. 2005, p. 25.

6° *Travaux portant atteinte aux droits des copropriétaires*

23) Exemples. Ne peuvent être autorisés dans le cadre de l'article 25 les *travaux portant atteinte aux droits des copropriétaires sur les parties communes* (cette atteinte devant être caractérisée) ou *sur les parties privatives* de leurs lots (▪ TGI Paris, 13 juill. 1976 : *D.* 1976, inf. rap. p. 313. ▪ CA Nîmes, 15 nov. 1976 : *JCP G* 1978, IV, 69. ▪ TGI Paris, 26 mai 1977 : *D.* 1978, inf. rap. p. 131. ▪ CA Paris, 2 févr. 1979 : *D.* 1980, inf. rap. p. 151. ▪ CA Paris, 20 sept. 1979 : *D.* 1980, inf. rap. p. 277. ▪ CA Bordeaux, 6 janv. 1981 : *JCP G* 1983, IV, 99). La décision requiert alors l'unanimité.

Ainsi par exemple :

• lorsqu'un copropriétaire prolonge sa toiture en créant un surplomb sur le lot voisin (▪ Cass. 3e civ., 4 juin 1998, n° 96-20.608 : *JurisData* n° 1998-002424 ; *Bull. civ.* III, n° 117 ; *Loyers et copr.* 1998, comm. 230),

• lorsque l'installation d'un ascenseur modifie les modalités d'utilisation de la cour commune, en particulier en ce qui concerne l'accès et le stationnement des véhicules (▪ CA Paris, 23e ch. B, 29 juin 2005 : *Loyers et copr.* 2005, comm. 211, note G. Vigneron),

• lorsque des travaux d'éradication de l'amiante vont au-delà des exigences légales et réglementaires et conduisent à rendre l'immeuble « brut de béton » (▪ Cass. 3e civ., 27 mars 2007, n° 05-14.326 : *JurisData* n° 2007-038303 ; *AJDI* 2007, p. 486). La décision relève alors de l'unanimité,

• la réouverture d'anciennes fenêtres condamnées avant la naissance de la copropriété, qui porte atteinte aux droits de jouissance privative de certains copropriétaires (▪ CA Paris, 23e ch. B, 28 juin 2007 : *JurisData* n° 2007-337252),

• des travaux multiples et importants destinés à permettre la transformation en grande surface de plusieurs lots commerciaux, entraînant d'importantes nuisances pour les copropriétaires, alors que l'installation de cette grande surface était de nature à nuire à la tranquillité des occupants de l'immeuble, contrairement aux dispositions du règlement (▪ Cass. 3e civ., 19 oct. 2010, n° 09-70.515 : *Administrer* févr. 2011, p. 43, obs. J.-R. Bouyeure),

• des travaux d'aménagement intérieur d'un lot transformant une dépendance située sur une terrasse en appartement, qui créent un changement de la destination des parties privatives déterminée par le règlement de copropriété (■ Cass. 3e civ., 26 mai 2016, n° 15-12.556 : *JurisData* n° 2016-010153 ; *Loyers et copr.* 2016, comm. 183, note G. Vigneron).

C – Modalités de l'autorisation

24) L'autorisation ne peut être donnée que par l'assemblée. Lorsqu'on est dans le champ d'application de l'article 25 *b*, une autorisation de l'assemblée est indispensable. Elle ne peut être suppléée par une autorisation anticipée de procéder à des travaux donnée dans le règlement de copropriété (■ CA Paris, pôle 4, 2e ch., 8 nov. 2023, n° 20/00663 : *JurisData* n° 2023-023095. – V. sur ce point, L. art. 8) ou à plus forte raison par une autorisation du syndic (■ Cass. 3e civ., 6 sept. 2018, n° 17-19.234. ■ Cass. 3e civ., 22 mars 2018, n° 17-10.053 : *Administrer* juin 2018, p. 45, obs. J.-R. Bouyeure. ■ Cass. 3e civ., 8 nov. 2006, n° 05-19.141 : *JurisData* n° 2006-035845 ; *Loyers et copr.* 2007, comm. 19, obs G. Vigneron ; *Administrer* févr. 2007, p. 47, obs. J.-R. Bouyeure. ■ Cass. 3e civ., 7 mai 1997, n° 95-14.777 : *RD imm.* 1997, p. 487, note P. Capoulade. ■ Cass. 3e civ., 30 mars 1972 : *AJPI* 1973, p. 804. – ■ CA Montpellier, 5e ch. civ., 5 mars 2024, n° 21/03117 : *Rev. loyers* 2024, p. 252, obs. S. Bénilsi. ■ CA Paris, pôle 4, 2e ch., 8 nov. 2023, n° 20/00663 : *JurisData* n° 2023-023095. ■ CA Paris, 4 mars 1982 : *D.* 1982, inf. rap. p. 440, obs. C. Giverdon. – V. à ce propos, C. Atias, *L'autorisation délivrée par le syndic : Inf. rap. copr.* janv. 1995, p. 29), même si le règlement le prévoit : il s'agit d'une clause réputée non écrite en vertu de l'article 43 de la loi : V. ce texte *infra*. ■ CA Lyon, 8e ch. civ., 5 sept. 2006 : *JurisData* n° 2006-311840). Le syndic qui délivre une autorisation illicite engage sa responsabilité vis-à-vis du syndicat et du copropriétaire, dans la mesure du préjudice causé (■ Cass. 3e civ., 13 janv. 2015, n° 13-19.646. ■ Cass. 3e civ., 28 mars 2006, n° 05-11.429 : *Administrer* juin 2006, p. 54, obs. J.-R. Bouyeure. ■ CA Colmar, 2e ch. civ., 18 sept. 2020, n° 19/01204 : *JurisData* n° 2020-013419. ■ CA Aix-en-Provence, 21 nov. 2013, n° 2013-505 : *AJDI* 2014, p. 463. ■ CA Paris, 23e ch. A, 18 oct. 2000 : *Loyers et copr.* 2001, comm. 108).

Voir : sur l'illicéité des autorisations données dans le règlement, L. 10 juill. 1965, art. 8, comm. nos 42 et 43, p. 76.

Ne peut être prise en considération une autorisation de l'administration qui ne saurait dispenser le copropriétaire de demander l'aval de l'assemblée (■ CA Paris, pôle 4, 2e ch., 11 janv. 2023, n° 19/17100 : *JurisData* n° 2023-001023 ; *Rev. Loyers* 2023, n° 4089. ■ CA Aix-en-Provence, ch. 1-2, 1er déc. 2022, n° 22/10297 : *JurisData* n° 2022-020855. ■ CA Bastia, ch. civ., 2e sect., 4 mars 2020, n° 18/00300 : *JurisData* n° 2020-004826). De même n'a aucune valeur :

– l'*autorisation donnée par le conseil syndical* (■ Cass. 3e civ., 28 mars 2006, n° 05-11.429. ■ Cass. 3e civ., 25 janv. 1995, n° 92-19.600 : *JurisData* n° 1995-000107 ; *Bull. civ.* III, n° 29 ; *RJDA* mai 1995, p. 482, n° 632. ■ CA Versailles, 4e ch., 2e sect., 23 oct. 2017, n° 15/07799 : *JurisData* n° 2017-020995) ;

– ou l'autorisation donnée *par des copropriétaires individuellement* qui ne peut se substituer à celle de l'assemblée générale (■ Cass. 3e civ., 25 janv. 2024, n° 22-22.758 : *JurisData* n° 2024-000627 ; *Loyers et copr.* 2024, comm. 54, obs. C. Coutant-Lapalus ; *Administrer* mars 2024, p. 36, obs. P. Déchelette-Tolot ; *AJDI* 2024, p. 213 ; *Rev. loyers* 2024, p. 202, obs. C. Jeanne. ■ Cass. 3e civ., 19 nov. 2020, n° 18-24.022 : *JurisData* n° 2020-019004 ; *Administrer* janv. 2021, p. 60, obs. J.-R. Bouyeure ; *Ann. loyers* 2021, p. 94, obs. J.-M. Roux ; *Rev. loyers* 2021, p. 33, obs. V. Zalewski-Sicard) même si la copropriété ne comprend que deux ou trois membres (■ Cass. 3e civ., 29 juin 2023, n° 21-20.930 : *Loyers et copr.* 2023, comm. 154, obs. C. Coutant-Lapalus ; *Administrer* août-sept. 2023, p. 42, obs. P. Déchelette-Tolot ; *Ann. loyers*2023, p. 82, obs. J.-M. Roux. ■ Cass. 3e civ., 19 juin 1996, n° 94-19.328 : *JurisData* n° 1996-002699 ; *Loyers et copr.* 1996, comm. 452) et que l'accord oral des autres copropriétaires est attesté par témoins (■ CA Montpellier, 25 sept. 2006 : *JurisData* n° 2006-324926). À plus forte raison est dépourvu de toute valeur le silence gardé par les autres copropriétaires après réception d'une information leur ayant été adressée par des courriers ou courriels restés sans réponse (■ CA Bastia, ch. civ. A, 5 oct. 2016, n° 14/00926 : *JurisData* n° 2016-024403).

Lorsque les travaux concernent des parties communes spéciales placées sous l'administration d'un syndicat secondaire (construction d'un auvent sur une terrasse), l'autorisation doit être donnée par l'assemblée des copropriétaires composant ce syndicat secondaire, puisqu'il est titulaire du droit de surélever les parties communes spéciales. Mais l'autorisation du syndicat principal est également requise, dès lors que l'ouvrage modifie l'aspect extérieur de l'ensemble immobilier (■ Cass. 3e civ., 21 janv. 2014, n° 12-26.657 : *Administrer* mai 2014, p. 51, note J.-R. Bouyeure).

25) L'autorisation doit être expresse. Conformément à un principe bien établi en droit de la copropriété, l'autorisation de l'assemblée ne peut être implicite (■ Cass. 3e civ., 5 oct. 2010, n° 09-68.982 : *JurisData* n° 2010-017991 ; *Loyers et copr.* 2010, comm. 326, obs. G. Vigneron ; *AJDI* 2011, p. 218, note P. Capoulade. ■ Cass. 3e civ., 28 mars 2007, n° 06-11.947 : *JurisData* n° 2007-038300 ; *Loyers et copr.* 2007, comm. 136, obs. G. Vigneron ; *AJDI* 2007, p. 574, note Y. Rouquet ; *Administrer* juin 2007, p. 58, obs. J.-R. Bouyeure ; *Rev. loyers* 2007, p. 241, note J.-M. Roux. ■ Cass. 3e civ., 17 janv. 2007, n° 05-17.119 : *JurisData* n° 2007-036928 ; *Bull. civ.* III, n° 3 ; *JCP G* 2007, IV, 1361. ■ CA Bastia, ch. civ., 2e sect., 4 mars 2020, n° 18/00300 : *JurisData* n° 2020-004826).

L'autorisation doit revêtir la forme d'une véritable décision. Un simple accord intervenu entre les auteurs des travaux sur les parties communes et les autres copropriétaires ne peut valoir autorisation (▪ Cass. 3e civ., 24 sept. 2008, n° 07-16.038 : *JurisData* n° 2008-045140 ; *Loyers et copr.* 2008, comm. 259, obs. G. Vigneron ; *Administrer* déc. 2008, p. 66, obs. J.-R. Bouyeure). De même, l'existence d'un simple accord de principe de l'assemblée, subordonné à la présentation ultérieure d'un projet détaillé, ne permet pas de réaliser valablement les travaux (▪ CA Nîmes, 2e ch., sect. B, 2 mai 2023, n° 23/00039 : *JurisData* n° 2023-008042 ; *Rev. loyers* 2023, p. 377, obs. S. Bénilsi).

26) Conditions particulières imposées par l'assemblée. L'assemblée peut *subordonner l'autorisation à des conditions particulières* (par exemple le contrôle d'un architecte : ▪ CA Paris, 13 oct. 1966 : *Gaz. Pal.* 1966, 2, p. 300. ▪ CA Grenoble, 2e ch. civ., 30 nov. 2021, n° 19/01205 : *Rev. loyers* 2022, p. 41, obs. S. Bénilsi – ou la souscription d'assurances : ▪ TGI Pontoise, 8 juill. 1976 : *Ann. loyers* 1977, p. 881). Le non-respect des conditions exigées par l'assemblée constitue un trouble manifestement illicite (▪ CA Lyon, 8e ch., 30 nov. 2022, n° 22/00750 : *JurisData* n° 2022-022115). Mais même si l'assemblée n'a pas imposé de condition particulière à ce propos, il appartient au syndic de vérifier que le copropriétaire qui entreprend des travaux sur les parties communes a bien souscrit les assurances nécessaires, faute de quoi il engage sa responsabilité vis-à-vis du syndicat (▪ Cass. 3e civ., 3 nov. 2016, n° 15-21.705 : *JurisData* n° 2016-022915 ; *Loyers et copr.* 2017, comm. 26, obs. C. Coutant-Lapalus ; *Ann. loyers* 2017, p. 71, obs. J.-M. Roux ; *Administrer* févr. 2017, p. 54, note J.-R. Bouyeure. – V. à propos de cette décision : G. Gil, *Le syndic et l'assurance : diligences dans la souscription, vigilance dans le contrôle : Ann. loyers* janv.-févr. 2017, p. 117 et s.).

L'assemblée pourrait aussi imposer le paiement d'indemnités soit à l'ensemble des copropriétaires, soit aux copropriétaires lésés avec leur accord préalable, sauf s'il s'agit de travaux d'amélioration, l'article 36 de la loi (V. ce texte) pouvant alors être appliqué par analogie. Toutefois ces indemnités ne doivent pas être excessives et les juges sont compétents pour en déterminer le quantum (▪ CA Paris, 23e ch. A, 10 déc. 1997 : *Loyers et copr.* 1998, comm. 146). Le copropriétaire qui demande l'autorisation peut aussi offrir spontanément cette indemnité (▪ CA Paris, 8e ch. A, 7 avr. 1998 : *Defrénois* 1998, art. 36903, n° 131). L'assemblée peut aussi confier au conseil syndical le soin de surveiller la bonne exécution des travaux, ce qui ne constitue pas de sa part une délégation de pouvoir (▪ CA Lyon, 6 déc. 2000 : *Loyers et copr.* 2002, comm. 24). Si le copropriétaire ne respecte pas les termes de l'autorisation, le syndicat n'est pas fondé à demander une remise des lieux en leur état antérieur mais seulement la réalisation de travaux conformes au plan entériné par l'assemblée et au permis de construire (▪ Cass. 3e civ., 22 oct. 2015, n° 14-20.427). Encore faut-il que cette mise en conformité soit techniquement possible (V. à propos de travaux d'isolation phonique imposés par l'assemblée, ▪ Cass. 3e civ., 30 mars 2017, n° 15-24.612 : *JurisData* n° 2017-007823 ; *Loyers et copr.* 2017, comm. 151, note A. Lebatteux).

L'assemblée n'est pas en droit de subordonner son autorisation à la prise en charge par le demandeur de divers travaux sur les parties communes, bénéficiant à l'ensemble des copropriétaires, ce qui constitue une rupture d'égalité (▪ Cass. 3e civ., 8 sept. 2016, n° 15-18.800 : *JurisData* n° 2016-018239 ; *Loyers et copr.* 2016, comm. 243, obs. G. Vigneron et C. Coutant-Lapalus ; *Administrer* janv. 2017, p. 66, obs. J.-R. Bouyeure).

Dans le silence de la décision les ayant autorisés à faire à leurs frais des travaux, les copropriétaires concernés doivent convenir entre eux des modalités d'exécution ou de financement de ces travaux (▪ CA Paris, 11 et 13 juill. 1984 : *Gaz. Pal.* 1984, 2, p. 703, note J.-R. Bouyeure ; *RD imm.* 1984, p. 451, obs. C. Giverdon).

Il a été jugé que le copropriétaire qui, sur autorisation de l'assemblée, faisait exécuter des travaux affectant les parties communes ou l'aspect extérieur de l'immeuble devait supporter, outre ses propres dépenses, les frais que le syndicat de copropriété devait lui-même engager pour s'assurer que ces travaux ne présentaient aucun risque pour le gros œuvre (▪ Cass. 3e civ., 24 nov. 1987, n° 86-13.990 : *Loyers et copr.* 1988, comm. 41. – *Contra*, ▪ CA Paris, 23e ch. B, 13 janv. 2000 : *AJDI* 2000, p. 259, pour qui les honoraires de l'architecte du syndicat chargé du contrôle des travaux sont des charges de copropriété à répartir en proportion des tantièmes).

L'autorisation de l'assemblée n'est donnée que *sous réserve* de la conformité des travaux envisagés avec la réglementation existante : le copropriétaire qui en bénéficie devra faire son affaire personnelle de l'obtention des agréments nécessaires (▪ CA Paris, 23e ch., 6 avr. 1994 : *Loyers et copr.* 1994, comm. 266 et à propos d'un changement d'affectation : ▪ Cass. 3e civ., 20 oct. 1993 : *Administrer* mai 1994, p. 29, note J. Lafond). L'assemblée qui autorise un copropriétaire à effectuer des travaux ne se prononce que sous réserve de la réglementation administrative. Aussi sa décision de ratifier *a posteriori* des travaux irréguliers n'est-elle pas nulle du seul fait que ces travaux ont été effectués sans permis de construire (▪ Cass. 3e civ., 30 sept. 1998, n° 96-16.689 : *JurisData* n° 1998-003647 ; *Bull. civ.* III, n° 181 ; *Loyers et copr.* 1999, comm. 28 ; *Constr.-Urb.* 1998, comm. 417, note D. Sizaire).

Les copropriétaires n'ont pas un droit acquis à ce que l'assemblée se prononce à première demande (▪ CA Paris, 23e ch. B, 3 juin 2004 : *AJDI* 2004, p. 739). Mais des atermoiements de l'assemblée, non contents d'être potentiellement constitutifs d'un abus de majorité lorsqu'ils ont une finalité dilatoire (■ CA Paris, pôle 4, 2e ch., 23 nov. 2022, n° 18/28659 : *JurisData* n° 2022-020203) peuvent être assimilés à un refus, et autoriser le copropriétaire demandeur à saisir le tribunal (■ CA Paris, pôle 1, 2e ch., 23 févr. 2023, n° 22/06696 : *JurisData* n° 2023-005417. – V. L. 10 juill. 1965, art. 30, comm. n° 25, p. 552).

27) Qui peut demander l'autorisation ? C'est au copropriétaire dans le lot duquel doivent être effectués les travaux qu'il incombe de saisir l'assemblée. Si les travaux doivent être effectués par un locataire, c'est au bailleur de demander les autorisations nécessaires (V. ■ Cass. 3e civ., 26 mars 1997, n° 95-14.103 : *JurisData* n° 1997-001375 ; *Bull. civ.* III, n° 70 ; *Administrer* mai 1998, p. 46, obs. P. Capoulade. – ■ CA Paris, pôle 4, 2e ch., 19 avr. 2023, n° 22/03887 : *JurisData* n° 2023-007427. – ■ CA Paris, pôle 4, 2e ch., 23 juin 2022, n° 21/21374 : *JurisData* n° 2022-013680). Mais une demande d'autorisation de travaux concernant les parties privatives ne regarde pas la copropriété mais uniquement le bailleur et son locataire (■ Cass. 3e civ., 20 nov. 1996, n° 95-12.036 : *JurisData* n° 1996-004607 ; *Loyers et copr.* 1997, comm. 127).

Il a été jugé que l'autorisation ne pouvait pas être donnée à des copropriétaires non identifiés (■ CA Paris, pôle 4, 2e ch., 4 févr. 2015, n° 12/04526 : *JurisData* n° 2015-001951 ; *Administrer* juin 2015, p. 44, obs. J.-R. Bouyeure. ■ CA Paris, 23e ch. B, 19 déc. 2002 : *AJDI* 2003, p. 518).

L'autorisation est attachée au lot et profite en conséquence à l'acquéreur (■ CA Paris, 14e ch. B, 27 févr. 2009 : *AJDI* 2009, p. 882).

Voir aussi : sur la rédaction de l'ordre du jour en cas de demande d'autorisation de travaux, V. D. art. 9. – Sur les documents à joindre, V. D. art. 11, I, 3°.

28) Autorisations d'urbanisme – Permis de construire. Il a été jugé que, dès lors que le syndicat a pris parti en assemblée sur le projet considéré (en l'espèce pour refuser l'autorisation), le permis de construire doit lui être notifié, à défaut de quoi le délai de recours contentieux ne court pas à son encontre (■ CE, 6 juin 1986, n° 58211 : *JurisData* n° 1986-041537 ; *JCP* N 1986, II, p. 234, obs. B. Stemmer).

Si les travaux sont soumis à la procédure du permis de construire ou de déclaration des travaux, le copropriétaire peut présenter sa demande à l'autorité compétente sans avoir à justifier de l'obtention de l'autorisation de l'assemblée générale d'entreprendre ces travaux (■ CE, 15 févr. 2012, n° 333631 : *JurisData* n° 2012-002033 ; *Loyers et copr.* 2012, comm. 156, obs. G. Vigneron), l'absence d'une telle autorisation comme un refus d'autorisation des travaux envisagés par l'assemblée générale étant, par eux-mêmes, dépourvus d'incidence sur la qualité du copropriétaire à déposer une demande d'autorisation d'urbanisme et ne pouvant être utilement invoqués pour contester l'autorisation délivrée (■ CE, 2e et 7e ch. réunies, 23 oct. 2020, n° 425457 : *JurisData* n° 2020-016871 ; *Constr.-Urb.* 2020, comm. 137, obs. P. Cornille ; *Constr.-Urb.* 2020, repère 10, obs. H. Périnet-Marquet ; *JCP* N 2020, act. 923, obs. L. Erstein ; *Loyers et copr.* 2021, comm. 49, obs. A. Lebatteux). Par ailleurs, dès lors que les droits de tous les membres du syndicat sont susceptibles d'être atteints par le non-respect des règles d'urbanisme, chaque copropriétaire est en droit de déposer une plainte avec constitution de partie civile contre celui qui aurait réalisé des travaux sans se conformer aux formalités administratives requises sous peine de sanctions pénales (■ Cass. crim., 19 mars 2019, n° 18-83.833 : *JurisData* n° 2019-004114 ; *Loyers et copr.* 2019, comm. 132, obs. A. Lebatteux). En outre, dès lors que les travaux sont projetés à l'initiative et au profit de certains copropriétaires, le syndic ne saurait, en l'absence de mandat délivré par chacun des copropriétaires, solliciter l'autorisation d'urbanisme en lieu et place des seuls intéressés (■ CE, sect. réunies, 11 févr. 2015, n° 366296 : *JurisData* n° 2015-002237 ; *Loyers et copr.* 2015, comm. 127, obs. G. Vigneron ; *RDI* 2015, p. 195, note P. Soler-Couteaux).

Voir : sur ce point, L. 10 juill. 1965, art. 9, comm. n° 22, p. 95.

D – Travaux non autorisés

29) Remise en état des lieux à la demande du syndicat. Le syndicat ne peut, sans y avoir été préalablement autorisé par une décision de justice, détruire des constructions irrégulièrement édifiées sur les parties communes (■ Cass. 3e civ., 25 mars 2021, n° 20-14.570 : *JurisData* n° 2021-004325 ; *Loyers et copr.* 2021, comm. 103, obs. A. Lebatteux ; *Administrer* juill. 2021, p. 44, obs. J.-R. Bouyeure ; *AJDI* 2021, p. 529). Si les travaux n'ont pas été autorisés, le syndicat doit donc recourir à l'intervention du juge pour obtenir qu'ils soient interrompus (■ Cass. 3e civ., 27 janv. 2015, n° 13-28.853) et faire ordonner la *démolition des ouvrages réalisés* au besoin sous astreinte (jurisprudence constante, V. Cass 3e civ., 7 sept. 2017, n° 16-18.908. ■ Cass 3e civ., 30 mars 2017, n° 15-24.612 : *JurisData* n° 2017-007823 ; *Loyers et copr.* 2017, comm. 151, note A. Lebatteux. ■ Cass. 3e civ., 27 janv. 2009, n° 07-15.993 : *AJDI* 2009, p. 309. ■ Cass. 3e civ., 6 mars 2002, n° 01-00.335. ■ Cass. 3e civ., 18 déc. 2001, n° 00-17.871 : *JurisData* n° 2001-012360 ; *Administrer* mai 2002, p. 40, note P. Capoulade et précédemment : ■ Cass. 3e civ., 14 déc. 1982 : *Gaz. Pal.* 1983, 1, pan. p. 90. ■ Cass. 3e civ., 24 nov. 1987, n° 86-13.527 : *Loyers et copr.* 1988, comm. 36. ■ Cass. 3e civ., 26 oct. 1988, n° 87-14.188 : *JurisData* n° 1988-702170 ; *Bull. civ.* III, n° 148 ; *Gaz. Pal.* 21 janv. 1989, pan. jurispr. p. 10. ■ Cass. 3e civ., 27 nov. 1991 : *Rev. loyers* 1992, p. 108. ■ Cass. 3e civ., 12 mai 1993, n° 91-17.676 : *JurisData* n° 1993-001702 ; *Loyers et* copr. 1993, comm. 281. ▪ Cass. 3e civ., 17 janv. 1996, n° 94-13.702 : *JurisData* n° 1996-000093 ; *Bull. civ.* III, n° 16 ; *D.* 1996, inf. rap. p. 48. ▪ Cass. 3e civ., 25 nov. 1998 : *Loyers et copr.* 1999, comm. 56. – Pour des travaux effectués dans des combles parties communes, ▪ CA Paris, 23e ch. B, 26 sept. 2002 : *Loyers et copr.* 2003, comm. 49. – V. pour une appréciation bienveillante, dans un cas où les travaux affectaient l'aspect extérieur de l'immeuble, mais non pas son harmonie : ▪ Cass. 3e civ., 2 févr. 1994, n° 91-18.568 : *Rev. loyers* 1994, p. 291). On ne peut considérer que les travaux n'ont pas été autorisés au motif que la décision n'en fait pas expressément état, s'ils sont conformes à la description précise et détaillée figurant dans les documents joints à la convocation, au vu desquels l'assemblée s'est prononcée (▪ Cass. 3e civ., 17 nov. 2016, n° 15-23.537).

Les solutions données ci-dessus sont également applicables lorsque le copropriétaire qui a obtenu une autorisation de travaux n'en respecte pas les termes (▪ Cass. 3e civ., 7 janv. 2021, n° 16-26.998 : *JurisData* n° 2021-002323 ; *Loyers et copr.* 2021, comm. 48, note C. Coutant-Lapalus).

La recevabilité de l'action du syndicat n'est pas subordonnée à la preuve d'un préjudice (▪ Cass. 3e civ., 25 janv. 1995, n° 92-19.600 : *JurisData* n° 1995-000107 ; *Bull. civ.* III, n° 29 ; *RJDA* mai 1995, n° 632 ; *RD imm.* 1995, p. 383, obs. P. Capoulade. – ▪ CA Versailles, 17 janv. 2024, n° 21/01817 : *JurisData* n° 2024-004179. ▪ CA Paris, pôle 4, 2e ch., 6 avr. 2022, n° 18/19419 : *JurisData* n° 2022-005276. ▪ CA Paris, pôle 4, 2e ch., 2 déc. 2020, n° 17/07965 : *JurisData* n° 2020-020077). Le syndicat engage sa responsabilité lorsqu'étant informé de travaux irréguliers susceptibles de préjudicier aux tiers, il manque à sa mission de conservation de l'immeuble et d'administration des parties communes en s'abstenant de mettre le copropriétaire en demeure de rétablir les lieux dans leur état initial (▪ Cass. 3e civ., 25 janv. 2023, n° 22-12.874 : *JurisData* n° 2023-000857 ; *Administrer* févr. 2023, p. 61, obs. P. Déchelette-Tolot ; *AJDI* 2023, p. 444, obs. P.-E. Lagraulet ; *Ann. loyers* 2023, p. 68, obs. J.-M. Roux ; *Rev. Loyers* 2023, n° 4063, obs. V. Zalewski-Sicard. ▪ Cass. 3e civ., 21 avr. 2022, n° 21-12.240 : *JurisData* n° 2022-006246 ; *Loyers et copr.* 2022, comm. 18, obs. A. Lebatteux ; *Constr.-Urb.* 2022, comm. 82, obs. C. Sizaire ; *JCP G* 2022, 631, obs. H. Périnet-Marquet ; *Ann. loyers* 2022, p. 92, obs. J.-M. Roux).

Le copropriétaire concerné peut rechercher la responsabilité de l'architecte, chargé d'une mission complète de maîtrise d'œuvre, pour manquement à son devoir de conseil s'étendant à la vérification de la faisabilité du projet (▪ Cass. 3e civ., 21 sept. 2011, n° 10-30.510 : *JurisData* n° 2011-019723 ; *AJDI* 2011, p. 871).

Voir aussi : sur la recevabilité de l'action syndicale, V. comm. L. art. 15.

Le juge ne pourrait, pour refuser de faire droit à la demande, accepter une solution permettant de conserver les travaux irréguliers moyennant des aménagements pour en limiter les inconvénients pour la copropriété (▪ CA Paris, 23e ch. A, 19 nov. 1997 : *Loyers et copr.* 1998, comm. 136). Il n'a pas davantage à tenir compte de considérations relatives au coût de la remise en état qui sont sans conséquence sur le caractère illicite des travaux et la sanction qui en découle, à savoir la réalisation des travaux de remise en état aux frais du maître d'ouvrage (▪ CA Paris, pôle 4, 2e ch., 26 oct. 2022, n° 17/08201 : *JurisData* n° 2022-018687. ▪ CA Paris, pôle 4, 2e ch., 14 juin 2017, n° 15/10746 : *JurisData* n° 2017-020277). Toutefois il a été jugé que la remise en état de lieux dans leur état antérieur peut être refusée si elle crée un risque grave de fragiliser à nouveau la structure de l'immeuble et qu'elle s'avère de ce fait impossible (▪ Cass 3e civ., 8 juin 2017, n° 16-16.677 : *JurisData* n° 2017-016619 ; *Loyers et copr.* 2017, comm. 206, note A. Lebatteux ; *Administrer* oct. 2017, p. 67, note J.-R. Bouyeure. – Sur la faculté pour le juge de subordonner la suppression des travaux irréguliers à l'exécution préalable par le syndicat de travaux confortatifs, V. ▪ Cass. 3e civ., 12 déc. 2019, n° 18-22.514 : *Administrer* févr. 2020, p. 43, obs. J.-R. Bouyeure). En outre, traduisant une ouverture vers une certaine recherche de proportionnalité de la sanction (▪ Cass. 3e civ., 28 mai 2020, n° 19-11.995 : *JurisData* n° 2020-007407 ; *Loyers et copr.* 2020, comm. 87, obs. Coutant-Lapalus ; *Administrer* juill. 2020, p. 55, obs. J.-R. Bouyeure. ▪ Cass. 3e civ., 27 févr. 2020, n° 18-18.189 : *JurisData* n° 2020-006629 ; *Administrer* mai 2020, p. 54, obs. J.-R. Bouyeure), il incombe également au juge, lorsque cela lui est demandé, de vérifier si les atteintes portées aux parties communes et aux parties privatives sont d'une gravité telle qu'elle justifie la démolition des ouvrages irrégulièrement édifiés (▪ Cass. 3e civ., 12 sept. 2019, n° 18-19.232 : *JurisData* n° 2019-015669 ; *Loyers et copr.* 2019, comm. 201, obs. A. Lebatteux. V. sur renvoi : ▪ CA Aix-en-Provence, 1re et 5e ch., 28 janv. 2021, n° 19/18274 : *Rev. loyers* 2021, p. 151, obs. S. Bénilsi. ▪ CA Paris, pôle 1, 8e ch., 20 oct. 2023, n° 23/03732 : *Administrer* déc. 2023, p. 48, obs. P. Déchelette-Tolot ; *Rev. loyers* 2023, p. 609, obs. S. Bénilsi).

L'assemblée peut, pour sa part, accepter de renoncer à une remise en état moyennant des contreparties ou des travaux confortatifs (▪ CA Paris, 23e ch. A, 19 mars 2003 : *Rev. loyers* 2003, p. 378). Le copropriétaire ne peut pour sa part, sauf à faire valoir la prescription acquisitive ou la prescription de l'action du syndicat, invoquer pour sa défense que cette situation est tolérée par le syndicat depuis de nombreuses années (▪ CA Paris, 23e ch. B, 31 mai 2000 : *Loyers et copr.* 2001, comm. 21. ▪ CA Paris, 23e ch. A, 15 nov. 2000 : *Loyers et copr.* 2001, comm. 132). Et peu importe que la décision de refus d'autorisation des travaux ait été annulée entre-temps : la demande du syndicat de remise en état des lieux doit être néanmoins accueillie car l'annulation d'une décision de refus d'autorisation ne vaut pas autorisation (■ Cass. 3e civ., 19 sept. 2012, n° 11-21.631 : *Bull. civ.* III, n° 127 ; *JurisData* n° 2012-020888 ; *Loyers et copr.* 2012, comm. 310, note G. Vigneron ; *Rev. loyers* 2012, p. 480, note P. Déchelette-Tolot ; *Administrer* nov. 2012, p. 53, note J.-R. Bouyeure. ■ CA Paris, pôle 4, 2e ch., 12 oct. 2016, n° 14/24545 : *JurisData* n° 2016-021263).

La cour de Paris a jugé (à tort selon nous) qu'une demande de démolition d'un ouvrage irrégulièrement édifié sur les parties communes devait être publiée (■ CA Paris, 23e ch. A, 8 nov. 1995 : *Loyers et copr.* 1996, comm. 95).

Il importe peu que les travaux n'aient pas porté atteinte à la solidité de l'immeuble (■ CA Grenoble, 2e ch. civ., 24 oct. 2017, n° 17/00805 : *JurisData* n° 2017-020926) ou qu'ils n'aient entraîné qu'une emprise minime sur les parties communes : *tout empiétement quelle que soit son importance doit être sanctionné* (■ Cass. 3e civ., 17 avr. 1991, n° 89-15.172 : *RD imm.* 1991, p. 377. – ■ CA Rouen, 1re ch. civ., 31 janv. 2024, n° 23/00642 : *JurisData* n° 2024-003990).

L'obtention d'éventuelles autorisations administratives, qui ne sont accordées que sous réserve des droits des tiers, ne dispense aucunement le copropriétaire de respecter ses obligations envers la copropriété (■ CA Orléans, ch. urg., 11 févr. 2024, n° 23/01314 : *JurisData* n° 2024-003945). Dès lors, la question de savoir si l'auteur des travaux a obtenu ou non un permis de construire est indifférente, le problème devant être réglé uniquement par application de la loi du 10 juillet 1965 et des dispositions du règlement (■ CA Paris, 23e ch. B, 27 avr. 1990 : *Loyers et copr.* 1990, comm. 327). Est également indifférente la conformité ou non des travaux aux normes de construction en vigueur, dès lors qu'en tout état de cause, ils ont été effectués sans autorisation préalable de l'assemblée (■ CA Paris, pôle 4, 2e ch., 11 janv. 2023, n° 19/17100 : *JurisData* n° 2023-001023). Ne peut davantage valoir fait justificatif la réalisation par d'autres copropriétaires de travaux similaires (■ CA Aix-en-Provence, ch. 1-2, 29 juin 2023, n° 22/06793 : *JurisData* n° 2023-013000).

En cas de changement de titulaire du lot, l'action sera dirigée contre le propriétaire actuel (■ Cass. 3e civ., 14 avr. 2016, n° 15-12.905. – ■ CA Paris, pôle 4, 2e ch., 28 juin 2023, n° 20/10973 : *JurisData* n° 2023-013339). Peu importe qu'il ne soit pas l'auteur des faits incriminés dès lors que les aménagements litigieux bénéficient au lot dont il est titulaire (■ CA Lyon, 8e ch., 4 janv. 2023, n° 22/01803 : *JurisData* n° 2023-000358. ■ CA Aix-en-Provence, ch. 1-3, 17 nov. 2022, n° 19/08126 : *JurisData* n° 2022-023988). Il lui appartiendra d'exercer un recours contre son vendeur (■ CA Paris, 23e ch. A, 30 janv. 2002 : *Administrer* mai 2002, p. 49, obs. J.-R. Bouyeure).

Pour que l'action soit recevable, encore faut-il qu'il y ait réellement atteinte aux parties communes, ce qui doit être établi par le syndicat (V. pour des travaux concernant des cloisons, ■ Cass. 3e civ., 26 janv. 2010, n° 09-10.267 : *JurisData* n° 2010-051467 ; *Loyers et copr.* 2010, comm. 117, obs. G. Vigneron). Si des installations ont été effectuées sur les parties communes (en l'espèce un bloc de chauffage-climatisation installé sur la toiture) avant que l'immeuble ne soit soumis au statut de la copropriété, le syndicat ne peut en demander la suppression (■ Cass. 3e civ., 8 oct. 2015, n° 14-15.794).

30) Prescription de l'action. *L'action du syndicat visant à obtenir la suppression de travaux non autorisés est soumise à la prescription applicable aux actions personnelles.* Elle se prescrit donc dorénavant par cinq ans (V. pour la demande tendant au retrait d'un climatiseur : ■ CA Aix-en-Provence, ch. 1-5, 23 mars 2023, n° 19/14821 : *JurisData* n° 2023-017907). Toutefois, le délai de prescription est porté à trente ans lorsque les travaux effectués se traduisent par une appropriation des parties communes, l'action prenant alors une nature réelle (■ Cass. 3e civ., 20 avr. 2023, n° 21-16.733 : *JurisData* n° 2023-006416 ; *Loyers et copr.* 2023, comm. 104, obs. C. Coutant-Lapalus ; *AJDI* 2023, p. 691, obs. N. Le Rudulier ; *DEF* 19 oct. 2023, n° DEF216r8, p. 37, obs. J. Laurent ; *Rev. Loyers* 2023, p. 304, obs. V. Zalewski-Sicard. ■ Cass. 3e civ., 7 sept. 2022, n° 21-13.014 : *JurisData* n° 2022-015250 ; *Loyers et copr.* 2022, comm. 187, obs. C. Coutant-Lapalus ; *Administrer* oct. 2022, p. 44, obs. P. Déchelette-Tolot ; *Ann. loyers* 2022, p. 85, obs. J.-M. Roux ; *DEF* 5 mai 2023, n° DEF213y1, p. 27, obs. L.-A. Poletti. – ■ CA Versailles, 4e ch., 2e sect., 6 déc. 2023, n° 21/01293 : *JurisData* n° 2023-024387. ■ CA Paris, pôle 4, 2e ch., 29 janv. 2020, n° 17/01609 : *JurisData* n° 2020-002692 ; *Administrer* août-sept. 2020, p. 51, obs. J.-R. Bouyeure). Ce délai court du jour où a été commise l'infraction, donc du jour de la réalisation des travaux et non pas de la date à laquelle certains copropriétaires, informés de ces travaux, ont pu donner leur accord (■ Cass. 3e civ., 9 juill. 2020, n° 19-17.843 : *JurisData* n° 2020-016387 ; *Loyers et copr.* 2020, comm. 115, obs. A. Lebatteux ; *Administrer* oct. 2020, p. 38, obs. J.-R. Bouyeure), c'est-à-dire en fait du début des travaux. Une construction nouvelle ne bénéficie pas du délai de prescription acquis au titre d'une précédente construction irrégulière qu'elle remplace après démolition. Un nouveau délai court à compter de l'édification de la nouvelle construction irrégulière (■ Cass. 3e civ., 24 sept. 2014, n° 13-12.751).

Voir : pour plus de détails, *infra*, L. 10 juill. 1965, art. 42, al. 1, p. 593.

31) Recours au juge des référés. Dès lors que les travaux ont été accomplis sans l'autorisation requise, leur réalisation constitue un trouble manifestement illicite, peu important l'ampleur des aménagements ou l'étendue des désagréments qu'ils causent (▪ Cass. 3e civ., 9 mars 2022, n° 21-15.797 : *JurisData* n° 2022-003655 ; *Loyers et copr.* 2022, comm. 69, obs. A. Lebatteux ; *Administrer* avr. 2022, p. 51, obs. P. Déchelette-Tolot ; *AJDI* 2022, p. 366 ; *Rev. loyers* 2022, p. 257 ; *Ann. loyers* 2022, p. 86, obs. J.-M. Roux). La décision de remise en état peut donc être prise par le *juge des référés* (▪ Cass. 3e civ., 21 avr. 2022, n° 21-15.820 : *JurisData* n° 2022-006476 ; *Loyers et copr.* 2022, comm. 103, obs. A. Lebatteux ; *Administrer* juin 2022, p. 35, obs. P. Déchelette-Tolot ; *Ann. loyers* 2022, p. 94, obs. J.-M. Roux. – ▪ CA Aix-en-Provence, ch. 1-2, 18 janv. 2024, n° 23/02942 : *JurisData* n° 2024-000440. ▪ CA Paris, pôle 1, 2e ch., 9 mars 2023, n° 22/14845 : *Administrer* mai 2023, 37, obs. P. Déchelette-Tolot. ▪ CA Aix-en-Provence, 3 mars 2016, n° 15/05277 : *JurisData* n° 2016-004076 ; *Loyers et copr.* 2016, comm. 161, obs. G. Vigneron).

L'obligation de remise en état des lieux implique de déterminer au préalable si les travaux litigieux portent atteinte aux parties communes et s'ils ont été autorisés (▪ CA Colmar, 2e ch. civ., A, 15 juin 2017, n° 16/03728 : *JurisData* n° 2017-013194). Le juge des référés n'est donc pas compétent non seulement s'il n'y a pas de trouble manifestement illicite (▪ Cass. 3e civ., 19 déc. 2007, n° 07-13.788 : *JurisData* n° 2007-042062 ; *Loyers et copr.* 2008, comm. 68, obs. G. Vigneron ; *Rev. loyers* 2008, p. 117), mais encore lorsque la demande implique l'appréciation préalable de la validité d'une décision de l'assemblée (▪ CA Paris, 14e ch. A, 10 oct. 2001 : *AJDI* 2002, p. 41). Cette incompétence est également établie lorsqu'il n'est pas évident qu'une autorisation de l'assemblée a été requise pour la réalisation de l'aménagement litigieux (▪ CA Aix-en-Provence, 1re et 2e ch., 27 janv. 2022, n° 20/12251 : *JurisData* n° 2022-001458) ou lorsque le copropriétaire peut se prévaloir d'une autorisation donnée par une lettre du syndic faisant état de l'accord des copropriétaires (▪ Cass. 3e civ., 30 sept. 2009, n° 07-21.155 : *JurisData* n° 2009-049752 ; *Defrénois* 2010, p. 349, obs. C. Atias). Il en est de même lorsque l'emprise sur les parties communes alléguée par le demandeur n'apparaît pas avec l'évidence requise en référé (▪ CA Paris, 10 juin 2014, n° 12/23270 : *AJDI* 2014, p. 125).

Voir : sur la distinction entre les actions personnelles et réelles sanctionnant des travaux irréguliers, et les délais de prescription, L. 10 juill. 1965, art. 42, comm. n° 8, p. 596.

32) Autorisation *a posteriori*. *L'assemblée peut aussi autoriser les travaux a posteriori*, soit explicitement (jurisprudence constante : ▪ Cass. 3e civ., 30 mai 1971 : *JCP* 1972, II, 17174, note E.-J. Guillot. ▪ Cass. 3e civ., 20 nov. 1985, n° 84-16.414 : *Bull. civ.* III, n° 150 ; *JCP* G 1986, IV, p. 47. ▪ CA Paris, 23e ch. A, 20 juin 2001 : *Constr.-Urb.* 2002, comm. 174, obs. D. Sizaire), soit implicitement (▪ Cass. 3e civ., 9 juin 2010, n° 09-15.013 : *JurisData* n° 2010-009607 ; *Administrer* oct. 2010, p. 61, obs. J.-R. Bouyeure. ▪ Cass. 3e civ., 29 mai 1973, n° 72-11.447 : *Bull. civ.* III, n° 373 ; *Inf. rap. copr.* 1974, p. 15, note J. Cabanac ; *JCP* G 1973, IV, 113). L'autorisation de ne pas démolir une construction irrégulière équivaut à une autorisation *a posteriori* (▪ Cass. 3e civ., 19 nov. 1997, n° 96-10.771 : *JurisData* n° 1997-004761 ; *Loyers et copr.* 1998, comm. 56). Mais l'annulation d'un refus d'autorisation ne valide pas pour autant les travaux irréguliers (▪ CA Paris, pôle 4, 2e ch., 26 avr. 2017, n° 15/04355 : *JurisData* n° 2017-008547. ▪ CA Paris, 23e ch. B, 6 sept. 2001 : *Constr.-Urb.* 2002, comm. 36, obs. D. Sizaire).

Une *transaction* peut intervenir avec le copropriétaire fautif, mais elle doit être régulièrement approuvée par l'assemblée (▪ CA Paris, 23e ch. A, 21 févr. 1995 : *Rev. loyers* 1995, p. 232) et encore faut-il que la décision de l'assemblée des copropriétaires de ne pas faire valoir ses droits soit claire et dénuée de toute équivoque (▪ Cass. 3e civ., 9 juin 2010, n° 09-15.013 : *JurisData* n° 2010-009607 ; *Administrer* oct. 2010, p. 61, obs. J.-R. Bouyeure).

La décision de ratification doit être prise à la majorité qui aurait été nécessaire à l'origine pour autoriser les travaux (▪ Cass. 3e civ., 20 mars 2002, n° 00-17.751 : *JurisData* n° 2002-013613 ; *JCP* G 2002, IV, 1780. ▪ CA Paris, pôle 4, 2e ch., 15 mai 2019, n° 17/05004 : *JurisData* n° 2019-008982). Doit être annulée la décision qui ratifie à la majorité de l'article 24, et selon les modalités prévues par l'article 25-1 de la loi, des travaux qui ne pouvaient être pour partie autorisés qu'à la majorité de l'article 26 (▪ Cass. 3e civ., 30 oct. 2012, n° 11-21.172 : *JurisData* n° 2012-024471 ; *Loyers et copr.* 2013, comm. 25, note G. Vigneron). Quelle que soit la majorité applicable, l'assemblée ne peut ratifier l'exécution d'aménagements affectant les parties communes et l'aspect extérieur de l'immeuble qu'à condition que ces travaux soient conformes à la destination de celui-ci (▪ Cass. 3e civ., 22 oct. 2020, n° 19-21.961 : *JurisData* n° 2020-016986 ; *Administrer* janv. 2021, p. 61, obs. J.-R. Bouyeure). Cette limite conduit à écarter la ratification de travaux réalisés en contravention à une règle d'urbanisme (▪ CA Aix-en-Provence, ch. 1-8, 13 mars 2024, n° 21/00628 : *JurisData* n° 2024-003658).

L'assemblée doit avoir en mains tous les éléments lui permettant de se prononcer en connaissance de cause (nature des travaux ; modalités d'exécution et impact sur l'immeuble, etc. : ▪ CA Lyon, 18 nov. 2008 : *Loyers et copr.* 2009, comm. 132, obs. G. Vigneron. ▪ CA Paris, 23e ch. B, 28 févr. 2008 : *Loyers et* copr. 2008, comm. 174, obs. G. Vigneron). La consultation de l'architecte de la copropriété est purement facultative et le fait qu'il n'ait pas donné son avis n'est pas une cause de nullité de la décision (■ CA Paris, 23e ch. B, 2 déc. 2009 : *JurisData* n° 2009-021079 ; *Loyers et copr.* 2010, comm. 180, obs. G. Vigneron). Si l'assemblée a subordonné la ratification des travaux irréguliers à la production de plans, le copropriétaire a un droit acquis à voir, sous cette réserve, sa situation régularisée et l'assemblée ne peut ensuite changer d'avis (■ CA Versailles, 11 juin 2012 : *JurisData* n° 2012-016306 ; *Loyers et copr.* 2012, comm. 311, note G. Vigneron).

33) Action individuelle des copropriétaires. Un *copropriétaire* pourrait également *agir à titre individuel*, y compris en référé (■ Cass. 3e civ., 21 avr. 2022, n° 21-15.820 : *JurisData* n° 2022-006476 ; *Loyers et copr.* 2022, comm. 103, obs. A. Lebatteux), pour obtenir le rétablissement des lieux dans leur état antérieur. La recevabilité de son action dirigée contre un autre copropriétaire n'est pas subordonnée à la démonstration de l'existence d'un préjudice personnel (■ Cass. 3e civ., 26 janv. 2017, n° 15-24.030 : *JurisData* n° 2017-001112 ; *Loyers et copr.* 2017, comm. 87, obs. A. Lebatteux. ■ CA Aix-en-Provence, ch. 1-2, 1er déc. 2022, n° 22/10297 : *JurisData* n° 2022-020855) mais suppose néanmoins d'attraire en la cause le syndicat des copropriétaires (■ Cass. 3e civ., 8 juill. 2015, n° 14-16.975 : *JurisData* n° 2015-016475 ; *Loyers et copr.* 2015, comm. 208, obs. G. Vigneron. – ■ CA Metz, 1re ch., 2 mai 2023, n° 19/02756 : *JurisData* n° 2023-007037). En revanche, si un copropriétaire peut, lorsque l'atteinte portée aux parties communes par un tiers à la copropriété lui cause un préjudice propre, agir seul pour la faire cesser, il n'a pas qualité à agir en paiement du coût des travaux de remise en état rendus nécessaires par cette atteinte. Il revient au seul syndicat de percevoir et d'affecter cette indemnisation à la réalisation des travaux (■ Cass. 3e civ., 7 mars 2024, n° 17-28.537 : *JurisData* n° 2024-002868 ; *Administrer* mai 2024, p. 35, obs. P. Déchelette-Tolot ; *Rev. loyers* 2024, p. 202, obs. C. Jeanne. ■ Cass. 3e civ., 8 juin 2023, n° 21-15.692 : *JurisData* n° 2023-009253 ; *Constr.-Urb.* 2023, comm. 102, obs. M.-L. Pagès de Varenne ; *Loyers et copr.* 2023, comm. 121, obs. A. Lebatteux ; *Administrer* juill. 2023, p. 45, obs. P. Déchelette-Tolot ; *Ann. loyers* oct. 2023, p. 86, obs. J.-M. Roux ; *Rev. loyers* 2023, p. 374, obs. V. Zalewski-Sicard ; *RTD civ.* 2023, p. 937, obs. F. Masson).

Voir aussi : sur cette notion, L. art. 15.

E – Refus d'autorisation

34) Recours. Lorsque l'assemblée refuse de donner l'autorisation prévue par l'article 25 *b*, le ou les copropriétaires intéressés peuvent engager la responsabilité du syndicat à raison du préjudice que leur cause ce refus (■ CA Paris, pôle 4, 2e ch., 13 janv. 2021, n° 19/09845 : *Administrer* mars 2021, p. 63, obs. J.-R. Bouyeure). Mais ils doivent préalablement contester la décision de l'assemblée (■ Cass. 3e civ., 14 mars 2006, n° 05-13.579 : *Administrer* juill. 2006, p. 60, obs. J.-R. Bouyeure). Le refus peut éventuellement constituer un abus de majorité car, s'agissant des autorisations de travaux, l'assemblée générale ne dispose pas d'un pouvoir discrétionnaire (■ CA Paris, pôle 4, 2e ch., 6 avr. 2016, n° 14/05556 : *JurisData* n° 2016-009767). Elle ne peut valablement refuser l'autorisation sollicitée que si sa position repose sur des motifs sérieux (■ CA Paris, pôle 4, 2e ch., 9 nov. 2022, n° 19/00925 : *JurisData* n° 2022-019677), notamment lorsqu'elle est insuffisamment informée ou si les travaux projetés portent atteinte à la destination de l'immeuble ou aux droits des autres copropriétaires (■ CA Paris, pôle 4, 2e ch., 26 avr. 2017, n° 15/04355 : *JurisData* n° 2017-008547). Ainsi, il y a abus de majorité lorsque l'assemblée refuse à un commerçant l'autorisation d'installer une climatisation en façade, alors qu'il en existe déjà (■ Cass. 3e civ., 16 juin 2009, n° 08-16.069 : *Administrer* oct. 2009, p. 58, obs. J.-R. Bouyeure ; *Defrénois* 2010, p. 348, obs. C. Atias). Est également injustifié le refus d'autoriser des travaux de raccordement à une canalisation traversant les parties communes, lorsque l'assemblée ne prend pas soin de caractériser l'absence de conformité de ces travaux à la destination de l'immeuble (■ Cass. 3e civ., 26 mai 2016, n° 14-24.995 : *JurisData* n° 2016-010152 ; *Loyers et copr.* 2016, comm. 186, note G. Vigneron). Lorsque le refus de l'assemblée est constitutif d'un trouble manifestement illicite empêchant le locataire d'exercer une activité conformément à la réglementation et plaçant le copropriétaire bailleur dans l'impossibilité d'assurer au preneur l'exercice normal de son activité commerciale, le juge des référés peut être compétent pour autoriser des travaux (■ Cass. 3e civ., 9 juill. 1997, n° 95-15.680 : *AJDI* 1998, p. 503, obs. P. Capoulade. ■ CA Paris, pôle 1, 2e ch., 23 févr. 2023, n° 22/06696 : *JurisData* n° 2023-005417. – *Contra* ■ CA Aix-en-Provence, ch. 1-2, 1er déc. 2022, n° 22/10297 : *JurisData* n° 2022-020855).

Mais le ou les copropriétaires concernés peuvent aussi choisir de s'adresser à la justice dans les conditions prévues à l'article 30, alinéa 4 de la loi (V. ce texte) pour obtenir une autorisation d'effectuer les travaux à leurs frais. Une telle demande n'étant pas soumise au délai de deux mois de l'article 42, alinéa 2, de la loi, le copropriétaire dispose de cinq ans pour saisir le juge (■ CA Aix-en-Provence, ch. 1-8, 18 oct. 2023, n° 20/09382 : *JurisData* n° 2023-021489. ■ CA Paris, pôle 4, 2e ch., 26 oct. 2022, n° 20/04726 : *JurisData* n° 2022-018680. ■ CA Paris, pôle 4, 2e ch., 22 juin 2022, n° 21/15410 : *AJDI* 2022, p. 691).

Il est bien établi en jurisprudence que cette autorisation judiciaire ne peut pas être donnée alors que les travaux ont déjà été effectués (■ CA Paris, pôle 4, 2e ch., 11 janv. 2023, n° 19/17100 : *JurisData* n° 2023-001023. – V. comm., L. art. 30).

Voir aussi : sur les conditions dans lesquelles le copropriétaire peut obtenir une autorisation de justice, L. art. 30.

– Sur les documents à fournir à l'assemblée pour éclairer la décision de l'assemblée, V. *infra*, D. 17 mars 1967, art. 11, p. 722.

IV – DÉSIGNATION DU SYNDIC (ART. 25 C)

Bibliographie : C. et L. Atias, *Les votes sur la désignation du syndic en assemblée générale des copropriétaires* : *AJDI* 2015, p. 348.

Voir aussi : sur le point de savoir qui peut être nommé syndic, V. L. art. 17 et D. art. 28.

35) Modalités. Seule l'assemblée générale a qualité pour nommer le syndic (mis à part les cas de désignation judiciaire du syndic, V. L. art. 17). Elle ne peut déléguer ses pouvoirs au conseil syndical ou à un copropriétaire en le chargeant de faire nommer le syndic par la voie judiciaire (■ Cass. 1re civ., 5 déc. 1962, n° 60-10.159 : *Bull. civ.* I, n° 524 ; *AJPI* 1963, II, p. 428, note J. Cabanac. ■ Cass. 3e civ., 25 mai 1976, n° 75-10.126 : *Bull. civ.* III, n° 226 ; *JCP* N 1977, prat. 6570 ; *D.* 1976, inf. rap. p. 252, obs. C. Giverdon).

La nomination du syndic nécessite un vote explicite de l'assemblée (■ Cass. 3e civ., 17 juin 2008, n° 06-19.464 : *JurisData* n° 2008-044451 ; *Loyers et copr.* 2008, comm. 201, obs. G. Vigneron ; ■ CA Paris, 23e ch. B, 10 juin 1980 : *D.* 1981, inf. rap. p. 106, n° 104, obs. Brane). Toute possibilité de « mandat tacite » est exclue (■ CA Paris, 23e ch. B, 3 oct. 1984 : *RD imm.* 1985, p. 190, obs. F. Givord et C. Giverdon). Un tribunal ne peut énoncer que « M... a toujours été perçu comme syndic », sans vérifier que sa désignation résulte bien d'une décision de l'assemblée (■ Cass. 3e civ., 17 juin 2008, n° 06-19.464 : *JurisData* n° 2008-044451).

Revenant sur sa position initiale qui subordonnait la régularité de la décision désignant le syndic à l'existence de votes distincts, d'une part, sur la désignation du représentant et, d'autre part, sur son contrat et ses honoraires (■ Cass. 3e civ., 11 mars 1998, n° 96-12.479 : *JurisData* n° 1998-001071 ; *Bull. civ.* III, n° 59 ; *Loyers et copr.* 1998, comm. 141) et validant ainsi la position adoptée par la cour de Paris qui considérait pour sa part que la décision de nommer le syndic et celle d'approuver son contrat forment un tout indivisible (■ CA Paris, aud. sol. 13 janv. 1999 : *RD imm.* 1999, p. 302, obs. P. Capoulade : et à propos du renouvellement du contrat du syndic, ■ CA Paris, 23e ch. B, 8 juin 2000 : *RD imm.* 2000, p. 602 ; *D.* 2001 somm. p. 349, obs. C. Atias. – V. toutefois, postérieurement : ■ CA Paris, 8 févr. 2001 et ■ CA Paris, 23e ch. B, 1er mars 2001 : *D.* 2001, somm. p. 3581, note C. Atias), la Cour de cassation a estimé que les questions de la désignation du syndic et de l'approbation de son contrat étaient liées et n'avaient pas à donner lieu à des votes distincts (■ Cass. 3e civ., 12 sept. 2009, n° 18-18.880 : *JurisData* n° 2019-017815 ; *Loyers et copr.* 2019, comm. 202, obs. A. Lebatteux ; *Administrer* janv. 2020, p. 56, obs. J.-R. Bouyeure).

L'assemblée appelée à approuver un contrat de syndic, avec mise en concurrence de plusieurs candidats, ne peut valablement procéder à un second vote à la majorité simple de l'article 24 de la loi sans avoir voté sur chacune des candidatures à la majorité de l'article 25 (décision fondée sur l'article 19 du décret du 17 mars 1967 : ■ Cass. 3e civ., 5 nov. 2014, n° 13-26.768 : *JurisData* n° 2014-026600 ; *Bull. civ.* III, n° 41 ; *Loyers et copr.* 2015, comm. 23, note G. Vigneron ; *Rev. loyers* 2015, p. 40, note M. Plaidy, confirmant ■ CA Paris, pôle 4, 2e ch., 25 sept. 2013 : *JurisData* n° 2013-021711 ; *Loyers et copr.* 2014, comm. 58, obs. G. Vigneron : décisions fondées sur l'article 19 du décret du 17 mars 1967). La méconnaissance de ce principe est susceptible d'entraîner l'annulation de la décision, même si cette dernière a été exécutée (■ Cass. 3e civ., 24 nov. 2021, n° 20-22.487 : *JurisData* n° 2021-019157 ; *Loyers et copr.* 2022, comm. 14, obs. C. Coutant-Lapalus ; *Administrer* janv. 2022, p. 43, obs. P. Déchelette-Tolot ; *AJDI* 2022, p. 365, obs. P.-E. Lagraulet). Il a cependant été admis que, dès lors que la majorité de l'article 25 ne pouvait être atteinte en l'absence du copropriétaire majoritaire, il puisse être procédé à un second vote à la majorité de l'article 24 pour l'élection du syndic sans qu'il soit nécessaire de soumettre à un vote à l'article 25 la candidature d'un autre syndic (■ CA Paris, pôle 4, 2e ch., 12 mai 2021, n° 18/02550 : *Administrer* août-sept. 2021, p. 30, obs. J.-R. Bouyeure).

Voir aussi : sur l'obligation de mise en concurrence, L. 10 juill. 1965, art. 21, al. 3, p. 360. – Sur la nécessité d'approuver le contrat de syndic lors de sa nomination, D. art. 29, al. 2.

À défaut d'indication contraire, la désignation du syndic prend effet à l'instant même de la proclamation des résultats du vote (■ Cass. 3e civ., 20 janv. 1999, n° 97-14.747 : *Loyers et copr.* 1999, comm. 108. ■ CA Pau, 6 févr. 1997 : *Cah. jurispr. d'Aquitaine* 1997, p. 130, n° 4460). Il n'est pas possible de conférer à cette désignation un effet rétroactif (■ CA Paris, pôle 4, 2e ch., 19 nov. 2004, n° 13/00106 : *JurisData* n° 2014-035777 ; *Administrer* févr. 2015, p. 48, obs. J.-R. Bouyeure).

Tous les copropriétaires votent pour élire le syndic du syndicat principal.

Voir aussi : sur l'élection du syndic dans le cas de syndicat secondaire, V. L. art. 27.

Un second vote doit se tenir à la majorité de l'article 24 si la majorité requise n'est pas obtenue mais que le projet a recueilli au moins le tiers des voix de tous les copropriétaires (application de l'article 25-1, V. ce texte).

Le fait que le texte parle de la désignation ou de la révocation du ou *des syndics* ne signifie nullement que *plusieurs syndics* puissent être désignés pour la gestion d'une même copropriété. Cette mention vise le cas où il existe au sein d'un syndicat principal des syndicats secondaires : ces syndicats peuvent alors avoir des syndics différents (V. L. art. 27). L'assemblée ne peut désigner qu'un seul syndic (▪ Cass. 3e civ., 22 sept. 2016, n° 15-13.896 : *JurisData* n° 2016-018978 ; *Loyers et copr.* 2016, comm. 240, obs. G. Vigneron et C. Coutant-Lapalus ; *Administrer* déc. 2016, p. 45, obs. J.-R. Bouyeure ; *Rev. loyers* 2016, p. 447, note V. Zalewski-Sicard). Et il ne peut alors être exclu que la désignation du ou des syndics soit décidée lors d'une même assemblée appelée à statuer tant de manière générale que de manière spéciale (Rép. min. 1er juin 1987 : *JOAN*, p. 3205).

Voir aussi : sur le *renouvellement des fonctions du syndic*, V. plus bas, D. art. 28. – Sur la nécessité de joindre un *contrat de syndic* à la convocation ayant pour objet la désignation du syndic, V. D. art. 11.

36) Copropriété dépourvue de syndic. Un problème se pose *lorsque la copropriété est dépourvue de syndic et qu'elle doit être convoquée précisément pour en nommer un :* comment faire, alors qu'il faut un syndic pour procéder à cette convocation ? (V. sur ce point L. 10 juill. 1965, art. 17, al. 4, p. 273 et D. 17 mars 1967, art. 47, p. 833).

Voir : sur la possibilité pour le président du conseil syndical, en cas « d'empêchement du syndic », de convoquer une assemblée pour désigner un nouveau syndic, V. L. 10 juill. 1965, art. 18, V, p. 284.

37) Annulation de la désignation du syndic. Si la *nomination du syndic est annulée*, les actes accomplis par lui ne peuvent pas être remis en cause si sa gestion a été auparavant ratifiée par un quitus de l'assemblée (▪ Cass. 3e civ., 23 mai 1991, n° 89-14.404 : *Inf. rap. copr.* juill.-août 1992, p. 235, obs. P. Capoulade), mais il n'est plus en droit de réclamer une rémunération pour le travail antérieur à la décision d'annulation (▪ CA Rouen, 20 mai 1992 : *Rev. loyers* 1992, p. 462). Tous les actes accomplis par lui postérieurement sont nuls : par exemple les assemblées qu'il a convoquées (▪ CA Paris, 23e ch. B, 20 juin 1997 : *Loyers et copr.* 1997, comm. 318, obs. G. Vigneron).

Voir : la jurisprudence citée plus loin D. art. 29 et la jurisprudence citée, D. 17 mars 1967, art. 28, comm. n° 17, p. 790.

38) Caractère personnel de la désignation du syndic. La désignation du syndic a un caractère strictement personnel. Plusieurs conséquences en découlent :

– si *le syndic en fonction cède son fonds* à une société, cette dernière ne peut lui succéder dans les fonctions de syndic qu'après avoir été désignée par l'assemblée (▪ CA Paris, 23e ch., 24 janv. 1993 : *Rev. loyers* 1993, p. 528, V. également dans le cas de cession d'un cabinet dans le cadre d'une liquidation judiciaire : ▪ TGI Paris, réf., 3 juill. 1997 : *Administrer* juill. 1998, p. 49, obs. J.-R. Bouyeure) ;

– si le fonds est mis en location-gérance, le locataire gérant n'est pas de plein droit substitué au loueur de fonds dans ses fonctions de syndic : il doit être expressément nommé (▪ Cass. 3e civ., 18 nov. 1997, n° 96-12.303 : *RD imm.* 1998, p. 137, obs. P. Capoulade. ▪ CA Paris, 23e ch. B, 22 oct. et ▪ CA Paris, 3 déc. 1998 : *Gaz. Pal.* 7 au 9 févr. 1999, somm. p. 14 et 12-13 mars 1999, somm. p. 5, note Ph. Rémy. ▪ CA Paris, 19e ch. B, 14 janv. 1999 : *AJDI* 1999, p. 244) ;

– la solution est identique si la société qui a la qualité de syndic fusionne avec une autre société (▪ Cass. 3e civ., 10 nov. 1998, n° 97-12.369 : *JurisData* n° 1998-004259 ; *Bull. civ.* III, n° 212 ; *JCP* N 1999, p. 109, note A. Djigo ; *Loyers et copr.* 1999, comm. 26. ▪ CA Aix-en-Provence, 12 juin 1997 : *Loyers et copr.* 1997, comm. 246 ; *LPA* 18 févr. 1998, p. 23, note B. Pichard). En raison du caractère personnel du mandat du syndic, toute substitution d'une personne morale à une autre assurant les fonctions de syndic doit être entérinée par un vote de l'assemblée générale (▪ Cass. 3e civ., 17 déc. 2013, n° 12-26.117 : *JurisData* n° 2013-030028 ; *Administrer* mars 2014, p. 45, obs. J.-R. Bouyeure. ▪ Cass. 3e civ., 13 nov. 2012, n° 11-23.121 : *JurisData* n° 2012-025 936 ; *Loyers et copr.* 2013, comm. 23, obs. G. Vigneron ; *Administrer* févr. 2013, p. 48, obs. J.-R. Bouyeure. ▪ Cass. 3e civ., 29 févr. 2012, n° 10-27.259 : *JurisData* n° 2012-003126. – Voir également, N. Le Rudulier, *Fusion-absorption de syndic : pas de substitution automatique : AJDI* 2021, p. 596). Mais l'assemblée peut accepter *in futurum* le transfert du mandat de syndic de la société absorbée à la société absorbante (▪ Cass. 3e civ., 24 avr. 2013, n° 08-14.987 : *JurisData* n° 2013-008133 ; *Loyers et copr.* 2013, comm. 220, obs. G. Vigneron ; *AJDI* 2014, p. 42, note C. Atias).

La société syndic conserve son existence légale (et donc son mandat) jusqu'à l'accomplissement des formalités de publicité au RCS (▪ CA Paris, 23e ch. A, 4 juill. 2001 : *Loyers et copr.* 2002, comm. 78, obs. G. Vigneron).

V. sur le sujet, J.-M. Roux, *Le syndic en fusion : Loyers et copr.* 2010, étude 13, p. 8.

Si les changements intervenus dans la structure de la société n'affectent pas sa personnalité morale, son mandat subsiste (■ CA Paris, 23e ch. B, 10 janv. 2002 : *Constr.-Urb.* 2002, comm. 92, obs. D. Sizaire).

V – RÉVOCATION DU SYNDIC (ART. 25 C)

Bibliographie : Faure, *La révocation du syndic : Rev. éco. et dr. imm.* n° 57/58, p. 110 et s. – I. Jarry, *Syndics, savoir tourner la page : Le Particulier immobilier* juin 1999, p. 39. – E. Kischinewsky-Broquisse, *La copropriété des immeubles bâtis*, Litec, 4e éd. 1989, nos 390 et s. – *Changer de syndic, une opération qui ne s'improvise pas : Rev. hab. fr.* mai 2004, p. 23 ; *JCl. Copropriété*, Fasc. 89, par G. Vigneron, act. par C. Coutant-Lapalus.

39) Modalités de la révocation. Que le contrat de syndic soit à durée déterminée ou indéterminée, l'*assemblée peut toujours le révoquer* : les règles du mandat (C. civ., art. 2004) sont ici applicables (■ CA Basse-Terre, 1re ch. civ., 10 juin 2013, n° 11/01384 : *JurisData* n° 2013-014251. ■ TGI Paris, 25 févr. 1980 : *D.* 1980, inf. rap. p. 450, confirmé par ■ CA Paris, 23e ch. A, 13 oct. 1981 : *RD imm.* 1982, p. 132, obs. C. Giverdon).

Le syndic ne peut prétendre bénéficier d'un contrat mixte de mandat salarié et de louage qui échapperait à la règle de libre révocabilité instituée par l'article 2004 du Code civil au même titre qu'y échappe un mandat d'intérêt commun (■ Cass. 3e civ., 27 avr. 1988, n° 86-11.718 : *JurisData* n° 1988-000867 ; *Bull. civ.* III, n° 80 ; *D.* 1988, inf. rap. p. 132). Les dispositions prévues par le contrat de syndic doivent cependant être respectées (■ Cass. 3e civ., 9 déc. 1970, n° 69-12.298 : *Inf. rap. copr.* 1971, p. 45).

Il résulte des articles 18 et 25 que le syndic nommé par l'assemblée ne peut être révoqué que par elle (■ Cass. 3e civ., 20 juin 1978, n° 76-15.154 : *Bull. civ.* III, n° 253 ; *JCP* G 1979, II, 19054, note C. Atias ; *Defrénois* 1979, art. 31936, note H. Souleau). Cette révocation ne pourrait pas être prononcée par le tribunal sur la demande d'un copropriétaire, le syndic n'étant pas le mandataire des copropriétaires mais celui du syndicat (■ Cass. 3e civ., 6 oct. 1999 : *Loyers et copr.* 1999, comm. 302 ; *Administrer* janv. 2000, p. 33 et *RD imm.* 2000, p. 243, obs. P. Capoulade).

La révocation du syndic doit résulter d'une *décision expresse* de l'assemblée. Elle ne peut découler par exemple d'un refus de quitus (■ Cass. 3e civ., 24 mai 1978, n° 77-11.553 : *Bull. civ.* III, n° 218 ; *JCP* G 1979, II, 19054, note C. Atias). Il a été jugé, sous l'empire du droit antérieur à la réforme opérée par l'ordonnance n° 2019-1101 du 30 octobre 2019, qu'une révocation anticipée ouvre droit à indemnité au profit du syndic si aucun manquement à ses obligations n'est établi (■ Cass 3e civ., 8 mars 2018, n° 17-12.506 : *JurisData* n° 2018-003537 ; *AJDI* 2018, p. 443, note N. Le Rudulier ; *Rev. loyers* 2018, p. 270 note L. Guégan-Gélinet. – V. sur cette décision le commentaire de C. Sabatié, *AJDI* 2018, p. 397).

La décision de révocation prise par l'assemblée prive immédiatement le syndic de tous ses pouvoirs. Le syndic révoqué doit rendre compte de sa gestion et restituer les archives au syndicat.

Voir aussi : sur les difficultés en ce domaine, V. L. art. 18-2.

Par ailleurs, l'assemblée est parfaitement en droit de *ne pas renouveler le contrat du syndic* (■ TGI Grasse, 11 févr. 1969 : *Inf. rap. copr.* 1970, p. 14. ■ TGI Paris, 20 déc. 1975 : *D.* 1976, inf. rap. p. 318).

40) Réglementation de la révocation. L'ordonnance n° 2019-1101 du 30 octobre 2019 (art. 25), applicable à compter du 1er juin 2020, a réglementé les modalités de révocation du syndic par l'assemblée générale des copropriétaires (V. L. 10 juill. 1965, art. 18, VIII). Cette réglementation est commentée sous l'article 18 de la loi du 10 juillet 1965 (V. sur le sujet, C. Coutant-Lapalus, *Les incidences de la réforme du droit de la copropriété sur le syndic de copropriété : Loyers et copr.* 2020, étude 2).

41) Recours du syndic. La *révocation abusive* du contrat peut dans tous le cas permettre au syndic d'obtenir des *dommages et intérêts* (■ TI Nice, 3 avr. 1963 : *AJPI* 1964, II, p. 123, note J. Cabanac. ■ TGI Paris, 25 févr. 1969 : *JCP* G 1969, IV, 217. ■ CA Paris, 4 juin 1971 : *Gaz. Pal.* 1971, 1, p. 648, note M. Morand. ■ TGI Paris, 6 mars 1975 : *D.* 1976, inf. rap. p. 72. ■ TGI Paris, 25 févr. 1980 : *D.* 1980, inf. rap. p. 450, obs. C. Giverdon. ■ CA Aix-en-Provence, 12 déc. 2008 : *Loyers et copr.* 2009, comm. 193, obs. C. Giverdon. – Sur l'appréciation du préjudice subi par le syndic révoqué sans juste motif, V. ■ CA Paris, 23e ch. B, 27 mars 2008 : *AJDI* 2008, p. 597. ■ CA Aix-en-Provence, 12 déc. 2008, préc.). Il en est ainsi par exemple si le syndic a été révoqué sans pouvoir présenter sa défense devant l'assemblée générale (■ CA Paris, 12 janv. 1990 : *Administrer* janv. 1991, p. 65). Mais il ne peut se faire justice lui-même en facturant des honoraires pour la période où il n'a pas exercé ses fonctions (■ CA Paris, 19e ch. A, 30 sept. 1998 : *Loyers et copr.* 1999, comm. 84). Mais il peut prétendre à des honoraires jusqu'à la fin normale de son contrat si la révocation est abusive (■ Cass. 3e civ., 3 avr. 2002, n° 01-00.490. ■ CA Paris, pôle 4, 2e ch., 7 févr. 2024, n° 20/09413 : *JurisData* n° 2024-001579 ; *Administrer* mars 2024, p. 47, obs. P. Déchelette-Tolot).

42) Motifs de la révocation. Le motif de la révocation doit être sérieux : la preuve incombe au syndicat (▪ CA Paris, 4 juin 1971, préc. ▪ TGI Nice, 15 déc. 1971 : *Gaz. Pal.* 1972, 2, p. 291, note M. Morand. ▪ TGI Paris, 20 juin 1974 : *Administrer* nov. 1974, p. 34. – V. pour des griefs formulés de manière vague [« manque de confiance »] ▪ CA Paris, 23e ch., 7 juill. 1993 : *Administrer* avr. 1994, p. 55, note J.-M. Gélinet). La révocation n'est pas abusive dans le cas d'incurie caractérisée (▪ CA Paris, 23e ch. B, 24 mars 2005 : *Loyers et copr.* 2005, comm. 189, obs. G. Vigneron) ou lorsque le syndic a fait une erreur de gestion comptable ayant entraîné le redressement fiscal de la copropriété, et s'est refusé au surplus à convoquer une assemblée pour statuer sur sa révocation (▪ CA Versailles, 4e ch., 26 sept. 2005 : *Gaz. Pal.* 10 et 11 mars 2006, p. 10).

Lorsque le contrat du syndic est à durée déterminée, la révocation avant son terme ne peut intervenir sans indemnité que si le syndicat démontre que le syndic a manqué à ses obligations (▪ Cass. 3e civ., 27 avr. 1988, n° 86-11.718 : *JurisData* n° 1988-000867 ; *Bull. civ.* III, n° 80 ; *D.* 1988, inf. rap. p. 132. ▪ TGI Paris, 8e ch., 1re sect., 25 oct. 2005 : *Administrer* janv. 2006, p. 50, obs. J.-R. Bouyeure. ▪ CA Paris, 8 juill. 1988 : *Loyers et copr.* 1988, comm. 412. ▪ CA Paris, 23e ch. A, 3 avr. 1996 : *Loyers et copr.* 1996, comm. 327. ▪ CA Paris, 19e ch. B, 10 oct. 1996 : *Loyers et copr.* 1997, 31. ▪ CA Paris, 23e ch. A, 6 nov. 1996 : *Loyers et copr.* 1997, comm. 61).

Mais le *syndic ne pourrait agir en nullité de la décision* de l'assemblée le révoquant, car il n'a pas qualité pour ce faire (▪ TGI Paris, 6 mars 1975 : *D.* 1976, inf. rap. p. 72. ▪ TGI Marseille, 27 mai 1977 : *D.* 1979, inf. rap. p. 128, obs. C. Giverdon). Il ne peut prétendre être indemnisé au motif que l'assemblée n'a pas renouvelé son mandat (▪ CA Paris, 23e ch. B, 24 mars 2005 : *Loyers et copr.* 2005, comm. 189, note G. Vigneron).

VI – DÉSIGNATION OU RÉVOCATION DES MEMBRES DU CONSEIL SYNDICAL (ART. 25 C)

43) Décision. La décision est prise à la majorité de l'article 25 ou lors d'un second tour de scrutin à la majorité de l'article 24 (V. L. art. 25-1). Dès lors qu'il ne relève pas du règlement de copropriété de modifier les règles d'ordre public afférentes aux majorités légales (▪ CA Paris, pôle 4, 2e ch., 4 mars 2015, n° 12/19234), les stipulations du règlement qui s'écartent des dispositions impératives des textes, en imposant par exemple une désignation des conseillers syndicaux à la majorité qualifiée de l'article 26, doivent être réputées non écrites (▪ CA Paris, 1re ch., G, 13 janv. 1999 : *JurisData* n° 1999-020408).

Voir aussi : L. art. 21, al. 2.

VII – ACTES DE DISPOSITION À CARACTÈRE OBLIGATOIRE CONCERNANT LES PARTIES COMMUNES (ART. 25 *D*)

44) Objet de la délibération. La délibération ne porte alors que sur les *conditions de mise en œuvre de la mesure* et non sur son principe (Rép. min. 7 juill. 1979 : *JOAN*, p. 6003 ; *JCP* N 1979, prat., p. 411).

Le texte s'applique en particulier en matière de *cession de mitoyenneté* (C. civ., art. 661), de *création de servitude de passage pour cause d'enclave* (C. civ., art. 682), ainsi que pour la création d'une servitude de cour commune (V. n° 41).

45) Création d'une servitude de cour commune. La servitude de cour commune permet la création, sur un terrain voisin d'un immeuble à construire, de servitudes *non aedificandi* ou *non altius tollendi* afin de mettre pleinement à profit dans l'intérêt général un coefficient d'occupation du sol.

La demande tendant à l'institution d'une servitude dite de « cour commune » est portée devant le tribunal judiciaire du lieu de situation des parcelles (C. urb., art. R. 471-1).

Le cas où le terrain sur lequel porte la servitude se trouve en copropriété est visé par l'article R. 471-5 du Code de l'urbanisme ainsi conçu :

« Art. R. 471-5 (Créé à compter du 1er octobre 2007, D. n° 2007-18, 5 janv. 2007, art. 9 et 26 mod.). – Si le terrain sur lequel porte la servitude se trouve en indivision en application de la loi n° 65-557 du 10 juillet 1965 fixant le statut de la copropriété des immeubles bâtis et si le syndicat des copropriétaires consent, dans les conditions prévues par le chapitre II de cette loi, à la création de ces servitudes, le jugement est réputé contradictoire à l'égard de ceux des propriétaires minoritaires qui ne se seraient pas fait représenter au jour de l'audience ».

Le jugement du tribunal peut fixer des indemnités approximatives et provisionnelles et des indemnités définitives différentes pour chacun des copropriétaires, compte tenu de l'importance du préjudice subi par chacun d'eux ».

Une réponse ministérielle a précisé que l'unanimité deviendrait nécessaire s'il s'agissait d'approuver une convention portant atteinte même indirectement à des droits de jouissance exclusive bénéficiant à certains copropriétaires (Rép. min., 6 nov. 1979 : *JOAN*, p. 9429-9430 ; *JCP* N 1980, prat. 7402).

Bibliographie : G. Godfrin, *La servitude de cour commune : 50 ans d'incertitude : Constr.-Urb.* avr. 2008, étude 4, p. 9 (1re partie) et mai 2008, étude 5, p. 7 (2e partie).

VIII – MODIFICATION DE LA RÉPARTITION DES CHARGES (ART. 25 *E*)

Bibliographie : M.-F. Ritschy, *La modification de la répartition des charges : Inf. rap. copr.* avr. 1994, p. 29 et s., p. 228. – P. Capoulade, *Le changement d'usage d'une partie privative et la modification corrélative de la répartition des charges : Administrer* août-sept. 2001, p. 20.

46) Notion de « changement d'usage ». L'article 25 e (ancien art. 25 *f*) évoque le cas où la modification des charges communes entraînées par les services collectifs ou les éléments d'équipement communs serait rendue nécessaire par un « *changement de l'usage d'une ou plusieurs parties privatives* » ...

Pour que ce texte s'applique, il faut *qu'il y ait changement d'usage* ; ainsi, lorsque des locaux à usage d'habitation sont affectés à usage commercial ou professionnel (▪ Cass. 3e civ., 17 juill. 1996, n° 94-19.509 : *JurisData* n° 1996-003221 ; *Bull. civ.* III, n° 194 ; *Loyers et copr.* 1996, comm. 404. ▪ Cass. 3e civ., 20 juin 2001, n° 00-10.476 : *JurisData* n° 2001-012936 ; *Rev. loyers* 2001, p. 454, note J.-M. Gélinet. ▪ TGI Paris, 17 oct. 1975 : *D.* 1976, inf. rap. p. 303, n° 31. ▪ TGI Avignon, 2 déc. 1975 : *Inf. rap. copr.* déc. 1976, p. 179, note Julian) – ou inversement. De même lorsque des pièces jusque-là non habitables sont transformées pour être affectées à l'habitation ou annexées à un lot pour être rendues habitables (V. ▪ CA Paris, 23e ch. A, 10 mars 1986 : *Inf. rap. copr.* 1986, p. 154).

Pour les juridictions du fond, il n'y avait pas changement d'usage lorsqu'un copropriétaire ne faisait qu'user de son lot conformément aux dispositions du règlement (V. par exemple, ▪ CA Paris, 23e ch., 12 janv. 2006 : *Loyers et copr.* 2006, comm. 158, obs. G. Vigneron ; *Rev. loyers* 2006, p. 240, note P. Déchelette-Tolot. ▪ CA Aix-en-Provence, 4e ch. A, 9 mars 2000 : *D.* 2000, somm. p. 218, note C. Atias. ▪ CA Aix-en-Provence, 10 nov. 1998 : *D.* 1999, somm. p. 314, note C. Atias. ▪ CA Paris, 23e ch. A, 6 mai 1998 : *Loyers et copr.* 1998, comm. 276. ▪ CA Lyon, 5 déc. 1979 : *JCP* G 1980, IV, 388 ; *JCP* N 1981, II, p. 256 ; *D.* 1980, inf. rap. p. 448, obs. C. Giverdon ; *Administrer* juill. 1980, p. 32, obs. E.-J. Guillot). Mais la Cour de cassation a condamné cette jurisprudence. Statuant à propos de l'article 25 *f*) ancien de la loi du 10 juillet 1965 (devenu l'art. 25 e) elle a décidé que ce texte était applicable alors même que le nouvel usage du lot était prévu par le règlement de copropriété (▪ Cass. 3e civ., 1er oct. 2014, n° 13-21.745 : *JurisData* n° 2014-022579 ; *Bull. civ.* III, n° 124 ; *Rev. loyers* 2014, p. 482, note P. Déchelette-Tolot ; *AJDI* 2015, p. 288, note D. Tomasin ; *LPA* 16 janv. 2015, p. 8, note B. Barry).

Il avait été admis dans le passé que lorsqu'un copropriétaire changeait la nature de l'activité commerciale ou professionnelle déjà exercée dans son lot, il n'y avait pas « changement d'usage » au sens de l'article 25 *f* (ancien) (V. ▪ CA Lyon, 5 déc. 1979 : *D.* 1980, inf. rap. p. 448. ▪ TGI Nanterre, 13 janv. 1984 : *Administrer* mai 1984, p. 46, obs. E.-J. Guillot. – F. Givord et C. Giverdon, *La copropriété*, 4e éd., n° 293). Mais cette jurisprudence nous paraît caduque, au regard de la décision précitée de la Cour de cassation du 1er octobre 2014. Il semble que l'on doive dorénavant considérer comme un « changement d'usage » au sens de l'article 25 e) de la loi du 10 juillet 1965, toute modification de l'affectation du lot susceptible d'avoir une répercussion sur les charges énumérées par l'article 10 alinéa premier de la loi, c'est-à-dire celles générées par les services collectifs et des éléments d'équipement communs, qui se répartissent en fonction de l'utilité que ces services éléments présentent à l'égard de chaque lot.

Il faut aussi *que le changement d'usage entraîne aggravation des charges* visées à l'article 10 alinéa 1 de la loi du 10 juillet 1965 (▪ TGI Nanterre, 13 janv. 1984 : *Administrer* mai 1984, p. 46, note E.-J. Guillot).

Un arrêt a admis que l'assemblée pouvait à la majorité de l'article 25 adopter une répartition de charges (d'ascenseurs) contraire aux dispositions d'ordre public de l'article 10, alinéa 1 de la loi du 10 juillet 1965 et aux critères posés par ce texte (▪ Cass. 3e civ., 2 oct. 2012, n° 11-22.990 : *AJDI* 2012, p. 868). Mais cette décision nous paraît très discutable.

47) Rôle de l'assemblée. En pareil cas, c'est à l'assemblée (qui peut éventuellement désigner un expert à cette fin) de décider de la modification. Une clause du règlement de copropriété prévoyant une modification automatique (en l'espèce un doublement forfaitaire) en cas de changement d'usage serait illicite (▪ CA Paris, 23e ch. B, 25 févr. 1999 : *JurisData* n° 1999-020415 ; *Loyers et copr.* 1999, comm. 225 ; *RD imm.* 1999, p. 299, obs. C. Giverdon).

L'article 25 e ne dit pas que le copropriétaire qui veut changer l'usage de son lot doit obligatoirement en avertir l'assemblée, ou la saisir pour faire corrélativement modifier sa participation aux charges. Et il est des hypothèses où ce changement d'affectation est libre et où l'assemblée n'aura donc pas à en connaître : en ce cas, le problème de la modification corrélative des charges pourra être porté à l'ordre du jour de l'assemblée soit par le syndic, soit par tout copropriétaire. Mais le tribunal n'a pas le pouvoir de décider de cette modification : il peut seulement annuler la décision de l'assemblée qui aurait refusé d'y procéder. Lorsque le changement d'usage est la conséquence de travaux autorisés par l'assemblée, la modification de la répartition des charges s'opère dans le cadre de l'article 11 de la loi (V. ce texte) et le tribunal a le pouvoir d'établir une nouvelle répartition (▪ Cass. 3e civ., 3 févr. 1992 : *Loyers et copr.* 1993, comm. 149 ; *RD imm.* 1993, p. 258).

La décision de modifier la répartition des charges doit être publiée au fichier immobilier. Mais elle est opposable aux copropriétaires et à leurs ayants cause universels et à titre universel même si elle n'a pas été publiée (▪ CA Paris, 23e ch. B, 16 déc. 1999 : *AJDI* 2000, p. 259. – V. L. art. 13).

48) Objet de la modification. Les *charges concernées* sont uniquement celles entraînées par les *services collectifs et éléments d'équipement communs* (V. art. 10, al. 1 de la loi. ▪ CA Paris, 23e ch. B, 25 févr. 1987 : *RTD civ.* 1987, p. 377, note C. Giverdon et F. Salvage-Gerest) par exemple les charges d'ascenseur (▪ Cass. 3e civ., 20 juin 2001, n° 00-10.476 : *JurisData* n° 2001-012936 ; *Administrer* août-sept. 2001, p. 37, note P. Capoulade). Si un changement d'usage est susceptible d'avoir une répercussion sur les charges dites « générales » (énumérées par l'article 10, alinéa 2 de la loi du 10 juillet 1965) la modification de leur répartition ne peut intervenir qu'à l'unanimité (▪ CA Paris, pôle 4, 2e ch., 15 oct. 2014, n° 13/9522 : *Administrer* janv. 2015, p. 64, obs. J.-R. Bouyeure).

L'assemblée n'a pas le pouvoir de modifier la répartition des tantièmes de copropriété, qui restent donc fixes (▪ Cass. 3e civ., 22 juill. 1998, n° 97-10.936 : *JurisData* n° 1998-003385 ; *Administrer* févr. 1999, p. 52, obs. P. Capoulade).

Voir aussi : sur les notifications à faire en vue de la convocation de l'assemblée, V. D. art. 11-3°.

IX – TRAVAUX CONCERNANT LES INSTALLATIONS DE CHAUFFAGE (ART. 25, *F* ANCIEN)

49) Réglementation. Un important décret n° 79-1232 du 31 décembre 1979 a imparti aux propriétaires et gestionnaires d'immeubles collectifs, tant locatifs qu'en copropriété, dont la demande de permis de construire est antérieure au 1er mars 1980, de procéder à l'installation de dispositifs de mesure de calories consommées dans chaque local. Ce dispositif est dorénavant codifié aux articles L. 174-2 et R. 174-2 à R. 174-7 du Code de la construction et de l'habitation.

L'ensemble de la réglementation concernant le chauffage collectif est donné (et commenté) en Annexe 15, *Chauffage des immeubles*, p. 1069.

Les travaux concernant les installations de chauffage sont depuis la loi du 31 décembre 1985, qui a réformé le texte de l'article 25 *g* (devenu art. 25 *f*), visés par ce texte au titre des « travaux d'économie d'énergie » (V. ci-dessous).

X – TRAVAUX D'ÉCONOMIE D'ÉNERGIE (ART. 25 *F*)

Bibliographie : J.-R. Bouyeure, *Les mesures récentes en faveur des économies d'énergie et le statut de la copropriété : AJPI* 1980, p. 467 et s. – J.-R. Bouyeure, *Les travaux dans la copropriété*, Sirey 1989, nos 162 et s. – P. Baudouin, *L'exécution par le syndicat des copropriétaires de travaux d'isolation thermique sur parties privatives : Administrer* mai 2008, p. 32. – B. Naudin, *La rénovation énergétique des copropriétés : DEF* 12 janv. 2023, n° DEF211f6, p. 21. – P.-E. Lagraulet, *Les outils juridiques de la rénovation énergétique : Inf. rap. copr.* avr. 2023, p. 27. – P. Déchelette-Tolot et V. Hardouin, *La sobriété énergétique en copropriété : Administrer* août-sept. 2023, p. 11.

A – Situation antérieure à la loi du 12 juillet 2010

50) Rappel. L'article 25 *g* (qui régissait alors la matière) dans sa rédaction antérieure avait été plusieurs fois remanié, et en dernier lieu par la loi n° 85-170 du 31 décembre 1985. Ce texte avait été complété par le décret n° 87-764 du 15 septembre 1987 (V. ce décret en Annexe 26, *Économies d'énergie*, p. 1197). Nous rappelons la jurisprudence à laquelle il avait donné lieu, car elle conserve son utilité pour déterminer si les décisions prises en la matière relèvent bien de la majorité de l'article 25 ou d'une autre majorité.

Voir : D. n° 87-764, 15 sept. 1987.

51) Objet des travaux. Le texte précisait simplement quel pouvait être l'objet des travaux d'économie d'énergie. Ils devaient être relatifs :
- à l'isolation thermique du bâtiment ;
- au renouvellement de l'air ;
- au système de chauffage ;
- à la production d'eau chaude.

L'*énumération* donnée par ce texte était *limitative* : l'installation de compteurs d'eau froide même si elle génère des économies ne peut être décidée en vertu de l'article 25 mais relève de l'article 30 de la loi (▪ CA Paris, 23e ch., 13 oct. 1993 : *Administrer* mars 1994, p. 57).

La notion « d'économie d'énergie » n'était pas définie, alors que l'ancien article 25 *g* indiquait que les travaux devaient « correspondre à une dépense justifiée par des économies escomptées ».

Il devait y avoir « *amélioration du rendement de la source d'énergie* ». S'il s'agissait de changer d'équipement et de source d'énergie (en installant un nouveau générateur de chaleur) la décision devait être prise dans le cadre de l'article 30 et non pas de l'article 25 (▪ CA Paris, 23e ch., 25 nov. 1993 : *Administrer* avr. 1994, p. 67).

Ne devaient pas être concernés en principe les travaux ayant simplement pour objet de substituer une énergie à une autre (par ex., le chauffage au gaz à un chauffage au fuel. – V. rapport de M. Bonnemaison au nom de la Commission des lois, doc. Ass. nat., n° 2960, p. 25. ▪ CA Paris, 23e ch., 5 nov. 1993 : *Loyers et copr.* 1994, comm. 38), sauf s'il s'agissait « d'énergies nouvelles ou insuffisamment exploitées : géothermie, énergie solaire, rejet thermique, bois, déchets, charbon, etc. ».

Voir : D. n° 87-764, 15 sept. 1987.

Mais selon un arrêt de la Cour de cassation (▪ Cass. 3e civ., 6 nov. 1996, n° 94-20.078 : *JurisData* n° 1996-004153 ; *Bull. civ.* III, n° 213 ; *JCP* G 1996, IV, 2538 ; *Administrer* févr. 1997, p. 29, obs. P. Capoulade), le remplacement du fuel au gaz pour alimenter la chaudière de chauffage central pouvait être décidé dans le cadre de l'ancien article 25 *g* si les travaux entraînaient une amélioration du rendement thermique de l'installation. De même pour le remplacement d'un chauffage au charbon par un chauffage au gaz (▪ CA Paris, 23e ch. B, 31 janv. 2002 : *Loyers et copr.* 2002, comm. 219 ; *AJDI* 2002, p. 470).

Le changement du système de chauffage (par exemple la suppression du chauffage collectif pour le remplacer par un système de chauffage individuel...) ne pouvait être décidé dans le cadre de ce texte. La décision devait être prise à la majorité de l'article 26, en vertu de l'article 30 de la loi du 10 juillet 1965, conformément à la jurisprudence de la Cour de cassation (V. en ce sens : ▪ Cass. 3e civ., 25 janv. 1984 : *D.* 1984, inf. rap. p. 408, obs. C. Giverdon. ▪ TGI Bobigny, 18 juill. 1986 : *JCP* G 1987, 20804, note Lombard). Il en était de même pour la création d'un nouveau dispositif de production d'eau chaude et le remplacement de l'équipement existant, qui entraînait des changements importants (▪ CA Aix-en-Provence, 2 mars 2006 : *Loyers et copr.* 2007, comm. 39, obs. G. Vigneron).

Voir : sur cette jurisprudence, L. 10 juill. 1965, art. 26, comm. n° 31, p. 483.

D'autre part, (ce qui reste d'actualité) les mesures prises en matière d'économies d'énergie sont subordonnées au respect des modalités de jouissance des parties privatives. Il ne peut être décidé, sinon à l'unanimité, d'abaisser la température de l'eau des appareils de chauffage (▪ Cass. 3e civ., 7 oct. 1998, n° 96-22.541 : *JurisData* n° 1998-003720 ; *Bull. civ.* III, n° 192 ; *Loyers et copr.* 1998, comm. 418).

Pour pouvoir être décidés à la majorité de l'article 25, il fallait que les travaux concernés soient *« amortissables » sur une période inférieure à dix ans*.

52) Majorités requises. Ces travaux devaient être décidés à la *majorité de l'article 25* (c'est-à-dire la majorité des voix de tous les copropriétaires), avec possibilité de réunir la deuxième assemblée prévue par l'ancienne rédaction de l'article 25-1 de la loi (V. sur cette nouvelle assemblée ci-dessous). Il fallait toutefois *réserver deux cas* :

- celui tout d'abord où les travaux « relèveraient de la majorité prévue par l'article 24 » (solution devenue caduque) ;
- le cas où les travaux porteraient atteinte à la destination de l'immeuble : ils ne pourraient alors être décidés qu'à l'unanimité des copropriétaires. Il en serait de même si « l'affectation, la consistance ou la jouissance des parties privatives » était « altérée de manière durable » par les travaux envisagés (▪ Cass. 3e civ., 7 oct. 1998, préc.).

Voir : sur les modalités d'*indemnisation des copropriétaires* dans le cas où les travaux entraînent un accès aux parties privatives des lots, V. *supra*, L. art. 9 dans sa nouvelle rédaction.

B – Modification apportée par la loi du 12 juillet 2010

Bibliographie : J.-M. Talau, *La modification de la loi du 10 juillet 1965 par la loi « Grenelle » II : Loyers et copr.* oct. 2010, étude 11. – P. Déchelette-Tolot, *Grenelle II et copropriété : Rev. loyers* 2010, p. 361. – C. Atias, *La copropriété immobilière dans la politique de défense de l'environnement : Ann. loyers* 2010, p. 2180. – S. Bertrand, *La précarité énergétique, un obstacle à la rénovation thermique des immeubles en copropriété : Loyers et copr.* avr. 2011, focus 29. – C. Bosgiraud, *De quelques impacts du Grenelle II en droit immobilier : Bull. CRIDON* Paris, 1er oct. 2010, numéro spécial. – P. Capoulade, *La copropriété dans la loi Grenelle II : AJDI* 2010, p. 777.

Voir : sur le financement des travaux par un éco-prêt à taux zéro, V. Annexe, *V° Finances du syndicat*.

53) Objet. La loi n° 2010-788 du 12 juillet 2010 a procédé à une réécriture de l'ancien article 25 *g (devenu article 25, f à la suite de la loi du 24 mars 2014 dite « loi ALUR » : V. L. 10 juill. 1965, art. 25, comm. 1)*. Ce texte a été complété par le décret n° 2012-1342 du 3 décembre 2012 (*JO* 5 déc. 2012) dont les dispositions ont été codifiées au Code de la construction et de l'habitation. Les travaux d'économie d'énergie ou de réduction des émissions de gaz à effet de serre d'intérêt collectif pouvant être réalisés sur les parties privatives se trouvent détaillés à l'article R. 173-11.

Les travaux d'intérêt collectif pouvant être réalisés sur les parties privatives, après décision prise à la majorité de l'article 25 sont les suivants (CCH, art. R. 173-10, I, 2°) :

les travaux d'isolation thermique des parois vitrées donnant sur l'extérieur comprenant, le cas échéant, l'installation de systèmes d'occultation extérieurs ;

– la pose ou le remplacement d'organes de régulation ou d'équilibrage sur les émetteurs de chaleur ou de froid ;

– l'équilibrage des émetteurs de chaleur ou de froid ;

– la mise en place d'équipements de comptage des quantités d'énergies consommées.

L'innovation introduite par ce texte est qu'il ne s'applique plus seulement aux travaux d'économie d'énergie mais également à la réduction des émissions de gaz à effet de serre.

54) Travaux d'intérêt collectif. En outre, l'article 25 dans sa nouvelle rédaction crée une nouvelle catégorie de travaux, qualifiés « d'intérêt collectif » (par exemple l'obligation d'équiper l'ensemble des fenêtres de doubles vitrages dans un but d'économie d'énergie). Ces travaux peuvent être imposés aux copropriétaires même lorsqu'ils affectent leurs parties privatives. Toutefois l'exécution de ces travaux ne peut être exigée lorsque le ou les copropriétaires concernés sont en mesure de produire la preuve de la réalisation de travaux équivalents dans les dix années précédentes.

Dès lors que de tels travaux sont votés, les copropriétaires concernés sont tenus de les réaliser dans un délai raisonnable en fonction de la nature et du coût des travaux (CCH, art. R. 173-11, al. 2). La formulation ambiguë de cette disposition ne saurait remettre en cause les pouvoirs de maître de l'ouvrage que l'article 9 de la loi du 10 juillet 1965 confère au syndicat des copropriétaires pour la réalisation de travaux (Rép. min. n° 20882 : *JO* Sénat 13 janv. 2022, p. 241 ; *JCP* N 2022, act. 212).

Le syndicat des copropriétaires procède à la réception des travaux en présence des copropriétaires concernés. En cas de réserves, le syndic de copropriété assure le suivi et la réception des travaux destinés à permettre la levée des réserves. Après réception définitive des travaux, le syndic de copropriété adresse aux copropriétaires concernés, par lettre recommandée avec avis de réception ou par voie de remise contre émargement, les pièces et documents relatifs aux travaux, notamment le contrat de l'entreprise, le ou les procès-verbaux de réception et, le cas échéant, les attestations des assurances prévues aux articles L. 241-2 et L. 242-1 du Code des assurances afin que chaque copropriétaire puisse utilement mettre en œuvre les garanties à la charge de l'entreprise (CCH, art. R. 173-11, al. 2).

XI – TRAVAUX CONCERNANT LES VIDE-ORDURES (ART. 25 G ANCIEN)

55) Possibilité de supprimer les vide-ordures. L'ancien article 25 *g)* créé par la loi du 24 mars 2014 (loi ALUR) permettait de supprimer les vide-ordures « pour des impératifs d'hygiène ».

Ce texte a été abrogé et transféré sous l'article 24, II, e, par l'ordonnance n° 2009-1101 du 30 octobre 2019 (V. ce texte).

XII – RÉGLEMENTATION DE L'ACCÈS À L'IMMEUBLE (ART. 25 G)

Bibliographie : *La copropriété*, Dalloz Action, 10e éd., 2021, ss dir. D. Tomasin, nos 333-171 et s. – E. Kischinewsky-Broquisse, *La copropriété des immeubles bâtis* : Litec, 4e éd., 1989, n° 676. – J.-R. Bouyeure, *Les travaux dans la copropriété* : Sirey, 1989, n° 186 et s. – E. Vichrova, *Améliorer la sécurité des immeubles : Inf. rap. copr.* févr. 1994, p. 475 et s. – P. Maes, *Comment renforcer le contrôle d'accès aux immeubles ? : Inf. rap. copr.* nov. 1996, p. 24. – C. Atias, *L'accès à l'immeuble : un difficile compromis entre sécurité et liberté de circulation : Inf. rap. copr.* juill.-août 1999, p. 23. – F. Juery, *Une demande de plus en plus forte de dispositifs anti-intrusion dans les parties communes : Le Particulier immobilier*, nov. 2002, p. 21. – Étude anonyme, *Contrôle d'accès, quelles solutions choisir ? : Rev. hab. fr.*, mai 2003, p. 29. – C. Veyre, *Sécuriser son immeuble : solutions techniques : Inf. rap. copr.* sept. 2003, p. 24. – Étude anonyme, *Télésurveillance et primes d'assurances : Inf. rap. copr.* sept. 2003, p. 30. – Étude anonyme, *De la vidéosurveillance à la vidéo sécurité : Inf. rap. copr.* sept. 2003, p. 29. – C. Atias, *Les convictions des copropriétaires : Inf. rap. copr.* nov. 2003, p. 25. – J.-R. Bouyeure, *Les nouvelles dispositions relatives à la fermeture et à l'ouverture des portes d'accès à l'immeuble en copropriété : Administrer* mai 2007, p. 25. – J.-M. Gélinet, *Les modalités de fermeture des portes d'entrée des immeubles en copropriété après la loi du 5 mars 2007 : Rev. loyers* 2007, p. 318. – N. Coulaud, *Sécuriser efficacement les accès de sa copropriété : Le Particulier immobilier*, juill.-août 2007, p. 50. – C. Picard, *Fermeture des copropriétés : où est la clé ? : La revue bleue*, févr. 2008, p. 42. – J. Hainaut, *La fermeture de l'immeuble : Inf. rap. copr.* mars 2017, p. 27.

Voir : 25e recommandation de la Commission relative à la copropriété, Annexe 17, *Commission relative à la copropriété*, p. 1095.

56) Droit d'accès. Des dispositions légales instituent une obligation de laisser accéder certaines personnes à l'immeuble. En bénéficient notamment, aux fins d'intervention, les services d'incendie et de secours ainsi que les services de police et de gendarmerie nationales (CSI, art. L. 272-1). Selon la réserve d'interprétation émise par le Conseil constitutionnel, si ces dispositions reconnaissent aux forces de l'ordre un droit d'accès aux parties communes des immeubles aux fins d'intervention, elles n'ont pas pour objet et ne sauraient avoir pour effet de leur permettre d'accéder à ces lieux pour d'autres fins que la réalisation des seuls actes que la loi les autorise à accomplir pour l'exercice de leurs missions (▪ Cons. const., 14 sept. 2023, n° 2023-1059 QPC : *JurisData* n° 2023-015673 ; *JCP* N 2023, act. 956 ; *Rev. loyers* 2023, p. 532, obs. V. Zalewski-Sicard). Il appartient alors au juge de s'assurer qu'il a été satisfait à cette réserve et que les éléments de la procédure permettent de vérifier que les policiers, entrés dans les parties communes dans le cadre de l'exercice d'une mission de police administrative de protection des personnes et des biens, n'ont pas réalisé d'autres actes que ceux que la loi les autorisait à accomplir à cette fin (▪ Cass. crim., 12 déc. 2023, n° 23-81.877 : *JurisData* n° 2023-024443 ; *Loyers et copr.* 2024, comm. 35, obs. A. Lebatteux ; *Ann. loyers* 2024, p. 81, obs. J.-M. Roux. – ▪ CA Aix-en-Provence, ch. corr., 20 mars 2023, n° 22/002050 : *JurisData* n° 2023-005061). Jouissent également d'un droit d'accès d'origine légale le prestataire du service universel postal, les opérateurs de services postaux ou les porteurs de presse autorisés afin de permettre la distribution des plis et de la presse en boîtes aux lettres (CCH, art. L. 126-12 et L. 126-13). Ce droit s'applique également aux opérateurs des distributeurs de gaz naturel et d'électricité ainsi qu'aux agents des sociétés agissant pour leur compte en vue d'accéder aux ouvrages de distribution d'énergie (CCH., art. 126-15). Le droit d'accès des commissaires de justice aux parties communes des immeubles à usage d'habitation, originellement prévu pour l'accomplissement de leurs missions de signification ou d'exécution, a été étendu à l'exécution de missions d'affichage (CCH, art. L. 126-14, al. 1er, mod. L. n° 2024-322, 9 avr. 2024, art. 36) et inclut un accès aux boîtes aux lettres particulières selon les mêmes modalités que les opérateurs du service postal (CCH, art. L. 126-14, al. 2, mod. L. n° 2021-1729, 22 déc. 2021, art. 30).

57) Modalités d'ouverture des portes d'accès aux immeubles : évolution de la réglementation. La matière a fait l'objet de réglementation successives : tout d'abord dans les articles 26-1 et 26-2 de la loi du 10 juillet 1965, abrogés par la loi n° 2006-872 du 13 juillet 2006, puis dans l'article 25, *n*, de la loi du 10 juillet 1965, créé par cette même loi, qui autorisait à prendre à la majorité de l'article 25 les décisions concernant les « travaux à effectuer sur les parties communes en vue de prévenir les atteintes aux personnes et aux biens ». La loi ALUR *(L. n° 2014-366, 24 mars 2014)* a retransféré la matière à l'article 26, c.

Enfin l'article 26, c, de la loi du 10 juillet 1965 a été purement et simplement transféré, à l'article 25, *g*, par l'ordonnance n° 2019-1101 du 30 octobre 2019, applicable à compter du 1er juin 2020, dans la même rédaction.

La jurisprudence suscitée par les textes antérieurs conserve un intérêt pour l'interprétation du texte actuel de l'article 25, *g*. Ce texte vient compléter les dispositions de l'article 24, II, *a)* de la loi qui permettent à l'assemblée d'adopter, à la majorité de droit commun, les décisions afférentes aux travaux nécessaires à la préservation de la sécurité physique des occupants de l'immeuble. La décision portant sur les travaux de sécurisation et celle relative à leurs effets sur les conditions d'accès à l'immeuble étant indissociables, la résolution validant l'installation d'un système de fermeture des parties communes doit être annulée lorsque l'assemblée ne s'est pas prononcée sur les modalités d'ouverture des portes, l'absence de décision sur ce second point étant assimilée à une fermeture totale de l'immeuble (▪ CA Versailles, 4e ch., 2e sect., 15 nov. 2017, n° 16/02152 : *JurisData* n° 2017-023175. ▪ CA Versailles, 26 sept. 2011, n° 10/05304 : *JurisData* n° 2011-021406 ; *Loyers et copr.* 2012, comm. 83, obs. G. Vigneron). En outre, les deux questions relevant de majorités différentes, elles ne peuvent être regroupées en une seule résolution et encore moins être adoptées à la plus faible des majorités applicables, peu important que l'assemblée soit animée par la préoccupation légitime de sécuriser l'immeuble (▪ CA Paris, pôle 4, 2e ch., 25 mai 2016, n° 13/18011 : *JurisData* n° 2016-014057). Dès lors, l'assemblée doit se prononcer par l'adoption de deux résolutions distinctes (▪ CA Aix-en-Provence, ch. 1-5, 10 sept. 2020, n° 18/11249 : *JurisData* n° 2020-022229. – ▪ CA Riom, 1re ch., 11 mars 2013, n° 12/012259 : *JurisData* n° 2013-005239 ; *Loyers et copr.* 2013, comm. 354, obs. G. Vigneron), la première sur l'exécution des travaux nécessaires de fermeture, soumise à la majorité de l'article 24 (antérieurement à celle de l'article 25), et la seconde sur les modalités de l'ouverture de l'immeuble régies dorénavant par l'article 25 (précédemment par l'article 26), étant précisé qu'au travers de la mise en œuvre de la passerelle de l'article 25-1, cette seconde résolution est susceptible d'être, en définitive, adoptée comme la première à la majorité de droit commun.

A – Absence d'« activités » dans l'immeuble

58) Décision d'ouvrir les portes d'accès à l'immeuble. L'article 25, *g*, comme son prédécesseur l'ancien article 26, *c*, énonce tout d'abord que doivent être prises à la majorité prévue par ce texte « les modalités d'ouverture des portes d'accès aux immeubles ». Il résulte *a contrario* de ce texte que la situation normale est la fermeture des portes d'accès à l'immeuble puisqu'il faut recourir à une décision majoritaire pour décider de leur ouverture.

Dans sa rédaction antérieure à l'ordonnance du 30 octobre 2019, le texte (qui figurait alors à l'article 26, *c)*, avait été interprété dans un sens simplificateur : les décisions relatives aux modalités d'ouverture et de fermeture des immeubles devaient être adoptées à la majorité des membres du syndicat représentant au moins les deux tiers des voix – et en aucun cas à la majorité de l'article 25 (▪ Cass 3e civ., 19 oct. 2017, n° 16-21.272).

Diverses solutions données par la jurisprudence à propos des législations antérieures restent toujours d'actualité :

– le fait qu'une précédente décision, antérieure à la loi de 1985, ait été prise à l'unanimité n'implique pas que l'unanimité soit exigée pour se prononcer de nouveau (▪ CA Paris, ch. 19 A, 26 sept. 1995 : *Loyers et copr.* 1996, comm. 46) ;

– la décision appartient à l'assemblée : le tribunal ne peut pas se substituer à elle pour fixer les modalités d'ouverture et de fermeture des accès à l'immeuble (▪ CA Paris, ch. 23 B, 4 avr. 2001 : *Loyers et copr.* 2001, comm. 271. ▪ CA Paris, 16 déc. 1999 : *Loyers et copr.* 2000, comm. 97 ; *D.* 2000, somm. p. 210, note C. Atias) ;

– l'assemblée doit décider elle-même : elle ne peut déléguer ses pouvoirs de décision à une association syndicale (▪ Cass. 3e civ., 19 nov. 1997, n° 96-11.195 : *JurisData* n° 1997-004757 ; *Rev. loyers* 1999, p. 341, confirmant ▪ CA Paris, ch. 19 A, 18 oct. 1995 : *Loyers et copr.* 1996, comm. 89) ou au syndic, même assisté du conseil syndical (▪ CA Versailles, 4e ch., 14 déc. 2015, n° 14/00323 : *JurisData* n° 2015-028909) ;

– les dispositions légales ne concernent que les modalités d'ouverture des portes d'accès à l'immeuble et non pas la décision de clôture du tènement de la copropriété avec une propriété voisine (▪ CA Chambéry, ch. civ., 1re sect., 28 mai 2019, n° 17/02460 : *JurisData* n° 2019-009464). En toute hypothèse, lorsque la question de la fermeture des portes entraîne des répercussions sur les modalités d'accès à un fonds voisin, le dispositif de fermeture installé pour la protection de l'immeuble en copropriété ne doit pas gêner l'exercice d'une servitude de passage constituée au profit d'un immeuble enclavé situé en retrait (▪ Cass. 3e civ., 6 mars 2002, n° 00-18.812).

Il n'est pas possible d'habiliter les gardiens de la résidence à actionner le mécanisme d'accès à l'immeuble dès lors que ces préposés ne sont pas astreints à une présence permanente (▪ CA Paris, pôle 4, 2e ch., 21 mars 2012 : *JurisData* n° 2012-005422 ; *Loyers et copr.* 2012, comm. 243, note G. Vigneron).

B – Exercice d'« activités » dans l'immeuble

59) Prise en considération des activités exercées. L'article 25, *g*, ajoute que « en cas de fermeture totale de l'immeuble, celle-ci doit être compatible avec l'exercice d'une activité autorisée par le règlement de copropriété ».

Ce texte vise le cas où l'exercice d'activités (professionnelles, commerciales, artisanales...) est autorisé dans l'immeuble. La compatibilité des décisions prises en ce qui concerne les portes d'accès de l'immeuble avec l'exercice de ces activités était également exigée par l'ancien article 26-2 de la loi, depuis lors abrogé (V. l'ancien texte, *infra*). Dans cette mesure, la jurisprudence suscitée par ce texte peut servir à éclairer l'interprétation à donner à l'article 25, *g*, nouveau.

Rappelons que l'article 26-2 avait été introduit lors du vote de la loi du 31 décembre 1985 par l'Assemblée nationale, sur proposition du rapporteur de la Commission des lois (*Doc. AN* n° 3101, p. 15) : la décision prise par l'assemblée en vertu de l'article 26-1 d'installer un dispositif de fermeture de l'immeuble pouvait en effet être gravement préjudiciable aux personnes exerçant dans l'immeuble des activités autorisées, en particulier professionnelles. Le rapporteur à l'Assemblée nationale avait souligné « qu'il convenait d'éviter qu'une fermeture totale et permanente de l'immeuble n'empêche l'exercice d'activités autorisées par le règlement de copropriété ».

60) Notion de fermeture totale et appréciation de la compatibilité avec les activités exercées dans l'immeuble. Pour l'application des législations antérieures, on avait été amené à faire la distinction suivante, concernant les dispositifs de fermeture de la porte d'accès à l'immeuble (Courrech, *Commentaire de la loi du 31 décembre 1985* : *RD imm.* 1986, p. 429) :

– ou bien le système de fermeture permettait une ouverture à distance (portier électronique, interphone), auquel cas le libre exercice d'une activité prévue par le règlement de copropriété était réputé préservé et la majorité de l'article 25 était suffisante (▪ Cass. 3e civ., 3 févr. 2004, n° 02-17.377 : *Rev. loyers* 2004, p. 331. ▪ CA Paris, pôle 4, 2e ch., 24 févr. 2022, n° 19/19643 : *JurisData* n° 2022-002498 ; *Administrer* avr. 2022, p. 46, obs. P. Déchelette-Tolot).

Ainsi la fermeture totale de l'immeuble pouvait être décidée à la majorité dans le cas d'installation d'un interphone (▪ CA Paris, ch. 19 A, 26 sept. 1995 : *Loyers et copr.* 1996, comm. 38. – Pour l'installation d'un portail automatisé avec interphone dans un immeuble déjà doté d'un digicode : ▪ CA Paris, 26 oct. 2016, n° 14/16410 : *JurisData* n° 2016-022766) ou d'un système de portier électronique avec affichage lumineux (▪ CA Paris, ch. 23 A, 3 avr. 1996 : *Loyers et copr.* 1996, comm. 326 ; *RD imm.* 1996, p. 416, obs. C. Giverdon) ;

– ou bien le système envisagé ne permettait pas une ouverture à distance et conduisait donc à une fermeture totale de l'immeuble (nécessité d'utiliser une clé ou un dispositif digital) : l'assemblée devait alors déterminer, à la majorité renforcée, les heures de fermeture totale à la condition qu'elle ne nuise pas à une activité permise par le règlement (V. à propos de l'ancien article 26-2, ▪ CA Paris, ch. 23 B, 18 sept. 2003 : *Dossiers CSAB* n° 111, avr. 2004, n° 82, obs. A. Dunes. ▪ CA Paris, ch. 23 B, 13 mars 2003 : *Loyers et copr.* 2003, comm. 165, obs. G. Vigneron). La décision de fermer à clé en permanence une porte donnant sur un passage public pouvait ainsi être prise à la majorité, dès lors que deux autres accès de l'immeuble étaient maintenus (▪ CA Paris, 10 déc. 1993 : *Loyers et copr.* 1993, comm. 164). Il en est de même pour la décision de procéder à la fermeture des ventaux de la porte centrale de la cour de l'immeuble et de laisser ouverte en permanence la porte latérale, déclarée conforme aux dispositions de l'ancien article 26-1 (▪ Cass. 3e civ., 11 mai 2005, n° 03-20.057 : *Administrer* août-sept. 2005, p. 73, obs. J.-R. Bouyeure. – Pour la fermeture permanente de l'accès des véhicules et la mise en place d'un digicode pour les piétons ▪ Cass. 3e civ., 18 févr. 2015, n° 13-29.974 : *JurisData* n° 2015-002908 ; *Bull. civ.* III, n° 22 ; *Loyers et copr.* 2015, comm. 105, note G. Vigneron ; *Administrer* mai 2015, p. 42, note J.-R. Bouyeure). De même encore a été jugée compatible avec l'activité d'un médecin dermatologue la fermeture permanente d'un portail voiture avec remise à chaque copropriétaire d'une télécommande et la fermeture nocturne (de 22 h à 6 h du matin) du portail piétons (▪ Cass. 3e civ., 20 déc. 2006, n° 05-19.675 : *Administrer* mars 2007, p. 56, obs. J.-R. Bouyeure).

En revanche, si les modalités envisagées par l'assemblée s'avéraient préjudiciables à l'exercice d'une activité valablement exercée dans l'immeuble, l'unanimité s'imposait (V. par ex., à propos de l'ancien article 26-2, ▪ CA Paris, ch. 23 A, 25 sept. 1996 : *Loyers et copr.* 1996, comm. 496. ▪ CA Paris, ch. 23 A, 26 nov. 1997 : *Loyers et copr.* 1998, comm. 132, confirmé par ▪ Cass. 3e civ., 19 nov. 1997 : *Loyers et copr.* 1998, comm. 49, obs. G. Vigneron). Ainsi l'unanimité était requise lorsque l'assemblée voulait décider de fermer la porte de l'immeuble 24 heures sur 24 en installant un digicode, qui ne constitue pas un dispositif d'ouverture à distance, et alors qu'un médecin exerçait dans l'immeuble (▪ CA Paris, pôle 4, 2e ch., 26 févr. 2020, n° 18/03750 : *JurisData* n° 2020-002846 ; *Administrer* avr. 2020, p. 59, obs. J.-R. Bouyeure. ▪ CA Aix-en-Provence, 4e ch. A, 16 janv. 2014, n° 13/01264 : *Rev. loyers* 2014, p. 212. – V. à propos de l'ancien article 26-2, ▪ CA Paris, ch. 23 B, 16 déc. 1999 : *JurisData* n° 1999-102728 ; *Loyers et copr.* 2000, comm. 97 ; *D.* 2000, somm. p. 210, note C. Atias) ou encore lorsqu'elle décidait de fermer complètement les parkings avec accès par un « passe », une clé ou une carte, ce qui ne permettait pas à une société exploitant un commerce d'accéder à ses lots (V. à propos de l'ancien article 26-2, ▪ Cass. 3e civ., 12 janv. 2000, n° 97-21.190 : *JurisData* n° 2000-000033 ; *Bull. civ.* III, n° 4 ; *Loyers et copr.* 2000, comm. 75 ; *RD imm.* 2000, p. 246, obs. P. Capoulade. ▪ CA Nancy, 25 nov. 2014, n° 13/20026 : *Rev. loyers* 2015, p. 46) ou même lorsqu'elle refusait d'ouvrir de 10 à 18 heures une porte cochère équipée d'un digiclé et donnant accès à un commerce, ce qui était considéré comme équivalant à une fermeture totale (V. à propos de l'ancien article 26-2, ▪ CA Paris, ch. 23 A, 3 juill. 2002 : *Loyers et copr.* 2002, comm. 295 ; *AJDI* 2002, p. 863, note Y. Rouquet). A également été annulée la résolution d'assemblée décidant de procéder à la fermeture permanente de la porte cochère avec installation d'une platine pour gérer l'accès à la résidence lorsque le battant de la porte, difficile à manipuler en raison de son poids, entrave l'accès des patients aux facultés physiques amoindries au cabinet médical présent dans l'immeuble (▪ CA Grenoble, 2e ch., 25 oct. 2022, n° 20/02058 : *JurisData* n° 2022-019705). Prenant en compte la visibilité du local depuis l'extérieur, une décision a estimé que le remplacement d'une borne par un portail, malgré le maintien d'un portillon en position ouverte, était incompatible avec l'activité de restauration exercée dans l'immeuble, la vue du portail fermé dissuadant les clients potentiels (▪ CA Paris, pôle 4, 2e ch., 7 déc. 2022, n° 19/19261 : *Rev. Loyers* 2023, n° 4064, obs. S. Bénilsi).

61) Absence momentanée d'activités exercées. Il avait été admis sous l'empire de l'ancienne législation que dans le cas où l'exercice d'« activités » était autorisé par le règlement, mais que l'immeuble était en fait à usage d'habitation, l'assemblée pouvait prendre la décision d'installer un dispositif de fermeture totale de l'immeuble : mais si un professionnel s'installait, cette décision ne lui serait pas opposable (J.-R. Bouyeure, *Commentaire de la loi du 31 décembre 1985 : AJPI* 1986, p. 606. ▪ CA Paris, ch. 23 B, 20 nov. 2003 : *Administrer* mai 2004, p. 50, obs. J.-R. Bouyeure. ▪ CA Paris, ch. 23, 11 déc. 1992 : *Loyers et copr.* 1993, comm. 152).

XIII – INSTALLATION OU MODIFICATION DES ANTENNES COLLECTIVES (ART. 25 *H*)

Bibliographie : J.-M. Roux, *L'antenne et la copropriété : Rev. loyers* 2007, p. 430 (1re partie) et *Rev. loyers* 2007, p. 482 (2e partie).

Voir : sur les problèmes posés par les antennes et plus particulièrement par les antennes de téléphonie mobile, V. Annexe 4, *Antennes*, p. 941.

19e recommandation de la Commission relative à la copropriété, Annexe 17, *Commission relative à la copropriété*, p. 1095.

62) Règles applicables. Les *installations d'antennes* sont sur un plan général régies par la loi n° 66-457 du 2 juillet 1966 (*JO* 3 juill.) complétée par un décret n° 67-1171 du 22 décembre 1967 (*JO* 28 déc.). Pour les demandes d'installation d'antennes individuelles, V. L. n° 66-457, 2 juill. 1966, p. 941 et D. n° 67-1171, 22 déc. 1967, p. 942 (Annexe 4, *V° Antennes*).

Cette loi est en particulier applicable aux « immeubles soumis au régime de la copropriété » (art. 4, al. 1). Mais l'articulation de ses dispositions avec celles du statut de la copropriété (L. 10 juill. 1965 et décret d'application du 17 mars 1967) n'est pas évidente, et de nombreuses questions continuaient à se poser, lorsqu'il s'agissait d'installer des antennes ou de modifier les antennes existantes dans des immeubles en copropriété (V. à propos de la modification des antennes nécessaires pour recevoir « Canal Plus », *Canal Plus et copropriété : RD imm.* 1984, p. 235, obs. Giverdon. – Lorenzetti, *L'adaptation des antennes de télé : Rev. bleue* 1984, n° 116. – Et pour des études plus générales, *À propos d'antennes : Rev. hab. fr.* 1984, p. 533).

L'article 25 *h* (anc. art. 25 *j*) vient heureusement préciser que la *décision d'installer une ou plusieurs antennes collectives* pour les émissions de radio ou télévision peut être prise à la majorité de l'article 25 (avec possibilité de prendre une seconde délibération à la majorité de l'article 24, dans les conditions prévues par l'article 25-1, V. ce texte).

Il en est de même lorsqu'il s'agit d'*adapter les antennes existantes* pour permettre de bénéficier d'une « plus large ou meilleure réception des émissions de radiodiffusion ou de télévision ».

En ce qui concerne l'adaptation des antennes existantes pour recevoir la TNT (télévision numérique), le dossier établi par le Conseil supérieur de l'audiovisuel, devenu l'Autorité de régulation de la communication audiovisuelle et numérique à compter du 1er janvier 2022 (V. les sites internet du CSA et de l'ARCOM), indique que si l'immeuble possède un contrat de maintenance de l'antenne collective, l'intervention pourra être réalisée à la demande du syndicat et son coût répercuté dans les charges de copropriété. Sans contrat de maintenance, l'intervention devra être votée par l'assemblée (sur l'obligation, imposée au câblo-opérateur par la loi n° 2004-669 du 9 juillet 2004, de reprendre les chaînes gratuites de la TNT dans le « service antennes », V. le site du CSA).

À la suite de la modification apportée à l'article 25 *j* (actuellement art. 25 *h*) par la loi n° 2007-309 du 5 mars 2007, ces dispositions sont également applicables lorsqu'il y a lieu d'installer ou de modifier un réseau de communications électroniques interne à l'immeuble.

Comment doivent être répartis les frais ? S'agissant de charges afférentes à un élément d'équipement commun, les frais doivent normalement être répartis en fonction du critère d'utilité mais, si l'on adopte la doctrine d'une réponse du ministre de la Justice du 26 mars 1984 (*JO* Ass. nat., 26 mars 1984, p. 1433, n° 43916 ; *JCP* N 1984, prat., p. 1376), on peut admettre que cette utilité étant égale pour tous, les frais d'installation (comme ceux d'entretien...) de l'antenne doivent être répartis entre tous les copropriétaires, même si certains d'entre eux ne l'utilisent pas « dans la mesure, toutefois, précise cette réponse, où les conditions techniques de l'installation donnent la possibilité à chaque copropriétaire d'y raccorder un appareil récepteur ». Cette répartition s'opérera au prorata des tantièmes de copropriété.

Sur le point de savoir si la diffusion d'œuvres protégées aux copropriétaires obligeait le syndicat à déclarer l'installation et à verser les droits d'auteur correspondant aux sociétés gestionnaires de ces droits (SACEM, SCAM, SACD...), V. Annexe 4, *Antennes*, p. 941.

Le texte de l'article 25 *h* ne régit que le cas d'installations d'antennes collectives. Un *copropriétaire qui voudrait installer à ses frais une antenne individuelle* devrait demander à l'assemblée une autorisation donnée dans le cadre et à la majorité prévus par l'article 25 *b* de la loi du 10 juillet 1965 (les travaux affectant les parties communes). L'assemblée peut éventuellement, comme l'y autorise l'article 1er de la loi du 2 juillet 1966 précitée, exiger le raccordement de l'antenne individuelle à l'antenne collective (V. en Annexe 4, *Antennes*, p. 941).

63) Raccordement au réseau câblé. On s'était demandé si le texte ancien de l'article 25 *j* qui visait le cas des « antennes collectives » s'appliquait également dans le cas de raccordement de l'immeuble à un réseau câblé. La question est aujourd'hui réglée depuis que la loi n° 92-653 du 13 juillet 1992 (*JCP* 1992, III, 65611) a donné à l'article 25 *j* (devenu art. 25 *h*) une nouvelle rédaction.

Il en résulte que la *décision de raccordement de l'immeuble à un réseau câblé* doit être, comme pour une antenne collective, *prise par l'assemblée à la majorité de l'article 25*. Le cas échéant, un deuxième tour de scrutin est à organiser si cette majorité n'a pu être obtenue lors du premier examen de la résolution (G. Vigneron, *Le raccordement à un réseau câblé de télévision : JCP* N 1993, prat. 2638).

L'assemblée pourra également, à cette même majorité de l'article 25, décider de l'ensemble des mesures impliquées par la décision de raccordement : les travaux à accomplir, la signature du contrat d'abonnement dont elle approuvera les clauses et conditions, etc.

Mais la demande de raccordement peut aussi être formée par un copropriétaire, à titre individuel.

L'article 34-3 nouveau de la loi du 30 septembre 1986, institué par la loi n° 92-653 du 13 juillet 1992 précitée a créé une servitude afin de permettre l'installation et l'entretien des câbles et équipements annexes nécessaires à la desserte des locaux privatifs.

Voir : on trouvera les *indications utiles concernant la mise en œuvre de ces textes* ainsi que la bibliographie détaillée en Annexe 59, *Télévision par câble*, p. 1559.

XIV – AUTORISATION À LA POLICE OU À LA GENDARMERIE DE PÉNÉTRER DANS LES PARTIES COMMUNES (ART. 25, I)

Bibliographie : C. Giverdon, *Gare aux passe-murailles : Administrer* avr. 1995, p. 3.

64) Renvoi. L'article 25, i, de la loi, qui prévoyait la possibilité pour les copropriétaires de conférer à la police ou à la gendarmerie nationales une autorisation permanente de pénétrer dans les parties communes pour l'accomplissement de leurs missions habituelles, a été transféré avec une rédaction modifiée sous l'article 24, II, *h* (V. le commentaire sous l'article 24 de la loi).

XV – ACTION EN JUSTICE DU SYNDICAT CONTRE LE SYNDIC (ART. 25 I NOUVEAU)

65) Délégation au président du conseil syndical. Dans sa rédaction issue de l'ordonnance n° 2019-1101 du 30 octobre 2019, applicable à compter du 1er juin 2020, l'article 25, *i)* nouveau énonce que la délégation de pouvoir donnée au président du conseil syndical afin d'introduire une action judiciaire contre le syndic en réparation du préjudice subi par le syndicat des copropriétaires est conférée à la majorité de l'article 25.

XVI – TRAVAUX PERMETTANT L'ALIMENTATION ÉLECTRIQUE DES EMPLACEMENTS DE STATIONNEMENT (ART. 25 *J*)

Bibliographie : J.-M. Talau, *La modification de la loi du 10 juillet 1965 par la loi « Grenelle » II : Loyers et copr.* oct. 2010, étude 11. – C. Atias, *La copropriété immobilière dans la politique de défense de l'environnement : Ann. loyers* 2010, p. 2180. – C. Bosgiraud, *De quelques impacts du Grenelle II en droit immobilier : Bull. CRIDON* Paris, 1er oct. 2010, numéro spécial. – P. Capoulade, *La copropriété dans la loi Grenelle II : AJDI* 2010, p. 777.

66) Objectifs poursuivis. La loi n° 96-1236 du 30 décembre 1996 sur l'air et l'utilisation rationnelle de l'énergie (art. 24-IV ; *JCP* G 1997, III, 68281) avait ajouté à l'article 25, un nouvel alinéa.

L'objectif poursuivi était de permettre à l'assemblée de voter, à la majorité de l'article 25, les travaux permettant l'alimentation en courant électrique des emplacements de stationnement « notamment » dit le texte (ce qui montre que cette finalité n'est pas exclusive) « pour *permettre la charge des accumulateurs de véhicules électriques* ».

Puis l'article 25, l a été réécrit par la loi du 12 juillet 2010 (Grenelle II). Dans sa nouvelle rédaction, ce texte, immédiatement applicable, visait deux cas :

– celui, où il est nécessaire d'installer ou de modifier des installations électriques intérieures permettant l'alimentation des emplacements de stationnement d'accès sécurisé à usage privatif, pour permettre la recharge des véhicules électriques ou hybrides ;

– celui ensuite où des travaux doivent être effectués pour réaliser des installations de recharge électrique permettant un comptage individuel pour ces mêmes véhicules.

Les conditions de réalisation de ces travaux sont fixées par l'article 24-5 de la loi du 10 juillet 1965, créé dans ce même but par la loi du 12 juillet 2010 (V. ce texte).

Les dispositions figurant à l'article 25 l ont été transférées par la loi ALUR (L. n° 2014-366, 24 mars 2014) à l'article 25, *j*, où elles figurent actuellement.

XVII – INSTALLATION DE COMPTEURS D'EAU FROIDE (ART. 25 *K*)

67) Réforme introduite par la loi du 13 décembre 2000. La loi du 13 décembre 2000, dite loi SRU, a ajouté à l'article 25 un *m*. transféré par la suite à l'article 25, *k*. Ce texte autorise l'assemblée à décider à la majorité prévue par ce texte (avec possibilité de prendre, le cas échéant, une seconde délibération à la majorité de l'article 25-1) d'installer des compteurs divisionnaires d'eau froide.

Ce texte met fin à une situation antérieure peu claire où selon l'opinion la plus communément retenue, l'installation de compteurs individuels exigeait au moins la majorité de l'article 26.

On trouvera en Annexe 19, *Compteurs d'eau*, p. 1157, les dispositions du décret du 28 avril 2003, pris pour l'application de ce texte.

NB : Ce texte correspond à l'ancien article 25 *m*, après la modification de l'article 25 par la loi n° 2014-366 du 24 mars 2014.

Bibliographie : P. Maes, *Individualiser les factures d'eau dans les copropriétés : Inf. rap. copr.* juill. août 2003, p. 22. – V. Valin-Stein, *Copropriété : faut-il installer des compteurs d'eau individuels : Le*

Particulier immobilier janv. 2004, p. 45. – A. Chosson et D. Rodrigues, *L'individualisation des contrats de fourniture d'eau : AJDI* 2003, p. 743.

XVIII – COMPTEURS D'ÉNERGIE THERMIQUE ET RÉPARTITEURS DE FRAIS DE CHAUFFAGE (ART. 25 *L*)

Bibliographie : J.-M. Talau, *La modification de la loi du 10 juillet 1965 par la loi « Grenelle » II : Loyers et copr.* oct. 2010, étude 11. – P. Déchelette-Tolot, *Grenelle II et copropriété : Rev. loyers* 2010, p. 361. – C. Bosgiraud, *De quelques impacts du Grenelle II en droit immobilier : Bull. CRIDON* Paris, 1er oct. 2010, numéro spécial. – P. Capoulade, *La copropriété dans la loi Grenelle II : AJDI* 2010, p. 777. – D. Rodrigues, *L'individualisation des frais de chauffage : Inf. rap. copr.* nov. 2023, p. 29. – B. Naudin, *L'individualisation des frais de chauffage et de production d'eau chaude sanitaire : DEF* 25 janv. 2024, n° DEF211f5, p. 13.

68) Loi du 12 juillet 2010. La loi n° 2010-788 du 12 juillet 2010 (Grenelle II) a ajouté un *o)* à l'article 25 afin de permettre de décider, à la majorité prévue par ce texte :

– l'installation de compteurs d'énergie thermique ;

– l'installation de répartiteurs de frais de chauffage.

Dès lors que l'immeuble est doté d'une installation centrale de chauffage ou d'eau chaude sanitaire commune à tout ou partie des locaux occupés à titre privatif et se trouve soumis à l'obligation d'individualisation des frais (CCH, art. L. 174-2), il incombe au syndic d'inscrire à l'ordre du jour de l'assemblée générale la question des travaux permettant de munir l'immeuble de dispositifs d'individualisation ainsi que la présentation des devis dressés à cette fin (L. 1965, art. 24-9, al. 1er).

NB : L'article 25 l correspond à l'ancien article 25 o*)*, après la modification de l'article 25 par la loi n° 2014-366 du 24 mars 2014.

XIX – VIDÉOPROTECTION (ART. 25 *M*)

Bibliographie : J.-M. Talau, *La modification de la loi du 10 juillet 1965 par la loi « Grenelle » II : Loyers et copr.* oct. 2010, étude 11. – J. Prigent, *LOPPSI II : impact en immobilier : Rev. loyers* 2011, p. 230. – N. Le Rudulier, *Vidéosurveillance et copropriété : AJDI* 2012, p. 9. – C. Capayrou, *Vidéoprotection, la procédure à suivre : Rev. habitat* sept. 2012, p. 27. – G. Rouzet, *Vidéoprotection et copropriété : la problématique*. – P. Lebatteux, *Les données pratiques de la vidéoprotection*, Colloque de la CNEC « *Copropriétés et liberté* », Dijon oct. 2012 : *Rev. Dr. et ville*, 2012, n° 74, p. 119 et s.

69) Loi du 14 mars 2011. La loi n° 2011-267 du 14 mars 2011 (art. 23, II) a ajouté à l'article 25 un nouvel alinéa (25 *p*), devenu l'article 25 *m* à la suite de la refonte de l'article 254 par la loi ALUR du 24 mars 2014. Est votée à la majorité prévue par ce texte, l'autorisation de transmettre aux services chargés du maintien de l'ordre les images réalisées en vue de la protection des parties communes, dans les conditions initialement prévues à l'article L. 126-1-1 du Code de la construction et de l'habitation et qui sont désormais régies par les dispositions de L. 272-2 du Code de la sécurité intérieure. On trouvera un commentaire de ces dispositions *infra*, Annexe 57, *Surveillance et sécurité des immeubles*, p. 1475.

XX – TRAVAUX COMPORTANT TRANSFORMATION, ADDITION OU AMÉLIORATION (ART. 25 *N*)

Bibliographie : F. Jammes, *Travaux d'amélioration : l'abaissement systématique des niveaux de majorité ? : Inf. rap. copr.* avr. 2014, p. 15.

70) Apport de la loi du 24 mars 2014 (Loi ALUR). La loi n° 2014-366 du 24 mars 2014 a permis de décider des travaux « comportant transformation addition ou amélioration » à la majorité de l'article 25, au lieu de la majorité de l'article 26 antérieurement exigée.

On trouvera au commentaire de l'article 30 de la loi du 10 juillet 1965 l'explicitation de cette notion de travaux « comportant transformation addition ou amélioration ».

Depuis le 1er juin 2020, à la suite de l'ordonnance n° 2019-1101 du 30 octobre 2019, la possibilité de recourir à une nouvelle délibération à la majorité de l'article 24, prévue sur un plan général par l'article 25-1 de la loi du 10 juillet 1965, s'applique en la matière (V. L. n° 65-557, 10 juill. 1965, comm. 5, art. 25-1, p. 464).

Il avait été jugé antérieurement, que lorsque l'assemblée avait approuvé le principe de travaux relevant de la double majorité de l'article 26 (alors applicable en la matière), elle ne pouvait par la suite adopter les devis correspondant à ces travaux à la majorité relative de l'article 24 (▪ Cass. 3e civ., 9 avr. 2008, n° 07-11.120 : *JurisData* n° 2008-043556 ; *Loyers et copr.* 2008, comm. 136, obs. G. Vigneron ; *Administrer* juill. 2008, p. 58, obs. J.-R. Bouyeure). La même solution paraît devoir être retenue pour l'application de l'article 25.

XXI – INDIVIDUALISATION DES CONTRATS DE FOURNITURE D'EAU (ART. 25 O)

71) Objet du texte. La loi sur l'eau n° 2006-1772 du 30 décembre 2006 (*JO* 31 déc.) avait ajouté à l'article 26 un paragraphe *d)*, permettant de se prononcer, à la majorité prévue par ce texte sur les demandes d'individualisation des contrats de fourniture d'eau, et sur la réalisation des études et des travaux nécessaires à cette individualisation prévue par l'article 93 de la loi du 13 décembre 2000 (V. L. n° 2000-1208, 13 déc. 2000, art. 93, p. 1157).

Cette disposition a été transférée sous l'article 25 o, dans un texte inchangé. Les décisions correspondantes seront donc dorénavant prises à la majorité prévue par ce texte.

Depuis le 1er juin 2020, à la suite de l'ordonnance n° 2019-1101 du 30 octobre 2019, la possibilité de recourir à une nouvelle délibération à la majorité de l'article 24, prévue sur un plan général par l'article 25-1 de la loi du 10 juillet 1965 s'applique en la matière (V. L. 65-557, 10 juill. 1965, comm. 5, art. 25-1, p. 464).

Art. 25-1 ***(Anc. dernier al. de l'art. 25, transféré et rempl., L. n° 2000-1208, 13 déc. 2000 ; mod., L. n° 2014-366, 24 mars 2014 ; rempl. à compter du 1er juin 2020, Ord. n° 2020-71, 29 janv. 2020).*** **– Lorsque l'assemblée générale des copropriétaires n'a pas décidé à la majorité des voix de tous les copropriétaires, en application de l'article 25 ou d'une autre disposition, mais que le projet a recueilli au moins le tiers de ces voix, la même assemblée se prononce à la majorité prévue à l'article 24 en procédant immédiatement à un second vote.**

(Aj., L. n° 2024-322, 9 avr. 2024) **Lorsque le projet de résolution a pour objet la réalisation de travaux prévus au *f* de l'article 25 et qu'il n'a pas recueilli au moins le tiers des voix de tous les copropriétaires, une nouvelle assemblée générale, si elle est convoquée dans un délai de trois mois sur un projet identique, peut statuer à la majorité prévue à l'article 24.**

I – REGIME APPLICABLE AVANT LE 1er JUIN 2020

Bibliographie : sur les difficultés d'interprétation auxquelles a donné lieu ce texte, avec des exemples pratiques, J. Lafond, *Le nouvel article 25-1 de la loi du 10 juillet 1965 : Dossier CSAB* n° 93, sept. 2001, p. 7, et du même auteur, *Copropriété : les nouvelles règles*, Litec 2003, nos 188 et s. – D. Sizaire, *Loi SRU et copropriété* in « *La loi SRU et le droit immobilier* », Litec 2002, p. 254. – J.-R. Bouyeure, *Les assemblées générales de copropriété*, éditions Administrer, nos 302 et s. – G. Delattre et C. Becqué-Deverre, *Quelques remarques concernant la copropriété et les majorités substitutives : AJDI* 2007, p. 635. – J.-M. Roux, *L'article 25-1 de la loi du 10 juillet 1965 : explications et mode d'emploi : Loyers et copr.* 2014, étude 3. – N. Figuière, *Les tours de l'article 25 : Inf. rap. copr.* sept. 2016, p. 31. – D. Rodrigues, *La passerelle de majorité de l'article 25-1 : Inf. rap. copr.* nov. 2017, p. 63.

A – Conditions d'application

1) Problèmes d'interprétation. L'article 25-1, qui vise le cas où l'assemblée n'a pas décidé « à la majorité prévue à l'article 25 » pose un premier problème : ce texte est-il applicable dans tous les cas où la décision doit être prise à la majorité de l'article 25 ? (V. D. Sizaire, *Loi SRU et copropriété* in « *La loi SRU et le droit immobilier* », Litec, 2002, p. 254). Plusieurs textes de la loi du 10 juillet 1965 renvoient à l'article 25. Ainsi l'article 27 vise les « conditions de majorité prévues à l'article 25 » (alors que ce texte ne prévoit plus qu'une seule majorité). Les articles 21 et 29 parlent de « la majorité de l'article 25 ». L'article 17-1 se réfère à « la majorité de l'article 25 et le cas échéant de l'article 25-1 », comme l'article 18, II, alinéa (qui se réfère dans plusieurs autres alinéas à « la majorité mentionnée à l'article 25 » !). Pour M. Sizaire, dont nous adoptons l'opinion :

– l'article 25-1 s'applique lorsqu'un article renvoie « aux conditions de majorité de l'article 25 », ainsi que pour toutes les décisions visées à l'article 25 lui-même, à l'exception de celles mentionnées à l'article 25 *n)* et *o)* : V. *infra*, n° 5 ;

– par contre pour toutes les décisions prévues par différents textes particuliers, qui se réfèrent à « la majorité de l'article 25 » ou à « la majorité prévue à l'article 25 », sans autre précision, l'article 25-1 ne s'applique pas, sauf indication expresse contraire (ce serait le cas, par exemple, pour les articles 21, alinéa 3 concernant le montant des marchés à partir desquels il doit être procédé à une mise en concurrence, et 29, alinéa 4 relatif aux unions de syndicats) ;

– Sur la possibilité (ou non) de recourir à un second vote en vertu de l'article 25-1 de la loi dans le cas de nomination du syndic, en application de l'article 29 du décret, V. C. Atias, *La majorité requise pour la désignation du syndic : Inf. rap. copr.*, nov. 2004, p. 24. – V. aussi J.-M. Roux, *supra*, Bibliographie.

Un autre problème est de savoir dans quel cas on peut considérer que l'assemblée « n'a pas décidé » à la majorité de l'article 25 (V. sur cette difficulté les études citées dans la bibliographie qui précède).

B – Mise en œuvre

Voir : D. 17 mars 1967, art. 19, p. 771.

2) Conditions préalables. Pour que les dispositions de l'article 25-1 soient applicables, il faut que la décision ait été soumise à un vote lors d'une première assemblée (■ Cass. 3e civ., 14 avr.

2016, n° 15-11.043, publié au *Bulletin* : *JurisData* n° 2016-007081 ; *Loyers et copr.* 2016, n° 159, note G. Vigneron ; *Administrer* juin 2016, p. 38, note J.-R. Bouyeure ; *Inf. rap. copr.* 2016, p. 13, obs. M.-F. Ritschy ; *Rev. loyers* 2016, p. 298, note V. Zalewski). Le vote de l'assemblée doit être sollicité, même s'il apparaît que la décision ne sera pas adoptée.

En outre la question soumise à la première assemblée doit être identique à celle portée devant la seconde assemblée (▪ Cass. 3ᵉ civ., 12 mai 2016, n° 15-15.140, publié au *Bulletin* : *JurisData* n° 2016-009006 ; *Loyers et copr.* 2016, comm. 208, note G. Vigneron et C. Coutant-Lapalus ; *Administrer* août-sept. 2016, p. 61, obs. J.-R. Bouyeure ; *AJDI* 2016, p. 841, note D. Tomasin ; *Rev. loyers* 2016, p. 341, note J.-M. Roux).

3) Premier cas : le projet de décision a recueilli au moins un tiers des voix. La première hypothèse prévue par ce texte est celle où l'assemblée « n'a pas décidé » à la majorité prévue à l'article 25 (peu importe le motif pour lequel cette majorité n'a pu être réunie), mais où le projet a néanmoins recueilli au moins « le tiers des voix de tous les copropriétaires composant le syndicat » (soit au moins 334 millièmes ou 3 334/10 000ᵉ). Exemple : 750 millièmes sont présents ou représentés, 400 millièmes votent contre ou s'abstiennent, 350 millièmes votent en faveur de la résolution.

En pareil cas « la même assemblée peut décider à la majorité prévue à l'article 24, en procédant immédiatement à un second vote » : la décision peut donc être prise à la majorité de l'article 24 à tout moment au cours de la réunion, sans qu'il y ait lieu de convoquer une nouvelle assemblée. Aucune décision « intermédiaire » n'est nécessaire avant de procéder à un nouveau vote (▪ Cass. 3ᵉ civ., 23 janv. 2013, n° 11-26.800 : *Bull. civ.* III, n° 14 ; *JurisData* n° 2013-000786 ; *Loyers et copr.* 2013, comm. 88, obs. G. Vigneron ; *Administrer* avr. 2013, p. 55, note J.-R. Bouyeure).

La possibilité de recourir à un nouveau vote est une simple faculté et non une obligation. Les copropriétaires peuvent décider de convoquer une nouvelle assemblée s'ils l'estiment préférable (▪ Cass. 3ᵉ civ., 24 avr. 2013, n° 12-13.330 : *JurisData* n° 2013-008020 ; *Bull. civ.* III, n° 55. ▪ CA Paris, 23ᵉ ch. B, 27 mars 2008 : *JurisData* n° 2008-363113 ; *Loyers et copr.* 2008, comm. 197, obs. G. Vigneron ; *AJDI* 2008, p. 594. ▪ CA Paris, 23ᵉ ch. B, 15 juin 2006 : *AJDI* 2006, p. 746).

4) Deuxième cas : le projet de décision n'a pas recueilli au moins un tiers des voix. L'hypothèse est la même que précédemment (l'assemblée n'a pas pu décider à la majorité de l'article 25) mais le projet de résolution n'a pas cette fois recueilli au moins le tiers des voix de tous les copropriétaires composant le syndicat.

L'assemblée peut, là encore, être appelée à se prononcer à la majorité de l'article 24, mais, cette fois, dans le cadre d'une nouvelle assemblée. Elle doit être « convoquée dans le délai maximal de trois mois ». Le texte parlant de « convocation », il est suffisant que les convocations soient lancées dans les trois mois de la tenue de la précédente assemblée, sans pour autant que cette nouvelle assemblée ait à se tenir nécessairement dans le délai de trois mois (V. D. 17 mars 1967, art. 19). Si le délai légal n'était pas respecté, la possibilité de se prononcer à la majorité de l'article 24 deviendrait caduque, et l'assemblée qui statuerait néanmoins à cette majorité serait nulle. Il en va de même de celle convoquée par un syndic dont le mandat a pris fin à l'issue de la première assemblée, l'existence d'un lien de connexité entre les deux réunions ne pouvant venir pallier le défaut de qualité de l'auteur de la convocation (▪ CA Saint-Denis de La Réunion, ch. civ., 27 oct. 2023, n° 22/00139 : *JurisData* n° 2023-020474).

Selon une réponse ministérielle, il n'y aurait aucune obligation pour le syndic de convoquer cette deuxième assemblée, sauf, en application de l'article 8 du décret (V. ce texte), si le conseil syndical ou un ou plusieurs copropriétaires représentant au moins un quart des voix le lui demandent (Rép. min. n° 21479 : *JOAN Q*, 10 nov. 2003, p. 8650).

C – Exclusion de l'application du texte

5) Deux cas. Aux termes de l'article 25-1, alinéa 3, créé par la loi du 24 mars 2014 (loi ALUR), ce texte n'était pas applicable :

– aux décisions mentionnées à l'article 25 *n* (vote de travaux comportant transformation, addition ou amélioration) ;

– aux décisions consécutives à une demande d'individualisation des contrats de fourniture d'eau et à la réalisation des études et travaux nécessaires à cette individualisation (art. 25 o).

II – REGIME APPLICABLE A COMPTER DU 1ᵉʳ JUIN 2020

Bibliographie : Sur la réforme opérée par l'ordonnance du 30 octobre 2019, V. A. Lebatteux, *Les dispositions de l'ordonnance du 30 octobre 2019 applicable aux assemblées générales de copropriété : Loyers et copr.* 2020, étude 5. – F. Bayard-James, *La réforme de la prise de décision au sein de la copropriété : AJDI* 2019, p. 870. – P.-E. Lagraulet, *La prise de décision au sein de la copropriété après l'ordonnance du 30 octobre 2019 : Lexbase droit privé* n° 806, 12 déc. 2019. – J.-M. Roux, *Passerelle sur passerelle ne vaut : Inf. rap. copr.* mars 2020, p. 27. – D. Rodrigues, *La nouvelle passerelle de l'article 25-1 : Inf. rap. copr.* juill.-août 2020, p. 7. – P. Lebatteux, *Pratique et abaissement des majo-*

rités : *Administrer* août-sept. 2020, p. 12. – G. Gil, *Règles de majorité et passerelles en graphique* : *Inf. rap. copr.* mai 2021, p. 20.

Sur le mécanisme de la « passerelle » V. G. Gil, in Copropriété : *les nouvelles règles* : *LexisNexis* 2021, n° 307 et s.

A – Passerelle de droit commun

6) Généralisation et simplification de la « passerelle ». L'ordonnance n° 2019-1100 du 30 octobre 2019, applicable à compter du 1er juin 2020, a modifié et simplifié le régime de la « passerelle » instituée par l'article 25-1 :

• cette procédure a été étendue à toutes les résolutions relevant de la majorité absolue des voix de tous les copropriétaires, mettant ainsi fin à une difficulté d'interprétation (V. n° 1). Ainsi la passerelle pourra jouer dès lors qu'un texte légal imposera l'adoption d'une décision « à la majorité des voix de tous les copropriétaires » : par exemple pour l'application de l'article 28 de la loi concernant la scission de copropriété, ou de l'article 21, alinéa 12 visant la décision de recréer un conseil syndical ;

• les décisions relevant de l'article 25, *n*, et de l'article 25, o, ne sont plus exclues du champ d'application de l'article 25-1 (V. n° 5) ;

• ce processus est désormais obligatoire lorsque les dispositions relèvent de la majorité des voix de tous les copropriétaires alors que jusqu'alors l'utilisation de la « passerelle » n'était qu'une simple faculté (V. n° 3) ;

• la procédure est simplifiée : la faculté de convoquer une seconde assemblée selon une procédure allégée lorsque le seuil du tiers des voix n'était pas atteint (V. n° 4) a été supprimée par le nouveau texte.

7) Mécanisme de la nouvelle procédure. La nouvelle « passerelle » peut être utilisée sous les conditions suivantes :

• il faut tout d'abord que l'assemblée générale des copropriétaires, ait été appelée à se prononcer « en application de l'article 25 de la loi du 10 juillet 1965 ou d'une autre disposition ». Les « autres dispositions » auxquelles renvoie l'article 25-1 visent à notre avis les divers textes qui, sans citer expressément l'article 25, se réfèrent à la majorité prévue par ce texte ;

• il faut ensuite que l'assemblée n'ait « pas décidé » à la majorité des voix de tous les copropriétaires (V. n° 2). Cela implique, dans le cadre du régime nouveau comme du régime ancien, que, lorsque plusieurs candidatures se trouvent soumises à l'examen des copropriétaires, tous les projets de résolution doivent être présentés à l'assemblée qui doit se prononcer sur chacun à la majorité absolue avant de pouvoir faire application de la passerelle de l'article 25-1 (■ Cass. 3e civ., 7 déc. 2022, n° 21-20.170 : *JurisData* n° 2022-020902 ; *Administrer* janv. 2023, p. 46, obs. P. Déchelette-Tolot ; *AJDI* 2023, p. 273, obs. N. Le Rudulier ; *Ann. loyers* 2023, p. 75, obs. J.-M. Roux ; *Rev. Loyers* 2023, n° 4069. ■ Cass. 3e civ., 24 nov. 2021, n° 20-22.487 : *JurisData* n° 2021-019157 ; *Loyers et copr.* 2022, comm. 14, obs. C. Coutant-Lapalus ; *Administrer* janv. 2022, p. 43, obs. P. Déchelette-Tolot ; *AJDI* 2022, p. 365, obs. P.-E. Lagraulet ; *Ann. loyers* 2022, p. 98, obs. J.-M. Roux. ■ Cass. 3e civ., 9 sept. 2021, n° 20-11.743 : *AJDI* 2022, p. 39, obs. N. Le Rudulier ; *Rev. loyers* 2021, p. 477. ■ Cass. 3e civ., 5 nov. 2014, n° 13-26.768 : *JurisData* n° 2014-026600 ; *Bull. civ.* III, n° 41 ; *Loyers et copr.* 2015, comm. 23, note G. Vigneron ; *Rev. loyers* 2015, p. 40, note M. Plaidy).

• il faut enfin que le projet ait recueilli au moins le tiers des voix de tous les copropriétaires.

Si ces conditions sont réunies, la même assemblée peut alors statuer à la majorité prévue à l'article 24 de la loi du 10 juillet 1965, en procédant immédiatement à un second vote.

Dans le cadre du vote par correspondance, le formulaire adressé aux copropriétaires doit prévoir la faculté d'un second scrutin dès lors que le sens du vote des copropriétaires à l'occasion du réexamen de la résolution ne peut être déduit de leur intention de vote au premier tour (■ TJ Orléans, 5 mai 2021, n° 21/00417 : *Administrer* oct. 2021, p. 42, obs. J.-R. Bouyeure ; *AJDI* 2021, p. 851, obs. P.-E. Lagraulet).

B – Passerelle propre aux travaux d'économies d'énergie

8) Justification. L'institution d'une passerelle propre aux travaux d'économies d'énergie témoigne de l'insistance du législateur pour que soient adoptées par les syndicats des mesures de rénovation énergétique. Au cours des débats parlementaires ayant abouti à la loi n° 2024-322 du 9 avril 2024, ce parti pris s'était initialement traduit par une proposition de déclassement de ces travaux de la majorité absolue de l'article 25 vers la majorité simple de l'article 24. Un tel changement a cependant été jugé trop radical car susceptible de permettre de voter à la sauvette des opérations au coût parfois considérable, plaçant par là même nombre de copropriétaires en difficulté. Il a alors été jugé préférable d'assouplir les conditions de réexamen du projet au travers du renvoi à une nouvelle assemblée.

9) Conditions de recours. L'accès à cette passerelle spécifique est subordonné à deux exigences :

– d'une part, le projet de résolution doit avoir comme objet la réalisation de travaux visés par l'article 25, *f*, à savoir des travaux d'économies d'énergie ou de réduction des gaz à effet de serre qui peuvent comprendre des travaux d'intérêt collectif réalisés sur les parties privatives et aux frais du copropriétaire du lot concerné. *A contrario*, toutes les autres décisions relevant de la majorité des voix des copropriétaires sont écartées du périmètre de ce dispositif. Ce cantonnement n'est pas sans soulever des difficultés dans l'hypothèse où des travaux d'une nature différente sont prévus en accompagnement des travaux de rénovation énergétique, sauf à admettre qu'ils puissent bénéficier de la passerelle spécifique en raison du caractère indissociable de l'ensemble du projet ;

– d'autre part, il doit avoir échoué à réunir en sa faveur au moins le tiers des voix de tous les copropriétaires. Dès lors, en l'absence de décision de l'assemblée, donc dans l'hypothèse où la majorité des voix des copropriétaires ne s'est ni opposée au projet ni ne l'a approuvé, deux situations doivent être distinguées. Dans un premier cas, le projet a obtenu en sa faveur moins de la moitié des voix du syndicat, mais au moins le tiers d'entre elles. Il relève alors de la passerelle de droit commun du premier alinéa de l'article 25-1 et donc est soumis immédiatement à un second vote. Dans un second cas, il n'a pas atteint le seuil du tiers des voix des copropriétaires et il relève alors potentiellement d'un réexamen différé.

10) Réexamen différé. Renouant avec les mécanismes qui étaient en vigueur avant la réforme opérée par l'ordonnance n° 2019-1101 du 30 octobre 2019, la passerelle propre aux travaux d'économies d'énergie confie à une nouvelle assemblée le soin de réexaminer le projet. Pour se prononcer valablement à la majorité simple de l'article 24, cette nouvelle assemblée doit être convoquée dans un délai de trois mois, ce laps de temps étant destiné, selon les promoteurs du texte, non seulement à permettre la mobilisation des copropriétaires n'ayant pas participé au premier vote, mais également à éviter qu'une décision, potentiellement génératrice de lourdes charges, ne soit prise immédiatement en l'absence de nombreux membres du syndicat. Seule importe en ce domaine la date de convocation, celle de la tenue de la seconde réunion étant, quant à elle, indifférente. Par ailleurs, contrairement à la passerelle de droit commun où le réexamen de la question ayant recueilli au moins le tiers des voix des copropriétaires est rendu obligatoire, le dispositif propre aux projets de travaux d'économies d'énergie, en envisageant la convocation comme une éventualité, laisse entendre qu'il est loisible de s'en dispenser. Néanmoins, ce caractère facultatif doit s'effacer lorsque cette seconde réunion est demandée par le conseil syndical ou par un ou plusieurs copropriétaires représentant au moins le quart des voix de tous les copropriétaires (D. 17 mars 1967, art. 8).

11) Projet identique. La nouvelle assemblée ne peut statuer qu'à condition que le projet qui lui est soumis soit identique à celui présenté lors de la première réunion. Cette exigence d'identité semble condamner toute modification, même non substantielle ou favorable au syndicat, du projet initialement présenté (■ Cass. 3e civ., 12 mai 2016, n° 15-15.140 : *JurisData* n° 2016-009006 ; *Loyers et copr.* 2016, comm. 208, note G. Vigneron et C. Coutant-Lapalus).

Art. 25-2 ***(Aj. à compter du 1er juin 2020, Ord. n° 2019-1101, 30 oct. 2019).*** **– Chaque copropriétaire peut faire réaliser, à ses frais, des travaux pour l'accessibilité des logements aux personnes handicapées ou à mobilité réduite qui affectent les parties communes ou l'aspect extérieur de l'immeuble. À cette fin, le copropriétaire notifie au syndic une demande d'inscription d'un point d'information à l'ordre du jour de la prochaine assemblée générale, accompagnée d'un descriptif détaillé des travaux envisagés.**

Jusqu'à la réception des travaux, le copropriétaire exerce les pouvoirs du maître d'ouvrage.

L'assemblée générale peut, à la majorité des voix des copropriétaires, s'opposer à la réalisation de ces travaux par décision motivée par l'atteinte portée par les travaux à la structure de l'immeuble ou à ses éléments d'équipements essentiels, ou leur non-conformité à la destination de l'immeuble.

Bibliographie : Sur la réforme opérée par l'ordonnance du 30 octobre 2019, V. A. Lebatteux, *Les dispositions de l'ordonnance du 30 octobre 2019 applicable aux assemblées générales de copropriété : Loyers et copr.* 2020, étude 5. • F. Bayard-James, *La réforme de la prise de décision au sein de la copropriété : AJDI* 2019, p. 870. • G. Gil, *Les travaux : apports de l'ordonnance du 30 octobre 2019 : Loyers et copr.* 2020, dossier 10. • C. Jaffuel, *Ordonnance ELAN : des travaux facilités pour les copropriétaires : Inf. rap. copr.* mars 2020, p. 29. • J.-M. Roux, *Passerelle sur passerelle ne vaut : Inf. rap. copr.* mars 2020, p. 27.

1) Travaux en faveur des personnes handicapées ou à mobilité réduite. Ce texte prend la suite de l'ancien article 24, e, de la loi du 10 juillet 1965, qui prévoyait la possibilité de donner à la majorité prévue par ce même article 24, l'autorisation à certains copropriétaires d'effectuer à leurs frais des travaux d'accessibilité aux personnes handicapées ou à mobilité réduite. Ce texte a été supprimé par l'ordonnance du 30 octobre 2019.

– Sur la notion de personne « handicapée ou à mobilité réduite », V. L. 10 juill. 1965, art. 24, comm. n° 12, p. 399.

– Sur la notion de « travaux d'accessibilité » V. L. 10 juill. 1965, art. 24, comm. n° 13 à 15, p. 399.

2) Travaux concernés. Il s'agit selon les termes mêmes de l'article 25-2 de travaux « qui affectent les parties communes ou l'aspect extérieur de l'immeuble ».

Ces travaux ne doivent pas selon la lettre même du texte :

– porter atteinte à la structure de l'immeuble ou à ses éléments d'équipements essentiels ;

– ou ne pas être conforme à la destination de l'immeuble.

À défaut l'assemblée des copropriétaires peut s'opposer à leur exécution.

3) Demande du ou des copropriétaires concernés. Le ou les copropriétaires concernés doivent notifier au syndic une « demande d'inscription d'un point d'information » à l'ordre du jour de la prochaine assemblée générale. Mais rien ne les empêche a priori, s'ils l'estiment opportun, d'utiliser la procédure prévue par l'article 17-1AA (V. ce texte) et de demander la convocation d'une assemblée à leurs frais pour traiter de la question.

La demande d'inscription à l'ordre du jour doit comporter un « descriptif détaillé des travaux envisagés ». Le syndicat ne peut invoquer devant le juge des référés l'existence d'un trouble manifestement illicite tenant à l'absence d'autorisation du projet par l'assemblée dès lors que, dans le cadre du dispositif applicable aux travaux d'accessibilité, le copropriétaire n'a pas à demander d'autorisation, mais doit notifier une demande d'inscription d'un point d'information (▪ CA Rennes, 4e ch., 6 juill. 2023, n° 22/03989 : *JurisData* n° 2023-014905).

4) Recours de l'assemblée des copropriétaires. L'assemblée peut s'opposer, à la majorité absolue des voix de l'ensemble des copropriétaires, à la réalisation des travaux. Il ne semble pas que la passerelle prévue par l'article 25-1 ait lieu de s'appliquer en la matière : si la majorité requise n'est pas obtenue, on devra considérer que le ou les copropriétaires demandeurs ont alors le droit d'effectuer les travaux (V. en ce sens A. Lebatteux, etude préc., spéc. n° 37).

La décision de l'assemblée doit être motivée. Les seuls motifs légalement admis sont :

– « l'atteinte portée par les travaux à la structure de l'immeuble ou à ces éléments d'équipements essentiels ». La réduction de la cage d'escalier par l'installation d'une chaise élévatrice empêchant l'accès des pompiers ou l'évacuation d'un blessé pourrait être un motif légitime (V. en ce sens, sous l'empire des dispositions anciennes, ▪ CA Paris, p. 4, ch. 2, 12 mai 2021, n° 18/06835 : *Administrer* juill. 2021, p. 45, obs. J.-R. Bouyeure).

– leur « non-conformité à la destination de l'immeuble ».

5) Recours contre le refus de l'assemblée. Quel sera le recours des copropriétaires demandeurs s'ils essuient un refus ? L'article 30 de la loi du 10 juillet 1965 qui prévoit une autorisation judiciaire en cas de refus d'autorisation de travaux n'est pas ici applicable (V. en ce sens A. Lebatteux, étude préc., spéc. n° 39). Il leur faudra donc obtenir la nullité de la décision intervenue. Mais l'annulation du refus ne constitue pas une autorisation : il semble qu'il leur faudra présenter une nouvelle demande d'autorisation, à laquelle cette fois l'assemblée devrait acquiescer, à peine d'encourir une condamnation à dommages et intérêts.

6) Exécution des travaux. Les travaux devront être exécutés aux frais du ou des copropriétaires demandeurs. Le texte indique que, jusqu'à réception des travaux, ils exerceront les pouvoirs du maître de l'ouvrage.

L'assemblée est en droit de subordonner son autorisation à des conditions particulières, pourvu qu'elles ne soient pas abusives : par exemple la surveillance des travaux par l'architecte de la copropriété.

Art. 25-2-1 *(Aj., L. n° 2024-322, 9 avr. 2024).* **– Un ou plusieurs copropriétaires peuvent effectuer, à leurs frais, des travaux d'isolation thermique de la toiture ou du plancher qui affectent les parties communes de l'immeuble, sous réserve que ceux-ci ne portent pas atteinte à la structure de l'immeuble, à ses éléments d'équipements essentiels, à sa sécurité, à sa salubrité, aux modalités de jouissance des parties privatives d'autres copropriétaires ou ne fassent pas l'objet d'une programmation dans le cadre du plan pluriannuel de travaux adopté par le syndicat des copropriétaires.**

À cette fin, le ou les copropriétaires demandeurs notifient au syndic une demande ayant pour objet l'inscription à l'ordre du jour de la prochaine assemblée générale d'un projet de résolution, accompagné d'un descriptif détaillé des travaux envisagés.

L'assemblée générale peut autoriser la réalisation des travaux à la majorité des voix des copropriétaires prévues aux articles 25 et 25-1. La convocation d'une éventuelle nouvelle assemblée générale est aux frais des seuls copropriétaires demandeurs.

Jusqu'à la réception des travaux, le ou les copropriétaires mentionnés au premier alinéa du présent article exercent les pouvoirs et assument la responsabilité dévolus au maître d'ouvrage.

1) **Finalité.** Prenant acte des difficultés de nombreux syndicats à assumer le coût des travaux de rénovation énergétique, les rédacteurs de la loi n° 2024-322 du 9 avril 2024 n'ont pas voulu faire obstacle à ce qu'un copropriétaire finance sur ses propres deniers des travaux d'isolation des parties communes. Ils ont donc permis qu'un ou plusieurs copropriétaires effectuent, à leurs frais, certains travaux d'isolation des parties communes.

2) **Travaux concernés.** Relèvent du dispositif spécifique de l'article 25-2-1 les travaux d'isolation thermique de la toiture ou du plancher, ce dernier ayant été ajouté au cours des débats parlementaires pour tenir compte des problèmes d'isolation entre les caves et les rez-de-chaussée susceptibles de se poser dans certaines constructions telles que les habitations à bon marché des années 1930. Comme en matière de travaux d'accessibilité réalisés aux frais d'un copropriétaire, les travaux ne doivent pas porter atteinte à la structure de l'immeuble ou à ses éléments d'équipement essentiels. Si la non-conformité à la destination de l'immeuble ne figure étonnamment pas dans la liste des restrictions, mais paraît sous-entendue par les principes généraux régissant les autorisations de travaux d'amélioration, cette liste comporte également l'atteinte à la sécurité, à la salubrité, aux modalités de jouissance des parties privatives d'autres copropriétaires. En outre, les décisions collectives prévalant sur les initiatives individuelles et par souci de cohérence, la mise en œuvre du dispositif est écartée lorsque l'isolation de la toiture ou du plancher est déjà prévue dans un plan pluriannuel de travaux adopté par le syndicat.

3) **Autorisation requise.** Le dispositif adopté est relativement éloigné de celui initialement envisagé. Ce dernier reposait sur un régime similaire à celui des travaux d'accessibilité de l'article 25-2 dans lequel le projet du copropriétaire n'a pas à être autorisé par l'assemblée, cette dernière, dûment informée au travers d'un descriptif détaillé des travaux, ne pouvant que s'opposer par décision motivée à la réalisation de l'opération. L'extension aux travaux d'isolation des parties communes de ce régime dérogatoire a finalement été écartée par le législateur qui a privilégié une procédure plus orthodoxe reposant sur l'exigence d'une autorisation de l'assemblée afin de maintenir un contrôle de celle-ci sur des opérations susceptibles de provoquer de graves désordres.

4) **Information de l'assemblée.** Le ou les copropriétaires à l'origine du projet sont tenus de notifier au syndic une demande d'inscription d'un projet de résolution à l'ordre du jour de la prochaine assemblée générale (D. 17 mars 1967, art. 10). Comme en matière de travaux d'accessibilité, il est requis qu'un descriptif détaillé des travaux envisagés soit transmis à l'assemblée, en accompagnement du projet de résolution.

5) **Octroi de l'autorisation.** L'autorisation est délivrée par l'assemblée, à l'occasion du premier examen du projet, à la majorité des voix de tous les copropriétaires. Le projet qui n'a pas été rejeté à la majorité absolue lors du premier vote peut faire l'objet d'un réexamen immédiat, à la majorité simple de l'article 24, par la même assemblée s'il a recueilli au moins le tiers des voix du syndicat. Par ailleurs, en précisant que les frais de convocation d'une éventuelle nouvelle assemblée générale pèsent sur le ou les copropriétaires requérants, le texte laisse entendre que de tels projets sont éligibles à la passerelle propre aux travaux d'économies d'énergie et peuvent, s'ils n'ont pas recueilli lors du premier vote au moins le tiers des voix de tous les copropriétaires, être adoptés à la majorité de l'article 24 lors d'une seconde assemblée convoquée dans les trois mois (L. 1965, art. 25-1, al. 2).

6) **Direction de l'opération.** Comme en matière de travaux d'accessibilité réalisés aux frais du copropriétaire portant le projet (L. 1965, art. 25-2, al. 2), pendant la période de réalisation des travaux et quoique ceux-ci portent sur des parties communes, le ou les copropriétaires à l'origine de l'opération disposent légalement des pouvoirs dévolus au maître d'ouvrage et, corrélativement, assument la responsabilité inhérente à cette qualité.

Art. 25-3 *(Aj. à compter du 1er juin 2020, Ord. n° 2019-1101, 30 oct. 2019).* **– Lorsque l'assemblée générale des copropriétaires est appelée à se prononcer sur les travaux mentionnés à l'article 26-4, la question de la souscription d'un emprunt collectif destiné à financer ces travaux est inscrite à l'ordre du jour de la même assemblée générale.**

1) **Travaux financés par l'emprunt.** Ce texte concerne le cas où l'assemblée générale des copropriétaires doit se prononcer sur « les travaux mentionnés à l'article 26-4 » et où ces travaux doivent être financés par la souscription d'un emprunt collectif.

La question de la souscription de l'emprunt doit alors impérativement être inscrite à l'ordre du jour de la même assemblée générale. L'accord sur les travaux et la souscription de l'emprunt sont donc des décisions liées. Le non-respect de cette prescription devrait rendre annulable la décision prise.

2) **Travaux concernés.** Les travaux dont s'agit, visée à l'article 26-4 de la loi du 10 juillet 1965 sont (V. ce texte) :

– soit des travaux concernant les parties communes ;

– soit des travaux d'intérêt collectif sur les parties privatives.

Art. 26 *(Mod., L. n° 2010-788, 12 juill. 2010 ; L. n° 2014-366, 24 mars 2014 ; à compter du 1er juin 2020, Ord. n° 2019-1101, 30 oct. 2019).* **– Sont prises à la majorité des membres du syndicat représentant au moins les deux tiers des voix les décisions concernant :**

a) Les actes d'acquisition immobilière et les actes de disposition autres que ceux visés à l'article 25 *d* ;

b) La modification, ou éventuellement l'établissement, du règlement de copropriété dans la mesure où il concerne la jouissance, l'usage et l'administration des parties communes ;

c) La suppression du poste de concierge ou de gardien et l'aliénation du logement affecté au concierge ou au gardien lorsqu'il appartient au syndicat. Les deux questions sont inscrites à l'ordre du jour de la même assemblée générale.

Lorsqu'en vertu d'une clause du règlement de copropriété la suppression du service de conciergerie porte atteinte à la destination de l'immeuble ou aux modalités de jouissance des parties privatives, la suppression du poste de concierge ou de gardien et l'aliénation du logement affecté au concierge ou au gardien lorsqu'il appartient au syndicat ne peuvent être décidées qu'à l'unanimité.

L'assemblée générale ne peut, à quelque majorité que ce soit, imposer à un copropriétaire une modification à la destination de ses parties privatives ou aux modalités de leur jouissance, telles qu'elles résultent du règlement de copropriété.

Elle ne peut, sauf à l'unanimité des voix de tous les copropriétaires, décider l'aliénation des parties communes dont la conservation est nécessaire au respect de la destination de l'immeuble ou la modification des stipulations du règlement de copropriété relatives à la destination de l'immeuble.

Bibliographie : *JCl. Copropriété,* Fasc. 86 par G. Vigneron, actualisé par P.-E. Lagraulet. • E. Kischinewsky-Broquisse, *La copropriété des immeubles bâtis,* Litec, 4e éd. 1989, nos 641 et s. • *La copropriété,* Dalloz Action, 10e éd., 2021, ss dir. D. Tomasin, nos 333-181 et s. • J.-R. Bouyeure, *Les assemblées générales de copropriété*, Éditions Administrer, nos 333 et s. • J. Cabanac, *Calcul de la double majorité de l'article 26 : Administrer* n° 54, p. 15 et s. • E.-J. Guillot, *Les décisions qui entraînent l'aliénation d'une partie commune : Rev. Administrer* mai 1987, p. 12. • G. Vigneron, *La ronde des majorités : Loyers et copr.* juin 2004, p. 6. • J.-M. Roux et S. Le Mith, *Céder une partie commune à un copropriétaire : fiches pratiques : JCP* N 2021, n° 1, 1001.

• Sommaire

I – CALCUL DES MAJORITÉS 470

II – ACTES D'ACQUISITION OU DE DISPOSITION (ART. 26 *A*) 470

A – Vente de parties communes 471

B – Concession d'un droit de jouissance exclusive 474

C – Autorisation de construire sur une partie commune 474

D – Modification consécutive de la répartition des charges 474

E – Unanimité requise 475

III – MODIFICATION OU ÉTABLISSEMENT DU RÈGLEMENT DE COPROPRIÉTÉ (ART. 26 *B*) 475

IV – MODALITÉS D'OUVERTURE DES PORTES D'ACCÈS AUX IMMEUBLES (ART. 26 C ANCIEN) 477

V – SUPPRESSION DU CONCIERGE OU DU GARDIEN ET ALIÉNATION DE LA LOGE (ART. 26 C) 477

A – Suppression du concierge ou du gardien 478

1° Principe 478

2° Exception 478

3° Tempérament 479

B – Vente du logement du concierge ou du gardien 479

VI – INTERDICTION DE PORTER ATTEINTE À LA DESTINATION DES PARTIES PRIVATIVES OU AUX MODALITÉS DE LEUR JOUISSANCE TELLES QU'ELLES RÉSULTENT DU RÈGLEMENT DE COPROPRIÉTÉ 480

A – Atteinte à la destination des lots ou aux droits des copropriétaires 480

B – Atteinte aux modalités de jouissance des parties privatives 481

1° Principe 481

2° Tempéraments 482

VII – DÉCISIONS NÉCESSITANT L'UNANIMITÉ 484

A – Cas prévus par l'article 26 484

B – Cas prévus par d'autres textes 485

C – Autres cas où l'unanimité est requise 485

D – Cas où l'unanimité n'a pas été jugée nécessaire 486

1) Incidences des réformes récentes. La loi n° 2014-336 du 24 mars 2014 a tout d'abord procédé à un remaniement important de ce texte :

– certaines décisions qui relevaient auparavant de la majorité de l'article 26 pourront dorénavant être prises à la majorité de l'article 25 : les travaux comportant transformation, addition ou amélioration (anc. art. 26 *c*, devenu art. 25 *n*) et les demandes d'individualisation des contrats de fourniture d'eau (anc. art. 26 *d*, devenu art. 25 o) ;

– les modalités de suppression du poste de concierge ou d'aliénation de la loge ont été modifiées (anc. art. 26 *f*, devenu anc. art. 26 *d*) ;

– une légère modification a été apportée à l'article 26 e (devenu anc. art. 26 c) en ce qui concerne les décisions concernant l'ouverture ou la fermeture des accès à l'immeuble.

L'ordonnance n° 2019-1101 du 30 octobre 2019 a poursuivi ce mouvement, en faisant soumettre la question des modalités d'accès à l'immeuble à la majorité des voix de tous les copropriétaires (anc. art. 26 c devenu art. 25 *g*), ce qui a corrélativement entraîné un déplacement au sein de l'article 26 des règles régissant la suppression du poste de concierge et d'aliénation de la loge (anc. art. 26 *d* devenu art. 26 c).

I – CALCUL DES MAJORITÉS

2) Majorité en nombre et en voix. La majorité de l'article 26 est *double*, en nombre des copropriétaires et en voix.

• La *majorité en nombre* des copropriétaires doit être décomptée *par rapport à l'ensemble des membres du syndicat* et non pas seulement par rapport à ceux présents ou représentés (Rép. min. 31 mai 1967 : *JO* Sénat, p. 515 ; *JCP* N 1967, IV, 102).

Lorsqu'une société d'attribution est copropriétaire, c'est le nombre de ses associés qui est pris en compte (V. L. art. 23, al. 1) ; lorsqu'une personne possède plusieurs lots, elle ne compte que pour une tête (E. Kischinewsky-Broquisse, *La copropriété des immeubles bâtis* Litec, 4e éd. 1989, n° 641. – *JCl. Copropriété*, Fasc. 86, n° 96).

La loi du 31 décembre 1985 a ramené la majorité des voix exigées par l'article 26 des trois quarts aux deux tiers.

• La majorité en nombre ainsi définie doit représenter *au moins les deux tiers des voix de tous les copropriétaires* de l'immeuble, présents ou non à l'assemblée, intéressés ou non par la décision (■ CA Aix-en-Provence, 22 avr. 1969 : *AJPI* 1969, p. 720, note Cabanac).

Bien entendu, si l'un des copropriétaires possède plus de la moitié des voix, il votera avec un nombre de voix égal à celles des *minoritaires* (V. L. art. 22, al. 2). La majorité en voix sera donc calculée compte tenu de cette réduction.

Le calcul de cette majorité des deux tiers peut donner lieu à difficulté lorsque l'application de cette fraction à l'ensemble des voix de la copropriété ne permettra pas d'obtenir un chiffre rond : par exemple, si la copropriété comporte 1 000 millièmes. En ce cas, la majorité en voix sera à notre avis de 667 millièmes.

Dans une copropriété comprenant 20 personnes totalisant 1 000 millièmes, la décision pour être adoptée devra donc réunir 11 copropriétaires (majorité en nombre) représentant au moins 667 millièmes (majorité de voix).

Si la vente de parties communes n'a pu réunir la majorité nécessaire des deux tiers des voix, le nombre des participants étant insuffisant, l'assemblée n'a commis aucun abus en ne votant pas la résolution proposée (■ CA Paris, 23e ch. B, 22 mars 2005 : *JurisData* n° 2007-329311).

Sur la possibilité de décider dans certains cas à la majorité prévue par l'article 25 de la loi en procédant immédiatement à un second vote (procédure dite de la « passerelle »), V. L. 10 juillet 1965, art. 26-1.

II – ACTES D'ACQUISITION OU DE DISPOSITION (ART. 26 *A*)

Bibliographie : J. Hocquard, *Le rachat des combles : Inf. rap. copr.* janv.-févr. 2006, p. 29. – G. Vigneron et J.-M. Roux, *Acquisition d'un terrain pour la création d'un parc de stationnement : formules : Loyers et copr.* 2012, oct. 2012, p. 31.

3) Principe. Dans la limite de son objet (V. L. art. 14), le syndicat peut *acquérir des immeubles*, par exemple un lot privatif pour aménager un passage (■ Cass. 3e civ., 17 avr. 1991, n° 89-18.499 : *RD imm.* 1991, p. 383, obs. C. Giverdon).

Il peut avoir à consentir des « *actes de disposition* » qui peuvent porter soit sur les biens qui sont la propriété du syndicat lui-même, soit sur les parties communes. Ces actes de disposition peuvent être soit des aliénations (à titre onéreux) : vente, échange, etc., soit des constitutions de droits réels : par exemple une hypothèque, une servitude.

Sont ainsi décidés à la majorité de l'article 26 :

– la décision d'aliéner des parties communes (V. ci-dessous) ;

– les emprises sur les parties communes, lorsqu'en raison de leur importance, elles s'analysent en des aliénations, par exemple la création d'emplacements de stationnement impliquant une construction sur une partie commune (■ Cass. 3e civ., 4 nov. 2004, n° 03-11.741 : *JurisData* n° 2005-025454 ; *Bull. civ.* III, n° 189 ; *AJDI* 2005, p. 311, note C. Giverdon) ;

– la modification d'une servitude existante et la création de nouvelles servitudes (■ CA Paris, 23e ch. B, 21 sept. 2006 : *AJDI* 2006, p. 915. – Comp. estimant que la constitution de servitudes résultant d'obligations réglementaires relève de la majorité de l'article 25 : ■ CA Paris, pôle 4, 2e ch., 20 déc. 2023, n° 20/09379 : *Administrer* févr. 2024, p. 38, obs. P. Déchelette-Tolot) ;

– la renonciation au bénéfice d'un jugement condamnant un tiers à faire cesser un empiétement sur une partie commune, considérée comme équivalant à un acte de disposition (▪ TGI Nice, 25 sept. 1986 : *Inf. rap. copr.* août 1988, p. 233) relève également de la majorité de l'article 26.

Il faut rappeler, par ailleurs, que certains *actes de disposition à caractère obligatoire* peuvent être décidés à la majorité de l'article 25.

A – Vente de parties communes

Bibliographie : G. Gil, *La vente de parties communes : Administrer* oct. 2018, p. 29. – J. Lafond, *Mutations concernant les parties communes : JCl. Notarial formulaire, V° Copropriété*, fasc. 240 ; *JCl. Contruction-urbanisme*, Fasc. 91-40.

4) Conditions d'application de la majorité de l'article 26. La décision d'aliéner des parties communes relève en principe de la majorité de l'article 26, sauf si elle porte atteinte à la destination de l'immeuble ou aux droits des copropriétaires (V. L. 10 juill. 1965, art. 26, comm. n° 13, p. 475). Elle peut concerner par exemple des combles (▪ CA Pau, 1re ch., 5 mars 2024, n° 22/01247 : *JurisData* n° 2024-005484. – J. Hocquard, *Le rachat des combles : Inf. rap. copr.* janv.-févr. 2006, p. 29, et mars 2006, p. 21), des paliers (▪ Cass. 3e civ., 26 mars 2008, n° 06-20.913 : *Rev. loyers* 2008, p. 342. ▪ Cass. 3e civ., 23 nov. 1994, n° 92-21.367 : *JurisData* n° 1994-002065 ; *Bull. civ.* III, n° 199), une chambre de service, ou le droit de construire dans des volumes communs (▪ CA Paris, pôle 4, 2e ch., 25 févr. 2015, n° 13/08865 : *JurisData* n° 2015-003812 ; *Administrer* juin 2015, p. 40, obs. J.-R. Bouyeure), des zones d'accès et de manœuvre d'un parking (▪ CA Paris, pôle 4, 2e ch., 7 déc. 2022, n° 19/09409 : *Rev. Loyers* févr. 2023, n° 4065). Dans l'hypothèse où l'assemblée est appelée à se prononcer sur la cession de parties communes spéciales, seuls les copropriétaires ayant des droits sur celles-ci peuvent décider de leur aliénation (▪ Cass. 3e civ., 6 avr. 2023, n° 22-10.722 : *JurisData* n° 2023-005405 ; *Loyers et copr.* 2023, comm. 103, obs. C. Coutant-Lapalus ; *Ann. loyers* 2023, p. 77, obs. J.-M. Roux ; *Rev. Loyers* 2023, p. 249, obs. V. Zalewski-Sicard. ▪ Cass. 3e civ., 1er juin 2022, n° 21-16.232 : *JurisData* n° 2022-008779 ; *JCP* N 2023, 1024, obs. H. Périnet-Marquet ; *Loyers et copr.* 2022, comm. 143, obs. C. Coutant-Lapalus ; *Administrer* juill. 2022, p. 45, obs. P. Déchelette-Tolot ; *Ann. loyers* 2022, p. 97, obs. J.-M. Roux ; *Dalloz actualité*, 17 juin 2022, obs. N. Le Rudulier ; *Rev. Loyers* 2022, n° 3940, obs. V. Zalewski-Sicard. – V. J. Lafond, *Copropriété : comment vendre une partie commune spéciale ? : JCP* N 2022, 1223. – Grecco, *La cession de parties communes spéciales, Préconisation n° 17 : Loyers et copr.* 2024, étude 5).

Est régulière la décision de céder à un copropriétaire une tourelle, partie commune de l'immeuble, aux fins de création d'un nouveau lot à usage de débarras, dès lors que l'habitation exclusivement bourgeoise du bâtiment n'est pas remise en cause, non plus que son intégrité ou son harmonie, et que le maintien de cette tourelle au sein des parties communes n'est pas nécessaire au respect de la destination de l'immeuble (▪ Cass. 3e civ., 8 avr. 2008, n° 07-13.839 : *Rev. loyers* 2008, p. 343).

● Sur la répartition du prix de vente des parties communes, V. L. 10 juill. 1965, art. 16-1, p. 268.

5) Vente de partie commune à un copropriétaire. Création préalable d'un nouveau lot. Selon un arrêt de la Cour de cassation (▪ Cass. 3e civ., 10 sept. 2008, n° 07-16.858 : *JurisData* n° 2008-044968 ; *Bull. civ.* III, n° 131, *JCP* G 2009, I, 167, p. 43, n° 13, obs. H. Périnet-Marquet ; *Defrénois* 2009, art. 30902, p. 440, note C. Atias ; *Administrer* déc. 2008, p. 70, obs. J.-R. Bouyeure ; *RJDA* 3/09, n° 194 et la note, infirmant ▪ CA Paris, 23e ch. B, 26 avr. 2007 : *Loyers et copr.* 2007, comm. 182, obs. G. Vigneron), on ne peut dire que l'objet de la vente n'est pas déterminé faute d'un état descriptif de division créant un nouveau lot préalablement à la décision de l'assemblée. La seule mention de la partie privative du futur lot (en l'espèce des combles et parties d'un couloir commun) suffit à rendre l'objet de la vente déterminable.

Postérieurement, la Cour de cassation devait rendre une décision en sens contraire en estimant que les juges du fond avaient souverainement retenu que la détermination de la quote-part de parties communes afférente au lot vendu constituait pour les parties un élément essentiel de la convention et qu'ils avaient pu en déduire qu'en son absence il n'y avait pas de détermination suffisante de l'objet de la vente, si bien que celle-ci n'était pas parfaite (▪ Cass. 3e civ., 11 févr. 2009, n° 07-20.237 : *JurisData* n° 2009-047094 ; *Bull. civ.* III, n° 37 ; *Loyers et copr.* 2009, comm. 104, obs. G. Vigneron ; *Constr.-Urb.* 2009, comm. 62, note C. Sizaire. V. également les obs. de M. H. Périnet-Marquet, préc. : *JCP* G 2009, I, 167, p. 43, n° 13 et dans le même sens, V. aussi, ▪ CA Aix-en-Provence, 30 oct. 2014, n° 14/1162 : *JurisData* n° 2014-027195).

Enfin, dans une décision plus récente, la Cour de cassation a estimé qu'était parfaite, en l'absence de conditions stipulées, la vente d'un local commun identifié dans sa consistance et dans sa superficie, alors même qu'aucune décision de l'assemblée n'était intervenue pour approuver l'état descriptif de division créant un nouveau lot de copropriété (▪ Cass. 3e civ., 22 sept. 2010, n° 09-68.967 : *JurisData* n° 2010-016651 ; *Administrer* janv. 2011, p. 63, obs. J.-R. Bouyeure. – Dans le même sens, ▪ CA Paris, 5 févr. 2014, n° 11/10682 :

JurisData n° 2014-002562 ; *Administrer* juill. 2014, p. 36, obs. J.-R. Bouyeure. – À rapprocher de ▪ Cass. 3e civ., 17 nov. 2010, n° 10-11.287 : *JurisData* n° 2010-021360 ; *Loyers et copr.* 2011, comm. 26, obs. G. Vigneron ; *Rev. loyers* 2011, p. 27, et la note ; *Administrer* mars 2011, p. 42, obs. J.-R. Bouyeure ; *AJDI* 2011, p. 456, note D. Tomasin, qui admet la validité de la vente d'un lot en l'absence de règlement de copropriété et de détermination des tantièmes de copropriété et de charges afférents à ce lot).

Pour concilier ces décisions, il faudrait semble-t-il distinguer selon que, dans l'intention des parties, l'indication de la quote-part de parties communes afférente aux lots vendus constitue ou non une condition essentielle de la vente, ce qui devra être apprécié souverainement par les juges du fond.

En pratique il n'est évidemment pas souhaitable que la vente du lot intervienne sans que la consistance exacte de ce lot ait été préalablement déterminée par un vote de l'assemblée, cette dernière ne pouvant valablement se prononcer sur la cession lorsqu'elle ne dispose pas d'informations exactes ni sur la surface de la partie commune cédée ni sur le prix, ces éléments n'étant ni déterminés ni déterminables au jour du vote (▪ CA Paris, pôle 4, 2e ch., 22 févr. 2023, n° 19/11492 : *JurisData* n° 2023-004688).

● Sur les documents à joindre à la convocation, V. D. 67-223, 17 mars 1967, art. 11, nos 14 et 15, p. 728.

6) Prix. L'estimation du bien étant une condition essentielle et déterminante de sa vente (▪ Cass. 3e civ., 3 févr. 1999, n° 97-13.389 : *JurisData* n° 1999-000441 ; *Bull. civ.* III, n° 28 ; *Administrer* juin 1999, p. 43, obs. P. Capoulade), les copropriétaires appelés à se prononcer sur la cession doivent être pleinement informés de la mise à prix, ce qui conduit à prohiber dans la convocation l'usage de la mention « prix à débattre » (▪ CA Paris, 23e ch., B, 28 juin 2001, n° 2000/12125 : *JurisData* n° 2001-146863 ; *Loyers et copr.* 2001, comm. 294, obs. G. Vigneron) ou celle autorisant le syndic à procéder à cette cession « au prix de... euros », le chiffre étant laissé en blanc (▪ CA Paris, pôle 4, 2e ch., 1er juill. 2015, n° 13/12486 : *JurisData* n° 2015-016670 ; *Administrer* oct. 2015, p. 67, obs. J.-R. Bouyeure). Le prix ne saurait être inexistant, car il n'entre pas dans l'objet d'un syndicat de consentir des actes de disposition à titre gratuit et les délibérations d'assemblées emportant la réalisation de tels actes sont susceptibles de constituer des abus de majorité (▪ CA Paris, 12 nov. 1991, n° 89/11889 : *JurisData* n° 1991-024892 ; *Loyers et copr.* 1992, comm. 90. ▪ CA Paris, 23e ch., A, 4 mars 1998, n° 96/05641 : *JurisData* n° 1998-020303). A ainsi été annulée la décision d'assemblée autorisant la cession de parties communes pour la somme d'un franc, un tel prix dérisoire devant être assimilé à une absence de prix (▪ CA Pau, 1re ch., 27 mai 2002, n° 01/00037 : *JurisData* n° 2002-183429). A de même été considérée comme abusive la cession des parties communes à un prix trois fois inférieur au prix évoqué lors d'une réunion antérieure, sans que rien n'explique cette diminution de prix qui conduisait à privilégier l'intérêt des copropriétaires acquéreurs au détriment de celui de la collectivité (▪ CA Paris, 23e ch., B, 28 juin 2001, n° 2000/12125 : *JurisData* n° 2001-146863 ; *Loyers et copr.* 2001, comm. 294, obs. G. Vigneron). Dès lors que le prix est réel et sérieux, l'assemblée n'est pas tenue d'accepter la proposition du plus offrant et elle conserve la liberté de choisir son cocontractant et de se contenter d'un prix raisonnable, sans avoir pour objectif obligatoire le bénéfice le meilleur (▪ Cass. 3e civ., 8 mars 1995, n° 93-15.380 : *JurisData* n° 1995-001662 ; *Loyers et copr.* 1995, comm. 293 : *RDI* 1995, p. 379, obs. P. Capoulade et C. Giverdon). Ainsi, à partir du moment où le prix n'est nullement dérisoire ou inexistant, l'assemblée peut accepter une proposition inférieure à une autre offre (▪ CA Paris, pôle 4, 2e ch., 6 déc. 2017, n° 15/21182 : *JurisData* n° 2017-025688 ; *Administrer* mars 2018, p. 42, obs. J.-R. Bouyeure), notamment afin de privilégier la sérénité de la copropriété en choisissant comme acquéreur un copropriétaire avec lequel le syndicat n'entretient pas de contentieux (▪ CA Paris, pôle 4, 2e ch., 20 mars 2024, n° 20/11511 : *JurisData* n° 2024-007236 ; *Administrer* juin 2024, p. 37, obs. P. Déchelette-Tolot).

7) Formation de la vente. Si l'assemblée des copropriétaires décide de mettre en vente la loge du gardien pour un prix déterminé et qu'un copropriétaire formule, avant la fin de l'assemblée, une offre d'achat sur laquelle le syndic appose sa signature, il y a lieu d'en déduire que la vente est parfaite et que l'offre d'achat notifiée le lendemain par acte d'huissier par un autre copropriétaire est sans effet (▪ Cass. 3e civ., 30 janv. 2008, n° 06-18.589 : *Administrer* mai 2008, p. 67, obs. J.-R. Bouyeure).

Si une société copropriétaire offre de céder au syndicat une parcelle lui appartenant moyennant le prix d'un franc symbolique, et que l'assemblée générale après en avoir délibéré accepte cette offre, la vente est parfaite, dès lors que le gérant de la société par ailleurs président de séance, a signé le procès-verbal de l'assemblée (▪ Cass. 3e civ., 5 nov. 2008, n° 07-19.855 : *Administrer* janv. 2009, p. 49, obs. J.-R. Bouyeure).

Si la décision de l'assemblée décidant de la cession à un copropriétaire d'une fraction de couloir commun moyennant un certain prix a fait l'objet d'un vote contre de la part du copropriétaire intéressé, il n'y a pas eu d'accord sur la chose et sur le prix, et la vente n'est pas formée. Peu importe que la décision ainsi prise n'ait pas été attaquée dans le délai de deux mois

(■ CA Paris, pôle 4, 2e ch., 28 mars 2012, n° 09/28113 : *Administrer* août-sept. 2012, p. 54, obs. J.-R. Bouyeure).

Selon la Cour de cassation, peu importe que le syndic n'ait pas été mandaté pour apporter des modificatifs à l'état descriptif de division dès lors que l'objet de la vente (« parties communes du quatrième étage ») et le prix sont déterminés et ont été approuvés par l'assemblée (■ Cass. 3e civ., 12 juill. 2018, n° 17-21.784 : *Administrer* nov. 2018, p. 33, note J.-R. Bouyeure). Mais comment peut-on considérer en l'espèce qu'il y a « accord sur la chose » (C. civ., art. 1583) alors que la vente ne peut porter par définition que sur un lot de copropriété et non pas sur « des parties communes », et que la consistance de ce lot (notamment les tantièmes de parties communes et de charges y afférents) ne sont pas déterminés (étant observé qu'il ne peut être question de confier au syndic le soin d'établir un état descriptif de division modificatif…)

Si dans la perspective d'une vente, l'assemblée décide de morceler une partie commune, la vente d'une parcelle issue de ce morcellement ne résulte pas de la seule décision de morcellement. Elle n'est réalisée qu'après approbation de la vente elle-même par la majorité des copropriétaires (■ Cass. 3e civ., 23 mars 2017, n° 16-11.291 : *JurisData* n° 2017-007084 ; *Loyers et copr.* 2017, comm. 115, obs. C. Coutant-Lapalus).

Un copropriétaire, n'étant pas partie au contrat de vente des parties communes, est dépourvu de qualité pour agir en réitération notariée de la cession conclue entre le syndicat et l'acquéreur (■ Cass. 3e civ., 6 avr. 2023, n° 22-13.733 : *Loyers et copr.* 2023, comm. 106, obs. A. Lebatteux ; *Administrer* juin 2023, p. 39, obs. P. Déchelette-Tolot ; *AJDI* 2023, p. 446).

8) Clause du règlement autorisant le syndic à aliéner une partie commune au bénéfice d'un copropriétaire. Une clause avait été introduite dans le règlement par le propriétaire originaire de l'immeuble, lors de sa mise en copropriété, donnant tous pouvoirs au syndic pour régulariser la vente d'un lot commun, pour un prix ferme et définitif. Cette clause a été déclarée illicite par la Cour de cassation au motif qu'elle avait pour effet de priver par avance l'assemblée des pouvoirs de disposition sur les parties communes de l'immeuble qu'elle tient des règles d'ordre public posées par les articles 27, 26 et 24 de la loi du 10 juillet 1965 (■ Cass. 3e civ., 11 févr. 2009, n° 07-21.318 : *JurisData* n° 2009-047096 ; *Bull. civ.* III, n° 35 ; *Loyers et copr.* 2009, comm. 101, obs. G. Vigneron ; *JCP* G 2009, IV, 1424 ; *Administrer* janv. 2010, p. 55, note P. Capoulade ; *Defrénois* 2010, art. 39010, p. 345, obs. C. Atias. – Confirmant ■ CA Paris, 23e ch. B, 20 déc. 2007 : *AJDI* 2008, p. 218).

9) Autorisation de s'approprier une partie commune donnée par avance dans le règlement – Clause « de fonds de couloir ». Un arrêt (non publié au Bulletin) a admis la licéité de la clause d'un règlement stipulant que dans le cas où une même personne viendrait à être propriétaire de lots contigus ou non mais desservis par des parties communes non indispensables à l'usage des autres lots, ce copropriétaire pourrait utiliser ces parties communes à usage privatif en les incorporant à son lot ou à ses lots de copropriété ». Pour conclure en ce sens, les juges du fond avaient relevé que le couloir que le copropriétaire avait incorporé à son lot en vertu de cette clause ne comportait aucun compteur ni branchement électrique et ne desservait que les seuls lots qui étaient sa propriété (■ Cass. 3e civ., 21 oct. 2008, n° 07-18.971 : *AJDI* 2009, p. 38 ; *Administrer* janv. 2009, p. 48, obs. J.-R. Bouyeure. – V. ci-dessus, comm. 8, l'arrêt de la Cour de cassation du 11 févr. 2009 qui paraît condamner ce type de clause). Une autre décision de la Cour de cassation a admis la licéité d'une clause aux termes de laquelle le propriétaire de plusieurs chambres de service voisines était autorisé à les réunir afin de constituer un logement plus important, tout en bénéficiant d'un droit de jouissance exclusive sur la partie de dégagement ou de palier commun desservant exclusivement ces lots, avec la faculté de se clore au droit dudit dégagement (■ Cass. 3e civ., 25 janv. 2011, n° 09-65.731 : *Administrer* mai 2011, p. 47, obs. J.-R. Bouyeure). Ainsi, si la clause opérant un transfert de propriété doit être réputée non écrite (■ CA Paris, pôle 4, 2e ch., 17 sept. 2014, n° 12/22662 : *JurisData* n° 2014-021883), tel n'est pas nécessairement le cas de celle qui, opérant un transfert de jouissance et n'emportant pas annexion des parties communes, vise à permettre à celui devenu propriétaire de plusieurs lots desservis par le même couloir d'en avoir la jouissance exclusive temporaire, à charge d'en assurer l'entretien (■ CA Paris, pôle 4, 2e ch., 9 févr. 2022, n° 19/08885 : *JurisData* n° 2022-002051, réservant cependant la question des travaux. – Dans un sens plus sévère requérant une autorisation de l'assemblée pour tout transfert de jouissance et réputant non écrite la clause d'autorisation anticipée de travaux : ■ CA Paris, pôle 4, 2e ch., 24 janv. 2024, n° 20/06279 : *JurisData* n° 2024-000883 ; *Rev. loyers* 2024, p. 146, obs. S. Bénilsi).

Bibliographie : C. Ivars, *La licéité de la clause dite « de fond de couloir »* : *Inf. rap. copr.* juin 2023, p. 25. – F. Bérenger, *Les clauses dites « de fonds de couloir »* : *Administrer* mars 2015, p. 7. – J. Barnier-Sztabowicz, *La cession d'une partie commune* : *AJDI* 2007, p. 736. – M. Morand et Ph. Viard, *Achat de parties communes* : *AJPI* 1993, p. 573 et s. – *JCl. Notarial*

Formulaire, V° *Copropriété* Fasc. 240 et *JCl. Construction-urbanisme*, Fasc. 91-40, par J. Lafond.

B – Concession d'un droit de jouissance exclusive

10) Majorité requise. La concession d'un droit de jouissance exclusive sur une partie commune relève en principe de la majorité de l'article 26 (▪ Cass. 3e civ., 16 oct. 1979 : *JCP* G 1980, II, 19289, note E.-J. Guillot et *JCP* N 1980, II, p. 81. ▪ Cass. 3e civ., 16 janv. 1979 : *Gaz. Pal.* 1979, 1, somm. p. 120. ▪ Cass. 3e civ., 19 déc. 1978 : *JCP* G 1979, IV, 72. ▪ Cass. 3e civ., 9 juill. 1970 : *JCP* N 1971, prat. 4918. – V. pour l'affectation au profit de copropriétaires d'emplacements de stationnement dans une cour commune, ▪ Cass. 3e civ., 19 déc. 1978 : *JCP* N 1979, prat., p. 468. ▪ CA Lyon, 5 déc. 1978 : *RTD civ.* 1979, p. 161, obs. C. Giverdon. – Pour une autorisation de construire, ▪ Cass. 3e civ., 3 oct. 1978, n° 77-10.792 : *Bull. civ.* III, n° 298 ; *JCP* G 1978, IV, 333 ; *D.* 1979, inf. rap. p. 124, obs. C. Giverdon. – Pour l'octroi à un copropriétaire de la jouissance exclusive d'une portion de couloir, ▪ Cass. 3e civ., 18 juill. 1986, n° 84-17.798 : *JurisData* n° 1986-001417 ; *Bull. civ.* III, n° 123 ; *Administrer* déc. 1986, p. 38, note E.-J. Guillot. – Ou l'octroi de la jouissance exclusive d'un balcon, ▪ CA Aix-en-Provence, 10 janv. 1985 : *Bull. Aix-en-Provence* janv. 1985, n° 65, p. 24 ; *RD imm.* 1987, p. 90, obs. F. Givord et C. Giverdon. – V. pour l'autorisation donnée à un copropriétaire d'installer des ballons d'eau chaude dans un comble commun, ▪ Cass. 3e civ., 26 mars 2020, n° 19-10.210 : *JurisData* n° 2020-006626 ; *Administrer* juin 2020, p. 55, obs. J.-R. Bouyeure).

L'assemblée des copropriétaires ne peut accorder un droit de jouissance privative sur une terrasse à deux copropriétaires du premier étage de l'immeuble, dès lors que cette résolution porte atteinte au droit de jouissance du local commercial du rez-de-chaussée en le privant de la lumière naturelle (▪ CA Paris, 23e ch. B, 29 mars 2007 : *JurisData* n° 2007-330095).

Si le droit de jouissance exclusive n'est accordé à un copropriétaire qu'à titre précaire, la décision relève de la majorité de l'article 24 et non pas de l'article 26 (▪ Cass. 3e civ., 2 mars 2010, n° 09-13.090 : *AJDI* 2010, p. 897, note P. Capoulade ; *Administrer* juill. 2010, p. 49, obs. J.-R. Bouyeure). Une telle tolérance de jouissance, accordée par l'assemblée de manière précaire, conditionnelle et nominative, ne peut fonder la possession ou la prescription (▪ CA Paris, pôle 4, 2e ch., 8 mars 2023, n° 19/11800 : *JurisData* n° 2023-004692).

La décision n'est efficace que si l'assiette du droit de jouissance exclusive concédé est parfaitement identifiable, ce qui suppose l'établissement d'un plan lorsqu'il y a plusieurs cotitulaires (▪ Cass. 3e civ., 6 mai 2014, n° 13-11.623).

V. J. Bedos, *Cession du droit de jouissance exclusif sur une partie commune : Maisons et habitat* mars 2004, p. 17).

C – Autorisation de construire sur une partie commune

11) Celui qui élève une construction sur le terrain d'assiette de la copropriété « consomme » des droits de construire qui appartiennent à tous en qualité de droits accessoires aux parties communes (V. S. Lelièvre et S. Chaix-Bryan, *L'utilisation du droit de construire en copropriété : Defrénois* 2007, art. 38609, p. 917).

La solution logique est qu'il acquière le droit de construire, moyennant un prix ou une contrepartie. Si tel est le cas, la décision sera prise à la majorité de l'article 26, à la condition que cette aliénation ne porte pas atteinte à la destination de l'immeuble ou aux modalités de jouissance des parties privatives des autres copropriétaires.

Si le règlement interdit expressément toute construction sur les parties communes, l'assemblée ne peut autoriser des dérogations à ce principe général d'interdiction sans modifier ce règlement (▪ Cass. 3e civ., 10 oct. 2007, n° 06-17.931 : *JurisData* n° 2007-040732 ; *Bull. civ.* III, n° 172 ; *Loyers et copr.* 2007, comm. 256, obs. G. Vigneron ; *Administrer* janv. 2008, p. 58, obs. J.-R. Bouyeure ; *AJDI* 2008, p. 683, note P. Capoulade).

Si un copropriétaire a procédé à l'édification d'une maison d'habitation sur une partie commune dont il a la jouissance privative, sans autorisation de l'assemblée, il a été jugé que l'assemblée pouvait autoriser *a posteriori* cette construction à la majorité de l'article 26 (▪ Cass. 3e civ., 20 mars 2002, n° 00-17.751 : *JurisData* n° 2002-013613 ; *Bull. civ.* III, n° 70 ; *Loyers et copr.* 2002, comm. 159, obs. G. Vigneron ; *Constr.-Urb.* juill.-août 2002, comm. 173, obs. D. Sizaire ; *AJDI* 2002, p. 773, note P. Capoulade ; *Inf. rap. copr.* juin 2002, p. 10, note C. Atias ; *Rev. loyers* juin 2002, p. 364, obs. L. Guégan). Mais l'unanimité est nécessaire lorsque la construction constitue une « tentative d'accaparement des parties communes », qui porte atteinte aux modalités de jouissance des parties privatives des autres copropriétaires. Ainsi lorsque le titulaire d'un simple droit de jouissance exclusive sur un jardin y fait édifier sans autorisation de l'assemblée une maison d'habitation, ce qui entraîne la suppression d'un espace vert (▪ Cass. 3e civ., 4 déc. 2007, n° 07-11.474 : *Administrer* mars 2008, p. 42, obs. J.-R. Bouyeure ; *Rev. loyers* 2008, p. 100).

D – Modification consécutive de la répartition des charges

12) La *modification de la répartition des charges* résultant des actes d'acquisition ou de disposition ainsi décidée peut intervenir à la même majorité (V. L. art. 11, al. 1). Mais on doit considérer plus généralement que toutes les décisions qui sont la conséquence obligée d'un acte de disposition ou d'acquisition décidé par l'assemblée à la majorité de l'article 26 peuvent être prises à cette même majorité (V. pour la modification de l'état descriptif de division après cession de parties communes à un copropriétaire en vue de la création d'un nouveau lot : ▪ CA Paris, 23e ch. A, 24 nov. 1999 : *AJDI* 2000, p. 147. – V. aussi, ▪ CA Paris, 23e ch. B, 2 juill. 2009 : *AJDI* 2010, p. 50). Ainsi lorsque le syndicat vend à un copropriétaire une partie commune qui sera transformée en lot, la modification de l'état descriptif de division et du règlement consécutif ou préalable à cette vente doit être votée à la majorité de l'article 26 (▪ Cass. 3e civ., 29 oct. 2003, n° 02-13.089 : *JurisData* n° 2003-020777 ; *Administrer* févr. 2003, p. 52, obs. J.-R. Bouyeure. – V. aussi Rép. Deprez, *JOAN*, 17 nov. 2003, p. 8846, n° 12477) ou encore lorsqu'il acquiert une partie privative pour la transformer en un local commun (▪ CA Paris, pôle 4, 2e ch., 12 oct. 2011 : *JurisData* n° 2011-022875 ; *Loyers et copr.* 2012, comm. 53, obs. G. Vigneron).

Voir : sur les documents à joindre à la convocation lorsque l'assemblée est appelée à se prononcer, en cette matière, D. 17 mars 1967, art. 11, p. 722. – Sur les conditions dans lesquelles peuvent s'opérer les acquisitions, L. 10 juill. 1965, art. 16, p. 267.

E – Unanimité requise

13) Atteinte à la destination de l'immeuble ou aux droits des copropriétaires. Si l'aliénation de parties communes porte *atteinte à la destination de l'immeuble* (ce qui doit être apprécié au cas par cas : sur la notion de « destination de l'immeuble », V. L. art. 8), la décision doit être prise à l'*unanimité* (V. pour l'aliénation d'une buanderie et d'un séchoir à linge : ▪ CA Limoges, 15 mai 1997 : *Bull. inf. C. cass.* 1er nov. 1997, p. 23. – Sur la possibilité de décider à la majorité de l'article 26 de la transformation en parking d'une partie commune qualifiée d'espace vert, V. ▪ Cass. 3e civ., 4 juin 2000, n° 98-20.873 : *AJDI* 2000, p. 847).

Si le syndicat a cédé des paliers parties communes à un copropriétaire, qui les a agrégés à son lot, coupant ainsi l'accès à l'escalier de service pour les étages supérieurs, et que cette décision n'a pas été contestée, d'autres opérations d'aliénation de paliers peuvent être votées postérieurement à la majorité de l'article 26. L'unanimité n'est plus requise dès lors que ces cessions n'ont pas pour effet de porter atteinte aux modalités de la jouissance des copropriétaires sur leur parties privatives, la jouissance de l'escalier de service ayant été définitivement abolie par la décision précédente (▪ CA Paris, 23e ch. B, 9 sept. 2004 : *Rev. loyers* 2005, p. 46).

Si le syndicat des copropriétaires cède un espace vert, et que la décision est contestée par un copropriétaire, les juges du fond doivent rechercher si le classement de cet espace vert commun dans le domaine communal n'est pas de nature à restreindre la constructibilité des lots en raison des règles prescrites par le plan d'occupation des sols, et à porter atteinte aux modalités de leur jouissance (▪ Cass. 3e civ., 1er déc. 2004, n° 03-15.704).

La décision d'abattre des arbres participant à l'harmonie et à l'esthétique de l'immeuble pour les remplacer par des végétaux de haute tige ne peut être considérée comme portant sur de simples travaux d'entretien. Cette décision qui porte atteinte à la destination de l'immeuble doit être prise à l'unanimité (▪ CA Paris, pôle 4, 2e ch., 29 juin 2016, n° 14/08980 : *JurisData* n° 2016-014220 ; *Administrer* janv. 2017, p. 63, obs. J.-R. Bouyeure).

L'unanimité est également requise lorsque la cession d'une partie commune a pour effet d'imposer à un copropriétaire une modification aux modalités de jouissance de ses parties privatives (▪ CA Paris, pôle 4, ch. 2, 9 oct. 2019, n° 18/05200 : *JurisData* n° 2019-020684 ; *Administrer* janv. 2020, p. 56, obs. J.-R. Bouyeure).

L'unanimité est enfin requise, à notre avis, *si l'aliénation des parties communes s'opère sans contrepartie* : en effet, il n'entre pas dans l'objet du syndicat de consentir des actes de disposition à titre gratuit sur des parties communes (V. pour une cession de lots issus de parties communes, sans contrepartie pour le syndicat de copropriétaires : ▪ CA Paris, pôle 4, ch. 2, 17 avr. 2019, n° 16/10485 : *JurisData* n° 2019-006747 ; *Administrer* juill. 2019, p. 58, note J.-R. Bouyeure).

14) Modification du règlement. L'ordonnance n° 2019-1101 du 30 octobre 2019 a ajouté une phrase au dernier alinéa de l'article 26 pour préciser que l'assemblée générale ne pouvait sauf à l'unanimité des voix de tous les copropriétaires, décider de « la modification des stipulations du règlement de copropriété relatives à la destination de l'immeuble ».

La solution résultait déjà implicitement de l'article 26 *b)* qui, en matière de règlement de copropriété, limitait les pouvoirs de l'assemblée aux dispositions concernant la jouissance l'usage et l'administration des parties communes (V. dessous n° 15).

III – MODIFICATION OU ÉTABLISSEMENT DU RÈGLEMENT DE COPROPRIÉTÉ (ART. 26 *B*)

15) Exemples. Le syndicat peut soit *établir le règlement* de copropriété (en l'absence de règlement établi lors de la constitution de la copropriété...), soit *le modifier.*

Les pouvoirs des syndicats en la matière sont strictement *limités aux mesures concernant « la jouissance, l'usage et l'administration des parties communes »*.

Le syndicat ne peut par exemple décider de travaux de réfection du revêtement des parkings et boxes, qui sont parties privatives (▪ CA Versailles, 4e ch., 8 mars 2010 : *JurisData* n° 2010-007043).

Sous réserve que sa décision ne porte pas atteinte à la destination de l'immeuble ou à la destination ou aux modalités de jouissance des parties privatives, telles qu'elles résultent du règlement de copropriété, le syndicat peut par exemple :

- décider d'aménager un parking dans une cour commune (▪ Cass. 3e civ., 19 déc. 1978 : *JCP* G 1979, IV, p. 72) ou réglementer le stationnement ou l'accès aux parties communes. Lorsque le nombre de places de parking est limité, l'assemblée peut aussi en réglementer l'utilisation à la condition d'appliquer des critères objectifs (▪ CA Paris, 23e ch. B, 27 janv. 2000 : *JurisData* n° 2000-105086 ; *Loyers et copr.* 2000, comm. 147, note G. Vigneron) ;
- réglementer l'utilisation et le fonctionnement des services collectifs et des éléments d'équipement communs : par exemple, les périodes de chauffe de l'immeuble (▪ TGI Seine, 13 mars 1952 : *Gaz. Pal.* 1952, 1, p. 372) ;
- réglementer l'accès à l'immeuble (▪ TGI Paris, 7 juin 1977 : *D.* 1978, inf. rap. p. 131. ▪ CA Aix-en-Provence, 31 janv. 1978 et ▪ Cass. 3e civ., 19 déc. 1978 : *D.* 1979, inf. rap. p. 446, obs. C. Giverdon) ;
- réglementer la convocation et la tenue des assemblées (pour la représentation des copropriétaires : ▪ Cass. 3e civ., 11 févr. 1975 : *JCP* 1975, II, 18013, note E.-J. Guillot) ;
- autoriser la mise en place d'étalages extérieurs dans une galerie marchande partie commune pendant les heures d'ouverture des magasins (▪ Cass. 3e civ., 9 juill. 1986, n° 85-13.563 : *JurisData* n° 1986-701313 ; *Bull. civ.* III, n° 106 ; *JCP* G 1986, IV, 275 ; *Administrer* déc. 1986, p. 28 ; *Defrénois* 1986, p. 1053, obs. H. Souleau) ;
- décider de louer l'ancienne loge de concierge, dans la mesure où cette décision entraîne changement d'usage d'une partie commune (▪ CA Aix-en-Provence, 4e ch. A, 30 mars 1999 : *D.* 1999, somm. p. 314, note C. Atias. ▪ TGI Marseille, 17 févr. 1986 : *Ann. loyers* 1987, p. 1109) mais dans certains cas la décision de louer si elle est, par exemple, la conséquence de la suppression du concierge qu'elle entérine, peut requérir l'unanimité (V. *infra*) ;
- autoriser la transformation d'une partie commune en partie privative dès lors que la conservation de cette partie commune n'est pas nécessaire au respect de la destination de l'immeuble (▪ Cass. 3e civ., 18 juill. 1986, n° 84-17.798 : *JurisData* n° 1986-001417 ; *Bull. civ.* III, n° 123 ; *Rev. loyers* 1986, p. 456) ;
- modifier les clauses relatives à l'apposition des enseignes ou plaques professionnelles, sans qu'il soit toutefois possible de diminuer ou de remettre en cause les droits dont les copropriétaires bénéficiaient antérieurement (▪ Cass. 3e civ., 16 mars 1988, n° 86-15.098 : *JurisData* n° 1988-000615 ; *JCP* G 1988, IV, 291) ;
- insérer dans le règlement une clause pénale ou une clause dite d'aggravation des charges.

Si l'assemblée adopte un nouveau règlement sous réserve de l'adaptation de certaines clauses à la législation en vigueur, ce règlement n'entre en application que lorsque ces réserves auront été levées (▪ Cass. 3e civ., 4 nov. 1993 : *RD imm.* 1994, p. 102).

Il a été jugé que l'assemblée pouvait à la majorité de l'article 26 *rectifier une erreur de rédaction du règlement* concernant la distinction des parties privatives et communes (▪ Cass. 3e civ., 4 déc. 1968, n° 67-11.628 : *Bull. civ.* III, n° 518 ; *Gaz. Pal.* 1969, 1, p. 308, M. Morand).

En revanche, l'unanimité est requise pour modifier le règlement afin d'autoriser sous condition des extensions des parties privatives et l'aménagement des jardins, prohibés par le règlement actuel (▪ Cass 3e civ., 15 déc. 2016, n° 15-22.342 : *JurisData* n° 2016-027113 ; *Loyers et copr.* 2017, comm. 56, note C. Coutant-Lapalus ; *AJDI* 2017, p. 447, note C. Dréveau).

Par ailleurs, l'assemblée générale ne peut autoriser des dérogations à un principe général d'interdiction posé par le règlement de copropriété sans modifier celui-ci (▪ Cass. 3e civ., 29 oct. 2013, n° 12-23.973. ▪ Cass. 3e civ., 10 oct. 2007, n° 06-17.932 : *JurisData* n° 2007-040732 ; *Bull. civ.* III, n° 172 ; *Loyers et copr.* 2007, comm. 256, obs. G. Vigneron ; *Administrer* janv. 2008, p. 58, obs. J.-R. Bouyeure ; *AJDI* 2008, p. 683, note P. Capoulade. – V. sur cette décision, C. Atias, *Une réduction du pouvoir majoritaire : Ann. loyers* 2007, p. 2690. – V. pour l'autorisation d'utiliser des parties communes alors que le règlement interdit de les « encombrer » : ▪ CA Chambéry, 18 janv. 2011 : *AJDI* 2011, p. 307).

16) Monopole de l'assemblée. La modification du règlement de copropriété ne peut résulter que d'une décision de l'assemblée (▪ CA Paris, pôle 4, 2e ch., 6 avr. 2022, n° 18/23178 : *JurisData* n° 2022-005285). Un accord, même unanime, des copropriétaires recueilli hors assemblée n'a aucune valeur (▪ Cass. 3e civ., 8 juin 2011, n° 10-18.220 : *JurisData* n° 2011-011071 ; *Bull. civ.* III, n° 98 ; *Loyers et copr.* 2011, comm. 256, obs. G. Vigneron ; *Rev. loyers* 2011, p. 381, note M. Plaidy. ▪ Cass. 3e civ., 14 juin 2000, n° 98-20.526 : *JurisData* n° 2000-002551 ; *Loyers et copr.* 2000, comm. 239, obs. G. Vigneron). Ce principe s'applique même lorsqu'il n'y a que deux copropriétaires (▪ Cass. 3e civ., 26 janv. 2022, n° 20-21.643 : *JurisData* n° 2022-000998 ; *Loyers et copr.* 2022, comm. 47, obs. A. Lebatteux ; *Administrer* juill. 2022, p. 47, obs. P. Déchelette-Tolot ; *Ann. loyers* 2022, p. 91, obs. J.-M. Roux ; *Rev. loyers* 2022, p. 140. ▪ Cass. 3e civ., 24 avr. 2013, n° 12-14.593 : *JurisData* n° 2013-008135 ; *Loyers et copr.* 2013, n° 218, obs. G. Vigneron). De même n'a aucune valeur la modification unilatérale du règlement de copropriété opérée par un copropriétaire (▪ Cass. 3e civ., 4 nov. 1999, n° 98-10.254 : *JurisData* n° 1999-003840 ; *Loyers et copr.* 2000, comm. 55, obs. G. Vigneron. ▪ CA Paris, pôle 4, 2e ch., 25 mai 2022, n° 21/11287 : *JurisData* n° 2022-008700).

Toutefois, un tiers titulaire de droits réels sur le fonds mis en copropriété peut imposer à la copropriété une modification du règlement pour tenir compte de ses droits antérieurs, sans qu'un vote de l'assemblée intervienne (▪ CA Toulouse, 1er août 2011 : *JurisData* n° 2011-021355 ; *Loyers et copr.* 2011, comm. 58, obs. G. Vigneron).

Voir : L. 10 juill. 1965, art. 26, comm. n° 32, p. 484.

Quant au juge il n'a le pouvoir de modifier le règlement que dans les seuls cas prévus par les articles 11, 12 et 43 de la loi (▪ Cass. 3e civ., 9 sept. 2021, n° 20-11.674 : *JurisData* n° 2021-014079 ; *Loyers et copr.* 2021, comm. 173, obs. C. Coutant-Lapalus ; *Administrer* nov. 2021, p. 53, obs. J.-R. Bouyeure ; *AJDI* 2021, p. 779. ▪ CA Paris, 19e ch. B, 14 févr. 2003 : *AJDI* 2003, p. 519. ▪ CA Paris, 23e ch. B, 21 juin 2001 : *Loyers et copr.* 2002, comm. 50, obs. G. Vigneron).

● Sur le pouvoir de l'assemblée de reconnaître le caractère non écrit d'une clause du règlement, V. L., 10 juill. 1965, art. 43, comm. 12, p. 632.

IV – MODALITÉS D'OUVERTURE DES PORTES D'ACCÈS AUX IMMEUBLES (ART. 26 C ANCIEN)

17) Renvoi. Le pouvoir de décision de l'assemblée en matière de fermeture des portes d'accès à l'immeuble, défini par l'article 26, c, applicable jusqu'au 31 mai 2020, est réglementé à compter du 1er juin 2020, par l'article 25, *g*, de la loi du 10 juillet 1965, issu de l'ordonnance n° 2019-1101 du 30 octobre 2019 (V. ce texte et son commentaire sous l'article 25 de la loi).

V – SUPPRESSION DU CONCIERGE OU DU GARDIEN ET ALIÉNATION DE LA LOGE (ART. 26 C)

Bibliographie : R. Martin, *Et si l'on supprimait le concierge ? : Ann. loyers* 1986, p. 465 et M.-F. Bost, *La loge de concierge : Inf. rap. copr.* déc. 1985, p. 266. – J.-R. Bouyeure, *La suppression du service de concierge : Administrer* avr. 1988, p. 12 et s. – Hermet-Lartigue, *La suppression du poste de concierge : Rev. hab. fr.* 20 nov. 1988, p. 544. – E.-J. Guillot, *Conciergerie et concierge : Administrer* oct. 1990, p. 11 et s. – M. Martin, *Exit le concierge : Ann. loyers* 1991, p. 32. – E. Kischinewsky-Broquisse, *Concierges et conciergerie dans les immeubles en copropriété : Gaz. Pal.* 1993, 2, doctr. p. 1258. – Ch.-H. Gallet, *La suppression des loges de concierge dans les immeubles en copropriété : Rev. loyers* 1995, p. 84. – C. Atias, *La fin de l'ère des concierges ? : Inf. rap. copr.* déc. 1999, p. 25. – V. Valin-Stein, *Copropriété : peut-on se passer de gardienne ? : Le Particulier immobilier* avr. 2008, p. 42. – M. Philibert, *Gardien, concierge : un métier en voie de disparition : Inf. rap. copr.* juill.-août 2008, p. 33. – Sur les aspects pratiques : *Les gardiens coûtent-ils trop cher ? : Le Particulier immobilier* avr. 2009, p. 31).

18) Réformes opérées par la loi du 25 mars 2009 et la loi du 24 mars 2014. La loi du 25 mars 2009 a tout d'abord ajouté un nouvel alinéa à l'article 26 de la loi du 10 juillet 1965, permettant de prendre à la majorité des membres du syndicat représentant au moins les deux tiers des voix la décision de supprimer le poste de concierge ou de gardien et d'aliéner le logement affecté au concierge ou au gardien lorsqu'il appartient au syndicat, sous réserve qu'elle ne porte pas atteinte à la destination de l'immeuble ou aux modalités de jouissance des parties privatives de l'immeuble.

Ce texte reprend une suggestion du rapport faisant suite à la mission confiée à Me Françoise et Philippe Pelletier par le ministre du Logement et de la Ville (V. ce rapport, proposition n° 26. – *Gardien d'immeuble : les 32 propositions du rapport Pelletier : Inf. rap. copr.* nov. 2008, p. 12). Il s'agit selon les travaux préparatoires « d'empêcher le licenciement des gardiens » (*JOAN*, discussion de l'article 6, première séance du 4 février 2009).

Une nouvelle réforme a été apportée à ce texte par la loi n° 2014-366 du 24 mars 2014 (loi ALUR), qui a précisé et en même temps modifié les conditions dans lesquelles il pouvait être décidé de supprimer le concierge et de vendre la loge.

19) Modalités de votation. L'article 26 *c)*, alinéa 1, créé par la loi ALUR indique que les décisions de supprimer le poste de concierge ou de gardien et d'aliéner le logement qui leur est affecté doivent être inscrites à l'ordre du jour de la même assemblée. Ceci ne veut pas dire que les décisions sont liées, et que le syndicat ne pourrait pas par exemple décider de supprimer le concierge tout en conservant la loge, pour la louer, ou encore décider de vendre la loge tout en conservant un service de conciergerie ou de gardiennage. Mais si le syndicat entend décider à la fois de vendre le logement et de supprimer le concierge ou le gardien, les deux décisions sont obligatoirement

« couplées » et doivent être prises lors de la même assemblée (par deux votes distincts).

A – Suppression du concierge ou du gardien

Bibliographie : L. Guégan-Gélinet, *Licenciement du gardien et suppression du poste en copropriété : Administrer* août-sept. 2017, p. 21. – G. Gil, *La suppression du service de conciergerie et la vente de la loge : Inf. rap. copr.* juill.-août 2019, p. 31.

1° Principe

20) Majorité de l'article 26. La majorité requise pour supprimer le concierge ou vendre la loge est en principe la majorité qualifiée prévue par l'article 26 de la loi.

2° Exception

21) Atteinte à la destination de l'immeuble ou aux modalités de jouissance des parties privatives. L'article 26 *c)*, alinéa 2, réserve le cas où les décisions de supprimer le concierge ou le gardien et d'aliéner leur logement porteraient « atteinte à la destination de l'immeuble ou aux modalités de jouissance des parties privatives de l'immeuble ». La suppression du concierge ou la vente de la loge relèvera alors de l'unanimité.

C'est dire que le contentieux qui sévissait en ce domaine est loin d'être tari. Mais le texte issu de la loi du 24 mars 2014 propose désormais un critère. C'est par référence au règlement de copropriété que l'on pourra déterminer si la suppression du concierge ou la vente de la loge affecte la destination de l'immeuble ou la jouissance des parties privatives...

Dans cette mesure, la jurisprudence antérieure, rappelée ci-dessous, reste intéressante à consulter, car elle se référait au premier chef au règlement pour déterminer si une décision unanime était ou non exigée.

22) Rappel de la jurisprudence antérieure. En ce qui concerne le service de la conciergerie, les solutions antérieurement admises paraissent pouvoir se résumer de la façon suivante :

– si *l'existence d'un concierge n'était pas prévue par le règlement*, le problème de sa suppression devait s'apprécier par référence à la « destination de l'immeuble » (sur cette notion, V. L. art. 9). Cette appréciation était effectuée souverainement par les juges du fond (▪ Cass. 3e civ., 30 mars 1994, n° 92-16.763 : *JurisData* n° 1994-001082 ; *D.* 1996, somm. p. 164, obs. C. Giverdon). Pour certaines juridictions, ce « service collectif » contribuant au standing de l'immeuble (▪ CA Paris, 23e ch., 16 oct. 1992 : *RD imm.* 1993, p. 120. obs. C. Giverdon), sa suppression affectait donc *a priori* sa destination. En conséquence, une décision unanime était nécessaire pour le supprimer, à moins que la destination de l'immeuble ayant évolué, l'existence d'un concierge ne se justifie plus (▪ CA Versailles, 25 mai 1992 : *Administrer* nov. 1992, p. 79, obs. A. Dunes).

La majorité de l'article 26 était considérée comme suffisante lorsque le règlement de copropriété n'imposait pas l'existence d'un concierge, mais le laissait à la discrétion du syndicat des copropriétaires (▪ Cass. 3e civ., 24 sept. 2008, n° 07-17.309 : *Bull. civ.* III, n° 136 ; *Loyers et copr.* 2008, comm. 257, obs. G. Vigneron ; *AJDI* 2009, p. 204, note P. Capoulade ; *Rev. loyers* 2009, p. 32, note P. Déchelette-Tolot ; *D.* 2008, p. 2432, note Y. Rouquet. – V. aussi, ▪ Cass. 3e civ., 5 déc. 2007, n° 06-20.020 : *Bull. civ.* III, n° 219) et qu'il apparaissait que sa suppression ne portait pas atteinte à la destination de l'immeuble et aux modalités de jouissance des parties privatives (▪ Cass. 3e civ., 1er déc. 2009, n° 08-20.609 : *AJDI* 2010, p. 144 ; *Rev. loyers* 2010, p. 87).

La suppression du concierge pouvait même être votée à la majorité de l'article 24, en l'absence de loge, du fait que des copropriétaires avaient déclaré mettre fin à la mise à disposition de locaux leur appartenant affectés à usage de conciergerie et de logement de fonction par le règlement de copropriété, dispositions qui ne pouvaient avoir de caractère perpétuel (▪ CA Paris, pôle 4, 2e sect., 3 nov. 2010 : *JurisData* n° 2010-021753 ; *Loyers et copr.* 2011, comm. 56, obs. G. Vigneron) ;

– si *l'existence d'un concierge était prévue par le règlement de copropriété*, les tribunaux estimaient généralement que l'unanimité était toujours requise, la suppression du concierge constituant une atteinte aux modalités de jouissance des parties privatives résultant du règlement (▪ CA Colmar, 2e ch. civ., 15 févr. 2007 : *JurisData* n° 2007-336652. ▪ CA Aix-en-Provence, 4e ch. A, 16 déc. 2005 : *JurisData* n° 2005-308000. ▪ CA Paris, 23e ch. B, 12 juin 1998 : *Loyers et copr.* 1999, comm. 48. ▪ CA Paris, 23e ch. A, 6 mai 1998 : *Loyers et copr.* 1998, comm. 275, obs. G. Vigneron. ▪ CA Paris, 23e ch. A, 16 oct. 1996 : *Loyers et copr.* 1997, comm. 28, obs. G. Vigneron. ▪ CA Paris, 19e ch., 11 mai 1994 : *D.* 1994, inf. rap. p. 163. ▪ CA Paris, 23e ch., 12 févr. 1993 : *Loyers et copr.* 1993, comm. 193. ▪ CA Paris, 23e ch., 8 nov. 1992 : *Loyers et copr.* 1992, comm. 88). Mais la suppression de deux postes de concierge en surnombre par rapport aux dispositions du règlement pouvait être décidée à la majorité de l'article 24, si la destination de l'immeuble et les modalités de jouissance des parties privatives n'en étaient pas affectées (▪ CA Paris, 23e ch. B, 26 oct. 2000 : *Loyers et copr.* 2001, comm. 130 ; *Administrer* août-sept. 2001, p. 43, obs. J.-R. Bouyeure. – V. aussi ▪ Cass. 3e civ., 9 sept. 2008, n° 07-16.881 : *AJDI* 2009, p. 459, note P. Capoulade).

3° Tempérament

23) Solutions de substitution. Cependant, on observait en jurisprudence une tendance de plus en plus marquée à admettre que la suppression du concierge était possible si l'on pouvait mettre en place des solutions de substitution apportant des avantages strictement équivalents à ceux que proposait aux copropriétaires le service de conciergerie (■ CA Paris, pôle 4, 2e ch., 10 mars 2021, n° 17/01881 : *JurisData* n° 2021-004836 ; *Administrer* déc. 2021, p. 47, obs. J.-R. Bouyeure). V. ainsi, pour la suppression du concierge et son remplacement par le recours à une entreprise extérieure, avec décision de fermer la porte d'entrée par un digiclé et de mettre en place des boîtes aux lettres (V. ■ CA Paris, 24 juin 1988 : *D.* 1988, inf. rap. p. 230. ■ CA Paris, 1re ch. urg., 12 févr. 1993 : *Administrer* déc. 1993, p. 56. ■ CA Versailles, 1re ch., 11 mars 1993 : *Administrer* déc. 1993, p. 56, obs. A. Dunes. ■ CA Paris, 19e ch. A, 17 janv. 1995 : *D.* 1998, somm. p. 272, note J.-R. Bouyeure. ■ CA Paris, 23e ch. B, 17 janv. 1997 : *RD imm.* 1997, p. 619, obs. P. Capoulade. ■ CA Aix-en-Provence, 6 mai 1997 : *D.* 1998, somm. p. 122, obs. C. Atias. – *Contra*, ■ TGI Nice, 12 juin 1986 : *Inf. rap. copr.* juin 1988, p. 196).

Mais si la suppression du concierge n'était qu'imparfaitement (ou partiellement) comblée par les solutions de remplacement adoptées, on devait considérer qu'elle portait atteinte aux modalités de jouissance des parties privatives (et éventuellement à la destination de l'immeuble. – V. ■ Cass. 3e civ., 21 mars 2000, n° 98-17.587 : *JurisData* n° 2000-001205 ; *Loyers et copr.* 2000, comm. 125, note G. Vigneron. ■ Cass. 3e civ., 28 juin 1995, n° 93-15.642 : *JurisData* n° 1995-002255 ; *Loyers et copr.* 1995, comm. 443 ; *AJPI* 1996, p. 485, note Ch.-H. Gallet ; *RD imm.* 1995, p. 780, obs. P. Capoulade. ■ CA Paris, 23e ch. A, 3 juill. 1996 : *Loyers et copr.* 1996, comm. 446. ■ CA Paris, 23e ch. A, 16 oct. 1996 : *Loyers et copr.* 1997, comm. 28. ■ CA Paris, 23e ch. B, 12 juin 1998 : *Loyers et copr.* 1999, comm. 48. ■ CA Paris, 23e ch. B, 15 juin 2000 : *JurisData* n° 2000-118224 ; *Loyers et copr.* 2001, comm. 19, note G. Vigneron ; *RD imm.* 2000, p. 600, note C. Giverdon. – V. aussi dans un cas où le règlement exigeait la présence d'une gardienne logée sur place, ■ CA Paris, pôle 4, 2e ch., 11 juin 2009 : *JurisData* n° 2009-378454 ; *Loyers et copr.* 2010, comm. 28, obs. G. Vigneron, qui exige une décision unanime pour la suppression du concierge). Ainsi, lorsque la suppression du poste de gardien, prévu par le règlement, n'est pas entièrement compensée par les solutions de substitution mises en place, qui n'apportent pas à la copropriété des avantages équivalents à ceux dont elle disposait précédemment, la décision de suppression ne peut être valablement adoptée qu'à l'unanimité (■ CA Paris, pôle 4, 2e ch., 8 mars 2023, n° 20/00142 : *JurisData* n° 2023-005133).

Tel est le cas dans une résidence pour seniors, lorsqu'il apparaît, au vu du règlement de copropriété, que l'existence d'un gardien constitue un élément essentiel de la destination de l'immeuble (■ Cass. 3e civ., 5 nov. 2015, n° 14-23.661 : *Administrer* juin 2016, p. 46, note J.-R. Bouyeure). Il en va de même lorsque le règlement d'une copropriété de standing détaille minutieusement les missions du gardien dont la présence participe du maintien de la destination de l'immeuble (■ CA Paris, pôle 4, 2e ch., 23 févr. 2022, n° 19/03060 : *JurisData* n° 2022-002496 ; *Administrer* avr. 2022, p. 41, obs. P. Déchelette-Tolot ; *Rev. loyers* 2022, p. 199, obs. S. Bénilsi).

Voir : L. 10 juill. 1965, art. 26, comm. n° 30, p. 482.

B – Vente du logement du concierge ou du gardien

Bibliographie : G. Gil, *La suppression du service de conciergerie et la vente de la loge : Inf. rap. copr.* juill.-août 2019, p. 31.

24) Vente de la loge. En ce qui concerne l'aliénation du logement du concierge ou du gardien, l'article 26 *c)* est appelé à s'appliquer lorsque ce logement « appartient au syndicat ». Il semble qu'il faille voir là une maladresse de rédaction. Le législateur n'a probablement pas voulu viser le seul cas où la loge est la propriété du syndicat (qui en tant que personne morale peut avoir un patrimoine, V. L. n° 65-557, 10 juill. 1965, art. 16, al. 2, p. 267) mais plus généralement le cas où la loge est une « partie commune ».

Il était admis (et la solution reste d'actualité) que le syndicat pouvait décider de vendre la loge à la majorité de l'article 26 lorsque la décision de supprimer le concierge avait été antérieurement prise de manière définitive (■ Cass. 3e civ., 5 déc. 2007, n° 06-20.020 : *Bull. civ.* III, n° 279 ; *JCP G* 2007, IV, 1042 ; *Loyers et copr.* 2008, comm. 40, note G. Vigneron ; *Rev. loyers* 2008, p. 112, note P. Déchelette-Tolot ; *Administrer* mars 2008, p. 43, obs. J.-R. Bouyeure. ■ CA Paris, 23e ch., 14 janv. 1999 : *Loyers et copr.* 1999, comm. 164. ■ CA Paris, 23e ch., 3 avr. 1992 : *Loyers et copr.* 1992, comm. 314 confirmé par ■ Cass. 3e civ., 30 mars 1994, n° 92-16.763 : *JurisData* n° 1994-001082 ; *RD imm.* 1994, p. 292). Il a été jugé qu'il pourrait également décider à cette même majorité de louer la loge après le départ du gardien (■ CA Aix-en-Provence, 30 mars 1999 : *D.* 1999, somm. p. 314, note C. Atias).

Cependant, il avait été jugé que si la décision de supprimer le concierge avait été irrégulièrement prise, la décision consécutive de vendre la loge ne pouvait intervenir qu'à l'unanimité (■ CA Paris, 17 janv. 1997 : *Loyers et copr.* 1997, comm. 153, obs. G. Vigneron).

Désormais :

– les décisions, de supprimer le concierge ou le gardien et de vendre leur logement, constituent deux questions distinctes qui sont légalement « couplées ». Dans la mesure où l'assemblée entend prendre ces deux décisions, elles doivent donc être votées lors de la même assemblée (■ CA Versailles, 4e ch., 2e sect., 2 nov. 2023, n° 21/01930 : *JurisData* n° 2023-024101. – V. annot. n° 20, p. 478). Mais si les copropriétaires ont d'ores et déjà décidé la suppression du poste de gardien lors d'une assemblée antérieure, une réunion ultérieure peut se prononcer uniquement sur la vente de la loge (■ CA Paris, pôle 4, 2e ch., 20 mars 2024, n° 20/11511 : *JurisData* n° 2024-007236 ; *Administrer* juin 2024, p. 37, obs. P. Déchelette-Tolot) ;

– les circonstances qui font que l'unanimité est exigée sont précisées par la loi. La suppression du poste de concierge ou de gardien et l'aliénation du logement affecté au concierge ou au gardien ne peuvent être décidées qu'à l'unanimité, lorsqu'en vertu d'une clause du règlement de copropriété la suppression du service de conciergerie porte atteinte à la destination de l'immeuble ou aux modalités de jouissance des parties privatives (L. 10 juill. 1965, art. 26, *c)*, al. 2). Reprenant les solutions antérieurement admises (V. n° 26), la jurisprudence récente estime que lorsque des solutions de substitution sont trouvées, apportant des avantages équivalents à la présence d'un gardien ou d'un concierge, sans nuire au standing de l'immeuble, la suppression du concierge relève de la double majorité de l'article 26 et non pas de l'unanimité (V. pour des applications de cette idée, ■ CA Poitiers, 30 janv. 2013, n° 10/00620 : *AJDI* 2013, p. 620. ■ CA Paris, pôle 4, 2e ch., 21 mai 2014, n° 13/11236 : *JurisData* n° 2014-016717, comm. 281, obs. G. Vigneron. ■ CA Aix-en-Provence, 19 juin 2014, n° 2014-00271 : *AJDI* 2015, p. 127). Il n'en est pas ainsi lorsque les copropriétaires sont privés du service du courrier porté à domicile et que les tâches de liaison avec le syndic et les entreprises de maintenance ne sont plus assurées (■ CA Paris, pôle 4, 2e ch., 15 févr. 2017 : *JurisData* n° 2017-002575).

Il a été jugé que la décision de ne plus loger le concierge, qui ne s'accompagne ni de la suppression du gardien ni de la vente de la loge, ne requiert ni la majorité de l'article 26 ni l'unanimité (■ Cass. 3e civ., 3 juin 2014, n° 13-16.214 : *Administrer* août-sept. 2014, p. 53, obs. J.-R. Bouyeure).

VI – INTERDICTION DE PORTER ATTEINTE À LA DESTINATION DES PARTIES PRIVATIVES OU AUX MODALITÉS DE LEUR JOUISSANCE TELLES QU'ELLES RÉSULTENT DU RÈGLEMENT DE COPROPRIÉTÉ

A – Atteinte à la destination des lots ou aux droits des copropriétaires

Bibliographie : *JCl. Copropriété*, Fasc. 79 par G. Vigneron.

25) Principe et applications. Le *règlement de copropriété* constitue le « contrat » de départ. Il n'est pas possible de porter atteinte, à quelque majorité que ce soit, aux droits qu'il reconnaît aux copropriétaires sur les parties privatives de leurs lots.

– Ainsi, le syndicat ne peut permettre l'utilisation d'un lot dans des conditions telles qu'il en résultera une aggravation des sujétions ou troubles de voisinage au détriment des autres copropriétaires (■ Cass. 3e civ., 29 nov. 1977, n° 76-13.630 : *Bull. civ.* III, n° 414 ; *JCP* N 1978, II, 195, note C. Atias. ■ CA Paris, 23 mai 1977 : *D.* 1978, somm. p. 24 ; V. pour l'autorisation donnée à un copropriétaire de mettre en place une haie de canisses, qui prive d'éclairement et d'ensoleillement un lot voisin : ■ CA Paris, 19e ch., 17 janv. 1995 : *Loyers et copr.* 1995, comm. 330 ; V. pour l'allégation d'une perte d'ensoleillement en raison de la plantation d'un arbre dans une cour commune : ■ CA Paris, pôle 4, 2e ch., 10 nov. 2021, n° 18/05966 : *JurisData* n° 2021-018809 ; *Administrer* janv. 2022, p. 38, obs. P. Déchelette-Tolot). Il ne peut également :

– interdire l'utilisation d'un lot, pourtant conforme au règlement de copropriété (■ Cass. 3e civ., 13 nov. 1975, n° 74-12.339 : *Bull. civ.* III, n° 332 ; *JCP* G 1976, IV, p. 7. – V. pour l'interdiction de garer une moto sur un emplacement de parking : ■ CA Paris, pôle 4, 2e ch., 24 avr. 2024, n° 20/13987 : *JurisData* n° 2024-007544 ; *Rev. loyers* 2024, p. 312, obs. S. Bénilsi) ou décider de modifier l'affectation des lots prévue par le règlement, en abandonnant par exemple une clause d'habitation bourgeoise (■ Cass. 1re civ., 7 mai 1962, n° 57-10.912 : *Bull. civ.* I, n° 228 ; *JCP* 1962, II, 12829. ■ CA Paris, 10 déc. 1966 : *Gaz. Pal.* 1967, 1, p. 208) ;

– interdire la vente de lots secondaires à des personnes qui ne seraient pas déjà copropriétaires (■ Cass. 3e civ., 26 mai 1994, n° 92-16.877 : *JurisData* n° 1994-001785 ; *Loyers et copr.* 1994, comm. 395. ■ CA Paris, 23e ch. A, 4 juill. 2001 : *Loyers et copr.* 2002, comm. 48. ■ CA Paris, 19e ch., 9 avr. 1992 : *Administrer* oct. 1992, p. 99) ;

– décider de créer des parkings sur une zone où d'après le règlement tout stationnement était exclu, et ce au mépris d'une décision de justice (■ Cass. 3e civ., 8 sept. 2009, n° 08-14.001).

Il ne peut non plus, sinon à l'unanimité, restreindre la nature des activités pouvant être exercées dans l'immeuble (■ CA Versailles, 4e ch., 14 janv. 2002 : *Dossier CSAB* n° 102, nov. 2002, n° 187, obs. A. Dunes. ■ CA Paris, 23e ch. B, 27 janv. 2000 : *Rev. loyers* 2000, p. 264. ■ CA Paris, 10 févr. 2000 : *JurisData* n° 2000-108672 ; *Loyers et copr.* 2000, comm. 180), et par exemple interdire l'exploitation d'un restaurant ou d'un commerce alimentaire dans les lots du rez-de-chaussée alors que ces lots sont d'après le règlement à usage commercial, sans restriction (■ Cass. 3e civ., 16 sept. 2003, n° 02-16.129 : *Rev. loyers* 2004, p. 95, note L. Guégan) ou décider (sinon à l'unanimité) que « la pratique d'une profession libérale n'est plus possible dans l'immeuble à l'exception de celles déjà installées (▪ Cass. 3e civ., 30 mars 2005, n° 04-11.242). De même le syndicat ne peut, sinon à l'unanimité, supprimer une clause permettant l'exercice de l'activité de parahôtellerie, au prétexte que cette activité n'est plus pratiquée (▪ Cass. 3e civ., 19 oct. 2011, n° 10-20.634 : *JurisData* n° 2011-022617 ; *Loyers et copr.* 2011, comm. 330, obs. G. Vigneron ; *Constr.-Urb.* 2011, n° 188, obs. P. Cornille ; *Administrer* janv. 2012, p. 74, obs. J.-R. Bouyeure ; *LPA* 25 janv. 2012, p. 9, note A. Tadros) ou empêcher indirectement les propriétaires de lots à usage commercial de pouvoir opérer dans l'avenir un changement d'affectation de leurs lots (▪ CA Paris, pôle 4, 2e ch., 30 janv. 2019, n° 16/10336 : *Administrer* avr. 2019, p. 49, obs. J.-R. Bouyeure, confirmé par ▪ Cass. 3e civ., 9 juill. 2020, n° 19-18.879 : *Administrer* oct. 2020, p. 42, obs. J.-R. Bouyeure) ou encore modifier le règlement en vue de restreindre les activités professionnelles ou commerciales pouvant être exercées au sein d'un lot (▪ Cass. 3e civ., 9 juill. 2020, n° 18-24.063 : *JurisData* n° 2020-010469 ; *Loyers et copr.* 2020, comm. 101, note C. Coutant-Lapalus ; *Administrer* déc. 2020, p. 53, obs. J.-R. Bouyeure).

B – Atteinte aux modalités de jouissance des parties privatives

Bibliographie : C. Atias, *La sauvegarde de la jouissance des parties privatives : D.* 2000, chron. p. 621.

1° Principe

26) Énoncé et applications. Le syndicat ne peut pas non plus porter atteinte « aux modalités de la jouissance » des parties privatives.

C'est ainsi qu'il ne peut décider, sinon à l'unanimité :

– de supprimer des boîtes aux lettres et des sonnettes d'appel (▪ TGI Lyon, 13 mai 1975 : *JCP* N 1976, II, 18398, note E.-J. Guillot) ou de supprimer la remise du courrier à chaque appartement par le concierge en installant une batterie de boîtes aux lettres (▪ CA Paris, 23e ch. B, 1er juill. 2004 : *Loyers et copr.* 2004, comm. 212, obs. G. Vigneron ; *AJDI* 2004, p. 738, conf. par ▪ Cass. 3e civ., 17 janv. 2006, n° 04-19.094 : *Administrer* avr. 2006, p. 39, obs. J.-R. Bouyeure ; *AJDI* 2006, p. 286. ▪ CA Paris, pôle 4, 2e ch., 9 avr. 2014 : *JurisData* n° 2014-007862 ; *Loyers et copr.* 2014, comm. 285, obs. G. Vigneron ; *Administrer* juill. 2014, p. 35, obs. J.-R. Bouyeure) ;

– de limiter aux quatre mois d'été la mise en service des ascenseurs (▪ Cass. 3e civ., 31 mai 1995, n° 93-15.867 : *JurisData* n° 1995-001347 ; *Bull. civ.* III, n° 135 ; *Loyers et copr.* 1995, comm. 491) ;

– de réglementer l'accès à une cour commune de telle sorte que l'exploitation normale d'un local commercial riverain en soit rendu impossible (▪ CA Paris, 23e ch., 23 nov. 1994 : *Loyers et copr.* 1995, comm. 233) ou d'interdire l'installation dans la cour de « tubulures ou canalisations », ce qui rend impossible l'exploitation du commerce autorisé au rez-de-chaussée (▪ Cass. 3e civ., 31 mars 2004, n° 02-20.964 : *JurisData* n° 2004-023309 ; *Administrer* août-sept. 2004, p. 35, obs. J.-R. Bouyeure ; *Rev. loyers* 2004, p. 522. – V. également pour la restructuration des parties communes affectant les accès à une galerie marchande : ▪ CA Riom, 2 sept. 2010 : *JurisData* n° 2010-017103 ; *Loyers et copr.* 2011, comm. 95, obs. G. Vigneron, ou encore pour l'implantation d'une grille sur les parties communes affectant l'accès à des locaux commerciaux : ▪ CA Paris, pôle 4, 2e ch., 19 mai 2010 : *JurisData* n° 2010-009242 ; *Loyers et copr.* 2010, comm. 332, obs. G. Vigneron : *Administrer* oct. 2010, p. 58, obs. J.-R. Bouyeure) ;

– de décider de la pose d'un portail destiné à contrôler l'accès automobile et la distribution de badges aux seuls copropriétaires de lots de garages, que la nécessité de réglementer le stationnement dans la copropriété ne peut suffire à justifier (▪ Cass 3e civ., 9 nov. 2017, n° 16-22.151 : *JurisData* n° 2017-023977 ; *Loyers et copr.* 2017, comm. 247, note A. Lebatteux ; *Administrer* févr. 2018, p. 41, note J.-R. Bouyeure) ;

– d'affecter à un autre usage un local destiné à constituer la réserve d'eau de la future piscine (▪ CA Paris, 23e ch., 8 févr. 1995 : *Loyers et copr.* 1995, comm. 294) ;

– de modifier le réglage de la température de l'eau de chauffage de l'immeuble (▪ Cass. 3e civ., 7 oct. 1998, n° 96-22.541 : *JurisData* n° 1998-003720 ; *Bull. civ.* III, n° 192 ; *Loyers et copr.* 1999, comm. 20) ;

– de faire ou d'autoriser des travaux modifiant les conditions de jouissance d'un lot, par exemple en le privant de vue ou d'ensoleillement (▪ Cass. 3e civ., 2 mars 2010, n° 09-11.221. ▪ Cass. 3e civ., 4 juin 1998, n° 96-20.608 : *JurisData* n° 1998-002424 ; *Bull. civ.* III, n° 117. ▪ Cass. 3e civ., 6 janv. 1999, n° 96-20.669 : *AJDI* 1999, p. 243. – V. aussi ▪ CA Paris, 19e ch. B, 21 févr. 1997 : *RD imm.* 1997, p. 618, obs. C. Giverdon), ou réduisant l'accès aux parties privatives de certains lots (▪ CA Paris, 23e ch. B, 8 déc. 1999 : *D.* 2000, somm. p. 213, note C. Atias) ;

– de faire contrôler par l'architecte de l'immeuble les travaux exécutés par les copropriétaires dans leurs parties privatives (▪ CA Paris, 8 déc. 1986 : *Administrer* mars 1988, p. 40) ;

– de maintenir la conciergerie dans des locaux constituant un lot privatif, ce qui porte atteinte aux droits du propriétaire de ce lot (▪ Cass. 3e civ., 4 janv. 1989, n° 87-14.545 : *JurisData* n° 1989-000009 ; *Bull. civ.* III, n° 3 ; *JCP* G 1989, IV, 79) ;

– d'imposer à un copropriétaire des travaux d'aménagement dans ses parties privatives (▪ CA Versailles, 1er juin 1987 : *Gaz. Pal.* 1988, 1, somm. p. 102) ;

– d'imposer l'accord du copropriétaire du lot voisin pour édifier une construction (▪ Cass. 3e civ., 13 nov. 2013, n° 12-14.914 : *AJDI* 2014, p. 456, note N. Le Rudulier) ;

– d'aliéner une partie commune grevée d'un droit de jouissance exclusif au profit d'un copropriétaire (▪ CA Paris, 19e ch. B, 15 déc. 2000 : *AJDI* 2001, p. 149) ou de vendre un terrain partie commune qui est ensuite classé dans le domaine communal, ce qui est de nature à restreindre la constructibilité des lots privatifs, en raison des règles du POS (▪ Cass. 3e civ., 1er déc. 2004, n° 03-15.704 : *Administrer* mars 2005, p. 40, obs. J.-R. Bouyeure) ;

– de supprimer ou de réduire l'accès à une partie commune dont un lot avait la jouissance, par exemple un parking dans une cour (▪ CA Poitiers, 3e ch., 22 janv. 2002 : *Loyers et copr.* 2002, comm. 240. ▪ CA Paris, 23e ch. A, 31 janv. 2001 : *Dossier CSAB* n° 102, nov. 2002, n° 164, obs. A. Dunes) ou des W.-C. (▪ CA Paris, 23e ch. B, 17 janv. 2002 : *JCP G* 2002, IV, 1852). Ainsi, le syndicat ne peut refuser au titulaire d'un parking la remise d'un système de télécommande (▪ CA Paris, 14e ch. B, 27 sept. 2002 : *Loyers et copr.* 2003, comm. 78), ou d'un nombre suffisant de systèmes émetteurs dits « bips » (▪ CA Paris, 23e ch. B, 26 sept. 2002 : *Loyers et copr.* 2003, comm. 48. ▪ CA Paris, 19e ch. A, 8 oct. 2003 : *AJDI* 2003, p. 862). Mais il peut légitimement refuser la remise d'une radiocommande et d'un macaron à des personnes qui ne sont ni propriétaires ni locataires d'emplacements de parking (▪ Cass. 3e civ., 10 déc. 2003, n° 02-12.921 : *JurisData* n° 2003-021473) ;

– de déplacer un emplacement de parking dont un copropriétaire à la jouissance exclusive (▪ CA Montpellier, 1re ch. D, 19 nov. 2008 : *JurisData* n° 2008-006584) ;

– d'imposer le cloisonnement des caves s'il n'est pas établi que des cloisons existaient à l'origine de la copropriété (▪ CA Paris, 23e ch. A, 16 mai 2001 : *Loyer et copr.* 2001, comm. 244) ;

– de privatiser le palier du 4e étage de l'escalier de service, ce qui empêche l'utilisation de cet escalier par le copropriétaire du 5e (▪ CA Paris, 23e ch. B, 9 sept. 2004 : *Rev. loyers* 2005, p. 46) ;

– de clôturer la copropriété, par la construction d'un mur et l'installation de portails, ce qui limite l'accès aux commerces du rez-de-chaussée (▪ CA Aix-en-Provence, 4e ch. A, 18 mai 2007 : *Loyers et copr.* 2007, comm. 226, obs. G. Vigneron) ;

– d'installer un dispositif anti-pigeons (câbles et piques) qui rend impossible l'appui sur les garde-corps et présente un danger (▪ CA Paris, 23e ch. B, 31 janv. 2008 : *JurisData* n° 2008-356877) ;

– d'autoriser la pose de pavés de verre dans un mur partie commune, ce qui entraîne la nuit l'irruption d'une lumière intempestive dans le lot du voisin (▪ CA Paris, 23e ch. B, 26 avr. 2007 : *Loyers et copr.* 2007, comm. 178, note G. Vigneron) ;

Il a été jugé que remplacer l'alimentation en gaz des cuisines par une alimentation électrique ne constituait pas une atteinte aux modalités de jouissance des parties privatives (▪ CA Paris, 19e ch., 25 mars 1994 : *D.* 1994, somm. p. 200, obs. C. Giverdon). Un copropriétaire ne peut se plaindre de ce que l'aliénation de paliers porte atteinte aux modalités de jouissance de ses parties privatives si cette atteinte a déjà été constituée par des aliénations antérieures (▪ CA Paris, 23e ch. B, 9 sept. 2004 : *AJDI* 2005, p. 398).

Si un projet de travaux (ici l'installation d'un ascenseur) porte atteinte aux modalités de jouissance des parties privatives d'un lot, le tribunal ne peut qu'annuler la décision, même si une expertise établie pendant le cours du procès fait apparaître qu'il est possible de trouver des remèdes (▪ Cass. 3e civ., 18 déc. 2001, n° 00-12.761 : *JurisData* n° 2001-012357 ; *Inf. rap. copr.* mai 2002, p. 12, note P. Capoulade).

En matière d'installation d'un système de vidéosurveillance dans l'immeuble, il avait été jugé, sous l'empire des textes antérieurs à la loi du 13 juillet 2006, que l'implantation d'un tel dispositif devait être décidée à l'unanimité (▪ CA Paris, 23e ch. B, 4 nov. 2009, n° 08/03950 : *JurisData* n° 2009-380312 ; *Loyers et copr.* 2010, comm. 116, obs. G. Vigneron ; *Administrer* avr. 2010, p. 41, obs. J.-R. Bouyeure). Le législateur ayant par la suite prévu le vote, à la majorité des voix des copropriétaires, des travaux visant à prévenir les atteintes aux personnes et aux biens (L. n° 65-555, 10 juill. 1965, anc. art. 25 *n*), la majorité de l'article 25 a été regardée comme devenant applicable à la mise en place d'une vidéoprotection des parties communes (Rép. min. n° 54207 : *JOAN Q*, 8 déc. 2009, p. 11791). Cette disposition a enfin été déplacée au sein de l'article 24, II permettant alors de décider à la majorité simple de l'installation d'une vidéosurveillance couvrant les seules parties communes de l'immeuble et ne constituant pas une atteinte à la vie privée des occupants (▪ CA Aix-en-Provence, ch. 1-8, 18 oct. 2023, n° 21/01166 : *JurisData* n° 2023-019432 ; *Loyers et copr.* 2023, comm. 192, obs. C. Coutant-Lapalus).

2° *Tempéraments*

27) Suppression d'éléments d'équipement ou de services collectifs. La notion « d'atteinte aux modalités de jouissance des parties privatives » tend à s'apprécier avec souplesse (sur la possibilité d'admettre l'atteinte indirecte, ▪ TGI Lyon, 2 févr. 1972 : *JCP* 1972, II, 17076).

Ainsi, la jurisprudence a admis :

• qu'il était possible de *supprimer à la majorité de l'article 26 de la loi un élément d'équipement, lorsqu'il n'était plus utilisé* (V. pour un court de tennis, ▪ TGI Nice, 10 juill. 1978 : *JCP* G 1979, II, 19201, note E.-J. Guillot. – V. pour la décision de ne plus utiliser le vide-ordures, ▪ Cass. 3e civ., 31 janv. 1996, n° 94-11.324 : *JurisData* n° 1996-000457 ; *Loyers et copr.* 1996, comm. 228. – Pour des W.-C. communs, ▪ CA Paris, 23e ch., 22 mai 2003 : *AJDI* 2003, p. 772) *ou qu'il était hors d'usage et que son remplacement serait trop coûteux* (V. pour le chauffage, ▪ TGI Paris, 23 juin 1975 : *D.* 1986, inf. rap. p. 65 et ▪ TGI Paris, 5 mars 1976 : *D.* 1976, inf. rap. p. 310. – Pour des cheminées, ▪ CA Aix-en-Provence, 4e ch. A, 11 janv. 2018, n° 16/09589 : *JurisData* n° 2018-000225 ; *Loyers et copr.* 2018, comm. 76, note A. Lebatteux. – V. également sur ce point la jurisprudence citée *infra*), ou *lorsque son maintien présente des inconvénients notables* (jardinières créant des infiltrations et gênant l'accès aux parkings : ▪ Cass. 3e civ., 19 févr. 2002, n° 00-22.907 : *AJDI* 2002, p. 860. – Chauffe-bains au gaz présentant des risques pour la sécurité de l'immeuble : ▪ CA Lyon, 1re ch. A, 29 janv. 2009 : *JurisData* n° 2009-002708. – Vide-ordures vétustes et dangereux, supprimés au surplus pour des raisons d'hygiène : ▪ Cass. 3e civ., 22 sept. 2009, n° 08-19.411 : *Administrer* févr. 2010, p. 55, obs. J.-R. Bouyeure ; *AJDI* 2010, p. 320, note P. Capoulade) ;

- que la *suppression d'un service collectif* pouvait être votée à cette même majorité de l'article 26 (s'agissant de la modification du règlement de copropriété), *dès lors qu'il pouvait être mis en place des services de substitution* assurant dans des conditions identiques et éventuellement plus économiques le service antérieur (V. pour le recours à une entreprise extérieure pour assurer la restauration dans une résidence du troisième âge : ▪ CA Versailles, 5 avr. 2000 : *JCP* N 2001, p. 11, obs. Y. Stemmer ; *Dossier CSAB* n° 87, oct. 2000, n° 114, obs. A. Dunes). V. *supra*.

De même le syndicat des copropriétaires peut décider de fermer des locaux communs servant de salle d'eau et de toilettes aux chambres de services pour des raisons d'hygiène et de salubrité, dès lors qu'il en conserve la propriété, cette décision n'entraînant aucune rupture d'égalité entre les copropriétaires (▪ CA Aix-en-Provence, 25 nov. 2011 : *JurisData* n° 2011-028696 ; *Loyers et copr.* 2012, comm. 127, obs. G. V.). Le syndicat peut également décider de supprimer des W.-C. communs : mais il doit alors adapter les parties communes pour permettre aux copropriétaires de raccorder leurs installations sanitaires (▪ Cass. 3e civ., 29 nov. 2011, n° 10-24.235 : *AJDI* 2012, p. 206. – Sur le sujet, V. G. Gil, *Les installations sanitaires communes : Ann. loyers* 2021, p. 50).

Voir : à propos des services de substitution destinés à remplacer le concierge L. 10 juill. 1965, art. 26, comm. n° 25, p. 478.

28) Recours à la notion d'amélioration. Par ailleurs, avec l'émergence de besoins nouveaux (besoins de sécurité, nécessité d'économiser l'énergie...), la jurisprudence a admis que des décisions qui, en fait, modifiaient les conditions de jouissance des parties privatives puissent être prises à la majorité de l'article 26, lorsqu'on pouvait considérer, compte tenu des circonstances particulières de l'espèce, qu'elles constituaient des « améliorations » :

– ainsi, il a été admis que la *suppression du chauffage collectif* pour lui substituer des chauffages individuels pouvait être décidée à la majorité de l'article 26 (▪ Cass. 3e civ., 13 déc. 1983, n° 82-14.804 : *JurisData* n° 1983-702538 ; *Bull. civ.* III, n° 258, p. 196 ; *Administrer* mai 1984, p. 43, note E.-J. Guillot ; *Defrénois* 1984, art. 33379, note H. Souleau. ▪ Cass. 3e civ., 25 janv. 1984 : *Gaz. Pal.* 25-26 juill. 1984, pan. p. 184, note H. Souleau ; *D.* 1984, inf. rap. p. 408, obs. C. Giverdon). De même le syndicat peut décider d'abandonner le chauffage au charbon pour le chauffage au gaz ou au fioul (▪ CA Paris, 23e ch. B, 26 oct. 2000 : *Loyers et copr.* 2001, comm. 126, note G. Vigneron. ▪ CA Paris, 23e ch. B, 31 août 2000 : *JurisData* n° 2000-125741 ; *Loyers et copr.* 2001, comm. 79, note G. Vigneron. – V. aussi ▪ CA Paris, 23e ch. B., 26 oct. 2000 : *AJDI* 2000, p. 1066).

– Dans le même esprit, il a été jugé que l'assemblée pouvait décider d'abandonner le service collectif d'eau chaude au profit de ballons électriques individuels, situés dans chaque appartement, compte tenu des difficultés techniques et du coût de remise en état de l'installation vétuste, ainsi que des économies d'énergie occasionnée (▪ Cass. 3e civ., 9 mai 2012, n° 11-16.226 : *Bull. civ.* III, n° 69 ; *JurisData* n° 2012-013280 ; *Loyers et copr.* 2012, comm. 215, obs. G. Vigneron ; *AJDI* 2012, p. 865, note D. Tomasin. ▪ CA Paris, 1re ch. G, aud. sol. 16 juin 1999 : *JurisData* n° 1999-023515 ; *Loyers et copr.* 1999, comm. 303, note G. Vigneron. – V. à ce propos, E. Levacher, *Quand l'eau chaude jette un froid au sein de la copropriété : Loyers et copr.* sept. 2012, étude 12), ou encore que le remplacement des compteurs d'eau par un comptage télé relevé constituait une amélioration (▪ CA Aix-en-Provence, 6 avr. 2012, n° 11/03969 : *AJDI* 2013, p. 356).

– De même, alors qu'une partie de la jurisprudence estimait que l'installation d'un *portier électronique* devait être décidée à l'unanimité parce que modifiant les modalités de jouissance des parties privatives, un courant nouveau considérait que la décision peut être prise à la majorité de l'article 26, dans la mesure où cette installation constitue une « amélioration ».

Ce problème de la fermeture des portes de l'immeuble a reçu une solution législative : la loi du 31 décembre 1985 l'a réglé dans l'ancien article 26 *c)*, devenu l'article 25 *g)*, de la loi du 10 juillet 1965 (V. ci-dessus).

Il faut toutefois, répétons-le, que cette mesure constitue une « amélioration » par rapport à la situation antérieure : ainsi, dans le cas où en raison de la vétusté de l'installation, il s'avère plus rationnel et économique de l'abandonner pour opter en faveur d'un système individuel de chauffage (▪ Cass. civ., 4 janv. 1989, n° 87-14.871 : *JurisData* n° 1989-700007 ; *Bull. civ.* III, n° 4 ; *Gaz. Pal.* 1989, 1, pan. jurispr. p. 254, note H. Souleau. ▪ Cass. 3e civ., 25 janv. 1994, n° 92-12.204 : *RD imm.* 1994, p. 304. ▪ Cass. 3e civ., 22 févr. 1995, n° 92-17.801 : *JurisData* n° 1995-001428 ; *RD imm.* 1995, p. 381, obs. P. Capoulade ; *Rev. loyers* 1995, p. 352, note J.-M. Gélinet ; *Loyers et copr.* 1995, n° 241. ▪ CA Grenoble, 18 janv. 2011 : *AJDI* 2011, p. 305).

À défaut la décision ne peut être prise qu'à l'unanimité (▪ CA Paris, 23e ch., 27 janv. 1994 : *Loyers et copr.* déc. 1994, n° 492).

Il a été jugé que la rétrocession à la commune de l'ensemble des voies, réseaux, canalisations, espaces verts pouvait être décidée à la majorité de l'article 26 (▪ CA Caen, 1re ch., 22 mai 2018, n° 16/00281 : *JurisData* n° 2018-09133 ; *Loyers et copr.* 2018, comm. 183, note C. Coutant-Lapalus).

VII – DÉCISIONS NÉCESSITANT L'UNANIMITÉ

Bibliographie : E. Kischinewsky-Broquisse, *Les décisions à prendre à l'unanimité : Inf. rap. copr.* juin 1995, p. 13. – J.-M. Roux, *Les décisions nécessitant l'unanimité en assemblée générale : Inf. rap. copr.* juill.-août 2008, p. 16. – C. Atias, *Retour sur les droits acquis par des copropriétaires par le fait de décisions de l'assemblée générale : Ann. loyers* 2009, p. 657.

29) Notion d'unanimité. Lorsque l'unanimité est requise, elle s'entend de l'*unanimité de l'ensemble des copropriétaires* et non pas seulement des copropriétaires présents à l'assemblée (▪ Cass. 3e civ., 26 févr. 1975, n° 73-14.614 : *Bull. civ.* III, n° 80 ; *JCP* 1975, II, 18021, note E.-J. Guillot. ▪ CA Paris, 23e ch. B, 16 déc. 1999 : *BPIM*, mars 2000, n° 194). Lorsque la décision a été prise, les actes d'exécution de cette décision, simples actes d'administration, ne nécessitent pas une nouvelle ratification à l'unanimité (▪ Cass. 3e civ., 7 déc. 1971 : *JCP* 1972, II, 16985, note E.-J. Guillot).

Rappelons par ailleurs que le consentement unanime des copropriétaires doit être *obligatoirement exprimé dans le cadre d'une assemblée*. Il ne peut être donné sous une autre forme, par exemple, dans un acte (V. la jurisprudence citée sous L. art. 22).

A – Cas prévus par l'article 26

30) Deux cas. L'article 26 prévoit *deux cas où l'unanimité est requise :*

- celui tout d'abord où la décision de l'assemblée porte *atteinte à la destination des parties privatives ou aux modalités de leur jouissance*.

Voir : sur cette notion, L. 10 juill. 1965, art. 26, comm. n° 28, p. 480.

Ainsi par exemple si l'assemblée entend réduire le droit de jouissance privatif d'un copropriétaire sur une partie commune (▪ Cass. 3e civ., 14 mars 2006, n° 05-10.579) ou lorsque l'octroi d'un droit de jouissance privatif à un copropriétaire porte atteinte aux droits d'autres propriétaires en les privant de la lumière naturelle (▪ CA Paris, 23e ch. B, 29 mars 2007 : *JCP* G 2007, IV, 2039. – V. également pour des travaux communs entraînant la diminution notable de la luminosité de certains lots : ▪ Cass. 3e civ., 17 déc. 2013, n° 12-20.676) ou encore si l'assemblée décide d'accorder l'accès de la piscine aux copropriétaires d'une résidence voisine (▪ CA Aix-en-Provence, 4e ch. A, 20 oct. 2006 : *Loyers et copr.* 2007, comm. 108, obs. G. Vigneron). L'assemblée générale ne peut, sinon à l'unanimité, permettre d'effectuer des travaux de transformation en vue de l'extension des locaux privatifs et de l'aménagement des jardins jusqu'alors interdits, modifiant ainsi la destination et les modalités de jouissance des parties privatives (▪ Cass. 3e civ., 15 déc. 2016, n° 15-22.342 : *JurisData* n° 2016-027113 ; *Loyers et copr.* 2017, comm. 56, note C. Coutant-Lapalus ; *AJDI* 2017, p. 447, note C. Dréveau). Il en va de même lorsque est en cause l'abattage d'arbres qui, donnant un caractère essentiel au cadre de vie des copropriétaires, constituent l'accessoire obligatoire et indispensable des parties privatives (▪ CA Paris, pôle 4, 2e ch., 26 mai 2021, n° 18/09881 : *JurisData* n° 2021-012864 ; *Administrer* août-sept. 2021, p. 38, obs. J.-R. Bouyeure).

Mais si la modification de la destination est décidée avec l'accord du copropriétaire concerné l'unanimité n'est plus nécessaire (▪ Cass. 3e civ., 25 janv. 1995, n° 93-11.537 : *JurisData* n° 1995-000111 ; *Bull. civ.* III, n° 30 ; *Loyers et copr.* 1995, comm. 286 ; *Administrer* oct. 1995, p. 43, obs. J.-R. Bouyeure ; *Defrénois* 1995, art. 36109, p. 805, obs. C. Atias) ;

- celui ensuite où l'assemblée entendrait décider « l'aliénation des parties communes dont la conservation est nécessaire au respect de la destination de l'immeuble ou la modification des stipulations du règlement de copropriété relatives à la destination de l'immeuble » (al. 4).

Le point de savoir si une partie commune que l'on veut aliéner est ou non « nécessaire au respect de la destination de l'immeuble » est une question qui doit être résolue dans chaque cas en fonction des données particulières de l'espèce.

Voir aussi : sur la notion de « destination de l'immeuble », V. *supra*, art. 8.

Selon la jurisprudence, le syndicat peut aliéner à la majorité de l'article 26 des terrains ou des locaux à usage commun ne présentant pas d'utilité particulière pour la collectivité, lorsque ces aliénations n'affectent pas les conditions de confort et d'agrément dont jouissaient les copropriétaires (V. par ex., pour la vente d'une buanderie commune, afin de permettre d'acquérir une pièce pour agrandir la conciergerie, ▪ Cass. 3e civ., 2 mai 1978 : *D.* 1978, inf. rap. p. 428 ; ou pour un échange de terrain en vue de l'aménagement d'un parking, ▪ TGI Paris, 28 févr. 1969 : *AJPI* 1970, p. 22 ; pour l'amputation d'une petite partie d'un parking étendu, ▪ Cass. 3e civ., 3 oct. 1978, n° 77-10.792 : *Bull. civ.* III, n° 298 ; *Ann. loyers* 1979, p. 1470, n° 12031 ; *JCP* 1978, IV, 333 ; *D.* 1979, inf. rap. p. 124 ; la création d'un parking sur une partie d'un jardin d'agrément, ▪ CA Limoges, 1er juill. 1966 : *Ann. loyers* 1967, p. 1713, n° 3670 ; *D.* 1967, jurispr., p. 11, note Givord ; *JCP* 1967, II, 14888, pour la vente de paliers communs ne présentant d'utilité que pour les copropriétaires acquéreurs : ▪ Cass. 3e civ., 23 nov. 1994, n° 92-21.367 : *JurisData* n° 1994-002065 ; *Bull. civ.* III, n° 199 ; *D.* 1995, inf. rap. p. 4). En revanche, l'unanimité est nécessaire lorsque l'aliénation d'un jardin se révèle contraire à la destination de l'immeuble, sa transformation projetée en maison d'habitation entraînant la création de vues sur la copropriété, une perte d'ensoleillement du terrain et des nuisances liées à l'urbanisation (▪ CA Paris, pôle 4, 2e ch., 27 janv. 2021, n° 19/19807 : *JurisData* n° 2021-003966 ; *Administrer* mai 2021, p. 52, obs. J.-R. Bouyeure).

B – Cas prévus par d'autres textes

31) Textes concernés. En dehors des cas expressément prévus par l'article 26, d'*autres textes* exigent des décisions unanimes :

– pour modifier la répartition des charges (▪ Cass. 3e civ., 7 déc. 2022, n° 21-22.126 : *JurisData* n° 2022-020901 ; *Loyers et copr.* 2023, comm. 30, obs. C. Coutant-Lapalus ; *Administrer* janv. 2023, p. 41, obs. P. Déchelette-Tolot. – ▪ CA Grenoble, 2e ch. civ., 8 mars 2022, n° 19/03850 : *JurisData* n° 2022-013320. – V. L. art. 11 et les exceptions prévues par ce texte) ;

– pour décider de travaux d'amélioration non conformes à la destination de l'immeuble (L. art. 30 ; V. ce texte).

C – Autres cas où l'unanimité est requise

32) Sur un plan plus général, l'unanimité est requise, sans qu'elle soit spécialement prévue par un texte, en vertu des principes généraux applicables dans le cadre du statut de la copropriété : lorsque la décision affecte les droits des copropriétaires sur leurs parties privatives, ou touche à leurs droits de propriété, lorsqu'elle affecte le contrat de départ, ou qu'elle porte atteinte à des droits acquis.

Nous donnons ci-dessous quelques exemples : nous avons, à l'occasion des commentaires des divers textes, signalé d'autres cas où l'unanimité peut être requise.

33) Décision affectant les droits des copropriétaires sur leurs parties privatives. L'unanimité est requise chaque fois que la *décision affecte les droits des copropriétaires sur leurs parties privatives* : par exemple, si l'on veut modifier le règlement pour restreindre les droits de vendre, de louer les lots, etc (V. en matière de location saisonnière d'appartements : ▪ CA Aix-en-Provence, ch. 1-7, 1er févr. 2024, n° 20/10923 : *JurisData* n° 2024-003121. ▪ CA Aix-en-Provence, ch. 1-7, 11 janv. 2024, n° 20/09004 : *Rev. loyers* 2024, p. 148, obs. S. Bénilsi).

Ainsi, lorsque l'assemblée décide de faire contrôler par l'architecte de l'immeuble les travaux exécutés par les copropriétaires dans leurs parties privatives (▪ CA Paris, 8 déc. 1986 : *Administrer* mars 1988, p. 40) ou de maintenir la conciergerie dans des locaux constituant un lot privatif, ce qui porte atteinte aux droits du propriétaire de ce lot (▪ Cass. 3e civ., 4 janv. 1989, n° 87-14.545 : *JurisData* n° 1989-000009 ; *Bull. civ.* III, n° 3 ; *JCP* G 1989, IV, 79). De même, si le syndicat prétendait imposer à un copropriétaire des travaux d'aménagement dans ses parties privatives (▪ CA Versailles, 1er juin 1987 : *Gaz. Pal.* 1988, 1, somm. p. 102) ou obliger les copropriétaires à vendre en bloc les lots principaux et secondaires (cave, parking..., ▪ CA Paris, 19e ch., 9 avr. 1992 : *Administrer* oct. 1992, p. 99).

34) Décisions touchant aux droits de propriété des copropriétaires. L'unanimité est requise chaque fois que *la décision touche aux droits de propriété sur l'immeuble :* lorsqu'il s'agit par exemple de modifier les tantièmes de copropriété sur les parties communes de l'immeuble (▪ CA Paris, pôle 4, 2e ch., 13 sept. 2023, n° 18/23750 : *JurisData* n° 2023-017239. ▪ CA Paris, 23e ch. A, 1er avr. 1998 : *Dossier CSAB* n° 70, déc. 1998, n° 151, note A. Dunes ; *Loyers et copr.* 1998, comm. 317, note G. Vigneron) ou de mandater un géomètre afin de déterminer le calcul des millièmes de copropriété suite à l'aménagement des combles par plusieurs copropriétaires (▪ CA Colmar, 16 janv. 2015, n° 13-02015 : *AJDI* 2015, p. 441) ; de modifier la classification des diverses parties de l'immeuble en choses privatives et choses communes (▪ TGI Bayonne, 4 nov. 1974 : *JCP* 1975, II, 17951, note R. B. ▪ Cass. 3e civ., 23 oct. 1979 : *Defrénois* 1980, p. 948, obs. H. Souleau) ou de revoir la distinction entre les parties communes générales et les parties communes spéciales à certains copropriétaires (▪ TGI Grasse, 4 janv. 1968 : *Inf. rap. copr.* sept. 1968, p. 126) ou de modifier la répartition des celliers sous couvert de réparation d'erreurs matérielles (■ CA Paris, pôle 4, ch. 2, 25 sept. 2013 : *JurisData* n° 2013-021709 ; *Loyers et copr.* 2014, comm. 57, obs. G. Vigneron). De même lorsqu'il s'agit d'imposer à un copropriétaire une servitude sur son lot (■ Cass. 3e civ., 9 juill. 2013, n° 12-16.950 : *Administrer* nov. 2013, p. 55, obs. J.-R. Bouyeure).

35) Décision affectant le « contrat » de départ. L'unanimité est requise chaque fois que *la décision affecte le « contrat » de départ*, matérialisé par les différents documents constitutifs de la copropriété. Il en va ainsi, lorsque la décision de l'assemblée touche à la destination de l'immeuble soit en permettant des activités non autorisées par le règlement (■ CA Paris, pôle 4, 2e ch., 25 oct. 2023, n° 19/12117 : *JurisData* n° 2023-023047 ; *Administrer* déc. 2023, p. 51, obs. P. Déchelette-Tolot. ■ CA Metz, 1re ch., 31 janv. 2023, n° 21/00055 : *JurisData* n° 2023-002528. ■ CA Paris, 29 févr. 1984 : *JCP* N 1985, II, 88), soit en édictant des interdictions qui ne figuraient pas dans le règlement d'origine (■ CA Paris, pôle 4, 2e ch., 23 juin 2021, n° 20/07889 : *JurisData* n° 2021-015613. ■ CA Paris, pôle 4, ch. 2, 30 oct. 2013, n° 12/01789 : *JurisData* n° 2013-024358 ; *Administrer* févr. 2014, p. 50, obs. J.-R. Bouyeure. – Pour l'hypothèse d'une ratification par le copropriétaire de la restriction apportée à la destination de son lot : ■ Cass. 3e civ., 12 oct. 2023, n° 22-17.918 : *JurisData* n° 2023-019671 ; *Administrer* nov. 2023, p. 41, obs. P. Déchelette-Tolot ; *Rev. loyers* 2024, p. 136, obs. L. Guégan-Gélinet). Une solution identique s'applique encore si l'assemblée admet dans le cadre d'un « protocole » l'exercice d'activités contraires à la destination de l'immeuble (■ Cass. 3e civ., 31 oct. 1989, n° 88-12.169 : *JurisData* n° 1989-703371 ; *Bull. civ.* III, n° 207 ; *Inf. rap. copr.* mars 1990, p. 72, obs. P. Capoulade ; *Defrénois* 1990, art. 34802, obs. H. Souleau).

Ainsi l'unanimité est requise pour autoriser un changement d'affectation de lots qui entraîne le classement de l'immeuble en catégorie « immeuble de grande hauteur de type Z » (■ Cass. 3e civ., 17 févr. 2004, n° 02-19.628 : *AJDI* 2004, p. 294, confirmant ■ CA Paris, 23e ch. B, 4 juill. 2002 : *Loyers et copr.* 2002, comm. 293, obs. G. Vigneron) ou pour supprimer la possibilité offerte par le règlement d'exercer l'activité de para hôtellerie, au motif que cette activité n'est plus pratiquée (■ Cass. 3e civ., 19 oct. 2011, n° 10-20.634 : *Bull. civ.* III, n° 172 ; *JurisData* n° 2011-022617 ; *JCP* G 2011, 1298, 10, obs. H. Périnet-Marquet ; *AJDI* 2012, p. 521, note D. Tomasin) ou encore pour modifier une clause « d'habitation bourgeoise » (■ CA Rennes, 5 janv. 2012, n° 10/4654 : *AJDI* 2013, p. 356).

36) Décision étrangère à l'objet du syndicat. L'unanimité est requise chaque fois qu'une *opération* est *étrangère à l'objet du syndicat*, tel qu'il est fixé par l'article 14 de la loi (V. ce texte) : par exemple, lorsque le syndicat veut réaliser une opération spéculative ou lorsqu'il aliène des parties communes ou des droits accessoires aux parties communes à titre gratuit, ou du moins sans contrepartie (V. pour une application : ■ CA Versailles, 1re ch., 11 mars 1993 : *Administrer* déc. 1993, p. 52. – *Contra* ■ TGI Paris, 8e ch., 17 mai 1994 : *Administrer* nov. 1995, p. 65, obs. J.-R. Bouyeure).

37) Atteinte à des droits acquis. L'unanimité est requise chaque fois que l'assemblée porte atteinte à des droits acquis par les copropriétaires, notamment ceux résultant d'une précédente assemblée (V. L., art. 24).

D – Cas où l'unanimité n'a pas été jugée nécessaire

38) Exemples divers. Dans certains cas, alors qu'il pourrait être considéré que la suppression d'un service collectif ou d'un élément d'équipement commun exige l'unanimité parce qu'elle porte atteinte aux modalités de jouissance privative des lots, la jurisprudence, faisant preuve de souplesse, a estimé que la décision pourrait être prise à la majorité de l'article 26 (V. *supra L. 10 juill. 1965, art. 26, annot.*, nos 28 et 29).

Dans d'autres cas, alors que, là encore, la loi prévoit une décision unanime, la jurisprudence a pu décider que la décision pouvait être prise à la majorité simple : ainsi lorsqu'il s'agit de voir constater le caractère réputé non écrit d'une clause de répartition des charges (■ TGI Nanterre, 19 mars 2009 : *AJDI* 2009, p. 719, note Y. Rouquet).

Dans d'autres cas enfin, la jurisprudence est contrastée : ainsi en matière d'installation de stations relais de téléphonie mobile sur la terrasse de l'immeuble. Certaines décisions estiment que l'unanimité est requise, d'autres admettent la validité d'une décision majoritaire (V. Annexe 4, *Antennes*, p. 941).

Il a été jugé que lorsque le syndic, ayant un doute sur la majorité requise, en raison des controverses jurisprudentielles, avait fait voter à la majorité une décision requérant l'unanimité, sa responsabilité ne peut pas être recherchée (■ CA Paris, 16e ch. A, 5 mars 2009 : *JurisData* n° 2009-376246 ; *Loyers et copr.* 2009, comm. 183, obs. G. Vigneron).

Art. 26-1 ***(Mod. à compter du 1er juin 2020, Ord. n° 2019-1101, 30 oct. 2019).*** **– Nonobstant toute disposition contraire, lorsque l'assemblée générale n'a pas décidé à la majorité prévue au premier alinéa de l'article 26 mais que le projet a au moins recueilli l'approbation de la moitié des membres du syndicat des copropriétaires présents, représentés ou ayant voté par correspondance, représentant au moins le tiers des**

voix de tous les copropriétaires, la même assemblée se prononce à la majorité des voix de tous les copropriétaires en procédant immédiatement à un second vote.

Rédaction antérieure. Art. 26-1 ***(L. n° 85-1470, 31 déc. 1985).*** **–** Par dérogation aux dispositions de l'avant-dernier alinéa de l'article 26, l'assemblée générale peut décider, à la double majorité qualifiée prévue au premier alinéa dudit article, les travaux à effectuer sur les parties communes en vue d'améliorer la sécurité des personnes et des biens au moyen de dispositifs de fermeture permettant d'organiser l'accès de l'immeuble.

Bibliographie : A. Lebatteux, *Les dispositions de l'ordonnance du 30 octobre 2019 applicable aux assemblées générales de copropriété : Loyers et copr.* 2020, dossier 5. • F. Bayard-Jammes, *La réforme de la prise de décision au sein de la copropriété : AJDI* 2019, p. 875. • P. Lebatteux, *Pratique et abaissement des majorités : Administrer* août-sept. 2020, p. 12. • G. Gil, *Règles de majorité et passerelles en graphique : Inf. rap. copr.* mai 2021, p. 20. • D. Rodrigues, *La passerelle de majorité de l'article 26-1 : Inf. rap. copr.* juill.-août 2022, p. 8.

Sur le mécanisme de la « passerelle » V. G. Gil, in Copropriété : *les nouvelles règles : LexisNexis* 2021, n° 307 et s.

1) **Création d'une nouvelle « passerelle ».** L'ordonnance n° 2019-1101 du 30 octobre 2019 a créé un nouvel article 26-1, instituant, à l'image de l'article 25-1, une « passerelle » permettant à l'assemblée de se prononcer à la majorité de l'article 25 lorsque la majorité « prévue au premier alinéa de l'article 26 » est requise et que l'assemblée générale n'a pas pu prendre une décision.

Cette disposition a un caractère impératif résultant à la fois de l'article 43 de la loi du 10 juillet 1965 et de l'article 26-1 lui-même, qui s'applique « nonobstant toute disposition contraire ».

2) **Mécanisme de la passerelle.** Pour que la « passerelle » puisse être mise en œuvre, les conditions suivantes doivent être réunies :

– la décision doit relever de la majorité prévue à l'article 26 premier alinéa (majorité des membres du syndicat représentant au moins les 2/3 des voix) ;

– il faut que cette majorité n'ait pas pu être obtenue lors d'un premier vote ;

– le projet de résolution doit avoir recueilli l'approbation d'au moins la moitié des membres du syndicat des copropriétaires présents ou représentés ou ayant voté par correspondance ;

– ces copropriétaires doivent représenter au moins le tiers des voix de tous les copropriétaires.

Si ces conditions sont remplies, la même assemblée va pouvoir se prononcer à la majorité des voix de tous les copropriétaires (majorité prévue par l'article 25 de la loi) en procédant immédiatement à un second vote.

Ce second vote est le dernier à intervenir. Il n'y a pas ici à appliquer la « passerelle » prévue par l'article 25-1 de la loi et à organiser un nouveau vote dans le cas où le projet de décision aurait recueilli au moins le tiers des voix de tous les copropriétaires composant le syndicat (V. D. 17 mars 1967, art. 19-1).

Art. 26-2 *(Abr., L. 13 juill. 2006).*

Rédaction antérieure. Art. 26-2 ***(L. n° 85-1470, 31 déc. 1985).*** **–** Lorsque l'assemblée générale a décidé d'installer un dispositif de fermeture prévu à l'article 26-1, elle détermine également, aux mêmes conditions de majorité, les périodes de fermeture totale de l'immeuble compatibles avec l'exercice d'une activité autorisée par le règlement de copropriété. La fermeture de l'immeuble en dehors de ces périodes ne peut être décidée qu'à l'unanimité, sauf si le dispositif de fermeture permet une ouverture à distance.

Art. 26-3 *(L. n° 2000-1208, 13 déc. 2000 ; mod. à compter du 1er janvier 2020, L. n° 2019-753, 22 juill. 2019).* **– Par dérogation aux dispositions du dernier alinéa de l'article 26, l'assemblée générale décide, à la double majorité qualifiée prévue au premier alinéa dudit article, les aliénations de parties communes et les travaux à effectuer sur celles-ci, pour l'application du IV de l'article L. 1231-2 du Code général des collectivités territoriales.**

I – RÉGLEMENTATION APPLICABLE JUSQU'À LA DISSOLUTION DE L'EPARECA

1) **Mise en œuvre du pacte de relance pour la ville.** Ce texte a pour objet de faciliter la mission de l'EPARECA, Établissement public d'aménagement et de restructuration des espaces commerciaux et artisanaux, créé par la loi n° 96-987 du 14 novembre 1996, qui consiste à aménager et restructurer des espaces commerciaux et artisanaux dans les quartiers prioritaires de la politique de la ville, après accord des collectivités locales concernées. Les locaux d'activité sont, dans 90 % des cas, en copropriété. L'action de l'EPARECA est, dès lors, considérablement entravée par la nécessité de l'unanimité prévue par l'avant-dernier alinéa de l'article 26 de la loi du 10 juillet 1965, s'agissant par exemple de modifier l'affectation des parties communes comme cela se produit fréquemment dans les actions de restructuration. L'EPARECA, bien qu'ayant la capacité légale d'expropriation privilégie la négociation amiable avec les exploitants et

les copropriétaires. Le texte a pour objet d'assouplir la règle de l'unanimité pour permettre le vote des décisions indispensables à la réalisation de travaux portant sur des parties communes et d'éviter d'avoir recours en cas de blocage à l'expropriation. Il vise exclusivement les actions mises en œuvre par l'EPARECA (*JO Sénat*, séance 10 mai 2000, p. 2564).

2) Portée de la dérogation. On constate que la dérogation à la règle de l'unanimité ne concerne que les seuls cas où l'aliénation porte atteinte à la destination de l'immeuble (le texte ne renvoie qu'aux seules dispositions de « l'avant-dernier alinéa de l'article 26 »). L'unanimité reste exigée lorsque l'opération porte atteinte aux modalités de jouissance des parties privatives ou à leur destination (art. 26, al. 7).

II – RÉGLEMENTATION APPLICABLE À COMPTER DE LA DISSOLUTION DE L'EPARECA

3) Loi du 22 juillet 2019. Conformément aux articles 14 et 15 de la loi n° 2019-753 du 22 juillet 2019, un décret en Conseil d'État est venu fixer au 1er janvier 2020 la date de dissolution de l'Établissement public d'aménagement et de restructuration des espaces commerciaux et artisanaux (D. n° 2019-1190, 18 nov. 2019 : *JO* 19 nov.). Ce décret précise les conditions dans lesquelles les contrats des salariés ainsi que les biens, droits et obligations de l'Établissement public d'aménagement et de restructuration des espaces commerciaux et artisanaux sont transférés à l'Agence nationale de la cohésion des territoires.

Selon l'article L. 1231-2, IV, du Code général des collectivités territoriales, visé à l'article 26-3, cette agence a pour mission de favoriser l'aménagement et la restructuration des espaces commerciaux et artisanaux ainsi que des espaces incluant à titre accessoire des espaces de services, et de tous les locaux s'y trouvant :

– dans les zones mentionnées à l'article 42 de la loi n° 95-115 du 4 février 1995 d'orientation pour l'aménagement et le développement du territoire et à l'article 1465 A du Code général des impôts ;

– dans les territoires retenus au titre du programme national de requalification des quartiers anciens dégradés mentionné à l'article 25 de la loi n° 2009-323 du 25 mars 2009 de mobilisation pour le logement et la lutte contre l'exclusion ;

– et dans les secteurs d'intervention définis dans le cadre des opérations de revitalisation de territoire mentionnées à l'article L. 303-2 du Code de la construction et de l'habitation.

Art. 26-4 *(Aj. à compter du 13 mai 2013, L. n° 2012-387, 22 mars 2012 ; mod., Ord. n° 2019-1101, 30 oct. 2019 ; L. n° 2024-322, 9 avr. 2024).* **– I. – L'assemblée générale ne peut, sauf à l'unanimité des voix des copropriétaires, décider la souscription d'un emprunt au nom du syndicat des copropriétaires pour le financement soit de travaux régulièrement votés concernant les parties communes ou de travaux d'intérêt collectif sur parties privatives régulièrement votés, soit des actes d'acquisition conformes à l'objet du syndicat et régulièrement votés.**

II. – Par dérogation au I, l'assemblée générale peut également, à la même majorité que celle nécessaire au vote des travaux concernant les parties communes ou de travaux d'intérêt collectif sur parties privatives, voter la souscription d'un emprunt au nom du syndicat des copropriétaires lorsque cet emprunt a pour unique objectif le préfinancement de subventions publiques accordées au syndicat pour la réalisation des travaux votés.

Par dérogation au même I, l'assemblée générale peut, à la même majorité que celle nécessaire au vote soit des travaux concernant les parties communes ou de travaux d'intérêt collectif sur parties privatives, soit des actes d'acquisition conformes à l'objet du syndicat, voter la souscription d'un emprunt au nom du syndicat des copropriétaires au bénéfice des seuls copropriétaires décidant d'y participer.

Les copropriétaires qui décident de participer à l'emprunt doivent notifier leur décision au syndic en précisant le montant de l'emprunt qu'ils entendent solliciter, dans la limite de leur quote-part des dépenses. À peine de forclusion, la notification au syndic doit intervenir dans le délai de deux mois à compter de la notification du procès-verbal d'assemblée générale, sans ses annexes, à tous les copropriétaires.

III. – L'assemblée générale peut voter, à la même majorité que celle nécessaire au vote des travaux concernant les parties communes ou des travaux d'intérêt collectif sur parties privatives prévus aux *a* à *e* du II de l'article 24 et au *f* de l'article 25, la souscription d'un emprunt au nom du syndicat des copropriétaires pour le financement de ces travaux.

À moins qu'il ne s'y oppose dans les conditions fixées au troisième alinéa du présent III, chaque copropriétaire est réputé avoir accepté de participer à ce mode de financement des travaux.

Tout copropriétaire peut refuser de participer à l'emprunt sous réserve de notifier au syndic son refus dans un délai de deux mois à compter de la notification du procès-verbal de l'assemblée générale et de verser la totalité de

la quote-part du prix des travaux lui revenant dans un délai de six mois à compter de la notification de ce procès-verbal. À défaut, le copropriétaire est tenu par l'emprunt.

L'établissement prêteur peut consulter le fichier prévu à l'article L. 751-1 du Code de la consommation, dans les conditions prévues à l'arrêté mentionné à l'article L. 751-6 du même code. Sur sa demande, le syndic lui fournit les informations relatives au syndicat des copropriétaires nécessaires, suffisantes et proportionnées pour apprécier la capacité du syndicat à remplir ses obligations définies par le contrat de prêt, dans des conditions fixées par décret.

Bibliographie : *Sur la loi du 22 mars 2012.* D. Tomasin, *Copropriété et simplification du droit : AJDI* 2012, p. 329. • L. Guégan, *La copropriété dans la simplification du droit : Rev. loyers* 2012, p. 202. • D. Tomasin, *L'emprunt du syndicat des copropriétaires, commentaire des nouvelles règles : Rev. habitat* juin 2012, p. 17. • C. Atias, *Nouveau régime des emprunts du syndicat des copropriétaires : Ann. loyers* 2012, p. 38. • S. Becqué-Ickowicz et D. Savouré, *Commentaire de la loi du 22 mars 2012 : Defrénois* 2012, art. 40478, p. 411. • A. Lebatteux, *La souscription des emprunts en copropriété : Administrer* juill. 2013, p. 18. • N. Figuière-Brocard, *La constellation de l'emprunt collectif : Inf. rap. copr.* nov. 2015, p. 29. • J. Lafond, *Vente de lots de copropriété et emprunts collectifs : JCP* N 2017, n° 45, 1303. • D. Rodrigues, *Les emprunts en copropriété : Inf. rap. copr.* juin 2019, p. 31.

Sur le décret du 11 mars 2013. J.-M. Roux, *Parution du décret relatif à l'emprunt collectif de copropriété : Loyers et copr.* 2013, Focus 44. • C. Atias, *Le régime réglementaire des emprunts semi-collectifs du syndicat des copropriétaires : Ann. loyers* 2013, p. 653. • D. Tomasin, *Mise en application de l'emprunt collectif du syndicat des copropriétaires : AJDI* 2013, p. 331. • L. Guégan, *Le décret du 11 mars 2013 relatif à l'emprunt collectif de copropriété : Rev. loyers* 2013, p. 170. • A. Lebatteux, *La souscription des emprunts en copropriété : Administrer* juill. 2013, p. 18. • P. Dechelette-Tolot, *Le contrat de financement des travaux verts en copropriété : Loyers et copr.* 2013, étude 13.

Sur la loi du 9 avril 2024. D. Begriche et D. Rodrigues, *Loi Habitat dégradé : principales mesures : Inf. rap. copr.* mai 2024, p. 17. • C. Coutant-Lapalus, *Présentation de la loi Habitat dégradé : JCP* N 2024, 1106. • A. Fontin, *Parution de la loi pour la rénovation de l'habitat dégradé : Dalloz actualité*, 29 avr. 2024. • P.-E. Lagraulet, *La loi « habitat dégradé » et le statut de la copropriété des immeubles bâtis : AJDI* 2024, p. 420.

Voir aussi : Sur l'éco-prêt à taux zéro, destiné à financer des travaux d'amélioration de la performance énergétique, Annexe, *V° Finances du syndicat.* - Sur le taux d'usure applicable aux syndicats des copropriétaires : A. 27 juin 2023 : *JO* du 30.

1) Objet du texte. La loi n° 2012-387 du 22 mars 2012, qui a introduit dans la loi du 10 juillet 1965 les articles 26-4 à 26-8, est venue permettre au syndicat des copropriétaires de souscrire en son nom, soit pour son propre compte, soit pour le compte de certains des copropriétaires consentants, un emprunt pour le financement de certains types de travaux. Ce dispositif a été précisé par des dispositions règlementaires (D. n° 2013-205, 11 mars 2013) qui ont apporté diverses modifications au décret du 17 mars 1967 (art. 5, 6, 11 et 38) :

– le montant de l'emprunt souscrit au nom du syndicat doit apparaître dans la première partie de « l'état daté », document transmis par le syndic au notaire avant l'établissement de tout acte réalisant ou constatant le transfert ou la création d'un droit réel sur un lot ;

– est imposée la notification au syndic, en cas de transfert de la propriété d'un lot, de l'accord du prêteur, de la caution et du nouveau propriétaire pour que les sommes restant dues au titre du remboursement de l'emprunt collectif par l'ancien propriétaire du lot soient désormais à la charge de l'acquéreur du lot ;

– la liste des informations notifiées par le syndic aux copropriétaires en vue de la tenue de leur assemblée générale est complétée pour y faire figurer les conditions générales et particulières du projet de contrat de prêt collectif, ainsi que la proposition d'engagement de caution correspondant ;

– la notion de défaillance du copropriétaire, qui est une condition de mise en œuvre de la garantie mentionnée à l'article 26-7 de la loi du 10 juillet 1965, se trouve définie.

2) Réforme. Les mécanismes originellement mis en place se sont révélés inaptes à satisfaire les besoins de financement des syndicats en matière de travaux. Les causes de cette impuissance sont multiples : impossibilité pratique de réunir l'unanimité pour les prêts souscrits au nom du syndicat ; incapacité de nombre de copropriétaires à répondre aux exigences de solvabilité formulées par les établissements prêteurs en matière de prêts à adhésion individuelle ; lourdeur des procédures de traitement des demandes de crédit retardant la mise en œuvre des travaux ; faiblesse de l'offre en raison de l'immaturité du marché du financement des travaux des copropriétés. La première tentative de réforme a été opérée par l'article 71 de la loi n° 2023-1322 du 31 décembre 2023 qui a adjoint aux dispositifs initiaux la faculté pour l'assemblée générale de voter, à la majorité de l'article 25, la souscription d'un emprunt à taux zéro au nom du syndicat afin de financer des travaux de rénovation énergétique (L. n° 65-557, 10 juill. 1965, anc. art. 26-4, al. 3, aj. à compter du 31 déc. 2023). Cet ajout n'a été qu'éphémère, la disposition ayant été abrogée par la loi n° 2024-322 du 9 avril 2024 qui a institué en remplacement un emprunt global collectif voté à la même majorité que celle applicable au vote des travaux et auquel sont présumés participer tous les copropriétaires.

3) Diversité. À l'issue de la réforme opérée par la loi du 9 avril 2024, les syndicats ont à leur disposition quatre formes d'emprunts :

– ceux souscrits à l'unanimité des copropriétaires ;

– ceux destinés au préfinancement des subventions publiques ;

– ceux à adhésion facultative ;

– ceux à adhésion présumée.

I – EMPRUNTS SOUSCRITS À L'UNANIMITÉ

4) Objet de l'emprunt. L'article 26-4, I vise la souscription des emprunts au nom du syndicat des copropriétaires pour le financement :

– soit de travaux régulièrement votés concernant les parties communes ;

– soit de travaux d'intérêt collectif sur parties privatives régulièrement votés ;

– soit d'actes d'acquisition conformes à l'objet du syndicat et régulièrement votés.

5) Principe d'unanimité. En raison de considérations touchant à l'exercice du droit de propriété individuel et à la limitation des engagements susceptibles d'affecter le patrimoine collectif, la décision doit être prise à « l'unanimité des voix des copropriétaires » (et non pas seulement donc à l'unanimité des voix des copropriétaires présents ou représentés à l'assemblée).

II – EMPRUNTS DE PRÉFINANCEMENT DES SUBVENTIONS

6) Objet. L'article 26-4, I, alinéa 1er, s'applique à deux conditions :

– lorsqu'il y a lieu d'effectuer des travaux concernant les parties communes ou des travaux d'intérêt collectif sur les parties privatives ;

– lorsque l'emprunt qu'il y a lieu de souscrire a pour « unique objectif le préfinancement de subventions publiques accordées au syndicat pour la réalisation des travaux votés ».

Le syndicat des copropriétaires peut alors souscrire l'emprunt en son nom, l'assemblée se prononçant en ce cas « à la même majorité que celle nécessaire au vote des travaux concernant les parties communes ou de travaux d'intérêt collectif sur parties privatives ».

III – EMPRUNTS À ADHÉSION FACULTATIVE

7) Objet de l'emprunt. L'article 26-4, II, vise, dans son alinéa 2, le cas où un emprunt doit être souscrit pour financer soit des travaux concernant les parties communes, soit des travaux d'intérêt collectif sur des parties privatives, soit des actes d'acquisition conformes à l'objet du syndicat.

En ce cas, l'assemblée peut alors, à la même majorité que celle nécessaire au vote soit des travaux soit des actes d'acquisition, voter la souscription d'un emprunt au nom du syndicat des copropriétaires, mais au bénéfice des seuls copropriétaires décidant d'y participer.

La particularité de cet emprunt est que seul le syndicat aura la qualité d'emprunteur. Les copropriétaires qui participent à l'emprunt lui verseront les sommes à rembourser et le syndicat les reversera ensuite à l'établissement de crédit (Doc. AN 2011-2012, n° 3787).

8) Manifestation de volonté des copropriétaires intéressés. Les copropriétaires qui décident de participer à l'emprunt doivent notifier leur décision au syndic en précisant le montant de l'emprunt qu'ils entendent solliciter, dans la limite de leur quote-part des dépenses. À peine de forclusion, la notification au syndic doit intervenir dans un délai de deux mois qui court à compter de la notification du procès-verbal d'assemblée. L'ordonnance n° 2019-1101 du 30 octobre 2019 a précisé que cette notification du procès-verbal devait être effectuée à tous les copropriétaires, sans ses annexes.

IV – EMPRUNTS À ADHÉSION PRÉSUMÉE

9) Objet de l'emprunt. Peuvent être financés grâce à cette forme d'emprunt global et collectif les travaux concernant les parties communes ou les travaux d'intérêt collectif sur parties privatives qui rentrent dans l'une des catégories suivantes :

– les travaux nécessaires à la conservation de l'immeuble ainsi qu'à la préservation de la santé et de la sécurité physique des occupants (L. 1965, art. 24, II, *a*) ;

– les travaux rendus obligatoires en vertu de dispositions législatives ou réglementaires ou d'un arrêté de police administrative relatif à la sécurité ou à la salubrité publique (L. 1965, art. 24, II, *b*) ;

– les travaux participant de la réalisation de programmes de restauration immobilière (L. 1965, art. 24, II, *c*) ;

– les travaux d'accessibilité aux personnes handicapées ou à mobilité réduite, sous réserve qu'ils n'affectent pas la structure de l'immeuble ou ses éléments d'équipement essentiels (L. 1965, art. 24, II, *d*) ;

– la suppression des vide-ordures pour des impératifs d'hygiène (L. 1965, art. 24, II, e) ;

– les travaux d'économies d'énergie ou de réduction des émissions de gaz à effet de serre (L. 1965, art. 25, *f*).

Réciproquement, les autres catégories de travaux, notamment ceux d'installations de bornes de recharge pour véhicules électriques, ceux d'individualisation des frais de chauffage ou d'eau chaude ou encore ceux d'installation de compteurs ou de répartiteurs ne peuvent être financés au travers du recours à un tel emprunt.

La décision de recourir à l'emprunt est adoptée à la même majorité que celle applicable à la décision relative aux travaux.

10) Modalités de l'emprunt. Le prêt collectif global est consenti pour une durée qui doit être fixée par décret en Conseil d'État. Il permet de financer le coût des travaux non couverts par la mobilisation de fonds détenus par le syndicat des copropriétaires ou le coût des travaux éligibles au crédit d'impôt au titre des avances remboursables ne portant pas intérêt pour le financement de travaux d'amélioration de la performance énergétique des logements anciens (CCH, art. L. 732-2).

11) Adhésion présumée. Procédant à un renversement de la logique qui sous-tend le prêt collectif à adhésion individuelle, le prêt collectif et global repose sur la soumission de principe de chaque copropriétaire à l'obligation de contribuer au remboursement du capital emprunté et au paiement des frais et des honoraires afférents à l'emprunt. Cet engagement existe donc indépendamment du sens du vote émis par le copropriétaire à l'occasion de l'assemblée générale ayant approuvé le recours à l'emprunt. Cette présomption d'une adhésion de principe a vocation à dispenser le syndic de recenser les copropriétaires participant à l'opération afin de solliciter de l'établissement de crédit un prêt pouvant être du montant total des dépenses envisagées.

12) Alternative. Tout copropriétaire conserve cependant la faculté de contribuer au financement des travaux sans adhérer à l'emprunt collectif et en mobilisant d'autres ressources. Afin de ne pas être tenu de contribuer à l'emprunt collectif, le copropriétaire doit remplir deux obligations cumulatives (L. 1965, art. 26-4, III, al. 3) :

– en premier lieu, il doit notifier au syndic de copropriété son refus de participer à l'emprunt collectif, dans un délai de deux mois à compter de la notification du procès-verbal de l'assemblée générale ayant décidé de la souscription du prêt ;

– en second lieu, il doit verser la totalité de la quote-part du prix des travaux lui incombant, dans un délai de six mois à compter de la notification du procès-verbal de l'assemblée générale. À défaut de règlement intégral, le copropriétaire est tenu par l'emprunt.

Le copropriétaire est ainsi confronté à deux échéances, calculées toutes deux à partir de la notification du procès-verbal de l'assemblée : tout d'abord, la date d'expiration du délai de deux mois imparti pour notifier son refus de prendre part à l'emprunt collectif ; ensuite, le terme des six mois, date à laquelle le copropriétaire doit, après avoir recherché et mobilisé d'autres sources de financement, être en mesure de régler l'intégralité de sa quote-part. Cette dernière correspond au remboursement du capital et des intérêts et au paiement des frais et des honoraires (L. 1965, art. 26-13).

13) Vérification de la solvabilité. L'établissement prêteur dispose de la faculté de consulter le fichier national des incidents de remboursement des crédits aux particuliers et peut donc prendre connaissance, pour chaque personne recensée, du nombre d'incidents et du nombre d'établissements déclarants (C. consom., art. L. 751-1). Quoique s'écartant considérablement de l'esprit du projet initial dans lequel il s'agissait d'instruire la demande de prêt à la seule échelle du syndicat de copropriétaires, sans examen individuel de la situation financière de chacun des contributeurs, ce contrôle de solvabilité à deux degrés a été jugé indispensable afin de mettre les établissements de crédit en mesure de ne prêter que de manière responsable et d'éviter que le prêt collectif ne puisse conduire au surendettement ou à un reste à vivre insuffisant. Afin de permettre l'évaluation de la situation financière du syndicat, le syndic doit fournir au prêteur, à la demande de ce dernier, les informations nécessaires, suffisantes et proportionnées pour permettre à l'établissement de crédit d'apprécier la capacité de la personne morale à remplir les obligations engendrées par le prêt.

Art. 26-5 *(Aj. à compter du 13 mai 2013, L. n° 2012-387, 22 mars 2012 ; mod., L. n° 2015-992, 17 août 2015 ; L. n° 2017-203, 21 févr. 2017).* **– Les prêts mentionnés à l'article 26-4 sont conformes aux prescriptions de l'article L. 313-4, du 1° de l'article L. 313-5 et des articles L. 314-1 à L. 314-5 du Code de la consommation. Le contrat de prêt conclu en application du même article 26-4, conforme aux conditions générales et particulières du projet de contrat de prêt jointes à l'ordre du jour de l'assemblée générale, ne peut être signé par le syndic avant l'expiration du délai de recours de deux mois prévu au deuxième alinéa de l'article 42.**

1) **Conformité du contrat de prêt.** Le contrat de prêt soumis à la signature du syndic doit être rigoureusement conforme au projet de contrat qui a été communiqué aux copropriétaires, ce qu'il appartiendra au syndic de vérifier.

Les prêts doivent également être conformes aux prescriptions des articles L. 313-4, L. 313-5, L. 314-1 à L. 314-5 du Code de la consommation qui encadrent notamment les taux applicables aux prêts proposés aux syndicats.

2) **Signature du contrat.** Le texte indique que le contrat de prêt ne peut être signé par le syndic avant l'expiration du délai de recours de deux mois prévu à l'article 42, alinéa 2 de la loi du 10 juillet 1965 (V. ce texte).

Voir : sur les informations à fournir aux copropriétaires et les documents à joindre à l'ordre du jour, V. D. n° 67-223, 17 mars 1967, art. 11, I, 3°, p. 722.

Art. 26-6 *(Aj. à compter du 13 mai 2013, L. n° 2012-387, 22 mars 2012 ; mod., L. n° 2014-366, 24 mars 2014 ; L. n° 2024-322, 9 avr. 2024).* – **Le montant de l'emprunt mentionné au II de l'article 26-4, qui ne peut excéder le montant total des quotes-parts de dépenses des copropriétaires décidant d'y participer, est versé par l'établissement bancaire au syndicat des copropriétaires, représenté par le syndic.**

Seuls les copropriétaires bénéficiant de l'emprunt sont tenus de contribuer :

1° À son remboursement au syndicat, en fonction du montant pour lequel ils participent à l'emprunt et selon la grille générale établie pour la répartition des quotes-parts de dépenses selon les principes prévus aux articles 10, 10-1 et 30 ;

2° Au paiement au syndicat des intérêts, des frais et des honoraires y afférents, en fonction du montant pour lequel ils participent à l'emprunt et selon la grille spécifique établie pour la répartition des accessoires.

L'assemblée générale peut autoriser le syndic, dans les conditions prévues au IV de l'article 18, à déléguer à l'établissement prêteur la faculté de prélever les sommes dues au titre du remboursement de l'emprunt collectif et du paiement des accessoires directement sur les comptes bancaires des copropriétaires y participant, ainsi qu'à mettre en œuvre les voies de recouvrement en cas d'impayé.

1) **Montant et versement de l'emprunt.** Dans les hypothèses d'emprunts destinés à assurer le préfinancement des subventions publiques ou reposant sur une adhésion individuelle des copropriétaires (L. 1965, art. 26-4, II), le montant de l'emprunt souscrit par le syndicat ne peut excéder le montant total des quotes-parts des dépenses des copropriétaires qui décident d'y participer.

Les sommes correspondantes sont versées par l'établissement bancaire au syndicat des copropriétaires représenté par le syndic.

2) **Remboursement de l'emprunt.** Les copropriétaires bénéficiant de l'emprunt sont tenus de verser au syndicat, en proportion du montant pour lequel ils y participent :

– une fraction du capital, déterminée par une « grille générale » établie pour la répartition des quotes-parts de dépenses, en application des articles 10, 10-1 et 30 de la loi du 10 juillet 1965 ;

– les intérêts, frais et honoraires afférents à l'emprunt au titre de leur quote-part, déterminée selon la grille spécifique qui doit être établie pour la répartition des accessoires.

3) **Délégation à l'établissement prêteur.** Le dernier alinéa de l'article 26-6, introduit par la loi n° 2014-366 du 24 mars 2014 (loi ALUR) permet à l'assemblée d'autoriser le syndic à déléguer à l'établissement prêteur la faculté de prélever directement sur les comptes bancaires des copropriétaires participant à l'emprunt les sommes dues au titre du remboursement de l'emprunt collectif et du paiement des accessoires. Il peut également se voir déléguer la possibilité de « mettre en œuvre les voies de recouvrement en cas d'impayé ». Cette délégation est consentie dans les conditions prévues à l'article 18, IV, de la loi du 10 juillet 1965 et donc à la majorité prévue par l'article 25 de cette même loi.

Art. 26-7 *(Aj. à compter du 13 mai 2013, L. n° 2012-387, 22 mars 2012 ; mod. à compter du 1er janvier 2014, Ord. n° 2013-544, 27 juin 2013 ; L. n° 2014-366, 24 mars 2014 ; à compter du 1er janvier 2022, Ord. n° 2021-1192, 15 sept. 2021 ; à compter du 11 avril 2024, L. n° 2024-322, 9 avr. 2024).* – **Le syndicat des copropriétaires est garanti en totalité, sans franchise et sans délai de carence, par un cautionnement solidaire après constat de la défaillance d'un copropriétaire bénéficiant de l'emprunt mentionné aux I et II de l'article 26-4 pour les sommes correspondant à son remboursement ainsi qu'au paiement des accessoires.**

Le cautionnement solidaire ne peut résulter que d'un engagement écrit fourni par une entreprise d'assurance spécialement agréée, par un établissement de crédit, une société de financement, le Trésor public, la Caisse des dépôts et consignations ou La Poste, dans les conditions définies à l'article L. 518-25 du Code monétaire et financier.

Le cautionnement solidaire prévu aux deux premiers alinéas est facultatif lorsque le prêt souscrit par le syndicat a pour unique objectif le préfinancement de subventions publiques accordées au syndicat pour la réalisation des travaux votés. Les décisions attributives de subventions sont alors obligatoirement communiquées à l'organisme prêteur par le syndic.

Au regard de l'hypothèque légale prévue au 3° de l'article 2402, les sommes correspondant au remboursement de l'emprunt ainsi qu'au paiement des accessoires sont assimilées au paiement des charges et travaux. Après mise en œuvre de la caution, celle-ci est subrogée de plein droit dans l'exercice de l'hypothèque légale du syndicat des copropriétaires prévu au même 3°.

1) Obligation de cautionnement. Ce texte impose l'obligation pour le syndicat des copropriétaires qui souscrit un emprunt dans les conditions indiquées à l'article 26-4 susvisé de garantir cet emprunt par un cautionnement solidaire. Ce cautionnement doit être fourni par une entreprise d'assurance spécialement agréée, un établissement de crédit, une société de financement, le Trésor public, la Caisse des dépôts et consignations ou La Poste, dans les conditions définies par l'article L. 518-25 du Code monétaire et financier. Il ne peut résulter que d'un engagement écrit et ne doit prévoir ni franchise ni délai de carence.

L'article L. 751-2, alinéa 4, du Code de la consommation indique que l'organisme de caution peut consulter le fichier national recensant les informations sur les incidents de paiement caractérisés liés aux crédits accordés aux personnes physiques pour des besoins non professionnels, pour les copropriétaires participant à l'emprunt mentionné à l'article 26-4 de la loi du 10 juillet 1965.

2) Exception à l'obligation de cautionnement. La loi n° 2014-366 du 24 mars 2014 (loi ALUR) a introduit une exception à l'obligation de cautionnement (art. 26-7, al. 3). Ce cautionnement devient facultatif lorsque le prêt souscrit par le syndicat a pour unique objectif le préfinancement de subventions publiques accordées au syndicat pour la réalisation des travaux votés. Les décisions attributives de subventions doivent alors être obligatoirement communiquées par le syndic à l'organisme prêteur.

3) Mise en œuvre du cautionnement. Dans le cadre des emprunts souscrits à l'unanimité, de ceux destinés à préfinancer les subventions publiques ou encore de ceux reposant sur une adhésion individuelle des copropriétaires (L. 1965, art. 26-4, I et II), le cautionnement va jouer après constat de la défaillance d'un copropriétaire bénéficiant de l'emprunt, à concurrence des sommes correspondant à son remboursement ainsi qu'au paiement des accessoires (sur les cas où un copropriétaire doit être considéré comme défaillant, V. D. n° 67-223, 17 mars 1967, art. 38, p. 818).

Après mise en œuvre de la caution, celle-ci sera subrogée de plein droit dans l'exercice de l'hypothèque légale du syndicat des copropriétaires prévue à l'article 2402, 3° du Code civil (V. Annexe 51, *V° Privilège du syndicat*, p. 1395). Au regard de cette sûreté, les sommes correspondant au remboursement de l'emprunt ainsi qu'au paiement des accessoires sont assimilées au paiement des charges et travaux et bénéficieront des mêmes garanties.

Art. 26-8 ***(Aj. à compter du 13 mai 2013, L. n° 2012-387, 22 mars 2012 ; mod., L. n° 2024-322, 9 avr. 2024).*** **– Lors d'une mutation entre vifs du lot d'un copropriétaire bénéficiant de l'emprunt mentionné aux I et II de l'article 26-4, même si cette mutation est réalisée par voie d'apport en société, les sommes restant dues par le copropriétaire au titre du remboursement de l'emprunt ainsi que du paiement des accessoires deviennent immédiatement exigibles. Toutefois, en cas d'accord du prêteur et de la caution, l'obligation de payer ces sommes peut être transmise au nouveau copropriétaire avec son accord. Le notaire informe le syndic de ces accords.**

Bibliographie : J. Lafond, *Vente de lots de copropriété et emprunts collectifs : JCP* N 2017, n° 45, 1303.

1) Principe. Dans le cadre des emprunts souscrits à l'unanimité, de ceux destinés à préfinancer les subventions publiques ou encore de ceux reposant sur une adhésion individuelle des copropriétaires (L. 1965, art. 26-4, I et II), le principe retenu par la loi est que, lorsqu'un lot fait l'objet d'une mutation entre vifs (que ce soit à titre onéreux ou à titre gratuit) y compris, est-il précisé, par voie d'apport en société, les sommes restant dues par le copropriétaire cédant au titre du remboursement du principal et des accessoires de l'emprunt deviennent immédiatement exigibles (Sur l'obligation pour le syndic d'indiquer dans « l'état daté » fourni au notaire le montant de la quote-part restant due, V. D. n° 67-223, 17 mars 1967, art. 5, p. 672).

2) Exception. Toutefois, indique l'article 26-8, l'obligation de remboursement peut être transmise au nouveau copropriétaire, s'il est d'accord, sous réserve d'obtenir également l'accord de l'établissement prêteur et de la caution prévue par l'article 26-7 ci-dessus.

Le notaire devra informer le syndic de ces accords.

Voir : sur la nécessité de joindre l'accord écrit du nouveau propriétaire, du prêteur et de la caution, à la notification du transfert de propriété faite au syndic, V. D. n° 67-223, 17 mars 1967, art. 6, p. 684).

Art. 26-9 *(Aj., L. n° 2024-322, 9 avr. 2024).* – **Les fonds empruntés au titre du III de l'article 26-4 sont versés par l'établissement prêteur sur un compte bancaire séparé au nom du syndicat et réservé à cet effet ainsi qu'au versement des subventions publiques accordées au syndicat des copropriétaires pour le financement des travaux à réaliser et des sommes mentionnées au premier alinéa de l'article 26-13. Ce compte bancaire ne peut faire l'objet ni d'une convention de fusion, ni d'une compensation avec un autre compte.**

Le paiement des travaux est réalisé sur présentation des factures par le syndic à l'établissement prêteur.

Aucune mesure conservatoire ni d'exécution forcée ne peut être mise en œuvre sur les sommes portées au crédit du compte bancaire réservé en application du premier alinéa du présent article.

1) **Compte bancaire séparé.** Dans le cadre des emprunts collectifs auxquels les copropriétaires sont légalement réputés adhérer, la loi impose la tenue d'un compte bancaire spécifique pour le versement des sommes empruntées. Outre ces dernières, ce compte reçoit les subventions publiques accordées au syndicat pour le financement des travaux à réaliser ainsi que les sommes versées par les copropriétaires ayant refusé de participer à l'emprunt collectif et qui ont dû s'acquitter, dans les six mois à compter de la notification du procès-verbal d'assemblée, de la totalité de la quote-part du prix des travaux leur incombant (L. 1965, art. 26-13). Selon les promoteurs du texte, la mise en place d'un compte dédié, qui isole en pratique la gestion des fonds perçus au moyen d'un emprunt collectif global, vise à garantir la bonne utilisation de ces deniers, à les protéger d'éventuels créanciers, et à renforcer la confiance entre la banque, le syndic et le syndicat des copropriétaires. Il s'agit donc d'un troisième compte séparé après celui destiné à recueillir les fonds et valeurs du syndicat et celui recevant les contributions au fonds de travaux (L. 1965, art. 18, II) Afin de garantir la spécificité de ce compte, il ne peut faire l'objet ni d'une convention de fusion, ni d'une compensation avec tout autre compte.

2) **Sanctuarisation.** La loi écarte tout engagement de procédures tendant à la prise de mesures conservatoires ou d'exécution forcée à l'encontre des sommes déposées sur le compte bancaire séparé destiné à l'exécution du contrat souscrit collectivement par le syndicat des copropriétaires. Recouvrant toutes les procédures d'exécution, et notamment les procédures d'exécution mobilière organisées par le livre II du Code des procédures civiles d'exécution, cette prohibition ne saurait, en dépit de la généralité de la formulation légale, s'appliquer qu'aux seules actions en justice tendant à la saisie des fonds pour le règlement de dettes contractées auprès d'autres créanciers que l'établissement de crédit.

3) **Paiement des travaux.** En prévoyant que le paiement des travaux est réalisé sur présentation des factures par le syndic à l'établissement prêteur, les dispositions de l'article 26-9, alinéa 2, laissent place à deux interprétations : soit les fonds empruntés ne peuvent être versés sur le compte qu'une fois les factures produites, soit ils peuvent être versés préalablement mais ne peuvent être employés qu'après présentation des factures à l'établissement de crédit. Les travaux préparatoires, évoquant l'obligation pour les syndicats de propriétaires de présenter à l'établissement prêteur des factures à l'appui du décaissement des sommes prêtées pour le financement des travaux, tendent à conforter la seconde interprétation.

Art. 26-10 *(Aj., L. n° 2024-322, 9 avr. 2024).* – **Seuls les copropriétaires bénéficiant de l'emprunt mentionné au III de l'article 26-4 sont tenus de contribuer chaque mois ou chaque trimestre, en fonction du montant pour lequel ils participent à l'emprunt selon la grille établie pour la répartition des quotes-parts de dépenses selon les principes prévus aux articles 10, 10-1 et 30 :**

1° À son remboursement, en capital, intérêts et frais éventuels de caution, au syndicat des copropriétaires ;

2° Au paiement des frais et des honoraires afférents générés par le montage et par la gestion du prêt.

Modalités de contribution. Les dispositions de l'article 26-10 constituent, pour l'emprunt collectif auquel les copropriétaires sont légalement réputés adhérer, le miroir des dispositions de l'article 26-6 applicables aux emprunts à adhésion facultative. Dans les deux cas, seuls les copropriétaires bénéficiant de l'emprunt sont tenus de contribuer à son remboursement. Cette contribution se fait en fonction du montant pour lequel ils participent à l'emprunt, selon la grille établie pour la répartition des quotes-parts de dépenses en vertu des principes prévus aux articles 10, 10-1 et 30 de la loi. Ils sont également tenus du paiement des frais et des honoraires causés par la mise en place et la gestion du prêt. Afin de se conformer aux habitudes de la plupart des syndicats, il est prévu en matière d'emprunt collectif global, que les charges relatives à l'emprunt puissent être appelées non pas seulement mensuellement, mais aussi trimestriellement.

Art. 26-11 *(Aj., L. n° 2024-322, 9 avr. 2024).* – **La charge de la contribution au remboursement de l'emprunt mentionné au III de l'article 26-4 incombe au propriétaire du lot et est transférée aux propriétaires successifs en cas de mutation. Le propriétaire du lot peut librement verser par anticipation au syndicat des copropriétaires les sommes dont il reste redevable au titre du remboursement de l'emprunt. Dès leur versement, ces sommes sont affectées sans délai par le syndic au remboursement de l'emprunt.**

1) **Transmission de la charge.** Alors que le dispositif établi pour les autres emprunts repose, en cas de cession du lot, sur l'exigibilité des sommes restant dues par le copropriétaire vendeur au titre du remboursement de l'emprunt, sauf accord des parties à la vente, du prêteur et de la caution pour transférer l'obligation de contribution à l'acquéreur (L. 1965, art. 26-8), le mécanisme institué en matière de prêt à adhésion présumée prévoit la transmission automatique de l'obligation de contribution aux propriétaires successifs en cas de mutation. Cet emprunt a, en effet, été conçu par les promoteurs du texte comme étant attaché au lot et transférable d'un propriétaire à l'autre à l'occasion des cessions successives, ce qui présente, d'une part, l'intérêt de lisser l'effort inhérent au financement des travaux sur plusieurs générations de copropriétaires et, d'autre part, l'avantage d'être cohérent avec le principe de l'assimilation des remboursements de l'emprunt à des charges dont chaque membre est redevable.

2) **Remboursement anticipé.** En donnant au propriétaire du lot la faculté de verser par anticipation les sommes dont il reste redevable au titre du remboursement de l'emprunt, le législateur a entendu permettre au nouvel acquéreur de s'affranchir d'une dette qu'il n'a pas contractée par lui-même. Cette faculté de remboursement anticipé porte sur l'ensemble des sommes dues au titre de l'emprunt contracté par le syndicat de copropriétaires à savoir le remboursement du prêt obtenu, en capital et en intérêt, au syndicat des copropriétaires et le paiement au syndicat des frais et des honoraires y afférents. Ces sommes, dès leur versement, doivent être sans délai affectées par le syndic au remboursement de l'emprunt.

Art. 26-12 *(Aj., L. n° 2024-322, 9 avr. 2024).* – **Le syndicat des copropriétaires est garanti en totalité, sans franchise et sans délai de carence, par un cautionnement solidaire après constat de la défaillance d'un copropriétaire bénéficiant de l'emprunt mentionné au III de l'article 26-4 pour les sommes correspondant à son remboursement ainsi qu'au paiement des accessoires.**

Le cautionnement solidaire ne peut résulter que d'un engagement écrit fourni par une entreprise d'assurance spécialement agréée, par un établissement de crédit, par une société de financement, par le Trésor public, par la Caisse des dépôts et consignations ou par La Poste, dans les conditions définies à l'article L. 518-25 du Code monétaire et financier.

Au regard de l'hypothèque légale prévue au 3° de l'article 2402 du Code civil, les sommes correspondant au remboursement de l'emprunt ainsi qu'au paiement des accessoires sont assimilées au paiement des charges et des travaux. Après mise en œuvre de la caution, celle-ci est subrogée de plein droit dans l'exercice de l'hypothèque légale du syndicat des copropriétaires mentionné au même 3°.

Garantie. Le syndicat bénéficie d'une garantie en totalité, sans franchise et sans délai de carence, au travers d'un cautionnement solidaire, après constat de la défaillance d'un copropriétaire bénéficiant de l'emprunt pour les sommes correspondant à son remboursement ainsi qu'au paiement des accessoires. Les caractéristiques du cautionnement solidaire sont formulées sur le modèle des dispositions de l'article 26-7, alinéa 2, tout comme sont réaffirmées, sur le modèle de l'article 26-7 alinéa 4, les modalités d'application de l'hypothèque légale instituée sur le fondement du 3° de l'article 2402 du Code civil. En revanche, par comparaison avec l'article 26-7, l'article 26-12 ne comporte pas de mention du caractère facultatif de la caution dès lors que le prêt collectif n'a pas pour objet d'assurer le préfinancement des aides publiques. Les syndicats en difficulté, dont la situation rend peu vraisemblable l'octroi de garanties par des établissements privés de cautionnement, peuvent bénéficier de l'intervention du Fonds de garantie pour la rénovation (CCH, art. L. 312-7, I, 2°).

Art. 26-13 *(Aj., L. n° 2024-322, 9 avr. 2024).* – **Les sommes dues par le copropriétaire ayant refusé de participer à l'emprunt mentionné au III de l'article 26-4 qui correspondent au remboursement du capital et des intérêts et au paiement des frais et des honoraires entrent définitivement, dès leur versement, dans le**

patrimoine du syndicat des copropriétaires. Dès leur versement, elles sont affectées sans délai par le syndic au remboursement anticipé de l'emprunt.

Elles ne donnent pas lieu à remboursement par le syndicat des copropriétaires à l'occasion de la cession d'un lot. L'acquéreur peut consentir à verser au vendeur un montant équivalent à ces sommes en sus du prix de vente du lot.

1) **Montant dû.** Les sommes dues par le copropriétaire ayant refusé de prendre part à l'emprunt correspondent au remboursement du capital et des intérêts et au paiement des frais et des honoraires. La formule est, à l'exception de la mention expresse des frais de caution, directement inspirée des dispositions déterminant l'étendue de la contribution des copropriétaires participant à l'emprunt (L. 1965, art. 26-10). Elle conduit alors à faire peser sur l'intégralité des membres du syndicat, y compris ceux n'ayant pas souscrit à l'emprunt, le prix de celui-ci, cette solution ayant été justifiée par la nécessité de préserver la solidarité entre copropriétaires. Ce coût est cependant susceptible d'être modéré par l'obligation faite au prêteur d'assortir l'emprunt de facilités de remboursement anticipé pour tenir compte du versement des subventions publiques accordées pour la réalisation des travaux votés ou du versement des montants des quotes-parts du coût des travaux par les copropriétaires ne souhaitant pas bénéficier du prêt (CCH, art. L. 732-3).

2) **Acquisition définitive des fonds.** À l'instar des cotisations au fonds de travaux, les sommes dues par ceux des copropriétaires ayant refusé d'adhérer à l'emprunt global collectif intègrent définitivement le patrimoine du syndicat dès leur versement et ne donnent pas lieu à remboursement par le syndicat à l'occasion de la cession du lot (V. L. 1965, art. 14-2-1, III). La parenté entre les deux régimes se prolonge pour admettre la validité d'un aménagement conventionnel par lequel l'acquéreur peut consentir à verser au vendeur un montant équivalent à ces sommes en sus du prix de vente du lot. Cette similitude des deux dispositifs a été justifiée par le fait que l'obligation de remboursement de l'emprunt collectif, comme celle de contribution au fonds de travaux, sont attachée au lot lui-même et non pas à la personne du copropriétaire.

Art. 26-14 *(Aj., L. n° 2024-322, 9 avr. 2024)*. **– L'article 33 n'est pas applicable aux décisions prises sur le fondement du III de l'article 26-4.**

Exclusion du paiement différé. En principe, les copropriétaires qui n'ont pas donné leur accord à la réalisation de travaux d'amélioration peuvent bénéficier de la faculté de payer la part du coût de l'opération leur incombant par annuités égales au dixième de cette part (V. L. 1965, art. 33). Ce droit au paiement différé est explicitement écarté en cas de recours à un emprunt collectif à adhésion présumée dès lors que l'exercice de cette faculté serait susceptible de compromettre la cohérence du financement réalisé au travers de l'emprunt.

Art. 27 *(Mod. à compter du 1er juin 2020, Ord. n° 2019-1101, 30 oct. 2019)*. **– Lorsque l'immeuble comporte plusieurs bâtiments ou plusieurs entités homogènes susceptibles d'une gestion autonome, les copropriétaires dont les lots composent l'un ou plusieurs de ces bâtiments ou entités homogènes peuvent, réunis en assemblée spéciale, décider, à la majorité des voix de tous les copropriétaires, la constitution entre eux d'un syndicat, dit secondaire.**

Ce syndicat a pour objet d'assurer la gestion, l'entretien et l'amélioration interne de ce ou ces bâtiments ou entités homogènes, sous réserve des droits résultant pour les autres copropriétaires des dispositions du règlement de copropriété. Cet objet peut être étendu avec l'accord de l'assemblée générale de l'ensemble des copropriétaires statuant à la majorité prévue à l'article 24.

Le syndicat secondaire est doté de la personnalité civile. Il fonctionne dans les conditions prévues par la présente loi. Il est représenté au conseil syndical du syndicat principal, s'il en existe un.

Rédaction antérieure. Art. 27 *(En vigueur jusqu'au 31 mai 2020)*. – Lorsque l'immeuble comporte plusieurs bâtiments, les copropriétaires dont les lots composent l'un ou plusieurs de ces bâtiments peuvent, réunis en assemblée spéciale, décider, aux conditions de majorité prévues à l'article 25, la constitution entre eux d'un syndicat, dit secondaire.

Ce syndicat a pour objet d'assurer la gestion, l'entretien et l'amélioration interne de ce ou ces bâtiments, sous réserve des droits résultant pour les autres copropriétaires des dispositions du règlement de copropriété. Cet objet peut être étendu, avec l'accord de l'assemblée générale de l'ensemble des copropriétaires, statuant à la majorité prévue à l'article 24.

Le syndicat secondaire est doté de la personnalité civile. Il fonctionne dans les conditions prévues par la présente loi. Il est représenté au conseil syndical du syndicat principal, s'il en existe un.

1) Présentation : finalité du texte. La possibilité de constituer des syndicats secondaires a été conçue comme un remède au gigantisme des ensembles immobiliers. Elle permet théoriquement de faire naître des unités de gestion de dimensions plus réduites donc, en principe, mieux gouvernables (sur les difficultés de gestion des ensembles immobiliers, V. E. Kischinewsky-Broquisse, *Les assemblées générales dans les grands ensembles immobiliers : Rev. éco. et dr. imm.* 1977, n° 72, p. 44 et s. – J. Cabanac, *La loi du 10 juillet 1965 et les grands ensembles immobiliers : Rev. éco. et dr. imm.* 1976, n° 66, p. 53 et s.).

L'autonomie des syndicats secondaires ainsi constitués peut être d'autant plus grande qu'il est possible de leur transférer non seulement la gestion mais aussi la propriété des parties communes correspondant aux bâtiments considérés. Ce transfert pourrait, semble-t-il, être décidé à la même majorité que celle nécessaire pour la création du syndicat, c'est-à-dire à la majorité des voix de tous les copropriétaires (V. par analogie, ▪ Cass. 3e civ., 10 mars 1981, cité *infra*). Le syndicat ainsi constitué ayant son objet et son propre syndic, l'objet du syndicat principal peut se trouver réduit au minimum. Ainsi sont minimisés les risques de conflit entre syndicat principal et syndicat secondaire dont la pratique a connu des exemples (J. Cabanac, *Affrontements en justice d'un syndicat secondaire et d'un syndicat principal : Inf. rap. copr.* 1973, p. 97 et s. – V. à propos d'une action en répétition de l'indu intentée contre un syndicat principal par un syndicat secondaire qui avait trop payé de charges : ▪ Cass. 3e civ., 16 févr. 1994 : *Loyers et copr.* 1994, n° 257).

On a présenté comme un inconvénient découlant de la création de syndicats secondaires la multiplication des assemblées, avec l'absentéisme qui en résulte : mais l'argument a aujourd'hui moins de poids depuis qu'il a été admis que l'assemblée du syndicat principal pouvait se composer des présidents des syndicats secondaires (V. ▪ Cass. civ., 16 mai 1977, cité *infra*).

Le syndicat secondaire peut être le moyen de créer une structure « fédéraliste » d'administration des ensembles immobiliers. Le processus pratique de création d'un syndicat secondaire peut se décomposer comme suit : compte tenu des indications données ci-dessous :

- convocation de l'assemblée spéciale aux copropriétaires de l'immeuble concerné sur demande adressée au syndic, et délibération de cette assemblée ;

... décidant de créer un syndicat secondaire ;

... approuvant les projets de nouveau règlement et de nouvelle répartition des charges propres aux bâtiments concernés ainsi que le nouveau projet de règlement de copropriété « général » (projets qui devront être joints à la convocation, V. D. 17 mars 1967, art. 11) ;

- convocation de l'assemblée générale du syndicat principal afin d'approuver les projets de règlement de copropriété et de répartition des charges afférents au syndicat principal.

Bibliographie : E. Kischinewsky-Broquisse, *La copropriété des immeubles bâtis* Litec, 4e éd. 1989, nos 331 et s. – *La copropriété*, Dalloz Action, 9e éd. 2018, ss dir. de P. Capoulade et D. Tomasin, n° 324-21 et s. – J.-R. Bouyeure, *Les syndicats secondaires de copropriété : AJPI* 1981, p. 717 et s. – Zurfluh, *Les rapports entre les syndicats principaux et les syndicats secondaires de copropriété dans les grands ensembles immobiliers : Droit et ville* avr. 1977. – M. Santacreu, *Création d'un syndicat secondaire : Ann. loyers* 1982, p. 135 et s. – D. Cordier, *La création d'un syndicat secondaire : Inf. rap. copr.* juin 1996, p. 12. – J.-R. Bouyeure et P. Baudouin, *Les syndicats secondaires de copropriétaires : Rev. Administrer* févr. 1999, p. 11. – J.-M. Gélinet, *Les modalités de contestation des décisions d'un syndicat secondaire de copropriété : Rev. Administrer* mai 1998, p. 23. – M.-C. Ruffet, *L'instauration d'un syndicat secondaire : Inf. rap. copr.* déc. 2008, p. 20. – G. Gil, *Les rapports entre le syndicat principal et le syndicat secondaire : Administrer* août-sept. 2016, p. 19. – J. Hocquard, *La création d'un syndicat secondaire : l'autonomie au service de l'efficacité : Inf. rap. copr.* janv.-févr. 2020, p. 15.

Jurisclasseurs. *JCl. Notarial Formulaire, V° Copropriété*, Fasc. 187, par J. Lafond. – *JCl. Copropriété*, Fasc. 82, par G. Vigneron. – *JCl. Notarial Répertoire, V° Copropriété*, Fasc. 40-2 et *JCl. Civil Code*, art. 544 à 577, Fasc. 40-2 par M. Saluden.

I – CRÉATION DU SYNDICAT SECONDAIRE

A – Quand peut-on créer un syndicat secondaire ?

2) Création originaire ou en cours de vie de la copropriété. La loi parle d'une décision d'assemblée, ce qui suppose que la copropriété préexiste. Mais la Cour de cassation a admis que la constitution d'un syndicat secondaire pouvait être prévue dans le règlement de copropriété (pour une application pratique, V. not. les formules publiées par M. D. Sizaire : *JCP* N 1971, I, 2392). Pour qu'il prenne naissance, il suffit que deux bâtiments distincts soient achevés au moment où il se constitue, et il se trouve effectivement constitué de manière licite dès que deux de ses lots appartiennent à des personnes différentes (▪ Cass. 3e civ., 19 nov. 2015, n° 14-21.002 : *JurisData* n° 2015-025952 ; *Loyers et copr.* 2016, n° 25, note G. Vigneron ; *Administrer* févr. 2016, p. 45, obs. J.-R. Bouyeure ; *AJDI* 2016, p. 517, note N. Le Rudulier).

Toutefois, dans un cas où le règlement de copropriété prévoyait la constitution immédiate d'un syndicat secondaire dès la construction du bâtiment A, la clause a été déclarée illicite, au motif que les bâtiments B et C prévus par le règlement n'avaient pas été édifiés (▪ CA Douai, 1re ch., 2e sect., 6 déc. 2006 : *Rev. Administrer* juin 2007, p. 57, obs. J.-R. Bouyeure, confirmé par ▪ Cass. 3e civ., 20 nov. 2007, n° 07-12.000).

Il a été jugé que l'existence d'un syndicat secondaire pouvait être déduite de l'interprétation du règlement : si le règlement a clairement posé le principe d'une gestion autonome pour l'un des bâtiments avec spécialisation des charges, ce bâtiment constitue un syndicat secondaire même si l'expression « syndicat secondaire » n'est pas utilisée (▪ Cass. 3e civ., 17 juin 2014, n° 13-15.069 : *Administrer* oct. 2014, p. 47, obs. J.-R. Bouyeure).

Selon une décision postérieure, qui fait une appréciation plus stricte, le fait que le règlement de copropriété prévoie des parties communes spéciales et des répartitions de charges spéciales sur lesquelles seuls les copropriétaires concernés sont appelés à délibérer ne suffit pas à caractériser la création d'un syndicat secondaire (▪ Cass. 3e civ., 14 mars 2019, n° 18-10.214, publié au *Bull.* : *JurisData* n° 2019-003775 ; *Loyers et copr.* 2019, comm. 88, note C. Coutant-Lapalus ; *Administrer* mai 2019, p. 40, obs. J.-R. Bouyeure ; *Rev. loyers* 2019, p. 194, note V. Zalewski-Sicard). Selon cette décision la création d'un syndicat secondaire ne peut résulter que d'une stipulation expresse du règlement. Dans la ligne de cette décision il a été jugé que le syndicat secondaire n'a pas d'existence légale dès lors que le règlement de copropriété n'en prévoit pas. Le fait qu'un bâtiment à usage de garage soit une partie commune spéciale soumise à une gestion séparée n'est pas suffisant pour constituer un syndicat secondaire (▪ Cass. 3e civ., 12 sept. 2019, n° 18-15.242 : *Administrer* déc. 2019, p. 54, note J.-R. Bouyeure).

• Sur l'impossibilité de déroger dans le règlement à la condition de pluralité de bâtiments, V. *infra*, L. 10 juill. 1965, art. 27, comm. n° 4, p. 499.

La procédure de création d'un syndicat secondaire est différente de celle de la scission de copropriété (V. pour une confusion engendrée par la superposition des deux procédures, ▪ Cass. 3e civ., 3 nov. 2016, n° 15-24.521 : *JurisData* n° 2016-022936 ; *Loyers et copr.* 2017, comm. 28, note A. Lebatteux).

B – À quelles conditions peut-on créer un syndicat secondaire ?

1° Pluralité de bâtiments

3) Notion. Le texte exige qu'il y ait « plusieurs bâtiments », et la jurisprudence a eu à se pencher sur le sens de cette expression (sur le rappel de l'exigence relative à l'existence de bâtiments distincts, V. ▪ Cass. 3e civ., 2 déc. 2009, n° 08-19.870 : *AJDI* 2010, p. 472, note P. Capoulade). Il en a été ainsi déduit que le bâtiment érigé en syndicats secondaires devait comprendre au moins deux copropriétaires. Il est exclu que le propriétaire de tous les lots d'un bâtiment puisse solliciter et obtenir la création d'un syndicat secondaire (▪ Cass. 3e civ., 28 janv. 2016, n° 14-29.582 : *Administrer* mai 2016, p. 46). La simple division d'un lot de copropriété ne peut néanmoins donner naissance à un nouveau syndicat (▪ Cass. 3e civ., 18 janv. 2018, n° 16-26.072 : *Loyers et copr.* 2018, n° 2, comm. 49, Ch. Coutant-Lapalus ; *Rev. loyers* 2018, n° 984, obs. V. Zalewski-Sicard).

Il faut que la copropriété soit composée de plusieurs bâtiments indépendants, ce qui suppose que chacun des bâtiments comporte un gros œuvre autonome (▪ Cass. 3e civ., 26 mai 2016, nos 15-14.475 et 15-17.190, publié au *Bull.* : *Loyers et copr.* 2016, comm. 185, note G. Vigneron ; *Rev. loyers* 2016, p. 338, note V. Zalewski-Sicard ; *Administrer* août-sept. 2016, p. 68, note J.-R. Bouyeure). La Cour de cassation a jugé qu'on ne peut pas parler de pluralité de bâtiments dans le cas de deux immeubles, dont le gros œuvre est le même et dont le sous-sol et le rez-de-chaussée sont intégralement occupés par un seul et même local commercial si bien qu'ils ne peuvent pas être considérés comme indépendants (▪ Cass. 3e civ., 23 janv. 1973 : *Gaz. Pal.* 1973, 1, p. 334 ; V. dans le même sens : ▪ Cass. 3e civ., 26 févr. 1997, n° 95-12.709 : *Loyers et copr.* 1997, n° 247, note G. Vigneron ; *RD imm.* 1997, p. 290, obs. P. Capoulade : selon cette décision l'unicité du gros œuvre empêche de constituer un syndicat secondaire).

La cour de Paris a jugé de son côté que deux immeubles imbriqués l'un dans l'autre au niveau des appartements, et dont les rez-de-chaussée composent un seul ensemble de locaux commerciaux, ne peuvent pas être érigés en syndicats secondaires (▪ CA Paris, 28 juin 1989 : *D.* 1989, inf. rap. p. 238). Mais le fait que deux bâtiments soient mentionnés comme étant « imbriqués » dans le règlement de copropriété n'est pas un obstacle à la constitution de syndicats secondaires, si cette « imbrication » a cessé à la suite de l'obturation des communications entre ces deux bâtiments (▪ Cass. 3e civ., 14 janv. 2016, n° 14-25.987 : *JurisData* n° 2016-000429 ; *Loyers et copr.* 2016, n° 80, note G. Vigneron ; *Administrer* avr. 2016, p. 49, note J.-R. Bouyeure).

La cour d'appel de Lyon a estimé pour sa part que deux bâtiments ne sont pas indépendants lorsqu'ils sont desservis par une cage d'escalier unique, et qu'au surplus ils constituent un ensemble architectural dont l'entretien et la conservation nécessitent une unité de gestion de la part de la copropriété (▪ CA Lyon, 22 janv. 1981 : *Rev. loyers* 1981, p. 325 ; *JCP* N 1983, II, p. 80).

Tout est donc ici question d'espèce. Mais on peut du moins retenir que les bâtiments ne sont séparés qu'en cas d'*indépendance physique et de gestion autonome possible*, ce qui interdit de considérer les cages d'escalier d'un même bâtiment comme « plusieurs bâtiments ». (En ce sens : ▪ CA Versailles, 1re ch., 16 mai 1991 : *Bull. inf. C. cass.* 1991, n° 1497. ▪ CA Paris, 23e ch. B, 25 mai 1990 : *Rev. Administrer* août-sept. 1990, p. 61). De même, une division en « groupes » de lots (boutiques, caves...) ne peut pas donner le jour à des syndicats secondaires au sens de la loi, dans un immeuble où ces « groupes » restent imbriqués (▪ CA Paris, 11 févr. 1994 : *Loyers et copr.* juill. 1994, n° 310). – Sur la possibilité de constituer un syndicat secondaire pour la gestion des lots de garage dès lors qu'ils forment un corps de bâtiment matériellement distinct alors même que la toiture reste commune (V. ▪ CA Paris, 23e ch., 15 janv. 1993 : *Loyers et copr.* 1993, n° 194 ; *RD imm.* 1993, p. 269, obs. C. Giverdon).

En dernier lieu, un arrêt de la Cour de cassation a adopté une position libérale en admettant que la création d'un syndicat secondaire exige des « constructions matériellement distinctes et indépendantes les unes des autres pour permettre une gestion particulière sans qu'il résulte de difficultés pour l'ensemble de la copropriété, peu important que ces constructions soient desservies par des équipements ou des aménagements communs ». La constitution d'un syndicat secondaire a été déclarée possible en l'espèce malgré l'existence d'un garage en sous-sol contenant des locaux techniques accessibles depuis plusieurs bâtiments (▪ Cass. 3e civ., 12 juill. 2018, n° 17-26.133, publié au *Bull.* : *JurisData* n° 2018-012425 ; *Administrer* nov. 2018, p. 36, note J.-R. Bouyeure).

Un syndicat secondaire ne peut être composé que de l'ensemble des lots de plusieurs bâtiments et non pas de certains des lots de plusieurs bâtiments (▪ CA Paris, 14e ch. B, 28 nov. 2008 : *JurisData* n° 2008-374169).

Lorsqu'un immeuble est surélevé, on ne peut considérer que les étages supplémentaires sont de plein droit constitués en syndicat secondaire (▪ Cass. 3e civ., 2 oct. 2001, n° 00-12.525 : *Defrénois* 2001, p. 1512, note C. Atias ; *Administrer* févr. 2002, p. 40, obs. J.-R. Bouyeure). Ils s'intègrent dans le syndicat existant.

2° *Pluralité « d'entités homogènes »*

4) Notion « d'entités homogènes ». L'ordonnance n° 2019-1100 du 30 octobre 2019 a introduit dans l'article 27 une nouvelle notion : celle d'« entités homogènes ». Elle se réfère à des critères fonctionnels et non pas de nature structurelle (critère jusqu'ici appliqué par la jurisprudence). Doit être considérée comme une « entité homogène » celle qui est « susceptible d'une gestion autonome ». Dès lors tous locaux ou groupements de locaux susceptibles d'être gérés de façon autonome peuvent constituer un syndicat secondaire : ce peut être le cas par exemple d'un parking en infrastructure situé sous plusieurs bâtiments en superstructure (V. J.-R. Bouyeure et P. Baudouin, *Commentaire de l'ordonnance du 30 octobre 2019 : Administrer* déc. 2019, p. 30).

3° *Sanction en l'absence de pluralité de bâtiments ou d'entités homogènes*

5) Nullité de la création du syndicat secondaire. Le règlement de copropriété ne peut pas déroger à l'exigence d'une pluralité de bâtiments, posée par la loi pour que puisse être constitué un syndicat secondaire (▪ Cass. 3e civ., 20 nov. 2007, n° 07-12.000 : *Rev. Administrer* févr. 2008, p. 36, obs. J.-R. Bouyeure).

Est nulle la constitution de syndicats secondaires créés par le règlement de copropriété en même temps que le syndicat principal, s'il apparaît que la condition de « pluralité de bâtiments » exigée par la loi n'est pas remplie, les immeubles concernés étant imbriqués et d'un seul tenant (▪ Cass. 3e civ., 26 mai 2016, nos 15-14.475 et 15-17.190, publié au *Bulletin* : *JurisData* n° 2016-010 025. ▪ Cass. 3e civ., 20 mai 2009, nos 07-22.051, 08-10.043, 08-10.495 : *Bull. civ.* III, n° 113 ; *Loyers et copr.* 2009, comm. 218, obs. G. Vigneron ; *JCP* G 2099, n° 42, p. 43, chron. H. Périnet-Marquet ; *Rev. loyers* 2009, p. 296, note J.-M. Roux ; *Rev. Administrer* août-sept. 2009, p. 59, obs. J.-R. Bouyeure ; *Ann. loyers* 2009, p. 2144, chron. C. Atias confirmant ▪ CA Paris, 23e ch. B, 11 oct. 2007 : *Loyers et copr.* 2008, comm. 22, note G. Vigneron ; *AJDI* 2008, p. 39).

Selon l'arrêt précité de la Cour de cassation du 20 mai 2009, même s'ils ont été institués par une clause du règlement ultérieurement réputée non écrite, les syndicats secondaires n'en ont pas moins acquis, dès leur constitution et jusqu'à la décision ordonnant leur suppression, une personnalité juridique opposable aux tiers. La mise en cause de leur existence n'a dont pas d'effet rétroactif.

C – Décision d'une assemblée spéciale

6) Convocation d'une assemblée spéciale. Lorsque les conditions posées par la loi sont réunies (V. nos 3 et 4) il faut et il suffit que les copropriétaires, dont les lots composent un bâtiment ou une « entité homogène » soient convoqués en *assemblée* afin de décider de constituer un syndicat secondaire. La réunion de cette assemblée spéciale est indispensable. L'assemblée générale n'a pas de compétence en la matière (▪ Cass. 3e civ., 8 juin 2006, n° 05-11.190 : *Bull. civ.* III, n° 141 ; *Loyers et copr.* 2006, comm. 190, obs. G. Vigneron ; *Rev. Administrer* nov. 2006, p. 59, obs. J.-R. Bouyeure ; *Rev. loyers* 2006, p. 348, note

J.-M. Roux, cassant ▪ CA Paris, 23e ch. B, 21 oct. 2004 : *Rev. Administrer* mai 2005, p. 51, note crit. J.-R. Bouyeure. ▪ Cass. 3[e] civ., 22 sept. 2004 : *Bull. civ.* III, n° 156 ; *JCP* G 2004, IV, 3078 ; *Constr.-Urb.* 2005, comm. 66, note D. Sizaire ; *Loyers et copr.* 2004, comm. 214, obs. G. Vigneron ; *Rev. loyers* 2004, p. 713, note Th. Dubaele ; *Rev. Administrer* nov. 2004, p. 40, obs. J.-R. Bouyeure. ▪ Cass. 3e civ. 30 nov. 2023, n° 22-21.579 : *Loyers et copr.* 2024, n° 1, comm. 13, A. Lebatteux ; *Rev. Loyers* 2024, n° 1043, obs. V. Zalewski-Sicard).

En l'absence d'assemblée spéciale, la constitution du syndicat secondaire doit être déclarée nulle (▪ CA Paris, 23e ch. B, 24 mai 2007 : *Loyers et copr.* 2007, comm. 184, note G. Vigneron).

La convocation s'effectue selon les modalités de droit commun. (contra : une décision (critiquable) de la cour de Paris (▪ 23e ch. B, 8 nov. 2007 : *AJDI* 2008, p. 132), selon laquelle l'assemblée spéciale pourrait être convoquée par tout mandataire des copropriétaires du futur syndicat secondaire et non pas nécessairement par le syndic du syndicat principal).

Le juge des référés n'est pas compétent pour statuer sur la demande d'un copropriétaire tendant à être habilité, en cas de carence du syndic, à convoquer une assemblée en vue d'autoriser la constitution d'un syndicat secondaire, dès lors qu'il existe une contestation sérieuse sur l'existence de bâtiments distincts (▪ Cass. 3e civ., 2 déc. 2009, n° 08-19.870 : *Rev. loyers* 2010, p. 87 ; *Rev. Administrer* mars 2010, p. 48, obs. J.-R. Bouyeure).

Voir : D. 17 mars 1967, art. 7 et s., p. 692.

7) Majorité requise. Depuis la modification de l'article 27, alinéa 1er par l'ordonnance du 30 octobre 2019 précitée, la décision doit être prise à « la majorité des voix de tous les copropriétaires », alors que l'ancien texte visait les « conditions de majorité prévues à l'article 25 ». De la nouvelle rédaction de l'article 25-1 de la loi (V. ce texte), issue également de l'ordonnance du 30 octobre 2019, il résulte que si le projet de décision n'a pas été adopté mais qu'il a recueilli en première lecture au moins le tiers des voix de tous les copropriétaires, il pourra être procédé immédiatement à un vote en seconde lecture à la majorité prévue à l'article 24 de la loi (majorité des voix exprimées des copropriétaires présents, représentés ou ayant voté par correspondance).

Conformément à un principe bien établi en droit de la copropriété, la décision ne peut être implicite (▪ Cass. 3e civ., 8 juin 2006, préc.) : la décision d'une assemblée de copropriétaires fixant un classement en parties communes générales et parties communes spéciales à chaque bâtiment n'opère pas création de syndicats secondaires (▪ CA Versailles, 17 nov. 1995 : *RD imm.* 1996, p. 416, obs. C. Giverdon).

Si le syndicat secondaire n'a pas été régulièrement institué, peu importe que sa création ait été publiée au fichier immobilier. Sa constitution n'est pas opposable au syndicat des copropriétaires (▪ CA Paris, pôle 4, 2e ch., 10 sept. 2014 : *JurisData* n° 2014-031785 ; *Loyers et copr.* 2015, comm. 26, obs. G. Vigneron).

Le procès-verbal est notifié aux absents et opposants concernés par l'assemblée spéciale, et donc n'est pas notifié aux copropriétaires des autres bâtiments. Ceux-ci peuvent donc, s'ils y ont intérêt, attaquer en justice la décision de création de syndicat secondaire pendant dix ans (art. 42, al. 1 de la loi, *infra*), tandis que les propriétaires du bâtiment concerné n'auront que deux mois pour le faire (art. 42, al. 2 de la loi, *infra*. ▪ CA Paris, 4 mai 1979 : *D.* 1980, inf. rap. p. 450. – *Contra*, ▪ CA Paris, 23e ch., 5 févr. 1993 : *Loyers et copr.* 1993, n° 240 qui estime que la décision de créer un syndicat secondaire s'impose aux copropriétaires des autres bâtiments sans qu'ils puissent exercer de recours contre l'assemblée).

La loi ne soumet la création d'un syndicat secondaire à aucune autre condition que celles décrites ci-dessus.

Il a été admis qu'un syndicat secondaire pouvait être constitué dans le seul but de permettre aux copropriétaires du bâtiment concerné de ne plus participer qu'aux seules charges de copropriété propres à ce bâtiment : en l'espèce, les copropriétaires d'un bâtiment sur cour avaient créé un syndicat secondaire pour ne pas avoir à participer aux charges du ravalement d'un bâtiment sur rue (▪ CA Paris, 23e ch. B, 1er déc. 1989 : *Loyers et copr.* févr. 1990, n° 98).

À partir du moment où il a été créé, le syndicat existe, sans qu'il y ait à s'attacher au fait que les copropriétaires qui en sont membres ne se sont jamais réunis en assemblée (▪ CA Paris, 23e ch. B, 13 mars 2008 : *AJDI* 2008, p. 401).

II – CONTESTATION DE LA CRÉATION DU SYNDICAT SECONDAIRE

8) Action introduite par un copropriétaire. La Cour de cassation a admis qu'un copropriétaire membre du syndicat principal pouvait faire annuler la création d'un syndicat secondaire, au motif qu'en l'absence de pluralité de bâtiments il n'avait pas été constitué régulièrement. Selon cette décision, cette action peut être introduite dans le délai prévu par l'article 42, alinéa premier de la loi du 10 juillet 1965 (actuellement 5 ans), le délai de contestation de 2 mois édictés par l'alinéa 2 de ce même texte n'étant pas ici applicable (▪ Cass. 3e civ., 26 mai 2016, n°s 15-14.475 et 15-17.190, publié au *Bull.* ; *JurisData* n° 2016-010025 ; *Loyers et copr.* 2016, comm. 185, note G. Vigneron ; *Rev. loyers* 2016, p. 338, note V. Zalewski-Sicard ; *Administrer* août-sept. 2016, p. 68, note J.-R. Bouyeure ; *AJDI* 2016, p. 842, note Y. Rouquet. ▪ CA Paris, P. 4, ch. 2, 19 avr. 2023, n° 20/01754 : *Administrer* juill. 2023, n° 577, p. 59, obs. P. Déchelette-Tolot). Antérieurement il a été jugé qu'un copropriétaire ne pouvait contester la qualité à agir du syndicat de copropriétaires secondaire en soutenant que celui-ci avait été constitué en fraude de l'article 27 de la loi du 10 juillet 1965, dès lors que la décision de constitution de ce syndicat, votée par le copropriétaire en assemblée spéciale, était devenue définitive en l'absence de tout recours en annulation dans le délai de deux mois prévus à l'article 42, alinéa 2 de cette même loi (▪ CA Versailles, 30 mai 2013, n° 13-01.968 : *Rev. loyers* 2013, p. 359).

9) Action introduite par le syndic du syndicat principal. Est recevable l'action en contestation de la création du syndicat secondaire introduite par le syndicat principal, et par le syndic de ce syndicat agissant à titre personnel dès lors que cette action ne tend pas à l'annulation d'une assemblée générale mais au libre exercice de leurs droits et obligations qu'affecterait la constitution du syndicat secondaire. En l'espèce les demandeurs soutenaient que les deux « réunions » constitutives du syndicat secondaire ne pouvaient être considérées comme des « assemblées » au sens de la loi du 10 juillet 1965 (▪ Cass. 3e civ., 10 avr. 2013, n° 12-17.194 : *JurisData* n° 2013-006923 ; *Administrer* août-sept. 2013, p. 62, obs. J.-R. Bouyeure).

III – CONSÉQUENCE DE LA CRÉATION D'UN SYNDICAT SECONDAIRE

10) Subsistance du syndicat principal. Il faut observer que la création du syndicat secondaire *ne constitue pas* ipso facto *les autres bâtiments en syndicats secondaires* (même si, par la force des choses, il en est ainsi, en fait, pour divers aspects de la gestion des immeubles). Si les autres bâtiments ne décident pas de créer eux-mêmes des syndicats secondaires, ils continuent à être gérés par le syndicat principal, qui comprend tous les copropriétaires (▪ Cass. 3e civ., 26 janv. 2005, n° 03-12.690, ; *Rev. Administrer* nov. 2005, p. 39, obs. J.-R. Bouyeure. ▪ CA Paris, 4 mai 1979, cité *supra*).

11) Spécialisation des charges. La création d'un syndicat secondaire implique nécessairement une différenciation des charges, puisqu'elle a pour principe d'isoler la gestion et la conservation de l'immeuble considéré (▪ Cass 3e civ., 5 avr. 2018, n° 17-14.611 : *JurisData* n° 2018-7581 ; *Loyers et copr.* 2018, comm. 168, note A. Lebatteux ; *Administrer* juin 2018, p. 43, obs. J.-R. Bouyeure). Trois catégories de charges doivent en conséquence être définies : les charges générales du syndicat principal ; les charges propres au syndicat secondaire ; les charges propres aux bâtiments qui ne sont pas érigés en syndicats secondaires (G. Gil, étude préc.). Cette modification des charges doit être consacrée par une modification du règlement de copropriété (▪ Cass. 3e civ., 5 avr. 2018, préc.).

Si des charges spéciales à chaque bâtiment n'ont pas été prévues dans le règlement de copropriété d'origine, il faut donc en établir le décompte et la répartition.

Après bien des discussions, la Cour de cassation a fini par juger que, cette nouvelle ventilation-répartition étant la conséquence nécessaire de la création d'un syndicat secondaire, elle peut être adoptée à la même majorité que celle qui décide de cette création, c'est-à-dire celle de l'article 25 de la loi *(supra)* (▪ Cass. 3e civ., 10 mars 1981, n° 79-15.801 : *Bull. civ.* III, n° 51, p. 39).

Cette nouvelle répartition des charges prend effet au jour de la décision de création du syndicat secondaire (▪ CA Paris, 17 janv. 1975 et ▪ TGI Paris, 29 avr. 1977, cités par Baudoin et Bouyeure : *AJPI* 1981, p. 726, dans leur étude sur « *Les syndicats secondaires de copropriété* »). Néanmoins, de manière assez étonnante, la cour d'appel de Paris a pu estimer incertaine la créance d'un syndicat secondaire en raison de la contestation de la décision ayant emporté sa création (▪ CA Paris, pôle 4, ch. 2, 24 avr. 2024, n° 20/08195 : *Administrer* juin 2024, p. 43, P. Déchelette-Tolot).

L'article 27 de la loi n'exige pas que la décision de création du syndicat secondaire et l'établissement de la nouvelle répartition des charges soient simultanément votés, mais cette nouvelle répartition des charges prend effet de plein droit à la date de création du syndicat secondaire, alors même qu'elle n'aurait été votée que quelques années plus tard (▪ CA Paris, 23e ch. A, 17 avr. 1996 : *Loyers et copr.* juill. 1996, n° 321).

Le syndicat principal dont sont membres tous les copropriétaires ne peut demander le paiement des charges communes générales au syndicat secondaire, qui n'est pas membre du syndicat principal. Le syndicat secondaire procède au recouvrement des dépenses relatives à son objet, à savoir la gestion interne de son bâtiment (▪ CA Paris, pôle 4, 2e ch., 17 mars 2010 : *JurisData* n° 2010-010443 ; *Loyers et copr.* 2010, comm. 300, obs. G. Vigneron).

IV – FONCTIONNEMENT ET EXISTENCE DU SYNDICAT SECONDAIRE

12) Objet du syndicat secondaire. *L'objet des syndicats secondaires* est limité à la gestion, à l'entretien et à l'amélioration des bâtiments pour lesquels ils ont été constitués. Ils ne sont donc pas recevables à agir en justice pour la défense des intérêts relevant de l'ensemble de la copropriété (■ Cass. 3e civ., 1er déc. 1982 : *JCP* N 1983, II, p. 266 et s., obs. B. Stemmer ; *Rev. Administrer* mai 1983, p. 42. ■ Cass. 3e civ., 23 nov. 2023, n° 22-11.047 : *Loyers et copr.* 2024, n° 01, comm. 16). Ils ne peuvent agir que pour la défense des intérêts qui leur sont propres (V. pour un syndicat secondaire composé des copropriétaires d'un centre commercial, ■ Cass. 3e civ., 8 oct. 2015, n° 14-16.686 : *Administrer* janv. 2016, p. 38, note J.-R. Bouyeure) et, par exemple, agir en garantie des vices et malfaçons affectant l'immeuble pour lequel ils ont été constitués (■ Cass. 3e civ., 4 déc. 1979 : *JCP* N 1980, prat. p. 611).

Le texte ayant un caractère d'ordre public, cet objet peut être étendu mais non pas restreint (■ CA Versailles, 1re ch., 16 mai 1991 : *RD imm.* 1991, p. 509).

Le syndicat secondaire ne peut voter sur une question qui n'entre pas dans son objet initial si l'assemblée générale du syndicat principal ne s'est pas prononcée sur l'extension de cet objet (■ Cass. 3e civ., 28 janv. 1998 : *Loyers et copr.* mai 1998, n° 144 ; *RD imm.* 1998, p. 299, obs. P. Capoulade). Il ne peut, par exemple, voter une charge relevant des charges communes, décision qui relève de la seule compétence du syndicat principal (■ CA Grenoble, 2e ch. civ., 13 janv. 2009 : *JurisData* n° 2009-375561).

Mais un bâtiment ne conquiert son autonomie qu'à partir du moment où un syndicat secondaire a été véritablement et valablement créé. Ainsi, les copropriétaires d'une cage d'escalier – si tant est que l'on puisse spécialiser la propriété d'un escalier – ne sauraient se grouper pour décider entre eux d'une installation de fermeture de leur porte d'entrée, sinon sur délégation de l'assemblée et sans pouvoir prendre de décision susceptible de porter atteinte aux modalités de jouissance des autres copropriétaires sur les parties communes, cette réunion informelle étant sans portée en l'absence d'un syndicat secondaire régulièrement constitué (■ CA Paris, 25 mai 1990 : *Rev. Administrer* août-sept. 1990, p. 61).

Aucun des syndicats, principal et secondaire, ne peut empiéter sur le domaine de compétence de l'autre. La décision du syndicat principal prise dans un domaine qui est du ressort du syndicat secondaire serait nulle (■ CA Paris, 25 sept. 1980 : Journ. not. 1981, art. 56177, p. 810. ■ CA Paris, 23e ch. B, 1er mars 1984 : *D.* 1984, inf. rap. p. 411, obs. Giverdon. ■ CA Aix-en-Provence, 13 nov. 1997 : *D.* 1998, inf. rap. p. 123, obs. Atias) – et inversement.

Le syndicat principal est irrecevable à demander le paiement des charges communes générales au syndicat secondaire, qui n'est pas membre du syndicat principal. Chacun des syndicats décide et recouvre les charges entrant dans son champ de compétence (■ CA Paris, pôle 4, 2e ch. 17 mars 2010 : *Rev. Administrer* juin 2010, p. 59, obs. J.-R. Bouyeure). Cependant la Cour de Paris a considéré à plusieurs reprises comme valable une délégation de recouvrement des charges communes générales donnée par le syndicat principal à un syndicat secondaire qui l'a acceptée (■ CA Paris, 24 juill. 2019, n° 17-16.339 : *Administrer* déc. 2019, p. 55, note J.-R. Bouyeure. ■ CA Paris, pôle 4, ch. 2, 27 janv. 2016, n° 13-08.199 : *Administrer* juin 2016, p. 48, note J.-R. Bouyeure. ■ CA Paris, pôle 4, 4 nov. 2015, n° 13/24390 : *Administrer* févr. 2016, p. 43, note J.-R. Bouyeure. ■ CA Paris, pôle 4, 2e ch., 28 mars 2012 : *JurisData* n° 2012-007569 ; *Loyers et copr.* 2012, comm. 246, note G. Vigneron).

Si le syndicat secondaire peut autoriser la construction d'un auvent sur une terrasse, puisqu'il est titulaire du droit de surélever les parties communes spéciales, l'autorisation du syndicat principal est également requise, dès lors que l'ouvrage modifie l'aspect extérieur de l'ensemble immobilier (■ Cass. 3e civ., 21 janv. 2014, n° 12-26.657 : *Administrer* mai 2014, p. 51, note J.-R. Bouyeure).

13) Assemblées du syndicat secondaire. Syndic. Les décisions du syndicat secondaire sont prises en *assemblée particulière de ce syndicat*, et non dans et au cours de l'assemblée du syndicat principal (■ CA Paris, 25 sept. 1980 : *D.* 1981, inf. rap. p. 397. ■ CA Paris, 1er mars 1984 : *D.* 1984, inf. rap. p. 411. ■ CA Paris, 1re ch. G, 6 mai 1998 : *D.* 1999 somm. p. 75, note C. Atias).

D'une façon générale, le syndicat secondaire fonctionne exactement comme le syndicat principal, a la même personnalité morale, peut devenir syndicat coopératif, agit en justice, etc., le tout dans la seule limite de son objet.

Il peut avoir un *syndic différent de celui du syndicat principal* (■ CA Aix-en-Provence, 13 nov. 1997 : *D.* 1998, somm. p. 123, note C. Atias).

Les actions en nullité des assemblées du syndicat secondaire ou des décisions prises par lui doivent être intentées contre ce syndicat représenté par son propre syndic et non contre le syndicat principal (■ Cass. 3e civ., 2 déc. 2009, n° 08-22.105).

Voir : sur les conditions dans lesquelles ce syndic peut être nommé ou révoqué, L. 10 juill. 1965, art. 25, comm. nos 33 à 33, p. 449.

14) Conseil syndical. Le syndicat secondaire est *représenté au conseil syndical du syndicat principal*, s'il en existe un. Cette fois, c'est le syndicat – et non ses membres – qui figure en tant que tel au conseil syndical du syndicat principal.

15) Règlement de copropriété. Il n'y a pas, en principe, à établir un règlement de copropriété propre au syndicat secondaire.

Mais la création de celui-ci entraîne des modifications qui rendent nécessaire, en principe, une *« mise à jour » du règlement de copropriété général* ; il faudra mentionner l'existence du syndicat secondaire, la modification qui s'ensuit dans la gestion de la copropriété, la ventilation nouvelle des charges, etc.

Par analogie avec la solution évoquée ci-dessus, on pourrait estimer que la majorité de l'article 25 de la loi, suffisante pour créer le syndicat secondaire et modifier les charges en conséquence, est suffisante également pour procéder à ces modifications du règlement de copropriété. On note cependant qu'une partie de la doctrine (citée par *JCl. Copropriété*, Fasc. 82, n° 81) estime devoir, éventuellement, exiger la majorité prévue par l'article 26 de la loi.

L'existence du syndicat secondaire ne dépend pas de l'accomplissement des formalités de publicité foncière, en particulier de la publication du règlement (▪ Cass. 3e civ., 4 févr. 2004 : *Rev. Administrer* mai 2004, p. 39, note P. Capoulade).

16) Actions en justice. Lorsque l'action à introduire concerne l'objet du syndicat secondaire il a seul qualité pour agir : ainsi en cas d'incendie du bâtiment administré par le syndicat secondaire (▪ Cass. 3e civ., 11 mai 2000 : Loyers et copr. 2000, comm. 201 ; *Bull. civ.* III, n° 102 ; *Rev. loyers* 2000, p. 373, obs. J.-M. Gélinet ; *RD imm.* 2000, p. 394, note P. Capoulade). Il peut ainsi faire tierce opposition à une décision afin de faire juger qu'une terrasse a le caractère d'une partie commune (▪ Cass. 3e civ., 2 oct. 2012, 11-21.050 : *AJDI* 2012, p. 868). Le syndic doit être doté d'une autorisation régulière (V. art. 55 du décret), faute de quoi son action est irrecevable et celle du syndicat principal l'est également, son syndic ne pouvant se substituer à celui du syndicat secondaire (▪ CA Paris, 1re ch. G, 6 mai 1998 : *JurisData* n° 1998-021480 ; *D.* 1999, somm. p. 75, obs. C. Atias ; *Defrénois* 1998, art. 36903, p. 1457, obs. C. Atias). Mais en cas d'existence d'un syndicat secondaire, le syndicat principal conserve le droit d'agir pour la défense des intérêts propres à l'ensemble de la copropriété (▪ Cass. 3e civ., 11 mai 2000, préc.). Le syndicat principal peut agir à l'encontre du syndicat secondaire s'il apparaît que sa création porte atteinte à l'exercice de ses droits et obligations (▪ Cass. 3e civ., 10 avr. 2013, n° 12-17.194 : *JurisData* n° 2013-006923 ; *Loyers et copr.* 2013, comm. 192, obs. G. Vigneron). En l'absence de spécialisation des charges, l'action en paiement du syndicat secondaire n'est pas recevable (▪ CA Paris, p. 4, ch. 2, 3 avr. 2024, n° 20/08117 : *Administrer* mai 2024, p. 49, obs. P. Déchelette-Tolot).

Jugé que, dès lors qu'un propriétaire du lot aux droits duquel se trouve un syndicat secondaire créé postérieurement était, avant la création de cette copropriété secondaire, en droit d'agir contre un autre copropriétaire en suppression de plusieurs ouvrages, le délai de prescription de dix ans institué à l'article 42 de la loi du 10 juillet 1965, invoqué par le défendeur assigné par le syndicat secondaire a pu courir et être opposé à ce dernier (▪ Cass. 3e civ., 16 nov. 1982 : *Bull. civ.* III, n° 225, p. 171).

V – PARTICIPATION DU SYNDICAT SECONDAIRE À L'ASSEMBLÉE DU SYNDICAT PRINCIPAL

A – Absence de mandat au président du conseil syndical

17) Assemblées du syndicat principal. Le syndicat secondaire ne saurait, à l'*assemblée du syndicat principal*, se substituer aux copropriétaires qu'il regroupe (Rép. min. : *JOAN* 29 juin 1978, p. 3625). Un arrêt de la cour d'appel de Paris du 23 février 1996 (▪ CA Paris, 23 févr. 1996 : *Loyers et copr.* 1996, n° 278) confirme qu'à l'assemblée du syndicat principal, tous les copropriétaires composant un syndicat secondaire doivent être convoqués.

Le syndic d'un syndicat principal qui gère ce syndicat comme s'il était constitué des seuls syndicats secondaires et non pas des copropriétaires eux-mêmes viole la loi du 10 juillet 1965 et commet une faute dont il doit réparation (▪ TGI Paris, 8e ch. 1, 15 avr. 2008 : *Rev. Administrer* mai 2009, p. 53, obs. J.-R. Bouyeure).

Par ailleurs, le syndic du syndicat secondaire n'a aucune qualité pour procéder à la convocation d'une assemblée du syndicat principal (▪ CA Paris, 23e ch. B, 18 sept. 2008 : *AJDI* 2009, p. 135).

Un syndicat secondaire n'a pas qualité pour agir en nullité d'une décision du syndicat principal (▪ CA Paris, 18 nov. 2009, n° 08/17982 : *AJDI* 2010, p. 477, note P. Capoulade).

B – Mandat au président du conseil syndical

Bibliographie : C. Atias, *Délégation légale du droit de vote dans les syndicats principaux et dans les ASL* : *AJDI* 2014, p. 766.

18) Réforme opérée par la loi ALUR. La loi n° 2014-366 du 24 mars 2014 dite loi ALUR a organisé la représentation du syndicat secondaire à l'assemblée générale du syndicat principal (V. L. 10 juill. 1965, art. 22, II, p. 371).

L'assemblée générale du syndicat secondaire statuant à la majorité mentionnée à l'article 25 peut mandater, pour une durée d'un an, le président du conseil syndical secondaire pour représenter les copropriétaires à l'assemblée générale du syndicat principal. Un arrêt à l'époque critiqué avait admis que l'*assemblée du syndicat principal pouvait être composée des présidents des syndicats secondaires* (▪ Cass. 3e civ., 16 mai 1977 : *JCP* N 1977, II, p. 203, note Atias). La formule devient donc légale.

Cette disposition pose quelques problèmes, notamment en ce qui concerne la contestation des décisions de l'assemblée (V. J.-M. Roux, *Fonc-*

tionnement des copropriétés : Loyers et copr. mai 2014, n° spécial, étude 3, n°s 127 à 132).

À partir du moment où la personne pouvant être déléguée à l'assemblée générale du syndicat principal est désignée par la loi, qui est d'ordre public, les clauses du règlement de copropriété prévoyant des modalités de représentation autres sont devenues illicites.

19) Fonctionnement de la délégation. Cette délégation fonctionnera de la façon suivante :

– pour les décisions inscrites à l'ordre du jour de l'assemblée générale du syndicat principal nécessitant un vote relevant de l'article 24, le mandat confié au président du conseil syndical secondaire emporte délégation de vote de tous les copropriétaires ;

– pour les décisions inscrites à l'ordre du jour de l'assemblée générale du syndicat principal nécessitant la majorité mentionnée aux articles 25 ou 26 ou l'unanimité, le président du conseil syndical secondaire ne peut prendre part au vote que s'il dispose d'une délibération de l'assemblée générale du syndicat secondaire se prononçant sur cette décision aux majorités requises par la loi du 10 juillet 1965.

20) Compte rendu d'activité et renouvellement du mandat. Le président du conseil syndical secondaire doit rendre compte de son activité à chaque assemblée générale du syndicat secondaire. Le renouvellement de son mandat est inscrit chaque année à l'ordre du jour de l'assemblée générale.

Art. 28 *(Rempl., L. n° 2000-1208, 13 déc. 2000 ; mod., L. n° 2014-366, 24 mars 2014).* **– I. – Lorsque l'immeuble comporte plusieurs bâtiments et que la division de la propriété du sol est possible :**

_a)_ Le propriétaire d'un ou de plusieurs lots correspondant à un ou plusieurs bâtiments peut demander que ce ou ces bâtiments soient retirés du syndicat initial pour constituer une propriété séparée. L'assemblée générale statue sur la demande formulée par ce propriétaire à la majorité des voix de tous les copropriétaires ;

_b)_ Les propriétaires dont les lots correspondent à un ou plusieurs bâtiments peuvent, réunis en assemblée spéciale et statuant à la majorité des voix de tous les copropriétaires composant cette assemblée, demander que ce ou ces bâtiments soient retirés du syndicat initial pour constituer un ou plusieurs syndicats séparés. L'assemblée générale du syndicat initial statue à la majorité des voix de tous les copropriétaires sur la demande formulée par l'assemblée spéciale.

II. – Dans les deux cas, l'assemblée générale du syndicat initial statue à la même majorité sur les conditions matérielles, juridiques et financières nécessitées par la division.

L'assemblée générale du ou des nouveaux syndicats, sauf en ce qui concerne la destination de l'immeuble, procède, à la majorité de l'article 24, aux adaptations du règlement initial de copropriété et de l'état de répartition des charges rendues nécessaires par la division.

La répartition des créances et des dettes est effectuée selon les principes suivants :

1° *(Mod. à compter du 1er octobre 2016, Ord. n° 2016-131, 10 févr. 2016)* **Les créances du syndicat initial sur les copropriétaires anciens et actuels et les hypothèques du syndicat initial sur les lots des copropriétaires sont transférées de plein droit aux syndicats issus de la division auquel le lot est rattaché, en application de l'article 1346 du Code civil ;**

2° Les dettes du syndicat initial sont réparties entre les syndicats issus de la division à hauteur du montant des créances du syndicat initial sur les copropriétaires transférées aux syndicats issus de la division.

III. – Si l'assemblée générale du syndicat initial décide de constituer une union de syndicats pour la création, la gestion et l'entretien des éléments d'équipements communs qui ne peuvent être divisés, cette décision est prise à la majorité de l'article 24.

Le règlement de copropriété du syndicat initial reste applicable jusqu'à l'établissement d'un nouveau règlement de copropriété du syndicat ou de chacun des syndicats selon le cas.

La division ne prend effet que lorsque sont prises les décisions mentionnées aux alinéas précédents. Elle emporte la dissolution du syndicat initial.

IV. – *(Al. mod. à compter du 1er juin 2020, Ord. n° 2019-1101, 30 oct. 2019)* **La procédure prévue au présent article peut également être employée pour la division en volumes d'un ensemble immobilier complexe comportant soit plusieurs bâtiments distincts sur dalle, soit plusieurs entités homogènes affectées à des usages différents, pour autant que chacune de ces entités permette une gestion autonome.**

La procédure ne peut en aucun cas être employée pour la division en volumes d'un bâtiment unique.

En cas de division en volumes, la décision de constituer une union de syndicats pour la création, la gestion et l'entretien des éléments d'équipements à usage collectif est prise à la majorité mentionnée à l'article 25.

Par dérogation au troisième alinéa de l'article 29, les statuts de l'union peuvent interdire à ses membres de se retirer de celle-ci.

1) Finalité de la scission de copropriété. L'article 28 de la loi du 10 juillet 1965 a été conçu à l'origine pour permettre l'éclatement d'ensembles immobiliers trop importants en copropriétés de dimensions plus réduites.

Les principales difficultés d'application de ce texte, tenant à l'incertitude quant au régime fiscal de la scission, et à la nécessité, pour des raisons de publicité foncière, de procéder à des mainlevées-réinscriptions des hypothèques grevant les parties communes (sur ces difficultés, V. Stemmer et Bost, *Des privilèges et sûretés en droit français*, t. II, n°s 338 et s.) sont aujourd'hui résolues.

Voir : Instr. 1er août 1979, nos 117 et s. en Annexe 52, *Publicité foncière*, p. 1397.

Aussi l'utilisation de ce texte est-elle fréquente.

La scission débouchant sur la constitution de propriétés séparées, il est nécessaire d'organiser l'administration des parties d'immeubles et éléments d'équipements qui restent communs aux nouvelles propriétés ainsi créées par le moyen d'associations syndicales libres de propriétaires (V. L. art. 28, al. 4) ou d'unions de syndicats (L. art. 29 et D. art. 33 à 45).

Assez rapidement cependant, on a cherché à utiliser ce texte dans des situations qui sortaient du cadre strict fixé par le législateur : lorsque le retrait devait aboutir, non pas à créer des copropriétés séparées, mais à rendre leur autonomie au propriétaire d'une maison individuelle ou au propriétaire d'un terrain nu (par ex. le promoteur) faisant l'objet de droits privatifs (par ex., un droit de construire).

Voir : à ce propos, L. 10 juill. 1965, art. 28, comm. n° 6, p. 507.

Bibliographie : E. Kischinewsky-Broquisse, *La copropriété des immeubles bâtis*, Litec, 4e éd. 1989, nos 348 et s. – *La copropriété*, Dalloz Action 2021-2022, 9e éd. ss dir. P. Capoulade et D. Tomasin, nos 325-81 et s.

Depuis la loi du 13 décembre 2000 (loi « SRU »). P. Lebatteux, *Syndicats coopératifs, scission de copropriété et unions de syndicats : Loyers et copr.* n° hors série, mai 2001, p. 16. – J. Lafond, *Scission de copropriété : comment faire après la loi SRU ? : JCP* N 2001, p. 1539. – Du même auteur, *Scissions de copropriétés, incidences fiscales : JCP* N 2001, n° 47, p. 1718. – D. Sizaire, *Sortir d'une copropriété : la division de l'article 28 nouveau de la loi du 10 juillet 1965 : Rev. Administrer* févr. 2003, p. 6. – P. Capoulade, *La nouvelle scission de l'article 28 de la loi du 10 juillet 1965 : Inf. rap. copr.* juill.-août 2004, p. 18. – G. Delattre et C. Becqué-Deverre, *Regards sur la pratique de la scission amiable de copropriété : JCP* N 2007, n° 22-23-1186. – P. Déchelette-Tolot, *Copropriété et division en volumes : Dr. et ville* 2011, n° 2, 21. – P. Lebatteux, *Copropriété : la scission : Administrer* juill. 2013, p. 7. – J.-F. Dalbin et G. Roulleau, *La scission d'une copropriété en volumes : Constr.-Urb.* 2013, étude 14.

Sur la scission après la loi du 24 mars 2014. P. Dechelette-Tolot, *La division en volumes : une sortie facilitée pour certaines copropriétés : Rev. loyers* 2014, p. 283. – P. Lebatteux, *La loi ALUR et la scission : Inf. rap. copr.* avr. 2014, p. 24. – C. Cambon, *La scission du syndicat des copropriétaires : liquidation du syndicat et scission en volumes : Actes prat. ing. immobilière* 2014, dossier 18. – N. Le Rudulier, *La scission de copropriété après la loi ALUR : Loyers et copr.* nov. 2014, étude 11. – Th. Delesalle, *La scission de copropriété en volumes : AJDI* 2015, 35. – D. Brachet et a., *Estimation du montant de la soulte résultant de la scission inégalitaire d'un groupe d'immeubles : Administrer* juill. 2016, 10. – N. Benoit, *L'estimation de la valeur vénale des parties communes dans le cadre d'un projet de scission de copropriété : AJDI* 2018, p. 842. – J. Lafond, *Le refus de faire droit à une demande de scission de copropriété : Loyers et copr.* 2018, étude 8. – D. Tomasin, *La scission de copropriété : état de la réglementation et de la jurisprudence : Dr. et ville* 2019, n° 1, 311. – P. Lebatteux, *La préparation des assemblées générales préalables à la scission : Dr. et ville* 2019, n° 1, 321. – R. Brieu, *La fiscalité de la scission de copropriété : Dr. et ville* 2019, n° 1, p. 345. – D. Brachet, *Scission en volumes et détermination de la soulte : Dr. et ville* 2019, n° 1, 357. – D. Tomasin, *La scission de copropriété : Inf. rap. copr.* mai 2019, p. 17. – F. Bérenger, *La scission de copropriété : Administrer* nov. 2019, p. 5. – H. Heugas-Darraspen et J.-P. Monceau, *Scission d'immeubles et évaluation de la soulte de partage : AJDI* 2020, 745.

Sur la scission en volumes après l'ordonnance du 30 octobre 2019. P. Déchelette-Tolot et a., *La scission de copropriété en volumes : APII* janv. 2021, n° 1, dossiers 1 à 10. – D. Brachet, *La scission de la copropriété : Inf. rap. copr.* nov. 2022, p. 11.

Jurisclasseurs. J. Lafond, *JCl. Copropriété*, Fasc. 83-10 (commentaires) et Fasc. 760 (formules). – M. Saluden, *JCl. Notarial Répertoire*, V° *Copropriété*, Fasc. 40-2. – N. Le Rudulier, *JCl Construction*, Fasc. 107-10.

I – CONDITIONS DE LA SCISSION

A – Pluralité de bâtiments

2) Notion de « bâtiment ». On a déjà rencontré cette notion à propos de la création de syndicats secondaires (*supra*, sous art. 27).

Il faut ajouter qu'ici il y aura division du sol, ce qui accentue encore la nécessité d'une séparation effective des bâtiments considérés.

Le mot « bâtiment » *sous-entend, a priori, qu'il s'agit d'immeubles bâtis*. Le propriétaire d'une partie non encore bâtie d'une copropriété n'entre pas, à la lettre, dans le cadre du texte. (V. pour un terrain : ▪ CA Aix-en-Provence, 4e ch. A, 17 mars 2016, n° 14/01685. ▪ CA Aix-en-Provence, 4e ch. A, 21 avr. 1988 : *JurisData* n° 1988-045311. – Pour un jardin : ▪ CA Versailles, 25 avr. 1989 : *RD imm.* 1989, p. 385, obs. Cl. Giverdon). Cependant, la pratique – appuyée par une partie de la doctrine – tendait à admettre la possibilité de retrait de parties non bâties de copropriété (sur la possibilité de retirer de la copropriété des lots non bâtis auxquels est attaché un droit de construire, *lots dits « transitoires »* : V. ▪ CA Aix-en-Provence, 16 avr. 1992 : *JCP* N 1993, p. 130, note B. Stemmer). Cette solution a été finalement admise par la Cour de cassation en ce qui concerne les lots transitoires (V. *infra* et sur le sujet, J.-M. Roux, *Quel avenir pour les lots transitoires après la réforme de la loi SRU ? : Constr.-Urb.* avr. 2002, p. 5).

Voir : L. 10 juill. 1965, art. 28, comm. nos 5 et 6, p. 507.

B – Possibilité de division du sol en propriété

Bibliographie : *Sur les conséquences de l'abrogation de l'article L. 111-5 par la loi SRU.* S. Pérignon, *La construction sur une parcelle détachée d'un terrain bâti : Dr. adm.* 2003, chron. n° 1 ; *Le calcul des droits à construire en cas de division de terrain : Defrénois* 2003, art. 37814.

3) Réglementation d'urbanisme. La *division d'un terrain bâti* est toujours possible, sauf cas particulier. Mais il faut rappeler que dans certains cas cette division peut donner lieu à l'application de la réglementation des lotissements (sur la définition du lotissement, V. C. urb., art. L. 442-1 et s. – V. J.-Ph. Meng, *Créer un terrain à bâtir à partir d'une propriété bâtie : Bull. Cridon Paris,* 15 mars 2010, p. 4. – D. Dutrieux : *JCP* N 2010, act. 285).

En outre il convient de consulter les dispositions du plan local d'urbanisme afin de vérifier si elles ne présentent pas d'obstacle à l'opération de scission projetée.

4) Autres conditions. Par ailleurs, il faut justifier de la possibilité de réaliser la division du sol en propriété, en préciser les conditions et conséquences matérielles, à défaut de quoi la demande de retrait d'un copropriétaire titulaire d'un bâtiment et d'un droit de jouissance exclusive sur une partie du sol commun n'est pas fondée (▪ Cass. 3e civ., 4 juill. 1990, n° 88-18.191 : *JCP* G 1990, IV, 334 ; *Inf. rap. copr.* 1990, p. 355, obs. Capoulade ; *Rev. Administrer* févr. 1991, p. 47, note Guillot). La scission n'est pas possible si le bâtiment à retirer est étroitement imbriqué dans le reste de l'immeuble au point que son retrait ne peut être opéré qu'en démolissant une toiture commune (▪ CA Bordeaux, 1re ch. B, 16 janv. 2006 : *Loyers et copr.* 2006, comm. 140, note G. Vigneron). Une décision autorisant la scission a été annulée au motif que le lot dont le retrait avait été accepté se trouvait enclavé et qu'il serait obligé d'utiliser les parties communes, sur lesquelles il n'avait plus aucun droit, sans que l'assemblée se soit prononcée sur les conditions matérielles juridiques et financières de cette utilisation (▪ Cass. 3e civ., 7 mai 2014, n° 13-10.986 : *JurisData* n° 2014-009296 ; *Loyers et copr.* 2014, comm. 222, note G. Vigneron ; *AJDI* 2014, p. 790, note N. Le Rudulier ; *Administrer* août-sept. 2014, p. 57, obs. J.-R. Bouyeure).

Est illicite la clause d'un règlement de copropriété qui entérine une scission en constituant une servitude de passage grevant une cour commune au profit d'un immeuble, dès lors que cette scission a pour effet d'interdire tout accès, après transfert de propriété de cette partie commune, aux lots d'un immeuble voisin qui n'est accessible que par cette cour commune (▪ Cass. 3e civ., 14 janv. 2009, n° 07-16.410 : *Rev. loyers* 2009, p. 138 ; *AJDI* 2009, p. 462).

La scission doit avoir lieu « en propriété ». Le demandeur du retrait doit être propriétaire de l'immeuble qui fait l'objet du retrait : la demande est irrecevable si le sol en cause fait uniquement l'objet d'un droit de jouissance privative (▪ Cass 3e civ., 15 févr. 2018, n° 16-27.858 : *JurisData* n° 2018-002881 ; *Loyers et copr.* 2018, comm. 103, note C. Coutant-Lapalus. ▪ Cass. 3e civ., 29 janv. 1997, n° 94-19.548 : *JurisData* n° 1997-000314 ; *Loyers et copr.* 1997, comm. 92, obs. G. Vigneron ; *Administrer* juin 1997, p. 42, note P. Capoulade). Il a été jugé à plusieurs reprises que la demande de retrait d'un copropriétaire titulaire d'un bâtiment et d'un droit de jouissance exclusive sur une partie du sol commun ne pouvait pas être admise (▪ Cass. 3e civ., 4 juill. 1990, n° 88-18.191 : *Bull. civ.* III, n° 165 ; *JCP* G 1990, IV, 334 ; *Inf. rap. copr.* 1990, p. 355, obs. P. Capoulade ; *Rev. Administrer* févr. 1991, p. 47, note E.-J. Guillot. – V. aussi, ▪ CA Rennes, 6 avr. 1993 : *JurisData* n° 1993-052406. ▪ CA Paris, 9 juill. 1992 : *JurisData* n° 1992-022308 ; *Loyers et copr.* 1992, comm. 448, à propos d'un lot composé d'un droit de construire sur un terrain demeuré partie commune).

Il faut également, pour que la scission soit possible, que le transfert des parties communes ou des ouvrages d'intérêt commun aux copropriétés issues de la scission puisse être organisé au profit d'une entité indépendante qui en aura la propriété ou la gestion (V. ▪ Cass. 3e civ., 7 mars 1990, n° 88-13.386 : *D.* 1990, jurispr. p. 363, note Atias).

Si l'assemblée a accepté le retrait de la copropriété moyennant diverses obligations relatives au lieu d'implantation des bâtiments à construire sur le terrain retiré, leur hauteur, leur aspect extérieur, et que ces conditions ne sont pas respectées, le syndicat est fondé à demander la résolution des ventes intervenues après scission en violation de ces obligations (▪ Cass. 1re civ., 13 févr. 2001, n° 98-19.440).

V. pour un arrêt présentant de manière assez exhaustive l'ensemble des conditions de la scission : ▪ CA Aix-en-Provence, ch. 1-5, 2 févr. 2023, n° 19/14786 : *Loyers et copr.* 2023, comm. 70, A. Lebatteux.

C – Constitution de copropriétés séparées

5) Aspects divers de la scission. Le bâtiment *qui se retire* pour constituer une « propriété séparée » ne constituera une copropriété séparée que si les lots qui le composent appartiennent à plusieurs personnes différentes.

La rédaction de l'alinéa I-a) permet désormais le retrait d'un immeuble (une villa par exemple) appartenant à une seule personne, pour constituer une « propriété séparée », ce qui met fin aux controverses et incertitudes antérieures sur ce point.

6) Lot transitoire. D'autre part la jurisprudence a fini par admettre qu'un *lot transitoire* pouvait opérer comme tout autre son retrait de la copropriété dans le cadre de l'article 28 de la loi (▪ Cass. 3e civ., 30 sept. 1998, n° 96-21.904 sol. implicite : *Bull. civ.* III, n° 182 ; *Rev. Administrer* janv. 1999, p. 68, note P. Capoulade ; *Loyers et copr.* janv. 1999, n° 25, obs. G. Vigneron ; *Constr.-Urb.* déc. 1998, n° 419, note D. Sizaire. ▪ CA Aix-en-Provence, 16 avr. 1992 : *JCP* N 1993, II, p. 130, obs. B. Stemmer et ▪ CA Aix-en-Provence, 30 mars 1995 : *Loyers et copr.* janv. 1996, n° 35. – V. sur le sujet, J.-M. Roux, *Quel avenir pour les lots transitoires après la réforme de la loi SRU ? : Constr.-Urb.* avr. 2002, p. 5). La solution résulte aujourd'hui de la réécriture de l'article 28 de la loi du 10 juillet 1965 par la loi SRU du 13 décembre 2000. Dans sa rédaction antérieure, l'article 28 permettait de demander la scission aux copropriétaires « dont les lots composent un ou plusieurs bâtiments ». Depuis la loi SRU, ce texte autorise le retrait par le ou les copropriétaires « d'un ou plusieurs lots correspondants à un plusieurs bâtiments ». À la suite de cette modification, la scission peut porter non seulement sur des bâtiments construits « composant » des lots, mais également sur des lots comportant le droit de construire des bâtiments, de tels lots « correspondant » effectivement à un bâtiment (P. Lebatteux, *La scission de copropriété : Administrer* juill. 2013, p. 9).

Voir : L. 10 juill. 1965, art. 1er, comm. n° 14, p. 3.

D – Cas particulier de la scission en volumes

Bibliographie : Th. Delesalle, *La scission de copropriété en volumes : AJDI* 2015, p. 35. – P. Dechelette-Tolot, *La division en volumes : une sortie facilitée pour certaines copropriétés : Rev. loyers* 2014, p. 283. – Th. Delesalle, *La copropriété n'est plus une fatalité (ou comment se soustraire d'un statut préexistant) : JCP* N 2014, n° 28, 1244. – A. Lebatteux-Simon, *Vade-mecum de la scission en volumes : Loyers et copr.* oct. 2015, dossier 5. – P. Dechelette-Tolot, *La division en volumes : vers la sortie du statut de la copropriété : Administrer* oct. 2015, p. 19.

Sur la scission de copropriété en volumes. V. *Actes prat. ing. immobilière 2021*, n° 1. *Dossier « La scission de copropriété en volumes »* : M. Raunet, *Enjeux et problématiques de la scission de copropriété en volumes*. – A. Lebatteux, *Le nouveau vade-mecum de la scission en volumes*. – Th. Gareau, *Scission de copropriété : la mise en place de la volumétrie suivant les paramètres de l'existant*. – V. Bacot-Réaume, *Le calcul de la soulte dans le cadre d'une scission inégalitaire en volumes*. – S. Fernandes, *La fiscalité applicable en cas de scission de copropriété en volumes*. – O. Safar, *La scission de copropriété en volumes et le rôle du syndic*. – P. Dechelette-Tolot, *Peut-on diviser un bâtiment unique en volumes*. – Ph. Blériot, *Comment sauver une copropriété : l'exemple pratique de la résidence La Noue à Bagnolet*. – H. Périnet-Marquet, *Quel avenir pour la volumétrie ?*

7) Dans quels cas ? La procédure de scission peut être employée « pour la division en volumes d'un ensemble immobilier complexe ».

L'article 28, IV, définit l'ensemble immobilier complexe comme celui comportant :

– soit plusieurs bâtiments distincts sur dalle ;

– soit plusieurs entités homogènes affectées à des usages différents, pour autant que chacune de ces entités permette une gestion autonome.

L'article 28, IV, alinéa 2, précise que la procédure de scission ne peut en aucun cas être utilisée pour la division en volumes d'un bâtiment unique.

8) Suppression des avis ou autorisations administratives préalables. Dans sa rédaction en vigueur jusqu'au 31 mai 2020, la procédure de scission en volumes supposait tout d'abord qu'ait été sollicité l'avis du maire de la commune de situation de l'immeuble. Il fallait ensuite obtenir l'autorisation du représentant de l'État dans le département (art. 28, IV al. 1er).

L'ordonnance n° 2019-1101 du 30 octobre 2019, applicable à compter du 1er juin 2020 a supprimé cette double exigence.

9) Constitution d'une union de syndicats. Si une union de syndicats est constituée à l'occasion de la scission, pour la création, la gestion et l'entretien des éléments d'équipement à usage collectif, la décision doit être prise « à la majorité mentionnée à l'article 25 » (art. 28, IV, al. 3).

Par dérogation à l'article 29, alinéa 3, de la loi du 10 juillet 1965 (V. ce texte), les statuts de l'union peuvent interdire à ses membres de se retirer de celle-ci (art. 28, IV, al. 4).

II – PROCESSUS DE LA SCISSION

A – Décisions d'assemblée

10) Décision à deux degrés. La décision est ici à deux degrés :

– l'initiative appartient au propriétaire de l'immeuble qui demande la scission ;

– si cet immeuble est divisé par lots correspondant à la définition de l'article 1er, alinéa 1 de la loi, et s'il appartient à plusieurs propriétaires différents, l'initiative doit être prise par les copropriétaires qui le composent, réunis en assemblée spéciale.

Ces copropriétaires décident de la scission « à la majorité des voix de tous les copropriétaires ». De cette rédaction, qui se suffit à elle-même, et ne comporte pas de renvoi à l'article 25 de la loi, on doit déduire que le recours éventuel à l'article 25-1 de la loi (V. ce texte *supra*) est ici exclu. Il a été jugé que si la scission était assortie de la constitution d'une servitude réelle et perpétuelle de passage à titre gratuit qui grèverait l'assiette de la copropriété, l'assemblée devait se prononcer à la majorité de l'article 26 de la loi (▪ CA Bastia, 4 sept. 2013, ch. civ. B : *JurisData* n° 2013-026268) – La solution pourrait être discutée dans la mesure où la constitution d'une servitude pourrait être assimilée aux « conditions juridiques » de la scission qui peuvent être précisément définies à la majorité de l'article 25 ;

– *l'assemblée générale de l'ensemble de la copropriété* doit ensuite, à la même majorité, confirmer la décision prise par l'assemblée spéciale.

Rien n'oblige l'assemblée à se prononcer par deux votes successifs, l'un sur le principe de la scission, l'autre sur les modalités de cette scission (▪ CA Paris, 23e ch. B, 11 mars 2004 : *Rev. Administrer* mai 2004, p. 47, obs. J.-R. Bouyeure ; *Loyers et copr.* 2004, comm. 135, obs. G. Vigneron ; *Rev. loyers* 2004, p. 401, note L. Guégan ; *JCP* G 2005, II, 10028, note J. Lafond).

Une clause du règlement faisant obligation à l'ensemble des copropriétaires de respecter « l'obligation de scission » d'un lot déterminé doit être considérée comme non écrite (▪ CA Toulouse, 1re ch., 1re sect., 4 mars 2019, n° 17/00515 : *Rev. loyers* 2019, p. 260, note S. Bénilsi).

Si l'assemblée a autorisé le retrait en application de l'article 28 de la loi, le tribunal peut condamner le syndicat à entreprendre les formalités nécessaires à la régularisation de l'acte de scission et décider qu'à défaut le jugement vaudra acte de scission (▪ TGI Nanterre, 22 oct. 2003 : *Rev. Administrer* mai 2004, p. 48, obs. J.-R. Bouyeure).

La procédure de création d'un syndicat secondaire est différente de celle de la scission de copropriété (V. la confusion engendrée par la superposition des deux procédures, ▪ Cass. 3e civ., 3 nov. 2016, n° 15-24.521 : *JurisData* n° 2016-022936 ; *Loyers et copr.* 2017, comm. 28, note A. Lebatteux).

11) Documents à joindre à la convocation. À la convocation, doivent être joints le projet de règlement de copropriété, de l'état descriptif de division, de l'état de répartition des charges, ou le projet de modification desdits actes, conformément à l'article 11-3° du décret du 17 mars 1967 (actuellement art. 11, 6°, V. ce texte. – ce qu'a rappelé la Cour de cassation : ▪ Cass. 3e civ., 24 sept. 2003 : *Loyers et copr.* 2004, comm. 21, obs. G. Vigneron ; *Rev. Administrer* févr. 2004, p. 53, obs. J.-R. Bouyeure ; *Inf. rap. copr.* juill.-août 2004, p. 16, note P. Capoulade. ▪ Cass. 3e civ., 29 janv. 1997 : *Rev. Administrer* juin 1997, p. 42 et *RD imm.* 1997, p. 291, note P. Capoulade). Si ces documents ne sont pas joints à la convocation, qui comporte seulement en annexe le courrier d'un notaire, la décision ayant autorisé la scission est nulle. Cette scission ne peut donc devenir effective et la copropriété subsiste dans son état antérieur (▪ Cass. 3e civ., 13 oct. 2012, n° 11-21.033 : *AJDI* 2013, p. 47. ▪ CA Basse-Terre, 1re ch. civ., 1er juill. 2013 : *JurisData* n° 2013-015543).

Ces documents sont également obligatoires en vue de la tenue de l'assemblée spéciale des copropriétaires qui demandent le retrait, évoquée ci-dessus.

C'est au copropriétaire demandeur à la scission qu'il appartient de produire ces documents, faute de quoi l'assemblée est en droit d'opposer un refus qui n'a aucun caractère abusif (▪ Cass. 3e civ., 17 juin 2008, n° 07-16.166 : *Rev. loyers* 2008, p. 449 ; *Rev. Administrer* oct. 2008, p. 68, obs. J.-R. Bouyeure).

Indépendamment des prescriptions de l'article 11 du décret du 17 mars 1967, il y a lieu de joindre à la convocation tous les documents nécessaires à l'appréciation des « conditions matérielles, juridiques et financières » de la scission au vu desquels l'assemblée doit se prononcer (V. art. 28, II), et en particulier les documents permettant de déterminer les servitudes entre les parcelles issues de la scission (▪ Cass 3e civ., 14 juin 2018, n° 17-18.613 : *JurisData* n° 2018-010378 ; *Loyers et copr.* juill.-août 2018, n° 184, note A. Lebatteux).

Selon une décision, dans le cas de retrait d'un « lot transitoire », l'information des copropriétaires est suffisamment assurée par les précisions apportées tant sur le changement d'affectation du lot envisagé que sur les caractéristiques des constructions projetées et sur les servitudes dont la constitution est offerte, aucun texte n'imposant de fournir au surplus des renseignements concernant les possibilités de construction résiduelle (■ CA Aix-en-Provence, 4e ch. A, 9 mars 2000 : *D.* 2001, somm. p. 215, note C. Atias. – *Contra*, en ce qui concerne la constructibilité résiduelle, ■ CA Versailles, 7 avr. 1995 : *Rev. huissiers* 1995, p. 1936. – Sur la nécessité d'informer correctement les copropriétaires de toutes les incidences de la scission, V. ■ Cass. 3e civ., 4 juill. 1990 : *Bull. civ.* III, n° 165 ; *Rev. Administrer* févr. 1991, p. 46, note E. J. Guillot. ■ CA Grenoble, 3 nov. 2008 : *JurisData* n° 2008-376871 ; *Loyers et copr.* 2009, comm. 276, obs. G. V. ■ CA Versailles, 4e ch., 13 févr. 2006, 04/00710).

B – Contrôle judiciaire

Bibliographie : J. Lafond, *Le refus de faire droit à une demande de scission de copropriété : Loyers et copr.* juill.-août 2018, étude 8.

12) Décision refusant d'autoriser la scission. Les tribunaux se reconnaissent en général le pouvoir de vérifier si la décision refusant d'autoriser la scission est constitutive ou non d'un abus de majorité (■ CA Paris, 23e ch., 12 janv. 2006 : *Loyers et copr.* 2006, comm. 114, obs. G. Vigneron. ■ CA Paris, 23e ch. B, 30 juin 2005 : *AJDI* 2005, p. 843. – V. aussi ■ TGI Annecy, 21 oct. 1987 : *Gaz. Pal.* 1988, 1, p. 391, obs. Bouyeure. ■ TGI Paris, 17 juill. 1974 : *Gaz. Pal.* 1974, 2, p. 863. – V. en sens contraire, ■ CA Aix-en-Provence, 23 oct. 1979 : *Bull. Aix-en-Provence*, n° 288, p. 53, qui estime que l'assemblée générale est libre d'accepter ou non la modification de la copropriété d'origine). Le refus de l'assemblée n'est pas abusif s'il apparaît que la scission serait contraire aux intérêts de la copropriété (■ CA Paris, 30 juin 2005, préc.) ou si les demandeurs n'ont pas joint à l'ordre du jour les documents énoncés à l'article 11-4 du décret du 17 mars 1967 (■ CA Paris, 12 janv. 2006, préc.). Dès lors que le retrait de la copropriété du lot d'un copropriétaire n'entraînerait pas une diminution des charges communes en proportion des 3 255/10 000e qu'il représente, ce retrait aurait pour conséquence le report des charges y afférentes sur les autres copropriétaires et donc la modification de leurs conditions de jouissance. Ils sont donc en droit de ne pas l'accepter sans commettre un abus (■ CA Paris, 23e ch. B, 18 oct. 2007 : *JurisData* n° 2007-345899). De même, un refus de faire droit à la demande de scission n'est pas abusif en l'absence d'une information minimale fournie par les demandeurs à la scission (■ CA Paris, 23e ch. B, 9 sept. 2009 : *JurisData* n° 2009-379172 ; *Loyers et copr.* 2010, comm. 60, obs. G. V.).

Selon la Cour de cassation, le juge n'a pas le pouvoir de faire droit à une demande de retrait formée par un copropriétaire après un refus de l'assemblée considéré comme abusif ou injustifié (■ Cass. 3e civ., 29 janv. 1997, n° 94-19.548 : *JurisData* n° 1997-000314 ; *Bull. civ.* III, n° 26 ; *Administrer* juin 1997, p. 42, note P. Capoulade ; *Loyers et copr.* 1997, comm. 92, note G. Vigneron.). Seule l'assemblée est compétente pour statuer (V. dans le même sens, ■ CA Paris, pôle 4, 10 sept. 2014, n° 12/23453 : *Administrer* déc. 2014, p. 49, obs. J.-R. Bouyeure. ■ CA Aix-en-Provence, 4e ch. A, 18 juin 2010 : *Rev. Administrer* oct. 2010, p. 66, obs. J.-R. Bouyeure. ■ CA Aix-en-Provence, 9 mars 2000, préc.). L'annulation de la décision de l'assemblée générale refusant le retrait d'un lot de la copropriété n'implique pas que le retrait soit acquis, alors qu'il appartient à la seule assemblée de l'autoriser (■ Cass. 3e civ., 14 mars 2001, n° 99-18.530 : *JurisData* n° 2001-008848 ; *Loyers et copr.* 2001, comm. 146 ; *Rev. Administrer* juin 2001, p. 42, obs. J.-R. Bouyeure).

13) Décision autorisant la scission. Les tribunaux peuvent être appelés également à exercer un contrôle sur la décision qui autorise la scission, et qui peut présenter un caractère abusif. Dans un groupe d'immeubles composés de six bâtiments distincts, le retrait de la copropriété de cinq bâtiments sur six n'est pas abusif envers les copropriétaires du sixième bâtiment, dès lors qu'il est justifié par l'intérêt collectif (■ CA Paris, 23e ch. B, 11 mars 2004 : *Rev. Administrer* mai 2004, p. 47, obs. J.-R. Bouyeure ; *JCP G* 2005, II, 10028, note J. Lafond).

Il y a lieu de vérifier que l'assemblée s'est bien prononcée sur les « conditions matérielles juridiques et financières » de la scission (V. art. 28, II, p. 504). Cette décision est nécessaire même si la scission débouche sur la création d'entités foncières non soumises au statut de la copropriété (■ Cass. 3e civ., 3 nov. 2016, n° 15-22.123 : *Administrer* avr. 2017, p. 42, note J.-R. Bouyeure).

III – MISE EN PLACE DES PROPRIÉTÉS OU COPROPRIÉTÉS SÉPARÉES

14) Division du foncier et refonte des documents contractuels. La procédure de scission suppose plusieurs opérations.

A – Opération foncière

15) Partage des parties communes. Il faut *partager les parties anciennement communes* entre les deux copropriétés désormais autonomes, qui vont naître de la scission.

On peut présenter l'opération comme on voudra (certains y voient un échange de parties communes, d'autres des cessions de parties communes...), elle ne peut être qu'un partage, puisqu'elle fait cesser une indivision : celle des ex-parties communes à tous les copropriétaires (les parties communes spéciales au bâtiment retiré, s'il en existait, n'ont pas à être modifiées, puisque ce bâtiment n'est pas, en lui-même, modifié).

Le partage peut dégager une soulte (V. *Estimation du montant de la soulte résultant de la scission inégalitaire d'un groupe d'immeubles en copropriété, par un groupe de travail d'experts judiciaires : Administrer* juill. 2016, p. 10).

16) Incidences fiscales. L'article 85 de la loi du 13 décembre 2000 a modifié l'article 749-A du Code général des impôts, pour exonérer de droits d'enregistrement ou de taxe de publicité foncière prévus par l'article 746 le partage d'immeubles bâtis, de groupe d'immeubles bâtis ou d'ensembles immobiliers soumis à la loi n° 65-557 de 10 juillet 1965 fixant le statut de la copropriété des immeubles bâtis, et la redistribution des parties communes qui leur est consécutive.

Ces opérations ne sont donc plus assujetties au droit de partage de 2,5 %. La scission n'entraîne que la perception d'une simple taxe fixe (CGI, art. 680), si, du moins, le partage intervient sans soulte ou plus-value de lot. La contribution de sécurité immobilière est due (au taux de 0,10 %) perçu sur la valeur des parties communes partagées, à estimer (V. *supra*, Bibliographie).

B – Opérations de refonte des documents contractuels

17) « Adaptation » du règlement. Les copropriétés autonomes à naître de la scission doivent avoir, pour l'avenir, chacune leur *règlement de copropriété propre*. Il faut donc que chacune des entités nouvelles adopte son règlement de copropriété.

Les adaptations nécessaires du règlement de copropriété initial et de la répartition des charges sont opérées à la majorité de l'article 24 de la loi.

Le texte ménage cependant la protection de la destination de l'immeuble. Le but de cette disposition est d'éviter qu'une fois la scission opérée, une simple majorité puisse modifier radicalement la destination de l'une des parties retirées, bouleversant ainsi l'environnement contractuel et physique des propriétaires des lots de la copropriété initiale. Encore que le texte ne le précise pas, la modification de la destination des immeubles désormais séparés relève de décisions prises à l'unanimité, comme il est de règle en ce domaine.

La loi ne prévoit que les adaptations nécessaires au règlement de copropriété et la répartition des charges. Mais la scission entraîne aussi nécessairement la modification de l'état descriptif de division initial. À moins que dans l'avenir la jurisprudence assimile cette modification à celle que prévoit le texte, les tantièmes de copropriété continueront à pouvoir être modifiés à la même majorité que celle qui est habile à décider de la scission elle-même.

Voir : en ce sens les observations sous l'arrêt de la cour d'Aix-en-Provence du 23 octobre 1979 cité L. 10 juill. 1965, art. 28, comm. n° 12, p. 509.

L'*ancien règlement* de copropriété reste en vigueur aussi longtemps qu'il n'a pas été établi de règlements distincts pour chacun des syndicats issus de la scission (▪ CA Paris, pôle 4, 2e ch., 13 oct. 2010 : *JurisData* n° 2010-203900 ; *Loyers et copr.* 2011, comm. 58, obs. G. Vigneron ; *Rev. Administrer* janv. 2011, p. 64, obs. J.-R. Bouyeure). Si le syndicat des copropriétaires se refuse de façon abusive à approuver l'acte modificatif du règlement de copropriété, il engage sa responsabilité et peut être condamné à des dommages et intérêts au profit des demandeurs à la scission (▪ CA Paris, pôle 4, 2e ch., 9 mai 2012, n° 10/04182 : *Administrer* nov. 2012, p. 50, obs. J.-R. Bouyeure).

Jugé que la décision d'une assemblée de copropriétaires ayant accepté la séparation d'un lot en ce qui concerne le paiement des charges et des travaux ne peut pas à elle seule entraîner la dissolution du syndicat des copropriétaires : aucune des conditions d'une scission n'étant remplie, le règlement initial reste applicable, et le copropriétaire intéressé doit continuer de payer les charges comme l'indique ce règlement (▪ Cass. 3e civ., 28 juin 1995 : *Loyers et copr.* nov. 1995, n° 493 ; *Bull. civ.* III, p. 156 ; *RD imm.* 1995, p. 794, obs. P. Capoulade).

Voir : sur les modifications de l'*état descriptif de division* à opérer, en conséquence de la scission, V. instr. 1er août 1979, n° 117 (Annexe 52, *Publicité foncière*, p. 1397).

IV – CONSÉQUENCES DE LA SCISSION

18) Dissolution du syndicat d'origine. La loi n° 2014-366 du 24 mars 2014 a comblé une lacune de la loi du 10 juillet 1965, en indiquant comment va s'opérer la liquidation de l'actif et du passif du syndicat dissous. Selon l'article 28, II, alinéa 3, la répartition des créances et des dettes s'opérera sur les bases suivantes :

– la créance du syndicat initial sur les copropriétaires anciens et actuels, et les hypothèques du syndicat initial sur les lots des copropriétaires, seront transférées de plein droit au syndicat issu de la division auquel le lot est rattaché, en application de l'article 1346 du Code civil ;

– les dettes du syndicat initial seront réparties entre les syndicats issus de la division, à hauteur du montant des créances du syndicat initial sur les copropriétaires transférées au syndicat issu de la division.

Le nouveau syndicat issu de la dissolution du syndicat initial à la suite de la scission de la copropriété n'a pas qualité pour agir en nullité, pour vileté du prix, d'une cession de parties communes consenties avant la scission (■ Cass. 3e civ., 26 mai 2016, n° 15-16.617 : *Administrer* août-sept. 2016, p. 76, obs. J.-R. Bouyeure).

Il faut également rappeler qu'aux termes de l'article 29-1, I, alinéa 4, de la loi du 10 juillet 1965 (V. ce texte) un administrateur provisoire peut être nommé pour liquider les dettes du syndicat. Ce texte précise que la personnalité morale du syndicat dissous subsiste pour les besoins de la liquidation des dettes jusqu'à ce que le juge mette fin à la mission de l'administrateur provisoire. Les conditions d'application de ce texte ont été précisées par décret en Conseil d'État (V. D. 17 mars 1967, art. 62-28, p. 888).

Sur le principe de la survie de la personnalité morale du syndicat pour les besoins de sa liquidation, V. L. 10 juill. 1965, art. 14, annot. n° 54, p. 237.

19) Existence d'éléments communs. Le but de la scission est de rendre autonomes des immeubles ou groupes d'immeubles issus d'un ensemble plus vaste.

Il est possible que, malgré la séparation, il subsiste des liens matériels, et spécialement des éléments qui continueront à servir, ou desservir, les deux entités séparées : accès, V.R.D... parfois même installation de chauffage, etc.

Le texte nouveau ne donne plus d'indication sur les structures juridiques susceptibles d'être mises en place pour assurer la gestion de ces éléments demeurés à usage commun des entités séparées. Tout au plus suggère-t-il, en en facilitant l'adoption, de recourir à l'union de syndicats (V. sur ces unions, L. art. 29).

Mais il reste possible d'utiliser d'autres formules pour assurer cette gestion. En pratique, il est souvent recouru à l'association syndicale libre (V. Annexe 6, *Associations syndicales*, p. 991), à l'association foncière urbaine (AFUL) et, si les éléments communs à gérer sont peu importants, à une simple convention de co-utilisation et de co-entretien.

Du silence du texte sur les conditions d'adhésion à un organisme autre que l'union de syndicats, on doit déduire qu'elle s'opère à la majorité des voix de tous les copropriétaires (§ II, al. 1 du texte) – et aux conditions d'adhésion propres aux organismes considérés (P. Capoulade, *La copropriété dans la loi SRU* : *Rev. Administrer* avr. 2001, p. 19 et s.).

Il reste possible, malgré le silence du texte, d'apporter à l'organisme choisi la propriété des éléments communs à gérer.

20) Formalités au registre des immatriculations. Diverses formalités doivent être effectuées au registre des immatriculations en conséquence de la scission, d'une part pour annoncer la dissolution du syndicat initial et d'autre part pour immatriculer les syndicats issus de la scission (V. en Annexe, *V° Immatriculation des syndicats de copropriétaires*).

V – APPLICATIONS PARTICULIÈRES

21) Modification du projet de construction initial. La scission de copropriété est apparue rapidement aux praticiens comme un moyen de « débloquer » les opérations immobilières arrêtées en cours de route, pour une quelconque raison : la scission permet de conserver la partie déjà réalisée de la copropriété et d'isoler le surplus du terrain initial en vue d'une autre utilisation (V. J. Lafond, *La modification du projet de construction d'un ensemble immobilier* : *JCP* N 1983, I, p. 41 et s., nos 54 et s. – *JCl. Notarial Formulaire*, V° *Copropriété*, Fasc. 14 et *JCl. Constr. urb.*, Fasc. 90-50).

Il est certain que si l'on désolidarise ainsi l'existant du surplus qui ne sera pas exécuté, tout le monde y trouve son compte : les acheteurs en place, qui reçoivent une copropriété, moins importante que prévu, sans doute, mais achevée quant à elle, et le promoteur qui peut ainsi ne pas voir gelé, ou perdu, le surplus de son terrain.

On a vu ci-dessus que la jurisprudence admet le retrait de lots non bâtis, et que le texte nouveau de l'article 28 de la loi assure la protection de la destination de l'immeuble en pareil cas.

Art. 29 ***(L. n° 2000-1208, 13 déc. 2000).*** **– Un syndicat de copropriétaires peut être membre d'une union de syndicats, groupement doté de la personnalité civile, dont l'objet est d'assurer la création, la gestion et l'entretien d'éléments d'équipement communs ainsi que la gestion de services d'intérêt commun.**

Cette union peut recevoir l'adhésion d'un ou de plusieurs syndicats de copropriétaires, de sociétés immobilières, de sociétés d'attribution régies par les articles L. 212-1 et suivants du Code de la construction et de l'habitation et de tous autres propriétaires dont les immeubles sont contigus ou voisins de ceux de ses membres.

Les statuts de l'union déterminent les conditions de son fonctionnement sous réserve des dispositions de la présente loi. Ils ne peuvent interdire à l'un de ses membres de se retirer de l'union.

(Al. mod., L. n° 2024-322, 9 avr. 2024) **L'adhésion à une union constituée ou à constituer est décidée par l'assemblée générale de chaque syndicat à la majorité prévue à l'article 25. Le retrait de cette union est décidé**

par l'assemblée générale de chaque syndicat à la majorité prévue à l'article 26. Par dérogation, lorsque la copropriété est en difficulté au sens de la section 2 du présent chapitre, le retrait de cette union est décidé par l'assemblée générale du syndicat à la majorité prévue à l'article 25.

L'assemblée générale de l'union est constituée par les syndics des syndicats, par le représentant légal de chaque société et par les propriétaires qui ont adhéré à l'union. Les syndics participent à cette assemblée générale en qualité de mandataire du ou des syndicats qu'ils représentent.

L'exécution des décisions de l'union est confiée à un président de l'union désigné par l'assemblée générale de l'union.

Il est institué un conseil de l'union chargé d'assister le président et de contrôler sa gestion. Ce conseil est composé d'un représentant désigné par chaque membre de l'union.

Voir : D. 17 mars 1967, art. 63 à 63-4, p. 891.

1) Article 29. S'agissant d'assurer la gestion de parties d'immeubles ou d'éléments d'équipements communs à plusieurs copropriétés, les textes offrent le choix entre l'union de syndicats ou l'association syndicale libre de propriétaires de l'ordonnance n° 2004-632 du 1er juillet 2004. D'autres structures juridiques pourraient être théoriquement adoptées (par ex. l'association de la loi de 1901, V. Sizaire : *Bull. CNEIL* 1983, Titre IV, p. 33) ; mais la pratique utilise le plus souvent l'une ou l'autre de ces formules...

Quels sont leurs avantages ou inconvénients respectifs ? (V. sur le sujet, J. Nalet, *Association syndicale libre ou union de syndicats : le choix existe-t-il vraiment ? : Actualité juridique* 2020, p. 824)

• En ce qui concerne la constitution de ces groupements :

– la constitution de l'association syndicale a pour inconvénient d'exiger l'unanimité. Mais en pratique, les copropriétaires y adhèrent en même temps qu'ils achètent leurs lots, si bien que cet inconvénient ne se manifeste que lorsqu'on veut constituer l'association syndicale pendant la vie de la copropriété ;

– au contraire, la décision de constituer une union de syndicats est prise à la majorité de l'article 25 de la loi du 10 juillet 1965.

• En ce qui concerne leur objet :

– l'union de syndicats peut gérer mais aussi créer des réalisations nouvelles dont elle restera propriétaire et fournir également des prestations de services ;

– l'association syndicale a un objet plus limité : elle ne peut pas fournir de prestations de services. Par ailleurs, la faculté d'acquérir peut lui être conférée par les statuts, mais uniquement dans la limite de son objet (V. Stemmer, note sous ▪ Cass. 3e civ., 3 déc. 1975 : *JCP* 1976, II, 18352).

• En ce qui concerne leur fonctionnement :

L'association syndicale a pour avantage de grouper des propriétés et non pas des propriétaires : elle a un statut réel (V. ▪ Cass. 3e civ., 30 janv. 1979 : *D.* 1979, p. 653, note Frank). Les obligations entraînées par l'adhésion suivent les lots en quelques mains qu'ils passent (ce qui n'est pas le cas d'un syndicat ordinaire et donc d'une union de syndicats).

Mais l'inconvénient est qu'elle ne dispose pas pour le recouvrement des cotisations de tous les moyens de contrainte mis à la disposition du syndicat pour le recouvrement des charges.

Voir aussi : sur ces moyens de recouvrement, V. L. 10 juill. 1965, art. 19.

Bibliographie : G. Vigneron, *JCl. Copropriété*, Fasc. 82. – *JCl. Notarial Répertoire*, V° *Copropriété*, Fasc. 40-2 et *JCl. Civil Code*, art. 544 à 577, Fasc. 40-2 par M. Saluden. – C.-A. Kerspen, *Les unions de syndicats de copropriétaires : Inf. rap. copr.* avr. 1990, p. 98 et s. et mai 1990, p. 140 et s. – J.-R. Bouyeure, *Les unions de syndicat : Rev. Administrer* mars 1992, p. 6 et s. – E. Kischinewsky-Broquisse, *La copropriété des immeubles bâtis* : Litec, 4e éd. 1989, nos 357 et s. – *La copropriété*, Dalloz Action 2017-2018, 9e éd. ss dir. de P. Capoulade et D. Tomasin nos 321-271 et s. – P. Lebatteux, *Syndicats coopératifs, scission de copropriété et unions de syndicats : Loyers et copr.* n° hors-série, mai 2001, p. 16. – V. Zalewski, *Association syndicale versus union de syndicats : AJDI* 2011, 501. – J. Nalet, *ASL ou union de syndicats : le choix existe-t-il vraiment ? : AJDI* 2020, 824.

2) Innovations introduites par la loi n° 2000-1208 du 13 décembre 2000. La loi du 13 décembre 2000 (dite « loi SRU ») a modifié l'article 29 de la loi du 10 juillet 1965 sans en bouleverser l'économie générale. Elle reprend les modifications déjà apportées par la loi du 31 décembre 1985 et par le décret du 9 juin 1986, et elle introduit dans la loi divers ajouts ou modifications qui sont analysés ci-dessous.

I – CONSTITUTION ET RETRAIT DE L'UNION

3) Constitution de l'union. L'adhésion à l'union est décidée à la majorité de l'article 25 de la loi (et non plus à celle de l'article 26, ainsi qu'en disposait l'article 44 du décret du 17 mars 1967).

Il a été jugé que l'adhésion à une union de syndicats relève des prérogatives de l'assemblée générale et d'elle seule. En conséquence, les statuts de l'union ne peuvent être préétablis lors de l'établissement du règlement de copropriété, en prévoyant, lorsque la copropriété future doit comprendre plusieurs immeubles, qu'une union de syndicats sera automatiquement constituée entre ces divers immeubles (▪ Cass. 3e civ., 3 mars 2010 : *JurisData* n° 2010-001129 ; *Loyers et copr.* 2010, comm. 148, obs. G. Vigneron ; *Rev. loyers* 2010, p. 185, note J.-M. Roux ; *Rev. Administrer* juin 2010, p. 60, obs. J.-R. Bouyeure). Cette décision condamne les clauses figurant dans certains règlements, aux termes desquelles le syndicat s'engage par avance à adhérer à l'union à constituer ou la clause de substitution automatique du syndicat à naître à la société membre d'une union existante, qui a construit les bâtiments (J.-M. Roux, note préc.).

4) Retrait de l'union. Le retrait d'un membre de l'union ne peut être décidé qu'à la majorité de l'article 26 de la loi. Cet acte grave peut en effet avoir des conséquences importantes, notamment sur l'équilibre financier de l'union (décl. de M. Rimbert : *JOAN* 2000, p. 6151), ainsi que sur la gestion des éléments communs, ce qui justifie la forte majorité exigée. La possibilité de retrait est de droit.

La cour d'appel de Chambéry avait estimé qu'à partir du moment ou un syndicat principal adhérait à une union de syndicats, les syndicats secondaires devenaient membre de plein droit de cette union, et que le syndicat pouvait donc par la suite décider à la majorité de l'article 26 de se retirer de l'union de syndicats (▪ CA Chambéry, ch. civ. 1re sect., 22 nov. 2016, n° 15/463 : *Rev. loyers* 2017, p. 42, obs. crit. S. B). Cet arrêt a été cassé. Seul le syndicat principal a qualité pour se retirer de l'union (▪ Cass 3e civ., 12 avr. 2018, n° 17-13.099 : *JurisData* n° 2018-006042 ; *Loyers et copr.* 2018, comm. 158, note A. Lebatteux).

Depuis la loi du 9 avril 2024, afin de faciliter le retrait des copropriétés en difficulté, le retrait de l'union d'un tel syndicat pourra être décidé à la majorité de l'article 25.

Bibliographie : P.-E. Lagraulet, *La loi « habitat dégradé » et le statut de la copropriété des immeubles bâtis* : *AJDI* 2024, 420. – D. Begriche et D. Rodrigues, *Loi habitat dégradé : principales mesures* : *Inf. rap. copr.* mai 2024, 17.

Voir : comm. n° 11, p. 514.

5) Membres de l'union. L'alinéa 2 du texte précise que l'union peut recevoir l'adhésion d'un ou de plusieurs syndicats de copropriétaires, de sociétés immobilières, de sociétés d'attribution régies par les articles L. 212-1 et suivants du Code de la construction et de l'habitation et de tous autres propriétaires dont les immeubles sont contigus ou voisins de ceux de ses membres. Ce texte n'innove pas. Les membres cités l'étaient déjà par l'ancien article 29 (qui visait « les sociétés de construction » : ce terme englobait déjà les sociétés d'attribution) et par l'article 43 du décret du 17 mars 1967.

Le terme « société immobilière » nous paraît pouvoir englober sans conteste les sociétés coopératives de construction, qu'elles soient de vente ou d'attribution (CCH, art. L. 213 et s.).

La constitution entre trois syndicats de copropriétaires d'une union de syndicats n'entraîne aucune limitation des pouvoirs des syndicats membres dans le recouvrement des charges (▪ Cass. 3e civ., 21 juin 2005 : *Rev. Administrer* nov. 2005, p. 40, obs. J.-R. Bouyeure).

6) Personnalité civile. La loi vient reconnaître à l'union la personnalité civile, que personne n'a jamais mise en doute (et que l'article 28 de la loi, dans sa rédaction antérieure, reconnaissait déjà dans son dernier alinéa en indiquant que l'union pouvait devenir propriétaire de biens).

L'union peut donc, comme précédemment, être propriétaire des éléments communs qu'elle a à gérer. Mais l'appropriation par l'union de syndicats des éléments d'équipement et des parties d'immeubles qu'elle gère est une simple faculté, si bien que leur propriété peut également être répartie entre les copropriétaires des syndicats la composant ou entre les copropriétaires d'un seul syndicat, les autres en ayant l'usage (▪ Cass. 3e civ., n° 19-25.388 : *JurisData* n° 2021-1162 ; *Loyers et copr.* 2021, comm. 45, note A. Lebatteux ; *Administrer* avr. 2021, p. 50, note J.-R. Bouyeure).

7) Droit social. La jurisprudence a eu l'occasion de préciser qu'une union de syndicats pouvait être considérée comme une association au sens de l'article L. 431-1 du Code du travail et qu'un comité d'entreprise pouvait donc y être institué (▪ Cass. soc., 4 avr. 1990 : *Bull. civ.* IV, n° 164).

Voir : D. 17 mars 1967, art. 63, p. 891.

8) TVA. Les unions de syndicats sont des prestataires de services qui pourraient comme tels être assujettis à la TVA, si l'union exerçait une « activité économique ». Mais si les unions, simples mandataires des syndicats adhérents, ne reçoivent de ceux-ci que des remboursements franc pour franc et sur justification précise, leurs encaissements ne sont pas assujettis à la TVA (Rép. min. 11 mai 1992 : *JOAN*, p. 2114).

II – OBJET DE L'UNION

9) Définition légale. L'objet de l'union comprend, comme précédemment, la création, la gestion et l'entretien d'éléments d'équipement communs, mais s'y ajoute désormais la gestion de services d'intérêt commun.

Sans autre précision de la loi, l'on peut penser, tant le mot « services » est d'acception large, que l'union pourra gérer des services aux personnes, tout autant que des services concernant les immeubles et leurs équipements en tant que tels (en ce sens, P. Capoulade, *Commentaires de la loi du 13 décembre 2000* : *Rev. Administrer* avr. 2000, p. 35).

III – ORGANISATION DE L'UNION

10) Non-application de la loi du 10 juillet 1965. Bien que regroupant des copropriétés, l'union de syndicats n'est pas, pour sa part, soumise aux règles de la loi du 10 juillet 1965 et des textes qui la complètent. La mention selon laquelle les statuts de l'union déterminent les conditions de son fonctionnement « sous réserve des dispositions de la présente loi » ne disent pas le contraire mais signifient simplement que les statuts doivent respecter les quelques dispositions de la loi du 10 juillet 1965 (art. 44) du décret du 17 mars 1967 (article 63 à 63-4) concernant les unions de syndicats.

Les délibérations de l'union ne sont pas régies par le formalisme instauré par la loi du 10 juillet 1965 pour la convocation et la tenue des assemblées de copropriétaires. Ainsi l'union peut décider, par référence à l'article 26-1 de la loi du 10 juillet 1965 la fermeture de la voie privée desservant les immeubles appartenant à ses membres, sans qu'il lui soit pour autant nécessaire d'arrêter en même temps les heures d'ouverture et de fermeture de la grille, comme le prévoit l'article 26-2 (■ CA Paris, 19e ch. A, 30 juin 1998 : *Loyers et copr.* 1999, comm. 57). De même il a été jugé que le délai de deux mois édicté par l'article 42 de la loi du 10 juillet 1965 pour attaquer en justice les décisions des assemblées de copropriété (V. ce texte) ne s'appliquait pas aux décisions de l'assemblée de l'union, dont les membres ne sont d'ailleurs pas les copropriétaires eux-mêmes mais les syndics (■ CA Montpellier, 20 avr. 1989 : *Rev. loyers* 1990, p. 88).

Il faut ajouter que les règles concernant la comptabilité des syndicats (V. Annexe 18, *Comptabilité des syndicats*, p. 1141), ne sont pas applicables aux unions de syndicat, à moins que leurs statuts ne l'imposent.

Voir : cependant, dans le cas où l'article 42 a été rendu conventionnellement applicable par les statuts de l'union, l'arrêt de la cour de Paris du 8 mars 1995, cité L. 10 juill. 1965, art. 29, comm. n° 11, p. 514.

Toujours en vertu de la même idée, il a été jugé que les dispositions de l'article L. 131-3 du Code de la construction et de l'habitation relatives à la répartition des dépenses de chauffage entre les lots d'une copropriété ne sauraient s'appliquer pour répartir les charges de chauffage entre les syndicats membres d'une union (■ CA Paris, 2 juin 1990 : *Loyers et copr.* 1990, comm. 406).

11) Statuts. Les statuts restent de rédaction libre, sauf à ne pas contrevenir aux dispositions de l'article 29 lui-même. Ainsi doivent-ils respecter les quelques dispositions de la loi du 10 juillet 1965 et du décret du 17 mars 1967 concernant les unions de syndicats (V. ci-dessus, n° 10). Ils ne peuvent en particulier interdire aux membres de l'union de s'en retirer.

Ils fixeront les règles de fonctionnement de l'union, et, en particulier, la répartition des charges entre ses membres. Ces derniers ne peuvent par la suite s'appuyer sur les dispositions de la loi du 10 juillet 1965 pour en invoquer la nullité ou en obtenir la révision (V. pour les dépenses de chauffage : ■ CA Paris, 23e ch. A, 27 juin 1990 : *Loyers et copr.* 1990, comm. 406).

Les statuts peuvent s'inspirer des dispositions de la loi du 10 juillet 1965 en stipulant par exemple que les syndics ne pourront contester les décisions de l'assemblée que dans le délai de l'article 42 de la loi. Leurs dispositions devront alors être respectées (■ CA Paris, 19e ch., 8 mars 1995 : *Loyers et copr.* 1995, comm. 379).

Les statuts du syndicat constituent un document contractuel qui ne peut être modifié par le juge (V. pour l'impossibilité de remettre en cause la répartition des charges de chauffage entre les membres de l'union, sauf erreur matérielle : ■ Cass. 3e civ., 8 juill. 1992 : *AJPI* 1994, p. 123, note J.-M. Gélinet ; *RD imm.* 1992, p. 546, note P. Capoulade).

12) Assemblée. L'assemblée générale de l'union est constituée par les syndics des syndicats, par le représentant légal de chaque société et par les propriétaires qui ont adhéré à l'union.

Les syndics participent à cette assemblée générale en qualité de mandataires du ou des syndicats qu'ils représentent. Lorsque, comme cela est fréquent, tous les immeubles faisant partie de l'union ont le même syndic, il devient difficile (mais non pas impossible juridiquement parlant) de tenir l'assemblée de l'union, qui ne comprendra en ce cas qu'une seule personne. D'autre part, le fait que ce soient les syndics et non les copropriétaires qui soient membres de l'assemblée et que ces syndics aient la qualité de mandataires de leurs syndicats doit inciter les syndics intéressés à ne pas voter sans être « couverts » par leurs syndicats. Le syndic serait imprudent de voter de son propre chef à l'assemblée de l'union une décision qui en ce qui concerne la copropriété qu'il représente, supposerait un vote préalable relevant des articles 25 et 26 de la loi.

Le problème se pose dans les mêmes termes, peut-on penser, en ce qui concerne les représentants légaux des sociétés membres de l'union, par identité de motifs.

Dès lors que l'assemblée générale de l'union des syndicats est constituée par les syndics de ces syndicats, les actions en contestation des décisions de l'union ne peuvent être introduites par les copropriétaires pris individuellement, qui ne sont pas membres des assemblées (▪ Cass. 3e civ., 26 févr. 2003 : *Bull. civ.* III, n° 50 ; *JCP G* 2003, IV, 1734 ; *Loyers et copr.* 2003, comm. 145, note G. Vigneron ; *Constr.-Urb.* 2003, comm. 130, note D. Sizaire ; *D.* 2003, p. 995, note C. Atias. – *Gaz. Pal.* 17-18 mars 2004, p. 29, note J.-M. Gélinet).

Voir : sur les assemblées, D. 17 mars 1967, art. 63, p. 891.

13) Gestionnaires de l'union. Le gestionnaire professionnel d'une union de syndicats ne peut demander ni recevoir, directement ou indirectement, d'autres rémunérations, à l'occasion des opérations de gestion immobilière, que celles dont les conditions sont précisées dans un mandat écrit préalable à sa désignation ou dans la décision de nomination (▪ Cass. 3e civ., 27 mars 2008, n° 06-21728 : *D.* 2008, p. 1147).

Si la rémunération de la société de gestion n'a pas fait l'objet d'un écrit ou d'une décision de l'assemblée générale de l'union, préalablement à l'accomplissement de sa mission, le gestionnaire doit être condamné à rembourser à l'union les sommes perçues à ce titre (▪ Cass. 3e civ., 8 juin 2011, n° 09-71.214 : *AJDI* 2011, p. 630).

14) Présidence de l'union. Un président de l'union est désigné par l'assemblée générale de l'union. C'est à lui qu'est confiée la mission de faire exécuter les décisions de l'union (art. 29, al. 6).

15) Conseil de l'union. Un conseil de l'union doit être institué. Il a pour mission d'assister le président et de contrôler sa gestion.

Ce conseil est composé d'un représentant désigné par chaque membre de l'union (art. 29, al. 7).

Voir : sur le conseil de l'union, D. 17 mars 1967, art. 63-1 à 63-4, p. 892.

Section II. – Dispositions particulières aux copropriétés en difficulté

Bibliographie : V. sur l'ensemble de la question *Prévenir et guérir les difficultés des copropriétés : une priorité des politiques de l'habitat*, par D. Braye (ANAH) - Rapports publics, Documentation française, janv. 2012. • Rapport de M. Claude Dilain, *Les copropriétés très dégradées*, Document du Sénat, avr. 2013. • Note sur *Les copropriétés en difficulté* par M. Claude Dilain, sénateur, Direction de l'initiative parlementaire et des délégations du Sénat, mai 2013. • V. aussi, précédemment, F. Rastoll, *Les copropriétés en difficulté, rapport au Conseil économique et social*, 11 sept. 2002. • D. Tomasin, *La genèse du statut des copropriétés en difficulté : Inf. rap. copr.* sept. 2016, Cahiers des copropriétés en difficulté, p. II. • Y. Broussolle, *Les pouvoirs publics et les copropriétés dégradées : Administrer* avr. 2019, p.15. • Rapport C. comptes, 12 janv. 2022, n° 2021-2176 : *Loyers et copr.* 2022, comm. 104, obs. C. Coutant-Lapalus. • J.-M. Roux, *Le redressement judiciaire des syndicats en difficulté : Inf. rap. copr.* juill.-août 2022, p. 23.

Ouvrages. J.-M. Roux et Ph. Marin, *Les copropriétés en difficultés*, Édilaix, 2e éd., 2024.

1) Loi du 21 juillet 1994. La loi n° 94-624 du 21 juillet 1994 a introduit dans le corps de la loi du 10 juillet 1965 les articles 29-1 à 29-4 dont l'objet est d'instituer un mécanisme d'administration provisoire pour les copropriétés qui ne peuvent fonctionner normalement en raison des « difficultés » qu'elles connaissent et qui peuvent avoir des origines diverses notamment financières.

Il s'est avéré en effet que les procédures existantes, en particulier les procédures collectives, étaient inadaptées.

Pour l'application de ces nouvelles mesures le décret du 15 février 1995 a introduit dans le décret du 17 mars 1967 quatorze nouveaux articles (D. art. 62-1 à 62-14 : V. plus loin leur commentaire). Un article 62-15 a été ajouté par le décret du 27 mai 2004.

Bibliographie : *JCl. Copropriété*, Fasc. 84, par J.-M. Roux. – J.-M. Roux et Ph. Marin, *Les copropriétés en difficultés*, Édilaix, 2e éd., 2024. – Ch. Atias, *Le redressement des copropriétés en difficulté : Inf. rap. copr.* sept. 1995, p. 21 et s. – J. Olivié, *L'administration provisoire dans les copropriétés en difficulté : Dr. et ville* 1995, p. 204 et s. – G. Vigneron, *L'avenir des copropriétés en difficulté : Loyers et copr.* oct. 1995, p. 1. – C. Jaffuel et P. Neidhart, *Le syndicat de copropriétaires en difficulté : Rev. Administrer* avr. 1996, p. 7 et s., V. aussi *infra*, sous l'article 29, I. – *Les syndicats en difficulté : un régime amélioré : Inf. rap. copr.* mars 2005, p. 23. – F. Juéry, *Copropriétés, quand l'endettement menace : Le Particulier immobilier* nov. 2005, p. 43. – C. Atias, *L'administrateur provisoire de copropriété en difficulté : Ann. loyers* 2006, p. 63. – M. Philibert, *Difficultés des copropriétés et copropriétés en difficulté, un éclairage étranger : Inf. rap. copr.* mai 2006, p. 9. – P. Capoulade, *Prévenir, repérer et traiter les copropriétés en difficultés : AJDI* 2007, p. 193. – J.-M. Roux, *Le redressement judiciaire des syndicats en difficulté : Inf. rap. copr.* juill.-août 2022, p. 23. – J. Hocquard, *L'état de carence du syndicat des copropriétaires : Inf. rap. copr.* juill.-août 2022, p. 27.

2) Loi du 14 novembre 1996. L'article 32 de la loi n° 96-987 du 14 novembre 1996 relative à la mise en œuvre du pacte de relance pour la ville (*AJPI* 1996, p. 1062 et *Rev. Administrer* févr. 1997, p. 47) ajoute au titre I du livre VI du Code de la construction et de l'habitation un chapitre V intitulé :

« Mesures de sauvegarde » comportant les articles L. 615-1 à L. 615-5.

Ce dispositif législatif complété par le décret n° 97-122 du 11 février 1997 (*JO* 12 févr. 1997, p. 2441 ; *AJPI* 1997, p. 226), permet au représentant de l'État dans le département, dans les zones urbaines sensibles ou à l'intérieur du périmètre d'une opération programmée d'amélioration de l'habitat, de confier à une commission qu'il constitue à cet effet le soin de proposer un plan de sauvegarde, visant à restaurer le cadre de vie des occupants d'un groupe d'immeubles bâtis ou d'un ensemble immobilier déterminé, dans la mesure où cette entité immobilière est régie soit par les articles L. 212-1 à L. 217-17 du Code de la construction et de l'habitation (sociétés constituées en vue de l'attribution d'immeubles aux associés par fraction divise), soit par les articles L. 213-1 à L. 213-15 du Code de la construction et de l'habitation (sociétés coopératives de construction), soit enfin par la loi du 10 juillet 1965 fixant le statut de la copropriété des immeubles bâtis. Est exclu expressément l'immeuble appartenant en totalité à un organisme HLM (art. L. 615-1, *in fine*), et implicitement l'immeuble appartenant en totalité à un propriétaire unique, quel que soit son statut (l'article L. 615-4-1 qui précise la notion de propriétaire occupant ne vise en effet que les copropriétaires et les associés).

D'autre part les copropriétaires en difficulté pour le paiement de leurs charges dont les immeubles sont situés dans les zones urbaines sensibles ou dans les OPAH peuvent obtenir une aide du fonds de solidarité pour le logement (créé par la loi du 31 mai 1990 visant à l'application du droit au logement) en vertu de l'article 35 de la loi n° 96-987 du 14 novembre 1996 relative à la mise en œuvre du pacte de relance pour la ville.

Bibliographie : C. Jaffuel, *Pacte de relance pour la ville et statut de la copropriété : AJPI* 1997, p. 541 et s. – P. Capoulade et C. Giverdon, *La loi du 14 novembre 1996 relative à la mise en œuvre du pacte de relance pour la ville et la copropriété des immeubles bâtis : Rev. Administrer* juill. 1997, p. 8 et s. – Compte rendu du 38ᵉ congrès de la CNAB : *Des difficultés des copropriétaires aux copropriétés en difficulté : Rev. Administrer* nov. 1999, p. 18. – *Guide de l'intervention publique dans les copropriétés en difficulté*, publié en 1995 sous l'égide du Groupe interministériel sur les copropriétés, mis en place par le Comité interministériel pour la ville. – C. Giverdon, *Copropriété et exclusion : Gaz. Pal.* 13-14 sept. 2000, p. 21. – D. Sizaire et P. Lebatteux, *Surendettement, copropriété-difficultés : Gaz. Pal.* 13-14 sept. 2000, p. 28. – G. Delattre et C. Becqué-Deverre, *Quelles solutions pour le copropriétaire en difficulté ? : AJDI* 2008, p. 38.

Voir aussi : Circulaire n° 99-29, 15 avr. 1999 : *Mon. TP* suppl. 30 avr. 1999, p. 374, concernant la mise en œuvre des plans de sauvegarde que peut proposer le préfet.

Le rapport sur « les copropriétés en difficulté » présenté en 2002 au Conseil économique et social par F. Rastoll.

3) Loi du 13 décembre 2000. La loi du 13 décembre 2000 a repris et complété les anciens articles 29-1 à 29-4, pour les remplacer par six nouveaux articles (29-1 à 29-6).

Les deux principales innovations introduites par ces textes sont qu'en pareil cas le syndic est dorénavant dessaisi de tous ses pouvoirs, et que le président du tribunal se voit conférer la possibilité de prononcer, le cas échéant, la scission de la copropriété.

4) Loi du 1er août 2003. La loi d'orientation et de programmation pour la ville et la rénovation urbaine n° 2003-710 du 1er août 2003 (art. 22 : *JO* 2 août, p. 13 281) permet au syndicat des copropriétaires de bénéficier de l'aide juridictionnelle pour agir en recouvrement de ses créances tant en demande qu'en défense, lorsqu'un immeuble fait l'objet d'un plan de sauvegarde (CCH, art. L. 615-1) ou lorsqu'un administrateur provisoire a été désigné (L. 10 juill. 1965, art. 29-1).

En outre cette même loi du 1er août 2003 (art. 18 : *JO* 2 août) a créé une procédure applicable lorsque, du fait de la carence de propriétaires d'immeubles collectifs à usage principal d'habitation, l'entretien des équipements communs n'est plus assuré et que ces équipements présentent de ce fait un fonctionnement défectueux ou un défaut d'entretien de nature à créer des risques sérieux pour la sécurité des occupants, ou à compromettre gravement leurs conditions d'habitation.

Enfin cette loi du 1er août 2003 (art. 20) a créé une procédure applicable lorsque, du fait de graves difficultés financières ou de gestion et de l'importance des travaux à mettre en œuvre, le syndicat des copropriétaires est dans l'incapacité d'exercer ses missions de gestion et d'assurer la conservation de l'immeuble, ou que la sécurité des occupants est gravement menacée.

L'état de « carence » du syndicat peut alors être constaté, ce qui débouche sur l'expropriation de l'immeuble.

Les dispositions correspondantes ont été codifiées au Code de la construction et de l'habitation. Les modalités d'application de ces textes devront être précisées par décret.

Voir : sur ces dispositions, Annexe 12, *Carence du syndicat*, p. 1039.

Bibliographie : J. Lafond, *Copropriétés en difficulté et loi du 13 décembre 2000 : Loyers et copr.*, numéro hors-série, mai 2001, p. 25 et s. – D. Tomasin, *Plan de sauvegarde des copropriétés en difficulté : Maisons et habitat*, sept.-oct. 2002, n° 383, p. 11.

– P. Capoulade, *Du nouveau du côté des syndicats en difficulté* : *Gaz. Pal.* 15-16 mars 2002, p. 6. – Sur la possibilité pour l'ANAH d'accorder des aides et sur les subventions pouvant être obtenues de l'ANRU, V. Circ. n° 2004-56, 25 oct. 2004 : *BO Min. Équipement* n° 2004/21.

5) Loi du 25 mars 2009. L'article 29-1 de la loi du 10 juillet 1965 (V. ce texte *infra*) prévoit la désignation d'un administrateur provisoire « lorsque l'équilibre financier du syndicat des copropriétaires est gravement compromis ou si le syndicat est dans l'impossibilité de pourvoir à la conservation de l'immeuble » (sur cette procédure, V. *JCl. Notarial Formulaire, V° Copropriété*, Fasc. 250 par J. Lafond et *JCl. Copropriété*, Fasc. 984, par J.-M. Roux). La loi n° 2009-323 du 25 mars 2009 a jugé utile de compléter ce dispositif dont l'inconvénient est de n'intervenir qu'en aval des crises, à titre curatif et non pas préventif. Elle a introduit à cette fin dans la loi du 10 juillet 1965 deux nouveaux articles (29-1-A et 29-1-B). L'objectif poursuivi est d'éviter de laisser les situations s'aggraver en ayant recours, de manière préventive, à la nomination d'un « mandataire *ad hoc* », à l'image de celui prévu par l'article L. 611-3 du Code de commerce dans le cas des entreprises en difficulté. Ce mandataire *ad hoc* a, on le sait, pour mission d'aider l'entreprise à trouver des solutions lui permettant d'assurer sa pérennité. Dans cette perspective, il peut notamment assister le chef d'entreprise dans la négociation avec ses créanciers.

L'idée est la même en ce qui concerne le mandataire *ad hoc* prévu par les articles 29-1-A et 29-1-B : il s'agit de désigner une tierce personne pour épauler le syndic et l'aider à trouver des solutions aux difficultés financières rencontrées par la copropriété.

La loi du 25 mars 2009 (art. 19, 2°) modifie par ailleurs le dernier alinéa de l'article 29-1.

Il précise que la durée de la mission de l'administrateur provisoire « ne peut être inférieure à 12 mois » (alors que dans l'ancien texte elle était laissée à la discrétion du président du tribunal de grande instance).

En outre, il est indiqué que si aucun rapport émanant d'un mandataire *ad hoc* n'a été dressé au cours de l'année précédente, l'administrateur provisoire doit, au plus tard à l'issue des six premiers mois de sa mission, établir un rapport intermédiaire présentant les mesures adoptées pour redresser la situation financière du syndicat.

Enfin, le nouveau texte précise que le président du tribunal de grande instance peut à tout moment modifier la mission de l'administrateur provisoire, la prolonger ou y mettre fin, non seulement à la demande de l'administrateur provisoire lui-même, d'un ou plusieurs copropriétaires, du procureur de la République ou d'office, mais également (là est la nouveauté) du représentant de l'État dans le département.

Bibliographie : C. Régnaut-Moutier, *Le traitement des difficultés des syndicats de copropriétaires* : *Rev. proc. coll.* mai-juin 2010, étude 10. – M.-C. Ruffet, *Les syndicats en risque de difficultés et en difficulté* : *Inf. rap. copr.* oct. 2009, p. 14. – Un site internet, géré par l'ANAH, est consacré aux copropriétés en difficulté (www.coproprietes.org).

6) Loi n° 2014-366 du 24 mars 2014 (Loi ALUR). La loi ALUR a procédé à une réforme en profondeur des textes concernant les copropriétés en difficulté. La section consacrée à la matière comprend désormais dix-huit articles (art. 29-1-A à 29-15) au lieu de huit précédemment.

Il a été décidé d'abord de réformer la procédure d'alerte et de désignation d'un mandataire *ad hoc*, après avoir analysé les raisons pour lesquelles elle était peu utilisée. Ceci a conduit à procéder à diverses modifications en vue d'améliorer son efficacité pour redresser les copropriétés dès l'apparition des premiers impayés. En outre la procédure d'administration provisoire a été profondément modifiée afin de mettre à disposition des administrateurs de nouveaux outils sous le contrôle du juge. La nouvelle réglementation du traitement des copropriétés en difficulté est calquée sur celle des difficultés des entreprises : alerte, sauvegarde, redressement, liquidation, le législateur s'étant d'ailleurs inspiré fortement des suggestions faites par le Conseil national des administrateurs judiciaires et des mandataires judiciaires, qui ont été consultés (Entretien avec X. Huertas, *Une avancée pour les copropriétés en difficulté* : *Inf. rap. copr.* oct. 2013, p. 7).

Parallèlement de nouvelles dispositions ont été introduites dans le Code de la construction et de l'habitation sous un titre 4 intitulé « Traitement des difficultés des copropriétés dégradées » (Opérations publiques d'aménagement pour copropriétés dégradées : art. L. 741-1. – Adaptation du régime de la copropriété en cas de bail à réhabilitation : art. L. 252-1 et L. 253-1. – Modification de la procédure de carence : art. L. 615-6. – Plan de sauvegarde : art. L. 615-1 et s., etc.).

7) Décret n° 2015-999, 17 août 2015. Le décret n° 2015-999 du 17 août 2015 (*JO* 18 août) pris pour l'application des articles 63 et 64 de la loi n° 2014-366 du 24 mars 2014, tire les conséquences réglementaires de ces dispositions. Il détermine les modalités de désignation et de rémunération du mandataire *ad hoc* et de l'administrateur provisoire. Il précise le déroulement de la procédure de mandat *ad hoc* et les conditions d'exercice de la mission d'administrateur provisoire. Il définit enfin les conditions de mise en œuvre de la procédure d'apurement des dettes, de la procédure d'effacement des dettes et de la procédure d'administration renforcée pour les copropriétés placées sous administration provisoire. Ses dispositions modifient certains textes du décret du 17 mars 1967, ou créent de nouveaux textes (V. les articles 61-1-1 à 62-35 de ce décret, p. 868).

Bibliographie : *Sur les réformes opérées par la loi ALUR du 24 mars 2014.* A. Lebatteux, *Un nouveau dispositif pour le traitement des copropriétés en difficulté : Acte prat. ing. immobilière* avr.-mai-juin 2014, dossier 17. – C. Bénasse, *Les copropriétés très dégradées : la loi ALUR n'apporte qu'une réponse partielle : JCP* N 2014, n° 20, act. 603. – J. Lafond, *La loi ALUR et les copropriétés en difficulté : Loyers et copr.* 2014, étude 5. – M.-C. Ruffet, *Responsabilité des administrateurs désignés judiciairement en copropriété : Inf. rap. copr.* sept. 2014, p. 16 (1re partie) ; et *Inf. rap. copr.* oct. 2014, p. 17 (2e partie). – S. Bénilsi, *Moins de copropriétés dégradées ? : Defrénois* 2015, n° 10, p. 549.
Sur le décret du 17 août 2015. J.-M. Roux, *Le décret du 17 août 2015 relatif aux procédures judiciaires applicables aux copropriétés en difficulté : Loyers et copr.* 2015, étude 12. – A. Fontin, *Copropriétés en difficulté : le décret d'application est paru : Dict. perm. Gestion immobilière, Bull.* n° 482, sept. 2015, p. 1 et s. – P. Lebatteux et A. Lebatteux-Simon, *Les procédures judiciaires applicables aux copropriétés en difficulté : AJDI* 2015, p. 737.

Ouvrages. M. Roux et Ph. Marin, *Les copropriétés en difficultés*, Édilaix, 2e éd., 2024. – Sur le plan gouvernemental de mobilisation pour les copropriétés fragiles en difficulté (2015-2018, V. l'étude de G. Gil, *Inf. rap. copr.*, Cahiers des copropriétés en difficulté, VI. – ***Sur la possibilité pour l'ANAH d'accorder des subventions aux syndicats de copropriétaires en difficulté pour effectuer des expertises techniques, de gestion, ou juridiques.*** Instr. ANAH n° 1-2005-03, 12 juill. 2005. – V. également sur les aides financières au profit des copropriétés en difficulté, Copropriétés en difficulté : obtenir des aides publiques au profit d'un syndicat de copropriétaires : P. Morelon, *Loyers et copr.* 2015, dossier 9.

8) Loi n° 2017-86 du 27 janvier 2017. La loi n° 2017-86 du 27 janvier 2017 relative à l'égalité et à la citoyenneté (*JO* 28 janv.) a souhaité apporter des précisions, ou procéder à diverses modifications, au régime des copropriétés en difficulté afin de tenir compte des constats dressés après l'intervention de la loi du 24 mars 2014 précitée. Dans ce but, elle a procédé à diverses retouches, concernant les articles 29-1-A, 29-1, 29-3, 29-4, 29-5 (Sur cette réforme, V. J.-M. Roux, *La loi Égalité-citoyenneté et les copropriétés en difficulté : Inf. rap. copr.* mars 2017, Cahiers des copropriétés en difficulté, p. V).

Art. 29-1 A ***(L. n° 2009-323, 25 mars 2009 ; mod., L. n° 2014-366, 24 mars 2014 ; à compter du 1er janvier 2020, Ord. n° 2019-964, 18 sept. 2019 ; L. n° 2024-322, 9 avr. 2024).*** **– Lorsqu'à la clôture des comptes les impayés atteignent 25 % des sommes exigibles en vertu des articles 14-1 et 14-2-1 ou en l'absence de vote de l'assemblée générale sur l'approbation des comptes depuis au moins deux ans, le syndic en informe le conseil syndical et saisit sur requête le juge d'une demande de désignation d'un mandataire ad hoc. Pour les copropriétés de plus de deux cents lots, le pourcentage des impayés déclenchant la saisine est fixé à 15 %.**

En l'absence d'action du syndic dans un délai d'un mois à compter de la clôture des comptes, en l'absence de syndic ou en l'absence de vote de l'assemblée générale sur l'approbation des comptes depuis au moins deux ans, le juge peut être saisi d'une même demande par :

1° Des copropriétaires représentant ensemble au moins 15 % des voix du syndicat *(Mots aj. à compter du 1er juin 2020, Ord. n° 2019-1101, 30 oct. 2019)* « ou le président du conseil syndical » ;

2° Un créancier lorsque les factures d'abonnement et de fourniture d'eau ou d'énergie ou les factures de travaux, votés par l'assemblée générale et exécutés, restent impayées depuis six mois et si le créancier a adressé au syndic un commandement de payer resté infructueux ;

3° Le représentant de l'État dans le département ou le procureur de la République près le tribunal judiciaire ;

4° Le maire de la commune du lieu de situation de l'immeuble ;

5° Le président de l'organe délibérant de l'établissement public de coopération intercommunale compétent en matière d'habitat du lieu de situation de l'immeuble.

Dans les cas mentionnés *(Mots aj., L. n° 2017-86, 27 janv. 2017)* « au premier alinéa et » aux 1° et 2°, le représentant de l'État dans le département, le maire de la commune où est implanté l'immeuble et le président de l'organe délibérant de l'établissement public de coopération intercommunale compétent en matière d'habitat sont informés de la saisine par le ou les demandeurs.

Bibliographie : C. Sabatié, *Copropriété en « pré-difficulté » : tentative d'éclairage sur la nomination du mandataire ad hoc : AJDI* 2010, p. 284. • S. Delrieu et M.-C. Mariani Riela, *Les copropriétés en difficultés financières : Ann. loyers* 2011, p. 902 et s. • M.-C. Ruffet, *Un point relatif à la procédure d'alerte : Inf. rap. copr.* juin 2011, p. 16. • A. Lebatteux, *Le mandataire ad hoc* *ou la procédure d'alerte pour les copropriétés en difficulté : Inf. rap. copr.* sept. 2016, Cahiers des copropriétés en difficulté, VII. • J.-M. Roux, *JCl. Copropriété*, Fasc. 84. • D. Begriche et D. Rodrigues, *Loi habitat dégradé : principales mesures : Inf. rap. copr.* mai 2024, p. 17. • P.-E. Lagraulet et M. Mialaret, *Le mandataire* ad hoc *(procédures des articles 29-1 A, B et C) : Inf. rap. copr.* janv.-févr. 2024, p. 19.

Ouvrages. J.-M. Roux et Ph. Marin, *Les copropriétés en difficultés*, Édilaix 2e éd., 2024.

Voir aussi : sur le mandataire *ad hoc*, V. en Annexe 17, la recommandation n° 26 du 9 juin 2010 de la commission relative à la copropriété, p. 1095.

I – CONDITIONS REQUISES POUR LA DÉSIGNATION D'UN MANDATAIRE *AD HOC*

1) Situation d'impayé. Pour que la désignation d'un mandataire *ad hoc* puisse être sollicitée, il faut qu'à la clôture des comptes les impayés atteignent 25 % des sommes exigibles en vertu des articles 14-1 et 14-2 de la loi du 10 juillet 1965.

Mais, par exception, dans les copropriétés de plus de 200 lots, le pourcentage des impayés « permettant de déclencher la saisine » est fixé à 15 %.

Sur la notion d'impayé au sens de l'article 29-1-A alinéa premier, V. D. n° 67-223, 17 mars 1967, art. 61-2, p. 872.

Sur les modalités de l'information du conseil syndical prévues par l'article 29-1-A alinéa premier, V. D. n° 67-223, 17 mars 1967, art. 61-4, p. 872.

La demande de désignation d'un mandataire *ad hoc* formée par le créancier d'un syndicat est fondée lorsque, malgré ses demandes, le syndicat n'apporte pas la preuve qu'il n'est pas dans la situation visée par l'article 29-1 A (▪ TGI Paris, ord. 26 oct. 2017, n° 17/57066 : *Administrer* janv. 2018, p. 63, note J.-R. Bouyeure).

2) Absence d'approbation des comptes. La loi n° 2024-322 du 9 avril 2024 a entendu élargir les hypothèses dans lesquelles un mandataire *ad hoc* pouvait être désigné. En effet, il est apparu que l'absence d'approbation des comptes pouvait traduire un commencement de difficulté éprouvé par une copropriété. C'est la raison pour laquelle le défaut d'approbation des comptes depuis au moins deux ans a été retenu. Il s'agit d'augmenter les chances de prévenir des situations potentiellement génératrices de graves problèmes.

II – QUALITÉ POUR AGIR

3) Personnes ayant qualité. La situation antérieure à la loi n° 2014-366 du 24 mars 2014 (loi ALUR) a été maintenue jusqu'au 31 mai 2020. À compter du 1er juin 2020, à la suite de la modification de l'article 29-1 A par l'ordonnance du 30 octobre 2019, la procédure de désignation du mandataire *ad hoc* peut être introduite de quatre manières :

– la responsabilité en incombe au syndic, à titre principal. La demande est formée par requête présentée au président du tribunal judiciaire (par ministère d'avocat). L'article 29-1 A, alinéa 1er, précise que le syndic doit alors en informer le conseil syndical. Mais le syndic n'a pas à se faire autoriser par l'assemblée en vertu de l'article 55 du décret du 17 mars 1967 (Givord, Giverdon et Capoulade, *op. cit.*, n° 786, p. 383) ;

– à titre subsidiaire, en l'absence d'action du syndic dans un délai d'un mois à compter de la clôture des comptes, la demande peut être formée par « des copropriétaires représentant ensemble au moins 15 % des voix du syndicat » ;

– par le président du conseil syndical (nouveauté introduite par l'ordonnance n° 2019-1101 du 30 octobre 2019, applicable à compter du 1er juin 2020) ;

– enfin un créancier peut également demander la désignation d'un mandataire *ad hoc*, ceci à deux conditions :

• que les factures d'abonnement et de fourniture d'eau, d'énergie, ou les factures de travaux, votés par l'assemblée générale et exécutés, soient restées impayées depuis six mois ;

• et que ce créancier ait adressé au syndic un commandement de payer resté infructueux.

4) Apport de la loi ALUR. Dans sa rédaction issue de la loi du 24 mars 2014 précitée (loi ALUR), l'article 29-1 A ajoute à la liste des personnes ayant qualité pour former la demande de désignation d'un mandataire *ad hoc* :

– le représentant de l'État dans le département,

– le procureur de la République près le tribunal judiciaire ;

– le maire de la commune du lieu de situation de l'immeuble ;

– le président de l'organe délibérant de l'établissement public de coopération intercommunale (EPCI) compétent en matière d'habitat, du lieu de situation de l'immeuble.

Il en résulte, sur un plan pratique, qu'un copropriétaire ou un créancier ne remplissant pas les conditions requises pour saisir le juge pourraient obtenir la désignation d'un mandataire *ad hoc* par une voie détournée, en demandant par exemple au maire de la commune, au préfet ou au procureur de la République de lancer la procédure, sauf à justifier que le pourcentage d'impayés exigé par la loi comme condition de recevabilité de la demande est atteint.

Bibliographie : *Sur le contrôle à exercer par le président du tribunal.* V. à propos d'une ordonnance du président du tribunal de grande instance de Créteil du 14 octobre 1994 : *Loyers et copr.* janv. 1995, n° 35. – C. Giverdon, *Requête à fin de désignation d'un administrateur provisoire de copropriété en difficulté : Loyers et copr.* janv. 1995, p. 1 et s.

5) **Absence de syndic.** Dans la mesure où l'initiative de la saisine du juge aux fins de désignation d'un mandataire *ad hoc* est la règle, la loi n° 2024-322 du 9 avril 2024 a étendu aux personnes susvisées la possibilité de déclencher la procédure lorsque la copropriété est dépourvue de syndic.

III – PROCÉDURE

6) **Procédure sur requête ou accélérée au fond.** À la suite de la réforme opérée par la loi ALUR (*L. n° 2014-366, 24 mars 2014*), la procédure pouvait être introduite par voie de requête. Ceci ne voulait pas dire cependant que la voie du référé était exclue : l'article 29-1 *b*, alinéa 1, indiquait en effet que le juge statue « par ordonnance sur requête ou comme en matière de référé ».

Cette situation a été modifiée par l'ordonnance n° 2019-738 du 17 juillet 2019 prise en application de la loi n° 2019-222 du 23 mars 2019 de réforme pour la justice. À partir du 1er janvier 2020, la procédure peut être introduite soit par voie de requête au président du tribunal judiciaire, soit selon la procédure accélérée au fond, réglementée par les articles 481-1 et 839 du Code de procédure civile (V. *infra*, art. 29-1 B, al. 1er).

Sur la juridiction compétente, V. D. n° 67-223, 17 mars 1967, art. 61-3, p. 872.

Sur la procédure à suivre lorsque la demande est faite par le Ministère Public, V. D. n° 67-223, 17 mars 1967, art. 61-1-1, p. 868.

Sur la procédure à utiliser lorsque la demande n'est pas faite par le syndic, V. D. n° 67-223, 17 mars 1967, art. 61-6, p. 873.

Sur les pièces à joindre, et la possibilité pour le Juge d'entendre toute personne de son choix, V. D. n° 67-223, 17 mars 1967, art. 61-7, p. 873.

7) **Obligation d'information.** En l'état actuel du texte, tel qu'il résulte de la loi n° 2017-86 du 27 janvier 2017 le représentant de l'État dans le département, le maire de la commune où est implanté l'immeuble et le président de l'organe délibérant de l'EPCI compétent en matière d'habitat devront être informés de la demande formée par le syndic.

En outre l'information du président de l'organe délibérant de l'EPCI compétent en matière d'habitat, par le ou les demandeurs a été rendue obligatoire par la loi n° 2014-366 du 24 mars 2014 dite « loi ALUR » (art. 29-1 A, al. 7).

Sur les modalités de l'information prévue par le dernier alinéa de l'article 29-1-A, V. D. n° 67-223, 17 mars 1967, art. 61-5, p. 873.

Art. 29-1 B ***(Mod., Ord. n° 2019-738, 17 juill. 2019 ; à compter du 1er janvier 2020, Ord. n° 2019-964, 18 sept. 2019).*** **– Le président du tribunal judiciaire, saisi dans les conditions prévues à l'article 29-1 A et statuant par ordonnance sur requête ou selon la procédure accélérée au fond, peut désigner un mandataire *ad hoc* dont il détermine la mission et la rémunération. Les modalités d'intervention des mandataires *ad hoc* sont fixées par décret.**

Le président du tribunal judiciaire précise et motive spécialement dans sa décision l'imputation des frais entre le syndicat des copropriétaires et les autres parties à la procédure, ou le partage des frais entre eux.

Dans un délai de trois mois renouvelable une fois par décision du président du tribunal judiciaire, le mandataire *ad hoc* adresse au président du tribunal judiciaire un rapport présentant l'analyse de la situation financière du syndicat des copropriétaires et de l'état de l'immeuble, les préconisations faites pour rétablir l'équilibre financier du syndicat et, le cas échéant, assurer la sécurité de l'immeuble, ainsi que le résultat des actions de médiation ou de négociation qu'il aura éventuellement menées avec les parties en cause. Lorsqu'il constate d'importantes difficultés financières ou de gestion, il saisit le président du tribunal judiciaire aux fins de désignation d'un administrateur provisoire en application de l'article 29-1.

Le syndic est tenu de fournir au mandataire *ad hoc* tous les documents nécessaires à l'accomplissement de sa mission dans un délai de quinze jours à compter de la notification de la décision du président du tribunal judiciaire au syndic. Le mandataire *ad hoc* peut saisir le président du tribunal judiciaire des difficultés dans l'exercice de sa mission. Pour l'accomplissement de sa mission, le mandataire *ad hoc* peut obtenir de l'autorité publique compétente les pièces relatives aux procédures de police engagées à l'encontre du syndicat.

Le greffe du tribunal judiciaire adresse ce rapport au syndic, au conseil syndical, au maire de la commune où est implanté l'immeuble, au président de l'organe délibérant de l'établissement public de coopération intercommunale compétent en matière d'habitat, ainsi qu'au représentant de l'État dans le département.

Le syndic inscrit à l'ordre du jour de la prochaine assemblée générale les projets de résolution nécessaires à la mise en œuvre de ce rapport. Si la prochaine assemblée générale n'intervient pas dans les six mois à compter de la remise du rapport, le syndic convoque une assemblée générale spécialement à cet effet. Si le rapport du mandataire *ad hoc* préconise des mesures d'urgence, ce délai est ramené à trois mois.

Le procès-verbal de l'assemblée générale statuant sur les résolutions mettant en œuvre le rapport du mandataire est notifié par le syndic aux auteurs de la saisine, au président du tribunal judiciaire et au mandataire *ad hoc*. En l'absence de notification dans le délai de six mois prévu au sixième alinéa, le mandataire *ad hoc* ou les parties à l'origine de la procédure peuvent saisir le président du tribunal judiciaire statuant selon la procédure accélérée au fond aux fins :

1° d'obtenir un jugement enjoignant au syndic de convoquer sans délai l'assemblée générale ;

2° de désignation d'un administrateur provisoire, si les auteurs de la saisine sont habilités à le faire par l'article 29-1.

Bibliographie : C. Sabatié, *Copropriété en « pré-difficulté » : tentative d'éclairage sur la nomination du mandataire ad hoc : AJDI* 2010, p. 284. • S. Delrieu et M.-C. Mariani Riela, *Les copropriétés en difficultés financières : Ann. loyers* 2011, p. 902 et s. • M.-C. Ruffet, *Un point relatif à la procédure d'alerte : Inf. rap. copr.* juin 2011, p. 16. • J.-M. Roux, *JCl. Copropriété*, Fasc. 84.

Ouvrages. J.-M. Roux et Ph. Marin, *Les copropriétés en difficultés*, Édilaix 2e éd., 2024.

Voir aussi : sur le mandataire *ad hoc*, V. en Annexe 17, la recommandation n° 26 du 9 juin 2010 de la commission relative à la copropriété, p. 1095.

1) Modifications procédurales. À compter du 1er janvier 2020, et en vertu de l'ordonnance n° 2019-738 du 17 juillet 2019, prise en application de l'article 28 de la loi n° 2019-222 du 23 mars 2019 de réforme de la justice, la procédure applicable en la matière est modifiée. Elle pourra être introduite soit par voie de requête au président du tribunal judiciaire, soit selon la procédure accélérée au fond, réglementée par les articles 481-1 et 839 du Code de procédure civile (art. 29-1 B, al. 1er). Cette réforme purement procédurale ne touche pas pour le surplus aux règles de fond figurant dans l'article 29-1 B, dans sa rédaction antérieure à l'ordonnance du 17 juillet 2019 précitée, telle qu'elle résultait de la loi n° 2014-366 du 24 mars 2014, dite « loi ALUR ». Les commentaires et la jurisprudence suscités par ce texte dans son ancienne rédaction restent donc, dans cette mesure, d'actualité.

I – CHOIX DU MANDATAIRE *AD HOC*

2) Modalités du choix. Le Juge (le président du tribunal judiciaire), statuant soit sur requête, soit selon la procédure accélérée au fond (V. *(art. 29-1 B, al. 1er)* choisit un mandataire *ad hoc* parmi les personnes ayant qualité pour occuper cette fonction (sur les personnes pouvant être désignées, V. ci-dessous art. 29-1 c, 523).

• Sur la possibilité pour le mandataire de se faire assister, V. D. n° 67-223, 17 mars 1967, art. 61-10, p. 874.

II – CONTENU ET EXÉCUTION DE L'ORDONNANCE

3) Fixation de la mission et de la rémunération du mandataire *ad hoc*. L'article 29-1 B, alinéa 1, indique que le Juge « détermine la mission » du mandataire *ad hoc* (sans autre précision), ainsi que sa rémunération. L'alinéa premier de l'article 29-1 B précise que « les modalités d'intervention des mandataires *ad hoc* » doivent être fixées par décret.

• Sur les modalités de rémunération du mandataire *ad hoc*, V. D. n° 67-223, 17 mars 1967, art. 61-1-4, p. 870.

• Sur le caractère exécutoire de l'ordonnance, V. D. n° 67-223, 17 mars 1967, art. 61-8, p. 873.

• Sur les modalités de notification de l'ordonnance, V. D. n° 67-223, 17 mars 1967, art. 61-9, p. 873.

4) Sort des frais de procédure. Dans l'ancien texte, il appartenait au juge, lorsqu'il avait été saisi par le syndic ou par des copropriétaires, de préciser dans son ordonnance « l'imputation des frais entre le syndicat des copropriétaires le syndic ou le partage des frais entre eux ». Lorsque la demande avait été formée par un créancier, les frais étaient supportés par lui *(art. 29-1-B, al. 2 ancien)*.

La loi du 24 mars 2014 précitée (loi ALUR) a modifié cet état de choses. Le créancier qui forme une demande de désignation du mandataire *ad hoc* ne fait plus l'objet d'un traitement particulier. Tous les demandeurs sont logés à la même enseigne. Le juge a le choix :

– soit de procéder à « l'imputation des frais entre le syndicat des copropriétaires et les autres parties à la procédure » ;

– soit de partager les frais entre eux.

Le nouveau texte ajoute qu'il doit sur ce point « motiver spécialement » son ordonnance (ce qui n'était pas imposé antérieurement).

III – RAPPORT DU MANDATAIRE *AD HOC*

5) Élaboration du rapport et délais de dépôt. Le mandataire *ad hoc* doit adresser au Juge (le président du tribunal judiciaire) un rapport dans les trois mois de sa nomination. Ce délai de trois mois peut être renouvelé une fois par le juge.

Ce rapport analyse la situation financière du syndicat des copropriétaires et l'état de l'immeuble. Il contient les « préconisations » du mandataire *ad hoc* pour rétablir l'équilibre financier du syndicat et, le cas échéant, assurer la sécurité de l'immeuble. Il rend compte du résultat des actions de médiation ou de négociation qu'il aura éventuellement menées avec les parties en cause *(art. 29-1-B, al. 3)*. Sur tous ces points, la loi précitée du 24 mars 2014 n'a rien changé par rapport à l'état du droit antérieur.

Mais (là est la nouveauté...) elle a donné au mandataire *ad hoc* les moyens d'accomplir sa mission et de vaincre les obstacles éventuels :

– le syndic devra lui fournir « tous les documents nécessaires à l'accomplissement de sa mission », et ceci dans un délai de 15 jours, qui court à compter de la notification de l'ordonnance du juge au syndic ;

– le mandataire *ad hoc* pourra obtenir de l'autorité publique compétente, et pour l'accomplissement de sa mission, « les pièces relatives aux procédures de police engagées à l'encontre du syndicat » ;

– il pourra saisir le juge des difficultés qu'il rencontrera dans l'exercice de sa mission.

Sur le contenu du rapport, V. D. n° 67-223, 17 mars 1967, art. 61-12, p. 874.

IV – SUITES DU RAPPORT

6) Dépôt du rapport. Le rapport est déposé au greffe du tribunal judiciaire. Le greffier doit ensuite en adresser une copie au syndic, au conseil syndical, au représentant de l'État dans le département et (cette transmission n'est plus désormais facultative) au président de l'organe délibérant de l'EPCI compétent en matière d'habitat *(art. 29-1-B, al. 4)*.

Sur les modalités de prise de connaissance du rapport, V. D. n° 67-223, 17 mars 1967, art. 61-11, p. 874.

7) Décision de l'assemblée. Il appartient au syndic, en possession du rapport du mandataire *ad hoc*, d'inscrire « à l'ordre du jour de la prochaine assemblée générale les projets de résolutions nécessaires à la mise en œuvre de ce rapport » *(art. 29-1-B, al. 5)*.

Tout en reprenant sur ce point l'ancien texte, l'article 29-1 B apporte deux importantes innovations, de nature à accélérer le rythme des mesures à prendre dans l'intérêt de la copropriété :

– il précise d'abord que lorsque le mandataire *ad hoc* « constate d'importantes difficultés financières ou de gestion, il saisit (c'est un impératif) le juge aux fins de désignation d'un administrateur provisoire en application de l'article 29-1 » *(art. 29-1-B, al. 3)* ;

– il vise ensuite le cas où la date de la « prochaine assemblée générale » appelée à se prononcer sur le rapport ne se situerait pas dans les six mois de la remise de ce rapport (ou dans les trois mois, si ce rapport préconise des mesures d'urgence). Le mandataire *ad hoc* devrait alors convoquer une assemblée spéciale.

8) Notification de la décision. L'article 29-1 B, alinéa 6, précise que le procès-verbal de l'assemblée statuant sur les résolutions mettant en œuvre le rapport du mandataire *ad hoc* doit être notifié par le syndic aux auteurs de la saisine, au juge et au mandataire *ad hoc*.

Pour éviter tout atermoiement, le même texte prévoit que si cette notification n'a pas été opérée dans un délai de six mois à compter de la remise du rapport au greffe, le mandataire *ad hoc* ou la partie à l'origine de la procédure peuvent prendre les mesures suivantes :

– saisir le juge afin d'obtenir une ordonnance enjoignant au syndic de convoquer sans délai l'assemblée générale. Ceci vise le cas où l'absence de notification tient à la non-convocation de l'assemblée... ;

– saisir le juge aux fins de désignation d'un administrateur provisoire, à la condition que l'auteur de la saisine remplisse les conditions posées par l'article 29-1 de la loi pour former cette demande (V. ce texte ci-dessus).

Art. 29-1 C *(L. n° 2014-366, 24 mars 2014)*. **– I. – Pour exercer les fonctions de mandataire *ad hoc* prévues à l'article 29-1 A, le juge peut désigner un administrateur judiciaire inscrit sur la liste des administrateurs judiciaires mentionnée à l'article L. 811-2 du Code de commerce.**

II. – Toutefois, à titre exceptionnel, le juge peut également désigner, par décision spécialement motivée, une personne physique ou morale justifiant d'une expérience ou d'une qualification particulière au regard de la nature de l'affaire et remplissant des conditions définies par décret.

III. – Les mandataires *ad hoc* désignés en application du II du présent article ne doivent pas, au cours des cinq années précédentes :

1° Avoir perçu à quelque titre que ce soit, directement ou indirectement, une rétribution ou un paiement de la part du syndic, du syndicat des copropriétaires ou des créanciers à l'origine de la procédure, ni d'une personne qui détient le contrôle du syndic ou d'un de ses créanciers, au sens des II et III de l'article L. 233-16 du Code de commerce ;

2° S'être trouvés en situation de conseil du syndic, du syndicat des copropriétaires ou des créanciers concernés ou de subordination par rapport à eux ;

3° Avoir un intérêt dans le mandat qui leur est donné ;

4° Être au nombre des anciens administrateurs ou mandataires judiciaires ayant fait l'objet d'une décision de radiation ou de retrait des listes, en application des articles L. 811-6, L. 811-12 et L. 812-4 du Code de commerce.

IV. - Les mandataires *ad hoc* ne peuvent être désignés syndic à l'issue de leur mission.

Bibliographie : J.-M. Roux, *Être mandataire ad hoc au lendemain de la loi ALUR : Inf. rap. copr.* sept. 2015, Cahiers des copropriétés en difficulté, p. IX. • G. Gil, *Le mandataire ad hoc des copropriétés en prédifficulté : Administrer* juill. 2022, p. 7.

I - CHOIX DU MANDATAIRE *AD HOC*

A - Principe

1) Choix d'un administrateur judiciaire. Dans lour état antérieur, les textes ne donnaient aucune indication quant aux personnes pouvant être désignées en qualité de mandataire *ad hoc*. Cette lacune a été comblée par la loi précitée du 24 mars 2014 (loi ALUR), qui a introduit à cette fin un nouvel article 26-1 C dans la loi du 10 juillet 1965.

Ce texte pose un principe : le mandataire *ad hoc* est choisi sur la liste des administrateurs judiciaires mentionnée à l'article L. 811-2 du Code de commerce.

B - Exception

2) Choix d'une personne qualifiée. À titre exceptionnel indique l'article 29-1 C-II, le juge peut désigner, par décision spécialement motivée, une personne physique ou morale justifiant d'une expérience ou d'une qualification particulière au regard de la nature de l'affaire, et remplissant des conditions qui doivent être définies par décret.

3) Conditions à remplir. Lorsqu'il est fait usage de cette possibilité, le juge doit cependant s'assurer que la personne désignée remplit les conditions prévues par l'article 21-1 C-III, destinées à assurer son indépendance, son impartialité et sa probité.

Le mandataire *ad hoc* désigné ne doit pas, au cours des cinq années précédentes :

1° avoir perçu à quelque titre que ce soit, directement ou indirectement, une rétribution ou un paiement de la part du syndic, du syndicat des copropriétaires ou des créanciers à l'origine de la procédure, ni d'une personne qui détient le contrôle du syndic ou d'un de ses créanciers, au sens des II et III de l'article L. 233-16 du Code de commerce ;

2° s'être trouvés en situation de conseil du syndic, du syndicat des copropriétaires ou des créanciers concernés ou de subordination par rapport à eux ;

3° avoir un intérêt dans le mandat qui leur est donné ;

4° être au nombre des anciens administrateurs ou mandataires judiciaires ayant fait l'objet d'une décision de radiation ou de retrait des listes, en application des articles L. 811-6, L. 811-12 et L. 812-4 du Code de commerce.

Sur les conditions à remplir par la « personne qualifiée » ainsi désignée, V. D. n° 67-223, 17 mars 1967, art. 61-1-2 et 61-1-3, p. 869.

II - INTERDICTION FRAPPANT LE MANDATAIRE *AD HOC*

4) Interdiction d'être syndic. Il est précisé que les mandataires *ad hoc* ne peuvent être désignés syndics à l'issue de leur mission (art. 29-1 C, IV).

Art. 29-1 ***(Mod., L. n° 2009-323, 25 mars 2009 ; L. n° 2014-366, 24 mars 2014 ; à compter du 1er janvier 2020, Ord. n° 2019-738, 17 juill. 2019 ; L. n° 2024-322, 9 avr. 2024).*** **- I. - Si l'équilibre financier du syndicat des copropriétaires est gravement compromis ou si le syndicat est dans l'impossibilité de pourvoir à la conservation de l'immeuble, le président du tribunal judiciaire statuant selon la procédure accélérée au fond ou sur requête peut désigner un administrateur provisoire du syndicat. Le président du tribunal judiciaire ne peut être saisi à cette fin que par des copropriétaires représentant ensemble 15 p. 100 au moins des voix du syndicat, par le syndic, par le maire de la commune du lieu de situation de l'immeuble, par le président de l'établissement public de coopération intercommunale compétent en matière d'habitat, par le représentant de l'État dans le département, par le procureur de la République ou, si le syndicat a fait l'objet de la procédure prévue aux articles 29-1 A et 29-1 B, par le mandataire *ad hoc*.**

Le président du tribunal judiciaire charge l'administrateur provisoire de prendre les mesures nécessaires au rétablissement du fonctionnement normal de la copropriété. À cette fin, il lui confie tous les pouvoirs du syndic dont le mandat cesse de plein droit sans indemnité et tout ou partie des pouvoirs de l'assemblée générale des

copropriétaires, à l'exception de ceux prévus aux *a* et *b* de l'article 26, et du conseil syndical. Le conseil syndical et l'assemblée générale, convoqués et présidés par l'administrateur provisoire, continuent à exercer ceux des autres pouvoirs qui ne seraient pas compris dans la mission de l'administrateur provisoire. L'administrateur provisoire exécute personnellement la mission qui lui est confiée. Il peut toutefois, lorsque le bon déroulement de la mission le requiert, se faire assister par un tiers désigné par le président du tribunal judiciaire sur sa proposition et rétribué sur sa rémunération. Dans tous les cas, le syndic en place ne peut être désigné au titre d'administrateur provisoire de la copropriété.

La décision désignant l'administrateur provisoire fixe la durée de sa mission, qui ne peut être inférieure à douze mois. Si aucun rapport mentionné à l'article 29-1 B n'a été établi au cours de l'année précédente, l'administrateur rend, au plus tard à l'issue des six premiers mois de sa mission, un rapport intermédiaire présentant les mesures à adopter pour redresser la situation financière du syndicat. Le président du tribunal judiciaire peut, à tout moment, modifier la mission de l'administrateur provisoire, la prolonger ou y mettre fin à la demande de l'administrateur provisoire, même si celui-ci n'a été désigné que pour convoquer l'assemblée générale en vue de désigner un syndic, d'un ou plusieurs copropriétaires, du représentant de l'État dans le département, du maire de la commune du lieu de situation de l'immeuble, du président de l'établissement public de coopération intercommunale compétent en matière d'habitat, du procureur de la République ou d'office.

Un administrateur provisoire peut également être nommé pour liquider les dettes d'un syndicat en cas d'expropriation ou de dissolution du syndicat. La personnalité morale du syndicat exproprié ou dissous subsiste pour les besoins de la liquidation des dettes jusqu'à ce que le président du tribunal judiciaire mette fin à la mission de l'administrateur provisoire. Pour les besoins de liquidation des dettes, les dispositions de la présente section sont applicables dans des conditions précisées par décret en Conseil d'État.

II. – Les modalités de rémunération de l'administrateur provisoire sont fixées par décret.

Le président du tribunal judiciaire peut imputer tout ou partie des frais de l'administration provisoire au syndic si ce dernier n'a pas saisi sur requête le juge d'une demande de désignation d'un mandataire *ad hoc* dans les conditions prévues à l'article 29-1 A, après audition du syndic et du conseil syndical, sur le rapport de l'administrateur provisoire.

III. – Pour exercer les fonctions d'administrateur provisoire prévues au I, le président du tribunal judiciaire peut désigner un administrateur judiciaire inscrit sur la liste des administrateurs judiciaires mentionnée à l'article L. 811-2 du Code de commerce.

Le président du tribunal judiciaire peut également désigner une personne physique ou morale justifiant d'une expérience ou d'une qualification particulière au regard de la nature de l'affaire et remplissant des conditions définies par décret.

Si le syndicat a fait l'objet de la procédure prévue aux articles 29-1 A et 29-1 B de la présente loi, le mandataire *ad hoc* peut être désigné comme administrateur provisoire sur décision motivée du président du tribunal judiciaire et après audition du conseil syndical. Dans les autres cas, les administrateurs provisoires désignés dans les conditions prévues au deuxième alinéa du présent III ne doivent pas, au cours des cinq années précédentes :

1° Avoir perçu à quelque titre que ce soit, directement ou indirectement, une rétribution ou un paiement de la part du syndic, du syndicat des copropriétaires ou des créanciers à l'origine de la procédure, ni d'une personne qui détient le contrôle du syndic ou d'un des créanciers, au sens des II et III de l'article L. 233-16 du Code de commerce ;

2° S'être trouvés en situation de conseil du syndic, du syndicat des copropriétaires ou des créanciers concernés ou de subordination par rapport à eux ;

3° Avoir un intérêt dans le mandat qui leur est donné ;

4° Être au nombre des anciens administrateurs ou mandataires judiciaires ayant fait l'objet d'une décision de radiation ou de retrait des listes, en application des articles L. 811-6, L. 811-12 et L. 812-4 du même code.

Ils sont tenus d'exécuter les mandats qui leur sont confiés en se conformant, dans l'accomplissement de leurs diligences professionnelles, aux mêmes obligations que celles qui s'imposent aux administrateurs judiciaires.

IV. – L'administrateur provisoire ne peut, dans un délai de cinq ans à compter de l'issue de sa mission, être désigné syndic de la copropriété.

Voir : D. 17 mars 1967, art. 62-1, p. 875 à art. 62-15, p. 882.

Loi n° 91-647 du 10 juillet 1991

relative à l'aide juridique

Art. 2. – Les personnes physiques dont les ressources sont insuffisantes pour faire valoir leurs droits en justice peuvent bénéficier d'une aide juridictionnelle. Cette aide est totale ou partielle.

Son bénéfice peut être exceptionnellement accordé aux personnes morales à but non lucratif ayant leur siège en France et ne disposant pas de ressources suffisantes.

(L. n° 2003-710, 1er août 2003) Aux mêmes conditions, il peut être accordé aux syndicats des copropriétaires d'immeubles soumis à la loi n° 65-557 du 10 juillet 1965 fixant le statut de la copropriété des immeubles bâtis, lorsque l'immeuble fait l'objet d'un plan de sauvegarde en application de l'article L. 615-1 du Code de la construction et de l'habitation ou lorsqu'un administrateur provisoire est désigné en application de l'article 29-1 de la loi n° 65-557 du 10 juillet 1965 précitée, pour l'exercice des actions de recouvrement des créances tant en demande qu'en défense.

(L. n° 2007-210, 19 févr. 2007) L'aide juridictionnelle n'est pas accordée lorsque les frais couverts par cette aide sont pris en charge au titre d'un contrat d'assurance de protection juridique ou d'un système de protection.

Bibliographie : P. Chatonsky, *Les conventions de soutien aux syndicats de copropriété : AJPI* 1997, p. 645 et s. • M.-C. Ruffet, *Copropriétés en grande difficulté, une procédure d'administration complexe : Inf. rap. copr.* mai 1998, p. 15 et s. • J.-R. Bouyeure, *L'administration provisoire de la loi du 21 juillet 1994 et du décret du 15 février 1995 : AJPI* 1997, p. 636 et s. • P. Capoulade, *Les ordonnances présidentielles et les syndicats en difficulté : Gaz. Pal.* 13-14 sept. 2000, p. 11 et s. • C. Atias, *Le choix de l'administrateur judiciaire des syndicats des copropriétaires : Inf. rap. copr.* sept. 2000, p. 23. • F. Tulier-Polge, *La nouvelle administration provisoire des copropriétés en difficulté : Inf. rap. copr.* sept. 2016, Cahiers des copropriétés en difficulté, p. IX. • V. aussi la bibliographie figurant ci-dessus dans l'introduction de la section II.

Ouvrages. J.-M. Roux et Ph. Marin, *Les copropriétés en difficultés*, Edilaix, 2e éd., 2024.

Sur la possibilité pour l'ANAH d'accorder des subventions aux syndicats de copropriétaires en difficulté pour effectuer des expertises techniques, de gestion, ou juridiques. Instr. ANAH n° 1-2005-03, 12 juill. 2005, Annexe 2, *Amiante*, p. 913. • V. également sur les aides financières au profit des copropriétés en difficulté, P. Morelon, *Copropriétés en difficulté : obtenir des aides publiques au profit d'un syndicat de copropriétaires : Loyers et copr.* 2015, dossier 9.

1) Modifications procédurales. À compter du 1er janvier 2020, et en vertu de l'ordonnance n° 2019-738 du 17 juillet 2019, prise en application de l'article 28 de la loi n° 2019-222 du 23 mars 2019 de réforme de la justice, la procédure applicable en la matière est modifiée. Elle pourra être introduite soit par voie de requête au président du tribunal judiciaire, soit selon la procédure accélérée au fond, réglementée par les articles 481-1 et 839 du Code de procédure civile (art. 29-1 B, al. 1er).

Cette réforme purement procédurale ne touche pas pour le surplus aux règles de fond figurant dans l'article 29-1 dans sa rédaction antérieure à l'ordonnance du 17 juillet 2019 précitée, telle qu'elle résultait de la loi n° 2014-366 du 24 mars 2014, dite « loi ALUR ». Les commentaires et la jurisprudence suscités par ce texte dans sa rédaction antérieure restent donc, dans cette mesure, d'actualité.

Nous traiterons successivement de la demande de désignation d'un administrateur provisoire (A) puis de la décision du juge (B).

I – DEMANDE DE DÉSIGNATION D'UN ADMINISTRATEUR PROVISOIRE

A – Cas de désignation d'un administrateur provisoire

2) Trois cas. L'administrateur provisoire peut être nommé dans trois cas (art. 29-1, I, al. 1 et 4) : lorsque l'équilibre financier du syndicat des copropriétaires est gravement compromis, lorsque le syndicat est dans l'impossibilité de pourvoir à la conservation de l'immeuble et dans le cas d'expropriation ou de dissolution du syndicat (sur le contrôle de la Cour de cassation, V. ▪ Cass. 3e civ., 4 déc. 2002, n° 00-22.226 : *Rev. Administrer* avr. 2003, p. 53, note P. Capoulade) :

– Sur la distinction à opérer entre l'administrateur provisoire désigné sur le fondement de l'article 29-1 et les administrateurs provisoires pouvant être désignés sur le fondement des articles 47 et 49 du décret du 17 mars 1967 et la nécessité de ne pas les confondre, V. la note de M. Giverdon sous ▪ TGI Nanterre, 15 avr. 1996 et ▪ CA Paris, 14e ch. B, 4 oct. 1996 : *D.* 1997, jurispr. p. 239.

3) Premier cas. Le premier cas est celui où « l'équilibre financier du syndicat des copropriétaires est gravement compromis ».

Cette première hypothèse est celle où la copropriété connaît de graves difficultés financières par suite d'une insuffisance de sa trésorerie, les sommes disponibles ne permettant pas de faire face aux charges.

Le simple fait que le partage des charges communes et privatives pose systématiquement d'importantes difficultés ne peut être assimilé à des difficultés financières graves (▪ CA Colmar, 2e ch. A, 15 mars 2007 : *JurisData* n° 2007-335616).

4) Deuxième cas. Le deuxième cas est celui où le syndicat est « dans l'impossibilité de pourvoir à la conservation de l'immeuble ». (V. pour une illustration, ▪ CA Chambéry, 6 janv. 2015, n° 13/02612 : *Rev. loyers* 2015, p. 147, obs. S. Benilsi).

Cette notion de « conservation de l'immeuble » se retrouve dans l'article 14 de la loi du 10 juillet 1965. Elle implique que le syndicat maintienne l'immeuble en état, de manière à lui conserver ses caractéristiques et agréments propres (sa « destination »), notamment en faisant exécuter les travaux d'entretien et de réparation des parties communes et éléments d'équipement communs.

Il faut non seulement que la « conservation de l'immeuble » soit en cause – mais encore que l'on se trouve en présence d'une impossibilité d'y pourvoir.

Cette impossibilité peut être temporaire ou appelée à durer. Peu importe son origine. Elle peut tenir à des raisons financières (défaillance de la trésorerie du syndicat) ou juridiques : ainsi lorsque le syndicat refuse de donner au syndic les pouvoirs nécessaires pour remplir sa mission. Il peut en être ainsi, par exemple, dans l'hypothèse où les copropriétaires, par négligence ou désintérêt, refuseraient d'effectuer des travaux absolument nécessaires (par exemple, la réfection d'une toiture endommagée, la mise hors d'eau de l'immeuble à la suite d'infiltrations...). Les copropriétaires soucieux de la conservation de l'immeuble peuvent ainsi obtenir raison contre une majorité abusive, en faisant désigner un administrateur provisoire.

Cette éventualité peut se trouver réalisée dans le cas où certains copropriétaires se refusent à procéder à la vente de l'immeuble, seule solution envisageable compte tenu de la dégradation du bâtiment qui ne peut être réhabilité, seul sa démolition et sa reconstruction étant envisageables (▪ Cass. 3e civ., 23 janv. 2013, n° 09-13.898 : *JurisData* n° 2013-000784 ; *Bull. civ.* III, n° 11 ; *Loyers et copr.* 2013, comm. 156, obs. Vigneron ; *Rev. loyers* 2013, p. 150, note V. Zalewski ; *Administrer* nov. 2013, p. 50, obs. J.-R. Bouyeure).

5) Troisième cas. Mais l'article 29-1, I, alinéa 4, prévoit également qu'un administrateur provisoire peut « être nommé pour liquider les dettes d'un syndicat en cas d'expropriation ou de dissolution » de ce syndicat. Ce même texte ajoute que la personnalité morale du syndicat exproprié ou dissous subsiste pour les besoins de la liquidation des dettes jusqu'à ce que le juge mette fin à la mission de l'administrateur provisoire. Les modalités de cette liquidation doivent être fixées par décret. Cette innovation, introduite par la loi ALUR du 24 mars 2014, est bienvenue : elle mettra fin aux interrogations et aux difficultés auxquelles avait donné lieu l'absence de procédure spécifique prévue en pareil cas par la loi du 10 juillet 1965.

Sur les règles particulières applicables en pareil cas, V. D. n° 67-223, 17 mars 1967, art. 62-28, p. 888.

B – Qualité pour former la demande

6) Personnes limitativement énumérées. Le législateur a voulu éviter que la possibilité de former une demande de désignation d'administrateur provisoire soit offerte à tout copropriétaire, ceci pour prévenir la multiplication des contentieux. Les personnes habilitées à former la demande sont donc limitativement énumérées par l'article 29-1, alinéa 1er, nouveau de la loi.

7) Copropriétaires. Peuvent former une demande de désignation d'administrateur provisoire des copropriétaires « représentant ensemble 15 % au moins des voix du syndicat ».

8) Syndic et mandataire *ad hoc*. Sont habilités à former une demande de désignation d'administrateur provisoire :

- le syndic.

S'il constate une situation qui justifierait la désignation d'un administrateur provisoire, la loi lui fait implicitement un devoir de provoquer cette désignation : il ne pourrait, à notre avis, se contenter de démissionner. Cet aveu d'impuissance pourrait lui être reproché, dès lors que la loi lui donne dorénavant les moyens d'agir.

S'il forme une demande aux fins de désignation d'un administrateur provisoire, le syndic devra alors en informer les copropriétaires, par application de l'article 59 du décret du 17 mars 1967.

Le syndic dont le mandat n'a pas été renouvelé en temps utile n'a pas qualité pour demander la désignation d'un administrateur provisoire (▪ CA Paris, 14e ch. A, 21 oct. 1998 : *Loyers et copr.* 1999, comm. et note G. Vigneron, n° 78. V. aussi ▪ CA Paris, 8 nov. 2023, n° 23/00659 : *LEDEN* déc. 2023, n° DED201z6, p. 7, obs. J.-M. Roux). En pareil cas, la copropriété est dépourvue de syndic et l'on se trouve dans le champ d'application de l'article 47 du décret du 17 mars 1967 (V. ce texte) et non pas de l'article 29-1 de la loi (sur le champ d'application respectif de chacun de ces textes, V. P. Capoulade, *Les ordonnances présidentielles et les syndicats en difficulté* : *Gaz. Pal.* 13-14 sept. 2000, p. 11).

N'a pas non plus qualité pour présenter la demande une société qui avait été constituée pour gérer le cabinet du syndic (▪ CA Aix-en-Provence, 4e ch., 9 mars 2000 : *D.* 2000, somm. p. 217, obs. C. Atias) ;

- si le syndicat a fait l'objet de la procédure prévue aux articles 29-1 A et 29-1 B de la loi, le mandataire *ad hoc* ;
- l'administrateur provisoire désigné en application de l'article 47 du décret du 17 mars 1967 (▪ Cass. 3e civ., 13 oct. 2021, n° 19-23.301 : *JurisData* n° 2021-

018162 ; *Loyers et copr.* 2021, comm. 190, obs. A. Lebatteux ; *Ann. loyers* déc. 2021, p. 100, obs. J.-M. Roux ; *Inf. rap. copr.* déc. 2021, p. 35, obs. J.-M. Roux ; *AJDI* 2021, p. 853 ; *Administrer* déc. 2021, p. 40, obs. J.-R. Bouyeure. – V. D., 17 mars 1967, art. 62-2, p. 875).

9) Personnes extérieures à la copropriété. Ont également qualité pour provoquer la désignation d'un administrateur provisoire :

– le procureur de la République. Il est à penser qu'il n'interviendra que lorsque l'ordre public sera en jeu. Ainsi, par exemple, si un immeuble en copropriété dépourvu de syndic et laissé à l'abandon est gravement dégradé et crée un danger pour le voisinage (Sur la procédure à suivre lorsque la demande est faite par le ministère public, V. D., 17 mars 1967, art. 61-1-1, p. 868) ;

– le maire de la commune du lieu de situation de l'immeuble ;

– le président de l'établissement public de coopération intercommunale (EPCI) compétent en matière d'habitat ;

– le représentant de l'État dans le département.

C – Juridiction compétente

10) Président du tribunal judiciaire. C'est le président du tribunal judiciaire (du lieu de situation de l'immeuble) qui est compétent pour désigner l'administrateur provisoire *(L. 10 juill. 1965, art. 29-1, al. 1er)*.

Il statue, dit le texte, sur requête (présentée obligatoirement par ministère d'avocat), ou « *selon la procédure accélérée au fond* ».

Selon la voie procédurale utilisée, les conséquences ne seront pas les mêmes :

– l'ordonnance sur requête peut toujours être remise en cause par tout intéressé qui peut en référer au juge qui l'a rendue *(CPC, art. 496, al. 2)*. Elle est exécutoire au seul vu de la minute *(CPC, art. 495, al. 2)* ;

– le jugement rendu à la suite d'une procédure accélérée au fond a autorité de la chose jugée et ne peut être modifié que selon les voies de recours offertes à son encontre, c'est-à-dire en l'espèce, essentiellement, l'appel *(CPC, art. 481-1, 7°)* et la tierce opposition. Le jugement est exécutoire de droit à titre provisoire dans les conditions prévues aux articles 514-1 à 514-6 du Code de procédure civile *(CPC, art. 481-1, 6°)*.

Rappelons que l'article 62-2 du décret du 17 mars 1967 fixe les règles procédurales applicables (V. ce texte).

● Sur les règles procédurales concernant la nomination de l'administrateur provisoire, V. D. n° 67-223, 17 mars 1967, art. 62-1 à 62-4, p. 875.

● Sur la notification de l'ordonnance, V. D. n° 67-223, 17 mars 1967, art. 62-5, p. 877.

II – DÉCISION DU JUGE

A – Désignation de l'administrateur provisoire

11) Options du Juge. L'article 29-1, I, alinéa 2, indique que « dans tous les cas le syndic en place ne peut être désigné au titre d'administrateur provisoire de la copropriété ».

Sous cette réserve, le Juge dispose d'une triple option :

– il peut tout d'abord désigner un administrateur judiciaire inscrit sur la liste des administrateurs judiciaires prévue par l'article L. 811-2 du Code de commerce ;

– il peut aussi désigner une « personne physique ou morale justifiant d'une expérience ou d'une qualification particulière au regard de la nature de l'affaire » et remplissant des conditions qui ont été fixées par le décret n° 2015-999 du 17 août 2015.

En ce cas, la personne désignée doit répondre à diverses exigences, identiques à celles que doit remplir le mandataire *ad hoc* (V. ci-dessus art. 29-1 C, p. 522), et destinées à s'assurer de son indépendance, de son impartialité et de sa probité (Sur les critères à remplir, V. D. n° 67-223, 17 mars 1967, art. 61-1-2 et 61-1-3, p. 869).

On observera qu'à la différence de la réglementation applicable en matière de désignation du mandataire *ad hoc*, la possibilité de faire appel à une personne qualifiée n'est pas considérée comme ne devant intervenir « qu'à titre exceptionnel » et que la décision du juge n'a pas, dans ce cas, à être « spécialement motivée » ;

– enfin, s'il y a eu précédemment ouverture de la procédure prévue aux articles 29-1 A et 29-1 B de la loi, le mandataire *ad hoc* alors désigné peut être nommé administrateur provisoire, sur décision motivée du juge et après audition du conseil syndical.

L'article 29-1, III, alinéa 8, énonce que dans le cas où l'administrateur provisoire est une personne autre qu'un administrateur judiciaire, il est tenu d'exécuter les mandats qui lui sont confiés « en se conformant, dans l'accomplissement de ses *diligences* professionnelles aux mêmes obligations que celles qui s'imposent aux administrateurs provisoires ».

B – Rémunération de l'administrateur

12) Le juge n'a pas ici, comme dans le cas de désignation d'un mandataire *ad hoc* (V. annot. n° 9, p. 527), à fixer la rémunération de l'administrateur. Les modalités de cette rémunération ont été déterminées par le décret n° 2015-999 du 17 août 2015.

● Sur les modalités de rémunération de l'administrateur provisoire, V. D. n° 67-223, 17 mars 1967, art. 61-1-5, p. 871.

Il a été précisé que seul le syndicat des copropriétaires avait qualité pour exercer un recours contre l'ordonnance fixant le montant de cette rémunération (▪ Cass. 3e civ., 7 mai 2014, n° 13-10.943 : *JurisData* n° 2014-009899 ; *Loyers et copr.* 2014, comm. 221, obs. G. Vigneron ; *Bull. civ.* III, n° 57 ; *Administrer* août-sept. 2014, p. 51, obs. J.-R. Bouyeure).

C – Imputation des frais d'administration provisoire

13) Sanction de l'inaction du syndic. La pratique démontre que peu de syndics saisissent le président du tribunal aux fins de désignation d'un mandataire *ad hoc* malgré un taux d'impayés relativement élevé (V. L. 1965, art. 29-1 A). Il arrive que lorsqu'un administrateur provisoire soit désigné par le juge, la situation du syndicat soit d'ores et déjà gravement compromise. Outre la mise en jeu de la responsabilité du syndic (qui relève du droit commun), le législateur a prévu que lors de la rédaction de son rapport, l'administrateur provisoire puisse demander au président du tribunal judiciaire d'imputer les frais découlant de l'administration provisoire au syndic négligent.

Avant de statuer sur ce point, le président de la juridiction entendra l'ancien gestionnaire du syndicat ainsi que les membres du conseil syndical.

La sanction ne sera cependant pas automatique puisque le juge « peut » imputer ces sommes sur la tête du syndic. Par ailleurs, il peut décider de cette imputation seulement pour une partie des sommes concernées.

D – Durée de la mission

14) Douze mois modulables. La durée de la mission de l'administrateur provisoire « ne peut être inférieure à 12 mois » (art. 29-1, I, al. 3). Sur ce point, la loi ALUR n'a rien changé.

Mais tout en indiquant que le juge peut à tout moment prolonger la mission de l'administrateur provisoire ou y mettre fin, il ajoute sur certains points au texte antérieur en précisant que la prolongation ou la cessation de la mission peut intervenir :

– soit à la demande de l'administrateur provisoire, même s'il n'a été désigné que pour convoquer l'assemblée générale en vue de désigner un syndic ;

– soit à la demande d'un ou plusieurs copropriétaires, du représentant de l'État dans le département, du procureur de la République ou même d'office, et (ceci est nouveau) du maire de la commune du lieu de situation de l'immeuble, ou du président de l'EPCI compétent en matière d'habitat.

Il a été jugé que l'administrateur provisoire pouvait solliciter la prorogation de sa mission par voie de requête pourvu que cette demande soit présentée moins d'un mois après l'expiration de celle-ci (▪ Cass 3e civ., 9 nov. 2017, n° 15-10.807 : *Administrer* janv. 2018, p. 59, note J.-R. Bouyeure. – V. pour un exemple de prorogation demandée après expiration du mandat de l'administrateur provisoire, ▪ Cass 3e civ., 12 avr. 2018, n° 17-17.407). À partir du moment où son mandat est expiré, l'administrateur provisoire n'a plus qualité pour demander au juge la prolongation de sa mission (V. dans le cas d'une ASL, ▪ Cass. 3e civ., 21 janv. 2021, n° 19-20.801 : *JurisData* n° 2021-001136 ; *Loyers et copr.* 2021, comm. 43, note A. Lebatteux ; *Administrer* avr. 2021, p. 43, note J.-R. Bouyeure).

E – Moyens de la mission

15) Possibilité de se faire assister. L'article 29-1, I, alinéa 2, dont le texte n'a pas été modifié, précise que « l'administrateur provisoire exécute personnellement la mission qui lui est confiée ». Il ne peut donc se faire substituer. Mais ce même texte indique que lorsque le bon déroulement de la mission le requiert, l'administrateur peut se faire assister par un tiers désigné par le président du tribunal de grande instance sur sa proposition et rétribué sur sa rémunération. Ce tiers peut être, en fonction de la nature des besoins, un technicien, un juriste spécialisé, un expert-comptable, etc. La Cour de cassation a jugé que l'ancien syndic de la copropriété pouvait être valablement désigné à ce titre (▪ Cass 3e civ., 9 nov. 2017, n° 15-10.807 : *Administrer* janv. 2018, p. 59, note J.-R. Bouyeure).

• Sur la procédure à suivre, V. D. n° 67-223, 17 mars 1967, art. 62-10, p. 880.

F – Transfert de pouvoirs

16) Rôle du Juge. La mission de l'administrateur provisoire est fixée par le président du tribunal mais en tenant compte de la finalité de sa désignation telle qu'elle est fixée par l'article 29-1, alinéa 2, de la loi : il s'agit de « prendre les mesures nécessaires au rétablissement du fonctionnement normal de la copropriété ».

C'est « à cette fin » (exclusivement) que des pouvoirs vont lui être dévolus. Ces pouvoirs se situent dans le cadre strict de la loi du 10 juillet 1965. En effet, il va se voir en fait transférer tous les pouvoirs du syndic, et tout ou partie des pouvoirs de l'assemblée et du conseil syndical. En ce qui concerne l'assemblée et le conseil syndical, l'étendue de ce transfert sera fonction de la décision du président, elle-même tributaire des circonstances particulières de la cause.

On notera que la mission de l'administrateur provisoire n'est pas figée puisque le président du tribunal peut à tout moment (à la demande de l'administrateur provisoire ou de ceux qui avaient qualité pour présenter la requête...) modifier cette mission et donc l'étendre ou la restreindre dans les limites ci-dessus fixées.

17) Transfert des pouvoirs de l'assemblée. Le président du tribunal peut aller jusqu'à conférer à l'administrateur provisoire presque tous les pouvoirs décisionnels de l'assemblée. L'article 29-1, alinéa 2, de la loi fixe toutefois une limite. L'administrateur provisoire ne peut être autorisé à prendre les décisions visées :

– à l'article 26 *a)* (acquisition et aliénation immobilières) ;

– à l'article 26 *b)* (modification ou établissement du règlement de copropriété).

Quel pourra être ensuite le rôle de l'assemblée ? Ses pouvoirs se définiront par différence. Elle exercera toutes ses prérogatives à l'exception des pouvoirs qui auront été confiés à l'administrateur provisoire par le président du tribunal. Ainsi peut-il être amené à approuver les comptes des exercices successifs au lieu et place de l'assemblée générale, ce qui rend exigible le paiement des sommes réclamées, mais n'empêche pas toutefois, selon le droit commun, les copropriétaires de contester leur compte individuel (■ CA Paris, pôle 4, 2e ch., 8 déc. 2010 : *Rev. Administrer* mars 2011, p. 41, obs. J.-R. Bouyeure ; *AJDI* 2011, p. 220). Si l'administrateur provisoire a reçu pour mission d'exercer les pouvoirs de l'assemblée, il peut valider le mandat du syndic bénévole pour la période courant jusqu'à sa propre désignation (■ CA Paris, pôle 4, 2e ch., 14 mars 2012, n° 10/9463 : *Administrer* juin 2012, p. 47, obs. J.-R. Bouyeure), approuver les comptes ainsi que le budget prévisionnel (■ CA Paris, 17 mai 2023 : *LEDEN* sept. 2023, n° DED201u0, p. 7, obs. J.-M. Roux). Si l'ordonnance de désignation précise que l'administrateur provisoire exercera les pouvoirs de l'assemblée après avis du conseil syndical, ce dernier doit être désigné de manière régulière, et donc par l'assemblée générale (■ CA Aix-en-Provence, 4e ch. A, 4 juill. 2017, n° 16/00121 : *Rev. loyers* 2017, p. 393, obs. S. Bénilsi).

L'assemblée sera dorénavant convoquée par l'administrateur provisoire et présidée par lui *(art. 29-1, al. 2)*. Lorsque l'assemblée sera appelée à se prononcer dans le cadre des pouvoirs qu'elle a conservé, cette convocation devra, bien entendu, respecter toutes les conditions de forme et de délais prévues par les textes, et l'assemblée devra être tenue selon les règles habituelles, sinon son annulation pourra être demandée. Lorsque l'administrateur se sera vu transférer tous les pouvoirs de décision de l'assemblée, on peut être plus dubitatif quant à la forme que doit revêtir cette « convocation ». Dans le silence des textes, l'administrateur peut choisir de convoquer cette « réunion d'information » selon les modalités habituelles de convocation des assemblées, ce qui le mettra à l'abri de tout reproche : mais il s'agit d'une simple faculté.

L'administrateur pourra également décider au nom du syndicat de poursuivre le ou les copropriétaires qu'il estime être à l'origine des difficultés de la copropriété, notamment à raison du défaut de paiement des charges (■ CA Paris, pôle 4, ch. 2, 23 févr. 2022, n° 19/08925 : *LEDEN* mai 2022, p. 7, obs. J.-M. Roux. ■ CA Versailles, 15 sept. 2021, n° 19/032471. ■ CA Paris, pôle 4, ch. 2, 7 juill. 2021, n° 19/06032. ■ CA Paris, pôle 4, ch. 2, 6 nov. 2019, n° 16/09955).

Il semble acquis en jurisprudence que les décisions prises par l'administrateur provisoire ne sont pas susceptibles de recours (■ Cass. 3e civ., 25 janv. 2024, n° 22-21.724 : *Loyers et copr.* 2024, comm. 57, obs. A. Lebatteux ; *LEDEN* mai 2024, n° DED202i2, p. 7, obs. J.-M. Roux ; *Ann. loyers* 2024, p. 79, obs. J.-M. Roux. ■ Cass. 3e civ., 13 avr. 2022, n° 21-15.923 : *JurisData* n° 2022-005826 ; *Loyers et copr.* 2022, comm. 105, A. Lebatteux ; *Ann. loyers* 2022, p. 66, obs. J.-M. Roux).

● Sur les obligations de l'administrateur provisoire lorsqu'il se voit transférer tout ou partie des pouvoirs de l'assemblée, V. D. n° 67-223, 17 mars 1967, art. 62-7 à 62-9, p. 878.

Bibliographie : J.-M. Roux, *Syndicats en difficulté : l'administrateur provisoire et les pouvoirs de l'assemblée générale : Rev. loyers* 2015, p. 215. – B. Dunogué-Gaffié, *Quand l'administrateur judiciaire reprend la comptabilité du syndicat : Inf. rap. copr.* déc. 2015, Cahiers des copropriétés en difficulté, p. IX. – F. Tulier-Porge, *La réforme de l'administration provisoire des copropriétés en difficulté : l'émergence d'un « droit de la faillite » du syndicat : Loyers et copr.* 2015, entretien, p. 9. – J.-M. Roux, *Administrateur provisoire : concentration géographique des procédures : Inf. rap. copr.* mars 2016, Cahiers des copropriétés en difficulté, p. IV. – C. Sabatié, *Les nouveaux outils de l'administrateur provisoire : Inf. rap. copr.* déc. 2016, Cahiers des copropriétés en difficulté, p. IV.

18) Transfert des pouvoirs du conseil syndical. Le conseil syndical conservera tout ou partie de ses pouvoirs, selon ce que décidera le président du tribunal. Il sera dorénavant convoqué par l'administrateur provisoire et présidé par lui *(art. 29-1, I, al. 2)*.

Le cas échéant, le conseil syndical peut se trouver privé temporairement de l'exercice de ses prérogatives, l'ordonnance décidant, par exemple, que l'administrateur provisoire pourra entreprendre des travaux, sans avoir à requérir l'avis du conseil syndical dans les divers cas où il serait normalement obligatoire.

19) Transfert des pouvoirs du syndic. L'administrateur provisoire évince dans tous les cas le syndic en place : il se voit confier tous ses pouvoirs. Le mandat du syndic cesse « de plein droit » et sans indemnité *(art. 29-1, al. 2)*. Ce mandat prendra fin à la date de l'ordonnance de référé si elle est assortie de l'exécution provisoire, ou de l'ordonnance sur requête, exécutoire par provision (V. annot. n° 18, p. 529).

Les actes accomplis par l'ancien syndic agissant sur délégation de pouvoir de l'administrateur provisoire seraient nuls : ainsi par exemple pour une procédure initiée au nom du syndicat par l'ancien syndic (▪ Cass. 3e civ., 22 juin 2005 : *JCP G* 2005, IV, 2797 ; *Loyers et copr.* 2005, comm. 188, note G. Vigneron ; *AJDI* 2006, p. 129, note P. Capoulade ; *Rev. loyers* 2005, p. 454, note J.-M. Gélinet).

20) Ouverture d'un compte séparé. La Cour de cassation a précisé que le défaut d'ouverture d'un compte bancaire séparé au nom du syndicat n'est pas susceptible d'entraîner l'annulation du mandat de l'administrateur provisoire (▪ Cass. 3e civ., 14 janv. 2016, n° 14-23.898 : publié au *Bulletin* : *JurisData* n° 2016-000302 ; *Administrer* avr. 2016, p. 47, note J.-R. Bouyeure).

G – Établissement de rapports ou prérapports

21) Si aucun rapport émanant d'un mandataire *ad hoc* n'a été dressé au cours de l'année précédente, l'administrateur provisoire doit, au plus tard à l'issue des six premiers mois de sa mission, établir un rapport intermédiaire présentant les mesures adoptées pour redresser la situation financière du syndicat (art. 29-1, al. 3).

Sur les comptes-rendus de mission de l'administrateur, V. D. n° 67-223, 17 mars 1967, art. 62-11, p. 880.

Sur les divers rapports et prérapports que peut ou doit établir l'administrateur, et leurs suites, V. D. n° 67-223, 17 mars 1967, art. 62-12 à 62-15, p. 881.

III – INTERDICTION FRAPPANT L'ADMINISTRATEUR PROVISOIRE

22) Interdiction d'être syndic. Il a été précisé par la loi n° 2017-86 du 27 janvier 2017 précitée que l'administrateur provisoire ne peut dans un délai de 5 ans à compter de l'issue de sa mission être désigné syndic de la copropriété. Cette disposition est applicable aux procédures ouvertes à compter du 29 janvier 2017 *(L. n° 2017-86, 27 janv. 2017, art. 122-II)*.

Art. 29-2 *(L. n° 94-624, 21 juill. 1994 ; rempl., L. n° 2014-366, 24 mars 2014 ; mod. à compter du 1er janvier 2020, Ord. n° 2019-964, 18 sept. 2019).* – **Une copie de l'ordonnance de désignation de l'administrateur provisoire ainsi que les rapports établis par celui-ci sont portés à la connaissance des copropriétaires.**

Une copie de l'ordonnance de désignation est également adressée par le greffe du tribunal judiciaire au procureur de la République, au représentant de l'État dans le département, au maire de la commune et au président de l'établissement public de coopération intercommunale compétent en matière d'habitat du lieu de situation de l'immeuble concerné. À leur demande, les rapports établis par l'administrateur provisoire leur sont communiqués par le greffe du tribunal judiciaire.

1) Désignation de l'administrateur provisoire : information des copropriétaires. L'article 29-2, alinéa 1, créé par la loi du 24 mars 2014 (loi ALUR) énonce qu'une copie de l'ordonnance de désignation de l'administrateur provisoire ainsi que les rapports établis par celui-ci sont portés à la connaissance des copropriétaires.

Le texte continue de parler « d'ordonnance » de désignation alors que depuis le 1er janvier 2020, la procédure peut être introduite soit par voie de requête au président du tribunal judiciaire, soit selon la procédure accélérée au fond, réglementée par les articles 481-1 et 839 du Code de procédure civile (V. art. 29-1), qui débouche sur le prononcé d'un « jugement » (V. CPC, art. 481-1).

Ce texte s'éclaire à la lecture de l'article 62-5 du décret du 17 mars 1967, qui précise que l'ordonnance « est portée à la connaissance des copropriétaires dans le mois de son prononcé, à l'initiative de l'administrateur provisoire, soit par remise contre émargement, soit par lettre recommandée avec demande d'avis de réception, soit par voie électronique après accord du copropriétaire préalablement informé de cette possibilité ».

L'initiative de cette notification incombe à l'administrateur provisoire.

● Sur les mentions qui doivent figurer dans cette « communication », V. D. n° 67-223, 17 mars 1967, art. 62-5, al. 2, p. 877.

2) Information de diverses personnes intéressées. Outre la notification aux copropriétaires, l'article 29-2, alinéa 2, prévoit qu'une copie de l'ordonnance de désignation de l'administrateur provisoire est adressée par le greffe du tribunal judiciaire au procureur de la République, au représentant de l'État dans le département, au maire de la commune et au président de l'EPCI compétent en matière d'habitat du lieu de situation de l'immeuble concerné. À leur demande, les rapports établis par l'administration provisoire sont également communiqués à ces diverses personnes par le greffe du tribunal judiciaire.

Art. 29-3 *(L. n° 94-624, 21 juill. 1994 ; rempl., L. n° 2014-366, 24 mars 2014 ; mod., L. n° 2017-86, 27 janv. 2017 ; à compter du 1er janvier 2020, Ord. n° 2019-738, 17 juill. 2019 ; mod., L. n° 2024-322, 9 avr. 2024).* **– I. – L'ordonnance de désignation d'un administrateur provisoire prévue à l'article 29-1 emporte suspension de l'exigibilité des créances, autres que les créances publiques et sociales, ayant leur origine antérieurement à cette décision, pour une période de douze mois.**

Elle interrompt ou interdit toute action en justice de la part de tous les créanciers dont la créance a son origine antérieurement à cette décision et tendant à :

1° La condamnation du syndicat débiteur au paiement d'une somme d'argent ;

2° La résolution d'un contrat pour défaut de paiement d'une somme d'argent.

Elle arrête ou interdit également toute procédure d'exécution de la part de ces créanciers ainsi que toute procédure de distribution n'ayant pas produit un effet attributif avant cette décision.

L'ordonnance de désignation emporte également suspension des stipulations contractuelles prévoyant des majorations ou des pénalités de retard ainsi que la résolution de plein droit du contrat.

Le présent I est applicable aux emprunts collectifs conclus par le syndicat des copropriétaires. Si, en application de l'article 26-6, le prêteur bénéficie d'une délégation du syndic l'autorisant à prélever directement auprès de chaque copropriétaire les sommes dues par ce dernier au titre du remboursement de l'emprunt collectif et du paiement des accessoires, cette délégation est suspendue par l'ordonnance de désignation.

II. – Le président du tribunal judiciaire, statuant selon la procédure accélérée au fond, peut, sur demande de l'administrateur provisoire, proroger les suspensions et interdictions prévues au I du présent article jusqu'à trente mois.

III. – Le président du tribunal judiciaire, statuant selon la procédure accélérée au fond, peut, sur demande de l'administrateur provisoire, prononcer la résiliation d'un contrat ou ordonner la poursuite de l'exécution du contrat.

IV. – Les actions en justice et les voies d'exécution autres que celles suspendues, interdites ou arrêtées dans les conditions prévues au présent article sont poursuivies à l'encontre du syndicat des copropriétaires, après mise en cause de l'administrateur provisoire.

V. – Aucune procédure d'exécution, de quelque nature qu'elle soit, sur les sommes versées à la Caisse des dépôts et consignations par l'administrateur judiciaire dans l'exercice de son mandat d'administrateur provisoire au titre des missions accomplies sur le fondement des articles 29-1 à 29-14 n'est recevable.

1) Modifications procédurales. À compter du 1er janvier 2020, et en vertu de l'ordonnance n° 2019-738 du 17 juillet 2019, prise en application de l'article 28 de la loi n° 2019-222 du 23 mars 2019 de réforme de la justice, la procédure applicable en la matière est modifiée. Elle pourra être introduite soit par voie de requête au président du tribunal judiciaire, soit selon la procédure accélérée au fond, réglementées par les articles 481-1 et 839 du Code de procédure civile (art. 29-1 B, al. 1er).

Cette réforme purement procédurale ne touche pas pour le surplus aux règles de fond figurant dans l'article 29-3 dans sa rédaction antérieure à l'ordonnance du 17 juillet 2019 précitée, telle qu'elle résultait de la loi n° 2014-366 du 24 mars 2014, dite « loi ALUR ». Les commentaires et la jurisprudence suscités par ce texte dans sa rédaction antérieure restent donc, dans cette mesure, d'actualité.

2) Conséquences de la nomination d'un administrateur. La décision de désignation d'un administrateur provisoire produit plusieurs effets majeurs, énumérés par l'article 29-3 nouveau de la loi du 10 juillet 1965 : suspension de l'exigibilité de certaines créances ; interruption ou interdiction de certaines actions en justice ; arrêt ou interdiction de certaines procédures d'exécution ; suspension de l'effet de diverses clauses contractuelles.

I – SUSPENSION DE L'EXIGIBILITÉ DE CERTAINES CRÉANCES

3) Durée et créances affectées. La suspension de l'exigibilité de certaines créances s'appliquera pendant une période de 12 mois (L. n° 65-557, 10 juill. 1965, art. 29-3, I, al. 1 nouveau). Mais sur demande de l'administrateur provisoire cette période peut être prorogée jusqu'à 30 mois, par décision du président du tribunal judiciaire statuant selon la procédure accélérée au fond (L. n° 65-557, art. 29-3, II).

• Sur la procédure à suivre, V. CPC, art. 481-1. – Et D. n° 67-223, 17 mars 1967, art. 62-16, p. 883.

• Sur la publicité de l'ordonnance de prorogation, V. D. n° 67-223, 17 mars 1967, art. 62-17, al. 4, p. 883.

La suspension est susceptible d'affecter toutes les créances, à l'exception toutefois des « créances publiques et sociales ». Mais elle ne concerne que les seules créances ayant leur origine antérieurement à l'ordonnance de désignation d'un administrateur provisoire.

II – INTERDICTION OU INTERRUPTION DE CERTAINES ACTIONS EN JUSTICE

4) Actions concernées. La décision de désignation de l'administrateur provisoire interrompt ou interdit toute action en justice lorsque les conditions suivantes sont réunies (art. 29-4, al. 2 à 4) :

– la créance du demandeur doit avoir une origine antérieure à la décision de désignation de l'administrateur provisoire ;

– elle doit avoir pour objet soit la condamnation du syndicat débiteur au paiement d'une somme d'argent, soit la résolution d'un contrat pour défaut de paiement d'une somme d'argent (Exemple : l'assignation en paiement de sommes par un organisme ayant prêté au syndicat, ou par un fournisseur).

Il a été jugé antérieurement que si le créancier formait une demande reconventionnelle de condamnation du syndicat, cette demande devait être accueillie s'il n'avait pas engagé de poursuites antérieures : une demande de suspension ou d'interdiction des poursuites ne pouvait alors être formée, le texte (l'article 29-2 à l'époque) étant d'interprétation stricte (▪ CA Paris, 14e ch. B, 14 nov. 1997 : *RD imm.* 1998, p. 298, obs. C. Giverdon).

L'article 29-3, IV, traite des modalités d'exercice des actions en justice qui ne sont pas suspendues, interdites ou arrêtées. Ces actions devront alors être poursuivies à l'encontre du syndicat des copropriétaires, « après mise en cause de l'administrateur provisoire ».

III – ARRÊT OU INTERDICTION DE CERTAINES PROCÉDURES D'EXÉCUTION OU DE DISTRIBUTION

5) Procédures concernées. L'article 29-3, I, alinéa 5, énonce que la décision de désignation de l'administrateur provisoire emporte arrêt ou interdiction de toute procédure d'exécution de la part des créanciers dont la créance a une origine antérieure à cette décision.

L'article 29-3, IV, traite des modalités d'exercice des voies d'exécution qui ne sont pas suspendues, interdites ou arrêtées. Ces voies d'exécution devront alors être poursuivies à l'encontre du syndicat des copropriétaires, « après mise en cause par l'administrateur provisoire ».

Sont également arrêtées ou interdites les procédures de distribution n'ayant pas produit un effet attributif avant la date de l'ordonnance (même texte).

IV – EFFETS SUR CERTAINES STIPULATIONS CONTRACTUELLES

6) Stipulations concernées. Enfin, l'ordonnance désignant l'administrateur provisoire emporte suspension des stipulations contractuelles :

– prévoyant des majorations ou des pénalités de retard ;

– ou la résolution de plein droit du contrat *(art. 29-3, I, al. 6)* ;

– l'article 29-3, III, énonce que le président du tribunal judiciaire, statuant selon la procédure accélérée au fond, peut, sur demande de l'administrateur provisoire, prononcer la résiliation d'un contrat ou ordonner la poursuite de son exécution.

● Sur la procédure à suivre en pareil cas, V. D. n° 67-223, 17 mars 1967, art. 62-21, p. 885.

V – SORT DES SOMMES VERSÉES À LA CDC

7) Irrecevabilité des procédures d'exécution. Afin de renforcer l'efficacité des mesures tendant à favoriser le redressement des syndicats en difficulté, la loi n° 2024-322 du 9 avril 2024 a prévu que les sommes versées à la Caisse des dépôts et consignations par l'administrateur judiciaire désigné en application de l'article 29-1 ne pourront faire l'objet d'une quelconque procédure d'exécution. Peu importe la nature des sommes en question.

8) Entrée en vigueur. Conformément au II de l'article 17 de la loi du 9 avril 2024, ces dispositions ne sont applicables qu'aux procédures d'exécution engagées après l'entrée en vigueur de ladite loi, soit le 10 avril 2024.

VI – EMPRUNT COLLECTIFS

9) Régime. Après avoir énoncé les divers effets de la décision de désignation de l'administrateur provisoire, l'article 29-3 indique que les dispositions précitées sont applicables aux emprunts collectifs conclus par le syndicat des copropriétaires. Il ajoute à ce propos que si, en application de l'article 26-6 de la loi du 10 juillet 1965, le prêteur bénéficie d'une délégation du syndic l'autorisant à prélever directement auprès de chaque copropriétaire les sommes dues par ce dernier au titre du remboursement de l'emprunt collectif et du paiement des accessoires, cette délégation est suspendue par l'ordonnance de désignation *(art. 29-3, I, al. 7)*.

Art. 29-4 ancien *(L. n° 94-624, 21 juill. 1994 ; dénum., L. n° 2000-1208, 13 déc. 2000. – V. art. 29-6)*.

Art. 29-4 ***(L. n° 2000-1208, 13 déc. 2000 ; rempl., L. n° 2014-366, 24 mars 2014 ; mod. à compter du 1er janvier 2020, Ord. n° 2019-738, 17 juill. 2019 ; à compter du 1er janvier 2020, Ord. n° 2019-964, 18 sept. 2019).* – I. – Dans un délai de deux mois à compter de sa nomination, l'administrateur provisoire**

procède à des mesures de publicité pour permettre aux créanciers de produire les éléments nécessaires à l'évaluation du montant de leurs créances.

II. – À partir de la publication de l'ordonnance de désignation de l'administrateur provisoire, les créanciers du syndicat des copropriétaires déclarent leurs créances dans un délai fixé par décret en Conseil d'État.

Après vérification des créances déclarées, l'administrateur provisoire établit et publie la liste des créances déclarées.

Les créanciers disposent d'un délai de deux mois à compter de la publication de la liste pour contester son contenu auprès du président du tribunal judiciaire.

III. – Les créances non déclarées régulièrement dans les délais prévus au II sont inopposables à la procédure. ***(Al. aj., L. n° 2017-86, 27 janv. 2017)*** **Dans un délai et selon des modalités fixés par décret en Conseil d'État, une action en relevé de forclusion peut être exercée par un créancier qui établit que sa défaillance n'est pas due à son fait.**

1) **Mesures de publicité.** Dans un délai de deux mois à compter de sa nomination, l'administrateur provisoire procède à des mesures de publicité, pour permettre aux créanciers de produire les éléments nécessaires à l'évaluation du montant de leurs créances (L. n° 65-557, 10 juill. 1965, art. 29-4, I, al. 1).

• Sur ces mesures de publicité, V. D. n° 67-223, 17 mars 1967, art. 62-17, p. 883.

2) **Déclaration des créances.** À partir de la publication de l'ordonnance de désignation de l'administrateur provisoire, les créanciers du syndicat des copropriétaires déclarent leurs créances (L. n° 65-557, 10 juill. 1965, art. 29-4, II, al. 1).

• Sur les délais et les modalités de la déclaration, V. D. n° 67-223, 17 mars 1967, art. 62-18 et art. 62-19, p. 883.

Les créances non déclarées régulièrement dans les délais prévus au II sont « inopposables à la procédure » (L. n° 65-557, 10 juill. 1965, art. 29-4, III).

3) **Liste des créances.** Après vérification des créances déclarées, l'administrateur provisoire établit et publie la liste des créances déclarées (L. n° 65-557, 10 juill. 1965, art. 29-4, II, al. 2).

• Sur les modalités d'établissement et de publication de la liste des créances, V. D. n° 67-223, 17 mars 1967, art. 62-17, p. 883.

Les créanciers disposent alors d'un délai de deux mois à compter de la publication de la liste pour contester son contenu auprès du président du tribunal judiciaire (L. n° 65-557, 10 juill. 1965, art. 29-4, II, al. 3).

4) **Relevé de forclusion.** Dans un délai et selon des modalités fixées par décret en Conseil d'État, une action en relevé de forclusion peut être exercée par un créancier qui établit que sa défaillance n'est pas due à son fait *(Art. 29-4, III, al. 2, créé, L. n° 2017-86, 27 janv. 2017, art. 122, I, 6°)*. Ces dispositions sont applicables aux procédures ouvertes à compter de la date d'entrée en vigueur du décret en Conseil d'État mentionné au second alinéa du III de l'article 29-4 de la loi n° 65-557 du 10 juillet 1965 fixant le statut de la copropriété des immeubles bâtis, dans sa rédaction résultant de l'article 122 de la loi n° 2017-86 du 27 janvier 2017, et au plus tard le 1er janvier 2018 *(L. n° 2017-86, 27 janv. 2017, art. 122, II)*.

Le décret dont s'agit est intervenu (D. n° 2018-11, 8 janv. 2018) et il a inséré dans le décret du 17 mars 1967 un nouvel article 62-18-1 (V. ce texte plus bas).

Art. 29-5 ***(L. n° 2000-1208, 13 déc. 2000 ; rempl., L. n° 2014-366, 24 mars 2014).*** **– I. – L'administrateur provisoire établit un plan d'apurement des dettes.**

Ce plan, d'une durée maximale de cinq ans, comporte un échéancier des versements auprès des créanciers du syndicat des copropriétaires.

II. – Le projet d'échéancier est notifié aux créanciers figurant dans la liste prévue au deuxième alinéa du II de l'article 29-4.

Les créanciers disposent d'un délai de deux mois à compter de cette notification pour faire part de leurs observations. Les créanciers peuvent formuler individuellement des propositions de remise de dettes.

L'administrateur provisoire notifie le plan d'apurement définitif aux créanciers et au conseil syndical. Les créanciers disposent d'un délai de deux mois à compter de cette notification pour saisir le juge d'une contestation.

À défaut de contestation dans ce délai, le juge homologue le plan à la demande de l'administrateur provisoire. L'ordonnance d'homologation est notifiée aux créanciers et au conseil syndical avec le plan d'apurement définitif.

III. – La notification de l'ordonnance ou du jugement entraîne, tant que le plan d'apurement est respecté, le maintien ***(Mots rempl., L. n° 2017-86, 27 janv. 2017)*** **« [des] suspensions et interdictions prévues » aux I et II de l'article 29-3.**

Le plan d'apurement est mis en œuvre par le syndic à l'issue de la mission de l'administrateur provisoire.

IV. – Si la situation financière du syndicat des copropriétaires évolue, le plan d'apurement peut être prorogé ou modifié par décision du juge, saisi par le syndicat des copropriétaires, des copropriétaires représentant au moins 15 % des voix, les créanciers, le syndic ou l'administrateur provisoire.

V. – Dès lors qu'ils ne compromettent pas la réalisation du plan d'apurement, l'administrateur provisoire peut conclure avec les copropriétaires des échéanciers individualisés de remboursement de leurs dettes vis-à-vis du syndicat.

Bibliographie : F. Tulier-Porge, *Le plan d'apurement des dettes de la copropriété en difficulté : Inf. rap. copr.* juin 2016, Cahiers des copropriétés en difficulté.

1) **Établissement d'un plan d'apurement des dettes.** L'administrateur provisoire établit un plan d'apurement des dettes. Ce plan comporte un échéancier des versements auprès des créanciers du syndicat des copropriétaires. Il a une durée maximale de cinq ans (L. 10 juill. 1965, art. 29-5, I).

• Sur le contenu du plan d'apurement des dettes, V. D. n° 67-223, 17 mars 1967, art. 62-22, p. 886.

Le projet d'échéancier est tout d'abord notifié aux créanciers figurant dans la liste prévue au deuxième alinéa du II de l'article 29-4 (art. 29-5, II, al. 1).

• Sur la notification du projet d'échéancier, V. D. n° 67-223, 17 mars 1967, art. 62-23, p. 886.

Les créanciers disposent d'un délai de deux mois à compter de cette notification pour faire part de leurs observations. Ils peuvent formuler individuellement des propositions de remise de dettes (art. 29-5, II, al. 2). Dès lors qu'ils ne compromettent pas la réalisation du plan d'apurement, l'administrateur provisoire peut conclure avec les copropriétaires des échéanciers individualisés de remboursement de leurs dettes vis-à-vis du syndicat (art. 29-5, V).

• Sur les négociations avec les créanciers, V. D. n° 67-223, 17 mars 1967, art. 62-23 et 62-24, p. 886.

2) **Plan d'apurement définitif.** Puis l'administrateur provisoire, qui est libre de prendre ou non en compte les observations des créanciers, établit le **plan d'apurement définitif** qu'il notifie aux créanciers d'une part et au conseil syndical d'autre part (art. 29-5, II, al. 3). Il lui appartient d'évaluer le montant total des créances irrécouvrables du syndicat sur les copropriétaires (art. 29-7, al. 1).

• Sur le dépôt au greffe du plan d'apurement définitif et sur les modalités de sa notification, V. D. n° 67-223, 17 mars 1967, art. 62-25, p. 887.

3) **Contestation du plan et homologation.** Les créanciers disposent d'un délai de deux mois à compter de la notification du plan d'apurement définitif pour saisir le juge d'une contestation.

• Sur les modalités de la contestation, V. D. n° 67-223, 17 mars 1967, art. 62-26, p. 887.

À défaut de contestation dans ce délai, le juge homologue le plan à la demande de l'administrateur provisoire. L'ordonnance d'homologation est notifiée aux créanciers et au conseil syndical avec le plan d'apurement définitif.

• Sur les modalités de la notification, V. D. n° 67-223, 17 mars 1967, art. 62-25, p. 887.

4) **Mise en œuvre du plan.** La notification de l'ordonnance ou du jugement entraîne, tant que le plan d'apurement est respecté, le maintien des suspensions et interdictions prévues aux I et II de l'article 29-3 (art. 29-5, III, al. 1, rédaction résultant de la loi n° 2017-86, 27 janv. 2017).

Le plan d'apurement est mis en œuvre par le syndic à l'issue de la mission de l'administrateur provisoire (art. 29-5, III, al. 2).

5) **Prorogation ou modification du plan.** Si la situation financière du syndicat des copropriétaires évolue, le plan d'apurement peut être prorogé ou modifié par décision du juge, saisi par le syndicat des copropriétaires, des copropriétaires représentant au moins 15 % des voix, les créanciers, le syndic ou l'administrateur provisoire (art. 29-5, IV).

• Sur la procédure de modification ou de prorogation du plan, V. D. n° 67-223, 17 mars 1967, art. 62-27, p. 888.

Art. 29-6 *(Anc. art. 29-4, dénum., L. n° 2000-1208, 13 déc. 2000 ; rempl., L. n° 2009-526, 12 mai 2009 ; L. n° 2014-366, 24 mars 2014).* **– Si le syndicat des copropriétaires dispose d'actifs cessibles, notamment des locaux ou des parcelles de terrain non bâti, de nature à apurer les dettes du syndicat, l'administrateur provisoire peut demander au juge l'autorisation de réaliser les cessions par dérogation au *a* de l'article 26 et au deuxième alinéa du I de l'article 29-1 et de modifier en conséquence le règlement de copropriété et l'état descriptif de division.**

À l'appui de cette demande, l'administrateur provisoire produit un rapport faisant état de l'évaluation des biens cessibles et consignant l'avis du conseil syndical.

La durée de l'autorisation fixée par le juge ne peut excéder cinq ans. Si la cession des actifs est réalisée dans ce délai, elle conduit à la modification de l'échéancier des appels de fonds auprès des copropriétaires prévu par le plan d'apurement des dettes, selon la procédure définie au IV de l'article 29-5.

Bibliographie : P. Marin, D. Brachet et B. Siragusano-Huertas, *Les outils exceptionnels du redressement : Inf. rap. copr.* janv.-févr. 2024, p. 24.

Sur la possibilité d'obtenir des subventions ou des aides de l'Agence nationale de l'habitat, V. en Annexe « *Agence nationale de l'habitat* ».

1) Cession d'actifs à titre onéreux. Pour que la cession à titre onéreux d'actifs appartenant au syndicat puisse être envisagée, il faut (L. n° 65-557, art. 29-6, al. 1) :

– que ces actifs soient « cessibles » (c'est-à-dire qu'ils soient susceptibles tant sur le plan juridique que pratique, de trouver un acquéreur). Le texte donne comme exemple (non limitatif) « des locaux ou des parcelles de terrain non bâti » ;

– que les cessions à intervenir soient « de nature à apurer les dettes du syndicat ».

Si tel est le cas, et avant de saisir le juge, l'administrateur établira un rapport évaluant les biens, en y consignant l'avis du conseil syndical (art. 29-6, al. 2).

2) Autorisation du juge. L'administrateur demandera ensuite au juge l'autorisation de réaliser les cessions, par dérogation à l'article 26 *a)* de la loi du 10 juillet 1965 et à l'article 29-1, I, al. 2 de cette même loi. Il demandera également l'autorisation de modifier en conséquence le règlement de copropriété et l'état descriptif de division.

La durée de l'autorisation fixée par le juge ne peut excéder cinq ans. Si la cession des actifs est réalisée dans ce délai, elle conduit à la modification de l'échéancier des appels de fonds auprès des copropriétaires prévu par le plan d'apurement des dettes, selon la procédure définie au IV de l'article 29-5 (art. 29-6, al. 3).

3) Régime fiscal de faveur. L'article 40 de la loi n° 2014-1655 du 29 décembre 2014 (loi de finances rectificative pour 2014) a institué une exonération de droits de mutation à titre onéreux pour les acquisitions d'immeubles effectués par un établissement public foncier dans le cadre des opérations de requalification des copropriétés dégradées (ORCOD) déclarées d'intérêt national, créées par la loi ALUR (CGI, art. 1594-0 G. – BOI-ENR-DMTOI-10-80-20 § 390, 21 mai 2015).

Ce texte prévoit également à l'article 795 B du Code général des impôts, une exonération de droits de mutation à titre gratuit pour les transferts en pleine propriété de l'État à un établissement public foncier dans le cadre des ORCOD (*JCP* N 2015, n°s 1-2, act. 104).

Voir : sur la possibilité de procéder à des cessions d'actif à titre gratuit, V. plus bas, art. 29-9.

Art. 29-7 *(L. n° 2014-366, 24 mars 2014).* **– L'administrateur provisoire évalue, dans le cadre de l'élaboration du plan d'apurement soumis au juge, la somme des créances irrécouvrables du syndicat sur les copropriétaires.**

En l'absence d'actifs du syndicat des copropriétaires pouvant être cédés dans les conditions définies à l'article 29-6 ou si les cessions n'ont pas trouvé preneur, l'administrateur provisoire peut demander au juge d'effacer partiellement les dettes du syndicat pour un montant équivalant au montant des créances irrécouvrables.

Le juge peut effacer tout ou partie des dettes. Le montant effacé est réparti entre les créanciers du syndicat proportionnellement au montant de leur créance et intégré par l'administrateur provisoire au plan d'apurement des dettes, qui est ensuite homologué par le juge dans les conditions prévues au II de l'article 29-5. Le jugement ordonne également mainlevée des éventuelles inscriptions hypothécaires relatives à ces dettes inscrites sur les locaux appartenant au syndicat des copropriétaires.

Sur la possibilité d'obtenir des subventions ou des aides de l'Agence nationale de l'habitat, V. en Annexe « *Agence nationale de l'habitat* ».

1) Effacement des dettes du syndicat. À l'occasion de l'élaboration du plan d'apurement des dettes, l'administrateur est amené à évaluer le montant des créances irrécouvrables du syndicat sur les copropriétaires (art. 29-7, al. 1).

• Sur la notion de « créance irrécouvrable » au sens de ce texte, V. D. n° 67-223, 17 mars 1967, art. 62-29, p. 889.

Il peut ensuite demander au juge « d'effacer partiellement les dettes du syndicat pour un montant équivalant à celui des créances irrécouvrables ». Pour que cette demande soit recevable, une condition préalable doit être remplie *(art. 29-7, al. 2).* Il faut :

– ou bien qu'il n'y ait aucun actif du syndicat des copropriétaires susceptible d'être cédé dans les conditions définies à l'article 29-6 (V. ce texte) ;

– ou bien que les cessions autorisées par le juge n'aient pas trouvé preneur (L. n° 65-557, art. 29-7, al. 2).

2) Décision du Juge. Le juge peut effacer tout ou partie des dettes du syndicat.

Le montant effacé est réparti entre les créanciers du syndicat proportionnellement au montant de leur créance et intégré par l'administrateur provisoire au plan d'apurement des dettes, qui est ensuite homologué par le juge dans les conditions prévues au II de l'article 29-5 (V. ce texte).

Le jugement ordonne également mainlevée des éventuelles inscriptions hypothécaires relatives à ces dettes inscrites sur les locaux appartenant au syndicat des copropriétaires *(art. 29-7, al. 3).*

Art. 29-8 *(L. n° 2014-366, 24 mars 2014).* – **I. – Si la gestion et le fonctionnement normal de la copropriété ne peuvent être rétablis autrement, le juge peut prononcer aux conditions qu'il fixe et sur demande de l'administrateur provisoire :**

1° La constitution d'un ou plusieurs syndicats secondaires ;

2° La division du syndicat.

Lorsque l'administrateur provisoire demande une division en volumes, le juge statue au vu des conclusions du rapport d'un expert désigné par ses soins, aux frais du syndicat des copropriétaires, établissant que l'immeuble ou l'ensemble immobilier peuvent être scindés en volumes sans parties communes indivises et fonctionnant de façon autonome, et après consultation du maire de la commune du lieu d'implantation et du président de l'établissement public de coopération intercommunale compétent en matière d'habitat.

À l'appui de ces demandes, l'administrateur provisoire établit un rapport faisant état de l'avis du conseil syndical et précisant les conditions matérielles, juridiques et financières de division du syndicat ou de constitution d'un syndicat secondaire. Il établit notamment la répartition des parties communes du syndicat initial, les projets de règlement de copropriété et les états descriptifs de division des nouveaux syndicats, dresse un état des créances et des dettes du syndicat et en établit la répartition selon les principes définis au II de l'article 28.

L'administrateur provisoire établit, concomitamment à l'état des créances et des dettes, un plan d'apurement des dettes transmises pour chacun des syndicats créés par la division. Ce plan est validé et s'impose aux syndicats issus de la division, qui le mettent en œuvre selon les modalités définies à l'article 29-5.

La répartition validée des dettes entre les syndicats est notifiée individuellement à chacun des créanciers connus du syndicat initial.

II. – Si des travaux préalables pour réaliser la constitution d'un syndicat secondaire ou les divisions prévues au présent article sont nécessaires, le juge peut autoriser l'administrateur provisoire à faire réaliser les travaux aux frais des copropriétaires.

III. – Le jugement autorisant la division ou la constitution d'un syndicat secondaire homologue également les nouveaux règlements de copropriété et états descriptifs de division des syndicats issus de la division ou les modifications du règlement de copropriété résultant de la constitution d'un syndicat secondaire.

Le jugement prononçant la division du syndicat emporte dissolution du syndicat initial.

Le juge désigne, pour chaque syndicat des copropriétaires issu des divisions prévues au présent article ou pour chaque syndicat secondaire constitué en application du présent article, la personne chargée de convoquer l'assemblée générale en vue de la désignation d'un syndic.

Bibliographie : P. Marin, D. Brachet et B. Siragusano-Huertas, *Les outils exceptionnels du redressement : Inf. rap. copr.* janv.-févr. 2024, p. 24. • J.-M. Roux, *La scission judiciaire de copropriété : Constr.-Urb.* 2006, n° 5, étude 5.

1) Scission du syndicat ou constitution de syndicats secondaires. L'article 29-8, I, de la loi permet au juge de décider, sur demande de l'administrateur provisoire :

– soit la constitution d'un ou plusieurs syndicats secondaires ;

– soit la division du syndicat.

Pour que ces mesures puissent être ordonnées, il faut que « la gestion et le fonctionnement normal de la copropriété » ne puissent pas « être rétablis autrement », ce dont l'administrateur doit justifier dans sa demande. Il en est ainsi lorsque les copropriétaires ne parviennent pas à désigner un syndic et où le rétablissement des comptes du syndicat est le fruit du seul travail de gestion du mandataire de justice (▪ CA Paris, pôle 4, 3e ch., 3 mai 2016, n° 15-00179 : *Rev. loyers* 2016, p. 343, obs. S.-B.).

• V. aussi la procédure prévue par l'article 62-15 du décret du 17 mars 1967, pour obtenir une scission judiciaire du syndicat.

I – MESURES PRÉPARATOIRES

2) Rapport et plan d'apurement des dettes. À l'appui de sa demande, l'administrateur doit établir un rapport faisant état de l'avis du conseil syndical et précisant les conditions matérielles, juridiques et financières de division du syndicat ou de constitution d'un syndicat secondaire. Ce rapport procède notamment à la répartition des parties communes du syndicat initial, il propose les projets de règlement de copropriété et les états descriptifs de division des nouveaux syndicats, dresse un état des créances et des dettes du syndicat et en établit la répartition selon les principes définis au II de l'article 28 (art. 29-8, I, al. 5).

L'administrateur provisoire établit, concomitamment à l'état des créances et des dettes, un plan d'apurement des dettes transmises pour chacun des syndicats créés par la division.

3) Travaux préalables. Si des travaux préalables pour réaliser la constitution d'un syndicat secondaire ou les divisions envisagées sont nécessaires, le juge peut autoriser l'administrateur provisoire à faire réaliser les travaux aux frais des copropriétaires *(art. 29-8, II).*

4) **Division en volumes.** Lorsque l'administrateur provisoire demande une division en volumes, le juge statue au vu des conclusions du rapport d'un expert désigné par ses soins, aux frais du syndicat des copropriétaires, établissant que l'immeuble ou l'ensemble immobilier peuvent être scindés en volumes sans parties communes indivises et fonctionnant de façon autonome, et après consultation du maire de la commune du lieu d'implantation et du président de l'établissement public de coopération intercommunale compétent en matière d'habitat.

II – DÉCISION DU JUGE

5) **Objet.** Le jugement autorisant la division ou la constitution d'un syndicat secondaire homologue les nouveaux règlements de copropriété et états descriptifs de division des syndicats issus de la division ou les modifications du règlement de copropriété résultant de la constitution d'un syndicat secondaire *(art. 29-8, III, al. 1).* Le jugement prononçant la division du syndicat emporte dissolution du syndicat initial *(art. 29-8, III, al. 2).*

Le plan d'apurement des dettes est validé et s'impose aux syndicats issus de la division, qui le mettent en œuvre selon les modalités définies à l'article 29-5 *(art. 29-8, I, al. 6).* La répartition validée des dettes entre les syndicats est notifiée individuellement à chacun des créanciers connus du syndicat initial *(art. 29-8, I, al. 6).*

Le juge désigne, pour chaque syndicat des copropriétaires issu des opérations de division ou pour chaque syndicat secondaire, la personne chargée de convoquer l'assemblée générale en vue de la désignation d'un syndic *(art. 29-8, III, al. 3).*

Art. 29-9 ***(L. n° 2014-366, 24 mars 2014).*** **– Sur saisine motivée de l'administrateur provisoire et si le rétablissement financier de la copropriété le nécessite, le juge peut l'autoriser à modifier le règlement de copropriété afin de tenir compte de travaux concourant au redressement de la copropriété, notamment d'individualisation du chauffage, et modifiant la répartition des charges. Dans le cas de travaux d'individualisation du chauffage, le juge autorise par la même décision la réalisation de ces travaux.**

Sur saisine motivée de l'administrateur provisoire et si leurs coûts d'entretien, de gestion ou de remise à niveau compromettent de façon irrémédiable l'équilibre financier du syndicat des copropriétaires, le juge peut autoriser l'administrateur provisoire à céder à titre gracieux à la commune ou à l'établissement public de coopération intercommunale compétent en matière d'habitat les parcelles de terrain non bâti d'intérêt public ou des locaux ou équipements communs pouvant relever d'une gestion publique et modifier en conséquence le règlement de copropriété et l'état descriptif de division.

Bibliographie : P. Marin, D. Brachet et B. Siragusano-Huertas, *Les outils exceptionnels du redressement : Inf. rap. copr.* janv.-févr. 2024, p. 24.

I – AUTORISATION DE TRAVAUX

1) **Intervention du juge.** Le redressement de la copropriété peut passer par l'exécution de travaux. L'exécution de ces travaux peut poser deux types de problèmes :

– un problème de financement. L'administrateur provisoire peut à cette fin se faire autoriser à utiliser les sommes déposées sur le fonds de travaux (art. 29-14, 2° : V. ce texte) ;

– un problème décisionnel. L'article 29-9 indique à ce propos que « sur saisine motivée de l'administrateur provisoire et si le rétablissement financier de la copropriété le nécessite, le juge peut l'autoriser à modifier le règlement de copropriété afin de tenir compte de travaux concourant au redressement de la copropriété, notamment d'individualisation du chauffage, et modifiant la répartition des charges ».

Dans le cas de travaux d'individualisation du chauffage, ajoute l'alinéa 2 de ce texte, le juge autorise par la même décision la réalisation de ces travaux.

II – CESSIONS GRATUITES À LA COMMUNE OU À L'EPCI

2) **Conditions de la cession.** L'article 29-9, alinéa 2, autorise sous certaines conditions la cession à titre gracieux à la commune ou à l'établissement public de coopération intercommunale compétente en matière d'habitat. Ces cessions doivent porter :

– sur des parcelles de terrain non bâti d'intérêt public ;

– ou sur des locaux ou équipements communs pouvant relever d'une gestion publique.

Une demande « motivée » sera formée à cette fin par l'administrateur provisoire qui devra justifier que les « coûts d'entretien de gestion ou de remise à niveau » des immeubles ou équipements cédés

« compromettent de façon irrémédiable l'équilibre financier du syndicat des copropriétaires » *(art. 29-9, al. 2)*. L'administrateur demandera en même temps au Juge l'autorisation de modifier en conséquence le règlement de copropriété et l'état descriptif de division.

Art. 29-10 ***(L. n° 2014-366, 24 mars 2014)*. – L'administrateur provisoire peut proposer au représentant de l'État dans le département d'initier un plan de sauvegarde en application de l'article L. 615-1 du Code de la construction et de l'habitation.**

Lorsque la démarche d'élaboration d'un plan de sauvegarde est engagée, l'administrateur provisoire est membre de plein droit de la commission mentionnée au I du même article.

Si, lors de l'élaboration du plan de sauvegarde ou en cours d'exécution d'un tel plan, l'administrateur provisoire constate que des mesures du plan de sauvegarde sont en contradiction avec la mission qui lui est confiée par le juge, il en informe le représentant de l'État dans le département, le maire et le président de l'établissement public de coopération intercommunale compétent en matière d'habitat, qui peuvent soit modifier le plan de sauvegarde, soit demander au juge de modifier le contenu de la mission de l'administrateur provisoire.

L'administrateur provisoire peut signer toute convention financière en vue de l'attribution de subventions publiques au syndicat des copropriétaires, dès lors que cette convention n'est pas contradictoire avec la mission qui lui est confiée.

1) **Plan de sauvegarde.** L'administrateur provisoire peut proposer au représentant de l'État dans le département d'initier un plan de sauvegarde en application de l'article L. 615-1 du Code de la construction et de l'habitation (V. ce texte en Annexe V° *Carence du syndicat*).

I – INITIATION DU PLAN DE SAUVEGARDE

2) **Conditions.** Rappelons que selon l'alinéa premier de l'article L. 615-1 précité, dans sa rédaction issue de la loi du 24 mars 2014 (loi ALUR), le plan de sauvegarde peut être déclenché « lorsqu'un groupe d'immeubles ou d'un ensemble immobilier déterminé, à usage d'habitation ou à usage mixte professionnel et commercial et d'habitation, soumis au régime de la copropriété est confronté à de graves difficultés sociales, techniques et financières, résultant notamment de complexités juridiques ou techniques et risquant à terme de compromettre leur conservation » (art. 29-10, al. 1).

Lorsque la démarche d'élaboration d'un plan de sauvegarde est engagée, l'administrateur provisoire est membre de plein droit de la commission mentionnée au I du même article (art. 29-10, al. 2).

II – MESURES D'ACCOMPAGNEMENT

3) **Inventaire.** La loi a prévu diverses mesures d'accompagnement du plan de sauvegarde :

– tout d'abord l'harmonisation de ce plan avec la mission confiée à l'administrateur. Si, lors de l'élaboration du plan de sauvegarde ou en cours d'exécution d'un tel plan, l'administrateur provisoire constate que des mesures du plan de sauvegarde sont en contradiction avec la mission qui lui est confiée par le juge, il en informe le représentant de l'État dans le département, le maire et le président de l'établissement public de coopération intercommunale compétent en matière d'habitat, qui peuvent soit modifier le plan de sauvegarde, soit demander au juge de modifier le contenu de la mission de l'administrateur provisoire (art. 29-10, al. 3) ;

– ensuite la possibilité pour l'administrateur provisoire de signer toute convention financière en vue de l'attribution de subventions publiques au syndicat des copropriétaires, dès lors que cette convention n'est pas en contradiction avec la mission qui lui est confiée (art. 29-10, al. 4) ;

– enfin l'article 29-14, 1°, indique que, lorsque l'immeuble fait l'objet d'un plan de sauvegarde, le juge peut suspendre le versement des cotisations au fonds de travaux sur demande de l'administrateur provisoire ou des copropriétaires représentant au moins 15 % des voix.

Cette procédure peut s'avérer insuffisante au vu de l'ampleur des difficultés rencontrées par la copropriété et les pouvoirs de l'administrateur provisoire peuvent être élargis par ordonnance du président du tribunal. Aucun texte n'empêche de mettre en œuvre une procédure de carence alors qu'une procédure de sauvegarde est en cours, dès lors que les conditions de l'article L. 615-6 du Code la construction et de l'habitation sont réunies. Ainsi, en va-t-il de l'existence de graves difficultés financières ou de gestion qui, eu égard à l'importance des travaux à mettre en œuvre, ont placé le syndicat des copropriétaires dans l'incapacité d'assurer la conservation de l'immeuble ou la sécurité et la santé des occupants (■ CA Aix-en-Provence, 1re et 2e ch., 16 déc. 2021, n° 20/13332).

Art. 29-11 ***(L. n° 2014-366, 24 mars 2014)*. – I. – Si la situation financière de la copropriété ne permet pas de réaliser les travaux nécessaires à la conservation et la mise en sécurité de l'immeuble, la protection**

des occupants, la préservation de leur santé et la réduction des charges de copropriété permettant son redressement financier, le juge peut placer l'immeuble sous administration provisoire renforcée :

1° Sur saisine du maire de la commune du lieu de situation, du président de l'établissement public de coopération intercommunale compétent en matière d'habitat ou du représentant de l'État dans le département ;

2° Ou sur saisine de l'administrateur provisoire déjà désigné en vertu de l'article 29-1.

II. - Dans le cadre du placement sous administration provisoire renforcée, le juge autorise l'administrateur provisoire, désigné en vertu de l'article 29-1, à conclure une convention à durée déterminée, au nom du syndicat des copropriétaires, avec un ou plusieurs opérateurs compétents en matière de maîtrise d'ouvrage de travaux et de mise au point de financement d'opération de travaux, qui peut être notamment l'un des organismes mentionnés aux articles L. 321-14, L. 321-29 et L. 326-1 du Code de l'urbanisme et aux articles L. 411-2 et L. 481-2 du Code de la construction et de l'habitation.

La décision du juge est notifiée aux parties intéressées ainsi qu'au maire de la commune du lieu de situation, au président de l'établissement public de coopération intercommunale compétent en matière d'habitat et au représentant de l'État dans le département.

III. - L'administrateur provisoire peut confier à l'opérateur, par cette convention, toutes les missions concourant au redressement de la copropriété, notamment la maîtrise d'ouvrage d'un programme de travaux et la mise au point du financement de l'opération. Un décret précise les modalités de rémunération de l'opérateur à la charge des copropriétaires.

Le juge homologue la convention conclue entre l'opérateur et l'administrateur provisoire.

L'exécution de la convention peut se poursuivre même si la mission de l'administrateur provisoire est terminée. La convention prend fin à l'expiration du terme fixé par elle.

IV. - Le maire de la commune du lieu de situation de l'immeuble ou le président de l'établissement public de coopération intercommunale compétent en matière d'habitat peuvent engager à tout moment la procédure prévue à l'article L. 615-6 du Code de la construction et de l'habitation. La conclusion de la convention mentionnée au II du présent article est alors suspendue dans l'attente de la décision du juge, mais la mission de l'administrateur provisoire se poursuit dans les conditions prévues à l'article 29-1.

Bibliographie : J.-M. Roux, *Un nouvel outil de redressement des copropriétés en grande difficulté : l'administration provisoire renforcée : LPA* 28-29 mars 2016, p. 29. • A. Hinfray et C. Fauvage, *Le nouveau dispositif d'administration provisoire renforcée à l'épreuve du décret d'application : Inf. rap. copr.* mars 2016, Cahiers des copropriétés en difficulté, déc. 2016, p. V. • B. Cheysson, M. Leplat et N. Dehayes, *L'administration provisoire renforcée : Inf. rap. copr.* janv.-févr. 2024, p. 29.

Sur la possibilité d'obtenir des subventions ou des aides de l'Agence nationale de l'habitat, V. en Annexe « *Agence nationale de l'habitat* ».

1) Administration provisoire renforcée. Dans certains cas, le Juge peut placer la copropriété sous administration provisoire renforcée (I), ce qui suppose l'intervention d'opérateurs spécialisés (II).

I - CONDITIONS D'OUVERTURE DE LA PROCÉDURE

2) Énoncé des conditions. L'immeuble peut être placé sous administration provisoire renforcée, « si la situation financière de la copropriété ne permet pas de réaliser les travaux nécessaires à la conservation et la mise en sécurité de l'immeuble, la protection des occupants, la préservation de leur santé et la réduction des charges de copropriété permettant son redressement financier » (art. 29-11, I, al. 1).

3) Saisine du Juge. Le Juge peut être saisi à cette fin :

– par le maire de la commune du lieu de situation de l'immeuble, le président de l'établissement public de coopération intercommunale compétent en matière d'habitat ou le représentant de l'État dans le département ;

– ou par l'administrateur provisoire déjà désigné en vertu de l'article 29-1 (art. 29-11, I, al. 1, 1° et 2°).

• Sur l'établissement de la requête, V. D. n° 67-223, 17 mars 1967, art. 62-30, p. 889.

II - INTERVENTION D'OPÉRATEURS SPÉCIALISÉS

4) Signature d'une convention par l'administrateur provisoire. Dans le cadre du placement sous administration provisoire renforcée, le juge autorise l'administrateur provisoire, désigné en vertu de l'article 29-1, à conclure une convention à durée déterminée, au nom du syndicat des copropriétaires, avec un ou plusieurs opérateurs compétents en matière de maîtrise d'ouvrage de travaux et de mise au point de financement d'opération de travaux (art. 29-11, II, al. 1). Cet opérateur peut être notamment l'un des organismes mentionnés aux articles L. 321-14, L. 321-29 et L. 326-1 du Code de l'urbanisme et aux articles L. 411-2 et L. 481-2 du Code de la construction et de l'habitation (art. 29-11, II, al. 1).

• Sur le contenu de la convention, V. D. n° 67-223, 17 mars 1967, art. 62-25, p. 887.

L'administrateur provisoire peut confier à l'opérateur, par cette convention, toutes les missions concourant au redressement de la copropriété, notamment la maîtrise d'ouvrage d'un programme de travaux et la mise au point du financement de l'opération (art. 29-11, III, al. 1).

• Sur la possibilité pour le juge, saisi par des copropriétaires représentant 15 % des voix, d'autoriser l'administrateur provisoire à inclure dans le contrat de l'opérateur la réalisation de travaux d'amélioration (art. 29-12, III).

5) Homologation de la convention. Le juge homologue la convention conclue entre l'opérateur et l'administrateur provisoire (art. 29-11, III, al. 2). La décision du juge est notifiée aux parties intéressées ainsi qu'au maire de la commune du lieu de situation, au président de l'établissement public de coopération intercommunale compétent en matière d'habitat et au représentant de l'État dans le département (art. 29-11, II, al. 2).

• Sur la procédure d'homologation de la convention, V. D. n° 67-223, 17 mars 1967, art. 62-33, p. 890.

6) Durée de la convention. – La convention prend fin à l'expiration du terme fixé par elle (art. 29-11, III, al. 3). L'exécution de la convention peut se poursuivre même si la mission de l'administrateur provisoire est terminée (même texte). Si la mission de l'administrateur provisoire est terminée et la copropriété financièrement redressée, le juge peut autoriser le syndic à conclure un avenant à la convention en cours, après approbation des travaux supplémentaires par l'assemblée générale des copropriétaires statuant dans les conditions de majorité prévues par la présente loi (V. à ce sujet : art. 29-12, IV, p. 540).

Le maire de la commune du lieu de situation de l'immeuble ou le président de l'établissement public de coopération intercommunale compétent en matière d'habitat peuvent engager à tout moment la procédure prévue à l'article L. 615-6 du Code de la construction et de l'habitation, qui peut déboucher notamment sur l'expropriation des parties communes ou la démolition totale ou partielle de l'immeuble (V. ce texte en Annexe, *V° Carence du syndicat*). La conclusion de la convention mentionnée ci-dessus (n° 4) est alors suspendue dans l'attente de la décision du juge, mais la mission de l'administrateur provisoire se poursuit dans les conditions prévues à l'article 29-1 (art. 29-11, IV).

La mission de l'opérateur ne peut prendre fin de façon anticipée que sur décision du juge. La convention prévoit obligatoirement les modalités d'indemnisation de l'opérateur qui a engagé des fonds pour la réalisation des travaux prévus par la convention en cas de résiliation anticipée prononcée par le juge (V. art. 29-12, II, p. 540).

7) Rémunération de l'opérateur. Les modalités de rémunération de l'opérateur à la charge des copropriétaires (art. 29-III, al. 1) ont été précisées par le décret n° 2015-999 du 17 août 2015, qui a créé l'article 62-32 du décret n° 67-223 du 17 mars 1967, auquel on voudra bien se reporter.

• Sur le cas de réalisation d'une scission par l'opérateur, V. art. 29-12, p. 540.

• Sur la résiliation anticipée de la mission de l'opérateur et son indemnisation, V. art. 29-12, p. 540.

• Sur la possibilité pour les copropriétaires occupants d'obtenir l'allocation-logement, V. ci-dessous art. 29-13, p. 541.

Art. 29-12 *(L. n° 2014-366, 24 mars 2014).* **– I. – Lorsque la mission de l'opérateur mentionné au II de l'article 29-11 prévoit la réalisation d'une division du syndicat dans les conditions prévues à l'article 29-8, la convention mentionnée à l'article 29-11 prévoit la répartition de la rémunération de l'opérateur entre les syndicats ainsi créés. Chaque syndicat issu de cette division est subrogé, chacun pour ce qui le concerne, dans les droits et obligations conventionnelles du syndicat dissous selon les modalités prévues par la convention.**

II. – La mission de l'opérateur ne peut prendre fin de façon anticipée que sur décision du juge. La convention prévoit obligatoirement les modalités d'indemnisation de l'opérateur qui a engagé des fonds pour la réalisation des travaux prévus par la convention en cas de résiliation anticipée prononcée par le juge.

III. – Le juge, saisi par des copropriétaires représentant 15 % des voix, peut autoriser l'administrateur provisoire à inclure dans le contrat de l'opérateur la réalisation de travaux d'amélioration.

IV. – Si la mission de l'administrateur provisoire est terminée et la copropriété financièrement redressée, le juge peut autoriser le syndic à conclure un avenant à la convention en cours, après approbation des travaux supplémentaires par l'assemblée générale des copropriétaires statuant dans les conditions de majorité prévues par la présente loi.

1) Réalisation d'une scission par l'opérateur. Lorsque la mission de l'opérateur prévoit la réalisation d'une division du syndicat dans les conditions prévues à l'article 29-8 (V. ce texte), la convention mentionnée à l'article 29-11 prévoit la répartition de la rémunération de l'opérateur entre les syndicats ainsi créés.

Chaque syndicat issu de cette division est subrogé, chacun pour ce qui le concerne, dans les droits et obligations conventionnelles du syndicat dissous selon les modalités prévues par la convention (art. 29-12, I). Cette subrogation conventionnelle doit donc être expressément stipulée.

2) Fin anticipée de la mission de l'opérateur. La mission de l'opérateur peut prendre fin de façon anticipée sur décision du juge. La convention doit prévoir obligatoirement les modalités d'indemnisation de l'opérateur qui a engagé des fonds pour la réalisation des travaux prévus par la convention en cas de résiliation anticipée prononcée par le juge (art. 29-12, II).

3) Travaux d'amélioration. Le juge, saisi par des copropriétaires représentant 15 % des voix, peut autoriser l'administrateur provisoire à inclure dans le contrat de l'opérateur la réalisation de travaux d'amélioration (art. 29-12, III).

• Sur le cas où les travaux ouvrent droit à des subventions au profit du syndicat des copropriétaires ou des copropriétaires à titre individuel, V. D. n° 67-223, 17 mars 1967, art. 62-34, p. 891.

4) Avenant à la convention. Si la mission de l'administrateur provisoire est terminée et que la copropriété est financièrement redressée, le juge peut autoriser le syndic à conclure un avenant à la convention en cours, après approbation des travaux supplémentaires par l'assemblée générale des copropriétaires statuant dans les conditions de majorité prévues par la loi (art. 29-12, IV).

Art. 29-13 *(L. n° 2014-366, 24 mars 2014).* **– Pour les propriétaires occupants, la rémunération de l'opérateur prévue à l'article 29-11 ouvre droit aux allocations de logement prévues** *(Mod. à compter du 1er septembre 2019, Ord. n° 2019-770, 17 juill. 2019)* **« au 2° de l'article L. 821-1 du Code de la construction et de l'habitation ».**

Allocation logement. Pour les propriétaires occupants, la rémunération de l'opérateur prévue à l'article 29-11 ouvre droit aux allocations de logement (familiales et sociales) prévues à l'article L. 821-1, 2° du Code de la construction et de l'habitation (art. 29-13).

• Sur les modalités de versement des allocations en pareil cas, V. D. n° 67-223, 17 mars 1967, art. 62-35, p. 891.

Art. 29-14 *(L. n° 2014-366, 24 mars 2014).* **– Le juge peut :**

1° Suspendre le versement des cotisations au fonds de travaux sur demande de l'administrateur provisoire ou des copropriétaires représentant au moins 15 % des voix lorsque l'immeuble fait l'objet d'un plan de sauvegarde en application de l'article L. 615-1 du Code de la construction et de l'habitation ;

2° Autoriser l'administrateur provisoire à utiliser les sommes déposées sur le fonds de travaux pour engager les actions nécessaires au redressement de la copropriété ou permettre le maintien de la gestion courante.

1) Immeubles faisant l'objet d'un plan de sauvegarde. Si l'immeuble vient à faire l'objet d'un plan de sauvegarde, en application de l'article L. 615-1 du Code de la construction et de l'habitation (V. ann., *V° Carence du syndicat*), l'administrateur provisoire ou des copropriétaires représentant au moins 15 % des voix peuvent demander la suspension du versement des cotisations au fonds de travaux.

2) Utilisation des sommes figurant au fonds de travaux. Le juge peut autoriser l'administrateur provisoire à utiliser les sommes déposées sur le fonds de travaux pour engager les actions nécessaires au redressement de la copropriété, ou pour permettre le maintien de la gestion courante.

Art. 29-15 *(L. n° 2014-366, 24 mars 2014).* **– Les procédures prévues au livre VI du Code de commerce ne sont pas applicables aux syndicats de copropriétaires.**

Non-application de la réglementation des procédures collectives. La loi du 21 juillet 1994 a résolu un problème qui avait donné lieu à des discussions doctrinales et à des controverses jurisprudentielles : celui de savoir si le syndicat de copropriété était, en tant que personne morale de droit privé, susceptible d'être l'objet d'une procédure de redressement ou de liquidation judiciaire. Les textes régissant les procédures collectives étaient manifestement inadaptés au cas des syndicats de copropriété. La loi du 21 juillet 1994 avait introduit en conséquence un article 29-4 dans la loi du 10 juillet 1965, qui excluait expressément les syndicats de copropriétaires du champ d'application des procédures collectives. Ce texte, non modifié, a été transféré par la loi du 13 décembre 2000 (loi SRU) à l'article 29-6. La loi du 24 mars 2014 (loi ALUR) le transfère de nouveau à l'article 29-15.

Le cas des syndicats de copropriété en difficulté relève donc de procédures spécifiques, réglementées actuellement par les articles 29-1 A à 29-14 de la loi du 10 juillet 1965.

Art. 29-16 *(L. n° 2024-322, 9 avr. 2024)*. – **Lorsqu'un immeuble fait l'objet d'une procédure relevant de l'exercice de la police de la sécurité et de la salubrité des immeubles, locaux et installations prévue au titre Ier du livre V du Code de la construction et de l'habitation, le signataire de l'arrêté de police de la sécurité et de la salubrité des immeubles, locaux et installations définie aux articles L. 511-1 à L. 511-3 du même code est destinataire du procès-verbal de l'assemblée générale de copropriété, à laquelle il peut assister ou se faire représenter et formuler des observations sur les questions inscrites à l'ordre du jour.**

1) **Procédures concernées.** Il s'agit de procédures liées notamment à la sécurité des occupants, au fonctionnement défectueux ou de défaut d'entretien d'éléments d'équipement d'un immeuble collectif à usage principal d'habitation de nature à créer des risques sérieux pour la sécurité des occupants ou des tiers ou à compromettre gravement leurs conditions d'habitation ou d'utilisation, ou à une insalubrité. Elles donnent lieu à un arrêté de mise en sécurité ou à un arrêté de traitement de l'insalubrité.

2) **Prérogatives du signataire de l'arrêté.** La loi n° 2024-322 du 9 avril 2024 a prévu que le signataire de l'arrêté (maire ou représentant de l'État dans le département) se voit adressé le procès-verbal de l'assemblée générale de la copropriété concernée. Il peut également assister à cette assemblée, s'y faire représenter et formuler des observations sur les points figurant à l'ordre du jour. Ces dernières possibilités semblent induire qu'il faudra également rendre le signataire destinataire de la convocation à l'assemblée générale.

Bibliographie : D. Begriche et D. Rodrigues, *Loi habitat dégradé : principales mesures : Inf. rap. copr.* mai 2024, p. 17.

CHAPITRE III. – AMÉLIORATIONS, ADDITIONS DE LOCAUX PRIVATIFS ET EXERCICE DU DROIT DE SURÉLÉVATION

Chapitre III. En permettant de décider à la majorité d'effectuer des travaux d'amélioration ou de créer des installations nouvelles, la loi du 10 juillet 1965 a consacré une conception « dynamique » de l'administration de l'immeuble, qui a rompu résolument avec celle adoptée par le législateur de 1938. L'esprit de la loi est parfaitement défini dans l'exposé des motifs de la proposition de loi enregistrée le 3 juillet 1964 : « L'amélioration de l'immeuble par transformation ou adjonction d'éléments d'équipement communs ou par aménagement ou création de locaux à usage commun, lorsqu'elle est voulue par la quasi-totalité des copropriétaires, ne doit pas pouvoir être empêchée par quelques opposants. Il convient toutefois d'éviter que cette amélioration, quels que soient les avantages qu'elle procure à chacun immédiatement dans sa jouissance et dans la plus-value de ses biens, n'impose aux personnes qui n'ont que de faibles moyens des charges qu'elles seraient dans l'impossibilité de supporter. » Cette déclaration reflète les préoccupations du législateur : éviter des abus de minorité, mais éviter en même temps que les intérêts des minoritaires ne soient délibérément sacrifiés par une majorité oppressive.

Cette double préoccupation se traduit dans les textes qui suivent qui sont relatifs aux travaux d'amélioration : prises de décisions (art. 30), participation à la charge des travaux (art. 32 et 33), recours contre la décision (art. 34) et indemnisation des copropriétaires lésés (art. 36). Le cas des travaux de surélévation est traité à part dans les articles 35, 36 et 37.

Art. 30 *(Mod., L. n° 2014-366, 24 mars 2014 ; à compter du 1er janvier 2020, Ord. n° 2019-964, 18 sept. 2019)*. – **L'assemblée générale des copropriétaires, statuant à la majorité prévue à l'article 25, peut, à condition qu'elle soit conforme à la destination de l'immeuble, décider toute amélioration, telle que la transformation d'un ou de plusieurs éléments d'équipement existants, l'adjonction d'éléments nouveaux, l'aménagement de locaux affectés à l'usage commun ou la création de tels locaux.**

Elle fixe alors, à la même majorité, la répartition du coût des travaux et de la charge des indemnités prévues à l'article 36 ci-après, en proportion des avantages qui résulteront des travaux envisagés pour chacun des copropriétaires, sauf à tenir compte de l'accord de certains d'entre eux pour supporter une part de dépenses plus élevée.

Elle fixe, à la même majorité, la répartition des dépenses de fonctionnement, d'entretien et de remplacement des parties communes ou des éléments transformés ou créés.

Lorsque l'assemblée générale refuse l'autorisation prévue à l'article 25 *b*, tout copropriétaire ou groupe de copropriétaires peut être autorisé par le tribunal judiciaire à exécuter, aux conditions fixées par le tribunal, tous travaux d'amélioration visés à l'alinéa 1 ci-dessus ; le tribunal fixe en outre les conditions dans lesquelles les autres copropriétaires pourront utiliser les installations ainsi réalisées. Lorsqu'il est possible d'en réserver l'usage à ceux des copropriétaires qui les ont exécutées, les autres copropriétaires ne pourront être autorisés à les utiliser qu'en versant leur quote-part du coût de ces installations, évalué à la date où cette faculté est exercée.

Bibliographie : P.-E. Lagraulet, *JCl. Copropriété*, Fasc. 94. • *JCl. Notarial Répertoire, V° Copropriété*, Fasc. 51 et *JCl. Civil Code*, art. 544 à 577, Fasc. 51, par M. Saluden. • E. Kischinewsky-Broquisse, *La copropriété des immeubles bâtis* Litec, 4e éd. 1989, nos 616 et s. • *La copropriété*, Dalloz Action 2021-2022, ss dir. P. Capoulade et D. Tomasin, nos 41 et s. • Hermann, *Les travaux dans les immeubles en copropriété*, éd. du Moniteur. • J.-R. Bouyeure, *Le régime juridique des travaux d'amélioration et de modernisation dans les immeubles en copropriété : Rev. Administrer* 1984, p. 8 et s. • *L'amélioration : AJPI* 1986, p. 189. • *Les travaux dans la copropriété*, Sirey 1989, nos 112 et s. • B. Quignard, *Organigramme des décisions de vote en copropriété pour les travaux d'amélioration, Application de la loi du 21 juillet 1994 : Gaz. Pal.* 1996, doctr., p. 1355 et, du même auteur, *Les décisions de vote en copropriété pour les travaux d'amélioration : Inf. rap. copr.* mars 1997, p. 17. • J. Bedos, *Répartition des dépenses relatives aux travaux d'amélioration : Maison et habitat* mai 2006, p. 18. • J.-R. Bouyeure, *Réparation et paiement du montant des travaux d'amélioration réalisés par le syndicat : Administrer* juill. 2013, p. 28. • C. Blanc-Tardy, *Décider des travaux d'amélioration, de transformation ou d'addition : IRC* nov. 2013, 45. • D. Brachet, *Les travaux en copropriété : Dr. et ville* 2016, n° 1, 85. • Th. Vaillant et A. Muzard, *Surélévation en copropriété : JCP* N 2016, 1130. • A. Lebatteux-Simon, *Vote des travaux d'amélioration : panorama des majorités requises après l'ordonnance du 30 octobre 2019 : Loyers et copr.* 2020, étude 13. • P.-E. Lagraulet, *Les écueils de la procédure judiciaire d'autorisation de travaux : Inf. rap. copr.* mars 2020, 11. • P. Sablière, *Alimentation électrique d'une cave en copropriété : AJDI* 2021, 652. • D. Brachet, *Travaux d'amélioration, critère de l'avantage : Inf. rap. copr.* nov. 2021.

Sur l'intérêt et les incidences fiscales des travaux. *Travaux de copropriété et réductions d'impôt : Inf. rap. copr.* févr. 1991, p. 52 et s.

Sur les aspects financiers. E. Vichrova, *Subventions et aides à l'amélioration de l'habitat : Inf. rap. copr.* févr. 1991, p. 65 et s.

• *Sommaire*

I – QUAND Y A-T-IL « AMÉLIORATION » ? 543
A – Distinction entre travaux d'amélioration et travaux d'entretien 544
B – Distinction entre travaux d'amélioration et travaux obligatoires 545
II – CHAMP D'APPLICATION DU TEXTE 545
A – Transformation d'un ou plusieurs éléments d'équipement existants 545
B – Adjonction d'éléments d'équipement nouveaux 546
C – Aménagement ou création de locaux affectés à l'usage commun 546
III – CONFORMITÉ DES TRAVAUX À LA DESTINATION DE L'IMMEUBLE – ABSENCE D'ATTEINTE AUX MODALITÉS DE JOUISSANCE DES PARTIES PRIVATIVES 546
IV – DÉCISION DE L'ASSEMBLÉE 547
V – RECOURS CONTRE LA DÉCISION 549
VI – EFFETS DE LA DÉCISION 549
VII – TRAVAUX D'AMÉLIORATION EFFECTUÉS PAR UN COPROPRIÉTAIRE DANS LE CADRE DE L'ARTICLE 25 *B* : AUTORISATION JUDICIAIRE 549
A – Travaux concernés 549
B – Saisine du tribunal 551
1° *Conditions de la saisine* 551
2° *La demande* 552
C – Décision du tribunal 553
1° *Refus d'autorisation* 553
2° *Autorisation* 554

1) **Modification apportée par la loi ALUR.** La loi n° 2014-366 du 24 mars 2014 (loi ALUR) a modifié la majorité à laquelle doivent être prises les décisions énoncées par l'article 30. À la double majorité prévue par article 26 de la loi (majorité en voix et en nombre des copropriétaires), antérieurement exigée, elle a substitué la majorité de l'article 25, facilitant ainsi, en la matière, la prise de décision.

I – QUAND Y A-T-IL « AMÉLIORATION » ?

2) **Distinctions à opérer.** La notion d'amélioration est au cœur de l'article 30. Mais il n'y a pas de définition légale de « l'amélioration ». Les travaux concernés sont « ceux qui apportent des éléments supplémentaires de confort et d'habitabilité par rapport aux aménagements préexistants et procurent de ce fait une valorisation certaine de

l'immeuble » (*JCl. Copropriété*, Fasc. 94, P.-E. Lagraulet. ▪ CA Aix-en-Provence, 4e ch., 30 mars 1999 : *D.* 1999, somm. p. 317, note C. Atias). Plus généralement ils entraînent un « changement en mieux » (J.-R. Bouyeure, *Les travaux dans la copropriété*, *op. cit.*, n° 113).

Le point de savoir s'il y a ou non amélioration est apprécié souverainement par les juges du fond (▪ Cass. 3e civ., 10 juill. 1967 : *D.* 1967, somm. 101. ▪ Cass. 3e civ., 22 oct. 1970 : *JCP* 1971, II, 16580).

Il y a *intérêt à distinguer les travaux d'amélioration proprement dits des travaux d'entretien ou des travaux obligatoires* : en effet, les majorités sont différentes de même que les règles de contribution des copropriétaires.

– Travaux d'*entretien* : ils relèvent de l'article 24 et leur coût est supporté par tous les copropriétaires selon les règles posées pour les charges communes (L. art. 10, V. *supra*).

– Travaux *obligatoires* : ils relèvent de l'article 24 et tous les copropriétaires doivent y participer selon les critères de l'article 10 de la loi (V. *supra*).

– Travaux d'*amélioration* : ils sont décidés à la majorité de l'article 25 : leur coût est réparti en proportion des avantages qui en résultent pour chaque copropriétaire. Les copropriétaires qui s'y opposent peuvent obtenir le bénéfice de la participation différée (L. art. 33). Le propre de ces travaux est d'avoir un caractère facultatif.

Voir : L. 10 juill. 1965, art. 30, comm. n° 6, p. 545.

A – Distinction entre travaux d'amélioration et travaux d'entretien

3) Recherche de critères. Un problème de qualification va se poser lorsque des travaux sont objectivement nécessaires, ou qu'ils sont imposés par la vétusté ou l'usure des parties communes ou éléments d'équipement communs, qu'il s'agira de restaurer ou de remplacer.

4) Travaux objectivement nécessaires. Les *travaux objectivement nécessaires* restent des *travaux d'entretien* (sur ce caractère « nécessaire » : ▪ Cass. 3e civ., 25 mars 1971 : *JCP* G 1971, IV, 122. ▪ TGI Paris, 9 déc. 1976 et ▪ TGI Paris, 20 mai 1977 : *D.* 1978, inf. rap. p. 119, obs. Giverdon. – Pour le ravalement : ▪ Cass. 3e civ., 16 oct. 1971 : *D.* 1972, p. 296. ▪ CA Paris, 19e ch. A, 12 mai 1997 : *Loyers et copr.* avr. 1998, n° 107. – Pour des travaux de réfection de la façade malgré l'absence de restauration à l'identique : ▪ Cass. 3e civ., 18 nov. 1997 : *RD imm.* 1998, p. 134, obs. P. Capoulade. – Pour la remise aux normes d'habitabilité d'une loge de concierge : ▪ CA Paris, 23e ch. B, 28 oct. 1999 : *AJDI* 2000, p. 74), même s'ils sont coûteux (pose de feuilles de plomb sur des balcons qui se dégradent ; ▪ TGI Paris, 4 juin 1976 : *D.* 1976, inf. rap. p. 303) et à plus forte raison s'ils sont de minime importance (▪ Cass. 3e civ., 13 déc. 1977 : *Gaz. Pal.* 1978, 1, somm. p. 87).

Ce caractère de « nécessité » doit être apprécié de façon relative : ainsi les travaux peuvent être entrepris à titre préventif tout en restant des travaux « d'entretien » (▪ TGI Paris, 9 déc. 1976, préc.). Des travaux peuvent être considérés comme nécessaires et relever de « l'entretien » en fonction du standing de l'immeuble (pour la transformation de portes de garages en portes automatiques : ▪ TGI Versailles, 18 juin 1980 : *D.* 1981, inf. rap. p. 402, obs. Giverdon. – Pour la création de parterres, ▪ Cass. 3e civ., 24 févr. 1981 : *Gaz. Pal.* 1981, 2, pan. 221).

Le fait que des travaux de restructuration et de réfection portent sur l'ensemble des éléments de l'immeuble n'est pas suffisant pour exclure la qualification de travaux d'entretien, dès lors qu'ils sont destinés non seulement à réparer les désordres existants, mais aussi à prévenir toutes aggravations ou extensions des désordres, dont le caractère inéluctable est avéré. D'autre part le remplacement de boiseries extérieures en pin par des boiseries en mélèze n'exclut pas la qualification de travaux d'entretien s'il apparaît que l'investissement projeté est justifié par la durabilité supérieure et le faible niveau d'entretien de cette essence de bois (▪ Cass. 3e civ., 8 sept. 2016, n° 15-16.088 : *Administrer* janv. 2017, p. 65, obs. J.-R. Bouyeure. – V. également pour des travaux de ravalement d'une façade très dégradée impliquant la pose d'un treillis galvanisé et une imperméabilisation, ▪ CA Versailles, 29 mars 2016, n° 13/08863 : *Rev. loyers* 2016, p. 300, obs. S.-B.).

5) Travaux imposés par la vétusté ou par l'usure. Lorsque les travaux sont imposés par la vétusté ou l'usure, *le fait que la partie commune ou l'élément d'équipement commun ne sont pas remplacés à l'identique* constitue-t-il obligatoirement une « amélioration » ? La jurisprudence fait preuve de souplesse : la substitution d'installations modernes, plus fiables, plus performantes, plus économiques, ou en accord avec la réglementation en vigueur, relève des travaux d'entretien, même s'il y a objectivement « amélioration » (V. pour la rénovation du système de collecte des eaux usées et la mise en conformité du réseau avec les normes environnementales existantes, ▪ Cass. 3e civ., 2 oct. 2013, n° 12-17.084 : *Bull. civ.* III, n° 120 ; *Loyers et copr.* 2013, n° 353, obs. G. Vigneron. – Pour la rénovation du réseau de distribution d'eau, ▪ Cass. 3e civ., 9 juill. 2013, n° 12-21.916. ▪ Cass. 3e civ., 22 mai 1997 : *RD imm.* 1997, p. 488, obs. P. Capoulade. ▪ Cass. 3e civ., 1er oct. 1981 : *D.* 1982, 163. ▪ CA Paris, 31 oct. 1980 et ▪ CA Paris, 2 déc. 1980 : *D.* 1981, inf. rap. p. 402, obs. Giverdon. – V. les observations de D. Sizaire : *Inf. rap. copr.* mars 1991, p. 83. ▪ CA Paris, 23e ch. A, 20 janv. 1999 : *AJDI* 1999, p. 242. ▪ CA Paris, 1re ch.,

19 oct. 2000 : *Loyers et copr.* 2001, comm. 82, note G. Vigneron. – V. pour la réfection de l'électricité à l'occasion de la rénovation de la cage d'escalier : ▪ CA Bastia, 8 déc. 2010 : *AJDI* 2011, p. 219. – V. aussi ▪ CA Paris, pôle 4, 2e ch., 12 oct. 2011 : *Juris-Data* n° 2011-022873 ; *Loyers et copr.* 2012, n° 55, obs. G. Vigneron).

Dans chaque cas, on devra rechercher si les travaux de transformation l'emportent sur les travaux de remise en état pure et simple (auquel cas c'est l'art. 30 qui s'appliquera...), ou si les transformations ne représentent qu'une partie assez faible des travaux de réparation et ne peuvent être évitées (auquel cas la décision relèvera de l'art. 24 de la loi : ▪ CA Pau, 28 mai 1968 : *Gaz. Pal.* 1968, 2, 161, note Morand. ▪ TGI Paris, 29 mars 1971 : *AJPI* 1973, p. 615). Dans un cas où il était nécessaire de remplacer complètement un réseau d'assainissement sous vide devenu défectueux pour y substituer un réseau sous pression, il a été jugé que ces travaux constituaient une amélioration et relevaient (à l'époque) de la majorité de l'article 26 – et donc actuellement de la majorité de l'article 25 (▪ Cass. 3e civ., 22 juin 1994, n° 92-19.196, inédit).

Il convient en d'autres termes de se référer à la distinction entre le principal et l'accessoire (▪ CA Pau, 28 mai 1968 : *D.* 1968, p. 441, note Givord et Giverdon) :

– si les travaux d'entretien et de réparation constituent la part principale des travaux envisagés, la majorité de l'article 24 est applicable ;

– s'il y a au contraire à titre prépondérant « amélioration », la majorité de l'article 25 doit être obtenue et la dépense sera répartie en fonction des avantages résultant des travaux pour les copropriétaires (V. antérieurement pour la majorité de l'art. 26, p. 469, J.-R. Bouyeure, *Les travaux dans la copropriété*, *op. cit.*, n° 261 ; V. pour des applications : ▪ Cass. 3e civ., 11 juill. 1996 : *RD imm.* 1996, p. 614, obs. P. Capoulade. ▪ CA Aix-en-Provence, 13 mars 1997 : *D.* 1998, somm. p. 121, note C. Atias).

B – Distinction entre travaux d'amélioration et travaux obligatoires

6) Critères. Les critères adoptés à propos de la distinction entre travaux d'amélioration et travaux d'entretien (V. ci-dessus) peuvent être transposés.

Les travaux obligatoires régis par l'article 24 de la loi (V. *supra*) ne constitueront des améliorations (relevant de l'art. 30 et donc de la majorité de l'art. 25) que si le syndicat décide d'entreprendre des travaux plus importants que ceux exigés, sans que la nécessité ou l'opportunité l'impose, ou s'il décide de mettre en place des installations « plus onéreuses que celles auxquelles il aurait pu être techniquement recouru pour satisfaire aux prescriptions administratives, compte tenu du standing et de la destination de l'immeuble » (P.-E. Lagraulet : *JCl. Copropriété*, Fasc. 94, n° 44 ; pour l'application de ce critère : ▪ Cass. 3e civ., 6 nov. 1969 : *D.* 1970, p. 286. ▪ TGI Paris, 29 mars 1971 : *AJPI* 1973, p. 615, note J.-R. Bouyeure. – Pour la réfection complète d'une installation de distribution d'eau chaude hors d'état de marche, ▪ Cass. 3e civ., 25 mars 1971, n° 69-13.670 : *Bull. civ.* III, n° 216. ▪ Cass. 3e civ., 27 mars 1973 : *JCP* N 1973, II, 17454 *bis*, note E.-J. Guillot).

II – CHAMP D'APPLICATION DU TEXTE

7) Travaux visés par le texte. Le texte donne à propos de son champ d'application une *énumération qui n'est pas limitative*. Il vise successivement :

– la transformation d'un ou plusieurs éléments d'équipement existants ;

– l'adjonction d'éléments nouveaux ;

– l'aménagement ou la création de locaux affectés à l'usage commun.

A – Transformation d'un ou plusieurs éléments d'équipement existants

8) Travaux concernés. Sont visées les transformations décidées volontairement par l'assemblée (s'il s'agit de travaux obligatoires, la décision relève de l'art. 24, V. *supra*) pour les adapter aux techniques modernes ou améliorer le confort (sur l'application du texte par la jurisprudence dans le cas de remplacement du chauffage collectif par des chauffages individuels, V. *supra*, L. art. 26. – V. pour le remplacement d'un système d'assainissement sous vide par un système de refoulement sous pression : ▪ Cass. 3e civ., 22 juin 1994 : *RD imm.* 1994, p. 700, obs. P. Capoulade).

– Sur les problèmes posés par la modernisation des ascenseurs : V. B. Quignard : *JCP* N 1993, doctr. 20 667.

Le changement complet d'une installation de chauffage pour le passage du fuel au gaz constitue une amélioration relevant de l'article 30 (▪ TGI Bobigny, 18 juin 1986 : *JCP* 1987, II, 20804, note Lombart), de même que l'abandon du service collectif d'eau chaude au profit de ballons individuels situés dans chaque appartement, justifié pour des raisons tant techniques et financières (▪ Cass. 3e civ., 9 mai 2012, n° 11-16.226. ▪ CA Paris, 1re ch. G, aud. sol. 16 juin 1999 : *JurisData* n° 1999-023515 ; *Loyers et copr.* 1999, comm. 303, note G. Vigneron), ou encore le remplacement de grilles existantes par de nouvelles grilles métalliques plus hautes (▪ CA Paris, 23e ch. B, 28 juin 2001 : *Loyers et copr.* 2002, comm. 53) ou même la suppression de jardinières dans une cour commune, pour mettre fin à des infiltrations (▪ Cass. 3e civ., 19 févr. 2002, arrêt n° 293 D). Cette approche jurisprudentielle pourrait, nous semble-t-il, évoluer au regard des nouvelles obligations climatiques de rénovation énergétique des immeubles.

Bibliographie : Étude anonyme, *Rénover une installation de chauffage collectif, faut-il en profiter pour changer de mode de chauffage ? : Rev. Habitat français* mars 2003, p. 25.

B – Adjonction d'éléments d'équipement nouveaux

9) Ascenseur. L'application la plus fréquente en pratique est l'installation d'un ascenseur (▪ Cass. 3e civ., 25 nov. 1980 : *Rev. loyers* 1981, p. 212. – V. à ce propos : B. Quignard, *Les décisions de vote en matière d'ascenseur : JCP* N 1991, prat. 1769. – *Rachat des quotes-parts d'ascenseur : Inf. rap. copr.* mars 1991, p. 92 et s. – Gallet, *L'installation d'un ascenseur dans un immeuble en copropriété : Rev. loyers* 1991, p. 180 et s. et 225 et s. –M. Morand, *Construction d'ascenseurs dans les immeubles en copropriété : Inf. rap. copr.* mars 1987, p. 81. – *Les problèmes de construction d'ascenseurs dans les immeubles en copropriété : Gaz. Pal.* 1985, 2 doctr. p. 679. – H. Navoiseau, *La répartition des frais d'ascenseurs dans les copropriétés : JCP* 1994, prat., 3014. – B. Quignard, *Problèmes d'assurance en matière d'ascenseur : JCP* N 1992, prat. 2149. – B. Quignard, *L'installation d'un ascenseur dans les bâtiments existants : Inf. rap. copr.* sept. 1994, p. 13. – C. Dupré, *Création d'un ascenseur dans un ensemble immobilier : Inf. FNAIM*, août-sept. 1995, p. 67. – I. Rey-Lefebvre, *Installer et entretenir un ascenseur : Le Particulier immobilier* avr. 2000, p. 28).

10) Autres exemples. La décision peut également être prise dans le cadre de l'article 30 lorsqu'il s'agit d'installer le chauffage central, un vide-ordures, des adoucisseurs ou surpresseurs d'eau, l'eau courante, ou encore de créer des emplacements de stationnement, de mettre en place des interphones, d'installer des boîtes aux lettres, etc. (▪ Cass. 3e civ., 10 mai 1984 : *Gaz. Pal.* 1984, pan. p. 281. – *JCl. Copropriété*, Fasc. 94, P.-E. Lagraulet, nos 67 et s. – E. Kischinewsky-Broquisse, *La copropriété des immeubles bâtis* Litec, 4e éd. 1989, nos 649 et s.) ou de poser un caillebotis pour permettre l'évacuation de l'air chaud de climatiseurs (▪ CA Paris, 23e ch. B, 1er févr. 2007 : *Loyers et copr.* 2007, n° 113, obs. G. Vigneron).

De même lorsqu'il s'agit d'installer un système de surveillance avec vigile et maître-chien (création d'un nouveau service...) ou un système de télésurveillance des parties communes (Rép. min. 28 déc. 1987 : *JOAN*, p. 2050 ; *Loyers et copr.* févr. 1988, n° 87) ou du parking de l'immeuble et un système de détection des incendies (▪ CA Paris, 23e ch. B, 15 janv. 2004 : *Loyers et copr.* 2004, comm. 80, obs. G. Vigneron, conf. par ▪ Cass. 3e civ., 24 mai 2005 : *Rev. Administrer* août-sept. 2005, p. 73, obs. J.-R. Bouyeure), ou encore d'installer un téléphone dans la cabine d'ascenseur (▪ Cass. 3e civ., 21 mars 2000 : *JurisData* n° 2000-001205 ; *Loyers et copr.* 2000, comm. 132) ou de créer un local à poubelles conforme aux normes (▪ Cass. 3e civ., 12 févr. 2003 : *AJDI* 2003, p. 276).

Il a été jugé que l'achat d'un micro-ordinateur amorti en six mois ne s'analysait pas en la transformation d'un élément d'équipement existant mais relevait des actes de gestion courante (▪ CA Versailles, 6 juill. 1987 : *Rev. loyers* 1988, p. 33).

Il n'y a pas « amélioration » dans le cas d'installation d'une batterie de boîtes aux lettres, ce qui a pour conséquence la suppression du service du « courrier porté » (▪ Cass. 3e civ., 17 janv. 2006, n° 04-19.094).

Voir aussi : sur la possibilité de mettre en place des portiers électroniques à la majorité de l'article 26, V. *supra*, art. 25 *g*).

C – Aménagement ou création de locaux affectés à l'usage commun

11) Exemples. Le syndicat peut, dans le cadre de ce texte, décider soit d'aménager des locaux, soit d'en construire de nouveaux (sur des terrains communs ou acquis à cette fin, par voie de surélévation ou d'affouillement des sols communs...). Par exemple, pour disposer de salles de réunions, de resserres, d'une loge de concierge, de parkings, etc. (Zurfluh, *La création de parkings dans les immeubles en copropriété : Rev. Administrer* août 1972, p. 17 et s. – *Parkings et copropriété : Inf. rap. copr.* mars 1979, p. 42 et s. – D. Larnaud, *Création de parkings sous les immeubles en copropriété : Rev. Administrer* août-sept. 1992, p. 14 et s.).

La charge de ces travaux est par définition supportée par l'ensemble des copropriétaires : si des copropriétaires veulent faire des travaux à leurs frais, l'autorisation relève alors de l'article 25 *b* de la loi (V. *supra*. ▪ Cass. 3e civ., 8 mai 1983 : *Defrénois* 1983, art. 33144, note Souleau).

III – CONFORMITÉ DES TRAVAUX À LA DESTINATION DE L'IMMEUBLE – ABSENCE D'ATTEINTE AUX MODALITÉS DE JOUISSANCE DES PARTIES PRIVATIVES

Bibliographie : P. Lebatteux, *Travaux d'amélioration et destination de l'immeuble : RD imm.* 1995, p. 429 et s.

12) Absence d'atteinte à la destination de l'immeuble et à la jouissance des parties privatives. Les travaux ne doivent pas porter atteinte à la destination de l'immeuble (sur cette notion, V. L. art. 8. – Sur la licéité de la suppression d'un escalier de service pour créer un ascenseur : V. ▪ CA Paris, 1re ch., 17 mars 1992 : *Loyers et copr.* 1992, n° 273). Ils doivent être *compatibles avec « son état, ses caractéristiques », ne pas présenter un « caractère somptuaire »* (V. L. art. 34), être conformes au « standing » de l'immeuble : répondre à *l'intérêt de la collectivité* (V. pour des applications de ce critère en matière d'installation d'ascenseur : ▪ Cass. 3e civ., 25 nov. 1980 : *Rev. loyers* 1981, p. 212. ▪ TGI Paris, 6 nov. 1975 et ▪ TGI Paris, 10 avr. 1976 : *D.* 1976, inf. rap. p. 303. ▪ CA Paris, 27 juin 1994 : *Loyers et copr.* déc. 1994, n° 496. ▪ CA Paris, 23e ch., 6 mars 1995 : *Loyers et copr.* juill. 1995, n° 346, et l'arrêt très complet de la cour de Paris : ▪ CA Paris, 23e ch. A, 5 juill. 1995 : *Loyers et copr.* déc. 1995, n° 542. – V. aussi : ▪ CA Paris, 23e ch. A., 18 juin 1997 : *Loyers et copr.* déc. 1997, n° 328. – Pour la création de parkings sur des parties communes, ▪ CA Limoges, 1er juill. 1966 : *D.* 1967, p. 10, note Givord ; *JCP* 1966, II, 14888, note Seguin. ▪ TGI Paris, 8 févr. 1977 : *D.* 1978, inf. rap. p. 128). Il apparaît, de plus en plus, nécessaire pour le demandeur de démontrer l'absence de troubles, en particulier phoniques, qui pourraient résulter de l'installation envisagée (pour l'installation d'un conduit d'air vicié en façade : ▪ CA Paris, 25 sept. 2019, n° 16/03388 : *Administrer* févr. 2020, p. 43, obs. J.-R. Bouyeure ; pour une terrasse de restaurant : ▪ CA Paris, 23 nov. 2022, n° 18/28077 : *AJDI* 2023, p. 129).

Pour apprécier si l'installation d'un ascenseur est de nature à compromettre la circulation dans les couloirs, le transport des malades ou la manutention de mobilier, il faut rechercher si les travaux projetés respectent les prescriptions réglementaires, a estimé la cour d'Aix-en-Provence (▪ CA Aix-en-Provence, 4e ch., 30 mars 1999 : *D.* 1999, somm. p. 317, note C. Atias).

Par ailleurs, il découle de l'article 26, avant-dernier alinéa de la loi (V. ce texte) que l'assemblée ne peut à quelque majorité que ce soit imposer à la copropriété une modification aux *modalités de la jouissance de leurs parties privatives* telles qu'elles résultent du règlement de copropriété.

Les travaux d'amélioration qui auraient une telle conséquence (ce qui doit toujours être apprécié cas par cas) devraient donc être votés à l'unanimité des copropriétaires.

Voir :

- sur la notion d'atteinte aux modalités de jouissance des parties privatives, L. 10 juill. 1965, art. 26, comm. nos 29 et 30, p. 481 ;

- sur la possibilité de *supprimer des éléments d'équipement collectifs* par exemple le chauffage et donc de créer une atteinte aux modalités de jouissance des parties privatives lorsque la situation en découlant s'analyse en une « amélioration », également comm., L. art. 26, n° 31 ;

- sur l'appréciation de ces diverses conditions lorsque la demande est portée devant le tribunal, comm. nos 29 et 30, p. 554.

IV – DÉCISION DE L'ASSEMBLÉE

13) Décisions relatives à l'exécution des travaux. L'assemblée ne peut valablement se prononcer que si tous les éléments de décision lui ont été préalablement soumis (V. D. art. 11) : coût des travaux, indemnités à verser, répartition des dépenses de fonctionnement et de remplacement des éléments nouvellement créés, modification du règlement et de la répartition des charges. Dans un premier temps, pour préparer sa décision, il paraît indispensable que l'assemblée charge un mandataire de lui présenter un rapport d'ensemble, et de préparer un projet de décision, au vu duquel elle se prononcera dans un deuxième temps (sur l'inutilité de donner un accord de principe sur les travaux avant d'avoir tous les éléments d'information : ▪ TGI Paris, 11 mai 1973 : *Gaz. Pal.* 1973, 2, 734. – E. Kischinewsky-Broquisse, *La copropriété des immeubles bâtis* Litec, 4e éd. 1989, n° 655. – *JCl. Copropriété*, Fasc. 95, nos 44 et s. – Sur les conditions auxquelles il est opportun de subordonner cette autorisation : de Morant et Peynet, *Les travaux d'amélioration ou d'adjonction dans les immeubles en copropriété* : *AJPI* 1981, p. 730).

Voir : sur le fait que les « décisions de principe » ne constituent pas de véritables décisions, L. 10 juill. 1965, art. 42, comm. n° 27, p. 606. – Sur l'obligation pour les copropriétaires de laisser accéder à leurs lots pour l'exécution des travaux, et sur leur indemnisation éventuelle s'ils subissent des troubles ou préjudices particuliers, V. L. art. 9. – Sur les documents à joindre à la convocation, V. comm., D. art. 11.

14) Répartition du coût des travaux et des indemnités. La répartition du coût des travaux et des indemnités visés à l'article 36 de la loi (V. *infra*) doit être effectuée en *fonction de « l'avantage » qui en résulte pour chaque copropriétaire*. (Le texte réserve le cas où certains sont d'accord pour supporter une part de dépense plus élevée). Le critère ainsi posé est relativement flou.

La référence à la notion « d'avantage » (pour chacun des *copropriétaires*) invite à opérer tout à la fois un rapprochement, et une distinction, avec le critère de « l'utilité » posé par l'article 10 de la loi. « Dans un cas, a-t-on dit, l'appréciation se fait *in concreto* en fonction de l'intérêt effectif et actuel que les travaux présentent pour les copropriétaires (critère de l'avantage), dans l'autre, elle se fait *in abstracto*, en fonction de la potentialité d'utilisation – et non pas de l'utilisation effective – dont bénéficient les lots » (J.-R. Bouyeure, *Les travaux dans la copropriété*, *op. cit.*, n° 142, p. 60). On a pu dire que l'utilité est « une mesure de jouissance », alors que l'avantage est un « gain en capital » (Lombois, *Commentaire de la loi du 10 juillet 1965* : *D.* 1966, législ. p. 425).

– Il est des *cas où « l'avantage » est mesurable* en raison des conséquences immédiates qui résulteront pour chaque copropriétaire des travaux d'amélioration. Ainsi, l'installation d'un ascenseur crée une plus-value en capital pour les appartements des étages élevés. Un arrêt de la cour de Paris prend ainsi en compte la plus-value dont les lots vont bénéficier en cas de revente, et la rentabilité immédiate en cas de location, se traduisant par une majoration du loyer (▪ CA Paris, 23e ch. B, 10 févr. 2000 : *JurisData* n° 2000-108744 ; *Loyers et copr.* comm. 181, note G. Vigneron). Et on a proposé une grille de répartition des travaux d'installation avec des coefficients différents à la répartition des charges d'entretien et de fonctionnement (M. Quignard propose les coefficients suivants pour un immeuble de six étages : 1er étage : 1 – 2e étage : 1,50 – 3e étage : 2 – 4e étage : 2,50 – 5e étage : 3 – 6e étage : 3,50. – V. sur ce problème : H. Navoiseau, *La répartition des frais d'ascenseur dans les copropriétés : JCP* N 1994, prat. 3014. – Du même auteur, *La répartition des frais d'installation et d'utilisation de l'ascenseur dans les copropriétés : JCP* N 2001, p. 1376). La pondération dans le cas d'un ascenseur n'est ainsi pas sans rappeler celle des charges d'utilisation.

– mais lorsque l'avantage n'est pas directement (ou s'il est difficilement) mesurable, ou qu'il est le même pour tous, on répartira le coût des travaux et des indemnités en fonction des *tantièmes de copropriété*.

Il a été jugé que la décision relative à la répartition du coût des travaux n'avait pas nécessairement à intervenir en même temps que celle relative à l'exécution des travaux qui pouvait être antérieure (▪ CA Paris, 23e ch. A, 4 mai 1987 : *D.* 1987, inf. rap. p. 141).

Mais cette façon de procéder paraît peu compatible avec l'esprit de la loi qui veut que les copropriétaires décident en pleine connaissance de cause des incidences diverses de leurs décisions : d'où les prescriptions de l'article 11 du décret du 17 mars 1967 (V. ce texte) – et elle est au surplus peu opportune. La jurisprudence n'a pas, à ce jour, tranché le point de savoir si l'assemblée devait décider du principe du montant et de la répartition des indemnités au moment de l'adoption du projet. Mais il est certain que si elle le fait elle ne peut tenir compte des préjudices simplement éventuels (V. obs. P. Capoulade sous ▪ Cass. 3e civ., 27 avr. 1994 : *RD imm.* 1994, p. 500).

Lorsque la décision est prise par la collectivité, dans le cadre de l'article 30 (installation d'un équipement à frais communs), l'assemblée a le pouvoir de dispenser certains lots de participer aux frais d'installation, mais non pas de réserver l'utilisation de l'équipement (en l'espèce un ascenseur) à ceux qui ont contribué aux dépenses de son installation, ou de subordonner son utilisation au paiement d'une quote-part (▪ Cass. 3e civ., 27 mai 1999 : *JurisData* n° 1999-002244 ; *Loyers et copr.* 1999, comm. 281 ; *Inf. rap. copr.* sept. 1999, p. 12 et *RD imm.* 1999, p. 464, obs. P. Capoulade).

15) Répartition des dépenses d'entretien et de fonctionnement. La loi n'a pas, ici encore, fixé de critère : la répartition des charges se fera donc selon la distinction faite ci-dessus. En ce sens : P.-E. Lagraulet : *JCl. Copropriété*, Fasc. 94. – E. Kischinewsky-Broquisse, *La copropriété des immeubles bâtis* Litec, 4e éd. 1989, n° 662.

16) Vote de la décision. La décision est prise à la majorité de l'article 25 (sur le mode de calcul de cette majorité, V. *supra*, ce texte). Si l'assemblée générale n'a pas décidé à la majorité prévue par ce texte mais que le projet a recueilli au moins 2/3 des voix de tous les copropriétaires composant le syndicat, la même assemblée se prononcera à la majorité prévue à l'article 24 en procédant immédiatement à un second vote (V. L. 10 juill. 1965, art. 25-1).

Même si l'assemblée s'est préalablement prononcée en faveur des travaux par une décision de principe, la décision d'approbation des devis correspondants relève de la majorité de l'article 25 et non pas de la majorité de l'article 24 de la loi (▪ Cass. 3e civ., 9 avr. 2008 : *Loyers et copr.* 2008, n° 136, obs. G. Vigneron ; *Rev. loyers* 2008, p. 344).

Tous les copropriétaires, y compris ceux qui n'auront pas à participer aux dépenses, sont appelés à voter (▪ CA Aix-en-Provence, 22 avr. 1969 : *Gaz. Pal.* 1969, 2, 257. ▪ TGI Paris, 17 nov. 1973 : *Gaz. Pal.* 1974, I, 125. ▪ TGI Paris, 5 mars 1976 : *Gaz. Pal.* 1977, I, somm. 203. ▪ CA Paris, 1re ch. urg., 19 nov. 1992 : *Rev. Administrer* août-sept. 1993, p. 48, obs. A. Dunes), sauf toutefois dans les cas suivants :

– lorsque le règlement a prévu le contraire (mais cette opinion n'est pas admise par tous : *JCl. Copropriété*, Fasc. 94, n° 111) ;

– lorsque les travaux ne concernent que des parties communes spéciales à certains copropriétaires qui seront alors seuls appelés à délibérer ;

– lorsqu'un syndicat secondaire décide de travaux d'amélioration le concernant (V. L. art. 27).

Ainsi la décision d'installer un ascenseur ne pourrait être prise par les seuls copropriétaires des cages d'escalier concernées (▪ Cass. 3e civ., 22 févr. 1995 : *AJPI* 1995, p. 965, obs. J.-M. Gélinet ; *Gaz. Pal.* 1996, II, doctr., p. 1365, par M. Morand ; *Bull. civ.* III, n° 58 ; *Loyers et copr.* juin 1995, n° 300 ; *Inf. rap. copr.* déc. 1995, p. 9, obs. P. Capoulade).

Voir aussi : sur le caractère obligatoire de la décision et ses effets, L. art. 32.

V – RECOURS CONTRE LA DÉCISION

17) Objet. Si l'assemblée *vote les travaux*, les copropriétaires peuvent contester le principe même de la décision (V. L. art. 34) ou seulement la répartition du coût des travaux (V. L. art. 32). Le recours doit être formé dans les formes et délais prévus par l'article 42 de la loi (V. *infra*).

Si l'assemblée *refuse d'entreprendre les travaux*, sauf à invoquer l'abus de majorité (V. L. art. 24), les copropriétaires intéressés n'ont d'autre ressource que de les entreprendre à leurs frais en vertu de l'article 25 *b* de la loi (V. ce texte *supra*).

Il a été soutenu que le tribunal pouvait être saisi pour fixer la répartition des dépenses de fonctionnement et d'entretien lorsque l'assemblée ne s'était pas prononcée à ce sujet (J.-R. Bouyeure, *Les travaux dans la copropriété, op. cit.*, n° 148. – P.-E. Lagraulet : *JCl. Copropriété*, Fasc. 94. – En ce sens, ▪ TGI Paris, 18 févr. 1977 : *D.* 1978, inf. rap. p. 119).

VI – EFFETS DE LA DÉCISION

18) Double effet. La décision de l'assemblée oblige les copropriétaires à participer au paiement des travaux (V. L. art. 32) et à les laisser s'exécuter dans les parties privatives de leurs lots (V. L. art. 9).

VII – TRAVAUX D'AMÉLIORATION EFFECTUÉS PAR UN COPROPRIÉTAIRE DANS LE CADRE DE L'ARTICLE 25 *B* : AUTORISATION JUDICIAIRE

A – Travaux concernés

19) Travaux affectant les parties communes ou l'aspect extérieur de l'immeuble. Les travaux dont s'agit sont ceux que l'assemblée est appelée à autoriser dans le cadre de l'article 25 *b*, c'est-à-dire des travaux « affectant les parties communes de l'immeuble » (sur le *sens à donner à cette expression*, V. plus haut, art. 25), ou son aspect extérieur. Ceci implique :

– que ces travaux soient, par définition, exécutés aux frais exclusifs d'un copropriétaire ou d'un groupe de copropriétaires (▪ Cass. 3e civ., 22 janv. 1974 : *JCP* G et N, II, 16690) ;

– qu'ils n'entraînent aucune aliénation de parties communes, sinon ils devraient être autorisés à la majorité de l'article 26, par l'assemblée et sans recours possible au tribunal en cas de refus éventuel (▪ CA Paris, 23e ch. B, 7 mars 2002 : *Rev. Administrer* juin 2002, p. 57, obs. J.-R. Bouyeure). Il a été jugé que le fait que l'installation d'un ascenseur implique une emprise sur les parties communes n'entraînait aucune appropriation mais constituait simplement une modification de leur usage dans un intérêt commun puisqu'il était susceptible de bénéficier à tous les copropriétaires (▪ CA Rennes, 1re ch., 27 sept. 2005 : *JCP* G 2006, IV, 1629). Par contre les travaux consistant à édifier un bâtiment de trois étages relèvent de la majorité de l'article 26 de la loi du 10 juillet 1965. En conséquence, le tribunal ne peut les autoriser en vertu de l'article 30 alinéa 4 de cette même loi (▪ CA Paris, pôle 4, 2e ch., 30 sept. 2015, n° 14/02071 : *JurisData* n° 2016-022355 ; *Loyers et copr.* 2016, n° 81, note G. Vigneron). Il en est de même pour des travaux de transformation d'un hangar en habitation, qui impliquent une appropriation du sol commun et donc une autorisation à la majorité de l'article 26 de la loi du 10 juillet 1965 (▪ Cass. 3e civ., 16 mars 2017, n° 15-28.784 : *JurisData* n° 2017-006801 ; *Loyers et copr.* 2017, comm. 116, note C. Coutant-Lapalus V. également pour la réalisation d'un escalier extérieur nécessitant l'excavation du terrain commun, ▪ CA Paris, pôle 4, 2e ch., 14 mars 2018, n° 1623963 : *JurisData* n° 2018-003805 ; *Loyers et copr.* 2018, comm. 104, note A. Lebatteux. V. également pour la fermeture d'une loggia, ▪ CA Versailles, 19 sept. 2018, 4e ch., 2e sect., n° 16/07701 : *Rev. loyers* 2018, 496, obs. S. Benilsi).

En outre plusieurs conditions doivent être réunies : les travaux doivent être conformes à la destination de l'immeuble et ne pas porter atteinte aux droits des autres copropriétaires. Et il doit s'agir de travaux d'amélioration.

Voir : comm. nos 20 et 21, p. 549.

20) Absence d'atteinte à la destination de l'immeuble et aux droits des autres copropriétaires. Les travaux doivent être *conformes à la destination de l'immeuble* et *ne pas porter atteinte aux droits des autres copropriétaires* (à défaut, conformément aux dispositions de l'article 26 de la loi du 10 juillet 1965, l'assemblée générale n'a pas le pouvoir d'adopter une telle décision et la possibilité de solliciter une autorisation judiciaire serait exclue : J.-R. Bouyeure, *Conditions de recevabilité de la demande d'autorisation judiciaire de travaux : Rev. Administrer* mai 1990, p. 12).

L'autorisation doit être refusée si (par exemple) les travaux doivent porter atteinte à l'esthétique de l'immeuble (▪ Cass. 3e civ., 18 févr. 2004 : *Rev. Administrer* avr. 2004, p. 54, obs. J.-R. Bouyeure. – V. dans le cas d'installation d'un ascenseur dans un immeuble de prestige : ▪ CA Paris, 23e ch., 11 mai 1993 : *Loyers et copr.* 1993, n° 325. – Comp. ▪ CA Paris, 23e ch., 13 juill. 1993 : *Loyers et copr.* n° 170) à sa tranquillité ou à la sécurité des occupants (▪ CA Paris, 23e ch., 5 nov. 1993 : *Loyers et copr.* 1993, n° 217) ou encore si les travaux (la création au rez-de-chaussée d'un immeuble d'une surface commerciale destinée à recevoir du public) entraînent le classement de l'immeuble dans la catégorie des immeubles de grande hauteur, ce qui modifie sa destination (▪ Cass. 3e civ., 17 févr. 2004 : *Rev. Administrer* mai 2004, p. 49, obs. J.-R. Bouyeure). Est justifié le refus d'ouverture d'une trémie afin de relier un local du rez-de-chaussée et un appartement du premier étage pour affecter l'ensemble à destination commerciale, ce qui porte atteinte à la destination de l'immeuble (▪ CA Paris, pôle 4, 2e ch., 4 janv. 2017, n° 15/13192 : *Administrer* avr. 2017, p. 44, obs. J.-R. Bouyeure) ou celui d'autoriser l'installation d'une boîte aux lettres au profit du copropriétaire d'une simple remise (▪ CA Paris, pôle 4, ch. 2, 6 janv. 2016, n° 14/12456).

L'autorisation doit également être refusée si les travaux portent atteinte au droit de jouissance exclusive du propriétaire d'un lot (▪ CA Paris, 23e ch. B, 28 juin 2007 : *AJDI* 2007, p. 936. – V. également pour des travaux de percement du plafond : ▪ CA Rennes, 5 janv. 2012, *JurisData* n° 2012-003837, n° 187, obs. G. V.).

En l'absence d'éléments techniques mettant en évidence des risques de nuisances ou de surcoûts en cas de ravalement engendré par les travaux d'agrandissement de l'exploitation commerciale (qu'il appartiendrait au syndicat d'établir), et si ces travaux ne portent pas atteinte à la destination de l'immeuble ou aux droits des autres copropriétaires, l'autorisation sollicitée doit être accordée (▪ Cass. 3e civ., 7 févr. 2012, n° 10-27.722).

Voir : sur la conformité à la destination de l'immeuble et l'atteinte aux droits des autres copropriétaires, comm. nos 28 à 30, p. 553.

21) Travaux d'amélioration. La loi exige que les travaux autorisés constituent une « amélioration », mais il n'est pas nécessaire selon une jurisprudence bien établie que cette « amélioration » concerne les parties communes et bénéficie à l'ensemble des copropriétaires (▪ Cass. 3e civ., 22 oct. 1970 : *JCP* 1971, II, 16580. ▪ Cass. 3e civ., 30 mai 1972 : *JCP* 1972, II, 17174, note Guillot. ▪ Cass. 3e civ., 14 mars 1973 : *Gaz. Pal.* 1973, I, 472, note Morand. ▪ Cass. 3e civ., 18 mai 1983 : *Defrénois* 1983, art. 33144, note Souleau. ▪ CA Besançon, 2e ch., 10 avr. 2001 : *Constr.-Urb.* 2002, comm. 36, obs. D. Sizaire).

Ainsi par exemple lorsqu'un copropriétaire demande à être autorisé à effectuer des branchements sur les canalisations d'arrivée d'eau et d'évacuation d'eaux usées communes (▪ CA Paris, pôle 4, 2e sect., 26 janv. 2011 : *JurisData* n° 2011-000897 ; *Loyers et copr.* 2011, comm. 132, obs. G. V. ▪ CA Paris, 19e ch. A, 28 janv. 2004 : *Loyers et copr.* 2004, comm. 100, obs. G. Vigneron. ▪ CA Paris, 23e ch. B, 27 avr. 1990 : *Loyers et copr.* juill. 1990, n° 326), la copropriété ne pouvant, pour refuser son autorisation, tirer argument de la vétusté de ces canalisations, à laquelle il lui incombe de porter remède (▪ CA Paris, 23e ch. A, 22 nov. 2000 : *Loyers et copr.* 2001, comm. 136). De même, lorsqu'un copropriétaire demande à installer une chaise élévatrice dans la cage d'escalier (▪ CA Aix-en-Provence, 9 janv. 1986 : *Bull.* Aix-en-Provence 1986, p. 16), ou une conduite de gaz (▪ CA Paris, 23e ch. A, 10 nov. 1999 : *AJDI* 2000, p. 237, obs. P. Guitard), ou à modifier, pour les besoins de son exploitation, un conduit d'extraction des gaz brûlés (▪ CA Paris, 23e ch. B, 18 janv. 2001 : *Loyers et copr.* 2001, comm. 218).

De même lorsqu'un copropriétaire demande l'autorisation de poser une enseigne commerciale (▪ CA Paris, pôle 4, 2e sect., 10 nov. 2010 : *JurisData* n° 2010-021755 ; *Loyers et copr.* 2011, comm. 60, obs. G. Vigneron ; on notera à propos de tels travaux qu'il pourrait aujourd'hui être soutenu que le droit d'affichage constituant désormais un droit accessoire aux parties communes, une autorisation de travaux ne peut être délivrée puisqu'elle porterait sur la cession de ces droits) ou d'ouvrir un mur pour mettre en communication deux magasins exploités par lui (▪ CA Versailles, 29 nov. 2010 : *JurisData* n° 2010-026260 ; *Loyers et copr.* 2011, comm. 131, obs. G. V.) ou de relier deux lots lui appartenant à deux étages différents par un conduit d'alimentation en eau (▪ CA Nancy, 5 nov. 2009 : *JurisData* n° 2009-023820 ; *Loyers et copr.* 2010, comm. 333, obs. G. V.).

De même encore lorsqu'un copropriétaire entend faire des travaux pour permettre l'accès du sixième étage au palier du cinquième desservi par l'ascenseur, ce qui a pour effet de valoriser le sixième étage (▪ CA Paris, 23e ch. B, 26 oct. 2006 : *Loyers et copr.* 2007, comm. 64, obs. G. Vigneron ; *Rev. Administrer* janv. 2007, p. 60, obs. J.-R. Bouyeure), ou qu'il veut procéder à la fermeture de son balcon (▪ CA Versailles, 12 déc. 2009 : *JurisData* n° 2009-379391 ; *Loyers et copr.* 2010, comm. 86, obs. G. Vigneron), ou installer un climatiseur dans un logement situé sous le toit (▪ CA Paris, pôle 4, 2e ch., 23 sept. 2009 : *JurisData* n° 2009-379034 ; *Loyers et copr.* 2009, comm. 123, obs. G. V. – *Contra*, ▪ CA Grenoble, 24 févr. 2009 : *JurisData* n° 2009-001746 ; *Loyers et copr.* 2009, comm. 224, obs. G. V. qui refuse l'installation d'un climatiseur au motif qu'il n'est pas de nature à valoriser l'immeuble et crée des nuisances sonores), ou faire des travaux pour alimenter en eau et électricité des chambres de service (▪ CA Paris, pôle 4, 2e sect., 26 janv. 2010 : *Rev. Administrer* avr. 2011, p. 44. ▪ CA Nancy, 5 nov. 2009 : *JurisData* n° 2009-023820 ; *Loyers et copr.* 2010, comm. 333, obs. G. V. ▪ CA Paris, pôle 4, 2e ch., 23 sept. 2009 : *JurisData* n° 2009-379035 ; *Loyers et copr.* 2010, comm. 27, obs. G. Vigneron).

Mais une autorisation de « débranchement » du chauffage collectif ne peut être donnée car elle a pour effet de déséquilibrer le système de chauffage (■ CA Paris, 23e ch. A, 9 mai 2001 : *Loyers et copr.* 2001, comm. 240). De même il n'y a pas d'amélioration lorsqu'un copropriétaire demande à mettre en place une minuterie destinée à maintenir allumé le hall d'entrée de l'immeuble pendant 24 heures du vendredi soir au samedi soir pour des raisons religieuses (■ CA Paris, 23e ch. B, 8 janv. 2004 : *Loyers et copr.* 2004, comm. 61, obs. G. Vigneron) ou lorsqu'un copropriétaire de locaux commerciaux veut être autorisé à créer une issue de secours alors qu'il dispose déjà d'accès permettant une desserte suffisante et normale (■ CA Paris, 23e ch. B, 4 mars 2004 : *Rev. Administrer* juill. 2004, p. 38, obs. J.-R. Bouyeure).

Le point de savoir si les travaux envisagés constituent ou non une amélioration est souverainement apprécié par les juges du fond (■ Cass. 3e civ., 30 sept. 2014, n° 13-19.145 : *Administrer* déc. 2014, p. 53, note J.-R. Bouyeure).

22) Travaux obligatoires. Il a été jugé qu'une demande d'autorisation judiciaire pouvait être formée pour exécuter les travaux visés à l'article 24 de la loi (voir ce texte), c'est-à-dire des travaux rendus obligatoires en vertu des dispositions législatives ou réglementaires dès lors qu'ils devaient être réalisés aux frais des copropriétaires demandeurs, et constituaient une amélioration conforme à la destination de l'immeuble (■ Cass. 3e civ., 2 mars 1988 : *JCP* G 1988, II, 173. – V. pour la mise en place d'une issue de secours, ■ CA Paris, 23e ch. B, 5 avr. 2007 : *JCP* G 2007, IV, 1950).

B – Saisine du tribunal

Bibliographie : P. Capoulade, *Travaux privatifs sur parties communes : les conditions d'autorisation par le juge : Rev. hab. fr.* avr. 2001, p. 16. – J.-R. Bouyeure, *L'autorisation judiciaire de travaux, chronique de jurisprudence : Rev. Administrer* juin 2004, p. 11 ; *Les conditions et les modalités de l'autorisation judiciaire de travaux : chronique de jurisprudence : Administrer* juill. 2016, p. 20.

1° Conditions de la saisine

23) Les travaux ne doivent pas avoir été entrepris. La saisine du tribunal ne peut plus intervenir à partir du moment où, de sa propre autorité, et sans avoir obtenu l'autorisation du syndicat, un copropriétaire a entrepris d'effectuer les travaux. Il en est de même lorsqu'il a outrepassé les termes de l'autorisation qui lui avait été accordée (■ Cass. 3e civ., 17 juin 2003 : *Dossiers CSAB* oct. 2003, n° 138, obs. A. Dunes). La demande est alors sans objet, le juge ne pouvant plus fixer les conditions de l'autorisation comme le prévoit l'article 30, alinéa 4 (■ Cass. 3e civ., 21 déc. 1987 : *Bull. inf. C. cass.* 15 févr. 1988, n° 97, p. 5. ■ Cass. 3e civ., 21 déc. 1987 : *D.* 1988, p. 338, note Atias. ■ Cass. 3e civ., 20 avr. 1988 : *D.* 1989, p. 237, note Capoulade et Giverdon. ■ Cass. 3e civ., 25 avr. 1990 : *Bull. civ.* III, n° 102, p. 54 ; *JCP* G 1990, IV, 234. ■ Cass. 3e civ., 8 oct. 1991 : *Rev. loyers* 1992, p. 108. ■ Cass. 3e civ., 19 janv. 1994 : *RD imm.* 1994, p. 303. ■ CA Paris, 23e ch., 24 nov. 1992 : *Loyers et copr.* 1993, n° 118. ■ CA Lyon, 9 déc. 1992 : *Rev. loyers* 1993, p. 320. ■ CA Paris, 19e ch. B, 27 oct. 2000 : *AJDI* 2001, p. 35).

Cette condition est appliquée avec rigueur, pour éviter que la copropriété ne soit mise devant le fait accompli (V. dans un cas où le copropriétaire demandeur avait simplement procédé à un percement de la dalle pour réaliser un sondage : ■ Cass. 3e civ., 22 mai 1997 : *Loyers et copr.* août-sept. 1997, n° 248 ; *Rev. Administrer* août-sept. 1997, p. 50, obs. J.-R. Bouyeure). Ainsi la demande d'autorisation judiciaire est irrecevable après exécution de travaux non autorisés même si le refus d'autorisation opposé par l'assemblée a été jugé abusif. En effet l'annulation d'une décision de refus ne peut être assimilée à une autorisation (■ CA Paris, pôle 4, 2e ch., 26 avr. 2017, n° 15/04355 : *Administrer*, oct. 2017, p. 68, note J.-R. Bouyeure).

Cependant le copropriétaire concerné peut, après avoir remis de lui-même les lieux en état, former une nouvelle demande d'autorisation judiciaire (sur ses modalités V. ■ CA Paris, pôle 4, 2e ch., 14 sept. 2011, n° 10/09151 : *Administrer* mars 2012, p. 49, obs. J.-R. Bouyeure).

24) Qualité de copropriétaire. Seuls les copropriétaires ont en principe qualité pour saisir le tribunal d'une demande d'autorisation à l'exclusion des tiers, et particulièrement des locataires (■ Cass. 3e civ., 16 juin 1993 : *Bull. civ.* III, n° 91. ■ CA Paris, 25 févr. 1981 : *D.* 1983, inf. rap. p. 335), à moins d'admettre que ces derniers peuvent agir au nom de leur copropriétaire bailleur par voie d'action oblique. La jurisprudence ne paraît pas l'admettre et appliquer avec constance la solution énoncée (■ CA Paris, pôle 4, ch. 2, 16 déc. 2020, n° 19/20515 : *Administrer* avr. 2021, p. 47, obs. J.-R. Bouyeure).

La jurisprudence a imposé une autre condition pour que le tribunal puisse être saisi : il faut *que le copropriétaire demandeur ait la qualité de propriétaire indivis des parties communes ou de l'élément d'équipement* sur lesquels doivent porter les travaux. Le copropriétaire d'un appartement non desservi par un ascenseur ne peut, en vertu de ce principe, solliciter une autorisation de travaux pour que la course de l'appareil soit prolongée jusqu'à son appartement (■ Cass. 3e civ., 21 févr. 1978 : *JCP* N 1978, II, p. 267, note Atias ; *D.* 1978, inf. rap. p. 431, note crit. Giverdon. ■ CA Paris, 18 déc. 1980 : *D.* 1981, inf. rap. p. 213, note crit. Cl. Giverdon. – J.-R. Bouyeure, *Installation d'un ascenseur et utilisation de l'appareil existant : Rev. Administrer* févr. 1980, p. 2 et s. –

Contra : ▪ CA Paris, 23e ch. B, 30 nov. 1990 : *Loyers et copr.* févr. 1991, n° 92).

25) Refus de l'assemblée. Une demande d'autorisation doit avoir été soumise à l'assemblée préalablement à la saisine du tribunal. Et cette saisine ne peut intervenir que *lorsque l'assemblée a opposé un refus définitif à la demande d'autorisation,* ce qui, dans certains cas, obligera à avoir recours à deux délibérations : l'une à la majorité de l'article 25, l'autre à la majorité de l'article 25-1 (▪ Cass. 3e civ., 8 avr. 2014, n° 13-11.461 : *Administrer* juill. 2014, p. 31, note J.-R. Bouyeure. ▪ Cass. 3e civ., 5 oct. 1977 : *JCP* G 1978, II, 18893. ▪ Cass. 3e civ., 13 févr. 1991 : *RD imm.* 1991, p. 261, obs. Cl. Giverdon. ▪ Cass. 3e civ., 30 juin 1992 : *RD imm.* 1992, p. 547, obs. Cl. Giverdon. V. pour les applications les plus récentes, ▪ CA Paris, 19e ch., 1er févr. 1994 : *D.* 1994, somm. 194, obs. C. Atias. ▪ CA Paris, 23e ch. A, 27 sept. 1995 : *Loyers et copr.* janv. 1996, n° 3. ▪ CA Paris, 23e ch. B, 23 sept. 2004 : *AJDI* 2005, p. 40. ▪ CA Paris, pôle 4, 16 mai 2012, n° 10/3558 : *Administrer* nov. 2012, p. 51, note J.-R. Bouyeure. ▪ CA Versailles, 4e ch., 23 mars 2015, n° 13-03224 : *JurisData* n° 2015-009240. ▪ CA Lyon, 1re ch. B, 19 sept. 2023, n° 23/00442). Il a été jugé que l'assemblée n'était pas tenue de motiver son refus (▪ CA Paris, pôle 4, 2e ch., 2 sept. 2009 : *JurisData* n° 2010-379175 ; *Loyers et copr.* 2010, comm. 56, obs. G. V.). Elle peut fournir ses motifs *a posteriori*, devant le juge (▪ CA Paris, 11 sept. 2013, pôle 4, 2e ch. : *JurisData* n° 2013-019512 ; *Administrer* déc. 2013, p. 58, obs. J.-R. Bouyeure).

Il doit y avoir eu refus formel d'autorisation, mais il n'est pas nécessaire pour pouvoir exercer un recours que le refus soit irrévocable (▪ CA Paris, 23e ch. B, 12 juin 2008 : *Loyers et copr.* 2008, comm. 258, obs. G. Vigneron ; *AJDI* 2008, p. 687). Une simple décision d'ajournement de l'examen de la demande ne constitue pas un refus (▪ CA Paris, 23e ch. B, 12 juin 2008, préc. ▪ CA Paris, 23e ch. B, 7 févr. 1997 : *Loyers et copr.* juin 1997, n° 186, obs. G. Vigneron). Il peut toutefois en être différemment si le renvoi de la décision à une assemblée ultérieure fait suite à des atermoiements prolongés du syndicat, s'analysant en un refus déguisé (▪ Cass. 3e civ., 19 juill. 1995 : *Loyers et copr.* 1995, n° 499 ; *AJPI* 1996, p. 124, note P. Guitard ; *RD imm.* 1995, p. 795, obs. P. Capoulade, confirmant ▪ CA Paris, 23e ch., 13 juill. 1993 : *Loyers et copr.* 1994, comm. 172). Il en est ainsi lorsque l'assemblée multiplie les conditions à remplir alors qu'elle a obtenu toutes assurances techniques sur la réalisation du projet et sur les engagements du copropriétaire demandeur (▪ CA Paris, pôle 4, 18 nov. 2015, n° 13/19707 : *Administrer* mars 2016, p. 52, note J.-R. Bouyeure).

La condition d'un refus préalable de l'assemblée n'est pas remplie si la décision de refus a été annulée. La demande d'autorisation judiciaire est alors irrecevable (▪ Cass. 3e civ., 26 janv. 2000 : *Rev. Administrer* mai 2000, p. 45, note Le Masson ; *JurisData* n° 2000-000349 : *Loyers et copr.* 2000, comm. 205 ; *Constr.-Urb.* 2000, n° 96, obs. D. Sizaire ; *Inf. rap. copr.* mai 2000, p. 12 ; *RD imm.* 2000, p. 245, obs. P. Capoulade ; *AJDI* 2000, p. 712, note P. Guitard. ▪ Cass. 3e civ., 21 nov. 2000 : *Rev. Administrer* mars 2001, p. 47, obs. J.-R. Bouyeure. ▪ CA Paris, 23e ch. B, 22 mai 2003 : *Rev. Administrer* févr. 2004, p. 54, obs. J.-R. Bouyeure).

Il est indifférent que le refus opposé par l'assemblée générale à la demande d'autorisation émane d'un syndicat secondaire et non du syndicat principal (▪ CA Paris, pôle 4, 2e ch., 18 févr. 2015, n° 13/05479 : *Administrer* août-sept. 2015, p. 55, note J.-R. Bouyeure).

La condition d'un refus préalable de l'assemblée n'est pas non plus remplie lorsque le projet soumis à l'autorisation judiciaire est un projet comportant des modifications notables par rapport au projet initial, à tel point qu'il peut être qualifié de projet nouveau (▪ CA Paris, pôle 4, ch. 2, 5 avr. 2023, n° 20/00151 : *Administrer* juin 2023, p. 54, obs. P. Déchelette-Tolot).

Bibliographie : C. Atias, *Saisir l'assemblée ou saisir le juge ? : Inf. rap. copr.* mars 1997, p. 24. – J. Le Masson, *Autorisation judiciaire de travaux : analyse de la condition de refus par l'assemblée : Rev. Administrer* mai 2000, p. 8.

2° *La demande*

26) Nature de la demande. Le point de savoir si la demande d'autorisation s'analyse en une contestation de la décision de l'assemblée qui doit être formée dans le délai de deux mois prévu par l'article 42 de la loi (V. ce texte), ou comme une contestation du refus, qui relèverait du délai de dix ans prévu par ce même texte, donnait lieu à contestation.

La Cour de cassation a tranché : en cas de refus de l'assemblée d'autoriser les travaux projetés par un copropriétaire, celui-ci dispose d'un délai de 5 ans pour saisir le tribunal aux fins d'obtenir cette autorisation (L. 10 juill. 1965, art. 42, al. 1er). Le délai de deux mois de l'article 42, alinéa 2, de la loi n'est pas ici applicable (▪ Cass. 3e civ., 29 mars 2011 : *JurisData* n° 2011-005078 ; *Loyers et copr.* 2011, comm. 191, obs. G. Vigneron. ▪ Cass. 3e civ., 16 déc. 2009 : *JurisData* n° 2009-050875 ; *Bull. civ.* III, n° 283 ; *Loyers et copr.* 2010, comm. 85, obs. G. Vigneron ; *Rev. Administrer* mars 2010, p. 49, obs. J.-R. Bouyeure. ▪ CA Paris, pôle 4, ch. 2, 22 juin 2022, n° 21/15410 : *AJDI* 2022, p. 689. – *Contra*, ▪ CA Versailles, 14e ch., 6 janv. 2010 : *JurisData* n° 2010-4276).

27) Tribunal compétent. Le tribunal compétent pour statuer sur la demande est depuis le 1er janvier 2020, à la suite de la réforme de la justice, le tribunal judiciaire (anciennement : le tribunal de grande instance).

C – Décision du tribunal

1° Refus d'autorisation

28) Motifs. Le tribunal ne peut refuser d'autoriser les travaux que s'ils sont contraires à la destination de l'immeuble ou s'ils portent atteinte aux droits des autres copropriétaires (▪ Cass. 3e civ., 2 févr. 1999 : *Loyers et copr.* avr. 1999, n° 111), en consacrant par exemple une appropriation définitive des parties communes, ou en portant atteinte à l'harmonie de l'immeuble, ou encore en constatant qu'il ne s'agit pas d'une « amélioration » au sens indiqué plus haut (▪ CA Paris, pôle 4, 2e ch., 6 févr. 2013, n° 10/23899 : *JurisData* n° 2013-001790 ; *Loyers et copr.* 2013, comm. 157, note G. Vigneron).

Un refus ne peut être opposé au motif que les conditions de réalisation sont indéterminées en ce qui concerne leur incidence sur la vie des copropriétaires, l'esthétique de l'immeuble et leur conformité à la réglementation (▪ Cass. 3e civ., 20 juill. 1999 : *JurisData* n° 1999-0031125 ; *Loyers et copr.* 1999, comm. 253 ; *JCP G* 2000, II, 10343, note Ph. Laurent ; *Constr.-Urb.* 1999, comm. 301, note D. Sizaire ; *RD imm.* 1999, p. 686, note P. Capoulade ; *Rev. Administrer* janv. 2000, p. 41, obs. J.-R. Bouyeure. – Arrêt cassant ▪ CA Paris, 23e ch. B, 27 nov. 1997 : *Loyers et copr.* 1998, comm. 145. – Sur la nécessité pratique de fournir à l'assemblée un « projet suffisamment abouti » pour lui permettre d'exercer son contrôle, V. ▪ CA Paris, 23e ch. B, 12 janv. 2006 : *JurisData* n° 2006-290901. ▪ CA Versailles, 28 févr. 2011 : *JurisData* n° 2011-002921 ; *Loyers et copr.* 2011, n° 226, obs. G. Vigneron). Un arrêt a admis que le projet présenté pouvait être amendé pendant le cours de l'instance, sous réserve de ne pas subir de modifications notables et qu'il pouvait être ainsi soumis pour la première fois en cause d'appel aux fins d'autorisation judiciaire en application de l'article 566 du Code de procédure civile (▪ CA Paris, pôle 4, 2e ch., 16 janv. 2013, n° 10/23429 : *JurisData* n° 2013-000363 ; *Loyers et copr.* 2013, comm. 157, note G. Vigneron).

Le tribunal peut désigner un expert pour recueillir tous les éléments d'appréciation (▪ Cass. 3e civ., 21 févr. 1995 : *RD imm.* 1995, 382, obs. P. Capoulade ; *Loyers et copr.* juin 1995, n° 301).

29) Vérification de la conformité à la destination de l'immeuble. Ont été jugés conformes à la destination de l'immeuble (*mais chaque cas est un cas d'espèce !*) :

– l'autorisation de mettre en communication l'escalier principal et l'escalier de service (▪ Cass. 3e civ., 10 févr. 1993 : *Loyers et copr.* 1993, n° 156) ou de faire communiquer entre eux des lots situés à des niveaux différents (▪ Cass. 3e civ., 30 juin 1992 : *RD imm.* 1992, p. 547, obs. Cl. Giverdon) ou d'établir un passage pour faire communiquer un lot avec un appartement situé dans un immeuble contigu (▪ Cass. 3e civ., 13 févr. 1991 : *RD imm.* 1991, p. 261, obs. Giverdon) ;

– le fait d'équiper une chambre de service en eau courante (▪ CA Paris, 23e ch. B, 18 mai 2000 : *Loyers et copr.* 2000, comm. 260) ;

– la transformation de parkings en boxes fermés (▪ CA Versailles, 4e ch., 14 déc. 1999 : *Rev. Administrer* juin 2000, p. 61, obs. J.-R. Bouyeure) ;

– la surélévation de l'ascenseur pour la desserte des chambres individuelles du dernier niveau (▪ CA Paris, 23e ch. A, 15 nov. 2000 : *Rev. Administrer* janv. 2001, p. 42, obs. J.-R. Bouyeure) ;

– des travaux dans un local en pied d'immeuble, afin d'y installer un petit théâtre (▪ CA Paris, pôle 4, 2e ch., 18 nov. 2009 : *AJDI* 2010, p. 233).

Par contre n'ont pas été jugés conformes à la destination de l'immeuble :

– la demande de percement d'un mur mitoyen (▪ Cass. 3e civ., 2 févr. 1999 : *Rev. Administrer* août-sept. 1999, p. 76, obs. J.-R. Bouyeure) ;

– des travaux tendant à transformer des combles en locaux habitables, ce qui occasionnerait un doublement du nombre des habitations (▪ CA Paris, 23e ch. B, 22 févr. 2001 : *AJDI* 2001, p. 447) ;

– des travaux, portant à la fois sur des parties privatives et communes, susceptibles de compromettre la stabilité de l'immeuble, édifié sur un sous-sol fragile (▪ CA Paris, 22 mars 2007 : *Loyers et copr.* 2007, comm. 161, obs. G. Vigneron).

L'autorisation doit être refusée si (par exemple) les travaux doivent porter atteinte à l'esthétique de l'immeuble (V. dans le cas d'installation d'un ascenseur dans un immeuble de prestige, ▪ CA Paris, 2e ch., 11 mai 1993 : *Loyers et copr.* 1993, n° 325. – Pour l'ouverture d'une fenêtre, ▪ Cass. 3e civ., 21 mai 2008, n° 07-12703 : *Rev. Administrer* août-sept. 2008, p. 46, obs. J.-R. Bouyeure. – Comp. ▪ CA Paris, 23e ch., 13 juill. 1993 : *Loyers et copr.* n° 170. – Dans le cas de mise en place d'une canalisation inesthétique : ▪ CA Paris, 23e ch. B, 19 févr. 2004 : *Rev. Administrer* juill. 2004, p. 37, obs. J.-R. Bouyeure, ou dans le cas d'une demande d'installation d'une gaine en façade pour l'évacuation des fumées d'un restaurant : ▪ CA Paris, 23e ch. B, 9 nov. 2006 : *Loyers et copr.* 2007, comm. 87, obs. G. Vigneron. – V. aussi, ▪ CA Versailles, 4e ch., 2 nov. 2009 : *JurisData* n° 2009-380157 ; *Loyers et copr.* 2010, comm. 92, obs. G. V.). Si l'architecture de l'immeuble comporte de nombreuses terrasses privatives, en décrochement, l'installation d'une véranda rompant cet équilibre architectural doit être refusée (▪ Cass. 3e civ., 10 déc. 2003 : *Rev.*

Administrer févr. 2004, p. 44, note J.-R. Bouyeure. – V. également, pour l'installation d'une pergola : ▪ CA Versailles, 4ᵉ ch., 22 janv. 2007 : *Rev. Administrer* avr. 2007, p. 54, obs. J.-R. Bouyeure).

L'autorisation doit également être refusée si les travaux doivent porter atteinte à la tranquillité de l'immeuble ou à la sécurité des occupants (▪ CA Paris, 23ᵉ ch., 5 nov. 1993 : *Loyers et copr.* 1993, n° 217).

30) Atteinte aux droits des autres copropriétaires. Ne peuvent être autorisés des travaux qui portent atteinte aux droits des autres copropriétaires. Ainsi lorsqu'ils sont contraires aux clauses du règlement de copropriété (V. pour la pose d'un panneau publicitaire, ▪ CA Aix-en-Provence, 29 nov. 2001 : *Loyers et copr.* 2002, comm. 15, obs. G. Vigneron. – Pour l'installation d'un équipement de ventilation, alors que le règlement prohibe l'installation de « moteurs », ▪ CA Paris, 23ᵉ ch. B, 17 mai 2001 : *Loyers et copr.* 2001, comm. 246). Des travaux d'aménagement d'un toit-terrasse nécessitant une modification du règlement de copropriété ne peuvent être autorisés judiciairement en application de l'article 30, alinéa 4 de la loi du 10 juillet 1965 (▪ Cass. 3ᵉ civ., 3 juin 2014, n° 13-15.753 : *Administrer* août-sept. 2014, p. 60, note J.-R. Bouyeure).

Ne peut être autorisée la transformation d'un toit terrasse inaccessible en terrasse accessible par percement d'une trémie et pose d'un garde-corps, qui porte atteinte aux droits des autres copropriétaires (▪ CA Paris, 23ᵉ ch. B, 30 oct. 2003 : *Rev. Administrer* avr. 2004, p. 53, obs. J.-R. Bouyeure. ▪ CA Paris, pôle 4, 2ᵉ ch., 14 mars 2018, n° 16/23963), ou encore des travaux ayant pour conséquence d'entraîner au profit du copropriétaire qui les effectue une appropriation d'une fraction des parties communes (▪ CA Paris, pôle 4, 2ᵉ ch., 26 févr. 2014, n° 12/14958 : *Administrer* mai 2014, p. 52, note J.-R. Bouyeure) ou de droits accessoires tels que ceux d'affouiller (▪ CA Paris, pôle 4, ch. 2, 2 déc. 2020, n° 17/16371 : *Administrer* févr. 2021, p. 47, obs. J.-R. Bouyeure).

De même ne peuvent être autorisés des travaux qui portent atteinte aux modalités de jouissance des parties privatives de certains copropriétaires (Sur les atteintes aux modalités de jouissance privative faisant obstacle à une autorisation judiciaire, V. ▪ Cass. 3ᵉ civ., 6 déc. 2005 : *Rev. Administrer* mai 2006, p. 48, obs. J.-R. Bouyeure. – V. pour des travaux de raccordement au réseau d'évacuation des eaux susceptibles de générer des infiltrations, ▪ CA Paris, 19 juin 2013, n° 11/04865 : *AJDI* 2013, p. 839).

31) Exemple de l'installation d'un ascenseur. De fréquentes difficultés surgissent lorsque des copropriétaires veulent à leurs frais installer un ascenseur. Le tribunal, pour accorder l'autorisation refusée doit alors vérifier que cette installation ne porte pas atteinte à la destination de l'immeuble, et en particulier à son esthétique, qu'elle n'entraîne pas des bouleversements structurels inacceptables ou des atteintes aux droits des autres copropriétaires (atteinte aux modalités de jouissance des parties privatives ; nuisances sonores, etc. – Pour un exemple de mise en œuvre de ces divers critères, V. ▪ CA Paris, 23ᵉ ch. A, 25 avr. 2001 : *Rev. Administrer* nov. 2001, p. 39, obs. J.-R. Bouyeure. ▪ CA Paris, 23ᵉ ch. B, 16 déc. 2004 : *Loyers et copr.* 2005, comm. 81, obs. G. Vigneron).

Ainsi a été refusée :

– l'installation d'un ascenseur entraînant une diminution excessive de la largeur de l'escalier qui ne serait plus conforme aux normes (▪ CA Paris, 23ᵉ ch. B, 15 nov. 2001 : *Loyers et copr.* 2002, comm. 105. ▪ CA Paris, 23ᵉ ch. B, 4 mai 2000 : *Loyers et copr.* 2000, comm. 261), une diminution de la largeur d'un passage (▪ CA Paris, 23ᵉ ch. A, 8 déc. 1999 : *JurisData* n° 1999-102725 ; *Loyers et copr.* 2000, comm. 104) ou qui porte atteinte au « cachet » de l'immeuble (▪ CA Paris, 23ᵉ ch. B, 7 déc. 2006 : *Constr.-Urb.* 2007, comm. 59, obs. D. S. ; *AJDI* 2007, p. 212. ▪ CA Paris, 23ᵉ ch. A, 27 mai 1999 : *JurisData* n° 1999-023200 ; *Loyers et copr.* 1999, comm. 280) ;

– l'installation d'un ascenseur qui entraînerait une diminution de l'accès à l'appartement du rez-de-chaussée et créerait des nuisances sonores (▪ Cass. 3ᵉ civ., 9 janv. 2001 : *Rev. loyers* 2002, p. 238, note P. Dechelette-Tolot. – V. également dans le cas où l'installation de l'ascenseur affecterait la vie des copropriétaires dans leurs appartements et modifierait les conditions de jouissance de leurs parties privatives, ▪ CA Aix-en-Provence, 28 sept. 2012 : *JurisData* n° 2012-026342 ; *Loyers et copr.* 2013, comm. 87, note G. Vigneron).

Il a été jugé que l'autorisation pouvait être donnée de prolonger l'ascenseur du cinquième au sixième étage, en vue de desservir des chambres de bonnes et de les affecter à la location, la destination de l'immeuble étant considérée comme non affectée par ces transformations (▪ Cass. 3ᵉ civ., 3 avr. 2002 : *Rev. Administrer* juin 2002, p. 56, obs. J.-R. Bouyeure, confirmant ▪ CA Paris, 23ᵉ ch. A, 15 nov. 2002 : *Loyers et copr.* 2001, comm. 137, obs. G. Vigneron). En revanche une demande d'autorisation judiciaire de prolonger l'ascenseur du cinquième au sixième étage a été refusée dès lors que les modalités de jouissance des lots des cinq premiers étages s'en trouveraient substantiellement modifiées (▪ Cass. 3ᵉ civ., 26 mai 2016, n° 14-23.343. – V. également pour la demande d'autorisation judiciaire de prolonger l'escalier principal du cinquième au sixième étage, ▪ CA Paris, pôle 4, 2ᵉ ch., 18 mai 2016, n° 14/3878. – V. sur ces deux décisions, *Administrer* août-sept. 2016, p. 70, note J.-R. Bouyeure).

2° *Autorisation*

32) Conditions. Après avoir éventuellement ordonné une mesure d'instruction (▪ TGI Paris, 4 juin

1976 : *D.* 1976, inf. rap. p. 303. ▪ CA Paris, 30 janv. 1979 : *D.* 1980, inf. rap. p. 151), le tribunal peut *autoriser les travaux aux conditions qu'il fixe* (▪ Cass. 3e civ., 4 juill. 1990 : *Inf. rap. copr.* févr. 1991, p. 44, obs. P. Capoulade). Il pourrait ainsi subordonner son autorisation à l'accomplissement de travaux suggérés par l'expert (▪ TGI Nanterre, 1re ch., 14 oct. 1994 : *Rev. Administrer* nov. 1995, p. 66, obs. J.-R. Bouyeure), ou à la condition qu'un projet précis soit soumis à l'architecte de la copropriété, qui sera chargé d'en surveiller la réalisation aux frais du demandeur (▪ CA Paris, 23e ch. B, 5 oct. 2001 : *Loyers et copr.* 2002, comm. 81). Le tribunal peut donc autoriser des travaux à des conditions différentes de celles soumises à l'assemblée (▪ Cass. 3e civ., 3 juin 1998 : *Rev. Administrer* mai 1999, p. 52, note J.-R. Bouyeure). Mais il faut toutefois que le projet soumis au Juge ne soit pas un nouveau projet mais la simple évolution du projet antérieur amélioré et complété (▪ Cass. 3e civ., 4 juin 2014, n° 13-15.400 : *JurisData* n° 2014-012281 ; *Loyers et copr.* 2014, comm. 255, obs. G. Vigneron ; *AJDI* 2015, p. 206, note D. Tomasin ; *Administrer* janv. 2016, p. 40, note J.-R. Bouyeure).

La décision précisera les *modalités d'exécution* de ces travaux et éventuellement leur incidence éventuelle du point de vue des charges communes (Sur les conditions de l'autorisation, V. étude De Morant et Peynet, préc.). Il est d'évidence que les travaux doivent être réalisés selon les termes de l'autorisation : à défaut la remise des lieux en leur état antérieur peut être ordonnée (▪ Cass. 3e civ., 17 juin 2014, n° 13-14.759 : *Administrer* nov. 2014, p. 52, obs. J.-R. Bouyeure).

L'article 30, alinéa 4, n'impose pas aux juges de statuer sur les charges afférentes à l'exécution et au fonctionnement de l'équipement nouveau (▪ Cass. 3e civ., 22 févr. 1995 : *Loyers et copr.* 1995, n° 244). Ils n'ont pas non plus à prendre en considération les formalités administratives, notamment le permis de construire, requises par ailleurs (▪ CA Paris, 23e ch. B, 14 mars 2002 : *Loyers et copr.* 2002, comm. 248).

33) Refus abusif. Est abusif le refus d'autoriser l'exploitant d'un commerce à installer une climatisation alors que d'autres commerces bénéficient de cet équipement et que la copropriété doit à tous ses occupants légitimes un traitement égal (▪ Cass. 3e civ., 16 juin 2009, n° 08-16.069, confirmant ▪ CA Paris, 23e ch. B, 20 mars 2008 : *Loyers et copr.* 2008, comm. 286, obs. G. Vigneron) ou encore le refus d'accéder à la demande d'un copropriétaire tendant à faire des travaux d'adduction d'eau d'alimentation et d'évacuation dans une remise, alors que ces travaux ne portent pas atteinte à la destination de l'immeuble, ni aux droits des autres copropriétaires (▪ Cass. 3e civ., 3 oct. 2012, n° 11-12.026).

N'est pas abusif le refus opposé par l'assemblée au motif que le dossier présenté par le demandeur est incomplet ou lacunaire, et qu'elle s'estime de ce fait insuffisamment informée (▪ CA Paris, pôle 4, 2e sect., 29 sept. 2010 : *JurisData* n° 2010-199250 ; *Loyers et copr.* 2011, comm. 68, obs. G. V. – V. aussi ▪ CA Paris, pôle 4, 2e sect., 25 nov. 2009 : *JurisData* n° 2009-209330 ; *Loyers et copr.* 2010, comm. 179, obs. G. V.) ou encore lorsque les travaux présentent un danger pour la sécurité des personnes en raison de la nécessité de procéder à l'enlèvement de matériaux contenant de l'amiante (▪ Cass. 3e civ., 3 oct. 2012, n° 11-17.705 : *Rev. loyers* 2012, p. 433 ; *Administrer* janv. 2013, p. 61, obs. J.-R. Bouyeure).

Lorsque le refus opposé par l'assemblée est fautif, le copropriétaire victime de ce refus est en droit de demander la réparation du préjudice qui lui a été causé (▪ CA Paris, 23e ch. B, 1er févr. 2007 : *Loyers et copr.* 2007, comm. 113, obs. G. Vigneron. ▪ CA Paris, 23e ch. A, 22 nov. 2000 : *JurisData* n° 2000-128717).

34) Mesures accessoires. Le tribunal détermine aussi, dit le texte, les *conditions dans lesquelles les autres copropriétaires pourront utiliser les installations ainsi réalisées.* Si l'usage de ces nouvelles installations peut être réservé à ceux qui les ont financées, les autres copropriétaires ont néanmoins un droit d'accès ultérieur qui leur est reconnu par la loi, à la condition de verser une quote-part du coût des travaux évaluée à la date où ils exerceront cette faculté légale (▪ CA Paris, 13 oct. 1966 : *Gaz. Pal.* 1966, 2, 300). S'il n'est pas possible de réserver l'usage de l'installation nouvelle à ceux qui l'ont financée, le tribunal fixe alors les conditions dans lesquelles les autres copropriétaires pourront en bénéficier : mais l'intervention du tribunal ne se justifie que dans le cas où les parties n'ont pu préalablement parvenir à un accord (▪ CA Paris, 23e ch., 13 juill. 1993 : *Loyers et copr.* 1994, n° 170).

Le calcul de la *somme à verser pour le prix du rachat* s'effectue en répartissant le coût de l'installation entre les seuls copropriétaires utilisateurs, et non pas entre tous les copropriétaires (si quatre copropriétaires sur dix ont financé l'installation d'un ascenseur et qu'un cinquième demande à l'utiliser, le coût de l'installation se répartira sur cinq copropriétaires et non pas sur dix. – V. ▪ Cass. 3e civ., 12 oct. 1988 : *Bull. civ.* III, n° 139 ; *Inf. rap. copr.* févr. 1989, p. 49, obs. P. Capoulade ; *Defrénois* 1990, art. 34750, obs. Souleau ; *Rev. Administrer* mars 1989, p. 24, note E.-J. Guillot).

En cas de vente de lot, il a été jugé que la créance de « rachat » était transmise à l'acquéreur (▪ CA Paris, 23e ch. B, 31 mai 2001 : *Loyers et copr.* 2001, comm. 304, obs. G. Vigneron).

Sur le problème, V. A. Zurfluh, *Installation d'un ascenseur dans un immeuble aux frais de certains copropriétaires : Rev. Administrer* nov. 1988, p. 16. – B. Quignard, *Le rachat des quotes-parts d'ascen-*

seur : *AJPI* 1990, p. 669. – E.-J. Guillot, *La participation financière d'un copropriétaire qui demande à utiliser l'ascenseur construit à leurs frais par d'autres : Rev. Administrer* févr. 1992, p. 14 et s.

35) Incidences. Selon le cas, les installations nouvelles seront considérées soit comme des parties privatives, soit comme des parties communes spéciales aux copropriétaires qui les auront financées.

L'autorisation régulièrement donnée par l'assemblée ou par le tribunal à certains copropriétaires d'installer à leurs frais un élément d'équipement nouveau (en l'espèce un ascenseur) ne les oblige nullement à donner suite à leur projet (■ Cass. 3e civ., 5 déc. 1990 : *Bull. civ.* III, n° 258, p. 146 ; *Inf. rap. copr.* août-sept. 1991, p. 224, obs. Capoulade ; *Rev. Administrer* juin 1991, p. 39, obs. Guillot). Selon la même décision, les copropriétaires après avoir été autorisés peuvent, sans commettre un abus de droit, conclure en l'absence de l'un d'eux, mais après l'avoir dûment convoqué une convention fixant les modalités de financement et d'exécution des travaux (V. précédemment ■ CA Paris, 23e ch. B, 11 juill. 1984 : *Gaz. Pal.* 1984, I, 703, note J.-R. Bouyeure ; *Defrénois* 1984, p. 1481, note Souleau et ■ CA Paris, 13 juill. 1984 : *RD imm.* 1984, p. 451, obs. Givord et Giverdon).

Les décisions concernant les nouvelles installations (en l'espèce un ascenseur) régulièrement autorisées (par exemple, la participation aux frais de fonctionnement) ne concernent que les seuls copropriétaires qui les ont financées (■ Cass. 3e civ., 16 sept. 2003 : *Rev. Administrer* févr. 2004, p. 55, obs. J.-R. Bouyeure).

Art. 31 *(Abr., L. n° 85-1470, 31 déc. 1985).*

Art. 32.

– Sous réserve des dispositions de l'article 34, la décision prise oblige les copropriétaires à participer, dans les proportions fixées par l'assemblée, au paiement des travaux, à la charge des indemnités prévues à l'article 36, ainsi qu'aux dépenses de fonctionnement, d'administration, d'entretien et de remplacement des parties communes ou des éléments transformés ou créés.

Bibliographie : J.-R. Bouyeure, *Réparation et paiement du montant des travaux d'amélioration réalisés par le syndicat : Administrer* juill. 2013, p. 28.

1) Contribution au coût des travaux. La décision prise par l'assemblée d'entreprendre des « travaux d'amélioration » au sens de l'article 30 de la loi (V. ce texte) oblige les copropriétaires à contribuer financièrement dans les proportions fixées par l'assemblée :

– au paiement des travaux... ;

– à la charge des indemnités prévues par l'article 36 de la loi (V. ce texte) ;

– aux dépenses de fonctionnement, d'entretien, de remplacement des éléments transformés ou créés.

Le texte réserve toutefois l'application des dispositions de l'article 34 de la loi qui offrent aux copropriétaires la possibilité de contester la décision prise par l'assemblée en raison du caractère « somptuaire » des travaux (V. ce texte).

La contribution respective des copropriétaires aux divers coûts entraînés par les travaux est fixée par l'assemblée (V. *supra*, art. 30) ou à défaut par le tribunal (■ TGI Paris, 18 févr. 1977 : *D.* 1978, inf. rap. p. 119).

Il a été jugé que tant que la répartition du coût des travaux et des charges d'entretien et de fonctionnement n'avait pas été opérée, le syndic ne pouvait en poursuivre le recouvrement à l'encontre des copropriétaires (■ CA Paris, 2 déc. 1986 : *Gaz. Pal.* 1988, I, p. 125, note Morand. ■ TGI Nice, 7 juin 1967 : *D.* 1968, somm. p. 44).

2) Paiement des sommes dues. Le paiement des sommes correspondantes peut être immédiatement exigé, au besoin par le biais des provisions prévues par l'article 35 du décret (V. *infra*).

Un problème naît fréquemment en cas de vente de lot sur le point de savoir qui, du vendeur ou de l'acquéreur, doit supporter la charge des travaux en cours. On se reportera sur ce point au commentaire figurant sous l'article 5 du décret du 17 mars 1967.

Art. 33.

– La part du coût des travaux, des charges financières y afférentes, et des indemnités incombant aux copropriétaires qui n'ont pas donné leur accord à la décision prise peut n'être payée que par annuités égales au dixième de cette part. ***(Mots aj. à compter de la date prévue au III de l'art. 103 de la loi n° 2012-387 du 22 mars 2012, L. n° 2012-387, 22 mars 2012)*** **« Les copropriétaires qui entendent bénéficier de cette possibilité doivent, à peine de forclusion, notifier leur décision au syndic dans le délai de deux mois suivant la notification du procès-verbal d'assemblée générale. » Lorsque le syndicat n'a pas contracté d'emprunt en vue de la réalisation des travaux, les charges financières dues par les copropriétaires payant par annuités sont égales au taux légal d'intérêt en matière civile.**

Toutefois, les sommes visées au précédent alinéa deviennent immédiatement exigibles lors de la première mutation entre vifs du lot de l'intéressé, même si cette mutation est réalisée par voie d'apport en société.

Les dispositions qui précèdent ne sont pas applicables lorsqu'il s'agit de travaux imposés par le respect d'obligations légales ou réglementaires.

Bibliographie : J.-M. Le Masson, *Observations sur le droit de demander la participation différée : Rev. Administrer* mars 1996, p. 61. • C. Michalopoulos, *Le bénéfice de la participation différée en matière de copropriété : Inf. rap. copr.* mars 1995, p. 13. • V. Cunha, *À propos de la faculté de paiement différé offerte par l'article 33 de la loi du 10 juillet 1965 : AJDI* 2001, p. 16. • J.-R. Bouyeure, *Réparation et paiement du montant des travaux d'amélioration réalisés par le syndicat : Administrer* juill. 2013, p. 28. • D. Rodriguez, *Le copropriétaire opposant : Inf. rap. copr.* sept. 2017, 31.

1) Travaux concernés. Le bénéfice du paiement différé est réservé aux travaux relevant de l'article 30 (V. *supra*), par exemple au remplacement des portes de l'immeuble (■ CA Rouen, 6 mai 1987 : *Gaz. Pal.* 30 avr. 1988, somm. jurispr. p. 13). Il ne s'applique donc pas aux travaux d'entretien décidés dans le cadre de l'article 24 (■ CA Paris, 23e ch., 10 janv. 1997 : *Loyers et copr.* avr. 1997, n° 126. – Sur la distinction entre travaux d'amélioration et travaux d'entretien, V. *supra*, art. 30), non plus qu'aux travaux décidés dans le cadre de l'article 25 (ce qui exclut en particulier les travaux relatifs aux économies d'énergie visés à l'article 25. – *Contra* : Rép. min. 25 févr. 1980 : *JOAN*, p. 741) et, comme le texte le prévoit expressément, aux « travaux imposés par le respect d'obligations légales ou réglementaires » (V. art. 25 e de la loi). Il a été jugé que le texte ne s'appliquait pas dans le cas de travaux de ravalement (■ CA Bastia, ch. civ. A, 30 nov. 2016, n° 14/00847 : *Rev. loyers* 2017, p. 41, obs. S. Bénilsi).

2) Copropriétaires bénéficiaires. Pour pouvoir bénéficier du paiement différé, les copropriétaires *ne doivent pas avoir « donné leur accord »* à la décision. Tel sera le cas bien entendu pour les copropriétaires qui se sont opposés à la décision (■ CA Paris, 23e ch. B, 19 janv. 1996 : *Loyers et copr.* 1996, n° 184), mais aussi pour les abstentionnistes (■ Cass. 1re civ., 7 mai 1962 : *JCP* 1962, II, 12829), et les copropriétaires absents lors du vote (■ Cass. 26 mai 1993 : *JCP* 1994, II, p. I, note A. Djigo ; *RD imm.* 1993, p. 424, obs. P. Capoulade ; *Defrénois* 1994, art. 35761 ; *AJPI* 1995, p. 35, note M.-F. Ritschy).

Dans le silence de la loi, une controverse est née quant au moment où les copropriétaires intéressés devaient présenter leur demande. Il paraissait résulter de l'arrêt précité que le copropriétaire défaillant qui souhaitait obtenir le bénéfice du paiement différé devait contester l'assemblée dans le délai légal (En ce sens : P. Capoulade et A. Djigo, notes préc. – *Contra* : ■ CA Paris, 19e ch., 25 févr. 1992 : *Loyers et copr.* 1992, n° 229, pour qui la demande pouvait être formulée postérieurement. – V. dans le même sens : ■ CA Paris, 19e ch. A, 23 sept. 1996 : *Loyers et copr.* déc. 1996, n° 497 ; *JCP* N 1997, p. 910, note A. Djigo et ■ CA Paris, 23e ch. B, 24 oct. 1997 : *Loyers et copr.* janv. 1998, n° 28, note G. Vigneron, pour qui, toutefois, la demande devait être formée « dans un délai raisonnable » pour permettre au syndic de prendre les mesures nécessaires au financement décidées par l'assemblée).

Ce cas mis à part, les copropriétaires intéressés n'avaient pas, selon l'opinion généralement admise, à faire connaître leur intention lors de l'assemblée générale (V. J.-R. Bouyeure, *Les travaux dans la copropriété*, *op. cit.*, n° 151. – *Contra* : ■ CA Paris, 25 mars 1975 : *D.* 1976, inf. rap. p. 63). Mais ils doivent en informer le syndic le plus rapidement possible (■ CA Paris, 16 oct. 1981 : *D.* 1982, inf. rap. p. 443).

Le fait de répondre sans réagir à un appel de fonds excédant 10 % du coût des travaux, vaudrait renonciation à demander le bénéfice de la participation différée (■ CA Paris, 19e ch. A, 23 sept. 1996 : *Loyers et copr.* déc. 1996, n° 497).

La loi n° 2012-387 du 22 mars 2012 met fin aux controverses en précisant, dans la nouvelle rédaction donnée à l'article 33, que « les copropriétaires qui entendent bénéficier d'un paiement par annuités doivent, à peine de forclusion, notifier leur décision au syndic dans le délai de deux mois suivant la notification du procès-verbal d'assemblée générale ».

Cependant, deux remarques doivent être faites à propos de ce texte :

– il ne sera applicable qu'à l'expiration d'un délai de deux mois suivant la publication du décret en Conseil d'État qui doit fixer les modalités d'application des articles 26-4 à 26-8 de la loi du 10 juillet 1965 (L. 22 mars 2012, préc., art. 103, III) ;

– le cas des abstentionnistes reste en suspens. En effet ils ne reçoivent en principe aucune notification de la décision intervenue (L. Guégan, *Commentaire de la loi du 22 mars 2012 : Rev. loyers* 2012, p. 207).

3) Société copropriétaire. Lorsqu'une société d'attribution est propriétaire de lots (V. L. art. 23), la doctrine estime qu'elle n'est pas en droit de demander le bénéfice de la participation différée (V. E. Kischinewsky-Broquisse, *La copropriété des immeubles bâtis* Litec, 4e éd. 1989, n° 672. – *JCl. Copropriété*, Fasc. 94, P.-E. Lagraulet, n° 109), non plus d'ailleurs que les associés qui ne sont pas copropriétaires.

4) Conditions financières. Le texte distingue le cas où le syndicat n'a pas contracté d'emprunt (le bénéfice du paiement différé est alors subordonné au paiement au syndicat d'un intérêt au taux légal) et celui où un emprunt a été souscrit (les annuités incluront alors les intérêts).

L'hypothèque légale peut être inscrite pour sûreté de la dette du syndicat (V. L. art. 19).

5) **Exigibilité anticipée des annuités.** La dette du copropriétaire qui a obtenu le bénéfice du paiement différé devient exigible « lors de la première mutation entre vifs » du lot de l'intéressé. Ne sont visées que les mutations entre vifs (ce qui exclut les transmissions par décès...) qu'elles soient à titre onéreux (vente, échange...) ou à titre gratuit (donation, donation-partage...), ainsi que l'apport en société.

L'application de ce texte fait difficulté en cas d'aliénation partielle du lot (V. *JCl. Copropriété*, Fasc. 216. – E. Kischinewsky-Broquisse, *La copropriété des immeubles bâtis* Litec, 4e éd. 1989, n° 674).

C'est en toute hypothèse l'ancien propriétaire du lot et lui seul qui, en cas de mutation, peut être poursuivi par le syndic pour obtenir paiement des sommes ainsi devenues exigibles par anticipation.

Art. 34. – La décision prévue à l'article 30 n'est pas opposable au copropriétaire opposant qui a, dans le délai prévu à l'article 42, alinéa 2, saisi le *(Mots rempl, à compter du 1er janvier 2020, Ord. n° 2019-964, 18 sept. 2019)* « tribunal judiciaire » en vue de faire reconnaître que l'amélioration décidée présente un caractère somptuaire eu égard à l'état, aux caractéristiques et à la destination de l'immeuble.

Bibliographie : G. Gil, *Les améliorations somptuaires : Inf. rap. copr.* déc. 2011, p. 21. • J.-R. Bouyeure, *Réparation et paiement du montant des travaux d'amélioration réalisés par le syndicat : Administrer* juill. 2013, p. 28.

1) **Qui peut exercer le recours ?** Le recours prévu par l'article 34 (saisine du tribunal judiciaire) est ouvert aux copropriétaires « opposants » : de l'avis majoritaire, les copropriétaires défaillants ou qui se sont abstenus ne peuvent donc pas l'exercer (▪ TGI Paris, 20 mars 1971 : *AJPI* 1971, p. 546. – E. Kischinewsky-Broquisse, *La copropriété des immeubles bâtis* Litec, 4e éd. 1989, n° 627. – *JCl. Copropriété,* Fasc. 94, P.-E. Lagraulet, n° 194).

Il en est de même pour ceux qui n'ont pas pris part au vote.

Les copropriétaires qui entendent exercer le recours prévu par ce texte doivent agir selon les termes mêmes de l'article 34 « dans le délai prévu à l'article 42, alinéa 2 » (V. ce texte) : c'est-à-dire dans les deux mois de la notification de la décision de l'assemblée.

2) **Fondement du recours.** Il s'agit de démontrer que l'amélioration présente un caractère « somptuaire ».

L'appréciation doit se faire, dit le texte, « eu égard à l'état, aux caractéristiques et à la destination de l'immeuble », ce qui exclut la prise en compte d'éléments autres (les facultés contributives du demandeur).

Le coût des travaux n'est pas en soi déterminant (▪ CA Paris, 17 nov. 1976 : *Gaz. Pal.* 1977, 1, 233) ; il s'agit de vérifier si la dépense est justifiée compte tenu du « standing » de l'immeuble (Pour l'installation d'ascenseurs : ▪ TGI Paris, 10 avr. 1976 : *D.* 1976, inf. rap. p. 303. ▪ Cass. 3e civ., 25 nov. 1980 : *Rev. loyers* 1981, p. 212. ▪ CA Paris, 1re ch. urg., 19 nov. 1992 : *Rev. Administrer* août-sept. 1993, p. 48. – Pour l'installation d'un interphone, ▪ TGI Paris, 24 mars 1977 : *D.* 1978, inf. rap. p. 119).

3) **Effets du recours.** Le texte précise que la décision de l'assemblée « n'est pas opposable » au copropriétaire demandeur qui peut donc, tant que l'affaire n'est pas jugée, refuser de participer aux appels de fonds (L. art. 32) ou refuser l'accès à ses parties privatives (L. art. 31).

Si le recours aboutit, l'opinion dominante est que l'action a un effet purement relatif. La décision de l'assemblée est déclarée inopposable au requérant, mais elle subsiste avec tous ses effets à l'égard des autres copropriétaires (Givord et Giverdon, n° 647. – E. Kischinewsky-Broquisse, *La copropriété des immeubles bâtis* Litec, 4e éd. 1989, n° 666. – *JCl. Copropriété*, Fasc. 94, P.-E. Lagraulet). Cette solution est considérée comme peu satisfaisante par la doctrine qui estime qu'à titre de palliatif les copropriétaires peuvent aussi bien agir en nullité sur le fondement de l'article 42 de la loi, ce qui permettra de mettre à néant la décision de l'assemblée (E. Kischinewsky-Broquisse, *La copropriété des immeubles bâtis* Litec, 4e éd. 1989, n° 666. – *JCl.* préc., nos 204 et s. – Sol. impl. : ▪ CA Limoges, 1er juill. 1966 : *D.* 1967, p. 10, note Givord. ▪ TGI Paris, 22 mars 1976 : *D.* 1976, inf. rap. p. 303).

Un arrêt de la Cour de cassation a précisé que le copropriétaire qui s'était opposé à la décision et avait exercé un recours dans le délai de deux mois de l'article 42, alinéa 2 de la loi, n'était pas tenu au paiement des charges et indemnités afférentes aux travaux décidés par l'assemblée (▪ *Bull. civ.* III, n° 191 ; *JCP* G 2004, IV, 3410 ; *Rev. loyers* 2005, p. 44, note P. Dechelette-Tolot ; *Loyers et copr.* 2005, comm. 18, obs. G. Vigneron).

Le copropriétaire qui agit sur le fondement de l'article 34 peut également et par ailleurs exercer une action en nullité de la décision : mais cette demande n'est pas recevable si elle est formée de manière incidente par voie de conclusions pendant le cours de l'instance et après expiration du délai de contestation de deux mois de l'article 42, alinéa 2 de la loi (■ Cass. 3e civ., 12 janv. 2010, n° 09-12.199 : *Rev. Administrer* avr. 2010, p. 37, obs. J.-R. Bouyeure ; *AJDI* 2010, p. 230).

Art. 35 ***(Mod., L. n° 2009-526, 12 mai 2009 ; L. n° 2014-366, 24 mars 2014 ; Ord. n° 2019-1101, 30 oct. 2019).*** **– La surélévation ou la construction de bâtiments aux fins de créer de nouveaux locaux à usage privatif ne peut être réalisée par les soins du syndicat que si la décision en est prise à la majorité prévue à l'article 26.**

La décision d'aliéner aux mêmes fins le droit de surélever un bâtiment existant exige la majorité prévue à l'article 26 et si l'immeuble comprend plusieurs bâtiments, la confirmation par une assemblée spéciale des copropriétaires des lots composant le bâtiment à surélever statuant à la majorité indiquée ci-dessus.

Toutefois, lorsque le bâtiment est situé dans un périmètre sur lequel est institué un droit de préemption urbain en application de l'article L. 211-1 du Code de l'urbanisme, la décision d'aliéner le droit de surélever ce bâtiment est prise à la majorité des voix de tous les copropriétaires. Cette décision exige, si l'immeuble comprend plusieurs bâtiments, la confirmation par une assemblée spéciale des copropriétaires des lots composant le bâtiment à surélever, statuant à la majorité des voix des copropriétaires concernés.

(Al. 3 rempl. à compter du 1er juin 2020, Ord. n° 2019-738, 17 juill. 2019) **Les copropriétaires de locaux situés, en tout ou partie, sous la surélévation projetée bénéficient d'un droit de priorité à l'occasion de la vente par le syndicat des locaux privatifs créés ou en cas de cession par le syndicat de son droit de surélévation. Préalablement à la conclusion de toute vente d'un ou plusieurs lots, le syndic notifie à chaque copropriétaire bénéficiant d'un droit de priorité l'intention du syndicat de vendre, en indiquant le prix et les conditions de la vente. Cette notification vaut offre de vente pendant une durée de deux mois à compter de sa notification.**

(Al. 4 et 5 suppr. et rempl. à compter du 1er juin 2020, Ord. n° 2019-738, 17 juill. 2019) **Les copropriétaires de l'étage supérieur du bâtiment surélevé bénéficient d'un droit de priorité à l'occasion de la vente par le syndicat des locaux privatifs créés. Préalablement à la conclusion de toute vente d'un ou plusieurs lots, le syndic notifie à chaque copropriétaire de l'étage supérieur du bâtiment surélevé l'intention du syndicat de vendre, en indiquant le prix et les conditions de la vente. Cette notification vaut offre de vente pendant une durée de deux mois à compter de sa notification.**

Bibliographie : E. Kischinewsky-Broquisse, *La copropriété des immeubles bâtis* Litec, 4e éd. 1989, nos 40 et s. • *La copropriété*, Dalloz Action 2021-2022, 9e éd., ss dir. P. Capoulade et D. Tomasin, nos 42 et s. • Zurfluh, *Surélévation des maisons individuelles en copropriété : Inf. rap. copr.* 1982, p. 195. • Quentin, *Modalités et problèmes de cession du droit de surélévation : Rev. éco. et dr. imm.* 1982, p. 62 et s. • J.-P. Forestier, *La surélévation et les voisins du dessous : Rev. Administrer* 1983, n° 37, p. 19. • J.-R. Bouyeure, *La qualité de copropriétaire de l'étage supérieur du bâtiment à surélever : RD imm.* 1980, p. 399. • M.-C. Ruffet, *La surélévation de l'immeuble en copropriété : Inf. rap. copr.* mars 1990, p. 67 et s. • L.-A. Barrière, *Le droit de surélévation en copropriété : JCP* N 1992, doctr. p. 118 et s. • J.-M. Gélinet, *Le droit de surélévation en vue de créer des locaux à usage privatif : Rev. Administrer* déc. 1993, p. 9 et s. • Ch. Levinshon, *Surélévation et copropriété : AJDI* 2000, p. 205. • G. Vigneron, *La surélévation de l'immeuble en copropriété : Inf. rap. copr.* nov. 2000, p. 17. • M.-C. Ruffet, *La surélévation de l'immeuble en copropriété « lift and loft » : Inf. rap. copr.* juill.-août 2006, p. 23. • J. Hocquard, *La surélévation à l'initiative du syndicat des copropriétaires : Inf. rap. copr.* oct. 2003, p. 14. • Du même auteur, *La surélévation à l'initiative d'un copropriétaire ou d'un tiers à la copropriété : Inf. rap. copr.* déc. 2003, p. 19. • J. Bedos, *Le droit de surélévation des immeubles en copropriété : Maison et habitat* janv. 2004, p. 16. • G. Hecht, *Surélévation des immeubles : Élevons nous ! : Inf. rap. copr.* mai 2013, p. 25. • J.-L. d'Esparbes, *Travaux de surélévation de l'immeuble en copropriété : quels risques ? : Dr. et ville* 2014, n° 1, 229. • J.-M. Roux, *Le droit de la copropriété immobilière et la surélévation : Dr. et ville* 2014, n° 1, 233. • J.-F. Dalbin, *Modification des actes de la copropriété et autres conventions : Dr. et ville* 2014, n° 1, 267. • V. Zalewski-Sicard, *Les contrats de construction adaptés à l'opération de surélévation : Dr. et ville* 2014, n° 1, 245. • J. Bétaille, *La surélévation de l'immeuble existant en droit de l'urbanisme : à propos du retour de l'urbanisme dérogatoire : Dr. et ville* 2014, n° 1, 197. • Y. Broussole, *Surélévation de l'immeuble en copropriété et droit de l'urbanisme : Administrer* mai 2021, p. 7. • S. Benilsi, *La surélévation, panacée ou chimère : Rev. Loyers* 2023, n° 1039.

Sur la loi du 24 mars 2014. O. Ortéga, *La surélévation concerne l'intérêt général de la copropriété : Inf. rap. copr.*, p. 12. • P. Lebatteux, *La surélévation, nouvelle ressource des copropriétés : Actes prat. ing. immobilière* 2014, dossier 16. • J.-M. Roux, *La surélévation au lendemain de la loi ALUR : Inf. rap. copr.* oct. 2014, p. 13. • M. Parmentier et J.-A. Dupichot, *La surélévation d'immeuble : une solution pour répondre à la pénurie de logements : Gaz. Pal.* 1er-3 mars 2015, p. 10. • V. Zalewski, *Copropriété en montagne : projets de résolutions et d'actes pour la cession de parties communes et du droit de surélévation (cas pratiques et formules) : Defrénois* 2015, n° 4, p. 171 et n° 5, p. 227. • Th. Vaillant et A. Muzard, *Surélévation en copropriété : JCP* N 2016, nos 16-17, 1130. • J. Hainaut, *Surélévation et ITE : pari gagnant ? : Inf. rap. copr.* juin 2016, p. 25.

Jurisclasseurs. G. Vigneron et Ch. Coutant-Lapalus, *JCl Copropriété*, Fasc. 96. • *JCl. Notarial Répertoire, V° Copropriété*, Fasc. 51 et *JCl. Civil Code*, art. 544 à 577, Fasc. 51, par M. Saluden. • J. Lafond, *JCl. Copropriété*, Fasc. 83-10 (commentaires) et 83-20 (formules).

1) Modifications apportées par la loi ALUR. La loi n° 2014-366 du 24 mars 2014 (loi ALUR), a modifié profondément l'article 35 de la loi du 10 juillet 1965 :

– elle permet au syndicat des copropriétaires de décider à la majorité de l'article 26 (et non plus à l'unanimité) de construire de nouveaux bâtiments ou de surélever les bâtiments existants, aux fins de créer de nouveaux locaux à usage privatif ;

– le droit de veto dont disposaient auparavant les copropriétaires de l'étage supérieur pour s'opposer à l'aliénation du droit de surélever un bâtiment existant aux fins de construire de nouveaux locaux à usage privatif est supprimé. Ces copropriétaires se voient par contre investis d'un droit de priorité à l'occasion de la vente par le syndicat des locaux privatifs créés ;

– la possibilité de convenir dans le règlement de copropriété d'une majorité supérieure à celle exigée par la loi pour l'aliénation du droit de surélever est supprimée.

2) Présentation des problèmes. L'article 35 traite essentiellement de la surélévation : nous commencerons par définir cette notion (I). Puis nous examinerons les modalités d'exercice de ce droit et plus généralement du droit de construire (II). Nous terminerons par l'examen des problèmes posés par la cession du droit de surélévation (III).

I – NOTION DE SURÉLÉVATION

3) Critères jurisprudentiels. Des difficultés sont nées en jurisprudence à propos de la *définition des opérations de « surélévation »* : notamment dans le cas d'aménagement de combles ou de greniers en locaux d'habitation. S'agit-il simplement de travaux « affectant les parties communes ou l'aspect extérieur de l'immeuble » devant être autorisés dans le cadre de l'article 25 *b* de la loi (V. ce texte) ou de l'exercice d'un véritable droit de surélévation ?

La jurisprudence a adopté les critères suivants :

• il y a surélévation au sens de l'article 35 dès lors qu'il y a « exhaussement de la panne faîtière centrale » (ou si l'on préfère de la ligne de faîtage du toit) ce qui ne signifie pas obligatoirement création de niveaux supplémentaires (▪ CA Paris, 16 déc. 1980 : *Gaz. Pal.* 1982, I-351, note M. Morand et sur pourvoi ▪ Cass. 3e civ., 16 nov. 1982, n° 82-11.865 : *Bull. civ.* III, n° 224 ; *JCP* G 1983, IV, 39 ; AJPI 1983, p. 309, note J.-P. Forestier. ▪ Cass. 3e civ., 6 mars 1991, n° 89-18.758 : *Bull. civ.* III, n° 79 ; *RD imm.* 1991, p. 261, note Giverdon). À défaut on est en présence d'un simple « redressement de combles » et les travaux relèvent d'une autorisation donnée dans le cadre de l'article 25 *b* de la loi (▪ Cass. 3e civ., 6 oct. 1993, n° 91-19 936 : *Loyers et copr.* 1993, comm. 442 ; *RD imm.* 1993, p. 545. ▪ Cass. 3e civ., 1er déc. 1993, n° 91-12.159 : *Loyers et copr.* 1994, n° 133) ;

• lorsqu'on est en présence d'un toit-terrasse les travaux qui amènent à exhausser la terrasse constituent une surélévation au sens de l'article 35 (▪ Cass. 3e civ., 26 avr. 1983, n° 82-11.865 : *Bull. civ.* III, n° 92 ; *JCP* G 1983, IV, 207 ; *Defrénois* 1983, art. 33180, p. 1577, note H. Souleau).

Il en sera toutefois autrement si la construction (véranda) prévue sur une terrasse privative ne prolonge pas verticalement la façade et ne s'élève pas à un niveau plus haut que la toiture de l'immeuble (▪ Cass. 3e civ., 6 oct. 1993, préc. ; *Inf. rap. copr.* févr. 1994, p. 453, note P. Capoulade. – V. également pour l'édification d'une terrasse constituée d'une structure légère aisément démontable, ▪ CA Paris, 23e ch., 26 janv. 1996 : *Loyers et copr.* mai 1996, n° 239). Les aménagements apportés à un toit-terrasse, partie privative, pour le rendre accessible (percement d'une trémie, pose d'un Velux et installation d'un garde-corps sur le pourtour du toit-terrasse) ne constituent pas une surélévation (▪ Cass. 3e civ., 16 mars 2005, n° 04-10.727 : *Loyers et copr.* 2005, comm. 102, note G. Vigneron ; *Constr.-Urb.* 2005, comm. 214, note D. Sizaire ; *Rev. Administrer* mai 2005, p. 49, obs. J.-R. Bouyeure).

II – EXERCICE DU DROIT DE SURÉLÉVATION OU DU DROIT DE CONSTRUIRE

4) Il y a lieu de distinguer, pour bien définir le champ d'application de l'article 35, selon que la surélévation ou la construction de nouveaux locaux est effectuée par le syndicat (A) ou par un copropriétaire (B).

A – Surélévation ou construction de nouveaux locaux par le syndicat

1° Conditions d'application de l'article 35

5) Création de nouveaux locaux privatifs. L'article 35 ne s'applique que lorsqu'il s'agit de surélever ou de construire *pour créer de nouveaux locaux privatifs*. S'il s'agit de locaux communs, l'opération relève des dispositions de l'article 30 de la loi (V. *supra*).

Quel sera le statut juridique des locaux ainsi édifiés ? Il s'agira, aux termes mêmes de la loi, de locaux « privatifs ». Mais au profit de qui s'effectuera cette privatisation ? On imagine mal que ces locaux puissent être dans l'indivision, ce qui poserait des problèmes juridiques et pratiques quasiment insurmontables. À notre avis ils seront la propriété du syndicat. Pour éviter toute difficulté, il y aura lieu de le faire préciser dans la délibération de l'assemblée approuvant l'opération et de prendre soin de vérifier l'existence préalable de parties communes spéciales ou de syndicat secondaire pour définir les droits de chacun dans les locaux issus de l'opération de surélévation.

Compte tenu de cette règle, la cour d'appel de Paris a pu juger que la surélévation d'un bâtiment, constitutif des parties privatives d'un unique lot, n'étant pas affecté à l'usage commun et ne comportant pas plusieurs locaux qui constituent des parties privatives différentes, ne relevait pas de la cession du droit d'aliéner par le syndicat des copropriétaires prévue par l'article 35. Il faudra toutefois rester réservé sur la portée de la solution, car elle ne dit pas que la construction ne mobilisait pas, plus généralement, des droits de construire (▪ CA Paris, pôle 4, ch. 2, 8 juin 2022, n° 18/27974 : *AJDI* 2023, p. 129).

Lorsqu'un immeuble est surélevé, on ne peut considérer que les étages supplémentaires sont de plein droit constitués en syndicat secondaire (▪ Cass. 3e civ., 2 oct. 2001, n° 00-12525 : *Defrénois* 2001, p. 1512, note C. Atias ; *Rev. Administrer* févr. 2002, p. 40, obs. J.-R. Bouyeure). Ils s'intègrent dans le syndicat existant.

6) Syndicat, maître de l'ouvrage. Pour que l'article 35 soit applicable, il doit y avoir en outre *surélévation ou construction par les soins du syndicat*. Ceci implique que le syndicat a la qualité de maître de l'ouvrage, que les travaux sont financés par lui (au besoin à l'aide d'un emprunt) et qu'il en assume la responsabilité (V. J.-R. Bouyeure, *Les travaux dans la copropriété, op. cit.*, n° 199). Ainsi lorsque les travaux de surélévation aboutissent à masquer la vue de tiers voisins et modifient la luminosité de leurs appartements, créant un trouble anormal de voisinage (▪ CA Grenoble, 18 nov. 2008 : *JurisData* n° 2008-376312 ; *Loyers et copr.* 2009, comm. 219, obs. G. Vigneron).

S'il s'agit de construire ou de surélever par les soins (et aux frais) d'une personne autre que le syndicat, l'opération relève d'autres règles, que l'on trouvera énoncées sous l'article 37 de la loi *(infra)*. Ainsi par exemple s'il s'agit de conférer à un copropriétaire le droit de surélever à ses frais une terrasse partie commune (▪ CA Paris, 23e ch. B, 17 févr. 2005 : *Loyers et copr.* 2005, comm. 166, note G. Vigneron).

2° *Préparation de l'opération*

7) Études et travaux préalables. La préparation de l'opération implique diverses études et travaux préalables :

– constitution du dossier technique ;

– constitution du dossier financier (coût des travaux et des diverses indemnités éventuelles à verser) ;

– répartition du coût ;

– recherche du financement ;

– constitution du dossier juridique : la création de nouveaux locaux à usage privatif va avoir des répercussions sur le règlement de copropriété, l'état descriptif de division et la répartition des tantièmes de copropriété et de charges. Il y a donc lieu d'établir des projets de modification de ces divers documents (nos 8 et 9), qui seront ensuite soumis à l'assemblée (n° 10).

8) Modification des tantièmes de copropriété et de charges. La création de nouveaux locaux privatifs suppose nécessairement une *redistribution des tantièmes de parties communes* (puisque celles-ci se partagent entre un plus grand nombre de lots) et une *modification de la répartition des charges* (même raison).

En ce qui concerne les *charges*, elles devront toutes être modifiées, aussi bien celles qui relèvent de l'article 10, alinéa 1, de la loi que celles qui relèvent de l'article 10, alinéa 2. Les seules charges qui ne seraient pas à modifier sont les charges spéciales afférentes à des lots que l'opération de création de lot nouveau ne concerne pas : par exemple, charges spéciales à des parkings en sous-sol.

9) Modification du règlement de copropriété et de l'état descriptif de division. En ce qui concerne *l'état descriptif de division*, sa modification consistera – quelle que soit pour cela la méthode adoptée – à prélever des tantièmes des parties communes sur les lots préexistants, pour les affecter au(x) nouveau(x) lot(s).

En vertu des dispositions de l'article 6-1 de la loi (V. *supra*), les « charges » qui grevaient les lots préexistants (hypothèques, privilèges immobiliers) sont éteintes.

Le règlement de copropriété sera également modifié pour le mettre en harmonie avec la nouvelle configuration de l'immeuble.

10) Réunion d'une assemblée. Il est en principe toujours nécessaire de *réunir une assemblée* (▪ Cass. 3e civ., 18 nov. 1974, n° 73-13.499 : *Bull. civ.* III, n° 414 ; *Rev. Administrer* mars 1975, p. 20) même si la copropriété ne comporte que deux copropriétaires (▪ Cass 3e civ., 27 févr. 2002, nos 00-13.907 et 00-14.942 : *Bull. civ.* III, n° 52 : un accord revêtu de la signature de tous les copropriétaires serait inopérant). Néanmoins, il existe désormais des exceptions pour les « petites copropriétés » et les copropriétés à deux (V. L., 10 juill. 1965, art. 41-8 et s.).

Un projet de résolution comportant les principaux renseignements sur l'opération projetée doit être notifié aux copropriétaires, en même temps que l'ordre du jour – en pratique à l'occasion de l'envoi de la convocation (V. comm., D., 17 mars 1967, art. 11, p. 722).

L'assemblée devra se prononcer à la majorité de l'article 26 de la loi du 10 juillet 1965, avec éventuellement possibilité d'utiliser la « passerelle » prévue par l'article 26-1 (V. ce texte).

3° *Vente des locaux*

11) Droit de priorité des copropriétaires du dernier étage du bâtiment surélevé. Selon l'article 35, alinéa 4, les copropriétaires de l'étage supérieur du bâtiment surélevé bénéficient d'un « droit de priorité » à l'occasion de la vente par le syndicat des locaux privatifs créés.

À cet effet, et préalablement à la conclusion de toute vente d'un ou plusieurs lots, le syndic doit notifier à chaque copropriétaire de l'étage supérieur du bâtiment surélevé l'intention du syndicat de vendre, en indiquant le prix et les conditions de la vente. Cette notification vaut offre de vente pendant une durée de deux mois à compter de sa notification.

Ce texte laisse en suspens diverses difficultés (obligations du syndicat de ventiler le prix en cas de « vente en bloc » de plusieurs lots ? Quid, lorsque plusieurs copropriétaires préemptent en même temps à l'intérieur du délai de deux mois ?, etc.).

La Cour de cassation a précisé que la cession du droit de surélévation à un tiers pouvait avoir pour contrepartie l'obligation pour ce tiers d'effectuer des travaux de rénovation des parties communes (▪ Cass. 3e civ., 28 mai 2020, n° 19-13.245 : *AJPI* 2020, p. 622, note P.-E. Lagraulet ; *Administrer* juill. 2020, p. 51, note J.-R. Bouyeure). Cette pratique paraît néanmoins condamnée depuis l'ordonnance du 30 octobre 2019 (V. P.-E. Lagraulet, note ss ▪ Cass. 3e civ., 28 mai 2020, précit.) encore qu'il soit possible d'envisager le vote, distinctement de l'opération de travaux et de cession, d'une compensation conventionnelle entre le prix de cession, créance du syndicat, et le coût des travaux de rénovation votés par l'assemblée générale, dette du syndicat, qui seront réalisés par l'acquéreur du droit de surélever l'immeuble (*ibid.*).

B – Surélévation pour le compte d'un copropriétaire

12) Le problème. Lorsque, dans une copropriété horizontale, le propriétaire d'un « pavillon » entend construire un étage supplémentaire, et que le droit de surélévation ne lui a pas été réservé (V. L. art. 37) et ne fait l'objet d'aucune privatisation, cette opération relève-t-elle d'une simple autorisation donnée à la majorité de l'article 25 *b* ?

1° *Absence de dispositions particulières*

13) Les errements de la jurisprudence. Divers courants s'étaient manifestés en jurisprudence :

– certaines décisions avaient pris une position radicale en considérant que le droit de surélever un immeuble indépendant partie privative était lui-même privatif, en tant qu'accessoire des parties privatives. Elles en tiraient la conséquence que le copropriétaire qui entendait surélever n'avait aucune autorisation à demander à la copropriété (V. ▪ CA Paris, 19e ch., 11 oct. 1994 : *RD imm.* 1995, p. 153, obs. Giverdon ; *Rev. Administrer* juin 1996, p. 49, note crit. J.-R. Bouyeure ; *Loyers et copr.* 1995, comm. 243) ;

– pour d'autres, qui estimaient également que le droit de surélévation était privatif, son exercice était subordonné à l'obtention d'une autorisation de l'assemblée, en application de l'article 25 *b* de la loi, puisque les travaux de surélévation affectaient l'aspect extérieur de l'immeuble (▪ CA Paris, 23e ch. B, 13 mai 2004 : *JurisData* n° 2004-240892. ▪ CA Paris, 23e ch. A, 1er mars 2000 : *JurisData* n° 2000-109541. ▪ CA Paris, 23e ch. B, 13 mars 1998 : *Rev. Administrer* févr. 1999, p. 68, obs. J.-R. Bouyeure. – V. aussi ▪ CA Paris, 23e ch., 8 juill. 1994 : *Loyers et copr.* 1995, comm. 90. ▪ CA Versailles, 1re ch., 7 nov. 1983 : *Rev. loyers* 1985, p. 386. ▪ CA Paris, 23e ch. B, 13 mai 2004 : *Loyers et copr.* 2004, comm. 176, obs. G. Vigneron. ▪ CA Paris, 23e ch. B, 20 mars 2003 : *AJDI* 2003, p. 518. ▪ CA Versailles, 15 févr. 1983 : *JCP* 1985, II, p. 137, obs. Stemmer. ▪ TGI Orléans, 7 déc. 1982 : *Inf. rap. copr.* 1982, p. 195, note A. Zurfluh) ;

– pour d'autres enfin, dans le silence des titres et du règlement, le droit de surélévation restait un droit accessoire aux parties communes. Le copropriétaire qui souhaitait l'exercer devait en conséquence obtenir qu'il lui soit cédé par le syndicat des copropriétaires (V. en ce sens, ▪ CA Versailles, 26 févr. 2007, chron. J.-M. Roux : *Ann. loyers* 2007, p. 1287. ▪ CA Paris, 23e ch. A, 8 mars 2000 : *JurisData* n° 2000-108730. ▪ CA Paris, 19e ch. B, 9 oct. 1997 : *Loyers et copr.* 1998, n° 57. ▪ CA Paris, 23e ch. A, 13 déc. 1988 : *D.* 1989, inf. rap. p. 20).

14) Position de la Cour de cassation. Les décisions considérant que l'exercice du droit de surélévation ne nécessitait aucune autorisation ou seulement une autorisation donnée à la majorité de l'article 25 *b* étaient critiquables. La surélévation a, en pareil cas, pour objet de créer de nouvelles parties privatives, qu'il faut nécessairement doter de tantièmes de parties communes, ce qui implique une « cession » de ces tantièmes par les copropriétaires des autres lots, et donc une décision collective (J.-R. Bouyeure, *Les travaux dans la copropriété*, n° 440. – Givord et Giverdon, *op. cit.*, n° 667-1), prise en principe à la majorité de l'article 26.

Mais on peut faire une objection plus radicale. En construisant pour son compte, le copropriétaire utilise en fait les droits de construire qui sont l'accessoire du terrain d'assiette de la copropriété partie commune. Il s'approprie (sans contrepartie) des droits à vocation collective, ce qui paraît difficilement admissible.

La Cour de cassation a apporté aux débats un nouvel éclairage en énonçant que la réalisation par un copropriétaire de modifications dans l'utilisation de locaux existants ayant une incidence sur le coefficient d'occupation des sols (COS) constitue l'exercice d'un droit accessoire aux parties communes (▪ Cass. 3e civ., 1er oct. 2013, n° 12-21.785 : *Administrer* janv. 2014, p. 49, obs. J.-R. Bouyeure. ▪ Cass. 3e civ., 10 janv. 2001 : *Constr.-Urb.* 2001, comm. 58, obs. D. Sizaire ; *Loyers et copr.* 2001, comm. 105, note G. Vigneron ; *JCP G* 2001, n° 43-44, p. 1989, obs. H. Périnet-Marquet ; *AJDI* 2001, p. 438, note C. Giverdon). L'intérêt de cette jurisprudence est de dire que la constructibilité résiduelle résultant du COS est un droit accessoire aux parties communes, comme le droit de construire dont elle peut être distincte, par exemple lorsque celui-ci est un droit accessoire aux parties privatives (D. Sizaire, note préc.).

Le droit de construire appartient donc en principe au syndicat. « En conséquence, toute utilisation du COS, toute création de SHON par un copropriétaire, même à l'intérieur de ce lot qu'au privatif, nécessitera, outre une autorisation d'urbanisme, l'accord de l'assemblée générale des copropriétaires statuant à la majorité de l'article 26 » (S. Lelièvre et S. Chaix-Bryan, *L'utilisation du droit de construire en copropriété : Defrénois* 2007, art. 38609, p. 917).

La suppression du COS par la loi n° 2014-366 du 24 mars 2014 (loi ALUR) ne modifie pas cette solution. Si l'on ne peut plus dire qu'en utilisant le droit de surélévation, un copropriétaire consomme des droits de construire appartenant au syndicat, et les ampute d'autant, il reste qu'un copropriétaire ne peut exercer ce droit sans autorisation, car, indépendamment des considérations de droit de l'urbanisme, les travaux vont affecter l'aspect extérieur de l'immeuble et il sera nécessaire de modifier le règlement de copropriété et l'état descriptif de division.

2° *Privatisation du droit de surélévation*

15) Formes diverses. Cette privatisation peut revêtir des formes diverses :

– le droit de surélévation peut être constitué en lot ;

– le droit de surélévation peut être inclus dans les parties privatives d'un lot (V. ▪ Cass., 3e civ., 22 mars 1995, n° 92-15.599 : *Loyers et copr.* 1995, comm. 345. ▪ CA Aix-en-Provence, 3e ch. civ., 7 juin 1983 : *JCP* N 1985, II, p. 137, note B. Stemmer).Dans ces deux cas, les dispositions de l'article 37 de la loi, et l'éventuelle caducité de la convention de « réserve » prévue par ce texte ne s'appliquent pas. Mais encore faut-il que la « privatisation » du droit de surélévation ait été clairement opérée. Il n'en est pas ainsi par exemple lorsque le règlement se borne à réserver aux propriétaires des mansardes le droit de surélever la toiture à leurs frais, sans rattacher ce droit aux parties privatives d'un lot (▪ Cass. 3e civ., 22 mars 1995, préc.). De même il n'y a pas de privatisation du droit de surélever dans le cas d'une « servitude » autorisant la construction dans la cour de l'immeuble jusqu'à une certaine hauteur (▪ Cass. 3e civ., 6 févr. 2002, n° 00-24.425 : *AJDI* 2002, p. 310). En ce cas le problème de la cession du droit de surélévation va se poser.

3° *Réserve du droit de surélévation*

16) Renvoi. Ce problème est évoqué sous l'article 37 de la loi.

III – CESSION DU DROIT DE SURÉLEVER OU DU DROIT DE CONSTRUIRE

Bibliographie : P. Lebatteux, *La surélévation, nouvelle ressource des copropriétés : Actes prat. ing. immobilière* 2014, dossier 16. – J. Lafond, *Cession du droit de surélévation ou de droits dans le sous-sol : JCl. Notarial Formulaire, V° Copropriété*, Fasc. 242 et *JCl. Construction*, Fasc. 97-25.

17) Assouplissements successifs. La loi n° 2009-526 du 12 mai 2009 (art. 8-1 et 8-2) avait assoupli, sous certaines conditions, la procédure permettant la surélévation d'un immeuble soumis au régime de la copropriété, en modifiant l'article 35 de la loi du 10 juillet 1965. La loi n° 2014-366 du 24 mars 2014 va dans le même sens, en supprimant notamment l'exigence d'un accord des copropriétaires de l'étage à surélever. En compensation, elle a conféré un droit de priorité à ces copropriétaires lors de la cession par le syndicat de son droit de surélévation (V. le C).

A – Solution de principe

18) Majorité requise. La décision d'aliéner le droit de surélever un bâtiment existant aux fins de créer de nouveaux locaux à usage privatif est prise « à la majorité prévue à l'article 26 » de la loi du 10 juillet 1965 (V. ce texte. – V. pour une application, ▪ CA Paris, 23e ch. B, 17 févr. 2005 : *Loyers et copr.* 2005, comm. 166, note G. Vigneron). Il sera éventuellement possible d'utiliser la « passerelle » prévue par l'article 26-1 (V. ce texte).

L'*accord des propriétaires du dernier étage* n'est plus nécessaire depuis le 27 mars 2014, date d'entrée en vigueur de la loi précitée du 24 mars 2014 (loi ALUR), qui a supprimé cette exigence dans la nouvelle rédaction de l'article 35.

19) Pluralité de bâtiments. *Lorsque la copropriété comprend plusieurs bâtiments*, la loi tient compte de façon prioritaire des *intérêts des copropriétaires composant le bâtiment à surélever* : elle exige qu'une assemblée spéciale de ces copropriétaires donne son accord à l'opération, à la majorité de l'article 26 de la loi.

20) Contrepartie financière. Selon la cour de Paris (▪ CA Paris, 19e ch. B, 9 oct. 1997 : *Loyers et copr.* févr. 1998, n° 57) l'autorisation donnée par l'assemblée générale à un copropriétaire de surélever la toiture pour rendre un comble habitable, avec une nouvelle répartition des millièmes de copropriété, s'analyse en une cession du droit de surélévation qui doit donner lieu à une contrepartie financière. Et il a été jugé que l'aliénation du droit de surélever l'immeuble ne peut intervenir à la majorité de l'article 26 que si elle a lieu à titre onéreux (▪ TGI Paris, 6 juill. 1972 : *Gaz. Pal.* 1973, 2, 731).

Cependant, le texte de l'article 35 ne distingue pas, non plus que celui de l'article 26 de la loi, lorsqu'il parle d'actes de disposition. La motivation donnée par la jurisprudence citée ci-dessus est qu'une aliénation sans contrepartie est un abandon de droit, qui requiert à ce titre l'unanimité des copropriétaires.

B – Régime particulier : immeubles compris dans le périmètre d'un droit de préemption urbain

21) Idée directrice. La loi du 12 mai 2009 a voulu à l'époque faciliter l'édification d'étages supplémentaires dans les copropriétés situées dans des communes touchées par une pénurie d'offre de logements, en atténuant, dans certains cas, les règles de majorité exigées en cas d'aliénation du droit de surélévation. Les terrains à bâtir se faisant rares en agglomération, l'idée est de créer de nouveaux logements par surélévation des immeubles existants (V. G. Godfrin, *La surélévation des bâtiments comme réponse à la pénurie de logements* : *Constr.-Urb.* déc. 2008 : Focus 64). L'idée est reprise par la loi du 24 mars 2014 (Loi ALUR) précitée.

22) Champ d'application. Une exception aux règles de majorité requises lorsque le syndicat veut aliéner le droit de surélever aux fins de créer de nouveaux locaux à usage privatif est édictée par l'article 35, alinéa 3. Cette exception s'applique lorsque l'immeuble est compris dans le périmètre d'un droit de préemption urbain, institué en application de l'article L. 211-1 du Code de l'urbanisme. Pour expliquer cette condition particulière, le rapporteur de la commission des lois de l'Assemblée nationale indique que « le périmètre du droit de préemption urbain permet en effet de délimiter avec précision les zones urbaines dans lesquelles la pression foncière justifie qu'une atteinte limitée et proportionnée puisse être apportée au droit des copropriétaires » (Rapport de M.-E. Blanc, *Doc. AN*, n° 1145, p. 31).

23) Procédure. Les conditions requises pour pouvoir procéder à une surélévation sont alors les suivantes :

– tout d'abord une décision d'aliénation prise « à la majorité des voix de tous les copropriétaires », c'est-à-dire à la majorité de l'ensemble des voix des copropriétaires (soit 501/1 000e) ;

– en outre, lorsque l'immeuble comprend plusieurs bâtiments, l'aliénation devra être confirmée par une assemblée spéciale des copropriétaires des lots composant le bâtiment à surélever, « à la majorité des voix des copropriétaires concernés ».

C – Droit de priorité des copropriétaires

1° Opérations antérieures au 1er juin 2020

Bibliographie : J. Hocquard, *Surélévation : du droit de priorité des copropriétaires du dernier étage : Inf. rap. copr.*, oct. 2019, p. 22.

24) Mécanisme. Dans le régime en vigueur jusqu'au 31 mai 2020, antérieur à la réforme opérée par l'ordonnance du 30 octobre 2019 précitée, les copropriétaires de l'étage supérieur du bâtiment à surélever bénéficiaient d'un « droit de priorité » à l'occasion de la cession par le syndicat de son droit de surélévation (art. 35, al. 5 ancien). Ce droit de priorité s'exerçait dans les mêmes conditions que celles prévues pour le cas de vente par le syndicat des locaux à usage privatif qu'il avait édifiés (V. L. n° 65-557, 10 juill. 1965, art. 35, annot. n° 11, p. 562).

2° Opérations effectuées à compter du 1er juin 2020

25) Champ d'application du droit de priorité. Le champ d'application du droit de priorité n'a pas été modifié par l'ordonnance n° 2019-1101 du 30 octobre 2019. Il s'exerce soit à l'occasion de la vente par le syndicat de locaux privatifs créés par ses soins (V. n° 5 à n° 11) soit lorsque le syndicat cède son droit de surélévation (V. n° 12 à n° 16).

26) Bénéficiaires du droit de priorité. Alors que le droit de priorité était antérieurement conféré aux « copropriétaires de l'étage supérieur du bâtiment surélevé », l'article 35, alinéa 4 nouveau confère ce droit aux « copropriétaires de locaux situés, en tout ou partie, sous la surélévation projetée ». L'application de ce texte ne posera pas de difficulté si ces locaux appartiennent à un seul copropriétaire. Il en sera autrement si compte tenu de la configuration des lieux, plusieurs copropriétaires peuvent concurremment bénéficier du droit de priorité. Cette « priorité » alors se manifeste par rapport aux tiers acquéreurs potentiels mais s'il y a pluralité de bénéficiaires et qu'ils entendent tous exercer ce droit, il ne paraît pas y avoir de moyen de les départager. L'acquisition s'opérera alors en indivision.

27) Mécanisme du droit de priorité. Le processus à mettre en œuvre est exactement le même que sous l'état du droit antérieur (V. n° 11).

Art. 36 ***(L. n° 85-1470, 31 déc. 1985).*** **– Les copropriétaires qui subissent, par suite de l'exécution des travaux de surélévation prévus à l'article 35, un préjudice répondant aux conditions fixées à l'article 9 ont droit à une indemnité. Celle-ci, qui est à la charge de l'ensemble des copropriétaires, est répartie selon la proportion initiale des droits de chacun dans les parties communes.**

I – DISPOSITIONS D'ORDRE GÉNÉRAL

1) Préjudice indemnisable. Ce texte reprend très exactement, sinon la totalité des termes, du moins la substance de l'ancien article 36 de la loi du 10 juillet 1965, dans son alinéa 2.

En ce qui concerne le *préjudice indemnisable*, l'article 36 renvoie à l'article 9 (al. 4). Il doit donc s'agir (V. ce texte) soit d'une « diminution définitive de la valeur du lot », soit d'un « trouble de jouissance grave même s'il est temporaire », soit de « dégradations ».

Voir aussi : L. 10 juill. 1965, art. 9, comm. n° 80, p. 124 à comm. n° 84, p. 125.

2) Critère d'indemnisation. L'article 36 fixe *un critère d'indemnisation* basé sur les quotes-parts de parties communes comprises dans les lots.

Cela permet de mesurer l'intérêt qu'il y a à calculer ces quotes-parts en fonction de la valeur relative des lots (V. *supra*, sous L. art. 5), mais la solution présente l'anomalie de faire participer à l'indemnisation le lésé lui-même. Il paraît donc raisonnable de penser que celui-ci pourrait, en justice, obtenir les dommages-intérêts compensant ce manque à indemniser (V. G. Vigneron et Ch. Coutant-Lapalus : *JCl. Copropriété*, Fasc. 96).

3) Fixation de l'indemnité. La loi dit *comment se répartit l'indemnité, mais* ne dit pas comment celle-ci est fixée. La doctrine est divisée sur ce point, certains donnant compétence à l'assemblée, d'autres s'en remettant au juge saisi directement.

Il est bien certain que le juge sera toujours l'arbitre de l'indemnisation en cas de désaccord. Mais la loi n'interdit nullement une fixation amiable de l'indemnisation par l'assemblée, si le bénéficiaire de l'indemnité est d'accord sur cette procédure. Il aura alors à ne pas oublier que le délai de son recours, en cas d'insatisfaction, ne sera que de deux mois (V. *infra*, sous L. art. 42).

II – CAS PARTICULIERS

4) Indemnisation à la charge d'un copropriétaire ayant le droit de surélever. Si les travaux (de surélévation, par exemple) ont été exécutés par une personne à laquelle avait été réservé le droit de surélever, bien que ce droit soit accessoire aux parties communes (V. *infra*, L. art. 37), il est logique de mettre à la charge de ce seul exécutant l'indemnisation éventuelle des copropriétaires lésés.

5) Indemnisation à la charge de plusieurs copropriétaires. Si les travaux ont été exécutés par certains copropriétaires seulement, et à leurs frais, c'est à l'assemblée (L. art. 25 *b*), ou au tribunal (art. 30, al. 4) qu'il reviendra de déterminer le régime des indemnités éventuellement dues.

Art. 37. – Toute convention par laquelle un propriétaire ou un tiers se réserve l'exercice de l'un des droits accessoires visés à l'article 3, autre que le droit de mitoyenneté, devient caduque si ce droit n'a pas été exercé dans les dix années qui suivent ladite convention.

Si la convention est antérieure à la promulgation de la présente loi, le délai de dix ans court de ladite promulgation.

Avant l'expiration de ce délai, le syndicat peut, statuant à la majorité prévue à l'article 25, s'opposer à l'exercice de ce droit, sauf à en indemniser le titulaire dans le cas où ce dernier justifie que la réserve du droit comportait une contrepartie à sa charge.

Toute convention postérieure à la promulgation de la présente loi, et comportant réserve de l'un des droits visés ci-dessus, doit indiquer, à peine de nullité, l'importance et la consistance des locaux à construire, et les modifications que leur exécution entraînerait dans les droits et charges des copropriétaires.

Bibliographie : J.-M. Gélinet, *La réserve du droit de surélévation : l'article 37 de la loi du 10 juillet 1965 : Rev. Administrer* nov. 1995, p. 19. • T. Alonso-Perez, *La réserve du droit de surélévation de l'article 37 de la loi du 10 juillet 1965 : AJDI* 2002, p. 443. • S. Laporte-Leconte, *Les clauses de l'article 37... une fausse liberté ? : Dr. et ville* 2012, n° 2, 7.

I – CHAMP D'APPLICATION DE L'ARTICLE 37

1) Réserve d'un droit accessoire à des parties communes. L'article 37 de la loi concerne l'*exercice, par une personne quelconque autre que le syndicat*, de l'un des droits accessoires visés à son article 3. Hormis le droit de mitoyenneté, expressément écarté par le texte, ces *droits accessoires* sont, on le rappelle (*supra*, L. art. 3) :

– le droit de surélever un bâtiment affecté à l'usage commun ou comportant plusieurs locaux qui constituent des parties privatives différentes, ou d'en affouiller le sol ;

– le droit d'édifier des bâtiments nouveaux dans des cours, parcs ou jardins constituant des parties communes ;

– le droit d'affouiller de tels cours, parcs ou jardins.

– le droit de mitoyenneté afférent aux parties communes ;

– le droit d'affichage sur les parties communes ;

– le droit de construire afférent aux parties communes.

Cependant, la Cour de cassation a admis que l'énumération des droits accessoires aux parties communes figurant dans l'article 3 de la loi du 10 juillet 1965 n'était pas limitative (▪ Cass. 3e civ., 24 mai 2006, n° 05-14.038 : *Bull. civ.* III, n° 134 ; *Loyers et copr.* 2006, comm. 188, note G. Vigneron ; *Rev. loyers* 2006, p. 346, note Th. Dubaele ; *Rev. Administrer* août-sept. 2006, p. 53, obs. J.-R. Bouyeure). La « réserve » prévue par l'article 37 de la loi peut donc porter sur un droit quelconque ayant, en raison de sa nature, le caractère d'accessoire aux parties communes (dans l'affaire soumise à la Cour de cassation il s'agissait de la faculté de fermer une terrasse), à l'exception toutefois des droits accessoires visés par l'article 37-1 de la loi (V. ce texte ci-dessous).

En cas de difficulté, portée devant le juge du fond, sur l'exercice de l'un des droits accessoires visés à l'article 3 de la loi, le juge des référés est compétent pour suspendre provisoirement l'exécution des travaux, qui en eux-mêmes constituent pour le syndicat un dommage imminent (▪ CA Paris, 15 nov. 1989 : *Loyers et copr.* 1990, n° 61).

Néanmoins, depuis la loi « ELAN » du 23 novembre 2018, certains droits accessoires ne peuvent plus faire l'objet d'une quelconque réserve. Il s'agit des droits de construire, d'affouiller et de surélever (V. L., 10 juill. 1965, art. 37-1).

2) Droits accessoires à des parties privatives. L'article 37 ne s'applique que si les droits réservés ont le caractère de droits accessoires à des parties communes. Si ces droits ont été érigés en *droits accessoires à des parties privatives*, c'est-à-dire, en fait, s'ils font partie des parties privatives d'un lot, l'article 37 ne trouve plus à s'appliquer (▪ CA Versailles, 15 févr. 1983 : *Rev. loyers* 1983, p. 493. ▪ CA Paris, 2e ch. A, 17 janv. 1990 : *Loyers et copr.* 1990, n° 196). Il en est ainsi par exemple si le règlement de copropriété rattache à des lots le droit de construire une piscine (▪ Cass. 3e civ., 13 nov. 2013, n° 12-24.097 : *Administrer* févr. 2014, p. 49, obs. J.-R. Bouyeure), ou s'il entre dans la composition d'un lot ainsi désigné : « le droit d'utiliser une surface de 1 012 m², et d'y construire tout bâtiment, avec affectation d'une quote-part de parties communes » (▪ Cass. 3e civ., 17 déc. 2002, n° 12-23.636 : *Administrer* mars 2014, p. 43, obs. J.-R. Bouyeure).

Voir aussi : sur le droit de surélever un bâtiment privatif et sur le point de savoir si ce droit est lui-même privatif, (L. 10 juill. 1965, art. 35, comm. nos 12 à 14, p. 562).

Mais encore faut-il, pour que ce droit « réservé » puisse constituer un lot, qu'il soit doté d'une quote-part dans les parties communes (▪ Cass. 3e civ., 22 mars 1995, n° 92-19.599 : *Loyers et copr.* 1995, comm. 345. ▪ Cass. 3e civ., 6 juill. 1976, n° 75-12.845 : *JCP* N 1977, p. 17. ▪ CA Versailles, 26 nov. 2001 : *Rev. Administrer* juin 2002, p. 55. ▪ CA Paris, 17 janv. 1990 : *Loyers et copr.* 1990, comm. 196). Il n'en est pas ainsi lorsque le règlement réserve à un propriétaire déterminé le droit d'utiliser une certaine surface de la cour de l'immeuble, qualifiée de partie commune, et l'autorisation de construire sur cette surface des bâtiments tant à usage d'habitation que de garage. Il s'agit là d'une autorisation de nature conventionnelle au sens de l'article 37 et faute pour le copropriétaire d'avoir utilisé ses droits dans le délai de dix ans, cette autorisation est devenue caduque (▪ Cass. 3e civ., 6 mars 2002, n° 00-21.425 : *Bull. civ.* III, n° 56 ; *JCP* 2002, IV, 1678 ; *Constr.-Urb.* mai 2002, n° 119, obs. D. Sizaire ; *Rev. Administrer* juin 2002, p. 44, note J.-R. Bouyeure ; *Loyers et copr.* 2002, comm. 156, obs. G. Vigneron).

– Sur la justification et la formulation d'un droit privatif ainsi entendu, voir les explications données par G. Vigneron au *JCl. Construction*, et *JCl. Copropriété*, Fasc. 103-20.

II – ÉTABLISSEMENT DE LA CONVENTION VISÉE PAR L'ARTICLE 37

3) Mentions de la convention. L'article 37 est très précis. La convention postérieure à la promulgation de la loi du 10 juillet 1965 par laquelle un copropriétaire ou un tiers se réserve l'exercice de l'un « des droits accessoires » visés plus haut doit :

– indiquer l'importance des locaux, ce qui se mesure en chiffres (superficie, hauteur, nombre...) et leur consistance, ce qui signifie qu'il faut indiquer la composition des locaux, leur aspect extérieur et, à notre avis, leur destination également ;

– elle doit en outre faire apparaître ce que sera l'état descriptif de division et quels seront les tableaux de répartition des charges, après leur modification, pour tenir compte de l'existence des nouveaux locaux, lorsque ceux-ci auront été construits.

Si le lot a été doté dès le départ de millièmes calculés en fonction des constructions à édifier, et que le titulaire du droit de surélévation ne l'exerce pas, il ne peut être dispensé pour ce motif du paiement des charges correspondant aux millièmes attachés à son lot (▪ CA Paris, 23e ch. B, 15 mars 2007 : *AJDI* 2007, p. 581).

Ces conditions peuvent mener à des obstacles irréductibles : par exemple, accord nécessaire de voisins non obtenu le jour venu et, surtout, refus du permis de construire les locaux prévus.

Si ces conditions ne sont pas respectées, la réserve du droit de surélever est nulle (▪ CA Versailles, 4e ch., 26 nov. 2001 : *Dossier CSAB* n° 102, nov. 2002, n° 181, obs. A. Dunes).

III – EXERCICE DU DROIT RÉSERVÉ

4) Délai et veto du syndicat. Le droit réservé ne peut tout d'abord être exercé que pendant un *délai* de dix ans après l'établissement de la convention de « réserve du droit d'exercice » (V. ▪ Cass. 3e civ., 6 mars 2002, comm. n° 2, p. 566. ▪ CA Paris, 23e ch. B, 27 janv. 2005 : *Rev. loyers* 2005, p. 219).

Ensuite le syndicat dispose d'un *droit de veto* : le syndicat peut s'opposer à l'exercice du droit réservé, à la majorité de l'article 25 de la loi.

La convention n'apporte donc aucune garantie en elle-même, d'autant que le titulaire du droit peut dans certains cas en être privé sans contrepartie (V. ci-dessous).

5) Contrepartie au profit de la copropriété. Le texte subordonne l'indemnisation du copropriétaire à la justification de ce que la réserve du droit comportait une contrepartie à sa charge (V. pour une application, ▪ CA Paris, 23e ch. B, 11 oct. 2007 : *Loyers et copr.* 2008, comm. 21, obs. G. Vigneron).

La Cour de cassation estime qu'il faut que la contrepartie ait existé au profit de la copropriété, « privée d'un droit qui lui aurait appartenu s'il n'avait pas été réservé » (▪ Cass. 3e civ., 15 oct. 1970, n° 69-11.448 : *Bull. civ.* III, n° 518 ; *JCP* N, II, 16640, note E.-J. Guillot).

Cette décision exclut la possibilité de considérer comme « contrepartie » indemnisable le prix d'acquisition du droit réservé versé par un sous-acquéreur de ce droit. Et il est bien malaisé d'imaginer cette contrepartie au profit de la copropriété, du moins lorsque la réserve figure dans le règlement d'origine (si la convention est établie hors règlement, elle peut comporter un prix au profit de la copropriété, lequel prix sera alors bien la contrepartie telle que l'exige la Cour de cassation).

IV – CAS PARTICULIER DE CONSTRUCTIONS ÉDIFIÉES SUR DES PARTIES COMMUNES AFFECTÉES EN JOUISSANCE PRIVATIVE

Voir : à ce propos, comm. sous L. 10 juill. 1965, art. 3, p. 32.

Art. 37-1 ***(L. n° 2018-1021, 23 nov. 2018).*** **– Par dérogation à l'article 37, les droits de construire, d'affouiller et de surélever ne peuvent faire l'objet d'une convention par laquelle un propriétaire ou un tiers se les réserverait. Ces droits peuvent toutefois constituer la partie privative d'un lot transitoire.**

1) Droits accessoires aux parties communes : réserve illicite. Il résulte de l'article 37-1 que ne peuvent être réservés dans les conditions prévues à l'article 37 (V. ce texte ci-dessus) au profit de copropriétaires ou de tiers, les droits suivants :

– le droit de construire ;

– le droit d'affouiller ;

– le droit de surélever.

En revanche ces droits peuvent constituer la partie privative d'un lot transitoire.

L'article 37-1 se présente comme une dérogation à l'article 37 de la loi qui concerne l'exercice de « l'un des droits accessoires (aux parties communes) visées à l'article 3 » de la loi du 10 juillet 1965. Cependant ce texte fait une énumération de ces droits accessoires beaucoup plus large que celle figurant à l'article 37-1 et dans un libellé parfois différent, ce qui peut être la source de difficultés.

– l'article 3 vise ainsi « le droit de surélever un bâtiment affecté à usage commun ou comportant plusieurs locaux qui constituent des parties privatives différentes », alors que l'article 37-1 interdit toute convention de réservation du « droit de surélever » sans autre précision. Si l'on applique ce texte à la lettre, un copropriétaire ne pourrait donc dans une copropriété horizontale, « se réserver » le droit de surélever sa maison d'un étage (mais le droit de surélévation pourrait être constitué en lot transitoire) ;

– d'autre part l'article 3 considère comme un droit accessoire aux parties communes : « le droit d'édifier des bâtiments nouveaux dans des cours, parcs ou jardins constituant des parties communes » ou encore « le droit de construire afférent aux parties communes » alors que l'article 37-1 interdit de se réserver « le droit de construire » sans autre précision.

2) Droits accessoires aux parties communes : réserve licite. L'interprétation *a contrario* de l'article 37-1 laisse entendre que les droits accessoires aux parties communes autres que les droits de construire, le droit d'affouiller et le droit de surélever, énumérés par ce texte peuvent être réservés au profit de copropriétaires ou de tiers. Il en est ainsi pour le droit d'affichage sur les parties communes.

3) Conventions antérieures au 24 novembre 2018. Selon l'article 208, II de la loi ELAN du 23 novembre 2018 « les conventions par lesquelles un tiers ou un copropriétaire s'est réservé, dans les conditions prévues à l'article 37 de la loi du 10 juillet 1965... dans sa rédaction antérieure à la publication de la présente loi (soit le 24 novembre 2018), l'exercice d'un droit de construire, d'affouiller ou de surélever, demeurent valables ».

CHAPITRE IV. – RECONSTRUCTION

Art. 38. – En cas de destruction totale ou partielle, l'assemblée générale des copropriétaires dont les lots composent le bâtiment sinistré peut décider à la majorité des voix de ces copropriétaires, la reconstruction de ce bâtiment ou la remise en état de la partie endommagée. Dans le cas où la destruction affecte moins de la moitié du bâtiment, la remise en état est obligatoire si la majorité des copropriétaires sinistrés la demande. Les copropriétaires qui participent à l'entretien des bâtiments ayant subi les dommages sont tenus de participer dans les mêmes proportions et suivant les mêmes règles aux dépenses des travaux.

Bibliographie : E. Kischinewsky-Broquisse, *La copropriété des immeubles bâtis* Litec, 4e éd. 1989, nos 203 et s. • *La copropriété*, Dalloz Action, 10e éd., 2021, ss dir. D. Tomasin, nos 431.00 et s. • P.-E. Lagraulet : *JCl. Copropriété*, Fasc. 97. • M. Saluden, *JCl. Civil Code*, art. 544 à 577, Fasc. 51. • J.-R. Bouyeure, *Les travaux dans la copropriété*, nos 217 et s. • R. Martin, *L'immeuble détruit : Ann. loyers* 1990, p. 449 et s. • J.-M. Talau, *Questions sur la spécialisation des charges de copropriété par bâtiment en cas de réparation ou de reconstruction : Loyers et copr.* mars 2013, étude 5. • A. Muzard et Th. Vaillant, *Droit de reconstruire et copropriété en cas de sinistre : AJDI* 2016, p. 268. • A. Djigo, *L'incendie dans la copropriété : Loyers et copr.* mars 2018, étude 2.

1) Destruction totale ou partielle de l'immeuble. Ce texte vise le cas de « *destruction totale ou partielle* » de l'immeuble en copropriété. Dans tous les cas, *la reconstruction est en principe facultative : mais* lorsque la destruction « affecte moins de la moitié du bâtiment, la remise en état est *obligatoire* si la majorité des copropriétaires sinistrés le demande » (majorité en nombre et non pas en voix).

Bibliographie : *JCl. Copropriété*, Fasc. 96, n° 92. – E. Kischinewsky-Broquisse, *La copropriété des immeubles bâtis* Litec, 4e éd. 1989, n° 203.

2) Décision de reconstruire. La *décision de reconstruire* est prise par « les copropriétaires dont les lots composent le bâtiment sinistré », que ces lots aient eux-mêmes ou non subi un dommage. Il y a donc lieu de réunir éventuellement une assemblée spéciale et d'appliquer les règles prévues par l'article 20 du décret du 17 mars 1967 (V. ce texte).

Si le bâtiment détruit appartient à une seule personne, cette assemblée spéciale n'a pas lieu de se tenir, et la reconstruction doit être financée par le seul copropriétaire qui détient des millièmes spéciaux dans ce bâtiment (▪ CA Paris, 23e ch. B, 20 mai 1999 : *JurisData* n° 1999-023201 ; *Loyers et copr.* 2000, comm. 26, note G. Vigneron).

L'assemblée générale regroupant l'ensemble des copropriétaires n'a pas qualité pour délibérer et encore moins pour donner mandat au syndic de faire reconstruire l'immeuble au mépris de la décision prise par l'assemblée spéciale des copropriétaires du bâtiment sinistré seule compétente pour se prononcer. L'assemblée générale ne peut pas non plus disposer des indemnités d'assurance, qui ne doivent bénéficier qu'aux seuls copropriétaires des lots sinistrés (▪ TGI Albertville, 25 nov. 1983 : *Administrer* mai 1985, p. 34).

Le vote intervient « à la majorité des voix » (soit la moitié des voix plus une). En l'absence de renvoi exprès à l'article 25 de la loi, on estimait avant la loi du 13 décembre 2000 qu'il n'était pas possible de réunir la deuxième assemblée prévue par ce texte (V. L. art. 25 ancien, dernier al.). Mais la nouvelle rédaction de l'article 25-1, issue de l'ordonnance du 30 octobre 2019 (V. ce texte) rend aujourd'hui possible l'utilisation de la « passerelle » prévue par ce texte.

3) Absence de caractère d'ordre public. Ce texte n'a pas de caractère impératif (V. L. art. 43). Le règlement de copropriété peut donc comporter des dispositions particulières qu'il faut alors appliquer.

4) Participation au coût de la reconstruction. Les copropriétaires concernés doivent *parti-*

ciper au coût de la reconstruction des parties privatives et communes au prorata des millièmes de charges afférents à leurs lots, en tenant compte éventuellement de l'existence de « charges communes spéciales ».

Les travaux sont financés par « les copropriétaires qui participent à l'entretien des bâtiments ayant subi des dommages ». De l'application littérale de ce texte, il résulte que les copropriétaires des bâtiments non sinistrés contribuent également au financement des travaux sauf toutefois dans les divers cas suivants (V. J.-R. Bouyeure, *Les travaux dans la copropriété*, n° 223) :

– lorsque les parties communes de ces bâtiments sont des parties communes spéciales ;

– lorsque le règlement de copropriété contient une spécialisation des charges par bâtiment ;

– lorsqu'il existe des syndicats secondaires par bâtiment.

Un créancier du syndicat (en l'espèce un architecte) peut poursuivre directement le paiement des sommes qui lui sont dues à l'encontre de chacun des copropriétaires en proportion de leur part contributive, telle que fixée par le règlement de copropriété (▪ CA Paris, 19e ch., 6 juill. 2007 : *Loyers et copr.* 2007, comm. 232, note Vigneron).

5) Approbation de la nouvelle répartition des tantièmes. L'approbation par l'assemblée des nouvelles répartitions de tantièmes de copropriété et de charges applicables au nouveau bâtiment après reconstruction s'opère à la majorité de l'article 38 et non pas à l'unanimité (▪ Cass. 3e civ., 16 juill. 1996, n° 94-21.672 : *RD imm.* 1996, p. 614, obs. P. Capoulade).

Art. 38-1 *(L. n° 2003-699, 30 juill. 2003)*. **– En cas de catastrophe technologique, le syndic d'un immeuble géré en copropriété dont les parties communes sont endommagées convoque sous quinze jours l'assemblée générale des copropriétaires.**

Cette réunion se tient dans les deux mois suivant la catastrophe ; les décisions visant à autoriser le syndic à engager des travaux de remise en état rendus nécessaires par l'urgence sont prises à la majorité des copropriétaires présents ou représentés.

Catastrophe technologique. Les conditions d'application de ce texte, introduit par la loi du 30 juillet 2003, sont les suivantes :

– une « catastrophe technologique » doit être survenue (par exemple l'explosion d'une usine) ce qui exclut les dommages causés par des risques ou des catastrophes naturels ;

– cette catastrophe doit avoir « endommagé » les parties communes. On observera que le texte ne vise que le cas où de simples dommages ont été causés aux parties communes, qui nécessite des réfections ou des réparations, et non pas celui où l'immeuble a été détruit partiellement ou totalement, qui relève de l'article 38 (V. ce texte).

Le cas de *dommages causés aux équipements communs* (par exemple l'ascenseur, la chaudière collective...) n'est pas prévu mais on doit à notre avis considérer que les mesures nécessaires peuvent être prises dans le cadre de ce texte, dont, compte tenu de sa finalité, il paraît justifié de faire une application compréhensive. Par contre les dommages causés aux parties privatives ne sont pas visés et n'entrent donc pas dans le cadre de l'article 38-1, ce qui peut en pratique poser problème lorsque les dommages affectent les parties communes et les parties privatives de manière indissociable.

Si les conditions énoncées par l'article 38-1 sont réunies, le syndic doit convoquer dans les 15 jours de la catastrophe l'assemblée générale des copropriétaires. La réunion doit se tenir dans les deux mois de la catastrophe. Les décisions, qui ne peuvent habiliter le syndic à « engager » que les seuls « travaux de remise en état rendus nécessaires par l'urgence » sont prises à la majorité des voix des copropriétaires présents ou représentés, et non pas simplement des voix « exprimées » par les copropriétaires présents et représentés comme le prévoit l'article 24.

Art. 39. **– En cas d'amélioration ou d'addition par rapport à l'état antérieur au sinistre, les dispositions du chapitre III sont applicables.**

Bibliographie : J.-M. Talau, *Questions sur la spécialisation des charges de copropriété par bâtiment en cas de réparation ou de reconstruction* : *Loyers et copr.* mars 2013, étude 5.

1) Reconstruction non effectuée à l'identique. Si la reconstruction doit s'accompagner « d'*améliorations* » au sens de l'article 30 de la loi (V. ce texte *supra*), la décision de procéder à ces travaux d'amélioration doit être prise selon les modalités prévues par ce même article 30.

2) Conséquences sur les tantièmes de copropriété et de charges. Le calcul des nouvelles quotes-parts de parties communes et de charges sera approuvé par l'assemblée à la majorité de l'article 38 de la loi. Une décision unanime n'est pas nécessaire (▪ Cass. 3e civ., 16 juill. 1996, n° 94-21.672 : *RD imm.* 1996, p. 614, obs. P. Capoulade).

Voir : sur les notifications à opérer lors de la convocation à l'assemblée, D. 17 mars 1967, art. 11, p. 722.

Art. 40. – Les indemnités représentatives de l'immeuble détruit sont, sous réserve des droits des créanciers inscrits, affectées par priorité à la reconstruction.

Code des assurances

Art. L. 121-13. – Les indemnités dues par suite d'assurance contre l'incendie, contre la grêle, contre la mortalité du bétail, ou les autres risques, sont attribuées sans qu'il y ait besoin de délégation expresse, aux créanciers privilégiés ou hypothécaires, suivant leur rang.

Néanmoins, les paiements faits de bonne foi avant opposition sont valables.

(Al. mod. à compter du 1er octobre 2016, Ord. n° 2016-131, 10 févr. 2016) Il en est de même des indemnités dues en cas de sinistre par le locataire ou par le voisin, par application des articles 1733 et 1240 du Code civil.

En cas d'assurance du risque locatif ou du recours du voisin, l'assureur ne peut payer à un autre que le propriétaire de l'objet loué, le voisin ou le tiers subrogé à leurs droits, tout ou partie de la somme due, tant que lesdits propriétaire, voisin ou tiers subrogé n'ont pas été désintéressés des conséquences du sinistre, jusqu'à concurrence de ladite somme.

1) **Indemnités des compagnies d'assurances. Existence d'inscriptions.** Il résulte de ce texte que les *créanciers inscrits* sur les lots ou sur l'immeuble peuvent appréhender les indemnités versées par la compagnie d'assurances (application de l'art. L. 121-13, C. assur.), ce qui peut être un obstacle à la reconstruction.

2) **Absence d'inscription.** En l'*absence d'inscription*, les indemnités sont « affectées par priorité à la reconstruction » : les copropriétaires ne sont donc pas libres d'en disposer.

Le règlement de copropriété peut sur ce point comporter des dispositions particulières qui doivent être respectées, le texte n'étant pas d'ordre public.

Art. 41. – Si la décision est prise, dans les conditions prévues à l'article 38 ci-dessus, de ne pas remettre en état le bâtiment sinistré, il est procédé à la liquidation des droits dans la copropriété et à l'indemnisation de ceux des copropriétaires dont le lot n'est pas reconstitué.

1) **Décision de ne pas reconstruire.** Si la décision est prise de ne pas reconstruire :

– en cas de *destruction totale*, les copropriétaires devront liquider leurs droits dans l'indemnité (qui leur sera attribuée en proportion de leurs tantièmes de copropriété) et mettre fin à l'indivision existant sur les parties non bâties (sol) ;

– en cas de *destruction partielle*, la liquidation est beaucoup plus complexe, la loi ne donnant aucune précision quant à ses modalités (sur les difficultés en la matière, V. E. Kischinewsky-Broquisse, *op. cit.*, n° 206. – Givord et Giverdon, n° 511. – *JCl. Copropriété*, Fasc. 97). Il faut en outre procéder à l'indemnisation des copropriétaires dont le lot ne sera pas reconstitué.

La copropriété va subsister, mais elle se trouve amputée des lots détruits par le sinistre. S'il est décidé de ne pas reconstruire ces lots, ils doivent, par le fait même, disparaître, ce qui donne lieu à une refonte du règlement de copropriété et de l'état descriptif de division. Quant aux « droits dans la copropriété » des titulaires de lots sinistrés (droits qui se limitent donc à des droits sur les parties communes) ils auront le plus souvent une valeur symbolique. L'acquéreur obligé de ces droits est le syndicat ou les autres copropriétaires...

La décision de ne pas reconstruire est prise « dans les conditions prévues à l'article 38 », c'est-à-dire à la majorité des voix des copropriétaires dont les lots composent le bâtiment sinistré.

2) **Absence de décision.** Si la décision prévue par l'article 41 n'est pas prise – soit par négligence, soit parce qu'aucune majorité ne se dégage – on doit considérer que tout copropriétaire est alors en droit de réclamer sa part en argent dans les parties communes, si le partage en nature n'est pas possible et qu'il en exprime le souhait. En effet, les parties privatives des lots ayant disparu, il y a alors une situation d'indivision pure et simple et la règle « nul n'est tenu de rester dans l'indivision » posée par l'article 815 du Code civil doit recevoir application, à l'exclusion de l'article 6 de la loi du 10 juillet 1965 (V. ce texte) (▪ CA Paris, 23e ch. B, 19 mai 1989 : *Gaz. Pal.* 1989, II, p. 952, note J.-R. Bouyeure ; *Loyers et copr.* 1989, comm. 354).

3) **Contribution des copropriétaires aux charges.** *Tant que la décision de ne pas remettre en état le bâtiment sinistré n'a pas été prise*, les copropriétaires dont les lots sont détruits n'ont pas à participer aux charges relatives aux services collectifs et aux éléments d'équipement communs, qui ne présentent plus pour eux d'utilité. Mais, selon la cour de Paris, ils doivent continuer à contribuer aux charges relatives à la conservation, à l'entretien et à l'administration des parties communes

(■ CA Paris, 23e ch. B, 19 mai 1989, préc. – Cette solution est critiquable dès lors que les parties privatives de leur lot n'existent plus. – V. la note critique de J.-R. Bouyeure sous cet arrêt, préc.).

CHAPITRE IV *BIS*. – RÉSIDENCES SERVICES

(L. n° 2006-872, 13 juill. 2006)

Bibliographie : Pour une étude d'ensemble, V. *JCl. Copropriété*, fasc. 350 par G. Vigneron, actualisé par G. Gil.

Section I. – Présentation du régime actuel des résidences services

I – PRÉSENTATION DES REFORMES SUCCESSIVES

A – Loi du 13 juillet 2006

1) Objet. En lien avec le vieillissement de la population, l'époque récente a vu fleurir des « résidences du troisième âge » parfois appelées « unités retraite ».

Ces institutions sont, en général, placées sous le régime de la copropriété : mais les copropriétaires qui y résident n'ont pas simplement en vue de se loger. Ils comptent bénéficier d'un certain nombre de prestations de services ou de commodités dont la fourniture est précisément la raison d'être de ces résidences du troisième âge.

Cela étant, l'organisation juridique de ces ensembles posait de nombreux problèmes. La loi du 13 juillet 2006 (loi « ENL ») a, pour la première fois, tenté de leur donner un cadre juridique.

Elle a inséré à cette fin dans la loi du 10 juillet 1965 les articles 41-1 à 41-5 (V. ci-dessous I : Régime ancien).

Rappelons que ces textes ont un caractère d'ordre public (L. 10 juill. 1965, art. 43).

2) Décret du 20 avril 2010. Le décret n° 2010-391 du 20 avril 2010 a créé dans le décret du 17 mars 1967 une section IV *bis* intitulée « Dispositions particulières aux résidences services » et comprenant les nouveaux articles 39-2 à 39-7, pris pour l'application des articles 41-1 à 41-5 de la loi du 10 juillet 1965 (V. ces textes *infra*). Ces dispositions sont entrées en vigueur le 1er novembre 2010.

B – Loi du 28 décembre 2015

3) Nouveau statut des copropriétés avec services. La loi n° 2015-1776 du 28 décembre 2015 (JO 29 déc.) concernant l'adaptation de la société au vieillissement, dite loi ASV, institue dans ses articles 14, 15 et 91 un nouveau statut pour les résidences en copropriété avec services. Ce statut est défini aux articles 41-1 à 41-5 nouveau de la loi du 10 juillet 1965. Cette loi est destinée à remédier à un certain nombre de problèmes auxquels a donné lieu l'application des textes issus de la loi du 13 juillet 2006, mis en évidence par l'étude d'impact du projet de loi : difficultés d'identifier la nature des dépenses et des modes de répartition ; conflits d'intérêts pouvant naître lorsque les services sont gérés directement par le syndic ; difficultés rencontrées par les copropriétaires ou leurs ayants droit pour vendre leurs biens ou les louer en raison de l'existence de charges incompressibles, etc.

Le nouveau régime entre en vigueur à l'expiration d'un délai de six mois suivant la promulgation de la loi, soit à compter du 29 juin 2016. Mais l'ancien régime ne disparaît pas pour autant (V. ci-dessous C).

C – Droit transitoire

Loi n° 2015-1776 du 28 décembre 2015

relative à l'adaptation de la société au vieillissement
(JO 29 déc.)

Art. 91 *(Rect. JO 16 janv. 2016)*. **–** Les articles 41-1 à 41-6 de la loi n° 65-557 du 10 juillet 1965 fixant le statut de la copropriété des immeubles bâtis, dans leur rédaction résultant du I de l'article 14 de la présente loi, s'appliquent à l'expiration d'un délai de six mois suivant la promulgation de la présente loi.

Les résidences-services dont le règlement de copropriété a été publié avant l'expiration du délai mentionné au premier alinéa du présent article restent régies par les articles 41-1 à 41-5 de la loi n° 65-557 du 10 juillet 1965 précitée, dans leur rédaction antérieure à la présente loi. Le 4° de l'article L. 7232-1-2 du Code du travail, dans sa rédaction antérieure à l'article 15 14 de la présente loi, leur demeure applicable.

Pour ces résidences-services, le syndic inscrit chaque année à l'ordre du jour de l'assemblée générale des copropriétaires la question de la mise en conformité du règlement de copropriété avec les articles 41-1 et 41-2 de la loi n° 65-557 du 10 juillet 1965 précitée, dans leur rédaction résultant de la présente loi. La décision de procéder à la modification du règlement de copropriété est prise à la majorité prévue à l'article 26 de la loi n° 65-557 du 10 juillet 1965 précitée. La mise en conformité du règlement de copropriété entraîne l'application des articles 41-1 à 41-6 de la loi n° 65-557 du 10 juillet 1965 précitée, dans leur rédaction résultant du I de l'article 14.

4) **Maintien du droit antérieur pour les résidences services existantes avec faculté d'opter pour l'application du droit nouveau.** Les résidences services en copropriété dont le règlement a été publié avant le 29 juin 2016 restent régies par les règles antérieures. La dispense de condition d'activité exclusive nécessaire pour bénéficier d'un agrément de l'État au titre des services à la personne reste en particulier applicable.

Toutefois le syndic de ces résidences doit chaque année proposer à l'assemblée générale de mettre le règlement en conformité avec les dispositions de la loi nouvelle, en portant cette question à l'ordre du jour. La décision de procéder à la modification du règlement de copropriété, qui entraîne l'application des articles 41-1 à 41-6 nouveaux de la loi du 10 juillet 1965, est prise à la majorité de l'article 26 de cette loi (majorité des membres du syndicat représentant au moins les deux tiers des voix).

Par ailleurs les dispositions relatives à la mise en place du conseil des résidents (art. 41-7 nouveau de la loi du 10 juillet 1965) sont immédiatement applicables à l'ensemble des résidences services.

II – SITUATION EN DÉCOULANT

5) **Distinction entre les différents régimes.** À la suite de la réforme opérée par la loi du 28 décembre 2015 précité, on est amené à distinguer entre les résidences services soumises au statut de la copropriété (V. ci-dessous, n° 5) et les résidences services non régies par ce statut (V. ci-dessous, n° 6).

6) **Résidences services soumises au statut de la copropriété.** Les résidences services régies par le statut de la copropriété sont de deux types :

– les résidences services dont le règlement est antérieur au 29 juin 2016 restent soumises au droit ancien, résultant de la loi du 13 juillet 2006. Elles ont la faculté d'opter pour l'application du droit nouveau, en décidant de modifier le règlement en conséquence (V. ci-dessus, n° 4).

– les résidences services dont le règlement a été établi à compter du 29 juin 2016 : elles sont soumises de plein droit aux nouvelles règles résultant de la loi du 28 décembre 2015.

7) **Résidences services hors statut.** Le législateur a défini dans les articles L. 631-13 à L. 631-16 du Code de la construction et de l'habitation un nouveau régime applicable aux « résidences services ». Elles sont définies par l'article L. 631-13 précité comme « un ensemble d'habitations constituées de logements autonomes permettant aux occupants de bénéficier de services spécifiques non individualisables ».

Ces textes sortent du champ d'application du présent ouvrage, puisque ces résidences ne sont pas soumises au statut de la copropriété.

NDLR : Deux régimes juridiques vont coexister (V. ci-dessus, n° 4) :

- celui des résidences dont le règlement a été publié avant le 29 juin 2016, qui restent soumises aux anciens articles 41-1 à 41-5, sauf option pour le droit nouveau (V. ci-dessus n° 4) ;
- celui des résidences dont le règlement a été publié à compter du 29 juin 2016, soumises aux articles 41-1 à 41-7 nouveaux. Ces deux régimes seront présentés successivement ci-dessous sous les titres « Section 2 : Résidences ancien régime et Section 3 : Résidences nouveau régime.

Section II. – Résidences services : « ancien régime »

Bibliographie : C. Atias, *Services personnels en copropriété immobilière : D.* 1994, chron. 170 et s. • Barbiéri, *Copropriétés du 3e âge : Administrer* mai 1984, p. 2 et s. • C. Giverdon, *La répartition des charges entraînées par les services spécifiques aux immeubles dits « unités de retraite » : JCP* N 1993, prat. p. 2803. • Martin, *Les structures annexes des unités de retraite : Ann. loyers* 1983, p. 526 et s. ; *Les charges des unités de retraite : Ann. loyers* 1984, p. 502 et s. • I. Souleau, *De la résidence avec services aux services avec résidence : RD imm.* 1992, p. 155 et s. • R. Martin, *Les charges des unités retraite : Rev. huissiers* 1995, p. 134. • C. Giverdon, *Les « charges » correspondant aux services spécifiques fournis par les résidences-services pour personnes âgées : Administrer* mars 1996, p. 9. • S. Beaugendre, *Services personnels en copropriété immobilière et droit des sociétés : AJDI* 2000, p. 197. • F. Juery, *Résidences services : attention aux charges ! : Le Particulier immobilier* oct. 2002, p. 41. • F. Schmidiger, *Résidences pour personnes âgées, louer plutôt qu'acheter : Le Particulier immobilier* déc. 2004, p. 42. • G. Vigneron, *Au bonheur des retraités : Loyers et copr.* mars 2006, étude 4. • P. Capoulade, *Les résidences services : AJDI* 2008, p. 574. • P. Capoulade, *La réforme du décret du 20 avril 2010 : les résidences services : Inf. rap. copr.* oct. 2010,

p. 19 et *Dispositions du décret du 17 mars 1967 relatives aux résidences services : AJDI* 2010, p. 530. • *Actes prat. ing. immobilière*, n° spécial avr.-mai-juin 2016 : S. Fraiche-Dupeyrat et A.-C. Foin, *Qu'est-ce qu'une résidence services ?*, p. 7 et s. • P. Dechelette-Tolot, *Les résidences services en copropriété, une adaptation facilitée*, p. 17 et s. • H. Cloez, *Résidences services et droit de l'urbanisme*, p. 21 et s. • D. Hovasse, *Interrogation du casier judiciaire à l'occasion de la vente d'un bien immobilier dépendant d'une résidence avec services*, p. 25 et s. • S. Fernandes, *Résidences services : quelle fiscalité ?*, p. 28 et s. • *La copropriété*, Dalloz Action, 10ᵉ éd., 2021, ss dir. D. Tomasin, nᵒˢ 324.00 et s. • *JCl. Copropriété*, Fasc. 350 par G. Vigneron, actualisé par G. Gil.

NB : Les dispositions des articles 41-1 à 41-5 sont d'ordre public (V. l'art. 43 de la loi).

Rédaction antérieure. Art. 41-1 *(L. n° 2006-872, 13 juill. 2006)*. – Le règlement de copropriété peut étendre l'objet d'un syndicat de copropriétaires à la fourniture, aux occupants de l'immeuble, de services spécifiques, notamment de restauration, de surveillance, d'aide ou de loisirs. Ces services peuvent être procurés en exécution d'une convention conclue avec des tiers.

Le statut de la copropriété des immeubles bâtis est incompatible avec l'octroi de services de soins ou d'aide et d'accompagnement exclusivement liés à la personne, qui ne peuvent être fournis que par des établissements et des services relevant du I de l'article L. 312-1 du Code de l'action sociale et des familles.

Voir : sur le contenu de la « convention » conclue avec un tiers prestataires de services, V. *infra*, D. 17 mars 1967, art. 39-2, p. 821.

Sur les obligations comptables du syndicat qui procure lui-même les services, V. *infra*, D. 17 mars 1967, art. 39-4, p. 822.

Code de l'action sociale et des familles

Art. L. 312-1 *(Mod., L. n° 2019-791, 26 juill. 2019 ; L. n° 2022-217, 21 févr. 2022 ; L. n° 2024-317, 8 avr. 2024)*. – I. - Sont des établissements et services sociaux et médico-sociaux, au sens du présent code, les établissements et les services, dotés ou non d'une personnalité morale propre, énumérés ci-après :

[...]

6° Les établissements et les services qui accueillent des personnes âgées ou qui leur apportent à domicile une assistance dans les actes quotidiens de la vie, des prestations de soins ou une aide à l'insertion sociale ;

7° Les établissements et les services, y compris les foyers d'accueil médicalisé, qui accueillent des personnes handicapées, quel que soit leur degré de handicap ou leur âge, ou des personnes atteintes de pathologies chroniques, qui leur apportent à domicile une assistance dans les actes quotidiens de la vie, des prestations de soins ou une aide à l'insertion sociale ou bien qui leur assurent un accompagnement médico-social en milieu ouvert ;

[...]

Les établissements et services sociaux et médico-sociaux délivrent des prestations à domicile, en milieu de vie ordinaire, en accueil familial ou dans une structure de prise en charge. Ils assurent l'accueil à titre permanent, temporaire ou selon un mode séquentiel, à temps complet ou partiel, avec ou sans hébergement, en internat, semi-internat ou externat. [...].

Bibliographie : G. Vigneron, *Résidences-services* : *JCl. Copropriété*, Fasc. 350, actualisé par G. Gil. • C. Atias, *Les résidences services : D.* 2006, p. 2765. • L. Cinelli, *Un pavé dans la mare des résidences services : La Revue bleue*, déc. 2007, p. 38. • P. Capoulade, *Les résidences services : AJDI* 2008, p. 574. • A. Lebatteux et P. Lebatteux, *Les résidences-services pour personnes âgées après la loi ENL du 13 juillet 2006 : Administrer* juill. 2009, p. 26 et s. • P. Capoulade, *La réforme du décret du 20 avril 2010 : les résidences services : Inf. rap. copr.* oct. 2010, p. 19 et, du même auteur, *Dispositions du décret du 17 mars 1967 relatives aux résidences services : AJDI* 2010, p. 530. • C. Dreveau, *Le développement des services à la carte au sein de l'immeuble en copropriété : AJDI* 2015, p. 274.

NB : Ce texte n'est applicable qu'aux résidences dont le règlement a été publié avant le 29 juin 2016, qui restent soumises aux anciens articles 41-1 à 41-5, sauf option pour le droit nouveau résultant de la loi du 28 décembre 2015 (V. ci-dessus I, Présentation du régime actuel des résidences services, comm. nᵒˢ 4 à 7, p. 574).

I – SITUATION ANTÉRIEURE À LA LOI DU 13 JUILLET 2006

1) Fourniture des prestations : le problème. Les résidences services posaient un premier problème : à qui confier le soin de fournir les prestations ? Au syndicat ? À cela, on pouvait être tenté d'objecter que cette activité n'entrait pas dans le cadre de son objet légal (H. Souleau, note au Dalloz 1978, p. 522, obs. C. Giverdon : *D.* 1980, inf. rap., p. 446). Mais, sans doute dans le désir de ne pas faire obstacle au développement de ce type d'institution, qui répond à un besoin social, la jurisprudence ne s'était pas arrêtée à cette objection (V. ▪ Cass. 3ᵉ civ., 4 mars 1980, n° 78-13.302 : *Bull. civ.* III, n° 49 ; *D.* 1980, inf. rap. p. 446 ; *Defrénois* 1980, art. 32503, note H. Souleau).

À une organisation extérieure ? La jurisprudence donnait plusieurs exemples de semblables formules : V. l'arrêt de la cour de Toulouse du

23 juillet 1981 et l'étude de M. Barbiéri, *Copropriété du 3e âge et jouvence de la loi de 1965* : *JCP* N 1982, doctr. p. 253 et s. dans l'affaire du *Club des Buissonnets* et dans l'affaire des *Jardins d'Arcadie* où cette organisation extérieure était une société coopérative (▪ Cass. 3e civ., 15 juin 1982, n° 80-15.819 : *Bull. civ.* III, n° 154 ; *JCP* N 1983, II, p. 44, note J.-J. B.).

Mais dans ce dernier cas, comment lier les copropriétaires à cette organisation ?

Des techniques diverses ont été utilisées : tantôt les copropriétaires étaient tenus d'une obligation de « passer contrat » avec la société prestataire de services ; tantôt, à l'inverse, il n'y avait aucune obligation d'adhésion (V. sur ces problèmes, ▪ Cass. 3e civ., 6 juin 1983 : *JCP* N 1983, p. 305, et la note de M. Barbiéri et les observations de M. Sizaire sous ▪ Cass. 3e civ., 15 juin 1982, n° 80-15.819 : *Bull. CNEIL* 1983, n° 189, III, p. 33. ▪ CA Paris, 23e ch. A, 16 sept. 1985 : *RD imm.* 1986, p. 104, obs. F. Givord et C. Giverdon, et pour des études d'ensemble : *Les charges des unités retraite*, par Martin : *Ann. loyers* 1984, p. 502. – J.-J. Barbiéri, *Copropriété du 3e âge : JCl. Copropriété*, Fasc. 350).

La formule consistant à faire obligation aux copropriétaires d'adhérer à une association de la loi de 1901, prestataire de services n'est pas viable. En effet, nul ne peut être tenu d'adhérer ou de demeurer membre d'une association et tout copropriétaire peut donc s'en retirer à tout moment (▪ Cass. 3e civ., 20 déc. 2006, n° 05-20.689 : *JurisData* n° 2006-036639 ; *Bull. civ.* III, n° 255 ; *Loyers et copr.* 2007, comm. 38, obs. G. Vigneron ; *AJDI* 2007, p. 396, note P. Capoulade ; *Administrer* mars 2007, p. 55, obs. J.-R. Bouyeure ; *JCP* G 2007, n° 10, p. 27, obs. H. Périnet-Marquet).

2) Solutions jurisprudentielles. La jurisprudence avait tendance à écarter les objections diverses que peuvent faire naître les formules adoptées en pratique (▪ Cass. 3e civ., 29 nov. 1977, n° 76-12.001 : *Bull. civ.* III, n° 413 ; *JCP* N 1978, II, p. 61, note C. Atias ; *D.* 1978, inf. rap. p. 294, obs. C. Giverdon. ▪ Cass. 3e civ., 4 mars 1980, n° 78-13.302 : *Bull. civ.* III, n° 49 ; *D.* 1980, inf. rap. p. 446, obs. C. Giverdon ; *Defrénois* 1980, art. 32503, note H. Souleau. ▪ Cass. 3e civ., 15 juin 1982 : *JCP* N 1983, II, p. 44, obs. J.-J. Barbiéri. ▪ Cass. 3e civ., 8 juin 1983 : *JCP* N 1983, II, p. 305, note J.-J. Barbiéri. – Sur l'ensemble du problème, V. J.-J. Barbiéri, *Copropriétés du 3e âge : Administrer* mai 1984, p. 2 et s.). – Martin, *Les structures annexes des unités retraite : Ann. loyers* 1983, p. 526 et s. La Cour de cassation, dans deux arrêts, avait décidé :

– que la destination particulière de ces immeubles justifiait la mise en place des équipements et services spécifiques dont la gestion entre dans l'objet du syndicat ;

– que les charges entraînées par ces équipements et services devaient être réparties en fonction de l'utilité objective qu'ils présentaient à l'égard de chaque lot, sans avoir à tenir compte de leur utilisation (▪ Cass. 3e civ., 10 mars 1993, n° 91-12.717 : *JurisData* n° 1993-000518 ; *Bull. civ.* III, n° 31 ; *Inf. rap. copr.* 1993, p. 150, obs. P. Capoulade ; *Administrer* janv. 1994, p. 37, note E.-J. Guillot. ▪ Cass. 3e civ., 5 janv. 1994, n° 92-10.480 : *JurisData* n° 1994-000115 ; *Bull. civ.* III, n° 2 ; *RD imm.* 1994, p. 295, obs. P. Capoulade ; *AJPI* 1994, p. 750, obs. C. Giverdon, et sur renvoi de cassation, ▪ CA Aix-en-Provence, ch. réunies, 18 janv. 1996 : *RD imm.* 1996, p. 108, obs. C. Giverdon. – V. aussi, ▪ CA Orléans, ch. urg., 4 oct. 2023, n° 23/00233 : *JurisData* n° 2023-024836. ▪ CA Paris, 14e ch. A, 26 oct. 2005 : *AJDI* 2006, p. 388). Ainsi les frais de fonctionnement du service restauration, à l'exclusion du coût des repas, peuvent être répartis entre les copropriétaires des « lots-services » sur la base des quotes-parts de parties communes spéciales afférentes à chacun de ces lots (▪ Cass. 3e civ., 24 mars 2009, n° 08-12.850).

Les copropriétaires (ou leurs héritiers) doivent donc payer les charges même s'ils ne bénéficient pas effectivement des équipements ou services correspondants (V. ▪ Cass. 3e civ., 5 janv. 1994, préc. ▪ CA Limoges, aud. sol., 13 oct. 2004 : *Loyers et copr.* 2005, comm. 79, obs. G. Vigneron. – Rép. min. : *JOAN* Q, 10 août 2004, n° 40866, p. 6336).

Il reste que, quelle que soit l'organisation adoptée, des difficultés contentieuses étaient à craindre (V. dans le cas de fourniture de services de restauration par le canal d'une association syndicale libre, ▪ Cass. 3e civ., 19 déc. 2006, n° 05-20.921 : *AJDI* 2007, p. 754, note P. Capoulade).

Bibliographie : sur les diverses formules de gestion, C. Atias, *Sports, loisirs et promotion commerciale dans le statut des biens : Ann. loyers* 2003, p. 2339.

II – APPORTS DE LA LOI DU 13 JUILLET 2006

A – Possibilité d'étendre l'objet du syndicat

3) Objet du syndicat. Entérinant, en cela, la jurisprudence antérieure, l'article 41-1 est venu dire qu'un syndicat de copropriétaires pouvait, aux termes de son règlement, avoir pour objet la fourniture aux occupants de l'immeuble de services spécifiques, notamment (l'énumération n'est donc pas limitative...) de restauration, de surveillance, d'aide ou de loisirs.

Il existe toutefois une restriction à cette possibilité concernant les services de soins ou d'aide et d'accompagnement exclusivement liés à la personne (V.ci-dessous nos 6 et 7).

4) Convention conclue avec des tiers. Le même texte prévoit que ces services peuvent être procurés « en exécution d'une convention conclue avec des tiers ». Le syndicat peut donc recourir à une organisation extérieure, comme l'admettait la jurisprudence (■ CA Orléans, ch. urg., 17 janv. 2024, n° 23/02208 : *JurisData* n° 2024-003896).

Il a été jugé que lorsqu'un règlement de copropriété intègre un contrat de service distinguant des prestations bénéficiant à l'ensemble des copropriétaires et des prestations paramédicales, et réservant des parties communes à l'usage de prestations de services, la délibération de l'assemblée approuvant la conclusion d'un contrat avec une société prestataire distinguant des services de base, des services personnalisés pour lesquels l'adhésion est facultative et des services bénéficiant à l'ensemble des résidents, n'a pas à être prise à la majorité de l'article 26 de la loi du 10 juillet 1965 dès lors qu'elle n'entraîne aucune modification du règlement de copropriété quant à la jouissance, l'usage et l'administration des parties communes (■ Cass. 3e civ., 28 nov. 2012, n° 11-25.476 : *JurisData* n° 2012-027430 ; *Bull. civ.* III, n° 175 ; *Loyers et copr.* 2013, comm. 60, obs. G. Vigneron ; *Rev. loyers* 2013, p. 39, note V. Zalewski ; *Administrer* févr. 2013, p. 47, obs. J.-R. Bouyeure). En l'espèce le contrat à intervenir avec l'entité prestataire de services (une association chargée d'assurer la surveillance gardiennage de la résidence) avait été approuvé à la majorité de l'article 24 de la loi du 10 juillet 1965, dès lors que la décision n'entraînait pas de modification du règlement de copropriété et en ce qui concerne la jouissance usage et l'administration des parties communes. Un immeuble en copropriété relève du statut des résidences services institué par les articles 41-1 et suivants de la loi du 10 juillet 1965 lorsque le règlement de copropriété a étendu l'objet du syndicat à la fourniture aux occupants de services spécifiques, notamment de restauration, de surveillance, d'aide ou de loisirs (■ CA Paris, pôle 4, 2e ch., 19 nov. 2014, n° 13/01260 : *JurisData* n° 2014-028686 ; *Loyers et copr.* 2015, comm. 125, note G. Vigneron).

Il a été jugé que le « tiers » visé par l'article 41-1 pouvait être une association syndicale libre. La gestion et l'entretien des équipements et services communs d'une résidence services entrent dans les prévisions tant de l'article premier de la loi du 21 juin 1865 que de l'article premier de l'ordonnance du 1er juillet 2004, a déclaré la Cour de cassation (■ Cass. 3e civ., 14 nov. 2012, n° 11-23.808 : *JurisData* n° 2012-025693 ; *Loyers et copr.* 2013, comm. 56, note G. Vigneron. – V. à ce sujet, C. Atias, *Résidences services en associations syndicales libres de propriétaires* : *Defrénois* 2013, p. 7).

5) Recouvrement des charges. Il avait été admis que l'association qui fournissait les services avait qualité, par délégation, pour recouvrer au nom du syndicat les charges de fonctionnement y afférentes (■ CA Orléans, ch. civ., 31 mars 2014, n° 13/01464 : *JurisData* n° 2014-017113 ; *Rev. loyers* 2014, p. 380. ■ CA Orléans, 9 juill. 2012, n° 11-02.227 : *JurisData* n° 2012-031160 ; *Loyers et copr.* 2013, comm. 190, note G. Vigneron). Mais cette jurisprudence a été condamnée par la Cour de cassation (■ Cass. 3e civ., 8 oct. 2015, n° 14-19.245 : *JurisData* n° 2015-022205 ; *Bull. civ.* III, n° 301 ; *Loyers et copr.* 2015, comm. 258, note G. Vigneron ; *Rev. loyers* 2015, p. 531, note V. Zalewski-Sicard, cassant l'arrêt précité de la cour d'Orléans du 31 mars 2014. – V. postérieurement dans le même sens, ■ Cass. 3e civ., 20 oct. 2016, n° 15-18.736 : *JurisData* n° 2016-021830 ; *Loyers et copr.* 2016, comm. 268, obs. G. Vigneron et C. Coutant-Lapalus. – ■ CA Orléans, ch. civ., 16 janv. 2023, n° 20/00702 : *JurisData* n° 2023-001172). Dès lors que les services spécifiques non individualisés sont qualifiés de charges de copropriété, le syndicat a qualité et intérêt pour en assurer le recouvrement auprès des copropriétaires, même si les sommes ont vocation à être reversées à l'association fournissant ces services aux copropriétaires (■ CA Orléans, ch. urg., 17 janv. 2024, n° 23/02239 : *JurisData* n° 2024-003898).

B – Problème des services de soins ou d'aide et d'accompagnement exclusivement liés à la personne

6) Restriction. Dans son alinéa 2, le texte indique que le statut de la copropriété est incompatible avec l'octroi de services de soins ou d'aide et d'accompagnement exclusivement liés à la personne. Ces services, ajoute le texte, ne peuvent être fournis que par des établissements et des services relevant de l'article L. 312-1, I, du Code de l'action sociale et des familles (qui sont des établissements et services sociaux ou médico-sociaux : V. le texte ci-dessus).

Le législateur a entendu éviter ainsi toute confusion entre les résidences services et les maisons médicalisées (Rapp. Hamel au nom de la Commission des lois : Doc. AN n° 3089, p. 180). Cette disposition étant d'ordre public s'applique immédiatement et il appartient au syndic de licencier le personnel soignant – ce qui englobe les infirmières (V. C. Saujot, *L'interdiction des prestations médicales dans les résidences services* : *AJDI* 2006, p. 785. – V. en ce sens ■ CA Pau, 12 avr. 2012, n° 11/02139 : *AJDI* 2013, p. 291). Les dispositions de l'article 41-1 nouveau, d'ordre public, sont entrées en vigueur dès la publication de la loi ENL du 13 juillet 2006. En conséquence le syndic était tenu de licencier immédiatement le personnel médical employé par le syndicat des copropriétaires, sans qu'il soit besoin d'une décision préalable de l'assemblée générale, la clause du règlement de copropriété prévoyant l'institution d'un service paramédical devant être réputée non écrite (■ Cass. 3e civ., 1er déc. 2016, n° 15-12.114, publié au *Bull.* ; *JurisData* n° 2016-025493 ; *Loyers et copr.* 2017, comm. 57, note A. Lebatteux ; *Rev. loyers* 2017, p. 39, note V. Zalewski-Sicard ; *AJDI* 2017, p. 289, note D. Tomasin, confirmant ▪ CA Pau, 28 oct. 2014, n° 13/01464 : *Rev. Loyers* 2014, p. 543, obs. S. Bénilsi ; *AJDI* 2015, p. 211).

La distinction entre les services de soins ou d'aide exclusivement liés à la personne et les autres pourra dans certains cas présenter des difficultés (V. L. Cinelli, *op. cit. supra* Biblio).

Si une association a reçu la délégation d'assurer pour le compte du syndicat la permanence d'accueil, une assistance paramédicale et la restauration, les redevances qui lui sont dues ne constituent pas des dépenses afférentes aux prestations individualisées mais des dépenses courantes au sens de l'article 14-1 de la loi du 10 juillet 1965, auxquelles tout copropriétaire doit participer, s'agissant de frais de fonctionnement et d'administration des services (▪ CA Orléans, ch. civ., 9 févr. 2009 : *JurisData* n° 2009-022229).

7) Agréments. Pour mettre fin à des conflits d'interprétation entre diverses administrations quant à l'application de la circulaire n° 1-2007 du 15 mai 2007, une réponse ministérielle est venue apporter diverses précisions (Rép. min. 13 janv. 2011, p. 99 : *Inf. rap. copr.* mars 2011, p. 31).

Cette réponse indique que tous les services proposés par les résidences services à leurs résidents ne relèvent pas de l'agrément prévu à l'article L. 7232-1 du Code du travail. Seuls relèvent de cet agrément et des avantages financiers afférents, les services qui répondent aux critères de définition des services à la personne au sens du Code du travail.

– Le premier de ces critères est le lieu de délivrance des prestations qui est, sauf exception, le domicile privé du bénéficiaire. La référence, dans la circulaire du 15 mai 2007 précitée, à la notion « d'environnement immédiat » du domicile du bénéficiaire correspond à la notion « d'aide à la mobilité dans l'environnement de proximité favorisant le maintien à domicile ». Elle renvoie aux seules les activités, énumérées aux 12°, 13°, 14° et 17° de l'article D. 7231-1 du Code du travail, « d'aide à la mobilité », de « conduite du véhicule personnel », « d'accompagnement du domicile, dans les transports, pour effectuer des actes de la vie courante ou de promenade » et de « soins et promenade d'animaux domestiques ». Les autres activités énumérées par ce texte, telles que l'assistance administrative ou informatique, les soins esthétiques, le ménage, le bricolage, etc., ne relèvent du champ des services à la personne que si elles sont effectuées au domicile des bénéficiaires. Dans le cas particulier des résidences services, les prestations rendues dans les espaces communs des résidences ne relèvent donc pas de l'agrément, ceux-ci étant assimilables à des parties communes.

– Le second critère est le caractère individuel des prestations. Ainsi relèveront par exemple de l'agrément des prestations d'accompagnement hors du domicile proposées de manière individuelle aux personnes âgées, mais non un accompagnement pour des sorties collectives.

– Les résidences services qui sollicitent un agrément au titre d'activités de service à la personne doivent ainsi identifier, parmi les services qu'elles offrent à leurs habitants, sur la base de ces critères et de la liste des activités définies à l'article D. 7231-1 du Code du travail, ceux de leurs services qui relèvent de l'agrément, et respecter les intitulés d'activité retenus par cet article.

8) Régime fiscal du syndicat. Si le syndicat se contente d'accomplir sa mission légale de conservation et d'administration des parties communes de l'immeuble, il ne se livre pas à une activité à caractère lucratif et échappe donc à l'impôt sur les sociétés et à la contribution économique territoriale (ancienne taxe professionnelle).

En revanche, s'il propose des services supplémentaires (restauration, aide-ménagère, infirmerie, kinésithérapie, etc.) qu'il facture en supplément des charges de copropriété, il se livre à l'exploitation d'une activité à but lucratif et ne peut échapper à l'impôt sur les sociétés et à la CET que si sa gestion est désintéressée et s'il ne concurrence pas le secteur commercial (▪ CE, 30 déc. 2009, n°s 394933 et 294934 : *RJF* 4/2010, n° 329).

Rédaction antérieure. Art. 41-2 *(L. n° 2006-872, 13 juill. 2006)*. – Le syndicat des copropriétaires de « résidence-services », mis en place dans les conditions prévues à l'article 41-1, ne peut déroger à l'obligation d'instituer un conseil syndical. L'assemblée générale peut déléguer au conseil syndical, à la majorité absolue des voix du syndicat des copropriétaires, les décisions relatives à la gestion courante de services spécifiques.

Lorsqu'il ne reçoit pas de délégation à cet effet, le conseil syndical donne obligatoirement son avis sur le projet de convention en vue de la fourniture de services spécifiques lorsqu'elle est confiée à un tiers. Dans ce cas, il surveille la bonne exécution de la convention dont il présente un bilan chaque année à l'assemblée générale.

Voir : sur les modalités d'application de ce texte, V. *infra*, D. 17 mars 1967, art. 39-3, p. 821.

NB : Ce texte n'est applicable qu'aux résidences dont le règlement a été publié avant le 29 juin 2016, qui restent soumises aux anciens articles 41-1 à 41-5, sauf option pour le droit nouveau résultant de la loi du 28 décembre 2015 (V. ci-dessus I, Présentation du régime actuel des résidences services, n°s 4 à 7).

1) Présence obligatoire d'un conseil syndical : son rôle. Dans les syndicats de copropriétaires de résidences-services, il n'est pas possible de déroger, comme le prévoit l'article 21, alinéa 9 de la loi du 10 juillet 1965, à l'obligation d'instituer un conseil syndical.

L'article 41-2 prévoit que l'assemblée peut déléguer au conseil syndical, à la majorité absolue des voix du syndicat des copropriétaires, les décisions relatives à la gestion courante de services spécifiques. Lorsque cette majorité n'est pas atteinte, le nouveau libellé de l'article 25-1 de la loi du 10 juillet 1965 (V. ce texte *supra*), issu de l'ordonnance n° 2019-1101 du 30 octobre 2019 fait qu'il est possible d'utiliser la « passerelle » prévue par ce texte.

Même s'il n'a pas de délégation spéciale à cet effet, le conseil syndical doit par ailleurs obligatoirement donner son avis sur le projet de convention en vue de la fourniture de services spécifiques, lorsqu'il est recouru pour ce faire à un organisme tiers. Dans ce cas, ajoute le texte, il doit surveiller la bonne exécution de la convention et présenter un bilan chaque année à l'assemblée générale.

2) Présence obligatoire d'un conseil de résidents. Signalons ici que les résidences en copropriété restant soumise à la loi du 13 juillet 2006 ont l'obligation de se doter d'un conseil de résidents conforme aux dispositions de l'article 41-7 nouveau de la loi du 10 juillet 1965 (V. ce texte ci-dessous).

Rédaction antérieure. Art. 41-3 ***(L. n° 2006-872, 13 juill. 2006).*** **–** Les charges relatives aux services spécifiques créés sont réparties conformément au premier alinéa de l'article 10. Les charges de fonctionnement de ces services constituent des dépenses courantes au sens et pour l'application de l'article 14-1.

Toutefois, les dépenses afférentes aux prestations individualisées ne constituent pas des charges de copropriété.

Bibliographie : G. Vigneron, *Résidences-services : JCl. Copropriété*, Fasc. 350, actualisé par G. Gil. • C. Atias, *Les résidences services : D.* 2006, p. 2765. • L. Cinelli, *Un pavé dans la mare des résidences services : Rev. bleue* déc. 2007, p. 38.

NB : Ce texte n'est applicable qu'aux résidences dont le règlement a été publié avant le 29 juin 2016, qui restent soumises aux anciens articles 41-1 à 41-5, sauf option pour le droit nouveau résultant de la loi du 28 décembre 2015 (V. ci-dessus I, Présentation du régime actuel des résidences services, n°s 4 à 7).

1) Dépenses constituant des charges de copropriété : répartition. L'article 41-3 est consacré au problème des charges des résidences-services.

Il traite tout d'abord des « charges relatives aux services spécifiques créés » (c'est-à-dire, si l'on se réfère à l'article 41-1 : les services de restauration, de surveillance, d'aide ou de loisirs, sans que cette énumération soit limitative). Ces charges, précise le texte, sont réparties « conformément aux critères posés par l'article 10, alinéa 1 ». Les copropriétaires sont donc tenus de participer à ces charges en fonction de l'utilité que ces services présentent à l'égard de chaque lot. Telle était la solution admise antérieurement par la Cour de cassation (V. *supra*, comm. art. 41-1).

S'agissant d'une utilité objectivement entendue, les copropriétaires ont l'obligation de contribuer aux charges relatives à ces services indépendamment de l'utilisation réelle qui en est faite par les copropriétaires ou occupants des lots, et donc même si le lot est inoccupé (Rép. min. n° 185 : *JOAN* Q, 21 août 2007, p. 5331. – V. en ce sens ▪ CA Orléans, ch. civ., 16 janv. 2023, n° 20-00702 : *JurisData* n° 2023-00.1172. ▪ CA Angers, 28 juin 2011, n° 09/02609 : *AJDI* 2012, p. 761). La Cour de cassation l'a confirmé. En l'espèce les charges relatives aux conventions de restauration et aux conventions hotelières étaient prévues au règlement de copropriété. Il a été jugé d'une part que la reprise de leur recouvrement directement par le syndicat des copropriétaires ne nécessitait pas de modification du règlement, et d'autre part que l'utilité que les services ainsi fournis présentaient à l'égard de chaque lot s'appréciait de façon objective, indépendamment de l'utilisation effective par les copropriétaires de ces services ou de l'occupation des appartements (▪ Cass. 3e civ., 29 nov. 2018, n° 17-27.526, publié au *Bull.* : *JurisData* n° 2018-021403 ; *Loyers et copr.* 2019, comm. 19, note A. Lebatteux ; *Administrer* févr. 2019, p. 45, note J.-R. Bouyeure ; *Defrénois* 14 févr. 2019, p. 26, obs. M.-A. Le Floch et L.-A. Poletti ; *Rev. loyers* janv. 2019, p. 41, note V. Zalewski-Sicard).

L'article 41-3 ajoute que les charges de fonctionnement relatives aux services spécifiques créés constituent des dépenses courantes au sens et pour l'application de l'article 14-1, ce qui signifie qu'elles entrent dans le cadre du budget prévisionnel. Il en résulte que la procédure spécifique de recouvrement de l'article 19-2 de la loi peut être utilisée.

Une réponse ministérielle a indiqué que les dépenses de fonctionnement des services spécifiques ainsi visées, nécessaires à leur permanence, sont essentiellement les dépenses relatives aux infrastructures et à l'engagement du personnel assurant ces services (Rép. min. 28 déc. 2010 : *JO*, p. 14038 ; *Inf. rap. copr.* janv.-févr. 2011, p. 23. – V. pour le cas où une association a reçu la délégation d'assurer, pour le compte du syndicat, la permanence d'accueil, une assistance paramédicale et la restauration : ▪ CA Orléans, 9 févr. 2009 : *JurisData* n° 2009-0222290 ; *Loyers et copr.* 2010, comm. 236, obs. G. Vigneron).

Il a été précisé que l'assemblée pouvait valablement décider de répartir les frais de fonctionnement du service restauration (à l'exclusion du coût des repas) entre tous les copropriétaires sur la base des quotes-parts de parties communes spéciales affectées à leurs lots, sans violer le critère de l'utilité (■ Cass. 3e civ., 24 mars 2009, n° 08-12.850 : *Administrer* juin 2009, p. 45, obs. J.-R. Bouyeure ; *Rev. loyers* 2009, p. 301). Cependant si la répartition des charges est opérée en fonction du nombre de logements par bâtiment et qu'elle est devenue obsolète en raison des modifications successives de ce nombre et de l'état descriptif de division, cette répartition peut être mise en cause sur le fondement de l'article 43 de la loi du 10 juillet 1965 (■ Cass. 3e civ., 14 mars 2019, n° 17-25.845 : *JurisData* n° 2019-003893 ; *Loyers et copr.* 2019, comm. 83, note A. Lebatteux ; *Administrer* mai 2019, p. 54, obs. J.-R. Bouyeure).

Il a pu être jugé que, la fonction de réception étant par nature commerciale, les charges communes relatives aux frais de réception dans le hall d'accueil exposés par la société de gestion de la résidence ne présentaient aucune utilité objective pour les lots dont les copropriétaires n'avaient pas confié l'exploitation à cette société (■ Cass. 3e civ., 18 févr. 2015, n° 13-27.104 : *JurisData* n° 2015-002912 ; *Bull. civ.* III, n° 21 ; *Loyers et copr.* 2015, comm. 124, note G. Vigneron ; *Administrer* juin 2015, p. 39, note J.-R. Bouyeure ; *Rev. loyers* 2015, p. 256, note M. Plaidy).

2) Dépenses ne constituant pas des charges de copropriété. L'article 41-3 précise, d'autre part, que « les dépenses afférentes aux prestations individualisées ne constituent pas des charges de copropriété ». Par « prestations individualisées », il faut entendre celles qui ne sont fournies qu'à certains copropriétaires, par exemple pour répondre aux exigences spécifiques de leur état de santé, ou pour satisfaire une demande qui leur est propre (coiffure, soins esthétiques, cours de diverses natures, etc.). Ces dépenses sont payées à celui qui fournit les services, le syndicat ou un tiers selon le cas, par les seuls copropriétaires utilisateurs en fonction de l'usage réel qu'ils font de ces services (Rép. min. 28 déc. 2010, préc.).

Les héritiers d'un copropriétaire décédé n'auront donc plus à supporter le poids de ces dépenses, pour des services non utilisés (Rép. min. 19 déc. 2006 : *JOAN Q*, p. 13118, n° 105826).

3) Modification des charges. La transformation du statut d'un lot avec services, en un lot sans services porte atteinte à la destination de l'immeuble et entraîne également la modification de la répartition des charges. Elle implique une décision unanime de l'assemblée. Le fait que les charges du service de restauration soient réparties selon les tantièmes de copropriété n'a rien d'illégal (■ CA Paris, 23e ch. B, 10 janv. 2008 : *AJDI* 2008, p. 299).

Rédaction antérieure. Art. 41-4 *(L. n° 2006-872, 13 juill. 2006)*. – Les décisions relatives à la suppression des services visés à l'article 41-1 sont prises à la majorité prévue au premier alinéa de l'article 26 et, le cas échéant, à celle prévue au dernier alinéa du même article.

NB : Ce texte n'est applicable qu'aux résidences dont le règlement a été publié avant le 29 juin 2016, qui restent soumises aux anciens articles 41-1 à 41-5, sauf option pour le droit nouveau résultant de la loi du 28 décembre 2015 (V. ci-dessus I, Présentation du régime actuel des résidences services, nos 4 à 7).

Suppression des services. L'article 41-4 introduit une certaine souplesse dans le fonctionnement des résidences-services en permettant de supprimer, le cas échéant, certains des services (ou même tous les services, puisque le texte parle de « la suppression des services ») visés à l'article 41-1 (V. ce texte *supra*).

– La suppression de ces services est en principe décidée à la majorité prévue à l'article 26, alinéa 1, c'est-à-dire la majorité des membres du syndicat représentant au moins les deux tiers des voix.

Mais le texte indique qu'il peut être recouru le cas échéant « à la majorité prévue au dernier alinéa de l'article 26 ». Dans sa rédaction antérieure à la loi n° 2014-366 du 24 mars 2014, dite « loi ALUR » qui a modifié l'article 26, le dernier alinéa de ce texte prévoyait que faute d'avoir été approuvée aux conditions de majorité de l'article 26, alinéa 1, la décision qui aura recueilli dans un premier temps l'approbation de la majorité des membres du syndicat représentant au moins les deux tiers des voix des copropriétaires présents ou représentés, pourra être prise dans le cadre d'une nouvelle assemblée générale, convoquée à cet effet, statuant cette fois simplement à la majorité des deux tiers des voix. Dans sa rédaction actuelle, issue de la loi ALUR précitée, le dernier alinéa de l'article 26 de la loi du 10 juillet 1965 renvoie à une décision prise à l'unanimité des voix de tous les copropriétaires.

Rédaction antérieure. Art. 41-5 *(L. n° 2006-872, 13 juill. 2006)*. – Si l'équilibre financier d'un ou de services mentionnés à l'article 41-1 est gravement compromis et après que l'assemblée générale s'est prononcée, le juge statuant comme en matière de référé, saisi par des copropriétaires représentant 15 % au moins des voix du syndicat, peut décider soit la suspension, soit la suppression de ce ou de ces services.

Voir : sur les modalités d'application de ce texte, V. *infra*, D. 17 mars 1967, art. 39-6 et 39-7, p. 822.

NB : Ce texte n'est applicable qu'aux résidences dont le règlement a été publié avant le 29 juin 2016, qui restent soumises aux anciens articles 41-1 à 41-5, sauf option pour le droit nouveau résultant de la loi du 28 décembre 2015 (V. ci-dessus I, Présentation du régime actuel des résidences services, nos 4 à 7).

Équilibre financier compromis. L'article 41-5 traite du cas où l'équilibre financier d'un service ou de services mentionnés à l'article 41-1 (V. ce texte) est « gravement compromis ». En pareil cas le texte permet au juge de décider « soit la suspension soit la suppression de ce ou de ces services ».

Mais préalablement il faut que l'assemblée générale se soit prononcée. Le juge ne peut donc statuer tant que l'assemblée n'a pas été saisie.

Quelle que soit la décision prise, si elle ne convient pas à certains copropriétaires, ils peuvent former une demande en justice : mais cette demande n'est recevable que si les demandeurs représentent 15 % au moins des voix du syndicat.

NDLR : À compter du 1er janvier 2020, et en vertu de l'ordonnance n° 2019-738 du 17 juillet 2019, prise en application de l'article 28 de la loi n° 2019-222 du 23 mars 2019 de programmation 2018-2022 et de réforme de la justice, la juridiction compétente en la matière est modifiée (V. le nouveau texte de l'article 41-1, alinéa 4 ci-dessus). Ce n'est plus le juge des référés qui est compétent mais le président du tribunal judiciaire, qui statuera selon la procédure accélérée au fond, réglementée par les articles 481-1 et 839 du Code de procédure civile.

Section III. – Résidences services : nouveau régime

Loi n° 65-557 du 10 juillet 1965
fixant le statut de la copropriété des immeubles bâtis

Bibliographie : G. Gil, *Les nouveaux régimes des résidences avec services : Loyers et copr.* mars 2016, étude 3 ; *Les copropriétés avec services après la loi du 28 décembre 2015 : Ann. loyers* 2016, p. 133 ; *Les copropriétés avec services après la loi du 28 décembre 2015 : Inf. rap. copr.*, mars 2016, p. 16. • *Actes prat. ing. immobilière*, n° spécial avr.-mai-juin 2016 : S. Fraiche-Dupeyrat et A.-C. Foin, *Qu'est-ce qu'une résidence services ?*, p. 7 et s. • P. Déchelette-Tolot, *Les résidences services en copropriété, une adaptation facilitée*, p. 17 et s. • H. Cloez, *Résidences services et droit de l'urbanisme*, p. 21 et s. • D. Hovasse, *Interrogation du casier judiciaire à l'occasion de la vente d'un bien immobilier dépendant d'une résidence avec services*, p. 25 et s. • S. Fernandes, *Résidences services : quelle fiscalité ?*, p. 28 et s. • M.-H. Martial, *La résidence-services de tourisme en copropriété : Inf. rap. copr.* juill.-août 2024, p. 21.

Art. 41-1 ***(L. n° 2006-872, 13 juill. 2006 ; rempl. à compter du 28 juin 2016, L. n° 2015-1776, 28 déc. 2015 ; mod. à compter du 1er janvier 2020, Ord. n° 2019-738, 17 juill. 2019).*** **– Le règlement de copropriété peut étendre l'objet d'un syndicat de copropriétaires à la fourniture aux résidents de l'immeuble de services spécifiques dont les catégories sont précisées par décret et qui, du fait qu'ils bénéficient par nature à l'ensemble de ses résidents, ne peuvent être individualisés.**

Les services non individualisables sont fournis en exécution de conventions conclues avec des tiers. Les charges relatives à ces services sont réparties en application du premier alinéa de l'article 10. Les charges de fonctionnement constituent des dépenses courantes, au sens de l'article 14-1.

Les décisions relatives à la création ou à la suppression des services non individualisables sont prises à la majorité prévue au premier alinéa de l'article 26. La décision de suppression d'un service non individualisable ne peut intervenir qu'à la condition que l'assemblée générale ait eu connaissance au préalable d'un rapport portant sur l'utilité de ce service pour l'ensemble des résidents et sur les conséquences de la suppression de ce service sur l'équilibre financier de la copropriété.

Si l'équilibre financier d'un ou de plusieurs services mentionnés au présent article est gravement compromis ou si le déséquilibre financier d'un ou de plusieurs services compromet l'équilibre financier de la copropriété, et après que l'assemblée générale s'est prononcée, le président du tribunal judiciaire statuant selon la procédure accélérée au fond, saisi par des copropriétaires représentant 15 % au moins des voix du syndicat, peut décider soit la suspension, soit la suppression de ces services.

Le statut de la copropriété des immeubles bâtis est incompatible avec l'octroi de services de soins ou d'aide et d'accompagnement exclusivement liés à la personne, qui ne peuvent être fournis que par des établissements et des services relevant du I de l'article L. 312-1 du Code de l'action sociale et des familles ou par des établissements, des services ou des professionnels de santé relevant des quatrième et sixième parties du Code de la santé publique.

NB : Ce texte n'est applicable qu'aux résidences dont le règlement a été publié à compter du 29 juin 2016 (V. ci-dessus I, Présentation du régime actuel des résidences services, nos 4 à 7).

I – POSSIBILITÉ D'ÉTENDRE L'OBJET DU SYNDICAT

1) Fourniture de services non individualisables. Ce texte consacre dans son alinéa premier la possibilité pour le syndicat d'étendre son objet à la fourniture aux résidents de l'immeuble des services spécifiques qui « du fait qu'ils bénéficient par nature à l'ensemble de ses résidents ne peuvent être individualisés ».

Les « catégories » de ces services ont été précisées par le décret n° 2016-1446 du 26 octobre 2016 (*JO* 28 oct.) qui a modifié les articles 11, 39-3, 39-5 à 39-7 du décret du 17 mars 1967, procédé à la réécriture des articles 39-2 et 39-4 de ce même décret, et créé les articles 39-2-1, 39-8, 39-9 et 66-2. Ce texte est entré en vigueur le 1er novembre 2016 pour les résidences services en copropriété (et le 17 déc. 2016 pour les résidences services non soumises au statut de la copropriété). Les services non individualisables sont définis par l'article 39-2 du décret (V. ce texte *infra*).

2) Cas particulier des services de soins ou d'aide et d'accompagnement exclusivement liés à la personne. L'alinéa 6 de l'article 41-1 énonce que le statut de la copropriété est incompatible avec l'octroi de services de soins, d'aide et d'accompagnement exclusivement liés à la personne. Ces services ne peuvent être fournis, ajoute le texte, que par des établissements et des services relevant de l'article L. 312-1, I du Code de l'action sociale et des familles, ou par des établissements, des services des professionnels de santé relevant des quatrième et sixième partie du Code de la santé publique.

Le principe avait déjà été posé par l'article 41-1 dans son ancienne rédaction (sur la raison d'être de cette restriction et ses modalités d'application, et sur le libellé de l'article L. 312-1 du Code de l'action sociale et des familles, Voir comm. L. n° 65-557, 10 juill. 1965, art. 41-1, p. 573 ci-dessus).

II – MODALITÉS DE FOURNITURE DES SERVICES NON INDIVIDUALISABLES

3) Conventions conclues avec les tiers. De même à l'article 41-1 ancien de la loi, le texte nouveau précise dans son alinéa 2 que les services non individualisables sont fournis « en exécution de conventions conclues avec des tiers ». On se reportera sur ce point au commentaire de l'article 41-1 ancien ci-dessus. Le texte institue donc l'obligation d'avoir recours à des prestataires de services extérieurs au syndicat.

Sur le contenu de ces conventions, V. D. 17 mars 1967, art. 39-2-1, p. 821.

4) Charges. Le texte ajoute que les charges concernant ces services sont réparties « en application du premier alinéa de l'article 10 », et donc « en fonction de l'utilité que ces services représentent à l'égard de chaque lot » (V. L. n° 65-557, 10 juill. 1965, art. 10, comm. nos 13 à 18, p. 143). Il précise que les charges de fonctionnement constituent des dépenses courantes « au sens de l'article 14-1 de la loi du 10 juillet 1965 : ces charges doivent donc être réparties proportionnellement aux tantièmes de copropriété, en vertu de l'article 10 alinéa 2 de la loi du 10 juillet 1965.

Il a été jugé, à propos de l'article 41-1 ancien de la loi (voir le commentaire de ce texte ci-dessus) que ces charges devaient être recouvrées par le syndic, ce qui excluait toute délégation.

III – CRÉATION OU SUPPRESSION DE SERVICES

5) Décision de l'assemblée. Selon l'article 41-1 alinéa 3, les décisions relatives à la création ou à la suppression des services non individualisables sont prises à la majorité prévue à l'alinéa premier de l'article 26 (majorité des membres du syndicat représentant au moins les deux tiers des voix).

Sur la possibilité pour l'assemblée de se prononcer à la majorité des voix des copropriétaires dans le cadre d'un second vote, en utilisant la « passerelle », V. l'article 26-1 de la loi du 10 juillet 1965.

Cependant la décision de suppression d'un service non individualisable ne peut intervenir, précise le texte, qu'à la condition que l'assemblée générale ait eu connaissance au préalable d'un rapport portant sur l'utilité de ce service pour l'ensemble des résidents, et sur les conséquences de la suppression de ce service sur l'équilibre financier de la copropriété.

Sur les modalités d'établissement de ce rapport, V. D. 17 mars 1967, art. 39-4, p. 822.

6) Intervention du juge. L'alinéa 4 de l'article 41-1 prévoit une intervention éventuelle du président du tribunal judiciaire lorsque les conditions suivantes sont réunies :

– si l'équilibre financier d'un ou plusieurs services non individualisables est gravement compromis ;

– ... ou si le déséquilibre financier d'un ou de plusieurs de ces services compromet l'équilibre financier de la copropriété.

Pour que le président du tribunal judiciaire puisse intervenir il faut que l'assemblée générale se soit préalablement prononcée.

Si ces conditions sont remplies le président du tribunal judiciaire peut être saisi par des copropriétaires représentant 15 % au moins des voix du syndicat. Il statue selon la procédure accélérée au fond, réglementée par les articles 481-1 et 839 du Code de procédure civile et peut décider soit la suspension soit la suppression des services concernés.

Sur les modalités du déroulement de l'instance, V. D. 17 mars 1967, art. 39-6, p. 822.

Sur l'obligation d'informer les copropriétaires de la décision intervenue, V. D. 17 mars 1967, art. 39-7, p. 823.

Art. 41-2 *(L. n° 2006-872, 13 juill. 2006 ; rempl. à compter du 28 juin 2016, L. n° 2015-1776, 28 déc. 2015).* **– Le règlement de copropriété peut prévoir l'affectation de certaines parties communes à la fourniture, aux occupants de l'immeuble, de services spécifiques individualisables. Il précise la charge des dépenses d'entretien et de fonctionnement liées à ces parties communes et sa répartition.**

NB : Ce texte n'est applicable qu'aux résidences dont le règlement a été publié à compter du 29 juin 2016 (V. ci-dessus I, texte de présentation du régime actuel des résidences services, n°s 4 à 7).

Rédaction du règlement. Ce texte offre la faculté d'affecter certaines parties communes à la fourniture aux occupants de l'immeuble de services spécifiques individualisables. Cette affectation doit résulter d'une clause du règlement de copropriété (Sur la décision de désaffecter par la suite ces parties communes, V. ci-dessous L. n° 65-557, 10 juill. 1965, art. 41-5, p. 578).

Ce règlement doit en outre préciser qui supportera la charge des dépenses d'entretien et de fonctionnement liées à ces parties communes spécialement « affectées », et indiquer la grille de répartition entre les débiteurs de charges.

Art. 41-3 *(L. n° 2006-872, 13 juill. 2006 ; rempl. à compter du 28 juin 2016, L. n° 2015-1776, 28 déc. 2015).* **– Les conditions d'utilisation par les tiers des parties communes destinées à des services spécifiques individualisables sont fixées dans une convention stipulée à titre gratuit, en application du chapitre Ier du titre X du livre III du Code civil. Cette convention est conclue pour une durée qui ne peut excéder cinq ans. Elle est renouvelable.**

NB : Ce texte n'est applicable qu'aux résidences dont le règlement a été publié à compter du 29 juin 2016 (V. ci-dessus I, texte de présentation du régime actuel des résidences services, n°s 4 à 7).

Utilisation des parties communes par les prestataires de services individualisables. Les tiers prestataires des services spécifiques individualisables peuvent être amenés à utiliser les parties communes.

Les conditions d'utilisation de ces parties communes doivent être fixées dans une convention conclue pour une durée qui ne peut excéder cinq ans, et qui est renouvelable.

Cette convention est stipulée à titre gratuit. Le texte renvoie au chapitre Ier du titre X du livre III du Code civil. Il s'agit donc d'une convention de « commodat » dite encore de « prêt à usage ».

Sur les règles de compétence en cas de litige à propos de cette convention, V. D. 17 mars 1967, art. 39-5, p. 822.

Art. 41-4 *(L. n° 2006-872, 13 juill. 2006 ; rempl. à compter du 28 juin 2016, L. n° 2015-1776, 28 déc. 2015).* **– L'assemblée générale, sur proposition du conseil syndical, choisit, à la majorité de l'article 25 ou, le cas échéant, de l'article 25-1, les prestataires appelés à fournir les services spécifiques individualisables. Elle approuve, par un vote distinct et selon les mêmes modalités, les termes de la convention envisagée avec les prestataires choisis ayant pour objet le prêt gratuit des parties communes affectées à ces services, établie dans les conditions prévues à l'article 41-3.**

La durée des contrats de prestations conclus par chaque occupant avec les prestataires ne peut excéder celle du prêt dont ces derniers bénéficient.

NB : Ce texte n'est applicable qu'aux résidences dont le règlement a été publié à compter du 29 juin 2016 (V. ci-dessus I, texte de présentation du régime actuel des résidences services, n°s 4 à 7).

1) Choix des prestataires de services. Les prestataires appelés à fournir les services spécifiques individualisables sont choisis par l'assemblée « sur proposition du conseil syndical », qui doit donc être obligatoirement consulté au préalable.

La décision est prise à la majorité de l'article 25 de la loi du 10 juillet 1965 ou, précise le texte, « le cas échéant de l'article 25-1 » de cette même loi.

Sur les personnes ne pouvant être prestataires de services individualisables ou non individualisables, V. ci-dessous L. n° 65-557, 10 juill. 1965, art. 41-6.

2) Approbation des conventions à conclure avec les prestataires de services. Après avoir choisi le ou les prestataires de services, l'assemblée doit approuver les termes de la convention ayant pour objet le prêt gratuit, les parties communes affectées à ces services (V. ci-dessus D., L. n° 65-557, 10 juill. 1965, art. 41-3, p. 577), Le texte précise dans son alinéa 2 que la durée des contrats de prestations conclues par chaque occupant avec les prestataires ne peut excéder celle du prêt (à usage) dont ces prestataires bénéficient.

Ces décisions sont prises par l'assemblée par un vote distinct de celui concernant le choix des prestataires et à la même majorité, et donc soit à la majorité de l'article 25, soit le cas échéant à la majorité de l'article 25-1 de la loi du 10 juillet 1965 (V. al. 1er. du texte).

Art. 41-5 ***(L. n° 2006-872, 13 juill. 2006 ; rempl. à compter du 28 juin 2016, L. n° 2015-1776, 28 déc. 2015).*** **– Les modifications du règlement de copropriété emportant désaffectation des parties communes affectées aux services mentionnés à l'article 41-3 sont prises à la majorité prévue à l'article 26. Elles sont notifiées par le syndic aux prestataires concernés. Elles entraînent la résiliation de plein droit des conventions de prêt et de fourniture de services conclues avec les prestataires.**

1) **Rappel.** Ce texte n'est applicable qu'aux résidences dont le règlement a été publié à compter du 29 juin 2016 (V. ci-dessus I, texte de présentation du régime actuel des résidences services, nos 4 à 7).

2) **Modification des dispositions du règlement concernant l'affectation de parties communes à un service spécifique individualisable.** L'article 41-2 ci-dessus énonce que le règlement de copropriété peut prévoir l'affectation de certaines parties communes à la fourniture aux occupants de l'immeuble de services spécifiques individualisables.

Les circonstances peuvent amener les copropriétaires à revenir sur ces dispositions, ce que permet et organise l'article 41-5. Le règlement peut être modifié à la majorité prévue à l'article 26 de la loi du 10 juillet 1965 (majorité des membres du syndicat représentant au moins les deux tiers des voix).

Sur la possibilité de se prononcer à la majorité des voix de tous les copropriétaires dans le cadre d'un second vote, en utilisant la « passerelle » prévue par l'article 26-1 de la loi du 10 juillet 1965, V. ce texte *supra*.

La décision est notifiée aux prestataires de services concernés. Elle entraîne, précise le texte, la résiliation de plein droit des conventions de prêt et de fourniture de services conclues avec les prestataires.

Art. 41-6 ***(Aj. à compter du 28 juin 2016, L. n° 2015-1776, 28 déc. 2015).*** **– Le syndicat des copropriétaires d'une copropriété avec services ne peut déroger à l'obligation d'instituer un conseil syndical.**

L'assemblée générale peut déléguer au conseil syndical, à la majorité prévue à l'article 25, les décisions relatives à la gestion courante de services spécifiques.

Lorsqu'il ne reçoit pas de délégation à cet effet, le conseil syndical donne son avis sur les projets des conventions mentionnées au deuxième alinéa de l'article 41-1 et à l'article 41-4. Il en surveille l'exécution et présente un bilan chaque année à l'assemblée générale.

Le prestataire des services individualisables et non individualisables ne peut être le syndic, ses préposés, son conjoint, le partenaire lié à lui par un pacte civil de solidarité, son concubin, ni ses parents ou alliés jusqu'au troisième degré inclus, ni les entreprises dans le capital desquelles les personnes physiques mentionnées précédemment détiennent une participation ou dans lesquelles elles exercent des fonctions de direction ou de contrôle, ou dont elles sont préposées. Lorsque le syndic est une personne morale, l'interdiction d'être prestataire des services individualisables et non individualisables est étendue aux entreprises dans lesquelles le syndic détient une participation et aux entreprises qui détiennent une participation dans le capital du syndic.

NB : Ce texte n'est applicable qu'aux résidences dont le règlement a été publié à compter du 29 juin 2016 (V. ci-dessus I, texte de présentation du régime actuel des résidences services, nos 4 à 7).

I – CONSEIL SYNDICAL DE LA RÉSIDENCE

1) **Obligation d'instituer un conseil syndical.** L'institution d'un conseil syndical est rendue obligatoire par l'article 41-6 alinéa premier. L'assemblée ne peut ici déroger à l'obligation d'instituer un conseil syndical, prévue par l'article 21 de la loi du 10 juillet 1965.

2) **Rôle du conseil syndical.** Le rôle du conseil syndical est important :

– il peut tout d'abord recevoir de l'assemblée à la majorité prévue à l'article 25 de la loi du 10 juillet 1965 (majorité des voix de tous les copropriétaires) la délégation de prendre les décisions relatives à la gestion courante des services spécifiques.

– lorsqu'il ne reçoit pas de délégation à cet effet, le conseil syndical devra donner son avis sur les projets de convention mentionnée aux articles 41-1 alinéa 2 et 41-4 du décret du 17 mars 1967 (V. ces textes ci-dessus). En outre, il en surveille l'exécution et présente un bilan chaque année à l'assemblée générale (Sur les modalités d'exécution de cette partie de sa mission, V. D. 17 mars 1967, art. 39-3, p. 821).

II – CHOIX DU PRESTATAIRE DE SERVICES : EMPÊCHEMENTS

3) **Personnes concernées par l'interdiction.** Il résulte de l'article 41-6 alinéa 4 que ne peuvent être choisis comme prestataires des services individualisables et non individualisables :

– lorsque le syndic est une personne physique : le syndic lui-même, ses préposés, son conjoint, le partenaire lié à lui par un pacte civil de solidarité, son concubin, ses parents ou alliés jusqu'au troisième degré inclus, ou encore les entreprises dans le capital desquelles les personnes physiques ainsi mentionnées détiennent une participation ou dans lesquelles elles exercent des fonctions de direction ou de contrôle, ou dont elles sont préposées.

– lorsque le syndic est une personne morale, l'interdiction est étendue aux entreprises dans lesquelles le syndic détient une participation, et aux entreprises qui détiennent une participation dans le capital du syndic.

Art. 41-7 *(L. n° 2015-1776, 28 déc. 2015).* – **Les personnes demeurant à titre principal dans la résidence constituent le conseil des résidents.**

Cette instance consultative relaie les demandes et les propositions des résidents auprès des copropriétaires.

Le conseil des résidents est réuni par le syndic avant la tenue de l'assemblée générale des copropriétaires. L'ordre du jour de cette assemblée lui est communiqué. Le conseil des résidents peut également se réunir de sa propre initiative, dans un local mis à sa disposition à cet effet par le syndic.

Le syndic communique au conseil des résidents les comptes rendus de l'assemblée générale ainsi que toutes les informations relatives aux services fournis dans la résidence, afin que le conseil émette un avis notamment sur le besoin de créer ou de supprimer un service.

Lors de la réunion du conseil des résidents, un secrétaire de séance est désigné. Le secrétaire rédige le compte rendu de la séance, qui est cosigné par le syndic et adressé à tous les résidents et aux copropriétaires en même temps et selon les mêmes modalités que l'ordre du jour de la prochaine assemblée générale. Le compte rendu des réunions du conseil des résidents des trois années précédentes est remis à toute personne intéressée préalablement à la signature d'un contrat de bail d'habitation ou à la cession d'un lot dans la résidence.

NB : Ce texte est applicable immédiatement tant aux résidences dont le règlement a été publié à compter du 29 juin 2016 qu'aux résidences dont le règlement a été publié antérieurement à cette date (V. ci-dessus I, texte de présentation du régime actuel des résidences services, n°s 4 à 7).

1) **Composition du conseil des résidents.** Le conseil des résidents est constitué par toutes les personnes « demeurant à titre principal dans la résidence » (art. 41-7, al. 1er).

2) **Rôle du conseil des résidents.** Le conseil des résidents est qualifié « d'instance consultative ». À ce titre, il est amené à émettre des avis. Pour qu'il puisse remplir ce rôle, le syndic doit tout d'abord lui communiquer les comptes rendus de l'assemblée générale.

Le champ d'application de ces avis n'est pas défini par le texte mais il est *a priori* très large. En effet le conseil des résidents est appelé à relayer « les demandes et les propositions des résidents auprès des copropriétaires ». Ces avis portent également sur le « besoin de créer ou de supprimer un service ». C'est la raison pour laquelle le syndic doit lui communiquer « toutes les informations relatives aux services fournis dans la résidence ».

3) **Réunion du conseil des résidents.** Le conseil des résidents peut se réunir de sa propre initiative. Il doit également être réuni par le syndic avant la tenue de l'assemblée générale des copropriétaires.

Un local doit être mis à la disposition du conseil des résidents par le syndic.

L'article 41-7 alinéa 5 fixe quelques règles concernant la tenue de la réunion du conseil des résidents. Un secrétaire de séance doit être désigné lors de chaque réunion. Il rédige le compte rendu de la séance, qui est cosigné par le syndic et adressé à tous les résidents et aux copropriétaires en même temps et selon les mêmes modalités que l'ordre du jour de la prochaine assemblée générale.

Le compte rendu des réunions du conseil des résidents des trois années précédentes est remis à toute personne intéressée, préalablement à la signature d'un contrat de bail d'habitation, ou à la cession d'un lot dans la résidence.

4) Entrée en vigueur immédiate. L'alinéa premier de l'article 91 de la loi n° 2015-1776 du 28 décembre 2015 fixe au 29 juin 2016 l'entrée en vigueur des articles 41-1 à 41-6 de la loi n° 65-557 du 10 juillet 1965 fixant le statut de la copropriété des immeubles bâtis, dans leur rédaction résultant de l'article 14, I de la loi du 28 décembre 2015 précitée. L'article 41-7 ne fait pas partie des textes dont l'entrée en vigueur a été différée. Il est donc devenu applicable dans les conditions de droit commun.

CHAPITRE IV *TER*. – DISPOSITIONS PARTICULIÈRES À CERTAINES COPROPRIÉTÉS

Présentation du chapitre IV *ter*. L'adoption d'un régime uniforme à caractère impératif pour la gestion de tous les immeubles en copropriété suscite depuis longtemps des interrogations de la part de la doctrine et des praticiens, qui estimaient généralement que les mécanismes prévus par la loi du 10 juillet 1965 étaient trop rigides pour s'adapter aux exigences des différents types de copropriétés. Aussi avait-on souhaité que, sous certaines conditions et dans certaines limites, soient prévus des aménagements ou assouplissements de certaines règles impératives du statut de la copropriété.

Répondant à cette attente, l'ordonnance n° 2019-1101 du 30 octobre 2019 a en conséquence prévu des mesures d'adaptation, parmi lesquelles l'édiction d'un corps de règles spécifiques applicables aux « petites copropriétés » et aux copropriétés dont le nombre de voix est réparti entre deux copropriétaires. (V. Rapp. au président de la République : *JO* 31 oct. 2019, texte n° 2, titre IV).

Bibliographie : C. Coutant-Lapalus, *Les nouveaux régimes pour les petites copropriétés : les apports de l'ordonnance du 30 octobre 2019 : Loyers et copr.* 2020, dossier 8. • P.-E. Lagraulet, *Les « petites copropriétés » sous ordonnance : fin de l'unicité du statut : Lexbase hebdo* 13 déc. 2019, n° 806, n° 1. • J. Laurent, *Les dispositions particulières à certaines copropriétés dans l'ordonnance du 30 octobre 2019 : AJDI* 2019, p. 877. • V. Zalewski-Sicard, *La copropriété à deux copropriétaires : Gaz. Pal.* 10 dec. 2019, p. 58. • P.-E. Lagraulet, *Les petites copropriétés et les copropriétés à deux après le décret du 2 juillet 2020 : AJDI* 2020, p. 570. • S. Bouchet, *Variété autour du règlement des petites copropriétés : Inf. rap. copr.* nov. 2021, p. 47. • J. Sroussi, *La copropriété à deux : Inf. rap. copr.* déc. 2023, p. 19. • M.-H. Martial, *Les petites copropriétés, bilan après l'ordonnance : Inf. rap. copr.* déc. 2023, p. 22.

Jurisclasseurs. JCl Copropriété Fasc. 106-50 par G. Chantepie (Copropriété dont les voix sont réparties entre 2 copropriétaires). • *JCl Notarial formulaire, V° Copropriété* Fasc. 8 : Copropriétés à statut spécial : petites copropriétés et copropriétés à deux personnes par J. Lafond. • *JCl. Civil Code*, art. 544 à 577, Fasc. 25 par G. Gil. • *JCl Copropriété*, Fasc. 156 et *JCl Notarial*, Fasc. 117 : Copropriété à statut spécial : formules par J. Lafond.

Section I. – Dispositions particulières aux petites copropriétés

(Ord. n° 2019-1101, 30 oct. 2019)

Art. 41-8 *(Aj. à compter du 1er juin 2020, Ord. n° 2019-1101, 30 oct. 2019).* **– Les dispositions de la présente section s'appliquent lorsque le syndicat des copropriétaires comporte au plus cinq lots à usage de logements, de bureaux ou de commerces, ou lorsque le budget prévisionnel moyen du syndicat des copropriétaires sur une période de trois exercices consécutifs est inférieur à 15 000 €. (V. art. 17-1-1 anc. issu de loi ALUR).**

1) Notion de « petites copropriétés ». L'article 41-8 distingue deux sortes de « petites copropriétés » :

– les copropriétés dont le syndicat comporte au plus 5 lots à usage de logements, de bureaux ou de commerces. En donnant comme exemples au titre des lots « décomptés » des lots « à usage de logements, de bureaux ou de commerces », le texte paraît signifier qu'il n'y a à se préoccuper dans ce décompte que des seuls lots « principaux », à l'exclusion des lots accessoires ou secondaires : caves, réserves, etc. (en ce sens, J. Laurent : *AJDI* 2019, p 879) ;

– les copropriétés dans lesquelles le budget prévisionnel moyen du syndicat des copropriétaires sur une période de trois exercices consécutifs est inférieur à 15 000 €.

Ces critères sont alternatifs et non pas cumulatifs. Il en résulte que les dispositions figurant sous les articles 41-8 à 41-12 sont susceptibles de s'appliquer à des copropriétés de plus de 5 lots dont le budget prévisionnel moyen est inférieur à 15 000 €. Ceci correspond, selon les données du registre d'immatriculation, à des copropriétés d'environ 10 lots, le budget prévisionnel annuel moyen étant de 1478 € par lots (*Rapp. au Président de la République : JO* 31 oct. 2019, texte n° 2, titre IV).

2) Caractère impératif. « Les dispositions de la présente section s'appliquent… » énonce l'article 41-8. La formulation adoptée laisse entendre que cette application a un caractère impératif (en ce sens V. Zalewski-Sicard, *La copropriété à deux copropriétaires : Gaz. Pal.* 10 déc. 2019, p. 58), ce qui paraît cohérent avec le texte de l'article 43 de la loi du 10 juillet 1965, qui englobe dans la liste des clauses réputées non écrites les clauses contraires aux dispositions des articles 41-8 à 41-12.

Art. 41-9 ***(Aj. à compter du 1er juin 2020, Ord. n° 2019-1101, 30 oct. 2019).*** **– Par dérogation aux dispositions des articles 21 et 17-1, le syndicat n'est pas tenu de constituer un conseil syndical.**

1) Dispense de conseil syndical. Les copropriétés visées à l'article 41-8 ne sont pas tenues de constituer un conseil syndical. Le législateur a manifestement pris en compte la difficulté qu'il pouvait y avoir à constituer ce conseil en raison du petit nombre de copropriétaires.

Il y a là une dérogation expresse aux dispositions de l'article 21 de la loi du 10 juillet 1965 selon lequel, sauf dans le cas de syndicats coopératifs, une délibération spéciale est requise pour décider de ne pas instituer de conseil syndical et à l'article 17-1 de cette même loi qui énonce que dans le cas de syndicats coopératifs la constitution d'un conseil syndical est obligatoire.

2) Conséquence. Les copropriétés dont s'agit naissent donc sans conseil syndical. Il n'est nullement besoin de prendre une décision spéciale selon laquelle l'assemblée des copropriétaires déciderait de se priver de cet organe. C'est en cela que consiste la « dérogation » dont fait état l'article 41-9. Ceci ne veut pas dire que ces copropriétés ne puissent pas se doter d'un tel conseil si elles l'estiment opportun. Il leur faudra alors en désigner les membres, dans le cadre d'une délibération spéciale prise à la majorité de l'article 25 *c)* de la loi du 10 juillet 1965.

Art. 41-10 ***(Aj. à compter du 1er juin 2020,Ord. n° 2019-1101, 30 oct. 2019).*** **– Par dérogation à l'article 14-3, le syndicat n'est pas tenu à une comptabilité en partie double ; ses engagements peuvent être constatés en fin d'exercice.**

Comptabilité du syndicat : régime dérogatoire. L'article 14-3 de la loi du 10 juillet 1965, complété par le décret n° 2005-240 du 14 mars 2005 (V. ann., *V° Comptabilité des syndicats*) a mis en place les règles comptables applicables à l'ensemble des copropriétés. Ces règles ont paru trop complexes pour les « petites copropriétés ». Elles sont dispensées de tenir une comptabilité en partie double. Par ailleurs, leurs engagements peuvent être constatés en fin d'exercice.

L'article 14-3, dans sa rédaction applicable jusqu'au 31 mai 2020, prévoyait déjà une dérogation similaire pour les syndicats comportant moins de dix lots à usage de logements, de bureaux ou de commerces, dont le budget prévisionnel moyen sur une période de trois exercices consécutifs était inférieur à 15 000 euros (les deux conditions posées étaient alors cumulatives). Cette disposition a été supprimée par l'ordonnance du 30 octobre 2019, applicable à compter du 1er juin 2020. Le régime dérogatoire ne bénéficie désormais qu'aux seules « petites copropriétés » définies par l'article 41-8 (V. ce texte)

Le libellé du texte (« le syndicat n'est pas tenu… » ; « ses engagements peuvent être constatés… ») laisse entendre que les copropriétés concernées ne sont nullement obligées de profiter de cette dispense : elles peuvent si cela leur paraît opportun, adopter les règles comptables applicables à l'ensemble des copropriétés, qui permettent une meilleure visibilité de la situation financière de la copropriété.

Art. 41-11 ***(Aj. à compter du 1er juin 2020, Ord. n° 2019-1101, 30 oct. 2019).*** **– Par dérogation aux dispositions de l'article 17-1, dans le cas où le syndicat a adopté la forme coopérative et n'a pas institué de conseil syndical, l'assemblée générale, à la majorité des voix de tous les copropriétaires, désigne le syndic parmi ses membres. L'assemblée générale peut également désigner un copropriétaire pour suppléer le syndic en cas d'empêchement de celui-ci. Le syndic et son suppléant sont l'un et l'autre révocables dans les mêmes conditions. L'assemblée générale désigne une ou plusieurs personnes physiques ou morales, qui peuvent être des copropriétaires ou des personnes extérieures qualifiées, pour assurer le contrôle des comptes du syndicat.**

En cas d'empêchement du syndic ou de défaillance de celui-ci mettant en péril la conservation de l'immeuble, la santé ou la sécurité des occupants, chaque copropriétaire peut prendre l'initiative de convoquer une assemblée générale extraordinaire afin qu'elle désigne un nouveau syndic ou qu'elle prenne les décisions nécessaires à la conservation de l'immeuble, de la santé ou de la sécurité de ses occupants.

1) Syndicat ayant adopté la forme coopérative et n'ayant pas institué de conseil syndical : désignation du syndic. Selon l'article 17-1 de la loi du 10 juillet 1965, auquel renvoie l'article 41-11, lorsque l'administration de la copropriété est confiée à un syndicat coopératif, la constitution d'un conseil syndical est obligatoire et le syndic est élu par les membres de ce conseil et choisi parmi ceux-ci. Mais la particularité du régime institué pour les « petites copropriétés » est qu'elles ne sont pas tenues de constituer un conseil syndical (V. L. 10 juill. 1965, art. 41-9).

Si elles n'ont pas pris de décision contraire, un problème se pose alors, en l'absence de conseil syndical, pour la désignation du syndic. L'article 41-11 apporte une solution : le syndic sera alors élu parmi les copropriétaires, à la majorité des voix de tous les copropriétaires.

2) Syndicat coopératif : désignation d'un syndic suppléant. Le texte permet à l'assemblée générale de désigner un copropriétaire pour suppléer le syndic en cas d'empêchement de celui-ci. On observera que le texte vise le cas « d'empêchement » mais non pas de « carence du syndic », ce qui laisse entendre que dans cette dernière hypothèse, il y aurait lieu obligatoirement de faire désigner un nouveau syndic dans les conditions indiquées ci-dessous (n° 4).

La désignation d'un syndic suppléant est facultative (l'assemblée « peut désigner » dit le texte), mais l'on peut penser *a priori* qu'elle est opportune.

Il est ajouté que le syndic et son suppléant sont l'un et l'autre révocables « dans les mêmes conditions ».

3) Syndicat coopératif : contrôle des comptes du syndicat. L'article 41-11 indique au surplus que l'assemblée générale « désigne » (il y a donc ici un impératif) une ou plusieurs personnes physiques ou morales pour assurer le contrôle des comptes du syndicat. Ces personnes, précise le texte, peuvent être des copropriétaires ou des personnes extérieures qualifiées (par exemple un expert-comptable).

4) Syndicat coopératif : empêchement ou défaillance du syndic. L'article 41-11 vise enfin le cas d'empêchement ou de défaillance du syndic.

Le cas d'empêchement du syndic n'est pas nécessairement justiciable de la procédure prévue par ce texte. En effet si les copropriétaires ont désigné un syndic suppléant, il suffira que le syndic « empêché » démissionne pour que son suppléant le remplace. Néanmoins il existera des situations dans lesquelles le remplacement du syndic par son suppléant pourra poser problème, par exemple si ce remplacement ne peut pas être aussi rapide que l'exigeraient les circonstances (ainsi lorsque le syndic en place est « empêché » par la survenance d'une incapacité). En ce cas, comme dans celui de « défaillance » du syndic, tout copropriétaire peut prendre l'initiative de convoquer une assemblée générale extraordinaire qui aura pour objet :

- soit de désigner un nouveau syndic ;
- soit de prendre les décisions nécessaires.

Toutefois cette procédure ne peut être utilisée que lorsque l'empêchement ou la défaillance du syndic mettent « en péril la conservation de l'immeuble, la santé ou la sécurité des occupants ».

Art. 41-12 ***(Ord. n° 2019-1101, 30 oct. 2019).*** **– Par dérogation aux dispositions de l'article 17, les décisions, à l'exclusion de celles relatives au vote du budget prévisionnel et à l'approbation des comptes, peuvent être prises à l'unanimité des voix des copropriétaires à l'occasion d'une consultation écrite, sans qu'il y ait lieu de convoquer une assemblée générale. Les copropriétaires peuvent également être consultés au cours d'une réunion.**

La consultation est organisée par le syndic, à son initiative ou à la demande d'un copropriétaire.

Lorsqu'un copropriétaire a été consulté par écrit, la décision est formalisée au terme du délai fixé par le syndic pour répondre à la consultation.

Textes d'application : D. 17 mars 1967, art. 42-3, 42-4 et 42-5.

1) Possibilité de recourir à une consultation écrite. L'article 17 de la loi du 10 juillet 1965 (V. ce texte) pose en principe que les décisions du syndicat sont prises en assemblée générale des copropriétaires.

L'article 41-12 se présente expressément comme une dérogation à cette règle : tel est bien le cas puisqu'il va permettre aux copropriétaires de prendre des décisions par simple consultation écrite, sans qu'il y ait lieu de convoquer une assemblée générale.

Toutefois cette procédure ne peut être utilisée :

- pour le vote du budget prévisionnel ;
- lorsqu'il s'agit d'approuver les comptes d'autre part.

Exception faite de ces deux hypothèses, il est possible aux copropriétaires de se prononcer par consultation écrite sur n'importe quel sujet, ce qui ne saurait surprendre, puisque par définition la décision prise doit recueillir l'unanimité.

2) Processus de la consultation écrite. La consultation écrite peut intervenir soit en dehors de toute assemblée (« sans qu'il y ait lieu de convoquer une assemblée générale » précise le texte), soit pendant le cours d'une assemblée, ou plus généralement d'une « réunion » comme l'indique l'article 41-12. Comme l'a souligné le rapport au président de la République (*JO* 31 oct. 2019, texte n° 2 ; titre IV) cette mesure « ne conduit pas à la suppression de la tenue de l'assemblée générale annuelle, rendez-vous incontournable pour la vie de la copropriété. Le dispositif est limité aux décisions ponctuelles qui s'avèrent indispensables entre deux assemblées générales annuelles ».

La consultation peut être « organisée » soit à l'initiative du syndic, soit à la demande d'un copropriétaire.

Le texte est muet quant aux modalités de cette organisation. On y apprend simplement que le syndic doit fixer un délai pour répondre à la consultation.

Sur le délai imparti au syndic pour organiser la consultation, V. l'article 42-4 du décret du 17 mars 1967 (V. ce texte) issu du décret n° 2020-834 du 2 juillet 2020.

3) Formalisation de la décision. Là encore les indications fournies par le texte sont particulièrement limitées. Il donne seulement les indications suivantes :

– pour être adoptée, la décision résultant de la consultation écrite doit avoir recueilli l'unanimité des voix des copropriétaires. L'abstention ou la non-participation d'un seul d'entre eux, et à plus forte raison l'opposition d'un seul va donc en empêcher l'adoption.

Des précisions sur le mode de votation sont apportées par l'article 42-3 du décret du 17 mars 1967 (V. ce texte) issu du décret n° 2020-834 du 2 juillet 2020.

– cette décision ne peut être « formalisée » qu'après expiration du délai fixé par le syndic pour répondre à la consultation. Mais en quoi consiste cette « formalisation » ? Si les règles fixées l'article 17 du décret du 17 mars 1967 pour l'établissement des procès-verbaux ne paraissent pas applicables, il est toutefois indispensable qu'un document écrit soit établi, rappelant les conditions dans lesquelles est intervenue la consultation, relatant les réponses de chacune des personnes sollicitées et constatant que la décision a ou non recueilli l'unanimité et qu'elle est ou non adoptée.

Sur les modalités de la « formalisation » de la décision, V. l'article 42-5 du décret du 17 mars 1967 (V. ce texte) issu du décret n° 2020-834 du 2 juillet 2020.

Puisque la décision a, par définition, été adoptée à l'unanimité, elle n'est pas a priori susceptible de contestation et est immédiatement exécutoire.

Section II. – Dispositions particulières aux syndicats dont le nombre de voix est réparti entre deux copropriétaires

Présentation. La situation dans laquelle les lots d'un immeuble en copropriété sont répartis entre deux copropriétaires seulement a donné lieu à d'innombrables litiges : à moins d'une parfaite entente, le contentieux est en effet en pareil cas difficilement évitable…

Bibliographie : Sur les problèmes que pose le fonctionnement de ce type de copropriétés, V. J. Cabanac, *La copropriété entre deux personnes seulement : Inf. rap. copr.* mai 1974, p. 77. – J. Viatte, *La copropriété limitée à deux lots : Rev. loyers* 1976, p. 72. – C. Atias, *Les trois pièges de la copropriété réduite à deux lots : Inf. rap. copr.* juin 2002, p. 20. – J.-M. Roux, *La copropriété à deux personnes : les difficultés de l'assemblée générale : Ann. loyers* 2010, p. 2187. – P.-H. Hanoune, *La copropriété à deux personnes : condamnées à s'aimer : Administrer* dec. 2013, p. 20. – A. Delas, *De l'inadaptation du régime juridique de la copropriété aux copropriétés horizontales : LPA* 27 juin 2017, p. 5. – J.-Ph. Borel, *Les pathologies de la copropriété à deux lots : Rev. loyers* 2017, p. 979.

Pour tenter de remédier à ces difficultés et d'éviter les litiges, l'ordonnance n° 2019-1101 du 30 octobre 2019 a donné à ce type de copropriété un statut particulier, figurant aux articles 41-13 à 41-23 de la loi du 10 juillet 1965, applicable à compter du 1er juin 2020, qui fait appel à certaines règles régissant les indivisions.

Ces textes ont été complétés par le décret du 2 juillet 2020, qui a inséré dans le décret du 17 mars 1967 les nouveaux articles 42-3 à 42-12.

Art. 41-13 *(Aj. à compter du 1er juin 2020, Ord. n° 2019-1101, 30 oct. 2019).* **– Les dispositions de la présente section s'appliquent aux syndicats dont le nombre de voix est réparti entre deux copropriétaires.**

Conditions d'application du statut dérogatoire. Pour que les dispositions figurant aux articles 41-13 à 41-23 soient applicables, deux conditions doivent être réunies :

– le syndicat de copropriétaires ne doit être composé que de deux copropriétaires seulement ;

– le nombre de voix attribué à l'ensemble des lots doit être réparti entre ces deux copropriétaires.

Art. 41-14 *(Aj. à compter du 1er juin 2020, Ord. n° 2019-1101, 30 oct. 2019).* **– Par dérogation au IV de l'article 18, lorsque le syndic est non professionnel, il peut solliciter l'autorisation de l'autre copropriétaire afin de déléguer à un tiers sa mission à une fin déterminée.**

1) Délégation des pouvoirs du syndic à un tiers. Le principe posé par l'article 18, IV, de la loi du 10 juillet 1965 est que « seul responsable de sa gestion » le syndic « ne peut se faire substituer ». L'article 41-14 qui se présente expressément comme une dérogation à ce texte autorise le syndic, dans les copropriétés à deux personnes, à « déléguer à un tiers sa mission à une fin déterminée ». Toutefois cette possibilité n'est offerte qu'aux syndics « non professionnels ».

Le syndic doit pour ce faire, obtenir « l'autorisation de l'autre copropriétaire ». Il est évident qu'il y a tout intérêt pour éviter des litiges ultérieurs à ce que cette autorisation soit écrite et que l'objet et la durée de la délégation soient très précisément indiqués.

2) Objet de la délégation. À la différence d'autres textes, par exemple l'article 25, *a*, de la loi du 10 juillet 1965 qui réglemente les délégations de pouvoir par l'assemblée au syndic, au conseil syndical ou à un tiers, l'article 41-14 ne précise pas quel peut être l'objet de cette délégation. Il indique cependant qu'elle concerne « sa mission » : il peut s'agir d'un acte entrant dans le cadre de sa mission légale ou d'une mission qui lui a été confiée par l'assemblée. D'autre part cette délégation doit être consentie « à une fin déterminée ».

Art. 41-15 *(Aj. à compter du 1er juin 2020, Ord. n° 2019-1101, 30 oct. 2019 ; mod.à compter du 1er janvier 2023, L. n° 2021-1104, 22 août 2021).* **– En cas de conflits d'intérêts du syndic non professionnel, le copropriétaire qui n'est pas syndic peut exercer une action contre l'autre copropriétaire en paiement des provisions sur charges dues au titre des articles 14-1 et 14-2-1. En cas d'absence ou de carence du syndic, cette action est ouverte à chacun des copropriétaires.**

1) Incidents de paiement des provisions sur charges. L'article 41-15 envisage une situation particulière : celle d'un conflit d'intérêts entre le syndic non professionnel et l'autre copropriétaire.

En ce cas le copropriétaire qui n'est pas syndic peut agir en justice à l'encontre du syndic pour obtenir paiement des provisions sur charges dues au titre des articles 14-1 et 14-2-1 de la loi du 10 juillet 1965.

S'il n'y a pas de syndic ou que le syndic en titre est en état de « carence » cette action est « ouverte à chacun des copropriétaires ». Chacun des copropriétaires peut se voir assigner par l'autre s'il est débiteur de provisions sur charges au titre des articles 14-1 ou 14-2-1 de la loi.

Il s'agit par cette mesure, de permettre le fonctionnement de la copropriété en évitant des difficultés de trésorerie lorsque l'un des copropriétaires n'est pas à jour du paiement de ces charges.

2) Modalités d'exercice de l'action en paiement des provisions sur charges. Sur les modalités d'exercice de l'action en paiement des provisions sur charges, V. D. 17 mars 1967, art. 42-6.

Art. 41-16 *(Aj. à compter du 1er juin 2020, Ord. n° 2019-1101, 30 oct. 2019).* **– Par dérogation aux dispositions de l'article 17, du troisième alinéa du I de l'article 18, du a du II de l'article 24, du *a* de l'article 25 et du deuxième alinéa du I de l'article 22 :**

1° Les décisions de l'assemblée générale relevant de la majorité des voix exprimées des copropriétaires présents, représentés ou ayant voté par correspondance, ainsi que la désignation du syndic peuvent être prises par le copropriétaire détenant plus de la moitié des voix ;

2° Les décisions de l'assemblée générale relevant de la majorité des voix de tous les copropriétaires sont prises par le copropriétaire détenant au moins deux tiers des voix ;

3° Indépendamment du nombre de voix dont il dispose, chaque copropriétaire peut prendre les mesures nécessaires à la conservation de l'immeuble en copropriété, même si elles ne présentent pas un caractère d'urgence.

1) Idée directrice. L'idée qui a inspiré l'article 41-16 est au cœur du dispositif prévu par le législateur pour permettre la prise de décision dans le cas d'une copropriété dont le nombre de voix est réparti entre deux copropriétaires. Il s'agit ici de « déroger partiellement à la règle de la réduction des voix du copropriétaire majoritaire prévu à l'article 22, I, alinéa 2 de la loi du 10 juillet 1965 (V. ce texte) sans pour autant généraliser cette dérogation » (*Rapp. au Président de la République : JO* 31 oct. 2019, texte n° 2, titre IV).

Cette idée, inspirée de la réglementation de l'indivision, va se matérialiser de deux manières :

– le copropriétaire majoritaire va se voir offrir la possibilité de prendre seul, sous certaines conditions, les décisions relevant de l'article 24 outre la désignation du syndic (V. n° 2), ainsi que les décisions relevant de l'article 25 (V. n° 3) de la loi.

– chacun des copropriétaires pourra prendre seul les mesures nécessaires à la conservation de l'immeuble (V. n° 4).

Le but poursuivi est de faciliter la prise des décisions concernant la gestion courante de la copropriété. En revanche, les décisions les plus graves ne sont pas concernées par ces règles dérogatoires. Il en est ainsi pour celles relevant de la majorité de l'article 26 de la loi du 10 juillet 1965 et à plus forte raison pour celles qui doivent être prises à l'unanimité.

2) Copropriétaire détenant plus de la moitié des voix. Le copropriétaire qui détient plus de la moitié des voix pourra prendre seul :

– les décisions relevant de la majorité des voix exprimées des copropriétaires présents ou représentés ou ayant voté par correspondance (autrement dit : les décisions relevant de la majorité de l'article 24 de la loi. – Sur ces décisions, V. ce texte) ;

– la décision de désignation du syndic (qui relève normalement de la majorité de l'article 25).

Sur la possibilité de prendre ces décisions sans réunion de l'assemblée générale (à l'exclusion du vote du budget prévisionnel et de l'approbation des comptes), V. ci-dessous art. 41-17.

3) Copropriétaire détenant au moins les 2/3 des voix. Le copropriétaire détenant au moins les 2/3 des voix peut prendre seul les décisions de l'assemblée générale relevant de la majorité des voix de tous les copropriétaires : autrement dit l'ensemble des décisions relevant de l'article 25 de la loi (V. ce texte), étant entendu que pour désigner le syndic, il lui suffit de détenir plus de la moitié des voix (V. n° 2).

Sur la possibilité de prendre ces décisions sans réunion de l'assemblée générale, V. ci-dessous art. 41-17.

4) Mesures conservatoires. Chacun des copropriétaires peut prendre seul, indépendamment du nombre de voix dont il dispose, les mesures nécessaires à la conservation de l'immeuble en copropriété ». Il n'est pas exigé que ces mesures présentent un caractère d'urgence (art. 41-16, 3°).

Sur la possibilité de prendre ces décisions sans réunion de l'assemblée générale, V. ci-dessous art. 41-17.

5) Information concernant les décisions prises. Sur l'obligation de porter les décisions prises à la connaissance de la personne qui exerce tout ou partie des missions de syndic sans être copropriétaire, V. D. 17 mars 1967, art. 42-7.

Art. 41-17 *(Aj. à compter du 1er juin 2020, Ord. n° 2019-1101, 30 oct. 2019).* **– Par dérogation aux dispositions de l'article 17, toutes mesures conservatoires et les décisions mentionnées à l'article 41-16, à l'exclusion de celles portant sur le vote du budget prévisionnel et l'approbation des comptes, peuvent être prises sans réunion de l'assemblée générale. Dans ce cas, le copropriétaire décisionnaire est chargé de leur exécution.**

Il est tenu de les notifier à l'autre copropriétaire, à peine d'inopposabilité.

Chaque copropriétaire est tenu de contribuer aux dépenses au titre de ces décisions et mesures proportionnellement aux quotes-parts de parties communes afférentes à ses lots.

Lorsqu'un copropriétaire a fait l'avance des sommes, il peut obliger l'autre copropriétaire à supporter avec lui les dépenses nécessaires.

1) Décisions pouvant être prises sans réunion de l'assemblée générale. Par dérogation à l'article 17 de la loi selon lequel toutes les décisions doivent être prises en assemblée, l'article 41-17 permet de prendre « sans réunion de l'assemblée générale » :

– toutes les mesures conservatoires ;

– toutes les décisions mentionnées à l'article 41-16 (V. ce texte ci-dessus), *sauf celles portant sur le vote du budget prévisionnel et sur l'approbation des comptes*.

2) Exécution des décisions prises. L'article 41-16 auquel il est renvoyé vise le cas où un copropriétaire peut, unilatéralement, prendre diverses décisions relevant de la majorité de l'article 24 de l'article 25. Si elles sont prises sans réunion de l'assemblée générale comme le permet l'article 41-17, c'est « le copropriétaire décisionnaire » qui sera chargé de leur exécution (art. 41-17, al. 1er)

Le texte indique seulement dans son alinéa 2 qu'il est tenu de « les notifier à l'autre copropriétaire ». À défaut la décision lui est inopposable.

La notification interviendra dans les formes prévues par l'article 64 du décret du 17 mars 1967, qui régit « toutes les notifications prévues par la loi du 10 juillet 1965 ».

Sur le recours dont dispose le copropriétaire minoritaire, V. ci-dessous l'article 41-19

Sur le contenu de la notification, V. D. 17 mars 1967, art. 42-8.

3) Participation aux dépenses. L'alinéa 3 de l'article 41-17 énonce que chaque copropriétaire est tenu de contribuer aux dépenses générées par les décisions et mesures prises. Il précise que cette contribution se fera « proportionnellement aux quotes-parts de parties communes afférentes à ses lots ».

Le texte ajoute que si un copropriétaire a fait une avance (ce qui peut se produire par exemple en cas d'urgence, ou de refus de participation de l'autre copropriétaire) il peut obliger l'autre copropriétaire à supporter avec lui les dépenses nécessaires. En pratique il lui faudra, après mise en demeure restée vaine, exercer une action en justice pour obtenir un jugement de condamnation, après avoir pris le cas échéant des mesures conservatoires (saisie conservatoire, inscription d'une hypothèque judiciaire conservatoire, etc.).

Art. 41-18 *(Aj. à compter du 1er juin 2020, Ord. n° 2019-1101, 30 oct. 2019).* **– Par dérogation aux dispositions de l'article 17 :**

1° Les deux copropriétaires composant le syndicat peuvent se réunir sans convocation préalable et prendre toutes décisions dans les conditions mentionnées à l'article 41-15 ainsi que les décisions relevant de l'unanimité ;

2° Chaque copropriétaire peut convoquer l'autre copropriétaire à une assemblée générale en lui notifiant les points à l'ordre du jour. Chaque copropriétaire peut ajouter des points à l'ordre du jour sous réserve d'en informer préalablement l'autre.

1) Réunion sans convocation préalable. L'article 41-18, 1°, qui se présente comme une dérogation aux dispositions de l'article 17 selon lequel toutes les décisions doivent être prises en assemblée, énonce que les deux copropriétaires composant le syndicat peuvent se réunir sans convocation préalable. Cette « réunion » ne constitue donc pas une « assemblée » au sens où l'entend habituellement la loi du 10 juillet 1965.

Lors de cette « réunion » informelle, les copropriétaires peuvent prendre « toutes décisions dans les conditions mentionnées à l'article 41-15 ». Ce renvoi paraît résulter d'une erreur de plume, l'article concerné étant manifestement l'article 41-16 (V. ce texte ci-dessus). Peuvent être prises lors de cette réunion les décisions relevant de la majorité de l'article 24 ou de la majorité de l'article 25 (V. art. 41-16).

L'article 41-18, précise que les copropriétaires peuvent également prendre « les décisions relevant de l'unanimité ».

2) Réunion après convocation préalable. L'article 41-18, 2° énonce d'autre part que chaque copropriétaire peut convoquer l'autre copropriétaire à une assemblée générale. Cette convocation concernant cette fois une « assemblée » doit obéir à toutes les règles posées par les articles 9 à 12 du décret du 17 mars 1967.

Conformément au principe posé par l'article 9, alinéa premier de ce même décret, l'article 41-18, 2° précise que le copropriétaire qui prend l'initiative de la convocation doit « notifier les points à l'ordre du jour ». Toutefois, par dérogation à la procédure prévue par l'article 10 de ce même décret, il est indiqué que chaque copropriétaire peut ajouter des points à l'ordre du jour « sous réserve d'en informer préalablement l'autre ». Les modalités (forme et délais à respecter) selon lesquelles peuvent être effectués ces ajouts à l'ordre du jour ne sont pas précisées, ce qui peut donner lieu à contentieux.

3) Formalisation des décisions. Sur l'obligation de consigner les décisions prises par écrit et de les verser au registre des procès-verbaux des assemblées générales, V. D. 17 mars 1967, art. 42-9.

Art. 41-19 *(Aj. à compter du 1er juin 2020, Ord. n° 2019-1101, 30 oct. 2019).* **– Par dérogation au deuxième alinéa de l'article 42, le copropriétaire peut, à peine de déchéance, contester la décision prise par l'autre copropriétaire dans un délai de deux mois à compter de la notification de la décision.**

Sauf urgence, l'exécution d'une décision prise par un copropriétaire sans l'accord de l'autre est suspendue pendant ce délai.

I – CONTESTATION DES DÉCISIONS PRISES PAR UN COPROPRIÉTAIRE

1) Modalités de la contestation. À la lecture des articles 41-17 et 41-18, il paraît nécessaire de distinguer selon que la décision a été prise dans le cadre d'une assemblée ou d'une simple réunion.

• **Décisions prises au cours d'une assemblée.** L'article 41-18, 2° énonce que chaque copropriétaire peut convoquer l'autre copropriétaire à une assemblée générale. Lors de cette assemblée, peuvent être prises toutes les décisions prévues à l'article 41-16 (V. ce texte), sans préjudice des décisions relevant de la majorité de l'article 26 de la loi du 10 juillet 1965.

Ces décisions peuvent être contestées dans les conditions prévues par l'article 42, alinéa 2 de la loi du 10 juillet 1965, sous réserve des règles particulières édictées par l'article 41-19.

• **Décisions prises au cours d'une simple « réunion ».** L'article 41-18, 1° évoque par ailleurs le cas où les deux copropriétaires composant le syndicat se réunissent sans convocation préalable. Ils peuvent alors prendre toutes décisions dans les conditions mentionnées à l'article 41-16 (ce qui n'englobe pas les décisions relevant de la majorité de l'article 26 de la loi du 10 juillet 1965) ainsi que les décisions relevant de l'unanimité.

Il ne paraît pas s'agir d'une véritable « assemblée » : plutôt d'une réunion informelle. Dès lors la contestation relève uniquement des dispositions spécifiques édictées par l'article 41-19 et non pas de l'article 42, alinéa 2 de la loi du 10 juillet 1965.

2) Auteur de la contestation. Aux termes de l'article 41-19, alinéa 1er, la décision qu'il s'agit de contester est celle « prise par l'autre copropriétaire ».

3) Délai de contestation. Le copropriétaire qui entend élever une contestation à l'encontre de la décision prise par l'autre copropriétaire doit le faire, à peine de déchéance, dans un délai de 2 mois à compter de la notification de la décision. Cette notification est prescrite par l'article 41-17 alinéa 2 (V. ce texte).

4) Modalités de la contestation. Dans tous les cas la contestation d'une décision prise par l'un des copropriétaires n'est possible que devant le tribunal judiciaire (D. 17 mars 1967, art. 42-10).

II – CONSÉQUENCES DU RECOURS

5) Effet suspensif. Selon l'article 41-19, alinéa 2, l'exécution de toute décision prise par un copropriétaire sans l'accord de l'autre est suspendue pendant le délai de recours soit 2 mois à compter de la notification de cette décision.

Toutefois cette règle ne s'applique plus (et l'exécution peut donc être immédiate) lorsqu'il y a urgence.

Art. 41-20 *(Aj. à compter du 1er juin 2020, Ord. n° 2019-1101, 30 oct. 2019).* **– Sans préjudice des dispositions de l'article 14-3, le copropriétaire non syndic qui perçoit des revenus ou expose des frais au titre de l'administration et de la gestion de la copropriété tient un état des dépenses et créances laissé à la disposition de l'autre copropriétaire.**

1) Perception de revenus ou avance de frais par un copropriétaire. L'article 41-20 vise le cas où un copropriétaire qui n'est pas syndic est amené à percevoir des revenus ou à exposer des frais au titre de l'administration et de la gestion de la copropriété. Ce texte comporte une double obligation :

– ce copropriétaire doit tenir un état des dépenses et des créances ;

– cet état doit être « laissé à la disposition de l'autre copropriétaire », qui doit donc pouvoir en obtenir communication à première demande.

Ces dispositions, qui sont la reproduction quasi textuelle de l'article 815-8 du Code civil, applicable dans les situations d'indivision, ont été édictées « sans préjudice des dispositions de l'article 14-3 », qui impose à toute copropriété de tenir une comptabilité (V. ce texte).

2) Pièces à annexer à l'état des dépenses et créances. Sur les pièces à annexer à l'état des dépenses et créances, V. D. 17 mars 1967, art. 42-11.

Art. 41-21 *(Aj. à compter du 1er juin 2020, Ord. n° 2019-1101, 30 oct. 2019).* **– Par dérogation à l'article 17 et au deuxième alinéa de l'article 22, un copropriétaire peut être autorisé judiciairement à passer seul un acte pour lequel le consentement de l'autre copropriétaire serait nécessaire, si le refus de celui-ci met en péril l'intérêt commun.**

L'acte passé dans les conditions fixées par l'autorisation de justice est opposable au copropriétaire dont le consentement a fait défaut.

1) Autorisation judiciaire de passer un acte déterminé. L'article 41-21 se présente comme une « dérogation à l'article 17 et au 2e alinéa de l'article 22 » : mais le renvoi pur et simple à ce dernier texte, qui comporte plusieurs subdivisions (I, II, III) laisse perplexe...

Ce texte est manifestement inspiré de l'article 815-5 du Code civil, dont il est le décalque.

La recevabilité d'une demande d'autorisation judiciaire est subordonnée à deux conditions :

– tout d'abord que le demandeur se soit heurté à un « refus » de l'autre copropriétaire. Ce refus devra s'être matérialisé à l'occasion de la tenue d'une assemblée ou d'une simple « réunion » et résulter du procès-verbal ;

– il faut aussi ce refus « mette en péril l'intérêt commun ».

2) Opposabilité de l'acte. L'acte concerné devra être « passé dans les conditions fixées par l'autorisation de justice ». Sous cette réserve, il sera « opposable au copropriétaire dont le consentement a fait défaut » (art. 41-21, al. 2).

Art. 41-22 *(Aj. à compter du 1er juin 2020, Ord. n° 2019-1101, 30 oct. 2019).* **– Le président du tribunal judiciaire peut prescrire ou autoriser toutes les mesures urgentes que requiert l'intérêt commun.**

Il peut, notamment, autoriser un copropriétaire à percevoir des débiteurs du syndicat ou de l'autre copropriétaire une provision destinée à faire face aux besoins urgents, en prescrivant, au besoin, les conditions de l'emploi.

1) Rapprochement avec l'article 815-6 du Code civil. L'article 41-22 est manifestement inspiré de l'article 815-6 du Code civil applicable à la gestion des biens indivis dont il reproduit de façon quasi littérale les alinéas 1 et 2. La doctrine et la jurisprudence concernant ce dernier texte peuvent donc, le cas échéant, éclairer l'interprétation à donner à l'article 41-22.

2) Principe général. Le président du tribunal judiciaire peut être saisi soit pour prescrire soit pour autoriser toutes les mesures urgentes que requiert l'intérêt commun.

La mise en œuvre de cette disposition peut donner lieu à de multiples discussions : la mesure envisagée est-elle véritablement urgente ? Est-elle nécessaire au regard de l'intérêt commun ?

3) Application particulière. L'alinéa 2 de l'article 41-22 vise, parmi tous les usages possibles du texte (« notamment... ») la possibilité pour un copropriétaire d'obtenir l'autorisation de percevoir soit des débiteurs du syndicat soit de l'autre copropriétaire une provision destinée à faire face aux besoins urgents. Le président du tribunal judiciaire peut à cette occasion prescrire si besoin est, les conditions de l'emploi des fonds.

4) Procédure. Le président du tribunal judiciaire statue selon la procédure accélérée au fond (D. 17 mars 1967, art. 42-12).

Art. 41-23 *(Aj. à compter du 1er juin 2020, Ord. n° 2019-1101, 30 oct. 2019).* **– L'aliénation d'une partie commune peut être autorisée judiciairement à la demande d'un copropriétaire disposant d'au moins deux tiers des tantièmes, suivant les conditions et modalités définies à l'article 815-5-1 du Code civil.**

Code civil

Art. 815-5-1 *(Mod. à compter du 1er janvier 2020, Ord. n° 2019-964, 18 sept. 2019).* **–** Sauf en cas de démembrement de la propriété du bien ou si l'un des indivisaires se trouve dans l'un des cas prévus à l'article 836, l'aliénation d'un bien indivis peut être autorisée par le tribunal judiciaire, à la demande de l'un ou des indivisaires titulaires d'au moins deux tiers des droits indivis, suivant les conditions et modalités définies aux alinéas suivants.

Le ou les indivisaires titulaires d'au moins deux tiers des droits indivis expriment devant un notaire, à cette majorité, leur intention de procéder à l'aliénation du bien indivis.

Dans le délai d'un mois suivant son recueil, le notaire fait signifier cette intention aux autres indivisaires.

Si l'un ou plusieurs des indivisaires s'opposent à l'aliénation du bien indivis ou ne se manifestent pas dans un délai de trois mois à compter de la signification, le notaire le constate par procès-verbal.

Dans ce cas, le tribunal judiciaire peut autoriser l'aliénation du bien indivis si celle-ci ne porte pas une atteinte excessive aux droits des autres indivisaires.

Cette aliénation s'effectue par licitation. Les sommes qui en sont retirées ne peuvent faire l'objet d'un remploi sauf pour payer les dettes et charges de l'indivision.

L'aliénation effectuée dans les conditions fixées par l'autorisation du tribunal judiciaire est opposable à l'indivisaire dont le consentement a fait défaut, sauf si l'intention d'aliéner le bien du ou des indivisaires titulaires d'au moins deux tiers des droits indivis ne lui avait pas été signifiée selon les modalités prévues au troisième alinéa.

1) Aliénation d'une partie commune. Ce texte constitue une nouvelle transposition des règles relatives à l'indivision : il renvoie pour son application aux « conditions et modalités définies à l'article 815-5-1 du Code civil ». (V. sur ce texte, J. Lafond, *L'autorisation judiciaire de vendre un bien indivis :* *JCP* N 2009, 1180 (avec formules). – F. Sauvage, *Le rôle du notaire dans la mise en œuvre de la vente du bien indivis à la demande des indivisaires majoritaires : AJ fam.* 2010, p. 309. – F. Collard et J. Lafond, *L'indivision, préf. de Cl. Brenner: LexisNexis*, 2017, n° 871 et s.)

I – CHAMP D'APPLICATION DU TEXTE

2) Non-application dans le cas de démembrement de propriété. L'article 41-23 ne s'applique pas « en cas de démembrement de la propriété du bien » et donc, notamment, si la partie commune est grevée d'un usufruit ou d'un droit d'usage et d'habitation (V. C. civ., art. 815-5-1, al. 1er), situation qui sera probablement exceptionnelle (mais elle peut être grevée d'un « droit de jouissance privative »).

3) Non-application en raison de la situation personnelle de certains indivisaires. Tout comme l'article 815-5-1 du Code civil, l'article 41-23 ne s'applique pas dans l'une ou l'autre des situations visées à l'article 836 du Code civil auquel il est renvoyé :

– lorsque l'un des indivisaires (l'un des copropriétaires...) est placé sous un régime de protection ;

– lorsqu'un indivisaire (l'un des copropriétaires...) est présumé absent ou, que par suite d'éloignement, il se trouve hors d'état de manifester sa volonté.

II - PROCÉDURE

4) Intervention du notaire. Dans un premier temps, le copropriétaire titulaire d'au moins deux tiers des tantièmes de copropriété dans la partie commune concernée exprime devant un notaire son intention de procéder à l'aliénation de la partie commune concernée.

Un acte est établi par le notaire constatant sa volonté et il est « signifié » (donc notifié par acte d'huissier) à l'autre copropriétaire dans le délai d'un mois de sa date. Il a été jugé que le dépassement de ce délai était indifférent dès lors qu'il n'était assorti d'aucune sanction (■ Cass. 1re civ., 20 nov. 2019, n° 18-23.762 : *JurisData* n° 2019-020564).

Cette signification fait courir un délai de 3 mois. Si le copropriétaire non demandeur s'oppose à l'aliénation de la partie commune ou ne se manifeste pas, le notaire le constate par procès-verbal.

5) Intervention du tribunal. En ce cas (opposition ou silence du copropriétaire non demandeur) le tribunal judiciaire peut être saisi pour autoriser l'aliénation de la partie commune, à la condition qu'elle « ne porte pas une atteinte excessive aux droits » de l'autre copropriétaire.

L'aliénation s'effectue « par licitation ». Les sommes qui en sont retirées « ne peuvent faire l'objet d'un remploi sauf pour payer les dettes et charges de l'indivision » énonce l'article 815-5-1 : et donc en l'espèce les sommes dues au syndicat des copropriétaires.

L'aliénation est opposable au copropriétaire titulaire de droits dans la partie commune concernée dont le consentement a fait défaut, sous réserve qu'elle ait été effectuée dans les conditions fixées par l'autorisation du tribunal et que l'intention d'aliéner le bien manifesté par le copropriétaire demandeur lui ait été signifiée. L'article 815-5-1 ajoute « selon les modalités prévues à l'article 815-5-1 alinéa 3 ». Mais il résulte de l'arrêt rendu par la Cour de cassation le 20 novembre 2019 (*supra* n° 3) qu'il est sans importance que le délai d'un mois prévu par l'article 815-5-1, alinéa 3 n'ait pas été respecté.

CHAPITRE V. - DISPOSITIONS D'ORDRE GÉNÉRAL

Art. 42 ***(L. n° 2018-1021, 23 nov. 2018 ; mod., Ord. n° 2019-738, 17 juill. 2019 ; à compter du 1er janvier 2020, Ord. n° 2019-964, 18 sept. 2019).*** **– Les dispositions de l'article 2224 du Code civil relatives au délai de prescription et à son point de départ sont applicables aux actions personnelles relatives à la copropriété entre copropriétaires ou entre un copropriétaire et le syndicat.**

Les actions en contestation des décisions des assemblées générales doivent, à peine de déchéance, être introduites par les copropriétaires opposants ou défaillants dans un délai de deux mois à compter de la notification du procès-verbal d'assemblée sans ses annexes. Cette notification est réalisée par le syndic dans le délai d'un mois à compter de la tenue de l'assemblée générale.

Sauf urgence, l'exécution par le syndic des travaux décidés par l'assemblée générale en application des articles 25 et 26 de la présente loi est suspendue jusqu'à l'expiration du délai de deux mois mentionné au deuxième alinéa du présent article.

S'il est fait droit à une action contestant une décision d'assemblée générale portant modification de la répartition des charges, le tribunal judiciaire procède à la nouvelle répartition. Il en est de même en ce qui concerne les répartitions votées en application de l'article 30.

• ***Sommaire***

I - PRESCRIPTION DES ACTIONS EN JUSTICE 594
A - Prescription ayant commencé à courir avant le 25 novembre 2018 : application du délai de 10 ans 595
1° *Application aux seules actions nées de la loi du 10 juillet 1965* 595
2° *Application aux seules actions « personnelles »* 596
3° *Régime des actions soumises au délai de prescription de 10 ans de l'ancien article 42, alinéa 1er* 596
B - Prescription ayant commencé à courir à compter du 25 novembre 2018 : application du délai de 5 ans 597
1° *Application du délai de 5 ans aux seules « actions personnelles »* 597
2° *Non-application du délai de prescription de 5 ans aux actions « réelles »* 599
3° *Point de départ des délais* 602
II - CONTESTATION DES DÉCISIONS DE L'ASSEMBLÉE 603

A – Notion de « décision » susceptible d'être contestée 604
1° Inexistence matérielle de la décision 604
2° Inexistence juridique 607
3° Décisions confirmant ou régularisant une décision antérieure 609
B – Motifs d'annulation 610
C – Qui peut agir ? 610
1° Les copropriétaires 610
2° Copropriétaires opposants 612
3° Copropriétaires défaillants 614
4° Intérêt à agir ? 616
D – Délai pour agir 616
1° Délai de deux mois 616
2° Exécution des décisions de l'assemblée pendant le cours du délai 618
E – Conséquences de l'expiration du délai 618
1° Impossibilité de remettre en cause la décision 618
2° Exceptions au principe 619
3° Cas particulier des copropriétaires non convoqués 620
4° Copropriétaires irrégulièrement convoqués 620
F – Régime procédural de l'action 621
G – Suites du recours 624
III – DÉLAI DE NOTIFICATION DES DÉCISIONS DE L'ASSEMBLÉE 625
IV – EXÉCUTION DES DÉCISIONS DE L'ASSEMBLÉE EN MATIÈRE DE TRAVAUX 626
V – RÉPARTITION JUDICIAIRE DES CHARGES COMMUNES 627
VI – PÉNALISATION EN CAS DE RECOURS ABUSIF 627

1) Institution de délais spéciaux. L'article 42 de la loi édictait à l'origine des délais spéciaux de prescription qui jouaient pour les actions en contestation des décisions de l'assemblée (délai abrégé de deux mois) et les « actions personnelles » nées de l'application de la loi (délai de dix ans).

Ces délais n'ont pas été affectés par la loi n° 2008-561 du 17 juin 2008, qui a réformé le régime de la prescription en matière civile (D. Rocher, *Cinq ans de réflexion : les délais du droit de la construction et du droit de la copropriété après la nouvelle prescription : Rev. Administrer* mai 2009. – P.-Cl. Saint Didier et V. Zalewski, *Copropriété et réforme de la prescription : AJDI* 2008, p. 738).

Cependant la loi n° 2018-1021 (loi ELAN) du 23 novembre 2018 (JO 24 nov.) a supprimé le délai spécial de 10 ans pour le remplacer par le délai de prescription de droit commun de l'article 2224 (5 ans).

Dans le système antérieur à la loi ELAN, on était amené à distinguer :

– tout d'abord, les actions « personnelles » (qui relevaient soit du délai de 5 ans soit du délai de 10 ans : V. ci-dessus), et les actions « réelles » soumise au délai de prescription de 30 ans.

– ensuite, parmi les actions personnelles, d'une part les actions nées de l'application de la loi du 10 juillet 1965, soumises au délai de prescription de 10 ans prévu par l'article 42, alinéa 1er et d'autre part les actions ne relevant pas de l'application de cette loi, soumises au délai de prescription de droit commun de l'article 2224 du Code civil soit 5 ans.

Ce système avait engendré un contentieux important. On pourrait penser a priori qu'il va immédiatement disparaître, le problème étant simplement dorénavant de distinguer les actions personnelles (soumis au délai de 5 ans) et les actions réelles (se prescrivant par 30 ans). Mais ce serait sans compter avec les dispositions de l'article 2222 du Code civil, selon lesquelles : « En cas de réduction de la durée du délai de prescription, le nouveau délai court à compter du jour de l'entrée en vigueur de la loi nouvelle, sans que la durée totale puisse excéder la durée prévue par la loi antérieure ». Concrètement, si le délai antérieur de 10 ans court depuis 3 ans le 25 novembre 2018 date d'entrée en vigueur de la loi du 23 novembre 2018, un nouveau délai de 5 ans prendra effet à compter de cette date. La durée totale du délai sera de 8 ans et ne dépassera pas le délai antérieur. Il en sera autrement si le délai de prescription courrait depuis 7 ans au 25 novembre 2018. La durée totale du délai sera alors de 12 ans et la prescription sera accomplie au bout de 3 ans seulement après l'entrée en vigueur de la loi ELAN (en ce sens, ▪ CA Paris, pôle 4, ch. 2, 22 févr. 2023, n° 22/02518 : *Administrer* avr. 2023, 31, obs. P. Déchelette-Tolot).

Par ailleurs il faut aussi se souvenir que la prescription ne court qu'à compter du jour où le titulaire d'un droit a connu ou aurait dû connaître les faits lui permettant de l'exercer (C. civ., art. 2224), ce qui est de nature à en retarder le cours…

Bibliographie : *JCl. Copropriété*, Fasc. 87. – E. Kischinewsky-Broquisse, nos 432 et s., 680 et s. – *La copropriété*, Dalloz Action, 2021-2022, ss dir. P. Capoulade et D. Tomasin, nos 334 et s. – F. Givord, *Les nullités d'assemblées générales de copropriété : Rev. Administrer* n° 61, p. 20. – J.-R. Bouyeure, *Les assemblées générales de copropriété*, Éditions Administrer, nos 354 et s. – P.-E. Lagraulet, *L'action en contestation des décisions d'assemblée générale : Inf. rap. copr.* oct. 2021. – Ph. Marin et J.-M. Roux, *L'assemblée générale de copropriété*, Edilaix 2023.

I – PRESCRIPTION DES ACTIONS EN JUSTICE

Bibliographie : J.-R. Bouyeure, *La prescription de dix ans en matière de copropriété : Rev. Administrer* mars 1981, p. 12 et s. – *La prescription en* *matière de copropriété : Rev. Administrer* juill. 1990, p. 7 et s. et E.-J. Guillot, *La jurisprudence dans l'application de l'article 42, alinéas 1 et 2 de la loi du 10 juillet 1965 : Rev. Administrer* juill. 1986, p. 3 et s. – Berthault, *Les délais de recours en matière de copropriété : Rev. loyers* 1986, p. 248. – C. Atias, *Les délais pour agir en copropriété : J. finances*, 26 oct. 1985, p. 3. – G. Vigneron, *La prescription des actions en justice en copropriété : Inf. rap. copr.* févr. 1994, p. 462 et s. – Ph. Marin et J.-M. Roux, *Le temps en copropriété : éclairages sur les règles de prescription et forclusion à la lumière de la jurisprudence : Rev. loyers* 2016, p. 363. – F. Maume, *Point de départ du délai de prescription des actions personnelles : essai de clarification : AJDI* 2017, 22. – G. Gil, *Les délais en matière de copropriété : Dr. et ville* 2018, 137. – J.-R. Bouyeure, *Les délais dans le droit de la copropriété : Dr. et ville* 2018, 155.

2) Distinctions à opérer. En raison de l'application de l'article 2222 du Code civil, on est amené à distinguer selon que le délai de prescription prend naissance avant le 25 novembre 2018 (A) ou à compter de cette date (B).

A – Prescription ayant commencé à courir avant le 25 novembre 2018 : application du délai de 10 ans

3) Problématique. Si la prescription a commencé à courir avant le 25 novembre 2018, il faudra s'interroger, comme on le faisait sous l'empire de la législation antérieure à la loi du 23 novembre 2018, pour savoir si le délai de prescription relève ou non des dispositions de l'article 42, alinéa 1, de la loi du 10 juillet 1965. Ce texte ne concernait que les actions nées de l'application de la loi du 10 juillet 1965 (1°), et à condition qu'il s'agisse d'actions personnelles (2°). Ces actions obéissaient à un régime procédural particulier (3°).

1° Application aux seules actions nées de la loi du 10 juillet 1965

• Actions concernées

4) Conditions à remplir. Selon l'article 42, alinéa 1, les « *actions personnelles* » nées de l'application de la loi du 10 juillet 1965 entre les copropriétaires ou entre les copropriétaires et le syndicat se prescrivaient par dix ans.

Étaient concernées tant les actions que pouvaient intenter les copropriétaires entre eux que les actions mettant en cause les copropriétaires et le syndicat (à condition qu'elles aient un caractère « personnel » – V. , art. 42, comm. n° 13 à 107, p. 596) savoir :

• les actions nées de l'application des textes mêmes de la loi du 10 juillet 1965 ; par exemple :

– les actions en recouvrement de charges communes (▪ Cass. 3e civ., 22 mai 1968 : *AJPI* 1968, p. 988, note Bouyeure) ;

– les actions en responsabilité contre le syndicat fondées sur l'article 14 de la loi (▪ CA Paris, pôle 4, 2e ch., 24 févr. 2010 : *JurisData* n° 2010-001429 ; *Loyers et copr.* 2010, comm. 173, obs. G. Vigneron. ▪ CA Paris, 30 mars 1984 : *D.* 1984, inf. rap. p. 412) ;

– les actions en indemnité fondées sur l'article 36 de la loi (V. ce texte) ;

– l'action exercée par le syndicat à l'encontre d'un copropriétaire tendant à obtenir l'exécution d'une décision de l'assemblée (▪ Cass. 3e civ., 17 juill. 1986 : *Rev. Administrer* janv. 1987, p. 50, note Guillot) ;

– l'action tendant à la nullité du mandat du syndic pour défaut d'ouverture d'un compte séparé (▪ Cass. 3e civ., 9 nov. 2017, n° 16-20.752 : *Administrer* janv. 2018, p. 57, obs. J.-R. Bouyeure. ▪ Cass. 3e civ., 13 oct. 2021, n° 20-16.092 : *JurisData* n° 2021-018160 ; *Loyers et copr.* 2021, n° 12, comm. 193) ;

• ... et également les actions nées de l'application du règlement de copropriété (D. Sizaire, *Le statut de la copropriété*, n° 219, p. 354. – E. Kischinewsky-Broquisse, *La copropriété*, n° 491).

Toutefois, les actions tendant à faire constater qu'une clause du règlement est « réputée non écrite » parce que contraire aux dispositions d'ordre public de l'article 43 de la loi ne sont pas soumises à ce délai de prescription abrégé (V. L. art. 43).

• Actions non concernées

5) Actions étrangères à la loi du 10 juillet 1965. N'étaient pas concernées, parce qu'elles n'étaient pas « nées de l'application de la loi du 10 juillet 1965 » :

– l'action en responsabilité civile exercée par un syndicat contre un autre syndicat (▪ Cass. 3e civ., 26 mai 2004, n° 02-19.047) ;

– les actions du locataire contre un copropriétaire ou contre le syndicat des copropriétaires. Le copropriétaire actionné par son locataire et qui appelle en garantie le syndicat ne peut se voir opposer la prescription décennale (▪ CA Paris, 16e ch. B, 25 janv. 2007 : *JurisData* n° 2007-326608). Si le syndicat agit contre le copropriétaire bailleur pour obtenir la cessation d'abus de jouissance commis par son locataire, ce dernier appelé en garantie par son bailleur peut opposer la prescription de dix ans (▪ Cass. 3e civ., 24 oct. 2007 : *Bull. civ.* III, n° 182 ; *JCP G* 2007, IV, 3116). Il en serait autrement si le syndicat exerçait contre le locataire une action directe ;

– l'action en responsabilité du syndicat contre son syndic, qui relève de la prescription de droit commun (▪ Cass. 3e civ., 9 mai 2012, n° 11-17.322).

Peu importait que l'immeuble soit ou non doté d'un règlement de copropriété : la prescription jouait dès lors que le statut de la copropriété était applicable (▪ Cass. 3e civ., 15 nov. 1989 : *Rev. Administrer* mai 1990, p. 49).

La prescription était applicable au créancier qui exerçait une action contre les copropriétaires du chef du syndicat par la voie oblique (▪ Cass. 3e civ., 1er mars 2006 : *Bull. civ.* III, n° 51).

6) Délais de prescription spéciaux. Étaient soumises au délai de prescription de droit commun toutes les *actions qui n'avaient pas directement leur fondement dans la loi du 10 juillet 1965* : par exemple celles exercées en vertu des principes généraux de la responsabilité civile (C. civ., art. 1240, 1241 et 1242 – anc. art. 1382, 1383 et 1384), les actions entre copropriétaires suscitées par des troubles de voisinage, les actions mettant en cause la responsabilité personnelle du syndic, ou intentées par ou contre des tiers (D. Sizaire, *op. cit.* – *La copropriété*, Dalloz Action 2018-2019, 9e éd., ss dir. P. Capoulade et D. Tomasin, n° 532-22) ; l'action exercée entre copropriétaires à la suite d'une convention relative à l'installation d'un ascenseur (▪ CA Paris, 23e ch. A, 28 juin 2000 : *Dossier CSAB* n° 87, oct. 2000, n° 93, obs. A. Dunes).

Ainsi il avait été jugé que l'action en répétition de charges indues, qui relevait du régime spécifique des quasi-contrats, était soumise à la prescription de cinq ans édictée par l'article 2124 du Code civil (▪ Cass. 3e civ., 8 févr. 2012, n° 10-25.251 : *Administrer* août-sept. 2012, p. 50, obs. J.-R. Bouyeure).

Certains textes prévoyaient un *délai de prescription plus court* : l'article 12 de la loi (révision des charges) ou l'article 34 (travaux d'amélioration).

2° Application aux seules actions « personnelles »

7) Définition. L'article 42, alinéa 1er, vise tout d'abord les « *actions personnelles* » – auxquelles la jurisprudence oppose les actions réelles (V. *infra* n° 18 à 22).

Le délai ne s'appliquait (et ne s'applique actuellement) qu'aux seules actions « personnelles ». Il faudra donc vérifier si l'action dont il s'agit relève ou non de cette qualification. Dans l'affirmative, le délai de 10 ans sera bien applicable (sous réserve du jeu de l'article 2222 du Code civil). Dans la négative l'action ayant un caractère réel, le délai de prescription sera de 30 ans (V. *infra*, n° 23).

Cette distinction entre actions personnelles et actions réelles étant également applicable aux prescriptions courant à compter du 25 novembre 2018, elle est examinée plus loin (n° 13 à 22).

3° Régime des actions soumises au délai de prescription de 10 ans de l'ancien article 42, alinéa 1er

• Point de départ du délai

8) Solutions antérieurement admises. La jurisprudence antérieure à la loi du 23 novembre 2018 (brièvement résumée) avait adopté des solutions diverses :

– il était généralement admis que le délai de prescription courait du jour ou l'action était née. Ainsi par exemple en cas de *violation du règlement de copropriété*, le délai courait du jour où l'infraction avait été commise (▪ Cass. 3e civ., 23 avr. 2013, n° 12-16.648) ; en cas *d'action en réparation de dommages* ou d'un préjudice particulier, le délai courait en principe du jour de la survenance du dommage et par exemple du jour de l'apparition des désordres dans le lot privatif lorsqu'un copropriétaire mettait en cause la responsabilité du syndicat pour vice de construction (▪ Cass. 3e civ., 16 déc. 2008, n° 07-21.666 : *Rev. Administrer* mars 2009, p. 58, obs. J.-R. Bouyeure. ▪ Cass. 3e civ., 26 mai 1992 : *Bull. civ.* III, n° 169 ; *Inf. rap. copr.* janv. 1993, p. 8, obs. P. Capoulade. – V. aussi ▪ Cass. 3e civ., 25 févr. 2009 : *Bull. civ.* 2009, III, n° 51).

– cependant dans certains cas, le point de départ du délai était différé ; il courait par exemple à compter seulement du jour où le copropriétaire connaissait la cause des désordres qu'il subissait et qu'il disposait des éléments lui permettant de savoir que la responsabilité du syndicat était engagée (▪ Cass. 3e civ., 26 nov. 2013, n° 12-25.995 : *Administrer* févr. 2014, p. 45, obs. J.-R. Bouyeure. ▪ Cass. 3e civ., 30 mars 2010, n° 09-13.755 : *Rev. Administrer* août-sept. 2010, p. 26, obs. J.-R. Bouyeure. ▪ Cass. 3e civ., 9 oct. 2007 : *Rev. Administrer* janv. 2008, p. 54, obs. J.-R. Bouyeure. ▪ Cass. 3e civ., 24 mai 2006 : *Loyers et copr.* 2006, comm. 186, obs. G. Vigneron ; *Rev. Administrer* août-sept. 2006, p. 49, obs. J.-R. Bouyeure. ▪ Cass. 3e civ., 2 mars 2005, n° 03-14.713 : *Bull. civ.* III, n° 52.

La Cour de cassation a décidé que le nouveau point de départ du délai de la prescription extinctive fixé par l'article 2224 du Code civil n'était pas applicable aux prescriptions ayant commencé à courir avant l'entrée en vigueur de ce texte (▪ Cass. 3e civ., 13 févr. 2020, n° 18/23723 : *Administrer* mai 2020, p. 50, note J.-R. Bouyeure. ▪ Cass. 3e civ., 21 avr. 2021, n° 21-15.581 : *JurisData* n° 2022-006586 ; *Loyers et copr.* 2022, comm. 125, obs. Ch. Coutant-Lapalus ; *Administrer* juin 2022, p. 33, obs. P. Déchelette-Tolot).

9) Obligation des juges. Les juges du fond devaient mentionner le point de départ de la prescription lorsqu'ils la déclarent acquise (▪ Cass. 3e civ., 20 juill. 1994 : *RD imm.* 1994, p. 703, obs. P. Capoulade).

10) Preuve de la prescription. C'est au copropriétaire qui invoque la prescription d'établir qu'elle est accomplie (▪ Cass. 3e civ., 7 mai 2003, n° 00-19.464). Le copropriétaire qui invoquait la prescription à propos de l'installation irrégulière d'une enseigne devait démontrer qu'elle avait été mise en place plus de 10 ans auparavant et que cette situation avait perduré pendant toute cette période (▪ Cass. 3e civ., 25 mai 2005 : *Rev. Administrer* août-sept. 2005, p. 70, obs. J.-R. Bouyeure ; *Rev. loyers* 2005, p. 403).

• Nature du délai

11) Délai de prescription. Selon l'opinion dominante le délai de dix ans était un *délai de prescrip-*

tion et non un délai préfix. Elle pouvait donc être interrompue selon le droit commun par l'un des événements prévus aux articles 2242 et suivants du Code civil, et notamment par une citation en justice, y compris en référé (▪ Cass. 3e civ., 24 avr. 2003 : *JCP G* 2003, IV, 2039 ; *Rev. loyers* 2003, p. 450, note G. Picasso ; *D.* 2003, p. 2998, note J.-R. Bouyeure ; *Gaz. Pal.* 17-18 mars 2004, p. 25, note J.-M. Gélinet). La prescription pourrait alors être invoquée par voie d'exception une fois ce délai expiré (V. E. Kischinewsky-Broquisse, *op. cit.*, n° 491, p. 538, réf. citées. – E.-J. Guillot, *La jurisprudence dans l'application de l'article 42, alinéas 1 et 2 de la loi du 10 juillet 1965*, cité plus haut, V. Bibliographie).

B – Prescription ayant commencé à courir à compter du 25 novembre 2018 : application du délai de 5 ans

12) Distinctions à opérer. L'article 42, alinéa 1er, vise, dans sa rédaction issue de la loi ELAN, et comme le texte antérieur, les « *actions personnelles* », – auxquelles la jurisprudence oppose les actions réelles (V. *infra n° 18 à 23*).

Le délai de 5 ans de l'article 2224 ne s'applique actuellement qu'aux seules actions « personnelles ». Il faudra donc vérifier si l'action dont s'agit appelle ou non cette qualification :

– dans l'affirmative, le délai de 5 ans sera bien applicable ;

– dans la négative l'action ayant un caractère réel, le délai de prescription sera de 30 ans.

1° Application du délai de 5 ans aux seules « actions personnelles »

13) Notion d'action personnelle. Les actions personnelles sont celles « par lesquelles on demande la reconnaissance ou la sanction d'un droit personnel quelle que soit la source de ce droit : convention, délit, loi, gestion d'affaires, enrichissement injuste », – selon la définition du *Lexique de termes juridiques*, *Dalloz*).

Entraient dans cette catégorie et étaient en conséquence soumises à la prescription de droit commun (anc. 10 ans) :

– les actions tendant à obtenir l'exécution d'une décision de l'assemblée (▪ Cass. 3e civ., 7 déc. 1994 : *Rev. loyers* 1996, p. 26, obs. J.-M. Gélinet ; *RD imm.* 1995, p. 164, obs. P. Capoulade) ;

– les *actions visant à obtenir la réparation de dommages causés aux parties privatives des lots* par les parties communes (▪ CA Paris, 23e ch., 25 avr. 1988 : *Loyers et copr.* 1988, n° 301) ;

– les *actions en recouvrement de charges* (▪ Cass. 3e civ., 17 nov. 1999 : *Bull. civ.* III, n° 218 ; *Loyers et copr.* 2000, comm. 16, note G. Vigneron ; *Administrer* mars 2000, p. 37, note P. Capoulade ; *AJDI* 2000, p. 531, obs. P. Guitard. ▪ Cass. 3e civ., 11 mai 2000 : *JurisData* n° 2000-001941 ; *Loyers et copr.* 2000, comm. 281. ▪ Cass. 3e civ., 22 mai 1968 : *AJPI* 1968, p. 988, note J.-R. Bouyeure ;

– l'action en remboursement de charges indues (▪ Cass. 3e civ., 6 févr. 2002 : *Rev. loyers* 2002, p. 294, note L. Guégan. ▪ Cass. 3e civ., 3 juin 2021, n° 19-20.657 : *JurisData* n° 2021-008737 ; *Loyers et copr.* 2021, comm. 138, A. Lebatteux. ▪ CA Chambéry, ch. civ., sect. 1, 27 févr. 2018, n° 16/01801 : *Rev. loyers* 2018, 224, obs. S. Benilsi). Il faut ainsi strictement distinguer l'action en contestation de la décision d'appeler des fonds de l'action en contestation de la répartition individuelle qui en résulte (▪ Cass. 3e civ., 14 déc. 2023, n° 22-10.770 : *Loyers et copr.* 2024, n° 2, comm. 36) ;

– l'action en garantie du bailleur assigné par son locataire à l'encontre du syndicat (▪ CA Grenoble, ch. com., 19 avr. 2006 : *JurisData* n° 2006-308840).

Il faut noter qu'il a parfois pu être distingué la contestation de la décision de l'assemblée générale, de sa conséquence. Ainsi, la Cour de cassation comme la cour d'appel de Paris ont pu estimer que la contestation de la création d'un syndicat secondaire, résultant d'une décision d'assemblée générale, n'était pas assujettie au délai de forclusion de 2 mois, mais était régie par l'action relevant de l'alinéa 1er de l'article 42 de la loi du 10 juillet 1965 (▪ Cass. 3e civ., 26 mai 2016, nos 15-14.475 et 15-17.190. – ▪ CA Paris, pôle 4, ch. 2, 19 avr. 2023, n° 20/01754 : *Administrer* juill. 2023, n° 577, p. 59, obs. P. Déchelette-Tolot).

Voir : sur les actions tendant à obtenir le respect du règlement de copropriété ou la suppression de travaux non autorisés, L. n° 65-557, 10 juill. 1965, art. 42 comm. 14 et 17, p. 597.

• Violation du règlement de copropriété ou abus de jouissance des parties privatives

14) Exemples. Les actions tendant à obtenir la cessation d'infractions au règlement de copropriété ou la cessation d'abus de jouissance concernant les parties privatives ou communes étaient en principe soumises à la prescription de 10 ans :

• ainsi lorsqu'elles concernaient l'usage des lots privatifs (▪ CA Paris, 23e ch. B, 15 juin 1990 : *Loyers et copr.* oct. 1990, n° 410. ▪ CA Paris, 16e ch., 3 juill. 1992 : *Loyers et copr.* 1992, n° 451) et par exemple :

– l'utilisation irrégulière d'un lot à usage commercial (▪ Cass. 3e civ., 9 juin 1993 : *Loyers et copr.* 1993, n° 372. ▪ CA Versailles, 21 janv. 1993 : *Administrer* nov. 1993, p. 60, note A. Dunes) ;

– – ou l'affectation d'un lot à un usage illicite : ▪ Cass. 3e civ., 12 avr. 2018, n° 17-12.574 : *JurisData* n° 2018-006979 ; *Loyers et copr.* 2018, comm. 157, note C. Coutant-Lapalus ; *Administrer* mars 2019, p. 52, obs. J.-R. Bouyeure. ▪ Cass. 3e civ., 2 févr. 1999 : *Loyers et copr.* 1999, comm. 137 ; *Administrer* janv. 2000, p. 37, note J.-R. Bouyeure. ▪ Cass. 3e civ., 23 mai 1991 : *Inf. rap. copr.* juin 1992, p. 124, note P. Capoulade ;

Mais encore fallait-il que le demandeur ait pu avoir connaissance de l'infraction (V. ▪ Cass. 3e civ., 12 avr. 2018, n° 17-12.574).

• Abus de jouissance concernant des parties communes

15) Exemples. Étaient antérieurement soumises à la prescription de 10 ans (et relèvent désormais de la prescription de 5 ans) les actions ayant pour objet la cessation d'abus de jouissance commis sur les parties communes, par exemple :

– la reconstruction d'une partie commune irrégulièrement démolie (▪ Cass. 3e civ., 5 juill. 1989 : *Bull. civ.* III, n° 154 ; *Administrer* avr. 1990, p. 48, note Guillot. ▪ CA Paris, pôle 4, 2e ch., 24 mars 2010, n° 08/23164 : *JurisData* n° 2010-010161) ;

– le rétablissement de l'accès à un escalier commun (▪ CA Rouen, 1re ch., 19 sept. 2007 : *JurisData* n° 2007-343631) ;

– le rétablissement de la libre circulation dans les parties communes à la suite de l'obstruction d'un passage par un copropriétaire (▪ Cass. 3e civ., 13 janv. 2009, n° 07-21.105 : *Administrer* avr. 2009, p. 54 ; *AJDI* 2009, p. 206. – V. pour l'occupation irrégulière et l'encombrement de parties communes : ▪ CA Paris, pôle 4, 2e ch., 16 juin 2010 : *Administrer* févr. 2011, p. 38, obs. J.-R. Bouyeure. ▪ CA Pau, 24 nov. 2009 : *JurisData* n° 2009-017569 ; *Loyers et copr.* 2010, comm. 238, obs. G. V.) ;

– l'enlèvement d'une porte et la suppression d'un cadenas (▪ CA Paris, 23e ch. B, 18 nov. 2004 : *AJDI* 2005, p. 142) ;

– l'installation dans une galerie marchande de meubles légers pour servir des repas pendant les heures d'ouverture du magasin sans travaux d'appropriation (▪ Cass. 3e civ., 20 sept. 2011, n° 10-24.221 : *JurisData* n° 2011-025145 ; *Loyers et copr.* 2011, n° 329, obs. G. Vigneron) ;

– l'installation de terrasse et d'éléments mobiliers devant leurs parties privatives par des propriétaires bailleurs (▪ Cass. 3e civ., 24 nov. 2021, nos 20-17.684 et 20-20.090 : *JurisData* n° 2021-019240 ; *Loyers et copr.* 2022, comm. 12, Ch. Coutant-Lapalus ; *AJDI* 2022, 449, obs. P.-E. Lagraulet ; *Administrer* janv. 2022, p. 42, obs. J.-R. Bouyeure) ;

– la demande de remise en état de parties communes à la suite de travaux irréguliers d'un copropriétaire (▪ CA Paris, pôle 4, 2e ch., 28 sept. 2011 : *JurisData* n° 2011-020811 ; *Loyers et copr.* 2011, n° 334, obs. G. V. ▪ CA Versailles, 26 sept. 2011 : *JurisData* n° 2011-021378 ; *Loyers et copr.* 2012, n° 27, obs. G. V.). Ainsi lorsque des travaux ont été autorisés, mais qu'il sont exécutés sans respecter les termes de l'autorisation (▪ Cass. 3e civ., 13 nov. 2013, n° 12-24.052. ▪ Cass. 3e civ., 19 juin 2013, nos 12-11.791 et 12-12.154 : *JurisData* n° 2013-012433 ; *Bull. civ.* III, n° 80 ; *Loyers et copr.* 2013, comm. 282, obs. G. Vigneron ; *Rev. loyers* 2013, p. 352, note V. Zalewski-Sicard ; *JCP* N 2013, n° 43, 1248, p. 38, obs. H. Périnet-Marquet ; *Administrer* oct. 2013, p. 46, obs. J.-R. Bouyeure) ;

– une demande de remise en état des parties communes, sur lesquelles un copropriétaire dûment autorisé par l'assemblée, avait effectué des travaux conformes à cette autorisation dont le copropriétaire demandeur contestait le bien-fondé (▪ Cass. 3e civ., 17 juin 2014, n° 13-14.894).

• Abus de jouissances concernant les parties communes en jouissance privative

16) Exemples. Étaient antérieurement soumises à la prescription de 10 ans (et relèvent désormais de la prescription de 5 ans), l'action en cessation d'abus de jouissance concernant des parties communes à jouissance privative, par exemple :

– la demande de suppression de la véranda et des fermetures vitrées d'un balcon sur des parties communes à jouissance exclusive (▪ Cass. 3e civ., 25 mai 2005 : *Administrer* août-sept. 2005, p. 70, obs. J.-R. Bouyeure. – V. aussi ▪ CA Paris, 14e ch., 1er sept. 2005 : *Loyers et copr.* 2006, comm. 22, obs. G. Vigneron),

– la demande de démolition d'une construction irrégulièrement édifiée sur une partie commune à jouissance privative (▪ Cass. 3e civ., 12 oct. 2005 n° 04-15.084). En pareil cas en effet, le copropriétaire qui a élevé ces constructions ne peut prétendre qu'elle se sont agrégées aux parties privatives de son lot et qu'il en est devenu propriétaire (▪ Cass. 3e civ., 13 sept. 2006 : *JurisData* n° 2006-034950 ; *Administrer* déc. 2006, p. 73, obs. J.-R. Bouyeure).

Pour distinguer les actions personnelles et réelles, certaines décisions se sont référées à la nature des constructions : ainsi a-t-il été jugé que l'action en démolition d'une véranda, structure légère en profilés d'aluminium, était de nature personnelle (▪ Cass. 3e civ., 26 mai 2010, n° 09-67.038 : *Administrer* oct. 2010, p. 55, obs. J.-R. Bouyeure). Une telle action n'a pas en effet pour objet « la revendication de la propriété du sol ou des espaces communs affectés par les constructions » (▪ CA Aix-en-Provence, 4e ch. A, 22 oct. 2010 : *JurisData* n° 2010-0291310). La nature des constructions édifiées peut être effectivement un élément révélateur de l'intention du constructeur de s'approprier la partie commune concernée. Mais en définitive et plus largement c'est cette intention qui compte, et qui peut se manifester de diverses manières. Telle est l'orientation prise par un arrêt de la Cour de cassation qui invite les juges du fond à rechercher si la construction d'une véranda sur une terrasse et loggia dont un copropriétaire a la jouissance privative caractérise ou non un « acte d'appropriation de ces parties communes ». Dans l'affirmative on est en présence d'une action réelle (▪ Cass. 3e civ., 22 oct. 2020, n° 19-12.588 et plus spécialement d'une action en revendication (V. Chron. W. Dross : *RTD civ.* 2021, p. 171. – V. égal. ▪ Cass. 3e civ., 24 oct. 2019, n° 18-19.172 : *AJDI* 2020, p. 513, note N. Le Rudulier).

Voir : à propos de constructions irrégulières, sur la distinction entre actions personnelles et réelles, et pour des décisions faisant une analyse différente, à propos de constructions édifiées sur des parties communes à jouissance privative, L. n° 65-557, 10 juill. 1965, 42 comm. 21, p. 601.

Il a été jugé que, si l'action que le syndicat pouvait intenter à l'encontre du copropriétaire bailleur pour violation du règlement était prescrite, il n'était plus possible d'agir à l'encontre du locataire (▪ Cass. 3e civ., 9 juin 1993 : *Bull. civ.* III, n° 82 ; *RD imm.* 1993, p. 429).

• Suppression de travaux non autorisés

17) Exemples. Étaient antérieurement soumises à la prescription de 10 ans (et relèvent désormais de la prescription de 5 ans) les *actions tendant à obtenir la suppression de travaux non autorisés*, affectant l'aspect extérieur de l'immeuble ou les parties communes (▪ Cass. 3e civ., 6 mars 1991 : *Inf. rap. copr.* janv. 1992, p. 10, obs. P. Capoulade. ▪ Cass. 3e civ., 17 juill. 1991 : *RD imm.* 1991, p. 511. ▪ Cass. 3e civ., 6 nov. 1991 : *Loyers et copr.* 1993, n° 43 ; *Inf. rap. copr.* avr. 1992, p. 123).

Par exemple :

• l'action en suppression d'un branchement illicite sur une canalisation commune (▪ Cass. 3e civ., 16 févr. 1994 : *RD imm.* 1994, p. 305, obs. P. Capoulade), ou l'action en suppression d'une verrière (▪ CA Paris, 23e ch., 4 nov. 1994 : *Loyers et copr.* mai 1995, n° 247) ou la demande de suppression de raccordements sur la chute d'eaux pluviales (▪ CA Paris, pôle 4, 2e ch., 5 mai 2010 : *JurisData* n° 2010-009244 ; *Loyers et copr.* 2010, n° 271, obs. G. V.) ;

• l'action en reconstruction d'une rampe d'accès irrégulièrement détruite (▪ Cass. 3e civ., 5 juill. 1989 : *D.* 1990, somm. p. 127, obs. C. Giverdon ; *Defrénois* 1990, p. 371, obs. H. Souleau ; *Inf. rap. copr.* 1990, p. 207, note P. Capoulade) ;

• la demande d'enlèvement d'installations irrégulières sur une terrasse (▪ CA Paris, 23e ch. B, 26 sept. 2002 : *Loyers et copr.* 2003, comm. 71), ou d'enlèvement d'un enseigne non autorisée (▪ Cass. 3e civ., 24 mai 2005, n° 04-12.750 ; *Administrer* août-sept. 2005, p. 69, obs. J.-R. Bouyeure) ;

• l'action en suppression d'un empiètement sur les parties communes commis par un copropriétaire ayant excédé les limites de l'autorisation de travaux accordée par l'assemblée (▪ Cass. 3e civ., 19 juin 2013, nos 12 11.791 et 12 12.154, publié au *Bull.*) ;

• la demande de suppression d'une gaine de ventilation implantée irrégulièrement en façade (▪ Cass. 3e civ., 15 juin 1988 : *Bull. civ.* III, n° 111, p. 62) ou de suppression d'une enseigne (▪ CA Paris, 14e ch., 8 mars 1996 : *Loyers et copr.* juill. 1996, n° 328), ou de suppression du tubage d'un conduit de cheminée (▪ Cass. 3e civ., 21 nov. 2000 : *Rev. Administrer* juin 2001, p. 40, obs. J.-R. Bouyeure) ou de l'installation irrégulière d'un extracteur (▪ Cass. 3e civ., 18 déc. 2001 : *Administrer* mai 2002, p. 40, note P. Capoulade), la demande de suppression de travaux non autorisés affectant l'aspect extérieur de l'immeuble (▪ CA Paris, 23e ch. B, 22 mars 2007 : *Rev. loyers* 2007, p. 363).

Était également soumise au délai de 10 ans (auquel s'est substitué actuellement le délai de 5 ans) l'action en démolition d'aménagements irréguliers concernant une loggia (▪ Cass. 3e civ., 22 juin 2004 : *AJDI* 2004, p. 647 ; *Administrer* oct. 2004, p. 65, obs. A. Alfandari. ▪ CA Paris, 2 avr. 1990 : *Loyers et copr.* 1990, n° 273).

Voir : sur la distinction à établir en pareil cas entre les actions à caractère réel ou personnel, L. n° 65-557, 10 juill. 1965, 42 comm. 17, p. 505.

2° *Non-application du délai de prescription de 5 ans aux actions « réelles »*

18) Définition. Aux actions « personnelles » visées par l'article 42, alinéa 1, la jurisprudence oppose les *actions « réelles »* auxquelles le délai de prescription de dix ans n'est pas applicable.

Sont des actions réelles :

• celles *tendant à faire reconnaître ou protéger le droit de propriété sur les parties communes* : par exemple l'action en revendication de parties communes indûment appropriées par un copropriétaire (▪ Cass. 3e civ., 24 oct. 2019, n° 18-19.172 : *Administrer* janv. 2020, p. 51, note J.-R. Bouyeur. ▪ Cass. 3e civ., 6 mai 2014, n° 13-11.775. ▪ Cass. 3e civ., 16 oct. 2013, n° 12-23.252) : ainsi lorsqu'un copropriétaire a annexé un palier commun (▪ CA Paris, 23e ch. A, 25 nov. 1989 : *Loyers et copr.* 1990, n° 60) ou une courette (▪ Cass. 3e civ., 11 janv. 1989 : *Loyers et copr.* 1989, n° 151) ou qu'il a pratiqué des ouvertures dans une partie commune de l'immeuble (▪ Cass. 3e civ., 10 sept. 2008, n° 07-15.983 : *Loyers et copr.* 2009, comm. 255, obs. G. Vigneron ; *Rev. Administrer* déc. 2008, p. 65, obs. J.-R. Bouyeure ; *Defrénois* 2009, p. 444, obs. C. Atias).

De même pour l'action en revendication de la propriété d'un bungalow implanté irrégulièrement sur les parties communes par un copropriétaire, exercée par le syndicat (▪ CA Versailles, 4e ch., 8 mars 2010 : *JurisData* n° 2010-004672) ;

• les *actions pétitoires tendant à faire reconnaître le droit de propriété sur les parties privatives*, par exemple :

– l'action intentée par un copropriétaire contre le syndicat pour faire cesser un empiétement (installation d'une canalisation) sur ses parties privatives (▪ Cass. 3e civ., 20 nov. 2002 : *Bull. civ.* III, n° 232 ; *Loyers et copr.* 2003, comm. 72. ▪ CA Versailles, 4e ch., 12 sept. 2005 : *Rev. Administrer* févr. 2006, p. 42, obs. J.-R. Bouyeure).

• Appropriation de parties communes

19) Illustration. Lorsqu'il s'agit pour le syndicat de mettre fin à des atteintes aux parties communes, les critères de distinction entre action « personnelle » et « réelle » ne sont pas parfaitement nets en jurisprudence (V. à ce propos les obs. de MM. Givord et Giverdon : *RD imm.* 1988, p. 506 et de H. Souleau : *Defrénois* 1992, art. 35303, n° 63. V. également la mise au point de W. Dross, à propos de Cass 3e civ., 26 janv. 2017, n° 15-25.144 : *RTD civ.* 2017, p. 440. – V. pour des exemples d'appréciations contestables : ▪ Cass. 3e civ., 8 juill. 1998 : *RD imm.* 1998, p. 691, obs. P. Capoulade et ▪ CA Aix-en-Provence, 28 nov. 1996 : *D.* 1998, somm. 123, obs. C. Atias).

La difficulté naît en fait lorsqu'il s'agit de déterminer si les agissements auxquels il s'agit de mettre fin constituent ou non une « appropriation » des parties communes.

Un critère a été proposé par M. Atias (note sous ▪ Cass. 3e civ., 12 janv. 1987 : *D.* 1988, p. 427) : il y a « appropriation » d'une partie commune (et l'action tendant à la faire cesser a un caractère réel) dans tous les cas où la prolongation de la situation serait de nature, si elle durait pendant plus de trente ans, à permettre au copropriétaire qui en est l'auteur de devenir propriétaire de la partie commune concernée par prescription acquisitive. Cette définition a manifestement inspiré un arrêt de la Cour de cassation (3e ch. civ.) du 12 janvier 2010 (▪ n° 09-11.514 : *Inf. rap. copr.* janv.-févr. 2010, p. 8, note J.-M. Roux). La volonté d'appropriation d'un espace commun (en l'espèce une courette) peut se manifester par l'installation d'équipements pérennes et de plantations pouvant difficilement être déplacées (▪ Cass. 3e civ., 26 janv. 2017, n° 15-25.144 : *Administrer* avr. 2017, p. 36, obs. J.-R. Bouyeure).

Il y aurait ainsi « appropriation des parties communes » selon la jurisprudence :

• lorsqu'un copropriétaire édifie une cloison empiétant sur une cour commune (▪ Cass. 3e civ., 24 févr. 1993 : *Bull. civ.* III, n° 22 ; *D.* 1994, somm. comm. p. 122) ou qu'il empêche l'accès d'une courette commune sur laquelle il construit (▪ Cass. 3e civ., 14 févr. 1996 : *RD imm.* 1996, p. 419, obs. P. Capoulade. ▪ CA Paris, 23e ch. B, 29 juin 2000 : *AJDI* 2000, p. 847) ou qu'il s'approprie un palier en l'englobant dans ses parties privatives (▪ Cass. 3e civ., 17 mai 1995 : *Loyers et copr.* août-sept. 1995, n° 398 ; *Bull. civ.* III, n° 123 ; *AJPI* 1995, p. 892, note Ch.-H. Gallet) ou lorsqu'il a pris possession de combles parties communes (▪ Cass. 3e civ., 6 mars 2002 : *AJDI* 2002, p. 615, note P. Capoulade) ou d'un vide sanitaire (▪ Cass. 3e civ., 6 mai 2014, n° 13-11.775) ou lorsqu'il ferme le soupirail d'accès à une cave (▪ CA Paris, pôle 04, ch. 2, 17 avr. 2019, n° 14/09943. – V. également ▪ CA Paris, pôle 4, ch. 2, 3 avr. 2024, n° 20/05761 : *Administrer* mai 2024, n° 586, p. 43, obs. P. Déchelette-Tolot) ou couvre une cour commune permettant l'agrandissement de parties privatives (▪ CA Paris, pôle 4, ch. 2, 29 janv. 2020, n° 17/01609 : *Administrer* août-sept. 2020, 51, obs. J.-R. Bouyeure) ;

• lorsqu'un copropriétaire utilise pour son compte personnel un droit accessoire aux parties communes, par exemple le COS, à la suite d'un changement d'affectation de son lot (▪ Cass. 3e civ., 10 janv. 2001 : *JCP G* 2001, IV, 1380 ; *JurisData* n° 2001-007713 ; *Constr.-Urb.* 2001, comm. 58, obs. D. Sizaire ; *Loyers et copr.* 2001, comm. 105, note G. Vigneron ; *AJDI* 2001, p. 438, note C. Giverdon). Mais il a été jugé que si les droits de construire, accessoires aux parties communes, étaient épuisés lors de l'édification des aménagements irréguliers, (en l'espèce des mezzanines) l'action en suppression de ces aménagements avait un caractère personnel et non pas réel (▪ Cass. 3e civ., 5 nov. 2015, n° 14-14.954 : *Administrer* févr. 2016, p. 36, note J.-R. Bouyeure. ▪ Cass. 3e civ., 24 mars 2015, n° 13-27.927 : *Administrer* juill. 2015, p. 47) ;

• lorsqu'un copropriétaire édifie sans droit une construction sur une partie commune, ou sur une partie commune dont il a la jouissance exclusive (▪ Cass. 3e civ., 20 avr. 2023, n° 21-16.733 : *Loyers et copr.* 2023, comm. 104, C. Coutant-Lapalus ; *Administrer* juin 2023, p. 49, obs. P. Déchelette-Tolot ; *Ann. loyers* 2023, p. 78, obs. J.-M. Roux ; *AJDI* 2023, 691, obs. N. Le Rudulier ; *DEF*, 19 oct. 2023, n° DEF216r8, obs. J. Laurent. ▪ Cass. 3e civ., 14 avr. 2016, n° 13-24.969 : *JurisData* n° 2016-008113 ; *AJDI* 2016, p. 774, note N. Le Rudulier. – V. sur ce point, annot. n° 16, p. 598) ;

• lorsqu'un copropriétaire perce une dalle, pour mettre en communication deux lots lui appartenant situés à deux niveaux différents, intégrant ainsi cette dalle dans les parties privatives de ses lots (▪ Cass. 3e civ., 12 janv. 2010, n° 09-11.514 : *Inf. rap. copr.* janv.-févr. 2010, p. 8, note J.-M. Roux), ou lorsque, pour s'approprier la terrasse jouxtant son appartement, il transforme une fenêtre en porte-fenêtre en perçant un mur de refend (▪ Cass. 3e civ., 4 avr. 2012, n° 11-11.139 : *Administrer* juin 2012, p. 46, obs. J.-R. Bouyeure) ;

• lorsqu'un copropriétaire pratique une ouverture dans un mur commun pour relier un appartement à un restaurant en vue d'un agrandissement (▪ Cass. 3e civ., 16 déc. 2014, n° 13-25.024 : *JurisData* n° 2014-031686 ; *Loyers et copr.* 2015, comm. 77, note G. Vigneron ; *Administrer* mars 2015, p. 43, obs. J.-R. Bouyeure ; *Ann. loyers* 2015, p. 87, note J.-M. Roux) ;

• lorsqu'un copropriétaire a installé des conduits d'évacuation et d'extraction des fumées sur les parties communes, ce qui a été qualifié en l'espèce

« d'accaparement » des parties communes (■ Cass. 3e civ., 4 nov. 2009, n° 06-21.647 : *Rev. Administrer* févr. 2010, p. 53, obs. J.-R. Bouyeure).

20) Absence d'appropriation des parties communes. Il a été jugé qu'aucun problème d'appropriation ne se pose lorsque les agissements d'un copropriétaire n'avaient pas pour objet ou pour résultat de parvenir à la privatisation d'une partie commune, et que l'action se prescrit alors par dix ans : donc aujourd'hui par 5 ans (V. pour un branchement irrégulier sur des canalisations parties communes : ■ Cass. 3e civ., 16 févr. 1994 : *RD imm.* 1994, p. 305. – Pour l'ouverture de lucarnes dans la toiture : ■ Cass. 3e civ., 12 janv. 1988 : *D.* 1988, p. 427, note C. Atias. – Pour la pose de gaines de ventilation dans un couloir commun : ■ Cass. 3e civ., 15 juin 1988 : *Bull. civ.* III, n° 111. – Pour la démolition d'un appentis adossé à un mur commun : ■ Cass. 3e civ., 17 juill. 1991 : *RD imm.* 1991, p. 511. – Pour l'action tendant à la suppression d'une issue de secours créée sur un couloir commun, ■ CA Paris, pôle 4, 2e ch., 13 mars 2013, n° 08/22050 : *Administrer* mai 2013, p. 42, obs. J.-R. Bouyeure. – Pour une action tendant à la remise en état des lieux : reconstitution du seuil de la porte d'accès à la cour commune, rétablissement d'un soupirail d'aération, suppression de cloisonnements dans la cour commune etc. : ■ CA Aix-en-Provence, 6 avr. 2012, n° 11/03406 : *AJDI* 2013, p. 445).

Il a été jugé également que l'appui de mezzanines sur les murs « ne constitue pas une appropriation de nature à permettre à un copropriétaire d'en devenir propriétaire » et qu'en conséquence l'action en remise en l'état antérieur est une action personnelle se prescrivant par 10 ans (■ Cass. 3e civ., 5 nov. 2015, n° 14-14.954 : *Administrer* févr. 2016, p. 36, note J.-R. Bouyeure. – V. une solution identique dans le cas de demande en démolition d'un appentis adossé à un mur commun : ■ Cass. 3e civ., 17 juill. 1991, n° 89-12.309 : *RD imm.* 1991, p. 511).

Enfin, il a été jugé que s'il est possible de prescrire une partie commune, le délai de prescription ne peut courir qu'à compter de la mise en copropriété de l'immeuble (■ CA Paris, pôle 4, ch. 2, 8 déc. 2021, n° 17/21628 : *Rev. loyers* 2022, obs. S. Benilsi).

• Construction sur parties communes

21) Exemples. La jurisprudence considère généralement comme réelle l'action engagée à l'encontre d'un copropriétaire qui construit sans autorisation sur une partie commune : ainsi lorsqu'un copropriétaire édifie sans droit une construction sur une terrasse (■ Cass. 3e civ., 22 janv. 1992, n° 90-15.906 : *Loyers et copr.* 1992, n° 187 ; *Defrénois* 1992, art. 35303, note H. Souleau. – V. également pour des constructions irrégulières sur les parties communes : ■ Cass. 3e civ., 3 mars 2004 : *AJDI* 2004, p. 645, note C. Giverdon. ■ Cass. 3e civ., 18 déc. 2001, n° 00-17.871 : *Rev. Administrer* mai 2002, p. 40, note P. Capoulade. ■ Cass. 3e civ., 19 juill. 1995 : *Loyers et copr.* déc. 1995, n° 543 ; *RD imm.* 1995, p. 198. ■ Cass. 3e civ., 10 juill. 1996 : *Loyers et copr.* oct. 1996, n° 412. ■ CA Paris, 23e ch. A, 24 nov. 1999 : *Rev. Administrer* avr. 2000, p. 56, obs. J.-R. Bouyeure).

Il en est de même lorsque les constructions sont édifiées sans autorisation sur une partie commune à jouissance privative (■ Cass. 3e civ., 24 juin 2008, n° 06-21.694 : *Rev. Administrer* oct. 2008, p. 65, obs. J.-R. Bouyeure ; *Rev. loyers* 2008, p. 450. V. pour un bâtiment édifié sur une cour, ■ Cass. 3e civ., 8 oct. 2015, n° 14-16.690 : *JurisData* n° 2015-022435 ; *Loyers et copr.* 2015, n° 256, note G. Vigneron ; *Administrer* févr. 2016, p. 35, note J.-R. Bouyeure. – Pour des constructions sur un toit terrasse, ■ Cass. 3e civ., 16 mars 2005, n° 03-14.771. – Pour des constructions élevées dans un jardin partie commune à jouissance privative ■ Cass. 3e civ., 21 mars 2000, n° 98-20.201 : *JurisData* n° 2000-001207 ; *Loyers et copr.* 2000, comm. 151. ■ Cass. 3e civ., 20 nov. 1985 : *RD imm.* 1986, p. 247, obs. Givord et Giverdon ; *Rev. Administrer* avr. 1986, p. 47, obs. E.-J. Guillot).

Cependant, les critères qui déterminent la jurisprudence ne sont pas parfaitement clairs : en effet elle s'attache parfois à la nature des constructions (V. *supra*, comm. n° 16, p. 596).

22) Des critères incertains ? Les critères permettant de distinguer en pareil cas l'action réelle de l'action personnelle ne sont pas aisés à mettre en œuvre. Il semblerait, à la lecture de la jurisprudence récente que la Cour de cassation entende considérer que toute construction élevée irrégulièrement sur une partie commune génère une action « réelle » qui ne se prescrit que par trente ans, ce qui serait une simplification bienvenue (■ Cass. 3e civ., 8 oct. 2015, n° 14-16.690 : *JurisData* n° 2015-022435 ; *Loyers et copr.* 2015, n° 256, note G. Vigneron ; *Administrer* févr. 2016, p. 35, note J.-R. Bouyeure. ■ Cass. 3e civ., 24 sept. 2014, n° 13-12.751 : *JurisData* n° 2014-023335. ■ Cass. 3e civ., 16 mars 2005, n° 03-14.771 ; *Rev. Administrer* juin 2005, p. 46, obs. J.-R. Bouyeure. ■ Cass. 3e civ., 20 nov. 2002, n° 00-17.539 : *Bull. civ.* III, n° 232. ■ Cass. 3e civ., 20 déc. 2002 : *Rev. Administrer* avr. 2003, p. 56, obs. J.-R. Bouyeure. ■ Cass. 3e civ., 24 sept. 2003, n° 02-12.558. ■ Cass. 3e civ., 27 sept. 2003 : *Rev. Administrer* févr. 2004, p. 50, obs. J.-R. Bouyeure. –. Un arrêt de la 3e chambre civile qualifie l'action de « réelle » au motif qu'elle a pour objet de sanctionner l'utilisation frauduleuse du droit de construire, accessoire aux parties communes et propriété du syndicat (■ Cass. 3e civ., 10 déc. 2003, n° 02-14.350 : *JurisData* n° 2003-021472 ; *Loyers et copr.* 2004, comm. 96, obs. G. Vigneron ;

Rev. loyers 2004, p. 229, note J.-M. Gélinet). Mais certaines décisions intervenues à propos de l'exercice illégitime du droit de construire par des copropriétaires titulaires d'un simple droit de jouissance exclusive jettent le trouble (L. n° 65-557, 10 juill. 1965, art. 42, comm. n° 16, p. 598).

Un arrêt de la Cour de cassation (■ Cass. 3e civ., 13 nov. 2012, nos 11-24.255 et 11-24.589 : *Administrer* févr. 2013, p. 43, obs. J.-R. Bouyeure) illustre de manière intéressante les distinctions à opérer à propos d'aménagements irréguliers sur une terrasse à jouissance privative :

– si un copropriétaire ne disposant d'aucun titre procède sur cette terrasse à l'édification de skydomes et de cheminées, ainsi qu'à la mise en place d'un circuit d'arrosage, ces travaux constituent des actes d'appropriation et l'action tendant à la restitution des terrasses dans leur état initial est soumise à la prescription de trente ans ;

– l'action tendant à la suppression de simples aménagements effectués sans autorisation par un copropriétaire sur une terrasse dont il a la jouissance privative obéit par contre à la prescription de dix ans, ramenée aujourd'hui à 5 ans (V. ■ Cass. 3e civ., 2 mai 2012, n° 11-12.249 : *AJDI* 2012, p. 523).

• **Délai de prescription**

23) Délai de trente ans. Dans le cas d'action « réelle », la Cour de cassation applique la prescription de trente ans (■ Cass. 3e civ., 7 sept. 2022, nos 21-13.014 et 21-14.261 : *Loyers et copr.* 2022, n° 11, comm. 187, C. Coutant-Lapalus ; *Administrer* oct. 2022, p. 44, obs. P. Déchelette-Tolot. ■ Cass. 3e civ., 16 janv. 2008 : *Loyers et copr.* 2008, comm. 91, obs. G. Vigneron ; *Rev. Administrer* avr. 2008, p. 43, obs. J.-R. Bouyeure. ■ Cass. 3e civ., 5 déc. 2007, n° 06-10.543. ■ Cass. 3e civ., 24 sept. 2003 : *Juris-Data* n° 2003-020442 ; *Rev. Administrer* févr. 2004, p. 50, obs. J.-R. Bouyeure. ■ Cass. 3e civ., 16 mars 2005 : *Rev. Administrer* juin 2005, p. 46, obs. J.-R. Bouyeure. – Sur la critique de cette solution, V. M. Mignot, *JCl. Civil Code*, art. 2260 à 2264). La solution peut être contestée si l'on considère que l'action intentée est en fait une action en revendication, par nature imprescriptible… (V. l'article 2227 du Code civil). Le défendeur peut renoncer, implicitement ou explicitement, à se prévaloir de la prescription (■ Cass. 2e civ., 21 févr. 2008, n° 06-21.960). Il a également la possibilité d'opposer la prescription acquisitive (V. ■ Cass. 3e civ., 24 juin 2008, n° 06-21.694. ■ CA Paris, 23e ch., 22 avr. 1992 : *Rev. Administrer* nov. 1992, p. 78).

Le caractère perpétuel d'une servitude de cour commune ne fait nullement obstacle à l'application de la prescription extinctive de trente ans à l'action réelle en démolition de l'ouvrage édifié en violation de cette servitude (■ CA Paris, pôle 4, 2e ch., 15 janv. 2014, n° 12/04796 : *Administrer* avr. 2014, p. 55, obs. J.-R. Bouyeure). En outre, la prescription acquisitive du terrain d'une servitude n'emporte pas nécessairement disparition de celle-ci (■ Cass. 3e civ., 14 mars 2024, n° 22-21.914 : *Administrer* avr. 2024, n° 585, obs. P. Déchelette-Tolot).

3° *Point de départ des délais*

24) Application de l'article 2224 du Code civil. Dans sa rédaction issue de la loi ELAN du 23 novembre 2018, l'article 41, alinéa 1er de la loi du 10 juillet 1965 dispose : « Les dispositions de l'article 2224 du Code civil relatives au délai de prescription et à son point de départ sont applicables aux actions personnelles relatives à la copropriété entre copropriétaires ou entre un copropriétaire et le syndicat ». Tel était déjà la solution appliquée par la jurisprudence avant la loi ELAN. Ainsi était-il admis que le point de départ d'une action personnelle sanctionnant la violation du règlement de copropriété était le jour de la découverte de l'infraction (■ Cass. 3e civ., 20 mai 2021, n° 20-15.449 : *Loyers et copr.* 2021, comm. 121, note C. Coutant-Lapalus ; *Administrer* juill. 2021, p. 39, obs. J.-R. Bouyeure. ■ Cass. 3e civ., 28 mai 2020, n° 19-12.908 : *JurisData* n° 2020-007409 ; *Loyers et copr.* 2020, comm. 88, note C. Coutant-Lapalus. ■ Cass. 3e civ., 21 déc. 2017, n° 14-18.284 : *Loyers et copr.* 2018, comm. 48, Ch. Coutant-Lapalus. – Comparer à propos d'une action remise en état des parties communes après réalisation de travaux irréguliers : ■ Cass. 3e civ., 9 juill. 2020, n° 19-17.843 *Loyers et copr.* 2020, comm. 115, note A. Lebatteux qui fixe le point de départ de la prescription à la date de réalisation des travaux). En matière de malfaçons et de non-conformités, leur connaissance résulte du rapport d'expertise judiciaire. La date de dépôt de celui-ci marque donc le point de départ du délai de prescription de la prescription (en l'espèce, de la prescription décennale, ■ Cass. 3e civ., 9 mars 2022, n° 21-10.060). En matière de charges, l'action en remboursement peut ne commencer à courir qu'à compter des décisions judiciaires ayant annulé les comptes du syndicat (■ Cass. 3e civ., 17 mai 2018, n° 16-21.084 : *Loyers et copr.* 2018, comm. 180, Ch. Coutant-Lapalus). L'introduction d'une telle action ne peut néanmoins avoir pour conséquence l'annulation de résolutions d'assemblée générale qui ne peuvent être contestées que dans un délai de 2 mois (■ Cass. 3e civ., 6 juill. 2022, n° 21-17.474 : *Loyers et copr.* 2022, n° 164, obs. Coutant-Lapalus) Dans le même sens, pour un autre exemple, le point de départ de l'action en responsabilité contre l'ancien syndic en raison d'un paiement indu est fixé au jour où le caractère indu est judiciairement établi (■ CA Paris, pôle 4, ch. 2, 12 févr. 2020, n° 16/25022 : *Administrer* août-sept. 2020, 50, obs. J.-R. Bouyeure).

L'article 2224 auquel il est ainsi renvoyé énonce que « les actions personnelles ou mobilières se prescrivent par cinq ans à compter du jour où le titulaire d'un droit a connu ou aurait dû connaître les faits lui permettant de l'exercer ».

Ce texte confère aux délais de prescription un point de départ flottant, ce qui est de nature à susciter de multiples difficultés contentieuses et à prolonger le délai de prescription, dans des conditions a priori difficilement prévisibles. La charge de la preuve de la connaissance tardive des faits permettant d'agir pèse sur le titulaire du droit (C. civ., art. 1353, al. 1er).

Il est particulièrement intéressant, et important, de souligner la distinction que fait la Cour de cassation entre information du syndicat, et information des copropriétaires, de telle sorte que la première n'emporte pas automatiquement la seconde. Il en résulte que même si le syndicat est prescrit en son action du fait de sa connaissance antérieure à 5 ans de sa créance contre un tiers, un copropriétaire, s'il a qualité et intérêt à agir, pourrait encore agir (▪ Cass. 3e civ., 4 janv. 2023, n° 21-23.724 : *AJDI* 2023, p. 274, obs. N. Le Rudulier).

L'article 42, alinéa 1er ne traite pas du point de départ de la prescription en matière d'action réelle : mais il faut noter que l'article 2227 du Code civil adopte en la matière la même règle que celle posée par l'article 2224.

II – CONTESTATION DES DÉCISIONS DE L'ASSEMBLÉE

Bibliographie : Berthault, *L'action en contestation des décisions des assemblées générales de copropriétaires : Rev. loyers* 1981, p. 401 et s. – E.-J. Guillot, *L'annulation des décisions de l'assemblée : Rev. Administrer* juin 1990, p. 10 et s. – C. Atias, *L'exercice de l'action en contestation des décisions des assemblées générales de copropriétaires : D.* 2000, chron. p. 508. – *Qu'est-ce qu'une contestation d'assemblée générale ? : Inf. rap. copr.* juin 1999, p. 22. – M.-C. Ruffet, *Annulation d'assemblée générale et responsabilité du syndic : Inf. rap. copr.* juin 1999, p. 15. – C. Atias, *Contestation d'une décision après son adoption par un vote : Inf. rap. copr.* avr. 2002, p. 22. – C. Atias, *Unicité ou indépendance des dispositions d'un article de loi : l'article 42, alinéa 2 de la loi du 10 juillet 1965 : D.* 2008, p. 1561. – A. Djigo, *Regards sur l'action du copropriétaire en contestation d'une décision d'assemblée générale : JCP* N 2008, n° 14-1167. – M. Burgard, *Évolution jurisprudentielle des actions en nullité des décisions prises par l'assemblée générale des copropriétaires : Loyers et copr.* juin 2009, étude 7 et *JCP* N 2009, n° 37-1261. – G. Vigneron, *Le butoir de l'article 42, alinéa 2 de la loi du 10 juillet 1965 : Inf. rap. copr.* avr. 2009, p. 24. – J.-R. Bouyeure, *Le délai de deux mois de l'article 42, alinéa 2 est-il applicable à tous les cas de contestation des décisions de l'assemblée générale ? : Rev. Administrer* juill. 2009, p. 16. – C. Atias, *La loi et les juges dans la contestation des décisions d'assemblées générales de copropriétaires : Ann. loyers* 2009, p. 2450 ; *Décision d'assemblée générale et position de la majorité : AJDI* 2010, p. 109. – C. Atias, *La nature du délai de contestation des assemblées générales de copropriétaires : AJDI* juin 2012, p. 415. – Ph. Marin et J.-M. Roux, *Le temps en copropriété : éclairage sur les règles de prescription et forclusion à la lumière de la jurisprudence : Rev. loyers* 2016, p. 363. – G. Gil, *Les formalités substantielles en copropriété : Ann. loyers* 2021, p. 25. – P.-E. Lagraulet, *L'action en contestation des décisions d'assemblée générale : Inf. rap. copr.* oct. 2021, p. 12. – P.-E. Lagraulet, *Délai de recours contre les décisions d'assemblée générale : Inf. rap. copr.* juill.-août 2022, p. 7. – P.-E. Lagraulet, *Procédure de contestation d'une résolution d'assemblée générale : Inf. rap. copr.* nov. 2022, p. 9.

Ouvrages généraux. *JCl. Copropriété*, Fasc. 87-10 par G. Vigneron. – *La copropriété*, Dalloz Action, 9e éd., 2018-2019, ss dir. P. Capoulade et D. Tomasin, nos 334-81 et s. – J.-R. Bouyeure, *Les assemblées générales de copropriété*, éd. Publications Administrer, 2006 et suppl. 2009, nos 381 et s. – Ph. Marin et J.-M. Roux, *L'assemblée générale de copropriété*, Edilaix, 2023.

25) Seulement deux mois pour contester. L'article 42, alinéa 2 de la loi est particulièrement important pour la pratique, spécialement dans la mesure où il interdit de remettre en cause les décisions prises par l'assemblée, une fois écoulé le délai de deux mois qu'il édicte (et qui court à compter du lendemain de la notification de la décision de l'assemblée, pourvu qu'elle soit régulièrement faite. – V. D. art. 18 et 64). Par ce mécanisme, les copropriétaires qui veulent agir en nullité d'une décision de l'assemblée doivent le faire dans un délai très bref, à l'expiration duquel la décision peut être exécutée sans qu'il y ait lieu de continuer à craindre un éventuel recours. Telle est la règle.

Mais la jurisprudence a progressivement apporté des limitations au jeu de ce texte. L'effet de « purge » qu'il opère pour les vices de forme ou de fond dont les décisions se trouvent affectées ne joue que s'il y a eu notification régulière : sinon le délai de recours restait fixé à dix ans – et donc aujourd'hui à 5 ans (délai de droit commun selon art. 42, al. 1).

Voir : art. 42, annot. n° 62, p. 619.

Par ailleurs, certains auteurs ont tenté de réduire le champ d'application de ce texte en proposant une définition restrictive de la notion de

« décision de l'assemblée ». Cette position était d'autant plus explicable que, dans la pratique, il est parfois fait de ce texte un usage dévergondé. Lorsqu'on craint de ne pas pouvoir obtenir de l'assemblée une décision à la majorité requise, on lui demande de voter à une majorité inférieure.

Voir : comm. sous L. 10 juill. 1965, art. 42, n°s 34 et 35, p. 607.

On provoque ainsi sciemment une décision irrégulière, en espérant qu'elle deviendra néanmoins définitive en l'absence de tout recours. Mais jusqu'où peut-on aller dans cette voie ? Pourrait-on admettre qu'une décision portant gravement atteinte aux droits des copropriétaires sur leurs parties privatives ou introduisant dans le règlement des clauses contraires aux dispositions d'ordre public de la loi ne puisse plus être remise en cause après expiration du délai de recours ? Pour s'y opposer, on dira qu'en pareil cas il n'y a pas « décision » au sens du texte et c'est bien, semble-t-il, cette interprétation qu'avait paru encourager un arrêt de la Cour de cassation du 11 janvier 1983, lorsqu'il déclarait que « les actions fondées sur l'article 43 de la loi du 10 juillet 1965 ne sont pas soumises aux dispositions de l'article 42 de cette loi », et ceci sans faire aucune distinction entre les différents alinéas de cet article 42. Or, le texte comporte trois alinéas et deux dispositions bien distinctes, celle du premier alinéa concernant la prescription de dix ans (ramenée aujourd'hui à 5 ans) et celle de l'alinéa 2 concernant le délai de deux mois pour contester les décisions des assemblées générales. Il paraissait légitime d'en déduire que lorsqu'une décision était contraire à des dispositions impératives de la loi les modifications au règlement de copropriété en résultant devaient être réputées non écrites (Givord et Giverdon : *RD imm.* 1984, n° 343).

Voir : sous L. 10 juill. 1965, art. 43, comm. n° 5, p. 630.

Il y a, en ce domaine, un juste équilibre à trouver :

– il faut éviter le développement de l'insécurité juridique, ce qui conduit à limiter le champ d'application des recours, faute de quoi toute clause du règlement ou toute délibération de l'assemblée pourraient pendant un très long délai être remises en cause ;

– mais il n'est pas souhaitable que ces considérations de politique judiciaire aboutissent à vider de sa substance l'article 42, en limitant excessivement le champ d'application de la prescription abrégée qu'il prévoit, ce qui pourrait permettre de graves abus.

Dans sa jurisprudence la plus récente, la Cour de cassation paraît s'être engagée dans cette voie.

A – Notion de « décision » susceptible d'être contestée

Bibliographie : G. Vigneron, *La conception des décisions d'assemblées générales : Loyers et copr.* mai 1991, p. 1 et s. – C. Atias, *Résolutions, délibération, décisions et votes : des notions à ne pas confondre : Inf. rap. copr.* mai 1999, p. 23. – P. Guitard, *Les résolutions inexistantes : Inf. rap. copr.* oct. 1999, p. 20. – C. Atias, *Décisions d'assemblées générales de copropriétaires illégales : Inf. rap. copr.* oct. 2005, p. 32. – J. Lafond, *Les décisions hors assemblée : JCP* N 2005, n° 49-1489.

26) Pour qu'une décision soit susceptible d'être contestée, il faut tout d'abord qu'elle ait une existence matérielle (1°). Il faut également qu'elle ait une existence juridique : on s'est demandé à ce propos si une décision atteinte de vices gravissimes de forme ou de fond était ou non justiciable de la procédure de contestation prévue par l'article 42 de la loi du 10 juillet 1965 (2°). Il faut enfin évoquer le problème des décisions confirmant ou régularisant une décision antérieure (3°).

1° *Inexistence matérielle de la décision*

27) Définition de la « décision ». Pour qu'une contestation puisse être valablement élevée, l'assemblée doit avoir pris une véritable décision. Il n'y a décision que si un certain nombre de conditions matérielles sont réunies : il faut une délibération explicite sanctionnée par un vote, ce qui exclut les simples vœux ou décisions de principe. Il faut en outre que la décision ne soit pas assortie de réserves qui lui enlèvent toute efficacité. Selon un arrêt de la Cour de cassation (▪ Cass. 3e civ., 28 avr. 1993 : *RD imm.* 1993, p. 418, note P. Capoulade), la décision se définit comme étant une « disposition adoptée par l'assemblée générale qui revêt une efficacité juridique la distinguant de mesures préparatoires ou de résolutions de principe » ou encore, selon la cour de Paris comme « l'adoption d'une position définitive consacrée par un vote » (▪ CA Paris, 23e ch. A, 17 avr. 1996 : *Loyers et copr.* 1996, comm. 321). En conséquence, lorsque la décision n'émane pas de l'assemblée générale, mais d'un administrateur provisoire désigné en application de l'article 29-1, la décision n'est pas contestable au sens de l'article 42 de la loi du 10 juillet. 1965 (▪ Cass. 3e civ., 25 janv. 2024, n° 22-21.724 : *LEDEN* mai 2024, n° DED202i2, p. 7, obs. J.-M. Roux. ▪ Cass. 3e civ., 13 avr. 2022, n° 21-15.923 : *JurisData* n° 2022-005826 ; *Loyers et copr.* 2022, comm. 105, A. Lebatteux ; *Ann. loyers* 2022, p. 66, obs. J.-M. Roux). La solution paraît néanmoins contestable dans ce cas dans la mesure où l'administrateur agit ès *qualité*, étant détenteur des pouvoirs de l'assemblée. À l'inverse, ce raisonnement paraît pouvoir être retenu lorsque des décisions sont unilatéralement par un copropriétaire majoritaire dans une copropriété à deux, ou par décision unanime des copropriétaires d'une « petite copropriété » (P.-E. Lagraulet, *Les petites copropriétés et les copropriétés à deux après le décret du 2 juillet 2020* : *AJDI* 2020, 2).

Voir : comm. n°s 28 à 32, p. 605.

28) Nécessité d'une résolution explicite, sanctionnée par un vote. Il n'y a décision que si un certain nombre de conditions *matérielles* sont réunies :

• Il doit y avoir eu *délibération sanctionnée par un vote* (▪ Cass. 3e civ., 4 nov. 2004, n° 03-11.741 : *Bull. civ.* III, n° 189 ; *Loyers et copr.* 2005, comm. 14, obs. G. Vigneron ; *AJDI* 2005, p. 311, note C. Giverdon. ▪ Cass. 3e civ., 6 mai 2003 : *Rev. Administrer* août-sept. 2003, p. 49, obs. J.-R. Bouyeure. ▪ Cass. 3e civ., 23 mars 2003, n° 01-16.010 : *Inf. rap. copr.* juin 2003, p. 14, note P. Capoulade ; *Rev. Administrer* août-sept. 2003, p. 50, obs. J.-R. Bouyeure. ▪ Cass. 3e civ., 26 févr. 2003, n° 01-16.417 : *Bull. civ.* III, n° 49 ; *JCP* G 2003, IV, 1735 ; *Rev. Administrer* juin 2003, p. 48, note P. Capoulade. ▪ CA Paris, 23e ch. A, 7 mai 2002 : *Loyers et copr.* 2002, comm. 263). La notion de décision implique « une délibération organisée et un vote en bonne et due forme » déclare un arrêt de la cour de Dijon (▪ CA Dijon, 1re ch., 16 janv. 1996 : *D.* 1997, somm. p. 12, note C. Atias. – V. également ▪ CA Versailles, 4e ch., 6 nov. 2002 : *Dossier CSAB* n° 92, avr. 2001, n° 199, obs. A. Dunes. ▪ CA Aix-en-Provence, 4e ch. A, 27 mai 1999 : *D.* 1999, somm. p. 316, note C. Atias).

Aucune décision n'a été prise si l'assemblée s'est contentée d'informer les copropriétaires des mesures prises ou à prendre à la suite d'un sinistre, et qu'aucun vote n'est intervenu sur ce point (▪ Cass. 3e civ., 13 sept. 2006, n° 05-15.097 : *JurisData* n° 2006-034948. – V. aussi ▪ Cass. 3e civ., 13 sept. 2006 : *Loyers et copr.* 2007, comm. 11, obs. G. Vigneron. ▪ Cass. 3e civ., 10 mai 2006 : *Rev. Administrer* août-sept. 2006, p. 51, obs. J.-R. Bouyeure).

De même, si les copropriétaires se sont bornés à des *échanges de vue non suivis d'un vote*, il n'y a pas « décision » (▪ Cass. 3e civ., 10 juill. 2002, n° 01-00.313. ▪ Cass. 3e civ., 11 févr. 1998 : *Administrer* avr. 1998, p. 46, note P. Capoulade. ▪ Cass. 3e civ., 27 févr. 2001, n° 99-17.512. ▪ Cass. 3e civ., 9 juill. 1997 : *RD imm.* 1997, p. 621, obs. P. Capoulade. ▪ Cass. 3e civ., 26 nov. 1985 : *Rev. Administrer* sept. 1986, p. 27). De même *si l'assemblée a omis de se prononcer* (▪ CA Paris, 9 févr. 1983 : *D.* 1983, inf. rap. p. 462, obs. Giverdon) ou a différé sa prise de position (▪ CA Paris, 23e ch. A, 10 mars 1999 : *AJDI* 1999, p. 542).

De même encore si l'assemblée s'est contentée de rappeler les termes du règlement de copropriété (▪ Cass. 3e civ., 26 janv. 2010, n° 09-12.994 : *Rev. Administrer* avr. 2010, p. 35, obs. J.-R. Bouyeure). La notion de décision implique que l'assemblée se soit engagée, qu'elle ait conféré un droit ou une faculté, ou créé un préjudice (▪ CA Paris, 23e ch. B, 12 mars 2009 : *AJDI* 2009, p. 880).

En matière de travaux il n'y a de décision que lorsque l'assemblée a voté leur réalisation et fixé leur coût (▪ CA Paris, 23e ch. B, 28 févr. 2002 : *Rev. Administrer* juill. 2002, p. 38, obs. A. Alfandari. – V. dans un cas où l'assemblée avait délégué ce pouvoir au conseil syndical : ▪ CA Paris, 23e ch. B, 5 oct. 2000 : *Loyers et copr.* 2001, comm. 96).

• Il faut rappeler en outre que la « décision » implique une prise de position explicite (▪ Cass. 3e civ., 28 mars 2007, n° 06-11.947 : *Rev. loyers* 2007, p. 241, note J.-M. Roux) : il n'y a pas de « décision implicite » en droit de la copropriété (▪ Cass. 3e civ., 17 janv. 2007, n° 05-17.119 : *JCP* G 2007, IV, 1361. ▪ Cass. 3e civ., 11 janv. 1995, n° 93-11.939 : *RD imm.* 1995, p. 377, obs. P Capoulade. ▪ Cass. 3e civ., 12 mai 1993, n° 91-17.676 : *RD imm.* 1993, p. 420, note P. Capoulade. e civ., 3 oct. 1991, n° 89-20.904 : *RD imm.* 1992, p. 112, obs. Givord et Giverdon).

• Pour qu'il y ait « décision », il faut enfin que le procès-verbal indique que la décision a été adoptée, et qu'il mentionne le nombre total de tantièmes (▪ Cass. 3e civ., 3 juin 1998 : *Rev. Administrer* mai 1999, p. 42, note J.-R. Bouyeure).

Ces diverses conditions ne sont pas réunies si l'assemblée s'est bornée à « donner acte » ou à « prendre acte » d'une situation préexistante (▪ Cass. 3e civ., 16 sept. 2015, n° 14-18.975.

29) Avis ou simple vœu. Il n'y a pas de « décision » si l'assemblée s'est contentée d'émettre un *avis*, ou un *simple vœu* (▪ Cass. 3e civ., 10 juill. 2002, n° 01-00.313. ▪ Cass. 3e civ., 19 nov. 1997, n° 96-11.888 : *JurisData* n° 1997-004554 ; *Bull. civ.* III, n° 207 ; *JCP* N 1998, II, 10040, note A. Djigo ; *Administrer* avr. 1998, p. 52, note P. Capoulade. ▪ Cass. 3e civ., 28 avr. 1993, n° 90-18.820 : *Bull. civ.* III, n° 59 ; *Loyers et copr.* 1993, comm. 277, obs. G. Vigneron ; *AJPI* 1994, p. 43, note J.-M. Gélinet ; *Inf. rap. copr.* 1944, p. 486, note P. Capoulade ; *Defrénois* 1993, p. 1428, note J.-L. Aubert ; *Administrer* févr. 1994, p. 56, note E.-J. Guillot ; *RD imm.* 1993, p. 418, note P. Capoulade. ▪ Cass. 3e civ., 14 oct. 1980 : *D.* 1981, inf. rap. p. 399. ▪ CA Versailles, 4e ch., 16 déc. 2013 : *Rev. loyers* 2014, p. 86).

De même il n'y a pas décision si l'assemblée se borne à *constater un simple état de fait* (▪ CA Paris, 11 déc. 1992 : *Rev. Administrer* août-sept 1993, p. 49) ou à rappeler une décision préexistante (▪ CA Paris, 23e ch. B, 20 mai 1999 : *Inf. rap. copr.* 1999, p. 9 et *RD imm.* 1999, p. 450, obs. P. Capoulade. ▪ CA Rouen, 1re ch., 14 févr. 1996 : *RD imm.* 1996, p. 610, obs. C. Giverdon. ▪ CA Paris, 23e ch. B, 30 mai 1997 : *Loyers et copr.* nov. 1997, n° 292 ; *Rev. Administrer* août-sept. 1997, p. 45, obs. J.-R. Bouyeure) ou à procéder à un simple échange de vues (▪ CA

Paris, 23e ch. B, 11 janv. 2001 : *Dossier CSAB* n° 92, avr. 2001, n° 183, obs. A. Dunes).

Selon un arrêt de la cour de Paris, le fait d'introduire dans le règlement une clause qui n'est que la reproduction d'un texte d'ordre public ne peut produire aucun effet juridique. Il ne s'agit pas d'une véritable « décision » qui puisse faire l'objet d'une contestation (■ CA Paris, 23e ch. B, 13 déc. 2001 : *AJDI* 2002, p. 466, obs. P. Capoulade).

En cas de doute, les juges du fond apprécient s'il y a ou non décision, sous le contrôle de la Cour de cassation, qui vérifie que leur interprétation ne constitue pas une « dénaturation » (■ Cass. 3e civ., 27 févr. 2001 : *Rev. Administrer* mai 2001, p. 55, obs. J.-R. Bouyeure). Si l'assemblée fait injonction à un copropriétaire de restituer des parties communes qu'il occupe indûment, cette décision qui n'est pas constitutive d'un simple vœu est susceptible de contestation (■ Cass. 3e civ., 7 juin 2006, n° 05-17.330 : *Rev. Administrer* nov. 2006, p. 44, obs. J.-R. Bouyeure).

30) Décision de principe. Si l'assemblée se borne à prendre une « décision de principe », cette décision ne l'engage pas et en conséquence il n'y a pas lieu d'agir en annulation à son encontre (V. ■ CA Bastia, 4 avr. 2012, n° 11/00132 : *JurisData* n° 2012-012512 ; *Loyers et copr.* 2012, comm. 279, obs. G. V.). Il en a été déduit qu'une décision de principe sur la souscription d'un contrat d'entretien des ascenseurs, pour laquelle l'assemblée avait délégué son pouvoir de choisir le prestataire, n'exigeait pas le recours à une mise en concurrence, requise seulement pour la prise de décision sur le choix du contrat (■ Cass. 3e civ., 28 janv. 2015, n° 13-28.021 [publié au Bulletin] : *JurisData* n° 2015-001157 ; *Loyers et copr.* 2015, comm. 100, note G. Vigneron ; *Administrer* avr. 2015, p. 39, note J.-R. Bouyeure).

Il y a décision de principe lorsqu'une nouvelle décision est nécessaire pour que la décision devienne effective (■ Cass. 3e civ., 4 janv. 2006, n° 04-19.771 : *JurisData* n° 2006-031489 ; *Bull. civ.* III, n° 4 ; *Loyers et copr.* 2006, comm. 60, note G. Vigneron ; *Rev. loyers* 2006, p. 208, note J.-M. Roux ; *Rev. Administrer* avr. 2006, p. 36, obs. J.-R. Bouyeure. ■ Cass. 3e civ., 10 nov. 1992, n° 90-17.278 : *RD imm.* 1993, p. 130, note P. Capoulade. ■ Cass. 3e civ., 16 avr. 1986 : *Rev. Administrer* sept. 1986, p. 42. ■ Cass. 3e civ., 14 févr. 1984 : *JCP G* 1984, IV, 128. ■ CA Paris, pôle 4, 2e ch., 29 sept. 2010 : *JurisData* n° 2010-199250 ; *Loyers et copr.* 2011, comm. 53, obs. G. Vigneron ; *Rev. Administrer* déc. 2010, p. 80, obs. J.-R. Bouyeure. ■ CA Paris, 16 nov. 1982 : *RD imm.* 1983, p. 495, obs. Giverdon. ■ CA Versailles, 1re ch., 30 janv. 1992 : *Rev. Administrer* mai 1992, p. 44, obs. A. Dunes. V. toutefois, dans un cas particulier où la décision de principe se suffisait à elle-même, ■ Cass. 3e civ., 18 déc. 2001, n° 00-19.101. ■ CA Paris, 23e ch. A, 28 févr. 1996 : *Loyers et copr.* juin 1996, n° 279). Ainsi, l'accord de principe dégagé pour la « mise en œuvre d'une procédure judiciaire » ne constitue pas une décision (■ Cass. 3e civ., 11 févr. 1998, n° 96-13.124 : *Rev. Administrer* avr. 1998, p. 46, obs. J.-R. Bouyeure).

Il en est de même :

– si une décision autorise « un ou plusieurs copropriétaires à effectuer à leurs frais des travaux affectant les parties communes et l'aspect extérieur de l'immeuble », que les copropriétaires bénéficiaires de l'autorisation ne sont pas désignés et qu'aucune précision n'est donnée quant à la nature exacte et aux caractéristiques techniques des travaux (■ Cass. 3e civ., 17 déc. 2008, n° 07-19.122 : *Rev. Administrer* mars 2009, p. 59, obs. J.-R. Bouyeure. ■ CA Rennes, 12 mai 2011 : *AJDI* 2012, p. 357).

– si l'assemblée vote le principe de travaux en prévoyant qu'une assemblée ultérieure fixera les modalités d'application de sa décision (■ CA Paris, pôle 4, 2e ch., 14 oct. 2009 : *JurisData* n° 2009-380166 ; *Loyers et copr.* 2010, comm. 111, obs. G. Vigneron. – V. également, dans le cas d'un accord de principe sur une opération future et conditionnelle, ■ CA Paris, 23e ch. B, 28 mai 2009 : *AJDI* 2009, p. 880).

Constitue une véritable décision et non un simple accord de principe une résolution qui produit à elle seule des effets juridiques (■ Cass. 3e civ., 29 nov. 2018, n° 17-26.744 : *JurisData* n° 2018-024253 ; *Loyers et copr.* 2019, comm. 15, note A. Lebatteux ; *Rev. loyers* 2019, p. 147, note L. Guégan-Gélinet. – V. dans le même sens ■ Cass. 3e civ., 29 avr. 2018, n° 17-26.744, févr. 2019, p. 38, note J.-R. Bouyeure. Si un « accord de principe » s'accompagne du vote de toutes les mesures d'accompagnement, il y a bien décision malgré l'expression employée (■ CA Paris, 23e ch. A, 17 avr. 1996 : *D.* 1997, somm. p. 12, obs. C. Atias).

31) Décision « sous réserve ». Il n'y a pas non plus décision si l'assemblée s'est prononcée « sous réserve » d'un événement ultérieur (par exemple une approbation des comptes « sous réserve de l'avis du conseil syndical » : ■ CA Versailles, 7 oct. 1988 : *Inf. rap. copr.* janv. 1991, p. 110, obs. P. Capoulade) si bien que la décision n'a aucune effectivité. En cas de doute il appartient aux tribunaux de définir la portée exacte de la décision prise (V. ■ Cass. 3e civ., 4 juin 1997 : *RJDA* nov. 1997, n° 1390. ■ CA Paris, 23e ch. A, 28 juin 1995 : *D.* 1997, somm. p. 11, note C. Atias).

Une décision peut être prise à titre préventif, en prévision d'événements futurs (■ CA Paris, 19e ch. B, 12 oct. 1995 : *RD imm.* 1996, p. 271, obs. C. Giverdon).

32) Sursis à statuer. L'assemblée ne prend pas de véritable décision susceptible de recours lorsqu'elle décide de surseoir à statuer (■ CA Paris, pôle 4, 2e ch., 29 sept. 2010 : *JurisData* n° 2010-

199280 ; *Loyers et copr.* 2011, comm. 20, obs. G. Vigneron. ▪ CA Paris, 23e ch. B, 7 juin 2007 : *Loyers et copr.* 2007, n° 225, note G. Vigneron).

Cependant, le sursis à statuer est susceptible de constituer dans certains cas un abus de majorité (V. L. 10 juill. 1965, art. 24).

33) Erreur sur la majorité. À ces cas d'inexistence matérielle de la décision, on a proposé d'assimiler celui où le procès-verbal indique par suite d'une *erreur matérielle dans le décompte des voix* que la décision est adoptée, ou à l'inverse qu'elle est rejetée. En ce cas, n'importe lequel des copropriétaires disposerait alors d'une action en rectification de procès-verbal pour faire rétablir cette erreur (V. sur ce point, J.-R. Bouyeure, *Réflexions sur la notion de décision en matière d'assemblées générales de copropriété : Rev. Administrer* août-sept. 1986, p. 10 et s. – E.-J. Guillot, *Les décisions illégales des assemblées de copropriétaires : Rev. Administrer* janv. 1981, p. 2 et s., p. 6, col. 2. – J.-R. Bouyeure, *Les effets de l'expiration du délai de contestation et la notion de décision en matière d'assemblée générale : Rev. Administrer* mai 1994, p. 3 et s.).

Cette analyse a été parfois accueillie en jurisprudence (V. ▪ CA Paris, 23e ch., 26 janv. 1988 : *Loyers et copr.* mars 1988, n° 141. ▪ CA Paris, 23e ch., 10 déc. 1991 : *Loyers et copr.* 1992, n° 143. – V. cependant *contra*, ▪ CA Aix-en-Provence, 18 mai 2007, critiqué par B. Stemmer, *Du pouvoir du rédacteur du procès-verbal d'une assemblée de copropriété : inscrivez n'importe quoi dans un procès-verbal, il en restera toujours quelque chose : BPIM* 5/07, p. 3).

Si on admet cette l'analyse, le délai pour introduire une action en contestation ou s'opposer à l'exécution de la prétendue « décision » serait alors en pareil cas de 5 ans.

2° *Inexistence juridique*

34) Problème des décisions atteintes de vices gravissimes de forme ou de fond. Il a été proposé de distinguer les cas de nullité proprement dits de ceux où la décision est affectée de vices de forme ou de fond tellement graves qu'elle doit être considérée comme inexistante. Il s'agirait alors d'un simple fait sans valeur juridique ; et le délai de prescription abrégée de deux mois ne pourrait pas jouer (en ce sens J.-R. Bouyeure, étude préc.). Cette analyse a parfois été accueillie par la jurisprudence notamment par les juridictions du fond. Mais la Cour de cassation est très circonspecte face à cette notion d'inexistence (V. *infra*, comm. n° 32, p. 594).

Dans plusieurs décisions, la cour de Paris n'excluait pas le recours à l'inexistence « lorsque les décisions de l'assemblée sont affectées de vice de forme ou de fond tellement graves que les décisions doivent être considérées non comme nulles mais privées d'existence juridique (▪ CA Paris, pôle 4, 2e ch., 28 mars 2012, n° 09/28408 : *JurisData* n° 2012-007569. ▪ CA Paris, pôle 4, 2e ch., 20 oct. 2010 : *JurisData* n° 2010-217540 ; *Loyers et copr.* 2011, comm. 54, obs. G. Vigneron. ▪ CA Paris, 23e ch. B, 13 janv. 2010 : *JurisData* n° 2010-002552 ; *Loyers et copr.* 2010, comm. 171, obs. G. Vigneron. – V. également, ▪ CA Paris, 23e ch. B, 4 nov. 2009 : *JurisData* n° 2009-380425 ; *Loyers et copr.* 2010, comm. 113, obs. G. Vigneron.

Ainsi :

• lorsque l'assemblée *se prononce sur des questions qui sortent de sa compétence* (qui sont en dehors de l'objet légal du syndicat tel que défini à l'article 14, L. 10 juill. 1965). Par exemple :

– si l'assemblée décide qu'une partie privative deviendra partie commune (expropriation forcée d'un copropriétaire, V. ▪ TGI Bayonne, 4 nov. 1974 : *JCP G* 1975, II, 17951, note R. B. – Atton, *La hantise des praticiens : le délai de deux mois qui enferme les actions en nullité des assemblées générales de copropriété : Inf. rap. copr.* 1984, p. 75) ;

– si une décision prive un copropriétaire des droits de jouissance privative dont il bénéficiait en vertu du règlement de copropriété, ou de la jouissance d'une partie de son lot (▪ CA Paris, 23e ch. B, 29 mai 2008 : *JurisData* n° 2008-364556. ▪ CA Paris, 23e ch. B, 15 mai 2008 : *JurisData* n° 2008-363130 : *Loyers et copr.* 2008, comm. 229, obs. G. Vigneron. ▪ CA Paris, 23e ch. A, 28 janv. 1998 : *Loyers et copr.* sept. 1998, n° 220), ce que n'a pas admis la Cour de cassation (V. *infra*, comm. n° 1, p. 594).

Une décision de la cour de Paris (23e ch. A) du 17 avril 1996 a admis que lorsqu'une assemblée prenait ainsi une décision en dehors de son domaine de compétence, cette décision était « inopérante » et insusceptible de faire courir le délai de contestation de l'article 42 (▪ CA Paris, 23e ch. A, 17 avr. 1996 : *Loyers et copr.* juill. 1996, n° 316 ; *D.* 1997, p. 90, note J.-R. Bouyeure. – Comp. ▪ CA Aix-en-Provence, 4e ch. A, 4 avr. 2008 : *Loyers et copr.* 2009, comm. 17, obs. G. Vigneron, qui estime qu'une semblable décision est « nulle » et peut être contestée pendant dix ans. – V. aussi : ▪ TGI Nanterre, 5e ch., 20 sept. 2000 : *Rev. Administrer* mars 2001, p. 44, obs. J.-R. Bouyeure), mais la même chambre a pris quelques mois plus tard une position contraire (▪ CA Paris, 23e ch. A, 5 juin 1996 : *Loyers et copr.* août-sept. 1996, n° 370). Un arrêt de la Cour de cassation a repris à son compte la formule de la cour de Paris, en considérant comme « inopérante » une décision prise par l'assemblée en dehors de son objet légal (▪ Cass. 3e civ., 30 janv. 2007, n° 06-13.886 : *Rev. Administrer* avr. 2007, p. 51, obs. J.-R. Bouyeure) ;

Cependant un arrêt plus récent de la Cour de Paris énonce que l'article 42, alinéa 2 « ne fait aucune distinction entre les actions qui ont pour objet de contester les décisions des assemblées générales de copropriétaires, qu'elles tendent à la nullité ou à l'inexistence » et déclare « que le même délai de forclusion s'applique même si les résolutions attaquées portent atteinte à l'exercice des droits de jouissance privative des copropriétaires » (▪ CA Paris, pôle 4, 2e ch., 6 févr. 2013, n° 10/23899 : *JurisData* n° 2013-001790 ; *Loyers et copr.* 2013, comm. 150, note G. Vigneron).

• lorsque l'assemblée est *affectée d'irrégularités majeures* (▪ CA Paris, 19e ch., 16 mars et 6 avr. 2005 : *Loyers et copr.* 2005, comm. 141, note G. Vigneron). Ainsi, par exemple :

– s'il y a eu vote par correspondance (▪ Cass. 3e civ., 14 mai 1974 : *JCP* 1974, II, 17795, obs. E.-J. Guillot) ;

– ou si la « décision » a été prise en dehors d'une assemblée (▪ Cass. 3e civ., 19 nov. 2020, n° 18-24.022 : *JurisData* n° 2020-019004 ; *Administrer* janv. 2021, p. 60, obs. J.-R. Bouyeure ; *Ann. loyers* 2021, p. 94, obs. J.-M. Roux ; *Rev. loyers* 2021, p. 33, note V. Zalewski-Sicard. ▪ Cass. 3e civ., 26 janv. 2022, n° 20-21.643 : *JurisData* n° 2022-000998 ; *Loyers et copr.* 2022, comm. 47, A. Lebatteux) ou lors d'une réunion informelle (▪ CA Paris, 19e ch., 25 janv. 1994 : *Rev. Administrer* juin 1994, p. 55 ; *D.* 1994, somm. 129. ▪ CA Paris, 19e ch. A, 27 sept. 1994 : *RD imm.* 1995, p. 161, obs. C. Giverdon. ▪ CA Dijon, 1re ch., 16 janv. 1996 : *JCP* G 1996, IV, 1522). Selon un arrêt de la Cour de cassation (▪ Cass. 3e civ., 27 févr. 2002 : *Bull. civ.* III, n° 52 ; *Rev. Administrer* juill. 2002, p. 23, et *AJDI* 2002, p. 775, note P. Capoulade ; *D.* 2002, p. 1238 et la note), un accord entre copropriétaires pris en dehors de toute assemblée « n'a pas valeur de décision d'assemblée générale » (V. aussi, pour l'approbation du règlement par une décision unanime en dehors de toute assemblée, ▪ Cass. 3e civ., 24 avr. 2013, n° 12-14.593 : *JurisData* n° 2013-008135 ; *Loyers et copr.* 2013, n° 218, obs. G. Vigneron ; *Administrer* juill. 2013, p. 54, obs. J.-R. Bouyeure). Il devrait normalement s'en déduire que les dispositions de l'article 42 de la loi ne sont pas alors applicables et que cette pseudo-décision ne peut avoir aucune conséquence juridique, sans qu'il soit nécessaire d'en invoquer la « nullité » (V. cependant ci-dessous n° 35, ▪ Cass. 3e civ., 13 nov. 2013) ;

Voir : L. 10 juill. 1965, art. 17, comm. n° 1, p. 273.

En ce cas, la décision de l'assemblée n'est pas à proprement parler annulable : elle devrait être considérée comme inexistante. Il s'agit d'un simple fait, sans valeur juridique : et le délai de prescription abrégée de deux mois ne peut pas jouer (en ce sens Bouyeure, étude préc. – *Contra* : dans un cas où une assemblée avait été convoquée sans respecter le délai légal, et alors qu'aucun procès-verbal n'avait été établi : ▪ CA Paris, 23e ch. B, 8 avr. 1999 : *AJDI* 1999, p. 718) ;

• devrait aussi être considérée comme inexistante la décision qui introduit dans le règlement de copropriété une clause contraire aux dispositions d'ordre public de la loi du 10 juillet 1965 : la Cour de cassation a tout d'abord admis que cette décision était valable dès lors qu'elle n'avait pas été contestée dans le délai légal (▪ Cass. 3e civ., 17 juill. 1991 : *Inf. rap. copr.* mai 1992, p. 159. – *Contra*, ▪ CA Versailles, 1re ch., 16 mai 1991 : *RD imm.* 1991, p. 505. – Dans le même sens : ▪ CA Paris, 23e ch., 12 sept. 1994 : *Loyers et copr.* janv. 1995, n° 34. ▪ CA Paris, 19e ch., 30 nov. 1994 : *Loyers et copr.* 1995, n° 242. ▪ CA Paris, 23e ch., 17 mars 1995 : *Loyers et copr.* août-sept. 1995, n° 387). Mais elle est finalement revenue sur cette jurisprudence dans un arrêt du 27 septembre 2000 et dans un arrêt postérieur du 18 novembre 2008 (V. L. 10 juill. 1965, art. 43, comm. n° 5, p. 630).

35) Position de la Cour de cassation sur la notion d'inexistence. Dans sa jurisprudence la plus récente, la Cour de cassation paraît vouloir restreindre toute velléité d'étendre le champ d'application de la théorie de l'inexistence au détriment de la théorie des nullités. Elle considère en effet que relèvent de l'article 42, alinéa 2 de la loi des décisions atteintes de graves vices de forme ou de fond, en soulignant que « l'article 42, alinéa 2, de la loi du 10 juillet 1965 ne fait aucune distinction entre les actions qui ont pour objet de contester les décisions des assemblées générales de copropriétaires » (▪ Cass. 3e civ., 17 juin 2009, n° 08-17.327 : *JurisData* n° 2009-048812 ; *Loyers et copr.* 2009, comm. 268, obs. G. Vigneron ; *Rev. Administrer* oct. 2009, p. 53, obs. J.-R. Bouyeure. – V. dans le même sens, ▪ CA Paris, 23e ch. B, 4 sept. 2008 : *Loyers et copr.* 2009, comm. 42, obs. G. Vigneron). Peu importe, ajoute-t-elle, que l'irrégularité ait été découverte après l'expiration du délai pour agir (▪ Cass. 3e civ., 19 déc. 2007, V. *infra*. – Dans le même sens, ▪ CA Paris, 23e ch. B, 17 avr. 2008 : *AJDI* 2008, p. 594) ;

– ainsi, elle a estimé que constituait une « décision » au sens de l'article 42, alinéa 2, de la loi celle à laquelle a participé une personne qui n'était pas copropriétaire « *De telles irrégularités ne rendent pas l'assemblée générale ou les décisions qu'elle a prises inexistantes mais annulables* » (▪ Cass. 3e civ., 19 déc. 2007 : *Bull. civ.* III, n° 228 ; *JCP* G 2007, IV, 1144 ; *Loyers et copr.* 2008, comm. 62, note G. Vigneron ; *Rev. Administrer* mars 2008, p. 36, note J.-R. Bouyeure ; *AJDI* 2008, p. 772, note P. Capoulade) ;

– de même il y a décision au sens de l'article 42, alinéa 2, lorsque l'assemblée s'est prononcée sur une question ne figurant pas à l'ordre du jour (▪ Cass. 3e civ., 7 nov. 2007 : *Bull. civ.* III, n° 197 ; *JCP* G 2007, 31064 ; *Loyers et copr.* 2008, comm. 17, note Vigneron ; *Rev. Administrer* janv. 2008, p. 57, obs. J.-R. Bouyeure) ;

– ou lorsqu'une décision porte atteinte aux modalités de la jouissance privative du lot d'un copropriétaire (▪ Cass. 3e civ., 17 juin 2009, n° 08-17.327 : *JurisData* n° 2009-048812. ▪ Cass. 3e civ., 12 janv. 2022, n° 20-20.363 : *JurisData* n° 2022-000328 ; *Loyers et copr.* 2022, comm. 46, Ch. Coutant-Lapalus) ;

– de même encore constitue une décision au sens de l'article 42, alinéa 2 de la loi du 10 juillet 1965, la désignation par un vote (unique) du président et des scrutateurs de l'assemblée générale des copropriétaires » (▪ Cass. 3e civ., 13 févr. 2008, n° 07-12.988 ; *JurisData* n° 2008-042768 ; *Rev. loyers* 2008, p. 283. – V. aussi ▪ Cass. 3e civ., 7 sept. 2011, n° 10-22.728 : *Bull. civ.* III, n° 142 ; *JurisData* n° 2011-018183 ; *Loyers et copr.* 2011, n° 304, obs. G. Vigneron ; *Administrer* janv. 2012, p. 68, obs. J.-R. Bouyeure. – V. déjà précédemment, ▪ Cass. 3e civ., 14 janv. 1998 : *Rev. Administrer* mai 1998, p. 43, obs. P. Capoulade. – *Contra*, ▪ CA Paris, 8e ch. A, 7 avr. 1993 : *Loyers et copr.* déc. 1993, n° 308) ;

– ou encore lorsque l'assemblée générale n'est pas convoquée par une personne titulaire du pouvoir de le faire (▪ Cass. 3e civ., 17 nov. 2021, n° 20-16.268 : *JurisData* n° 2021-018756 ; *Loyers et copr.* 2022, n° 1, comm. 13, Ch. Coutant-Lapalus ; *Ann. loyers* 2022, p. 99, obs. J.-M. Roux).

Dans tous ces cas la contestation doit être introduite dans le délai légal de deux mois et elle ne peut être élevée que par un copropriétaire opposant ou défaillant.

Toutefois la Cour de cassation a jusqu'ici réservé un traitement particulier aux décisions qui seraient contraires aux dispositions d'ordre public de la loi du 10 juillet 1965 ou du décret du 17 mars 1967 (L. 10 juill. 1965, art. 43, comm. n° 5, p. 630).

Un arrêt plus récent paraissait marquer une évolution en admettant implicitement la recevabilité d'une action fondée sur l'inexistence d'une décision à condition d'apporter la « démonstration de vices d'une gravité de nature à la priver d'existence juridique » (▪ Cass. 3e civ., 30 mars 2011, n° 10-14.381 : *JurisData* n° 2011-005068 ; *AJDI* 2012, p. 126, note D. Tomasin ; *Administrer* juill. 2011, p. 69, obs. J.-R. Bouyeure).

Mais ultérieurement, la Cour de cassation marque nettement son hostilité à la théorie de l'inexistence. En l'espèce les deux copropriétaires, seuls membres du syndicat, s'étaient réunis de façon informelle et avaient établi un document qualifié de « compte rendu de l'assemblée générale extraordinaire du syndicat des copropriétaires ». La Cour de cassation énonce que : « Une décision d'assemblée générale existe dès qu'une question est soumise à l'ensemble des copropriétaires et est sanctionnée par un vote. Les irrégularités d'une telle assemblée, tenant à une absence de convocation ou à une convocation irrégulière à la suite de l'expiration du mandat du syndic, ne rendent pas les décisions prises inexistantes mais annulables » (▪ Cass. 3e civ., 13 nov. 2013, n° 12-12.084 : *Bull. civ.* III, n° 144 ; *JurisData* n° 2013-025644 ; *Loyers et copr.* 2014, n° 23, obs. G. Vigneron ; *Rev. loyers* 2014, p. 32, note V. Zalewski-Sicard ; *Administrer* janv. 2014, p. 46, obs. J.-R. Bouyeure).

3° *Décisions confirmant ou régularisant une décision antérieure*

36) Recours possibles. En cas d'annulation judiciaire d'une décision de l'assemblée générale, celle-ci est en droit d'adopter, dans des conditions régulières cette fois, une nouvelle décision ayant le même objet que celle qui a été annulée. Le principe est bien établi (▪ Cass. 3e civ., 24 nov. 2021, n° 20-22.487 : *JurisData* n° 2021-019157 ; *Loyers et copr.* 2022, comm. 14, Ch. Coutant-Lapalus ; *AJDI* 2022, 365, obs. P.-E. Lagraulet ; *Ann. loyers* 2022, p. 98, obs. J.-M. Roux. ▪ Cass. 3e civ., 2 juill. 1986, nos 84-17.652 et 84-17.647 : *JurisData* n° 1986-702914 ; *Bull. civ.* III, n° 104 ; *Loyers et copr.* 1987, comm. 51 ; *RD imm.* mars 1987, p. 92 ; *Gaz. Pal.* 1986, 2, pan. jurispr. p. 201. ▪ Cass. 3e civ., 20 déc. 2000, n° 99-15.531 : *AJDI* 2001, p. 526, note P. Capoulade. ▪ Cass. 3e civ., 30 avr. 1974, n° 73-10 480 : *Bull. civ.* III, n° 177 ; *JCP* G 1974, IV, 220).

Cette nouvelle décision confirmant ou réitérant la décision antérieure peut bien entendu être elle-même contestée (▪ Cass. 3e civ., 25 oct. 2006, n° 05-17.278 : *JurisData* n° 2006-035537 ; *Bull. civ.* III, n° 207 ; *Loyers et copr.* 2007, comm. 12, obs. G. Vigneron ; *Constr.-Urb.* 2006, comm. 239, note D. Sizaire ; *JCP* G 2007, n° 10, p. 27, obs. H. Périnet-Marquet ; *Rev. loyers* 2006, p. 532, note L. Guégan ; *Rev. Administrer* janv. 2007, p. 56, obs. J.-R. Bouyeure). La Cour de cassation revient ainsi sur un précédent arrêt selon lequel une décision qui ne fait que confirmer une décision antérieure devenue définitive ne peut pas être contestée, en l'absence d'élément nouveau (▪ Cass. 3e civ., 5 oct. 2004 : *Rev. Administrer* janv. 2005, p. 46, obs. J.-R. Bouyeure). De même, il a été jugé (solution contestable) que le rejet d'une demande d'annulation d'une assemblée dans son ensemble entraînait l'irrecevabilité d'une nouvelle demande tendant à l'annulation d'une seule des résolutions de l'assemblée ainsi validée (▪ CA Paris, 23e ch. B, 2 déc. 2004 : *Loyers et copr.* 2005, comm. 74, obs. G. Vigneron ; *AJDI* 2005, p. 143. ▪ CA Paris, 23e ch. B, 18 nov. 2004 : *Rev. Administrer* févr. 2005, p. 52, obs. J.-R. Bouyeure).

Si la résolution confirmative est dépourvue de toute irrégularité, et donc insusceptible d'encourir les griefs ayant motivé l'annulation de la première décision, elle produira effet (▪ Cass. 3e civ., 2 juill. 1986, préc. ▪ Cass. 3e civ., 30 avr. 1974, n° 73-10 480 : *Bull. civ.* III, n° 177 ; *JCP* G 1974, IV, 220. ▪ CA Versailles, 25 mai 1992 : *Administrer* nov. 1992, p. 79. ▪ CA Paris, 12 nov. 1993 : *JurisData* n° 1993-023164).

Voir : sur l'action en contestation de la décision initiale, V. annot. n° 54, p. 606.

B – Motifs d'annulation

Bibliographie : S. Yadini-Naudot, *Formalités substantielles et contestations des décisions prises en assemblée générale : AJDI* 2001, p. 322.

37) Motifs de fond ou de forme. Toute violation des règles de fond (par exemple des règles de majorité) ou de forme (par exemple des règles concernant la convocation et la tenue des assemblées) peut donner lieu *a priori* à une action en nullité, qui peut concerner selon le cas l'assemblée elle-même, ou telle ou telle de ses décisions (V. pour la violation des règles de majorité). On retrouvera sous les commentaires des divers articles du présent code l'indication des règles dont le non-respect est ainsi sanctionné. Mais l'inobservation des recommandations de la Commission relative à la copropriété ne peut fonder une action en nullité (▪ CA Paris, 23e ch. B, 11 mai 2000 : *Dossier CSAB* n° 87, oct. 2000, n° 101, note A. Dunes). Et le tribunal ne peut être saisi d'une demande de contestation d'une décision d'assemblée pour le simple motif qu'elle serait inéquitable ou inopportune (▪ CA Paris, 23e ch. A, 27 janv. 1999 : *JurisData* n° 1999-020405 ; *Loyers et copr.* 1999, comm. 223 ; *RD imm.* 1999, p. 299, obs. C. Giverdon).

Les motifs de droit qui fondent la demande doivent être expressément formulés faute de quoi l'assignation est nulle (CPC, art. 56). Le demandeur ne peut ainsi se contenter de faire état de ce que les copropriétaires « ont été trompés » (▪ Cass. 3e civ., 6 avr. 2006 : *Bull. civ.* III, n° 103 ; *Loyers et copr.* 2006, comm. 157, obs. G. Vigneron ; *AJDI* 2007, p. 208, note P. Capoulade ; *Defrénois* 2007, art. 38553, p. 375, obs. C. Atias).

En vertu du principe d'autonomie des assemblées générales, l'appréciation de la régularité de la décision contestée ne peut se faire qu'en fonction des éléments existants au jour où l'assemblée s'est prononcée, sans tenir compte des faits ou circonstances postérieurs (V. J.-R. Bouyeure, *L'autonomie des assemblées générales : Administrer* févr. 2003, p. 13. ▪ Cass. 3e civ., 31 oct. 2001, n° 00-13.685 : *Bull. civ.* III, n° 118 ; *Administrer* févr. 2003, p. 42. – V. cependant, ▪ Cass. 3e civ., 20 févr. 2018, n° 17-28.552 : *Administrer* mars 2019, p. 53, note J.-R. Bouyeure).

C – Qui peut agir ?

38) Pour pouvoir contester une décision de l'assemblée ou l'assemblée elle-même, il faut être copropriétaire (1°). En outre il faut avoir la qualité d'opposant (2°) ou de défaillant (3°). La question de l'intérêt à agir peut dans certains cas se poser (4°).

1° Les copropriétaires

Bibliographie : A. Guiraud, *De la participation aux assemblées de copropriété : Inf. rap. copr.* nov. 1994, p. 17. – C. Atias, *La recevabilité de l'action portant sur le contrôle du fonctionnement du syndicat : Inf. rap. copr.* mars 2000, p. 21.

39) Action attitrée. Seuls les *copropriétaires* peuvent contester les décisions de l'assemblée (▪ Cass. 3e civ., 15 févr. 2006 : *Rev. Administrer* mai 2006, p. 46, obs. J.-R. Bouyeure).

Le demandeur doit justifier de sa qualité de propriétaire du lot et, le cas échéant (par exemple lorsqu'il s'agit d'une société, ou d'une personne protégée) établir qu'il a la capacité et le pouvoir requis pour agir.

Pour pouvoir exercer l'action en nullité de décisions du syndicat, il faut être copropriétaire à la date où l'assemblée générale les a prises (▪ Cass. 3e civ., 25 mars 1997, n° 95-18.275. ▪ Cass. 3e civ., 3 mai 1990, n° 88-20.286 : *Bull. civ.* III, n° 108 ; *Administrer* mars 1991, p. 58, note E.-J. Guillot ; *Inf. rap. copr.* mars 1991, p. 78 ; *Rev. loyers* 1991, p. 89. ▪ CA Paris, 28 févr. 1996 : *Loyers et copr.* 1996, comm. 280. ▪ CA Paris, 9 févr. 1994 : *JurisData* n° 1994-022349. ▪ CA Paris, 19e ch., 5 juill. 1993 : *JurisData* n° 1993-022197. ▪ CA Versailles, 25 mai 1992 : *JurisData* n° 1992-042234). Par conséquent, celui qui n'a plus la qualité de copropriétaire à la date de la réunion de l'assemblée générale est irrecevable à agir en nullité des décisions prises par elle. Il faut également que le demandeur ait toujours la qualité de copropriétaire à la date de délivrance de l'assignation en contestation (▪ Cass. 3e civ., 7 déc. 1994, n° 92-15.482 : *JurisData* n° 1994-002883 ; *Loyers et copr.* 1995, comm. 187. ▪ Cass. 3e civ., 3 févr. 1993, n° 91-10.604 : *JurisData* n° 1993-000457).

40) Lot en indivision. Si le lot est dans l'indivision tous les indivisaires doivent en principe agir de concert (▪ Cass. 3e civ., 10 févr. 2015, n° 13-26.490 : *Administrer* juill. 2015, p. 49, note J.-R. Bouyeure. ▪ Cass. 3e civ., 16 nov. 2011, n° 10-18.057 : *Administrer* févr. 2012, p. 44, obs. J.-R. Bouyeure. ▪ Cass. 3e civ., 3 févr. 2004, n° 02-19.084 : *AJDI* 2004, p. 210. ▪ CA Paris, pôle 4, 2e ch., 19 oct. 2011 : *Administrer* janv. 2012, p. 69, obs. J.-R. Bouyeure.

L'indivisaire qui prétendrait agir seul devrait justifier d'un mandat de ses coïndivisaires (▪ CA Paris, 23e ch. B, 8 mars 2007 : *Loyers et copr.* 2007, comm. 131, note G. Vigneron. ▪ CA Paris, 23e ch. B, 4 juill. 2002 : *Loyers et copr.* 2002, comm. 286, obs. G. Vigneron. ▪ CA Paris, 23e ch. B, 8 mars 2001 : *JurisData* n° 2001-138881). Selon la Cour de cassation, ce mandat peut être tacite (▪ Cass. 3e civ., 16 nov. 2011, n° 10-18.057 : *Administrer* févr. 2012, p. 44, obs. J.-R. Bouyeure. ▪ Cass. 3e civ., 11 oct. 2000, n° 99-10.216 : *JurisData* n° 2000-006245 ;

Loyers et copr. 2000, comm. 14, note Vigneron. ▪ Cass. 3e civ., 12 mars 1997, n° 94-16.766 : *JurisData* n° 1997-001065 ; *Loyers et copr.* 1997, comm. 184, note G. Vigneron ; *D.* 1997, somm. 329, obs. C. Atias). Il ne peut donc agir lorsque les coïndivisaires lui dénient cette qualité (▪ CA Paris, pôle 4, ch. 2, 23 sept. 2020, n° 17/13718 : *Administrer* déc. 2020, 52, obs. J.-R. Bouyeure). L'article 815-3 du Code civil selon lequel les indivisaires titulaires d'au moins 2/3 des droits indivis peuvent effectuer des actes d'administration ne s'applique pas en l'espèce (▪ CA Paris, pôle 4, 2e ch., 9 mars 2016, n° 14/02545 : *Administrer* juill. 2016, p. 44, note J.-R. Bouyeure). Du fait de la rétroactivité du partage d'une indivision successorale, le coïndivisaire devenu seul copropriétaire qui avait introduit seul une action en contestation d'une résolution d'assemblée générale a qualité à agir (▪ Cass. 3e civ., 9 févr. 2022, n° 20-22.159 : *Administrer* mars 2022, p. 42, obs. P. Déchelette-Tolot ; *Rev. loyers* 2022, obs. V. Zalewski-Sicard).

Il a été jugé que chacun des indivisaires assignés à titre individuel par le syndicat est en droit d'invoquer à titre reconventionnel la nullité de l'assemblée générale ayant approuvé les comptes (▪ CA Paris, pôle 4, 2e ch., 23 mai 2018, n° 16/02686 : *Administrer* août-sept. 2018, p. 40, note J.-R. Bouyeure).

41) Usufruitier et nu-propriétaire. Dans un premier temps, selon un arrêt de la cour de Paris, l'usufruitier doit être considéré comme un copropriétaire au sens de l'article 42 de la loi. Il jouit donc du droit de contester des assemblées générales de copropriétaires (▪ CA Paris, 23e ch. B, 26 juin 2008 : *Loyers et copr.* 2008, comm. 260, obs. G. Vigneron). Encore faut-il, pour que son action soit recevable, qu'il agisse pour la défense d'intérêts qui lui sont propres. En revanche, il a été jugé que le titulaire d'un droit d'usage d'habitation n'avait pas qualité pour contester les décisions d'assemblée (▪ CA Grenoble, 7 juin 2016, n° 12/05856 : *AJDI* 2016, p. 125. ▪ CA Paris, 14 juin 2001 : *Loyers et copr.* 2002, comm. n° 17 ; *JurisData* n° 2001-051238. ▪ CA Paris, 15 oct. 1997 : *Administrer* avr. 1998, p. 45). Dans un second temps, dans une position plus rigoureuse mais qui nous paraît mériter approbation, la cour de Paris a pu préciser que le nu-propriétaire ne peut agir seul en contestation d'une assemblée générale dès lors qu'il n'est pas le mandataire commun du démembrement du droit de propriété (▪ CA Paris, pôle 4, ch. 2, 27 janv. 2021, n° 17/13523 : *Administrer* avr. 2021, 45, obs. J.-R. Bouyeure). Cette solution nous paraît également applicable au cas de l'usufruitier non désigné comme mandataire commun.

42) Tiers. Les *tiers* ne peuvent pas agir (▪ Cass. 3e civ., 23 nov. 1983 : *JCP* G 1984, IV, 36). Ainsi n'est pas recevable l'action introduite :

– par des *locataires* (▪ CA Paris, pôle 4, 2e ch., 21 nov. 2018, n° 15/19595 : *Administrer* févr. 2019, p. 40, note J.-R. Bouyeure. ▪ CA Paris, 6e ch., 21 nov. 1996 : *JurisData* n° 1996-23340. ▪ CA Paris, 19e ch., 15 déc. 1994 : *Loyers et copr.* 1995, comm. 235.). La demande d'un locataire tendant à obtenir qu'une décision de l'assemblée lui soit déclarée inopposable est irrecevable au même titre qu'une demande de nullité de cette assemblée (▪ Cass. 3e civ., 10 sept. 2020, n° 19-14.646 : *JurisData* n° 2020-18857 ; *Loyers et copr.* 2020, comm. 132, note C. Coutant-Lapalus ; *Administrer* nov. 2020, p. 50, note J.-R. Bouyeure).

– par le syndic (▪ CA Paris, 14e ch. B, 12 oct. 2007 : *Loyers et copr.* 2008, n° 71. ▪ CA Paris, 19e ch. A, 4 juill. 1997 : *D* 1997, somm. 14, obs. C. Atias) ou par l'ancien syndic, qui entendrait contester la nullité du mandat de son successeur (▪ Cass. 3e civ., 23 juin 1999, n° 97-22.606 : *JurisData* n° 1999-002637 ; *Bull. civ.* III, n° 149 ; *Loyers et copr.* 1999, comm. 244. – V. aussi, ▪ Cass. 3e civ., 29 oct. 2003, n° 02-14.072. ▪ Cass. 3e civ., 7 mai 2003 : *JCP* G 2003, IV, 2161. ▪ CA Paris, 18 nov. 2009, n° 08-20.501 : *AJDI* 2010, p. 477, note P. Capoulade) ;

– par un *groupement de défense des copropriétaires* (▪ TGI Marseille, 4 mars 1969 : *AJPI* 1969, p. 636. ▪ TGI Draguignan, 9 juill. 1976 : *Rev. Administrer* oct. 1977, p. 43) ;

– par les *associés d'une société civile* immobilière copropriétaire (▪ Cass. 3e civ., 4 nov. 1977 : *D.* 1978, inf. rap. p. 295, obs. Giverdon. ▪ CA Paris, 23e ch. B, 19 oct. 2000 : *Loyers et copr.* 2001, comm. 73) ;

– par les associés d'une société d'attribution, c'est la société qui a alors qualité pour exercer l'action en contestation (V. L. 10 juill. 1965, art. 23, p. 387) ;

– par le syndicat des copropriétaires (▪ Cass. 3e civ., 3 mai 2001, n° 99-19.974 : *Rev. Administrer* août-sept. 2001, p. 50, obs. J.-R. Bouyeure ; *Rev. loyers* 2001, p. 394, note J.-M. Gélinet. ▪ Cass. 3e civ., 4 juin 1985, n° 84-11.384 : *Bull. civ.* III, n° 88 ; *D.* 1985, inf. rap. p. 430, obs. Cl. Giverdon) ou par un syndicat secondaire qui prétend faire annuler une décision du syndicat principal (▪ CA Paris, 18 nov. 2009, n° 08-17.982 : *AJDI* 2010, p. 477, note P. Capoulade) ;

– par un crédit-preneur (▪ CA Paris, pôle 4, ch. 2, 28 juin 2023, n° 22/11313) ;

– ou par des *tiers* qui entendraient par exemple contester la régularité d'une assemblée ayant autorisé le syndic à plaider à leur encontre (▪ Cass. 3e civ., 16 avr. 1986 : *Bull. civ.* III, n° 43, p. 34 ; *Gaz. Pal.* 1986, II, somm. p. 417, note Souleau. ▪ Cass. ass. plén., 15 mai 1992 : *Bull. civ.* n° 5. – V. C. Giverdon, chron. : *Loyers et copr.* juill. 1992, p. 2. ▪ Cass. 3e civ., 17 juin 1992 : *Bull. civ.* III, n° 210) ;

– ou encore par le *concierge* de l'immeuble – qui peut seulement demander éventuellement réparation des conséquences préjudiciables que lui cause la décision de le licencier (■ Cass. 3e civ., 14 nov. 1988 : *Rev. Administrer* mai 1989, p. 20, obs. E.-J. Guillot. ■ Cass. 3e civ., 8 juill. 1992 : *RD imm.* 1992, p. 543) ;

– par le mandataire d'un copropriétaire, même s'il est par ailleurs copropriétaire indivis d'un lot dans l'immeuble (■ CA Paris, 23e ch. B, 8 mars 2007 : *Loyers et copr.* 2007, n° 131, obs. G. Vigneron).

43) Vente de lot. En cas de *vente de lot*, c'est celui qui était copropriétaire au moment où s'est tenue l'assemblée dont l'annulation est demandée qui a qualité pour agir (■ Cass. 3e civ., 25 mars 1997 : *RD imm.* 1997, p. 283, obs. P. Capoulade. ■ Cass. 3e civ., 3 mai 1990 : *D.* 1990, inf. rap. p. 131 ; *Defrénois* 1990, art. 34917, obs. H. Souleau. ■ CA Paris, 23e ch. B, 29 mars 2001 : *Loyers et copr.* 2001, comm. 266. ■ CA Paris, 23e ch. A, 3 mars 1999 : *AJDI* 1999, p. 345. ■ CA Paris, 23e ch., 15 nov. 1991 : *Loyers et copr.* 1992, n° 91) – étant entendu que l'acquéreur n'acquiert la qualité de copropriétaire (et n'a donc à être convoqué à l'assemblée) que lorsque la vente a été notifiée au syndic conformément à l'article 6 du décret du 17 mars 1967 (V. ce texte : ■ Cass. 3e civ., 12 janv. 1988 : *Loyers et copr.* 1988, n° 86).

Le vendeur n'est pas en droit de contester une assemblée qui s'est tenue alors qu'il n'était plus copropriétaire (■ Cass. 3e civ., 26 mai 1994 : *RD imm.* 1994, p. 490, obs. P. Capoulade ; *D.* 1996, somm. p. 163, obs. J.-R. Bouyeure). Peu importe que cette assemblée se soit prononcée sur des faits antérieurs à la date de la vente et qui intéressaient le vendeur : en l'espèce, des arrêtés de comptes de deux années passées (■ Cass. 3e civ., 5 avr. 1995 : *JurisData* n° 1995-001777 ; *Rev. Administrer* mai 1996, n° 278, p. 42, obs. J.-M. Gélinet ; *RD imm.* 1995, p. 594, obs. P. Capoulade).

À l'inverse, l'acquéreur n'a pas qualité pour contester une assemblée qui s'est tenue avant la mutation du lot (■ Cass. 3e civ., 16 mars 2005 : *Rev. Administrer* juin 2005, p. 48, obs. crit. J.-R. Bouyeure. ■ Cass. 3e civ., 18 févr. 2004 : *JCP G* 2004, IV, 1752). L'action en contestation d'assemblée revêt un caractère personnel et n'est pas transmissible à l'acquéreur comme accessoire du lot vendu (■ CA Paris, pôle 4, 2e ch., 15 déc. 2010 : *Rev. Administrer* avr. 2011, p. 38, obs. J.-R. Bouyeure. ■ CA Paris, 19e ch., 22 nov. 2001 : *Loyers et copr.* 2002, comm. 100. ■ CA Paris, 23e ch. A, 28 févr. 1996 : *Loyers et copr.* 1996, comm. 280). Mais l'acquéreur peut être expressément subrogé dans les droits du vendeur par une clause expresse de l'acte de vente (■ CA Paris, 19e ch. B, 12 oct. 1995 : *RD imm.* 1996, p. 273, obs. C. Giverdon. ■ CA Paris, 23e ch., 28 mai 1993 : *Loyers et copr.* 1993, n° 410). La subrogation dans une instance en cours ne lui donne que le droit d'exercer les droits du vendeur, et non pas de former une demande nouvelle (■ CA Paris, 23e ch. B, 4 mars 1999 : *Loyers et copr.* 1999, comm. 254). Selon la cour de Versailles le vendeur conserverait la possibilité d'agir malgré une clause de subrogation, si la décision « lui fait personnellement grief » (■ CA Versailles, 4e ch., 17 mars 1998 : *Rev. Administrer* juill. 1998, p. 45, obs. J.-R. Bouyeure).

Bibliographie : sur la question, J.-R. Bouyeure, *La contestation des décisions de l'assemblée en cas de mutation : Rev. Administrer* oct. 1992, p. 4. – J. Lafond, *Vente d'un lot de copropriété à une date proche d'une réunion d'assemblée : JCP* N 1995, p. 1059.

Voir aussi : sur le cas où une *société de construction* est copropriétaire, V. L. art. 23.

2° *Copropriétaires opposants*

Bibliographie : M.-C. Ruffet, *Le copropriétaire systématiquement opposant : Inf. rap. copr.* déc. 2005, p. 18. – J.-M. Roux, *Le copropriétaire opposant : Loyers et copr.* déc. 2006, étude 24 ; *Constr.-Urb.* janv. 2007, étude 1.

44) Exclusion du copropriétaire ayant émis un vote favorable. Il résulte à l'évidence d'une interprétation *a contrario* de l'article 42, alinéa, 2 de la loi du 10 juillet 1965 que le copropriétaire qui a émis un vote favorable lors de l'adoption d'une décision ne peut en demander ultérieurement l'annulation, dès lors qu'il n'est pas un « opposant » (■ Cass. 3e civ., 2 mars 2011, n° 10-10.188 : *Administrer* juill. 2011, p. 58, obs. J.-R. Bouyeure. ■ Cass. 3e civ., 15 janv. 1997, n° 95-15.757 : *JurisData* n° 1997-001380 ; *Bull. civ.* III, n° 71 ; *Loyers et copr.* 1997, comm. 208. ■ Cass. 3e civ., 6 nov. 1996 : *JurisData* n° 1996-004228. ■ Cass. 3e civ., 12 juill. 1995 : *Loyers et copr.* 1995, comm. 447. ■ Cass. 3e civ., 8 févr. 1995, n° 93-14.824 : *JurisData* n° 1995-000958 ; *Loyers et copr.* 1995, comm. 183). Peu importe qu'il ait formulé des réserves, ou qu'il ait émis un vote « sous condition » (■ Cass. 3e civ., 30 mars 2005, n° 04-11.614 : *Administrer* juin 2005, p. 47, obs. J.-R. Bouyeure. ■ CA Paris, pôle 4, 2e ch., 7 avr. 2010 : *JurisData* n° 2010-008134). Ce moyen peut être soulevé d'office par le tribunal (■ Cass. 3e civ., 25 avr. 1972, n° 70-14 334 : *Bull. civ.* III, n° 254). Il en va de même pour le conjoint de celui qui émet un vote favorable lors de l'assemblée générale (■ Cass. 3e civ., 9 févr. 2017, n° 15-26.908).

Il résulte du principe sus-énoncé qu'une décision adoptée à l'unanimité n'est plus susceptible d'être contestée (■ Cass 3e civ., 12 avr. 2018, n° 16-28.651 : *JurisData* n° 2018-008352 ; *Loyers et copr.* 2018, comm. 154, note C. Coutant-Lapalus. ■ Cass. 3e civ., 14 févr. 2009, n° 08-11.189. ■ Cass. 3e civ., 4 juill. 2007, n° 06-13.186) sauf si elle a été obtenue par des manœuvres dolosives (V. ci-dessous, n° 43) ou encore en cas de mention erronée du procès-verbal (V. D. 17 mars 1967, art. 17, p. 755). Si les juges ne sont pas en mesure d'exercer leur contrôle sur le résultat du vote et que le syndicat ne peut pas établir que ce vote a été unanime, l'action du copropriétaire demandeur doit être déclarée recevable (■ CA Toulouse, 1re ch., 1re sect., 18 mars 2013, n° 12/00522 : *Rev. loyers* 2013, p. 248).

Les copropriétaires qui ont voté en faveur du refus par l'assemblée générale d'autoriser un copropriétaire à installer un ascenseur ne peuvent ensuite demander l'annulation de cette décision s'ils n'ont été ni opposants ni défaillants (■ Cass. 3e civ., 26 mars 1997, n° 95-15.757 : *Bull. civ.* III, n° 71 ; *Loyers et copr.* 1997, comm. n° 179). Toutefois, l'action en nullité d'une assemblée fondée sur la nullité de plein droit du mandat du syndic peut être exercée par un copropriétaire non opposant (■ Cass. 3e civ., 19 nov. 2014, n° 13-21.399 : *JurisData* n° 2014-028088 ; *Rev. loyers* 2015, p. 43, note P. Dechelette-Tolot ; *Administrer* janv. 2015, p. 67, obs. J.-R. Bouyeure. ■ Cass. 3e civ., 13 févr. 2007, n° 06-15.795. ■ Cass. 3e civ., 28 juin 1995, n° 93-19.055) car c'est la validité du mandat qui est en cause et non pas celle des décisions prises (V. L. 10 juill. 1965, art. 18, p. 284).

La question s'est posée de savoir si un copropriétaire qui avait voté en faveur de certaines décisions était néanmoins fondé à demander la nullité de l'assemblée générale dans son ensemble. La Cour de cassation a répondu par la négative (■ Cass. 3e civ., 17 sept. 2020, n° 19-20.730. ■ Cass. 3e civ., 28 mars 2019, n° 18-10.073. ■ Cass. 3e civ., 24 mars 2015, n° 13-28.799 : *JurisData* n° 2015-006560 ; *Loyers et copr.* 2015, comm. 149, obs. G. Vigneron ; *Administrer* juin 2015, p. 36, note J.-R. Bouyeure. – V. précédemment en sens contraire, ■ Cass. 3e civ., 25 nov. 1998, n° 96-20.863 : *Bull. civ.* III, n° 39). Ainsi par exemple un copropriétaire qui a voté en faveur de certaines décisions ne peut invoquer la nullité de l'assemblée pour convocation irrégulière,même s'il a fait inscrire dans le procès-verbal d'assemblée des réserves quant à la légalité de l'assemblée (■ Cass. 3e civ., 14 mars 2019, n° 18-10.379 : *Administrer* mai 2019, p. 48, obs. J.-R. Bouyeure ; *Gaz. Pal.* 30 juill. 2019, p. 74, note A.-L. Thomat-Raynaud. – *Contra*, ■ CA Paris, pôle 4, ch. 2, 12 févr. 2020, n° 16-24.066 : *Administrer* mai 2020, p. 52, note J.-R. Bouyeure). Cependant une décision a estimé qu'un copropriétaire qui avait refusé la suppression du poste de concierge mais voté d'autres résolutions prévoyant des mesures de substitution consécutive à cette suppression pouvait contester la décision de l'assemblée de se passer du gardien (■ Cass. 3e civ., 28 juin 2018, n° 17-16.693, publié au *Bull.* : *JurisData* n° 2018-011296 ; *Loyers et copr.* 2018, comm. 204, note A. Lebatteux ; *Administrer* oct. 2018, p. 57, note J.-R. Bouyeure) ;

45) Cas particulier des copropriétaires ayant voté « pour » et réputés opposants. À la qualité d'opposant au sens de l'article 42, alinéa 2, le copropriétaire qui a voté « pour » une décision finalement rejetée par l'assemblée faute de réunir la majorité requise ou qui a voté pour une résolution non adoptée par la majorité des autres copropriétaires représentant plus de la moitié des voix (■ Cass. 3e civ., 12 mars 2003, n° 01-13.612 : *Administrer* juill. 2003, p. 43, obs. J.-R. Bouyeure. ■ Cass. 3e civ., 24 janv. 2001, n° 99-14.692 : *JurisData* n° 2001-007881 ; *Loyers et copr.* 2001, comm. 125, obs. G. Vigneron ; *Bull. civ.* III, n° 7 ; *Inf. rap. copr.* juin 2001, p. 12, note P. Capoulade ; *Rev. Administrer* juill. 2001, p. 37, obs. J.-R. Bouyeure ; *Constr.-Urb.* avr. 2001, comm. 91, obs. D. Sizaire ; *Rev. loyers* 2001, p. 187, obs. J.-M. Gélinet. ■ CA Paris, pôle 4, 2e ch., 9 déc. 2009 : *JurisData* n° 2009-020936. ■ CA Paris, 23e ch. B, 14 févr. 2002 : *AJDI* 2002, p. 469, obs. P. Capoulade. ■ CA Paris, 23e ch. B, 7 juill. 1995 : *Loyers et copr.* 1996, n° 48. Il en est de même pour le copropriétaire qui a voté pour une résolution non adoptée à la majorité des copropriétaires représentant plus de la moitié des voix (■ Cass. 3e civ., 4 janv. 2001, préc.). Mais n'est pas « opposant » le copropriétaire qui a voté en faveur de la décision mais « sous condition » (■ Cass. 3e civ., 30 mars 2005, n° 04-11.614 : *Rev. Administrer* juin 2005, p. 47, obs. J.-R. Bouyeure).

46) Vice du consentement. Un copropriétaire ne peut se prévaloir de la qualité d'opposant ou de défaillant, sous prétexte d'une erreur qui aurait vicié son consentement lors du vote (■ Cass. 3e civ., 6 oct. 2016, n° 15-20.242 : *JurisData* n° 2016-24105 ; *Loyers et copr.* 2016, comm. 264, obs. G. Vigneron et C. Coutant-Lapalus. ■ Cass. 3e civ., 4 juin 2009, n° 08-10.493 : *JurisData* n° 2009-048512 ; *Bull. civ.* III, n° 133. ■ CA Pau, : *JCP* G 1980, IV, 230).

Toutefois, lorsqu'un copropriétaire peut apporter la preuve que son vote a été vicié par un **dol** dont il a été victime, il peut alors exceptionnellement contester les décisions de l'assemblée, bien qu'il ait voté en leur faveur (■ Cass. 3e civ., 4 juin 2009, préc.). Ainsi, ayant relevé que l'intéressée avait lors de l'assemblée générale voté en faveur de la réalisation de l'ascenseur aux conditions énoncées dans la résolution, retenu qu'elle ne pouvait obtenir l'annulation de cette décision qu'en démontrant avoir été victime d'un dol et constaté qu'elle ne décrivait aucune manœuvre dont il serait résulté que son vote sur ce point de l'ordre du jour lui aurait été extorqué, la cour d'appel, a, sans dénaturation, légalement justifié sa décision de ce chef en écartant la nullité de la résolution de l'assemblée (■ Cass. 3e civ., 12 juill. 1995, n° 93-17.641 : *JurisData* n° 1995-002472 ; *Loyers et copr.* 1995, comm. 447. – Dans le même sens, ■ CA Paris, 23e ch., 18 oct. 1996 : *JurisData* n° 1996-022710. ■ CA Paris, pôle 4, ch. 2, 6 déc. 2023, n° 19/16650).

47) Copropriétaires représentés. Lorsqu'un copropriétaire se fait représenter à l'assemblée, le vote exprimé par son mandataire est censé exprimer le sien. Même si le mandataire n'a pas voté dans le sens demandé par le mandant – par exemple dans le cas d'un mandat impératif, le mandant est lié par son vote. Ainsi s'il a voté en faveur de la décision ou qu'il s'est abstenu, le copropriétaire représenté ne peut exercer une action en nullité à l'encontre de la décision incriminée ; il ne peut que mettre en cause la responsabilité contractuelle de son mandataire (▪ Cass. 3e civ., 10 déc. 1985, n° 84-13.937 : *JurisData* n° 1985-703230 ; *Bull. civ.* III, n° 164 ; *JCP G* 1986, IV, 70 ; *RD imm.* juin 1986, p. 245. ▪ CA Paris, 31 mai 2000 : *Loyers et copr.* 2000, comm. n° 233 : *JurisData* n° 2000-118257. ▪ CA Paris, 23e ch., 25 sept. 1992 : *Loyers et copr.* 1992, comm. n° 491. ▪ CA Paris, 11 sept. 1992 : *JurisData* n° 1992-022572). En conséquence le copropriétaire dont le mandataire n'a ni voté contre la résolution litigieuse ni formulé de réserves quant au vote ne peut pas la contester (▪ CA Colmar, 19 janv. 2018, n° 16/02239 : *JurisData* n° 2018-000522 ; *Loyers et copr.* 2018, comm. 72, note C. Coutant-Lapalus).

Toutefois la jurisprudence déroge à ce principe lorsque le mandataire émet un vote favorable sur une question qui ne figure pas à l'ordre du jour. On considère alors que le mandat confié par le copropriétaire, ne pouvant porter que sur les questions portées à l'ordre du jour, le vote de son représentant n'a pu l'engager, de sorte qu'il conserve la faculté d'agir en nullité (▪ Cass. 3e civ., 8 sept. 2016, n° 15-23.422 : *JurisData* n° 2016-018138 ; publié au *Bull.* ; *Administrer* déc. 2016, p. 39, obs. J.-R. Bouyeure ; *Rev. loyers* 2016, p. 396, note L. Guégan-Gélinet).

Il a été admis qu'un copropriétaire qui s'était fait représenter, après avoir émis par lettre recommandée des réserves sur la validité de l'assemblée, pouvait être considéré comme opposant, même si son mandataire n'avait pas pris part au vote, dès lors que les réserves formulées avaient été renouvelées dans le pouvoir remis au secrétaire de séance (▪ Cass. 3e civ., 10 sept. 2008 : *Bull. civ.* III, n° 1 ; *Loyers et copr.* 2008, comm. 254, obs. G. Vigneron ; *AJDI* 2009, p. 459, note P. Capoulade ; *Rev. Administrer* déc. 2008, p. 67, obs. J.-R. Bouyeure ; *Rev. loyers* 2008, p. 513, note P. Dechelette-Tolot ; *D.* 2008, p. 2286, note Y. Rouquet).

Voir : sur les incidences de la représentation, V. L. 10 juill. 1965, art. 22, p. 371.

48) Preuve de la qualité d'opposant. C'est au copropriétaire qui intente un recours de faire la preuve de sa qualité d'opposant (▪ CA Aix-en-Provence, 4e ch. A, 4 mars 2005 : *Rev. loyers* 2005, p. 212. ▪ CA Paris, 23e ch. B, 24 oct. 2002 : *Dossiers CSAB* n° 111, avr. 2004, n° 60, obs. A. Dunes). Il peut éventuellement établir la fausseté des mentions du procès-verbal qui indique qu'il a voté en faveur de la décision (▪ CA Paris, 23e ch. A, 4 oct. 1994 : *RD imm.* 1995, p. 161, obs. C. Giverdon. – V. à ce sujet, et pour plus de détails, D. art. 17). Si, en comparant avec la minute la copie du procès-verbal adressée aux copropriétaires, il apparaît que cette copie est affectée d'une erreur matérielle, car elle ne mentionne pas que la décision a été acquise à l'unanimité, cette décision ne peut être contestée, peu important que le vote soit intervenu sur une question non inscrite à l'ordre du jour (▪ Cass. 3e civ., 23 sept. 2009 : *Bull. civ.* III, n° 200 ; *JurisData* n° 2009-49548 ; *Loyers et copr.* 2009, comm. 267, obs. G. Vigneron ; *Rev. Administrer* juill. 2010, p. 53, obs. J.-R. Bouyeure ; *Rev. loyers* 2009, p. 507 ; *D.* 2009, p. 2345, obs. Y. Rouquet).

On ne peut prendre en considération le vote d'un copropriétaire à une assemblée ultérieure pour en déduire qu'il a renoncé à se prévaloir de l'irrégularité d'une assemblée précédente (▪ Cass. 3e civ., 31 oct. 2001 : *Constr.-Urb.* 2002, comm. 6, obs. D. Sizaire). De même le fait qu'un copropriétaire n'ait pas soulevé un moyen de nullité à l'occasion d'une précédente assemblée constitue un élément de fait trop équivoque pour caractériser sa prétendue renonciation au droit de se prévaloir pour l'avenir de ce même moyen (▪ CA Paris, pôle 4, 2e ch., 16 mars 2011 : *JurisData* n° 2011-004369 ; *Loyers et copr.* 2011, n° 229, obs. G. V.).

En l'absence de tout autre élément établissant l'inexactitude du procès-verbal, la preuve de cette inexactitude ne peut être déduite du seul fait que la décision adoptée est défavorable au copropriétaire et qu'il ne peut donc s'être abstenu (▪ Cass. 3e civ., 6 nov. 1996, n° 94-21.195 : *Loyers et copr.* 1997, n° 55, obs. Vigneron. ▪ CA Paris, pôle 4, 2e ch., 11 janv. 2012 : *Administrer* avr. 2012, p. 47, obs. J.-R. Bouyeure).

Voir : sur les incidences des mentions figurant au procès-verbal, V. D. 17 mars 1967, art. 17, p. 755.

3° *Copropriétaires défaillants*

49) Notion. Peuvent également agir les copropriétaires *défaillants* ; est défaillant le copropriétaire qui n'était ni présent, ni représenté à l'assemblée (J.-M. Roux : *Le copropriétaire défaillant : Loyers et copr.* avr. 2009, étude 4). A été assimilée à un copropriétaire défaillant, la personne qui s'était fait représenter à l'assemblée, et dont le mandataire a usé de son pouvoir à l'encontre des instructions et des intérêts de son mandant (▪ Cass. 3e civ., 21 mai 2014, n° 13-15.550 : *JurisData* n° 2014-010901 ; *Loyers et copr.* 2014, comm. 219, note G. Vigneron ; *Administrer* oct. 2014, p. 41, obs. J.-R. Bouyeure).

Lorsque le procès-verbal ne permet pas de connaître les noms des copropriétaires opposants ou défaillants, par exemple parce que le vote est intervenu à bulletin secret, tous les votants sont alors en droit de contester la décision, sauf à prouver qu'ils avaient voté en sa faveur ou s'étaient abstenus (▪ Cass. 3e civ., 22 mars 1995 : *JCP* G 1995, IV, 1246. ▪ CA Paris, 28 nov. 1984 : *D.* 1985, inf. rap. p. 428). Les *mentions de la feuille de présence* sont déterminantes : le copropriétaire qui l'a signée est réputé présent, même s'il quitte l'assemblée avant la fin (▪ Cass. 3e civ., 1er juill. 2009 : *JurisData* n° 2009-048935 ; *Bull. civ.* III, n° 365 ; *Loyers et copr.* 2009, comm. 243, obs. G. Vigneron ; *Rev. Administrer* déc. 2009, p. 48, obs. J.-R. Bouyeure ; *Rev. loyers* 2009, p. 458, note L. Guégan. ▪ Cass. 3e civ., 10 déc. 1985 : *JCP* G 1986, IV, 70. – *Contra* : ▪ CA Paris, 23e ch., 30 oct. 1992 : *Loyers et copr.* 1993, n° 38). Par contre, s'il ne signe pas la feuille de présence pour son compte, alors même qu'il l'a signée pour le compte des copropriétaires qu'il représente, il est présumé absent et peut contester l'assemblée (▪ Cass. 3e civ., 22 juill. 1998 : *Rev. loyers* 1999, p. 293).

50) Copropriétaire ayant quitté la réunion. Si un copropriétaire – ou son mandataire comme en l'espèce – quitte la réunion avant le vote, ce qui est mentionné sur la feuille de présence, il est en droit de contester la décision prise (▪ Cass. 3e civ., 5 oct. 1994 : *Loyers et copr.* janv. 1995, n° 37 ; *JCP* N 1995, II, p. 383, note A. Djigo ; *Inf. rap. copr.* déc. 1994, p. 15, note C. Atias ; *Rev. Administrer* juill. 1995, p. 42, note J.-M. Gélinet. ▪ CA Paris, 19e ch. A, 29 sept. 1997 : *Loyers et copr.* févr. 1998, n° 50 [4e esp.]. – V. La défaillance du copropriétaire par procuration : *Loyers et copr.* févr. 1995, p. 1, par G. Vigneron). Il en est de même pour le copropriétaire qui a quitté la réunion avant d'y revenir, ce qui a été mentionné sur la feuille de présence, si ses voix ont été comptabilisées par erreur lors des votes intervenus en son absence (▪ CA Paris, 23e ch. B, 15 mars 2007 : *Loyers et copr.* 2007, n° 132, obs. G. Vigneron).

Voir : sur le cas du copropriétaire qui n'a pas fait mentionner son départ, V. D. 17 mars 1967, art. 14, p. 743.

51) Abstentionniste. *L'abstentionniste* n'est pas considéré comme opposant (▪ Cass. 3e civ., 25 avr. 1972 : *JCP* 1972, II, 17130, note Guillot. ▪ Cass. 3e civ., 19 juin 1973 : *Bull. civ.* III, n° 423, p. 306. ▪ Cass. 3e civ., 14 oct. 1980 : *Rev. loyers* 1981, p. 97. ▪ Cass. 3e civ., 3 juill. 1996 : *Loyers et copr.* oct. 1996, n° 406 ; *AJPI* 1996, p. 1023, obs. P. Guitard ; *Rev. Administrer* mai 1997, p. 46, obs. J.-R. Bouyeure. ▪ CA Paris, 23e ch. B, 31 mai 2000 : *Loyers et copr.* 2000, comm. 233. ▪ CA Paris, 5 oct. 2000 : *Rev. loyers* 2000, p. 539. ▪ CA Paris, 23e ch. B, 24 oct. 2002 : *Dossiers CSAB* n° 111, avr. 2004, n° 59, obs. A. Dunes). Cependant, certaines juridictions du fond avaient estimé que l'abstentionniste devait être assimilé à un opposant lorsque l'abstention s'accompagnait de la formulation de réserves expresses ou qu'il avait d'une manière ou d'une autre manifesté son opposition. Cette jurisprudence a été finalement condamnée par la Cour de cassation (▪ Cass 3e civ., 12 avr. 2018, n° 17-16.034 : *JurisData* n° 2018-006040 ; *Loyers et copr.* 2018, comm. 156, note A. Lebatteux. ▪ Cass. 3e civ., 24 avr. 2013, n° 12-16.849 : *Administrer* juill. 2013, p. 54, obs. J.-R. Bouyeure). L'abstentionniste ne peut prétendre se réserver la faculté de contester la décision de l'assemblée en formulant des réserves, car ces réserves ne peuvent être consignées au procès-verbal que dans le cas où elles sont exprimées par un copropriétaire opposant (D. 17 mars 1967, art. 17, al. 2).

Selon un arrêt de la cour de Paris, le juge qui constate l'abstention n'a pas à l'interpréter pour rechercher si elle peut ou non être assimilée à une opposition (▪ CA Paris, pôle 4, 2e ch., 4 nov. 2009 : *JurisData* n° 2009-016376 : *Loyers et copr.* 2010, comm. 87, obs. G. V.). Dès lors si un copropriétaire veut pouvoir contester une décision, le plus sage est de s'y opposer (sur la réaffirmation de l'impossibilité pour un abstentionniste de contester une décision d'assemblée, V. ▪ CA Paris, 1er févr. 2007 : *JurisData* n° 2007-324824).

Pour la cour de Nancy, lorsqu'une décision ne peut être prise qu'à l'unanimité, l'abstention doit être assimilée à l'opposition, dans la mesure ou l'abstentionniste sait que sa voix est nécessaire pour que la résolution puisse être adoptée (▪ CA Nancy, 12 mai 2015, n° 14/00892 : *AJDI* 2015, p. 783).

Il a été jugé cependant qu'un abstentionniste était recevable à contester la résolution liée de façon indivisible à une résolution précédente à laquelle il s'était opposé (▪ CA Douai, 20 nov. 1995 : *D.* 1996, somm. 163, obs. C. Atias ; *Rev. Administrer* juin 1996, p. 48, obs. J.-M. Le Masson).

Bibliographie : C. Atias, *Le piège de l'abstention en assemblée générale : Inf. rap. copr.* déc. 2000, p. 20. – A. Djigo, *Le copropriétaire abstentionniste : le mal-aimé de la copropriété ? : Loyers et copr.* 2022, étude 2.

52) Copropriétaires ne prenant pas part au vote. Le copropriétaire qui, tout en étant présent ou représenté, ne *prend pas part au vote* est parfois assimilé à un copropriétaire défaillant (admis en conséquence à contester la décision : V. ▪ CA Lyon, 2 avr. 1981 : *Rev. loyers* 1982, p. 36. – *Contra*, ▪ CA Paris, 23e ch., 5 juin 1996 : *Loyers et copr.* août-sept. 1996, n° 370). Il a été proposé de le considérer comme un abstentionniste (Givord et Giverdon, *La copropriété*, 4e éd., n° 626, p. 480).

Mais cette analyse paraît rejetée par la Cour de cassation : un arrêt de la 3e chambre civile considère en effet comme défaillant le copropriétaire qui a assisté à l'assemblée et a signé la feuille de présence en sa qualité de mandataire de deux autres copropriétaires, mais qui s'est refusé à la signer pour ses propres lots si bien que ses voix n'ont pas été prises en compte lors du vote (■ Cass. 3e civ., 22 juill. 1998 : *Loyers et copr.* oct. 1998, n° 247 ; *Rev. Administrer* févr. 1999, p. 49 et *RD imm.* 1998, p. 686, obs. P. Capoulade. – V. dans le même sens, ■ Cass. 3e civ., 2 févr. 1999 : *JurisData* n° 1999-000532 ; *Loyers et copr.* 1999, comm. 132).

Toutefois un copropriétaire qui n'a pas pris part au vote mais a manifesté son opposition en déchirant sa feuille de vote pour s'opposer à la méthode de votation adoptée a été assimilé à un opposant (■ Cass. 3e civ., 6 déc. 2005 : *Rev. Administrer* mars 2006, p. 45, obs. J.-R. Bouyeure ; *AJDI* 2006, p. 205).

Bibliographie : A. Djigo, *Le copropriétaire n'ayant pas pris part au vote peut-il contester la décision de l'assemblée générale ? : Rev. Administrer* avr. 2009, p. 15.

4° Intérêt à agir ?

53) Recevabilité de l'action même en l'absence de grief. Pour pouvoir agir en nullité d'une décision de l'assemblée, un copropriétaire *n'a pas à justifier d'un grief* (■ Cass. 3e civ., 11 avr. 2012, n° 11-15.009 : *AJDI* 2012, p. 600, note N. Le Rudulier. ■ Cass. 3e civ., 13 déc. 2011, n° 11-10.036 : *JurisData* n° 2011-028422 ; *Loyers et copr.* 2012, n° 52, obs. G. Vigneron ; *Administrer* févr. 2012, p. 45, obs. J.-R. Bouyeure. ■ Cass. 3e civ., 22 nov. 2006, n° 05-19.042. ■ Cass. 3e civ., 3 janv. 2006 : *Rev. loyers* 2006, p. 248 ; *Rev. Administrer* mars 2006, p. 45, obs. J.-R. Bouyeure. ■ Cass. 3e civ., 5 juill. 1989 : *Rev. loyers* 1989, p. 430. ■ Cass. 3e civ., 4 févr. 1987 : *JCP G* 1987, IV, 119. ■ CA Aix-en-Provence, 4e ch., 27 mai 1999 : *D.* 1999, somm. p. 316, note C. Atias. ■ CA Aix-en-Provence, 4e ch., 29 avr. 1999 : *D.* 1999, somm. p. 319, note C. Atias). Il est en droit d'exiger que la légalité soit respectée, ce qui lui confère un intérêt légitime à agir (■ Cass. 3e civ., 2 févr. 1994 : *D.* 1994, somm. comm., p. 124. ■ CA Paris, 23e ch., 24 nov. 1992 : *Loyers et copr.* 1993, n° 114).

54) Contestation d'une décision après sa réitération. La régularisation d'une décision par une résolution ultérieure n'empêche pas la contestation de la décision initiale, du moins tant que la décision de régularisation n'est pas définitive (■ Cass 3e civ., 18 janv. 2018, n° 16-27.015. ■ Cass. 3e civ., 26 sept. 2007 : *Loyers et copr.* 2007, n° 250, obs. G. Vigneron. – V. aussi ■ Cass. 3e civ., 3 nov. 2009, n° 08-12.770 : *Rev. Administrer* avr. 2010, p. 36, obs. J.-R. Bouyeure). Lorsque la décision initiale a été confirmée par une décision postérieure, contre laquelle le copropriétaire n'a pas formé de recours, il n'a plus d'intérêt à agir. La contestation n'a plus d'objet et elle est irrecevable faute d'intérêt (■ Cass. 3e civ., 15 nov. 2015, n° 14-24.362. ■ Cass. 3e civ., 3 nov. 2009, n° 08-12.770 : *Administrer* avr. 2010, p. 36, obs. J.-R. Bouyeure. ■ Cass. 3e civ., 6 déc. 1983 : *Rev. Administrer* oct. 1984, p. 42, note E.-J. Guillot. ■ CA Paris, pôle 4, 2e ch., 28 janv. 2015, n° 13/22383 : *Administrer* juin 2015, p. 37, obs. J.-R. Bouyeure. ■ CA Paris, pôle 4, 2e ch., 26 nov. 2014, n° 12/15389 : *Administrer* mai 2015, p. 38, obs. J.-R. Bouyeure).

Il en est ainsi de plus fort si le syndicat a renoncé à se prévaloir de la décision antérieure (■ Cass. 3e civ., 17 juin 2003 : *AJDI* 2003, p. 34, note P. Capoulade ; *Rev. Administrer* oct. 2003, p. 58, obs. J.-R. Bouyeure. ■ TGI Nanterre, 5e ch., 30 avr. 2003 : *Rev. loyers* 2003, p. 656, note Th. Dubaele).

En revanche un copropriétaire conserve un intérêt à agir si l'assemblée au cours de laquelle ont été réitérées les décisions attaquées n'est pas devenue définitive, soit parce qu'aucun recours n'a été exercé en l'état (ainsi lorsque la décision contestée n'a toujours pas été notifiée, si bien qu'elle reste susceptible de recours, ■ CA Versailles, 4e ch., 9 sept. 2013 : *JurisData* n° 2013-019910), soit parce que la procédure en annulation est toujours en cours (■ Cass. 3e civ., 2 mars 2017, n° 16-11.735 : *JurisData* n° 2017-003659 ; *Loyers et copr.* 2017, comm. 113, note A. Lebatteux ; *Administrer* mai 2017, p. 33, obs. J.-R. Bouyeure. – V. dans le même sens ■ Cass. 3e civ., 14 avr. 2010 n° 09-13.988 : *Rev. Administrer* août-sept. 2010, p. 37, obs. J.-R. Bouyeure. ■ Cass. 3e civ., 26 sept. 2007, n° 06-17.069).

D – Délai pour agir

Bibliographie : P. Lebatteux et J. Barnier-Sztabowicz, *Des délais de convocation et de contestation des assemblées générales : Rev. Administrer* févr. 1999, p. 20. – C. Atias, *La déchéance du droit de contester les assemblées générales : Inf. rap. copr.* sept. 2002, p. 28.

1° Délai de deux mois

55) Caractère du délai. Le délai pour agir est de *deux mois*. C'est un délai préfix, non un délai de prescription (■ Cass. 3e civ., 27 mai 1974 : *JCP* 1974, II, 17836, note Guillot. ■ CA Nîmes, 14 mars 2006 : *JurisData* n° 2006-314652. ■ CA Paris, 23e ch., 8 nov. 2001 : *Gaz. Pal.* 24-25 janv. 2003, p. 23, obs. F.-J. Pansier). En cas d'erreur dans la première notification, suivie par une seconde notification rectificative, le délai de contestation ne court qu'à compter de cette dernière (■ CA Paris, p. 4, ch. 2, 10 févr. 2021, n° 15/13285 : *Administrer* avr. 2021, p. 43, obs. J.-R. Bouyeure). En cas d'erreur sur l'adresse du copropriétaire, la notification est irrégulière et le délai ne commence pas à courir (■ CA Paris, p. 4, ch. 2, 9 févr. 2022, n° 16/08726 : *Administrer* mai 2022, p. 51, obs. P. Dechelette-Tolot).

Il en résulte que le copropriétaire qui n'a pas exercé l'action en contestation dans le délai de l'article 42 ne peut soulever la nullité d'une décision par voie d'exception, en défense à une action du syndicat (▪ Cass. 2e civ., 20 mai 2021, n° 20-14.266 : *JurisData* n° 2021-007713 ; *Loyers et copr.* 2021, comm. 155, A. Lebatteux. ▪ CA Paris, pôle 4, 2e ch., 2 févr. 2011 : *Rev. Administrer* avr. 2011, p. 40, obs. J.-R. Bouyeure ; *contra* ▪ CA Paris, p. 4, ch. 2, 9 févr. 2022, n° 16/08726 : *Administrer* mai 2022, p. 51, obs. P. Dechelette-Tolot).

Le délai ne court pas si la notification n'est pas régulière. La vaine présentation de la lettre recommandée à l'adresse du copropriétaire suffit à justifier d'une notification régulière (▪ Cass. 3e civ., 9 févr. 2022, n° 20-22.410 : *JurisData* n° 2022-003795 ; *Loyers et copr.* 2022, n° 4, comm. 66, Ch. Coutant-Lapalus).

Voir : sur le point de départ du délai, D. 17 mars 1967, art. 18, p. 765.

56) Suspension exceptionnelle en cas de demande d'aide juridictionnelle. Le délai de deux mois n'est pas susceptible de suspension.

Toutefois, il faut rappeler qu'aux termes de l'article 38 du décret n° 91-1266 du 19 décembre 1991, lorsqu'une action en justice doit être intentée avant l'expiration d'un délai déterminé, elle est réputée avoir été intentée dans ce délai si la demande d'aide juridictionnelle s'y rapportant est adressée au bureau d'aide juridictionnelle avant l'expiration dudit délai et si la demande en justice est introduite dans un nouveau délai de même durée à compter :

a) de la notification de la décision d'admission provisoire ;

b) de la notification de la décision constatant la caducité de la demande ;

c) de la date à laquelle la décision d'admission ou de rejet de la demande est devenue définitive ;

d) ou, en cas d'admission, de la date, si elle est plus tardive, à laquelle un auxiliaire de justice a été désigné.

En application de ce texte, si une demande d'aide juridictionnelle a été formée avant l'expiration du délai de l'article 42, il est alors suspendu. Il recommence à courir selon les modalités prévues par l'article 38 du décret du 19 décembre 1991, et par exemple lorsque la décision d'admission ou de rejet est devenu définitive (▪ Cass. 2e civ., 16 déc. 2011, n° 10-17.711 : *JurisData* n° 2011-028158 ; *Loyers et copr.* 2012, n° 50, obs. G. Vigneron. ▪ Cass. 3e civ., 13 févr. 2003 : *Rev. Administrer* nov. 2003, p. 41, obs. J.-R. Bouyeure ; *Rev. loyers* 2003, p. 379. ▪ CA Paris, p. 4, ch. 2, 27 janv. 2021, n° 17/09922 : *Administrer* déc. 2021, p. 42, obs. J.-R. Bouyeure), ou après désignation de l'auxiliaire de justice qui doit assister le bénéficiaire de l'aide juridictionnelle (▪ Cass. 3e civ., 30 juin 2009, n° 08-17.743 : *Rev. Administrer* nov. 2009, p. 65, obs. J.-R. Bouyeure).

Mais encore faut-il que la demande n'ait pas été formée avant que l'assemblée ait été tenue. En effet, un délai ne peut être interrompu que s'il a commencé à courir (▪ CA Versailles, 4e ch., 29 oct. 2007 : *Rev. Administrer* janv. 2008, p. 56, obs. J.-R. Bouyeure).

57) Le délai ne peut être suspendu que par une assignation. Le délai ne peut être interrompu que par une assignation en justice. Des protestations ou une contestation adressées au syndic par lettre recommandée sont totalement inopérantes. Peu importe qu'un tribunal incompétent ait été saisi, si l'assignation a été délivrée dans le délai légal (▪ Cass. 3e civ., 8 juill. 1998 : *Loyers et copr.* 1998, comm. 248 ; *Rev. Administrer* mai 1999, p. 48 ; *RD imm.* 1998, p. 686, obs. P. Capoulade ; *D.* 1999, p. 373, note Y. Rouquet. ▪ CA Versailles, 4e ch., 18 déc. 2000 : *Dossier CSAB* n° 92, avr. 2001, n° 182, obs. A. Dunes). Le délai est interrompu par l'acte d'assignation, et ne reprend pas cours tant que l'instance n'est pas éteinte par une décision définitive. En conséquence, le délai entre le jugement et la déclaration d'appel ne peut aboutir à l'irrecevabilité de l'appel (▪ CA Montpellier, 5e ch. civ., 2 avr. 2024, n° 21/03514).

Si l'assignation est entachée d'irrégularités, elles doivent être couvertes dans le délai de deux mois, faute de quoi la forclusion sera encourue (▪ CA Paris, 23e ch. B, 25 nov. 2004 : *AJDI* 2005, p. 143).

Une contestation est née sur le point de savoir s'il suffisait de délivrer l'assignation dans le délai de deux mois ou s'il ne fallait pas qu'elle soit également mise au rôle dans ce délai. La Cour de cassation a finalement décidé que le délai pour contester les décisions de l'assemblée s'appréciait à la date de délivrance de l'assignation et non à celle du placement de cet acte au greffe du tribunal (la « mise au rôle » : ▪ Cass. 3e civ., 17 févr. 2004 : *Rev. loyers* 2004, p. 332. ▪ Cass. 3e civ., 10 déc. 2003 : *Rev. Administrer* févr. 2004, p. 50, obs. J.-R. Bouyeure. ▪ Cass. 3e civ., 16 sept. 2003 : *Rev. loyers* 2004, p. 36, note L. Guégan. ▪ Cass. 3e civ., 2 juill. 2003 : *Loyers et copr.* 2003, comm. 223, obs. G. Vigneron ; *D.* 2003, somm. p. 2998, note C. Giverdon. ▪ Cass. 3e civ., 3 déc. 2002 : *Loyers et copr.* 2003, comm. 67 ; *AJDI* 2003, p. 423, note P. Capoulade. ▪ Cass. 3e civ., 15 mai 2002 : *Bull. civ.* III, n° 101 ; *Loyers et copr.* 2002, comm. 179, note G. Vigneron ; *Inf. rap. copr.* juill.-août 2002, p. 16 et *D.* 2002, p. 2499, note C. Atias ; *Rev. loyers* 2002, p. 444, note P. Dechelette-Tolot. – Dans le même sens : ▪ Cass. 3e civ., 26 juin 2002 : *D.* 2002, p. 2304 et la note. – V. sur ces deux décisions : *Gaz. Pal.* 1er au 4 janv. 2003, p. 14, note Ph. Rémy).

Voir : sur le point de départ et le mode de calcul du délai, D. art. 18 et 64. – Sur le point de savoir si le délai court en cas de convocation irrégulière ou d'absence de convocation, comm. n°s 60 à 63, p. 620.

58) Époque où l'action peut être exercée. Il n'est pas nécessaire d'attendre pour agir en nullité que la notification de la décision ait été effectuée (▪ Cass. 3e civ., 27 mai 1974 : *JCP* G 1974, IV, 256. ▪ Cass. 3e civ., 13 nov. 1975 : *Bull. civ.* III, n° 331. ▪ Cass. 3e civ., 7 janv. 1976 : *Bull. civ.* III, n° 7, p. 6 ; *RTD civ.* 1976, p. 808). Encore faudra-t-il pouvoir démontrer l'existence de la décision contestée, et, pour le copropriétaire demandeur, sa qualité d'opposant ou de défaillant.

Après l'expiration du délai, la nullité ne peut être invoquée par voie d'exception (▪ Cass. 3e civ., 13 mars 1979 : *JCP* 1979, IV, 176. ▪ CA Paris, 23e ch. B, 4 oct. 2001 : *Loyers et copr.* 2002, comm. 69. ▪ CA Paris, 23e ch. B, 5 oct. 2000 : *AJDI* 2000, p. 960. ▪ CA Paris, 7 déc. 1979 : *D.* 1981, inf. rap. p. 96. ▪ CA Aix-en-Provence, 4 mars 1975 : *JCP* 1975, II, 18059) ou par le biais d'une demande d'expertise (▪ CA Paris, 11 janv. 1979 : *D.* 1980, inf. rap. p. 147, n° 13).

2° *Exécution des décisions de l'assemblée pendant le cours du délai*

59) Pendant le cours du délai, les décisions de l'assemblée peuvent-elles être exécutées ? Il y a eu discussion dans le passé sur le point de savoir si le délai avait ou non un effet suspensif (pour l'affirmative : ▪ Cass. 3e civ., 16 févr. 1977 : *Gaz. Pal.* 1977, 1, somm. 169. ▪ CA Paris, 15 mai 1984 : *D.* 1984, inf. rap. p. 409, obs. Giverdon. – *Contra* : ▪ CA Paris, 21 févr. 1976 : *AJPI* 1976, p. 403. – Vigneron : *JCl. Copropriété*, Fasc. 87-20).

Mais cette discussion ne paraît plus de mise depuis la loi du 30 décembre 1985.

Les décisions peuvent être exécutées, bien qu'elles soient contestées, mis à part le cas où elles concernent des travaux visés aux articles 25 et 26 de la loi n° 65-557 du 10 juillet 1965 (comm. n°s 69 à 77, p. 624), et dans la mesure où l'assemblée n'a pas subordonné l'exécution de sa décision à un événement ou une condition particulière (▪ Cass. 3e civ., 9 juill. 2020, n° 19-14.456 : *Administrer* déc. 2020, p. 56, note J.-R. Bouyeure).

La règle de principe est donc que les décisions s'imposent aux copropriétaires tant qu'elles n'ont pas été annulées (▪ Cass. 3e civ., 28 mai 2020, n° 18-20.368 : *AJDI* 2021, p. 56, note N. Le Rudulier. ▪ Cass. 3e civ., 25 oct. 2018, n° 17-26.306 : *Administrer* déc. 2018, p. 41, obs. J.-R. Bouyeure. ▪ Cass. 3e civ., 27 juin 2001 : *Rev. loyers* 2001, p. 408. ▪ Cass. 3e civ., 17 janv. 1990 : *Loyers et copr.* avr. 1990, n° 192. ▪ Cass. 3e civ., 10 oct. 1990 : *Bull. civ.* n° 183, p. 106 ; *Inf. rap. copr.* avr. 1991, p. 115, obs. Capoulade ; *Defrénois* 1991, art. 34987, obs. Souleau. ▪ CA Paris, 2e ch. B, 18 déc. 2008 : *JurisData* n° 2008-374823. ▪ CA Paris, 30 mai 2002 : *Rev. loyers* 2002, p. 531. ▪ CA Toulouse, 16 juin 2003 : *Loyers et copr.* 2003, comm. n° 224, obs. G. Vigneron). Il en résulte que le bénéficiaire d'une autorisation de travaux ne peut mettre en cause la responsabilité de celui qui conteste la décision au motif qu'il a retardé son exécution (▪ Cass. 3e civ., 28 janv. 2003 : *Loyers et copr.* 2003, comm. 138, obs. G. Vigneron ; *Inf. rap. copr.* mai 2003, p. 12, note P. Capoulade ; *Rev. Administrer* juin 2003, p. 56, note A. Alfandari).

Un autre aspect de la question est que la décision est immédiatement exécutoire, dès qu'elle a été prise. Il en résulte en particulier que si l'assemblée élit un nouveau syndic, celui-ci prend immédiatement ses fonctions, aussitôt cette décision prise et donc en cours d'assemblée, à moins que la décision ne reporte le point de départ de son mandat après la fin de la réunion (▪ Cass. 3e civ., 9 juin 2010, n° 08-19.696 : *JurisData* n° 2010-008763 ; *Loyers et copr.* 2010, comm. 230, obs. G. Vigneron ; *Rev. loyers* 2010, p. 332, note M. Plaidy). Si l'assemblée a décidé de vendre une partie commune et de modifier les tantièmes de copropriété en conséquence, et que cette décision est contestée, les décisions prises dans une assemblée consécutive, en cours d'instance, sur la base de la nouvelle répartition de tantièmes votées par l'assemblée sont valides (▪ Cass. 3e civ., 13 déc. 2018, n° 17-19.800 : *JurisData* n° 2018-023070 ; *Loyers et copr.* 2019, comm. 38, note C. Coutant-Lapalus ; *Administrer* févr. 2019, p. 41, obs. J.-R. Bouyeure).

L'exécution d'une décision dont la nullité n'a pas été définitivement prononcée n'est pas constitutive d'un trouble manifestement illicite (▪ Cass. 3e civ., 6 févr. 2020, n° 18-18.751 : *AJDI* 2020, p. 764, note N. Le Rudulier ; *Administrer* févr. 2021, p. 43, note J.-R. Bouyeure). L'exécution se fait aux risques et périls du bénéficiaire de la décision (▪ CA Paris, pôle 4, 2e ch., 8 sept. 2010 : *Rev. Administrer* nov. 2010, p. 58, obs. J.-R. Bouyeure). Néanmoins, l'exécution de la décision ne fait pas obstacle à son annulation ultérieure (▪ Cass. 3e civ., 24 nov. 2021, n° 20-22.487 : *JurisData* n° 2021-019157 ; *Loyers et copr.* 2022, comm. 14, Ch. Coutant-Lapalus ; *AJDI* 2022, 365, obs. P.-E. Lagraulet ; *Ann. loyers* 2022, p. 98, obs. J.-M. Roux).

E – Conséquences de l'expiration du délai

1° *Impossibilité de remettre en cause la décision*

60) Énoncé et portée du principe. Une fois le délai de recours expiré, la décision de l'assemblée ne peut plus être remise en cause, sauf toutefois dans les cas exceptionnels énoncés ci-dessous (n° 57), et ceci quel que soit le vice de forme ou de fond dont elle se trouve affectée. La Cour de cassation a affirmé à plusieurs reprises ce principe.

Ainsi, par exemple, si une décision relevant de l'unanimité a été prise à la majorité (solution jusqu'ici constamment affirmée par la Cour de cassation : ▪ Cass. civ., 9 janv. 1973 : *JCP* 1973, II, 13374, note Guillot. ▪ Cass. 3e civ., 19 juin 1973 : *JCP* 1973, II, 17518. ▪ Cass. 3e civ., 27 mai 1974 : *JCP* 1974, II, 17836, note Guillot. ▪ Cass. civ., 7 janv. 1976 : *Rev. Administrer* avr. 1976, p. 35, note Guillot. ▪ Cass. 3e civ., 23 mai 1978 : *Rev. Administrer* nov. 1978, p. 30, obs. Guillot. ▪ Cass. 3e civ., 9 mars 1988 : *Loyers et copr.* avr. 1988, n° 188. ▪ Cass. 3e civ., 18 mai 1988 : *Loyers et copr.* 1988, n° 336. ▪ Cass. 3e civ., 4 mai 1988 : *JCP* G 1988, IV, 236. ▪ Cass. 3e civ., 18 janv. 1989 : *JCP* G 1989, IV, 101. – Pour une décision portant atteinte à la destination de l'immeuble, V. ▪ Cass. 3e civ., 2 févr. 1994 : *Bull. civ.* III, n° 18. – V. pour d'autres exemples : ▪ CA Paris, 23e ch. B, 5 mars 2009 : *JurisData* n° 2009-376246 ; *Loyers et copr.* 2009, comm. 184, obs. G. Vigneron. ▪ CA Paris, pôle 4, 2e ch., 6 févr. 2013 : *JurisData* n° 2013-001790 ; *Loyers et copr.* 2013, comm. 150, note G. Vigneron qui applique l'article 42, alinéa 2 dans un cas où la décision portait atteinte aux droits de jouissance privative de copropriétaires. – V. aussi ▪ Cass. 3e civ., 23 mai 2012, n° 10-28.619, qui admet l'impossibilité de remettre en cause une modification des tantièmes de copropriété après l'expiration du délai de l'article 42. – V. sur la critique de cette jurisprudence, les observations de M. Giverdon : *RTD civ.* 1976, p. 808 et 1981, p. 415). Il n'est pas possible de contourner la règle, en engageant une action tendant à « voir déclarer annulable » la décision litigieuse (▪ CA Paris, pôle 4, 2e ch., 20 févr. 2013, n° 11/10334 : *Administrer* juin 2013, p. 52, obs. J.-R. Bouyeure).

Ainsi, une autorisation de diviser un lot donnée par l'assemblée ne peut plus être remise en cause, même si elle porte atteinte à la destination de l'immeuble ou aux droits d'un copropriétaire, à partir du moment où la décision est définitive (▪ Cass. 3e civ., 9 janv. 1985 : *Rev. Administrer* juill. 1985, note Guillot).

Mais le rejet par l'assemblée d'une demande d'indemnisation amiable présentée par un copropriétaire ne lui interdit pas de rechercher une solution judiciaire au conflit l'opposant à la copropriété même s'il n'a pas contesté cette décision dans le délai de deux mois (▪ CA Paris, pôle 4, 2e ch., 26 oct. 2011, n° 09/14878 : *Administrer* févr. 2012, p. 43, obs. J.-R. Bouyeure).

Bibliographie : sur cette jurisprudence, G. Vigneron, *De l'effet absolutoire d'une décision d'assemblée : Loyers et copr.* avr. 1992, p. 1 et s. – G. Duthil, *La déchéance de l'article 42, alinéa 2 de la loi du 10 juillet 1965 : JCP* N 1994, doctr. p. 227. – J.-R. Bouyeure, *Les effets de l'expiration du délai de contestation et la notion de décision en matière d'assemblée générale : Rev. Administrer* mai 1994, p. 3 et s.

61) Opposabilité des décisions de l'assemblée. Lorsque la décision de l'assemblée est définitive elle s'impose à tous les copropriétaires. Le syndicat peut ainsi, après décision définitive de l'assemblée ordonnant le mesurage de tous les lots, s'en prévaloir pour obtenir l'autorisation d'accéder aux locaux privatifs de copropriétaires récalcitrants afin de procéder au mesurage complet de la surface des lots de copropriété, ordonné par l'assemblée (▪ Cass 3e civ., 5 oct. 2017, n° 16-21.971 : publié au *Bull.* ; *JurisData* n° 2017-019366 ; *AJDI* 2018, note D. Tomasin ; *LPA* 8 mars 2018, p. 10, note P.-L. Niel). La décision est opposable au copropriétaire qui l'a sollicitée, même si la saisine de l'assemblée n'était pas nécessaire : ainsi un copropriétaire qui a demandé une autorisation de changement d'affectation qui ne s'imposait pas et qui n'exerce pas de recours contre la décision de refus est tenu de la respecter (▪ Cass 3e civ., 8 juin 2017, n° 16-16.566 : publié au *Bull.* ; *AJDI* 2017, p. 780, note D. Tomasin ; *Rev. loyers* 2017, p. 340, note V. Zalewski-Sicard).

Si un copropriétaire ne conteste pas en temps utile une décision d'assemblée qui autorise à entreposer les vélos dans la cour intérieure de l'immeuble en violation du règlement de copropriété, il ne peut plus agir à l'encontre des contrevenants (▪ Cass 3e civ., 16 mars 2017, n° 15-22.185).

La décision est opposable aux copropriétaires même si elle n'a pas été publiée au fichier immobilier (V. pour l'acceptation d'une servitude par l'assemblée : ▪ Cass 3e civ., 14 sept. 2017, n° 16-50.006).

Il faut néanmoins distinguer l'impossibilité de contester la décision de l'assemblée et l'effet relatif de celle-ci. Ainsi, par exemple, si un copropriétaire ne peut plus contester la décision donnant quitus au syndic après l'écoulement du délai de deux mois, cette décision ne lui interdit pas d'agir contre le syndic fautif qui lui aurait causé un préjudice personnel (▪ Cass. 3e civ., 29 févr. 2024, n° 22-24.558 : *Loyers et copr.* 2024, n° 4, comm. 74 ; *Administrer* avr. 2024, p. 45, obs. P. Déchelette-Tolot).

2° *Exceptions au principe*

62) Énumération. La règle selon laquelle une décision d'assemblée ne peut plus être remise en cause à partir du moment où le délai de contestation est expiré ne joue qu'à certaines conditions :

- il faut que la notification de la décision ait été régulièrement opérée, sinon le délai de deux mois ne court pas (V. D. 17 mars 1967, art. 18, p. 765) ;
- l'expiration du délai de deux mois ne peut pas être invoquée lorsque la décision a pour effet d'introduire dans le règlement de copropriété une clause réputée non écrite. L'action ayant pour but de faire retrancher cette clause du règlement

peut être exercée nonobstant l'expiration du délai de contestation.

Voir : L. 10 juill. 1965, art. 43, comm. n° 5, p. 630.

• Il faut enfin que l'assemblée ait pris une véritable « décision ».

Voir : sur cette notion, comm. n° 24, p. 604 à comm. n° 32, p. 608.

Jusqu'à une date récente, il fallait également que tous les copropriétaires aient été convoqués, et que les convocations soient régulières. Mais la jurisprudence s'est modifiée sur ce point (V. comm. n°s 60 à 63, p. 620). La Cour de cassation a encore manifesté récemment son intention d'appliquer de façon très large l'article 42, alinéa 2 en décidant qu'aucun recours n'était possible à l'expiration du délai de deux mois à l'encontre d'une assemblée au cours de laquelle des pouvoirs n'avaient pas été distribués. La Cour de cassation relève que les copropriétaires concernés n'avaient pas contesté la validité des votes (▪ Cass. 3e civ., 24 avr. 2013, n° 12-13.330 : *JurisData* n° 2013-008020 ; *Bull. civ.* III, n° 55).

3° *Cas particulier des copropriétaires non convoqués*

63) Le délai de forclusion leur est applicable. Jusqu'à une date récente, lorsqu'un copropriétaire n'avait pas été convoqué, l'action en contestation de l'assemblée pouvait alors être exercée pendant le délai de dix ans prévu par l'article 42, alinéa 1 de la loi (V. en dernier lieu, ▪ Cass. 3e civ., 18 juin 2003, n° 01-12.180 : *Bull. civ.* III, n° 132 ; *JCP* G 2003, IV, 2432 ; *Constr.-Urb.* 2003, comm. 253, note D. Sizaire). Mais dans un arrêt du 12 octobre 2005 (n° 04-14.602 : *Bull. civ.* III, n° 191 ; *JCP* N 2006, n° 8, 1076, note A. Djigo ; *JCP* G 2006, I, 127, n° 8, obs. H. Périnet-Marquet ; *Loyers et copr.* 2005, comm. 227, note G. Vigneron ; *Constr.-Urb.* 2005, comm. 273, note D. Sizaire ; *Administrer* janv. 2006, p. 40, note P. Capoulade), la Cour de cassation utilise une formule très générale en indiquant que : « *Même fondées sur une absence de convocation ou sur une convocation irrégulière,* les actions qui ont pour objet de contester les décisions des assemblées générales de copropriétaires doivent, à peine de déchéance, être introduites par les copropriétaires opposants ou défaillants dans un délai de deux mois à compter de la notification desdites décisions ». (V. également, ▪ Cass. 3e civ., 19 déc. 2007, n° 06-21.410 : *Bull. civ.* III, n° 228 ; *JCP* G 2007, IV, 1144 ; *Loyers et copr.* 2008, comm. 62, note G. Vigneron ; *Rev. Administrer* mars 2008, p. 36, note J.-R. Bouyeure. ▪ Cass. 3e civ., 13 nov. 2013, n° 12-12.084 : *Bull. civ.* III, n° 144 ; *JurisData* n° 2013-025644 ; *Loyers et copr.* 2014, n° 23, obs. G. Vigneron ; *Rev. loyers* 2014, p. 32, note V. Zalewski-Sicard ; *Administrer* janv. 2014, p. 46, obs. J.-R. Bouyeure). Il en résulte que le délai de contestation de deux mois s'applique également lorsqu'un copropriétaire n'a pas été convoqué à l'assemblée.

4° *Copropriétaires irrégulièrement convoqués*

64) Application du délai de deux mois aux copropriétaires irrégulièrement convoqués. Revenant sur sa position antérieure, la Cour de cassation a décidé que le délai de forclusion de deux mois était applicable aux copropriétaires qui ont été irrégulièrement convoqués (V. sur le principe : ▪ Cass. 3e civ., 13 nov. 2013, n° 12-12.084 : *Bull. civ.* III, n° 144 ; *JurisData* n° 2013-025644 ; *Loyers et copr.* 2014, n° 23, obs. G. Vigneron ; *Rev. loyers* 2014, p. 32, note V. Zalewski-Sicard ; *Administrer* janv. 2014, p. 46, obs. J.-R. Bouyeure. ▪ Cass. 3e civ., 30 mars 2011, n° 10-14.381 : *JurisData* n° 2011-005068. ▪ Cass. 3e civ., 19 déc. 2007 : *Bull. civ.* III, n° 228 ; *JCP* G 2007, IV, 1144 ; *Loyers et copr.* 2008, comm. n° 62, note G. Vigneron ; *Rev. Administrer* mars 2008, p. 36, note J.-R. Bouyeure. ▪ CA Paris, 23e ch. B, 13 janv. 2010 : *JurisData* n° 2010-002552).

Ainsi il a été jugé que l'action en nullité doit être introduite dans le délai de deux mois :

– lorsqu'une décision a été prise sans que le projet de résolution exigé par l'article 11-5° du décret (V. ce texte) ait été joint aux convocations (▪ Cass. 3e civ., 13 nov. 2003 : *Loyers et copr.* 2004, comm. 16, obs. G. Vigneron ; *Rev. Administrer* févr. 2004, p. 51, obs. J.-R. Bouyeure) ;

– ou lorsque l'assemblée a été convoquée par un syndic qui n'a pas ou plus qualité pour le faire parce que le mandat est expiré ou a été annulé (▪ Cass. 3e civ., 14 févr. 2006 : *Loyers et copr.* 2006, comm. 62, note G. Vigneron ; *Constr.-Urb.* 2006, comm. 88, note D. Sizaire. ▪ Cass. 3e civ., 18 janv. 2006 : *Loyers et copr.* 2006, comm. 62, note Vigneron. ▪ Cass. 3e civ., 6 juill. 2005 : *Loyers et copr.* 2005, comm. 185, obs. G. Vigneron. ▪ Cass. 3e civ., 2 févr. 2005, arrêt n° 151 D, n° 02-11.034. ▪ Cass. 3e civ., 6 oct. 2004 : *JCP* G 2004, IV, 3172 ; *Constr.-Urb.* 2004, comm. 231 ; *Loyers et copr.* 2004, comm. 209, obs. G. Vigneron ; *Rev. loyers* 2004, p. 710, note L. Guégan. ▪ Cass. 3e civ., 7 avr. 2004 : *JCP* 2004, IV, 2182 ; *D.* 2004, p. 1211 et la note. ▪ Cass. 3e civ., 3 mars 2004 : *Constr.-Urb.* 2004, comm. 82, note D. Sizaire, rabattant ▪ Cass. 3e civ., 10 déc. 2003 : *Constr.-Urb.* 2004, comm. 31, note D. Sizaire ; *Rev. loyers* 2004, p. 169, note P. Dechelette-Tolot, dont il reprend la solution. – V. sur ce point *infra*, n° 64, le problème des « nullités en cascade ») ;

– ou lorsque le délai légal de convocation n'a pas été respecté (▪ Cass. 3e civ., 25 févr. 2009, n° 08-11.189 : *AJDI* 2009, p. 370. ▪ Cass. 3e civ., 28 févr. 2006, n° 05-11.409. ▪ Cass. 3e civ., 12 oct. 2005, n° 04-14.602 : *JurisData* n° 2005-030195 ; *Bull.*

civ. III, n° 191 ; *JCP* N 2006, n° 8, 1076, note A. Djigo ; *JCP* G 2006, I, 127, n° 8, obs. H. Périnet-Marquet ; *Loyers et copr.* 2005, comm. 227, note Vigneron ; *Constr.-Urb.* 2005, comm. 273, note D. Sizaire ; *Inf. rap. copr.* janv.-févr. 2006, p. 18, note P. Capoulade ; *AJDI* 2006, p. 35, note P. Capoulade ; *Rev. Administrer* janv. 2006, p. 40, note P. Capoulade. – *Contra* précédemment, ▪ Cass. 3e civ., 6 juill. 2005 : *AJDI* 2005, p. 913, note P. Capoulade).

Voir : sur les cas de convocation irrégulière, D. 17 mars 1967, art. 7, 9, p. 692 et art. 11 et 13, p. 722.

Voir : sur les « nullités en cascade », comm. n° 68, p. 624.

65) Conséquences de l'irrégularité des convocations. La jurisprudence a apporté plusieurs précisions concernant les actions intentées dans le cas de convocation irrégulière :

– l'action est recevable sans que le copropriétaire demandeur ait à justifier de l'existence d'un préjudice (▪ CA Paris, 1er oct. 1998, préc.), et même s'il était présent à l'assemblée (▪ Cass. 3e civ., 25 nov. 1998 : *Loyers et copr.* 1999, comm. 46) ;

– seul le copropriétaire non convoqué ou irrégulièrement convoqué peut se prévaloir de l'absence ou de l'irrégularité de la convocation en assemblée générale (▪ Cass. 3e civ., 14 nov. 2007 n° 06-16.392 : *JCP* G 2007, IV, 3259 ; *Loyers et copr.* 2008, comm. 16, note G. Vigneron ; *D.* 2007, p. 3075, obs. Y. Rouquet ; *Rev. Administrer* févr. 2008, p. 32, obs. J.-R. Bouyeure ; *AJDI* 2008, p. 771, note P. Capoulade) ;

– si l'irrégularité de la convocation tient au fait qu'elle a été opérée par un syndic dont le mandat était nul ou expiré, ou si l'assemblée dont la nullité a été prononcée désignait le syndic, toutes les assemblées postérieures réunies par ce même syndic deviennent du même coup annulables, pour avoir été convoquées par une personne n'ayant pas qualité pour le faire (Sur ces nullités en cascade, V. ▪ Cass. 3e civ., 7 juill. 1999 : *D.* 1999, p. 456, note C. Atias ; *Bull. civ.* III, n° 163 ; *AJDI* 2000, p. 531, note P. Guitard ; *RD imm.* 1999, p. 681, obs. P. Capoulade). Mais cette nullité doit être expressément demandée (▪ CA Paris, 1re ch. G, aud. sol., 19 nov. 2003 : *Loyers et copr.* 2004, comm. 94, obs. G. Vigneron), pour chacune des assemblées concernées, et dans le délai légal de deux mois ;

– lorsqu'un copropriétaire a été irrégulièrement convoqué, peu importe qu'il ait néanmoins assisté à l'assemblée, et même qu'il ait participé au vote. Ceci ne l'empêche pas d'agir en nullité de l'assemblée (▪ Cass. 3e civ., 3 déc. 2002, n° 01-02.444 : *Rev. Administrer* juill. 2003, p. 42, obs. J.-R. Bouyeure. ▪ Cass. 3e civ., 25 nov. 1998, n° 96-20.863 : *Bull. civ.* III, n° 223. ▪ CA Versailles, 4e ch., 18 janv. 2010 : *JurisData* n° 2010-004275). Il faut néanmoins qu'il ait qualité d'opposant ou de défaillant.

F – Régime procédural de l'action

66) Défendeur. L'action doit être engagée contre le syndicat, pris en la personne de son syndic, ès qualités de représentant légal du syndicat et non contre le syndic personnellement (▪ Cass. 3e civ., 10 juin 1981 : *JCP* G 1981, IV, 307. ▪ Cass. 3e civ., 23 févr. 1977 : *AJPI* 1977, p. 731, note J.-R. Bouyeure. ▪ Cass. 3e civ., 20 juill. 1994 : *D.* 1996, somm. 162, obs. C. Giverdon ; *Loyers et copr.* déc. 1994, n° 493. ▪ CA Angers, 28 févr. 1990 : *Rev. hab. fr.* 20 oct. 1990, p. 487, obs. Paucot) et cela à peine d'irrecevabilité (▪ Cass. 3e civ., 11 déc. 1984 : *Rev. Administrer* juill. 1985, p. 34, obs. Guillot). La cour de Versailles (4e ch.) a en conséquence déclarée irrecevable une demande dirigée contre le syndic « pris en sa qualité de syndic de la copropriété » (▪ CA Versailles, 15 nov. 1999 : *Rev. Administrer* janv. 2001, p. 46, note J.-R. Bouyeure. – V. aussi ▪ CA Paris, 23e ch. B, 14 juin 2007 : *AJDI* 2007, p. 935. ▪ CA Paris, 23e ch. A, 31 mars 1999 : *Rev. Administrer* avr. 2000, p. 53, obs. J.-R. Bouyeure). Mais a été déclarée valable une assignation en nullité d'assemblée dirigée contre le syndic pris « en qualité de syndic du syndicat des copropriétaires et à titre personnel » (▪ Cass. 3e civ., 11 oct. 2005, n° 04-15.952). Il faut enfin l'hypothèse de l'action délivrée au syndic sous son nom commercial et non sous son nom véritable, dès lors que, selon la cour d'appel de Paris, ce vice affecte d'irrecevabilité l'acte d'assignation sur le fondement de l'article 117 du Code de procédure civile, et ne peut être régularisé que dans le délai de 2 mois de l'article 42 de la loi du 10 juillet 1965 (▪ CA Paris, pôle 4, ch. 2, 22 mars 2023, n° 19/17870).

Est irrecevable l'action intentée contre les copropriétaires personnellement (▪ CA Versailles, 4e ch., 15 janv. 2001 : *Dossier CSAB* n° 50, mars 2002, obs. A. Dunes), ou encore une assignation adressée par erreur au syndic de l'immeuble voisin (▪ CA Paris, pôle 4, 2e ch., 17 févr. 2010 : *JurisData* n° 2010-001409), ou encore une assignation délivrée à un syndic qui n'est plus en exercice. Mais cette assignation peut être régularisée par l'appel en intervention forcée du syndic en fonction si elle intervient dans le délai de contestation de l'article 42 (▪ CA Paris, 23e ch. B, 12 janv. 2010 : *AJDI* 2010, p. 230).

Le cas échéant, l'action doit être dirigée contre l'administrateur provisoire mandaté pour convoquer l'assemblée (▪ Cass. 3e civ., 24 mai 2011, n° 10-20.282 : *AJDI* 2011, p. 538).

Voir : sur le libellé des demandes formées à l'encontre du syndicat, D. 17 mars 1967, art. 59, p. 864. – Sur le demandeur à l'action, comm. n° 36, p. 610.

67) Tribunal compétent. L'action est portée devant le *tribunal (actuellement le tribunal judiciaire)* du lieu de situation de l'immeuble (V. D. art. 61-1), éventuellement devant des formations spécialisées (sur les règles applicables après la réforme de la justice V. comm. L. 10 juill. 1965, art. 15, n° 52.

Le juge des référés est incompétent pour apprécier la validité d'une décision de l'assemblée (▪ CA Paris, 15 mai 1984 : *D.* 1984, inf. rap. p. 409, obs. Giverdon. – V. en matière de droit des sociétés, ▪ Cass. com. 13 janv. 2021, n°s 18-25.713 et 18-25.730 : *JCP* G 2021, n° 13.357, note D. Gibirila). Il ne peut donc désigner un administrateur provisoire à la copropriété au prétexte que l'assemblée désignant le syndic en fonction est nulle (▪ CA Paris, 1re ch. B, aud. sol., 19 nov. 2003 : *Loyers copr.* 2004, comm. 95, obs. G. Vigneron). Mais selon M. Atias, qui cite à l'appui de son opinion diverses décisions de juridictions du fond, la juridiction des référés resterait compétente, indépendamment des recours qui peuvent être exercés sur le fondement de l'article 42, alinéa 2 de la loi du 10 juillet 1965. Ainsi, par exemple, pour constater le caractère contestable d'une créance de charges du syndicat fondée sur une décision d'assemblée dès lors que le syndicat ne justifie ni de la convocation du copropriétaire assigné ni de la qualité de la personne qui a convoqué l'assemblée (▪ CA Paris, 14e ch. A, 21 févr. 2001, RG n° 00/20513), ou encore pour faire cesser un trouble « manifestement illicite », ou même pour obtenir la suspension de l'exécution d'une décision de l'assemblée (C. Atias, *Assemblée générale de copropriétaire et référés : Ann. loyers* 2010, p. 882).

Un arrêt de la Cour de cassation (publié au Bulletin) a énoncé que la demande d'annulation d'une décision d'assemblée des copropriétaires ne relevait pas de la compétence exclusive du tribunal de grande instance (ayant alors une compétence de principe). Elle en a déduit que le juge de proximité (depuis lors supprimé) pouvait statuer sur la validité d'une assemblée, contestée à l'appui d'un moyen de défense (▪ Cass. 3e civ., 10 juin 2015, n° 14-19.218 : *Bull. civ.* III, n° 57 ; *JurisData* n° 2015-013850 ; *Loyers et copr.* 2015, n° 202, obs. G. Vigneron ; *Administrer* oct. 2015, p. 67, obs. J.-R. Bouyeure).

Bibliographie : Sur la question : C. Atias, *Le tribunal compétent pour connaître des contestations d'assemblées générales : Inf. rap. copr.* févr. 2000, p. 22.

68) Formulation de la demande. Demandes nouvelles. Lorsque l'action a pour but d'obtenir l'annulation de telle ou telle décision (et non pas la nullité de l'assemblée elle-même), la demande doit *viser les décisions de l'assemblée* que le demandeur entend critiquer et non pas se borner à demander « l'annulation de l'assemblée » (▪ Cass. 3e civ., 17 juill. 1986 : *Rev. Administrer* nov. 1986, p. 22, note Guillot). Un arrêt s'est refusé à faire droit à la demande de nullité d'une décision déterminée, au motif que les demandeurs n'avaient sollicité « l'annulation de l'ensemble des décisions » en conséquence de la nullité de l'assemblée générale (▪ Cass. 3e civ., 2 juill. 2014, n° 13-13.738 : *Bull. civ.* III, n° 93 ; *Administrer* oct. 2014, p. 42, note J.-R. Bouyeure).

Par ailleurs, la demande peut ne pas aboutir s'il est seulement demandé au tribunal de « constater » la nullité d'une décision ou d'une assemblée, et non pas de prononcer cette nullité (▪ Cass. 3e civ., 7 déc. 2017, n° 16-24.009).

Sont irrecevables les demandes nouvelles formées après expiration du délai, et tendant à voir annuler des résolutions non visées dans l'assignation (▪ CA Aix-en-Provence, 4e ch. A, 22 juin 2000 : *D.* 2001, somm. p. 352, note C. Atias) ou une demande, formée en appel, d'annulation de l'assemblée dans sa totalité, alors que l'assignation ne visait que deux de ses résolutions (▪ Cass. 3e civ., 12 oct. 2005 : *Rev. Administrer* févr. 2006, p. 43, obs. J.-R. Bouyeure. ▪ CA Paris, 23e ch. B, 29 juin 2000 : *RD imm.* 2000, p. 599, obs. C. Giverdon. – V. également, pour une demande d'annulation formée en appel portant sur des délibérations non visées dans la demande initiale : ▪ Cass. 3e civ., 14 juin 2000 : *Rev. Administrer* nov. 2000, p. 43, obs. J.-R. Bouyeure. ▪ CA Paris, pôle 4, 2e ch., 3 déc. 2014, n° 12/03230 : *Administrer* févr. 2015, p. 42, obs. J.-R. Bouyeure).

Par contre si un copropriétaire a demandé en première instance l'annulation de la totalité de l'assemblée il peut valablement, postérieurement au délai de deux mois, formuler des demandes spécifiques relatives à certaines résolutions (▪ Cass. 3e civ., 21 sept. 2023, n° 22-16.090 : *AJDI* 2024, p. 49, obs. P.-E. Lagraulet). Il pourra également, en cause d'appel, limiter sa demande à l'annulation de certaines décisions de cette assemblée seulement. Une semblable demande n'est pas nouvelle, car elle tend aux mêmes fins que la demande d'annulation de l'assemblée générale formée en première instance (▪ Cass. 3e civ., 28 janv. 2021, n° 19-23.664 : *Procédures* mars 2021, comm. 61, note Y. Strickler ; *Administrer* avr. 2021, p. 24, note J.-R. Bouyeure. ▪ CA Paris, pôle 4, 2e ch., 3 déc. 2014, n° 12/00242 : *Administrer* févr. 2015, p. 42, obs. J.-R. Bouyeure. – *Contra*, ▪ CA Paris, pôle 4, 2e ch., 20 mars 2024, n° 20/02588 : *Administrer* mai 2024, p. 37, obs. P. Déchelette-Tolot), à la condition toutefois que les prétentions formulées en appel n'aient pas des objets différents et ne reposent pas sur des moyens distincts de ceux invoqués en première instance (▪ Cass. 3e civ., 7 juill. 2016, n° 15-14.233 : *Administrer* nov. 2016, p. 51, obs. J.-R. Bouyeure).

En revanche une demande de nullité d'assemblée ne peut être présentée pour la première fois en appel au motif que l'assemblée précédente mandatant le syndic a été annulée après la clôture de l'instruction devant le tribunal. Cette annulation ne constitue pas un fait nouveau (▪ Cass. 3e civ., 25 oct. 2018, n° 17-25.812, publié au *Bull.* : *JurisData* n° 2018-019138 ; *Loyers et copr.* 2018, comm. 258, note A. Lebatteux ; *Administrer* déc. 2018, p. 40, obs. J.-R. Bouyeure).

Le copropriétaire qui a voté en faveur de certaines résolutions ne peut ensuite, au motif qu'il a reçu la convocation hors délai, solliciter l'annulation de l'assemblée générale dans son ensemble. Toutefois il peut contester les décisions qu'il n'a pas approuvées et sa demande n'est pas nouvelle en appel ni formée hors délai dès lors qu'elle est nécessairement comprise dans sa demande initiale portant sur l'annulation de l'assemblée générale dans son ensemble (▪ Cass. 3e civ., 14 mars 2019, n° 18-10.379, publié au *Bull.* : *JurisData* n° 2019-003772 ; *Loyers et copr.* 2019, comm. 61, note A. Lebatteux ; *Administrer* mai 2019, p. 48, obs. J.-R. Bouyeure. ▪ Cass. 3e civ., 15 mars 2019, n° 18-10.382 : *JCP* 2019, 438, n° 13, obs. H. Périnet-Marquet. ▪ Cass. 3e civ., 28 janv. 2021, n° 19-23.664 : *Administrer* avr. 2021, 44, obs. J.-R. Bouyeure ; *Procédures* 2021, comm. 61, Y. Strickler).

Un arrêt a admis la recevabilité d'une assignation mentionnant par erreur dans son dispositif une demande d'annulation des décisions numéro 5 et 6 de l'assemblée alors que les motifs comportaient la mention claire de la décision réellement visée (▪ Cass. 3e civ., 22 mai 2012, n° 11-14.369 : *Administrer* août-sept. 2012, p. 52, obs. J.-R. Bouyeure ; *AJDI* 2012, p. 524).

À peine de nullité de la demande, le demandeur doit préciser le fondement juridique de la contestation, conformément à l'article 56 du Code de procédure civile (▪ Cass. 2e civ., 6 avr. 2006 : *Bull. civ.* III, n° 103 ; *Loyers et copr.* 2006, comm. 157, obs. G. Vigneron ; *AJDI* 2007, p. 208, note P. Capoulade ; *Defrénois* 2007, art. 38553, p. 375, obs. C. Atias).

69) Publicité foncière. La recevabilité d'une demande de nullité d'assemblée ayant décidé la vente d'une partie commune n'est pas subordonnée à sa publication préalable au fichier immobilier (▪ Cass. 3e civ., 11 mai 2005 : *JCP* G 2005, IV, 2412 ; *Rev. Administrer* juill. 2005, p. 52, obs. J.-R. Bouyeure).

70) Autonomie de chaque assemblée (« nullités en cascade »). L'annulation d'une assemblée ayant procédé à la nomination du syndic n'entraîne pas de plein droit la nullité des assemblées postérieures convoquées par ce syndic (▪ Cass. 3e civ., 26 sept. 2007, n° 06-17.856 : *Rev. loyers* 2007, p. 468. ▪ Cass. 3e civ., 6 févr. 2002 : *Loyers et copr.* 2002, comm. 126, note G. Vigneron ; *Constr.-Urb.* 2002, comm. 172, obs. D. Sizaire ; *Rev. Administrer* mai 2002, p. 46, obs. J.-R. Bouyeure ; *Inf. rap. copr.* oct. 2002, p. 14, obs. P. Capoulade ; *Rev. loyers* 2002, p. 296, obs. L. Guégan). La nullité de ces assemblées doit être expressément demandée (▪ Cass. 3e civ., 8 juin 2005 : *Bull. civ.* III, n° 126 ; *Rev. loyers* 2005, p. 401, note P. Dechelette-Tolot ; *Rev. Administrer* août-sept. 2005, p. 71, obs. J.-R. Bouyeure. ▪ Cass. 3e civ., 3 oct. 2001 : *Constr.-Urb.* 2002, comm. 172, obs. D. Sizaire). En effet chaque assemblée est autonome et doit faire l'objet d'une action en annulation spécifique (▪ Cass 3e civ., 5 avr. 2018, n° 17-14. 611).

Ainsi par exemple, un copropriétaire n'est pas fondé à refuser de payer les charges, au motif qu'elles ont été décidées et approuvées par des assemblées convoquées par un syndic dont le mandat était expiré. Si ces assemblées sont annulables, encore faut-il que la nullité en soit prononcée sur demande expresse (▪ Cass. 3e civ., 6 oct. 2004 : *JCP* G 2005, n° 10, p. 437, obs. H. Périnet-Marquet ; *Constr.-Urb.* 2004, comm. 231 ; *Loyers et copr.* 2004, comm. 209, obs. G. Vigneron ; *Rev. loyers* 2004, p. 710, note L. Guégan ; *Rev. Administrer* mai 2005, p. 42, note J.-R. Bouyeure. – V. aussi la note de M. Capoulade sous les deux arrêts du 7 avril et du 6 octobre 2004 : *Rev. Administrer* juin 2005, p. 28. ▪ Cass. 3e civ., 3 mars 2004 : *Constr.-Urb.* 2004, comm. 82, note D. Sizaire, rabattant ▪ Cass. 3e civ., 10 déc. 2003 : *Loyers et copr.* 2004, comm. 35, obs. G. Vigneron ; *Constr.-Urb.* 2004, comm. 31, note D. Sizaire : *Rev. loyers* 2004, p. 169, note P. Dechelette-Tolot, dont il reprend la solution. ▪ CA Paris, 1re ch. G, aud. sol., 19 nov. 2003 : *Loyers et copr.* 2004, comm. 94, obs. G. Vigneron).

Et lorsque l'assemblée a été irrégulièrement convoquée par un syndic n'ayant pas ou n'ayant plus de pouvoir pour le faire, la demande de nullité doit être faite dans le délai de contestation de deux mois, comme le veut la jurisprudence récente (V. en dernier lieu : ▪ Cass. 3e civ., 2 févr. 2005, n° 02-11.034. ▪ Cass. 3e civ., 6 oct. 2004, préc. ▪ Cass. 3e civ., 14 sept. 2017, n° 16-17.971). À défaut et même si la convocation a été faite par un syndic dont le mandat était nul ou expiré, elle ne peut plus être contestée (▪ Cass. 3e civ., 7 avr. 2009, n° 08-15.204 : *Loyers et copr.* 2009, comm. 181, obs. G. Vigneron. ▪ Cass. 3e civ., 14 févr. 2006 : *Loyers et copr.* 2006, comm. 62, note G. Vigneron ; *Constr.-Urb.* 2006, comm. 88, note D. Sizaire).

En résumé :

– la caducité ou la nullité du mandat du syndic n'entraîne pas automatiquement la nullité des assemblées qu'il a ultérieurement convoquées ;

– les vices affectant le mandat du syndic rendent seulement ces assemblées annulables. La nullité ne pourra être prononcée que si elles sont contestées dans le délai légal de deux mois ;

– il peut y avoir nullité en cascade, mais à la condition que chacune des assemblées nulles soit contestée en temps utile (▪ Cass. 3e civ., 6 déc. 2005 : *Rev. Administrer* avr. 2006, p. 35. ▪ CA Paris, pôle 4, 2e ch., 4 nov. 2009 : *AJDI* 2010, p. 143). L'annulation d'une assemblée ayant désigné le syndic entraînera la nullité de toutes les assemblées convoquées par celui-ci, si une demande de nullité a été formée, pour chacune d'elles, dans le délai légal. Peu importe qu'à la date à laquelle les assemblées contestées ont été convoquées, la nullité du mandat du syndic n'ait pas encore été prononcée (▪ Cass. 3e civ., 30 janv. 2007, n° 05-19.475. ▪ Cass. 3e civ., 10 oct. 2006, n° 05-18.226 : *JurisData* n° 2006-035373 ; *Rev. Administrer* janv. 2007, p. 56, obs. J.-R. Bouyeure) ;

– lorsqu'il est saisi de demandes de nullités « en cascade », le juge doit vérifier que l'action en annulation de chacune des assemblées a bien été introduite dans le délai légal (▪ Cass. 3e civ., 16 déc. 2014, n° 13-23.259 : *Administrer* mars 2015, p. 44, obs. J.-R. Bouyeure. ▪ Cass. 3e civ., 10 févr. 2009, n° 08-10864 : *JurisData* n° 2009-047041. ▪ Cass. 3e civ., 18 janv. 2006 : *Loyers et copr.* 2006, comm. 62, note Vigneron. ▪ Cass. 3e civ., 6 juill. 2005 : *Loyers et copr.* 2005, comm. 185, obs. G. Vigneron ; *AJDI* 2006, p. 130, note P. Capoulade).

Bibliographie : P. Guitard, *Nullités d'assemblées générales en cascade : fin des hésitations ou simple péripétie : Inf. rap. copr.* déc. 2004, p. 20. – C. Atias, *Les annulations d'assemblées générales en cascade : Inf. rap. copr.* mars 2005, p. 32. – G. Gil, *La contestation des assemblées irrégulièrement convoquées : quel délai pour agir ? : Rev. loyers* juin 2005, p. 306. – M.-F. Ritschy, *Que reste-t-il des nullités en cascade des assemblées générales convoquées par un syndic sans qualité ? : Inf. rap. copr.* déc. 2006, p. 20. – D. Tomasin, *La nullité des assemblées générales de copropriétaires consécutives : Mél. Saint-Alary, L'immeuble et le droit*, 2006, p. 589 et s.

71) Saisine du tribunal par voie d'assignation. La procédure doit être en principe *introduite par voie d'assignation*. Une demande d'annulation d'assemblée constituant une demande principale et non additionnelle ou connexe en raison de l'autonomie de chaque assemblée, le demandeur est irrecevable à présenter cette demande pour la première fois par voie de conclusions (▪ Cass. 3e civ., 4 juill. 2007, n° 06-13.186 ; *Rev. loyers* 2007, p. 412 ; *AJDI* 2007, p. 935. ▪ Cass. 3e civ., 16 mars 2005 : *Rev. Administrer* juin 2005, p. 48, obs. J.-R. Bouyeure. ▪ CA Paris, 23e ch. B, 31 mai 2007 : *AJDI* 2007, p. 755). Une demande en nullité d'une précédente assemblée ne peut en principe être formée par voie de conclusions additionnelles dans le cadre d'une demande principale formée par voie d'assignation à l'encontre d'une assemblée postérieure (▪ Cass. 3e civ., 30 mai 2012, n° 11-14.410 : *Administrer* oct. 2012, p. 56, obs. J.-R. Bouyeure ; *AJDI* 2012, p. 604. ▪ Cass. 3e civ., 9 juill. 1997 : *RD imm.* 1997, p. 622. ▪ CA Paris, 23e ch. B, 15 mai 2003 : *Rev. Administrer* nov. 2003, p. 40, obs. J.-R. Bouyeure. ▪ CA Aix-en-Provence, 4e ch. A, 23 mars 2000 : *D.* 2001, somm. p. 349, note C. Atias), ou par des conclusions greffées sur une autre procédure (▪ CA Paris, 23e ch. B, 2 mars 2006 : *Loyers et copr.* 2006, comm. 136, obs. G. Vigneron).

Toutefois, une demande de nullité d'une précédente assemblée ou délibération, ou d'une assemblée ou délibération postérieure à l'introduction de l'instance pourrait être formée par voie de conclusions additionnelles (pourvu que le délai légal de contestation ne soit pas expiré), à condition qu'il existe un lien de dépendance ou de connexité entre les décisions dont la nullité est demandée (▪ Cass. 3e civ., 23 sept. 2008 : *Rev. Administrer* déc. 2008, obs. J.-R. Bouyeure. ▪ Cass. 3e civ., 4 avr. 2002 : *Bull. civ.* III, n° 79 ; *Rev. Administrer* nov. 2002, p. 33, obs. J.-R. Bouyeure ; *Inf. rap. copr.* juin 2002, p. 8, obs. C. Atias. ▪ CA Paris, 23e ch. B, 2 déc. 2009 : *AJDI* 2010, p. 229. ▪ CA Paris, 23e ch. B, 15 mai 2008 : *JurisData* n° 2008-363129 ; *Loyers et copr.* 2008, comm. 234 ; *AJDI* 2008, p. 775. ▪ CA Paris, 23e ch. A, 4 oct. 1996 : *Rev. loyers* 1997, p. 120, note J.-M. Gélinet, confirmé par ▪ Cass. 3e civ., 7 oct. 1998 : *RD imm.* 1999, p. 149, obs. C. Giverdon. ▪ CA Paris, 23e ch. B, 1er mars 1996 : *D.* 1997, somm. p. 15, note C. Atias). Et lorsqu'une demande principale se fonde sur une décision d'assemblée, il est possible de conclure reconventionnellement en invoquant la nullité de cette décision si le délai légal de contestation n'est pas expiré (▪ CA Paris, 3e ch. B, 10 nov. 1995 : *D.* 1996, somm. p. 89, note C. Atias). Les conclusions doivent alors être signifiées à l'intérieur de ce délai (▪ CA Paris, 23e ch. A, 25 sept. 2002 : *AJDI* 2003, p. 201, note C. Giverdon).

Le copropriétaire qui agit sur le fondement de l'article 34 de la loi du 10 juillet 1965, afin de se voir déclarer inopposable une décision autorisant des travaux, peut également et par ailleurs exercer une action en nullité de la décision : mais cette demande n'est pas recevable si elle est formée de manière incidente par voie de conclusions pendant le cours de l'instance et après expiration du délai de contestation de deux mois de l'article 42, alinéa 2 de la loi (▪ Cass. 3e civ., 12 janv. 2010, n° 09-12.199 : *Rev. Administrer* avr. 2010, p. 37, obs. J.-R. Bouyeure ; *AJDI* 2010, p. 230).

G – Suites du recours

72) Absence d'effet suspensif. Sauf exception en matière de travaux (V. *infra*), la demande de nullité d'une décision de l'assemblée ou de l'assemblée elle-même n'en suspend pas l'exécution. Les décisions prises restent opposables aux copropriétaires tant qu'elles n'ont pas été annulées (solution constante : V. la jurisprudence citée *supra*, n° 59, et ▪ Cass. 3e civ., 26 mars 2020, n° 18-11.987 : *Administrer* juin 2020, p. 54, note J.-R. Bouyeure.

▪ Cass. 3e civ., 19 juin 2007, n° 06-19.992 : *Rev. Administrer* oct. 2007, p. 87, obs. J.-R. Bouyeure). Un copropriétaire peut donc se voir condamner en référé au versement d'une provision sur charges bien qu'il ait contesté la décision approuvant les comptes (même déc.).

73) Décision du tribunal. En principe le tribunal ne peut qu'annuler la décision. Il ne peut y avoir annulation partielle d'une décision qui s'est prononcée sur plusieurs points par un vote unique (▪ Cass. 3e civ., 11 mars 1998 : *D.* 1998, inf. rap. p. 94. – *Contra*, ▪ CA Paris, pôle 4, 2e ch., 9 mai 2012, n° 10/02713 : *Administrer* nov. 2012, p. 46, obs. J.-R. Bouyeure). Une demande tendant à voir déclarer « non écrite » une décision de l'assemblée est irrecevable (▪ Cass. 3e civ., 28 mai 2020, n° 19-13.586).

Il était généralement admis qu'il ne pouvait se substituer à l'assemblée pour prendre la décision qui conviendrait (G. Vigneron : *JCl. Copropriété*, Fasc. 87-20, nos 117 et s.). Un arrêt de la Cour de cassation (▪ Cass. 3e civ., 4 juill. 1990 : *JCP* G 1990, IV, 334 ; *Inf. rap. copr.* févr. 1991, p. 44, obs. Capoulade) avait paru marquer une évolution en déclarant que « l'annulation d'une délibération faisant grief à un copropriétaire implique nécessairement pour le juge le pouvoir d'ordonner les mesures propres à lui permettre l'exercice de ses droits ». Mais un arrêt postérieur a pris une position plus restrictive, en refusant d'accueillir la demande d'un copropriétaire en remboursement des travaux décidés dans une décision annulée, au motif qu'il « n'appartient qu'à l'assemblée, et non à un copropriétaire d'apprécier les mesures à prendre à la suite de l'annulation d'une décision » (▪ Cass. 3e civ., 6 oct. 1999 : *Loyers et copr.* 1999, comm. 296, note G. Vigneron ; *JCP* N 2000, p. 566 ; *Constr.-Urb.* 2001, comm. 8, note D. Sizaire ; *RD imm.* 2000, p. 92, obs. C. Giverdon. – V. dans le même sens, ▪ CA Paris, 14 nov. 2012, n° 11/07605 : *JurisData* n° 2012-026059 ; *Loyers et copr.* 2013, comm. 90, note Vigneron).

En application de l'article 455 du Code de procédure civile, le tribunal doit préciser en quoi la demande d'annulation est fondée. Il ne peut se contenter d'invoquer le préjudice causé au demandeur (▪ Cass. 3e civ., 3 juill. 2007 : *Rev. Administrer* janv. 2008, p. 56, obs. J.-R. Bouyeure). Le tribunal ne peut tirer les conséquences du vice d'une résolution, par exemple la nullité du mandat du syndic, sans annuler dans le dispositif de sa décision la résolution ayant pour objet celui-ci (▪ Cass. 3e civ., 15 déc. 2021, n° 20-17.079 : *JurisData* n° 2021-020461 ; *Loyers et copr.* 2022, comm. 29, Ch. Coutant-Lapalus ; *Administrer* févr. 2022, p. 66, obs. P. Déchelette-Tolot).

74) Réitération de la décision par l'assemblée. Après annulation, l'assemblée peut ensuite adopter une décision ayant le même objet que la précédente, dans des conditions qui seront cette fois régulières.

Voir : sur la possibilité de contester la décision confirmant ou réitérant la décision antérieure, V. comm. n° 36, p. 3.

Sur la possibilité de contester la décision initiale, V. comm. n° 54, p. 3.

75) Autorité de la décision d'annulation. Si la décision de l'assemblée est annulée, tout copropriétaire peut se prévaloir du jugement (▪ Cass. 3e civ., 12 déc. 2001 : *AJDI* 2002, p. 532, obs. P. Capoulade. ▪ Cass. 3e civ., 10 oct. 1973 : *JCP* G 1973, IV, 371. ▪ CA Paris, 23e ch. B, 22 sept. 1995 : *Loyers et copr.* févr. 1996, n° 90). Et l'annulation d'une assemblée produit effet à l'égard de tous les copropriétaires, et pas seulement du demandeur (▪ Cass. 3e civ., 6 mai 2014, n° 13-11.761 : *JurisData* n° 2014-009295 ; *Loyers et copr.* 2014, comm. 251, obs. G. Vigneron). Mais une décision prononçant la nullité d'une assemblée n'a pas l'autorité de la chose jugée au regard d'une demande d'annulation d'une assemblée postérieure, même si les motifs envisagés sont les mêmes (▪ Cass. 3e civ., 2 févr. 1994 : *Rev. Administrer* août-sept. 1994, p. 30, obs. J.-M. Gélinet ; *Bull. civ.* III, n° 14 ; *D.* 1996, somm. 162, obs. J.-R. Bouyeure).

Si une décision a été annulée, l'autorité de la chose jugée empêche qu'elle soit de nouveau remise en cause, même si le motif d'annulation invoqué est apparu postérieurement à la décision de justice intervenue (▪ Cass. 3e civ., 1er déc. 2009, n° 06-13.679 : *AJDI* 2010, p. 143).

Des copropriétaires peuvent former tierce opposition au jugement qui a annulé des résolutions prises en assemblée générale dès lors que cette annulation a des conséquences directes pour la contenance et la jouissance de leurs parties privatives (▪ Cass. 3e civ., 10 oct. 2019, n° 18-19.555 : *JurisData* n° 2019-019896 ; *Loyers et copr.* 2019, comm. 216, note C. Coutant-Lapalus. – Comp. ▪ Cass. 3e civ., 2 juin 2012, n° 11-20.271 : *AJDI* 2012, p. 604. – Sur la faculté pour un copropriétaire de faire tierce opposition, V. L. 10 juil. 1965, art. 15, comm. 23 et 34).

III – DÉLAI DE NOTIFICATION DES DÉCISIONS DE L'ASSEMBLÉE

76) Délai d'un mois à compter de la tenue de l'assemblée. En précisant que la notification des décisions de l'assemblée doit être faite par le syndic « dans un *délai de deux mois à compter de la tenue de l'assemblée générale* », l'article 42, alinéa 2, issu de la loi du 31 décembre 1985, avait comblé une lacune de la loi du 10 juillet 1965. Aucun délai n'était en effet antérieurement imparti au syndic pour procéder à la notification des décisions de l'assemblée.

Ce délai a été ramené à 1 mois par la loi ELAN du 23 novembre 2018 (V. art. 42, al. 2).

Si le syndic procède à une notification tardive, il engagera sa responsabilité envers la copropriété s'il en résulte un préjudice pour celle-ci.

Mais la décision ne devient pas pour autant nulle pour avoir été notifiée tardivement (▪ CA Paris, pôle 4, 2e ch., 5 févr. 2014 : *JurisData* n° 2014-002562 ; *Loyers et copr.* 2014, n° 156, obs. G. Vigneron. ▪ CA Paris, 23e ch. B, 15 nov. 2001 : *Loyers et copr.* 2002, comm. 99, obs. G. Vigneron. ▪ CA Paris, 23e ch. B, 10 nov. 1989 : *Loyers et copr.* 1990, n° 58). Il en est de même d'ailleurs s'il n'y a eu aucune notification (▪ Cass. 3e civ., 7 févr. 1990 : *Loyers et copr.* 1990, n° 191).

En l'*absence de notification*, les copropriétaires disposent alors pour contester l'assemblée du délai de prescription de 5 ans prévu par l'article 42, alinéa 1 de la loi (▪ CA Paris, 19e ch. B, 19 sept. 1990 : *Loyers et copr.* 1990, n° 446. ▪ CA Paris, 23e ch., 28 mai 1993 : *Rev. Administrer* févr. 1994, p. 65).

L'ordonnance n° 2019-1101 du 30 octobre. 2019 a ajouté une précision à l'alinéa 2 de l'article 42 : le procès-verbal doit être notifié « sans ses annexes ».

Voir : sur les formes de la notification, et sur les conséquences d'une nullité de forme sur le point de départ du délai de contestation de l'assemblée, D. 17 mars 1967, art. 18, p. 765.

IV – EXÉCUTION DES DÉCISIONS DE L'ASSEMBLÉE EN MATIÈRE DE TRAVAUX

Bibliographie : J. Lafond, *L'exécution des délibérations de l'assemblée de copropriété ayant décidé des travaux : Loyers et copr.* mars 1997, p. 4.

77) Principe. L'article 42 énonce dans son alinéa 3 que l'exécution de travaux décidés par l'assemblée en application des articles 25 et 26 est *suspendue jusqu'à expiration du délai de recours* prévu par l'article 42 de la loi du 10 juillet 1965.

Ce texte a pour but d'éviter la pratique du « fait accompli » : il arrive en effet que les travaux soient réalisés avant même qu'ils puissent être contestés par les copropriétaires défaillants ou hostiles (déclaration de M. Collet, rapporteur : *JO Sénat* 5 nov. 1985, p. 2735, et min. Urb. et Log. : *JOAN*, 28 nov. 1985, p. 5030).

Mais à partir du moment où un recours a été formé, le texte cesse de s'appliquer et l'on revient à la règle selon laquelle les décisions s'imposent aux copropriétaires tant qu'elles n'ont pas été annulées. La décision peut donc être exécutée, aux risques et périls de la copropriété (en ce sens J.-R. Bouyeure, *Les travaux dans la copropriété*, n° 157. ▪ CA Paris, 14e ch., 22 juill. 2005 : *Loyers et copr.* 2005, comm. 207, obs. G. Vigneron). Le texte ne s'applique pas non plus après expiration du délai de deux mois, qu'il y ait ou non recours (▪ TGI Paris référés, 16 oct. 1998 : *Rev. Administrer* févr. 1999, p. 64, obs. J.-R. Bouyeure).

On peut faire à ce propos *deux observations* :

- le texte ne vise pas les travaux pouvant être décidés dans le cadre de l'article 24 (V. le commentaire de ce texte dans le corps du présent code) que M. Bonnemaison, auteur de la proposition de loi, a appelé les « petits travaux d'entretien courant » (*JOAN*, 28 nov. 1985, p. 5030). Ces travaux peuvent donc être exécutés immédiatement sans attendre l'expiration du délai de recours des copropriétaires opposants ou défaillants... (Givord et Giverdon, 4e éd., n° 629).

Il a été soutenu que la suspension de l'exécution pourrait cependant être sollicitée judiciairement en saisissant le juge des référés (C. Atias, *La suspension d'exécution de délibérations contestées d'une assemblée de copropriétaires : D.* 1992, chron. p. 321 et s.) ;

- il résulte implicitement du texte que la discussion antérieurement ouverte sur le point de savoir si le délai de l'article 42 avait ou non un effet suspensif n'a plus lieu d'être. Il découle en effet du texte, *a contrario*, que dans tous les cas qu'il ne vise pas expressément, la décision peut être objet d'une exécution immédiate nonobstant l'existence du délai de recours légal. V. en ce sens : ▪ CA Paris, 19e ch. A, 26 sept. 1995 : *D.* 1997, somm. 13, obs. C. Atias : mais l'exécution se fait alors aux risques et périls de la copropriété (V. ci-dessous).

78) Application. Par ailleurs, on remarquera que *seuls sont visés les « travaux décidés par l'assemblée »* dans le cadre des articles 25 et 26 de la loi.

L'article 42, alinéa 2, dans sa rédaction antérieure à la loi n° 2014-366 du 24 mars 2014 (Loi ALUR), visait également ces textes. Leur contenu a été modifié par cette loi (V. la nouvelle rédaction des articles 25 et 26), mais le renvoi à ces mêmes dispositions subsiste néanmoins.

Si malgré les dispositions légales le syndic exécute immédiatement une décision de l'assemblée concernant des travaux sans attendre l'expiration du délai de recours, il engage sa responsabilité vis-à-vis du syndicat dans la mesure du préjudice causé (▪ Cass. 3e civ., 17 juin 1997, n° 95-20.836 : *RD imm.* 1997, p. 624, obs. P. Capoulade).

79) Exception en cas d'urgence. En cas d'urgence, les travaux visés aux articles 25 et 26 (V. les commentaires de ces textes ci-dessus) peuvent être exécutés immédiatement, alors même que la décision n'est pas définitive.

La copropriété prend alors le risque de devoir remettre les choses en leur état antérieur et de payer des dommages et intérêts si la contestation du ou des copropriétaires récalcitrants est reconnue fondée. Aussi le syndic agira-t-il prudemment en laissant le soin à l'assemblée d'apprécier s'il y a urgence ou non, justifiant l'exécution immédiate des travaux, et en ne procédant qu'après une décision expresse des copropriétaires le mandatant.

V – RÉPARTITION JUDICIAIRE DES CHARGES COMMUNES

80) Pouvoir du tribunal. L'alinéa 3 de l'article 42 reconnaît au tribunal judiciaire (ancien tribunal de grande instance), du lieu de situation de l'immeuble, V. D. art. 61-1) la possibilité de *procéder à une nouvelle répartition des charges* dans les cas où une contestation est élevée dans le délai de deux mois à l'encontre d'une décision de l'assemblée répartissant les dépenses votées en exécution de l'article 30 (V. ce texte) ou modifiant la répartition des charges. L'assemblée n'a qu'exceptionnellement le pouvoir de statuer en ce domaine à la majorité.

Voir aussi : pour des travaux ou actes d'acquisition ou de disposition décidés par le syndicat, L. art. 11, al. 1. – En cas de division de lot, V. L. art. 11, al. 2. – En cas de changement d'usage des parties privatives, V. L. art. 25 *f*.

VI – PÉNALISATION EN CAS DE RECOURS ABUSIF

Bibliographie : C. Atias, *L'abus de contestation des décisions d'assemblée générale : Inf. rap. copr.* avr. 2003, p. 23. – M. Bertrand, *Assemblée générale, contestez à bon escient : Le Particulier immobilier* juill.-août 2003, p. 45.

81) Amende civile : suppression par la loi ELAN du 23 novembre 2018. L'article 32-1 du Code de procédure civile prévoit qu'une amende civile d'un maximum de 3 000 €) peut être prononcée à l'encontre de celui qui agit en justice de manière dilatoire ou abusive.

L'article 42, alinéa 4 ancien de la loi du 10 juillet 1965, ajouté par la loi du 21 juillet 1994 et modifié depuis lors par la loi n° 2014-366 du 24 mars 2014 (Loi ALUR) visait le cas où une action avait pour but de contester (de manière dilatoire ou abusive) une délibération d'assemblée concernant des *travaux mentionnés à l'article 25 n* (travaux comportant addition, transformation ou amélioration).

L'amende civile prononcée en vertu de l'article 32-1 précité pouvait alors être de 150 à 3 000 €.

Ce texte a été supprimé par la loi ELAN du 23 novembre 2018.

Celui qui triomphe même partiellement dans son action ne peut être condamné à une amende civile, pas plus que des dommages-intérêts à but de son droit d'agir en justice (▪ Cass. 3e civ., 11 juill. 2019, n° 18-21.827 : *Administrer* oct. 2019, p. 56, note J.-R. Bouyeure).

82) Recours abusif en général. Le copropriétaire qui intente un recours en nullité abusif, peut être, sur un plan général, condamné à réparer le préjudice causé à la copropriété ou à tel ou tel copropriétaire. Ainsi lorsque son action n'a d'autre but que de perturber le fonctionnement de la copropriété (▪ Cass. 3e civ., 28 nov. 2001 : *Loyers et copr.* 2002, comm. 76) ou en cas de recours à répétition accompagnés de manœuvres révélant une intention malveillante ou un esprit procédurier excessif (V. pour des illustrations, ▪ CA Paris, 23e ch. B, 2 oct. 2003 : *AJDI* 2003, p. 860. ▪ CA Paris, 23e ch. B, 4 sept. 2003 : *AJDI* 2004, p. 37). Mais la multiplication des procédures et leur non-aboutissement ne suffisent pas à caractériser la faute faisant dégénérer en abus le droit d'agir en justice (▪ Cass. 3e civ., 22 juin 2004 : *Rev. Administrer* oct. 2004, p. 66, obs. A. Alfandari). De même, il n'y pas d'abus lorsque le but poursuivi par les contestataires n'est pas de s'opposer aux travaux décidés par l'assemblée, mais d'obtenir une procédure plus transparente en ce qui concerne le choix des entreprises et l'adoption des budgets (▪ Cass. 3e civ., 24 nov. 2004 : *Rev. loyers* 2005, p. 170).

Le juge qui prononce une condamnation de ce chef doit préciser en quoi consiste l'abus (▪ Cass. 2e civ., 24 févr. 2005 : *JurisData* n° 2005-027145). Sauf circonstances particulières, l'action du copropriétaire ne peut constituer un abus, dès lors que sa légitimité a été reconnue par la juridiction du premier degré (▪ Cass. 3e civ., 29 janv. 2008, n° 06-21.657 : *JurisData* n° 2008-042553).

Art. 42-1 *(L. n° 2014-366, 24 mars 2014 ; mod., L. n° 2024-322, 9 avr. 2024).* **– Les notifications et les mises en demeure sont valablement faites par voie électronique.**

Les copropriétaires peuvent, à tout moment et par tout moyen, demander à recevoir les notifications et les mises en demeure par voie postale.

Le syndic informe les copropriétaires des moyens qui s'offrent à eux pour conserver un mode d'information par voie postale.

Bibliographie : *Antérieure à la loi Habitat dégradé.* B. Martin, *La modernisation de la gestion : la copropriété 2.0 : Actes prat. ing. immobilière* avr.-mai-juin 2014, dossier 13, nos 10 à 18. • L. Guégan, *Principales dispositions relatives à la copropriété : Rev. loyers* avr. 2014, p. 186. • P. Lebatteux, *Les notifications par voie électronique, des ambitions déçues : Administrer* mars

2016, 496. • N. Le Rudulier, *La dématérialisation des notifications et des mises en demeure en droit de la copropriété : AJDI* 2016, 249. • Cheysson, *Copropriété numérique : état des lieux et perspectives : Inf. rap. copr.* mai 2017, 37. • Fl. Bayard-Jammes, *Information, dématérialisation, communication : la modernisation de la copropriété se poursuit : Lexbase dr. priv.* 18 juill. 2019, n° 791. • P.-E. Lagraulet, *Les notifications et mises en demeure par voie électronique en droit de la copropriété après le décret du 2 juillet 2020 : Lexbase dr. priv.* 3 sept. 2020. • G. Gil, *La notification du procès-verbal : Inf. rap. copr.* janv.-févr. 2023, p. 23.

Postérieure à la loi Habitat dégradé. P.-E. Lagraulet, *La loi « habitat dégradé » et le statut de la copropriété des immeubles bâtis : AJDI* 2024, 420. • D. Begriche et D. Rodrigues, *Loi habitat dégradé : principales mesures : Inf. rap. copr.* mai 2024, 17.

1) **Admission de la voie électronique.** L'article 42-1 de la loi du 10 juillet 1965 avait introduit en 2014 la possibilité d'effectuer « les notifications et mises en demeure » par la voie électronique. Toutefois lorsqu'elles étaient destinées aux copropriétaires, ceux-ci devaient avoir donné leur « accord exprès » à cette forme de notification (ce qui, *a contrario*, signifiaient que les notifications adressées au syndic par les copropriétaires par la voie électronique n'impliquaient pas l'obtention de son accord préalable).

Désormais, le paradigme est inversé. Le principe de la notification n'est plus celui de la notification par voie postale en format papier, mais celui de la notification électronique. Il ne sera plus nécessaire pour le syndic de recueillir un quelconque accord. Reste que les copropriétaires, d'après la lettre du texte, pourront s'opposer à cette forme de notification pour revenir au système antérieure, celui d'une notification papier, faite par voie postale.

2) **Décret d'application.** Le texte laisse en suspens une question fondamentale : est-il suffisant pour être appliqué en l'état, c'est-à-dire sans modification règlementaire ? En effet, le texte paraît suffisamment clair pour être mis en œuvre immédiatement. Néanmoins, les dispositions réglementaires sont à ce jour contraires à ce texte et paraissent devoir être modifiées préalablement à la mise en œuvre du texte. On notera d'ailleurs que l'adoption du texte d'origine ne renvoyait pas non plus à des dispositions réglementaires à venir. La raison nous paraît être la suivante : la disposition réglementaire préexistait en l'article 64 qui ne devait qu'être modifié. C'est ce qui avait été fait avec le décret n° 2015-1325 du 21 octobre 2015, qui avait modifié l'article 64 et créé les articles 64-1 à 64-4. C'est ce qui nous semble qui devrait encore être fait dans les prochains mois afin de permettre l'exécution de cette disposition légale modifiée.

3) **Caractère impératif.** Ce texte s'est vu conférer un caractère impératif, par l'ordonnance n° 2019-1101 du 30 octobre 2019, applicable à compter du 1er juin 2020, qui a modifié à cet effet l'article 43 de la loi du 10 juillet 1965 (V. ce texte). Toute clause contraire du règlement sera donc réputée non écrite.

Art. 43 *(Mod. à compter du 1er juin 2020, Ord. n° 2019-1101, 30 oct. 2019).* **– Toutes clauses contraires aux dispositions des articles 1er, 1-1, 4, 6 à 37, 41-1 à 42-1 et 46 et celles du décret prises pour leur application sont réputées non écrites. Lorsque le juge, en application de l'alinéa premier du présent article, répute non écrite une clause relative à la répartition des charges, il procède à leur nouvelle répartition. Cette nouvelle répartition prend effet au premier jour de l'exercice comptable suivant la date à laquelle la décision est devenue définitive.**

Rédaction antérieure. Art. 43 *(L. n° 85-1470, 31 déc. 1985 ; L. n° 96-1107, 18 déc. 1996 ; L. n° 2006-872, 13 juill. 2006 ; applicable jusqu'au 31 mai 2020).* – Toutes clauses contraires aux dispositions des articles 6 à 37, 41-1 à 42 et 46 et celles du règlement d'administration publique prises pour leur application sont réputées non écrites.

Lorsque le juge, en application de l'alinéa premier du présent article, répute non écrite une clause relative à la répartition des charges, il procède à leur nouvelle répartition.

Bibliographie : *La copropriété*, Dalloz Action 2021-2022, ss dir. P. Capoulade et D. Tomasin, nos 313-41 et s. • E. Kischinewsky-Broquisse, nos 24 et 546. • S. Gaudemet, *La clause réputée non écrite*, Economica, 2006. • F. Givord, *Caractère d'ordre public du statut de la copropriété : Rev. Administrer* 1977, n° 74, p. 2 et s. • Ferme, *L'administrateur de biens, syndic de copropriété face aux textes d'ordre public : Rev. Administrer* 1977, n° 74, p. 7 et s. • M. Gélinet, *Clauses réputées non écrites et copropriété : Adminsitrer* févr. 1999, 30. • J.-F. Artz, *Les clauses réputées non écrites en droit de la copropriété*, in *Liber amicorum J. Calais-Auloy*, Dalloz, 2004, n° 12. • P. Capoulade, *La clause réputée non écrite en copropriété immobilière : Rev. Administrer* avr. 2008, p. 13 ; *L'actualité de la clause réputée non écrite : Inf. rap. copr.* juill.-août 2008, p. 14. • C. Atias, *L'exception d'illégalité d'une clause contractuelle : inexécution du contrat ou respect de la loi ? : D.* 2008, p. 1013. • G. Rouzet, *Les paradoxes du réputé non écrit appliqué au droit de la copropriété*, in *Mél. J. Hauser*, LexisNexis et Dalloz, 2012, p. 1004. • P. Lebatteux, *L'ordre public du statut : protection ou contrainte ? : Inf. rap. copr.* oct. 2013, p. 36. • J.-M. Roux, *Réflexions sur l'aménagement de l'ordre public dans la loi du 10 juillet 1965 : Loyers et copr.* 2015, dossier 4. • J. Lafond, *Règlement de copropriété et clauses réputées non écrites : Loyers et copr.* janv. 2018, étude 1. • G. Gil, *Répartitions des charges contraires aux dispositions d'ordre public de la loi de 1965 : Administrer* juill. 2019, 10. • H. Périnet-Marquet, *Les clauses non écrites en droit de la copropriété : JCP* N 2021, 1224. • P.-E. Lagraulet, *La demande judiciaire ayant pour objet de faire reconnaître le caractère non écrit d'une clause du règlement de copropriété : Inf. rap. copr.* févr. 2022, p. 13. • C. Ivars, *Le mesure d'un lot de copropriété : Inf. rap. copr.* avr. 2024, p. 20.

JurisClasseurs. JCl. Copropriété, Fasc. 77-20, Règlement de copropriété. Clauses illicites par J. Lafond.

I - DISPOSITIONS D'ORDRE PUBLIC

1) Principe. Le texte énumère les dispositions de la loi qui sont d'ordre public, en précisant que les articles du décret du 17 mars 1967 pris pour l'application des textes correspondants ont eux-mêmes le caractère d'ordre public.

La nouvelle rédaction de l'article 43, résultant de la loi du 31 décembre 1985, a eu pour effet de conférer un caractère d'ordre public à l'article 18 de la loi du 10 juillet 1965 (ce qui est un fait nouveau...) ainsi qu'aux articles 18-1 et 18-2 nouvellement introduits dans la loi du 10 juillet 1965.

Antérieurement, du fait que l'article 18 de la loi du 10 juillet 1965 n'était pas au nombre des dispositions considérées comme impératives par l'article 43 de la loi, on en déduisait que les pouvoirs qu'il conférait au syndic étaient susceptibles d'être restreints ou au contraire accrus, soit en vertu d'une décision prise à cet effet par l'assemblée, soit par le règlement de copropriété lui-même (V. *JCl. Copropriété*, Fasc. 90). Cette liberté, d'ailleurs assez théorique, n'existe plus aujourd'hui. Les pouvoirs du syndic se trouvent strictement cantonnés dans les limites imparties par l'article 18 de la loi. Toutefois il existe une exception à cette règle. La loi n° 2014-366 du 24 mars 2014 (loi ALUR) a permis sous certaines conditions de déroger conventionnellement aux dispositions de l'article 18 (V. L. 18 juill. 1965, art. 18-1 AA).

La loi « ENL » du 13 juillet 2006 a complété l'article 43 en conférant un caractère d'ordre public aux dispositions concernant les résidences-services (art. 41-1 à 41-5 nouveaux de la loi).

Puis, plusieurs dispositions de la loi du 10 juillet 1965 se sont vues conférer un caractère impératif par l'ordonnance n° 2019-1101 du 30 octobre. 2019 (L. 10 juillet 1965, art. 43 nouveau).

– l'article 1er de la loi, qui délimite le champ d'application de la loi du 10 juillet 1965 ;

– l'article 1er -1 de la loi du 10 juillet 1965, qui détermine notamment la date d'entrée en vigueur du statut ;

– l'article 4 concernant la définition de l'objet et du mode d'administration des parties communes ;

– l'article 42-1, ouvrant la possibilité d'effectuer des notifications par voie électronique.

Il faut noter en outre que les articles 41-8 à 41-12 (dispositions relatives aux petites copropriétés) et 41-13 à 41-23 (copropriétés à deux personnes) sont englobés dans la liste des dispositions à caractère impératif.

II - CLAUSES ILLICITES

2) Cas d'illicéité. Les dispositions du règlement de copropriété peuvent être illicites à plusieurs titres :

• lorsqu'elles portent atteinte aux droits des copropriétaires sur les lots sans être « justifiées par la destination de l'immeuble » (V. L. art. 8) ;

• lorsqu'elles ont été irrégulièrement introduites dans le règlement : sur les pouvoirs de l'assemblée en la matière (V. L. art. 26) ;

• lorsqu'elles portent atteinte à des dispositions d'ordre public. C'est ce seul cas que vise l'article 43.

3) Exemples. Nous avons signalé dans le commentaire de chacun des textes de la loi et du décret les clauses du règlement y relatives ayant un caractère illicite :

– clauses relatives au pouvoir des assemblées (V. L. art. 17, 22 à 26 et 30) ;

– clauses relatives à la convocation des assemblées (V. L. art. 22 ; D. 17 mars 1967, art. 7 à 12, p. 692, art. 50, p. 844 et art. 63, p. 891) ;

– clauses relatives à la tenue des assemblées (V. L. art. 22 ; D. 17 mars 1967, art. 13 à 17, p. 738) ;

– clauses relatives au syndic et à ses pouvoirs (V. L. art. 17 et 18 ; D. 17 mars 1967, art. 28, p. 782 à 39, p. 819 et D. 17 mars 1967, art. 46 à 49, p. 831) ;

– clauses relatives aux charges (V. L. art. 10 et 12 ; D. 17 mars 1967, art. 1er, p. 655).

III - SANCTIONS DE L'ILLICÉITÉ

Bibliographie : S. Gaudemet, *La clause réputée non écrite*, Economica 2006. – J.-M. Gélinet, *Clauses réputées non écrites et copropriété : Rev. Administrer* févr. 1999, p. 30. – Cottereau, *La clause réputée non écrite : JCP* G 1993, I, 3691. – C. Atias, *L'illégalité du règlement de copropriété : Inf. rap. copr.* nov. 2000, p. 23. – C. Atias, *L'exception d'illégalité d'une clause contractuelle : D.* 2008, p. 1013. – P. Capoulade, *La clause réputée non écrite en copropriété immobilière : Rev. Administrer* avr. 2008, p. 13. – O. Douek, *L'actualité jurisprudentielle de la clause réputée non écrite en copropriété : Rev. loyers* 2012, p. 2. J. R. Bouyeure, *Clauses réputées non écrites : le problème de l'application dans le temps de la sanction : Administrer* oct. 2011, p. 35.

A – Champ d'application

4) Règlements antérieurs à la loi de 1965. Plusieurs arrêts de la Cour de cassation ont conclu à l'application immédiate de la loi du 10 juillet 1965 aux règlements de copropriété antérieurs. Les clauses des règlements de copropriété contraires aux dispositions d'ordre public de cette loi sont « atteintes de nullité radicale » au jour de son entrée en vigueur (▪ Cass. 3e civ., 5 juin 1970 : *Bull. civ.* III, n° 386. – V. aussi, sur le principe, ▪ Cass. 3e civ., 8 janv. 1970 : *Bull. civ.* III, n° 18. ▪ Cass. 3e civ., 17 mars 1971 : *Bull. civ.* III, n° 192).

Les clauses contenues dans des règlements de copropriété antérieurs à la loi de 1965 sont donc frappées d'illicéité et « réputées non écrites » (▪ CA Paris, 24 mai 1983 : *RD imm.* 1983, p. 493. ▪ CA Paris, 12 oct. 1983 : *D.* 1984, inf. rap. p. 379, obs. Giverdon. – Blanc, *Les règlements de copropriété anciens, clauses contraires à la loi de 1965, refontes ou contentieux : Inf. rap. copr.* mars 1989, p. 83).

Cependant, la cour d'Aix-en-Provence a jugé qu'une clause réputée non écrite figurant dans un règlement antérieur à la loi du 10 juillet 1965 devait être appliquée tant qu'elle n'avait pas été invalidée judiciairement (▪ CA Aix-en-Provence, 4e ch. A, 20 nov. 2009 : *Ann. loyers* 2010, p. 879, chron. C. Atias). C'est là une conséquence inattendue de la jurisprudence de la Cour de cassation selon laquelle les clauses du règlement doivent recevoir application tant qu'elles n'ont pas été déclarées non écrites par le juge (V. à ce propos C. Atias, *Le droit transitoire de la copropriété des immeubles bâtis : réduction prétorienne de la portée de la loi du 10 juillet 1965 : AJDI* 2010, p. 450. – V. *infra*, comm. n° 8, p. 631). Cet arrêt a été confirmé par la Cour de cassation (▪ Cass. 3e civ., 28 avr. 2011, n° 10-14.298 : *JurisData* n° 2011-007833 ; *Bull. civ.* III, n° 61 ; *Rev. loyers* 2011, p. 264, note P. Dechelette-Tolot ; *AJDI* 2012, p. 275, note D. Tomasin).

Voir : sur l'obligation, imposée par la loi du 13 décembre 2000, de procéder à la mise en harmonie du règlement de copropriété (qualifiée « d'adaptation »), L. 10 juill. 1965, art. 24, II, *f*, p. 392.

5) Clause illicite introduite dans le règlement de copropriété par une délibération de l'assemblée. Dans un premier temps, la Cour de cassation a estimé qu'une disposition radicalement nulle introduite dans le règlement de copropriété par une délibération de l'assemblée non contestée ne pouvait plus être remise en cause alors même qu'elle était contraire à un texte d'ordre public de la loi ou du décret (▪ Cass. 3e civ., 17 juill. 1991 : *Inf. rap. copr.* mai 1992, p. 159).

Mais un arrêt de la 3e chambre civile du 27 septembre 2000 est revenu sur cette jurisprudence (▪ Cass. 3e civ., 27 sept. 2000, n° 98-22.792 : *Loyers et copr.*, comm. 279, note G. Vigneron ; *Bull. civ.* III, n° 154 ; *Constr.-Urb.* 2000, comm. 301 et *JCP* N 2001, p. 89, obs. D. Sizaire ; *JCP* G 2001, chron. T. 305, obs. Périnet-Marquet ; *D.* 2001, p. 408, note P. Capoulade et C. Giverdon ; *Rev. loyers* 2000, p. 528, note J.-M. Gélinet ; *Rev. Administrer* févr. 2001, p. 34, obs. P. Capoulade). Selon cette décision, une clause du règlement de copropriété réputée non écrite peut être contestée même dans le cas où elle aurait été introduite dans le règlement par une délibération d'assemblée devenue définitive (dans le même sens, ▪ Cass. 3e civ., 18 nov. 2008, n° 07-18.823 : *Rev. Administrer* févr. 2009, p. 49, obs. J.-R. Bouyeure. ▪ CA Aix-en-Provence, 4e ch. B, 7 déc. 2009 : *JurisData* n° 2009-022608. ▪ CA Paris, 23e ch. B, 25 janv. 2001 : *Loyers et copr.* 2001, comm. 185, note G. Vigneron). Et il a été admis qu'un copropriétaire qui avait voté en faveur de la décision pouvait néanmoins la contester (▪ CA Paris, pôle 4, 19 déc. 2012, n° 11/5318 : *Administrer* mars 2013, p. 50, obs. J.-R. Bouyeure).

Bibliographie : C. Atias, *Principe majoritaire et modification réputée non écrite du règlement de copropriété : D.* 2001, chron. p. 878.

6) Clause figurant dans l'acte de vente d'un lot. La clause par laquelle une des parties à une vente de lot de copropriété autorise l'autre partie à faire des travaux sur des parties communes n'est pas nulle. Elle oblige celui qui a donné cette autorisation à émettre un vote favorable lorsque la question des travaux est portée à l'ordre du jour de l'assemblée (▪ Cass. 3e civ., 12 févr. 2003 : *Bull. civ.* III, n° 32 ; *Loyers et copr.* 2003, comm. 122, obs. G. Vigneron ; *JCP* G 2003, n° 43-44, p. 1869, obs. H. Périnet-Marquet ; *Defrénois* 2003, p. 990, obs. C. Atias ; *Rev. loyers* 2003, p. 308, note G. Picasso ; *Rev. Administrer* oct. 2003, p. 55, note L. Guégan).

B – Nature de la sanction

7) Caractère « non écrit » des clauses illicites. Les clauses incriminées sont « *réputées non écrites* ».

On peut se demander quelle est la nature exacte de la sanction ainsi édictée. – V. sur ce problème, J. Lafond, *Règlement de copropriété et clauses réputées non écrites : Loyers et copr.* janv. 2018, étude 1.

Plusieurs arrêts de la Cour de cassation permettent de répondre à notre avis clairement à cette question. « Les clauses réputées non écrites par l'article 43 de la loi du 10 juillet 1965 sont *non avenues* par le seul effet de la loi », déclare un premier arrêt de la troisième chambre civile du 1er avril 1987 (▪ Cass. 3e civ., 1er avr. 1987 : *JCP* N 1988, II, 21028 ; *Rev. Administrer* août-sept. 1987, p. 52, note Guillot ; *RD imm.* 1988, p. 246, obs. Givord et Giverdon). Et la Cour de cassation a déclaré dans un second arrêt du 9 mars 1988 qu'une clause réputée non écrite était « censée n'avoir jamais existé » (*D.* 1988, inf. rap. p. 83 ; *JCP* G 1988, IV, 182). Un troisième arrêt de la Cour de cassation parachève l'analyse en déclarant que « tout copropriétaire intéressé peut *à tout moment* attaquer l'absence de conformité des clauses du règlement de copropriété aux dispositions légales. » En l'espèce, la Cour de cassation en déduit que, sans que l'on puisse lui opposer la prescription décennale, un copropriétaire peut remettre en cause une répartition de charges figurant au règlement, non conforme aux dispositions d'ordre public de l'article 10 de la loi du 10 juillet 1965 (▪ Cass. 3e civ., 26 avr. 1989, n° 87-18.384 : *Bull. civ.* III, n° 93 ; *Inf. rap. copr.* 1990, p. 13, obs. P. Capoulade).

On est ainsi *plus proche d'une inexistence que d'une nullité* (V. dans le sens de cette analyse, M.-J. Kullman, *Remarques sur les clauses réputées non écrites* : *D.* 1993, chron. p. 59 et s.).

8) Conséquences. La distinction présente des intérêts :

– Il n'y aura pas de délai particulier pour invoquer l'inexistence d'une clause contraire aux dispositions d'ordre public de la loi du 10 juillet 1965 puisque « la loi frappe ces clauses d'inefficacité ». La clause n'ayant jamais été et ne pouvant jamais être efficace, l'écoulement du temps ne peut rien y changer. Le problème de la « prescription » des actions tendant à faire constater le caractère non écrit de ces clauses ne se posera pas (en ce sens, Rép. min. 23 juin 1977 : *JO* Sénat, p. 1649, n° 22553 ; *JCP* N 1977, prat., p. 366). Telle est la solution actuellement admise (V. comm. n° 13, p. 632).

– Il est admis que toute nullité doit être prononcée par un tribunal alors que l'inexistence n'a pas à l'être.

Un copropriétaire (ou le syndic) devrait donc pouvoir de lui-même décider de ne pas appliquer telle ou telle clause du règlement qu'il considérerait comme devant être « réputée non écrite ». Mais la jurisprudence n'a pas été jusque-là (V. *infra*, n° 9).

9) Application de la clause tant qu'elle n'a été déclarée illicite. Un arrêt de la Cour de cassation (▪ Cass. 3e civ., 3 juill. 1996, n° 94-17.001 : *RD imm.* 1996, p. 611, obs. P. Capoulade ; *Bull. civ.* III, n° 171) a énoncé que le syndic, agent d'exécution du règlement de copropriété, devait appliquer la clause litigieuse tant que son caractère illicite n'avait pas été reconnu. Et dans un arrêt postérieur, la Cour de cassation a précisé que les clauses d'un règlement de copropriété doivent recevoir application tant qu'elles n'ont pas été déclarées non écrites par le juge. (▪ Cass. 3e civ., 21 juin 2006, n° 05-13.607 : *Bull. civ.* III, n° 159 ; *Loyers et copr.* 2006, comm. 213, obs. G. Vigneron ; *Rev. Administrer* oct. 2006, p. 62, obs. J.-R. Bouyeure ; *Rev. loyers* 2006, p. 474, note P. Dechelette-Tolot ; *Defrénois* 2007, art. 38853, p. 383, obs. C. Atias). La Cour de cassation a confirmé sa jurisprudence dans plusieurs décisions postérieures (▪ Cass. 3e civ., 28 avr. 2011, n° 10-14.298 : *JurisData* n° 2011-007832 ; *Loyers et copr.* 2011, comm. 223, obs. G. Vigneron ; *Bull. civ.* III, n° 61 ; *Bull. inf. C. cass.* 15 sept. 2011, nos 1003 et 1004, et la note. – V. sur cette décision, P. Capoulade, *La clause réputée non écrite a-t-elle jamais existé ? : Inf. rap. copr.* sept. 2012, p. 12. ▪ Cass. 3e civ., 9 mai 2012, n° 11-13.201. ▪ Cass. 3e civ., 9 sept. 2021, n° 20-15.608 : *JurisData* n° 2021-014081 ; *Loyers et copr.* 2021, comm. 172, Ch. Coutant-Lapalus ; *Ann. loyers* 2021, 102, obs. J.-M. Roux. – V. également ▪ Cass. ass. plén., 5 mars 2010, n° 08-42.843 : *Bull.* 2010, n° 1 : selon cette décision le gardien d'immeuble peut se prévaloir de la clause non contestée du règlement de copropriété prévoyant une procédure d'autorisation préalable de l'assemblée générale avant tout licenciement). En conséquence de cette jurisprudence, il a été jugé que le syndic qui négligeait d'appliquer une clause du règlement tant qu'elle n'avait pas été déclarée « non écrite » commettait une faute (▪ CA Paris, pôle 4, 2e ch., 6 mai 2015, n° 13/18252 : *JurisData* n° 2015-012227 ; *Administrer* août-sept. 2015, p. 53, note J.-R. Bouyeure). Elle a réitéré sa position dans une décision plus récente, en énonçant qu'un copropriétaire ne pouvait être dispensé du paiement de charges de chauffage qui lui était imposé par une clause du règlement de copropriété prétendue illicite, tant que cette clause n'avait pas été déclarée non écrite ▪ Cass. 3e civ., 9 juill. 2020, n° 19-12.599 : *AJDI* 2021, p. 57, note N. Le Rudulier ; *Administrer* oct. 2020, p. 43, note J.-R. Bouyeure). C'est ainsi que, de manière générale, le copropriétaire qui entend se prévaloir de l'illicéité de la clause ne devra jamais se contenter de le démontrer. Il lui faudra solliciter préalablement à toute autre demande, qui serait la conséquence de cette illicéité, que la clause soit réputée non écrite (▪ Cass. 3e civ., 22 juin 2022, n° 21-16.872 : *Loyers et copr.* 2022, n° 9, comm. 144, obs. C. Coutant-Lapalus. ▪ Cass. 3e civ., 6 juill. 2023, n° 22-18.697 : *Loyers et copr.* 2023, n° 10, comm. 156 ; *GPL* 28 nov. 2023, obs. J. Dubarry).

La Cour de cassation se refuse donc à tirer toutes les conséquences de la loi en considérant les clauses « réputées non écrites » comme purement et simplement inexistantes.

En présence d'une clause réputée non écrite, il paraît cependant possible de demander dans un premier temps à l'assemblée de constater l'illicéité de la clause et de dire qu'elle sera retranchée du règlement (la décision relevant de la majorité prévue par art. 24 de la loi – V. ce texte). En cas de refus, ou même en dehors de toute saisine préalable de l'assemblée, puisqu'il s'agit ici d'obtenir le respect de règles d'ordre public, le tribunal pourra être saisi pour constater le caractère non écrit de la clause.

C – Mise en œuvre de la sanction

10) Qui peut invoquer l'illicéité d'une clause? Tout copropriétaire a le droit de contester la validité d'une clause du règlement pour assurer sa conformité avec les dispositions réglementaires ou légales d'ordre public (▪ Cass. 3e civ., 16 déc. 2008 : *Loyers et copr.* 2009, comm. 46, obs. G. Vigneron ; *Rev. Administrer* mars 2009, p. 61, obs. J.-R. Bouyeure. ▪ Cass. 3e civ., 9 févr. 1982 : *JCP* G 1982, IV, 150 ; *D.* 1982, inf. rap. p. 252, obs. Giverdon), mais aussi, étant donné le caractère d'ordre public des dispositions visées au texte, toute personne y ayant intérêt et donc, selon la cour de Paris (▪ CA Paris, 23e ch. B, 13 mars 1998 : *Loyers et copr.* nov. 1998, n° 279), le syndicat « auquel il appartient de veiller à ce que le règlement comporte des dispositions conformes à la loi » (V. dans le même sens, ▪ Cass. 3e civ., 3 mai 2001 : *Rev. loyers* 2001, p. 394, note J.-M. Gélinet. ▪ CA Aix-en-Provence, 4e ch. A, 4 nov. 2004 : *Loyers et copr.* 2005, comm. 121, note G. Vigneron).

Le syndic n'est pas recevable à soulever de lui-même l'illicéité de la clause : il a seulement le devoir d'attirer l'attention de l'assemblée sur son caractère « non écrit » (▪ CA Paris, 19e ch. A, 10 oct. 2000 : *Loyers et copr.* 2001, comm. 80, note G. Vigneron. – Voir dans le même sens, ▪ Cass. 3e civ., 3 juill. 1996, cité *supra*).

11) Publicité foncière. La demande ayant pour objet de contester la validité d'une clause du règlement n'est pas soumise à publicité foncière (▪ Cass. 3e civ., 15 mars 2011, n° 10-10.1727 : *AJDI* 2011, p. 377. ▪ CA Paris, 23e ch. B, 7 avr. 2005 : *JurisData* n° 2005-269192).

Quoiqu'il soit conseillé de publier la décision y faisant droit (V. L., 10 juill. 1965, art. 13, p. 210), la Cour de cassation a pu préciser que la répartition nouvelle s'appliquait à compter du jugement qui la rend opposable à l'ensemble des copropriétaires (▪ Cass. 3e civ., 23 sept. 2021, n° 20-16.572 : *JurisData* n° 2021-015021 ; *Loyers et copr.* 2021, comm. 189, Ch. Coutant-Lapalus ; *Ann. loyers* 2021, p. 101, obs. J.-M. Roux ; *Administrer* nov. 2021, p. 47, obs. J.-R. Bouyeure).

12) Comment l'invoquer ? Dans un premier temps le problème de l'illicéité des clauses réputées non écrites s'est posé uniquement devant les tribunaux. On avait donc pu penser qu'il appartenait seulement au Juge de constater le caractère « non écrit » d'une clause litigieuse. La jurisprudence avait en ce domaine fixé plusieurs règles :

– le caractère illicite de cette clause peut être invoqué par voie principale ou par voie d'exception : par exemple, à la suite d'une demande du syndic tendant à obtenir l'exécution d'une clause déterminée du règlement ou le paiement des charges. Il a été précisé que la décision de déclarer non écrite une clause du règlement échappe à la compétence du juge des référés (▪ Cass. 3e civ., 20 juin 2006 : *Rev. Administrer* oct. 2006, p. 63, obs. J.-R. Bouyeure) ;

– lorsque le juge est simultanément saisi d'une demande tendant à faire déclarer non écrite une clause d'un règlement de copropriété et d'une demande d'annulation de la décision d'assemblée prise en application de cette clause, il doit, s'il accueille la première demande, annuler la décision de l'assemblée (▪ Cass. 3e civ., 28 avr. 2011, n° 10-20.514 : *JurisData* n° 2011-007832 ; *Bull. civ.* III, n° 61 ; *Bull. inf. C. cass.* 15 sept. 2011, nos 1003 et 1004, et la note. – V. dans le même sens ▪ CA Versailles, 4e ch., 30 janv. 2012, n° 10/08628 : *JurisData* n° 2012-002161) ;

– le juge ne peut pas réputer non écrit un article du règlement de copropriété qui pourtant énonce une règle contraire à l'ordre public, si la demande a un autre objet (▪ Cass. 3e civ., 27 févr. 2001 : *Rev. Administrer* mai 2001, p. 57, obs. J.-R. Bouyeure).

La Cour de cassation a été saisie assez tardivement de la question de savoir si l'assemblée des copropriétaires pouvait, en dehors de toute intervention du juge, reconnaître le caractère non écrit d'une clause du règlement. La Cour de cassation a répondu par l'affirmative : « L'article 43 de la loi du 10 juillet 1965 n'interdit pas à l'assemblée générale de reconnaître le caractère non écrit d'une clause d'un règlement de copropriété » (▪ Cass. 3e civ., 10 sept. 2020, n° 19-17.045, FS-PBI : *JCP* N 2020, n° 40, act. 88, obs. H. Périnet-Marquet ; *Loyers et copr.* 2020, comm. 119, note A. Lebatteux ; *Rev. loyers* 2020, p. 440, note L. Guégan-Gélinet ; *Administrer* nov. 2020, p. 53, note J.-R. Bouyeure).

Reste à déterminer la majorité à laquelle l'assemblée devra se prononcer, ce que ne précise pas l'arrêt précité du 10 septembre 2020. Il ne s'agit pas à proprement parler de « modifier » le règlement de copropriété au sens où l'entend l'article 26 de la loi du 10 juillet 1965. La décision de l'assemblée ne fait que tirer les conséquences du caractère non écrit de la clause en la « retranchant » matériellement du règlement de copropriété. Par analogie et par interprétation extensive de l'article 24, II, f de la loi du 10 juillet 1965, il paraît possible d'analyser cette opération en une « adaptation » du règlement à l'état du droit positif, qui conduirait à mettre que l'assemblée peut se prononcer à la majorité de l'article 24.

13) Dans quel délai ? La jurisprudence a tout d'abord énoncé que les actions tendant à voir déclarer non écrites des clauses du règlement n'étaient pas soumises au délai de prescription spécial de 10 ans qui était prévu par l'article 42, alinéa 1 de la loi (en ce sens, ▪ Cass. 3e civ., 7 mai 2008, n° 07-13.409 : *JCP* G 2008, IV, 2015 ; *D.* 2008, p. 1413, obs. Y. Rouquet ; *Loyers et copr.* 2008, comm. 170, obs. G. Vigneron ; *Rev. loyers* 2008, p. 391, note J.-M. Gélinet ; *Defrénois* 2008, art. 38821, p. 1703, obs. C. Atias ; *D.* 2008, p. 1413, obs. Y. Rouquet. ▪ Cass. 3e civ., 12 mars 2003 : *Loyers et copr.* 2003, comm. 184, obs. G. Vigneron. ▪ Cass. 3e civ., 11 janv. 1983 : *JCP* 1984, II, 20187, note Blaisse ; *D.* 1984, inf. rap. p. 465, obs. Giverdon. ▪ Cass. 3e civ., 13 juin 1984 : *JCP* G 1984, IV, 269. – Brane, *Copropriété et prescription trentenaire : RD imm.* 1983, p. 423 et s. – Me Beaufils, *Mise en harmonie du règlement de copropriété : vers un ordre nouveau : Inf. rap. copr.* 1983, p. 267 et s.).

Les commentateurs de ces décisions en avaient déduit, en général, que la prescription de droit commun (c'est-à-dire trente ans) devait jouer : mais on pouvait se demander si l'action était en réalité soumise à prescription.

Dans ses arrêts du 9 mars 1988 (▪ Cass. 3e civ., 9 mars 1988, n° 86-17.869 : *JurisData* n° 1988-700508 ; *Bull. civ.* III, n° 54 ; *JCP* G 1988, IV, 182) et du 26 avril 1989 (▪ Cass. 3e civ., 26 avr. 1989, n° 87-18.384 : *Bull. civ.* III, n° 93 ; *Inf. rap. copr.* 1990, p. 13, obs. P. Capoulade), la Cour de cassation indiquait que cette action pouvait être exercée « à tout moment ». La formule a été reprise dans plusieurs décisions postérieures (V. ▪ Cass. 3e civ., 12 juin 1991, n° 89-18.331 : *Bull. civ.* III, n° 170 ; *RD imm.* 1991, p. 379, note P. Capoulade. ▪ Cass. 3e civ., 28 janv. 2016, n° 14-26.921). Au vu de cette jurisprudence, la doctrine en avait conclu que l'action tendant à faire reconnaître le caractère « non écrit » d'une clause du règlement était imprescriptible. La Cour de cassation a également pu préciser qu'il importait peu que la décision de l'assemblée générale qui avait adopté la grille illicite de charges n'ait pas été contestée, les deux actions étant distinctes (▪ Cass. 3e civ., 8 nov. 2019, n° 18-15.505).

C'est ce qu'a exprimé très clairement en matière de baux commerciaux un arrêt de principe de la Cour de cassation qui énonce que « l'action tendant à voir réputée non écrite une clause du bail n'est pas soumise à prescription » (▪ Cass. 3e civ., 19 nov. 2020, n° 19-20.405, FS-P+B+I : *Loyers et copr.* 2021, comm. 10, note E. Marcet). La solution vaut également pour les clauses des règlements de copropriété réputées non écrites.

14) Conséquences de l'illicéité de la clause. La clause réputée non écrite étant censée n'avoir jamais existé (V. *supra*, comm. n° 7), elle ne devrait produire aucun effet juridique, que ce soit pour le passé ou pour l'avenir.

La Cour de cassation l'a admis : un arrêt a annulé la décision d'une assemblée tenue conformément à des dispositions d'un règlement de copropriété réputées non écrites par une décision de justice exécutoire, sans s'arrêter au fait que cette décision était postérieure à la réunion de l'assemblée critiquée (▪ Cass. 3e civ., 28 avr. 2011, n° 10-20.514 : *JurisData* n° 2011-007832 ; *Rev. loyers* 2011, p. 261, note J.-M. Roux). De précédentes décisions avaient également admis l'effet rétroactif de clauses réputées non écrites (▪ Cass. 3e civ., 2 mars 2005, n° 03-7731 : *Bull. civ.* 2005, III, n° 53 ; *Loyers et copr.* 2005, comm. 98, obs. G. Vigneron ; *Defrénois* 2005, art. 38 244, p. 1504, obs. C. Atias. ▪ Cass. 3e civ., 20 déc. 2000, n° 99-16.059 : *Bull. civ.* 2000, III, n° 198 ; *D.* 2001, p. 3579, obs. J.-R. Bouyeure. ▪ Cass. 3e civ., 9 juin 1999, n° 98-88.01 : *Loyers et copr.* 1999, comm. 226, obs. G. Vigneron).

Toutefois, dans certains cas, la jurisprudence a écarté cette solution. Ainsi, il a été jugé que même s'ils ont été institués par une clause du règlement ultérieurement réputée non écrite, des syndicats secondaires n'en ont pas moins acquis dès leur constitution et jusqu'à la décision ordonnant leur suppression une personnalité juridique opposable aux tiers. La mise en cause de leur existence n'a donc pas d'effet rétroactif. (▪ Cass. 3e civ., 20 mai 2009, nos 07-22.051, 08-10.043, 08-10.495 : *Bull. civ.* 2009, III, n° 113 ; *Rev. loyers* 2009, p. 296, note J.-M. Roux).

Dans l'abstrait, trois solutions sont possibles : exclure toute rétroactivité (c'est ce qu'a fait le législateur en matière de répartition de charges déclarées non écrites : V. *infra* n° 16), appliquer purement et simplement la rétroactivité ou rechercher une solution moyenne en considérant que si l'action tendant à faire déclarer une clause réputée non écrite est imprescriptible et a un effet rétroactif, l'action engagée pour obtenir l'effacement de ses effets (par exemple une action en répétition de l'indu) est, quant à elle, soumise à prescription (le délai étant selon les cas soit de 5 ans, soit de 30 ans selon que l'action a un caractère personnel ou réel). Il appartiendra à la jurisprudence de trancher.

IV – ACTION EN « NULLITÉ » DE LA RÉPARTITION DES CHARGES

Bibliographie : (V. aussi les études citées en tête commentaire du présent article) D. Assouline-Eisenbaum, *L'action en nullité de la répartition des charges de copropriété : Rev. loyers* 2007, p. 114. – J.-M. Talau, *La correction judiciaire de la répartition illégale des charges de copropriété : consistance et interrogations : Loyers et copr.* sept. 2010, étude 10. – J.-R. Bouyeure, *Clauses réputées non écrites : le problème de l'application dans le temps de la sanction : Administrer* oct. 2011, p. 35. – J.-M. Roux, *Les charges de copropriété : critères de répartition et action en nullité : Ann. loyers* 2011, p. 1325.

15) Pouvoirs du tribunal – Nouvelle répartition des charges. L'alinéa 2 de l'article 43, introduit par la loi du 31 décembre 1985 a comblé une lacune et mis fin à une difficulté.

On sait que les tribunaux se sont reconnus le pouvoir de constater l'illicéité de clauses du règlement relatives à la répartition des charges, lorsqu'elles ne respectaient pas les dispositions d'ordre public de l'article 10 de la loi du 10 juillet 1965 (V. comm., L. art. 12). Mais, la question se posait de savoir si, après avoir déclaré illicite la clause litigieuse, les tribunaux avaient le pouvoir de procéder à une nouvelle répartition des charges. Ce pouvoir leur est désormais reconnu par l'article 43, alinéa 2. Et le juge a le devoir d'en user (▪ Cass. 3e civ., 30 janv. 2008, n° 06-19.773 : *Bull. civ.* III, n° 18 ; *JCP* G 2008, IV, 1401 ; *Loyers et copr.* 2008, n° 92, obs. G. Vigneron ; *Rev. Administrer* mai 2008, p. 66, obs. J.-R. Bouyeure ; *Rev. loyers*, avr. 2008, p. 220, note J.-M. Gélinet. ▪ Cass. 3e civ., 25 avr. 2024, n° 22-21.828 : *Loyers et copr.* 2024, n° 6, obs. Ch. Coutant-Lapalus ; *AJDI* 2024, 540, obs. P.-E. Lagraulet ; *Administrer* juin 2024, p. 35, obs. P. Déchelette-Tolot ; *Rev. loyers* 2024, n° 1048, obs. V. Zalewski-Sicard). Le juge ne peut néanmoins procéder à une nouvelle répartition de charges sans réputer non écrite la clause illicite (▪ Cass. 3e civ., 9 mai 2019, n° 18-17.334 : *AJDI* 2020, 119, Ch.-E. Bucher ; *Loyers et copr.* 2019, n° 131, obs. Ch. Coutant-Lapalus ; *Rev. loyers* 2019, 309, note L. Guégan-Gélinet).

Sur la possibilité pour le juge, selon la jurisprudence antérieure à la loi ELAN du 23 novembre 2018 et à l'ordonnance du 30 octobre 2019, d'instituer des répartitions de charges spéciales qui n'existaient pas dans le règlement d'origine, V. D. 17 mars 1967, art. 1er.

Il a même été jugé qu'après avoir déclaré une répartition des charges non écrite, le juge pouvait instituer des répartitions de charges spéciales qui n'existaient pas dans le règlement d'origine (▪ Cass. 3e civ., 22 juin 2005 : *Loyers et copr.* 2005, comm. 186, note G. Vigneron ; *Constr.-Urb.* 2005, comm. 212, note D. Sizaire ; *Rev. loyers* 2005, p. 517, note P. Dechelette-Tolot. – V. dans le même sens, ▪ Cass. 3e civ., 17 sept. 2013, n° 11-21.770 : *AJDI* 2014, p. 286, note N. Le Rudulier). Mais cette jurisprudence paraît caduque au regard des articles 6-2, alinéa 2 et 6-4 de la loi du 10 juillet 1965 (V. D. 17 mars 1967, art. 1er) :

– ou bien il existe des parties communes spéciales dans le règlement, sans répartition de charges spéciales correspondantes : en ce cas il peut être soutenu que la création de parties communes spéciales, indissociable de l'établissement de charges spéciales, est réputée non écrite et que le tribunal n'a pas le pouvoir d'instituer des répartitions de charges spéciales indépendamment de l'existence de parties communes spéciales ;

– ou bien il n'existe pas de parties communes spéciales et le tribunal n'a pas le pouvoir d'en créer de toutes pièces (l'existence de parties communes spéciales ne pouvant résulter que du règlement : V. L. 10 juill. 1965, art. 6-4), ce qui serait nécessaire compte tenu de l'interdépendance entre parties communes spéciales et répartition de charges spéciales.

16) Date de prise d'effet de la nouvelle répartition. Il résultait de la jurisprudence que la répartition des charges arrêtée par le tribunal à la suite de l'annulation de la précédente répartition ne valait en principe que pour l'avenir et ne prenait effet qu'à compter de la date où la décision qui l'avait ordonnée avait acquis l'autorité de la chose jugée (V. à ce sujet le commentaire de l'article 12 de la loi).

L'article 43 dans sa rédaction issue de l'ordonnance n° 2019-1101 du 30 octobre 2019 entérine cette jurisprudence mais en apportant une précision : la nouvelle répartition prendra effet non pas à la date à laquelle la décision devient définitive mais au premier jour de l'exercice comptable suivant cette date. Pour une application, V. ▪ CA Paris, pôle 4, ch. 2, 8 mars 2023, n° 17/08202 : *Administrer* avr. 2023, p. 43, obs. P. Déchelette-Tolot. ▪ CA Paris, pôle 4, ch. 2, 20 mars 2024, n° 19/10185.

17) Intervention du Tribunal en l'absence de répartition des charges. L'hypothèse d'annulation d'une clause du règlement concernant la répartition des charges ne doit pas être confondue avec celle où le règlement de copropriété ne contient pas de clause concernant la répartition des charges (ce qui en pratique amenait le syndic de copropriété à recouvrer les charges, de manière empirique, en proportion des tantièmes de copropriété).

Le juge doit alors établir judiciairement une répartition conforme aux dispositions légales. En pareil cas, la nouvelle répartition, ordonnée après expertise, ne prend effet que pour l'avenir (▪ Cass. 3e civ., 7 avr. 2004 : *Bull. civ.* III, n° 74 ; *JCP* G 2004, IV, 2183 ; *Rev. loyers* 2004, p. 509, note P. Dechelette-Tolot. – V. aussi la jurisprudence citée au comm. art. 12, comm. nos 21 à 23, p. 209 de la loi).

Voir : sur les modalités d'exercice et les effets de l'action : jurispr. citée L. 10 juill. 1965, art. 12, p. 202.

Art. 44. – Les associations syndicales existantes sont autorisées à se transformer en unions de syndicats coopératifs définies à l'article 29 ci-dessus sans que cette opération entraîne création d'une nouvelle personne morale.

1) **Portée du texte.** La portée exacte de ce texte – dont l'intérêt n'apparaît pas à l'évidence sauf cas particuliers relativement marginaux – a donné lieu à discussion.

L'article 29 auquel il est ainsi renvoyé ne visait à l'origine, avant la modification introduite par la loi du 31 décembre 1985, que les unions de syndicats, sans distinguer selon qu'il s'agissait ou non d'unions de syndicats coopératifs.

D'où l'interrogation de M. Sizaire (*Statut de la copropriété des immeubles bâtis*, n° 225) se demandant si, malgré la lettre de l'article 44 de la loi, la transformation d'une association syndicale en union de syndicats non coopératifs ne serait pas possible. Selon MM. Givord, Giverdon et Capoulade (*La copropriété*, 4e-6e éd., n° 684), il ne faut pas prendre l'article 44 à la lettre et il convient d'admettre que les associations syndicales existantes peuvent se transformer en unions de syndicats coopératifs ou non. Cette interprétation est, selon ces auteurs, confirmée par le fait que l'article 29 dans sa nouvelle rédaction distingue bien les unions de syndicats « normaux » (al. 1) de celles où peuvent figurer des syndicats coopératifs (al. 2).

Mais le texte étant ainsi rédigé, le doute subsiste.

Cela étant, il ne nous paraît pas discutable que la transformation d'une association syndicale existante en union de syndicats est juridiquement possible, pourvu qu'elle intervienne dans les conditions prévues par ses statuts (ou sinon à l'unanimité de ses membres) : aucune règle d'ordre public ne vient y faire obstacle. Ce qui est en jeu est le point de savoir si cette transformation entraînera ou non création d'une nouvelle personne morale avec les incidences juridiques et fiscales qui en découlent (la réponse sera négative si l'on admet que l'opération entre bien dans le cadre de l'art. 44 de la loi et peut s'autoriser de ses termes).

2) **Intérêt de la transformation.** Sous réserve de l'inconnue relevée au numéro précédent, on pourrait admettre que la transformation pourrait avoir quelque avantage, dans la mesure où les unions sont d'une création et d'un maniement plus libres que les associations syndicales (absence de publicité, objets apparemment plus divers...).

Voir : sur les unions de syndicats en général, D. 17 mars 1967, art. 43 et s., p. 829. – Sur les unions de syndicats coopératifs, V. D. 17 mars 1967, art. 45, p. 830.

Art. 45. – Pour les copropriétés antérieures à la date d'entrée en vigueur de la présente loi, l'action en révision de la répartition des charges prévue à l'article 12 ci-dessus est ouverte pendant un délai de deux ans à compter de l'entrée en vigueur de la présente loi.

Révision des charges – Délai spécial. Ce texte visant les copropriétés antérieures à la date d'entrée en vigueur de la loi (soit le 13 juill. 1965) avait pour but d'accorder un complément de délai aux copropriétaires qui se trouvaient forclos pour agir en révision de la répartition des charges, le délai prévu par l'article 12 de la loi étant expiré (▪ CA Grenoble, 12 juin 1970 : *Gaz. Pal.* 1971, 1, 396). Pour ces copropriétés, les actions en révision de la répartition des charges fondées sur l'article 12 devaient être engagées au plus tard le 13 juillet 1967 (▪ CA Aix-en-Provence, 4e ch. A, 11 mai 1999 : *D.* 1999, somm. p. 313, note C. Atias. ▪ CA Paris, 26 oct. 1970 : *AJPI* 1971, p. 339. ▪ CA Paris, 19 et 20 mars 1971 : *Gaz. Pal.* 1971, 1, 391). Si l'action n'a pas été introduite avant cette date, la répartition des charges ne peut plus en principe être modifiée qu'à l'unanimité (V. pour l'irrecevabilité d'une action tendant à modifier une clause incluant dans les charges communes générales la rémunération du syndic, ▪ Cass. 3e civ., 2 oct. 1979 : *D.* 1980, inf. rap. p. 111).

Quant à l'action en nullité de la répartition des charges, admise par la jurisprudence (V. L. art. 12), on admettait qu'elle se trouvait éteinte, le délai de dix ans prévu par l'article 42 de la loi (V. ce texte) étant venu à expiration au plus tard le 23 juillet 1975 ; mais cette solution est remise en cause par la jurisprudence récente selon laquelle la prescription applicable à cette action en nullité serait la prescription trentenaire (V. L. art. 12 et 43).

Art. 45-1 ***(Abr., L. n° 2014-366, 24 mars 2014).***

Rédaction antérieure. Art. 45-1 *(L. n° 2000-1208, 13 déc. 2000).* – Tout candidat à l'acquisition d'un lot de copropriété, tout bénéficiaire d'une promesse unilatérale de vente ou d'achat ou d'un contrat réalisant la vente d'un lot ou d'une fraction de lot peut, à sa demande, prendre connaissance du carnet d'entretien de l'immeuble établi et tenu à jour par le syndic, ainsi que du diagnostic technique établi dans les conditions de l'article L. 111-6-2 du Code de la construction et de l'habitation.

Voir : sur la possibilité pour le candidat acquéreur d'obtenir la copie du carnet d'entretien et du diagnostic technique par l'intermédiaire du vendeur, D. 17 mars 1967, art. 4-4, p. 672.

Art. 46 ***(Abr., L. n° 66-1006, 28 déc. 1966 ; rétabli, L. n° 96-1107, 18 déc. 1996*** (1) ***; mod., L. n° 2014-366, 24 mars 2014 ; L. n° 2014-1545, 20 déc. 2014).*** **– Toute promesse unilatérale de vente ou d'achat, tout**

(1) Entrée en vigueur et modalités d'application : V. L. n° 96-1107, 18 déc. 1996, art. 3.

contrat réalisant ou constatant la vente d'un lot ou d'une fraction de lot mentionne la superficie de la partie privative de ce lot ou de cette fraction de lot. La nullité de l'acte peut être invoquée sur le fondement de l'absence de toute mention de superficie.

Cette superficie est définie par le décret en Conseil d'État prévu à l'article 47.

Les dispositions du premier alinéa ci-dessus ne sont pas applicables aux caves, garages, emplacements de stationnement ni aux lots ou fractions de lots d'une superficie inférieure à un seuil fixé par le décret en Conseil d'État prévu à l'article 47.

Le bénéficiaire en cas de promesse de vente, le promettant en cas de promesse d'achat ou l'acquéreur peut intenter l'action en nullité, au plus tard à l'expiration d'un délai d'un mois à compter de l'acte authentique constatant la réalisation de la vente.

La signature de l'acte authentique constatant la réalisation de la vente mentionnant la superficie de la partie privative du lot ou de la fraction de lot entraîne la déchéance du droit à engager ou à poursuivre une action en nullité de la promesse ou du contrat qui l'a précédé, fondée sur l'absence de mention de cette superficie. Si la superficie est supérieure à celle exprimée dans l'acte, l'excédent de mesure ne donne lieu à aucun supplément de prix.

Si la superficie est inférieure de plus d'un vingtième à celle exprimée dans l'acte, le vendeur, à la demande de l'acquéreur, supporte une diminution du prix proportionnelle à la moindre mesure.

L'action en diminution du prix doit être intentée par l'acquéreur dans un délai d'un an à compter de l'acte authentique constatant la réalisation de la vente, à peine de déchéance.

Bibliographie : J. Attard, *Des effets de la loi Carrez sur les financements bancaires : JCP* N 1999, p. 301. • Ph. Benoit-Cattin, *Loi Carrez : Cridon Ouest*, janv. 1998. • C. Bosgiraud, *Protection des acquéreurs de lots de copropriété*, 19 juin 1997, *Mention des superficies : Bull. Cridon* Paris, 1er-15 déc. 1996, n° 23, II, 125 ; *Faut-il appliquer la loi Carrez aux ventes d'immeubles à construire ? : Bull. Cridon* Paris, 1er-15 août 1997, n° 15-16, II, 125 ; *Variations thématiques sur la loi Carrez : Bull. Cridon* Paris, 1er-15 déc. 1997, n° 23, II, 167. • P. Capoulade et C. Giverdon, *Loi du 18 décembre 1996 améliorant la protection des acquéreurs de lots de copropriété : RD imm.* 1997, p. 31 et s. • M. Dagot, *Garantie de contenance du lot de copropriété vendu : JCP* N 1997, prat. 4005. • Cl. Destame, *L'indication de la superficie et la clause de garantie de contenance après la loi Carrez : JCP* N 1997, I, p. 781 et s. • *Loi Carrez : qui va payer le mesurage ? : JCP* N 1997, p. 879 et s. • H. Heugas Darraspen, *Superficie et expertise immobilière : L'apport de la loi du 16 décembre 1996 : AJPI* 1997, p. 287 et s. • P. Lebatteux, *L'indication de la superficie dans la vente d'immeubles après la loi du 18 décembre 1996 : Rev. Administrer* avr. 1997, p. 12. • R. Porte, *Protection des acquéreurs de lots de copropriété : Ann. loyers* 1997, p. 39 et s. • P. Philippot, *Ventes immobilières, l'indication de la surface : Rev. hab. fr.* janv. 1997, p. 17. • G. Rouzet, *Du bon usage de la « loi Carrez » : Defrénois* 1997, art. 36637. • D. Sizaire, *Vente d'immeuble à construire et garantie de superficie ; une application conventionnelle : JCP* N 1998, p. 148. • *Un lot à construire n'est-il pas un lot de copropriété ? : JCP* N 1998, p. 694. • F. Teppe, *Loi Carrez, première synthèse et précautions d'application : Cah. Cridon* Lyon 1997, n° 20, p. 16. • R. Martin, *Les surprises de la loi Carrez : Ann. loyers* 2003, p. 2399. • C. Deslaugiers-Wlache, *La loi Carrez et la jurisprudence : AJDI* 2007, p. 719. • B. Gillier, *Bilan sur la pratique de la loi Carrez : AJDI* 2007, p. 715. • J. Lafond, *Loi Carrez et responsabilité des professionnels : AJDI* 2007, p. 733. • Boutonnet, *Responsabilité civile des diagnostiqueurs : JCP* N 2008, 1208. • S. Benilsi, *La responsabilité du notaire à la mesure de la loi Carrez : JCP* N 2010, n° 25, 1228. • F. Steinmetz, *Loi Carrez : AJDI* 2008, p. 441. • P. Lebatteux, *Les dispositions légales destinées à faire connaître la surface réelle des lots vendus : Rev. Administrer* juill. 2008, p. 28. • G. Rouzet, *Vente d'immeuble à rénover et loi « Carrez » : Defrénois* 2009, art. 38958, p. 1209. • O. Douek, *Loi Carrez, connaître la jurisprudence pour éviter les litiges : Dict. perm. Transactions immobilières*, Bull. juill. 2010, p. 2. • M. Bertrand, *Superficie Carrez, vendez votre bien sur mesure : Le Particulier immobilier* oct. 2012, p. 32. • D. Tomasin, *La vente du lot de copropriété : l'application de la loi Carrez : Dr. et ville* 2013, n° 1, 37. • P. Lebatteux, *Les difficultés d'application de la loi Carrez : Dr. et ville* 2013, n° 1, 47. • D. Lanzara, *La responsabilité des professionnels du métrage dans le cadre de la loi Carrez : AJDI* 2015, 495. • G. Rouzet, *Retour sur la « fraction de lot : Inf. rap. copr.* mai 2017, p. 11. • Ch. Coutant-Lapalus, *La vente d'un souplex : attention au mesurage ! : Inf. rap. copr.* juill.-août 2017, 27. • Ch. Coutant-Lapalus, *L'information de l'acquéreur d'un lot de copropriété : Inf. rap. copr.* déc. 2021, p. 25. • P.-E. Lagraulet, *L'action en diminution du prix de vente d'un lot de copropriété : Inf. rap. copr.* avr. 2021, p. 6. • P.-E. Lagraulet, *Le professionnel et l'erreur de mesurage : Inf. rap. copr.* mars 2023, p. 6. • D. Rodrigues, *La superficie privative du lot : Inf. rap. copr.* mars 2023, p. 11. • V. également : *Avis du Conseil supérieur du notariat sur l'application de la loi Carrez : JCP* N 1998, p. 7 et s.

Jurisclasseurs. *JCl. Copropriété*, Fasc. 107-1 et *JCl. Notarial Formulaire, V° Copropriété*, Fasc. 212, par J. Lafond.

Voir : D. 17 mars 1967, art. 4-1 à 4-3, p. 670 et la 17e recommandation de la Commission relative à la copropriété, Annexe 17, p. 1095.

• *Sommaire*

I - CHAMP D'APPLICATION DE L'OBLIGATION LÉGALE 637
A - Nature des mutations concernées 637
1° *Ventes résultant d'un contrat* 637
2° *Promesses de vente ou d'achat* 638
3° *Problème des congés pour vendre* 638
B - Objet de la mutation 638
1° *Lots exclus du mesurage* 639
2° *Difficultés diverses* 640
3° *Ventes en bloc* 641
II - MISE EN ŒUVRE DE L'OBLIGATION LÉGALE 642
III - ACTIONS CONTRE LE VENDEUR 642
A - Absence d'indication de la superficie 643
B - Mention d'une superficie erronée 643
1° *Conséquences sur le prix* 643
2° *Conditions de recevabilité de l'action en diminution de prix* 644
3° *Incidences autres que la réduction de prix* 645
IV - RESPONSABILITÉ DES PROFESSIONNELS 646
A - Responsabilité de l'auteur du mesurage 646
1° *Action du vendeur* 646
2° *Action de l'acquéreur* 647
B - Responsabilité du notaire 647
V - APPLICATION DE LA LOI DANS LE TEMPS 648
VI - APPLICATION TERRITORIALE 648

1) **Objet et caractère.** L'article 46, introduit dans la loi du 10 juillet 1965 par la loi n° 96-1107 du 18 décembre 1996 (*JCP* 1997, III, 68249), oblige, dans certains cas, à faire figurer la superficie des parties privatives lors de la vente de lots ou de fractions de lots de copropriété.

Voir : D. 17 mars 1967, art. 4-1 à 4-3, p. 670.

NB : Ce texte a un caractère d'ordre public (L. 10 juill. 1965, art. 43, V. *infra*, n° 17). Sa constitutionnalité a été reconnue. La Cour de cassation a en effet refusé de renvoyer au Conseil constitutionnel une question formulée de la façon suivante : l'article 46 de la loi du 10 juillet 1965, dans la portée effective qui lui est donnée par la jurisprudence de la 3e chambre civile de la Cour de cassation, porte-t-il atteinte au principe de réparation et de responsabilité, au droit à un recours juridictionnel effectif, au principe de liberté contractuelle et au droit de propriété ? (▪ Cass. 3e civ., 10 janv. 2013, n° 12-40.084 : *JurisData* n° 2013-000069 ; V. sur cette décision, J.-M. Roux, *Première question prioritaire de constitutionnalité en copropriété : Inf. rap. copr.* mars 2013, p. 11 ; *Loyers et copr.* févr. 2013, Focus 10 ; *Administrer* mars 2013, p. 47, note J.-R. Bouyeure. – G. Rouzet, *Détermination de la superficie et délimitation du lot de copropriété : Defrénois* 2013, n° 22, p. 1127).

I - CHAMP D'APPLICATION DE L'OBLIGATION LÉGALE

2) **Mutations.** Les mutations concernées par l'article 46 se définissent par leur nature (A) et par leur objet (B).

A - Nature des mutations concernées

3) **Les ventes.** La loi s'applique aux ventes, mais uniquement lorsqu'elles résultent d'un contrat, ainsi qu'aux promesses de vente et d'achat.

1° *Ventes résultant d'un contrat*

4) **Application aux seules ventes, à l'exclusion des ventes sur saisie.** Ne sont concernées que les ventes, ce qui exclut les mutations à titre gratuit (donation, donation-partage, etc.). Le texte vise les contrats « constatant ou réalisant la vente ». La notion de « réalisation » s'applique selon les travaux préparatoires de la loi à la situation « où les parties s'accordent sur la chose et sur le prix par acte authentique ou sous seing privé » (Doc. Ass. nat., n° 2706, p. 9) par opposition à la « constatation par le notaire de la vente ». Sont également visées les ventes verbales (▪ CA Paris, 23e ch. B, 8 juin 2000 : *Dossier CSAB* n° 89, févr. 2001, n° 126, obs. A. Dunes ; *D.* 2000, somm. p. 244, obs. C. Atias).

Mettant fin aux discussions doctrinales et aux divergences de la jurisprudence, la Cour de cassation a décidé que l'article 46 n'était pas applicable aux ventes sur saisie immobilière (▪ Cass. 2e civ., 3 oct. 2002 : *AJDI* 2003, p. 40, note Y. Rouquet ; *Gaz. Pal.* 27-29 oct. 2002, p. 45, note G.-A. Sillard ; *D.* 2003, somm., p. 1332, obs. C. Giverdon ; *D.* 2003, jurispr., p. 1322, note L. Mauger-Vielpeau). Mais le texte paraît applicable aux adjudications volontaires ou aux ventes sur licitation, du moins lorsque l'acquéreur n'est pas un indivisaire.

Bibliographie : J.-M. Hocquard, *De la nature juridique du jugement d'adjudication : Gaz. Pal.* 1997, 2, doctr. p. 1479. – M. Bosqué, *La loi « Carrez » et les ventes réalisées à la barre du tribunal : Gaz. Pal.* 1997, 2, doctr. p. 1470.

5) Ventes d'immeubles à construire et ventes d'immeubles à rénover. Mettant fin aux controverses doctrinales et aux incertitudes jurisprudentielles, la Cour de cassation a décidé que l'article 46 de la loi du 10 juillet 1965 n'était pas applicable aux ventes en état futur d'achèvement, qui relèvent de la garantie de contenance de droit commun et donc de l'action en diminution du prix prévue par l'article 1622 du Code civil (▪ Cass. 3e civ., 11 janv. 2012, n° 10-22.924, publié au Bulletin : *JurisData* n° 2012-000226 ; *Loyers et copr.* 2012, comm. 181, obs. J.-M. Roux ; *Constr.-Urb.* mars 2012, comm. 54, note C. Sizaire. – V. précédemment dans le même sens, ▪ CA Chambéry, 1re ch. civ., 16 déc. 2008 : *Constr.-Urb.* 2009, comm. 74, obs. C. Sizaire. – V. sur la question, M. Dagot, *Vente d'immeuble à construire et mesurage du lot vendu : JCP* N 2007, n° 24-403). Cette décision ne paraît pas avoir clos le débat chez les juridictions du fond. Si un arrêt de la cour de Versailles indique que l'article 46 de la loi n'est pas applicable à la vente en état futur d'achèvement, « sauf stipulation contractuelle contraire » (▪ CA Versailles, 4e ch., 14 janv. 2013, n° 11/03456 : *JurisData* n° 2013-000382 ; *Loyers et copr.* 2013, comm. 77, note C. Sizaire) deux arrêts concluent à l'application de la loi Carrez à la vente en état futur (▪ CA Rennes, 4e ch., 20 déc. 2012, n° 09/30620 : *Loyers et copr.* 2013, comm. 77, note C. Sizaire. ▪ CA Lyon, 8e ch., 27 nov. 2012, n° 11/4200 : *JurisData* n° 2012-028685 ; *Loyers et copr.* 2013, comm. 44, note C. Sizaire).

La question refait surface à la suite d'un arrêt récent de la Cour de cassation (▪ Cass. 3e civ., 18 mars 2021, n° 19-24.994 : *JurisData* n° 2021-003734 ; *Loyers et copr.* 2021, comm. 85, note A. Lebatteux). Selon cette décision l'article 1619 du Code civil qui permet à l'acquéreur d'une vente en VEFA d'obtenir une réduction de prix en cas de différence de superficie de plus d'un 20e doit être lu au regard des dispositions de l'article R. 111-2 du Code de la construction et de l'habitation qui définit la surface habitable. Or, la surface habitable ainsi entendue est pratiquement similaire à la superficie « Carrez ». L'action réduction de prix se trouve donc ouverte à l'acquéreur d'un lot de copropriété en VEFA dans des conditions similaires à celles prévues par l'article 46 de la loi du 10 juillet 1965 (note A. Lebatteux précitée. – V. sur le sujet, G. Gil, Vefa et copropriété : *Administrer* févr. 2021, p. 12).

Voir : sur le problème de l'application de la « loi Carrez » dans le cas d'immeubles à rénover, V. G. Rouzet, *Vente d'immeuble à rénover et loi « Carrez » : Defrénois* 2009, art. 38958, p. 1209.

2° Promesses de vente ou d'achat

6) Application aux promesses de vente ou d'achat. La loi s'applique également à « toute promesse unilatérale de vente ou d'achat ». En pratique, il sera également nécessaire de procéder « au mesurage » du lot vendu dans tous les cas où une offre de vente est appelée à être formulée : par exemple s'il y a *pacte de préférence*.

3° Problème des congés pour vendre

7) Non-application de la loi « Carrez ». La question de savoir si ce texte était ou non applicable aux offres de vente incluses dans les congés pour vendre délivrés en vertu de l'article 15, II de la loi du 6 juillet 1989 ? a fait l'objet de controverses doctrinales et jurisprudentielles (V. pour un compte-rendu : J. Lafond, *Loi du 6 juillet 1989 : Congédiement du locataire : JCP* N 2000, p. 989-990 et sur la question : Ph. Pelletier, *Le droit de préemption du locataire à l'épreuve de la loi du 18 décembre 1996 dite « loi Carrez » : Defrénois* 1999, art. 37081).

L'article 190 de la loi n° 2000-1208 du 13 décembre 2000 dite « loi SRU » (*JCP* N 2000, p. 1823) a mis fin à ces difficultés en modifiant l'alinéa 1 du II de l'article 15 de la loi du 6 juillet 1989. Le nouveau texte est ainsi rédigé :

« Les dispositions de l'article 46 de la loi n° 65-557 du 10 juillet 1965 fixant le statut de la copropriété des immeubles bâtis ne sont pas applicables aux congés fondés sur la décision de vendre le logement. »

L'article 190 de la loi précitée du 13 décembre 2000 ajoute que :

« Sous réserve des décisions de justice passées en force de chose jugée, sont validés les congés fondés sur la décision de vendre le logement en tant qu'ils n'ont pas satisfait aux dispositions de l'article 46 de la loi du 10 juillet 1965. »

B – Objet de la mutation

8) Application aux seules ventes de lots de copropriété. La loi ne concerne que les seules ventes de lots ou de fractions de lots de copropriété (par exemple la vente d'une pièce détachée d'un lot). Elle est applicable dans le cas de maisons individuelles constituant des lots d'une copropriété horizontale (▪ CA Lyon, 1re ch. civ., 15 mars 2007, n° 05/07902 : *JurisData* n° 2007-345132).

Mais il résulte de l'article 4-1 du décret du 17 mars 1967 (V. ce texte) qu'il n'y a lieu de s'attacher qu'aux seuls locaux « clos et couverts ». Peu importe l'affectation du lot (à usage d'habitation ou professionnel au sens large).

Voir aussi : sur le cas des lots dont la partie privative est constituée d'un « droit de jouissance exclusive », *infra*.

La loi du 10 juillet 1965 s'applique de plein droit dès que la propriété d'un immeuble bâti est répartie entre au moins deux personnes, par lots comprenant chacun une partie privative et une quote-part de parties communes. Lorsque ces conditions sont réunies, la loi Carrez est applicable, même si aucun règlement de copropriété n'a été établi (■ CA Nîmes, 17 mai 2011, n° 10/03123 : *AJDI* 2012, p. 357).

Si tous les lots composant un immeuble en copropriété sont vendus à une même personne, cette vente entraîne de plein droit la disparition de la copropriété. Il en a été déduit en conséquence que la « loi Carrez » n'était pas applicable et qu'il n'y avait pas lieu de procéder au « mesurage » des lots vendus (■ Cass. 3e civ., 28 janv. 2009, n° 06-19.650 : *Loyers et copr.* 2009, comm. 102, obs. G. Vigneron ; *Rev. Administrer* mai 2009, p. 55, obs. J.-R. Bouyeure ; *Defrénois* 2009, p. 1049, note C. Atias ; *Rev. loyers* 2009, p. 136, note J.-M. Gélinet).

La cession de parts de sociétés de construction n'est pas soumise à la loi (Rép. min., 9 mars 1998 : *JOAN*, n° 8577, p. 1389 ; *JCP* N 1998, p. 466).

1° Lots exclus du mesurage

9) Lots de faible superficie ou de faible hauteur. Certains lots de copropriété (ou fractions de lots) sont *expressément exclus* du champ d'application de la loi :

– Il en est ainsi tout d'abord pour les *lots d'une superficie inférieure au seuil fixé par l'article 4-2 du décret* du 17 mars 1967 (V. ce texte *infra*), sauf toutefois, selon un arrêt de la Cour de cassation, lorsque ces lots constituent, avec d'autres, une « unité habitation » (V. le commentaire de l'article 4-2 du décret).

10) Caves, garages et emplacements de stationnement. En outre, la loi exclut de son champ d'application les *caves* et les *garages* ou *emplacements de stationnement (V. n° 11)*. Des espaces figurant sur le plan annexé au règlement de copropriété et à l'acte de vente comme constitués par une cave, des places de parking et l'espace de circulation permettant d'y accéder, ne peuvent être inclus dans le mesurage sauf à ce que le vendeur rapporte la preuve de ce que ces espaces ont été transformés en cafétéria et local de repos (■ Cass 3e civ., 26 oct. 2017, n° 16-23.446 : *JurisData* n° 2017-023976 ; *Loyers et copr.* 2017, n° 246, note A. Lebatteux ; *Administrer* janv. 2018, p. 60, obs. J.-R. Bouyeure). Cette énumération étant limitative, sont soumis à l'obligation de mesurage (à condition que leur superficie excède le seuil fixé par décret) : les greniers (V. *JO* Sénat, 23 oct. 1996, p. 4924), les débarras, les chambres des services. Il convient d'intégrer aux superficies à mesurer un grenier privatif à aménager, qui peut être séparé du lot voisin ou des parties communes par l'édification d'une cloison et qui comporte en partie basse un plancher de poutres recouvert de panneaux sur lequel il est possible de se déplacer (■ Cass. 3e civ., 26 nov. 2015, nos 14-14.778 et 14-28.394 : publié au *Bulletin* ; *JurisData* n° 2015-026360 ; *Administrer* juin 2016, p. 43, note J.-R. Bouyeure).

Une salle de jeux de 11,15 m² et un dégagement de 8,52 m² situés en sous-sol ne constituent pas des caves et doivent être inclus dans la superficie à mesurer selon la loi (■ Cass. 3e civ., 11 oct. 2005 : *JurisData* n° 2005-030271 ; *JCP* N 2006, n° 12, 1135 ; n° 15, obs. S. Piedelièvre ; *Rev. Administrer* janv. 2006, p. 49, obs. J.-R. Bouyeure). Il en est de même pour un sous-sol utilisé comme annexe d'un local commercial situé au rez-de-chaussée auquel il est directement relié (■ Cass. 3e civ., 10 mai 2007, n° E 06-11.321, arrêt n° 438 FS-D : *JurisData* n° 2007-038847 ; *Rev. Administrer* août-sept. 2007, p. 56, obs. J.-R. Bouyeure).

Si un local situé au sous-sol n'est plus une cave au moment de la vente, comme l'énonce le règlement de copropriété et l'acte de vente, mais a été transformé en réserve, il doit être inclus dans le calcul de la superficie de la partie privative du lot (■ Cass. 3e civ., 2 oct. 2013, n° 12-21.918 : *Bull. civ.* III, n° 118 ; *Administrer* déc. 2013, p. 55, obs. J.-R. Bouyeure ; *AJDI* 2014, p. 144, note F. Cohet. – V. précédemment en sens contraire, ■ Cass. 1re civ., 21 nov. 2006, n° 04-18.804 : *Rev. Administrer* févr. 2007, p. 46, obs. J.-R. Bouyeure). Il en est ainsi pour des locaux en sous-sol qui composent une unité à usage commercial avec les locaux du rez-de-chaussée (■ Cass 3e civ., 2 avr. 2018, n° 17-13.072).

Un local en sous-sol à usage de chaufferie, sans fenêtres, en parpaings, et dont l'accès se fait par l'extérieur n'est pas assujetti à l'obligation de mesurage (■ Cass. 3e civ., 5 juin 2007 : *JurisData* n° 2007-038847 ; *Rev. Administrer* août-sept. 2007, p. 56, obs. J.-R. Bouyeure). De même, un local qualifié de buanderie situé au sous-sol, ne comportant aucune fenêtre mais seulement une bouche d'aération, alimenté en électricité par des fils volants, dont les murs sont en parpaings et le sol en béton brut est assimilable à une cave, et il est en conséquence exclu du calcul de la superficie pour l'application de la loi Carrez (■ Cass. 3e civ., 8 juin 2011, n° 17-12.004 : *JurisData* n° 2011-011154).

11) Garages et emplacements de stationnement. Les garages et emplacements de stationnement sont exclus de l'obligation de mesurage (V. *supra*, n° 10). La superficie des recoins et du dégagement au sous-sol, non séparés du garage proprement dit, dont ils constituent des annexes servant d'emplacement supplémentaire de stationnement ne doit pas être pris en compte dans la superficie privative du lot (■ Cass. 3e civ., 8 avr. 2008 : *Rev. Administrer* juill. 2008, obs. J.-R. Bouyeure). Si le local vendu est, d'après le règlement de copropriété, un local à usage d'habitation, qu'il a été transformé pour y garer des véhicules de collection, mais qu'il peut à tout moment revenir à son affectation initiale d'habitation, il doit être compté dans la surface habitable du bien pour l'application de la loi Carrez (■ Cass. 3e civ., 18 oct. 2011, n° 10-22.733 : *Administrer* janv. 2012, p. 73, obs. J.-R. Bouyeure).

2° *Difficultés diverses*

Bibliographie : J.-M. Roux, *Travaux, changement de destination et loi Carrez : JCP* N 2012, n° 41-1345 ; *Loyers et copr.* juill.-août 2012, étude 9.

12) Problème de qualification. Le mesurage ne concerne que la « superficie de la partie privative du lot ou de la fraction de lot » concernée (V. L. 10 juill. 1965, art. 46, al. 1).

L'application du principe selon lequel le mesurage ne concerne que les parties privatives du lot donne lieu à des difficultés dans le cas des parties d'immeubles dont la qualification est incertaine. Tel est fréquemment le cas pour les combles (V. pour un exemple ■ Cass. 3e civ., 15 déc. 2009, n° 09-12.908. – Sur les principes de solution de ces problèmes de qualification, V. *supra*, L. 10 juill. 1965, art. 2 et 3).

13) Parties communes en jouissance exclusive. Faut-il procéder au mesurage des parties communes en jouissance exclusive ? Selon la jurisprudence, consacrée par l'article 6-3 de la loi du 10 juillet 1965 (V. ce texte, comm. 12), un droit de jouissance exclusive sur les parties communes n'est pas un droit de propriété et ne peut constituer la partie privative d'un lot. Dans un arrêt du 16 janvier 2008, la Cour de cassation en a déduit qu'un tel lot ne devait pas être l'objet d'un « mesurage » dans le cadre de la loi « Carrez » (■ Cass. 3e civ., 16 janv. 2008 : *Bull. civ.* III, n° 8 ; *JCP* G 2008, IV, 1286 ; *D.* 2008, p. 354, obs. Y. Rouquet ; *Rev. Administrer* avr. 2008, p. 46, obs. J.-R. Bouyeure ; *Rev. loyers* 2008, p. 181, note L. Guégan. – V. postérieurement, dans le même sens, ■ Cass. 3e civ., 29 oct. 2013, n° 12-21.748).

Mais qu'en est-il lorsque le droit de jouissance exclusive, sans constituer à lui seul un lot, est englobé dans les parties privatives d'un lot ? Mettant fin à des décisions contradictoires des juridictions du fond, la Cour de cassation a clairement indiqué que la superficie d'une cour couverte dont la jouissance privative était attachée à un lot n'avait pas à être prise en considération pour l'application de la « loi Carrez » (■ Cass. 3e civ., 2 juill. 2008 : *Inf. rap. copr.* sept. 2008, p. 16, note J.-M. Roux ; *Rev. Administrer* oct. 2008, p. 67, obs. J.-R. Bouyeure ; *AJDI* 2008, p. 705. – V. également ■ Cass. 3e civ., 8 oct. 2008 : *Bull. civ.* III, n° 149 ; *Rev. loyers* 2008, p. 565, note J.-M. Gélinet ; *Rev. Administrer* déc. 2008, p. 69, obs. J.-R. Bouyeure. ■ Cass. 3e civ., 3 nov. 2009, n° 08-19.604. ■ Cass. 3e civ., 18 sept. 2012, n° 11-19.884 : *AJDI* 2012, p. 760. – V. dans le même sens, ■ CA Aix-en-Provence, 1re ch. A, 19 janv. 2010 : *JurisData* n° 2010-002230. – V. également, dans le cas d'inclusion dans les parties privatives d'une véranda édifiée sur une partie commune dont le titulaire du lot avait la jouissance privative, ■ Cass. 3e civ., 16 sept. 2015, n° 14-20.137 : publié au *Bulletin* ; *AJDI* 2016, p. 120, note F. Cohet ; *Rev. loyers* 2015, p. 467, note V. Zalewski-Sicard ; *Administrer* déc. 2015, p. 39, note J.-R. Bouyeure ; V. pour la prise en compte d'une cour commune dont l'acquisition par prescription était revendiquée : ■ Cass. 3e civ., 12 juill. 2018, n° 17-15.938 : *Loyers et copr.* 2018, comm. 211, Ch. Coutant-Lapalus. ■ CA Paris, pôle 4, ch. 1, 20 nov. 2020, n° 18/205897 : *Loyers et copr.* 2021, comm. 64, C. Ivars).

14) Parties communes indûment annexées ou constructions irrégulièrement édifiées. Faut-il procéder au mesurage des parties communes indûment annexées ou des constructions irrégulièrement édifiées ? La Cour de cassation a répondu par l'affirmative (■ Cass. 3e civ., 13 avr. 2005, nos 03-21.004 et 03-21.015 : *JurisData* n° 2005-028018 ; *JCP* N 2005, n° 36, 1371, note M. Dagot ; *Defrénois* 2005, art. 38195, note C. Bosgiraud ; *Loyers et copr.* 2005, comm. 124, obs. G. Vigneron. V. dans le même sens, ■ CA Paris, 2e ch. B, 16 mars 2006 : *JurisData* n° 2006-296597).

Cependant, postérieurement, un arrêt de la Cour de cassation avait estimé qu'il convenait d'éliminer des surfaces privatives à mesurer, des avancées closes édifiées sur le jardin partie commune à usage privatif, rejetant la thèse soutenue par les auteurs du pourvoi, selon lesquels la mesure de l'appartement devait tenir compte de l'apparence physique du lot au moment de la vente (■ Cass. 3e civ., 8 oct. 2008, n° 07-16.542 : *JurisData* n° 2008-045290 ; *Bull. civ.* 2008, III, n° 149 ; *Constr.-Urb.* 2008, comm. 188, note Ch. Sizaire). Et, dans le cas d'une véranda privative empiétant sur une partie commune, la question s'est posée de savoir si la superficie de la véranda échappait pour le tout à l'obligation de mesurage, ou s'il convenait de mentionner la superficie totale de la véranda, diminuée de la portion se trouvant sur la partie commune. C'est cette dernière solution qui a été adoptée (■ Cass. 3e civ., 9 mai 2012, n° 11-10.643 : *Administrer* août-sept. 2012, p. 53, obs. J.-R. Bouyeure).

Mais cette jurisprudence ne paraît plus en harmonie avec les décisions plus récentes de la Cour de cassation qui, s'en tenant à l'apparence, se fondent sur la consistance du bien au jour de la vente, pour déterminer le champ d'application de la loi Carrez (V. n° 15).

15) Lots transformés. Il se peut qu'au moment où intervient la vente, la consistance des locaux ou leur affectation ait été modifiée par rapport à celle figurant dans les documents constitutifs de la copropriété : règlement de copropriété et état descriptif de division (V. sur ce problème, J.-M. Roux,

Travaux, changement de destination et loi Carrez : Loyers et copr. 2012, étude 9 ; *JCP* N 2012, n° 41, 1345). Quelle est la nature et la consistance du lot qui doit primer ? Celle indiquée dans le règlement de copropriété ou dans l'état descriptif de division (qui, par hypothèse, n'avaient pas été modifiés) ? Ou la nature et la consistance du lot lors de la vente ?

En dernier lieu adoptant une position « réaliste », la Cour de cassation a admis qu'il y a lieu de prendre en compte le bien tel qu'il se présente au jour de la vente. Ainsi lorsqu'un abri non clos a été transformé en local à usage d'habitation, il doit faire l'objet d'un « mesurage » selon la loi Carrez. Peu importe que cette transformation n'ait pas fait l'objet des autorisations d'urbanisme nécessaires (■ Cass. 3e civ., 6 sept. 2011, n° 10-19.542 : *Administrer* déc. 2011, p. 65, obs. J.-R. Bouyeure, confirmant ■ CA Paris, pôle 4, 1re ch., 15 avr. 2010 : *JurisData* n° 2010-004548. – V. dans le même sens, ■ CA Paris, pôle 4, 1re ch., 16 sept. 2010 : *AJDI* 2011, p. 65).

De même le local désigné comme « cave », transformé en local professionnel (bureau) doit entrer en ligne de compte pour le calcul de la superficie « loi Carrez » (■ Cass. 3e civ., 7 févr. 2012, n° 11-11.608). Dans le même sens, il a été jugé que si un local situé au sous-sol n'est plus une cave, comme l'énonce le règlement de copropriété et l'acte de vente, mais a été transformé en réserve, il doit être inclus dans le calcul de la superficie de la partie privative du lot (■ Cass. 3e civ., 2 oct. 2013, n° 12-21.918 : *Bull. civ.* III, n° 118 ; *Administrer* déc. 2013, p. 55, obs. J.-R. Bouyeure ; *AJDI* 2014, p. 144, note F. Cohet. – V. pour une cave devenue salle de bains : ■ CA Versailles, 3e ch., 5 janv. 2017, n° 15/00814 : *JurisData* n° 2017-001078 ; *Loyers et copr.* 2017, comm. 94, note C. Coutant-Lapalus).

Dans la ligne de cette jurisprudence un arrêt postérieur énonce que « pour l'application de l'article 46 de la loi du 10 juillet 1965, il y a lieu de prendre en compte le bien tel qu'il se présente matériellement au moment de la vente ». Il en déduit qu'une mezzanine existante doit être comprise dans le mesurage même si elle ne figure ni à l'acte de vente ni à l'état descriptif de division ni au règlement de copropriété (■ Cass. 3e civ., 6 mai 2014, n° 13-16.510 : *Administrer* déc. 2013, p. 55, obs. J.-R. Bouyeure). De même il a été jugé que des loggias privatives doivent être l'objet d'un « mesurage » si, au jour de la vente, elles sont closes et habitables, peu important que leurs surfaces soient inférieures à 8 m² (■ Cass. 3e civ., 28 janv. 2015, n° 13-26.035 [publié au Bulletin] : *Administrer* avr. 2015, p. 43, note J.-R. Bouyeure ; *Rev. loyers* avr. 2015, p. 196, note M. Plaidy). Un autre arrêt réaffirme que « la superficie des parties privatives à prendre en compte est celle du bien tel qu'il se présente matériellement au jour de la vente » (■ Cass. 3e civ., 8 oct. 2015, n° 14-17.593 : *Administrer* janv. 2016, p. 35, obs. J.-R. Bouyeure ; en ce sens, ■ CA Versailles, 3e ch., 24 juin 2021, n° 19/07594 : *JurisData* n° 2021-014395 ; *Loyers et copr.* 2021, n° 10, comm. 160, Ch. Coutant-Lapalus).

3° *Ventes en bloc*

Voir : sur le cas de vente globale de plusieurs lots constituant une « unité d'habitation », V. D. 17 mars 1967, art. 4-2, comm. nos 1 et s., p. 671.

16) Vente de plusieurs lots pour un prix global. Il a été jugé que les dispositions de l'article 46 n'étaient pas applicables dans le cas de vente « en bloc » de plusieurs lots pour un prix global (■ CA Paris, 1re ch. A, 16 juin 2003 : *Gaz. Pal.* 17-18 mars 2004, p. 13, note J. Rémy. – *Contra*, ■ CA Paris, 2e ch. A, 5 mars 2002 : *JCP* N 2003, n° 37, p. 1281, note M. Dagot. ■ TGI Charleville-Mézières, 28 mai 2004 : *JurisData* n° 2004-256415 ; *JCP* G 2005, II, 10007, note J. Lafond). Mais la Cour de cassation a censuré un arrêt qui avait rejeté en pareil cas une action en diminution de prix, en considérant que les parties en vendant « en bloc » des lots qui ne constituaient pas une unité immobilière et dont une partie était susceptible d'être vendue séparément avaient ainsi rendu impossible tout calcul d'une diminution de prix (■ Cass. 3e civ., 28 mars 2007 : *Bull. civ.* III, n° 45 ; *JCP* G 2007, IV, 1909 ; *Rev. loyers* 2007, p. 298, note J.-M. Roux ; *Rev. Administrer* juin 2007, p. 55, obs. J.-R. Bouyeure ; *AJDI* 2008, p. 298, note P. Capoulade. – V. dans le même sens, ■ Cass. 3e civ., 7 nov. 2007 : *Bull. civ.* III, n° 195 ; *Rev. Administrer* févr. 2008, p. 35, obs. J.-R. Bouyeure). L'action est donc recevable sans qu'il y ait lieu d'établir des distinctions selon que le prix a été ou non ventilé. La solution a pu être réitérée depuis, la Haute Juridiction ayant rappelé qu'en l'absence de ventilation du prix entre les différents lots, la réduction du prix en cas d'erreur de mesurage se calculerait sur le prix global, sans qu'il n'y ait à le diminuer du prix des lots accessoires (■ Cass. 3e civ., 8 déc. 2021, n° 20-14.119 : *Administrer* févr. 2022, p. 59, obs. J.-R. Bouyeure). Dans le cas d'une vente portant sur six appartements, dont certains présentent un déficit de superficie, la diminution de prix mise à la charge du vendeur doit être calculée en prenant pour base le prix de vente des appartements concernés tel qu'il apparaît dans le compromis de vente, divisé par leur surface figurant dans l'acte de vente, ce qui donne un prix moyen du mètre carré pour les lots considérés (■ CA Dijon, 17 janv. 2012, n° 10/01821 : *JurisData* n° 2012-001410).

17) Vente de tous les lots de l'immeuble en copropriété à une seule et même personne. Si tous les lots composant un immeuble en copropriété sont vendus à une même personne, cette vente entraîne de plein droit la disparition de la copropriété. Il en a été déduit en conséquence que la « loi Carrez » n'est pas applicable et qu'il n'y a pas lieu de procéder au « mesurage » des lots vendus (▪ Cass. 3e civ., 28 janv. 2009, n° 06-19.650 : *Loyers et copr.* 2009, comm. 102, obs. G. Vigneron ; *Rev. Administrer* mai 2009, p. 55, obs. J.-R. Bouyeure ; *Defrénois* 2009, p. 1049, note C. Atias ; *Rev. loyers* 2009, p. 136, note J.-M. Gélinet. – Dans le même sens, ▪ CA Versailles, 14e ch., 18 déc. 2009 : *JurisData* n° 2009-380251).

II – MISE EN ŒUVRE DE L'OBLIGATION LÉGALE

Bibliographie : G. Rouzet, *Détermination de la superficie et délimitation du lot de copropriété* : *Defrénois* 2013, n° 22, p. 1127.

18) Modalités du mesurage. Rien n'oblige théoriquement le vendeur à recourir à un professionnel pour procéder au mesurage du lot (Doc. AN n° 2706, p. 7). Par ailleurs, il a été jugé que le mesurage de la superficie de la partie privative d'un lot de copropriété, qui est une prestation topographique n'ayant pas pour objet la délimitation des propriétés, ne relevait pas de la compétence exclusive des géomètres experts. Le géomètre chargé du mesurage peut donc sous-traiter cette prestation à un géomètre topographe (▪ Cass. 3e civ., 21 juin 2006 : *Bull. civ.* III, n° 157 ; *JCP* N 2006, n° 29, act. 499).

Mais en pratique on ne peut que déconseiller aux particuliers d'effectuer le mesurage eux-mêmes, compte tenu de la technicité de ces opérations, qui mettent en jeu des notions juridiques (V. pour un exemple d'erreur commise par le vendeur : ▪ CA Lyon, 1re ch. civ., 6 févr. 2003 : *Constr.-Urb.* 2003, comm. 255, note P. Cornille qui a procédé. Le vendeur qui procède à un automesurage ne peut s'en prendre qu'à lui et invoque à tort un prétendu manquement du notaire et de son devoir de conseil (▪ CA Aix-en-Provence, 1re ch. A, 10 juin 2003 : *Constr.-Urb.* 2003, comm. 255, note P. Cornille). Ni l'agent immobilier, ni le notaire n'ont la possibilité de contraindre le vendeur à faire effectuer un mesurage par un professionnel (▪ CA Versailles, 3e ch., 30 janv. 2004 : *JurisData* n° 2004-238039. ▪ CA Besançon, 21 sept. 2004 : *Constr.-Urb.* 2004, comm. 235, note P. Cornille). Et si la superficie a été mesurée par le vendeur lui-même, le notaire n'a aucune obligation de la vérifier ou de la faire vérifier (▪ CA Aix-en-Provence, 1re ch. A, 10 juin 2003 : *Constr.-Urb.* 2003, comm. 255, note P. Cornille. ▪ CA Versailles, 30 janv. 2004, préc.). Mais le notaire (comme d'ailleurs l'agent immobilier) doit attirer l'attention du vendeur sur les risques résultant d'une erreur de mesurage (▪ CA Aix-en-Provence, 1re ch. civ. B, 6 mai 2004 : *JurisData* n° 2004-243434) ou signaler les déficiences du mesurage produit par rapport aux exigences légales (▪ CA Paris, 7 sept. 2005 : *JurisData* n° 2005-279391 ; *JCP* N 2006, n° 12, 1135, n° 16, obs. S. Piedelièvre).

Le rédacteur de l'acte sera contraint de distinguer la superficie des locaux principaux et des locaux « accessoires » (*Dr. et patrimoine* févr. 1997, p. 8, déclaration de M. Carrez).

Il a été jugé que les frais de mesurage ne constituaient pas des frais accessoires à la vente au sens de l'article 1593 du Code civil et étaient en conséquence à la charge du vendeur (▪ CA Paris, 8e ch. D, 23 mai 2002 : *Constr.-Urb.* 2002, comm. 277, note N. Rousseau).

Le syndicat peut, après décision définitive de l'assemblée ordonnant le mesurage de tous les lots, s'en prévaloir pour obtenir l'autorisation d'accéder aux locaux privatifs de copropriétaires récalcitrants afin de procéder au mesurage complet de la surface des lots de copropriété ordonné par l'assemblée. Il n'y a pas là une atteinte disproportionnée au droit au respect du domicile protégé par l'article 8 de la Convention européenne des droits de l'Homme (▪ Cass 3e civ., 5 oct. 2017, n° 16-21.971 : publié au *Bull.* ; *JurisData* n° 2017-019366 ; *AJDI* 2018, note D. Tomasin ; *LPA* 8 mars 2018, p. 10, note P.-L. Niel).

Voir : sur les règles applicables pour procéder au mesurage, V. D. 17 mars 1967, art. 4-1 et 4-2, p. 670.

III – ACTIONS CONTRE LE VENDEUR

19) Texte d'ordre public. Il faut tout d'abord souligner que l'article 46 de la loi a un *caractère impératif*. Il figure dans la liste des textes visés par l'article 46 de la loi. Toutes les clauses contraires à ses dispositions sont, de ce fait, « réputées non écrites ».

Il en résulte que l'acquéreur ne peut pas renoncer dans l'acte de vente à toute action en réfaction du prix pour erreur sur la surface (▪ CA Aix-en-Provence, 13 janv. 2011 : *AJDI* 2011, p. 306). Une cour d'appel ne peut en conséquence débouter l'acquéreur de sa demande de diminution de prix en retenant que la mention « environ 86 mètres carrés » figurant dans la promesse de vente signifie que cette superficie était destinée à être précisée et qu'il en résulte que la vente n'a pas été faite avec indication de la contenance à tant la mesure, l'acquéreur ayant acquis un appartement et non une surface (▪ Cass. 3e civ., 24 janv. 2012, n° 10-24.217 : *JurisData* n° 2012-000970 ; *Administrer* mai 2012, p. 48, obs. J.-R. Bouyeure).

L'agent immobilier qui ne fait pas procéder au mesurage imposé par ce texte et ne signale pas au vendeur l'existence de cette obligation légale engage sa responsabilité et doit supporter les conséquences préjudiciables qui en découlent (▪ CA Paris, 6 mars 2003 : *Constr.-Urb.* 2003, comm. 159, note N. Rousseau).

A – Absence d'indication de la superficie

20) Nullité de l'acte. L'absence de toute mention de superficie entraîne « *la nullité de l'acte* » (art. 46, al. 1), c'est-à-dire de la promesse de vente ou d'achat ou du contrat constatant ou réalisant la vente (▪ CA Nancy, 11 oct. 2005 : *JurisData* n° 2005-294120). Mais cette nullité n'est pas encourue si la superficie a été indiquée dans un acte additif (▪ CA Paris, 2e ch. A, 15 mai 2001 : *AJDI* 2003, p. 60, note F. Cohet-Cordey). Cette condition n'est pas remplie si la superficie n'a été indiquée à l'acquéreur qu'à l'occasion de la notification de la promesse de vente effectuée dans le cadre de l'article L. 271-1 du Code de la construction et de l'habitation (▪ TGI Paris, 2 nov. 2010, n° 08-15.998 : *AJDI* 2011, p. 374, note O. Douek).

Cette nullité peut être soulevée sans attendre la réalisation des conditions suspensives et en dépit de l'indication postérieure par le vendeur de la superficie du lot (▪ CA Paris, 2e ch. A, 18 mars 2003 : *Defrénois* 2004, p. 65, note C. Atias).

L'action en nullité doit être exercée « au plus tard à l'expiration d'un *délai d'un mois* à compter de l'acte authentique constatant la réalisation de la vente ». La nullité de l'acte ne peut être demandée que par l'acquéreur : il s'agit donc d'une nullité relative.

21) Régularisation. Selon l'article 46, alinéa 5, *la régularisation de l'acte nul est possible* à une double condition :

– que l'acquéreur accepte de signer l'acte authentique « constatant la réalisation de la vente » ;

– que cet acte mentionne la superficie du lot ou de la fraction du lot vendu.

Si ces conditions sont remplies, l'acquéreur est déchu du droit d'agir en nullité. Il ne peut plus ni engager ni poursuivre cette action. Si elle a déjà été introduite, il devra s'en désister.

Si la promesse de vente ne comporte pas de mention de superficie, la seule possibilité de régularisation est la signature de l'acte authentique constatant la réalisation de la vente mentionnant cette superficie. L'établissement d'un avenant à la promesse de vente comportant un certificat de mesurage ne peut faire obstacle au prononcé de la nullité de la vente (▪ Cass. 3e civ., 22 nov. 2018, n° 17-23.366, publié au *Bull.* : *JurisData* n° 2018-020729 ; *Loyers et copr.* 2019, comm. 20, note C. Coutant-Lapalus ; *Constr.-Urb.* 2019, comm. 11, note C. Sizaire ; *AJDI* 2019, p. 374 note F. Cohet).

La cour de Paris a jugé que si, en l'absence de toute indication de superficie dans l'avant-contrat, la signature de l'acte authentique mentionnant la superficie prive l'acquéreur de toute action en nullité de cet avant-contrat, la loi n'étend pas cette sanction à l'action en réduction du prix. Bénéficie de l'action en réduction du prix prévue par l'article 46 de la loi du 10 juillet 1965, pour défaut de contenance supérieure au 1/20e l'acquéreur qui, bien que nourrissant des doutes sur l'exactitude de la contenance indiquée dans l'avant-contrat et résultant du métré d'un géomètre professionnel, a néanmoins levé l'option et signé l'acte authentique de vente (▪ CA Paris, 2e ch. A, 3 juill. 2001 : *Constr.-Urb.* 2001 comm. 251, obs. P. Cornille).

Selon un arrêt de la Cour de Douai, l'article 46 de la loi du 10 juillet 1965 n'exclut pas la possibilité pour l'acquéreur d'agir en nullité sur le terrain de droit commun pour erreur (C. civ., art. 1132 et s.) une fois le délai d'un an expiré (▪ CA Douai, 2 avr. 2012, n° 10/02484 : *AJDI* 2012, p. 756, note F. Cohet-Cordey). Mais cette jurisprudence paraît condamnée par l'arrêt de la Cour de cassation du 26 novembre 2015, intervenu à propos d'une action en réduction de prix (V. ci-dessous comm. n° 28, p. 644).

B – Mention d'une superficie erronée

1° *Conséquences sur le prix*

22) Deux cas. La loi distingue deux cas (al. 6 et 7) :

– si *la superficie du lot est supérieure à celle exprimée dans l'acte* « l'excédent de mesure ne donne lieu à aucun supplément de prix ». L'erreur de mesurage commise par le vendeur à son détriment ne lui ouvre donc aucun recours au titre de la « loi Carrez ». Mais il a été jugé que le vendeur qui a consenti une baisse considérable du prix, en considération d'une superficie « loi Carrez » établie de manière erronée, est en droit de faire prononcer la nullité de la vente pour vice de son consentement. (▪ CA Paris, 2e ch. A, 17 mai 2006 : *JurisData* n° 2006-300867) ;

– si *la superficie du lot est inférieure à celle indiquée dans l'acte*, l'acquéreur bénéficie d'une action en « diminution de prix » (V. *infra*, annot. nos 23 à 27, p. 643).

23) Restitution partielle du prix. L'acquéreur se voit autoriser à réclamer au vendeur une restitution partielle du prix. Le montant de cette restitution sera « proportionnel à la moindre mesure ». Exemple : un appartement a été vendu 300 000 €. La superficie indiquée dans l'acte était de 150 m². Elle est en réalité de 140. Il manque donc 10 m² sur les 150. Le prix à restituer est de : 300 000 × 10 / 150 = 20 000 €.

La Cour de cassation a indiqué que la diminution du prix « proportionnelle à la moindre mesure » devait correspondre à la différence entre le prix effectivement payé et le prix réduit (▪ Cass. 3e civ., 4 mai 2016, n° 15-12.940 : *Administrer* août-sept. 2016, p. 63, obs. J.-R. Bouyeure). Il appartient au demandeur de rapporter la preuve que la superficie réelle des lieux est inférieure de plus d'un vingtième à celle exprimée dans l'acte de vente, ce qui ne résulte pas de la simple production d'un simple certificat de mesurage (▪ Cass. 3e civ., 4 mars 2021, n° 20-12.723 : *Ann.*

loyers 2021, p. 94, obs. J.-M. Roux ; *Administrer* juin 2021, p. 46, obs. J.-R. Bouyeure). Cette preuve peut résulter, évidemment, du mesurage effectué à l'occasion d'une expertise judiciaire mais également de rapports concordants réalisés par des professionnels (en l'espèce géomètre-expert et diagnostiqueur) versés aux débats et soumis à la libre discussion des parties (▪ Cass. 3e civ., 5 mars 2020, n° 19-13.509 : *D.* 2020, 965, note Meur ; *Constr.-Urb.* 2020, comm. 71, Ch. Sizaire ; *JCP* E 2020, 137, comm. P. Lemay).

24) Vente en bloc de plusieurs lots. En cas de vente en bloc de plusieurs lots, dont certains seulement sont soumis à l'obligation de mesurage, et en l'absence de ventilation du prix, la réduction du prix se calculera sur le prix global diminué de la valeur des biens et lots exclus du champ d'application de l'article 46 de la loi du 10 juillet 1965 (▪ Cass. 3e civ., 19 nov. 2008 : *Bull. civ.* III, n° 170 ; *Rev. Administrer* févr. 2009, p. 51, obs. J.-R. Bouyeure. ▪ Cass. 3e civ., 16 janv. 2008 : *Bull. civ.* III, n° 9 ; *JCP* G 2008, IV, 1286 ; *D.* 2008, p. 296, note Y. Rouquet ; *Rev. Administrer* avr. 2008, p. 45, obs. J.-R. Bouyeure ; *AJDI* 2008, p. 947, note P. Capoulade). En pratique, une expertise sera nécessaire pour évaluer la fraction du prix correspondant à la valeur des biens non soumis à la loi Carrez (comp. ▪ CA Paris, 2e ch. A, 5 mars 2002 : *BPIM* 3/2002, n° 209 ; *JCP* N 2003, n° 37, p. 1282, note crit. M. Dagot).

25) Acte à prendre en considération. Il a été jugé, selon une décision du TGI d'Aix-en-Provence, que l'action en diminution de prix ne peut s'exercer qu'à l'encontre de l'acte authentique, mais non pas de l'avant-contrat (▪ TGI Aix-en-Provence, 10 sept. 1998 : *Defrénois* 1999, art. 36960, p. 427, obs. C. Atias. – V. aussi, en ce sens, ▪ CA Paris, 2e ch. B, 4 déc. 2008 : *JurisData* n° 2008-373791. ▪ CA Paris, 2e ch. A, 3 juill. 2001 : *AJDI* 2001, p. 1025.– *Contra*, ▪ CA Montpellier, 1re ch., sect. A 2, 9 janv. 2007 : *Rev. Administrer* juill. 2008, p. 56, obs. J.-R. Bouyeure). La Cour de cassation a décidé que si l'avant-contrat mentionne une superficie différente de celle figurant dans l'acte authentique, c'est la superficie figurant dans l'avant-contrat qui est à prendre en considération pour apprécier la recevabilité de l'action (▪ Cass. 3e civ., 13 mars 2007 : *JurisData* n° 2007-038026 ; *Rev. Administrer* mai 2007, p. 49, obs. J.-R. Bouyeure).

Selon un arrêt postérieur, lorsque la réalisation de vente a été constatée par acte authentique, la superficie susceptible d'ouvrir droit à l'action en diminution du prix est celle mentionnée dans cet acte, qui constitue le dernier état de l'accord des parties, et dont l'inexactitude ne peut être suppléée par les mentions d'un avant-contrat, ou par l'existence alléguée d'une erreur matérielle affectant cet acte (▪ Cass. 3e civ., 9 févr. 2010, n° 09-12.266 : *Rev. Administrer* juill. 2010, p. 48, obs. J.-R. Bouyeure ; *AJDI* 2010, p. 324).

2° *Conditions de recevabilité de l'action en diminution de prix*

26) Importance de l'erreur. Cette action n'est recevable que si la superficie du lot ou de la fraction de lot est « inférieure de plus d'un vingtième à celle exprimée dans l'acte ». Une décision a rejeté une demande de réduction de prix en constatant que la superficie indiquée était manifestement le fruit d'une erreur matérielle, si grossière qu'elle n'avait pas pu abuser l'acquéreur (▪ CA Aix-en-Provence, 1re ch. A, 21 nov. 2006 : *JurisData* n° 2006-323622).

27) Délai d'exercice. En outre, l'acquéreur doit agir dans le délai de un an à compter de l'acte authentique constatant la réalisation de la vente. La Cour de cassation a précisé que ce délai était un délai de forclusion (▪ Cass. 3e civ., 2 juin 2016, n° 15-16.967, publié au *Bull.* ; *JurisData* n° 2016-10657 ; *Loyers et copr.* 2016, comm. 211, obs. Vigneron et C. Coutant-Lapalus ; *Constr.-Urb.* 2016, comm. 110, note C. Sizaire ; *AJDI* 2016, p. 843, note Y. Rouquet ; *LPA* 5 sept. 2016, p. 7, note P.-L. Niel et M. Morin). Il peut être interrompu par une demande en justice (C. civ., art. 2241), et par exemple par une assignation en référé-expertise (▪ Cass. 3e civ., 12 nov. 2015, n° 14-18.390 : publié au *Bulletin* : *JurisData* n° 2015-025203 ; *Gaz. Pal.* 6-8 déc. 2015, p. 31, note M. Parmentier) même si l'action est exercée devant un juge incompétent (C. civ., art. 2246. ▪ Cass. 3e civ., 24 nov. 2006 : *JurisData* n° 2006-036120 ; *Rev. Administrer* févr. 2007, p. 47, obs. J.-R. Bouyeure). Mais il n'est pas susceptible de suspension (C. civ., art. 2239. En ce sens, ▪ Cass. 3e civ., 2 juin 2016, préc., confirmant. ▪ CA Paris, pôle 4, 26 févr. 2015, n° 13/15050 : *Rev. loyers* 2015, p. 2000, obs. S.-B. ▪ CA Lyon, 15 janv. 2013, n° 11/6387 : *Rev. loyers* 2013, p. 156).

Si l'acquisition est faite par une société en formation qui assigne le vendeur en réduction de prix dans le délai d'un an imparti par la loi, il importe peu que la reprise des engagements intervienne postérieurement à l'expiration de ce délai, puisque cette reprise a un caractère rétroactif (▪ Cass. 3e civ., 7 avr. 2016, n° 15-10.881 : publié au *Bulletin* : *JurisData* n° 2016-006382).

28) Irrecevabilité de la demande de réduction de prix introduite sur un autre fondement. L'acquéreur qui souhaitait intenter une action en réduction de prix et qui est forclos au regard des dispositions de l'article 46 de la loi du 10 juillet 1965 peut être tenté d'invoquer les dispositions de droit commun : l'obligation de délivrance du vendeur (C. civ., art. 1604 et s.), un vice du consentement (erreur substantielle), un manquement à l'obligation d'information, etc. Un arrêt de la Cour de cassation paraît condamner ces manœuvres de contournement. Il énonce en effet que « lorsque l'acquéreur d'un lot de copropriétés agit contre le vendeur en invoquant un déficit de superficie, son action est régie exclusivement par les dispositions de l'article 46 de la loi du 10 juillet 1965 ». Il déclare en conséquence irrecevable une demande en indemnisation fondée sur l'article 1604 du Code civil (■ Cass. 3e civ., 26 nov. 2015, nos 14-14.778 et 14-28.394 : publié au *Bulletin* : *JurisData* n° 2015-026360 ; *Constr.-Urb.* 2016, n° 13, note C. Sizaire ; *RDC* 2016, p. 247, note crit. Ph. Brun ; *Administrer* mars 2016, p. 50, note J.-R. Bouyeure ; *LPA* 17 févr. 2016, p. 10, note P.-L. Niel).

29) Effet de la connaissance par l'acquéreur, avant la vente, de la superficie réelle du bien. Peu importe également que l'acquéreur connaisse avant la vente la superficie réelle du bien vendu (■ Cass. 3e civ., 25 févr. 2016, n° 14-29.705. ■ Cass. 3e civ., 10 déc. 2015, n° 14-13.832 : publié au *Bulletin* : *JurisData* n° 2015-029151 ; *Constr.-Urb.* 2016, n° 29, note C. Sizaire ; *RDC* 2016, p. 247, note Ph. Brun ; *Administrer* mars 2016, p. 49, note J.-R. Bouyeure ; *Rev. loyers* 2016, p. 90, note J.-M. Roux. ■ Cass. 3e civ., 5 déc. 2007 : *Bull. civ.* III, n° 218 ; *JurisData* n° 2007-041774 ; *JCP* G 2008, II, 10117, note L. Leveneur ; *Rev. Administrer* mars 2008, p. 40, obs. J.-R. Bouyeure ; *D.* 2008, p. 161, obs. G. Forest. ■ CA Paris, 2e ch. A, 19 sept. 2007 : *AJDI* 2008, p. 592, note P. Capoulade).

Après l'arrêt rendu par la Cour de cassation le 5 décembre 2007, certaines juridictions du fond avaient en pareil cas écarté l'action de l'acquéreur en considérant soit qu'il était de mauvaise foi, soit qu'il avait implicitement accepté de faire son affaire personnelle de cette situation (V. les notes de C. Sizaire et J.-M. Roux préc.). Les arrêts de la Cour de cassation du 25 février 2016 et du 10 décembre 2015 condamnent cette jurisprudence.

De même l'action en réduction du prix est recevable alors même que l'acquéreur a revendu le bien en réalisant une plus-value, toute référence à un éventuel préjudice étant indifférente à cet égard (■ CA Versailles, 1er avr. 2005 : *RJDA* août-sept. 2005, n° 958).

30) Publicité foncière. La demande n'est pas assujettie à publicité foncière (■ CA Paris, 2e ch. B, 20 mars 2008 : *JurisData* n° 2008-363726).

31) Clause de conciliation préalable. Si le règlement de copropriété stipule que « préalablement à toute instance judiciaire, les parties conviennent en cas de litige de soumettre leur différend à un conciliateur désigné qui sera désigné par le président de la Chambre des notaires », l'action en diminution de prix introduite directement devant le tribunal, sans respecter la procédure de conciliation préalable, est irrecevable (■ Cass. 3e civ., 20 sept. 2011, n° 10-20.990 : *Administrer* déc. 2011, p. 65, obs. J.-R. Bouyeure).

3° *Incidences autres que la réduction de prix*

32) Dommages-intérêts au profit de l'acquéreur. L'acquéreur ne peut obtenir à la fois une diminution du prix et une indemnité « en réparation du préjudice qu'il a subi à raison du trouble de jouissance » (■ CA Paris, 2e ch. B, 28 mai 2003 : *D.* 2003, somm., p. 3001, obs. C. Atias). Telle est la solution finalement adoptée par la Cour de cassation, au motif que la réduction du prix est la seule sanction prévue par l'article 46 de la loi (■ Cass. 3e civ., 22 sept. 2010, n° 09-68.460 : *Rev. Administrer* janv. 2011, p. 62, obs. J.-R. Bouyeure). Des décisions antérieures des juridictions du fond avaient admis qu'une action en réparation de préjudices annexes n'était pas *a priori* exclue mais qu'elle supposait l'existence d'une faute du vendeur en lien direct avec le dommage éprouvé (■ CA Paris, 2e ch. A, 11 févr. 2003 : *Constr.-Urb.* 2003, n° 160, note P. Cornille. – Dans le même sens, ■ CA Aix-en-Provence, 1re ch. B, 21 oct. 2004 : *JurisData* n° 2004-256260).

33) Restitution des frais. Il a été jugé par application littérale du texte que la demande formulée par l'acquéreur à l'encontre du vendeur, pour obtenir la restitution des frais afférents au surplus indu du prix de vente n'était pas recevable (■ Cass. 3e civ., 25 sept. 2012, n° 11-21.321 : *Administrer* févr. 2013, p. 46, obs. J.-R. Bouyeure. ■ Cass. 3e civ., 18 sept. 2012, n° 11-18.762 : *Administrer* déc. 2012, p. 64, obs. J.-R. Bouyeure. ■ Cass. 3e civ., 22 nov. 2006 : *Bull. civ.* 2006, I, n° 232 ; *JurisData* n° 2006-036041 ; *Rev. Administrer* févr. 2007, p. 47, obs. J.-R. Bouyeure. ■ CA Paris, pôle 4, 1re ch., 28 mai 2009 : *JurisData* n° 2009-377505. ■ CA Paris, 2e ch. B, 7 mai 2009 : *JurisData* n° 2009-377188. ■ CA Versailles, 1er avr. 2005 : *RJDA* août-sept. 2005, n° 958).

Mais l'action en réduction du prix permet, en cas de succès, de déposer auprès de l'administration fiscale une demande en restitution de la fraction des droits afférente à la diminution de prix effectivement obtenue. Cette action en restitution doit être engagée par une réclamation formelle avant le 31 décembre de la deuxième année suivant celle, selon le cas, du prononcé de la décision judiciaire fixant définitivement le prix de cession, ou de la conclusion entre les parties d'un accord amiable portant réduction de prix. L'administration en cas d'accord amiable est en droit de vérifier qu'il est intervenu dans le cadre de la loi et qu'il est sincère et véritable (Rép. min. budget : *JOAN* 14 mars 2006, n° 85746, p. 2761 ; *JCP* N 2006, n° 12, p. 580).

IV – RESPONSABILITÉ DES PROFESSIONNELS

Bibliographie : C. Coutant-Lapalus, *Erreur de mesurage : une action possible du vendeur contre le mesureur : Inf. rap. copr.* sept. 2015, p. 15. – S. Becqué-Ickowicz, *Responsabilité des professionnels en cas d'erreur de mesurage d'un lot de copropriété : Defrénois* 2015, n° 12, p. 667. – D. Lanzara, *La responsabilité des professionnels du métrage dans le cadre de la loi Carrez : AJDI* 2015, p. 495. – J. Lafond, *Loi Carrez et responsabilité des professionnels : AJDI* 2007, p. 733.

A – Responsabilité de l'auteur du mesurage

34) Obligations de l'auteur du mesurage. La responsabilité des professionnels auteurs du mesurage est fréquemment mise en cause. La faute qui leur est reprochée peut consister dans le fait d'avoir omis dans le calcul des surfaces privatives une partie d'immeuble qui aurait dû y figurer (▪ CA Paris, pôle 4, 1re ch., 15 déc. 2011 : *JurisData* n° 2011-028930) ou encore dans le fait de ne pas s'apercevoir que la vente portant sur un lot de copropriété, la loi Carrez était applicable (▪ CA Colmar, 2e ch. civ. B, 2 sept. 2011 : *JurisData* n° 2011-018598). Mais la Cour de cassation a allégé les obligations du professionnel en la matière en décidant que le technicien chargé d'effectuer le mesurage du lot vendu n'est pas tenu de procéder à une analyse juridique du lot objet de la vente (▪ Cass. 3e civ., 18 sept. 2013, n° 12-24.077 : *Administrer* déc. 2013, p. 54, obs. J.-R. Bouyeure ; *AJDI* 2014, p. 455, note C. Dreveau. – V. dans le même sens, ▪ Cass. 3e civ., 30 janv. 2013, n° 11-27.230. ▪ Cass. 3e civ., 13 juin 2019, n° 17-28.407 : *Loyers et copr.* 2019, comm. n° 157, A. Lebatteux ; *Administrer* août-sept. 2019, 51, obs. J.-R. Bouyeure).

1° Action du vendeur

35) Pas d'indemnisation proportionnelle à la diminution du prix. La Cour de cassation décide de façon constante que la diminution du prix résultant de la mise en œuvre des dispositions de la loi ne constitue pas par elle-même un préjudice indemnisable permettant d'accueillir l'appel en garantie des vendeurs contre le cabinet d'expertise ayant établi le métrage erroné des biens vendus, ou le notaire qui a manqué à son devoir de conseil (▪ Cass. 3e civ., 25 sept. 2012, n° 11-23.635 : *AJDI* 2012, p. 760. ▪ Cass. 1re civ., 5 févr. 2009, n° 07-18.057 : *JurisData* n° 2009-046903 ; *Rev. Administrer* mai 2009, p. 51, obs. J.-R. Bouyeure. ▪ Cass. 3e civ., 3 oct. 2007 : *Rev. Administrer* avr. 2008, p. 45, obs. J.-R. Bouyeure. ▪ Cass. 3e civ., 8 nov. 2006 : *Bull. civ.* III, n° 222. ▪ Cass. 3e civ., 25 oct. 2006 : *JurisData* n° 2006-35538 ; *Bull. civ.* III, n° 205 ; *JCP* N 2007, n° 13, p. 13, note L. Leveneur. ▪ Cass. 3e civ., 4 janv. 2006 : *Rev. Administrer* mars 2006, p. 49, obs. J.-R. Bouyeure). En effet, la condamnation n'a eu pour conséquence que de ramener le prix de vente au montant que les vendeurs auraient dû normalement percevoir (▪ Cass. 3e civ., 21 nov. 2006 : *JurisData* n° 2006-036065 ; *Rev. Administrer* févr. 2007, p. 46, obs. J.-R. Bouyeure. – V. cependant *contra*, ▪ CA Riom, 1re ch. civ., 17 déc. 2009 : *JurisData* n° 2009-017093. ▪ CA Nîmes, 1re ch. A, 25 sept. 2007 : *Rev. Administrer* nov. 2008, p. 57, obs. J.-R. Bouyeure et ▪ TGI Nanterre, 8e ch., 25 sept. 2007 : *AJDI* 2008, p. 948 ; *D.* 2008, p. 2941, note Y. Rouquet, qui prononcent des condamnations à l'encontre du professionnel).

Le principe a été réaffirmé à l'occasion d'une action intentée par l'acquéreur d'un immeuble qui agit en responsabilité civile sur le fondement de l'article 1382 (devenu art. 1240) du Code civil contre l'auteur du mesurage de la surface du bien acquis. Il ne peut obtenir au titre de l'indemnisation de son préjudice le remboursement d'une partie du prix de vente (▪ Cass. 3e civ., 11 sept. 2013, n° 12-23.772 : *JurisData* n° 2013-018947 ; *Bull. civ.* III, n° 106 ; *JCP* N 2013, n° 40, act. 966 ; *RDC* 2014, p. 59, note C. Quézel-Ambrunaz). La persistance du contentieux en la matière montre que la solution a de la peine à s'imposer. Cependant, la Cour de cassation garde son cap (V. ▪ Cass. 3e civ., 1er mars 2011, n° 10-30.214 : *JurisData* n° 2011-002803 ; *AJDI* 2011, p. 801, note ; *Administrer* nov. 2011, p. 41, obs. J.-R. Bouyeure rejetant une action en responsabilité contre l'agent immobilier. – Sur le rejet d'une action contre l'architecte ayant présidé aux travaux ayant entraîné une réduction des surfaces : ▪ Cass. 3e civ., 2 juill. 2014, n° 12-26.619 : *Administrer* oct. 2014, p. 43, obs. J.-R. Bouyeure. ▪ Cass. 3e civ., 29 mars 2011, n° 10-13.588 : *AJDI* 2011, p. 378).

Selon un auteur particulièrement autorisé, un arrêt de la Cour de cassation du 26 juin 2013 (n° 12-21.090 : *JurisData* n° 2013-017832) changerait la donne (G. Rouzet, *Le géomètre et la loi Carrez : un tiers au contrat de vente ? : JCP* N 2013, n° 39-1225). Selon cette décision, le géomètre qui a mesuré la surface privative est qualifié de « tiers au contrat de vente ». Il en résulterait que « le géomètre, qui est à l'origine du prix erroné, en devient le co-auteur avec le vendeur, et, par conséquent, le codébiteur de l'obligation de restituer ».

36) Dommages-intérêts. Le vendeur qui agit en responsabilité contre l'auteur du mesurage peut-il prétendre à des dommages et intérêts ?

La Cour de Paris a considéré pour sa part comme un préjudice indemnisable « la perte de chance pour le vendeur de vendre le bien au même prix, pour une superficie moindre » (▪ CA Paris, 2e ch. B, 28 sept. 2006 : *JurisData* n° 2006-311847. – V. dans le même sens, ▪ CA Bordeaux, 1re ch., sect. A, 30 oct. 2006 : *JurisData* n° 2006-321355).

Mais la Cour de cassation a rejeté les demandes de paiement de dommages et intérêts d'un montant égal à la somme restituée par le vendeur à l'acquéreur, fondées sur la « perte de chance de vendre de façon régulière au prix contractuel » et qui avaient manifestement pour but de tenir en échec sa jurisprudence (▪ Cass. 3e civ., 8 juin 2011, n° 10-12.004. ▪ Cass. 3e civ., 18 sept. 2012, n° 11-18.894 : *Administrer* déc. 2012, p. 64, obs. J.-R. Bouyeure. – *Contra*, ▪ CA Chambéry, 14 juin 2011, n° 10/01216 : *AJDI* 2012, p. 869). Postérieurement elle a posé en principe que « l'acquéreur d'un immeuble qui agit en responsabilité civile sur le fondement de l'article 1382 du Code civil contre la société qui a commis une faute dans le mesurage de la surface du bien acquis ne peut obtenir, sous couvert d'indemnisation de son préjudice, le remboursement d'une partie du prix de vente » (▪ Cass. 3e civ., 11 sept. 2013, n° 12-23.772 : *JurisData* n° 2013-018947 ; *JCP* G 2013, 1237, note Y. Dagorne-Labbe ; *RDC* 2014, p. 197, note J.-S. Borghetti).

Il avait cependant été admis par des juridictions du fond que des dommages-intérêts pouvaient être alloués pour compenser « le désagrément d'avoir à restituer une partie du prix de vente » (▪ CA Paris, 2e ch. B, 28 sept. 2006, préc.) ou le préjudice lié aux désagréments d'une procédure judiciaire (▪ CA Chambéry, 17 oct. 2006 : *JurisData* n° 2006-317039. ▪ CA Nancy, 14 juin 2011, n° 09/2764 : *AJDI* 2012, p. 867).

La Cour de cassation a finalement consacré le principe de la responsabilité du professionnel qui a réalisé un mesurage erroné, en reconnaissant au vendeur le droit de se prévaloir à son encontre d'une perte de chance de vendre son bien au même prix pour une surface moins. L'arrêt précise que les juges du fond apprécient souverainement l'étendue du préjudice subi au titre de cette perte de chance, étant entendu que l'évaluation qu'ils en font ne doit pas se confondre avec le montant de la restitution partielle du prix (▪ Cass. 3e civ., 28 janv. 2015, n° 13-27.397 : *Bull. civ.* III, n° 9 ; *JCP* G 2015, n° 8, 216, note crit. G. Viney ; *Constr.-Urb.* 2015, comm. 61, note C. Sizaire ; G. Gil, *Ann. loyers* 2015, p. 136 ; A.-L. Serlooten, *LPA* 20 mai 2015, p. 8 ; *D.* 2015, somm., p. 320, note N. Le Rudulier ; *Administrer* avr. 2015, p. 45, obs. J.-R. Bouyeure. – V. sur cette décision, S. Becqué-Ickowicz, *Responsabilité des professionnels en cas d'erreur de mesurage d'un lot de copropriété : Defrénois* 2015, n° 12, p. 667. – Rapport de la Cour de cassation 2015, p. 196. – Pour une application, V. ▪ CA Aix-en-Provence, 21 févr. 2018, n° 16/14 735 : *JurisData* n° 2018-002242 ; *Loyers et copr.* 2018, n° 107, note C. Coutant-Lapalus).

– Sur la responsabilité du professionnel en cas d'insolvabilité du vendeur débiteur de la restitution, V. ▪ Cass. 3e civ., 25 mars 2010, n° 09-66.282 : *Bull. civ.* III, n° 73. – Sur la possibilité d'obtenir une condamnation *in solidum* des divers professionnels dont la responsabilité est engagée, V. ▪ Cass. 3e civ., 9 mars 2017, n° 15-29.384.

2° *Action de l'acquéreur*

37) Recevabilité et portée. L'acquéreur peut agir sur le terrain délictuel à l'encontre du diagnostiqueur (▪ Cass. ass. plén., 6 oct. 2006, n° 05-35.298). Mais le préjudice indemnisable ne peut consister qu'en la réparation d'une perte de chance de ne pas avoir pu acquérir le bien immobilier à un moindre prix (▪ Cass 3e civ., 1er juin 2017, n° 16-15.070 : *JurisData* n° 2017-010733 ; *Constr.-Urb.* 2017, n° 139, note C. Sizaire).

B – Responsabilité du notaire

38) Obligations du notaire. L'obligation de conseil du notaire relative à la surface du bien vendu se limite à informer les parties sur les dispositions légales et les conséquences d'un mesurage inexact. Il n'a pas à se rendre sur place pour s'assurer de la superficie ou de la consistance du bien vendu, et à contraindre le vendeur à faire effectuer un métré par un géomètre expert (▪ CA Paris, pôle 2, 1re ch., 6 mars 2012, n° 10/18309 : *JurisData* n° 2012-005983). En ce sens, si rien ne lui permet de douter de l'erreur de mesurage, sa responsabilité paraît ne pas pouvoir être engagée (▪ Cass. 1re civ., 10 avr. 2019, n° 18-15.234 : *Loyers et copr.* 2019, comm. 110, Ch. Coutant-Lapalus. ▪ CA Poitiers, 1re ch. civ., 1er déc. 2020, n° 19/00688 : *AJDI* 2021, p. 595, obs. P.-E. Lagraulet. ▪ CA Lyon, 1re ch. civ. A, 19 janv. 2017, n° 15/00262 : *Rev. loyers* 2017, 143, obs. S. Benilsi). Si, au vu des éléments qui lui sont communiqués, le notaire est en situation de douter de l'exactitude des surfaces déclarées par le vendeur, il doit attirer l'attention des parties sur l'incidence juridique d'une éventuelle moindre mesure au regard des dispositions de l'article 46 de la loi du 10 juillet 1965 (▪ Cass 1re civ., 11 mai 2017, n° 16-18.874 : *JurisData* n° 2017-010079 ; *Loyers et copr.* 2017, n° 179, note C. Coutant-Lapalus. ▪ CA Rouen, ch. prox., 15 nov. 2018, n° 18/00562 : *Rev. loyers* 2019, 47, obs. S. Benilsi). A été cassé un arrêt (▪ CA Paris, 2e ch. A, 18 févr. 2009) qui, ayant constaté que le notaire avait reçu la déclaration de surface telle qu'affirmée par le vendeur, avait estimé qu'il n'était tenu ni à vérification ni à injonction au vendeur de se faire assister d'un professionnel (▪ Cass. 1re civ., 25 mars 2010, n° 09-66.282 : *Bull. civ.* 2010, I, n° 73 ; *Rev. Administrer* juill. 2010, p. 47, obs. J.-R. Bouyeure). Par contre, le notaire n'est pas responsable si le vendeur déclare une superficie à partir d'un plan non communiqué au notaire, en se réservant la possibilité de faire contrôler cette superficie par « tout homme de l'art de son choix », ce qu'il n'a pas fait (▪ Cass. 1re civ., 11 mars 2010, n° 09-12.214).

Un arrêt de la cour de Paris est plus sévère. Il estime que le notaire ne peut se borner à rappeler au vendeur la teneur des dispositions légales, sans le mettre en garde sur l'inefficacité du mesurage effectué par ses soins et son inadéquation aux exigences de l'article 46 et se contenter d'indiquer que le mesurage a été effectué par le vendeur « sous sa seule responsabilité ». Il doit appeler son attention sur l'impérieuse nécessité de faire procéder au mesurage par un spécialiste (▪ CA Paris, pôle 4, 1re ch., 10 sept. 2009 : *JurisData* n° 2009-378780). Un arrêt de la cour d'appel de Rennes a également pu retenir la responsabilité d'un notaire n'ayant pas relevé l'erreur de mesurage résultant de la prise en compte de la surface d'une dépendance dans le jardin, partie commune à jouissance privative (▪ CA Rennes, 1re ch., 6 juin 2023, n° 22/02049 : *Loyers et copr.* 2023, n° 1040, obs. S. Benilsi).

Le notaire est responsable si, par simple rapprochement du règlement de copropriété et du certificat de mesurage, il peut s'apercevoir que les constructions édifiées sur une partie commune à jouissance privative ne peuvent avoir un caractère privatif, et doivent être exclues du mesurage (▪ CA Aix-en-Provence, 1re ch. A, 19 janv. 2010 : *JurisData* n° 2010-002230). Il convient toutefois de distinguer parfaitement le préjudice subi de ce fait par le vendeur, de la réduction du prix qui ne constitue pas un préjudice indemnisable du vendeur mais permet une action en garantie (▪ Cass. 3e civ., 8 déc. 2021, n° 20-14.119).

Enfin, la Cour de cassation a admis que le notaire fautif pouvait être tenu d'indemniser l'acquéreur lorsque le vendeur débiteur de la restitution du prix s'avérait insolvable (V. dans un cas où le vendeur avait été placé en liquidation judiciaire : Cass 3e civ., 1er juin 2017, n° 16-14.428 : publié au *Bull.* ; *JurisData* n° 2017-010369 ; *Constr.-Urb.* 2017, n° 123, note C. Sizaire.▪ Cass. 3e civ., 25 mars 2010, n° 09-66.282, préc. ▪ Cass. 1re civ., 25 mars 2009, n° 07-20.774 : *Bull. civ.* 2009, I, n° 70).

V. sur ce problème, S. Benilsi, *La responsabilité du notaire à la mesure de la loi Carrez : JCP* N 2010, n° 25-1228.

V – APPLICATION DE LA LOI DANS LE TEMPS

39) Actes antérieurs. L'article 3 de la loi du 18 décembre 1996 précise que la loi entre en vigueur au terme d'un délai de six mois à compter de sa promulgation et qu'elle n'est pas applicable aux actes authentiques constatant, à compter de cette date d'entrée en vigueur, une vente réalisée antérieurement et donc aux actes authentiques constatant une vente réalisée avant le 19 juin 1997 (cas d'un « compromis », ou promesse synallagmatique de vente) ; aux actes authentiques intervenant à la suite d'une promesse unilatérale de vente ou d'achat dont la date est antérieure au 19 juin 1997 ; enfin aux décisions judiciaires constatant une vente réalisée avant le 19 juin 1997 (Rép. min. 15 sept. 1996 : *JOAN*, p. 1999, n° 1578).

VI – APPLICATION TERRITORIALE

40) Application des TOM et à Mayotte. Aux termes de l'article 2 de la loi n° 96-1107 du 18 décembre 1996, la loi Carrez est applicable dans les territoires d'outre-mer et à Mayotte.

Art. 46-1 ***(Aj. à compter du 1er juin 2020, Ord. n° 2019-1101, 30 oct. 2019).*** **– La réunion de tous les lots entre les mains d'un même propriétaire entraîne de plein droit la disparition de la copropriété et la dissolution du syndicat des copropriétaires qui ne survit que pour les besoins de sa liquidation, laquelle n'est pas soumise aux dispositions de la présente loi.**

Le syndic procède aux opérations de liquidation. À défaut, un mandataire *ad hoc* peut être désigné judiciairement.

Bibliographie : *Sur ces problèmes.* E.-J. Guillot, *La disparition du syndicat des copropriétaires : Administrer* avr. 1979, p. 4 et s. • P. Capoulade, *Quand le syndicat des copropriétaires est voué à disparaître : Rev. Géomètre* oct. 1998, p. 42 ; *Dissolution et liquidation du syndicat des copropriétaires : les solutions dégagées par la jurisprudence : Rev. Habitat* juin 2008, p. 10. • J. Lafond, *Liquidation des syndicats de copropriétaires : l'impasse : JCP* N 2008, n° 38-1286 (avec formules). • P. Capoulade, *Le point sur la jurisprudence relative à la dissolution et à la liquidation du syndicat des copropriétaires : Inf. rap. copr.* mai 2009, p. 19. • M. Suquet-Cozic, *Réunion de lots de copropriétés en une seule main : comment vendre en bloc ? : BPIM* 2/09, p. 16. • G. Rouzet, *Réunion des lots de copropriété en une seule main : quelles conséquences ? : Defrénois* 2009, art. 38945. • C. Cambon et P. Lebatteux, *Les difficultés concrètes liées à la disparition du syndicat des copropriétaires : Administrer* juin 2013, p. 26.

1) Réunion de tous les lots en une seule main : disparition du syndicat. Jusqu'à la loi ALUR (L. n° 2014-366, 24 mars 2014), la loi du 10 juillet 1965 n'avait à aucun moment envisagé le problème de la dissolution du syndicat et de sa liquidation. L'article 28 de la loi du 10 juillet 1965 relatif à la scission de syndicat a, pour la première fois, fait allusion à sa liquidation, dans sa rédaction issue de la loi ALUR précitée. L'article 29-1, I, alinéa 4 de la loi du 10 juillet 1965, également issu de la loi « ALUR » a permis de faire désigner un administrateur provisoire pour procéder à la liquidation des dettes du syndicat en cas de dissolution de celui-ci. Ces dispositions ont été complétées par décret (D. 17 mars 1967, art. 62-28).

L'article 46-1 issu de l'ordonnance n° 2019-1101 du 30 octobre 2019 consacre les solutions adoptées jusqu'ici par la jurisprudence (V. L. 10 juill. 1965, art. 14) :

– la réunion de tous les lots en une seule main entraîne la disparition de la copropriété et la dissolution du syndicat des copropriétaires ;

– le syndicat ne survit que pour les besoins de sa liquidation ;

– cette liquidation n'est pas soumise aux dispositions de la loi du 10 juillet 1965.

2) **Champ d'application du texte.** L'article 46-1 nouveau de la loi du 10 juillet 1965 n'envisage que l'éventualité de la disparition de la copropriété entraînée par la réunion de tous les lots entre les mains d'un même propriétaire. Cette hypothèse peut se rencontrer, par exemple à la suite d'un achat, d'un héritage, d'un apport en société, d'une expropriation, etc. Cependant ce n'est pas le seul cas de disparition de la copropriété (V. L. 10 juill. 1965, art. 14).

Il semble cependant que, quel que soit le cas de disparition de la copropriété entraînant sa dissolution, les règles posées par ce texte peuvent être étendues par analogie. On ne voit pas en effet de raison de soumettre chaque hypothèse à un régime spécifique.

3) **Mécanisme de la liquidation.** Le texte pose un principe : c'est au syndic qu'il appartient de procéder aux opérations de liquidation. Il s'agit là d'une simplification bienvenue : en effet selon la jurisprudence antérieure une décision unanime des copropriétaires était nécessaire pour désigner le liquidateur.

Ce principe comporte une exception : « À défaut », dit le texte « un mandataire *ad hoc* peut être désigné judiciairement ». Que faut-il entendre par « à défaut » ? Le texte vise apparemment le cas de « défaut de syndic ». Mais un mandataire *ad hoc* peut-il être désigné dans d'autres cas ? Par exemple si le syndic en place récuse sa mission... ou si les copropriétaires préféreraient voir nommer une autre personne.... La réponse à cette question n'est pas indifférente. En effet elle conditionne la recevabilité de la demande judiciaire de nomination d'un mandataire *ad hoc*. D'autre part le problème de la juridiction compétente pour la désignation du mandataire *ad hoc* va se poser.

4) **Difficultés subsistantes.** Le texte laisse en suspens plusieurs problèmes qui ont donné lieu à débat : quelle est la portée du principe de la survie de la personne morale pendant la période de liquidation ? Doit-on appliquer en la matière le principe, admis en droit des sociétés, selon lequel la survie de la personnalité morale entraîne le maintien en fonction des organes chargés d'exprimer les décisions collectives ? Alors que la réunion d'une assemblée est au moins nécessaire pour approuver les comptes de liquidation, qui va la convoquer ? Dans quelles conditions va-t-elle statuer ? Selon un arrêt de la Cour de cassation les règles relatives aux assemblées générales de copropriété ne s'appliquent pas à une assemblée générale tenue postérieurement à la dissolution du syndicat. Il en résulte que ces décisions doivent être prises à l'unanimité (■ Cass. 3e civ., 6 juin 2019, n° 17-30.923 : *Administrer* août-sept. 2019, p. 55, note J.-R. Bouyeure).

5) **Absence de caractère d'ordre public.** L'article 46-1 nouveau de la loi de du 10 juillet 1965 ne fait pas partie des textes énumérés par l'article 43 de cette même loi, auxquels est conféré un caractère impératif. Dès lors les divers problèmes qui surgissent en l'état actuel de la législation, lorsqu'intervient la dissolution du syndicat peuvent trouver une solution conventionnelle. Il est évidemment préférable que des clauses concernant les modalités de liquidation du syndicat figurent dès l'origine dans le règlement de copropriété. Mais elles peuvent aussi être adoptées pendant le cours de la vie de la copropriété dans le cadre d'une modification du règlement et donc à la majorité prévue par l'article 26 de la loi. (V. pour des propositions de clauses, V. J. Lafond, *JCP* N 2008, n° 38, 1286).

Art. 47. – ***(Al. rempl., L. n° 2014-366, 24 mars 2014)*** **Un décret en Conseil d'État précise les conditions d'application de la présente loi.**

La présente loi est applicable dans les territoires d'outre-mer. Des « décrets en Conseil d'État » préciseront les modalités de son application dans ces territoires.

Bibliographie : *Sur les problèmes de l'entrée en vigueur de la loi, qui n'ont plus aujourd'hui qu'un intérêt historique.* J.-R. Bouyeure, *L'application de la loi du 10 juillet 1965 aux règlements de copropriété antérieurs* : *AJPI* 1970, p. 737 et s. ■ Lombois, *Commentaire de la loi* : *D.* 1966, n° 182.

Art. 47-1 ***(Ord. n° 2013-516, 20 juin 2013 ; mod. à compter du 1er janvier 2020, Ord. n° 2019-964, 18 sept. 2019).*** **– À la date de la publication de l'ordonnance n° 2013-516 du 20 juin 2013, les articles 1er**

à 49 de la présente loi, à l'exception des articles 24-2, 24-4, 24-6, 26-3, 46-1 et 47, sont applicables en Nouvelle-Calédonie dans leur rédaction en vigueur à cette même date sous réserve des adaptations suivantes :

1° Aux articles 6-1, 12 et 13, les mots : « fichier immobilier » sont remplacés par les mots : « service chargé de la publicité foncière » ;

2° À l'article 8-1, les mots : « plan local d'urbanisme » sont remplacés par les mots : « plan d'urbanisme directeur » ;

3° À l'article 9, les références : « *e, g, h, i* et *n* de l'article 25 » sont remplacées par les références : « *e, h* et *n* de l'article 25 » ;

4° À l'article 10, la référence au 31 décembre 2002 est remplacée par la référence au 1er juillet 2014 ;

5° À l'article 10-1, le dernier alinéa est supprimé ;

6° À l'article 14-3, le troisième alinéa est supprimé ;

7° À l'article 16-1, le dernier alinéa est supprimé ;

8° À l'article 18, les mots : « de la loi n° 70-9 du 2 janvier 1970 » sont remplacés par les mots : « applicables localement », les mots : « ou par un syndic dont l'activité est soumise à une réglementation professionnelle organisant le maniement des fonds du syndicat » sont supprimés ainsi que le neuvième alinéa ;

9° À l'article 25, les paragraphes *g, i, o* et *p* sont supprimés, au paragraphe *h* les mots : « les dispositions prises pour l'application de l'article 1er de la loi n° 67-561 du 12 juillet 1967 » sont remplacés par les mots : « la réglementation applicable en Nouvelle-Calédonie » et le paragraphe *j* est ainsi rédigé :

« *j)* Dès lors qu'elle porte sur des parties communes, l'installation ou la modification d'une antenne collective ou d'un réseau de communications électroniques interne à l'immeuble raccordé à un réseau câblé établi ou autorisé en application des dispositions du Code des postes et télécommunications de la Nouvelle-Calédonie ; » ;

10° À l'article 26, les références : « *e, g, h, i, j, m, n* et *o* de l'article 25 » sont remplacées par les mots : « *e, h, j, m* et *n* de l'article 25 » et les mots : « prévus par l'article 93 de la loi n° 2000-1208 du 13 décembre 2000 relative à la solidarité et au renouvellement urbains » sont supprimés ;

11° À l'article 29, les mots : « régies par les articles L. 212-1 et suivants du Code de la construction et de l'habitation » sont remplacés par les mots : « régies par la réglementation en vigueur en Nouvelle-Calédonie » ;

12° Aux articles 29-1 A, 29-1 B et 29-1, les mots : « représentant de l'État dans le département » sont remplacés par les mots : « représentant du haut-commissaire de la République dans la province » ;

13° À l'article 29-5, le mot : « préfet » est remplacé par les mots : « représentant du haut-commissaire de la République dans la province » ;

14° À l'article 35, le troisième alinéa est supprimé ;

15° À l'article 41-1, les mots : « relevant du I de l'article L. 312-1 du Code de l'action sociale et des familles » sont remplacés par les mots : « désignés conformément à la réglementation en vigueur en Nouvelle-Calédonie » ;

16° À l'article 45-1, les mots : « ainsi que du diagnostic technique établi dans les conditions de l'article L. 111-6-2 du Code de la construction et de l'habitation » sont supprimés ;

17° Aux articles 11, 17, 18-2, 19, 19-2, 20, 23, 29-1 A, 29-1 B, 29-1, 29-2, 29-4, 30, 34 et 42, les mots : « tribunal judiciaire » sont remplacés par les mots : « tribunal de première instance ».

Art. 47-2 *(Aj. à compter du 1er janvier 2020, Ord. n° 2019-738, 17 juill. 2019).* **– La présente loi est applicable dans les îles Wallis-et-Futuna dans sa rédaction résultant de l'ordonnance n° 2019-738 du 17 juillet 2019.**

1) Objet du texte. Les dispositions qui sont rendues applicables par ce texte aux îles Wallis-et-Futuna sont celles issues de l'ordonnance n° 2019-738 du 17 juillet 2019, prises en application de l'article 28 de la loi n° 2019-222 du 23 mars 2019 de programmation 2018-2022 et de réforme pour la justice et dont l'article 17 a modifié les articles 18-2, 19, 19-2, 29-1, 29-1 B, 29-3, et 41-1 de la loi du 10 juillet 1965.

2) Entrée en vigueur. Conformément à l'article 30 de l'ordonnance n° 2019-738 du 17 juillet 2019, ces dispositions s'appliquent aux demandes introduites à compter du 1er janvier 2020.

Art. 48. – Le chapitre II de la loi du 28 juin 1938 tendant à régler le statut de la copropriété des immeubles divisés par appartements est abrogé. L'article 664 du Code civil demeure abrogé.

Art. 49 *(Abr., L. n° 2014-366, 24 mars 2014).*

NB : Les dispositions de l'article 49 ont été reprises intégralement à l'article 24, I, *f* de la loi du 10 juillet 1965, où elles sont commentées.

Art. 50 *(Ord. n° 2005-870, 28 juill. 2005 ; rempl., Ord. n° 2012-578, 26 avr. 2012 ; mod., L. n° 2014-366, 24 mars 2014).* – Pour l'application de la présente loi dans le Département de Mayotte :

1° Les mots : « fichier immobilier » sont remplacés par les mots : « livre foncier » ;

2° Au deuxième alinéa de l'article 9, les mots : « , du *d* de l'article 26 » sont supprimés et au dernier alinéa de ce même article 9, les mots : « , par le *d* de l'article 26 » sont supprimés ;

3° À l'article 24, le *a* du II est ainsi rédigé :

« *a)* Les travaux nécessaires à la conservation de l'immeuble ainsi qu'à la préservation de la santé et de la sécurité physique des occupants, qui incluent les travaux portant sur la stabilité de l'immeuble, le clos, le couvert ou les réseaux et les travaux permettant d'assurer la mise en conformité des logements avec les normes de salubrité, de sécurité et d'équipement définies par la réglementation applicable localement ; »

4° À l'article 25, le *o* n'est pas applicable.

NB : On trouvera *infra* en annexe (*V° Mayotte*), le relevé des dispositions de la loi du 10 juillet 1965 applicables à Mayotte, à la suite de l'ordonnance n° 2012-578 du 26 avril 2012, modifiant l'article 50 de la loi.

DÉCRET N° 67-223 DU 17 MARS 1967 PORTANT RÈGLEMENT D'ADMINISTRATION PUBLIQUE POUR L'APPLICATION DE LA LOI N° 65-557 DU 10 JUILLET 1965 FIXANT LE STATUT DE LA COPROPRIÉTÉ DES IMMEUBLES BÂTIS

Section I	- Actes concourant à l'établissement et à l'organisation de la copropriété d'un immeuble bâti	655
Section II	- Les assemblées générales de copropriétaires	692
Section III	- Le conseil syndical	775
Section IV	- Le syndic	781
Section IV *bis*	- Dispositions particulières aux résidences-services	820
Section V	- Dispositions particulières aux syndicats de formes coopératives	824
Section V *bis*	- Dispositions particulières à certaines copropriétés	826
Section VI	- La comptabilité du syndicat	829
Section VII	- Procédure	831
Section VIII	- Les unions de syndicats de copropriétaires	891
Section IX	- Dispositions diverses	894

Section I. – Actes concourant à l'établissement et à l'organisation de la copropriété d'un immeuble bâti

Documents constitutifs de la copropriété et transferts de lots. Sous l'intitulé « Actes concourant à l'établissement et à l'organisation de la copropriété d'un immeuble bâti », la section I du décret comprend plusieurs textes, principalement relatifs aux « documents constitutifs » de la copropriété : règlement de copropriété et état descriptif de division. Ils fixent le contenu du règlement (art. 1er et 2), les modalités de son établissement (art. 3) et les conditions de son opposabilité aux tiers (art. 4). Suivent ensuite des dispositions qui n'ont pas une place évidente sous cette rubrique, puisqu'elles sont relatives au transfert de lots de copropriété : les articles 4-1 à 4-3 concernant le mesurage de la superficie de la partie privative des lots en cas de vente (« loi Carrez), 5 et 5-1 (pris pour l'application de l'art. 20 de la loi), 6 à 6-3.

Décret n° 67-223 du 17 mars 1967

portant règlement d'administration publique pour l'application de la loi n° 65-557 du 10 juillet 1965 fixant le statut de la copropriété des immeubles bâtis

Art. 1er *(Mod., D. n° 2016-1515, 8 nov. 2016).* **– Le règlement de copropriété mentionné par l'article 8 de la loi du 10 juillet 1965 susvisée comporte les stipulations relatives aux objets visés par** *(Mod., D. n° 2020-834, 2 juill. 2020)* **le premier alinéa du I et par le premier alinéa du II dudit article ainsi que l'état de répartition des charges prévu au troisième alinéa de l'article 10 de ladite loi.**

Cet état définit les différentes catégories de charges et distingue celles afférentes à la conservation, à l'entretien et à l'administration de l'immeuble, celles relatives au fonctionnement et à l'entretien de chacun des éléments d'équipement communs et celles entraînées par chaque service collectif.

(Mod., D. n° 2020-834, 2 juill. 2020) **L'état de répartition des charges fixe, conformément aux dispositions du troisième alinéa et, s'il y a lieu, du dernier alinéa de l'article 10 de la loi du 10 juillet 1965, la quote-part qui incombe à chaque lot dans chacune des catégories de charges.**

Il précise les éléments pris en considération et la méthode de calcul ayant permis de fixer la quote-part de charges afférente à chaque lot :

1° Proportionnellement aux valeurs relatives des parties privatives comprises dans chaque lot, telles que ces valeurs résultent des critères posés à l'article 5 de la loi du 10 juillet 1965, s'agissant des charges relatives à la conservation, à l'entretien et à l'administration des parties communes ;

2° En fonction de l'utilité objective que les services et éléments d'équipement commun présentent à l'égard de chaque lot, en précisant les bases selon lesquelles la répartition a été effectuée, s'agissant des charges entraînées par lesdits services et éléments, dès lors que ces charges ne sont pas individualisées.

Bibliographie : B. Quignard, *Tableau synoptique de la gestion immobilière, travaux et charges de copropriété : JCP* N 1993, prat. 2477. • G. Vigneron, *La répartition des charges de copropriété et ses subtilités : Loyers et copr.* avr. 1999, p. 5. • *JCl. Copropriété*, Fasc. 70 par G. Vigneron ; *JCl. App.*, art. 544 à 577, Fasc. 31 et *JCl. Notarial Répertoire, V° Copropriété*, Fasc. 31, par H. Charliac.

1) Contenu du règlement. L'article premier du décret du 17 mars 1967 rappelle tout d'abord l'objet du règlement :

– il peut concerner un immeuble ou groupe d'immeubles bâtis à usage total ou partiel d'habitation, dont la propriété est répartie par lots entre plusieurs personnes : la loi du 10 juillet 1965 leur est alors entièrement applicable (L. 10 juill. 1965, art. 1er, I, al. 1er) ;

– il peut aussi déroger expressément à l'application de la loi du 10 juillet 1965 dans le cas d'immeubles ou de groupes d'immeubles bâtis à destination totale autre que d'habitation ou d'ensembles immobiliers, sous réserve d'établir une convention mettant en place une organisation structurée afin d'assurer la gestion de leurs éléments et services communs (L. 10 juill. 1965, art. II, al. 2).

Sur le champ d'application de la loi du 10 juillet 1965 et les possibilités d'en éviter l'application, V. comm. L. 10 juill. 1965, art. 1er.

Hormis ce rappel de ce qui apparait comme une évidence, ce texte est essentiellement consacré à « l'état de répartition des charges » prévu par le dernier alinéa de l'article 10 de la loi : il en définit le contenu.

Il reprend dans les mêmes termes, à propos des charges, la directive figurant à l'article 10, alinéa 3 de la loi du 10 juillet 1965. Le règlement de copropriété doit impérativement (ce texte est d'ordre public) :

– fixer la quote-part afférente à chaque lot dans chacune des catégories de charges, en distinguant celles afférentes à la conservation, l'entretien et l'administration de l'immeuble, celles relatives au fonctionnement et à l'entretien de chaque élément d'équipement commun, et celles entraînées par chaque service collectif (■ CA Paris, ch. 23 B, 7 déc. 1988 : *Loyers et copr.* févr. 1989, n° 89) ;

– indiquer les éléments pris en considération et la méthode de calcul ayant permis de fixer la quote-part de charges afférentes à chaque lot.

I – ÉNONCIATION DES CHARGES RELATIVES À LA CONSERVATION, À L'ENTRETIEN ET À L'ADMINISTRATION DE L'IMMEUBLE

2) Participation proportionnelle à la valeur relative des lots. Tous les copropriétaires participent à ces charges en proportion de la valeur relative de leurs lots, que reflètent en principe leurs tantièmes de copropriété (V. L. 10 juill. 1965, art. 10, p. 1581) : un copropriétaire ne peut pas prétendre se dispenser de leur paiement au motif que les dépenses effectuées ne présenteraient aucune « utilité » pour son lot.

A – Charges concernant la conservation de l'immeuble

3) Exemples. Entrent par exemple dans cette catégorie :

– les dépenses de *réfection du gros œuvre* du bâtiment (■ CA Versailles, 30 nov. 1982 : *Rev. loyers* 1983, p. 329) y compris celles afférentes au gros œuvre des parties communes dont certains copropriétaires ont la « jouissance exclusive » (pour les terrasses : ■ Cass. 3e civ., 30 mai 1973, n° 72-12.963 : *Bull. civ.* III, n° 380 ■ Cass. 3e civ., 16 nov. 1976 : *Rev. loyers* 1977, p. 108. ■ CA Paris, 3 juin 1981 : *D.* 1982, inf. rap. p. 141, obs. Giverdon. ■ CA Bordeaux, 4 mai 1981 : *D.* 1982, inf. rap. p. 291, obs. Giverdon) ;

– ... les dépenses de *ravalement* lorsqu'elles sont obligatoires ou rendues nécessaires par l'état de l'immeuble (■ Cass. 3e civ., 14 mars 2019, n° 18-50.026. ■ Cass. 3e civ., 10 févr. 1988, n° 86-17.210 : *JCP* G 1988, II, 21118, note Atias ; *Inf. rap. copr.* 1988, p. 160 ; *Rev. Administrer* nov. 1988, p. 39, note Guillot ; *D.* 1990, inf. rap. p. 132, obs. Giverdon. ■ Cass. 3e civ., 26 oct. 1971, n° 70-11.055 : *Bull. civ.* III, n° 511. ■ CA Paris, 24 juin 1981 : *D.* 1982, inf. rap. p. 435, obs. Giverdon. – V. sur ce point G. Vigneron, *Le ravalement des immeubles en copropriété : Loyers et copr.* 1988, p. 1) à moins qu'il ne s'agisse de « travaux d'amélioration » (V. L. art. 30) ;

– ... les dépenses *d'entretien et de réparation* des escaliers ;

Voir : sur le problème des charges d'escalier, L. 10 juill. 1965, art. 10, comm. nos 41 à 43, p. 156.

– ... les frais *d'éclairage* des parties communes (■ Cass. 3e civ., 14 mai 1970, n° 68-14.283 : *Bull. civ.* III, n° 330. ■ Cass. 3e civ., 4 janv. 1989, n° 87-16.234 : *Bull. civ.* III, n° 2 ; *Loyers et copr.* 1989, n° 87 ; *D.* 1989, p. 260, note Souleau. ■ Cass. 3e civ., 27 nov. 1991, n° 90-12.289 : *Bull. civ.* III, n° 290 ; *Loyers et copr.* 1992, n° 85. ■ CA Paris, 23 avr. 1997 : *Loyers et copr.* oct. 1997, n° 272. – V. toutefois un arrêt dissident qui classe les frais d'éclairage parmi les charges définies par l'article 10, al. 1 : ■ CA Paris, 7 mai 1998 : *JurisData* n° 1998-021039). La conséquence est que même des locaux totalement indépendants qui n'ont pas d'accès sur ces parties communes (par exemple des locaux commerciaux en façade) doivent participer à ces charges (sur ce problème, V. L. 10 juill. 1965, art. 10, comm. n° 48, p. 158) ;

– les dépenses relatives à la *voirie* (■ TGI Paris, 7 mai 1976 : *D.* 1976, inf. rap. p. 309) ;

– les réparations afférentes au *digicode* (■ Cass. 3e civ., 20 déc. 2000, n° 99-16.059 : *Bull. civ.* III, n° 198 ; *Loyers et copr.* 2001, comm. 74. ■ CA Paris, 23e ch., 7 déc. 1993 : *Loyers et copr.* 1994, n° 124) ou au vide-ordures (■ Cass. 3e civ., 20 déc. 2000, préc.) ;

– les dépenses relatives aux *espaces verts* (■ CA Paris, 30 janv. 1979 : *D.* 1980, inf. rap. p. 150. ■ CA Paris, 9 janv. 1989 : *D.* 1989, inf. rap. p. 44) ;

– les frais du *raccordement obligatoire au tout-à-l'égout* (■ Cass. 3e civ., 1er avr. 1987, n° 85-16.025 : *Bull. civ.* III, n° 74 ; *JCP* G 1987, IV, 201 ; *Rev. Administrer* oct. 1987, p. 39, obs.E.-J. Guillot. – V. sur tous ces points, G. Vigneron : *JCl. Copropriété*, Fasc. 70, nos 12 et s.) ;

– les frais de désamiantage de flocages considérés comme parties communes (■ Cass. 3e civ., 7 mai 2003, n° 02-11.218 : *Bull. civ.* III, n° 100 ; *Rev. loyers* 2003, p. 445, note P. Dechelette-Tolot. – V. aussi ■ CA Paris, 23e ch. B, 6 févr. 2003 : *Loyers et copr.* 2003, comm. 161, obs. G. Vigneron) et les dépenses de recherche d'amiante et de désamiantage (■ CA Versailles, 4e ch., 22 mars 2004 : *Rev. Administrer* juin 2004, p. 51).

B – Charges concernant l'entretien de l'immeuble

4) Exemples. Entrent par exemple dans cette catégorie :

– les frais d'achat des produits et matériels nécessaires à *l'entretien de l'immeuble*, balayage, nettoyage, peinture, etc. ;

– les frais de *nettoyage* des couloirs communs et ceux afférents à la sortie des ordures ménagères (■ Cass. 3e civ., 1er avr. 1987, n° 85-13.519 : *Bull. civ.* III, n° 71, p. 42 ; *JCP* G 1987, IV, 200) ;

– d'une façon générale, les dépenses engagées pour le nettoyage des éléments classés comme parties communes : par exemple le curage préventif des conduites d'eaux usées (■ Cass. 3e civ., 14 mars 2019, n° 18-50.026), les dépenses concernant le jardin, le local du vide-ordures (■ CA Paris, 23e ch., 7 déc. 1993 : *Loyers et copr.* 1994, n° 124), les couloirs, la cage d'escalier... – incluant le coût de la main-d'œuvre, les fournitures et la consommation d'eau. Elles constituent des charges relatives à l'entretien de l'immeuble, à répartir entre chaque copropriétaire en proportion de ses tantièmes (▪ Cass. 3e civ., 11 janv. 2005, n° 03-19.511 : *Rev. Administrer* nov. 2005, p. 36, obs. J.-R. Bouyeure. ▪ Cass. 3e civ., 27 nov. 1991 : *Loyers et copr.* 1992, n° 85. ▪ Cass. 3e civ., 6 mars 1991, n° 90-12.289 : *Bull. civ.* III, n° 290. ▪ Cass. 3e civ., 1er avr. 1987, n° 85-19.163 : *Bull. civ.* III, n° 73, p. 43 ; *JCP* G 1987, IV, 201) ;

– l'entretien du système de vidéosurveillance et des interphones (que l'on pourrait pourtant considérer comme des éléments d'équipement communs). Les charges correspondantes sont donc exigibles indépendamment de l'utilité qu'elles présentent pour chaque lot (▪ Cass. 3e civ., 21 nov. 2000, n° 99-14.125 : *JurisData* n° 2000-071060 ; *Loyers et copr.* 2001, comm. 42).

Doivent en conséquence participer à ces charges les locaux indépendants même s'ils n'utilisent pas ces parties communes (V. L. 10 juill. 1965, art. 10, comm. n° 48, p. 158).

Par contre, la réfection des peintures extérieures des fenêtres, parties privatives, ne constitue pas une charge commune même si elle est effectuée dans le cadre d'une réfection collective (▪ CA Paris, 23e ch. B, 6 nov. 1985 : *RD imm.* 1986, p. 238, obs. Givord et Giverdon).

C – Charges concernant l'administration de l'immeuble

5) Exemples. Entrent par exemple dans cette catégorie :

– les frais de convocation, de notification ou de communication des procès-verbaux d'assemblée (▪ Cass. 3e civ., 21 mai 2003, n° 02-11.221 : *Bull. civ.* III, n° 107 ; *Loyers et copr.* 2003, comm. 183, obs. G. Vigneron ; *Defrénois* 2003, art. 37856, n° 2, obs. C. Atias ; *Rev. Administrer* août-sept. 2003, p. 52, obs. J.-R. Bouyeure) ;

– les dépenses de consommation d'eau et d'électricité (▪ Cass. 3e civ., 21 nov. 2000, n° 99-14.125 : *JurisData* n° 2000-007060 ; *Loyers et copr.* 2001, comm. 42) ;

– les *impôts* frappant l'immeuble : par exemple la taxe de voirie perçue pour les constructions en saillie sur le domaine public – (▪ Cass. 3e civ., 27 janv. 1988, n° 86-15.877 : *Loyers et copr.* mars 1988, n° 134) – la taxe d'enlèvement des ordures ménagères (▪ CA Paris, 5 juill. 1977 : *D.* 1978, inf. rap. p. 294). Mais la taxe sur les balcons doit être payée par les seuls copropriétaires de lots qui en sont dotés (▪ CA Paris, 19 janv. 1990 : *Loyers et copr.* mars 1990, n° 143) à moins que les balcons soient classés dans les parties communes et que le règlement ait classé cette taxe dans les charges communes générales (▪ Cass. 3e civ., 27 janv. 1988 : *Loyers et copr.* 1988, n° 134) ;

– les primes d'assurances souscrites dans l'intérêt de la collectivité (▪ Cass. 3e civ., 14 mars 2019, n° 18-50.026. ▪ CA Paris, 23e ch. B, 16 juin 2005 : *JurisData* n° 2005-274241. ▪ CA Paris, 8e ch. A, 19 nov. 2002 : *AJDI* 2003, p. 59, note P. Capoulade), y compris les surprimes liées à l'exercice de certaines activités dans les lots privatifs (pour un exemple concernant une discothèque, V. ▪ CA Paris, 2 mai 1997 : *Loyers et copr.* nov. 1997, n° 295), les clauses contraires insérées dans le règlement étant illicites (V. L. 10 juill. 1965, art. 10, comm. n° 24, p. 147 et comm. n° 119, p. 187) ;

– les *honoraires du syndic* de copropriété (▪ Cass. 3e civ., 1er avr. 1987, n° 85-16.025 : *Rev. Administrer* oct. 1987, p. 39, obs. Guillot) et ceux des experts ou spécialistes auxquels l'assemblée ou le conseil syndical déciderait d'avoir recours ;

– les *frais de gardiennage*. Il aurait pu paraître justifié de les considérer comme des charges afférentes à des services collectifs, solution adoptée notamment par la cour de Paris (▪ CA Paris, 23e ch. B, 26 mai 1989 : *Loyers et copr.* août-sept. 1989, n° 400. ▪ CA Paris, 23e ch. A, 11 oct. 1989 : *Inf. rap. copr.* déc. 1989, n° 542. ▪ CA Paris, 23e ch. B, 10 nov. 1989 : *Inf. rap. copr.* janv. 1990, n° 53. ▪ CA Paris, 23e ch. A, 4 avr. 1990 : *Inf. rap. copr.* juin 1990, n° 275). C'est pourtant la solution contraire qu'a adoptée la Cour de cassation (▪ Cass. 3e civ., 4 janv. 1991, n° 89-15.602 : *Bull. civ.* III, n° 3 ; *Loyers et copr.* 1991, n° 135) qui estime que les frais de gardiennage constituent des charges relatives à la conservation, à l'entretien et à l'administration des parties communes auxquelles les copropriétaires sont tenus de participer proportionnellement à leurs tantièmes de copropriété même si le service de gardiennage ou du concierge n'a pour eux aucune utilité (▪ Cass. 3e civ., 6 mars 1991, n° 89-17.050 : *Rev. loyers* 1991, p. 505. ▪ Cass. 3e civ., 27 nov. 1991 : *Loyers et copr.* 1992, n° 85. – En ce sens, ▪ CA Paris, 23e ch. B, 16 juin 2005 : *JurisData* n° 2005-274241) ;

– ... les *indemnités et frais de procédure* : il était bien établi que le copropriétaire qui avait gagné son procès contre la copropriété devait néanmoins contribuer au paiement des frais et des dommages et intérêts qui lui sont alloués, et qui constituent des charges communes générales (▪ Cass. 3e civ., 29 oct. 1974, n° 73-12.071 : *Bull. civ.* III, n° 95 ; *JCP* 1975, II, 17929, note E.-J. Guillot. ▪ Cass. 3e civ., 28 mars 1990, n° 88-15.364 : *Bull. civ.* III, n° 88 ; *Loyers et copr.* mai 1990, n° 235 ; *D.* 1990, inf. rap. p. 94, obs. Givord et Giverdon ; *Inf. rap. copr.* 1990, p. 171, obs. P. Capoulade. ▪ CA Paris, 23e ch., 2 mai 1994 : *Loyers et copr.* 1994, n° 396).

Cette charge pouvait toutefois être compensée par l'octroi de dommages et intérêts à ce copropriétaire (■ TGI Paris, 3 févr. 1977 et ■ TGI Paris, 7 avr. 1977 : *D.* 1978, inf. rap. p. 128).

Cette solution a été partiellement remise en cause par la loi du 13 décembre 2000 (V. L. 10 juill. 1965, art. 10-1 nouv.).

II – ÉNONCIATION DES CHARGES RELATIVES AUX SERVICES COLLECTIFS ET AUX ÉLÉMENTS D'ÉQUIPEMENT COMMUNS

6) Participation en fonction du critère « d'utilité ». Ces charges sont réparties selon le critère « d'utilité » (V. L. art. 10).

Il n'y a pas d'énumération ou de critère légal pour la détermination des charges entrant dans cette catégorie (Morand : *AJPI* 1969, p. 106. – Morand et Zurfluh, *La répartition des charges d'équipement et des services collectifs dans les immeubles en copropriété : JCP* N 1978, I, p. 243 et s.).

– Par ailleurs, il n'existe pas de définition de l'élément d'équipement commun ou du « service collectif ».

A – Notion d'élément d'équipement commun

7) Définition et exemples. Par élément d'équipement commun, on peut entendre « les éléments autres que les installations immobilières composant la structure d'un bâtiment et qui apportent du fait de leur aménagement ou de leur destination particulière des utilités ou des avantages dans les conditions d'usage des différents lots » (G. Vigneron : *JCl. Copropriété*, Fasc. 70, n° 59). Selon M. Morand (étude préc.), l'équipement commun se présente comme le « harnachement » du bâtiment. Il comprend tous les éléments de confort et de commodité annexes non strictement indispensables pour que le bâtiment remplisse sa fonction principale : fournir le clos et le couvert.

Constituent par exemple des éléments d'équipement communs :

– l'ascenseur (V. ci-dessous) ;

– les installations de chauffage central ;

– les systèmes d'air conditionné et la ventilation mécanique contrôlée (VMC, ■ CA Paris, 23e ch. B, 24 févr. 2005 : *JurisData* n° 2005-264878) ;

– les installations de production et de distribution d'eau chaude ;

– les installations et appareils d'éclairage des parties communes ;

– les installations de distribution d'eau froide ;

– les antennes collectives (V. Annexe 4, *Antennes*, p. 941) ;

– certains éléments des vide-ordures ;

– les surpresseurs d'eau ;

– les interphones ;

– les tapis et revêtements d'escaliers (V. sur tous ces points, comm. L. art. 3) ;

– une porte automatique de garage (■ TGI Paris, 8e ch., 11 juin 1997 : *Rev. Administrer* déc. 1997, p. 53, obs. J.-R. Bouyeure) ;

– des pompes de relevage (■ Cass. 3e civ., 16 mars 2005 : *AJDI* 2005, p. 397).

B – Notion de « service collectif »

8) Définition. Quant à la notion de « service collectif », on l'associe en général à celle d'équipement commun. Les services collectifs seront alors ceux qui mettent en œuvre les éléments d'équipement (par exemple la fourniture de chauffage et d'eau chaude. – V. Arnaud et J.-R. Bouyeure, *Millièmes de copropriété et de charges*, p. 154. – Sizaire, *Le statut de la copropriété bâtie*, n° 70). Constituent également des services collectifs toutes les prestations de services présentant un intérêt pour l'ensemble de la collectivité, et devant être assurées de façon permanente ou renouvelées, par recours à une personne ou une entreprise spécialisée.

Entrent par exemple dans cette catégorie :

– la fourniture de chauffage et d'eau chaude ;

– dans les « résidences retraite » les services fournis aux résidents (■ CA Aix-en-Provence, 18 janv. 1996 : *Loyers et copr.* juill. 1997, n° 212, obs. G. Vigneron) ;

– le service de gardiennage et de sécurité (V. L. 10 juill. 1965, art. 10, comm. n° 33, p. 153 et comm. n° 55, p. 160).

C – Difficultés de classement

9) Nature des problèmes. Certaines charges peuvent *a priori* être considérées soit comme des charges d'administration, soit comme des charges afférentes à un « service collectif » (V. pour un exemple de cette problématique, ■ Cass. 3e civ., 20 juill. 1994, n° 92-14.905 : *RD imm.* 1994, p. 693, obs. P. Capoulade), par exemple les charges relatives au concierge (V. L. 10 juill. 1965, art. 10, p. 1581).

La jurisprudence peut alors, selon les cas, adopter des solutions divergentes : s'il s'avère que les charges considérées n'ont manifestement aucune utilité pour certains lots, les tribunaux auront tendance à les faire entrer dans la catégorie des charges relatives à des services collectifs ou à des éléments d'équipement communs pour pouvoir les répartir en fonction du critère « d'utilité »...

D'autres charges peuvent *a priori* être considérées comme des charges afférentes à des éléments d'équipement communs ou des charges afférentes à des parties communes.

Voir : sur le cas des *vide-ordures*, V. comm., L. 10 juill. 1965, art. 3, p. 32.

Les rédacteurs de règlements disposent donc d'une certaine latitude dans ce travail de classification.

Bibliographie : sur ces problèmes de classification des charges, V. G. Vigneron : *JCl. Copropriété*, Fasc. 70 et 71. – E. Kischinewsky-Broquisse, *La copropriété*, 4e éd., nos 134 et s. – *La copropriété*, Dalloz Action 2018-2019, ss dir. P. Capoulade et D. Tomasin, nos 242-81 et s. – E.-J. Guillot, *La difficulté de classement des charges communes dans l'une ou l'autre des catégories définies par les alinéas 1 et 2 de l'article 10 de la loi du 10 juillet 1965 : Rev. Administrer* juill. 1988, p. 8.

10) Escalier et ascenseur. Les tribunaux peuvent au sein des charges afférentes à un même élément d'équipement commun ou à une partie commune procéder à une ventilation.

Ainsi, pour les *charges relatives à l'escalier*, dont on sait qu'il s'agit d'une partie commune (V. L. 10 juill. 1965, art. 3, p. 32), auxquelles tous les copropriétaires doivent en conséquence participer en proportion de leurs tantièmes de copropriété ; ainsi pour les frais de nettoyage (▪ Cass. 3e civ., 1er avr. 1987, n° 85-13.519 : *Bull. civ.* III, n° 71 ; *JCP* G 1987, IV, p. 200 et 201 ; *RD imm.* juin 1987, p. 275, obs. Givord et Giverdon. ▪ CA Paris, 23e ch., 2 juill. 1993 : *Loyers et copr.* 1993, n° 403) ou d'éclairage (▪ Cass. 3e civ., 4 janv. 1989 : *D.* 1989, jurispr. p. 260, note Souleau ; *Rev. Administrer* juill. 1989, p. 39, obs. Guillot. ▪ CA Paris, 23e ch., 7 déc. 1993 : *Loyers et copr.* 1994, n° 124. – V. pour plus de détails, L. art. 10). Mais d'autres charges sont considérées comme relatives à des éléments d'équipement communs. Il en est ainsi pour les frais concernant le tapis d'escalier (▪ TGI Paris, 28 oct. 1976 : *D.* 1977, inf. rap. p. 320. ▪ CA Paris, 23e ch. B, 15 déc. 1989 : *Loyers et copr.* 1990, n° 135) et plus généralement ses revêtements (▪ Cass. 3e civ., 23 nov. 1977, n° 75-15.217 : *Bull. civ.* III, n° 408 ; *JCP* G 1979, II, 19053 ; *D.* 1978, inf. rap. p. 294, obs. Giverdon). Par contre, le gros œuvre de l'escalier étant partie commune, les travaux y afférents sont des charges « générales » : par exemple l'entretien et la réfection des marches et des murs (▪ Cass. 3e civ., 12 janv. 1982 : *Rev. Administrer* avr. 1982, p. 34, note Guillot. – V. la note du professeur Souleau : *D.* 1989, p. 260, sous ▪ Cass. 3e civ., 4 janv. 1989, et la jurisprudence citée).

De même, l'*ascenseur* est généralement considéré comme un élément d'équipement commun, ainsi que les parois qui l'isolent de l'escalier (par ex., une cage de verre : ▪ Cass. 3e civ., 19 févr. 1976 : *JCP* G 1977, II, 18525, note Guillot ; *Defrénois* 1977, art. 31350, note Souleau). Dès lors l'installation d'une alarme destinée à renforcer la sécurité doit s'opérer conformément au critère d'utilité appliqué pour la répartition des charges de fonctionnement de l'ascenseur (▪ CA Paris, 19e ch. B, 15 nov. 1989 : *Loyers et copr.* 1990, n° 54 ; *D.* 1990, somm. 130).

III – CHARGES COMMUNES SPÉCIALES

Bibliographie : G. Gil, *Parties communes spéciales, charges particulières et assemblées restreintes : Rev. Administrer* nov. 2010, p. 19.

A – Création de répartitions de charges spéciales

11) Utilité de la création de « charges spéciales ». La possibilité de ne faire supporter que par certains copropriétaires seulement les dépenses afférentes à telle ou telle partie commune ou éléments d'équipement communs est prévue par l'article 10, alinéa 4 – antérieurement par l'article 24, III, de la loi du 10 juillet 1965 (V. ce texte).

L'institution de répartitions de charges spéciales ne peut en principe résulter que du règlement de copropriété ou, en cours de vie de la copropriété, d'une décision unanime de l'assemblée. – V. cependant *infra*, comm. n° 12, p. 660). Elle s'impose, ou est souhaitable en pratique :

• lorsqu'il y a création d'un *syndicat secondaire* : les charges sont alors spécialisées par bâtiment (L. art. 27. – Sur les conditions de majorité auxquelles peut être prise cette décision, V. comm. de ce texte) ;

• *lorsqu'une partie commune ne présente en fait d'utilité que pour certains lots* : par exemple lorsqu'elle est affectée à l'usage exclusif d'un ou plusieurs copropriétaires ;

• *lorsque la copropriété comprend plusieurs bâtiments* : il est alors indispensable de prévoir une répartition des charges par bâtiment (J.-R. Bouyeure, *Les limites de la spécialisation des charges de copropriété : AJPI* 1980, p. 464. ▪ CA Paris, 23e ch. B, 24 juin 1981 : *AJPI* 1982, n° 99, note J.-R. Bouyeure. ▪ Cass. 3e civ., 18 mai 1988, n° 86-18.099 : *Loyers et copr.* 1988, n° 348. ▪ Cass. 3e civ., 5 déc. 1990, n° 89-12.541 : *Loyers et copr.* 1991, n° 86). – Ceci permet par exemple de faire supporter à un seul bâtiment le coût du remplacement de ses conduites d'eaux pluviales (▪ Cass. 3e civ., 3 févr. 1988, n° 86-17.104 : *Loyers et copr.* 1988, n° 135) ou le coût de la réfection d'une voie qui ne dessert que ce bâtiment (▪ Cass. 3e civ., 6 juill. 1988, n° 87-12.734 : *Loyers et copr.* 1988, n° 407. – G. Vigneron : *JCl. Copropriété*, Fasc. 71, nos 42 et s. – M. Morand, *Répartition des charges par bâtiment : Inf. rap. copr.* déc. 1986, p. 246).

Si le règlement de copropriété ne comporte pas de spécialisation des charges dites « générales » elles seront, quelle que soit la partie commune concernée, supportées par tous les copropriétaires en proportion de leurs tantièmes de copropriété, le critère d'« utilité » ne pouvant être appliqué en la matière dès lors qu'il s'agit de charges afférentes à une partie commune (et non à un service collectif ou à un élément d'équipement commun. – V. ▪ CA

Paris, 23e ch. B, 31 août 2000 : *Loyers et copr.* 2001, comm. 75. ▪ CA Paris, 23e ch. A, 2 déc. 1985 : *Inf. rap. copr.* janv. 1986, p. 17).

12) Modalités de l'institution de charges spéciales. Les répartitions de charges spéciales peuvent figurer dans le règlement d'origine, ou être créées postérieurement par une décision de l'assemblée, qui doit être unanime (L. 10 juill. 1965, art. 11, al. 1). L'assemblée ne peut imposer le paiement de travaux à certains copropriétaires seulement, en l'absence de dispositions du règlement le prévoyant, s'agissant de charges afférentes à la réfection des voies d'accès aux parkings ou aux boxes, qui doivent être supportées par tous les copropriétaires en proportion de leurs tantièmes de copropriété (▪ CA Versailles, 4e ch., 8 mars 2010 : *JurisData* n° 2010-007043 ; *Loyers et copr.* 2010, comm. 268, obs. G. Vigneron).

– Sur le lien entre création de charges spéciales et création de parties communes spéciales, comm. n° 14 à 16, p. 660.

La Cour de cassation avait jugé qu'une répartition de charges spéciales pourrait même être instituée d'office par le juge. Lorsqu'il déclare une clause non écrite, en application de l'article 43 de la loi (V. ce texte), il lui appartient, a énoncé la Cour de cassation, « de procéder à une nouvelle répartition des charges et de fixer toutes les modalités que le respect des dispositions d'ordre public impose, y compris la création de charges spéciales lorsqu'elle s'avère indispensable au regard de la loi ». En pareil cas, le juge pourrait donc créer de toutes pièces des répartitions de charges spéciales, et ceci bien que le règlement ne l'ait pas prévu à l'origine (▪ Cass. 3e civ., 22 juin 2005, nos 04-12.659 et 04-12.659 : *Bull. civ.* III, n° 139 ; *Rev. Administrer* oct. 2005, note P. Capoulade ; *Loyers et copr.* 2005, comm. 186, obs. G. Vigneron ; *Constr.-Urb.* 2005, comm. 212, note D. Sizaire ; *Rev. loyers* 2005, p. 517, note P. Dechelette-Tolot. – V. dans le même sens, ▪ Cass. 3e civ., 17 sept. 2013, n° 11-21.770 : *AJDI* 2014, p. 286, note N. Le Rudulier. – Sur l'avenir de cette jurisprudence au regard de la législation actuellement en vigueur, V. ci-dessous n° 14 à 16.

13) Conséquences de la spécialisation des charges. Une première conséquence de la spécialisation des charges est que les copropriétaires prendront en assemblée spéciale les décisions relatives à ces charges (V. L. 10 juill. 1965, art. 10, comm. 134.

Si le règlement a institué des parties communes spéciales et imputé aux seuls copropriétaires de ces parties communes les réparations de toute nature y afférentes, cette clause doit être respectée (▪ Cass. 3e civ., 3 juin 2009, n° 08-16.379 : *Administrer* oct. 2009, p. 54, obs. J.-R. Bouyeure ; *AJDI* 2009, p. 633. ▪ Cass. 3e civ., 27 sept. 2005 : *Administrer* janv. 2006, p. 47, obs. J.-R. Bouyeure).

Si le règlement prévoit que la charge afférente à l'entretien des bâtiments sera supportée par les seuls copropriétaires du bâtiment concerné, la condamnation prononcée par un tribunal à exécuter des travaux peut énoncer que leur coût se répartira sur les seuls copropriétaires du bâtiment concerné. Par contre, les dommages et intérêts alloués doivent être supportés par l'ensemble des copropriétaires (▪ Cass. 3e civ., 6 déc. 2005 : *Administrer* févr. 2006, p. 46, obs. J.-R. Bouyeure). Tout en instituant des répartitions de charges spéciales, le règlement peut prévoir que ces répartitions ne s'appliqueront pas aux primes d'assurance souscrites dans l'intérêt de l'ensemble des copropriétaires (▪ Cass. 3e civ., 4 juin 2009, n° 08-14.889 : *JurisData* n° 2009-048513).

B – Lien entre répartition de charges spéciales et création de parties communes spéciales

1° Corrélation entre création de parties communes spéciales et répartition de charges spéciales

14) Jurisprudence antérieure à la loi ELAN. Pour définir la portée de la réforme opérée par la loi n° 2018-1021 du 23 novembre 2018 dite « loi Élan », il n'est pas inutile de rappeler la jurisprudence antérieure, au vu de laquelle cette réforme est intervenue. Dans un arrêt de principe, la Cour de cassation avait énoncé que l'existence de parties communes spéciales avait pour conséquence nécessaire, même si le règlement de copropriété ne le prévoyait pas expressément, d'entraîner une spécialisation corrélative des charges (▪ Cass. 3e civ., 8 juin 2011, n° 10-15.551 : *JurisData* n° 2011-011069 ; *Loyers et copr.* 2011, n° 155, obs. G. Vigneron ; *Bull. civ.* III, n° 95 ; *Administrer* nov. 2011, p. 40, obs. J.-R. Bouyeure).

Il en résultait par exemple que si les escaliers constituaient selon le règlement une partie commune spéciale aux lots situés dans les étages, les propriétaires de lots du rez-de-chaussée n'avaient pas à participer aux charges correspondantes sans qu'il y ait à rechercher s'ils avaient ou non accès à ces escaliers (▪ CA Paris, pôle 4, 2e ch., 3 févr. 2010 : *Administrer* avr. 2010, p. 37, obs. J.-R. Bouyeure). De même, dans un groupe d'immeubles, si chacun des bâtiments fait l'objet de parties communes spéciales, seuls les copropriétaires du bâtiment concerné doivent participer aux travaux de ravalement qui l'affectent (▪ Cass. 3e civ., 3 juin 2009, n° 08-16.379 : *Rev. Administrer* oct. 2009, p. 54, obs. J.-R. Bouyeure ; *AJDI* 2009, p. 633). De même encore si, dans un groupe d'immeubles, un dommage est imputable à des parties communes spéciales à l'un des bâtiments, la charge des condamnations prononcées par le tribunal (travaux de réfection) doit être supportée par les seuls copropriétaires du bâtiment concerné. Par contre les dommages et intérêts alloués doivent être supportés par l'ensemble des copropriétaires (▪ Cass. 3e civ., 6 déc. 2005, n° 04-15.016 : *Administrer* févr. 2006, p. 46, obs. J.-R. Bouyeure).

La Cour de cassation a rappelé que si le règlement avait institué des parties communes spéciales et imputé aux seuls copropriétaires de ces parties communes les réparations de toute nature y afférentes, cette clause devait être respectée (▪ Cass. 3e civ., 27 sept. 2005 : *Administrer* janv. 2006, p. 47, obs. J.-R. Bouyeure). La création de parties communes spéciales peut donc être le moyen d'exonérer des copropriétaires de charges qui ne présentent pour eux aucun intérêt (V. pour une exonération des charges d'escalier au profit des copropriétaires du rez-de-chaussée, ▪ CA Paris, pôle 4, 2e ch., 3 févr. 2010 : *Rev. Administrer* avr. 2010, p. 37, obs. J.-R. Bouyeure). Un copropriétaire ne peut en effet être tenu de participer aux charges entraînées par des parties communes dans lesquelles il n'a pas de droit de propriété indivis (▪ CA Versailles, 4e ch., 31 mars 2008 : *Administrer* juill. 2008, p. 55, obs. J.-R. Bouyeure).

2° *Une répartition de charges spéciales peut-elle exister sans création de parties communes spéciales ?*

15) Hésitations de la jurisprudence. On considérait dans un premier temps que pour pouvoir spécialiser les charges, il n'était pas pour autant indispensable de créer des parties communes spéciales. Cette opinion s'appuyait sur un arrêt de la Cour de cassation selon lequel « le règlement de copropriété peut mettre à la charge de certains copropriétaires seulement les dépenses d'entretien d'une partie de l'immeuble, ou celles d'entretien ou de fonctionnement d'un élément d'équipement » (▪ Cass. 3e civ., 1er avr. 1987, n° 85-18.044 : *Bull. civ.* III, n° 72, p. 42). Cette possibilité paraissait pouvoir se fonder sur les dispositions de l'article 24, III, de la loi dont les dispositions ont été reprises textuellement par l'article 10, alinéa de la loi (V. ce texte. – Pour des applications, V. ▪ CA Paris, 8e ch., 15 juin 1988 : *JurisData* n° 1988-023140. – ▪ CA Paris, 23e ch. B, 15 déc. 1989 : *Loyers et copr.* mars 1990, n° 146 et *D.* 1990, inf. rap. p. 15).

Cependant la possibilité de créer des « charges spéciales » sans créer également des parties communes spéciales a été remise en cause par un arrêt de la Cour de cassation (▪ Cass. 3e civ., 8 juill. 1998, n° 96-21.629 : *Bull. civ.* III, n° 161 ; *Rev. Administrer* févr. 1999, p. 59, note J.-R. Bouyeure ; *RD imm.* 1998, p. 682, note Capoulade ; *Loyers et copr.* déc. 1998, n° 250). Cette décision a réputé non écrite une clause du règlement exonérant des locaux commerciaux des charges relatives à la réfection des cages d'escalier. Un nouvel arrêt a déclaré non écrite la clause d'un règlement de copropriété dispensant des dépenses d'entretien et de réfection des escaliers et des frais de leur éclairage des locaux commerciaux situés au rez-de-chaussée, alors, souligne cette décision, que les escaliers ne figuraient pas au nombre des parties communes spéciales (▪ Cass. 3e civ., 6 mai 2003, n° 02-10.828 : *Loyers et copr.* 2003, comm. 162, obs. G. Vigneron ; *AJDI* 2003, p. 764, note C. Giverdon ; *Defrénois* 2003, art. 37 825, n° 97, p. 1344, obs. C. Atias ; *Rev. loyers* 2003, p. 447, note L. Guégan). Il résulte toutefois de cette décision qu'une exonération de charges serait valable si le lot considéré n'avait aucun accès à la partie commune correspondante (V. aussi, ▪ CA Paris, 23e ch. A, 28 mai 2003 : *AJDI* 2003, p. 771 ; *Rev. loyers* 2003, p. 619). Un arrêt plus récent a paru revenir à la jurisprudence de l'arrêt précité du 1er avril 1987, en décidant que l'absence de création de parties communes spéciales dans le règlement n'interdit pas de procéder à une répartition des charges spéciales par bâtiment « si la nature indépendante de ce bâtiment » le justifie (▪ Cass. 3e civ., 1er févr. 2006, n° 05-10.398 : *Loyers et copr.* 2006, comm. 85, note G. Vigneron ; *Rev. Administrer* avr. 2006, p. 37, obs. J.-R. Bouyeure). – V. sur cette décision, P. Capoulade, *À propos de la répartition spéciale des charges : Inf. rap. copr.* juin 2006, p. 16). La critique que l'on peut faire à cette jurisprudence est qu'elle subordonne en quelque sorte la validité de l'exonération de lots déterminés à la participation à telles ou telles charges à l'absence « d'utilité » de ces charges pour le lot considéré, alors que ce critère n'a pas sa place lorsqu'il s'agit de répartir les charges dites « générales ».

Cependant, un arrêt postérieur a semblé adopter une appréciation plus stricte en rejetant, dans une situation similaire (dispense de certains lots, dont des lots commerciaux, de charges afférentes à des parties d'immeubles auxquelles ils n'avaient pas accès, en l'absence de parties communes spéciales), le pourvoi formé contre une décision ayant énoncé que « l'exonération de certains lots de la participation aux charges générales devait reposer sur une spécialisation des parties communes » (▪ Cass. 3e civ., 4 juill. 2006, n° 05-11.058 : *AJDI* 2006, p. 747).

16) Tentative de synthèse. Toutefois, divers auteurs faisaient une lecture différente de cette jurisprudence (V. à ce propos l'étude particulièrement argumentée de Me J.-R. Bouyeure, *La spécialisation des charges de l'article 10, alinéa 2 de la loi du 10 juillet 1965 : Rev. Administrer* juin 2010, p. 18 et s.), et ils considéraient qu'en l'état actuel du droit positif, la situation pouvait se résumer comme suit :

– la spécialisation des charges était possible même en l'absence de spécialisation des parties communes. Cette spécialisation pouvait être purement contractuelle et n'était donc pas limitée aux seuls cas prévus par l'article 24, III de la loi du 10 juillet 1965, qui vise les seules dépenses d'entretien de parties de l'immeuble ou celles d'entretien et de fonctionnement d'un élément d'équipement commun ;

– pour que cette solution s'applique, encore fallait-il au vu de la jurisprudence que les lots exonérés de charges soient dans une « situation particulière » justifiant une telle exonération. À défaut, la clause du règlement emportant exonération serait réputée non écrite.

17) Difficultés persistantes. La difficulté était de définir les cas où, précisément, les circonstances constitutives de cette « situation particulière » étaient réunies : il pouvait en être ainsi, estimait-on, lorsque les lots dispensés de charges n'ont pas accès à la partie commune concernée ou encore lorsque les charges objet de l'exonération ne présentent aucun intérêt pour les lots exonérés, qui n'en bénéficient pas (V. les exemples cités dans l'étude de Mᵉ J.-R. Bouyeure, préc. – V., dans le sens de cette analyse, ▪ CA Paris, pôle 4, 2ᵉ ch., 3 mars 2010 : *JurisData* n° 2010-002374 ; *Loyers et copr.* 2010, comm. 206, obs. G. V. – V. également G. Gil, *Parties communes spéciales, charges particulières et assemblées restreintes : Administrer* nov. 2010, p. 24).

Un arrêt plus récent pouvait laisser penser qu'une évolution de la jurisprudence était en cours (?). Dans une copropriété composée de plusieurs bâtiments, le règlement indiquait que « les charges incombant seulement à un ou certains immeubles seraient supportées par les copropriétaires de ces immeubles et réparties entre eux au *prorata* de leurs millièmes de parties communes ». Mais ce règlement ne prévoyait aucune partie commune spéciale. Les juges du fond (▪ Aix-en-Provence, 4 sept. 2014) en ont déduit que le coût de travaux de réfection des parties communes concernant l'un des bâtiments devait être supporté par l'ensemble des copropriétaires. La Cour de cassation a approuvé en relevant que « l'existence de bâtiments distincts n'était pas en elle-même de nature à justifier une répartition des charges par bâtiment » (▪ Cass. 3ᵉ civ., 19 nov. 2015, n° 14-25.510 : *JurisData* n° 2015-025824 ; *Bull. civ.* III, n° 840 ; *Loyers et copr.* 2016, n° 23, note G. Vigneron ; *Administrer* févr. 2016, p. 40, note J.-R. Bouyeure. – V. aussi ▪ Cass. 3ᵉ civ., 8 oct. 2015, n° 14-13.100 : *JurisData* n° 2015-022433 ; *Administrer* janv. 2016, p. 34, note J.-R. Bouyeure ; *AJDI* 2016, p. 278, note N. Le Rudulier. – V. également, ▪ CA Paris, pôle 4, 2ᵉ ch., 6 janv. 2016, RG 12/07038 : *Administrer* avr. 2016, p. 42, note J.-R. Bouyeure).

Voir : à propos des exonérations de charges, L. 10 juill. 1965, art. 10, comm. 69 à 79, p. 164.

3° *Situation créée par la loi ELAN*

18) Lien indissociable entre création de parties communes spéciales et répartitions de charges spéciales. Selon l'article 6-2, alinéa 2 de la loi du 10 juillet 1965, créé par la loi n° 2018-1021 du 23 novembre 2018 (loi ELAN), « la création de parties communes spéciales est indissociable de l'établissement de charges spéciales à chacune d'elles ».

Cette directive devra être impérativement suivie par les rédacteurs de règlements : il ne doit pas y avoir de création de parties communes spéciales sans que soit en parallèle, instituée une répartition création de charges spéciales à chacune d'elles.

L'application de ce texte, qui a un caractère d'ordre public, a posé divers problèmes.

On s'est demandé en particulier s'il était néanmoins possible d'instituer des répartitions de charges spéciales sans pour autant créer des parties communes spéciales correspondantes.

Cette question reste débattue en doctrine et la jurisprudence ne s'est pas à ce jour prononcée (V. L. 10 juill. 1965, art. 6-2, comm. 10, p. 54).

Art. 2. – Le règlement de copropriété peut également comporter :

1° L'état descriptif de division de l'immeuble, établi *(Mots rempl. à compter du 1ᵉʳ janvier 2013, D. n° 2012-1462, 26 déc. 2012)* « conformément aux dispositions des articles 71-1 à 71-13 du décret n° 55-1350 du 14 octobre 1955 modifié » ;

2° La ou les conventions prévues à l'article 37 de la loi du 10 juillet 1965 et relatives à l'exercice de l'un des droits accessoires aux parties communes.

I – ÉTAT DESCRIPTIF

1) Principe. L'article 2 indique que le règlement de copropriété peut également « comporter l'état descriptif de division et la ou les conventions prévues à l'article 37 de la loi du 10 juillet 1965 relatives à l'exercice de l'un des droits accessoires aux parties communes ».

Les termes utilisés montrent qu'il n'y a là rien d'obligatoire : le règlement de copropriété, de même que les « conventions visées à l'article 37 » peuvent donc faire l'objet d'un document à part.

Voir : sur les *règles relatives à l'établissement de l'état descriptif de division,* D. n° 55-1350, 14 oct. 1955, art. 71, p. 1408.

2) Établissement des plans et esquisses annexés à l'état descriptif de division. En application de l'article L. 462-1 du Code de commerce et à la demande de la chambre syndicale nationale des géomètres-topographes, l'Autorité de la concurrence a rendu un avis dont il résulte que dans le silence de la loi et du règlement, et en l'absence de toute précisions jurisprudentielles sur ce point, aucun droit exclusif ne semble avoir été octroyé aux géomètres-experts en matière de réalisation des plans ou esquisses annexés aux états descriptifs de division de copropriété (▪ Aut. conc., avis n° 18-A-02, 28 févr. 2018 relatifs à la profession de géomètre-expert : *Loyers et copr.* avr. 2018, comm. 102, note A. Lebatteux). Cependant, un arrêt de la Cour de cassation a paru remettre en cause cette analyse. Selon cette décision, il résulte des articles 1 et 2 de la loi n° 46-942 du 7 mai 1946 instituant l'ordre des géomètres-experts (V. ce texte en annexe 34, *V° Géomètre-expert,* p. 1251), qu'un plan annexé aux actes de copropriété, qui a pour objet de délimiter les droits fonciers des copropriétaires, doit être obligatoirement établi par un géomètre-expert.

3) Absence d'état descriptif. Sur le *cas où la copropriété n'a pas d'état descriptif de division* (D. n° 55-22, 4 janv. 1955, art. 50-1, p. 1402 et D. n° 55-1350, 14 oct. 1955, art. 71, D, 3, p. 1408).

4) Nature juridique. Sur la *nature juridique de l'état descriptif de division,* (D. 17 mars 1967, art. 3, p. 664).

5) Vente de lots. Il a été précisé qu'en cas de *vente de lots,* les frais d'établissement de l'état descriptif de division incombent au vendeur en vertu de son obligation de délivrance (▪ Cass. 3e civ., 29 avr. 1980 : *RTD civ.* 1981, p. 76, obs. Giverdon ; *RD imm.* 1980, p. 454, note Dagot).

II – CONVENTIONS PRÉVUES À L'ARTICLE 37 DE LA LOI

A – Réserve d'un droit accessoire aux parties communes

6) Principes. Rappelons que les conventions **expressément** prévues par l'article 37 de la loi sont celles par lesquelles un copropriétaire ou un tiers se réserve l'exercice de l'un des droits accessoires aux parties communes visés à l'article 3 de la loi (V. L. 10 juill. 1965, art. 37, p. 565) lorsque cette convention est autorisée (V. L. 10 juill. 1965, art. 37-1).

La Cour de cassation a admis que l'énumération des droits accessoires aux parties communes figurant dans l'article 3 de la loi du 10 juillet 1965 n'était pas limitative (▪ Cass. 3e civ., 24 mai 2006 : *Bull. civ.* III, n° 134 ; *Loyers et copr.* 2006, comm. 188, note G. Vigneron ; *Rev. loyers* 2006, p. 346, note Th. Dubaele ; *Rev. Administrer* août-sept. 2006, p. 53, obs. J.-R. Bouyeure). La « réserve » prévue par l'article 37 de la loi peut donc porter sur un droit quelconque ayant, en raison de sa nature, le caractère d'accessoire aux parties communes (dans l'affaire soumise à la Cour de cassation, il s'agissait de la faculté de fermer une terrasse).

En dehors des conventions expressément prévues par l'article 37 de la loi du 10 juillet 1965 (V. ce texte), et autorisées par l'article 37-1 (V. ce texte), le règlement de copropriété peut également comporter des conventions particulières, par exemple la réserve d'un droit de « jouissance exclusive » sur les parties communes au profit d'un copropriétaire déterminé, ou encore la réserve d'un droit d'affichage sur les murs de l'immeuble...

B – Réserve du droit d'affichage

7) Source de contentieux. La « réserve » du droit d'afficher sur les parties communes a donné lieu à de nombreuses difficultés. Deux types de formule sont utilisés en pratique pour privatiser ce droit.

- Tantôt on déclare *« réserver » le droit d'affichage au profit d'une personne déterminée* (promoteur, vendeur...).

La jurisprudence avait réagi de façons diverses : la cour de Paris a tout d'abord admis la validité de cette « réserve » (▪ CA Paris, 23e ch. A, 22 déc. 1981 : *D.* 1982, inf. rap. p. 287, obs. C. Giverdon ; *Rev. loyers* 1982, p. 206, note J. V.) pour ensuite estimer qu'elle était nulle (▪ CA Paris, 23e ch. A, 5 mars 1984 : *D.* 1984, inf. rap. p. 380, obs. C. Giverdon ; *Rev. Administrer* déc. 1984, p. 45, note E.-J. Guillot. – D. Sizaire : *Bull. CNEIL* 1985, n° 199, IV, p. 33).

La Cour de cassation a été amenée à intervenir : non pas pour se prononcer sur la validité de cette « réserve » mais pour censurer la fausse qualification d'« usufruit » donnée par les juges du fond aux droits ainsi réservés (▪ Cass. 3e civ., 18 janv. 1984 : *D.* 1985, p. 504, note F. Zénati ; *RD imm.* 1984, p. 392, obs. Givord et Giverdon ; *JCP* G 1986, II, 20547 et *JCP* N 1987, II, p. 224, note J.-J. Barbiéri).

Quant à la doctrine, elle était divisée : certains contestaient la validité de principe de cette réserve (Souleau, obs. sous ▪ Cass. 3e civ., 19 nov. 1985 : *Defrénois* 1985, art. 33745-61. – Zénati, note sous ▪ Cass. civ., 18 janv. 1984, préc.). D'autres, tout en l'admettant, se divisaient sur le point de savoir si elle tombe ou non sous le coup des dispositions de l'article 37 de la loi du 10 juillet 1965 (V. ce texte : Givord et Giverdon : *RD imm.* 1981, p. 528. – Barbiéri, note sous ▪ Cass. civ., 18 janv. 1984, préc.

– Sizaire, obs. préc. – Guillot, obs. préc.). D'autres enfin estimaient que lorsque cette « réserve » a été stipulée au profit d'un professionnel, on pourrait y voir une clause abusive au regard de l'article L. 132-1 du Code de la consommation (F. Bayard-Jammes, *La nature juridique du droit du copropriétaire immobilier*, analyse critique : LGDJ 2003, n° 60).

8) Intervention de la loi du 23 novembre 2018 (loi ELAN). À la suite de la modification de l'article 3 de la loi du 10 juillet 1965 par la loi n° 2018-1021 du 23 novembre 2018 dite « loi ELAN », le droit d'affichage a été qualifié de « droit accessoire aux parties communes ». Par ailleurs, il apparaît à la lecture des articles 37 et 37-1 nouveau de la loi du 10 juillet 1965 que ce droit d'affichage peut être « réservé ».

La réserve d'un droit d'affichage dans le règlement de copropriété est donc licite : mais, comme tous les droits accessoires « réservés » elle peut être frappée de caducité. En outre le titulaire du droit est à la merci d'une action du syndicat tendant à s'opposer à son exercice (V. comm. L. 10 juill. 1965, art. 37, p. 565).

Le droit d'affichage « réservé » dans le règlement de copropriété est donc affecté d'une certaine fragilité.

La situation du titulaire du droit peut-elle être plus solide s'il est conféré pendant le cours de la vie de la copropriété ?

Plusieurs formules peuvent être *a priori* envisagées étant entendu qu'au regard de la jurisprudence de la Cour de cassation concernant les « droits de jouissance privative » (V. E., art. 1, n° 8) consacrée par le législateur (L. 10 juill. 1965, art. 6-3, al. 2), il ne serait pas concevable de faire de ce droit d'affichage la partie privative d'un lot.

Les solutions offertes au syndicat qui entend concéder un droit d'affichage sur les parties communes peuvent être les suivantes :

– faire consentir par l'assemblée un droit d'affichage temporaire sous forme de contrat de location, ou encore de concession de droit de jouissance exclusive à caractère personnel révocable (ou du moins à durée déterminée) ;

– consentir un droit réel, qui peut être temporaire, au titulaire du droit, sous forme de « droit de jouissance exclusive » ou de « droit réel de jouissance spéciale » (V. L. 10 juill. 1965, art. 6-3).

Bibliographie : pour plus de détails, J. Lafond, *Le vendeur d'un immeuble en copropriété peut-il se réserver le droit d'afficher sur cet immeuble ? : JCP* N 1987, prat. 69 et *JCl. Notarial Formulaire, V° Copropriété*, Fasc. 244, n°s 71 et s. – V. également sur ces problèmes, P. Laporte-Bisquit, *Panneaux publicitaires, enseignes et pratique notariale : JCP* N 1994, prat. 2957.

Art. 3 *(Mod., D. n° 2020-834, 2 juill. 2020).* **– Les règlements, états et conventions énumérés aux articles qui précèdent peuvent faire l'objet d'un acte conventionnel ou résulter d'un acte judiciaire, suivant le cas, ayant pour objet de réaliser, constater ou ordonner la division de la propriété d'un immeuble dans les conditions fixées par le I de l'article 1er de la loi du 10 juillet 1965.**

Si le règlement de copropriété comprend un état descriptif de division et les conventions visées à l'article 2 ci-dessus, il doit être rédigé de manière à éviter toute confusion entre ses différentes parties et les clauses particulières au règlement de copropriété doivent se distinguer nettement des autres.

Dans ce cas, seules les stipulations dont l'objet est précisé à l'article 1er du présent décret constituent le règlement de copropriété au sens et pour l'application de ladite loi.

I – ÉTABLISSEMENT DES DOCUMENTS CONSTITUTIFS DE LA COPROPRIÉTÉ

1) Documents concernés. Le texte vise les « règlements, états et conventions » énumérés aux articles qui précèdent : c'est-à-dire le règlement de copropriété (art. 1er et 2), l'état descriptif de division (art. 2), l'état de répartition des charges (art. 1er), et les conventions prévues à l'article 37 et 37-1 relatives aux droits accessoires aux parties communes.

Ces documents font normalement l'objet d'un « *acte conventionnel* » (sur les conditions dans lesquelles le règlement de copropriété et l'état descriptif de division sont établis, V. respectivement art. 8, L. 10 juill. 1965 et art. 2 du présent décret).

Le texte reconnaît explicitement aux *tribunaux* (judiciaires, seuls compétents) lorsqu'ils sont chargés de « réaliser, de constater ou d'ordonner » la division d'un immeuble en lots de copropriété, la possibilité d'établir eux-mêmes les « règlements, états et conventions énumérés aux articles qui précèdent » : en particulier donc le règlement de copropriété et l'état descriptif de division. Il en sera ainsi par exemple lorsqu'un tribunal saisi d'une demande en partage d'un immeuble procède à un partage en nature en le divisant en lots de copropriété, comme la Cour de cassation en a admis la possibilité (■ Cass. 1re civ., 19 janv. 1960 : *JCP* 1960, II, 11458 ; *D.* 1960, p. 417, note Savatier).

Voir : sur la possibilité pour le juge d'intervenir *lorsque l'immeuble ne comporte pas de règlement de copropriété*, L. 10 juill. 1965, art. 8, comm. n° 8, p. 65.

II – PRÉSENTATION MATÉRIELLE DU RÈGLEMENT DE COPROPRIÉTÉ

2) Directives rédactionnelles. L'article 3, alinéa 2 évoque le cas où le règlement de copropriété comprend un état descriptif de division et les conventions prévues à l'article 37 de la loi du 10 juillet 1965, relatives à l'exercice de l'un des droits accessoires aux parties communes.

Il est préconisé de le rédiger alors de manière à éviter toute confusion entre ses différentes parties. Le texte ajoute que « les clauses particulières au règlement de copropriété doivent se distinguer nettement des autres ». Seules ces clauses ont une valeur contractuelle, à l'exclusion de l'état descriptif de division (■ Cass. 3e civ., 14 déc. 1999, n° 96-12.963 : *Dossier CSAB* n° 85, juill. 2000, n° 90, note A. Dunes.– Sur l'évolution de la jurisprudence à ce propos, V. infra, comm. 4 à 6).

Dans ce cas indique l'alinéa 3, seules les stipulations dont l'objet est précisé à l'article premier du décret constituent le règlement de copropriété « au sens et pour l'application » de la loi du 10 juillet 1965. L'article 1er du décret auquel il est ainsi renvoyé renvoie lui-même (cette technique de double renvoi étant assez peu claire…) :

– à l'article 8, I, alinéa 1 er de la loi du 10 juillet 1965 (détermination de la destination des parties tant privatives que communes et des conditions de leur jouissance ; fixation des règles relatives à l'administration des parties communes et énumération s'il y a lieu des parties communes spéciales et de celles à jouissance privative : V. ce texte) ;

– à l'article 8, II, alinéa 1er de la loi du 10 juillet 1965 (fixation des modalités de location des places de stationnement adaptées réservées aux personnes handicapées : V. ce texte) ;

– à l'état de répartition des charges prévu à l'article 10, alinéa 3 de cette même loi (charges relatives à la conservation à l'entretien et à l'administration des parties communes générales et spéciales : V. ce texte).

3) Responsabilité du rédacteur. On ne voit pas *a priori* quelle peut être la sanction de ces directives : certainement pas la nullité du règlement de copropriété. Mais si leur non-respect engendre des confusions et fait naître un contentieux, la responsabilité du rédacteur qui n'en a pas tenu compte peut certainement être mise en jeu. (Sur des cas de mauvaise rédaction du règlement de copropriété nécessitant une *interprétation* (V. ■ CA Paris, 23e ch., 2 févr. 1979 : *D.* 1980, inf. rap. p. 150, note 28. ■ CA Paris, 23e ch. B, 24 juin 1981 : *AJPI* 1982, p. 99, note Bouyeure. ■ Cass. 3e civ., 17 oct. 1979 : *Rev. Administrer* 1980, p. 37, note Guillot. – Sur la responsabilité du notaire, ■ Cass. 3e civ., 12 juill. 1995 : *RD imm.* 1995, p. 787, obs. P. Capoulade).

La responsabilité d'un notaire a été recherchée et retenue par une cour d'appel à la suite de retards dans l'exécution des travaux de rénovation votée par l'assemblée en raison de la rédaction défectueuse du règlement de copropriété en ce qui concerne la répartition des charges. En outre l'acte de vente d'un lot ne figurait pas dans l'état descriptif de division. Mais la Cour de cassation a censuré l'arrêt de la Cour qui avait condamné le notaire à indemniser divers copropriétaires de leur préjudice de jouissance ou de pertes locatives, pour n'avoir pas caractérisé le lien de causalité entre les manquements qui lui étaient reprochés et les préjudices dont elle avait retenu l'existence (■ Cass. 1re civ., 6 oct. 2011, n° 10-17.259 : *JurisData* n° 2011-022153 ; *AJDI* 2011, p. 884).

La prescription de l'action ne court pas à compter de la date à laquelle la clause litigieuse a été introduite par le notaire dans le règlement, mais à la date de révélation du fait dommageable c'est-à-dire lorsque les effets préjudiciables de cette clause peuvent être constatés (■ Cass. 1re civ., 5 avr. 2012, n° 11-10.967 : *AJDI* 2012, p. 438). Le point de départ de l'action se situe à la date à laquelle le copropriétaire a eu pleinement conscience des conséquences dommageables résultant de la clause litigieuse (■ CA Nancy, 1re ch. civ., 30 sept. 2010 : *JurisData* n° 2010-027989).

Le délai de prescription de l'action est celui actuellement prévu par l'article 42, alinéa 1 de la loi du 10 juillet 1965, qui renvoie à l'article 2224 du Code civil : soit cinq ans.

Bibliographie : M.-L. Besson, *La responsabilité du rédacteur d'actes immobiliers à l'ère numérique : AJDI* mars 2021, p. 171 (1re partie) ; *AJDI* avr. 2021, p. 260 (2e partie).

III – CARACTÈRES DE L'ÉTAT DESCRIPTIF DE DIVISION

Bibliographie : M. Dagot, *L'état descriptif de division : JCP* N 2004, n° 50, 1595. – C. Atias, *L'état descriptif de division de l'immeuble : Ann. loyers* 1998, p. 337. – S. Olivier, *Pour en finir avec le débat sur la valeur de l'état descriptif de division : LPA* 17 juin 2016, p. 7. – P.-E. Lagraulet, *L'état descriptif de division d'un immeuble en copropriété a-t-il valeur contractuelle ? : AJDI* 2023, p. 420.

4) Caractère contractuel ? L'état descriptif de division étant fréquemment englobé dans le règlement par les rédacteurs, on s'est posé le problème de savoir si, de simple document exigé pour les besoins de la publicité foncière, il ne revêtait pas alors un caractère contractuel.

La jurisprudence a tout d'abord nettement affirmé que l'état descriptif de division constituait un « document contractuel » (■ Cass. 3e civ., 15 mai

1973 : *Bull. civ.* III, n° 341, p. 247. ▪ Cass. 3e civ., 17 mars 1976 : *JCP* 1977, II, 18542. ▪ Cass. 3e civ., 26 juin 1979 : *D.* 1980, inf. rap. p. 234, obs. Giverdon ; *JCP* G 1979, IV, 295. ▪ Cass. 3e civ., 12 janv. 1982 : *Gaz. Pal.* 1982, Pan. jurispr. p. 189. ▪ Cass. 3e civ., 1er févr. 1983 : *Rev. Administrer* mai 1984, p. 41. – V. sur ce problème, note C. Atias sous ▪ Cass. 3e civ., 4 févr. 1987 : *D.* 1987, jurispr. p. 541.).

Elle s'opposait, en cela, à la doctrine qui faisait valoir qu'il s'agissait d'un document purement ou principalement technique (E. Kischinewsky-Broquisse, *La copropriété*, 4e éd., n° 544 *bis*. – Givord et Giverdon, *La copropriété*, 4e éd., n° 98).

Mais la Cour de cassation est revenue sur sa position (▪ Cass. 3e civ., 8 juill. 1992, n° 90-11.578 : *Bull. civ.* III, n° 24 ; *D.* 1993, jurispr. p. 1, note P. Capoulade et Cl. Giverdon ; *Inf. rap. copr.* 1993, p. 10, obs. P. Capoulade ; *AJPI* 1993, p. 713, obs. J.-M. Gélinet ; *JCP* N 1993, II, 336, note crit. J.-M. Goetghebeur. – V. dans le même sens : ▪ Cass. 3e civ., 18 nov. 1992 : *Loyers et copr.* 1993, n° 67). « L'état descriptif de division, dressé seulement pour les besoins de la publicité foncière, *n'a pas de caractère contractuel* », énonçait alors la Cour de cassation (V. de nouveau postérieurement ▪ Cass. 3e civ., 15 nov. 2018, n° 17-26.727 : *Administrer* janv. 2019, p. 46, obs. J.-R. Bouyeure. ▪ Cass. 3e civ., 7 sept. 2017, n° 16-18.331 : *Bull. civ.* III, n° 87 ; *JurisData* n° 2017-017201 ; *Loyers et copr.* 2017, comm. 220, note A. Lebatteux ; *JCP* N 2017, n° 10, 1347, obs. H. Périnet-Marquet ; *Rev. loyers* 2017, p. 507, note L. Guégan-Gélinet ; *Administrer* nov. 2017, p. 35, note J.-R. Bouyeure. ▪ Cass. 3e civ., 8 avr. 2014, n° 13-11.633. ▪ Cass. 3e civ., 14 déc. 1999 : *Dossier CSAB* n° 85, juill. 2000, n° 90, note A. Dunes. ▪ Cass. 3e civ., 30 mai 1995 : *Loyers et copr.* août-sept. 1995, n° 382 ; *JCP* N 1996, p. 672, note D. Sizaire ; *RD imm.* 1995, p. 582, obs. P. Capoulade.

La Cour de cassation a précisé que la publication postérieurement au règlement de copropriété d'un nouvel état descriptif de division non contesté ne lui donne pas valeur contractuelle en ce qui concerne la destination des locaux (▪ Cass. 3e civ., 7 sept. 2011, n° 10-14.154 : *JurisData* n° 2011-018184 ; *Loyers et copr.* 2011, comm. 310, obs. G. Vigneron ; *Bull. civ.* III, n° 141 ; *Administrer* déc. 2011, p. 66, obs. J.-R. Bouyeure ; *Rev. loyers* 2011, p. 426, note M. Plaidy. – V. aussi sur l'absence de valeur contractuelle de l'état descriptif relativement à la destination de l'immeuble, ▪ CA Paris, 18 mai 2011, n° 09/20585 : *JurisData* n° 2011-009916 ; *AJDI* 2012, p. 356. – V. dans le même sens ▪ CA Paris, pôle 4, 2e ch., 18 mai 2011, n° 09/22193 : *JurisData* n° 2011-009917).

L'affirmation concernant l'absence de caractère contractuel de l'état descriptif de division surprend pour au moins deux raisons :

– elle est en contradiction avec les textes. En effet, il résulte de l'article 3, alinéa 1, du décret (V. ci-dessus) que l'état descriptif de division peut « faire l'objet d'un acte conventionnel ». Et l'on comprend alors que l'article 4 du décret (V. ce texte) prévoie de donner connaissance aux acquéreurs de lot non seulement du règlement de copropriété, mais également (al. 2) de l'état descriptif de division et des actes qui l'ont modifié ;

– elle ne traduit pas la réalité : il est fréquent dans des copropriétés anciennes ou organisées de manière embryonnaire que le règlement de copropriété ne comporte, en ce qui concerne la désignation des lots (nombre, nature, attribution des tantièmes) rien d'autre que ce qui figure dans l'état descriptif de division, qui fait corps avec le règlement. Il est manifeste qu'alors les acquéreurs de lots se sont déterminés au vu des indications y figurant, puisqu'ils n'avaient aucun autre point de référence.

Cependant, dire que l'état descriptif de division est un document contractuel (position ancienne de la Cour de cassation) peut paraître trop systématique. Il est des cas en effet où il ne s'agit que d'un simple document de publicité foncière.

Voir : D. n° 55-22, 4 janv. 1955, art. 50-1 et 50-2, p. 1402.

5) Appréciation. La position adoptée par la jurisprudence peut paraître excessive. En réalité, *l'état descriptif de division peut avoir, selon les cas, une nature différente.*

Il est incontestable qu'il est principalement établi pour les besoins de la publicité foncière et qu'il présente à ce titre le caractère d'un document technique. Mais il peut aussi devenir un document contractuel, s'il est englobé dans le règlement de copropriété, que les indications qui y figurent ne se retrouvent nulle part ailleurs, et que les titres d'acquisition des copropriétaires s'y réfèrent. Il fournit alors un certain nombre de données qui ont effectivement un caractère contractuel, puisqu'elles font partie de la convention d'origine à laquelle les copropriétaires ont adhéré (V. C. Atias, *La copropriété des immeubles bâtis*, n° 23) :

– Le *nombre de lots* que doit comporter l'immeuble (▪ Cass. 3e civ., 17 mars 1976, préc. ▪ Cass. 3e civ., 12 janv. 1982, préc.)... ce qui ne veut pas dire que ce nombre est figé car il peut se modifier par voie de division ou de réunion de lots, à condition que ni le règlement de copropriété ni la destination de l'immeuble ne l'interdise.

Voir : sur la faculté de diviser ou de réunir les lots, L. 10 juill. 1965, art. 9, comm. nos 67 à 73, p. 119.

– La *nature de chaque lot* (▪ Cass. 3e civ., 17 mars 1976, préc.) : appartement, cave, grenier... et donc sa destination (V. à propos de l'affectation des lots : ▪ CA Paris, 19 févr. 1982 : *D.* 1982, inf. rap. p. 288, obs. Cl. Giverdon. ▪ CA Paris, 25 mars 1982 : *Inf. rap. copr.* mars 1982, p. 46. – Zurfluh et Barnier-Sztabowicz, *De la valeur contractuelle de l'état descriptif de division : Rev. Administrer* août-sept. 1984, p. 9 et s.).

Voir : sur la possibilité de modifier ensuite cette affectation, L. 10 juill. 1965, art. 9, comm. n° 26, p. 99.

– La *consistance exacte des parties privatives de l'immeuble* (▪ Cass. 3e civ., 15 mai 1973, préc. – V. ▪ CA Paris, 23e ch., 3 juin 1992 : *Loyers et copr.* 1992, n° 397. – V. également ▪ CA Paris, 23e ch., 26 nov. 1993 : *Rev. Administrer* déc. 1994, p. 56. Selon cet arrêt il y aurait lieu de se référer à l'état descriptif de division à titre subsidiaire en cas d'obscurité ou d'ambiguïté du règlement pour déterminer si une partie de l'immeuble est privative ou commune).

– Les *tantièmes de copropriété* (et donc de charges dites « générales ») afférents à chaque lot.

– Éventuellement et indirectement la *destination de l'immeuble* en l'absence d'indications données dans le règlement de copropriété : ainsi si tous les lots sont identifiés comme des appartements dans l'état descriptif, on en déduira que l'immeuble est « destiné » à l'habitation.

Il en découle que l'état descriptif de division ne peut pas être en principe modifié unilatéralement par un copropriétaire, particulièrement lorsqu'en l'absence de règlement sa modification a pour objet le changement de destination d'une partie privative et qu'elle est susceptible d'influer sur la destination de l'immeuble et de porter atteinte aux droits des autres copropriétaires (▪ CA Aix-en-Provence, 4e ch. A, 22 juin 2007 : *Loyers et copr.* 2008, n° 45, obs. G. Vigneron). Sa modification ne peut intervenir qu'à la suite d'opérations autorisées par la loi, par l'assemblée (à la même majorité que celle requise pour cette autorisation...) ou admises par le règlement de copropriété.

6) Tempéraments jurisprudentiels ? La jurisprudence a finalement apporté des exceptions au principe selon lequel l'état descriptif de division ne constituait pas un document contractuel.

● elle a admis que les indications figurant dans l'état descriptif de division pouvaient être contractualisées.

– ainsi, par exemple, s'il résulte de l'état descriptif de division qu'un lot est à usage de garage et que le caractère contractuel de cette destination n'est pas contesté, le propriétaire de ce lot doit être condamné à respecter sa destination alors même que son titre d'acquisition fait état d'un garage comprenant un logement (▪ Cass. 3e civ., 20 mai 2008, n° 06-20.633 : *Rev. Administrer* août-sept. 2008, p. 46, obs. J.-R. Bouyeure V., sur cette décision, C. Atias, *État descriptif de division : revirement ? : D.* 2008, p. 2840).

– de même il a été jugé que le règlement de copropriété pouvait conférer à l'état descriptif de division une valeur contractuelle. Il est ainsi dans le cas où les lots situés au-dessus du premier étage sont affectés à destination exclusive d'habitation par l'état descriptif de division, ce qui n'est pas en contradiction avec les stipulations du règlement. Il peut en être déduit, dès lors que les dispositions de l'état descriptif de division sont plus précises, que les locaux situés au deuxième étage ne peuvent être occupés à titre professionnel (▪ Cass. 3e civ., 6 juill. 2017, n° 16-16.849 : publié au *Bull.* ; *JurisData* n° 2017-013489 ; *Loyers et copr.* 2017, comm. 219, note A. Lebatteux ; *Administrer* oct. 2017, p. 67, obs. J.-R. Bouyeure ; *Rev. loyers* 2017, p. 440, note L. Guégan-Gélinet ; P.-L. Niel, *LPA* 8 janv. 2018, p. 11. – V. sur cette décision, J.-M. Roux, *De la nature juridique de l'état descriptif de division : Inf. rap. copr.* sept. 2017, p. 11).

Selon un arrêt de la Cour de cassation, l'insertion dans l'acte de vente des mentions de l'état descriptif de division concernant la consistance et la hauteur maximale des bâtiments à édifier sur des lots déterminés ainsi que la description de ces lots confère à ces indications un caractère contractuel (▪ Cass. 3e civ., 12 janv. 2011, n° 09-13.822 : *JurisData* n° 2011-000224 ; *Rev. Administrer* mai 2011, p. 48, obs. J.-R. Bouyeure).

● il paraît par ailleurs admis que les indications figurant dans l'état descriptif de division peuvent faire la loi des parties lorsqu'elles permettent de combler le silence ou les lacunes du règlement.

Ainsi un arrêt a admis que la mention d'un « droit de passage » au seul bénéfice d'un copropriétaire dans l'état descriptif de division permettait de déterminer qu'il s'agissait d'un droit « exclusif », ce que ne révélait pas le règlement de copropriété qui mentionnait un « droit de passage » sans autre précision (▪ Cass. 3e civ., 1er févr. 2018, n° 17-10.482, publié au Bulletin : *JurisData* n° 2018-001037 ; *Loyers et copr.* 2018, comm. 77, note C. Coutant-Lapalus ; *Rev. loyers* 2018, p. 218, note L. Guégan-Gélinet). Dans une autre décision, l'état descriptif de division constituait le seul document de référence définissant la nature de chaque lot et sa destination. La Cour de cassation retient qu'en l'absence de règlement de copropriété, la modification de l'état descriptif de division ayant pour objet le changement de destination d'une partie privative doit être décidée en assemblée générale et ne peut être opérée unilatéralement (▪ Cass. 3e civ., 3 déc. 2008, n° 07-19.313 : *Loyers et copr.* 2009, comm. 44, obs. G. Vigneron ; *Rev. Administrer* mars 2009, p. 60, obs. J.-R. Bouyeure ; *Defrénois* 2009, art. 38950, p. 1053, obs. C. Atias).

Cependant, on observe que, dans diverses décisions récentes (V. ci-dessus, n° 4), la Cour de cassation continue d'énoncer que l'état descriptif de division n'a pas de valeur contractuelle, et qu'en conséquence il ne peut valoir modification du règlement de copropriété.

En résumé : Ces indications apparemment contradictoires paraissent pouvoir être harmonisées de la façon suivante :

- le document de référence est le règlement de copropriété et, en cas de contradiction avec les mentions de l'état descriptif de division, ce sont les indications figurant dans le règlement qui doivent prévaloir ;
- s'il n'est pas mis sur le même plan, l'état descriptif de division n'est pas un document totalement neutre. Mis à part le cas où les mentions y figurant sont contractualisées, il peut en être tiré parti soit dans le cas de silence ou de lacunes du règlement, soit pour aider à son interprétation s'il n'est pas clair.

7) Erreur matérielle. Si l'état descriptif de division comporte une erreur matérielle, qui affecte les droits de l'ensemble des copropriétaires, sa rectification suppose l'intervention de l'assemblée. Mais à quelle majorité doit-elle se prononcer ? En l'absence de texte, la majorité de l'article 24 de la loi du 10 juillet 1965 devrait s'appliquer (V. ce texte), sauf toutefois cas particulier. Ainsi il a été jugé, dans un cas de contradiction entre le règlement de copropriété et l'état descriptif de division quant à la qualification de la loge de concierge, que la rectification devait être opérée par l'assemblée statuant à la majorité de l'article 26 (▪ CA Paris, 23e ch. A, 28 mai 1997 : *Loyers et copr.* nov. 1997, n° 297, note G. Vigneron ; *D.* 1997, somm. 125, obs. C. Atias).

S'il s'avère impossible de faire rectifier l'erreur matérielle par l'assemblée, il résulte d'un arrêt de la Cour de cassation que la rectification peut être opérée par le juge (▪ Cass. 3e civ., 22 mars 2018, n° 17-14.168 : publié au *Bull.* ; *JurisData* n° 2018-004096 ; *Loyers et copr.* 2018, comm. 128, note C. Coutant-Lapalus ; *Administrer* mai 2018, p. 37, note J.-R. Bouyeure ; *Rev. loyers* 2018, p. 320, note L. Guégan-Gélinet). En l'espèce deux numéros de lots avaient été inversés.

V. sur le sujet, J. Hocquard, *La rectification d'erreurs matérielles affectant un état descriptif de division : Inf. rap. copr.* mai 2019, p. 21.

8) Demande d'annulation d'un acte modificatif de l'état descriptif de division. La demande d'annulation d'un acte modificatif du règlement de copropriété et de l'état descriptif de division, aux fins de suppression et d'annulation de certains lots, doit faire l'objet d'une publication au fichier immobilier (▪ Cass. 3e civ., 17 déc. 2014, n° 13-23.350 (publié au *Bulletin*) : *Administrer* mars 2015, p. 42, obs. J.-R. Bouyeure).

Art. 4. – **Tout acte conventionnel réalisant ou constatant le transfert de propriété d'un lot ou d'une fraction de lot, ou la constitution sur ces derniers d'un droit réel, doit mentionner expressément que l'acquéreur ou le titulaire du droit a eu préalablement connaissance, s'ils ont été publiés dans les conditions prévues par l'article 13 de la loi du 10 juillet 1965, du règlement de copropriété ainsi que des actes qui l'ont modifié.**

Il en est de même en ce qui concerne l'état descriptif de division et des actes qui l'ont modifié, lorsqu'ils existent et ont été publiés.

Le règlement de copropriété, l'état descriptif de division et les actes qui les ont modifiés, même s'ils n'ont pas été publiés au fichier immobilier, s'imposent à l'acquéreur ou au titulaire du droit s'il est expressément constaté aux actes visés au présent article qu'il en a eu préalablement connaissance et qu'il a adhéré aux obligations qui en résultent.

I – COMMUNICATION À L'ACQUÉREUR DU RÈGLEMENT DE COPROPRIÉTÉ ET DE L'ÉTAT DESCRIPTIF DE DIVISION

1) Une communication obligatoire. Ce texte concerne les « actes conventionnels » (ce qui exclut les actes judiciaires) « réalisant ou constatant un transfert de propriété (vente, donation, partage, etc.) ou la constitution d'un droit réel (hypothèque, servitude...) et portant sur un lot ou une fraction de lot ». Il oblige à donner à l'acquéreur ou au titulaire du droit une connaissance préalable :

– « du règlement de copropriété et des actes qui l'ont modifié » ;

– « de l'état descriptif de division et des actes modificatifs... lorsqu'ils existent et qu'ils ont été publiés ».

Comment *avoir connaissance du règlement de copropriété et des modifications dont il a pu être l'objet ?*

... en demandant le renseignement au service de la publicité foncière du lieu de situation de l'immeuble (sur les modalités pratiques d'obtention de ces renseignements, D. n° 55-1350, 14 oct. 1955, art. 43, p. 1407).

... en s'adressant au notaire dépositaire de la minute du règlement de copropriété, qui doit être en principe également dépositaire des minutes des modifications du règlement de copropriété (D. n° 55-1350, 14 oct. 1955, art. 85, p. 1426).

... en s'adressant au syndic, archiviste du syndicat qui conserve, non seulement le règlement de copropriété, mais également les modifications dont il est par la suite l'objet (V. art. 33 du présent décret).

II – OPPOSABILITÉ A L'ACQUÉREUR DU RÈGLEMENT DE COPROPRIÉTÉ ET DE L'ÉTAT DESCRIPTIF DE DIVISION

Bibliographie : P. Capoulade, *L'opposabilité des modifications au règlement de copropriété* : *Inf. rap. copr.* dec. 2009, p. 6. – G. Gil, *L'opposabilité aux tiers du règlement de copropriété et de ses modificatifs* : *Inf. rap. copr.* oct. 2011, p. 25. – J. Hocquard, *Opposabilité du modificatif du règlement de copropriété non publié* : *Inf. rap. copr.* nov. 2021, p. 43.

2) Conditions d'opposabilité du règlement et de l'état descriptif de division à l'acquéreur et aux titulaires de droits réels. Par dérogation à l'article 13 de la loi du 10 juillet 1965 (V. ce texte), le règlement de copropriété, l'état descriptif de division et leurs modificatifs seront *opposables à l'acquéreur ou au titulaire du droit réel* s'ils en ont eu connaissance parce qu'il aura été satisfait à cette obligation légale et s'il est constaté qu'ils ont « expressément adhéré aux obligations qui en résultent ».

Ce texte appelle plusieurs observations :

• *Lorsque le règlement de copropriété a été précédemment publié*, la connaissance préalable de ses dispositions donnée à l'acquéreur (qui est également imposée dans le cas de baux soumis à la loi n° 89-462 du 6 juill. 1989 par l'article 3 de cette loi – V. dans le présent code, art. 13, L. 10 juill. 1965) a pour but non pas de lui rendre le règlement de copropriété opposable (cette opposabilité résulte de sa publicité... ▪ CA Paris, 23e ch. B, 6 mai 1999 : *AJDI* 1999, p. 718) mais de l'informer de son contenu, pour éclairer son consentement.

Si cette obligation légale n'est pas remplie et qu'il s'avère que l'acquéreur n'aurait pas contracté s'il avait connu le contenu du règlement, il pourrait éventuellement plaider la nullité de la vente (pour vice du consentement...), ou du moins rechercher la responsabilité du rédacteur de l'acte qui ne lui en aurait pas donné connaissance (sous réserve de démontrer le préjudice causé...). – Sur l'absence de préjudice dans un cas où le notaire avait communiqué à l'acquéreur un règlement incomplet, V. ▪ CA Versailles, 1re ch., 15 févr. 1988 : *JCP* 1988, IV, p. 367.

Dans cette hypothèse de publication du règlement ou des modifications dont il a été l'objet, l'acquéreur ne peut se les voir opposer que s'ils ont été publiés antérieurement à la publication de son propre titre d'acquisition (▪ Cass. 3e civ., 31 janv. 1996 : *Bull. civ.* III, n° 29).

• *Lorsque le règlement de copropriété, l'état descriptif de division ou les actes modificatifs n'ont pas été publiés*, cette communication préalable à l'acquéreur ou aux titulaires de droits sur le lot a un autre intérêt : elle permet de leur rendre opposables ces documents pourvu qu'ils déclarent en avoir eu préalablement connaissance et « adhérer aux obligations qui en résultent ». Il importe que l'acte d'achat constate expressément que l'acquéreur a eu préalablement connaissance du règlement ou de ses modificatifs et (condition cumulative) qu'il a adhéré aux obligations qui en résultent (V. art. 4, al. 3).

À défaut, ils ne lui seront pas opposables (▪ Cass. 3e civ., 15 déc. 2021, n° 20-23.221 : *JurisData* n° 2021-021463 ; *Loyers et copr.* 2022, comm. 30, notes C. Coutant-Lapalus ; *Administrer* févr. 2022, p. 53, obs. P. Dechelette-Tolot ; *Defrénois* 5 mai 2022, n° 18, p. 33, note L.-A. Poletti) ; même s'il est établi qu'il en avait connaissance par ailleurs (▪ CA Paris, 23e ch. B, 13 oct. 1995 : *Loyers et copr.* mars 1996, n° 132). Ainsi, le fait que l'acquéreur ait été informé lors de la signature définitive de l'acte de vente d'une possible modification de la rubrique « destination » du règlement est sans incidence, en l'absence d'une adhésion formelle de sa part à cette modification (▪ CA Paris, pôle 4, 2e ch., 16 nov. 2011 : *JurisData* n° 2011-026763 ; *Loyers et copr.* 2012, comm. 94, obs. G. V.). De même est inopposable une modification de la répartition des charges opérée par une assemblée antérieure à la date de l'acquisition et publiée postérieurement, dès lors que l'acquéreur n'a pu avoir connaissance de la décision soit par sa publication soit par une mention de l'acte de vente (▪ CA Paris, pôle 4, 2e ch., 27 avr. 2011 : *Administrer* août-sept. 2011, p. 48, obs. J.-R. Bouyeure).

La charge de l'accomplissement des formalités permettant de rendre le règlement ou ses modifications opposables pèse sur ceux qui établissent les actes constatant le transfert de propriété de lot ou de fraction de lot, ou la constitution de droits réels sur ces lots : c'est-à-dire en pratique sur les agents immobiliers (lors de la signature des « compromis » ou promesses de vente...), sur les notaires ou, éventuellement, les avocats (en cas d'adjudication du lot). La responsabilité de ces professionnels peut être engagée s'ils ne respectent pas ces textes, dans la mesure du préjudice causé.

3) Stipulations de l'acte de vente. Il n'est *pas possible de déroger aux dispositions du règlement de copropriété par les stipulations de l'acte de vente* (▪ Cass. 3e civ., 25 mai 1972 : *JCP* 1972, II, 17249, obs. J. Ghestin. ▪ Cass. 3e civ., 27 juin 1972 : *D.* 1973, p. 26).

De même, vendeur et acquéreur ne peuvent se mettre d'accord pour déroger par une stipulation particulière à une servitude de cour commune instituée par le règlement intérieur d'un groupe d'immeubles (▪ Cass. 3e civ., 8 déc. 2004 : *AJDI* 2005, p. 145).

Cette prééminence du règlement de copropriété sur les stipulations des actes de vente fait qu'en cas de contradiction ce sont les mentions figurant dans le règlement qui prévalent (■ Cass. 3e civ., 21 juin 2006, n° 05-14.441 : *Bull. civ.* 2006, III, n° 158 ; *JCP* N 2006, 1380, n° 9, obs. H. Périnet-Marquet. ■ Cass. 3e civ., 15 févr. 2006, n° 04-20.058). Il en résulte en particulier que le vendeur doit délivrer le lot vendu dans la consistance définie par le règlement de copropriété, peu important la désignation figurant dans l'acte de vente (■ Cass. 3e civ., 9 juill. 2013, n° 12-19.426 : *AJDI* 2013, p. 765. ■ Cass. 3e civ., 7 juill. 2010, n° 09-13.498 : *JCP* N 2010, n° 30-34, act. 599).

Art. 4-1 *(Aj., D. n° 97-532, 23 mai 1997)*. **– La superficie de la partie privative d'un lot ou d'une fraction de lot mentionnée à l'article 46 de la loi du 10 juillet 1965 est la superficie des planchers des locaux clos et couverts après déduction des surfaces occupées par les murs, cloisons, marches et cages d'escalier, gaines, embrasures de portes et fenêtres. Il n'est pas tenu compte des planchers des parties des locaux d'une hauteur inférieure à 1,80 mètre.**

Bibliographie : D. Cordier, *Comment calculer la surface privative d'un lot de copropriété ? : Inf. rap. copr.* févr. 1998, p. 19. • P. Bloy, *Loi Carrez : mode de calcul de la surface privative : Inf. rap. copr.* avr. 1998, p. 16 ; Avis du Conseil supérieur du notariat sur l'application de la loi Carrez : *Loyers et copr.* févr. 1998, p. 7. • G. Rouzet, *Retour sur la « fraction de lot » : Inf. rap. copr.* mai 2017, p. 11. • C. Ivars, *Le mesurage d'un lot de copropriété : Inf. rap. copr.* avr. 2024, p. 30. • *JCl. Notarial Formulaire, V° Copropriété*, fasc. 212, par J. Lafond. – Et *JCl. Copropriété*,fasc. 107-1.

1) Surfaces à prendre en compte pour l'application de la « loi Carrez ». Ce texte complète l'article 46 de la loi du 10 juillet 1965, concernant l'obligation de mentionner la superficie dans certaines ventes de lots ou de fractions de lots de copropriété (V. le comm. de ces dispositions sous L. art. 46).

Il donne trois indications en ce qui concerne les superficies à prendre en compte pour l'application de l'article de la « loi Carrez » :

- il s'agit uniquement des planchers des locaux clos et couverts ;
- sont à exclure les planchers des parties des locaux d'une hauteur inférieure à 1 m 80 ;
- ne sont pas à prendre en compte les surfaces occupées par les murs, cloisons, marches et cages d'escalier, gaines et embrasures de portes et fenêtres (V. ■ CA Paris 6 mars 2012, n° 10/18309 : *JurisData* n° 2012-005983 ; *AJDI* 2013 p. 288, qui exclut du mesurage l'embrasure des portes de placards).

L'emprise d'un escalier léger et démontable ne donnant pas accès à une surface habitable ne peut être assimilée à une cage d'escalier et doit être prise en compte pour le mesurage « loi Carrez » (■ CA Paris, 2e ch. A, 4 févr. 2009 : *JurisData* n° 2009-375036).

2) Planchers des locaux clos et couverts. Seule est à prendre en compte la superficie des planchers des locaux clos et couverts. Pour l'application de l'article 4-1 du décret du 17 mars 1967, il y a lieu de prendre en compte le bien tel qu'il se présente matériellement au moment de la vente (■ Cass. 3e civ., 12 avr. 2018, n° 17-13.072. ■ Cass. 3e civ., 5 déc. 2007, n° 06-19.550). Si ce bien n'est plus un « abri non clos » mais qu'il a été transformé en local à usage d'habitation par le vendeur, sa superficie doit entrer en compte pour l'application de la loi Carrez (■ Cass. 3e civ., 6 sept. 2011, n° 10-19.542 : *Administrer* déc. 2011, p. 65, obs. J.-R. Bouyeure).

Ainsi n'entrent pas dans la superficie de la partie privative d'un lot, au sens de la loi Carrez :

– la superficie de trois loggias formant un balcon sur l'extérieur de l'appartement qui, si elles sont couvertes, ne sont pas closes (■ CA Paris, 2e ch. B, 25 mars 2004 : *JurisData* n° 2004-237971 ; *Constr.-Urb.* 2004, comm. 144, note P. Cornille). Savoir si une loggia est ou non « close » est une question de fait (V. pour une ancienne terrasse, transformée en loggia par un dispositif de fermeture par volets électriques, alors que les anciennes ouvertures ne disposaient d'aucun ouvrage d'obstruction ou d'isolation, ■ CA Riom, 31 mars 2011, n° 10/1545 : *AJDI* 2011, p. 803, cassé par ■ Cass. 3e civ., 18 sept. 2012 n° 11-18.762 : *Administrer* déc. 2012, p. 64, obs. J.-R. Bouyeure ; *AJDI* 2012, p. 759) ;

– la superficie d'un séchoir qui par sa nature même n'est pas clos, ou encore d'une loggia qui présente un jour non négligeable en bas de couverture (■ CA Rennes, 4e ch., 17 juin 2004 : *JurisData* n° 2004-267329).

En présence d'une mezzanine de 3,60 m², structure légère démontable à laquelle on accède par un escalier s'apparentant à une échelle, seule la surface plane sur laquelle est installée cette mezzanine doit être prise en compte dans le calcul de la surface privative comme constituant un plancher au sens de l'article 4-1 du décret du 17 mars 1965 (■ Cass. 3e civ., 22 nov. 2006, n° 05-17.420 : *JurisData* n° 2006-036041 ; *Rev. Administrer* févr. 2007, p. 47, obs. J.-R. Bouyeure ; *Rev. loyers* 2007, p. 49, note Th. Dubaele).

Mais si la mezzanine n'est mentionnée ni dans la désignation du lot figurant au règlement de copropriété, ni dans l'acte de vente, ni dans la demande de permis de construire qui avait été déposée par le vendeur, il n'y a pas lieu de la prendre en compte pour la détermination de la superficie « loi Carrez » (▪ Cass. 3e civ., 18 déc. 2008 : *Rev. Administrer* mars 2009, p. 69, obs. J.-R. Bouyeure, confirmant ▪ CA Paris, 2e ch. B, 20 sept. 2007 : *AJDI* 2008, p. 592, note P. Capoulade).

3) Parties des locaux d'une hauteur inférieure à 1 m 80. Sont à exclure les planchers des parties des locaux d'une hauteur inférieure à 1 m 80.

Lorsqu'un local situé sous toiture comporte des « velux », la hauteur sous plafond doit être mesurée non par rapport au vitrage de ces fenêtres de toit mais par rapport aux embrasures (▪ Cass. 3e civ., 6 déc. 2005 : *Rev. Administrer* mars 2006, p. 49, obs. J.-R. Bouyeure ; *AJDI* 2006, p. 287).

4) Surfaces à exclure. Ne sont pas à prendre en compte les surfaces occupées par les murs, cloisons, marches et cages d'escalier, gaines et embrasures de portes et fenêtres.

Selon un arrêt de la cour de Paris (2e ch. B) du 9 juin 2004 (▪ CA Paris, 2e ch. B, 9 juin 2004 : *JurisData* n° 2004-243358 ; *Constr.-Urb.* 2004, comm. 235, note P. Cornille), le mesurage doit être effectué sans tenir compte du carrelage, simple habillage de la cloison, qui seule doit être déduite (sur les procédés à appliquer en pratique, V. J.-F. Serrain, *La mise en œuvre technique et juridique de la loi Carrez* : *Rev. Géomètre* oct. 1998, p. 38. – P. Bloy, *Modalités de calcul de la surface privative* : *Inf. rap. copr.* avr. 1998, p. 16. – D. Cordier, *Comment calculer la surface privative d'un lot de copropriété ?* : *Inf. rap. copr.* févr. 1998, p. 19). Un arrêt de la Cour de cassation précise que si les cloisons et le doublage des murs sont facilement démontables, ils doivent être inclus dans la superficie du lot à mesurer (▪ Cass. 3e civ., 29 sept. 2015, n° 14-13.266 : *Administrer* nov. 2016, p. 54, obs. J.-R. Bouyeure. – V. précédemment, ▪ Cass. 3e civ., 9 mai 2012, n° 11-18.911).

Mais il n'y pas lieu d'exclure la surface occupée par des placards (▪ CA Montpellier, 1re ch. A, 19 déc. 2006 : *JurisData* n° 2006-324914).

Sur le point de savoir si le mesurage concerne les parties communes à jouissance privatives, et les parties communes indûment appropriées, V. *supra*, commentaire L. 10 juill. 1965, art. 46.

5) Nécessité de caractériser la nature des surfaces déduites. Pour condamner le vendeur à payer une somme en déduction du prix stipulé, un tribunal ne peut se contenter de retenir que la certification de la superficie établie par l'expert fait apparaître que la superficie au sens de l'article 46 de la loi du 10 juillet 1965 telle que définie par l'article 1er du décret du 23 mai 1997, est de 22,76 m², et que dès lors, la superficie du bien vendu est inférieure de plus de un vingtième à celle exprimée dans l'acte de vente (24 m²). En statuant ainsi sans caractériser la nature des surfaces déduites, le tribunal a violé l'article 4-1 du décret du 17 mars 1967, dans sa rédaction issue du décret du 23 mai 1997 (▪ Cass. 3e civ., 7 nov. 2001 : *JurisData* n° 2001-011610 ; *Bull. civ.* III, n° 124 ; *Constr.-Urb.* 2002, comm. 7, obs. D. Sizaire ; *Rev. loyers* 2002, p. 107, note Ph. Rémy ; *Rev. Administrer* mai 2002, p. 47, obs. J.-R. Bouyeure ; *D.* 2001, inf. rap. p. 3490 et la note ; *AJDI* 2002, p. 304, obs. P. Capoulade et C. Giverdon ; *Inf. rap. copr.* juill.-août 2003, p. 12, note A. Valdès).

Cette décision montre que l'acquéreur qui veut obtenir une diminution du prix ne peut se contenter de produire un certificat de superficie indiquant la surface du lot. De même, la nature de chaque surface déduite pour l'établissement de cette superficie doit être précisée. Le tribunal pourra ainsi apprécier de quoi résulte la différence de contenance et quelle est la nature de cette différence. À défaut la demande ne peut être accueillie, à peine d'encourir la censure de la Cour de cassation.

Art. 4-2 ***(Aj., D. n° 97-532, 23 mai 1997).*** **– Les lots ou fractions de lots d'une superficie inférieure à 8 mètres carrés ne sont pas pris en compte pour le calcul de la superficie mentionnée à l'article 4-1.**

Bibliographie : V. *supra*, ss art. 4-1.

Mise en œuvre de la « loi Carrez ». Ce texte complète les dispositions de l'article 46 de la loi du 10 juillet 1965 au commentaire duquel on se reportera.

L'obligation de mesurage ne concerne pas les lots (ou fractions de lots) d'une superficie inférieure à 8 m². Mais un arrêt de la Cour de cassation a créé de toutes pièces une exception à la règle posée par l'article 4-2 du décret du 17 mars 1967 précité (▪ Cass. 3e civ., 13 avr. 2005 : *JurisData* n° 2005-028018 ; *JCP N* 2005, n° 36-1371, note M. Dagot ; *Defrénois* 2005, art. 38195, note C. Bongiraud ; *Loyers et copr.* 2005, comm. 124, obs. G. Vigneron). Selon cette décision, « Dès lors que la vente portait sur un *appartement constitué par la réunion de plusieurs lots* dont la partie privative de certains avait une surface inférieure à 8 m², la cour d'appel a exactement retenu que la superficie des parties privatives à prendre en compte pour l'application de l'article 46 de la loi du 10 juillet 1965 était *celle de l'appartement, tel qu'il se présentait matériellement*, les lots d'une surface inférieure à 8 m² n'ayant pas à être exclus du calcul de la superficie ».

On observera que l'article 4-2 parle de « lots ». Il faudra donc procéder au mesurage de la superficie des pièces inférieures à 8 m² dès lors qu'elles ne constituent pas des lots autonomes (en ce sens : avis du CSN préc. n° 12) à la condition que leur hauteur soit d'au moins 1 m 80.

Art. 4-3 *(Aj., D. n° 97-532, 23 mai 1997).* **– Le jour de la signature de l'acte authentique constatant la réalisation de la vente, le notaire, ou l'autorité administrative qui authentifie la convention, remet aux parties, contre émargement ou récépissé, une copie simple de l'acte signé ou un certificat reproduisant la clause de l'acte mentionnant la superficie de la partie privative du lot ou de la fraction du lot vendu, ainsi qu'une copie des dispositions de l'article 46 de la loi du 10 juillet 1965 lorsque ces dispositions ne sont pas reprises intégralement dans l'acte ou le certificat.**

Bibliographie : V. *supra*, ss art. 4-1.

1) Loi Carrez : information de l'acquéreur. Ce texte a été pris pour l'application de l'article 46 de la loi (V. *supra*). Il impose au notaire ou à l'autorité administrative qui authentifie la convention de remettre « aux parties » (c'est-à-dire au vendeur et à l'acquéreur) :

– une copie simple de l'acte signé ou un certificat reproduisant la clause de l'acte mentionnant la superficie de la partie privative du lot ou de la fraction du lot vendu ;

– une copie des dispositions de l'article 46 de la loi du 10 juillet 1965, sauf si ces dispositions sont reprises intégralement dans l'acte ou le certificat.

Le texte prévoit que cette remise s'opère « contre émargement ou contre récépissé ».

Cette obligation a manifestement pour but d'informer complètement les parties sur les incidences diverses de l'article 46 (pour des formules d'application, V. Cl. Destame : *JCP* N 1997, prat. 4058, p. 783-784).

2) Sanction. Il n'est pas prévu de sanction. La responsabilité du rédacteur de l'acte pourra à notre avis être recherchée s'il omet de respecter cette obligation légale et que cette omission cause un préjudice.

Un arrêt de la Cour de cassation (3e civ.) du 5 juillet 2006 (■ Cass. 3e civ. : *Bull. civ.* III, n° 168 ; *JCP* G 2006, IV, 2695) admet que les vendeurs disposent d'une action en garantie contre le notaire qui n'a pas respecté les obligations imposées par ce texte.

Art. 4-4 *(Abr., D. n° 2020-834, 2 juill. 2020).*

Motifs de l'abrogation. L'article 4-4, abrogé par lé décret du 2 juillet 2020 était ainsi rédigé : « Lorsque le candidat à l'acquisition d'un lot ou d'une fraction de lot le demande, le propriétaire cédant est tenu de porter à sa connaissance le carnet d'entretien de l'immeuble ainsi que le diagnostic technique.

Ce texte était devenu obsolète depuis l'intervention de la loi ALUR, qui avait supprimé d'une part le « diagnostic technique » prévu à l'article L. 111-6-2 du Code de la construction et de l'habitation et qui avait d'autre part intégré le carnet d'entretien au sein des documents devant obligatoirement être remis à tout acquéreur en cas de promesse de vente d'un lot de copropriété à usage d'habitation, conformément à l'article L. 721-2 du Code de la construction et de l'habitation...

Dans le même temps la loi ALUR avait abrogé l'article 45-1 de la loi du 10 juillet 1975 selon lequel « tout candidat à l'acquisition d'un lot de copropriété [...] peut, à sa demande, prendre connaissance du carnet d'entretien de l'immeuble établi et tenu à jour par le syndic, ainsi que du diagnostic technique établi dans les conditions de l'article L. 111-6-2 du Code de la construction et de l'habitation ».

Cette abrogation se justifiait donc, d'autant que la notion de « candidat à l'acquisition » par trop vague, était sujette à discussion, et source d'insécurité juridique.

Art. 5 *(Mod., D. n° 2019-650, 27 juin 2019 ; D. n° 2020-834, 2 juill. 2020).* **– Le syndic, avant l'établissement de l'un des actes mentionnés à l'article 4, adresse au notaire chargé de recevoir l'acte, à la demande de ce dernier ou à celle du copropriétaire qui transfère tout ou partie de ses droits sur le lot ou les lots objet d'une même mutation, un état daté comportant trois parties.**

1° Dans la première partie, le syndic indique, d'une manière même approximative et sous réserve de l'apurement des comptes, les sommes pouvant rester dues, pour chaque lot considéré, au syndicat par le copropriétaire cédant, au titre :

***a)* Des provisions exigibles du budget prévisionnel ;**

***b)* Des provisions exigibles des dépenses non comprises dans le budget prévisionnel ;**

***c)* Des charges impayées sur les exercices antérieurs ;**

***d)* Des sommes mentionnées aux articles 26-6 et 33 de la loi du 10 juillet 1965 ;**

***e)* Des avances exigibles.**

Ces indications sont communiquées par le syndic au notaire ou au propriétaire cédant, à charge pour eux de les porter à la connaissance, le cas échéant, des créanciers inscrits.

2° Dans la deuxième partie, le syndic indique, d'une manière même approximative et sous réserve de l'apurement des comptes, les sommes dont le syndicat pourrait être débiteur, pour chaque lot considéré, à l'égard du copropriétaire cédant, au titre :

***a)* Des avances mentionnées à l'article 45-1 ;**

***b)* Des provisions pour les périodes postérieures à la période en cours et rendues exigibles en raison de la déchéance du terme prévue par l'article 19-2 de la loi du 10 juillet 1965.**

3° Dans la troisième partie, le syndic indique les sommes qui devraient incomber au nouveau copropriétaire, pour chaque lot considéré, au titre :

***a)* De la reconstitution des avances mentionnées à l'article 45-1 et ce d'une manière même approximative ;**

***b)* Des provisions non encore exigibles du budget prévisionnel ;**

***c)* Des provisions non encore exigibles dans les dépenses non comprises dans le budget prévisionnel.**

Dans une annexe à la troisième partie de l'état daté, le syndic indique la somme correspondant, pour les deux exercices précédents, à la quote-part afférente à chaque lot considéré dans le budget prévisionnel et dans le total des dépenses hors budget prévisionnel. Il mentionne, s'il y a lieu, l'objet et l'état des procédures en cours dans lesquelles le syndicat est partie.

Bibliographie : P. Baudoin, *Incidences de la mutation d'un lot de copropriété pour la ventilation des charges par le syndic : Info FNAIM*, févr. 1990, p. 23 et s. • J.-R. Bouyeure, *Le paiement des charges de travaux en cas de mutation : Rev. Administrer* janv. 1986, p. 12 et s. • P. Delessy-Dorvillius, *Vente d'un lot dans un immeuble en copropriété : JCP* N 1996, prat. 3754, p. 861 et s. • Y. Dussoubs, *Questionnaire au syndic. Notifications postérieures. Formules : JCP* N 1995, I, p. 681 et s. • C. Atias, *La cession de lots et les charges de copropriété : Inf. rap. copr.* mai 1997, p. 19. • J. Combarieu, *Le vendeur, l'acquéreur et les charges de copropriété : JCP* N 2000, p. 1715. • J.-M. Roux, *La répartition des charges de copropriété entre vendeurs et acquéreurs de lots : Rev. Administrer* juill. 2005, p. 30. • C. Sabatié, *La mutation d'un lot de copropriété : AJDI* 2005, p. 714. • J.-P. Prohaszka, *La cession d'un lot de copropriété : quelles particularités ? S'informer pour informer : Rev. Administrer* juin 2005, p. 14. • F. Cohet-Cordey, *La cession d'un lot de copropriété : quelles particularités ? Contractualiser pour prévenir : Rev. Administrer* juin 2005, p. 14. • S. Bouchet, *La vente du lot de copropriété et le notaire : la constitution du dossier de cession (1re partie) : Inf. rap. copr.* déc. 2010, p. 19 ; (2e partie) : *La rédaction des actes : Inf. rap. copr.* janv.-févr. 2011, p. 14 ; (3e partie) : *Questions pratiques : Inf. rap. copr.* mars 2011, p. 25. • P.-H. Hanoune, *L'état daté et le pré-état daté : deux espèces en future voie de disparition : Administrer* oct. 2020, p. 9.

Jurisclasseurs. JCl. Copropriété, Fasc. 107-10 et *JCl. Notarial Formulaire, V° Copropriété*, Fasc. 220, par J. Lafond.

Ouvrages. J. Lafond et G. Rouzet, *Pratique de la vente du lot de copropriété (avec formules)*, LexisNexis, avr. 2016.

Voir : sur les études parues depuis le décret du 27 mai 2004, comm. n° 2, p. 674 ;

La bibliographie générale concernant les ventes de lots figurant en tête des commentaires de l'article 20 de la loi du 10 juillet 1965 et, pour les études parues depuis la loi ALUR du 24 mars 2014, en tête de la rubrique « Vente de lots », dans la partie ANNEXES.

Avertissement : La loi n° 2014-366 du 24 mars 2014 (Loi ALUR) a introduit dans le Code de la construction et de l'habitation diverses dispositions en vue de l'information de l'acquéreur d'un lot de copropriété (V. Annexe 63 : *Vente de lots*, p. 1589). L'article L. 721-2 dudit code prévoit en particulier la communication lors de la promesse de vente de divers renseignements d'ordre financier.

1) Renseignements préalables à la mutation d'un lot. Ce texte prévoit la possibilité d'obtenir du syndic divers renseignements en vue de l'information du vendeur, de l'acquéreur et des créanciers inscrits sur le lot.

Voir aussi : en Annexe, les recommandations nos 9 et 12 de la Commission relative à la copropriété (concernant l'information réciproque du vendeur et de l'acquéreur de lots).

Avant l'établissement de « l'un des actes mentionnés à l'article 4 » (qui vise « tout acte conventionnel réalisant ou constatant le transfert de propriété d'un lot ou d'une fraction de lot, ou la constitution sur ces derniers d'un droit réel »), l'article 5 du décret du 17 mars 1967 prescrit de demander au syndic un « *état daté* », destiné à fournir aux parties en cause un certain nombre de renseignements.

Voir aussi : sur les prestations particulières pour lesquelles le syndic peut demander une rémunération, V. comm. sous D. 17 mars 1967, art. 29, p. 794.

I – NATURE DES RENSEIGNEMENTS À FOURNIR PAR LE SYNDIC

Bibliographie : *Depuis le décret du 27 mai 2004.* O. Farthouat, *Mise en œuvre des articles 5, 6-2 et 6-3 du décret du 17 mars 1967 dans la pratique notariale : LPA*, 17 déc. 2004, p. 12 ; *Vente de lots de copropriétés et paiement des charges après le décret du 27 mai 2004 : l'état daté : Bull. Cridon*, Lyon 2004, n° 41, p. 24 ; *Vente d'un bien en copropriété : Rev. hab. fr.* oct. 2004, p. 23. – D. Rocher, *Les débiteurs de charges en cas de mutation : Inf. rap.*

copr. nov. 2004, p. 18. – L. Griffon, *Vente de lots de copropriété : quel cadre juridique pour les relations notaire syndic ? : Defrénois* 2004, art. 38054, p. 1510. – S. Ivars, *L'état daté : AJDI* 2007, p. 729. – J. Lafond, *Les mutations de lots de copropriété après le décret du 27 mai 2004 : JCP* N 2004, n° 37, 1411. – *Ventes de lots de copropriété après le décret du 27 mai 2004, formules : JCP* N 2004, n° 44, 1526. – J. Laporte, *Honoraires de l'état daté et clause abusive : AJDI* 2012, p. 255. – P.-H. Hanoune, *L'état daté et le pré-état daté : deux espèces en future voie de disparition ? : Administrer* oct. 2020, p. 9.

2) Énumération légale. Caractère limitatif. La note de renseignements (« état daté ») prévue par l'article, dans sa rédaction issue du décret du 27 mai 2004, comprend « trois parties ». Les indications que doit fournir le syndic dans cette note sont de quatre ordres : information quant aux sommes pouvant rester dues par le cédant (A) ou quant aux sommes dont le syndicat pourrait être débiteur envers le cédant pour le lot considéré (B) ; information concernant les sommes devant incomber au nouveau copropriétaire (C), et enfin information relative aux procédures en cours (D).

Le syndic satisfait à ses obligations légales relatives à l'information de l'acquéreur en fournissant les renseignements prévus à l'article 5 du décret du 17 mars 1967 sans qu'il ait à remplir une mission d'information plus étendue (▪ Cass. 3e civ., 12 mars 2014, n° 13-11.042 : *Administrer* mai 2014, p. 49, obs. J.-R. Bouyeure. ▪ Cass. 3e civ., 17 nov. 1999 : *JurisData* n° 1999-004000 ; *Loyers et copr.* 2000, comm. 33, note G. Vigneron ; *D.* 2000, somm. p. 136, note J.-R. Bouyeure ; *Bull. civ.* III, n° 219 ; *RD imm.* 2000, p. 94, obs. C. Giverdon ; confirmant ▪ CA Versailles, 3 mars 1998 : *Rev. loyers* 1998, p. 556, note Ph. Rémy. – V. antérieurement ▪ CA Paris, 23e ch. B, 1er juill. 1999 : *JurisData* n° 1999-023741 ; *Loyers et copr.* 2000, comm. 30, qui reproche à un syndic d'avoir omis de signaler l'état dégradé de l'immeuble dans le questionnaire qui lui était adressé).

Le syndic n'est pas tenu d'indiquer dans l'état daté l'existence d'un courrier d'EDF préconisant la réfection de l'installation électrique de l'immeuble alors qu'à la date de la vente l'assemblée n'a pas encore pris de décision concernant l'exécution des travaux (▪ Cass. 3e civ., 14 oct. 2014, n° 13-21.087 : *JurisData* n° 2014-031784 ; *Loyers et copr.* 2015, comm. 24, obs. G. Vigneron).

Il n'est pas exigé que les renseignements figurant dans le certificat ou l'état fourni par le syndic portent sur tous les lots dont le vendeur est propriétaire dans l'immeuble, ou concernent toutes ses dettes (V. déjà, antérieurement, ▪ CA Paris, 23e ch. B, 18 mai 2000 : *JurisData* n° 2000-118278 ; *Loyers et copr.* 2000, comm. 277). Ils ne s'appliquent qu'au « lot considéré » ou en cas de pluralité de lots « à chaque lot conisdéré » (V. l'article 5-1°, 2° et 3°).

Voir : sur le point de savoir si le syndic peut demander une rémunération pour les formalités à effectuer en cas de changement de propriétaire, V. comm. sous D. 17 mars 1967, art. 29, p. 794.

3) Responsabilité du syndic. La fourniture de renseignements inexacts engage la responsabilité du syndic (▪ CA Paris, 17 déc. 1984 : *Rev. loyers* 1985, p. 135 ; *Inf. rap. copr.* nov. 1985, p. 231).

Il en est de même si les renseignements sont incomplets (▪ CA Paris, 23e ch. B, 14 sept. 2006 : *Loyers et copr.* 2007, comm. 7, obs. G. Vigneron). – Ainsi dans le cas où le syndic n'a pas signalé le fait qu'une assemblée, réunie peu de temps auparavant, avait voté un ravalement (▪ CA Paris, 23e ch. B, 12 janv. 2006 : *Loyers et copr.* 2006, comm. 115, note G. Vigneron. – V. aussi pour le non-signalement d'une assemblée ayant voté des travaux (▪ CA Paris, 14e ch. A, 27 mai 2009 : *JurisData* n° 2009-378456 ; *Loyers et copr.* 2009, comm. 302, obs. G. Vigneron). De même si le syndic n'a pas signalé l'existence d'un procès en cours. Il doit réparation du préjudice subi par l'acquéreur, consistant en une perte de chance de ne pas contracter ou de ne s'engager que dans des conditions autres, tel un moindre prix ou la mise à la charge du vendeur des frais du procès (▪ CA Versailles, 4e ch., 11 janv. 2010 : *JurisData* n° 2010-004342 ; *Loyers et copr.* 2010, comm. 205, obs. G. Vigneron). Il en est de même si l'état daté fait mention d'une procédure ayant pour objet la mise aux normes du parking souterrain commun en oubliant d'indiquer que cette procédure concerne également les non-conformités des ventilations des couloirs de l'immeuble (▪ Cass. 3e civ., 20 juin 2019, n° 18-10.516 : *JurisData* n° 2019-012278 ; *Loyers et copr.* 2019, n° 159, note C. Coutant-Lapalus).

L'acquéreur ne peut solliciter le paiement d'une somme globale et forfaitaire pour l'indemniser du coût des travaux qu'il a dû effectuer, des frais annexes et de la dépréciation de son bien, faute d'un lien de causalité entre le préjudice invoqué et la faute du syndic (▪ Cass. 3e civ., 27 janv. 2015, n° 13-26.705 : *Inf. rap. copr.* sept. 2016, p. 13, obs. M.-F. Ritschy ; *Rev. Administrer* mai 2015, p. 41, obs. J.-R. Bouyeure).

Les renseignements à fournir par le syndic se limitent à ceux énoncés par l'article 5 du décret (V. ci-dessus, annot. n° 2, p. 674).

Voir aussi : les formules proposées par le *JCl. Copropriété*, Fasc. 107-25, 107-38, 107-45 et 107-55 et le *JCl. Notarial Formulaire, V° Copropriété*, Fasc. 209, 217, 219 et 221, par J. Lafond).

A – Sommes pouvant rester dues par le cédant

4) Nature des renseignements à fournir. Dans la première partie de « l'état daté », le syndic doit indiquer (art. 5-1°) les sommes pouvant rester dues au syndicat pour le lot vendu, ou en cas de vente de plusieurs lots « pour chaque lot considéré », par le copropriétaire cédant au titre :

– des provisions exigibles du budget prévisionnel (V. L. art. 14-1) ;

– des provisions exigibles des dépenses non comprises dans le budget prévisionnel (V. L. art. 14-2) ;

– des charges impayées pour les exercices antérieurs ;

– des sommes mentionnées aux articles 26-6 et 33 de la loi du 10 juillet 1965. Rappelons que ces texte rend exigibles en cas de mutation entre vifs du lot les sommes dont le copropriétaire cédant avait obtenu le « paiement différé » à la suite de travaux décidés par le syndicat (V. ce texte) ;

– des avances exigibles. Rappelons que l'on nomme « avances » les fonds destinés par le règlement de copropriété ou une décision de l'assemblée à constituer des réserves (D. art. 45-1, al. 4). Ces avances sont remboursables (D. art. 45-1, al. 5) ;

– du montant de l'emprunt souscrit au nom du syndicat en application de l'article 26-6 de la loi du 10 juillet 1965 (V. ce texte).

Voir : sur le point de savoir qui est responsable vis-à-vis du syndicat du paiement des provisions et comment se répartit le solde débiteur ou créditeur après approbation des comptes, D. 17 mars 1967, art. 6-2, p. 688.

5) Modalités. Les renseignements fournis le sont « d'une manière même approximative et sous réserve de l'apurement des comptes ». Ils concernent « le lot considéré » ou si la mutation porte sur plusieurs lots « chaque lot considéré ».

Ces indications sont communiquées par le syndic au notaire ou au « propriétaire cédant », à charge pour eux de les porter à la connaissance, le cas échéant, des créanciers inscrits (V. D. art. 6-1). Ces derniers sont en effet intéressés par les informations communiquées, car elles leur permettent d'apprécier quelle peut être la portée de l'hypothèque légale spéciale du syndicat résultant de l'article 2402, 3° du Code civil (Annexe 36-1, *Hypothèques légales du syndicat*, p. 1285).

B – Sommes dont le syndicat est débiteur envers le copropriétaire cédant

6) Versements concernés. La note de renseignements doit indiquer en outre dans sa deuxième partie (art. 5-2°) « d'une manière même approximative et sous réserve de l'apurement des comptes » les sommes dont le syndicat pourrait être débiteur, pour le lot considéré, ou en cas de pluralité de lots « pour chaque lot considéré », à l'égard du copropriétaire cédant, au titre :

- des avances mentionnées à l'article 45-1 du décret (il s'agit, selon ce dernier texte, des fonds destinés, par le règlement de copropriété ou une décision de l'assemblée, à constituer des réserves) ;
- des provisions pour les périodes postérieures à la période en cours et rendues exigibles en raison de la déchéance du terme prévue par l'article 19-2 de la loi du 10 juillet 1965 ;

L'article 19-2 sanctionne le non-paiement d'une provision prévue par l'article 14-1 de la loi par l'exigibilité anticipée des provisions non encore échues (V. ce texte).

Voir : sur les conventions relatives aux avances ou provisions, comm. n° 14, p. 676.

C – Sommes devant incomber au nouveau copropriétaire

7) Sommes devant être prochainement exigibles. Dans sa troisième partie, l'état daté doit indiquer les sommes qui « devraient » incomber au nouveau copropriétaire pour le lot considéré au titre :

– de la reconstitution des avances mentionnées à l'article 45-1 (il s'agit des fonds destinés à constituer des réserves) et ce d'une manière même approximative ;

– des provisions non encore exigibles du budget prévisionnel (sur les conditions d'exigibilité des provisions comprises dans le budget prévisionnel voir l'article 14-1 de la loi du 10 juillet 1965) ;

– des provisions non encore exigibles dans les dépenses non comprises dans le budget prévisionnel (sur la définition de ces dépenses voir l'article 44 du décret).

8) Informations concernant les obligations financières du nouveau copropriétaire. Pour permettre au nouveau copropriétaire du lot d'apprécier le poids des charges financières qu'il aura à supporter, l'article 5-3° indique dans son dernier alinéa que, dans une annexe à la troisième partie de l'état daté, le syndic doit indiquer « la somme correspondant, pour les deux exercices précédents, à la quote-part afférente à chaque lot considéré dans le budget prévisionnel et dans le total des dépenses hors budget prévisionnel ».

D – État des procédures en cours

9) Procédures concernées. Dans une annexe à la troisième partie de l'état daté, le syndic doit enfin mentionner, s'il y a lieu, « l'objet et l'état des procédures en cours dans lesquelles le syndicat est partie » (art. 5, dernier al.).

Il s'agit des procédures mettant en cause tant le syndicat et des tiers que le syndicat et des copropriétaires. Les indications fournies par le syndic conformément au texte paraîtront probablement insuffisantes au candidat à l'acquisition du lot, qui sera désireux de mesurer le risque que lui fait courir la procédure (dommages-intérêts et dépens à supporter en proportion de ses tantièmes) ou le bénéfice attendu. Il lui appartiendra de se renseigner plus avant auprès du syndic ou du conseil syndical.

Des *conventions* peuvent ensuite intervenir entre acquéreur et vendeur pour la prise en charge des risques (ou profits) du procès. La vente d'un immeuble n'emporte pas de plein droit cession au profit de l'acquéreur des droits et actions à fin de dommages et intérêts qui ont pu naître au profit du vendeur en raison des dommages affectant l'immeuble antérieurement à la vente. Le vendeur conserve le droit d'action s'il a introduit l'action avant la vente ou s'il s'en est réservé l'exercice par contrat à condition qu'elle présente pour lui un intérêt direct et certain et qu'il puisse invoquer un préjudice personnel (■ CA Basse-Terre, 1re ch. civ., 30 nov. 2009 : *JurisData* n° 2009-022911).

Après avoir vendu son lot, le vendeur n'a plus aucune qualité ni aucun intérêt à agir en exécution de travaux sur les parties communes de l'immeuble. La clause par laquelle le vendeur s'engage à poursuivre le promoteur pour effectuer ces travaux est dépourvue d'objet et nulle puisqu'elle porte sur une obligation impossible à exécuter (■ CA Orléans, ch. civ., 23 févr. 2009 : *JurisData* n° 2009-377095).

Le vendeur ne peut subroger l'acquéreur dans son droit à agir pour obtenir la réparation du trouble de jouissance causé par les agissements d'un copropriétaire. En effet, la subrogation ne peut s'opérer à l'égard d'une créance indemnitaire à caractère strictement personnel (■ Cass. 3e civ., 13 avr. 2010, n° 09-65.579).

Si l'état daté mentionne qu'une procédure est en cours, liée à l'effondrement du plancher, le notaire a le devoir d'attirer l'attention de l'acquéreur sur les inconvénients en résultant, faute de quoi il engage sa responsabilité (■ CA Paris, pôle 4, ch. 2, 7 févr. 2024, n° 20/01774 : *Administrer* mars 2024, p. 39, obs. P. Dechelette-Tolot).

Sur la responsabilité du syndic en la matière, V. ci-dessus comm. 3.

E – Renseignements fournis à titre prévisionnel

10) Nature de ces renseignements. Autre renseignement à fournir : le « montant des *charges afférentes au lot considéré pour le dernier exercice approuvé et le dernier budget prévisionnel voté* ».

Le renseignement intéressera surtout l'acquéreur, en lui permettant de se rendre compte des charges qu'il aura à supporter. Ceci a son importance pour qu'il puisse faire des prévisions financières en particulier s'il emprunte pour acquérir le lot.

II – FOURNITURE PAR LE SYNDIC D'UN « ÉTAT DATÉ »

Bibliographie : J. Laporte, *Honoraires relatifs à l'état daté : Rev. bleue*, mai 2008, p. 48.

11) Quand demander un « état daté » ? L'état daté visé par l'article 5, alinéa 1 (en fait une note de renseignements), doit être demandé selon ce texte « avant l'établissement de l'un des actes mentionnés à l'article 4, qui vise « tout acte conventionnel réalisant ou constatant le transfert de propriété d'un lot ou la constitution sur ces derniers d'un droit réel ». Il est le plus souvent sollicité à l'occasion de ventes de lots, mais l'obligation de manière beaucoup plus large compte tenu des termes utilisés par la loi.

12) Qui requiert l'état daté ? L'article 5 indique que « l'état daté », qui est adressé au « notaire chargé de recevoir l'acte » peut être requis soit par ce même notaire, soit par « le copropriétaire qui transfère tout ou partie de ses droits sur le lot ».

Voir : sur les honoraires du syndic concernant l'état daté, V. L. 10 juill. 1965, art. 10-1, comm. n° 6, p. 194.

Les renseignements communiqués ont pour objet d'informer les parties (A) et d'informer les créanciers (B).

A – Information des parties

13) Finalité du texte. L'article 5 a tout d'abord pour but l'*information des parties.* Il s'agit de leur permettre d'être parfaitement au fait des charges afférentes au lot grevé, susceptibles d'être réclamées à l'acquéreur (ou plus généralement au nouveau propriétaire du lot), afin qu'elles puissent prendre en conséquence à leur propos les conventions qui leur paraissent opportunes pour fixer leur contribution respective.

14) Conventions concernant les dettes envers le syndicat. Les parties peuvent prendre au sujet des charges, comme des provisions ou avances, toutes les conventions qui leur paraissent opportunes : mais ces accords ne seront pas opposables au syndicat. Ainsi, pour ce qui est dû au syndicat, ces conventions ne régissent que la contribution respective des parties mais elles sont sans influence sur le droit de poursuite du syndicat, qui s'exerce selon les principes qui lui sont propres.

– La jurisprudence antérieure au décret du 27 mai 2004 était constante sur ce point (■ Cass.

3e civ., 8 oct. 1991 : *RD imm.* 1992, p. 112, obs. Givord et Giverdon. – V. en dernier lieu ▪ CA Paris, 23e ch. A, 16 oct. 1996 : *Loyers et copr.* janv. 1997, n° 25. ▪ CA Paris, 8e ch., 6 févr. 1997 : *D.* 1997, inf. rap. p. 63. ▪ CA Paris, 23e ch. B, 19 déc. 1997 : *Loyers et copr.* juin 1998, n° 178. ▪ CA Paris, 23e ch. A, 3 mars 1999 : *AJDI* 1999, p. 346. – Pour une convention selon laquelle le vendeur s'engage à supporter les frais de ravalement des parties communes quelle que soit la date à laquelle seront effectués les travaux : ▪ Cass. 3e civ., 14 avr. 1982 : *D.* 1982, inf. rap. p. 431, obs. Giverdon. ▪ CA Paris, 23e ch. B, 18 nov. 1999 : *Defrénois* 2000, art. 37112, n° 19, note C. Atias. – et dans le cas d'établissement d'un compte « prorata temporis » entre vendeur et acquéreur, ▪ CA Paris, 23e ch. B, 12 déc. 2002 : *AJDI* 2003, p. 276).

Ainsi, par exemple, si vendeur et acquéreur étaient convenus que les appels de fonds décidés par l'assemblée avant la vente seraient pris en charge par l'acquéreur, le syndic pouvait néanmoins en pareil cas, en poursuivre le recouvrement à l'encontre du vendeur en faisant opposition sur le prix. De même si, à l'inverse, le vendeur a pris l'engagement envers l'acquéreur d'acquitter des dépenses qui ne deviendront exigibles qu'après la vente, le syndic ne peut se prévaloir de cet accord pour demander paiement au vendeur. C'est l'acquéreur qui doit payer le syndicat et se faire rembourser par le vendeur en application de leurs accords (▪ CA Versailles, 20 févr. 1984 : *L'information immobilière* juill.-août 1985, p. 7, obs. Giverdon. – V. aussi ▪ CA Versailles, 23 nov. 1983 : *Rev. Administrer* avr. 1984, p. 45, note Lot et ▪ TGI Paris, 18 mai 1977 et ▪ TGI Paris, 26 mai 1977 : *D.* 1978, inf. rap. p. 137).

– Ces solutions, toujours actuelles, ont été confirmées par l'article 6-3 du décret du 17 mars 1967 (V. ce texte *infra*).

Voir : sur les règles applicables au droit de poursuite du syndicat, comm. n° 4, p. 675.

Voir : sur le point de savoir si le syndic peut demander une rémunération pour les formalités à effectuer en cas de changement de propriétaire, comm. sous D. 17 mars 1967, art. 29, p. 794.

15) Conventions concernant les avances et provisions. Leur sort doit, là encore, être fixé dans l'acte de cession.

L'article 45-1 du décret du 17 mars 1967, issu du décret du 27 mai 2004, définit les « avances » (sur les avances dont le syndic peut exiger le versement, V. l'article 35 de ce même décret, issu également du décret du 25 mai 2004) et indique que ces avances sont remboursables.

Telle était déjà la solution adoptée par la jurisprudence, antérieurement au décret du 27 mai 2004. Un arrêt de la Cour de cassation avait posé en principe que l'acquéreur d'un lot n'avait aucun droit sur les comptes créditeurs du vendeur dans les livres du syndicat (▪ Cass. 3e civ., 1er déc. 1992 : *RD imm.* 1993, p. 123).

Il avait été jugé en conséquence que le vendeur était en droit de demander au syndic la restitution de sa quote-part dans une provision pour travaux futurs ou éventuels lorsqu'elle n'a pas été affectée à des travaux précis avant la vente (▪ Cass. 3e civ., 17 juin 1997 : *Inf. rap. copr.* mars 1998, p. 10 ; *Rev. Administrer* mars 1998, p. 43, note Capoulade), ou encore que le copropriétaire vendeur pouvait exiger le remboursement de sa quote-part de l'avance de trésorerie permanente, dénommée en pratique « fonds de roulement ». Il appartenait alors au syndic, après clôture de l'exercice en cours, de lui rembourser le solde créditeur de son compte au moment de la vente (▪ Cass. 3e civ., 16 mars 1988 : *Loyers et copr.* 1988, comm. 241. – V. aussi ▪ CA Paris, 23e ch. B, 22 nov. 2001 : *Loyers et copr.* 2002, comm. 108).

Ces solutions restent d'actualité (V. sur ces problèmes, P. Faure, *Le sort des provisions versées lors de l'aliénation de lots : JCP* N 1999, n° 45, p. 1600). En pratique cette difficulté se résout de la façon suivante :

– ou bien le syndic restitue au vendeur l'avance faite à ce titre et appelle parallèlement auprès de l'acquéreur une nouvelle provision pour reconstituer le fonds de trésorerie permanente ; ce dernier est alors tenu d'acquitter cette nouvelle provision, telle que déterminée en fonction des tantièmes afférents à son lot, à moins de démontrer que le syndicat n'a pas effectivement restitué au vendeur la quote-part du fonds de roulement : le fardeau de la preuve pèse alors sur l'acquéreur (▪ CA Paris, 28 oct. 1998 : *Loyers et copr.* mars 1999, n° 80) ;

– ou bien le syndic conserve les fonds versés par le vendeur au titre de l'avance de trésorerie permanente, ce dernier se faisant rembourser par l'acquéreur.

B – Information des créanciers

16) Objet de l'information. L'article 5, 1° prévoit que les sommes pouvant être dues au syndicat par le copropriétaire cédant à divers titres (V. comm. nos 7 et 8, p. 675) peuvent être portées à la connaissance des créanciers inscrits.

Quel peut être, en ce qui les concerne, l'intérêt de cette mesure d'information ?

Les créanciers pourront à la suite de la note de renseignements reçue du syndic se faire une idée de l'importance de la dette du vendeur vis-à-vis du syndicat et donc apprécier le montant des créances susceptibles de les primer en vertu de l'hypothèque légale spéciale dont bénéficie le syndicat de copropriété en vertu de l'article 2402, 3° du Code civil (Annexe 36-1, *Hypothèques légales du syndicat*, p. 1285).

Mais cette appréciation ne pourra être qu'approximative. En effet, le syndic n'a pas ici l'obligation comme en matière d'opposition (V. D. 17 mars 1967, art. 5-1, p. 679) de procéder à une ventilation entre les créances privilégiées et celles qui ne le sont pas.

Mais ceci peut lui être demandé, étant précisé qu'il est alors libre d'acquiescer ou non à cette demande.

17) Charge de l'information des créanciers. Selon l'article 5, 1°, dans son dernier alinéa, c'est au notaire qui reçoit l'acte, ou au « propriétaire cédant » qu'il incombe de porter à la connaissance des créanciers inscrits les informations communiquées par le syndic.

En pratique, cette nécessité n'apparaîtra que lorsque le vendeur fera l'objet d'une demande pressante de remboursement de la part de ses créanciers inscrits. La communication des renseignements fournis par le syndic permettra à ces derniers d'apprécier leurs chances de remboursement. De même, lorsque se posera le problème de l'opportunité de procéder, concomitamment à la vente, à l'établissement d'un ordre consensuel.

C'est tout naturellement à celui qui aura requis la note de renseignements qu'il appartiendra de répercuter l'information sur les créanciers : le plus souvent donc, la responsabilité en incombera au notaire. Plutôt que de se livrer à des supputations hasardeuses sur le point de savoir si cette communication est ou non nécessaire, mieux vaut, nous semble-t-il, pour éviter d'éventuels reproches, procéder à une communication systématique, étant entendu qu'à l'époque où elle interviendra elle ne pourra concerner que les créanciers révélés par l'état hors formalités.

III – RENSEIGNEMENTS À FOURNIR PAR LE VENDEUR

Bibliographie : V. Guillaudier, *Vente du lot de copropriété : action en garantie des vices cachés :* Defrénois 2017, n° 30 21-33, p. 25. – P.-H. Hanoune, *Le vice du lot de copropriétés, l'obligation d'information et la mise en conformité : Administrer* nov. 2021, p. 18.

18) Devoir du vendeur d'informer l'acquéreur. Même dans le cas où ni le notaire ni le vendeur n'auraient pris la précaution de demander un « état daté » en vue de l'information des parties, il a été jugé qu'il était du *devoir du vendeur de renseigner d'office son acquéreur.* Cette obligation résulte aujourd'hui de la loi elle-même (C. civ., art. 1112-1).

Le vendeur engage sa responsabilité (et peut être condamné à des dommages et intérêts) s'il déclare faussement et en connaissance de cause que l'assemblée n'a pas décidé de travaux (▪ Cass. 3e civ., 7 janv. 1987 : *Rev. Administrer* avr. 1987, p. 30, note Guillot ; *Rev. loyers* 1987, p. 164, obs. Berthault ; pourvoi contre ▪ CA Paris, 30 déc. 1984 : *Inf. rap. copr.* 1985, p. 183), s'il en dissimule le coût réel (▪ Cass. 3e civ., 15 févr. 2000 : *JurisData* n° 2000-000642) ou s'il n'informe pas l'acquéreur de l'intention du syndicat de procéder au ravalement (▪ CA Aix-en-Provence, 1re ch. B, 13 avr. 2006 : *JurisData* n° 2006-315641. ▪ CA Paris, 19e ch. A, 31 mars 1998 : *Bull. CSAB* déc. 1998, n° 70, p. 10, note A. Dunes).

Le vendeur se rend coupable de dol s'il s'abstient d'informer l'acquéreur des travaux effectués par lui sans autorisation de la copropriété (▪ CA Paris, 2e ch. B, 24 janv. 2008 : *JurisData* n° 2008-353078) ou de ce qu'il a irrégulièrement annexé une partie commune (▪ CA Paris, 2e ch. B, 11 oct. 2007 : *JurisData* n° 2007-343694), ou de l'existence d'une servitude (▪ CA Paris, 2e ch. B, 11 oct. 2007 : *JurisData* n° 2007-343693). Le vendeur manque à son obligation d'information s'il omet d'avertir l'acquéreur d'importants désordres compromettant la structure de l'immeuble survenus à la suite d'un mouvement de terrain résultant de sécheresses répétées (▪ CA Paris, pôle 4, 2e sect., 24 juin 2010 : *AJDI* 2011, p. 65). Mais si l'acquéreur est averti lors de l'avant contrat que les parties communes ont été annexées sans autorisation, il ne peut obtenir de dommages et intérêts à l'encontre de son vendeur (▪ Cass. 3e civ., 15 mars 2018, n° 17-12.759 : *JurisData* n° 2018-005480 ; *Loyers et copr.* 2018, comm. 129, note C. Coutant-Lapalus. – V. également sur le cas où la vente porte sur un local situé dans les combles, dont l'aménagement en appartement n'a pas été autorisé, ▪ Cass. 3e civ., 4 sept. 2017, n° 16-20.965).

Il est également important que l'acquéreur soit informé des *procédures en cours,* mettant en cause le vendeur et des copropriétaires ou des tiers, et dont l'état daté ne fera pas état (V. comm. n° 9, p. 675). En la matière, des accords entre acquéreur et vendeur doivent être pris pour éviter des difficultés ultérieures quant à la répartition des frais et des dommages et intérêts que la copropriété ou l'acquéreur pourraient avoir à encaisser ou à débourser au terme du procès.

Il a été jugé que l'absence de syndic de copropriété n'était pas un vice caché affectant la vente du lot de copropriété. Mais le notaire qui n'a pas informé son client de cette situation peut voir sa responsabilité professionnelle engagée (▪ Cass. 3e civ., 8 déc. 2016, nos 14-27.986 et 15-16.494 : publié au *Bull.* ; *JurisData* n° 2016-026301 : *JCP* N 2017, n° 9, 1118, note Y. Dagorne-Labbé ; *JCP* N 2017, n° 22, 1189, note C. Coulon ; *AJDI* 2017, p. 317, note F. Cohet).

Art. 5-1 *(D. n° 95-162, 15 févr. 1995 ; D. n° 2020-834, 2 juill. 2020).* **– Pour l'application des dispositions de l'article 20 de la loi du 10 juillet 1965 modifiée, il n'est tenu compte que des créances du syndicat effectivement liquides et exigibles à la date de la mutation.**

L'opposition éventuellement formée par le syndic doit énoncer d'une manière précise :

1° Le montant et les causes des créances de toute nature du syndicat de l'année courante et des deux dernières années échues ;

2° Le montant et les causes des créances de toute nature du syndicat des deux années antérieures aux deux dernières années échues ;

3° Le montant et les causes des créances de toute nature du syndicat garanties par une hypothèque légale et non comprises dans les créances privilégiées, visées aux 1° et 2° ci-dessus ;

4° Le montant et les causes des créances de toute nature du syndicat non comprises dans les créances visées aux 1°, 2° et 3° ci-dessus.

Si le lot fait l'objet d'une vente sur licitation ou sur saisie immobilière, l'avis de mutation prévu par l'article 20 de la loi du 10 juillet 1965 précitée est donné au syndic, selon le cas, soit par le notaire, soit par l'avocat du demandeur ou du créancier poursuivant ; si le lot fait l'objet d'une expropriation pour cause d'utilité publique ou de l'exercice d'un droit de préemption publique, l'avis de mutation est donné au syndic, selon le cas, soit par le notaire ou par l'expropriant, soit par le titulaire du droit de préemption ; si l'acte est reçu en la forme administrative, l'avis de mutation est donné au syndic par l'autorité qui authentifie la convention.

Bibliographie : *JCl. Copropriété*, Fasc. 107-60 et *JCl. Notarial Formulaire, V° Copropriété*, Fasc. 222, par J. Lafond.

1) L'article 5-1 fixe les modalités de « l'avis de mutation » à adresser au syndic dans divers cas de mutation à titre onéreux d'un lot (I). Puis il indique à quelles conditions et en quelle forme doit être effectuée par le syndic « l'opposition », qui va permettre au syndicat de recouvrer sa créance (II).

I – L'AVIS DE MUTATION

2) Intérêts. L'article 20 de la loi du 10 juillet 1965 prévoit que « lors de la mutation à titre onéreux d'un lot, et si le vendeur n'a pas présenté au notaire un certificat du syndic ayant moins d'un mois de date attestant qu'il est libre de toute obligation à l'égard du syndicat, avis de la mutation doit être donné par le notaire au syndic de l'immeuble ».

Cet « avis de mutation » a une grande importance puisqu'il *fait courir le délai de quinze jours* (qui part de la réception de cet avis) pendant lequel le syndic peut signifier une « opposition » au paiement du prix de vente.

Il est à distinguer soigneusement de la notification du transfert de propriété du lot, prévue par l'article 6 du décret, qui constitue une formalité autre. Si par erreur l'avis de mutation vise l'article 6, il est néanmoins valable s'il invite par ailleurs le syndic à faire opposition et reproduit le texte de l'article 20 de la loi du 10 juillet 1965 (▪ CA Paris, 2e ch. A, 1er oct. 2002 : *AJDI* 2003, p. 200).

Voir : sur la distinction entre l'avis de mutation de l'article 5 et la notification du transfert de propriété du lot prescrite par l'article 6, comm. n° 5, p. 685.

3) Vente amiable ou adjudications. On rappelle que l'article 20 de la loi du 10 juillet 1965, dans sa rédaction issue de la loi du 21 juillet 1994, faisait peser sur « le notaire » la charge de notifier au syndic cet avis de mutation.

Si l'on prenait le texte à la lettre, il faudrait en déduire que l'avis de mutation ne concerne que les seules « mutations à titre onéreux » où le notaire intervient, c'est-à-dire en fait les ventes ou adjudications amiables ou encore les échanges.

Mais nul n'a jamais douté que « l'avis de mutation » doive également trouver à s'appliquer en matière de vente sur saisie ou plus généralement d'*adjudication forcée*, qui ne concerne pas le notaire.

L'article 5-1 répare sur ce point les inadvertances du législateur, en déclarant que « si le lot fait l'objet d'une vente sur licitation ou sur saisie immobilière, l'avis de mutation prévu par l'article 20 de la loi du 10 juillet 1965 est donné au syndic selon le cas :

– soit par le notaire ;

– soit par l'*avocat* du demandeur ou du créancier poursuivant ». L'avis de mutation adressé par l'avocat de l'adjudicataire n'est pas valable (▪ CA Paris, 8e ch. A, 15 mai 2001 : *Loyers et copr.* 2001, comm. 276). Si le poursuivant et l'adjudicataire ont le même avocat, celui-ci doit, lorsqu'il adresse l'avis de mutation au syndic, préciser qu'il agit au nom du poursuivant (▪ CA Paris, 2e ch. A, 30 oct. 2001 et ▪ CA Paris, 11 déc. 2001 : *Dossier CSAB* n° 102, nov. 2002, nos 175 et 177, obs. A. Dunes ; *Gaz. Pal.* 30 août-3 sept. 2002, p. 10, note F. Décarpentrie).

4) Autres cas. En outre, ce même texte complète utilement l'article 20 de la loi en évoquant plusieurs hypothèses à propos desquelles on pouvait nourrir quelques doutes :

• Si le lot fait l'objet d'une *expropriation pour cause d'utilité publique*, l'avis de mutation est donné au syndic, indique le nouveau texte :

– soit par le notaire ;

– soit par l'expropriant.

Il avait été contesté que l'opposition de l'article 20 puisse être formée à l'occasion d'une procédure d'expropriation (V. ▪ CA Paris, 23e ch., 17 févr. 1993 : *JurisData* n° 1993-020544. – Rép. min., 10 sept. 1990 : *JOAN Q*, p. 4266. – V. *JCl. Copropriété*, Fasc. 74, n° 118 par G. Vigneron).

Le texte implique que la procédure d'opposition doit bien jouer en pareil cas, sinon la notification d'un avis de mutation au syndic effectué sur le fondement de l'article 20 n'aurait plus de sens.

En pratique, le notaire devra notifier un avis de mutation lorsqu'il sera amené à constater une cession amiable (V. C. expr., art. L. 220-1), qui peut, on le sait, intervenir avant ou après la déclaration d'utilité publique ou même l'arrêté de cessibilité ;

• Si le lot fait l'objet de « l'exercice d'un droit de préemption publique », l'avis de mutation est donné par le titulaire du droit de préemption ;

• Si l'*acte est reçu en la forme administrative*, l'avis de mutation est donné au syndic par l'autorité qui authentifie la convention.

5) Formes de l'avis de mutation. V. sur ce point, comm. sous D. 17 mars 1967, art. 64, p. 894.

pour plus de détails sur l'avis de mutation, V. L. 10 juill. 1965, art. 20, nos 6 à 11, p. 353.

II – L'OPPOSITION DU SYNDIC

A – Créances pour lesquelles il est possible de faire opposition

6) Créances du syndicat. L'opposition ne peut concerner, selon le texte même de l'article 5-1 que des *créances du syndicat*.

Elle ne peut donc être pratiquée que pour avoir paiement des sommes dues au syndicat et non pas au syndic personnellement (▪ CA Paris, 25 févr. 1988 : *JurisData* n° 1988-021441).

1° Notion de « créance liquide et exigible »

Bibliographie : E.-J. Guillot, *Créances certaines, liquides et exigibles : Rev. Administrer* déc. 1982, p. 10 et s.

7) Créance liquide et exigible. Il résulte de l'article 5 que l'opposition de l'article 20 de la loi (V. ce texte) ne peut être formée par le syndic que pour avoir paiement d'une *créance « effectivement liquide et exigible à la date de la mutation »*. Il appartient au syndic de justifier de l'existence de sa créance, de son exigibilité et de sa liquidité à la date de la mutation (▪ Cass. 3e civ., 14 janv. 2016, n° 14-25.614 : *JurisData* n° 2016-000427 ; *Loyers et copr.* 2016, n° 102, note G. Vigneron).

Une opposition ne peut être formée au préjudice du vendeur pour avoir paiement de travaux de ravalement qui n'étaient pas encore votés par l'assemblée lors de la vente, même si le contrat prévoit expressément que ces travaux seront réglés par le vendeur, cette clause ne s'appliquant que dans les rapports entre les parties (▪ Cass. 3e civ., 25 sept. 2002, n° 00-22.630 : *Rev. loyers* 2002, p. 655. – V. également ▪ CA Paris, 23e ch. B, 28 févr. 2002 : *Loyers et copr.* 2002, comm. 208 ; *Rev. Administrer* juill. 2002, p. 38, obs. J.-R. Bouyeure). De même le syndicat n'est pas fondé à faire opposition pour avoir paiement d'une somme représentant le coût des travaux que le vendeur s'est engagé à effectuer en contrepartie de l'autorisation de changement d'activité donnée par le syndicat, et qui n'est pas contradictoirement fixée (▪ CA Paris, pôle 4, 2e ch., 4 nov. 2015, n° 15/07113 : *Administrer* juin 2016, p. 42, obs. J.-R. Bouyeure).

8) Liquidité de la créance. La créance du syndicat doit être effectivement *liquide*. Elle ne peut pas être provisoirement évaluée : il faut qu'elle soit immédiatement chiffrable en argent. Il en est ainsi lorsque l'assemblée générale a pris la décision de faire des travaux et a voté la dépense en prévoyant les appels de fonds nécessaires au financement de celle-ci (▪ CA Aix-en-Provence, 12 oct. 1995 : *JurisData* n° 1995-046763). Toutefois, une décision a estimé que ne commettait pas de faute le syndic qui faisait opposition pour une somme forfaitairement évaluée correspondant à une évaluation raisonnable de la consommation d'eau d'un copropriétaire, qui a refusé depuis des années l'accès à son compteur (▪ Cass. 3e civ., 9 mai 2007, n° 06-12.387 : *Rev. Administrer* août-sept. 2007, p. 57, obs. J.-R. Bouyeure).

Les charges non liquidées au moment de la vente (ou plus exactement de sa notification au syndic) doivent être réclamées à l'acquéreur ; le syndic ne peut pas faire opposition au préjudice du vendeur pour en avoir paiement (▪ CA Aix-en-Provence, 19 avr. 1988, *Jacob et Syndicat Fontaine de Valescure*, inédit).

9) Exigibilité de la créance. La créance du syndicat doit être *exigible :* le syndicat doit donc à la date de la mutation être en droit d'en exiger le paiement.

Présentent ce caractère d'exigibilité :

– les diverses *créances dont le paiement peut être demandé par le syndic en vertu de l'article 35* du décret du 17 mars 1967 (V. ce texte et comm.) : provisions pouvant être exigées au début ou en cours d'exercice pour faire face aux charges courantes ou provision « spéciale », et « avances » visées par ce texte ;

– la *provision prévue par l'article 37* du décret du 17 mars 1967 (V. ce texte) en cas de travaux urgents décidés par le syndic de sa propre initiative ;

– aux cas prévus par les articles 35 et 37 du décret susvisé, il faut ajouter celui visé par l'article 33, alinéa 2, de la loi (V. ce texte) qui prévoit l'exigibilité anticipée des annuités restant dues par le copropriétaire vendeur à la suite de travaux décidés en vertu de l'article 30 de la loi (■ CA Nîmes, 14 mars 1996 : *JurisData* n° 1996-030037).

Il faut aussi que la créance du syndicat soit *exigible à l'encontre du vendeur*. Sur ce point, le décret du 27 mai 2004 a apporté des éclaircissements en précisant, dans le nouvel article 6-2 du décret du 17 mars 1967, comment s'exerce le droit de poursuite du syndicat et quelles sont les créances dont le paiement incombe respectivement au vendeur ou à l'acquéreur.

Il résulte de ce texte qu'aucun compte *prorata temporis* ne peut être réclamé par les parties au syndic, qui est fondé à demander l'intégralité du paiement de la somme due à la personne qui en est débitrice au regard du syndicat, aux termes de l'article 6-2 précité. Mais rien n'empêche bien entendu les parties d'établir un tel compte, dans leurs rapports entre elles. À défaut, la charge définitive de la dette incombera à celui qui en est légalement débiteur d'après l'article 6-2 précité.

10) Applications. En application de ces critères de liquidité et d'exigibilité, il a été jugé que n'était pas valable l'opposition pratiquée pour le recouvrement d'une *créance simplement éventuelle* (■ CA Paris, 5 févr. 1980 : *D.* 1980, inf. rap. p. 449. ■ CA Paris, 23e ch., 15 juin 1992 : *Loyers et copr.* 1992, n° 444) ou de *frais provisionnels* (■ Cass. 3e civ., 24 mai 1989, n° 88-10.714 : *D.* 1990, jurispr. p. 478, note H. Souleau ; *Inf. rap. copr.* 1989, p. 325, note P.C.).

Ne constituent pas des charges « liquides et exigibles à la date de la mutation » au sens de l'article 5 du décret du 17 mars 1967 :

– les condamnations prononcées par le tribunal au titre des dépens et des frais non compris dans ceux-ci, qui sont exclues du bénéfice de l'exécution provisoire ;

– les honoraires du syndic au titre de la réponse au questionnaire du notaire et de l'établissement du compte « prorata temporis » prévus par le contrat de syndic, celui-ci n'ayant d'effets qu'entre les parties qui l'ont conclu, à savoir le syndic et le syndicat exclusivement (■ CA Paris, 23e ch., 15 mars 1995 : *Loyers et copr.* 1995, comm. 442) ;

– des charges afférentes à la consommation d'eau en l'absence de relevé du compteur (■ CA Paris, 23e ch. B, 7 juin 2001 : *AJDI* 2001, p. 808).

Le syndic commet une faute en faisant opposition pour des *sommes non exigibles* et peut encourir de ce chef une responsabilité envers le copropriétaire qui a subi de ce fait un préjudice (■ CA Paris, 23e ch. B, 15 déc. 2005 : *JurisData* n° 2005-288531. ■ CA Paris, 14 juin 1993 : *Loyers et copr.* 1993, n° 405).

Il n'est pas nécessaire pour que l'opposition de l'article 20 puisse être pratiquée que la créance soit en péril (■ CA Paris, 25 mai 1982 : *D.* 1982, inf. rap. p. 433).

Si la créance du syndicat n'est pas liquide et exigible, le syndic peut pratiquer une saisie de droit commun, avec une autorisation de justice.

2° *Conséquences des travaux décidés par l'assemblée avant la vente*

11) Créances pouvant être recouvrées par voie d'opposition. Un problème se pose en ce qui concerne les dépenses correspondant à des travaux non compris dans le budget prévisionnel, énumérés par l'article 44 du décret du 17 mars 1967. Le droit de poursuite du syndicat, pour obtenir paiement des provisions afférentes à ces travaux, s'exercera à l'encontre de celui, vendeur ou acquéreur, qui sera copropriétaire à la date de leur exigibilité (étant entendu que l'on ne devient copropriétaire à l'égard du syndicat qu'à partir du moment où la mutation a été notifiée au syndic en vertu de l'article 6 du décret du 17 mars 1967 : V. ce texte).

Lorsque des travaux sont décidés par l'assemblée, deux conditions doivent être remplies pour que la créance du syndicat soit liquide et exigible :

– l'assemblée doit tout d'abord avoir décidé d'engager la dépense, en approuvant les devis et marchés. Il faut une véritable décision, résultant d'une délibération (■ Cass. 3e civ., 20 mai 2014, n° 13-11.602 : *JurisData* n° 2014-010899. ■ Cass. 3e civ., 25 juin 1994 : *Loyers et copr.* 1994, comm. 212). Une simple « décision de principe » n'est pas suffisante (■ CA Lyon, 7 févr. 1996 : *JurisData* n° 1996-041183) ;

– l'assemblée doit avoir également décidé des appels de fonds (V. pour le rappel de cette double exigence, ■ CA Aix-en-Provence, 12 oct. 1995 : *JurisData* n° 1995-046763. ■ CA Aix-en-Provence, 4e ch., 26 mars 1998 : *Inf. rap. copr.* juill.-août 1998, p. 24, obs. C. Atias).

Les deux décisions peuvent être prises simultanément, mais ceci n'a rien d'obligatoire.

Si l'assemblée vote le principe de travaux sans fixer la quote-part des copropriétaires, et que c'est seulement postérieurement à la vente qu'une autre assemblée décide des appels de fonds correspondants, c'est l'acquéreur, copropriétaire à cette époque qui doit y répondre (■ CA Paris, 23e ch. B, 28 févr. 2002 : *Rev. Administrer* juill. 2002, p. 38, obs. A. Alfandari. ■ CA Lyon, 7 févr. 1996, préc. – V. également ■ CA Paris, 23e ch., 16 juin 1995 : *Loyers et copr.* 1995, comm. 486).

Pour que l'appel de fonds soit exigible, il ne suffit pas que l'assemblée en ait fixé le calendrier (V. cependant une décision curieuse en sens contraire : ▪ Cass. 3e civ., 27 févr. 2001 : *Loyers et copr.* 2001, comm. 155, mais en sens contraire ▪ Cass. 3e civ., 2 oct. 2001 : *AJDI* 2002, p. 136, note C. Giverdon ; *Rev. Administrer* févr. 2002, p. 39, obs. J.-R. Bouyeure, sol. impl. ▪ Cass. 3e civ., 14 déc. 2004 : *Rev. loyers* 2005, p. 164). Encore faut-il que l'échéance fixée soit advenue, car antérieurement le paiement ne peut être exigé (▪ Cass. 3e civ., 14 déc. 2004 : *AJDI* 2005, p. 663, note C. Giverdon). C'est donc la date à laquelle l'appel de fonds peut être effectivement réclamé qui est à considérer pour savoir qui en est débiteur (vendeur ou acquéreur).

Il en résulte que si l'assemblée substitue à des appels de fonds, décidés antérieurement pour les mêmes causes, de nouveaux appels de fonds, en fixant de nouvelles dates d'exigibilité c'est l'acquéreur, devenu copropriétaire depuis lors qui devra les supporter (▪ Cass. 3e civ., 6 oct. 1999 : *Bull. civ.*, III, n° 198 ; *Rev. Administrer* janv. 2000, p. 30, obs. P. Capoulade ; *Loyers et copr.* 2000, comm. 304).

B – Contenu de l'opposition

Bibliographie : J. Lafond, *Créances du syndicat et opposition sur vente de lots de copropriété : Loyers et copr.* 2023, formule 1.

12) Énonciation du montant et des causes de la créance. L'article 20 de la loi du 10 juillet 1965 exige « à peine de nullité » que l'opposition « énonce *le montant et les causes de la créance* » (texte issu de la loi du 21 juill. 1994).

Cette disposition méritait d'être explicitée, même si l'on en percevait *a priori* le sens et la portée. Il s'agissait, en particulier, de faire que celui qui recevait l'opposition soit mis en mesure d'apprécier si la créance avait ou non un caractère privilégié et devait être réglée avant les créanciers hypothécaires ou titulaires de privilèges immobiliers, ou au même rang, en application de l'article 2374-1° *bis* du Code civil (aujourd'hui abrogé) qui accordait un privilège au syndicat des copropriétaires pour le recouvrement de certaines charges (V. Annexe 51, *V° Privilège immobilier du syndicat*, p. 1395).

C'est à cette explicitation que procède l'article 5-1 nouveau du décret du 17 mars 1967 qui indique que « l'opposition éventuellement formée par le syndic doit énoncer d'une manière précise » :

• Le montant et les causes des créances « de toute nature du syndicat » de l'année courante et des deux dernières années échues.

Il s'agit des créances que l'on pourrait qualifier de « super-privilégiées » aux termes de l'article 2418 alinéa 2 du Code civil issu de la réforme des sûretés opérée par l'ordonnance n° 2021-1192 du 15 septembre 2021 applicable à compter du 1er janvier 2022 ; ces créances « priment toutes les autres hypothèques ». Pour leur recouvrement, le syndicat prime non seulement les créanciers hypothécaires ordinaires, mais également les créanciers titulaires d'une hypothèque légale spéciale du vendeur ou de prêteur de deniers.

• Le montant et les causes des créances « de toute nature du syndicat » des deux années antérieures aux deux années échues.

Rappelons que ces créances du syndicat bénéficient de l'hypothèque légale spéciale (C. civ., art. 2402, 3°) et priment, là encore, les créanciers hypothécaires, mais non plus les créanciers titulaires d'une hypothèque légale spéciale de vendeur ou de prêteur de deniers, avec lesquels le syndicat de copropriété vient en concours (C. civ., art. 2418, al. 2).

• Le montant et les causes des créances de toute nature du syndicat non comprises dans l'énumération figurant à l'article 5-1 sous les 1°, 2°, 3°. Il peut s'agir de créances garanties par une hypothèque légale « ordinaire » (prévue par l'article 19 de la loi du 10 juillet 1965 : V. ce texte) et ne bénéficiant pas de l'hypothèque légale spéciale de l'article 2402, 3° du Code civil soit en raison de la nature de la créance, soit en raison de son ancienneté. Ces créances viendront alors au rang de l'hypothèque qui les garantit. Le cas échéant, il s'agira de créances chirographaires.

Sur les garanties hypothécaires dont bénéficie le syndicat depuis la réforme des sûretés, V. Annexe 36-1, *V° Hypothèques légales du syndicat*, p. 1285.

Il est sans importance que le détail du montant et des causes de la créance figure dans une annexe à l'acte d'huissier (de commissaire de justice) dès lors qu'elle fait corps avec lui (▪ Cass. 3e civ., 15 déc. 2004 : *Bull. civ.* III, n° 244 ; *Loyers et copr.* 2005, comm. 40, note G. Vigneron ; *Rev. loyers* 2005, p. 168, note P. Dechelette-Tolot ; *Rev. Administrer* mars 2005, p. 39, note J.-R. Bouyeure).

13) Conséquences. Le texte condamne désormais :

– toute opposition qui n'indiquerait pas de manière précise le *montant* des créances du syndicat, dont il est ici rappelé qu'elles doivent être « liquides et exigibles » (comm. n° 7, p. 680). Ainsi, pour une opposition faite « pour avoir paiement d'une somme de x francs et de toute somme que devrait ou pourrait devoir Monsieur X... » ou encore « pour avoir paiement de la somme de... provisoirement évaluée » ;

– toute opposition qui n'indiquerait pas les causes de la créance (▪ CA Paris, 23e ch. B, 26 oct. 2005 : *JurisData* n° 2005-288522) ;

– toute opposition qui ne préciserait pas si la créance est chirographaire, assortie d'une hypothèque légale ordinaire ou d'une hypothèque légale spéciale (V. antérieurement à la réforme des sûretés ▪ CA Paris, 2e ch. B, 20 sept. 2001 : *AJDI* 2002, p. 140) ;

– et enfin toute opposition qui ne procéderait pas à une ventilation « précise » entre les différents chefs de créances, selon leur nature, lorsque ces créances relèvent de catégories juridiques différentes, du point de vue des garanties de paiement dont elles sont assorties.

Un arrêt de la Cour de cassation a déclaré irrégulière l'opposition qui énonçait sans distinction le seul montant total de la créance du syndicat des copropriétaires, ou encore l'opposition ayant pour objet des charges dont il n'était pas établi qu'elles avaient été approuvées par l'assemblée générale des copropriétaires (▪ Cass. 3e civ., 12 oct. 2023, n° 22-18.723 : *JurisData* n° 2023-017500 ; *Loyers et copr.* 2023, comm. 190, note C. Coutant-Lapalus ; *AJDI* 2024, p. 127, note P.-E. Lagraulet ; *Rev. loyers* 2023, p. 606, note V. Zalewski-Sicard).

14) Vente portant sur plusieurs lots. Lorsque la vente porte sur plusieurs lots, l'opposition doit comporter non seulement la répartition des charges et travaux selon le privilège ou le « superprivilège » que le syndicat invoque, mais également le détail des sommes réclamées selon leur nature et le lot, objet de la vente, auquel elles sont afférentes (▪ Cass. 3e civ., 22 juin 2017, n° 16-15.195 : publié au Bulletin : *JurisData* n° 2017-012234 ; *Loyers et copr.* 2017, comm. 207, 1200 ; *Rev. loyers* 2017, p. 391, note L. Guégan-Gélinet. ▪ Cass. 3e civ., 3 nov. 2011, n° 10-20.182 : *Bull. civ.* III, n° 179 ; *JurisData* n° 2011-023820 ; *Loyers et copr.* 2012, n° 26, obs. G. Vigneron ; *Administrer* janv. 2012, p. 72, obs. J.-R. Bouyeure ; *AJDI* 2012, p. 678, note D. Tomasin).

C – Sanction

15) Perte de la garantie attachée à la créance. L'article 5-1 du décret a été pris pour l'application de l'article 20, I, al. 1er de la loi du 10 juillet 1965 selon lequel l'opposition énonce « à peine de nullité... le montant et les causes de la créance », et il ajoute dans son alinéa 3 que seule « l'opposition régulière » vaut au profit du syndicat mise en œuvre de l'hypothèque légale mentionnée à l'article 19-1, c'est-à-dire en fait de l'hypothèque légale spéciale mentionnée à l'article 2402, 3° du Code civil.

En rapprochant ces textes, on pouvait être amené à conclure que si l'opposition ne comporte pas les diverses mentions énoncées à l'article 5-1 sous les 1° à 4°, elle devait être considérée comme nulle. C'est la solution qu'avaient adopté plusieurs juridictions du fond. Mais selon un arrêt de la Cour de cassation « La distinction entre les quatre types de créances prévue à l'article 5-1 du décret du 17 mars 1967 constitue une condition de forme déterminant le caractère de celles bénéficiant de l'article 2103-1 *bis* du Code civil (alors en vigueur). À défaut, celles-ci ne cessent pas d'exister mais perdent leur caractère de créances occultes privilégiées et super-privilégiées, et elles ne peuvent alors valoir que comme créances hypothécaires ou chirographaires (▪ Cass. 3e civ., 25 oct. 2006, n° 05-16.835 : *Bull. civ.* III, n° 206 ; *Loyers et copr.* 2007, comm. 17, obs. G. Vigneron ; *Rev. loyers* 2007, p. 44, note J.-M. Gélinet ; *Rev. Administrer* janv. 2007, p. 57, obs. J.-R. Bouyeure. ▪ Cass. 3e civ., 15 déc. 2004, n° 03-15.174 : *Bull. civ.* III, n° 244 ; *Loyers et copr.* 2005, comm. 40, note G. Vigneron ; *Rev. loyers* 2005, p. 168, note P. Dechelette-Tolot ; *Rev. Administrer* mars 2005, p. 39, note J.-R. Bouyeure). Le non-respect des « conditions de forme » énoncées par l'article 5-1 du décret du 17 mars 1967 ne constitue donc pas, selon la Cour de cassation, une cause de nullité de l'opposition. Autrement dit l'opposition reste valable, et le notaire ou l'avocat qui la reçoit doit en tenir compte, et elle produit ses effets habituels.

La seule conséquence de la « nullité » dont elle est affectée était antérieurement que le syndicat ne pouvait pas se prévaloir, le cas échéant, du caractère privilégié de sa créance qui devenait chirographaire (▪ Cass. 3e civ., 22 juin 2017, préc. ▪ Cass. 3e civ., 27 nov. 2013, n° 12-27.385 : *JurisData* n° 2013-027317 ; *Bull. civ.* III, n° 152 ; *JCP* N 2014, n° 4, 1051, note S. Piedelièvre ; *AJDI* 2014, p. 622, note D. Tomasin. – V. Annexe 51, *Privilège immobilier du syndicat*, p. 1395). Depuis la réforme opérée par l'ordonnance n° 2021-1192 du 15 septembre 2021 applicable à compter du 1er janvier 2022, la conséquence d'une opposition irrégulière est que le syndicat de copropriétaires ne pourra plus alors se prévaloir de l'hypothèque légale spéciale dont il bénéficie en vertu de l'article 2402, 3°, du Code civil et que sa créance deviendra donc chirographaire (V. J. Lafond, *L'hypothèque légale spéciale du syndicat de copropriétaires* : *JCP* N 2023, n° 12, 1056).

Art. 5-2 ***(Mod., D. n° 2021-1888, 29 déc. 2021).*** **– Pour l'application du 3° de l'article 2402 et du deuxième alinéa de l'article 2418 du Code civil, l'année s'entend de l'exercice comptable au sens de l'article 5 du décret du 14 mars 2005 relatif aux comptes du syndicat des copropriétaires.**

NB : Conformément au premier alinéa du I de l'article 7 du décret n° 2021-1888 du 29 décembre 2021, ces dispositions sont entrées en vigueur le 1er janvier 2022.

Hypothèque légale spéciale du syndicat de copropriétaires : notion « d'année ». L'article 2402, 3° du Code civil confère une hypothèque légale spéciale aux « créances de toute nature du syndicat des copropriétaires relatives à l'année courante ainsi qu'aux quatre dernières années échues sur le lot vendu du copropriétaire débiteur ».

Par ailleurs, l'article 2418 alinéa 2 énonce que l'hypothèque légale spéciale prévue à l'article 2402, 3° « prime toutes les autres hypothèques pour l'année courante et pour les deux dernières années échues. Elle vient en concours avec l'hypothèque du vendeur et du prêteur de deniers pour les années antérieures ».

Dans chacun de ces textes, il est fait référence à la notion « d'année ». Pour éviter toute difficulté d'interprétation, l'article précise que « l'année » s'entend « de l'exercice comptable au sens de l'article 5 du décret du 14 mars 2005 relatif au compte du syndicat des copropriétaires » (V. ce texte en annexe 18, *V° Comptabilité du syndicat*, p. 1141).

Voir : Annexe 51, *Privilège immobilier du syndicat*, p. 1395, tous les textes concernant le privilège du syndicat, et donc l'article 5-2 du décret, auquel on voudra bien se reporter.

Art. 6 ***(Mod., D. n° 95-162, 15 févr. 1995 ; D. n° 2012-634, 3 mai 2012 ; D. n° 2020-834, 2 juill. 2020).*** **– Tout transfert de propriété d'un lot ou d'une fraction de lot, toute constitution sur ces derniers d'un droit d'usufruit, de nue-propriété, d'usage ou d'habitation, tout transfert de l'un de ces droits est notifié, sans délai, au syndic, soit par les parties, soit par le notaire qui établit l'acte, soit par l'avocat qui a obtenu la décision judiciaire, acte ou décision qui, suivant le cas, réalise, atteste, constate ce transfert ou cette constitution.**

Cette notification comporte la désignation du lot ou de la fraction de lot intéressé ainsi que l'indication des nom, prénoms, domicile réel ou élu et, sous réserve de leur, accord exprès, l'adresse électronique de l'acquéreur ou du titulaire de droit et, le cas échéant, du mandataire commun prévu aux deuxièmes et troisièmes alinéas de l'article 23 de la loi du 10 juillet 1965. Elle comporte, le cas échéant, l'indication des accords prévus à l'article 26-8 de cette loi.

Cette notification doit être faite indépendamment de l'avis de mutation prévu à l'article 20 de la loi du 10 juillet 1965 modifiée.

Bibliographie : Th. Delesalle, *Le service après-vente d'un lot de copropriété par le notaire* : *AJDI* 2007, p. 731. • J.-M. Roux, *La notification de l'article 6 du décret du 17 mars 1967 : Rev. Administrer* août-sept. 2010, p. 7. • G. Rouzet, *Retour sur la « fraction de lot » : Inf. rap. copr.* mai 2017, p. 11. • J. Lafond, *La notification au syndic des changements de propriété des lots après le décret du 2 juillet 2020* : *JCP* N 2020, n° 40, 1207.

Jurisclasseurs. *JCl. Copropriété*, Fasc. 107-60 et *JCl. Notarial Formulaire, V° Copropriété*, Fasc. 222, par J. Lafond.

I – NOTIFICATION DES MUTATIONS AU SYNDIC

A – Cas où la notification doit être opérée

1) Deux catégories de cas. La notification est *prescrite dans les cas suivants* :

- *Transfert de propriété d'un lot ou d'une fraction de lot.*
- *Constitution sur un lot d'un droit d'usufruit, de nue-propriété, d'usage ou d'habitation ou transfert de l'un de ces droits.*

2) Transfert de propriété d'un lot ou d'une fraction de lot. Étant donné le caractère très général de la formule utilisée par le texte, sont visés tous les transferts de propriété, qu'ils interviennent entre vifs ou à cause de mort (donation entre époux, legs, transmission successorale...) et tout acte de mutation : à titre onéreux (vente, échange...) où à titre gratuit, ainsi que les cas où la mutation d'un lot est résolue où annulée (▪ CA Toulouse, 1re ch., 5 sept. 2005 : *Loyers et copr.* 2005, comm. 116, note G. Vigneron). Le notaire doit ainsi, en cas de décès du titulaire d'un lot, faire connaître au syndic qui sont les nouveaux propriétaires de ce lot à la suite de la dévolution héréditaire (V. ▪ Cass. 3e civ., 12 mars 2020, n° 18-11.988 : *JurisData* n° 2020-003527 ; *JCP* N 2020, n° 24, 1128, note V. Zalewski-Sicard ; *Administrer* avr. 2020, p. 57, note J.-R. Bouyeure ; *AJDI* 2020, p. 625 ; *Rev. loyers* 2020, p. 212, note C. Rattin). De même, si une SCI perd sa personnalité morale faute d'immatriculation et que le lot devient la propriété indivise de ses associés, le syndic doit être informé selon les modalités prévues par l'article 6 du décret du 17 mars 1967 (▪ Cass. 3e civ., 12 nov. 2020, n° 19-20.811). Le texte prescrivant la notification du « transfert de propriété », il faut en principe notifier au stade du sous-seing privé (« compromis ») de vente, qui opère ce transfert (V. ▪ CA Aix-en-Provence, 4e ch., 23 mars 1983 : *Bull. Aix-en-Provence* janv. 1983, n° 30, p. 46). En pratique, la notification n'est souvent faite qu'après la passation de l'acte authentique. Si la notification est effectuée dès le sous-seing privé opérant transfert de propriété, l'acquéreur ne peut ensuite se dérober au paiement des charges, au motif que l'acte authentique de vente n'est pas encore passé.

Par ailleurs, dans tous les cas, la copropriété est en droit d'exiger le *paiement des charges* à partir de la date d'entrée en possession prévue dans le contrat, sans avoir à se préoccuper de la date à laquelle le copropriétaire a voulu ou pu effectivement occuper le lot acquis (▪ CA Aix-en-Provence, 1re ch., 23 févr. 1983 : *Bull. Aix-en-Provence* janv. 1983, n° 29, p. 45).

La *prise de possession différée* du lot ne dispense pas l'acquéreur du paiement des charges de copropriété dont il est normalement redevable (▪ Cass. 3e civ., 8 mars 1989 : *Rev. loyers* 1989, p. 220).

3) **Résolution de vente.** L'acquéreur d'un lot dont la vente est résolue conserve vis-à-vis du syndicat la qualité de copropriétaire et il reste donc débiteur des charges jusqu'à ce que la notification du transfert consécutif à la résolution soit faite au syndicat en application de l'article 6 du décret du 17 mars 1967 (▪ Cass. 3e civ., 31 mars 1993 : *Loyers et copr.* juin 1993, n° 236 ; *Inf. rap. copr.* 1993, p. 228, note P. Capoulade. ▪ CA Paris, pôle 4, 2e ch., 7 mars 2012, n° 09/12028 : *Administrer* mai 2012, p. 47, obs. J.-R. Bouyeure. ▪ CA Colmar, 8 nov. 1996 : *D.* 1997, somm. p. 245, obs. J.-R. Bouyeure). Selon la Cour de Toulouse, c'est l'acquéreur qui doit, pour rendre cette résolution opposable au syndicat, notifier la décision intervenue au syndic. Le fait que le jugement ait été publié ne dispense pas de cette formalité (▪ CA Toulouse, 5 sept. 2005 : *Loyers et copr.* 2006, comm. 116, note G. Vigneron). Pour la Cour de Dijon, cette notification incombe à l'avoué (aujourd'hui, à l'avocat) qui a obtenu la décision (▪ CA Dijon, 1re ch. B, 25 févr. 2005 : *JurisData* n° 2005-265199).

À compter de cette notification, les charges peuvent être réclamées à l'ancien propriétaire et ce jusqu'à la revente du lot à un nouvel acquéreur, revente qui doit bien entendu être notifiée au syndic (▪ Cass. 3e civ., 11 janv. 1984 : *Defrénois* 1984, art. 33379, p. 1067, note H. Souleau. ▪ CA Versailles, 25 juin 1992 : *Rev. Administrer* mai 1993, p. 54, note A. Dunes). Le vendeur redevenu copropriétaire à la suite de la résolution de la vente ne peut prétendre se soustraire au paiement des charges au motif que la notification de la résolution n'a pas été faite au syndic, alors que la charge de faire cette notification pèse sur lui en vertu de l'article 6 du décret du 17 mars 1967 (▪ CA Paris, 23e ch. B, 26 sept. 2002 : *Rev. loyers* 2003, p. 113). Mais selon la cour d'Aix-en-Provence, les charges dues par l'acquéreur dont le titre a été résolu ne pourraient pas être demandées à celui qui est devenu propriétaire. L'effet rétroactif de la résolution ne jouerait pas ici et le bénéficiaire de la résolution ne deviendrait débiteur des charges que pour l'avenir (▪ CA Aix-en-Provence, 29 oct. 1998 : *Defrénois* 1999, p. 429, obs. C. Atias).

Bibliographie : R. Martin, *Paiement des charges de copropriété après résolution de la vente d'un lot à charge de rente viagère : Ann. loyers* 2000, p. 1153.

4) **Constitution sur un lot d'un droit d'usufruit, de nue-propriété, d'usage ou d'habitation ou transfert de l'un de ces droits.** On observera que le texte utilise une formule très générale : la notification est requise à l'occasion de toute « constitution » ou « transfert » des droits visés au texte, que la mutation s'opère à titre gratuit ou à titre onéreux, entre vifs ou à cause de mort. Sont par exemple concernés : la donation avec réserve d'usufruit ou réserve d'un droit d'usage et d'habitation, la constitution d'un droit d'usufruit à titre onéreux, la donation entre époux lorsqu'elle reçoit exécution au profit du conjoint survivant, le legs d'usufruit...

À défaut de notification de la création d'un droit d'usufruit, le syndic peut solliciter la condamnation du nu-propriétaire et de l'usufruitier à payer *in solidum* les charges afférentes au lot concerné (▪ CA Paris, 23e ch. B, 27 janv. 2007 : *Loyers et copr.* 2007, comm. 107, obs. G. Vigneron).

B – Rapports entre la notification de l'article 6 du décret et l'avis prévu par l'article 20 de la loi

5) **Deux formalités distinctes.** Cette notification est *distincte de « l'avis » prévu par l'article 20*, alinéa 1, de la loi (V. ce texte) qui a pour but de permettre au syndic de former l'opposition sur le prix de vente du lot (V. ▪ CA Versailles, 1re ch., 9 oct. 1989 : *D.* 1990, inf. rap. p. 129, obs. Givord et Giverdon et ▪ CA Paris, 23e ch. A, 23 mars 1991 : *D.* 1991, inf. rap. p. 106).

Le décret du 15 février 1995 a ajouté à l'article 6 du décret du 17 mars 1967 un troisième alinéa afin de préciser que « la notification doit être faite indépendamment de l'avis de mutation prévu à l'article 20 de la loi du 10 juillet 1965 ».

Il s'agit ici de réagir contre certains errements de la pratique qui avait tendance à confondre « l'avis de mutation » et l'avis donné au syndic en vertu de l'article 6 du décret du 17 mars 1967 (V. à ce propos la 9e recommandation de la Commission relative à la copropriété).

Or, *les deux formalités ont des objets totalement distincts :*

– l'avis de mutation pratiqué sur le fondement de l'article 20 de la loi du 10 juillet 1965 a pour but de faire courir le délai imparti au syndic pour faire opposition ; ainsi en l'absence de l'avis de mutation prévu par l'article 5 ce délai ne court pas, même si la vente lui a été par ailleurs notifiée en vertu de l'article 6 du décret (▪ CA Paris, 2e ch. A, 12 sept. 2007 : *JurisData* n° 2007-343466. ▪ CA Paris,

2e ch. A, 17 mars 1998 : *Dossiers CSAB* déc. 1998, p. 9, obs. A. Dunes) ;

– la notification de la mutation permet de rendre opposable cette mutation au syndicat de copropriété qui va donc, à compter de cette date, prendre en compte dans ses livres le nouveau copropriétaire (ou le démembrement de propriété du lot).

La notification de l'article 6 ne peut donc, contrairement à ce qui a été soutenu (J. Viatte, *Journal des notaires*, 1967, p. 387) tenir lieu de l'avis de mutation et inversement.

Il y a donc lieu de distinguer soigneusement les deux formalités et d'y procéder de manière séparée. Il ne sera plus possible en effet de soutenir que l'une vaut pour l'autre.

6) Délai de la notification. La notification doit être faite « *sans délai* », c'est-à-dire immédiatement après que soit intervenue l'une ou l'autre des opérations visées au texte.

Elle s'opère *à la diligence des parties, ou de celui qui a établi l'acte*, c'est-à-dire, selon le cas, le notaire ou l'avocat (▪ Cass. 3e civ., 23 janv. 1979 : *JCP* G 1979, IV, 106). Elle peut émaner de l'une seulement des parties à l'acte (soit l'acquéreur, soit le vendeur).

7) Contenu de la notification. Les mentions à faire figurer dans cette notification sont énoncées par l'alinéa 2 du texte.

Elle doit comporter :

– la désignation du lot ou de la fraction de lot intéressée ;

– l'indication des nom, prénoms, domicile réel ou élu de l'acquéreur ou du titulaire de droit ;

– le cas échéant, l'indication du mandataire commun prévu par l'article 23 alinéas 2 et 3 de la loi du 10 juillet 1965, lorsque le lot est en indivision ou grevé d'un droit d'usufruit ;

– depuis le 4 juillet 2020 (date d'entrée en vigueur du décret n° 2020-834 du 2 juillet 2020, qui a introduit cette exigence) l'adresse électronique de l'acquéreur, du titulaire de droit, ou du mandataire commun prévu par l'article 23, alinéas 2 et 3 de la loi du 10 juillet 1965, lorsque le lot est en indivision ou grevé d'un droit d'usufruit, « sous réserve de leur accord exprès », indique le texte (sur les modes d'expression de cet accord, V. D. 17 mars 1967, art. 64-3) ;

– l'accord du prêteur, de la caution et du nouveau propriétaire (V. L. 10 juill. 1965, art. 26-8, p. 493) pour que les sommes restant dues par l'ancien propriétaire du lot au titre du remboursement de l'emprunt souscrit par le syndicat en vertu de l'article 26-4 de la loi précitée soient désormais à la charge de l'acquéreur du lot.

Il n'y a pas à notifier au syndic une copie de l'acte de vente lui-même (▪ CA Paris, 23e ch. A, 13 mars 1991 : *D.* 1991, inf. rap. p. 106).

8) Formes de la notification. La notification doit être faite selon les formes prévues par les articles 64 et 64-2 du décret du 17 mars 1967 (V. ces textes) : par lettre recommandée avec demande d'avis de réception (D. art. 64), ou éventuellement par voie électronique (D. art. 64-2).

Selon un arrêt de la Cour de cassation (3e civ.) du 22 mars 2000 (n° 98-14.409 : *JurisData* n° 2000-001211 ; *Loyers et copr.* 2000, comm. 146) seule la notification d'une mutation opérée selon le formalisme prévu par l'article 6 du décret du 17 mars 1967 rend cette mutation opposable au syndicat des copropriétaires. Le syndic qui reçoit une notification par simple lettre peut décider d'en tenir compte malgré son irrégularité (V. également, ▪ Cass. 3e civ., 8 févr. 2024, n° 22-24.829 : *Loyers et copr.* 2024, n° 4, comm. 72, C. Coutant-Lapalus). Mais s'il ne le fait pas, il n'encourt aucune responsabilité, alors même qu'il est établi qu'il a bien reçu la lettre. Le simple fait d'informer le syndic du changement de propriétaire n'est pas suffisant si les formes prévues par l'article 6 ne sont pas par ailleurs respectées (▪ CA Paris, 23e ch. B, 16 oct. 2003 : *AJDI* 2004, p. 38).

V. sur ce point comm. sous D. n° , 17 mars 1967, art. 64, p. 894.

II – SANCTIONS EN L'ABSENCE DE NOTIFICATION

9) Inopposabilité au syndicat. C'est la notification de la mutation qui confère à l'acquéreur la qualité de copropriétaire à l'égard tant du syndicat que des autres copropriétaires (▪ Cass. 3e civ., 6 nov. 1991 : *Rev. Administrer* juill. 1992, p. 32, note E.-J. Guillot. ▪ Cass. 3e civ., 21 juin 1995 : *Rev. loyers* 1996, p. 139, obs. M. Gélinet ; *JurisData* n° 1995-002254. ▪ CA Paris, 23e ch. A, 1er mars 1995 : *JurisData* n° 1995-020512).

Tant que la notification prescrite par l'article 6 du décret n'a pas été opérée, il est bien établi que *le transfert de propriété du lot est inopposable au syndicat* (▪ Cass. 3e civ., 22 mars 2000, n° 98-14.409 : *Loyers et copr.* 2000, comm. 146). Ainsi, un associé ne peut se prévaloir de la qualité de copropriétaire que dans la mesure où il a notifié au syndicat son changement de statut consécutif à son retrait de la société (▪ CA Paris, 23e ch. B, 30 mars 2000 : *Loyers et copr.* 2000, comm. 209).

Le syndic peut donc valablement continuer de convoquer l'ancien propriétaire aux assemblées (▪ Cass. 3e civ., 26 sept. 2007, n° 06-16.394 : *BPMIM* 6/07, n° 433. ▪ CA Paris, 23e ch. B, 12 janv. 2006 : *JurisData* n° 2006-290841. ▪ CA Versailles, 4e ch., 22 mars 2004 : *Loyers et copr.* 2004, comm. 170, obs. G. Vigneron ; *Bull. inf. C. cass.* 15 oct. 2004, n° 1538. ▪ CA Paris, 23e ch. B, 26 janv. 2003 : *Rev. Administrer* juill. 2003, p. 43, obs. J.-R. Bouyeure. ▪ CA Paris, 8ᵉ ch., 29 janv. 1993 : *Loyers et copr.* 1993, n° 235). On ne peut lui reprocher de continuer à convoquer un copropriétaire décédé si le transfert de propriété résultant du décès ne lui a pas été notifié (▪ CA Paris, 23ᵉ ch. B, 10 mai 2007 : *Loyers et copr.* 2007, n° 203, obs. G. Vigneron).

En l'absence de notification, le syndic peut également continuer de recouvrer les charges à l'encontre de l'ancien propriétaire (▪ Cass. 3ᵉ civ., 22 oct. 2015, nᵒˢ 14-11.029 et 14-12.987 : *JurisData* n° 2015-023551 ; *Loyers et copr.* 2016, n° 22, note G. Vigneron. ▪ Cass. 3ᵉ civ., 3 juill. 1974 : *JCP* G 1974, IV, 307. ▪ Cass. 3ᵉ civ., 3 oct. 1972 : *JCP* 1972, II, 17259, note E.-J. Guillot. ▪ TGI Paris, 29 oct. 1979 : *JCP* G 1982, II, 19736, note E.-J. Guillot. ▪ CA Lyon, 30 sept. 1980 : *Rev. loyers* 1981, p. 495. ▪ CA Paris, 23ᵉ ch. B, 30 nov. 1990 : *Loyers et copr.* 1991, n° 90. ▪ CA Paris, 23ᵉ ch. B, 23 sept. 1994 : *D.* 1996, somm. p. 159, obs. J.-R. Bouyeure).

Il est indifférent que le syndic ait eu connaissance de la mutation par d'autres moyens (▪ CA Versailles, 4ᵉ ch., 22 mars 2004, préc.), notamment par l'avis de mutation qui lui a été adressé par le notaire en vertu de l'article 20 de la loi du 10 juillet 1965 (▪ Cass. 3ᵉ civ., 7 sept. 2010, n° 09-11.158), et même qu'il ait recouvré les charges à l'encontre du nouveau copropriétaire et qu'il ait cessé de convoquer l'ancien copropriétaire aux assemblées (▪ Cass. 3ᵉ civ., 8 févr. 2024, n° 24-24.829 : *Administrer* avr. 2024, p. 53, obs. P. Dechelette-Tolot).

10) Invocation de l'inopposabilité par le syndicat. Il avait été jugé que le syndicat n'était pas tenu d'invoquer cette inopposabilité et qu'il pouvait de ce fait choisir son débiteur en poursuivant soit le vendeur soit l'acquéreur (▪ CA Paris, 14 févr. 1990 : *Loyers et copr.* 1990, n° 234). Mais cette solution paraît aujourd'hui condamnée (▪ Cass. 3ᵉ civ., 4 janv. 1996, n° 93-18.828 : *RD imm.* 1996, p. 268, obs. P. Capoulade. – V. cpdt ▪ CA Aix-en-Provence, 9 mars 2000 : *D.* 2000, somm. p. 217, note C. Atias. ▪ CA Paris, 23ᵉ ch. B, 23 mars 2000 : *Rev. Administrer* juin 2000, p. 59, obs. J.-R. Bouyeure. – Sur ces décisions, V. obs. J. Lafond : *JCP* N 2000, p. 1679).

Par ailleurs, *le syndicat peut renoncer* tacitement à se prévaloir de l'inopposabilité résultant du défaut de notification du transfert de propriété ; ainsi, lorsque l'acquéreur du lot participe à l'assemblée et se voit reconnaître un droit d'usage sur les parties communes (▪ CA Paris, 23ᵉ ch., 31 janv. 1992 : *Loyers et copr.* 1992, n° 182. – V. aussi ▪ CA Paris, 23ᵉ ch., 16 oct. 2008 : *Loyers et copr.* 2009, comm. 50). Mais l'acquéreur ne peut pour sa part se prévaloir de l'inopposabilité de la mutation au syndicat résultant de l'absence de notification de la mutation au syndic pour échapper à son obligation de régler les charges de copropriété (▪ CA Paris, pôle 4, 9 avr. 2014, n° 13-02.834 : *Administrer* juill. 2014, p. 34).

Si le syndicat renonce à invoquer l'inopposabilité de la mutation, il doit alors se conformer aux dispositions de l'acte qui la constate, répartissant les charges entre usufruitier et nu-propriétaire, et il ne peut réclamer leur condamnation *in solidum* (▪ Cass. 3ᵉ civ., 24 sept. 2008 : *Rev. Administrer* déc. 2008, p. 68, obs. J.-R. Bouyeure).

Si le syndicat invoque l'inopposabilité du transfert de propriété à défaut de notification de la mutation, et qu'en conséquence il ne convoque pas l'acquéreur aux assemblées, il ne peut lui réclamer le paiement des charges de copropriété (▪ Cass. 3ᵉ civ., 8 juill. 2015 [publié au *Bulletin*], n° 14-12.995 : *JurisData* n° 2015-016811 ; *Loyers et copr.* 2015, n° 206, note G. Vigneron ; *Administrer* nov. 2015, p. 39, note J.-R. Bouyeure ; J.-M. Roux, *Inf. rap. copr.* oct. 2015, p. 11. – V. aussi, ▪ Cass. 3ᵉ civ., 22 oct. 2015, nᵒˢ 14-11.029 et 14-12.987 : *JurisData* n° 2015-023551).

11) Action du cessionnaire du lot. Le *cessionnaire du lot* n'est pas fondé à agir en nullité d'une délibération adoptée par l'assemblée à une date où le transfert de propriété n'avait pas encore été notifié (étant entendu que cette action n'est recevable que si le cédant était opposant ou défaillant. – V. L. n° 65-557, 10 juill. 1965, comm. art. 42 ▪ Cass. 3ᵉ civ., 12 janv. 1988 : *Loyers et copr.* févr. 1988, n° 86).

Mais il suffira alors à l'ancien propriétaire de notifier la vente au syndic dans les conditions indiquées plus haut pour rétablir les choses (il a qualité pour le faire aussi bien que l'acquéreur).

En revanche, à partir du moment où la notification au syndic a été opérée, le nouveau copropriétaire pourra agir en nullité du mandat du syndic, peu important que sa qualité de copropriétaire ait été acquise postérieurement à la situation invoquée à l'appui de sa demande de nullité (▪ Cass. 3ᵉ civ., 9 févr. 2022, n° 21-11.197, FS-B : *JurisData* n° 2022-001627 ; *Loyers et copr.* 2022, comm. 64, obs. C. Coutant-Lapalus ; *Administrer* mars 2022, p. 38, obs. P. Dechelette-Tolot).

Voir : sur l'exercice de l'action en contestation en cas de vente de lot, L. 10 juill. 1965, art. 42, comm. n° 40, p. 612.

Si un *adjudicataire* de lots omet d'aviser le syndic de la mutation, ce qui empêche qu'il soit fait opposition au paiement du prix, le syndicat est bien fondé à lui réclamer le paiement des charges restant dues par le saisi (▪ Cass. 3ᵉ civ., 13 déc. 1995, n° 94-13.761 : *Loyers et copr.* 1996, n° 131 ; *RD imm.* 1996, obs. P. Capoulade ; *Rev. loyers* 1996, p. 410, note ch.-H. Gallet).

Art. 6-1 *(Aj., D. n° 95-162, 15 févr. 1995).* **– Le notaire, ou, selon le cas, l'une des personnes mentionnées au dernier alinéa de l'article 5-1, informe les créanciers inscrits de l'opposition formée par le syndic et, sur leur demande, leur en adresse copie.**

1) Obligation d'informer les créanciers inscrits. Obligation est faite au *notaire* qui reçoit une opposition à la suite d'une vente de lots de copropriété d'*informer* « les créanciers inscrits » sur le lot de cette opposition et « sur leur demande » de leur en *adresser copie* (D. 17 mars 1967, art. 6-1 nouv.).

La même obligation pèse, ajoute le texte, sur « les personnes mentionnées au dernier alinéa de l'article 5-1 », c'est-à-dire :

– l'*avocat* du demandeur ou du créancier poursuivant ;
– l'*autorité expropriante* ;
– le *titulaire d'un droit de préemption publique* ;
– l'*autorité qui établit un acte administratif*.

2) Mise en œuvre. Le nouveau texte appelle à priori les observations suivantes :

– il faut tout d'abord noter que les « créanciers inscrits » ne peuvent être connus de manière certaine que par la délivrance d'un état sur formalité ;

– dans la pratique, il apparaît préférable que le notaire adresse d'autorité copie de l'opposition aux créanciers inscrits, sans attendre qu'ils la demandent, ce qui évitera des correspondances inutiles. Par précaution, l'envoi sera fait par lettre recommandée avec demande d'avis de réception (alors que théoriquement la lettre simple pourrait être utilisée car cette « information » ne constitue pas une « notification » au sens de l'article 64 du décret du 17 mars 1967 et des textes subséquents).

3) Absence de sanction. Quelle peut être l'incidence si le notaire (ou l'une des personnes visées à l'article 5-1 du décret – V. *supra*) omet d'avertir les créanciers inscrits ? Le texte n'a prévu aucune sanction.

L'omission est certes fautive, puisqu'il y a défaut d'accomplissement d'une obligation légale mais la *faute ne peut donner lieu à réparation que si elle entraîne un préjudice*. Quel peut-il être en l'espèce ?

L'absence de dénonciation de l'opposition pourrait laisser entendre aux créanciers inscrits qu'ils seront seuls à concourir à la distribution du prix. Or, ils peuvent, en fait, se trouver primés par le syndicat de copropriété si ce dernier peut se prévaloir du privilège de l'article 2374, 1° *bis* du Code civil pour le paiement de sa créance.

À partir du moment où les créanciers inscrits en sont informés, et s'il apparaît qu'en raison de l'importance de la créance du syndicat l'un ou plusieurs d'entre eux ne seront pas réglés, ils peuvent prendre des mesures pour assurer le recouvrement de leur créance (saisie ou hypothèque conservatoires par ex.), faire jouer les sûretés complémentaires qui leur ont été consenties (par ex. un cautionnement) ou éventuellement faire surenchère si une procédure de purge est introduite.

En les empêchant de prendre conscience du fait que leur créance ne sera pas totalement réglée, et d'en tirer les conséquences qui leur semblent opportunes pour parvenir à son recouvrement, l'absence d'information est donc *a priori* de nature à causer un préjudice aux créanciers inscrits, même s'il n'apparaîtra très probablement que dans des hypothèses marginales.

Art. 6-2 *(Aj., D. n° 2004-479, 27 mai 2004).* **– À l'occasion de la mutation à titre onéreux d'un lot :**

1° Le paiement de la provision exigible du budget prévisionnel, en application du troisième alinéa de l'article 14-1 de la loi du 10 juillet 1965, incombe au vendeur ;

2° Le paiement des provisions des dépenses non comprises dans le budget prévisionnel incombe à celui, vendeur ou acquéreur, qui est copropriétaire au moment de l'exigibilité ;

3° Le trop ou moins perçu sur provisions, révélé par l'approbation des comptes, est porté au crédit ou au débit du compte de celui qui est copropriétaire lors de l'approbation des comptes.

Bibliographie : P. Capoulade, *L'article 6-2 du décret du 17 mars 1967* : *AJDI* 2007, p. 713. • F. Collard et J.-F. Pillebout, *Travaux et paiement des charges d'un lot de copropriété grevé d'un usufruit* : *JCP* N 2017, n° 22, 1193.

I – DÉBITEUR DES PROVISIONS LORS DE LA VENTE D'UN LOT

1) Champ d'application et objet du texte. Ce texte a pour objet de déterminer qui doit répondre vis-à-vis du syndicat du paiement des diverses provisions susceptibles d'être exigées pendant le cours de la vie de la copropriété :

– il ne concerne que le droit de poursuite du syndicat. Comme le prévoit l'article 6-3 du décret (V. *infra*), les parties peuvent prendre entre elles des conventions différentes, pour régler le problème de leurs contributions respectives, au vu des renseignements fournis par le syndic en conformité de l'article 5 du décret (V. plus haut) ;

– il ne s'applique que dans le cas de « mutation à titre onéreux d'un lot » (vente ; échange ; dation en paiement ; apports en société à titre onéreux ; etc.). Si la mutation intervient à titre gratuit (donation ; donation-partage ; transmission successorale ; legs), il semble que l'on doit alors revenir aux règles dégagées par la jurisprudence antérieure. Le droit de poursuite du syndicat s'exercera à l'encontre de celui qui était copropriétaire au moment de l'exigibilité de la provision, et l'apurement des comptes s'opérera au détriment ou au profit de celui qui est copropriétaire lors de leur approbation. Mais, là encore, des conventions contraires peuvent être prises lorsque la mutation intervient entre vifs (donation ; donation-partage). Elles n'auront toutefois d'effet qu'entre les parties et ne seront pas opposables au syndicat.

2) **Solutions adoptées.** Le texte distingue deux cas :

- la provision exigible au vu du budget prévisionnel, en application de l'article 14-1 de la loi (V. ce texte). Cette provision incombe « au vendeur » indépendamment de sa date d'exigibilité, et donc (en application littérale du texte) même si cette date est postérieure à la date de la mutation.

Un problème peut naître lorsque l'assemblée n'a pas fixé la date des appels de fonds relatifs aux travaux, contrairement aux prescriptions de l'article 14-2 de la loi du 10 juillet 1965. En ce cas, c'est la date des appels de fonds effectués par le syndic en exécution de la décision de l'assemblée qui constituera la date d'exigibilité (V. obs. J.-R. Bouyeure sous ▪ CA Paris, pôle 4, 2ᵉ ch., 9 mai 2012, n° 10-15.404 : *Administrer* déc. 2012, p. 63) ;

- les provisions afférentes à des dépenses non comprises dans le budget prévisionnel : le droit de poursuite du syndicat va s'exercer à l'encontre de celui, vendeur ou acquéreur, qui est copropriétaire au moment de l'exigibilité (V. pour une application, ▪ Cass. 3ᵉ civ., 12 mai 2015, n° 14-11.850).

Il a été jugé en application de ce texte qu'un trop-perçu de provisions devait être restitué par le syndicat non pas au copropriétaire qui avait effectué les versements et avait entre-temps vendu son lot, mais à l'acquéreur, propriétaire au jour de l'approbation des comptes (▪ Cass. 3ᵉ civ., 19 déc. 2012, n° 11-17.178 : *JurisData* n° 2012-031731 ; *Bull. civ.* III, n° 195 ; *Loyers et copr.* 2013, comm. 91, note G. Vigneron ; *Rev. loyers* 2013, p. 94, note P. Dechelette-Tolot ; *Administrer* mars 2013, p. 45, note J.-R. Bouyeure ; *AJDI* 2014, p. 40, note D. Tomasin. ▪ CA Paris, pôle 4, 2ᵉ ch., 26 juin 2013 : *Administrer* oct. 2013, p. 51, obs. J.-R. Bouyeure).

Rappelons, sur ce dernier point, que la qualité de « copropriétaire » ne s'acquiert, vis-à-vis du syndicat, qu'à partir du moment où le transfert de propriété a été notifié au syndic en application de l'article 6 du décret (V. *infra*).

Les textes en vigueur permettant au syndic de connaître et de recouvrer lors de la vente les sommes dues par le vendeur, la rétention de sommes au titre d'éventuelles dettes de ce dernier ne se justifie pas, à peine d'engager la responsabilité du syndic (V. ▪ Cass. 3ᵉ civ., 30 mars 2005, n° 04-11.484), ce qui devrait faire disparaître la pratique des « comptes orphelins » (V.-A. Demaizière, *Copropriété, le scandale des comptes orphelins : Rev. hab. fr.* déc. 2004, p. 5).

– Sur le remboursement des avances de trésorerie, V. D. n° , 17 mars 1967, art. 45-1, p. 830.

3) **Dépenses non comprises dans le budget prévisionnel : travaux.** Les dépenses non comprises dans le budget prévisionnel, qui concernent les travaux énoncés à l'article 44 du décret du 17 mars 1967 (V. ce texte) sont recouvrées par le syndicat à l'encontre de celui, vendeur ou acquéreur, qui est copropriétaire au moment de leur exigibilité. Et elles sont exigibles « selon les modalités fixées par l'assemblée générale (L. art. 14-2 : V. ce texte).

En ce qui concerne cette notion « d'exigibilité », la jurisprudence antérieure au décret du 27 mai 2004 était bien fixée et reste d'actualité. Doivent être considérées comme « liquides et exigibles » les sommes qui ont fait l'objet d'*appel de fonds*, soit sur l'initiative du syndic (sur les sommes dont le syndic peut exiger le versement, V. D. 17 mars 1967, art. 35), soit sur décision de l'assemblée. Un arrêt de la Cour de cassation du 19 juillet 1983 (*Defrénois* 1984, art. 33251 ; *D.* 1984, jurispr. p. 293 ; *Gaz. Pal.* 1984, pan. p. 73, obs. Souleau ; *Rev. Administrer* janv. 1984, p. 42, obs. Guillot) avait précisé que constituaient des créances liquides et exigibles les appels de fonds votés par une assemblée, pour le financement de travaux non exécutés. Une décision postérieure (▪ Cass. 3ᵉ civ., 17 nov. 1993 : *Loyers et copr.* 1994, n° 33 ; *RD imm.* 1994, p. 97, obs. P. Capoulade) reprend la même idée : pour savoir qui est débiteur à l'égard du syndicat (et qui le syndicat est donc en droit de poursuivre), il convient de « rechercher à quelle date les appels de fonds relatifs aux travaux considérés sont devenus effectivement liquides et exigibles » (V. également ▪ Cass. 3ᵉ civ., 25 juin 1994 : *Loyers et copr.* 1994, n° 212), solution reprise clairement par un arrêt plus récent (▪ Cass. 3ᵉ civ., 7 oct. 2009, n° 08-19.631. – V. aussi ▪ CA Paris, 19 déc. 1997 : *Loyers et copr.* juin 1998, n° 177).

À partir du moment donc où l'appel de fonds est devenu « effectivement liquide et exigible » le syndicat est en droit d'en réclamer le paiement à celui qui est copropriétaire à cette date, étant entendu que l'acquéreur ne devient copropriétaire au regard du syndicat que lorsque la mutation a été notifiée au syndic (V. D. art. 6) – sans que les conventions prises entre acquéreur et vendeur (qui ne regardent qu'eux) – puissent lui être opposées (V. D. art. 6-3) et sans qu'il puisse, à l'inverse, s'en prévaloir (▪ Cass. 3e civ., 25 sept. 2002 : *Loyers et copr.* 2003, comm. 19).

Dès lors, *incombent au vendeur*, dans les rapports avec le syndicat, les *appels de fonds réclamés par le syndic et ceux votés par l'assemblée avant la notification de la mutation au syndic.* Le vendeur sera tenu, alors même que ces appels de fonds correspondraient à des travaux non encore exécutés, ou à des dépenses non encore engagées et qui ne le seront qu'après la vente (▪ CA Paris, 23e ch., 15 mars 1991 : *JurisData* n° 1991-020672. ▪ CA Paris, 23e ch., 1er janv. 1994 : *JurisData* n° 1994-020641. ▪ CA Paris, 1er avr. 1994 : *Loyers et copr.* 1994, comm. 252. ▪ CA Paris, 21 juin 1994 : *Loyers et copr.* 1994, comm. 444. ▪ CA Lyon, 7 févr. 1996 : *JurisData* n° 1996-041183. – V. également ▪ CA Paris, 23e ch., 16 juin 1995 : *Loyers et copr.* 1995, comm. 486).

L'acquéreur sera, pour sa part, tenu de répondre aux *appels de fonds qui seront effectués postérieurement à la notification de la vente au syndic* (V. pour l'apurement d'une dette laissée par un ancien syndic, ▪ Cass. 3e civ., 14 févr. 1996 : *Loyers et copr.* 1996, n° 226 ; *RD imm.* 1996, p. 269, obs. P. Capoulade). Peu importe qu'ils correspondent à des travaux décidés antérieurement, à une époque où le vendeur était encore propriétaire (▪ Cass. 3e civ., 2 oct. 2001 : *AJDI* 2002, p. 137, obs. C. Giverdon ; *Rev. Administrer* févr. 2002, p. 39, obs. J.-R. Bouyeure. ▪ Cass. 3e civ., 17 nov. 1993 : *Loyers et copr.* 1994, comm. 33 ; *RD imm.* 1994, p. 97, obs. C. Giverdon. ▪ CA Paris, 23e ch., 24 févr. 1997 : *JCP* N 1987, II, p. 204. ▪ CA Grenoble, 26 nov. 1987 : *JurisData* n° 1987-046773. ▪ CA Paris, 22 avr. 1988 : *JurisData* n° 1988-024052), ou même à des travaux effectivement engagés avant la vente (▪ CA Bordeaux, 10 juill. 1993 : *JurisData* n° 1993-045194).

Lorsque le syndicat a contracté pour le compte des copropriétaires un emprunt destiné à financer des travaux, l'acquéreur d'un lot n'est redevable que des échéances postérieures à la cession et ne peut être contraint d'acquitter celles antérieures à la vente, non réglées par le vendeur (▪ Cass. 3e civ., 28 mai 2002 : *Dossier CSAB* oct. 2002, n° 135, obs. A. Dunes ; *Rev. Administrer* janv. 2003, p. 51, obs. A. Alfandari).

En ce qui concerne la contribution à la dette, vendeur et acquéreur peuvent prendre les dispositions qui leur conviennent dans l'acte constatant la mutation. Rien n'empêche par exemple de stipuler que le vendeur prendra à sa charge le coût de travaux votés après la vente (▪ CA Paris, pôle 4, 2e sect., 9 mars 2011 : *JurisData* n° 2011-003791), mais leurs conventions ne sont pas opposables au syndicat (V. *infra*, D. 17 mars 1967, art. 6-3).

II – SORT DU TROP-PERÇU RÉVÉLÉ PAR L'APPROBATION DES COMPTES

4) Détermination du débiteur ou du créancier. En ce qui concerne le trop ou moins-perçu sur provisions, révélé par l'approbation des comptes, la somme correspondante est portée au crédit ou au débit du compte de celui qui est copropriétaire lors de l'approbation des comptes. Rappelons que la qualité de « copropriétaire » ne s'acquiert, vis-à-vis du syndicat, qu'à partir du moment où le transfert de propriété a été notifié au syndic en application de l'article 6 du décret (V. *infra*).

Lorsque la vente intervient avant l'approbation des comptes, il appartient aux parties de prévoir dans une convention particulière quel sera le sort des différences constatées entre les provisions versées et les dépenses réelles ressortant de l'approbation des comptes (Rép. min. n° 40308 : *JOAN* Q, 24 mars 2009, p. 2849. – V. *infra*, art. 6-3). À défaut, elles sont censées avoir accepté les règles de répartition prévues par la loi (Rép. min. n° 14889 : *JOAN* Q 30 juin 2009, p. 6687 ; *JCP* N 2009, n° 28, act. 518).

Si l'approbation des comptes a été votée par une assemblée générale antérieure à l'acquisition du lot, l'acquéreur ne peut pas être assigné en paiement d'un solde de charges afférent à l'exercice antérieur (▪ Cass. 3e civ., 14 avr. 2016, n° 15-14.356 : *JurisData* n° 2016-007485 ; *Loyers et copr.* 2016, n° 157, note G. Vigneron ; *AJDI* 2016, p. 840, note N. Le Rudulier). Si l'approbation des comptes de l'exercice correspondant est antérieure à la mutation, la somme correspondant à la consommation d'eau froide est à la charge du vendeur (▪ Cass. 3e civ., 11 mai 2017, n° 16-12.455 : *Administrer* nov. 2017, p. 38, obs. J.-R. Bouyeure).

Art. 6-3 ***(Aj., D. n° 2004-479, 27 mai 2004).*** **– Toute convention contraire aux dispositions de l'article 6-2 n'a d'effet qu'entre les parties à la mutation à titre onéreux.**

Bibliographie : F. Cohet-Cordey, *La cession d'un lot de copropriété : quelles particularités ? Contractualiser pour prévenir : Rev. Administrer* juin 2005, p. 20. • J.-M. Roux, *La répartition des charges de copropriété entre vendeurs et acquéreurs de lots : Rev. Administrer* juill. 2005, p. 30. • M. Plaidy, *La répartition des charges entre vendeur et acquéreur d'un lot de copropriété : principes et précautions : Cah. Cridon Lyon* mars 2014, n° 69, p. 22. • F. Collard, *Vente d'un lot de copropriété et répartition des charges : petite piqûre de rappel : Loyers et copr.* juill.-août 2013, Formule 7 et sept. 2013, Formule 8.

I – RÈGLES DE RÉPARTITION DES DETTES ENTRE VENDEUR ET ACHETEUR D'UN LOT

1) Critères de répartition. Cette question est traitée, *infra*, sous les articles 5, 5-1 et 6, 6-1, 6-2 et 6-3 du décret du 17 mars 1967 (V. également la bibliographie, *supra*).

On se contentera de *rappeler les principes :*

• Il n'y a *aucune solidarité de droit entre vendeur et acquéreur* pour le paiement des charges dues lors de la vente d'un lot. La dette de charge ne suit pas le lot : elle est personnelle à son propriétaire (E. Kischinewsky-Broquisse, *La copropriété des immeubles bâtis*, Litec, 4e éd. 1989, n° 199. – Rép. min. 21 déc. 1972 : *JO* Sénat, p. 3339, n° 11977 et ▪ Cass. 3e civ., 8 oct. 1991 : *RD imm.* 1992, p. 112, obs. P. Capoulade). Mais la clause insérée dans un acte de vente amiable, aux termes de laquelle l'acquéreur se reconnaîtrait débiteur solidaire du vendeur et accepterait de payer l'arriéré de charges qu'il pourrait devoir, elle, serait valable (▪ CA Paris, 25 nov. 1983 : *D.* 1984, inf. rap. p. 384, obs. Giverdon. ▪ CA Paris, 21 janv. 1988 : *D.* 1990, somm. p. 129) ;

• Le *vendeur n'est tenu envers le syndicat que de la provision due au titre du budget prévisionnel et du paiement des provisions correspondant aux dépenses non comprises dans le budget prévisionnel* qui restent exigibles au jour de la notification de la vente au syndic (V. D. 17 mars 1967, art. 6-2, 1° et 2°, p. 688).

Il faut rappeler qu'en ce qui concerne le recouvrement des charges, le syndicat est fondé à considérer que le transfert de propriété ne lui est pas opposable (et donc à poursuivre l'ancien propriétaire...) tant qu'il ne lui a pas été notifié (V. comm. D. art. 6).

Voir : sur la notion de créance « liquide et exigible », comm. sous D. 17 mars 1967, art. 5-1, p. 679.

II – CONVENTIONS ENTRE VENDEUR ET ACQUÉREUR

2) Possibilité et intérêt des conventions contraires. Les parties à la mutation à titre onéreux (donc, en particulier, le vendeur et l'acquéreur) sont clairement informées, en fonction des renseignements fournis par le syndic en vertu de l'article 5 du décret (V. ci-dessus) du montant des provisions exigibles au titre du budget prévisionnel et des dépenses non comprises dans ce budget, qu'elles soient dues par le copropriétaire cédant ou susceptibles d'incomber au nouveau copropriétaire. Elles savent, d'autre part, à qui le syndicat est en droit de réclamer le paiement de ces provisions.

Si ces règles ne leur conviennent pas, vendeur et acquéreur sont libres de prendre, pour la répartition des charges exigibles ou non au moment du transfert de propriété, toutes les conventions qui leur semblent opportunes : ainsi la vente peut être conclue sous la condition résolutoire que l'acquéreur paie les charges de toute nature afférente au lot vendu (▪ Cass. 3e civ., 3 mars 1993 : *Inf. rap. copr.* juin 1993, p. 186, obs. P. Capoulade).

3) Conventions relatives aux trop-perçus ou moins perçus. Il est souhaitable que la convention contraire, si elle intervient, règle également le sort du « trop ou moins perçu sur provisions révélé par l'approbation des comptes », en précisant qui devra régler ce solde, à qui il devra être restitué. Mais, sur ce point, les parties n'auront pas cette fois de renseignements précis, puisque le solde, débiteur ou créditeur, ne sera déterminé qu'ultérieurement. En toute hypothèse, dans les rapports avec le syndicat, s'il y a un trop-perçu, le vendeur ne pourra prétendre en obtenir la restitution (▪ Cass. 3e civ., 7 juill. 2005 : *Loyers et copr.* 2005, comm. 191, G. Vigneron).

4) Conventions concernant les travaux projetés ou les travaux en cours. Les parties à l'acte constatant la mutation d'un lot peuvent prendre des conventions écartant les règles dégagées par la jurisprudence et rappelées plus haut (D. 17 mars 1967, art. 6-2, comm. n° 3, p. 689). Mais ces clauses doivent être clairement rédigées. Des difficultés sont nées à propos de clauses formulées de manière très générale, prévoyant par exemple que les travaux « votés » ou encore « décidés » avant le jour de la vente incomberaient au vendeur. À partir de quel moment doit-on considérer qu'il y a décision ou « vote » au sens de cette clause ? Suffit-il que l'assemblée ait décidé des travaux, alors qu'elle n'a pas fixé leurs modalités d'exécution et le montant de la dépense ? (réponse affirmative de ▪ CA Rennes, 24 janv. 1995 : *Juris-Data* n° 1995-049643. – Réponse négative implicite de ▪ Cass. 3e civ., 15 juin 2000, arrêt n° 900 FS-D). Qu'en est-il si l'assemblée n'a pris qu'une simple décision de principe ?

Autre exemple de clause à éviter : celle stipulant que le vendeur aura la charge des travaux « régulièrement décidés à ce jour » (▪ Cass. 3e civ., 28 oct. 2003 : *AJDI* 2004, p. 41). Il a été jugé que si l'acte de vente énonce que le vendeur reste tenu de régler sa quote-part du coût des travaux « décidés » avant la vente, il doit être exonéré de toute participation à des travaux dont le principe a été décidé antérieurement à la vente, mais qui n'ont été effectivement voté que par une assemblée générale postérieure (▪ Cass. 3e civ., 7 oct. 2008, n° 07-17.822 : *Rev. loyers* 2008, p. 570).

5) Inopposabilité des conventions des parties au syndicat. Consacrant une solution bien établie par la jurisprudence antérieure, le texte indique que ces conventions n'auront d'effet « qu'entre les parties à la mutation à titre onéreux ». Elles sont donc inopposables au syndicat, qui est en droit de réclamer le paiement de la provision à celui qui en est constitué débiteur aux termes de l'article 6-2 du décret (▪ Cass. 3e civ., 11 oct. 2005 : *Loyers et copr.* 2006, comm. 24, note G. Vigneron. – V. également, ▪ CA Paris, 23e ch. A, 16 oct. 1996 : *Loyers et copr.* janv. 1997, n° 25. ▪ CA Paris, 8e ch., 6 févr. 1997 : *D.* 1997, inf. rap. p. 63). D'autre part, le syndicat étant un tiers au contrat de vente ne peut non plus se prévaloir de ces conventions pour exercer son droit de poursuite (▪ Cass. 3e civ., 16 sept. 2003 : *Rev. Administrer* déc. 2003, p. 55, note P. Capoulade. ▪ Cass. 3e civ., 25 sept. 2002 : *Loyers et copr.* 2003, comm. 19).

Section II. – Les assemblées générales de copropriétaires

Convocation, tenue et organisation des assemblées. Le législateur de 1965 a comblé en matière d'assemblées de copropriété les lacunes de la législation antérieure : les articles 7 à 21 du décret du 17 mars 1967 pris pour l'application des articles 22 à 24 de la loi fixent en détail les règles concernant la convocation, la tenue, l'organisation des assemblées.

Alors que dans la législation antérieure à 1965, c'était en premier lieu au règlement de copropriété et subsidiairement à l'autorité judiciaire qu'il fallait avoir recours pour la fixation des principes d'organisation des assemblées de copropriété, c'est désormais la loi elle-même qui régit la matière. Cette réglementation minutieuse n'a pas manqué d'avoir des conséquences dans le domaine contentieux. La multiplicité des règles à respecter fait peser sur toute délibération d'assemblée la menace d'une nullité de forme, qui peut être heureusement couverte, grâce au jeu de l'article 42 de la loi (V. ce texte).

Dans les textes qui suivent, on trouvera :

– Les règles relatives à la convocation des assemblées : périodicité (art. 7), initiative de la convocation (art. 7, al. 2 et 8), contenu, règles de forme et de délai de la convocation (art. 9), documents à annexer (art. 11), règles particulières à respecter dans le cas où une société de construction est copropriétaire (art. 12) ou pour la convocation de la deuxième assemblée prévue par l'article 25 (art. 19).

– Les règles relatives à l'ordre du jour des assemblées (art. 9, 10 et 13) et, pour la seconde assemblée régie par l'article 25 (art. 19) et par l'article 26 dernier alinéa (art. 19-1).

– Les règles relatives à la tenue des assemblées : feuille de présence (art. 14), désignation du président et du bureau (art. 15), calcul des majorités (art. 16), procès-verbal (art. 17), règles particulières pour la tenue de la deuxième assemblée prévue par l'article 25 (art. 19) et par l'article 26 (art. 19-1) ou pour les assemblées spéciales (art. 20).

– Les règles relatives à la contestation des assemblées (art. 18, qui complète l'art. 42 de la loi).

Art. 7 ***(Mod., D. n° 2010-391, 20 avr. 2010 ; D. n° 2019-966, 18 sept. 2019 ; D. n° 2020-834, 2 juill. 2020).*** **– Dans tout syndicat de copropriété, il est tenu, au moins une fois chaque année, une assemblée générale des copropriétaires.**

Sauf s'il en est disposé autrement dans la loi du 10 juillet 1965 ou le présent décret, l'assemblée générale est convoquée par le syndic.

Les dispositions des alinéas précédents ne sont pas applicables lorsque l'administrateur provisoire est investi par le président du tribunal judiciaire, sur le fondement de l'article 62-7, de tous les pouvoirs de l'assemblée générale. Lorsqu'il n'est investi que d'une partie de ces pouvoirs, les dispositions du deuxième alinéa ne s'appliquent que dans la limite des pouvoirs conservés par l'assemblée générale.

Bibliographie : *JCl. Copropriété*, Fasc. 84-20, par G. Vigneron et P.-E. Lagraulet ; *JCl. Civ. App.*, art. 544 à 577, Fasc. 41-1 et *JCl. Notarial Répertoire, V° Copropriété*, Fasc. 41-1, par A. Blaisse. • J. Lafond, *Les convocations aux assemblées de copropriétaires : Inf. rap. copr.* juin 1990, p. 185 et s. et juill.-août 1990, p. 221 et s. • D. Rodrigues, *L'assemblée générale : où et quand ? : Inf. rap. copr.* déc. 2022, p. 11.

I – PÉRIODICITÉ DES RÉUNIONS DE L'ASSEMBLÉE

1) Principe. Selon ce texte, l'assemblée doit se réunir *au moins une fois par an.* La cour de Versailles a fait une interprétation très libérale de ce texte, en admettant qu'une assemblée pouvait se tenir par exemple dans les premiers mois de l'année 2000 (mars) et la deuxième dans les derniers mois de l'année suivante (décembre) (▪ CA Versailles, 4e ch., 19 juin 2000 : *Dossier CSAB* n° 87, oct. 2000, n° 97, obs. A. Dunes). Ce texte est *d'ordre public* : l'assemblée ne pourrait pas conférer au conseil syndical la faculté de supprimer cette périodicité (▪ Cass. 3e civ., 25 mai 1976 : *Bull. civ.* III, p. 174).

Par ailleurs, le *règlement de copropriété* peut prévoir deux ou même plusieurs réunions par an : ses dispositions doivent alors être respectées.

Mais une clause supprimant cette assemblée annuelle serait réputée non écrite ; de même si elle prévoyait une assemblée tous les deux ans.

Le *syndic* qui négligerait de convoquer cette assemblée générale annuelle engagerait sa *responsabilité* civile et pourrait être condamné à réparer le préjudice pouvant en résulter (▪ Cass. 3e civ., 7 févr. 1990 : *Rev. Administrer* nov. 1990, p. 25. ▪ CA Paris, 15 oct. 1984 : *RD imm.* 1985, p. 287, obs. Giverdon). La cour de Paris a alloué à chacun des copropriétaires une indemnité de 2 000 €, pour compenser le fait qu'ils s'étaient trouvés « privés de leur pouvoir de décision » par la faute du syndic qui se refusait obstinément à convoquer une assemblée générale annuelle (▪ CA Paris, 23e ch. B, 23 févr. 2006 : *AJDI* 2006, p. 577). Mais une approbation des comptes intervenant plus d'un an après la précédente approbation n'entraîne pas de sanctions particulières (▪ CA Paris, 8e ch. D, 10 févr. 2000 : *D.* 2000, somm. p. 215, note C. Atias).

II – POUVOIR DE CONVOQUER L'ASSEMBLÉE

2) Monopole de principe du syndic. C'est le syndic qui a normalement le pouvoir de convoquer l'assemblée. Le syndic régulièrement élu a qualité pour convoquer une assemblée générale postérieure à sa désignation. Peu importe que le président de séance de l'assemblée ayant élu le syndic refuse de signer son contrat (▪ CA Paris, 23e ch. B, 6 janv. 2010 : *JurisData* n° 2010-002644 ; *Loyers et copr.* 2010, comm. 232, obs. G. Vigneron).

Mais ce pouvoir appartient également, sous certaines conditions, au *président du conseil syndical* ou même à *un copropriétaire* (V. art. 8, al. 2 et 3 ci-dessous et 8-1). Lorsque le syndicat est dépourvu de syndic, l'article 17, alinéa 4 de la loi n° 65-557 du 10 juillet 1965, créé par la loi n° 2015-990 du 6 août 2015 (dite « loi Macron ») autorise tout copropriétaire à convoquer l'assemblée en vue de la nomination d'un syndic (V. ce texte).

Dans tous les cas, il importe que l'auteur de la convocation soit identifiable (▪ CA Paris, 19e ch., 25 janv. 1994 : *RD imm.* 1994, p. 297, note P. Capoulade).

Mis à part les cas exceptionnels où la loi prévoit la possibilité de faire convoquer l'assemblée par une autre personne que le syndic, ce dernier jouit en ce domaine d'un monopole.

3) Quand faut-il convoquer l'assemblée ? Le syndic peut convoquer l'assemblée lorsqu'il le juge opportun. Toutefois :

– La convocation de l'assemblée est obligatoire après qu'il ait fait procéder de sa propre initiative à des travaux urgents (V. D. art. 37).

– Elle est également obligatoire dans les cas prévus par l'article 8, alinéa 1, du décret du 17 mars 1967 (V. ce texte) ou lorsqu'un ou plusieurs copropriétaires demandent au syndic de convoquer une assemblée à leurs frais en application de l'article 17-1 AA de la loi du 10 juillet 1965 (D., art. 8-1).

À partir du moment où la convocation a été lancée, il n'est pas possible d'en suspendre judiciairement les effets : par exemple, en saisissant le juge des référés (▪ Cass. 3e civ., 22 mai 1990 : *Loyers et copr.* 1990, n° 324).

A – Convocation de l'assemblée par une personne n'ayant pas qualité pour le faire

4) L'assemblée est annulable. La *convocation de l'assemblée générale par une personne n'ayant pas qualité pour le faire* rend cette assemblée annulable (▪ CA Paris, 23e ch., 2 juin 1988 : *Loyers et copr.* juill. 1988, n° 353). Ainsi, l'assemblée peut être annulée :

– si elle a été convoquée par un « syndic pressenti » par un copropriétaire (▪ CA Versailles, 9 juill. 1986 : *Rev. loyers* 1987, p. 108) ;

– ... ou par le syndic du syndicat secondaire (▪ CA Paris, 23e ch., 7 nov. 1985 : *JurisData* n° 1985-207696) ;

– ... ou par le président du conseil syndical sans que le syndic ait été sollicité (▪ Cass. 3e civ., 30 mars 1989 : *Rev. loyers* 1989, p. 221) ou mis en demeure préalablement (▪ CA Paris, 7 févr. 1990 : *Rev. Administrer* janv. 1991, p. 67, obs. Guillot) ;

– ... ou encore par une tierce personne non copropriétaire (▪ TGI Marseille, 19 déc. 1973 : *Ann. loyers* 1974, p. 794) ;

– ... ou par une personne désignée pour assurer l'intérim jusqu'à la nomination du nouveau syndic (▪ CA Paris, 23e ch. B, 18 janv. 2001 : *Loyers et copr.* 2001, comm. 181) ;

– ou par un administrateur provisoire dont la nomination n'est pas définitive (▪ CA Paris, pôle 4, 2e ch., 23 mars 2011 : *Administrer* mars 2012, p. 44, obs. J.-R. Bouyeure).

En pareil cas la convocation ayant été irrégulière la *nullité de l'assemblée* peut être demandée. On considérait antérieurement que le demandeur ne pouvait se voir opposer le délai de contestation de deux mois de l'article 42, alinéa 2, de la loi (V. ce texte). Ceci résultait de la solution de principe donnée par un arrêt de la Cour de cassation du 22 juin 1994 (*JCP* N 1994, p. 356, note A. Djigo ; *Rev. Administrer* mars 1995, p. 40, note P. Capoulade. – V.

aussi : ▪ CA Paris, 23e ch. B, 22 nov. 2001 : *AJDI* 2002, p. 308). Selon un arrêt de la cour de Paris (▪ CA Paris, 23e ch. B, 14 juin 1996 : *Loyers et copr.* nov. 1996, n° 447 ; *RD imm.*, p. 606, obs. C. Giverdon ; *D.* 1996, jurispr. p. 504, obs. C. Atias), l'assemblée serait alors inexistante. Mais la Cour de cassation a abandonné cette jurisprudence. Une assemblée irrégulièrement convoquée ne peut plus être remise en cause si elle n'est pas contestée dans le délai légal (V. comm. de l'art. 42, al. 2 de la loi).

Un arrêt (contestable) de la cour de Paris (23e ch. B) a estimé que l'auteur de la convocation était privé du droit de demander la nullité de l'assemblée (▪ CA Paris, 23e ch. B, 7 juin 2001 : *Loyers et copr.* 2001, comm. 295).

B – Convocation par un syndic n'ayant plus qualité pour le faire

5) Syndic n'ayant pas fait renouveler son mandat. Pour que la convocation soit valable, il faut que le syndic soit toujours en fonction au moment où elle est lancée.

Or, il se peut que *le syndic n'ait pas fait renouveler en temps utile son mandat, qui est devenu caduc*. Si la convocation est délivrée par un *syndic dont les pouvoirs sont expirés*, l'assemblée est annulable (▪ Cass. 3e civ., 12 sept. 2006 : *Loyers et copr.* 2006, comm. 205, obs. G. Vigneron. ▪ Cass. 3e civ., 26 mars 1997 : *Loyers et copr.* juin 1997, n° 177, obs. G. Vigneron ; *Inf. rap. copr.* mai 1998 et *RD imm.* 1997, p. 281, obs. P. Capoulade. ▪ CA Paris, 23e ch. B, 23 nov. 2006 : *JurisData* n° 2006-315572). Ainsi, lorsque les copropriétaires sont convoqués par un syndic démissionnaire (▪ Cass. 3e civ., 23 janv. 1991 : *Bull. civ.* III, n° 32 ; *Loyers et copr.* 1991, n° 178). La nullité de l'assemblée ne produit pas effet de plein droit : elle doit être demandée, dans le délai prévu par l'article 42 alinéa 2 de la loi du 10 juillet 1965 (▪ Cass. 3e civ., 16 déc. 2014, n° 13-23.259 : *JurisData* n° 2014-031690 ; *Administrer* mars 2015, p. 44, obs. J.-R. Bouyeure).

Un copropriétaire est fondé à demander la nullité de l'assemblée, même s'il n'a pas contesté les précédentes assemblées générales convoquées par le même syndic dont le mandat était nul (▪ Cass. 3e civ., 14 sept. 2017, n° 16-17.971 : *JurisData* n° 2017-017912 ; *Loyers et copr.* 2017, comm. 214, note C. Coutant-Lapalus).

Peu importe qu'avant l'expiration de son mandat l'assemblée ait chargé le syndic de convoquer l'assemblée si à la date de la délivrance de la convocation son mandat était expiré (▪ Cass. 3e civ., 14 sept. 2017, préc. ▪ Cass. 3e civ., 26 mars 1997, préc.). Mais la convocation est régulière si le mandat du syndic, expiré au jour de la tenue de l'assemblée, était toujours en cours lorsqu'il a délivré la convocation (▪ Cass. 3e civ., 19 oct. 2017, n° 16-24.646 : publié au *Bull.* ; *JurisData* n° 2017-020426 ; *AJDI* 2018, p. 45, note D. Tomasin ; *Rev. loyers* 2018, p. 56, note L. Guégan-Gélinet ; *Inf. rap. copr.* déc. 2017, p. 13, note J.-M. Roux ; *Administrer* déc. 2017, p. 53, note J.-R. Bouyeure. ▪ CA Paris, pôle 4, 2e ch., 19 juin 2013, n° 12/03967 : *Administrer* oct. 2013, p. 48, obs. J.-R. Bouyeure).

6) Nullité du mandat du syndic. Il se peut aussi que *le mandat du syndic soit nul* : c'est le cas lorsqu'il a négligé de faire délibérer l'assemblée sur l'ouverture d'un compte séparé comme le prescrit l'article 18, II, alinéa 4 de la loi du 10 juillet 1965 (V. ce texte). Les assemblées convoquées par un syndic dont le mandat est en vertu de ce texte devenu « nul de plein droit » sont annulables.

Il en est de même lorsque le syndic n'a pas fait renouveler en temps utile sa carte professionnelle (▪ Cass. 3e civ., 2 juill. 2008, n° 07-17.202).

7) Mandat annulé postérieurement à la convocation. Autre cas : celui où le mandat du syndic est apparemment régulier au moment où il lance les convocations mais fait l'objet d'une annulation ultérieure. Cette annulation réduit à néant le mandat que le syndic s'était vu confier car, dans son dernier état, la jurisprudence fait produire à cette annulation un effet rétroactif (▪ Cass. 3e civ., 8 juin 2011, n° 10-20.231 : *Bull. civ.* III, n° 99 ; *Loyers et copr.* 2011, n° 257, obs. G. Vigneron ; *Rev. loyers* 2011, p. 384, note O. Douek. ▪ Cass. 3e civ., 9 sept. 2009, arrêt nos 08-16.109 et 08-10.365 : *Bull. civ.* III, n° 184. ▪ Cass. 3e civ., 7 avr. 2004 : *Bull. civ.* III, n° 77 ; *JCP* G 2004, II, 10127, et *JCP* N 2004, n° 48-1565, avec les conclusions de M. l'avocat général Guérin ; *JCP* N 2004, n° 30-1373, note G. Gil ; *Constr.-Urb.* 2004, comm. 189, note D. Sizaire ; *Rev. loyers* 2004, p. 383, note Th. Dubaele. – V. ▪ Cass. 3e civ., 18 nov. 2014, n° 13-21.518 : *Rev. Administrer* févr. 2015, p. 40, obs. J.-R. Bouyeure. – V. Sur cette jurisprudence, C. Rouquette-Terrouane, *Portée de l'annulation de la désignation du syndic : AJDI* 2012, p. 90). Dispose d'un mandat valable lorsqu'il convoque, en septembre 2010, une assemblée générale pour le 11 octobre 2010, le syndic désigné par une assemblée du 14 juin 2010, annulée par celle du 11 octobre 2010 (▪ Cass. 3e civ., 18 nov. 2014, n° 13-21.518 : *Administrer* févr. 2015, p. 40, obs. J.-R. Bouyeure).

L'annulation d'une assemblée ayant désigné le syndic entraînera la nullité de toutes les assemblées convoquées par celui-ci, si une demande de nullité a été formée, pour chacun d'elles, dans le délai légal. Peu importe qu'à la date à laquelle les assemblées contestées ont été convoquées, la nullité du mandat du syndic n'ait pas encore été prononcée (▪ Cass. 3e civ., 30 janv. 2007 : *Loyers et copr.* 2007, comm. 83, obs. G. Vigneron. ▪ Cass. 3e civ., 10 oct. 2006, n° 05-18.226 : 2007, comm. 83, obs. G. Vigneron. ▪ Cass. 3e civ., 10 oct. 2006, n° 05-18.226 : *JurisData* n° 2006-035373 ; *Rev. Administrer* janv. 2007, p. 56, obs. J.-R. Bouyeure).

Les actes accomplis ensuite par le syndic se trouvent donc privés de toute validité et sont donc annulables. Il en est ainsi en particulier pour la convocation d'une nouvelle assemblée (▪ Cass. 3e civ., 24 avr. 2007 : *Loyers et copr.* 2007, comm. 154, note Vigneron ; *AJDI* 2007, p. 667. ▪ Cass. 2e civ., 16 oct. 2003 : *AJDI* 2004, p. 384, note C. Giverdon. ▪ Cass. 3e civ., 16 déc. 1988 : *Bull. civ.* III, n° 179, p. 97. ▪ CA Paris, 23e ch. B, 26 janv. 1990 : *Loyers et copr.* 1990, n° 189. ▪ CA Paris, 23e ch., 23 nov. 1990 : *D.* 1991, inf. rap. p. 32. ▪ CA Paris, 23e ch. B, 20 juin 1997 : *Loyers et copr.* déc. 1997, n° 318, obs. G. Vigneron). Mais selon un arrêt de la Cour de cassation (3e civ.) du 3 avril 2002 (▪ Cass. 3e civ., 3 avr. 2002 : *Rev. Administrer* nov. 2002, p. 33, obs. J.-R. Bouyeure), la convocation est régulière si, à la date où elle intervient, la décision annulant le mandat du syndic est frappée d'appel, et non assortie de l'exécution provisoire (V. aussi : ▪ CA Paris, 23e ch. B, 7 févr. 2002 : *Loyers et copr.* 2002, comm. 180) ; il conviendra de s'interroger sur le caractère exécutoire de la décision de première instance.

Toutefois, selon la jurisprudence actuelle de la Cour de cassation, l'assemblée convoquée par un syndic n'ayant plus qualité pour le faire ne peut plus être remise en cause si elle n'est pas contestée dans le délai légal de deux mois (▪ Cass. 3e civ., 26 sept. 2007, n° 06-17.856 : *Rev. loyers* 2007, p. 468. ▪ Cass. 3e civ., 14 févr. 2006, n° 05-11.474 : *Loyers et copr.* 2006, comm. 62, note G. Vigneron ; *Constr.-Urb.* 2006, comm. 88, note D. Sizaire. ▪ Cass. 3e civ., 18 janv. 2006, n° 04-17.461 : *Loyers et copr.* 2006, comm. 62, note Vigneron. ▪ Cass. 3e civ., 6 juill. 2005 : *Loyers et copr.* 2005, comm. 185, obs. G. Vigneron ; *AJDI* 2006, p. 130, note P. Capoulade. ▪ Cass. 3e civ., 2 févr. 2005, n° 02-11.034. ▪ Cass. 3e civ., 6 oct. 2004, n° 03-13.133 : *Bull. civ.* III n° 165 ; *JCP G* 2004, IV, 3172 ; *Constr.-Urb.* 2004, comm. 231 ; *Loyers et copr.* 2004, comm. 209, obs. G. Vigneron ; *Rev. loyers* 2004, p. 710, note L. Guégan. ▪ Cass. 3e civ., 7 avr. 2004, n° 02-14.496 : *Bull. civ.* III, n° 77 ; *JCP* 2004, IV, 2182 ; *D.* 2004, p. 1211 et la note. ▪ Cass. 3e civ., 3 mars 2004 ; *Bull. civ.* III, n° 49 ; *Constr.-Urb.* 2004, comm. 82, note D. Sizaire, rabattant ▪ Cass. 3e civ., 10 déc. 2003 : *Constr.-Urb.* 2004, comm. 31, note D. Sizaire ; *Rev. loyers* 2004, p. 169, note P. Dechelette-Tolot, dont il reprend la solution).

En résumé : en l'état actuel de la jurisprudence :

– lorsque l'assemblée a été convoquée par un syndic dont le mandat était expiré, ou s'est trouvé invalidé par une décision de justice annulant l'assemblée ou la délibération qui l'a nommé, l'assemblée irrégulièrement convoquée n'est pas nulle de plein droit, mais seulement annulable ;

– pour que la nullité soit prononcée, il faut que la demande en soit faite dans le délai de contestation de deux mois prévu par l'article 42, alinéa 2 de la loi.

Exemple : une assemblée est convoquée en juillet 2021. Cette assemblée, lors de laquelle le syndic est désigné (ou renouvelé dans son mandat…) est contestée et annulée par un jugement rendu en septembre 2002. Entre-temps, le syndic avait convoqué une assemblée qui s'est tenue en juillet 2002. Le demandeur qui veut obtenir des « nullités en cascade » ne devra pas se contenter de demander la nullité de l'assemblée tenue en juillet 2021. Il lui faudra également contester l'assemblée de juillet 2022, au motif qu'elle a été convoquée par un syndic dont le mandat est nul (le tribunal devra alors surseoir à statuer, en attendant la décision concernant la demande de nullité de l'assemblée de juillet 2021)…

– Sur le point de savoir si les assemblées postérieures convoquées également de manière irrégulière sont également annulables (« nullités en cascade », voir L. 10 juill. 1965, art. 42, comm. n° 67, p. 623.

Voir : D. 17 mars 1967, art. 5, comm. n° 16, p. 677. – Sur les cas où la copropriété est dépourvue de syndic, D. 17 mars 1967, art. 46, p. 831 et art. 47, p. 833. – Sur les divers cas où la convocation de l'assemblée peut être demandée au syndic, D. 17 mars 1967, art. 8, p. 699et 8-1, p. 702. – Sur les possibilités de convocation en cas d'absence ou de carence du syndic, D. 17 mars 1967, art. 46, p. 831 et art. 47, p. 833.

III – À QUI FAUT-IL ADRESSER LES CONVOCATIONS ?

Bibliographie : C. Atias, *L'omission de convoquer un copropriétaire à l'assemblée : Inf. rap. copr.* nov. 1994, p. 25 et *La vocation des copropriétaires à participer au vote en assemblée générale : Inf. rap. copr.* oct. 1995, p. 23.

A – Principe : tous les copropriétaires doivent être convoqués

8) Portée du principe. Tous les copropriétaires doivent être convoqués : si un seul d'entre eux est omis, la nullité de l'assemblée est encourue (▪ Cass. 3e civ., 17 juill. 1975, n° 74-11.939 : *Bull. civ.* III, n° 260 ; *JCP* 1975, II, 18169, note Guillot. ▪ CA Paris, 23e ch. B, 22 févr. 2001 : *AJDI* 2001, p. 446). Ainsi lorsque les copropriétaires de lots non encore livrés (lots transitoires) n'ont pas été convoqués (▪ Cass. 3e civ., 16 mai 2001, n° 99-17.617 : *Bull. civ.* III, n° 66 ; *Loyers et copr.* 2001, comm. 207 ; *AJDI* 2001, p. 989, note P. Capoulade).

Même les copropriétaires n'ayant pas d'intérêt direct à la décision à prendre doivent être convoqués (■ CA Aix-en-Provence, 27 avr. 1969 : *AJPI* 1969, p. 720). Si certains copropriétaires seulement sont convoqués au motif qu'ils sont seuls concernés, l'assemblée pourra être annulée (■ Cass. 3e civ., 18 janv. 1985 : *Administrer* déc. 1985, p. 39, obs. E.-J. Guillot).

Dans le cas de bail à construction, le titulaire du bail, considéré contractuellement comme propriétaire du lot, doit être convoqué à l'assemblée (■ CA Paris, 23e ch. B, 24 févr. 2005 : *Loyers et copr.* 2005, comm. 162, note G. Vigneron ; *JCP* N 2006, n° 17, 1167, note B. Terrier-Lavirotte et B. Stemmer). Lorsqu'un copropriétaire n'a pas été convoqué ou a été irrégulièrement convoqué, peu importe qu'il ait néanmoins assisté à l'assemblée, et même qu'il ait participé au vote. Ceci ne l'empêche pas d'agir en nullité de l'assemblée (■ Cass. 3e civ., 3 déc. 2002, n° 01-02.444 : *Rev. Administrer* juill. 2003, p. 42, obs. J.-R. Bouyeure. ■ Cass. 3e civ., 25 nov. 1998, n° 96-20.863 : *Bull. civ.* III, n° 223. ■ CA Paris, 23e ch., 12 janv. 1993 : *D.* 1994, somm. p. 199, obs. J.-R. Bouyeure).

Voir : la jurisprudence citée, D. 17 mars 1967, art. 9, comm. n° 25, p. 711.

Dans le dernier état de la jurisprudence, la nullité de l'assemblée doit être invoquée dans le délai légal de contestation de deux mois, faute de quoi elle ne peut plus être remise en cause (V. comm. de l'art. 42, al. 2 de la loi).

9) Exceptions. Cette règle comporte toutefois des *exceptions :*

– Lorsque le règlement de copropriété a prévu des « *parties communes spéciales* » : en ce cas, seuls les copropriétaires ayant des droits dans ces parties communes doivent être convoqués (L. 10 juill. 1965, art. 6-2, al. 3). Si par erreur tous les copropriétaires étaient invités à participer au vote, les délibérations prises seraient annulables (V. ■ CA Paris, 23e ch., 27 juin 1986 : *JurisData* n° 1986-23406).

– Lorsqu'il est question de voter la surélévation d'un bâtiment conformément aux dispositions de l'article 35 alinéa 3 de la loi du 10 juillet 1965.

– Lorsqu'il est question de la création d'un syndicat secondaire en application de l'article 27 de la loi du 10 juillet 1965.

– Lorsque *certains lots appartiennent au syndicat lui-même :* en ce cas, il ne vote pas à l'assemblée au titre des parties privatives qui sont sa propriété. Il n'y a donc pas à le convoquer (L. 10 juill. 1965, art. 16, al. 2).

L'article 20 du décret du 17 mars 1967 précise que : « il est procédé pour les assemblées spéciales des copropriétaires de la même manière que pour les assemblées générales des copropriétaires » (V. ce texte).

B – Difficultés diverses

10) Conditions d'une convocation régulière. Pour que le syndic puisse convoquer régulièrement, il doit être en possession de divers renseignements :

– le *domicile réel des copropriétaires* où la convocation doit être adressée en principe (V. ■ CA Paris, 26 janv. 2006 : *JurisData* n° 2006-292594) : les copropriétaires doivent le porter à sa connaissance, de même que leur domicile élu s'il y a lieu (V. D. art. 65). Le copropriétaire qui n'a pas notifié au syndic son changement de domicile est valablement convoqué au lieu de son dernier domicile connu (■ CA Paris, pôle 4, 2e ch., 26 nov. 2014, n° 13/10000 : *Loyers et copr.* 2015, comm. 48. ■ CA Versailles, 29 mai 2012, n° 11/04944 : *JurisData* n° 2012-013229).

Seule compte l'adresse notifiée au syndic, à laquelle le copropriétaire est valablement convoqué (■Cass. 3e civ., 13 sept. 2018, n° 17-24.824 : *JurisData* n° 2018-015556 ; *Loyers et copr.* 2018, comm. 229, note C. Coutant-Lapalus. ■ Cass. 3e civ., 7 févr. 2012, n° 10-28.770 : *Administrer* mai 2012, p. 45, obs. J.-R. Bouyeure. ■ Cass. 3e civ., 28 mars 2019, n° 18-12.579 : *JurisData* n° 2019-004714 ; *Loyers et copr.* 2019, comm. 85, note Ch. Coutant-Lapalus. ■ Cass. 3e civ., 12 mars 2020, n° 18-11.988 : *JurisData* n° 2020-003527 ; *JCP* N 2020, n° 24, 1128, note V. Zalewski-Sicard (pour un démembrement de propriété). En cas de réexpédition du courrier, le délai de convocation à l'assemblée court à compter du jour de la présentation de la lettre au bureau de poste du lieu de l'adresse déclarée au syndic par le copropriétaire (■ Cass. 3e civ., 19 oct. 2011, n° 10-20.634 : *Bull. civ.* III, n° 172).

– le *propriétaire actuel* du lot : c'est pour cette raison que le syndic doit être tenu informé des mutations intervenues (sur la personne à convoquer en cas de vente de lot, V. D. art. 6 ; ■ Cass. 3e civ., 21 juin 1995 : *JurisData* n° 1995-002254). A été déclaré valable la convocation adressée à deux époux alors que le mari était décédé, dès lors que la mutation du lot résultant du décès n'avait pas été régulièrement notifiée au syndic en application de l'article 6 du décret du 17 mars 1967 (■ CA Paris, pôle 4, 2e ch., 2 déc. 2015, n° 13-00383 : *Administrer* juill. 2016, p. 43, obs. J.-R. Bouyeure).

Si le syndic convoque par erreur des copropriétaires dépendant d'une autre copropriété, cette irrégularité n'est pas de nature à entraîner l'annulation de l'assemblée dès lors que ces personnes n'ont pas voté (■ Cass. 3e civ., 31 mai 2012, n° 11-12.774 : *Bull. civ.* III, n° 89 ; *JurisData* n° 2012-011786 ; *Loyers et copr.* 2012, comm. 241, note G. Vigneron ; *AJDI* 2013, p. 45, note D. Tomasin ; *Administrer* août-sept. 2012, p. 51, note J.-R. Bouyeure).

Le syndic n'a pas à préciser les numéros de lots, dans la convocation, des copropriétaires convoquées (■ CA Paris, pôle 4, ch. 2, 20 mars 2024, n° 18/20687).

1° Lot en indivision ou grevé d'usufruit

11) Règles applicables. Lorsqu'un *lot est en indivision ou grevé d'usufruit*, le syndic doit en principe être prévenu. L'acte constatant cet état de chose ou le créant devra lui être notifié (D. 17 mars 1967, art. 6. – V. ce texte). Il a été jugé qu'en cas d'indivision d'un lot de copropriété, le syndic qui reçoit la notification de la désignation d'un mandataire commun n'a pas à se faire juge de la régularité de cette désignation. Il doit adresser la convocation à ce mandataire (■ Cass. 3e civ., 11 janv. 2012, n° 10-25.526 : *Administrer* mai 2012, p. 45, obs. J.-R. Bouyeure).

En cas d'indivision d'un lot, l'article 23, alinéa 2, de la loi du 10 juillet 1965 impose la *désignation d'un mandataire commun*. En cas d'usufruit, les intéressés sont à défaut d'accord représentés par le nu-propriétaire. En cas de pluralité de nus-propriétaires le mandataire commun est à défaut d'accord désigné par le président du tribunal judiciaire (L. art. 23, al. 3).

Avant le 27 mars 2014, date d'entrée en vigueur de la loi n° 2014-366 du 24 mars 2014 (loi ALUR), ce même texte prévoyait que le règlement de copropriété pouvait comporter une stipulation contraire : par exemple, une clause stipulant que l'usufruitier (ou le titulaire d'un droit d'usage et d'habitation) serait seul convoqué aux assemblées générales et aurait seul le droit d'agir et de voter sauf convention contraire entre lui et le nu-propriétaire dûment notifiée au syndicat, ou encore que faute de désignation d'un mandataire commun, le syndic pourra valablement convoquer l'un des indivisaires. Cette possibilité n'est plus admise depuis la modification du texte par la loi ALUR. En conséquence les clauses dispensant de la désignation d'un mandataire commun en cas d'indivision ou de démembrement de propriété d'un lot sont, depuis le 27 mars 2014, réputées non écrites (V. L., art. 23, comm. 5, p. 387).

Les indivisaires ou les titulaires de droits d'usufruit ou d'usage et d'habitation doivent donc être convoqués en la personne de leur mandataire, désigné soit par la loi, soit amiablement, soit judiciairement (V. L. 10 juill. 1965, art. 23, al. 2 et 3) s'ils ont fait connaître au syndic son nom et son adresse.

En conséquence de la réforme de l'article 23 par l'ordonnance du 30 octobre 2019, il est désormais prévu qu'en cas de démembrement de la propriété du lot le nu-propriétaire représente les intéressés. Néanmoins, en cas de pluralité de nus-propriétaires ou d'indivision, lorsque les parties concernées ne sont pas parvenues à se mettre d'accord, il appartient au syndic de provoquer la désignation d'un mandataire commun par le président du tribunal judiciaire, aux frais des indivisaires ou des nus-propriétaires (L. art. 23, al. 2 à 4).

2° Époux

12) Époux communs en biens. Depuis la réforme des régimes matrimoniaux, les deux époux ont des pouvoirs égaux sur le lot (C. civ., art. 1421). La pratique en avait déduit, pour éviter des frais superflus, qu'il suffisait d'établir une seule convocation adressée à « Monsieur ou Madame » (V. ■ CA Paris, 1er févr. 2007 : *JurisData* n° 2007-324824 et ■ CA Paris, 23e ch. B, 29 juin 2000 : *JurisData* n° 2000-123336 ; *Loyers et copr.* 2000, comm. 40, qui avalisent cet « usage »). Et il avait été jugé que si ces convocations étaient ainsi signées sans protestation alternativement par l'un ou l'autre des époux, on devait en déduire qu'ils s'étaient l'un l'autre conférés un mandat tacite de représentation (■ CA Paris, 23e ch. B, 29 mars 2007 : *JCP G* 2007, IV, 2040).

La pratique consistant à convoquer le mari seul ou l'épouse seule a été condamnée par la Cour de cassation (■ Cass. 3e civ., 23 mai 2007, n° 06-14.974 : *JurisData* n° 2007-038835 ; *Bull. civ.* III, n° 83 ; *Loyers et copr.* 2007, comm. 155, note G. Vigneron ; *JCP N* 2007, n° 28, 1213, note V. Brémond ; *JCP* N 2007, n° 39, p. 21, obs. H. Périnet-Marquet ; *Defrénois* 2008, art. 38719, p. 313, note G. Champenois ; *Rev. Administrer* août-sept. 2007, p. 47, note P. Capoulade ; Dalloz 2007, p. 1595, note G. Forest ; *RJPF* 2007, p. 19, note F. Vauvillé ; *AJ famille* 2007, p. 318, note P. Hilt. ■ CA Paris, 11 févr. 2015, n° 13-10.658). Selon cet arrêt, « la convocation à une assemblée générale concernant des époux propriétaires d'un lot de copropriété dépendant de leur communauté de biens doit être libellée au nom des deux ». Commentant cette décision, la Cour de cassation indique que « l'un ou l'autre des époux ainsi convoqué est admis à prendre part seul aux délibérations sans être tenu de justifier d'un mandat de son conjoint » (V. *supra*, comm. L. art. 22. – Sur la nullité de l'assemblée du fait de l'omission du nom d'un époux, V. ■ CA Montpellier, 1re ch., sect. D, 24 mars 2015 : *Gaz. Pal.* 16-17 déc. 2015, p. 23).

Une convocation adressée à « Monsieur ou Madame X.. » doit être considérée comme « régulièrement effectuée quant à son destinataire », si les époux sont propriétaires de deux lots (■ Cass. 3e civ., 19 déc. 2007, n° 07-13.703 : *Loyers et copr.* 2008, comm. 63 ; *Rev. Administrer* mars 2008, p. 40, obs. J.-R. Bouyeure).

13) Époux séparés de biens. Si les époux sont mariés sous le régime de la *séparation de biens* pure et simple, de deux choses l'une :

– ou bien le lot appartient à un seul d'entre eux et c'est cet époux et lui seul qui peut être convoqué à l'assemblée ;

– ou bien le lot est indivis entre les deux époux et ce sont les règles applicables en matière d'indivision qui vont jouer (V. ci-dessus). La convocation adressée à un seul de époux est nulle (▪ CA Versailles, 4e ch., 23 oct. 2006 : *Loyers et copr.* 2007, comm. 34, obs. G. Vigneron).

Lorsque deux époux sont propriétaires en propre chacun d'un lot, les deux lots réunis formant un duplex, il est nécessaire sous peine de nullité de l'assemblée générale de les convoquer tous les deux (▪ CA Colmar, 14 mars 1997 : *AJDI* 1998, p. 930, obs. P. Guitard ; *RD imm.* 1998, p. 290, obs. C. Giverdon).

Bibliographie : C. Coutant-Lapalus, *Mariage et copropriété : un ménage tourmenté : Inf. rap. copr.* déc. 2013, p. 15 et mars 2014, p. 15.

3° *Existence d'un mandataire ou d'un représentant légal*

14) Mandataire. Si le propriétaire du lot a un mandataire chez lequel domicile a été élu et que cette élection de domicile a été régulièrement portée à la connaissance du syndic par lettre recommandée avec demande d'avis de réception, les convocations doivent alors être notifiées au mandataire désigné (▪ CA Aix-en-Provence, 7 déc. 2000 : *JurisData* n° 2000-142521 ; *Loyers et copr.* 2001, comm. 237. ▪ CA Paris, 17 mai 2001 : *Administrer* mai 2002, p. 44). Si cette procédure n'a pas été suivie, le copropriétaire ne peut être convoqué en la personne de son mandataire : cette convocation serait irrégulière et pourrait entraîner l'annulation de l'assemblée (▪ TGI Paris, 9 mars 1976 : *AJPI* 1976, p. 402).

15) Personnes protégées. Lorsqu'un copropriétaire est l'objet d'une mesure de protection (incapable mineur ou majeur), la convocation doit être adressée à son représentant légal : à défaut, elle est irrégulière (▪ Cass. 3e civ., 6 nov. 1991 : *RD imm.* 1992, p. 116). Mais dans le cas de curatelle, la personne en curatelle doit être convoquée en même temps que le curateur (C. civ., art. 510-2 ancien, auj. art. 467, al. 3. – V. ▪ CA Caen, 1re ch., 28 mars 2002 : *Rev. loyers* 2002, p. 526).

4° *Société*

16) Règles applicables. Si une société est copropriétaire, la convocation adressée à son représentant légal (par exemple le gérant dans le cas d'une SCI) en son nom personnel et non pas ès qualités est nulle et peut entraîner la nullité de l'assemblée (▪ Cass. 3e civ., 12 déc. 2001 : *Bull. civ.* III, n° 150 ; *Rev. loyers* 2002, p. 105, note J.-M. Gélinet. ▪ CA Paris, 2 avr. 2009 : *JurisData* n° 2009-377108. ▪ CA Montpellier, 8 sept. 2015, n° 13/04075 : *Rev. loyers* 2015, p. 471).

Lorsqu'une société d'attribution est propriétaire de lots, la convocation doit être adressée à chaque associé (V. L. art. 23 et D. art. 12).

Les sociétés doivent être convoquées à l'adresse de leur siège social (▪ CA Paris, 23e ch. B, 26 janv. 2006 : *JurisData* n° 2006-292594) et non pas à l'adresse personnelle du gérant de la société, dès lors qu'il n'est pas établi que le syndic avait reçu instruction de convoquer à cette adresse (▪ CA Paris, 2 avr. 2009 : *JurisData* n° 2009-377108), faute de quoi l'assemblée peut être annulée. La convocation à l'assemblée d'une société copropriétaire doit être adressée à son siège social : peu importe que le nom de son représentant légal ne soit pas mentionné, ou qu'il soit erroné (▪ Cass. 3e civ., 23 nov. 2017, n° 16-20.311 : publié au *Bull.* ; *JurisData* n° 2017-023666 ; *Loyers et copr.* 2018, comm. 23, note C. Coutant-Lapalus ; *Rev. loyers* 2018, p. 664, note L. Guégan-Gélinet ; *AJDI* 2018, p. 207, note D. Tomasin).

5° *Difficultés diverses*

17) Associations de locataires. Lorsqu'il existe des *associations de locataires*, leurs représentants n'ont pas à être à proprement parler « convoqués » à l'assemblée mais simplement informés « de la date, de l'heure, du lieu et de l'ordre du jour de l'assemblée générale » (L. 23 déc. 1986, art. 44, al. 3, mod. par L. 6 juill. 1989. – V. Ann. 39, *Locataires*, p. 1301). L'information par voie d'affichage de la date envisagée de la prochaine assemblée générale, selon les dispositions de l'article 9 du décret du 17 mars 1967, permettra également aux occupants de l'immeuble d'être informés de la tenue de l'assemblée générale.

18) Location-accession. Lorsqu'un contrat de *location-accession* est conclu relativement à un lot : sur l'incidence de ce contrat en matière de convocation à l'assemblée, V. Ann. 39, *Locataires*, p. 1301.

C – Responsabilité du syndic

19) Principes. C'est sur le syndic que pèse la charge de rapporter la preuve de la régularité des convocations (▪ Cass. 3e civ., 21 juin 2006 : *JurisData* n° 2006-034140. ▪ Cass. 3e civ., 9 nov. 1994 : *Loyers et copr.* févr. 1995, n° 85 ; *Bull. civ.* III, n° 188 ; *Rev. Administrer* avr. 1995, p. 29 ; *RD imm.* 1995, p. 158, obs. P. Capoulade). Il doit, pour ce faire, conserver les accusés de réception et tous autres documents attestant de la remise de la convocation à son destinataire (▪ CA Paris, 23e ch., 14 janv. 1994 : *Loyers et copr.* 1994, n° 313). Cette preuve n'est pas rapportée du seul fait de la mention « plis avisée et non réclamée » s'il apparaît que la convocation n'a pas été notifiée à l'adresse complète déclarée au syndic (▪ Cass. 3e civ., 13 sept. 2018, n° 17-24.824 : *JurisData* n° 2018-015556 ; *Loyers et copr.* 2018, comm. 229, note C. Coutant-Lapalus).

Le syndic ne peut invoquer des « incertitudes jurisprudentielles » pour s'exonérer de sa responsabilité en raison du non-respect du délai de convocation. Il doit en effet « pourvoir aux intérêts du syndicat et le préserver de tout risque connu » (■ Cass. 3e civ., 21 oct. 2009 : *Bull. civ.* III, n° 227 ; *JurisData* n° 2009-050151 ; *Loyers et copr.* 2010, comm. 20, obs. G. Vigneron ; *Rev. Administrer* janv. 2010, p. 29, obs. J.-R. Bouyeure ; *Rev. loyers* 2010, p. 34, note L. Guégan ; *D.* 2009, p. 2687, obs. Y. Rouquet ; *AJDI* 2010, p. 646, note D. Tomasin).

IV – EXISTENCE D'UN ADMINISTRATEUR PROVISOIRE

20) Le décret n° 2010-391 du 20 avril 2010 a ajouté à l'article 7 un troisième alinéa, applicable dans l'hypothèse où un administrateur provisoire a été désigné en application de l'article 62-7 du décret du 17 mars 1967 (V. ce texte, *infra*).

Deux cas sont distingués :

– celui tout d'abord où cet administrateur a été investi de tous les pouvoirs de l'assemblée générale. L'article 7, alinéa 3, précise que les « dispositions des alinéas précédents » ne sont pas alors applicables. C'est dire, d'une part, que l'administrateur n'a pas d'obligation de tenir une assemblée générale annuelle (art. 7, al. 1) et, d'autre part, que l'assemblée est convoquée par l'administrateur provisoire, lorsqu'il le juge utile (V. D. 17 mars 1967, al. 2) et non pas par le syndic ;

– le deuxième cas est celui où l'administrateur n'a été investi que d'une partie des pouvoirs de l'assemblée. L'article 7, alinéa 3, indique que « les dispositions du deuxième alinéa » (selon lequel l'assemblée est convoquée par le syndic) ne s'appliquent que « dans la limite des pouvoirs conservés par l'assemblée ».

On a alors une gestion hybride : lorsqu'une question doit être soumise à l'assemblée et qu'elle entre dans le cadre des pouvoirs de l'assemblée dont l'administrateur a été investi, c'est à lui qu'il appartient de convoquer l'assemblée (lorsqu'il le juge utile) et non pas au syndic. Par contre lorsque l'assemblée doit être saisie d'une question qui n'entre pas dans le cadre des pouvoirs dont l'administrateur a été investi, le pouvoir de convoquer l'assemblée appartient au syndic (qui reste tenu par ailleurs de convoquer l'assemblée tous les ans) et à lui seul.

Art. 8 ***(Mod., D. n° 2010-391, 20 avr. 2010 ; à compter du 1er janvier 2020, D. n° 2019-966, 18 sept. 2019).*** **– La convocation de l'assemblée est de droit lorsqu'elle est demandée au syndic soit par le conseil syndical, s'il en existe un, soit par un ou plusieurs copropriétaires représentant au moins un quart des voix de tous les copropriétaires, à moins que le règlement de copropriété ne prévoie un nombre inférieur de voix. La demande, qui est notifiée au syndic, précise les questions dont l'inscription à l'ordre du jour de l'assemblée est demandée.**

Dans les cas prévus au précédent alinéa, l'assemblée générale des copropriétaires est valablement convoquée par le président du conseil syndical, s'il en existe un, après mise en demeure au syndic restée infructueuse pendant plus de huit jours.

Dans les mêmes cas, s'il n'existe pas de conseil syndical ou si les membres de ce conseil n'ont pas été désignés ou si le président de ce conseil ne procède pas à la convocation de l'assemblée, tout copropriétaire peut alors provoquer ladite convocation dans les conditions prévues à l'article 50 du présent décret.

Lorsque l'assemblée est convoquée en application du présent article, la convocation est notifiée au syndic.

Les dispositions des alinéas précédents ne sont pas applicables lorsque l'administrateur provisoire est investi par le président du tribunal judiciaire, sur le fondement de l'article 62-7, de tous les pouvoirs de l'assemblée générale. Lorsqu'il n'est investi que d'une partie de ces pouvoirs, les dispositions des alinéas précédents ne s'appliquent que dans la limite des pouvoirs conservés par l'assemblée générale et le conseil syndical.

Bibliographie : *JCl. Copropriété*, Fasc. 84-20 par G. Vigneron et P.-E. Lagraulet ; *JCl. Civ. App.*, art. 544 à 577, Fasc. 41-1 et *JCl. Notarial Répertoire, V° Copropriété*, Fasc. 41-1 par A. Blaisse. • J. Lafond, *Les convocations aux assemblées de copropriétaires* (1re partie) : *Inf. rap. copr.* juin 1990, p. 185 et s. • G. Vigneron et N. Beaulieu, *Demande de convocation adressée au syndic par le conseil syndical ou des copropriétaires représentant au moins le quart des voix : Loyers et copr.* déc. 2017, form. 11. • P. Capoulade, *L'assemblée des copropriétaires depuis la loi ALUR : Administrer* oct. 2015, p. 47. • J. Lafond, *Les assemblées de copropriétaires à la demande : Loyers et copr.* 2020, n° 9, form. 7. • Fl. Bayard-Jammes, *La prise de décisions en assemblée générale réformée : AJDI* 2020, 575. • D. Rodrigues, *L'assemblée générale et le copropriétaire : Inf. rap. copr.* oct. 2021, p. 29. • P.-E. Lagraulet, *L'habilitation du copropriétaire à convoquer l'assemblée générale : Inf. rap. copr.* juill.-août 2023, p. 6.

I – QUI PEUT DEMANDER LA CONVOCATION DE L'ASSEMBLÉE ?

1) Conseil syndical ou copropriétaires. Selon la lettre même du texte, la convocation de l'assemblée peut être demandée au syndic :

• soit par le *conseil syndical* s'il en existe un.

Cette demande, qui répond aux mêmes conditions de forme que celle faite par un ou plusieurs copropriétaires (V. *infra*) sera en pratique adressée par le président du conseil syndical au syndic, après que le conseil syndical en aura délibéré. Pour être parfaite, cette décision suppose que les règles de fonctionnement du conseil syndical ait été définies (D., art. 22. – V. ce texte).

Le conseil syndical peut prendre de lui-même l'initiative d'une demande de convocation mais il peut aussi agir pour accéder à la demande d'un copropriétaire qui, à lui seul, n'ayant pas un quantum de voix suffisant, n'est pas en mesure de provoquer la réunion de l'assemblée. Il exercera ainsi une fonction de « filtrage » sur les demandes des copropriétaires et pourra ne donner suite qu'à celles qui lui paraîtront justifiées ;

• soit par *un ou plusieurs copropriétaires* : mais il faut que ce ou ces copropriétaires détiennent à eux seuls au moins un quart des voix de tous les copropriétaires (c'est-à-dire 250 millièmes), à moins que le règlement de copropriété n'ait prévu un nombre de voix inférieur.

Dans ces deux cas, la convocation est « de droit » : le syndic n'est pas juge de son opportunité. Il doit déférer à la demande qui lui est faite.

La réduction des voix du copropriétaire majoritaire prévue par l'article 22 de la loi (V. ce texte) s'applique éventuellement (D. art. 16. – V. ce texte).

Exemple : si un copropriétaire détient à lui seul 800 millièmes, ses voix seront réduites à la somme des voix des autres copropriétaires (soit ici 200 millièmes).

• il faut ajouter qu'un ou plusieurs copropriétaires peuvent aussi demander la convocation d'une assemblée à leurs frais (art. 17-1-AA. – D. art. 8-1 et 10, al. 2).

2) Convocation à l'initiative du syndic. Le *syndic* peut également, *de sa propre initiative*, décider de convoquer l'assemblée lorsqu'il l'estime opportun (V. D. art. 7). S'il convoque l'assemblée pour répondre à la demande d'un ou de plusieurs copropriétaires qu'il considère comme justifiée, alors que ces derniers ne seraient pas en droit d'exiger cette convocation faute de détenir un nombre de voix suffisant, la convocation ainsi opérée sera à notre avis parfaitement valable.

Si la convocation est signifiée par huissier, à la requête du syndicat « représenté par son représentant légal domicilié ès qualités audit siège », la nullité de cette convocation ne peut pas être prononcée au prétexte qu'elle ne comporte pas le nom du syndic (■ Cass. 3e civ., 13 janv. 2009, n° 07-11.935 : *Rev. Administrer* avr. 2009, p. 55, obs. J.-R. Bouyeure).

NB : Dans certaines circonstances, lorsque le syndicat est dépourvu de syndic, l'article 17, alinéa 4 de la loi n° 65-557 du 10 juillet 1965, créé par la loi n° 2015-990 du 6 août 2015 (dite « loi Macron ») autorise tout copropriétaire à convoquer l'assemblée en vue de la nomination d'un syndic (V. ci-dessous n° 4).

II – À QUI DEMANDER DE CONVOQUER ?

3) Demande faite au syndic. La demande ne peut être faite qu'*au syndic* et à lui seul. Un processus de substitution est prévu pour le cas où il refuserait d'obtempérer.

Voir : comm. nos 6 à 9, p. 701.

4) Absence de syndic. Que faire *lorsqu'il n'y a pas de syndic ?* En ce cas, il faut en principe utiliser la procédure prévue, selon le cas, par l'article 46 ou par l'article 47 du décret (V. ces textes) : tout intéressé peut demander au président du tribunal judiciaire (par ordonnance sur requête) la désignation d'un syndic (D., art. 46) ou d'un administrateur provisoire (D., art. 47).

Cependant, la loi n° 2015-990 du 6 août 2015, dite « loi Macron » a ajouté un quatrième alinéa à l'article 17 de la loi du 10 juillet 1965 prévoyant que dans le cas où le syndicat des copropriétaires est dépourvu de syndic, et à condition que l'assemblée générale n'ait pas été réunie afin d'en désigner un, l'assemblée peut être convoquée par tout copropriétaire, aux fins de nommer un syndic (sur cette procédure, V. D. 17 mars 1967, art. 47, p. 833). C'est seulement « à défaut d'une telle convocation » que le président du tribunal judiciaire est appelé à intervenir pour désigner un administrateur provisoire de la copropriété, chargé notamment de convoquer l'assemblée des copropriétaires en vue de la désignation d'un syndic (procédure prévue par l'art. 47 du décret du 17 mars 1967).

Doit être annulée une assemblée convoquée par un administrateur provisoire désigné par une décision non assortie de l'exécution provisoire et frappée d'appel. Cet administrateur n'a pas qualité pour ce faire en raison du caractère suspensif de l'appel, qui est depuis devenu l'exception et non plus le principe (■ CA Paris, pôle 4, 2e ch., 23 mars 2011 : *Administrer* mars 2012, p. 44, obs. J.-R. Bouyeure).

Voir : sur les conséquences de cette convocation irrégulière, L. 10 juill. 1965, art. 42, comm. nos 56 et 61, p. 618.

III – FORME DE LA DEMANDE DE CONVOCATION

5) « Notification ». Dès lors que le texte parle de « notification », il en résulte que la demande doit être faite par *lettre recommandée avec accusé de réception, par lettre recommandée électronique ou par remise contre récépissé ou par émargement* conformément aux dispositions de l'article 64 du décret (V. ce texte). D'après la cour d'appel de Paris, il conviendrait de parfaitement distinguer cette notification, consistant en une mise en demeure, de la demande préalable de convocation de l'assemblée générale, de sorte que deux notifications successives seraient nécessaires (▪ CA Paris, pôle 4, 2ᵉ ch., 12 mai 2021, n° 17/17133 : *Administrer* juill. 2021, p. 35).

Sur les diverses formes de notification admises, V. plus loin les articles 64-1 à 64-4 du décret du 17 mars 1967 et l'incidence du décret n° 2018-347 du 9 mai 2018 concernant les modalités de notification par lettre recommandée électronique.

Cette demande doit « *préciser les questions dont l'inscription à l'ordre de jour est demandée* » (V. al. 1 du texte *in fine*).

Dès lors que la convocation a bien été effectuée par le syndic en exercice, il importe peu que la demande n'ait pas été faite dans les formes requises et que l'ordre du jour ait été rédigé par les copropriétaires eux-mêmes (▪ Cass. 3ᵉ civ., 8 avr. 2008, n° 07-10.981 : *Rev. Administrer* juill. 2008, p. 53, obs. J.-R. Bouyeure ; *Rev. loyers* 2008, p. 343).

La convocation est de droit. Le syndic n'a pas à se faire juge des questions à soumettre à l'assemblée. Il pourrait cependant refuser d'y procéder faute de communication des documents à annexer aux convocations (▪ CA Paris, 14ᵉ ch. B, 6 oct. 2006 : *Rev. Administrer* janv. 2007, p. 51, note P. Capoulade). Cette jurisprudence paraît cependant discutable dès lors que le syndic peut parfaitement convoquer et, à l'occasion de celle-ci, mettre en garde les copropriétaires sur les risques afférents à la prise de décision.

IV – SUITES DE LA DEMANDE DE CONVOCATION

6) Moyens de vaincre l'inertie du syndic. *Aucun délai n'est imparti au syndic* pour donner suite à la demande de convocation.

S'il tarde trop, une *mise en demeure* peut lui être adressée par le président du conseil syndical (par lettre recommandée avec accusé de réception, ou dans les autres formes admises par la règlementation V. D. art. 64), Il peut le faire d'office ou être invité à le faire (de préférence par lettre recommandée avec accusé de réception) par les copropriétaires qui ont formé auprès du syndic une demande de convocation restée sans effet.

7) Convocation par le président du Conseil syndical. Si la mise en demeure reste sans résultat pendant huit jours, le *président du conseil syndical* peut alors convoquer lui-même l'assemblée. Les convocations ne pourraient pas être lancées avant expiration de ce délai... (V. pour une application : ▪ Cass. 3ᵉ civ., 14 janv. 1998 : *Loyers et copr.* mars 1998, n° 73 : *Rev. Administrer* juin 1998, p. 45 et *RD imm.* 1998, p. 290, obs. P. Capoulade).

Le président du conseil syndical qui convoque l'assemblée n'est pas tenu d'obtenir l'accord du syndic sur la date et le lieu de la réunion (▪ CA Paris, 23ᵉ ch. B, 15 juin 2006 : *AJDI* 2006, p. 746) mais faute de mise en demeure adressée au syndic, la convocation est nulle (▪ CA Paris, pôle 4, 2ᵉ ch., 12 mai 2021, n° 17/17.133 : *Administrer* juill. 2021, p. 35, obs. J.-R. Bouyeure. ▪ TGI Lyon, 9 oct. 2007 : *AJDI* 2008, p. 770, note Y. Rouquet).

Le président du conseil syndical ne peut convoquer l'assemblée que dans le cadre prévu par ce texte. Il ne peut recevoir du juge la mission de convoquer une assemblée (▪ CA Aix-en-Provence, 4ᵉ ch. A, 30 juin 2010 : *Rev. Administrer* oct. 2010, p. 63, obs. J.-R. Bouyeure. – V. ▪ CA Orléans, 31 janv. 2011 : *JurisData* n° 2011-250400 ; *Loyers et copr.* 2011, comm. 161, obs. G.V.). De même les dispositions de l'article 8 sont inapplicables en l'absence de syndic (▪ CA Paris, pôle 4, 2ᵉ ch., 4 mai 2016, n° 14-12914 : *Administrer* oct. 2016, p. 49, obs. J.-R. Bouyeure). Seules les dispositions de l'article 17 de la loi du 10 juillet 1965 sont applicables.

8) Convocation par un copropriétaire. Le texte prévoit, en outre, toujours dans ce même cas de carence du syndic, que la convocation peut être également provoquée par *tout copropriétaire* (et non pas seulement par celui ou ceux qui avaient demandé la convocation de l'assemblée au départ...) dans l'un ou l'autre des cas suivants :

– s'il n'existe pas de conseil syndical... ;

– si les membres de ce conseil n'ont pas été désignés... ;

– si le président du conseil syndical ne procède pas à la convocation en se substituant au syndic comme il a le pouvoir de le faire.

La procédure à suivre en pareil cas est fixée par l'article 50 du décret du 17 mars 1967 (V. ce texte).

Pour établir la carence du président du conseil syndical, le copropriétaire qui voudra utiliser cette procédure devra le mettre préalablement en demeure.

L'ordre du jour de l'assemblée ainsi convoquée est celui prévu dans la demande initiale des copropriétaires (▪ TGI Toulouse, réf., 11 janv. 1977 : *JCP* 1978, II, 18878, note Guillot).

9) **Notification au syndic.** Dans tous les cas, la convocation doit être notifiée au syndic (art. 8, al. 4). L'omission de cette formalité n'entraînerait néanmoins pas la nullité de l'assemblée selon la cour d'appel de Paris (■ CA Paris, 23e ch. B, 24 mars 2005 : *Loyers et copr.* 2005, comm. 182, note G. Vigneron).

V – EXISTENCE D'UN ADMINISTRATEUR PROVISOIRE

10) Le décret n° 2010-391 du 20 avril 2010 a ajouté à l'article 8 un cinquième alinéa, applicable dans l'hypothèse où un administrateur provisoire a été désigné en application de l'article 62-7 du décret du 17 mars 1967 (V. ce texte, *infra*).

Deux cas sont distingués :

– celui tout d'abord où cet administrateur a été investi de tous les pouvoirs de l'assemblée générale. L'article 8, alinéa 5, précise que les « dispositions des alinéas précédents » ne sont pas alors applicables. C'est dire que l'administrateur provisoire a seul le pouvoir de convoquer l'assemblée lorsqu'il le juge utile (D. 17 mars 1967, al. 2) sans que personne puisse l'y contraindre ;

– le deuxième cas est celui où l'administrateur n'a été investi que d'une partie des pouvoirs de l'assemblée. L'article 8, alinéa 5, indique que « les dispositions des alinéas précédents » (qui visent les cas où la convocation de l'assemblée peut être exigée ou provoquée) ne s'appliquent que « dans la limite des pouvoirs conservés par l'assemblée ».

On a alors une situation hybride : lorsqu'une question doit être soumise à l'assemblée et qu'elle entre dans le cadre des pouvoirs de l'assemblée dont l'administrateur a été investi, c'est à lui seul qu'il appartient de convoquer l'assemblée (lorsqu'il le juge utile) sans que personne puisse exiger ou provoquer cette convocation. Par contre, lorsque l'assemblée doit être saisie d'une question qui n'entre pas dans le cadre des pouvoirs dont l'administrateur a été investi, la faculté d'exiger de lui cette convocation ou de provoquer une convocation dans les cas prévus aux articles 8, alinéas 2 et 3, sont alors applicables.

Art. 8-1 *(Aj. à compter du 4 juillet 2020, D. n° 2020-834, 2 juill. 2020).* **– La demande faite par un ou plusieurs copropriétaires de convoquer une assemblée générale à leurs frais, en application de l'article 17-1 AA de la loi du 10 juillet 1965, est notifiée au syndic et précise la ou les questions dont l'inscription à l'ordre du jour est demandée.**

Elle est accompagnée d'un projet de résolution pour chaque question et comporte, le cas échéant, les documents requis au deuxième alinéa de l'article 10 et au 3° du I de l'article 11.

Lorsque l'assemblée générale est convoquée à la demande de plusieurs copropriétaires, ils précisent la répartition des frais et honoraires entre eux. À défaut de précision, les frais sont répartis entre ces copropriétaires à parts égales.

Dans les quinze jours qui suivent la notification mentionnée au premier alinéa, le syndic informe le ou les copropriétaires demandeurs des frais prévisionnels et de ses honoraires.

Il convoque l'assemblée générale qui se tient dans le délai de quarante-cinq jours suivant le paiement de ces frais et honoraires.

NB : Ces dispositions s'appliquent aux assemblées générales de copropriétaires tenues à compter du 31 décembre 2020 *(D. n° 2020-834, 2 juill. 2020, art. 53, V.).*

Bibliographie : *JCl. Copropriété*, Fasc. 84-20 par G. Vigneron et P.-E. Lagraulet. • *JCl. Civ. App.*, art. 544 à 577, Fasc. 41-1 et *JCl. Notarial Répertoire, V° Copropriété*, Fasc. 41-1 par A. Blaisse. • J. Lafond, *Les assemblées de copropriétaires à la demande : commentaires et formules : Loyers et copr.*, sept. 2020, formule 7. • Fl. Bayard-Jammes, *La prise de décisions en assemblée générale réformée : AJDI* 2020, 575. • G. Gil, *Les travaux. Les apports de l'ordonnance du 30 octobre 2019 : Loyers et copr.* 2020, dossier 10. • D. Rodrigues, *L'assemblée générale et le copropriétaire : Inf. rap. copr.* oct. 2021, p. 29.

1) **Demande de convocation de l'assemblée par un ou plusieurs copropriétaires.** L'article 8-1 a pour objet de fixer les modalités de la demande pouvant être faite par un ou plusieurs copropriétaires afin de provoquer, à leurs frais, la convocation d'une assemblée pour faire statuer sur une ou plusieurs questions ne concernant que leurs droits ou obligations, conformément à l'article 17-1 AA de la loi du 10 juillet 1965.

Selon l'article 8-1, alinéa premier, la demande de convocation est « notifiée » au syndic. Elle doit donc être formulée selon l'une ou l'autre des modalités prévues par les articles 64 et 64-2 du décret du 17 mars 1967, qui régissent les « notifications » dans le cadre de la loi du 10 juillet 1965 (donc : par lettre recommandée avec demande d'avis de réception ou par voie électronique).

2) **Pièces à joindre à la demande.** À la demande de convocation doivent être joints :

• un projet de résolution pour chaque question soumise à l'assemblée ;

• éventuellement les documents requis « par l'article 10 alinéa 2 » du décret (V. ce texte) ;

En fait le renvoi à l'article 10, alinéa 2 est le fruit d'une erreur matérielle : c'est l'alinéa 3 qui est en cause. Selon ce texte, lorsque le projet de résolution porte sur l'application de l'article 24, II, e (V. ce texte) ou de l'article 25, *b* (V. ce texte) de la loi du 10 juillet 1965, le projet de résolution doit être accompagné d'un document « précisant l'implantation et la consistance des travaux » ;

• éventuellement les documents exigés par l'article 11, I, 3° du décret (V. ce texte). Ce texte concerne le cas où l'assemblée est appelée à se prononcer sur les conditions essentielles d'un contrat ou à approuver un contrat un devis ou un marché, notamment pour la réalisation de travaux.

Sur la détermination de l'ordre du jour de la réunion, V. ci-dessous l'art. 10 al. 2 du décret du 17 mars 1967.

3) Suites de la demande. Dans les 15 jours qui suivent la notification de la demande, le syndic informe le ou les copropriétaires demandeurs du montant des frais prévisionnels et de ses honoraires.

Lorsque la demande est faite par plusieurs copropriétaires, ces frais sont répartis entre selon les modalités qu'ils fixent librement et dont ils doivent informer le syndic. À défaut de précision la répartition s'opère par parts égales (D. art. 8-1, al. 3).

L'assemblée générale doit se tenir dans un délai de 45 jours à compter du paiement des frais et honoraires annoncés par le syndic. Les demandeurs ont donc intérêt à faire diligence...

Art. 9 *(Mod., D. n° 2019-650, 27 juin 2019 ; D. n° 2020-834, 2 juill. 2020).* **– La convocation contient l'indication des lieu, date et heure de la réunion, ainsi que l'ordre du jour qui précise chacune des questions soumises à la délibération de l'assemblée. À défaut de stipulation du règlement de copropriété ou de décision de l'assemblée générale, la personne qui convoque l'assemblée fixe le lieu et l'heure de la réunion. La convocation indique le lieu, le ou les jours et les heures de consultation des pièces justificatives des charges.**

(D. n° 2020-834, 2 juill. 2020) **« Le formulaire de vote par correspondance mentionné au deuxième alinéa de l'article 17-1 A est joint à la convocation. »**

Sauf urgence, cette convocation est notifiée au moins vingt et un jours avant la date de la réunion, à moins que le règlement de copropriété n'ait prévu un délai plus long. Sans que cette formalité soit prescrite *(D. n° 2020-834, 2 juill. 2020)* **« à peine de nullité de l'assemblée générale », le syndic indique, par voie d'affichage, aux copropriétaires, la date de la prochaine assemblée générale et la possibilité qui leur est offerte de solliciter l'inscription d'une ou plusieurs questions à l'ordre du jour. L'affichage, qui reproduit les dispositions de l'article 10, est réalisé dans un délai raisonnable permettant aux copropriétaires de faire inscrire leurs questions à l'ordre du jour.**

Sous réserve des stipulations du règlement de copropriété, l'assemblée générale est réunie dans la commune de la situation de l'immeuble.

Code de procédure civile

Art. 641. – Lorsqu'un délai est exprimé en jours, celui de l'acte, de l'événement, de la décision ou de la notification qui le fait courir ne compte pas.

Lorsqu'un délai est exprimé en mois ou en années, ce délai expire le jour du dernier mois ou de la dernière année qui porte le même quantième que le jour de l'acte, de l'événement, de la décision ou de la notification qui fait courir le délai. À défaut d'un quantième identique, le délai expire le dernier jour du mois.

Lorsqu'un délai est exprimé en mois et en jours, les mois sont d'abord décomptés, puis les jours.

Art. 642. – Tout délai expire le dernier jour à vingt-quatre heures.

Le délai qui expirerait normalement un samedi, un dimanche ou un jour férié ou chômé, est prorogé jusqu'au premier jour ouvrable suivant.

Bibliographie : *JCl. Copropriété*, Fasc. 84-20, par G. Vigneron et P.-E. Lagraulet ; *JCl. Civ. App.*, art. 544 à 577, Fasc. 41-1 et *JCl. Notarial Répertoire, V° Copropriété*, Fasc. 41-1, par A. Blaisse. • Berthault, *Les convocations aux assemblées générales : Rev. loyers* 1980, p. 345 et s. et Martin, *Convocation des copropriétaires aux assemblées générales : Ann. loyers* 1982, p. 906. • J. Lafond, *Les convocations aux assemblées de copropriétaires : Inf. rap. copr.* juin 1990, p. 185 et s. et juill.-août 1990, p. 221 et s. • Ch. Atias, *Omission de convoquer un copropriétaire : Inf. rap. copr.* nov. 1994, p. 25. • J.-M. Roux, *Questions non portées à l'ordre du jour : Inf. rap. copr.* sept. 2007, p. 13. • P. Capoulade, *L'assemblée des copropriétaires depuis la loi ALUR : Administrer* oct. 2015, p. 47. • A. Auboin, *La mise à disposition aux copropriétaires des pièces justificatives des charges de copropriété depuis la loi ALUR du 24 mars 2014 et le décret du 30 décembre 2015 : Loyers et copr.* 2016, n° 4, étude 4. • G. Gil, *L'ordre du jour de l'assemblée générale : Inf. rap. copr.* janv.-févr. 2018,

p. 11. • P.-E. Lagraulet, *Esquisse des nouveaux contours du droit de la copropriété : AJDI* 2019, p. 604. • D. Rodrigues, *Délais de convocation aux assemblées : Inf. rap. copr.* mars 2018, p. 31. • A. Lebatteux, *Réforme de la copropriété : décryptage du décret et de l'arrêté du 2 juillet 2020 : Loyers et copr.* 2020, étude 10. • Ch. Coutant-Lapalus, *Le vote par correspondance en assemblée générale : vraie ou fausse bonne idée : Loyers et copr.* 2020, alerte 65. • D. Rodrigues, *L'information des occupants : Inf. rap. copr.* juin 2021, p. 16. • Fl. Bayard-Jammes et V. Bacot-Réaume, *L'information et l'assemblée générale des copropriétaires : AJDI* 2022, 87. • G. Gil, *Le lieu de réunion de l'assemblée générale : Inf. rap. copr.* nov. 2022, n° 683, p. 25. • D. Rodrigues, *L'unicité des résolutions en A.G. : Inf. rap. copr.* nov. 2022, n° 683, p. 30.

• Sommaire

I – INFORMATION PRÉALABLE À LA TENUE DE L'ASSEMBLÉE 704
II – CONTENU DE LA CONVOCATION 704
A – Mentions exigées 704
B – Sanctions 705
III – LIEU DE LA RÉUNION 705
IV – DATE ET HEURE DE LA RÉUNION 706
V – FORMES DE LA CONVOCATION ET MODALITÉS DE REMISE 706
VI – ORDRE DU JOUR DE L'ASSEMBLÉE 706
VII – DÉLAIS DE CONVOCATION 708
A – Principe : Délai de vingt et un jours 708
B – Calcul du délai 708
1° *Convocation par lettre recommandée* 709
2° *Convocation par voie électronique* 710
3° *Convocation par remise contre récépissé ou émargement* 710
C – Délais réduits 710
VIII – SANCTION DES RÈGLES LÉGALES 711

I – INFORMATION PRÉALABLE À LA TENUE DE L'ASSEMBLÉE

1) Information par affichage. Le décret n° 2019-650 du 27 juin 2019, dont les dispositions ont été intégrées dans l'article 9, alinéa 3 du décret a imposé au syndic :

– d'indiquer par voie d'affichage aux copropriétaires la date de la prochaine assemblée générale ;

– de les informer de la possibilité qui leur est offerte de solliciter l'inscription d'une ou plusieurs questions à l'ordre du jour.

L'affichage doit reproduire les dispositions de l'article 10 du décret du 17 mars 1967. L'aticle 9, alinéa 3 précise que cet affichage est « réalisé dans un délai raisonnable permettant aux copropriétaires de faire inscrire leurs questions à l'ordre du jour ».

Ce délai est fixé à la diligence du syndic. En pratique il serait souhaitable, pour éviter des discussions ou de reproches, que le syndic procède à cet affichage (mesure d'information dont l'efficacité n'est pas évidente) aussitôt qu'il connaîtra la date de l'assemblée.

Le texte indique que cette formalité n'est pas « prescrite à peine d'irrégularité de l'assemblée générale » (avant sa réforme par le décret n° 2020-834 du 2 juillet 2020, le texte parlait de nullité « de la convocation »). La seule sanction envisageable (relativement théorique) serait une action à l'encontre du syndic en réparation du préjudice causé par le défaut d'affichage...

II – CONTENU DE LA CONVOCATION

A – Mentions exigées

2) Prescriptions légales. La convocation doit contenir :

– L'indication du *lieu de la réunion*.

– L'indication de la *date* et de *l'heure de la réunion*.

– L'indication de *l'ordre du jour* de la réunion.

Voir : comm. n°s 5, 6 et 9, p. 705.

– Lorsque l'assemblée est appelée à connaître des comptes (V. L. 10 juill. 1965, art. 18-1, p. 335), l'indication du lieu, du ou des jours et des heures de consultation des pièces justificatives des charges. Ces lieu, jours et heures doivent être fixés dans le respect des prescriptions de l'article 9-1 du décret du 17 mars 1967, créé par le décret n° 2015-1907 du 30 décembre 2015 (V. ce texte).

– Lorsque l'assemblée est dotée d'un espace sécurisé en ligne (V. ann., *V° Espace sécurisé en ligne*) et que la notification des documents mentionnés à l'article 11 du décret du 17 mars 1967 (V. ce texte) résulte d'une mise à disposition dans cet espace des diverses pièces qui doivent normalement être jointes à la convocation, cette convocation doit « préciser expressément que ces documents sont accessibles en ligne et la durée de la mise à disposition » (D. 17 mars 1967, art. 64-5).

Voir : sur la sanction du non-respect de cette exigence, V. ci-dessous comm. D. 17 mars 1967, art. 9-1, p. 713.

3) Caractère limitatif. La liste des mentions devant figurer dans la convocation, énoncées par l'article 9, alinéa 1er, est limitative. Il n'y a pas lieu de mentionner la majorité à laquelle chaque décision doit être votée (Rép. min., 20 avr. 2000 : *JO* Sénat, p. 1460, n° 19765. – V. en ce sens ▪ CA Aix-en-Provence, 4e ch. A, 29 oct. 2010 : *JurisData* n° 2010-028920 ; *Loyers et copr.* 2011, comm. 184, obs. G. Vigneron ; *Rev. Administrer* mars 2011, p. 49, obs. J.-R. Bouyeure. ▪ Cass. 3e civ., 2 juill. 2002, n° 00-20.291 : *JurisData* n° 2002-015228). Si néanmoins la majorité est indiquée, une éventuelle erreur dans cette mention facultative n'est pas de nature à vicier un vote acquis à la majorité légale (▪ CA Orléans, 23 janv. 2012, n° 10/03575 : *JurisData* n° 2012-027620 ; *Loyers et copr.* 2012, comm. 126, obs. G. V.). Il n'y a pas lieu non plus de viser les textes de la loi du 10 juillet 1965 sur lesquels la décision à prendre doit se fonder (▪ Cass 3e civ., 23 juin 2015, n° 14-13.473 : *AJDI* 2015, p. 845, note N. Le Rudulier).

4) Formulaire de vote par correspondance. L'alinéa 2 de l'article 9, créé par le décret n° 2020-834 du 2 juillet 2020, énonce que le formulaire de vote par correspondance mentionné à l'article 17-1 A, doit être joint à la convocation. Rappelons que le modèle de formulaire a été fixé par un arrêté du 2 juillet 2020 (*JOAN* 3 juill., texte n° 5).

La sanction de cette omission n'est pas énoncée. Si un copropriétaire était empêché de ce fait de voter par correspondance (preuve qui lui incomberait), il pourrait en tirer prétexte pour demander la nullité de l'assemblée.

5) Signature de la convocation. Le texte *n'exige pas que la convocation soit signée du syndic* et une convocation non signée n'entraîne donc pas la nullité de l'assemblée (V. ▪ Cass. 3e civ., 9 juill. 1986, n° 85-11.603 : *Bull. civ.* III, n° 107, p. 85 ; *JCP* G 1986, IV, p. 275 : *Defrénois* 1986, art. 33825, note Souleau. ▪ CA Paris, 23e ch., 5 févr. 1993 : *Loyers et copr.* 1993, n° 242), mais cette signature permet d'attester que la convocation a bien été délivrée par une personne qui a qualité pour le faire (à défaut la nullité de l'assemblée serait encourue, V. *supra*, D. art. 7).

B – Sanctions

6) Nullité. Toutes les mentions susvisées exigées par l'article 9 sont prescrites à peine de nullité de l'assemblée (V. comm. D. 17 mars 1967, art. 13, p. 738).

Les diverses sanctions auxquelles peut donner lieu le non-respect des dispositions concernant la consultation des pièces justificatives des charges sont étudiées sous l'article 9-1 du décret du 17 mars 1967 auquel on voudra bien se reporter.

III – LIEU DE LA RÉUNION

7) En principe : commune de la situation de l'immeuble. L'assemblée se réunit en principe *dans la commune de la situation de l'immeuble* (art. 9 *in fine*). Mais le règlement peut en décider autrement. À défaut de *stipulation du règlement*, le lieu de la réunion peut être fixé par l'assemblée à la majorité de l'article 24 (▪ Cass. 3e civ., 10 juin 1970 : *JCP* 1970, II, 16465). Cette décision ne pourra toutefois que produire un effet ponctuel. Il paraît en ce sens plus rigoureux de considérer, au regard du texte, que seul le règlement de copropriété peut autoriser à convoquer en dehors de la commune et qu'en conséquence l'assemblée générale ne peut que modifier cette convention, et non prendre une décision ponctuelle à cet égard (V. en ce sens, ▪ CA Paris, 10 févr. 2016, n° 14/18794 : *JurisData* n° 2016-002290).

L'assemblée peut se tenir aussi bien dans l'appartement d'un copropriétaire (▪ TGI Paris, 5 avr. 1976 : *D.* 1976, inf. rap. p. 308) que dans le bureau du syndic (▪ TGI Paris, 4 janv. 1969 : *AJPI* 1970, p. 230) ou même sur un palier (▪ CA Paris, 23e ch. B, 12 nov. 1998 : *Gaz. Pal.* 1999, 1, somm. p. 14), pourvu que ce soit dans la commune de la situation de l'immeuble, ou, s'il s'agit d'une ville comportant des arrondissements, dans un arrondissement quelconque de la ville ▪ (TGI Paris, 15 nov. 1975 : *D.* 1976, inf. rap. p. 306).

Est nulle (sans que le demandeur ait, selon une solution bien admise, à justifier d'un grief) l'assemblée tenue dans une commune limitrophe de celle du lieu de situation de l'immeuble (▪ CA Paris, 23e ch., 11 oct. 1996 : *Loyers et copr.* janv. 1997, n° 23). Et le syndic ne peut se prévaloir du fait qu'il est par ailleurs administrateur des biens des copropriétaires pour convoquer dans ses bureaux, en l'absence d'autorisation expresse des copropriétaires (▪ CA Paris, 23e ch. B, 15 janv. 2009 : *JurisData* n° 2009-374818 ; *AJDI* 2009, p. 369).

8) Exceptions. Le **règlement** peut comporter une clause permettant de réunir l'assemblée en un autre lieu que dans la commune de situation de l'immeuble. Elle doit être respectée (▪ CA Paris, pôle 4, 2e ch., 10 déc. 2014, n° 13-04.417 : *Administrer* mars 2015, p. 46, obs. J.-R. Bouyeure). Si le règlement autorise la réunion « chez le syndic », elle peut être réunie chez l'administrateur provisoire (▪ CA Paris, 27 févr. 2002 : *AJDI* 2002, p. 385). Mais encore faut-il que la clause soit claire. En présence d'une clause obscure ou équivoque, il faut revenir à l'application de la règle légale et réunir l'assemblée « dans la commune de la situation de l'immeuble » (V. ▪ Cass. 3e civ., 22 mai 1990 : *Inf. rap. copr.* oct. 1990, p. 278, obs. Capoulade ; *D.* 1991, inf. rap. p. 81, obs. J. Lafond). Est alors nulle l'assemblée réunie dans une autre commune que celle de la situation de l'immeuble (▪ CA Paris, pôle 4, 2e ch., 23 mai 2012, n° 11/02275 : *Administrer* mai 2013, p. 43, obs. J.-R. Bouyeure).

Quels sont **les pouvoirs de l'assemblée** en la matière ? Il a été jugé qu'en l'absence de clauses particulières dans le règlement l'assemblée pouvait valablement décider (en l'espèce à l'unanimité) que les réunions se tiendraient dans les bureaux du syndic pendant toute la durée du mandat de celui-ci (▪ CA Paris, pôle 4, 2e ch., 8 avr. 2015, n° 13/19784 : *Administrer* juill. 2015, p. 50, note J.-R. Bouyeure). Toutefois, elle doit respecter les dispositions de l'article 9 du décret du 17 mars 1967, qui ont un caractère impératif. En conséquence, elle ne peut fixer le lieu de tenue des assemblées dans une commune autre que celle de la situation de l'immeuble (▪ CA Paris, pôle 4, 2e ch., 10 févr. 2016, n° 14/18794 : *Rev. loyers* 2016, p. 262).

En cas de changement du lieu de la réunion postérieurement à la convocation, le syndic doit en prévenir les copropriétaires en respectant le délai de quinze jours (actuellement vingt et un jours), sauf urgence (▪ Cass. 3e civ., 26 juin 2002, n° 00-22.557 : *Bull. civ.* III, n° 152 ; *Loyers et copr.* 2002, comm. 234 ; *Rev. Administrer* oct. 2002, p. 32, obs. J.-R. Bouyeure et janv. 2003, p. 47, obs. P. Capoulade).

IV – DATE ET HEURE DE LA RÉUNION

Bibliographie : C. Atias, *La date de l'assemblée générale : Inf. rap. copr.* mai 1998, p. 22.

9) Fixation par l'auteur de la convocation. La *date* et *l'heure* de la réunion sont *fixées par celui qui convoque l'assemblée* (en principe le syndic – éventuellement le président du conseil syndical ou un copropriétaire, V. le comm. de l'art. 8 du décret). Il n'est pas interdit de convoquer une assemblée un *dimanche* (▪ Cass. 3e civ., 22 mai 1990 : *D.* 1991, inf. rap. p. 79, obs. J. Lafond) ou même un *jour férié*, à moins que le règlement de copropriété ne l'ait exclu, ou encore pendant la période estivale (▪ CA Paris, pôle 4, 2e ch., 28 janv. 2015, n° 13-05.151 : *Rev. loyers* 2015, p. 148).

10) Demande de report. Lorsqu'une assemblée a été convoquée pour une date déterminée, elle est fondée à se réunir à cette date nonobstant les *demandes de « report »* qui peuvent être faites par tel ou tel copropriétaire (▪ CA Paris, 23e ch., 2 juill. 1993 : *RD imm.* 1993, p. 542, obs. C. Giverdon). Une modification de la date de l'assemblée s'analyse en une nouvelle convocation, qui impose que les délais légaux soient de nouveaux respectés (▪ CA Paris, 23e ch. B, 20 mai 1999 : *BPIM* juin 1999, n° 445). Mais un report de l'assemblée de deux heures sans réactions de protestation ne constitue pas un changement suffisant pour nécessiter une nouvelle convocation (▪ CA Douai, 21 déc. 2011 : *JurisData* n° 2012-029867 ; *Loyers et copr.* 2012, n° 124, obs. G. V.).

La convocation de l'assemblée pour une date qui n'existe pas (jeudi 29 mars 1993 au lieu du lundi 29 mars) est irrégulière (▪ CA Paris, 23e ch. B, 23 mai 2002 : *Rev. loyers* 2002, p. 576, obs. J.-M. Gélinet ; *Rev. Administrer* août-sept. 2002, p. 58, obs. J.-R. Bouyeure. – V. aussi ▪ CA Paris, pôle 4, 2e ch., 11 mai 2011 : *AJDI* 2012, p. 361 ; *Administrer* août-sept. 2011, p. 41, obs. J.-R. Bouyeure).

Il a été jugé que la clause du règlement prévoyant que l'assemblée devait se tenir pendant le premier semestre n'avait pas de caractère contraignant et que l'assemblée tenue pendant le second semestre n'était pas annulable pour ce motif (▪ CA Paris, 23e ch. B, 4 avr. 2002 : *Rev. Administrer* août-sept. 2002, p. 58, obs. J.-R. Bouyeure).

V – FORMES DE LA CONVOCATION ET MODALITÉS DE REMISE

11) Diversité des procédés. La convocation s'opère par *lettre recommandée avec accusé de réception, par voie électronique* ou par *remise contre récépissé ou émargement* (D. art. 64 à 64-2).

Voir : sur le lieu et les modalités de remise de la convocation, comm. sous D. 17 mars 1967, art. 65, p. 902.

Sur l'impact du décret et n° 2018-347 du 9 mai 2018 relatif à la lettre recommandée électronique sur la convocation des assemblées, V. Chronique A. Lebatteux : *Loyers et copr.* juill.-août 2018, comm. 179. – V. également plus loin les articles 64-1 à 64-4 du décret du 17 mars 1967 et leurs commentaires.

VI – ORDRE DU JOUR DE L'ASSEMBLÉE

Bibliographie : sur l'ordre du jour, voir Guiraud, *L'ordre du jour des assemblées de copropriété : Inf. rap. copr.* juin 1986, p. 104. – G. Avril, *L'ordre du jour de l'assemblée générale des copropriétaires : Inf. rap. copr.* 1989, p. 223 et s. – P. Baudouin, *L'ordre du jour de l'assemblée : Rev. Administrer* nov. 1997, p. 54. – C. Atias, *Des dérogations à la portée de l'ordre du jour des assemblées générales de copropriétaires : Ann. loyers* 2010, p. 871. – G. Gil, *L'ordre du jour de l'assemblée générale : Inf. rap. copr.* janv.-févr. 2018, p. 11. – *La copropriété*, Dalloz Action 2021-2022, ss dir. P. Capoulade et D. Tomasin, nos 332-71 et s. – Kischinewsky-Broquisse, *La copropriété*, 4e éd., n° 415. – *JCl. Copropriété*, Fasc. 84-20, par G. Vigneron et P.-E. Lagraulet ; *JCl. Civ. App.*, art. 544 à 577, Fasc. 44-1 et *JCl. Notarial Répertoire, V° Copropriété*, Fasc. 41-1, par A. Blaisse.

Voir aussi : sur les modalités d'établissement de l'ordre du jour, les conseils figurant dans la 13e recommandation de la Commission relative à la copropriété *infra*, en Annexe.

Sur le rôle du conseil syndical, V. D. 17 mars 1967, art. 26, p. 778.

12) Règles à respecter. L'ordre du jour est fixé par l'auteur de la convocation. Le fait qu'une question ait été inscrite à l'ordre du jour par le conseil syndical n'affecte pas la validité de la décision prise (▪ Cass. 3e civ., 25 janv. 2012, n° 10-19.554). Il a été précisé que lorsque l'assemblée est convoquée à la demande de copropriétaires, l'ordre du jour n'est pas limité aux questions soulevées par les demandeurs : le syndic peut ajouter une question de sa propre initiative (en l'espèce le renouvellement de son mandat : ▪ Cass. 3e civ., 22 juin 2017, n° 16-22.073 : *JurisData* n° 2017-012270 ; *Loyers et copr.* 2017, comm. 199, note C. Coutant-Lapalus ; *AJDI* 2017, p. 856, note D. Tomasin).

L'ordre du jour doit « préciser chacune des questions soumises à la délibération de l'assemblée ». L'ordre du jour doit être établi en distinguant chacune des questions sur lesquelles doit délibérer l'assemblée, de manière que chacune d'elles puisse faire l'objet d'un vote distinct. Un vote global ne peut pas en principe intervenir sur plusieurs questions (▪ Cass. 3e civ., 11 mars 1998 : *Bull. civ.* III, n° 60 ; *RD imm.* 1998, p. 294, obs. P. Capoulade. ▪ CA Aix-en-Provence, 6 mai 1997 : *D.* 1998, somm. 121, note C. Atias). Il convient néanmoins de parfaitement distinguer cette pluralité de questions de la complexité d'un seul et même projet tel qu'un ravalement de façade pouvant être composé de la rénovation de la façade et de la reprise de l'étanchéité de certains balcons. Le cas échéant, une seule question peut être posée et faire l'objet d'un vote global (▪ Cass. 3e civ., 9 févr. 2022, n° 21-10.408 : *Loyers et copr.* 2022, n° 4, comm. 67, A. Lebatteux ; *Administrer* avr. 2022, p. 47, obs. P. Déchelette-Tolot).

Voir : la jurisprudence citée sur ce point, L. n° 65-557 10 juill. 1965, art. 17, comm. n° 4, p. 276.

Il ne peut pas y avoir de *questions implicites*. Toutes les questions soumises à l'assemblée doivent être formulées de manière explicite afin qu'elles fassent l'objet d'un vote séparé (▪ Cass. 3e civ., 6 juill. 1994, n° 89-16.212 : *Bull. civ.* III, n° 142 ; *Rev. Administrer* oct. 1994, p. 51, obs. P. Capoulade. ▪ CA Versailles, 4e ch., sect. 2, 23 oct. 2017, n° 15/07799 : *Rev. loyers* 2017, p. 512, obs. S.-B. ▪ CA Paris, 19e ch., 17 mai 1994 : *RD imm.* 1994, p. 495, obs. C. Giverdon).

L'ordre du jour peut être par la suite complété dans les conditions prévues par l'article 10 du décret (V. ce texte). Si rien n'interdit de faire figurer en regard de chaque délibération la majorité à laquelle elle doit être adoptée, rien dans la loi ne l'impose (Rép. min., 11 déc. 1995 : *JOAN*, p. 5260, n° 30070 ; *Rev. hab. fr.* 1995, p. 197).

13) Ordre du jour imprécis. Il y a fréquemment lieu à difficulté, quant au degré de « précision » que doit respecter l'indication de l'ordre du jour. L'ordre du jour « doit être rédigé de façon claire, afin que chaque copropriétaire soit pleinement informé et puisse voter en toute connaissance de cause » (▪ CA Versailles, 4e ch., sect. 2, 23 oct. 2017, n° 15/07799 : *Rev. loyers* 2017, p. 512, obs. S.-B.).

Les *formules vagues* ne satisfont pas aux exigences du texte. Ainsi lorsque l'ordre du jour indique par exemple « répartition des charges » (▪ TGI Paris, 1er juill. 1974 : *D.* 1976, inf. rap. p. 65), ou « problèmes des parties communes » (▪ TGI Paris, 22 mars 1975 : *D.* 1976, inf. rap. p. 65), ou « décision à prendre compte tenu du changement d'assurance » (▪ CA Paris, 23e ch. A, 15 mai 1996 : *Loyers et copr.* août-sept. 1996, n° 368), ou encore, « questions diverses pouvant avoir un rapport avec l'expropriation » (▪ CA Versailles, 30 juin 1995 : *D.* 1997, somm. 11, obs. C. Atias) ou « problème de fermeture des terrasses ou balcons – décision définitive à prendre » (▪ Cass. 3e civ., 17 déc. 1997 : *AJDI* 1998, p. 361, note P. Guitard ; *Bull. civ.* III, n° 229 ; *RD imm.* 1998, p. 131, note P. Capoulade), ou « examen de l'abri de jardin de Madame M. ; avis ; décision motivée » (▪ Cass. 3e civ., 23 oct. 2002 : *Loyers et copr.* 2003, comm. 15. – V. aussi : ▪ CA Aix-en-Provence, 6 mai 1997 : *D.* 1998 somm. 121, note C. Atias) ou « compte-rendu sur les problèmes créés par les travaux exécutés par un copropriétaire », les travaux reprochés n'étant pas énoncés et les questions soumises à la délibération de l'assemblée n'étant pas précisées (▪ CA Paris, 23e ch. B, 15 mai 2008 : *JurisData* n° 2008-363128 ; *Loyers et copr.* 2008, comm. 226, obs. G. Vigneron). Est imprécis l'ordre du jour prévoyant « l'autorisation à donner à certains copropriétaires pour l'installation de l'air conditionné dans leur logement » (▪ CA Paris, pôle 4, 2e ch., 25 nov. 2009 : *JurisData* n° 2009-020933. – V. aussi pour une autorisation d'agir en justice équivoque quant à la personne à poursuivre, ▪ CA Paris, pôle 4, 2e ch., 18 nov. 2009 : *AJDI* 2010, p. 231).

14) Ordre du jour équivoque. La formulation de l'ordre du jour ne doit pas être *équivoque*. Selon la cour de Versailles, « l'ordre du jour doit permettre aux copropriétaires de connaître de façon explicite les questions qui seront débattues et notamment les points susceptibles de faire difficulté lors de la discussion et du vote... et d'apprécier la portée de la décision qui sera prise » (▪ CA Versailles, 4e ch., 24 févr. 2003 : *Dossiers CSAB* n° 111, avr. 2004, n° 65, obs. A. Dunes). Dans cette perspective, une décision concernant des travaux de désamiantage ne peut se contenter d'indiquer le coût des travaux. Elle doit indiquer de façon précise les parties de l'immeuble où ils seront exécutés et leurs conséquences autres que financières (▪ CA Versailles, 4e ch., 16 juin 2003 : *Dossiers CSAB* n° 111, avr. 2004, n° 65, obs. A. Dunes).

15) Contrôle du juge. Lorsque l'ordre du jour est équivoque, les copropriétaires tentent parfois de soutenir que leur consentement a été surpris ou vicié, ce qui leur donnerait le droit de contester la décision prise, alors même qu'ils auraient voté en sa faveur (V., pour un rejet de semblables demandes, ▪ Cass. 3e civ., 7 nov. 2007 : *Bull. civ.* III, n° 197 ; *JCP* G 2007, 3 1064 ; *Loyers et copr.* 2008, comm. 17, note Vigneron ; *Rev. Administrer* janv. 2008, p. 57, obs. J.-R. Bouyeure. ▪ CA Toulouse, 3 sept. 2007 : *JurisData* n° 2007-344955).

La Cour de cassation exerce sur ces divers points un « contrôle léger » (V. pour une décision bienveillante, qui a admis la validité d'un ordre du jour indiquant simplement : « fermeture de l'immeuble » : ▪ Cass. 3e civ., 17 juin 1997 : *RD imm.* 1997, p. 483, obs. P. Capoulade : *Rev. loyers* 1998, p. 559, note J.-M. Gélinet).

16) Pratique des « questions diverses ». Il n'est pas interdit toutefois de mettre à l'ordre du jour des « *questions diverses* » : mais ces questions ne peuvent alors donner lieu à un vote valable de l'assemblée (Rép. min., 6 déc. 1974 : *JOAN*, p. 7492 ; *JCP* N 1974, prat. 5892. – Rép. min., 28 mars 1983 : *JOAN*, p. 1542. ▪ CA Paris, 8e ch. A, 7 avr. 1998 : *Loyers et copr.* déc. 1998, n° 308).

L'ordre du jour peut aussi prévoir *l'« étude » d'une question* (par ex. « l'étude d'un chauffage propre à la résidence ») : mais il est alors exclu que l'assemblée puisse prendre une décision sur la question ainsi abordée, même si cette décision n'est que de principe (▪ Cass. 3e civ., 14 févr. 1984 : *D.* 1984, inf. rap. p. 407, obs. Giverdon ; *Gaz. Pal.* 1985, 1, somm. p. 41, obs. Souleau. – Comp., ▪ CA Paris, 23e ch. A, 28 juin 1995 : *D.* 1997, somm. 11, obs. C. Atias). Toutefois il a été jugé dans un sens libéral, que la formule « je souhaite que soient examinés les points suivants » n'interdisait pas de prendre des décisions concrétisées par un vote (▪ Cass. 3e civ., 9 mars 2005 : *JurisData* n° 2005-027461 ; *JCP* G 2005, IV, 181, obs. H. Périnet-Marquet).

17) Interdiction de se prononcer sur des questions ne figurant pas à l'ordre du jour. L'assemblée ne peut prendre une décision que sur les questions figurant à l'ordre du jour (V. D. art. 13). Une décision votée sur un point porté à l'ordre du jour encourt l'annulation si elle est complétée ou altérée par un autre point qui n'y figurait pas (▪ CA Paris, pôle 4, 2e ch., 9 nov. 2011 : *JurisData* n° 2011-024819 ; *Loyers et copr.* 2012, n° 51, obs. G. Vigneron).

Voir aussi sur ce point, D. 17 mars 1967, art. 13, n° 5.

Les observations personnelles d'un copropriétaire notifiées en même temps que l'ordre du jour n'ont pas à être soumises au vote dès lors qu'elles ne constituent pas de véritables questions (▪ CA Paris, 23e ch. A, 29 nov. 1995 : *Rev. Administrer* déc. 1996, p. 38).

18) Sanctions des règles légales. La violation des règles concernant l'ordre du jour est sanctionnée en principe par la nullité de l'assemblée. Seules sont susceptibles d'annulation les décisions prises par l'assemblée et non les questions ou les projets de résolution portés à l'ordre du jour (▪ CA Paris, pôle 4, 2e ch., 9 nov. 2011 : *JurisData* n° 2011-024819 ; *Loyers et copr.* 2012, n° 51, obs. G. Vigneron).

L'insertion, dans la convocation à l'assemblée générale des copropriétaires, de l'ordre du jour relatif à la réunion de l'association foncière urbaine libre (AFUL) dont ils sont membres est sans incidence sur la validité des décisions prises par l'assemblée (▪ Cass. 3e civ., 13 nov. 2013, n° 12-24.167 : *JurisData* n° 2013-025643 ; *Bull. civ.* III, n° 143 ; *Loyers et copr.* 2014, n° 24, obs. G. Vigneron).

Voir : la jurisprudence citée sous D. 17 mars 1967, art. 13, nos 4 à 10, p. 739.

VII – DÉLAIS DE CONVOCATION

Bibliographie : *Le délai de convocation des assemblées de copropriétaires* par J. Lafond : *Inf. rap. copr.* mars 1994, p. 504 et s. – P. Philippot, *Assemblées générales de copropriétaires : nouvelles modalités de convocation à compter du 1er avril 2007 : Rev. hab. fr.* avr. 2007, p. 10.

A – Principe : Délai de vingt et un jours

19) Délai minimum. Le délai minimum, antérieurement de quinze jours, a été porté à vingt et un jours par le décret n° 2007-285 du 1er mars 2007 (*JO* 3 mars), applicable à compter du 1er avril 2007.

Ce délai peut être éventuellement allongé (mais non raccourci) par le règlement de copropriété comme le prévoit l'article 9, alinéa 2.

Si le délai fixé par le règlement de copropriété n'est pas respecté, la nullité de l'assemblée est encourue (▪ Cass. 3e civ., 19 déc. 2007, n° 07-13.703 : *Rev. loyers* 2008, p. 183).

Voir : sur la possibilité de réduire ce délai en cas d'urgence, V. D. 17 mars 1967, art. 7, comm. n° 9, p. 696.

B – Calcul du délai

Bibliographie : P. Lebatteux et J. Barnier-Sztabowicz, *Des délais de convocation et de contesta-*

tion des assemblées générales : Rev. Administrer févr. 1999, p. 20 et s. – Y. Stemmer, *Délais de convocation des copropriétaires : JCP* N 1999, p. 1079.

20) Mode de calcul du délai. Le délai légal se calcule selon les prescriptions des articles 641 et 642 du Code de procédure civile (■ CA Paris, 23e ch. B, 21 juin 2001 : *Rev. loyers* 2001, p. 397, note J.-M. Gélinet ; *Dossier CSAB* mars 2002, n° 98, obs. A. Dunes).

Il ne s'agit pas d'un « délai franc » (les délais francs ont été supprimés par le décret n° 72-788 du 28 août 1972, art. 192) et le mode de calcul indiqué ci-dessus s'applique d'une façon générale « en toute matière civile » selon ce même décret (V. en ce sens ■ Cass. 3e civ., 21 déc. 1987 [deux arrêts] : *Bull. inf. C. cass.*, 15 févr. 1988, p. 6).

En application de ces règles le délai imparti pour convoquer expire le dernier jour à 24 heures (CPC, art. 642, al. 1). M. Lebatteux et Mme Barnier-Sztabowicz donnent à ce propos l'exemple suivant (étude préc., p. 25) :

« Si une convocation (faite par lettre recommandée avec demande d'avis de réception) a été remise aux copropriétaires le 25 novembre (jour de la « première présentation », V. D. art. 64), le délai de quinzaine (porté depuis lors à 21 jours) commence à courir à compter du lendemain de cette date, soit le 26 novembre, et expire le dernier jour de cette quinzaine à 24 heures, soit le 10 décembre. »

Comment vérifier si ce délai est respecté ? Il faut distinguer selon que la convocation est faite par La Poste ou remise contre émargement.

1° Convocation par lettre recommandée

Bibliographie : J.-P. Mantelet, *Le régime des notifications postales dans le statut de la copropriété : Rev. Administrer* nov. 1997, p. 47. – R. Martin, *Convocation à l'assemblée des copropriétaires, alerte à la lettre recommandée : Ann. loyers* 1999, p. 30 et s.

21) Point de départ du délai. Lorsque la convocation est faite par La Poste, c'est, depuis la modification de l'article 63 (devenu 64) du décret (V. ce texte) par le décret du 4 avril 2000, le lendemain du jour de la première présentation de la lettre recommandée au domicile du destinataire qui constitue le point de départ du délai (V. D. 17 mars 1967, art. 64, p. 894). Ce principe a pu être jugé conforme aux dispositions de l'article 6 de la Convention européenne des droits de l'homme (■ Cass. 3e civ., 29 juin 2023, n° 21-21.708 : *Loyers et copr.* 2023, n° 09, comm. 140 ; *Administrer* août-sept. 2023, n° 578, p. 39, P. Déchelette-Tolot ; *AJDI* 2023, 771, obs. P.-E. Lagraulet ; *Rev. Loyers* 2023, n° 1040, obs. L. Guégan-Gélinet ; *GPL* 28 nov. 2023, n° GPL456u3, obs. AN Touzain).

Il a été jugé que la *remise d'une convocation à la boîte postale* d'un copropriétaire ne pouvait pas être considérée comme une « présentation » de la lettre recommandée (■ CA Paris, 23e ch., 19 mars 1993 : *Rev. Administrer* avr. 1994, p. 54, note J. Lafond). Voir également dans un cas où la lettre n'avait pas pu être remise dans les délais en raison de l'existence d'un « digicode » (■ CA Paris, 23e ch. A, 16 oct. 1996 : *Loyers et copr.* janv. 1997, n° 22). Il est toutefois fait preuve d'une certaine souplesse quant à la preuve de la délivrance (■ Cass. 3e civ., 21 sept. 2022, n° 21-21.031 : *Loyers et copr.* 2022, comm. 183, A. Lebatteux ; *Administrer* nov. 2022, p. 65, obs. P. Déchelette-Tolot ; *AJDI* 2023, 689, P.-E. Lagraulet).

Par contre si le copropriétaire a donné un *ordre de réexpédition* du courrier sans communiquer au syndic son adresse temporaire, le délai court du jour de la présentation de la lettre indiqué par le bureau de poste (■ CA Paris, 23e ch. A, 1er févr. 1995 : *Loyers et copr.* juill. 1995, n° 339. ■ CA Paris, 23e ch. B, 18 mai 2000 : *Rev. Administrer* oct. 2000, p. 70, obs. J.-R. Bouyeure).

Voir : sur le point de départ du délai dans le *cas où le copropriétaire n'a pas notifié sa nouvelle adresse* dans les formes légales, V. D. 17 mars 1967, art. 65, p. 902.

22) Présentation de la lettre recommandée. Il doit être établi que la convocation a été effectivement présentée à l'adresse que le propriétaire a déclarée au syndic : la mention « non réclamée » apposée par La Poste sur l'accusé de réception ne suffit pas à rapporter cette preuve (■ Cass. 3e civ., 10 juill. 2013, n° 12-23.488 : *Administrer* oct. 2013, p. 49, obs. J.-R. Bouyeure. – V. aussi, ■ Cass. 3e civ., 28 nov. 2012, n° 11-18.008).

La convocation n'est valablement délivrée que si elle est réceptionnée par le copropriétaire lui-même ou par une personne ayant valablement reçu mandat de signer l'accusé de réception. L'assemblée est annulable si cet accusé de réception a été signé par le concierge n'ayant pas mandat à cet effet (■ CA Paris, 23e ch. B, 20 déc. 2007 : *Loyers et copr.* 2008, n° 135, obs. G. Vigneron. ■ CA Paris, 23e ch. B, 16 févr. 2006 : *Loyers et copr.* 2006, comm. 134, obs. G. Vigneron).

La validité de la convocation ne peut être contestée au motif que l'avis de réception a été signé à la place du copropriétaire par une tierce personne et sans procuration, si ce copropriétaire ne prétend pas que ce courrier ne lui a pas été remis (■ CA Paris, pôle 4, 2e ch., 30 sept. 2009 : *Loyers et copr.* 2010, comm. 81, obs. G. Vigneron). Un arrêt de la cour de Paris a admis qu'une convocation était valide alors même que l'accusé de réception avait été signé par un tiers non mandaté, s'il était établi que ce tiers avait remis le pli à son véritable destinataire (■ CA Paris, pôle 4, 2e ch., 4 avr. 2018, n° 16/17278 : *Administrer* juill. 2018, p. 40, obs. J.-R. Bouyeure).

Voir : sur le point de départ du délai dans le cas où *le copropriétaire n'a pas notifié sa nouvelle adresse* dans les formes légales, V. D. 17 mars 1967, art. 65, p. 902.

2° Convocation par voie électronique

23) Renvoi. Le point de départ des délais, lorsqu'une notification est effectuée par la voie électronique, varie selon les cas. Il est déterminé par l'article 64-2 du décret du 17 mars 1967 (V. ce texte).

3° Convocation par remise contre récépissé ou émargement

24) Date de l'émargement. Si *la convocation est faite par émargement*, le délai court de la *date de l'émargement* (■ Cass. 3e civ., 23 janv. 1979 : *JCP* G 1979, IV, 106). S'il est effectué par remise contre récépissé, le délai court de la date du récépissé.

Il n'y a pas lieu de prendre en compte la « date de première présentation » indiquée par le concierge chargé de la remise des convocations (■ CA Paris, 19e ch. A, 26 juin 1995 : *Loyers et copr.* déc. 1995, n° 538).

S'il y a contestation, le juge doit vérifier si certaines convocations n'ont pas été retirées par d'autres que les copropriétaires concernés (■ Cass. 3e civ., 3 juill. 1996 : *Rev. Administrer* janv. 1997, p. 46 ; *RD imm.* 1996, p. 605, note P. Capoulade ; *Rev. loyers* 1996, p. 505, note J.-M. Gélinet).

C – Délais réduits

25) Cas de réduction du délai. Dans certains cas, *le délai légal peut être abrégé :*

– lorsqu'il s'agit de *convoquer une nouvelle assemblée en vertu de l'article 25-1*de la loi du 10 juillet 1965 (V. ce texte et son comm.) ;

– lorsqu'il y a *urgence*.

26) Cas d'urgence. Le délai légal n'a plus à être respecté en cas d'*urgence* (D. art. 9, al. 2). Aucun délai n'est alors fixé par la loi, qui n'indique pas non plus quels sont les cas d'urgence. Une clause du règlement prévoyant, pour suppléer au silence de la loi, que le délai de convocation pourrait être réduit à cinq jours en cas d'urgence serait à la fois inutile et d'une légalité douteuse (V. J.-R. Bouyeure, note ss ■ Cass. 3e civ., 26 janv. 2010 : *Rev. Administrer* avr. 2010, p. 35).

L'opportunité de convoquer d'urgence et le délai de convocation doivent dès lors être *appréciés par le syndic, en fonction des circonstances* de chaque cas d'espèce (pour des exemples : s'agissant de prendre une option à la suite d'une vente d'immeuble, ■ Cass. 3e civ., 7 déc. 1971, n° 70-12.974 : *JCP* 1972, II, 16985 – ou d'effectuer des travaux : ■ CA Grenoble, 2e ch., 26 oct. 2004 : *Loyers et copr.* 2005, comm. 206, note G. Vigneron. ■ CA Nancy, 29 janv. 1980 et ■ TGI Paris, 25 juin 1980 : *D.* 1981, inf. rap. p. 398, obs. Cl. Giverdon ; *JCP* 1981, II, 19700, note E.J. Guillot. – V. aussi dans le cas où il y avait risque de rupture d'une canalisation de chauffage : ■ Cass., 1er avr. 1992, n° 90-14.291 : *Bull. civ.* III, n° 111 ; *Rev. Administrer* janv. 1993, p. 31, obs. E.-J. Guillot). Le renouvellement du mandat du syndic n'est pas un cas d'urgence (■ CA Paris, 23e ch. B, 18 janv. 2001 : *Loyers et copr.* 2001, comm. 182 ; *AJDI* 2001, p. 615, note P. Capoulade. – V. cependant dans un cas où ce renouvellement était nécessaire pour exécuter une transaction conclue entre le syndicat et les copropriétaires : ■ CA Paris, 23e ch. B, 23 janv. 2009 : *JurisData* n° 2009-376486). Il n'y a pas d'urgence si le syndic invoque la survenance de fissurations, qui ont fait l'objet d'une expertise ordonnée en référé trois mois auparavant (■ Cass. 3e civ., 4 nov. 2008 : *Rev. Administrer* janv. 2009, p. 45, obs. J.-R. Bouyeure). L'urgence n'est pas établie, si l'assemblée est saisie d'autres questions, qui, quant à elles, ne relèvent pas de l'urgence (■ CA Paris, pôle 4, 12 juin 2013, n° 11-6038 : *Administrer* août-sept. 2013, p. 56, obs. J.-R. Bouyeure).

Par contre, il y a urgence lorsque le règlement de copropriété doit être modifié avant la vente du lot d'un copropriétaire décédé (■ CA Paris, 23e ch. B, 7 nov. 2002 : *Loyers et copr.* 2003, comm. n° 68) ou si l'assemblée doit prendre très rapidement position sur l'acquisition d'un lot vendu dans le cadre d'une procédure collective ouverte à l'encontre d'un copropriétaire (■ Cass. 3e civ., 21 oct. 2009, n° 08-18.835 : *Bull. civ.* III, n° 228 ; *JurisData* n° 2009-050150 ; *Loyers et copr.* 2010, comm. 19, obs. G. Vigneron ; *AJDI* 2010, p. 389, note P. Capoulade ; *Rev. loyers* 2010, p. 31, note P. Déchelette-Tolot ; *Rev. Administrer* janv. 2010, p. 61, obs. J.-R. Bouyeure), ou encore si la gardienne de l'immeuble a été licenciée et que l'assemblée doit arrêter les modalités nouvelles de garde et d'entretien de l'immeuble (■ CA Versailles, 7 déc. 2009 : *JurisData* n° 2009-023512 ; *Loyers et copr.* 2010, comm. 294, obs. G. Vigneron).

• Sur l'urgence résultant de la proximité des vacances (■ Cass. 3e civ., 12 juin 1991 : *Loyers et copr.* août-sept. 1991, n° 354).

Voir aussi : sur les cas où des travaux urgents doivent être effectués, V. D. art. 37.

En cas de difficulté sur le point de savoir s'il y a ou non urgence, *les tribunaux apprécient souverainement* (■ Cass. 3e civ., 21 oct. 2009, préc. ■ Cass. 3e civ., 1er avr. 1992 : *Bull. civ.* III, n° 111). Ils s'attacheront dans chaque cas à vérifier que le droit fondamental de chaque copropriétaire à participer à l'assemblée ou bénéficiant d'un délai de réflexion suffisant n'a pas été violé par une convocation précipitée que rien n'imposait véritablement (V. sur la nécessité de cette vérification, ■ Cass. 3e civ., 30 mars 2005, n° 04-11.983, arrêt n° 436 F-D).

Il y a lieu de ce point de vue de distinguer l'urgence de convenance (qui est une fausse urgence : V. par exemple : ▪ CA Paris, 19e ch., 24 sept. 1993 : *RD imm.* 1994, p. 100, obs. C. Giverdon) de l'urgence véritable qui doit concerner la copropriété tout entière et ne pas s'apprécier au regard de la demande faite par un copropriétaire dans son intérêt particulier (▪ CA Paris, 23e ch., 15 avr. 1992 : *Rev. Administrer* nov. 1992, p. 79).

Il n'y a pas à justifier de l'urgence dans la convocation elle-même. Cette justification peut être apportée *a posteriori*, soit à l'occasion de la tenue de l'assemblée, soit même devant le tribunal si l'assemblée est contestée (▪ CA Paris, pôle 4, 2e ch., 3 févr. 2010 : *JurisData* n° 2010-380757 ; *Loyers et copr.* 2010, comm. 144, obs. G. Vigneron. ▪ CA Paris, 19e ch. A, 15 déc. 1997 : *Loyers et copr.* juin 1998, n° 16. ▪ TGI Paris, 25 mai 1983 : *Inf. rap. copr.* juill. 1983, p. 198, obs. J.-R. Bouyeure). Cette preuve incombe au syndicat, en la personne de son syndic (▪ CA Paris, 23e ch. B, 7 mars 1997 : *Loyers et copr.* juill. 1997, n° 210).

S'il apparaît que l'urgence n'était justifiée que pour certaines des décisions mises à l'ordre du jour, ces décisions seront validées : les autres seront annulées (▪ CA Paris, pôle 4, 2e ch., 27 oct. 2010 : *Rev. Administrer* janv. 2011, p. 58, obs. J.-R. Bouyeure).

VIII – SANCTION DES RÈGLES LÉGALES

27) Nullité de l'assemblée. La sanction du non-respect des règles fixées par le texte est la nullité de l'assemblée (D. art. 13).

Ainsi, la nullité est encourue lorsque les délais de convocation n'ont pas été respectés même à un jour près (▪ Cass. 3e civ., 17 avr. 1991, n° 89-19.290 : *D.* 1992, somm. p. 137, obs. J. Lafond ; *JCP* N 1992, II, 217, note A. Djigo. ▪ Cass. 3e civ., 30 juin 1998, n° 96-21.787 : *JCP* N 1999, p. 428, note A. Djigo ; *Bull. civ.* III, n° 223 : *Loyers et copr.* févr. 1999, n° 46, note G. Vigneron. ▪ CA Paris, 23e ch. B, 15 mai 2008 : *JurisData* n° 2008-363129. ▪ CA Paris, 24 avr. 1998 : *D.* 1999, somm. 73, note C. Atias).

Cette nullité est alors de droit, sans que le demandeur ait à justifier de l'existence d'un préjudice (▪ Cass. 3e civ., 25 nov. 1998, n° 96-20.863 : *Bull. civ.* III, n° 223 ; *JCP* N 1999, p. 428, note A. Djigo ; *Loyers et copr.* févr. 1999, n° 46, note G. Vigneron. ▪ Cass. 3e civ., 3 oct. 1974 : *JCP* 1975, II, 18007, note E.-J. Guillot). Peu importe que le copropriétaire demandeur ait été présent à l'assemblée (▪ Cass. 3e civ., 25 nov. 1998, préc.). – Sur la critique de cette jurisprudence : V. J.-R. Bouyeure, *La nullité de l'assemblée en cas de non-respect du délai de convocation : Rev. Administrer* juin 1993, p. 9.

La nullité de l'assemblée est encourue alors même que le retard est dû à une grève des postes (▪ CA Paris, 23e ch. B, 21 sept. 2006 : *AJDI* 2006, p. 915. ▪ CA Paris, 23e ch. B, 3 déc. 1998 : *JurisData* n° 1998-023167 ; *Loyers et copr.* 1999, comm. 130 ; *Rev. Administrer* 1999, p. 51, obs. J.-R. Bouyeure) ou au dysfonctionnement de ses services (▪ CA Aix-en-Provence, 9 avr. 2015, n° 14-07.677 : *Rev. loyers* 2015, p. 308. ▪ CA Paris, 23e ch. B, 6 sept. 2001 : *Loyers et copr.* 2002, comm. 42 ; *Rev. Administrer* avr. 2002, p. 48, obs. A. Alfandari). En ce cas la responsabilité du syndic n'est pas engagée (▪ Cass. 3e civ., 6 déc. 2005 : *Rev. Administrer* avr. 2006, p. 35, note P. Capoulade).

Le syndic ne peut invoquer des « incertitudes jurisprudentielles » pour s'exonérer de sa responsabilité en raison du non-respect du délai de convocation. Il doit en effet « pourvoir aux intérêts du syndicat et le préserver de tout risque connu (▪ Cass. 3e civ., 21 oct. 2009 : *Bull. civ.* III, n° 227 ; *JurisData* n° 2009-050151 ; *Loyers et copr.* 2010, comm. 20, obs. G. Vigneron ; *Rev. Administrer* janv. 2010, p. 29, obs. J.-R. Bouyeure ; *Rev. loyers* 2010, p. 34, note L. Guégan ; *D.* 2009, p. 2687, obs. Y. Rouquet).

28) Qui peut invoquer la nullité de l'assemblée ? Seul le copropriétaire irrégulièrement convoqué peut se prévaloir de l'irrégularité de la convocation (▪ Cass. 3e civ., 14 nov. 2007, n° 06-16.392 : *Bull. civ.* III, n° 210 ; *Loyers et copr.* 2008, comm. 16, note G. Vigneron ; *D.* 2007, p. 3075, obs. Y. Rouquet ; *Administrer* févr. 2008, p. 32, obs. J.-R. Bouyeure ; *AJDI* 2008, p. 771, note P. Capoulade).

Toutefois le copropriétaire irrégulièrement convoqué qui a néanmoins participé à l'assemblée n'est autorisé à contester cette assemblée en son entier que s'il s'est opposé à toutes les décisions adoptées et non pas s'il a voté en faveur de tout ou partie des résolutions (▪ Cass. 3e civ., 14 mars 2019, n° 18-10.379). Il a été admis que les copropriétaires qui avaient été convoqués hors délai et qui étaient néanmoins présents à l'assemblée pouvaient solliciter l'annulation de certaines décisions seulement, auxquelles ils s'étaient opposés (▪ Cass. 3e civ., 28 mars 2019, n° 18-10.073. – Sur la notion de copropriétaire opposant, V. L. 10 juill. 1965, art. 42, p. 593).

29) La nullité peut-elle être couverte ? Pour certaines juridictions, cette nullité pouvait être « couverte » : un copropriétaire ne pourrait plus s'en prévaloir à partir du moment où il aurait formulé une demande d'inscription de question complémentaire à l'ordre du jour ou encore lorsqu'étant présent à l'assemblée, il avait *émis un vote favorable* sur certaines résolutions. Mais cette jurisprudence a été condamnée par la Cour de cassation : la présence d'un copropriétaire à l'assemblée et sa participation au vote ne l'empêchent pas d'invoquer ensuite sa nullité pour défaut de respect du délai de convocation (■ Cass. 3e civ., 3 déc. 2002 : *Rev. Administrer* juill. 2003, p. 42, obs. J.-R. Bouyeure. ■ Cass. 3e civ., 25 nov. 1998, préc., n° 26. ■ Cass. 3e civ., 17 avr. 1991, préc., n° 26. ■ Cass. 3e civ., 28 mars 2019, n° 18-10.073).

De même, le fait qu'il ait *demandé l'inscription à l'ordre du jour de questions complémentaires* ne peut lui être opposé (■ CA Paris, 23e ch., 13 déc. 1991 : *JCP* N 1993, IV, 171).

30) Charge de la preuve. C'est au *syndic* qu'il appartient de rapporter la preuve de la régularité des convocations (■ Cass. 3e civ., 9 nov. 1994 : *D.* 1997, somm. 248, obs. P. Capoulade. ■ Cass. 3e civ., 26 oct. 1983 : *Rev. Administrer* avr. 1984, p. 42, note Guillot ; *Defrénois* 1984, p. 860, note Souleau. ■ CA Paris, pôle 4, 2e ch., 9 oct. 2013, n° 12-06.986 : *Administrer* juin 2014, p. 45, obs. J.-R. Bouyeure. ■ CA Paris, 23e ch. B, 15 nov. 2007 : *AJDI* 2008, p. 131. ■ CA Paris, 19e ch. B, 21 janv. 1999 : *Loyers et copr.* 1999, comm. 156.). Cette preuve est libre (■ Cass. 3e civ., 21 sept. 2022, n° 21-21.031 : *Loyers et copr.* 2022, comm. 183, A. Lebatteux ; *Administrer* nov. 2022, p. 65, obs. P. Déchelette-Tolot ; *AJDI* 2023, 689, P.-E. Lagraulet. – V. également, ■ CA Paris, pôle 4, ch. 2, 27 sept. 2023, n° 19/07945 : *Administrer* déc. 2023, n° 581, 61, P. Déchelette-Tolot).

Mais le copropriétaire contestataire doit alléguer de manière précise les irrégularités dont il se prévaut (■ CA Paris, 23e ch. B, 4 mars 2004 : *AJDI* 2004, p. 389. ■ CA Paris, 23e ch. B, 27 avr. 2000 : *Rev. Administrer* janv. 2001, p. 45, note J.-R. Bouyeure). Faute de rapporter la preuve de l'irrégularité des convocations, le copropriétaire demandeur qui a été pour sa part convoqué régulièrement n'est pas en droit d'exiger du syndic qu'il justifie avoir également convoqué régulièrement tous les copropriétaires (■ CA Paris, 23e ch. B, 2 déc. 2004 : *Rev. Administrer* févr. 2005, p. 51, obs. J.-R. Bouyeure).

Lorsque le copropriétaire soutient, sans le démontrer, que les accusés de réception produits ne se rapportent pas aux convocations de l'assemblée litigieuse, c'est à lui d'en rapporter la preuve (■ Cass. 3e civ., 18 déc. 2007, n° 06-19651 : *Rev. Administrer* avr. 2008, p. 44, obs. J.-R. Bouyeure ; *Rev. loyers* 2008, p. 118. – V. dans le cas où un copropriétaire prétend que l'enveloppe qui lui a été adressée ne contenait pas les documents annexés, ■ CA Paris, 23e ch. B, 15 mars 2007 : *AJDI* 2007, p. 579).

31) Délai de contestation. Il faut ajouter que dans le dernier état de la jurisprudence de la Cour de cassation, le *copropriétaire qui n'a pas été régulièrement convoqué* doit *invoquer la nullité* de l'assemblée dans le délai de deux mois édicté par l'article 42, alinéa 2 de la loi (V. à ce propos, L. 10 juill. 1965, art. 42, comm. n° 61, p. 620). En conséquence si le délai de convocation n'a pas été respecté, l'assemblée ne peut plus être remise en cause si aucune contestation n'a été soulevée dans le délai légal (■ Cass. 3e civ., 28 févr. 2006, n° 05-11.409, arrêt n° 302 F-D. ■ Cass. 3e civ., 12 oct. 2005, n° 04-14.602 : *Bull. civ.* III, n° 191 ; *JCP* N 2006, n° 8-1076, note A. Djigo ; *JCP* G 2006, I ; 127, n° 8, obs. H. Périnet-Marquet ; *Loyers et copr.* 2005, comm. 227, note G. Vigneron ; *Constr.-Urb.* 2005, comm. 273, note D. Sizaire ; *Inf. rap. copr.* janv.-févr. 2006, p. 18, note P. Capoulade ; *AJDI* 2006, p. 35, note P. Capoulade ; *Rev. Administrer* janv. 2006, p. 40, note P. Capoulade).

Art. 9 *bis* ***(Mod., D. n° 2020-834, 2 juill. 2020).*** **– Pour être pris en compte lors de l'assemblée générale, le formulaire de vote par correspondance est réceptionné par le syndic au plus tard trois jours francs avant la date de la réunion.**

Lorsque le formulaire de vote est transmis par courrier électronique à l'adresse indiquée par le syndic, il est présumé réceptionné à la date de l'envoi.

Bibliographie : Fl. Bayard-Jammes, *La réforme de la prise de décision au sein de la copropriété : AJDI* 2019, p. 870. • P.-E. Lagraulet, *Vade-mecum du vote par correspondance en droit de la copropriété : Lexbase hebdo éd.* priv. 16 juill. 2020. • D. Rodrigues, *Copropriété : vote par correspondance : Inf. rap. copr.* nov. 2020, p. 10. • M.-H. Martial, *La pratique de l'assemblée générale « dématérialisée » : Inf. rap. copr.* oct. 2021, p. 33.

1) Formulaire de vote par correspondance envoyé par lettre recommandée avec demande d'avis de réception. Pour être pris en compte lors de l'assemblée générale, indique l'article 9 *bis*, alinéa 1er, le formulaire de vote par correspondance doit être réceptionné par le syndic au plus tard 3 jours francs avant la date de la réunion. Ce texte ressuscite les « délais francs » qui sont ainsi calculés : le jour de la notification qui le fait courir n'est pas pris, en compte non plus que le jour de l'échéance, si bien que le délai est ainsi allongé d'un jour (G. Cornu Vocabulaire juridique, V° Délai). Si par exemple l'assemblée est fixée au 5 octobre, la demande devra avoir été notifiée au syndic au plus tard le 1er octobre.

2) Formulaire de vote par correspondance envoyé par courrier électronique. Lorsque le formulaire de vote est transmis par courrier électronique à l'adresse indiquée par le syndic, il est « présumé réceptionné à la date de l'envoi. (art. 9 *bis*, al. 2) ».

Art. 9-1 *(D. n° 2015-1907, 30 déc. 2015 ; mod., D. n° 2019-650, 27 juin 2019).* **– Pendant le délai s'écoulant entre la convocation de l'assemblée générale appelée à connaître des comptes et la tenue de celle-ci, le syndic tient les pièces justificatives des charges mentionnées à l'article 18-1 de la loi du 10 juillet 1965 susvisée en original ou en copie, et classées par catégories à la disposition de chaque copropriétaire » pendant une durée qui ne peut être inférieure à un jour ouvré et doit être, en tout cas, appropriée à la dimension de la copropriété.**

Le syndic fixe le lieu de la consultation des pièces justificatives des charges, soit à son siège, soit au lieu où il assure habituellement l'accueil des copropriétaires, le ou les jours et les heures auxquels elle s'effectue, qui doivent être indiqués dans la convocation mentionnée à l'article 9.

Lorsqu'il s'agit d'un syndic professionnel, ces jours et heures doivent être fixés pendant les jours et heures d'accueil physique déterminés dans le contrat de syndic.

Le copropriétaire peut se faire assister par un membre du conseil syndical

Pendant le délai mentionné au premier alinéa, il peut également se faire assister par son locataire ou autoriser ce dernier à consulter en ses lieu et place les pièces justificatives de charges récupérables mentionnées à l'article 23 de la loi n° 89-462 du 6 juillet 1989 tendant à améliorer les rapports locatifs et portant modification de la loi n° 86-1290 du 23 décembre 1986.

Tout copropriétaire peut obtenir une copie des pièces justificatives à ses frais.

Bibliographie : A. Auboin, *Commentaire du décret 30 décembre 2015 : Loyers et copr.* avr. 2016, étude 4. • N. Figuière, *Pièces justificatives des charges, l'évolution législative : Inf. rap. copr.* mars 2016, p. 31. • P. Battistini, *Mise à disposition des pièces justificatives des charges de copropriété : LPA* 17 mars 2016, p. 9. • C. Chazelle, L'informationi des copropriétaires : *Inf. rap. copr.* mai 2017, p. 29. • G. Gil, *L'ordre du jour de l'assemblée générale : Inf. rap. copr.* janv.-févr. 2018, 11. • P.-E. Lagraulet, *Esquisse des nouveaux contours du droit de la copropriété : AJDI* 2019, p. 604. • D. Rodrigues, *La place des locataires en copropriété : Inf. rap. copr.* févr. 2020. • A. Lebatteux, *Réforme de la copropriété : décryptage du décret et de l'arrêté du 2 juillet 2020 : Loyers et copr.* 2020, étude 10. • Fl. Bayard-Jammes et V. Bacot-Réaume, *L'information et l'assemblée générale des copropriétaires : AJDI* 2022, 87.

1) Objet du texte. Ce texte vient compléter l'article 18-1 de la loi du 10 juillet 1965 (V. ce texte) en précisant les modalités selon lesquelles les pièces justificatives des charges énumérées par ce texte doivent être « tenues à la disposition de tous les copropriétaires par le syndic ».

Ses dispositions sont applicables aux convocations des assemblées générales des copropriétaires appelées à connaître des comptes, notifiées depuis le 1er avril 2016 (D. n° 2015-1907, 30 déc. 2015, art. 4).

I – MODALITÉS DE CONSULTATION DES PIÈCES JUSTIFICATIVES DES CHARGES

2) Nature des pièces à mettre à la disposition des copropriétaires. La nature des « pièces justificatives des charges » qui doivent être communiquées aux copropriétaires, varie bien évidemment selon les charges concernées. L'article 18-1 de la loi du 10 juillet 1965 en donne une énumération, mais qui n'est nullement limitative (V. ce texte).

Les pièces communiquées peuvent être, soit des documents originaux, soit des copies (art. 9-1, al. 1er).

Elles doivent être « classées par catégorie » (art. 9-1, al. 1er) : charges de chauffage ; charges d'électricité et d'éclairage, charges d'entretien, etc.

3) Lieu de la consultation. Il appartient au syndic de fixer le lieu de la consultation des pièces justificatives des charges (art. 9-1, al. 2). Cette fixation n'est pas arbitraire. La mise à disposition doit s'effectuer soit au siège du syndic, soit « au lieu où il assure habituellement l'accueil des copropriétaires » (art. 9-1, al. 2).

4) Durée de la mise à disposition. La mise à disposition des pièces justificatives des charges doit se situer pendant la période s'écoulant entre la convocation de l'assemblée générale annuelle appelée à connaître des comptes et la tenue de celle-ci. Le droit d'accès aux pièces justificatives des charges ne s'exerce que par consultation et non pas par communication des pièces (■ CA Paris, pôle 4, 2e ch., 13 nov. 2013, n° 12-01975 : *Administrer* févr. 2015, p. 43, obs. J.-R. Bouyeure).

La durée de cette mise à disposition ne peut être inférieure à un jour ouvré. Il s'agit là d'un délai minimum incompressible. Il appartient au syndic de l'augmenter éventuellement pour qu'il soit « approprié à la dimension de la copropriété » (Art. 9-1, al. 1er). Il a été précisé que la référence à la notion de « jour ouvré » ne signifiait pas que les pièces devaient être mises à disposition de tout copropriétaire pendant 24 heures, mais un jour qui ne soit pas férié (■ CA Aix-en-Provence, 4e ch. A, 19 mars 2015, n° 14/06096 : *Rev. loyers* 2015, p. 260). Un arrêt a admis (solution particulièrement libérale) que la mise à disposition des pièces, le jeudi précédant l'assemblée, de 14 à 16 :00 était satisfactoire (▪ Cass. 3e civ., 3 nov. 2016, n° 15-21.951 : *Administrer* févr. 2017, p. 47, note J.-R. Bouyeure).

5) Jours et heures de la consultation. Le ou les jours et les heures auxquels pourra s'effectuer la consultation des pièces sont fixés par le syndic. Ils doivent être mentionnés dans la convocation, comme l'indique l'article 9 du décret du 17 mars 1967 dans son alinéa premier.

Lorsqu'il s'agit d'un syndic professionnel, ces jours et heures « doivent être fixés pendant les jours et heures d'accueil physique déterminé dans le contrat de syndic ». Le texte est muet sur le cas du syndic bénévole, qui pourra donc fixer ces jours et heures à sa guise, à la condition toutefois que les options prises permettent une consultation des pièces par l'ensemble des copropriétaires dans des conditions acceptables pour tous, ce qui peut éventuellement faire l'objet d'un contrôle judiciaire.

6) Prérogatives des copropriétaires. À la différence du texte antérieur, qui parlait d'une mise à disposition de « tous les copropriétaires », l'article 9-1 indique, dans sa rédaction issue du décret du 26 juin 2019 précité, que les pièces justificatives sont tenues à la disposition « de chaque copropriétaire », marquant ainsi que cette prérogative s'exerce individuellement et non pas collectivement.

Le texte ajoute que les copropriétaires « peuvent se faire assister par un membre du conseil syndical » (art. 9-1, al. 4).

Si l'on prend à la lettre cette disposition, on pourra en conclure que les copropriétaires ne peuvent se faire assister par quelqu'un d'autre qu'un membre du conseil syndical (avocats, experts, etc.) et que s'ils veulent pouvoir solliciter un avis, ils n'ont d'autre possibilité que de demander une copie des pièces, qu'ils soumettront ensuite à leur conseil. Il paraît souhaitable que cette interprétation par trop rigoriste ne soit retenue ni par la pratique ni par la jurisprudence.

Les copropriétaires doivent bénéficier d'un temps matériel suffisant pour prendre connaissance des pièces. Il a été jugé que le fait que le syndic ait octroyé seulement trente minutes à un copropriétaire pour consulter les pièces justificatives ne constituait pas un délai raisonnable (▪ CA Paris, pôle 4, 2e ch., 26 mars 2010 : *Rev. Administrer* août-sept. 2010, p. 39, obs. J.-R. Bouyeure).

L'alinéa 6 de l'article 9-1 précise en outre que les copropriétaires qui le souhaitent peuvent obtenir une copie des pièces à leurs frais (V. aussi l'article 33 modifié du décret du 17 mars 1967).

7) Prérogatives des locataires. Le décret du 28 juin 2019 précité a créé un alinéa 5 nouveau dans l'article 9-1 selon lequel les copropriétaires bailleurs peuvent, pour consulter les pièces justificatives de charges récupérables mentionnées à l'article 23 de la loi n° 89-462 du 6 juillet 1989 :

– soit se faire assister de leur(s) locataire(s) ;

– soit les autoriser à consulter « en leur lieu et place » ces pièces justificatives. Le syndic serait en droit de demander une justification de l'autorisation prévue par ce texte.

L'utilisation des prérogatives ainsi octroyées au locataire n'est possible que pendant les délais fixés par le syndic pour la consultation des pièces justificatives des charges (art. 9-1, al. 5).

8) Rémunération du syndic. Selon Me J.-R. Bouyeure et H. Souleau, on devait considérer cette tâche comme faisant partie de la gestion courante du syndicat et en conséquence elle ne justifiait aucune rémunération supplémentaire (comm. L. 31, déc. 1985 : *Gaz. Pal.* 12 et 13 mars 1986, p. 4, col. 2 ; *Defrénois* 1986, art. 33698, n° 14). Telle est la solution retenue par le décret n° 2015-342 du 26 mars 2015, définissant le contrat-type de syndic, qui décide que les prestations correspondantes sont incluses dans le « forfait » (V. ann. V° *Syndic de copropriété*, Contrat type de syndic, Annexe au décret n° 2015-342 du 26 mars 2015, I, 1° *b*).

Il a été jugé que la clause subordonnant la consultation des pièces justificatives des charges au paiement d'un honoraire au syndic devait être réputée non écrite (▪ CA Paris, 23e ch. A, 23 janv. 2002 : *AJDI* 2002, p. 385).

Le syndic ne peut demander que le seul remboursement de ses frais de copie, qui sont expressément mis à la charge du copropriétaire demandeur (art. 9-1, al. 4).

II – SANCTIONS

9) Mention dans les convocations. L'*article 9 du décret du 17 mars 1967* (V. ce texte) exige que la *convocation à l'assemblée* rappelle « le lieu, le ou les jours et les heures de consultation » des pièces justificatives des charges.

Si cette prescription n'est pas respectée, l'assemblée ne peut « délibérer valablement » (V. ci-dessous D. n° 67-223, 17 mars 1967, art. 13, p. 738). L'omission de cette mention rend annulables les décisions concernant les comptes du syndicat (▪ Cass. 3e civ., 19 janv. 1994, n° 92-15.624 : *RD imm.* 1994, p. 297. ▪ CA Paris, pôle 4, 2e ch., 19 déc. 2011 : *JurisData* n° 2011-022929 ; *Loyers et copr.* 2012, comm. 20, obs. G. Vigneron. ▪ CA Paris, pôle 4, 2e ch., 19 oct. 2011, n° 08/18109 : *Administrer* janv. 2012, p. 67, obs. J.-R. Bouyeure). Mais il a été jugé que la nullité ne pouvait être invoquée que par les copropriétaires qui n'avaient pas eu accès à la consultation. S'agissant d'une nullité de protection, le copropriétaire qui a consulté les pièces ne peut agir en nullité (▪ CA Paris, pôle 4, 2e ch., 26 nov. 2013, n° 13-00680 : *Administrer* févr. 2015, p. 43, note J.-R. Bouyeure).

10) Absence de fixation par le syndic des modalités de consultation des pièces justificatives des charges. Qu'en est-il *si le syndic, par mégarde, n'a pas défini les modalités de consultation des pièces justificatives des charges ?*

On s'était posé une question identique, à propos de l'ancien article 18-1 de la loi du 10 juillet 1965, dans sa rédaction antérieure à la loi ALUR du 24 mars 2014 (V. ce texte) lorsque l'assemblée, qui était alors chargée de définir les modalités de consultation des pièces justificatives des charges, avait failli à sa tâche. Selon la Cour de cassation, une demande de nullité fondée sur la seule violation des prescriptions de l'article 9 du décret devait alors être rejetée parce que les exigences de ce texte ne pouvaient, de ce fait, être respectées (▪ Cass. 3e civ., 4 janv. 1991, n° 89-15.779 : *Bull. civ.* III, n° 4 ; *Inf. rap. copr.* 1991, p. 190, obs. D. Sizaire ; *D.* 1992, somm. p. 136, obs. J. Lafond. – V. également (sol. impl.) : ▪ Cass. 3e civ., 8 juin 1994, n° 92-17.607 : *Bull. civ.* III, n° 117 ; *Loyers et copr.* 1994, comm. 402 ; *AJPI* 1994, p. 643, note P. Guitard ; *RD* imm. 1994, p. 498, obs. P. Capoulade).

Autrement dit, selon cette jurisprudence, lorsque l'article 9 de la loi exigeait que la convocation rappelle les « modalités de consultation des pièces justificatives des charges », il fallait entendre « sous réserve que l'assemblée ait pris une décision à ce propos » (V. aussi ▪ CA Paris, 23e ch. B, 15 déc. 2005 : *AJDI* 2006, p. 206).

Mais l'*absence de toute délibération* de l'assemblée ne remettait pas en cause le principe de la consultation des pièces justificatives des charges. Le syndic devait alors tenir les pièces à disposition des copropriétaires et indiquer de quelle manière elles pouvaient être consultées (▪ Cass. 3e civ., 12 avr. 2005 : *Rev. Administrer* juill. 2005, p. 51, obs. J.-R. Bouyeure, préc.). Il résultait de la décision précitée de la Cour de cassation du 8 juin 1994 que la nullité ne pouvait être encourue que s'il y avait « défaillance du syndic à tenir les pièces à la disposition des copropriétaires ».

La réforme opérée par la loi du 24 mars 2014 a introduit un élément nouveau, qui fait que cette jurisprudence ne paraît pas pouvoir être transposée. En effet, dans la procédure actuelle, c'est le syndic qui doit fixer lui-même les modalités de consultation des pièces justificatives des charges. S'il ne le fait pas, il se met dans l'impossibilité de satisfaire aux exigences de l'article 9 du décret du 17 mars 1967, et il se trouve doublement fautif sans pouvoir s'abriter, comme dans le droit antérieur, derrière la carence de l'assemblée. Les motifs qui ont fait dans le passé rejeter la demande de nullité de l'assemblée ne se retrouvent plus.

11) Portée de la nullité encourue. En toute hypothèse, lorsque la *nullité* est encourue, elle ne frappe pas l'assemblée dans son entier mais la *seule résolution relative à l'approbation des comptes de la copropriété* (▪ CA Paris, 23e ch. A, 13 juin 1990 : *RD imm.* 1990, p. 412, obs. C. Giverdon ; *D.* 1990, inf. rap. p. 190) ou plus généralement, selon la cour de Versailles, toutes les résolutions ayant des incidences directes ou indirectes sur les charges (▪ CA Versailles, 1re ch., 22 nov. 1990 : *Rev. loyers* 1991, p. 413. – V. dans le même sens, ▪ CA Paris, 23e ch. B, 5 juill. 1996 : *Rev. loyers* 1996, p. 413. ▪ CA Paris, 23e ch., 11 sept. 1992 : *Loyers et copr.* 1992, comm. 481). Selon la cour de Paris, la nullité affecte à la fois l'approbation des comptes et le *quitus* (▪ CA Paris, pôle 4, 2e ch., 14 oct. 2009 : *AJDI* 2010, p. 48).

Art. 10 ***(Rempl., D. n° 2004-479, 27 mai 2004 ; mod., D. n° 2010-391, 20 avr. 2010).*** **– À tout moment, un ou plusieurs copropriétaires, ou le conseil syndical, peuvent notifier au syndic la ou les questions dont ils demandent qu'elles soient inscrites à l'ordre du jour d'une assemblée générale. Le syndic porte ces questions à l'ordre du jour de la convocation de la prochaine assemblée générale. Toutefois, si la ou les questions notifiées ne peuvent être inscrites à cette assemblée compte tenu de la date de réception de la demande par le syndic, elles le sont à l'assemblée suivante.**

(D. n° 2020-834, 2 juill. 2020) **Lorsque la convocation de l'assemblée générale est sollicitée en application de l'article 17-1 AA de la loi du 10 juillet 1965, le syndic ne porte à l'ordre du jour de cette assemblée que les questions relatives aux droits et obligations du ou des copropriétaires demandeurs.**

Le ou les copropriétaires ou le conseil syndical qui demandent l'inscription d'une question à l'ordre du jour notifient au syndic, avec leur demande, le projet de résolution lorsque cette notification est requise en application des 7° et 8° du I de l'article 11. Lorsque le projet de résolution porte sur l'application *(Abr., D. n° 2020-834, 2 juill. 2020)* « ... » du *b* de l'article 25 de la loi [n° 65-557] du 10 juillet 1965, il est accompagné d'un document précisant l'implantation et la consistance des travaux.

(Al. rempl., D. n° 2019-650, 27 juin 2019) **« Le syndic rappelle les dispositions du présent article sur les appels de fonds qu'il adresse aux copropriétaires. »**

Bibliographie : *JCl. Copropriété*, Fasc. 84-20, par G. Vigneron et P.-E. Lagraulet ; *JCl. Civ. App.*, art. 544 à 577, Fasc. 41-1 et *JCl. Notarial Répertoire, V° Copropriété*, Fasc. 41-1, par A. Blaisse. • J.-R. Bouyeure, *L'ordre du jour complémentaire, sanctions et responsabilité : Rev. Administrer* juill. 1982, p. 6 et s. • I. de Benalcazar, *L'ordre du jour complémentaire : Rev. Administrer* juin 2001, p. 8.

Après le décret du 27 mai 2004. C. Atias, *Le changement de nature de l'ordre du jour des assemblées générales de copropriétaires : Rev. Administrer* oct. 2004, p. 47 ; *Le pouvoir de déterminer l'ordre du jour de l'assemblée générale des copropriétaires : Inf. rap. copr.* mai 2005, p. 26. • D. Rocher, *Le nouvel ordre du jour après le décret du 27 mai 2004 : la liberté « à tout moment » ? : Rev. Administrer* juill. 2005, p. 22. • C. Atias, *La maîtrise du syndic sur l'ordre du jour de la convocation des copropriétaires en assemblée : Ann. loyers* 2007, p. 2696.

Après les décrets du 27 juin 2019 et du 2 juillet 2020. G. Gil, *L'ordre du jour de l'assemblée générale : Inf. rap. copr.* janv.-févr. 2018, p. 11. • P.-E. Lagraulet, *Esquisse des nouveaux contours du droit de la copropriété : AJDI* 2019, p. 604. • A. Lebatteux, *Réforme de la copropriété : décryptage du décret et de l'arrêté du 2 juillet 2020 : Loyers et copr.* 2020, étude 10. • Fl. Bayard-Jammes, *La prise de décisions en assemblée générale réformée : AJDI* 2020, 575. • Ch. Coutant-Lapalus, *Le vote par correspondance en assemblée générale : vraie ou fausse bonne idée : Loyers et copr.* 2020, alerte 65. • D. Rodrigues, *L'information des occupants : Inf. rap. copr.* juin 2021, p. 16. • D. Rodrigues, *L'assemblée générale et le copropriétaire : Inf. rap. copr.* oct. 2021, p. 29. • Fl. Bayard-Jammes et V. Bacot-Réaume, *L'information et l'assemblée générale des copropriétaires : AJDI* 2022, 87.

I – DEMANDE D'ORDRE DU JOUR COMPLÉMENTAIRE

A – Modalités de la demande

1) Auteur et destinataire. La demande d'inscription de questions supplémentaires à l'ordre du jour de l'assemblée peut être formée :

– soit par *un ou plusieurs copropriétaires* (éventuellement par une personne qui est seulement indivisaire des lots concernés par la délibération : ▪ CA Paris, pôle 4, 2e ch., 5 févr. 2014 : *JurisData* n° 2014-002560 ; *Loyers et copr.* 2014, n° 157, obs. G. Vigneron) ;

– soit par *le conseil syndical*.

Les *associés d'une société de construction* peuvent user de la faculté offerte par ce texte (E. Kischinewsky-Broquisse, n° 418, note 421. – G. Vigneron, *JCl. Copropriété*, Fasc. 84-20, n° 94).

La demande est *notifiée à la personne qui a convoqué l'assemblée*, c'est-à-dire le plus souvent au syndic. La demande d'ordre du jour complémentaire contenant des allégations injurieuses à l'encontre du syndic engage la responsabilité du copropriétaire demandeur (▪ Cass. 3e civ., 3 oct. 2001, n° 97-15.727 : *Rev. Administrer* févr. 2002, p. 38, obs. J.-R. Bouyeure).

Les dispositions de l'article 10 n'interdisent pas au syndic de compléter l'ordre du jour initial de sa propre initiative par une nouvelle notification adressée aux copropriétaires dans le délai réglementaire (▪ Cass. 3e civ., 10 sept. 2008, n° 07-16.448). Rien ne paraît, non plus, interdire au syndic de formuler un avis ou un conseil sur les questions qui sont inscrites à l'ordre du jour de l'assemblée générale à l'initiative d'un copropriétaire.

2) Formes. La demande doit être formée par lettre recommandée avec accusé de réception, par lettre recommandée électronique, par remise contre récépissé ou émargement, ou par voie électronique (V. D. art. 64 et 64-2). Un arrêt a admis la nullité de la résolution statuant sur une question notifiée par lettre simple au syndic (▪ Cass. 3e civ., 16 nov. 2011, n° 09-10.227 : *AJDI* 2012, p. 42).

Il a été jugé sous l'empire du texte antérieur au décret du 27 mai 2004 que le syndic était fondé à ne pas tenir compte d'une demande non régulière : ainsi lorsqu'elle est formulée par lettre simple ou par fax (▪ CA Paris, 23e ch. B, 9 nov. 2000 : *Dossier CSAB* avr. 2001, n° 184, obs. A. Dunes. ▪ CA Paris, 23e ch. B, 29 mars 2001 : *Dossier CSAB* mars 2002, n° 57, obs. A. Dunes. – V. *infra*, l'arrêt de la Cour de cassation du 16 novembre 2011, qui ne peut qu'encourager le syndic à agir de la sorte).

Cette jurisprudence paraît toujours d'actualité (comm. n° 11, p. 719).

3) Absence de délai imparti. Dans sa rédaction antérieure au décret du 27 mai 2004, l'article 10 exigeait que la demande d'ordre du jour complémentaire soit formée « dans les six jours de la convocation ».

Dans la rédaction de l'article 10, issue du décret du 27 mai 2004, aucun délai n'est explicitement imposé aux copropriétaires qui demandent l'ajout d'une question supplémentaire à l'ordre du jour. Cette demande peut être faite « à tout moment » (art. 10, al. 1er).

Le texte réserve toutefois le cas où les questions notifiées « ne peuvent être inscrites à cette assemblée compte tenu de la date de réception de la demande par le syndic ». Le texte indiquant par ailleurs que les questions faisant l'objet de l'ordre du jour complémentaire seront portées à l'ordre du jour de la convocation de la prochaine assemblée générale, il résulte du rapprochement de ces dispositions que la demande doit intervenir à un moment où il est encore possible pour le syndic, compte tenu du délai à respecter (en principe 21 jours avant la date de la réunion, V. l'article 9, alinéa 2 du décret) d'insérer les questions complémentaires dans la convocation à l'assemblée. Une demande d'ordre du jour complémentaire n'est donc plus recevable à un moment où la convocation est lancée, ou même lorsqu'elle ne peut plus être modifiée (V. en ce sens, Rép. min. n° 24515 : *JO Sénat Q*, 14 déc. 2006, p. 3110. ▪ CA Nîmes, 30 nov. 2010 : *AJDI* 2011, p. 219. ▪ CA Paris, 23e ch. B, 16 déc. 2009 : *AJDI* 2010, p. 229).

Il ne peut être reproché au syndic une précipitation anormale pour avoir adressé les convocations cinq semaines avant la date prévue pour l'assemblée ce qui représentait en fait 29 jours ouvrables : en conséquence il ne peut se voir imposer par la voie judiciaire d'inscrire une question complémentaire d'un copropriétaire à l'ordre du jour de la prochaine assemblée (▪ CA Toulouse, 1re ch., 1re sect., 25 oct. 2010 : *JurisData* n° 2010-029269).

B – Contenu de la demande

1° Pièces à joindre

4) Projet de résolution. L'alinéa 2 de l'article 10, créé par le décret du 20 avril 2010, impose tout d'abord aux copropriétaires ou au conseil syndical qui demandent l'inscription d'une question à l'ordre du jour de notifier au syndic, avec leur demande, le projet de résolution, lorsque cette notification est requise en application de l'article 11-I-7° et 8° du décret du 17 mars 1967 (▪ Cass. 3e civ., 15 mars 1983, inédit : *JCP* G 1983, IV, p. 172. ▪ CA Aix-en-Provence, 7 avr. 1998 : *Defrénois* 1998, p. 1181, note C. Atias).

Rappelons qu'en vertu de l'article 11-I, 7° et 8°, pour la validité de la décision, un projet de résolution doit être « notifié au plus tard en même temps que l'ordre du jour » (en pratique il est joint à la convocation), lorsque l'assemblée est appelée à statuer sur l'une des questions mentionnées :

– à l'article 14-1, alinéas 2 et 3 de la loi du 10 juillet 1965, et à l'article 14-2, alinéa 2 (fixation par l'assemblée du montant et de la date d'exigibilité des provisions. – V. ces textes *supra*) ;

– à l'article 18, alinéa 7 (devenu art. 18, II, al. 4 depuis la loi ALUR) de la même loi (décision de ne pas ouvrir de compte bancaire ou postal séparé. – V. ce texte *supra*) ;

– à l'article 24, II, *e*) : autorisation donnée à certains copropriétaires d'effectuer des travaux concernant l'accessibilité aux personnes handicapées ou à mobilité réduite. – V. ces textes *supra* ;

– à l'article 25 : décisions concernant divers travaux, les délégations de pouvoir, la désignation ou la révocation du syndic et des membres du conseil syndical, certains actes de dispositions sur les parties communes, la modification de la répartition des charges en cas de changement d'usage des parties privatives. – V. ces textes *supra* ;

– à l'article 26 : actes de dispositions concernant les parties communes ; modification du règlement de copropriété ; travaux d'amélioration ; demande d'individualisation des contrats de fourniture d'eau ; fixation des modalités d'ouverture des portes d'accès à l'immeuble ; suppression du poste de concierge ou de gardien et aliénation de la loge. – V. ce texte *supra* ;

– à l'article 30, alinéas 1, 2 et 3 (décision concernant les « travaux d'amélioration ». – V. ce texte *supra*) ;

– à l'article 35 (décision de surélever ou d'aliéner le droit de surélévation. – V. ce texte *supra*) ;

– à l'article 37, alinéas 3 et 4 (décision de s'opposer à l'exercice d'un droit accessoire aux parties communes réservé à un propriétaire ou à un tiers. – V. ce texte *supra*) ;

– à l'article 39 (décision d'améliorer l'immeuble ou d'ajouter des constructions après sinistre. – V. ce texte *supra*).

Un projet de résolution doit également être joint, en vertu de l'article 11, I, 8° du décret du 17 mars 1967, auquel renvoie l'article 10, alinéa 2 de ce même décret lorsque la décision tend à autoriser le syndic à introduire une demande en justice.

Si cette obligation n'est pas respectée, le syndic paraît être fondé à refuser l'inscription de la question à l'ordre du jour (▪ Cass. 3e civ., 15 mars 1983, inédit : *JCP* G 1983, IV, 172. ▪ CA Paris, pôle 4, 2e ch., 31 août 2011 : *JurisData* n° 2011-017490 ; *Loyers et copr.* 2011, n° 306, obs. G. Vigneron). Cette faculté pourrait être discutée dans la mesure où il a pu être jugé, par ailleurs et plus récemment, que le syndic ne pouvait se faire juge de l'opportunité des questions (▪ Cass. 3e civ., 29 mai 2002 : *Administrer* oct. 2002, 32, obs. J.-R. Bouyeure. ▪ Cass. 3e civ., 13 sept. 2018, n° 17-22.124).

2° Obligations particulières en cas de demande d'autorisation de travaux

5) Pièces à joindre. L'article 10, alinéa 3 a prévu une obligation supplémentaire lorsque le projet de résolution concerne l'application de l'article 24, II, *e*) et du *b*) de l'article 25 de la loi du 10 juillet 1965 ». Ces textes concernent, rappelons-le, l'autorisation donnée à certains copropriétaires d'effectuer à leurs frais des travaux d'accessibilité aux personnes handicapées ou à mobilité réduite (L. art. 24, II, *e*) ou des travaux affectant les parties communes ou l'aspect extérieur de l'immeuble (L. art. 25 b).

Ce projet de résolution devra alors être « accompagné d'un document précisant l'implantation et la consistance des travaux » (D. 17 mars 1967, art. 10, al. 3).

Les copropriétaires doivent, au vu des documents communiqués, pouvoir répondre aux questions suivantes : en quoi consistent ces travaux ? À quel endroit précis seront-ils effectués et dans quelle mesure affectent-ils les parties communes et éventuellement l'aspect extérieur de l'immeuble ? La communication d'un simple devis descriptif ne serait évidemment pas suffisante pour répondre à ces questions. Il faudra à tout le moins joindre des plans, la meilleure solution étant de faire établir un rapport par un architecte.

Dans l'état antérieur du texte, les documents à communiquer par les copropriétaires qui demandaient une autorisation de travaux étaient laissés à leur libre appréciation. Ceci était la source de multiples incidents contentieux. Assez souvent l'assemblée, estimant ne pas être suffisamment informée, renvoyait sa décision à une date ultérieure, en attendant que le demandeur complète son dossier. Mais parfois elle rejetait purement et simplement la demande. Le nouveau texte, en attirant l'attention du demandeur sur la nécessité d'étayer parfaitement sa demande est, espérons-le, de nature à diminuer le nombre de ces incidents.

La Cour de cassation a précisé que le copropriétaire qui demande l'inscription à l'ordre du jour d'une autorisation de travaux n'a pas à adresser, dès cette demande, des documents relatifs à l'implantation et à la consistance de ces travaux, ce que n'exige ni l'article 10 ni l'article 11 du décret du 17 mars 1967. Il suffit pour la validité de la décision que ces documents soient joints à la convocation (▪ Cass. 3e civ., 10 sept. 2020, n° 19-19.445 : *Administrer* nov. 2020, p. 48, note J.-R. Bouyeure).

C – Obligation d'information imposée au syndic

6) Rappel aux copropriétaires de leur droit et des exigences légales. L'alinéa 4 de l'article 10, dans sa rédaction issue du décret n° 2019-650 du 28 juin 2019, dispose que « le syndic rappelle les dispositions du présent article sur les appels de fonds qu'il adresse aux copropriétaires. ».

Dans sa rédaction antérieure le texte imposait simplement au syndic de rappeler aux copropriétaires les dispositions de l'alinéa 2 de l'ancien article 10. Ce texte, concernait les documents à communiquer au syndic par le copropriétaire qui sollicitait l'inscription d'une question à l'ordre du jour (sur ces documents, V. ci-dessus, n° 4 et 5°) Il devra donc faire connaître aux copropriétaires les droits et obligations qui leur incombent, en vertu de l'ensemble du texte : droit de demander l'inscription d'une question à l'ordre du jour de l'assemblée et règles à respecter pour que cette demande puisse être prise en considération (V. *supra* n° 4 et 5). Cette information doit être notifiée lors de chaque appel de fonds.

II – EFFETS DE LA DEMANDE

7) En principe le syndic doit déférer à la demande qui lui est faite (A). Mais ce principe connaît quelques tempéraments (B).

A – Principe : le syndic doit donner suite à la demande

1° Règle générale

8) Énoncé du principe et conséquences. L'article 10 précise que « le syndic porte ces questions à l'ordre du jour de la convocation de la prochaine assemblée générale ».

Un arrêt de la Cour de cassation doit inciter les syndics à la circonspection. En l'espèce : bien qu'ils aient constaté que certaines des questions manquaient de clarté soit par insuffisance de précision soit parce qu'elles étaient accompagnées de commentaires personnels de leur auteur, les juges du fond avaient admis que, sauf à procéder lui-même à une interprétation de ces demandes qui ne lui incombe pas et qui aurait pu lui être reprochée, la prudence commandait au syndic de soumettre à l'assemblée les questions telles qu'elles étaient formulées par le demandeur. La Cour de cassation a approuvé (▪ Cass. 3e civ., 16 oct. 2012, n° 11-22.514 : *Administrer* janv. 2013, p. 55, obs. J.-R. Bouyeure ; *AJDI* 2012, p. 869. – V., dans le même sens ▪ CA Versailles, 12 nov. 2012, n° 11/03298 : *JurisData* n° 2012-026092 ; *Loyers et copr.* 2013, comm. 119, note G. Vigneron. ▪ CA Aix-en-Provence, 1re ch. C, 12 mai 2006 : *Loyers et copr.* 2007, comm. 33, obs. G. Vigneron, qui énonce que le syndic est tenu de déférer à la demande qui lui est faite même si les questions soumises au vote étaient mal formulées, dès lors que leur sens est clair).

Voir : Sur les cas où le syndic est en droit de ne pas déférer à la demande (V. comm. n° 11 à 18, p. 719).

9) Notification aux copropriétaires. Le syndic ou la personne qui convoque l'assemblée doit notifier aux membres de l'assemblée les questions faisant l'objet de l'ordre du jour complémentaire, en même temps que les autres questions figurant à l'ordre du jour de l'assemblée, lors de la délivrance de la convocation.

10) Frais. *Les frais relatifs à l'ordre du jour complémentaire* constituent des charges communes générales de copropriété à répartir entre tous les copropriétaires : l'assemblée ne pourrait pas décider de les faire supporter aux seuls copropriétaires demandeurs (▪ CA Paris, 10 juill. 1986 : *Rev. Administrer* déc. 1986, p. 31, obs. Guillot). Le coût de reproduction des documents annexés à la convocation de l'assemblée générale est ainsi supporté par l'ensemble des copropriétaires, hormis l'hypothèse de la convocation à la demande et aux frais d'un copropriétaires (V. *infra* n° 11).

2° Modalités particulières

11) Demande de convocation d'une assemblée aux frais du copropriétaire demandeur. L'article 10, alinéa 2, introduit par le décret n° 2020-834 du 2 juillet 2020, réserve le cas où la convocation de l'assemblée générale est sollicitée en application de l'article 17-1 AA de la loi du 10 juillet 1965. Ce texte permet à tout copropriétaire de demander la convocation et la tenue à ses frais d'une assemblée générale pour faire inscrire à l'ordre du jour une ou plusieurs questions ne concernant que ses droits ou obligations.

Si tel est le cas, le syndic ne porte alors à l'ordre du jour de cette assemblée que les questions relatives aux droits et obligations du ou des copropriétaires demandeurs. Il semble qu'une demande d'ordre du jour complémentaire ne serait pas en pareil cas recevable.

B – Tempéraments au principe

12) Exception légale. L'article 10 réserve le cas où les questions notifiées ne peuvent être inscrites à l'ordre du jour de l'assemblée en raison de la tardiveté de la demande (D. 17 mars 1967, art. 10, comm. n° 3, p. 716). Il indique qu'elles seront alors inscrites à l'ordre du jour de « l'assemblée suivante » (V. pour une application, ▪ CA Paris, 23e ch. B, 1er févr. 2007 : *JurisData* n° 2007-324824).

13) Tempéraments admis par la jurisprudence. Sous l'empire de l'ancien texte, dans sa rédaction antérieure au décret précité du 20 avril 2010, la jurisprudence, qui faisait preuve d'une certaine souplesse, avait admis que dans certains cas, le syndic pouvait ne pas être déféré à la demande d'ordre du jour complémentaire.

14) Demandes irrégulières. Il a été admis que le syndic pouvait refuser de donner suite à une demande irrégulière : ainsi lorsque sa forme est irrégulière (V. *supra*, comm. 2) ou lorsqu'elle n'était pas accompagnée des documents prescrits par l'article 11 du décret du 17 mars 1967 (V. *supra*, comm. 4).

15) Demandes insusceptibles de faire l'objet d'un vote Il a été jugé que le syndic n'était pas tenu d'inscrire à l'ordre du jour des demandes de copropriétaires non susceptibles de faire l'objet d'un vote (▪ CA Colmar, 12 juin 2008 : *Loyers et copr.* 2008, comm. 283, obs. G. Vigneron) ou qui ne sont pas des questions à proprement parler (▪ CA Basse-Terre, 1re ch., 14 avr. 2008 : *JurisData* n° 2008-377574. – V. aussi ▪ CA Poitiers, 25 juin 2008 : *Loyers et copr.* 2009, comm. 162. ▪ CA Paris, pôle 4, 2e ch., 31 août 2011 : *JurisData* n° 2011-017490 ; *Loyers et copr.* 2011, n° 306, obs. G. Vigneron). Il a été jugé également qu'il ne peut être reproché au syndic de ne pas porter à l'ordre du jour le contenu d'une lettre ne formulant aucune question, mais lui rappelant ses obligations et l'invitant à consulter un avocat (▪ CA Versailles, 12 nov. 2012 : *JurisData* n° 2012-026092 ; *Loyers et copr.* 2013, comm. 119, note G. Vigneron), ou une demande qui se borne à des réflexions personnelles, sans proposer le vote d'une résolution (▪ CA Paris, 23e ch. B, 4 juill. 2002 : *Loyers et copr.* 2002, comm. 289). Il en est de même si la demande est rédigée dans des termes vagues (▪ Cass. 3e civ., 29 janv. 2003, n° 01-01.685 : *Bull. civ.* III, n° 22 ; *JCP* G 2003, IV, 1504) et n'énumère pas les questions précises à inscrire à l'ordre du jour (▪ Cass. 3e civ., 18 nov. 1988 : *Loyers et copr.* janv. 1989, n° 41).

Le point de savoir si la question portée à l'ordre du jour peut ou non faire l'objet d'un vote peut dans certains cas donner lieu à débat. Il a été jugé que l'expression « je souhaite que soient examinés les points suivants » n'interdit pas de prendre des décisions sanctionnées par un vote (▪ Cass. 3e civ., 9 mars 2005, n° 03-12.596 : *JurisData* n° 2005-027461 ; *Bull. civ.* III, n° 64 ; *JCP* G 2005, IV, 181, obs. H. Périnet-Marquet).

16) Demandes inopportunes. Il a également été admis qu'une demande d'ordre du jour complémentaire pouvait être écartée si elle était dénuée d'intérêt (▪ Cass. 3e civ., 3 févr. 1999, n° 97-14.477 : *RD imm.* 1999, p. 299, obs. P. Capoulade).

De même il a éjé jugé que le conseil syndical pouvait estimer qu'il n'y avait pas lieu de donner suite à une demande d'ordre du jour complémentaire lorsque les questions posées étaient sans intérêt et que leur diffusion aux 414 copropriétaires entraînerait des frais excessifs (▪ Cass. 3e civ., 3 févr. 1999, préc.).

De même encore lorsque l'inscription à l'ordre du jour des questions demandées aboutissait à un bouleversement complet de l'ordre du jour initial, étant donné le nombre et la variété de ces questions, il a été jugé que le syndic pouvait légitimement, sous sa propre responsabilité, *refuser de donner suite* à la demande (▪ CA Paris, 23e ch. B, 6 mai 1987 : *D.* 1987, inf. rap. p. 141. – V. aussi dans un cas où les résolutions proposées étaient sans rapport avec l'objet, très précis, de la réunion de l'assemblée, ▪ Cass. 3e civ., 9 nov. 2005 : *Rev. Administrer* mars 2006, p. 45, obs. J.-R. Bouyeure). – V. aussi ▪ CA Paris, 23e ch. A, 29 nov. 1995 : *Loyers et copr.* mars 1996, n° 136).

17) Éclairage de la Cour de cassation. Un arrêt de la Cour de cassation apporte un éclairage quand à l'attitude que doit prendre le syndic en présence d'une demande d'ordre du jour complémentaire. Selon cette décision « le syndic, saisi régulièrement par un copropriétaire d'une demande d'inscription à l'ordre du jour en application de l'article 10 du décret du 17 mars 1967 est tenu d'y donner suite, sans pouvoir apprécier son utilité ou son opportunité » (■ Cass. 3e civ., 13 sept. 2018, n° 17-22.124, inédit : *JurisData* n° 2018-015519 ; *Loyers et copr.* 2018, comm. 231, note C. Coutant-Lapalus ; *Administrer* nov. 2018, p. 29, obs. J.-R. Bouyeure ; *Defrénois* 2019, n° 7, p. 29, note L.-A. Poletti).

Cette décision admet donc tout d'abord que le syndic ne doit donner suite à la demande que s'il a été saisi « régulièrement ».

Elle précise d'autre part que le syndic n'a pas à apprécier l'utilité ou l'opportunité de la demande (V. déjà, antérieurement, ■ Cass. 3e civ., 12 juin 2002, n° 00-20.610 : *Loyers et copr.* 2003, comm. 17, obs. G. Vigneron).

18) Le syndic doit-il rester passif ? Lorsqu'une demande d'inscription à l'ordre du jour d'une question complémentaire ne respecte pas les prescriptions légales, (V. *supra*, nos 4 et 5), comment doit réagir le syndic ?

Il a été jugé sous l'empire du texte antérieur au décret du 27 mai 2004 qu'il n'appartenait pas au syndic de suppléer aux lacunes ou insuffisances des demandes formées par les copropriétaires (■ CA Paris, 23e ch. B, 7 déc. 1990 : *Administrer* mars 1991, p. 64), ou de rédiger lui-même les demandes (■ CA Paris, 23e ch., 8 avr. 2004 : *Administrer* août-sept. 2004, p. 34, obs. J.-R. Bouyeure).

En fait le pragmatisme est de règle.

– si le syndic a omis de satisfaire à l'obligation d'information qui pèse sur lui (V. *supra*, n° 6), on imagine mal qu'il adopte une attitude purement passive, en ignorant la demande au motif qu'elle ne satisfait pas aux prescriptions légales. Le copropriétaire demandeur serait fondé à mettre en cause sa responsabilité (dans la mesure du préjudice subi) au motif qu'il l'a laissé dans l'ignorance des obligations qui pesaient sur lui (cependant « nul n'est censé ignorer la loi »...). On ne peut donc en pareil cas que lui conseiller d'inviter le demandeur à régulariser sa demande (mais encore faut-il que les délais à courir avant l'envoi de la convocation le lui permettent...) ;

– si le syndic a strictement rempli les obligations d'information figurant à l'article 10 alinéa 3, peut-il se retrancher derrière le fait que les copropriétaires ne peuvent ignorer les obligations qui leur incombent, et refuser purement et simplement de faire droit à la demande, sans même inviter le copropriétaire demandeur à la régulariser ?

Les décisions des juridictions du fond qui ont admis que le syndic était fondé à ne pas tenir compte de demandes d'ordre du jour complémentaire non régulières (V. *supra*, n° 12 à 15) pourraient l'encourager dans cette voie. Cette jurisprudence semble en effet toujours d'actualité. Mais il paraît préférable de suivre dans tous les cas le conseil figurant dans la deuxième recommandation de la Commission relative à la copropriété qui invite le syndic à « appeler l'attention du demandeur lorsque la question ne peut prospérer pour quelque motif que ce soit ». Ceci évitera un conflit qui, si les rapports se tendent, peut déboucher sur un contentieux...

19) Refus abusif. En cas de refus abusif, le copropriétaire demandeur pourrait obtenir en référé que le syndic soit contraint de convoquer à ses frais une assemblée avec l'ordre du jour sollicité (■ TGI Paris réf., 6 mars 2008 : *Rev. Administrer* nov. 2008, p. 56, obs. J.-R. Bouyeure. ■ CA Paris, 14e ch. A, 2 oct. 2002, n° 2002/05756 : *AJDI* 2002, p. 777).

C – Cas où la demande reste sans suite

20) Conséquences sur la validité de l'assemblée. La jurisprudence dans son dernier état a tendance à considérer que *si, malgré une demande régulière, l'ordre du jour de l'assemblée n'est pas modifié,* cette assemblée n'est pas nulle (■ CA Paris, 3 juin 1981 : *D.* 1982, inf. rap. p. 139. ■ CA Paris, 20 oct. 1982 : *Rev. Administrer* 1983, n° 134, p. 49. ■ CA Paris, 23e ch., 7 oct. 1994 : *Loyers et copr.* mars 1995, n° 133) à la condition, toutefois, que les projets de résolution omis ne soient pas de nature à influer sur le vote des résolutions soumises à l'assemblée (■ Cass. 3e civ., 12 mars 2008, n° 07-14792 : *Loyers et copr.* 2008, n° 114, obs. G. Vigneron ; *Rev. Administrer* juin 2008, p. 44, obs. J.-R. Bouyeure. ■ Cass. 3e civ., 1er avr. 1992, n° 90-14.291 : *Loyers et copr.* 1992, n° 313. ■ CA Paris, pôle 4, 2e ch., 26 avr. 2017, n° 15/04028 : *Administrer* août 2017, 57, obs. J.-R. Bouyeure. ■ CA Paris, pôle 4, 2e ch., 3 mars 2010 : *Rev. Administrer* juin 2010, p. 56, obs. J.-R. Bouyeure. ■ CA Basse-Terre, 1re ch. civ., 30 nov. 2009 : *JurisData* n° 2009-022912.) ou à causer un préjudice moral au copropriétaire demandeur (■ Cass. 3e civ., 13 janv. 2009, n° 05-11.935 : *Rev. loyers* 2009, p. 138), et que les questions omises n'aient pas de rapport avec les autres points abordés par l'assemblée (■ Cass. 3e civ., 20 déc. 2006, n° 05-20.384 : *Loyers et copr.* 2007, comm. 60, obs. G. Vigneron. ■ Cass. 3e civ., 10 mai 1983, n° 81-16.318 : *Bull. civ.* III, n° 112, p. 89 ; *RD imm.* 1984, p. 94, obs. Giverdon. ■ Cass. 3e civ., 9 juill. 1986, n° 85-11.603 : *Bull. civ.* III, n° 107, p. 85 ; *Defrénois* 1986, art. 33825, obs. Souleau ; *JCP G* 1986, IV, 275 ; *Rev. Administrer* nov. 1986, p. 23, note Guillot. ■ CA Poitiers, 25 juin 2008 : *JurisData* n° 2008-375798 ; *Loyers et copr.* 2009, comm. 190, obs. G. V. ■ CA Paris, 23e ch. A, 10 janv. 1989 : *Loyers et copr.* mars 1989, n° 144. ■ CA Paris, 19e ch., 11 sept. 1996 : *Loyers et copr.* déc. 1996, n° 487).

L'annulation peut être, par exemple, encourue si un copropriétaire demande que l'engagement de travaux soit subordonné au résultat d'une expertise (■ CA Paris, 23e ch., 18 mai 2000 : *Dossier*

CSAB n° 87, oct. 2000, n° 110, obs. A. Dunes) ou si la demande est accompagnée de devis supplémentaires par rapport à ceux déjà communiqués aux copropriétaires (■ CA Bordeaux, 1re ch. B, 16 janv. 2006 : *JurisData* n° 2006-300727). De même si l'ordre du jour complémentaire propose la révocation du syndic en complément de l'ordre du jour proposant son renouvellement (■ Cass. 3e civ., 12 juin 2002, n° 00-20.610 : *Loyers et copr.* 2003, comm. 17, obs. G. Vigneron), ou encore la candidature d'un autre syndic (■ CA Paris, 23e ch. B, 25 oct. 2001 : *AJDI* 2002, p. 42) ou si de ce fait l'assemblée n'a pas disposé du choix entre deux propositions (■ CA Versailles, 9 févr. 2004 : *Loyers et copr.* 2004, comm. 132, obs. G. Vigneron). Le refus malicieux du syndic d'inscrire à l'ordre du jour une demande reçue le 26 avril alors que l'assemblée devait se tenir le 10 juin (demande qui proposait une nouvelle candidature) a été sanctionné par la nullité de la décision ayant renouvelé le syndic en place (■ CA Paris, pôle 4, 2e ch., 25 janv. 2017, n° 15-05.716 : *Rev. loyers* 2017, p. 143, obs. S. B).

S'il y a nullité, elle n'est pas couverte par la présence du copropriétaire demandeur à l'assemblée, et le fait qu'il ait émis un vote favorable (■ CA Paris, 23e ch. B, 30 mars 2000 : *Rev. loyers* 2000, p. 333. – V. aussi sur ce point, L. art. 42).

Il a été jugé qu'un copropriétaire était sans intérêt à invoquer l'absence d'inscription à l'ordre du jour d'une question complémentaire proposée par d'autres copropriétaires (■ Cass. 3e civ., 29 janv. 2003, n° 01-01.685 : *Bull. civ.* III, n° 22 ; *JCP* G 2003, IV, 1504 ; *Loyers et copr.* 2003, comm. 115, obs. G. Vigneron ; *Rev. Administrer* avr. 2003, p. 56, obs. J.-R. Bouyeure).

Le fait que l'assemblée ne se soit pas prononcée sur un ordre du jour complémentaire proposant la candidature d'un syndic est sans conséquence dès lors qu'elle avait précédemment décidé, conformément à l'ordre du jour, de renouveler le mandat du syndic en place, ce qui rendait la décision sollicitée sans objet (■ Cass. 3e civ., 1er juill. 2009, n° 08-18.109 : *JurisData* n° 2009-048935 ; *Loyers et copr.* 2009, comm. 296, obs. G. Vigneron).

Art. 10-1 *(Aj., D. n° 2020-834, 2 juill. 2020).* **– Le descriptif détaillé mentionné au premier alinéa de l'article 25-2 de la loi du 10 juillet 1965 précise la nature, l'implantation, la durée et les conditions d'exécution des travaux envisagés, ainsi que les éléments essentiels de l'équipement ou de l'ouvrage, tels que les marques, modèles, notices, garanties et documents relatifs à l'utilisation et à l'entretien. Il est assorti d'un plan technique d'intervention, et, le cas échéant, d'un schéma de raccordement électrique.**

À défaut de notification par le copropriétaire au syndic de ce descriptif détaillé des travaux, le point d'information n'est pas inscrit à l'ordre du jour de l'assemblée générale.

Le descriptif peut également comprendre tous éléments nécessaires à la compréhension des travaux prévus, notamment des documents graphiques ou photographiques.

NB : Ces dispositions s'appliquent aux assemblées générales de copropriétaires tenues à compter du 31 décembre 2020 *(D. n° 2020-834, 2 juill. 2020, art. 53, V).*

1) Travaux d'accessibilité aux personnes handicapées ou à mobilité réduite : descriptif des travaux. L'article 25-2 de la loi du 10 juillet 1965 concerne le cas où un copropriétaire veut faire réaliser à ses frais des travaux d'accessibilité d'un logement aux personnes handicapées ou à mobilité réduite, affectant les parties communes ou l'aspect extérieur de l'immeuble (V. ce texte).

L'article 10-1 du décret détermine le contenu du « descriptif détaillé des travaux envisagés » exigé par ce texte. Il doit préciser à titre obligatoire :

– la nature, l'implantation, la durée et les conditions d'exécution des travaux envisagés ;

– les éléments essentiels de l'équipement ou de l'ouvrage, tels que les marques, modèles, notices, garanties et documents relatifs à l'utilisation et à l'entretien.

En outre il doit être assorti d'un plan technique d'intervention, et, le cas échéant, d'un schéma de raccordement électrique.

Le descriptif peut également comprendre (il ne s'agit là d'une simple faculté) tous éléments nécessaires à la compréhension des travaux prévus, notamment des documents graphiques ou photographiques.

Ce descriptif devra être notifié en même temps que l'ordre du jour pour l'information des copropriétaires (V. D. art. 11, II, 8°).

2) Absence ou non-conformité due descriptif. Si le descriptif détaillé des travaux ne comprend pas les divers documents ou informations exigés à titre obligatoire (V. ci-dessus, n° 1), le syndic pourra refuser d'inscrire le « point d'information » à l'ordre du jour de l'assemblée générale (art. 10-1, al. 2).

Art. 10-2 *(D. n° 2020-834, 2 juill. 2020).* **– Pour l'application de l'article 25-2 de la loi du 10 juillet 1965, le syndic inscrit à l'ordre du jour de la même assemblée générale :**

– le point d'information relatif aux travaux d'accessibilité ;

– la question de l'opposition éventuelle à la réalisation de ces travaux par décision motivée de l'assemblée générale, accompagnée d'un projet de résolution reproduisant les termes du dernier alinéa de cet article.

NB : Ces dispositions s'appliquent aux assemblées générales de copropriétaires tenues à compter du 31 décembre 2020 *(D. n° 2020-834, 2 juill. 2020, art. 53, V).*

Bibliographie : Fl. Bayard-Jammes, *La prise de décisions en assemblée générale réformée : AJDI* 2020, 575. • G. Gil, *Les travaux. Les apports de l'ordonnance du 30 octobre. 2019 : Loyers et copr.* 2020, dossier 10. • C. Ivars, *L'opposition du syndicat des copropriétaires : Inf. rap. copr.* mars 2021, p. 21. • D. Rodrigues, *L'assemblée générale et le copropriétaire : Inf. rap. copr.* oct. 2021, p. 29.

Travaux d'accessibilité aux personnes handicapées ou à mobilité réduite. L'article 25-2 de la loi du 10 juillet 1965 concerne le cas où un copropriétaire veut faire réaliser à ses frais des travaux d'accessibilité d'un logement aux personnes handicapées ou à mobilité réduite, affectant les parties communes ou l'aspect extérieur de l'immeuble (V. ce texte).

Ce texte énonce tout d'abord dans son alinéa premier qu'à cette fin, le copropriétaire concerné doit notifier au syndic une demande d'inscription d'un « point d'information » à l'ordre du jour de la prochaine assemblée générale, accompagnée d'un descriptif détaillé des travaux envisagés.

L'alinéa 3 indique ensuite que l'assemblée générale peut à la majorité des voix des copropriétaires s'opposer à la réalisation de ces travaux par décision motivée (sur les motifs pouvant être invoqués, V. ce texte)

L'article 10-2 précise que le point d'information relatif aux travaux d'accessibilité et la question de l'opposition éventuelle à la réalisation de ces travaux par décision motivée de l'assemblée générale doivent être *inscrits à l'ordre du jour de la même assemblée.*

Art. 10-3 *(D. n° 2020-834, 2 juill. 2020).* **– En l'absence d'opposition motivée de l'assemblée générale dans les conditions prévues au dernier alinéa de l'article 25-2 de la loi du 10 juillet 1965, le copropriétaire peut faire réaliser les travaux conformément au descriptif détaillé présenté à l'assemblée générale, à l'expiration du délai de deux mois mentionné au deuxième alinéa de l'article 42 de la loi du 10 juillet 1965.**

NB : Ces dispositions s'appliquent aux assemblées générales de copropriétaires tenues à compter du 31 décembre 2020 *(D. n° 2020-834, 2 juill. 2020, art. 53, V).*

Travaux d'accessibilité aux personnes handicapées ou à mobilité réduite. L'article 25-2 de la loi du 10 juillet 1965 concerne le cas où un copropriétaire veut faire réaliser à ses frais des travaux d'accessibilité d'un logement aux personnes handicapées ou à mobilité réduite, affectant les parties communes ou l'aspect extérieur de l'immeuble (V. ce texte).

On ne peut exclure que certains copropriétaires souhaitent contester judiciairement la légitimité de ces travaux au regard des critères posés par l'article 25-2, alinéa 2, pour atteinte à la structure de l'immeuble ou à ses éléments d'équipement essentiels ou encore pour non conformité à la destination de l'immeuble.

S'agissant de travaux qui ne présentent pas par eux-mêmes un caractère d'urgence telle qu'ils justifieraient une exécution immédiate, le législateur a estimé opportun d'en suspendre l'exécution pendant le délai de l'action en contestation des décisions de l'assemblée générale, ouverte aux copropriétaires opposants ou défaillants.

Art. 11 *(Mod., D. n° 2020-834, 2 juill. 2020).* **– Sont notifiés au plus tard en même temps que l'ordre du jour :**

I. – Pour la validité de la décision :

1° L'état financier du syndicat des copropriétaires et son compte de gestion général, lorsque l'assemblée est appelée à approuver les comptes. Ces documents sont présentés avec le comparatif des comptes de l'exercice précédent approuvé ;

2° Le projet du budget présenté avec le comparatif du dernier budget prévisionnel voté, lorsque l'assemblée est appelée à voter le budget prévisionnel ;

La présentation des documents énumérés au 1° et au 2° ci-dessus est conforme aux modèles établis par le décret relatif aux comptes du syndicat des copropriétaires et ses annexes ;

3° Les conditions essentielles du contrat ou, en cas d'appel à la concurrence, des contrats proposés, lorsque l'assemblée est appelée à approuver un contrat, un devis ou un marché, notamment pour la réalisation de travaux ainsi que les conditions générales et particulières du projet de contrat et la proposition d'engagement de caution mentionné au deuxième alinéa de l'article 26-7 de la loi du 10 juillet 1965 lorsque le contrat proposé a pour objet la souscription d'un prêt bancaire au nom du syndicat dans les conditions prévues à l'article 26-4 de cette loi ;

4° Le ou les projets de contrat du syndic, *(Aj., D. n° 2020-834, 2 juill. 2020)* « accompagné de la fiche d'information prévue au 3e alinéa du I de l'article 18-1-A, » lorsque l'assemblée est appelée à désigner le représentant légal du syndicat ;

5° Le projet de convention, ou la convention, mentionné à l'article 39 outre les projets mentionnés au 4° ci-dessus ;

6° Le projet de règlement de copropriété, de l'état descriptif de division, de l'état de répartition des charges ou le projet de modification desdits actes, lorsque l'assemblée est appelée, suivant le cas, à établir ou à modifier ces actes ;

7° Le projet de résolution lorsque l'assemblée est appelée à statuer sur l'une des questions mentionnées aux articles 14-1 (2e et 3e alinéa), 14-2 (2e alinéa), *(Aj., D. n° 2020-834, 2 juill. 2020)* « 18-1-A (1er et 2e alinéas du II,), 24 II », 25, 26, 30 (alinéas 1er, 2 et 3), 35, 37 (alinéas 3 et 4) et 39 de la loi du 10 juillet 1965 ;

8° Le projet de résolution tendant à autoriser, s'il y a lieu, le syndic à introduire une demande en justice ;

9° Les conclusions du rapport de l'administrateur provisoire lorsqu'il en a été désigné un par le président du tribunal judiciaire en application des dispositions de l'article 29-1 de la loi du 10 juillet 1965 et lorsque l'assemblée est appelée à statuer sur une question dont la mention à l'ordre du jour résulte de ces conclusions ;

10° Les conclusions du rapport du mandataire *ad hoc* lorsqu'il en a été désigné un par le président du tribunal judiciaire en vertu de l'article 29-1 B de la loi du 10 juillet 1965 et que l'assemblée générale est appelée à statuer sur les projets de résolution nécessaires à la mise en œuvre de ce rapport ;

11° Les projets de résolution mentionnant, d'une part, la saisie immobilière d'un lot, d'autre part, le montant de la mise à prix, ainsi que le montant des sommes estimées définitivement perdues, lorsque l'assemblée générale est appelée à autoriser le syndic à poursuivre la saisie immobilière d'un lot ;

12° Les projets des conventions et l'avis du conseil syndical mentionnés au troisième alinéa de l'article 41-6 de la loi du 10 juillet 1965 ou le projet de résolution portant délégation en application du deuxième alinéa de cet article ;

13° Le rapport mentionné au troisième alinéa de l'article 41-1 de la loi du 10 juillet 1965.

14° *(D. n° 2020-834, 2 juill. 2020)* « Lorsque l'assemblée générale est appelée à se prononcer sur des travaux d'intérêt collectif réalisés sur parties privatives, en application du II de l'article 9 de la loi du 10 juillet 1965, une analyse des solutions éventuelles n'affectant pas ces parties. »

II. – Pour l'information des copropriétaires :

1° Les annexes au budget prévisionnel ;

2° L'état détaillé des sommes perçues par le syndic au titre de sa rémunération ;

3° L'avis rendu par le conseil syndical lorsque sa consultation est obligatoire, en application du deuxième alinéa de l'article 21 de la loi du 10 juillet 1965 ;

4° Le compte rendu de l'exécution de la mission du conseil syndical prévu au deuxième alinéa de l'article 22 du présent décret et le bilan établi par le conseil syndical en application du troisième alinéa de l'article 41-6 de la loi du 10 juillet 1965 ;

5° En vue de l'approbation des comptes par l'assemblée générale, le projet d'état individuel de répartition des comptes de chaque copropriétaire ;

6° L'état actualisé des lots délaissés prévu au second alinéa de l'article 24-6 de la loi n° 65-557 du 10 juillet 1965 fixant le statut de la copropriété des immeubles bâtis ;

7° Le compte rendu de la dernière réunion du conseil des résidents mentionnant l'avis émis en application du quatrième alinéa de l'article 41-7 de la loi du 10 juillet 1965.

8° *(D. n° 2020-834, 2 juill. 2020)* « Le descriptif détaillé des travaux, mentionné au premier alinéa de l'article 25-2 de la loi du 10 juillet 1965 » ;

9° *(D. n° 2020-834, 2 juill. 2020)* « Une présentation générale des principales caractéristiques du recours à l'emprunt collectif, lorsque la question de la souscription d'un tel emprunt est inscrite à l'ordre du jour de l'assemblée générale » ;

10° *(D. n° 2020-834, 2 juill. 2020)* « Le rapport prévu au dernier alinéa de l'article 21-5 de la loi du 10 juillet 1965. »

Le contenu de ces documents ne fait pas l'objet d'un vote par l'assemblée des copropriétaires.

NB : Les dispositions de l'article 11, I, 14° et 11, II, 8° à 10° s'appliquent aux assemblées générales de copropriétaires tenues à compter du 31 décembre 2020 *(D. n° 2020-834, 2 juill. 2020, art. 53, V)*.

Bibliographie : *JCl. Copropriété*, Fasc. 84-20, par G. Vigneron et P.-E. Lagraulet ; *JCl. Civ. App.*, art. 544 à 577, Fasc. 41-1 et *JCl. Notarial Répertoire, V° Copropriété*, Fasc. 41-1, par A. Blaisse. • E. Kischinewsky-Broquisse, *La copropriété des immeubles bâtis*, 4e éd., nos 22 et s. • *La copropriété*, Dalloz Action 2021-2022, ss dir. P. Capoulade et D. Tomasin, nos 332-81 et s. • J. Lafond, *Les documents à notifier aux copropriétaires lors de la convocation d'une assemblée : Inf. rap. copr.* oct. 1990, p. 291 et s. • P. Capoulade, *L'information préalable aux travaux communs : Inf. rap. copr.* juill.-août 2001, p. 12. • J.-R. Bouyeure, *L'autonomie des assemblées générales : Rev. Administrer* févr. 2003, p. 13. • C. Michalopoulos, *Les notifications de l'article 11 nouveau du décret du 17 mars 1967 : Inf. rap. copr.* déc. 2005, p. 22. • J.-M. Roux, *La preuve du contenu des notifications adressées aux copropriétaires : Inf. rap. copr.* nov. 2008, p. 34. • Fl. Bayard-Jammes, *La prise de décisions en assemblée générale réformée : AJDI* 2020, 575. • Fl. Bayard-Jammes et V. Bacot-Réaume, *L'information et l'assemblée générale des copropriétaires : AJDI* 2022, 87.

• Sommaire

I – PORTÉE DES EXIGENCES LÉGALES CONCERNANT LES DOCUMENTS À NOTIFIER EN CAS DE CONVOCATION D'ASSEMBLÉE 724

II – DOCUMENTS À NOTIFIER POUR LA VALIDITÉ DE LA DÉCISION 726

A – Approbation des comptes de l'exercice écoulé 727

B – Vote du budget prévisionnel 728

C – Contrats divers à passer par le syndicat (art. 11, I, 3°) 728

D – Décisions concernant des travaux, devis ou marchés (art. 11, I, 3° et 7°) 728

1° Notification des « conditions essentielles » des contrats, devis ou marchés proposés 729

2° Notification d'un projet de résolution 731

3° Notification de l'avis du conseil syndical 732

E – Emprunts par le syndicat (art. 11, I, 3°) 732

F – Décisions concernant le syndic (art. 11, I, 4°, 5°, 7° et 8°) 732

1° Contrat de syndic 732

2° Conventions entre le syndic et le syndicat 732

3° Autorisations ou actes divers concernant le syndic 733

G – Établissement ou modification du règlement, de l'état descriptif de division ou de la répartition des charges (art. 11-6°) 733

H – Notification d'un projet de résolution 734

I – Copropriétés en difficulté 734

J – Saisie immobilière 734

K – Décisions concernant les « résidences services » 735

L – Travaux d'intérêt collectif 735

III – DOCUMENTS À NOTIFIER POUR L'INFORMATION DES COPROPRIÉTAIRES 735

A – Documents concernés 735

B – Avis du conseil syndical 736

C – Comptes rendus de mission du conseil syndical 736

D – Assemblée appelée à statuer sur les comptes 736

E – État actualisé des lots délaissés 736

F – Décisions concernant les résidences services 737

G – Travaux d'accessibilité aux frais d'un copropriétaire 737

H – Recours à l'emprunt collectif 737

I – Délégation de pouvoir au conseil syndical 737

IV – NOTIFICATIONS EFFECTUÉES PAR VOIE ÉLECTRONIQUE 737

I – PORTÉE DES EXIGENCES LÉGALES CONCERNANT LES DOCUMENTS À NOTIFIER EN CAS DE CONVOCATION D'ASSEMBLÉE

1) Modifications apportées par les décrets successifs. Le décret du 27 mai 2004 avait profondément modifié l'article 11 du décret du 17 mars 1967.

Le décret n° 2010-391 du 20 avril 2010 (*JO* 21 avr.) a de nouveau modifié ce texte :

– en visant parmi les décisions exigeant la notification d'un projet de résolution celles prises en vertu de l'article 26 (au lieu de l'article 26-2) ;

– en ajoutant à la liste des documents à notifier pour la validité de la décision (art. 11-I-10° à 13°) ;

– en ajoutant à la liste des documents à notifier pour l'information des copropriétaires (art. 11-II-4° et 5°).

Les dispositions de ce décret sont entrées en vigueur le 1er juin 2010, à l'exception de celles relatives aux résidences services (art. II-I°-11° et 12°), qui entrent en vigueur le 1er novembre 2010 (D. 20 avr. 2010, art. 32).

Puis le décret n° 2016-1446 du 26 octobre 2016 a de nouveau modifié ce texte, en introduisant diverses dispositions relatives aux résidences services (art. 11, I, 12° et 13° et art. 11, II, 4°, 6° et 7°). Toutefois ces modifications ne s'appliquent pas aux résidences services dont le règlement de copropriété a été publié avant l'expiration du délai mentionné à l'article 91 de la loi [n° 2015-1776] du 28 décembre 2015, c'est-à-dire avant le 29 juin 2016 (D. 26 oct. 2016, art. 11), à moins qu'elles n'aient opté pour l'application du nouveau régime (V. commentaire des articles 41-1 et suivants de la loi du 10 juillet 1965, partie introductive).

Enfin, de nouvelles modifications ont été opérées par le décret n° 2020-834 du 2 juillet 2020.

Sur le cas où les copropriétaires prennent connaissance des documents qui devraient être joints aux convocations en vertu de l'article 11 du décret du 17 mars 1967 par la consultation de l'espace en ligne sécurisé, V. *infra*, n° 48.

2) Distinction opérée par le texte. L'article 1 du décret distingue les documents qui doivent être notifiés « pour la validité de la décision » (voir *infra* II) et les documents à notifier « pour l'information des copropriétaires » (V. *infra*, III).

Nous examinerons ci-dessous (nos 8 à 47) les sanctions encourues en cas d'omission des documents prescrits par ce texte pour la validité des décisions de l'assemblée ou pour la simple information des copropriétaires.

3) Caractère limitatif de l'énumération légale. On doit considérer que la liste des documents à joindre aux convocations telle qu'énoncée par ce texte est limitative : un tribunal ne pourrait pas annuler une assemblée au motif qu'une notification non prescrite par la loi n'a pas été faite, même si elle s'avérait opportune (application de l'adage : « pas de nullité sans texte » : (■ Cass. 3e civ., 22 mars 2018, n° 17-13.485 : *Administrer* juin 2018, p. 38, obs. J.-R. Bouyeure. – V., à propos des documents comptables, ■ Cass. 3e civ., 30 nov. 2010, n° 09-72.386 : *Rev. Administrer* mars 2011, p. 38, obs. J.-R. Bouyeure.

4) Époque des notifications. Les notifications prescrites devant intervenir « au plus tard en même temps que l'ordre du jour » (V. le texte), il a été jugé qu'une notification antérieure aux convocations – contenant l'ordre du jour – était parfaitement valable (■ TGI Marseille, 27 août 1984 : *Ann. loyers* 1984, n° 16298). Mais il n'en serait pas de même si la notification était postérieure (■ Cass. 3e civ., 5 juill. 1989 : *Bull. civ.* III, n° 155, p. 85). Ainsi l'assemblée peut être annulée lorsqu'elle est appelée à décider de travaux, et que les devis ne sont communiqués qu'après notification des convocations (■ Cass. 3e civ., 22 mars 2000 : *Loyers et copr.* 2000, comm. 121 ; *RD imm.* 2000, p. 239, obs. P. Capoulade).

5) Forme des notifications. Conformément aux dispositions de l'article 64 du décret (V. ce texte, *infra*), les documents doivent être notifiés soit par lettre recommandée avec avis de réception, soit par voie électronique. Il ne suffit pas de les communiquer aux copropriétaires (■ Cass. 3e civ., 9 juill. 1997 : *RD imm.* 1997, p. 621. ■ Cass. 3e civ., 11 janv. 1998 : *RD imm.* 1998 ; *Bull. civ.* III, n° 59, p. 292, obs. P. Capoulade). Le fait qu'un document soit incomplet est sans importance si ses lacunes peuvent être palliées par les autres documents joints (■ CA Paris, 23e ch. B, 22 sept. 2005 : *AJDI* 2005, p. 914).

6) Preuve des notifications. C'est au *syndic* qu'il appartient de rapporter la *preuve que les divers documents exigés par la loi ont bien été joints* aux convocations (■ Cass. 3e civ., 22 nov. 2006 : *Juris-Data* n° 2006-036086. ■ Cass. 3e civ., 6 mars 2002 : *Bull. civ.* III, n° 57 ; *Loyers et copr.* 2002, comm. 155 ; *JCP G* 2002, IV, 1677 ; *Rev. loyers* 2002, p. 356, obs. Th. Dubaele ; *AJDI* 2002, p. 534, note P. Capoulade. ■ Cass. 3e civ., 26 oct. 1983 : *JCP G* 1984, IV, 14 ; *Rev. Administrer* avr. 1984, p. 42, note Guillot. ■ Cass. 3e civ., 22 juin 1994 : *RD imm.* 1994, p. 494, obs. P. Capoulade. ■ CA Versailles, 4e ch., 21 juin 2004 : *Rev. Administrer* nov. 2004, p. 37, obs. J.-R. Bouyeure. ■ CA Paris, 23e ch. B, 27 mars 2003 : *Loyers et copr.* 2003, comm. 181, obs. G. Vigneron. ■ CA Paris, 23e ch. A, 8 avr. 1998 : *D.* 1999, somm. 73, note C. Atias. ■ CA Paris, 23e ch., 14 févr. 1994 : *Rev. Administrer* juin 1994, p. 57). Mais c'est au copropriétaire qui soutient que l'enveloppe était vide ou incomplète qu'il incombe d'en faire la preuve (■ CA Paris, 23e ch. B, 22 sept. 2005 : *Loyers et copr.* 2006, comm. 40, note G. Vigneron).

La preuve de la réalité de la notification, et de son contenu peut résulter de l'énumération des pièces jointes dans la convocation des pièces jointes, à la suite de l'ordre du jour et des projets de résolution (■ CA Paris, pôle 4, 2e ch., 1er févr. 2017, n° 13/14803 : *Administrer* mai 2017, p. 32, obs. J.-R. Bouyeure), ou encore du procès-verbal de l'assemblée qui relate les pièces qui étaient annexées à la convocation (■ CA Paris, pôle 4, 2e ch., 19 nov. 2014, n° 12-17.021 : *Administrer* mai 2015, p. 38, obs. J.-R. Bouyeure). Cette preuve peut aussi résulter d'un constat d'huissier attestant que la convocation était accompagnée de l'ensemble des pièces requises (■ Cass 3e civ., 23 juin 2015, n° 14-11.134 : *Administrer* oct. 2015, p. 65, note J.-R. Bouyeure). Elle paraît pouvoir être rapportée, plus généralement, par tout moyen, y compris donc par des attestations de témoins et du coût du timbrage des enveloppes recommandées (■ CA Basse-Terre, 18 déc. 2020, n° 18/015241 : *Ann. loyers* 2021, p. 93, obs. J.-M. Roux). La Cour de cassation a pu retenir une telle solution pour la preuve de la convocation elle-même (■ Cass. 3e civ., 21 sept. 2022, n° 21-21.031 : *Loyers et copr.* 2022, n° 11, comm. 183, A. Lebatteux ; *Administrer* nov. 2022, p. 65, obs. P. Déchelette-Tolot ; *AJDI* 2023, 689, P.-E. Lagraulet).

II – DOCUMENTS À NOTIFIER POUR LA VALIDITÉ DE LA DÉCISION

7) Énumération des documents à joindre aux convocations. L'article 11, I fixe la liste des documents à notifier pour la validité de la décision. Cette liste doit être considérée comme limitative (V. ci-dessus, n° 3).

Les *documents à notifier* varient en fonction de la décision à prendre par l'assemblée :

– approbation des comptes de l'exercice écoulé (art. 11, I, 1°) : V. *infra*, A ;

– vote du budget prévisionnel (art. 11, I, 2°) : V. *infra*, B ;

– contrats divers, en particulier les acquisitions ou ventes décidées par le syndicat (art. 11, I, 3°) : V. *infra*, C ;

– décisions relatives à des travaux, devis ou marchés (art. 11, I, 3°) : V. *infra*, D ;

– emprunt au nom du syndicat de copropriétaires pour le financement de travaux sur les parties communes ou de travaux d'intérêt collectif (L. 10 juill. 1965, art. 26-4) : V. *infra*, E.

– autorisations ou actes divers concernant le syndic (art. 11, I, 4°, 5° et 8°) : V. *infra*, F ;

– établissement ou modification du règlement de l'état descriptif de division ou de la répartition des charges (art. 11, I, 6°) : V. *infra*, G ;

– projets de résolution lorsque l'assemblée est appelée à se prononcer dans un certain nombre de cas, visés par l'article 11, I, 7° (V. *infra*, H) ;

– lorsque l'assemblée est appelée à se prononcer alors que la copropriété est en difficulté (art. 11, I, 9°) : V. *infra*, I ;

– informations diverses à fournir à l'assemblée lorsqu'elle doit décider de la saisie immobilière d'un lot (J) ;

– décisions à prendre en matière de gestion des résidences services (art. 11-12° et 13°. – V. *infra*, K) ;

– décisions à prendre en matière de travaux d'intérêt collectif sur parties privatives (V. *infra*, art. 11-14).

NB : Nous continuons de faire état de la jurisprudence antérieure au décret précité du 27 mai 2004, car elle peut sur de nombreux points inspirer ou éclairer les solutions à donner aux nouveaux textes.

8) Absence ou irrégularité de la notification des documents exigés par la loi pour la validité des décisions de l'assemblée. Il résulte de l'article 13 du décret du 17 mars 1967 (V. ce texte plus bas) qu'aujourd'hui comme avant la modification de ce texte et de l'article 11 par le décret du 27 mai 2004, l'*absence* ou l'*irrégularité des notifications* des documents énoncés au texte entraîne la *nullité des décisions prises par l'assemblée* (jurisprudence constante, V. art. 13 du décret du 17 mars 1967. ▪ Cass. 3ᵉ civ., 15 janv. 1980 : *Rev. loyers* 1980, p. 503. ▪ Cass. 3ᵉ civ., 8 juill. 1980 : *JCP* G 1980. ▪ Cass. 3ᵉ civ., 14 janv. 1998 : *Loyers et copr.* avr. 1998, n° 104, note G. Vigneron ; *Inf. rap. copr.* juill.-août 1998, p. 16 ; *RD imm.* 1998, p. 292, obs. P. Capoulade, IV, 360. ▪ Cass. 3ᵉ civ., 20 oct. 1981 : *Gaz. Pal.* 1982, 1, Pan. p. 103). Peu importe que les copropriétaires aient été informés par d'autres voies ou que l'absence de notification ne leur cause aucun préjudice (▪ Cass. 3ᵉ civ., 14 janv. 1998, préc. ▪ Cass. 3ᵉ civ., 8 juill. 1980, préc. ▪ CA Paris, 25ᵉ ch., 15 nov. 1993 : *Rev. Administrer* juin 1994, p. 58).

Cependant, ne sont annulables que les décisions pour lesquelles les documents prescrits par les textes n'avaient pas été joints. Ainsi, l'absence de notification d'un devis des travaux joint à la convocation à une assemblée générale n'affecte que la validité de la décision votée relative à ces travaux » (▪ Cass. 3ᵉ civ., 15 mars 2006 : *Bull. civ.* III, n° 66 ; *AJDI* 2006, p. 837, note P. Capoulade ; *Rev. loyers* 2006, p. 245, note L. Guégan ; *JCP* G 2006, n° 41, p. 1893, obs. H. Périnet-Marquet ; *Rev. Administrer* juin 2006, p. 51, obs. J.-R. Bouyeure ; *Constr.-Urb.* 2006, comm. 113, note D. Sizaire. – V., dans le même sens, pour l'absence de notification d'un projet de modification de la répartition des charges, ▪ Cass. 3ᵉ civ., 19 juin 2007 : *Rev. Administrer* oct. 2007, p. 87, obs. J.-R. Bouyeure).

9) Assemblées successives ayant le même objet. La nullité ne peut être évitée au motif que les documents ont déjà été notifiés aux copropriétaires lors d'une précédente assemblée. Les notifications faites en vue d'une assemblée déterminée ne peuvent servir pour une autre (▪ Cass. 3ᵉ civ., 12 nov. 2020, n° 19-21.668. ▪ Cass 3ᵉ civ., 8 oct. 2015, n° 14-20.056 : *JurisData* n° 2015-22441 et ▪ Cass 3ᵉ civ., 8 oct. 2015 n° 14-22.297 : *JurisData* n° 2015-22436 ; *Loyers et copr.* 2015, n° 255, note G. Vigneron ; *AJDI* 2016, p. 440, note N. Le Rudulier ; *Administrer* févr. 2016, p. 30 9, obs. J.-R. Bouyeure ; V. sur ces deux décisions, J.-M. Roux, *Les notifications obligatoires et la seconde assemblée générale : Inf. rap. copr.* déc. 2015, p. 13. ▪ Cass. 3ᵉ civ., 2 oct. 2001 n° 00-10.247 : *Loyers et copr.* 2002, comm. 18 ; *AJDI* 2001, p. 991, note P. Capoulade ; *Rev. Administrer* févr. 2003, p. 41).

En pareil cas, les notifications doivent donc être réitérées. Toutefois, une exception est prévue en cas de deuxième assemblée réunie en vertu de l'article 25-I (V. D. n° 67-223, 17 mars 1967, art. 19, p. 771).

Il a toutefois été jugé qu'une nouvelle notification n'était pas nécessaire lorsque la réunion de l'assemblée avait été reportée de quelques semaines sans modification de l'ordre du jour (▪ CA Paris, 23ᵉ ch. B, 26 sept. 2002 : *Loyers et copr.* 2003, comm. 41), ou encore que si une assemblée ne s'est pas tenue, et qu'une nouvelle assemblée se réunit avec le même ordre du jour, il n'y a pas lieu de procéder à une nouvelle notification (▪ CA Paris, 23ᵉ ch. B, 15 mars 2007 : *AJDI*

2007, p. 579. ▪ CA Paris, 23e ch. B, 12 nov. 1998 : *RD imm.* 1999, p. 148, note P. Capoulade). Mais cette dernière décision est en contradiction avec l'arrêt de la Cour de cassation précité du 2 octobre 2001, qui s'est prononcé dans des circonstances identiques. Il en est de même pour l'arrêt précité de la cour de Paris du 26 septembre 2002, qui est en contradiction avec l'arrêt de la Cour de cassation précitée du 8 octobre 2015 (n° 14-22.297).

A – Approbation des comptes de l'exercice écoulé

10) Documents à joindre. Depuis le 1er janvier 2007, lorsque l'assemblée est appelée à approuver les comptes – mais non pas lorsqu'il s'agit seulement de les arrêter pour permettre à un nouveau syndic de commencer sa gestion (V. ▪ CA Paris, 23e ch. A, 4 juill. 1984 : *D.* 1984, inf. rap. p. 407, obs. Giverdon) –, les copropriétaires doivent se voir notifier, conformément à l'article 11-I-1° et au plus tard en même temps que l'ordre du jour :

– « l'état financier du syndicat des copropriétaires » ;

– et « son compte de gestion générale ».

Ces documents, précise le texte, « sont présentés avec le comparatif des comptes de l'exercice précédent approuvé ». À défaut, la décision d'approbation des comptes n'est pas valable. Peu importe que le comparatif des comptes ait été communiqué lors d'une précédente assemblée. Chaque assemblée doit en effet être considérée de façon autonome (▪ Cass. 3e civ., 12 nov. 2020, n° 19-21.668 : *Administrer* janv. 2021, p. 53, note J.-R. Bouyeure).

Leur présentation doit être conforme « aux modèles établis par le décret relatif aux comptes du syndicat des copropriétaires et ses annexes » (V. les précisions apportées par D. n° 2005-240, 14 mars 2005, p. 739).

Le syndic n'est pas tenu de joindre à la convocation d'autres éléments comptables que ceux exigés par l'article 11 du décret. Il est loisible aux copropriétaires s'estimant insuffisamment informés de demander des explications au cours de l'assemblée pour éclairer leur vote (▪ Cass. 3e civ., 30 nov. 2010, n° 09-72.386 : *Rev. Administrer* mars 2011, obs. J.-R. Bouyeure).

La présentation des documents comptables communiqués aux copropriétaires doit permettre de distinguer les différentes charges selon leur nature et de différencier en particulier les charges générales des charges spéciales (▪ Cass. 3e civ., 9 févr. 2011, n° 09-70.951 : *JurisData* n° 2011-001370 ; *Loyers et copr.* 2011, comm. 121, obs. G. Vigneron ; *Inf. rap. copr.* avr. 2011, p. 17, note J.-M. Roux ; *Rev. Administrer* mai 2011, p. 46, obs. J.-R. Bouyeure ; *AJDI* 2011, p. 537, note D. Tomasin). En l'absence de notification d'un compte de gestion générale présentant les charges et produits de l'exercice la nullité de la décision prise est encourue (▪ Cass. 3e civ., 13 nov. 2013, n° 12-25.157 : *Administrer* mars 2014, p. 42, obs. J.-R. Bouyeure. ▪ CA Paris, pôle 4, 2e ch., 25 juin 2014, n° 12-23.206 : *JurisData* n° 2014-014916 ; *Loyers et copr.* 2014, comm. 283, obs. G. V. – V. dans le cas d'absence de notification préalable du comparatif des comptes des exercices précédents, ▪ CA Versailles, 10 nov. 2014, n° 12-07.502 : *AJDI* 2015, p. 209).

11) Conséquences de l'absence des documents exigés. La jurisprudence a fait preuve d'un certain libéralisme en considérant que même si tous les documents énoncés par le texte n'ont pas été joints à la convocation, la nullité de la délibération n'a pas à être prononcée si les copropriétaires étaient néanmoins en mesure d'apprécier de manière exacte la situation comptable et financière de la copropriété.

Les juges du fond devaient donc dans chaque cas rechercher si les copropriétaires avaient été « en mesure de délibérer en toute connaissance de cause », s'ils avaient reçu une « information suffisante » (▪ Cass. 3e civ., 8 janv. 1992, 2 arrêts : *Rev. Administrer* août-sept. 1992, p. 277, obs. P. Capoulade. – V. pour une application, ▪ CA Paris, 19e ch., 18 juin 1992 : *Rev. Administrer* mai 1993, p. 55).

Ce pouvait être le cas lorsque les copropriétaires ont reçu l'état des dépenses communes, les impayés et le budget prévisionnel (▪ Cass. 3e civ., 27 nov. 1979 : *D.* 1980, inf. rap. p. 275, obs. C. Giverdon. – V. également dans un sens libéral, ▪ Cass. 3e civ., 19 janv. 1983 : *D.* 1983, inf. rap. p. 281, obs. C. Giverdon).

Toutefois, ce libéralisme doit avoir des limites. On ne peut parmi les pièces visées au texte instaurer une distinction entre les documents que l'on pourrait considérer comme « essentiels » et d'autres qui ne seraient que secondaires et que l'on pourrait se dispenser de notifier (V. ▪ Cass. 3e civ., 13 juin 1990 : *D.* 1991, inf. rap. p. 80, obs. Giverdon, J.-R. Bouyeure et J. Lafond. – V. également ▪ CA Paris, 23e ch., 10 mars 1988 : *Loyers et copr.* mai 1988, n° 246).

L'absence ou le caractère non satisfaisant des documents notifiés entraîne la nullité de la décision d'approbation des comptes (▪ Cass. 3e civ., 4 janv. 1996 et ▪ Cass. 3e civ., 17 janv. 1996 : *Bull. civ.* I, n° 1 ; *RD imm.* 1996, p. 270, obs. P. Capoulade. ▪ CA Paris, 23e ch. B, 10 nov. 1995 : *Loyers et copr.* avr. 1996, n° 183), mais non pas la nullité de l'assemblée tout entière (▪ CA Paris, 23e ch., 21 oct. 2004 : *Rev. Administrer* févr. 2005, p. 51, obs. J.-R. Bouyeure). La notification de documents comptables erronés ne peut être « rattrapée » par la remise des documents rectifiés lors de l'assemblée (▪ CA Versailles, 4e ch., 19 juin 2000 : *Dossier CSAB*, n° 87, oct. 2000, n° 104, obs. Dunes).

B – Vote du budget prévisionnel

12) Pièces à communiquer. Depuis le 1er janvier 2005, lorsque l'assemblée est appelée à voter le budget prévisionnel, il faut notifier au plus tard en même temps que l'ordre du jour, « le projet du budget présenté avec le comparatif du dernier budget prévisionnel voté » (D. art. 11, I, 2°).

Le texte précise que la présentation de ces documents doit être conforme « aux modèles établis par le décret relatif aux comptes du syndicat des copropriétaires et ses annexes ». La précision apportée par le texte selon laquelle la présentation des documents énumérés aux 1° et 2° est conforme aux modèles établis par le décret relatif aux comptes du syndicat des copropriétaires et de ses annexes ne distingue pas selon les annexes. Il paraît alors plus sûr pour la validité de la décision de joindre toutes les annexes (Rép. min. Justice, 18 juill. 2006 : *JOAN* Q n° 70 679, p. 7621).

C – Contrats divers à passer par le syndicat (art. 11, I, 3°)

13) Documents à notifier. Dans sa rédaction, toujours actuelle sur ce point, issue du décret du 27 mai 2004, l'article 11, I, 3° oblige à notifier « les conditions essentielles du contrat ou, en cas d'appel à la concurrence, des contrats proposés, lorsque l'assemblée est appelée à approuver un contrat, un devis ou un marché ».

Dans sa rédaction antérieure, l'article 11-4° limitait l'obligation légale à certains contrats visés par des textes particuliers de la loi (art. 25 *d* et 26 *a*) ou du décret (art. 29 et 39), alors que dans sa rédaction actuelle le texte nouveau s'applique à tous les contrats soumis à l'approbation de l'assemblée, sans distinction.

La notion de « conditions essentielles » du contrat étant reprise du texte d'origine, les solutions données par la jurisprudence antérieure peuvent éclairer l'interprétation à donner à cette notion. En cas d'*acquisition par le syndicat*, les conditions essentielles du contrat proposé qui doivent être notifiées aux copropriétaires sont par exemple : le prix, les charges qui en résultent pour chaque lot et le montant des frais fiscaux (■ CA Aix-en-Provence, 4e ch., 31 janv. 1984 : *Bull. Aix-en-Provence* janv. 1984, n° 9, p. 19). La Cour de cassation a pu préciser que la présentation des « conditions essentielles » pouvait être faite par la communication d'un « rapport de synthèse » établi par le maître d'œuvre analysant et comparant les devis reçus (■ Cass. 3e civ., 25 janv. 2023, n° 22-10.096 : *Loyers et copr.* 2023, n° 3, comm. 49, A. Lebatteux).

Ces dispositions doivent être soigneusement respectées. On ne saurait s'en dispenser au motif que les copropriétaires ont pu s'informer par ailleurs à titre personnel (■ CA Paris, 23e ch., 21 sept. 1994 : *Loyers et copr.* févr. 1995, n° 86 ; *RD imm.* 1995, p. 159, obs. P. Capoulade) ou que l'information leur a été donnée dans une assemblée antérieure, chaque assemblée étant autonome (■ CA Paris, 23e ch., 10 mai 1995 : *Loyers et copr.* 1995, n° 446). La production des documents lors de l'assemblée générale est également insusceptible de couvrir l'irrégularité (■ CA Paris, pôle 4, ch. 2, 8 mars 2023, n° 19/07704 : *Administrer* avr. 2023, p. 39, obs. P. Déchelette-Tolot).

Il a été jugé que la nullité de la délibération n'était pas encourue lorsque les « conditions essentielles du contrat proposé » (en l'espèce la vente de parties communes à des copropriétaires) figuraient dans l'ordre du jour lui-même, bien qu'il n'y ait pas de document annexé aux convocations (■ Cass. 3e civ., 23 nov. 1994, n° 92-21.367 : *Bull. civ.* III, n° 199 ; *JCP* G 1995, IV, 188 ; *Gaz. Pal.* 1995, II, somm. p. 421, note J.-M. Gélinet ; *AJPI* 1995, p. 215, note P. Guitard ; *D.* 1997, somm. 248, obs. P. Capoulade). C'est ainsi que ni le syndic ni le conseil syndical ne peut prétendre effectuer la mise en concurrence en amont de l'assemblée générale, et priver le moment venu les copropriétaires du choix entre les entreprises (■ Cass. 3e civ., 15 févr. 2023, n° 22-10.656 : *Loyers et copr.* 2022, n° 11, comm. 187).

Selon un arrêt de la cour de Versailles, le texte n'exige nullement la notification de tous les documents préalables ni du devis lui-même, ni de l'intégralité des conditions du contrat (■ CA Versailles, 4e ch., 14 févr. 2011 : *JurisData* n° 2011-002077).

14) Aliénation de parties communes. En cas d'*aliénation de parties communes*, il faut indiquer les conditions essentielles de la vente, par exemple les travaux imposés à l'acquéreur (■ CA Paris, 19e ch., 9 oct. 1992 : *RD imm.* 1993, p. 127. – Confirmé par ■ Cass. 3e civ., 23 nov. 1994, préc., *supra* n° 14) sans toutefois que le coût de ces travaux et la valeur des parties communes cédées aient nécessairement à être indiqués (■ CA Paris, 23e ch., 14 déc. 1992 : *Loyers et copr.* 1993, n° 151). Parmi ces « conditions essentielles », le prix d'achat est bien évidemment un élément déterminant (■ Cass. 3e civ., 3 févr. 1999 : *Loyers et copr.* avr. 1999, n° 105 ; *JCP* G 1999, IV, 1572. ■ CA Paris, 23e ch. B, 28 juin 2001 : *Loyers et copr.* 2001, comm. 294). Si ce prix n'est pas précisé, la résolution adoptée est susceptible d'être annulée (■ CA Paris, pôle 4, 2e ch., 1er juill. 2015, n° 13/12486 : *Administrer* oct. 2015, p. 67, obs. J.-R. Bouyeure).

D – Décisions concernant des travaux, devis ou marchés (art. 11, I, 3° et 7°)

15) Incidences du décret du 27 mai 2004. Le décret du 27 mai 2004 n'a eu que peu d'incidence en la matière. En effet l'article 11, 4° dans sa rédaction antérieure imposait de notifier « les conditions essentielles du contrat proposé » lorsque l'assemblée était

« appelée à approuver ou à autoriser... un devis ou un marché pour la réalisation de travaux ».

Dans sa rédaction issue du décret du 27 mai 2004, l'article 11, I, 3° oblige à notifier « les conditions essentielles du contrat ou, *en cas d'appel à la concurrence*, des contrats proposés, lorsque l'assemblée est appelée à approuver un contrat, un devis ou un marché, notamment pour la réalisation de travaux ».

Dans l'un et l'autre cas, la notion de « conditions essentielles » est au centre de la préoccupation du législateur. La jurisprudence antérieure, suscitée par l'article 11, 4° reste donc toujours valable (V. *infra*, 1°).

Il a été précisé depuis lors que si la décision à prendre (en l'espèce, l'abandon du service collectif d'eau chaude pour un chauffage individuel) ne nécessitait pas de travaux sur les parties communes mais des aménagements sur les parties privatives des copropriétaires, aucun devis ne devait être joint à la convocation à l'assemblée (▪ Cass. 3e civ., 9 mai 2012, n° 11-16.226, publié au Bulletin).

Mais il est également prévu dans certains cas de notifier un projet de résolution (V. *infra*, 2°) et l'avis du conseil syndical (V. *infra*, 3°).

16) Conséquences du non-respect des exigences légales – Appréciation des juges. La Cour de cassation estime que les juges du fond décident souverainement en fonction des circonstances de chaque espèce si l'on peut considérer que les exigences légales ont été ou non respectées (▪ Cass. 3e civ., 27 nov. 1984 : *Rev. loyers* 1985, p. 225 ; *Rev. Administrer* juin 1985, p. 39, note Guillot. – Rapprocher ▪ Cass. 3e civ., 27 nov. 1979 : *Bull. civ.* III, n° 214, p. 166 ; *D.* 1980, inf. rap. p. 275, obs. Giverdon. ▪ Cass. 3e civ., 8 juill. 1980 : *Bull. civ.* III, n° 133, p. 99. ▪ Cass. 3e civ., 11 févr. 1983 : *JCP* G 1985, IV, 40. – V. pour un exemple d'appréciation bienveillante : ▪ CA Paris, 29 nov. 1995 : *Loyers et copr.* mars 1996, n° 138).

L'exécution des travaux postérieurement à l'adoption de la décision irrégulière ne fait obstacle à son annulation (▪ Cass. 3e civ., 24 nov. 2021, n° 20-22.487 : *Administrer* janv. 2022, p. 43, obs. J.-R. Bouyeure).

Le défaut de notification d'un devis n'entraîne pas la nullité de l'assemblée toute entière, mais seulement celle de la décision relative aux travaux (▪ Cass. 3e civ., 15 mars 2006 : *Bull. civ.* III, n° 66 ; *AJDI* 2006, p. 837, note P. Capoulade ; *Rev. loyers* 2006, p. 245, note L. Guégan ; *JCP* G 2006, n° 41, p. 1893, obs. H. Périnet-Marquet ; *Rev. Administrer* juin 2006, p. 51, obs. J.-R. Bouyeure ; *Constr.-Urb.* 2006, comm. 113, note D. Sizaire ; *D.* 2006, inf. rap. p. 884, obs. Y. Rouquet).

Si le syndic de copropriété omet de notifier les conditions essentielles des contrats et devis proposés ce qui entraîne l'annulation de l'assemblée et un retard dans les travaux à effectuer, il peut être condamné à des dommages et intérêts en réparation du préjudice causé par ce retard (▪ Cass. 3e civ., 7 sept. 2017, n° 16-19.659 : *Administrer* nov. 2017, p. 41, note J.-R. Bouyeure).

1° Notification des « conditions essentielles » des contrats, devis ou marchés proposés

Bibliographie : J. Lafond, *Les documents à notifier aux copropriétaires appelés à voter des travaux : Rev. Administrer* mai 1994, p. 10 et s. – P. Capoulade, *L'information préalable aux travaux communs : Inf. rap. copr.* juill.-août 2001, p. 12.

17) Notion de « conditions essentielles ». En matière de travaux à entreprendre par la collectivité, les « conditions essentielles » que les copropriétaires ont à connaître pour se déterminer en pleine connaissance de cause sont *a priori* les suivantes :

– l'*état détaillé des travaux à exécuter* (éventuellement matérialisé par des plans) ;

– les *matériaux utilisés* ;

– le *prix par article* des prestations prévues, comportant l'évaluation de la main-d'œuvre et des matériaux et fournitures ;

– l'indication du caractère ferme, ou au contraire *révisable* des prix proposés ;

– les *conditions d'exécution* et en particulier les *délais* (il a été reproché à un syndic de ne pas avoir mentionné dans un devis proposé pour la réfection de la façade de l'immeuble le nom de l'entrepreneur et la durée des travaux : ▪ CA Aix-en-Provence, 7 juin 1977 : *Bull. Aix-en-Provence* 1977-3, n° 238, p. 74). S'il s'agit de travaux obligatoires, le document prescrivant ces travaux n'a pas à être joint à la convocation (▪ CA Paris, 23e ch. A, 9 oct. 2002 : *AJDI* 2002, p. 864) ;

– les *conditions de paiement* : mais l'absence d'indication particulière à ce sujet n'est pas un vice. Ceci implique que le règlement s'effectuera selon les usages en vigueur et sans comporter de modalités plus favorables (▪ CA Paris, 23e ch., 11 févr. 1988 : *Loyers et copr.* avr. 1988, n° 185).

Ces notifications ne s'imposent que s'il s'agit de « travaux » et non pas de simple entretien (▪ Cass. 3e civ., 13 déc. 1977 : *JCP* N 1978, prat. 6908. – V. pour la ratification anticipée de travaux entrant dans le cadre du pouvoir d'initiative du syndic, ▪ Cass. 3e civ., 22 nov. 1994 : *Loyers et copr.* mars 1995, n° 134).

18) Nécessité d'une information précise. Se contenter d'indiquer le coût global des travaux n'est pas satisfaisant (▪ CA Paris, 23e ch. B, 21 févr. 2002 : *AJDI* 2002, p. 387. ▪ CA Versailles, 30 mai 1981 : *Rev. loyers* 1982, p. 258. ▪ CA Paris,

18 févr. 1987 : *RD imm.* 1987, p. 284, obs. Givord et Giverdon). Ainsi une ventilation doit être faite entre ce qui est dû à l'entreprise et les honoraires du syndic (▪ CA Paris, 23e ch. B, 11 mai 2000 : *Loyers et copr.* 2000, comm. 263). Les devis doivent être précis et l'enveloppe financière parfaitement définie (▪ CA Paris, 1re ch., section urgences, 18 avr. 1985 : *Inf. immob.* juill.-août 1985, p. 8). Il a été jugé que le syndic n'avait pas besoin de joindre plusieurs devis à la convocation (▪ Cass. 3e civ., 3 juill. 1996 : *Inf. rap. copr.* févr. 1997, p. 7 et *RD imm.* 1996, p. 607, obs. P. Capoulade. ▪ CA Versailles, 4e ch., 5 juin 2000 : *Dossier CSAB* n° 87, oct. 2000, n° 108, obs. A. Dunes ; *D.* 1976, inf. rap. p. 305). Cependant la consultation de plusieurs entreprises est souhaitable (▪ CA Paris, 23e ch., 1er oct. 1993 : *Rev. Administrer* mai 1994, p. 54) et même parfois obligatoire, dans le cas prévu par l'article 21, alinéa 2 de la loi du 10 juillet 1965 (lorsque l'assemblée a prévu une mise en concurrence obligatoire : V. ce texte). Mais en cas de régularisation d'une décision antérieure, le syndic n'a pas l'obligation de communiquer des devis actualisés (▪ CA Paris, 23e ch. B, 7 nov. 2002 : *AJDI* 2003, p. 203).

Si plusieurs devis sont proposés, ils doivent tous être communiqués aux copropriétaires (▪ CA Paris, 1re ch. G, 13 janv. 1999 : *Loyers et copr.* 1999, comm. 172), qui doivent avoir des éléments suffisants pour leur permettre de les comparer entre eux (▪ TGI Paris, 20 mai 1977 : *D.* 1978, inf. rap. p. 121, n° 61. ▪ CA Paris, 23e ch., 13 juill. 1993 : *Loyers et copr.* 1994, n° 131 et ▪ CA Paris, 19e ch., 4 févr. 1994 : *Rev. Administrer* juin 1994, p. 57. ▪ CA Paris, 19e ch. B, 7 janv. 2000 : *AJDI* 2000, p. 259).

19) Modalités de l'information. Il a été jugé que l'ensemble des informations prescrites par l'article 11, 4° pouvait résulter d'un rapport de synthèse établi par l'architecte de la copropriété (▪ CA Paris, 23e ch., 7 mai 1991 : *Loyers et copr.* juill. 1991, n° 317. ▪ CA Paris, 23e ch., 27 mars 1992 : *Loyers et copr.* juin 1992, n° 270. ▪ CA Paris, 23e ch. B, 11 févr. 1999 : *Loyers et copr.* 1999, comm. 199, note G. Vigneron). La production d'un tableau récapitulatif intégrant plusieurs devis a été considérée comme suffisante pour permettre le vote des travaux sans qu'il soit nécessaire d'annexer les contrats au projet de contrat, ou encore les rapports du bureau technique qu'il était matériellement impossible de joindre la convocation (▪ Cass. 3e civ., 9 juill. 2020, n° 19-18.623 : *Administrer* mars 2021, p. 57, obs. J.-R. Bouyeure).

L'absence de documents joints à la convocation ne peut être suppléée par la fourniture de devis ou de documents techniques postérieurement au vote intervenu (▪ CA Orléans, 17 oct. 2011 : *JurisData* n° 2011-031725 ; *Loyers et copr.* 2012, comm. 222, obs. G.V.).

Lorsque la décision à prendre met en jeu des appréciations à caractère technique relativement complexes, il est souhaitable de faire établir un rapport par un expert (V. pour le cas de substitution d'un chauffage à gaz au chauffage au fioul, ▪ CA Paris, 23e ch., 5 nov. 1993 : *RD imm.* 1994, p. 100, obs. P. Capoulade, et pour l'installation d'un ascenseur : ▪ CA Paris 23e ch. A, 10 avr. 1996 : *Loyers et copr.* juill. 1996, n° 324). Mais l'absence d'un tel rapport ne peut entraîner la nullité de l'assemblée (▪ CA Paris, 23e ch. B, 31 mai 2000 : *Loyers et copr.* 2000, comm. 232), sauf à vérifier que l'information des copropriétaires peut être considérée comme suffisante (▪ CA Paris, 23e ch. A, 24 févr. 1999 : *Loyers et copr.* 1999, comm. 220. – voir pour un cas où la nécessité d'un commentaire explicatif de l'architecte a été jugée nécessaire : ▪ CA Paris, 19e ch. B, 7 janv. 2000 : *AJDI* 2000, p. 259). Les documents doivent être joints aux convocations : le dépôt à la loge du concierge ne répond pas aux exigences légales (▪ CA Paris, 23e ch. A, 19 févr. 2003 : *Dossiers CSAB* n° 111, avr. 2004, n° 63, obs. A. Dunes). Il appartient au syndic de rapporter la preuve de l'accomplissement des formalités de notification des conditions essentielles des contrats mis en concurrence (▪ Cass. 3e civ., 15 févr. 2023, n° 22-10.565 : *Loyers et copr.* 2023, n° 4, comm. 67, C. Coutant-Lapalus ; *Administrer* mars 2023, p. 45, obs. P. Déchelette-Tolot ; *AJDI* 2023, 690, obs. P.-E. Lagraulet).

20) Appréciation des juges. Le point de savoir si les exigences légales sont ou non respectées dépend de l'appréciation souveraine des juges du fond. Il reste que les tribunaux doivent s'attacher à vérifier que l'information des copropriétaires a été suffisamment assurée (▪ CA Paris, 23e ch., 12 mai 1992 : *Loyers et copr.* 1992, n° 358) et qu'ils ont pu « donner leur avis et voter en suffisante connaissance de cause » (▪ CA Paris, 23e ch., 7 mai 1991 : *Loyers et copr.* 1991, n° 317. – V. aussi ▪ CA Paris, 23e ch. A, 24 févr. 1999, préc.). Il a été jugé que la simple mention dans la lettre de convocation, de devis non listés ne prouvait pas que le devis retenu par l'assemblée était effectivement joint à la convocation (▪ CA Paris, pôle 4, 2e ch., 16 janv. 2013, n° 10/24649 : *Administrer* avr. 2013, p. 54, obs. J.-R. Bouyeure).

Il a été jugé que le copropriétaire du rez-de-chaussée n'est pas en droit d'exiger la communication de tous les documents techniques, administratifs et financiers relatifs à l'installation d'un ascenseur, mais seulement de ceux lui permettant d'apprécier la répercussion de cette installation sur la jouissance de son lot (▪ Cass. 3e civ., 26 juin 2002 : *Rev. Administrer* janv. 2003, p. 53, obs. J.-R. Bouyeure). Pour une demande d'installation d'un ascenseur, la cour d'Aix-en-Provence a jugé que les copropriétaires devaient recevoir : le plan d'implantation de l'ascenseur dans la cage d'escalier ; une étude des propositions techniques ; les conditions essentielles du contrat proposé (devis détaillé des entreprises sollicitées ; un récapitulatif de la dépense totale, tous frais accessoires envisagés ; un tableau de répartition des coûts de la construction entre les copropriétaires ; une grille de répartition des charges ultérieures d'ascenseur (▪ CA Aix-en-Provence, 4e ch., 30 mars 1999 : *D.* 1999, somm. p. 317, note C. Atias. – V. dans le même sens, ▪ Cass. 3e civ., 26 juin 2002, préc.). Il a été jugé également que les prescriptions de l'article 11 du décret du 17 mars 1967 ont été respectées dès lors que la convocation à l'assemblée était accompagnée de la description des travaux à entreprendre et de devis, même si le devis ne comporte qu'un chiffrage forfaitaire par poste et ne précise pas le prix unitaire au mètre carré ou au mètre linéaire (▪ CA Paris, 23e ch. C, 5 oct. 2006 : *Loyers et copr.* 2007, comm. 13, obs. G. Vigneron).

Il ne saurait être suppléé aux formalités prescrites par la loi par la lecture de documents faite lors de l'assemblée ou d'une assemblée antérieure (▪ Cass. 3e civ., 14 mars 2001 : *Inf. rap. copr.* juill.-août 2001, p. 12, et *AJDI* 2001, p. 710, note P. Capoulade ; *Rev. Administrer* juin 2001, p. 40, obs. J.-R. Bouyeure).

Voir : sur le cas où l'assemblée est convoquée d'urgence, V. D. 17 mars 1967, art. 37, p. 817. – Sur la nécessité de procéder aux notifications au plus tard en même temps que les convocations, comm. n° 8, p. 726.

2° *Notification d'un projet de résolution*

21) Décisions diverses. Un projet de résolution doit être notifié en vertu de l'article 11, I, 7° (V. ci-dessous n° 30), à peine de nullité de la décision (V. comm. n° 17, p. 728) lorsque les décisions à prendre concernent des travaux, devis ou marchés et que l'assemblée se prononce dans le cadre des textes suivants :

– l'article 24, II (travaux nécessaires à la conservation de l'immeuble ou à la préservation de la santé et de la sécurité physique des occupants ; travaux « obligatoires » ; travaux visés par l'article L. 313-4-2 du Code de l'urbanisme ; travaux d'accessibilité aux personnes handicapées ; suppression des vide-ordures ; engagement de d'effectuer le diagnostic prévu à l'article L. 731-1 du Code de la construction et de l'habitation ; décision d'équiper les places de stationnement avec des bornes de recharge pour véhicules électriques ;

– l'article 25, dans toutes ses dispositions ;

– l'article 26, dans toutes ses dispositions ;

– l'article 30 (travaux d'amélioration) pour les décisions visées par les alinéas 1 à 3 ;

– l'article 35 (exercice du droit de surélévation) ;

– l'article 37 (réserve des droits accessoires visés par le l'article 3 de la loi du 10 juillet 1965) ;

– l'article 39 décision de reconstruire après sinistre.

22) Travaux entrepris à leurs frais par un ou plusieurs copropriétaires. Un projet de résolution doit être notifié notamment lorsque l'assemblée est appelée à prendre les décisions suivantes :

– autorisation donnée à certains copropriétaires d'effectuer des travaux d'accessibilité aux personnes handicapées ou à mobilité réduite (L. art. 24, II, *d*) ;

– autorisation donnée à un ou plusieurs copropriétaires d'effectuer à leurs frais des travaux affectant les parties communes ou l'aspect extérieur de l'immeuble, et conformes à la destination de celui-ci (L. art. 25 *b*).

Par application stricte du texte, il a été jugé qu'il n'y avait pas lieu d'annuler la délibération si la notification d'un projet de résolution a été faite, même s'il n'y a pas eu par ailleurs communication d'un projet complet accompagné de plans et de devis. L'article 11 ne l'impose pas, même si l'assemblée peut, quant à elle, l'exiger pour les besoins d'une complète information (▪ Cass. 3e civ., 6 juill. 1994 : *Loyers et copr.* 1994, n° 355 ; *Rev. Administrer* janv. 1995, p. 56, obs. P. Capoulade. ▪ Cass. 3e civ., 22 nov. 1994, n° 93-10.446, inédit. ▪ CA Paris, 23e ch. B, 1er févr. 2001 : *Rev. loyers* 2001, p. 392, obs. J.-M. Gélinet. ▪ CA Paris, 23e ch. B, 10 mai 2001 : *Loyers et copr.* 2001, comm. 274, obs. G. Vigneron. ▪ CA Paris, 23e ch. B, 20 sept. 2001 : *Loyers et copr.* 2002, comm. 104. ▪ CA Paris, 23e ch. B, 18 mai 2000 : *Loyers et copr.* 2000, comm. 260). Cependant l'assemblée peut être annulée si la demande portée à l'ordre du jour est inexacte ou présente un caractère ambigu (▪ CA Paris, 23e ch., 15 juin 1994 : *Loyers et copr.* 1994, n° 450).

Il a été jugé que l'assemblée ne commettait pas d'abus en refusant de statuer sur un projet de construction ne précisant pas les conditions matérielles juridiques et financières de sa réalisation (▪ Cass. 3e civ., 26 mai 2010, n° 09-15.002 : *Rev. Administrer* oct. 2010, p. 56, obs. J.-R. Bouyeure. – V. également ▪ CA Paris, pôle 4, 2e ch., 29 sept. 2010 : *Rev. Administrer* déc. 2010, p. 80, obs. J.-R. Bouyeure, qui indique que l'assemblée doit être éclairée par un dossier technique complet et soumis à l'architecte de la copropriété).

23) Appréciation des juges. La Cour de cassation estime que les juges du fond décident souverainement en fonction des circonstances de chaque espèce si l'on peut considérer que les exigences légales ont été ou non respectées (▪ Cass. 3e civ., 27 nov. 1984 : *Rev. loyers* 1985, p. 225 ; *Rev. Administrer* juin 1985, p. 39, note Guillot. – Rapprocher ▪ Cass. 3e civ., 27 nov. 1979 : *Bull. civ.* III, n° 214 ; *D.* 1980, inf. rap. p. 275, obs. Giverdon. ▪ Cass. 3e civ., 8 juill. 1980 : *Bull. civ.* III, n° 133, p. 99. ▪ Cass. 3e civ., 11 févr. 1983 : *JCP* G 1985, IV, 40. – V. pour un exemple d'appréciation bienveillante : ▪ CA Paris, 29 nov. 1995 : *Loyers et copr.* mars 1996, n° 138). Il a été jugé que l'absence de notifications des documents exigés par la loi ne pouvait être supléée par l'organisation d'une réunion préalable et le fait que ces documents avaient été tenus à dispositions des copropriétaires (▪ CA Paris, 11 sept. 2013 : *Administrer* déc. 2013, p. 58, obs. J.-R. Bouyeure). Selon un arrêt de la cour de Caen, le fait que le syndic ait inséré dans la convocation un projet de réponse à l'ensemble des questions posées à l'assemblée générale est sans conséquence (▪ CA Caen, 1re ch. civ., 5 mai 2015, n° 12/03774 : *Rev. loyers* 2015, p. 364, obs. S. Benilsi).

3° *Notification de l'avis du conseil syndical*

24) Modification apportée par le décret du 27 mai 2004. La notification de l'avis rendu par le conseil syndical lorsque sa consultation est obligatoire en vertu de l'article 21, alinéa 2 de la loi du 10 juillet 1965 (V. ce texte) était imposée par l'article 11, 6° ancien du décret, à peine de nullité de la décision.

Cet avis doit toujours être notifié, mais pour la seule information des copropriétaires (V. comm. n° 40, p. 736). Si on peut admettre que le simple fait de ne pas joindre à la convocation l'avis du conseil syndical n'entraîne pas obligatoirement la nullité de la décision, cette nullité est encourue s'il apparaît que le conseil syndical n'a pas été consulté alors qu'il aurait dû l'être (▪ TGI Paris, 8e ch., 1re sect., 13 mars 2012, n° 10-15062 : *Administrer* nov. 2012, p. 47, obs. J.-R. Bouyeure).

E – Emprunts par le syndicat (art. 11, I, 3°)

25) Emprunts « collectifs ». Le décret n° 2013-205 du 11 mars 2013 a complété la liste des informations notifiées aux copropriétaires en vue de la tenue de l'assemblée, appelée à approuver un projet de contrat d'emprunt collectif souscrit pour financer des travaux sur parties communes ou des travaux d'intérêt collectif sur parties privatives ou encore des actes d'achat conformes à l'objet du syndicat (L. 10 juill. 1965, art. 26-4).

Doivent être notifiées, aux termes de l'article 11, I, 3° :

– les conditions générales et particulières du projet de contrat ;

– et la proposition d'engagement de caution mentionnée au deuxième alinéa de l'article 26-7 de la loi du 10 juillet 1965 (V. ce texte *supra*).

F – Décisions concernant le syndic (art. 11, I, 4°, 5°, 7° et 8°)

1° *Contrat de syndic*

26) Réglementation en vigueur depuis le 1er septembre 2004. Dans le régime en vigueur avant l'intervention du décret du 27 mai 2004 (art. 11, 4°), la notification devait porter sur « les conditions essentielles » du contrat de syndic, ce qui générait des discussions concernant le caractère « essentiel » ou non de telle ou telle condition. En pratique on tournait la difficulté en notifiant les projets de contrats proposés par les candidats à la fonction de syndic (▪ Cass. 3e civ., 17 déc. 1997 : *Rev. Administrer* avr. 1998, p. 49 ; *RD imm.* 1998, p. 132, obs. P. Capoulade).

Selon l'article 11, I, 4° du décret, applicable depuis le 1er septembre 2004, lorsque l'assemblée est appelée à désigner le représentant légal du syndicat, il y a lieu de notifier au plus tard en même temps que l'ordre du jour « le ou les projets de contrat de syndic » (outre un « projet de résolution », V. comm. n° 31, p. 734).

Depuis le 4 juillet 2020, date d'entrée en vigueur du décret n° 2020-834, ces documents doivent être accompagnés de la fiche d'information prévue à l'article 18-1-A, I, alinéa 3 (V. ce texte).

Sous l'empire de la réglementation antérieure, un arrêt avait refusé d'annuler une délibération relative au renouvellement du contrat de syndic, au motif que ce renouvellement intervenant aux mêmes conditions que le contrat précédent, celles-ci étaient déjà connues des copropriétaires (▪ CA Paris, 19e ch., 7 déc. 1995 : *Loyers et copr.* mars 1996, n° 137). Mais cette appréciation libérale a paru condamnée par un arrêt postérieur de la Cour de cassation (▪ Cass. 3e civ., 18 déc. 1996 : *JCP* G 1997, IV, 317 ; *Bull. civ.* III, n° 241 ; *Inf. rap. copr.* juill.-août 1997, p. 8 ; *Rev. Administrer* mai 1997, p. 44, obs. P. Capoulade. – V. cependant dans le même sens que la cour de Paris : ▪ CA Nîmes, 1re ch. B, 17 oct. 2006 : *Juris-Data* n° 2006-317895).

2° *Conventions entre le syndic et le syndicat*

27) Évolution de la réglementation. Jusqu'au 31 août 2004 seules les « conditions essentielles » des conventions visées par l'article 39 du décret (dans sa rédaction antérieure au décret du 23 mai 2004) devaient être notifiées (D. art. 11, 4° anc. du décret).

Depuis le 1er septembre 2004, c'est le projet de convention ou le texte même de la convention visée par l'article 39 du décret du 17 mars 1967 (V. ce texte) qui doit faire l'objet de la notification (D. art. 11, I, 5°), outre un « projet de résolution » (V. comm. n° 31, p. 734).

3° *Autorisations ou actes divers concernant le syndic*

28) Nécessité d'établir un projet de résolution. Dans la réglementation issue du décret du 27 mai 2004, applicable depuis le 1er septembre 2004, il est nécessaire de notifier un « *projet de résolution* » lorsqu'il y a lieu :

– de consentir une délégation de pouvoir au syndic (L. 10 juill. 1965, art. 25 *a* – V. ce texte – et D. 17 mars 1967, art. 21 – V. ce texte), ceci en application des articles 11, I, 5° et 7° du décret ;

– de nommer ou de révoquer le syndic (L. 10 juill. 1965, art. 25 c), ceci en application de l'article 11, I, 7° du décret ;

– de conclure entre le syndic et le syndicat ou entre le syndicat et une entreprise dans laquelle le syndic est intéressé, une des conventions prévues par l'article 39 du décret (V. ce texte) ceci en application de l'article 11, I, 5° du décret ;

– d'autoriser le syndic à introduire une demande en justice (D. art. 55 – V. ce texte) ceci en application de l'article 11, I, 8° du décret.

G – Établissement ou modification du règlement, de l'état descriptif de division ou de la répartition des charges (art. 11-6°)

29) Notification du projet d'acte. Selon l'article 11, I, 6°, issu du décret du 27 mai 2004, applicable depuis le 1er septembre 2004, lorsque l'assemblée est appelée à établir un règlement de copropriété, un état descriptif de division ou un état de répartition des charges, ou à modifier ces actes, le projet d'acte, ou d'acte modificatif, doit être notifié aux copropriétaires.

Le texte est absolument identique sur ce point à l'ancien article 11, 3° et les solutions données antérieurement peuvent donc être reconduites. La seule différence est que, cette fois, le nouveau texte n'énumère pas les cas où il y a lieu d'établir ou de modifier le règlement de copropriété, l'état descriptif de division ou l'état de répartition des charges. Mais cette nouvelle rédaction ne tire pas à conséquence puisque l'énumération figurant dans le texte précédent n'était pas limitative.

Sans que cette liste soit limitative, les dispositions de l'article 11-I-6° pourront trouver application dans les divers cas suivants :

– lorsque l'assemblée entend *modifier à l'unanimité* (ce qui est la règle de principe) la répartition des charges ;

– lorsque l'assemblée décide de *travaux ou d'actes d'acquisition* ou de disposition rendant nécessaire la modification de la répartition des charges (L. 10 juill. 1965, art. 11, al. 1) ;

– lorsque cette *même modification de la répartition des charges* est rendue nécessaire par l'*aliénation séparée d'une ou plusieurs fractions d'un lot* (cas de division de lots) : hypothèse visée par l'article 11-2 de la loi ;

– lorsque cette même *modification de la répartition des charges* est rendue nécessaire par un *changement de l'usage d'une ou plusieurs parties privatives* (cas prévu par l'art. 25 *f*, L. 10 juill. 1965) ;

– lorsque l'assemblée est appelée à *modifier* (ou éventuellement à établir) le règlement de copropriété à la majorité prévue par l'article 26 *b* de la loi du 10 juillet 1965 : ce qui suppose que les dispositions instituées ou modifiées ne concernent que « la jouissance, l'usage et l'administration des parties communes » ;

– lorsque l'assemblée est appelée à délibérer sur la destination des lots (■ Cass. 3e civ., 2 oct. 2002, n° 01-11.319) ;

– lorsqu'il y a création de syndicat secondaire (ce qui implique la modification des règlements, des états descriptifs de division et des états de répartition des charges existants) ;

– dans le cas de *scission de copropriété* (qui entraîne la modification des règlements des états descriptifs de division et de la répartition des charges instituées à l'origine) ;

– enfin lorsque l'assemblée, ayant décidé de *travaux d'amélioration* dans le cadre de l'article 30 de la loi du 10 juillet 1965 est appelée, en application de l'alinéa 3 de ce texte, à fixer « la répartition des dépenses de fonctionnement, d'entretien et de remplacement des parties communes ou des éléments transformés ou créés ».

Dans tous ces cas, il faut présenter à l'assemblée un projet : soit *de règlement de copropriété, soit d'état descriptif de division, soit de l'état de répartition* des charges à instituer ou à modifier. À défaut, la sanction est celle prévue par l'article 13 du décret du 17 mars 1967 : la nullité de la décision prise (V. ■ Cass. 3e civ., 24 avr. 2013, n° 12-17.506 : *Administrer* juill. 2013, p. 60, obs. J.-R. Bouyeure. ■ Cass. 3e civ., 6 mai 1996 : *Loyers et copr.* août-sept. 1996, n° 369 ; *Inf. rap. copr.* nov. 1996, p. 10, obs. C. Atias. ■ Cass. 2e civ., 20 oct. 1981 : *Gaz. Pal.* 1982, I, pan. p. 103. ■ Cass. 3e civ., 14 juin 2018, n° 17-18.613. ■ CA Versailles, 9 sept. 2013 : *JurisData* n° 2013-019910 ; *Loyers et copr.* 2013, n° 355, obs. G.V.).

Il a été jugé que l'on ne pouvait reprocher au syndic de ne pas avoir notifié l'intégralité des documents comportant 115 pages (ce qui pour 170 copropriétaires aurait nécessité le tirage d'environ 20 000 photocopies). Il a été jugé suffisant que soit joint à la convocation le tableau de répartition des tantièmes, les copropriétaires étant invités à consulter au cabinet du syndic le projet d'état descriptif de division (■ CA Nîmes, 18 janv. 2011 : *AJDI* 2011, p. 305).

H – Notification d'un projet de résolution

30) Cas où la notification d'un projet de résolution est exigée. L'article 11, I, 7° exige, « pour la validité de la décision », la notification d'un projet de résolution lorsque l'assemblée est appelée à statuer en vertu des textes suivants :

- l'article 14-1, alinéa 2 et 3 de la loi (détermination du montant et de la périodicité de versement des provisions) ;
- l'article 14-2, alinéa 2 (décisions concernant les modalités d'exigibilité des dépenses pour travaux non comprises dans le budget prévisionnel)
- l'article 18-1-A, II, premier et deuxième alinéas (convention entre le syndicat et le syndic mentionnées par ces textes) ;
- l'article 24, II :

– travaux nécessaires à la conservation de l'immeuble ou à la préservation de la santé et de la sécurité physique des occupants ; travaux « obligatoires » ;

– travaux visés par l'article L. 313-4-2 du Code de l'urbanisme ;

– travaux d'accessibilité aux personnes handicapées ;

– suppression des vide-ordures ;

– adaptations du règlement de copropriété ;

– engagement d'effectuer le diagnostic prévu à l'article L. 731-1 du Code de la construction et de l'habitation ;

– autorisation accordée à la police ou à la gendarmerie de pénétrer dans les parties communes ;

– décision d'équiper les places de stationnement avec des bornes de recharge pour véhicules électriques ;

- l'article 25, dans toutes ses dispositions ;
- l'article 26, dans toutes ses dispositions ;
- l'article 30 (travaux d'amélioration) pour les décisions visées par les alinéas 1 à 3 ;
- l'article 35 (exercice du droit de surélévation) ;
- l'article 37 (réserve des droits accessoires visés par le l'article 3 de la loi du 10 juillet 1965) ;
- l'article 39 décision de reconstruire après sinistre.

Il a été jugé qu'aucune disposition n'imposait la stricte identité de rédaction du projet de résolution et du texte définitivement adopté (■ Cass. 3e civ., 15 avr. 2015, n° 14-13.255 [publié au *Bulletin*] : *JurisData* n° 2015-008272 ; *Loyers et copr.* 2015, comm. 148, note G. Vigneron ; *Rev. loyers* 2015, p. 304, note L. Guégan ; *Inf. rap. copr.* janv.-févr. 2016, p. 9, obs. M.-F. Ritschy).

Lorsque la notification d'un projet de résolution joint à la convocation est exigée, cette obligation doit être impérativement respectée, à peine d'annulation de la décision. Cette nullité est encourue si la convocation mentionne simplement au point n° 5 de l'ordre du jour « dispense d'ouverture d'un compte bancaire séparé au nom du syndicat » sans joindre un projet de résolution (■ Cass. 3e civ., 12 avr. 2018, n° 17-16.034).

Voir : sur la nécessité de notifier un projet de résolution lorsqu'il y a lieu d'autoriser le syndic à introduire une demande en justice, en vertu de l'article 11, I, 8° du décret, comm. n° 29, p. 733.

I – Copropriétés en difficulté

31) Rapport de l'administrateur provisoire. Lorsqu'un administrateur provisoire a été désigné à la copropriété en vertu des articles 62-1 et suivants du décret (V. ces textes), il peut être amené à déposer des rapports ou pré-rapports préconisant que certaines questions soient soumises à l'assemblée (V. D. art. 62-14).

Si tel est le cas, les *conclusions du rapport* (ou du pré-rapport) doivent être *jointes à la convocation* de l'assemblée qui est « appelée à statuer sur une question dont la mention à l'ordre du jour résulte de ces conclusions ».

(D. 17 mars 1967, art. 11, I, 9°).

32) Rapport du « mandataire *ad hoc* ». Lorsqu'une copropriété est en difficulté au sens de l'article 29-1 A de la loi du 10 juillet 1965 (V. ce texte *supra*), l'article 29-1 B de cette même loi (créé par la loi du 25 mars 2009) offre au président du tribunal judiciaire la possibilité de désigner un « mandataire *ad hoc* » dont il détermine la mission. Ce mandataire est appelé à établir un rapport présentant l'analyse de la situation financière du syndicat des copropriétaires et de l'immeuble, et les préconisations faites pour rétablir l'équilibre financier du syndicat et le cas échéant assurer la sécurité de l'immeuble (art. 29-1 B, al. 3). Ce rapport est ensuite transmis au syndic (art. 29-1 B, al. 4) qui doit inscrire à l'ordre du jour de la prochaine assemblée générale « les projets de résolutions nécessaires à la mise en œuvre de ce rapport ».

L'article 11-I-10° du décret du 17 mars 1967, issu du décret du 20 avril 2010 énonce que lorsque l'assemblée est ainsi appelée à se prononcer sur les suites à donner à ce rapport, les conclusions du rapport du mandataire *ad hoc* doivent être « notifiées au plus tard en même temps que l'ordre du jour ».

J – Saisie immobilière

33) Notification d'un projet de résolution. Lorsque l'assemblée doit autoriser le syndic à poursuivre la saisie immobilière d'un lot, l'article 11-I-11° du décret du 17 mars 1967, issu du décret du 20 avril 2010, précise qu'un projet de résolution doit être « notifié au plus tard en même temps que l'ordre du jour ». Ce projet de résolution doit mentionner :

– d'une part la saisie immobilière du lot concerné ;

– d'autre part le montant de la mise à prix ainsi que le montant des sommes estimées définitivement perdues.

Le syndic sera alors amené à apprécier les chances de récupération de la créance du syndicat en fonction de la consistance du patrimoine du débiteur, des mesures d'exécution déjà pratiquées, de la valeur de l'immeuble à saisir et de sa situation hypothécaire... appréciation qui sera assez souvent fort délicate.

K – Décisions concernant les « résidences services »

34) Suppression d'un service individualisable. L'article 41-1 de la loi du 10 juillet 1965 (V. ce texte) énonce que les décisions relatives à la création ou à la suppression des services non individualisables sont prises à la majorité prévue au premier alinéa de l'article 26. La décision de suppression d'un service non individualisable ne peut intervenir qu'à la condition que l'assemblée générale ait eu connaissance au préalable d'un rapport portant sur l'utilité de ce service pour l'ensemble des résidents et sur les conséquences de sa suppression sur l'équilibre financier de la copropriété.

L'article 11,I, 13° du décret du 17 mars 1967 précise que le rapport dont ce texte fait état doit être notifié au plus tard en même temps que l'ordre du jour pour la validité de la décision.

35) Délégation au conseil syndical. L'article 41-6, alinéa 2 de la loi du 10 juillet 1965 énonce que lorsqu'un syndicat des copropriétaires gère une résidence services, l'assemblée générale peut déléguer au conseil syndical, à la majorité absolue des voix, les décisions relatives à la gestion courante de services spécifiques.

L'article 11-I-12° du décret du 17 mars 1967, issu du décret n° 2016-1446 du 26 octobre 2016, applicable à compter du 1er novembre 2016, énonce qu'en pareil cas « la teneur de cette délégation » doit être « notifiée au plus tard en même temps que l'ordre du jour ».

36) Convention de prestation de services conclue avec un tiers. Par ailleurs, l'alinéa 3 de l'article 41-6 de la loi du 10 juillet 1965 prévoit que le conseil syndical doit donner obligatoirement son avis sur le projet de convention en vue de la fourniture de services spécifiques lorsqu'elle est confiée à un tiers et qu'il n'a pas reçu de délégation.

Selon l'article 11-I-12° du décret du 17 mars 1967, issu du décret n° 2016-1446 du 26 octobre 2016, applicable à compter du 1er novembre 2016, l'avis du conseil syndical ainsi que le projet de convention doivent être joints aux documents fournis à l'assemblée lorsqu'elle est appelée à se prononcer sur les conventions qui doivent être conclues avec l'organisme prestataire de services.

Il a été jugé que les diverses exigences ci-dessus rappelées avaient un caractère limitatif. Le syndic n'est pas tenu de joindre à la convocation à l'assemblée un rescrit fiscal et l'habilitation relative aux services à la personne, document dont la notification n'est pas prévue par l'article 11, I pour la validité de l'assemblée (■ Cass. 3e civ., 22 mars 2018, n° 17-13.485).

L – Travaux d'intérêt collectif

37) Analyse des solutions. Depuis le 4 juillet 2020, et en vertu du décret n° 2020-834 du 2 juillet 2020, lorsque l'assemblée générale est appelée à se prononcer sur des travaux d'intérêt collectif réalisés sur les parties privatives en application de l'article 9, II, de la loi du 10 juillet 1965, une analyse des solutions éventuelles n'affectant pas ces parties privatives doit être notifié au plus tard en même temps que l'ordre du jour pour la validité de la décision.

Ces dispositions s'appliquent aux assemblées générales de copropriétaires tenues à compter du 31 décembre 2020 *(D. n° 2020-834, 2 juill. 2020, art. 53, V)*.

III – DOCUMENTS À NOTIFIER POUR L'INFORMATION DES COPROPRIÉTAIRES

A – Documents concernés

38) Énumération. Dans sa rédaction issue des décrets du 27 mai 2004 et du 20 avril 2010, et du décret du 2 juillet 2020, l'article 11, II, du décret prescrit que doivent être notifiés, au plus tard en même temps que l'ordre du jour, mais pour la simple « information des copropriétaires » :

– les annexes au budget prévisionnel ;

– l'état détaillé des sommes perçues par le syndic au titre de sa rémunération ;

– l'avis rendu par le conseil syndical lorsque sa consultation est rendue obligatoire en application de l'article 21, alinéa 2, de la loi du 10 juillet 1965 (sur ce point, V. *infra*, B) ;

– divers comptes rendus de mission du conseil syndical (sur ce point, V. *infra*, C) ;

– le projet individuel de répartition des comptes de chaque copropriétaire lorsque l'assemblée doit approuver les comptes (sur ce point, V. *infra*, D) ;

– l'état actualisé des lots délaissés (V. *infra*, E) ;

– divers documents concernant la gestion des résidences services (V. *infra*, F).

– le descriptif des travaux mentionnés à l'article 25-2 alinéa premier de la loi du 10 juillet 1965 (V. *infra*, G) ;

– une présentation générale des caractéristiques de recours à l'emprunt collectif (V. *infra*, H) ;

– le rapport prévu à l'article 21-5 dernier alinéa de la loi du 10 juillet 1965 en cas de délégation de pouvoirs au conseil syndical (V. *infra*, I).

Le texte ajoute que le contenu de ces documents ne fait pas l'objet d'un vote par l'assemblée des copropriétaires (il n'y a donc pas de « décision » à prendre à leur propos).

39) Absence ou irrégularité des documents prescrits pour la simple « information des copropriétaires ». Du rapprochement des articles 11, alinéa 1 et 13 du décret du 17 mars 1967 (V. ce texte *infra*) il résulte que la nullité d'une décision de l'assemblée n'est encourue que dans le seul cas où les notifications visées par l'article 11, I n'ont pas été effectuées de manière régulière.

En ce qui concerne les notifications visées par l'article 11, II, aucune sanction n'est expressément prévue par les textes. Est-ce à dire que la nullité de la décision ne peut jamais être prononcée dans ce cas ? Il faut, à notre avis, réserver le cas où l'absence des documents destinés à « informer » les copropriétaires auraient faussé le sens de leur décision. Ainsi, par exemple, s'il est démontré que s'ils avaient eu connaissance de l'avis rendu par le conseil syndical (V. ci-dessous, n° 40), les copropriétaires se seraient prononcés dans un sens différent.

B – Avis du conseil syndical

40) Notification de l'avis. L'article 11-II-3°, applicable depuis le 1er septembre 2004, prescrit que l'avis du conseil syndical doit être porté à la connaissance des copropriétaires en même temps que la convocation ou l'ordre du jour lorsque sa consultation est obligatoire en application de l'article 21, alinéa 2, de la loi du 10 juillet 1965.

Selon ce texte, l'assemblée « arrête un montant des marchés et des contrats à partir duquel la consultation du conseil syndical est obligatoire ».

La notification n'est pas nécessaire lorsque le syndic veut faire ratifier des travaux urgents exécutés en vertu du pouvoir d'initiative qu'il tient de l'article 18 de la loi (V. ce texte. ▪ CA Paris, 23e ch., 24 nov. 1992 : *Rev. Administrer* juin 1993, p. 42, obs. Dunes).

Dans la rédaction actuelle de l'article 11, l'avis rendu par le conseil syndical doit toujours être notifié, mais simplement pour l'information des copropriétaires et non plus pour la validité de la décision (art. 11, II, 3°).

L'absence de communication de l'avis du conseil syndical n'est pas sanctionnée et est insuffisante pour annuler la décision contestée, dès lors que les copropriétaires ont été régulièrement informés des conditions essentielles du contrat proposé (▪ Cass. 3e civ., 8 oct. 2008, n° 07-15.732 : *Rev. loyers* 2008, p. 570). Toutefois il a été jugé que la nullité de la résolution (en l'espèce l'approbation des comptes) pouvait être encourue si de ce fait l'assemblée générale n'avait pas été mise en mesure de prendre une décision suffisamment éclairée (▪ CA Paris, pôle 4, 2e ch., 21 nov. 2018, n° 15/14570 : *Administrer* févr. 2019, p. 42, obs. J.-R. Bouyeure).

C – Comptes rendus de mission du conseil syndical

41) Documents à notifier. L'article 22, alinéa 2, du décret du 17 mars 1967 énonce que le conseil syndical « rend compte à l'assemblée, chaque année, de l'exécution de sa mission » L'article 11-II-4° de ce même décret, issu du décret du 20 avril 2010, applicable à compter du 1er juin 2010 précise que ce « compte rendu » doit être communiqué à l'assemblée (sous-entendu : lors de laquelle le conseil syndical rend compte de l'exécution de sa mission). Autre mission, impartie cette fois au conseil syndical par l'article 41-2, alinéa 2 de la loi du 10 juillet 1965 : elle concerne le suivi de la bonne exécution des conventions passées avec des tiers prestataires de services dans les résidences services. Le conseil syndical doit en « présenter un bilan chaque année à l'assemblée générale ».

Ce même article 11-II-4° prescrit que ce « bilan » doit être communiqué à l'assemblée (c'est-à-dire, en pratique, joint à la convocation). Ce texte n'entre en vigueur que le 1er novembre 2010 (D. 20 avr. 2010, art. 32).

D – Assemblée appelée à statuer sur les comptes

42) Documents à notifier. L'article 11-II-5° nouveau du décret du 17 mars 1967, issu du décret du 20 avril 2010, applicable à compter du 1er juin 2010 énonce que lorsque l'assemblée générale est appelée à approuver les comptes, le « projet d'état individuel de répartition des comptes de chaque copropriétaire » doit être communiqué à l'assemblée « au plus tard en même temps que l'ordre du jour ».

E – État actualisé des lots délaissés

43) Documents à notifier. Le décret n° 2012-475 du 12 avril 2012 a introduit dans l'article 11, II, du décret du 17 mars 1967 un 6°, pris pour l'application de l'article 24-6 de la loi du 10 juillet 1965 (V. ce texte). Le nouveau texte impose au syndic de notifier en même temps que l'ordre du jour un état actualisé des lots délaissés, qui va comprendre :

– le nombre de copropriétaires ayant exercé leur droit de délaissement ;

– les quotes-parts des parties communes qu'ils représentent ;

– la reproduction de l'article 18, alinéa 9, de la loi du 10 juillet 1965 ;

– la reproduction de l'article L. 515-16-1 du Code de l'environnement.

F – Décisions concernant les résidences services

NDLR : **Remarque** : Ces modifications ne s'appliquent pas aux résidences services dont le règlement de copropriété a été publié avant le 29 juin 2016 (D. 26 oct. 2016, art. 11) à moins qu'elles n'aient opté pour l'application du nouveau régime des résidences services.

44) Bilan présenté par le conseil syndical. L'article 41-6, alinéa 3 de la loi du 10 juillet 1965 charge le conseil syndical du suivi de la bonne exécution des conventions passées avec des tiers prestataires de services dans les résidences services. Le conseil syndical doit en « présenter un bilan chaque année à l'assemblée générale ».

L'article 11-II-4° du décret du 17 mars 1967, issu du décret n° 2016-1446 du 26 octobre 2016, applicable à compter du 1er novembre 2016, prescrit que ce « bilan » doit être communiqué à l'assemblée (c'est-à-dire, en pratique, joint à la convocation).

45) Réunion du conseil des résidents. Selon l'article 41-7, alinéa 3, de la loi du 10 juillet 1965 (V. ce texte), le syndic communique au conseil des résidents les comptes rendus de l'assemblée générale ainsi que toutes les informations relatives aux services fournis dans la résidence, afin que le conseil émette un avis notamment sur le besoin de créer ou de supprimer un service.

Aux termes de l'article 11, II, 7° du décret du 17 mars 1967, créé par le décret n° 2016-1446 du 26 octobre 2016, applicable à compter du 1er novembre 2016, le compte rendu de la dernière réunion du conseil des résidents ainsi que l'avis qu'il doit contenir doivent être communiqués à l'assemblée (c'est-à-dire en pratique joint à la convocation).

G – Travaux d'accessibilité aux frais d'un copropriétaire

46) Descriptif détaillé des travaux. En vertu du décret n° 2020-834 du 2 juillet 2020, lorsqu'un copropriétaire veut faire réaliser à ses frais des travaux d'accessibilité des aux personnes handicapées ou à mobilité réduite en vertu de l'article 25-2 de la loi du 10 juillet 1965, le descriptif détaillé de ces travaux doit être notifié au plus tard en même temps que l'ordre du jour pour l'information des copropriétaires (art. 11, II, 8°).

Ces dispositions s'appliquent aux assemblées générales de copropriétaires tenues à compter du 31 décembre 2020 *(D. n° 2020-834, 2 juill. 2020, art. 53, V)*.

H – Recours à l'emprunt collectif

47) Présentation des caractéristiques de l'emprunt. En vertu du décret n° 2020-834 du 2 juillet 2020 lorsque la question de la souscription d'un emprunt collectif est inscrite à l'ordre du jour de l'assemblée générale, une présentation générale des principales caractéristiques du recours à cet emprunt doit être notifiée au plus tard en même temps que l'ordre du jour pour l'information des copropriétaires.

Ces dispositions s'appliquent aux assemblées générales de copropriétaires tenues à compter du 31 décembre 2020 *(D. n° 2020-834, 2 juill. 2020, art. 53, V)*.

I – Délégation de pouvoir au conseil syndical

48) Notification du rapport prévu à l'article 21-5, alinéa 3. En vertu du décret n° 2020-834 du 2 juillet 2020, lorsqu'une délégation de pouvoirs a été consentie au conseil syndical en application de l'article 21-1 de la loi du 10 juillet 1965, l'article 21-5, alinéa 3 de cette même loi oblige le conseil syndical à établir un rapport en vue de l'information des copropriétaires. Ce rapport doit être notifié au plus tard en même temps que l'ordre du jour pour l'information des copropriétaires (art. 11, II, 10°)

Ces dispositions s'appliquent aux assemblées générales de copropriétaires tenues à compter du 31 décembre 2020 *(D. n° 2020-834, 2 juill. 2020, art. 53, V)*.

IV – NOTIFICATIONS EFFECTUÉES PAR VOIE ÉLECTRONIQUE

49) Consultation des documents sur l'espace en ligne sécurisé. L'article 64-5 du décret du 17 mars 1967 (V. ce texte) énonce que lorsque la copropriété est dotée d'un espace en ligne sécurisé (V. ann., *V° Espace en ligne sécurisé*) la notification des documents mentionnés à l'article 11 du décret peut, sous réserve de l'accord exprès du copropriétaire, valablement résulter d'une mise à disposition dans un espace du site dont l'accès est réservé aux copropriétaires.

Art. 12. – **Pour l'application de l'article 23 de la loi du 10 juillet 1965, chacun des associés reçoit notification des convocations ainsi que des documents visés au précédent article et il participe aux assemblées générales du syndicat dans les mêmes conditions que les copropriétaires.**

À cet effet, le représentant légal de la société est tenu de communiquer, sans frais, au syndic ainsi que, le cas échéant, à toute personne habilitée à convoquer l'assemblée, et à la demande de ces derniers, les nom et domicile, réel ou élu, de chacun des associés. Il doit immédiatement informer le syndic de toute modification des renseignements ainsi communiqués.

À l'égard du syndicat, la qualité d'associé résulte suffisamment de la communication faite en application de l'alinéa qui précède.

La convocation de l'assemblée générale des copropriétaires est également notifiée au représentant légal de la société visée audit article 23 (alinéa 1er) ; ce dernier peut assister à la réunion avec voix consultative.

Bibliographie : D. Sizaire, *Les quasi-copropriétaires*, art. préc., n° 9. • E.-J. Guillot, *La pratique de la copriété*, n° 406, p. 123.

1) Société d'attribution copropriétaire. Ce texte, pris pour l'application de l'article 23 de la loi, est destiné à permettre une *convocation directe des associés* de la société « d'attribution » copropriétaire.

À cet effet, il impose au représentant légal de la société de *communiquer au syndic* (« sans frais », dit le texte), ainsi que, le cas échéant, à toute personne habilitée à convoquer l'assemblée, un certain nombre de *renseignements* (al. 2) :

– les noms de chacun des associés ;

– leur domicile réel ou élu.

Cette communication n'intervient toutefois qu'à la demande soit du syndic soit de la personne habilitée à convoquer l'assemblée.

Par la suite, le représentant légal de la société doit informer le syndic de toute modification des éléments qu'il lui a communiqués en vertu de ce texte (c'est-à-dire en fait l'informer des modifications dans l'identité des associés ou de la modification de leur domicile...).

2) Convocation du représentant légal. Le *représentant légal de la société* sera également convoqué à l'assemblée : mais s'il décide d'y assister, il ne votera pas et n'aura qu'une « voix consultative » (al. 4).

3) Participation des associés à l'assemblée. L'article 12 précisant dans son alinéa 1 que les associés convoqués participent aux assemblées « dans les mêmes conditions que les copropriétaires », il en résulte que toutes *les règles de forme et de fond relatives à la représentation, à la tenue des assemblées*, etc., leur *sont applicables* (en particulier, celles posées par l'art. 22 de la loi – V. ce texte).

Pour l'application de l'article 22 de la loi du 10 juillet 1965 (réduction des voix du copropriétaire détenant à lui seul la majorité – V. ce texte), il faudra prendre en compte les voix dont dispose chaque associé et non pas les quotes-parts appartenant à la société. Peu importe donc que celle-ci possède un nombre de tantièmes de parties communes supérieur à la moitié.

Art. 13 ***(Mod., D. n° 2004-479, 27 mai 2004).*** **– L'assemblée générale ne prend de décision valide que sur les questions inscrites à l'ordre du jour et dans la mesure où les notifications ont été faites conformément aux dispositions des articles 9 à 11, I.**

Elle peut, en outre, examiner sans effet décisoire toutes questions non inscrites à l'ordre du jour.

Bibliographie : J.-M. Roux, *Questions non portées à l'ordre du jour de l'assemblée générale* : *Inf. rap. copr.* sept. 2007, p. 13. • N. Figuière-Brocard, *Point à inscrire à l'ordre du jour de la prochaine assemblée* : *Inf. rap. copr.* avr. 2016, p. 31. • G. Gil, *L'ordre du jour de l'assemblée générale* : *Inf. rap. copr.* févr. 2018. • J. Hocquard, *L'obligation de mise en concurrence en matière de travaux* : *Inf. rap. copr.* nov. 2022, p. 35.

1) Conditions de validité des décisions de l'assemblée. Il résulte de ce texte dont la rédaction (résultant du décret du 27 mai 2004) n'est que peu modifiée par rapport à celle du texte antérieur que les décisions de l'assemblée ne sont pas « valides » dans les cas suivants :

• si les notifications prescrites par les articles 9, 10 et 11, I du décret n'ont pas été faites (V. ces textes) ;

• si la délibération porte sur une question non inscrite à l'ordre du jour.

Ce texte est d'ordre public (▪ TGI Paris, 10 avr. 1976 : *D.* 1976, inf. rap. p. 305), le tribunal pouvant en relever d'office la violation.

Dans tous les cas, une demande en nullité de l'assemblée pourra être formée dans les conditions prévues par l'article 42 de la loi (V. ce texte).

Une telle demande est recevable sans qu'il y ait à rechercher si l'irrégularité commise a ou non causé un préjudice personnel au copropriétaire demandeur, et *sans qu'il ait à justifier d'un « grief »* (▪ Cass. 3e civ., 3 oct. 1974 : *JCP* 1975, II, 18007, note Guillot. ▪ Cass. 3e civ., 15 janv. 1980 : *Rev. loyers* 1980, p. 503. ▪ Cass. 3e civ., 8 juill. 1980 : *JCP G* 1980, IV, 360. ▪ Cass. 3e civ., 4 févr. 1987 : *JCP G* 1987, IV, 119). Cette position de la jurisprudence est justifiée : tout copropriétaire a intérêt à ce que les règles du régime de la copropriété soient respectées (▪ CA Paris, 23e ch., 10 mars 1988 : *Juris-Data* n° 1988-021454).

Toutefois, la jurisprudence a cherché à tempérer la rigueur de cette solution :

– soit en faisant une application bienveillante des articles 9 à 11 du décret, comme l'ont montré les commentaires de ces textes ;

– soit en admettant que la nullité encourue pouvait, dans certains cas, être « couverte » par le comportement du copropriétaire. Ainsi, a-t-il été jugé qu'un copropriétaire ne peut plus contester une décision votée alors que la question ne figurait pas à l'ordre du jour lorsque ce vote est intervenu sur sa demande (▪ Cass. 3e civ., 19 juin 1973 : *JCP* 1973, II, 17518) ou encore que la nullité d'une assemblée ne peut plus être opposée pour défaut de respect du délai de convocation par un copropriétaire qui a demandé l'inscription de questions complémentaires à l'ordre du jour (▪ TGI Paris, 28 févr. 1984 : *Rev. Administrer* sept. 1984, p. 39).

Mais *la Cour de cassation a réagi contre les excès de bienveillance* en ce domaine.

Voir : jurispr. citée D. 17 mars 1967, art. 9, comm. n° 25, p. 711.

I – NON-RESPECT DES PRESCRIPTIONS DES ARTICLES 9 À 11, I DU DÉCRET

2) Cas de nullité. La nullité de l'assemblée peut être prononcée à la demande de tout copropriétaire opposant, ou défaillant (V. L. art. 42 et son comm.) :

- lorsque les convocations n'ont pas été délivrées dans les formes voulues (sur ces formes, V. D. art. 9) ;
- lorsque les convocations ont été délivrées sans tenir compte du délai légal (sur ce délai, V. D. art. 9) ;
- lorsque les notifications tendant à obtenir l'inscription de questions complémentaires à l'ordre du jour n'ont pas été faites conformément à l'article 11, I du décret (V. ce texte) ;
- lorsque les divers documents énumérés par l'article 11, I du décret (V. ce texte) n'ont pas été notifiés aux copropriétaires en même temps que l'ordre du jour (pour un cas où l'assemblée avait décidé de modifier le règlement de copropriété et l'état descriptif de division et de procéder à des travaux et où aucune notification préalable n'avait été faite, V. ▪ Cass. 3e civ., 20 oct. 1981 : *Gaz. Pal.* 1982, I, pan. jurispr. p. 103. ▪ CA Versailles, 23 sept. 1980 : *Rev. loyers* 1982, p. 453).

Ainsi, il a été jugé, sous l'empire de l'ancienne rédaction du texte, que, par exemple la nullité était encourue :

– lorsque l'assemblée décide de modifier la répartition des charges et que le projet de nouvelle répartition n'a pas été préalablement notifié (▪ CA Paris, 26 juin 1982 : *D.* 1982, inf. rap. p. 140, obs. Giverdon).

– lorsque des travaux ont été décidés sans que le devis ait été préalablement notifié aux copropriétaires (▪ CA Paris, 17 juin 1981 : *D.* 1982, inf. rap. p. 139).

Voir aussi : pour d'autres exemples, comm., D. art. 11.

II – VIOLATION DES RÈGLES LÉGALES CONCERNANT L'ORDRE DU JOUR

Bibliographie : G. Gil, *L'ordre du jour de l'assemblée générale : Inf. rap. copr.* janv.-févr. 2018, p. 11. – J.-M. Roux, *Les questions non portées à l'ordre du jour de l'assemblée générale : Inf. rap. copr.* sept. 2007, p. 13.

3) Incidence du décret du 27 mai 2004. La rédaction de l'article 13 issu du décret du 27 mai 2004, amène à une double conclusion :

– l'assemblée ne peut prendre « de décision valide » que sur les questions inscrites à l'ordre du jour (solution déjà admise antérieurement (A)) ;

– elle peut néanmoins débattre (sans prendre de décision) de questions non inscrites à l'ordre du jour (B).

A – Impossibilité de prendre des décisions sur des questions ne figurant pas à l'ordre du jour

4) Principe : respect absolu de l'ordre du jour. L'ordre du jour doit être strictement respecté : il lie l'assemblée qui n'a aucun pouvoir d'initiative (sur les indications à faire figurer dans les convocations relatives à l'ordre du jour, V. D. art. 9). Il n'est donc pas possible à l'assemblée de prendre des décisions à l'occasion de l'examen de « questions diverses » dont le détail n'a pas été précisé à l'ordre du jour.

Toutefois l'assemblée est en droit d'amender, ou d'améliorer, sans les dénaturer les résolutions qui lui sont soumises (*infra*, n° 9).

L'assemblée peut reporter l'examen de certains points figurant à l'ordre du jour (▪ CA Versailles, 4e ch., 25 mai 2010 : *JurisData* n° 2010-009513), à la condition que ce report ne constitue pas une manœuvre dilatoire, auquel cas il pourrait constituer un abus de majorité (V. L. 10 juill. 1965, art. 24). Il a été jugé que le fait d'examiner les questions figurant à l'ordre du jour dans un ordre différent n'était pas un motif d'annulation de l'assemblée, ou de telle ou telle résolution (▪ CA Aix-en-Provence, 26 févr. 2015, 4e ch. A, n° 14-07.681 : *Rev. Loyers* 2015, p. 199).

5) Possibilité de débattre sans vote de questions non inscrites à l'ordre du jour. Le dernier alinéa de l'article 13, introduit par le décret du 27 mai 2004, permet à l'assemblée d'examiner toutes questions non inscrites à l'ordre du jour mais « sans effet décisoire ». Elle peut délibérer de ces questions, qui peuvent donc lui être soumises spontanément en cours d'assemblée, mais sans pouvoir prendre de décision à leur sujet, à peine de nullité.

Lorsque l'ordre du jour indique qu'une question ne fera pas l'objet d'un vote, l'assemblée générale ne peut pas prendre une décision valide sur cette question, qui ne peut donner lieu qu'à un échange de vues (■ Cass. 3e civ., 5 nov. 2014, n° 13-26.768 [publié au *Bulletin*] : *JurisData* n° 2014-026600 ; *Loyers et copr.* 2015, comm. 18, obs. Vigneron).

B – Applications

1° *Vote sur des questions ne figurant pas à l'ordre du jour*

6) Nullité de la décision. L'assemblée ne peut se prononcer que sur des questions figurant à l'ordre du jour, à peine d'encourir la nullité de sa décision. Le principe est bien établi (■ Cass. 3e civ., 11 juill. 2019, n° 18-12.554 : *JurisData* n° 2019-012522 ; *Loyers et copr.* 2019, comm. 182, note C. Coutant-Lapalus. ■ Cass. 3e civ., 3 déc. 2015, n° 08-16.450. ■ Cass. 3e civ., 17 sept. 2013, n° 12-19.779 : *Administrer* janv. 2014, p. 47, obs. J.-R. Bouyeure. ■ Cass. 3e civ., 12 mai 1981 : *D.* 1982, inf. rap. p. 399, obs. Giverdon. – V. pour des exemples : ■ Cass. 3e civ., 8 juill. 1980 : *D.* 1981, inf. rap. p. 399, obs. Giverdon. ■ Cass. 3e civ., 26 oct. 1983 : *JCP* N 1984, IV, 129. ■ Cass. 3e civ., 30 mars 1994 : *Rev. loyers* 1994, p. 453. ■ CA Paris, 19e ch. B, 19 sept. 1990 : *Loyers et copr.* déc. 1990, n° 445. ■ CA Paris, 23e ch. B, 8 nov. 1999 : *D.* 2000, somm. p. 211, note C. Atias. ■ CA Paris, 23e ch. B, 31 mai 2000 : *Loyers et copr.* 2000, comm. 70. ■ CA Paris, 23e ch. B, 26 sept. 2002 : *Dossiers CSAB* n° 111, avr. 2004, n° 67, obs. A. Dunes. ■ CA Aix-en-Provence, 27 juin 2008 : *Loyers et copr.* 2009, comm. n° 76. ■ CA Paris, 23e ch. A, 10 avr. 2008 : *Loyers et copr.* 2008, comm. 226, obs. G. Vigneron). Il doit y avoir complète concordance entre les questions votées par l'assemblée et celles figurant à l'ordre du jour (■ Cass. 3e civ., 3 juin 2009, n° 08-16.450 : *Rev. Administrer* oct. 2009, p. 54, obs. J.-R. Bouyeure. ■ CA Grenoble, 27 janv. 2009 : *JurisData* n° 2009-576869 ; *Loyers et copr.* 2009, comm. 215, obs. G. Vigneron. ■ CA Paris, 23e ch. B, 9 sept. 2009 : *JurisData* n° 2009-379177 ; *Loyers et copr.* 2010, comm. 112, obs. G. Vigneron. ■ CA Paris, pôle 4, 2e ch., 18 nov. 2009 : *AJDI* 2010, p. 231. ■ CA Paris, 23e ch., 27 janv. 2010 : *JurisData* n° 2010-380748 ; *Loyers et copr.* 2010, comm. 150, obs. G. V.).

Ainsi est nulle une décision qui donne quitus au syndic alors que l'ordre du jour ne portait que sur l'approbation des comptes (■ Cass. 3e civ., 6 juill. 1994, n° 89-16.212 : *Loyers et copr.* déc. 1994, n° 490 ; *Bull. civ.* III, n° 142 ; *Defrénois* 1995, art. 36040, note C. Atias ; *Inf. rap. copr.* nov. 1994, p. 15, obs. P. Capoulade) ou l'autorisation donnée à un copropriétaire d'entreprendre des travaux non mentionnés dans l'ordre du jour (■ Cass. 3e civ., 17 juin 1997 : *Loyers et copr.* 1997, comm. 239. ■ CA Paris, pôle 4, 2e ch., 9 févr. 2011 : *Rev. Administrer* mai 2011, p. 53, obs. J.-R. Bouyeure).

De même est nulle la décision d'une assemblée qui, réunie pour choisir une entreprise et arrêter les modalités de financement de travaux précédemment décidés, remet en cause cette décision antérieure alors que cette question ne figure pas à l'ordre du jour (■ Cass. 3e civ., 9 juin 1993 : *Rev. Administrer* mai 1994, p. 27, obs. J. Lafond. – V. aussi en matière de travaux, ■ CA Paris, 23e ch. B, 31 août 2000 : *Loyers et copr.* 2001, comm. 70). Peu importe que la résolution se borne à un rappel du règlement ou de précédentes décisions de l'assemblée (■ Cass. 3e civ., 26 mars 2003, n° 01-13.896 : *Loyers et copr.* 2003, comm. 139, obs. G. Vigneron ; *Rev. Administrer* juill. 2003, p. 43, obs. J.-R. Bouyeure). De même encore est nulle la décision désignant un syndic bénévole alors que l'ordre du jour ne portait que sur le renouvellement du mandat du syndic (■ CA Paris, pôle 4, 2e ch., 9 févr. 2011 : *Rev. Administrer* mai 2011, p. 49, obs. J.-R. Bouyeure), ou encore la décision mandatant le syndic pour agir à l'encontre d'un copropriétaire afin de faire arrêter les travaux par lui entrepris et pour faire procéder à la remise des lieux dans l'état d'origine, alors que l'ordre du jour ne comportait que la mention : « informations relatives aux travaux envisagés par les époux X... dans leur appartement et sur la terrasse, décision éventuelle » (■ Cass. 3e civ., 18 sept. 2012, n° 08-70.203 : *Administrer* déc. 2012, p. 62, obs. J.-R. Bouyeure).

Seule la délibération concernant la question ne figurant pas à l'ordre du jour est annulée et non pas l'assemblée elle-même (■ CA Limoges, 27 mai 1997 : *Bull. inf. C. cass.*, 15 nov. 1997, p. 35, n° 1327). Il a été jugé que la nullité pouvait être partielle et se limiter aux seuls points de la résolution ne figurant pas à l'ordre du jour (■ CA Paris, pôle 4, 2e ch., 20 déc. 2017, n° 15/16333 : *Administrer* mars 2018, p. 38, obs. J.-R. Bouyeure).

7) Contestation de la décision. Si la décision n'est pas contestée dans le délai de l'article 42, alinéa 2 de la loi (V. ce texte), elle ne peut plus être remise en cause (■ Cass. 3e civ., 14 janv. 1998 : *Rev. Administrer* mai 1998, p. 43 ; *RD imm.* 1998, p. 291, obs. P. Capoulade ; *Bull. civ.* III, n° 8. ■ CA Paris, pôle 4, 2e ch., 9 oct. 2013 : *JurisData* n° 2013-022520 ; *Loyers et copr.* 2014, n° 55, obs. G. Vigneron). Un copropriétaire qui a voté en faveur de la décision ne peut prétendre la contester au motif qu'il a été victime d'une « escroquerie intellectuelle », en raison de la présentation fallacieuse de l'ordre du jour (■ Cass. 3e civ., 7 nov. 2007 : *Bull. civ.* III, n° 197 ; *JCP* G 2007, 3 1064 ; *Loyers et copr.* 2008, comm. 17, note Vigneron ; *Rev. Administrer* janv. 2008, p. 57, obs. J.-R. Bouyeure).

Selon une décision ancienne, le ou les copropriétaires qui ont demandé à l'assemblée d'examiner la question ne sont toutefois pas recevables à se prévaloir de la nullité (■ Cass. 3e civ., 19 juin 1973 : *JCP* 1973, I, 17518). Mais il a été jugé postérieurement qu'un copropriétaire qui a voté en faveur de la décision ne figurant pas à l'ordre du jour pouvait néanmoins en invoquer la nullité (■ Cass. 3e civ., 22 févr. 1995 : *RD imm.* 1995, p. 378, obs. P. Capoulade).

2° Vote sur un ordre du jour imprécis ou équivoque

8) Nullité encourue. Les décisions de l'assemblée sont également nulles dans le cas où elle se prononce alors que l'ordre du jour est libellé d'une manière imprécise ou équivoque (■ Cass. 3e civ., 11 févr. 1971 : *Inf. rap. copr.* 1971, p. 91. ■ Cass. 3e civ., 4 juin 1973 : *D.* 1973, somm. 142. ■ Cass. 3e civ., 12 mai 1981 : *Rev. Administrer* oct. 1981, p. 32, obs. Guillot ; *D.* 1981, inf. rap. p. 399, note Giverdon ; *Defrénois* 1981, p. 1307, note Souleau. ■ CA Paris, 18 févr., 10 mars et 11 mars 1977 : *D.* 1978, inf. rap. p. 123.). Ainsi par exemple si l'ordre du jour indique « examen de l'abri de jardin » (■ Cass. 3e civ., 23 oct. 2002 : *Loyers et copr.* 2003, comm. 15, obs. G. Vigneron ; *Dossiers CSAB* n° 104, févr. 2003, n° 32, obs. A. Dunes) ou « installation de l'air conditionné », sans donner de précisions sur l'endroit où le climatiseur sera installé et sur ses modalités de fonctionnement (■ CA Paris, 25 nov. 2009 : *AJDI* 2010, p. 733, note P. Capoulade).

Voir aussi : sur les formes et délais du recours en nullité, V. L. art. 42 et son comm.

Cette nullité est d'ordre public (■ Cass. 3e civ., 4 juin 1973 : *Bull. civ.* III, n° 392, p. 283. ■ TGI Paris, 18 janv. 1977 : *D.* 1978, inf. rap. p. 123, n° 88).

Elle doit être demandée dans le délai de deux mois prévu par l'article 42 de la loi (V. ce texte et son comm. ■ Cass. 3e civ., 19 juin 1973 : *JCP* 1974, II, 17518. ■ CA Paris, 23e ch. B, 30 mai 2002 : *Rev. loyers* 2002, p. 531).

De la jurisprudence précitée il se déduit qu'il ne peut être reproché au syndicat de n'avoir pas voté sur un projet de résolution trop imprécis (■ Cass. 3e civ., 29 janv. 2003 : *Loyers et copr.* 2003, comm. 115, obs. G. Vigneron ; *Rev. Administrer* avr. 2003, p. 56, obs. J.-R. Bouyeure).

Voir : sur le degré de précision de l'ordre du jour, D. 17 mars 1967, art. 9, p. 703.

C – Tempéraments ou exceptions au principe

9) Pouvoir d'amender ou de compléter les décisions figurant à l'ordre du jour. Il a été admis que l'assemblée était en droit d'amender, ou d'améliorer, sans les dénaturer les résolutions qui lui sont soumises (V. pour des exemples : ■ Cass. 3e civ., 25 sept. 2002, n° 01-00.161 : *Bull. civ.* III, n° 179 ; *JCP* 2002, IV, 2735. ■ CA Paris, pôle 4, 2e ch., 12 mars 2014, n° 12-12.301 : *Administrer* mai 2014, p. 46, obs. J.-R. Bouyeure. ■ CA Paris, 23e ch. B, 29 nov. 2001 : *Loyers et copr.* 2002, comm. 130). Certaines décisions font preuve de souplesse en considérant, par exemple, que la nullité n'est pas encourue *lorsque la décision litigieuse n'est que la conséquence des différentes questions inscrites à l'ordre du jour* (■ CA Paris, 14 oct. 1985 : *Rev. loyers* 1986, p. 325) ou encore lorsque l'assemblée se borne à apporter des amendements aux diverses questions inscrites à l'ordre du jour (■ CA Paris, 23e ch. B, 19 janv. 1983 : *D.* 1983, inf. rap. p. 461, obs. Giverdon).

Dans cet esprit, il a été admis que les copropriétaires pouvaient choisir un autre avocat que celui désigné dans la convocation qui avait pour objet « la représentation de la copropriété en justice » (■ CA Paris, 23e ch., 2 juill. 1993 : *Loyers et copr.* 1993, n° 408).

Diverses décisions incitaient à la prudence. « Une décision qui a été votée conformément à l'ordre du jour ne peut être complétée par une autre qui n'y était pas inscrite » énonçait un arrêt du 7 novembre 2007 (■ Cass. 3e civ., 7 nov. 2007, n° 06-18.882 : *JurisData* n° 2007-041250 ; *Bull. civ.* III, n° 196 ; *Loyers et copr.* 2008, comm. 18, note G. Vigneron ; *Rev. Administrer* févr. 2008, p. 33 ; *Rev. loyers* 2007, p. 518, note O. Douek). Est nulle la résolution votée qui n'est pas la suite prévisible de la question figurant à l'ordre du jour (■ CA Versailles, 11 févr. 2013, n° 09/04466 : *JurisData* n° 2013-002878 ; *Loyers et copr.* 2013, comm. 186, obs. G. Vigneron).

Cependant, des décisions plus récentes admettaient une certaine souplesse. Il a été jugé que l'assemblée générale usant de son pouvoir d'amendement pouvait compléter en cours de séance une question de l'ordre du jour en y adjoignant les mots « pour que soit respecté le règlement de copropriété, » précision souhaitée par les copropriétaires, et qui n'avait pas pour conséquence de dénaturer le sens de la résolution notifiée dans la convocation (■ Cass 3e civ., 16 sept. 2015, n° 14-14.518 : *JurisData* n° 2015-020697 ; *Loyers et copr.* 2015, n° 235, note G. Vigneron ; *Administrer* janv. 2016, p. 36, note J.-R. Bouyeure). Et une autre décision de la Cour de cassation énonce que « aucune disposition n'impose la stricte identité de rédaction du projet de résolution et du texte définitivement adopté, sauf à nier la liberté de discussion et de vote des copropriétaires lors de l'assemblée générale » (■ Cass. 3e civ., 15 avr. 2015, n° 14-13.255 : *JurisData* n° 2015-008272 ; *Bull. civ.* III, n° 39 ; *Loyers et copr.* 2015, comm. 148, note G. Vigneron ; *Rev. loyers* 2015, p. 304, note L. Guégan ; *Administrer* juill. 2015, p. 48, note J.-R. Bouyeure). En l'espèce la décision prise retenait le principe de travaux pour un coût maximum qui ne dépassait pas ce qui était annoncé dans le projet de résolution, en précisant, mais en diminuant l'étendue et en prescrivant une consultation plus large d'entreprises.

Dans une décision dernière en date, la Cour de cassation reprend la jurisprudence de son arrêt précité du 7 novembre 2017 selon laquelle une décision votée conformément à l'ordre du jour ne peut être complétée par une autre qui n'y est pas inscrite (▪ Cass. 3e civ., 29 nov. 2018, n° 17-22.138 : *JurisData* n° 2018-021536 ; *Loyers et copr.* 2019, comm. 16, note C. Coutant-Lapalus), fixant ainsi des limites à l'interprétation bienveillante de la jurisprudence.

10) Situations d'urgence. Incidents de séance. Par ailleurs, dans des *situations d'urgence*, il est admis que l'assemblée peut, tout à fait exceptionnellement, se prononcer sur des questions imprévues et qui requièrent une solution immédiate (sur le principe, V. G. Vigneron : *JCl. Copropriété*, Fasc. 84-20, n° 82. – Kischinewsky-Broquisse, *op. cit.*, n° 415. – Pour des travaux irréguliers entrepris entre la convocation de l'assemblée et sa tenue, V. ▪ CA Paris, 23e ch. B, 2 nov. 2000 : *Rev. Administrer* janv. 2001, p. 45, note J.-R. Bouyeure. – V. ▪ CA Toulouse, 1re ch., 12 oct. 1992 : *RD imm.* 1993, p. 128).

Des assouplissements avaient été admis lorsque survenait un « *incident de séance* » : par exemple, la révocation du syndic dont une faute grave est révélée au cours de l'assemblée, ou l'acceptation de sa démission donnée sur-le-champ et la nomination immédiate de son successeur (▪ Cass. 3e civ., 18 mai 1971, n° 70-10.893 : *Bull. civ.* III, n° 310 ; *JCP* 1971, II, 16831, note Guillot). Il a été jugé que devant le refus du syndic bénévole d'inscrire à l'ordre du jour un projet de résolution portant sur la désignation d'un syndic professionnel, pour ne laisser subsister que sa propre candidature, l'assemblée pouvait valablement désigner un membre du conseil syndical en vue de convoquer une nouvelle assemblée aux fins de nommer un nouveau syndic (▪ CA Paris, pôle 4, 2e ch., 28 mai 2014, n° 12-17.698 : *JurisData* n° 2014-017471 ; *Loyers et copr.* 2014, comm. 278, obs. G. Vigneron). Cependant, cette jurisprudence paraît remise en cause par un arrêt plus récent de la Cour de cassation (▪ Cass 3e civ., 3 déc. 2015, n° 14-25.583, publié au *Bulletin* ; *JurisData* n° 2015-027103 ; *Administrer* mars 2016, p. 47, note J.-R. Bouyeure). En l'espèce lors d'une assemblée, le mandat du syndic bénévole n'avait pas été renouvelé et les copropriétaires avaient, sur-le-champ, nommé un autre copropriétaire comme syndic provisoire. La Cour de cassation condamne cette procédure considérant qu'en l'absence de syndic il ne pouvait qu'être recouru aux procédures prévues par les articles 46 et 47 du décret du 17 mars 1967.

D – Absence de vote sur une question figurant à l'ordre du jour

11) Incidence. Si l'assemblée omet de voter sur une question figurant à l'ordre du jour, ce fait n'est pas de nature à entraîner la nullité de cette assemblée (▪ Cass. 3e civ., 19 nov. 1997 : *Rev. Administrer* avr. 1998, p. 52, obs. P. Capoulade ; *Bull. civ.* III, n° 207 ; *JCP* G 1998, II, 10040, note A. Djigo ; *Loyers et copr.* janv. 1998, n° 19 ; *Defrénois* 1998, p. 399, obs. C. Atias. ▪ CA Rouen, 15 févr. 2005 : *JurisData* n° 2005-271484) à la condition, précise la cour de Paris, qu'il n'y ait pas de lien entre les questions votées et les questions omises (▪ CA Paris, 19e ch. B, 11 sept. 1996 : *Loyers et copr.* déc. 1996, n° 487. ▪ CA Paris, 23e ch. A, 2 oct. 1996 : *Loyers et copr.* déc. 1996, n° 489. – V. dans le cas où la résolution votée avait un rapport avec le sujet d'une autre résolution proposée par un copropriétaire et qui avait été omise par le syndic : ▪ CA Paris, pôle 4, 2e ch., 26 avr. 2017, n° 15028 : *Administrer* août-sept. 2017, p. 57, note J.-R. Bouyeure).

Art. 13-1 *(Aj., D. n° 2019-650, 27 juin 2019).* – **Pour l'application de l'article 17-1 A de la loi du 10 juillet 1965, l'assemblée générale décide des moyens et supports techniques permettant aux copropriétaires de participer aux assemblées générales par visioconférence, par audioconférence ou par tout autre moyen de communication électronique ainsi que des garanties permettant de s'assurer de l'identité de chaque participant. La décision est prise sur la base de devis élaborés à cet effet à l'initiative du syndic ou du conseil syndical. Le syndicat des copropriétaires en supporte les coûts.**

Pour garantir la participation effective des copropriétaires, ces supports doivent, au moins, transmettre leur voix et permettre la retransmission continue et simultanée des délibérations.

Bibliographie : A. Lebatteux, *Étude sur les trois décrets parus en application des dispositions de la loi n° 2018-1021 du 23 novembre 2018 dite ELAN en matière de copropriété : Loyers et copr.* 2019, étude 5. • P.-E. Lagraulet, *Esquisse des nouveaux contours du droit de la copropriété : AJDI* 2019, 604. • F. Bayard-Jammes, *La réforme de la prise de décision au sein de la copropriété : AJDI* 2019, 870.

1) Modalités de la participation à l'assemblée par visioconférence, audio-conférence ou par tout autre moyen de communication électronique : qui décide ? L'article 13-1, pris en application de l'article 17-1 A de la loi du 10 juillet 1965, issu de la loi ELAN du 23 novembre 2018 énonce tout d'abord un principe : c'est à l'assemblée générale qu'il revient de décider des moyens et supports techniques qui vont permettre aux copropriétaires de participer aux assemblées générales par visioconférence, audio-conférence ou par tout autre moyen de communication électronique. L'assemblée devra également fixer les « garanties permettant de s'assurer de l'identité de chaque participant ».

En permettant d'organiser l'assemblée par visioconférence le législateur a voulu lutter contre l'absentéisme (notamment dans les copropriétés composées de non-résidents…). Si cette modalité de tenue de l'assemblée ne paraît pas poser de problème dans les copropriétés de taille réduite, il en est autrement dans les grandes ou très grandes copropriétés. En outre des difficultés techniques peuvent surgir (coupure de réseau inopinée) qui peuvent donner lieu à un contentieux ultérieur. Le législateur les a d'ailleurs évoquées à propos des mentions à insérer dans le procès-verbal (D. 17 mars 1967, art. 17, al. 5).

En renvoyant la décision à l'assemblée, le législateur a pris une position pragmatique : il peut être difficile de fixer *a priori* une règle applicable à tous les types d'assemblée et à tous les cas de figure. Néanmoins, le texte des articles 17-1 A de la loi et 13-1 du décret ne permet à l'assemblée que de décider « des moyens et supports techniques » et non du principe de la participation électronique. En effet, tout copropriétaire peut, et donc doit, pouvoir participer selon ce moyen, au même titre que celui d'une participation « physique », par « représentation » ou par « vote par correspondance » ; en ce sens, on peut rapprocher ce dispositif de celui du fonds de travaux : les copropriétaires doivent cotiser mais peuvent définir le pourcentage au-dessus du seuil minimal de 5 %.

2) Garde-fou législatif. Le législateur a fixé toutefois une limite à la liberté de l'assemblée. Les supports utilisés doivent, au minimum, « transmettre la voix » des copropriétaires qui participent à distance à l'assemblée et « permettre la retransmission continue et simultanée des délibérations ».

3) Coûts induits. La mise sur pied d'une assemblée par visioconférence ou audio-conférence va générer des frais.

L'article 13-1 indique que des devis doivent être élaborés à cet effet à l'initiative du syndic ou du conseil syndical. La décision doit être prise sur la base de ces devis.

Le texte ajoute que « le syndicat en supporte les coûts » : il faut entendre « les coûts de sa décision ». Il peut y avoir là un obstacle à l'utilisation de ce mode de participation : les copropriétaires qui sont habituellement présents à l'assemblée risquent d'être réticents à financer les frais de tenue de l'assemblée sur ce mode, choisi pour la convenance ou la commodité de certains….

Art. 13-2 ***(Aj., D. n° 2019-650, 27 juin 2019).*** **– Le copropriétaire qui souhaite participer à l'assemblée générale par visioconférence, par audio conférence ou par tout autre moyen de communication électronique en informe par tout moyen le syndic trois jours francs au plus tard avant la réunion de l'assemblée générale.**

1) Participation à l'assemblée par visioconférence, audio-conférence ou par tout autre moyen de communication électronique : information du syndic. Selon l'article 13-2 le propriétaire qui souhaite participer à l'assemblée par visioconférence, audio-conférence ou par tout autre moyen de communication électronique doit en informer le syndic 3 jours francs au plus tard avant la réunion de l'assemblée générale.

2) Délai et modalités de l'information. L'information doit parvenir au syndic « trois jours francs au plus tard avant la réunion de l'assemblée générale ». Si par exemple l'assemblée est fixée au 5 octobre, la demande devra avoir été notifiée au syndic au plus tard le 1er octobre. On peut se demander si la fixation d'un délai aussi bref est bien réaliste. En effet à moins qu'il ne dispose lui-même d'un espace dédié à la visioconférence, le syndic n'aura que très peu de temps pour réserver une salle…

La demande doit être formulée « par tout moyen ». Encore faut-il que le « moyen » choisi laisse une trace et permette de déterminer la date de la notification de manière indiscutable afin de fait de vérifier si le délai de 3 jours francs imparti par les textes a bien été respecté.

Art. 14 ***(Mod., D. n° 2019-650, 27 juin 2019).*** **– Il est tenu une feuille de présence, pouvant comporter plusieurs feuillets, qui indique les nom et domicile de chaque copropriétaire ou associé :**

– présent physiquement ou représenté ;

– participant à l'assemblée générale par visioconférence, par audioconférence ou par un autre moyen de communication électronique ;

– ***(D. n° 2020-834, 2 juill. 2020)*** **« ayant voté par correspondance avec mention de la date de réception du formulaire par le syndic ».**

Dans le cas où le copropriétaire ou l'associé est représenté, la feuille de présence mentionne les nom et domicile du mandataire désigné et précise le cas échéant si ce dernier participe par visioconférence, par audioconférence ou par un autre moyen de communication électronique.

Cette feuille indique pour chaque copropriétaire le nombre de voix dont il dispose, le cas échéant en faisant application des dispositions des *(Phrase aj., D. n° 2020-834, 2 juill. 2020)* « deuxième et troisième alinéas du I de l'article 22 et du dernier alinéa de l'article 10 de la loi du 10 juillet 1965 ».

(D. n° 2020-834, 2 juill. 2020) **« Elle est émargée par chaque copropriétaire ou associé présent physiquement, ou par son mandataire. »**

Elle est certifiée exacte par le président de séance désigné par l'assemblée générale.

Elle peut être tenue sous forme électronique dans les conditions définies par les articles 1366 et 1367 du Code civil.

Code civil

Art. 1366 *(Aj. à compter du 1er octobre 2016, Ord. n° 2016-131, 10 févr. 2016)*. **–** L'écrit électronique a la même force probante que l'écrit sur support papier, sous réserve que puisse être dûment identifiée la personne dont il émane et qu'il soit établi et conservé dans des conditions de nature à en garantir l'intégrité.

Art. 1367 *(Aj. à compter du 1er octobre 2016, Ord. n° 2016-131, 10 févr. 2016)*. **–** La signature nécessaire à la perfection d'un acte juridique identifie son auteur. Elle manifeste son consentement aux obligations qui découlent de cet acte. Quand elle est apposée par un officier public, elle confère l'authenticité à l'acte.

Lorsqu'elle est électronique, elle consiste en l'usage d'un procédé fiable d'identification garantissant son lien avec l'acte auquel elle s'attache. La fiabilité de ce procédé est présumée, jusqu'à preuve contraire, lorsque la signature électronique est créée, l'identité du signataire assurée et l'intégrité de l'acte garantie, dans des conditions fixées par décret en Conseil d'État.

I – ÉTABLISSEMENT DE LA FEUILLE DE PRÉSENCE

Bibliographie : sur les modalités de rédaction de la feuille de présence, E.-J. Guillot, *Tenue de l'assemblée générale des copropriétaires : Rev. Administrer* nov. 1989, p. 12 et s. – P. Capoulade, *Propos actuels sur la feuille de présence et le procès-verbal : Rev. hab. fr.* sept. 2000, p. 9. – J.-M. Gélinet, *Respect et sanction du formalisme dans la tenue des assemblées générales de copropriété : Rev. loyers* 2000, p. 186 et s. et 238 et s. – J.-M. Roux, *La feuille de présence : Inf. rap. copr.* sept. 2008, p. 18. – A. Lebatteux, *Étude sur les trois décrets parus en application des dispositions de la loi n° 2018-1021 du 23 novembre 2018 dite ELAN en matière de copropriété : Loyers et copr.* 2019, étude 5. – P.-E. Lagraulet, *Esquisse des nouveaux contours du droit de la copropriété : AJDI* 2019, 604. – B. Lehnisch et J.-Ph. Mariani, *L'accès aux feuilles de présence des assemblées générales des copropriétaires : AJDI* 2020, p. 829. – G. Gil, *Les signatures en assemblée générale : Inf. rap. copr.* janv.-févr. 2021, p. 25. – D. Rodrigues, *La feuille de présence : Inf. rap. copr.* mai 2021, p. 10. – P.-E. Lagraulet, *Irrégularité formelle et nullité des décisions de l'assemblée : Inf. rap. copr.* déc. 2023, p. 7.

A – Présentation matérielle

1) Support papier ou écrit électronique. L'article 14 précise que la feuille de présence peut être établie soit sur support papier et peut alors comporter plusieurs feuillets (art. 14, al. 1) soit sous forme électronique, dans les conditions définies par les articles 1366 et 1367 du Code civil (V. ces textes *supra*, sous l'article 14. – V. sur ce point, S. Coiffet, *Papier et électronique : même combat : Administrer* janv. 2006, p. 14).

Par ailleurs l'article 17, alinéa 6 du décret du 17 mars 1967 indique qu'elle constitue une annexe du procès-verbal, avec lequel elle est conservée.

2) Ensembles immobiliers ou groupes d'immeubles. Dans les « ensembles immobiliers » ou groupes d'immeubles, rien ne s'oppose à ce qu'une feuille de présence séparée soit établie pour chaque immeuble (■ Cass. 3e civ., 11 mai 2000, n° 98-17.029 : *JurisData* n° 2000-001862 ; *Bull. civ.* III, n° 104 ; *Loyers et copr.* 2000, comm. 204, note G. Vigneron ; *RD imm.* 2000, p. 389, obs. P. Capoulade ; *Rev. loyers* 2000, p. 378, obs. J.-M. Gélinet.).

B – Moment de l'établissement

3) Avant ou après l'élection du président ? La détermination de la composition de l'assemblée étant une condition essentielle de toute prise de décision, la feuille de présence doit en principe être établie avant le vote sur la désignation du président (G. Gil, *Le président de l'assemblée générale des copropriétaires : Administrer* oct. 2009, p. 21).

Toutefois, selon plusieurs décisions des juridictions du fond, la feuille de présence pourrait être établie après l'élection du président de l'assemblée et être certifiée par le président après sa désignation (■ CA Paris, 23e ch. B, 4 juill. 2002 : *Loyers et copr.* 2002, comm. 288. – V. dans le même sens ■ CA Toulouse, 1re ch., 24 août 2005 : *JurisData* n° 2005-292164). Plus récemment, la cour de Paris a jugé que le syndic pouvait procéder à une première vérification des pouvoirs à titre provisoire avant l'élection du président de séance des membres du bureau, la certification définitive intervenant après l'élection du président (■ CA Paris, pôle 4, 2e ch., 21 mars 2018, n° 16/04001 : *Administrer* août-sept. 2018, p. 42, note J.-R. Bouyeure). Cette solution avait été préconisée par la quatrième recommandation de la regrettée commission relative à la copropriété (V. ann., *V° Commission relative à la copropriété*)… Elle a été implicitement validée par la Cour de cassation (■ Cass. 3e civ., 31 mai 2012, n° 11-12.774 : *Bull. civ.* III, n° 89).

C – Mentions exigées

4) Nom et domicile des copropriétaires présents ou représentés. La feuille de présence doit tout d'abord indiquer les nom et domicile de chaque copropriétaire ou associé (dans le cas prévu par l'article 12 du décret : V. ce texte) :

– présent physiquement ou représenté ;

– participant à l'assemblée générale par visioconférence, par audioconférence ou par un autre moyen de communication électronique.

– ayant voté par correspondance, avec mention de la date de réception du formulaire par le syndic (V. D. 17 mars 1967, art. 9 *bis*). Cette mention est nécessaire dans la feuille de présence établie en début d'assemblée, même si ces copropriétés ne sont pas « présents », pour déterminer les tantièmes requis pour l'obtention des majorités.

5) Nom et domicile des mandataires. Si un copropriétaire ou un associé est représenté, la feuille de présence mentionne les nom et domicile du mandataire désigné et précise le cas échéant si ce dernier participe à l'assemblée par visioconférence, par audioconférence ou par un autre moyen de communication électronique (art. 14, al. 2). Mais il n'est pas exigé par la loi que les pouvoirs soient annexés à la feuille de présence (■ CA Paris, 19e ch. A, 29 sept. 1997 : *Loyers et copr.* févr. 1998, n° 50).

6) Nombre de voix dont dispose chaque copropriétaire. La feuille de présence indique pour chaque copropriétaire le nombre de voix dont il dispose, en faisant application le cas échéant des dispositions des alinéas 2 et 3 du I de l'article 22 et du dernier alinéa de l'article 10 de la loi du 10 juillet 1965.

Il faut rappeler à ce sujet qu'en application de l'article 22, alinéa 2 de la loi du 10 juillet 1965, auquel il est renvoyé (V. ce texte) les voix dont dispose chaque copropriétaire sont éventuellement réduites à la somme des voix des autres copropriétaires s'il détient à lui seul la majorité.

Le nombre de voix dont dispose chaque copropriétaire est également fonction des délégations de vote qu'il peut avoir en vertu de l'article 22, alinéa 3 de la loi (V. ce texte) : il devra en être fait mention sur la feuille de présence (exigence introduite par le décret n° 86-768 du 9 juin 1986).

Dans le cas où il s'agit de voter sur des « charges spéciales » (V. L., art. 10, dernier alinéa, p. 392), les voix de chaque copropriétaire sont proportionnelles aux tantièmes de charges qu'il supporte (V. ce texte).

7) Importance de ces mentions. Les mentions prescrites par le texte (nom et domicile de chaque copropriétaire ou associé ou de son mandataire, nombre de voix dont chacun dispose) vont permettre lors de chaque vote de décompter les voix pour le calcul des majorités, de s'assurer de ce que les règles de représentation à l'assemblée sont respectées (sur ces règles, V. L., art. 22, p. 371) et de contrôler ensuite la régularité de l'assemblée (sur le rôle de la feuille de présence : Rép. min., 6 juin 1970 : *JOAN*, p. 2323 ; *JCP* N 1970, prat. 4779. ■ TGI Paris, 2 juill. 1980 : *Rev. loyers* 1981, p. 273. – ■ CA Paris, pôle 4, ch. 2, 20 mars 2024, n° 20/02588 : *Administrer* mai 2024, 37, obs. P. Déchelette-Tolot).

Rien n'oblige à faire figurer dans la feuille de présence le numéro des lots détenus par chaque copropriétaire (■ CA Paris, 23e ch. B, 17 mars 2005 : *Loyers et copr.* 2005, comm. 183, note G. Vigneron).

D – Émargement et certification

8) Émargement. La feuille de présence doit comporter la *signature* de chaque copropriétaire ou associé présents physiquement,, ou celle du mandataire (art. 14, al. 7).

Une décision libérale a estimé que la signature de la feuille de présence après l'assemblée générale par un copropriétaire effectivement présent à cette assemblée n'entraînait aucune nullité dès lors qu'elle reflétait la réalité (■ TGI Grasse, 12 juin 1997 : *Administrer* déc. 1997, p. 52, obs. J.-R. Bouyeure).

Si un copropriétaire refuse de signer la feuille de présence et que ses voix ne sont pas prises en compte lors du vote, il peut par la suite contester les décisions prises (■ Cass. 3e civ., 22 juill. 1998 : *Administrer* févr. 1999, p. 49 et *RD imm.* 1998, p. 686, obs. P. Capoulade).

Bibliographie : G. Gil, *Les signatures en assemblée générale* : *Inf. rap. copr.* janv.-févr. 2021, p. 25.

9) Certification de la feuille de présence. La feuille de présence est *certifiée exacte par le président de l'assemblée* (art. 14, al. 7). À défaut, elle ne peut permettre de réparer les carences d'un procès-verbal qui n'indique pas le nom des copropriétaires présents (■ CA Paris, 23e ch. A, 10 févr. 1999 : *RD imm.*

1999, p. 302, obs. C. Giverdon). Le fait qu'elle soit certifiée « sincère et véritable » et non pas « exacte » n'entache pas sa validité (▪ CA Paris, 23e ch. B, 31 mai 2000 : *JurisData* n° 2000-118257 ; *Loyers et copr.* 2000, comm. 232). Le défaut de certification de la feuille de présence n'entraîne pas la nullité de l'assemblée (▪ Cass. 3e civ., 27 avr. 2011, n° 10-16.357 : *AJDI* 2011, p. 457) si le procès-verbal fournit les renseignements permettant de suppléer à cette lacune (▪ CA Paris, pôle 4, 2e ch., 17 févr. 2010 : *Administrer* mai 2010, p. 47, obs. J.-R. Bouyeure).

II – DÉLIVRANCE DE COPIES DE LA FEUILLE DE PRÉSENCE

Bibliographie : B. Lehnisch et J.-Ph. Mariani, *L'accès aux feuilles de présence des assemblées générales des copropriétaires : AJDI* 2020, p. 829.

10) Règles dégagées par la jurisprudence. Il est *possible d'obtenir copie* de la feuille de présence en la demandant au syndic dans les conditions prévues par l'article 33 du décret (V. ce texte, en ce sens, ▪ Cass. 3e civ., 4 janv. 1996, n° 94-12.167 : *Bull. civ.* III, n° 3 ; *Loyers et copr.* mars 1996, n° 139 ; *Inf. rap. copr.* avr. 1996, p. 8, obs. P. Capoulade). Le syndic n'est pas fondé à opposer un refus au motif que la feuille de présence mentionne le domicile des copropriétaires, et en prétextant qu'il y aurait au respect de la vie privée (▪ CA Rennes, 4e ch., 6 juin 2013, n° 11/07662 : *JurisData* n° 2013-012649. ▪ CA Aix-en-Provence, 4e ch. A, 19 mars 2010 : *JurisData* n° 2010-007810. ▪ CA Chambéry, 1re ch., 24 avr. 2008 : *Loyers et copr.* 2008, comm. 204). Il n'est pas fondé non plus à prendre l'initiative de raturer des adresses pour en éviter la divulgation (V. ▪ CA Aix-en-Provence, 19 mars 2010 : *JurisData* n° 2010-007810 ; *Loyers et copr.* 2010, comm. 301, obs. G.V., qui condamne le syndic à remettre au copropriétaire demandeur une copie contenant les adresses non raturées). Toutefois, il ne peut être exigé que le syndic communique l'original, dont il ne doit pas se dessaisir (▪ Cass. 3e civ., 11 mai 2000, n° 98-17.029 : *JurisData* n° 2000-001862 ; *Loyers et copr.* 2000, comm. 204, note G. Vigneron ; *RD imm.* 2000, p. 389, obs. P. Capoulade ; *Rev. loyers* 2000, p. 378, obs. J.-M. Gélinet).

Il avait été jugé que lorsqu'une assemblée était devenue définitive, les copropriétaires ne pouvaient plus obtenir copie de la feuille de présence s'ils n'étaient pas membres du conseil syndical (▪ CA Paris, 14e ch. B, 10 déc. 2004 : *Rev. loyers* 2005, p. 101, note crit. Th. Dubaele). Cette décision a été censurée par la Cour de cassation (▪ Cass. 3e civ., 28 févr. 2006, n° 05-12.992 : *Loyers et copr.* 2006, comm. 109, note G. Vigneron). Le syndic est tenu de délivrer des copies ou extraits certifiés conformes du procès-verbal de l'assemblée avec ses annexes, en l'occurrence les pouvoirs joints.

Mais aucun texte n'imposant la communication de la feuille de présence tenue lors de chaque assemblée, et les copropriétaires ayant la possibilité de la consulter et d'en obtenir copie dans les conditions de l'article 33 du décret du 17 mars 1967, il n'est pas obligatoire de l'adresser à chacun des copropriétaires à l'issue de chaque assemblée générale (▪ Cass. 3e civ., 24 sept. 2008, n° 07-16.334 : *JurisData* n° 2008-045079 ; *Bull. civ.* III, n° 137 ; *Loyers et copr.* 2008, comm. 253, obs. G. Vigneron ; *Rev. loyers* 2008, p. 567, note L. Guégan ; *Administrer* déc. 2008, p. 67, obs. J.-R. Bouyeure ; *D.* 2008, p. 2505, note Y. Rouquet).

III – COPROPRIÉTAIRES ARRIVANT EN RETARD OU QUITTANT LA SÉANCE AVANT SON TERME

11) Conséquences – Précautions à prendre. Le *copropriétaire qui arrive en retard* doit prendre soin de se faire mentionner comme présent.

Quant aux *copropriétaires qui partent avant la fin*, et qui ont été mentionnés au départ comme présents, doivent-ils être considérés irréfragablement comme présents pour toute la durée de l'assemblée ? (solution admise par ▪ CA Pau, 1er avr. 1980, et ▪ TGI Paris, 2 juill. 1980 : *D.* 1981 ; *Inf. rap. copr.* p. 399, obs. Giverdon)... ou peuvent-ils être traités comme des absents, sous réserve qu'ils rapportent la preuve de leur départ anticipé (solution admise par ▪ CA Lyon, 2 avr. 1981 : *Administrer* janv. 1982, p. 32, obs. Guillot) ?

La question est importante : car s'ils sont défaillants, ils peuvent exercer un recours contre les délibérations de l'assemblée prises en leur absence (V. à ce propos article 42 de la loi et son commentaire. – Et sur ces problèmes, J.-R. Bouyeure, *Assemblée générale, absence, abstention, départ : Rev. hab. fr.* 20 mai 1986, p. 247 et s.).

D'un arrêt de la Cour de cassation (▪ Cass. 3e civ., 10 déc. 1985, n° 84-13.937 : *Bull. civ.* III, n° 164 ; *Defrénois* 1986, art. 33745, obs. Souleau), il résulte que, jusqu'à nouvel ordre, ce copropriétaire sera considéré comme présent mais que la preuve de son départ avant la fin de l'assemblée pourra être rapportée par tout moyen (témoignage, présomptions, etc. – V. dans le même sens : ▪ CA Versailles, 24 mars 1987 : *JCP G* 1987, IV, 362 et ▪ CA Paris, 14e ch. B, 12 janv. 1990 : *Loyers et copr.* 1990, n° 193. ▪ CA Paris, 23e ch., 19 janv. 1994 : *Loyers et copr.* 1994, n° 259. ▪ CA Paris, 19e ch. A, 29 sept. 1997 : *Loyers et copr.* févr. 1998, n° 50, 4e esp. ▪ CA Aix-en-Provence, 7 avr. 1998 : *Defrénois* 1998, p. 1176, obs. C. Atias).

De même, la preuve peut être rapportée après coup qu'un copropriétaire ou son mandataire n'a pas pris part au vote d'une délibération déterminée. Il est alors en droit de la contester (■ Cass. 3e civ., 5 oct. 1994, n° 92-22.095 : *Bull. civ.* III, n° 164).

En pratique, le copropriétaire qui quitte l'assemblée en cours de séance devra prendre soin de faire mentionner son départ au procès-verbal.

IV - SANCTION DES IRRÉGULARITÉS

12) Nullité de l'assemblée. L'*absence de feuille de présence* entraîne la nullité de l'assemblée (■ CA Lyon, 23 avr. 1968 : *Inf. rap. copr.* 1968, p. 93. ■ CA Paris, 21 nov. 1980 : *D.* 1981, *IR* p. 400). Mais de simples *erreurs matérielles* sont sans incidence si elles peuvent être aisément rétablies (■ TGI Marseille, 11 déc. 1979 : *Ann. loyers* 1980, p. 1236. ■ TGI Paris, 6 févr. 1980 : *Rev. loyers* 1980, p. 504. ■ TGI Paris, 12 nov. 1980 : *D.* 1981, *IR* p. 400, obs. Giverdon). Ainsi l'erreur matérielle ayant consisté à porter un copropriétaire sur la liste des absents alors qu'il était présent est sans conséquence lorsque son vote et ses voix ont été normalement décomptés (■ CA Aix-en-Provence, 7 avr. 1998 : *Defrénois* 1998, p. 1176, obs. C. Atias). De même, une simple erreur matérielle tenant à la présence d'une double signature (un copropriétaire apparaissant à la fois comme étant « présent » et « représenté ») n'entraîne pas la nullité de l'assemblée générale (■ Cass. 3e civ., 30 sept. 2015, n° 14-19.858, *Bull. civ.* III, n° 88).

Ce qui importe, sans faire preuve d'un formalisme excessif, c'est que la feuille de présence contienne des *éléments suffisants* pour permettre d'identifier les copropriétaires qui ont assisté à la réunion et y ont été représentés (■ Cass. 3e civ., 21 juin 2006, n° 05-15.752 : *Bull. civ.* III, n° 156 ; *Administrer* oct. 2006, p. 60, obs. J.-R. Bouyeure. ■ Cass. 3e civ., 7 déc. 1971 : *JCP* G 1972, II, 16985, note Guillot. ■ CA Paris, pôle 4, 2e ch., 17 juin 2015, n° 13/21572 : *Administrer* oct. 2015, p. 66, note J.-R. Bouyeure. – Sur les indications de nature à permettre l'identification : Rép. min., 7 juin 1972 : *JOAN* p. 2275 ; *JCP* N 1972, prat. 5256), et que la feuille de présence permette de contrôler les énonciations du procès-verbal (■ CA Versailles, 31 mars 2014, n° 12/05325 : *Juris-Data* n° 2014-007904 ; *Loyers et copr.* 2000 alors, comm. 257, obs. G. V.).

L'insertion d'un article 17-1 au décret du 17 mars 1967 (V. *infra*) est venue consacrer cette jurisprudence afin que l'irrégularité formelle ne puisse entraîner la nullité de l'assemblée générale « dès lors qu'il est possible de reconstituer le sens du vote et que le résultat de celui-ci n'en est pas affecté ».

Art. 14-1 ***(Aj., D. n° 2020-834, 2 juill. 2020).*** **– Au moment du vote, le formulaire de vote par correspondance n'est pas pris en compte lorsque le copropriétaire, l'associé ou leur mandataire est présent à l'assemblée générale, quelle que soit la date à laquelle a été établi ou reçu le formulaire de vote par correspondance ou le mandat avec délégation de vote, y compris en cas de délégation de vote sans désignation d'un mandataire.**

Bibliographie : A. Lebatteux, *Étude sur les trois décrets parus en application des dispositions de la loi n° 2018-1021 du 23 novembre 2018 dite ELAN en matière de copropriété : Loyers et copr.* 2019, étude 5. • P.-E. Lagraulet, *Esquisse des nouveaux contours du droit de la copropriété : AJDI* 2019, 604. • Ch. Coutant-Lapalus, *Le vote par correspondance en assemblée générale : Loyers et copr.* 2020, alerte 56.

Vote par correspondance. Ce texte, issu du décret n° 2020-834 du 2 juillet 2020 est destiné à préciser les modalités d'utilisation du vote par correspondance (V. L. 10 juill. 1965, art. 17-1 A, al. 2).

Il précise que le formulaire de vote par correspondance n'est pas pris en compte, lorsque le copropriétaire, l'associé ou leur mandataire est présent à l'assemblée générale. Sous-entendu : il appartient alors à la personne présence d'exprimer son vote. Peu importe, ajoute le texte, la date à laquelle le formulaire de vote par correspondance a été établi ou reçu. La solution est la même si le mandat a été donné avec délégation de vote, y compris en cas de délégation de vote sans désignation d'un mandataire.

Art. 15 ***(Mod., D. n° 2010-391, 20 avr. 2010).*** **– Au début de chaque réunion, l'assemblée générale désigne, sous réserve des dispositions de l'article 29-1 de la loi [n° 65-557] du 10 juillet 1965 et de l'article 50 (alinéa 1er) du présent décret, son président et, s'il y a lieu, un ou plusieurs scrutateurs.**

Le syndic assure le secrétariat de la séance, sauf décision contraire de l'assemblée générale.

Bibliographie : J.-R. Bouyeure, *L'autonomie des assemblées générales : Administrer* févr. 2003, p. 13. • J.-M. Roux, *Le mandataire d'un copropriétaire peut-il être désigné président de l'assemblée générale ? : Inf. rap. copr.* sept. 2009, p. 21. • J.-M. Roux, *Le secrétaire de séance : Inf. rap. copr.* sept. 2009, p. 12. • G. Gil, *Le président de l'assemblée générale des copropriétaires : Administrer* oct. 2009, p. 19 et s. • G. Gil, *La constitution du bureau de l'assemblée générale : Inf. rap. copr.*, mars 2020, p. 21. • D. Rodrigues, *Le président de séance : Inf. rap. copr.* avr.-mai 2020, p. 13.

I – CONSTITUTION DU BUREAU

1) Formalité obligatoire. La constitution d'un bureau est obligatoire. Elle doit intervenir comme l'indique l'article 15, alinéa 1er « au début de la réunion ». L'assemblée générale ne peut valablement délibérer qu'une fois que le président et les scrutateurs ont été désignés (▪ Cass. 3e civ., 14 déc. 2010, n° 09-71.974).

Le procès-verbal doit impérativement mentionner les conditions du vote intervenu pour la désignation du président et du bureau : à défaut, l'assemblée est entachée de nullité (▪ Cass. 3e civ., 22 sept. 2009, n° 08-19.533 : *JurisData* n° 2009-049615 ; *Loyers et copr.* 2009, comm. 266, obs. G. Vigneron. ▪ Cass. 3e civ., 26 févr. 2003, n° 00-21.235 : *JurisData* n° 2003-017912 ; *Bull. civ.* III, n° 50. ▪ Cass. 3e civ., 16 juin 1993, n° 91-20.492 : *JurisData* n° 1993-001008 ; *Bull. civ.* III, n° 92 ; *Inf. rap. copr.* nov. 1993, p. 339, note P. Capoulade).

2) Irrégularité de la constitution du bureau. La désignation du président et du bureau constitue une « décision » au sens de l'article 42 de la loi du 10 juillet 1965. Si elle est entachée d'irrégularité, elle ne peut plus être remise en cause lorsqu'elle n'a pas été contestée dans le délai de 2 mois édicté par ce texte (▪ Cass. 3e civ., 1er déc. 2009, n° 05-20.140 : *Administrer* juin 2010, p. 57, obs. J.-R. Bouyeure. ▪ Cass. 3e civ., 30 juin 2009, n° 08-17.743. ▪ Cass. 3e civ., 13 févr. 2008, n° 07-12.988 : *JurisData* n° 2008-042768. ▪ Cass. 3e civ., 21 juin 2006, n° 05-15.752 : *JurisData* n° 2006-034140 ; *Bull. civ.* III, n° 156).

II – DÉSIGNATION DU PRÉSIDENT

3) Désignation obligatoire. La désignation du président est obligatoire : aucune décision ne peut être valablement prise avant qu'il y ait été procédé (▪ CA Versailles, 4e ch., 26 janv. 2004 : *Administrer* mai 2004, p. 45. ▪ CA Paris, 23e ch. B, 8 nov. 2001 : *Administrer* avr. 2002, p. 50, note A. Alfandari. ▪ CA Paris, 21 févr. 1976 : *AJPI* 1976, p. 403 et ▪ CA Paris, 3 févr. 1984 : *Administrer* mai 1985, p. 23). Il s'agit d'une formalité substantielle (▪ CA Paris, 23e ch. B, 12 juin 2008 : *AJDI* 2008, p. 687). Il n'est pas besoin que la question figure à l'ordre du jour, s'agissant d'une formalité obligatoire (▪ CA Paris, 23e ch. B, 8 nov. 2001 : *Administrer* avr. 2002, p. 50, obs. A. Alfandari).

En l'absence de désignation du président (▪ CA Paris, 23e ch. B, 7 mars 2002 : *AJDI* 2002, p. 470. ▪ CA Paris, 23e ch. B, 28 mars 2002 : *Loyers et copr.* 2002, comm. 209) ou si son mandat est nul (▪ CA Paris, 23e ch. A, 12 sept. 2001 : *Loyers et copr.* 2002, comm. 97), la nullité de l'assemblée est encourue. Il en va de même des décisions adoptées après le départ du président initialement désigné si celui-ci n'a pas été remplacé (▪ CA Orléans, ch. civ., 25 mai 2023, n° 20/01480 : *JurisData* n° 2023-014477). Si, selon certaines décisions, cette nullité peut être demandée pendant le délai de prescription des actions personnelles, soit désormais cinq ans (▪ CA Bastia, 25 avr. 2012, n° 11/00005 : *AJDI* 2013, p. 446. ▪ CA Paris, 23e ch., 25 nov. 2004 : *Loyers et copr.* 2005, comm. 35. ▪ CA Paris, 23e ch. B, 4 juill. 2002, préc.), une telle solution paraît condamnée par l'évolution jurisprudentielle soumettant aux conditions d'action de l'article 42 alinéa 2 toute contestation d'une assemblée, même en cas de violation d'une formalité substantielle (▪ Cass. 3e civ., 17 sept. 2020, n° 19-20.730 : *JurisData* n° 2020-015040 ; *AJDI* 2020, p. 840. V. dans le même sens ▪ Cass. 3e civ., 14 mars 2019, n° 18-10.379 : *JurisData* n° 2019-003772 ; *Loyers et copr.* 2019, comm. 61, obs. A. Lebatteux ; *Administrer* mai 2019, p. 48, obs. J.-R. Bouyeure. ▪ Cass. 3e civ., 16 déc. 2014, n° 13-23.259 : *JurisData* n° 2014-031690 ; *Administrer* mars 2015, p. 44. ▪ Cass. 3e civ., 13 nov. 2013, n° 12-12.084 : *Administrer* janv. 2014, p. 46, obs. J.-R. Bouyeure).

L'assemblée ne doit élire qu'un seul président de séance : si plusieurs présidents ont été désignés, l'assemblée est entachée de nullité (▪ Cass. 3e civ., 22 mars 2018, n° 16-27.481 : *JurisData* n° 2018-004098 ; *Bull. civ.* III, n° 34 ; *Loyers et copr.* 2018, comm. 126, note A. Lebatteux ; *Administrer* mai 2018, p. 34, obs. J.-R. Bouyeure).

4) Mention au procès-verbal. Le procès-verbal doit faire clairement ressortir les conditions dans lesquelles le président a été élu (▪ CA Paris, 23e ch. B, 7 mars 2002 : *Dossiers CSAB* n° 111, avr. 2004, n° 48, obs. A. Dunes). À défaut, l'assemblée et donc l'ensemble des décisions prises peuvent être annulées (▪ Cass. 3e civ., 22 sept. 2009, n° 08-19533 : *JurisData* n° 2009-049615 ; *Loyers et copr.* 2009, comm. 266, obs. G. Vigneron ; *Administrer* mai 2010, p. 47, obs. J.-R. Bouyeure. ▪ CA Paris, 23e ch. B, 15 déc. 2005 : *JurisData* n° 2005-288755. – V. aussi la jurisprudence citée *infra*, n° 11. ▪ CA Paris, 23e ch. B, 15 déc. 2005 : *JurisData* n° 2005-288755).

5) Moment de la désignation. Le point de savoir si la désignation du président devait nécessairement précéder l'établissement de la feuille de présence, qu'il a mission de vérifier a donné lieu à des difficultés (V. sur ce point, *D.* 17 mars 1967, art. 14, comm. 2). Il a été jugé que la désignation du président devait précéder celle des membres du bureau (▪ CA Paris, 23e ch. B, 19 juin 2003 : *AJDI* 2003, p. 771).

6) Nécessité d'un vote. La doctrine est en général d'accord pour considérer qu'en raison du caractère impératif de l'article 15, toute *stipulation du règlement* désignant par avance le président doit être réputée non écrite (E. Kischinewsky-Broquisse, n° 590, p. 667. – J.-R. Bouyeure, *Les assemblées générales de copropriété*, n° 248. – G. Vigneron : *JCl. Copropriété*, Fasc. 85, n° 14). La jurisprudence est divisée à propos de la validité d'une clause prévoyant que l'assemblée sera présidée par le copropriétaire détenant le plus grand nombre de tantièmes (V. en faveur de la validité : ▪ CA Aix-en-Provence, 13 mai 1986 : *Bull. Aix-en-Provence* févr. 1986, p. 24. – *Contra* : ▪ CA Pau, 1re ch., 18 janv. 1990 : *D.* 1991, inf. rap. p. 82, obs. C. Giverdon, J.-R. Bouyeure et J. Lafond). Pour la nullité d'une clause du règlement selon laquelle les trois copropriétaires les plus anciens seront de plein droit président et assesseurs, V. ▪ CA Versailles, 4e ch., 30 juin 1995 : *Administrer* nov. 1995, p. 63, obs. J.-R. Bouyeure. On notera que la Cour de cassation a condamné ce type de clause à propos de la désignation des scrutateurs (V. *infra*).

7) Nécessité d'un vote distinct. Un vote distinct doit intervenir pour l'élection du président d'une part et pour l'élection des membres du bureau d'autre part, à peine de nullité de l'assemblée (▪ Cass. 3e civ., 17 févr. 1999, n° 97-14.954 : *Bull. civ.* III, n° 43 ; *Loyers et copr.* 1999, comm. 157 ; *Administrer* avr. 1999, p. 35 ; *D.* 2000, somm. p. 137, obs. C. Giverdon ; *RD imm.* 1999, p. 301, obs. P. Capoulade. – ▪ CA Montpellier, 5e ch. civ., 24 mai 2022, n° 19/05514 : *JurisData* n° 2022-012007. ▪ CA Caen, ch. réunies, 8 juin 2006 : *JurisData* n° 2006-317507. ▪ CA Paris, 23e ch. B, 24 juin 2004 : *AJDI* 2004, p. 737. ▪ CA Paris, 23e ch. B, 16 oct. 2003 : *Dossiers CSAB* n° 111, avr. 2004, n° 51, obs. A. Dunes.) et le procès-verbal doit faire clairement ressortir les conditions dans lesquelles les uns et les autres ont été élus (▪ CA Paris, 23e ch. B, 11 oct. 2001 : *AJDI* 2002, p. 141. ▪ CA Paris, 23e ch. A, 18 mars 1998 : *Cahiers du CSAB* déc. 1998, p. 5, n° 154, obs. A. Dunes).

Il avait été jugé qu'en l'absence de vote distinct la nullité de l'assemblée pouvait être demandée même par ceux qui avaient désigné par un vote global le président et le bureau (▪ CA Paris, 23e ch. B, 5 juin 2003 : *AJDI* 2003, p. 771). Mais cette jurisprudence a été condamnée par la Cour de cassation qui considère que les dispositions de l'article 42 de la loi du 10 juillet 1965, qui réservent le droit de contester les assemblées aux copropriétaires opposants, sont ici applicables (▪ Cass. 3e civ., 14 mars 2019, n° 18-10.379 : *JurisData* n° 2019-003772 ; *Loyers et copr.* 2019, comm. 61, obs. A. Lebatteux ; *Administrer* mai 2019, p. 48, obs. J.-R. Bouyeure. ▪ Cass. 3e civ., 10 déc. 2003, n° 02-14.251. – V. aussi, ▪ CA Paris, 23e ch. B, 4 nov. 2004 : *AJDI* 2005, p. 143 ; *Rev. loyers* 2005, p. 47). En conséquence, si le vote a été obtenu à l'unanimité, la décision n'est pas susceptible de recours (▪ Cass. 3e civ., 13 févr. 2008, n° 07-12.988 : *JurisData* n° 2008-042768).

La demande de nullité doit être formée dans le délai légal de deux mois (▪ Cass. 3e civ., 12 avr. 2005, n° 04-11.609 : *Administrer* juill. 2005, p. 51, obs. J.-R. Bouyeure. – Dans le même sens, pour la contestation de la désignation des scrutateurs : ▪ CA Paris, pôle 4, 2e ch., 20 mars 2024, n° 20/02588 : *Administrer* mai 2024, p. 37, obs. P. Déchelette-Tolot).

8) Qui peut être désigné ? Des *règles particulières* concernant la désignation du président figurent :

– à l'article 22 de la loi (interdiction au syndic de présider l'assemblée, V. ce texte) ;

– à l'article 50, alinéa 1, du décret (cas de convocation de l'assemblée par un copropriétaire) ;

– en outre, le décret du 20 avril 2010 a introduit dans l'alinéa 1 du texte une réserve, concernant le cas où un administrateur provisoire a été désigné à la copropriété en vertu de l'article 29-1 de la loi du 10 juillet 1965 (V. ce texte *supra*). En pareil cas, l'administrateur provisoire est en effet susceptible de se voir confier tous les pouvoirs de l'assemblée.

Les fonctions de président et de secrétaire de l'assemblée ne peuvent être cumulées par une seule et même personne. La violation de cette règle rend l'assemblée annulable (▪ Cass. 3e civ., 6 nov. 2002, n° 01-10.800 : *JurisData* n° 2002-016236 ; *Bull. civ.* III, n° 216 ; *AJDI* 2003, p. 276, note P. Capoulade ; *D.* 2003, p. 1335, obs. C. Atias ; *Rev. loyers* 2003, p. 164, note J.-M. Gélinet).

Le président est *choisi parmi les copropriétaires ou les associés d'une société d'attribution membres de la copropriété* (▪ Cass. 3e civ., 6 mars 2002, n° 00-10.405 : *JurisData* n° 2002-013335 ; *Bull. civ.* III, n° 58 ; *JCP G* 2002, IV, 1676 ; *Administrer* juin 2002, p. 52, obs. J.-R. Bouyeure ; *AJDI* 2002, p. 465, obs. P. Capoulade), à la majorité de l'article 24 de la loi.

Serait nulle :

• la désignation d'une *personne extérieure à l'assemblée* (▪ CA Paris, 19e ch. B, 19 sept. 1990 : *Loyers et copr.* 1990, comm. 443) ;

• la désignation du mandataire d'un copropriétaire qui ne serait pas lui-même copropriétaire (▪ Cass. 3e civ., 13 nov. 2013, n° 12-25.682 : *JurisData* n° 2013-025191 ; *Bull. civ.* III, n° 146 ; *Loyers et copr.* 2014, comm. 21, obs. G. Vigneron ; *Administrer* janv. 2014, p. 45, obs. J.-R. Bouyeure ; *Rev. loyers* 2014, p. 36, note M. Plaidy. – ▪ CA Paris, pôle 4, 2e ch., 10 janv. 2024, n° 20/05534 : *JurisData* n° 2024-000506. ▪ CA Paris, pôle 4, 2e ch., 6 mai 2015, n° 13/05532 : *JurisData* n° 2015-012221 ; *Loyers et copr.* 2015, comm. 198, note G. Vigneron. – V. sur ce problème, G. Rouzet, *Impossibilité pour le tiers mandataire de présider l'assemblée générale des copropriétaires* : *JCP* N 2014, n°s 1-2, 1000. – J.-M. Roux, *Le mandataire d'un copropriétaire peut-il être désigné président de l'assemblée générale ?* : *Inf. rap. copr.* sept. 2009, p. 29) ;

• la désignation d'un administrateur provisoire nommé en application de l'article 47 du décret (V. ce texte), qui ne peut pas présider l'assemblée (▪ Cass. 3e civ., 14 janv. 1998, n° 96-12.513 : *JurisData* n° 1998-000048 ; *Bull. civ.* III, n° 7 ; *JCP* G 1998, IV, 1456 ; *Administrer* juin 1998, p. 45, obs. P. Capoulade ; *Rev. loyers* 1998, p. 289, note Ph. Rémy) ;

• la désignation du syndic, auquel l'article 22 de la loi du 10 juillet 1965 interdit de présider l'assemblée.

Le président pourrait être, selon une décision, le conjoint d'un copropriétaire, peu important que les lots soient au nom de la femme ou du mari (▪ CA Paris, 23e ch. B, 13 mars 2003 : *Dossiers CSAB* n° 111, avr. 2004, n° 47, obs. A. Dunes).

9) Rôle du président. Le président ouvre la séance, veille au respect de l'ordre du jour et assure la police de l'assemblée (G. Gil, *Le président de l'assemblée générale des copropriétaires* : *Administrer* oct. 2009, p. 26).

La Commission relative à la copropriété recommande aux présidents de séance (V. Annexe 17, *Commission relative à la copropriété*, p. 1095, 4e recommandation) :

– de veiller à ce que l'assemblée vote sur toutes les questions inscrites à l'ordre du jour et uniquement sur celles-ci ;

– de vérifier à la fois le nom des votants et leur nombre de voix ;

– de faire voter les copropriétaires soit à main levée, soit par bulletin nominatif afin d'identifier avec précision les opposants et les abstentionnistes, ce qui exclut les votes à bulletin secret ;

– de proclamer le résultat des votes au plus tard avant la levée de la séance ;

– d'indiquer si la résolution est adoptée ou non et à quelle majorité.

Le rôle du président est, en substance, de veiller à la bonne tenue de l'assemblée : en vérifiant les pouvoirs des mandataires, en veillant à l'établissement correct de la feuille de présence et du procès-verbal, en assurant les pouvoirs de police pendant la réunion et en faisant respecter l'ordre du jour (sur le rôle du président, V. G. Vigneron : *JCl. Copropriété*, Fasc. 85, n°s 13 et s.). Il a été jugé que le président de séance n'avait pas l'obligation de vérifier les pouvoirs des copropriétaires absents (▪ Cass. 3e civ., 31 mai 2012, n° 11-12.774 : *JurisData* n° 2012-011786 ; *Bull. civ.* III, n° 89 ; *Loyers et copr.* 2012, comm. 241, note G. Vigneron ; *Administrer* août-sept. 2012, p. 51, obs. J.-R. Bouyeure ; *AJDI* 2013, p. 45, note D. Tomasin).

10) Recours contre la désignation du président. La désignation par un vote du président de l'assemblée est une décision au sens de l'article 42, alinéa 2 de la loi du 10 juillet 1965, dont la contestation est soumise au délai de deux mois édicté par ce texte (▪ Cass. 3e civ., 7 sept. 2011, n° 10-22.728 : *JurisData* n° 2011-018183 ; *Bull. civ.* III, n° 142 ; *Loyers et copr.* 2011, n° 304, obs. G. Vigneron ; *Administrer* janv. 2012, p. 68, obs. J.-R. Bouyeure. ▪ Cass. 3e civ., 30 juin 2009, n° 08-17.743. ▪ Cass. 3e civ., 13 févr. 2008, n° 07-12.988 : *JurisData* n° 2008-042768. ▪ Cass. 3e civ., 21 juin 2006, n° 05-15.752 : *JurisData* n° 2006-034140 ; *Bull. civ.* III, n° 156 ; *JCP* G 2006, IV, 2553 ; *Administrer* oct. 2006, p. 60, obs. J.-R. Bouyeure ; *AJDI* 2007, p. 209, note P. Capoulade). Même s'il a pu être occasionnellement jugé qu'en l'absence de respect des formalités substantielles d'établissement du procès-verbal concernant les modalités d'élection du président et du bureau (absence de toute indication quant aux conditions des votes et leur résultat), le délai de deux mois n'est pas applicable et la nullité de l'assemblée peut être demandée même après son expiration (▪ Cass. 3e civ., 20 déc. 2006, n° 05-20.384 : *JurisData* n° 2006-036745 ; *Loyers et copr.* 2007, comm. 59, obs. G. Vigneron ; *Administrer* mars 2007, p. 53, obs. J.-R. Bouyeure), une telle solution ne paraît plus être de mise au regard de la volonté de la jurisprudence de maximiser l'effet absolutoire de l'article 42 alinéa 2, même en cas de violation d'une formalité substantielle (▪ Cass. 3e civ., 17 sept. 2020, n° 19-20.730 : *JurisData* n° 2020-015040 ; *AJDI* 2020, p. 840).

Faute de justifier d'un dol, les copropriétaires sont irrecevables à contester la nomination du président de séance au motif qu'ils ignoraient lors du vote que la personne élue n'avait pas qualité pour accéder à cette fonction (▪ Cass. 3e civ., 6 oct. 2016, n° 15-20.242 : *JurisData* n° 2016-024105 ; *Loyers et copr.* 2016, comm. 264, note Vigneron et C. Coutant-Lapalus).

III – DÉSIGNATION DE SCRUTATEURS

11) Une législation pragmatique. L'article 15 du décret du 17 mars 1967 énonce que l'assemblée désigne « s'il y a lieu » un ou plusieurs scrutateurs. Cette désignation n'est donc pas obligatoire : en conséquence ne peut être annulée l'assemblée au cours de laquelle un seul scrutateur a été désigné en raison de l'impossibilité prouvée d'en désigner un second, faute de candidat (▪ Cass. 3e civ., 30 sept. 2015, n° 14-19.858 : *JurisData* n° 2015-021618 ; *Loyers et copr.* 2015, comm. 236, note Vigneron ; *Administrer* déc. 2015, p. 35, note J.-R. Bouyeure ; *AJDI* 2016, p. 276, note N. Le Rudulier. – V. également dans le cas d'une assemblée tenue avec un seul copropriétaire, ▪ CA Paris, pôle 4, 2e ch., 23 oct. 2013, n° 12/05208 : *JurisData* n° 2013-024386 ; *Loyers et copr.* 2014, comm. 130, obs. G. Vigneron. – V. cependant ▪ CA Paris, pôle 4, 2e ch., 16 août 2016, n° 15/00417 : *Administrer* mars 2017, p. 42, note J.-R. Bouyeure, qui prononce la nullité d'une assemblée en l'absence de tout scrutateur, alors que sa désignation n'était pas possible, deux copropriétaires seulement étant présents).

Hormis ce cas particulier, les dispositions du règlement de copropriété doivent être respectées : à défaut l'assemblée est annulable (V. ci-dessous).

12) Dispositions particulières du règlement. Avant sa modification par le décret du 27 mai 2004, l'article 15, alinéa 1, précisait que l'assemblée désignait « le cas échéant, son bureau ». Il était admis que l'élection d'un bureau (scrutateurs ou autres membres en dehors du président et du secrétaire...) était *facultative* (▪ CA Paris, 23e ch. B, 12 déc. 2001 : *Rev. loyers* 2002, p. 178) et qu'il ne s'agissait pas d'une formalité substantielle (▪ TGI Paris, 9 juill. 1974 : *D.* 1976, inf. rap. p. 63). Mais on estimait que *le règlement de copropriété pouvait l'imposer*.

Si tel était le cas (ainsi par exemple s'il prévoyait la désignation de scrutateurs), ses dispositions devaient être respectées et la nullité de l'assemblée pouvait être prononcée sans que le demandeur ait à justifier de l'existence d'un grief (▪ Cass. 3e civ., 22 nov. 2006, n° 05-19.042 : *JurisData* n° 2006-036086. ▪ Cass. 3e civ., 11 oct. 2005 : *Loyers et copr.* 2006, comm. 17, note G. Vigneron ; *Administrer* janv. 2006, p. 45, obs. J.-R. Bouyeure. ▪ Cass. 3e civ., 17 nov. 1993, n° 91-14.649 : *JurisData* n° 1993-002730 ; *Inf. rap. copr.* févr. 1994, p. 452, note P. Capoulade. ▪ CA Paris, 23e ch. B, 6 déc. 2001 : *AJDI* 2002, p. 386). Ainsi lorsqu'un seul scrutateur avait été désigné alors que le règlement en prévoyait deux (▪ CA Paris, 19e ch. B, 2 avr. 2001 : *Loyers et copr.* 2001, comm. 263, note G. Vigneron ; *Dossier CSAB* mars 2002, n° 42, obs. A. Dunes).

Ces solutions restent à notre avis d'actualité.

C'est ce qui résulte de l'arrêt de la Cour de cassation du 30 septembre 2015 précité (V. ci-dessus, comm. n° 11, p. 750).

Toutefois, le règlement de copropriété peut comporter des dispositions particulières concernant la désignation de scrutateurs en en fixant par exemple le nombre. Ces dispositions doivent être respectées, sous réserve qu'elles soient licites (V. ▪ CA Aix-en-Provence, ch. 1-5, 22 juin 2023, n° 19/19604 : *JurisData* n° 2023-011619. ▪ CA Paris, pôle 4, 2e ch., 26 mars 2014, n° 12-03.421 : *Administrer* juill. 2014, p. 33, obs. J.-R. Bouyeure. ▪ CA Paris, 23e ch. B, 7 mai 2009 : *JurisData* n° 2009-377897 ; *Loyers et copr.* 2009, comm. 303, obs. G. V.). Si le règlement prévoit ainsi la désignation d'un nombre précis de scrutateurs, il doit être appliqué et le non-respect de ses dispositions entraîne la nullité de l'assemblée sans que le demandeur ait à justifier de l'existence d'un grief (▪ CA Paris, pôle 4, 2e ch., 5 déc. 2012, n° 10/20505 : *JurisData* n° 2012-028745 ; *Loyers et copr.* 2013, comm. 118, note G. Vigneron ; *Administrer* févr. 2013, p. 44, obs. J.-R. Bouyeure). Mais l'arrêt de la Cour de cassation du 30 septembre 2015 précité vient tempérer ces solutions : si le règlement prévoit la désignation de deux scrutateurs mais qu'il y a impossibilité trouvée de désigner un second scrutateur, l'assemblée peut néanmoins se tenir, sans encourir la nullité (V. précédemment dans le même sens, ▪ CA Paris, pôle 4, 2e ch., 23 oct. 2013, n° 12/05208 : *JurisData* n° 2013-024386). Encore faut-il que soit démontré, notamment au travers des mentions du procès-verbal, qu'un appel à candidature a été lancé et que la désignation du scrutateur manquant a été rendue impossible par le refus de tout autre copropriétaire de se porter candidat (▪ CA Toulouse, 1re ch., 1re sect., 12 sept. 2022, n° 20/01279 : *JurisData* n° 2022-019101).

Si l'assemblée de copropriété a, en violation du règlement, désigné un unique scrutateur, cette décision ne peut être contestée que par les copropriétaires opposants ou défaillants : si elle a été adoptée à l'unanimité, elle n'est pas susceptible d'être remise en cause (▪ Cass. 3e civ., 12 avr. 2018, n° 16-28.651 : *JurisData* n° 2018-001352 ; *Loyers et copr.* 2018, comm. 154, note C. Coutant-Lapalus).

13) Nécessité d'un vote. La désignation des scrutateurs ne peut résulter que d'un vote (dont le procès-verbal doit faire état), à la majorité de l'article 24 de la loi. En l'absence de vote, la nullité de l'assemblée est encourue (▪ Cass. 3e civ., 4 févr. 2004, n° 02-17.756 : *Administrer* juill. 2004, p. 32, note P. Capoulade. ▪ CA Paris, 23e ch. B, 14 avr. 2005 : *JurisData* n° 2005-270659). Ce vote constitue une véritable décision, qui peut être contestée dans les formes légales, mais par les seuls copropriétaires opposants ou défaillants (▪ Cass. 3e civ., 12 avr. 2018, n° 16-28.651 : *JurisData* n° 2018-008352 ; *Loyers et copr.* 2018, comm. 154, note C. Coutant-Lapalus).

Toute clause contraire du règlement doit être réputée non écrite : ainsi pour la clause prévoyant que la fonction de scrutateur sera exercée par le copropriétaire présent détenant le plus grand nombre de voix (▪ Cass. 3e civ., 14 janv. 1998, n° 96-12.513 : *JurisData* n° 1998-000048 ; *Bull. civ.* III, n° 7 ; *Loyers et copr.* 1998, comm. 74 ; *RD imm.* 1998, p. 293, obs. P. Capoulade. – V. dans le même sens, ▪ CA Versailles, 4e ch., 30 janv. 2012 : *JurisData* n° 2012-002161 ; *Loyers et copr.* 2012, comm. 140, obs. G. Vigneron. ▪ CA Versailles, 4e ch., 28 juin 2004 : *JurisData* n° 2004-249030). De même doit être réputée non écrite la clause du règlement stipulant que le bureau de l'assemblée générale sera composé de deux scrutateurs dont les fonctions seront remplies par les deux membres de l'assemblée, présents et acceptants, qui possèdent et représentent le plus grand nombre de quotes-parts de copropriété (▪ CA Paris, pôle 4, 2e ch., 5 déc. 2012, n° 10/20505 : *JurisData* n° 2012-028745 ; *Loyers et copr.* 2013, comm. 118, note G. Vigneron ; *Administrer* févr. 2013, p. 44, obs. J.-R. Bouyeure. ▪ CA Aix-en-Provence, 2 avr. 2010 : *JurisData* n° 2010-012808 ; *Loyers et copr.* 2010, comm. 325, obs. G. Vigneron).

La cour d'appel qui a constaté son caractère « non écrit » ne peut pas refuser de prononcer l'annulation de la décision d'assemblée prise en application de cette clause au motif que les clauses du règlement de copropriété doivent recevoir application tant qu'elles n'ont pas été déclarées non écrites (▪ Cass. 3e civ., 28 avr. 2011, n° 10-20.514 : *JurisData* n° 2011-007832 ; *Bull. civ.* III, n° 62, cassant ▪ CA Aix-en-Provence, 2 avr. 2010 : *JurisData* n° 2010-012808 ; *Loyers et copr.* 2010, comm. 325, obs. G. Vigneron. – V. sur cette décision, P. Capoulade, *La clause réputée non écrite a-t-elle jamais existé ? : Inf. rap. copr.* sept. 2012, p. 12. ▪ Cass. 3e civ., 14 janv. 1998, n° 96-12.513 : *JurisData* n° 1998-000048 ; *Bull. civ.* III, n° 7 ; *Loyers et copr.* 1998, comm. 74 ; *RD imm.* 1998, p. 293, obs. P. Capoulade. – V. dans le même sens, ▪ CA Versailles, 4e ch., 30 janv. 2012 : *JurisData* n° 2012-002161 ; *Loyers et copr.* 2012, comm. 140, obs. G. Vigneron. ▪ CA Versailles, 4e ch., 28 juin 2004 : *JurisData* n° 2004-249030). Il a été jugé que si la clause litigieuse n'a pas en fait été appliquée, la nullité de l'assemblée n'est pas encourue (▪ CA Paris, pôle 4, 2e ch., 4 janv. 2017, n° 15/02525 : *JurisData* n° 2017-015359 ; *Administrer* juin 2017, p. 48, obs. J.-R. Bouyeure).

En revanche si la clause litigieuse n'a pas été déclarée non écrite par une décision de justice exécutoire, elle doit recevoir exécution et la demande d'annulation de la décision d'assemblée prise en application de cette clause doit être rejetée (▪ Cass. 3e civ., 22 juin 2022, n° 21-16.872 : *JurisData* n° 2022-010322 ; *Loyers et copr.* 2022, comm. 144, obs. C. Coutant-Lapalus ; *Administrer* août-sept. 2022, p. 46, obs. P. Déchelette-Tolot ; *Ann. loyers* 2022, p. 98, obs. J.-M. Roux. ▪ Cass. 3e civ., 28 avr. 2011, n° 10-14.298 : *JurisData* n° 2011-007833 ; *Bull. civ.* III, n° 61 ; *AJDI* 2012, p. 275, note D. Tomasin ; *Rev. loyers* 2011, p. 264, note P. Déchelette-Tolot).

14) Absence de dispositions particulières dans le règlement. La désignation d'au moins un scrutateur est, en toute hypothèse obligatoire, depuis la réécriture de l'article 15, alinéa 1, par le décret du 27 mai 2004. Cette désignation intervient moyennant un vote de l'assemblée à la majorité de l'article 24 de la loi (V. ce texte).

L'associé d'une société d'attribution peut être désigné comme scrutateur (▪ Cass. 3e civ., 6 mars 2002, préc.).

15) Rôle des scrutateurs. Seuls les scrutateurs régulièrement élus peuvent procéder au décompte et à l'enregistrement informatique des votes. La nullité de l'assemblée est encourue si ces opérations sont effectuées par des copropriétaires non élus (▪ CA Paris, 23e ch. B, 7 mai 2009 : *JurisData* n° 2009-377897 ; *Loyers et copr.* 2009, comm. 303, obs. G. Vigneron).

IV – SECRÉTARIAT DE SÉANCE

Bibliographie : J.-M. Roux, *Le secrétaire de séance : Inf. rap. copr.* sept. 2009, p. 12.

16) Règles applicables. Le syndic est de droit secrétaire de la séance (al. 2), à moins que l'assemblée ne désigne un autre secrétaire (toujours à la majorité de l'art. 24 de la loi). Il n'est pas besoin d'un vote pour le désigner, sauf si l'assemblée entend nommer quelqu'un d'autre (▪ CA Paris, pôle 4, 2e ch., 27 mars 2019, n° 17/01723 : *JurisData* n° 2019-008897. ▪ CA Paris, 23e ch. A, 14 nov. 2001 : *Dossier CSAB* n° 98, mars 2002, n° 45, obs. A. Dunes). Il a été jugé que si le syndic, dont le mandat a pris fin du fait de la désignation d'un administrateur provisoire, n'est pas présent à l'assemblée, celle-ci est annulable, l'option prévue par le texte ne pouvant être exercée (▪ CA Paris, pôle 4, 2e ch., 12 janv. 2011 : *Administrer* juin 2011, p. 38, obs. crit. J.-R. Bouyeure). D'autre part si le syndic quitte l'assemblée avant son terme, il y a lieu de procéder à un vote immédiat à la majorité de l'article 24 pour désigner son remplaçant, faute de quoi les décisions prises postérieurement sont nulles (▪ CA Paris, pôle 4, 2e ch., 27 mars 2019, n° 17/01178 : *Administrer* mai 2019, p. 50, obs. J.-R. Bouyeure). Le syndic peut se faire représenter par l'un de ses préposés (▪ Cass. 3e civ., 17 juill. 1996, n° 94-15.140 : *JurisData* n° 1996-003311 ; *Loyers et copr.* 1996, comm. 449. – ▪ CA Aix-en-Provence, ch. 1-8, 25 oct. 2023, n° 21/01912 : *Rev. loyers* 2023, p. 610, obs. S. Bénilsi), sans que celui-ci ait à justifier d'une délégation de pouvoir (▪ CA Paris, pôle 4, 2e ch., 29 oct. 2014, n° 12/20415 : *JurisData* n° 2014-033479 ; *Loyers et copr.* 2015, comm. 55, obs. G. Vigneron). Le salarié de l'un des candidats au poste de syndic peut également être désigné en qualité de secrétaire de séance (▪ CA Paris, pôle 4, 2e ch., 8 nov. 2023, n° 23/00659. ▪ CA Paris, pôle 4, 2e ch., 20 avr. 2022, n° 18/20266 : *JurisData* n° 2022-006605). La fonction de secrétaire ne peut se cumuler avec celle de président de l'assemblée, à peine de nullité de l'assemblée (▪ Cass. 3e civ., 6 nov. 2002, n° 01-10.800 : *JurisData* n° 2002-016235 ; *JCP G* 2002, IV, 3069 ; *Loyers et copr.* 2003, comm. 14, obs. G. Vigneron).

La désignation d'un secrétaire de séance est une formalité substantielle (■ CA Paris, 23e ch. A, 6 mai 1998 : *D.* 1999, somm. 76, note C. Atias). L'absence de secrétaire entache l'assemblée de nullité (■ Cass. 3e civ., 6 nov. 2002, préc. ■ CA Paris, 23e ch. B, 28 mars 2002 : *JurisData* n° 2002-173817 ; *Loyers et copr.* 2002, comm. 209).

La vérification des pouvoirs ne peut intervenir que lorsque le président de l'assemblée a été désigné. Ce principe comporte une difficulté de mise en œuvre. En effet, pour vérifier les pouvoirs il faut que le président soit élu, et pour élire le président il faut que les pouvoirs aient été vérifiés. Pour tourner la difficulté, la commission relative à la copropriété a préconisé dans sa quatrième recommandation d'opérer une première vérification des pouvoirs (qualifiée de provisoire) par le syndic avant l'élection du président et des membres du bureau puis une certification définitive par le président après son élection. Si les pouvoirs étaient vérifiés par les copropriétaires eux-mêmes avant toute constitution du bureau, cette opération serait nulle et entraînerait la nullité de l'assemblée (■ Cass. 3e civ., 14 déc. 2010, n° 09-71.974 : *Administrer* avr. 2011, p. 39, note J.-R. Bouyeure).

Cependant il a été jugé que la vérification par le secrétaire de séance, juste avant sa désignation formelle, du nombre de millièmes présents et représentés, sans opposition de quiconque, entérinée par les membres du bureau, sans qu'il en résulte d'erreur ou un quelconque dommage, conformément aux recommandations de la commission relative à la copropriété, ne constitue pas une irrégularité substantielle justifiant l'annulation de l'assemblée (■ CA Paris, 23e ch. B, 19 juin 2008 : *JurisData* n° 2008-380750 ; *Loyers et copr.* 2010, comm. 176, obs. G. Vigneron).

Voir : sur l'impossibilité de cumuler les fonctions de président et de secrétaire, comm. n° 8, p. 749.

V – MENTIONS AU PROCÈS-VERBAL

17) Obligation. La désignation du président, comme la « décision contraire » de l'assemblée visée à l'alinéa 2 de l'article 15 (aux termes de laquelle le syndic n'assurera pas le secrétariat de la séance...) constituent des délibérations de l'assemblée qui doivent être prises à la *majorité de l'article 24* de la loi – majorité des voix exprimées des copropriétaires présents, représentés ou ayant voté par correspondance (V. ce texte) – et qui doivent être consignées au procès-verbal selon les prescriptions de l'article 17 du décret (V. ce texte. – V. également *supra* et ■ Cass. 3e civ., 12 mai 1993 : *Bull. civ.* III, n° 92 ; *Inf. rap. copr.* 1993, p. 339, note P. Capoulade ; *RD imm.* 1993, p. 420).

La désignation du président de l'assemblée et des membres du bureau constitue une véritable décision pour laquelle les règles impératives et d'ordre public prévues par la loi doivent être appliquées (■ Cass. 3e civ., 13 févr. 2008, n° 07-12.988 : *Administrer* mai 2008, p. 64, obs. J.-R. Bouyeure). Dès lors, la règle de la réduction des voix édictée par l'article 22, alinéa 2 de la loi doit jouer. S'il n'en est pas tenu compte, la nullité de la décision est encourue, cette nullité entraînant celle de l'assemblée (■ CA Paris, pôle 4, 2e ch., 15 déc. 2010 : *Administrer* avr. 2011, p. 38, obs. J.-R. Bouyeure). De même, le procès-verbal doit indiquer le nom et le nombre de voix de tous les copropriétaires opposants. À défaut, la décision prise est nulle, et par contrecoup l'assemblée elle-même, sans que le copropriétaire demandeur ait à justifier de l'existence d'un grief (■ Cass. 3e civ., 28 avr. 2011, n° 10-15.264 : *JCP* N 2011, n° 20, act. 464). En revanche, en l'absence d'irrégularité formelle du procès-verbal, la demande en annulation de l'assemblée générale doit être rejetée (■ Cass. 3e civ., 23 mars 2022, n° 21-13.544 : *JurisData* n° 2022-006346 ; *Loyers et copr.* 2022, comm. 86, obs. C. Coutant-Lapalus).

Une fois le résultat du vote proclamé, il est définitif (■ CA Paris, 17 mai 1998 : *Loyers et copr.* 1998, comm. 168, obs. G. Vigneron) et l'assemblée ne peut pas revenir sur la décision qui a été prise pour la contredire (■ TGI Paris, 8e ch., 1er oct. 2008 : *Administrer* août-sept. 2009, p. 67, obs. J.-R. Bouyeure).

18) Sanctions. La *nullité* des décisions adoptées par une assemblée générale doit être prononcée dès lors que le procès-verbal de cette assemblée ne fournit aucun renseignement sur les conditions de vote par lesquelles le président de séance et le bureau ont été désignés (■ Cass. 3e civ., 26 févr. 2003, n° 00-21.235 : *JurisData* n° 2003-017912 ; *Bull. civ.* III, n° 50 ; *JCP* G 2003, IV, 1734 ; *Loyers et copr.* 2003, comm. 137, obs. G. Vigneron ; *Constr.-Urb.* 2003, comm. 131, note D. Sizaire. ■ Cass. 3e civ., 31 oct. 2001, n° 00-13.685 : *JurisData* n° 2001-011489 ; *Bull. civ.* III, n° 118. ■ Cass. 3e civ., 11 juill. 2001, n° 99-19.989 : *JurisData* n° 2001-010805 ; *Loyers et copr.* 2001, comm. 236 ; *AJDI* 2002, p. 226, note P. Capoulade. ■ Cass. 3e civ., 17 févr. 1999, n° 97-14.454 : *JurisData* n° 1999-000678 ; *Loyers et copr.* 1999, comm. 157 ; *Bull. civ.* III, n° 43 ; *Administrer* avr. 1999, p. 35 ; *RD imm.* 1999, p. 301, obs. P. Capoulade ; *D.* 2000, somm. p. 137, obs. C. Giverdon. ■ CA Paris, 23e ch. B, 6 déc. 2001 : *AJDI* 2002, p. 386. ■ CA Paris, 23e ch. B, 12 déc. 2001 : *Rev. loyers* 2002, p. 178. ■ CA Paris, 23e ch. A, 12 sept. 2001 : *Administrer* févr. 2003, p. 51, obs. J.-R. Bouyeure.) ni sur les conditions de vote dans lesquelles le président a été remplacé en cours de séance ni, enfin, sur les conditions dans lesquelles le secrétaire de séance a remplacé le syndic, alors que le secrétariat revient de droit à ce dernier (■ Cass. 3e civ.,

16 juin 1993 : *Administrer* avr. 1994, p. 51, note J. Lafond ; *AJPI* 1994, p. 292, note J.-M. Gélinet. ▪ CA Paris, 23e ch. A, 2 juin 1986 : *D.* 1986, inf. rap. p. 297. – Comp. ▪ CA Paris, 26 mai 1982 : *Gaz. Pal.* 1982, somm., p. 302. ▪ CA Paris, 23e ch., 5 déc. 1993 : *Loyers et copr.* 1994, comm. 83). Peu importe que le demandeur n'ait subi aucun préjudice particulier de ce fait (▪ Cass. 3e civ., 16 juin 1993, préc.), ou même que l'assemblée n'ait comporté que deux membres (▪ Cass. 3e civ., 26 févr. 2003, préc.).

La désignation du président et des membres du bureau est en effet une décision comme une autre. Elle doit intervenir à la suite d'un vote régulier et elle est sujette à contestation dans les formes légales (▪ Cass. 3e civ., 12 avr. 2018, n° 16-28.651 : *JurisData* n° 2018-008352 ; *Loyers et copr.* 2018, comm. 154, note C. Coutant-Lapalus. ▪ Cass. 3e civ., 1er déc. 2009, n° 05-20.140 : *Administrer* juin 2010, p. 57, obs. J.-R. Bouyeure. ▪ Cass. 3e civ., 13 févr. 2008, n° 07-12.988 : *JurisData* n° 2008-042768. ▪ Cass. 3e civ., 22 mars 1995, n° 93-13.373 : *JurisData* n° 1995-001776 ; *Bull. civ.* III, n° 88 ; *Loyers et copr.* nov. 1996, comm. 449 ; *Rev. loyers* 1995, p. 146, note J.-M. Gélinet ; *RD imm.* 1995, p. 592, obs. P. Capoulade. ▪ Cass. 3e civ., 11 oct. 1995, n° 93-13.374 : *RD imm.* 1996, p. 110, obs. P. Capoulade. ▪ CA Paris, 23e ch., 10 mars 1995 : *Loyers et copr.* août-sept. 1995, comm. 390). Dès lors, quand bien même une formalité substantielle n'aurait pas été accomplie, un copropriétaire n'ayant pas la qualité d'opposant est irrecevable à contester la désignation du président et du bureau (▪ CA Versailles, 4e ch., 2e sect., 2 févr. 2022, n° 20/03342 : *JurisData* n° 2022-002039).

Art. 15-1 ***(Aj., D. n° 2019-650, 27 juin 2019).*** **– Le syndic qui reçoit, en application du troisième alinéa du I de l'article 22 de la loi du 10 juillet 1965, un mandat avec délégation de vote sans indication du nom du mandataire, remet ce mandat en début de réunion au président du conseil syndical** ***(Aj., D. n° 2020-834, 2 juill. 2020)***, **« ou à défaut à un membre du conseil syndical », afin qu'il désigne un mandataire pour exercer cette délégation de vote. En** ***(Aj., D. n° 2020-834, 2 juill. 2020)*** **« leur absence » ou à défaut de conseil syndical, le syndic remet aux mêmes fins ce mandat au président de séance désigné par l'assemblée générale.**

1) Pouvoirs en blanc adressés au syndic. La pratique des « pouvoir en blanc » adressés au syndic a été précédemment évoquée (L. 10 juill. 1965, art. 22, comm. 40, p. 386).

Pour éviter tout risque de « manipulation » de l'assemblée il avait été préconisé :

– soit d'adresser ces pouvoirs au syndic avec instruction de les remettre au président du conseil syndical (sur la licéité de cette pratique : V. ▪ Cass. 3e civ., 4 nov. 1993, n° 91-21.739 : *RD imm.* 1994, p. 102, obs. P. Capoulade. ▪ CA Paris, 23e ch. B, 28 févr. 2002 : *Dossiers CSAB* n° 111, avr. 2004, n° 71, obs. A. Dunes. ▪ CA Paris, 23e ch., 6 mars 1992 : *Loyers et copr.* 1992, comm. 224). Cette pratique ne mettait pas cependant à l'abri de tout incident (V., dans un cas où le mandat avait été adressé au président du conseil syndical qui, en l'espèce, était dépourvu de président : ▪ Cass. 3e civ., 28 janv. 2003, n° 01-15.061 : *JurisData* n° 2003-017485 ; *Bull. civ.* III, n° 17 ; *D.* 2003, *IR* p. 532. ▪ CA Dijon, 18 janv. 2005 : *JurisData* n° 2005-265198) ;

– soit d'établir un mandat impératif.

NB : Le pouvoir ne devrait pas être adressé au « président de l'assemblée » (puisque, pour qu'il y ait un président élu, un vote doit d'abord être intervenu, ce qui implique l'utilisation préalable du pouvoir...).

2) Obligation pour le syndic de distribuer les pouvoirs en blanc. Ce texte, issu du décret n° 2019-650 du 27 juin 2019, est destiné à éviter les problèmes posés par les pouvoirs « en blanc » adressés au syndic. L'article 22 alinéa 3 précise que, lorsque le syndic a reçu des mandats sans indication de mandataire, il ne peut les conserver pour voter en son nom, ni les distribuer lui-même au mandataire qu'il choisit.

Un arrêt de la cour de Paris avait antérieurement jugé que si le syndic qui avait reçu des pouvoirs en blanc les conservait par-devers lui, privant ainsi les copropriétaires mandants de leur droit de vote, l'assemblée pouvait être annulée pour ce motif, sans qu'il y ait à rechercher si les votes non émis auraient pu avoir une influence sur les décisions intervenues (▪ CA Paris, 23e ch. B, 28 févr. 2002 : *AJDI* 2002, p. 469).

L'article 15-1, modifié par le décret n° 2020-834 du 2 juillet 2020 est une directive d'application de l'article 22, alinéa 3 de la loi du 10 juillet 1965.

Il précise que le syndic qui reçoit un mandat avec délégation de vote sans indication du mandataire doit remettre ce mandat en début de réunion au président du conseil syndical, ou à défaut à un membre du conseil syndical.

Il appartient ensuite à la personne auxquels le mandat a été remis de désigner un mandataire pour exercer la délégation de vote.

En l'absence du président du conseil syndical ou à défaut de conseil syndical, le syndic doit remettre le mandat au président de séance désigné par l'assemblée générale (qui devra ensuite le remettre à un mandataire de son choix).

Le procès-verbal devra constater que le syndic a bien utilisé les pouvoirs conformément aux dispositions de ce texte (D. 17 mars 1967, art. 17, al. 2, p. 755).

Art. 16 *(Mod., D. n° 2010-391, 20 avr. 2010)*. – **Les majorités de voix exigées par les dispositions de la loi [n° 65-557] du 10 juillet 1965 pour le vote des décisions de l'assemblée générale et le nombre de voix prévu à l'article 8 (alinéa 1er) du présent décret sont calculés en tenant compte de la réduction résultant, s'il y a lieu, de l'application du deuxième alinéa de l'article 22 modifié de ladite loi « , sous réserve des dispositions de l'avant-dernier alinéa de l'article L. 443-15 du Code de la construction et de l'habitation ».**

Réduction des voix du copropriétaire majoritaire. Ce texte n'est qu'un simple rappel : les dispositions de l'article 22, alinéa 2 (V. ce texte), s'appliquent à toutes les majorités requises par la loi ;

– qu'il s'agisse de voter à une assemblée ;

– ou de vérifier si le ou les copropriétaires qui demandent la convocation de l'assemblée représentent à eux seuls le quart des voix (condition exigée par la loi, V. D. art. 8, al. 1).

Toutefois, et comme l'a précisé le décret du 20 avril 2010 qui a modifié en ce sens l'article 16, il y a lieu de réserver l'application de l'article L. 443-15 du Code de la construction et de l'habitation, alinéa 4, selon lequel « les dispositions du deuxième alinéa de l'article 22 de la loi n° 65-557 du 10 juillet 1965 précitée ne s'appliquent pas à l'organisme d'habitations à loyer modéré » qui a vendu des logements dans le cadre des articles L. 443-7 et suivants du Code de la construction et de l'habitation (V. ces textes en Annexe 36, *HLM*, p. 1257).

Art. 17 *(Mod., D. n° 2019-650, 27 juin 2019 ; D. n° 2020-834, 2 juill. 2020)*. – **Il est établi un procès-verbal des décisions de chaque assemblée qui est signé, à la fin de la séance, ou dans les 8 jours suivant la tenue de l'assemblée, par le président, par le secrétaire et par le ou les scrutateurs.**

Le procès-verbal précise, le cas échéant, si les mandats de vote ont été distribués par le président du conseil syndical, par un membre du conseil syndical ou par le président de séance dans les conditions prévues à l'article 15-1.

Le procès-verbal comporte, sous l'intitulé de chaque question inscrite à l'ordre du jour, le résultat du vote. Il précise les noms et nombre de voix des copropriétaires ou associés qui se sont opposés à la décision, qui se sont abstenus, ou qui sont assimilés à un copropriétaire défaillant en application du deuxième alinéa de l'article 17-1 A de la loi du 10 juillet 1965.

Le procès-verbal mentionne les réserves éventuellement formulées par les copropriétaires ou associés opposants sur la régularité des décisions.

Les incidents techniques ayant empêché le copropriétaire ou l'associé qui a eu recours à la visioconférence, à l'audioconférence ou à tout autre moyen de communication électronique de faire connaître son vote sont mentionnés dans le procès-verbal.

La feuille de présence est annexée au procès-verbal.

Les procès-verbaux des assemblées générales sont inscrits, à la suite les uns des autres, sur un registre spécialement ouvert à cet effet.

Ce registre peut être tenu sous forme électronique dans les conditions définies par l'article 1366 du Code civil. Dans ce cas, la feuille de présence et les procès-verbaux peuvent être établis sous forme électronique et sont signés dans les conditions prévues au second alinéa de l'article 1367 du Code civil.

Code civil

Art. 1366 *(Aj. à compter du 1er octobre 2016, Ord. n° 2016-131, 10 févr. 2016)*. – L'écrit électronique a la même force probante que l'écrit sur support papier, sous réserve que puisse être dûment identifiée la personne dont il émane et qu'il soit établi et conservé dans des conditions de nature à en garantir l'intégrité.

Art. 1367 *(Aj. à compter du 1er octobre 2016, Ord. n° 2016-131, 10 févr. 2016)*. – La signature nécessaire à la perfection d'un acte juridique identifie son auteur. Elle manifeste son consentement aux obligations qui découlent de cet acte. Quand elle est apposée par un officier public, elle confère l'authenticité à l'acte.

Lorsqu'elle est électronique, elle consiste en l'usage d'un procédé fiable d'identification garantissant son lien avec l'acte auquel elle s'attache. La fiabilité de ce procédé est présumée, jusqu'à preuve contraire, lorsque la signature électronique est créée, l'identité du signataire assurée et l'intégrité de l'acte garantie, dans des conditions fixées par décret en Conseil d'État.

Bibliographie : E.-J. Guillot, *Le procès-verbal de l'assemblée générale des copropriétaires : Administrer* 1979, n° 91, p. 4. • P. Capoulade, *Propos actuels sur la feuille de présence et le procès-verbal : Rev. hab. fr.* sept. 2000, p. 9. • C. Atias, *Procès-verbaux et résolutions d'assemblées générales : Inf. rap. copr.* nov. 1999, p. 26. • J.-M. Gélinet, *Respect et sanction* *du formalisme dans la tenue des assemblées générales de copropriété : Rev. loyers* 2000, p. 186 et s. et 238 et s. • C. Atias, *Le procès-verbal des délibérations d'assemblée générale de copropriétaires : Ann. loyers* 2002, p. 1703. • C. Atias, *Qu'est-ce qu'un procès-verbal d'assemblée générale : Inf. rap. copr.* sept. 2005, p. 19. • J.-M. Roux, *Le procès-verbal de l'assemblée générale (1re partie) : l'établissement du procès-verbal : Inf. rap. copr.* oct. 2008, p. 16 ; *(2e partie) Le contenu du procès-verbal : Inf. rap. copr.*, déc. 2008, p. 17 ; *(3e partie) : La force probante du procès-verbal : Inf. rap. copr.* juin 2009, p. 25. • G. Gil, *Les signatures en assemblée générale : Inf. rap. copr.* janv.-févr. 2021, p. 25. • *JCl. Copropriété*, Fasc. 85 par G. Vigneron, actualisé par P.-E. Lagraulet. • E. Kischinewsky-Broquisse, *La copropriété des immeubles bâtis*, n° 431. • *La copropriété*, Dalloz Action 2021, 10e éd., ss dir. D. Tomasin, nos 332-281 et s.

I – ÉTABLISSEMENT DU PROCÈS-VERBAL (D., ART. 17, AL. 1er)

Bibliographie : J.-M. Le Masson, *Du bon usage du procès-verbal d'assemblée générale : Administrer* août-sept. 2003, p. 14. – B. Pollin, *La rédaction du procès-verbal de l'assemblée générale : Inf. rap. copr.* mai 2000, p. 16. – A. Djigo, *Le procès-verbal de l'assemblée générale des copropriétaires : erreur matérielle et irrégularité de notification : Loyers et copr.* juill.-août 2015, étude 10. – D. Rodrigues, *Le procès-verbal de l'assemblée générale : Inf. rap. copr.* mars 2019, p. 39.

1) Caractère obligatoire. L'établissement d'un procès-verbal est obligatoire. L'absence ou la nullité du procès-verbal rend l'assemblée annulable (▪ TGI Paris, 23 avr. 1975 : *Rev. loyers* 1975, p. 312. ▪ TGI Paris, 14 nov. 1976 : *D.* 1976, inf. rap. p. 124. ▪ TGI Marseille, 26 mars et ▪ TGI Marseille, 20 mai 1980 : *Ann. loyers* 1980, p. 1237).

2) Qui établit le procès-verbal ? Le texte ne précise pas qui doit l'établir. En pratique, c'est le syndic : mais selon la cour de Paris (23e ch. B) rien n'impose qu'il soit rédigé par le secrétaire de séance ou par un membre du bureau (▪ CA Paris, 23e ch. B, 18 janv. 2001 : *Loyers et copr.* 2001, comm. 183 ; *AJDI* 2001, p. 44. ▪ CA Paris, 23e ch. B, 29 mars 2001 : *Dossier CSAB* n° 98, mars 2002, n° 61, obs. A. Dunes).

Le syndic peut charger un huissier de dresser le procès-verbal de l'assemblée (▪ CA Paris, 23e ch. B, 5 déc. 1984 : *D.* 1985, inf. rap. p. 428, obs. C. Giverdon. ▪ CA Paris, 7 déc. 1995 : *Loyers et copr.* 1996, comm. 137). Il a été jugé que l'absence de respect de la stipulation du règlement imposant la rédaction du procès-verbal par acte authentique ne pouvait entraîner la nullité ni des résolutions de l'assemblée ni de cette dernière, ces exigences contractuelles n'étant pas prévues par les dispositions d'ordre public du statut de la copropriété (▪ CA Paris, pôle 4, 2e ch., 14 sept. 2022, n° 18/23103 : *JurisData* n° 2022-015227).

3) Moment de l'établissement. Le décret n° 2020-834 du 2 juillet 2020 introduit une importante nouveauté en ce domaine. Alors qu'auparavant le procès-verbal devait être obligatoirement établi « à la fin de la séance », il pourra être désormais être dressé dans les 8 jours suivants la tenue de l'assemblée.

• Procès verbal établi à la fin de la séance

Dans sa rédaction issue du décret du 27 mai 2004, le procès-verbal devait être rédigé soit en cours de séance, soit à sa clôture. Il ne pouvait pas être établi ultérieurement, l'article 17, alinéa 1, indiquant qu'il devait être signé « à la fin de la séance » (▪ CA Paris, pôle 4, 2e ch., 25 juin 2014 : *JurisData* n° 2014-014937 ; *Loyers et copr.* 2014, comm. 280, obs. G. Vigneron). Le non-respect de cette règle rendait l'assemblée annulable (▪ CA Paris, pôle 4, 2e ch., 17 janv. 2018, n° 15/11869 : *JurisData* n° 2018-000594 ; *Administrer* mars 2018, p. 37, note J.-R. Bouyeure. ▪ CA Aix-en-Provence, 4e ch. A, 7 nov. 2013, n° 13/00071 : *Rev. loyers* 2014, p. 41. ▪ CA Paris, 23e ch. B, 5 févr. 2009 : *JurisData* n° 2009-376487 ; *Loyers et copr.* 2009, comm. 214, obs. G. Vigneron ; *AJDI* 2009, p. 461). Une décision bienveillante avait estimé que, malgré le départ de nombreux copropriétaires et l'absence de signature des scrutateurs partis prématurément, le procès-verbal était valide quand rien ne permettait de contredire qu'il avait été établi à la fin de la séance, comme il le mentionnait (▪ Cass. 3e civ., 24 avr. 2013, n° 12-13.330 : *JurisData* n° 2013-008020 ; *Bull. civ.* III, n° 55 ; *Loyers et copr.* 2013, comm. 216, obs. G. Vigneron ; *Administrer* juill. 2013, p. 56, obs. J.-R. Bouyeure ; *Rev. loyers* 2013, p. 292, note L. Guégan). Par ailleurs la nullité de l'assemblée n'a pas été prononcée lorsque le défaut d'établissement du procès-verbal en temps utile était imputable au copropriétaire contestataire, qui était président de séance (▪ CA Paris, pôle 4, 2e ch., 1er oct. 2014, n° 12/13569 : *Administrer* mai 2015, p. 37, obs. J.-R. Bouyeure) ou aux scrutateurs ayant refusé de le signer (▪ CA Paris, pôle 4, 2e ch., 6 mars 2024, n° 20/13378 : *JurisData* n° 2024-005017).

Il avait été jugé antérieurement au décret précité, contrairement à ce qu'avait admis une réponse ministérielle du 17 septembre 1969 (*JCP* N 1969, IV, p. 211), que le dépouillement des votes, la proclamation des résultats et la rédaction du procès-verbal devaient s'effectuer avant que les copropriétaires se soient séparés et à la fin de la réunion ; faute de quoi ils n'auraient plus la possibilité de formuler des réserves, comme le prévoyait l'article 17, alinéa 3, du décret, et une reconstitution des votes *a posteriori* opérée de façon conflictuelle et pour le moins douteuse sans qu'un scrutateur ait été à même d'en vérifier la véracité, contreviendrait aux dispositions de l'article 17 (■ CA Versailles, 4e ch., 19 juin 2000 : *Dossier CSAB* n° 87, oct. 2000, n° 113, obs. A. Dunes. ■ CA Paris, 23e ch. A, 6 mai 1998 : *D.* 1999, somm. p. 76, obs. C. Atias. ■ CA Paris, 23e ch. A, 29 avr. 1987 : *Gaz. Pal.* 1987, II, 596, note M. Morand. – V. dans le même sens, ■ TGI Paris, 8e ch., 20 janv. 1988 : *Gaz. Pal.* 1988, II, somm. p. 352, note M. Morand et Rép. min., 12 août 1996 : *JOAN*, p. 4428, n° 32371. – *Contra*, ■ CA Paris, 23e ch. B, 10 nov. 1995 : *Cahiers CSAB* avr. 1996, n° 62, obs. A. Dunes, qui notait que l'article 17 n'indiquait pas à quel moment le procès-verbal devait être établi. – V. dans le même sens, ■ TGI Paris, 8e ch., 3e sect., 31 mars 1998 : *Administrer* oct. 1998, p. 59, obs. J.-R. Bouyeure). La preuve que le procès-verbal n'avait pas été signé à la fin de l'assemblée générale peut être rapportée par tous moyens (■ Cass. 3e civ., 9 juin 2016, n° 15-17.094).

Cette obligation engendrait des difficultés pratiques, qui avaient donné lieu à plusieurs questions ministérielles. Après que plusieurs réponses aient indiqué qu'il n'était pas envisagé de supprimer l'obligation de signer le procès-verbal en fin de séance, une nouvelle réponse avait précisé que l'application du texte ne devait pas poser de difficultés majeures si le procès-verbal était « sérieusement préparé avant l'assemblée générale. Il suffira lors de cette dernière de le compléter en inscrivant sous l'objet de chaque question écrite à l'ordre du jour, le résultat du vote, le nombre des copropriétaires ou associés qui se sont opposés à la décision et leur nombre de voix, ainsi que le nombre des copropriétaires qui se sont abstenus et le nombre de leurs voix ». Cette réponse soulignait que le procès-verbal n'est pas le compte rendu des débats de l'assemblée mais un relevé des décisions prises (Rép. min. Justice, 20 déc. 2005, n° 60 506, p. 11 826).

• **Procès-verbal établi dans les 8 jours de la tenue de l'assemblée**

Tout en maintenant la possibilité de dresser le procès-verbal de l'assemblée à la fin de la séance, le décret n° 2020-834 du 2 juillet 2020 offre une alternative : le procès-verbal peut également être établi dans les 8 jours suivant la tenue de l'assemblée.

4) Approbation. Rien n'impose de faire *approuver le procès-verbal par l'assemblée* (Rép. min., 26 janv. 1974 : *JOAN*, p. 508). Mais le règlement de copropriété peut le prévoir.

II – MENTIONS DU PROCÈS-VERBAL (AL. 2)

A – Mention de la distribution des pouvoirs en blanc par le syndic (art. 17, al. 1er)

5) Le procès-verbal doit tout d'abord indiquer, le cas échéant, si les « pouvoirs en blanc » reçus par le syndic ont bien été remis par lui au président du conseil syndical, à un membre du conseil syndical ou au président de séance et distribués par eux, selon les modalités prévues à l'article 15-1 du décret du 17 mars 1967 (V. ce texte).

B – Mentions concernant les décisions prises (art. 17, al. 2)

6) Énumération. Selon l'article 17, alinéa 2, dans sa rédaction issue du décret précité du 2 juillet 2020, le procès-verbal doit comporter l'intitulé de chaque question inscrite à l'ordre du jour et sous chacune de ces questions :

– les noms des copropriétaires ou associés qui se sont opposés à la décision et leur nombre de voix ;

– les noms des copropriétaires ou associés qui se sont abstenus et leur nombre de voix ;

– les noms des copropriétaires ou associés qui sont assimilés à un copropriétaire défaillant, en application de l'article 17-1 A de la loi du 10 juillet 1965, qui concerne la participation non présencielle à l'assemblée (vote par correspondance, visioconférence ou moyen de communication électronique : V. ce texte).

Mais aucun texte n'impose de faire figurer dans le procès-verbal le nom et les tantièmes des copropriétaires présents ou représentés, les indications de la feuille de présence étant sur ce point suffisantes (■ CA Paris, 23e ch. B, 4 juill. 2002 : *Loyers et copr.* 2002, comm. 290), non plus que le nom des représentants (■ CA Montpellier, 7 mai 2013 : *JurisData* n° 2013-021174 ; *Loyers et copr.* 2014, comm. 28, obs. G. Vigneron). Par ailleurs, les procès-verbaux d'assemblée générale n'ont pas à comporter la motivation des décisions prises (■ CA Versailles, 4e ch., 2e sect., 12 déc. 2023, n° 21/01366 : *JurisData* n° 2023-024388. ■ CA Paris, pôle 4, 2e ch., 6 avr. 2016, n° 14/05556 : *JurisData* n° 2016-009767), étant précisé que le syndicat des copropriétaires peut invoquer des éléments postérieurs à la décision pour justifier celle-ci (■ Cass. 3e civ., 10 sept. 2020, n° 19-15.116 : *JurisData* n° 2020-013086 ; *Administrer* nov. 2020, p. 49, note J.-R. Bouyeure ; *AJDI* 2021, p. 130, note N. Le Rudulier). L'indication du lieu de tenue de l'assemblée générale n'est pas davantage au nombre des mentions obligatoires prévues par l'article 17 du décret (■ CA Riom, 1re ch., 24 janv. 2023, n° 21/00555 : *Rev. loyers* 2023, n° 4090).

Le procès-verbal n'étant pas la transcription exhaustive de tout ce qui a été dit à l'assemblée (■ CA Paris, pôle 4, 2e ch., 6 mars 2024, n° 20/13378 : *JurisData* n° 2024-005017), ses mentions doivent simplement permettre de déduire les conditions dans lesquelles le scrutin est intervenu et de reconstituer le sens des votes (■ CA Paris, 19e ch. B, 11 déc. 1997 : *Loyers et copr.* 1998, comm. 194).

Voir : D. art. 17, al. 2 et 3. – Et sur tous ces points, comm. n°s 11 à 16, p. 758.

1° Relation des décisions prises

7) Indication du résultat des votes. Le procès-verbal doit mentionner (art. 17, al. 2) :

– l'intitulé de chacune des questions inscrites à l'ordre du jour, sur lesquelles les copropriétaires ont été appelés à voter ;

– sous l'intitulé de chaque question inscrite à l'ordre du jour, le résultat du vote (▪ CA Chambéry, 1re ch., 13 déc. 2022, n° 20/01218 : *JurisData* n° 2022-022945. ▪ CA Paris, 30 nov. 1983 : *D.* 1984, inf. rap. p. 408), c'est-à-dire les termes de chaque résolution, sans qu'il y ait obligatoirement lieu de reproduire tous les débats (▪ TGI Paris, 18 déc. 1974 : *D.* 1976, inf. rap. p. 66. ▪ TGI Marseille, 17 janv. 1978 : *Ann. loyers* 1979, p. 232).

Ces exigences ayant pour but d'éviter une dénaturation des questions soumises à l'assemblée, qui ne peut valablement délibérer que sur celles figurant à son ordre du jour (▪ CA Aix-en-Provence, ch. 1-8, 21 févr. 2024, n° 20/05067 : *JurisData* n° 2024-002559), le résultat du vote doit être indiqué de façon précise. Des formules par trop générales (« les copropriétaires ont décidé à la majorité » ou encore « les copropriétaires donnent leur autorisation ») ne sont pas conformes au vœu de la loi (▪ CA Paris, 23e ch., 10 mars 1993 : *Loyers et copr.* 1993, comm. 276. – V. dans un cas où les copropriétaires étaient visés qu'en tant qu'entité : ▪ CA Paris, 13 déc. 2017, n° 15/15722).

Le procès-verbal doit mentionner le nombre exact du total des voix en fonction duquel a été calculée la majorité requise (▪ Cass. 3e civ., 20 nov. 1996, n° 94-19.140 : *JurisData* n° 1996-004392 ; *Bull. civ.* III, n° 220 ; *Loyers et copr.* 1997, comm. 24). S'il se réfère par erreur à une majorité erronée (par exemple la majorité de l'article 24, au lieu de la majorité de l'article 25), cette erreur est sans incidence, dès lors que la majorité applicable a été effectivement obtenue (▪ Cass. 3e civ., 5 juill. 2011, n° 10-20.743. – ▪ CA Rennes, 4e ch., 18 janv. 2024, n° 22/03754 : *JurisData* n° 2024-003643).

8) Conditions exigées pour qu'il y ait une véritable décision. Le procès-verbal doit préciser que la décision a été adoptée à la majorité requise : à défaut il n'y aurait pas de décision (▪ Cass. 3e civ., 3 juin 1998, n° 96-22.250 : *JurisData* n° 1998-002542 ; *Loyers et copr.* 1998, comm. 219) sur les conditions exigées pour qu'il ait « décision » susceptible de recours (V. L. 10 juill. 1965, art. 42, comm. 26 à 36, p. 604).

2° Indication concernant le sens des votes

9) Mention des opposants et des abstentionnistes. Depuis la réforme apportée à l'article 24 de la loi du 10 juillet 1965 (V. ce texte) par la loi du 13 décembre 2000, il est nécessaire de bien identifier les votes favorables et les votes défavorables, seuls les suffrages exprimés étant comptés. Le procès-verbal doit donc préciser pour toutes les questions inscrites à l'ordre du jour, quelle que soit la majorité requise pour les adopter :

– les noms des copropriétaires (ou associés) qui se sont abstenus et leur nombre de voix, ce qu'indique clairement l'article 17 alinéa 3 ;

– le nom des copropriétaires (ou associés) qui se sont opposés à la décision et leur nombre de voix…

– les noms des copropriétaires ou associés qui sont assimilés à un copropriétaire défaillant, en application de l'article 17-1 A de la loi du 10 juillet 1965, qui concerne la participation non présencielle à l'assemblée (vote par correspondance, visioconférence ou moyen de communication électronique : V. ce texte).

Le procès-verbal n'a pas à mentionner les motifs particuliers du vote des opposants (▪ CA Paris, 23e ch. B, 5 déc. 1984 : *RD imm.* 1985, p. 189, obs. C. Giverdon) ou à retranscrire l'intégralité des débats (▪ CA Versailles, 4e ch., 12 mai 2003 : *Dossier CSAB* n° 111, avr. 2004, n° 73, obs. A. Dunes).

Lorsque l'assemblée rejette une demande d'autorisation de travaux, les copropriétaires que l'on doit considérer comme « opposants » sont ceux qui ont voté en faveur de l'autorisation. C'est donc à juste titre que le procès-verbal mentionne le nom de ces copropriétaires au procès-verbal (▪ CA Paris, 23e ch. B, 1er févr. 2001 : *Administrer* mai 2001, p. 54, obs. J.-R. Bouyeure ; *Rev. loyers* 2001, p. 248, note J.-M. Gélinet. – Sur cette notion d'opposant, voir aussi le commentaire de l'article 42 de la loi).

L'énumération nominative des copropriétaires présents, représentés ou absents donnée en tête du procès-verbal des délibérations de l'assemblée générale suffit à sa régularité sans qu'il soit nécessaire de répéter cette énumération à l'occasion de chaque résolution, aucune disposition de l'article 17 du décret du 17 mars 1967 ne formulant une telle exigence (▪ Cass. 3e civ., 7 nov. 1978, n° 77-11.421 : *Bull. civ.* III, n° 333. ▪ CA Aix-en-Provence, 4e ch. A, 29 oct. 2010 : *Administrer* mars 2011, p. 49, obs. J.-R. Bouyeure. ▪ CA Versailles, 4e ch., 12 mai 2003 : *Dossier CSAB* n° 111, avr. 2004, n° 72, obs. A. Dunes) ; mais il peut être opportun de le faire lorsque certains copropriétaires quittent la réunion avant la fin.

A été déclarée valable une mention indiquant que toutes les décisions pour lesquelles ne sont pas indiqués les noms des copropriétaires qui ont voté contre ont été prises à l'unanimité (▪ CA Paris, 23e ch. A, 3 avr. 1996 : *Loyers et copr.* 1996, comm. 325, confirmé par ▪ Cass. 3e civ., 8 avr. 1998, n° 96-17.074 : *RD imm.* 1998, p. 415, obs. P. Capoulade).

10) Mention des voix « pour » non requise. L'article 17 n'exige pas la mention des voix « pour ». La Cour de cassation a admis que si le procès-verbal faisait mention du total des voix présentes ou représentées, l'identification des copropriétaires ayant voté en faveur de la décision pouvait s'établir par une simple différence entre le nombre de voix ainsi indiquées et celui des copropriétaires ayant voté contre et qui se sont abstenus (■ Cass. 3e civ., 21 oct. 2009, n° 08-22.099 : *JurisData* n° 2009-050228 ; *Loyers et copr.* 2010, comm. 21, obs. G. Vigneron ; *Administrer* janv. 2010, p. 42, obs. J.-R. Bouyeure. ■ Cass. 3e civ., 11 mai 2000, n° 98-17.029 : *JurisData* n° 2000-001862 ; *Bull. civ.* III, n° 104 ; *Administrer* oct. 2000, p. 71, obs. J.-R. Bouyeure ; *RD imm.* 2000, p. 389, obs. P. Capoulade ; *Rev. loyers* 2000, p. 378, obs. J.-M. Gélinet. – V. aussi, pour l'admission de la méthode de rétablissement du sens des votes par différence, ■ Cass. 3e civ., 17 févr. 1999, n° 97-14.454 : *JurisData* n° 1999-000678 ; *Bull. civ.* III, n° 43 ; *Loyers et copr.* 1999, comm. 157, note G. Vigneron. ■ Cass. 3e civ., 8 avr. 1998, n° 96-17.074, et dans le cas d'absence d'indication des copropriétaires abstentionnistes, ■ Cass. 3e civ., 17 nov. 2016, n° 15-23.027). Mais cette méthode devient condamnable si elle s'accompagne de manœuvres destinées à « gommer » les votes hostiles, ce qui peut donner lieu à des poursuites pénales pour faux (■ Cass. crim., 20 juin 2007 : *Administrer* oct. 2007, p. 86, obs. J.-R. Bouyeure).

11) Copropriétaires ne prenant pas part au vote. Depuis la réforme opérée par le décret du 27 mai 2004, le procès-verbal n'a plus à faire mention des copropriétaires « n'ayant pas pris part au vote » ? Cette option possible avait laissé perplexe les commentateurs (V. M. Morand, *Décomptes des votes : le problème des copropriétaires qui ne prennent pas part au vote : Inf. rap. copr.* 1987, p. 74). La loi distinguait ces copropriétaires de ceux qui s'étaient abstenus : s'agissait-il alors – en dehors des absents – de ceux qui sont présents à l'assemblée mais qui restent muets (c'est-à-dire qui ne votent ni pour ni contre) tout en ne se déclarant pas abstentionnistes ? Il était permis de le penser.

Un copropriétaire (ou son mandataire) pouvait par exemple choisir cette attitude lorsqu'une question était soumise au vote de l'assemblée alors qu'elle ne figurait pas à l'ordre du jour.

Pour C. Atias (*La position juridique du copropriétaire ne prenant pas part au vote : D.* 1994, chron. p. 123), pour qu'elle se distingue nettement de l'abstention, la décision de ne pas prendre part au vote devait être exprimée avant l'organisation du scrutin et devait être fondée sur un motif propre à celui qui adoptait cette position (l'absence d'intérêt ou, au contraire, le désir de ne pas influencer le vote auquel il a intérêt, etc.). Pour la cour de Versailles, étaient visés à la fois les absents dont les noms étaient précisés au début du procès-verbal, et ceux qui, étant présents, ne participaient pas volontairement au vote (■ CA Versailles, 4e ch., 26 juin 2000 : *Dossier CSAB* n° 87, oct. 2000, n° 111, obs. A. Dunes).

12) Conseils pratiques. Pour éviter toute difficulté, il a été recommandé au syndic lors du vote de chaque résolution de faire l'appel suivant :

– qui est contre ?

– qui déclare s'abstenir ?

Le syndic (ou le secrétaire de séance) n'inscrira à l'occasion de chaque résolution que le nom des opposants et des abstentionnistes déclarés. Il n'aura ensuite de notification à faire (V. D. art. 18) qu'aux opposants et aux absents (sur le problème des abstentionnistes ayant formulé des réserves, V., L. art. 42, al. 2). Les copropriétaires ayant signé la feuille de présence, mais qui s'absentent avant la fin de l'assemblée sans le faire mentionner au procès-verbal, ne seront comptés ni comme opposants, ni comme défaillants, ni comme abstentionnistes : ils compteront en faveur de la décision (à eux de prouver qu'ils étaient absents au moment du vote. – V. la jurispr. citée sous D. art. 14).

Le décret ne requiert pas le recensement des voix pour : en conséquence, le nombre de voix en faveur d'une résolution se calcule par différence entre le total des voix de l'assemblée (d'après la feuille de présence) et le total des voix des copropriétaires qui se sont déclarés nominativement « contre, non votants ou abstentionnistes » (Morand, art. préc.).

3° *Non-respect des mentions concernant les décisions prises*

13) Nullité de la décision. *Si les mentions exigées par la loi ne figurent pas au procès-verbal*, il n'y aura pas de « décision » valablement prise : ainsi, lorsque la délibération dont fait état le procès-verbal n'est ni précédée ni suivie de l'indication d'un vote (■ CA Versailles, 30 avr. 1990 : *RD imm.* 1990, p. 413, obs. C. Giverdon. ■ CA Paris, 13 juin 1990, *ibid.* p. 414, obs. C. Giverdon) ou lorsque le procès-verbal se borne à indiquer qu'une décision a été adoptée « à la majorité » sans mentionner le nombre total de voix recueillies (*RD imm.* 1990, p. 414, obs. C. Giverdon). La délibération est nulle (■ CA Pau, 1re ch., 25 juin 2007 : *JurisData* n° 2007-344619. ■ CA Paris, 23e ch. A, 12 sept. 2001 : *AJDI* 2002, p. 139), sauf toutefois s'il est possible de reconstituer le sens des votes à l'aide de la feuille de présence (■ CA Lyon, 6e ch., 13 juin 2001 : *Loyers et copr.* 2002, comm. 44). L'annulation de la résolution sera prononcée si la reconstitution du sens du vote n'est pas possible, sauf à se livrer à des supputations (■ Cass. 3e civ., 6 sept. 2011, n° 10-23.385 : *AJDI* 2011, p. 802).

L'absence dans le procès-verbal du nom et du nombre de voix de tous les copropriétaires opposants entraîne la nullité de la décision prise et lorsque celle-ci concerne l'élection du président de séance, la nullité de l'assemblée, sans que le copropriétaire demandeur ait à justifier de l'existence d'un grief (▪ Cass. 3e civ., 28 avr. 2011, n° 10-15.264 : *JurisData* n° 2011-007831 ; *Bull. civ.* III, n° 63 ; *Loyers et copr.* 2011, comm. 221, obs. G. Vigneron ; *Administrer* nov. 2011, p. 38, obs. J.-R. Bouyeure ; *AJDI* 2012, p. 127, note D. Tomasin ; *Rev. loyers* 2011, p. 332, note M. Plaidy).

Si le nom d'un copropriétaire opposant est omis sur le procès-verbal, la décision prise n'est pas nécessairement nulle, dès lors que ce copropriétaire est identifiable par rapprochement entre le procès-verbal et la feuille de présence (▪ Cass. 3e civ., 11 juill. 2019, n° 18-18.615 : *JurisData* n° 2019-016134 ; *Loyers et copr.* 2019, comm. 180, note A. Lebatteux ; *Administrer* oct. 2019, p. 55, note J.-R. Bouyeure ; *Rev. loyers*. nov. 2019, p. 25, note C. Rattin).

C – Sanctions de l'omission des mentions prescrites par la loi

14) Nullité éventuelle de l'assemblée. L'omission des indications exigées par l'article 17 est susceptible d'entraîner la *nullité de l'assemblée* (▪ Cass. 3e civ., 20 déc. 2006, n° 05-20.384 : *JurisData* n° 2006-036745 ; *Loyers et copr.* 2007, comm. 59, obs. G. Vigneron ; *Rev. Administrer* mars 2007, p. 53, obs. J.-R. Bouyeure. ▪ Cass. 3e civ., 9 avr. 1966 : *Inf. rap. copr.* 1966, p. 92. ▪ CA Paris, 23e ch. A, 6 mai 1998 : *Loyers et copr.* 1998, comm. 307. – V. dans un cas où le procès-verbal n'indiquait pas le nombre des absents et n'était pas signé : ▪ CA Paris, 23e ch. A, 10 févr. 1999 : *JurisData* n° 1999-020396 ; *Loyers et copr.* 1999, comm. 189. – Dans un cas où le nom des copropriétaires qui s'étaient abstenus n'était pas indiqué : ▪ CA Chambéry, 13 déc. 2005 : *JurisData* n° 2005-293115).

À partir du moment où les conditions sont estimées réunies pour que la nullité de l'assemblée ou de la délibération soit prononcée, *le demandeur n'a pas à établir que la violation des formes légales, prescrites dans l'intérêt de tous, lui a causé un grief* (▪ Cass. 3e civ., 16 juin 1993, n° 91-20.492 : *JurisData* n° 1993-001008 ; *Bull. civ.* III, n° 92 ; *Administrer* avr. 1994, p. 51, note J. Lafond. ▪ CA Chambéry, 1re ch., 13 déc. 2022, n° 20/01218 : *JurisData* n° 2022-022945. – V. cependant ▪ CA Paris, 23e ch., 14 oct. 1994 : *Loyers et copr.* 1995, comm. 185). Il a également été jugé que l'action en nullité d'une assemblée, fondée sur l'inobservation des formalités substantielles d'établissement du procès-verbal, peut être exercée par un copropriétaire qui n'a pas été opposant à l'ensemble des résolutions dès lors qu'est en cause, non pas la validité des décisions prises, mais la validité du support même de l'assemblée générale (▪ CA Paris, pôle 4, 2e ch., 19 avr. 2023, n° 20/07901 : *JurisData* n° 2023-007425).

Mais la jurisprudence fait preuve de *libéralisme*. Ainsi, la nullité de la délibération n'est pas prononcée lorsque les mentions du procès-verbal concernant le scrutin, bien qu'irrégulières, sont malgré tout suffisantes pour permettre de reconstituer le sens de chaque vote et d'identifier les copropriétaires absents ou opposants (▪ Cass. 3e civ., 7 déc. 1971 : *JCP* 1972, II, 16985, note E.-J. Guillot. ▪ Cass. 3e civ., 7 nov. 1975 : *JCP* G 1975, IV, 21. ▪ CA Paris, 30 sept. 1977 : *Gaz. Pal.* 1978, I, somm. p. 214). Les indications fournies par la feuille de présence peuvent permettre éventuellement de combler les lacunes du procès-verbal (▪ Cass. 3e civ., 26 oct. 1983, n° 82-10.605 : *Bull. civ.* III, n° 202 ; *JCP* N 1984, II, 129, obs. C. Atias ; *Rev. Administrer* 1984, n° 145, p. 42, obs. E.-J. Guillot. ▪ CA Paris, 23e ch. A, 2 oct. 1996 : *Loyers et copr.* 1996, comm. 490).

Voir : sur la feuille de présence, V. D. 17 mars 1967, art. 14, p. 743.

Ainsi par exemple s'il est possible de savoir par la différence entre le nombre total des voix et celui des copropriétaires nommément désignés ceux qui se sont abstenus, qui n'ont pas voté ou qui ont voté contre (V. la décision bienveillante de ▪ CA Paris, 23e ch. A, 29 janv. 1997 : *Loyers et copr.* 1997, comm. 209. – V. aussi ▪ CA Aix-en-Provence, 7 avr. 1998 : *Defrénois* 1998, p. 1176, note C. Atias).

D – Mention des réserves sur la régularité des décisions (art. 17, al. 4)

Bibliographie : G. Gil, *Les réserves sur le procès-verbal d'assemblée générale* : *Inf. rap. copr.* juin 2022, p. 25. – D. Rodrigues, *Les réserves formulées en assemblée* : *Inf. rap.* copr. déc. 2023, p. 11.

15) Nature des réserves à mentionner. L'article 17, alinéa 4 (rédigé dans les mêmes termes que l'alinéa 3 ancien du même texte) invite à mentionner au procès-verbal les « réserves éventuellement formulées par les copropriétaires ou associés opposants sur la régularité des décisions ».

Seules les réserves formulées par les « opposants » ont, aux termes mêmes de l'article 17, alinéa 4 (identique à l'alinéa 3 ancien du même texte) à être mentionnées au procès-verbal : et non pas celles que peuvent avoir à faire les copropriétaires qui votent pour (▪ CA Paris, 23e ch. A, 19 nov. 1985 : *Inf. rap. copr.* 1985, p. 16). Mais, selon certaines décisions des juridictions du fond, les abstentionnistes pourraient également demander que leurs réserves soient consignées, ce qui leur permettrait d'exercer ensuite un recours contre la décision dans les conditions prévues par l'article 42 de la loi (V. le commentaire de l'article 42 de la loi).

Ne doivent être inscrites au procès-verbal que les réserves portant sur la régularité des décisions de l'assemblée.

En aucun cas le seul fait pour un copropriétaire d'avoir formulé des réserves soutenant que l'assemblée était entachée d'illégalité en raison du non-respect du délai de convocation ne peut lui conférer la qualité d'opposant, et l'autoriser à former une action en contestation de l'assemblée (▪ Cass. 3e civ., 14 mars 2019, n° 18-10.379).

Voir aussi : sur l'intérêt des réserves pour permettre un recours ultérieur, V. L., art. 42, p. 593.

Il s'agit uniquement des réserves formulées lors de l'assemblée (Rép. min., 17 sept. 1971 : *JO* Sénat, p. 1666 ; *JCP* N 1971, prat. 5065). Il n'y a lieu de faire figurer au procès-verbal que les seules réserves émises pendant le cours de l'assemblée et non pas postérieurement (▪ Cass. 3e civ., 23 nov. 2017, n° 16-25.125 : publié au *Bull.* ; *JurisData* n° 2017-023614 ; *Loyers et copr.* 2018, comm. 22, note C. Coutant-Lapalus ; *Administrer* févr. 2018, p. 36, obs. J.-R. Bouyeure ; *Rev. loyers* 2018, p. 106, note C. Rattin).

Des copropriétaires mis en cause peuvent réclamer un « droit de réponse » mais non pas la suppression des passages contestés (▪ CA Paris, 23e ch. B, 18 janv. 2001 : *Loyers et copr.* 2001, comm. 183).

E – Mention des incidents techniques survenus (art. 17, al. 5)

16) Recours aux moyens de communications électroniques. Lorsqu'un copropriétaire ou un associé a eu recours à la visioconférence, à l'audioconférence ou à tout autre moyen de communication électronique et qu'un incident technique est survenu, qui l'a empêché de faire connaître son vote, il doit être fait mention du ou des incidents dans le procès-verbal (art. 17, al. 5).

Sur la participation à l'assemblée par des moyens de communication électronique, V. L. 10 juill. 1965, art. 17-1, A. – *D.* 17 mars 1967, art. 13-1 et 13-2.

F – Mentions relatives à l'accord exprimé par un copropriétaire pour recevoir des notifications par la voie électronique

17) Mentions prescrites. Il résulte de l'article 64-1, du décret du 17 mars 1967 (V. ce texte) que lorsqu'un copropriétaire donne, lors de l'assemblée générale, son accord exprès pour recevoir des notifications par voie électronique, cet accord doit être consigné sur le procès-verbal. Il en est de même lorsque le copropriétaire qui a précédemment donné cet accord se rétracte, lors d'une assemblée générale (D. 17 mars 1967, art. 64-2, p. 899).

III – SIGNATURE

Bibliographie : G. Gil, *Les signatures en assemblée générale : Inf. rap. copr.* janv.-févr. 2021, p. 25.

18) Signatures exigées. Le procès-verbal *doit être signé* par le président, le secrétaire ou par le ou les scrutateurs, ces signatures ayant pour objet de garantir la sincérité des mentions qu'il renferme et d'assurer la force probante du document (▪ CA Paris, pôle 4, 2e ch., 6 mars 2024, n° 20/13378 : *JurisData* n° 2024-005017. ▪ CA Versailles, 4e ch., 2e sect., 17 nov. 2021, n° 19/08791 : *JurisData* n° 2021-020233). Il est sans importance que le procès-verbal ait été signé à la fois par le président, le secrétaire et les deux scrutateurs (▪ CA Paris, 23e ch. B, 11 juin 2008, n° 07/14490 : *AJDI* 2008, p. 687). Il est suffisant que les signatures figurent en fin de procès-verbal. Rien n'impose que chaque page du procès-verbal soit signée (▪ CA Versailles, 4e ch., 25 mai 2010 : *JurisData* n° 2010-009513).

Les deux signatures du président de séance et du scrutateur figurant sur le procès-verbal sont suffisantes pour le valider. Le syndic, secrétaire de séance, dont la signature a été omise et qui a notifié le procès-verbal doit être considéré comme ayant ainsi implicitement approuvé les termes du document qu'il a diffusé (▪ CA Versailles, 4e ch., 14 févr. 2011 : *JurisData* n° 2011-002077).

19) Procès-verbal établi sous la forme électronique. Lorsque le registre des procès-verbaux est tenu sous la forme électronique, les signatures sont établies conformément à l'alinéa 2 de l'article 1367 du Code civil, indique l'article 17 dans son dernier alinéa (V. ce texte ci-dessus, sous l'article 17). Il est rappelé que les mesures d'application de ce texte résultent du décret n° 2001-272 du 30 mars 2001 modifié (S. Coiffet, *Papier et électronique : même combat : Administrer* janv. 2006, p. 14).

20) Signatures omises. La Cour de cassation a jugé à plusieurs reprises que *l'omission des signatures* des membres du bureau sur le procès-verbal n'entraînait pas la nullité des décisions prises par une assemblée générale de copropriétaires (▪ Cass. 3e civ., 26 mars 2014, n° 13-10.693 : *JurisData* n° 2014-005952 ; *Loyers et copr.* 2014, comm. 154, obs. G. Vigneron ; *Rev. loyers* 2014, p. 265, note M. Plaidy. ▪ Cass. 3e civ., 24 avr. 2013, n° 12-13.330 : *JurisData* n° 2013-008020 ; *Bull. civ.* III, n° 55. ▪ Cass. 3e civ., 19 nov. 2008, n° 06-12.567 : *JurisData* n° 2008-046014 ; *Loyers et copr.* 2009, comm. 43, obs. G. Vigneron ; *Administrer* févr. 2009 p. 49, obs. J.-R. Bouyeure. ▪ Cass. 3e civ., 6 déc. 2005, n° 04-17.630 : *JurisData* n° 2005-031222 ; *Administrer* avr. 2006, p. 37, obs. J.-R. Bouyeure ; *AJDI* 2006, p. 389, note P. Capoulade).

Telle était auparavant la position des juridictions du fond (▪ CA Paris, 5 mars 1985 : *Administrer* déc. 1985, p. 27 : pour un procès-verbal ne comportant que la signature du syndic, secrétaire de séance, V. ▪ CA Paris, 23e ch. B, 29 mars 2001 : *Dossiers CSAB* mars 2002, n° 61, obs. A. Dunes. ▪ CA Paris, 23e ch. A, 7 juin 2000 : *Dossiers CSAB* n° 87, oct. 2000, n° 112, obs. A. Dunes. ▪ CA Paris, 1re ch., 12 avr. 1996 : *Administrer* déc. 1996, p. 32, note E.-E. Frank. ▪ CA Paris, 23e ch. B, 26 janv. 1996 : *Loyers et copr.* 1996,comm. 230. – V. aussi dans un cas où le secrétaire de séance n'avait pas signé le procès-verbal, ▪ CA Paris, 23e ch. B, 30 sept. 2004 : *Administrer* mars 2005, obs. J.-R. Bouyeure. ▪ CA Paris, 19e ch. B, 7 déc. 1995 : *Loyers et copr.* 1996, comm. 137), et dans un cas où le procès-verbal n'avait pas été signé par le président, V. ▪ CA Paris, pôle 4, 2e ch., 11 janv. 2012 : *JurisData* n° 2012-000667 ; *Loyers et copr.* 2012, comm. 116, obs. G. Vigneron. Selon un arrêt de la cour de Paris (▪ CA Paris, 23e ch. B, 12 nov. 1998 : *Loyers et copr.* 1999, comm. 74), la signature du président et d'un autre scrutateur était suffisante pour valider le procès-verbal (V. dans le même sens ▪ CA Versailles, 14 févr. 2011 : *JurisData* n° 2011-002077 ; *Loyers et copr.* 2011, comm. 258, obs. G. Vigneron).

La validité d'un procès-verbal a été admise dans le cas où le syndic produisait simplement une « copie certifiée conforme à l'original signé en fin de séance », alors que ce document ne reproduisait pas la signature du président de séance ni celles du scrutateur et du secrétaire (▪ Cass. 3e civ., 13 oct. 2012, n° 11-22.140 : *AJDI* 2013, p. 47).

21) Contestation de la force probante du procès-verbal. En cas d'omission de signatures (V. ci-dessus n° 7, p. 758) il est alors permis de contester la force probante du procès-verbal qui se trouve ainsi fragilisée (▪ CA Orléans, ch. civ., 25 mai 2023, n° 20/01480 : *JurisData* n° 2023-014477. ▪ CA Versailles, 4e ch., 14 oct. 2002 : *Dossier CSAB* n° 111, avr. 2004, n° 77, obs. A. Dunes. ▪ CA Paris, 23e ch. B, 12 nov. 1998 : *RD imm.* 1999, p. 148, note C. Giverdon. ▪ CA Paris, 23e ch. B, 28 nov. 1997 : *Loyers et copr.* 1998, comm. 134. ▪ CA Paris, 13 mai 1980 : *D.* 1981, *Inf. rap. copr.* p. 95) en établissant par exemple que la résolution litigieuse n'a pas été soumise au vote de l'assemblée (▪ CA Colmar, 2e ch. civ. A, 29 mai 2008 : *JurisData* n° 2008-374241) ou qu'une décision prise par l'assemblée ne figure pas dans le procès-verbal (▪ CA Paris, 23e ch. B, 13 nov. 2008 : *AJDI* 2009, p. 205).

Ainsi, s'il existe des divergences entre le procès-verbal figurant sur le registre des délibérations et les documents adressés à certains copropriétaires qui, en particulier, ne comportent pas les mêmes signatures, les rédactions différentes de ce procès-verbal justifient qu'il soit déclaré nul (▪ Cass. 3e civ., 4 juill. 1990, n° 88-17.006 : *JurisData* n° 1990-702179 ; *Bull. civ.* III, n° 167 ; *D.* 1991, *IR* p. 84, obs. J. Lafond). En revanche il n'y a pas lieu d'annuler le procès-verbal d'une assemblée lorsque les différences entre la version initiale et le texte, non signé par les scrutateurs, notifié aux copropriétaires ne portent que sur des détails n'entraînant aucune conséquence sur sa valeur probante, et que les résolutions, leurs votes et leur contenu, sont strictement identiques d'une version à l'autre (▪ Cass 3e civ., 13 sept. 2018, n° 17-23.292 : *JurisData* n° 2018-015555 ; *Loyers et copr.* 2018, comm. 230, obs. C. Coutant-Lapalus ; *Administrer* déc. 2018, p. 38, obs. J.R. Bouyeure).

Un procès-verbal qui ne comporte *aucune signature* (du président, du secrétaire ou des membres du bureau ou aujourd'hui des scrutateurs) n'est pas de nature à prouver la résolution prise par l'assemblée, déclare ainsi un arrêt de la cour de Paris (▪ CA Paris, 23e ch. A, 26 mai 1986 : *Inf. rap. copr.* 1986, p. 158. – V. dans le même sens, ▪ Cass. 3e civ., 28 oct. 1985, n° 84-13.397 : *JurisData* n° 1985-002724 ; *Bull. civ.* III, n° 134 ; *Gaz. Pal.* 1986, I, pan. jurispr. p. 23). Il en est de même lorsque la copropriété ne comprend que deux personnes, l'une et l'autre membres du bureau et que le procès-verbal n'a été signé que par une seule d'entre elles (▪ CA Versailles, 4e ch., 23 juin 2003 : *Dossier CSAB* n° 111, avr. 2004, n° 76, obs. A. Dunes). Selon cette même cour de Paris (▪ CA Paris, 8e ch. A, 23 oct. 1990 : *Loyers et copr.* 1990, comm. 491), la notification d'une copie non signée d'un procès-verbal ne peut entraîner l'annulation de ce procès-verbal dès lors qu'il n'est pas allégué que le contenu de ce document n'est pas conforme à l'original.

L'action tendant à contester la validité de l'assemblée au motif que le procès-verbal n'est pas régulièrement signé doit être intentée dans le délai légal de contestation de 2 mois (▪ Cass. 3e civ., 6 déc. 2005, n° 04-17.630 : *JurisData* n° 2005-031222 ; *Administrer* avr. 2006, p. 37, obs. J.-R. Bouyeure ; *AJDI* 2006, p. 389, note P. Capoulade).

IV – REGISTRE DES PROCÈS-VERBAUX

22) Caractère obligatoire. L'article 17, alinéa 6, énonce que les procès-verbaux des assemblées générales sont inscrits, à la suite les uns des autres, sur un registre spécialement ouvert à cet effet. Le procès-verbal lui-même peut être établi sur une feuille volante (▪ Cass. 3e civ., 6 févr. 1973, n° 71-13.845 : *Rev. loyers* 1973, p. 283).

Le défaut de tenue du registre n'est pas une cause de nullité de l'assemblée (▪ Cass. 3e civ., 16 déc. 2014, n° 13-24.230 : *JurisData* n° 2014-032951 ; *Loyers et copr.* 2015, comm. 76, obs. G. Vigneron ; *Administrer* mars 2015, p. 47, note J.-R. Bouyeure. ▪ CA Paris, 23e ch. B, 22 févr. 2001 : *AJDI* 2001, p. 447. ▪ CA Paris,

23e ch. A, 16 oct. 1996 : *Loyers et copr.* 1997, comm. 81) mais il est de nature à engager la responsabilité du syndic (■ CA Paris, 20 déc. 1979 : *D.* 1980, inf. rap. p. 276). En l'absence de tenue du registre des procès-verbaux, la réalité de l'existence de l'assemblée générale peut être démontrée par la production de l'original du procès-verbal et la preuve de la date certaine de la tenue de l'assemblée (■ Cass. 3e civ., 16 déc. 2014, préc.).

Sur la délivrance de copies du procès-verbal, V. D. 17 mars 1967, art. 18.

23) Registre électronique. L'article 17 indique dans son alinéa 8 que le registre des procès-verbaux peut être tenu sous forme électronique « dans les conditions définies par l'article 1366 du Code civil » (V. ce texte ci-dessus sous l'article 17).

Dans ce cas la feuille de présence et les procès-verbaux peuvent être établis sous forme électronique. Ils sont signés dans les conditions prévues à l'article 1367, alinéa 2 du Code civil (V. ce texte ci-dessus sous l'article 17).

24) Mentions concernant l'accord des copropriétaires pour recevoir des notifications par la voie électronique. V. ci-dessus comm. 17.

V – VALEUR PROBANTE DES PROCÈS-VERBAUX

Bibliographie : J.-R. Bouyeure, *La force probante du procès-verbal de l'assemblée générale des copropriétaires : Administrer* août-sept. 2000, p. 10. – J.-M. Roux, *La force probante du procès-verbal : Inf. rap. copr.* juin 2009, p. 25.

25) Preuve contraire. Le procès-verbal fait foi des constatations qu'il renferme (■ CA Chambéry, ch. civ., 1re sect., 3 oct. 2017, n° 16/00048 : *JurisData* n° 2017-020613), en particulier de sa date (■ CA Aix-en-Provence, 26 juin 1973 : *Ann. loyers* 1974, p. 796). Mais *la preuve de la fausseté des indications qu'il contient peut être rapportée par tous moyens* (■ Cass. 3e civ., 17 sept. 2013, n° 12-22.044 : *Administrer* juin 2014, p. 44, obs. J.-R. Bouyeure. ■ Cass. 3e civ., 11 mars 2009, n° 07-21.708 : *Administrer* juill. 2009, p. 54, obs. J.-R. Bouyeure. ■ Cass. 3e civ., 11 janv. 1977 : *Inf. rap. copr.* 1977, p. 45. – V. pour des exemples : ■ CA Paris, pôle 4, 2e ch., 22 nov. 2023, n° 22/01740 : *JurisData* n° 2023-023098. ■ CA Versailles, 15 sept. 2003, n° 02/00877 : *JurisData* n° 2003-224844 ; *Loyers et copr.* 2004, comm. 54, obs. G. Vigneron. ■ CA Paris, 23e ch. B, 12 nov. 1998 : *Loyers et copr.* 1999, comm. 74, et dans le cas de fausse signature de la feuille de présence, ■ CA Paris, 23e ch. B, 30 sept. 2004 : *AJDI* 2005, p. 38) et notamment par témoignage, ou par des attestations (■ CA Paris, 23e ch. A, 26 janv. 2000, deux arrêts : *AJDI* 2000, p. 348 et 349). En revanche, une lettre de protestation adressée par le contestataire au syndicat est insuffisante, à elle seule, pour établir la preuve de l'inexactitude alléguée (■ CA Toulouse, 1re ch., 1re sect., 24 oct. 2022, n° 20/03360 : *JurisData* n° 2022-019983).

26) Contestation du sens des votes. Lorsque le procès-verbal ne fait pas une relation fidèle du sens des votes, la preuve peut en être rapportée par tous moyens (■ Cass. 3e civ., 11 mars 2009, n° 07-21.708 : *Administrer* juill. 2009, p. 54, obs. J.-R. Bouyeure). Il en est ainsi lorsque le nombre de voix « contre » ne correspond pas au total des voix des copropriétaires identifiés comme opposants dans le procès-verbal (■ Cass. 3e civ., 28 janv. 2015, n° 13-28.021 : *JurisData* n° 2015-001157 ; *Loyers et copr.* 2015, comm. 101, obs. G. Vigneron).

L'inexactitude d'une mention du procès-verbal, selon laquelle un copropriétaire a voté pour, ne peut se déduire du seul fait que cette décision lui était défavorable (■ Cass. 3e civ., 6 nov. 1996, n° 94-21.195 : *JurisData* n° 1996-004228 ; *Loyers et copr.* 1997, comm. 55. ■ CA Paris, 19e ch. A, 5 mai 2004 : *AJDI* 2004, p. 647) ou encore du fait qu'il n'avait pu voter en faveur du quitus au syndic, compte tenu du différend qui l'opposait au syndicat (■ Cass. 3e civ., 4 févr. 2014, n° 12-29.859 : *Administrer* avr. 2014, p. 53, obs. J.-R. Bouyeure). La relation des débats établie par le copropriétaire demandeur ne peut constituer à elle seule une preuve suffisante (■ CA Paris, 19e ch. B, 7 déc. 1995 : *Loyers et copr.* 1996, comm. 137), non plus que la simple déclaration de son mandataire (■ Cass. 3e civ., 17 sept. 2013, n° 12-22.044 : *Administrer* juin 2014, p. 44, obs. J.-R. Bouyeure).

Si, en comparant la copie du procès-verbal adressée aux copropriétaires avec la minute, il apparaît que cette copie est affectée d'une erreur matérielle, car elle ne mentionne pas que la décision a été acquise à l'unanimité, cette décision ne peut être contestée, peu important que le vote soit intervenu sur une question non inscrite à l'ordre du jour (■ Cass. 3e civ., 23 sept. 2009, n° 08-15.230 : *Bull. civ.* III, n° 200 ; *JurisData* n° 2009-049548 ; *Loyers et copr.* 2009, comm. 267, obs. G. Vigneron ; *Administrer* juill. 2010, p. 53, obs. J.-R. Bouyeure ; *D.* 2009, p. 2345, obs. Y. Rouquet ; *Rev. loyers* 2009, p. 507).

Il a été jugé que si les résultats du vote avaient été égarés ou détruits, ce qui rendait impossible la vérification des mentions figurant au procès-verbal, le doute devait profiter aux demandeurs en rectification (■ CA Versailles, 15 sept. 2003, préc.). Si l'original du procès-verbal a été perdu, la production d'une photocopie ne comportant aucune signature ne peut faire foi de son contenu (■ Cass. 3e civ., 28 juin 1995, n° 93-11.751 : *JurisData* n° 1995-001818 ; *Bull. civ.* III, n° 159 ; *JCP G* 1995, IV, 2101 ; *RD imm.* 1995, p. 784, obs. P. Capoulade).

27) Rectification du procès-verbal. L'action en rectification du procès-verbal débouche normalement sur sa nullité (▪ CA Versailles, 4e ch., 28 avr. 2003 : *Dossier CSAB* n° 111, avr. 2004, n° 74, obs. A. Dunes), totale ou partielle. La *demande de rectification du procès-verbal* peut être formulée auprès du bureau de l'assemblée et être avalisée par celui-ci lors d'une réunion postérieure, et ceci même dans le cas où, à la suite de ce procès-verbal erroné, l'assemblée a été appelée à voter de nouveau et est revenue sur sa décision antérieure (▪ CA Paris, 23e ch. B, 27 mars 2003 : *Rev. loyers* 2004, p. 34, note L. Guégan). En cas de refus, cette demande peut être formée devant le tribunal de grande instance (▪ CA Paris, 23e ch. B, 3 juill. 2003 : *Administrer* janv. 2004, p. 36, obs. A. Alfandari. ▪ CA Paris, 23e ch. B, 10 janv. 2002 : *AJDI* 2002, p. 386) : ainsi il peut être demandé au juge de rectifier une erreur matérielle relative à la comptabilisation des votes (▪ Cass. 3e civ., 15 déc. 2016, n° 15-25.109 : *JurisData* n° 2016-027114 ; *AJDI* 2017, p. 446, note C. Dreveau).

Mais le syndic ne peut, sous couvert de rectifier une erreur matérielle et pour réparer une « omission » ou pour corriger un calcul, compléter une décision prise ou inverser le sens d'un résultat. Seule une nouvelle assemblée est compétente pour recueillir avec certitude la décision réelle des copropriétaires (▪ Cass. 3e civ., 4 juin 1998, n° 96-19.811 : *JurisData* n° 1998-002423 ; *Bull. civ.* III, n° 116 ; *Loyers et copr.* 1998, comm. 221, obs. G. Vigneron ; *RD imm.* 1998, p. 415, obs. P. Capoulade. – ▪ CA Aix-en-Provence, ch. 1-8, 14 févr. 2024, n° 21/15102 : *JurisData* n° 2024-002560). Cependant on ne peut lui faire grief d'avoir rectifié des erreurs matérielles, si cela n'affecte pas le sens des décisions prises (▪ CA Paris, 23e ch. A, 23 mai 2001 : *Loyers et copr.* 2001, comm. 264). Ainsi lorsque tous les copropriétaires ont voté une décision relative au ravalement d'un des bâtiments alors que seuls les copropriétaires de ce bâtiment auraient dû se prononcer, le procès-verbal ne peut faire l'objet d'une rectification opérant le retrait des votes des copropriétaires non concernés. Un nouveau vote en assemblée générale est nécessaire (▪ CA Paris, pôle 4, 15 mai 2013, n° 11/16733 : *Administrer* août-sept. 2013, p. 55, J.-R. Bouyeure).

La nullité du procès-verbal en raison, par exemple, d'erreurs matérielles n'entraîne pas nécessairement la nullité des délibérations qu'il contient (▪ CA Versailles, 4e ch., 28 avr. 2003, préc.). Ainsi, la nullité des délibérations n'est pas prononcée s'il apparaît que les erreurs relevées (concernant le nombre des copropriétaires présents ou représentés) sont sans incidence sur les votes, dont les résultats ont été correctement retranscrits (▪ CA Paris, pôle 4, 2e ch., 3 déc. 2014, n° 13/00242 : *JurisData* n° 2014-035773 ; *Administrer* févr. 2015, p. 41, obs. J.-R. Bouyeure. ▪ CA Paris, 23e ch. B, 26 févr. 2004 : *Administrer* août-sept. 2004, p. 34, obs. J.-R. Bouyeure ; *AJDI* 2004, p. 294). Il en est de même lorsque le procès-verbal contient une erreur matérielle concernant le décompte des voix, dépourvue de conséquences sur le sens de la décision contestée (▪ Cass. 3e civ., 7 juill. 2016, n° 15-14.233).

Bibliographie : *Sur la possibilité d'une action en rectification d'erreur matérielle.* V. J.-R. Bouyeure, *Réflexions sur la notion de décision en matière d'assemblée de copropriété : Administrer* août-sept. 1986, p. 10 et s.

Code civil

Art. 1368 *(Aj. à compter du 1er octobre 2016, Ord. n° 2016-131, 10 févr. 2016)*. **–** À défaut de dispositions ou de conventions contraires, le juge règle les conflits de preuve par écrit en déterminant par tout moyen le titre le plus vraisemblable.

Art. 17-1 *(Aj., D. n° 2020-834, 2 juill. 2020)*. **– L'irrégularité formelle affectant le procès-verbal d'assemblée générale ou la feuille de présence, lorsqu'elle est relative aux conditions de vote ou à la computation des voix, n'entraine pas nécessairement la nullité de l'assemblée générale dès lors qu'il est possible de reconstituer le sens du vote et que le résultat de celui-ci n'en est pas affecté.**

1) Limitation des cas d'annulation de l'assemblée dus à l'irrégularité de la feuille de présence ou du procès verbal. Les cas d'annulation de l'assemblée en raison d'irrégularité de la feuille de présence ou du procès-verbal sont fréquents (V. D. 17 mars 1967, art. 17).

L'article 17-1, créé par le décret n° 2020-834 du 2 juillet 2020 a pour but d'éviter ces annulations pour des motifs de pure forme, résultant de l'application des articles 14 et 17 du décret du 17 mars 1967.

2) Exceptions au prononcé de la nullité de l'assemblée. L'article 17-1 s'est manifestement inspiré d'un arrêt de la Cour de cassation (▪ Cass. 3e civ., 11 juill. 2019, n° 18-18.615, V. comm. de l'article 17 du décret du 17 mars 1967). Selon cette décision, les irrégularités de forme affectant la feuille de présence et le procès-verbal, qui peuvent concerner par exemple les conditions de vote ou la computation des voix, n'entraînent pas nécessairement la nullité de l'assemblée générale si le résultat du vote de l'ensemble de l'assemblée n'est pas affecté par ces irrégularités et que les mentions qu'il comporte permettent de reconstituer le sens du vote.

Ces deux conditions seraient donc cumulatives :

– absence d'incidence sur le résultat du vote ;

– comparaison possible des mentions figurant sur les deux documents, permettant de dégager le sens du vote.

La Cour de cassation a pu également préciser, sous l'empire des textes antérieurs à la réforme, mais dans le même sens, que l'absence de précision au procès-verbal relative au nombre de voix dont disposent les copropriétaires dans les parties communes spéciales peut être palliée par une telle mention sur la feuille de présence (▪ Cass. 3e civ., 28 janv. 2021, n° 19-17.906 : *JurisData* n° 2021-000954 ; *Loyers et copr.* 2021, comm. 62, obs. A. Lebatteux ; *AJDI* 2021, p. 683, obs. N. Le Rudulier ; *Ann. loyers* 2021, p. 99, obs. J.-M. Roux).

Art. 18. – Le délai prévu *(D. n° 2020-834, 2 juill. 2020)* « au 2e alinéa de l'article 42 » de la loi du 10 juillet 1965 pour contester les décisions de l'assemblée générale court *(D. n° 2020-834, 2 juill. 2020)* « à compter de la notification du procès-verbal d'assemblée » à chacun des copropriétaires opposants ou défaillants. Dans le cas prévu *(D. n° 2020-834, 2 juill. 2020)* « au premier alinéa de l'article 23 » de la loi du 10 juillet 1965, cette notification est adressée au représentant légal de la société lorsqu'un ou plusieurs associés se sont opposés ou ont été défaillants.

La notification ci-dessus prévue doit mentionner les résultats du vote et reproduire le texte *(D. n° 2020-834, 2 juill. 2020)* « du 2e alinéa de l'article 42 » de ladite loi.

En outre, dans le cas prévu *(D. n° 2020-834, 2 juill. 2020)* « au premier alinéa de l'article 23 » de la loi du 10 juillet 1965, un extrait du procès-verbal de l'assemblée est notifié au représentant légal de la société propriétaire de lots, s'il n'a pas assisté à la réunion.

Bibliographie : A. Djigo, *Le procès-verbal de l'assemblée générale des copropriétaires : erreur matérielle et irrégularité de notification : Loyers et copr.* 2015, étude 10. • G. Gil, *La notification du procès-verbal : Inf. rap. copr.* janv.-févr. 2023, p. 23.

1) Notification du procès-verbal. L'article 18, a, pour objet de réglementer la notification du « procès-verbal d'assemblée » (et non pas de la « décision », comme l'indiquait l'article 18, alinéa 1er avant sa modification par le décret n° 2020-834 du 2 juillet 2020). Il est rappelé que le procès-verbal est notifié sans ses annexes (L. 10 juill. 1965, art. 42, al. 2).

S'il existe des divergences entre le procès-verbal figurant au registre des délibérations et les documents adressés à certains copropriétaires, ces différences de rédaction justifient, lorsqu'elles portent sur des éléments importants, que la nullité du procès-verbal soit prononcée et par voie de conséquence celle des délibérations de l'assemblée (▪ CA Paris, pôle 4, 2e ch., 13 janv. 2021, n° 16/23338 : *Administrer* mars 2021, p. 59, note J.-R. Bouyeure).

I – MENTIONS À INSÉRER DANS LA NOTIFICATION

2) Mention des résultats du vote. La notification doit mentionner les résultats du vote. En pratique, on notifie une copie du procès-verbal : mais la notification de l'intégralité du procès-verbal n'est pas obligatoire (▪ CA Toulouse, 1re ch., 1re sect., 19 sept. 2005 : *JurisData* n° 2005-292163. ▪ CA Paris, 7 oct. 1998 : *Loyers et copr.* 1999, comm. 44). Il est possible de se limiter à ce qui intéresse les opposants ou défaillants, c'est-à-dire aux décisions auxquelles ils se sont opposés ou qui ont été votées en leur absence (pour ceux qui ont par exemple quitté la séance avant la fin. – V. Rép. min., 21 juill. 1980 : *JOAN*, n° 31004, p. 3121).

La copie du procès-verbal a simplement à être certifiée conforme par le syndic (▪ TGI Paris, 15 oct. 1976 : *D.* 1978, inf. rap. p. 124, n° 105), mais cela n'a rien d'obligatoire (▪ TGI Paris, 24 mars 1977 : *D.* 1978, inf. rap. p. 124, n° 107). La copie n'a pas non plus à comporter la signature manuscrite des personnes ayant signé le procès-verbal : la mention dactylographiée de ces signatures est suffisante (▪ CA Paris, 28 févr. 1984 : *Administrer* août-sept. 1984, p. 39, note E.-J. Guillot).

3) Reproduction de l'article 42, alinéa 2 de la loi. La notification doit *reproduire le texte du deuxième alinéa de l'article 42*. Consacrant en cela la jurisprudence des juridictions du fond, la Cour de cassation a jugé qu'à défaut, la notification était irrégulière et que le délai de forclusion de deux mois (V. art. 42, al. 2 de la loi) ne courait pas, si bien que l'assemblée pouvait être contestée pendant dix ans – délai actuellement réduit à 5 ans : V. l'article 42, alinéa 1er de la loi (▪ Cass. 3e civ., 28 janv. 2015, n° 13-23.552 : *JurisData* n° 2015-001156 ; *Bull. civ.* III, n° 12 ; *Loyers et copr.* 2015, comm. 102, obs. G. Vigneron ; *Administrer* avr. 2015, p. 40, note J.-R. Bouyeure. ▪ Cass. 3e civ., 5 févr. 1974, n° 72-14.175 : *Bull. civ.* III, n° 53 ; *JCP* G 1974, IV, 105)...

Le texte doit être reproduit *dans son intégralité et dans sa teneur actuelle* (▪ CA Paris, 23e ch., 1er juin 1993 : *Loyers et copr.* 1993, comm. 409. ▪ CA Paris, 23e ch., 14 févr. 1994 : *Administrer* juin 1994, p. 57.

▪ CA Paris, 23e ch. B, 25 nov. 1994 : *RD imm.* 1995, p. 162, obs. C. Giverdon. ▪ CA Paris, 2e ch., 13 janv. 1995 : *Loyers et copr.* juill. 1995, comm. 342. ▪ CA Paris, 23e ch., 24 janv. 1995 : *Administrer* nov. 1995, p. 63, obs. J.-R. Bouyeure. – V. cependant ci-dessous n° 4 le cas d'omission du délai imparti au syndic pour notifier le procès-verbal).

La reproduction, dans la notification, du texte du deuxième alinéa de l'article 42 de la loi est une formalité substantielle. Il ne peut y être suppléé en faisant la preuve que le copropriétaire a pris connaissance du procès-verbal, ou en établissant qu'il a écrit au syndic pour contester la décision de l'assemblée (▪ Cass. 3e civ., 28 oct. 1985, n° 84-13.290 : *JurisData* n° 1985-702718 ; *Bull. civ.* III, n° 133, p. 102 ; *Administrer* mai 1986, p. 27, note E.-J. Guillot ; *Defrénois* 1986, art. 33795, note H. Souleau ; *Gaz. Pal.* 1986, II, somm., p. 326, note H. Souleau). Toutefois, il a été jugé que l'omission de la partie finale du texte était sans conséquence, si une lettre jointe mentionnait le délai de deux mois imparti pour contester l'assemblée (▪ Cass. 3e civ., 4 juin 2003, n° 02-11.134 : *JurisData* n° 2003-019273 ; *Bull. civ.* III, n° 122 ; *Loyers et copr.* 2003, comm. 202, obs. G. Vigneron ; *AJDI* 2003, p. 676 ; *Inf. rap. copr.* oct. 2003, p. 12, note P. Capoulade ; *Rev. loyers* 2003, p. 522, note Th. Dubaele. – Voir aussi, ▪ CA Paris, 23e ch., 19 janv. 2006 : *Loyers et copr.* 2006, comm. 135, obs. G. Vigneron. ▪ CA Paris, 23e ch. B, 26 sept. 2002 : *Dossier CSAB* mars 2002, n° 59, obs. A. Dunes ; *Loyers et copr.* 2003, comm. 42 ; *AJDI* 2002, p. 777, qui estime que l'envoi d'une lettre circulaire reproduisant le texte de l'article 42 couvre la nullité).

La Cour de cassation a précisé que l'article 18 du décret du 17 mars 1967 n'impose nullement que la reproduction de l'article 42, alinéa 2 figure dans un courrier distinct du procès-verbal. La loi est respectée lorsqu'elle figure dans le procès-verbal de l'assemblée (▪ Cass. 3e civ., 11 avr. 2019, n° 18-14.692 : *JurisData* n° 2019-007314 ; *Loyers et copr.* 2019, comm. 104, obs. C. Coutant-Lapalus ; *Administrer* juin 2019, p. 50, obs. J.-R. Bouyeure).

4) Mention du délai imparti au syndic pour notifier. La Cour de cassation a jugé que si le texte du deuxième alinéa de l'article 42, de la loi du 10 juillet 1965 figure dans la notification, à l'exception de la disposition relative au délai imparti au syndic pour notifier le procès-verbal, cette omission n'affecte pas la régularité de la notification (▪ Cass.3e civ., 11 avr. 2019, préc. n° 3. – V. déjà, ▪ Cass. 3e civ., 23 sept. 2009, n° 08-17.720 : *JurisData* n° 2009-049549 ; *Bull. civ.* III, n° 199 ; *Loyers et copr.* 2009, comm. 265, obs. G. Vigneron ; *Administrer* janv. 2010, p. 60, obs. J.-R. Bouyeure ; *Rev. loyers* 2009, p. 509, note O. Douek. ▪ Cass. 3e civ., 31 mai 2000, n° 98-19.223 : *Bull. civ.* III, n° 118 ; *Loyers et copr.* 2000, comm. 202 ; *JCP* G 2000, IV, 2280 ; *Administrer* oct. 2000, p. 60, obs. P. Capoulade ; *RD imm.* 2000, p. 390, obs. P. Capoulade). En effet, seul importe pour la protection des copropriétaires qu'ils aient été informés qu'ils disposent d'un délai de deux mois pour contester les assemblées générales à compter des notifications faites à la diligence du syndic (▪ CA Paris, pôle 4, 2e ch., 11 oct. 2022, n° 19/05485 : *JurisData* n° 2022-020997).

5) Sanction. Si les prescriptions de l'article 18, alinéa 2, ne sont pas respectées, la notification est irrégulière (▪ Cass. 3e civ., 28 janv. 2015, n° 13-23.552 : *JurisData* n° 2015-001156 ; *Loyers et copr.* 2015, comm. 102, note G. Vigneron ; *Administrer* avr. 2015, p. 40, obs. J.-R. Bouyeure). Et le délai de forclusion de deux mois édicté par l'article 42, alinéa 2, de la loi du 10 juillet 1965 ne court pas, si bien que l'assemblée peut être contestée pendant 5 ans : V. l'article 42, alinéa 1er – (▪ Cass. 3e civ., 5 févr. 1974 : *JCP* G 1974, IV, 105. ▪ CA Rennes, 4e ch., 10 nov. 2022, n° 22/00936 : *JurisData* n° 2022-023537.▪ CA Paris, 23e ch. B, 11 oct. 2001 : *AJDI* 2002, p. 141. ▪ CA Paris, 23e ch. A, 22 oct. 1997 : *Loyers et copr.* 1998, comm. 18. ▪ CA Paris, 23e ch. B, 4 juill. 1997 : *Loyers et copr.* 1997, comm. 319. ▪ CA Versailles, 1re ch., 14 nov. 1991 : *JCP* N 1993, II, p. 76. ▪ CA Nancy, 12 mars 1981 : *D.* 1982, inf. rap. p. 88, note C. Giverdon. ▪ CA Paris, 20 sept. 1979 : *Defrénois* 1980, art. 32267, note H. Souleau. ▪ CA Paris, 4 mai 1979 : *D.* 1980, inf. rap. p. 452, obs. C. Giverdon).

Voir : sur les tempéraments apportés à ce principe, V. n° 2, p. 765.

Voir : sur l'absence de mention du délai imparti au syndic pour notifier, V. n° 4, p. 766.

II – AUTEUR ET DESTINATAIRES DE LA NOTIFICATION

A – Auteur de la notification

6) Syndic. La notification est faite par le syndic ou celui qui a été régulièrement désigné à ses lieux et place (par exemple un administrateur provisoire). Est nulle la notification faite par un copropriétaire, qui, au surplus, ne reproduit pas les résultats des votes et le texte de l'article 42, alinéa 2 de la loi (▪ CA Versailles, 21 oct. 2013, n° 12/01330 : *JurisData* n° 2013-024453 ; *Loyers et copr.* 2014, comm. 131, obs. G.Vigneron).

Il a été jugé que la notification était valable bien qu'elle ait été effectuée par un syndic dont le mandat avait été annulé (▪ Cass. 3e civ., 8 juin 2011, n° 10-15.484 : *JurisData* n° 2011-011065 ; *Bull. civ.* III, n° 100 ; *Loyers et copr.* 2011, comm. 251, obs. G. Vigneron ; *Administrer* nov. 2011, p. 37, obs. J.-R. Bouyeure. – V. dans le même sens, dans un cas où la notification avait été effectuée par un syndic dont le mandat était expiré, ▪ Cass. 3e civ., 11 mars 2014, n° 12-29.734 : *Administrer* mai 2014, p. 47, obs. J.-R. Bouyeure).

B – Destinataires de la notification

7) Copropriétaires opposants ou défaillants. La notification est faite (par le syndic ou la personne habilitée à convoquer l'assemblée) en principe *aux seuls copropriétaires opposants ou défaillants* (V. L. art. 42, al. 2).

En pratique, les syndics remettent fréquemment une copie des décisions prises à l'ensemble des copropriétaires : pour ceux qui ne sont ni opposants, ni défaillants, ni abstentionnistes ayant fait des réserves, cette remise peut être faite sans formes (lettre simple..., dépôt dans les boîtes aux lettres...) puisqu'elle n'est que purement facultative.

Il appartient au syndic de faire la preuve de l'accomplissement des formalités qui lui incombent légalement à l'occasion de la tenue d'une assemblée générale (▪ Cass. 3e civ., 9 nov. 1994, n° 93-10.432 : *Bull. civ.* III, n° 188 : *D.* 1997, somm. p. 248, obs. P. Capoulade ; *RD imm.* 1995, p. 158. ▪ CA Paris, 15 mars 2001 : *JurisData* n° 2001-138870. ▪ CA Paris, 21 janv. 1999 : *Loyers et copr.* 1999, comm. 156. ▪ CA Paris, 8 avr. 1998 : *D.* 1999, somm. p. 73. – V. M.-C. Ruffet, *Annulation d'assemblée générale et responsabilité du syndic : Inf. rap. copr.* juin 1999, p. 15).

La preuve que la notification du procès-verbal a bien été effectuée, et de manière régulière, incombe au syndic (▪ Cass. 3e civ., 17 déc. 2015, n° 14-24.630 : *Bull. civ.* III, n° 139 : *JurisData* n° 2015-028311 ; *Loyers et copr.* 2016, comm. 47, obs. G. Vigneron ; *Administrer* mars 2016, p. 46, note J.-R. Bouyeure. ▪ Cass. 3e civ., 21 janv. 2004, n° 02-16.571 : *JurisData* n° 2004-021856 ; *Bull. civ.* III, n° 11 ; *Administrer* juin 2004, p. 50, note A. Alfandari). Une notification irrégulière engage sa responsabilité (▪ CA Chambéry, 29 nov. 1994 : *JurisData* n° 1994-047137).

Le copropriétaire qui a refusé le pli recommandé lors de sa présentation ne peut ensuite soutenir que ce pli ne contenait pas le procès-verbal (▪ CA Paris, pôle 4, 2e ch., 19 oct. 2011, n° 10/03866 : *Administrer* févr. 2012, p. 43, obs. J.-R. Bouyeure).

8) Société copropriétaire. Selon l'article 23, alinéa premier de la loi du 10 juillet 1965, lorsque plusieurs lots sont attribués à des personnes qui ont constitué une société propriétaire de ces lots, chaque associé participe néanmoins à l'assemblée du syndicat. L'article 18 alinéa premier du décret précise qu'en pareil cas, lorsqu'un ou plusieurs associés se sont opposés ou ont été défaillants, la notification du procès-verbal est adressée au représentant légal de la société.

En outre dans cette même hypothèse, si le représentant légal de la société propriétaire des lots n'a pas assisté à la réunion, un extrait du procès-verbal de l'assemblée doit lui être notifié (art. 18, al. 3). Ce ne sont pas en effet les associés qui ont qualité pour contester la décision mais la société (▪ Cass. 3e civ., 4 nov. 1977, n° 76-10.487 : *Bull. civ.* III, n° 371 ; *JCP* G 1978, IV, p. 3 ; *Rev. loyers* 1978, p. 108, note J. Viatte ; *RTD civ.* 1978, p. 171, obs. C. Giverdon).

La notification n'est nécessaire que si des associés se sont opposés à la décision ou ont été défaillants (V. D. Sizaire, *Les quasi-propriétaires : Administrer* juill. 1987, p. 7 et s., n° 10. ▪ CA Paris, 23e ch., 28 mai 1993 : *Loyers et copr.* 1993, comm. 409).

Lorsqu'une SCI perd sa personnalité morale faute d'immatriculation, le lot devient la propriété indivise de ses associés. Si ces derniers ne se sont pas fait connaître au syndic selon les modalités prévues par l'article 6 du décret du 17 mars 1967, ils ne peuvent lui reprocher de ne pas avoir été convoqués aux assemblées générales et de ne pas avoir reçu notification du procès-verbal d'assemblée (▪ Cass. 3e civ., 12 nov. 2020, n° 19-20.811 : *JurisData* n° 2020-018441).

9) Mandataire d'un copropriétaire. Il n'est pas nécessaire que la notification soit faite à la personne même du copropriétaire. Elle peut être délivrée à un mandataire (▪ Cass. 3e civ., 25 janv. 1994, n° 92-14.252 : *RD imm.* 1994, p. 299, obs. P. Capoulade. ▪ Cass. 3e civ., 2 déc. 1992, n° 90-22.031 : *RD imm.* 1993, p. 131, obs. P. Capoulade et C. Giverdon), par exemple au mandataire commun d'une indivision (▪ CA Paris, 19e ch., 20 déc. 1995 : *JurisData* n° 1995-024230) ou à un agent immobilier détenteur d'un mandat de représentation du copropriétaire (▪ CA Aix-en-Provence, ch. 1-7, 14 déc. 2023, n° 20/08743 : *JurisData* n° 2023-023803). Mais encore faut-il que ce mandataire soit bien habilité à recevoir cette notification (▪ CA Paris, 23e ch., 28 avr. 1989 : *JurisData* n° 1989-021890. ▪ CA Paris, 19 janv. 1983 : *D.* 1983, inf. rap. p. 461).

Ainsi la notification ne peut être valablement faite au gérant des lots d'un copropriétaire que si son mandat lui donne pouvoir de la recevoir (▪ CA Paris, 23e ch. B, 10 mars 1995 : *D.* 1998, somm. p. 273, obs. Cl. Giverdon), ce qui n'est pas le cas s'il n'a qu'un simple mandat de gestion locative (▪ CA Paris, 19e ch., 30 avr. 1997 : *Administrer* avr. 1997, p. 45, obs. J.-R. Bouyeure ; *Loyers et copr.* 1997, comm. 267). Ne constitue pas une notification régulière, l'émargement par le gardien de l'immeuble, bien qu'il ait été muni d'un pouvoir lui permettant de recevoir, pour le copropriétaire, les plis recommandés destinés à celui-ci (▪ CA Paris, ch. 23, 9 janv. 1981 : *JurisData* n° 1981-020012).

10) Lots grevés d'usufruit. Si le règlement de copropriété a prévu que les nus-propriétaires et usufruitiers doivent déléguer l'un d'eux pour les représenter et qu'à défaut de délégation ils seraient valablement représentés par l'usufruitier à qui les convocations seront adressées, la notification du procès-verbal de l'assemblée ne peut être faite au seul usufruitier. Cette clause (actuellement réputée non écrite : V. L. 10 juill. 1965, art. 23, p. 387), concernant les convocations aux assemblées, ne peut être appliquée à la notification du procès-verbal (■ Cass. 3e civ., 30 mars 2011, n° 10-14.381 : *JurisData* n° 2011-506800 ; *Bull. civ.* III, n° 54 ; *Administrer* juill. 2011, p. 69, obs. J.-R. Bouyeure ; *AJDI* 2012, p. 126, note D. Tomasin).

11) Époux. Il a été jugé que la notification faite à l'un des époux communs en biens valait pour l'autre époux et lui était opposable, l'un comme l'autre représentant la communauté (■ TGI Le Mans, 1re ch., 17 avr. 2001 : *Administrer* nov. 2001, p. 37, obs. J.-R. Bouyeure). Mais cette décision est contestable au regard de l'arrêt rendu par la Cour de cassation le 23 mai 2007 (V. D. 17 mars 1967, art. 7, comm. n° 12, p. 697). Il a été jugé de manière plus conforme à cette nouvelle jurisprudence que si le procès-verbal n'est notifié qu'à un époux commun en biens, le délai de recours ne court pas à l'égard de l'autre (■ CA Versailles, 4e ch., 23 oct. 2006 : *Loyers et copr.* 2007, comm. 34, obs. G. Vigneron) et que lorsqu'un lot appartient à deux époux, la notification est valablement adressée à « Monsieur ou Madame » (■ CA Paris, 23e ch. B, 27 mars 2008 : *Loyers et copr.* 2008, comm. 196, obs. G. Vigneron).

12) Modification dans la propriété du lot. Il appartient au notaire de notifier au syndic selon les modalités prévues par l'article 6 du décret du 17 mars 1967 (V. ce texte) tous les transferts de propriété résultant d'actes reçus par lui, notamment en cas de décès du propriétaire du lot. À défaut, il ne peut être reproché au syndic de ne pas avoir notifié le procès-verbal de l'assemblée aux ayants droit d'un copropriétaire décédé, s'il n'a pas connaissance du décès et de la dévolution héréditaire (■ Cass. 3e civ., 12 mars 2020, n° 18-11.988 : *JurisData* n° 2020-003527 ; *JCP* N 2020, n° 24, 1128, note V. Zalewski-Sicard ; *Administrer* avr. 2020, p. 57, note J.-R. Bouyeure ; *AJDI* 2020, p. 625 ; *Rev. loyers* 2020, p. 212, note C. Rattin).

C – Incidents

1° Notification non parvenue à son destinataire

13) Preuve à apporter. Selon le principe posé par l'article 64 du décret n° 67-223 du 17 mars 1967, il n'est pas nécessaire, pour que la notification soit efficiente, qu'elle soit effectivement remise en mains propres à son destinataire. En effet c'est selon l'alinéa premier de ce texte « la première présentation » de la lettre recommandée au domicile du destinataire qui marque le point de départ du délai de contestation de 2 mois (V. ci-dessous, comm. n° 16, p. 770).

Ce délai de contestation court, s'il résulte d'une mention apposée par le facteur que le destinataire a été avisé de la présentation du courrier et de la nécessité d'aller le retirer au bureau de poste (■ CA Paris, 23e ch. B, 14 oct. 2004 : *AJDI* 2005, p. 39). Si la date de présentation est établie, le délai de contestation de 2 mois court à compter de cette date : peu importe que la signature soit contestée, ou que le pli ait été retourné avec la mention « non réclamé » (■ Cass. 3e civ., 28 nov. 2012, n° 11-18.008). En revanche, si la date de présentation ne peut être établie, et alors que la lettre recommandée n'a pas été réclamée, il a été admis que le point de départ du délai de contestation pouvait être fixé à la date d'expiration du délai de conservation de 15 jours du pli recommandé par La Poste (■ Cass. 3e civ., 28 nov. 2012, préc.).

Il appartient au syndicat de rapporter la preuve certaine de la date de notification de l'assemblée. Cette preuve ne saurait résulter de l'avis non tamponné de passage du facteur sans aucune mention ou date certaine opposable au copropriétaire opposant ou défaillant (■ CA Montpellier, 22 janv. 2013, n° 11/07501 : *Rev. loyers* 2013, p. 156).

Dans un cas où la notification était affectée d'irrégularités (date de présentation illisible, lettre retournée avec la mention « non réclamée »), il a été jugé que le délai de contestation était cependant expiré, dès lors que l'assignation avait été délivrée plus de deux mois après que la notification soit revenue « non réclamée » au syndic, cette date pouvant être retenue comme le point de départ le plus tardif du délai légal (■ Cass. 3e civ., 28 nov. 2012, n° 11-18.008 : *Dict. perm. Gestion immobilière, Bull.* déc. 2012, p. 8, obs. C. Picard).

14) Contestation de la signature. Si l'accusé de réception a été signé, le délai de contestation court sans que le syndicat ait à établir que cette signature émane du destinataire lui-même (■ TGI Nanterre, 2 avr. 1996 : *Administrer* déc. 1996, p. 38, obs. J.-R. Bouyeure). Mais si le destinataire conteste sa signature, une vérification d'écriture peut être ordonnée conformément aux articles 1324 du Code civil et 228 et 287 du Code de procédure civile (■ Cass. 3e civ., 9 mars 2005, n° 03-16.806 : *JurisData* n° 2005-027460 ; *Bull. civ.* III, n° 64 ; *JCP* G 2005, IV, 1897 ; *Loyers et copr.* 2005, comm. 97, obs. G. Vigneron). Mais encore faut-il pour que le délai coure que la preuve d'une notification puisse être rapportée (■ CA Paris, 23e ch., 15 janv. 1994 : *Administrer* juin 1994, p. 56, obs. A. Dunes). Cette preuve ne résulte pas de la seule production de l'avis de réception, si rien n'établit que le procès-verbal était joint à cet envoi (■ TGI Paris, 8e ch., 4 sept. 1996 : *Administrer* déc. 1996, p. 39, obs. J.-R. Bouyeure).

2° Notification faite à une autre personne que son véritable destinataire

15) Inopposabilité de la notification. Si la notification est faite à une personne qui n'a pas qualité pour la recevoir, elle lui est inopposable, et le délai de deux mois ne court pas tant que la décision ne lui a pas été valablement notifiée. Si cette notification n'intervient pas, il dispose alors d'un délai de 5 ans (V.L. 10 juill. 1965, art. 42, al. 1er, p. 593) pour contester la décision).

III – FORMES ET DÉLAI DE LA NOTIFICATION

16) Évolution législative. Sous l'empire des dispositions issues de la loi ALUR du 24 mars 2014, la notification, devant être faite dans les formes prévues par l'article 64 du décret du 17 mars 1967 (V. ce texte), pouvait être effectuée soit par *lettre recommandée avec demande d'avis de réception* (■ CA Paris, 7 juill. 1981 : *D.* 1982, inf. rap. p. 139, obs. C. Giverdon), soit par voie électronique (V. D. n° 67-223, 17 mars 1967, art. 64-2, p. 899). La loi n° 2024-322 du 9 avril 2024 a remanié ce dispositif pour prévoir que, par principe, les notifications et mises en demeure sont valablement faites par voie électronique (V. L. 1965, art. 42-1). Pour autant, puisque les copropriétaires peuvent à tout moment demander à recevoir ces correspondances par voie postale, les solutions antérieures à la réforme conservent leur intérêt. Une lettre recommandée simple serait insuffisante (■ TGI Nice, 23 mars 1967 : *Inf. rap. copr.* 1967, p. 94. ■ CA Lyon, 17 févr. 1971 : *JCP* 1971, II, 16880, note Désiry). De même une notification effectuée par *lettre simple* ne fait pas courir le délai (■ Cass. 3e civ., 14 févr. 1996, n° 94-11.617 : *Bull. civ.* III, n° 43 ; *Loyers et copr.* 1996, comm. 231 ; *Inf. rap. copr.* mai 1996, p. 8 et *RD imm.* 1996, p. 272, obs. P. Capoulade). Si une autre forme est employée (à l'exception de l'acte d'huissier), la notification doit être considérée comme inexistante (■ CA Paris, 23e ch. B, 22 juin 2000 : *Dossier CSAB* n° 87, oct. 2000, n° 99, obs. A. Dunes).

La remise de la copie du procès-verbal contre *émargement* n'est pas conforme aux exigences légales (■ TGI Paris, 10 mars 1977 : *D.* 1978, inf. rap. p. 124, obs. C. Giverdon. ■ CA Paris, 23e ch., 8 nov. 1984 : *JurisData* n° 1984-027167. – *Contra :* ■ TGI Toulouse, 29 sept. 1986 : *RD imm.* 1987, p. 286, note crit. C. Giverdon). Ce procédé, utilisé au mépris et en marge des formes prévues par l'article 18, fait que la notification ainsi opérée doit être considérée comme inexistante. Elle ne fait pas courir le délai de deux mois de l'article 42 de la loi (■ CA Paris, 23e ch. B, 1er févr. 2001 : *Rev. loyers* 2001, p. 189, obs. L. Guégan).

La notification peut aussi être faite *par huissier* : mais rien n'oblige à la réitérer en cette forme si la lettre recommandée n'a pas été réclamée (■ TGI Paris, 23 oct. 1969 : *Rev. loyers* 1970, p. 104. – *Contra :* ■ CA Versailles, 12 juill. 1982 : *Rev. loyers* 1983, p. 332, unanimement critiqué par la doctrine).

La communication à un copropriétaire opposant ou défaillant de pièces en cours de procédure ne peut équivaloir à la notification du procès-verbal exigée par l'article 18 ou la remplacer (■ CA Paris, 23e ch., 15 mars 1989 : *Loyers et copr.* 1989, comm. 248). Il en est de même dans le cas de remise par huissier de plusieurs procès-verbaux d'assemblées en exécution d'une décision de justice (■ Cass. 3e civ., 26 mai 2004, n° 02-11.324 : *Rev. Administrer* août-sept. 2004, p. 33, obs. J.-R. Bouyeure ; *Inf. rap. copr.* sept. 2004, p. 10, note P. Capoulade).

Voir : sur la suppression de la possibilité d'effectuer la notification par télécopie avec récépissé, D. 17 mars 1967, art. 64, p. 894.

17) Délai imparti au syndic pour notifier. Le délai imparti au syndic pour notifier le procès-verbal est actuellement d'un mois à compter de l'assemblée générale (V. L., art. 42, al. 2, p. 593). La Cour de cassation a jugé que ce délai était dépourvu de sanctions et qu'en toute hypothèse, que le délai ait ou non été respecté par le syndic, il n'y avait aucune incidence sur le droit de recours des copropriétaires (■ Cass. 3e civ., 23 sept. 2009, n° 08-17.720 : *JurisData* n° 2009-049549 ; *Bull. civ.* III, n° 199 ; *Loyers et copr.* 2009, comm. 265, obs. G. Vigneron ; *Administrer* janv. 2010, p. 60, obs. J.-R. Bouyeure ; *Rev. loyers* 2009, p. 509, note O. Douek).

18) Objet de la notification. Le syndic n'est pas tenu de notifier l'original du procès-verbal, ou une copie de celui-ci. Il peut notifier valablement sa transcription dactylographiée (■ Cass. 3e civ., 21 oct. 2009, n° 08-22.099 : *JurisData* n° 2009-050228 ; *Loyers et copr.* 2010, comm. 21, note G. Vigneron ; *Administrer* janv. 2010, p. 69, obs. J.-R. Bouyeure). Par ailleurs, aucune disposition de la loi du 10 juillet 1965 et de son décret d'application ne prescrit la notification des pouvoirs donnés lors d'une assemblée avec le procès-verbal de cette assemblée (■ CA Paris, pôle 4, 2e ch., 10 avr. 2019, n° 11/11335 : *Administrer* août-sept. 2020, p. 52, obs. J.-R. Bouyeure) ni n'impose que l'exemplaire notifié aux parties reproduise les signatures figurant sur l'original du procès-verbal (■ CA Aix-en-Provence, ch. 1-5, 24 févr. 2022, n° 19/05784 : *JurisData* n° 2022-015675).

IV – POINT DE DÉPART ET TERME DU DÉLAI DE RECOURS

Bibliographie : A. Djigo, *Notification du procès-verbal de l'assemblée générale par lettre recommandée : acquis et incertitudes juridiques : LPA* 25 août 2000, p. 10. – A. Djigo, *Le procès-verbal de* *l'assemblée générale des copropriétaires : erreur matérielle et irrégularité de notification : Loyers et* copr. juill.-août 2015, étude 10.

19) Point de départ du délai. Il résulte du décret n° 2000-293 du 4 avril 2000, qui a modifié l'article 63 (devenu l'article 64) du décret du 17 mars 1967 (V. ce texte, *infra*), que le délai de recours part du lendemain du jour de la première présentation de la lettre recommandée au domicile du destinataire. Exemple : si la lettre recommandée est présentée le 4 avril, le délai de deux mois court à compter du 5.

Voir aussi : sur le sens à donner à ce texte, V. comm., D. art. 64, *infra*.

En retenant la date de présentation de la lettre recommandée (et non pas la date de sa remise effective) à son destinataire, le décret du 4 avril 2000 rejoint la position prise, précédemment, par la Cour de cassation (▪ Cass. 3e civ., 27 avr. 2000, n° 98-19.305 : *JurisData* n° 2000-001573 ; *Bull. civ.* III, n° 90 ; *Loyers et copr.* 2000, comm. 174, note G. Vigneron ; *Constr.-Urb.* 2000, comm. 181, note D. Sizaire ; *AJDI* 2000, p. 710, obs. C. Giverdon ; *Administrer* juill. 2000, p. 36 et *RD imm.* 2000, p. 388, note P. Capoulade. – V. en sens contraire antérieurement : ▪ Cass. 3e civ., 14 déc. 1999, n° 98-13.391 : *JurisData* n° 1999-004626 ; *Loyers et copr.* 2000, comm. 71, qui retenait la date de remise effective). Il appartient au juge de s'assurer, avant de déclarer un copropriétaire forclos, à quelle date a eu lieu la première présentation de la lettre recommandée de notification du procès-verbal (▪ Cass. 3e civ., 20 juin 2007, n° 06-13.641 : *Administrer* oct. 2007, p. 86, obs. J.-R. Bouyeure ; *AJDI* 2007, p. 397, note P. Capoulade).

Il n'est pas nécessaire que la notification soit faite à la personne même du copropriétaire. L'important est qu'elle soit conforme aux règles édictées par le Code des postes et des communications électroniques : elle peut donc être reçue par une personne habilitée (▪ Cass. 3e civ., 25 janv. 1994, n° 92-14.252 : *JurisData* n° 1994-000709 ; *RD imm.* 1994, p. 299, obs. P. Capoulade). Le délai court s'il résulte d'une mention apposée par le facteur que le destinataire a été avisé de la présentation du courrier et de la nécessité d'aller le retirer au bureau de poste (▪ CA Paris, 23e ch. B, 14 oct. 2004 : *AJDI* 2005, p. 39), la finalité du dispositif légal étant d'éviter qu'un copropriétaire puisse, en s'abstenant de retirer le courrier recommandé, empêcher le délai de recours de courir et ainsi fragiliser l'exécution des décisions d'assemblée générale (▪ Cass. 3e civ., 29 juin 2023, n° 21-21.708 : *JurisData* n° 2023-010534 ; *JCP* N 2023, act. 755 ; *Administrer* août-sept. 2023, p. 39, obs. P. Déchelette-Tolot). Il appartient au syndicat de rapporter la preuve certaine de la date de notification de l'assemblée. Cette preuve ne saurait résulter de l'avis non tamponné de passage du facteur sans aucune mention ou date certaine opposable au copropriétaire opposant ou défaillant (▪ CA Montpellier, 22 janv. 2013, n° 11/07501 : *Rev. loyers* 2013, p. 156).

Dans un cas où la notification était affectée d'irrégularités (date de présentation illisible, lettre retournée avec la mention « non réclamée »), il a été jugé que le délai de contestation était cependant expiré, dès lors que l'assignation avait été délivrée plus de deux mois après que la notification soit revenue « non réclamée » au syndic, cette date pouvant être retenue comme le point de départ le plus tardif du délai légal (▪ Cass. 3e civ., 28 nov. 2012, n° 11-18.008 : *Bull. dict. permanent Gestion immobilière* déc. 2012, p. 8, obs. C. Picard).

20) Cas où la réception ou le contenu de la notification sont contestés. La signature de l'accusé de réception fait courir le délai de recours sans que le syndicat ait à établir que cette signature émane du destinataire lui-même (▪ TGI Nanterre, 2 avr. 1996 : *Administrer* déc. 1996, p. 38, obs. J.-R. Bouyeure). Mais si le destinataire conteste sa signature, il convient d'ordonner une vérification de son écriture conformément aux articles 1373 du Code civil et 287 du Code de procédure civile (▪ Cass. 3e civ., 5 juill. 2006, n° 05-15.329 : *JurisData* n° 2006-034720 ; *Administrer* nov. 2006, p. 48, obs. J.-R. Bouyeure. ▪ Cass. 3e civ., 9 mars 2005 : *Loyers et copr.* 2005, comm. 97, note G. Vigneron ; *Administrer* juill. 2005, p. 51, obs. J.-R. Bouyeure).

Mais encore faut-il pour que le délai coure que la preuve d'une notification puisse être rapportée (▪ CA Paris, 23e ch., 15 janv. 1994 : *Administrer* juin 1994, p. 56, obs. A. Dunes. – V. annot. n° 21, p 771). C'est sur le syndicat des copropriétaires que pèse la preuve de la notification : faute de la rapporter, il ne peut opposer à un copropriétaire qu'il est forclos à contester l'assemblée (▪ Cass 3e civ., 17 déc. 2015, n° 14-24.630 : *JurisData* n° 2015-028311 ; *Bull. civ.* III, n° 606 ; *Loyers et copr.* 2016, comm. 47, note G. Vigneron ; *Administrer* mars 2016, p. 46, note J.-R. Bouyeure. ▪ CA Paris, pôle 4, 2e ch., 15 déc. 2010 : *Administrer* avr. 2011, p. 38, obs. J.-R. Bouyeure).

Si un copropriétaire conteste le contenu de la notification, c'est à lui d'établir qu'il était incomplet (▪ Cass. 3e civ., 12 sept. 2006, n° 05-16.224. ▪ CA Paris, 22 sept. 2005 : *Loyers et copr.* 2006, comm. 40, obs. G. Vigneron. – V. précédemment en ce sens que la preuve de la notification ne résulte pas de la seule production de l'avis de réception si rien n'établit que le procès-verbal était joint à cet envoi (▪ TGI Paris, 8e ch., 4 sept. 1996 : *Administrer* déc. 1996, p. 39, obs. J.-R. Bouyeure). Cependant si le syndicat a procédé à deux notifications successives, cette circonstance, qui fait peser une présomption d'irrégularité sur la première notification, inverse la charge de la preuve : c'est alors au syndic de prouver que l'exemplaire notifié la première fois était complet (▪ Cass. 3e civ., 18 févr. 2015, n° 12-21.927 : *JurisData* n° 2015-002909 ; *Bull. civ.* III, n° 25. ▪ CA Paris, pôle 4, 2e ch., 10 févr. 2021, n° 15/13285 : *Administrer* avr. 2021, p. 43, obs. J.-R. Bouyeure).

Si la notification n'est pas contestée, c'est en vain que le copropriétaire prétend échapper à la forclusion en faisant valoir qu'il était en congé à la date de présentation de la lettre recommandée (▪ CA Paris, pôle 4, 2e ch., 12 déc. 2012 : *JurisData* n° 2012-029385 ; *Loyers et copr.* 2013, comm. 128, obs. G. Vigneron).

21) Terme du délai. Il paraît justifié d'appliquer en la matière l'article 641, alinéa 2, du Code de procédure civile. Si on l'admet, le délai expire le lendemain du jour du deuxième mois qui porte le même quantième que le jour de la notification. Si la notification est faite par exemple le 10 mai, le délai expire le 11 juillet, à minuit, sauf prorogation dans les cas prévus par l'article 642 du même code (jusqu'au premier jour ouvrable suivant si le délai expire un samedi, un dimanche ou un jour férié ou chômé, voir en ce sens : ▪ Cass. 3e civ., 26 mars 1997, n° 94-21.498 : *JurisData* n° 1997-001378 ; *Bull. civ.* III, n° 73 ; *JCP* G 1997, IV, 1080. ▪ CA Paris, 23e ch. A, 11 juin 2003 : *Dossiers CSAB* n° 111, avr. 2004, n° 58, obs. A. Dunes).

V – LIEU DE LA NOTIFICATION

22) Domicile réel ou élu, ou adresse électronique. En vertu de l'article 65, alinéa 2 du décret du 17 mars 1967, les notifications sont valablement faites « au dernier domicile ou à la dernière adresse électronique notifiée au syndic. Faute par un copropriétaire d'avoir fait connaître son changement de domicile, la jurisprudence rappelle de façon constante que la notification faite à la dernière adresse notifiée au syndic est régulière (▪ Cass. 3e civ., 14 avr. 2016, n° 15-11.258. ▪ Cass. 3e civ., 10 mars 2015, n° 13-28.492 : *AJDI* 2015, p. 520, note N. Le Rudulier. ▪ Cass. 3e civ., 7 févr. 2012, n° 10-28.770. ▪ Cass. 3e civ., 11 mai 2004, n° 03-10.637).

Lorsqu'une personne morale a notifié au syndic une adresse distincte de celle de son siège social, c'est à cette adresse que doit être opérée la notification (▪ Cass. 3e civ., 14 avr. 2016, préc.). Le respect du domicile notifié au syndic est une obligation impérative (▪ CA Paris, pôle 4, 2e ch., 24 oct. 2012, n° 11/41850 : *JurisData* n° 2012-24451 ; *Loyers et copr.* 2013, comm. 28, obs. G. Vigneron). Dans le cas où un copropriétaire prétend qu'il n'a pas reçu notification du procès-verbal, le juge doit s'assurer que cette notification lui a bien été adressée à son domicile déclaré, ce dont le syndic doit rapporter la preuve (V. pour une notification faite à une société, ▪ Cass. 3e civ., 16 mars 2017, n° 15-29.173 : *Administrer* juill. 2017, p. 40, note J.-R. Bouyeure).

Voir : Sur ces problèmes, V. D. 17 mars 1967, art. 65, p. 902.

VI – ABSENCE DE NOTIFICATION

23) Le délai de contestation ne court pas. L'absence de notification aux copropriétaires opposants ou défaillants des décisions de l'assemblée n'entraîne pas la nullité des délibérations intervenues (▪ Cass. 3e civ., 7 févr. 1990, n° 87-19.565 : *Loyers et copr.* 1990, comm. 191. ▪ CA Paris, 23e ch. A, 28 janv. 1998 : *Loyers et copr.* 1998, comm. 222, deuxième arrêt) : la conséquence est simplement que *le délai de deux mois* imparti par l'article 42 de la loi (V. ce texte) pour contester l'assemblée *ne court pas* (▪ Cass. 3e civ., 6 oct. 2009, n° 08-18.448 : *JurisData* n° 2009-049835 ; *Loyers et copr.* 2009, comm. 297, obs. G. Vigneron ; *Administrer* févr. 2010, p. 54, obs. J.-R. Bouyeure. ▪ Cass. 3e civ., 11 mars 2003, n° 01-17.529 : *JurisData* n° 2003-018319 ; *Administrer* juill. 2003, p. 42, obs. J.-R. Bouyeure. ▪ CA Paris, pôle 4, 2e ch., 9 févr. 2022, n° 16/08726 : *JurisData* n° 2022-002092). Le délai ne court pas non plus, en l'absence de faute du copropriétaire, dans le cas d'absence de notification résultant d'une erreur de La Poste dans l'acheminement du courrier (▪ CA Paris, 23e ch. B, 20 déc. 2007 : *Loyers et copr.* 2008, comm. 86, note G. Vigneron ; *JCP* 2007, IV, 1222). L'assemblée peut alors être contestée pendant un délai de 5 ans à compter de sa date (L. art. 42, al. 2 – V. ce texte). ▪ CA Paris, pôle 4, 2e ch., 19 oct. 2010 : *JurisData* n° 2010-020390 ; *Loyers et copr.* 2011, comm. 62, obs. G. Vigneron).

Tant qu'aucune contestation n'a été élevée, les décisions prises (ici l'approbation des comptes) sont valides et opposables à tous les copropriétaires (▪ CA Versailles, 14 nov. 1997 : *Dossiers CSAB* mars 1998, n° 52, p. 12, obs. A. Dunes).

Art. 19 *(Rempl., D. n° 2020-834, 2 juill. 2020).* **– Pour l'application des articles 25-1 et 26-1 de la loi du 10 juillet 1965, lorsque l'assemblée est appelée à approuver un contrat, un devis ou un marché mettant en concurrence plusieurs candidats, elle ne peut procéder au second vote prévu à ces articles qu'après avoir voté sur chacune des candidatures à la majorité applicable au premier vote.**

1) Utilisation des « passerelles ». L'ordonnance n° 2019-1101 du 30 octobre 2019 a réécrit les articles 25-1 et 26-1 de la loi du 10 juillet 1965 qui prévoient la possibilité pour l'assemblée, à certaines conditions, de se prononcer, à certaines conditions, à une majorité inférieure à celle exigée selon le cas soit par l'article 26 soit par l'article 25 de la loi (procédures dites de la « passerelle »).

2) Mise en concurrence. Le texte évoque le cas où l'assemblée est appelée à approuver un contrat, un devis ou un marché mettant en concurrence plusieurs candidats. Il précise qu'elle ne peut alors procéder au second vote prévu soit par l'article 25-1 soit par l'article 26-1 qu'après avoir voté sur « chacune des candidatures », à la majorité applicable au premier vote (▪ Cass. 3e civ., 7 déc. 2022, n° 21-20.170 : *JurisData* n° 2022-020902 ; *Administrer* janv. 2023, p. 46, obs. P. Déchelette-Tolot ; *AJDI* 2023, p. 273, obs. N. Le Rudulier ; *Ann. loyers* 2023, p. 75, obs. J.-M. Roux. ▪ Cass. 3e civ., 24 nov. 2021, n° 20-22.487 : *JurisData* n° 2021-019157 ; *Loyers et copr.* 2022, comm. 14, obs. C. Coutant-Lapalus ; *Administrer* janv. 2022, p. 43, obs. P. Déchelette-Tolot ; *AJDI* 2022, p. 365, obs. P.-E. Lagraulet ; *Ann. loyers* 2022, p. 98, obs. J.-M. Roux. ▪ Cass. 3e civ., 9 sept. 2021, n° 20-11.743 : *JurisData* n° 2021-014083 ; *Loyers et copr.* 2021, comm. 171, obs. C. Coutant-Lapalus ; *AJDI* 2022, p. 39, obs. N. Le Rudulier ; *Rev. loyers* 2021, p. 477. ▪ Cass. 3e civ., 24 sept. 2020, n° 19-15.764 : *JurisData* n° 2020-018860 ; *Loyers et copr.* 2020, comm. 133, obs. C. Coutant-Lapalus. ▪ Cass. 3e civ., 5 nov. 2014, n° 13-26.768 : *JurisData* n° 2014-026600 ; *Bull. civ.* III, n° 41 ; *Loyers et copr.* 2015, comm. 23, note G. Vigneron ; *Rev. loyers* 2015, p. 40, note M. Plaidy).

Art. 19-1 ***(Rempl., D. n° 2020-834, 2 juill. 2020).*** **– Pour l'application de l'article 26-1 de la loi du 10 juillet 1965, lorsque l'assemblée générale des copropriétaires n'a pas décidé à la majorité des voix de tous les copropriétaires lors du second vote, les dispositions de l'article 25-1 de la loi du 10 juillet 1965 ne sont pas applicables aux décisions relevant de la majorité prévue au premier alinéa de l'article 26 de ladite loi.**

1) Application de l'article 26-1 de la loi. Les dispositions de l'article 19-1 ont pour objet de préciser les modalités d'application de l'article 26-1 de la loi (V. ce texte), créé à compter du 1er juin 2020 par l'ordonnance n° 2019-1101 du 30 octobre 2019. Ce texte prévoit sous certaines conditions la possibilité de faire voter par la même assemblée, à la majorité de l'article 25 une décision relevant de la majorité de l'article 26 (procédure dite de la « passerelle »).

2) Impossibilité d'utiliser l'article 25-1. La question que l'on pouvait se poser à propos de ce texte était la suivante : lorsque les conditions sont réunies pour procéder à un second vote à la majorité des voix de tous les copropriétaires, et que lors de ce second vote, l'assemblée n'a pas pu prendre de décision à cette majorité, la même assemblée peut-elle décider à la majorité prévue à l'article 24, en application de l'article 25-1 de la loi du 10 juillet 1965, si les conditions posées par ce texte sont réunies ?

Cette possibilité est formellement exclue par l'article 19-1. Le second vote, à la majorité des voix de tous les copropriétaires est le dernier à intervenir. Il n'y a pas ici à appliquer la « passerelle » prévue par l'article 25-1 de la loi et à organiser un nouveau vote dans le cas où le projet de décision aurait recueilli au moins le tiers des voix de tous les copropriétaires composant le syndicat.

Art. 19-2 ***(Aj., D. n° 2010-391, 20 avr. 2010).*** **– La mise en concurrence pour les marchés de travaux et les contrats autres que le contrat de syndic, prévue par le deuxième alinéa de l'article 21 de la loi [n° 65-557] du 10 juillet 1965, lorsque l'assemblée générale n'en a pas fixé les conditions, résulte de la demande de plusieurs devis ou de l'établissement d'un devis descriptif soumis à l'évaluation de plusieurs entreprises.**

Bibliographie : J.-R. Bouyeure, *La mise en concurrence : Administrer* oct. 2015, p. 5. • J. Hocquard, *L'obligation de mise en concurrence en matière de travaux : Inf. rap. copr.* nov. 2022, p. 35.

1) Modalités de la « mise en concurrence ». Ce texte, issu du décret du 27 mai 2004, a été pris pour l'application de l'article 21, alinéa 2, de la loi du 10 juillet 1965, et précise les modalités selon lesquelles doit s'opérer la « mise en concurrence » prévue par la loi. Deux cas sont envisagés :

– le premier est celui où l'assemblée a fixé, librement, ces modalités (à la majorité de l'article 24 de la loi). Elles doivent bien entendu être respectées et la décision contrevenant à l'obligation de mise en concurrence doit être annulée, car elle constitue une atteinte aux droits des copropriétaires (▪ CA Paris, pôle 4, 2e ch., 15 nov. 2017, n° 15/22918). Lorsqu'une telle obligation a été édictée, il incombe au syndic de justifier de l'accomplissement des formalités de notification des contrats mis en concurrence (▪ Cass. 3e civ., 15 févr. 2023, n° 22-10.565 : *JurisData* n° 2023-002206 ; *Loyers et copr.* 2023, comm. 67, obs. C. Coutant-Lapalus ; *Administrer* mars 2023, p. 45, obs. P. Déchelette-Tolot ; *Ann. loyers* 2023, p. 69, obs. J.-M. Roux ; *AJDI* 2023, 690, obs. P.-E. Lagraulet. – V. D. art. 11) ;

– le second est celui où l'assemblée n'a rien prévu. La « mise en concurrence » peut alors s'opérer de deux manières, selon les termes de l'article 19-1 : ou bien le syndic invite les entreprises mises en concurrence à fournir des devis, ou bien un devis descriptif est établi (par l'architecte de la copropriété par exemple), qui est ensuite soumis à l'évaluation des entreprises mises en concurrence (V. pour un exemple, ▪ CA Paris, 23e ch. B, 9 avr. 2009 : *AJDI* 2009, p. 551). À défaut de fixation par l'assemblée du montant des marchés à partir duquel la mise en concurrence doit être mise en œuvre, aucune irrégularité de la décision de réaliser les travaux n'est encourue (▪ Cass. 3e civ., 26 mars 2014, n° 13-10.693 : *JurisData* n° 2014-005952 ; *Loyers et copr.* 2014, comm. 154, obs. G. Vigneron ; *Administrer* juill. 2014, p. 32, obs. J.-R. Bouyeure. – ▪ CA Paris, pôle 4, 2e ch., 23 nov. 2022, n° 18/28197 : *Administrer* févr. 2023, p. 47, obs. P. Déchelette-Tolot).

L'obligation de mise en concurrence trouve sa justification dans la nécessité de permettre aux copropriétaires de disposer des éléments suffisants pour prendre une décision en connaissance de cause (▪ CA Pau, 1re ch., 28 mai 2019, n° 17/00458). Il a été jugé que cette obligation était respectée dès lors qu'il avait été procédé à la demande de plusieurs devis. Peu importe que pour certains lots les entreprises consultées n'aient pas toutes répondu dès lors que les copropriétaires ont disposé des éléments nécessaires pour prendre une décision en connaissance de cause (▪ Cass. 3e civ., 27 nov. 2013, n° 12-26.395 : *JurisData* n° 2013-027160 ; *Bull. civ.* III, n° 153 ; *Loyers et copr.* 2014, comm. 54, obs. G. Vigneron ; *Gaz. Pal.* 12-13 févr. 2014, p. 17, note S. Bénilsi). De même, le rapport de synthèse, établi par le maître d'œuvre qui a procédé à l'analyse comparative des devis répondant au cahier des clauses techniques, peut constituer une information suffisante des copropriétaires quant aux conditions essentielles des offres (▪ Cass. 3e civ., 25 janv. 2023, n° 22-10.096 : *JurisData* n° 2023-001388 ; *Loyers et copr.* 2023, comm. 49, obs. A. Lebatteux ; *Ann. loyers* 2023, p. 69, obs. J.-M. Roux. – ▪ Cass. 3e civ., 9 juill. 2020, n° 18-18.623 : *JurisData* n° 2020-012828 ; *Administrer* mars 2021, p. 57, obs. J.-R. Bouyeure).

La Cour de cassation a précisé que l'obligation de mise en concurrence était satisfaite dès lors que l'assemblée disposait du devis d'une autre société, outre le contrat du prestataire actuel (▪ Cass. 3e civ., 15 avr. 2015, n° 14-13.255 : *JurisData* n° 2015-008272 ; *Bull. civ.* III, n° 39 ; *Loyers et copr.* 2015, comm. 154, note G. Vigneron). Si trois devis ont été établis, pour une mise en concurrence de trois entreprises différentes, l'ensemble de ces devis doit être communiqué et non pas seulement deux sur trois (▪ CA Paris, pôle 4, 2e ch., 20 janv. 2016, n° 13/23988 : *JurisData* n° 2016-000813 ; *Loyers et copr.* 2016, comm. 108, note G.-V. ; *Administrer* mai 2016, p. 39, note J.-R. Bouyeure). En effet, la mise en concurrence impose, lorsque plusieurs devis ont été notifiés au plus tard en même temps que l'ordre du jour, qu'ils soient tous soumis au vote de l'assemblée, la résolution adoptée par un vote sur un seul devis devant alors être annulée (▪ Cass. 3e civ., 9 mars 2022, n° 21-12.658 : *JurisData* n° 2022-003472 ; *Loyers et copr.* 2022, comm. 65, obs. C. Coutant-Lapalus ; *JCP* N 2022, 1224, obs. H. Périnet-Marquet ; *Administrer* avr. 2022, p. 42, obs. P. Déchelette-Tolot ; *Dalloz actualité*, 29 mars 2022, obs. N. Le Rudulier ; *Rev. loyers* 2022, p. 194, obs. V. Zalewski-Sicard). La nullité est, à plus forte raison, encourue lorsqu'un seul devis a été présenté à l'assemblée et que le syndic ne démontre pas avoir demandé des devis à d'autres entreprises (▪ CA Montpellier, 1re ch., C, 27 mars 2018, n° 16/00318 : *JurisData* n° 2018-023224).

2) Domaine de la mise en concurrence. L'article 19-2 a été réécrit par le décret du 20 avril 2010, applicable à compter du premier juin 2010. La nouveauté concerne les contrats soumis à la mise en concurrence. Alors que l'article 19-2 visait dans sa rédaction antérieure, outre les marchés de travaux, « les contrats de fournitures », le nouveau texte indique que cette mise en concurrence s'applique (sans préjudice des marchés de travaux) aux « contrats autres que le contrat de syndic ».

Ne sont en fait concernés que les contrats susceptibles de donner lieu à l'établissement d'un devis. Si l'assemblée ne prend qu'une décision de principe, portant sur la souscription d'une nouvelle convention relative à l'entretien des ascenseurs et sur la détermination du type de contrat souhaité, l'obligation de mise en concurrence ne s'applique pas. Elle n'est requise qu'au stade du choix du contrat engageant le syndicat des copropriétaires (▪ Cass. 3e civ., 28 janv. 2015, n° 13-28.021 : *JurisData* n° 2015-001157 ; *Bull. civ.* III, n° 11).

En toute hypothèse la mise en concurrence n'est nécessaire que lorsque l'assemblée se prononce sur le choix d'une entreprise ou l'approbation d'un devis : mais non pas lorsqu'elle prend une décision sur le principe de l'exécution des travaux et la fixation d'un budget (▪ CA Paris, pôle 4, ch. 2, 23 nov. 2016, n° 14/25090 : *Administrer* mai 2017, p. 32, obs. J.-R. Bouyeure). La décision de confier à l'architecte habituel de la copropriété la maîtrise d'œuvre des travaux consécutifs à l'étude des offres dont l'établissement lui avait été préalablement confié est également exclusive de l'application de l'obligation de mise en concurrence (▪ Cass. 3e civ., 28 janv. 2021, n° 19-22.681 : *JurisData* n° 2021-002321 ; *Loyers et copr.* 2021, comm. 44, obs. A. Lebatteux ; *Administrer* mars 2021, p. 60, obs. J.-R. Bouyeure. ▪ Cass. 3e civ., 25 janv. 2023, n° 22-10.096 : *JurisData* n° 2023-001388 ; *Loyers et copr.* 2023, comm. 49, obs. A. Lebatteux).

Le champ d'application du texte dépasse largement le domaine des contrats d'entreprise auxquels on pense naturellement, et englobe tous les contrats de prestation de services. Ainsi lorsque la copropriété décide de recourir aux services d'un notaire (pour les prestations hors tarif...), d'un avocat, d'un géomètre-expert, d'un expert-comptable, etc., la mise en concurrence doit jouer, dans les conditions fixées par l'assemblée. Cependant il a été jugé que la mise en concurrence n'était pas nécessaire pour la souscription d'une assurance dommages ouvrages (▪ CA Paris, pôle 4, 2e ch., 26 oct. 2016, n° 14/17308 : *Administrer* févr. 2017, p. 48, obs. J.-R. Bouyeure). Quant aux contrats de syndic, s'ils étaient à compter du 1er juin 2010, exceptés de l'obligation de mise en concurrence par l'article 19-2, ceci ne voulait pas dire que toute mise en concurrence était exclue en ce domaine ! L'article 11-I-6° du décret du 17 mars 1967 invitait en effet à communiquer à l'assemblée « le ou les projets de contrats de syndic » lorsque l'assemblée est appelée à nommer un syndic. Or ces contrats comportaient « les éléments de détermination de la rémunération du syndic » (D. 17 mars 1967, art. 29, al. 1), et les copropriétaires étaient donc en mesure de déterminer, à leur lecture, l'offre la plus avantageuse. La situation s'est modifiée avec la loi n° 2014-366 du 24 mars 2014 dite loi ALUR, qui impose au conseil syndical une mise en concurrence lorsque l'assemblée générale est appelée à se prononcer sur la désignation d'un syndic professionnel (V. L. 10 juill. 1965, art. 21, al. 3, p. 360. – V. L. Guégan, *La mise en concurrence du contrat de syndic : Rev. loyers* 2015, p. 275).

Signalons que pour la période antérieure à l'entrée en vigueur du décret du 20 avril 2010, il avait été jugé que l'obligation de mise en concurrence et de consultation préalable du conseil syndical ne s'appliquait pas à la nomination du syndic (▪ Cass. 3e civ., 15 avr. 2015, n° 14-13.255 : *JurisData* n° 2015-010272 ; *Bull. civ.* III, n° 39 ; *Loyers et copr.* 2015, comm. 153 ; *AJDI* 2015, p. 779, obs. D. Tomasin).

Art. 20 ***(Rempl., D. n° 2020-834, 2 juill. 2020).*** **– Il est procédé pour les assemblées spéciales des copropriétaires de la même manière que pour les assemblées générales des copropriétaires.**

Assemblées spéciales : règlementation. Dans sa précédente rédaction, l'article 20 énumérait un certain nombre de textes prévoyant des assemblées spéciales, en indiquant qu'il était procédé pour ces assemblées spéciales de la même manière que pour les assemblées générales des copropriétaires. Ceci pouvait laisser entendre qu'*a contrario*, pour les assemblées spéciales non comprises dans cette énumération (par exemple les assemblées spéciales prévues par l'ancien article 24, alinéa 2 de la loi), la réglementation applicable aux assemblées générales de copropriétaires n'était pas d'ordre public et que le règlement de copropriété pouvait prévoir des règles dérogatoires.

Le décret du 2 juillet 2020 a mis fin à toute équivoque à ce propos : le texte énonce en effet un principe général : toute assemblée spéciale quelle qu'elle soit, est régie par les mêmes règles que les assemblées générales de copropriétaires.

Sur les assemblées spéciales concernant les décisions afférentes aux seules parties communes spéciales, V. L. 10 juill. 1965, art. 6-2, comm. 9, p. 53.

Art. 21 ***(Rempl., D. n° 2020-834, 2 juill. 2020).*** **– « La délégation de pouvoir accordée en application du *a* de l'article 25 de la loi du 10 juillet 1965 mentionne expressément l'acte ou la décision déléguée. À l'issue de cette délégation, le délégataire rend compte à l'assemblée de son exécution.**

Elle ne peut, en aucun cas, priver l'assemblée générale de son pouvoir de contrôle sur l'administration de l'immeuble et la gestion du syndic. »

Bibliographie : D. Cordier, *La délégation de pouvoirs : Inf. rap. copr.* juin 1994, p. 8 et s. et août-sept. 1994, p. 25 et s. • Bedos, *Travaux et délégation de pouvoir : Maisons et habitat*, sept. 2005, p. 24.

1) Délégation de pouvoir par l'assemblée. La délégation de pouvoir visée ici est celle *prévue par l'article 25 a de la loi* (V. ce texte).

L'article 21 du décret du 17 mars 1967 posait précédemment diverses limites à l'usage de cette délégation. Mais le décret n° 2020-834 du 2 juillet 2020 a transféré les directives figurant dans ce texte à l'article 25, *a*, de la loi du 10 juillet 1965 (V. ce texte).

L'article 21 énonce cependant un principe d'ordre général : l'assemblée ne peut se priver de son pouvoir de contrôle sur l'administration de l'immeuble et de la gestion du syndic.

2) Limitation de l'objet de la délégation et des pouvoirs du délégataire. La délégation doit avoir un objet précis : elle doit mentionner « expressément l'acte ou la décision déléguée ».

En outre le texte prévoit que le bénéficiaire de la délégation devra, « à l'issue de la délégation » rendre compte de l'exécution de sa mission. Le contrôle de l'assemblée pourra s'exercer à cette occasion.

– Sur les délégations de pouvoir accordées au conseil syndical, V. L. 10 juill. 1965, art. 21-1 à 21-5.

Art. 21-1 ***(D. n° 2020-834, 2 juill. 2020).*** **– Les décisions prises par le conseil syndical, lorsqu'il bénéficie d'une délégation de pouvoirs en application des articles 21-1 et suivants de la loi du 10 juillet 1965, sont consignées dans un procès-verbal, signé par deux de ses membres.**

Le procès-verbal mentionne le nom des membres du conseil syndical ayant participé à la délibération et le sens de leur vote.

Le procès-verbal des décisions du conseil syndical est transmis au syndic qui l'inscrit au registre des procès-verbaux des assemblées générales.

1) **Délégation visée par les articles 21-1 et suivants de la loi.** L'ordonnance n° 2019-1101 du 30 octobre 2019 a autorisé l'assemblée générale à voter au profit du conseil syndical une délégation de pouvoir lui permettant de prendre tout ou partie des décisions relevant de la majorité des voix exprimées des copropriétaires présents, représentés, ou votant par correspondance, à quelques exceptions près (V. L. 10 juill. 1965, art. 21-1 et s.).

2) **Procès-verbal.** Lorsqu'en vertu d'une délégation de pouvoir le conseil syndical adopte une décision, celle-ci doit être consignée dans un procès-verbal.

3) **Signatures.** Le procès-verbal des décisions doit être signé par – au moins – deux des membres du conseil syndical.

4) **Mentions obligatoires.** Le procès-verbal comporte les noms et le sens des votes des membres du conseil syndical qui ont participé à la délibération.

5) **Transmission au syndic.** Une fois signé, le procès-verbal est communiqué au syndic. Celui-ci inscrira le document au registre des procès-verbaux des assemblées générales (sur ce registre, V. D. 17 mars 1967, art. 17, al. 7).

Section III. – Le conseil syndical

La section III du décret est consacrée au conseil syndical. Ces textes complètent l'article 21 de la loi (V. ce texte).

Ils sont relatifs : aux modalités de fixation des règles concernant l'organisation et le fonctionnement du conseil syndical, ainsi qu'à la durée du mandat de ses membres (art. 22, al. 1 et 2). Sont également évoqués : le cas où existent un ou plusieurs syndicats secondaires (art. 22, al. 3 et art. 24) ; le cas de vacance ou de suppléance des membres du conseil syndical (art. 25), le rôle du conseil syndical (art. 26), ainsi que quelques-unes de ses modalités de fonctionnement : rémunération, assistance de conseils... (art. 27).

Art. 22 ***(Mod., D. n° 86-768, 9 juin 1986 ; D. n° 2004-479, 27 mai 2004).*** **– À moins que le règlement de copropriété n'ait fixé les règles relatives à l'organisation et au fonctionnement du conseil syndical, ces règles sont fixées ou modifiées par l'assemblée générale à la majorité de l'article 24 de la loi du 10 juillet 1965.**

Le conseil syndical rend compte à l'assemblée, chaque année, de l'exécution de sa mission.

Le mandat des membres du conseil syndical ne peut excéder trois années renouvelables.

Pour assurer la représentation prévue au dernier alinéa de l'article 27 de la loi du 10 juillet 1965, il est tenu compte, en cas de constitution d'un ou plusieurs syndicats secondaires, des dispositions de l'article 24 ci-après pour fixer le nombre des membres du conseil syndical principal. Chaque syndicat secondaire dispose de plein droit d'un siège au moins à ce conseil.

I – FIXATION DES RÈGLES D'ORGANISATION ET DE FONCTIONNEMENT DU CONSEIL SYNDICAL

Bibliographie : J.-M. Roux, *Le conseil syndical*, Litec, 2011. – P.-E. Lagraulet et G. Gil, *Le conseil syndical*, Edilaix, 2023. – C. Atias, *Le règlement intérieur du conseil syndical : Ann. loyers* 1998, p. 34, avec une formule proposée. – C. Chazelle, *Conseil syndical : vers une nouvelle gouvernance ? : Inf. rap. copr.* juill.-août 2016, p. 13.

Voir : en Annexe 17, *Commission relative à la copropriété*, recommandation 13, p. 1095 et Annexe 17, *Commission relative à la copropriété*, recommandation 13 *bis*, p. 1095. Annexe 35, *Groupe de recherche sur la copropriété*, préconisation 15 (le conseil syndical : désignation et organisation), p. 1255 et Annexe 35, *Groupe de recherche sur la copropriété*, préconisation 16 (le conseil syndical : prérogatives), p. 1255.

A – Fixation par le règlement

1) **Date d'établissement du règlement.** Le texte, dans son alinéa 1er, est relatif aux règles d'organisation et de fonctionnement du conseil syndical.

En principe et puisque le conseil syndical est désormais un organe existant de plein droit dans toutes les copropriétés, les règlements de copropriété établis après l'entrée en vigueur de la loi du 30 décembre 1985 devraient normalement prévoir les règles relatives à son organisation et à son fonctionnement.

S'il en est ainsi, les règles fixées par le règlement doivent être impérativement respectées. Ainsi il ne peut être procédé à une consultation écrite si le règlement ne le prévoit pas (■ CA Paris, 23e ch. B, 7 oct. 1994 : *Loyers et copr.* 1995, comm. 138).

B – Fixation par l'assemblée

2) Silence du règlement. Qu'en est-il si le règlement est muet ?

L'article 22 indique dans son alinéa 1er que ces règles sont alors fixées par l'assemblée qui désigne les membres du conseil syndical à la majorité prévue par l'article 24 de la loi du 10 juillet 1965 (alors que dans sa rédaction antérieure au décret du 27 mai 2004, la majorité était celle de l'article 25). Si l'assemblée générale, tout en désignant les membres du conseil syndical, a omis de fixer les modalités de son organisation et de son fonctionnement, sa décision n'en reste pas moins régulière ; elle peut réparer cette omission par une nouvelle délibération (■ CA Paris, 23e ch. A, 24 juin 1998 : *Loyers et copr.* 1999, comm. 21).

Ce texte s'appliquera également à toutes les copropriétés existantes, qui se trouvent donc dotées de plein droit d'un conseil syndical, lorsque le règlement de copropriété sera muet et qu'il faudra fixer ses règles d'organisation et de fonctionnement.

S'il s'agit enfin de modifier les règles d'organisation et de fonctionnement du conseil syndical fixées par l'assemblée, la décision est prise à cette même majorité de l'article 24, précise le texte.

II – DÉSIGNATION DES MEMBRES DU CONSEIL SYNDICAL

3) Modalités. Il n'y a plus aujourd'hui à instituer un conseil syndical : *il existe de plein droit en vertu de la loi*. L'assemblée n'est appelée à se prononcer que *pour en désigner les membres* (à la majorité prévue par l'art. 25 c de la loi. – V. ce texte) à moins qu'elle décide de ne pas se doter de conseil syndical, comme le lui permet l'alinéa 9 de l'article 21 de la loi du 10 juillet 1965.

Voir aussi : sur les personnes pouvant être désignées comme membres du conseil syndical, V. L. art. 21. – Sur la possibilité de faire désigner judiciairement les membres du conseil syndical, V. D. art. 48 et son commentaire.

Les textes ne donnent aucune indication quant au *nombre de personnes* que doit comprendre le conseil syndical (au moins trois en pratique). L'assemblée en décide donc librement, à moins que le règlement de copropriété n'ait, lui-même, fixé le nombre de membres du conseil syndical (■ Cass. 3e civ., 21 juin 2006 : *AJDI* 2007, p. 209, obs. P. Capoulade ; *Ann. loyers* 2006, p. 1847 ; *Inf. rap. copr.* déc. 2006, p. 14, obs. M.-F. Ritschy. ■ CA Orléans, 12 mars 2012 : *JurisData* n° 2012-027621 ; *Loyers et copr.* 2013, comm. 121, obs. G. Vigneron ; *Inf. rap. copr.* mars 2014, p. 7, obs. M.-F. Ritschy).

Dans le cas d'une copropriété à deux personnes, le conseil syndical existe de plein droit, comme dans toute copropriété. Il a été jugé que le conseil syndical ne pouvait alors être composé que d'un seul membre (■ CA Paris, 19e ch. B, 20 déc. 1995 : *Loyers et copr.* 1996, comm. 237).

Le *mandat* des membres du conseil syndical *ne peut excéder trois années* (art. 22, al. 2). Le règlement de copropriété pourrait prévoir une durée moindre.

Si l'assemblée désigne les membres du conseil syndical sans fixer la durée de leur mandat, celui-ci sera révocable à tout moment (C. civ., art. 2004) sans pouvoir de toute manière excéder trois ans (Rép. min. 9 juin 1978 : *JOAN*, p. 2756).

Ce mandat est *renouvelable* (art. 22, al. 2).

III – COMPTE RENDU D'EXÉCUTION

4) Obligation de rendre compte de sa mission. L'alinéa 2 de l'article 22, créé par le décret du 27 mai 2004 oblige le conseil syndical à rendre compte de l'exécution de sa mission (telle qu'elle résulte de la loi ou des dispositions du règlement). Ce compte rendu doit intervenir « chaque année ».

Le règlement peut préciser si ce rapport doit être écrit ou peut être simplement verbal (Rép. min. à M. Liberti : *JOAN*, 30 nov. 2004, p. 9511, n° 46780).

Sur l'obligation du conseil syndical de présenter un bilan chaque année à l'assemblée générale dans un syndicat des copropriétaires de « résidence-services », V. L. 10 juill. 1965, art. 41-2, al. 2 et D. 17 mars 1967, art. 11-II-4°.

IV – CAS OÙ IL EXISTE UN OU PLUSIEURS SYNDICATS SECONDAIRES

5) Renvoi. On se reportera à ce sujet au commentaire figurant sous l'article 24 du décret.

Art. 23 ***(Abr., D. n° 86-768, 9 juin 1986).***

Art. 24. – Lorsqu'il existe un ou plusieurs syndicats secondaires, la représentation au conseil syndical du syndicat principal attribuée à un syndicat secondaire est proportionnelle à l'importance du ou des lots qui constituent ce syndicat secondaire par rapport à celle de l'ensemble des lots qui composent le syndicat principal.

Le ou les copropriétaires du ou des lots qui ne se sont pas constitués en syndicat secondaire disposent ensemble, s'il y a lieu, des autres sièges au conseil syndical du syndicat principal.

En l'absence de stipulation particulière du règlement de copropriété du syndicat principal, les copropriétaires désignent leurs représentants au conseil syndical de ce syndicat au cours d'une assemblée générale soit du syndicat secondaire, dans le cas prévu à l'alinéa 1 du présent article, soit du syndicat principal dans le cas prévu à l'alinéa précédent.

Voir : Annexe 17, *Commission relative à la copropriété*, p. 1095, la 13e recommandation de la Commission relative à la copropriété.

1) Représentation des syndicats secondaires au conseil syndical du syndicat principal. Lorsqu'existent un ou plusieurs syndicats secondaires, chacun de ces syndicats – qui est lui-même assisté d'un conseil syndical – doit être, aux termes de l'article 27, alinéa 3 de la loi, *représenté au conseil syndical du syndicat principal.*

Ces modalités de représentation, fixées à la fois par l'article 22 et l'article 24 du décret, sont les suivantes.

I – NOMBRE DE REPRÉSENTANTS DU SYNDICAT SECONDAIRE AU CONSEIL SYNDICAL DU SYNDICAT PRINCIPAL

2) Détermination du nombre. Chaque syndicat secondaire a droit à un siège au moins au conseil syndical du syndicat principal (D. art. 22, dernier al.).

• L'article 24, alinéas 1 et 2, traite de la « représentation » *du syndicat secondaire.*

Ce terme de « représentation » paraît viser à la fois *le nombre de représentants* et *le nombre de voix* dont il dispose (il résulte, en effet, du texte même de l'art. 22 que l'art. 24 a bien pour objet de fixer le *nombre* des membres du conseil syndical).

Cette représentation du ou des syndicats secondaires est proportionnelle à l'importance du ou des lots qui constituent ce syndicat secondaire par rapport à celle de l'ensemble des lots qui composent le syndicat principal (art. 24, al. 1).

Ce texte signifie apparemment, que tant le nombre de représentants du syndicat secondaire, que le nombre de voix dont il dispose, est proportionnel au nombre des tantièmes des parties communes que détient le syndicat secondaire par rapport au nombre total des tantièmes de la copropriété.

Quant au nombre de représentants des copropriétaires qui ne sont pas constitués en syndicat secondaire, il se calcule par différence : ils recueillent le reste des sièges du syndicat principal (art. 24, al. 2).

– *Exemple :* supposons un ensemble immobilier comprenant quatre bâtiments A, B, C, D représentant respectivement 400, 200, 250 et 150 millièmes de copropriété. Un syndicat secondaire a été constitué par chacun des bâtiments A et B. Le conseil syndical du syndicat principal comprend dix membres.

Le syndicat secondaire du bâtiment A aura quatre délégués, le bâtiment B deux. Les autres copropriétaires auront quatre délégués. Chacun votera en proportion des millièmes dont il dispose.

En pratique, il peut être préférable de ne désigner qu'un représentant par syndicat secondaire : l'important étant son « poids » par rapport aux autres délégués et donc le nombre de voix dont il dispose. Une exacte proportionnalité entre nombre de délégués et nombre de tantièmes de parties communes ne pourra pas d'ailleurs toujours exister. Il suffit dans l'exemple précédent d'imaginer que le nombre de membres du conseil syndical du syndicat principal est de cinq (et non pas de dix) pour en avoir l'illustration.

II – DÉSIGNATION DES MEMBRES REPRÉSENTANTS DU SYNDICAT SECONDAIRE

3) Mode de désignation. L'article 24, alinéa 3, traite ensuite des modalités de désignation des représentants du syndicat secondaire au conseil syndical du syndicat principal. En l'absence de clause particulière du règlement de copropriété, cette désignation intervient au cours de l'assemblée générale du syndicat secondaire (dans le cas prévu à l'alinéa 1) ou du syndicat principal (dans le cas prévu à l'alinéa 2, F. Givord, C. Giverdon et P. Capoulade, *op. cit.*, n° 986. – Sur la désignation judiciaire des représentants, V. D. art. 48, al. 2), c'est-à-dire :

– au cours d'une assemblée générale du syndicat secondaire pour les copropriétaires de lots gérés par un syndicat secondaire ;

– au cours d'une assemblée générale du syndicat principal pour les copropriétaires dont les lots ne font pas partie d'un syndicat secondaire.

Art. 25. – **Un ou plusieurs membres suppléants peuvent être désignés, dans les mêmes conditions que les membres titulaires. En cas de cessation définitive des fonctions du membre titulaire, ils siègent au conseil syndical, à mesure des vacances, dans l'ordre de leur élection s'il y en a plusieurs, et jusqu'à la date d'expiration du mandat du membre titulaire qu'ils remplacent.**

Dans tous les cas, le conseil syndical n'est plus régulièrement constitué si plus d'un quart des sièges devient vacant pour quelque cause que ce soit.

Suppléance des membres du conseil syndical. Des *membres suppléants* peuvent être désignés dans les mêmes conditions que les membres titulaires, c'est-à-dire soit par l'assemblée statuant à la majorité de l'article 25 de la loi (V. ce texte), soit judiciairement (sur les conditions de désignation, V. art. 21 de la loi).

Ils sont appelés à siéger *en cas de cessation définitive des fonctions des membres titulaires*, à mesure des vacances : dans l'ordre de leur élection s'ils sont plusieurs, et jusqu'à la date d'expiration des mandats des membres titulaires qu'ils remplacent.

Cette désignation est impérative dans *le cas où plus d'un quart des sièges deviendrait vacant*, sinon le conseil syndical ne serait plus valablement constitué (al. 2).

En ce cas, seuls les postes vacants donnent lieu à la désignation de nouveaux membres. Il n'est pas besoin de recomposer totalement le conseil syndical. Les membres titulaires autres que ceux dont les fonctions ont pris fin conservent leur mandat sans qu'il soit besoin de les réélire (Rép. min., 29 juin 1976 : *JOAN*, p. 4836 ; *JCP* N 1976, prat. 6367). Cette position a été consacrée par la troisième chambre civile de la Cour de cassation qui a précisé sans ambiguïté que la vacance de plus du quart des sièges du conseil syndical ne mettait pas fin au mandat des membres restants (■ Cass. 3e civ., 6 oct. 2010 : *JurisData* n° 2010-017797 ; *Loyers et copr.* 2010, comm. 321, obs. Vigneron ; *Inf. rap. copr.* mars 2011, p. 19, obs. M.-F. Ritschy ; *Rev. Administrer* déc. 2010, p. 81, obs. J.-R. Bouyeure ; *D.* 2010, p. 2364 ; *Rev. loyers* 2010, p. 439, note J.-M. Gélinet ; *AJDI* 2011, p. 302, note P. Capoulade, en l'occurrence, sept des huit membres du conseil avaient présenté leur démission).

Art. 26 ***(Mod., D. n° 86-768, 9 juin 1986 ; D. n° 2010-391, 20 avr. 2010 ; à compter du 4 juillet 2020, D. n° 2020-834, 2 juill. 2020).*** **– Le conseil syndical contrôle la gestion du syndic, notamment la comptabilité du syndicat, la répartition des dépenses, les conditions dans lesquelles sont passés et exécutés les marchés et tous autres contrats, ainsi que l'élaboration du budget prévisionnel dont il suit l'exécution.**

Il peut recevoir d'autres missions ou délégations de l'assemblée générale dans les conditions prévues aux articles 21-1 à 21-5 et 25 a de la loi du 10 juillet 1965, ainsi qu'aux articles 21 et 21-1 du présent décret.

Un ou plusieurs membres du conseil syndical peuvent prendre connaissance et copie, au bureau du syndic, ou au lieu arrêté en accord avec lui, des diverses catégories de documents mentionnés au septième alinéa de l'article 21, de la loi du 10 juillet 1965.

Lorsqu'une communication écrite doit être faite au conseil syndical, elle est valablement faite à la personne de son président, lorsqu'il en a été désigné un, ou, à défaut, à chacun de ses membres. Lorsque la communication est demandée par le conseil syndical, elle est faite à chacun de ses membres.

L'ordre du jour de l'assemblée générale est établi en concertation avec le conseil syndical.

Lorsque l'assemblée générale est appelée à se prononcer sur la désignation d'un syndic professionnel, et sauf dispense de mise en concurrence dans les conditions prévues à l'article 21 de la loi du 10 juillet 1965 susvisée, le conseil syndical communique au syndic un ou plusieurs projets de contrats issus de la mise en concurrence prévue au même article.

1) Fixation de la mission du conseil syndical. La loi impartit au conseil syndical un rôle consultatif (il donne des avis : V. L. 10 juill. 1965, art. 21, al. 1er et 2) et un rôle d'assistance du syndic (V. art. 21, al. 1er). Mais il a également pour mission de contrôler la gestion du syndic (L. 10 juill. 1965, art. 21, al. 1er).

L'article 26 du décret précise l'étendue et les modalités d'exercice de la mission de contrôle du conseil syndical et rappelle que d'autres missions peuvent lui être confiées, notamment lors de la préparation des assemblées générales.

2) Communications au conseil syndical. Le décret n° 2010-391 du 20 avril 2010, modifiant le décret de 1967, est venu préciser de quelle manière devaient s'effectuer les communications à destination du conseil syndical (V. *infra*, comm. n° 7).

I – MISSION DE CONTRÔLE

3) Objet – Modalités d'exercice. Ce sont *les modalités d'exercice de cette mission de contrôle* que vient préciser l'article 26 nouveau du décret. Ce contrôle, précise le texte, va concerner notamment :

– la comptabilité du syndicat ;

– la répartition des dépenses ;

– l'élaboration du budget prévisionnel dont il suit l'exécution (il s'agit là d'une innovation par rapport à l'ancien texte) ;

– les conditions dans lesquelles sont passés et exécutés les marchés et tous autres contrats.

L'emploi de l'adverbe « notamment » montre que cette énumération n'est nullement limitative. Le conseil syndical a en fait, pour exercer ce contrôle de la gestion du syndic, tous les pouvoirs qu'il veut bien se donner : il peut vérifier les conditions des contrats proposés à la copropriété, surveiller qu'il y a bien mise en concurrence des entreprises en cas de travaux, veiller à une répartition correcte des charges et à leur recouvrement, etc.

Cette mission débouche normalement sur la rédaction d'un *rapport* qui sera communiqué à l'assemblée.

Pour permettre au conseil syndical d'accomplir cette mission de contrôle, l'article 21 de la loi du 10 juillet 1965 et l'article 26, alinéa 3, lui donnent des *moyens :* le conseil peut demander à prendre connaissance et copie, au bureau du syndic ou « au lieu arrêté en accord avec lui » (art. 26, al. 3) de toutes « pièces et documents, correspondance ou registres se rapportant à la gestion du syndic et, d'une manière générale, à l'administration de la copropriété » (D. art. 26, al. 3 et L. 10 juill. 1965, art. 21, al. 7).

Cette mission de contrôle sera remplie par « un ou plusieurs membres du conseil syndical » : auparavant, ils devaient être « habilités à cet effet » par le conseil syndical. Ainsi, il avait été jugé qu'un membre du conseil syndical qui n'avait pas reçu d'habilitation pour obtenir copie de documents n'était pas recevable à se faire remettre les pièces demandées au syndic (▪ CA Versailles, 15 févr. 2012 : *JurisData* n° 2012-003515 ; *Loyers et copr.* 2012, comm. 175, obs. J.-M. Roux ; *Inf. rap. copr.* janv.-févr. 2013, p. 10, obs. M.-F. Ritschy. – *Contra*, ▪ CA Paris, pôle 4, 13 nov. 2013 : *JurisData* n° 2013-025891 ; *Loyers et copr.* 2014, comm. 132, obs. G. V., pour une copropriété à deux personnes). Le décret n° 2020-834 du 2 juillet 2020 a supprimé cette exigence d'habilitation.

Les membres du conseil syndical ne se déplaceront qu'après en avoir « donné avis au syndic » ; cette nécessité d'aviser le syndic résulte de l'article 21, alinéa 7 de la loi (V. ce texte).

II – AUTRES MISSIONS

4) Initiative de l'assemblée. L'article 26, alinéa 2, prévoit que le conseil syndical peut « recevoir d'autres missions ou délégations de l'assemblée générale » dans les conditions prévues aux articles 21-1 à 21-5 et 25, *a*, de la loi du 10 juillet 1965 (V. ces textes), ainsi qu'aux articles 21 et 21-1 du décret du 17 mars 1967 (V. ces textes).

Lorsque des travaux sont projetés, il peut ainsi se voir confier la mission d'étudier les devis et de choisir l'entreprise la plus intéressante (▪ TGI Nice, 26 juin 1986 : *Inf. rap. copr.* 1987, p. 223).

Il a été jugé que ne constituait pas un excès de pouvoir la décision de l'assemblée générale autorisant les membres du conseil syndical à participer bénévolement à l'entretien courant de l'immeuble (▪ Cass. 3e civ., 22 sept. 2016, n° 15-22.593 : *Loyers et copr.* 2016, comm. 238, obs. G. Vigneron et C. Coutant-Lapalus ; *Ann. loyers* 2016, p. 78, obs. J.-M. Roux ; *Inf. rap. copr.* mars 2017, p. 9, obs. M.-F. Ritschy ; *Rev. Administrer* déc. 2016, p. 42, obs. J.-R. Bouyeure ; *AJDI* 2017, p. 124, obs. N. Le Rudulier).

5) Préparation de l'ordre du jour de l'assemblée. Le décret n° 2010-391 du 20 avril 2010, consacrant l'un des vœux de la Commission relative à la copropriété (V. 2e recommandation, Annexe 17, *Commission relative à la copropriété*, p. 1095), a prescrit que l'ordre du jour de l'assemblée générale devait être établi en concertation avec le conseil syndical (D. 1967, art. 26, al. 5).

L'un des principaux intérêts de cette mesure réside dans l'inscription de points particuliers dont les copropriétaires souhaiteraient débattre, et ce en temps utile (▪ Cass. 3e civ., 25 janv. 2012, n° 10-19.554 : *Rev. loyers* 2012, p. 130, à propos d'un projet visant à conférer un droit de jouissance sur des parties communes au profit d'un copropriétaire).

Cette « concertation » implique la tenue d'une réunion préparatoire entre le conseil syndical et le syndic, ce qui ne sera pas toujours envisageable en cas d'assemblée réunie en urgence (sur ce point, V. J. Lafond, *Statut de la copropriété : une nouvelle réforme... : JCP* N 2010, 1219, p. 23).

Il est à noter cependant qu'aucune sanction n'a été édictée en cas de violation de cette obligation.

6) Missions confiées par la loi. Le conseil syndical dispose de quelques prérogatives particulières. Ainsi, il est habilité à demander au syndic la convocation d'une assemblée générale en lui précisant les questions à porter à l'ordre du jour. Si la mise en demeure adressée au syndic reste infructueuse pendant plus de huit jours, l'assemblée générale est valablement convoquée par le président du conseil syndical (D., art. 8. ▪ CA Paris, 4 mai 2016 : *AJDI* 2016, p. 612). Depuis la loi n° 2014-366 du 24 mars 2014 (dite loi ALUR), en cas d'empêchement du syndic, pour quelque cause que ce soit, le président du conseil syndical peut convoquer une assemblée générale appelée à désigner un nouveau syndic (V. comm. L. 10 juill. 1965, art. 18-V, nouveau, p. 284). Le conseil syndical peut également, à tout moment, notifier au syndic les questions dont il demande l'inscription à l'ordre du jour d'une assemblée générale (D. 1967, art. 10, mod., D. 27 mai 2004). En outre, il est prévu que le syndic qui cesse ses fonctions est tenu de remettre à son successeur les fonds, documents et archives du syndicat lui appartenant (L. art. 18-2) ; il doit adresser au conseil syndical une copie du bordereau récapitulatif des documents transmis au nouveau syndic (D. art. 33-1, mod. par D. 27 mai 2004). La loi ALUR a précisé que le syndic devra établir le budget prévisionnel, en concertation avec le conseil syndical (V. comm. L. 10 juill. 1965, art. 18-II, 1er tiret, p. 284). Depuis l'intervention de la loi ALUR, le conseil syndical est également chargé, sauf dispense, de la mise en concurrence des projets de contrat de syndic (V. L. 10 juill. 1965, art. 21, al. 3). À ce titre, l'alinéa 6 (nouveau) de l'article 26 prévoit désormais que lorsque l'assemblée générale est appelée à se prononcer sur la désignation d'un syndic professionnel, le conseil syndical doit communiquer au syndic un ou plusieurs projets de contrats issus de cette mise en concurrence.

Le règlement de copropriété ne pourrait aller à l'encontre de ces diverses dispositions, qui ont un caractère impératif.

III – COMMUNICATIONS

7) Modalités. Les auteurs du décret n° 2010-391 du 20 avril 2010 ont comblé une lacune puisqu'aucune procédure formelle n'avait, jusqu'à présent, été définie pour réglementer les communications à l'adresse du conseil syndical, malgré des textes de plus en plus nombreux imposant d'informer le conseil. Par ailleurs, il fallait composer avec l'absence de personnalité juridique du conseil, ce qui posait la question de savoir à qui envoyer tel ou tel document.

Deux modalités ont donc été arrêtées par le décret de 2010 :

- Soit une communication écrite doit être faite au conseil syndical. Dans ce cas, elle sera valablement effectuée à la personne de son président, lorsqu'il en a été désigné un, ou, à défaut, à chacun de ses membres ;
- Soit la communication est demandée par le conseil syndical. Elle est alors faite à chacun de ses membres (D. 1967, art. 26, al. 4).

Art. 26-1 *(Aj. à compter du 4 juillet 2020, D. n° 2020-834, 2 juill. 2020).* **– Pour l'application des dispositions de l'article 21-2 de la loi du 10 juillet 1965, un montant spécifique est alloué au conseil syndical au sein du budget prévisionnel voté chaque année pour l'exercice de sa délégation de pouvoirs.**

Par dérogation à l'alinéa précédent, lorsque la délégation de pouvoirs porte sur des dépenses pour travaux non comprises dans le budget prévisionnel, l'assemblée générale précise le montant maximum alloué pour chacune d'elles. Les sommes afférentes à ces dépenses sont appelées selon les mêmes modalités que celles prévues au second alinéa du I de l'article 14-2 de la loi du 10 juillet 1965.

Conformément au V de l'article 53 du décret n° 2020-834 du 2 juillet 2020, ces dispositions s'appliquent aux assemblées générales de copropriétaires tenues à compter du 31 décembre 2020.

1) Enveloppe budgétaire. Depuis l'ordonnance n° 2019-1101 du 30 octobre 2019, l'assemblée générale peut décider une délégation de pouvoirs au profit du conseil syndical (V. L. 10 juill. 1965, art. 21-1 et s.). Dans ce cadre, l'assemblée générale fixe le montant maximum des sommes allouées au conseil syndical pour mettre en œuvre sa délégation (V. L. 10 juill. 1965, art. 21-2).

Un arrêté du 20 août 2020 (*JO* 9 oct.) met à jour la nomenclature comptable de l'arrêté du 14 mars 2005 relatif aux comptes du syndicat des copropriétaires pour y intégrer les provisions et charges résultant du montant alloué au conseil syndical pour la mise en œuvre de la délégation de pouvoirs qui lui a été accordée par l'assemblée générale des copropriétaires (V. Annexe 18, *Comptabilité des syndicats*, p. 1141).

2) Budget prévisionnel. Afin de permettre la concrétisation de la délégation de pouvoirs, l'assemblée générale vote chaque année un montant spécifique qui sera alloué au conseil syndical au sein du budget prévisionnel (D. 17 mars 1967, art. 26-1, al. 1er).

3) Travaux hors budget. Dans l'hypothèse où la délégation de pouvoirs concerne des travaux dont les dépenses ne sont pas comprises dans le budget prévisionnel, il appartient à l'assemblée générale de préciser le montant maximum alloué à chacune de ces dépenses. Ces sommes sont exigibles selon les modalités votées par l'assemblée générale (D. 17 mars 1967, art. 26-1, al. 2. – V. L. 10 juill. 1965, art. 14-2 I, al. 2).

Art. 27 *(Mod., D. n° 2004-479, 27 mai 2004).* **– Les fonctions de président et de membre du conseil syndical ne donnent pas lieu à rémunération.**

Le conseil syndical peut, pour l'exécution de sa mission, prendre conseil auprès de toute personne de son choix. Il peut aussi, sur une question particulière, demander un avis technique à tout professionnel de la spécialité.

Les dépenses nécessitées par l'exécution de la mission du conseil syndical constituent des dépenses courantes d'administration. Elles sont supportées par le syndicat et réglées par le syndic.

Rédaction antérieure. Art. 27. – Les fonctions de président et de membre du conseil syndical ne donnent pas lieu à rémunération.

Le conseil syndical peut se faire assister par tout technicien de son choix.

Les honoraires de ces techniciens ainsi que les frais nécessités par le fonctionnement du conseil syndical constituent des dépenses d'administration. Ils sont payés par le syndic dans les conditions fixées par le règlement de copropriété, éventuellement modifié ou complété par la décision de l'assemblée générale visée à l'article 22 du présent décret.

Bibliographie : J.-M. Roux, *L'assistance du conseil syndical par un tiers : Rev. loyers* 2013, p. 16.

1) Remboursement de frais. Si les membres du conseil syndical ne sont pas rémunérés (art. 27, al. 1), il est bien entendu admis qu'ils peuvent se faire rembourser les frais exposés dans l'exercice de leur mandat, par exemple leurs frais de déplacement, les frais de dactylographie (V. J. Cabanac, *Le conseil syndical : Rev. éco. et dr. imm.* 1981, n° 90, 23. – E. Kischinewsky-Broquisse, *La copropriété*, 4e éd., n° 530).

2) Assistance d'un conseil. Le conseil syndical peut, pour l'exécution de sa mission, prendre conseil auprès de toute personne de son choix. L'ancien texte parlait d'un « technicien » : la formulation du texte, issue du décret du 27 mai 2004 est donc plus générale. La personne consultée n'est pas nécessairement un professionnel qualifié, titulaire d'un diplôme ou d'un titre reconnu. Il peut, même, être un copropriétaire ou un conjoint de copropriétaire dès lors que son expérience particulière dans l'exercice de certaines tâches peut être utile au conseil pour l'accomplissement de ses missions (Rép. min., 6 janv. 1997 : *Rev. Administrer* mars 1997, p. 81).

Mais par ailleurs le conseil peut demander un « avis technique » à « tout professionnel de la spécialité ». Le « professionnel » consulté peut être, en fonction de la nature de la question posée, un expert, un architecte, un juriste, un comptable, etc.

Le syndic ne peut refuser l'accès à ses locaux à la personne choisie par le conseil syndical et il doit lui donner accès aux documents nécessaires pour l'accomplissement de sa mission (Rép. min. Jeanjean : *JOAN Q*, 18 janv. 2005, p. 601, n° 49706).

Il a été jugé qu'un copropriétaire en conflit avec le syndicat était en droit d'obtenir communication d'une consultation juridique sollicitée par le conseil syndical (▪ CA Versailles, 8 juill. 1994 : *Cah. CNAB Paris-Île-de-France*, juin 1995, p. 9, obs. A. Dunes).

3) Dépenses de fonctionnement du conseil syndical. Les dépenses nécessitées par l'exécution de la mission du conseil syndical constituent des dépenses courantes d'administration, énonce l'article 27 dans son dernier alinéa. Ces dépenses englobent les honoraires des personnes que le conseil syndical aura, le cas échéant, décidé de consulter (V. comm. n° 2, p. 781). Elles constitueront des charges communes dites « générales » (V. L. art. 10, al. 2) et seront donc réparties entre tous les copropriétaires au prorata des tantièmes de copropriété (« Elles sont supportées par le syndicat », indique le texte).

Les dépenses seront payées par le syndic, sur la demande du président du conseil syndical ou de la personne déléguée à cette fin, sur justification. Il a été jugé que le syndic devait rembourser au président du conseil syndical les honoraires de consultation d'un avocat et les frais de constat d'huissier qui ont été avancés par lui (▪ Cass. 3e civ., 15 nov. 2018, n° 17-18.386 : *Administrer* mars 2019, p. 50, obs. J.-R. Bouyeure).

Bibliographie : D. Rodrigues, *Les frais du conseil syndical : Inf. rap. copr.* oct. 2021, p. 16.

Section IV. - Le syndic

Désignation, pouvoirs, devoirs du syndic. Les articles 28 à 39 du décret, qui composent sa section IV, complètent les articles 17 et 18 et suivants de la loi, qui définissent de façon très générale les modes de désignation du syndic et ses pouvoirs (V. à ce propos les comm. figurant sous L. art. 18).

Ces textes constituent l'embryon d'un véritable « statut du syndic » qui reste cependant à élaborer (V. comm. sous L. art. 18). Les articles 28 à 30 sont relatifs au choix du syndic, à la durée de ses fonctions (art. 28), à sa rémunération (art. 29) et aux conditions dans lesquelles il peut se faire représenter (art. 30).

Les articles 31 et suivants fixent ses pouvoirs et ses devoirs : en ce qui concerne le personnel de la copropriété (art. 31) et la tenue à jour de la liste des copropriétaires (art. 32), et des archives du syndicat (art. 33 et 33-1).

Les articles 35 et 36 sont relatifs au versement d'avances ou de provisions que peut exiger le syndic. Quant à l'article 37, il fixe les limites de son pouvoir d'initiative. Les articles 38 et 39 constituent autant de précautions légales contre les agissements du syndic qui pourraient s'avérer préjudiciables à la copropriété : obligation de dépôt des fonds à un compte spécial (art. 38), réglementation des conventions entre le syndic (et certaines personnes qui lui sont liées) et le syndicat (art. 39).

Lorsqu'on veut avoir un tableau d'ensemble du statut juridique du syndic, en droit positif, il faut également se référer :

– à la loi du 2 janvier 1970 et au décret du 20 juillet 1972 portant réglementation de la profession (V. ces textes en Annexe) ;

– aux articles 17-1 et 17-1-1 de la loi (syndic dans les syndicats coopératifs) ;
– à l'article 17-2 de la loi (syndic non professionnel) ;
– aux autres textes du décret relatifs au syndic : en particulier, les articles 46 à 50 (mesures à prendre en cas d'absence, d'empêchement ou de carence du syndic) et l'article 55 (pouvoirs du syndic en matière judiciaire).

Art. 28 ***(D. n° 86-768, 9 juin 1986 ; D. n° 2004-479, 27 mai 2004 ; D. n° 2010-391, 20 avr. 2010 ; mod. à compter du 4 juillet 2020, D. n° 2020-834, 2 juill. 2020).*** **– Sous réserve des dispositions de l'article L. 443-15 du Code de la construction et de l'habitation et des stipulations particulières du règlement de copropriété, les fonctions de syndic peuvent être assumées par toute personne physique ou morale.**

En dehors de l'hypothèse prévue par l'article L. 443-15 du Code de la construction et de l'habitation, la durée des fonctions du syndic ne peut excéder trois années. Toutefois, pendant les délais prévus à l'article 1792-4-1 du Code civil, elle ne peut dépasser une année lorsque le syndic, son conjoint, le partenaire lié à lui par un pacte civil de solidarité, le concubin, leurs commettants ou employeurs, leurs préposés, leurs parents ou alliés jusqu'au deuxième degré inclus ont, directement ou indirectement, à quelque titre que ce soit, même par personne interposée, participé à la construction de l'immeuble.

Le syndic peut être de nouveau désigné par l'assemblée générale pour les durées prévues à l'alinéa précédent.

Bibliographie : *JCl. Copropriété*, Fasc. 88-10 et s. par G. Vigneron. • *JCl. Civ. App.*, art. 544 à 577, Fasc. 42 et *JCl. Notarial Répertoire, V° Copropriété*, Fasc. 42 par A. Blaisse. • J.-M. Roux, *Le syndic entrant* : *Rev. Administrer* mai 2008, p. 36. • J.-M. Roux, *Le syndic, de son entrée en fonction à l'expiration de son mandat* : *Inf. rap. copr.* sept. 2017, p. 19.

I – QUI PEUT ÊTRE SYNDIC ?

Bibliographie : G. Vigneron et C. Coutant-Lapalus, *Le syndic de copropriété*, LexisNexis, 7e éd., 2021. – D. Rocher, *Comment peut-on être syndic ? : Inf. rap. copr.* févr. 2002, p. 16. – J.-L. Gantier, *Syndic, à la recherche de la perle rare : Le Particulier immobilier* mars 2002, p. 40. – N. Coulaud, *Choisir un syndic à sa juste mesure : Le Particulier immobilier* mars 2006, p. 52. – D. Rodrigues, *Syndics en ligne et droit de la copropriété : Inf. rap. copr.* juin 2023, p. 9.

1) Personne physique ou morale. Toute personne physique ou morale peut être syndic.

Par exemple, une société anonyme (Rép. min., 18 janv. 1972 : *JO* 1972, Sénat, p. 21 ; *JCP* N 1972, prat. 5147), sauf limitation particulière résultant du règlement de copropriété. Ces limitations doivent être justifiées par la destination de l'immeuble (Kischinewsky-Broquisse, n° 369. – *JCl. Copropriété*, Fasc. 88, n° 10).

Il ne serait pas conforme à la loi que soient désignées plusieurs personnes comme « cosyndics » (Rép. min. Équip. et Log. : *JOAN*, 1er juin 1987, p. 3205, n° 22621). La possibilité de nommer plusieurs syndics ne peut pas être déduite de l'interprétation de l'article 25 c de la loi (V. ce texte). Cette solution a été confirmée par la Cour de cassation (▪ Cass. 3e civ., 22 sept. 2016, n° 15-13.896 : *Loyers et copr.* 2016, comm. 240, obs. G. Vigneron et C. Coutant-Lapalus ; *Ann. loyers* 2016, p. 76, obs. J.-M. Roux ; *Rev. loyers* 2016, p. 447, note V. Zalewski-Sicard).

Voir : sur la possibilité pour des professionnels auxquels l'exercice du commerce est interdit de remplir les fonctions de syndic, comm. n° 10, p. 786.

2) Particularités. Deux limitations toutefois :

– Le *cas des immeubles HLM* dont les logements sont susceptibles d'être achetés par leurs locataires dans les conditions fixées par les articles L. 443-7 et suivants du Code de la construction et de l'habitation. Des dispositions particulières sont prévues par l'article L. 443-15 dudit code (CCH, art. L. 443-7 et L. 443-15, p. 1270).

C'est alors l'organisme vendeur qui assume en principe les fonctions de syndic, tant qu'il reste propriétaire de logements (C. Coutant-Lapalus, *L'organisme d'HLM vendeur : un syndic différent : Inf. rap. copr.* oct. 2012, p. 19. – J.-M. Roux, *La copropriété HLM : Inf. rap. copr.* déc. 2009, p. 11).

Mais rien n'empêche l'office HLM de se faire assister pour accomplir sa mission par un professionnel de la gestion immobilière (▪ CA Paris, 19e ch., 23 mai 1990 : *Rev. Administrer* août-sept. 1990, p. 60).

– Lorsque la gestion de la copropriété est assurée par un *syndicat coopératif* : un conseil syndical est obligatoirement constitué et le syndic doit alors être élu par les membres de ce conseil syndical et choisi par eux (V. L. art. 17 et D. art. 41).

Voir : sur la nécessité d'être copropriétaire pour être un syndic non professionnel, V. comm. L. 10 juill. 1965, art. 17-2, p. 284.

II – RÉGLEMENTATION PROFESSIONNELLE

A – Carte professionnelle

3) Caractère obligatoire. L'activité de syndic relève de la loi n° 70-9 du 2 janvier 1970 et du décret n° 72-678 du 20 juillet 1972, dont les modalités ont été remaniées sensiblement par le décret n° 2015-702 du 19 juin 2015 (V. ces textes en

Annexe 58, *Syndic de copropriété*, p. 1487). Le syndic doit donc être titulaire d'une carte professionnelle. De plus, un syndic professionnel ne saurait poursuivre ses fonctions en l'absence de renouvellement ou en cas de retrait de sa carte professionnelle (▪ Cass. 3e civ., 15 mars 2011, n° 10-11.899 : *Ann. loyers* 2011, p. 1692, obs. J.-M. Roux. ▪ Cass. 3e civ., 2 juill. 2008 : *Loyers et copr.* 2008, comm. 202, obs. G. Vigneron ; *JCP* G 2008, IV, 2420 ; *D.* 2008, act. jurispr. p. 2001, obs. Y. Rouquet ; *JCP* N 2008, act. 579 ; *Inf. rap. copr.* avr. 2009, p. 14, obs. M.-F. Ritschy et *Inf. rap. copr.* janv.-févr. 2009, p. 19, note P. Capoulade ; *AJDI* 2009, p. 307, obs. D. Tomasin ; *Ann. loyers* 2008, p. 2473, n° 27552, obs. J.-M. Roux ; *Rev. loyers* 2008, p. 443, note J.-M. Gélinet ; *Rev. Administrer* oct. 2008, p. 68, obs. J.-R. Bouyeure. ▪ CA Versailles, 5 oct. 2009 : *Inf. rap. copr.* mai 2011, p. 11, obs. M.-F. Ritschy). Il a été jugé que l'irrégularité de la tenue du registre des mandats par le titulaire de la carte professionnelle portant la mention « gestion immobilière » n'entraîne pas, par elle-même, la nullité de son mandat (▪ Cass. 3e civ., 5 févr. 2014, n° 12-19.047 : *Rev. Administrer* avr. 2014, p. 58, note J.-R. Bouyeure ; *Ann. loyers* 2014, p. 584, obs. C. Atias ; *Inf. rap. copr.* juin 2015, p. 7, obs. M.-F. Ritschy).

Lorsqu'une personne morale est désignée comme syndic, il est nécessaire, mais suffisant, que son P-DG soit titulaire de la carte professionnelle « gestion » et qu'il justifie d'une garantie financière (▪ Cass. 3e civ., 9 févr. 2000 : *Rev. Administrer* mai 2000, p. 47 et *RD imm.* 2000, p. 242, obs. P. Capoulade ; *AJDI* 2000, p. 1034, obs. C. Giverdon) : il a été jugé que la *désignation comme syndic d'une personne non titulaire de la carte professionnelle* (mis à part le cas du syndic « bénévole ») serait nulle (▪ Cass. 3e civ., 4 janv. 1996 : *Bull. civ.* III, n° 1 ; *Loyers et copr.* 1996, comm. 140 ; *Rev. Administrer* août-sept. 1996, p. 37, obs. P. Capoulade ; *RD imm.* 1996, p. 247. ▪ CA Paris, 14e ch., 9 oct. 1991 : *Rev. Administrer* févr. 1992, p. 60, obs. A. Dunes. ▪ TI Paris, 30 avr. 1981 : *Gaz. Pal.* 1981, 2, p. 299 ; *Rev. Administrer* nov. 1981, p. 31, obs. crit. E.-J. Guillot. ▪ TGI Paris, 11 juill. 1974 : *AJPI* 1974, p. 1000, note J.-R. Bouyeure ; *Rev. Administrer* juin 1975, p. 15, note E.-J. Guillot. Selon une décision bienveillante (▪ CA Paris, 23e ch. B, 9 nov. 2000 : *Dossier CSAB* n° 92, avr. 2001, n° 184, obs. A. Dunes), un syndic en attente de sa nouvelle carte professionnelle peut continuer à exercer et convoquer valablement une assemblée (V. également, ▪ CA Paris, 23e ch., 12 févr. 2009 : *AJDI* 2009, p. 554).

Mais de quelle manière cette nullité va-t-elle jouer ?

Doit-on estimer que le syndicat est alors dépourvu de syndic, ce qui justifierait qu'un administrateur provisoire soit désigné (art. 47 du présent décret) ? Un arrêt de la Cour de cassation l'avait admis (▪ Cass. 3e civ., 17 avr. 1995 : *Rev. Administrer* oct. 1985, p. 48, note E.-J. Guillot ; *Gaz. Pal.* 1985, Pan. jurispr. p. 279, note H. Souleau. – *Contra* : ▪ CA Paris, 19e ch. B, 2 nov. 1989 : *RD imm.* 1990, p. 251, note crit. C. Giverdon).

Doit-on appliquer ici la solution de principe selon laquelle si une décision d'assemblée n'a pas été contestée dans les délais, elle ne peut plus être remise en cause quels que soient les vices qui l'affectent (V. L. art. 42) ? C'est en faveur de cette dernière solution que s'est prononcé un arrêt plus récent de la Cour de cassation (▪ Cass. 3e civ., 4 oct. 1995 : *RD imm.* 1996, p. 111, obs. P. Capoulade). Il a été jugé que si le syndic était frappé d'une interdiction de diriger ou d'administrer toute entreprise, la copropriété devait être considérée comme dépourvue de syndic (▪ CA Paris, 14e ch. B, 17 mai 2002 : *Loyers et copr.* 2002, comm. 269).

Voir : comp. avec le cas où le syndic perd sa garantie financière, comm. n° 7, p. 785.

Il a été jugé que si le mandat d'un syndic était ainsi annulé, les actes accomplis par ce syndic resteraient valables (▪ TGI Versailles, 9 mars 1977 : *Rev. Administrer* mai 1978, p. 32, note E.-J. Guillot). Mais cette opinion n'est pas adoptée par tous (*Contra*, ▪ Cass. 3e civ., 15 mars 2011 : *JurisData* n° 2011-003906 ; Loyers et copr. 2011, comm. 224, obs. G. Vigneron ; *Inf. rap. copr.* mars 2012, p. 13, obs. M.-F. Ritschy. ▪ TI Paris, 30 avr. 1981 : *Rev. Administrer* nov. 1981, p. 31, note E.-J. Guillot ; *Rev. loyers* 1982, p. 38).

Les tiers paraissent alors pouvoir invoquer la théorie du « mandat apparent » pour éviter que puissent être remis en cause les actes conclus par le syndic irrégulièrement désigné (V. notamment, G. Gil, *Le mandat apparent en copropriété : Ann. loyers* 2022, p. 23).

B – Garantie financière et assurance professionnelle

Bibliographie : G. Vigneron, *La mise en jeu de la garantie financière du syndic : Loyers et copr.* mars 2000, p. 18. – S. Cabrillac, *Les garanties financières professionnelles,* Thèse Montpellier I, janv. 2000. – P.-E. Lagraulet, *Le syndic professionnel liquidé : Inf. rap. copr.* juill.-août 2022, p. 18.

1° Garantie financière

4) Obligations du syndic et objet de la garantie. Le syndic doit justifier d'une garantie financière suffisante (L. 2 janv. 1970, art. 3, 2°). – V. ce texte en Annexe 58, *Syndic de copropriété*, p. 1487. – V. E.-J. Guillot, *Le délit d'insuffisance de la garantie financière des professionnels de l'immobilier : JCP* N 1978, I, p. 1. – Gaulthier, *Garanties financières du syndic : Rev. hab. fr.* oct. 1982, p. 583. – I. Riassetto, *Réflexions sur la nature juridique des garanties professionnelles : LPA* 16 déc. 1996, p. 4 et s. – P. Capoulade, *La garantie des* *fonds du syndicat : Rev. Administrer* mai 1996, p. 14. – Sur l'obligation de la société de garantie de vérifier que le montant de sa garantie est suffisant, ▪ CA Grenoble, 14 oct. 2008 : *Loyers et copr.* 2009, comm. 52). Cette garantie, qui est distincte de l'assurance de responsabilité civile du syndic, a pour objet exclusif de garantir les remboursements ou restitutions des versements ou remises reçus par le syndic dans le cadre de ses fonctions (▪ Cass. 3e civ., 8 juin 2004 : *Rev. Administrer* oct. 2004, p. 67, obs. J.-R. Bouyeure. ▪ CA Paris, 14e ch., sect. A, 25 févr. 2009 : *JurisData* n° 2009-378332 ; *Loyers et copr.* 2009, comm. 274, obs. G. Vigneron. ▪ CA Paris, pôle 4, 2e ch., 26 oct. 2011 : *JurisData* n° 2011-023289 ; *Loyers et copr.* 2012, comm. 29, obs. G. Vigneron) y compris, depuis la loi n° 2014-366 du 24 mars 2014, les sommes versées au fonds de travaux mentionné à l'article 14-2 de la loi du 10 juillet 1965 (V. ce texte).

Elle ne joue donc pas si des règlements ont été effectués indûment par le syndic ou s'il a facturé deux fois ses honoraires, ces fautes professionnelles relevant de l'assurance de responsabilité (▪ CA Paris, 23e ch. B, 10 mars 2005 : *JurisData* n° 2005-266257).

Constitue une créance du syndicat justifiant la mise en œuvre de la garantie de l'organisme caution le trop-perçu d'appel de fonds non restitué par le syndic à la fin de son mandat (▪ CA Paris, 23e ch. A, 10 déc. 1997 : *Loyers et copr.* 1998, n° 142) ou encore la perception d'appels de fonds honorés par les copropriétaires et non portés au crédit de leurs comptes (▪ CA Paris, 14e ch., sect. A, 25 févr. 2009, préc.) et plus généralement toute créance ayant pour origine les versements effectués entre les mains du syndic dans le cadre de la gestion d'une copropriété. Tel est le cas d'un prêt bancaire encaissé pour le compte des copropriétaires, à l'exclusion toutefois des indemnités et autres pénalités contractuelles (▪ CA Paris, 23e ch. A, 6 nov. 1996 : *Loyers et copr.* 1997, n° 30). Il en va encore ainsi de fonds détenus pour le compte du syndicat, mentionnés dans le grand livre de l'immeuble tenu par le syndic (▪ CA Paris, pôle 4, 2e ch., 12 oct. 2011 : *JurisData* n° 2011-022872 ; *Loyers et copr.* 2012, comm. 61, obs. G. Vigneron).

C'est au syndicat qu'il appartient de démontrer que sa créance à l'encontre de son ancien syndic défaillant est certaine, liquide et exigible, conformément aux exigences de l'article 39, alinéa 2, du décret du 20 juillet 1972 (▪ Cass. 1e civ., 10 avr. 2019, n° 18-15.234 : *Ann. loyers* janv.-févr. 2019, p. 93, obs. J.-M. Roux. ▪ Cass. 3e civ., 30 sept. 1998 : *RD imm.* 1999, p. 150, obs. P. Capoulade. ▪ CA Paris, 23e ch. B, 19 juin 2008 : *Loyers et copr.* 2008, comm. 290 ; *AJDI* 2008, p. 865. ▪ CA Orléans, 11 févr. 2008 : *Loyers et copr.* 2008, comm. 291. – Pour un cas où la preuve est insuffisamment rapportée : ▪ CA Paris, 23e ch. B, 13 sept. 1996 : *Loyers et copr.* 1996, comm. 492. – Pour un cas où la date d'arrêté de la situation de trésorerie du syndicat est postérieure à la cessation de la garantie : ▪ CA Paris, pôle 4, ch. 2, 29 sept. 2010 : *Rev. Administrer* mai 2011, p. 51, obs. J.-R. Bouyeure ; *Inf. rap. copr.* mars 2012, p. 14, obs. M.-F. Ritschy. Pour une faute de la banque qui, ayant fusionné les comptes ouverts au nom du syndic, a fait perdre une chance au syndicat de bénéficier de la garantie financière : ▪ Cass. com., 1er mars 2016, n° 14-22.304 : *Inf. rap. copr.* oct. 2016, p. 15, obs. M.-F. Ritschy ; *Ann. loyers* 2016, p. 76, obs. J.-M. Roux. – Pour une hypothèse de détournement de fonds : ▪ Cass. 3e civ., 13 juill. 2023, n° 22-14.535 : *Ann. loyers* 2023, p. 72, obs. J.-M. Roux. ▪ Cass. 3e civ., 13 juill. 2023 n° 22-14.549 : *Loyers et copr.* 2023, comm. 157, obs. A. Lebatteux). L'organisme garant ne peut prétendre procéder à une répartition au marc le franc si certaines des réclamations ne sont pas fondées (▪ CA Paris, 23e ch. B, 7 mai 1998 : *Rev. Administrer* mai 1999, p. 53, note J.-R. Bouyeure).

La garantie ne couvre pas les accessoires de la somme due au syndicat, par exemple les intérêts moratoires ou les pénalités contractuelles (▪ CA Paris, 6 nov. 1996, préc. ▪ CA Paris, 16 oct. 1991 : *RD imm.* 1992, p. 85, obs. P. Capoulade), non plus que les condamnations du syndic à titre de dommages-intérêts ou à raison d'une astreinte (▪ Cass. 3e civ., 1er déc. 1987 : *Bull. civ.* III, n° 322 ; *RD imm.* 1989, p. 62, obs. D. Tomasin. ▪ Cass. 1re civ., 4 nov. 1986 : D. Tomasin. ▪ Cass. 1re civ., 4 nov. 1986 : *Bull. civ.* III, n° 253 ; *RD imm.* 1987, p. 68, obs. D. Tomasin).

Dès lors que le syndic détient la carte « gestion immobilière », la garantie peut être mise en œuvre, alors même que le syndic n'était pas titulaire d'un mandat régulier (▪ Cass. 3e civ., 7 avr. 2004 : *Bull. civ.* III, n° 79 ; *JCP* G 2004, IV, 2184).

5) Cessation de la garantie. En cas de cessation de la garantie, le garant est tenu d'effectuer un certain nombre de formalités (V. Annexe 58, *Syndic de copropriété*, p. 1487. – D. 20 juill. 1972, art. 44 et 45, mod. par D. 21 oct. 2005) :

– publication d'un avis dans un quotidien, dans les conditions prévues par l'article 44, alinéa 3 du décret du 20 juillet 1972 ;

– information par lettre recommandée avec demande d'avis de réception au président, ou à défaut aux membres du conseil syndical ou du conseil de surveillance (D. 20 juill. 1972, art. 46, al. 2). Est nulle la notification de résiliation du contrat de garantie du syndic si la lettre recommandée n'indique pas le patronyme de son destinataire et si elle est remise au syndic et non au président du conseil syndical (▪ Cass. 3e civ., 28 oct. 1985 : *Rev. loyers* 1986, p. 148) ;

La cour de Paris considérait que les formalités de l'article 46 ancien du décret du 20 juillet 1972 étaient cumulatives et que faute de les avoir respectées, l'organisme caution devait indemniser le syndicat des fonds versés tant que la garantie n'avait pas pris fin par l'accomplissement régulier des formalités légales (▪ CA Paris, 17 mars 2005 : *JurisData* n° 2005-266261. ▪ CA Paris, 23e ch. B, 4 juill. 2002 : *Loyers et copr.* 2002, comm. 297. ▪ CA Paris, 23e ch. B, 8 juin 2000 : *Loyers et copr.* 2001, comm. 24 ; *RD imm.* 2000, p. 604, obs. P. Capoulade. ▪ CA Paris, 23e ch. B, 17 févr. 2000 : *Rev. Administrer* oct. 2000, p. 76, obs. J.-R. Bouyeure).

Mais la Cour de cassation a précisé que la garantie prenait fin trois jours après publication de l'avis dans deux journaux. Peu importe que les formalités de notification au conseil syndical n'aient pas été effectuées, car elles ne sont pas prescrites à peine d'inopposabilité de la cessation de garantie au syndicat, mais ont seulement pour but de déterminer le point de départ du délai de trois mois imparti aux créanciers pour présenter leur réclamation (▪ Cass. 1re civ., 11 janv. 2005 : *JCP G* 2005, IV, 1344. – Dans le même sens ▪ Cass. 1re civ., 24 avr. 2013, nos 12-15.246 et 12-15.408 : *JurisData* n° 2013-008139 ; *Inf. rap. copr.* avr. 2014, p. 9, obs. M.-F. Ritschy).

Les créances du syndicat doivent être produites dans le délai de trois mois, à peine de forclusion (▪ CA Paris, 19e ch. A, 28 oct. 1998 : *Loyers et copr.* 1999, comm. 82). La production doit être faite par le syndic, et non par le locataire gérant de son fonds (▪ CA Paris, 23e ch. B, 3 déc. 1998 : *Rev. Administrer* mai 1999, p. 53, note J.-R. Bouyeure). La production adressée globalement pour toutes les créances éventuelles de tous les syndicats gérés par un même syndic est irrégulière (même décision). Il n'y a pas à tenir compte des remises ou versements effectués postérieurement à la date de cessation de la garantie (▪ Cass. 3e civ., 19 juill. 1995 : *D.* 1998, somm. 273, obs. P. Capoulade).

Lorsque le syndic, dont le mandat n'avait pas pris fin, a continué à tenir le grand livre de la copropriété ainsi que le relevé de dépenses et à émettre les appels de charges, il faut en déduire que la garantie financière accordée au syndic ne peut être déniée au syndicat des copropriétaires pour les fonds mandants non représentés par ce syndic à la fin de son mandat, au titre des créances antérieures à la cessation de la garantie financière (▪ Cass. 3e civ., 11 févr. 2016, n° 15-10.616 : *AJDI* 2016, p. 281).

La *perte de la garantie financière* n'entraîne pas de plein droit la nullité du mandat du syndic (▪ Cass. 3e civ., 11 mai 1994 : *RD imm.* 1994, p. 498, obs. P. Capoulade ; *Rev. Administrer* août-sept. 1996, p. 36).

6) Responsabilité de l'organisme garant. Le montant de la garantie est fixé selon la règle impérative de l'article 29 du décret du 20 juillet 1972. Sa réduction non justifiée est inopposable au syndicat des copropriétaires, fondé à demander à la caution le versement des sommes correspondant à la garantie légalement due (▪ CA Paris, 23e ch. A, 5 mars 1997 : *Loyers et copr.* 1997, n° 216). Il appartient à l'organisme qui apporte sa garantie financière au syndic de s'assurer que cette garantie est au moins égale au montant des sommes détenues pour le compte de tiers. À défaut, il engage sa responsabilité à l'égard du syndicat des copropriétaires et doit lui verser le montant des sommes remises au syndic dans le cadre de sa gestion (▪ CA Paris, 23e ch. B, 16 mai 1997 : *Loyers et copr.* 1997, comm. 301).

La responsabilité de l'organisme garant peut être mise en cause si les garanties accordées s'avèrent insuffisantes (▪ CA Paris, 23e ch., 13 avr. 1998, *SOCAF c/ Syndicat 6 impasse du Curé à Paris.* – ▪ TGI Paris, 16 mars 1988 : *Rev. loyers* 1988, p. 336. – Sur l'obligation pour l'organisme garant de contrôler le montant de la garantie et le registre des mandats, V. ▪ CA Paris, 23e ch. B, 30 mars 2000 : *RD imm.* 2000, p. 4, obs. D. Tomasin). Plus généralement, la responsabilité de l'organisme garant peut être engagée dans le cas où cet organisme a manifesté une carence dans la surveillance des comptes de la gestion du syndic (▪ Cass. 3e civ., 18 nov. 1992 : *Loyers et copr.* 1993, comm. 115. ▪ Cass. 3e civ., 16 juin 1987 : *Bull. civ.* III, n° 196, p. 145. ▪ CA Paris, 23e ch. B, 17 févr. 2000, préc. ▪ CA Paris, 23e ch., 22 sept. 1986 : *Loyers et copr.* 1987, comm. 52. Le syndicat peut agir directement contre l'organisme garant (même décision).

En revanche, par le contrôle à opérer, le garant n'a pas pour mission d'étudier *in extenso* la gestion comptable et financière de son assuré mais seulement de veiller à l'adéquation entre le plafond de garantie et l'importance des fonds mandants gérés par l'assuré en application de l'article 86 du décret du 20 juillet 1972 (▪ CA Paris, pôle 4, ch. 2, 29 sept. 2010 : *Rev. Administrer* mai 2011, p. 51, obs. J.-R. Bouyeure).

Voir : sur la garantie financière, Annexe 58, *Syndic de copropriété*, p. 1487. – L. 2 janv. 1970, art. 3, al. 2-2°, et D. 20 juill. 1972, art. 17 à 71.

7) Procédure collective. En cas de mise en redressement judiciaire du syndic, il entre dans les attributions de l'administrateur judiciaire de produire pour le compte du syndicat auprès de l'organisme de garantie (▪ Cass. 1re civ., 26 avr. 1988 : *D.* 1988, inf. rap. p. 132. – Sur la possibilité en pareil cas d'introduire un référé-provision, V. ▪ TGI Paris, référé 3 juin 1982 : *Gaz. Pal.* 1983, II, p. 116 et la note. – Sur la compétence des juges des référés lorsque l'obligation de verser une provision *ad litem* non sérieusement contestable, V. ▪ Cass. 2e civ., 18 juin 2009 : *D.* 2009, p. 1761. –

Sur les modalités de mise en œuvre de la garantie financière du syndic en pareil cas, V. ▪ CA Paris, 23e ch., 15 déc. 1989 : *Rev. Administrer* nov. 1990, p. 41, note Vignon).

Si le syndicat a omis de déclarer sa créance, il peut néanmoins invoquer le bénéfice de la garantie financière. La caisse de garantie n'est pas en effet dans la position d'une caution, qui pourrait invoquer le bénéfice de l'article 53 de la loi du 25 janvier 1985, et le syndicat dispose à son encontre d'une action directe (▪ Cass. civ., 25 juin 2002 : *Rev. Administrer* janv. 2003, p. 49, obs. J.-R. Bouyeure. ▪ Cass. com., 15 févr. 2000 : *JurisData* n° 2000-000663 ; *Loyers et copr.* 2000, comm. 130, obs. G. Vigneron ; *RD imm.* 2000, p. 371, obs. D. Tomasin. ▪ Cass. ass. plén., 4 juin 1999 : *RD imm.* 1999, p. 438, note D. Tomasin ; *RD imm.* 1999, p. 463, obs. P. Capoulade ; *Contrats, conc., consom.* déc. 1999, comm. 171, note L. Leveneur. ▪ CA Paris, 23e ch., 17 mars 2005 : *Loyers et copr.* 2005, comm. 122, obs. G. Vigneron. ▪ CA Paris, 23e ch. A, 7 févr. 2001 : *AJDI* 2001, p. 351).

La mise en liquidation judiciaire du syndic n'entraîne pas la cessation de la garantie financière d'une société de caution mutuelle. Cette garantie s'applique à toute créance ayant pour origine les versements effectués entre les mains du syndic dans le cadre de la gestion d'une copropriété : tel est le cas d'un prêt bancaire encaissé pour le compte des copropriétaires ; en revanche elle ne peut s'étendre aux indemnités et autres pénalités contractuelles (▪ CA Paris, 23e ch. A, 6 nov. 1996 : *Loyers et copr.* 1997, comm. 30).

Bibliographie : S. Benilsi, *Procédure collective du syndic : quelles spécificités ? : Rev. Loyers* 2015, p. 495.

2° *Assurance professionnelle*

8) Caractère obligatoire. De même, le syndic doit souscrire une assurance professionnelle (L. 2 janv. 1970, art. 3, 3°, V. Annexe 58, *Syndic de copropriété*, p. 1487).

La réparation du dommage causé au syndicat par le règlement erroné ou abusif de factures à des tiers pour des travaux non exécutés relève de l'assurance de responsabilité professionnelle du syndic (▪ Cass. 3e civ., 8 avr. 1998 : *Rev. Administrer* nov. 1998, p. 51 ; *RD imm.* 1998, p. 417, obs. P. Capoulade). L'assurance professionnelle couvre également le syndic qui n'a pas été désigné régulièrement par l'assemblée, ce qui constitue une faute dans l'exercice de son activité (▪ Cass. 3e civ., 3 mars 2004 : *Rev. Administrer* mai 2004, p. 42, note P. Capoulade. ▪ CA Bordeaux, 1re ch. A, 19 avr. 2005 : *AJDI* 2005, p. 675, note P. Capoulade). En revanche, sont généralement exclus de la garantie, les dommages provenant d'une faute intentionnelle ou dolosive de l'assuré et/ou rendus inéluctables par un fait volontaire, conscient et/ou intéressé de l'assuré (▪ CA Grenoble, 11 avr. 2013 : *JurisData* n° 2013-007756). L'assurance couvrant la gestion d'une copropriété ne peut être étendue à l'activité d'entremise pour la recherche de locataire bénéficiant aux copropriétaires (▪ Cass. 2e civ., 23 mai 2013, n° 12-20.040 : *Ann. loyers* 2013, p. 2073, obs. C. Atias).

Si le syndic cesse d'être assuré, il n'en résulte pas que les actes accomplis par lui soient nuls de plein droit (▪ Cass. 3e civ., 30 mars 1989 : *Loyers et copr.* 1989, comm. 249).

C – Le syndic est-il commerçant ?

9) Principes de solution. L'activité de syndic prise en elle-même et isolément est *de nature civile*.

Toutefois, elle *devient commerciale* lorsqu'elle est exercée par une société commerciale, ou à titre accessoire dans le cadre d'une activité plus générale d'administrateur de biens (activité considérée de façon constante comme étant elle-même de nature commerciale...).

De même encore lorsque cette activité est exercée au sein d'une « entreprise commerciale » : il paraît ainsi possible de soutenir que la personne qui fait sa profession habituelle de l'activité de syndic, déployant une activité de gestion immobilière proche de celle d'administrateur de biens crée une « agence » ou un « bureau d'affaires » considéré comme étant de nature commerciale par le Code de commerce (art. L. 110-1. – V. en ce sens sol. impl. ▪ Cass. soc., 20 janv. 1966 : *Bull. soc.* IV, p. 73. – *Dictionnaire permanent, Gestion immobilière, V° Syndic*, n° 12. – P. Capoulade, *Les professions immobilières*, n° 505, p. 575).

En pareil cas ne peut exercer les fonctions de syndic la personne qui est frappée d'une interdiction de diriger, gérer, administrer ou de contrôler, directement ou indirectement, une entreprise commerciale (▪ CA Aix-en-Provence, 9 mars 2000 : *D.* 2000, somm. p. 218, obs. C. Atias).

10) Exercice par des professions réglementées. On comprend, dès lors, que le ministre de la Justice ait pu, de façon constante, refuser aux *professions organisées auxquelles il est interdit d'effectuer des actes de commerce* la possibilité d'exercer la fonction de syndic (pour les *notaires* ou *avocats* : Rép. min., 6 nov. 1964 : *JOAN*, p. 4742 ; *JCP* N 1964, IV, 3799-8. – Pour un *avoué* : Rép. min., 10 mai 1967 : *JO* N 1967, Sénat., p. 314 ; *JCP* N 1967, IV, 4234. – Sur les conditions dans lesquelles un clerc de notaire peut être syndic : Rép. min., 11 août 1973 : *JOAN*, p. 3316 ; *JCP* N 1973, prat. 5537-3).

Ainsi a-t-il déclaré qu'un conseil juridique ne peut pas exercer à titre professionnel l'activité de syndic, qui a un caractère commercial (Rép. min. :

JOAN, 1er avr. 1985, p. 1418 ; *RD imm.* 1985, p. 268, obs. D. Tomasin).

Néanmoins, la jurisprudence a admis que l'exercice à titre accessoire de cette activité était compatible avec les règles régissant la profession d'avocat (■ CA Riom, 8 sept. 1986) ou de conseil juridique (■ CA Rennes, 8 avr. 1987 : V. ces deux arrêts : *Gaz. Pal.* 4 au 6 oct. 1987, p. 4. – Sur la question, V. Peiffer, *Syndic de copropriété : la nature juridique de l'activité : Gaz. Pal.* 1987, 2, doctr. p. 544. – Du même auteur : *Essai sur la portée en matière de gestion immobilière de l'article 95 du décret du 20 juillet 1972 : Gaz. Pal.* 1986, 1, doctr. p. 186, et G. Fau et R. Porte, *La nature du mandat de syndic : Ann. loyers* 1988, p. 66).

La Cour de cassation a confirmé l'arrêt de la cour de Riom du 8 septembre 1986 précité et donc, la possibilité pour un avocat d'exercer la profession de syndic (■ Cass. 1re civ., 11 juill. 1988 : *JCP* N 1989, II, p. 138).

Toutefois, l'exercice de l'activité de syndic par les professions réglementées ne nous paraît admissible que si elle reste totalement accessoire et ne donne pas lieu au sein du cabinet à la création d'une véritable entreprise (commerciale...), ce qui est une question de fait (les critères retenus pouvant être : l'existence d'un secteur distinct d'activité utilisant des moyens propres, l'importance des moyens en personnel et des revenus procurés, etc.).

Bibliographie : J. Lafond, *Panorama de droit de la copropriété : Rev. Administrer* mai 1989, p. 34.

Voir : sur la possibilité pour les *géomètres-experts* d'exercer la profession de syndic, V. L. n° 46-942, 7 mai 1946, art. 8-1 introduit par L. n° 94-529, 28 juin 1994, en Annexe 34, *Géomètre-expert*, p. 1251.

D – Certification des syndics

Bibliographie : C. Giverdon, *La « certification » des syndics : AJPI* 1996, p. 366. – *Observations sur la « certification » des services se rapportant aux activités de gestion assurées par les syndics de copropriété : Loyers et copr.* mai 1996, p. 1. – J.-P. Lambert, *Le projet de certification du syndic, le point de vue du président de la CNAB : Rev. Administrer* juin 1996, p. 4. – J. Laporte, *La certification des syndics : AJPI* 1996, p. 691. – G. Vigneron, *Contrat de syndic et code de bonne conduite : Loyers et copr.* oct. 1996, p. 1. – A. Franconie, *Que faut-il penser de la certification des syndics de copropriété ? : Rev. hab. fr.* nov. 2000, p. 13.

11) Modalités. S'appuyant sur les termes de la loi n° 94-442 du 3 juin 1994, codifiée aux articles L. 115-27 à L. 115-30 et L. 115-32 du Code de la consommation, et son décret d'application (n° 95-354, 30 mars 1995 : *JO* 5 avr.), textes permettant d'établir des « labels » en ce qui concerne les services, à l'instar de ce qui existait déjà pour les produits, il a été créé un label « Qualité-syndic ».

Un « référentiel » qualité-syndic a été signé entre diverses organisations de consommateurs et des chambres ou organisations professionnelles le 16 juillet 1996 et publié au *JO* du 9 août (V. le texte de ce « référentiel » *in AJPI* 1996, p. 695).

Le principe même de cette « labellisation des syndics » a été critiqué (V. notamment C. Giverdon, étude préc.), et elle a été diversement accueillie par les professionnels.

L'annulation du document dénommé « Référentiel S 304 qualité-syndic » (publié au *JO* 9 août 1996) a été poursuivie devant les juridictions administratives, qui se sont déclarées incompétentes pour en connaître (■ CE, sect. contentieux, 8e et 9e sous-section, 24 mars 1999, n° 189478 ; *JCP* G 1999, II, 10103, concl. du Commissaire du gouvernement Bachelier ; *Rev. Administrer* juill. 1999, p. 46, note P. Capoulade).

III – SYNDIC BÉNÉVOLE

Bibliographie : *Sur le syndic non professionnel. Du syndic bénévole : Ann. loyers* 1978, p. 749. – *Le syndic bénévole : Le Particulier immobilier* mars 1979, p. 3 et s. – C. Michalopoulos, *Syndic professionnel et syndic non professionnel : Inf. rap. copr.* mars 1982, p. 41 et s. – E.-J. Guillot, *Les syndics marginaux : Rev. Administrer* oct. 1982, p. 15 et s. – G. Vigneron, *Le syndic bénévole : JCP* N 1990, prat. 1446. – E. Vichrova, *Parole aux syndics non professionnels : Inf. rap. copr.* mai 1990, p. 157 et s. et V. Ripert-Jouvel, *Le syndic bénévole de copropriété* Litec 1990. – L. Roy, *Peut-on se passer d'un syndic professionnel ? : Le Particulier immobilier* mars 1995, p. 47. – S. Savignac, *Le syndic bénévole, mode d'emploi pour un non-professionnel*, éd. Du Puits Fleuri, 3e éd. – P. Turenne, *Le syndic bénévole : ses responsabilités, son rôle, ses outils : Inf. rap. copr.* déc. 2012, p. 25. – P. Turenne, *Les outils de gestion du syndic bénévole : Inf. rap. copr.* déc. 2015, p. 23. – D. Rodrigues, *Le syndic non professionnel : Inf. rap. copr.* juill.-août 2021, p. 6.

12) Désignation. La loi du 2 janvier 1970 précitée n'est pas applicable aux *personnes ou à leurs conjoints qui gèrent des biens sur lesquels elles ont des droits réels divis ou indivis* (L. art. 2) qui peuvent donc être désignées comme syndics alors même qu'elles n'ont pas la carte professionnelle (■ Cass. 3e civ., 23 avr. 1997 : *Bull. civ.* III, n° 87 ; *Loyers et copr.* 1997, comm. 218 ; *Inf. rap. copr.* juin 1997, p. 7 et *RD imm.* 1997, p. 484, obs. P. Capoulade).

Mais rien n'oblige à désigner un syndic bénévole. Il n'y a aucun abus à désigner un syndic professionnel, même dans une copropriété de dimensions très réduites (■ CA Aix-en-Provence, 24 févr.

1994 : *Bull. Aix-en-Provence* janv. 1994, n° 177, note B. Lassalle).

Selon une décision (▪ CA Aix-en-Provence, 24 avr. 1979 : *Gaz. Pal.* 1980, I, p. 80, note Morand), il suffirait qu'un copropriétaire possède un lot dans un bâtiment de l'ensemble immobilier pour qu'il puisse gérer cet ensemble (dans le même sens : Rép. min., 2 juin 1978 : *JOAN*, p. 2440 ; *Inf. rap. copr.* 1978, p. 128. ▪ Cass. crim., 8 nov. 1982 : *RD imm.* 1983, p. 494). Un article 17-2 nouveau, de la loi du 10 juillet 1965, issu de la loi du 24 mars 2014, est venu confirmer que si le syndicat des copropriétaires était administré par un syndic non professionnel, qu'il soit bénévole ou syndic d'un syndicat coopératif, la personne assumant cette fonction devait être propriétaire d'un ou plusieurs lots dans la copropriété concernée (V. comm. L. 10 juill. 1965, art. 17-2, p. 284). Mais la gestion doit s'opérer « à titre non professionnel » dit la loi. Le problème de savoir si une personne exerce ou non à titre professionnel dépend de l'activité déployée, de l'importance de son secrétariat, du temps consacré à l'administration du syndicat. Il s'agit d'une question de fait (Rép. min., 28 juin 1976 : *JOAN*, p. 4836 ; *Inf. rap. copr.* nov. 1976, p. 152). Mais un syndic « bénévole » peut être rémunéré sans devenir pour autant professionnel (▪ CA Paris, 23e ch. B, 15 mai 1998 : *Rev. Administrer* oct. 1998, p. 60, obs. J.-R. Bouyeure. ▪ CA Aix-en-Provence, 24 avr. 1979, préc. – Rép. min., 5 févr. 1981 : *JO Sénat*, p. 182). La cour de Paris a jugé qu'un syndic bénévole pouvait se voir allouer une indemnité de gestion annuelle, même sans décision expresse de l'assemblée générale dès lors que cette allocation a été ratifiée par l'approbation des comptes (▪ CA Paris, 23e ch. B, 20 déc. 2007 : *Loyers et copr.* 2008, comm. 142, obs. G. Vigneron).

Cette possibilité de perception d'une rémunération a été consacrée par le décret n° 2015-342 du 26 mars 2015. Il y est indiqué que, dans le respect du caractère non professionnel de son mandat, le syndic bénévole peut percevoir le remboursement des frais nécessaires engagés, outre une rémunération au titre du temps de travail consacré à la copropriété (V. le texte en Annexe 58, *Syndic de copropriété*, p. 1487).

Une personne qui gérerait plusieurs copropriétés sans être propriétaire de lot dans chacune d'elle serait en infraction avec la loi du 2 janvier 1970 et encourrait les sanctions pénales prévues par l'article 16 de cette loi (V. le texte en Annexe 58, *Syndic de copropriété*, p. 1487), même si cette gestion était bénévole (Rép. min. Justice, 23 août 1993 : *JCP* N 1994, prat. 2866).

Sur l'encadrement de la fonction de syndic par des non-professionnels, Rép. min. n° 45936 : *JOAN* Q 19 avr. 2011, p. 4018 ; *Inf. rap. copr.* juin 2011, p. 30.

13) Rémunération. La *rémunération* perçue par le syndic bénévole, qui n'a, par définition, qu'une activité occasionnelle et qui donc, fiscalement, n'est pas commerçant, est imposée à l'impôt sur le revenu dans la catégorie des bénéfices non commerciaux et non des bénéfices industriels et commerciaux (Rép. min., 11 févr. 1985 : *JOAN*, p. 508, n° 62951). À ce titre, les recettes comprennent notamment les sommes reçues à titre de remboursement forfaitaire de frais. En contrepartie, les dépenses sont déductibles pour leur montant réel sous réserve qu'elles aient été réellement payées (Rép. min. : *JOAN* Q, 27 oct. 2003, p. 8191).

Si l'intervention du syndic s'effectue à titre gratuit, la *TVA* n'est évidemment pas due (V. Rép. min., 10 oct. 1984 : *JOAN*, p. 4376 ; *JCP* N, prat. 9335-5). Mais s'il y a rémunération, elle est normalement passible de la TVA au taux de 19,60 %.

Toutefois il a été admis, par mesure de bienveillance, qu'un retraité ou un salarié qui se bornait à remplir les fonctions de syndic dans un immeuble où il était lui-même copropriétaire ne serait pas recherché en paiement de la TVA (Rép. Brocard, 13 févr. 1984 : *JOAN*, p. 613, n° 40420 et *DB* 4 F, 114, n° 60, 1er juill. 1978).

Lorsque le syndic se fait seulement rembourser les frais exposés, il n'est redevable vis-à-vis des organismes de *Sécurité sociale* d'aucune cotisation sur les sommes perçues (Rép. min. 17 févr. 2004 : *JOAN*, p. 1201, n° 17151). Ne relevant ni du régime des salariés ni de celui des travailleurs indépendants, il peut cependant bénéficier, à condition de cotiser, de l'assurance personnelle prévue par le Code de la sécurité sociale (Rép. min., 30 janv. 1989 : *JOAN*, p. 530 ; *JCP* 1989, prat. 1067-6). S'il y a rémunération, les cotisations sociales sont alors, *a contrario*, normalement dues.

Bibliographie : D. Rodrigues, *La rémunération du syndic bénévole : Inf. rap. copr.* déc. 2021, p. 12.

14) Assurance. Le syndic non professionnel n'est pas tenu de souscrire une *assurance* (Rép. min., 16 juin 1980 : *JOAN*, p. 2488). Mais il a tout intérêt à le faire. Les frais de cette assurance doivent être normalement pris en charge par la copropriété.

Voir aussi : sur les obligations du syndic non professionnel en matière de *versement de fonds*, V. D. art. 38.

IV – DURÉE DES FONCTIONS DU SYNDIC

Bibliographie : C. Atias, *L'expiration des fonctions du syndic et les assemblées en cours : Inf. rap. copr.* mars 1998, p. 24. – *La prolongation du mandat du syndic : Inf. rap. copr.* avr. 1995, p. 23.

– J.-M. Roux, *Le syndic sortant : Rev. Administrer* févr. 2007, p. 11. – J.-M. Roux, *Le syndicat dépourvu de syndic : Rev. Administrer* mai 2016, p. 10. – J.-M. Roux, *Le syndic, de son entrée en fonction à l'expiration de son mandat : Inf. rap. copr.* sept. 2017, p. 19. – M.-H. Martial, *Le mandat du syndic et le temps qui passe : Inf. rap. copr.* oct. 2018, p. 25.

A - Principe

15) Durée de trois ans maximum. La durée des fonctions du syndic ne peut en principe excéder trois ans. Il s'agit d'une disposition d'ordre public à laquelle le règlement de copropriété ne peut déroger (▪ TGI Marseille, 27 mai 1977 : *Rev. loyers* 1978, p. 446). Le mandat du syndic a pour point de départ la date de l'assemblée qui l'a approuvé (▪ CA Paris, 23e ch. B, 21 juin 2001 : *Loyers et copr.* 2001, comm. 299, obs. G. Vigneron). La stipulation indiquant que le contrat de syndic prend effet rétroactivement au 1er janvier de l'année en cours est inopposable aux copropriétaires (▪ CA Paris, pôle 4, ch. 2, 4 oct. 2017 : *Rev. Administrer* déc. 2017, p. 60, obs. J.-R. Bouyeure ; dans ce cas, la cour d'appel a retenu que le contrat prend effet le jour de son approbation par l'assemblée générale). Selon un arrêt de la cour de Paris (23e ch. B) du 22 novembre 2001 (▪ CA Paris, 23e ch. B, 22 nov. 2001 : *Rev. loyers* 2002, p. 168, note J.-M. Gélinet), si l'assemblée qui le nomme ne précise pas la durée du mandat du syndic on doit considérer qu'il est élu pour une durée égale à celle du mandat du précédent syndic (soit, dans le cas d'espèce : un an).

Si le syndic a été désigné sans durée déterminée « jusqu'à la date de la prochaine assemblée générale ordinaire statuant sur ce point », il est maintenu en fonctions tant que la question du renouvellement de son mandat n'a pas été portée à l'ordre du jour d'une nouvelle assemblée, sans que toutefois, la durée de ce mandat puisse excéder trois ans (▪ Cass. 3e civ., 18 nov. 1997 : *Inf. rap. copr.* juin 1998, p. 5 ; *RD imm.* p. 137, note P. Capoulade. – V. également dans le cas où le syndic avait été nommé « jusqu'à la présentation des comptes de l'année 1991-1992 » : ▪ CA Aix-en-Provence, 31 oct. 1996 : *D.* 1998, somm. 118, note C. Atias).

En revanche, si le syndic a été nommé pour un an et « jusqu'à l'assemblée statuant sur les comptes », cette assemblée doit se tenir à l'intérieur de ce délai de un an qui marque la durée maximale du mandat du syndic. À défaut la copropriété sera « dépourvue de syndic » (V. D. art. 47) et un administrateur provisoire devra être nommé (▪ Cass. 3e civ., 12 mars 1997 : *Inf. rap. copr.* avr. 1998, p. 12 ; *RD imm.* 1997, p. 286, obs. P. Capoulade). La référence à l'assemblée approuvant les comptes comme terme du mandat du syndic a été jugée inopportune par la 15e recommandation de la Commission relative à la copropriété (V. Annexe 17, p. 1095 ; voir aussi pour une formule ambiguë fixant la durée du mandat à un an sous diverses réserves : ▪ Cass. 3e civ., 31 mai 2000 : *RD imm.* 2000, p. 391, obs. C. Giverdon). Cette pratique malencontreuse se poursuit néanmoins et donne lieu à contentieux.

Dans un premier temps la jurisprudence avait adopté une interprétation bienveillante. La Cour de cassation a admis la validité d'un mandat de deux ans qui se terminerait « à l'occasion de l'assemblée générale appelée à statuer sur les comptes clôturant l'exercice » dès lors que cette formulation n'aboutit pas à proroger le mandat du syndic au-delà d'une durée de trois ans (▪ Cass. 3e civ., 23 févr. 2000 : *Loyers et copr.* 2000, comm. 129. – V. dans le même sens : ▪ Cass. 3e civ., 6 mars 2002 : *Loyers et copr.* 2002, comm. 162 ; *AJDI* 2002, p. 465, note P. Capoulade. ▪ CA Paris, 23e ch. B, 29 nov. 2001 : *Loyers et copr.* 2002, comm. 137, obs. G. Vigneron. ▪ CA Paris, 23e ch. B, 29 juin 2000 : *RD imm.* 2000, p. 602 et 604, obs. P. Capoulade. – V. aussi dans un cas où le syndic avait été nommé pour un an, et « en tout état de cause jusqu'à l'assemblée appelée à statuer sur les comptes de l'exercice 1992 », ▪ CA Paris, 23e ch. B, 29 nov. 2001 : *Loyers et copr.* 2002, comm. 137, obs. G. Vigneron). Lorsque cette formule est utilisée, il peut être prévu dans le contrat de syndic que son mandat sera prorogé jusqu'à la réunion d'une seconde assemblée, dans le cas où la première qui marque en principe la fin de son mandat ne réunirait pas la majorité nécessaire pour statuer sur les comptes (▪ CA Paris, 23e ch. B, 21 juin 2001 : *Loyers et copr.* 2001, comm. 299, obs. G. Vigneron).

Mais on a assisté postérieurement à un durcissement, avec deux arrêts de la 3e chambre civile de la Cour de cassation, l'un du 26 mai 2004 (*Inf. rap. copr.* sept. 2004, p. 11, note P. Capoulade), l'autre du 22 septembre 2004 (*Rev. Administrer* nov. 2004, p. 39. – V. sur ces deux décisions : *Loyers et copr.* 2004, comm. 215 et *AJDI* 2005, p. 137, note C. Giverdon). Dans ces deux affaires, le syndic avait été désigné à une date déterminée (par ex. le 30 juin 1999) pour une durée d'un an, étant précisé que cette période d'un an s'achèverait le jour de l'assemblée générale statuant sur les comptes de l'exercice clos. Les juges ont interprété cette désignation, en ce sens que le mandat du syndic ne pouvait en toute hypothèse se prolonger au-delà d'un an (soit dans l'exemple donné, le 30 juin 1998. – Dans le même sens, ▪ Cass. 3e civ., 31 mai 2018, n° 17-18.046 : *Loyers et copr.* 2018, comm. 186, obs. C. Coutant-Lapalus ; *JurisData* n° 2018-009093 ; *Ann. loyers* juill.-août 2018, p. 71, obs. J.-M. Roux ; *Inf. rap. copr.* janv.-févr. 2019, p. 16, obs. N. Brocard – la solution a été réitérée par la cour de renvoi, ▪ CA Paris, pôle 4, 2e ch., 27 nov. 2019 : *Administrer* févr. 2020, p. 41, obs. J.-R. Bouyeure. ▪ Cass. 3e civ., 12 sept. 2006 : *JurisData* n° 2006-034939 ; *Loyers et copr.* 2006, comm. 205, obs. G. Vigneron ; *Rev. Administrer* déc. 2006, p. 77, obs. J.-R. Bouyeure ; *Inf. rap. copr.* nov. 2007, p. 12, obs. M.-F. Ritschy). C'est une incitation à suivre les recommandations de la Commission, et à nommer le syndic pour une durée ferme, ce qui correspond d'ailleurs aujourd'hui aux exigences de l'article 29 modifié du décret (V. ce texte plus bas. – V. dans un cas où la durée du mandat était fixée à un an ou jusqu'à la prochaine assemblée générale qui pourrait valablement procéder à la désignation du syndic en première ou deuxième lecture : ▪ CA Paris, 23e ch. B, 13 janv. 2005 : *AJDI* 2005, p. 314).

16) Expiration de plein droit. Le mandat du syndic prend fin de plein droit à son échéance et le syndic est alors dessaisi de l'administration de l'immeuble (▪ CA Pau, 1re ch., 27 oct. 2016 : *Rev. loyers* 2016, p. 502, obs. S. Benilsi. ▪ TGI Boulogne-sur-Mer, 16 avr. 1975 : *JCP* 1976, II, 18214, note E.-J. Guillot. ▪ TGI Toulouse, 10 juin 1975 : *JCP* 1976, II, 18253). L'assemblée doit désigner un autre syndic (▪ Cass. 3e civ., 2 nov. 1978 : *JCP* G 1979, IV, p. 37) ou renouveler le mandat du syndic en place. Le juge ne pourrait en aucun cas décider de prolonger son mandat (▪ Cass. 3e civ., 27 mai 1999 : *Rev. Administrer* janv. 2000, p. 40, note J.-R. Bouyeure).

Il appartient donc au syndic de convoquer une assemblée assez tôt pour qu'elle puisse se prononcer avant l'expiration du terme prévu (▪ CA Versailles, 4e ch., 5 juin 2000 : *Dossier CSAB* n° 89, févr. 2001, n° 134. ▪ CA Aix-en-Provence, 4e ch., 11 mars 1999 : *D.* 1999, somm. p. 319, note C. Atias).

Parallèlement, le syndic dont le mandat a pris fin n'a droit à aucune rémunération ou remboursement, à quelque titre que ce soit (▪ CA Paris, pôle 4, 2e ch., 18 janv. 2012 : *JurisData* n° 2012-000698 ; *Loyers et copr.* 2012, comm. 123, obs. G. Vigneron ; *Inf. rap. copr.* mai 2013, p. 13, obs. M.-F. Ritschy).

17) Actes accomplis par le syndic après expiration de son mandat. Dans la pratique, il arrive que le syndic reste en place une fois ses fonctions expirées. La jurisprudence a cherché par divers moyens à valider les actes accomplis par ces « syndics de fait », soit en décidant que le mandat du syndic était automatiquement prorogé jusqu'à la prochaine assemblée (▪ TGI Versailles, 21 févr. 1979 : *D.* 1979, p. 522, note Malezieux, confirmé par ▪ CA Versailles, 3 juin 1980 : *Inf. rap. copr.* oct. 1980, p. 166), ou que le mandat du syndic se poursuivait « tacitement » jusqu'à ce qu'un copropriétaire ait sollicité la désignation d'un syndic en vertu de l'article 46 du décret (▪ Cass. 3e civ., 4 janv. 1978 : *D.* 1979, inf. rap. p. 127, obs. C. Giverdon. ▪ TGI Marseille, 14 févr. 1974 : *Ann. loyers* 1974, p. 1458. ▪ TGI Paris, 30 janv. 1975 : *D.* 1976, inf. rap. p. 73. – M. Morand, *Renouvellement tacite du mandat du syndic : Inf. rap. copr.* 1980, p. 21 et s. – V. cpdt, en faveur de l'exclusion du « mandat tacite » : ▪ CA Paris, 23e ch. B, 3 oct. 1984 : *RD imm.* 1985, p. 190, obs. C. Giverdon), soit en faisant appel pour valider les actes du syndic « de fait » à la théorie de la gestion d'affaires (▪ Cass. 3e civ., 16 oct. 2013, n° 12-20.881 : *JurisData* n° 2013-022862 ; *Loyers et copr.* 2013, comm. 351, obs. G. Vigneron ; *Inf. rap. copr.* avr. 2014, p. 9, obs. M.-F. Ritschy ; *AJDI* 2014, p. 383, note D. Tomasin ; *Rev. Administrer* janv. 2014, p. 49, obs. J.-R. Bouyeure ; *Ann. loyers* 2014, p. 96, obs. C. Atias. ▪ Cass. 3e civ., 19 juill. 1983 : *Rev. Administrer* 1984, n° 142, p. 41, note E.-J. Guillot. ▪ CA Lyon, 13 janv. 2015 : *Inf. rap. copr.* avr. 2016, p. 12, obs. M.-F. Ritschy. ▪ CA Versailles, 28 mai 1980 : *Gaz. Pal.* 1980, 2, 639. ▪ CA Paris, 15 nov. 1978 : *Gaz. Pal.* 1980, 2, somm., p. 388. ▪ CA Lyon, 13 avr. 1976 : *D.* 1977, inf. rap. p. 156. Lot, *Le syndic de copropriété gérant d'affaires : Rev. Administrer* avr. 1980, p. 7).

Mais un arrêt de la Cour de cassation (▪ Cass. 3e civ., 14 oct. 1987 : *Bull. civ.* III, n° 172 ; *D.* 1988, p. 230, note C. Atias ; *Rev. huissiers* 1988, p. 1668, note R. Martin) est venu *condamner le recours à la notion de « syndic de fait »* en déniant tout pouvoir au syndic dont le mandat n'avait pas été renouvelé en temps utile (V. Ch. Giaume, *Fin du contrat de syndic et poursuite de la gestion : LPA* 6 août 1990, p. 10 et s. – J.-M. Roux, *Le syndic sortant : Rev. Administrer* févr. 2007, p. 11. – V. aussi ▪ Cass. 3e civ., 9 mai 2012, nos 11-17.567 et 11-17.726 : *JurisData* n° 2012-010144 ; *Rev. Administrer* nov. 2012, p. 51, obs. J.-R. Bouyeure. ▪ Cass. 3e civ., 26 mars 1997 : *Rev. Administrer* oct. 1997, p. 61 ; *Bull. civ.* III, n° 72 ; *D.* 1997, somm. p. 328, note C. Atias et ▪ Cass. 3e civ., 27 avr. 1994 : *Inf. rap. copr.* juin 1994, p. 27, obs. P. Capoulade).

– Ce syndic *n'est plus habilité à recouvrer les charges communes* (▪ Cass. 3e civ., 14 oct. 1987, préc. – V. dans le même sens, ▪ Cass. 3e civ., 15 nov. 1995 : *RD imm.* 1996, p. 109, obs. P. Capoulade. ▪ CA Paris, 23e ch., 29 août 1994 : *RD imm.* 1994, p. 497, obs. P. Capoulade. ▪ CA Paris, 23e ch., 24 sept. 1986 : *Loyers et copr.* 1987, comm. 57) ou à faire opposition en cas de vente d'un lot (▪ CA Versailles, 1re ch., 9 juill. 1992 : *Rev. Administrer* janv. 1993, p. 48).

– Sur la contestation des comptes d'un « syndic de fait », Rép. min. n° 3074 : *JO Sénat Q* 13 mars 2008, p. 500 ; *JCP* N 2008, act. 315.

– Il *n'a plus qualité pour convoquer l'assemblée* (▪ Cass. 3e civ., 7 sept. 2011, n° 10-18.312 : *D.* 2011, p. 2202, obs. Y. Rouquet. ▪ Cass. 3e civ., 23 janv.

1991 : *Rev. Administrer* août-sept. 1991, p. 59. ▪ Cass. 3ᵉ civ., 4 mai 1988 : *Loyers et copr.* 1988, comm. 296. ▪ CA Paris, 25 mars 1988 : *D.* 1988, inf. rap. p. 139 ; *RD imm.* 1988, p. 345, obs. C. Giverdon. ▪ CA Paris, 23ᵉ ch. B, 17 janv. 2008 : *Loyers et copr.* 2008, comm. 172, obs. G. Vigneron. ▪ CA Paris, 23ᵉ ch. A, 19 mars 1997 : *Loyers et copr.* 1997, comm. 300, obs. G. Vigneron. ▪ CA Paris, 23ᵉ ch. B, 17 mai 1996 : *Inf. rap. copr.* sept. 1996, p. 6, obs. C. Atias. ▪ CA Paris, 23ᵉ ch. A, 18 nov. 1991 : *Rev. Administrer* mars 1992, p. 54, obs. A. Dunes. ▪ CA Paris, 23ᵉ ch., 22 mars 1989 : *JurisData* n° 1989-020983. En revanche, il importe peu que le mandat du syndic ait expiré lorsque les copropriétaires ont reçu la convocation si, au moment de l'envoi de celle-ci, le syndic était encore en exercice (▪ Cass. 3ᵉ civ., 19 oct. 2017, n° 16-24.646 : *JurisData* n° 2017-020426 ; *Loyers et copr.* 2017, comm. 244, obs. C. Coutant-Lapalus ; V. également, J.-M. Roux, *Du mandat du syndic lors de la convocation de l'assemblée générale : Ann. loyers* déc. 2017, p. 110 et *Inf. rap. copr.* déc. 2017, p. 13 ; *Rev. Administrer* déc. 2017, p. 53, obs. J.-R. Bouyeure ; *AJDI* 2018, p. 45, obs. D. Tomasin ; *Rev. loyers* janv. 2018, p. 56, obs. L. Guégan-Gélinet).

Il en résulte en particulier que toutes les assemblées convoquées par ce syndic sont annulables. Selon un arrêt de la cour de Paris, la demande de nullité pourrait être formée contre le syndicat représenté par le syndic de fait, tant qu'un administrateur provisoire ne peut pas être désigné, le tribunal étant saisi au fond d'une demande de nullité du mandat du syndic (▪ CA Paris, 10 févr. 1999 : *Loyers et copr.* 1999, comm. 196 ; *RD imm.* 1999, p. 305, note crit. C. Giverdon).

Voir : sur les conséquences de la nullité du mandat du syndic sur la validité de l'assemblée, L. 10 juill. 1965, art. 42, comm. n° 67, p. 623 et D. 17 mars 1967, art. 7, comm. n° 5, p. 694.

– Le syndic n'a plus qualité pour représenter le syndicat et en particulier pour commander des travaux (▪ CA Aix-en-Provence, 4ᵉ ch., 11 mars 1999 : *D.* 1999, somm. p. 319, note C. Atias) ou pour le représenter en justice (▪ Cass. 3ᵉ civ., 21 juin 2006 : *Inf. rap. copr.* mai 2007, p. 14, obs. M.-F. Ritschy) : l'expiration de son mandat en cours de procédure entraîne l'interruption de l'instance (▪ Cass. 3ᵉ civ., 14 avr. 1999 : *Gaz. Pal.* 21-22 févr. 2001, p. 21) et l'impossibilité de faire appel (▪ CA Nancy, 1ʳᵉ ch., 5 sept. 2022 : *Administrer* oct. 2022, p. 47, obs. P. Déchelette-Tolot. ▪ Cass. 3ᵉ civ., 16 sept. 2015, n° 14-16.106 : *JCP G* 2015, 1205, note J.-M. Roux ; *Ann. loyers* nov. 2015, p. 67 et p. 70, obs. J.-M. Roux ; *Rev. Administrer* nov. 2015, p. 33, obs. J.-R. Bouyeure ; *Rev. Loyers* 2015, p. 465, note L. Guégan. ▪ CA Paris, pôle 4, 2ᵉ ch., 7 oct. 2020, n° 17/20909 : *Rev. Administrer* mars 2021, p. 55, obs. J.-R. Bouyeure. ▪ CA Paris, 29 janv. 2014 : *Rev. Administrer* mai 2014, p. 45, obs. J.-R. Bouyeure. ▪ CA Paris, 23ᵉ ch. B, 20 janv. 2005 : *AJDI* 2005, p. 314). Jugé que l'appel notifié à un syndic ayant cessé ses fonctions est nul (▪ CA Paris, 23ᵉ ch. B, 22 mars 2007 : *AJDI* 2007, p. 578).

La situation est identique en présence d'un syndic de fait qui a réglé des dépenses entre la fin du mandat du syndic provisoire et la réunion de l'assemblée générale désignant un nouveau syndic (▪ CA Lyon, 13 janv. 2015 : *JurisData* n° 2015-000425 ; *Loyers et copr.* 2015, comm. 126, obs. G. Vigneron).

Dès lors, il est *nécessaire de désigner un administrateur provisoire* (▪ CA Toulouse, 17 janv. 1994 : *Rev. Administrer* déc. 1994, p. 35, note M.-F. Ritschy).

B – Cas particuliers

18) Immeubles HLM. La durée des fonctions du syndic peut en fait excéder trois ans dans le cas des *immeubles HLM* prévu par l'article 5 de la loi n° 65-556 du 10 juillet 1965 (devenu CCH, art. L. 443-15-1).

19) Syndic « constructeur ». Par ailleurs, l'article 28, alinéa 2 modifié, réserve le cas du syndic qui a, directement ou indirectement, à quelque titre que ce soit, même par personne interposée, participé à la construction de l'immeuble. Ce syndic, de même que son conjoint, le partenaire lié à lui par un pacte civil de solidarité (depuis le décret n° 2010-391 du 20 avril 2010), le concubin (depuis le décret n° 2020-834 du 2 juillet 2020), leurs commettants ou employeurs, leurs préposés, leurs parents ou alliés jusqu'au deuxième degré inclus ne peuvent être élus que pour une durée de un an, pendant les délais prévus à l'article 1792-4-1 du Code civil (la référence à ce dernier texte remplace celle des articles 1792 et 2270 afin de tenir compte de l'intervention de la loi n° 2008-561 du 17 juin 2008 réformant la prescription en matière civile. – V. également, D. 1967, art. 56).

Son mandat peut être renouvelé pour un an (al. 3 du texte). Ce renouvellement peut avoir lieu « jusqu'à la prochaine assemblée appelée à approuver les comptes » pourvu que ce délai de un an soit respecté (▪ Cass. 3ᵉ civ., 6 mars 2002 : *Loyers et copr.* 2002, comm. 162 ; *AJDI* 2002, p. 465, note P. Capoulade).

Au demeurant, la limitation à un an de la durée des fonctions du syndic qui a participé à la construction de l'immeuble en qualité d'associé ou de dirigeant de la société promoteur s'impose, même après qu'il ait perdu cette qualité, et ce jusqu'à l'expiration de la garantie décennale (▪ Cass. 3ᵉ civ., 2 déc. 2009 : *JurisData* n° 2009-050588 ; *JCP N* 2010, 1207, n° 15, obs. H. Périnet-Marquet ; *Rev. Administrer* mars 2010, p. 47, obs. J.-R. Bouyeure ; *D.* 2010, p. 17, obs. Y. Rouquet ; *Rev. loyers* 2010, p. 85, obs. L. Guégan ; *Inf. rap. copr.* mars 2010, p. 10, obs.

M.-F. Ritschy et *Inf. rap. copr.* mai 2011, p. 12, obs. M.-F. Ritschy).

20) Immeubles à usage autre que d'habitation, composés de personnes morales. Depuis la loi n° 2014-366 du 24 mars 2014, pour les immeubles à destination totale autre que d'habitation, lorsque le syndicat de copropriétaires est composé exclusivement de personnes morales, les copropriétaires peuvent décider, à la majorité définie à l'article 25, le cas échéant, de définir avec le syndic, dans le cadre de son contrat, la durée de son mandat (V. comm. L. 10 juill. 1965, art. 18-1 A A, p. 332).

C – Révocation

21) Renvoi. Sur la révocation du syndic.

Voir : comm. sous L. 10 juill. 1965, art. 25 *c)*, p. 428.

V – DÉMISSION DU SYNDIC

Bibliographie : E.-J. Guillot, *La démission du syndic : Rev. Administrer* déc. 1993, p. 4 et s. – C. Michalopoulos, *La situation en cas de démission du syndic : Inf. rap. copr.* mars 1997, p. 14 et s. – L. Roy, *Le syndic démissionne, comment éviter le pire ? : Le Particulier immobilier* déc. 2001, p. 49. – J.-M. Roux, *Le syndicat dépourvu de syndic : Rev. Administrer* mai 2016, p. 10 ; *Le syndic, de son entrée en fonction à l'expiration de son mandat : Inf. rap. copr.* sept. 2017, p. 19.

22) Conditions, forme et effets. Le syndic *peut démissionner pourvu que ce ne soit pas abusivement* (sur un cas de brusque démission : ▪ TGI Paris, 18 déc. 1976 : *D.* 1978, inf. rap. p. 133, n° 261). Il peut revenir sur sa démission tant qu'elle n'a pas été entérinée par l'assemblée (▪ Cass. 3e civ., 30 mars 1977 : *AJPI* 1979, p. 14). Il en va ainsi lorsque le syndic, bien qu'ayant annoncé au conseil syndical son intention de démissionner, n'a pas inscrit cette question à l'ordre du jour de l'assemblée générale et que celle-ci n'a pas délibéré sur ce point (▪ Cass. 3e civ., 10 juill. 2007 : *Rev. Administrer* nov. 2007, p. 52, obs. J.-R. Bouyeure ; *Inf. rap. copr.* mars 2008, p. 18, obs. M.-F. Ritschy).

La démission du syndic *n'est assujettie à aucune forme* et peut être annoncée par simple lettre (V. cependant, L. 1965, art. 18, VIII).

Elle doit être portée à la connaissance de l'assemblée, mais il a été admis que si tous les copropriétaires en étaient informés individuellement, cette condition était remplie (▪ Cass. 3e civ., 30 mars 1994, deux arrêts : *Rev. Administrer* 1994, p. 29, note J.-M. Gélinet ; *RD imm.* 1994, p. 494, obs. P. Capoulade).

Si elle prenait effet immédiatement et pouvait justifier la désignation d'un administrateur provisoire conformément à l'article 47 du décret du 17 mars 1967 (▪ CA Versailles, 1re ch., 13 mars 1984 : *Rev. loyers* 1985, p. 389), il y a lieu désormais de tenir comptes des dispositions apportées par l'article 18-VIII de la loi du 10 juillet 1965 au lendemain de l'ordonnance du 30 octobre 2019.

Il avait été admis qu'elle pouvait valablement intervenir lors de l'assemblée générale, bien que la question n'ait pas été portée à l'ordre du jour, dès lors qu'elle était acceptée par le syndicat (▪ Cass. 3e civ., 18 mai 1971 : *Gaz. Pal.* 1971, II, 647 ; *D.* 1972, somm. p. 20).

Si la démission est présentée dans des formes irrégulières (par exemple au regard du règlement de copropriété), elle n'en produit pas moins effet, le syndic étant libre de renoncer à son mandat. Il en résulte que la désignation d'un administrateur provisoire est alors justifiée, la copropriété étant dépourvue de syndic (▪ Cass. 3e civ., 30 mars 1994, préc.).

La démission *ne peut pas être annulée par le tribunal* qui est seulement en droit d'allouer des dommages et intérêts au syndicat si elle est intervenue sans préavis et sans justes motifs (▪ CA Paris, 23e ch., 26 juin 1992, préc.).

À compter de sa prise d'effet, *le syndic n'a plus aucune qualité pour accomplir quelque acte que ce soit* ; par exemple pour convoquer une nouvelle assemblée (▪ Cass. 3e civ., 23 janv. 1991 : *RD imm.* 1991, p. 259, obs. F. Givord et C. Giverdon). Il ne pourrait recevoir mission d'expédier les affaires courantes en attendant la nomination d'un nouveau syndic (*Contra :* ▪ CA Paris, 23e ch., 5 févr. 1993 : *Loyers et copr.* 1993, comm. 244). Par ailleurs, le syndic démissionnaire ne peut se voir déléguer tout ou partie des pouvoirs de l'administrateur provisoire, notamment afin d'assurer la conservation et la gestion des fonds, archives et documents du syndicat (▪ Cass. 3e civ., 10 juill. 2007 : *AJDI* 2008, p. 489, obs. P. Capoulade).

La facturation d'honoraires de démission a été jugée injustifiée (▪ Cass. 3e civ., 26 janv. 2017, n° 15-25.392 : *Ann. loyers* mars 2017, p. 63, obs. J.-M. Roux ; *AJDI* 2017, p. 292).

Voir : sur la désignation d'un administrateur provisoire comme suite à la démission du syndic, V. D. 17 mars 1967, art. 47, p. 833.

VI – RENOUVELLEMENT DU « MANDAT » DU SYNDIC

Bibliographie : Guillot, *Le renouvellement du mandat du syndic : Rev. Administrer* avr. 1989, p. 18. – R. Martin, *Effets de l'expiration du mandat du syndic : Ann. loyers* juill. 1988, p. 838. – R. Defrance, *L'échéance du mandat de syndic : Infos, FNAIM*, mai 1988, p. 33. – B. Pollin, *Les conditions juridiques du renouvellement du mandat du syndic : Rev. Administrer* mai 1994, p. 14. – J.-R.

Bouyeure, *Le renouvellement du mandat du syndic, Thème et variations : Rev. Administrer* oct. 1997, p. 31. – P. Capoulade, *La désignation du syndic par le renouvellement de son mandat : Inf. rap. copr.* mars 1999, p. 8.

23) Modalités du renouvellement. Ce renouvellement n'a rien d'automatique et il doit être explicite (Rép. min., 1er oct. 1974 : *JO* N 1974, Sénat, p. 1150 ; *JCP* N 1974, prat. 5892) sauf à admettre le « mandat tacite » qui est à l'heure actuelle condamné par la Cour de cassation.

La décision doit être prise *avant l'expiration du mandat* du syndic. Il n'est pas possible de renouveler ce mandat avec effet rétroactif (■ CA Paris, pôle 4, ch. 2, 19 nov. 2014 : *Rev. Administrer* févr. 2015, p. 48, obs. J.-R. Bouyeure ; *Inf. rap. copr.* juin 2015, p. 7, obs. M.-F. Ritschy. ■ CA Versailles, 1re ch., 9 juill. 1992 : *Rev. Administrer* janv. 1993, p. 48, obs. A. Dunes). Si le syndic convoque une assemblée après expiration de son mandat, afin de se faire renouveler dans ses fonctions, cette assemblée est en principe nulle (■ Cass. 3e civ., 24 janv. 2001 : *Constr.-Urb.* 2001, comm. 121, obs. D. Sizaire). Toutefois si elle n'est pas contestée dans le délai légal de deux mois, le renouvellement est valable (■ Cass. 3e civ., 17 janv. 2006, n° 05-11.820, arrêt n° 107-D).

Si la durée du contrat de syndic n'est pas encore expirée au moment où l'assemblée générale vote le « renouvellement », un nouveau mandat commence à courir à compter de la date de l'assemblée générale (■ CA Paris, pôle 4, 2e ch., 6 mai 2021, n° 17/19021 : *Administrer* oct. 2021, p. 50, obs. J.-R. Bouyeure).

Une assemblée générale ayant été régulièrement convoquée par son syndic en exercice, le non-renouvellement de son mandat en cours de séance et l'arrivée de son remplaçant ne signifie pas que l'on soit en présence d'une nouvelle assemblée (■ CA Paris, 23e ch. B, 22 mars 2007).

Selon la Cour de cassation, rien n'interdit de voter dans une même décision le renouvellement du mandat du syndic et le montant de ses honoraires, ces questions étant indissociables (■ Cass. 3e civ., 19 déc. 2007 : *JurisData* n° 2007-042058 ; *Loyers et copr.* 2008, n° 64, obs. G. Vigneron).

Voir : D. 17 mars 1967, art. 7, comm. n° 5, p. 694 et art. 28, comm. n° 16, p. 790.

24) Clauses et conditions du contrat. Les copropriétaires appelés à se prononcer sur le renouvellement du mandat du syndic doivent être informés des conditions du nouveau contrat (■ Cass. 3e civ., 18 déc. 1997 et 17 déc. 1997 : *RD imm.* 1998, p. 132, obs. P. Capoulade et C. Giverdon. ■ Cass. 3e civ., 18 déc. 1996 : *Loyers et copr.* 1997, comm. 124, obs. G. Vigneron. – *Contra* : ■ CA Paris, 23e ch. B, 13 sept. 2001 : *Rev. Administrer* avr. 2002, p. 52, obs. A. Alfandari : selon cette décision le renouvellement du mandat est une question distincte de celle de l'approbation du contrat de syndic).

Le renouvellement intervient aux mêmes conditions que le mandat antérieur. Si certaines clauses de contrat du syndic sont modifiées, il faut notifier un nouveau contrat en application de l'article 11-4° du décret (■ CA Paris, 23e ch. B, 29 juin 2000 : *RD imm.* 2000, p. 604, note P. Capoulade).

Le renouvellement intervient *en principe pour trois ans, et le cas échéant pour une durée moindre* (■ TGI Paris, 8e ch., 25 févr. 1980 : *Gaz. Pal.* 1980, II, 647, note Morand ; *D.* 1980, inf. rap. p. 450). Si le syndic est l'une des personnes visées à l'alinéa 2 du texte, et qu'il a donc participé directement ou indirectement à la construction de l'immeuble, ce renouvellement ne peut s'opérer que pour une durée maximum d'un an (V. art. 28, al. 3).

Voir aussi : sur la nécessité de poser à cette occasion à l'assemblée la question de l'ouverture d'un compte séparé, V. L. art. 18 et son comm.

25) Majorité requise. La décision de renouveler le mandat du syndic doit être prise à la *majorité de l'article 25* de la loi (■ Cass. 3e civ., 14 juin 1989 : *Loyers et copr.* 1989, n° 406 ; *Inf. rap. copr.* 1989, p. 324).

Si le renouvellement du syndic n'a pas pu être décidé à la majorité de l'article 25, une *nouvelle assemblée* peut être tenue *à la majorité de l'article 24* (V. L. 10 juill. 1965, art. 25, comm. n° 33, p. 449). Mais le syndic dont le mandat n'a pas pu être renouvelé a-t-il qualité pour convoquer cette deuxième assemblée ?

Oui, si son mandat n'est pas, à ce moment, venu à expiration : jugé que le défaut de renouvellement du syndic n'entache pas la validité de son mandat (■ CA Paris, 23e ch. B, 15 juin 2006 : *JurisData* n° 2006-303630) ;

Non, dans le cas contraire (il faudra alors faire désigner un administrateur provisoire en vertu de l'art. 47 du décret – V. ce texte – pour faire procéder à cette convocation : V. ■ Cass. 3e civ., 8 janv. 1970 : *D.* 1970, somm. p. 84. ■ CA Paris, 23e ch. B, 20 oct. 1982 : *Rev. Administrer* mars 1983, p. 32, note E.-J. Guillot).

– Pour éviter une vacance du poste, deux *conseils pratiques* peuvent être donnés :

- l'ordre du jour de l'assemblée doit comporter non seulement la mention « Renouvellement du syndic » mais également « Élection d'un nouveau syndic » (afin que dans le cas où le renouvellement ne serait pas accepté, il puisse être procédé immédiatement à l'élection d'un syndic remplaçant) ;
- il est indispensable que l'assemblée soit saisie de la question du renouvellement à une époque telle que si la majorité nécessaire n'était

pas réunie, il soit encore temps, avant l'expiration du mandat du syndic, pour réunir une deuxième assemblée appelée à statuer cette fois à la majorité de l'article 24 (V. J. Lafond, *Panorama de droit de la copropriété* : *Rev. Administrer* mars 1989, p. 44, n° 19).

26) Administrateur provisoire. À défaut de renouvellement, un *administrateur provisoire* peut être désigné (V. D. art. 47).

Un syndic qui, n'ayant pas fait renouveler son mandat, a néanmoins assuré une gestion de fait contraire à la loi ne peut prétendre à une rémunération de ce chef (▪ CA Paris, 23ᵉ ch. B, 30 sept. 2004 : *Rev. Administrer* mars 2005, p. 42, obs. J.-R. Bouyeure. ▪ CA Versailles, 4ᵉ ch., 5 juin 2000 : *Dossier CSAB* n° 89, févr. 2001, n° 134, obs. A. Dunes. ▪ CA Paris, 23ᵉ ch. B, 17 févr. 2000 : *Rev. Administrer* avr. 2000, p. 56, obs. J.-R. Bouyeure). Au surplus, il doit rembourser au syndicat les dépenses nécessitées par la désignation d'un administrateur provisoire chargé de convoquer une nouvelle assemblée pour la nomination d'un nouveau syndic (▪ CA Paris, 23ᵉ ch. A, 25 nov. 1998 : *Loyers et copr.* avr. 1999, n° 109. ▪ CA Paris, 23ᵉ ch. B, 26 juin 1998 : *Rev. Administrer* 1999, p. 51, obs. J.-R. Bouyeure. – V. également la solution identique donnée par la cour de Paris dans le cas d'un syndic provisoire qui n'a pas fait renouveler son mandat en temps utile : ▪ CA Paris, 23ᵉ ch. B, 28 févr. 1997 : *Loyers et copr.* mai 1997, n° 152, obs. G. Vigneron. – Et sur le sujet : A. Valdès, *Le droit à rémunération du syndic dont le mandat est annulé* : *Rev. Administrer* avr. 1999, p. 13. ▪ Cass. 3ᵉ civ., 28 mars 2019, n° 17-26.128 : *Loyers et copr.* 2019, comm. 84, obs. A. Lebatteux ; *JurisData* n° 2019-004713 ; *AJDI* janv. 2020, p. 44, obs. N. Le Rudulier. ▪ Cass. 3ᵉ civ., 10 mai 2007 : *Defrénois* 2008, p. 886, obs. C. Atias).

Selon un arrêt de la cour de Paris (▪ CA Paris, 23ᵉ ch. B, 4 mars 1999 : *JurisData* n° 1999-020409 ; *Loyers et copr.* 1999, comm. 249, note G. Vigneron), rien ne s'oppose à ce que l'assemblée entérine la gestion de fait du syndic, et lui donne *quitus* pour la période où son mandat était nul.

Par ailleurs, il a été jugé que le syndic dont le mandat n'a pas été renouvelé pouvait valablement notifier le procès-verbal de l'assemblée générale ayant pris la décision de ne pas le reconduire dans ses fonctions (▪ Cass. 3ᵉ civ., 11 mars 2014, n° 12-29.734 : *Rev. Administrer* mai 2014, p. 47, obs. J.-R. Bouyeure).

27) Syndic judiciaire. Lorsque les copropriétaires ont refusé à la fois de renouveler le mandat du syndic et de nommer un successeur, le syndic sortant ne commet aucune faute et les frais occasionnés par la nomination judiciaire d'un syndic et les honoraires demandés par celui-ci ne peuvent être mis à la charge du syndic évincé (▪ Cass. 3ᵉ civ., 24 oct. 2006 : *Rev. Administrer* janv. 2007, p. 58, obs. J.-R. Bouyeure ; *AJDI* 2007, p. 45).

Art. 29 ***(D. n° 2010-391, 20 avr. 2010 ; mod., D. n° 2015-342, 26 mars 2015).*** **– Le contrat de mandat du syndic fixe sa durée et précise ses dates calendaires de prise d'effet et d'échéance, ainsi que les éléments de détermination de la rémunération du syndic. Il détermine les conditions d'exécution de la mission de ce dernier en conformité avec les dispositions des articles 14 et 18 de la loi du 10 juillet 1965.**

Le contrat type de syndic prévu au troisième alinéa de l'article 18-1 A de la loi du 10 juillet 1965 susvisée est celui figurant en annexe 1 du présent décret.

Le syndicat de copropriétaires mentionné à l'article 18-1 AA de cette même loi peut déroger aux stipulations du contrat type dans les conditions prévues audit article.

Le contrat de syndic conclu entre les parties est rédigé en caractères dont la hauteur ne peut être inférieure à celle du corps huit.

La liste limitative des prestations particulières pouvant donner lieu à versement au profit du syndic d'une rémunération spécifique complémentaire conformément à l'alinéa 1 de l'article 18-1 A de la même loi figure en annexe 2 du présent décret.

La décision qui désigne le syndic et qui approuve le contrat de mandat est votée par l'assemblée générale à la majorité de l'article 25 de la loi du 10 juillet 1965.

NB : Conformément à l'article 3 du décret n° 2015-342 du 26 mars 2015, les dispositions du présent décret sont applicables aux contrats de syndic conclus ou renouvelés après le 1er juillet 2015.

I – FIXATION DES CLAUSES ET CONDITIONS DU MANDAT DU SYNDIC

Bibliographie : *Le contrat de syndic* : *JCl. Copropriété*, Fasc. 315. – M.-C. Ruffet, *Le contrat de syndic* : *Inf. rap. copr.* févr. 1991, p. 47 et s. – E.-J. Guillot, *Le contrat de syndic* : *Rev. Administrer* août-sept. 1991, p. 2 et s. – G. Vigneron, *Comment établir le contrat de syndic ?* : *Inf. rap. copr.* déc. 1996, p. 17 et s. – M.-F. Biondi, *Contrat de syndic professionnel : comment bien le rédiger* : *Rev. hab. fr.* avr. 2001, p. 19. – M. Bertrand, *Contrat de syndic, négociez-le* : *Le Particulier immobilier* oct. 2001, p. 43. – M. Poumarède, *Le contrat de syndic est-il toujours un mandat ?* : *Loyers et copr.* sept. 2020, alerte 49.

1) Caractère obligatoire du contrat de syndic. Depuis la modification de ce texte par le décret du 27 mai 2004, il résulte aujourd'hui clairement de l'article 29 du décret (à rapprocher de l'article 11, I, 4° du même décret) que la nomination du syndic (comme d'ailleurs le renouvellement de son mandat) doit donner lieu à la conclusion d'un contrat soumis à l'approbation de l'assemblée (V. Annexe 58, *Syndic de copropriété*, p. 1487).

L'engagement de modération rappelait d'ailleurs le caractère obligatoire de ce contrat de syndic (V. sur ce point M.-C. Ruffet, *Le caractère obligatoire du contrat de syndic : Inf. rap. copr.* 1987, p. 173 et s.).

2) Contenu du contrat de syndic. Selon l'article 29, alinéa 1er, le contrat de mandat de syndic doit mentionner :

– sa durée ;

– ses dates calendaires de prise d'effet et d'échéance (prévisions introduites par le décret n° 2010-391 du 20 avril 2010. – V. également, 15e recommandation de la *Commission relative à la copropriété*, Annexe 17, p. 1095) ;

– les éléments de détermination de la rémunération du syndic (V. Annexe 58, *Syndic de copropriété*, p. 1487) ;

– les conditions d'exécution de la mission de ce dernier en conformité avec les dispositions des articles 14 et 18 de la loi du 10 juillet 1965.

NB : L'article 18-1 A, alinéa 3, de la loi du 10 juillet 1965, issu de la loi n° 2014-366 du 24 mars 2014 dispose que le contrat de syndic doit respecter un contrat-type dont le contenu sera défini par décret en Conseil d'État (V. comm. L. 10 juill. 1965, art. 18-1 A, p. 333. – Sur le contrat-type de contrat de syndic au lendemain du décret n° 2015-342 du 26 mars 2015, V. Annexe 58, *Syndic de copropriété*, p. 1487).

3) Clauses abusives. Ont été par exemple considérées comme abusives :

– la clause prévoyant que le contrat, au lieu d'expirer au bout de trois ans, se prolongerait jusqu'à l'assemblée désignant le nouveau syndic ;

– la clause indiquant que les fonds du syndicat déposés chez le syndic seraient versés à un compte ouvert au nom de celui-ci et dont les intérêts lui seraient acquis ;

– la clause permettant au syndic de résilier le contrat à tout moment sous la seule réserve d'avoir à en informer le président du conseil syndical ;

– la clause stipulant que des frais de transmission du dossier de la copropriété au nouveau syndic peuvent être perçus par l'ancien syndic ;

– la clause prévoyant que toute action en justice exercée par un copropriétaire contre le syndic devrait être précédée d'une phase de conciliation devant une commission (▪ CA Paris, 23e ch. B, 4 sept. 2003 : *Loyers et copr.* 2004, comm. 53, obs. G. Vigneron. ▪ TGI Paris, 7 sept. 1999, deux décisions : *RJDA* 11/1999, n° 1257) ;

– la clause prévoyant une rémunération pour frais de transmission du dossier au nouveau syndic (▪ CA Paris, 4 sept. 2003, préc.) ;

– une clause susceptible d'induire en erreur les copropriétaires sur le fonctionnement d'un compte séparé ou non du syndicat (▪ CA Paris, 4 sept. 2003, préc.).

En revanche, n'a pas de caractère abusif la clause du contrat de syndic imposant un préliminaire de conciliation en cas de litige pour l'exécution du contrat (▪ Cass. 3e civ., 1er févr. 2005 : *Loyers et copr.* 2005, comm. 78, obs. G. Vigneron ; *JCP G* 2005, II, 10057, note G. Paisant ; *Constr.-Urb.* 2005, comm. 88, obs. D. Sizaire ; *JCP* G 2005, I, 181, p. 2007, obs. H. Périnet-Marquet). Jugé que des copropriétaires pris individuellement n'ont pas qualité pour solliciter le juge afin qu'il déclare abusives des clauses du contrat de syndic dans la mesure où ils sont tiers à cette convention (▪ CA Paris, pôle 4, 2e ch., 11 sept. 2019 : *Administrer* nov. 2019, p. 54, obs. J.-R. Bouyeure).

Voir : sur les clauses considérées comme abusives dans les contrats de syndic, en Annexe 58, *Syndic de copropriété*, p. 1487, notamment la recommandation n° 96-01 émise par la Commission des clauses abusives.

Bibliographie : également sur le sujet : J.-M. Gélinet, *Des clauses dites abusives dans le contrat de syndic : AJPI* 1997, p. 88 et s. – C. Atias, *Clauses abusives des contrats proposés par les syndics de copropriété : RD imm.* 1996, p. 167. – – G. Vigneron, *La chasse aux clauses abusives : Loyers et copr.* avr. 1996, p. 1. – O. Pardo, *Copropriété, contrat de syndic et clauses abusives : Rev. bleue*, juin-juill. 2005, p. 24.

4) Décision de l'assemblée. L'article 29, alinéa 2, indique que : « La décision qui désigne le syndic et qui approuve le contrat de mandat est votée par l'assemblée générale à la majorité de l'article 25 de la loi du 10 juillet 1965 ». Le contrat de syndic n'est pas concerné par les dispositions de l'article 21 de la loi et n'est donc pas soumis à avis préalable du conseil syndical (▪ CA Paris, 23e ch., 10 nov. 2005 : *Loyers et copr.* 2006, comm. 67, obs. G. Vigneron ; *AJDI* 2006, p. 131).

Sur la possibilité (ou non) de recourir à un second vote en vertu de l'article 25-1 de la loi (C. Atias, *La majorité requise pour la désignation du syndic : Inf. rap. copr.* nov. 2004, p. 24. – J.-M. Roux, *L'article 25-1 de la loi du 10 juillet 1965 : explications et mode d'emploi : Loyers et copr.* mars 2014, étude 3. ▪ CA Paris, pôle 4, 2e ch., 25 sept. 2013 : *JurisData* n° 2013-021711 ; *Loyers et copr.* 2014, comm. 58, obs. G. Vigneron ; *Rev. Administrer* juin 2014, p. 49, obs.

J.-R. Bouyeure ; *Inf. rap. copr.* juin 2015, p. 7, obs. M.-F. Ritschy et sur pourvoi, ▪ Cass. 3e civ., 5 nov. 2014, n° 13-26.768 : *JurisData* n° 2014-026600 ; *Loyers et copr.* janv. 2015, comm. 23, obs. G. Vigneron).

Il a été jugé que l'assemblée pouvait se prononcer par une décision unique sur la désignation du syndic, l'approbation de son contrat et sa rémunération (▪ Cass. 3e civ., 12 sept. 2019, n° 18-18.880 : *Administrer* janv. 2020, p. 56, obs. J.-R. Bouyeure. ▪ Cass. 3e civ., 8 oct. 2008 : *Rev. loyers* 2008, p. 570. ▪ CA Paris, 23e ch. B, 8 juin 2000 : *Loyers et copr.* 2001, comm. 23, obs. G. Vigneron ; *D.* 2001, somm. p. 348, note C. Atias ; *RD imm.* 2000, p. 602, obs. P. Capoulade. – *Contra*, ▪ CA Paris, 23e ch. B, 8 févr. 2001 : *JurisData* n° 2001-136066 ; *Loyers et copr.* 2001, comm. 192), ce que paraît aujourd'hui être le vœu de la loi, au vu de l'article 29, alinéa 2, dans sa rédaction issue du décret du 27 mai 2004.

Voir : sur le problème du vote « bloqué », L. 10 juill. 1965, art. 17, comm. n° 4, p. 276.

Le fait que le contrat de syndic soit incomplet en ce qui concerne certains aspects de sa rémunération n'affecte pas la validité de la délibération (▪ CA Paris, 23e ch. B, 11 mai 2000 : *JurisData* n° 115580 ; *Loyers et copr.* 2000, comm. 257).

De plus, le refus du président de séance de signer le contrat de syndic, après la désignation par l'assemblée générale, n'a pas d'incidence. En effet, le contrat s'est formé entre le syndicat et le syndic nonobstant l'attitude fautive dudit président de séance (▪ CA Paris, 23e ch., sect. B, 6 janv. 2010 : *JurisData* n° 2010-002644 ; *Loyers et copr.* 2010, comm. 232, obs. G. Vigneron ; *Inf. rap. copr.* mai 2011, p. 11, obs. M.-F. Ritschy).

II – RÉMUNÉRATION DU SYNDIC

NB : La situation antérieure à la loi du 24 mars 2014

A – Principe de libre fixation

Bibliographie : P. Philippot, *La rémunération du syndic, le prix du service : Rev. hab. fr.* mars 1999, p. 17. – J.-M. Gélinet, *Des clauses dites abusives dans les contrats de syndic : AJPI* 1997, p. 88. – A. Valdès, *La rémunération du syndic et son droit à remboursement des avances de trésorerie faite aux syndicats : Inf. rap. copr.* avr. 2000, p. 15. – J.-L. Gautier, *Négocier les honoraires du syndic : Le Particulier immobilier* mars 2000, p. 18. – G. Vigneron, *Les honoraires du syndic professionnel : Loyers et copr.* juin 2000, p. 5. – J.-L. Gantier, *Votre syndic est-il trop cher ? Le Particulier immobilier* avr. 2004, p. 48. – F. Juéry, *Syndics, la vérité sur leurs honoraires : Le Particulier immobilier* févr. 2006, p. 18. – D. Rodrigues, *La rémunération du syndic bénévole : Inf. rap. copr.* déc. 2021, p. 12.

5) Période de « blocage ». La réglementation des prix faisait l'objet, lorsqu'elle était en vigueur, de plusieurs régimes différents : le blocage, résultat d'un arrêté de taxation ; l'accord de régulation ; l'engagement de lutte contre l'inflation.

Les honoraires des syndics se sont trouvés placés, selon les années, sous l'un ou l'autre de ces régimes.

D'abord fixés par arrêtés préfectoraux, département par département, ils ont ensuite été l'objet d'un premier accord de modération (24 sept. 1980, V. J.-R. Bouyeure, *La libération des honoraires du syndic de copropriété : AJPI* 1981, p. 85 et s.).

Puis, à la suite du blocage général des prix et services (par arrêté du 7 oct. 1981 : *BOSP* 8 oct.), un accord de régulation a été signé en 1982 (accord n° 82-8, 16 janv. 1982) limitant à 10 % la hausse maximale autorisée. Il a été suivi en 1983 et 1984 de deux nouveaux arrêtés (n° 83-14, 6 févr. 1983 et n° 84-27, 9 févr. 1984) puis d'un engagement de lutte contre l'inflation (n° 85-165, 14 févr. 1985) limitant la hausse à 3,5 %, et d'un nouvel engagement de lutte contre l'inflation (limitant la hausse à 1,90 %) pour 1986, en date du 24 janvier 1986 (n° 86-121 : *BOSP* 1er mars 1986).

6) Liberté et limites. Le régime actuel découle d'un engagement de lutte contre l'inflation en date du 24 octobre 1986 (*BOSP* 24 nov.).

– Les *honoraires des syndics de copropriété* sont *librement déterminés* entre les syndics et leurs mandants.

– Les formules de variation de prix éventuellement prévues dans les contrats reprennent leur plein effet à compter de la date d'agrément de l'engagement, sans qu'il puisse y avoir lieu à rattrapage.

L'ordonnance du 30 juin 1945 réglementant les prix ayant été ensuite abrogée par l'ordonnance du 1er décembre 1986 relative à la liberté des prix et de la concurrence (*JO* 9 déc. 1986 ; *JCP* 1986, III, 59487), un arrêté n° 86-64-A du 2 décembre 1986 (*JO* 3 déc. 1986 ; *JCP* 1986, III, 59484) est venu préciser qu'il n'était pas touché aux règles découlant de l'engagement précité du 24 octobre 1986 en ajoutant à propos des syndics de copropriété :

– qu'à titre de mesure de publicité des prix, les professionnels sont tenus de respecter les *règles relatives à l'information du consommateur ;*

– dans l'annexe à cet arrêté, il est indiqué à propos des syndics de copropriété :

« Un décompte détaillé des honoraires auxquels peut prétendre le syndic doit être fourni à l'assemblée générale des copropriétaires et faire ressortir le montant total des honoraires, ainsi que la répartition selon les différents types de rémunération : honoraires de gestion courante et autres honoraires de gestion le cas échéant, assiette des honoraires à percevoir en cas de travaux exceptionnels et autres honoraires pour prestations particulières notamment. »

Sur les vérifications à opérer par les copropriétaires, V. *La rémunération de votre syndic est-elle justifiée ? : Le Particulier immobilier* mai 1994, p. 14 et s.

Un groupe de réflexion, présidé par la Direction générale de la concurrence, de la consommation et de la répression des fraudes (DGCCRF), a été mis en place pour clarifier la présentation des contrats de syndic et améliorer l'information du consommateur afin de faire jouer la concurrence, Rép. min. n° 113758 : *JOAN* Q, 27 févr. 2007, p. 2154 ; *JCP* N 16 mars 2007, p. 6. – V. aussi, Rép. min. n°s 120106 et 120244 : *JOAN* Q, 17 avr. 2007, p. 3786. – V. encore, différentes Rép. min. : *JO* Sénat CR, 5 avr. 2007, p. 739.

Le 27 septembre 2007, le Conseil national de la consommation (CNC) avait adopté un avis afférant à l'amélioration de la transparence tarifaire des prestations des syndics de copropriété (Avis du CNC du 17 septembre 2007 relatif à l'amélioration de la transparence tarifaire des prestations des syndics de copropriété : *AJDI* 2007, p. 801. – V. aussi, www.conseilconsommation.minefi.gouv.fr). Le CNC avait ensuite recommandé que la DGCCRF fasse un bilan de l'application de cet avis d'ici le 31 décembre 2008 (pour un état de l'application de l'avis du 27 septembre 2007, V. Rép. min., *JOAN* Q, 4 nov. 2008, n° 28946, p. 9572 ; *Rev. Administrer* déc. 2008, p. 82 ; *Inf. rap. copr.* avr. 2009, p. 4).

Au lendemain de l'avis du CNC, la Fédération nationale de l'immobilier (FNAIM) et la Confédération des administrateurs de biens (CNAB) avaient élaboré de nouveaux modèles de contrats de syndic afin de tenir compte des impératifs de lisibilité de la tarification des prestations des syndics (*Transparence tarifaire des syndics, Nouveaux contrats FNAIM : AJDI* 2007, p. 910. – *Transparence tarifaire des syndics, Nouveaux contrats CNAB : AJDI* 2008, p. 107. – V. T. Dubaele, *Les contrats de syndic : vers de nouveaux paradigmes : Rev. loyers* 2008, p. 62. – Rép. min. n° 9480 : *JOAN* Q, 12 févr. 2008, p. 1187 ; *JCP* N 2008, act. 257. – Rép. min. n° 17559 : *JOAN* Q, 3 juin 2008, p. 4707 ; *JCP* N 2008, act. 514).

Au demeurant, la distinction entre prestations de gestion courante et prestations spéciales était encore l'objet de controverses, de questionnements et de pratiques plus ou moins licites (Rép. min., 15 juill. 2008 : *JOAN*, 20 oct. 2009, p. 9934 ; *Rev. Administrer* janv. 2010, p. 93. – Rép. min., 30 avr. 2009 : *JO* Sénat, 2 juill. 2009, p. 1696 ; *Rev. Administrer* oct. 2009, p. 80. – V. également le compte rendu d'une enquête de la CLCV paru aux *Informations rapides de la copropriété* d'avril 2009, p. 4).

Un arrêté du 19 mars 2010 (*JO* 21 mars 2010, p. 5673), dit arrêté « Novelli », avait modifié l'arrêté du 2 décembre 1986 relatif aux mesures de publicité des prix applicables dans certains secteurs professionnels. L'annexe 2 de ce texte dressait une liste minimale des prestations de gestion courante figurant dans le forfait payé chaque année par les copropriétaires au syndic (V. Annexe 58, *Syndic de copropriété*, p. 1487).

À la suite de l'intervention de cet arrêté, un contrat commun UNIS (ex-CNAB, CSAB et UNIT) et FNAIM avait été élaboré en avril 2010, afin de prendre en compte les termes du texte officiel (V. pour un exemplaire de ce contrat : *Rev. Administrer* juin 2010, p. 61), dont une nouvelle version avait été établie en avril 2012.

Désormais, en application de l'article 18-1 A de la loi du 10 juillet 1965, la rémunération de syndics de copropriété est strictement encadrée et ses conditions fixées par le décret n° 2015-342 du 26 mars 2015 (V. Annexe 58, *Syndic de copropriété*, p. 1487 ; Rép. min. n° 54895 : *JOAN* Q 21 mars 2017, p. 2397 ; *AJDI* juin 2017, p. 398).

B – Honoraires supplémentaires ou particuliers

7) Économies d'énergie et maîtrise des charges. Le syndic peut réclamer des honoraires en plus de la gestion courante pour rémunérer son travail en matière de recherche d'économies et de maîtrise des charges, mais à la condition qu'il ait signé avec la copropriété un *contrat d'économie de charges* conforme au contrat type souscrit par les organisations professionnelles, auprès du ministère de l'Urbanisme et du Logement, distinct du contrat de gestion courante.

Voir : Annexe 58, *Syndic de copropriété*, p. 1487, un modèle de contrat.

Si ce contrat existe, la rémunération de ce service est fixée, pour chaque étape du contrat, par l'assemblée générale des copropriétaires, dans le respect du décret n° 2015-342 du 26 mars 2015 (V. Annexe 58, *Syndic de copropriété*, p. 1487).

8) Nécessité d'une convention expresse. Les honoraires que peut réclamer le syndic dans le régime actuel doivent donc faire l'objet d'une convention expresse avec le syndicat.

Cette convention figurera normalement *dans le contrat de syndic* (V. pour des applications : ▪ CA Paris, 23e ch. B, 26 janv. 1996 : *Loyers et copr.* 1996, comm. 233). Le syndic ne peut en principe réclamer le paiement d'honoraires que dans le cadre et selon les modalités prévues par son contrat. Il est tenu de rembourser le montant des honoraires indûment perçus (▪ Cass. 3e civ., 12 juin 2002 : *Loyers et copr.* 2002, comm. 244, obs. G. Vigneron ; *Rev. Administrer* oct. 2002, p. 34, obs. J.-R. Bouyeure).

La rémunération du syndic peut être remise en cause lorsque ce dernier ne justifie ni d'un mandat écrit, ni d'une décision de nomination de l'assemblée générale ayant fixé sa rémunération préalablement à l'accomplissement de sa mission (▪ Cass. 3e civ., 27 mars 2008 : *JurisData* n° 2008-043345 ; *Loyers et copr.* 2008, comm. 141, obs. G. Vigneron ; *D.* 2008, act. jurispr. p. 1061 ; *Rev. Administrer* juin 2008, p. 49, obs. J.-R. Bouyeure ; *JCP* N 2008, IV, 1815 ; *Inf. rap. copr.* avr. 2008, p. 14, obs. M.-F. Ritschy ; *AJDI* 2008, p. 773, obs. D. Tomasin ; *Ann. loyers* 2008, p. 2474, n° 27556, obs. J.-M. Roux ; *JCP* N 2008, chron. 1328, n° 13, obs. H. Périnet-Marquet ; dans la même affaire, V. également, ▪ Cass. 3e civ., 8 juin 2011 : inédit n° 09-71.215 et n° 09-71.216. – V. aussi ▪ Cass. 3e civ., 11 déc. 2012, n° 10-28.711 : *JurisData* n° 2012-029536 ; *Loyers et copr.* 2013, comm. 195, obs. V. G. ; *Ann. loyers* 2013, p. 57, obs. C. Atias ; *AJDI* 2013, p. 124. ▪ Cass. 3e civ., 19 oct. 2011, n° 10-20.019 : *Inf. rap. copr.* mai 2013, p. 10, obs. M.-F. Ritschy. ▪ CA Metz, 12 mars 2013 : *JurisData* n° 2013-007249. – *Contra*, ▪ CA Paris, 23e ch. B, 20 déc. 2007 : *Inf. rap. copr.* avr. 2008, p. 15, obs. M.-F. Ritschy. – Pour des applications au gestionnaire professionnel d'une union de syndicats de copropriétaires, ▪ Cass. 3e civ., 27 mars 2008 : *JCP* N 2008, IV, 1816 ; *D.* 2008, act. jurispr. p. 1147 ; *Loyers et copr.* 2008, comm. 144, obs. G. Vigneron. ▪ Cass. 3e civ., nos 10-20.019 et 10-21.505 : *Rev. Administrer* févr. 2012, p. 47, obs. J.-R. Bouyeure).

La question de la conservation des honoraires se posait en cas d'annulation du mandat du syndic. Selon la première chambre civile, « *la nullité d'un mandat exécuté entraîne des restitutions réciproques et… la partie qui a bénéficié d'une prestation en nature qu'elle ne peut restituer, doit s'acquitter d'une indemnité équivalente* » (▪ Cass. 1re civ., 16 janv. 2013, n° 11-28.022 : *JurisData* n° 2013-000422 ; *Ann. loyers* 2013, p. 547, obs. C. Atias). De son côté, la troisième chambre a jugé que dès lors que les textes font interdiction au syndic d'exiger ou d'accepter une rémunération à défaut de contrat écrit et préalable, une assemblée générale, engagée par un mandat par la suite annulé, ne pouvait se reconnaître *a posteriori* débitrice du montant des rémunérations qu'elle avait effectivement versées en exécution d'un contrat annulé (▪ Cass. 3e civ., 14 janv. 2016, n° 14-23.898 : *JurisData* n° 2016-000302 ; *Loyers et copr.* 2016, comm. 76, obs. G. Vigneron ; *Rev. Administrer* avr. 2016, p. 47, obs. J.-R. Bouyeure). Néanmoins, le syndic peut solliciter une indemnisation sur le fondement de la gestion d'affaires ou de l'enrichissement sans cause (▪ Cass. 3e civ., 24 oct. 2019, n° 18-20.373 : *JurisData* n° 2019-018707 ; *Loyers et copr.* 2019, comm. 222, obs. A. Lebatteux ; *Administrer* janv. 2020, p. 57, obs. J.-R. Bouyeure ; *Inf. rap. copr.* nov. 2020, p. 62, obs. F. Bayard-Jammes et sur renvoi. ▪ CA Lyon, 15 sept. 2020, n° 19/08925 : *Rev. Administrer* nov. 2020, p. 57, obs. J.-R. Bouyeure. ▪ CA Paris, pôle 4, 2e ch., 9 juin 2021, n° 19/09723 : *Administrer* oct. 2021, p. 46, obs. J.-R. Bouyeure).

Le contrat prévoit généralement une rémunération forfaitaire pour la gestion courante, ce qui recouvre la transmission des dossiers au successeur (▪ CA Paris, 23e ch. A, 13 mars 2002 : *BPIM* mai 2002, p. 24. ▪ CA Paris, 8e ch. A, 11 janv. 2000 : *JurisData* n° 2000-106262 ; *Loyers et copr.* 2000, comm. 153. ▪ CA Paris, 23e ch. A, 17 juin 1999 : *JurisData* n° 1999-023739 ; *Loyers et copr.* 1999, comm. 301, obs. G. Vigneron) ou la négociation d'un nouveau contrat d'assurance plus avantageux (▪ Cass. 3e civ., 3 juin 2021, n° 19-20.569 : *Administrer* oct. 2021, p. 44, obs. J.-R. Bouyeure). Cette transmission doit s'opérer sans qu'il y ait lieu à paiement d'honoraires particuliers. Il en est de même pour la gestion des sinistres (▪ CA Paris, 23e ch. A, 23 juin 1999 : *Loyers et copr.* 2000, comm. 29). Si le contrat énonce que les honoraires hors gestion courante seront calculés à la vacation selon un taux horaire déterminé, le syndic ne peut demander une rémunération forfaitaire (▪ CA Paris, 23e ch. B, 26 oct. 2000 : *Loyers et copr.* 2001, comm. 107, confirmé par ▪ Cass. 3e civ., 12 juin 2002, préc.).

En l'absence d'indication dans le contrat de syndic, le syndic ne pourra réclamer d'honoraires particuliers qu'en vertu d'une *autorisation de l'assemblée* (▪ CA Paris, 23e ch. B, 28 févr. 1997 : *Loyers et copr.* 1997, n° 152. ▪ TGI Paris, 21 avr. 1977 : *D.* 1978, inf. rap. p. 133 et Rép. min., 30 sept. 1985 : *JOAN*, p. 4624 ; *JCP* N 1986, prat. p. 116), à condition de respecter les dispositions du décret n° 2015-342 du 26 mars 2015 (V. Annexe 58, *Syndic de copropriété*, p. 1487). Mais faute d'une information suffisante permettant de délibérer en pleine connaissance de cause sur l'ensemble des conditions essentielles de la rémunération du syndic, la résolution fixant cette rémunération doit être annulée (▪ CA Paris, 23e ch. B, 14 oct. 1994 : *Rev. loyers* 1994, p. 545). Le syndic pourrait ainsi se faire rémunérer spécialement pour des tâches déterminées (par exemple la surveillance de travaux, V. *Les honoraires du syndic pour travaux : Ann. loyers* 1987, p. 843), mais ces honoraires ne seront dus que s'ils correspondent à un travail effectif (▪ Cass. 3e civ., 26 mai 1994 : *Bull. civ.* III, n° 108). Sur la possibilité pour le juge de réduire le montant des honoraires réclamés par un syndic provisoire, ▪ Cass. 3e civ., 11 janv. 2012, n° 10-23.647 : *JurisData* n° 2012-000225 ; *Inf. rap. copr.* juill.-août 2013, p. 12, obs. M.-F. Ritschy ; *D.* 2012, p. 285, obs. Y. Rouquet.

Si le contrat de syndic ne prévoit rien et en l'absence de toute décision de l'assemblée, le syndic ne peut prétendre à aucune rémunération et le tribunal n'a pas le pouvoir d'arbitrer les émoluments qui lui restent dus (application : L. n° 70-9, 2 janv. 1970, art. 6, p. 1490 et D. n° 72-678, 20 juill. 1972, art. 66, p. 1516. ▪ Cass. 3e civ., 12 juin 1991 : *RD imm.* 1991, p. 385, obs. P. Capoulade. ▪ CA Paris, 19e ch., 21 oct. 1992 : *Loyers et copr.* 1992, comm. 494).

Il ne pourrait fixer lui-même ses honoraires et les prélever sur le compte du syndicat (▪ CA Paris, 8e ch., 29 sept. 1992 : *D.* 1992, inf. rap. p. 272) à peine d'être passible des sanctions prévues par l'article 18 de la loi du 2 janvier 1970 (V. L. n° 70-9, 2 janv. 1970, art. 18, p. 1496) (E.-J. Guillot : *Rev. Administrer* mars 1992, p. 39. – V. pour une application, ▪ CA Paris, 23e ch., 6 mai 1994 : *Loyers et copr.* 1994, comm. 405). Il doit rembourser au syndicat le montant des honoraires indûment perçus (▪ CA Paris, ch., 26 oct. 2000 : *BPIM* janv. 2001, n° 67).

Le fait de conserver pour lui-même des ristournes consenties par les entreprises serait constitutif d'un *abus de confiance* (V. sous art. 18 de la loi la rubrique *Responsabilité pénale du syndic*) et il n'est pas non plus en droit de se faire régler des commissions par les entreprises chargées des travaux (Rép. min., 29 juill. 1991 : *Defrénois* 1992, art. 35209). Mais il peut être rémunéré par un fournisseur s'il effectue pour son compte des tâches particulières (en l'espèce la répartition entre les copropriétaires des charges fixes et variables de chauffage : ▪ Cass. 3e civ., 21 mars 2000 : *Rev. Administrer* juin 2000, p. 60, note J.-R. Bouyeure). Les honoraires dus au syndic peuvent être réclamés pendant trente ans, la prescription de cinq ans de l'article 2277 du Code civil (aujourd'hui abrogé) n'étant pas ici applicable et la prescription de 10 ans de l'article 42, alinéa 1er, de la loi du 10 juillet 1965 ne s'appliquant pas non plus (▪ CA Paris, 23e ch. B, 30 sept. 2004 : *Rev. Administrer* janv. 2005, p. 50, obs. J.-R. Bouyeure). – Sur l'absence de droit à rémunération du « syndic de fait », V. comm. n° 26, p. 794.

9) Honoraires pour surveillance des travaux. Il peut être prévu que le syndic aura droit à rémunération pour la surveillance des travaux exceptionnels, par opposition aux travaux courants (▪ Cass. 3e civ., 12 mai 1999 : *JurisData* n° 1999-001854 ; *Loyers et copr.* 1999, comm. 227). Le principe rappelé par une réponse ministérielle (n° 17772 du 22 août 1994 : *JOAN*, p. 5297 ; *Rev. Administrer* janv. 1995, p. 74) est que le syndic, pour avoir droit à une rémunération au titre de travaux exceptionnels, doit indiquer de quels travaux il s'agit et obtenir le consentement des copropriétaires de telle manière qu'il ne peut y avoir de rémunération qui n'ait été préalablement acceptée après une information régulière (V. pour des applications de ces principes, ▪ CA Versailles, 14 mai 2012 : *JurisData* n° 2012-011629 ; *Loyers et copr.* 2012, comm. 314, obs. G.V. ▪ CA Paris, 23e ch. A, 2 oct. 1996 : *Loyers et copr.* 1996, comm. 494. ▪ CA Paris, 23e ch., 6 mai 1994 ; *Loyers et copr.* 1994, comm. 405. – Et sur le problème, C. Atias, *La créance d'honoraires du syndic : Inf. rap.* copr. déc. 1995, p. 23). Le syndic qui a perçu une rémunération sur le montant global des travaux sans pouvoir justifier de prestations particulières pour la partie des travaux non réalisée, doit restituer le trop-perçu (▪ CA Paris, 23e ch. B, 20 juin 2002 : *Loyers et copr.* 2002, comm. 299).

Par ailleurs, il a été jugé que le « recensement des attestations pour TVA à taux réduit » entre dans les prestations de gestion courante et ne peut faire l'objet d'une facturation « *hors forfait* » (▪ Cass. 3e civ., 28 janv. 2021, n° 19-22.446 : *JurisData* n° 2021-000955 ; *Loyers et copr.* avr. 2021, comm. 65, obs. A. Lebatteux ; *Rev. Administrer* mars 2021, p. 62, obs. J.-R. Bouyeure).

Voir : sur les conditions posées par le décret n° 2015-342 du 26 mars 2015 (V. Annexe 58, *Syndic de copropriété*, p. 1487).

10) Mandat de gestion. Si le syndic fait de la *gestion immobilière pour le compte de certains copropriétaires*, les honoraires correspondants sont normalement à la charge exclusive de ceux qui lui confient cette mission (V. Rép. min., 2 mars 1987 : *JOAN*, p. 1212, n° 12543 ; *Loyers et copr.* 1987, n° 150).

11) Frais de relance. Il a été, par ailleurs, précisé qu'à défaut de stipulations particulières dans leur contrat, les syndics n'étaient pas fondés à réclamer aux copropriétaires qui n'ont pas réglé leurs charges en temps utile des « *frais de relance* » (des indemnités forfaitaires peuvent, en revanche, être stipulées dans ce cas au profit du syndicat par le règlement de copropriété. – V. Rép. min., 30 sept. 1985 : *JOAN*, p. 4624, n° 69911 ; *JCP* N 1986, prat. p. 116).

Il faut ajouter, au vu de la jurisprudence récente et contrairement à ce qu'indique cette réponse ministérielle : « et même si le contrat conclu avec le syndic l'autorise ». En effet, le contrat de syndic n'établit pas de lien bilatéral direct entre le syndic et chacun des copropriétaires. Il lie simplement le syndic au syndicat. Le syndic n'est donc pas fondé à se prévaloir des clauses de son contrat pour recouvrer directement auprès des copropriétaires des sommes dont il était convenu qu'elles seraient à la charge du syndicat (▪ Cass. 3e civ., 24 mai 1989 : *Rev. Administrer* févr. 1990, p. 36, obs. E.-J. Guillot ; *Inf. rap. copr.* 1989, p. 325, obs. P. Capoulade. – V. dans le même sens, ▪ Cass. 3e civ., 2 nov. 1994, aff. *Thiebaud*, inédit). Il ne pourrait en être autrement que si la stipulation dont se prévaut le syndic figure également dans le règlement, ou a été introduite dans ce règlement en cours de vie de la copropriété par une délibération spéciale de l'assemblée.

Mais en ces cas on s'est interrogé sur la licéité de la clause, au regard des dispositions de l'article 10, alinéa 2, de la loi (V. ce texte) et de l'article 32 de la loi du 9 juillet 1991.

Voir : sur ce débat, les comm. concernant la clause d'aggravation des charges sous L. 10 juill. 1965, art. 10, comm. n°s 125 et 129, p. 188, et L. art. 10-1 (Rép. min. n° 19389 : *JOAN* Q, 8 juill. 2008, p. 5955, *JCP* N 2008, act. 585).

12) Frais de mutation. De même, il avait été jugé que le syndic ne pouvait prétendre obtenir de l'acquéreur d'un lot – s'il n'est pas d'accord – des honoraires et « *frais de mutation* » pour son inscription dans les comptes de la copropriété (Rép. min., 30 sept. 1985 : *JOAN*, p. 4624 ; *JCP* N 1986, prat. 116).

Il fallait là encore, pour que cette réclamation soit fondée, que le règlement de copropriété ou une délibération de l'assemblée ait prévu le paiement de ces « frais de mutation » par tout acquéreur de lot : une stipulation figurant dans le contrat de syndic n'était pas suffisante pour justifier la réclamation du syndic car il a été jugé qu'elle n'était pas opposable aux copropriétaires (V. ci-dessus, ▪ Cass. 3e civ., 24 mai 1989 et ▪ Cass. 3e civ., 11 oct. 2005 : *Loyers et copr.* 2005, comm. 23, obs. G. Vigneron ; *AJDI* 2006, p. 285, note P. Capoulade ; *Rev. Administrer* janv. 2006, p. 48, obs. J.-R. Bouyeure ; *Rev. loyers* 2006, p. 158, note Th. Dubaele).

Il a été jugé que le notaire ayant reçu l'acte de vente ne pouvait régler directement au syndic les frais de questionnaire mis à la charge du vendeur par le contrat passé entre le syndic et le syndicat (▪ Cass. 3e civ., 26 oct. 2004 : *Rev. Administrer* mars 2005, p. 41, obs. J.-R. Bouyeure).

Cette situation était à la source de nombreux conflits (V. à ce propos, J.-R. Bouyeure, *Frais de mutation : comment sortir de l'impasse ? : Rev. Administrer* mai 2006, p. 11. – J. Lafond, *Frais de mutation et vente de lot de copropriétés : une pomme de discorde : JCP* N 2006, n° 8-1075).

La loi n° 2006-872 du 13 juillet 2006 (loi « ENL ») a résolu la difficulté en ajoutant à l'article 10-1 de la loi du 10 juillet 1965 (V. ce texte) un alinéa indiquant que : « sont imputables aux seuls copropriétaires concernés... les honoraires du syndic afférents aux prestations qu'il doit effectuer pour l'établissement de l'état daté à l'occasion de la mutation à titre onéreux d'un lot ou d'une fraction de lot ».

Postérieurement à cette loi, la Cour de cassation a cependant estimé que le contrat entre le syndic et le syndicat des copropriétaires ne pouvant produire effet qu'entre ses signataires et étant sans incidence sur les droits de chacun des copropriétaires, le syndic ne pouvait revendiquer à l'encontre d'un copropriétaire, à l'occasion de la cession de son lot, le bénéfice d'une clause du contrat relative à la rémunération attachée à l'établissement de l'état daté (▪ Cass. 3e civ., 30 janv. 2008 : *Loyers et copr.* 2008, comm. 93, obs. G. Vigneron ; *Rev. Administrer* mai 2008, p. 60, note J.-R. Bouyeure ; *Rev. loyers* 2008, p. 217, note L. Guégan ; *D.* 2008, act. jurispr. p. 548, obs. G. Forest ; *Ann. loyers* 2008, p. 2475, n° 27557, obs. J.-M. Roux).

13) Fiscalité. Le syndic professionnel est considéré fiscalement comme exerçant une activité commerciale : ses honoraires sont soumis à *TVA* (Rép. min., 27 févr. 1968 : *JO* Sénat, p. 5960 ; *JCP* N 1968, IV, p. 75 et ▪ CE, 27 févr. 1985 : *Dr. fiscal* 1985, p. 984, comm. 1403). Il en est de même pour les produits financiers perçus sur les fonds déposés, qui constituent des accessoires de leur activité rémunérée (▪ CE, 29 déc. 1997, n° 140829 : *JCP* N 1998, p. 257).

Ils doivent faire l'objet de la *déclaration de l'article 240 du Code général des impôts* (revenus versés à des tiers) soit par les soins du syndic, soit par les soins du syndicat (Rép. min., 16 févr. 1981 : *JOAN*, p. 1749 ; *JCP* N 1982, prat. p. 192).

Bibliographie : sur le sujet, L. Poncin, *Les syndics et le fisc : Inf. rap. copr.* mai 1998, p. 4.

NB : La situation postérieure à la loi du 24 mars 2014

14) Encadrement de la rémunération. La loi n° 2014-366 du 24 mars 2014 a défini que la rémunération des syndics serait déterminée de manière forfaitaire, mais qu'une rémunération spécifique complémentaire pourrait être perçue à l'occasion de prestations particulières, définies par décret en Conseil d'État (V. le D. 2015-342 26 mars 2015, p. 1532, Annexe 58, *Syndic de copropriété*, p. 1487).

15) Révision. Une révision de cette rémunération pourra intervenir dans le cadre d'une concertation organisée par le ministre chargé du logement, associant notamment le Conseil national de la transaction et de la gestion immobilières.

Voir : comm. L. 10 juill. 1965, art. 18-1 A, p. 333.

16) Syndic bénévole. Sur le cas particulier des syndics bénévoles, V. ann. 57, p. 1475.

Art. 29-1 *(D. n° 2004-479, 27 mai 2004 ; abr. à compter du 4 juillet 2020, D. n° 2020-834, 2 juill. 2020).*

Rédaction antérieure. Art. 29-1 *(D. n° 2004-479, 27 mai 2004).* – La décision, prise en application du septième alinéa de l'article 18 de la loi du 10 juillet 1965, par laquelle l'assemblée générale dispense le syndic de l'obligation d'ouvrir un compte bancaire ou postal séparé au nom du syndicat fixe la durée pour laquelle la dispense est donnée.

Cette dispense est renouvelable. Elle prend fin de plein droit en cas de désignation d'un autre syndic.

Avertissement : En application de l'article 53 I du décret n° 2020-834 du 2 juillet 2020, les dispositions de l'article 29-1 du décret du 17 mars 1967 sont abrogées à compter du 31 décembre 2020.

Bibliographie : C. Atias, *La dispense d'ouverture d'un compte du syndicat : Inf. rap. copr.* déc. 2004, p. 27. • C. Sabatié, *La dispense d'ouverture d'un compte bancaire séparé : tribulations : Rev. loyers* 2005, p. 472.

Voir : à ce sujet la recommandation n° 22 *bis* de la Commission relative à la copropriété, Annexe 17, *Commission relative à la copropriété*, p. 1095.

1) Décision de ne pas ouvrir de « compte séparé ». Si l'assemblée prend, en application de l'article 18, alinéa 7, de la loi (V. ce texte) la décision de dispenser le syndic d'ouvrir un compte bancaire ou postal séparé au nom du syndicat, cette décision ne peut être que temporaire. Elle doit en effet, selon le texte, fixer la durée pour laquelle la dispense est donnée.

Dans son alinéa 2, le texte précise que la dispense est renouvelable et qu'elle prend fin de plein droit en cas de désignation d'un autre syndic. À ce propos, la troisième chambre civile a jugé qu'à la suite du transfert du mandat du syndic au bénéfice d'une société absorbante, cette dernière était devenue titulaire de tous les droits et obligations afférents au contrat de syndic, y compris la dispense d'ouverture d'un compte séparé (▪ Cass. 3ᵉ civ., 24 avr. 2013, n° 08-14.987 : *JurisData* n° 2013-008133 ; *Loyers et copr.* 2013, comm. 220, obs. G. Vigneron ; *AJDI* 2014, p. 208, note N. Figuière).

2) Impact de la loi du 24 mars 2014. Sous réserve de l'intervention d'un décret ultérieur, il semble que cette dispense ne puisse intervenir désormais que dans deux hypothèses, à savoir lorsque le syndicat des copropriétaires comporte au plus quinze lots à usage de logements, de bureaux ou de commerces (V. comm. L. 10 juill. 1965, art. 18-II, nouveau, p. 284) ainsi que pour les immeubles à destination totale autre que d'habitation, lorsque le syndicat de copropriétaires est composé exclusivement de personnes morales (V. comm. L. 10 juill. 1965, art. 18-1 A A, p. 332).

Art. 30. – À l'occasion de l'exécution de sa mission, le syndic peut se faire représenter par l'un de ses préposés.

Bibliographie : J.-M. Roux, *Les préposés du syndic : Inf. rap. copr.* juin 2008, p. 21.

Représentation du syndic. Si le syndic ne peut pas se faire « substituer » (art. 18 de la loi), il peut se faire représenter par l'un de ses « préposés », c'est-à-dire un de ses collaborateurs dont il reste alors responsable (Rapport de M. Voyant devant le Sénat. – E. Kischinewsky-Broquisse, *op. cit.*, n° 500). Le personnel du syndic n'a pas besoin de justifier de la possession de la « carte professionnelle » (▪ CA Paris, 23ᵉ ch. B, 25 janv. 2001 : *AJDI* 2001, p. 529. ▪ CA Aix-en-Provence, 4ᵉ ch. A, 19 oct. 2007 : *Bull. Aix-en-Provence* 2008-1, p. 67, obs. C. Atias), ni d'un mandat *ad hoc* pour représenter valablement le syndic (▪ CA Aix-en-Provence, 4ᵉ ch. A, 19 oct. 2007 : préc.).

Sur un cas où le syndic se voyait reprocher les agissements d'un de ses collaborateurs, V. ▪ Cass. 3ᵉ civ., 9 févr. 2000 : *Rev. Administrer* mai 2000, p. 47 et *RD imm.* 2000, p. 242, note P. Capoulade ; *AJDI* 2000, p. 1034, note C. Giverdon.

Art. 31 *(Mod., D. n° 2004-479, 27 mai 2004)*. **– Le syndic engage et congédie le personnel employé par le syndicat et fixe les conditions de son travail suivant les usages locaux et les textes en vigueur.**

L'assemblée générale a seule qualité pour fixer le nombre et la catégorie des emplois.

Bibliographie : C. Atias, *L'embauche et la gestion du personnel : Inf. rap. copr.* mars 1996, p. 23 ; *Le point sur les salariés de la copropriété (étude anonyme) : BPIM* mai 2005, p. 3. • J.-M. Gélinet, *Le syndicat des copropriétaires et son personnel : Rev. loyers* 2005, p. 356 ; *Les salariés de la copropriété : AJDI* 2011, p. 117. • J.-M. Rouan, *Le personnel de la copropriété : Rev. habitat*, mars 2006, p. 17. • J.-M. Roux, *Le recrutement et le licenciement du personnel du syndicat : jusqu'où ne pas aller trop loin ? : Loyers et copr.* févr. 2011, étude 2, p. 7. • G. Dedessus-Le-Moustier, *La prévention des risques pour les gardiens et concierges : Inf. rap. copr.* mai 2016, p. 13.

1) Rôle de l'assemblée. L'assemblée *fixe le nombre et la catégorie des emplois* (al. 2).

Le fait pour l'assemblée de nommer un « *directeur* » alors que la convention collective nationale ne prévoit pas un tel poste n'a rien d'illicite (▪ Cass. 3ᵉ civ., 13 déc. 1995 : *Bull. civ.* III, n° 257 ; *Loyers et copr.* 1996, comm. 141 ; *RD imm.* 1996, p. 115, obs. P. Capoulade ; *Rev. Administrer* août-sept. 1997, p. 43, obs. J.-M. Gélinet).

2) Rôle du syndic. Le syndic, quant à lui, *engage et congédie le personnel* et fixe les conditions de travail. Il n'entre pas dans les pouvoirs du juge de faire injonction au syndic de congédier la gardienne (▪ CA Paris, 23ᵉ ch. A, 19 févr. 1997 : *JurisData* n° 1997-020261 ; *RD imm.* 1997, p. 620, obs. P. Capoulade).

Voir : comm. n° 4, p. 802.

Il engage sa responsabilité s'il commet des irrégularités dans la procédure d'embauche d'un concierge ou gardien d'immeuble en ne respectant pas la convention collective régissant cette profession (■ CA Versailles, 14 mars 2011 : *JurisData* n° 2011-004414 ; *Loyers et copr.* 2011, comm. 232, obs. G.V.).

Les syndics successifs engagent leur responsabilité lorsque le syndicat a été condamné au paiement de rappels de salaires dus aux gardiens de l'immeuble (■ Cass. 3e civ., 4 nov. 2014, n° 13-20.401 : *AJDI* févr. 2015, p. 126).

Le syndic excède ses pouvoirs s'il embauche du *personnel supplémentaire* sans autorisation de l'assemblée : on ne peut considérer que cette dernière a ratifié son initiative par le fait qu'elle a approuvé les comptes d'exercice comprenant expressément les rémunérations de ces salariés (■ Cass. 3e civ., 26 mai 1994 : *Bull. civ.* III, n° 109 ; *RD imm.* 1994, p. 499, obs. P. Capoulade ; *Rev. Administrer* mars 1995, p. 46, obs. J.-M. Gélinet. ■ CA Paris, 23e ch., 17 févr. 1995 : *Loyers et copr.* 1995, comm. 394). Dans la mesure où l'assemblée générale a seule qualité pour fixer le nombre et la catégorie des emplois du personnel du syndicat, le syndic ne peut procéder à une première embauche d'un gardien en remplacement d'une entreprise prestataire de services (■ CA Aix-en-Provence, 4e ch., 2 avr. 2010 : *JurisData* n° 2010-012894 ; *Loyers et copr.* 2010, comm. 323, obs. G. Vigneron. ■ CA Paris, 11 avr. 2012 : *JurisData* n° 2012-007754 ; *Loyers et copr.* 2012, comm. 224, obs. G. Vigneron ; *Inf. rap. copr.* mai 2013, p. 11, obs. M.-F. Ritschy).

Le syndic n'excède pas ses pouvoirs en transformant de son propre chef le contrat à temps partiel du gardien en contrat à temps complet, pour satisfaire aux dispositions impératives de la convention collective nationale du 11 décembre 1979 (■ Cass. 3e civ., 16 févr. 1994 : *JurisData* n° 1994-000137 ; *Bull. civ.* 1994, III, n° 24 ; *JCP* G 1994, IV, n° 1036 ; *JCP* N 1994, p. 259 ; *D.* 1996, somm. p. 165 ; *Rev. Administrer* juill. 1994, p. 30, obs. J.-M. Gélinet). Il peut librement négocier avec le concierge une rémunération supérieure au minimum prévu par la convention collective (■ CA Paris, 23e ch. B, 20 déc. 2007 : *JurisData* n° 2007-351662 ; *Rev. Administrer* nov. 2009, p. 70, obs. J.-M. Gélinet) et sa responsabilité ne peut être recherchée dès lors que le syndicat a approuvé les comptes (■ CA Paris, 23e ch. B, 25 nov. 2004 : *Dict. perm. Gestion immobilière*, bull. 70, 10 févr. 2005). Le syndic commet une faute de gestion si la rémunération du concierge ne correspond pas à l'activité mentionnée sur le bulletin de salaire. La condamnation du syndicat au paiement d'un surplus de rémunération doit, en conséquence, être mise à sa charge (■ CA Paris, 23e ch. B, 21 avr. 2005 : *JurisData* n° 2005-270691). Le non-respect du droit du travail engage la responsabilité contractuelle du syndic à l'égard du syndicat des copropriétaires pour faute de gestion (■ CA Paris, pôle 4, 2e ch., 10 avr. 2013 : *JurisData* n° 2013-007131).

Voir : sur les concierges et gardiens d'immeubles, voir la législation du travail applicable dans la partie Annexe 20, *Concierges et employés d'immeubles*, p. 1161.

3) Qualité d'employeur. Lorsque le syndic engage du personnel, *c'est le syndicat qui a la qualité d'employeur* (V. par exemple, ■ Cass. soc., 19 oct. 2011, n° 09-68.272 : *JurisData* n° 2011-022293 ; *Loyers et copr.* 2012, comm. 24, obs. G. Vigneron, à propos de l'obligation de sécurité en matière de protection de la santé et de la sécurité des travailleurs) et non pas les copropriétaires (■ CA Paris, 23e ch., 30 nov. 1993 : *Loyers et copr.* 1994, comm. 86) ou le syndic personnellement (■ CA Paris, 21e ch., 15 mai 1992 : *Loyers et copr.* 1992, comm. 359). Il ne devient donc pas débiteur des salaires à titre personnel : c'est une dette de la copropriété (charges communes : ■ Cass. soc., 16 mai 1974 : *JCP* 1974, II, 17884, note Désiry et ■ CA Lyon, ch. soc., 5 nov. 1986 : *Inf. rap. copr.* 1987, p. 284, obs. Guiraud) ; dès lors, la saisie-arrêt des salaires du gardien doit être pratiquée non pas entre les mains du syndic pris en son nom personnel mais entre les mains du syndic ès qualités de représentant légal du syndicat (■ CA Paris, 15e ch. B, 5 avr. 1990 : *D.* 1990, inf. rap. p. 120).

Le syndic pourrait toutefois devenir personnellement débiteur des salaires – et des charges sociales y afférentes – si par erreur il souscrivait en son propre nom auprès de l'URSSAF une déclaration d'employeur sans préciser qu'il agissait ès qualités de représentant légal du syndicat (■ Cass. soc., 5 oct. 1989 : *Bull. civ.* V, n° 569, p. 345). En pareil cas, le syndic disposerait bien entendu d'une action récursoire à l'encontre du syndicat pour récupérer les salaires et charges sociales payés pour le compte du syndicat.

S'il a signé au nom du syndicat une convention collective, les salariés peuvent s'en prévaloir (■ Cass. soc., 30 nov. 1977 : *JCP* N 1978, prat. 6898).

Des faits de harcèlement imputables au syndicat en qualité d'employeur n'engagent pas la responsabilité du syndic en l'absence de démonstration d'une faute de sa part (■ Cass. 3e civ., 22 mars 2018, n° 17-11.449 : *JurisData* n° 2018-006050 ; *Loyers et copr.* 2018, comm. 132, obs. A. Lebatteux ; *Inf. rap. copr.* janv.-févr. 2019, p. 16, obs. N. Brocard).

4) Congédiement du personnel. Lorsqu'il congédie le personnel, le syndic est maître de sa décision (■ Cass. soc., 12 oct. 2011, n° 10-10.090 : *Ann. loyers* 2011, p. 1701, obs. J.-M. Roux). Il n'a pas à solliciter l'accord de l'assemblée (même s'il est prudent de le faire : ▪ CA Paris, 7 nov. 1979 : *D.* 1981, inf. rap. p. 100). En pratique, il est opportun que le syndic se fasse « couvrir » par une décision d'assemblée, avant de procéder à un licenciement (Rép. min., 17 avr. 2000 : *JOAN* n° 33738, p. 2485). Il peut même licencier alors que l'assemblée n'est pas d'accord (▪ Cass. 3e civ., 9 oct. 1969 : *Bull. civ.* 1969, III, n° 631 ; *JCP* 1970, II, 16193 ; *D.* 1970, p. 202, note F. Givord). En revanche, rien n'interdit aux copropriétaires réunis en assemblée générale de désavouer l'initiative du syndic et de décider, avec ou sans conditions, la réintégration du salarié licencié (▪ CA Versailles, 20 févr. 2012 : *JurisData* n° 2012-003544 ; *Loyers et copr.* 2012, comm. 178, obs. J.-M. Roux).

La question de la liberté du syndic s'était posée en présence d'une clause du règlement de copropriété imposant l'aval de l'assemblée générale avant le licenciement. La chambre sociale de la Cour de cassation considérait que l'omission du syndic de recueillir cette autorisation n'avait pas d'incidence sur la régularité de la procédure (▪ Cass. soc., 16 mai 2007 : *JurisData* n° 2007-039147 ; *Rev. Administrer* nov. 2009, p. 74, obs. J.-M. Gélinet). L'Assemblée plénière de la Cour de cassation a adopté une position contraire dans un arrêt du 5 mars 2010 dans lequel il est précisé que la procédure d'autorisation préalable de l'assemblée générale avant licenciement constitue une garantie de fond accordée aux salariés et que son inobservation a pour effet de rendre sans cause réelle et sérieuse leurs licenciements (▪ Cass. ass. plén., 5 mars 2010, n° 08-42.843 : *Bull. civ.* 2010, A. P., n° 1 ; *JurisData* n° 2010-002068 ; *D.* 2010, p. 710 et *D.* 2011, p. 207, obs. C. Atias ; *Rev. Administrer* janv. 2013, p. 60, obs. J.-R. Bouyeure ; sur cet arrêt, V. C. Atias, *Licenciement du personnel du syndicat* : *Ann. loyers* 2010, p. 1980 et s ; *Rev. loyers* 2010, p. 286, note L. Guégan. – V. aussi, ▪ CA Paris, 18 janv. 2011 : *AJDI* 2011, p. 308).

Les juges ne peuvent pallier une prétendue carence du syndic dans ses rapports avec le concierge et lui enjoindre de le congédier (▪ Cass. 3e civ., 10 juin 1970 : *JCP* 1970, II, 16465, note E.-J. Guillot. ▪ TGI Paris, 27 févr. 1976 : *D.* 1976, inf. rap. p. 319). Par ailleurs, les copropriétaires et le conseil syndical n'ayant pas jugé utile de faire inscrire à l'ordre du jour d'une assemblée générale antérieure la question du licenciement d'un gardien, ils sont mal fondés à reprocher au syndic la tardiveté de la mise en œuvre de la procédure de licenciement à son égard (▪ CA Douai, 30 mars 2010 : *JurisData* n° 2010-020527 ; *Loyers et copr.* 2011, comm. 65, obs. G. Vigneron).

Le syndic engage sa responsabilité vis-à-vis du syndicat s'il procède à des licenciements dans des conditions illégales (▪ CA Paris, 23e ch. B, 20 mars 1987 : *D.* 1987, inf. rap. p. 99. – Sur les conditions de forme et de fond à respecter pour le licenciement du concierge, V. ▪ CA Paris, 22e ch. A, 7 janv. 2004 : *Rev. Administrer* nov. 2004, p. 42, obs. J.-R. Bouyeure).

Repose sur une faute grave, le licenciement d'un gardien-concierge d'immeuble intervenu pour des problèmes récurrents dans l'exécution de ses fonctions et à raison d'un comportement agressif (▪ CA Aix-en-Provence, 17e ch. B, 8 nov. 2012 : *JurisData* n° 2012-027214). Le licenciement du concierge à la suite de la suppression par l'assemblée du poste de gardien pour alléger les charges de la copropriété peut revêtir les caractères d'un licenciement pour motifs économiques (V. C. trav., art. L. 321-1 [désormais, art. L. 1233-1, L. 1233-3 et L. 1233-4]. ▪ CA Paris, 21e ch., 25 mai 1992 : *Loyers et copr.* 1992, comm. 450. – *Contra*, ▪ CA Paris, 22e ch. A, 7 janv. 2004 : *Rev. Administrer* nov. 2004, p. 42, obs. J.-R. Bouyeure). Il ne peut être reproché au syndic de ne pas avoir licencié le concierge, dès lors qu'il n'avait pas de motif suffisant pour justifier ce licenciement (▪ Cass. 3e civ., 12 mai 1999 : *Loyers et copr.* 1999, comm. 227 ; *RD imm.* 1999, p. 463, note P. Capoulade). Est fondé sur une cause réelle et sérieuse de licenciement, le remplacement d'un gardien par une entreprise de services lorsque le syndicat se prémunit contre une absence prolongée de ce gardien, situation dont il avait durablement pâti (▪ Cass. ass. plén., 22 avr. 2011, n° 09-43.334 : *Ann. loyers* 2011, p. 1701, obs. J.-M. Roux. – Dans le même sens, ▪ Cass. soc., 25 janv. 2012, n° 10-21.017 : *Inf. rap. copr.* oct. 2012, p. 10, note J.-M. Roux). Le licenciement au prétexte d'une « réorganisation des services de la copropriété pour des raisons de sécurité », présenté comme un licenciement économique, n'est pas justifié (▪ CA Caen, 8 nov. 1999 : *Rev. Administrer* mars 2000, p. 44, note C. Davics). En présence d'un syndicat des copropriétaires en charge d'une résidence-services, il a été jugé que le licenciement de plusieurs salariés (en l'occurrence des infirmières) doit être fondé sur une cause économique réelle et sérieuse au sens de l'article L. 1233-3 du Code du travail (▪ Cass. soc., 21 nov. 2018, n° 17-12.599 : *Ann. loyers* mars 2019, p. 98, note J. Colonna et V. Renaux-Personnic et *Inf. rap. copr.* mars 2019, p. 13, note J. Colonna et V. Renaux-Personnic). Si le licenciement est effectué par un syndic irrégulièrement désigné ou qui n'est plus en fonctions, il ne produit pas effet (▪ CA Chambéry, 5 nov. 1990 : *RD imm.* 1991, p. 508).

Jugé que si un syndic a maintenu en fonction une salariée alors qu'il l'avait licenciée, ce qui a entraîné la condamnation du syndic au versement d'une indemnité de licenciement, les copropriétaires peuvent se retourner contre le syndic et son assureur (▪ CA Paris, 23e ch. B, 25 janv. 2007 : *JurisData* n° 2007-324395).

5) Conditions de travail. Le point de savoir si l'article L. 221-5 (désormais, art. L. 3132-3) du Code du travail, selon lequel le repos hebdomadaire doit être donné le dimanche, s'applique aux syndicats de copropriété, est douteux et ne peut être tranché en référé (▪ CA Paris, 1re ch., 2 juill. 1996 : *Loyers et copr.* 1996, comm. 495).

Les syndicats de copropriétaires ayant pour activité principale une activité de prestations de services et de soins impliquant une continuité dans le temps (cas des « résidences-services ») peuvent accorder à leurs salariés un repos hebdomadaire par roulement et donc faire travailler leurs salariés le dimanche, comme le prévoient les articles L. 221-9 (désormais, art. L. 3132-12) et R. 221-4-1 (désormais, art. R. 3132-5) du Code du travail (▪ Cass. soc., 18 déc. 2001 : *Bull. civ.* V, n° 393 ; *D.* 2002, inf. rap. p. 622 et la note, cassant ▪ CA Paris, 1re ch. A, 12 mai 1998 : *D.* 1999, somm. 78, note C. Atias ; *Bull. CSAB* n° 70, déc. 1998, p. 13, obs. A. Dunes ; *Rev. Administrer* août-sept. 2000, p. 46, note J.-M. Gélinet).

Le syndic fixe les conditions de travail. Il peut donc de sa propre initiative demander aux gardiens d'effectuer des heures supplémentaires (▪ CA Paris, 23e ch. A, 19 mai 1999 : *AJDI* 1999, p. 718). Mais il a intérêt, là encore, à se faire « couvrir » par une autorisation de l'assemblée.

Le syndic doit prendre toutes les mesures propres à assurer la sécurité du personnel mis au service de la copropriété. Sa responsabilité est engagée s'il reste inactif alors que la gardienne de l'immeuble fait l'objet d'agressions verbales et physiques de la part de certains copropriétaires ou locataires (▪ Cass. 3e civ., 26 avr. 2006 : *Rev. loyers* 2006, p. 352, note T. Dubaele).

6) Cotisations sociales. Le syndicat de copropriété, outre l'obligation d'être affilié à l'URSSAF en sa qualité d'employeur (V. *supra*), doit être également affilié auprès des institutions d'assurance-chômage (UNEDIC). En revanche, depuis le 26 juillet 1994, les syndicats sont exclus du champ d'application du régime de garantie des salaires (AGS – V. sur tous ces points, Dir. Unedic n° 96-11, 21 févr. 1996 : *JCP* E 1996, pan. 338). Le syndicat est en principe assujetti à la taxe sur les salaires (Rép. min., 8 déc. 1995 : *JCP* N, IV, 3275. – Sur les exonérations possibles, V. cette réponse).

– En application de l'article 1144, 6e alinéa, du Code rural, les salariés occupés à la mise en état et à l'entretien des jardins doivent être affiliés au régime de protection sociale agricole des personnes salariées, et ce quelle que soit la nature juridique de la personne qui les emploie : chef d'exploitation, chef d'entreprise de travaux agricoles, groupement ou société de toute nature, voire même particulier selon le cas (Rép. min. du 13 sept. 1993 : *JOAN*, p. 2923, n° 3187 ; *JCP* N 1994, prat., p. 188).

Le syndic qui ne paie pas en temps utile les cotisations sociales est responsable du préjudice (pénalités, notamment) subi par le syndic (▪ CA Paris, 23e ch. B, 9 déc. 1999 : *AJDI* 2000, p. 141. ▪ CA Paris, 23e ch. B, 27 mai 1999 : *Dossiers CSAB* n° 78, nov. 1999, n° 141, note A. Dunes. Ce préjudice est couvert par son assurance responsabilité (▪ CA Paris, 9 déc. 1999, préc.).

7) Comité d'entreprise – Délégués du personnel. L'ensemble des syndicats représentés par un même syndic ne constitue pas une « unité économique et sociale » au sens des articles L. 321-4-1 (désormais, art. L. 1233-49, L. 1233-61, L. 1233-62 et L. 1235-10), L. 431-1 (désormais, art. L. 2321-1 et L. 2322-1 à 4) et L. 442-1 (désormais, art. L. 3322-1 à 4) du Code du travail, entraînant l'obligation de constituer un comité d'entreprise et d'élire des délégués syndicaux (▪ Cass. soc., 23 mai 2000 : *RD imm.* 2000, p. 601, obs. P. Capoulade. ▪ TI Lyon, 6 mars 2000 : *Rev. Administrer* juill. 2000, p. 42, note J.-M. Gélinet).

V. en la matière l'ouvrage de référence de J.-M. Gélinet, *La pratique de la convention collective nationale des gardiens, concierges et employés d'immeubles : Rev. Administrer* 1993.

8) Responsabilité pénale. La responsabilité pénale du syndic est engagée dans le cas de non-respect des dispositions du règlement sanitaire de la ville de Paris relatives aux conditions d'entreposage des poubelles (▪ Cass. crim., 31 mai 2005 : *JurisData* n° 2005-086864). De même s'il traite avec une entreprise sans s'être aperçu qu'elle n'était pas immatriculée et qu'elle n'avait effectué aucune déclaration d'embauche de ses ouvriers (▪ Cass. crim., 24 mai 2005 : *Rev. Administrer* janv. 2006, p. 50, obs. J.-R. Bouyeure. – V. également dans le cas de recours au travail dissimulé [C. trav., art. L. 324-10], ▪ CA Toulouse, 3e ch., 6 sept. 2005 : *AJDI* 2006, p. 284, note P. Capoulade. ▪ CA Paris, 12e ch. B, 15 oct. 2004 : *JurisData* n° 2004-269251).

Art. 32 *(Rempl. à compter du 1er juin 2010, D. n° 2010-391, 20 avr. 2010). – (Al. mod., D. n° 2015-1325, 21 oct. 2015)* **Le syndic établit et tient à jour une liste de tous les copropriétaires avec l'indication des lots qui leur appartiennent, ainsi que de tous les titulaires des droits mentionnés à l'article 6 ; il mentionne leur état civil ainsi que leur domicile réel ou élu, et s'il s'agit d'une personne morale, sa forme, sa dénomination, son siège social et l'organe qui la représente légalement ou statutairement. Il fait aussi mention de leur adresse électronique, lorsque le copropriétaire a donné son accord.**

Lorsqu'un copropriétaire fait l'objet d'une mesure de protection en application des articles 447, 437, 477 ou 485 du Code civil, le tuteur ou, selon le cas, le curateur, le mandataire spécial, le mandataire de protection future, lorsque son mandat prend effet, ou le mandataire *ad hoc* notifie son mandat au syndic qui porte cette mention sur la liste prévue au premier alinéa. Il en est de même de l'administrateur légal d'un mineur copropriétaire, du mandataire commun désigné en application de l'article 23 de la loi du 10 juillet 1965 en cas d'indivision ou d'usufruit d'un lot de copropriété et du mandataire qui a reçu mission d'administrer ou de gérer à effet posthume un lot de copropriété en application de l'article 812 du Code civil.

Bibliographie : J.-P. Mantelet, *Les archives du syndicat des copropriétaires : Rev. Administrer* juill. 1997, p. 15. • J.-M. Roux, *Le syndic et la liste des copropriétaires : Inf. rap. copr.* mai 2008, p. 23. • J.-M. Gélinet, *Les archives du syndicat des copropriétaires : Rev. loyers* 2010, p. 3 et s. • J.-M. Roux, *Les archives du syndicat des copropriétaires : Inf. rap. copr.* juill.-août 2010, p. 8 et s. • Du même auteur, *Archives ? Vous avez dit « archives » ? : Inf. rap. copr.* avr. 2012, p. 32.

Voir : à ce sujet la recommandation n° 3 de la Commission relative à la copropriété, Annexe 17, *Commission relative à la copropriété*, p. 1095.

1) Tenue de la liste des copropriétaires. La *liste des copropriétaires* que doit établir le syndic doit faire apparaître :

– L'*identification de tous les copropriétaires* avec indication de leur état civil et celle de leur domicile réel ou élu. Prenant en compte la situation où un lot est détenu par une personne morale, le décret n° 2010-391 du 20 avril 2010 est venu ajouter que le syndic devait indiquer dans cette liste la forme de cette personne morale, sa dénomination, son siège social ainsi que l'organe qui la représente légalement ou statutairement (sur le cas d'une société copropriétaire, V. L. 1965, art. 23). Afin de tenir compte de la possibilité de notification par la voie électronique, il a été précisé que le syndic devait également indiquer l'adresse électronique des copropriétaires dès lors qu'ils ont donné leur accord (V. D. 17 mars 1967, art. 64-1 et s., p. 898). Par ailleurs, une gestion efficace de l'immeuble suppose une parfaite connaissance du statut des personnes qui occupent l'immeuble. Ainsi, et de manière à tenir compte de la loi n° 2007-308 du 5 mars 2007 portant réforme de la protection juridique des majeurs (entrée en vigueur le 1er janvier 2009), il est à présent demandé aux mandataires légaux ou conventionnels de se faire connaître du syndic. L'article 32 du décret de 1967 prescrit cette obligation dans le cadre de l'application des articles 447 (tuteur ou curateur), 437 (mandataire spécial dans une sauvegarde de justice), 477 (mandat de protection future) ou 485 (mandataire de protection future ou mandataire *ad hoc*) du Code civil. Il en va de même pour l'administrateur légal d'un copropriétaire mineur, le mandataire commun désigné en vertu de l'article 23 de la loi du 10 juillet 1965 (indivision ou usufruit d'un lot. – V. ce texte) et le mandataire qui a reçu mission d'administrer ou de gérer à effet posthume un lot de copropriété (C. civ., art. 812).

Bien que la loi ne le prévoie pas, il est bon que le syndic se fasse préciser leur régime matrimonial.

– L'*identification des lots* qui leur appartiennent.

– L'*identification des « titulaires de droits »* visés à l'article 6 (du décret) soit : droit d'usufruit, de nue-propriété, droit d'usage ou d'habitation...

Il a été soutenu que tout copropriétaire pourrait demander, à ses frais, copie au syndic de la liste des copropriétaires (Rép. min., 29 sept. 1973 : *JOAN*, p. 3910 ; *JCP* G 1973, IV, 366. – Rép. min., 12 avr. 1990 : *JOAN*, p. 1544 ; *Loyers et copr.* mai 1990, n° 242). Cette opinion a en général les faveurs de la doctrine (Serres, *Copropriété et secret professionnel : J. des Finances*, 6 juin 1974, p. 548. – Costa, *Les administrateurs de biens et les syndics de copropriété et les secrets de leurs clients : Rev. Administrer* mai 1980, p. 2 et s.) encore que dans le silence des textes et au vu de l'article 21 de la loi du 10 juillet 1965 qui ne prévoit de semblables communications qu'au profit du conseil syndical, on puisse nourrir des doutes à ce propos (V. J. Lafond, *Les documents et renseignements pouvant être réclamés au syndic de copropriété : Rev. Administrer* nov. 1988, p. 8 et s.). La cour de Versailles (▪ CA Versailles, 14e ch., 13 juin 1988 : *Rev. Administrer* mai 1990, p. 50, note A. Lambert-Ramey) a estimé pour sa part que la divulgation de tels renseignements n'était admissible que si elle s'avérait « indispensable à la protection des droits et libertés de la personne qui les demande ». Cette décision est de nature à inciter le syndic à la circonspection et à ne répondre à des demandes de cette nature que si des motifs sérieux le justifient (V. dans le même sens : ▪ CA Paris, 14e ch. B, 13 juin 1997 : *Loyers et copr.* 1997, comm. 325, obs. G. Vigneron).

Le syndic n'est pas tenu d'adresser cette liste à chaque copropriétaire avant la réunion de l'assemblée (Rép. min., 31 juill. 1976 : *JOAN*, p. 5528).

2) Frais de tenue. En présence d'un état informatique contenant tous les éléments d'identification des copropriétaires et des lots leur appartenant, les frais engagés pour éditer cet état correspondent à des frais de gestion normale comprenant l'établissement et la mise à jour de la liste des copropriétaires, quel que soit le mode utilisé pour traiter l'information (▪ CA Paris, 23e ch., 6 mai 1994 : *Loyers et copr.* 1994, comm. 405).

3) **Notifications à faire au syndic.** Sur les *notifications à faire au syndic* pour la tenue à jour de la liste des copropriétaires, voir article 6 du décret.

Art. 33 ***(D. n° 2010-391, 20 avr. 2010 ; mod. à compter du 4 juillet 2020, D. n° 2020-834, 2 juill. 2020).*** **– Le syndic détient les archives du syndicat, notamment une expédition ou une copie des actes énumérés aux articles 1er à 3 ci-dessus, ainsi que toutes conventions, pièces, correspondances, plans, registres, documents et décisions de justice relatifs à l'immeuble et au syndicat. Il détient, en particulier, les registres contenant les procès-verbaux des assemblées générales des copropriétaires et les pièces annexes ainsi que les documents comptables du syndicat, le carnet d'entretien de l'immeuble et, le cas échéant, les diagnostics techniques.**

Il délivre, en les certifiant, des copies ou extraits des procès-verbaux des assemblées générales, ainsi que des copies des annexes de ces procès-verbaux.

Il délivre dans les mêmes conditions, copies ou extraits des procès-verbaux, des décisions prises par voie de consultation dans les petites copropriétés, par un seul copropriétaire ou lors d'une réunion sans convocation préalable dans les syndicats dont le nombre de voix est réparti entre deux copropriétaires, ainsi que par le conseil syndical dans le cadre d'une délégation de pouvoirs.

Il remet au copropriétaire qui en fait la demande, aux frais de ce dernier, ***(Mots aj., D. n° 2015-1907, 30 déc. 2015)*** **« copie des pièces justificatives des charges de copropriété mentionnées à l'article 9-1 du présent décret, » copie du carnet d'entretien de l'immeuble et, le cas échéant, des diagnostics techniques mentionnés au premier alinéa du présent article.**

La conservation et la gestion des archives sont comprises dans la mission ordinaire du syndic.

Bibliographie : *À propos de ce texte.* N. Brocard, *Syndics, êtes-vous « RGPD compatibles » ? : Inf. rap. copr.* mai 2018, p. 5. • J.-P. Mantelet, *Les archives du syndicat des copropriétaires : Rev. Administrer* juill. 1997, p. 15. • J.-M. Gélinet, *Les archives du syndicat des copropriétaires : Rev. loyers* 2010, p. 3 ; J.-M. Roux, *Les archives du syndicat des copropriétaires : Inf. rap. copr.* juill.-août 2010, p. 8 et s. • V. également la recommandation n° 20 de la Commission relative à la copropriété, Annexe 17, *Commission relative à la copropriété*, p. 1095, • J. Lafond *Les documents et renseignements pouvant être réclamés aux syndics de copropriété : Rev. Administrer* nov. 1988, p. 8 et s. • A. Aubouin, *La mise à disposition aux copropriétaires des pièces justificatives des charges de copropriété depuis la loi ALUR du 24 mars 2014 et le décret du 30 décembre 2015 : Loyers et copr.* avr. 2016, étude n° 4.

I – PIÈCES DÉTENUES PAR LE SYNDIC

1) **Inventaire.** Ce texte fait du syndic l'archiviste du syndicat. Le syndic est appelé à détenir :

• d'une part, une expédition ou une copie des « actes énumérés aux articles 1er à 3 du décret du 17 mars 1967 », c'est-à-dire du règlement de copropriété et de l'état descriptif de division, ainsi que des modificatifs de ces actes... et les conventions relatives aux droits accessoires aux parties communes (sur ces droits, V. L. art. 3) ;

• d'autre part, toute la documentation concernant l'immeuble et le syndicat, ce qui recouvre, selon le texte précité :

– les « conventions » passées par le syndicat avec les fournisseurs (entreprises), les prestataires de services, les tiers divers... ou concernant l'immeuble (par exemple une convention de servitude, un contrat de bail, ou de vente...) ;

– les « pièces » et « documents » relatifs à l'immeuble et au syndicat : par exemple les documents d'urbanisme relatifs à l'immeuble, les statuts d'une union de syndicats s'il en existe, etc. ;

– les « correspondances » échangées soit avec des copropriétaires, soit avec des tiers (pour la négociation des contrats, pour la marche d'un procès, etc.) ;

– les « plans » de l'immeuble s'il en a été établi, ce qui n'a rien d'obligatoire ;

– les « registres » et, en particulier, précise le texte, « ceux contenant les procès-verbaux des assemblées générales de copropriété et les pièces annexes » ; ces « pièces annexes » comprennent notamment : les convocations et leurs accusés de réception (ou la liste d'émargement), la liste et la teneur des documents qui ont été notifiés aux copropriétaires en exécution de l'article 11 du décret du 17 mars 1967, la feuille de présence, les procurations de vote (▪ CA Angers, 11 janv. 2011 : *JurisData* n° 2011-000626 ; *Loyers et copr.* 2011, comm. 165, obs. G. Vigneron), la notification de la décision, etc.

Depuis le décret du 9 juin 1986, le syndic doit également détenir les expéditions ou copies des décisions de justice relatives à l'immeuble ou au syndicat.

Enfin, depuis la modification apportée au texte par le décret du 27 mai 2004, il est précisé que le syndic doit également détenir :

– les documents comptables du syndicat. Le décret du 14 mars 2005 (art. 6, al. 1) a précisé que les documents comptables conservés par le syndic devaient être des originaux, et qu'ils doivent comporter le nom et l'adresse du syndicat. Les pièces doivent être datées et être conservées pendant dix ans (■ CA Paris, 6e ch., 14 nov. 2008 : *Inf. rap. copr.* mars 2010, p. 9, obs. M.-F. Ritschy. – V. le texte en Annexe 18, *Comptabilité des syndicats*, p. 1141) ;

– le carnet d'entretien de l'immeuble ;

– et le cas échéant les diagnostics techniques.

Voir : sur l'obligation pour le syndic de remettre ces archives à son successeur, V. L. art. 18-2 et D. art. 33-1. – Sur la rémunération pouvant être réclamée par le syndic pour la tenue du carnet d'entretien, Annexe 13, *Carnet d'entretien*, p. 1051.

II – DÉLIVRANCE DE COPIES PAR LE SYNDIC

2) Procès-verbaux et pièces annexes. L'alinéa 2 de l'article 33 précise désormais que le syndic est *tenu de délivrer des copies ou des extraits des procès-verbaux* qu'il certifiera, sans préciser leur conformité. Il doit répondre à la demande, sans avoir à se faire juge de son utilité ou de sa légitimité (■ Cass. 3e civ., 18 déc. 2001 : *Rev. Administrer* mars 2002, p. 43, obs. J.-R. Bouyeure). Mais seuls les copropriétaires – et non pas les tiers – sont en droit d'exiger la délivrance de ces copies (E. Kischinewsky-Broquisse, *op. cit.*, n° 409. – *JCl. Copropriété*, Fasc. 90).

Le texte indiquant expressément que la délivrance de copies porte sur les procès-verbaux et les « annexes de ces procès-verbaux », le syndic est tenu de délivrer copie de la feuille de présence et des pouvoirs annexés au procès-verbal (■ Cass. 3e civ., 28 févr. 2006 : *Rev. Administrer* mai 2006, p. 49, obs. J.-R. Bouyeure. ■ CA Paris, 14e ch. A, 10 janv. 2007 : *AJDI* 2007, p. 397. – V. N. Figuière, *La communication de la feuille de présence* : *Inf. rap. copr.* juill.-août 2015, p. 27). Par copies des annexes des procès-verbaux, il faut entendre les convocations et avis de réception de celles-ci, la feuille d'émargement en cas de remise contre récépissé ou émargement, l'ordre du jour et les documents y annexés, la feuille de présence, la copie des notifications du procès-verbal et les avis de réception de ces notifications.

3) Procès-verbaux des décisions issues d'une consultation. Depuis l'ordonnance n° 2019-1101 du 30 octobre 2019, dans les « petites copropriétés », les décisions, à l'exclusion de celles relatives au vote du budget prévisionnel et à l'approbation des comptes, peuvent être prises à l'unanimité des voix des copropriétaires à l'occasion d'une consultation écrite, sans qu'il y ait lieu de convoquer une assemblée générale (V. L. 10 juill. 1965, art. 41-12). Le syndic devra délivrer une copie ou des extraits du procès-verbal des décisions adoptées selon cette modalité.

4) Procès-verbaux des décisions prises par un copropriétaire. Depuis l'ordonnance n° 2019-1101 du 30 octobre 2019, dans les syndicats dont le nombre de voix est réparti entre deux copropriétaires, certaines décisions peuvent être adoptées par un seul des copropriétaires (V. L. 10 juill. 1965, art. 41-16). Le syndic devra délivrer une copie ou des extraits du procès-verbal des décisions adoptées dans cette hypothèse.

5) Procès-verbaux des décisions du conseil syndical. Depuis l'ordonnance n° 2019-1101 du 30 octobre 2019, le conseil syndical peut être destinataire d'une délégation de pouvoirs votée par l'assemblée générale (V. L. 10 juill. 1965, art. 21-1 et s. et D. 17 mars 1967, art. 21-1). Le syndic devra délivrer une copie ou des extraits du procès-verbal des décisions adoptées selon cette modalité.

6) Pièces justificatives des charges de copropriété. Le décret n° 2015-1907 du 30 déc. 2015 (art. 3) a complété l'alinéa 3 de l'article 33, en précisant que le syndic doit remettre au copropriétaire qui en fait la demande, aux frais de ce dernier, « copie des pièces justificatives des charges de copropriété mentionnées à l'article 9-1 du présent décret ». On trouvera le commentaire de cette disposition, applicable à compter du 1er avril 2016 (D. 30 déc. 2015, art. 4), sous l'article 9-1 du décret du 17 mars 1967, auquel on voudra bien se reporter.

7) Justificatifs des charges. Conformément aux dispositions de l'article 18-1, le syndic devra délivrer copie, notamment, d'une note d'information sur les modalités de calcul des charges de chauffage et de production d'eau chaude sanitaire collectifs, des factures, des contrats de fourniture et d'exploitation en cours et leurs avenants ainsi que de la quantité consommée et du prix unitaire ou forfaitaire de chacune des catégories de charges, selon les modalités qui ont été définies par l'article 9-1 nouveau du décret du 17 mars 1967, issu du décret n° 2015-1907 du 30 décembre 2015 (V. ce texte).

8) Documents techniques. On remarquera que le texte parle expressément de la délivrance de copies du carnet d'entretien et le cas échéant du diagnostic technique de l'immeuble, étant précisé, en ce qui concerne ces dernières pièces, que la délivrance n'est prévue qu'au profit de « copropriétaires » qui en font la demande. Depuis la loi n° 2014-366 du 24 mars 2014, l'obligation du syndic de mettre le carnet d'entretien de l'immeuble à la disposition des copropriétaires figure désormais à l'article 18-I, 7e tiret de la loi du 10 juillet 1965 (V. comm. de ce texte, , p. 284).

9) Le syndic peut-il refuser de délivrer certaines pièces ? Est-ce à dire que les copropriétaires ne peuvent pas obtenir également copie de toutes les pièces que le syndic doit normalement détenir en vertu de l'article 33 ? Il n'est pas évident, dans le silence du texte, et alors que par ailleurs l'article 26, alinéa 3, confie expressément au conseil syndical le soin d'obtenir copie des pièces détenues par le syndic, – voir ce texte – que les copropriétaires puissent obtenir du syndic la copie de l'une quelconque des pièces détenues par lui (V. à ce sujet, J. Lafond, art. préc., n° 14. ▪ CA Paris, pôle 4, 2ᵉ ch., 12 mai 2021, n° 19/10430 : *Administrer* oct. 2021, p. 45, obs. J.-R. Bouyeure). Il a été soutenu que le syndic était en droit de refuser les pièces demandées :

– si leur communication pouvait porter un préjudice quelconque à la copropriété ou à des copropriétaires,

– si elles ont un caractère confidentiel,

– si le demandeur ne justifie d'aucun motif légitime.

Selon un arrêt de la cour de Paris (23ᵉ ch. B) du 30 novembre 2000 (▪ CA Paris, 23ᵉ ch. B, 30 nov. 2000 : *Dossier CSAB* n° 92, avr. 2001, n° 201, obs. A. Dunes), le syndic pourrait se refuser à communiquer des pièces qui devraient normalement être en possession du demandeur, par exemple le règlement de copropriété.

Il a été précisé que le contrat de travail d'un salarié du syndicat ne peut être communiqué à un copropriétaire, car il ne constitue pas une annexe du procès-verbal d'assemblée (▪ Cass. 3ᵉ civ., 8 juill. 2015, n° 14-12.072, publié au *Bulletin* ; *JurisData* n° 2015-016810 ; *Loyers et copr.* 2015, n° 205, note G. Vigneron).

Voir aussi : sur le point de savoir si le syndic peut délivrer copie de la feuille de présence, V. comm. sous D. 17 mars 1967, art. 14, p. 743.

10) Pièces non détenues par le syndic. Si le syndic ne détient pas certains des documents ainsi énumérés par l'article 33, il lui appartient d'en demander copie à qui de droit : par exemple au notaire (s'il s'agit de l'état descriptif de division ou du règlement de copropriété. – Rép. min., 21 juin 1978 : *JOAN*, 29 juill. 1978, p. 4254) ou à l'architecte, au promoteur ou au constructeur, s'il s'agit des plans de l'immeuble (▪ CA Paris, 19ᵉ ch., 17 janv. 1979 : *D.* 1980, p. 155, n° 46).

11) Frais de délivrance. La cour de Paris (23ᵉ ch. A) a jugé dans un arrêt du 23 janvier 2002 (▪ CA Paris, 23ᵉ ch. A, 23 janv. 2002 : *AJDI* 2002, p. 385) que la délivrance des copies devait être gratuite, ces tâches faisant partie de la gestion courante. Une clause du règlement prévoyant un honoraire spécial serait réputée non écrite (*contra*, pour la délivrance d'une copie de la feuille de présence et des pouvoirs : ▪ CA Paris, 23ᵉ ch. B, 2 nov. 2000 : *Dossier CSAB* n° 92, avr. 2001, n° 200, obs. A. Dunes).

Il est cependant un cas dans lequel cette solution doit être écartée. Le texte indique en effet (dans son alinéa 3) que la copie du carnet d'entretien de l'immeuble et du diagnostic technique réclamé par un copropriétaire est délivrée « aux frais de ce dernier ». Il n'y a pas, à notre avis, d'obstacles dans les textes à ce que cette solution soit applicable à tous les cas de délivrance de copies par le syndic (en ce sens, Rép. min. : *JOAN* Q, 24 juin 2008, n° 21338, p. 5439 ; *Rev. Administrer* nov. 2008, p. 87).

12) Frais de gestion. Le décret n° 2010-391 du 20 avril 2010 est venu confirmer une position déjà adoptée en pratique par de nombreux syndics, en introduisant un alinéa 4 nouveau à l'article 33 aux termes duquel la conservation et la gestion des archives (quelles qu'elles soient) sont comprises dans la mission ordinaire du syndic, ce qui implique que les tâches qui lui incombent à ce titre correspondent aux prestations figurant dans le forfait annuel (sur les prestations dites de « gestion courante » en matière d'archivage, V. également le contrat-type de syndic en annexe au décret n° 2015-342 du 26 mars 2015 *in* Annexe 58, *Syndic de copropriété*, p. 1487), y compris lorsque certains archives sont détenues par une entreprise spécialisée (▪ CA Versailles, 4ᵉ ch., 18 juin 2012 : *JurisData* n° 2012-016307 ; *Loyers et copr.* 2012, comm. 308, obs. G. Vigneron ; *Inf. rap. copr.* mai 2013, p. 10, obs. M.-F. Ritschy).

Art. 33-1 ***(D. n° 2004-479, 27 mai 2004 ; mod. à compter du 4 juillet 2020, D. n° 2020-834, 2 juill. 2020).*** **– En cas de changement de syndic, la transmission des documents et archives du syndicat, ainsi que, le cas échéant, l'ensemble des documents dématérialisés relatifs à la gestion de l'immeuble ou aux lots gérés figurant dans l'espace en ligne sécurisé prévu au dixième alinéa du I de l'article 18, doit être accompagnée d'un bordereau récapitulatif de ces pièces. Copie de ce bordereau est remise au conseil syndical.**

Bibliographie : J.-M. Roux, *Transmission des documents et archives du syndicat des copropriétaires : Constr.-Urb.* mai 2005, p. 7 ; *Les archives du syndicat des copropriétaires : Inf. rap. copr.* juill.-août 2010, p. 8 et s.

Transmission des archives et documents dématérialisés par le syndic à son successeur. L'article 18-2 de la loi (V. ce texte) oblige le syndic après cessation de ses fonctions, à remettre les archives du syndicat à son successeur. En ce qui concerne les pièces comptables, le syndic doit remettre à son successeur, avec les documents comptables, les originaux des pièces justificatives. Il lui appartient de conserver les copies de ces pièces qui pourraient servir de justificatifs de la régularité de sa gestion (D. n° 2005-240, 14 mars 2005, art. 6, al. 2, p. 1141). Pour tenir compte de l'espace en ligne sécurisé dont certaines copropriétés peuvent être dotées, le décret n° 2020-834 du 2 juillet 2020 a pris soin de préciser que le syndic devait également transmettre les documents dématérialisés y figurant (V° Espace en ligne sécurisé en Annexe).

L'article 33-1 du décret prévoit que la transmission de documents et archives du syndicat doit être « accompagnée d'un bordereau récapitulatif de ces pièces ». Cette précaution est de nature à faciliter la preuve ultérieure de la remise, en cas de contestation.

Le texte ajoute qu'une copie du bordereau doit être remise au conseil syndical. L'établissement de ce bordereau peut donner lieu à la perception d'un supplément d'honoraires si le contrat de syndic l'a prévu (Rép. min. : *JOAN Q*, 15 févr. 2005, n° 52238, p. 1742).

Si le bordereau des pièces remises ne correspond pas à la réalité du transfert, il appartient au nouveau syndic de prouver le caractère incomplet de la transmission des pièces jugées incomplètes (■ CA Paris, pôle 1, ch. 2, 12 janv. 2023, n° 22/11813 : *Administrer* févr. 2023, p. 58, P. Déchelette-Tolot). Il apparaît ainsi tout à fait nécessaire « d'ouvrir » les archives chez le syndic sortant, avant remise et signature du bordereau récapitulatif...

Art. 33-1-1 ***(D. n° 2019-650, 27 juin 2019 ; mod. à compter du 4 juillet 2020, D. n° 2020-834, 2 juill. 2020).*** **– L'espace en ligne sécurisé mentionné au dernier alinéa du I de l'article 18 de la loi du 10 juillet 1965 est accessible aux membres du conseil syndical et aux copropriétaires au moyen d'un code personnel sécurisé garantissant la fiabilité de l'identification des copropriétaires. Les documents mis à disposition par le syndic dans cet espace sont téléchargeables et imprimables.**

L'ensemble des documents relatifs à la gestion de l'immeuble et des lots gérés mis à disposition dans cet espace, dont la liste minimale est définie par décret sont, le cas échéant, actualisés au minimum une fois par an par le syndic, dans les trois mois suivant la dernière assemblée générale annuelle ayant été appelée à connaître des comptes.

1) Accessibilité de l'espace en ligne sécurisé. Le syndic, lorsqu'il est professionnel, a mission de proposer un accès en ligne sécurisé aux documents dématérialisés relatifs à la gestion de l'immeuble ou des lots gérés, sauf décision contraire de l'assemblée générale prise à la majorité de l'article 25 de la loi du 10 juillet 1965 (L. 10 juill. 1965, art. 18, I, dernier al.).

Dans le prolongement de la loi Élan, l'article 33-1-1 précise que cet espace en ligne est accessible aux membres du conseil syndical et aux copropriétaires, au moyen d'un code personnel sécurisé garantissant de façon fiable, l'identification des copropriétaires.

2) Documents devant figurer dans l'espace en ligne. Les documents devant figurer dans l'espace en ligne sécurisé concernent « la gestion de l'immeuble » et « les lots gérés ». La liste minimale de ces documents a été fixée par le décret n° 2019-502 du 23 mai 2019, qui, en vertu de son article 4 est entré en vigueur le 1er juillet 2020 (V. ce texte en Annexe, V° Espace en ligne sécurisé). Ces documents doivent être « téléchargeables et imprimables ».

3) Actualisation annuelle. Ces documents doivent être actualisés par le syndic au moins une fois par an, dans les 3 mois suivant la dernière assemblée générale appelée à connaître des comptes.

En pratique et si l'on veut que cet espace en ligne présente la plus grande fiabilité, il est souhaitable que les syndics procèdent à cette actualisation chaque fois que la nécessité s'en fait sentir.

Bibliographie : A. Lebatteux, *Étude sur les trois décrets parus en application des dispositions de la loi n° 2018-1021 du 23 novembre 2018 dite loi ELAN en matière de copropriété : Loyers et copr.* juill.-août 2019, étude 5, p. 13.

Art. 33-2 ***(D. n° 2010-391, 20 avr. 2010 ; mod. à compter du 4 juillet 2020, D. n° 2020-834, 2 juill. 2020).*** **– L'obligation prévue à la troisième phrase du premier alinéa de l'article 18-2 de la loi du 10 juillet 1965 ne se substitue pas à l'obligation faite à l'ancien syndic de transférer les documents et archives du syndicat au nouveau syndic, telle que prévue à la première phrase du même alinéa.**

Transfert des archives et prestataire spécialisé. Au lendemain de la loi n° 2009-323 du 25 mars 2009, l'article 18-2, alinéa 1er, de la loi du 10 juillet 1965 (V. ce texte), avait prévu que si l'ancien syndic avait confié tout ou partie des archives du syndicat à un prestataire spécialisé, il était tenu d'informer ce dernier du changement de syndic en communiquant les coordonnées de son successeur. Fallait-il en déduire que l'ancien syndic était dispensé par là même de remettre au syndic entrant les pièces et documents du syndicat ? Le doute était permis (V. à ce propos, ■ Cass. 3e civ., 5 oct. 2004, n° 03-14.138 : *JurisData* n° 2004-025085 ; *JCP G* 2004, IV, 3171 ; *Loyers et copr.* 2004, comm. 213, obs. G. Vigneron ; *Rev. Administrer* janv. 2005, p. 50, obs. J.-R.

Bouyeure. – V. aussi ▪ CA Paris, 14e ch. A, 8 mars 2006 : *AJDI* 2006, p. 391).

Un nouvel article 33-2 avait été ajouté par le décret n° 2010-391 du 20 avril 2010 selon lequel l'obligation d'informer le détenteur des archives en cas de changement de syndic ne se substituait pas à l'obligation faite à l'ancien syndic de transférer les documents et archives du syndicat au nouveau syndic.

La loi n° 2014-366 du 24 mars 2014 est venue préciser que la décision de confier les archives à une personne extérieure relevait désormais de la compétence du syndicat, lequel doit informer le prestataire de services du changement de syndic, dans le délai d'un mois à compter de la cessation de ses fonctions, et lui communiquer les coordonnées du nouveau syndic (V. comm. L. 10 juill. 1965, art. 18-2, al. 1er, mod., p. 337). Il est vraisemblable qu'une disposition réglementaire vienne prendre en compte cette modification dans la rédaction de l'article 33-2.

Art. 34 *(D. n° 86-768, 9 juin 1986 ; mod., D. n° 2010-391, 20 avr. 2010 ; à compter du 1er janvier 2020, D. n° 2019-966, 18 sept. 2019).* **– L'action visée au troisième alinéa de l'article 18-2 de la loi du 10 juillet 1965 peut être introduite après mise en demeure effectuée dans les formes prévues par l'article 64 du présent décret ou par acte d'huissier de justice, adressée à l'ancien syndic et restée infructueuse pendant un délai de huit jours. Elle est portée devant le président du tribunal judiciaire du lieu de situation de l'immeuble.**

Bibliographie : D. Cordier, *Le changement de syndic : JCl. Copropriété*, Fasc. 317.

Remise des pièces et des fonds au nouveau syndic. L'article 18-2 de la loi du 10 juillet 1965 prévoit qu'en cas de changement de syndic, le syndic nouvellement désigné ou le président du conseil syndical pourra demander au juge statuant en référé, de condamner l'ancien syndic à opérer la remise des pièces et des fonds mentionnés aux deux premiers alinéas.

L'article 34 nouveau précise les modalités d'exercice de cette action :

– elle doit être précédée d'une mise en demeure adressée à l'ancien syndic « dans les formes prévues par l'article 64 » du décret du 17 mars 1967 (Sur les formes actuellement admises, voir *infra* le commentaire de ce texte), ou éventuellement par acte d'huissier de justice... ;

– elle ne peut être introduite que si cette mise en demeure reste infructueuse pendant un délai de huit jours... ;

– elle est portée devant le président du tribunal de grande instance (statuant en référé, V. L. 10 juill. 1965, art. 18-2, al. 3) du lieu de situation de l'immeuble.

Il a été jugé qu'une mise en demeure, quoique prématurée, produit toutefois ses effets à l'expiration du délai légal. Est donc valable l'assignation délivrée huit jours après la date d'effet de la mise en demeure, sans que l'on puisse retenir un quelconque abus de procédure envers le syndic nouvellement désigné (▪ CA Paris, 14e ch. A, 24 janv. 2007 : *JurisData* n° 2007-327696).

Art. 35 *(Rempl., D. n° 2004-479, 27 mai 2004 ; mod., D. n° 2010-391, 20 avr. 2010 ; à compter du 4 juillet 2020, D. n° 2020-834, 2 juill. 2020).* **– Le syndic peut exiger le versement :**

1° De l'avance constituant la réserve prévue au règlement de copropriété, laquelle ne peut excéder 1/6 du montant du budget prévisionnel ;

2° Des provisions du budget prévisionnel prévues aux deuxième et troisième alinéas de l'article 14-1 de la loi du 10 juillet 1965 ;

3° Des provisions pour les dépenses non comprises dans le budget prévisionnel prévues au I de l'article 14-2 de la loi du 10 juillet 1965 et énoncées à l'article 44 du présent décret ;

4° Des avances correspondant à l'échéancier prévu dans le plan pluriannuel de travaux adopté par l'assemblée générale ;

5° Des cotisations au fonds de travaux prévues au II de l'article 14-2 de la loi du 10 juillet 1965 ;

6° Des provisions sur les sommes allouées au conseil syndical au titre des dépenses non comprises dans le budget prévisionnel, pour la mise en œuvre de sa délégation, prévues à l'article 21-2 de la loi du 10 juillet 1965 ;

7° Des avances décidées en assemblée générale et destinées à pallier un manque temporaire de trésorerie du syndicat des copropriétaires.

Lors de la mise en copropriété d'un immeuble, le syndic provisoire peut exiger le versement d'une provision, lorsque celle-ci est fixée par le règlement de copropriété, pour faire face aux dépenses de maintenance, de fonctionnement et d'administration des parties et équipements communs de l'immeuble.

Lorsque cette provision est consommée ou lorsque le règlement de copropriété n'en prévoit pas, le syndic provisoire peut appeler auprès des copropriétaires le remboursement des sommes correspondant aux dépenses régulièrement engagées et effectivement acquittées, et ce jusqu'à la première assemblée générale réunie à son initiative qui votera le premier budget prévisionnel et approuvera les comptes de la période écoulée.

Bibliographie : E. Kischinewsky-Broquisse, *La copropriété des immeubles bâtis*, n°s 172 et s. • D. Cordier, *Comptabilité de la copropriété : JCl. Copropriété*, Fasc. 260 et 265. • G. Vigneron, *Gestion financière de la copropriété : JCl. Copropriété*, Fasc. 310. • D. Cordier, *Recettes et dépenses, produits et charges et trésorerie du syndicat : Inf. rap. copr.* avr. 1997, p. 11. • M.-F. Ritschy, *À qui peut appartenir le fonds de roulement ? : Inf. FNAIM, La revue bleue*, août-sept. 1999, p. 22. • C. Meyer, *La gestion des syndicats des copropriétaires, les comptes bancaires et la gestion financière : AJDI* 2011, p. 192. • A. Laux, *L'avance exceptionnelle : Inf. rap. copr.* juill.-août 2022, p. 7.

1) Portée et entrée en vigueur du texte. L'article 35 nouveau, issu du décret du 27 mai 2004, entre en vigueur :

– immédiatement en ce qui concerne l'article 35-1° et 2° ;

– le 1er septembre 2004 pour ce qui est des 3°, 4° et 5° dudit article.

Ce texte définit les divers cas où le syndic peut, de son propre chef, et sans avoir à requérir une autorisation particulière de l'assemblée, solliciter des copropriétaires le paiement de sommes à titre d'avances ou de provisions. Les divers cas énumérés sont limitatifs. Toute demande sortant du cadre strict de l'article 35 devra faire l'objet d'une autorisation particulière de l'assemblée.

Au lendemain de la loi n° 2014-366 du 24 mars 2014, il est vraisemblable que l'article 35 soit modifié afin de tenir compte des modifications induites par la réforme.

2) Appels de fonds exceptionnels. Le défaut de paiement de leurs charges par certains copropriétaires mettant le syndicat dans l'impossibilité d'honorer ses engagements peut justifier un appel de fonds exceptionnel, qui doit être décidé en assemblée. Il s'agit d'avances remboursables, qui ne créent aucune solidarité entre les copropriétaires (▪ Cass. 3e civ., 10 juin 1970 : *JCP G* 1970, II, 16465. ▪ CA Paris, pôle 4, 2e ch., 9 mai 2012 : *JurisData* n° 2012-021577 ; *Loyers et copr.* 2012, comm. 336, note G. Vigneron. ▪ CA Paris, 23e ch. B, 6 déc. 2001 : *Loyers et copr.* 2002, comm. 133, note G. Vigneron ; *Rev. loyers* 2002, p. 165, note L. Guégan).

3) Remboursement des dépenses acquittées. L'article 35-3° ancien prévoyait que le syndic pouvait demander en cours d'exercice le remboursement des dépenses « régulièrement engagées et effectivement acquittées » sans avoir à solliciter une autorisation préalable de l'assemblée (▪ CA Grenoble, 13 mai 1992 : *RD imm.* 1993, p. 126, obs. C. Giverdon).

Dans cette éventualité, le copropriétaire débiteur n'était pas fondé à subordonner le règlement de ses charges à la justification de l'approbation du budget prévisionnel et des comptes des exercices écoulés par l'assemblée générale (▪ Cass. 3e civ., 9 déc. 1987 : *Loyers et copr.* 1988, comm. 39. ▪ CA Paris, 23e ch. B, 8 juin 2000 : *D.* 2001, somm. p. 350, note C. Atias).

Le syndic pouvait, sans enfreindre l'article 35-3°, ajouter à la quote-part de travaux réclamée aux copropriétaires la TVA y afférente, puisqu'il s'agit d'une dépense effectivement acquittée et que la dépense autorisée par l'assemblée incluait nécessairement cette dépense accessoire (▪ Cass. 3e civ., 7 juill. 1981 : *Gaz. Pal.* 1982, 2, pan. jurispr. p. 55).

Cette possibilité n'existe plus aujourd'hui, à moins d'être spécialement autorisée par l'assemblée, en raison de l'interprétation stricte que doit recevoir l'article 35.

I – AVANCE DE TRÉSORERIE PERMANENTE

4) Institution – Objet. Le règlement de copropriété peut prévoir le versement d'une avance de trésorerie permanente (à verser par chaque copropriétaire lors de l'acquisition de son lot et qui constitue un fonds de réserve ou de garantie pour le syndicat). L'article 35, 1° nouveau, issu du décret du 27 mai 2004, indique que cette réserve ne peut excéder le 1/6 du montant du budget prévisionnel.

À défaut de stipulations dans le règlement, cette avance peut être instituée par l'assemblée à la majorité de l'article 26 (Rép. min., 6 sept. 1975 : *JOAN*, p. 5995. ▪ CA Paris, 19e ch. B, 9 oct. 1997 : *Loyers et copr.* 1998, comm. 55).

Chaque copropriétaire contribue aux appels de fonds concernant l'avance de trésorerie permanente en proportion de ses tantièmes de copropriété (▪ CA Paris, 23e ch., 18 oct. 1993 : *Loyers et copr.* 1994, comm. 31).

La somme mise en réserve n'est pas destinée au règlement des dépenses courantes de la copropriété mais constitue un véritable fonds de prévoyance dont l'affectation n'est généralement pas autrement précisée par le règlement (▪ CA Paris, 23e ch. B, 19 oct. 2000 : *AJDI* 2000, p. 1066).

On s'était demandé si, sur le fondement de ce texte, il était possible de constituer un fonds de réserve pour des travaux futurs. La Cour de cassation avait répondu par la négative (▪ Cass. 3e civ., 16 févr. 1994 : *Rev. Administrer* juin 1994, p. 47, note P. Capoulade). La question a trouvé une réponse législative avec la loi du 21 juillet 1994 qui a ajouté à ce propos un alinéa à l'article 18 de la loi du 10 juillet 1965 (V. ce texte).

II – PROVISIONS

5) Diverses catégories de « provisions ». L'article 35 prévoit le versement de diverses sortes de provisions, en distinguant les provisions du budget prévisionnel (art. 35, 2°. – V. comm. n° 6, p. 812), et les provisions concernant des dépenses non comprises dans le budget prévisionnel (art. 35, 3°. – V. comm. n° 7, p. 812).

En outre, des provisions peuvent également être exigées par le syndic en cas de travaux urgents (cas prévu par D. art. 37. – V. ce texte).

Il est admis que ces diverses provisions peuvent être réparties entre les copropriétaires en proportion de leurs tantièmes de copropriété (J.-R. Bouyeure, *L'administration de la copropriété*, p. 35. – *JCl. Copropriété*, Fasc. 74, n° 19) – à moins que le règlement de copropriété, ou l'assemblée lorsqu'elle est appelée à intervenir, n'en décide autrement.

6) Provisions du budget prévisionnel (art. 35, 2°). Ces provisions sont aux termes de l'article 35, 2° du décret, celles prévues aux deuxième et troisième alinéas de l'article 14-1 de la loi du 10 juillet 1965. Elles sont, selon ce dernier texte, égales au quart du budget prévisionnel voté. Toutefois l'assemblée peut fixer des modalités différentes (L. art. 14-1, al. 2). Rappelons que ces provisions sont exigibles le premier jour de chaque trimestre ou le premier jour de la période fixée par l'assemblée générale (L. art. 14-1, al. 3).

Selon la jurisprudence antérieure au décret du 27 mai 2004, mais qui reste sur ce point d'actualité, le règlement de copropriété, ou à défaut l'assemblée (à la majorité de l'article 24 de la loi – V. ce texte), peut déterminer les modalités de versement de ces provisions (date de versement, montant, etc.), qui ne peuvent être exigées qu'à partir du moment où a été établi un budget prévisionnel (■ CA Paris, 23e ch., 2 avr. 1997 : *Loyers et copr.* 1997, n° 271).

Une fois le budget voté, le syndic peut demander versement de ces provisions sans autorisation particulière de l'assemblée (■ CA Paris, 16 févr. 1983 : *D.* 1983, inf. rap. p. 338).

7) Provisions concernant des dépenses non comprises dans le budget prévisionnel (art. 35, 3°). Ces provisions concernent les dépenses prévues au I de l'article 14-2 de la loi (voir ce texte) et énoncées à l'article 44 du décret, dans sa rédaction issue du décret du 27 mai 2004. Ce sont celles afférentes :

– aux travaux de conservation ou d'entretien de l'immeuble, autres que ceux de maintenance ;

– aux travaux portant sur les éléments d'équipement communs, autres que ceux de maintenance ;

– aux travaux d'amélioration, tels que la transformation d'un ou de plusieurs éléments d'équipement existants, l'adjonction d'éléments nouveaux, l'aménagement de locaux affectés à l'usage commun ou la création de tels locaux, l'affouillement du sol et la surélévation de bâtiments ;

– aux études techniques, telles que les diagnostics et consultations ;

– et, d'une manière générale, aux travaux qui ne concourent pas à la maintenance et à l'administration des parties communes ou à la maintenance et au fonctionnement des équipements communs de l'immeuble.

Selon l'article 14-2 I, alinéa 2, de la loi (V. ce texte) les sommes afférentes à ces dépenses sont exigibles « selon les modalités votées par l'assemblée générale ». Il faut donc une autorisation spéciale de l'assemblée pour pouvoir exiger ces provisions : cette autorisation sera donnée à la même majorité que celle exigée pour décider des travaux.

8) Provisions attribuées au conseil syndical (art. 35, 6°). Pour la mise en œuvre de la délégation de pouvoirs prévue aux articles 21-1 et suivants de la loi du 10 juillet 1965 (V. ces textes) et plus particulièrement aux fins de réaliser les travaux décidés par le conseil syndical, le syndic peut aussi exiger le versement des provisions sur les sommes allouées au conseil au titre des dépenses non comprises dans le budget prévisionnel (V. D. 17 mars 1967, art. 26-1, al. 2).

III – COTISATIONS

9) Cotisations. Depuis la loi n° 2014-366 du 24 mars 2014 (dite « loi ALUR »), le syndicat des copropriétaires constitue un fonds de travaux à l'issue d'une période de 5 ans suivant la date de la réception des travaux pour faire face aux dépenses résultant de certains travaux (V. L. 10 juill. 1965, art. 14-2 II). Dans cette optique, le syndic sollicite des copropriétaires le versement des cotisations au fonds de travaux prévues au II de l'article 14-2 de la loi du 10 juillet 1965.

IV – AVANCES

10) Avances concernées. L'article 35 permet également au syndic d'exiger le versement, sans autorisation particulière de l'assemblée :

– des avances correspondant à l'échéancier prévu dans le plan pluriannuel de travaux adopté par l'assemblée générale (art. 35, 4°) ;

– des avances décidées en assemblée générale et destinées à pallier un manque temporaire de trésorerie du syndicat des copropriétaires (art. 35, 7°).

V – RECOUVREMENT

11) Distinction d'avec les charges communes. Les avances et provisions doivent être *distinguées des charges communes* (sur cette distinction : *JCl. Copropriété*, Fasc. 74, n° 14). Elles sont exigibles même si elles ne sont pas réparties selon les règles applicables aux charges communes et même si les comptes d'exercices antérieurs ne sont pas approuvés ou sont contestés (▪ Cass. 3e civ., 9 juill. 1997 : *Loyers et copr.* 1997, comm. 270 ; *Rev. Administrer* 1997, p. 53, obs. J.-R. Bouyeure. ▪ Cass. 3e civ., 10 juin 1970 : *JCP* G 1970, II, 16465, note Guillot. ▪ CA Paris, 23e ch. A, 14 mars 2001 : *AJDI* 2001, p. 715. ▪ CA Paris, 16 févr. 1983 : *D.* 1983, inf. rap. p. 338. ▪ TGI Paris, 6 janv. 1977 : *D.* 1978, inf. rap. p. 126. ▪ TGI Paris, 25 nov. 1976 : *D.* 1978, inf. rap. p. 126).

Elles portent intérêt au taux légal à compter de la mise en demeure adressée par le syndic aux copropriétaires débiteurs (▪ Cass. 3e civ., 9 juill. 1997, préc.).

VI – TENUE DES COMPTES DU SYNDICAT

Bibliographie : sur la tenue des comptes du syndicat, M. Ferme, *Traité de gestion immobilière*, t. 2, p. 785 et s. et D. Cordier, *Comptabilité de la copropriété : JCl. Copropriété*, Fasc. 260 et 165 et, du même auteur : *Travaux et comptabilité de la copropriété*, Delmas.

12) Absence de réglementation jusqu'au 1er janvier 2007. Jusqu'au 31 décembre 2006, la tenue des comptes de la copropriété par le syndic n'est soumise à *aucune réglementation particulière*. Toutefois, le syndic doit être en mesure de présenter à tout moment :

- un compte des dépenses et recettes ;
- l'état des dettes du syndicat (charges à payer à la clôture de l'exercice et de ses créances, soldes débiteurs et provisions à payer par les copropriétaires, créances éventuelles sur des tiers) ;
- la situation de trésorerie du syndicat, qui résulte du montant des fonds disponibles, du montant des sommes dues par les copropriétaires ou des tiers et du montant des sommes dues par le syndicat.

Ces divers documents vont être notifiés en même temps que l'ordre du jour, lorsque l'assemblée sera appelée à approuver les comptes (V. D. art. 11).

Le syndic a en outre la charge d'établir le budget prévisionnel.

Voir : L. 10 juill. 1965, art. 18, comm. nos 29 à 32, p. 299.

NB : Depuis le 1er janvier 2007, la comptabilité du syndicat doit être présentée selon des règles spécifiques (V. L. 10 juill. 1965, art. 14-3, comm. n° 1, p. 245), hormis les « petites copropriétés » (V. L. 10 juill. 1965, art. 41-10).

VII – REDDITION ET APPROBATION DES COMPTES

Bibliographie : G. Vigneron, *Les comptes et quitus du syndic : Loyers et copr.* juin 1989, p. 1 et *JCP* N 1990, chron. n° 1265. – D. Cordier, *La vérification des comptes de copropriété : Inf. rap. copr.* juin 1991, p. 201 et s. – G. Sorgniard, *Plaidoyer pour un compte rendu de mandat du syndic : AJPI* 1997, p. 92.

13) Reddition des comptes. Le syndic doit *rendre compte* de sa gestion financière et, plus généralement, de l'accomplissement de sa mission pour l'exercice écoulé.

Il peut éventuellement y être contraint judiciairement s'il s'y refuse (▪ TGI Lyon, 1er févr. 1960 : *AJPI* 1960, II, 109, note J. Cabanac). Cette reddition de comptes se fait par écrit (sur les divers documents à communiquer aux copropriétaires, V. D. art. 11). La périodicité en est fixée par le règlement de copropriété, par l'assemblée, ou à défaut par le syndic, de sa propre initiative (elle peut être trimestrielle, annuelle...).

Les comptes sont soumis à l'approbation de l'assemblée *au moins une fois par an* (Rép. min., 6 févr. 1984 : *JOAN*, p. 554, n° 41210 ; *Rev. loyers* 1984, p. 159). Mais l'approbation des comptes est valide et produit ses effets même lorsqu'elle a lieu tardivement plus d'un an après la précédente assemblée (▪ CA Paris, 8e ch. D, 10 févr. 2000 : *Loyers et copr.* 2000, comm. 178). La décision est prise à la *majorité de l'article 24* de la loi (majorité des voix exprimées des copropriétaires présents ou représentés – V. ce texte).

14) Décision de l'assemblée – Approbation des comptes – Quitus. L'assemblée peut :

– soit approuver les comptes et donner quitus par une décision d'ensemble : en ce cas, si la résolution approuvant les comptes est annulée, la décision donnant quitus est annulée du même coup (▪ TGI Pontoise, 2 févr. 1978 : *Inf. rap. copr.* 1978, p. 52, note Chanteret) ;

– soit se prononcer séparément sur l'approbation des comptes et le quitus.

Voir : sur l'effet du quitus, L. 10 juill. 1965, art. 18, comm. n° 103, p. 322.

On ne peut que conseiller vivement de dissocier les deux décisions qui n'ont pas le même objet. La reddition des comptes concerne l'objet comptable de la gestion du syndic, et le *quitus* l'ensemble de sa gestion (V. ci-dessous).

En ce qui concerne l'approbation des comptes, l'article 11, I, 1° du décret (V. ce texte) énumère les pièces à joindre à la convocation. Cette approbation, si elle intervient, emporte ratification de la gestion financière du syndic et interdit toute révision ultérieure des dépenses de copropriété dont l'assemblée générale a eu connaissance, sauf en cas d'erreur, d'omission ou de présentation inexacte (CPC, art. 1269) à partir du moment où la décision d'approbation n'a donné lieu à aucun recours en annulation dans les formes et délais prévus par l'article 42 de la loi du 10 juillet 1965 (V. ce texte. ▪ Cass. 3e civ., 22 mars 1989 : *Loyers et copr.* 1989, comm. 247. ▪ Cass. 3e civ., 9 nov. 1988 : *Loyers et copr.* 1989, comm. 91. ▪ Cass. 3e civ., 27 avr. 1988 : *Loyers et copr.* 1988, comm. 349). L'approbation des comptes vaut en même temps ratification par le syndicat des actes accomplis par le syndic et qui se sont traduits par l'engagement des dépenses entérinées (même si ces dépenses n'ont pas été par ailleurs régulièrement engagées, par exemple sans autorisation préalable de l'assemblée : V. ▪ Cass. 3e civ., 15 mars 1989 : *Loyers et copr.* 1989, n° 250) à la condition toutefois que l'assemblée en ait eu connaissance lors de sa décision (▪ CA Paris, 8e ch. A, 27 mai 1997 : *Loyers et copr.* 1997, comm. 302).

Alors que l'approbation des comptes ne porte que sur la gestion financière, le *quitus* a un autre objet : il emporte décharge de la responsabilité pour la gestion considérée (sur la différence entre approbation des comptes et *quitus*, V. ▪ Cass. 3e civ., 6 juill. 1994 : *Bull. civ.* III, n° 142 ; *Rev. Administrer* 1994, n° 260, p. 50, note P. Capoulade. ▪ Cass. 3e civ., 20 juill. 1988 : *Inf. rap. copr.* 1989, p. 363, note P. Capoulade).

Voir : également, V. L. 10 juill. 1965, art. 18, p. 284.

L'assemblée peut refuser l'approbation des comptes ou le *quitus*, ou les assortir de réserves (en ce cas, il n'y a pas à proprement parler *quitus*. – V. ▪ CA Paris, 23e ch. A, 21 déc. 1988 : *Loyers et copr.* 1989, comm. 148). Elle peut aussi approuver les comptes d'un exercice donné tout en différant le *quitus*, ou en limitant la portée à certaines questions seulement (▪ Cass. 3e civ., 24 mai 1978 : *Bull. civ.* III, n° 218 ; *RTD civ.* 1979, p. 165). L'absence d'approbation des comptes n'emporte pas de plein droit nullité du mandat du syndic et impossibilité pour ce dernier d'exercer sa mission (▪ Cass. 3e civ., 21 nov. 2006 : *Inf. rap. copr.* mars 2008, p. 16).

Bien que son mandat ait été annulé pour irrégularité de sa désignation, le syndic peut obtenir de l'assemblée générale l'approbation de ses comptes et le paiement d'honoraires pour sa gestion de la copropriété durant la période qui a précédé l'annulation de son mandat (▪ Cass. 3e civ., 20 janv. 1999 : *Loyers et copr.* 1999, comm. 106, obs. G. Vigneron ; *Inf. rap. copr.* juin 1999, p. 8 et *RD imm.* 1999, p. 305, note P. Capoulade).

VIII – PAIEMENT DU SOLDE DES CHARGES

15) Approbation des comptes préalables. C'est seulement *après l'approbation des comptes* que le syndic est en droit de *réclamer, à chaque copropriétaire, le solde* correspondant à la différence entre les appels de fonds provisionnels et les dettes du syndicat réglées ou restant à régler (▪ Cass. 3e civ., 6 mai 1996 : *RD imm.* 1996, p. 611, obs. P. Capoulade. ▪ Cass. 3e civ., 13 juill. 1993 : *Loyers et copr.* 1993, comm. 404. ▪ Cass. 3e civ., 26 nov. 1990 : *Loyers et copr.* 1991, comm. 89. ▪ Cass. 3e civ., 16 févr. 1977 : *JCP* N 1977, II, 184. ▪ Cass. 3e civ., 9 mars 1988 : *Rev. Administrer* oct. 1988, p. 36. ▪ CA Douai, 1re ch. 2e sect., 28 juin 2006 : *Rev. Administrer* févr. 2008, p. 34, obs. J.-R. Bouyeure. ▪ CA Paris, 23e ch. B, 9 mars 2000 : *Loyers et copr.* 2000, comm. 175).

Ce solde sera porté au crédit ou au débit du compte de celui qui est copropriétaire lors de l'approbation des comptes (D. art. 6-2-3°).

À partir du moment où l'assemblée est devenue définitive, les copropriétaires ne peuvent se soustraire au paiement des charges réclamées (V. ▪ Cass. 3e civ., 29 oct. 1986 : *Rev. loyers* 1987, p. 59. ▪ Cass. 3e civ., 12 janv. 1982 : *D.* 1983, inf. rap. p. 432. ▪ CA Paris, 23e ch., 5 juin 1985 : *Inf. rap. copr.* juin 1985, p. 158. ▪ CA Paris, 23e ch., 6 mai 1981 : *D.* 1982, inf. rap. p. 140. ▪ CA Paris, 23e ch., 12 nov. 1980 : *RTD civ.* 1981, p. 879) à moins d'invoquer la nullité de la répartition des charges comme contraire aux règles d'ordre public posées par l'article 10 de la loi.

Voir : sur cette action en nullité, L. 10 juill. 1965, art. 12, comm. n° 11, p. 205. – Sur les conditions auxquelles les charges peuvent être mises en recouvrement et les moyens de défense des copropriétaires, V. également, L. 10 juill. 1965, art. 10, comm. n° 83, p. 173.

IX – SYNDIC PROVISOIRE ET PROVISIONS

16) Appels de fonds. Jusqu'à présent, il n'existait aucune disposition réglementant les sollicitations de fonds de la part du premier syndic après la mise en copropriété d'un immeuble. Cette lacune a été comblée par le décret n° 2010-391 du 20 avril 2010 qui a introduit deux nouveaux alinéas à l'article 35 du décret.

Il est prévu que si le règlement de copropriété a fixé le montant d'une provision, le syndic peut en exiger le versement à la condition qu'elle soit destinée à faire face aux dépenses de maintenance, de fonctionnement et d'administration des parties et équipements communs de l'immeuble (D. 1967, art. 35, al. 2).

Dans le cas où cette provision a déjà été consommée ou si le règlement de copropriété n'en prévoit aucune, le syndic est autorisé à appeler auprès des copropriétaires le remboursement des sommes correspondant aux dépenses régulièrement engagées et effectivement acquittées, et ce jusqu'à la première assemblée générale, réunie à son initiative, qui votera le premier budget prévisionnel et approuvera les comptes de la période écoulée (D. 1967, art. 35, al. 3). Cette possibilité ne concerne, *a priori*, que les dépenses « courantes », leur remboursement étant effectué au vu des justificatifs produits par le syndic.

Art. 35-1 ***(D. n° 2004-479, 27 mai 2004).*** **– L'assemblée générale décide, s'il y a lieu, du placement des fonds recueillis et de l'affectation des intérêts produits par ce placement.**

Bibliographie : A. Bondu, *Comment gérer les fonds de la copropriété ? : Information immobilière* déc. 1994, p. 12. • B. Dhont, *Le syndic place votre argent : Le Particulier immobilier* févr. 1995, p. 16. • T. Eoche-Duval, *Copropriété, la gestion des fonds : Le Particulier immobilier* sept. 2002, p. 31.

1) Mode de placement. Selon l'article 35-1 nouveau, qui reprend la substance de l'ancien article 35, dernier alinéa, l'assemblée décide éventuellement du mode de placement des fonds recueillis. À défaut de décision de l'assemblée, le syndic se contentera de déposer les fonds sur le compte de la copropriété (qui sera éventuellement un compte séparé : V. L. art. 18).

2) Intérêts des placements. Le texte indique que l'assemblée décide également de « l'affectation des intérêts » produits par le placement. À défaut de décision de l'assemblée, le syndic pourrait éventuellement avoir à en rendre compte au syndicat, en tant que mandataire, sur le fondement de l'article 1996 du Code civil ; ainsi lorsqu'il y a ouverture d'un compte spécial au nom du syndicat (Rép. min. Justice, 4 août 1994 : *JO Sénat*, p. 194 ; *Rev. loyers* 1994, p. 474). Il avait été jugé, sous l'empire de l'ancien texte que le fait que le syndic perçoive ces intérêts pour son compte s'il n'y avait pas de compte séparé n'était pas constitutif d'un abus de confiance (▪ CA Paris, 1re ch. acc., 9 mars 1992 : *Rev. loyers* 1992, p. 437, obs. Rémy et Pialoux).

La solution paraît pouvoir être reconduite. Mais cette situation ne devrait dorénavant se rencontrer qu'exceptionnellement, car, compte tenu du nouveau texte, le syndic devra, dans le cadre de son devoir de conseil, inviter l'assemblée à trancher le problème des intérêts, ce qui évitera toute équivoque.

Le syndicat ne fait pas partie des organismes pouvant bénéficier du plafond exceptionnel de 500 000 F sur le livret A (Rép. min., 17 janv. 2000 : *JOAN*, n° 37504, p. 336. – Sur la modification possible de cet état de choses, V. Rép. secrét. d'État au logement, 22 févr. 2001 : *JO Sénat*, p. 676, n° 19768).

3) Imposition du produit des placements. Les produits provenant du placement des avances de trésorerie, des provisions sur charges et des réserves pour travaux sont réputés être à la disposition des copropriétaires le jour même de leur encaissement par le syndicat. C'est pourquoi les produits de ces placements sont *imposés au nom de chacun des membres du syndicat en proportion de leurs droits dans la copropriété* (cf. Rép. min. à M. Yves Coussain : *JOAN Q*, 29 juill. 1991, p. 2997 et Rép. min., 13 avr. 1998 : *JOAN*, p. 2144, n° 5723).

Pour sa part, le syndicat de copropriétaires est considéré, du point de vue fiscal, comme un établissement payeur. À ce titre, il doit notamment adresser chaque année à l'administration fiscale pour chaque copropriétaire, la déclaration des opérations sur valeurs mobilières et revenus de capitaux mobiliers prévue à l'article 242 *ter* du CGI et verser au Trésor les sommes éventuellement retenues au titre du prélèvement prévu à l'article 125 A du CGI conformément aux dispositions de l'article 381 S de l'Annexe III au même code (Rép. min. Éco. et Fin. n° 33926 à M.-A. Madalle : *JOAN Q*, 10 juin 1996, p. 3111). En tant qu'établissement payeur, le syndicat est notamment tenu de souscrire la déclaration annuelle unique n° 2561, avant le 16 février de l'année suivante et pour chacun des copropriétaires, sous peine d'une amende fiscale de 750 € en cas de première infraction portée à 80 % du montant non déclarée en cas de récidive (CGI, art. 1768 *bis*. – *Dr. fiscal* 1996, comm. 1209, p. 1245).

Art. 35-2 ***(D. n° 2004-479, 27 mai 2004).*** **– Pour l'exécution du budget prévisionnel, le syndic adresse à chaque copropriétaire, [...]** ***(Mots suppr., D. n° 2019-650, 27 juin 2019)*****, préalablement à la date d'exigibilité déterminée par la loi, un avis indiquant le montant de la provision exigible.**

Pour les dépenses non comprises dans le budget prévisionnel, le syndic adresse à chaque copropriétaire, [...] ***(Mots suppr., D. n° 2019-650, 27 juin 2019)*****, préalablement à la date d'exigibilité déterminée par la décision d'assemblée générale, un avis indiquant le montant de la somme exigible et l'objet de la dépense.**

(Al. aj., D. n° 2019-650, 27 juin 2019). **– Les avis mentionnés aux deux premiers alinéas sont adressés par lettre simple ou, sous réserve de l'accord exprès du copropriétaire, par message électronique à l'adresse déclarée par lui à cet effet.**

1) Recouvrement des provisions exigibles en exécution du budget prévisionnel : avis aux copropriétaires. Aux termes de l'article 14-1 de la loi (V. ce texte) les copropriétaires doivent verser au syndicat des provisions égales en principe au quart du budget voté, l'assemblée pouvant toutefois fixer des modalités différentes. Ces provisions sont exigibles le premier jour de chaque trimestre ou le premier jour de la période fixée par l'assemblée.

L'article 35-2 oblige le syndic à adresser à chaque copropriétaire, préalablement à la date d'exigibilité de la provision, un avis indiquant le montant de la provision exigible.

2) Recouvrement des dépenses non comprises dans le budget prévisionnel : avis aux copropriétaires. En ce qui concerne les dépenses non comprises dans le budget prévisionnel, l'article 14-2 de la loi (V. ce texte) énonce qu'elles sont exigibles « selon les modalités votées par l'assemblée générale ».

L'article 35-2 prévoit que le syndic devra adresser à chaque copropriétaire, préalablement à la date d'exigibilité déterminée par la décision de l'assemblée, un avis indiquant « le montant de la somme exigible et l'objet de la dépense ».

3) Modalités de délivrance des avis. Les « avis » prévu aux deux premiers alinéas de l'article 35-2 doivent être adressé aux copropriétaires :

– soit par lettre simple ;

– soit par message électronique, lorsque le copropriétaire a donné son accord exprès, à l'adresse déclarée par lui à cet effet (art. 35-2, al. 3).

Art. 36 *(Mod., D. n° 2004-479, 27 mai 2004).* **– Sauf stipulation contraire du règlement de copropriété, les sommes dues au titre de l'article 35 portent intérêt au profit du syndicat. Cet intérêt, fixé au taux légal en matière civile, est dû à compter de la mise en demeure adressée par le syndic au copropriétaire défaillant.**

Bibliographie : Ph. Bihr, *Les intérêts moratoires en copropriété et dans les locations : Inf. rap. copr.* févr. 1994, p. 457 et s.

1) Exigibilité des intérêts : conditions. Les sommes qui peuvent être réclamées aux copropriétaires en vertu de l'article 35 du décret (V. ci-dessus) portent *intérêt au taux légal* à compter de la mise en demeure qui leur est adressée par le syndic.

Le taux d'intérêt légal fait l'objet d'une fixation annuelle.

Le *règlement de copropriété* pourrait écarter l'application de ce texte et donc la perception d'intérêts au profit du syndicat (en ce sens, ▪ Cass. 3e civ., 11 juin 1992 : *Rev. Administrer* mars 1993, note E.-J. Guillot et mars 1994, p. 47, note E. Frank ; *RD imm.* 1992, p. 541, obs. P. Capoulade ; *AJPI* 1993, p. 617, note J.-M. Gélinet). De l'arrêt de la Cour de cassation du 11 juin 1992, il résulte également que le règlement de copropriété ne pourrait prévoir le paiement d'intérêts à un taux supérieur ou à un taux inférieur au taux légal : une telle stipulation serait réputée non écrite (dans le même sens : ▪ CA Paris, 23e ch. B, 3 juin 2004 : *JurisData* n° 2004-242569. ▪ CA Paris, 23e ch., 11 janv. 1994 : *Rev. Administrer* déc. 1994, p. 58 et ▪ Cass. 3e civ., 3 mars 1999 : *JCP* G 1999, IV, 1762 ; *Rev. Administrer* sept. 1999, p. 72, note J.-R. Bouyeure ; *AJDI* 1999, p. 705, obs. C. Giverdon : selon cette décision sauf exclusion du paiement de tout intérêt, doit être réputée non écrite une clause contraire aux dispositions légales fixant au taux légal les intérêts dus au syndicat par un copropriétaire. – V. aussi ▪ CA Paris, 23e ch. B, 6 mars 1998 : *Bull. CSAB* déc. 1998, n° 158, note A. Dunes).

– Sur la possibilité de stipuler un intérêt supérieur au taux légal à titre de clause pénale, V. ▪ CA Aix-en-Provence, 13 mars 1997 : *D.* 1998, somm. p. 119, note C. Atias. ▪ CA Paris, 30 oct. 1979 : *D.* 1980, inf. rap. p. 239. – *Contra* : ▪ CA Paris, 23e ch. B, 9 févr. 1996 : *Loyers et copr.* 1996, comm. 277.

Rappelons que par application de la loi n° 75-619 du 11 juillet 1975 (art. 3), en cas de condamnation, le taux de l'intérêt légal est majoré de 5 points à l'expiration d'un délai de deux mois à compter du jour où la décision de justice est devenue exécutoire, fût-ce par provision.

2) Mise en demeure. Le syndic doit adresser une *mise en demeure* aux copropriétaires défaillants. La mise en demeure du syndic peut être faite par lettre recommandée avec accusé de réception (▪ TGI Nice, 17 nov. 1971 : *Inf. rap. copr.* 1972, p. 73, note J. Cabanac) ou encore par lettre recommandée électronique (V., *infra*, comm. art. 64, p. 894).

L'intérêt ne court qu'à compter de la mise en demeure. Toute stipulation contraire du règlement devrait être réputée non écrite. À défaut de mise en demeure, ils courront à compter de l'assignation en justice s'il y a procédure (▪ Cass. 3e civ., 12 janv. 2000 : *JurisData* n° 2000-000351 ; *Loyers et copr.* 2000, comm. 149. ▪ CA Paris, 23e ch., 6 juill. 1993 : *Loyers et copr.* 1993, comm. 447).

La *responsabilité du syndic* qui n'adresse pas cette mise en demeure en temps utile peut être engagée (Kischinewsky-Broquisse, n° 176).

Le syndicat se trouve, en effet, privé du bénéfice des intérêts sur les sommes dues tant que la mise en demeure n'a pas été effectuée (le préjudice subi est donc directement mesurable). Le syndic devrait donc délivrer cette mise en demeure systématiquement aussitôt qu'il constate un retard de paiement (le règlement de copropriété ou l'assemblée pouvant lui fixer un délai pour ce faire).

Si le syndicat augmente sa demande en cours de procédure, l'intérêt court à compter de la notification des conclusions additionnelles (▪ Cass.

3e civ., 12 janv. 2000, préc.). Ces intérêts sont exigibles sur les sommes appelées à titre de provisions, même si les comptes n'ont pas été approuvés (▪ Cass. 3e civ., 9 juill. 1997 : *Rev. loyers* 1998, p. 515).

Si la demande du syndicat a été réactualisée au titre des charges venues à échéance postérieurement à la délivrance du commandement de payer, le copropriétaire débiteur ne peut être condamné au paiement d'intérêts à compter de la date de ce commandement (▪ Cass. 3e civ., 17 janv. 2006 : *Loyers et copr.* 2006, comm. 63, obs. G. Vigneron ; *AJDI* 2006, p. 390). Mais le fait que la demande ait été réduite par le juge, qui a souligné la mauvaise foi du syndicat, n'empêche pas que les intérêts soient dus à compter du jour où le débiteur a été mis en demeure (▪ Cass. 3e civ., 15 févr. 2005 : *Rev. Administrer* mai 2005, p. 46, obs. J.-R. Bouyeure).

3) Prescription. Les *intérêts dus se prescrivent par dix ans* en application de l'article 42, alinéa 1er, de la loi (V. ce texte. ▪ CA Paris, 23e ch., 6 juill. 1993 : *Loyers et copr.* 1993, n° 447).

Art. 37 *(Mod., D. n° 2010-391, 20 avr. 2010).* – **Lorsqu'en cas d'urgence le syndic fait procéder, de sa propre initiative, à l'exécution de travaux nécessaires à la sauvegarde de l'immeuble, il en informe les copropriétaires et convoque immédiatement une assemblée générale.**

Par dérogation aux dispositions de l'article 35 ci-dessus, il peut, dans ce cas, en vue de l'ouverture du chantier et de son premier approvisionnement, demander, sans délibération préalable de l'assemblée générale mais après avoir pris l'avis du conseil syndical, s'il en existe un, le versement d'une provision qui ne peut excéder le tiers du montant du devis estimatif des travaux.

Il ne peut demander de nouvelles provisions pour le paiement des travaux qu'en vertu d'une décision de l'assemblée générale qu'il doit convoquer immédiatement et selon les modalités prévues par le deuxième alinéa de l'article 14-2 de la loi du 10 juillet 1965.

Bibliographie : C. Atias, *Les travaux urgents en copropriété : Rev. Administrer* oct. 1987, p. 2 et s. • E. Kischinewsky-Broquisse, *L'urgence en copropriété : Gaz. Pal.* 1994, I, doctr. 475. • J.-M. Roux, *Les travaux urgents et le syndic de copropriété : Rev. Administrer* juin 2006, p. 23. • G. Gil, *La gestion d'affaires en copropriété : Administrer* févr. 2015, p. 5.

1) Travaux dont le syndic peut prendre l'initiative. Sur les travaux que le syndic peut ainsi faire exécuter de sa propre initiative, voir article 18 de la loi.

Voir : sur la notion d'urgence, L. 10 juill. 1965, art. 18, comm. nos 25 à 27, p. 297.

2) Obligations du syndic. Lorsque le syndic fait effectuer de sa propre initiative des *travaux urgents*, l'article 37 lui impartit un certain nombre d'*obligations* :

il doit en *informer les copropriétaires* (la forme n'est pas indiquée : au besoin par simple lettre, par affichage..., par dépôt d'un avis dans les boîtes aux lettres (V. Atias, *Les travaux urgents en copropriété : Rev. Administrer* oct. 1987, p. 2 et s., n° 12. ▪ Cass. 3e civ., 30 mars 2010 : *AJDI* 2010, p. 391. ▪ CA Aix-en-Provence, 4e ch. A, 15 oct. 2010 : *Rev. Administrer* mars 2011, p. 47, obs. J.-M. Roux ; *Inf. rap. copr.* mai 2011, p. 14, obs. M.-F. Ritschy ; *Bull. Aix* 2011-1, p. 40, obs. J.-M. Roux, cet arrêt retient la faute du syndic qui a omis d'avertir les copropriétaires de la réalisation de travaux urgents) ;

... et *convoquer immédiatement une assemblée générale* : la procédure d'urgence de l'article 9, alinéa 2 du décret (V. ce texte), est alors applicable.

Cette assemblée se prononcera à la majorité de l'article 24.

C'est à elle seule qu'il appartient de statuer : l'autorité judiciaire ne pourrait se substituer à elle (▪ CA Paris, 23e ch. B, 4 nov. 2004 : *Loyers et copr.* 2005, comm. 60, obs. G. Vigneron. ▪ CA Paris, 23e ch. A, 27 avr. 1987 : *D.* 1987, inf. rap. p. 129).

Lorsqu'il convoque d'urgence une assemblée en vertu de l'article 37, le syndic est dispensé de respecter les délais normaux de convocation et peut ne soumettre les devis aux copropriétaires que le jour de la convocation (▪ CA Paris, 23e ch. B, 25 mai 2000 : *Dossier CSAB* n° 87, oct. 2000, n° 107, obs. A. Dunes. ▪ TGI Paris, 25 juin 1980 : *Rev. loyers* 1981, p. 273). La clause du règlement imposant un délai minimum de dix jours doit être réputée non écrite (▪ CA Paris, 23e ch. B, 28 mai 1998 : *Loyers et copr.* 1998, n° 280). Si la convocation doit être immédiate, un léger retard ne peut être reproché au syndic, s'il ne cause pas de préjudice (▪ TGI Marseille, 23 nov. 1978 : *Ann. loyers* 1979, p. 1480, n° 12118). Sur une convocation tardive de l'assemblée générale par le syndic, ▪ Cass. 3e civ., 20 sept. 2011, n° 10-30.794 : *Rev. Administrer* déc. 2011, p. 67, obs. J.-R. Bouyeure.

La ratification des travaux ne peut résulter implicitement de l'approbation des comptes par l'assemblée générale (▪ Cass. 3e civ., 17 janv. 2007 : *Loyers et copr.* 2007, comm. 65, obs. G. Vigneron ; *JCP* N 2007, IV, 1361 ; *Inf. rap. copr.* avr. 2007, p. 14, obs. M.-F. Ritschy ; *Rev. loyers* 2007, p. 150, note T. Dubaele ; *AJDI* 2007, p. 483, obs. P. Capoulade). Le fait que l'assemblée ait ratifié les dépenses exposées par le syndic n'est donc pas suffisant : cette résolution doit être annulée s'il n'est pas démontré que le syndic avait immédiatement convoqué une assemblée pour se prononcer sur les travaux eux-mêmes (■ Cass. 3e civ., 1er févr. 2005 : *Loyers et copr.* 2005, comm. 100, obs. G. Vigneron ; *Rev. Administrer* mai 2005, p. 43, obs. J.-R. Bouyeure). Le syndic qui négligerait de convoquer l'assemblée engagerait sa responsabilité vis-à-vis du syndicat, dans la mesure du préjudice causé (■ CA Paris, pôle 4, ch. 2, 12 oct. 2022 : *Administrer* déc. 2022, p. 55, obs. P. Déchelette-Tolot. ■ CA Paris, 23e ch., 7 févr. 1996 : *Loyers et copr.* 1996, comm. 282). À défaut d'établir un préjudice résultant de l'absence de convocation de l'assemblée, la responsabilité du syndic ne peut être engagée (■ Cass. 3e civ., 9 févr. 2017, n° 15-25.572 : *Loyers et copr.* 2017, comm. 89, obs. C. Coutant-Lapalus ; *Inf. rap. copr.* avr. 2018, p. 12, obs. M.-F. Ritschy ; *Ann. loyers* 2017, p. 68, obs. J.-M. Roux. – Dans le même sens, ■ CA Paris, 7 sept. 2016 : *AJDI* 2017, p. 48 et p. 292). Le paiement de leur quote-part des dépenses ne peut être réclamé aux copropriétaires s'il n'y a pas eu de convocation d'assemblée (■ Cass. 3e civ., 20 janv. 1999 : *Loyers et copr.* 1999, comm. 112 ; *Inf. rap. copr.* avr. 1999, p. 17, note P. Capoulade. – Dans le même sens, ■ Cass. 3e civ., 17 janv. 2007, préc.).

L'assemblée peut refuser de ratifier l'initiative du syndic (*JCl. Copropriété*, Fasc. 90, n° 78). En ce cas, le syndicat restera engagé vis-à-vis des entreprises contractantes mais pourra se retourner contre le syndic pour obtenir des dommages et intérêts (■ CA Paris, 23e ch. B, 4 nov. 2004 : *Loyers et copr.* 2005, comm. 60, obs. G. Vigneron).

3) Demande de provision. Le texte offre la possibilité au syndic de *demander une provision* « en vue de l'ouverture du chantier et de son premier approvisionnement », avant toute convocation de l'assemblée : toutefois, s'il existe un conseil syndical, le syndic devra avoir obtenu son avis favorable.

Cette provision ne peut excéder le tiers du montant du devis estimatif des travaux (art. 37, al. 2).

Afin de pallier l'éventuelle insuffisance des sommes qui ont été sollicitées dans un premier temps, le syndic ne pourra demander de nouvelles provisions pour le paiement des travaux qu'en vertu d'une décision de l'assemblée générale qu'il devra convoquer immédiatement et selon les modalités prévues par l'article 14-2 de la loi du 10 juillet 1965 (D. 1967, art. 37, al. 3 nouveau, introduit par le décret n° 2010-391 du 20 avril 2010. – Sur l'article 14-2 de la loi, V. ce texte *supra*). Il s'agit de « redonner la main » le plus tôt possible à l'organe délibérant pour tout appel de fonds supplémentaire, même si l'urgence commande de la réunir sans avoir, *a priori*, à respecter le délai de vingt et un jours.

4) Avances faites par un copropriétaire. Il a été admis que *si un copropriétaire fait l'avance* de dépenses nécessitées par des travaux urgents alors que la copropriété est dépourvue de syndic, l'assemblée peut ratifier son initiative et mettre ensuite en recouvrement les frais nécessaires pour le rembourser (■ Cass. 3e civ., 29 oct. 1986 : *Loyers et copr.* 1987, comm. 53 ; *JCP* N 1987, prat. 325 ; *Bull. civ.* III, n° 141, p. 110. ■ CA Paris, 23e ch., 21 mai 1986 : *RTD civ.* 1986, p. 786, obs. C. Giverdon et P. Salvage-Gerest).

Mais il en serait autrement si les copropriétaires faisaient effectuer à leurs frais avancés des travaux ne présentant aucun caractère d'urgence et qu'ils avaient la faculté de demander au syndicat d'entreprendre. En ce cas, ils ne seraient pas fondés à réclamer au syndicat le remboursement des sommes réglées par eux en invoquant les règles de la gestion d'affaires (■ Cass. 3e civ., 18 mars 1987 : *Rev. loyers* 1987, p. 284).

Art. 38 ***(D. n° 73-748, 26 juill. 1973 ; abr. à compter du 1er septembre 2004, D. n° 2004-479, 27 mai 2004 ; rétabli, D. n° 2013-205, 11 mars 2013).*** **– Le constat de la défaillance du copropriétaire, mentionnée au premier alinéa de l'article 26-7 de la loi [n° 65-557] du 10 juillet 1965, résulte d'une mise en demeure par lettre recommandée avec demande d'avis de réception adressée par le syndic dès la première échéance impayée du remboursement de l'emprunt et restée infructueuse pendant plus de trente jours.**

Rédaction antérieure. Art. 38. – Dans le cas où l'immeuble est administré par un syndic qui n'est pas soumis aux dispositions de la loi n° 70-9 du 2 janvier 1970 et des textes pris pour son application, toutes sommes ou valeurs reçues au nom et pour le compte du syndicat doivent être versées sans délai à un compte bancaire ou postal ouvert au nom du syndicat. Le règlement de copropriété ou une décision de l'assemblée générale peut, le cas échéant, dans les conditions et sous réserve des garanties qu'il détermine, fixer le montant maximum des fonds que le syndic peut être autorisé à ne pas verser à ce compte.

Bibliographie : C. Atias, *Le compte bancaire ou postal du syndicat géré par un syndic bénévole : Inf. rap. copr.* janv. 1997, p. 16.

1) Réglementation applicable au syndic non professionnel. Depuis la modification de l'article 18 de la loi du 10 juillet 1965 (V. ce texte) par la loi du 13 décembre 2000 dite « loi SRU », les syndics non soumis à une réglementation professionnelle organisant le maniement des fonds du syndicat (notamment les syndics « bénévoles ») relèvent du régime de droit commun. Ils ont donc l'obligation de déposer les fonds détenus pour le compte du syndicat sur un compte séparé ouvert au nom du syndicat, à peine de nullité de plein droit de leur mandat à l'expiration d'un délai de trois mois suivant leur désignation (V. à ce propos le commentaire de l'article 18 de la loi).

Aux termes mêmes de l'article 18 de la loi, lorsque le syndic n'est pas soumis aux dispositions de la loi du 2 janvier 1970 (V. L. n° 70-9, 2 janv. 1970, p. 1487) ou lorsqu'il ne relève pas d'une réglementation professionnelle organisant le maniement des fonds, l'assemblée ne peut l'autoriser à ne pas ouvrir de compte séparé (V. 22e recommandation de la Commission relative à la copropriété en Annexe 17, p. 1095). Ainsi donc dans tous les cas où le syndic est un copropriétaire (syndic dit « bénévole »), l'ouverture d'un compte séparé est devenu obligatoire, sans dispense possible.

Rappelons que pour les mandats de syndics en cours lors de la promulgation de la loi du 13 décembre 2000 (c'est-à-dire au 13 décembre 2000), l'obligation d'ouvrir un compte séparé s'est appliquée à compter du 31 décembre 2002. C'est dans les trois mois suivant l'expiration du mandat en cours au 13 décembre 2000 que le syndic avait l'obligation d'ouvrir un compte séparé (V. la recommandation de la Commission relative à la copropriété précitée).

De ce fait, les dispositions figurant dans l'article 38 du décret étaient, depuis l'entrée en vigueur de la loi du 13 décembre 2000, et la modification apportée par cette loi à l'article 18 de la loi du 10 juillet 1965, devenues caduques. C'est donc à juste titre que ce texte a été abrogé par le décret du 27 mai 2004.

2) Abus de confiance. Est constitutif d'un abus de confiance le fait pour un syndic bénévole d'avoir viré sur son compte personnel les fonds versés par les copropriétaires et de ne pouvoir justifier de leur emploi (■ Cass. crim., 30 nov. 1983 : *Loyers et copr.* 1984, n° 263).

Voir : sur l'inapplicabilité au syndic bénévole, sous le régime antérieur, des dispositions de l'article 18 de la loi concernant la nullité du mandat faute d'ouverture d'un compte bancaire séparé, V. comm., L. 10 juill. 1965, art. 18, comm. n° 59, p. 305.

3) Appréciation de la défaillance d'un copropriétaire. Le décret n° 2013-205 du 11 mars 2013 (*JO* 13 mars) relatif à l'emprunt collectif de copropriété définit la notion de défaillance du copropriétaire, qui est une condition de mise en œuvre de la garantie mentionnée à l'article 26-7 de la loi du 10 juillet 1965. En effet, le syndicat des copropriétaires est garanti en totalité, sans franchise et sans délai de carence, par un cautionnement solidaire après constat de la défaillance d'un copropriétaire bénéficiant de l'emprunt pour les sommes correspondant à son remboursement ainsi qu'au paiement des accessoires. D'après l'article 38 du décret du 17 mars 1967, ce constat résulte d'une mise en demeure par lettre recommandée avec demande d'avis de réception (ou, depuis la réforme opérée par le décret n° 2015-1325 du 21 octobre 2015, par voie électronique) adressée par le syndic dès la première échéance impayée du remboursement de l'emprunt et restée infructueuse pendant plus de trente jours. Ces précisions figurent à l'article 38 du décret du 17 mars 1967, initialement consacré au régime juridique des sommes reçues par un syndic bénévole.

Art. 39 ***(Mod., D. n° 2004-479, 27 mai 2004 ; D. n° 2010-391, 20 avr. 2010 ; à compter du 4 juillet 2020, D. n° 2020-834, 2 juill. 2020).*** **– Doit être spécialement autorisée par une décision de l'assemblée générale toute convention entre le syndicat et le syndic, ses préposés, son conjoint, le partenaire lié à lui par un pacte civil de solidarité, son concubin, ses parents ou alliés jusqu'au deuxième degré inclus.**

Il en est de même des conventions entre le syndicat et une entreprise dont les personnes mentionnées à l'alinéa précédent sont propriétaires ou détiennent une participation dans son capital, ou dans lesquelles elles exercent des fonctions de direction ou de contrôle, ou dont elles sont salariées ou préposées.

Le syndic, lorsqu'il est une personne morale, ne peut, sans y avoir été spécialement autorisé par une décision de l'assemblée générale, contracter pour le compte du syndicat avec une entreprise qui détient, directement ou indirectement, une participation dans son capital.

Le syndic précise la nature des liens qui rendent nécessaire l'autorisation de la convention.

sur ce point, comm. L. 10 juill. 1965, art. 18-I, 6e tiret, p. 284.

Bibliographie : Th. Poulichot, *Les conflits d'intérêts en copropriété : Inf. rap. copr.* juill.-août 2015, p. 17.

1) Objet du texte. Ce texte s'inspire de la réglementation existant en matière de sociétés commerciales. Il est destiné principalement à *éviter des collusions pour la passation de marchés ou de contrats de fournitures* avec des personnes ou entreprises liées au syndic. Le contrat non autorisé serait à notre avis nul, pour les conventions visées par l'alinéa 1, ou, pour les conventions visées par l'alinéa 2, inopposable au syndicat.

2) Conventions entre le syndic (ou des personnes liées au syndic) et le syndicat. Le texte soumet tout d'abord à autorisation les conventions :

– entre le syndicat et le syndic (■ CA Paris, 19 déc. 2002 : *JurisData* n° 2002-196775) ;

– ou entre le syndicat et les préposés du syndic, son conjoint, le partenaire lié à lui par un pacte civil de solidarité, son concubin (depuis le décret n° 2020-834 du 2 juillet 2020), ses parents ou alliés jusqu'au deuxième degré inclus (et non plus au troisième degré depuis le décret n° 2020-834 du 2 juillet 2020). Le décret n° 2010-391 du 20 avril 2010 a supprimé de la liste initiale les parents ou alliés du conjoint du syndic jusqu'au troisième degré inclus.

3) Conventions entre le syndicat et une entreprise liée directement ou indirectement au syndic. Le texte, dans son alinéa 2, oblige à soumettre à l'autorisation de l'assemblée les conventions intervenant entre le syndic et une entreprise, lorsque les personnes visées au numéro précédent (et à l'alinéa 1er de l'article 39) sont propriétaires de cette entreprise, lorsqu'elles détiennent une participation dans son capital, lorsqu'elles y exercent des fonctions de direction ou de contrôle, ou lorsqu'elles en sont les salariés ou les préposées (par exemple, une convention entre le syndicat et une société dont le syndic est le gérant, ■ Cass. 3e civ., 5 nov. 2015, n° 14-14.343 : *Inf. rap. copr.* avr. 2016, p. 11, obs. M.-F. Ritschy ; *Rev. Administrer* févr. 2016, p. 41, obs. J.-R. Bouyeure ; *Ann. loyers* janv.-févr. 2016, p. 66, obs. J.-M. Roux. V. aussi, ■ CA Rennes, 14 déc. 2022 : *AJDI* 2023, p. 200). Lorsque le syndicat conclut une convention avec une société dont le syndic est le gérant, il est représenté par son syndic, qui est seul signataire du contrat, auquel il intervient avec une double qualité : celle de syndic, celle de gérant de la société tierce (■ Cass. 3e civ., 5 nov. 2015, n° 14-14.343 : *JurisData* n° 2015-24792 ; *Loyers et copr.* 2016, n° 24, note G. Vigneron ; *Administrer* févr. 2016, p. 41, note J.-R. Bouyeure).

4) Contrats conclus entre le syndic personne morale et une entreprise directement ou indirectement liée à lui. L'alinéa 3 du texte soumet enfin à autorisation de l'assemblée les contrats conclus par le syndic personne morale pour le compte du syndicat lorsque cette entreprise détient, directement ou indirectement, une participation dans le capital de la société-syndic.

5) Information par le syndic. Afin d'améliorer l'information des copropriétaires sur les raisons qui le conduisent à solliciter leur aval, le syndic doit préciser la nature des liens qui rendent nécessaire l'autorisation de la convention (D. 1967, art. 39, al. 4 nouveau, aj. par D. n° 2010-391, 20 avr. 2010).

6) Modalité d'adoption. Conformément à l'article 18-1 A II, alinéa 2, de la loi du 10 juillet 1965 (V. ce texte), la convention sera autorisée par l'assemblée générale à la majorité des voix exprimées des copropriétaires présents, représentés ou ayant voté par correspondance.

Art. 39-1 *(D. n° 2004-479, 27 mai 2004).* – **Lorsque certains copropriétaires peuvent bénéficier de subventions publiques pour la réalisation de travaux sur les parties communes, le syndic, s'il est soumis à une réglementation professionnelle organisant le maniement des fonds d'autrui, peut être le mandataire de ces copropriétaires. Ce mandat est soumis aux dispositions des articles 1984 et suivants du Code civil.**

Copropriétaires bénéficiaires de « subventions publiques » – Mandat donné au syndic. Ce texte vise le cas où « certains copropriétaires » peuvent bénéficier de « subventions publiques » (c'est-à-dire d'aides provenant d'organismes publics ou parapublics, par exemple l'ANAH) pour la réalisation de travaux sur les parties communes. Ces copropriétaires peuvent alors donner mandat au syndic pour percevoir, gérer et organiser l'emploi des fonds, ce qui est une source de simplification à la fois pour l'organisme dispensateur de l'aide et pour les copropriétaires concernés. Ce mandat, soumis aux règles du Code civil (articles 1984 et suivants), ne peut toutefois être conféré qu'à un syndic « soumis à une réglementation professionnelle organisant le maniement des fonds d'autrui », ce qui exclut, par exemple, le syndic bénévole.

Section IV *bis*. – Dispositions particulières aux résidences-services

(Aj. à compter du 1er nov. 2010, D. n° 2010-391, 20 avr. 2010)

Le décret du 20 avril 2010 a créé dans le décret du 17 mars 1967 une section IV *bis* intitulée « Dispositions particulières aux résidences-services » et comprenant les nouveaux articles 39-2 à 39-7, pris pour l'application des articles 41-1 à 41-5 de la loi du 10 juillet 1965. Ces dispositions sont entrées en vigueur le 1er novembre 2010.

Une nouvelle réforme a été opérée par le décret n° 2016-1446 du 26 octobre 2016, applicable à compter du 1er novembre 2016. Rappelons que ces textes ont un caractère d'ordre public (L. 10 juill. 1965, art. 43).

Bibliographie : P. Capoulade, *Dispositions du décret du 17 mars 1967 relatif aux « résidences services » : AJDI* juill.-août 2010, p. 530.

Art. 39-2 *(Aj. à compter du 1er novembre 2010, D. n° 2010-391, 20 avr. 2010 ; rempl. à compter du 1er novembre 2016, D. n° 2016-1446, 26 oct. 2016).* **– Les catégories de services non individualisables mentionnées à l'article 41-1 de la loi [n° 65-557] du 10 juillet 1965 sont :**

1° L'accueil personnalisé et permanent des résidents et de leurs visiteurs ;

2° La mise à disposition d'un personnel spécifique attaché à la résidence, le cas échéant complétée par des moyens techniques, permettant d'assurer une veille continue quant à la sécurité des personnes et la surveillance des biens ;

3° Le libre accès aux espaces de convivialité et aux jardins aménagés.

Définition des services non individualisables. L'article 41-1 de la loi du 10 juillet 1965 énonce que le règlement de copropriété peut étendre l'objet d'un syndicat de copropriétaires à la fourniture aux résidents de l'immeuble de services spécifiques dont les catégories sont précisées par décret et qui, du fait qu'ils bénéficient par nature à l'ensemble de ses résidents, ne peuvent être individualisés.

L'article 39-2 définit ces services non individualisables. Ils ont pour objet :

– d'assurer l'accueil personnalisé et permanent des résidents et de leurs visiteurs ;

– de mettre à la disposition des résidents un personnel spécifique attaché à la résidence. Le cas échéant, cette prestation est « complétée par des moyens techniques, permettant d'assurer une veille continue quant à la sécurité des personnes et la surveillance des biens » ;

– d'assurer un libre accès aux espaces de convivialité et aux jardins aménagés.

L'article 66-2 du décret du 17 mars 1967 énonce que les dispositions de l'article 39-2 peuvent être modifiées par décret.

Art. 39-2-1 *(Aj. à compter du 1er novembre 2016, D. n° 2016-1446, 26 oct. 2016).* **– Les conventions prévues au deuxième alinéa de l'article 41-1 de la loi [n° 65-557] du 10 juillet 1965 précisent notamment leur durée, les conditions de leur renouvellement et de leur dénonciation, les modalités de surveillance par le conseil syndical de leur exécution, les conditions de communication par le prestataire des documents relatifs à cette exécution, l'objet et les conditions financières de la fourniture du ou des services ainsi que les conditions matérielles et financières d'occupation des locaux.**

1) Convention avec un prestataire de services extérieur. L'article 41-1, alinéa 2 de la loi du 10 juillet 1965 prévoit que les services spécifiques fournis aux résidents des « résidences services » peuvent être procurés « en exécution de conventions conclues avec des tiers ».

L'article 39-2-1 nouveau du décret du 17 mars 1967, issu du décret n° 2016-1446 du 26 octobre 2016, applicable à compter du 1er novembre 2016, et qui reproduit l'ancien article 39-2 issu du décret du 20 avril 2010, détermine le contenu de cette convention.

2) Contenu de la convention. La convention conclue avec le prestataire de services doit indiquer « notamment » dit le texte :

– la durée pour laquelle elle est conclue ;

– les conditions de son renouvellement et de sa dénonciation ;

– les modalités de surveillance par le conseil syndical de son exécution ;

– les conditions de communication par le prestataire des documents relatifs à cette exécution ;

– l'objet et les conditions financières de la fourniture du ou des services ;

– les conditions matérielles et financières d'occupation des locaux.

Art. 39-3 *(Aj. à compter du 1er novembre 2010, D. n° 2010-391, 20 avr. 2010). – (Al. rempl. à compter du 1er novembre 2016, D. n° 2016-1446, 26 oct. 2016)* **Le bilan mentionné au troisième alinéa de l'article 41-6 de la loi [n° 65-557] du 10 juillet 1965 porte sur les conditions financières d'exécution des conventions de services spécifiques non individualisables, la qualité et le contenu des services dispensés, leur conformité aux attentes des résidents ainsi que, s'agissant des conventions prévues à l'article 41-3 de cette loi, sur les conditions d'exécution du ou des contrats de prêt.**

Il est signé par le président du conseil syndical et notifié par le syndic conformément aux prescriptions du 4° du II de l'article 11.

En cas de difficulté d'exécution de la convention, le conseil syndical informe sans délai le syndic qui prend les mesures appropriées.

1) Surveillance par le conseil syndical de l'exécution des conventions conclues avec des prestataires de la convention conclue avec un prestataire de services extérieur. Lorsqu'il n'a pas reçu de délégation de l'assemblée pour prendre « les décisions relatives à la gestion courante de services spécifiques », le conseil syndical, dont la présence est obligatoire dans les résidences services, doit donner obligatoirement son avis sur le projet de convention qui doit être conclue avec un prestataire de services extérieur et il doit surveiller la bonne exécution de la convention dont il doit présenter un bilan chaque année (L. 10 juill. 1965, art. 41-6, al. 3).

L'article 39-3 du décret du 17 mars 1967, issu du décret n° 2016-1446 du 26 octobre 2016, applicable à compter du 1er novembre 2016, et qui reproduit pour partie l'ancien article 39-3 issu du décret du 20 avril 2010, précise les modalités d'exécution de la mission ainsi confiée au conseil syndical.

2) Établissement d'un « bilan » par le conseil syndical. Le bilan que le conseil syndical doit présenter chaque année à l'assemblée, aux termes de l'article 41-6, alinéa 3 de la loi du 10 juillet 1965, porte, indique l'article 39-3, alinéa 1 :

« sur les conditions financières d'exécution des conventions de services spécifiques non individualisables » ;

« sur la qualité et le contenu des services dispensés, leur conformité aux attentes des résidents » ;

Et « s'agissant des conventions prévues à l'article 41-3 de la loi du 10 juillet 1965, sur les conditions d'exécution du ou des contrats de prêt » (il s'agit du « prêt à usage » portant sur les parties communes, consenti aux tiers prestataires de services).

L'article 39-3 ajoute dans son alinéa 2 que ce bilan est signé par le président du conseil syndical et notifié par le syndic conformément aux prescriptions de l'article 11-II-4° du décret du 17 mars 1967 (V. ce texte *supra*), en vue de l'information des copropriétaires.

Autre précision qui montre l'importance du rôle du conseil syndical en la matière : l'alinéa 3 du même texte indique qu'en cas de difficultés d'exécution de la convention, le conseil syndical doit informer « sans délai le délai le syndic qui prend les mesures appropriées ».

Art. 39-4 ***(Aj. à compter du 1er novembre 2010, D. n° 2010-391, 20 avr. 2010 ; rempl. à compter du 1er novembre 2016, D. n° 2016-1446, 26 oct. 2016).*** **– Le rapport mentionné au troisième alinéa de l'article 41-1 de la loi [n° 65-557] du 10 juillet 1965 est établi, sur demande d'un ou plusieurs copropriétaires, par le syndic ou, en cas de carence, par le conseil syndical.**

Rapport concernant la suppression des services non individualisables. Selon l'article 41-1, alinéa 3 de la loi du 10 juillet 1965, la décision de suppression d'un service non individualisable ne peut intervenir qu'à la condition que l'assemblée générale ait eu connaissance au préalable d'un rapport portant sur l'utilité de ce service pour l'ensemble des résidents et sur les conséquences de la suppression de ce service sur l'équilibre financier de la copropriété.

L'article 39-4 vient préciser que le « rapport » dont fait état ce texte est établi :

– par le syndic, sur demande d'un ou plusieurs copropriétaires ;

– en cas de carence du syndic, par le conseil syndical. La carence du syndic devra être établie pour que le conseil syndical puisse se substituer à lui (par exemple par une mise en demeure préalable restée sans résultat).

Art. 39-5 ***(Aj. à compter du 1er novembre 2010, D. n° 2010-391, 20 avr. 2010).*** **– Tous les litiges relatifs à l'exécution** ***(Mots rempl. à compter du 1er novembre 2016, D. n° 2016-1446, 26 oct. 2016)*** **« des conventions de prêt mentionnées à l'article 41-3 de la loi [n° 65-557] du 10 juillet 1965 ainsi que des conventions de prestations de services individualisables et non individualisables » sont de la compétence de la juridiction du lieu de situation de l'immeuble.**

Compétence territoriale en cas de litiges. L'article 39-5 du décret du 17 mars 1967, modifié par le décret n° 2016-1446 du 26 octobre 2016, applicable à compter du 1er novembre 2016, énonce que « sont de la compétence de la juridiction du lieu de situation de l'immeuble », tous les litiges :

– concernant les conventions de prêt mentionnées à l'article 41-3 de la loi [n° 65-557] du 10 juillet 1965 (il s'agit du « prêt à usage » portant sur les parties communes, consenti aux tiers prestataires de services) ;

– et ceux concernant les conventions de prestations de services individualisables et non individualisables ».

Art. 39-6 ***(Aj. à compter du 1er novembre 2010, D. n° 2010-391, 20 avr. 2010 ; mod. à compter du 1er novembre 2016, D. n° 2016-1446, 26 oct. 2016).*** **– Pour l'application du quatrième alinéa de l'article 41-1 de la loi [n° 65-557] du 10 juillet 1965, l'instance est diligentée contre le syndicat des copropriétaires et, le cas échéant, contre le tiers qui fournit le ou les services. Le juge peut entendre le président du conseil syndical.**

Suspension ou suppression des services par décision de justice. L'article 41-1 de la loi du 10 juillet 1965 prévoit dans son alinéa 4 que si l'équilibre financier d'un ou des services dispensés dans une résidence service est « gravement compromis » et après que l'assemblée générale se soit prononcée, le juge statuant comme en matière de référé, saisi par des copropriétaires représentant 15 % au moins des voix du syndicat, peut décider soit la suspension soit la suppression des services concernés.

L'article 39-6 a pris diverses dispositions procédurales pour l'application de ce texte.

Ce texte dispose tout d'abord que l'instance doit être diligentée contre le syndicat des copropriétaires et, le cas échéant, contre le tiers qui fournit le ou les services.

Le texte ajoute que « le juge peut entendre le président du conseil syndical ».

Art. 39-7 ***(Aj. à compter du 1er novembre 2010, D. n° 2010-391, 20 avr. 2010 ; mod. à compter du 1er novembre 2016, D. n° 2016-1446, 26 oct. 2016).*** **– La décision prise en application du quatrième alinéa de l'article 41-1 de la loi [n° 65-557] du 10 juillet 1965 est portée à la connaissance des copropriétaires qui n'étaient pas partie à l'instance à l'initiative du syndic, dans le mois de son prononcé, par remise contre émargement ou par lettre recommandée avec demande d'avis de réception.**

Décision judiciaire suspendant ou supprimant les services de la résidence. L'article 39-7, qui a été pris pour l'application de l'article 41-1, alinéa 4 de la loi du 10 juillet 1965 (V. *supra*, comm. art. 39-6), précise que la décision prise par le juge, suspendant ou supprimant tout ou partie des services de la résidence est portée à la connaissance des copropriétaires qui n'étaient pas parties à l'instance. Cette formalité s'effectue à l'initiative du syndic, dans le mois du prononcé de la décision, par remise contre émargement ou par lettre recommandée avec demande d'avis de réception (ce qui permettra éventuellement aux copropriétaires de faire tierce opposition à la décision rendue).

Art. 39-8 ***(D. n° 2016-1446, 26 oct. 2016).*** **– Pour l'application de l'article 41-7 de la loi [n° 65-557] du 10 juillet 1965, les personnes demeurant à titre principal dans la résidence sont celles qui y occupent un logement au moins huit mois par an, sauf obligation professionnelle ou raison de santé, soit en tant que titulaire d'un droit d'occupation réel ou personnel, soit en tant que conjoint ou partenaire d'un pacte civil de solidarité du titulaire d'un tel droit.**

Personnes constituant le conseil des résidents. Selon l'article 41-7 de la loi du 10 juillet 1965, le conseil des résidents est constitué des « personnes demeurant à titre principal dans la résidence ».

L'article 39-8 explicite ce texte en précisant qu'il faut entendre par « les personnes demeurant à titre principal dans la résidence », celles qui y occupent un logement au moins huit mois par an, sauf obligation professionnelle ou raison de santé :

– soit en tant que titulaire d'un droit d'occupation réel (propriétaire, titulaire d'un droit d'usufruit, d'un droit d'usage et d'habitation par exemple) ou personnel (contrat de location ; prêt à usage ; convention d'occupation précaire, etc.) ;

– soit en tant que conjoint ou partenaire d'un pacte civil de solidarité du titulaire d'un droit d'occupation réel ou personnel.

Art. 39-9 ***(D. n° 2016-1446, 26 oct. 2016).*** **– Pour permettre au conseil des résidents de se réunir de sa propre initiative, une demande de convocation est adressée au syndic par des résidents représentant au moins trente pour cent du nombre total des lots d'habitation composant la résidence.**

Dans tous les cas où le conseil des résidents doit se réunir, le syndic avertit ses membres des lieu, date et heure de la réunion au moins un mois à l'avance par un affichage à l'emplacement prévu à cet effet au sein de la résidence. Cet emplacement doit être visible et accessible. Le document affiché rappelle les conditions de participation à la réunion.

L'ordre du jour de la prochaine assemblée générale est communiqué par le syndic au conseil des résidents par affichage à l'emplacement mentionné à l'alinéa précédent au moins sept jours avant la réunion du conseil, après anonymisation des documents contenant des informations à caractère personnel.

Le conseil est présidé par un résident élu au scrutin secret à la majorité des votants. En cas de partage des voix, le candidat le plus âgé est déclaré élu. Le syndic préside en cas de carence.

1) Demande de réunion du conseil des résidents par les résidents. Pour permettre au conseil des résidents de se réunir « de sa propre initiative » indique le texte, une demande de convocation doit être adressée au syndic par des résidents représentant au moins 30 % du nombre total des lots d'habitation composant la résidence.

2) Convocation du conseil des résidents. À la suite de la demande qui lui a été faite, comme dans le cas où le syndic décide de sa propre initiative de réunir le conseil des résidents, il doit avertir ses membres des lieu, date et heure de la réunion au moins un mois à l'avance. Il n'y a pas de convocation en bonne et due forme : la réunion est annoncée par un affichage à l'emplacement prévu à cet effet au sein de la résidence. Cet emplacement, indique le texte, doit être « visible et accessible ». Le document affiché doit rappeler les conditions de participation à la réunion.

3) Ordre du jour. L'ordre du jour « de la prochaine assemblée générale » doit être communiqué par le syndic au conseil des résidents.

Cette communication de l'ordre du jour doit être effectuée au moins 7 jours avant la réunion du conseil, par affichage à l'emplacement réservé à cet effet au sein de la résidence. Les documents contenant des informations à caractère personnel doivent être anonymisés.

4) Tenue de la réunion. L'article 39-9, alinéa 4 énonce que le conseil est présidé par un résident élu au scrutin secret à la majorité des votants. En cas de partage des voix, le candidat le plus âgé est déclaré élu. Le syndic préside « en cas de carence », c'est-à-dire lorsqu'il n'a pas été possible d'élire un président dans les conditions sus-indiquées.

Section V. – Dispositions particulières aux syndicats de formes coopératives

Raison d'être des syndicats coopératifs. La possibilité de créer des syndicats coopératifs offerte par l'article 14, alinéa 2, de la loi avait, dans l'esprit du législateur, un double but :

– permettre au syndicat ainsi constitué de faire appel aux organismes de crédit coopératif ;

– inciter les copropriétaires à gérer eux-mêmes leur immeuble sans avoir recours à un syndic professionnel (V. Lombois, *Commentaire de la loi du 10 juillet 1965 : D.* 1966, chron. p. 74).

Les syndicats coopératifs sont réglementés par plusieurs textes : les articles 14, alinéa 2 et 17-1 de la loi, et les articles 40 à 42-2 du présent décret (V. ci-dessous). Ces derniers textes ont été créés par le décret du 27 mai 2004, et se sont substitués, à compter du 1er septembre 2004 aux anciens articles 40 à 42, qui n'était plus qu'en harmonie avec les textes de la loi du 10 juillet 1965, tels que modifiés par la loi du 13 décembre 2000, dite « loi SRU ».

Art. 40 *(Rempl., D. n° 2004-479, 27 mai 2004).* **– Outre les dispositions de la loi du 10 juillet 1965, le syndicat des copropriétaires de forme coopérative, prévu aux articles 14 et 17-1 de cette loi, est régi par les dispositions de la présente section et celles non contraires du présent décret.**

Bibliographie : *Sur le syndicat coopératif.* Kischinewsky-Broquisse, *La copropriété des immeubles bâtis*, nos 324 et s. • Vigneron : *JCl. Copropriété*, Fasc. 78, nos 50 et s. • D. Tomasin et P. Capoulade (dir.), *La copropriété*, Dalloz Action 2021-2022, nos 321.261 et s. • A. Kespern, *Le syndicat coopératif de copropriété : Jour. not.* 1987, art. 58040 ; *Inf. rap. copr.* févr. 1987, p. 39. • N. Dassonville, *Copropriété : les atouts de la gestion directe : Intérêts privés*, oct. 2007, p. 26 s. • S. Laporte-Leconte, *Vers une gestion différente de l'immeuble en coprorpiété : plus individualiste ou plus collective : APII* oct. 2015, dossier 38. • J. Lafond, *Le syndicat de copropriétaires après l'ordonnance du 30 octobre 2019 : Loyers et copr.* 2020, dossier 3.

Constitution et fonctionnement. Le syndicat peut être dès l'origine constitué sous forme coopérative (V. art. 14 de la loi) ou se transformer en syndicat coopératif par délibération de l'assemblée prise à la majorité de l'article 25 et le cas échéant de l'article 25-1 de la loi (L. art. 17-1, al. 3).

Il résulte des articles 14 de la loi et 40 du décret qu'il fonctionne alors selon les règles édictées par les textes qui lui sont propres (en particulier ceux figurant sous la présente section) et celles, non contraires, prévues par le statut de la copropriété.

Art. 41 *(Rempl., D. n° 2004-479, 27 mai 2004).* **– Dans un syndicat de forme coopérative, les actes et documents établis au nom du syndicat doivent préciser sa forme coopérative. En aucun cas, le syndic et le vice-président, s'il existe, ne peuvent conserver ces fonctions après l'expiration de leur mandat de membre du conseil syndical.**

1) Obligation de mentionner la forme coopérative du syndicat. Ce texte oblige tout d'abord les syndicats de forme coopérative à faire état de leur statut coopératif dans les actes et documents (donc en particulier dans la correspondance) établis au nom du syndicat.

2) Lien entre les fonctions de syndic et de vice-président et la qualité de membre du conseil syndical. L'article 17-1 de la loi (V. ce texte) énonce que lorsque le syndicat adopte la forme coopérative, le syndic est élu par les membres du conseil syndical et choisi parmi ceux-ci. Un vice-président peut être également élu dans les mêmes conditions, afin de suppléer le cas échéant le syndic.

La loi établit donc un lien entre eu la qualité de syndic (et le cas échéant la qualité de vice-président) et celle de membres du conseil syndical. L'article 41 du décret en déduit logiquement qu'à partir du moment où le mandat du syndic ou de vice-président est expiré, ils ne peuvent conserver leurs fonctions.

Le syndic ne peut donc continuer de gérer l'immeuble jusqu'à désignation d'un nouveau syndic (■ Cass. 3e civ., 21 nov. 1978 : *D.* 1979, inf. rap. p. 448. ■ CA Paris, 1re ch. G, 13 janv. 1999 : *JurisData* n° 1999-020408 ; *Loyers et copr.* 1999, comm. 171 ; *RD imm.* 1999, p. 311, obs. P. Capoulade). Ainsi est nulle pour irrégularité de fond, l'assignation délivrée au nom d'un syndicat coopératif à la requête d'un syndic dépourvu de qualité à la suite de l'annulation de l'élection du conseil syndical dont il est nécessairement membre (■ Cass. 3e civ., 26 avr. 2006 : *Loyers et copr.* 2006, comm. 159, obs. G. Vigneron ; *Rev. Administrer* juill. 2006, p. 55, obs. J.-R. Bouyeure). Mais si la décision désignant les membres du conseil syndical est contestée, le syndic reste en place tant qu'elle n'est pas définitivement annulée (■ Cass. 3e civ., 17 nov. 1999 : *Inf. rap. copr.* avr. 2000, p. 12 et *RD imm.* 2000, p. 245, obs. P. Capoulade).

La référence à « l'expiration » du mandat de membre du conseil syndical pourrait laisser penser que ce texte ne s'applique que lorsque ce mandat vient à son terme. Mais en réalité, il paraît logique d'en faire application dans tous les cas ou pour une raison ou pour une autre, le syndic (ou le vice-président) perd la qualité de membre du conseil syndical (démission ; révocation ; etc.).

Art. 42 ***(Rempl., D. n° 2004-479, 27 mai 2004).*** **– Les dispositions de l'article 27 sont applicables au syndic. Celui-ci peut, en outre, sous sa responsabilité, confier l'exécution de certaines tâches à une union coopérative ou à d'autres prestataires extérieurs.**

Modalités particulières d'exercice de sa fonction par le syndic. Le texte précise que « les dispositions de l'article 27 » sont applicables au syndic du syndicat de forme coopérative (V. ce texte *supra*).

Il est ajouté que le syndic peut en outre, et sous sa responsabilité, confier l'exécution de certaines tâches à une union coopérative (sur l'union coopérative, V. *infra* l'article 42-2) ou à d'autres prestataires extérieurs (par exemple un comptable).

Art. 42-1 ***(Aj., D. n° 2004-479, 27 mai 2004).*** **– L'assemblée générale désigne, à la majorité de l'article 24 de la loi du 10 juillet 1965, le ou les copropriétaires chargés de contrôler les comptes du syndicat, à moins qu'elle ne préfère confier cette mission à un expert-comptable ou à un commissaire aux comptes.**

Le ou les copropriétaires désignés, l'expert-comptable ou le commissaire aux comptes rendent compte chaque année à l'assemblée générale de l'exécution de leur mission.

Le mandat du ou des copropriétaires désignés pour contrôler les comptes du syndicat ne peut excéder trois ans renouvelables. Il ne donne pas lieu à rémunération.

Le ou les copropriétaires désignés ne peuvent être le conjoint, ***(Mod. à compter du 4 juillet 2020, D. n° 2020-834, 2 juill. 2020)*** **« le concubin », les descendants, ascendants ou préposés du syndic ou d'un des membres du conseil syndical ou être liés à eux par un pacte civil de solidarité.**

1) Contrôle des comptes du syndicat. L'alinéa 1, qui reprend les dispositions de l'article 17-1 de la loi fait obligation à l'assemblée d'organiser un contrôle des comptes. Le texte de l'article 42-1 paraît dès lors impératif au même titre que l'article 17-1 en application des dispositions de l'article 43 de la loi du 10 juillet 1965. Sa violation devrait ainsi emporter la nullité du recours au régime coopératif.

Peuvent être chargés de cette mission un ou plusieurs copropriétaires, ou un professionnel : expert-comptable ou commissaire aux comptes (art. 42-1, al. 1).

Ce même texte précise que la désignation de la personne choisie intervient à la majorité de l'article 24 de la loi (V. ce texte). Le ou les copropriétaires, ou le professionnel désignés ont obligation de rendre compte chaque année à l'assemblée générale de l'exécution de leur mission (art. 42-1, al. 2).

2) Cas où le contrôle des comptes est confié à un copropriétaire. Lorsqu'un ou des copropriétaires reçoivent mission de contrôler les comptes, leur mandat ne peut excéder trois ans renouvelables. Il ne donne pas lieu à rémunération (art. 42-1, al. 3).

Le texte ajoute que ne peuvent être désignés pour contrôler les comptes le conjoint, le concubin, les descendants, les ascendants ou les préposés du syndic ou d'un des membres du conseil syndical, ou des personnes liées au syndic ou à l'un des membres du conseil syndical par un pacte civil de solidarité.

Art. 42-2 *(Aj., D. n° 2004-479, 27 mai 2004)*. – **Les syndicats de forme coopérative peuvent, même si les immeubles ne sont pas contigus ou voisins, constituer entre eux des unions coopératives ayant pour objet de créer et gérer des services destinés à faciliter leur gestion.**

Ces unions coopératives sont soumises aux dispositions de la section VIII du présent décret.

Chaque syndicat décide, parmi les services proposés par une union coopérative, ceux dont il veut bénéficier.

Loi n° 2006-872 du 13 juillet 2006

portant engagement national pour le logement
(JO 16 juill. 2006)

Art. 93. – I. - Les syndicats coopératifs, les syndicats gérés par un copropriétaire syndic non professionnel et les associations syndicales libres peuvent, même si les immeubles ne sont pas contigus ou voisins, constituer entre eux des unions coopératives ayant pour objet de créer et de gérer des services destinés à faciliter leur gestion.

II. - Ces unions coopératives peuvent être propriétaires des biens nécessaires à leur objet. Les adhérents sont représentés à l'assemblée générale de l'union coopérative par leurs présidents ou syndics. L'assemblée générale élit, parmi les représentants des syndicats ou associations syndicales libres adhérents, les membres du conseil d'administration de l'union. Leur mandat ne peut excéder trois ans renouvelables. Il ne donne pas lieu à rémunération.

III. - Chaque syndicat ou association syndicale libre décide parmi les services proposés par une union coopérative ceux dont il veut bénéficier. Les unions coopératives ne sont pas soumises aux dispositions de la section 8 du décret n° 67-223 du 17 mars 1967 pris pour l'application de la loi n° 65-557 du 10 juillet 1965 fixant le statut de la copropriété des immeubles bâtis.

Rattachement du syndicat à une union. L'article 42-2 prévoit la possibilité pour les syndicats ayant adopté la forme coopérative de constituer des « unions ». Plusieurs précisions sont données à propos de l'objet ou du fonctionnement de ces unions :

– elles sont soumises aux dispositions de la section 8 (art. 63 à 63-4) du présent décret et donc aux mêmes règles que les unions de syndicat de copropriétaires à forme non coopérative (al. 2) ;

– ces unions ont pour objet « de créer et gérer des services destinés à faciliter la gestion » des syndicats de forme coopérative (al. 1). Chaque syndicat décide ensuite parmi les services proposés par une union ceux dont il veut bénéficier (al. 3). Autrement dit, rien ne l'oblige à bénéficier de tous les services proposés ;

– des unions peuvent être constituées entre des syndicats de forme coopérative même si les immeubles concernés ne sont pas « contigus ou voisins » (al. 1).

Section V *bis*. – Dispositions particulières à certaines copropriétés

Sous-section 1. – Dispositions particulières aux petites copropriétés

Art. 42-3 *(Aj. à compter du 4 juillet 2020, D. n° 2020-834, 2 juill. 2020)*. – **En application de l'article 41-12 de la loi du 10 juillet 1965, les décisions prises par voie de consultation sont valables dès lors que tous les copropriétaires composant le syndicat ont chacun exprimé leur vote selon l'une des modalités suivantes :**

– par présence physique, y compris dans le cadre d'une délégation de vote ;

– par visioconférence, audioconférence ou tout autre moyen de communication électronique admis par décision de l'assemblée générale dans les conditions de l'article 13-1 du présent décret ;

– par courrier, sur support papier ou électronique.

1) Recours à la « consultation » des copropriétaires. L'article 42-3 fixe les modalités d'application de l'article 41-12 de la loi du 10 juillet 1965. Selon ce texte dans les « petites copropriétés » certaines décisions peuvent être prises à l'unanimité des voix des copropriétaires à l'occasion d'une « consultation écrite », en dehors de toute convocation d'une assemblée générale. Les copropriétaires peuvent également être consultés « au cours d'une réunion » (V. ce texte).

2) Modalités d'expression du vote. L'article 42-3 détermine les modalités selon lesquelles peut être exprimé leur vote dans le cas de « consultation ».

Les copropriétaires peuvent voter :
– par présence physique, y compris dans le cadre d'une délégation de vote ;
– ... ou encore par visioconférence, audio conférence ou par tout autre moyen de communication électronique admis par décision de l'assemblée générale dans les conditions déterminées par l'article 13-1 du décret du 17 mars 1967 (V. ce texte) ;
– enfin par courrier qui peut être « sur support papier ou électronique ».

Art. 42-4 *(Aj. à compter du 4 juillet 2020, D. n° 2020-834, 2 juill. 2020).* **– Pour l'application du deuxième alinéa de l'article 41-12 de la loi du 10 juillet 1965, le syndic organise la consultation du syndicat dans les vingt et un jours suivant la demande adressée par un copropriétaire.**

Demande de consultation formée par un copropriétaire. Selon l'article 41-12 alinéa 2, de la loi du 10 juillet 1965 une « consultation » des copropriétaires peut être organisée par le syndic, à son initiative ou à la demande d'un copropriétaire.

L'article 42-4 précise que, lorsque la demande est formulée par un copropriétaire, la consultation doit être organisée « dans les 21 jours » suivant cette demande (il faut entendre plus exactement « dans les 21 jours suivant la réception de la demande par le syndic »).

Art. 42-5 *(Aj. à compter du 4 juillet 2020, D. n° 2020-834, 2 juill. 2020).* **– Chaque décision prise par voie de consultation est consignée sur un procès-verbal établi et signé par le syndic, comportant le sens du vote de chaque copropriétaire et la signature des copropriétaires présents.**

Ce procès-verbal est annexé au registre des procès-verbaux des assemblées générales.

Lorsque le copropriétaire a participé à la consultation par visioconférence ou audioconférence, il confirme le sens de son vote par tout moyen dans les quarante-huit heures qui suivent la réunion. À défaut, la décision n'est pas valablement prise.

Sont annexés au procès-verbal mentionné au premier alinéa les écrits par lesquels les copropriétaires ont exprimé ou confirmé le sens de leur vote.

1) Décisions prises par voie de consultation : établissement d'un procès-verbal. Lorsque dans une « petite copropriété », une décision est prise par voie de consultation en application de l'article 41-12 de la loi du 10 juillet 1965, l'article 42-5 prescrit de la consigner sur un procès-verbal, établi et signé par le syndic.

Ce procès-verbal comporte le sens du vote de chaque copropriétaire et la signature des copropriétaires présents.

Il est annexé au registre des procès-verbaux des assemblées générales.

2) Consultation par visioconférence ou audio conférence : confirmation du sens du vote. Lorsqu'un copropriétaire a participé à la consultation par visioconférence ou audio conférence, il doit confirmer le sens de son vote « par tout moyen » indique le texte, dans les 48 heures qui suivent la réunion.

À défaut la décision n'est pas valablement prise.

Les écrits par lesquels les copropriétaires ont exprimé ou confirmé le sens de leur vote sont annexés au procès-verbal.

Sous-section 2. – Dispositions particulières aux syndicats dont le nombre de voix est réparti entre deux copropriétaires

Art. 42-6 *(Aj. à compter du 4 juillet 2020, D. n° 2020-834, 2 juill. 2020).* **– L'action en paiement des provisions sur charges peut être exercée par le copropriétaire mentionné à l'article 41-15 de la loi du 10 juillet 1965 dans les conditions prévues à l'article 19-2 de la loi précitée.**

Conflit d'intérêts : paiement des provisions sur charges. L'article 41-15 de la loi du 10 juillet 1965 traite du cas où le syndicat est administré par un syndic professionnel qui, en raison d'un conflit d'intérêts, ne peut engager une action contre l'autre copropriétaire en paiement des provisions sur charges dues au titre des articles 14-1 et 14-2 de la loi. En cas d'absence ou de carence du syndic cette action est ouverte à chacun des copropriétaires.

L'article 42-6 précise que l'action en paiement des provisions sur charges est exercée « dans les conditions prévues à l'article 19-2 » de la loi du 10 juillet 1965 (V. ce texte).

Art. 42-7 *(Aj. à compter du 4 juillet 2020, D. n° 2020-834, 2 juill. 2020).* **– Les décisions ou mesures prises par les deux copropriétaires ou par l'un d'entre eux sont portées à la connaissance de la personne qui exerce tout ou partie des missions de syndic sans être copropriétaire.**

Syndic non propriétaire : information des décisions prises. Dans les copropriétés à 2 personnes, les copropriétaires, et parfois un seul d'entre eux, peuvent prendre des décisions ou prendre des mesures qui susceptibles de rester ignorées de la personne qui exerce tout ou partie des missions de syndic sans être copropriétaire. L'article 42-7 exige que ces décisions ou mesures soient « portées à sa connaissance ».

Art. 42-8 ***(Aj. à compter du 4 juillet 2020, D. n° 2020-834, 2 juill. 2020).*** **– La notification d'une décision prise en application de l'article 41-17 de la loi du 10 juillet 1965 précise la nature de la décision et, le cas échéant, son coût, justifié par des devis ou contrats.**

Décision prise sans réunion de l'assemblée. Selon l'article 41-17 de la loi du 10 juillet 1965 les mesures conservatoires et les décisions mentionnées à l'article 41-16, à l'exclusion de celles portant sur le vote du budget prévisionnel et l'approbation des comptes, peuvent être prises sans réunion de l'assemblée générale.

En ce cas, le copropriétaire décisionnaire est chargé de leur exécution. Il doit les notifier à l'autre copropriétaire, à peine d'inopposabilité.

L'article 42-8 du décret précise que cette notification doit indiquer :

– la nature de la décision ;

– et, le cas échéant, son coût, justifié par des devis ou contrats.

Art. 42-9 ***(Aj. à compter du 4 juillet 2020, D. n° 2020-834, 2 juill. 2020).*** **– Les décisions prises au cours d'une réunion rassemblant les copropriétaires en application de l'article 41-18 de la loi du 10 juillet 1965 ou prises par un seul copropriétaire sont consignées par écrit et versées au registre des procès-verbaux des assemblées générales.**

Formalisation des décisions prises. L'article 42-9 vise les décisions prises au cours d'une réunion rassemblant les copropriétaires en application de l'article 41-18 de la loi du 10 juillet 1965. Il s'agit de réunions intervenues sans convocation préalable (L. art. 41-18, 1°) ou après convocation adressée par l'un des copropriétaires à l'autre à une assemblée générale (L. art. 41-18, 2°). Le texte concerne aussi les décisions prises par un seul copropriétaire.

L'article 42-9 exige que ces diverses catégories de décisions soient consignées par écrit et versées au registre des procès-verbaux des assemblées générales.

Art. 42-10 ***(Aj. à compter du 4 juillet 2020, D. n° 2020-834, 2 juill. 2020).*** **– La contestation d'une décision prise par l'un des copropriétaires n'est possible que devant le tribunal judiciaire.**

Art. 42-11 ***(Aj. à compter du 4 juillet 2020, D. n° 2020-834, 2 juill. 2020).*** **– Sont annexées à l'état des dépenses et créances tenu en application des dispositions de l'article 41-20 de la loi du 10 juillet 1965, toutes pièces permettant de justifier la nature et le montant de chaque dépense et créance, ainsi que la réalité de leur paiement.**

État des dépenses et créances : pièces justificatives. L'article 41-20 de la loi du 10 juillet 1965 impose au copropriétaire non syndic qui perçoit des revenus ou expose des frais au titre de l'administration et de la gestion de la copropriété de tenir un « état des dépenses et créances », laissé à la disposition de l'autre copropriétaire.

L'article 42-11 précise que cet « état des dépenses et des créances » doit être accompagné de pièces justificatives permettant d'attester :

– de la nature et du montant de chaque dépense et de chaque créance ;

– … et (en ce qui concerne les dépenses) de la réalité de leur paiement.

Art. 42-12 ***(Aj. à compter du 4 juillet 2020, D. n° 2020-834, 2 juill. 2020).*** **– Le président du tribunal judiciaire saisi en application de l'article 41-22 de la loi du 10 juillet 1965 statue selon la procédure accélérée au fond.**

Demande d'autorisation judiciaire. L'article 41-22 de la loi du 10 juillet 1965 permet à l'un ou l'autre des copropriétaires de saisir le président du tribunal judiciaire afin de prescrire ou autoriser toutes les mesures urgentes que requiert l'intérêt commun (dont l'alinéa 2 de ce texte donne quelques exemples).

L'article 42-12 précise que le président du tribunal judiciaire statue selon la procédure accélérée au fond, (réglementée par l'article 481-1 du Code de procédure civile).

Section VI. - La comptabilité du syndicat

(Int. rempl., D. n° 2004-479, 27 mai 2004)

Voir : 6e recommandation de la Commission relative à la copropriété, Annexe 17, p. 1095.

Art. 43 *(D. n° 86-768, 9 juin 1986 ; rempl., D. n° 2004-479, 27 mai 2004).* **– Le budget prévisionnel couvre un exercice comptable de douze mois. Il est voté avant le début de l'exercice qu'il concerne.**

Toutefois, si le budget prévisionnel ne peut être voté qu'au cours de l'exercice comptable qu'il concerne, le syndic, préalablement autorisé par l'assemblée générale des copropriétaires, peut appeler successivement deux provisions trimestrielles, chacune égale au quart du budget prévisionnel précédemment voté. La procédure prévue à l'article 19-2 de la loi du 10 juillet 1965 ne s'applique pas à cette situation.

Vote du budget prévisionnel. L'article 43, alinéa 1, pose en principe que le budget prévisionnel, qui couvre un exercice comptable de 12 mois, est voté avant le début de l'exercice qu'il concerne. Si ce principe ne peut pas être respecté et que le budget prévisionnel n'est voté qu'au cours de l'exercice comptable qu'il concerne, l'article 43, alinéa 2, prévoit la possibilité pour l'assemblée d'autoriser le syndic à appeler successivement deux provisions trimestrielles, chacune étant égale au quart du budget prévisionnel précédemment voté.

Le texte ajoute que « la procédure prévue à l'article 19-2 de la loi du 10 juillet 1965 (V. ce texte) ne s'applique pas à cette situation. Le défaut de versement à sa date d'exigibilité de l'une ou l'autre des provisions ne peut donc entraîner l'exigibilité immédiate des provisions non encore échues.

Art. 44 *(Rempl., D. n° 2004-479, 27 mai 2004).* **– Les dépenses non comprises dans le budget prévisionnel sont celles afférentes :**

1° Aux travaux de conservation ou d'entretien de l'immeuble, autres que ceux de maintenance ;

2° Aux travaux portant sur les éléments d'équipement communs, autres que ceux de maintenance ;

3° Aux travaux d'amélioration, tels que la transformation d'un ou de plusieurs éléments d'équipement existants, l'adjonction d'éléments nouveaux, l'aménagement de locaux affectés à l'usage commun ou la création de tels locaux, l'affouillement du sol et la surélévation de bâtiments ;

4° Aux études techniques, telles que les diagnostics et consultations ;

5° Et, d'une manière générale, aux travaux qui ne concourent pas à la maintenance et à l'administration des parties communes ou à la maintenance et au fonctionnement des équipements communs de l'immeuble.

1) Dépenses non comprises dans le budget prévisionnel. L'article 44 du décret, qui complète sur ce point l'article 14-2 de la loi du 10 juillet 1965 (V. ce texte) donne la liste des dépenses « non comprises dans le budget prévisionnel ». Il s'agit, par nature, de dépenses extraordinaires ou qui peuvent difficilement être prévisibles, et par le fait même budgétisées. Elles donneront lieu à des décisions particulières de l'assemblée, qui devra, en même temps, définir les modalités d'appel des provisions dont le syndic pourra exiger le versement en application de l'article 35, 3° du décret (V. ce texte *supra*).

2) Travaux concernant l'immeuble proprement dit. D'une manière générale sont exclus du budget prévisionnel, comme l'indique l'article 44-5°, tous les travaux qui ne concourent pas à la maintenance et à l'administration des parties communes (sur la définition des travaux de « maintenance » voir plus bas l'article 45 du décret). Ce principe étant posé, ne sont pas comprises dans le budget prévisionnel les dépenses afférentes :

• aux travaux de conservation ou d'entretien de l'immeuble (art. 45, 1°). Mais les travaux d'entretien courant sont des « travaux de maintenance » (V. *infra* art. 45, al. 1) ;

• aux travaux d'amélioration (art. 45, 3°) tels que l'aménagement de locaux affectés à l'usage commun ou la création de tels locaux (V. sur ce point, pour la définition de ces travaux et par analogie, le commentaire de l'article 30 de la loi) ;

• aux travaux d'affouillement du sol (art. 45, 3°) ;

• aux travaux de surélévation de bâtiments (art. 45, 3°).

3) Travaux concernant des éléments d'équipement. D'une manière générale sont exclues du budget prévisionnel, comme l'indique l'article 44-5°, les dépenses afférentes à des travaux concernant « la maintenance » ou le « fonctionnement » des équipements communs de l'immeuble. Il s'agit en effet de dépenses qui dans le cadre d'une gestion normale et selon le principe posé par l'article 14-1, doivent être budgétisées (sur la définition des travaux de « maintenance » voir plus bas l'article 45 du décret). Ce principe étant posé, ne sont pas comprises dans le budget prévisionnel :

– les dépenses afférentes à des travaux portant sur les éléments d'équipement communs, autres que ceux de maintenance ;

– les dépenses concernant des travaux d'amélioration tels que la transformation d'un ou de plusieurs éléments d'équipement existants ou l'adjonction d'éléments d'équipement nouveaux (V. sur ce point, pour la définition de ces travaux et par analogie, le commentaire de l'article 30 de la loi).

4) **Études techniques.** Ne seront pas non plus comprises dans le budget prévisionnel les dépenses concernant des « études techniques » (art. 44, 4°). Le texte donne comme exemple les « diagnostics » (par exemple le diagnostic amiante, le diagnostic « plomb ») et les consultations (d'experts, d'architectes, de juristes spécialisés, d'avocat, etc.).

Art. 45 ***(Rempl., D. n° 2004-479, 27 mai 2004).*** **– Les travaux de maintenance sont les travaux d'entretien courant, exécutés en vue de maintenir l'état de l'immeuble ou de prévenir la défaillance d'un élément d'équipement commun ; ils comprennent les menues réparations.**

Sont assimilés à des travaux de maintenance les travaux de remplacement d'éléments d'équipement communs, tels que ceux de la chaudière ou de l'ascenseur, lorsque le prix de ce remplacement est compris forfaitairement dans le contrat de maintenance ou d'entretien y afférent.

Sont aussi assimilées à des travaux de maintenance les vérifications périodiques imposées par les réglementations en vigueur sur les éléments d'équipement communs.

Bibliographie : G. Vigneron, *Les travaux de maintenance depuis le décret du 27 mai 2004 : Loyers et copr.* 2005, p. 6.

1) **Travaux de maintenance proprement dits.** L'article 45-1, qui complète l'article 44, définit les « travaux de maintenance ». Il s'agit des travaux d'entretien courant, exécutés en vue de maintenir l'état de l'immeuble ou de prévenir la défaillance d'un élément d'équipement commun. Ils comprennent, ajoute le texte, les « menues réparations ».

2) **Travaux assimilés à des travaux de maintenance.** L'article 45 assimile à des travaux de maintenance :

– les travaux de remplacement d'éléments d'équipement communs, tels que ceux de la chaudière ou de l'ascenseur, lorsque le prix de ce remplacement est compris forfaitairement dans le contrat de maintenance ou d'entretien y afférent (art. 45, al. 2).

– les vérifications périodiques imposées par les réglementations en vigueur et concernant les éléments d'équipement communs.

3) **Exemples.** Ont été considérés comme des travaux de maintenance le curage et le détartrage des chutes d'eau, des travaux d'hygiène, de blanchiment des locaux, de vérification d'une colonne sèche, des travaux de dégorgement de canalisations, de débarras de locaux communs, de remise en état de colonnes sèches, des travaux de réparation de bris de glace, de remise en état du sol du palier, des travaux sur la porte d'entrée de l'immeuble et des travaux sur les réseaux de vide-ordures (■ CA Paris, 14e ch. A, 9 avr. 2008 : *AJDI* 2008, p. 776).

Art. 45-1 ***(D. n° 2004-479, 27 mai 2004 ; D. n° 2020-834, 2 juill. 2020).*** **– Les charges sont les dépenses incombant définitivement aux copropriétaires, chacun pour sa quote-part. L'approbation des comptes du syndicat par l'assemblée générale ne constitue pas une approbation du compte individuel de chacun des copropriétaires.**

Au sens et pour l'application des règles comptables du syndicat :

– sont nommées provisions sur charges les sommes versées ou à verser en attente du solde définitif qui résultera de l'approbation des comptes du syndicat ;

– sont nommés avances les fonds destinés, par le règlement de copropriété ou une décision de l'assemblée générale, à constituer des réserves, *(Mots suppr. à compter du 4 juillet 2020, D. n° 2020-834, 2 juill. 2020)* « ... ».

Les avances sont remboursables.

1) **Définition des charges.** Les charges sont « les dépenses incombant définitivement aux copropriétaires, chacun pour sa part » (art. 45-1). Elles se distinguent des provisions et des avances (comm. n° 2, p. 831).

C'est l'approbation des comptes qui marque le moment où les dépenses peuvent être imputées définitivement aux copropriétaires. L'article 45-1, alinéa 1, précise à ce propos que l'approbation des comptes du syndicat par l'assemblée ne constitue pas une approbation du compte individuel de chacun des copropriétaires. Elle n'empêche donc pas les copropriétaires de contester les sommes qui leur sont réclamées à titre individuel, ce qu'admettait déjà la jurisprudence (L. 10 juill. 1965, art. 10, comm. n° 86, p. 174. – V. pour une application, ■ Cass. 3e civ., 15 oct. 2013, n° 12-19.017 : *JurisData* n° 2013-022947 ; *Loyers et copr.* 2013, n° 346, obs. G. Vigneron). Un arrêt de la Cour de cassation a précisé que l'approbation des comptes du syndicat était indépendante de la répartition des charges et qu'elle ne pouvait faire obstacle à la contestation par un copropriétaire des modalités de répartition des charges qui lui sont appliquées (■ Cass. 3e civ., 27 mars 2012, n° 11-13.064 : *Administrer* juin 2012, p. 48, obs. J.-R. Bouyeure ; V. également ■ Cass.

3e civ., 3 juin 2021, n° 19-20.657 : *Ann. loyers* 2021, p. 98, obs. J.-M. Roux).

2) Distinction entre provisions et avances. L'article 45-1, alinéas 2 à 5 opère une distinction entre :

– les *provisions sur charges*, qui constituent les sommes versées ou à verser en attente du solde définitif qui résultera de l'approbation des comptes du syndicat ;

– les *avances*, qui sont les fonds destinés, par le règlement de copropriété ou une décision de l'assemblée, à constituer des réserves. Si le syndicat peut demander des avances pour faire face à un manque de trésorerie temporaire, cette demande doit être précédée d'une délibération de l'assemblée statuant à la majorité simple de l'article 24 de la loi du 10 juillet 1965 (▪ CA Versailles, 28 janv. 2013 : *JurisData* n° 2013-003945 ; *Loyers et copr.* 2013, n° 228, obs. G. V.).

Le propre de l'avance est d'être remboursable.

Cette distinction entre avance et provision est faite, précise l'alinéa 2 du texte, « au sens et pour l'application des règles comptables du syndicat ».

D'après une décision de la cour d'appel d'Aix-en-Provence, les avances décidées afin de pallier la carence d'un copropriétaire pourraient être appelées sur la base des tantièmes déduits de ce dernier (▪ CA Aix-en-Provence, ch. 1-8, 13 déc. 2023, n° 21/15437 : *Administrer* févr. 2024, p. 44, obs. P. Déchelette-Totot).

3) Sort des avances en cas de vente de lots. En cas de vente de lots, les avances constituant la réserve prévue au règlement de copropriété (avances de trésorerie permanente ou fonds de roulement) de même que les autres catégories d'avances prévues par l'article 35 du décret (V. ce texte) doivent être remboursées au vendeur. Par ailleurs le syndic peut exiger le versement par l'acquéreur de la réserve prévue au règlement de copropriété (▪ Cass. 3e civ., 27 mars 2013, n° 12-11.808, publié au bulletin : *Rev. loyers* 2013, p. 245, note J.-M. Roux ; *Administrer* juin 2013 p. 55, obs. J.-R. Bouyeure).

Sur les modalités pratiques de remboursement des avances en cas de vente de lot, V. D. 17 mars 1967, art. 5, n° 15.

Section VII. – Procédure

Abondance de dispositions. Comme si le législateur pressentait l'importance du contentieux auquel allait donner lieu l'application de la loi, il a consacré des dispositions abondantes aux règles de procédure. On trouve tout d'abord dans une première sous-section l'énoncé de diverses mesures destinées à pallier l'absence, la vacance, la carence du syndic : désignation judiciaire d'un syndic (art. 46) ou d'un administrateur provisoire (art. 47) ; règles destinées à permettre la désignation judiciaire des membres du conseil syndical (art. 48) ou la convocation de l'assemblée (art. 49).

Les textes qui suivent sont relatifs à l'exercice de diverses actions en justice : action privative des copropriétaires (art. 51), action en révision de la répartition des charges (art. 52, 53), actions « collectives », pouvoir du syndic en matière judiciaire (art. 55), désignation de mandataire *ad hoc* (art. 56), avis à donner aux copropriétaires pour certaines instances auxquelles le syndicat est partie (art. 59).

La sous-section se termine par l'énoncé de diverses règles de compétence (art. 60 à 61-1). Puis une deuxième sous-section est consacrée à diverses dispositions particulières concernant les copropriétés en difficulté (art. 62-1 à 62-14).

V., sur les preuves en matière de recouvrement de charges, ▪ Cass. 3e civ., 4 janv. 2023, n° 21-25.662 : *Administrer* févr. 2023, p. 54, obs. P. Déchelette-Tolot ; *AJDI* 2023, 689, obs. P.-E. Lagraulet).

Sous-section 1. – Dispositions générales

Art. 46 ***(D. n° 86-768, 9 juin 1986 ; mod., D. n° 2010-391, 20 avr. 2010 ; à compter du 1er janvier 2020, D. n° 2019-966, 18 sept. 2019).*** **– À défaut de nomination du syndic par l'assemblée des copropriétaires dûment convoqués à cet effet, le président du tribunal judiciaire désigne le syndic par ordonnance sur requête d'un ou plusieurs copropriétaires ou sur requête d'un ou plusieurs membres du conseil syndical** ***(Mots aj., D. n° 2015-999, 17 août 2015)*** **« ou du maire de la commune ou du président de l'établissement public de coopération intercommunale compétent en matière d'habitat du lieu de situation de l'immeuble ».**

La même ordonnance fixe la durée de la mission du syndic. Cette durée peut être prorogée. Il peut être mis fin à la mission suivant la même procédure.

Indépendamment de missions particulières qui peuvent lui être confiées par l'ordonnance visée à l'alinéa 1er du présent article, le syndic ainsi désigné administre la copropriété dans les conditions prévues par ***(Mod., D. n° 2015-999, 17 août 2015)*** **« les articles 18 à 18-2 de la loi du 10 juillet 1965 » et par le présent**

décret. Il doit notamment convoquer l'assemblée générale en vue de la désignation d'un syndic deux mois avant la fin de ses fonctions.

La mission du syndic désigné par le président du tribunal cesse de plein droit à compter de l'acceptation de son mandat par le syndic désigné par l'assemblée générale.

Bibliographie : J.-M. Gélinet, *L'absence de syndic : Rev. Administrer* août-sept. 1993, p. 8 et s. • F. Baladine et V. Carteron, *Les différents cas de désignation d'un administrateur judiciaire ou d'un syndic judiciaire au sein d'une copropriété : AJDI* 2003, p. 6. • G. Gil, *Le syndic judiciaire : Inf. rap. copr.* nov. 2009, p. 13. • J.-M. Roux, *La copropriété inorganisée : les outils judiciaires d'organisation de la copropriété : Ann. loyers* 2011, p. 829. • C. Atias, *Mandataire ad hoc et administrateur ad hoc du syndicat des copropriétaires : conflit d'intérêts entre syndicat et syndic : AJDI* 2012, p. 652. • J.-M. Roux, *Le syndicat dépourvu de syndic : Administrer* mai 2016, p. 10. • C. Chazelle, *Un monde sans syndic : que faire en cas de vacance du syndic ? : Inf. rap. copr.* sept. 2020, p. 33. • P.-E. Lagraulet, *Procédure de désignation d'un syndic judiciaire : Inf. rap. copr.* juin 2021, p. 6.

I – CHAMP D'APPLICATION DU TEXTE

1) Impossibilité de nommer le syndic. Le recours à la nomination judiciaire du syndic dans le cadre de l'article 46 *suppose qu'une assemblée ait été réunie* et que les copropriétaires n'aient pu parvenir à désigner un syndic à la majorité légale (▪ Cass. 3e civ., 6 oct. 1999 : *Juris-Data* n° 1999-003391 ; *Loyers et copr.* 1999, comm. 300). Cette procédure de désignation n'est donc que subsidiaire (▪ CA Paris, 8 juin 1968 : *JCP* G 1969, IV, p. 41 et N, II, 15843. ▪ Cass. 3e civ., 8 janv. 1970 : *JCP* G 1970, II, 16266. – Kischinewsky-Broquisse, *op. cit.*, n° 381. – *JCl. Copropriété*, Fasc. 88).

On se trouve dans la situation prévue par ce texte lorsque les copropriétaires ont décidé de ne pas accepter la réélection du syndic. Il faut alors désigner un syndic judiciaire et non pas un administrateur provisoire (▪ Cass. 3e civ., 20 févr. 2002 : *Bull. civ.* III, n° 44 ; *JCP* G 2002, IV, 1584 ; *Loyers et copr.* 2002, comm. 161, note G. Vigneron ; *Rev. Administrer* mai 2002, p. 48, obs. J.-R. Bouyeure ; *AJDI* 2002, p. 534, note P. Capoulade). Il en est de même lorsque le syndic a convoqué une assemblée en vue de la nomination de son successeur après l'expiration de son mandat si bien que cette nomination ne pouvait valablement intervenir (▪ Cass. 3e civ., 24 oct. 2006, n° 05-18.930), ou lorsque les procès-verbaux d'assemblée contradictoires ne permettent pas de déterminer si le syndic a ou non été élu (▪ Cass. 3e civ., 27 mai 2010, n° 09-14.541).

Pour que leur requête soit recevable, le ou les demandeurs doivent donc établir que les copropriétaires ont été régulièrement convoqués et n'ont pu parvenir à désigner un syndic.

Il avait été jugé qu'une contestation sérieuse sur le mandat du syndic désigné pourrait éventuellement être assimilée à un défaut de nomination du syndic au sens de ce texte (▪ Cass. 3e civ., 22 juin 1993 : *RD imm.* 1993, p. 423 ; *Loyers et copr.* 1993, n° 411). Mais cette jurisprudence a été remise en cause par une décision postérieure de la Cour de cassation (▪ Cass. 3e civ., 28 nov. 2012, n° 11-18.810 : *Bull. civ.* III, n° 176 ; *JurisData* n° 2012-018810 ; *Loyers et copr.* 2013, comm. 61, note G. Vigneron ; *AJDI* 2013, p. 355, note D. Tomasin ; *Administrer* févr. 2013, p. 49, obs. J.-R. Bouyeure ; *Rev. loyers* 2013, p. 43, note L. Guégan). Selon cette décision, si l'assemblée générale convoquée à cet effet a désigné un syndic, les conditions d'application de l'article 46 du décret du 17 mars 1967 ne sont pas réunies, même si la nomination du syndic est contestée en justice, car les décisions d'assemblée générale s'imposent tant que leur nullité n'a pas été prononcée.

Il faut toutefois réserver le *cas où la réunion préalable d'une assemblée serait en fait inutile* parce qu'elle ne pourrait pas aboutir : par exemple, lorsque l'assemblée ne comporte que deux copropriétaires qui sont en désaccord (V. ▪ TGI Lyon, 30 sept. 1970 : *JCP* G 1970, II, 552). Dans cette hypothèse, la demande de désignation d'un syndic judiciaire pourrait être faite sans que l'assemblée ait été préalablement convoquée.

II – PROCÉDURE

2) Ordonnance du président. C'est le *président du tribunal judiciaire* qui doit être saisi (le ministère d'avocat est donc obligatoire : CPC, art. 808). Les frais de procédure doivent être supportés par l'ensemble des copropriétaires au prorata de leurs tantièmes de copropriété en application de l'article 10, alinéa 2, de la loi (V. ce texte).

Le président du tribunal judiciaire désigne le syndic par *ordonnance sur requête* d'un ou plusieurs copropriétaires, ou sur requête d'un ou plusieurs membres du conseil syndical (al. 1). Les copropriétaires non requérants n'ont pas à être entendus ou appelés. Le décret n° 2015-999 du 17 août 2015 a ajouté à la liste des personnes pouvant présenter requête le maire de la commune ou le président de l'établissement public de coopération intercommunale compétent en matière d'habitat du lieu de situation de l'immeuble.

Il n'y a pas lieu de constater l'urgence (■ Cass. civ., 8 janv. 1970, préc.).

Le président du tribunal peut juger plus opportun de désigner un administrateur provisoire en se référant à l'article 47 du décret.

Voir : sur le champ d'application des deux textes, V. D. 17 mars 1967, art. 47, p. 833.

L'*ordonnance devra être notifiée* à tous les copropriétaires dans le mois de son prononcé par le syndic judiciairement nommé, dans les conditions indiquées par l'article 59, alinéa 3, du décret (V. ce texte) qui prévoit la possibilité d'un recours par voie de référé à l'encontre de la décision.

III – DURÉE DES FONCTIONS DU SYNDIC JUDICIAIRE

3) Maximum de trois ans. L'ordonnance fixe la durée de la mission du syndic (art. 46, al. 2). Cette durée *ne peut en principe excéder trois ans* (V. D. art. 28, al. 2. – Rép. min., 24 juill. 1974 : *JO* Sénat, p. 899). Mais il est valablement désigné même si le président n'a pas précisé la durée de son mandat (■ TGI Lyon, 30 sept. 1970 : *JCP* G 1970, II, 16552).

La mission du syndic peut prendre fin prématurément s'il est révoqué : la demande de *révocation* pourra être présentée par ordonnance sur requête au président du tribunal judiciaire, par n'importe quel copropriétaire ou l'un quelconque des membres du conseil syndical (l'art. 46, al. 2, indique en effet qu'il est mis fin aux fonctions du syndic selon la même procédure que pour sa nomination).

Elle prendra fin normalement *lorsqu'un nouveau syndic aura été désigné* par l'assemblée convoquée à cette fin par le syndic judiciaire : la mission du syndic judiciaire cessera alors « de plein droit », déclare l'alinéa 4 du texte. La passation de pouvoir entre les deux syndics se fera dans les conditions indiquées par l'article 18-2 de la loi (V. ce texte).

La mission du syndic pourra aussi être prorogée selon la même procédure. Il y aura lieu en particulier à *prorogation* lorsque l'assemblée convoquée par le syndic judiciaire, deux mois avant la fin de ses fonctions, n'aura pas pu parvenir à désigner un nouveau syndic.

IV – MISSIONS DU SYNDIC JUDICIAIRE

4) Fixation par l'ordonnance. La mission du syndic est la même que celle d'un syndic ordinaire. L'article 46, alinéa 3, indique expressément, en effet, qu'il administre la copropriété « dans les conditions prévues par les articles 18 à 18-2 de la loi du 10 juillet 1965 et par le présent décret ». Du renvoi à l'article 18, il résulte en particulier que le syndic ainsi désigné a l'obligation d'inviter l'assemblée à se prononcer sur l'ouverture d'un compte bancaire ou postal séparé. Toutefois si l'ordonnance qui le nomme lui fait obligation de verser sur un compte ouvert au nom du syndicat toutes les sommes qu'il recevra pour le compte de ce dernier, il n'a plus à consulter l'assemblée sur la décision à prendre concernant l'ouverture d'un compte séparé (■ Cass. 3e civ., 7 avr. 2004 : *Bull. civ.* III, n° 76 ; *JCP* G 2004, IV, 2185 ; *Rev. loyers* juin 2004, p. 398, note L. Guégan ; *Rev. Administrer* juill. 2004, p. 37, obs. J.-R. Bouyeure).

Voir : sur cette obligation, L. 10 juill. 1965, art. 18, comm. n° 53, p. 303.

Le syndic peut aussi se voir confier des missions particulières.

Cette mission est intérimaire : le syndic doit convoquer une assemblée deux mois avant la fin de ses fonctions pour faire désigner un nouveau syndic (al. 3).

V – RÉMUNÉRATION DU SYNDIC

5) Règles applicables. Le syndic de copropriété désigné par ordonnance du président du tribunal judiciaire n'a pas la qualité d'expert judiciaire mais bien celle d'auxiliaire de justice dont la rémunération doit être fixée en vertu de l'article 719 du Code de procédure civile selon la procédure prévue par les articles 704 à 718 dudit code (■ Cass. 3e civ., 28 juin 1995 : *Loyers et copr.* 1995, n° 499. ■ Cass. 3e civ., 11 janv. 2012, n° 10-23.647 : *JurisData* n° 2012-000225 ; *Loyers et copr.* 2012, comm. 89, obs. G. Vigneron ; *Rev. Administrer* mai 2012, p. 44, obs. J.-R. Bouyeure ; *D.* 2012, p. 285, obs. Y. Rouquet ; *Inf. rap. copr.* mai 2013, p. 13, obs. M.-F. Ritschy). En conséquence, et sur le fondement de ces textes, le juge peut procéder à l'évaluation de la rémunération du syndic et éventuellement la réduire (■ Cass. 3e civ., 11 janv. 2012, n° 10-23.647 : *JurisData* n° 2012-000225 ; *Loyers et copr.* 2012, n° 89, obs. G. Vigneron ; *Rev. Administrer* mai 2012, p. 44, obs. J.-R. Bouyeure ; *D.* 2012, p. 285, obs. Y. Rouquet ; *Inf. rap. copr.* mai 2013, p. 13, obs. M.-F. Ritschy).

Art. 47 *(Mod. à compter du 1er janvier 2020, D. n° 2019-966, 18 sept. 2019).* **– Dans tous les cas, autres que celui prévu par le précédent article, où le syndicat est dépourvu de syndic, le président du tribunal judiciaire, statuant par ordonnance sur requête, à la demande de tout intéressé, désigne un administrateur provisoire de la copropriété qui est notamment chargé, dans les délais fixés par l'ordonnance, de se faire**

remettre *(Mod. à compter du 4 juillet 2020, D. n° 2020-834, 2 juill. 2020)* « les références des comptes bancaires du syndicat, les coordonnées de la banque » et l'ensemble des documents et archives du syndicat et de convoquer l'assemblée en vue de la désignation d'un syndic dans les conditions prévues à l'article 9.

Les fonctions de cet administrateur provisoire cessent de plein droit à compter de l'acceptation de son mandat par le syndic désigné par l'assemblée générale.

NB : Pour les syndics ayant été dispensé de l'obligation d'ouvrir un compte séparé au nom du syndicat par décision de l'assemblée générale, ces dispositions entrent en vigueur le 31 décembre 2020 *(D. n° 2020-834, 2 juil. 2020, art. 53, III).*

Bibliographie : Kerspern, *Le défaut ou l'absence de syndic de copropriété : Inf. rap. copr.* 1988, p. 368. • A. Zurfluh et J. Barnier-Sztabowicz, *L'absence de syndic : Rev. Administrer* nov. 1989, p. 17. • M.-C. Ruffet, *L'administrateur provisoire en copropriété : Inf. rap. copr.* oct. 1988, p. 291. • F. Givord, C. Giverdon et P. Capoulade, *La copropriété*, Dalloz Action 2010-2011, n°s 910 et s. • E. Kischinewsky-Broquisse, n° 377. • G. Sorgniard, *L'administrateur provisoire en l'absence de syndic : Rev. Administrer* juill. 1994, p. 2 et s. • J.-M. Gélinet, *L'absence de syndic : Rev. Administrer* août-sept. 1993, p. 8 et s. • C. Atias, *Le syndicat sans syndic : Inf. rap. copr.* mai 1995, p. 26. • M. Olivier : *Choix et obligations des administrateurs judiciaires : AJDI* 1997, p. 640. • J.-M. Gélinet, *L'administration provisoire du syndicat dans le droit commun de la loi du 10 juillet 1965 : AJPI* 1997, p. 630. • M.-F. Ritschy, *L'absence de syndic dans un immeuble en copropriété : Inf. rap. copr.* juill.-août 1997, p. 19. • F. Baladine et V. Carteron, *Les différents cas de désignation d'un administrateur judiciaire ou d'un syndic judiciaire au sein d'une copropriété : AJDI* 2003, p. 6. • J.-F. Péricaud, *Vers l'unicité de l'administration provisoire de la copropriété : Gaz. Pal.*, 7-8 févr. 2003, p. 14. • G. Gil, *La carence du syndic : Rev. Administrer* juill. 2006, p. 21. • J.-M. Roux, *La copropriété inorganisée : les outils judiciaires d'organisation de la copropriété : Ann. loyers* 2011, p. 829. • C. Rouquette-Terrouane, *Les modalités de désignation d'un administrateur provisoire de copropriété : BPIM* 3/2012, p. 4. • C. Atias, *Mandataire ad hoc et administrateur ad hoc du syndicat des copropriétaires : conflit d'intérêts entre syndicat et syndic : AJDI* 2012, p. 652. • J.-M. Roux, *Le syndicat dépourvu de syndic : Administrer* mai 2016, p. 10. • J.-Ph. Borel, *La copropriété en l'absence de syndic : Rev. loyers* 2018, p. 399. • F. Tulier-Polge : *Le recours à l'administrateur provisoire : Ann. loyers* sept. 2018, p. 229. • P.-E. Lagraulet, *La procédure de désignation d'un administrateur provisoire : Inf. rap. copr.* juill.-août 2021, p. 8.

I – CHAMP D'APPLICATION

1) Conditions du recours à l'article 47. Pour que l'on puisse recourir. à l'article 47, et selon ses termes mêmes, les conditions sont les suivantes :

• il faut tout d'abord que le syndicat soit dépourvu de syndic. L'absence de syndic régulièrement désigné s'apprécie au jour de la requête demandant la désignation d'un administrateur provisoire (▪ CA Pau, 14 sept. 2010 : *JurisData* n° 2010-028311 ; *Loyers et copr.* 2011, comm. 162, obs. G.V.) ;

Cependant, il a été jugé qu'une requête en nomination d'un administrateur provisoire pouvait être déposée par anticipation (requête « in futurum »...), en prévision du risque d'absence de syndic dès lors que le mandat de celui-ci ne sera plus en cours au jour de la prise de fonctions de l'administrateur provisoire désigné (▪ Cass. 3e civ., 20 déc. 2018, n° 17-28.611, publié au *Bull.* : *JurisData* n° 2018-023963 ; *Loyers et copr.* 2019, comm. 41, note A. Lebatteux ; *Rev. loyers* 2019, p. 94, note L. Guégan-Gélinet ; *Administrer* févr. 2019, p. 37, obs. J.-R. Bouyeure).

• il faut ensuite que l'on soit dans un cas autre que celui prévu par l'article 46 du décret (c'est-à-dire « le défaut de nomination du syndic par l'assemblée des copropriétaires »).

– Si une copropriété est dépourvue de syndic, alors que l'assemblée, bien que réunie à cette fin, n'a pu en désigner un, c'est une demande de désignation de *syndic judiciaire* qui doit être formée (art. 46 du décret) par l'un quelconque des copropriétaires (ou plusieurs d'entre eux) ou par l'un ou plusieurs des membres du conseil syndical.

– Si l'assemblée ne s'est pas précédemment réunie ou si elle s'est réunie sans désigner de syndic parce que la question n'a pas été portée à l'ordre du jour – ou encore si pour une raison quelconque elle ne peut pas être convoquée à cette fin –, c'est alors un administrateur provisoire qu'il faut faire désigner en vertu de l'article 47 du décret. Il aura notamment pour mission de convoquer l'assemblée en vue de la désignation d'un syndic (▪ Cass. 3e civ., 16 mai 1977 : *Rev. loyers* 1978, p. 106, note Viatte). Tout intéressé peut utiliser cette procédure.

Voir : sur les différents cas où la copropriété peut être considérée comme « dépourvue de syndic » au sens de l'article 47, comm. n°s 2 et 3, p. 835.

Lorsqu'un syndicat de copropriétaires est « dépourvu de syndic » au sens de l'article 47, la désignation d'un administrateur provisoire est indispensable pour la représenter. Une assignation délivrée à l'encontre de tous les copropriétaires ne serait pas valable (▪ Cass. 3e civ., 18 juin 1997 : *RD imm.* 1997, p. 483, obs. P. Capoulade). Mais si une instance est en cours pour obtenir l'annulation de la nomination du syndic, un administrateur provisoire ne peut pas être désigné tant qu'une décision définitive n'est pas intervenue (▪ CA Paris, 19e ch. B, 3 juin 1999 : *Loyers et copr.* 2000, comm. 27, V. *infra*).

2) Syndic provisoire. On se trouvera, par exemple, dans un cas d'application de ce texte lorsqu'aucun *syndic provisoire* n'aura été désigné par le règlement lors de la mise en place de la copropriété. L'assemblée ne pourrait alors être convoquée par un « syndic pressenti » : sinon elle serait nulle (■ CA Versailles, 9 juill. 1986 : *Rev. loyers* 1987, p. 113), cette nullité devant être invoquée dans les formes et délais fixés par l'article 42 de la loi (V. ce texte).

Qu'en est-il lorsque ce syndic provisoire a été nommé mais qu'il n'y a *pas eu d'assemblée dans le délai de un an de la naissance de la copropriété pour ratifier sa nomination* ?

Selon un arrêt ancien de la Cour de cassation, tant qu'il n'y a pas eu d'assemblée afin de « ratifier » la désignation du syndic provisoire, celui-ci reste en place : même donc s'il ne réunit pas d'assemblée générale annuelle. En pareil cas, la copropriété ne peut être considérée comme « dépourvue » de syndic et il ne peut être recouru à la procédure de désignation d'un administrateur provisoire dans le cadre de l'article 47 du décret (■ Cass. 3e civ., 2 juill. 1986, n° 85-12.513 : *Bull. civ.* III, n° 103, p. 82 ; *Inf. rap. copr.* 1987, p. 46, note Guevel. – *Contra*, Souleau, qui estime que le syndicat doit être considéré comme « dépourvu de syndic si un an après la naissance de la copropriété, aucune assemblée n'a été convoquée ou si la première assemblée n'a pas été sollicitée de ratifier la désignation du syndic provisoire : ses pouvoirs prendraient fin automatiquement », selon cet auteur – ce qui était la position prise antérieurement par la Cour de cassation, V. ■ Cass. 3e civ., 24 oct. 1972 : *Gaz. Pal.* 1973, I, 37. ■ Cass. 3e civ., 29 janv. 1982 : *Gaz. Pal.* 1982, II, somm. 341. – Dans le même sens : ■ TI Pontarlier, 25 juin 1984 : *RD imm.* 1985, p. 419, obs. Giverdon).

Mais cette décision ne paraît plus d'actualité depuis la condamnation de la thèse du « syndic de fait » (V. art. 28 du décret). On doit considérer qu'en pareil cas la copropriété est « dépourvue de syndic » (V. ■ Cass. 3e civ., 27 avr. 1994 : *Inf. rap. copr.* juin 1994, p. 27, obs. P. Capoulade).

Bien entendu, si une première assemblée s'est tenue et que la question de la ratification de la nomination du syndic provisoire n'a pas été abordée, la copropriété doit alors être considérée comme dépourvue de syndic et la procédure de l'article 47 du décret est alors applicable (■ Cass. 3e civ., 16 mai 1977, n° 76-11.544 : *Bull. civ.* III, n° 207, p. 159). De même, si la ratification a été refusée sans qu'il y ait désignation d'un nouveau syndic (V. ■ Cass. 3e civ., 8 janv. 1970, n° 68-14.208 : *Bull. civ.* III, n° 19 : *Gaz. Pal.* 1970, I, 256, note M. Morand ; *JCP* 1970, II, 16266, note E.-J. Guillot. ■ Cass. 3e civ., 24 oct. 1972, n° 71-11.036 : *Bull. civ.* III, n° 539 ; *Rev. loyers* 1973, p. 108).

3) Exemples de cas où le syndicat des copropriétaires est « dépourvu de syndic ». Le syndicat doit être également considérée comme « dépourvu de syndic » au sens de l'article 47 :

– lorsque *le syndic en place a terminé son mandat* et gère comme « syndic de fait » (■ Cass. 3e civ., 21 nov. 1978, n° 77-14.719 : *Bull. civ.* III, n° 348 : *JCP* G 1979, IV, 37 ; *Rev. loyers* 1979, p. 46. – V. aussi ■ Cass. 3e civ., 12 mars 1997 [2e moyen], n° 95-11.869 : *Bull. civ.* III, n° 56 ; *Loyers et copr.* juin 1997, n° 185 ; *AJPI* 1997, p. 658, note P. Guitard. ■ Cass. 3e civ., 9 mai 2012, n° 11-17.726 : *Inf. rap. copr.* mai 2013, p. 10, obs. M.-F. Ritschy ; *Rev. Administrer* nov. 2012, p. 51, obs. J.-R. Bouyeure. – V., pour un syndic désigné judiciairement en vertu de l'article 29-1 de la loi, et dont la durée des fonctions était expirée : ■ CA Paris, 14e ch. B, 9 avr. 2004 : *AJDI* 2005, p. 310, note P. Capoulade) ;

– lorsque *le syndic a démissionné* (■ CA Paris, 26 juin 1992 : *Loyers et copr.* 1992, n° 449. – V. dans un cas où le syndic avait adressé sa démission au conseil syndical à charge d'en avertir l'assemblée, ■ Cass. 3e civ., 24 sept. 2003, n° 01-17.047 : *Rev. Administrer* mars 2004, p. 40, obs. J.-R. Bouyeure ; *AJDI* 2003, p. 770). Il a alors qualité pour provoquer la nomination d'un administrateur provisoire (V. *infra*. – À ce sujet, C. Michalopoulos, *La situation en cas de démission du syndic* : *Inf. rap. copr.* mars 1997, p. 14). Mais le recours à l'article 47 ne se justifie pas si le syndic, après avoir annoncé au conseil syndical son intention de démissionner, est revenu sur sa décision (■ Cass. 3e civ., 10 juill. 2007, n° 06-16338 : *Rev. Administrer* nov. 2007, p. 52, obs. J.-R. Bouyeure) ;

– lorsque l'assemblée a *désigné comme syndic une personne qui, exerçant cette activité de façon habituelle, n'a pas la carte professionnelle* (■ Cass. 3e civ., 18 avr. 1985 : *JCP* G 1985, IV, 226 ; *Rev. Administrer* oct. 1985, p. 48, note Guillot ; *Defrénois* 1985, art. 33636, note Souleau) ;

– lorsque le syndic en place (une SARL), en liquidation judiciaire, a fait l'objet d'une interdiction de diriger, gérer ou administrer une entreprise commerciale en application de l'article L. 625-8 du Code de commerce (■ CA Paris, 14e ch. B, 17 mai 2002 : *Loyers et copr.* 2002, comm. 269) ;

Voir : cependant les observations sous D. 17 mars 1967, art. 28, comm. n° 3, p. 782.

– dans le *cas où le mandat du syndic est nul* : par exemple, lorsqu'il n'a pas ouvert un compte séparé dans les conditions prévues à l'article 18 de la loi du 10 juillet 1965 (V. ce texte), étant rappelé que ce compte doit être ouvert au nom du syndicat (■ Cass. 3e civ., 1er déc. 2009, n° 08-21.227 : *JurisData* n° 2009-050625 ; *Loyers et copr.* 2010, comm. 53, obs. G. Vigneron ; *Rev. Administrer* mars 2010, p. 48, obs. J.-R. Bouyeure).

Voir : L. 10 juill. 1965, art. 18, comm. n° 53, p. 303.

En revanche, le syndicat n'est pas dépourvu de syndic à partir du moment où l'assemblée a renouvelé les pouvoirs du syndic précédent (■ CA Paris, 15 mai 1984 : *RD imm.* 1984, p. 449, obs. Givord et Giverdon. ■ CA Paris, 23e ch., 24 sept. 1993 : *Loyers et copr.* 1994, n° 166), ou dans le cas où le syndic a été de nouveau nommé, même si cette nomination est intervenue dans le cadre d'une assemblée convoquée par le syndic après expiration de son mandat (■ Cass. 3e civ., 12 sept. 2006, n° 05-16.747 : *JurisData* n° 2006-034942).

Le fait que le syndic n'exerce pas son activité à titre exclusif n'entache pas la validité de son mandat dès lors qu'il satisfait aux prescriptions de la loi du 2 janvier 1970 et ne constitue donc pas un motif de désignation d'un administrateur provisoire (■ CA Paris, 23e ch. B, 28 mai 1998 : *Loyers et copr.* nov. 1998, n° 282).

4) Remise en cause de la décision ayant nommé le syndic. Lorsque l'assemblée ayant désigné le syndic a été convoquée par une personne n'ayant pas qualité pour le faire (■ Cass. 3e civ., 24 janv. 2001, n° 99-14.666 : *D.* 2002, somm. p. 1526, obs. J.-R. Bouyeure) ou lorsque le mandat du syndic en place a été renouvelé par une assemblée réunie par un syndic dont la nomination avait été annulée judiciairement (■ Cass. 3e civ., 3 oct. 2001, n° 00-15.622 : *Bull. civ.* III, n° 112 ; *Rev. loyers* 2001, p. 516, note L. Guégan), la nomination du syndic est susceptible d'être remise en cause. Toutefois, ce fait n'est pas suffisant pour justifier la désignation d'un administrateur provisoire. En effet, les assemblées irrégulières, de même que les assemblées subséquentes, ne sont pas nulles de plein droit : encore faut-il que leur nullité soit demandée et prononcée pour que l'on puisse considérer que le syndicat est « dépourvu de syndic » (■ Cass. 3e civ., 28 mai 2002, n° 01-01.992 : *Rev. Administrer* nov. 2002, p. 29, note P. Capoulade. ■ Cass. 3e civ., 6 févr. 2002, n° 00-19.132 : *Bull. civ.* III, n° 32 ; *Loyers et copr.* 2002, comm. 126, note G. Vigneron ; *Constr.-Urb.* 2002, comm. 172, obs. D. Sizaire ; *Rev. Administrer* mai 2002, p. 46, obs. J.-R. Bouyeure ; *Inf. rap. copr.* oct. 2002, p. 14, obs. P. Capoulade ; *Rev. loyers* 2002, p. 296, obs. L. Guégan ; *AJDI* 2002, p. 611, note P. Guitard) et que la décision annulant la nomination du syndic soit définitive (■ Cass. 3e civ., 25 janv. 2005, n° 03-14.716).

Si la décision qui nomme le syndic ou qui renouvelle son mandat est annulée, les assemblées ultérieures convoquées par ce syndic, qui l'ont de nouveau désigné, ne sont pas nulles de plein droit. Le syndicat n'est pas dépourvu de syndic tant que ces assemblées ne sont pas elles-mêmes annulées (■ Cass. 3e civ., 8 juin 2005, n° 04-12.515 : *Bull. civ.* III, n° 126 ; *Loyers et copr.* 2005, comm. 161, note G. Vigneron ; *Rev. Administrer* août-sept. 2005, p. 71 ; *Rev. loyers* 2005, p. 401, note P. Déchelette-Tolot. – V. dans le même sens, ■ Cass. 3e civ., 6 juill. 2005, n° 04-10.631 : *Rev. Administrer*, déc. 2005, p. 73, note P. Capoulade. ■ Cass. 3e civ., 11 oct. 2005 : n° 04-16.894. ■ Cass. 3e civ., 18 janv. 2006, n° 04-17.461).

Le copropriétaire qui demande l'annulation de la décision ayant désigné le syndic n'a pas à solliciter préalablement la désignation d'un administrateur provisoire. En pareil cas la copropriété est pourvue d'un syndic, qui reste en place tant que la décision n'a pas été annulée (■ CA Paris, 23e ch. A, 10 avr. 1996 : *D.* 1997, somm. 16, obs. C. Atias).

5) Champ d'application comparé des articles 46, 47 et 49. Le champ d'application de l'article 47 est donc à la fois différent et plus large que celui de l'article 46.

Voir : sur le champ d'application respectif des articles 47 et 49, D. 17 mars 1967, art. 46, p. 831.

II – PROCÉDURE

6) Demande. Le président du tribunal judiciaire est saisi sur *requête*. Cette requête peut être présentée par « *tout intéressé* » et donc aussi bien par les tiers étrangers à la copropriété (Kischinewsky-Broquisse, *op. cit.*, n° 377) : par exemple les créanciers du syndicat. Mais le syndic en place n'a pas qualité pour solliciter la désignation d'un administrateur provisoire. S'il est empêché d'exercer ses fonctions, il lui appartient de convoquer une assemblée en vue de son remplacement (■ TGI Paris, 14 avr. 1976 : *Gaz. Pal.* 1977, I, somm. 205). Par contre l'ancien syndic, qui a laissé expirer son mandat sans en demander le renouvellement en temps utile, peut présenter la demande (■ Cass. 3e civ., 21 mars 2000, n° 98-17.583 : *Rev. Administrer* juin 2000, p. 60, obs. J.-R. Bouyeure. – *Contra* : ■ CA Paris, 14e ch. B, 29 juin 2001 : *AJDI* 2001, p. 809). Il en est de même pour le syndic dont la nomination a été irrégulière (■ CA Paris, 14e ch. B, 23 mars 2001 : *AJDI* 2001, p. 531), ou encore du syndic qui a présenté sa démission (■ Cass. 3e civ., 4 févr. 2004, n° 02-14.742 : *Bull. civ.* III, n° 21 ; *JCP* G 2004, IV, 1641 ; *Loyers et copr.* 2004, comm. 74, obs. G. Vigneron ; *Rev. Administrer* mai 2004, p. 39, et *AJDI* 2004, p. 557, note P. Capoulade ; *Defrénois* 2004, p. 1170, obs. C. Atias). La procédure visée par l'article 47 du décret de 1967, contrairement à celle de l'article 29-1 de la loi de 1965, n'impose pas, d'après la Cour de cassation, la communication de la requête au procureur de la République (■ Cass. 3e civ., 25 mai 2023, n° 21-20.638 : *Loyers et copr.* 2023, n° 7-6, comm. 122 ; *AJDI* 2023, 692, obs. P.-E. Lagraulet). La Cour n'était toutefois pas saisie de la question de l'application des articles 809 et 811 du Code de procédure civile qui prévoit cette communication pour toutes les requêtes. Il faut donc rester prudent quant à la solution retenue.

Le ministère d'avocat est obligatoire (CPC, art. 808) : on notera que l'ordonnance doit fixer le délai dans lequel l'administrateur provisoire doit accomplir sa mission.

7) Absence d'ouverture d'un compte séparé : mise en cause du syndic. Il a été jugé que lorsque la désignation d'un administrateur provisoire était sollicitée en invoquant la nullité de plein droit du mandat du syndic faute d'ouverture d'un compte bancaire séparé au nom du syndicat (V. L. 10 juill. 1965, art. 18-II, al. 2), cette nullité devait avoir été constatée préalablement à l'issue d'une procédure contradictoire (▪ Cass. 3e civ., 5 juill. 2018, n° 17-21.034, publié au *Bull.* : *JurisData* n° 2018-011883 ; *Loyers et copr.* 2018, comm. 210, note C. Coutant-Lapalus ; *Rev. loyers* 2018, p. 490, note L. Guégan-Gélinet ; *Administrer* oct. 2018, p. 51, obs. J.-R. Bouyeure ; *AJDI* 2019, p. 289, note D. Tomasin. – V. aussi ▪ Cass. 3e civ., 25 oct. 2018, n° 17-20.121, publié au *Bull.* : *JurisData* n° 2018-019141 ; *Loyers et copr.* 2018, comm. 261, note C. Coutant-Lapalus ; *Administrer* dec. 2018, p. 45, note J.-R. Bouyeure ; *Rev. loyers* 2018, p. 548, note L. Guégan-Gélinet). Cette jurisprudence, qui oblige le syndicat des copropriétaires à prendre l'initiative d'une assignation du syndic a été critiquée. En effet les intérêts du syndic, à qui l'ordonnance de nomination de l'administrateur provisoire est notifiée, sont sufisamment préservés par le fait qu'il peut, s'il estime que la demande est infondée, en référer au juge en lui demandant de rétracter cette ordonnance.

8) Désignation de l'administrateur provisoire. Rien n'impose que l'administrateur provisoire soit un administrateur judiciaire inscrit sur la liste établie par la commission nationale instituée à cet effet, sauf décision spécialement motivée prise dans les conditions prévues à l'article L. 811-2 du Code de commerce. Un agent immobilier syndic peut être désigné (▪ Cass. 3e civ., 11 janv. 2012, n° 10-16.217 : *JurisData* n° 2012-000227 ; *Bull. civ.* III, n° 8 ; *Loyers et copr.* 2012, n° 83, obs. G. Vigneron ; *Rev. loyers* 2012, p. 72, note M. Plaidy ; *Administrer* avr. 2012, p. 48, obs. J.-R. Bouyeure).

Aucun texte n'interdit de désigner comme mandataire l'administrateur provisoire dont la nomination a été précédemment annulée, lorsque cette annulation est intervenue pour des motifs ne tenant pas à ses qualités personnelles (▪ Cass. 3e civ., 4 avr. 2002,n° 00-20.167).

L'administrateur provisoire peut aussi être désigné par le tribunal qui annule la désignation du syndic (▪ CA Paris, 23e ch., 17 mai 1996 : *D.* 1997, somm. p. 16, obs. C. Atias).

9) Exécution de la décision. L'ordonnance est exécutoire sur minute (CPC, art. 495).

L'*ordonnance doit être notifiée* à la requête de l'administrateur provisoire dans le mois de son prononcé à tous les copropriétaires pour qu'ils puissent éventuellement exercer un recours dans les conditions prévues par l'article 59, alinéa 3, du décret (V. ce texte). Elle reste exécutoire même si cette notification n'a pas été effectuée et l'absence de notification n'est donc pas sanctionnée par l'inopposabilité des actes de l'administrateur, mais par le fait que le délai de recours de quinze jours de l'article 59, alinéa 3 du décret ne court pas (▪ CA Paris, 14e ch. B, 21 déc. 2001 : *AJDI* 2002, p. 776, obs. P. Guitard. ▪ CA Aix-en-Provence, 4e ch. A, 9 mars 2000 : *D.* 2000, somm. p. 118, note C. Atias). Toutefois si le syndicat des copropriétaires est en procès, et que l'administrateur provisoire qu'il représente change pendant le cours de la procédure, les conclusions signifiées par la partie adverse à l'ancien administrateur provisoire ne sont pas nulles, si l'ordonnance désignant le nouvel administrateur provisoire ne lui a pas été notifiée et lui est inopposable (▪ Cass 3e civ., 24 sept. 2015, n° 14-22.625 : *AJDI* 2016, p. 275, note N. Le Rudulier).

10) Frais de procédure. Les *frais de procédure* exposés par le demandeur (de même que les frais et honoraires de l'administrateur provisoire) constituent des charges communes « générales » qui, à ce titre, devront être définitivement supportées par les copropriétaires en proportion de leurs tantièmes de copropriété (L. 10 juill. 1965, art. 10, al. 2). Si le fait que la copropriété est dépourvue de syndic est imputable au syndic sortant, il peut être demandé au tribunal qu'il supporte les frais de procédure et les honoraires de l'administrateur provisoire (▪ CA Paris, pôle 4, 2e ch., 2 nov. 2011, n° 10-01.144 : *Administrer* févr. 2012, p. 50, obs. J.-R. Bouyeure. ▪ CA Paris, 23e ch. B, 8 déc. 2005 : *AJDI* 2006, p. 207. ▪ CA Paris, 17 févr. 2000 : *Rev. Administrer* avr. 2000, somm. p. 56). Mais ceci suppose qu'une faute puisse être relevée à son encontre (▪ Cass. 3e civ., 24 oct. 2006 : *Rev. Administrer* janv. 2007, p. 58, obs. J.-R. Bouyeure).

Dans un cas où les copropriétaires n'avaient pas cru devoir organiser la copropriété en élisant un syndic, le syndicat a pu être condamné à supporter les frais de procédure et les frais et honoraires de l'administrateur provisoire, exposés par le tiers qui avait dû solliciter sa désignation (▪ CA Aix-en-Provence, 1re et 4e ch. réunies, 25 mars 2021, n° 16/13.927 : *Rev. loyers* 2021, p. 256, obs. S. Bénilsi).

Mais on ne peut reprocher à un copropriétaire d'avoir demandé la désignation d'un administrateur provisoire, et lui faire supporter les frais de cette désignation si au jour de la demande le syndic avait bien convoqué l'assemblée mais après l'expiration de son mandat (▪ Cass. 3e civ., 19 déc.

2006, n° 05-18.930 : *Rev. Administrer* mars 2007, p. 52, obs. J.-R. Bouyeure).

11) Rétractation de l'ordonnance. Le juge à qui il est demandé de rétracter l'ordonnance de nomination de l'administrateur provisoire doit se placer au jour où il statue, en tenant compte de la situation existant à cet instant, pour apprécier s'il y a lieu de faire droit à la demande (▪ CA Paris, 23e ch. B, 23 mai 2007 : *AJDI* 2008, p. 38).

L'existence d'un syndic à la date où le juge statue interdit à la cour de confirmer la désignation d'un administrateur provisoire (▪ CA Paris, 14e ch. A, 13 mai 2009 : *JurisData* n° 2009-377567). Il en est ainsi lorsque le mandat du syndic en place n'est pas expiré (▪ Cass. 3e civ., 9 mai 2012, n° 11-17.726 : *JurisData* n° 2012-010144 ; *Loyers et copr.* 2012, comm. 210, note G. Vigneron. ▪ Cass. 3e civ., 18 sept. 2012, n° 11-20.363 : *JurisData* n° 2012-021042 ; *Loyers et copr.* 2012, comm. 304, note G. Vigneron).

Seuls les copropriétaires peuvent exercer l'action en rétractation de l'ordonnance. Les dispositions des articles 496 et 497 du Code de procédure civile ne sont pas applicables en l'espèce et en conséquence cette action n'est pas ouverte au syndic (▪ Cass. 3e civ., 3 oct. 2012, n° 11-20.751 : *JurisData* n° 2012-022278 ; *Loyers et copr.* 2012, comm. 332, note G. Vigneron ; *Rev. loyers* 2012, p. 429, note L. Guégan ; *Administrer* déc. 2012, p. 60, obs. J.-R. Bouyeure ; *AJDI* 2013, p. 680, note D. Tomasin).

La notification tardive de l'ordonnance sur requête désignant l'administrateur provisoire ne justifie pas la rétractation de cette ordonnance, dès lors qu'il n'en résulte aucun grief (▪ CA Aix-en-Provence, 12 nov. 2015, 1re ch. C, n° 14/17183 : *Rev. loyers* 2016, p. 583. ▪ CA Paris, 14e ch. A, 13 mai 2009, préc.).

Lorsque plusieurs copropriétaires agissent en rétractation de l'ordonnance ayant désigné sur requête un administrateur provisoire de la copropriété, un copropriétaire qui fait appel de l'ordonnance doit, à peine d'irrecevabilité, intimer ou appeler en cause d'appel l'ensemble des copropriétaires présents en première instance. L'intervention forcée du syndicat des copropriétaires n'est pas de nature à permettre d'écarter la fin de non-recevoir résultant de l'absence de mise en cause de toutes les parties en première instance, indivisiblement liées (▪ Cass. 3e civ., 11 déc. 2013, n° 12-22.735 : *Bull. civ.* III, n° 161 ; *Rev. loyers* 2014, p. 83, note L. Guégan ; *Administrer* mars 2014, p. 41, obs. J.-R. Bouyeure).

III – MISSIONS ET POUVOIRS DE L'ADMINISTRATEUR PROVISOIRE

12) Contenu variable. La mission d'administrateur provisoire peut être « notamment », dit le texte (ce qui montre que l'énumération n'est pas limitative...) :

– de se faire remettre les références des comptes bancaires du syndicat, les coordonnées de la banque et l'ensemble des documents et archives du syndicat ;

– de convoquer l'assemblée en vue de la désignation du syndic : mais le texte réserve l'application de l'article 9 du décret (V. D. art. 9, préc. et son comm.).

La mission du syndic peut être plus étendue : rien n'impose de limiter ses pouvoirs aux mesures d'urgence (▪ Cass. 3e civ., 18 déc. 1972 : *JCP* G 1973, IV, p. 47).

13) Pouvoirs. L'administrateur a les mêmes pouvoirs et les mêmes obligations que le syndic (▪ Cass. 3e civ., 18 févr. 2004, n° 02-15.645 : *Rev. Administrer* avr. 2004, p. 48, obs. J.-R. Bouyeure ; *Inf. rap. copr.* juin 2004, p. 12, note P. Capoulade. ▪ Cass. 3e civ., 3 avr. 2002, n° 00-20.238). Il peut convoquer l'assemblée en son cabinet, si le règlement ouvre cette possibilité au syndic (▪ CA Paris, 23e ch. A, 27 févr. 2002 : *AJDI* 2002, p. 385). La convocation de l'assemblée n'est pas subordonnée à la remise préalable des fonds et de l'ensemble des documents et archives du syndicat à l'administrateur provisoire (▪ CA Paris, pôle 4, 2e ch., 7 avr. 2010 : *JurisData* n° 2010-008134). Il a été jugé de façon audacieuse que les décisions de l'assemblée ne pouvaient être annulées si elle était convoquée, compte tenu de l'urgence en l'absence de certaines pièces exigées pour sa validité par l'article 11 du décret du 17 mars 1967 (▪ CA Basse-Terre, 1re ch. civ., 30 nov. 2009 : *JurisData* n° 2009-022910).

Il a été jugé que, pas plus que le syndic (V. L. art. 22, al. 4), l'administrateur provisoire n'avait le droit de présider l'assemblée (▪ Cass. 3e civ., 14 janv. 1998, n° 96-12.513 : *Bull. civ.* III, n° 7 ; *Rev. Administrer* juin 1998, p. 45, obs. P. Capoulade ; *Rev. loyers* 1998, p. 289, note Ph. Rémy. ▪ CA Paris, 23e ch. B, 18 oct. 1985 : *RD imm.* 1986, p. 244, obs. Givord et Giverdon). Il peut engager l'action prévue par l'article 18-2 de la loi (V. ce texte *supra*) pour obtenir la remise des archives par le précédent syndic (▪ CA Paris, 14e ch. A, 20 oct. 2004 : *AJDI* 2005, p. 46). Il peut solliciter la désignation d'un administrateur provisoire sur le fondement de l'article 29-1 de la loi du 10 juillet 1965 (▪ Cass. 3e civ., 13 oct. 2021, n° 19-23.301 : *JurisData* n° 2021-018162 ; *Loyers et copr.* 2021, n° 12, comm. 190 ; *Ann. loyers* 2021, p. 100, obs. J.-M. Roux ; *Administrer* déc. 2021, p. 40, obs. J.-R. Bouyeure).

L'administrateur provisoire ne peut déléguer ses pouvoirs. S'il a reçu du juge la mission de se faire remettre les fonds, documents et archives du syndicat, il ne peut, sous sa propre responsabilité, déléguer tout ou partie des pouvoirs reçus et donner mission à l'ancien syndic d'assurer la conservation et la gestion de ces archives (■ Cass. 3e civ., 10 juill. 2007, n° 06-16.701 : *Loyers et copr.* 2007, n° 201, obs. G. Vigneron ; *Rev. Administrer* févr. 2008, p. 32, obs. J.-R. Bouyeure ; *AJDI* 2008, p. 489, note P. Capoulade). Il ne peut non plus décider de continuer des travaux antérieurement engagés, en concluant pour ce faire un contrat d'entreprise, sans autorisation de l'assemblée (■ Cass. 3e civ., 12 déc. 2001, n° 00-12.482 : *Bull. civ.* III, n° 149 ; *JCP G* 2002, IV, 1163 ; *Loyers et copr.* 2002, comm. 67 ; *AJDI* 2002, p. 461, note P. Capoulade ; *Rev. loyers* 2002, p. 162, note P. Déchelette-Tolot).

Ses fonctions ne participent de l'exercice d'aucune prérogative de puissance publique. Dès lors il ne bénéficie pas de la protection spéciale accordée en cas de diffamation par l'article 31 de la loi du 29 juillet 1881, à ceux qui participent à l'autorité publique (■ Cass. crim., 30 janv. 2001 : *D.* 2001, p. 1217 et la note).

14) Ouverture d'un compte séparé. Il a été précisé que l'administrateur provisoire mandaté judiciairement n'était pas un mandataire du syndicat des copropriétaires et qu'en conséquence le défaut d'ouverture d'un compte séparé au nom du syndicat des copropriétaires en application de l'article 18 de la loi du 10 juillet 1965 n'était pas susceptible d'entraîner l'annulation de son mandat (■ Cass 3e civ., 14 janv. 2016, n° 14-23.898, publié au *Bulletin* ; *JurisData* n° 2016-000302 ; *Loyers et copr.* 2016, n° 72, note G. Vigneron).

15) Rémunération. L'administrateur provisoire ainsi désigné a la qualité d'auxiliaire de justice au sens de l'article 719 du Code de procédure civile : en conséquence, en cas de difficulté, ses *honoraires* peuvent être fixés judiciairement dans le cadre de la procédure de taxe prévue par les articles 704 et suivants du Code de procédure civile (■ Cass. 3e civ., 10 déc. 1986, n° 85-14.078 : *Bull. civ.* III, n° 181, p. 1247 ; *RD imm.* 1987, p. 483, obs. Giverdon. ■ Cass. 3e civ., 28 juin 1995, n° 93-15.684 : *Bull. civ.* II, n° 157 ; *RD imm.* 1995, p. 788, obs. P. Capoulade). L'administrateur provisoire ne peut conserver par devers lui le montant de ses frais et honoraires prélevés sur le compte du syndicat tant qu'ils n'ont pas été taxés (■ CA Paris, 23e ch. B, 30 mars 2000 : *Dossier CSAB* n° 87, oct. 2000, n° 94, obs. A. Dunes).

Bibliographie : J. Bedos, *Administrateur provisoire : le coût de son intervention : Inf. immob.*, sept. 2008, p. 17.

IV – DURÉE DES FONCTIONS

16) Fixation. La durée des fonctions de l'administrateur provisoire est *fixée par l'ordonnance*. Elle peut être prorogée, aucun texte n'interdisant de renouveler ses pouvoirs (■ Cass. 3e civ., 18 déc. 1972, n° 71-13.826 : *Bull. civ.* III, n° 683). Ses fonctions prennent fin dès l'acceptation de son mandat par le syndic désigné par l'assemblée (■ Cass. 3e civ., 9 nov. 1976, n° 75-11.931 : *Bull. civ.* III, n° 399 ; *Gaz. Pal.* 1977, 1, p. 93). Il ne peut y avoir de « prorogation de fait » de la mission de l'administrateur provisoire. Si la durée de cette mission a été fixée à six mois par l'ordonnance de nomination, l'administrateur provisoire ne peut valablement convoquer une assemblée des copropriétaires après l'expiration de ce délai, quand bien même l'ordonnance de nomination aurait précisé que la mission de cet administrateur cesserait avec la désignation d'un nouveau syndic par l'assemblée (■ Cass 3e civ., 14 janv. 2016, n° 14-24.989, publié au *Bulletin* ; *JurisData* n° 2016-000303 ; *Loyers et copr.* 2016, n° 73, note G.Vigneron ; *Rev. loyers* 2016, p. 156, note M. Plaidy). Il ne peut non plus solliciter, passé le terme de sa mission, la prorogation de celle-ci (V. pour une ASL : ■ Cass. 3e civ., 21 janv. 2021, n° 19-20.801).

Art. 47-1 ***(Aj. à compter du 4 juillet 2020, D. n° 2020-834, 2 juill. 2020).* – Le mandataire *ad hoc* mentionné à l'article 46-1 de la loi du 10 juillet 1965 est désigné par le président du tribunal judiciaire, statuant par ordonnance sur requête, à la demande de tout intéressé. Il a pour mission de procéder aux opérations de liquidation du syndicat des copropriétaires et de le représenter pour introduire ou poursuivre les actions en justice nécessaires à la liquidation.**

La procédure prévue à l'alinéa précédent est applicable en l'absence de syndic et, dans les cas d'empêchement ou de carence du syndic mentionnés au V de l'article 18 de la loi du 10 juillet 1965, s'il est justifié d'une mise en demeure adressée au syndic restée infructueuse pendant plus de huit jours.

Bibliographie : P.-E. Lagraulet, *Administrateur ad hoc en copropriété : nouveau nom, nouveau problème* : *Dalloz actualité*, 28 sept. 2020.

1) Dissolution du syndicat des copropriétaires. L'article 46-1 de la loi du 10 juillet 1965 prévoit la désignation d'un mandataire *ad hoc* dans le cas de réunion de tous les lots entre les mains d'un même propriétaire, ce qui entraîne la dissolution du syndicat (V. ce texte). À la suite de cette dissolution, il est indiqué par l'alinéa 2 de ce texte que le syndic procède aux opérations de liquidation et qu'à défaut un mandataire *ad hoc* peut être désigné judiciairement. L'article 47-1 précise que cette désignation est faite par le président du tribunal judiciaire statuant par ordonnance sur requête, à la demande de tout intéressé.

Il ajoute que le mandataire *ad hoc* a pour mission de procéder aux opérations de liquidation du syndicat des copropriétaires et de le représenter pour introduire ou poursuivre les actions en justice nécessaires à cette liquidation.

2) Empêchement ou carence du syndic. L'article 47-1 ajoute que la même procédure de désignation d'un mandataire *ad hoc* par ordonnance sur requête est applicable « dans les cas d'empêchement ou de carence du syndic mentionnés » à l'article 18, V de la loi du 10 juillet 1965 (V. ce texte).

L'article 18, V, prévoit deux éventualités :

– l'empêchement du syndic « pour quelque cause que ce soit ». Le président du conseil syndical peut alors convoquer une assemblée générale appelée à désigner un nouveau syndic. L'intervention d'un mandataire *ad hoc* n'est à aucun moment prévue par ce texte dans cette occurrence. Faut-il entendre qu'il vise implicitement le cas d'empêchement ou de carence du président du conseil syndical et qu'en pareil cas un mandataire *ad hoc* pourrait le substituer ?

– la carence du syndic : un administrateur *ad hoc* peut alors être désigné par décision de justice, à défaut de stipulation du règlement de copropriété. Si le *règlement de copropriété* a prévu l'hypothèse de carence du syndic, il faut en appliquer les dispositions (V. L. art. 18, V).

Remarque : La procédure de désignation d'un mandataire *ad hoc* dans le cas d'empêchement ou de carence du syndic ne peut être engagée que s'il est justifié d'une mise en demeure adressée au syndic restée infructueuse pendant plus de 8 jours (art. 47-1, al. 2).

On notera que dans ces mêmes cas d'empêchement ou de carence du syndic visés à l'article 18, V de la loi du 10 juillet 1965, le syndic en fonction peut être assigné en référé devant le président du tribunal judiciaire en vue de la désignation d'un administrateur *ad hoc* de la copropriété (V. ci-dessous, D. 17 mars 1967, art. 49).

Art. 48 *(D. n° 86-768, 9 juin 1986).* **– À défaut de désignation dans les conditions prévues par** *(Mod., D. n° 2015-999, 17 août 2015)* **« l'article » 21 de la loi du 10 juillet 1965 et au troisième alinéa de l'article 24 du présent décret, le président du tribunal** *(Mod. à compter du 1er janvier 2020, D. n° 2019-966, 18 sept. 2019)* **« judiciaire », sur requête du syndic ou d'un ou plusieurs copropriétaires, désigne par ordonnance les membres du conseil syndical.**

S'il s'agit de désigner les membres du conseil syndical du syndicat principal, la requête peut être *(Mod., D. n° 2015-999, 17 août 2015)* **« présentée » aussi bien par le syndic du syndicat principal que par celui du syndicat secondaire.**

L'ordonnance qui désigne les membres du conseil syndical fixe la durée de leurs fonctions.

Ces fonctions cessent de plein droit à compter de l'acceptation de leur mandat par les membres du conseil syndical désignés par l'assemblée générale.

Bibliographie : P.-E. Lagraulet, *La désignation judiciaire du conseil syndical : Inf. rap. copr.* janv.-févr. 2023, p. 6. • P.-E. Lagraulet et G. Gil, *Le conseil syndical*, Edilaix, 2023, § 154.

1) Désignation judiciaire des membres du conseil syndical. Ce texte permet la *désignation judiciaire des membres du conseil syndical.*

Il ne peut être recouru à la procédure que :

– si les membres du conseil syndical n'ont pas été désignés dans les conditions prévues à l'article 21 de la loi : c'est-à-dire lorsque l'assemblée n'a pu parvenir à les désigner (art. 21, al. 8) ;

– si les membres du conseil syndical n'ont pas été désignés dans les conditions prévues à l'article 24, alinéa 3, du décret : lorsque les représentants du syndicat secondaire au syndicat principal n'ont pas été désignés conformément à la procédure prévue (V. ce texte).

La vérification de l'une des deux situations est une condition à la recevabilité de l'action (■ CA Paris, pôle 1, 2e ch., 14 janv. 2021, n° 20/11321).

I – PROCÉDURE

2) Requête et ordonnance. Une *requête* est présentée au président du tribunal judiciaire (par ministère d'avocat) :

– par le syndic ou par un ou plusieurs copropriétaires, sans nécessité d'habilitation préalable (■ CA Paris, pôle 1, 2e ch., 2 nov. 2017, n° 15/19932) ;

– ou, s'il y a des syndicats secondaires et qu'il s'agit de désigner les membres du conseil syndical principal, soit par le syndic du syndicat principal, soit par le syndic d'un syndicat secondaire.

Le président peut, au lieu de faire droit à la requête, constater l'impossibilité d'instituer un conseil syndical (V. L. art. 21, dernier al.) : par exemple si personne n'accepte les fonctions de membre de ce conseil.

L'*ordonnance devra être notifiée* dans le mois de son prononcé à tous les copropriétaires qui pourront en référer au président du tribunal judiciaire dans les quinze jours de cette notification (V. D. art. 59, al. 3).

II – DURÉE DES FONCTIONS

3) Fixation. La durée des fonctions des membres du conseil syndical ainsi désignés est *fixée par l'ordonnance* (art. 48, al. 3).

Ces fonctions *cessent de plein droit* lorsque des membres du conseil syndical sont désignés par l'assemblée et qu'ils ont accepté leur mandat (art. 48, al. 4). Il semble que cette désignation par l'assemblée puisse intervenir à tout moment, ce qui aura pour effet de destituer d'office les membres du conseil syndical nommés par le président du tribunal. Le libellé du texte marque bien en effet que la désignation des membres du conseil syndical par le président n'a qu'un caractère subsidiaire et que l'assemblée a un rôle prééminent en la matière.

Art. 49 ***(Mod., D. n° 2019-1419, 20 déc. 2019).*** **– Sous réserve des dispositions des articles 8 et 50 du présent décret, dans les cas d'empêchement ou de carence du syndic visés au V de l'article 18 de la loi du 10 juillet 1965, le syndic en fonction peut être assigné par tout intéressé devant le président du tribunal judiciaire statuant en référé en vue de la désignation d'un administrateur** ***(Mod. à compter du 4 juillet 2020, D. n° 2020-834, 2 juill. 2020)*** **« *ad hoc* » de la copropriété.**

L'ordonnance fixe la durée de la mission de l'administrateur ***(Mod. à compter du 4 juillet 2020, D. n° 2020-834, 2 juill. 2020)*** **« *ad hoc* » sauf si cette ordonnance la limite expressément à un ou plusieurs objets ; la mission ainsi confiée est celle qui est définie par l'article 18 de la loi susvisée du 10 juillet 1965 et par le présent décret.**

Sauf s'il y a urgence à faire procéder à l'exécution de certains travaux nécessaires à la sauvegarde de l'immeuble et au fonctionnement des services d'équipement commun ***(Mots aj., D. n° 2015-999, 17 août 2015)*** **« ou de travaux prescrits par un arrêté de police administrative relatif à la sécurité ou la salubrité publique », la demande ne sera recevable que s'il est justifié d'une mise en demeure adressée au syndic et demeurée infructueuse pendant plus de huit jours.**

Bibliographie : M.-C. Ruffet, *L'administrateur provisoire en copropriété : Inf. rap. copr.* 1988, p. 291 et s. • J.-M. Gélinet, *L'absence de syndic : Rev. Administrer* août-sept. 1993, p. 8 et s. • F. Baladine et V. Carteron, *Les différents cas de désignation d'un administrateur judiciaire ou d'un syndic judiciaire au sein d'une copropriété : AJDI* 2003, p. 6. • J.-M. Roux, *La désignation d'un administrateur provisoire à l'initiative de l'ancien syndic : Inf. rap. copr.*, avr. 2006, p. 22. • G. Gil, *La carence du syndic : Rev. Administrer* juill. 2006, p. 21. • J.-M. Roux, *La copropriété inorganisée : les outils judiciaires d'organisation de la copropriété : Ann. loyers* 2011, p. 829. • C. Atias, *Mandataire ad hoc et administrateur ad hoc du syndicat des copropriétaires : conflit d'intérêts entre syndicat et syndic : AJDI* 2012, p. 652. • M.-CH. Ruffet, *Responsabilité des administrateurs désignés judiciairement en copropriété : Inf. rap. copr.* sept. 2015, p. 16. • P.-E. Lagraulet, *Procédure de désignation d'un mandataire ad hoc : Inf. rap. copr.* sept. 2021, p. 8.

I – CHAMP D'APPLICATION DU TEXTE

1) Déficience du syndic en place. Le texte réserve le cas de carence du syndic dans la convocation de l'assemblée, régi par les articles 8 et 50 du décret (V. ces textes).

Alors que la procédure de désignation d'un administrateur provisoire de la copropriété prévue par l'article 47 du décret (V. ce texte) s'applique lorsque la copropriété est dépourvue de syndic (le cas où il existe un syndic mais qui ne remplit pas les conditions légales pour exercer cette fonction devant lui être assimilé), le recours à la procédure de l'article 49, qui débouche sur la désignation d'un « administrateur *ad hoc* », *implique qu'il y a un syndic en place et qu'il est déficient dans l'exercice de ses fonctions.*

Ce texte vise le cas « d'empêchement » ou de « carence » du syndic et renvoie à l'article 18, V de la loi, qui évoque également cette éventualité (V. ce texte).

Si le *règlement de copropriété* a prévu cette hypothèse de carence du syndic, il faut en appliquer les dispositions (V. L. art. 18, V).

2) « Empêchement » du syndic. Le texte vise tout d'abord le cas « d'empêchement » du syndic.

Il y a « *empêchement* » chaque fois que le syndic se trouve pour une raison quelconque dans l'impossibilité d'accomplir sa mission : maladie, mise en « faillite », retrait de la garantie financière prévue par l'article 3 de la loi du 2 janvier 1970 (▪ CA Aix-en-Provence, 12 juin 1997 : *D.* 1998, somm. 121, note C. Atias. ▪ TGI Créteil, 19 févr. 1981 : *AJPI* 1981, p. 737, note J.-R. Bouyeure ; *D.* 1981, inf. rap. p. 307, obs. Cl. Giverdon) ou encore lorsque les différends qui opposent les copropriétaires au syndic paralysent la gestion de la copropriété (▪ CA Paris, 10 mai 1989 :

D. 1989, inf. rap. p. 166). Cet empêchement doit être établi (▪ Cass. 3e civ., 18 déc. 2001 : *AJDI* 2002, p. 774, note P. Capoulade ; *Rev. Administrer* mars 2002, p. 43, obs. J.-R. Bouyeure).

3) Carence du syndic. Il y a « *carence* » chaque fois que le syndic n'exerce pas comme il le devrait « les droits et actions du syndicat » (V. art. 18, V), c'est-à-dire ne remplit pas ses obligations légales : ainsi dans le cas d'incurie dans le recouvrement des charges, de négligence pour procéder aux appels de fonds (▪ TGI Marseille, 14 sept. 1976 : *AJPI* 1977, p. 109), ou pour agir en justice pour la sauvegarde des droits du syndicat (▪ Cass. 3e civ., 9 avr. 1974 : *JCP* N 1975, prat. 6013), sauf si le syndicat lui a refusé l'autorisation d'agir (▪ TGI Paris, 13 déc. 1983 : *AJPI* 1984, p. 77, chron. Bouyeure). De même en cas d'absence d'approbation des comptes et de poursuites à l'encontre des copropriétaires débiteurs de charges (▪ CA Paris, 14e ch. A, 9 juin 1999 : *Loyers et copr.* 1999, comm. 279, note G. Vigneron ; *Rev. Administrer* déc. 1999 et *RD imm.* 1999, p. 461, obs. P. Capoulade) ; de négligence dans l'exécution d'un jugement bénéficiant au syndicat (▪ TGI Grenoble, 4 mai 1983 : *D.* 1983, inf. rap. p. 459) ou le condamnant (▪ CA Paris, 14e ch. A, 8 janv. 2003 : *AJDI* 2003, note P. Capoulade), ou dans l'exécution des décisions de l'assemblée (▪ Cass. 3e civ., 29 mai 2002 : *Rev. Administrer* août-sept. 2002, p. 61, obs. J.-R. Bouyeure. ▪ Cass. 3e civ., 18 févr. 1987 : *Loyers et copr.* 1987, n° 151) dont il n'a pas à apprécier l'opportunité. Il y a « carence » si la gestion du syndic est dépourvue de tout professionnalisme (▪ CA Versailles, 14e ch., 6 juin 2001 : *Dossier CSAB* n° 98, mars 2002, n° 41, obs. A. Dunes. – V. aussi ▪ CA Besançon, 1re ch. A, 9 mai 2007 : *Loyers et copr.* 2007, n° 202, obs. G. Vigneron).

La carence doit être manifeste (▪ Cass. 3e civ., 10 juill. 2007, n° 06-20.163 : *Rev. loyers* 2007, p. 413. ▪ TGI Paris, 4 janv. 1969 : *AJPI* 1970, p. 230). Elle peut être totale, ou simplement partielle (▪ CA Paris, 14 oct. 1980 : *D.* 1981, inf. rap. p. 397, obs. Giverdon).

Il n'y a pas carence si le syndic a une excuse valable pour ne pas avoir exécuté une décision de l'assemblée (▪ CA Paris, 14e ch., 20 nov. 1992 : *Loyers et copr.* 1993, n° 74. – V. pour une impossibilité d'agir tenant à ce que la qualité du syndic est contestée, ▪ CA Paris, 14e ch., 6 févr. 1992 : *RD imm.* 1992, p. 250, obs. C. Giverdon), ou s'il a refusé de notifier un ordre du jour complémentaire dénué d'intérêt (▪ Cass. 3e civ., 3 févr. 1999 : *Rev. Administrer* août-sept. 1999, p. 75, note J.-R. Bouyeure). De même dans le cas de défaut de paiement d'une seule facture (▪ Cass. 3e civ., 12 nov. 2003 : *AJDI* 2004, p. 40). Il n'y a pas non plus carence lorsqu'un litige oppose le syndic au demandeur et qu'en conséquence, un motif justifie l'inaction du syndic (▪ Cass. 3e civ., 28 sept. 2022, n° 21-19.623 : *Loyers et copr.* 2022, n° 11, comm. 186, A. Lebatteux ; *AJDI* 2023, 606, obs. P.-E. Lagraulet).

La carence doit être établie par les demandeurs (▪ CA Paris, 14e ch., 11 juin 1993 : *Loyers et copr.* 1993, n° 412). Elle doit être distinguée des simples fautes du syndic qui appellent une sanction sur le terrain de la responsabilité civile ou qui peuvent entraîner la révocation du syndic et non pas la désignation d'un administrateur provisoire (▪ TGI Paris, réf., 3 nov. 2005 : *Loyers et copr.* 2006, comm. 45, note G. Vigneron. ▪ CA Paris, 14e ch., 12 mars 1993 : *RD imm.* 1993, p. 421, obs. C. Giverdon). La carence du syndic peut résulter d'une sommation restée vaine faite au syndic par des copropriétaires de justifier de l'existence d'un compte séparé (▪ Cass. 3e civ., 17 oct. 2012, n° 11-22.130 : *JurisData* n° 2012-023635 ; *Loyers et copr.* 2012, comm. 333, note G. Vigneron), ou de déposer un conduit de refoulement de la chaudière (▪ Cass. 3e civ., 28 sept. 2022, n° 21-19.623 : *Loyers et copr.* 2022, n° 11, comm. 186, A. Lebatteux ; *Administrer* nov. 2022, p. 69, obs. P. Déchelette-Tolot ; *AJDI* 2023, 606, obs. P.-E. Lagraulet).

II – PROCÉDURE

4) Auteur de la demande. *Tout intéressé peut agir pour faire désigner un administrateur ad hoc :* copropriétaire ou tiers, par exemple un créancier (▪ CA Paris, 14e ch. A, 9 juin 1999 : *Loyers et copr.* 1999, comm. 279, note G. Vigneron ; *RD imm.* 1999, p. 461, et *Rev. Administrer* déc. 1999, p. 5, note P. Capoulade. ▪ TGI Nice, 12 mai 1981 : *Ann. loyers* 1981, p. 363. ▪ CA Paris, 14 oct. 1980 : *D.* 1981, inf. rap. p. 397. ▪ CA Versailles, 30 mars 1981 : *Rev. loyers* 1982, p. 258), ou le vendeur d'un lot, s'il y a intérêt, ▪ CA Rennes, 4e ch., 17 juin 2004 : *Bull. inf. C. cass.* mars 2005, n° 437 ; *JurisData* n° 2004-269911).

5) Mise en demeure préalable, sauf exception. À peine d'irrecevabilité, la demande doit être précédée d'une *mise en demeure adressée au syndic* (en principe par lettre recommandée avec demande d'avis de réception ▪ CA Versailles, 30 mars 1981 : *Rev. loyers* 1982, p. 258. ▪ CA Versailles, 12 juill. 1982 : *D.* 1983, inf. rap. p. 459, obs. Cl. Giverdon). Lorsqu'il y a plusieurs demandeurs, il suffit que cette mise en demeure émane de l'un d'eux (▪ Cass. 3e civ., 23 oct. 2007, n° 07-10.416 : *Rev. Administrer* janv. 2008, p. 55, obs. J.-R. Bouyeure).

Voir : sur les formes que peut revêtir cette mise en demeure, V. *infra* comm. D. n° 67-223, 17 mars 1967, art. 64, p. 894.

Toutefois, cette mise en demeure préalable n'est plus imposée par la loi lorsqu'il y a *urgence* à faire procéder à l'exécution de travaux nécessaires à la sauvegarde de l'immeuble et au fonctionnement des éléments d'équipement aux services communs, ou encore (depuis la modification de l'article 49, alinéa 3 par le décret n° 2015-999 du 17 août 2015), de travaux prescrits par un arrêté de police administrative relatif à la sécurité ou la salubrité publique.

6) Assignation du syndic. Après l'expiration d'un délai de huit jours à compter de cette mise en demeure (lorsqu'elle est nécessaire : V. ci-dessus n° 5), *le syndic est assigné devant le président du tribunal judiciaire* du lieu de situation de l'immeuble statuant en référé. Il a été précisé que la procédure consiste à saisir « le président du tribunal statuant en référé » et non pas « le président du tribunal statuant comme en matière de référé ». Autrement dit le texte ne prévoit pas un mode de saisine de ce magistrat qui lui donne compétence au fond (▪ Cass. 3e civ., 6 juill. 2011, n° 10-14.780 : *Bull. civ.* III, n° 124 ; *JurisData* n° 2011-013663 ; *Loyers et copr.* 2011, n° 276, obs. G. Vigneron ; *Rev. loyers* 2011, p. 386, note J.-M. Gélinet ; *Administrer* oct. 2011, p. 71, obs. J.-R. Bouyeure. – Dans le même sens ▪ Cass. 3e civ., 9 mai 2012, n° 11-10.530). Ce magistrat est seul compétent, à l'exclusion du tribunal (▪ TGI Paris, 11 juill. 1974 : *AJPI* 1974, p. 1000. ▪ TGI Paris, 7 janv. 1977 : *D.* 1978, inf. rap. p. 131) ou de la cour (▪ CA Paris, 23e ch. A, 4 oct. 1996 : *Rev. loyers* 1997, p. 120, obs. J.-M. Gélinet). S'il peut nommer un administrateur provisoire (aujourd'hui un administrateur *ad hoc*), il n'a pas cependant le pouvoir de révoquer le syndic en place (▪ Cass. 3e civ., 20 juin 1978 : *Bull. civ.* III, p. 194 ; *JCP* G 1979, II, 19054, note Atias).

La demande doit être dirigée contre le syndic pris à titre personnel et non pas contre le syndicat représenté par son syndic (▪ CA Versailles, 18 juill. 1982 : *D.* 1983, inf. rap. p. 459 ; *Rev. loyers* 1983, p. 332).

III – POUVOIRS DE L'ADMINISTRATEUR *AD HOC*

7) Fixation par le juge. Le juge peut donner à l'administrateur *ad hoc* la possibilité d'exercer tous les pouvoirs du syndic en place, qui se trouve alors dessaisi (▪ CA Paris, 13 oct. 1970 : *Rev. loyers* 1971, p. 465). Ces pouvoirs seront alors ceux d'un syndic, tels qu'ils sont définis par l'article 18 de la loi du 10 juillet 1965 et par le décret du 17 mars 1967, dispositions auxquelles renvoie l'article 49, alinéa 2.

La durée des fonctions de l'administrateur *ad hoc* doit alors être fixée par l'ordonnance. Ses fonctions prendront fin soit au terme fixé, soit avant ce terme sur demande faite au président du tribunal, si les circonstances le justifient.

Le président du tribunal peut aussi limiter expressément la mission de l'administrateur *ad hoc* à un ou plusieurs objets en le chargeant seulement de missions particulières (art. 49, al. 2. – V. ▪ Cass. 3e civ., 9 avr. 1974 : *D.* 1974, somm. p. 95. ▪ CA Paris, 14 août 1980 : *D.* 1981, IR p. 397).

Art. 49-1 ***(Aj. à compter du 4 juillet 2020, D. n° 2020-834, 2 juill. 2020).*** **– L'action en justice prévue au troisième alinéa de l'article 15 de la loi du 10 juillet 1965 est portée devant le président du tribunal judiciaire statuant selon la procédure accélérée au fond.**

Lorsqu'elle est exercée par un ou plusieurs copropriétaires représentant au moins un quart des voix de tous les copropriétaires, le président du tribunal judiciaire saisi désigne un mandataire *ad hoc* représentant les intérêts du syndicat.

Cette action est exercée aux frais avancés du ou des copropriétaires représentant au moins un quart des voix de tous les copropriétaires, qui en supporteront définitivement la charge si l'action est rejetée par le juge.

Bibliographie : C. Ivars, *L'impact de l'ordonnance du 30 octobre 2019 sur les règles procédurales en droit de la copropriété* : *Loyers et copr.* 2020, dossier 11. • P.-E. Lagraulet, *Le syndic de copropriété* : *Edilaix* 2021, §§ IV.3.7 et s.

1) Action du président du conseil syndical contre le syndic : juridiction compétente. En vertu de l'article 15, alinéa 3 de la loi du 10 juillet 1965, (V. ce texte), le président du conseil syndical est autorisé en cas de carence ou d'inaction du syndic à agir contre lui, sur délégation expresse de l'assemblée générale, en réparation du préjudice subi par le syndicat des copropriétaires. À défaut de conseil syndical cette action peut être exercée par un ou plusieurs copropriétaires représentant au moins un quart des voix de tous les copropriétaires.

L'action en responsabilité contre le syndic en exercice doit permettre l'obtention d'une décision rapide. Or, il n'était pas souhaitable que la compétence soit attribuée au juge des référés, qui ne peut statuer sur le fond du droit, et par conséquent se prononcer quant à la responsabilité du syndic, si cette responsabilité est contestée.

L'article 49-1 a donc indiqué que la demande serait portée devant le président du tribunal judiciaire statuant selon la procédure accélérée au fond.

2) Action exercée par un ou plusieurs copropriétaires contre le syndic : mandataire *ad hoc*. Lorsque l'action est exercée par un ou plusieurs copropriétaires représentant au moins un quart des voix de tous les copropriétaires, l'article 49-1 prévoit dans son alinéa 2 que le président du tribunal judiciaire saisi désigne un mandataire *ad hoc* représentant les intérêts du syndicat.

L'action étant intentée au profit du syndicat des copropriétaires, celui-ci doit en effet être représenté à la procédure. Cette désignation n'est pas nécessaire lorsque l'action est exercée par le président du conseil syndical sur délégation de l'assemblée générale car cette délégation lui confère nécessairement mandat de représenter le syndicat des copropriétaires.

Art. 50. – Dans l'hypothèse prévue à l'article 8 (3e al.) ci-dessus, le président du tribunal *(Mod. à compter du 1er janvier 2020, D. n° 2019-966, 18 sept. 2019)* « judiciaire », statuant en matière de référé, peut, à la requête de tout copropriétaire, habiliter un copropriétaire ou un mandataire de justice à l'effet de convoquer l'assemblée générale. Dans ce cas, il peut charger ce mandataire de présider l'assemblée.

Une mise en demeure, restée infructueuse pendant plus de huit jours, faite au syndic et, le cas échéant, au président du conseil syndical, doit précéder l'assignation à peine d'irrecevabilité. Celle-ci est délivrée au syndic et, le cas échéant, au président du conseil syndical.

Bibliographie : sur ce texte qui ne paraît pas avoir donné lieu jusqu'ici à des difficultés d'application, voir Kischinewsky-Broquisse, n° 412. • *JCl. Copropriété*, Fasc. 84. • J. Lafond, *Les convocations aux assemblées de copropriétaires*, 1re partie : *Inf. rap. copr.* juin 1990, p. 185 et s.

1) Convocation de l'assemblée autorisée judiciairement. Ce texte vise les *formes selon lesquelles un copropriétaire peut provoquer judiciairement la convocation de l'assemblée*, « dans l'hypothèse prévue à l'article 8, alinéa 3 » (V. ce texte), c'est-à-dire :

– dans le cas où le syndic n'a pas donné suite à la demande de convocation qui lui a été valablement faite soit par le conseil syndical, soit par un ou plusieurs copropriétaires représentant au moins un quart des voix ;

– dans le cas où il n'existe pas de conseil syndical ou si les membres de ce conseil n'ont pas été désignés et qu'il y a eu demande de convocation adressée au syndic par un ou plusieurs copropriétaires représentant au moins un quart des voix.

Est nulle l'assemblée générale convoquée par un copropriétaire qui n'était pas président du conseil syndical et qui n'avait pas été autorisé judiciairement pour le faire (▪ CA Paris, pôle 4, 20 nov. 2013, n° 13/02833 : *JurisData* n° 2013-026831 ; *Loyers et copr.* 2014, n° 96, obs. G. V.).

2) Modalités de la demande. Cette demande de convocation judiciaire sera présentée par voie d'*assignation devant le président du tribunal judiciaire* statuant « en matière de référé ».

Tout copropriétaire peut la former (ce texte ne distinguant pas) et non pas seulement celui ou ceux qui avaient à l'origine demandé la convocation de l'assemblée. L'assignation sera délivrée au syndic et « le cas échéant, au président du conseil syndical ». L'assignation doit être délivrée au syndic pris en son nom personnel et non en sa qualité de représentant du syndicat des copropriétaires (▪ CA Paris, 14e ch. B, 4 avr. 2008 : *AJDI* 2008, p. 777).

La demande est irrecevable si elle n'a pas été précédée d'une *mise en demeure faite au syndic* (cette mise en demeure ne paraît pas devoir être renouvelée si elle a déjà été faite par le président du conseil syndical dans les conditions prévues par l'art. 8, al. 2 du décret) – ou au président du conseil syndical. Elle doit être restée sans effet pendant plus de huit jours (sur la nécessité d'une mise en demeure préalable, V. ▪ CA Paris, 14e ch. A, 7 févr. 1990 : *Loyers et copr.* 1990, n° 190). Si les conditions fixées par la loi sont réunies, le juge doit faire droit à la demande, sans qu'il y ait à apprécier le bien-fondé de la convocation (▪ CA Paris, 14e ch. A, 21 mai 2008 : *JurisData* n° 2008-364542).

Le président du tribunal peut *habiliter un copropriétaire à convoquer l'assemblée.* Il peut aussi nommer un *mandataire de justice* à cette fin et peut, en ce cas, le charger de présider l'assemblée (V. art. 50, al. 1).

Il a été jugé, de façon contestable que le Président saisi d'une demande de convocation par des copropriétaires représentant le quart au moins des voix pouvait se déclarer incompétent (comme un juge des référés ordinaire) au motif que le litige présentait une difficulté sérieuse au fond (▪ Cass. 3e civ., 2 déc. 2009 : *Rev. Administrer* mars 2010, p. 42, obs. crit. J.-R. Bouyeure).

Art. 51. – Copie de toute assignation délivrée par un copropriétaire qui, en vertu de l'article 15 (al. 2) de la loi du 10 juillet 1965, exerce seul les actions concernant la propriété ou la jouissance de son lot, est adressée par l'huissier au syndic par lettre recommandée avec demande d'avis de réception.

Voir aussi : sur les actions que les copropriétaires peuvent exercer individuellement, V. L. art. 15 et son commentaire.

1) Actions individuelles – Information du syndic. L'objet de ce texte est d'informer le syndicat des procédures engagées individuellement par les copropriétaires afin qu'ils puissent éventuellement s'y joindre, s'il s'avère qu'un intérêt collectif est également en jeu (ou faire tierce opposition au jugement s'il apparaît qu'il lèse les intérêts collectifs de la copropriété...).

2) Sanction. On notera que l'obligation imposée à tout copropriétaire exerçant une action individuelle d'avertir le syndic pèse sur l'huissier : mais l'inaccomplissement de cette formalité n'entraîne pas l'irrecevabilité de la demande (▪ Cass. 3e civ., 26 nov. 1975 : *Rev. loyers* 1976, p. 102. ▪ Cass. 3e civ., 30 mars 1978 : *JCP* G 1978, II, 19273, note Atias. ▪ Cass. 3e civ., 28 nov. 1978 : *Ann. loyers* 1979, p. 1468. ▪ Cass. 3e civ., 28 janv. 1981 : *Rev. loyers* 1981, p. 210. ▪ CA Paris pôle 4, 2e ch., 17 sept. 2012, n° 07/19861 : *Administrer*, mai 2013, p. 42, obs. J.-R. Bouyeure et ▪ CA Aix-en-Provence, 7 juin 1983 : *JCP* N 1985, II, 137. ▪ CA Paris, 23e ch., 17 nov. 1995 : *Loyers et copr.* mars 1996, n° 143).

Art. 52. – L'action en justice visée à l'article 12 de la loi du 10 juillet 1965 est intentée à l'encontre du syndicat lorsqu'elle est fondée sur le fait que la part, dans l'une ou l'autre des catégories de charges, incombant au lot du demandeur, est supérieure de plus d'un quart à celle qui résulterait d'une répartition conforme à l'article 10 de cette loi.

Bibliographie : P.-E. Lagraulet, *Action en révision d'une répartition lésionnaire des charges : Inf. rap. copr.* nov. 2020.

Action en révision de la répartition des charges – Procédure. L'action en *révision de la répartition des charges* visée par l'article 12 de la loi est intentée selon le cas contre le syndicat (présent art.) – c'est alors le syndic ès qualités qui doit être assigné – ou contre un copropriétaire (D. art. 53).

L'article 52 vise le cas où l'action est fondée sur le fait que la part incombant au lot du demandeur dans l'une ou l'autre des catégories de charges visées par l'article 10 de la loi est supérieure de plus d'un quart à celle qui résulterait d'une répartition conforme à cet article.

L'action est alors intentée à l'encontre du syndicat, pris en la personne du syndic, son représentant légal (▪ Cass. 3e civ., 5 déc. 1972 : *JCP* 1973, II, 17348).

Le syndic doit alors *aviser chaque copropriétaire de l'instance engagée* (D. art. 59).

Les copropriétaires peuvent ainsi apprécier s'il est opportun qu'ils interviennent aux côtés du syndicat pour défendre leurs intérêts.

Par ailleurs, en pareil cas, le syndic ou tout copropriétaire peut « s'il existe des *oppositions d'intérêts* entre les copropriétaires qui ne sont pas demandeurs » présenter requête au président du tribunal de grande instance en vue de la désignation d'un mandataire *ad hoc* (en application du D. art. 54 – V. ce texte).

Art. 53. – Si la part d'un copropriétaire est inférieure de plus d'un quart, dans l'une ou l'autre des catégories de charges, à celle qui résulterait d'une répartition conforme aux dispositions de l'article 10 de la loi du 10 juillet 1965, l'action en justice visée à l'article 12 de ladite loi est intentée à l'encontre de ce copropriétaire.

À peine d'irrecevabilité de l'action, le syndicat est appelé en cause.

Bibliographie : P.-E. Lagraulet, *Action en révision d'une répartition lésionnaire des charges : Inf. rap. copr.* nov. 2020.

Action en révision de la répartition des charges – Procédure. La deuxième hypothèse d'exercice de l'action en révision prévue par l'article 12 (V. ci-dessus, D. art. 52) est celle où l'action est fondée sur le fait que la part d'un autre copropriétaire est inférieure de plus du quart dans l'une ou l'autre des catégories de charges visées par l'article 10, à celle qui résulterait d'une répartition conforme à la loi.

L'action est alors intentée contre le copropriétaire concerné. Le syndicat doit être appelé en cause à peine d'irrecevabilité, dit le texte (al. 2).

Art. 54. – Chaque fois qu'une action en justice intentée contre le syndicat a pour objet ou peut avoir pour conséquence une révision de la répartition des charges, et indépendamment du droit pour tout copropriétaire d'intervenir personnellement dans l'instance, le syndic ou tout copropriétaire peut, s'il existe des oppositions d'intérêts entre les copropriétaires qui ne sont pas demandeurs, présenter requête au président du tribunal *(Mod. à compter du 1er janvier 2020, D. n° 2019-966, 18 sept. 2019)* « judiciaire » en vue de la désignation d'un mandataire *ad hoc*.

Dans ce cas, la signification des actes de procédure est valablement faite aux copropriétaires intervenants ainsi qu'au mandataire *ad hoc*.

Bibliographie : C. Atias, *Mandataire ad hoc et administrateur ad hoc du syndicat des copropriétaires : conflit d'intérêts entre syndicat et syndic : AJDI* 2012, p. 652.

1) Action intentée contre le syndicat influant sur la répartition des charges. L'article 54 est appelé à jouer :

– chaque fois qu'une *action en justice est intentée contre le syndicat...*

– et qu'elle *a pour objet ou peut avoir pour conséquence une révision de la répartition des charges.*

Ce texte s'appliquera notamment :

• dans le cas où l'action est intentée par un copropriétaire pour faire reconnaître que sa part dans l'une ou l'autre des catégories de charges est supérieure de plus d'un quart à ce qu'elle devrait être (action en révision de la répartition des charges fondée sur l'art. 12 de la loi – cas visé par l'art. 52 du décret : V. ci-dessus) ;

• de même, lorsqu'il s'agit de faire fixer judiciairement une nouvelle répartition des charges dans les cas prévus par les articles 11, alinéa 3, et 42, alinéa 3, de la loi (V. ces textes) ;

• et, plus généralement, lorsqu'un copropriétaire intentera à l'encontre du syndicat – représenté par le syndic – une action en nullité de la répartition des charges fondée sur le non-respect des règles d'ordre public posées par l'article 10 de la loi.

Voir : sur cette action en « nullité » de la répartition des charges, L. 10 juill. 1965, art. 12, comm. n° 11, p. 205.

2) Modalités d'exercice. Il résulte de l'alinéa 1 du présent texte que *les copropriétaires peuvent alors intervenir individuellement* pour défendre leurs intérêts (l'action engagée pouvant avoir un retentissement sur leur propre participation aux charges...).

S'il existe des *oppositions d'intérêts* entre les copropriétaires, le syndic, ès qualités, ne peut prétendre tous les représenter. Il est alors possible de faire désigner un ou plusieurs mandataires *ad hoc* à la requête soit du syndic, soit de tout copropriétaire, pour la défense de ces intérêts opposés. La requête sera présentée au président du tribunal judiciaire (par ministère d'avocat : V. CPC, art. 808).

Les actes de procédure devront être signifiés tant aux copropriétaires intervenant qu'aux mandataires *ad hoc* (ainsi qu'au syndic ès qualités).

Bibliographie : sur tous ces points, Kischinewsky-Broquisse, *La copropriété*, n° 164.

Art. 55 ***(D. n° 86-768, 9 juin 1986 ; mod., D. n° 2010-391, 20 avr. 2010 ; mod., n° 2019-650, 27 juin 2019 ; à compter du 1er janvier 2020, D. n° 2019-966, 18 sept. 2019).*** **– Le syndic ne peut agir en justice au nom du syndicat sans y avoir été autorisé par une décision de l'assemblée générale.**

Seuls les copropriétaires peuvent se prévaloir de l'absence d'autorisation du syndic à agir en justice.

Une telle autorisation n'est pas nécessaire pour les actions en recouvrement de créance, la mise en œuvre des voies d'exécution forcée à l'exception de la saisie en vue de la vente d'un lot, les mesures conservatoires, l'opposition aux travaux permettant la recharge normale des véhicules électriques prévue à l'article R. 136-2 du Code de la construction et de l'habitation et les demandes qui relèvent des pouvoirs du juge des référés, ainsi que pour défendre aux actions intentées contre le syndicat. Elle n'est pas non plus nécessaire lorsque le président du tribunal judiciaire est saisi en application des premiers alinéas des articles 29-1 A et 29-1 de la loi du 10 juillet 1965 ou du premier alinéa de l'article L. 615-6 du Code de la construction et de l'habitation.

Dans tous les cas, le syndic rend compte à la prochaine assemblée générale des actions introduites.

Bibliographie : P. Baudouin, *L'habilitation du syndic pour agir en justice : AJPI* 1984, 466. • G. Vigneron : *JCl. Copropriété*, Fasc. 101, nos 15 et s. • P. Capoulade et D. Tomasin, *La copropriété*, Dalloz Action 2018-2019, nos 534.11 et s. • G. Vigneron, *Le syndic en justice : Loyers et copr.* nov. 1990, p. 1 et s. • J.-P. Karila, *Le point de la jurisprudence sur les problèmes liés à l'habilitation du syndic de copropriété à agir en justice notamment à l'encontre des constructeurs : Rev. Administrer* janv. 1991, p. 12 et s. • B.-R. B., *L'habilitation du syndic à agir devant la juridiction administrative : AJPI* 1991, p. 181. • M.-C. Ruffet, *Le syndic et la justice : Inf. rap. copr.* mai 1991, p. 155 et s. • P. Capoulade, *L'autorisation du syndic d'agir en justice : Inf. rap. copr.* mai 1997, p. 11. • G. Vigneron, *Le syndic en justice : Loyers et copr.* juill. 1997, p. 4. • D. Rocher, *Mandat donné au syndic pour ester en justice : Gaz. Pal.* 1998, I, doctr. p. 696. • J.-P. Cordelier, *L'habilitation du syndic de copropriété à agir en justice : Rev. bleue* oct. 1999, p. 20. • B. Boussageon, *La recevabilité des demandes judiciaires principales et reconventionnelles du syndicat des copropriétaires : Rev. loyers* 1999, p. 318. • G. Vigneron, *Le juge et la copropriété : Loyers et copr.*, févr. 2003, p. 5. • J.-M. Roux, *La jurisprudence récente relative à l'habilitation du syndic à agir en justice : entre rigueur et souplesse : Constr.-Urb.*, mars 2003, p. 6. • M.-C. Ruffet, *Le syndic et le mandat d'ester en justice : Inf. rap. copr.* juin 2003, p. 19. • G. Vigneron, *Conditions d'habilitation du syndic pour agir en justice : Loyers et copr.* 2003, p. 5. • J.-M. Roux, *La portée de l'habilitation du syndic à agir en justice, (1re partie) Les défendeurs à l'action : Inf. rap. copr.* déc. 2006, p. 23 ; *(2e partie) La nature des actions : Inf. rap. copr.* avr. 2007, p. 19 ; *(3e partie) L'objet de la procédure : Inf. rap. copr.* juin 2007, p. 21. • P.-L. Niel, *Vers un assouplissement des conditions d'habilitation du syndic de copropriété à agir en justice : AJDI* 2008, p. 276. • P. Capoulade, *L'autorisation du syndic d'agir en justice (le principe) : Rev. Administrer* oct. 2009, p. 13. • C. Atias, *La raison d'être des autorisations d'agir en justice au nom d'une personne morale : D.* 2011, p. 701. • G. Vigneron et J.-M. Roux, *Autorisation donnée au syndic d'agir en justice au nom du syndicat : Loyers et copr.* sept. 2011,

Formule 1, p. 30. • P.-H. Hanoune, *L'habilitation pour agir en justice, anticyclone sur le contenu, cumulus sur le moment : Rev. Administrer* oct. 2015, p. 11. • P.-E. Lagraulet, *Esquisse des nouveaux contours du droit de la copropriété : AJDI* 2019, 604. • J. Hocquard, *Les contours de l'autorisation du syndic d'agir en justice : Inf. rap. copr.* avr. 2021, p. 31. • P.-E. Lagraulet, *Les demandes reconventionnelles : Inf. rap. copr.* nov. 2021, p. 10. • P.-E. Lagraulet, *Le syndic de copropriété : Edilaix* 2021, III.1.14 et s.

• *Sommaire*

I – PRINCIPE : LE SYNDIC NE PEUT AGIR EN JUSTICE QUE S'IL EST AUTORISÉ 847
A – Formes de l'autorisation 847
B – Portée de l'autorisation en ce qui concerne l'engagement de la procédure 849
1° *Principes généraux* 849
2° *Application en cas de désordres de construction* 852
C – Conduite de la procédure 856
D – Conséquences de l'absence d'autorisation 857
II – EXCEPTIONS : CAS OÙ LE SYNDIC PEUT AGIR SANS AUTORISATION 859
A – Action en recouvrement de créance 859
B – Mise en œuvre des voies d'exécution forcée 860
C – Mesures conservatoires 860
D – Opposition aux travaux destinés au rechargement des véhicules électriques 861
E – Procédures de référé 861
F – Actions intentées contre le syndicat 861
G – Saisine du président du TJ 862
H – Actions intéressant le syndicat 863
III – OBLIGATION DE RENDRE COMPTE 863

I – PRINCIPE : LE SYNDIC NE PEUT AGIR EN JUSTICE QUE S'IL EST AUTORISÉ

1) Nécessité de principe d'une autorisation. L'autorisation de l'assemblée est nécessaire chaque fois que le syndic doit agir en justice, y compris devant les juridictions administratives (▪ CE, 3 juill. 2015, n° 371433 : *Rev. Administrer* nov. 2015, p. 34, obs. J.-R. Bouyeure. ▪ CE, 6 mai 2015, n° 366713, *Ann. loyers* juin 2015, p. 71, obs. J.-M. Roux. ▪ CE, 24 juin 2009 : *AJDI* 2009, p. 878, note P. Capoulade. ▪ CE, 11 sept. 1996 : *RD imm.* 1997, p. 136, obs. P. Capoulade, et C. Atias, *La copropriété immobilière saisie par l'administration : Inf. rap. copr.* oct. 1997, p. 26 et *La copropriété devant la justice administrative : Inf. rap. copr.* avr. 1999, p. 24) ;

... ainsi que dans le cas où il doit exercer une saisie immobilière à l'encontre d'un copropriétaire.

Bien que l'expression soit fréquemment employée, l'« autorisation » ne doit pas être confondue avec une « habilitation » dès lors que le syndic est déjà titulaire du pouvoir d'agir en application de l'article 18 de la loi du 10 juillet 1965. La procédure ne consiste qu'à l'autoriser à employer ce pouvoir dont il est titulaire.

Voir : comm. n° 21, p. 860.

A – Formes de l'autorisation

2) Décision de l'assemblée. L'autorisation du syndic nécessite une décision de l'assemblée donnée à la majorité de l'article 24 de la loi (▪ CA Paris, 23e ch., 14 juin 1995 : *Loyers et copr.* 1995, comm. 490). Dès lors qu'il n'y a pas de syndicats secondaires, tous les copropriétaires doivent participer au vote, même si l'action ne concerne qu'un bâtiment (▪ CA Paris, 23e ch. B, 23 févr. 2006 : *AJDI* 2006, p. 576. ▪ CA Paris, 23e ch. B, 8 déc. 2005 : *Loyers et copr.* 2006, comm. 118, obs. G. Vigneron).

Ce qui importe est que l'autorisation soit claire et précise (▪ CA Paris, 23e ch. A, 4 oct. 2000 : *Loyers et copr.* 2001, comm. 102. – Sur le degré de précision au stade du projet de résolution joint à la convocation de l'assemblée générale, ▪ CA Aix-en-Provence, 4e ch. A, 23 mars 2007 : *Bull. Aix-en-Provence* 2007-3, p. 49, obs. C. Atias). Mais il n'existe pas de formule sacramentelle (▪ CA Paris, 23e ch. B, 10 févr. 2000 : *D.* 2000, somm. p. 216, obs. C. Atias).

Des mandats donnés au syndic par les copropriétaires ne sauraient remplacer l'autorisation de l'assemblée (▪ Cass. 3e civ., 7 janv. 1981 : *D.* 1982, inf. rap. p. 437, obs. G. Giverdon). Il faut une véritable décision, sanctionnée par un vote (un simple « accord » n'est pas suffisant : ▪ Cass. 3e civ., 11 janv. 1995 : *Bull. civ.* III, n° 15 ; *Rev. Administrer* août-sept. 1995, p. 45, obs. J.-R. Bouyeure. – V. aussi : ▪ Cass. 3e civ., 31 janv. 1996 : *Loyers et copr.* 1996, comm. 242 ; *Bull. civ.* III, n° 30. ▪ Cass. 3e civ., 31 janv. 1996 : *Loyers et copr.* 1996, comm. 242 ; *Bull. civ.* III, n° 30). Un simple accord de principe pour engager une procédure judiciaire ne constitue pas un vote (▪ Cass. 3e civ., 11 févr. 1998 : *RD imm.* 1998, p. 299, obs. P. Capoulade).

Il n'appartient pas au juge saisi de la contestation d'une résolution autorisant le syndic à agir en justice, d'apprécier en opportunité la décision querellée (▪ CA Paris, pôle 4, 2e ch., 29 mai 2013 : *Rev. Administrer* déc. 2013, p. 49, obs. J.-R. Bouyeure).

Les dispositions de l'article 55 du décret sont d'ordre public (▪ Cass. 3e civ., 14 mai 1974 : *Bull. civ.* III, p. 142).

3) Preuve de l'autorisation. La preuve de l'autorisation de l'assemblée doit être rapportée par la production du procès-verbal (▪ Cass. crim., 23 sept. 2008 : *Loyers et copr.* 2009, n° 24, obs. G. Vigneron. ▪ Cass. 3e civ., 21 janv. 2004 : *Loyers et copr.* 2004, comm. 77, obs. G. Vigneron ; *Rev. Administrer* avr. 2004, p. 49, obs. J.-R. Bouyeure. ▪ Cass. 3e civ., 4 mai 1995 : *D.* 1998, somm. p. 277, obs. P. Capoulade. ▪ CA Basse-Terre, 18 déc. 2020, n° 18/016081 : *Ann. loyers* mars 2021, p. 93, obs. J.-M. Roux. – Sur le cas où le procès-verbal est déficient en la forme et au fond, V. ▪ Cass. 3e civ., 28 juin 1995, *ibidem*).

Le mandat d'agir donné au syndic doit être exprès (▪ Cass. 3e civ., 1er avr. 1992 : *Inf. rap. copr.* 1992, p. 311, obs. P. Capoulade. ▪ Cass. 3e civ., 24 févr. 1993 : *Loyers et copr.* 1993, comm. 200. ▪ CA Aix-en-Provence, 7 avr. 2011 : *JurisData* n° 2011-033659 ; *Loyers et copr.* 2012, comm. 252, obs. G. Vigneron). L'autorisation de l'assemblée ne peut être simplement implicite (▪ Cass. civ., 27 mars 1996 : *Loyers et copr.* 1996, n° 285 ; *RD imm.* 1996, p. 281, obs. P. Capoulade. ▪ Cass. 3e civ., 31 janv. 1996 : *RD imm.* 1996, p. 281, obs. P. Capoulade. ▪ Cass. 3e civ., 21 févr. 1995 : *RD imm.* 1995, p. 384, obs. P. Capoulade. ▪ CA Versailles, 4e ch., 24 sept. 2001 : *Dossier CSAB* mars 2002, n° 36, obs. A. Dunes).

L'autorisation est valide, même à défaut de notification préalable d'un projet de résolution, si la décision de l'assemblée n'a pas été judiciairement contestée dans les deux mois de la notification du procès-verbal (▪ Cass. 3e civ., 13 nov. 2003 : *Bull. civ.* III, n° 196 ; *Rev. loyers* 2004, p. 237, note J.-M. Gélinet ; *AJDI* 2004, p. 208, note P. Capoulade). Le copropriétaire qui n'a pas contesté la décision en temps utile n'est pas recevable à invoquer l'absence d'autorisation du syndic dans l'instance qui l'oppose à celui-ci ès qualités (même décision).

Par ailleurs, l'absence de précisions sur la juridiction devant être saisie est sans portée sur la validité de l'autorisation (▪ Cass. 3e civ., 23 sept. 2014, n° 13-18.130 : *Inf. rap. copr.* sept. 2015, p. 11, obs. M.-F. Ritschy ; *Rev. Administrer* déc. 2014, p. 45, obs. J.-R. Bouyeure ; *AJDI* déc. 2014, p. 876 ; *Ann. loyers* janv.-févr. 2015, p. 61, obs. C. Atias).

4) À qui donner l'autorisation ? L'autorisation doit être donnée *au syndic lui-même, qui a seul qualité pour représenter le syndicat en justice.* La recevabilité de l'action est subordonnée à la constatation de la qualité de syndic de l'intéressé (▪ Cass. 3e civ., 26 mars 2008 : *Inf. rap. copr.* juin 2009, p. 14, obs. M.-F. Ritschy. ▪ Cass. 3e civ., 17 juin 2008 : *Inf. rap. copr.* juin 2009, p. 14, obs. M.-F. Ritschy ; *Rev. Administrer* nov. 2008, p. 55, obs. J.-R. Bouyeure). Il doit s'agir du syndic en exercice (▪ Cass. 3e civ., 13 janv. 2009, n° 05-12.741 : *Loyers et copr.* 2009, n° 70, obs. G. Vigneron ; *Inf. rap. copr.* juin 2009, p. 13, obs. M.-F. Ritschy ; *Rev. Administrer* avr. 2009, p. 52, obs. J.-R. Bouyeure. ▪ Cass. 3e civ., 9 sept. 2014, n° 13-18.880 : *Inf. rap. copr.* sept. 2015, p. 11, obs. M.-F. Ritschy, à propos d'une annulation de la décision désignant le syndic).

Mais la *mention du nom du syndic* n'est exigée par aucun texte (▪ Cass. 3e civ., 19 juill. 1995 : *Rev. Administrer* oct. 1995, p. 32, obs. J.-R. Bouyeure. ▪ Cass. 3e civ., 22 juin 1994 : *Bull. civ.* III, n° 128). Il est à noter que le mandat conféré par l'assemblée n'a pas un caractère *intuitu personae* (▪ CA Paris, 19e ch., 30 mars 1987 : *JurisData* n° 1987-021034). Dès lors, peu importe que le syndic ne soit pas le même lorsque la demande est introduite que celui à qui l'autorisation a été donnée, l'autorisation étant donnée non pas ès-noms mais ès-qualités (▪ CA Paris, 24 janv. 1990 : *Quot. jur.* 20 mars 1990, p. 4. – V. aussi *supra*. ▪ Cass. 3e civ., 22 juin 1994). L'autorisation profite non seulement au syndic en exercice, mais à tous les syndics successifs, pendant toute la durée du procès (▪ CA Paris, 23e ch. A, 25 juin 2003 : *Loyers et copr.* 2003, comm. 226, obs. G. Vigneron).

Et l'autorisation donnée au syndic se transmet aux syndics successifs sans qu'il soit besoin de la renouveler (▪ Cass. 3e civ., 8 sept. 2010 : *Rev. Administrer* déc. 2010, p. 77, obs. J.-R. Bouyeure. ▪ Cass. 3e civ., 6 déc. 2006 : *Loyers et copr.* 2007, n° 37, obs. G. Vigneron ; *JCP* N 2007, 1162, note H. Guyader ; *Rev. Administrer* févr. 2007, p. 46, obs. J.-R. Bouyeure ; *Rev. loyers* 2007, p. 99, note J.-M. Gélinet ; *Inf. rap. copr.* mai 2007, p. 12, obs. M.-F. Ritschy ; *D.* 2007, p. 407, note C. Atias ; *AJDI* 2007, p. 932, note P. Capoulade. ▪ CA Paris, 23e ch. A, 31 août 2000 : *Dossier CSAB* n° 89, févr. 2001, n° 118, obs. A. Dunes).

Voir : sur le cas où la société syndic a fusionné avec une autre société, V. ▪ Cass. 3e civ., 10 nov. 1998, sous L. 10 juill. 1965, art. 25, comm. n° 36, p. 450.

Un mandat donné au conseil syndical (▪ Cass. 3e civ., 10 mai 1994 : *D.* 1996, somm. p. 166. ▪ Cass. 3e civ., 17 mai 1991 : *Inf. rap. copr.* sept. 1992, p. 275, obs. P. Capoulade. ▪ CA Paris, 23e ch. A, 20 oct. 1999 : *AJDI* 2000, p. 74) ou à l'avocat de la copropriété ne serait pas valable (▪ Cass. 3e civ., 5 avr. 1995 : *Bull. civ.* III, n° 97 ; *Loyers et copr.* 1995, comm. 347 ; *Rev. Administrer* août-sept. 1995, p. 46, obs. J.-R. Bouyeure. ▪ CA Paris, 23e ch. B, 7 avr. 2005 : *JurisData* n° 2005-270013 ; *AJDI* 2005,

p. 745). De même si l'autorisation est donnée au président du conseil syndical (▪ Cass. 3e civ., 24 févr. 1993 : *Inf. rap. copr.* avr. 1993, p. 121, note P. Capoulade) ou au « conseil de gérance » (▪ Cass. 3e civ., 11 juin 1992 : *Inf. rap. copr.* déc. 1992, p. 387, note P. Capoulade) ou encore au « président du syndicat » (▪ Cass. 3e civ., 9 déc. 1998 : *JCP* G 1998, IV, 1181 ; *AJDI* 1999, p. 231, note C. Giverdon).

Les termes de l'autorisation lient le syndic et doivent être respectés : ainsi lorsque l'autorisation d'agir est limitée dans le temps (▪ Cass. 3e civ., 3 juill. 1996 : *RD imm.* 1996, p. 617 ; *Inf. rap. copr.* janv. 1997, p. 7, obs. P. Capoulade). Mais l'autorisation d'agir donnée au syndic ne peut être subordonnée à la condition de l'accord préalable du conseil syndical (▪ Cass. 3e civ., 4 déc. 2002 : *Bull. civ.* III, n° 248 ; *Loyers et copr.* 2003, comm. 75 ; *Rev. loyers* 2003, p. 166, note L. Guégan ; *JCP* G 2003, IV, 1171 ; *Rev. Administrer* juin 2003, p. 53, note J.-R. Bouyeure. – V. antérieurement, en sens contraire : ▪ CA Paris, 23e ch., 7 oct. 1994 : *Rev. Administrer* août-sept. 1995, p. 32, obs. J.-R. Bouyeure).

5) Décision irrégulière. Qu'en est-il *lorsque la décision de l'assemblée habilitant le syndic à agir est irrégulière ?* Il en est ainsi par exemple lorsque le projet de résolution n'a pas été notifié aux copropriétaires en même temps que l'ordre du jour comme l'exige l'article 11-5° du décret (aujourd'hui art. 11-I-8°) (▪ CA Paris, 19e ch. B, 29 mai 1999 : *JurisData* n° 1999-021485 ; *Loyers et copr.* 1999, comm. 298). Si la résolution l'autorisant à ester en justice vient à être annulée, le syndic est considéré comme n'ayant pas été habilité (▪ CA Aix-en-Provence, 4e ch. A, 15 oct. 2010 : *Rev. Administrer* mars 2011, p. 48, obs. J.-M. Roux ; *Inf. rap. copr.* juill.-août 2011, p. 12, obs. M.-F. Ritschy ; *Bull. Aix* 2011-1, p. 37, obs. J.-M. Roux). À partir du moment où la nullité dont est affectée la décision ne peut plus être invoquée, les délais de recours de l'article 42 de la loi (V. ce texte) étant expirés, un *copropriétaire assigné par le syndic* n'a plus qualité pour invoquer cette nullité et donc le défaut d'autorisation du syndic (▪ Cass. 3e civ., 13 nov. 2003 : *Bull. civ.* III, n° 196. ▪ Cass. 3e civ., 27 févr. 1991 : *Loyers et copr.* 1991, n° 238. ▪ CA Paris, 23e ch. B., 5 oct. 2000 : *AJDI* 2000, p. 960). Selon la cour de Versailles, la décision d'autoriser le syndic à agir ne peut pas, par nature, être entachée d'abus de majorité (▪ CA Versailles, 1re ch., 21 mai 1990 : *Rev. Administrer* août-sept. 1990, p. 58).

Quant au *tiers assigné par le syndic,* il faut admettre qu'en toute hypothèse il n'est, pour sa part, jamais en droit de se prévaloir de cette nullité d'assemblée, l'action étant réservée aux copropriétaires (▪ Cass. 3e civ., 16 avr. 1986 : *Defrénois* 1986, art. 33795, note Souleau ; *Rev. Administrer* août-sept. 1986, p. 43, note E.-J. Guillot ; *RTD civ.* 1987, p. 792, obs. C. Giverdon. ▪ CA Versailles, 31 mai 2010 : *JurisData* n° 2010-017430 ; *Loyers et copr.* 2011, comm. 328, obs. G. Vigneron). Peu importe, à son égard, que l'autorisation ait été irrégulière ; ce qui compte c'est que cette autorisation ait été donnée.

Il ne peut invoquer l'irrégularité (prétendue ou réelle) de l'autorisation obtenue par le syndic. La jurisprudence de la Cour de cassation est bien fixée en ce sens (V. en dernier lieu : ▪ Cass. 3e civ., 16 sept. 2003 : arrêt n° 979 D, aff. SCI Jagimmo. ▪ Cass. 3e civ., 29 janv. 2003 : *D.* 2003, p. 602 et la note ; *Loyers et copr.* 2003, comm. 118, obs. G. Vigneron ; *Rev. Administrer* avr. 2003, p. 55, obs. J.-R. Bouyeure, et précédemment, ▪ Cass. 3e civ., 3 déc. 2002 : *Dossier CSAB* n° 104, févr. 2003, n° 27, obs. A. Dunes. ▪ Cass. 3e civ., 17 juin 1992 : *Inf. rap. copr.* 1993, p. 8, obs. P. Capoulade. ▪ Cass. ass. plén., 15 mai 1992 : *Loyers et copr.* 1992, n° 317 ; *Inf. rap. copr.* sept. 1992, p. 278. ▪ Cass. 3e civ., 7 déc. 1988 : *Loyers et copr.* 1989, n° 94. ▪ Cass. 3e civ., 17 févr. 1988 : *Gaz. Pal.* 1988, II, somm. p. 319, obs. H. Souleau ; *RD imm.* 1988, 247, obs. C. Giverdon).

Le tribunal ne pourrait pas non plus invoquer d'office la nullité de l'assemblée (*Contra* : ▪ TGI Paris, 15 avr. 1986, cité par Souleau, étude préc.).

La solution est différente lorsqu'il n'y a eu aucune autorisation : le tiers est alors en droit d'invoquer l'irrecevabilité de la demande. Mais l'irrecevabilité vaut seulement à l'égard des défendeurs qui l'invoquent (▪ Cass. 3e civ., 10 juill. 2012 : nos 11-16.245 et 11-16.894 : *JurisData* n° 2012-016183. ▪ Cass. 3e civ., 26 juin 2002 : *Loyers et copr.* 2003, comm. 20 ; *RD imm.* 2002, p. 418, obs. Ph. Malinvaud. ▪ Cass. 3e civ., 5 juill. 2000 : *JCP* G 2000, IV, 2498 ; *AJDI* 2001, p. 437, note P. Guitard ; *D.* 2001, somm. p. 3578, obs. C. Giverdon. ▪ Cass. 3e civ., 31 mai 2000 : *Inf. rap. copr.* mars 2000, p. 23, obs. M.-F. Ritschy).

Voir : comm. n° 17, p. 857.

B – Portée de l'autorisation en ce qui concerne l'engagement de la procédure

1° *Principes généraux*

6) Conditions d'une autorisation valable. *Les tribunaux apprécient souverainement,* compte tenu des circonstances de fait, *si l'on doit ou non considérer que le syndic a été valablement autorisé* (▪ Cass. 3e civ., 4 mai 1995 : *RD imm.* 1995, p. 597, obs. P. Capoulade. ▪ Cass. 3e civ., 14 juin 1989 : *Bull. civ.* III, n° 137. ▪ Cass. 3e civ., 10 déc. 1985 : *Defrénois* 1986, art. 33745, note H. Souleau ; *RTD civ.* 1986, p. 791, obs. C. Giverdon ; *Rev. Administrer* juin 1986, p. 49, note E.-J. Guillot).

L'existence (ou l'absence) d'une autorisation du syndic doit être appréciée à un triple point de vue (V. J.-R. Bouyeure, *L'habilitation du syndic pour agir en justice : Rev. Administrer* juin 1994, p. 14 et s. – V. également sur ce problème, la note de P. Capoulade sous ▪ Cass. 3e civ., 11 mars 1992 : *Inf. rap. copr.* 1992, p. 195) :

– la nature de la procédure autorisée ;
– les personnes concernées ;
– l'objet de la demande.

Sur cette triple exigence, V. ▪ Cass. 3e civ., 18 juin 2008 : *Loyers et copr.* 2008, n° 200, obs. G. Vigneron ; *Ann. loyers* 2008, p. 2473, obs. J.-M. Roux ; *Rev. loyers* 2008, p. 446, note J.-M. Gélinet. ▪ Cass. 3e civ., 21 mai 2008, n° 06-20.587 : *Ann. loyers* 2008, p. 2474, obs. J.-M. Roux. ▪ CA Toulouse, 1re ch., 7 déc. 2009 : *Loyers et copr.* 2010, comm. 88, obs. G. Vigneron).

7) La nature de la procédure autorisée. Lorsque l'autorisation est précise, ses termes doivent être respectés, ainsi l'autorisation d'agir en référé ne vaut pas autorisation d'assigner au fond (▪ CA Versailles, 18 juin 1993 : *Rev. Administrer* févr. 1994, p. 57, obs. A. Dunes) ; de même l'autorisation d'engager toute procédure judiciaire ne permet pas d'aller devant le juge administratif (▪ CE, 31 janv. 1990 : *JCP* G 1990, IV, 104) ou d'agir au pénal (▪ CA Paris, 1re ch., 14 mai 1992 : *Rev. Administrer* nov. 1992, p. 79, obs. A. Dunes).

De même l'autorisation d'agir en rétablissement des lieux dans leur état antérieur ne permet pas de demander la cessation de l'activité irrégulièrement exercée (▪ Cass. 3e civ., 7 oct. 1998 : *RD imm.* 1999, p. 155, obs. P. Capoulade. – V. également à propos d'une construction irrégulière : ▪ CA Paris, 23e ch. A, 17 janv. 2001 : *AJDI* 2001, p. 442, obs. P. Capoulade), ou de demander la réparation du préjudice causé (▪ CA Paris, 23e ch. A, 12 sept. 2001 : *AJDI* 2002, p. 139). De même encore l'autorisation d'agir en résiliation d'un bail ne permet pas d'agir en nullité de ce bail (▪ Cass. 3e civ., 17 nov. 2004 : *Bull. civ.* III, n° 200 ; *JCP* G 2004, IV, 3518 ; *Rev. Administrer* janv. 2005, p. 45, obs. J.-R. Bouyeure). L'autorisation d'agir envers un copropriétaire et son locataire « pour les préjudices qu'ils font subir à la copropriété » ne permet pas de solliciter la résiliation du bail et l'expulsion du locataire (▪ CA Paris, pôle 4, ch. 2, 27 juin 2018, n° 18/01127 : *Administrer* oct. 2018, p. 50, obs. J.-R. Bouyeure). Il a été jugé que lorsque l'assemblée avait exigé des négociations préalables avant d'introduire une action en justice, la saisine directe du tribunal n'était pas valable (▪ CA Versailles, 4e ch., 13 sept. 2004 : *Rev. Administrer* janv. 2005, p. 45, obs. J.-R. Bouyeure).

Pour une application bienveillante pour une action sur le fondement de trouble anormal de voisinage causé par des travaux sur un immeuble voisin, V. ▪ Cass. 3e civ., 21 mai 2008 : *JurisData* n° 2008-044126 ; *Constr.-Urb.* 2008, comm. 126, obs. M.-L. Pagès de Varenne ; *Loyers et copr.* 2008, comm. 169, obs. G. Vigneron ; *JCP* G 2008, IV, 2120 ; *D.* 2008, act. jur. p. 1625.

8) Les personnes concernées. Si l'autorisation *désigne nommément* une personne à assigner, il n'est pas possible d'agir contre d'autres (J.-R. Bouyeure, *op. cit.* – V. pour des applications : ▪ Cass. 3e civ., 20 janv. 1999 : *AJDI* 1999, p. 345. ▪ Cass. 3e civ., 4 nov. 1992 et ▪ Cass. 3e civ., 9 déc. 1992 : *RD imm.* 1993, p. 136, obs. P. Capoulade. ▪ CA Paris, 19e ch. A, 28 févr. 2001 : *AJDI* 2002, p. 714. ▪ CA Paris, 23e ch. A, 21 févr. 2001 : *AJDI* 2001, p. 445. ▪ CA Paris, 19e ch. B, 25 janv. 2001 : *AJDI* 2001, p. 445). Ainsi, l'autorisation d'agir contre le maître de l'ouvrage ne permet pas d'agir contre le promoteur, le constructeur et leur assureur (▪ Cass. 3e civ., 2 oct. 2001 : *Rev. Administrer* mars 2002, p. 40, obs. J.-R. Bouyeure). Dans le même sens, en autorisant le syndic à agir contre un maître d'œuvre, un bureau d'études, un entrepreneur et leurs assureurs, le syndicat des copropriétaires ne l'a pas autorisé à agir contre le contrôleur technique ou l'assureur dommages-ouvrage (▪ CA Paris, 19e ch., 19 mars 2008 : *Loyers et copr.* 2008, n° 203).

Jugé que l'autorisation donnée au syndic d'agir envers les propriétaires de certains lots ne pouvait lui permettre d'agir à l'encontre du locataire de l'un de ces lots (▪ CA Paris, pôle 4, ch. 2, 5 mai 2010 : *Rev. Administrer*, août-sept. 2010, p. 37, obs. J.-R. Bouyeure).

Cependant, la jurisprudence a évolué dans un sens de plus en plus compréhensif. Il a ainsi été jugé que l'autorisation donnée au syndic d'agir contre un constructeur permettait également d'agir à l'encontre de son assureur (▪ Cass. 3e civ., 31 mars 2004 : *Bull. civ.* III, n° 65 ; *Constr.-Urb.* 2004, comm. 107, note D. Sizaire ; *Rev. loyers* 2004, p. 387, note L. Guégan ; *Rev. Administrer* juill. 2004, p. 33, obs. J.-R. Bouyeure. ▪ Cass. 3e civ., 20 juin 2001 : *Bull. civ.* III, n° 80 ; *Defrénois* 2002, p. 66, note C. Atias ; *RD imm.* 2001, p. 522, note Ph. Malinvaud. – *Contra* : ▪ CA Paris, 19e ch. B, 14 déc. 2000 : *AJDI* 2001, p. 149). Plus récemment, un arrêt a admis qu'une autorisation d'agir à l'encontre de l'assureur dommages-ouvrages de l'ensemble des constructeurs ou intervenants sur la base d'un rapport d'expertise valait, à défaut de décision limitant les pouvoirs du syndic, tant à l'égard des personnes concernées par les désordres signalés que de celles identifiées dans le rapport d'expertise mentionnées dans l'autorisation, et de leur assureur (▪ Cass. 3e civ., 29 janv. 2003 : *Bull. civ.* III, n° 20 ; *JCP* G 2003, IV, 1507. – V. aussi ▪ Cass. 3e civ., 4 déc. 2002 : *Loyers et copr.* 2003, comm. 73 ; *Rev. loyers* 2003, p. 170). Enfin, la Cour de cassation indique dans ses décisions les plus récentes que la loi n'exige pas que l'autorisation donnée au syndic précise l'identité des personnes à assigner (▪ Cass. 3e civ., 6 juill. 2010 : *D.* 2011, p. 208, obs. C. Atias. ▪ Cass. 3e civ., 19 févr. 2008 : *Inf. rap. copr.* juin 2008, p. 13, obs. M.-F. Ritschy) et qu'à défaut de limitation des pouvoirs du syndic, l'autorisation vaut à l'égard des personnes concernées par les désordres signalés et de leurs assureurs (▪ Cass. 3e civ., 9 févr. 2011 : *Inf. rap. copr.* juill.-août 2011, p. 11, obs. M.-F. Ritschy ; *Ann. loyers* 2011, p. 1702, obs. J.-M. Roux. ▪ Cass. 3e civ., 1er mars 2005 : *AJDI* 2005, p. 396. ▪ Cass. 3e civ., 20 oct. 2004 : *Rev. Administrer* janv. 2005, p. 45, obs. J.-R. Bouyeure. ▪ Cass. 3e civ., 23 juin 2004 : *Constr.-Urb.* 2004, comm. 162, obs. D. Sizaire ; *Loyers et copr.* 2004, comm. 192, obs. G. Vigneron ; *Rev. loyers* 2004, p. 654, note P. Déchelette-Tolot. ▪ Cass. 3e civ., 8 oct. 2003 : *Loyers et copr.* 2004, comm. 17, obs. G. Vigneron. ▪ Cass. 3e civ., 29 janv. 2003 : *Loyers et copr.* 2003, comm. 118, obs. G. Vigneron ; *Rev. loyers* 2003, p. 252, note L. Guégan ; *Rev. Administrer* avr. 2003, p. 55, obs. J.-R. Bouyeure. ▪ Cass. 3e civ., 15 juin 2000 : *Rev. Administrer* oct. 2000, p. 74, obs. J.-R. Bouyeure. ▪ Cass. 3e civ., 17 févr. 1988, préc. ▪ CA Aix-en-Provence, 13 mars 2014 : *JurisData* n° 2014-005181 ; *Loyers et copr.* 2014, comm. 223, obs. G. V. ▪ CA Toulouse, 2 mars 2009 : *Loyers et copr.* 2009, comm. 187, obs. G. Giverdon. ▪ CA Paris, 19e ch. A, 20 déc. 2000 : *Loyers et copr.* 2001, comm. 156. ▪ CA Paris, 1er oct. 1993 : *RD imm.* 1994, p. 107. ▪ CA Aix-en-Provence, 7 avr. 2011 : *JurisData* n° 2011-033659 ; *Loyers et copr.* 2012, comm. 252, obs. G. Vigneron. ▪ CA Paris, 19e ch., 19 mars 2008 : *Loyers et copr.* 2008, comm. 203, obs. G. Vigneron, le contrôleur technique ne pouvant cependant pas être assimilé à un intervenant à la construction. – Pour une application bienveillante pour une action sur le fondement d'un trouble anormal de voisinage causé par des travaux sur un immeuble voisin, V. ▪ Cass. 3e civ., 21 mai 2008 : *JurisData* n° 2008-044126 ; *JCP G* 2008, IV, 2120 ; *D.* 2008, act. jur. p. 1625 ; *Rev. Administrer* août-sept. 2008, p. 44, obs. J.-R. Bouyeure). Dans un arrêt du 23 janvier 2020, la Cour de cassation souligne clairement qu'il n'est pas imposé que, dans l'autorisation d'agir en justice donnée au syndic, l'identité des personnes à assigner soit précisée, dès lors qu'elle est déterminable (▪ Cass. 3e civ., 23 janv. 2020, n° 19-11.863 : *JurisData* n° 2020-000685 ; *Loyers et copr.* 2020, comm. 39, obs. A. Lebatteux ;*Ann. loyers* mars 2020, p. 99, obs. J.-M. Roux ; *Inf. rap. copr.* nov. 2020, p. 61, obs. F. Bayard-Jammes).

Mais, en l'absence d'autorisation donnée au nouveau syndic pour assigner l'ancien, l'action engagée contre ce dernier est irrecevable puisqu'il n'a pas la qualité d'intervenant à l'acte de construire et n'est pas concerné par une obligation de garantie (▪ Cass. 3e civ., 22 nov. 2006 : *AJDI* 2007, p. 395, obs. P. Capoulade ; *Rev. loyers* 2007, p. 46, note L. Guégan ; *Inf. rap. copr.* mai 2007, p. 13, obs. M.-F. Ritschy).

Toutefois il a été jugé que lorsqu'il s'agit d'obtenir le respect du règlement de copropriété, l'autorisation doit énoncer les copropriétaires contre lesquels la procédure doit être engagée (▪ CA Paris, 1re ch. G, aud. sol., 13 déc. 2000 : *Loyers et copr.* 2001, comm. 156). En présence d'une autorisation claire et précise, le mandat d'ester en justice contre le propriétaire d'un lot en violation du règlement de copropriété vaut également à l'égard de tous les propriétaires successifs du lot (▪ CA Paris, pôle 4, 2e ch., 29 juin 2011 : *Rev. Administrer* oct. 2011, p. 65, obs. J.-R. Bouyeure).

Ce libéralisme a néanmoins des limites. Ainsi l'assemblée ne peut autoriser valablement, par anticipation et par une décision générale, le syndic à engager une procédure de saisie immobilière contre un copropriétaire non désigné (▪ Cass. 3e civ., 15 févr. 2006 : *Constr.-Urb.* 2006, comm. 87, obs. D. Sizaire ; *Loyers et copr.* 2006, comm. 88, obs. G. Vigneron ; *Rev. Administrer* mai 2006, p. 44, note P. Capoulade). Dans le même sens, ▪ Cass. 3e civ., 26 sept. 2007 : *Loyers et copr.* 2007, comm. 253, obs. G. Vigneron ; *Defrénois* 2008, p. 887, obs. C. Atias ; *Rev. Administrer* déc. 2007, p. 89, obs. J.-R. Bouyeure ; *Inf. rap. copr.* juin 2008, p. 15, obs. M.-F. Ritschy. La saisie contre un propriétaire désigné, de façon anticipée, est néanmoins parfaitement admise (▪ Cass. 3e civ., 3 juill. 2013).

9) L'objet de la demande. En ce domaine, *l'autorisation doit être précise* (▪ Cass. 3e civ., 31 janv. 1996 : *RD imm.* 1996, p. 282, obs. P. Capoulade. – V. pour des exemples, ▪ Cass. 3e civ., 11 juill. 2019, n° 18-18.336 : *Ann. loyers* oct. 2019, p. 94, obs. J.-M. Roux. ▪ Cass. 3e civ., 16 déc. 2008 : *Rev. Administrer* avr. 2009, p. 54, obs. J.-R. Bouyeure. ▪ Cass. 3e civ., 22 oct. 2002 : *AJDI* 2003, p. 275, note P. Capoulade. ▪ CA Reims, 15 janv. 2013 : *JurisData* n° 2013-001146. ▪ CA Paris, 23e ch. A, 25 juin 2003 : *Loyers et copr.* 2003, comm. 225, obs. G. Vigneron). Une autorisation donnée en termes généraux serait insuffisante (▪ Cass. 3e civ., 13 juill. 1993 : *Inf. rap. copr.* 1993, p. 391, note P. Capoulade).

N'est pas valable l'*autorisation rédigée de manière vague* : par exemple, l'autorisation donnée au syndic « d'entamer une procédure judiciaire pour les parties communes » (▪ Cass. 3e civ., 11 janv. 1995 : *Bull. civ.* III, n° 12 ; *Loyers et copr.* 1995, comm. 191 ; *RD imm.* 1995, p. 385, obs. P. Capoulade ; *Rev. Administrer* août-sept. 1995, p. 48, note J.-R. Bouyeure) ou « d'engager une procédure destinée à remédier à tous les désordres signalés dans la copropriété » (▪ Cass. 3e civ.,

28 juin 1995 : *Bull. civ.* III, n° 159 ; *Loyers et copr.* 1995, comm. 500. – V. aussi ■ CA Paris, 19e ch. B, 9 oct. 1997 : *Loyers et copr.* 1998, comm. 45 et ■ CA Paris, 23e ch., 25 oct. 1995 : *Loyers et copr.* 1996, comm. 94), ou encore « d'assigner au fond suite au rapport de l'expert » sans précision aucune relative à l'objet de l'action à engager et aux personnes à mettre en cause (■ Cass. 3e civ., 29 janv. 2003, arrêt n° 124 D, aff. *Résidence Pierrat*). – La jurisprudence la plus récente marque cependant une évolution dans le sens de la bienveillance. Un arrêt de la Cour de cassation (3e civ.) du 17 mars 2004 (*Rev. Administrer* juill. 2004, p. 33, obs. J.-R. Bouyeure) indique ainsi que l'autorisation d'agir en restitution de parties communes ne doit pas nécessairement les identifier précisément. – V. aussi pour des appréciations bienveillantes ■ CA Paris, 23e ch. B, 16 nov. 2000 : *AJDI* 2001, p. 36. ■ CA Paris, 23e ch. A, 9 juin 1999 : *Dossiers CSAB* n° 78, nov. 1999, n° 119, obs. A. Dunes. ■ CA Paris, 14e ch. A, 24 oct. 2001 : *AJDI* 2002, p. 141, qui considère comme valable l'autorisation donnée au syndic d'engager « toutes les actions nécessaires pour mener à bien les demandes et réclamations de la copropriété relatives au litige l'opposant au syndicat voisin ». ■ CA Paris, 23e ch., 3 févr. 2005 : *Loyers et copr.* 2005, comm. 77, obs. G. Vigneron selon lequel le mandat d'agir, dans un but précis, à l'encontre d'une personne déterminée, vaut également pour agir à l'encontre du nouveau propriétaire. – Pour une autorisation donnée au syndic pour « faire tous actes de procédure aux fins d'obtenir condamnation des parties ci-avant désignées pour tous les dommages visés au rapport [d'expertise] » : ■ Cass. 3e civ., 9 nov. 2005 : *Inf. rap. copr.* mai 2007, p. 13, obs. M.-F. Ritschy. – Dans le même sens ■ Cass. 3e civ., 3 avr. 2013, nos 11-27.053 et 12-16.024 : *JurisData* n° 2013-006296. ■ Cass. 3e civ., 16 déc. 2014, n° 13-24.230 : *JurisData* n° 2014-032951 ; *Loyers et copr.* 2015, comm. 75, obs. G. Vigneron ; *Rev. Administrer* mars 2015, p. 47, obs. J.-R. Bouyeure ; *AJDI* avr. 2015, p. 292. – Pour une application bienveillante pour une action sur le fondement de trouble anormal de voisinage causé par des travaux sur un immeuble voisin, ■ Cass. 3e civ., 21 mai 2008 : *JurisData* n° 2008-044126 ; *JCP* G 2008, IV, 2120 ; *D.* 2008, act. jur. p. 1625. – Pour une appréciation rigoureuse : ■ CA Paris, 23e ch. A, 4 oct. 2000 : *AJDI* 2000, p. 959).

En présence d'un mandat au syndic d'ester en justice en vue « de défendre les intérêts du syndicat, et notamment d'introduire toutes actions en justice nécessaires, tant en référé qu'au fond, afin d'obtenir, sur la base du rapport d'expertise judiciaire, l'achèvement des travaux, leur réception, la reprise des non-conformités, défauts de finition, malfaçons ou désordres et la réparation de tous les préjudices subis, et plus généralement de faire le nécessaire pour la défense des intérêts de la copropriété », la Cour de cassation a estimé que l'autorisation particulièrement large d'agir en justice devait être comprise comme s'étendant aux instances liées aux difficultés d'exécution de ce jugement, lesquelles en constituent la suite directe, notamment aux instances en liquidation de l'astreinte (■ Cass. 3e civ., 12 janv. 2022, n° 20-17.772 : *Ann. loyers* mars 2022, p. 92, obs. J.-M. Roux).

Les lacunes ou imprécisions de l'autorisation ne peuvent être comblées par les explications données aux copropriétaires ou par le contenu de l'assignation (■ Cass. 3e civ., 4 déc. 1996 : *Loyers et copr.* 1997, comm. 54 : *JCP* G 1997, II, 22788, note A. Djigo).

N'a pas été jugée suffisamment précise l'autorisation renvoyant expressément à deux précédentes « résolutions » de la même assemblée décrivant l'action à exercer, mais non adoptées faute d'obtention de la majorité requise (■ Cass. 3e civ., 27 mars 2007 : *AJDI* 2008, p. 216, obs. P. Capoulade). Il en va de même pour la résolution autorisant le syndic « pour engager toute procédure à l'encontre des copropriétaires qui ne respecteraient pas le règlement de copropriété (usage et occupation des parties privatives) » (■ CA Paris, pôle 4, ch. 2, 16 juin 2010 : *Rev. Administrer* févr. 2011, p. 38, obs. J.-R. Bouyeure ; *Inf. rap. copr.* juill.-août 2011, p. 11, obs. M.-F. Ritschy et sur pourvoi, ■ Cass. 3e civ, 20 sept. 2011, n° 10-24.221 : *Rev. Administrer* déc. 2011, p. 61, obs. J.-R. Bouyeure).

L'avocat qui procède sur le vu d'un mandat non conforme engage sa responsabilité vis-à-vis du syndicat (■ CA Paris, 1re ch. A, 30 sept. 1997 : *RD imm.* 1998, p. 300, obs. P. Capoulade).

Une autorisation conférée pour agir sur un fondement précis ne permet pas au syndic d'engager une procédure visant à engager une autre action en justice (■ CA Paris, pôle 4, 2e ch., 15 déc. 2010 : *Rev. Administrer* oct. 2011, p. 65, obs. J.-R. Bouyeure).

Voir : sur la possibilité de régulariser *a posteriori*, comm. nos 14 et 18, p. 855. – Sur les désordres de construction, comm. n° 10, p. 852.

2° *Application en cas de désordres de construction*

10) Précisions concernant l'objet de la demande. Lorsqu'une procédure est envisagée pour obtenir réparation de désordres des constructions, la nature des malfaçons ou non-conformités doit être très précisément énoncée (■ Cass. 3e civ., 15 nov. 2018, n° 17-24.789 : *Loyers et copr.* 2019, comm. 13, obs. A. Lebatteux ; *JurisData* n° 2018-024249 ; *Ann. loyers* janv.-févr. 2019, p. 59, obs. J.-M. Roux ; *Administrer* janv. 2019, p. 37, obs. J.-R. Bouyeure. ■ Cass. 3e civ., 7 déc. 2005 : *Rev.*

Administrer févr. 2006, p. 41, note P. Capoulade ; *Inf. rap. copr.* mai 2007, p. 13, obs. M.-F. Rischy. ▪ Cass. 3e civ., 22 nov. 2005 : *Rev. Administrer* févr. 2006, p. 42, obs. J.-R. Bouyeure ; *AJDI* 2006, p. 131), tout comme les parties d'immeubles concernées, les dommages allégués et les personnes que le syndicat entend mettre en cause (▪ CA Paris, 19e ch. A, 22 oct. 1997 : *Loyers et copr.* 1998, comm. 17). Ce n'est pas le cas si l'assemblée donne pouvoir au syndic de poursuivre l'instance en cours sans en indiquer l'objet et sans communiquer la moindre information au sujet de cette procédure, et notamment sans préciser la nature des désordres (▪ Cass. 3e civ., 19 févr. 2013, n° 11-22.588 : *AJDI* 2013, p. 446. ▪ Cass. 3e civ., 21 oct. 2008 : *Loyers et copr.* 2009, comm. 20, obs. G. Vigne ron. ▪ Cass. 3e civ., 6 mai 2003 : *Loyers et copr.* 2003, comm. 185, 2003, comm. 185, obs. G. Vigneron ; *JCP* G 2003, IV, 2160 ; *Rev. Administrer* oct. 2003, p. 57, obs. J.-R. Bouyeure. ▪ Cass. 3e civ., 24 avr. 2003 : *Constr.-Urb.* 2003, comm. 179, note L. Pagès de Varenne. ▪ Cass. 3e civ., 2 oct. 2002 : *Loyers et copr.* 2003, comm. 45 ; *AJDI* 2003, p. 274. ▪ CA Paris, pôle 4, ch. 2, 24 nov. 2010 : *Rev. Administrer* févr. 2011, p. 41, obs. J.-R. Bouyeure ; *Inf. rap. copr.* mai 2011, p. 13, obs. M.-F. Ritschy. ▪ CA Aix-en-Provence, 3e ch. civ., 12 juin 2003 : *D.* 2003, obs. C. Atias. ▪ CA Paris, 23e ch. A, 4 déc. 2002 : *Loyers et copr.* 2003, comm. 94, obs. G. Vigneron ; *AJDI* 2003, p. 429. – Voir pour un bilan et une analyse de la jurisprudence, la note de M. C. Giverdon : *D.* 2003, somm. p. 1328). Ces précisions doivent figurer dans le procès-verbal (▪ Cass. 3e civ., 3 nov. 2004 : *Rev. Administrer* janv. 2005, p. 45, obs. J.-R. Bouyeure. ▪ Cass. 3e civ., 20 oct. 2004 : *Rev. Administrer* janv. 2005, p. 45, obs. J.-R. Bouyeure. ▪ Cass. 3e civ., 21 janv. 2004, n° 03-17.268).

Une autorisation donnée en termes très généraux n'est pas satisfaisante (▪ Cass. 3e civ., 22 mai 1997 : *Bull. civ.* III, n° 109 : *JCP* G 1997, IV, 1446).

De même, si l'autorisation est imprécise (« engager une action nécessaire à la suspension de la garantie décennale et entamer une procédure en réparation des préjudices » : ▪ Cass. 3e civ., 9 déc. 1998 : *Bull. civ.* III, n° 237 ; *RD imm.* 1999, p. 154, note P. Capoulade) ou si l'autorisation se borne à faire état des informations délivrées lors d'assemblées générales antérieures relatives au même conflit (▪ Cass. 3e civ., 2 févr. 2005 : *Loyers et copr.* 2005, comm. 99, obs. G. Vigneron ; *Rev. Administrer* mai 2005, p. 45, obs. J.-R. Bouyeure).

Par ailleurs, lorsque le syndic n'a été autorisé à agir que pour un seul désordre, son action est irrecevable s'agissant des autres désordres dont l'immeuble est affecté (▪ Cass. 3e civ., 8 nov. 2005 : *Inf. rap. copr.* mai 2007, p. 13, obs. Ritschy).

11) Assouplissements jurisprudentiels. Les principes rappelés ci-dessus ont fait l'objet d'applications souples. Ainsi, il a été admis que les désordres à réparer pouvaient être désignés par référence à un document tel qu'un rapport d'experts, sans être précisément énumérés dans la décision d'autorisation (▪ Cass. 3e civ., 12 déc. 2001 : *Bull. civ.* III, n° 148 ; *Loyers et copr.* 2002, comm. 73 ; *Constr.-Urb.* avr. 2002, comm. 90, obs. D. Sizaire ; *AJDI* 2002, p. 306, note C. Giverdon ; *RD imm.* 2002, p. 86, obs. Ph. Malinvaud. ▪ Cass. 3e civ., 15 juin 2000 : *Loyers et copr.* 2000, comm. 254. ▪ CA Paris, 23e ch. B, 10 févr. 2000 : *AJDI* 2000, p. 439), pourvu que ce document soit analysé et annexé aux convocations (▪ Cass. 3e civ., 7 mai 2003 : *Rev. Administrer* août-sept. 2003, p. 49, obs. J.-R. Bouyeure. ▪ Cass. 3e civ., 12 juin 2002 : *Rev. Administrer* oct. 2002, p. 31, obs. J.-R. Bouyeure. ▪ Cass. 3e civ., 27 avr. 2000 : *Loyers et copr.* 2000, comm. 210 ; *RD imm.* 2000, p. 396, obs. P. Capoulade. ▪ CA Paris, 23e ch. A, 6 sept. 2000 : *AJDI* 2000, p. 959. ▪ CA Paris, 23e ch. A, 19 mai 1999 : *AJDI* 1999, p. 718. ▪ CA Paris, 23e ch. A, 8 déc. 1999 : *AJDI* 2000, p. 148), ou du moins qu'il ait été communiqué aux copropriétaires (▪ Cass. 3e civ., 12 juin 2002, 2e esp. : *AJDI* 2003, p. 126, note P. Capoulade. ▪ CA Paris, 19e ch. A, 11 févr. 2004 : *AJDI* 2004, p. 389. ▪ Cass. 3e civ., 4 juill. 2007 : *Rev. Administrer* nov. 2007, p. 47, obs. J.-R. Bouyeure ; *Inf. rap. copr.* juin 2008, p. 16, obs. M.-F. Ritschy) et/ou qu'il ait été analysé et commenté (▪ Cass. 3e civ., 16 déc. 2008 : *Inf. rap. copr.* juin 2009, p. 13, obs. M.-F. Ritschy ; *Rev. Administrer* avr. 2009, p. 53, obs. J.-R. Bouyeure. ▪ Cass. 3e civ., 29 janv. 2003 : *Dossier CSAB* mai 2003, n° 76, obs. A. Dunes ; *Rev. Administrer* juin 2003, p. 54, obs. J.-R. Bouyeure. ▪ CA Paris, 23e ch. A, 30 oct. 2002 : *AJDI* 2003, p. 207). Mais de simples explications données par le conseil syndical sur les défectuosités et les procédures en cours ne sont pas suffisantes (▪ Cass. 3e civ., 26 juin 2002 : *Constr.-Urb.* 2003, comm. 43, obs. D. Sizaire. – V. également ▪ Cass. 3e civ., 2 févr. 2005, n° 03-17.268. – Pour des explications données par un avocat, ▪ Cass. 3e civ., 30 juin 2009 : *AJDI* 2009, p. 878, note P. Capoulade). Par ailleurs, si la résolution votant l'autorisation se réfère expressément à d'autres résolutions de la même assemblée, encore faut-il que celles-ci aient le même objet que celui de l'action en justice envisagée (▪ Cass. 3e civ., 28 mars 2007 : *Rev. Administrer* juin 2007, p. 54, obs. J.-R. Bouyeure ; *Rev. loyers* 2007, p. 247. – Dans le même sens, ▪ CA Paris, pôle 4, 5e ch., 17 févr. 2010 : *Loyers et copr.* 2010, comm. 209, obs. G. Vigneron).

Cette jurisprudence marque un infléchissement dans le sens d'un plus grand libéralisme, quoique mesuré. On note d'ailleurs qu'un arrêt de la troisième chambre civile du 27 septembre 2000

(*Loyers et copr.* 2000, comm. 284 ; *RD imm.* 2000, p. 608, obs. P. Capoulade) a admis la validité d'une autorisation « d'engager contre les constructeurs et leurs assureurs toute procédure devant toute juridiction compétente et à tous les niveaux de juridiction nécessaire » (V. également dans un sens libéral, ▪ Cass. 3e civ., 9 mai 2012, n° 11-10.293 : *JurisData* n° 2012-009543 ; *Loyers et copr.* 2012, comm. 212, obs. G. Vigneron ; *Inf. rap. copr.* juill.-août 2013, p. 12, obs. M.-F. Ritschy ; *D.* 2012, p. 1334, obs. Y. Rouquet. ▪ Cass. 3e civ., 6 mai 2009 : *Loyers et copr.* 2009, comm. 186, obs. G. Giverdon ; *Rev. Administrer* août-sept. 2009, p. 56, obs. J.-R. Bouyeure. ▪ Cass. 3e civ., 12 juin 2002, 1re esp. : *AJDI* 2003, p. 126, note P. Capoulade. ▪ CA Paris, 23e ch. A, 28 juin 2000 : *Loyers et copr.* 2001, comm. 45. ▪ CA Paris, 23e ch. A, 11 oct. 2000 : *AJDI* 2000, p. 1066. ▪ CA Aix-en-Provence, 3e ch., 9 mars 2000 : *Defrénois* 2001, p. 454, note C. Atias, mais dans un sens restrictif : ▪ CA Versailles, 4e ch., 23 avr. 2001 : *Rev. Administrer* août-sept. 2001, p. 42, obs. J.-R. Bouyeure, qui refuse d'avaliser une autorisation donnée au syndic « d'agir en ouverture du rapport d'expert »). De même, a été admise la validité d'une autorisation d'intenter toutes les actions qui sont « dans la logique » de l'autorisation initiale (▪ Cass. 3e civ., 26 mars 2003, arrêt n° 428 D, n° 01-15.385) ou l'accessoire de cette autorisation (▪ Cass. 3e civ., 10 mars 2009 : *Rev. Administrer* juin 2009, p. 42. ▪ Cass. 3e civ., 5 mai 2009 : *Rev. Administrer* août-sept. 2009, p. 57, obs. J.-R. Bouyeure ; *Rev. loyers* 2009, p. 355).

On retrouve cette même tendance libérale en ce qui concerne l'identification des personnes contre lesquelles l'action doit être intentée (V. comm. n° 8, p. 850).

12) Apparition de désordres nouveaux en cours de procédure. N'est pas non plus valable une autorisation *donnée par avance* pour agir en réparation de *désordres futurs* (▪ Cass. 3e civ., 11 mars 1992 : *Bull. civ.* III, n° 83 ; *Inf. rap. copr.* juin 1992, p. 195, obs. P. Capoulade) ou « non encore nés » (▪ Cass. 3e civ., 2 juill. 2008 : *Inf. rap. copr.* juin 2008, p. 13, obs. M.-F. Ritschy ; *AJDI* 2008, p. 686 ; *Rev. Administrer* nov. 2008, p. 54, obs. J.-R. Bouyeure). Et les termes de l'autorisation sont d'interprétation stricte (V. pour des applications, ▪ Cass. 3e civ., 13 juill. 1993 : *Inf. rap. copr.* 1993, p. 391, note P. Capoulade. ▪ Cass. 3e civ., 9 juin 1993 : *RD imm.* 1993, p. 430 ; *Loyers et copr.* 1993, comm. 371. ▪ Cass. 3e civ., 11 mars 1992, préc. – Sur les inconvénients pratiques de cette jurisprudence, V. J.-R. Bouyeure, *op. cit*).

Si, comme il se doit *(supra)*, l'action a pour but d'obtenir la réparation de dommages déterminés, les pouvoirs du syndic ne peuvent être exercés que pour les dommages existants lors de la délibération de l'assemblée. Si des désordres nouveaux apparaissent après la décision autorisant le syndic à agir en justice, celui-ci doit prendre soin de revenir devant l'assemblée pour requérir une nouvelle autorisation faute de quoi il ne peut demander réparation que des premiers désordres constatés (▪ Cass. 3e civ., 11 mai 2005 : *AJDI* 2005, p. 664. ▪ Cass. 3e civ., 17 juill. 1996 : *Loyers et copr.* 1996, comm. 410 ; *RD imm.* 1996, p. 617, obs. P. Capoulade ; *AJPI* 1996, p. 1021, note P. Guitard. ▪ Cass. 3e civ., 22 nov. 1994 : *Loyers et copr.* 1995, comm. 140. ▪ Cass. 3e civ., 10 oct. 1990 : *Loyers et copr.* 1990, comm. 496. ▪ Cass. 3e civ., 12 oct. 1988 : *Gaz. Pal.* 23 et 24 déc. 1988, p. 16, obs. J.-R. Bouyeure. ▪ Cass. 3e civ., 14 févr. 1990 : *Bull. civ.* n° 50, p. 26). Le fait de prendre simplement acte de l'exposé du syndic sur le déroulement de la procédure et de l'apparition de nouveaux désordres ne l'autorise pas pour en obtenir réparation (▪ Cass. 3e civ., 22 mai 1997 : *AJDI* 1998, p. 46, obs. P. Capoulade ; *Bull. civ.* III, n° 112 ; *Loyers et copr.* 1997, comm. 237, obs. G. Vigneron).

Toutefois si les nouveaux désordres apparus ne sont que les conséquences ou l'aggravation des désordres antérieurs pour lesquels le syndic avait déjà été autorisé à agir, il n'y a pas lieu de requérir une nouvelle autorisation (▪ Cass. 3e civ., 8 avr. 1998 : *Loyers et copr.* 1998, comm. 202, obs. G. Vigneron ; *AJDI* 1998, p. 625, obs. P. Capoulade ; *Bull. civ.* III, n° 83). Il a été également admis qu'était valable l'autorisation d'intenter toutes les actions qui sont « dans la logique » de l'autorisation initiale (▪ Cass. 3e civ., 26 mars 2003, arrêt n° 428 D, n° 01-15.385).

Bibliographie : *sur l'ensemble de ces problèmes.* J. Lafond, *Panorama de droit de la copropriété : Rev. Administrer* mai 1989, p. 32 et s. et J.-P. Karila, étude préc. – J.-R. Bouyeure, étude préc. – C. Atias, *Petit guide de l'autorisation du syndic à agir contre les constructeurs au nom du syndicat des copropriétaires : Ann. loyers* 1996, p. 13 ; *L'interruption du délai de la garantie décennale par l'action au fond du syndic de copropriété : D.* 1995, chron. p. 329 et P. Capoulade, *Plaidoyer pour la dénonciation des désordres : AJPI* 1997, p. 763. – J.-M. Roux, *La portée de l'habilitation du syndic à agir en justice, (3e partie) L'objet de la procédure : Inf. rap. copr.* juin 2007, p. 21.

Voir : sur les précisions que doit contenir l'autorisation en ce qui concerne les personnes à assigner, comm. n° 8, p. 850.

13) Sanction. Si les conditions exigées pour que l'autorisation du syndic à agir en matière de désordres de construction ne sont pas remplies, la demande est irrecevable et n'interrompt pas la prescription décennale (jurisprudence constante : V. en dernier lieu, ▪ Cass. 3e civ., 2 oct. 2002 : *Rev. loyers* 2003, p. 41, obs. J.-M. Gélinet. ▪ Cass. 3e civ., 26 juin 2002 : *RD imm.* 2002, p. 418, obs. Ph. Malinvaud. ▪ Cass. 3e civ., 30 avr. 2002 : *Loyers et copr.* 2002, comm. 212. ▪ Cass. 3e civ., 19 févr. 2002 : *AJDI* 2002, p. 464, note P. Capoulade. ▪ Cass. 3e civ., 2 oct. 2001 : *Rev. Administrer* mars 2002, p. 40, obs. J.-R. Bouyeure ; *AJDI* 2001, p. 874, note S. Rougon-André. ▪ Cass. 3e civ., 18 juill. 2001 : *AJDI* 2001, p. 888, note P. Capoulade. ▪ Cass. 3e civ., 20 juill. 1999 : *Loyers et copr.* 1999, comm. 273 ; *RD imm.* 1999, p. 689, obs. P. Capoulade. ▪ Cass. 3e civ., 22 mai 1999 : *Loyers et copr.* 1999, comm. 272. ▪ Cass. 3e civ., 11 mai 1999 : *Loyers et copr.* 1999, comm. 222 ; *Rev. Administrer* août-sept. 1999, p. 75, obs. J.-R. Bouyeure. ▪ Cass. 3e civ., 3 déc. 1997 : *RD imm.* 1998, p. 140, obs. P. Capoulade. ▪ Cass. 3e civ., 19 nov. 1997 : *Loyers et copr.* 1998, comm. 45. ▪ Cass. 3e civ., 22 mai 1997 : *AJPI* 1997, p. 1078, note P. Capoulade ; *Bull. civ.* III, n° 109 ; *Loyers et copr.* 1997, comm. 366, obs. G. Vigneron. ▪ Cass. 3e civ., 7 mai 1997 : *RD imm.* 1997, p. 492, obs. P. Capoulade. ▪ Cass. 3e civ., 4 déc. 1996 : *Bull. civ.* III, n° 230 ; *Loyers et copr.* 1997, comm. 54 ; *JCP* G 1997, II, 22788, note A. Djigo ; *Rev. Administrer* avr. 1997, p. 47, note J.-R. Bouyeure ; *RD imm.* 1997, p. 137, obs. P. Capoulade. ▪ CA Paris, 23e ch. A, 27 mars 2002 : *AJDI* 2002, p. 472. ▪ CA Paris, 19e ch. A, 24 févr. 2000 : *AJDI* 2000, p. 440. ▪ CA Colmar, 6 mars 1998 : *Bull. inf. C. cass.* 15 sept. 1998, p. 25, n° 982. ▪ CA Paris, 19e ch. B, 5 mars 1998 : *Loyers et copr.* 1998, comm. 200. ▪ CA Paris, 23e ch. A, 26 nov. 1997 : *Loyers et copr.* 1998, comm. 103.

Toutefois, le tiers adversaire du syndicat ne peut contester à la place des copropriétaires la qualité et l'étendue de leur information, car il n'a pas de contrôle sur le respect des dispositions légales et réglementaires spécifiquement protectrices des copropriétaires mais sur l'existence et l'étendue de l'autorisation (▪ CA Paris, 23e ch. B, 3 juill. 2008 : *AJDI* 2008, p. 863).

14) Régularisation *a posteriori*. Il est admis que l'assemblée peut donner une autorisation d'agir *a posteriori* (▪ Cass. 3e civ., 20 nov. 2002 : *Rev. Administrer* juin 2003, p. 51, obs. J.-R. Bouyeure. ▪ CA Montpellier, 1re ch. D, 11 mars 2003 : *JCP* G 2004, IV, 2343. ▪ CA Nancy, 21 sept. 2020, n° 19/01097 : *AJDI* 2021, p. 60. – V. pour des précisions données par des assemblées postérieures, concernant les désordres et les personnes à assigner : ▪ Cass. 3e civ., 16 mai 2001 : *JCP* G 2001, IV, 2261 ; *Loyers et copr.* 2001, comm. 211. ▪ CA Paris, 23e ch. A, 6 nov. 2002 : *AJDI* 2003, p. 207. ▪ CA ▪ Paris, pôle 4, 2e ch., 18 janv. 2012 : *JurisData* n° 2012-000698 ; *Loyers et copr.* 2012, comm. 219, obs. G. Vigneron). Mais cette régularisation ne sera valable que si elle intervient avant qu'une décision définitive ait été rendue, par exemple en cause d'appel (▪ Cass. 3e civ., 12 nov. 2003 : *Loyers et copr.* 2004, comm. 37, 2e esp., obs. G. Vigneron. ▪ Cass. 3e civ., 7 juill. 1999 : *Loyers et copr.* 1999, comm. 274 ; *RD imm.* 1999, p. 687, obs. P. Capoulade. ▪ CA Paris, ch., 27 janv. 2000 : *AJDI* 2000, p. 350. ▪ CA Paris, 23e ch. B, 17 janv. 2008 : *Loyers et copr.* 2008, comm. 175), et avant l'expiration du délai de garantie décennale (▪ Cass. 3e civ., 13 déc. 2018, n° 17-20.123 : *Ann. loyers* mars 2019, p. 118, obs. J.-M. Roux. ▪ Cass. 3e civ., 11 févr. 2009 : *Rev. Administrer* mai 2009, p. 49, obs. J.-R. Bouyeure. ▪ Cass. 3e civ., 21 oct. 2008 : *Loyers et copr.* 2009, comm. 20, obs. G. Vigneron ; *Inf. rap. copr.* juin 2009, p. 14, obs. M.-F. Ritschy. ▪ Cass. 3e civ., 11 mai 2000 : *Bull. civ.* III, n° 103 ; *Loyers et copr.* 2000, comm. 237 ; *RD imm.* 2000, p. 395, obs. P. Capoulade. ▪ CA Aix-en-Provence, 7 avr. 2011 : *JurisData* n° 2011-033659 ; *Loyers et copr.* 2012, comm. 252, obs. G. Vigneron. ▪ CA Paris, 19e ch. B, 3 juin 1999 : *AJDI* 1999, p. 820). La régularisation est valable si elle intervient après expiration du délai de garantie décennale, mais alors que des ordonnances de référé successives ont interrompu la prescription et fait courir un nouveau délai (▪ Cass. 3e civ., 28 oct. 2003 : *Constr.-Urb.* 2004, comm. 108, obs. D. Sizaire ; *AJDI* 2004, p. 385, note C. Giverdon).

Mais encore faut-il, pour que la ratification soit valable, qu'elle mentionne les désordres objet de la procédure (▪ Cass. 3e civ., 16 nov. 2004 : *Loyers et copr.* 2005, comm. 38, obs. G. Vigneron ; *Rev. Administrer* janv. 2005, p. 45, obs. J.-R. Bouyeure. – Sur les mentions requises, V. comm. n° 10, p. 852 et comm. n° 18, p. 858 ; sur l'acte de ratification : G. Gil, *La ratification en copropriété : Ann. loyers* mai 2022, p. 29).

15) Prescription. La prescription décennale est interrompue par une assignation en référé que le syndic peut introduire sans autorisation (▪ Cass. 3e civ., 7 juill. 1999 : *Loyers et copr.* 1999, comm. 274, obs. G. Vigneron. ▪ CA Paris, 23e ch. B, 25 mars 1999 : *AJDI* 1999, p. 542). Un nouveau délai commence à courir pour les dommages énoncés dans la demande (▪ Cass. 3e civ., 5 nov. 1997 : *Loyers et copr.* 1998, comm. 16. ▪ Cass. 3e civ., 22 mai 1997 : *RD imm.* 1997, p. 489, obs. P. Capoulade). Il a été jugé qu'en conséquence l'action au fond était recevable, même si elle est postérieure de plus de dix ans à la réception des travaux. Il suffit qu'elle soit introduite dans les dix ans de la date à laquelle la prescription a été interrompue par la demande formée en référé, et que l'assemblée générale autorisant le syndic se tienne à l'intérieur de ce deuxième délai (▪ Cass. 3e civ., 28 oct. 2003 : *Loyers et copr.* 2004, comm. 37, 1re esp., obs. G. Vigneron. ▪ Cass. 3e civ., 18 juin 2003 : *Rev. Administrer* nov. 2003, p. 39, obs. J.-R. Bouyeure. ▪ Cass. 3e civ., 6 mai 2003 : *JCP* G 2003, IV, 2160. ▪ Cass. 3e civ., 24 avr. 2003 : *Constr.-Urb.* 2003, comm. 179, note L. Pagès de Varenne. ▪ CA Paris, 19e ch. A, 23 sept. 2002 : *Loyers et copr.* 2003, comm. 47).

Lorsqu'il y a aggravation des dommages ayant donné lieu à une précédente instance, la garantie décennale continue de s'appliquer à la nouvelle instance engagée par le syndicat (■ Cass. 3e civ., 11 mai 2000 : *Loyers et copr.* 2000, comm. 235. ■ Cass. 3e civ., 1er déc. 1999 : *AJDI* 2000, p. 261). Si les défendeurs n'invoquent pas la prescription, l'action est recevable (■ Cass. 3e civ., 5 juill. 2000 : *JCP* G 2000, IV, 2498).

L'autorisation du syndic à agir est tardive lorsqu'elle a été donnée après l'expiration du délai de prescription de l'action (■ Cass. 3e civ., 20 juin 2012, n° 11-15.199 : *Inf. rap. copr.* juill.-août 2013, p. 12, obs. M.-F. Ritschy ; *Rev. Administrer* oct. 2012, p. 54, obs. J.-R. Bouyeure. ■ Cass. 3e civ., 21 oct. 2008 : *Loyers et copr.* 2009, comm. 20, obs. G. Vigneron ; *Inf. rap. copr.* juin 2009, p. 14, obs. M.-F. Ritschy. ■ Cass. 3e civ., 12 mars 2008 : *Loyers et copr.* 2008, comm. 117, obs. G. Vigneron ; *Rev. Administrer* juin 2008, p. 44, obs. J.-R. Bouyeure ; *Inf. rap. copr.* juin 2009, obs. M.-F. Ritschy. ■ Cass. 3e civ., 18 juill. 2001 : *AJDI* 2001, p. 874, note S. Rougon-André. ■ CA Paris, pôle 4, 2e ch., 9 avr. 2014 : *Inf. rap. copr.* sept. 2015, p. 11, obs. M.-F. Ritschy. ■ CA Paris, 23e ch. B, 22 mars 2001 : *AJDI* 2001, p. 716). Mais l'irrecevabilité vaut seulement à l'égard des défendeurs qui l'ont invoquée (■ Cass. 3e civ., 5 juill. 2000 : *JCP* G 2000, IV, 2498 ; *AJDI* 2001, p. 437, note P. Guitard ; *D.* 2001, somm. p. 3578, obs. C. Giverdon).

C – Conduite de la procédure

16) Degré d'autonomie du syndic. Une fois que le syndic a été autorisé à agir, jusqu'où va son autonomie pour la conduite de la procédure ? Sur un plan général en l'absence de toute limitation dans la décision de l'assemblée, le pouvoir donné au syndic l'autorise à engager toutes les actions qui sont dans la logique de l'autorisation *qui lui a été consentie* (■ Cass., 8 juin 1994 : *Rev. Administrer* déc. 1994, p. 33, obs. J.-R. Bouyeure). Ainsi, l'autorisation d'assigner lui permet d'exercer son pouvoir et d'intervenir aux mêmes fins dans une instance en cours (■ CA Paris, 23e ch. B, 25 oct. 2001 : *Dossier CSAB* mars 2002, n° 98, obs. A. Dunes).

Toutefois, il a été dans un premier temps jugé qu'il devait être autorisé pour faire assortir d'une astreinte une condamnation antérieurement prononcée (■ TGI Nanterre, 17 nov. 1998 : *Rev. Administrer* févr. 1999, p. 65, note crit. J.-R. Bouyeure) ou pour demander la liquidation d'une astreinte (■ Cass. 3e civ., 26 mars 2003 : *Rev. Administrer* juill. 2003, p. 41, note J.-R. Bouyeure. ■ Cass. 3e civ., 20 déc. 2000 : *Loyers et copr.* 2001, comm. 77 ; *Bull. civ.* III, n° 197. ■ CA Paris, pôle 1, 3e ch., 29 oct. 2013 : *Inf. rap. copr.* sept. 2015, p. 12, obs. M.-F. Ritschy. ■ CA Grenoble, 11 janv. 2011 : *AJDI* 2011, p. 304) et plus généralement pour former une demande nouvelle contre une partie à l'instance (■ Cass. 3e civ., 2 févr. 2005, arrêt n° 167 D, n° 03-18.990). Plus récemment, la Cour de cassation a finalement retenu qu'une formulation suffisamment large de l'autorisation à agir en justice, visant l'introduction de « toutes actions en justice nécessaires », devait être comprise comme s'étendant aux instances liées aux difficultés d'exécution du jugement, notamment aux instances en liquidation de l'astreinte (■ Cass. 3e civ., 12 janv. 2022, n° 20-17.772 : *Ann. loyers* mars 2022, p. 92, obs. J.-M. Roux).

Il a été jugé que le syndic pouvait, sans autorisation, exercer un *appel en garantie* (■ Cass. 3e civ., 30 nov. 2004 : *Rev. Administrer* févr. 2005, p. 50, obs. J.-R. Bouyeure. ■ Cass. 3e civ., 7 janv. 1981 : *Rev. Administrer* avr. 1981, p. 28, note E.-J. Guillot. ■ CA Paris, pôle 4, ch. 2, 7 mai 2014 : *Rev. Administrer* oct. 2014, p. 40, obs. J.-R. Bouyeure. ■ CA Paris, 30 sept. 1988 : *Loyers et copr.* 1988, comm. 510. – *Contra* : ■ CA Paris, 23 oct. 1981 : *D.* 1982, inf. rap. p. 437, obs. C. Giverdon).

De même, il a été admis que le syndic pouvait, sans autorisation, *reprendre une instance* engagée par l'ancien propriétaire de l'immeuble (■ Cass. 3e civ., 10 oct. 1984 : *Gaz. Pal.* 1985, 1, Pan., p. 40, note Souleau).

Peut-il en cas d'échec en première instance exercer des voies de recours sans nouvelle autorisation ?

La Cour de cassation s'est prononcée sur ce point par un arrêt du 8 juillet 1992. Le syndic peut interjeter *appel* sans avoir à requérir d'autorisation de l'assemblée, que le syndic ait été demandeur ou défendeur en première instance (■ Cass. 3e civ., 8 juill. 1992 : *Bull. civ.* III, n° 242 ; *JCP* II, note A. Djigo ; *RD imm.* 1992, p. 352, obs. P. Capoulade ; *AJPI* 1993, p. 515, obs. J.-M. Gélinet. – V. aussi ■ Cass. 3e civ., 30 mai 2012, n° 11-20.703 : *Inf. rap. copr.* juill.-août 2013, p. 12, obs. M.-F. Ritschy ; *Rev. Administrer* oct. 2012, p. 53, obs. J.-R. Bouyeure. ■ Cass. 3e civ., 5 oct. 1994 : *Inf. rap. copr.* déc. 1994, p. 19 ; *Loyers et copr.* 1995, comm. 43 ; *RD imm.* 1994, p. 703, obs. P. Capoulade. ■ CAA Versailles, 4 mai 2012, *Synd. copr. de l'immeuble 33, rue Marius-Aufan* : *JurisData* n° 2012-012275. ■ CA Paris, 23e ch. B, 21 janv. 2005 : *JurisData* n° 2005-259607. – *Contra*, ■ CE, 23 avr. 2008 : *Inf. rap. copr.* 2009, p. 27. – V. précédemment sur la possibilité d'exercer un appel incident sans autorisation : ■ Cass. 3e civ., 7 déc. 1988 : *Bull. civ.* III, n° 178) ou encore former un pourvoi en cassation, ■ Cass. 3e civ., 15 mars 2005 : *AJDI* 2005, p. 397). Encore faudra-t-il qu'il dispose d'un mandat en cours de validité… (■ CA Nancy, 1re ch, 5 sept. 2022, n° 21/00912 : *Administrer* oct. 2022, p. 47).

En fait, le syndic agira prudemment en se faisant « couvrir » par une nouvelle autorisation. Il évitera ainsi que l'assemblée conteste son initiative et privera le défendeur de la possibilité de se prévaloir d'un défaut d'autorisation. Par ailleurs, il importe peu que la résolution votée par l'assemblée générale comporte le nom d'un avocat alors que l'appel a été formé par un autre avocat (▪ CA Paris, pôle 4, ch. 2, 14 sept. 2016 : *Rev. Administrer* janv. 2017, p. 56, obs. J.-R. Bouyeure). En revanche, il faudra veiller à ce que le nom du syndic soit indiqué dans la déclaration d'appel, sous peine de créer un vice de forme qui ne peut être régularisé après l'expiration du délai d'appel (▪ CA Paris, pôle 4, ch. 2, 1er mars 2017 : *Rev. Administrer* juin 2017, p. 41, obs. J.-R. Bouyeure).

En toute hypothèse, l'autorisation délivrée au syndic ne peut conserver ses effets à l'issue d'une procédure qui a trouvé son aboutissement (▪ Cass. 3e civ., 18 juin 2008 : *Loyer et copr.* 2008, comm. 200, obs. G. Vigneron ; *JCP* G 2008, IV, 2314 ; *D.* 2008, act. jur. p. 1830, obs. Y. Rouquet ; *Inf. rap. copr.* juin 2009, p. 12, obs. M.-F. Ritschy ; *Rev. Administrer* oct. 2008, p. 63, obs. J.-R. Bouyeure).

Voir : sur le cas où le syndicat est défendeur, comm. nos 24 et 25, p. 861.

D – Conséquences de l'absence d'autorisation

Bibliographie : C. Atias, *Défaut d'autorisation du syndic d'agir en justice au nom du syndicat et réforme de la prescription : Ann. loyers* 2008, p. 2337. – A. Djigo, *L'action en justice du syndic de copropriété dépourvu d'un pouvoir donné par l'assemblée générale : Rev. Administrer* nov. 2008, p. 36.

17) Irrecevabilité de la demande. En l'absence d'autorisation, *la demande du syndic est irrecevable* (▪ Cass. 3e civ., 21 févr. 1995 : *D.* 1998, somm. p. 277, obs. P. Capoulade. ▪ Cass. 3e civ., 1er avr. 1992 : *Loyers et copr.* 1992, n° 316 ; *Inf. rap. copr.* oct. 1992, p. 311. ▪ CA Versailles, 4e ch., 18 oct. 2010 : *AJDI* 2011, p. 62). Il en est de même si l'autorisation donnée au syndic lui a été retirée en cours d'instance (▪ Cass. 3e civ., 17 juin 1997 : *RD imm.* 1997, p. 490, obs. P. Capoulade).

Il s'agit d'une véritable *irrégularité de fond* (▪ Cass. 3e civ., 2 nov. 2011, n° 09-70.852 : *AJDI* 2012, p. 43. ▪ Cass. 3e civ., 9 avr. 2008 : *JCP* G 2008, II, 10146, note J.-M. Roux ; *Loyers et copr.* 2008, n° 138, obs. G. Vigneron ; *Constr.-Urb.* 2008, n° 108, obs. M.-L. Pagès de Varenne ; *Inf. rap. copr.* juin 2009, p. 12, obs. M.-F. Ritschy ; *AJDI* 2008, p. 862, note D. Tomasin. ▪ Cass. 3e civ., 6 mai 2003 : *Dossier CSAB* n° 107, oct. 2003, n° 126, obs. A. Dunes. ▪ Cass. 3e civ., 17 avr. 1991 : *Loyers et copr.* 1991, comm. 319. ▪ Cass. 3e civ., 6 févr. 1991 : *Loyers et copr.* 1991, comm. 188. ▪ Cass. 3e civ., 7 nov. 1990 : *Loyers et copr.* 1991, comm. 47. ▪ Cass. 3e civ., 12 oct. 1988 : *D.* 1989, p. 53, obs. F. Givord et C. Giverdon. ▪ Cass. 3e civ., 22 janv. 1988 : *Bull. civ.* III, n° 20. ▪ Cass. 3e civ., 16 janv. 1985 : *JCP* G 1987, II, 20724, note Blaisse ; *Bull. CNEIL* 1985, n° 210, III, p. 37, obs. D. Sizaire. ▪ Cass. 3e civ., 1er févr. 1983 : *JCP* 1983, IV, 120. ▪ Cass. 3e civ., 17 avr. 1984 : *D.* 1984, inf. rap. p. 413. ▪ CA Paris, pôle 4, ch. 2, 9 avr. 2014 : *Rev. Administrer* nov. 2014, p. 44, obs. J.-R. Bouyeure. – V. *contra* pour une résistance des juges du fond retenant une fin de non-recevoir, ▪ CA Aix-en-Provence, 1re ch. C, 23 oct. 2007 : *Bull. Aix-en-Provence* 2007-4, obs. C. Atias. – Aix-en-Provence, 1re ch. C, 20 mars 2008, inédit n° 07/09876, *Sté Smac Acieroid c/ Miotto et a.*). Elle n'est pas couverte par la jonction avec une autre demande, régulièrement autorisée (▪ Cass. 3e civ., 23 oct. 2002, arrêt n° 1563 P+B) ou par le fait que lors de procédures antérieures introduites par le syndicat la recevabilité de la demande avait été admise (▪ Cass. 3e civ., 2 oct. 2002 : *JCP* G 2002, IV, 2832). Elle ne peut être remise en cause devant le juge du fond (▪ Cass. 2e civ., 9 janv. 2020, n° 18-21.997 : *JurisData* n° 2020-000091 ; *Loyers et copr.* 2020, comm. 38, obs. A. Lebatteux).

18) Invocation de l'irrecevabilité. À l'origine, l'irrecevabilité pouvait être *opposée par tout défendeur*, copropriétaire ou non (▪ CA Poitiers, 19 avr. 2013 : *JurisData* n° 2013-010610. – Par exemple l'assureur de la copropriété : ▪ CA Paris, 1re ch. G, 6 mai 1998 : *Loyers et copr.* 1998, comm. 304 ; V. sur le principe : ▪ Cass. 3e civ., 12 oct. 1994 : *Loyers et copr.* 1995, comm. 92 ; *RD imm.* 1995, p. 166, obs. P. Capoulade. ▪ Cass. 3e civ., 14 nov. 1991 : *RD imm.* 1992, p. 122, obs. P. Capoulade. – Sur les implications procédurales, V. ▪ Cass. 3e civ., 16 oct. 1991 : *D.* 1992, J. p. 341, note C. Giverdon et J.-L. Lecharny). L'irrecevabilité n'a toutefois d'effet qu'à l'égard de celui qui l'invoque (▪ Cass. 3e civ., 9 avr. 2008 : *JCP* G 2008, II, 10146, note J.-M. Roux ; *Loyers et copr.* 2008, comm. 138, obs. G. Vigneron ; *Constr.-Urb.* 2008, comm. 108, obs. M.-L. Pagès de Varenne ; *Inf. rap. copr.* juin 2009, p. 12, obs. M.-F. Ritschy ; *AJDI* 2008, p. 862, note D. Tomasin. ▪ Cass. 3e civ., 3 déc. 2002 : *Rev. Administrer* juin 2003, p. 52, obs. A. Alfandari ; *AJDI* 2003, p. 513, note C. Giverdon. ▪ Cass. 3e civ., 26 juin 2002 : *Loyers et copr.* 2002, comm. 267 ; *RD imm.* 2002, p. 418, note Ph. Malinvaud. ▪ Cass. 3e civ., 19 févr. 2002 : *Rev. Administrer* juill. 2002, p. 35, obs. J.-R. Bouyeure. ▪ Cass. 3e civ., 31 mai 2000 : *RD imm.* 2000, p. 397, note P. Capoulade ; *AJDI* 2000, p. 743. ▪ Cass. 3e civ., 7 mai 1997 : *RD imm.* 1997, p. 491, obs. P. Capoulade. ▪ Cass. 3e civ., 8 mars 1995 : *Loyers et copr.* 1995, comm. 397. ▪ Cass. 3e civ., 12 mai 1993 : *Bull. civ.* III, n° 65. ▪ CA Paris, 23e ch. A, 6 sept. 2000 : *AJDI* 2000, p. 959).

Sans doute aux fins de limiter le contentieux endémique en la matière, le décret n° 2019-650 du 27 juin 2019 restreint aux seuls copropriétaires la possibilité de se prévaloir de l'exception de nullité tirée de l'absence d'autorisation du syndic à agir en justice. Un alinéa 2, nouveau, de l'article 55 vient consacrer la règle. Il a été jugé que le nouvel article 55 du décret du 17 mars 1967 est applicable immédiatement aux procédures en cours lors de son entrée en vigueur, à savoir le 29 juin 2019. Il ne peut cependant pas permettre de contester la régularité d'un acte effectué valablement avant cette date d'entrée en vigueur (■ Cass. 3e civ., 25 mars 2021 (deux arrêts), nos 20-12.245 et 20-15.307 : *Loyers et copr.* 2021, comm. 98, obs. C. Coutant-Lapalus ; *Ann. loyers* mai 2021, p. 95 et 96, obs. J.-M. Roux ; *Rev. Administrer* mai 2021, p. 46, obs. J.-R. Bouyeure).

Mais l'article 55 ayant un caractère d'ordre public, l'irrecevabilité peut aussi être soulevée d'office par le juge (■ Cass. 3e civ., 14 mai 1974 : *Bull. civ.* III, n° 190 ; *JCP* G 1974, II, 17795, note E.-J. Guillot).

Le défendeur peut exiger que justification de l'autorisation lui soit donnée. En revanche, il ne peut contester la régularité de la décision (V. *supra*, comm. n° 24, p. 861.

Le syndic engage sa responsabilité vis-à-vis du syndicat s'il a engagé une action déclarée irrecevable faute d'autorisation régulière et il doit réparer le préjudice causé (■ Cass. 3e civ., 16 févr. 2005 : *JCP* G 2005, IV, 1677. ■ CA Nîmes, 14 mars 2013 : *JurisData* n° 2013-008293).

Le juge ne peut soulever d'office le défaut de pouvoir du syndic sans avoir invité au préalable les parties à présenter leurs observations (■ Cass. 3e civ., 25 mai 2005, arrêt n° 629 D, n° 04-10.245). Jugé qu'une ordonnance du juge de la mise en état ayant rejeté l'exception de nullité de l'assignation tirée du défaut d'autorisation du syndic pour agir en réparation de désordres, la validité de l'acte peut être remise en cause devant le juge du fond (■ Cass. 3e civ., 10 janv. 2012, n° 10-27.926 : *JurisData* n° 2012-000257).

Voir : comm. n° 5, p. 849.

19) Autorisation *a posteriori*. Mais l'assemblée peut donner une *autorisation a posteriori* (■ Cass. 3e civ., 21 mars 2000 : *AJDI* 2000, p. 932, note P. Guitard. ■ Cass. 3e civ., 17 avr. 1984 : *RD imm.* 1984, p. 449, obs. C. Giverdon. ■ Cass. 3e civ., 1er févr. 1983 : *Rev. Administrer* mai 1983, p. 39, E.-J. Guillot ; *Defrénois* 1983, art. 33144, note H. Souleau. – V. également dans un cas où l'assemblée avait donné pouvoir au conseil syndical : ■ Cass. 3e civ., 8 avr. 1998 : *RD imm.* 1998, p. 423, obs. P. Capoulade ; *Rev. Administrer* juill. 1998, p. 47, obs. J.-R. Bouyeure), pourvu que ce soit avant que la juridiction saisie se soit prononcée (■ Cass. 3e civ, 4 nov. 2009 : *JurisData* n° 2009-050156 ; *Loyers et copr.* 2010, comm. 23, obs. G. Vigneron ; *Rev. Administrer* févr. 2009, p. 52, obs. J.-R. Bouyeure ; *D.* 2009, p. 2752 ; AJDI 2010, p. 475, note D. Tomasin ■ Cass. 3e civ., 19 déc. 2006 : *JurisData* n° 2006-036744 ; *Loyers et copr.* 2006, comm. 61, obs. G. Vigneron ; *Rev. Administrer* mars 2007, p. 51, obs. J.-R. Bouyeure ; *Inf. rap. copr.* mai 2007, p. 12, obs. M.-F. Ritschy. ■ Cass. 3e civ., 12 nov. 2003 : *Loyers et copr.* 2004, comm. 37, obs. G. Vigneron. ■ Cass. 3e civ., 27 janv. 1988 : *RD imm.* 1988, p. 389, obs. Givord et Giverdon ; *Defrénois* 1988, art. 34265, obs. Souleau. ■ Cass. 3e civ., 18 juin 1985 : *Rev. loyers* 1985, p. 435 et ■ Cass. 2e civ., 15 déc. 1986 : *Bull. civ.* II, n° 190, p. 129. ■ CA Poitiers, 19 avr. 2013 : *JurisData* n° 2013-010610 ; *Loyers et copr.* 2013, comm. 326, obs. G. V. ■ CA Paris, pôle 4, ch. 2, 22 sept. 2010 : *JurisData* n° 2010-019924 ; *Loyers et copr.* 2011, comm. 28, obs. G. Vigneron ; *Inf. rap. copr.* juill.-août 2011, p. 11, obs. M.-F. Ritschy. ■ CA Paris, 6e ch. C, 11 janv. 2000 : *Rev. Administrer* avr. 2000, p. 57, note J.-R. Bouyeure. ■ CA Versailles, 20 mai 1988 : *RD imm.* 1988, p. 504, obs. F. Givord et C. Giverdon).

Néanmoins, la régularisation peut intervenir tant qu'une décision définitive n'a pas été rendue, et donc en cause d'appel (■ CA Paris, pôle 4, ch. 2, 13 févr. 2013 : *JurisData* n° 2013-002259. ■ CA Paris, 23e ch. A, 3 juill. 2002 : *AJDI* 2002, p. 619. ■ CA Paris, 23e ch. A, 3 mars 1999 : *Rev. Administrer* avr. 2000, p. 58, obs. J.-R. Bouyeure. – V. *contra* en matière de constitution de partie civile, ■ Cass. crim., 14 mars 2007 : *AJDI* 2007, p. 573 ; *Rev. Administrer* oct. 2007, p. 82, note P. Capoulade) et le tribunal peut surseoir à statuer jusqu'à ce que l'autorisation soit obtenue (■ Cass. 3e civ., 1er mars 1983 : *Rev. Administrer* déc. 1983, p. 44, note E.-J. Guillot).

Mais il ne peut y avoir régularisation si le syndic qui a lancé la procédure n'avait pas été régulièrement désigné (■ Cass. 3e civ., 15 nov. 1995 : *Bull. civ.* III, n° 235).

Toutefois, l'irrégularité ne peut plus être couverte après expiration du délai de prescription de l'action (■ Cass. 3e civ., 6 sept. 2011, n° 10-19.327 : *Ann. loyers* 2011, p. 1703, obs. J.-M. Roux. ■ Cass. 3e civ., 13 janv. 2010 : *D.* 2010, p. 267 ; *Rev. loyers* 2010, p. 137, note L. Guégan ; *Inf. rap. copr.* juill.-août 2011, p. 13, obs. M.-F. Ritschy. ■ Cass. 3e civ., 10 mai 1990 : *Loyers et copr.* 1990, comm. 369. ■ Cass. 3e civ., 27 janv. 1988, préc. ■ Cass. 3e civ., 16 janv. 1985 : *Flash Dalloz* 14 mars 1985. ■ CA Paris, 23e ch. B, 1er juin 1989 : *Rev. Administrer* août-sept. 1990, p. 59. ■ CA Paris, 23e ch. A, 7 mai 2002 : *Rev. Administrer* août-sept. 2002, p. 58, obs. J.-R. Bouyeure. ■ CA Paris, pôle 4, ch. 2, 1er févr. 2013 : *JurisData* n° 2013-002255 ; *Loyers et copr.* 2013, comm. 224, obs. G.V. ■ CA Paris, pôle 4, ch. 2, 9 avr. 2014 : *Rev. Administrer* nov. 2014, p. 44, obs. J.-R. Bouyeure). Ainsi lorsqu'une action en responsabilité décennale a été intentée contre des constructeurs sans autorisation préalable, cette autorisation ne peut plus être obtenue en cours d'instance alors que le délai de dix ans prévu par l'article 2270 du Code civil est expiré (■ Cass. 3e civ., 16 janv. 1985 : *Bull. CNEIL* 1985, n° 210, III, p. 37, obs. D. Sizaire ; *JCP* G 1987, II, 20724, note Blaisse. – Dans le même sens : ■ CA Paris, 19e ch., 16 mars 1995 : *Rev. Administrer* juin 1996, p. 52, obs. J.-R. Bouyeure. ■ CA Paris, 23e ch. A, 30 oct. 1985 : *Inf. rap. copr.* 1986, p. 40. V., sur tous ces points, Berthault, *L'autorisation donnée a posteriori au syndic d'ester en justice : Rev. loyers* 1985, p. 463 et s.).

C'est à celui qui invoque le caractère tardif de la régularisation de l'établir (■ Cass. 3e civ., 14 févr. 1996 : *Bull. civ.* III, n° 42 ; *Inf. rap. copr.* juill.-août 1996, p. 8 ; *RD imm.* 1996, p. 420, obs. P. Capoulade).

II – EXCEPTIONS : CAS OÙ LE SYNDIC PEUT AGIR SANS AUTORISATION

20) Énumération. Selon l'article 55, alinéa 3, le syndic n'a besoin d'aucune autorisation lorsqu'il veut exercer une action en recouvrement de créance (A), utiliser les voies d'exécution – sauf en ce qui concerne la saisie immobilière – (B), pratiquer une mesure conservatoire (C), s'opposer aux travaux permettant le rechargement des véhicules électriques, (D) agir en référé (E), défendre aux actions intentées contre le syndicat (F), saisir le président du tribunal de grande instance dans des hypothèses bien précises (G), ou exercer une tierce-opposition.

A – Action en recouvrement de créance

21) Actions concernées. Le syndic *n'a pas besoin d'autorisation* pour agir à l'encontre des copropriétaires en recouvrement des charges (■ Cass. 3e civ., 6 mai 1998 : *RD imm.* 1998, p. 422, obs. P. Capoulade. ■ Cass. 3e civ., 7 juill. 1981 : *D.* 1982, inf. rap. p. 437, obs. Giverdon. ■ Cass. 3e civ., 14 mai 1970 : *JCP* 1970, II, 16431, note E.-J. Guillot). Selon la cour de Paris, il peut exercer ce type d'action librement, y compris lorsque l'assemblée générale a rejeté le projet de résolution l'autorisant à agir (■ CA Paris, pôle 4, ch. 2, 5 mai 2010 : *Rev. Administrer* oct. 2010, p. 57, obs. J.-R. Bouyeure).

Il est également dispensé d'autorisation pour agir à l'encontre d'un tiers en répétition de l'indu (■ Cass. 3e civ., 16 févr. 1994 : *Bull. civ.* III, n° 23 ; *D.* 1996, somm. 166, obs. P. Capoulade) ou pour demander réparation du préjudice causé par le retard dans le paiement des charges (■ Cass. 3e civ., 17 janv. 1996 : *RD imm.* 1996, p. 284, obs. P. Capoulade), même si les copropriétaires ont refusé de lui donner quitus (■ CA Paris, pôle 4, 2e ch., 4 nov. 2009 : *Loyers et copr.* 2010, comm. 120, obs. G. Vigneron).

Le syndic peut agir, dit le texte, « même par voie d'exécution forcée » : ce qui vise toutes les saisies mobilières. Sont des actions en recouvrement de créance, la demande de relevé de forclusion dans une procédure collective (■ CA Versailles, 13e ch., 3 juin 1999 : *Dossier CSAB*, n° 78, nov. 1999, n° 120, obs. A. Dunes) ou la demande de restitution des fonds du syndicat formée à l'encontre d'un précédent syndic (■ CA Paris, 23e ch. A, 23 juin 1999 : *Dossier CSAB* n° 78, nov. 1999, n° 121, obs. A. Dunes).

Si la demande d'ouverture d'une procédure de redressement ou de liquidation judiciaire envers un copropriétaire ne peut être sollicitée par le syndic sans autorisation préalable de l'assemblée générale (■ Cass. com., 7 mars 2006 : *AJDI* 2006, p. 836, obs. P. Capoulade. ■ CA Grenoble, 11 janv. 2011 : *AJDI* 2011, p. 304), le syndic peut néanmoins sans autorisation, déclarer une créance du syndicat au passif d'une procédure collective (■ Cass. com., 19 mai 2004 : *JCP* E 2004, p. 1303, note A. Djigo ; *AJDI* 2005, p. 137, note C. Giverdon et p. 37, note P. Capoulade. ■ Cass. 3e civ., 29 janv. 2003 : *Bull. civ.* III, n° 21 ; *JCP* N 2003, 1370, p. 930, note A. Djigo ; *Procédures* 2003, comm. 146, obs. C. L. ; *Loyers et copr.* 2003, comm. 117, obs. G. Vigneron ; *Cahiers CSAB* mai 2003, n° 74, obs. A. Dunes ; *Rev. loyers* 2003, p. 244, note. L. Guégan. – C. Delattre, *La déclaration de créance effectuée par le syndic de copropriété : Ann. loyers* 2003, p. 805 ; *Rev. Administrer* avr. 2003, p. 55, obs. J.-R. Bouyeure) ou former une demande de relevé de forclusion ou une demande de restitution des fonds détenus par l'ancien syndic (■ CA Paris, 23e ch. B, 29 sept. 2005 : *Loyers et copr.* 2006, comm. 66, obs. G. Vigneron).

Le syndic est également recevable, sans autorisation de l'assemblée générale, pour former une demande en dommages-intérêts à caractère subsidiaire (■ Cass. 3e civ., 15 mai 2002 : *Loyers et copr.* 2002, comm. 212 ; *AJDI* 2002, p. 69, note crit. C. Giverdon. ■ CA Paris, pôle 4, ch. 2, 4 nov. 2009, préc. *Contra*. ■ Cass. 3e civ., 17 janv. 1996, n° 93-17.128 : *RD imm.* 1996, p. 284. ■ CA Angers, 1re ch. A, 20 févr. 2001 : *JurisData* n° 2001-171581. ■ CA Paris, 23e ch. B, 9 mars 2000 : *Loyers et copr.* 2000, comm. 172) ou à caractère accessoire (■ Cass. 3e civ., 25 janv. 2012, n° 10-19.180 : *JurisData* n° 2012-011746 ; *Rev. Administrer* mai 2012, p. 44, obs. J.-R. Bouyeure ; *AJDI* 2012, p. 279).

Au demeurant, une autorisation est nécessaire pour demander judiciairement une modification de l'état de répartition des charges (■ CA Paris, 23e ch. B, 14 sept. 2006 : *AJDI* 2006, p. 915).

Par ailleurs, l'action en remboursement d'une facture de travaux en réparation du préjudice causé au syndicat par une violation du règlement de copropriété ou une atteinte aux parties communes nécessite une autorisation de l'assemblée générale (■ Cass. 3e civ., 2 oct. 2013, n° 12-19.481 : *JurisData* n° 2013-021397 ; *Loyers et copr.* 2013, comm. 348, obs. G. Vigneron ; *Rev. Administrer* déc. 2013, p. 50, obs. J.-R. Bouyeure).

Dans le même sens, l'action introduite par le syndicat sur le fondement de l'article 1166 du Code civil visant à la répétition d'un paiement réalisé indûment par un copropriétaire, implique une autorisation donnée au syndic (■ CA Paris, pôle 4, ch. 2, 21 janv. 2015 : *Rev. Administrer* mai 2015, p. 35, obs. J.-R. Bouyeure).

Il a été aussi jugé que l'action du syndic en remboursement de sommes payées au titre de travaux, qui supposait au préalable d'apprécier qui devait prendre en charge les travaux, nécessitait une autorisation de l'assemblée générale (■ Cass. 3e civ., 3 déc. 2015, n° 14-10.961 : *JurisData* n° 2015-027104 ; *JCP* N 2015, act. 1203 ; *Rev. Administrer* mars 2016, p. 44, obs. J.-R. Bouyeure ; *Ann. loyers* mars 2016, p. 64, obs. J.-M. Roux).

Pour utiliser la *saisie immobilière*, une autorisation préalable est également nécessaire (V. *infra*).

Voir : sur l'utilisation de la procédure d'injonction de payer, D. 17 mars 1967, art. 60, p. 867.

B – Mise en œuvre des voies d'exécution forcée

22) Procédures concernées. Le syndic peut exercer, *sans autorisation préalable*, toutes les voies d'exécution (saisie-attribution, saisie conservatoire, saisie-vente, etc.).

Une exception toutefois : il devra requérir une autorisation préalable pour procéder à une *saisie immobilière*. En pareil cas, il n'est pas nécessaire de joindre à la convocation les documents comptables visés à l'article 11-1° du décret (■ CA Paris, 23e ch. B, 20 juin 1997 : *Loyers et copr.* 1997, comm. 322). L'autorisation n'exige pas que la dette soit certaine, liquide et exigible au moment où l'assemblée générale statut (■ CA Paris, pôle 4, ch. 2, 13 mars 2013 : *JurisData* n° 2013-004603). Elle peut aussi être donnée alors même que le syndicat ne dispose pas encore de titre exécutoire (■ CA Versailles, 4e ch., 18 juin 2001 : *Rev. Administrer* nov. 2001, p. 38, obs. J.-R. Bouyeure). D'après la Cour de cassation, aucun texte n'exige de préciser, dans la décision même de l'assemblée générale autorisant le syndic à engager une procédure de saisie immobilière sur des lots de copropriétaires débiteurs, le ou les titres exécutoires en exécution desquels la saisie doit être réalisée et ses modalités d'exécution (■ CA Paris, pôle 4, ch. 2, 10 oct. 2018, n° 16/06070 : *Administrer* déc. 2018, p. 43, obs. J.-R. Bouyeure. ■ Cass. 3e civ., 3 juill. 2013, n° 12-18.952 : *JurisData* n° 2013-013851 ; *Loyers et copr.* 2013, comm. 322, obs. G. Vigneron. ■ Cass. 3e civ., 15 déc. 2009 : *Inf. rap. copr.* juill.-août 2011, p. 13, obs. M.-F. Ritschy). Il est également possible d'envisager la saisie de plusieurs lots, sans commettre d'abus de droit, lorsque le copropriétaire est chroniquement débiteur d'importantes sommes (■ Cass. 3e civ., 10 sept. 2020, n° 19-12.511 : *Administrer* janv. 2021, p. 54, obs. J.-R. Bouyeure). À ce propos, il a été jugé que constituait une autorisation précise donnée au syndic d'agir en justice la résolution permettant au syndic de poursuivre si nécessaire la vente par saisie immobilière de certains lots clairement identifiés (■ Cass. 3e civ., 9 sept. 2008 : *Rev. loyers* 2008, p. 516).

Voir : sur les modalités de vote de la résolution décidant la saisie immobilière, V. comm. L. 10 juill. 1965, art. 19-2, al. 5, nouveau, issu de la loi n° 2014-366 du 24 mars 2014, p. 348.

Mais la saisie de parts sociales d'une société civile immobilière n'est pas assimilable à une saisie immobilière. Il s'agit d'une vente mobilière ne nécessitant pas d'autorisation préalable de l'assemblée (■ CA Versailles, 11 janv. 1988 : *Rev. Administrer* juin 1988, p. 52).

L'action tendant à obtenir le prononcé d'une astreinte (■ CA Paris, 8e ch., B, 10 mars 2005 ; *AJDI* 2005, p. 743, note Capoulade) ou sa liquidation ne constitue pas une mise en œuvre des voies d'exécution forcée, et implique en conséquence une demande d'autorisation préalable (■ Cass. 3e civ., 20 oct. 2016, n° 15-23.233 : *Loyers et copr.* 2016, comm. 266, obs. G. Vigneron et C. Coutant-Lapalus. ■ Cass. 3e civ., 20 déc. 2000 : *Loyers et copr.* 2001, comm. 77 ; *Bull. civ.* III, n° 197 ; *Rev. Administrer* mai 2001, p. 53, obs. J.-R. Bouyeure ; *AJDI* 2001, p. 347, obs. C. Giverdon ; *Defrénois* 2001, p. 456, obs. C. Atias. ■ CA Paris, pôle 1, 3e ch., 29 oct. 2013 : *JurisData* n° 2013-032704 ; *Loyers et copr.* 2014, comm. 163, obs. G. V. ; *AJDI* 2014, p. 218. ■ CA Grenoble, 11 janv. 2011 : *AJDI* 2011, p. 304), à moins qu'un juge des référés ne se soit réservé le pouvoir de liquider l'astreinte (■ CA Paris, pôle 1, ch. 2, 16 déc. 2009 : *AJDI* 2010, p. 322).

C – Mesures conservatoires

23) Exemples. Ces mesures conservatoires peuvent être entreprises par le syndic *sans autorisation préalable* qu'il y ait ou non urgence. Ainsi pourra-t-il solliciter une ordonnance sur requête (par exemple, pour la désignation d'un huissier ou d'un expert), interrompre une prescription (■ TGI Marseille, 26 sept. 1985 : *Ann. loyers* 1986, p. 1108, n° 16852) ou demander à prendre une inscription d'hypothèque judiciaire provisoire ou un nantissement conservatoire (CPC anc., art. 54 et s.), ou encore déclarer la créance du syndicat en cas de redressement ou de liquidation judiciaires (V. *supra*, ■ Cass. com., 19 mai 2004 et ■ Cass. 3e civ., 29 janv. 2003). Mais la demande d'ouverture d'une procédure de redressement ou de liquidation judiciaires à l'encontre d'un copropriétaire nécessite une autorisation de l'assemblée (■ Cass. 3e civ.,

7 mars 2006 : *Loyers et copr.* 2006, comm. 108, obs. G. Vigneron).

D – Opposition aux travaux destinés au rechargement des véhicules électriques

24) Le décret n° 2019-650 du 27 juin 2019 a inséré parmi les exceptions à l'autorisation octroyée au syndic, l'opposition aux travaux réalisés par le locataire ou occupant de bonne foi du logement et permettant la recharge normale des véhicules électriques prévue à l'article R. 136-2 du Code de la construction et de l'habitation. La dispense est judicieuse. En effet, le syndicat des copropriétaires qui entend s'opposer aux travaux permettant la recharge normale des véhicules électriques ou hybrides rechargeables avec un système de mesure permettant une facturation individuelle des consommations doit, à peine de forclusion, saisir le tribunal d'instance du lieu de l'immeuble dans le délai de 6 mois suivant réception de la demande. Cela permet au syndic de ne pas attendre la réunion préalable de l'assemblée générale.

E – Procédures de référé

25) Actions concernées. Le syndic peut introduire les demandes qui relèvent des pouvoirs du juge des référés sans autorisation préalable.

En raison de l'urgence, le syndic peut, par exemple, solliciter en référé la désignation d'un expert (▪ CA Paris, 23e ch. B, 5 oct. 2000 : *AJDI* 2000, p. 960) ou former une demande de provision (▪ CA Paris, 30 avr. 1981 : *D.* 1982, inf. rap. p. 145) ; demander l'interruption de travaux irréguliers (▪ CA Paris, 18 févr. 1980 : *D.* 1981, inf. rap. p. 101) ou leur suppression sous astreinte (▪ CA Versailles, 14e ch., 4 juill. 2012 : *JurisData* n° 2012-017751) ; demander l'expulsion d'un occupant sans droit ni titre (expulsion du concierge après expiration de son contrat de travail, ▪ CA Versailles, 5 juill. 1984 : *Rev. loyers* 1984, p. 440), conserver ou établir une preuve (▪ CA Aix-en-Provence, 4e ch., 15 févr. 2000 : *Bull. Aix-en-Provence* 1/2000, p. 299, obs. J.-M. Roux), interrompre un délai de garantie décennale (▪ Cass. 3e civ., 28 févr. 2006 : *Rev. Administrer* août-sept. 2006, p. 49, obs. J.-R. Bouyeure) ou déclarer satisfactoire des travaux dont le juge a ordonné l'exécution (▪ Cass. 3e civ., 27 févr. 2001, arrêt n° 345 FS-D, aff. *Besson*).

Mais la compétence du juge des référés n'est pas limitée au cas d'urgence : il peut être saisi pour prescrire les « mesures conservatoires ou de remise en état qui s'imposent ou pour prévenir un dommage imminent, ou pour faire cesser un trouble manifestement illicite » (CPC, art. 809, al. 1). A été jugée recevable l'action d'un syndicat en liquidation d'une astreinte prononcée par ordonnance de référé pour l'exécution de la condamnation d'un copropriétaire en démolition de travaux irréguliers (▪ Cass. 3e civ., 10 févr. 2011 : *Ann. loyers* 2011, p. 1701, obs. J.-M. Roux ; *D.* 2011, p. 595).

Par ailleurs, il peut accorder une provision au créancier dans le cas où l'existence de l'obligation n'est pas sérieusement contestable, ou ordonner l'exécution de l'obligation, même s'il s'agit d'une obligation de faire (CPC, art. 809, al. 2) ; sur la compétence du juge des référés, V. G. Fau et J. Debeaurain, *Les juges des référés promus juges du fond : Ann. loyers* 1986, p. 128.

Dans tous les cas entrant dans la compétence du juge des référés, *le syndic peut agir sans autorisation préalable, qu'il y ait ou non urgence*. Dès lors, si une autorisation est donnée (qui n'est pas légalement nécessaire) peu importe qu'elle ne réponde pas aux exigences des actions devant les juridictions du fond (▪ Cass. 3e civ., 5 juill. 2000 : *RD imm.* 2000, p. 607, obs. P. Capoulade). Mais si, toujours en contradiction avec la lettre de la loi, le syndic est autorisé à agir en référé, cette autorisation ne vaut pas pour une action au fond (▪ CA Paris, 19e ch. B, 11 mai 2000 : *JurisData* n° 2000-114068 ; *Loyers et copr.* 2000, comm. 236. ▪ CA Paris, 23e ch. A, 13 oct. 1999 : *JurisData* n° 1999-024517 ; *Loyers et copr.* 2000, comm. 22).

Il a été jugé que l'instance en référé se trouvait interrompue par la perte de capacité du demandeur d'ester en justice consécutive à la cessation de ses fonctions de syndic (▪ Cass. 3e civ., 9 oct. 2007 : *AJDI* 2008, p. 40).

Bibliographie : sur le sujet, C. Atias, *La juridiction des référés en copropriété immobilière : Ann. loyers* 2005, p. 74.

F – Actions intentées contre le syndicat

26) Marge d'initiative du syndic. Le syndic ne peut pas prendre l'initiative d'une procédure (« intenter une action », dit le texte), mais il peut *défendre à une action en justice sans autorisation spéciale* (▪ Cass. soc., 14 janv. 1987 : *JCP* G 1987, IV, 93. ▪ Cass. 3e civ., 17 déc. 1973 : *JCP* 1974, II, 17696, note E.-J. Guillot. ▪ Cass. 3e civ., 27 févr. 2020, n° 19-10.887 : *Ann. loyers* mai 2020, p. 128, obs. J.-M. Roux ; *Inf. rap. copr.* nov. 2020, p. 61, obs. F. Bayard-Jammes ; *AJDI* 2020, p. 688, obs. A. Caston). Une autorisation de l'assemblée générale n'étant pas nécessaire pour la mise en œuvre des voies d'exécution forcée (V. comm. n° 5, p. 849) et pour défendre aux actions intentées contre le syndicat, la contestation par le syndicat débiteur de la saisie attribution pratiquée à son encontre n'est pas soumise à autorisation (▪ Cass. 3e civ., 6 déc. 2006 : *Loyers et copr.* 2007, n° 36, obs. G. Vigneron ; *Rev. Administrer* mars 2007, p. 50, obs. J.-R. Bouyeure ; *Rev. loyers* 2007,

p. 100, note T. Dubaele ; *Inf. rap. copr.* mai 2007, p. 12, obs. M.-F. Ritschy). Est recevable la demande nouvelle du syndic relative à la nullité de la répartition des charges résultant du règlement de copropriété sans qu'il soit nécessaire que le syndic justifie d'une autorisation de l'assemblée générale pour soulever ce moyen de défense (▪ CA Aix-en-Provence, 3 sept. 2010 : *JurisData* n° 2010-028451 ; *Loyers et copr.* 2011, comm. 195, obs. G. Vigneron). Une autorisation de l'assemblée n'est pas non plus nécessaire pour défendre à l'action intentée contre le syndicat par le syndic ayant fait taxer ses honoraires (▪ Cass. 3e civ., 11 janv. 2012, n° 10-23.647 : *JurisData* n° 2012-000225 ; *Loyers et copr.* 2012, comm. 89, obs. G. Vigneron ; *Inf. rap. copr.* juill.-août 2013, p. 13, obs. M.-F. Ritschy ; *D.* 2012, p. 285, obs. Y. Rouquet).

Lorsque le syndic est défendeur, il peut exercer les voies de recours sans autorisation spéciale : faire *appel* (▪ Cass. 3e civ., 4 juill. 1990 : *Loyers et copr.* 1990, comm. 409. ▪ CA Douai, 20 nov. 1995 : *Rev. Administrer* juin 1996, p. 48, obs. J.-M. Le Masson. ▪ CA Paris, 19e ch. B, 19 sept. 1990 : *Loyers et copr.* 1990, comm. 448. – Pour la recevabilité de l'appel formé par le syndic malgré l'opposition ultérieure de l'assemblée générale, ▪ Cass. 3e civ., 7 sept. 2010 : *Rev. Administrer* déc. 2010, p. 78, obs. J.-R. Bouyeure ; *Inf. rap. copr.* juill.-août 2011, p. 12, obs. M.-F. Ritschy), former un appel en garantie (▪ Cass. 3e civ., 27 févr. 2020, n° 19-10.887 : *Loyers et copr.* 2020, comm. 59, obs. A. Lebatteux ; *Ann. loyers* mai 2020, p. 128, obs. J.-M. Roux ; *Inf. rap. copr.* nov. 2020, p. 61, obs. F. Bayard-Jammes ; *AJDI* 2020, p. 688, obs. A. Caston. ▪ CA Paris, 26 janv. 2011 : *AJDI* 2011, p. 376. ▪ CA Paris, 23e ch. B, 29 nov. 2007 : *AJDI* 2008, p. 217) ou former un *appel incident* (▪ Cass. 3e civ., 7 déc. 1988 : *Bull. civ.* III, n° 178, p. 97 ; *D.* 1989, inf. rap. p. 300. ▪ CA Paris, 1re ch., 14 janv. 1987 : *RTD civ.* 1987, p. 381, obs. C. Giverdon et P. Salvage-Gerest), sauf à en rendre compte aux copropriétaires (▪ Cass. 3e civ., 9 juill. 1985 : *Gaz. Pal.* 1986, 1, somm. p. 180, obs. Souleau ; *Rev. Administrer* nov. 1985, p. 35, obs. Guillot). Il peut aussi former un *pourvoi en cassation* (▪ Cass. 3e civ., 8 sept. 2010 : *Rev. Administrer* déc. 2010, p. 77, obs. J.-R. Bouyeure ; *Inf. rap. copr.* juill.-août 2011, p. 12, obs. M.-F. Ritschy. ▪ Cass. 3e civ., 15 mars 2005 : *AJDI* 2005, p. 397, arrêt n° 352 F-D, n° 04-10.530. ▪ Cass. 3e civ., 30 juin 1998 : *Loyers et copr.* 1998, comm. 251. ▪ Cass. 3e civ., 14 déc. 1976 : *JCP* G 1977, II, 18713, note E.-J. Guillot ; *D.* 1977, inf. rap. p. 318, obs. C. Giverdon), sans qu'il y ait à distinguer selon que le syndicat était demandeur ou défendeur en première instance (▪ Cass. 3e civ., 22 mars 2000 : *Loyers et copr.* 2000, comm. 131 ; *Bull. civ.* III, n° 65 ; *RD imm.* 2000, p. 249, obs. C. Giverdon. – Dans le même sens : ▪ Cass. 3e civ., 6 déc. 2000, arrêt n° 1629 D).

27) Demande reconventionnelle. Quant à la *demande reconventionnelle*, il n'est pas besoin d'autorisation lorsqu'elle n'est qu'une défense à l'action principale ou est exclusivement fondée sur elle (▪ CA Paris, pôle 4, ch. 2, 9 sept. 2009 : *AJDI* 2010, p. 46. ▪ Cass. 3e civ., 21 mai 2003 : *Rev. Administrer* nov. 2003, p. 40, obs. J.-R. Bouyeure. ▪ Cass. 3e civ., 22 nov. 2000 : *Rev. Administrer* mai 2001, p. 53, obs. J.-R. Bouyeure. ▪ Cass. 3e civ., 9 mai 2007 : *Rev. Administrer* août-sept. 2007, p. 53, obs. J.-R. Bouyeure ; *Inf. rap. copr.* juin 2008, p. 16, obs. M.-F. Ritschy, sol. impl.). Ainsi par exemple lorsque la demande principale tend à obtenir une autorisation de travaux et que le syndicat demande reconventionnellement la suppression d'ouvrages irréguliers (▪ CA Paris, 23e ch. B, 3 mai 2001 : *Loyers et copr.* 2002, comm. 270).

Mais le syndic doit être spécialement autorisé à présenter une demande reconventionnelle qui n'est pas connexe à la demande principale et ne se rattache pas à la demande originaire par un lien suffisant (CPC, art. 70, al. 1er), dès lors que cette demande a, de ce fait, une « autonomie procédurale complète ».

Il en est ainsi lorsque cette demande ne tend pas seulement à s'opposer aux prétentions adverses sur lesquelles elle n'est pas exclusivement fondée, mais qu'elle vise à obtenir un avantage distinct (▪ Cass. 3e civ., 4 déc. 2002 : *Bull. civ.* III, n° 249 ; *JCP* G 2003, IV, 1172 ; *Loyers et copr.* 2003, comm. 76 ; *Rev. loyers* 2003, p. 171, note L. Guégan ; *AJDI* 2003, p. 596, note C. Giverdon. ▪ Cass. 3e civ., 29 janv. 1997 : *Loyers et copr.* 1997, comm. 147. ▪ Cass. 1re civ., 13 nov. 1996 : *Loyers et copr.* 1997, comm. 27 ; *RD imm.* 1997, p. 136, obs. P. Capoulade. ▪ Cass. 3e civ., 17 janv. 1996 : *Bull. civ.* III, n° 15 ; *Loyers et copr.* 1996, comm. 190 ; *JCP* G 1996, II, 22684, note A. Djigo ; *RD imm.* 1996, p. 283, obs. P. Capoulade. ▪ CA Aix-en-Provence, 4e ch. A, 30 juin 2010 : *Rev. Administrer* oct. 2010, p. 63, obs. J.-M. Roux ; *Inf. rap. copr.* juill.-août 2011, p. 12, obs. M.-F. Ritschy. ▪ CA Paris, 23e ch. B, 21 juin 2001 : *Rev. loyers* 2001, p. 397, note J.-M. Gélinet. ▪ CA Paris, 23e ch. B, 1er mars 2001 : *Loyers et copr.* 2001, comm. 241. ▪ CA Paris, 19e ch. B, 29 mai 1999 : *JurisData* n° 1999-021485 ; *Loyers et copr.* 1999, comm. 298. ▪ CA Paris, 23e ch. B, 28 nov. 1984 : *D.* 1985, inf. rap. p. 431, obs. Giverdon).

G – Saisine du président du TJ

28) Demande de désignation d'un administrateur provisoire ou d'un mandataire *ad hoc*. Le décret n° 2010-391 du 20 avril 2010 a étendu la dispense d'autorisation au cas où le syndic sollicite du président du TJ la désignation d'un administrateur provisoire en application du premier alinéa de l'article 29-1 de la loi du 10 juillet 1965 (V. ce texte) ou d'un administrateur *ad hoc* prévue à l'article 29-1 A du même texte (V. ce texte. – D. 1967, art. 55, al. 2 mod.).

29) Procédure de carence. Lorsqu'un syndicat est, en raison de graves difficultés financières ou de gestion et de l'importance des travaux à mettre en œuvre, dans l'incapacité d'assurer la conservation de l'immeuble ou la sécurité des occupants, le président du TJ peut être saisi par le syndic afin de désigner un expert chargé de constater la nature et l'importance des travaux à mettre en œuvre ainsi que le déséquilibre financier du syndicat (CCH, art. L. 615 6, al. 1er Sur ce point, V. Annexe 12, *Carence du syndicat*, p. 1039). Depuis le décret n° 2010-391 du 20 avril 2010, le syndic n'a plus à solliciter l'autorisation de l'assemblée générale pour saisir le juge de cette question.

H – Actions intéressant le syndicat

30) Tierce opposition. Il a été admis que la *tierce opposition* pouvait être formée sans autorisation (▪ CA Paris, 23e ch., 17 mars 1982 : *D.* 1982, inf. rap. p. 437, obs. C. Giverdon).

Mais cette solution ne va pas de soi selon nous : le syndic fera preuve de prudence en demandant en pareil cas une autorisation préalable à l'assemblée.

III – OBLIGATION DE RENDRE COMPTE

31) Portée de l'obligation. Le texte énonce que le syndic devra rendre compte des « actions introduites » (l'ancien texte visait les « actions qu'il a introduites... »). Sont concernées par cette formule générale *tant les actions intentées par le syndic que celles auxquelles il est amené à défendre.* Dans tous les cas, il devra rendre compte « *à la plus prochaine assemblée* », cela lorsqu'il est habilité à agir sans autorisation préalable de l'assemblée. À défaut, sa responsabilité personnelle pourrait être mise en cause (▪ CA Paris, 11 oct. 1979 : *D.* 1980, inf. rap. p. 274). Mais l'action préalablement engagée ne deviendrait pas pour autant irrecevable ou nulle (V. pour un appel interjeté par le syndic : ▪ Cass. 3e civ., 5 oct. 1994 : *Loyers et copr.* 1995, n° 43 ; *Inf. rap. copr.* déc. 1994, p. 17, obs. P. Capoulade). Les tiers n'ont pas qualité pour invoquer l'inobservation de cette formalité (▪ CA Paris, 18 mars 1983 : *RTD civ.* 1984, p. 763).

Cette obligation d'information est simplement destinée à permettre au syndic d'obtenir éventuellement une ratification de l'action engagée, lorsqu'elle l'a été de son propre chef, ou dans tous les cas, aux copropriétaires d'en tirer les conséquences qu'ils estiment opportunes (▪ TGI Paris, 29 févr. 1988 : *Gaz. Pal.* 1988, I, 376).

Voir : sur l'obligation plus générale d'informer les copropriétaires des actions intentées par ou à l'encontre du syndicat, D. 17 mars 1967, art. 59, p. 864.

Art. 56 ***(Mod. à compter 1er janvier 2020, D. n° 2019-966, 18 sept. 2019).*** **– Tout intéressé peut demander au président du tribunal judiciaire, statuant sur requête, de désigner un mandataire *ad hoc* pour ester en justice au nom du syndicat lorsque celui-ci est partie dans une instance relative à l'exécution de la construction de l'immeuble, aux garanties dues ou aux responsabilités encourues à cette occasion, si le syndic, son conjoint, *(Aj. à compter du 4 juillet 2020, D. n° 2020-834, 2 juill. 2020)* « son concubin », le partenaire lié à lui par un pacte civil de solidarité, leurs commettants ou employeurs, leurs préposés, leurs parents ou alliés *(Aj. à compter du 4 juillet 2020, D. n° 2020-834, 2 juill. 2020)* « jusqu'au deuxième degré » inclus ont, directement ou indirectement, à quelque titre que ce soit, même par personne interposée, participé à ladite construction.**

Bibliographie : C. Atias, *Mandataire ad hoc et administrateur ad hoc du syndicat des copropriétaires : conflit d'intérêts entre syndicat et syndic : AJDI* 2012, p. 652. • P.-E. Lagraulet, *La désignation d'un mandataire* ad hoc *selon l'article 56 du décret de 1967 : Inf. rap. copr.* oct. 2022, p. 13.

Actions contre les constructeurs. Ce texte vise une hypothèse particulière : celle où le syndicat intente une action (ou est partie dans une instance) relative à l'exécution de la construction de l'immeuble ou en garantie ou en responsabilité à l'encontre des constructeurs et que le syndic, son conjoint, son concubin, le partenaire lié à lui par un pacte de solidarité, leurs commettants ou employeurs, leurs préposés, leurs parents ou alliés jusqu'au deuxième degré inclus ont, directement ou indirectement, à quelque titre que ce soit, même par personne interposée, participé à la construction.

Le syndicat est normalement représenté par son syndic : mais lorsque ce syndic a directement, ou par personne interposée, participé à la construction, il paraît opportun que le syndicat soit représenté par une autre personne. D'où la possibilité offerte par l'article 56 à tout intéressé (donc à tout copropriétaire ou même à un créancier de la copropriété...) de demander la désignation d'un mandataire *ad hoc* dans les conditions de l'article 57 qui sont cumulatives (▪ CA Aix-en-Provence, 1re ch. C, 13 juin 2013, n° 12/14119 : *AJDI* 2013, 839).

Une requête devra être présentée à cette fin (par ministère d'avocat) au président du tribunal judiciaire. L'assemblée n'a pas qualité pour désigner directement ce mandataire *ad hoc* : sa désignation est du ressort exclusif du président du tribunal judiciaire statuant sur requête.

Il n'apparaît pas que l'action serait irrecevable si elle était intentée par le syndic : le texte ouvre seulement une possibilité de « récusation » du syndic.

Art. 57 ***(Rétabli à compter du 4 juillet 2020, D. n° 2020-834, 2 juill. 2020).*** **– Le président du conseil syndical exerce aux frais avancés du syndicat des copropriétaires les procédures judiciaires prévues à l'article 18-2, au septième alinéa de l'article 21 ainsi qu'à l'article 29-1 A de la loi du 10 juillet 1965.**

Un état des frais de justice prévisionnels accompagné de devis est présenté au syndic afin qu'il procède aux avances nécessaires à la conduite de ces procédures.

Actions du président du conseil syndical. Ce texte permet au président du conseil syndical d'agir aux frais avancés du syndicat, ce qui rapproche ces actions de véritables actions *ut universi*. Dans ce cas le président du conseil syndical paraît disposer d'un pouvoir concurrent du syndic. Il pourra ainsi agir en justice quand :

– l'ancien syndic ne remet pas les archives du syndic à son successeur (art. 18-2, L. 10 juill. 1965) ;

– le syndic ne s'applique pas les pénalités dues au syndicat en raison de son refus de communiquer les pièces au conseil syndical mentionnées à l'article 21 de la loi du 10 juillet 1965 ;

– le syndicat est en prédifficulté selon les dispositions de l'article 29-1 A afin de faire désigner un administrateur *ad hoc*.

Dans tous les cas, le président du conseil syndical devra présenter un « état des frais de justice prévisionnels accompagné de devis ». Ce n'est que sur cette base que le syndic devra, *ès qualités*, procéder aux avances nécessaires à la conduite des procédures.

Art. 58 ***(Abr., D. n° 92-755, 31 juill. 1992).***

Art. 59 ***(Mod., D. n° 86-768, 9 juin 1986 ; à compter du 1er janvier 2020, D. n° 2019-966, 18 sept. 2019).*** **– À l'occasion de tous litiges dont est saisie une juridiction et qui concernent le fonctionnement d'un syndicat ou dans lesquels le syndicat est partie, le syndic avise chaque copropriétaire de l'existence et de l'objet de l'instance.**

Les actes de procédure concernant le syndicat des copropriétaires sont régulièrement signifiés, suivant les cas, au syndic ou à la requête de celui-ci.

Dans les cas prévus aux articles 46 à 48 ci-dessus, l'ordonnance est notifiée dans le mois de son prononcé, par le syndic ou l'administrateur provisoire désigné, à tous les copropriétaires qui peuvent en référer au président du tribunal judiciaire dans les quinze jours de cette notification.

Bibliographie : P.-E. Lagraulet, *La rétractation des ordonnances présidentielles : Inf. rap. copr.* mars 2021. • P.-E. Lagraulet, *La désignation du syndicat dans une assignation : Inf. rap. copr.* févr. 2021.

I – OBLIGATION D'AVISER LES COPROPRIÉTAIRES DE L'EXISTENCE ET DE L'OBJET DES INSTANCES « CONCERNANT LE FONCTIONNEMENT DU SYNDICAT OU DANS LESQUELLES LE SYNDICAT EST PARTIE »

1) Raison d'être et portée de l'obligation. L'obligation d'aviser les copropriétaires de l'existence et de l'objet des instances concernant le fonctionnement du syndicat ou dans lesquelles le syndicat est partie, prévue par l'article 59, alinéa 1er, a pour but de permettre aux copropriétaires d'intervenir s'ils le jugent utile (Givord, Giverdon et Capoulade, *op. cit.*, n° 1133).

Cette intervention peut être principale : lorsque le copropriétaire a à formuler une demande qui lui est propre. En ce cas, il doit avoir le droit d'agir à titre individuel (V. CPC, art. 329, al. 2) ; par exemple s'il veut obtenir le maintien d'une décision dont la nullité est demandée et qui lui accorde des avantages particuliers (▪ TGI Paris, 28 nov. 1974 : *D.* 1976, inf. rap. p. 61).

Voir : sur les conditions de recevabilité de l'action, L. 10 juill. 1965, art. 15, comm. n° 14, p. 254.

L'intervention peut aussi être « accessoire » (CPC, art. 330), lorsque le copropriétaire intervient pour soutenir le syndicat. Il doit alors justifier d'un intérêt à le faire (par exemple, lorsque l'action affecte la propriété ou la jouissance de son lot : V. L. art. 15).

L'avis est donné par lettre recommandée avec demande d'avis de réception ou par lettre recommandée électronique (D. 17 mars 1967, art. 64, al. 1er) ou éventuellement par remise contre récépissé ou émargement (D. 17 mars 1967, art. 64, al. 2). Si cette obligation n'a pas été respectée, la délibération de l'assemblée, approuvant les comptes où seraient portés les frais de procédure, de consultations juridiques et de représentation en justice, n'en serait pas moins régulière (▪ CA Paris, 10 mai 1979 : *D.* 1980, inf. rap. p. 451).

Le fait que le syndic n'ait pas informé les copropriétaires est sans incidence sur sa qualité pour agir (▪ CE, 16 déc. 1994 : *D.* 1995, inf. rap. p. 49).

Si le syndic omet d'avertir l'assemblée, et au surplus ne charge pas un avocat de la défense des intérêts du syndicat, il engage sa responsabilité et il ne peut se prévaloir d'un quitus donné dans l'ignorance de sa carence (▪ CA Paris, 23ᵉ ch. A, 29 mars 2000 : *JurisData* n° 2000-111154 ; *Loyers et copr.* 2000, comm. 212).

Le représentant du syndicat n'est tenu d'informer les copropriétaires que de l'existence et de l'objet de l'instance : il n'a pas à leur communiquer les pièces de la procédure (▪ Cass. 3ᵉ civ., 6 mars 2002 : *Bull. civ.* III, n° 55 ; *JCP* G 2002, IV, 1679 ; *Loyers et copr.* 2002, comm. 157 ; *Rev. loyers* 2002, p. 360, note Th. Dubaele ; *Rev. Administrer* mai 2002, p. 44, obs. J.-R. Bouyeure ; *AJDI* 2002, p. 535, obs. C. Giverdon).

II – ACTES DE PROCÉDURE CONCERNANT LE SYNDICAT

2) Distinctions à opérer. Les actes de procédure doivent bien distinguer suivant que l'action est introduite contre le syndic ès qualités pris en tant que représentant légal du syndicat ou contre le syndic personnellement.

A – Actions introduites par le syndicat

3) Le syndic agit ès qualités. Dans les *demandes concernant le syndicat*, celui-ci est représenté par son syndic agissant ès qualités. En pratique le nom du syndic est indiqué. Il convient de mentionner que la demande est formée par le syndicat désigné à l'acte, représentée par son syndic, également désigné à l'acte.

Il est important que l'on puisse déterminer clairement si le syndic agit à titre personnel ou au nom du syndicat des copropriétaires. S'il agit ès-qualités de représentant légal du syndicat, l'assignation lancée par lui interrompt la prescription qui court à l'encontre du syndicat, ce qui n'est pas le cas s'il apparaît qu'il agit à titre personnel (▪ Cass 3ᵉ civ., 16 sept. 2015, n° 14-16.705 : *Administrer* déc. 2015, p. 33, note J.-R. Bouyeure).

L'assignation est valable même si la qualité de représentant légal du syndicat n'est pas mentionnée en tête de l'acte, dès lors qu'il apparaît bien que le syndic agit en cette qualité au vu de l'objet de la demande exposé dans cet acte (▪ Cass. 3ᵉ civ., 29 oct. 2003, n° 02-14.717 : *Rev. Administrer* juin 2004, p. 50, obs. A. Alfandari. – V. pour un nouvel exemple de difficultés, ▪ Cass. 3ᵉ civ., 6 nov. 2007, n° 06-17868 : *Rev. Administrer* avr. 2008, p. 43). Pour la cour de Paris, si la formule désignant le syndicat « pris en la personne de son représentant légal » est un vice de forme, le copropriétaire qui l'invoque doit démontrer qu'il lui a causé un grief (▪ CA Paris, 23ᵉ ch. B, 8 févr. 2007 : *JurisData* n° 2007-324822 : *JCP* 2007, IV, 1503).

Le juge ne peut déclarer recevable l'action du syndicat des copropriétaires sans avoir vérifié la qualité pour agir de son représentant (V. dans un cas où le syndicat était « représenté par M..., représenté lui-même par M... muni d'un pouvoir écrit » : ▪ Cass. 3ᵉ civ., 26 mars 2008, n° 07-11.817 : *JurisData* n° 2008-043403 ; *Rev. Administrer* juill. 2008, p. 52, obs. J.-R. Bouyeure). Si le syndic se prévaut de la qualité de syndic bénévole, il y a lieu de vérifier qu'il a été régulièrement désigné (▪ Cass. 3ᵉ civ., 17 juin 2008, n° 06-19.464 : *Rev. Administrer* nov. 2008, p. 55, obs. J.-R. Bouyeure).

Une demande formulée par un syndic déclarant agir « ès qualité de syndic de la copropriété X... » a été validée (▪ CA Paris, pôle 4, 2ᵉ ch., 5 mai 2010 : *Rev. Administrer* août-sept. 2010, p. 36, obs. J.-R. Bouyeure). Mais, comme on l'a remarqué, il est préférable pour éviter toute difficulté en cas de changement de syndic d'introduire la demande à la requête du syndicat représenté par son syndic (J.-R. Bouyeure, obs. préc.).

Le syndic doit préciser sa forme juridique (SA, SARL, etc.) faute de quoi ses demandes seraient irrecevables (il s'agit d'une irrégularité de fond : ▪ CA Versailles, 1ʳᵉ ch., 11 mai 2001 : *Dossier CSAB* mars 2002, n° 40, obs. A. Dunes), l'article 648 du Code de procédure civile exigeant la mention de « l'organe qui représente la personne morale » (V. sur une difficulté née d'un changement de syndic, l'appel ayant été fait au nom de l'ancien syndic ▪ Cass. 3ᵉ civ., 12 juill. 1995, n° 93-12.508 : *RD imm.* 1995, p. 796, obs. C. Giverdon).

B – Actions introduites contre le syndicat

Bibliographie : P.-E. Lagraulet, *La désignation du syndicat dans une assignation : Inf. rap. copr.* févr. 2021, 5.

4) « Le syndicat représenté par son syndic ». Les *assignations délivrées au syndicat* lui sont également adressées en la personne du syndic ès qualités : à défaut la signification est inopérante (▪ Cass. 3ᵉ civ., 25 oct. 2018, n° 17-22.691).

L'acte sera par exemple adressé au « Syndicat des copropriétaires de l'immeuble sis à... (ou) de la résidence X... sise à... pris en la personne de son syndic (ou « représenté par son syndic »), lequel est actuellement le cabinet... domicilié en ses bureaux sis à... » (V. ▪ Cass. 3ᵉ civ., 3 avr. 2002 : *Loyers et copr.* 2002, comm. 189). Est irrégulière la demande formée contre « la société X. prise en sa qualité de syndic de la copropriété ». Cependant, a été déclarée valable une assignation en nullité d'assemblée dirigée contre le syndic pris « en qualité de syndic du syndicat des copropriétaires et à titre personnel » (■ Cass. 3e civ., 11 oct. 2005, n° 04-15.952 : *Rev. Administrer* janv. 2006, p. 45, obs. J.-R. Bouyeure). Et la Cour de cassation a validé une assignation délivrée au « Cabinet X... pris en qualité de syndic de la copropriété Valmante » considérant que le syndic était bien assigné ès qualités et non pas en son nom personnel (■ Cass. 3e civ., 11 oct. 2006, n° 05-18.114 : *Rev. Administrer* janv. 2007, p. 55, obs. J.-R. Bouyeure. – V. dans le même sens, ■ Cass. 3e civ., 31 mars 2016, n° 15-10.409 : *Administrer* juill. 2016, p. 41, note J.-R. Bouyeure). De même, a été déclarée valable la déclaration faite au greffe par un copropriétaire demandant la condamnation du « cabinet X représentant du syndicat des copropriétaires de la résidence Y. », et par conclusions écrites « contre : le syndicat des copropriétaires de la résidence Y » dès lors qu'il apparaît que c'est bien à l'encontre du syndicat des copropriétaires que la demande est dirigée (■ Cass. 3e civ., 30 mars 2011, n° 10-14.943 : *AJDI* 2011, p. 379).

Est irrecevable l'action dirigée contre « le syndicat des copropriétaires, pris en la personne de ses membres » (■ Cass. 3e civ., 6 mai 2009, n° 08-14348).

Il faut parler du « syndicat » et non de « la copropriété » pour éviter des difficultés de procédure (V. C. Atias, *L'identification du syndicat : Inf. rap. copr.* oct. 1996, p. 23 et s.). Toutefois l'utilisation de ce terme ne constituerait pas en lui-même une irrégularité de fond (■ Cass. 3e civ., 27 juin 2001, n° 00-11.514 : *Rev. loyers* 2001, p. 408. ■ CA Aix-en-Provence, 9 oct. 1997. – V. C. Atias, *Syndicat ou copropriété. Halte aux arguties : Inf. rap. copr.* déc. 1997, p. 21).

Si la validité du mandat du syndicat est contestée au fond, l'assignation lui est valablement délivrée tant qu'il n'est pas juridiquement possible d'obtenir la désignation d'un administrateur provisoire (■ CA Paris, 14e ch. B, 22 déc. 2000 : *AJDI* 2001, p. 149).

En toute hypothèse il convient de vérifier que l'assignation a bien été délivrée à l'adresse du cabinet du syndic et à un membre qualifié de son personnel (■ Cass. 3e civ., 6 févr. 2002, n° 00-17.630 : *AJDI* 2002, p. 533, obs. C. Giverdon).

Un arrêt de la Cour de cassation énonce que la signification d'une décision judiciaire à l'ancien syndic est irrégulière et ne fait pas courir le délai d'appel, quand bien même l'avocat du syndicat a omis de faire connaître le changement de l'identité du mandataire en cours de procédure. En effet la signification doit être faite à l'adresse du cabinet du syndic en exercice (■ Cass. 3e civ., 28 mars 2019, n° 17-26.251 : *JurisData* n° 2019-006976 ; *Loyers et copr.* 2019, comm. 89, note A. Lebatteux ; *Administrer* juin 2019, p. 44, obs. J.-R. Bouyeure). Dans un arrêt antérieur, la Cour de cassation avait jugé que la signification d'un arrêt au syndicat des copropriétaires en la personne de son ancien syndic qu'il avait représenté devant les juges du fond n'affectait pas la validité de l'acte, et qu'une nouvelle signification, faites au syndic en exercice, postérieurement à la première qui n'avait pas été suivie de pourvoi dans les 2 mois, ne pouvait prolonger le délai de recours■ Cass. 3e civ., 15 mars 1989 : *Bull. civ.* III, n° 64, p. 36 ; *Inf. rap. copr.* 1990, p. 12, note P. C.)

C – Actions mettant en cause le syndicat et le syndic à titre personnel

5) Éviter l'équivoque. Si l'assignation concerne à la fois le syndicat et le syndic personnellement, l'assignation sera délivrée à M... pris tant en qualité de représentant légal du syndicat qu'en son nom personnel (V. ■ Cass. 3e civ., 27 juin 2001, n° 00-11.514. ■ Cass. 3e civ., 21 févr. 1995 : *Inf. rap. copr.* avr. 1995, p. 6, obs. P. Capoulade).

D – Actions mettant en cause le syndic personnellement

6) Le syndicat ne doit pas être mis en cause. Si la demande concerne *le syndic personnellement*, l'assignation doit être adressée à « Monsieur (syndic) » pris en son nom personnel (ainsi par exemple s'il s'agit de mettre en cause sa responsabilité personnelle).

La jurisprudence montre que ces distinctions ne sont pas toujours faites en pratique (V. ■ Cass. 3e civ., 11 oct. 2005 : *AJDI* 2006, p. 284, note P. Capoulade. – V. également ■ Cass. 3e civ., 9 nov. 1994 : *RD imm.* 1995, p. 165, C. Giverdon et ■ CA Angers, 1re ch., 28 févr. 1990 : *Rev. hab. fr.* 20 oct. 1990, p. 487, obs. Paucot).

Mais l'erreur sur l'identité du syndic n'est pas une formalité substantielle. La nullité de l'acte n'est pas automatique et ne peut être prononcée qu'à charge pour celui qui l'invoque de prouver l'existence d'un grief (CPC, art. 112 et s. – V. ■ Cass. 3e civ., 6 mai 1998 : *D.* 1999, somm. 75, note C. Atias ; *Loyers et copr.* août-sept. 1998, n° 199. – V. également, dans le cas d'une assignation délivrée au « Président du syndicat » : ■ CA Paris, 23e ch. A, 19 févr. 1997 : *RD imm.* 1997, p. 295, note C. Giverdon).

Si le syndic est une personne physique et que l'acte est délivré à « une employée », les diligences prévues par les articles 654 et suivants du CPC doivent être accomplies par l'huissier (■ CA Paris, 19e ch. B, 5 févr. 1997 : *RD imm.* 1997, p. 295, note C. Giverdon).

III - NÉCESSITÉ DE NOTIFIER AUX COPROPRIÉTAIRES CERTAINES DÉCISIONS CONCERNANT LES ORGANES DE LA COPROPRIÉTÉ

7) Cas où la notification est nécessaire. L'alinéa 3 du texte indique que « dans les cas prévus aux articles 46 à 48 » [c'est-à-dire lorsqu'il y a lieu à désignation d'un syndic judiciaire (art. 46) ou à la désignation judiciaire d'un administrateur provisoire de la copropriété (art. 47) ou des membres du conseil syndical (art. 48)], l'ordonnance du président doit être notifiée à tous les copropriétaires dans le mois de son prononcé. Cette notification s'opère selon les formes prévues par l'article 64 alinéa 1er du décret du 17 mars 1967 (V. ce texte).

C'est au syndic ou à l'administrateur provisoire désigné qu'il appartient de procéder à la notification prescrite par le texte. Le fait d'informer verbalement les copropriétaires de la nomination de l'administrateur de provisoire, lors d'une assemblée, ne peut satisfaire aux exigences de l'article 59 et ne saurait valoir notification au sens de ce texte (▪ CA Limoges, 21 juin 2015, n° 14 /01217 : *AJDI* 2015, p. 690).

Lorsqu'un administrateur provisoire est désigné dans le cadre de l'article 47 du décret (V. ce texte) il n'a pas à notifier l'ordonnance à l'ancien syndic qui n'a pas qualité pour agir en référé à l'encontre de cette ordonnance (▪ CA Toulouse, 17 janv. 1994 : *D.* 1994, somm. 205, obs. C. Giverdon ; *Rev. Administrer* déc. 1994, p. 34, note M.-F. Ritschy). En effet seuls les copropriétaires peuvent former une demande de rétractation d'une ordonnance rendue sur le fondement des articles 46 ou 47 du décret du 17 mars 1967 (▪ Cass. 3e civ., 2 oct. 2001, n° 00-13.328 : *Loyers et copr.* 2002, comm. 14 ; *Rev. Administrer* févr. 2002, p. 35, et *AJDI* 2002, p. 992, note P. Capoulade. ▪ Cass. 3e civ., 12 mars 1997, n° 95-11.869 : *Loyers et copr.* juin 1997, n° 185 ; *Bull. civ.* III, n° 56. ▪ Cass. 3e civ., 26 mars 1997 : *AJPI* 1997, p. 658, note P. Guitard).

Si la notification est omise, le délai de recours ne court pas (▪ Cass. 3e civ., 30 mars 2005, n° 03-21.128, confirmant ▪ CA Paris, 14e ch. B, 21 déc. 2001 : *AJDI* 2002, p. 776, obs. P. Guitard).

8) Modalités de la notification. La Cour de cassation a précisé que les modalités de notification de l'ordonnance sur requête rendue par application des articles 46 à 48 du décret du 17 mars 1967 étant régies par l'article 59 de ce décret, les dispositions de l'article 495 du Code de procédure civile qui prévoit que « copie de la requête et de l'ordonnance est laissée à la personne à laquelle elle est opposée » ne sont pas applicables. En conséquence, il n'y a pas à notifier la requête, mais seulement l'ordonnance (▪ Cass 3e civ., 17 juin 2021, n° 19-19.134 : *JurisData* n° 2021-009778 ; *Loyers et copr.* 2021, comm. 137, A. Lebatteux ; *Administrer* oct. 2021, p. 41, obs. J.-R. Bouyeure).

Bibliographie : P.-E. Lagraulet, *La rétractation des ordonnances présidentielles : Inf. rap. copr.* mars 2021, p. 9.

9) Rétractation de l'ordonnance. Les copropriétaires peuvent « en référer au président du tribunal judiciaire » dans les quinze jours de la notification. Tout copropriétaire peut agir, sans que la recevabilité de la demande soit subordonnée à la démonstration que la décision rendue lui fait grief (▪ Cass. 3e civ., 16 sept. 2003, n° 02-10.487 : *D.* 2003, somm. p. 3004, obs. C. Giverdon ; *Rev. Administrer* janv. 2004, p. 35, obs. A. Alfandari).

L'ordonnance est valablement rétractée à la demande du syndicat, s'il apparaît qu'à la date de la désignation d'un administrateur provisoire, l'assemblée générale avait désigné un nouveau syndic, si bien que cette désignation ne se justifiait pas (▪ Cass. 3e civ., 12 janv. 2000, n° 98-12.737 : *JurisData* n° 2000-000031 ; *Loyers et copr.* 2000, comm. 73 ; *Bull. civ.* III, n° 3 ; *D.* 2000, somm. p. 209, note C. Atias). Le juge saisi d'une demande de rétractation doit, pour apprécier si le syndicat est dépourvu de syndic, se placer à la date à laquelle il statue (▪ CA Paris, 14e ch., 23 mars 2005 : *Rev. loyers* 2005, p. 199, note L. Guégan).

Le délai de 15 jours pour agir en rétractation de l'ordonnance désignant l'administrateur provisoire n'est pas applicable au syndicat des copropriétaires qui peut donc agir à tout moment (▪ Cass. 3e civ., 25 janv. 2005, n° 03-14.716 : *Rev. Administrer* mai 2005, p. 46, note J.-R. Bouyeure).

La demande de rétractation est recevable même si l'ordonnance n'a pas été notifiée aux copropriétaires (▪ CA Aix-en-Provence, 4e ch. A, 19 déc. 2002 : *Ann. loyers* 2003, p. 557, obs. J.-M. Roux).

Art. 60. – Nonobstant toutes dispositions contraires, toute demande formée par le syndicat à l'encontre d'un ou plusieurs copropriétaires, suivant la procédure d'injonction de payer, est portée devant la juridiction du lieu de la situation de l'immeuble.

Bibliographie : N. Fricero, *Le recouvrement des charges par injonction de payer : Inf. rap. copr.* mai 1994, p. 30 et s. • P.-E. Lagraulet, *L'injonction de payer les charges : Inf. rap. copr.* déc. 2021.

Injonctions de payer. La procédure d'injonction de payer est actuellement régie par les articles 1405 à 1425 du Code de procédure civile.

Le syndic peut présenter lui-même la requête sans que le ministère d'un avocat soit nécessaire (▪ Cass. 2e civ., 5 nov. 1975 : *Rev. Administrer* avr.

1976, p. 38, note Guillot). Le tribunal compétent est, en vertu du texte et par dérogation à l'article 1406 du Code de procédure civile, le tribunal du lieu de la situation de l'immeuble (▪ TI Paris 20e, 30 juin 1981 : *JCP* G 1982, II, 19846, note Berthault).

L'une des récentes réformes de la procédure civile (D. n° 2021-1322, 11 oct. 2021) a simplifié et renforcé l'efficacité du mécanisme en donnant à l'ordonnance rendue par le président du tribunal judiciaire force exécutoire.

Art. 61 ***(Mod. à compter du 4 juillet 2020, D. n° 2020-834, 2 juill. 2020).*** **– « Pour l'application des deuxième et troisième alinéas de l'article 23 de la loi du 10 juillet 1965, le président du tribunal judiciaire statue selon la procédure accélérée au fond lorsque l'absence d'accord entre les indivisaires ou nus-propriétaires impose la désignation judiciaire d'un mandataire commun. »**

Bibliographie : P.-E. Lagraulet, *Procédure de désignation d'un mandataire commun : Inf. rap. copr.* déc. 2020.

Désignation d'un mandataire commun. Rappelons qu'aux termes de l'article 23, alinéa 2 de la loi (V. ce texte), un mandataire commun doit être désigné par les copropriétaires lorsqu'un lot est en indivision ou qu'il est grevé d'un droit d'usufruit (ou d'un droit d'usage et d'habitation).

Lorsque les intéressés n'arrivent pas à s'entendre à ce sujet, le président du tribunal judiciaire (du lieu de situation de l'immeuble) (V. D. art. 61-1) peut être saisi à cette fin par ministère d'avocat. Il statue selon la procédure accélérée au fond (CPC, art. 839 et 481-1. – V. Y. Strickler, *Les procédures rapides : Procédures* 2020, étude 7).

Le jugement est exécutoire de droit à titre provisoire (CPC, art. 481-1, al. 7) et il peut être frappé d'appel. Le délai d'appel est de 15 jours (CPC, art. 481-1, al. 8 et 9).

Le magistrat peut être saisi soit par l'usufruitier, soit par le nu-propriétaire, soit par le syndic (V. art. 23, al. 2 et 3 de la loi) qui a intérêt à ce que les copropriétaires soient régulièrement représentés aux assemblées pour éviter toute cause de nullité (pour un cas de désignation à la requête du syndic : ▪ TGI Paris, 25 oct. 1975 : *D.* 1976, inf. rap. p. 306. – Kischinewsky-Broquisse, *op. cit.*, n° 238, p. 257).

Art. 61-1 ***(Anc. art. 62, dénum., D. n° 2010-391, 20 avr. 2010).*** **– Tous les litiges nés de l'application de la loi du 10 juillet 1965 et du présent décret sont de la compétence de la juridiction du lieu de la situation de l'immeuble.**

Bibliographie : P. Capoulade, *Le juge en copropriété des immeubles bâtis : Ann. loyers* 2006, p. 916. • J.-M. Gélinet, *Faut-il un juge de la copropriété ? État des lieux et compétences de principe du TGI en matière de copropriété : AJDI* 2006, p. 550. • J.-M. Roux, *Compétence juridictionnelle en copropriété : Inf. rap. copr.* juill.-août 2006, p. 30.

Tribunal territorialement compétent. Cette disposition s'applique à tous les litiges, qu'ils relèvent de la compétence du tribunal judiciaire ou d'une formation spécialisée (V. antérieurement ▪ TI Colmar, 11 déc. 1968 : *Inf. rap. copr.* juill. 1971, p. 109), et par exemple à une demande en paiement de charges communes ou encore à une action en responsabilité exercée par un copropriétaire à l'encontre du syndicat et du syndic (▪ TGI Paris, 8e ch., 31 janv. 1997 : *Rev. Administrer* août-sept. 1997, p. 47, note J.-R. Bouyeure ; *Rev. loyers* 1998, p. 297). Le tribunal du domicile du défendeur n'est jamais compétent (▪ CA Versailles, 25 janv. 1983 : *Gaz. Pal.* 1984, 2, somm. 354. – *Contra :* ▪ CA Paris, 1re ch. urgences, 2 nov. 1988 : *Rev. Administrer* juin 1989, p. 35, obs. J.-P. Forestier qui retient la compétence du domicile du défendeur en matière de validation d'une saisie-arrêt pour avoir paiement de charges communes, au vu de l'art. R. 321-29, COJ).

La règle joue même en cas de procédure collective, pour les actions en recouvrement de charges dues par le débiteur (▪ CA Paris, 1re ch. D, 3 mai 2000 : *Loyers et copr.* 2000, comm. 253).

Une *clause attributive de compétence* introduite dans le règlement de copropriété ne pourrait faire échec à cette règle. Un autre tribunal que celui visé par le texte doit se déclarer incompétent si l'exception est soulevée (▪ TGI Marseille, 16 déc. 1976 : *Ann. loyers* 1978, p. 700), par exemple le tribunal dans le ressort duquel se trouve le domicile du syndic (▪ TGI Paris, 18 sept. 1979 : *AJPI* 1980, p. 474).

Mais une action en responsabilité entre copropriétaires ne mettant pas en cause l'application du statut de la copropriété relève des règles de compétence territoriale de droit commun (▪ CA Paris, 20 nov. 1984 : *D.* 1985, inf. rap. p. 431).

Voir : sur la compétence d'attribution, comm. L. 10 juill. 1965, art. 15, p. 246.

Art. 61-1-1 ***(D. n° 2015-999, 17 août 2015 ; mod. à compter du 1er janvier 2020, D. n° 2019-966, 18 sept. 2019).*** **– Les demandes formées par le ministère public dans le cadre des procédures prévues aux articles 29-1 A et 29-1 de la loi du 10 juillet 1965 le sont par requête. La requête indique les faits de nature à motiver la demande. Le président du tribunal judiciaire, par les soins du greffier, fait convoquer les personnes qu'il désigne par lettre recommandée avec demande d'avis de réception.**

À la convocation est jointe la requête du ministère public.

Demande de désignation d'un mandataire *ad hoc* ou d'un administrateur provisoire par le ministère public. L'article 61-1-1 détermine la procédure à suivre lorsque la demande de désignation d'un mandataire *ad hoc* (L. 10 juill. 1965, art. 29-1 A) ou d'un administrateur provisoire (L. 10 juill. 1965, art. 29-1) est formée par le Ministère public.

La procédure est alors introduite par voie de requête motivée. Le président du tribunal judiciaire fait convoquer par les soins du greffier les personnes qu'il désigne, par lettre recommandée avec demande d'avis de réception.

Sous-section 2. – De la désignation et de la rémunération des mandataires *ad hoc* et des administrateurs provisoires

(D. n° 2010-391, 20 avr. 2010)

Les articles 29-1-A et 29-1-B de la loi du 10 juillet 1965, institués par la loi du 25 mars 2009, avaient eu pour but d'éviter de laisser s'aggraver la situation des copropriétés en difficulté, en ayant recours de manière préventive à la nomination d'un « mandataire *ad hoc* ». Le décret n° 2010-391 du 20 avril 2010 a pris diverses mesures d'application de ces textes, applicables à compter du 1er juin 2010 et qui figuraient sous les nouveaux articles 61-2 à 61-11 du décret du 17 mars 1967.

V., sur le décret du 20 avril 2010, P. Capoulade, *Modification du décret du 17 mars 1967 relatif aux syndicats en pré-difficulté : AJDI* juill.-août 2010, p. 533.

La loi n° 2014-366 du 24 mars 2014 (loi ALUR) a modifié profondément la réglementation concernant les copropriétés en difficulté (V. les articles 29-1-A à 29-15 de la loi du 10 juillet 1965). Certains des textes du décret du 17 mars 1967 n'étaient plus en harmonie avec les textes correspondants de la loi du 10 juillet 1965 et devaient être réécrits. C'est à cette réécriture qu'a procédé le décret n° 2015-999 du 17 août 2015 (JO 19 août) relatif aux procédures judiciaires applicables aux copropriétés en difficulté, pris pour l'application des articles 63 et 64 de la loi n° 2014-366 du 24 mars 2014. Il détermine les modalités de désignation et de rémunération du mandataire *ad hoc* et de l'administrateur provisoire. Il précise le déroulement de la procédure de mandat *ad hoc* et les conditions d'exercice de la mission d'administrateur provisoire. Il définit enfin les conditions de mise en œuvre de la procédure d'apurement des dettes, de la procédure d'effacement des dettes et de la procédure d'administration renforcée pour les copropriétés placées sous administration provisoire. Ses dispositions modifient certains textes du décret du 17 mars 1967, ou créent de nouveaux textes (V. les articles 61-1-1 à 62-35 de ce décret, p. 868).

Les règles procédurales en vigueur ont été de nouveau modifiées à la suite de la réforme de la justice opérée par la loi n° 2019-222 du 23 mars 2019, qui a institué le « tribunal judiciaire », notamment par les décrets n° 2019-966 du 18 septembre 2019 et le décret n° 2019-1419 du 20 décembre 2019.

Bibliographie : ***Sur les réformes opérées par la loi ALUR du 24 mars 2014.*** A. Lebatteux, *Un nouveau dispositif pour le traitement des copropriétés en difficulté : Actes prat. ing. immobilière* 2014, dossier 17. • C. Bénasse, *Les copropriétés très dégradées : la loi ALUR n'apporte qu'une réponse partielle : JCP* N 2014, n° 20, act. 603. • J. Lafond, *La loi ALUR et les copropriétés en difficulté : Loyers et copr.* 2014, étude 5. • M.-C. Ruffet, *Responsabilité des administrateurs désignés judiciairement en copropriété : Inf. rap. copr.* sept. 2014, p. 16 (1re partie) ; *Inf. rap. copr.* oct. 2014, p. 17 (2e partie). • S. Bénilsi, *Moins de copropriétés dégradées ? : Defrénois* 2015, n° 10, p. 549.

Sur le décret du 17 août 2015. J.-M. Roux, *Le décret du 17 août 2015 relatifs aux procédures judiciaires applicables aux copropriétés en difficulté : Loyers et copr.* nov. 2015, étude 12. • A. Fontin, *Copropriétés en difficulté : le décret d'application est paru : Dict. perm. Gestion immobilière* sept. 2015, bull. n° 482, p. 1 et s. • P. Lebatteux et A. Lebatteux-Simon, *Les procédures judiciaires applicables aux copropriétés en difficulté : AJDI* 2015, p. 737.

Ouvrages. M. Roux et Ph. Marin, *Les copropriétés en difficultés*, Edilaix, 2e éd., 2024.

Art. 61-1-2 ***(D. n° 2015-999, 17 août 2015 ; mod. à compter du 1er janvier 2020, D. n° 2019-966, 18 sept. 2019).*** **– I. – La personne physique désignée par le président du tribunal judiciaire pour exercer les fonctions de mandataire *ad hoc* ou d'administrateur provisoire, en application du II de l'article 29-1 C ou du III de l'article 29-1 de la loi du 10 juillet 1965, doit justifier par tous moyens qu'elle remplit les conditions cumulatives suivantes :**

1° Une expérience d'au moins trois ans dans la gestion d'une copropriété ou, pour les mandataires *ad hoc*, dans le conseil des syndicats de copropriétaires ;

2° Un diplôme de niveau master 2 attestant de compétences dans les trois domaines suivants :

- droit civil ;

- comptabilité ;

- construction ou gestion immobilière.

II. – Lorsque le président du tribunal judiciaire nomme une personne morale en application du II de l'article 29-1 C ou du III de l'article 29-1 de la loi du 10 juillet 1965, il désigne en son sein une personne physique ayant le pouvoir de la représenter dans l'accomplissement du mandat qui lui est confié.

Les conditions de compétence mentionnées au I s'appliquent à cette personne désignée.

III. – Pour être désigné administrateur provisoire en application du III de l'article 29-1 de la loi du 10 juillet 1965, l'expérience de gestion de copropriété exigée au 1° du I doit avoir concerné une ou des copropriétés faisant l'objet de mesures de police au titre de la sécurité ou de la salubrité sur les parties communes ou inscrites dans les dispositifs prévus aux articles L. 303-1, L. 615-1, L. 741-1 ou L. 741-2 du Code de la construction et de l'habitation ou faisant l'objet d'une procédure d'administration provisoire.

Désignation d'une « personne qualifiée ». L'article 61-1-2 énumère les conditions à remplir par les personnes qualifiées qui peuvent être désignées soit en qualité de mandataire *ad hoc* ou d'administrateur provisoire.

Il peut s'agir soit d'une personne physique soit d'une personne morale.

Les conditions exigées (cumulativement) sont :

– des conditions d'expérience, qui sont plus ou moins exigeantes selon qu'elles s'appliquent au mandataire *ad hoc* (art. 61-1-2, I, 1°) ou à un administrateur provisoire (art. 61-1-2, 1° et III) ;

– des conditions de diplômes qui doivent être remplies dans tous les cas (art. 61-1-2, I, 1°).

Un recours a été formé, à l'encontre de l'exigence de justification d'un diplôme de niveau master II pour les personnes autres que les administrateurs judiciaires susceptibles d'être judiciairement désignées en qualité de mandataire *ad hoc* ou d'administrateur provisoire. Ce recours a été rejeté par le Conseil d'État (6e et 1re ch. réunies, 12 juill. 2017, n° 394115. – V. sur cette décision, J.-M. Roux, *Inf. rap. copr.*, Cahiers des copropriétés en difficultés, sept. 2017).

Art. 61-1-3 ***(Aj., D. n° 2015-999, 17 août 2015).*** **– La personne désignée en application du II de l'article 29-1 C ou du III de l'article 29-1 de la loi du 10 juillet 1965 en qualité de mandataire *ad hoc* ou d'administrateur provisoire doit, lors de l'acceptation de son mandat, attester sur l'honneur qu'elle remplit les conditions fixées aux 1° à 4° du III des articles 29-1 C et 29-1 de cette même loi. Elle doit en outre justifier d'une assurance couvrant les conséquences pécuniaires de la responsabilité civile encourue du fait de ses négligences, de ses fautes ou de celles de ses préposés, commises dans l'exercice de son mandat.**

La personne désignée en qualité d'administrateur provisoire doit également justifier d'une garantie affectée au remboursement des fonds, effets ou valeurs qu'elle est amenée à détenir dans le cadre de son mandat ainsi que des sommes versées au fonds de travaux mentionné à l'article 14-2 de la loi du 10 juillet 1965.

Un arrêté conjoint du ministre de la Justice et du ministre chargé du logement fixe les conditions d'application de ces dispositions.

Déclarations à effectuer et justifications à apporter par le mandataire *ad hoc* ou les administrateurs provisoires désignés. Les personnes désignées soit en qualité de mandataire *ad hoc* soit en qualité d'administrateur provisoire doivent tout d'abord attester sur l'honneur qu'elles remplissent les conditions fixées aux 1° et 4° du III des articles 29-1 C et 29-1 de la loi du 10 juillet 1965 (V. ces textes).

Elles doivent en outre justifier :

– quelles sont assurées pour les risques concernant leur responsabilité civile professionnelle, à titre personnel, ou du fait de leurs préposés ;

– et qu'elles disposent d'une garantie affectée au remboursement des fonds qu'elles sont amenées à détenir dans le cadre de leur mandat, ainsi que des sommes versées au fonds de travaux mentionnés à l'article 14-2 de la loi du 10 juillet 1965.

Un arrêté ultérieur (non paru à ce jour) doit fixer les conditions d'application de ces dispositions.

Art. 61-1-4 ***(D. n° 2015-999, 17 août 2015 ; mod. à compter du 1er janvier 2020, D. n° 2019-966, 18 sept. 2019).*** **– Le mandataire *ad hoc* désigné en application des articles 29-1 A à 29-1 C de la loi du 10 juillet 1965 reçoit pour l'ensemble de sa mission une rémunération forfaitaire fixée par arrêté conjoint du ministre de la Justice et du ministre chargé du logement, lorsque la copropriété concernée comporte un nombre de lots de copropriété inférieur à des seuils fixés par ce même arrêté.**

Au-delà de ces seuils, le président du tribunal judiciaire fixe les conditions de la rémunération du mandataire *ad hoc* dans l'ordonnance de désignation.

À l'issue de la mission, le président du tribunal judiciaire arrête la rémunération revenant au mandataire *ad hoc*. Le greffier notifie cette ordonnance au mandataire *ad hoc*, au syndic et aux parties supportant la charge de la rémunération.

Cette décision est susceptible de recours conformément aux dispositions des articles 714 à 718 du Code de procédure civile.

Rémunération du mandataire *ad hoc*. L'article 61-1-4 concerne la rémunération du mandataire *ad hoc*.

Deux cas sont distingués :

– lorsque la copropriété concernée comporte un nombre de lots inférieur à des seuils fixés par un arrêté à intervenir, le mandataire reçoit pour l'ensemble de sa mission une rémunération forfaitaire, fixée par ce même arrêté (V. A. 8 oct. 2015 : *JO* 11 oct. en Annexe, *V° Copropriétés en difficulté*) ;

– au-delà de ces seuils, le président du tribunal judiciaire fixe la rémunération du mandataire par l'ordonnance de désignation.

Lorsque la mission du mandataire est terminée, le président du tribunal arrête sa rémunération. La décision est notifiée au mandataire, au syndic et aux parties qui supportent la charge de cette rémunération.

Cette décision peut être l'objet d'un recours, selon les dispositions des articles 714 à 718 du Code de procédure civile. Ces textes concernent le recours dont peut faire l'objet une ordonnance de taxe rendue par le président d'une juridiction de première instance. Cette ordonnance peut être frappée par tout intéressé d'un recours devant le premier président de la cour d'appel. Le délai de recours est d'un mois : il n'est pas augmenté en raison des distances. Le délai de recours et l'exercice du recours dans le délai sont suspensifs d'exécution.

Art. 61-1-5 ***(D. n° 2015-999, 17 août 2015 ; mod. à compter du 1er janvier 2020, D. n° 2019-966, 18 sept. 2019).*** **– I. – L'administrateur provisoire désigné en application de l'article 29-1 de la loi du 10 juillet 1965 reçoit pour l'ensemble de sa mission un droit fixe dont le montant est fixé par arrêté conjoint du ministre de la Justice et du ministre chargé du logement. Il perçoit ce droit fixe dès que la décision le désignant est portée à sa connaissance.**

Il lui est en outre alloué :

1° Des droits fixes calculés en fonction notamment des éléments suivants :

– le nombre de lots ;

– le nombre de créances ;

– les actes de procédure prévus aux sous-sections 4 à 6 ;

– les actes d'administration de la copropriété ;

– le plan d'apurement du passif ;

2° Des droits proportionnels dégressifs par tranche, calculés en fonction notamment des éléments suivants :

– les dépenses courantes ;

– le montant des travaux exceptionnels ;

– les actifs du syndicat cédés ;

– le montant des sommes recouvrées pour le syndicat des copropriétaires.

Les montants de ces droits fixes et proportionnels sont fixés par arrêté conjoint du ministre de la Justice et du ministre chargé du logement.

Cet arrêté fixe le montant de la réduction de la rémunération du mandataire *ad hoc* en cas de succession de missions. Il détermine en outre la liste des actes pouvant faire l'objet d'une rémunération non soumise aux droits fixes et proportionnels.

II. – Sans préjudice du premier alinéa du I, le président du tribunal judiciaire fixe chaque année le montant des acomptes à valoir sur la rémunération de l'administrateur provisoire sur justification des diligences accomplies et au vu d'un compte provisoire détaillé des émoluments. Les acomptes dus au titre des droits précisés par arrêté conjoint du ministre de la Justice et du ministre chargé du logement ne peuvent excéder le montant de la somme hors taxe mentionnée au deuxième alinéa du III.

III. – À l'issue de la mission, le président du tribunal judiciaire arrête la rémunération de l'administrateur provisoire. Le greffier notifie cette ordonnance arrêtant la rémunération à l'administrateur provisoire et au syndic.

Lorsque la rémunération calculée en application des droits fixes ou proportionnels prévus au I excède, pour ceux qui seront précisés par arrêté conjoint du ministre de la Justice et du ministre chargé du logement, un montant hors taxe fixé par cet arrêté, la rémunération due à l'administrateur provisoire est arrêtée par le président du tribunal judiciaire en considération des frais engagés, des prestations effectuées et de leur efficacité sans qu'il puisse être fait référence au tarif prévu par le présent article.

Dans ce cas, la rémunération de l'administrateur provisoire ne peut être inférieure au montant hors taxe fixé par arrêté conjoint du ministre de la Justice et du ministre chargé du logement.

Cette décision est susceptible de recours conformément aux dispositions des articles 714 à 718 du Code de procédure civile.

Bibliographie : C. Fauvage, *La notification de l'ordonnance taxant la rémunération de l'administrateur provisoire : Inf. rap. copr.* déc. 2017, Cahiers des copropriétés en difficulté.

1) Modalités de rémunération de l'administrateur provisoire. L'article 61-1-5 détermine les modalités de rémunération de l'administrateur provisoire.

Cette rémunération se décompose en droits fixes et en droits proportionnels.

– dès que la décision le désignant est portée à sa connaissance, il reçoit pour l'ensemble de sa mission un droit fixe dont le montant est fixé par arrêté.

Il lui est en outre alloué des droits fixes, variables en fonction de divers éléments, énumérés à l'article 61-1-5, I, 1°.

– en outre l'administrateur provisoire perçoit des droits proportionnels, dégressif par tranches, calculée en fonction des éléments énumérés par l'article 61-1-5, I, 2°.

Le montant de ces droits fixes et proportionnels est fixé par **arrêté** (V. A. 8 oct. 2015 : *JO* 11 oct. en Annexe, *V° Copropriétés en difficulté*).

2) Acomptes. L'administrateur provisoire perçoit des acomptes à valoir sur sa rémunération, sur justification des diligences accomplies et au vu d'un compte provisoire détaillé des émoluments, dans la limite d'un plafond. Ces acomptes sont fixés chaque année par le président du tribunal judiciaire (art. 61-1-5, II).

3) Rémunération définitive. À l'issue de la mission, le président du tribunal judiciaire arrête la rémunération de l'administrateur provisoire. L'ordonnance du président est notifiée par le greffier à l'administrateur provisoire et au syndic (art. 61-1-5, III, al. 1 et 4).

La décision est susceptible de recours conformément aux dispositions des articles 714 à 718 du Code de procédure civile (recours devant le premier président de la cour d'appel). Le syndic peut exercer un recours contre l'ordonnance de taxe qui a fixé les honoraires de l'administrateur provisoire : l'autorisation préalable prévue par l'article 55 alinéa 2 du décret du 17 mars 1967 n'est pas en ce cas nécessaire (▪ Cass. 3ᵉ civ., 9 nov. 2017, n° 16-23.180. ▪ Cass. 3ᵉ civ., 11 janv. 2012, n° 10-23.647 : *Bull. civ.* III, n° 9).

Si la rémunération calculée en application des droits fixes ou proportionnels excède un montant hors taxes fixées par l'arrêté ministériel à intervenir, la rémunération du à l'administrateur provisoire est alors fixée par le président du tribunal judiciaire en considération des diligences effectivement accomplies (art. 61-1-5, III, al. 2 et 3).

Sous-section 3. – De la procédure du mandat *ad hoc*

(D. n° 2015-999, 17 août 2015)

Art. 61-2 ***(D. n° 2010-391, 20 avr. 2010).*** **– Ne sont pas considérées comme impayées, pour l'application du premier alinéa de l'article 29-1 A de la loi [n° 65-557] du 10 juillet 1965, les sommes devenues exigibles dans le mois précédant la date de clôture de l'exercice.**

Notion de sommes « impayées ». L'article 29-1 A de la loi du 10 juillet 1965 impose comme condition de recevabilité de la demande de nomination d'un mandataire *ad hoc* que, « à la clôture des comptes, les impayés atteignent 25 % des sommes exigibles en vertu des articles 14-1 et 14-2 ».

L'article 61-2 du décret du 17 mars 1967, créé par le décret n° 2010-391 du 20 avril 2010, énonce que ne sont pas considérées comme « impayées » pour l'application de ce texte, les sommes devenues exigibles dans le mois précédant la date de clôture de l'exercice.

Art. 61-3 ***(D. n° 2010-391, 20 avr. 2010 ; mod. à compter du 1er janvier 2020, D. n° 2019-966, 18 sept. 2019).*** **– La demande tendant à la désignation d'un mandataire *ad hoc* prévue à l'article 29-1 A de la loi [n° 65-557] du 10 juillet 1965 est portée devant le président du tribunal judiciaire du lieu de situation de l'immeuble.**

Compétence territoriale. L'article 61-3 du décret du 17 mars 1967 créé par le décret n° 2010-391 du 20 avril 2010, indique que la demande tendant à la désignation d'un mandataire *ad hoc* est portée devant le président du tribunal judiciaire du lieu de situation de l'immeuble.

Art. 61-4 ***(D. n° 2010-391, 20 avr. 2010).*** **– Pour l'information du conseil syndical mentionnée au premier alinéa de l'article 29-1 A de la loi [n° 65-557] du 10 juillet 1965, le syndic adresse sans délai à chacun de ses membres l'état des impayés avant répartition à la date de la clôture de l'exercice comptable.**

Information du conseil syndical. L'article 29-1 A de la loi du 10 juillet 1965, précité, prévoit que le conseil syndical doit être informé par le syndic de la demande de nomination d'un mandataire *ad hoc*. Les modalités de cette information sont fixées par l'article 61-4, créé par le décret précité du 20 avril 2010 : le syndic doit adresser sans délai à chacun des membres du conseil syndical l'état des impayés avant répartition à la date de la clôture de l'exercice comptable.

Art. 61-5 ***(D. n° 2010-391, 20 avr. 2010).*** **– L'information mentionnée au *(Mot rempl., D. n° 2015-999, 17 août 2015)* « dernier » alinéa de l'article 29-1 A de la loi [n° 65-557] du 10 juillet 1965 est assurée par l'envoi d'une copie de la requête ou de l'assignation.**

Information des autorités publiques. Autre mesure d'information prévue par le dernier alinéa de l'article 29-1 A de la loi du 10 juillet 1965 précité : le ou les demandeurs à la procédure de nomination d'un mandataire *ad hoc* doivent informer de cette demande le représentant de l'État dans le département, le maire de la commune où est implanté l'immeuble et, le cas échéant, le président de l'organe délibérant de l'établissement public de coopération intercommunale compétent en matière d'habitat.

Cette information, précise l'article 61-5 du décret du 17 mars 1967, créé par le décret n° 2010-391 du 20 avril 2010, est « assurée par l'envoi d'une copie de la requête ou de l'assignation ».

Art. 61-6 ***(Rempl., D. n° 2015-999, 17 août 2015 ; mod. à compter du 1er janvier 2020, D. n° 2019-966, 18 sept. 2019 ; à compter du 1er janvier 2020, D. n° 2019-1419, 20 déc. 2019).*** **– Lorsque la demande tendant à la désignation d'un mandataire *ad hoc* n'émane pas du syndic, le président du tribunal judiciaire statue selon la procédure accélérée au fond. L'assignation est délivrée au syndicat.**

Procédure de désignation du mandataire *ad hoc*. L'article 29-1 A de la loi du 10 juillet 1965 (V. ce texte) énonce que lorsque la demande de désignation d'un mandataire *ad hoc* émane du syndic, elle est formée par voie de requête au président du tribunal judiciaire.

L'article 61-6 précise que lorsque la demande « n'émane pas du syndic » le président du tribunal judiciaire est alors saisi par la voie d'une assignation dirigée contre le syndicat. Selon ce même texte, il statue alors selon la procédure accélérée au fond (CPC, art. 839 et 481-1).

Art. 61-7 ***(Aj. à compter du 1er juin 2010, D. n° 2010-391, 20 avr. 2010 ; mod. à compter du 1er janvier 2020, D. n° 2019-966, 18 sept. 2019).*** **– La requête ou l'assignation qui tend à la désignation d'un mandataire *ad hoc* est accompagnée des pièces de nature à justifier la demande.**

Avant de statuer, le président du tribunal judiciaire peut entendre *(Mots rempl., D. n° 2015-999, 17 août 2015)* « toute personne de son choix ».

1) **Pièces justificatives.** L'article 61-7, précise que « la requête ou l'assignation qui tend à la désignation d'un mandataire *ad hoc* est accompagnée des pièces de nature à justifier la demande ». Il s'agit en particulier d'établir que, « à la clôture des comptes, les impayés atteignent 25 % des sommes exigibles en vertu des articles 14-1 et 14-2 » (V. *supra*, art. 61-2).

Faute de respecter cette exigence, la demande doit à notre avis être déclarée irrecevable.

2) **Audition de personnes par le président du tribunal.** L'article 61-7 précisait dans sa rédaction antérieure qu'avant de statuer sur la demande de nomination d'un mandataire *ad hoc*, le président du tribunal de grande instance pouvait entendre « tout membre du conseil syndical ». Le décret précité du 17 août 2015 a supprimé cette mention, en laissant le président du tribunal (devenu le « tribunal judiciaire ») libre d'entendre « toute personne de son choix ».

Cette audition est une mesure purement facultative, laissée à l'appréciation du Président.

Art. 61-8 ***(Abr. à compter du 1er janvier 2020, D. n° 2019-1419, 20 déc. 2019).***

Art. 61-9 ***(Aj. à compter du 1er juin 2010, D. n° 2010-391, 20 avr. 2010 ; mod. à compter du 1er janvier 2020, D. n° 2019-1419, 20 déc. 2019).*** **– L'ordonnance est portée sans délai, par le mandataire *ad hoc* qu'elle désigne, à la connaissance des copropriétaires par remise contre émargement ou par lettre recommandée avec demande d'avis de réception.**

Cette communication reproduit le texte du 7° de l'article 481-1 du Code de procédure civile lorsque le président a statué selon la procédure accélérée au fond ou celui de l'article 496 du même code s'il a statué sur requête.

1) **Notification de l'ordonnance.** Aux termes de l'article 61-9 du décret du 17 mars 1967, créé par le décret du 20 avril 2010, l'ordonnance est portée sans délai, par le mandataire *ad hoc* qu'elle

désigne, à la connaissance des copropriétaires, par remise contre émargement ou par lettre recommandée avec demande d'avis de réception.

2) Mentions obligatoires. Cette communication, ajoute ce texte, doit reproduire :
– soit le texte de l'article 481-1, 7° du Code de procédure civile, lorsque le président a statué selon la procédure accélérée au fond ;
– soit le texte de l'article 496 du même code s'il a statué sur requête.

Rappelons que l'article 481-1, 7° du Code de procédure civile indique que le jugement peut être frappé d'appel. Le délai d'appel est de quinze jours (CPC, art. 481-1, 8°).

L'article 496 du même code énonce que s'il n'est pas fait droit à la requête, appel peut être interjeté, le délai d'appel étant également de quinze jours. S'il est fait droit à la requête ce texte précise que tout intéressé peut en référer au juge qui a rendu l'ordonnance.

Art. 61-10 ***(Rempl., D. n° 2015-999, 17 août 2015 ; mod. à compter du 1er janvier 2020, D. n° 2019-966, 18 sept. 2019).*** **– Le président du tribunal judiciaire peut autoriser le mandataire *ad hoc*, à la demande de celui-ci, sous sa responsabilité et à ses frais, à se faire assister de tout tiers pour l'accomplissement de tâches relevant de la mission qui lui a été confiée lorsque le bon déroulement de la procédure le requiert.**

Mission du mandataire *ad hoc*. L'article 61-10 réécrit par le décret précité du 17 août 2015, indique que le président du tribunal judiciaire peut autoriser le mandataire *ad hoc*, à la demande de celui-ci, sous sa responsabilité et à ses frais, à se faire assister de tout tiers pour l'accomplissement de tâches relevant de la mission qui lui a été confiée lorsque le bon déroulement de la procédure le requiert.

L'ancien texte permettait au mandataire *ad hoc* de se faire autoriser à ses frais (le nouveau texte ajoute « et sous sa responsabilité »), « à se faire assister de tout technicien pour l'accomplissement de sa mission, sur une question particulière ». La nouvelle rédaction est à la fois plus exigeante et plus précise.

Art. 61-11 ***(Aj., D. n° 2010-391, 20 avr. 2010).*** **– Le syndic informe les copropriétaires qu'ils peuvent prendre connaissance du rapport du mandataire *ad hoc* dans les conditions de l'article 62-12. Une copie de tout ou partie du rapport est adressée par le syndic aux copropriétaires qui en font la demande, aux frais de ces derniers.**

Rapport du mandataire *ad hoc*. Le mandataire *ad hoc* est appelé à déposer un rapport dont le contenu est fixé par l'article 29-1-B, alinéa 3.

Aux termes de l'article 61-11 du décret du 17 mars 1967, créé par le décret du 20 avril 2010, le syndic doit alors informer les copropriétaires qu'ils peuvent prendre connaissance de ce rapport dans les conditions fixées par l'article 62-12 du décret susvisé, c'est-à-dire à son bureau ou en tout autre lieu fixé par l'assemblée générale, pendant les heures ouvrables, dans le mois qui suit. Les modalités de cette « information » n'étant pas précisées par le texte et puisqu'il ne s'agit pas d'une « notification », le syndic les fixe à sa convenance.

Une copie de tout ou partie du rapport est adressée, à leurs frais, par le syndic aux copropriétaires qui en font la demande (sur la communication de ce même rapport à l'assemblée des copropriétaires, V. *supra*, D. 17 mars 1967, art. 11, I, 10°, comm. n° 33, p. 734).

Art. 61-12 ***(Aj., D. n° 2015-999, 17 août 2015 ; mod. à compter du 1er janvier 2020, D. n° 2019-966, 18 sept. 2019 ; à compter du 1er janvier 2020, D. n° 2019-1419, 20 déc. 2019).*** **– I. – Le rapport du mandataire *ad hoc* comprend au moins les parties suivantes :**

1° Un état des lieux de l'organisation juridique et foncière de la copropriété ;

2° Un état des lieux de la situation technique de l'immeuble, comprenant notamment l'analyse des charges mentionnées aux articles 3 et 4 du décret n° 2005-240 du 14 mars 2005 relatif aux comptes du syndicat des copropriétaires et les diagnostics techniques existants ;

3° Une analyse du fonctionnement des instances de la copropriété ;

4° Une analyse de l'ensemble des comptes, des impayés des copropriétaires, des dettes et des créances non recouvrées du syndicat ;

5° Une analyse des procédures contentieuses en cours ainsi que des contrats souscrits par le syndicat ;

6° En fonction des états des lieux et analyses précités, des préconisations détaillant les actions à mettre en œuvre pour notamment :

- améliorer le fonctionnement et l'organisation de la copropriété ;
- se conformer aux obligations légales et réglementaires ;
- améliorer le recouvrement des impayés ;
- améliorer l'état de l'immeuble ;
- dégager des économies, notamment sur les différents postes de charges et sur les contrats d'entretien.

Ces préconisations sont priorisées et inscrites dans un calendrier de mise en œuvre. Le cas échéant, les mesures urgentes sont signalées. Une estimation sommaire des dépenses et recettes en résultant est jointe au rapport.

II. – Lorsque, pour mener à bien les analyses prévues par le présent article et formuler ses préconisations, le mandataire *ad hoc* doit avoir recours, sur un sujet requérant une haute technicité, à une personne ayant une qualification particulière dont il ne dispose pas, il peut solliciter du président du tribunal judiciaire sur requête, l'autorisation de s'adjoindre une telle personne. Le président du tribunal judiciaire détermine la mission et les conditions de rémunération de ce tiers ainsi que l'imputation de cette rémunération dans les conditions prévues au deuxième alinéa de l'article 29-1 B de la loi du 10 juillet 1965.

1) Contenu du rapport du mandataire *ad hoc*. L'article 61-12, I, 1° à 6° détermine le contenu du rapport du mandataire *ad hoc*, en précisant les diverses rubriques qu'il doit, au minimum, comprendre.

Ce rapport doit mentionner les mesures préconisées, par ordre de priorité et indiquer les mesures urgentes. Une estimation sommaire des dépenses et recettes en résultant est jointe au rapport.

2) Possibilité pour le mandataire *ad hoc* de se faire assister. Si le mandataire *ad hoc* en ressent le besoin, il peut avoir recours à une personne qualifiée, sur des sujets « requérant une haute technicité ». Il sollicite alors par requête, l'autorisation du président du tribunal judiciaire.

Le président du tribunal judiciaire détermine la mission et les conditions de rémunération de ce technicien. Il fixe également les modalités de l'imputation de cette rémunération entre le syndicat des copropriétaires et les autres parties à la procédure, ou le partage des frais entre eux, comme le prévoit l'article 29-1 B, alinéa 2 de la loi du 10 juillet 1965, auquel il est renvoyé.

Art. 62 ***(Dénum. à compter du 1er juin 2010, D. n° 2010-391, 20 avr. 2010, devenu art. 61-1).***

Sous-section 4. – De la procédure d'administration provisoire

(D. n° 2015-999, 17 août 2015)

Voir : la bibliographie figurant en tête de l'article 29-1 de la loi du 10 juillet 1965.

Art. 62-1 ***(D. n° 95-162, 15 févr. 1995 ; mod. à compter du 1er janvier 2020, D. n° 2019-966, 18 sept. 2019).*** **– La demande tendant à la désignation d'un administrateur provisoire du syndicat est portée devant le président du tribunal judiciaire du lieu de situation de l'immeuble.**

Règles de compétence. C'est le président du tribunal judiciaire du lieu de situation de l'immeuble qui est territorialement compétent pour désigner l'administrateur provisoire. La cour d'appel est incompétente pour procéder à cette désignation (■ CA Paris, 23e ch. B, 14 déc. 2000 : *AJDI* 2001, p. 348, note P. Capoulade).

Voir : sur les procédures de saisine du président du tribunal, V. ci-dessous, D. art. 62-2.

Bibliographie : *Ouvrage.* M. Roux et Ph. Marin, *Les copropriétés en difficultés*, Edilaix, 2e éd., 2024.

Art. 62-2 ***(Mod. à compter du 1er janvier 2020, D. n° 2019-966, 18 sept. 2019).*** **– Lorsque la demande émane du syndic ou, le cas échéant, de l'administrateur provisoire désigné en application de l'article 47, le président du tribunal judiciaire est saisi par la voie d'une requête accompagnée des pièces de nature à justifier de la demande, notamment les pièces comptables, après consultation du conseil syndical**

Dans les autres cas et sans préjudice des dispositions de l'article 61-1-1, le président du tribunal judiciaire est saisi par la voie d'une assignation délivrée au syndicat représenté par le syndic.

1) Modalités de saisine du président du tribunal judiciaire. Ce texte fixe les modalités de la saisine du président du tribunal judiciaire compétent (V. ci-dessus, D. art. 62-1, p. 875) et distingue trois cas.

I – DEMANDE ÉMANANT DU SYNDIC

2) Requête du syndic. Si la demande est formée par le syndic, ou, le cas échéant, par l'administrateur provisoire désigné en application de l'article 47 du décret du 17 mars 1967 (V. ce texte) le président du tribunal judiciaire est saisi par voie de requête (le ministère d'avocat est ici obligatoire).

Cette requête, précise l'article 62-2, alinéa 2, est « accompagnée des pièces de nature à justifier de la demande ». Le décret du 27 mai 2004 avait ajouté que l'avis du conseil syndical devait être requis, exigence reprise par le décret du 17 août 2015. Cet avis devra être consigné dans un procès-verbal joint à la requête. Il a été jugé que cet avis n'était pas exigé à peine de nullité. L'omission de cette formalité ne peut entraîner la nullité de la requête que si elle a causé un grief (■ CA Montpellier, 5e ch. A., 12 déc. 2013 : *Rev. loyers* 2014, p. 85).

Dans sa rédaction antérieure, le texte ajoutait : « l'autorisation prévue à l'alinéa 1 de l'article 55 n'est pas nécessaire » : le syndic n'avait donc pas à requérir une autorisation préalable de l'assemblée. Ce membre de phrase a été supprimé par le décret du 20 avril 2010. C'est désormais l'article 55 du décret du 17 mars 1967 modifié par ce même décret qui dispense le syndic de toute autorisation « lorsque le président du tribunal de grande instance est saisi en application des premiers alinéas des articles 29-1 A et 29-1 de la loi du 10 juillet 1965 ».

Cette demande doit être communiquée au procureur de la République conformément aux prescriptions de l'article 62-3 (V. ce texte).

II – DEMANDE ÉMANANT D'UNE AUTRE PERSONNE QUE LE SYNDIC

3) Procédure à suivre. Si la demande émane d'une autre personne que le syndic (mis à part le Procureur de la République, V. ci-dessous n° 4), le président du tribunal judiciaire est saisi par voie d'assignation. Il a été jugé que l'urgence ou l'inertie du syndic ne pouvaient justifier que des copropriétaires saisissent le président du tribunal par voie de requête (■ Cass. 3e civ., 11 janv. 2024, n° 22-12.533 : *Ann. loyers* 2024, p. 79, obs. J.-M. Roux).

Cette assignation, indique le texte, « est délivrée au syndicat représenté par le syndic ».

III – DEMANDE FORMÉE PAR LE PROCUREUR DE LA RÉPUBLIQUE

4) Renvoi. Lorsque la demande émane du procureur de la République, elle est formée dans les conditions indiquées par l'article 61-1-1 du décret du 17 mars 1967 (V. ce texte). Le président du tribunal judiciaire fait convoquer le syndicat représenté par le syndic par les soins du greffier par acte d'huissier de justice, à comparaître dans le délai qu'il fixe. À cette convocation est jointe la requête du procureur de la République (art. 62-2, al. 3).

Art. 62-3 *(D. n° 95-162, 15 févr. 1995).* **– Toute demande tendant à la désignation d'un administrateur provisoire du syndicat est communiquée au procureur de la République, qui est avisé, s'il y a lieu, de la date de l'audience.**

Communication au procureur de la République. L'article 62-3 indique que « toute demande tendant à la désignation d'un administrateur provisoire est communiquée au procureur de la République qui est avisé s'il y a lieu de la date d'audience » (V. pour une application, ■ Cass. 3e civ., 16 oct. 2012, n° 11-24.128).

Selon les prescriptions de l'article 428 du Code de procédure civile, d'application générale à l'ensemble des affaires « communicables », cette communication se fera « à la diligence du juge » et le ministère public devra être avisé de la date de l'audience (CPC, art. 429). L'article 428, alinéa 2, précité ajoute que la communication au ministère public « doit avoir lieu en temps voulu pour ne pas retarder le jugement ».

Cette communication concerne la demande de nomination de l'administrateur provisoire et non pas la demande de renouvellement de sa mission (■ Cass. 3e civ., 11 oct. 2006, n° 06-10.791 : *Bull. civ.* III, n° 200). Elle n'est pas non plus exigible en cas de désignation d'un administrateur provisoire en vertu de l'article 47 du décret de 1967 (■ Cass. 3e civ., 25 mai 2023, n° 21-20.638 : *JurisData* n° 2023-008617 ; *Loyers et copr.* 2023, comm. 122, obs. A. Lebatteux. – V. D. 17 mars 1967, art. 47).

Rappelons que l'absence de communication entraîne la nullité de la décision (V. en ce sens, ■ Cass. 3e civ., 13 sept. 2005 : *JurisData* n° 2005-029820 ; *AJDI* 2006, p. 205, note P. Capoulade ; *Rev. Administrer* févr. 2006, p. 44, J.-R. Bouyeure. ■ Cass. 3e civ., 3 avr. 2002 : *AJDI* 2002, p. 389. ■ Cass. 3e civ., 24 janv. 2001 : *Bull. civ.* III, n° 8 ; *Loyers et copr.* 2001, comm. 129 ; *AJDI* 2001, p. 527, note P. Capoulade ; *Rev. loyers* 2001, p. 192, note L. Guégan).

Cette communication ne serait toutefois requise que pour la désignation d'un administrateur provisoire en application de l'article 29-1 de la loi du 10 juillet 1965, non pour celle d'un administrateur sur le fondement de l'article 47 du décret du 17 mars 1967 (■ Cass. 3e civ., 25 mai 2023, n° 21-20.638 : *Loyers et copr.* 2023, comm. 122, A. Lebatteux).

Art. 62-4 *(Rempl., D. n° 2015-999, 17 août 2015 ; mod. à compter du 1er janvier 2020, D. n° 2019-966, 18 sept. 2019).* **– Lorsqu'il détermine la mission de l'administrateur provisoire, le président du tribunal judiciaire peut entendre toute personne de son choix.**

Information du président du tribunal. Le président du tribunal judiciaire aura la tâche délicate de charger l'administrateur provisoire de prendre les mesures nécessaires au rétablissement du fonctionnement normal de la copropriété. Ceci implique qu'il ait une vision claire de ce que doivent être ces mesures : les pouvoirs à conférer à l'administrateur provisoire en découleront.

Le président du tribunal jugera le plus souvent nécessaire de s'informer à moins que le dossier qui lui est communiqué dans le cadre de la procédure ne soit par lui-même suffisamment complet et éloquent. Il pourra à cette fin entendre « toute personne de son choix ». Il est à prévoir qu'il se tournera au premier chef vers le président et les membres du conseil syndical.

Art. 62-5 ***(Rempl., D. n° 2015-999, 17 août 2015 ; mod. à compter du 1er janvier 2020, D. n° 2019-966, 18 sept. 2019 ; à compter du 1er janvier 2020, D. n° 2019-1419, 20 déc. 2019).*** **– La décision qui désigne l'administrateur provisoire fixe la durée et l'étendue de sa mission. Elle est portée a la connaissance des copropriétaires dans le mois de son prononcé, à l'initiative de l'administrateur provisoire, soit par remise contre émargement, soit par lettre recommandée avec demande d'avis de réception, soit par voie électronique après accord du copropriétaire préalablement informé de cette possibilité.**

S'il s'agit d'un jugement du président statuant selon la procédure accélérée au fond, cette communication reproduit le texte du 7° de l'article 481-1 du Code de procédure civile. S'il s'agit d'une ordonnance sur requête, la communication précise que tout intéressé peut en référer au juge ayant rendu l'ordonnance dans le délai de deux mois à compter de la publication de celle-ci.

Lorsque le président du tribunal judiciaire ne fait pas droit à la demande de désignation d'un administrateur provisoire et qu'il statue par une ordonnance sur requête, la communication prévue au premier alinéa précise que l'ordonnance peut être frappée d'appel dans le délai de quinze jours. L'appel est alors formé, instruit et jugé comme en matière gracieuse.

I – CONTENU DE L'ORDONNANCE

1) Durée de la mission et pouvoirs de l'administrateur. L'ordonnance qui désigne l'administrateur provisoire :

– fixe la durée de sa mission,

– fixe également « l'étendue » de cette mission (D. art. 62-5, al. 1).

Dans sa rédaction issue de la loi précitée du 24 mars 2014 (Loi ALUR), l'article 29-1, I, alinéa 3 de la loi du 10 juillet 1965 indique que la durée de la mission de l'administrateur provisoire ne peut être inférieure à douze mois.

II – NOTIFICATION DE L'ORDONNANCE ET VOIES DE RECOURS

2) Notification. L'ordonnance doit être « portée à la connaissance des copropriétaires dans le mois de son prononcé », énonce l'article 62-5, alinéa 1.

L'initiative de cette notification incombe à l'administrateur provisoire.

Le non-respect de ce délai n'est pas prescrit à peine de nullité de l'ordonnance (▪ CA Paris, 14e ch. B, 6 juill. 2007 : *AJDI* 2008, p. 37). L'absence de notification n'est pas sanctionnée par l'inopposabilité des actes de l'administrateur, mais par le fait que le délai de recours ne court pas (▪ Cass. 3e civ., 24 sept. 2014, n° 13-20.169 : *JurisData*, n° 2014-022140 ; *Bull. civ.* III, n° 116).

3) Modalités de la notification. La notification pourra se faire soit par remise contre émargement, soit par lettre recommandée avec demande d'avis de réception (art. 62-5, al. 1) soit, depuis la modification du texte par le décret du 17 août 2015, par voie électronique après accord du copropriétaire préalablement informé de cette possibilité. Les mentions qui doivent figurer dans cette notification varient selon le cas :

– si l'ordonnance a été rendue par le président du tribunal judiciaire selon la procédure accélérée au fond, cette communication reproduit le texte du 7° de l'article 481-1 du Code de procédure civile ;

Rappelons que ce texte prévoit la possibilité d'un appel, dans les quinze jours de la notification (CPC, art. 481-1, al. 8). Il a été jugé que cette voie de recours était la seule possible. Un copropriétaire ne pourrait faire tierce opposition pour contester la nomination de l'administrateur provisoire (▪ Cass. 3e civ, 10 févr. 2010, n° 08-21.862 : *Rev. loyers* 2010, p. 188, note P. Déchelette-Tolot ; *Rev. Administrer* mai 2010, p. 49, obs. J.-R. Bouyeure).

– s'il s'agit d'une ordonnance sur requête, qui fait droit à la demande, la communication précise « que tout intéressé peut en référer au juge ayant rendu l'ordonnance dans le délai de deux mois à compter de la publication de celle-ci ». Le texte applique en la matière les règles prévus par l'article 586, alinéa 3, du Code de procédure civile. En revanche, la rétractation de la désignation de l'administrateur provisoire ne saurait être fondée sur l'article 495, alinéa 3, du Code de procédure civile (▪ Cass. 3e civ., 7 déc. 2022, n° 21-20.264 : *JurisData* n° 2022-020810 ; *Loyers et copr.* 2023, comm. 31, obs. A. Lebatteux ; *Ann. loyers* 2023, p. 76, obs. J.-M. Roux ; *Administrer* janv. 2023, p. 36, obs. P. Déchelette-Tolot ; *AJDI* 2023, p. 199, obs. P.-E. Lagraulet).

Si les conditions du recours ne sont pas indiquées dans la notification, celle-ci n'est pas nulle en l'absence de grief prouvé. Mais le délai ne court pas (■ CA Paris, 14ᵉ ch. B, 6 juill. 2007 : *AJDI* 2008, p. 37).

4) Cas où la demande est rejetée. Si la demande de désignation d'un administrateur provisoire est rejetée, et si la décision a été rendue par ordonnance sur requête, il est précisé dans la « communication » prévue au premier alinéa de l'article 62-5, que cette ordonnance peut être frappée d'appel dans un délai de 15 jours. L'appel est alors formé, instruit et jugé comme en matière gracieuse (art. 62-5, al. 3).

Art. 62-6 ***(D. n° 95-162, 15 févr. 1995 ; rempl., D. n° 2004-479, 27 mai 2004).*** **– L'ancien syndic est tenu à l'égard de l'administrateur provisoire des obligations prévues à l'article 18-2 de la loi du 10 juillet 1965.**

Transmission des pièces à l'administrateur provisoire. Dans la rédaction qui lui a été donnée par le décret du 27 mai 2004, l'article 62-6 indique que l'ancien syndic est tenu à l'égard de l'administrateur provisoire des obligations prévues à l'article 18-2 de la loi du 10 juillet 1965 (V. ce texte *supra*).

Il est donc dans l'obligation de remettre à l'administrateur provisoire dans les délais prescrits par l'article 18-2 de la loi les divers documents comptables, l'ensemble des documents et archives du syndicat, ainsi que les fonds disponibles (V. le détail des obligations du syndic au commentaire de l'article 18-2 de la loi).

En cas de refus ou de retard, l'administrateur provisoire peut user de la procédure prévue par l'article 18-2, alinéa 3 pour obtenir sous astreinte la remise des documents, des pièces et des fonds disponibles.

Art. 62-7 ***(D. n° 95-162, 15 févr. 1995 ; mod. à compter du 1ᵉʳ janvier 2020, D. n° 2019-966, 18 sept. 2019).*** **– Lorsque l'administrateur provisoire est investi par le président du tribunal judiciaire de tout ou partie des pouvoirs de l'assemblée générale, il doit avant de prendre à ce titre les décisions qui lui paraissent nécessaires à l'accomplissement de sa mission, sauf urgence, recueillir l'avis du conseil syndical.**

Il peut aussi convoquer les copropriétaires pour les informer et les entendre.

À ces occasions, il doit préciser le mode de financement pour la mise en œuvre de la ou des décisions envisagées.

1) Pouvoirs de l'administrateur provisoire. L'administrateur provisoire peut être investi de tous les pouvoirs de l'assemblée (à l'exception de ceux prévus à l'art. 26 *a* et *b*. – V. L. art. 29-1, al. 2).

L'article 62-7, alinéa 1, du décret impose ou suggère à l'administrateur qu'avant de prendre « à ce titre les décisions qui lui paraissent nécessaires à l'accomplissement de sa mission », il s'entoure d'avis ou procède à des auditions.

I – OBLIGATION DE RECUEILLIR L'AVIS DU CONSEIL SYNDICAL

2) Obligation impérative. L'administrateur provisoire « doit » tout d'abord recueillir l'avis du conseil syndical, sauf urgence.

Le terme utilisé (« il doit ») montre qu'il s'agit d'une obligation légale.

À cette occasion, il doit préciser « le mode de financement » envisagé lorsque la décision à prendre a des implications financières (D. art. 62-7, al. 3).

3) Sanction de l'obligation et conflit avec le conseil syndical. Ce texte appelle plusieurs observations :

– On peut tout d'abord se demander quelle est la sanction si l'administrateur provisoire néglige de recourir à cet avis alors qu'il n'y a pas d'urgence.

La jurisprudence sera appelée à trancher : mais il nous paraît possible de soutenir que la décision ainsi prise est nulle puisqu'un des éléments exigés pour sa validité fait défaut. Cependant, les tribunaux reculeront peut-être devant une sanction aussi rigoureuse. Dans un esprit plus libéral, on conclura que l'absence d'avis du conseil syndical n'ouvre droit qu'à une simple action en responsabilité à l'encontre de l'administrateur provisoire sous réserve de démontrer le préjudice causé.

– Que se passera-t-il si l'administrateur provisoire et le conseil syndical entrent en conflit ?

Il n'est dit nulle part que l'administrateur est tenu de suivre l'avis du conseil syndical mais simplement qu'il doit le solliciter. Il agit sous sa propre responsabilité et, s'il passe outre, c'est donc à ses risques et périls (le conseil syndical pouvant éventuellement en référer au président du tribunal si la décision envisagée lui apparaît désastreuse pour la copropriété).

II – FACULTÉ DE CONVOQUER LES COPROPRIÉTAIRES

4) Convocation des copropriétaires pour information. L'administrateur provisoire « peut aussi » (ce qui montre qu'il s'agit cette fois d'une simple faculté) « convoquer les copropriétaires pour les informer et les entendre ».

Les copropriétaires n'ont aucune décision à prendre (puisque, par hypothèse, ils sont dessaisis de leurs pouvoirs) et aucun avis à donner. Il s'agit donc en fait d'une simple réunion d'information.

Cette information ira dans les deux sens puisque l'administrateur provisoire informe les copropriétaires mais qu'il doit également « les entendre », c'est-à-dire prendre connaissance de leurs points de vue.

Dès lors que le texte parle « de convocation des copropriétaires » et que toute convocation implique en copropriété la tenue d'une assemblée, faut-il tenir cette assemblée selon les règles habituelles ? Il ne le semble pas puisqu'il s'agit d'une simple réunion d'information, l'assemblée n'ayant dans le cas considéré aucun pouvoir de décision.

Mais la réunion devra-t-elle comporter nécessairement un ordre du jour ? On peut en douter à la lecture de l'article 13 du décret du 17 mars 1967 dès lors que l'assemblée n'a pas ici, à proprement parler, à délibérer. En l'absence d'ordre du jour ou s'il était rédigé de manière extrêmement vague (« information de l'assemblée sur les décisions envisagées par l'administrateur provisoire »), il ne nous paraît pas y avoir de sanction.

Il reste que pour le bon ordre des débats, il est souhaitable qu'une liste détaillée des questions devant être abordées soit préétablie.

De même et pour des raisons pratiques, et même s'il n'y a pas à proprement parler de « délibération » au sens de l'article 17, alinéa 1 du décret, il est également souhaitable qu'un procès-verbal soit établi afin de garder trace de l'information donnée aux copropriétaires et des objections ou remarques qu'ils ont pu formuler (V. D. 17 mars 1967, art. 62-8, p. 879).

5) Financement. Il faut ajouter que, là encore, l'administrateur provisoire doit, lorsque la décision a des implications financières, « préciser le mode de financement auquel il entend recourir » (art. 62-7, al. 3).

III – CONTESTATION DES DÉCISIONS DE L'ADMINISTRATEUR PROVISOIRE

6) Absence de recours. La Cour de cassation a décidé que, sans préjudice de la possibilité pour les copropriétaires d'en référer au président du tribunal judiciaire pour mettre fin ou modifier la mission de l'administrateur provisoire, ils ne peuvent remettre en cause des décisions prises par l'administrateur provisoire, désigné en application de l'article 29-1 de la loi du 10 juillet 1965, lequel a reçu tous les pouvoirs normalement dévolus à l'assemblée générale, à l'exception de ceux que la loi interdit au juge de lui donner. Elle souligne que les décisions de l'administrateur provisoire – approuvant les comptes et les budgets prévisionnels – étaient définitives et exécutoires de plein droit, et partant qu'un copropriétaire n'était pas fondé à les contester (■ Cass. 3e civ., 13 avr. 2022, n° 21-15.923 : *JurisData* n° 2022-005826 ; *Loyers et copr.* 2022, comm. 105, obs. A. Lebatteux ; *JCP* N 2022, n° 17, act. 509 ; *AJDI* 2022, p. 758, obs. P.-E. Lagraulet. – Sur cette décision, V. également J.-M. Roux, *Absence de recours contre les décisions d'un administrateur provisoire : Inf. rap. copr.* juin 2022, p. 26).

Art. 62-8 ***(D. n° 95-162, 15 févr. 1995 ; mod., D. n° 2004-479, 27 mai 2004).*** **– Les décisions prises par l'administrateur provisoire sont mentionnées, à leur date, sur le registre des décisions prévu à l'article 17 du présent décret.**

Mention sur le registre des décisions. L'article 62-8 indique que « les décisions prises par l'administrateur provisoire sont mentionnées à leur date sur le registre des décisions prévu à l'article 17 » du décret du 17 mars 1967 (V. ce texte).

Il est logique que dans la mesure où les décisions de l'administrateur se substituent à celles de l'assemblée (selon ce qu'aura prévu l'ordonnance du président du tribunal), elles soient traitées exactement comme ces décisions elles-mêmes du point de vue formel.

Sur ce plan également le texte n'a pas prévu de sanctions particulières. Nous pensons que la seule sanction envisageable est la mise en cause de la responsabilité de l'administrateur à condition de pouvoir démontrer le préjudice causé par le non-respect des prescriptions légales.

Art. 62-9 ***(D. n° 95-162, 15 févr. 1995 ; mod., D. n° 2004-479, 27 mai 2004).*** **– L'administrateur provisoire adresse copie aux copropriétaires de la ou des décisions prises et joint, s'il y a lieu, l'appel de fonds correspondant.**

Exécution des décisions de l'administrateur provisoire. Selon l'article 62-9, l'administrateur provisoire doit adresser copie aux copropriétaires des décisions prises. Il « joint s'il y a lieu l'appel de fonds correspondant ».

Ce texte rapproché des dispositions de l'article 62-8 montre que les « décisions » de l'administrateur provisoire doivent être impérativement mises en forme comme le serait une délibération de l'assemblée (cette nécessité s'impose par ailleurs pour qu'elle puisse être mentionnée au registre des décisions, V. art. 62-8).

C'est à cette condition que l'administrateur va pouvoir en adresser copie aux copropriétaires. Le texte ne dit pas sous quelle forme : mais il paraît évident que les dispositions de l'article 42 de la loi du 10 juillet 1965 et de l'article 18 du décret n'ont pas à être respectées. Une lettre simple suffit, sans qu'il y ait de mentions particulières à y insérer à peine de nullité.

Les décisions prises par l'administrateur provisoire ne sont susceptibles d'aucun recours à la différence des décisions d'assemblée (■ Cass. 3e civ., 13 avr. 2022, n° 21-15.923 : *JurisData* n° 2022-005826 ; *Loyers et copr.* 2022, comm. 105, obs. A. Lebatteux ; *Inf. rap. copr.* juin 2022, p. 26, obs. J.-M. Roux ; *Ann. loyers* juin 2022, p. 66, obs. J.-M. Roux ; *LEDEN* juin 2022, p. 7, obs. J.-M. Roux ; *Administrer* mai 2022, p. 62, obs. P. Déchelette-Tolot ; *AJDI* 2022, p. 758, obs. P.-E. Lagraulet. ■ CA Aix-en-Provence, 10 sept. 2020, n° 19/06842. ■ CA Paris, pôle 4, 2e ch., 23 oct. 2019, n° 16/03251). Comment les copropriétaires peuvent-ils se protéger contre le risque de décision aberrante, préjudiciable ou simplement inopportune de l'administrateur provisoire ? Ils n'ont à leur disposition que les voies procédurales de droit commun :

– Ils peuvent à notre avis en référer au président du tribunal judiciaire qui appréciera. Cette action peut être intentée selon nous par tout copropriétaire à condition de justifier d'un intérêt.

– Ils peuvent, *a posteriori* si la décision s'avère désastreuse pour la copropriété, engager la responsabilité de l'administrateur provisoire.

Art. 62-10 ***(D. n° 95-162, 15 févr. 1995 ; rempl., D. n° 2015-999, 17 août 2015 ; mod., D. n° 2018-11, 8 janv. 2018 ; à compter du 1er janvier 2020, D. n° 2019-966, 18 sept. 2019 ; à compter du 1er janvier 2020, D. n° 2019-1419, 20 déc. 2019)*** (1). **– Lorsque la conception et la mise en œuvre des mesures de redressement de la copropriété requièrent une haute technicité et l'intervention d'une personne ayant une qualification particulière dont l'administrateur provisoire ne dispose pas, celui-ci peut solliciter du président du tribunal judiciaire, sur requête, l'autorisation de s'adjoindre une telle personne. Le président du tribunal judiciaire détermine dans l'ordonnance la mission et les conditions de rémunération de ce tiers.**

1) Possibilité pour l'administrateur provisoire de s'adjoindre une personne experte. L'article 62-10, issu du décret du 17 août 2015 précité, indique que l'administrateur provisoire peut solliciter du président du tribunal judiciaire, par voie de requête, l'autorisation de s'adjoindre une personne experte.

Il faut pour cela que :

– que la conception et la mise en œuvre des mesures de redressement de la copropriété requière une haute technicité ;

– que la personne sollicitée ait une « qualification particulière dont l'administrateur provisoire ne dispose pas ».

2) Décision du Président du tribunal. Le président du tribunal judiciaire détermine alors dans son ordonnance la mission et les conditions de rémunération de la personne qualifiée intervenante.

Art. 62-11 ***(Rempl., D. n° 2015-999, 17 août 2015 ; mod., D. n° 2018-11, 8 janv. 2018 ; à compter du 1er janvier 2020, D. n° 2019-1419, 20 déc. 2019).*** **– I. – L'administrateur provisoire rend compte par écrit de sa mission au président du tribunal judiciaire à la demande de ce dernier et au moins une fois par an. Cette obligation est satisfaite la première année de la mission si le rapport mentionné au troisième alinéa du I de l'article 29-1 de la loi du 10 juillet 1965 a été établi.**

Au compte rendu de fin de mission sont jointes les annexes comptables prévues par le décret n° 2005-240 du 14 mars 2005 relatif aux comptes du syndicat des copropriétaires.

II. – Il dépose son rapport au greffe de la juridiction qui en adresse une copie au procureur de la République, au syndic désigné, au président du conseil syndical, lorsqu'il en a été désigné un, ou, à défaut à chacun de ses membres et aux personnes mentionnées au deuxième alinéa de l'article 29-2 de la loi du 10 juillet 1965 qui en font la demande.

Lorsqu'un pré-rapport est établi, dans les conditions prévues à l'article 62-13, le greffe de la juridiction en adresse copie au procureur de la République et au président du conseil syndical.

III. – Les observations des personnes mentionnées au II auxquelles ces documents ont été adressés, doivent être formulées au plus tard à l'expiration d'un délai d'un mois à compter de leur réception.

Elles sont transmises au greffe du tribunal judiciaire instance qui les communique au président de ce tribunal et à l'administrateur provisoire.

IV. – Pour l'application de la dernière phrase du troisième alinéa du I de l'article 29-1 de la loi [n° 65-557] du 10 juillet 1965, le président du tribunal judiciaire statue selon la procédure accélérée au fond, le cas échéant, au

(1) Dispositions non applicables aux procédures en cours au jour de l'entrée en vigueur du décret n° 2015-999 du 17 août 2015, D. n° 2015-999, 17 août 2015, art. 27.

vu des rapports ou prérapports susmentionnés ainsi que des réponses écrites faites par l'administrateur provisoire aux observations régulièrement transmises au greffe, sauf en cas de demande émanant de l'administrateur provisoire, auquel cas il est saisi par requête. En cas de saisine d'office, il fait convoquer l'administrateur provisoire désigné ainsi que le président du conseil syndical.

1) Administrateur provisoire : comptes-rendus de mission (art. 62-11, I). L'administrateur provisoire doit procéder à des comptes rendus de mission, au moins une fois par an et, en toute hypothèse, à la demande du président du tribunal judiciaire. La première année, cette obligation est satisfaite si le rapport mentionné à l'article 29-1, I, al. 3 de la loi du 10 juillet 1965 (V. ce texte) a été établi.

En fin de mission il établit un compte rendu auquel sont jointes les annexes comptables prévues par le décret n° 2005-240 du 14 mars 2005 (V. ann., *V° Comptabilité du syndicat*).

2) Dépôt et communication des rapports et pré-rapports (art. 62-11, II). Le rapport de l'administrateur provisoire est déposé au greffe du tribunal qui en adresse une copie au procureur de République, au syndic désigné, au président du conseil syndical lorsqu'il en a été désigné un ou, à défaut, à chacun de ses membres, et aux personnes mentionnées à l'article 29-2, alinéa 2 de la loi du 10 juillet 1965 qui en font la demande (maire de la commune et président de l'établissement public de coopération intercommunale compétent en matière d'habitat du lieu de situation de l'immeuble concerné).

Si un pré-rapport a été établi dans les conditions prévues par l'article 62-13 du décret du 17 mars 1967 (V. ce texte), le greffe du tribunal en adresse copie au procureur de la République et au président du conseil syndical.

3) Observations sur les rapports ou pré-rapports (art. 62-11, III). Les observations des personnes auxquelles les rapports ou pré-rapport ont été adressés doivent être formulées au plus tard à l'expiration d'un délai d'un mois à compter de leur réception.

Elles sont transmises au greffe du tribunal qui les communique au président et à l'administrateur provisoire.

4) Modification de la mission de l'administrateur provisoire (art. 62-11, IV). En vertu de l'article 29-1, I, al. 3, de la loi du 10 juillet 1965, auquel il est renvoyé, le président du tribunal judiciaire peut à tout moment modifier la mission de l'administrateur provisoire, la prolonger ou y mettre fin, à la demande de l'administrateur provisoire lui-même, d'un ou plusieurs copropriétaires, du représentant de l'État dans le département, du maire de la commune du lieu de situation de l'immeuble, du président de l'EPCI compétent en matière d'habitat, du procureur de la république ou même d'office. Pour l'application de ce texte, le président statue « selon la procédure accélérée au fond » (CPC, art. 481-1), sauf en cas de demande émanant de l'administrateur provisoire, auquel cas il est saisi par requête. En cas de saisine d'office, il fait convoquer l'administrateur provisoire désigné ainsi que le président du conseil syndical.

Le président du tribunal se prononce le cas échéant au vu des rapports ou pré-rapports (V. ci-dessus § 2) ainsi que des réponses écrites faites par l'administrateur provisoire aux observations régulièrement transmises au greffe.

Art. 62-12 *(D. n° 95-162, 15 févr. 1995 ; mod., D. n° 2004-479, 27 mai 2004 ; D. n° 2015-999, 17 août 2015).* **– Le syndic désigné informe les copropriétaires, par lettre recommandée avec demande d'avis de réception ou remise contre émargement, qu'ils peuvent prendre connaissance du rapport de l'administrateur provisoire à son bureau, ou en tout autre lieu fixé par l'assemblée générale, pendant les heures ouvrables, dans le mois qui suit. Un extrait du rapport peut être joint, le cas échéant, à la lettre. Une copie de tout ou partie du rapport peut être adressée par le syndic désigné aux copropriétaires qui en feraient la demande, aux frais de ces derniers, y compris par voie dématérialisée.**

Dépôt du rapport de l'administrateur provisoire – Information des copropriétaires. Il appartient au syndic désigné d'informer les copropriétaires qu'ils peuvent prendre connaissance du rapport de l'administrateur provisoire, « à son bureau ou en tout autre lieu fixé par l'assemblée générale pendant les heures ouvrables dans le mois qui suit » (art. 62-12).

Cette information des copropriétaires s'effectue par lettre recommandée avec avis de réception ou par remise contre émargement. Un extrait du rapport « peut être joint le cas échéant à la lettre ». Les copropriétaires qui le souhaitent peuvent demander au syndic de leur délivrer à leurs frais une copie de tout ou partie du rapport. Cette copie peut être adressée « par voie dématérialisée ».

Art. 62-13 *(D. n° 95-162, 15 févr. 1995 ; mod., D. n° 2004-479, 27 mai 2004 ; D. n° 2015-999, 17 août 2015).* **– Si un pré-rapport est déposé par l'administrateur provisoire avant la fin de sa mission, le pré-rapport**

est porté à la connaissance des copropriétaires, à l'initiative de l'administrateur provisoire dans les formes et conditions prévues à l'article 62-12 et aux personnes mentionnées au deuxième alinéa de l'article 29-2 de la loi du 10 juillet 1965 qui en font la demande.

Dépôt d'un pré-rapport. Lorsqu'un pré-rapport est déposé, l'administrateur provisoire doit prendre l'initiative de le porter à la connaissance des copropriétaires.

Les modalités de l'information des copropriétaires sont celles fixées par l'article 62-12 (V. *infra*).

Le décret précité du 17 août 2015 a ajouté au texte, en indiquant que le pré-rapport devait être également porté à la connaissance des personnes mentionnées au deuxième alinéa de l'article 29-2 de la loi du 10 juillet 1965 qui en font la demande. Sont concernées : le procureur de la République, le représentant de l'État dans le département, le maire de la commune et le président de l'établissement public de coopération intercommunale compétent en matière d'habitat du lieu de situation de l'immeuble concerné.

Art. 62-14 ***(Aj., D. n° 95-162, 15 févr. 1995).*** **– Si les conclusions du rapport ou du pré-rapport de l'administrateur provisoire préconisent que certaines questions soient soumises à l'assemblée générale, elles doivent être portées à l'ordre du jour de la prochaine assemblée générale ou d'une assemblée générale convoquée spécialement à cet effet.**

Assemblées faisant suite au dépôt d'un rapport ou pré-rapport. Diverses indications sont fournies par ce texte quant à la tenue des assemblées qui font suite à un rapport ou à un pré-rapport de l'administrateur provisoire.

L'article 62-14 énonce que les questions dont l'administrateur provisoire souhaite que l'assemblée soit saisie doivent être portées à l'ordre du jour de « la prochaine assemblée ou d'une assemblée générale convoquée spécialement à cet effet ».

Le choix entre l'une ou l'autre de ces solutions (inscription à l'ordre du jour de l'assemblée générale annuelle ou convocation d'une assemblée spéciale) devra être effectué par le syndic de copropriété (dans la mesure où il aura conservé ses pouvoirs d'administration en fonction de la nature de la décision à prendre et de son éventuelle urgence. Par ailleurs l'article 9 du décret du 15 février 1995 a introduit dans l'article 11 du décret du 17 mars 1967 un 7° (devenu l'article 11, I, 9°), prévoyant que si l'assemblée est appelée à statuer sur une question portée à l'ordre du jour à la suite des conclusions du pré-rapport ou du rapport de l'administrateur provisoire, ces conclusions doivent être jointes à la convocation.

Sachant que la sanction de la non-observation des dispositions de l'article 11 est la nullité de la délibération (D. 17 mars 1967, art. 13), le syndic devra veiller à ce que cette exigence légale soit respectée.

Art. 62-15 ***(Aj. à compter du 1er septembre 2004, D. n° 2004-479, 27 mai 2004 ; D. n° 2015-999, 17 août 2015 ; mod. à compter du 1er janvier 2020, D. n° 2019-966, 18 sept. 2019 ; à compter du 1er janvier 2020, D. n° 2019-1419, 20 déc. 2019).*** **– Après le dépôt du rapport de l'administrateur, des copropriétaires représentant ensemble 15 % au moins des voix du syndicat peuvent assigner devant le président du tribunal judiciaire statuant selon la procédure accélérée au fond, le syndic désigné en vue de voir prononcer la division du syndicat. La même procédure peut être mise en œuvre par le procureur de la République si l'ordre public l'exige.**

Le syndic désigné informe de la date d'audience les copropriétaires. Ceux-ci peuvent être entendus par le juge.

1) Scission de la copropriété par la voie judiciaire. Selon l'article 29-8 de la loi du 10 juillet 1965, si la gestion et le fonctionnement normal de la copropriété ne peuvent être rétablis autrement, le juge peut prononcer, aux conditions qu'il fixe et sur demande de l'administrateur provisoire, la division du syndicat.

De la lecture de ce texte, il résulte que la demande ne peut provenir que de l'administrateur provisoire.

L'article 62-15, qui ajoute ainsi la loi, ouvre aux copropriétaires « représentant ensemble 15 % au moins des voix du syndicat » la faculté d'assigner devant le président du tribunal judiciaire le syndic désigné « en vue de voir prononcer la division du syndicat ». Selon ce texte, la même procédure peut être mise en œuvre par le procureur de la République si l'ordre public l'exige.

L'article 62-15 fait ainsi revivre, dans des conditions de légalité douteuses, l'ancien article 29-4 de la loi du 10 juillet 1965, aujourd'hui abrogé, qui permettait soit à des copropriétaires représentant au moins 15 % des voix du syndicat, soit au procureur de la République de provoquer une scission judiciaire de la copropriété.

2) Décision du juge. Le syndic désigné doit informer les copropriétaires de la date d'audience. Ils peuvent être entendus par le président du tribunal judiciaire, qui se prononce « en la forme des référés ».

Sous-section 5. – De la procédure d'apurement des dettes et de la liquidation du syndicat

(D. n° 2015-999, 17 août 2015)

Art. 62-16 *(D. n° 2015-999, 17 août 2015 ; mod. à compter du 1er janvier 2020, D. n° 2019-966, 18 sept. 2019).* **– Pour l'application du II de l'article 29-3 de la loi du 10 juillet 1965, l'administrateur provisoire saisit le président du tribunal judiciaire par requête.**

Suspension de l'exigibilité des créances. L'ordonnance de désignation d'un administrateur provisoire prévue à l'article 29-1 emporte suspension de l'exigibilité des créances, autres que les créances publiques et sociales, ayant leur origine antérieurement à cette décision, pour une période de douze mois (L. 10 juill. 1965, art. 29-3, al. 1). Selon l'article 29-3, II de la loi du 10 juillet 1965, le président du tribunal judiciaire, statuant selon la procédure accélérée au fond, peut, sur demande de l'administrateur provisoire, proroger les mesures de suspension prévue au I de ce même texte jusqu'à trente mois.

L'article 62-16 précise que pour l'application de ce texte, l'administrateur provisoire saisit le président du tribunal judiciaire par voie de requête. Ce texte est en contradiction avec l'article 29-3, II, qui prévoir pour sa part l'utilisation de la procédure accélérée au fond.

Art. 62-17 *(D. n° 2015-999, 17 août 2015 ; mod. à compter du 1er janvier 2020, D. n° 2019-1419, 20 déc. 2019).* **– Un avis de la décision le désignant est adressé par l'administrateur provisoire pour insertion au *Bulletin officiel des annonces civiles et commerciales.* Cette insertion contient l'indication du nom du syndicat concerné, de son adresse, de son numéro d'immatriculation et de la date de la décision qui l'a désigné administrateur provisoire. Elle précise également son nom et son adresse et comporte l'avis aux créanciers d'avoir à déclarer leurs créances entre ses mains et le délai imparti pour cette déclaration. Elle précise enfin le délai pendant lequel l'exigibilité des créances est suspendue en application du I de l'article 29-3 de la loi du 10 juillet 1965.**

Le même avis est publié dans un journal d'annonces légales du département du lieu de situation de l'immeuble.

L'administrateur provisoire informe par tout moyen les créanciers connus d'avoir à lui déclarer leurs créances dans le délai mentionné à l'article 62-18.

La décision de prorogation prévue par le II de l'article 29-3 de la loi du 10 juillet 1965 fait l'objet des mêmes mesures de publicité.

1) Désignation de l'administrateur provisoire : mesures de publicité. L'ordonnance de désignation de l'administrateur provisoire fait l'objet de mesures de publicité :

– par une insertion au *Bulletin officiel des annonces civiles et commerciales* (BODACC) ;

– par une insertion dans un journal d'annonces légales du département du lieu de situation de l'immeuble.

En outre l'administrateur provisoire doit informer par tous moyens les créanciers connus d'avoir à lui déclarer leur créance dans le délai mentionné à l'article 62-18 du décret du 17 mars 1967 (V. ce texte ci-dessous).

2) Contenu de la publicité. L'insertion précitée ainsi que l'avis publié dans un journal d'annonces légales doivent contenir :

– l'indication du nom du syndicat concerné, son adresse, son numéro d'immatriculation ;

– la date de la décision de désignation d'un administrateur provisoire et le nom et l'adresse de l'administrateur provisoire ;

– l'avis aux créanciers d'avoir à déclarer leur créance entre les mains de l'administrateur provisoire ;

– le délai imparti pour cette déclaration (V. ci-dessous, art. 62-18) ;

– le délai pendant lequel l'exigibilité des créances est suspendue en application de l'article 29-3, I, de la loi du 10 juillet 1965 (V. ce texte).

Sur les mentions particulières à insérer dans le cas de désignation d'un administrateur provisoire chargé de liquider les dettes du syndicat, V. ci-dessous D. 17 mars 1967, art. 62-28, p. 888.

3) Décision prorogeant la suspension de l'exigibilité des créances : publicité. L'article 29-3, II, de la loi du 10 juillet 1965 prévoit que le président du tribunal judiciaire statuant selon la procédure accélérée au fond peut, sur demande de l'administrateur provisoire, proroger la suspension de l'exigibilité des créances jusqu'à 30 mois.

Cette décision doit faire l'objet des mêmes mesures de publicité que la décision de désignation de l'administrateur provisoire (V. le 2 ci-dessus).

Art. 62-18 *(Aj., D. n° 2015-999, 17 août 2015).* **– Le délai de déclaration fixé en application du II de l'article 29-4 de la loi du 10 juillet 1965 est de trois mois à compter de la publication mentionnée à l'article 62-17.**

Déclaration de créance : délai. L'article 62-18 précise que le délai de déclaration fixé par l'article 29-4, II de la loi du 10 juillet 1965 est « de trois mois à compter de la publication mentionnée à l'article 62-17 ».

Le texte emploie le singulier (« la » publication). Le problème est qu'il existe non pas une mais deux mesures de publicité. Faut-il entendre que le délai ne court qu'à compter de la dernière en date de ces publications, ou à compter de l'avis au BODACC qui serait seul visé par le terme de « publication » ? Il y a là une équivoque malencontreuse.

Sur le délai de déclaration dans le cas de désignation d'un administrateur provisoire liquidateur, V. ci-dessous D. 17 mars 1967, art. 62-28, p. 888.

Art. 62-18-1 *(D. n° 2018-11, 8 janv. 2018 ; mod. à compter du 1er janvier 2020, D. n° 2019-966, 18 sept. 2019 ; à compter du 1er janvier 2020, D. n° 2019-1419, 20 déc. 2019).* **– L'action en relevé de forclusion mentionnée au III de l'article 29-4 de la loi du 10 juillet 1965 susvisée ne peut être exercée que dans le délai de six mois à compter de la publication de l'ordonnance de désignation de l'administrateur provisoire.**

Le président du tribunal statue selon la procédure accélérée au fond.

Les frais de l'instance en relevé de forclusion sont supportés par le créancier défaillant.

Le créancier déclare sa créance dans le délai d'un mois à compter de la notification de l'ordonnance du président du tribunal judiciaire le relevant de sa forclusion.

1) **Action en relevé de forclusion.** La loi du 10 juillet 1965 prévoit que les copropriétés en grande difficulté et placées sous administration provisoire peuvent bénéficier d'un plan d'apurement de leur dette (L. 10 juill. 1965, art. 29-5, I). Pour pouvoir être intégrés dans ce plan, les créanciers du syndicat des copropriétaires doivent déclarer leur créance à l'administrateur provisoire dans un délai de 3 mois à compter de la publication d'un avis les invitant à le faire, faute de quoi leurs créances sont inopposables à la procédure (L. 10 juill. 1965, art. 29-4, III. – V. ci-dessus art. 62-18, p. 883).

Pour les créanciers qui n'ont pas pu déclarer leur créance dans ce délai de 3 mois en raison d'une défaillance qui n'était pas de leur fait, la loi n° 2017-86 du 27 janvier 2017 relative à l'égalité et à la citoyenneté a instauré une action en relevé de forclusion. Le délai imparti et les modalités d'exercice de cette action devaient être fixées par décret (L. 10 juill. 1965, art. 29-4, III, al. 2). Ce décret (n° 2018-11) est intervenu le 10 janvier 2018 (JO 10 janv., texte n° 8) et il est à l'origine de l'article 62-18-1.

2) **Mécanisme du relevé de forclusion.** L'action en relevé de forclusion ne peut être exercée que dans le délai de 6 mois à compter de la publication de la décision de désignation de l'administrateur provisoire (art. 68-18-1, al. 1er). Il est rappelé que cette décision fait l'objet de diverses mesures de publicité (V. ci-dessus art. 62-17, p. 655)

Il est précisé que le président du tribunal judiciaire, compétent en la matière, « statue selon la procédure accélérée au fond » (art. 68-18-1, al. 2), règlementée par l'article 481-1 du Code de procédure civile.

Les frais de l'instance en relevé de forclusion sont supportés par le créancier défaillant (art. 68-18-1, al. 3).

S'il obtient satisfaction, le créancier doit alors déclarer sa créance dans le délai d'un mois à compter de la notification de la décision du président du tribunal judiciaire le relevant de sa forclusion (art. 68-18-1, al. 4).

Art. 62-19 *(D. n° 2015-999, 17 août 2015).* **– La déclaration de créance est faite auprès de l'administrateur provisoire par lettre recommandée avec demande d'avis de réception.**

Elle doit contenir :

1° L'identité du créancier et les coordonnées de la personne habilitée à le représenter ;

2° Le montant de la créance due au jour de l'ordonnance de désignation de l'administrateur provisoire avec, le cas échéant, l'indication des sommes à échoir et de la date de leurs échéances ;

3° Les éléments de nature à prouver l'existence et le montant de la créance si elle ne résulte pas d'un titre, à défaut, une évaluation de la créance si son montant n'a pas encore été fixé ;

4° Les modalités de calcul des intérêts dont le cours n'est pas arrêté, cette indication valant déclaration pour le montant ultérieurement arrêté ;

5° La nature du privilège ou de la sûreté dont la créance est éventuellement assortie ;

6° L'indication de la juridiction saisie si la créance fait l'objet d'un litige.

À cette déclaration sont joints sous bordereau les documents justificatifs ; ceux-ci peuvent être produits en copie. À tout moment, l'administrateur provisoire peut demander la production de documents qui n'auraient pas été joints.

Les créances résultant d'un contrat de travail ne sont pas soumises à l'obligation de déclaration.

1) Obligation de déclarer sa créance : forme. L'article 62-19, alinéa premier précise que la déclaration de créance est faite entre les mains de l'administrateur provisoire, par lettre recommandée avec demande d'avis de réception.

Cependant (dernier alinéa du texte) les créances résultant d'un contrat de travail ne sont pas soumises à l'obligation de déclaration.

2) Contenu de la déclaration de créance. L'alinéa 2, l'article 62-19 fixe en détail dans les 1° à 5° les indications que doit contenir la déclaration de créance (V. le texte ci-dessus).

3) Documents justificatifs. À la déclaration de créance doivent être joints les documents justificatifs. Le texte indique que ceux-ci « peuvent être produits en copie » (art. 62-19, al. 8).

À tout moment, est-il précisé, l'administrateur provisoire peut demander la production de documents qui n'auraient pas été joints (art. 62-19, al. 8). Le texte laisse entendre que si l'administrateur provisoire estime les justifications incomplètes, ou insuffisantes, il doit prendre l'initiative de demander au créancier des justifications complémentaires.

Art. 62-20 ***(Aj., D. n° 2015-999, 17 août 2015).*** **– I. – S'il y a discussion sur tout ou partie d'une créance, l'administrateur provisoire en avise le créancier intéressé en l'invitant à faire connaître ses explications. Le défaut de réponse dans le délai de trente jours interdit toute contestation ultérieure de la liste des créances établie par l'administrateur provisoire.**

II. – Cette liste contient les indications prévues à l'article 62-19. Elle est déposée au greffe du tribunal. Tout intéressé peut en prendre connaissance. Le greffier fait publier au *Bulletin officiel des annonces civiles et commerciales* une insertion indiquant ce dépôt.

III. – L'administrateur provisoire avise par lettre simple les créanciers ou, le cas échéant, leur mandataire, de l'admission de leur créance et du montant retenu.

Il informe sans délai par lettre recommandée avec demande d'avis de réception, les créanciers dont la créance n'est pas admise.

Ces avis précisent les délais et voie de recours prévus au II de l'article 29-4 de la loi du 10 juillet 1965 ou, le cas échéant, les dispositions du I.

1) Discussion des créances (art. 62-20, I). Si une créance est discutée en tout ou en partie, l'administrateur provisoire en avise le créancier intéressé en l'invitant à faire connaître ses explications (art. 62-20, I). Il est souhaitable que cet « avis » soit notifié dans une forme permettant de prouver la date exacte de sa réception. En effet l'article 62-20, I, indique que cette notification fait courir un délai de 30 jours au-delà duquel toute contestation ultérieure de la liste des créances établies par l'administrateur provisoire est interdite.

2) Dépôt de la liste des créances (art. 62-20, II). Après expiration du délai de contestation, la liste des créances est établie par l'administrateur provisoire. Elle contient, indique le texte, « les indications prévues à l'article 62-19 » (V. ce texte ci-dessus). La liste est déposée au greffe du tribunal judiciaire. Tout intéressé peut en prendre connaissance.

Le greffier du tribunal doit faire publier au *Bulletin officiel des annonces civiles et commerciales* (BODACC) une insertion informant de ce dépôt.

3) Contestations (art. 62-20, III). L'administrateur provisoire avise par lettre simple les créanciers ou, le cas échéant, leurs mandataires, de l'admission de leur créance et du montant retenu (art. 62-20, III, al. 1).

Il informe sans délai, par lettre recommandée avec demande d'avis de réception, les créanciers dont la créance n'est pas admise.

Selon l'article 62-20, III, alinéa 3, ces avis doivent préciser « les délais et voies de recours prévus à l'article 29-4, II, de la loi du 10 juillet 1965. Selon ce texte, les créanciers disposent d'un délai de 2 mois à compter de la publication de la liste pour contester son contenu auprès du président du tribunal judiciaire.

Le cas échéant les avis doivent indiquer « les dispositions du I (de l'article 62-20) », qui ont été commentées ci-dessus.

Art. 62-21 ***(D. n° 2015-999, 17 août 2015).*** **– Pour application du III de l'article 29-3 de la loi du 10 juillet 1965, le président du tribunal, par les soins du greffier, fait convoquer l'administrateur provisoire et le cocontractant par lettre recommandée avec demande d'avis de réception à la date qu'il fixe. À la convocation est jointe une copie de la demande.**

Le cocontractant visé par le III de l'article 29-3 de la loi du 10 juillet 1965 bénéficie d'un délai d'un mois à compter de la notification de l'ordonnance du juge pour déclarer sa créance auprès de l'administrateur provisoire.

Sort des contrats en cours. Selon l'article 29-3, III de la loi du 10 juillet 1965, le président du tribunal judiciaire statuant selon la procédure accélérée au fond, peut, sur demande de l'administrateur provisoire, prononcer la résiliation d'un contrat ou ordonner la poursuite de l'exécution du contrat.

L'article 62-21, pris pour l'application de ce texte fixe la procédure à suivre en pareil cas.

Le président du tribunal fait convoquer par les soins du greffier l'administrateur provisoire et le cocontractant par lettre recommandée avec demande d'avis de réception, à la date qu'il fixe. Une copie de la demande est jointe à la convocation.

Le cocontractant bénéficie d'un délai d'un mois à compter de la notification de la décision du juge pour déclarer sa créance auprès de l'administrateur provisoire.

Art. 62-22 ***(Aj., D. n° 2015-999, 17 août 2015).*** **– Le plan d'apurement des dettes mentionné à l'article 29-5 de la loi du 10 juillet 1965 comporte :**

1° Dans une première partie, un état des dettes, précisant notamment les créances déclarées, ainsi qu'une évaluation du montant des créances irrécouvrables ;

2° Dans une deuxième partie, la trésorerie prévisionnelle du syndicat sur la durée du plan d'apurement des dettes prenant notamment en compte les dépenses liées à la préservation de l'immeuble et, si cela apparaît nécessaire, les dépenses concourant à la réduction des charges et au respect du plan d'apurement ;

3° Dans une troisième partie :

– l'échéancier des appels de fonds auprès des copropriétaires ;

– les échéanciers détaillés par créancier.

Plan d'apurement. L'article 62-22, fixe le contenu du plan d'apurement prévu par l'article 29-5 de la loi du 10 juillet 1965. Les différentes rubriques que doit comporter ce plan sont énumérées sous les 1° à 3° de ce texte.

Art. 62-23 ***(Aj., D. n° 2015-999, 17 août 2015).*** **– L'administrateur provisoire notifie le projet d'échéancier à chacun des créanciers par lettre recommandée avec demande d'avis de réception ou par lettre remise contre émargement.**

Ce projet comprend :

– l'échéancier global ;

– l'échéancier détaillé concernant le créancier.

La lettre de notification rappelle selon le cas, les délais prévus par le II de l'article 29-5 de la loi du 10 juillet 1965 ou les dispositions du I de l'article 62-20 et peut inviter le créancier à accorder des remises de dettes ou à accepter des délais de paiement supérieurs à la durée du plan.

Le délai de deux mois prévu par le deuxième alinéa du II de l'article 29-5 de la loi du 10 juillet 1965 court à compter de la date d'envoi de la lettre de notification. Les créanciers font connaître à l'administrateur provisoire leurs observations par lettre recommandée avec demande d'avis de réception ou par lettre remise contre émargement.

1) Projet d'échéancier : notification. Un projet d'échéancier est établi par l'administrateur provisoire. Ce projet est notifié à chacun des créanciers, par lettre recommandée avec demande d'avis de réception, ou par lettre remise contre émargement. Il comprend :

– l'échéancier global ;

– l'échéancier détaillé concernant le créancier concerné.

La lettre de notification rappelle selon le cas :

– le délai de deux mois imparti aux créanciers par l'article 29-5, II, alinéa 2 de la loi du 10 juillet 1965 pour faire part de leurs observations. Ce délai de deux mois court à compter de la date d'envoi de la lettre de notification ;

– les dispositions de l'article 62-20, I. Ce texte est applicable lorsqu'une créance est discutée en tout ou partie, et que l'administrateur provisoire avise le créancier intéressé en l'invitant à faire connaître ses explications. Il dispose alors d'un délai de 30 jours pour répondre, faute de quoi toute contestation ultérieure de la liste des créances établies par l'administrateur provisoire est interdite.

L'administrateur peut inviter le créancier à accorder des remises de dette, ou à accepter des délais de paiement supérieurs à la durée du plan.

2) Réaction des créanciers. Les créanciers doivent faire connaître à l'administrateur provisoire leurs observations par lettre recommandée avec demande d'avis de réception ou par lettre remise contre émargement.

Art. 62-24 *(Aj., D. n° 2015-999, 17 août 2015).* – **Les délais imposés aux créanciers dans le cadre du plan d'apurement des dettes ne peuvent être qu'uniformes.**

Art. 62-25 *(Aj., D. n° 2015-999, 17 août 2015 ; mod. à compter du 1er janvier 2020, D. n° 2019-966, 18 sept. 2019).* – **L'administrateur provisoire dépose au greffe du tribunal judiciaire le plan d'apurement définitif. Sont joints en annexe :**

a) **La liste des travaux à engager nécessaires au redressement financier de la copropriété et à la préservation de l'immeuble ;**

b) **La liste indicative des mesures de gestion et des procédures de recouvrement amiable ou contentieuse des impayés envisagées pour permettre le respect du plan d'apurement ;**

c) **Les observations du conseil syndical et des créanciers ;**

d) **Les accords de remise des dettes des créanciers ainsi que les délais de paiement octroyés par ces derniers ;**

e) **Un état détaillé des impayés des copropriétaires identifiant les créances irrécouvrables au sens de l'article 62-29 ;**

f) **L'inventaire des biens cessibles du syndicat ;**

g) **Le cas échéant, le projet de convention prévu à l'article 29-11 de la loi du 10 juillet 1965 ou la convention signée.**

Il notifie ce plan d'apurement définitif à chacun des créanciers par lettre recommandée avec demande d'avis de réception ou par lettre remise contre émargement. La lettre de notification aux créanciers reprend les termes du troisième alinéa du II de l'article 29-5 de la loi du 10 juillet 1965.

Il porte également ce plan à la connaissance des copropriétaires selon les modalités prévues par l'article 62-5.

1) **Plan d'apurement définitif.** Lorsque le plan d'apurement définitif a été établi, il doit être déposé au greffe du tribunal judiciaire. L'article 62-25 énumère sous les rubriques *a)* à *g)* les documents qui doivent être annexés à ce plan.

2) **Notification du plan d'apurement définitif.** Le plan d'apurement définitif est notifié à chacun des créanciers par lettre recommandée avec demande d'avis de réception ou par lettre remise contre émargement.

La lettre de notification doit reproduire les termes de l'article 29-5, II, alinéa 3 de la loi du 10 juillet 1965. Ce texte indique que les créanciers disposent d'un délai de deux mois à compter de la notification pour saisir le juge d'une contestation.

L'administrateur provisoire doit également porter ce plan à la connaissance des copropriétaires selon les modalités prévues par l'article 62-5 du décret du 17 mars 1967 (sur les modalités de cette notification et sur les mentions à insérer, V. ce texte).

Art. 62-26 *(Aj., D. n° 2015-999, 17 août 2015 ; mod. à compter du 1er janvier 2020, D. n° 2019-966, 18 sept. 2019).* – **Les créanciers adressent leurs contestations par lettre recommandée avec demande d'avis de réception au greffe du tribunal judiciaire ou les y déposent contre récépissé dans le délai mentionné au II de l'article 29-5 de la loi du 10 juillet 1965.**

Le créancier intéressé entendu ou dûment appelé, le président du tribunal judiciaire statue sur chacune des contestations. Sa décision n'est pas susceptible de recours.

L'administrateur provisoire modifie, s'il y a lieu, le plan d'apurement des dettes au vu des décisions rendues par le président du tribunal judiciaire.

Le président du tribunal judiciaire arrête le plan sur la demande de l'administrateur provisoire.

Sa décision est notifiée par le greffier aux créanciers, ainsi qu'à l'administrateur provisoire. Elle est communiquée au ministère public et portée à la connaissance des copropriétaires selon les modalités prévues par l'article 62-5.

Elle est exécutoire de plein droit à titre provisoire.

Elle est susceptible d'appel ou de pourvoi en cassation de la part de l'administrateur provisoire ainsi que du ministère public.

1) **Contestation du plan d'apurement.** Les créanciers doivent adresser leur contestation par lettre recommandée avec demande d'avis de réception au greffe du tribunal judiciaire, ou les déposer à ce même greffe, contre récépissé, dans le délai de deux mois prévu par l'article 29, II, alinéa 3, qui court à compter de la notification.

Le président du tribunal judiciaire statue sur chacune des contestations, après que le créancier intéressé ait été « entendu ou dûment appelé ». Cette décision n'est « pas susceptible de recours ».

2) **Établissement du plan définitif.** Le président du tribunal judiciaire arrête le plan sur la

demande de l'administrateur provisoire. Sa décision est exécutoire de plein droit à titre provisoire.

Elle est notifiée par le greffier aux créanciers, ainsi qu'à l'administrateur provisoire. En outre elle est communiquée au ministère public, et portée à la connaissance des copropriétaires selon les modalités prévues par l'article 62-5 du décret du 17 mars 1967 (V. ce texte).

La décision est susceptible d'appel ou de pourvoi en cassation « de la part de l'administrateur provisoire ainsi que du ministère public » indique le texte, mais également de la part des créanciers.

Art. 62-27 *(Aj., D. n° 2015-999, 17 août 2015 ; mod. à compter du 1er janvier 2020, D. n° 2019-966, 18 sept. 2019).* **– À peine d'irrecevabilité, la requête ayant pour objet une modification ou la prorogation du plan d'apurement des dettes en application du IV de l'article 29-5 de la loi du 10 juillet 1965 comporte le projet de plan d'apurement modifié qui respecte les dispositions de l'article 62-24.**

Le projet de plan est notifié par lettre recommandée avec demande d'avis de réception par le greffe au syndic ou à l'administrateur provisoire et, le cas échéant, à chacun des créanciers affecté par le projet de modification. Les créanciers concernés disposent d'un délai de quinze jours, à compter de l'envoi de cette lettre, pour faire valoir leurs observations selon les mêmes modalités.

Le président du tribunal judiciaire statue sur la requête, le syndic ou l'administrateur provisoire entendus ou dûment appelés. Les frais de l'instance en modification ou prorogation sont à la charge du syndicat des copropriétaires ou du créancier lorsqu'il est requérant.

Les trois derniers alinéas de l'article 62-26 sont applicables.

1) **Demande de modification ou de prorogation du plan d'apurement des dettes.** L'article 29-5, IV de la loi du 10 juillet 1965 prévoit que si la situation financière du syndicat des copropriétaires évolue, le plan d'apurement peut être prorogé ou modifié par décision du président du tribunal judiciaire saisi par le syndicat des copropriétaires, des copropriétaires représentant au moins 15 % des voix, les créanciers, le syndic ou l'administrateur provisoire.

L'article 62-27 fixe les modalités d'application de ce texte. Il précise tout d'abord que la demande est présentée par voie de requête (au président du tribunal judiciaire). À peine d'irrecevabilité, cette requête doit comporter le projet de plan d'apurement modifié, qui doit respecter les exigences de l'article 62-24 du décret du 17 mars 1967, et donc imposer des délais uniformes à tous les créanciers.

2) **Notification du projet de plan.** Le projet de plan est notifié par le greffe, par lettre recommandée avec demande d'avis de réception, au syndic ou à l'administrateur provisoire et, le cas échéant, à chacun des créanciers affectés par le projet de modification.

Les créanciers concernés disposent d'un délai de 15 jours, qui court du jour de l'envoi de la lettre recommandée qui leur a été adressée, pour faire valoir leurs observations, par lettre recommandée avec demande d'avis de réception.

3) **Décision du président du tribunal.** Le président du tribunal judiciaire statue sur la requête, après avoir entendu ou « dûment appelé » le syndic ou l'administrateur provisoire.

Les frais de l'instance en modification ou prorogation du plan sont à la charge du syndicat des copropriétaires ou du créancier lorsqu'il est requérant.

Le texte ajoute que « les trois derniers alinéas de l'article 62-26 sont applicables » (V. ce texte ci-dessus).

Art. 62-28 *(Aj., D. n° 2015-999, 17 août 2015).* **– Lorsque l'administrateur provisoire a été désigné en application du dernier alinéa du I de l'article 29-1 de la loi du 10 juillet 1965, les dispositions de la présente sous-section sont applicables sous réserve des dispositions suivantes :**

– l'avis publié au *Bulletin officiel des annonces civiles et commerciales* précise la mission de l'administrateur provisoire ;

– le délai de déclaration des créances mentionné à l'article 62-18 est de quatre mois.

Administrateur provisoire-liquidateur. L'article 29-1, I, de la loi du 10 juillet 1965 prévoit qu'un administrateur provisoire peut être nommé pour liquider les dettes d'un syndicat en cas d'expropriation ou de dissolution de ce syndicat.

L'article 62-28 rend applicable en pareil cas l'ensemble des dispositions de la sous-section 5 (et donc les articles 62-16 à 62-29 du décret du 17 mars 1967) à l'exception toutefois des particularités suivantes :

– l'avis publié au *bulletin officiel* des annonces civiles et commerciales en application de l'article 62-17 : 00 du décret du 17 mars 1967 (V. ce texte) doit préciser la mission de l'administrateur provisoire ;

– le délai de déclaration des créances mentionnées à l'article 62-18 du décret du 17 mars 1967 est alors de 4 mois (au lieu de 3 mois).

Art. 62-29 *(Aj., D. n° 2015-999, 17 août 2015)*. – **Constituent des créances irrécouvrables au sens de l'article 29-7 de la loi du 10 juillet 1965 :**

– les créances à l'encontre d'un copropriétaire dont les dettes ont été effacées par jugement ;

– les créances dues par un copropriétaire à l'égard duquel une procédure de liquidation judiciaire a été ouverte et clôturée pour insuffisance d'actif ;

– en cas de liquidation de succession vacante ou non réclamée, les créances dues par un copropriétaire décédé lorsque ni la vente du lot ni l'actif successoral n'en permettent le paiement.

Créances irrécouvrables : notion. L'article 29-7 de la loi du 10 juillet 1965 énonce que l'administrateur provisoire évalue, dans le cadre de l'élaboration du plan d'apurement soumis au juge, la somme des créances irrécouvrables du syndicat sur les copropriétaires.

L'article 62-9 définit ce qu'il faut entendre par « créance irrécouvrable » au sens de ce texte.

Sous-section 6. – De la procédure d'administration provisoire renforcée

(D. n° 2015-999, 17 août 2015)

Art. 62-30 *(Aj., D. n° 2015-999, 17 août 2015)*. – **La requête demandant le placement sous administration renforcée est accompagnée d'un dossier établi par l'auteur de la saisine mentionnée au I de l'article 29-11 de la loi du 10 juillet 1965 précisant les raisons pour lesquelles il est demandé le placement sous administration provisoire renforcée ainsi que les aides et mesures d'accompagnement publiques mobilisées pour assurer la réussite de la procédure.**

Placement sous administration provisoire renforcée. L'article 29-11, I, alinéa 1 de la loi du 10 juillet 1965 prévoit que dans le cas où la situation financière de la copropriété ne permet pas de réaliser les travaux nécessaires à la conservation et la mise en sécurité de l'immeuble, la protection des occupants, la préservation de leur santé et la réduction des charges de copropriété permettant son redressement financier, le juge peut placer l'immeuble sous administration provisoire renforcée.

Ce même texte indique les personnes ayant qualité pour présenter une requête à cette fin au président du tribunal judiciaire.

L'article 62-30, pris pour l'application de ce texte indique que cette requête doit être accompagnée d'un dossier établi par le demandeur précisant :

– les raisons pour lesquelles il est demandé le placement sous administration provisoire renforcée ;

– les aides et mesures d'accompagnement publiques mobilisées pour assurer la réussite de la procédure.

Art. 62-31 *(Aj., D. n° 2015-999, 17 août 2015)*. – **La convention mentionnée au II de l'article 29-11 de la loi du 10 juillet 1965 prévoit au minimum :**

1° La liste des études juridiques, financières et techniques nécessaires pour définir le contenu des travaux et effectuer les choix techniques en résultant ;

2° Le calendrier prévisionnel des études, du choix des prestataires et des travaux ;

3° La nature des travaux envisagés et l'enveloppe financière prévisionnelle associée ;

4° En cas de division, les plans sommaires avant et après division ;

5° Les modalités d'organisation de la maîtrise d'ouvrage, en particulier :

– les modalités de choix et de réalisation des travaux mentionnés au 1° ainsi que les modalités d'information du conseil syndical et des copropriétaires à ces décisions ;

– les missions pour lesquelles l'opérateur est mandaté, notamment en ce qui concerne la préparation, la consultation et le choix des maîtres d'œuvre, des entrepreneurs et fournisseurs ainsi que la conclusion et la gestion des contrats en résultant ;

– les modalités de compte rendu à l'administrateur provisoire, au syndic si la mission de l'administrateur provisoire est terminée et, le cas échéant, au conseil syndical ;

– les modalités d'information des résidents notamment sur les aides financières mobilisables en lien avec les dispositifs publics d'accompagnement.

L'opérateur ne peut exercer directement une mission de maîtrise d'œuvre ou réaliser directement des travaux ;

6° Les modalités financières de l'opération qui précisent au minimum :

– le plan de financement prévisionnel global de l'opération tenant compte des aides publiques contractualisées ou confirmées et faisant apparaître le reste à charge pour le syndicat des copropriétaires ;

– la rémunération de l'opérateur à la charge du syndicat des copropriétaires fixée selon les règles définies par l'article 62-32 ainsi que l'échéancier de versement de cette rémunération et la quote-part de rémunération due par chaque copropriétaire ;
– l'organisation de la gestion comptable et administrative des opérations de travaux ;
– les modalités de préparation des dossiers de demande de subvention et leur mobilisation ;
– le cas échéant les modalités de préfinancement de l'opération par l'opérateur dans l'attente du versement des subventions publiques et des versements du syndicat ;
– en cas de division, la répartition de la rémunération de l'opérateur entre les syndicats de copropriétaires créés par la division conformément au I de l'article 29-12 de la loi du 10 juillet 1965 ;
7° Les modalités de gestion des contentieux avec l'ensemble des prestataires et les modalités de souscription et de gestion des contrats d'assurance ;
8° Les modalités d'indemnisation mentionnées au II de l'article 29-12 de la loi du 10 juillet 1965 ;
9° Les modalités de passation des avenants rendus nécessaires pour la mise en œuvre des dispositions de l'article 29-12 de la loi du 10 juillet 1965 ou pour la bonne exécution de la convention dès lors que ceux-ci ne bouleversent pas l'économie générale de la convention et respectent les objectifs de la convention.

Convention entre l'administrateur provisoire et des opérateurs. Dans le cadre du placement sous administration provisoire renforcée, l'administrateur provisoire peut être autorisé par le président du tribunal judiciaire à conclure une convention à durée déterminée, au nom du syndicat des copropriétaires, avec un ou plusieurs opérateurs compétents en matière de maîtrise d'ouvrage de travaux et de mise au point de financement d'opération de travaux (L. 10 juill. 1965, art. 29-11, II).

L'article 62-31, pris pour l'application de ce texte fixe dans le détail le contenu minimum obligatoire de cette convention.

Art. 62-32 ***(D. n° 2015-999, 17 août 2015).*** **– La rémunération de l'opérateur est calculée par application d'un pourcentage sur le montant des travaux hors taxe. Si la convention prévoit un préfinancement des dépenses, la rémunération de l'opérateur intègre alors également le remboursement des avances et frais financiers supportés par l'opérateur pour l'accomplissement de cette mission.**

La durée de l'échéancier de versement de la rémunération de l'opérateur prévu par la convention peut être supérieure à la durée d'exécution des études et travaux sans pouvoir être supérieure à la durée de la convention.

L'échéancier peut prévoir une rémunération progressive dans le temps si la convention prévoit une phase d'études pour la finalisation des travaux et dans l'attente de la passation par l'opérateur de l'ensemble des contrats nécessaires à la réalisation de l'opération afin d'en déterminer le coût définitif.

La rémunération est à la charge du syndicat des copropriétaires et distincte de la rémunération de l'administrateur provisoire.

Convention entre l'administrateur provisoire et des opérateurs. Dans le cadre du placement sous administration provisoire renforcée, l'administrateur provisoire peut être autorisé par le président du tribunal judiciaire à conclure une convention à durée déterminée, au nom du syndicat des copropriétaires, avec un ou plusieurs opérateurs compétents en matière de maîtrise d'ouvrage de travaux et de mise au point de financement d'opération de travaux (L. 10 juill. 1965, art. 29-11, II).

L'article 62-32, pris pour l'application de l'article 29-11, III de la loi du 10 juillet 165, fixe les modalités de détermination de la rémunération de l'opérateur.

Art. 62-33 ***(D. n° 2015-999, 17 août 2015 ; mod. à compter du 1er janvier 2020, D. n° 2019-966, 18 sept. 2019).*** **– Le président du tribunal judiciaire est saisi par requête conjointe des parties signataires de la convention aux fins d'homologation de celle-ci. Sa décision est notifiée aux parties et communiquée par l'administrateur provisoire aux personnes qu'il aura désignées dans son ordonnance.**

Convention entre l'administrateur provisoire et des opérateurs. Dans le cadre du placement sous administration provisoire renforcée, l'administrateur provisoire peut être autorisé par le président du tribunal judiciaire à conclure une convention à durée déterminée, au nom du syndicat des copropriétaires, avec un ou plusieurs opérateurs compétents en matière de maîtrise d'ouvrage de travaux et de mise au point de financement d'opération de travaux (L. 10 juill. 1965, art. 29-11, II).

Aux termes de l'article 29-11, III, alinéa 2 de la loi du 10 juillet 1965, la convention conclue avec l'opérateur est soumise à l'homologation du président du tribunal judiciaire. L'article 62-31, pris pour l'application de ce texte, précise que ce magistrat est saisi par requête conjointe des parties signataires de la convention.

La décision est notifiée aux parties et communiquée par l'administrateur provisoire aux personnes que le président du tribunal judiciaire aura désignées dans son ordonnance.

Art. 62-34 *(Aj., D. n° 2015-999, 17 août 2015).* **– I. – Si des subventions publiques ou privées pour la rénovation des parties communes et, le cas échéant, des parties privatives d'intérêt collectif peuvent être accordées à titre individuel à des copropriétaires, l'administrateur provisoire ou l'opérateur peuvent être le mandataire de ces copropriétaires dans les conditions prévues par les articles 1984 et suivants du Code civil.**

Si le mandat le prévoit, les subventions publiques ou privées peuvent être versées directement à l'opérateur sur un compte spécifique dont les relevés sont mis à disposition du mandant. L'opérateur rend compte de l'usage de la subvention selon des modalités prévues par le mandat.

II. – Lorsque la subvention est accordée au syndicat des copropriétaires, l'opérateur peut être mandaté par l'administrateur provisoire pour solliciter et percevoir la subvention qui est versée sur un compte spécifique dont les relevés sont mis à disposition de l'administrateur provisoire.

Le mandat peut être intégré à la convention prévue à l'article 62-31 ou faire l'objet d'un acte séparé. Il prévoit les modalités de rendu compte de l'usage de la subvention par l'opérateur.

1) Subventions pour travaux. Un opérateur peut se voir confier par convention diverses missions concourant au redressement de la copropriété, notamment la maîtrise d'ouvrage d'un programme de travaux et la mise au point du financement de l'opération (L. 10 juill. 1965, art. 29-11, III). L'article 62-34, dans le cadre du financement de ces travaux, vise le cas ou des subventions seraient accordées pour leur réalisation soit au syndicat des copropriétaires soit à des copropriétaires individuellement.

2) Subventions à des copropriétaires à titre individuel (art. 62-34, I). Traitant du cas où des subventions publiques ou privées pour la rénovation des parties communes et, le cas échéant des parties privatives d'intérêt collectif, sont accordés à titre individuel à des copropriétaires, l'article 62-34, I, énonce que l'administrateur provisoire ou l'opérateur peuvent être le mandataire de ces copropriétaires. Si le mandat le prévoit, les subventions peuvent être versées directement à l'opérateur sur un compte spécifique dont les relevés sont mis à disposition du mandant. L'opérateur devra rendre compte de l'usage de la subvention, selon les modalités prévues par le mandat.

3) Subventions au syndicat des copropriétaires (art. 62-34, II). Si la subvention est destinée au syndicat des copropriétaires, l'opérateur peut être mandaté par l'administrateur provisoire pour la solliciter et la percevoir. La subvention sera versée sur un compte spécifique dont les relevés seront mis à disposition de l'administrateur provisoire. Ce mandat peut être intégré dans la convention prévue à l'article 62-31 du décret du 17 mars 1967 (V. ce texte ci-dessus) ou faire l'objet d'un acte séparé. Il prévoit les modalités de compte rendu de l'usage de la subvention par l'opérateur.

Art. 62-35 *(Aj., D. n° 2015-999, 17 août 2015).* **– Pour la mise en œuvre de l'article 29-13 la loi du 10 juillet 1965, l'administrateur provisoire, le syndic ou l'opérateur remettent, sur demande du copropriétaire, une quittance pour le règlement de sa quote-part de rémunération.**

Sans préjudice des réglementations particulières applicables aux allocations logements, le copropriétaire est tenu d'informer l'organisme payeur des subventions dont il a bénéficié.

Financement de la rémunération de l'opérateur par l'allocation logement. L'article 29-13 de la loi du 10 juillet 1965 prévoit qu'en ce qui concerne les propriétaires occupants, la rémunération de l'opérateur prévue à l'article 29-11 ouvre droit aux allocations de logement (V. ce texte).

L'article 62-35 énonce que l'administrateur provisoire, le syndic ou l'opérateur remettent, sur demande du copropriétaire, une quittance pour le règlement de sa quote-part de rémunération.

Le texte ajoute dans son alinéa 2 que le propriétaire est tenu d'informer l'organisme payeur des allocations-logement des subventions dont il a bénéficié.

Section VIII. – Les unions de syndicats de copropriétaires

(D. n° 2004-479, 27 mai 2004)

Art. 63 *(Aj., D. n° 2004-479, 27 mai 2004).* **– L'union de syndicats, mentionnée à l'article 29 de la loi du 10 juillet 1965, peut être propriétaire des biens nécessaires à son objet.**

Lorsqu'un syndicat de copropriétaires est membre d'une union de syndicats, le syndic soumet, préalablement pour avis à l'assemblée générale des copropriétaires du syndicat concerné ou, le cas

échéant, au conseil syndical, les questions portées à l'ordre du jour de l'assemblée générale de l'union.

Le syndic rend compte à l'assemblée générale des copropriétaires des décisions prises par l'union.

1) Patrimoine de l'union de syndicats. L'alinéa 1 du texte énonce que l'union de syndicats peut être « propriétaire des biens nécessaires à son objet », ce qui n'est que la conséquence de la personnalité morale qui lui est reconnue par l'article 29, alinéa 1, de la loi (V. ce texte). Cette possibilité ne peut être érigée en condition d'existence de l'union. Il importe donc peu que les éléments d'équipements communs dont l'union assure la gestion appartiennent à plusieurs syndicats membres, ou même à un seul, dès lors que les autres en ont l'usage (■ Cass. 3e civ., 21 janv. 2021, n° 19-25.388 : *Loyers et copr.* 2021, comm. n° 45, A. Lebatteux ; *Administrer* avr. 2021, 50, obs. J.-R. Bouyeure).

2) Ordre du jour de l'assemblée de l'union – Obligations du syndic. Aux termes de l'article 29, alinéa 6, de la loi (V. ce texte) les syndicats membres sont représentés à l'assemblée de l'union par leur syndic, qui est leur « mandataire ».

L'article 63, alinéa 2, du décret oblige alors le syndic à soumettre préalablement à l'assemblée générale des copropriétaires du syndicat qu'il représente les questions portées à l'ordre du jour de l'assemblée générale de l'union. L'assemblée est saisie « pour avis ». Mais le syndic ayant la qualité de « mandataire », et ne pouvant donc comme tel prendre position de son propre chef sur les questions soumises au vote de l'union des syndicats, il sera nécessaire, tant sur le plan juridique que pratique, que des instructions précises lui soient données quant au vote à émettre. Et s'il existe des points de vue différents parmi les membres de l'assemblée, un vote devra à notre avis intervenir.

En pratique, l'exigence d'une saisine préalable de l'assemblée ne pourra pas toujours être satisfaite : ainsi lorsqu'il faudrait, pour ce faire, convoquer spécialement une assemblée, ce qui entraîne des complications et des frais. Aussi le texte a-t-il prévu que les questions portées à l'ordre du jour de l'assemblée de l'union pourraient être, le cas échéant, soumises non pas à l'assemblée générale des copropriétaires mais au conseil syndical, toujours « pour avis ».

3) Décisions de l'assemblée de l'union – Obligations du syndic. Aux termes de l'article 63, alinéa 3 le syndic doit rendre compte à l'assemblée générale des copropriétaires des décisions prises par l'union.

Il a été jugé en effet que, puisque l'assemblée générale de l'union des syndicats est constituée par les syndics de ces syndicats, les actions en contestation des décisions de l'union ne pouvaient être introduites par les copropriétaires pris individuellement, qui ne sont pas membres des assemblées (■ Cass. 3e civ., 26 févr. 2003 : *JCP* G 2003, IV, 1734 ; *Loyers et copr.* 2003, comm. 145, note G. Vigneron ; *Constr.-Urb.* 2003, comm. 130, note D. Sizaire ; *D.* 2003, p. 995, note C. Atias). La décision d'exercer ou non un recours appartient au syndicat membre de l'union. Mais encore faut-il qu'il soit informé de la décision rendue. Or celle-ci sera notifiée à son représentant, c'est-à-dire au syndic.

Le texte en déduit logiquement que ce dernier doit rendre compte des décisions prises par l'union. Encore faut-il qu'il le fasse à un moment ou un recours est encore possible. L'assemblée le mandatera alors ou non pour exercer ce recours, cette décision faisant l'objet d'un vote.

4) Rémunération du syndic de l'union. Le gestionnaire professionnel d'une union des syndicats ne peut demander, ni recevoir d'autres rémunérations que celles dont les conditions sont précisées dans un mandat écrit préalable à sa désignation ou dans la décision de nomination. Peu importe que le versement des honoraires du syndic soit couvert par les quitus et approbations des comptes (D. 17 mars 1967, art. 29. – L. 2 janv. 1970, art. 1 et 2. – D. 20 juill. 1972, art. 66, al. 2. ■ Cass. 3e civ., 27 mars 2008 : *JCP* G 1008, 1816).

Art. 63-1 *(Aj., D. n° 2004-479, 27 mai 2004).* – **Le conseil de l'union donne son avis au président ou à l'assemblée générale de l'union sur toutes les questions la concernant pour lesquelles il est consulté ou dont il se saisit lui-même.**

Il peut prendre connaissance et copie, à sa demande, de toutes pièces ou documents, correspondances ou registres se rapportant à la gestion du président et, d'une manière générale, à l'administration de l'union, au bureau du président ou au lieu arrêté en accord avec lui. Il peut déléguer cette mission à un ou plusieurs de ses membres.

1) Rôle du conseil de l'union de syndicats. Dans son dernier alinéa, l'article 29 de la loi (V. ce texte) prévoit que l'union de syndicats est dotée d'un conseil, chargé « d'assister le président et de contrôler sa gestion ».

L'article 63-1, alinéa 1, précise les modalités d'intervention de ce « conseil ». Il est appelé à donner « son avis » au président ou à l'assemblée générale de l'union, sur toutes les questions la concernant pour lesquelles il est consulté. Mais il peut également, ajoute le texte, se « saisir lui-même ». Il dispose donc d'une grande liberté d'action dans son rôle consultatif.

2) Prérogatives du conseil de l'union. Pour permettre au conseil de l'union de remplir son rôle, l'article 63-1, alinéa 2, lui confère le pouvoir de prendre connaissance et d'obtenir copie, à sa demande, de toutes pièces ou documents, correspondances ou registres se rapportant à la gestion du président et, d'une manière générale, à l'administration de l'union. Le texte ajoute que le conseil peut déléguer cette mission à un ou plusieurs de ses membres. Et il précise que les pièces ou documents seront en principe consultés « au bureau du président » ou, sinon, « au lieu arrêté en accord avec lui ».

Art. 63-2 ***(Aj., D. n° 2004-479, 27 mai 2004).*** **– Le mandat des membres du conseil de l'union ne peut excéder trois ans renouvelables. Il ne donne pas lieu à rémunération.**

Mandat des membres du conseil de l'union. L'article 29, dernier alinéa de la loi (V. ce texte) indique que le conseil de l'union de syndicats « est composé d'un représentant désigné par chaque membre de l'union » (sur les modalités de désignation, V. *infra*, l'article 63-3 du décret).

À propos du statut des membres du conseil de l'union, l'article 63-2 précise :

– que la durée de leur mandat ne peut excéder trois ans. Mais ce mandat peut être renouvelé une ou plusieurs fois ;

– que le mandat ne peut donner lieu à rémunération (ce qui, à notre avis, n'exclut pas un défraiement).

Art. 63-3 ***(Mod., D. n° 2010-391, 20 avr. 2010).*** **– Lorsqu'un syndicat de copropriétaires est membre d'une union de syndicats, son représentant au conseil de l'union est désigné parmi les copropriétaires, les associés dans le cas prévu par le premier alinéa de l'article 23 de la loi du 10 juillet 1965, les accédants ou les acquéreurs à terme, leurs conjoints,** ***(Mod. à compter du 4 juillet 2020, D. n° 2020-834, 2 juill. 2020)*** **« leurs concubins » les partenaires liés à eux par un pacte civil de solidarité ou leurs représentants légaux.**

Il est désigné à la majorité de l'article 24 de la loi du 10 juillet 1965.

Lorsqu'une personne morale est désignée en qualité de représentant d'un membre du conseil de l'union, ***(Mod. à compter du 4 juillet 2020, D. n° 2020-834, 2 juill. 2020)*** **« elle y est représentée soit par son représentant légal ou statutaire, soit par un fondé de pouvoir » spécialement habilité à cet effet.**

Bibliographie : G. Vigneron, *Une nouveauté printanière : le décret du 20 avril 2010 : Loyers et copr.* 2010, étude 8, p. 10. • D. Tomasin, *Modifications du décret du 17 mars 1967 résultant de l'évolution du droit de la copropriété : AJDI* 2010, p. 524. • P. Capoulade, *Nouveautés en copropriétés : Inf. rap. copr.* juill.-août 2010, p. 14.

Désignation des membres du conseil de l'union. L'article 63-3 précise tout d'abord que le représentant du syndicat au conseil de l'union de syndicats est désigné à la majorité de l'article 24 de la loi (V. ce texte).

Il est choisi selon le cas :

– parmi les copropriétaires ;

– parmi les associés de la société dans le cas prévu par l'article 23 de la loi (V. ce texte) c'est-à-dire lorsqu'une société de construction est propriétaire de lots ;

– parmi les accédants ou les acquéreurs à terme, leurs conjoints, leurs concubins, les personnes liées à eux par un pacte civil de solidarité, ou leurs représentants légaux lorsqu'un lot est acquis dans le cadre d'un contrat de location accession (V. en Annexe 44, *Location-accession*, p. 1337), ou d'une vente d'immeuble à construire visée par l'article L. 261-10 du Code de la construction et de l'habitation.

Le texte précise que lorsqu'une personne morale est désignée en qualité de représentant d'un membre du conseil de l'union, elle y est représentée soit par son représentant légal ou statutaire, soit par un fondé de pouvoir.

Art. 63-4 ***(Aj., D. n° 2004-479, 27 mai 2004).*** **– Des membres suppléants peuvent être désignés dans les mêmes conditions que les membres titulaires du conseil de l'union. En cas de cessation définitive des fonctions du membre titulaire, son suppléant siège au conseil de l'union jusqu'à la date d'expiration du mandat du membre titulaire qu'il remplace.**

Le conseil de l'union n'est plus régulièrement constitué si plus d'un quart des sièges devient vacant pour quelque cause que ce soit.

1) Désignation de membres suppléants. L'article 63-4 prévoit que des membres suppléants siégeant au conseil de l'union peuvent être désignés « dans les mêmes conditions que les membres titulaires » (c'est-à-dire dans les conditions prévues par l'article 63-3 : V. ce texte *supra*).

Le membre suppléant est appelé à siéger « en cas de cessation définitive des fonctions du membre titulaire » (c'est-à-dire, par exemple, en cas de décès, de démission, de révocation). Il reste en fonction jusqu'à la date d'expiration du mandat du membre titulaire qu'il remplace.

2) Vacance de plus d'un quart des sièges. Selon l'article 63-4, alinéa 2, le conseil de l'union n'est plus régulièrement constitué si plus d'un quart des sièges devient vacant pour quelque cause que ce soit. Il ne peut donc plus valablement se réunir tant qu'il n'a pas été pourvu à l'élection de nouveaux membres, de manière à ce que le seuil fixé par la loi ne soit plus atteint.

Section IX. – Dispositions diverses

(Anc. ss-sect. 8, comprenant les anc. art. 63 à 66, renum., D. n° 2004-479, 27 mai 2004)

Art. 64 ***(Anc. art. 63 mod., D. n° 2000-293, 4 avr. 2000 ; dénum. à compter du 1er septembre 2004, D. n° 2004-479, 27 mai 2004 ; mod. à compter du 1er avril 2007, D. n° 2007-285, 1er mars 2007 ; mod., D. n° 2015-1325, 21 oct. 2015).*** **– Toutes les notifications et mises en demeure prévues par la loi [n° 65-557] du 10 juillet 1965 susvisée et le présent décret sont valablement faites par lettre recommandée avec demande d'avis de réception. Le délai qu'elles font, le cas échéant, courir a pour point de départ le lendemain du jour de la première présentation de la lettre recommandée au domicile du destinataire.**

(Al. suppr. à compter du 4 juillet 2020, D. n° 2020-834, 2 juill. 2020).

Toutefois, la notification des convocations prévues au présent décret ainsi que celles de l'avis mentionné à l'article 59 ci-dessus peuvent valablement résulter d'une remise contre récépissé ou émargement.

Bibliographie : E.-J. Guillot, *La lettre recommandée avec accusé de réception en matière de convocation ou de notification de procès-verbaux d'assemblées générales de copropriété : Rev. Administrer* juin 1983, p. 2 et s. • J.-M. Gélinet, *La lettre recommandée avec demande d'avis de réception : Rev. Administrer* mars 1993, p. 7 et s. • A. Djigo, *Brèves réflexions sur la lettre recommandée : LPA*, 1er mars 1999, p. 5. • G. Rouzet, *Les notifications en droit de la copropriété : questions d'actualité : Defrénois* 2006, art. 38 429, p. 1171. • M.-H. Martial, *À la recherche du copropriétaire disparu : Inf. rap. copr.* avr. 2019, p. 13. • G. Gil, *L'adressage des notifications dans le statut de la copropriété : Inf. rap. copr.* sept. 2019, p. 17.

Sur la réforme opérée par le décret du 1er mars 2007. C. Atias, *Nouvelle révision du statut variable de la copropriété des immeubles bâtis : Ann. loyers* 2007, p. 538. • P. Lebatteux, *Commentaires du décret du 1er mars 2007 : les articles 64 et 65 du décret donnent-ils le « OK » ? : Rev. Administrer* mai 2007, p. 12 et s. • P. Capoulade, *40 ans après : les nouvelles règles en matière de notifications et de convocations depuis le décret du 1er mars 2007 : AJDI* 2007, p. 360. • C. Sabatié et V. Souied, *La télécopie, un nouvel outil à risques pour la copropriété, La Revue bleue*, nov. 2007, p. 58. • A. Djigo, *La lettre recommandée doit-elle être recommandée au syndic de copropriété ? : Loyers et copr.* févr. 2012, étude 3.

Sur la réforme opérée par le décret du 21 octobre 2015. P. Battistini, *Présentation du décret du 21 octobre 2015 : LPA* 15 févr. 2016, p. 8. • J.-F. Buet, *L'impact des outils numériques dans la copropriété, notamment dans la gestion technique : Actes prat. ing. immobilière*, p. 48, dossier 37. • C. Chazelle, *Le copropriétaire, homo numericus, Inf. rap. copr.* déc. 2015, p. 17. • C. Coutant-Lapalus, *La possible dématérialisation des notifications et mises en demeure dans les immeubles soumis au statut de la copropriété : Loyers et copr.* 2015, focus 81. • P. Lebatteux, *Les notifications par voie électronique, des ambitions déçues : Administrer* mars 2016, p. 7. • N. Le Rudulier, *La dématérialisation des notifications et des mises en demeure en droit de la copropriété : AJDI* 2016, p. 249. • Y. Rouquet, *Copropriété : dématérialisation des notifications à des mises en demeure : AJDI* 2015, p. 732. • O. Safar, *Dématérialisation des notifications en copropriété : Dict. perm. Gestion immobilière*, bull. n° 484, nov. 2015, p. 1.

Sur la réforme opérée par le décret du 27 juin 2019. P.-E. Lagraulet, *Esquisse des nouveaux contours du droit de la copropriété : AJDI* 2019, 604. • A. Lebatteux, *Réforme de la copropriété : décryptage du décret et de l'arrêté du 2 juillet 2020 : Loyers et copr.* 2020, étude 1.

Sur la réforme opérée par le décret du 2 juillet 2020. P.-E. Lagraulet, *Les notifications et mises en demeure par voie électronique en droit de la copropriété après le décret du 2 juillet 2020 : Lexbase dr. priv.* 3 sept. 2020, N4377BYR.

1) Apports du décret du 21 octobre 2015. La loi n° 2014-366 du 24 mars 2014 (Loi ALUR) a introduit dans la loi du 10 juillet 1965 un nouvel article 42-1 (V. ce texte), qui prévoit, outre les modes de notification jusqu'ici admis, la possibilité d'avoir recours à la voie électronique. L'application de ce texte était suspendue à un décret.

Ce décret (n° 2015-1325) a vu le jour le 21 octobre 2015 (JO 23 oct.). Il est entré en vigueur le 24 octobre 2015.

Le décret du 21 octobre 2015 a modifié les articles 64 et 65 du décret du 17 mars 1967 et il y a inséré quatre nouveaux articles : article 64-1, article 64-2, article 64-3 et article 64-4.

Le principal apport de ce décret est double :

– il supprime la possibilité d'effectuer les notifications ou mises en demeure par télécopie avec récépissé, instituée par le décret n° 2007-285 du 1er mars 2007 ;

– il procède à une « dématérialisation » des notifications et des mises en demeure, en prévoyant que, sous réserve de l'accord exprès des copropriétaires, elles pourront être valablement faites par voie électronique.

L'objectif visé par le législateur est de réduire les coûts de fonctionnement. Mais comme on l'a remarqué (C. Coutant-Lapalus, étude préc., V. Bibliographie), on peut s'interroger quant au succès que rencontrera cette formule, déjà prévue par le Code civil depuis 2005, mais dont l'utilisation est restée marginale. Les premiers commentateurs ont mis en évidence les nombreux problèmes que posait le recours à ce mode de notification (contraintes techniques, incertitudes juridiques : voir les études de P. Lebatteux et N. Le Rudulier, citées en Bibliographie).

Les décrets n° 2019-659 du 29 juin 2019 et n° 2020-834 du 2 juillet 2020 ont poursuivi l'objectif visé en 2015 en simplifiant les modalités de notification électronique par la réforme des articles 64-1 à 64-4 et l'adjonction des articles 64-5 à 64-9.

Nous distinguerons dans les développements qui suivent, et comme le fait le texte lui-même, le régime des notifications (I) et des mises en demeure (II) avant d'examiner les cas où la remise contre récépissé ou émargement est admise (III). Nous terminerons par l'étude du mode de calcul des délais (IV).

I – RÉGIME DES NOTIFICATIONS

Bibliographie : G. Rouzet, *Les notifications en droit de la copropriété : questions d'actualité* : *Defrénois* 2006, art. 38429. – J.-P. Mantelet, *Le régime des notifications postales dans le statut de la copropriété* : *Rev. Administrer* nov. 1997, p. 47.

A – Recours à la lettre recommandée avec demande d'avis de réception

2) Notifications concernées. L'article 64 pose un principe : toutes les « notifications » prévues par la loi du 10 juillet 1965 et le décret du 17 mars 1967 sont valablement faites par *lettre recommandée avec demande d'avis de réception*, qu'il s'agisse des notifications que doit effectuer le syndic ou de celles qu'il doit recevoir. Sont notamment concernées (certains des textes cités exigeant d'ailleurs expressément une notification par lettre recommandée avec demande d'avis de réception) :

– la notification décidée par le syndic des travaux entraînant un accès aux parties privatives (L. art. 9, al. 3) ;

– la notification du procès-verbal prévue lorsque l'assemblée ne parvient pas à élire les membres du conseil syndical (L. art. 21, al. 8) ;

– les notifications des procès-verbaux d'assemblée (L. art. 42 al. 2 et D. art. 18) ;

– les diverses convocations aux assemblées (D. art. 8, al. 2, art. 9, 12, 19, 19-1 et 20) ;

– les demandes d'inscription à l'ordre du jour formées par un copropriétaire (D. art. 10) ;

– les notifications des divers documents devant être communiqués aux copropriétaires préalablement à la convocation de l'assemblée (D. art. 11) ;

– la notification à faire au syndic lors de la mutation d'un lot (D. art. 6) ;

– la notification de la décision de suspension des services d'une résidence-services prise en application de l'article 41-5 de la loi du 10 juillet 1965 aux copropriétaires qui n'étaient pas partie à l'instance (D., art. 39-7) ;

– la notification de la désignation du syndic ou de l'administrateur judiciaire (D. art. 59) ;

– la notification de l'ordonnance de désignation d'un mandataire *ad hoc* (D. art. 61-9) ;

– la notification de la désignation d'un administrateur provisoire au syndicat en difficulté (D. art. 62-5) et la communication du rapport de cet administrateur (D. art. 62-12 et 62-13).

La notification est irrégulière si elle est remise par le préposé à une personne non habilitée pour la recevoir (■ CA Paris, 23e ch. B, 20 sept. 2001 : *Loyers et copr.* 2002, comm. 95).

3) Portée du principe. Il a été soutenu que la formule employée par le législateur (« les notifications sont *valablement* faites... ») n'impliquait pas que les notifications soient *obligatoirement* faites par lettre recommandée avec accusé de réception (Guillot, étude préc.).

Mais cette opinion paraît discutable. Le libellé de la loi s'explique à notre avis de la façon suivante :

Lorsqu'on parle de notification, on peut viser aussi bien l'acte d'huissier (la notification est alors une signification – CPC, art. 651), que la notification « sous enveloppe ou sous pli fermé faite soit par la voie postale, soit par la remise de l'acte au destinataire contre émargement ou récépissé » (cas prévu au CPC, art. 667).

L'article 64 vient préciser en quel sens ce terme générique de « notification » doit être entendu pour l'application du statut de la copropriété : le principe est le recours à la lettre recommandée avec accusé de réception, ce qui veut dire que la signification par huissier n'est jamais indispensable et que la remise contre récépissé ou émargement n'est permise que dans des cas bien délimités.

Voir : art. 64, annot. n° 11, p. 897.

On admettra donc avec la majorité des auteurs que les notifications ou avis prévus par les textes du statut de la copropriété doivent être faits par lettre recommandée avec accusé de réception. Une autre forme ne peut être utilisée (à l'exception de la forme électronique : V. ci-dessous n° 6) : par exemple un envoi en chronopost (■ TGI Évry, 3 nov. 1997 : *Rev. Administrer* avr. 1998, p. 44, note J.-R. Bouyeure) même en cas de grève des postes (sauf toutefois le recours à l'acte d'huissier (V. ci-dessous, n° 4).

Certains textes indiquent d'ailleurs expressément que cette forme est nécessaire (par ex., L. art. 20 en cas de mutation de lot. – D. art. 51, art. 62-5, 62-12, 62-13...).

Voir : sur les difficultés concernant la délivrance des convocations, D. 17 mars 1967, art. 9, p. 703.

4) Application du Code de procédure civile. À propos de ce texte, plusieurs remarques doivent être faites :

– comme l'indique l'article 651, alinéa 3, du Code de procédure civile, il est toujours possible de recourir à l'acte d'huissier (V. ■ Cass. 3e civ., 14 févr. 1996, n° 94-11.617 : *Bull. civ.* III, n° 43. ■ CA Orléans, 3 oct. 2011, n° 10/01850. ■ CA Bastia, ch. civ. 2e sect., 10 janv. 2018, n° 16/00690). Cette forme pourra donc être utilisée chaque fois qu'elle sera considérée comme opportune (par exemple lorsqu'un copropriétaire est sans domicile connu : CPC, art. 651) ;

– selon un arrêt du Conseil d'État (■ CE, 8e et 3e ss-sect., 30 déc. 2002, req. n° 221746 : *Procédures* mai 2003, comm. 119, note O. F. ; *AJDI* 2003, p. 424, note Y. Rouquet), les règles posées par les articles 668 et 669 du Code de procédure civile ne sont pas applicables « aux notifications nécessaires au fonctionnement du régime de la copropriété des immeubles bâtis ». Le décret du 4 avril 2000, dont la légalité n'est pas contestable, a édicté des règles spécifiques.

5) Cas particulier de l'opposition sur vente de lots. C'est à tort que certaines décisions ont admis la possibilité d'utiliser la lettre recommandée avec accusé de réception pour faire opposition sur le prix de vente d'un lot. L'article 20 indique expressément que l'opposition doit être faite par acte d'huissier. Cette disposition législative doit prévaloir sur celle du décret du 17 mars 1967. L'opposition faite par lettre recommandée avec accusé de réception (ou par lettre recommandée ou par lettre simple) doit être considérée comme inexistante. Le notaire qui la reçoit est en droit de n'en tenir aucun compte (V. pour plus de détails, L. art. 20).

B – Notification par voie électronique

6) Renvoi. Sur la possibilité d'effectuer des notifications par la voie électronque, V. ci-dessous les articles 64-2 à 64-9 du décret du 17 mars 1967.

C – Notification par télécopie avec récépissé

Bibliographie : G. Rouzet, *La notification par télécopie avec récépissé en droit de la copropriété : Defrénois* 2007, article 38580.

7) Suppression de la notification par télécopie. « Toutes les notifications... prévues par la loi et le présent décret sont valablement faites... par télécopie avec récépissé » énonçait l'article 64 dans sa nouvelle rédaction issue du décret du 1er mars 2007. Il n'y avait pas à distinguer entre les notifications faites par le syndic et celles qui devaient lui est adressées (sur les notifications concernées).

L'utilisation de la télécopie impliquait toutefois que le copropriétaire ait notifié son numéro de télécopie au syndic.

Toutes les notifications qui pouvaient être faites par lettre recommandée avec demande d'avis de réception pouvaient également être effectuées par télécopie. (V. liste *supra*, n° 2).

Il semble que par « récépissé » de la télécopie, le législateur ait visé uniquement le justificatif qui s'affiche sur le télécopieur du syndic, sans vouloir exiger que le destinataire accuse réception de la télécopie. Comme on l'avait souligné (P. Lebatteux, *op. cit.*, p. 21 et s. ; P. Capoulade, *op. cit.*, p. 362), on pouvait craindre qu'un contentieux naisse quant à la preuve du contenu de la télécopie et quant à l'état dans lequel elle était parvenue au destinataire. Une première décision laissait planer un doute sur la fiabilité de ce mode de notification, en déclarant que la télécopie ne permet pas de prouver de façon certaine que la notification a bien eu lieu, car le récépissé prouve l'envoi mais pas la réception (■ TGI Paris, 8e ch., 2e sect., 19 nov. 2009 : *AJDI* 210, p. 390. – V. à ce propos G. Morfoisse, *Émission n'est pas réception : Gaz. Pal.* 10-12 janv. 2010, p. 20).

Le législateur a pris conscience des inconvénients de ce mode de notification et le décret du 21 octobre 2015 précité a finalement supprimé la possibilité d'y avoir recours, en considérant que « cette technique de notification » n'offrait qu'un « faible niveau de sécurité juridique » (présentation du décret, *JO* 23 oct. 2015, p. 19707).

II – MISES EN DEMEURE

8) Mises en demeure concernées. L'article 64 vise « toutes les mises en demeure prévues par la loi du 10 juillet 1965 et le présent décret » (du 17 mars 1967).

Divers textes de la loi du 10 juillet 1965 ou du décret du 17 mars 1967 prévoient la délivrance d'une mise en demeure :

• pour la loi du 10 juillet 1965 :

– l'article 18-2, alinéa 3 (mise en demeure par le syndic nouvellement désigné à son prédécesseur, en vue d'obtenir sa condamnation sous astreinte à la remise des pièces et des fonds du syndicat) ;

– l'article 19 (mise en demeure préalable à l'inscription de l'hypothèque légale du syndicat) ;

– l'article 19-2 (mise en demeure destinée à provoquer l'exigibilité anticipée des provisions non échues) ;

• pour le décret du 17 mars 1967 :

– l'article 8 alinéa 2 : mise en demeure au syndic par le président du conseil syndical de convoquer l'assemblée ;

– l'article 34 (mise en demeure adressée par le nouveau syndic à son prédécesseur en vue de la remise des documents du syndicat) ;

– l'article 36 (mise en demeure adressée par le syndic à un copropriétaire débiteur d'avance ou de provisions) ;

– l'article 38 (constat de la défaillance d'un copropriétaire en cas d'emprunt collectif) ;

– l'article 47-1 (carence ou empêchement constaté du fait du caractère infructueux d'une mise en demeure) ;

– l'article 49 (mise en demeure adressée au syndic pour établir son empêchement ou sa carence) ;

– l'article 50 (mise en demeure adressée au syndic et le cas échéant au président du conseil syndical avant la convocation de l'assemblée par un copropriétaire).

9) Formes des mises en demeure. Comme les notifications, dont elles ne constituent qu'une application particulière, les mises en demeure peuvent être délivrées soit par lettre recommandée avec demande d'avis de réception, soit par voie électronique. (V. les commentaires figurant ci-dessus sous l'article 64-2).

Dans sa rédaction antérieure, le texte réservait le cas de la mise en demeure prévue par l'article 19 de la loi du 10 juillet 1965 (V. ce texte) qui est le prélude à la prise d'une inscription d'hypothèque légale au profit du syndicat. Elle devait être faite par acte d'huissier. Cette exception a été supprimée par le décret du 21 octobre 2015 précité et cette mise en demeure n'est plus soumise à un régime particulier. Elle relève donc des règles générales posées par l'article 64 du décret.

III – REMISE CONTRE RÉCÉPISSÉ OU ÉMARGEMENT

10) Cas exceptionnels où elle peut être utilisée. Les cas où la notification peut être faite par remise contre récépissé ou émargement doivent être considérés comme une exception à la règle selon laquelle les notifications s'opèrent par lettre recommandée avec accusé de réception. Sont concernés les convocations aux assemblées (A) et la notification de l'avis mentionné à l'article 59 du décret du 17 mars 1967 (B).

Aucune autre notification ne peut être effectuée par remise contre récépissé ou émargement, en dehors de celles visées expressément par le texte (par ex., la notification des procès-verbaux d'assemblées : ▪ CA Paris, ch. 23 B, 1er févr. 2001 : *Revue loyers* 2001, p. 189, note L. Guégan). L'énumération légale doit être considérée comme limitative.

A – Convocations aux assemblées

11) Choix du mode de convocation. Les convocations sont en principe faites par lettre recommandée avec accusé de réception (la convocation par lettre simple serait nulle : ▪ CA Paris, 31 mai 1983 : *Rev. Administrer* 1984, n° 145, p. 41, obs. Guillot), ou par lettre recommandée électronique, mais la technique de la remise contre récépissé ou émargement peut être employée. Le syndic est libre de recourir au procédé de son choix (▪ CA Paris, 23e ch. A, 11 juin 2003 : *Loyers et copr.* 2004, comm. 15, obs. G. Vigneron).

En cas de remise de la convocation par émargement, la preuve de la remise doit être rapportée par la signature du copropriétaire en face de son nom (▪ CA Paris, 23e ch. B, 20 sept. 2001 : *Rev. Administrer* avr. 2002, p. 48, obs. J.-R. Bouyeure). Le syndic ne peut se contenter de déposer les avis de convocation dans les boîtes aux lettres (▪ CA Paris, 25 oct. 1982 : *D.* 1983, p. 460, obs. Cl. Giverdon) ou d'inviter les copropriétaires à retirer leur convocation chez le concierge (▪ TGI Paris, 29 oct. 1976 : *D.* 1987, inf. rap. p. 120. – Rép. min., 29 mars 1974 : *JOAN*, p. 1287).

Lorsque le syndic use de la possibilité de convoquer par remise de récépissé ou émargement, il lui appartient de se réserver la preuve de la date de cette remise (▪ CA Paris, 24 oct. 1972 : *JCP G* 1973, IV, p. 31. ▪ CA Paris, 4 juill. 1980 : *D.* 1981, inf. rap. p. 398. ▪ CA Paris, 25 oct. 1982 : *D.* 1983, inf. rap. p. 460). Le juge saisi d'une contestation doit, si cela lui est demandé, rechercher si certaines convocations n'ont pas été retirées par d'autres que les copropriétaires concernés (▪ Cass. 3e civ., 3 juill. 1996, n° 93-19.677 : *Rev. Administrer* janv. 1997, p. 46, obs. P. Capoulade ; *Rev. loyers* 1996, p. 505, note J.-M. Gélinet).

Il est possible de convoquer par voie de remise contre émargement même si le règlement a prévu l'utilisation de la lettre recommandée comme seul mode de convocation car les dispositions de l'article 63 du décret (devenu l'article 64) sont d'ordre public (▪ Cass. 3e civ., 12 avr. 1972 : *JCP* 1972, II, 17119, note Guillot. ▪ Cass. 3e civ., 23 janv. 1973 : *D.* 1973, inf. rap. p. 52).

B – Avis mentionné à l'article 59 du décret du 17 mars 1967

12) Choix du mode de notification. En vertu de l'article 64, alinéa 2, l'*avis mentionné à l'article 59* (al. 1) par lequel le syndic fait connaître aux copropriétaires l'existence et l'objet des instances concernant le syndicat (V. ce texte) peut être valablement notifié par remise contre récépissé ou émargement.

IV – CALCUL DES DÉLAIS

Bibliographie : C. Giverdon, *Point de départ de certains délais en matière de copropriété* : *AJDI* 2000, p. 382. – J.-R. Bouyeure, *Commentaire du* *décret du 4 avril 2000 : Rev. Administrer* juin 2000, p. 8. – J. Rémy, *La computation des délais en matière de copropriété : Rev. loyers* 2000, p. 296. – C. Atias, *Le point de départ des délais en copropriété immobilière : Ann. loyers* 2000, p. 1149.

A – Notifications et mises en demeure par lettre recommandée avec demande d'avis de réception

13) Modification apportée par le décret du 4 avril 2000. Le décret n° 2000-293 du 4 avril 2000 a complété l'article 63, alinéa 1 (devenu l'article 64), en précisant que le délai que font courir les notifications et mises en demeure prévues par la loi du 10 juillet 1965 ont pour point de départ le lendemain du jour de la première présentation de la lettre recommandée au domicile du destinataire.

Ce décret a mis fin à une anomalie. En effet, pour les notifications antérieures le délai courrait à compter de la date de réception effective de la lettre par son destinataire et non pas de la date de la première présentation (V. en dernier lieu, ▪ Cass. 3e civ., 6 févr. 2002, n° 00-18.169. ▪ Cass. 3e civ., 28 mars 2001, n° 99-19.427. – *Contra* : ▪ CA Paris, 23e ch. B, 29 nov. 2001 : *Loyers et copr.* 2002, comm. 125, 1er mars 2001 : *AJDI* 2001, p. 714, obs. C. Giverdon), si bien que le destinataire était maître de la situation. Il lui suffisait de ne pas aller chercher la lettre au bureau de poste ou de la « refuser » pour que le délai ne courre pas....

14) Point de départ du délai. Le délai court du lendemain du jour de la « première présentation » de la lettre recommandée (V. *supra*), matérialisée en principe par la date apposée par La Poste sur l'avis de réception. Un copropriétaire ne peut donc désormais empêcher le cours des délais en refusant la lettre recommandée ou en ne la retirant pas (V. ▪ CA Paris, 23e ch. B, 18 sept. 2003 : *Rev. Administrer* janv. 2004, p. 36, note A. Alfandari ; *Rev. loyers* 2003, p. 672).

Pour être prise en considération, cette première présentation doit être faite « au domicile du destinataire ».

Il a été précisé que la mention « distribution différée raison La Poste » ne vaut pas présentation de la lettre recommandée (▪ Cass. 3e civ., 17 sept. 2020, n° 19-16.079).

Voir : sur le sens à donner à ces termes, D. 17 mars 1967, art. 65, p. 902.

Si le destinataire conteste sa signature, une vérification d'écritures peut être ordonnée conformément aux articles 1324 du Code civil et 228 et 287 du Code de procédure civile (▪ Cass. 3e civ., 9 mars 2005, n° 03-16.806 : *JurisData* n° 2005-027460 ; *Bull. civ.* III, n° 64 ; *Loyers et copr.* 2005, comm. 97, obs. G. Vigneron).

15) Calcul du délai. Le point de départ du délai étant ainsi déterminé, il y a lieu pour le calcul du délai d'appliquer les règles de l'article 641 du Code de procédure civile. Ainsi, lorsque le délai court à compter du 24 mai, il expirera le jour du deuxième mois portant le même quantième, soit ici le 24 juillet à minuit (▪ CA Paris, 23e ch. B, 14 mars 2002 : *Dossier CSAB* n° 111, avr. 2004, n° 57, obs. A. Dunes).

B – Notification par voie électronique

16) Point de départ et calcul du délai. Lorsque la notification ou la mise en demeure est effectuée par voie électronique, le point de départ du délai qu'elles font courir est déterminé par l'article 64-3 du décret du 17 mars 1967 (V. ce texte).

Art. 64-1 ***(Mod. à compter du 4 juillet 2020, D. n° 2020-834, 2 juill. 2020).*** **– Lorsque la copropriété est dotée d'un espace en ligne sécurisé, la notification des documents mentionnés à l'article 11 peut, sous réserve de l'accord exprès du copropriétaire, valablement résulter d'une mise à disposition dans un espace du site dont l'accès est réservé aux copropriétaires. La convocation mentionnée à l'article 9 précise expressément que ces documents sont accessibles en ligne et la durée de leur mise à disposition.**

1) Espace en ligne sécurisé. L'article 64-1 concerne le cas où la copropriété est dotée d'un espace en ligne sécurisé conformément à l'article 18, I, dernier alinéa de la loi du 10 juillet 1965 et de l'article 33-1-1 du décret du 17 mars 1967.

Ce texte reprend textuellement les dispositions de l'ancien article 64-5, créé par le décret n° 2019-650 du 27 juin 2019.

2) Dispense de notification des documents mentionnés à l'article 11 du décret. Lorsque la copropriété est dotée d'un espace en ligne sécurisé, le syndic peut, sous certaines conditions, se dispenser de la notification des documents exigés par l'article 11 de ce même décret (V. ce texte *supra*), qui doivent être joints à la convocation.

La notification est alors remplacée par une simple mise à disposition de ces documents dans un espace du site sécurisé dont l'accès est réservé aux copropriétaires.

La dispense de notification doit impliquer « l'accord exprès du copropriétaire ».

3) Conséquences sur la délivrance des convocations. Lorsque l'accord du copropriétaire a été donné, la convocation « mentionnée à l'article 9 » du décret du 17 mars 1967 doit indiquer expressément :

– que les documents qui auraient dû lui être notifiés sont accessibles en ligne sur l'espace sécurisé ;

– quelle est « la durée de la mise à disposition ».

Art. 64-2 ***(Mod. à compter du 4 juillet 2020, D. n° 2020-834, 2 juill. 2020).*** **– Pour l'application de l'article 42-1 de la loi du 10 juillet 1965, toutes les notifications et mises en demeure peuvent également être faites soit par lettre recommandée électronique dans les conditions prévues par les articles R. 53 à R. 53-4 du Code des postes et des communications électroniques, soit au moyen d'un procédé électronique mis en œuvre par l'intermédiaire d'un prestataire de services de confiance qualifié et garantissant l'intégrité des données, la sécurité, ainsi que la traçabilité des communications, dans les conditions prévues aux articles 64-5 à 64-9.**

Le délai que les notifications et mises en demeure par voie électronique font courir a pour point de départ le lendemain de la transmission, par le prestataire de service de confiance qualifié, de l'avis électronique informant le destinataire d'un envoi électronique.

1) **Notification par voie électronique : champ d'application.** La possibilité d'utiliser la voie électronique est prévue par l'article 42-1 de la loi du 10 juillet 1965, créé par la loi n° 2014-366 du 4 mars 2014 dite loi ALUR, et par l'article 64-2 du décret du 17 mars 1967 pris pour son application. Elle concerne « toutes les notifications et mises en demeure »

Le fait que « l'accord exprès des copropriétaires » soit nécessaire (L. 10 juill. 1965, art. 42-1) montre que le législateur a eu en vue les notifications ou mises en demeure « internes » à la copropriété, concernant les rapports régis par la loi du 10 juillet 1965 entre les copropriétaires et le syndicat ou le syndic.

L'article 64-9 du décret du 17 mars 1967 (V. le commentaire de ce texte ci-dessous) énonce en outre que ce mode de notification est applicable :

– lorsqu'un administrateur provisoire est désigné en application de l'article 29-1 de la loi du 10 juillet 1965 ;

– lorsque l'assemblée générale est convoquée par le président du conseil syndical ou par un copropriétaire dans les conditions définies aux articles 8 et 50 du décret du 17 mars 1967.

2) **Procédés de notification par voie électronique.** Comme l'indique l'article 64-2, les moyens électroniques qui peuvent être utilisés sont de deux types :

– il peut s'agir tout d'abord de la lettre recommandée électronique dans les conditions prévues par les articles R. 53 à R. 53-4 du Code des postes et des communications électroniques (V. ce texte Annexe « Lettre recommandée électronique »)

– il peut s'agir aussi d'un procédé électronique mis en œuvre par l'intermédiaire d'un prestataire de services de confiance qualifié et garantissant l'intégrité des données, la sécurité, ainsi que la traçabilité des communications, Les modalités de ce mode de notification sont fixées par les articles 64-5 à 64-9 du décret du 17 mars 1967 (V. ces textes ci-dessous).

3) **Point de départ des délais en cas de notification par voie électronique.** Le délai que la notification ou la mise en demeure par voie électronique fait courir a pour point de départ le lendemain de la transmission, par le « prestataire de service de confiance qualifié », de l'avis électronique informant le destinataire d'un envoi électronique(art. 64-2, al. 2).

Art. 64-3 ***(Mod. à compter du 4 juillet 2020, D. n° 2020-834, 2 juill. 2020).*** **– I. – L'accord exprès du copropriétaire mentionné à l'article 42-1 de la loi du 10 juillet 1965 précise s'il porte sur les notifications, les mises en demeure ou les deux. Cet accord exprès peut ne porter que sur les modalités particulières de notification mentionnées à l'article 64-1.**

Lorsqu'il est formulé lors de l'assemblée générale, cet accord est mentionné sur le procès-verbal d'assemblée générale. Il peut également être adressé à tout moment au syndic par tout moyen permettant d'établir avec certitude la date de sa réception.

II. – Lorsque les notifications et mises en demeure mentionnées au I sont faites au moyen du procédé électronique mis en œuvre par l'intermédiaire d'un prestataire de services de confiance qualifié mentionné à l'article 64-2, chaque copropriétaire concerné en est informé au moins quinze jours avant le premier envoi effectué par ce moyen, sans que cette formalité soit prescrite à peine d'irrégularité de l'acte.

I – ACCORD CONCERNANT LES NOTIFICATIONS PAR VOIE ÉLECTRONIQUE

1) **Un accord « exprès ».** Ce texte créé par le décret n° 2015-1325 du 21 octobre 2015 (*JO* 23 oct.) a été modifié par le décret n° 2019-650 du 27 juin 2019. Il a pour objet de préciser les modalités selon lesquelles un copropriétaire doit faire connaître son accord pour recevoir des notifications par la voie électronique.

L'article 42-1 de la loi du 10 juillet 1965 a précisé que cet accord devait être « exprès », ce qui exclut la possibilité d'invoquer un accord tacite.

En outre, cet accord peut être révoqué par le copropriétaire qui l'avait donné, selon les mêmes formes (Rép. min., n° 2421 : *JO Sénat*, 27 oct. 2022, p. 5352 ; *AJDI* 2022, p. 803).

A – Formulation de l'accord

2) Deux voies sont offertes aux copropriétaires pour faire connaître leur accord : il peut être formulé lors de l'assemblée générale (n°) ou être notifié au syndic en dehors de toute assemblée (n°).

3) Accord formulé lors de l'assemblée générale. Lorsque l'accord est formulé « lors de l'assemblée générale », il est alors consigné sur le procès-verbal de l'assemblée. En pratique il peut être conseillé de demander au copropriétaire concerné d'apposer sa signature en face de cette mention. Il a été également suggéré pour éviter des difficultés ultérieures, de faire signer le copropriétaire sur une feuille séparée, mentionnant son nom, son prénom, l'objet de son accord, la date, et sa signature (C. Chazelle, *Le copropriétaire, homo numericus : Inf. rap. copr.* déc. 2015, p. 20).

Diverses questions se sont posées à ce propos :

– le syndic doit-il mentionner au procès-verbal non seulement l'accord du copropriétaire mais également son adresse électronique ? Cette dernière formule ne paraît pas souhaitable, cette adresse n'ayant pas à être connue des autres copropriétaires (P. Lebatteux, étude préc., p. 12) ;

– lorsqu'un lot appartient des époux, il est souhaitable de recueillir le consentement et l'adresse électronique de chacun d'eux et de leur adresser des notifications séparées (C. Chazelle, *Le copropriétaire, homo numericus : Inf. rap. copr.* déc. 2015, p. 20) ;

– autre problème : par qui doit être formulé cet accord dans le cas de démembrement de propriété ou d'indivision du lot ? Cette prérogative paraît appartenir au représentant du lot désigné conformément à l'article 23 de la loi du 10 juillet 1965, et qui est appelé à recevoir les notifications (N. Le Rudulier, *La dématérialisation des notifications et des mises en demeure en droit de la copropriété : AJDI* 2016, p. 250).

4) Accord formulé par notification au syndic. S'il n'est pas formulé lors de l'assemblée générale, le copropriétaire peut le notifier au syndic « à tout moment » et « par tout moyen conférant date certaine ». L'article 64-1 imposait dans son ancienne rédaction une notification par lettre recommandée avec demande d'avis de réception ou par lettre recommandée électronique.

Le syndic l'enregistre à la date de réception de la lettre et l'inscrit sur le registre des procès-verbaux mentionnés à l'article 17, alinéa 4 du décret du 17 mars 1967 (V. ce texte).

Les problèmes évoqués ci-dessus (n° 3) concernant le pouvoir de l'auteur de la notification se posent également dans ce cas particulier.

B – Objet de l'accord

5) Précisions. Dans son ancienne rédaction, le texte avait donné lieu à des interrogations. L'accord pouvait-il être modulé ? Pouvait-il ne concerner que les notifications ? Ou les notifications et les mises en demeure ? (V. P. Lebatteux, *Les notifications par voie électronique, des ambitions déçues : Administrer* mars 2016, p. 12).

L'article 64-3 nouveau précise précise que l'accord peut porter « sur les notifications, les mises en demeure ou les deux ».Il peut même ne porter que « sur les modalités particulières de notification mentionnées à l'article 64-1 ».(V. ce texte ci-dessus)

II – UTILISATION DE LA VOIE ÉLECTRONIQUE : INFORMATION PRÉALABLE

6) Obligation d'information du copropriétaire concerné. L'article 64-3, II, précisé que dans le cas où les notifications et mises en demeure mentionnées à l'article 64-3, I, sont faites au moyen du procédé électronique mis en œuvre par l'intermédiaire d'un prestataire de services de confiance qualifié mentionné à l'article 64-2, chaque copropriétaire concerné doit en être informé au moins 15 jours avant le premier envoi effectué par ce moyen. Cependant ajoute le texte, cette formalité n'est pas « prescrite à peine d'irrégularité de l'acte ».

Art. 64-4 ***(Mod. à compter du 4 juillet 2020, D. n° 2020-834, 2 juill. 2020).*** **– Le copropriétaire peut à tout moment retirer son accord exprès selon les mêmes formes que celles prévues au I de l'article 64-3. Si cette décision est formulée lors de l'assemblée générale, le syndic en fait mention sur le procès-verbal.**

Cette décision prend effet le lendemain du huitième jour suivant la réception par le syndic de l'information adressée selon les modalités mentionnées au I de l'article 64-3.

1) Accord d'un copropriétaire pour recevoir des notifications par voie électronique : rétractation. Ce texte traite du cas où un copropriétaire qui a, conformément à l'article 42-1 de la loi du 10 juillet 1965 (V. ce texte) donné son accord pour recevoir des notifications par la voie électronique, veut par la suite se rétracter. Ces dispositions figuraient antérieurement sous l'article 64-2 du décret du 17 mars 1967. Elles ont été transférées par le décret n° 2020-834 du 2 juillet 2020 sous l'article 64-4, sans modification.

Le retrait de l'accord peut intervenir soit lors de l'assemblée générale soit en dehors de l'assemblée.

2) Retrait de l'accord lors de l'assemblée générale. Si le copropriétaire prend la décision de se rétracter lors de l'assemblée générale, le syndic doit en faire mention sur le registre des procès-verbaux mentionné à l'article 17, alinéa 4 du décret du 17 mars 1967 (V. ce texte).

3) Retrait de l'accord en dehors de l'assemblée générale. Si le copropriétaire se rétracte en dehors de l'assemblée générale, sa décision doit être notifiée au syndic « selon les mêmes formes que celles prévues à l'article 64-3 », ce qui pose les mêmes problèmes d'interprétation V. comm. art. 64-3, n° 3 et 4).

La rétractation ne prend alors effet que « le lendemain du huitième jour suivant la réception par le syndic de l'information qui lui a été notifiée ». L'importance de la date de réception apparaît à la lecture de ce texte puisqu'elle fait courir le délai de 8 jours, ce qui renvoie au choix des modalités de la notification (V. ci-dessus, art. 64-3).

Art. 64-5 *(Mod. à compter du 4 juillet 2020, D. n° 2020-834, 2 juill. 2020).* – Le prestataire de service de confiance qualifié chargé, en application de l'article 64-2, de la transmission par voie électronique des mises en demeure et notifications délivre à l'expéditeur un récépissé du dépôt électronique de l'envoi ainsi qu'un justificatif de la transmission de l'envoi par ses soins au destinataire. Ces documents comportent les informations suivantes :

1° Le nom et le prénom ou la raison sociale de l'expéditeur, ainsi que son adresse électronique ;

2° Le nom et le prénom ou la raison sociale du destinataire ainsi que son adresse électronique ;

3° Un numéro d'identification unique de l'envoi attribué par le prestataire ;

4° La liste des pièces remises par l'expéditeur en vue de leur envoi ;

5° La date et l'heure du dépôt électronique de l'envoi ainsi que celles de la transmission au destinataire de l'envoi indiquées par un horodatage électronique qualifié tel que défini par l'article 3 du règlement (UE) n° 910/2014 du Parlement européen et du Conseil du 23 juillet 2014 sur l'identification électronique et les services de confiance pour les transactions électroniques au sein du marché intérieur et abrogeant la directive 1999/93/CE ;

6° La signature électronique et le cachet électronique avancés tels que définis par l'article 3 du règlement (UE) n° 910/2014 mentionné ci-dessus, utilisés par le prestataire lors de l'envoi.

Le prestataire conserve ces preuves de dépôt et de transmission pour une durée minimale d'un an.

Art. 64-6 *(Aj. à compter du 4 juillet 2020, D. n° 2020-834, 2 juill. 2020).* – Un avis électronique est adressé au destinataire par le prestataire de service de confiance qualifié afin de l'informer qu'un envoi électronique lui a été transmis. Cet avis comporte :

1° Le nom de l'expéditeur de l'envoi électronique ;

2° L'objet de l'envoi électronique ;

3° Un lien hypertexte invitant le destinataire à télécharger le contenu de l'envoi adressé par l'expéditeur, disponible pendant au moins vingt et un jours à compter de la transmission de l'avis électronique ;

4° La reproduction de la mention suivante : « En application du second alinéa de l'article 64-2 du décret n° 67-223 du 17 mars 1967, le délai que les notifications et mises en demeure par voie électronique font courir a pour point de départ le lendemain de la transmission de l'avis électronique au destinataire. Pour le présent envoi, la date de transmission est le : (date à préciser). »

Art. 64-7 *(Aj. à compter du 4 juillet 2020, D. n° 2020-834, 2 juill. 2020).* – Si le prestataire de service de confiance qualifié constate, passé un délai de 48 heures après la transmission de l'avis électronique au destinataire, que ce dernier n'a pas procédé au téléchargement du contenu de l'envoi électronique qui lui a été adressé, le prestataire lui adresse un message de rappel comportant les mentions prévues à l'article 64-6. Ce nouveau message est sans incidence sur le point de départ du délai mentionné au second alinéa de l'article 64-2.

Art. 64-8 *(Aj. à compter du 4 juillet 2020, D. n° 2020-834, 2 juill. 2020).* – Le prestataire de service de confiance qualifié conserve la preuve de l'historique de la transmission et des éventuels incidents survenus durant celle-ci pendant une durée minimale d'un an. L'expéditeur a accès à ces informations pendant un an.

Art. 64-9 *(Aj. à compter du 4 juillet 2020, D. n° 2020-834, 2 juill. 2020).* – Les articles 64-1 à 64-4 sont applicables lorsqu'un administrateur provisoire est désigné en application de l'article 29-1 de la loi du 10 juillet 1965 susvisée ou lorsque l'assemblée générale est convoquée par le président du conseil syndical ou par un copropriétaire dans les conditions définies aux articles 8 et 50.

1) Administrateur provisoire. L'article 64-9 (dont les dispositions figuraient à l'article 64-4, avant d'être déplacées sans modification par le décret du 2 juillet 2020 pour figurer sous ce nouveau texte) indique que lorsqu'un administrateur provisoire est désigné en application de l'article 29-1 de la loi du 10 juillet 1965 (V. ce texte), les articles 64-1 à 64-4 du décret du 17 mars 1967 (V. ci-dessus) sont applicables (sous-entendu : pour toutes les notifications ou mises en demeure prescrites par la loi du 10 juillet 1965 ou par le décret du 17 mars 1967).

2) Convocation de l'assemblée par le président du conseil syndical ou par un copropriétaire. L'article 8 du décret du 17 mars 1967, auquel renvoie le texte, concerne des cas exceptionnels dans lesquelles la convocation de l'assemblée peut être opérée par une personne autre que le syndic : lorsque la convocation de l'assemblée est de droit (lorsqu'elle est demandée au syndic soit par le conseil syndical soit par un ou plusieurs copropriétaires représentant au moins un quart des voix de tous les copropriétaires) et que le syndic n'y procède pas, après mise en demeure. L'assemblée est alors valablement convoquée par le président du conseil syndical ou exceptionnellement par tout copropriétaire dans les conditions fixées par l'article 50 du décret du 17 mars 1967.

L'article 64-4 énonce que lorsqu'il y a lieu d'appliquer soit l'article 8 soit l'article 50 du décret du 17 mars 1967 la voie électronique peut être utilisée.

Art. 65 ***(Mod., D. n° 2015-1325, 21 oct. 2015).*** **– En vue de l'application *(D. n° 2020-834, 2 juill. 2020)* « des articles 64 et 64-2 », chaque copropriétaire ou titulaire d'un droit d'usufruit ou de nue-propriété sur un lot ou une fraction de lot notifie au syndic son domicile réel ou élu ainsi que son adresse électronique, s'il a donné son accord pour recevoir des notifications et mises en demeure par voie électronique.**

Les notifications et mises en demeure prévues *(Mod. à compter du 4 juillet 2020, D. n° 2020-834, 2 juill. 2020)* « par les articles 64 et 64-2 » sont valablement faites au dernier domicile ou à la dernière adresse électronique *(Mod. à compter du 4 juillet 2020, D. n° 2020-834, 2 juill. 2020)* « indiquée » au syndic.

Les notifications, mises en demeure ou significations intéressant le syndicat sont valablement faites au siège du syndicat ou au domicile du syndic.

(Al. aj. à compter du 4 juillet 2020, D. n° 2020-834, 2 juill. 2020) **En cas de retard dans la réception ou en cas de perte des données, la responsabilité du prestataire est engagée dans les conditions prévues au 3° de l'article R. 2-1 du Code des postes et des communications électroniques.**

I – NOTIFICATIONS OU MISES EN DEMEURE CONCERNANT LES COPROPRIÉTAIRES

1) Champ d'application du texte. Il faut souligner que l'article 65 ne s'applique qu'aux notifications et mises en demeure visées par l'article 64 et 64-2, c'est-à-dire en fait celles prévues pour l'application de la loi du 10 juillet 1965 et le décret du 17 mars 1967 (V. ce décret, art. 65, al. 2 et 64, al. 1).

Les règles de droit commun reprennent leur empire, et les notifications doivent être faites conformément aux règles édictées par le Code de procédure civile, dans le cas de procédures de droit commun : par exemple lorsque le syndicat agit en paiement à l'encontre d'un copropriétaire (V. ▪ CA Paris, 8ᵉ ch. A, 7 janv. 1987 : *Gaz. Pal.* 1987, 2, p. 648, note F. Plancqueel. ▪ CA Paris, 8ᵉ ch., 7 janv. 1988 : *Inf. rap. copr.* 1988, p. 262).

A – Notifications et mises en demeure par lettre recommandée avec demande d'avis de réception

2) Obligation pour les copropriétaires d'indiquer leur domicile réel ou élu. Le syndic étant dans l'obligation d'établir la liste des copropriétaires sur laquelle doit figurer « leur **domicile réel ou élu** » (V. D. art. 32), il lui appartient lors de sa prise de fonctions d'inviter les copropriétaires à le lui faire connaître. Il s'agit pour eux d'une obligation. L'article 65 alinéa 1ᵉʳ leur impose de « notifier au syndic » leur domicile réel ou élu. S'agissant d'une « notification, »,les formes prévues par les articles 64 et 64-2 du décret (V. ces textes) doivent être respectées.

Postérieurement il incombe aux copropriétaires d'informer le syndic de leurs changements de domicile (V. D. art. 6 pour le cas de mutation de lots).

La notification doit être adressée au syndic lui-même. Le fait que la nouvelle adresse d'un copropriétaire ait été portée à la connaissance des conseils du syndicat n'est pas satisfactoire (▪ CA Aix-en-Provence, 4ᵉ ch. A, 9 oct. 2009 : *Administrer* mai 2010, p. 53, obs. J.-M. Roux). L'adresse du copropriétaire doit être portée à la connaissance du syndic par une notification n'ayant que cet objet (V. dans un cas la nouvelle adresse était indiquée sous le nom de l'expéditeur dans une lettre non datée : ▪ Cass. 3ᵉ civ., 11 mai 2004, n° 03-10.637).

La notification doit être suffisamment précise. Un courrier adressé par des copropriétaires demandant au syndic de « se mettre en relation avec leur fils » ne vaut pas élection de domicile au sens de l'article 64 du décret (▪ Cass. 3ᵉ civ., 18 déc. 2002, n° 01-10.206 : *Rev. loyers* 2003, p. 265).

L'obligation s'applique aux copropriétaires mais aussi aux *titulaires d'un droit d'usufruit ou de nue-propriété* sur un lot ou une fraction de lot (art. 64, al. 1er).

1° Localisation du domicile réel ou élu

Bibliographie : M.-H. Martial, *La copropriété à l'heure de la mondialisation : Inf. rap. copr.*, mars 2020, p. 33.

3) Règles applicables. Jusqu'à la réforme opérée par le décret du 1er mars 2007, le domicile réel ou élu devait se situer obligatoirement soit en France métropolitaine si l'immeuble y était situé, soit dans le département ou le territoire d'outre-mer de la situation de l'immeuble. Si un étranger n'avait pas élu domicile dans le lieu de la situation de l'immeuble, il ne pouvait se plaindre de la réception tardive d'une convocation et prétendre faire annuler l'assemblée pour ce motif (■ CA Paris, 23e ch. B, 14 déc. 2006 : *JurisData* n° 2006-322404).

Mais sur l'intervention de la Commission européenne (communiqué n° IP/06/441, 4 avr. 2006), est intervenu le décret n° 2007-285 du 1er mars 2007 qui a supprimé à compter du 1er avril 2007 l'obligation faite aux personnes demeurant à l'étranger d'élire domicile en France. Dorénavant, pour le copropriétaire demeurant à l'étranger, le syndic devra adresser les notifications ou mises en demeure :

– soit en France s'il a notifié une élection de domicile en France ;

– soit à l'étranger, à son domicile réel ou à son domicile élu ;

– soit par lettre recommandée électronique si le copropriétaire a accepté ce mode de notification (V. comm. n° 2, p. 902).

Le texte n'impose pas que le domicile réel ou élu que le copropriétaire notifie au syndic soit, lorsqu'il s'agit d'une personne morale, celui de son représentant légal (■ CA Paris, pôle 4, 2e ch., 24 oct. 2012, n° 11/4850 : *JurisData* n° 2012-02451 ; *Loyers et copr.* 2013, comm. 28, obs. G.V.).

2° Obligation pour le syndic de notifier au domicile réel ou élu qui lui a été indiqué

4) Une obligation impérative. C'est au domicile réel ou élu porté à la connaissance du syndic que les notifications ou mises en demeure visées à l'article 64 du décret seront « valablement faites » : par exemple à l'adresse notifiée par le notaire, par ailleurs conforme aux indications portées dans l'acte de vente (■ CA Paris, 23e ch. B, 1er mars 2001 : *AJDI* 2001, p. 889, note P. Capoulade).

Le respect du domicile notifié conformément à l'article 65 du décret du 17 mars 1967 n'est pas pour le syndic une faculté mais une obligation impérative (■ Cass. 3e civ., 28 mars 2019, n° 18-12.579 : *Administrer* juin 2019, p. 49, note J.-R. Bouyeure).. Le fait que le syndic ait connaissance d'une autre adresse est indifférent, dès lors que cette autre adresse ne lui a pas été régulièrement notifiée (■ Cass. 3e civ., 20 juin 2019, n° 18-14.582 : *Administrer* août-sept. 2019, p. 49. ■ Cass. 3e civ., 7 févr. 2012, n° 10-28.770 : *AJDI* 2012, p. 279). Cette obligation connaît cependant certains tempéraments (V. *infra*, comm. 6).

Seule la notification faite au domicile déclaré est régulière. Si la dernière adresse communiquée au syndic par une SCI est celle de sa gérante, la notification du procès-verbal de l'assemblée faite au siège de la SCI est irrégulière et ne fait pas courir le délai de contestation de deux mois prévus par l'article 42 alinéa 2 de la loi du 10 juillet 1965 (■ Cass 3e civ., 14 avr. 2016, n° 15-11.258). De même le délai de convocation à l'assemblée court à compter du jour de la présentation de la lettre au bureau de poste du lieu de l'adresse déclarée au syndic par les copropriétaires et non pas à compter du jour de présentation de la lettre au bureau de réexpédition où elle a été finalement réceptionnée par le copropriétaire hors délais (■ Cass. 3e civ., 19 oct. 2011, n° 10-20.634 : *Bull. civ.* III, n° 172. – V. également, dans un cas où le copropriétaire avait simplement donné un ordre de réexpédition du courrier, sans faire connaître au syndic son nouveau domicile : ■ CA Paris, 23e ch. B, 18 mai 2000 : *Rev. Administrer* oct. 2000, p. 70, obs. J.-R. Bouyeure. ■ CA Paris, 1er févr. 1995 : *Loyers et copr.* 1995, comm. 538. – V. aussi, ■ CA Montpellier, 14 déc. 1999 : *JCP* G 2000, IV, 1547).

Si un copropriétaire a demandé que les notifications soient faites à son domicile réel, la notification d'une décision d'assemblée effectuée chez son avocat où domicile a été élu pour les besoins de la procédure n'est pas valable et ne fait pas courir le délai de contestation de l'article 42 (■ CA Paris, 23e ch. B, 17 déc. 1998 : *Loyers et copr.* 1999, comm. 131 ; *RD imm.* 1999, p. 148, obs. C. Giverdon ; *Rev. Administrer* mai 1999, p. 50, obs. J.-R. Bouyeure).

Dans le cas où un copropriétaire prétend qu'il n'a pas reçu notification du procès-verbal, le juge doit s'assurer que cette notification lui a bien été adressée à son domicile déclaré, ce dont le syndic doit rapporter la preuve (V. pour une notification faire à une société, ■ Cass. 3e civ., 16 mars 2017, n° 15-29.173 : *Administrer* juill. 2017, p. 40, note J.-R. Bouyeure). L'apposition sur l'enveloppe de la mention « pli avisé et non réclamé » ne suffit pas à établir la preuve de la régularité de la notification s'il apparaît par ailleurs que l'adresse est incomplète, le nom du bâtiment ayant été omis (■ Cass. 3e civ., 13 sept. 2018, n° 17-24.824 : *JurisData* n° 2018-015556 ; *Loyers et copr.* 2018, comm. 229, note C. Coutant-Lapalus ; *Administrer* déc. 2018, p. 39, obs. J.-R. Bouyeure. – V. dans le même sens ■ Cass. 3e civ., 28 mars 2019, n° 18-12.579 : *JurisData* n° 2019-004714 ; *Loyers et copr.* 2019, comm. 85, note C. Coutant-Lapalus).

5) Cas où un copropriétaire n'a pas fait connaître son adresse ou élu domicile. Si un copropriétaire n'a pas fait connaître au syndic son changement de domicile, celui-ci pourra continuer à lui adresser toutes les notifications ou mises en demeure prescrites par la loi à son ancienne adresse sans que ce copropriétaire puisse s'en plaindre en en soulevant la nullité (▪ Cass. 3e civ., 10 mars 2015, n° 13-28.492 : *AJDI* 2015, p. 520, note N. Le Rudulier. ▪ Cass. 3e civ., 11 mai 2004, n° 03-10.637 : *Rev. Administrer* juill. 2004, p. 34, obs. J.-R. Bouyeure. ▪ CA Paris, pôle 4, 2e ch., 26 nov. 2014, n° 13/10000 : *JurisData* n° 2014-033491 ; *Loyers et copr.* 2015, n° 48, note G. Vigneron). Ainsi par exemple, si un copropriétaire n'a pas fait connaître au syndic son domicile élu, il ne peut se plaindre de ce que la convocation à l'assemblée lui est adressée à son dernier domicile connu (▪ CA Versailles, 12 nov. 1992 : *Rev. Administrer* juin 1993, p. 43, obs. A. Dunes. ▪ CA Paris, 8e ch., 6 déc. 1994 : *Loyers et copr.* 1995, n° 236. – V. aussi, ▪ CA Paris pôle 4, 2e ch., 18 oct. 2017, n° 15/17009 : *Administrer* janv. 2018, p. 57, obs. J.-R. Bouyeure).

Si la lettre recommandée est adressée à l'ancien domicile et qu'elle est renvoyée à son expéditeur, elle sera censée avoir atteint son destinataire (E.-J. Guillot, *Étude sur les notifications par lettres recommandées et la copropriété : Rev. Administrer* juin 1983, p. 2 et s.). Le syndic n'a pas à rechercher la nouvelle adresse du copropriétaire (▪ CA Aix-en-Provence, 4e ch. A, 9 oct. 2009 : *Rev. Administrer* mai 2010, p. 53, obs. J.-M. Roux. ▪ CA Paris, 23e ch. B, 15 mars 2001 : *Dossier CSAB*, mars 2002, n° 47, obs. A. Dunes. – V. pour des difficultés créées par la notification d'adresses successives par un copropriétaire : ▪ Cass. 3e civ., 16 mars 2010, n° 08-21.464 : *Rev. Administrer* juill. 2010, p. 43, obs. J.-R. Bouyeure).

Bibliographie : A. Djigo, *La mort du copropriétaire : Loyers et copr.* 2023, n° 7-8, étude 8.

6) Dérogations. La jurisprudence a fait preuve de souplesse et apporté certains tempéraments au principe selon lequel la notification n'est valablement effectuée qu'à l'adresse communiquée au syndic :

– selon la cour de Paris, le texte n'exclut pas la possibilité d'effectuer des notifications à l'adresse à laquelle le syndic sait pouvoir toucher le copropriétaire (▪ CA Paris, 23e ch. B, 12 oct. 2000 : *AJDI* 2000, p. 1065). Selon un arrêt de la cour de Paris, si le syndic ne peut pas produire de notification de son adresse par le copropriétaire, il doit prouver que sa seule adresse connue est celle où la notification a été effectuée (▪ CA Paris, 23e ch. A, 28 oct. 2000 : *AJDI* 2000, p. 1065).

– il a été admis qu'une convocation pouvait être envoyée à une adresse (l'adresse réelle) autre que celle notifiée au syndic, lorsque les lettres mentionnant cette dernière ont été retournées avec la mention « destinataires inconnus » (▪ Cass. 3e civ., 16 mars 2010, n° 08-21.464) ;

– une notification non régulière peut être reconnue valable si elle a touché son destinataire (▪ CA Paris, pôle 4, 2e ch., 24 oct. 2012, n° 11/4850 : *JurisData* n° 2012-002451 ; *Loyers et copr.* 2013, comm. 28, obs. G. V.).

B – Notification par la voie électronique

7) Communication par les copropriétaires de leur adresse électronique. Les copropriétaires, ou les titulaires d'un droit d'usufruit ou de nue-propriété sur un lot ou sur une fraction de lot, qui ont donné leur accord pour recevoir des notifications et mises en demeure par voie électronique (V. ci-dessus l'article 64-2 du décret du 17 mars 1967) doivent « notifier au syndic » leur adresse électronique.

Sur les modes d'expression de l'accord des copropriétaires, V. D. art. 64-3 et 64-4).

C – Notifications et mises en demeure par télécopie

8) Suppression de la notification par télécopie. Ainsi que nous l'avons signalé (V. art. 64, p. 894), le décret n° 2015-1325 du 21 octobre 2015 a supprimé la possibilité de procéder à des notifications ou mise en demeure par télécopie, et modifié en conséquence des articles 64 et 65 du décret du 17 mars 1967.

L'utilisation irrégulière de la convocation par télécopie rend l'assemblée annulable (▪ CA Paris, pôle 4, 2e ch., 10 déc. 2014, n° 12-14.126 : *Administrer* mars 2015, p. 45, obs. J.-R. Bouyeure).

II – NOTIFICATIONS, MISES EN DEMEURE OU SIGNIFICATIONS CONCERNANT LE SYNDICAT

9) Lieu des notifications. L'article 65, alinéa 2, énonce que les divers actes concernant le syndicat (notifications, mises en demeure, significations...) seront « valablement faits » soit au siège du syndicat (c'est-à-dire dans l'immeuble ou au siège fixé par le règlement de copropriété...), soit au domicile du syndic.

10) Forme des notifications. En application des articles 42-1 de la loi du 10 juillet 1965 et 64-2 du décret du 17 mars 1967, toutes les notifications prévues par la loi du 10 juillet 1965 et le décret du 17 mars 1967 sont valablement faites par voie électronique. En conséquence les notifications destinées au syndicat peuvent être effectuées soit par lettre recommandée avec demande d'avis de réception, soit par lettre recommandée électronique. L'utilisation de cette dernière forme n'est en ce cas subordonnée à aucune condition particulière. Les notifications ou mises en demeure peuvent donc être dans tous les cas effectuées à l'adresse mail du syndic. Celui-ci ne pourrait s'y opposer, le texte étant d'ordre public.

III – RESPONSABILITÉ DU PRESTATAIRE

11) Retard dans la réception ou perte des données. L'article 65, alinéa 3 évoque le cas de « retard dans la réception » ou de « perte des données ». La responsabilité du prestataire est alors engagée, indique le texte, « dans les conditions prévues à l'article R. 2-1, 3° du Code des postes et des communications électroniques ». Selon ce dernier texte, pour les envois faisant l'objet, selon les modalités fixées par arrêté du ministre chargé des Postes, de formalités attestant leur dépôt et leur distribution, les indemnités susceptibles, d'être mises à la charge des prestataires de services postaux du fait de la perte ou de l'avarie des envois postaux, autres que les colis, qui leur ont été confiés, ne peuvent excéder la somme de 16 euros.

Art. 66 *(Anc. art. 65, renum., D. n° 2004-479, 27 mai 2004).* – **Le présent décret est applicable dans les territoires d'outre-mer, sous réserve des règles de procédure particulières à ces territoires.**

Art. 66-1 *(D. n° 2010-391, 20 avr. 2010 ; rempl., D. n° 2015-999, 17 août 2015).* – **Pour l'application du présent décret à Mayotte, les mots : « fichier immobilier » sont remplacés par les mots : « livre foncier ».**

Art. 66-2 *(Aj., D. n° 2016-1446, 26 oct. 2016).* – **Les dispositions de l'article 39-2 peuvent être modifiées par décret.**

Art. 67 *(Anc. art. 66, renum., D. n° 2004-479, 27 mai 2004).* – **Le garde des Sceaux, ministre de la Justice, le ministre d'État chargé des départements et territoires d'outre-mer, le ministre de l'Équipement et le secrétaire d'État au logement sont chargés, chacun en ce qui le concerne, de l'exécution du présent décret, qui sera publié au *Journal officiel* de la République française.**

ANNEXES

Annexe 1	- Agence nationale de l'habitat	909
Annexe 2	- Amiante	913
Annexe 3	- Animaux	933
Annexe 4	- Antennes	941
Annexe 5	- Ascenseurs	949
Annexe 5-1	- Assainissement	985
Annexe 6	- Associations syndicales	991
Annexe 7	- Bail à réhabilitation	1015
Annexe 8	- Bail dans le cadre d'une convention d'usufruit	1019
Annexe 9	- Bail réel solidaire	1021
Annexe 10	- Boîtes aux lettres	1027
Annexe 11	- Bruit	1031
Annexe 12	- Carence du syndicat	1039
Annexe 13	- Carnet d'entretien	1051
Annexe 13-1	- Carnet d'information sur le logement	1055
Annexe 14	- Changement d'affectation	1061
Annexe 15	- Chauffage des immeubles	1069
Annexe 16	- Clauses abusives	1089
Annexe 17	- Commission relative à la copropriété	1095
Annexe 17-1	- Colonnes montantes	1137
Annexe 18	- Comptabilité des syndicats	1141
Annexe 19	- Compteurs	1157
Annexe 20	- Concierges et employés d'immeubles	1161
Annexe 20-1	- Copropriétés dégradées	1163
Annexe 21	- Copropriétés en difficultés	1169
Annexe 22	- COVID-19	1173
Annexe 23	- Diagnostic de l'immeuble	1181
Annexe 24	- Domiciliation d'une entreprise	1187
Annexe 24-1	- Données personnelles	1191
Annexe 25	- Eau chaude	1195
Annexe 26	- Économies d'énergie	1197
Annexe 27	- Énergie solaire	1217
Annexe 28	- Espace en ligne sécurisé	1221
Annexe 29	- Fibre optique	1223

Annexe 30	- Fiche synthétique de la copropriété	1233
Annexe 31	- Finances du syndicat	1235
Annexe 32	- Fiscalité	1245
Annexe 33	- Garages (Portes automatiques)	1247
Annexe 34	- Géomètre-expert	1251
Annexe 35	- Grecco	1255
Annexe 36	- HLM	1257
Annexe 36-1	- Hypothèques légales du syndicat	1285
Annexe 37	- Huissier (commissaire) de justice	1289
Annexe 38	- Immatriculation des syndicats de copropriétaires	1291
Annexe 39	- Immeubles dangereux ou insalubres	1301
Annexe 40	- Incendies	1323
Annexe 41	- Information des occupants de l'immeuble	1327
Annexe 42	- Lettre recommandée électronique	1331
Annexe 43	- Locataires	1333
Annexe 44	- Location-accession	1337
Annexe 44-1	- Lots transitoires : régularisation	1341
Annexe 45	- Mayotte	1345
Annexe 45-1	- Meublés de tourisme	1347
Annexe 46	- Mise en copropriété (effets induits)	1355
Annexe 47	- Multipropriété	1357
Annexe 48	- Personnes handicapées (accessibilité)	1365
Annexe 49	- Piscines	1369
Annexe 49-1	- Plan pluriannuel de travaux	1375
Annexe 50	- Plomb (lutte contre le saturnisme)	1377
Annexe 51	- Privilège immobilier du syndicat (ancien)	1395
Annexe 52	- Publicité foncière	1397
Annexe 53	- Ravalement des immeubles	1457
Annexe 54	- Résidences de tourisme	1463
Annexe 55	- Résidences hôtelières à vocation sociale	1467
Annexe 56	- Sécurité des travailleurs	1469
Annexe 57	- Surveillance et sécurité des immeubles	1475
Annexe 58	- Syndic de copropriété	1487
Annexe 59	- Télévision, câble et fibre optique	1559
Annexe 60	- Termites	1563
Annexe 60-1	- Troubles de voisinage	1569
Annexe 61	- Véhicules électriques (Alimentation)	1573
Annexe 62	- Vélos	1585
Annexe 63	- Vente de lots	1589
Annexe 64	- Vidéosurveillance	1599
Annexe 64-1	- Volumes	1605
Annexe 65	- Vote par correspondance	1609

ANNEXE 1

AGENCE NATIONALE DE L'HABITAT

Code de la construction et de l'habitation

Art. L. 321-1 *(Mod., L. n° 2021-1104, 22 août 2021).* – I. – L'Agence nationale de l'habitat a pour mission, dans le respect des objectifs définis à l'article L. 301-1, de promouvoir le développement et la qualité du parc existant de logements privés, en particulier en ce qui concerne les performances thermiques et l'adaptation à la perte d'autonomie. Elle participe à la lutte contre l'habitat indigne et dégradé, aux actions de prévention et de traitement des copropriétés fragiles ou en difficulté, à la lutte contre la précarité énergétique et à l'amélioration des structures d'hébergement. À cet effet, elle encourage et facilite l'exécution de travaux de réparation, d'assainissement, d'amélioration et d'adaptation d'immeubles d'habitation, notamment ceux faisant l'objet d'un bail rural ou commercial, ainsi que l'exécution de travaux de transformation en logements de locaux non affectés à l'habitation, dès lors que ces logements sont utilisés à titre de résidence principale, ainsi que l'exécution d'opérations de résorption d'habitat insalubre et de requalification d'immeubles d'habitat privé dégradé, d'opérations de résorption d'une copropriété dont l'état de carence a été déclaré conformément à l'article L. 615-6 et d'opérations de portage ciblé de lots d'habitation d'une copropriété en difficulté. Elle peut mener des actions d'assistance, d'étude ou de communication ayant pour objet d'améliorer la connaissance du parc privé existant et des conditions de son occupation et de faciliter l'accès des personnes défavorisées et des ménages à revenus modestes ou intermédiaires aux logements locatifs privés. Pour exercer ses missions, elle a accès aux données détenues par les organismes chargés de la liquidation et du paiement de l'aide personnelle au logement, dans des conditions précisées par décret. Elle peut également participer au financement des travaux d'auto-réhabilitation accompagnée par des organismes agréés au titre de l'article L. 365-1.

L'Agence nationale de l'habitat est administrée par un conseil d'administration qui comprend un nombre égal :

1° De représentants de l'État et de ses établissements publics ;

2° D'un député et d'un sénateur, de représentants de l'Assemblée des départements de France, de l'Assemblée des communautés de France, de France urbaine et de l'Association des maires de France ;

> **Rédaction future.** *(Mod. à compter du prochain renouvellement du conseil d'administration de l'Agence nationale de l'habitat, L. n° 2021-1104, 22 août 2021 et à compter de la même date, L. n° 2022-217, 21 févr. 2022)* D'un député et d'un sénateur, de représentants de l'Assemblée des départements de France, de l'Assemblée des communautés de France, France urbaine, de Régions de France et de l'Association des maires de France ;

3° De personnalités qualifiées, dont un représentant des propriétaires, un représentant des locataires et un représentant des professionnels de l'immobilier.

Le président et les membres du conseil d'administration sont nommés par arrêté conjoint du ministre chargé du logement et du ministre chargé des finances. Le président est choisi parmi les membres mentionnés aux 2° ou 3°.

II. – L'Agence nationale de l'habitat peut conclure avec tout bailleur une convention conforme à l'article L. 321-4 ou à l'article L. 321-8 par laquelle ce dernier s'engage à respecter des conditions relatives au plafond de ressources des locataires, au plafond de loyers et, le cas échéant, aux modalités de choix des locataires.

Un décret détermine les modalités d'application du présent II. Ce décret définit une procédure d'entrée en vigueur simplifiée des conventions.

III. – Pour l'accomplissement de sa mission, l'Agence nationale de l'habitat dispose des ressources suivantes :

1° Les contributions et subventions de l'État et de ses établissements publics, de l'Union européenne, des collectivités territoriales, de leurs groupements et de leurs établissements publics ainsi que de toute autre personne morale publique ou privée ;

2° Les recettes fiscales affectées par la loi ;

3° Le produit des amendes mentionnées à l'article L. 651-2 ;

4° Les emprunts et le produit des placements financiers qu'elle est autorisée à faire ;

5° Le remboursement des aides qu'elle a accordées et qui sont annulées ;

6° Le produit des dons et legs ;

7° Les sommes correspondant aux aides accordées par les collectivités territoriales et les établissements publics de coopération intercommunale mentionnées aux articles L. 312-2-1 et L. 321-1-1 qui lui sont versées en application des conventions prévues à ces articles ;

8° Les sommes allouées par des personnes morales publiques ou privées en vue de l'attribution, pour leur compte, d'aides à l'habitat non régies par le présent code, dès lors que les logements faisant l'objet des aides sont occupés à titre de résidence principale ;

9° Les ressources provenant de la participation des employeurs à l'effort de construction ;

10° Les recettes accessoires, notamment la rémunération des services rendus aux tiers, dans des conditions fixées par le conseil d'administration.

III *bis*. – Dans la région, dans le département ou en Corse, le délégué de l'Agence nationale de l'habitat est respectivement le représentant de l'État dans la région, dans le département ou en Corse.

IV. – Un décret en Conseil d'État précise les conditions d'application du présent article. Il détermine les modalités de gestion et de fonctionnement de l'Agence nationale de l'habitat, notamment les règles particulières de majorité nécessaires à la gestion des crédits relatifs à la lutte contre l'habitat indigne et à l'amélioration des structures d'hébergement, ainsi que les utilisations de ses ressources.

....

Art. L. 321-1-2 *(Aj., L. n° 2009-323, 25 mars 2009)*. – L'Agence nationale de l'habitat contribue à la mise en œuvre des actions relatives à la réhabilitation du parc privé, à l'amélioration de la performance énergétique des bâtiments et à la lutte contre l'habitat indigne du programme national de requalification des quartiers anciens dégradés mentionné à l'article 25 de la loi n° 2009-323 du 25 mars 2009 de mobilisation pour le logement et la lutte contre l'exclusion.

....

Art. L. 321-1-4 *(Aj., L. n° 2021-1104, 22 août 2021)*. – L'Agence nationale de l'habitat peut, de manière additionnelle à ses missions prévues à l'article L. 321-1, concourir au service public de la performance énergétique de l'habitat mentionné à l'article L. 232-1 du Code de l'énergie.

....

Art. R. 321-12 *(Mod. à compter du 1er janvier 2021, D. n° 2020-1750, 28 dec. 2020 ; D. n° 2023-126, 22 févr. 2023 ; D. n° 2023-1258, 22 déc. 2023)*. – I. – L'agence peut accorder des subventions :

[...]

7° Aux syndicats de copropriétaires d'immeubles affectés de manière prépondérante à l'usage d'habitation et répondant à l'une des conditions suivantes :

- immeuble faisant l'objet du plan de sauvegarde prévu à l'article L. 615-1 ;
- immeuble situé dans le périmètre d'une opération programmée d'amélioration de l'habitat prévue à l'article L. 303-1, ou d'une opération de requalification de copropriétés dégradées prévue à l'article L. 741-1, lorsque cette opération vise, dans son ensemble ou dans un volet dédié, au redressement d'une ou plusieurs copropriétés rencontrant des difficultés sur le plan technique, financier, social ou juridique, et identifiées à la suite d'actions de repérage et de diagnostic ;
- immeuble pour lequel le syndicat de copropriétaires s'est vu notifier un arrêté pris en application des 1°, 2° ou 4° de l'article L. 511-2 du présent code s'il ne prescrit pas la démolition, à l'exclusion des situations mentionnées à l'article L. 1331-23 du Code de la santé publique ainsi que des mesures prises en application

de l'article L. 511-19 du présent code pour l'ensemble des mesures prescrites sur l'immeuble. L'ensemble des mesures prescrites en application du deuxième alinéa de l'article L. 1331-22 peuvent également faire l'objet d'une subvention de l'agence ;

– immeuble pour lequel le juge a désigné un administrateur provisoire, conformément aux dispositions des articles 29-1 ou 29-11 de la loi n° 65-557 du 10 juillet 1965 fixant statut de la copropriété, pour le financement des travaux nécessaires au fonctionnement normal de la copropriété.

L'aide est destinée à financer les travaux portant sur les parties communes et équipements communs de l'immeuble ainsi que, le cas échéant, les travaux d'intérêt collectif réalisés sur les parties privatives sous la maîtrise d'ouvrage du syndicat des copropriétaires en application du *c* du II de l'article 24 ou du *f* de l'article 25 de la loi du 10 juillet 1965 précitée.

L'attribution de la subvention au syndicat des copropriétaires peut être cumulée, pour les mêmes travaux, avec des aides individuelles aux copropriétaires. Le règlement général de l'agence fixe les modalités de ce cumul.

8° Aux syndicats de copropriétaires d'immeubles affectés de manière prépondérante à l'usage d'habitation :

– pour des travaux tendant à permettre l'accessibilité de l'immeuble et portant sur les parties communes et équipements communs ;

– pour des travaux d'amélioration des performances énergétiques des copropriétés.

L'attribution de la subvention au syndicat des copropriétaires peut être cumulée, pour les mêmes travaux, avec des aides individuelles aux copropriétaires. Le règlement général de l'agence fixe les modalités de ce cumul.

[...]

11° Aux organismes d'habitation à loyer modéré mentionnés à l'article L. 411-2, aux sociétés d'économie mixte ayant pour objet statutaire la construction ou la gestion de logements ou la restructuration urbaine, aux sociétés publiques locales mentionnées à l'article L. 1531-1 du Code général des collectivités territoriales, aux sociétés publiques locales d'aménagement mentionnées à l'article L. 327-1 du Code de l'urbanisme, aux établissements publics fonciers d'État, aux établissements publics fonciers locaux, aux établissements publics d'aménagement, aux concessionnaires d'opérations d'aménagement prévus respectivement aux articles L. 321-1, L. 324-1, L. 321-14 et L. 300-4 aux établissements publics de l'État mentionnés aux articles L. 321-29, L. 321-36-1 et L. 321-37 du même code ainsi qu'aux concessionnaires assurant une mission de redressement des copropriétés, pour les opérations de portage ciblé et d'une durée déterminée de lots d'habitation d'une copropriété en difficulté. Les immeubles concernés sont ceux faisant l'objet du plan de sauvegarde prévu à l'article L. 615-1, ou situés dans le périmètre d'une opération programmée d'amélioration de l'habitat prévue à l'article L. 303-1 ou d'une opération de requalification des copropriétés dégradées prévue à l'article L. 741-1, lorsque cette opération vise, dans son ensemble ou dans un volet dédié, au redressement d'une ou plusieurs copropriétés rencontrant des difficultés sur le plan technique, financier, social ou juridique, et identifiées à la suite d'actions de repérage et de diagnostic. Le plan de sauvegarde, la convention d'opération programmée ou la convention d'opération de requalification de copropriétés dégradées prévoit expressément l'acquisition et la mise en location de certains logements par l'organisme porteur, en vue d'une amélioration des parties communes et privatives et de leur revente ultérieure, en cohérence avec la stratégie de redressement. Les modalités de financement et les contreparties sociales exigées, notamment pour ce qui concerne les conditions d'occupation et de revente, sont fixées par le conseil d'administration ;

12° À titre exceptionnel, à l'opérateur désigné au III de l'article L. 615-10, pour des travaux réalisés sur des parties communes ayant fait l'objet d'une expropriation en application de cet article. Pour chaque immeuble concerné, l'aide ne peut être accordée qu'après l'approbation expresse du conseil d'administration de l'agence, qui, le cas échéant, détermine alors les postes de dépenses pouvant bénéficier d'une aide, ainsi que les modalités de financement applicables.

[...]

16° À titre expérimental et dans des conditions déterminées par le conseil d'administration, aux syndicats de copropriétaires d'immeubles affectés de manière prépondérante à l'usage d'habitation, aux collectivités territoriales ou établissements publics de coopération intercommunale et aux bénéficiaires mentionnés au 11° de l'article R. 321-12, pour des opérations de restructuration de lots à usage autre que celui d'habitation, afin de leur donner un usage commun.

NB : Conformément à l'article 7 du décret n° 2020-1711 du 24 décembre 2020, les dispositions issues dudit décret entrent en vigueur le 1er janvier 2021 et ne sont applicables qu'aux arrêtés notifiés à compter de cette date.

ANNEXE 2

AMIANTE

Le décret n° 96-97 du 7 février 1996, relatif à la protection de la population contre les risques sanitaires liés à une exposition à l'amiante dans les immeubles bâtis, source de la réglementation, a fait l'objet de plusieurs modifications successives *(D. n° 97-855, 12 sept. 1997, art. 1er à 9 ; D. n° 2001-840, 13 sept. 2001, art. 1er à 11 ; mod. à compter du 1er sept. 2002, D. n° 2002-839, 3 mai 2002, art. 1er à 9 et 10)*. Puis il a été abrogé et codifié *(D. n° 2003-462, 21 mai 2003, art. 1er et 5, 69°)*. Les dispositions concernant la matière figurent actuellement au Code de la santé publique (V. CSP, art. R. 1334-14 à R. 1334-29-9 et R. 1337-2 à R. 1337-5 et ann. 13-9).

Bibliographie : Y. Amiot-Than-Trong, *L'amiante : Dr. et ville* 1998, n° 46, p. 213. – P. Baudouin et E. Kalantarian, *Amiante et copropriété : Rev. Administrer* mai 1997, p. 10. – O. Béjat, *Le risque amiante à l'échéance du 31 décembre 1998 : AJPI* 1997, p. 84 et s. – J. Bellon, *L'amiante et le droit immobilier : Defrénois* 1997, art. 36549. – Crideau, *Amiante : quelles responsabilités ? (étude collective) : JCP* N 2001, p. 731. – C. Destame, *Situation de l'immeuble au regard de la réglementation relative à l'amiante – Formules : JCP* N 1996, prat. 3649, et du même auteur, *Amiante – Vos questions : JCP* N 1996, prat. 3880. – T. Dubaele, *Amiante et copropriété : Dr. et patrimoine* févr. 2000, p. 40. – A. Duflot, *La protection contre l'amiante dans les bâtiments : Inf. rap. copr.* sept. 1997, p. 15. – A. Hinfray, *Suppression totale de l'amiante dans l'Union européenne*, Lettre *JCl. Environnement* oct. 1999 ; du même auteur, *Amiante et immobilier, quelles implications ? : Réflexions immobilières*, n° 19, oct. 1997, p. 58. – E. Kalantarian, *Réglementation en matière d'amiante, réflexions complémentaires : Rev. Administrer* oct. 1997, p. 17. – P. Maes, *Pour combattre l'amiante dans tous ses états : Inf. rap. copr.* janv. 1997, p. 19 et s. – J.-L. Gantier, *L'amiante à l'ordre du jour : Le Particulier immobilier* mars 1997, p. 32 et s. – G. Teillais, *Amiante et obligations des propriétaires d'immeubles bâtis : Rev. loyers* 1997, p. 230. – G. Vigneron, *L'amiante dans les immeubles en copropriété : Loyers et copr.* nov. 1997, p. 4. – B. Wertenschlag, *L'amiante dans les immeubles bâtis : AJDI* 1997 p. 1031. ; *Rev. hab. fr. (étude anonyme), Désamiantage des immeubles : la marche à suivre*, 20 oct. 1996, p. 331 et s.

Sur le décret du 13 septembre 2001. T. Keravec, *Amiante : de nouvelles obligations pour les propriétaires d'immeubles : JCP* N 2001, p. 1411. – V. Wertenschlag, *Le chantier amiante, aspects juridiques : AJDI* 2001, p. 7 et *Le nouveau dispositif amiante : AJDI* 2001, p. 885. – A. Hinfray, *Amiante, en avant toutes : Rev. loyers* 2001, p. 486. – E. Kalantarian, *Les nouveautés en matière de réglementation sur l'amiante : Rev. Administrer* mars 2002, p. 14. – L. Pinet, *Amiante, encore du nouveau : Rev. bleue* mai 2002, p. 23.

Sur le décret du 7 février 1996 dans son dernier état. V. Me Delesalle : *Les risques liés à la mauvaise rédaction du dernier décret relatif à l'amiante : JCP* N 2002, n° 41, 1561. – N. Cote, *Plomb et amiante, les incohérences des dispositifs : JCP* N 2002, n° 3, p. 88. – J. Lafond, *L'amiante et les ventes de maisons individuelles : JCP* N 2002, n° 41, 1560. – D. Boulanger, *L'amiante, le plomb et la condition suspensive : JCP* N 2002, n° 50, p. 1727. – N. Cote, *Regard critique sur le décret du 7 février 1996 modifié : JCP* N 2003, n° 1, p. 6. – L. Pinet, *Amiante, encore du nouveau... à nouveau : Rev. bleue* oct. 2002, p. 32. – J. Déquéant, *Amiante, comment réaliser le dossier technique : Mon. TP* 27 sept. 2002, p. 19. – Y. Broussole, *Les principales obligations des copropriétaires ou des syndicats relatives à l'amiante : Administrer* mars 2018, p. 19.

Pour une étude d'ensemble de la réglementation. V. *JCl. Notarial Formulaire, V° Vente d'immeubles*, Fasc. 132 par J. Lafond. – M. Plaidy, *Diagnostics immobiliers et parties communes : Cah. Cridon-Lyon*, n° 53-2008, p. 11.

Voir aussi : rapport d'information du Sénat n° 37 (26 oct. 2005) : *Le drame de l'amiante en France* (sur le site du Sénat). – Rapport et propositions de la mission d'information de l'Assemblée nationale sur les risques et les conséquences de l'exposition à l'amiante (n° 2884, 22 févr. 2006).

Code de la santé publique

(Partie réglementaire)

TITRE III. – PRÉVENTION DES RISQUES SANITAIRES LIÉS À L'ENVIRONNEMENT ET AU TRAVAIL
(Int. rempl., D. n° 2006-676, 8 juin 2006)

CHAPITRE IV. – LUTTE CONTRE LA PRESENCE DE PLOMB OU D'AMIANTE ET CONTRE LES NUISANCES SONORES
(Int. rempl., D. n° 2006-1099, 31 août 2006)

Section II. – Prévention des risques liés à l'amiante dans les immeubles bâtis
(Sect. rempl. à compter du 1er février 2012, D. n° 2011-629, 3 juin 2011)

AVERTISSEMENT

L'entrée en vigueur de ces nouvelles dispositions avait été fixée au 1er février 2012 (à l'exception des articles 9 et 10 du décret).

Cependant les arrêtés prévus par les articles R. 1334-20, V, R. 1334-21, V et R. 1334-22, IV, qui devaient fixer les critères d'évaluation et le contenu du rapport de repérage n'étaient toujours pas publiés à cette date. Une lettre du Secrétariat d'État à la santé du 20 janvier 2012 a fait savoir en conséquence que les dispositions du décret n° 2011-629 du 3 juin 2011 dont la mise en application était directement ou indirectement subordonnée à l'édiction d'un arrêté ne seraient pas applicables avant la publication de cet arrêté.

N'étaient donc applicables, aux termes de cette même lettre, que les dispositions des articles suivants :

- premier alinéa de l'article R. 1334-24 : les dispositions nouvelles étant une reproduction de l'ancienne rédaction, l'arrêté du 6 mars 2003 relatif aux compétences des organismes procédant à l'identification d'amiante dans les matériaux et produits continue de s'appliquer en vertu de cet alinéa tant que le nouvel arrêté n'est pas paru ;
- article R. 1334-18 (recodifié en art. R. 1334-25) : en vertu de l'article 8 du décret du 3 juin 2011, ces dispositions sont d'ores et déjà applicables, les arrêtés correspondants ayant été publiés le 19 août 2011.

L'ensemble des autres nouvelles dispositions et plus particulièrement la définition des listes de matériaux et produits susceptibles de contenir de l'amiante (annexe 13-9 nouvelle du Code de la santé publique), les modalités de repérage, la constitution de documents de base sur la base de ces listes et repérages n'étaient pas encore applicables.

Les règles en vigueur continuaient donc de s'appliquer jusqu'à parution des arrêtés précisant les nouvelles modalités de réalisation des repérages.

La publication des arrêtés attendus n'est intervenue que le 12 décembre 2012. Et l'entrée en vigueur effective a été repoussée au 1er janvier 2013.

Art. R. 1334-14 ***(Rempl. à compter du 1er février 2012, D. n° 2011-629, 3 juin 2011).*** **– I. – Les articles de la présente section s'appliquent, sauf disposition contraire, aux immeubles bâtis dont le permis de construire a été délivré avant le 1er juillet 1997, qu'ils appartiennent à des personnes privées ou publiques.**

II. – Dans cette section, on entend par les termes « le propriétaire » :

1° Pour les immeubles mentionnés à l'article R. 1334-15, le ou les propriétaires de l'immeuble bâti ;

2° Pour les parties privatives d'immeubles mentionnées à l'article R. 1334-16, le ou les propriétaires de la partie privative ;

3° Pour les immeubles mentionnés à l'article R. 1334-17, le ou les propriétaires de l'immeuble, ou, en cas de copropriété, le syndicat des copropriétaires ;

4° Pour les immeubles mentionnés à l'article R. 1334-18, le ou les propriétaires de l'immeuble, ou le syndicat des copropriétaires en cas de copropriété.

III. – À défaut que le ou les propriétaires mentionnés au 4° du II du présent article aient pu être identifiés, les obligations leur incombant en application des dispositions de la présente section sont à la charge du ou des exploitants de l'immeuble.

IV. – Les listes A, B et C de matériaux et produits susceptibles de contenir de l'amiante, mentionnées dans la présente section, sont détaillées à l'annexe 13-9 du présent code.

Sous-section 1. – Obligations des propriétaires de tout ou partie d'immeubles bâtis en matière de repérage

Art. R. 1334-15 *(Rempl. à compter du 1er février 2012, D. n° 2011-629, 3 juin 2011).* – **Les propriétaires d'immeubles d'habitation ne comportant qu'un seul logement font réaliser, pour constituer l'état prévu à l'article L. 1334-13 en cas de vente, un repérage des matériaux et produits des listes A et B contenant de l'amiante.**

Art. R. 1334-16 *(Rempl. à compter du 1er février 2012, D. n° 2011-629, 3 juin 2011).* – **Les propriétaires des parties privatives d'immeubles collectifs d'habitation y font réaliser un repérage des matériaux et produits de la liste A contenant de l'amiante.**

Ils font également réaliser un repérage des matériaux et produits de la liste B contenant de l'amiante, pour constituer l'état prévu à l'article L. 1334-13 en cas de vente.

Art. R. 1334-17 *(Rempl. à compter du 1er février 2012, D. n° 2011-629, 3 juin 2011).* – **Les propriétaires des parties communes d'immeubles collectifs d'habitation y font réaliser un repérage des matériaux et produits des listes A et B contenant de l'amiante.**

Art. R. 1334-18 *(Rempl. à compter du 1er février 2012, D. n° 2011-629, 3 juin 2011).* – **Les propriétaires des immeubles bâtis autres que ceux mentionnés aux articles R. 1334-15 à R. 1334-17 y font réaliser un repérage des matériaux et produits des listes A et B contenant de l'amiante.**

Art. R. 1334-19 *(Rempl. à compter du 1er février 2012, D. n° 2011-629, 3 juin 2011).* – **Les propriétaires des immeubles bâtis mentionnés à l'article R. 1334-14 font réaliser, préalablement à la démolition de ces immeubles, un repérage des matériaux et produits de la liste C contenant de l'amiante.**

Sous-section 2. – Établissement des repérages et rapports de repérage

Art. R. 1334-20 *(Rempl. à compter du 1er février 2012, D. n° 2011-629, 3 juin 2011).* – **I. – On entend par « repérage des matériaux et produits de la liste A contenant de l'amiante » la mission qui consiste à :**

1° Rechercher la présence des matériaux et produits de la liste A accessibles sans travaux destructifs ;

2° Identifier et localiser les matériaux et produits qui contiennent de l'amiante ;

3° Évaluer l'état de conservation des matériaux et produits contenant de l'amiante.

II. – Lorsque la recherche révèle la présence de matériaux ou produits de la liste A, et si un doute persiste sur la présence d'amiante dans ces matériaux ou produits, un ou plusieurs prélèvements de matériaux ou produits sont effectués par la personne réalisant la recherche. Ces prélèvements font l'objet d'analyses selon les modalités définies à l'article R. 1334-24.

III. – À l'issue du repérage, la personne qui l'a réalisé établit un rapport de repérage qu'elle remet au propriétaire contre accusé de réception.

IV. – En fonction du résultat de l'évaluation de l'état de conservation, le rapport de repérage préconise :

1° Soit une évaluation périodique de l'état de conservation des matériaux et produits contenant de l'amiante mentionnés au I ;

2° Soit une mesure d'empoussièrement dans l'air ;

3° Soit des travaux de confinement ou de retrait de l'amiante.

V. – Un arrêté conjoint des ministres chargés de la construction, de la santé et du travail précise les critères d'évaluation de l'état de conservation des matériaux et produits et le contenu du rapport de repérage.

Art. R. 1334-21 *(Rempl. à compter du 1er février 2012, D. n° 2011-629, 3 juin 2011).* – **I. – On entend par « repérage des matériaux et produits de la liste B contenant de l'amiante » la mission qui consiste à :**

1° Rechercher la présence des matériaux et produits de la liste B accessibles sans travaux destructifs ;

2° Identifier et localiser les matériaux et produits qui contiennent de l'amiante ;

3° Évaluer l'état de conservation des matériaux et produits contenant de l'amiante et leur risque de dégradation lié à leur environnement.

II. – Lorsque la recherche révèle la présence de matériaux ou produits de la liste B et si un doute persiste sur la présence d'amiante dans ces matériaux ou produits, un ou plusieurs prélèvements de matériaux ou produits sont effectués par la personne réalisant la recherche. Ces prélèvements font l'objet d'analyses selon les modalités définies à l'article R. 1334-24.

III. – À l'issue du repérage, la personne qui l'a réalisé établit un rapport de repérage qu'elle remet au propriétaire contre accusé de réception.

IV. – Si l'état de certains matériaux ou produits contenant de l'amiante est dégradé ou présente un risque de dégradation rapide, le rapport de repérage émet des recommandations de gestion adaptées aux besoins de protection des personnes.

V. – Un arrêté conjoint des ministres chargés de la construction, de la santé et du travail précise les critères d'évaluation de l'état de conservation des matériaux et produits et du risque de dégradation lié à l'environnement ainsi que le contenu du rapport de repérage.

Art. R. 1334-22 *(Rempl. à compter du 1er février 2012, D. n° 2011-629, 3 juin 2011).* – I. – On entend par « repérage des matériaux et produits de la liste C contenant de l'amiante » la mission qui consiste à :

1° Rechercher la présence des matériaux et produits de la liste C ;

2° Rechercher la présence de tout autre matériau et produit réputé contenir de l'amiante dont la personne qui effectue le repérage aurait connaissance ;

3° Identifier et localiser les matériaux et produits qui contiennent de l'amiante.

II. – Lorsque la recherche révèle la présence de matériaux ou produits de la liste C ou de tout autre matériau et produit réputé contenir de l'amiante et si un doute persiste sur la présence d'amiante dans ces matériaux ou produits, un ou plusieurs prélèvements de matériaux ou produits sont effectués par la personne réalisant la recherche. Ces prélèvements font l'objet d'analyses selon les modalités définies à l'article R. 1334-24.

III. – À l'issue du repérage, la personne qui l'a réalisé établit un rapport de repérage qu'elle remet au propriétaire contre accusé de réception.

IV. – Un arrêté conjoint des ministres chargés de la construction, de la santé et du travail précise notamment le contenu du rapport de repérage.

Sous-section 3. – Compétences des personnes et des organismes qui effectuent les repérages, les mesures d'empoussièrement et les analyses des matériaux et produits

Art. R. 1334-23 *(Rempl. à compter du 1er février 2012, D. n° 2011-629, 3 juin 2011).* – Les repérages prévus aux articles R. 1334-20 à R. 1334-22 ainsi que l'évaluation périodique de l'état de conservation prévue à l'article R. 1334-27 et l'examen visuel prévu à l'article R. 1334-29-3 sont réalisés par des personnes répondant aux conditions posées par les dispositions de l'article L. 271-6 du Code de la construction et de l'habitation.

Lorsque le résultat de l'évaluation de l'état de conservation conduit aux préconisations prévues au 2° ou 3° du IV de l'article R. 1334-20, la personne ayant effectué le repérage des matériaux et produits de la liste A dans un immeuble bâti mentionné à l'article R. 1334-17 ou à l'article R. 1334-18 transmet une copie du rapport de repérage au préfet du département du lieu d'implantation de l'immeuble bâti. Un arrêté des ministres chargés de la construction et de la santé précise les modalités de cette transmission.

Comme prévu à l'article R. 271-2-1 du Code de la construction et de l'habitation, les personnes mentionnées au premier alinéa adressent aux ministres chargés de la construction et de la santé un rapport annuel d'activité. *(Phrase aj., D. n° 2019-854, 20 août 2019)* « Pour l'établissement de ce rapport, elles tiennent compte des résultats des analyses mentionnées à l'article R. 1334-24, qui leur sont communiqués par les organismes accrédités mentionnés à l'article R. 1334-24 chargés d'effectuer ces analyses ».

Art. R. 1334-24 *(Rempl. à compter du 1er février 2012, D. n° 2011-629, 3 juin 2011).* – Les analyses de matériaux et produits susceptibles de contenir de l'amiante sont réalisées par un organisme accrédité répondant aux exigences définies par un arrêté du ministre chargé de la santé. Cet arrêté précise notamment les compétences des personnes chargées d'effectuer les analyses et les méthodes qui doivent être mises en œuvre pour vérifier la présence d'amiante dans le matériau ou le produit.

(Al. rempl., D. n° 2019-854, 20 août 2019) Les organismes accrédités sont réputés avoir satisfait à l'obligation de transmission prévue à l'article L. 1334-14, dès lors qu'ils communiquent les résultats des

analyses qu'ils ont réalisées aux personnes réalisant les repérages mentionnées à l'article R. 1334-23, qui les reprennent dans le rapport annuel d'activité mentionné à ce même article.

Art. R. 1334-25 *(Rempl. à compter du 1er février 2012, D. n° 2011-629, 3 juin 2011).* – Les mesures d'empoussièrement dans l'air comprennent l'activité de prélèvement d'air et celle d'analyse et de comptage des fibres d'amiante. Elles sont réalisées selon des modalités définies par arrêté des ministres chargés de la construction, de la santé et du travail.

Ces mesures sont réalisées par des organismes accrédités qui adressent au ministre chargé de la santé un rapport annuel d'activité. Un arrêté des ministres chargés de la santé et du travail définit les modalités et conditions d'accréditation de ces organismes, notamment les compétences des personnes chargées d'effectuer les mesures ainsi que le contenu et les conditions de transmission du rapport annuel d'activité.

Sous-section 4. – Obligations issues des résultats des repérages

Art. R. 1334-26 *(Rempl. à compter du 1er février 2012, D. n° 2011-629, 3 juin 2011).* – Les articles de la présente sous-section s'appliquent aux propriétaires des immeubles bâtis mentionnés aux articles R. 1334-16 à R. 1334-18.

Art. R. 1334-27 *(Rempl. à compter du 1er février 2012, D. n° 2011-629, 3 juin 2011).* – Le propriétaire met en œuvre les préconisations mentionnées à l'article R. 1334-20 selon les modalités suivantes :

1° L'évaluation périodique de l'état de conservation des matériaux et produits de la liste A contenant de l'amiante est effectuée dans un délai maximal de trois ans à compter de la date de remise au propriétaire du rapport de repérage ou des résultats de la dernière évaluation de l'état de conservation ou à l'occasion de toute modification substantielle de l'ouvrage ou de son usage. La personne ayant réalisé cette évaluation en remet les résultats au propriétaire contre accusé de réception ;

2° La mesure d'empoussièrement dans l'air est effectuée dans les conditions définies à l'article R. 1334-25, dans un délai de trois mois à compter de la date de remise au propriétaire du rapport de repérage ou des résultats de la dernière évaluation de l'état de conservation. L'organisme qui réalise les prélèvements d'air remet les résultats des mesures d'empoussièrement au propriétaire contre accusé de réception ;

3° Les travaux de confinement ou de retrait de l'amiante sont mis en œuvre selon les modalités prévues à l'article R. 1334-29.

Art. R. 1334-28 *(Rempl. à compter du 1er février 2012, D. n° 2011-629, 3 juin 2011).* – Si le niveau d'empoussièrement mesuré dans l'air en application de l'article R. 1334-27 est inférieur ou égal à la valeur de cinq fibres par litre, le propriétaire fait procéder à l'évaluation périodique de l'état de conservation des matériaux et produits de la liste A contenant de l'amiante prévue à l'article R. 1334-20, dans un délai maximal de trois ans à compter de la date de remise des résultats des mesures d'empoussièrement ou à l'occasion de toute modification substantielle de l'ouvrage ou de son usage.

Si le niveau d'empoussièrement mesuré dans l'air en application de l'article R. 1334-27 est supérieur à cinq fibres par litre, le propriétaire fait procéder à des travaux de confinement ou de retrait de l'amiante selon les modalités prévues à l'article R. 1334-29.

Art. R. 1334-29 *(Rempl. à compter du 1er février 2012, D. n° 2011-629, 3 juin 2011).* – Les travaux de retrait ou de confinement mentionnés à la présente sous-section sont achevés dans un délai de trente-six mois à compter de la date à laquelle sont remis au propriétaire le rapport de repérage ou les résultats des mesures d'empoussièrement ou de la dernière évaluation de l'état de conservation.

Pendant la période précédant les travaux, des mesures conservatoires appropriées sont mises en œuvre afin de réduire l'exposition des occupants et de la maintenir au niveau le plus bas possible, et, dans tous les cas, à un niveau d'empoussièrement inférieur à cinq fibres par litre. Les mesures conservatoires ne doivent conduire à aucune sollicitation des matériaux et produits concernés par les travaux.

Le propriétaire informe le préfet du département du lieu d'implantation de l'immeuble concerné, dans un délai de deux mois à compter de la date à laquelle sont remis le rapport de repérage ou les résultats des mesures d'empoussièrement ou de la dernière évaluation de l'état de conservation, des mesures conservatoires mises en œuvre, et, dans un délai de douze mois, des travaux à réaliser et de l'échéancier proposé.

Art. R. 1334-29-1 *(Rempl. à compter du 1er février 2012, D. n° 2011-629, 3 juin 2011).* – Dans les communes présentant des zones naturellement amiantifères, il peut être dérogé aux obligations de mesures d'empoussièrement et, le cas échéant, de travaux prévus aux articles R. 1334-27 et R. 1334-28 ainsi qu'aux obligations de mesures d'empoussièrement à l'issue des travaux, prévues à l'article R. 1334-29-3. La liste des communes concernées et les modalités de cette dérogation sont définies, le cas échéant, par arrêté des ministres chargés de l'environnement et de la santé, pris après avis du Haut Conseil de la santé publique.

Art. R. 1334-29-2 *(Rempl. à compter du 1er février 2012, D. n° 2011-629, 3 juin 2011).* – I. – Par dérogation aux dispositions de l'article R. 1334-29, le délai d'achèvement des travaux peut, à la demande du propriétaire, être prorogé pour les travaux concernant les immeubles de grande hauteur mentionnés à l'article R. 122-2 du Code de la construction et de l'habitation et les établissements recevant du public définis à l'article R. 123-2 de ce même code, classés de la première à la troisième catégorie au sens de l'article R. 123-19, lorsque les matériaux et produits de la liste A contenant de l'amiante y ont été utilisés à des fins de traitement généralisé.

II. – La demande de prorogation doit être adressée par le propriétaire au préfet du département du lieu d'implantation de l'immeuble, dans un délai de vingt-sept mois à compter de la date de remise du rapport de repérage ou des résultats des mesures d'empoussièrement ou de l'évaluation de l'état de conservation qui ont conclu à la nécessité de réaliser des travaux, sauf lorsque des circonstances imprévisibles, dûment justifiées, ne permettent pas le respect de ce délai.

III. – La prorogation est accordée, pour une durée maximale de trente-six mois, par arrêté du préfet pris après avis du Haut Conseil de la santé publique, en tenant compte des risques spécifiques à l'immeuble ou à l'établissement concerné, de l'occupation du site et des mesures conservatoires mises en œuvre en application du deuxième alinéa de l'article R. 1334-29. Le silence gardé pendant plus de quatre mois par le préfet vaut décision de rejet de la demande.

IV. – La prorogation peut être renouvelée une fois dans les mêmes conditions et pour la durée strictement nécessaire au vu des éléments transmis au préfet, lorsque, du fait de circonstances exceptionnelles, les travaux ne peuvent être achevés dans les délais fixés par la première prorogation.

Art. R. 1334-29-3 *(Rempl. à compter du 1er février 2012, D. n° 2011-629, 3 juin 2011).* – I. – À l'issue des travaux de retrait ou de confinement de matériaux et produits de la liste A mentionnés à l'article R. 1334-29, le propriétaire fait procéder par une personne mentionnée au premier alinéa de l'article R. 1334-23, avant toute restitution des locaux traités, à un examen visuel de l'état des surfaces traitées. Il fait également procéder, dans les conditions définies à l'article R. 1334-25, à une mesure du niveau d'empoussièrement dans l'air après démantèlement du dispositif de confinement. Ce niveau doit être inférieur ou égal à cinq fibres par litre. L'organisme qui réalise les prélèvements d'air remet les résultats des mesures d'empoussièrement au propriétaire contre accusé de réception.

II. – Si les travaux ne conduisent pas au retrait total des matériaux et produits de la liste A contenant de l'amiante, il est procédé à une évaluation périodique de l'état de conservation de ces matériaux et produits résiduels dans les conditions prévues par l'arrêté mentionné à l'article R. 1334-20, dans un délai maximal de trois ans à compter de la date à laquelle sont remis les résultats du contrôle ou à l'occasion de toute modification substantielle de l'ouvrage ou de son usage.

III. – Lorsque des travaux de retrait ou de confinement de matériaux ou produits de la liste B contenant de l'amiante sont effectués à l'intérieur de bâtiments occupés ou fréquentés, le propriétaire fait procéder, avant toute restitution des locaux traités, à l'examen visuel et à la mesure du niveau d'empoussièrement dans l'air mentionnée au premier alinéa du présent article.

Sous-section 5. – Constitution et communication des documents et informations relatifs à la présence d'amiante

Art. R. 1334-29-4 *(Mod. D. n° 2021-143, 10 févr. 2021 ; à compter du 1er juillet 2021, D. n° 2021-872, 30 juin 2021).* – I. – Les propriétaires des parties privatives d'immeubles collectifs d'habitation constituent, conservent et actualisent un dossier intitulé « dossier amiante - parties privatives » comprenant les informations et documents suivants :

1° Le rapport de repérage des matériaux et produits de la liste A contenant de l'amiante ;

2° Le cas échéant, la date, la nature, la localisation et les résultats des évaluations périodiques de l'état de conservation, des mesures d'empoussièrement, des travaux de retrait ou de confinement de matériaux et produits de la liste A contenant de l'amiante ou des mesures conservatoires mises en œuvre.

II. – Le « dossier amiante - parties privatives » mentionné au I ci-dessus est :

1° Tenu par le propriétaire à la disposition des occupants des parties privatives concernées. Ceux-ci sont informés de l'existence et des modalités de consultation de ce dossier ;

2° Communiqué par le propriétaire à toute personne physique ou morale appelée à organiser ou effectuer des travaux dans l'immeuble bâti. Une attestation écrite de cette communication est conservée par les propriétaires ;

3° Communiqué par le propriétaire aux personnes suivantes, sur leur demande et dans le cadre de leurs attributions respectives :

a) Agents ou services mentionnés au premier alinéa de l'article L. 1312-1, à l'article L. 1421-1 et au troisième alinéa de l'article L. 1422-1 ;

b) Agents de contrôle de l'inspection du travail mentionnés à l'article L. 8112-1 du Code du travail ;

c) Agents du service de prévention des organismes de sécurité sociale ;

d) Agents du ministère chargé de la construction mentionnés à l'article L. 181-1 du Code de la construction et de l'habitation.

Art. R. 1334-29-5 *(Mod., D. n° 2011-629, 3 juin 2011 ; D. n° 2021-143, 10 févr. 2021 ; D. n° 2021-872, 30 juin 2021)*. – I. – Les propriétaires mentionnés aux articles R. 1334-17 et R. 1334-18 constituent et conservent un dossier intitulé « dossier technique amiante » comprenant les informations et documents suivants :

1° Les rapports de repérage des matériaux et produits des listes A et B contenant de l'amiante ;

2° Le cas échéant, la date, la nature, la localisation et les résultats des évaluations périodiques de l'état de conservation, des mesures d'empoussièrement, des travaux de retrait ou de confinement de matériaux et produits contenant de l'amiante et des mesures conservatoires mises en œuvre ;

3° Les recommandations générales de sécurité à l'égard de ces matériaux et produits, notamment procédures d'intervention, y compris les procédures de gestion et d'élimination des déchets ;

4° Une fiche récapitulative.

Le « dossier technique amiante » est tenu à jour par le propriétaire et intègre les éléments relatifs aux matériaux et produits contenant de l'amiante découverts à l'occasion de travaux ou d'opérations d'entretien.

Un arrêté conjoint des ministres chargés de la construction, de la santé et du travail précise les modalités d'application du présent article et définit le contenu de la fiche récapitulative et les recommandations générales de sécurité mentionnés aux 3° et 4° du présent I.

II. – Le « dossier technique amiante » mentionné au I est :

1° Tenu par le propriétaire à la disposition des occupants de l'immeuble bâti concerné, des employeurs, des représentants du personnel et des médecins du travail lorsque l'immeuble comporte des locaux de travail. Ces personnes sont informées des modalités de consultation du dossier ;

2° Communiqué par le propriétaire aux personnes et instances suivantes, sur leur demande et dans le cadre de leurs attributions respectives :

a) Agents ou services mentionnés au premier alinéa de l'article L. 1312-1, aux articles L. 1421-1 et L. 1435-7 et au deuxième alinéa de l'article L. 1422-1 ;

b) Agents de contrôle de l'inspection du travail mentionnés à l'article L. 8112-1 du Code du travail ;

c) Inspecteurs d'hygiène et sécurité ;

d) Agents du service de prévention des organismes de sécurité sociale et de l'organisme professionnel de prévention du bâtiment et des travaux publics ;

e) Agents du ministère chargé de la construction mentionnés à l'article L. 181-1 du Code de la construction et de l'habitation ;

f) Inspecteurs de la jeunesse et des sports ;

g) Personnes chargées de l'inspection des installations classées et des installations nucléaires de base mentionnées à l'article L. 514-5 du Code de l'environnement ;

h) Commission consultative départementale de sécurité et d'accessibilité ;

i) Toute personne physique ou morale appelée à effectuer des travaux dans l'immeuble bâti.

Le propriétaire conserve une attestation écrite de la communication du dossier à ces personnes.

III. - La fiche récapitulative du « dossier technique amiante » est communiquée par le propriétaire dans un délai d'un mois après sa constitution ou sa mise à jour aux occupants de l'immeuble bâti et, si cet immeuble comporte des locaux de travail, aux employeurs.

Art. R. 1334-29-6 *(Rempl. à compter du 1er février 2012, D. n° 2011-629, 3 juin 2011).* – Le rapport du repérage des matériaux et produits de la liste C contenant de l'amiante prévu à l'article R. 1334-22 est communiqué à toute personne physique ou morale appelée à organiser ou effectuer des travaux de démolition dans l'immeuble.

Art. R. 1334-29-7 *(Rempl. à compter du 1er février 2012, D. n° 2011-629, 3 juin 2011).* – L'état mentionnant la présence ou l'absence de matériaux et produits contenant de l'amiante prévu à l'article L. 1334-13 est constitué :

1° Dans le cas de vente d'immeubles d'habitation ne comportant qu'un seul logement : du rapport de repérage des matériaux et produits des listes A et B contenant de l'amiante ;

2° Dans le cas de vente de tout ou partie d'immeubles collectifs d'habitation :

a) Des rapports de repérage des matériaux et produits des listes A et B contenant de l'amiante relatifs aux parties privatives, objet de la vente ;

b) De la fiche récapitulative relative aux parties communes du « dossier technique amiante » mentionné à l'article R. 1334-29-5 ;

3° Dans le cas de vente d'autres immeubles : de la fiche récapitulative du « dossier technique amiante » mentionné à l'article R. 1334-29-5.

Sous-section 6. – Intervention du représentant de l'État dans le département

Art. R. 1334-29-8 *(Rempl. à compter du 1er février 2012, D. n° 2011-629, 3 juin 2011).* – En application du 1° de l'article L. 1334-15, en cas d'inobservation des obligations de repérage définies aux articles R. 1334-17 à R. 1334-19, de réalisation de mesures d'empoussièrement, de surveillance de l'état de conservation des matériaux, de mise en œuvre de mesures conservatoires, de réalisation de travaux de retrait ou de confinement ou de transmission d'information, le préfet peut prescrire au propriétaire de tout ou partie d'un immeuble collectif d'habitation mentionné à l'article R. 1334-17 ou d'un immeuble bâti mentionné à l'article R. 1334-18 de mettre en œuvre ces obligations dans des délais qu'il fixe.

Art. R. 1334-29-9 *(Rempl. à compter du 1er février 2012, D. n° 2011-629, 3 juin 2011).* – I. - En application du 2° de l'article L. 1334-15, le préfet peut exiger la réalisation, aux frais du propriétaire de l'immeuble, d'une expertise ayant pour objet de vérifier que les mesures envisagées ou mises en œuvre au titre des obligations mentionnées au 1° du même article sont adaptées et de déterminer les éventuelles mesures complémentaires nécessaires. Cette expertise est effectuée par un organisme expert indépendant sélectionné par le propriétaire en accord avec le préfet et avec le directeur général de l'agence régionale de santé.

II. - L'expertise mentionnée au I peut notamment porter sur :

1° La vérification du respect des obligations de repérage, de surveillance et de mesures d'empoussièrement ;

2° La vérification de la conformité à la réglementation des rapports et des documents constitués ;

3° La vérification du caractère approprié et de la mise en œuvre des éventuelles mesures conservatoires ;

4° L'évaluation de la pertinence des travaux proposés et, le cas échéant, la vérification des conditions de leur mise en œuvre ;

5° L'évaluation de la pertinence des échéanciers de travaux proposés ;

6° L'émission de recommandations relatives notamment à :

a) La réalisation de repérages ou de mesures d'empoussièrement complémentaires ;

b) La mise en place de mesures conservatoires complémentaires.

III. - Lorsque l'expertise mentionnée au présent article s'accompagne de repérages de matériaux et produits contenant de l'amiante, de mesures d'empoussièrement ou d'analyses de matériaux, l'organisme les fait réaliser par des personnes et organismes disposant des qualifications mentionnées aux articles R. 1334-23 à R. 1334-25.

CHAPITRE VII. – DISPOSITIONS PÉNALES

Section 2. – Exposition à l'amiante dans les immeubles bâtis

Art. R. 1337-2 ***(Rempl. à compter du 1er février 2012, D. n° 2011-629, 3 juin 2011).*** **– Dans cette section, les termes « le propriétaire » désignent les personnes définies au II et au III de l'article R. 1334-14.**

Art. R. 1337-2-1 ***(Aj. à compter du 1er février 2012, D. n° 2011-629, 3 juin 2011).*** **– Le fait, pour les propriétaires des immeubles mentionnés aux articles R. 1334-16 à R. 1334-18, de ne pas faire réaliser, à l'issue des travaux, l'examen visuel et la mesure du niveau d'empoussièrement exigés à la première phrase de l'article R. 1334-29-3 est puni de l'amende prévue pour les contraventions de la troisième classe.**

Art. R. 1337-3 ***(Rempl. à compter du 1er février 2012, D. n° 2011-629, 3 juin 2011).*** **– Est puni de l'amende prévue pour les contraventions de la cinquième classe le fait, pour les propriétaires des immeubles mentionnés à l'article R. 1334-14, de ne pas satisfaire à l'une des obligations définies au premier alinéa de l'article R. 1334-16, aux articles R. 1334-17 à R. 1334-19 et à l'article R. 1334-29-6.**

Art. R. 1337-3-1 ***(Aj. à compter du 1er février 2012, D. n° 2011-629, 3 juin 2011).*** **– Est puni de l'amende prévue pour les contraventions de la cinquième classe le fait, pour les propriétaires mentionnés à l'article R. 1334-16, de ne pas satisfaire à l'une des obligations définies aux articles R. 1334-27 à R. 1334-29, à l'article R. 1334-29-2, aux premier et deuxième alinéas de l'article R. 1334-29-3 et à l'article R. 1334-29-4.**

Art. R. 1337-3-2 ***(Aj. à compter du 1er février 2012, D. n° 2011-629, 3 juin 2011).*** **– Est puni de l'amende prévue pour les contraventions de la cinquième classe le fait, pour les propriétaires des parties communes des immeubles collectifs d'habitation mentionnés à l'article R. 1334-17 et des bâtiments mentionnés à l'article R. 1334-18, de ne pas satisfaire à l'une des obligations définies aux articles R. 1334-27 à R. 1334-29-2, aux premier et deuxième alinéas de l'article R. 1334-29-3 et à l'article R. 1334-29-5.**

Art. R. 1337-4 ***(Rétabli dans la version suivante à compter du 1er février 2012, D. n° 2011-629, 3 juin 2011).*** **– Est puni de l'amende prévue pour les contraventions de la cinquième classe le fait, pour une personne chargée des repérages mentionnés aux articles R. 1334-20 à R. 1334-22, de l'évaluation de l'état de conservation périodique mentionnée au deuxième alinéa de l'article R. 1334-27, ou de l'examen visuel mentionné à l'article R. 1334-29-3, de ne pas respecter les critères de compétence, d'organisation et de moyens ou les conditions d'assurance, d'impartialité et d'indépendance exigés à l'article L. 271-6 du Code de la construction et de l'habitation.**

Art. R. 1337-5 ***(Anc. art. R. 1336-5, dénum., D. n° 2006-676, 8 juin 2006, ; mod., D. n° 2006-676, 8 juin 2006).*** **– La récidive des contraventions prévues** ***(Mots rempl. à compter du 1er février 2012, D. n° 2011-629, 3 juin 2011)*** **aux articles R. 1337-3 et R. 1337-4 est punie conformément aux dispositions des articles 132-11 et 132-15 du Code pénal.**

I – RAPPEL DE L'ÉVOLUTION DE LA RÉGLEMENTATION

1) Texte d'origine et ses compléments. Le décret du 7 février 1996 a été complété par deux arrêtés du 7 février 1996 (*JO* 8 févr. ; *JCP* N 1996, prat. p. 359 et 364) et par une circulaire du ministère du Travail, de l'Équipement et de l'Environnement (n° 290) du 26 avril 1995 (non publiée au *JO*. – V. *JCP* N 1996, prat. 3824, p. 1333 et s. ; *Rev. Administrer* juill. 1996, p. 34 et s.).

Puis le décret n° 97-855 du 12 septembre 1997 (*JCP* N 1997, p. 1203) est venu renforcer les obligations des propriétaires d'immeubles en imposant désormais de rechercher aussi la présence de faux plafonds contenant de l'amiante (V. *Désamiantage des immeubles, un nouveau décret : Rev. hab. fr.* nov. 1997, p. 357).

Sont ensuite intervenus :

– l'arrêté du 28 novembre 1997 (*JO* 6 déc. 1997 ; *JCP* N 1998, p. 217) qui impose, que à compter du 1er janvier 1999, l'identification d'amiante soit réalisée par un organisme faisant état d'une reconnaissance formelle de ses capacités dans ce domaine : accréditation par le Comité français d'accréditation ou tout autre organisme respectant les procédures édictées par la norme NF EN 45003 et signataire de l'accord multilatéral dénommé *European Cooperation for Accreditation of Laboratories*, pour l'identification d'amiante dans les matériaux ;

– un arrêté du 15 janvier 1998 modifiant l'arrêté du 7 février 1996 relatif aux modalités d'évaluation de l'état de conservation des flocages et des calorifugeages contenant de l'amiante et aux mesures d'empoussièrement dans les immeubles bâtis (*JO* 24 janv. 1998 ; *JCP* N 1998, p. 212) ;

– un arrêté du 15 janvier 1998 relatif aux modalités d'évaluation de l'état de conservation des faux plafonds contenant de l'amiante et aux mesures d'empoussièrement dans les immeubles bâtis (*JO* 5 févr. 1998 ; *JCP* N 1998, p. 335) ;

– l'arrêté du 21 décembre 1998 (*JO* 26 déc. 1998) qui modifie les conditions d'agrément des organismes habilités à procéder aux mesures de la concentration en poussières d'amiante des immeubles bâtis.

À compter du 1er janvier 1999, ces organismes doivent être accrédités par le COFRAC (Comité français d'accréditation, ou autre organisme signataire de l'accord multilatéral européen EA « European cooperation for accreditation ») :

– l'arrêté du 11 janvier 1999 (*JO* 26 janv.) qui établit la liste des organismes agréés pour procéder aux prélèvements et aux comptages des poussières d'amiante dans les immeubles bâtis ;

– l'arrêté du 1er février 1999 (*JO* 9 févr.) modifié par l'arrêté du 15 février 1999 (*JO* 19 févr.) qui porte agrément d'organismes habilités à procéder aux mesures de la concentration en poussières d'amiante des immeubles bâtis.

2) Décret modificatif du 13 septembre 2001. Puis est intervenu le décret n° 2001-840 du 13 septembre 2001 (*JO* 18 sept. ; *JCP* N 2001, p. 1445), qui a profondément modifié le décret du 7 février 1996 (T. Kéravec, *Décret n° 2001-840 du 13 septembre 2001 : de nouvelles obligations pour les propriétaires d'immeubles* : *JCP* N 2001, p. 1411), principalement en ce qui concerne :

– les contrôles de qualification des techniciens appelés à intervenir dans le cadre défini par la réglementation ;

– les exigences à remplir sur certains points (par exemple en ce qui concerne le niveau d'empoussièrement) ;

– les sanctions pénales (modulées et étendues).

Il a également dans certains cas alourdi l'obligation de recherche de l'amiante, qui n'est plus limitée aux flocages calorifugeages et faux plafonds, mais étendue à divers « matériaux et produits » dont la liste est donnée en annexe au décret. Cette obligation de recherche aggravée va concerner certains immeubles (pour lesquels il devient obligatoire de constituer un « dossier technique amiante ») : immeubles de grande hauteur, établissements recevant du public, etc. ou se manifester à l'occasion de divers événements : lorsqu'un immeuble doit être démoli ou doit être vendu.

Enfin il a supprimé le calendrier institué par le décret du 7 février 1996 dans sa rédaction d'origine.

Les contrôles des flocages, calorifugeages et faux plafonds contenant de l'amiante réalisés avant l'entrée en vigueur du décret du 13 septembre 2001, en application des articles 2 à 5 du décret du 7 février 1996 dans sa rédaction antérieure sont réputés satisfaire aux exigences du nouveau décret *(D. n° 2001-840, 13 sept. 2001).*

D'autre part, les travaux engagés ou achevés à la date d'entrée en vigueur du décret du 13 septembre 2001 en application de l'article 4, dernier alinéa du décret du 7 février 1996 dans sa rédaction antérieure sont réputés satisfaire aux exigences posées par l'article 4, dernier alinéa, du décret du 7 février 1996 dans sa nouvelle rédaction issue du décret du 13 septembre 2001 *(D. n° 2001-840, 13 sept. 2001).*

3) Décret modificatif du 3 mai 2002. Enfin une dernière modification a été apportée au texte originaire par le décret n° 2002-839 du 3 mai 2002 (*JO* du 5 mai ; *JCP* N 2002, 1369, p. 894).

Le décret du 3 mai 2002 apporte tout d'abord divers aménagements aux dispositions antérieures en ce qui concerne le « dossier technique amiante » institué par le décret du 13 septembre 2001 (confirmation du fait que ces dispositions ne s'appliquent pas aux parties privatives des immeubles collectifs d'habitation ; institution d'une « fiche récapitulative »).

Il indique en outre – et c'est son principal apport – la manière dont l'acquéreur doit être informé du risque amiante, en précisant en quoi consiste « l'état » mentionné à l'article L. 1334-7 du Code de la santé publique, qui doit être annexé aux avant-contrats ou contrats définitifs de vente.

Enfin il modifie le tableau annexé au décret du 7 février 1996 par le décret du 13 septembre 2001, qui fixe la liste des « matériaux et produits » auxquels s'applique l'obligation de recherche étendue de l'amiante (pour un commentaire, V. Th. Kéravec : *Amiante, un nouveau décret* : *JCP* N 2002, 111, p. 861. – Précisions sur le nouveau décret amiante : *JCP* 2002, 119, p. 989).

Ce décret est entré en vigueur le premier jour du quatrième mois suivant sa publication soit le 1er septembre 2002 (article 10 du décret).

4) Arrêtés complémentaires. Divers arrêtés sont venus parachever cet édifice réglementaire :

– l'arrêté du 2 janvier 2002 relatif au repérage des matériaux et produits contenant de l'amiante avant démolition, pris en application de l'article 10-4 du décret du 7 février 1996 (*JO* 2 févr., p. 2220) ;

– l'arrêté du 22 août 2002, relatif aux consignes générales de sécurité du dossier technique amiante, au contenu de la fiche récapitulative et aux modalités d'établissement du repérage, pris pour l'application de l'article 10-3 du décret du 7 février 1996 (*JO* 19 sept., p. 15425) ;

– l'arrêté du 2 décembre 2002 (*JO* 6 déc., p. 20125), relatif à l'exercice de l'activité et à la formation des contrôleurs techniques et techniciens de la construction effectuant des missions de repérage et de diagnostic de l'état de conservation des matériaux et produits contenant de l'amiante en application du décret du 7 février 1996.

On consultera avec profit l'importante circulaire n° 2003-73 (UHC/QCI/24/SD7/613 du 10 décembre 2003 : *BOMELT* 25 juin 2004, p. 57 ; *Rev. Administrer* déc. 2004, p. 55), qui rappelle les dispositions prises et commente l'état actuel de la réglementation.

5) Codification. Les dispositions du décret du 7 février 1996, modifiées par les divers décrets rappelés ci-dessus, ont été finalement codifiées et intégrées dans le Code de la santé publique par le décret n° 2003-462 du 21 mai 2003.

6) Modification de la réglementation par la loi du 21 juillet 2009. La loi n° 2009-879 du 21 juillet 2009 (*JO* 22 juill. 2009) a créé dans le Code de la santé publique cinq nouveaux articles qui ont donné un fondement législatif, et non plus simplement réglementaire, aux dispositifs de lutte contre la présence d'amiante (CSP, art. L. 1334-12-1 et L. 1334-14 à L. 1334-17).

L'article L. 1334-17 du même code précisait que les « conditions d'application » de ces nouvelles dispositions seraient déterminées par décret en Conseil d'État.

7) Décret du 3 juin 2011. Le décret annoncé devait intervenir près de deux ans plus tard (D. n° 2011-629, 3 juin 2011 : *JO* 5 juin).

Ce décret modifie profondément les mesures de protection contre le risque amiante. Il refond les dispositions réglementaires antérieures du Code de la santé publique en créant les nouveaux articles R. 1334-14 à R. 1334-29-9 et les articles R. 1337-2 à R. 1337-4 (V. ces textes ci-dessus).

L'entrée en vigueur de ces nouvelles dispositions avait été fixée au 1er février 2012 (à l'exception des articles 9 et 10 du décret). Mais cette entrée en vigueur était subordonnée à la publication d'arrêtés d'application, qui ne sont intervenus que le 12 décembre 2012. Et l'entrée en vigueur effective a été repoussée de ce fait au 1er janvier 2013 (V. *infra* « Avertissement » avant l'article R. 1334-14).

Des dispositions transitoires sont prévues afin de valider les opérations concernant l'amiante intervenu sous l'empire de la législation antérieure, ou pour fixer le sort des opérations en cours. Nous les signalerons dans le cours de nos développements.

Les dispositions concernant la matière figurent actuellement dans la partie réglementaire du Code de la santé publique (V. ces textes ci-dessous, III).

Pour un commentaire du décret, V. J. Lafond, *Diagnostic amiante, les nouvelles règles à venir : JCP* N 2012, n° 5-1064.

8) Arrêtés du 12 décembre 2012. Deux arrêtés du 12 décembre 2012 (*JO* 28 déc.) définissent les nouvelles modalités de réalisation des repérages des matériaux et produits des listes A et B (A. 12 déc. 2012 : NOR : AFSP1242167A, pour la liste A. – A. 12 déc. 2012 : NOR : AFSP1242168A, pour la liste B). Ils abrogent à compter du 1er janvier 2013 les arrêtés du 7 février 1996 (concernant les flocages et calorifugeages), du 15 janvier 1998 (concernant les faux plafonds), du 22 août 2002 (relatif au dossier technique amiante et à la fiche récapitulative).

9) Arrêté du 21 décembre 2012. Un arrêté du 21 décembre 2012 (*JO* 30 déc.) modifie le modèle de la fiche récapitulative et actualise les recommandations de sécurité figurant dans le dossier technique amiante.

10) Arrêtés du 26 juin 2013. Un premier arrêté du 26 juin 2013 (*JO* 3 juill. : NOR : AFSP1316787A), pris pour l'application des articles R. 1334-1 et R. 1334-21 du Code de la santé publique, précise les modalités de réalisation et le contenu du rapport de repérage des matériaux et produits des listes A et B, énoncés dans l'annexe 13-9 du Code de la santé publique.

Un second arrêté du 26 juin 2013 (*JO* 6 juill. : NOR : AFSP1316786A), pris en application de l'article R. 1334-22 du Code de la santé publique, fixe la nouvelle procédure de repérage des matériaux de la liste C, et abroge l'arrêté du 2 janvier 2002 (NOR : EQUU0200046A), pris en application de l'article 10-4 du décret n° 96-97 du 7 février 1996.

11) Arrêté du 25 juillet 2016. Un arrêté du 25 juillet 2016 (*JO* 2 août 2016, texte n° 36), applicable selon le cas à compter du 1er janvier au 1er juillet 2017 (V. A. 25 juill. 2016, art. 9), définit les critères de certification des compétences des personnes physiques opérateurs de repérages, d'évaluation périodique de l'état de conservation des matériaux et produits contenant de l'amiante, d'examen visuel après travaux dans les immeubles bâtis, et les critères d'accréditation des organismes de certification. Cet arrêté abroge l'arrêté du 21 novembre 2006 ayant le même objet.

L'article premier de cet arrêté du 25 juillet 2016 a été modifié par un arrêté du 24 février 2017 (*JO* 1er mars, texte n° 46) qui supprime également l'annexe 2 de l'arrêté du 25 juillet 2016.

12) Loi santé du 26 janvier 2016. La loi n° 2016-41 du 26 janvier 2016 (*JO* 27 janv.) a renforcé les pouvoirs de coercition du préfet, à fin de parvenir à une meilleure application de la réglementation en matière d'amiante (V. nos 102 et s. – V. à ce sujet, D. Boulanger, *De la santé au logement : la loi du 26 janvier 2016 : JCP* N 2016, n° 9, act. 322). D'autre part, l'article L. 1334-14 nouveau fait obligation aux organismes réalisant les repérages et les opérations de contrôle de communiquer aux ministres chargés de la santé et de la construction et au représentant del'État dans le département les informations nécessaires à l'observation de l'état du parc immobilier et les informations nécessaires à la gestion des risques.

Les résultats de l'exploitation des données recueillies en vue de l'observation du parc immobilier sont mis à la disposition du public, par le ministre chargé de la santé, sous format dématérialisé.

Les informations recueillies en vue de la gestion des risques sont mises à la disposition des maires concernés.

II – CONSÉQUENCES POUR LES IMMEUBLES EN COPROPRIÉTÉ

Bibliographie : P. Dechelette-Tolot, *La copropriété et les incidences environnementales sur les parties communes : Rev. loyers* 2006, p. 2 et s. (1re partie) et p. 66 et s. (2e partie).

13) En ce qui concerne les copropriétés, la circulaire précitée du 26 avril 1996 comprenait des développements particuliers ci-dessous littéralement reproduits. Ils concernent les contrôles afférents aux flocages, calorifugeages et faux-plafonds, mais ils restent d'actualité pour les investigations complémentaires exigées par les textes modificatifs du décret d'origine :

« Les dispositions du décret n° 96-97 du 7 février 1996 sont applicables quel que soit le statut juridique des immeubles.

À ce titre, les propriétaires d'immeubles en copropriété régis par la loi n° 65-557 du 10 juillet 1965 fixant le statut de la copropriété sont soumis aux obligations du présent décret tant pour les parties privatives que pour les parties communes.

La mise en application de ces dispositions qui pourront nécessiter l'exécution de travaux en copropriété sera facilitée par deux dispositions de la loi précitée :

– l'article 25 qui précise que « les modalités de réalisation et d'exécution des travaux rendus obligatoires en vertu de dispositions législatives ou réglementaires » sont adoptées à « la majorité des voix de tous les copropriétaires » et que, à défaut de décision prise à cette majorité, une nouvelle assemblée statue à la majorité des voix des copropriétaires présents ou représentés ;

– l'article 9, 2e alinéa, modifié par la loi n° 85-1470 du 31 décembre 1985, qui précise : « qu'aucun des propriétaires... ne peut faire obstacle à l'exécution, même à l'intérieur de ses parties privatives, de travaux régulièrement et expressément décidés par l'assemblée générale en vertu de l'article 25... ».

Cette dernière disposition trouve en la circonstance à s'appliquer dans la mesure où des gaines et conduits communs à des parties communes et des parties privatives peuvent contenir des flocages et calorifugeages contenant de l'amiante.

Il en résulte qu'aucune disposition de la loi du 10 juillet 1965 relative à la copropriété n'est de nature à tempérer ou à rendre difficile la mise en application des dispositions régissant la matière.

Sur un plan pratique, il pourra être opportun que le « technicien de la construction qualifié » procède simultanément à l'examen des parties privatives et des parties communes. Le ou les rapports de visites devront toutefois faire apparaître clairement la distinction entre les deux.

III – SITUATION ACTUELLE DES IMMEUBLES AU REGARD DE LA RÉGLEMENTATION DE L'AMIANTE

A – Obligations

14) Les recherches concernant l'éventuelle présence d'amiante dans les parties communes devaient être effectuées au plus tard le 31 décembre 2005 (*CSP, art. R. 1334-25*). À l'heure actuelle, l'ensemble des immeubles en copropriété concernés devraient donc être dotés du « dossier technique amiante » prévu par l'article R. 1334-26 du Code de la santé publique.

De nouvelles obligations de repérage ont été imposées par le décret du 3 juin 2011. On les trouvera résumées dans le tableau ci-dessous.

LES NOUVELLES OBLIGATIONS DE REPÉRAGE DE L'AMIANTE
À COMPTER DU PREMIER FÉVRIER 2012

Immeuble ou partie d'immeuble concernés	Objet du repérage	Personnes concernées	Naissance de l'obligation	Dossier à constituer
1. – Parties privatives des immeubles collectifs d'habitation (C. santépubl., art. R. 1334-16)	– Matériaux et produits de la liste A – Matériaux et produits de la liste B en cas de vente (CSP, art. R. 1334-16)	Propriétaire ou exploitant (C. santé publ., art. R. 1334-14, II, 2°)	– Repérage d'office pour les matériaux et produits de la liste A – Repérage des matériaux et produits de la liste B uniquement en cas de vente	Dossier amiante-parties privatives (CSP, art. R. 1334-29-4)
2. – Parties communes des immeubles collectifs d'habitation (CSP, art. R. 1334-17)	Repérage d'office des matériaux et produits des listes A et B (CSP, art. R. 1334-17)	Propriétaire (ou exploitant) ou syndicat des copropriétaires si l'immeuble est en copropriété (C. santé publ., art. R. 1334-14, II, 3°)	Repérage d'office	Dossier technique-amiante (CSP, art. R. 1334-29-5)
3. – Autres immeubles que ceux désignés ci-dessus sous les n°s 1 et 2	Repérage d'office des matériaux et produits des listes A et B (CSP, art. R. 1334-17)	– Propriétaire ou syndicat des copropriétaires si l'immeuble est en copropriété (CSP, art. R. 1334-14, II, 4°) – Exploitant si le « propriétaire » n'est pas identifié (CSP, art. R. 1334-14, III)	Repérage d'office	Dossier technique-amiante (CSP, art. R. 1334-29-5)

Pour plus de détails sur cette réglementation particulièrement complexe, notamment sur les mesures transitoires, V. J. Lafond, étude précitée en Bibliographie.

B – Sanctions

15) Nature :

a) Le non-respect des diverses obligations édictées par la réglementation concernant l'amiante est passible de sanctions pénales, prévues par les divers textes mentionnés ci-dessous. Lorsque l'immeuble est soumis au statut de la copropriété, la responsabilité pénale du syndicat peut être engagée à ce titre.

b) Par ailleurs, si des occupants de l'immeuble ou des tiers voyaient leur santé altérée du fait de la présence d'amiante dans les parties communes de l'immeuble, la responsabilité pénale du syndicat des copropriétaires pourrait également être recherchée sur le fondement d'autres textes : l'article 223-1 du Code pénal (risques causés à autrui), l'article 225-14 (conditions d'hébergement contraires à la dignité humaine) ou encore les articles 222-19 à 222-21 (atteinte involontaire à l'intégrité de la personne. – Pour un inventaire complet des sanctions pénales possibles, V. étude préc., *Amiante, quelles responsabilités ? : JCP* N 2001, p. 735).

c) Enfin, il faut rappeler que l'article L. 126-17 du Code de la construction et de l'habitation, qui s'est substitué depuis le 1er juillet 2021 à l'article L. 111-6-1 du même code, interdit « ... toute division d'immeuble en vue de mettre à disposition des locaux à usage d'habitation... qui n'ont pas fait l'objet d'une recherche de la présence d'amiante ainsi que, le cas échéant, du diagnostic de l'état de conservation de l'amiante dans les matériaux et produits repérés, prévus par l'article L. 1334-12-1 du même code » (V. ci-dessous IV). Cette interdiction, assortie de lourdes sanctions pénales (V. *CCH, art. L. 183-15*), vise également les divisions de lots, auxquelles il n'est donc pas licite de procéder tant qu'il n'a pas été satisfait à l'obligation de recherche de l'amiante imposée par la réglementation.

APPENDICE

Décret n° 2011-629 du 3 juin 2011

relatif à la protection de la population contre les risques sanitaires liés à une exposition à l'amiante dans les immeubles bâtis

(JO 5 juin 2011)

CHAPITRE PREMIER. – DISPOSITIONS MODIFIANT LE CODE DE LA SANTÉ PUBLIQUE

Art. 1. – **La section 2 du chapitre IV du titre III du livre III de la première partie du Code de la santé publique est remplacée par les dispositions suivantes :**

(V. ci-dessus les articles R. 1334-14 à R. 1334-29-9)

Art. 2. – **L'annexe 13-9 à la première partie du présent code, intitulée « Programme de repérage de l'amiante mentionné à l'article R. 1334-26 », est remplacée par l'annexe 13-9 jointe au présent décret.**

Art. 3. – **La section 2 du chapitre VII du titre III du livre III de la première partie du Code de la santé publique est ainsi modifiée :**

(V. ci-dessus les articles R. 1337-2 à R. 1337-5)

CHAPITRE II. – DISPOSITIONS TRANSITOIRES ET FINALES

Art. 4. – **I. – Les repérages des flocages, calorifugeages et faux plafonds réalisés préalablement à la date d'entrée en vigueur du présent décret en application des dispositions de l'article R. 1334-15 du Code de la santé publique dans sa rédaction antérieure au présent décret tiennent lieu du repérage de matériaux ou produits de la liste A exigé par les articles R. 1334-15 à R. 1334-18 du même code dans leur rédaction issue de l'article 1er du présent décret.**

II. – Les matériaux de la liste B n'ayant pas fait l'objet d'un repérage préalablement à la date d'entrée en vigueur du présent décret font l'objet d'un repérage complémentaire effectué :

1° Pour la réalisation de l'état mentionnant la présence ou l'absence de produits contenant de l'amiante mentionné à l'article R. 1334-29-9 du présent décret, lors de la prochaine vente ;

2° En cas de présence de matériaux ou produits de la liste A à la date d'entrée en vigueur du présent décret, en même temps que la prochaine évaluation de leur état de conservation ;

3° Dans les autres cas, avant tous travaux réalisés à titre gratuit ou onéreux, ayant pour conséquence une sollicitation de matériaux ou produits de la liste B, et au plus tard dans les neuf ans à compter de l'entrée en vigueur du présent décret.

Art. 5. – **Les dossiers techniques constitués préalablement à la date d'entrée en vigueur du présent décret tiennent lieu du « dossier amiante - parties privatives » mentionné à l'article R. 1334-29-4 du Code de la santé publique. Ils devront toutefois être mis à jour en cas de découverte d'autres matériaux de la liste A ainsi qu'en cas de travaux sur les matériaux repérés.**

Les « dossiers techniques amiante » mentionnés à l'article R. 1334-29-5 du Code de la santé publique devront être mis à jour conformément à l'article 4 du présent décret.

Art. 6. – **Les travaux de retrait ou de confinement d'amiante engagés avant l'entrée en vigueur du présent décret sont réputés satisfaire aux dispositions de l'article R. 1334-29 du Code de la santé publique.**

Les dérogations accordées en application des dispositions de l'article R. 1334-19 du Code de la santé publique dans sa rédaction antérieure au présent décret demeurent valables jusqu'à leur date d'expiration.

Art. 7. – **Après l'article R. 271-2 du chapitre unique du titre VII du livre II de la partie réglementaire du Code de la construction et de l'habitation, il est inséré un article R. 271-2-1 ainsi rédigé :**

« Art. R. 271-2-1. – Les personnes qui réalisent les repérages prévus aux articles R. 1334-20 à R. 1334-22 du Code de la santé publique ainsi que l'évaluation périodique de l'état de conservation et l'examen visuel prévus aux

articles R. 1334-27 et R. 1334-29-3 du même code adressent aux ministres chargés de la construction et de la santé un rapport annuel d'activité. Un arrêté des ministres chargés de la construction et de la santé définit les modalités de transmission et le contenu du rapport d'activité. »

Art. 8. – À l'exception des dispositions des articles 9 et 10, les dispositions du présent décret entrent en vigueur à compter du premier jour du huitième mois suivant la date de sa publication au *Journal officiel* de la République française.

Art. 9. – Jusqu'à la date d'entrée en vigueur du présent décret résultant de l'article 8, les dispositions du premier alinéa de l'article R. 1334-18 du Code de la santé publique dans leur rédaction antérieure au présent décret sont remplacées par celles de l'article R. 1334-25 dans leur réaction issue du présent décret. Au cours de cette période, les organismes accrédités en vertu de l'arrêté pris pour l'application des dispositions du premier alinéa de l'article R. 1334-18 précité sont réputés accrédités au sens du présent décret.

Art. 10 *(Mod., D. n° 2021-872, 30 juin 2021)*. – I. - Lorsque les travaux ne sont pas achevés dans les délais de prorogation accordés par le préfet en application des dispositions de l'article R. 1334-19 du Code de la santé publique dans sa rédaction antérieure au présent décret, le propriétaire d'un immeuble de grande hauteur mentionné à l'article R. 146-3 du Code de la construction et de l'habitation ou d'un établissement recevant du public défini à l'article R. 143-2 de ce même code, classé de la première à la troisième catégorie au sens de l'article R. 143-19, peut demander au préfet, dans un délai de deux mois à compter de la publication du présent décret, un délai supplémentaire d'achèvement de ces travaux. L'accusé de réception du préfet vaut autorisation temporaire des travaux pendant le délai d'instruction du dossier.

II. - Le propriétaire assortit cette demande d'un échéancier des travaux faisant notamment apparaître la date prévue de leur achèvement. Cette demande fait également état des éléments suivants :

1° Le nom de l'expert auquel le propriétaire envisage de recourir ;

2° Les contraintes techniques particulières de la réalisation des travaux ;

3° Les conséquences de l'évacuation totale ou partielle du bâtiment, si le délai supplémentaire n'était pas accordé ;

4° Les protocoles d'échantillonnage et de mesures mentionnés au V ;

5° Tout autre élément nécessaire à l'évaluation du risque d'exposition aux fibres d'amiante lors de travaux.

III. - Un expert présentant les qualités de compétence et d'indépendance mentionnées par les dispositions de l'article L. 271-6 du Code de la construction et de l'habitation est choisi par le propriétaire après avis du préfet. Cet expert analyse les études de faisabilité du programme de travaux et évalue le délai nécessaire à leur achèvement au regard des échéances proposées et, le cas échéant, des contraintes inhérentes à la continuité du service. Il se prononce sur les dispositions de prévention des risques de diffusion des fibres d'amiante et évalue le risque de diffusion de fibres d'amiante provenant des zones de travaux. Le rapport de l'expert est déposé dans un délai de deux mois à compter de la date de la demande mentionnée au I.

IV. - Au vu des éléments mentionnés aux II et III, et lorsqu'il apparaît que les inconvénients d'une fermeture du bâtiment seraient manifestement supérieurs à ceux induits par la poursuite des travaux, le préfet peut, par arrêté pris après avis du Haut Conseil de la santé publique, accorder un délai supplémentaire d'achèvement des travaux pour la durée strictement nécessaire. Le silence gardé par le préfet pendant plus de quatre mois vaut décision de rejet.

V. - Pendant toute la durée des travaux, le propriétaire fait réaliser par des organismes accrédités des mesures d'empoussièrement à proximité du chantier ainsi que dans les zones de passage du public, dans le but de vérifier que le niveau d'empoussièrement est inférieur à cinq fibres par litre et de prendre, le cas échéant, des actions correctives. Les protocoles d'échantillonnage et de mesures sont annexés aux commandes passées aux laboratoires qui effectuent les mesures. Le propriétaire tient le préfet informé trimestriellement du déroulement des travaux au regard de l'échéancier et des mesures mentionnées précédemment.

Si le niveau d'empoussièrement dépasse cinq fibres par litre, le propriétaire suspend les travaux et prévient le préfet sans délai. Il le tient informé des actions correctives mises en place immédiatement pour revenir à une situation normale dans les plus brefs délais. Une nouvelle mesure est effectuée, une fois que le maître d'œuvre s'est assuré de la réalisation des actions de correction requises. Seul un constat de concentrations inférieures à cinq fibres par litre permet la reprise des travaux. Dans le cas contraire, le préfet ordonne l'arrêt des travaux dans l'attente d'une solution permettant de satisfaire cette exigence.

VI. - En cas d'inobservation des conditions de réalisation des travaux telles que définies aux alinéas précédents et du délai d'achèvement ainsi révisé, le propriétaire est puni d'une amende prévue pour les contraventions de cinquième classe.

Art. 11. – La ministre de l'Écologie, du Développement durable, des Transports et du Logement, le garde des Sceaux, ministre de la Justice et des Libertés, le ministre de l'Intérieur, de l'Outre-mer, des Collectivités territoriales et de l'Immigration, la ministre de l'Économie, des Finances et de l'Industrie, le ministre du Travail, de l'Emploi et de la Santé, la secrétaire d'État auprès du ministre du Travail, de l'Emploi et de la Santé, chargée de la santé, et le secrétaire d'État auprès de la ministre de l'Écologie, du Développement durable, des Transports et du Logement, chargé du logement, sont chargés, chacun en ce qui le concerne, de l'exécution du présent décret, qui sera publié au *Journal officiel* de la République française.

Annexe

ANNEXE 13-9. – PROGRAMMES DE REPÉRAGE DE L'AMIANTE MENTIONNÉS AUX ARTICLES R. 1334-20, R. 1334-21 ET R. 1334-22

Liste A mentionnée à l'article R. 1334-20

COMPOSANT À SONDER OU À VÉRIFIER

Flocages

Calorifugeages

Faux plafonds

Liste B mentionnée à l'article R. 1334-21

COMPOSANT DE LA CONSTRUCTION	PARTIE DU COMPOSANT À VÉRIFIER OU À SONDER
1. Parois verticales intérieures	
Murs et cloisons « en dur » et poteaux (périphériques et intérieurs). Cloisons (légères et préfabriquées), gaines et coffres.	Enduits projetés, revêtements durs (plaques menuiserie, amiante-ciment) et entourages de poteaux (carton, amiante-ciment, matériau sandwich, carton + plâtre), coffrage perdu.
	Enduits projetés, panneaux de cloisons.
2. Planchers et plafonds.	
Plafonds, poutres et charpentes, gaines et coffres.	Enduits projetés, panneaux collés ou vissés.
Planchers.	Dalles de sol.
3. Conduits, canalisations et équipements intérieurs.	
Conduits de fluides (air, eau, autres fluides...).	Conduits, enveloppes de calorifuges.
Clapets/volets coupe-feu.	Clapets, volets, rebouchage.
Portes coupe-feu.	Joints (tresses, bandes).
Vide-ordures.	Conduits.
4. Éléments extérieurs	
Toitures. Bardages et façades légères. Conduits en toiture et façade.	Plaques, ardoises, accessoires de couverture (composites, fibres-ciment), bardeaux bitumineux. Plaques, ardoises, panneaux (composites, fibres-ciment). Conduits en amiante-ciment : eaux pluviales, eaux usées, conduits de fumée.

Liste C mentionnée à l'article R. 1334-22

COMPOSANT DE LA CONSTRUCTION	PARTIE DU COMPOSANT À VÉRIFIER OU À SONDER
1. Toiture et étanchéité	
Plaques ondulées. Ardoises. Éléments ponctuels. Revêtements bitumineux d'étanchéité. Accessoires de toitures.	Plaques en fibres-ciment. Ardoises composite, ardoises en fibres-ciment. Conduits de cheminée, conduits de ventilation... Bardeaux d'asphalte ou bitume (« shingle »), pare-vapeur, revêtements et colles. Rivets, faîtages, closoirs...
2. Façades	
Panneaux-sandwichs. Bardages. Appuis de fenêtres.	Plaques, joints d'assemblage, tresses.... Plaques et « bacs » en fibres-ciment, ardoises en fibres-ciment, isolants sous bardage. Éléments en fibres-ciment.
3. Parois verticales intérieures et enduits	
Murs et cloisons. Poteaux (périphériques et intérieurs). Cloisons légères ou préfabriquées. Gaines et coffres verticaux. Portes coupe-feu, portes pare-flammes.	Flocages, enduits projetés, revêtements durs (plaques planes en fibres-ciment), joints de dilatation. Flocages, enduits projetés, joints de dilatation, entourage de poteaux (carton, fibres-ciment, matériau sandwich, carton + plâtre), peintures intumescentes, panneaux de cloisons, jonction entre panneaux préfabriqués et pieds/têtes de cloisons : tresse, carton, fibres-ciment. Flocage, enduits projetés ou lissés ou talochés ayant une fonction coupe-feu, panneaux. Vantaux et joints.
4. Plafonds et faux plafonds	
Plafonds. Poutres et charpentes (périphériques et intérieures). Interfaces entre structures. Gaines et coffres horizontaux. Faux plafonds.	Flocages, enduits projetés, panneaux collés ou vissés, coffrages perdus (carton-amiante, fibres-ciment, composite). Flocages, enduits projetés, peintures intumescentes. Rebouchage de trémies, jonctions avec la façade, calfeutrements, joints de dilatation. Flocages, enduits projetés, panneaux, jonction entre panneaux. Panneaux et plaques.
5. Revêtements de sol et de murs	
Revêtements de sol (l'analyse doit concerner chacune des couches du revêtement). Revêtement de murs	Dalles plastiques, colles bitumineuses, les plastiques avec sous-couche, chape maigre, calfeutrement des passages de conduits, revêtement bitumineux des fondations. Sous-couches des tissus muraux, revêtements durs (plaques menuiserie, fibres-ciment), colles des carrelages.
6. Conduits, canalisations et équipements	
Conduits de fluides (air, eaux, autres fluides). Conduits de vapeur, fumée, échappement.	Calorifugeage, enveloppe de calorifuge, conduits en fibres-ciment.

COMPOSANT DE LA CONSTRUCTION	PARTIE DU COMPOSANT À VÉRIFIER OU À SONDER
Clapets/volets coupe-feu. Vide-ordures.	Conduit en fibres-ciment, joints entre éléments, mastics, tresses, manchons. Clapet, volet, rebouchage. Conduit en fibres-ciment.
7. Ascenseurs et monte-charge	
Portes palières. Trémie, machinerie.	Portes et cloisons palières. Flocage, bourre, mur/plancher, joint mousse.
8. Équipements divers	
Chaudières, tuyauteries, étuves, groupes électrogènes, convecteurs et radiateurs, aérothermes...	Bourres, tresses, joints, calorifugeages, peinture anticondensation, plaques isolantes (internes et externes), tissu amiante.
9. Installations industrielles	
Fours, étuves, tuyauteries...	Bourre, tresses, joints, calorifugeages, peinture anticondensation, plaques isolantes, tissu amiante, freins et embrayages.
10. Coffrages perdus	
Coffrages et fonds de coffrages perdus.	Éléments en fibres-ciment.

Code de la construction et de l'habitation

Art. L. 126-17 *(Aj. à compter du 1er juillet 2021, Ord. n° 2020-71, 29 janv. 2020).* **– Sont interdites, qu'elle soit en propriété ou en jouissance, qu'elle résulte de mutations à titre gratuit ou onéreux, de partage ou de locations :**

[...]

3° Toute division d'immeuble en vue de mettre à disposition des locaux à usage d'habitation [...] qui n'ont pas fait l'objet d'un constat de risque d'exposition au plomb prévu par l'article L. 1334-5 du Code de la santé publique et d'une recherche de la présence d'amiante, ainsi que, le cas échéant, du diagnostic de l'état de conservation de l'amiante dans les matériaux et produits repérés, prévus par l'article L. 1334-12-1 du même code.

Rédaction antérieure. Art. L. 111-6-1 *(Mod., L. n° 2009-323, 25 mars 2009 ; abr. à compter d'une date fixée par décret en Conseil d'État et au plus tard le 1er juillet 2021, Ord. n° 2020-71, 29 janv. 2020 ; en vigueur jusqu'au 30 juin 2021).* – Sont interdites :

[...] ;

– « qu'elle soit en propriété ou en jouissance, qu'elle résulte de mutations à titre gratuit ou onéreux, de partage ou de locations, toute division d'immeuble en vue de mettre à disposition des locaux » à usage d'habitation qui n'ont pas fait l'objet de diagnostics amiante en application de l'article L. 1311-1 du Code de la santé publique... ;

[...].

Art. L. 183-15 *(Aj. à compter du 1er juillet 2021, Ord. n° 2020-71, 29 janv. 2020).* **– Sont punies d'un emprisonnement de deux ans et d'une amende de 75 000 € les personnes qui mettent en vente, en location ou à la disposition d'autrui des locaux destinés à l'habitation et provenant d'une division réalisée en méconnaissance des interdictions définies aux articles L. 126-17 et L. 126-21.**

Les personnes physiques encourent également la peine complémentaire suivante : l'interdiction, pour une durée de cinq ans au plus, d'exercer une activité professionnelle ou sociale dès lors que les facilités que procure cette activité ont été sciemment utilisées pour préparer ou commettre l'infraction. Cette interdiction n'est toutefois pas applicable à l'exercice d'un mandat électif ou de responsabilités syndicales.

Les peines encourues par les personnes morales sont :

1° L'amende, selon les modalités prévues par l'article 131-38 du Code pénal ;

2° Les peines complémentaires prévues aux 2°, 4°, 8° et 9° de l'article 131-39 du même code. Pour l'application du 8°, la confiscation porte sur le fonds de commerce ou sur l'immeuble destiné à l'hébergement des personnes et ayant servi à commettre l'infraction.

I – PORTÉE DE L'INTERDICTION

1) Divisions en propriété ou en jouissance. L'interdiction de diviser concerne les « divisions d'un immeuble en vue de mettre à disposition des locaux ». Peu importe l'opération qui est à l'origine de cette « mise à disposition » : le texte vise aussi bien les mutations à titre gratuit que les mutations à titre onéreux, les opérations de partage ou de location....

L'interdiction de toute « division » englobe aussi bien les divisions en propriété que les divisions en jouissance : par exemple, le fait d'aménager un immeuble dénué de tout confort, ou insalubre, pour y créer des logements (pratique des « marchands de sommeil ») en vue de la location.

2) Divisions en vue de mettre à disposition des locaux à usage d'habitation. Comme les lois précédentes du 4 avril 1953 et du 31 décembre 1975, la loi du 13 décembre 2000 a eu en vue la protection des occupants des immeubles à usage d'habitation. La division ne paraît donc pas interdite lorsqu'elle a pour but de créer des locaux à usage professionnel ou commercial. Mais l'interdiction reprendrait son empire si les locaux étaient à usage mixte d'habitation et professionnel ou d'habitation et commercial.

3) Divisions et opérations consécutives. Toujours à propos de la portée de l'interdiction, diverses remarques s'imposent.

Nous l'avons vu, ce que la loi prohibe, c'est la division des immeubles en vue de « mettre à disposition » des logements. Sont concernées par cette interdiction non seulement la division elle-même, mais également les opérations consécutives.

Certaines sont sanctionnées pénalement et il n'y a donc aucun doute à leur sujet : notamment la vente et la location.

D'autres, qui peuvent déboucher sur une division de l'immeuble, ne sont pas expressément visées.

4) Absence de recherche de l'amiante. L'article L. 126-17 du Code de la construction et de l'habitation précité traite, dans une formulation très générale, du cas où un immeuble n'a pas fait l'objet d'une recherche de la présence d'amiante, ainsi que, le cas échéant, du diagnostic de l'état de conservation de l'amiante dans les matériaux et produits repérés, prévus par l'article L. 1334-12-1 du même code.

II – SANCTIONS

A – Sanctions civiles

5) Nullité absolue. La loi du 13 décembre 2000 n'a pas prévu de sanctions civiles à la différence de la loi du 4 avril 1953 qui prononçait une interdiction « à peine de nullité ». On peut regretter ce silence.

L'article L. 126-17, comme l'article L. 111-6-1 ancien du Code de la construction et de l'habitation, a été édicté pour des motifs touchant à la santé publique et relève donc de l'ordre public de direction. La sanction qui s'impose en conséquence est, à notre avis, la nullité absolue des opérations effectuées en violation des prescriptions légales.

B – Sanctions pénales

6) Éléments constitutifs de l'infraction. La loi incrimine le fait de mettre en vente, en location ou à la disposition d'autrui des locaux destinés à l'habitation et provenant d'une division réalisée en méconnaissance des interdictions définies par l'article L. 126-17 nouveau du Code de la construction et de l'habitation.

L'article L. 183-15, qui édicte ces sanctions dans son avant-dernier et son dernier alinéa, appelle les diverses remarques suivantes :

– la division de l'immeuble n'est pas en elle-même sanctionnée pénalement. La loi pénale n'entre en jeu que lorsqu'il y a en quelque sorte « passage à l'acte », c'est-à-dire mise à disposition d'un tiers du logement issu d'une division prohibée par la loi, notamment à la suite d'une vente, d'un bail ou d'un prêt... ;

– on observe que le texte incrimine la simple « mise à disposition d'autrui » d'un logement issu d'une division prohibée. On a sans doute voulu par là couper court aux manœuvres consistant à faire payer un loyer en espèces. Mais les personnes mues par un authentique sentiment philanthropique peuvent ainsi en toute bonne foi tomber dans les filets du législateur.

7) Peines encourues. Les peines encourues sont très lourdes (prison, forte amende : V. le texte de l'article L. 183-15) et frappent tant les personnes physiques que morales. Des peines complémentaires sont encourues.

Remarque : S'agissant d'un délit, le délai de prescription de l'action publique est de trois ans (CPP, art. 8).

ANNEXE 3

ANIMAUX

I. – Clauses du règlement de copropriété .... p. 933
II. – Présence d'animaux nuisibles ou dangereux ou de parasites dans les locaux d'habitation .... p. 934
III. – Parties d'usage commun .... p. 934
IV. – Animaux dangereux et errants .... p. 935
V. – Pigeons .... p. 940

Bibliographie : J.-M. Roux, *L'animal en copropriété : Inf. rap. copr.* mars 2007, p. 23. • A. Djigo, *Contentieux immobiliers : les pigeons se nourrissent, les voisins trinquent ! : Loyers et copr.* avr. 2013, étude 6. • S. Bouchet, *Les abeilles et la copropriété : Inf. rap. copr.* mars 2018, p. 21. • D. Rodrigues, *Les animaux en copropriété : Inf. rap. copr.* janv.-févr. 2018, p. 31. • D. Rodrigues, *Les animaux en copropriété : Inf. rap. copr.* juill.-août 2023, p. 23.

I. – CLAUSES DU RÈGLEMENT DE COPROPRIÉTÉ

Bibliographie : J. Lafond, *Clauses du règlement de copropriété concernant la détention d'animaux : Loyers et copr.* 2022, formule 7.

Loi n° 70-598 du 9 juillet 1970

modifiant et complétant la loi n° 48-1360 du 1er septembre 1948 portant modification et codification de la législation relative aux rapports des bailleurs et locataires ou occupants de locaux d'habitation ou à usage professionnel

Art. 10 *(Mod., L. n° 99-5, 6 janv. 1999 ; L. n° 2012-387, 22 mars 2012).* – **I. – Sauf dans les contrats de location saisonnière de meublés de tourisme, est réputée non écrite toute stipulation tendant à interdire la détention d'un animal dans un local d'habitation dans la mesure où elle concerne un animal familier. Cette détention est toutefois subordonnée au fait que ledit animal ne cause aucun dégât à l'immeuble ni aucun trouble de jouissance aux occupants de celui-ci.**

Est licite la stipulation tendant à interdire la détention d'un chien appartenant à la première catégorie mentionnée à l'article 211-1 [L. 211-12] du Code rural.

II. – Les dispositions du présent article, à l'exception de celles du dernier alinéa du I, sont applicables aux instances en cours.

Voir : sur les droits et obligations des copropriétaires, V. comm. sous L. 10 juill. 1965, art. 8 et 9, p. 61.

II. – PRÉSENCE D'ANIMAUX NUISIBLES OU DANGEREUX OU DE PARASITES DANS LES LOCAUX D'HABITATION

Code de la santé publique

Art. R. 1331-42 *(Aj., D. n° 2023-695, 29 juill. 2023).* – Il est interdit d'élever et d'entretenir à l'intérieur des locaux d'habitation, y compris leurs dépendances, des animaux de toutes espèces qui, par leur nombre, leur comportement ou leur état de santé, sont susceptibles d'emporter des effets négatifs sur la santé ou la sécurité des personnes ou de nuire à la salubrité des lieux.

NB : Conformément au premier alinéa de l'article 6 du décret n° 2023-695 du 29 juillet 2023, ces dispositions sont entrées en vigueur le premier jour du troisième mois suivant sa publication, à savoir le 1er octobre 2023.

……………………………………………………………………………………………………

Art. R. 1331-45 *(Aj. à compter du 1er octobre 2023, D. n° 2023-695, 29 juill. 2023).* – Toutes mesures nécessaires sont prises pour prévenir la prolifération d'animaux causes de nuisances pour la santé humaine, notamment les punaises de lit, dans les locaux d'habitation et, s'il y a lieu et en urgence, pour y remédier, notamment par déblaiement, nettoyage, désinfection, dératisation et désinsectisation des locaux par des procédés biologiques ou physiques.

Le traitement des locaux d'habitation en vue de les désodoriser, désinfecter ou désinsectiser par des procédés introduisant dans l'air des produits nocifs ou toxiques, notamment le formol ou l'ozone, ou émettant des rayonnements notamment des rayonnements ultra-violets, ne peut être réalisé lorsque ces locaux sont occupés et doit être suivi de leur aération avant une nouvelle occupation.

……………………………………………………………………………………………………

Art. R. 1331-64 *(Aj. à compter du 1er octobre 2023, D. n° 2023-695, 29 juill. 2023).* – Les occupants et les exploitants des logements meublés ou garnis, des locaux affectés à l'hébergement collectif et des hébergements touristiques prennent toutes précautions en vue d'éviter l'apparition et le développement d'animaux causes de nuisances pour la santé humaine.

Lorsque ce développement n'a pu être évité et afin d'empêcher toute prolifération, les exploitants des logements meublés ou garnis, des locaux affectés à l'hébergement collectif et des hébergements touristiques font procéder à la désinfection ou la désinsectisation de la literie et du mobilier et à la dératisation des locaux.

III. – PARTIES D'USAGE COMMUN

Code de la santé publique

Art. R. 1331-52 *(Aj. à compter du 1er octobre 2023, D. n° 2023-695, 29 juill. 2023).* – […]

L'accès des aires de jeux et bacs à sable collectifs est interdit aux animaux domestiques.

Art. R. 1331-53 *(Aj. à compter du 1er octobre 2023, D. n° 2023-695, 29 juill. 2023).* – […]

Les jardins et les abords des locaux d'habitation sont entretenus de manière à ne pas laisser proliférer les animaux causes de nuisances pour la santé humaine.

Art. R. 1331-54 *(Aj. à compter du 1er octobre 2023, D. n° 2023-695, 29 juill. 2023).* – Il est interdit d'élever et d'entretenir dans les parties à usage commun des bâtiments d'habitation collectifs, les abords et les jardins des habitations, des animaux de quelque espèce que ce soit, qui par leur nombre, leur comportement ou leur état de santé, sont susceptibles de constituer un danger ou un risque pour la santé ou la sécurité des personnes ou la salubrité des lieux.

Le nombre des animaux élevés peut être limité et la distance des lieux d'enclos et d'abri peut être définie, compte-tenu de la nature de l'élevage ou de la proximité d'habitations occupées par des tiers, dans les conditions prévues par le premier alinéa de l'article L. 1311-2.

Dans tous les cas, les installations renfermant des animaux, notamment les clapiers, poulaillers et pigeonniers, sont maintenues constamment en bon état de propreté et d'entretien, désinfectées et désinsectisées. Les fumiers sont évacués aussi souvent qu'il est nécessaire pour ne pas incommoder le voisinage.

Il est interdit d'attirer ou de nourrir systématiquement ou de façon habituelle des animaux, notamment les pigeons et les chats, quand cette pratique est une cause d'insalubrité.

IV. – ANIMAUX DANGEREUX ET ERRANTS

Code rural et de la pêche maritime

Section II. – Les animaux dangereux et errants

Art. L. 211-11 *(Anc. art. L. 911-11, dénum., Ord. n° 2000-914, 18 sept. 2000 ; mod., L. n° 2001-1062, 15 nov. 2001 ; L. n° 2007-297, 5 mars 2007 ; L. n° 2008-582, 20 juin 2008 ; Ord. n° 2010-460, 6 mai 2010).* – I. - Si un animal est susceptible, compte tenu des modalités de sa garde, de présenter un danger pour les personnes ou les animaux domestiques, le maire ou, à défaut, le préfet peut prescrire à son propriétaire ou à son détenteur de prendre des mesures de nature à prévenir le danger. Il peut à ce titre, à la suite de l'évaluation comportementale d'un chien réalisée en application de l'article L. 211-14-1, imposer à son propriétaire ou à son détenteur de suivre la formation et d'obtenir l'attestation d'aptitude prévues au I de l'article L. 211-13-1.

En cas d'inexécution, par le propriétaire ou le détenteur de l'animal, des mesures prescrites, le maire peut, par arrêté, placer l'animal dans un lieu de dépôt adapté à l'accueil et à la garde de celui-ci.

Si, à l'issue d'un délai franc de garde de huit jours ouvrés, le propriétaire ou le détenteur ne présente pas toutes les garanties quant à l'application des mesures prescrites, le maire autorise le gestionnaire du lieu de dépôt, après avis d'un vétérinaire désigné par le préfet, soit à faire procéder à l'euthanasie de l'animal, soit à en disposer dans les conditions prévues au II de l'article L. 211-25.

Le propriétaire ou le détenteur de l'animal est invité à présenter ses observations avant la mise en œuvre des dispositions du deuxième alinéa du présent I.

II. - En cas de danger grave et immédiat pour les personnes ou les animaux domestiques, le maire ou, à défaut, le préfet peut ordonner par arrêté que l'animal soit placé dans un lieu de dépôt adapté à la garde de celui-ci et le cas échéant, faire procéder à son euthanasie.

Est réputé présenter un danger grave et immédiat tout chien appartenant à une des catégories mentionnées à l'article L. 211-12, qui est détenu par une personne mentionnée à l'article L. 211-13 ou qui se trouve dans un lieu où sa présence est interdite par le I de l'article L. 211-16, ou qui circule sans être muselé et tenu en laisse dans les conditions prévues par le II du même article *(Mots aj., L. n° 2008-582, 20 juin 2008)* « , ou dont le propriétaire ou le détenteur n'est pas titulaire de l'attestation d'aptitude prévue au I de l'article L. 211-13-1 ».

L'euthanasie peut intervenir sans délai, après avis d'un vétérinaire désigné par le préfet Cet avis doit être donné au plus tard quarante-huit heures après le placement de l'animal. À défaut, l'avis est réputé favorable à l'euthanasie.

III. - Les frais afférents aux opérations de capture, de transport, de garde et d'euthanasie de l'animal sont intégralement et directement mis à la charge de son propriétaire ou de son détenteur.

Art. L. 211-12 *(Anc. art. L. 911-12, dénum., Ord. n° 2000-914, 18 sept. 2000).* – Les types de chiens susceptibles d'être dangereux faisant l'objet des mesures spécifiques prévues par les articles *(Réf. rempl., L. n° 2008-582, 20 juin 2008)* « L. 211-13, L. 211-13-1, L. 211-14, L. 211-15 et L. 211-16 », sans préjudice des dispositions de l'article L. 211-11, sont répartis en deux catégories :

1° Première catégorie : les chiens d'attaque ;

2° Deuxième catégorie : les chiens de garde et de défense.

Un arrêté du ministre de l'intérieur et du ministre chargé de l'agriculture établit la liste des types de chiens relevant de chacune de ces catégories.

Art. L. 211-13 *(Anc. art. L. 911-13, dénum., Ord. n° 2000-914, 18 sept. 2000).* – Ne peuvent détenir les chiens mentionnés à l'article L. 211-12 :

1° Les personnes âgées de moins de dix-huit ans ;

2° Les majeurs en tutelle à moins qu'ils n'y aient été autorisés par le juge des tutelles ;

3° Les personnes condamnées pour crime ou à une peine d'emprisonnement avec ou sans sursis pour délit inscrit au bulletin n° 2 du casier judiciaire ou, pour les ressortissants étrangers, dans un document équivalent ;

4° Les personnes auxquelles la propriété ou la garde d'un chien a été retirée en application de l'article L. 211-11. Le maire peut accorder une dérogation à l'interdiction en considération du comportement du demandeur depuis la décision de retrait, à condition que celle-ci ait été prononcée plus de dix ans avant le dépôt de la déclaration visée à l'article L. 211-14.

Art. L. 211-13-1 *(L. n° 2008-582, 20 juin 2008).* – I. – Le propriétaire ou le détenteur d'un chien mentionné à l'article L. 211-12 est tenu d'être titulaire d'une attestation d'aptitude sanctionnant une formation portant sur l'éducation et le comportement canins, ainsi que sur la prévention des accidents.

Les frais afférents à cette formation sont à la charge du propriétaire ou du détenteur du chien.

Un décret en Conseil d'État définit le contenu de la formation et les modalités d'obtention de l'attestation d'aptitude. Il détermine également les conditions d'agrément et de contrôle des personnes habilitées à dispenser la formation et à délivrer l'attestation d'aptitude.

II. – Le propriétaire ou le détenteur d'un chien mentionné à l'article L. 211-12 est tenu, lorsque le chien est âgé de plus de huit mois et de moins de douze mois, de le soumettre à l'évaluation comportementale prévue à l'article L. 211-14-1.

Cette évaluation peut être renouvelée dans des conditions définies par décret. Le maire peut en outre demander à tout moment une nouvelle évaluation en application de l'article L. 211-14-1.

Art. L. 211-14 *(Anc. art. L. 911-14, dénum., Ord. n° 2000-914, 18 sept. 2000 ; mod., L. n° 2007-297, 5 mars 2007 ; rempl., L. n° 2008-582, 20 juin 2008).* – I. – Pour les personnes autres que celles mentionnées à l'article L. 211-13, la détention des chiens mentionnés à l'article L. 211-12 est subordonnée à la délivrance d'un permis de détention par le maire de la commune où le propriétaire ou le détenteur de l'animal réside. En cas de changement de commune de résidence, le permis doit être présenté à la mairie du nouveau domicile.

II. – La délivrance du permis de détention est subordonnée à la production :

1° De pièces justifiant :

a) De l'identification du chien dans les conditions prévues à l'article L. 212-10 ;

b) De la vaccination antirabique du chien en cours de validité ;

c) Dans les conditions définies par décret, d'une assurance garantissant la responsabilité civile du propriétaire du chien ou de la personne qui le détient pour les dommages causés aux tiers par l'animal. Les membres de la famille du propriétaire de l'animal ou de celui qui le détient sont considérés comme tiers au sens des présentes dispositions ;

d) Pour les chiens mâles et femelles de la première catégorie, de la stérilisation de l'animal ;

e) De l'obtention, par le propriétaire ou le détenteur de l'animal, de l'attestation d'aptitude mentionnée au I de l'article L. 211-13-1 ;

2° De l'évaluation comportementale prévue au II de l'article L. 211-13-1.

Lorsque le chien n'a pas atteint l'âge auquel cette évaluation doit être réalisée, il est délivré à son propriétaire ou son détenteur un permis provisoire dans des conditions précisées par décret.

Si les résultats de l'évaluation le justifient, le maire peut refuser la délivrance du permis de détention.

III. – Une fois le permis accordé, il doit être satisfait en permanence aux conditions prévues aux *b* et *c* du 1° du II.

IV. – En cas de constatation du défaut de permis de détention, le maire ou, à défaut, le préfet met en demeure le propriétaire ou le détenteur du chien de procéder à la régularisation dans le délai d'un mois au plus. En l'absence de régularisation dans le délai prescrit, le maire ou, à défaut, le préfet peut ordonner que l'animal soit placé dans un lieu de dépôt adapté à l'accueil ou à la garde de celui-ci et peut faire procéder sans délai et sans nouvelle mise en demeure à son euthanasie.

Les frais afférents aux opérations de capture, de transport, de garde et d'euthanasie de l'animal sont intégralement et directement mis à la charge de son propriétaire ou de son détenteur.

V. - Le présent article, ainsi que le I de l'article L. 211-13-1, ne sont pas applicables aux personnes qui détiennent un chien mentionné à l'article L. 211-12 à titre temporaire et à la demande de son propriétaire ou de son détenteur.

Art. L. 211-14-1 *(L. n° 2007-297, 5 mars 2007 ; mod., L. n° 2008-582, 20 juin 2008)*. – Une évaluation comportementale peut être demandée par le maire pour tout chien qu'il désigne en application de l'article L. 211-11. Cette évaluation est effectuée par un vétérinaire choisi sur une liste départementale. Elle est communiquée au maire par le vétérinaire.

Les frais d'évaluation sont à la charge du propriétaire du chien.

Un décret détermine les conditions d'application du présent article.

Art. L. 211-14-2 *(L. n° 2008-582, 20 juin 2008 ; mod., Ord. 2010-460, 6 mai 2010)*. – Tout fait de morsure d'une personne par un chien est déclaré par son propriétaire ou son détenteur ou par tout professionnel en ayant connaissance dans l'exercice de ses fonctions à la mairie de la commune de résidence du propriétaire ou du détenteur de l'animal.

Le propriétaire ou le détenteur du chien est en outre tenu de le soumettre, pendant la période de surveillance définie en application du premier alinéa de l'article L. 223-10, à l'évaluation comportementale mentionnée à l'article L. 211-14-1, qui est communiquée au maire.

À la suite de cette évaluation, le maire ou, à défaut, le préfet peut imposer au propriétaire ou au détenteur du chien de suivre la formation et d'obtenir l'attestation d'aptitude mentionnées à l'article L. 211-13-1.

Faute pour l'intéressé de s'être soumis à ces obligations, le maire ou, à défaut, le préfet peut ordonner par arrêté que l'animal soit placé dans un lieu de dépôt adapté à la garde de celui-ci. Il peut, en cas de danger grave et immédiat et après avis d'un vétérinaire désigné par *(Mots rempl., Ord. n° 2010-460, 6 mai 2010)* « le préfet », faire procéder à son euthanasie.

Art. L. 211-15 *(Ord. n° 2000-550, 15 juin 2000 ; Ord. n° 2000-914, 18 sept. 2000 ; mod., Ord. n° 2007-1801, 21 déc. 2007 ; L. n° 2008-582, 20 juin 2008 ; L. n° 2011-525, 17 mai 2011 ; Ord. n° 2012-789, 31 mai 2012)*. – I. - L'acquisition, la cession à titre gratuit ou onéreux, hormis les cas prévus au troisième alinéa de l'article L. 211-11 ou au deuxième alinéa de l'article 99-1 du Code de procédure pénale, l'importation et l'introduction *(Mots rempl. à compter du 1er juillet 2016, Ord. n° 2016-391, 31 mars 2016)* « sur le territoire métropolitain et sur celui de l'ensemble des collectivités territoriales d'outre-mer et de la Nouvelle-Calédonie » des chiens de la première catégorie mentionnée à l'article L. 211-12 sont interdites.

II. - La stérilisation des chiens de la première catégorie est obligatoire. Cette stérilisation donne lieu à un certificat vétérinaire.

Art. L. 211-16 *(Anc. art. L. 911-16, dénum., Ord. n° 2000-914, 18 sept. 2000)*. – I. - L'accès des chiens de la première catégorie aux transports en commun, aux lieux publics à l'exception de la voie publique et aux locaux ouverts au public est interdit. Leur stationnement dans les parties communes des immeubles collectifs est également interdit.

II. - Sur la voie publique, dans les parties communes des immeubles collectifs, les chiens de la première et de la deuxième catégorie doivent être muselés et tenus en laisse par une personne majeure. Il en est de même pour les chiens de la deuxième catégorie dans les lieux publics, les locaux ouverts au public et les transports en commun.

III. - Un bailleur ou un copropriétaire peut saisir le maire en cas de dangerosité d'un chien résidant dans un des logements dont il est propriétaire. Le maire peut alors procéder, s'il le juge nécessaire, à l'application des mesures prévues à l'article L. 211-11.

…………………………………………………………………………

Art. L. 211-19-1 *(Ord. n° 2006-1224, 5 oct. 2006)*. – Il est interdit de laisser divaguer les animaux domestiques et les animaux sauvages apprivoisés ou tenus en captivité.

Art. L. 211-20 *(Anc. art. L. 911-20, dénum., Ord. n° 2000-914, 18 sept. 2000 ; mod., Ord. n° 2006-1224, 5 oct. 2006 ; L. n° 2008-582, 20 juin 2008)*. – Lorsque des animaux errants sans détenteur, ou dont le détenteur refuse de se faire connaître, sont trouvés pacageant sur des terrains appartenant à autrui, sur les accotements ou dépendances des routes, canaux, chemins ou sur des terrains communaux, le propriétaire lésé, ou son représentant, a le droit de les conduire ou de les faire conduire immédiatement au lieu de dépôt désigné par l'autorité municipale.

Le maire donne avis au propriétaire ou au détenteur des animaux des dispositions mises en œuvre.

Si les animaux ne sont pas réclamés, ils sont considérés comme abandonnés et le maire fait procéder soit à leur euthanasie, soit à leur vente conformément aux dispositions de l'article L. 211-1, soit à leur cession, à titre gratuit, à une fondation ou à une association de protection animale reconnue d'utilité publique ou déclarée. Les frais résultant de l'ensemble des mesures prises sont mis à la charge du propriétaire ou du détenteur des animaux.

Si le propriétaire ou le détenteur des animaux demeure inconnu, le maire autorise le gestionnaire du lieu de dépôt à prendre l'une des mesures énumérées ci-dessus.

Art. L. 211-21 *(Anc. art. L. 911-21, dénum., Ord. n° 2000-914, 18 sept. 2000 ; mod., L. n° 2008-582, 20 juin 2008).* – Les maires prescrivent que les animaux d'espèce sauvage apprivoisés ou tenus en captivité, trouvés errants et qui sont saisis sur le territoire de la commune, sont conduits à un lieu de dépôt désigné par eux. Ces animaux y sont maintenus aux frais du propriétaire ou du détenteur.

Les propriétaires, locataires, fermiers ou métayers peuvent saisir ou faire saisir par un agent de la force publique, dans les propriétés dont ils ont l'usage, les animaux d'espèce sauvage apprivoisés ou tenus en captivité, échappés à leur détenteur ou que celui-ci laisse divaguer. Les animaux saisis sont conduits à un lieu de dépôt désigné par le maire. Ils y sont maintenus, le cas échéant, aux frais du propriétaire ou du détenteur.

À l'issue d'un délai franc de garde de huit jours ouvrés au lieu de dépôt désigné, si l'animal n'a pas été réclamé par son propriétaire auprès du maire de la commune où l'animal a été saisi, il est alors considéré comme abandonné et le maire peut le céder ou, après avis d'un vétérinaire, le faire euthanasier.

Art. L. 211-22 *(Anc. art. L. 911-22, dénum., Ord. n° 2000-914, 18 sept. 2000).* – Les maires prennent toutes dispositions propres à empêcher la divagation des chiens et des chats. Ils peuvent ordonner que ces animaux soient tenus en laisse et que les chiens soient muselés. Ils prescrivent que les chiens et les chats errants et tous ceux qui seraient saisis sur le territoire de la commune sont conduits à la fourrière, où ils sont gardés pendant les délais fixés aux articles L. 211-25 et L. 211-26.

Les propriétaires, locataires, fermiers ou métayers peuvent saisir ou faire saisir par un agent de la force publique, dans les propriétés dont ils ont l'usage, les chiens et les chats que leurs maîtres laissent divaguer. Les animaux saisis sont conduits à la fourrière.

Un décret en Conseil d'État détermine les modalités d'application du présent article.

Art. L. 211-23 *(Anc. art. L. 911-23, dénum., Ord. n° 2000-914, 18 sept. 2000 ; mod., L. n° 2005-157, 23 févr. 2005).* – Est considéré comme en état de divagation tout chien qui, en dehors d'une action de chasse ou de la garde ou de la protection du troupeau, n'est plus sous la surveillance effective de son maître, se trouve hors de portée de voix de celui-ci ou de tout instrument sonore permettant son rappel, ou qui est éloigné de son propriétaire ou de la personne qui en est responsable d'une distance dépassant cent mètres. Tout chien abandonné, livré à son seul instinct, est en état de divagation, sauf s'il participait à une action de chasse et qu'il est démontré que son propriétaire ne s'est pas abstenu de tout entreprendre pour le retrouver et le récupérer, y compris après la fin de l'action de chasse.

Est considéré comme en état de divagation tout chat non identifié trouvé à plus de deux cents mètres des habitations ou tout chat trouvé à plus de mille mètres du domicile de son maître et qui n'est pas sous la surveillance immédiate de celui-ci, ainsi que tout chat dont le propriétaire n'est pas connu et qui est saisi sur la voie publique ou sur la propriété d'autrui.

....

Art. L. 211-28 *(Anc. art. L. 911-28, dénum., Ord. n° 2000-914, 18 sept. 2000 ; mod., L. n° 2008-582, 20 juin 2008).* – Conformément à l'article L. 2512-13 du Code général des collectivités territoriales, les compétences dévolues au maire en application des articles L. 211-11, L. 211-13-1, L. 211-14, L. 211-14-1, L. 211-14-2, L. 211-21, L. 211-22 et L. 211-27 sont, à Paris, exercées par le préfet de police et les formalités devant être accomplies en mairie doivent l'être à la préfecture de police.

....

Art. L. 215-3-1 *(Mod., L. n° 2021-1539, 30 nov. 2021)*. **– Les gardes champêtres et les agents de police municipale constatent par procès-verbaux les infractions aux dispositions des articles L. 211-14, L. 211-16 et L. 212-10 ainsi que des textes ou décisions pris pour leur application.**

Voir aussi : les articles R. 211-3 à R. 211-12 du Code rural.

Arrêté du 27 avril 1999

pris pour l'application de l'article L. 211-1 du Code rural et établissant la liste des types de chiens susceptibles d'être dangereux, faisant l'objet des mesures prévues aux articles L. 211-1 à L. 211-5 du même code

(JO 30 avr. 1999)

Art. 1er. – Relèvent de la 1re catégorie de chiens telle que définie à l'article 211-1 [L. 211-12] du Code rural :

– les chiens assimilables par leurs caractéristiques morphologiques aux chiens de race Staffordshire terrier, sans être inscrits à un livre généalogique reconnu par le ministre de l'Agriculture et de la Pêche ;

– les chiens assimilables par leurs caractéristiques morphologiques aux chiens de race American Staffordshire terrier, sans être inscrits à un livre généalogique reconnu par le ministre de l'Agriculture et de la Pêche.

Ces deux types de chiens peuvent être communément appelés « pit-bulls » ;

– les chiens assimilables par leurs caractéristiques morphologiques aux chiens de race Mastiff, sans être inscrits à un livre généalogique reconnu par le ministre de l'Agriculture et de la Pêche. Ces chiens peuvent être communément appelés « boer-bulls » ;

– les chiens assimilables par leurs caractéristiques morphologiques aux chiens de race Tosa, sans être inscrits à un livre généalogique reconnu par le ministre de l'Agriculture et de la Pêche.

Art. 2. – Relèvent de la 2e catégorie des chiens telle que définie à l'article 211-1 [L. 211-12] du Code rural :

– les chiens de race Staffordshire terrier ;

– les chiens de race American Staffordshire terrier ;

– les chiens de race Rottweiler ;

– les chiens de race Tosa ;

– les chiens assimilables par leurs caractéristiques morphologiques aux chiens de race Rottweiler, sans être inscrits à un livre généalogique reconnu par le ministre de l'Agriculture et de la Pêche.

Art. 3. – Les éléments de reconnaissance des chiens de la 1re et de la 2e catégorie mentionnés aux articles 1er et 2 figurent en annexe au présent arrêté.

ANNEXE

Les chiens visés dans le présent arrêté, que ce soit pour la 1re ou la 2e catégorie, sont des molosses de type dogue, définis par un corps massif et épais, une forte ossature et un cou épais.

Les deux éléments essentiels sont la poitrine et la tête. La poitrine est puissante, large, cylindrique avec les côtes arquées. La tête est large et massive, avec un crâne et un museau de forme plus ou moins cubique. Le museau est relié au crâne par une dépression plus ou moins marquée appelée le stop.

Les chiens communément appelés « pit-bulls » qui appartiennent à la 1re catégorie présentent une large ressemblance avec la description suivante :

- petit dogue de couleur variable ayant un périmètre thoracique mesurant environ entre 60 cm (ce qui correspond à un poids d'environ 18 kg) et 80 cm (ce qui correspond à un poids d'environ 40 kg). La hauteur au garrot peut aller de 35 à 50 cm ;
- chien musclé à poil court ;
- apparence puissante ;
- avant massif avec un arrière comparativement léger ;
- le stop n'est pas très marqué, le museau mesure environ la même longueur que le crâne tout en étant moins large, et la truffe est en avant du menton ;
- les mâchoires sont fortes, avec les muscles des joues bombés.

Les chiens communément appelés « boer-bulls » qui appartiennent à la 1re catégorie présentent une large ressemblance avec la description suivante :

- dogue généralement de couleur fauve à poil court, grand et musclé, pourvu d'un corps haut, massif et long ;
- la tête est large, avec un crâne large et un museau plutôt court ;

- les babines sont pendantes, le museau et la truffe peuvent être noirs ;
- le cou est large avec des plis cutanés représentant le fanon ;
- le périmètre thoracique est supérieur à 80 cm (ce qui correspond à un poids supérieur à 40 kg). La hauteur au garrot est d'environ 50 à 70 cm ;
- le corps est assez épais et cylindrique ;
- le ventre a un volume proche de celui de la poitrine.

Les chiens qui appartiennent à la 1re catégorie pouvant être rapprochés morphologiquement des chiens de race Tosa présentent une large ressemblance avec la description suivante :
- dogue à poil court et de couleur variable, généralement fauve, bringée ou noire, de grande taille et de constitution robuste ;
- le périmètre thoracique est supérieur à 80 cm (ce qui correspond à un poids supérieur à 40 kg). La hauteur est d'environ 60 à 65 cm ;
- la tête est composée d'un crâne large, d'un stop marqué, avec un museau moyen ;
- les mâchoires inférieure et supérieure sont fortes ;
- le cou est musclé, avec du fanon ;
- la poitrine est large et haute ;
- le ventre est bien remonté ;
- la queue est épaisse à la base.

Les chiens qui appartiennent à la 2e catégorie pouvant être rapprochés morphologiquement des chiens de race Rottweiler présentent une large ressemblance avec la description suivante :
- dogue à poil court, à robe noir et feu ;
- chien trapu un peu long avec un corps cylindrique et un périmètre thoracique supérieur à 70 cm (ce qui correspond à un poids supérieur à 30 kg). La hauteur au garrot est d'environ 60 à 65 cm ;
- le crâne est large, avec un front bombé et des joues musclées ;
- le museau est moyen, à fortes mâchoires ;
- le stop est très accentué ;
- la truffe est à hauteur du menton.

Pour ce qui concerne les chiens qui appartiennent à la 2e catégorie et qui sont des chiens de race :
- ils répondent aux standards des races concernées, établis par la Société centrale canine ;

leur appartenance à la race considérée est attestée par une déclaration de naissance ou par un pedigree. Ces documents sont délivrés par la Société centrale canine lorsque le chien est inscrit sur le livre généalogique de la race concernée.

V. – PIGEONS

Bibliographie : M. Bertand, *Pigeons, la chasse est ouverte dans les immeubles : Le Particulier immobilier* févr. 2014, p. 22. • A. Djigo, *Contentieux immobiliers : les pigeons se nourrissent, les voisins trinquent ! : Loyers et copr.* avr. 2013, étude 6.

L'article 26 du règlement sanitaire de la Ville de Paris interdit « d'attirer systématiquement ou de façon habituelle les pigeons lorsque cette pratique est une cause d'insalubrité ou de gêne pour le voisinage ». L'article 120 interdit, d'autre part, « les jets ou les dépôts de nourriture susceptibles d'attirer des pigeons ou d'autres animaux », par ailleurs, l'article 41 *ter* oblige les propriétaires à grillager les ouvertures susceptibles de permettre l'entrée, et donc la nidification, dans leurs immeubles des pigeons et autres volatiles. Ces interdictions sont assorties d'amendes pouvant atteindre 450 €. D'autres villes ont parfois pris des arrêtés municipaux ou départementaux qui vont dans le même sens.

ANNEXE 4

ANTENNES

Bibliographie : J.-M. Roux, *L'antenne et la copropriété : Rev. loyers* 2007, p. 430 (1re partie) et *Rev. loyers* 2007, p. 482 (2e partie).
• G. Gil, *Le droit à l'antenne : Rev. Administrer* mars 2007, p. 11 et s.

Loi n° 66-457 du 2 juillet 1966

relative à l'installation d'antennes réceptrices de radiodiffusion

(JO 3 juill. 1966)

Art. 1er ***(Mod., L. n° 90-1170, 29 déc. 1990 ; L. n° 92-653, 13 juill. 1992 ; L. n° 2001-624, 17 juill. 2001 ; L. n° 2004-669, 9 juill. 2004 ; L. n° 2008-776, 4 août 2008).*** **– I. – Le propriétaire d'un immeuble ne peut, nonobstant toute convention contraire, même antérieurement conclue, s'opposer, sans motif sérieux et légitime à l'installation, à l'entretien ou au remplacement ainsi qu'au raccordement au réseau interne à l'immeuble, aux frais d'un ou plusieurs locataires ou occupant de bonne foi, que ces derniers soient personnes physiques ou morales, d'une antenne extérieure réceptrice de radiodiffusion ou réceptrice et émettrice de télécommunication fixe.**

L'offre, faite par le propriétaire, de raccordement soit à une antenne collective, soit à un réseau interne à l'immeuble qui fournissent un service collectif dont le contenu et la tarification sont définis par un accord collectif pris en application de l'article 42 de la loi n° 86-1290 du 23 décembre 1986 tendant à favoriser l'investissement locatif, l'accession à la propriété de logements sociaux et le développement de l'offre foncière constitue, notamment, un motif sérieux et légitime de s'opposer à l'installation ou au remplacement d'une antenne individuelle.

Les modalités de remplacement d'une antenne collective par un autre mode de réception des programmes sont déterminées par un accord collectif pris en application de l'article 42 de la loi n° 86-1290 du 23 décembre 1986.

Toutefois, le propriétaire d'un immeuble ne peut s'opposer, sans motif sérieux et légitime, à l'installation, au remplacement ou à l'entretien des antennes individuelles, émettrices et réceptrices, nécessaires au bon fonctionnement de stations du service amateur autorisées conformément à la réglementation en vigueur. Les bénéficiaires sont responsables, chacun en ce qui le concerne, des travaux d'installation, d'entretien ou de remplacement et des conséquences que pourrait comporter la présence des antennes en cause.

[...].

L'article 1er de la loi n° 66-457 du 2 juillet 1966 a été complété par un II (L. n° 2008-776, 4 août 2008).

Ce texte concerne le raccordement à un réseau de communications électroniques à très haut débit en fibre optique ouvert au public ainsi que l'installation, l'entretien ou le remplacement des équipements nécessaires, aux frais d'un ou plusieurs locataires ou occupants de bonne foi.

Voir : L. n° 66-457, 2 juill. 1966, art. 1er, II, p. 941.

Art. 2 ***(Rempl., L. n° 90-1170, 29 déc. 1990 ; mod., L. n° 2004-669, 9 juill. 2004).*** **– Le propriétaire qui a installé à ses frais une antenne collective ou un réseau interne à l'immeuble fournissant un service collectif est fondé à demander à chaque usager acceptant de se raccorder à cette antenne collective ou à ce réseau interne, à titre de frais de branchement et d'utilisation, une quote-part des dépenses d'installation, d'entretien et de remplacement.**

Art. 3. – Le propriétaire peut, après un préavis de deux mois, raccorder les récepteurs individuels à l'antenne collective et déposer les antennes extérieures précédemment installées par des locataires ou occupants de

bonne foi, lorsqu'il prend en charge les frais d'installation et de raccordement de l'antenne collective et les frais de démontage des antennes individuelles.

Art. 4. – La présente loi est applicable aux immeubles qui se trouvent en indivision ou qui sont soumis au régime de la copropriété.

Les indivisaires, les copropriétaires et les membres des sociétés de construction peuvent, lorsqu'ils sont occupants, se prévaloir des dispositions de la présente loi.

Art. 5. – La présente loi entrera en vigueur le 1er janvier 1967. Le décret n° 53-987 du 30 septembre 1953, pris en vertu de la loi n° 53-611 du 11 juillet 1953, sera abrogé à cette date.

Art. 6. – Un décret en Conseil d'État déterminera les conditions d'application de la présente loi.

Art. 7. – *(Aj., L. n° 93-1, 4 janv. 1993)* La présente loi est applicable dans les territoires de la Nouvelle-Calédonie, de la Polynésie française, dans les îles Wallis-et-Futuna et dans la collectivité territoriale de Mayotte.

Décret n° 67-1171 du 22 décembre 1967

fixant les conditions d'application de la loi n° 66-457 du 2 juillet 1966
relative à l'installation d'antennes réceptrices de radiodiffusion
(JO 28 déc. 1967)

Art. 1er *(Mod., D. n° 93-533, 27 mars 1993)*. – Avant de procéder aux travaux d'installation, d'entretien ou de remplacement d'une antenne, réceptrice de radiodiffusion ou d'une antenne émettrice et réceptrice d'une station d'amateur, ou aux travaux de raccordement à un réseau câblé visés par la loi n° 66-457 du 2 juillet 1966, le locataire ou l'occupant de bonne foi doit en informer le propriétaire par lettre recommandée avec demande d'avis de réception. Une description détaillée des travaux à entreprendre est jointe à cette notification, assortie s'il y a lieu d'un plan ou d'un schéma, sauf si l'établissement de ce plan a été rendu impossible du fait du propriétaire. La notification doit indiquer également la nature du ou des services de radiodiffusion sonore ou de télévision dont la réception serait obtenue à l'aide de ladite antenne individuelle ou dudit raccordement.

Si l'immeuble est soumis au statut des immeubles en copropriété, la notification est faite au bailleur et au syndic.

Si l'immeuble appartient à une société, la notification est faite au représentant légal de celle-ci, et le cas échéant au porteur de parts qui a consenti le bail.

Si l'immeuble est indivis, la notification est faite à l'un des indivisaires, à charge pour lui d'informer sans délai ses coïndivisaires.

Art. 2 *(Rempl., D. n° 93-533, 27 mars 1993)*. – Le propriétaire qui entend s'opposer à l'installation ou au remplacement de l'antenne individuelle ou aux travaux de raccordement à un réseau câblé doit, à peine de forclusion, saisir dans le délai de trois mois la juridiction compétente. Il peut, s'agissant de réception de radiodiffusion sonore ou de télévision, faire dans le même délai une proposition de raccordement, soit à une antenne collective, soit à un réseau interne à l'immeuble raccordé à un réseau câblé, qui fournissent un service collectif dont le contenu et la tarification sont définis par un accord entre propriétaire et locataire pris en application de l'article 42 de la loi (n° 86-1290) du 23 décembre 1986 susvisée.

Si le propriétaire n'a pas effectué le raccordement dans le délai de trois mois à compter de la proposition de raccordement, le locataire ou l'occupant de bonne foi pourra procéder à l'exécution des travaux qui ont fait l'objet de la notification prévue à l'article 1er.

Art. 3. – La quote-part des dépenses d'installation, de remplacement et d'entretien susceptible d'être perçue en vertu de l'article 2 de la loi susvisée est égale au quotient du total des frais exposés par le nombre total des branchements de l'installation. Seuls ceux qui utilisent leur branchement sont appelés à verser leur quote-part des dépenses d'installation lors du raccordement. Les raccordements ultérieurs donnent lieu au règlement dans les mêmes conditions.

Art. 4 *(Mod. à compter du 1er janvier 2020, D. n° 2019-966, 18 sept. 2019)*. **– Les contestations relatives à l'application de la loi susvisée sont portées devant le tribunal judiciaire du lieu de la situation de l'immeuble et jugées suivant les règles de procédure en vigueur devant cette juridiction.**

I – DEMANDE INDIVIDUELLE D'INSTALLATION D'UNE ANTENNE

1) Tout copropriétaire, à la condition qu'il soit occupant, peut (comme d'ailleurs le locataire d'un lot) faire une demande d'installation d'une antenne individuelle (art. 4, al. 2 de la loi). Dans un premier temps le « droit à l'antenne » reconnu par la loi du 2 juillet 1966 bénéficiait aux seuls particuliers. Il avait été jugé que la société locataire d'un lot en copropriété ne saurait donc le revendiquer pour les besoins de son activité commerciale (■ CA Aix-en-Provence, 7 avr. 1998 : *Loyers et copr.* juill.-août 1998, n° 193, obs. G. Vigneron). Mais la loi n° 2001-624 du 17 juillet 2001 a modifié l'article 1er de la loi du 2 juillet 1966 pour étendre le « droit à l'antenne » aux personnes morales (V. *Loyers et copr.* 2001, comm. 250).

La décision d'une assemblée de copropriétaires qui, pour des motifs sérieux et légitimes d'ordre esthétique, limite l'installation des antennes réceptrices à la seule toiture de l'immeuble ne constitue pas une atteinte au droit à l'antenne, mais s'analyse comme une modalité d'application de la loi propre à cet immeuble. Cette décision, en l'absence de tout recours, s'applique à tous les occupants de l'immeuble dès son adoption sans qu'aucune situation de fait antérieurement créée ne confère un droit à maintenir une installation en façade de l'immeuble. Le juge ne peut autoriser une installation d'antenne à l'encontre de la décision régulièrement prise par l'assemblée et devenue définitive (■ CA Versailles, 27 oct. 2000 : *Bull. inf. C. cass.* 1er avr. 2001, n° 375 ; *Loyers et copr.* 2001, comm. 234).

A – Formulation de la demande

2) La demande doit être formée par lettre recommandée avec avis de réception auprès du « propriétaire de l'immeuble » (D. art. 1er, al. 1er), c'est-à-dire en l'espèce le syndicat, représenté par le syndic (D. art. 1er, al. 2).

Une description détaillée des travaux à entreprendre est jointe à la notification, assortie, s'il y a lieu, d'un plan ou d'un schéma.

La notification doit indiquer également « la nature du ou des services de télévision dont la réception serait obtenue à l'aide de l'antenne individuelle » (D. art. 1er).

Le demandeur doit faire connaître les programmes qu'il entend recevoir, afin d'apprécier si l'offre de raccordement à l'antenne collective serait ou non satisfactoire (■ CA Paris, 5 févr. 1998 : *Loyers et copr.* 1998, n° 179). Si le copropriétaire ne respecte pas ces formalités, le syndicat est bien fondé à s'opposer à l'installation de l'antenne (■ CA Paris, 23e ch. B, 16 déc. 1999 : *AJDI* 2000, p. 258) ou à demander son enlèvement en référé (■ CA Paris, 14e ch. A, 27 juin 2001 : *Loyers et copr.* 2002, comm. 15 ; *Dossier CSAB* n° 102, nov. 2002, n° 162, obs. A. Dunes).

B – Réactions à la demande

3) En toute hypothèse, le syndic qui reçoit la demande d'un copropriétaire (ou d'un locataire) doit saisir l'assemblée. Cette dernière va avoir à se prononcer à la majorité de l'article 25, s'agissant de travaux qui affectent l'aspect extérieur de l'immeuble.

Plusieurs solutions lui sont offertes :

1. Elle peut tout d'abord acquiescer purement et simplement à la demande.

2. Elle peut aussi offrir au copropriétaire demandeur de se raccorder à l'antenne collective ou à un réseau interne à l'immeuble raccordé à un réseau câblé. Cette proposition de raccordement doit être formulée dans les trois mois de la réception de la demande (D. art. 2, al. 2). Si le raccordement proposé n'est pas effectué dans un délai de trois mois à compter de la proposition de raccordement faite par le syndicat, le copropriétaire demandeur (ou le locataire) pourra faire procéder à l'exécution des travaux qui ont fait l'objet de sa demande et de la notification prescrite par l'article 1er du décret (D. art. 2, al. 2).

Dans le cas où une proposition de raccordement à des équipements collectifs préexistants est ainsi faite par le syndicat (et où elle est acceptée par le demandeur), la copropriété est en droit d'exiger « à titre de frais de branchement et d'utilisation une quote-part des dépenses d'installation, d'entretien et de remplacement des installations collectives » (D. art. 2). Cette quote-part est égale « au quotient du total des frais exposés par le nombre total des branchements de l'installation » (D. art. 3).

L'assemblée peut aussi refuser l'installation de l'antenne individuelle à condition toutefois qu'elle soit en mesure de faire valoir un « motif sérieux et légitime » (D. art. 1er, al. 3). Ce motif doit être exprimé dans la décision de refus (■ TGI Créteil, 9 févr. 1998 : *Rev. loyers* 1999, p. 160).

Cette opposition doit être formée par voie de citation devant le tribunal d'instance du lieu de situation de l'immeuble (L. art. 3) dans les trois mois de la réception de la demande, à peine de forclusion. Si l'opposition est formée hors délai, le copropriétaire doit être considéré comme étant autorisé à installer son antenne (■ CA Colmar, 21 mars 1996 : *Bull. inf. C. cass.* 1er août 1996, p. 25, n° 844. ■ CA Paris, 23e ch. A., 18 nov. 1998 : *Loyers et copr.* mars 1999, n° 72).

Si le syndicat assortit son autorisation d'un certain nombre de conditions destinées à garantir l'intégrité de l'immeuble, cette situation n'est pas assimilable à un refus, qui l'obligerait à saisir le tribunal dans un délai de trois mois (■ Cass. 3e civ., 9 févr. 2000 : *Rev. Administrer* avr. 2000, p. 50, obs. P. Capoulade ; *AJDI* 2000, p. 1035, obs. Giverdon).

II – DEMANDE D'INSTALLATION D'UNE ANTENNE RADIO-AMATEUR

4) En ce qui concerne les installations d'une antenne radio-amateur, les règles sont les mêmes que ci-dessus, avec cette différence que la copropriété ne pouvant, cette fois, proposer le raccordement à une antenne collective, n'a d'autre ressource que d'invoquer un « motif sérieux et légitime » pour s'opposer à l'installation de cette antenne (V. Rép. min. Logement, 13 févr. 1995 : *JOAN*, n° 21513, p. 864 ; *JCP* N 1995, prat. 3292).

III – PARABOLES

5) La généralité des termes de la loi fait qu'elle s'applique également aux antennes paraboliques (■ CA Paris, 25 oct. 1996, *Sté Espace Habitation c/ Lopez : BPIM* 1/1997, p. 23).

A – Opposition à l'installation

6) Le syndicat ne peut s'opposer à l'installation d'une antenne individuelle par un copropriétaire que dans la mesure où l'antenne collective permettrait de recevoir les programmes désirés par le demandeur ou s'il peut justifier que cette installation constituerait une gêne pour les autres copropriétaires ou une atteinte à l'esthétique de l'immeuble (■ CA Versailles, 13 oct. 1998 : *Loyers et copr.* avr. 1999, n° 100, note G. Vigneron).

Le raccordement à une antenne classique ou au réseau câblé parisien ne peut être offert pour s'opposer à l'installation d'une antenne parabolique dans la mesure où il ne permet pas l'accès à des prestations équivalentes, notamment la possibilité de réceptionner des télévisions étrangères (■ CA Paris, 28 mars 1995 : *D.* 1996, somm. 379).

La copropriété peut, pour s'opposer à l'installation de l'antenne, invoquer la qualité esthétique de l'immeuble : ainsi, lorsque le copropriétaire vient installer l'antenne en façade ; mais ce motif ne vaut plus lorsque l'antenne doit être posée sur la toiture (■ CA Paris, 28 mars 1995, préc. – V. aussi ■ CA Paris, 5 févr. 1998 : *Loyers et copr.* juill.-août 1998, n° 179. ■ CA Versailles, 4e ch., 13 oct. 1998 : *JCP* G 1998, II, 10030, note D. Da Silva Farge).

L'argument esthétique a été rejeté dans un cas où l'immeuble se trouvait déjà défiguré par « du linge et des objets hétéroclites encombrant et enlaidissant les balcons » (■ CA Nancy, 29 nov. 1995, *Turfan c/ Opac de Meurthe-et-Moselle : BPIM* 1/1997, p. 24).

B – Incidences de la réglementation générale ou municipale

7) L'installation des antennes paraboliques peut être réglementée par des textes spécifiques : protection des monuments historiques, zone de protection du patrimoine architectural urbain et paysager (ZPPAUP) ou encore réglementation de la protection des monuments naturels et des sites. Mais l'implantation des antennes paraboliques individuelles ne peut, quel que soit le type de contrôle exercé, faire l'objet d'une réglementation spécifique que s'il y a réellement lieu de protéger pour des motifs d'ordre esthétique ou historique des quartiers, rues, monuments, sites ou secteurs déterminés (Rép. min., 15 janv. 1996 : *JOAN*, 15 janv. 1996, p. 253).

Les maires ne peuvent pas interdire de manière générale l'implantation des antennes individuelles sur leur commune sous peine de contrevenir à l'article 10 de la Convention des droits de l'homme qui pose le principe de la liberté de réception de l'information (Rép. min., 2 mai 1996 : *JO Sénat*, p. 1069).

Le syndicat qui a reçu mandat de l'assemblée pour l'installation d'antennes effectue un « acte de reproduction » au sens de l'article L. 215-1 du Code de la propriété intellectuelle et doit obtenir l'autorisation de la société gestionnaire des droits des producteurs (■ CA Versailles, 1re ch., 16 mai 2002 : *Rev. Administrer* août-sept. 2002, p. 59, obs. J.-R. Bouyeure).

IV – CARACTÈRE D'ORDRE PUBLIC DE LA RÉGLEMENTATION

8) Toutes les clauses du règlement contraires aux dispositions de la loi du 2 juillet 1966 ou au décret du 22 décembre 1967 pris pour son application doivent être considérées comme illicites, les dispositions de ces textes étant applicables « nonobstant toute convention contraire même antérieurement conclue » (L. art. 1er). Doit être réputée non écrite une décision d'assemblée (■ CA Paris, 14e ch. A, 27 juin 2001 : *Loyers et copr.* 2002, comm. 15) ou une clause du règlement interdisant la pose d'antennes paraboliques (■ CA Paris, 23e ch. A, 30 mai 2001 : *Loyers et copr.* 2001, comm. 293 ; *Dossier CSAB* n° 102, nov. 2002, n° 161, obs. A. Dunes). De même pour une clause du cahier des charges d'un lotissement, la loi du 2 juillet 1966 s'appliquant également en la matière (▪ Cass. 3e civ., 25 sept. 2002 : *Constr.-Urb.* 2002, comm. 307, obs. P. Cornille ; *AJDI* 2002, p. 798, note Y. Rouquet ; *Defrénois* 2003, art. 37779, n° 3, p. 927, note Ph. Benoît-Cattin).

V – ÉMISSIONS PERTURBÉES

9) Sur le cas où la réception des émissions est perturbée par l'immeuble en copropriété (dommages subis par les voisins) ou par un immeuble voisin (dommages subis par les copropriétaires), voir l'article L. 112-12 du Code de la construction et de l'habitation.

VI – INSTALLATIONS D'UNE ANTENNE COLLECTIVE

10) Sur les décisions concernant les antennes collectives, V. l'article 25 *j* de la loi du 10 juillet 1965 et son commentaire.

Bibliographie : C. Atias, *Télévision et copropriété immobilière : Inf. rap. copr.* juin 1998, p. 17. – G. Vigneron, *Antennes collectives et réseaux câblés : Inf. rap. copr.* nov. 1998, p. 8. – Du même auteur, *Le droit à l'antenne : Inf. rap. copr.* mai 2001, p. 8. – E. Vichrova, *La télévision à l'heure du numérique : Inf. rap. copr.* avr. 2002, p. 24. – *Antennes collectives : quand le syndicat des copropriétaires devient opérateur réseau : Rev. hab. fr.* sept. 2003, p. 19.

Voir : la Recommandation n° 19 de la Commission relative à la copropriété Annexe 17, *Commission relative à la copropriété*, p. 1095.

11) Conséquences du point de vue des droits d'auteur. Il a été jugé qu'en adjoignant à son équipement d'antennes collectives hertziennes des antennes paraboliques permettant ainsi aux résidents la réception complémentaire des chaînes audiovisuelles diffusées par satellite, un syndicat de copropriétaires réalise une représentation des œuvres audiovisuelles par communication au public constitué par l'ensemble des résidents, dont la collectivité excède la notion de cercle de famille. Peu importe l'absence d'intention lucrative ou la propriété indivise des antennes mises en place. Le syndicat se livre ainsi à une télédiffusion au sens de l'article L. 122-2 du Code de la propriété intellectuelle, soumis aux dispositions de l'article L. 132-20 du même code (▪ Cass. 1re civ., 1er mars 2005 : *Bull. civ.* I, n° 105 ; *JCP* G 2005, II, 10053, note C. Caron ; *Rev. Administrer*, oct. 2005, p. 29, note D. Cohen ; *D.* 2005, somm. p. 955, note Ph. Allayes. – V. sur cette décision, C. Atias, *Les antennes paraboliques collectives en copropriété immobilière et le régime de la télédiffusion : Ann. loyers* 2006, p. 59).

Cette jurisprudence a été mise à néant par la loi n° 2006-961 du 1er août 2006 (art. 30, *JO* 3 août) qui a introduit dans le Code de la propriété intellectuelle un article L. 132-20-4° selon lequel « L'autorisation de télédiffuser une œuvre par voie hertzienne comprend la distribution à des fins non commerciales de cette télédiffusion sur les réseaux internes aux immeubles ou ensembles d'immeubles collectifs à usage d'habitation installés par leurs propriétaires ou copropriétaires, ou par les mandataires de ces derniers, à seule fin de permettre le raccordement de chaque logement de ces mêmes immeubles ou ensembles d'immeubles collectifs à usage d'habitation à des dispositifs collectifs de réception des télédiffusions par voie hertzienne normalement reçues dans la zone ».

D'autre part l'article L. 216-2 du même code, créé par la loi précitée du 1er août 2006, énonce que « L'autorisation de télédiffuser par voie hertzienne la prestation d'un artiste-interprète, un phonogramme, un vidéogramme ou les programmes d'une entreprise de communication audiovisuelle comprend la distribution à des fins non commerciales de cette télédiffusion sur les réseaux internes aux immeubles ou ensembles d'immeubles collectifs à usage d'habitation installés par leurs propriétaires ou copropriétaires, ou par les mandataires de ces derniers, à seule fin de permettre le raccordement de chaque logement de ces mêmes immeubles ou ensembles d'immeubles collectifs à usage d'habitation à des dispositifs collectifs de réception des télédiffusions par voie hertzienne normalement reçues dans la zone ».

Voir aussi : sur la question, P. Chapotot, *Antennes collectives et droits d'auteur, le triomphe du bon sens : Rev. hab. fr.* sept. 2006, p. 24.

VII – ANTENNES DE RADIOTÉLÉPHONIE MOBILE

Bibliographie : V. l'étude très complète de J. Aussant, *Les stations d'antennes relais de téléphonie mobile et la copropriété : Rev. loyers* 2003, p. 66, et les textes et la jurisprudence y cités. – J. Bedos, *L'installation de relais pour téléphones portables sur une toiture terrasse d'un immeuble en copropriété : Maisons et habitat* janv. 2001, p. 28. – N. Dassonville, *Antennes relais : réglementation de précaution : Intérêts privés* avr. 2003, p. 16. – N. Cazalbou, *Antennes relais pour téléphones mobiles : vers un plan d'occupation des toits : Maisons et habitat* oct. 2003, p. 28. – P. Maes, *Opérateurs recherchent copropriétés : Inf. rap. copr.* janv. 2004, p. 22. – M. Paillot, *Le régime juridique de l'installation des antennes relais de téléphonie mobile en droit de l'urbanisme : RD imm.* 2003, p. 139. – J. Aussant, *À propos de téléphonie mobile* *et de destination de l'immeuble : Rev. loyers* 2004, p. 353. – M.-F. Ritschy, *L'installation d'une station d'antenne relais de radiotéléphonie mobile dans un immeuble en copropriété : Inf. rap. copr.* juil l.-août 2005, p. 13 ; *Une antenne-relais sur le toit de votre immeuble (étude anonyme) : Le Particulier immmobilier* janv. 2009, p. 24. – G. Gil, *Controverses autour des antennes-relais de téléphonie mobile : Inf. rap. copr.* mai 2009, p. 24 ; *Les antennes de téléphonie mobile et le juge judiciaire : BPIM* 2/2010, p. 9. – J. Raynaud, *Innocuité des antennes relais : doute ou présomption ? : AJDI* 2010, p. 769. – G. Vigneron, *La guerre des ondes : Inf. rap. copr.* mai 2011, p. 19. – E. Kalantarian, *Le nouveau visage du contentieux des antennes relais : Administrer* mai 2013, p. 7.

Voir aussi : Circulaire du 16 octobre 2001 (*JO* 23 oct. ; *BO solidarité – santé* n° 2001-43). Sur cette circulaire, voir Rép. min. délégué à l'industrie 1er novembre 2005 (*JOAN* Q, p. 10214, n° 59923).

12) Téléphonie mobile et copropriété. La loi du 2 juillet 1966 ne s'applique pas aux installations d'antennes de radiotéléphonie mobile.

Selon une réponse du secrétaire d'État au logement, l'autorisation d'installation de telles antennes doit être donnée par l'assemblée à la majorité de l'article 26 (*JOAN*, 14 janv. 2002, p. 200, n° 68412). Mais il y a controverse à ce propos (V. en faveur de la majorité de l'article 24, J. Bedos, étude préc. – En faveur de l'unanimité, J. Aussant, étude préc. et ▪ CA Paris, 23e ch. B, 7 avr. 2005 : *JurisData* n° 2005-270033 ; *Rev. Administrer* nov. 2005, p. 37, note J.-R. Bouyeure ; *Rev. loyers* 2005, p. 338 ; *Loyers et copr.* 2005, comm. 144, obs. G. Vigneron. – En faveur de la majorité de l'article 25, avec possibilité de procéder à un second vote en application de l'article 25-1, V. ▪ CA Paris, 23e ch. B, 3 févr. 2010 : *JurisData* n° 2010-380751 ; *Loyers et copr.* 2010, comm. 174, obs. G. Vigneron : cette décision se fonde sur le fait que le contrat consenti est un bail et non un contrat emportant cession de parties communes). Pour le tribunal de grande instance de Paris, la décision de consentir un bail à un opérateur pour l'implantation sur le toit de l'immeuble d'une station d'un réseau de téléphonie mobile ne constitue pas un acte de disposition, exigeant la double majorité de l'article 26 de la loi du 10 juillet 1965 (▪ TGI Paris, 8e ch., 3e sect., 22 janv. 2016, n° 14/11/1862 : *Administrer* juin 2016, p. 44).

Si le syndic est mandaté pour négocier une convention avec un opérateur de téléphonie mobile, mais que l'assemblée lui impose de lui soumettre préalablement le projet de convention, il engage sa responsabilité s'il ne respecte pas cette obligation (▪ CA Paris, 14e ch. B, 30 avr. 2004 : *AJDI* 2004, p. 646). Le syndic outrepasse ses pouvoirs en signant au nom du syndicat des copropriétaires et sans autorisation de l'assemblée un avenant de reconduction du contrat de location d'un emplacement sur le toit de l'immeuble pour installer une antenne téléphone mobile pour une durée d'un an supplémentaire, dans l'attente de la ratification par l'assemblée d'un nouveau contrat de neuf ans (▪ CA Paris, pôle 4, 2e ch., 9 mars 2011 : *JurisData* n° 2011-003796).

Un opérateur et un syndicat de copropriété ont été condamnés *in solidum* pour trouble de voisinage, du fait de l'implantation d'une antenne gênant la vue de la terrasse d'un copropriétaire de l'immeuble voisin (▪ CA Paris, 19e ch. A, 7 janv. 2004 : *Rev. Administrer* févr. 2004, p. 47).

Un arrêt de la cour de Grenoble a admis que la décision d'autoriser, à la majorité, l'implantation d'antennes de téléphonie mobile sur le toit terrasse de l'immeuble ne présentait pas d'inconvénient et ne constituait pas un abus de majorité d'alors qu'il était de l'intérêt de la copropriété de percevoir un loyer au titre des équipements implantés, en sorte que les charges étaient diminuées d'autant (▪ CA Grenoble, 31 mai 2011, n° 09/1442 : *AJDI* 2012, p. 359) qu'il était le l'implantation de télé.

13) Risques pour la santé. Divers communiqués et études officiels se veulent rassurants quant à la nocivité prétendue des antennes de téléphonie mobile :

– voir le rapport du groupe d'experts présidé par le professeur Zmirou, disponible sur le site Internet du ministère de la Santé (www.sante.gouv.fr) ;

– voir aussi le rapport de l'Agence française de sécurité sanitaire environnementale (AFSSE) sur le site Internet de l'agence (www.afsse.fr).

Malgré tout, l'inquiétude de l'opinion demeure (V. les questions au ministre de la Santé : *JO* Sénat, 2 sept. 2004, p. 2019, n° 11 518 ; *JO* Sénat, 23 sept. 2004, p. 2180, n° 13103, et au ministre de l'Écologie : Rép. min. n° 10092 : *JO* Sénat Q, 13 mai 2010, p. 1217 ; *Constr.-Urb.* juill.-août 2010, alerte 66), face à des études ou opinions plus alarmistes (V. les études et opinions dont font état les associations PRIARTEM et Agir pour l'environnement, sur les sites Internet de ces associations). Certaines décisions des juridictions du fond s'appuyant sur le « principe de précaution » ont fait droit à des demandes s'opposant à l'installation d'antennes (V., en dernier lieu, ▪ CA Versailles, 14e ch., 4 févr. 2009 : *JCP* E 2009, n° 14-1336, note J.-V. Borel ; *Resp. civ. et assur.* mars 2009, comm. 75, note G. Courtieu ; *Gaz. Pal.* 11-12 mars 2009, p. 64, note C. Labre ; conf. ▪ TGI Nanterre, 18 sept. 2008 : *Dr. env.* 2009, n° 165, p. 18, note M.-F. Delhoste ; *RD imm.* 2008, p. 489, obs. F.-G. Trébulle. ▪ TGI Créteil, 11 août 2009 : *AJDI* 2010, p. 43, note C. Atias. – TGI Carpentras, 16 févr. 2009, n° 08/00707, consultable sur www.robindestoits.org, et précédemment ▪ CA Aix-en-Provence, 8 juin 2004 : *D.* 2004, p. 2678, note M. Boutonnet ; *RTD civ.* 2005, p. 146, obs. P. Jourdain. – M. Boutonnet, *Le risque, condition de droit de la responsabilité civile, au nom du principe de précaution* : *D.* 2009, p. 819. – S. Kowouvih, *Les troubles anormaux de voisinage et les antennes-relais de téléphonie mobile : une utilisation inédite du principe de précaution en matière de responsabilité civile* : *Resp. civ. et assur.* nov. 2003, p. 7, n° 29). La décision précitée de la cour de Versailles du 4 février 2009 a fait l'objet d'un pourvoi, mais la société Bouygues-Télécom s'est finalement désistée (V. J.-V. Borel, *Antennes-relais de téléphonie mobile, un désistement par précaution* : *JCP* G 2010, n° 23, p. 1162).

Cependant d'autres juridictions ont refusé de faire droit à de telles demandes : ▪ CA Bordeaux, 5ᵉ ch., 26 oct. 2004 : *Resp. civ. et assur.* 2005, n° 3, qui estime que l'édification d'un pylône de radiotéléphonie n'enfreint pas le principe de précaution. – V. sur les décisions postérieures, R. Martin, *Principe de précaution et antennes de téléphonie mobile* : *Ann. loyers* 2009, p. 121. – V. aussi ▪ CA Chambéry, 2ᵉ ch., 4 févr. 2010 : *JCP* G 2010, n° 19-20, p. 999, chron. B. Parance et, en référé, ▪ TGI Lyon, 15 sept. 2009 : *Gaz. Pal.* 10-11 mars 2010, p. 16, note M. Mekki).

Mais un coup d'arrêt devait être donné à cette tendance jurisprudentielle : le Conseil d'État dans un arrêt du 20 avril 2005 a écarté le principe de précaution au nom de l'autonomie du droit de l'urbanisme (▪ CE, 20 avr. 2005, n° 248233, *Bouygues Télécom* : *JurisData* n° 2005-068430 ; *Constr.-Urb.* 2005, comm. 170, note Ph. Benoit-Cattin ; *AJDA* 2005, n° 21, p. 1191, note X. Aguila). Après la constitutionnalisation du principe de précaution, le Conseil d'État a estimé que si l'autorité compétente en matière de délivrance des autorisations d'urbanisme devait prendre en compte ce principe pour statuer sur une demande d'autorisation d'urbanisme, elle ne pouvait, en l'état des connaissances scientifiques sur les effets de l'installation d'une antenne de téléphonie mobile, se fonder sur ce même principe pour faire obstacle à son implantation (▪ CE, 19 juill. 2010, n° 328687 : *JurisData* n° 2010-012229 ; *Environnement* 2010, comm. 135, obs. P. Trouilly ; *JCP* A 2011, n° 2119, obs. Ph. Billet ; *JCP* G 2011, n° 55, obs. D. Del Prete. – Sur l'évolution de cette jurisprudence, V. D. Gillig, *Environnement* 2005, n° 5, comm. 65).

Par la suite, la Cour de cassation devait énoncer que le principe de précaution ne s'appliquait pas directement aux personnes privées (▪ Cass. 3ᵉ civ., 18 mai 2011, n° 10-17.645 : *JurisData* n° 2011-009087 ; *D.* 2011, p. 1483, obs. I. Gallmeister. – V. sur cette décision, M. Bary, *Le principe de précaution et la responsabilité civile : à propos de champs électromagnétiques* : *Resp. civ. et assur.* 2011, étude 11). Il en résulte que pour obtenir l'enlèvement d'une antenne relais, le demandeur devra en principe invoquer la théorie des troubles anormaux de voisinage, et démontrer, selon le droit commun, l'existence d'un lien de causalité entre les troubles allégués et la présence de l'antenne (Ph. Stoffel-Munck, *La théorie des troubles de voisinage à l'épreuve du principe de précaution : observations sur le cas des antennes relais* : *D.* 2009, p. 2817. – *Contra*, en faveur de l'inapplicabilité de la théorie des troubles de voisinage en la matière, V. Feue, *La responsabilité pour trouble anormal du voisinage en matière d'antennes relais ?* : *Resp. civ. et assur.* 2011, étude 2). Comme on l'a souligné la Cour de cassation s'oppose donc « à toute évolution vers de la responsabilité exclusivement préventive » (M. Bary, étude préc., n° 14).

Enfin dans une série d'arrêts, le Conseil d'État a décidé que seules les autorités de l'État désignées par la loi étaient compétentes pour réglementer de façon générale l'implantation des antennes relais de téléphonie mobile, à l'exclusion des maires, qui peuvent seulement prendre en cas d'urgence des décisions individuelles de police municipale, au regard de circonstances locales exceptionnelles (▪ CE, ass., 26 oct. 2011, n° 326492 : *JurisData* n° 2011-023103. ▪ CE, ass., 26 oct. 2011, n° 329904 : *JurisData* n° 2011-023109. ▪ CE, ass., 26 oct. 2011, nᵒˢ 341767 et 341768 : *JurisData* n° 2011-023113). La question de savoir qui, du juge judiciaire ou du juge administratif, est compétent pour statuer sur ce contentieux a été finalement renvoyée devant le tribunal des conflits (▪ Cass. 1ʳᵉ civ., 12 oct. 2011, n° 10-17.996). Le tribunal des conflits a rendu sa réponse dans une décision du 14 mai 2012 (▪ T. confl., 14 mai 2012, n° 3844 : *JurisData* n° 2012-010164 ; *Resp. civ. et assur.* 2012, comm. 224). Cette décision affirme la compétence de principe du juge administratif pour connaître des actions concernant l'implantation, le fonctionnement ou encore le démantèlement d'une antenne relais.

Les tribunaux de l'ordre judiciaire ne sont compétents que pour sanctionner les troubles anormaux de voisinage, ce qui suppose une implantation irrégulière ou un fonctionnement non conforme des installations (▪ Cass. 3ᵉ civ., 19 déc. 2012, n° 11-23.566 : *JurisData* n° 2012-030263). Une action tendant à l'annulation d'une décision d'assemblée autorisant un opérateur à implanter une antenne relais de téléphonie mobile sur le toit de l'immeuble est de la compétence du juge judiciaire dès lors qu'elle est fondée sur des motifs tenant au droit strict de la copropriété, étant observé que sauf abus de majorité, la résolution ne saurait être attaquée sous l'angle de l'opportunité ou d'un risque sanitaire (▪ CA Paris, pôle 4, 2ᵉ ch., 17 juin 2015, n° 15/04298 : *Administrer* oct. 2015, p. 64, note J.-R. Bouyeure).

Bibliographie : sur le sujet, A. Gossement, *Le maire et l'incertitude scientifique : l'exemple des antennes relais : Gaz. Pal.* 18 et 19 nov. 2005, p. 16. – R. Martin, *Le téléphone mobile et le principe de précaution : Ann. loyers* 2005, p. 63. – Pour une recension complète de la jurisprudence récente, voir G. Gil, *Controverses autour des antennes-relais de téléphonie mobile : Inf. rap. copr.* mai 2009, p. 24. – E. Kalantarian, *Le nouveau visage du contentieux des antennes relais : Administrer* mai 2013, p. 7. – L. Bloch, *Antennes relais : le juge judiciaire ne répond plus : Resp. civ. et assur.* mars 2013, Focus 7.

Voir aussi : *Le Guide des bonnes pratiques entre maires et opérateurs de téléphonie mobile*, sur le site de l'AFOM : www.afom.fr, et la bibliographie citée plus haut.

Le rapport et les pistes de travail proposées par le « Grenelle des ondes », le 25 mai 2009 : www.vie-publique.fr.

VIII – TNT

Voir : L. 10 juill. 1965, art. 18, p. 284 et V. également Annexes 59, p. 1559, *V° Télévision*.

ANNEXE 5

ASCENSEURS

I. – Sécurisation, entretien et contrôle technique .... p. 950
A. – Mesures d'application concernant le contrôle technique .... p. 964
B. – Mesures d'application concernant l'entretien des installations .... p. 966
C. – Mesures d'application concernant les travaux de sécurité .... p. 968
II. – Protection contre l'incendie .... p. 976
III. – Sécurité des travaux sur ascenseurs .... p. 980

1) Pour tous renseignements pratiques concernant la réglementation et les normes à respecter, s'adresser à la Fédération des ascenseurs, 48, boulevard Malesherbes, 75008 Paris, tél. : 01 40 08 04 23 – internet : www.ascenseurs.fr et à l'Association française de normalisation (AFNOR), 11, avenue Francis-de-Pressensé, 93571 Saint-Denis-la-Plaine Cedex, tél. : 01 41 62 80 00 ; fax : 01 49 17 90 00.

Le décret n° 2000-810 du 24 août 2000 relatif à la mise sur le marché des ascenseurs (*JO* 27 août) transpose les dispositions de la directive 95/16 du 29 juin 1995 (*JOCE* n° L 213, 7 sept. 1995) concernant le rapprochement des législations des États membres de la Communauté européenne relatives aux ascenseurs (B. Quignard, *Les directives européennes obligatoires en matière d'ascenseur : Rev. Administrer* mai 2001, p. 34).

2) Évolution de la législation. Dans un premier temps, la loi n° 86-1290 du 23 décembre 1986 a imposé la mise en place, avant le 31 décembre 1992, de dispositifs de protection ou de portes de cabine dans les cabines d'ascenseurs non pourvues de portes ou de grilles de sécurité extensibles (ascenseurs dits « à paroi lisse »).

Voir à propos de ce texte, Porte : *Ann. loyers* 1986, p. 142. – Quignard, *Halte aux ascenseurs à paroi lisse : AJPI* 1986, p. 327 ; *Rev. hab. fr.* 20 avr. 1986, p. 210 ; *À propos des parois lisses : AJPI* 1987, p. 926.

Constatant que les mesures ainsi prévues conduisaient à « réduire les dimensions utiles des cabines » et pouvaient ainsi rendre leur utilisation impossible à des personnes circulant en fauteuil roulant, la loi n° 91-663 du 13 juillet 1991 a complété l'article L. 125-2 du Code de la construction et de l'habitation (V. *infra*, « Mesures en faveur des personnes handicapées »).

Puis la législation en la matière a été modifiée et renforcée par la loi n° 2003-590 du 2 juillet 2003, dite « urbanisme et habitat » (*JO* 3 juill., p. 11176). Cette loi édicte un certain nombre de dispositions concernant, sur un plan général, la sécurité des ascenseurs :

– les ascenseurs existants doivent être équipés de dispositifs de sécurité, dans des conditions prévues par le décret n° 2004-964 du 9 septembre 2004 codifié sous les articles R. 125-1 et suivants du Code de la construction et de l'habitation (V. ci-dessous) ;

– les ascenseurs font l'objet d'un entretien propre à les maintenir en bon état de fonctionnement et à assurer la sécurité des personnes.

Le propriétaire, c'est-à-dire en l'espèce le syndicat des copropriétaires, est tenu de passer un contrat écrit avec un prestataire de services acquis et de « confier ou déléguer » l'entretien de l'ascenseur ;

– les ascenseurs sont soumis à un contrôle technique périodique concernant leur état de fonctionnement et la sécurité des personnes, confié à une personne qualifiée ou compétente en ce domaine, à l'exclusion de celle ayant des liens avec une entreprise de fabrication, d'installation ou d'un entretien des ascenseurs.

Toute personne qui dispose d'un titre d'occupation dans l'immeuble (donc tout copropriétaire) peut obtenir à ses frais communication du rapport du contrôle technique ou de ses conclusions.

Cette loi renvoyait à un décret en Conseil d'État pour fixer les conditions d'application de ces mesures. Ce décret (n° 2004-964) est intervenu le 9 septembre 2004 (JO 10 sept.).

Il a été complété par trois arrêtés du 18 novembre 2004 (JO 28 nov., p. 20218) et un arrêté du 13 décembre 2004 (JO 12 janv. 2005, p. 493).

Un nouveau décret, relatif à l'entretien et au contrôle technique des ascenseurs, est intervenu le 7 mai 2012 (n° 2012-674 : JO 8 mai). On en trouvera le texte ci-dessous. Il a été complété par un arrêté du 7 août 2012 (JO 15 août) : V. ce texte ci-dessous.

En dernier lieu est intervenu le décret n° 2016-550 du 3 mai 2016 (JO 5 mai 2016, texte n° 34). Ce décret transpose la directive n° 2014/33/UE du Parlement européen et du Conseil du 26 février 2014 relatif à l'harmonisation des législations des États membres concernant les ascenseurs et les composants de sécurité pour ascenseurs. Il abroge le décret n° 2000-810 du 24 août 2000 relatif à la mise sur le marché des ascenseurs. Il a pour objet le marquage CE des ascenseurs et des composants de sécurité pour ascenseurs, et la surveillance du marché des ascenseurs.

Il a inséré dans le Code de la construction et de l'habitation les nouveaux articles R. 125-2-9 à R. 125-2-41.

Postérieurement, à la suite de l'ordonnance n° 2020-71 du 29 janvier 2020, certains articles du Code de la construction et de l'habitation ont été renumérotés, avec ou sans modification.

Bibliographie : *Sur la loi du 2 juillet 2003.* B. Quignard, *Analyse de la loi du 2 juillet 2003 relative aux ascenseurs : Inf. rap. copr.* oct. 2003, p. 22 ; *Rev. Administrer* oct. 2003, p. 18 ; *Sécurité des ascenseurs, les copropriétaires donnent leur avis : Rev. hab. fr.* oct. 2003, p. 23. • Momal, *La sécurité des ascenseurs dans le parc existant : AJDI* 2003, p. 736. • R. Martin, *Sécurité des ascenseurs : Ann. loyers* 2003, p. 2355. • P. Dechelette-Tolot, *Sécurité des ascenseurs et copropriété : Rev. loyers* oct. 2003, p. 474.

Sur le décret du 9 septembre 2004. B. Quignard, *Sur le décret concernant la sécurité des ascenseurs : Rev. Administrer* oct. 2004, p 27. • *Décret sur la mise en sécurité des ascenseurs existants : Inf. rap. copr.* oct. 2004, p. 24. • *Portes palières d'ascenseur : comment empêcher leur déverrouillage intempestif : Rev. hab. fr.* avr. 2005, p. 19 ; *Un progrès considérable pour les ascenseurs : le système à variation de fréquence : Rev. Administrer*, févr. 2005, p. 7. • B. Dhont, *Quand le mieux est l'ennemi du bien : Inf. rap. copr.* oct. 2004, p. 29. • V. Momal, *Sécurité des ascenseurs, le débat n'est pas clos : AJDI* 2004, p. 860. • L. Barnier, *Sécurité dans les ascenseurs : quels travaux ? : Le Particulier immobilier* févr. 2005, p. 52. • N. Dassonville, *Ascenseurs : priorité à l'entretien : Intérêts privés* mars 2005, p. 20. • M.-J. Brun-Mayer, *Sécurité des ascenseurs : un processus en marche à surveiller : Inf. rap. copr.* oct. 2005, p. 39. • J.-P. Cadeau, *Mise en sécurité des ascenseurs : retour à la réalité : Inf. rap. copr.* mai 2008, p. 3 ; *Mise en sécurité des ascenseurs : les obligations des syndicats de copropriétaires et des propriétaires d'immeubles : Rev. habitat* mai 2008, p. 9. • G. Durand-Pasquier, *La prorogation des délais de mise en conformité et de contrôle technique des ascenseurs : Constr.-Urb.* mai 2008, Focus, p. 2 ; *Mise en sécurité des ascenseurs : précisions pratiques : Rev. habitat* juin 2008, p. 20. • C. Zucca, *Mise en conformité des ascenseurs : report de la première échéance de travaux : Maisons et habitat* mai 1008, p. 15. • P. Maes, *Ascenseurs : un nouveau délai pour leur mise en sécurité : Inf. rap. copr.* sept. 2008, p. 25. • N. Coulaud, *Sécurisez votre ascenseur sans payer le prix fort : Le Particulier immobilier* nov. 2008, p. 42. • P. Turenne, *Ascenseurs 2013 : une conformité à ne pas négliger : Inf. rap. copr.* juin 2012, p. 23. • P. Turenne, *Bien entretenir son ascenseur : Inf. rap. copr.* nov. 2015, p. 45. • H. Vlasto, *Mise à niveau de la sécurité des ascenseurs et responsabilités : propriétaires agissez ! : Administrer* déc. 2015, p. 5.

• Sur la **politique des pouvoirs publics en matière de sécurité des ascenseurs,** V. le site du ministère de la Transition écologique, Rubrique « Sécurité des ascenseurs ».

• Pour une **vue synthétique du sujet**, V. la fiche proposée par le site Service public.fr : Ascenseurs : sécurité, entretien et contrôle technique.

I. – SÉCURISATION, ENTRETIEN ET CONTRÔLE TECHNIQUE

Code de la construction et de l'habitation

CHAPITRE IV. – SÉCURITÉ D'USAGE DES BÂTIMENTS

Section 1. – Sécurité des ascenseurs

Art. L. 134-1 ***(Anc. art. L. 125-1, mod. à compter du 1er juillet 2021, Ord. n° 2020-71, 29 janv. 2020).*** **– Les dispositions de la présente section sont applicables aux ascenseurs et à leurs composants de sécurité destinés à desservir de manière permanente les bâtiments.**

N'entrent pas dans le champ d'application des dispositions de la présente section les installations à câbles, y compris les funiculaires pour le transport public ou non des personnes, les ascenseurs spécialement conçus et construits à des fins militaires ou de maintien de l'ordre, les ascenseurs équipant les puits de mine, les élévateurs de machinerie de théâtre, les ascenseurs installés dans des moyens de transport, les ascenseurs liés à une machine et exclusivement destinés à l'accès au poste de travail de celle-ci et les ascenseurs de chantier ainsi que les appareils de levage dont la vitesse nominale est inférieure ou égale à 0,15 mètre par seconde.

Art. L. 134-2 *(Anc. art. L. 125-1-1, mod. à compter du 1er juillet 2021, Ord. n° 2020-71, 29 janv. 2020).* – Les ascenseurs mis sur le marché avant le 27 août 2000 sont équipés de dispositifs de sécurité conformes aux règles prises en application des 1° et 2° de l'article L. 134-5.

Les ascenseurs mis sur le marché après le 26 août 2000 sont équipés de dispositifs de sécurité conformes aux règles prises en application des 1° et 3° de l'article L. 134-5 et sont accompagnés d'une déclaration « UE » ou « CE » de conformité aux exigences essentielles en matière de sécurité et de santé.

Les composants de sécurité pour ascenseurs ne peuvent être importés, détenus en vue de la vente ou de la distribution à titre gratuit, mis en vente, vendus ou distribués à titre gratuit, ni mis à disposition sur le marché que s'ils sont accompagnés d'une déclaration « UE » ou « CE » de conformité aux exigences essentielles en matière de sécurité et de santé.

Le responsable de la première mise sur le marché d'un ascenseur ou d'un composant de sécurité pour ascenseurs est tenu de vérifier que cet ascenseur ou ce composant est conforme aux prescriptions en vigueur. À la demande du ministre chargé de la construction, il est tenu de justifier les vérifications et contrôles effectués.

Les opérateurs économiques et les organismes chargés d'effectuer le contrôle de la conformité sont tenus d'informer le ministre chargé de la construction concernant la conformité et les risques associés à un ascenseur ou un composant de sécurité pour ascenseurs.

Le suivi de la mise sur le marché des ascenseurs et des composants de sécurité pour ascenseurs est assuré par le ministre chargé de la construction.

Art. L. 134-3 *(Anc. art. L. 125-2-2, mod. à compter du 1er juillet 2021, Ord. n° 2020-71, 29 janv. 2020).* – Les ascenseurs font l'objet d'un entretien propre à les maintenir en état de bon fonctionnement et à assurer la sécurité des personnes.

Cette obligation incombe au propriétaire de l'ascenseur. Celui-ci confie ou délègue l'entretien de l'ascenseur à un prestataire de services dans le cadre d'un contrat écrit. Toutefois, s'il dispose des capacités techniques nécessaires, il peut y pourvoir par ses propres moyens.

Art. L. 134-4 *(Anc. art. L. 125-2-3, mod. à compter du 1er juillet 2021, Ord. n° 2020-71, 29 janv. 2020).* – Les ascenseurs sont soumis à un contrôle technique périodique portant sur leur état de fonctionnement et sur la sécurité des personnes.

Le contrôle technique est confié à une personne qualifiée ou compétente dans ce domaine. Les activités de cette personne doivent être couvertes par une assurance contre les conséquences de sa responsabilité professionnelle attachée au contrôle des ascenseurs. Elle ne doit avoir aucun lien de nature à porter atteinte à son impartialité et à son indépendance, ni avec le propriétaire qui fait appel à elle, ni avec une entreprise susceptible d'effectuer des travaux sur un ascenseur ou son entretien. Lorsqu'il s'agit d'une personne morale, son capital ne doit pas être détenu, même à titre partiel, par une telle entreprise.

Toute personne disposant d'un titre d'occupation dans l'immeuble peut obtenir, à ses frais, du propriétaire de l'ascenseur, communication du rapport du contrôle technique ou de ses conclusions.

Le rapport du contrôle technique est un document auquel s'appliquent, dans les établissements mentionnés aux articles L. 4111-1 à L. 4111-3 du Code du travail, les dispositions des articles L. 4711-1 à L. 4711-5 du même code.

Art. L. 134-5 *(Aj. à compter du 1er juillet 2021, Ord. n° 2020-71, 29 janv. 2020).* – Sont définis par décret en Conseil d'État :

1° Pour l'ensemble des ascenseurs :

a) Les dispositions minimales à prendre pour assurer l'entretien de l'ascenseur ainsi que les modalités de leur exécution et de justification de leur mise en œuvre ;

b) La nature et le contenu des clauses devant obligatoirement figurer dans les contrats d'entretien, ainsi que les obligations des parties au début et au terme du contrat ;

c) Les conditions dans lesquelles le propriétaire de l'ascenseur peut pourvoir par ses propres moyens à l'obligation d'entretien ;

2° Pour les ascenseurs mis sur le marché avant le 27 août 2000 :

a) Les exigences de sécurité à respecter ;

b) La liste des dispositifs de sécurité à installer ou les mesures équivalentes, en fonction notamment des risques liés à l'installation de l'ascenseur, à son mode d'utilisation et à son environnement ;

c) Les conditions dans lesquelles il peut être dérogé à l'obligation d'installer des dispositifs de sécurité, afin de tenir compte de contraintes techniques exceptionnelles, de l'accessibilité ou de nécessités liées à la conservation du patrimoine historique ;

3° Pour les ascenseurs mis sur le marché après le 26 août 2000 :

a) Les exigences essentielles en matière de sécurité et de santé à respecter pour la mise sur le marché des ascenseurs et des composants de sécurité pour ascenseurs ;

b) Les instructions accompagnant les ascenseurs et composants de sécurité pour ascenseurs ;

4° Les procédures d'évaluation de la conformité aux exigences essentielles en matière de sécurité et de santé ainsi que la procédure de notification des organismes chargés d'effectuer le contrôle de la conformité et les obligations de ces organismes ;

5° Le contenu du contrôle technique, notamment la liste des dispositifs et exigences de sécurité sur lesquels il porte, sa périodicité et les modalités d'information auxquelles il donne lieu ainsi que les critères de qualification ou de compétence auxquels la personne en charge du contrôle technique doit satisfaire.

....

Sous-section 2. – Mesures de police administrative

Art. L. 186-1 *(Anc. art. L. 125-1-2, aj. à compter du 1er juillet 2021, Ord. n° 2020-71, 29 janv. 2020).* – En cas de risques pour la sécurité ou la santé des personnes et, le cas échéant, pour la sécurité des biens, le ministre chargé de la construction peut, après avoir recueilli les observations de l'installateur, du fabricant ou, à défaut, du responsable de la mise sur le marché, mettre ces derniers en demeure de remédier à cette situation et de procéder à la mise en conformité de l'ascenseur ou des composants de sécurité concernés dans un délai déterminé.

Si, à l'expiration du délai fixé par la mise en demeure, l'opérateur n'a pas mis en œuvre les mesures prescrites, le ministre chargé de la construction peut, par arrêté :

1° Restreindre les conditions d'utilisation d'un ascenseur ou d'un composant de sécurité pour ascenseurs ;

2° Suspendre, pour une durée n'excédant pas un an, ou interdire la mise sur le marché, même à titre gratuit, du produit ;

3° Ordonner son retrait en tous lieux.

Le ministre chargé de la construction peut, à tout moment, en cas d'urgence ou de danger grave, prendre lui-même ou faire prendre, les mesures de prévention nécessaires pour mettre fin à cette situation.

Les frais résultant de la mise en œuvre de ces mesures sont à la charge de l'opérateur, désigné dans l'arrêté prévu au deuxième alinéa.

Art. L. 186-2 *(Anc. art. L. 125-1-3, aj. à compter du 1er juillet 2021, Ord. n° 2020-71, 29 janv. 2020).* – I. - Sans préjudice de l'article L. 186-1, le ministre chargé de la construction peut, après avoir recueilli les observations de l'opérateur, le mettre en demeure de mettre fin dans un délai déterminé à la non-conformité d'un ascenseur ou d'un composant de sécurité pour ascenseurs à raison des illégalités, omissions, erreurs et incomplétudes affectant les marquages, déclarations, identifications, informations et documentations dont l'ascenseur ou le composant de sécurité doit faire l'objet pour les raisons suivantes :

1° Le marquage CE a été apposé en violation de l'article 30 du règlement (CE) n° 765/2008 du Parlement européen et du Conseil du 9 juillet 2008 fixant les prescriptions relatives à l'accréditation et à la sécurité du marché pour la commercialisation des produits et abrogeant le règlement (CEE) n° 339/93 du Conseil ou des dispositions réglementaires prises pour l'application de la section 1 du chapitre IV du titre III ;

2° Le marquage CE n'a pas été apposé ;

3° Le numéro d'identification de l'organisme notifié a été apposé en violation des dispositions réglementaires prises pour l'application de la section 1 du chapitre IV du titre III ou n'a pas été apposé, alors que ces dispositions l'exigeaient ;

4° La déclaration UE de conformité n'a pas été établie ;

5° La déclaration UE de conformité n'a pas été établie correctement ;

6° La documentation technique mentionnée à l'annexe IV, parties A et B, et aux annexes VII, VIII et XI de la directive 2014/33/UE du Parlement et du Conseil du 26 février 2014 relative à l'harmonisation des législations des États membres concernant les ascenseurs et les composants de sécurité pour ascenseurs n'est pas disponible ou n'est pas complète ;

7° Le nom, la raison sociale ou la marque déposée ou l'adresse de l'installateur, du fabricant ou de l'importateur n'a pas été indiqué conformément aux dispositions réglementaires prises pour l'application de la section 1 du chapitre IV du titre III ;

8° Les informations permettant l'identification de l'ascenseur ou du composant de sécurité pour ascenseurs n'ont pas été fournies conformément aux dispositions réglementaires prises pour l'application de la section 1 du chapitre IV du titre III ;

9° L'ascenseur ou le composant de sécurité pour ascenseurs n'est pas accompagné des documents prévus par les dispositions réglementaires prises pour l'application de la section 1 du chapitre IV du titre III ou ces documents ne sont pas conformes aux exigences applicables.

II. – Si, à l'expiration du délai fixé par la mise en demeure, l'opérateur, dans le cas où la mise en conformité n'est pas possible, n'a pas pu mettre en œuvre les mesures prescrites, le ministre chargé de la construction peut, par arrêté :

1° Ordonner l'utilisation de l'ascenseur ou du composant de sécurité pour ascenseurs à d'autres fins ;

2° Ordonner la réexpédition de l'ascenseur ou du composant de sécurité pour ascenseurs vers le pays d'origine ;

3° Ordonner la destruction de l'ascenseur ou du composant de sécurité pour ascenseurs dans un délai déterminé.

III. – Les frais résultant de la mise en œuvre de ces mesures sont à la charge de l'opérateur, responsable de la non-conformité.

Art. L. 186-3 *(Aj. à compter du 1er juillet 2021, Ord. n° 2020-71, 29 janv. 2020).* – Un bilan d'application des dispositions relatives à la sécurité des ascenseurs est réalisé tous les cinq ans. Ce bilan donne lieu à une évaluation dont il est rendu compte au Parlement.

Section 2. – Recherche et constat des infractions

Art. L. 186-4 *(Aj. à compter du 1er juillet 2021, Ord. n° 2020-71, 29 janv. 2020).* – Outre les officiers et agents de police judiciaire, sont habilités à rechercher et à constater les infractions prévues au présent chapitre et aux textes pris pour son application, les fonctionnaires et les agents publics commissionnés et assermentés à cet effet par le ministre chargé de la construction, dans des conditions prévues par décret en Conseil d'État.

Art. L. 186-5 *(Anc. art. L. 125-1-5, aj. à compter du 1er juillet 2021, Ord. n° 2020-71, 29 janv. 2020).* – Pour rechercher et constater les infractions mentionnées à l'article L. 186-4, les agents mentionnés par cet article ont accès, entre 8 heures et 20 heures, aux lieux utilisés exclusivement à des fins professionnelles par le fabricant ou toute personne intervenant pour la mise sur le marché d'ascenseurs ou pour la mise à disposition sur le marché de composants de sécurité pour ascenseurs, en présence de l'occupant des lieux ou de son représentant.

Ils peuvent également pénétrer en dehors de ces heures dans ces mêmes lieux lorsque ceux-ci sont ouverts au public ou lorsqu'à l'intérieur de ceux-ci sont en cours des activités de production, de fabrication, de conditionnement, de transport ou de commercialisation.

Lorsque ces lieux sont également à usage d'habitation, ces contrôles ne peuvent être effectués qu'entre 8 heures et 20 heures, après autorisation du juge des libertés et de la détention du tribunal de grande instance dans le ressort duquel ils sont situés si l'occupant s'oppose à ces contrôles.

Le procureur de la République est préalablement informé des opérations envisagées en vue de la recherche des infractions. Il peut s'opposer à ces opérations.

Art. L. 186-6 *(Anc. art. L. 125-1-6, aj. à compter du 1er juillet 2021, Ord. n° 2020-71, 29 janv. 2020)*. – Les agents mentionnés à l'article L. 186-4 peuvent prélever des pièces ou des échantillons pour procéder à des analyses ou à des essais et exiger la communication de tout document nécessaire à l'accomplissement de leurs missions.

Lorsque des vérifications complémentaires sont nécessaires, ces agents peuvent consigner les ascenseurs ou les composants de sécurité pour ascenseurs susceptibles de faire l'objet des sanctions administratives prévues à l'article L. 186-1. Les ascenseurs ou les composants de sécurité pour ascenseurs consignés sont laissés à la garde de leur détenteur. Les agents habilités indiquent dans un procès-verbal ou un rapport les ascenseurs ou les composants de sécurité pour ascenseurs faisant l'objet de la consignation.

La consignation, dont est immédiatement informé le procureur de la République, ne peut excéder quinze jours.

Le délai de consignation peut être prorogé par ordonnance motivée du président du tribunal de grande instance dans le ressort duquel est situé le lieu de consignation des ascenseurs ou des composants de sécurité pour ascenseurs, ou du magistrat qu'il délègue.

Le magistrat est saisi sans formalité par les agents habilités. Il statue dans les vingt-quatre heures par ordonnance exécutoire à titre provisoire, au vu de tous les éléments d'information de nature à justifier cette mesure.

L'ordonnance de prorogation de la mesure de consignation est notifiée par tous moyens au détenteur des ascenseurs ou des composants de sécurité pour ascenseurs consignés.

La mainlevée de la mesure de consignation peut être ordonnée à tout moment soit par les agents ayant procédé à cette consignation ou par le procureur de la République, soit par le président du tribunal de grande instance ou le magistrat qu'il délègue à cet effet.

Art. L. 186-7 *(Anc. art. L. 125-1-7, aj. à compter du 1er juillet 2021, Ord. n° 2020-71, 29 janv. 2020)*. – Les infractions prévues au présent chapitre sont constatées par des procès-verbaux qui font foi jusqu'à preuve contraire.

Les procès-verbaux sont adressés, dans les cinq jours qui suivent leur clôture, au procureur de la République. Une copie du procès-verbal est transmise, dans le même délai, au fabricant ou au responsable de la mise sur le marché ou de la mise à disposition sur le marché ainsi qu'au ministre chargé de la construction.

Section 3. – Sanctions

Art. L. 186-8 *(Anc. art. L. 125-1-8, aj. à compter du 1er juillet 2021, Ord. n° 2020-71, 29 janv. 2020)*. – Est puni de 7 500 € d'amende :

1° Le fait de mettre sur le marché ou de mettre à disposition sur le marché un ascenseur ou un composant de sécurité pour ascenseurs sans la déclaration « UE » ou « CE » de conformité prévue à l'article L. 134-2 ;

2° Le fait de mettre sur le marché ou de mettre à disposition sur le marché un ascenseur ou un composant de sécurité pour ascenseurs en violation des prescriptions d'un arrêté du ministre chargé de la construction pris en application du II de l'article L. 186-2 ;

3° Le fait de faire obstacle aux fonctions exercées par les fonctionnaires et agents habilités en application de l'article L. 186-4.

Les modalités d'application du présent article sont fixées par décret en Conseil d'État.

....

CHAPITRE V. – SÉCURITÉ DE CERTAINS ÉQUIPEMENTS D'IMMEUBLES PAR DESTINATION

Section I. – Sécurité des ascenseurs

Sous-section 1. – Mise en sécurité des ascenseurs

(D. n° 2004-964, 9 sept. 2004)

Art. R. 134-1 *(Aj., D. n° 2021-872, 30 juin 2021)*. – Les ascenseurs auxquels s'appliquent les dispositions de la présente section sont les appareils qui desservent de manière permanente les niveaux de bâtiments et de constructions à l'aide d'une cabine qui se déplace le long de guides rigides dont l'inclinaison sur l'horizontale est supérieure à 15 degrés et qui est destinée au transport soit de personnes, soit de personnes et d'objets, soit uniquement d'objets dès lors qu'elle est accessible sans difficulté à une personne et qu'elle est équipée d'éléments de commande situés à l'intérieur ou à portée de la personne qui s'y trouve.

Sont également regardés comme des ascenseurs les appareils qui se déplacent selon une course parfaitement fixée dans l'espace, même s'ils ne se déplacent pas le long de guides rigides, notamment les ascenseurs guidés par des ciseaux.

La présente section ne s'applique pas aux appareils dont la vitesse n'excède pas 0,15 m/s.

Art. R. 134-2 *(Aj., D. n° 2021-872, 30 juin 2021)*. – La sécurité d'un ascenseur consiste à assurer :

1. La fermeture des portes palières ;
2. L'accès sans danger des personnes à la cabine ;
3. La protection des utilisateurs contre les chocs provoqués par la fermeture des portes ;
4. La prévention des risques de chute et d'écrasement de la cabine ;
5. La protection contre les dérèglements de la vitesse de la cabine ;
6. La mise à la disposition des utilisateurs de moyens d'alerte et de communication avec un service d'intervention ;
7. La protection des circuits électriques de l'installation ;
8. L'accès sans danger des personnels d'intervention aux locaux des machines, aux équipements associés et aux espaces parcourus par la cabine ;
9. L'impossibilité pour toute personne autre que les personnels d'intervention d'accéder aux locaux des machines, aux équipements associés et aux espaces parcourus par la cabine.

La réalisation de ces objectifs de sécurité est réputée acquise pour les ascenseurs installés après le 27 août 2000 sur lesquels a valablement été apposé le marquage « CE » en application de la législation d'harmonisation de l'Union européenne » et pour les autres ascenseurs, sur la mise en œuvre des dispositifs ou des mesures équivalentes prévues aux articles R. 134-3 et R. 134-4, ainsi que, pour l'ensemble des ascenseurs, sur le respect des obligations d'entretien prévues aux articles R. 134-6 à R. 134-13.

Art. R. 134-3 *(Mod., D. n° 2021-872, 30 juin 2021)*. – Le propriétaire d'un ascenseur installé avant le 27 août 2000 qui ne répond pas aux objectifs de sécurité mentionnés à l'article R. 134-2 met en place les dispositifs de sécurité suivants :

I. Avant le 31 décembre 2010.

1. Des serrures munies de dispositifs de contrôle de la fermeture et du verrouillage des portes palières ;
2. Lorsqu'il est nécessaire de prévenir des actes de nature à porter atteinte au verrouillage de la porte palière, un dispositif empêchant ou limitant de tels actes ;
3. Un dispositif de détection de la présence des personnes destiné à les protéger contre le choc des portes coulissantes lors de leur fermeture ;
4. La clôture de la gaine d'ascenseur empêchant l'accès à cette gaine et aux éléments de déverrouillage des serrures de porte palière ;
5. Pour les ascenseurs électriques, un parachute de cabine et un limiteur de vitesse en descente ;
6. Un dispositif destiné à éviter toute chute en gaine lorsque la cabine est immobilisée en dehors de la zone de déverrouillage ;
7. Une commande de manœuvre d'inspection et d'arrêt de la cabine en vue de protéger les personnels d'intervention opérant sur le toit de la cabine, en gaine ou en cuvette ;
8. Des dispositifs permettant aux personnels d'intervention d'accéder sans danger aux locaux de machines ou de poulies ;
9. Un système de verrouillage des portes et portillons destinés à la visite technique de la gaine et de la cuvette ainsi que des portes de secours, avec une commande automatique de l'arrêt de l'ascenseur lors de l'ouverture de ces portes et portillons par les personnels d'intervention.

II. Avant le 3 juillet 2014 :

1. Dans les ascenseurs des établissements recevant du public mentionnés à l'article L. 111-7-3 installés avant le 1er janvier 1983, un système de contrôle de l'arrêt et du maintien à niveau de la cabine, à tous les niveaux desservis.
2. Un système de téléalarme entre la cabine et un service d'intervention et un éclairage de secours en cabine ;

3. Une résistance mécanique suffisante des portes palières lorsqu'elles comportent un vitrage ;

4. Pour les ascenseurs hydrauliques, un système de prévention des risques de chute libre, de dérive et d'excès de vitesse de la cabine ;

5. Une protection avec marquage ou signalisation éliminant le risque de contact direct des personnels d'intervention avec des composants ou conducteurs nus sous tension, dans les armoires de commande, les armoires électriques et les tableaux d'arrivée de courant ;

6. Un dispositif de protection des personnels d'intervention contre le risque de happement par les organes mobiles de transmission, notamment les poulies, câbles ou courroies ;

7. Un éclairage fixe du local de machines ou de poulies assurant un éclairement suffisant des zones de travail et de circulation.

III. Avant le 3 juillet 2018 :

1. Dans les ascenseurs des établissements recevant du public mentionnés à l'article L. 111-7-3 installés après le 31 décembre 1982, un système de contrôle de l'arrêt et du maintien à niveau de la cabine, à tous les niveaux desservis.

2. *(Abr.)*.

Un arrêté du ministre chargé de la construction précise, en fonction des caractéristiques des installations, les prescriptions techniques relatives à ces dispositifs.

Les propriétaires étaient tenus de réaliser dans des délais fixés par l'article R. 125-1-2 du Code de la construction et de l'habitation des travaux de sécurité sur les ascenseurs installés avant le 27 août 2000, ne répondant pas aux normes de sécurité. Le décret n° 2014-1230 du 21 octobre 2014 (*JO* 23 oct.) a supprimé l'obligation d'installer un dispositif de protection contre la vitesse excessive en montée des ascenseurs électriques à adhérence. Le 2 du III de l'article R. 125-1-2 du Code de la construction et de l'habitation a donc été abrogé. Seule subsiste l'obligation de mettre en place dans les ascenseurs des établissements recevant du public, mentionnés à l'article L. 111-7-3, installés après le 31 décembre 1982, un système de contrôle de l'arrêt et du maintien à niveau de la cabine (A. 10 déc. 2014, NOR : ETLL1426215 A : *JO* 13 déc.).

Art. R. 134-4 *(Aj., D. n° 2021-872, 30 juin 2021)*. – À la place de tout ou partie des dispositifs de sécurité mentionnés à l'article R. 134-3, le propriétaire d'un ascenseur peut mettre en œuvre des mesures équivalentes si celles-ci ont préalablement obtenu l'accord d'une personne remplissant les conditions prévues à l'article R. 134-12. Cet accord, formulé par écrit et assorti d'une analyse de risques établissant que l'ascenseur satisfait aux exigences de sécurité mentionnées à l'article R. 134-2, est remis au propriétaire.

Art. R. 134-5 *(Aj., D. n° 2021-872, 30 juin 2021)*. – Lorsqu'il estime que les caractéristiques de l'ascenseur font obstacle à la mise en œuvre d'un des dispositifs prévus à l'article R. 134-3 ou d'une mesure équivalente au sens de l'article R. 134-5, le propriétaire fait réaliser une expertise technique par une personne relevant de l'une des catégories mentionnées au I de l'article R. 134-12. Cette personne donne son avis sur l'impossibilité alléguée et, le cas échéant, sur les mesures compensatoires que le propriétaire prévoit de mettre en œuvre pour tenir compte des objectifs de sécurité définis à l'article R. 134-2.

Le propriétaire recourt à la même procédure s'il estime que la mise en œuvre d'un des dispositifs prévus à l'article R. 134-3 serait de nature à faire obstacle à l'accès des personnes handicapées ou à mobilité réduite ou à porter atteinte à la conservation du patrimoine historique que représentent l'immeuble ou certains de ses éléments ayant une valeur artistique ou technique remarquable.

Le propriétaire met en œuvre la procédure d'expertise technique et, s'il y a lieu, les mesures compensatoires, dans les délais prévus à l'article R. 134-3 pour les dispositifs qu'elles remplacent.

Sous-section 2. – Entretien et contrôle technique

(D. n° 2004-964, 9 sept. 2004)

Art. R. 134-6 *(Aj., D. n° 2021-872, 30 juin 2021)*. – L'entretien d'un ascenseur a pour objet d'assurer son bon fonctionnement et de maintenir le niveau de sécurité défini à l'article R. 134-2.

À cet effet, le propriétaire d'une installation d'ascenseur prend les dispositions minimales suivantes :

1° Opérations et vérifications périodiques :

a) Une visite toutes les six semaines en vue de surveiller le fonctionnement de l'installation et effectuer les réglages nécessaires ;

b) La vérification toutes les six semaines de l'efficacité des serrures des portes palières et, s'il y a lieu, des dispositifs empêchant ou limitant les actes portant atteinte au verrouillage des portes palières ;

c) L'examen semestriel du bon état des câbles et la vérification annuelle des parachutes ;

d) Le nettoyage annuel de la cuvette de l'installation, du toit de cabine et du local des machines ;

e) La lubrification et le nettoyage des pièces ;

2° Opérations occasionnelles :

a) La réparation ou le remplacement, si elles ne peuvent pas être réparées, des petites pièces de l'installation présentant des signes d'usure excessive ;

b) Les mesures d'entretien spécifiques destinées à supprimer ou atténuer les défauts présentant un danger pour la sécurité des personnes ou portant atteinte au bon fonctionnement de l'appareil qu'aura repérés le contrôle technique mentionné à l'article R. 134-14 ;

c) En cas d'incident, les interventions pour dégager des personnes bloquées en cabine ainsi que le dépannage et la remise en fonctionnement normal de l'ascenseur. En outre, lorsque des pièces importantes de l'installation, autres que celles mentionnées au *a* du 2°, sont usées, le propriétaire fait procéder à leur réparation ou à leur remplacement si elles ne peuvent pas être réparées.

L'application dans le temps de ce texte a été fixée par l'article 4 du décret du 9 septembre 2004 précité, ainsi conçu.

Art. R. 134-7 *(Aj., D. n° 2021-872, 30 juin 2021).* – I. – Le propriétaire passe un contrat d'entretien écrit avec une entreprise dont le personnel chargé de l'entretien doit avoir reçu une formation appropriée dans les conditions prévues à la section VI du chapitre III du titre IV du livre V de la quatrième partie du Code du travail.

Le contrat d'entretien comporte les clauses minimales suivantes :

a) L'exécution des obligations prescrites à l'article R. 134-6, exception faite de son dernier alinéa ;

b) La durée du contrat, qui ne peut être inférieure à un an, les modalités de sa reconduction ou de sa résiliation. La clause de résiliation indique les manquements graves de l'une ou l'autre des parties donnant lieu à la résiliation de plein droit du contrat. Elle fixe également les conditions permettant de résilier le contrat, moyennant un préavis de trois mois, lorsque des travaux importants, tels que définis au II, sont réalisés par une entreprise différente de celle titulaire du contrat ;

c) Les conditions de disponibilité et de fourniture des pièces de rechange, et l'indication du délai garanti pour le remplacement des pièces mentionnées au *a* du 2° de l'article R. 134-6 ;

d) Les conditions de constitution du carnet d'entretien et de communication de son contenu au propriétaire ;

e) Les garanties apportées par les contrats d'assurances de l'entreprise d'entretien ;

f) Les pénalités encourues en cas d'inexécution ou de mauvaise exécution des obligations contractuelles ainsi que les modalités de règlement des litiges ;

g) Les conditions et modalités de recours éventuel à des sous-traitants ;

h) Les conditions dans lesquelles peuvent être passés des avenants ;

i) La formule détaillée de révision des prix ;

j) Les modalités d'information et de communication permettant la présence d'un représentant du propriétaire en vue de tout échange d'informations utiles lors des visites régulières du technicien d'entretien ;

k) Les modalités de mise à disposition du personnel compétent pour accompagner le contrôleur technique mentionné à l'article R. 134-12 pendant la réalisation du contrôle technique obligatoire.

La description, établie contradictoirement, de l'état initial de l'installation ainsi que le plan d'entretien sont annexés au contrat.

Sur demande du propriétaire, le contrat fixe également les conditions pour que soit établie une description de l'état final de l'installation dans les deux mois précédant l'échéance du contrat ou sa résiliation.

Lors de la signature du contrat, le propriétaire remet à l'entreprise chargée de l'entretien la description des caractéristiques de l'ensemble de l'installation, les éléments mentionnés aux 1°, 2° et 3° de l'article R. 134-8, ainsi que la notice des instructions nécessaires à l'exécution des tâches d'entretien. À défaut, l'entreprise élabore cette notice. En fin de contrat, la notice d'instructions est remise au propriétaire ainsi que tous les éléments mentionnés aux 1°, 2° et 3° de l'article R. 134-8 qui ont été fournis au prestataire d'entretien par le propriétaire.

II. – Les travaux importants sur les installations d'ascenseurs désignés au *b* du I comprennent l'un au moins des travaux suivants :

- le remplacement complet de la cabine ;
- la modification du nombre ou de la disposition des faces d'accès à la cabine ;
- la modification du nombre ou de la situation des niveaux desservis, ou l'adjonction d'une ou de plusieurs portes palières ;
- le remplacement de l'ensemble des portes palières ;
- le remplacement de l'armoire de commande ;
- pour les ascenseurs électriques à adhérence, le remplacement du groupe de traction ;
- pour les ascenseurs hydrauliques, le remplacement complet de la centrale ou du vérin ;
- la modification du système d'entraînement, telle que la modification du contrôle de l'arrêt et du maintien à niveau, l'adjonction de variateur de vitesse ;
- l'adjonction d'un dispositif de protection contre la vitesse excessive de la cabine en montée pour les ascenseurs électriques à adhérence.

III. – Les visites, opérations et interventions effectuées en exécution du contrat d'entretien font l'objet de comptes rendus dans un carnet d'entretien tenu à jour, établi sous forme d'un registre physique ou électronique suivant le choix du propriétaire. En outre, l'entreprise remet au propriétaire un rapport annuel d'activité auquel est annexé le contenu du carnet d'entretien lorsque celui-ci est établi sous forme électronique.

IV. – Les modalités d'application de l'article R. 134-6 et du présent article sont précisées par arrêté du ministre chargé de la construction.

Art. R. 134-8 *(Aj., D. n° 2021-872, 30 juin 2021)*. – I. – 1° Toutes les parties de l'installation doivent être accessibles au prestataire d'entretien pour l'exécution de sa mission. En conséquence, le ou les éventuels codes d'accès à tout ou partie de l'installation ou toute autre forme de déverrouillage, nécessaires à l'entretien, au dépannage ou à la remise en service doivent être fournis intégralement sans frais et sans restriction de durée d'usage par le fabricant ou l'installateur qui les a introduits sur l'installation au propriétaire de l'ascenseur qui pourra les remettre à l'entreprise d'entretien de son choix.

Notamment les dispositifs de téléalarme doivent être accessibles pour la réalisation des tests cycliques et pour la modification du numéro de réception des appels ;

2° La documentation technique, les dispositions de remise en service, les outils spécifiques et notices d'utilisation nécessaires à l'entretien, au dépannage ou à la remise en service de tout ou partie de l'installation doivent être fournis, sans restriction de durée d'usage, par le fabricant ou l'installateur au propriétaire de l'installation à sa demande, dans des conditions de prix et de délais raisonnables. Le propriétaire remet ces éléments à la disposition de l'entreprise d'entretien de son choix ; (1)

3° Les dispositions de remise en service, les notices d'utilisation des outils, la documentation technique doivent être suffisamment explicites pour permettre au prestataire d'entretien de modifier les paramètres de fonctionnement pour les besoins de l'entretien, du dépannage et de la remise en service sans diminuer le niveau de sécurité prévalant avant son intervention.

Elles devront également contenir toutes les informations nécessaires pour permettre au prestataire d'entretien d'assurer la formation appropriée de son personnel ; (1)

4° Les pièces de rechange doivent être fournies par le fabricant à la demande de tout prestataire d'entretien, que ce dernier soit lié statutairement ou non au fabricant, dans des conditions de coûts et de délais compatibles avec les moyennes pratiquées.

II. – Les modalités d'application du présent article sont précisées par arrêté conjoint des ministres chargés de la construction et de la concurrence.

(1) NB : Pour les ascenseurs installés avant le 27 août 2000, les présentes dispositions entrent en vigueur le 1er juillet 2013, D. n° 2012-674, 7 mai 2012, art. 7.

Décret n° 2004-964 du 9 septembre 2004
relatif à la sécurité des ascenseurs

Art. 4. – I. - Lorsqu'un contrat d'entretien d'ascenseur en cours à la date de publication du présent décret arrive à échéance après le 30 septembre 2005, les dispositions de l'article R. 125-2-1 sont applicables au renouvellement du contrat.

Tout contrat d'entretien conclu après la publication du présent décret doit être conforme aux dispositions de l'article R. 125-2-1 ou mis en conformité avec ces dispositions au plus tard le 30 septembre 2005.

II. - Le propriétaire qui assure par ses propres moyens l'entretien d'un ascenseur est tenu de respecter les obligations prévues aux articles R. 125-2 et R. 125-2-3 au plus tard le 30 septembre 2004.

III. - *(D. n° 2008-291, 28 mars 2008)* Le premier contrôle technique obligatoire intervient au plus tard aux dates limites indiquées ci-dessous :

1° Pour les ascenseurs installés avant le 27 août 2000 :

- pour les ascenseurs mis en conformité avec les dispositions du premier alinéa et du I de l'article R. 125-1-2 du Code de la construction et de l'habitation avant le 3 juillet 2008 : la date limite est fixée au 3 juillet 2009 ;
- pour les ascenseurs mis en conformité avec les dispositions du premier alinéa et du I de l'article R. 125-1-2 du Code de la construction et de l'habitation à partir du 3 juillet 2008 : la date limite est fixée un an après la date d'achèvement des travaux ;
- pour les ascenseurs ne répondant pas aux conditions fixées par les deux précédents alinéas : la date limite est fixée au 31 décembre 2011.

2° Pour les ascenseurs installés à partir du 27 août 2000 :

- pour les ascenseurs installés avant le 1er juillet 2004 : la date limite est fixée au 30 juin 2009 ;
- pour les ascenseurs installés à partir du 1er juillet 2004 : la date limite est de cinq ans maximum après la date d'installation.

Art. 4-1 *(D. n° 2013-1296, 27 déc. 2013)*. **–** I. - Pour son application à Mayotte, l'article 4 du présent décret est ainsi rédigé :

« Art. 4. - I. - Le propriétaire qui assure par ses propres moyens l'entretien d'un ascenseur est tenu de respecter les obligations prévues aux articles R. 125-2 et R. 125-2-3 du code précité au plus tard trois mois après la date d'entrée en application à Mayotte du présent décret.

II. - Le premier contrôle technique obligatoire intervient au plus tard avant le 1er janvier 2015. »

Art. R. 134-9 ***(Aj., D. n° 2021-872, 30 juin 2021).*** **– Lorsque le contrat d'entretien comporte, outre les clauses minimales mentionnées à l'article R. 134-7, une clause de réparation et de remplacement de pièces importantes, il fait apparaître distinctement les délais d'intervention et la rémunération prévus pour cette prestation.**

Art. R. 134-10 ***(Aj., D. n° 2021-872, 30 juin 2021).*** **– Lorsque le propriétaire ne recourt pas à un prestataire de services mais décide d'assurer par ses propres moyens l'entretien de l'ascenseur, il est tenu au respect des prescriptions de l'article R. 134-6. Il tient à jour le carnet d'entretien et établit un rapport annuel d'activité dans les conditions fixées au III de l'article R. 134-7.**

Le personnel qu'il emploie pour l'exercice de cette mission doit avoir reçu une formation appropriée dans les conditions prévues à l'article 9 du décret n° 95-826 du 30 juin 1995 fixant les prescriptions particulières de sécurité applicables aux travaux effectués sur les ascenseurs, ascenseurs de charges, escaliers mécaniques, trottoirs roulants et installations de parcage automatique de véhicules.

Art. R. 134-11 ***(Aj., D. n° 2021-872, 30 juin 2021).*** **– Le propriétaire d'un ascenseur est tenu de faire réaliser tous les cinq ans un contrôle technique de son installation.**

Le contrôle technique a pour objet :

a) **De vérifier que les ascenseurs sont équipés des dispositifs permettant la réalisation des objectifs de sécurité mentionnés à l'article R. 134-2 du présent code et que ces dispositifs sont en bon état ;**

b) **De repérer tout défaut présentant un danger pour la sécurité des personnes ou portant atteinte au bon fonctionnement de l'appareil.**

Art. R. 134-12 *(Aj., D. n° 2021-872, 30 juin 2021).* – I. – Pour réaliser le contrôle technique prévu à l'article R. 134-11, le propriétaire fait appel, à son choix :

a) À un contrôleur technique au sens de l'article L. 125-1 qui bénéficie d'un agrément l'habilitant à intervenir sur les ascenseurs ;

b) À un organisme habilité dans un des États membres de l'Union européenne ou dans l'un des autres États parties à l'accord sur l'Espace économique européen, chargé d'effectuer l'évaluation de la conformité d'ascenseurs soumis au marquage CE et répondant aux critères des articles R. 134-36 et R. 134-37 ;

c) À une personne morale employant des salariés dont les compétences ont été certifiées par un organisme accrédité par le comité français d'accréditation ou par un organisme signataire de l'accord européen multilatéral pris dans le cadre de la coordination européenne des organismes d'accréditation ;

d) À une personne physique titulaire d'une certification délivrée dans les conditions prévues au *c*.

Pour l'application des *c* et *d* ci-dessus, la certification des compétences est délivrée en fonction de critères de connaissances techniques, d'expérience professionnelle et d'aptitude au contrôle technique dans le domaine des ascenseurs, définis par arrêté du ministre chargé de la construction.

II. – En vue de la bonne et entière exécution du contrôle technique, le contrat conclu entre la personne chargée du contrôle et le propriétaire définit les conditions dans lesquelles l'entreprise chargée de l'entretien accompagne le contrôleur lors de la réalisation de son contrôle.

La personne chargée du contrôle technique remet au propriétaire un document par lequel elle atteste sur l'honneur qu'elle est en situation régulière au regard des dispositions du deuxième alinéa de l'article L. 134-4.

III. – Le propriétaire d'ascenseur tient à la disposition de la personne chargée du contrôle technique le carnet d'entretien et le rapport annuel prévus à l'article R. 134-7.

Il s'assure également de l'intervention de l'entreprise chargée de l'entretien pendant le contrôle, comme prévu au contrat d'entretien et conformément aux dispositions du II.

Art. R. 134-13 *(Aj., D. n° 2021-872, 30 juin 2021).* – La personne qui effectue le contrôle technique établit un rapport indiquant les opérations réalisées et le cas échéant, les défauts repérés. Dans le mois suivant la fin de l'intervention, elle remet ce rapport au propriétaire.

Celui-ci transmet le rapport à l'entreprise ou à la personne chargée de l'entretien de l'ascenseur et si des travaux sont rendus nécessaires, aux personnes chargées de leur conception et de leur exécution.

Un arrêté du ministre chargé de la construction précise les modalités de réalisation du contrôle technique et du rapport correspondant.

Si la personne qui a établi le rapport constate que l'ascenseur contrôlé ne respecte pas les exigences essentielles mentionnées à l'article R. 134-20, elle transmet ce rapport au ministre chargé de la construction.

Sous-section 3. – Droit des occupants d'immeubles équipés d'ascenseurs

Art. R. 134-14 *(AJ., D. n° 2021-872, 30 juin 2021).* – Toute personne disposant d'un titre d'occupation dans un immeuble comportant un ascenseur a le droit de consulter, dans les locaux du siège social ou du domicile du propriétaire ou dans ceux de son représentant, le rapport du contrôle technique.

Sur sa demande et à ses frais, elle reçoit du propriétaire la copie écrite de ces documents.

Art. R. 134-15 *(Aj., D. n° 2021-872, 30 juin 2021).* – En cas de méconnaissance des prescriptions relatives à la mise en place des dispositifs de sécurité et des mesures équivalentes ou compensatoires prévus aux articles R. 134-3 à R. 134-5, le juge des référés du tribunal judiciaire dans le ressort duquel est situé l'immeuble peut être saisi afin d'ordonner, éventuellement sous astreinte, la mise en conformité des ascenseurs.

Il peut également lui être demandé d'ordonner, éventuellement sous astreinte, le respect des obligations prévues par les articles R. 134-6 à R. 134-14.

Sous-section 4. – Mise sur le marché des ascenseurs et des composants de sécurité pour ascenseurs

(D. n° 2016-550, 3 mai 2016)

CHAPITRE II. – SANCTIONS PÉNALES

Section I. – Sécurité des ascenseurs

Art. R. 186-1 *(Aj., D. n° 2021-872, 30 juin 2021).* **– I. – Est puni de l'amende prévue pour les contraventions de la 3e classe le fait pour une personne, propriétaire d'ascenseur :**

1° De ne pas mettre en place les dispositifs de sécurité prévus à l'article R. 134-3 ou les mesures équivalentes prévues à l'article R. 134-4, sauf dans les cas prévus à l'article R. 134-5 ;

2° Dans les cas prévus à l'article R. 134-5, de ne pas faire réaliser l'expertise technique ;

3° De ne pas souscrire un contrat d'entretien conformément à l'article R. 134-7 ou, à défaut, ne pas assurer par ses propres moyens l'entretien de l'ascenseur conformément aux articles R. 134-6 et R. 134-10 ;

4° De ne pas faire procéder au contrôle technique dans les conditions prévues aux articles R. 134-11et R. 134-12.

II. – Est puni de l'amende prévue pour les contraventions de la 3e classe le fait pour une personne, prestataire de services chargée de l'entretien de l'installation :

1° D'effectuer l'entretien de l'installation sans contrat d'entretien écrit, exception faite du cas prévu à l'article R. 134-10 ;

2° De conclure un contrat d'entretien ne comportant pas chacune des clauses minimales énumérées à l'article R. 134-7 ;

3° De recourir, pour l'exécution du contrat d'entretien, à une personne n'ayant pas la qualification exigée par l'article R. 134-7.

III. – Est puni de l'amende prévue pour les contraventions de la 3e classe le fait pour une personne, chargée du contrôle technique d'un ascenseur :

1° De ne pas effectuer les vérifications nécessaires prévues à l'article R. 134-11 ;

2° De ne pas avoir la qualification exigée par l'article R. 134-12 ;

3° De ne pas respecter les incompatibilités prévues au deuxième alinéa de l'article L. 134-4.

IV. – Est puni de l'amende prévue pour les contraventions de la 3e classe le fait, pour un fabricant ou un installateur, de ne pas rendre accessibles toutes les parties de l'installation au prestataire d'entretien conformément au 1° du I de l'article R. 134-8, ou de ne pas respecter les obligations prévues au 2° du I du même article.

Décret n° 2012-674 du 7 mai 2012

relatif à l'entretien et au contrôle technique des ascenseurs

(JO 8 mai 2012)

NB : Les articles visés dans ce décret ont fait l'objet d'une renumérotation par le décret n° 2021-872 du 30 juin 2021.

Art. 1er. – ***(V. CCH, art. R. 125-1).***

Art. 2. – ***(V. CCH, art. R. 125-2-1).***

Art. 3. – ***(V. CCH, art. R. 125-2-1-1).***

Art. 4. – ***(V. CCH, art. R. 125-2-5 et R. 125-2-6).***

Art. 5. – I. – L'intitulé de la sous-section 3 de la section 1 du chapitre V du titre II du livre Ier du Code de la construction et de l'habitation est remplacé par l'intitulé suivant :

« Droits des occupants d'immeubles équipés d'ascenseurs ».

II. – ***(V. CCH, art. R. 125-2-8).***

Art. 6. – ***(V. CCH, art. R. 152-1).***

Art. 7. – Les dispositions des articles 2 à 6 du présent décret entrent en vigueur le 1er juillet 2012.

Les contrats d'entretien d'ascenseurs en cours le 1er juillet 2012 doivent être rendus conformes aux dispositions du I de l'article R. 125-2-1 du Code de la construction et de l'habitation avant le 1er janvier 2015 au plus tard.

Pour les ascenseurs installés avant le 27 août 2000, les dispositions prévues aux 2° et 3° du I de l'article R. 125-2-1-1 du Code de la construction et de l'habitation entrent en vigueur le 1er juillet 2013.

Art. 7-1 *(D. n° 2013-1296, 27 déc. 2013)*. – **Pour son application à Mayotte, l'article 7 du présent décret est ainsi rédigé :**

« Art. 7-1.7. - Les contrats d'entretien d'ascenseur en cours à Mayotte à la date de publication du décret n° 2013-1296 du 27 décembre 2013 portant extension et adaptation à Mayotte du Code de la construction et de l'habitation (partie réglementaire) ainsi que de divers décrets relatifs au logement doivent être rendus conformes aux dispositions du I de l'article R. 125-2-1 du Code de la construction et de l'habitation avant le 1er janvier 2015. Pour les ascenseurs installés avant le 27 août 2000, les dispositions prévues aux 2° et 3° du I de l'article R. 125-2-1-1 du Code de la construction et de l'habitation entrent en vigueur le 1er janvier 2014. »

1) Objet de la réglementation. Le but de cette réglementation est de doter les ascenseurs installés avant le 27 août 2000 des mêmes dispositifs de sécurité que ceux dorénavant imposés sur les ascenseurs neufs dans le cadre de la Directive européenne (B. Quignard, *Sur le décret concernant la mise en sécurité des ascenseurs existants : Rev. Administrer* oct. 2004, p. 27).

Les mesures prises ont un triple objet :

– équiper les appareils existants de dispositifs de sécurité, s'ils en sont dépourvus ;

– réglementer les contrats d'entretien ;

– imposer un contrôle périodique de tous les ascenseurs par un organisme indépendant.

I – TRAVAUX DE SÉCURITÉ

2) Principe. L'article R. 125-1-2 du Code de la construction et de l'habitation indique les dispositifs de sécurité qui doivent être mis en place par les propriétaires d'ascenseurs installés avant le 27 août 2000, selon un étalement dans le temps par période de cinq ans. Les premiers travaux doivent être effectués avant le 3 juillet 2008, puis avant le 3 juillet 2013, et enfin avant le 3 juillet 2018.

3) Dérogations. Cette obligation connaît des dérogations :

– à la place de tout ou partie des dispositifs de sécurité mentionnés à l'article R. 125-1-2 précité, le propriétaire d'un ascenseur peut mettre en œuvre des mesures équivalentes si celles-ci ont préalablement obtenu l'accord d'une personne remplissant les conditions de qualification exigées par l'article R. 125-2-5. Cet accord, formulé par écrit et assorti d'une analyse de risque établissant que l'ascenseur satisfait aux exigences de sécurité prescrite par l'article R. 125-1-1 est remis au propriétaire (CCH, art. R. 125-1-3) ;

– lorsque les caractéristiques de l'ascenseur font obstacle à la mise en œuvre d'un des dispositifs prévus à l'article R. 125-1-2 ou d'une mesure équivalente au sens de l'article R. 125-1-3, ou encore lorsque l'application de la réglementation serait de nature à faire obstacle à l'accès des personnes handicapées ou à mobilité réduite, ou à porter atteinte à la conservation du patrimoine historique que représente l'immeuble ou certains de ses éléments ayant une valeur artistique ou technique remarquable, le propriétaire fait réaliser une expertise technique par une personne relevant de l'une des catégories mentionnées à l'article R. 125-2-5-I. Cette personne donne son avis sur l'impossibilité alléguée et, le cas échéant, sur les mesures compensatoires que le propriétaire prévoit de mettre en œuvre pour tenir compte des objectifs de sécurité exigés par la réglementation (CCH, art. R. 125-1-4).

4) Sanctions. En cas de non-respect des obligations relatives à la sécurisation des ascenseurs, le législateur a prévu diverses sanctions : tout d'abord, le juge des référés du tribunal de grande instance dans le ressort duquel est situé l'immeuble peut être saisi afin d'ordonner, éventuellement sous astreinte, la mise en conformité des ascenseurs avec les dispositions prévues aux articles R. 125-1-2 à R. 125-1-4 du Code de la construction et de l'habitation (CCH, art. R. 125-2-8, al. 1).

D'autre part, le fait pour une personne propriétaire d'un ascenseur de ne pas mettre en place les dispositifs de sécurité exigés par l'article R. 125-1-2 ou les mesures équivalentes prévues à l'article R. 125-1-3, sauf dans les cas visés à l'article R. 125-1-4 *(supra)*, est puni de l'amende prévue pour les contraventions de la troisième classe.

Les personnes morales peuvent être déclarées responsables pénalement et sont alors passibles d'une amende du quintuple de celle encourue par les personnes physiques (CCH, art. R. 152-2).

II – ENTRETIEN DES ASCENSEURS

5) Obligation. L'article R. 125-2 du Code de la construction et de l'habitation impose au propriétaire d'une installation d'ascenseur de procéder à des opérations et vérifications périodiques ou occasionnelles destinées à le maintenir en bon état d'entretien et de fonctionnement (V. l'arrêté du 10 novembre 2004 pris pour l'application de ce texte : *JO* 28 nov., p. 20222).

6) Contrats d'entretien. Pour l'exécution des obligations imparties par l'article R. 125-2 précité, le propriétaire d'un ascenseur doit en principe passer un contrat d'entretien écrit avec une entreprise répondant aux critères de qualification prévus par l'article 9 du décret n° 95-826 du 30 juin 1995 (CCH, art. R. 125-2-1). Les clauses et conditions que doit contenir ce contrat sont énumérées par l'article R. 125-2-1 du Code de la construction et de l'habitation (sur les contrats d'entretien, V. également les articles 3 à 7 de l'arrêté du 18 novembre 2004 préc. : *JO* 28 nov., p. 20222). Il a été jugé que la clause prévoyant la reconduction tacite des contrats d'entretien pour une durée de cinq ans ne créait aucun déséquilibre significatif au détriment du syndicat des copropriétaires (■ Cass. 1re civ., 10 sept. 2014, n° 13-19.015).

Toutefois le propriétaire de l'ascenseur peut décider d'assurer son entretien par ses propres moyens (CCH, art. R. 125-2-3). Le personnel qu'il emploie pour cette mission doit avoir reçu une formation appropriée dans les conditions prévues par l'article 9 du décret n° 95-826 du 30 juin 1995. Le propriétaire qui choisit cette option est alors tenu d'effectuer les vérifications prévues par l'article R. 125-2 *(supra)*. En outre, il doit tenir à jour le carnet d'entretien et établir un rapport annuel d'activité dans les conditions fixées à l'article R. 125-2-1, III *(supra)*.

Des dispositions transitoires sont prévues par l'article 4, I du décret précité du 9 septembre 2004, pour la mise en conformité des contrats d'entretien en cours.

7) Sanctions. La sanction est d'abord civile : le juge des référés du tribunal de grande instance dans le ressort duquel est situé l'immeuble peut être saisi afin d'ordonner le respect des obligations d'entretien prévues par les articles R. 125-2 à R. 125-2-3 du Code de la construction et de l'habitation (CCH, art. R. 125-2-8, al. 1).

Mais il existe également des sanctions pénales. Est passible de l'amende prévue pour les contraventions de la troisième classe, le fait pour une personne propriétaire d'un ascenseur :

– de ne pas souscrire un contrat d'entretien conformément à l'article R. 125-2-1 ou, à défaut, de ne pas assurer par ses propres moyens l'entretien de l'ascenseur *(supra)* ;

– le fait d'effectuer l'entretien des installations sans contrat d'entretien écrit, ou de conclure un contrat d'entretien ne comportant pas les clauses minimales énumérées à l'article R. 125-2-1 *(supra)* ;

– le fait de recourir pour l'exécution du contrat d'entretien à une personne n'ayant pas la qualification exigée.

8) Documents que doit détenir le propriétaire. Lors de la signature du contrat d'entretien, l'entreprise qui en est chargée doit remettre au propriétaire, à titre d'information, un document décrivant l'organisation de son plan d'entretien. D'autre part, les visites, opérations et interventions effectuées en exécution du contrat d'entretien font l'objet de comptes rendus dans un carnet d'entretien tenu à jour.

En outre, l'entreprise doit remettre au propriétaire un rapport annuel d'activité (CCH, art. R. 125-2-1, II et III).

9) Conseil pratique. La consultation de ces divers documents permettra de vérifier si la réglementation a été ou non respectée.

III – CONTRÔLE PÉRIODIQUE

10) Obligations. L'article R. 125-2-4 du Code de la construction et de l'habitation oblige tout propriétaire d'un ascenseur à faire réaliser tous les cinq ans un contrôle technique de son installation (sur l'objet de ce contrôle, V. ce texte et l'arrêté du 27 juillet 2005 préc.). Ce contrôle ne peut être effectué que par les personnes qualifiées énumérées par l'article R. 125-2-5 du Code de la construction et de l'habitation (sur les critères de compétence des intervenants, V. l'arrêté du 13 décembre 2004 préc., modifié par l'arrêté du 15 juin 2005, préc.).

Sur la date du premier contrôle technique, V. le D. n° 2004-964, 9 sept. 2004, préc., art. 4, III, p. 959.

11) Documents détenus par le propriétaire. La personne qui a effectué le contrôle technique doit établir un rapport indiquant les opérations réalisées et, le cas échéant, les défauts repérés. Dans le mois suivant la fin de l'intervention, elle remet ce rapport au propriétaire. Celui-ci transmet le rapport à l'entreprise ou à la personne chargée de l'entretien de l'ascenseur et, si des travaux sont rendus nécessaires, aux personnes chargées de leur conception et de leur exécution (CCH, art. R. 125-2-6).

12) Information des occupants. Toute personne disposant d'un titre d'occupation dans un immeuble comportant un ascenseur (et donc, en particulier les locataires) a le droit de consulter, dans les locaux du siège social ou du domicile du propriétaire ou dans ceux de son représentant, le rapport du contrôle technique. Sur sa demande et à ses frais elle reçoit du propriétaire la copie écrite de ces documents (CCH, art. R. 125-2-7).

13) Sanctions. En cas de non-respect des obligations relatives au contrôle technique et à l'information des occupants, le législateur a prévu diverses sanctions :

– tout d'abord, le juge des référés du tribunal de grande instance dans le ressort duquel est situé l'immeuble peut être saisi afin d'ordonner le respect de ces obligations (CCH, art. R. 125-2-8, al. 1) ;

– d'autre part, le fait pour une personne propriétaire d'un ascenseur de ne pas faire procéder au contrôle technique des ascenseurs dans les conditions prévues aux articles R. 125-2-4 et

R. 125-2-5 du Code de la construction et de l'habitation (V. *supra*), est puni de l'amende prévue pour les contraventions de la troisième classe (CCH, art. R. 152-1, I, 4°).

Les personnes morales peuvent être déclarées responsables pénalement et sont alors passibles d'une amende du quintuple de celle encourue par les personnes physiques (CCH, art. R. 152-2).

A. – MESURES D'APPLICATION CONCERNANT LE CONTRÔLE TECHNIQUE

Arrêté du 7 août 2012

relatif aux contrôles techniques à réaliser dans les installations d'ascenseurs

NB : Les articles visés dans cet arrêté ont fait l'objet d'une renumérotation par le décret n° 2021-872 du 30 juin 2021.

Art. 1er. – Le propriétaire de l'ascenseur met à la disposition du contrôleur technique les informations et documents suivants, en sa possession, nécessaires à la bonne exécution des contrôles :

1° Pour les ascenseurs installés après le 27 août 2000 ou installés avant cette date en conformité avec les dispositions de la directive européenne 95/16/CE [du 29 juin 1995] susvisée :

a) La notice d'instructions ;

b) La déclaration CE de conformité ;

2° Pour les ascenseurs autres que ceux mentionnés au 1°, le dossier technique comportant :

a) Les caractéristiques de l'ensemble de l'installation ;

b) La notice d'instructions nécessaire à l'entretien ;

3° Pour les ascenseurs mentionnés aux 1° et 2° :

a) La dernière étude spécifique de sécurité prévue par les articles R. 4543-2 et suivants du Code du travail ;

b) Le rapport de vérification établi, le cas échéant, après une transformation ou modification importante de l'installation ;

c) Le carnet d'entretien mentionné à l'article R. 125-2-1 du Code de la construction et de l'habitation, ainsi que le dernier rapport annuel d'activité ;

d) Le rapport du précédent contrôle technique.

Art. 2. – Lorsque le contrôleur technique choisi par le propriétaire a indiqué la nécessité d'être accompagné pendant le contrôle par l'entreprise titulaire du contrat d'entretien, le propriétaire met en relation le contrôleur technique avec celle-ci et s'assure de la mise en œuvre de la clause correspondante du contrat d'entretien.

Le contrôleur technique informe le propriétaire, au moins quinze jours à l'avance, de la date et de la durée prévues du contrôle.

Le propriétaire informe à l'avance les usagers de l'indisponibilité de l'appareil pendant la période indiquée par le contrôleur technique et fournit au contrôleur technique les moyens d'accès aux différentes parties de l'installation.

Art. 3. – La liste des contrôles mentionnés à l'article R. 125-2-4 du Code de la construction et de l'habitation et leurs modalités de réalisation sont définies en annexe du présent arrêté.

Le propriétaire indique au contrôleur technique si l'ascenseur tombe sous la nécessité de prévenir les actes de malveillance portant atteinte au verrouillage de la porte palière.

Art. 4. – L'obligation de contrôle technique n'est réputée satisfaite que lorsque toutes les parties de l'installation d'ascenseur ont été soumises intégralement aux examens et essais mentionnés en annexe au présent arrêté et ont fait l'objet d'une évaluation transcrite dans un rapport d'inspection remis au propriétaire, conformément à l'article R. 125-2-6 du Code de la construction et de l'habitation.

Ce rapport est remis au propriétaire dans un délai de trente jours suivant la visite de contrôle de l'ascenseur.

Il mentionne, outre les références servant à identifier l'ascenseur concerné et la commande faite par le propriétaire, les informations suivantes :

1° Pour les ascenseurs installés après le 27 août 2000, ou installés avant cette date en conformité avec les dispositions de la directive européenne 95/16/CE [du 29 juin 1995] susvisée :

a) Une mention indiquant si les documents exigibles dans le cadre de la mise sur le marché sont présents ;

b) Une mention indiquant s'ils satisfont aux dispositions du décret du 24 août 2000 susvisé ;

2° Pour les ascenseurs autres que ceux mentionnés au 1° :

a) Une mention indiquant si la mise à niveau réglementaire exigée par les articles R. 125-1-2 à R. 125-1-4 du Code de la construction et de l'habitation est réalisée correctement lorsque la date limite prévue pour cette mise à niveau est dépassée ;

b) Une mention indiquant la présence ou l'absence du dossier technique comportant les caractéristiques de l'ensemble de l'installation et de la notice d'instructions nécessaire à l'entretien ;

3° Pour les ascenseurs mentionnés aux 1° et 2° :

a) La liste des documents mis à disposition du contrôleur technique ;

b) Le récapitulatif des points de contrôle mentionnés en annexe du présent arrêté présentant une anomalie. Ce récapitulatif décrit cette anomalie, le danger qu'elle représente et, le cas échéant, indique la nécessité de mise à l'arrêt de l'appareil.

Art. 5. – Les organismes et les personnes habilités à effectuer des contrôles techniques d'ascenseurs selon l'article R. 125-2-4 du Code de la construction et de l'habitation communiquent au ministère chargé du logement, avant le 1er mars de chaque année, un bilan des contrôles techniques effectués au cours de l'année civile précédente.

Ce bilan comprend :

1° Le nombre d'ascenseurs contrôlés, dont ceux installés avant le 27 août 2000 et ceux installés après le 27 août 2000 ;

2° Le nombre et le pourcentage d'ascenseurs installés avant le 27 août 2000 non mis à niveau, lorsque la date réglementaire de la mise à niveau est dépassée ;

3° Le nombre et le pourcentage d'ascenseurs dont la mise à l'arrêt a été demandée selon qu'ils ont été installés avant ou après le 27 août 2000 ;

4° Le nombre et le pourcentage d'ascenseurs présentant au moins une anomalie selon qu'ils ont été installés avant ou après le 27 août 2000 ;

5° La répartition des demandes de mise à l'arrêt des ascenseurs en fonction des différents points de contrôle mentionnés en annexe au présent arrêté ;

6° La répartition des anomalies observées en fonction des différents points de contrôle mentionnés en annexe au présent arrêté.

Art. 6. – L'arrêté du 18 novembre 2004 relatif aux contrôles techniques à réaliser dans les installations d'ascenseurs est abrogé.

Art. 7. – Les dispositions du présent arrêté entrent en vigueur le 1er octobre 2012 à l'exception du 6° de l'article 5 qui entre en vigueur le 1er janvier 2014.

Annexe (non reproduite)

Liste des contrôles et conditions de réalisation

(Ann. mod., A. 20 août 2013).

Arrêté du 13 décembre 2004

relatif aux critères de compétence des personnes réalisant des contrôles techniques dans les installations d'ascenseurs

NB : Les articles visés dans cet arrêté ont fait l'objet d'une renumérotation par le décret n° 2021-872 du 30 juin 2021.

Art. 1er *(Mod., A. 10 déc. 2014).* – Les critères applicables pour la certification des compétences des salariés d'un organisme visé au *c* de l'article R. 125-2-5 ou d'une personne physique visée au *d* du même article, prévus au dernier alinéa de cet article, sont au moins les suivants :

- connaissance approfondie des procédés, produits et équipements dans le domaine des ascenseurs ;
- connaissance approfondie des prescriptions qui régissent la prévention des risques liés aux ascenseurs ;
- expérience professionnelle de cinq ans dans le domaine de l'installation ou de l'entretien des ascenseurs ;
- expérience professionnelle de trois ans dans le domaine de l'inspection ou du contrôle dans les domaines de la mécanique ou de l'électromécanique ;

- capacité à procéder au repérage et au report sur plan ;
- capacité à mettre au point une méthodologie de contrôle sur la base de l'annexe de l'arrêté interministériel du 18 novembre 2004 relatif aux contrôles techniques à réaliser dans les installations d'ascenseurs ;
- aptitude à rédiger les rapports qui constituent la matérialisation des contrôles effectués.

Art. 2. – Les organismes de certification visés à l'article R. 125-2-5 du Code de la construction et de l'habitation doivent être accrédités conformément aux prescriptions de la norme NF EN ISO/CEI 17024 et satisfaire aux procédures prévues à l'annexe du présent arrêté.

Annexe (non reproduite)

EXIGENCES À SATISFAIRE PAR L'ORGANISME CERTIFICATEUR

B. – MESURES D'APPLICATION CONCERNANT L'ENTRETIEN DES INSTALLATIONS

Arrêté du 18 novembre 2004

relatif à l'entretien des installations d'ascenseurs
NOR : LOGU0411016A
(JO 28 nov. 2004, texte n° 23)

NB : Les articles visés dans cet arrêté ont fait l'objet d'une renumérotation par le décret n° 2021-872 du 30 juin 2021.

Art. 1er. – L'entretien des ascenseurs visé à l'article R. 125-2 du Code de la construction et de l'habitation comprend obligatoirement la réparation ou le remplacement des pièces défaillantes ou usées. Les pièces de rechange peuvent provenir du fabricant d'origine comme d'un autre fabricant.

Dans le cas d'un entretien confié par contrat à une entreprise, l'adaptation de pièces sur l'installation, si elle est nécessaire, relèvera de la responsabilité de l'entreprise chargée de l'entretien.

Art. 2. – Les opérations d'entretien des installations d'ascenseurs et leurs conditions d'exécution doivent tenir compte des caractéristiques du lieu desservi, des technologies spécifiques de l'installation, de la fréquence d'utilisation ainsi que des prescriptions des constructeurs.

Elles sont précisées par l'entreprise d'entretien dans le plan d'entretien mentionné à l'article R. 125-2-1 du Code de la construction et de l'habitation.

L'intervalle entre deux visites d'entretien ne peut être supérieur à six semaines.

Les opérations minimales d'entretien à effectuer, prévues à l'article R. 125-2 et au IV du R. 125-2-1 du Code de la construction et de l'habitation, sont détaillées en annexe du présent arrêté ainsi que les périodicités minimales de mise en œuvre à respecter.

Art. 3. – Le contrat d'entretien est conclu pour une période de un an minimum.

Conformément au décret du 30 mai 2001 susvisé, les références du contrat d'entretien de l'ascenseur ainsi que la date d'échéance de ce contrat doivent être inscrites dans le carnet d'entretien de l'immeuble en copropriété.

Les fréquences des visites d'entretien sont définies dans le contrat d'entretien.

Art. 4. – En cas de changement de prestataire, un état des lieux initial et contradictoire de l'installation doit être dressé entre le propriétaire et le nouveau prestataire et annexé au nouveau contrat.

Art. 5. – Le titulaire du contrat d'entretien assure la direction et la responsabilité de l'exécution des prestations. Il est seul responsable des dommages que l'exécution de ses prestations peut causer dans les limites de ses obligations contractuelles :
- à son personnel ou à des tiers ;
- à ses biens, à ceux du propriétaire ou à ceux de tiers.

L'entreprise doit avoir souscrit un contrat d'assurance en cours de validité garantissant les conséquences pécuniaires de la responsabilité civile qu'elle peut encourir en cas de dommages corporels et/ou matériels causés aux tiers et au propriétaire à l'occasion des interventions.

Elle doit produire, à toute demande de la personne signataire du contrat, une attestation de son assureur indiquant la nature, le montant et la durée de la garantie, ainsi que la franchise si elle existe. Les factures d'entretien doivent mentionner les références de la police d'assurance souscrite par l'entreprise d'entretien et ses dates de prise d'effet et d'expiration.

Art. 6. – Aucune sous-traitance partielle ou totale du contrat d'entretien n'est admise sans l'accord préalable écrit du propriétaire. En cas d'accord de ce dernier, la responsabilité de l'entreprise reste entière pour les travaux sous-traités.

Art. 7. – Toute modification du contrat d'entretien doit faire l'objet d'un avenant.

Art. 8. – Les pièces de l'installation d'ascenseur, mentionnées à l'article R. 125-2 du Code de la construction et de l'habitation, dont l'entretien, la réparation ou le remplacement font partie des clauses minimales du contrat d'entretien visé à l'article R. 125-2-1 de ce même code, sont les suivantes :

Cabine : boutons de commande, y compris leur signalisation lumineuse et sonore, paumelles de portes, contacts de porte, ferme-porte automatique de porte battante, coulisseaux de cabine, y compris garnitures, galets de suspension et contact de porte, interface usager d'appel de secours (boutons avec leurs signalisations, haut-parleur), dispositif mécanique de réouverture de porte.

Paliers : ferme-porte automatique de porte battante, serrures, contacts de porte, paumelles de porte, galets de suspension, patins de guidage des portes et boutons d'appel, y compris voyants lumineux, contrepoids ou ressort de fermeture des portes palières.

Machinerie : balais du moteur et tous fusibles.

Gaine : coulisseaux de contrepoids.

Éclairage : ampoules cabine, machinerie et gaine, ainsi que l'éclairage de secours (batteries, piles et accumulateurs).

La réparation ou le remplacement des pièces citées ci-dessus incombe à l'entreprise titulaire du contrat d'entretien lorsque, dans les conditions normales d'utilisation, elles présentent une usure excessive ou sont défaillantes.

Art. 9. – Les prestations suivantes ne sont pas comprises dans les clauses minimales du contrat d'entretien visé à l'article R. 125-2-1 du Code de la construction et de l'habitation :

- le remplacement des pièces dégradées par vandalisme, par corrosion en ambiances spécifiques ou par accident indépendant de l'action de l'entreprise d'entretien ;
- les interventions nécessitées par les travaux ou les aménagements effectués par d'autres entreprises, qu'ils soient en rapport ou non avec l'ascenseur ;
- le nettoyage de l'intérieur de la cabine et de son ameublement, le nettoyage des vantaux et seuils de porte cabine et palières et le nettoyage des parties vitrées, cabine et gaine ;
- les travaux de modernisation ou de mise en conformité de l'appareil avec les règlements applicables.

Art. 10. – Les éléments de révision de prix convenus au contrat d'entretien doivent être explicites et illustrés par une application chiffrée.

Les factures appliquant la formule de révision du prix doivent préciser et justifier les éléments de calcul de façon à permettre au propriétaire de contrôler que les modifications appliquées sont conformes aux clauses du contrat.

La révision des prix prend effet à la date anniversaire du contrat ou bien à une autre date choisie par les contractants.

La date de révision des prix doit dans tous les cas figurer explicitement dans les contrats.

Art. 11. – La date de la visite, les heures d'arrivée et de départ ainsi que les noms et signatures des techniciens qui sont intervenus doivent être portés sur le carnet d'entretien prévu par l'article R. 125-2-1 du Code de la construction et de l'habitation.

Ce dernier doit comporter de plus obligatoirement les informations suivantes :

- nature des observations, interventions, travaux, modifications, remplacements de pièces effectués sur l'appareil au titre de l'entretien ;
- date et cause des incidents, et réparations effectuées au titre de dépannage.

Le carnet d'entretien doit être mis à la disposition du propriétaire de l'appareil sous une forme et dans un endroit précisés dans le contrat d'entretien.

Le carnet d'entretien doit être mis à jour lors de chaque visite et de chaque intervention de dépannage. Au cas où l'appareil comporte un dispositif permettant de reconstituer l'historique des opérations d'entretien, le propriétaire de l'appareil doit pouvoir avoir accès à ces informations sans surcoût.

Art. 12. – **Les interventions en vue du dépannage des installations doivent être effectuées quel que soit le jour, ouvrable ou non.**

Le déblocage des personnes bloquées en cabine doit être prévu 24 heures sur 24, tous les jours de l'année.

Tous les contrats d'entretien doivent comporter obligatoirement une clause relative aux délais de déblocage des personnes, de dépannage et de remise en service ainsi qu'une clause relative à l'information des utilisateurs lors de ces pannes.

En aucun cas une intervention de dépannage seule ne peut tenir lieu de visite d'entretien.

Art. 13. – **Les contrats d'entretien ne peuvent déroger aux règles légales de compétences des juridictions.**

Art. 14. – **L'arrêté du 11 mars 1977 relatif aux conditions d'entretien normalisées des ascenseurs et monte-charge est abrogé, pour la seule partie concernant l'entretien des ascenseurs. Les dispositions contractuelles en vigueur relatives à l'entretien d'un ascenseur que vise cet arrêté restent applicables selon les dispositions de l'article 4 du décret n° 2004-964 du 9 septembre 2004 relatif à la sécurité des ascenseurs et modifiant le Code de la construction et de l'habitation.**

Annexe (non reproduite)

LISTE DES OPÉRATIONS MINIMALES D'ENTRETIEN
ET FRÉQUENCES MINIMALES DE VÉRIFICATION
(ASCENSEURS ÉLECTRIQUES ET HYDRAULIQUES)

C. – MESURES D'APPLICATION CONCERNANT LES TRAVAUX DE SÉCURITÉ

Arrêté du 18 novembre 2004

relatif aux travaux de sécurité à réaliser dans les installations d'ascenseurs

NB : Les articles visés dans cet arrêté ont fait l'objet d'une renumérotation par le décret n° 2021-872 du 30 juin 2021.

Art. 1er *(Mod., A. 29 août 2008 ; A. 10 déc. 2014)*. – **Les dispositifs de sécurité à mettre en place dans les installations d'ascenseurs en application de l'article R. 125-1-2 du Code de la construction et de l'habitation doivent respecter les prescriptions suivantes en fonction des caractéristiques des installations existantes :**

I. – Dispositifs à mettre en place avant le 31 décembre 2010

1. Serrures munies de dispositifs de contrôle de la fermeture et du verrouillage des portes palières

Les serrures de porte palière qui doivent être remplacées ou améliorées sont celles qui présentent l'une des caractéristiques suivantes :

– le contrôle électrique de la fermeture de la porte lançant l'opération de verrouillage ou de départ de la cabine est :

• soit absent ;

• soit non lié directement au vantail de la porte ;

• soit non réalisé par un contact électrique à arrachement ;

– le contrôle électrique du verrouillage de la porte palière est :

• soit absent ;

• soit réalisé par un mécanisme, rigide ou non, ne reliant pas le pêne au contact du contrôle de verrouillage par une liaison directe ;

• soit réalisé par un mécanisme dont une défaillance déjà identifiée permet la fermeture du contact de contrôle de verrouillage alors que le pêne n'est pas en position de verrouillage ;

• soit permet d'avoir le pêne en position de verrouillage alors qu'il n'est pas engagé dans la gâche. Si un mécanisme est utilisé pour autoriser l'engagement du pêne, une défaillance de ce mécanisme ne doit pas conduire à un établissement du contact électrique de verrouillage ;

• soit non réalisé par un contact électrique à arrachement ;

- les contacts électriques ne sont pas protégés contre les projections de liquides observables ;

- la serrure n'est pas munie d'un système de déverrouillage de secours dont la commande se situe à chaque palier.

Le propriétaire doit remplacer ces serrures par des ensembles de pêne, gâche et contacts électriques, ayant satisfait à des essais de type tels que définis à l'annexe V du décret du 24 août 2000 susvisé.

Lorsque l'existence de projection de liquides est constatée, il doit également mettre en place une protection adaptée.

De plus, lorsque la commande de déverrouillage de secours n'existe pas ou n'est pas accessible depuis le palier, le propriétaire doit installer cette commande et la rendre accessible depuis le palier dans la limite des dispositions prévues au point 2 ci-après.

Les serrures de portes palières d'ascenseur en service à la date de signature du présent arrêté, qui ont satisfait à un essai de type conforme aux dispositions réglementaires exigibles après le 21 mars 1980, ou qui ont obtenu le marquage CE conformément au décret du 24 août 2000 susvisé, sont considérées conformes aux exigences de sécurité, à condition d'avoir été maintenues en bon état de conservation et de fonctionnement.

2. Dispositifs empêchant ou limitant les actes susceptibles de porter atteinte au verrouillage de la porte palière, lorsque cela est nécessaire

Dans le cas d'ascenseurs équipés de portes palières battantes, le propriétaire met en place un ou plusieurs des dispositifs *a*, *b* ou *c* suivants :

a) Un avertisseur lumineux et sonore, d'une puissance de 65 dB (A) minimum, à chaque niveau desservi par l'ascenseur, se déclenchant si la cabine n'est pas arrêtée dans la zone de déverrouillage de la porte palière concernée :

- lors du déverrouillage ;

- lors de l'ouverture de la porte palière. La désactivation et la réactivation de ce dispositif d'alerte ne doivent être possibles que par une personne autorisée, intervenant sur le site même.

En outre, il doit être impossible de démonter, sans outil spécial, depuis l'extérieur de la gaine d'ascenseur, porte palière fermée, les dispositifs de verrouillage des portes palières ;

b) Un système interdisant, en l'absence de cabine à l'étage, l'ouverture manuelle de chaque porte palière depuis le palier et depuis l'intérieur de la cabine, ce système ne pouvant être désactivé et réactivé que par une personne autorisée intervenant sur le site même.

En outre, il doit être impossible de démonter ou de désactiver depuis l'extérieur de la gaine d'ascenseur, porte palière fermée, les dispositifs de verrouillage des portes palières ;

c) Le remplacement des portes battantes par des portes coulissantes à manœuvre automatique, sous réserve de ne pas réduire l'accessibilité de la cabine aux personnes handicapées.

3. Système de détection de présence des personnes destiné à les protéger contre le choc des portes coulissantes lors de leur fermeture

Les ascenseurs concernés sont les ascenseurs équipés de portes cabine et palières à entraînement simultané, dont le système de détection de présence n'est pas conforme aux dispositions réglementaires exigibles après le 21 mars 1980, ou n'est pas conforme aux exigences du décret du 24 août 2000 susvisé, sauf s'ils sont équipés de dispositifs de réouverture de portes, agissant sur la hauteur du passage libre, tels que bord sensible mécanique ou électrique, cellule optique, radar ou barrière lumineuse ou tout autre système équivalent.

Le système à mettre en place doit permettre la détection de présence, sans contact physique avec l'utilisateur, afin d'éviter le heurt par le premier vantail de la porte de cabine.

Le dispositif de détection de présence peut, après temporisation, être rendu inopérant, lorsque l'ascenseur est équipé d'un dispositif de fermeture forcée des portes cabine et palière à entraînement simultané, précédé d'un avertisseur sonore et agissant à vitesse réduite.

4. Dispositif de clôture des gaines empêchant l'accès à ces gaines et aux éléments de déverrouillage des serrures des portes palières

Les ascenseurs concernés sont les ascenseurs dont la clôture de la gaine ne satisfait pas aux dispositions réglementaires exigibles après le 21 mars 1980.

Le dispositif à mettre en place doit être tel que :

- la hauteur de la paroi de service mesurée verticalement au-dessus du niveau du palier soit au minimum de 3,50 m ;

- la hauteur des autres parois, augmentée de la distance libre horizontale de ces parois aux parties mobiles de l'ascenseur (cabine, contrepoids ou masse d'équilibrage), soit au moins de 3 m, sans que la hauteur minimale de la paroi, mesurée verticalement au niveau du palier ou du nez de marche d'escalier, ne soit inférieure à 2,50 m ;

- la dimension des ouvertures ou mailles des parois soit égale ou inférieure à 10 mm × 60 mm ;

- l'atteinte de l'un des éléments de déverrouillage des serrures de portes palières, à l'aide d'une tige rigide de 30 cm, soit impossible.

5. Parachute de cabine et limiteur de vitesse en descente dans un ascenseur électrique

Les ascenseurs concernés sont les ascenseurs électriques présentant l'une des caractéristiques suivantes :

a) ascenseurs non munis d'un parachute de cabine ;

b) ascenseurs non munis d'un limiteur de vitesse ;

c) ascenseurs munis d'un parachute de cabine :

- à rupture de suspente ;
- ou présentant un fonctionnement aléatoire affectant la sécurité ;
- ou à prise instantanée, pour une vitesse nominale de l'ascenseur supérieure à 1 m/s, même piloté par un limiteur de vitesse ;

d) ascenseurs dont la vitesse nominale est supérieure à 0,8 m/s et inférieure ou égale à 1 m/s, munis d'un parachute de cabine à prise instantanée se déclenchant à une vitesse supérieure à 140 % de la vitesse nominale ou supérieure à 1,3 m/s.

Le propriétaire doit mettre en place :

Cas *a* : un parachute de cabine approprié ;

Cas *b* : un limiteur de vitesse approprié.

Il doit remplacer :

Cas *c* : le parachute existant par un parachute approprié à la vitesse nominale de l'ascenseur et, le cas échéant, installer un limiteur de vitesse adéquat ;

Cas *d* :

- soit le parachute existant par un parachute à effet amorti, approprié à la vitesse nominale de l'ascenseur ;
- soit le limiteur existant pour obtenir une vitesse d'enclenchement inférieure ou égale à 140 % de la vitesse nominale de l'ascenseur et au maximum de 1,3 m/s pour un parachute à prise instantanée.

Dans tous les cas, les composants (parachute, limiteur de vitesse) à mettre en place doivent avoir satisfait à des essais de type et être munis du marquage CE.

6. Dispositif destiné à éviter toute chute en gaine lorsque la cabine est immobilisée en dehors de la zone de déverrouillage

Les ascenseurs concernés sont les ascenseurs équipés d'un garde-pieds de cabine dont la hauteur de la partie verticale est inférieure à 0,75 m.

Le propriétaire doit installer un garde-pieds dont la hauteur de la partie verticale en position d'emploi obtenue de façon automatique ou manuelle est d'au moins 0,75 m.

Le dispositif doit être rigide en position déployée et présenter une résistance mécanique appropriée.

Si la position d'emploi du dispositif n'est pas obtenue de façon automatique (sans action volontaire), un verrouillage de porte de cabine doit être mis en place.

7. Dispositif de commande de manœuvre d'inspection et d'arrêt de la cabine en vue de protéger le personnel d'intervention opérant sur le toit de cabine, en gaine ou en cuvette

Les ascenseurs concernés sont :

- les ascenseurs dont le dispositif de commande de la manœuvre d'inspection est :
  - soit inexistant ;
  - soit non conforme aux dispositions réglementaires exigibles après le 21 mars 1980, ou aux exigences du décret du 24 août 2000 susvisé ; il est toutefois admis une vitesse de déplacement de la cabine en manœuvre d'inspection comprise entre 0,63 m/s et 1 m/s ;
- les ascenseurs ne comportant pas de dispositif d'arrêt en cuvette et, le cas échéant, dans les locaux de poulies ;
- les ascenseurs ne comportant pas de dispositif de fin de course montée en manœuvre d'inspection assurant une distance libre minimale de 1,80 m entre le toit de cabine et le plafond de la gaine.

Le propriétaire doit mettre en place un dispositif comportant un boîtier de commande de la manœuvre d'inspection et un dispositif de fin de course montée en manœuvre d'inspection ainsi qu'un dispositif d'arrêt en cuvette et, le cas échéant, dans les locaux de poulies.

Un système d'éclairage de la gaine d'ascenseur doit compléter ce dispositif.

8. Dispositifs permettant au personnel d'intervention d'accéder sans danger aux locaux de machines ou de poulies

Les ascenseurs concernés sont les ascenseurs dont l'accès au local de machines ou de poulies n'est pas conforme aux dispositions réglementaires exigibles après le 19 juin 1984, ou aux exigences du décret du 24 août 2000 susvisé.

Les dispositifs à mettre en place doivent présenter les caractéristiques suivantes :

- échelle d'accès stable et d'emploi sûr, équipé de crinoline si nécessaire, de barre d'accrochage pour la position d'emploi, de crosse de rétablissement en partie supérieure, et accrochée sur un support verrouillable et nécessitant l'usage d'un outil ou d'une clé, lorsque l'échelle n'est pas scellée ;
- porte d'accès de résistance mécanique et dimensions appropriées, munie d'un dispositif de verrouillage et d'une pancarte de signalisation ;
- trappe d'accès de résistance mécanique et dimensions appropriées, contrebalancée si nécessaire et indégondable, munie d'un dispositif de verrouillage et de pancarte de signalisation.

Des garde-corps doivent être prévus pour éviter la chute des personnes lorsque la trappe est ouverte.

La résistance au feu des portes et trappes d'accès au local de machines ou de poulies doit être appropriée au bâtiment selon la réglementation en vigueur au moment de la modification.

9. Système de verrouillage des portes et portillons destinés à la visite technique de la gaine et de la cuvette ainsi que des portes de secours, avec commande automatique de l'arrêt de l'ascenseur lors de l'ouverture de ces portes et portillons par le personnel d'intervention

Les portes et portillons de visite des gaines et de la cuvette ainsi que les portes de secours doivent être munis d'un contact électrique de sécurité à arrachement commandant l'arrêt automatique de l'ascenseur lors de leur ouverture. Ces portes et portillons doivent être équipés d'un dispositif de verrouillage à clef tel qu'ils puissent être refermés et verrouillés sans clef depuis l'extérieur de la gaine, et, pour les portes, tel qu'elles puissent être ouvertes de l'intérieur de la gaine sans clef.

Le sens d'ouverture de la porte ou du portillon doit être vers l'extérieur de la gaine.

Dans le cas du remplacement de la porte ou du portillon, les règles relatives à la résistance mécanique et au feu sont applicables.

II. – Dispositifs à mettre en place avant le 3 juillet 2014

(Int. mod., A. 20 août 2013)

1. Dans les ascenseurs des établissements recevant du public mentionnés à l'article L. 111-7-3 du Code de la construction et de l'habitation, installés avant le 1er janvier 1983 : un système de contrôle de l'arrêt et du maintien à niveau de la cabine, à tous les niveaux desservis.

(Int. rempl., A. 20 août 2013). - Les ascenseurs concernés sont :

a) Les ascenseurs électriques, équipés d'un moteur ne disposant pas d'un dispositif automatique tel que nivelage, isonivelage, ou renivelage permettant d'assurer la précision de 20 mm définie ci-après, et présentant les caractéristiques suivantes :

- monovitesse, de vitesse nominale égale ou supérieure à 0,25 m/s ;
- bivitesse, dont la vitesse d'approche au palier est égale ou supérieure à 0,25 m/s ;

b) Les ascenseurs hydrauliques dont le système de contrôle d'arrêt et de maintien à niveau ne permet pas d'obtenir une différence de niveau maximum entre le seuil de la cabine et le seuil du palier inférieure ou égale à 20 mm.

Le propriétaire doit mettre en place un système qui permette, en toutes circonstances de charge autorisée en cabine et à tous les niveaux desservis, en tenant compte d'un entretien et de réglages réguliers conformes aux dispositions minimum d'entretien exigées à l'article R. 125-2 du Code de la construction et de l'habitation, une différence de niveau maximum de 20 mm entre le seuil de la cabine et le seuil du palier.

2. Dispositif de téléalarme entre la cabine et un service d'intervention, doublé d'un éclairage de secours en cabine

Les ascenseurs concernés sont ceux qui ne disposent pas d'un dispositif de téléalarme présentant les caractéristiques 1 à 3 ci-après :

1. permettre l'établissement d'une liaison bidirectionnelle permanente avec un service d'intervention ;
2. permettre au service de réception d'identifier automatiquement l'origine de l'appel ;
3. permettre la vérification de fonctionnement par un test automatique ou par un test manuel.

Le propriétaire doit mettre en place un système de téléalarme :

- présentant les caractéristiques 1 à 3 ci-dessus ;
- permettant de traiter le risque d'enfermement des intervenants en gaine ;
- associé à un éclairage de secours en cabine.

Lorsqu'il existe, le service de sécurité des établissements recevant du public doit être instantanément informé des appels émis par le système, parallèlement au service d'intervention.

3. Portes palières présentant une résistance mécanique suffisante lorsqu'elles comportent un vitrage

Les ascenseurs concernés sont :

a) les ascenseurs dont les portes palières sont munies d'un regard vitré ;

- dont la largeur excède 150 mm, quel que soit le type et l'épaisseur du verre, à moins qu'il ne satisfasse aux critères relatifs aux vitrages de portes palières mentionnés en *b* ;
- dont la largeur n'excède pas 150 mm, et doté d'un panneau de verre, armé ou non, dont l'épaisseur est inférieure à 6 mm.

Ces vitrages doivent être remplacés par des vitrages appropriés ou être obturés. Si la solution d'obturation est choisie, il est nécessaire de prévoir un voyant signalant la présence de la cabine au niveau lorsque la porte palière et la porte cabine ne sont pas entraînées simultanément ;

b) les ascenseurs équipés de portes palières vitrées non conformes aux exigences du décret n° 2000-810 du 24 août 2000, ainsi que les ascenseurs équipés de portes palières vitrées dont les panneaux de verre ne sont pas constitués au minimum de verre feuilleté 4/4/2, et que les ascenseurs équipés de portes palières vitrées dont les panneaux de verre ne sont pas maintenus dans des cadres métalliques sur les quatre côtés.

Ces portes doivent être remplacées ou équipées de vitrages présentant une résistance mécanique suffisante et maintenus dans des cadres métalliques.

Dans tous les cas, l'intégrité de la résistance au feu de la porte palière doit être conservée après modification.

4. Dispositif de protection contre la chute libre, la dérive et la survitesse de la cabine pour un ascenseur hydraulique

Les ascenseurs concernés sont les ascenseurs à entraînement hydraulique non munis de dispositifs ou de combinaison de dispositifs empêchant que la cabine :
- ne tombe en chute libre ;
- ne descende à vitesse excessive ;
- ne dérive de plus de 12 cm par rapport au niveau d'arrêt, et quitte également la zone de déverrouillage de la porte palière.

Le dispositif ou la combinaison de dispositifs à installer doit être tels que les exigences ci-dessus soient satisfaites.

5. Système de protection avec marquage ou signalisation éliminant le risque de contact direct du personnel d'intervention avec des composants ou conducteurs nus sous tension, dans les armoires de commande, les armoires électriques et les tableaux d'arrivée de courant

Le propriétaire doit équiper les armoires de commande et les armoires électriques de l'installation d'ascenseur d'une enveloppe de protection de degré IP 2X. Lorsque le travail de l'intervenant nécessite de maintenir l'enveloppe ouverte, ces armoires doivent être équipées de protecteurs pleins au niveau des bornes restant sous tension après coupure des interrupteurs principaux. Ces bornes doivent être clairement séparées et repérées par une signalisation appropriée.

Les tableaux d'arrivée de courant doivent également être équipés d'une enveloppe de protection de degré IP 2X.

Les circuits de puissance et d'éclairage doivent être séparés.

Tout tableau d'arrivée de courant doit être équipé d'un dispositif de coupure de l'alimentation électrique ainsi que d'un dispositif de consignation, distincts par ascenseur.

Sur les circuits d'éclairage et de prises de courant, la protection du personnel doit être assurée par disjoncteurs différentiels.

6. Dispositifs de protection du personnel d'intervention contre le risque de happement par les organes mobiles de transmission, notamment les poulies, câbles ou courroies

Les ascenseurs concernés sont ceux où le risque de happement au niveau des points rentrants entre poulie et câble ou courroie existe.

Le propriétaire doit mettre en place un dispositif de protection approprié.

7. Dispositif d'éclairage fixe du local de machines ou de poulies assurant un éclairement suffisant des zones de travail et de circulation

Les installations concernées sont celles où l'éclairement des zones de travail et de circulation, mesuré à 1 m du sol, est inférieur à 200 lux dans le local de machines, ou 100 lux dans le local de poulies.

Le propriétaire doit mettre en place un éclairage satisfaisant au minimum à ces valeurs.

III. – Dispositifs à mettre en place avant le 3 juillet 2018

1. Dans les ascenseurs des établissements recevant du public mentionnés à l'article L. 111-7-3 du Code de la construction et de l'habitation, installés après le 31 décembre 1982 : un système de contrôle de l'arrêt et du maintien à niveau de la cabine, à tous les niveaux desservis.

(Int. rempl., A. 20 août 2013). – Les ascenseurs concernés par cette disposition sont :

a) Les ascenseurs électriques équipés d'un moteur ne disposant pas d'un dispositif automatique tel que nivelage, isonivelage ou renivelage permettant d'assurer la précision de 20 mm définie ci-après et présentant les caractéristiques suivantes :
- monovitesse, de vitesse nominale égale ou supérieure à 0,25 m/s ;
- bivitesse, dont la vitesse d'approche au palier est égale ou supérieure à 0,25 m/s ;

b) Les ascenseurs hydrauliques dont le système de contrôle d'arrêt et de maintien à niveau ne permet pas d'obtenir une différence de niveau maximum entre le seuil de la cabine et le seuil du palier inférieure ou égale à 20 mm.

Le propriétaire doit mettre en place un système qui permette, en toutes circonstances de charge autorisée en cabine et à tous les niveaux desservis, en tenant compte d'un entretien et de réglages réguliers conformes aux dispositions minimum d'entretien exigées à l'article R. 125-2 du Code de la construction et de l'habitation, une différence de niveau maximum de 20 mm entre le seuil de la cabine et le seuil du palier.

2. Dispositif de protection contre la vitesse excessive de la cabine en montée pour un ascenseur électrique à adhérence *(Abr., A. 10 déc. 2014)*.

Décret n° 92-535 du 16 juin 1992

relatif à la mise en conformité des ascenseurs dépourvus de porte de cabine

(JO 18 juin 1992, p. 7958)

NB : Les articles visés dans ce décret ont fait l'objet d'une renumérotation par le décret n° 2021-872 du 30 juin 2021.

Art. 1er. – Pour l'application de l'article L. 125-2 du Code de la construction et de l'habitation, sont réputées accessibles les cabines d'ascenseurs dont le passage utile de porte et les dimensions utiles de cabine sont égales ou supérieures aux dimensions fixées à l'annexe au présent décret.

Sont également réputées accessibles les cabines d'ascenseurs qui, bien que de dimensions inférieures aux dimensions visées à l'alinéa précédent, sont utilisées par des personnes handicapées circulant en fauteuil roulant.

Art. 2. – Les demandes de dérogation ou de délai supplémentaire prévues à l'article L. 125-2 du Code de la construction et de l'habitation sont adressées par le propriétaire ou le représentant légal de la copropriété avant le 31 août 1992 au préfet du département concerné.

Elles doivent notamment comporter :

_a)_ Les plans de l'ascenseur et une note technique établie par l'installateur explicitant les raisons techniques qui justifient la demande ;

_b)_ Une description des travaux nécessaires pour réaliser une mise en conformité préservant l'accessibilité, et le devis estimatif correspondant ;

_c)_ Des informations sur la nature de l'immeuble et sur sa fréquentation par des personnes handicapées circulant en fauteuil roulant ;

_d)_ Dans le cas de demande de dérogation aux mesures de sécurité, une description des mesures compensatrices envisagées ;

_e)_ Les opinions motivées des copropriétaires et des locataires de l'immeuble opposés au projet faisant l'objet de la demande de dérogation ou de délai.

Si le dossier est incomplet, le préfet, dans les quinze jours à compter de la réception de la demande, invite le demandeur à fournir les pièces complémentaires nécessaires à l'instruction.

Le préfet, dans un délai de quinze jours à compter de la réception de la demande ou de la totalité des pièces complémentaires lorsqu'elles sont demandées par lui, notifie au demandeur la date avant laquelle la décision prise sur sa demande doit lui être notifiée en application de l'article 5 du présent décret.

Les demandes ou notifications adressées en application du présent article sont faites par pli recommandé avec demande d'avis de réception postal.

Art. 3. – Avant tout début de travaux touchant à l'accessibilité et à la sécurité des ascenseurs, le représentant légal de la copropriété ou le propriétaire est tenu d'avertir de la nature des travaux envisagés les habitants de l'immeuble, par voie d'affiche apposée pendant huit jours au moins de manière permanente et lisible rappelant les termes du présent décret, et pour les copropriétaires n'habitant pas l'immeuble par lettre recommandée avec demande d'avis de réception postal remplissant les mêmes conditions. Cette publicité doit être effectuée, en cas de demande de dérogation ou de délai supplémentaire, un mois au moins avant le dépôt de celle-ci.

Art. 4. – La dérogation ou le délai supplémentaire visés au dernier alinéa de l'article L. 125-2 sont accordés par le préfet après avis de la commission consultative départementale de la protection civile, de la sécurité et de l'accessibilité.

Art. 5. – Le préfet se prononce sur la demande dans un délai de trois mois à compter de la date de réception du dossier ou des pièces complémentaires lorsqu'elles ont été demandées.

Le demandeur peut, à l'expiration de ce délai, demander à connaître la décision de l'administration. À défaut d'une décision notifiée dans le mois qui suit l'envoi de ladite demande, l'accord du préfet sur la dérogation ou le délai supplémentaire demandé à la date mentionnée dans ladite notification est réputé acquis.

Les demandes, notifications et décisions visées au présent article sont adressées par pli recommandé avec demande d'avis de réception postal.

Art. 6. – En cas de refus opposé à une demande de dérogation aux règles d'accessibilité, et lorsqu'il y a incompatibilité manifeste entre le maintien de l'accessibilité et la mise aux normes de sécurité, le préfet peut assortir sa décision d'une dérogation aux règles de mise en sécurité, sans qu'il soit besoin que la demande en soit formulée.

De même, en cas de refus opposé à une demande de dérogation aux règles de mise en sécurité, le préfet peut, dans les mêmes conditions, accorder une dérogation aux règles d'accessibilité.

Art. 7. – En cas de dérogation à l'obligation de pose de porte de cabine ou systèmes équivalents, le préfet peut prescrire des mesures de sécurité compensatrices.

Art. 8. – Le représentant légal de la copropriété ou le propriétaire ayant obtenu une dérogation aux règles de sécurité ou l'octroi de délais supplémentaires pour la mise en conformité aux règles de sécurité et d'accessibilité est tenu d'apposer dans la cabine de l'ascenseur un affichage permanent et lisible de mise en garde contre les risques présentés par la paroi lisse.

Art. 9. – Toute infraction aux dispositions des articles 3 et 8 du présent décret sera punie de la peine d'amende prévue pour les contraventions de la 4e classe.

Circulaire du 16 juin 1992

relative à la mise en conformité des ascenseurs dépourvus de porte de cabine

(JO 18 juin 1992, p. 7959)

NB : Les articles visés dans cette circulaire ont fait l'objet d'une renumérotation par le décret n° 2021-872 du 30 juin 2021.

Paris, le 16 juin 1992

Le ministre de l'Équipement, du Logement et des Transports, le ministre délégué au logement et au cadre de vie et le secrétaire d'État aux handicapés, à Mesdames et Messieurs les préfets de département.

La loi n° 91-663 du 13 juillet 1991 portant diverses mesures destinées à favoriser l'accessibilité aux personnes handicapées des locaux d'habitation, des lieux de travail et des installations recevant du public a, dans son article 6, modifié l'article L. 125-2 du Code de la construction et de l'habitation afin d'assurer le maintien de l'accessibilité des ascenseurs à paroi lisse devant être équipés de système de sécurité d'ici à la fin de 1992.

Le décret n° 92-535 du 16 juin 1992 définit les conditions de mise en œuvre de l'article mentionné ci-dessus.

La présente circulaire a pour objet de commenter les dispositions de la loi et de ce décret et de vous donner les directives pour leur application.

Les travaux de mise en sécurité des ascenseurs à paroi lisse par installation d'une porte de cabine ou d'un système équivalent conduisent à réduire les dimensions utiles des cabines, rendant parfois leur utilisation impossible à des personnes circulant en fauteuil roulant.

C'est pourquoi la loi prévoit une double exigence de sécurité et d'accessibilité.

Il peut néanmoins y avoir dans un certain nombre de cas impossibilité à répondre, sauf coûts prohibitifs, à cette double exigence. C'est pour cela que la loi a mis en place un système de dérogation.

Champ d'application de la loi

Le système de dérogation ne s'applique que dans les deux cas suivants :

- cabines dont les dimensions avant travaux sont supérieures aux dimensions fixées par l'annexe du décret et dont les dimensions après travaux sont susceptibles d'être inférieures à ces dimensions ;
- cabines de dimensions inférieures à celles fixées par l'annexe du décret mais utilisées par des personnes handicapées circulant en fauteuil roulant.

Nota. L'utilisation par des personnes circulant en fauteuil roulant ne doit pas être prise dans un sens trop restrictif. Il s'agit d'occupants de l'immeuble utilisant l'appareil, mais aussi d'utilisateurs n'habitant pas l'immeuble tels que parents, amis venant rendre des visites fréquentes, travailleurs handicapés travaillant dans l'immeuble, etc.

Dans les autres cas de figure (ascenseurs dont les dimensions après travaux restent supérieures aux dimensions fixées par l'annexe du décret et ascenseurs déjà inaccessibles), il n'y a pas objet à dérogation. Il vous appartiendra en conséquence, si vous étiez saisi de telles demandes, de la faire savoir aux pétitionnaires sans instruire plus avant le dossier et de les inviter à faire les travaux de mise en sécurité avant la date du 31 décembre 1992 fixée par la loi.

Recevabilité des demandes de dérogation

L'instruction des demandes de dérogation, ou de prolongation de délai, est précédée d'une phase de recevabilité destinée à s'assurer que le dossier est complet.

Vous serez particulièrement attentif aux indications fournies sur la fréquentation de l'ascenseur par des personnes handicapées, que vous recouperez, le cas échéant, avec les courriers que pourraient vous adresser des particuliers informés de la réalisation des travaux de mise en conformité ou des demandes de dérogation. Vous vérifierez en particulier que les dossiers n'ont pas été constitués dans la perspective d'échapper abusivement soit au maintien de l'accessibilité, soit à la mise en sécurité.

Vous pourrez enfin être saisi par des usagers de cas de travaux ne respectant pas la réglementation. Sous réserve de vérification de ces informations, vous devrez signaler aux propriétaires ou à leurs représentants légaux les dispositions réglementaires auxquelles ils sont soumis et, en cas de non-application, les sanctions prévues par la loi.

La date du 31 août 1992 a été choisie comme date butoir pour le dépôt des demandes de dérogation ou de délai supplémentaire en vue de permettre la réalisation des travaux nécessaires en cas de refus de dérogation aux règles de sécurité avant la fin de l'année 1992. Il vous appartiendra de déclarer irrecevable toute demande de dérogation présentée après cette date et de rappeler légalement dans ce cas aux demandeurs les exigences auxquelles ils sont soumis.

Instruction des demandes de dérogation

Votre décision sur la demande de dérogation ou sur le délai supplémentaire devant être donnée après consultation de la commission consultative départementale de la protection civile, de la sécurité et de l'accessibilité (CCDPCSA) dans des délais courts, il est préparé simultanément à la sortie du décret et de cette circulaire un décret modificatif au décret n° 85-988 du 16 septembre 1985 sur le rôle et le fonctionnement de la CCDPCSA afin de permettre à une sous-commission de se prononcer sans passer par la commission plénière.

Il vous est possible, comme le permet le décret n° 95-988 mentionné ci-dessus, de faire appel à des experts extérieurs.

Ces experts extérieurs, tels que bureaux d'études compétents en matière d'ascenseurs, bureaux de contrôles, organismes professionnels ou spécialistes, pourront aider les sous-commissions à analyser les choix techniques présentés dans les dossiers avant de donner leur avis sur l'opportunité de la demande de dérogation ou de délai supplémentaire.

Décision

Votre décision sera guidée par les principes suivants :

- lorsque l'ascenseur n'est pas utilisé par des personnes handicapées, vous n'accorderez pas de dérogation à l'obligation de mise en sécurité ;
- lorsque l'ascenseur est utilisé par une ou des personnes handicapées, vous n'accorderez pas de dérogation à l'exigence d'accessibilité ;
- un délai supplémentaire à l'échéance du 31 décembre 1992 pourra être accordé lorsque l'usage par une personne handicapée vous paraîtra trop temporaire pour déroger définitivement aux règles de sécurité.

Il vous appartient toutefois d'adapter ces principes à la diversité et à la complexité des situations rencontrées, sachant que le choix pourra être difficile compte tenu des incidences humaines qu'il comporte.

En cas de refus de dérogation, il appartient au propriétaire, ou à la copropriété, de faire en sorte que les travaux de mise en sécurité respectent l'accessibilité. Néanmoins, il y a dans un certain nombre de cas impossibilité à concilier ces deux exigences. Aussi, afin d'éviter le dépôt de demandes de dérogation en cascade, le décret vous ouvre la possibilité, lorsque vous opposez un refus à une demande de dérogation à l'une de ces exigences, d'accorder par le même arrêté, et sans avoir été saisi, une dérogation à l'autre exigence.

La sécurité étant en toute hypothèse une préoccupation essentielle, vous n'hésiterez pas à prescrire des mesures compensatrices telles que : protection de la baie de la cabine, mise en place d'un seuil mobile, réduction de la vitesse maximale de l'ascenseur, etc., en donnant une date limite pour leur mise en œuvre.

Vous trouverez en annexe les indications utiles concernant ces mesures compensatrices ainsi que des précisions concernant la mise en œuvre de l'article 1er du décret.

Enfin, vous apporterez une attention particulière au respect des délais de réponse afin d'éviter toute décision tacite.

Le ministre de l'Équipement, du Logement et des Transports Jean-Louis Bianco
Le ministre délégué au logement et au cadre de vie
Marie-Noëlle Lienemann
Le secrétaire d'État aux handicapés
Michel Gillibert

Annexe

I. – MESURES COMPENSATRICES RECOMMANDÉES
(ces mesures doivent être prescrites ensemble de préférence)

Protection de la baie de cabine :
Installations de barrières horizontales de cellules :
1re barrière : à 5 cm du seuil ;
2e barrière : à 20 cm du seuil ;
3e barrière : à 100 cm du seuil ;
4e barrière : à 5 cm du haut,
Mise en place d'un contrôle automatique de fonctionnement des cellules avant chaque départ.

Après rupture d'un faisceau d'une des cellules, la cabine ne doit pouvoir repartir que sur un nouvel ordre d'envoi en cabine.

Réduction de la vitesse de l'ascenseur :
Vitesse maximale : 0,60 mètre par seconde.

II. – MISE EN ŒUVRE DE L'ARTICLE 1er DU DÉCRET N° 92-535 DU 16 JUIN 1992

a) Les cabines d'ascenseurs sont réputées accessibles avant travaux de mise en conformité si un rectangle aux dimensions mentionnées dans l'annexe du décret est inscriptible dans la cabine, hors seuil situé entre retours de colonne éventuels.

b) Les cabines d'ascenseurs sont réputées accessibles après travaux de mise en conformité si un rectangle aux dimensions mentionnées dans l'annexe du décret est inscriptible dans la cabine, hors débattement des portes de cabine et hors seuil situé entre retours de colonne éventuels.

II. – PROTECTION CONTRE L'INCENDIE

Arrêté du 31 janvier 1986

relatif à la protection contre l'incendie des bâtiments d'habitation
(JO 5 mars 1986)

Art. 97. – Les ascenseurs ne sont pas considérés comme des moyens d'évacuation sauf en ce qui concerne les foyers pour handicapés.

Les parois des cages d'ascenseurs doivent être :
coupe-feu de degré une demi-heure pour les bâtiments de deuxième famille ;
coupe-feu de degré une heure pour les bâtiments de troisième famille A ;
coupe-feu de degré une heure pour les bâtiments de troisième famille B et de quatrième famille (1).

(1) L'arrêté du 31 janvier 1986 (préc.) classe les immeubles d'habitation en quatre « familles ». Les immeubles collectifs font partie, selon le cas, de la deuxième, troisième ou quatrième famille.

À chaque niveau desservi, les ascenseurs doivent toujours être accessibles depuis les circulations communes.

Si des aménagements particuliers permettent en outre d'accéder directement à certains logements sans utiliser les circulations communes, la porte des logements donnant accès directement à l'ascenseur doit avoir le même degré coupe-feu que la paroi dans laquelle elle est aménagée.

S'ils desservent des sous-sols comportant des parcs de stationnement de véhicules automobiles, ou des volumes de caves, ils doivent être isolés de ces locaux par des sas d'une surface de 3 mètres carrés environ et munis de deux portes pare-flammes de degré une demi-heure équipées d'un ferme-porte et s'ouvrant toutes les deux vers l'intérieur du sas.

Dans les habitations de la quatrième famille, les ascenseurs doivent comporter un dispositif d'appel et de commande prioritaire d'une cabine au moins par batterie, destiné à mettre ces appareils à la disposition des sapeurs-pompiers dès leur arrivée sur les lieux. Ce dispositif doit être conforme à la norme en vigueur (1).

et être asservi à la détection ; la cabine ne doit pas pouvoir s'arrêter au niveau sinistré.

Arrêté du 6 mars 2006

portant approbation de diverses dispositions complétant et modifiant le règlement de sécurité contre les risques d'incendie et de panique dans les établissements recevant du public (meubles rembourrés, ascenseurs et autres)

(JO 13 avr. 2006)

Art. 1er. – **Sont approuvées les modifications et adjonctions apportées aux dispositions du règlement de sécurité contre les risques d'incendie et de panique dans les établissements recevant du public annexées au présent arrêté.**

Art. 2. – **Les dispositions du présent arrêté sont applicables trois mois après la date de sa publication.**

Toutefois, pour l'application du troisième paragraphe de l'article CO 53, la durée de validité des procès-verbaux en vigueur à la date de publication du présent arrêté et justifiant des performances des portes palières selon les anciennes dispositions de cet article est prolongée de trois ans.

....

ANNEXE

Modification apportée au chapitre unique du livre I du règlement

Les dispositions de l'article GN 14 sont remplacées par les dispositions suivantes :

« § 1. Lorsque la conformité à une norme française ou à une norme européenne non harmonisée est exigée par le présent règlement, cette exigence ne s'applique pas aux produits fabriqués conformément aux normes, spécifications techniques ou procédés de fabrication d'un État membre de la Communauté européenne ou d'un autre État partie à l'accord instituant l'Espace économique européen ou de la Turquie qui permettent d'assurer un niveau de protection contre l'incendie équivalent. Toutefois, un produit peut se voir refuser la mise sur le marché ou être retiré du marché si celui-ci n'assure pas ce niveau de protection. Ces décisions sont précédées d'une procédure contradictoire.

§ 2. Lorsqu'une certification de produit, telle que l'admission à la marque NF, est exigée par le présent règlement, cette exigence ne s'applique pas aux produits dont l'équivalence du niveau de protection contre l'incendie a été certifiée dans un État membre de la Communauté européenne ou d'un autre État partie à l'accord instituant l'Espace économique européen ou de la Turquie. Cette équivalence s'apprécie notamment en termes d'aptitude à l'emploi dans les systèmes de protection contre l'incendie mentionnés dans le présent règlement. L'organisme certificateur doit être accrédité selon la norme NF EN 45011 par un organisme signataire de l'accord européen multilatéral pris dans le cadre de la coordination européenne des organismes d'accréditation. Il délivre des attestations de conformité selon les exigences du guide ISO/CEI 65.

§ 3. Lorsque des produits sont soumis au marquage CE, tout élément de preuve de conformité autre que celle permettant ce marquage mentionné dans le présent règlement cesse d'être exigible à compter de la date d'entrée en vigueur de cette obligation de marquage. Au cours de la période dite de coexistence pendant laquelle les producteurs peuvent utiliser les spécifications techniques françaises ou les spécifications techniques euro-

(1) Norme NFP 82207.

péennes, la preuve de la conformité de ces produits par référence aux spécifications techniques françaises est admise.

§ 4. Lorsqu'ils ont été effectués sur la base d'un référentiel commun, les essais pratiqués par les laboratoires d'autres États membres de la Communauté européenne ou d'États parties à l'accord instituant l'Espace économique européen ou de la Turquie, accrédités selon la norme NF EN ISO/CEI 17025 par un organisme signataire de l'accord européen multilatéral pris dans le cadre de la coordination européenne des organismes d'accréditation sont acceptés au même titre que les essais pratiqués par les laboratoires français accrédités. »

Modifications apportées au chapitre II du titre I du livre II du règlement

Dans le troisième paragraphe de l'article CO 53, les termes : « Les blocs-portes de la cage d'ascenseur doivent être CF de degré un quart d'heure ou PF de degré une demi-heure. » sont remplacés par les termes : « Les portes palières de la gaine d'ascenseur doivent être E30. »

....

Modifications apportées au chapitre IX du titre I du livre II du règlement

Les dispositions figurant après le premier tiret du deuxième paragraphe de l'article AS 1 sont remplacées par les dispositions suivantes : « La puissance électrique totale installée en gaine est inférieure ou égale à 100 kVA. Chaque tableau électrique situé en gaine répond aux caractéristiques fixées par l'article EL 9, troisième tiret, paragraphe a. »

Les dispositions du quatrième paragraphe de ce même article sont remplacées par les dispositions suivantes :

« § 4. Les parois de gaines doivent être réalisées en matériaux incombustibles. Les matériaux appliqués éventuellement sur les faces intérieures des parois doivent être de catégorie M1 ou B-s1, d0. » Les dispositions du cinquième paragraphe de ce même article sont remplacées par les dispositions suivantes :

« § 5. Les revêtements intérieurs des cabines d'ascenseurs doivent être constitués par des matériaux de catégorie M3 ou D-sl, d0 et, en plancher, de catégorie M4 ou Dfl-s1. »

Les dispositions du premier paragraphe de l'article AS3 sont remplacées par les dispositions suivantes :

« § 1. Tout ascenseur pouvant recevoir plus de huit personnes doit être muni d'une trappe de secours et d'une échelle métallique permettant d'atteindre le toit de la cabine en cas d'arrêt accidentel ; cette échelle peut être placée dans la cabine elle-même, sur son toit ou le long de celle-ci. »

Les dispositions de l'article AS 6 sont remplacées par les dispositions suivantes :

« Les panneaux intérieurs et extérieurs des balustrades doivent être réalisés en matériaux de catégorie M2 ou C-s2, d0. Les bandes doivent être réalisées en matériaux de catégorie M4 ou E, le dessus des plateaux en matériaux de catégorie M4 ou Dfl-s1. »

Les dispositions de l'article AS 8 sont remplacées par les dispositions suivantes :

« Les appareils doivent être entretenus par un personnel spécialisé et dûment qualifié appartenant soit à un service de l'établissement lui-même, soit à une entreprise exerçant régulièrement cette activité et avec laquelle il aura été signé un contrat d'entretien.

En outre, l'entretien des ascenseurs doit être exécuté conformément aux dispositions de l'arrêté interministériel en vigueur. »

Le titre de l'article AS 9 est remplacé par le titre suivant :

« Vérifications techniques des ascenseurs »

Les dispositions de ce même article sont remplacées par les dispositions suivantes :

« Avant leur remise en service suite à une transformation importante, les ascenseurs doivent faire l'objet d'une vérification, fonctionnement compris, par une personne ou un organisme agréé, dans les conditions prévues à la section II du chapitre I du présent titre.

En outre, l'exploitant est tenu de faire procéder annuellement par une personne ou un organisme agréé :

- à un examen du maintien de la conformité acquise lors de la mise en service ou après une transformation importante ;
- à un examen de l'état de conservation des éléments de l'installation ;
- à la vérification du fonctionnement des dispositifs de sécurité. »

Les dispositions de l'article AS 10 sont remplacées par les dispositions suivantes :

« Avant leur remise en service suite à une transformation importante, les ascenseurs doivent faire l'objet d'une vérification, fonctionnement compris, par une personne ou un organisme agréé, dans les conditions prévues à la section II du chapitre I du présent titre.

En outre, l'exploitant est tenu de faire procéder :

a) Annuellement, par une personne ou un organisme agréé :

- à un examen du maintien de la conformité acquise lors de la mise en service ou après une transformation importante ;
- à un examen de l'état de conservation des éléments de l'installation ;
- à la vérification du fonctionnement des dispositifs de sécurité.

b) Au milieu de la période annuelle ci-dessus, à un examen supplémentaire des chaînes et crémaillères, par le service ou l'entreprise chargé de l'entretien. »

....

Modifications apportées au chapitre XIV du titre II du livre II du règlement

Dans le troisième paragraphe de l'article J 31, les termes : « conforme à la norme française NF P 82-207 » sont supprimés.

Modifications apportées aux dispositions du chapitre II du livre III du règlement

Les dispositions de l'article PE 25 sont remplacées par les dispositions suivantes :

« § 1. Les escaliers mécaniques et les trottoirs roulants doivent respecter les dispositions des articles AS 6 et AS 7.

§ 2. Les portes palières des ascenseurs doivent déboucher dans les parties communes ; ces portes doivent être accessibles normalement et à tout moment par un autre moyen que l'appareil.

§ 3. Les gaines des ascenseurs doivent être protégées dans les mêmes conditions que les cages des escaliers visés à l'article PE 11, § 6, les portes palières devant être E30 selon la norme NF EN 81-58 (2004).

Lorsqu'une gaine d'ascenseur encloisonnée abrite un réservoir d'huile, elle doit être désenfumée dans les conditions prévues pour les escaliers par l'instruction technique relative au désenfumage dans les établissements recevant du public.

La commande d'ouverture du dispositif de désenfumage de la gaine doit se produire automatiquement au moyen :

- soit d'un détecteur d'incendie disposé en haut de gaine et d'un déclencheur thermo-fusible à 70 °C en partie supérieure de la gaine, lorsque le bâtiment est équipé d'un système de sécurité incendie de catégorie A ;
- soit d'un déclencheur thermo-fusible à 70 °C en partie supérieure de la gaine, lorsque le bâtiment n'est pas équipé d'un système de sécurité incendie de catégorie A.
- Cette commande automatique n'est pas obligatoirement doublée d'une commande manuelle. »

Le désenfumage de la gaine encloisonnée d'un ascenseur n'est pas exigible si la gaine est ventilée par convection forcée mécaniquement assurant, lorsque la température des machines ou de leurs organes de commande dépasse celle spécifiée par le constructeur dans la notice technique de l'ascenseur, un débit d'extraction minimal de 20 volumes/heure. Le volume à prendre en compte est égal à la section de la gaine sur une hauteur de 2 mètres, et la température ambiante à prendre en compte est de 40 °C en l'absence de cette information du constructeur.

La mise en place d'une amenée d'air en partie basse de la gaine n'est pas obligatoire pour réaliser le désenfumage de la gaine encloisonnée d'un ascenseur.

L'encloisonnement peut être commun à un escalier et à plusieurs ascenseurs, à condition que :

- l'ascenseur ne desserve pas les sous-sols lorsque l'escalier permet d'accéder aux étages ;
- la gaine n'abrite pas de réservoir d'huile.

§ 4. Les parois des gaines d'ascenseurs doivent être réalisées en matériaux incombustibles. Les revêtements intérieurs éventuels de ces parois doivent être en matériaux de catégorie M1 ou B-s1, d0.

§ 5. Les locaux des machines d'ascenseurs, s'ils existent, doivent être isolés au moyen de murs et de planchers coupe-feu de degré 1 heure. La porte d'accès au local doit être coupe-feu de degré une demi-heure et munie d'un ferme-porte.

Le local des machines doit être ventilé sur l'extérieur, directement ou par l'intermédiaire d'un conduit distinct de celui de la gaine de l'ascenseur, par ventilation naturelle ou mécanique.

Les machines d'ascenseurs peuvent être situées en gaine lorsque les conditions suivantes sont réunies :

- la puissance électrique totale installée en gaine est inférieure ou égale à 100 kVA ;
- chaque tableau électrique situé en gaine doit répondre aux dispositions fixées par l'article EL 9, troisième tiret, paragraphe a ;
- lorsque la température des machines ou de leurs organes de commande dépasse celle spécifiée par le constructeur dans la notice technique de l'ascenseur, tout nouveau départ de l'ascenseur doit être impossible. En l'absence de cette information du constructeur, la température ambiante à prendre en compte est de 40 °C ;
- la résistance au feu des parois de gaine traversées par des éléments de l'installation de l'ascenseur, à l'exception des boutons de commande et de signalisation, doit être conservée.

§ 6. Les réservoirs d'huile des installations d'ascenseurs hydrauliques situés en dehors des gaines doivent être implantés dans des volumes qui répondent aux dispositions du paragraphe 5 énoncées ci-dessus. Tout réservoir d'huile doit être équipé d'un dispositif de rétention permettant de retenir la totalité du volume d'huile du réservoir. »

III. – SÉCURITÉ DES TRAVAUX SUR ASCENSEURS

Décret n° 95-826 du 30 juin 1995

fixant les prescriptions particulières de sécurité applicables aux travaux effectués sur les ascenseurs, ascenseurs de charges, escaliers mécaniques, trottoirs roulants et installations de parcage automatique de véhicules et modifiant le décret du 10 juillet 1913 portant règlement d'administration publique pour l'exécution des dispositions du livre II du Code du travail

TITRE PREMIER. – DISPOSITIONS APPLICABLES AUX TRAVAUX EFFECTUÉS SUR LES ASCENSEURS ET LES ÉQUIPEMENTS ASSIMILÉS

Art. 1 ***(Abr. et part. codif. à compter du 17 décembre 2010, D. n° 2008-1325, 15 déc. 2008 - V. C. trav., art. R. 4543-1).***

Rédaction antérieure. Art. 1er. – Les dispositions du présent titre sont applicables, sans préjudice de celles du chapitre VII du titre III du livre II du Code du travail, aux travaux de vérification, d'entretien, de réparation ou de transformation effectués sur les ascenseurs et les ascenseurs de charges, les escaliers mécaniques, les trottoirs roulants ou les installations de parcage automatique de véhicules, à l'exception des ascenseurs de chantier.

Art. 2 ***(Abr. et part. codif. à compter du 17 décembre 2010, D. n° 2008-1325, 15 déc. 2008 - V. C. trav., art. R. 4543-2 à R. 4543-4).***

Rédaction antérieure. Art. 2. – Les travaux mentionnés à l'article 1er ne peuvent être effectués sur un appareil qui n'a pas fait l'objet, depuis moins de cinq ans, d'une étude de sécurité spécifique effectuée par l'entreprise chargée de ces travaux.

L'étude de sécurité spécifique doit en outre être effectuée après toute intervention entraînant une transformation importante de l'appareil ou dans les trente jours suivant la prise en charge d'un nouvel appareil.

La personne chargée de l'étude doit être compétente dans le domaine de la prévention des risques et connaître les dispositions applicables aux travaux de maintenance, de réparation ou de transformation ainsi que les dispositions réglementaires applicables aux appareils concernés.

....

Art. 4 ***(Abr. et codif. à compter du 17 décembre 2010, D. n° 2008-1325, 15 déc. 2008. - V. C. trav., art. R. 4543-6 et R. 4543-7).***

Rédaction antérieure. Art. 4. – L'étude de sécurité spécifique reste la propriété de l'établissement chargé des travaux. Toutefois, il en est remis copie au propriétaire de l'appareil.

Le chef de l'établissement chargé des travaux tient l'étude de sécurité à la disposition de l'inspecteur ou du contrôleur du travail, des agents de services de prévention des organismes de sécurité sociale, du médecin du travail et des membres du comité d'hygiène, de sécurité et des conditions de travail ou, en l'absence d'un tel comité, des délégués du personnel.

Art. 5 ***(Abr. et codif. à compter du 17 décembre 2010, D. n° 2008-1325, 15 déc. 2008. - V. C. trav., art. R. 4543-11 et R. 4543-13).***

1) Le décret n° 95-826 du 30 juin 1995 (*JO* 1er juill.) est venu fixer les prescriptions particulières de sécurité applicables aux travaux effectués sur les ascenseurs (V. à ce propos P. Quignard, *Nombreux problèmes soulevés par le décret du 30 juin 1995 : JCP* N 1996, prat. 3611. – *Ascenseurs : de nouvelles obligations en matière de sécurité : Inf. rap. copr.* nov. 1995, p. 25 et s. – *La sécurité lors des travaux effectués sur les ascenseurs : AJPI* 1995, p. 885 et s. – L. Pinet, *Le décret du 30 juin 1995 relatif à la sécurité en matière de travaux sur les ascenseurs : Info. FNAIM*, avr. 1996, p. 53 et s.).

Ce texte a été complété par une circulaire d'application du 25 mars 1996, non publiée au *JO* (sur ce texte, P. Quignard, *Point final concernant la sécurité relative aux ascenseurs : Rev. loyers* 1996, p. 384 et *Sécurité des ascenseurs :*

nouvelles précisions : Rev. hab. fr. 20 juin 1996, p. 229 et s.).

Selon la circulaire précitée, l'objectif des nouvelles mesures, prises dans le cadre du Code du travail, est « d'apporter des réponses aux problèmes de sécurité rencontrés lors des opérations de maintenance et de transformation des ascenseurs et équipements similaires, qui ont été à l'origine de nombreux accidents graves, voire mortels ».

Le titre I du décret interdit d'effectuer les travaux concernés sur les ascenseurs et les équipements assimilés si l'appareil n'a pas fait depuis moins de cinq ans l'objet d'une « étude de sécurité spécifique ».

I – CHAMP D'APPLICATION

2) Les matériels concernés sont les « ascenseurs et ascenseurs de charge, escaliers mécaniques, trottoirs roulants et installations de parcage automatique des véhicules ».

Les travaux visés par le décret sont les « travaux de vérification, d'entretien, de réparation ou de transformation » des matériels ci-dessus énumérés.

Le décret précité impose un certain nombre d'obligations au chef d'entreprise dont le personnel est appelé à réaliser, notamment sur les ascenseurs, des travaux de vérification, d'entretien, de réparation ou de transformation.

Ce même décret précise (art. 12, II, 2°) que les propriétaires ou gestionnaires d'immeubles employant des salariés appelés à effectuer de tels travaux sont tenus aux mêmes obligations. Une réponse ministérielle a toutefois indiqué qu'en ce qui concerne les travaux d'entretien, le décret ne visait pas, par ce terme, les travaux de surveillance ou de nettoyage d'ascenseurs effectués dans les immeubles d'habitation par les gardiens, concierges ou employés d'immeuble (Rép. min., 29 avr. 1996 : *JOAN*, 29 avr., p. 2381, n° 34246).

II – OBLIGATION DE MISE EN CONFORMITÉ

3) Le décret du 30 juin 1995 complète le texte de base (L. 10 juill. 1913) en imposant des travaux de mise en conformité aux établissements mentionnés à l'article L. 231-1 du Code du travail, c'est-à-dire les établissements industriels, commerciaux, agricoles, d'enseignement, les offices publics ou ministériels, les professions libérales, etc. : en bref, « tous bâtiments dans lesquels travaillent des salariés » (P. Quignard, étude préc. : *Rev. loyers* 1996, p. 386).

Toutefois, cette mise en conformité n'est pas applicable « aux ascenseurs des immeubles à usage d'habitation, sauf pour ces derniers si le propriétaire ou le gestionnaire de l'immeuble emploie des salariés dont les fonctions comportent la réalisation de travaux d'entretien, de réparation ou de transformation d'ascenseurs » (En ce sens, Rép. min. Équip., transports et logement à M. Dubernard : *JOAN*, 7 févr. 2000, p. 885, n° 25428). Lorsque l'immeuble est à usage d'habitation exclusive, le respect des prescriptions du décret du 30 juin 1995 a été néanmoins recommandé (Rép. min. : *JOAN*, 23 août, p. 5060, n° 25428).

III – INCIDENCES EN CE QUI CONCERNE LES COPROPRIÉTAIRES

4) Les dispositions qui précèdent dont il n'est donné ici qu'un compte-rendu sommaire (pour plus de détails, V. les études préc.) ont des incidences indirectes en matière de copropriété.

Tout d'abord parce que l'étude de sécurité dont il est question ci-dessus doit être remise en copie « au propriétaire de l'appareil » (c'est-à-dire en principe au syndicat de copropriété ou en la personne de son syndic).

Elle doit être communiquée (par le syndic) à « toute personne amenée du fait de ses fonctions à pénétrer dans les parties normalement inaccessibles de l'appareil » (art. 5, al. 2 du décret).

La circulaire précise à ce propos :

« Le propriétaire est visé ici, car il est la seule personne identifiable sans ambiguïté et, en tout état de cause, le seul qui ait le droit d'entreprendre, le cas échéant, des travaux de modification, le locataire devant requérir son autorisation pour transformer l'appareil. L'étude de sécurité le concerne dans la mesure où elle est susceptible de faire apparaître des défectuosités générant des travaux, notamment s'il s'agit d'un ascenseur soumis au nouvel article 11 *g* du décret du 10 juillet 1913 et pour le champ d'application considéré. »

D'autre part, en ce qui concerne les propriétaires d'ascenseurs situés dans les établissements relevant du Code du travail (V. *supra*), l'article 5 du décret prévoit l'établissement d'une fiche descriptive à propos de laquelle la circulaire indique :

« Sur la base de l'étude de sécurité spécifique qu'elle a réalisée, l'entreprise chargée des interventions établit une fiche de sécurité, synthèse destinée à mettre en évidence les problèmes essentiels recensés sur l'appareil concerné. Cette fiche tenue à disposition des salariés de cette entreprise doit également être fournie par le propriétaire de l'appareil qui en est destinataire, à toute personne appelée, en raison de ses fonctions, à pénétrer dans les parties normalement inaccessibles de l'appareil : cette fiche constitue donc un élément précieux d'information pour notamment les gestionnaires d'immeubles, les responsables techniques des bâtiments, les membres du conseil syndical, les services de sécurité...

Une modalité pratique de mise en œuvre peut consister en un affichage de cette fiche. »

Coût des études de sécurité. – Les études de sécurité prescrites par ces textes ne font pas partie des prestations du contrat d'entretien. Elles génèrent un coût spécifique : une réponse ministérielle a précisé que le point de savoir qui, de l'entreprise ou du syndicat de copropriété, doit supporter les frais correspondants relève de la libre négociation contractuelle (*JOAN*, 8 avr. 1996, p. 1932).

Bibliographie : C. Danguy, *Ascenseurs, la sécurité à tout prix : Le particulier immobilier* févr. 1999, p. 35. – B. Quignard, *Ascenseurs, préserver sa sûreté est l'affaire de tous : Inf. rap. copr.* nov. 1998, p. 5 ; *Sécurité ascenseur dans les immeubles d'habitation : Gaz. Pal.* 7 au 9 févr. 1999, p. 4 ; *Inf. rap. copr.* mars 1999, p. 18 ; *Rev. Administrer* avr. 1999, p. 21. – *Les ascenseurs en France : sécurité et réglementation : Inf. rap. copr.* oct. 2002, p. 31. – B. Quignard, *Réflexions sur la sécurité des ascenseurs en France : Inf. rap. copr.* oct. 2002, p. 28. – F. Monteret-Amar, *Non-respect des obligations de mise en sécurité des ascenseurs fixées par la loi du 2 juillet 2003 : quelles responsabilités ? : Loyers et copr.* mai 2011, étude 5.

Rédaction antérieure. Art. 5. – Une fiche descriptive annexée à l'étude de sécurité spécifique récapitule l'ensemble des risques mis en évidence par cette étude.

Cette fiche est tenue en permanence à disposition des travailleurs de l'entreprise chargée des travaux, soit dans le local de machinerie de l'ascenseur ou du monte-charge, soit dans un lieu proche, pour les autres appareils. Elle est communiquée par le propriétaire de l'appareil à toute personne amenée, du fait de ses fonctions à pénétrer dans les parties normalement inaccessibles de l'appareil.

Décret n° 2008-1325 du 15 décembre 2008

relatif à la sécurité des ascenseurs, monte-charges et équipements assimilés sur les lieux de travail et à la sécurité des travailleurs intervenant sur ces équipements

Art. 1er. – **(V. C. trav., art. R. 4214-15 et R. 4214-16).**

Art. 2. – **(V. C. trav., art. R. 4224-17-1 et R. 4224-17-2).**

Art. 3. – **(V. C. trav., art. R. 4323-107 à R. 4323-109).**

Art. 4. – **(V. C. trav., art. R. 4324-46 à R. 4324-53).**

Art. 5. – **(V. C. trav., art. R. 4543-1 à R. 4543-28).**

Art. 6. – **Le décret du 10 juillet 1913 portant règlement d'administration publique pour l'exécution des dispositions du livre II du Code du travail et le décret n° 95-826 du 30 juin 1995 fixant les prescriptions particulières de sécurité applicables aux travaux effectués sur les ascenseurs, ascenseurs de charges, escaliers mécaniques, trottoirs roulants et installations de parcage automatique de véhicules et modifiant le décret du 10 juillet 1913 portant règlement d'administration publique pour l'exécution des dispositions du livre II du Code du travail sont abrogés.**

Art. 7. – **Le présent décret entre en vigueur deux ans après sa publication.**

Toutefois, les entreprises intervenantes concernées établissent, avant la date d'entrée en vigueur du présent décret, la liste des monte-charges et des élévateurs de personnes n'excédant pas une vitesse de 0,15 mètre par seconde qui, en application de l'article R. 4543-2, doivent faire l'objet d'une étude de sécurité. Les études relatives aux équipements figurant sur cette liste doivent être réalisées, par tiers, dans les trois ans suivant cette date.

NB : Le décret n° 95-126 30 juin 1995 sera abrogé à compter du décembre 2010.

De nouvelles dispositions ont été intégrées dans le Code du travail afin d'améliorer la prévention des risques professionnels auxquels sont exposés les salariés qui effectuent des interventions ou travaux sur les ascenseurs, monte-charge et autres équipements assimilés.

Les entreprises chargées de la vérification et de la maintenance de ces équipements doivent procéder à des études de sécurité spécifique dans les six semaines suivant la prise en charge de l'équipement, selon les modalités fixées par les articles R 4543 et suivants du Code du travail.

Code du travail

Art. R. 4224-17-1 *(D. n° 2008-1325, 15 déc. 2008 ; mod., D. n° 2021-872, 30 juin 2021)*. – Lorsqu'un ou plusieurs ascenseurs sont en service dans les locaux d'un établissement, l'employeur s'assure que le propriétaire prend les mesures nécessaires pour se conformer :

1° Aux dispositions des articles R. 134-6 à R. 134-13 du Code de la construction et de l'habitation relatives à l'entretien et au contrôle technique ;

2° Aux dispositions des articles R. 134-2 à R. 134-5 du Code de la construction et de l'habitation relatives à la mise en sécurité des ascenseurs.

Le propriétaire met à la disposition de l'employeur les informations nécessaires.

Art. R. 4224-17-2 *(D. n° 2008-1325, 15 déc. 2008)*. – L'employeur informe le propriétaire de tout défaut de fonctionnement d'un ascenseur susceptible d'affecter la sécurité des personnes et prend les mesures nécessaires pour interdire l'utilisation de l'équipement tant qu'il n'a pas été remédié à ce défaut.

ANNEXE 5-1

ASSAINISSEMENT

Bibliographie : V. Zalewski-Sicard, *Loi Climat, assainissement et nouvelles obligations : JCP* N 2021, n° 45, 1320 ; *Vente d'un immeuble à usage d'habitation raccordée au réseau d'assainissement : Constr.-Urb.* 2022, formule 2.

Jurisclasseur. JCl. Notarial Formulaire, V° Vente d'immeuble, fasc. 160 (comm. J. Lafond et L. Legrain), fasc. 165 (formules J. Lafond).

I – CONTRÔLE DES RACCORDEMENTS AU RÉSEAU PUBLIC

La loi n° 2021-1104 du 22 août 2021 est venue imposer deux nouvelles obligations en matière d'assainissement collectif :

- l'obligation de contrôler le raccordement, notamment pour tout nouveau raccordement d'un immeuble au réseau public de collecte *(L. 22 août 2021, préc., art. 34)*. Cette obligation s'applique depuis le 1er janvier 2022, en zone Jeux olympiques Paris 2024, et à compter du 1er janvier 2023, hors zone Jeux olympiques ;
- l'obligation lors de la vente de tout ou partie d'un immeuble à usage d'habitation, situé dans la zone Jeux olympiques Paris 2024, de joindre au dossier de diagnostic technique prévu aux articles L. 271-4 et L. 271-5 du Code de la construction et de l'habitation, le document établi à l'issue du contrôle du raccordement au réseau public de collecte des eaux usées mentionné au II de l'article L. 2224-8 du Code général des collectivités territoriales *(L. 22 août 2021, préc., art. 63)*. Cette obligation est applicable depuis le 1er juillet 2022.

Code général des collectivités territoriales

Art. L. 2224-8 *(Mod., L. n° 2021-1104, 22 août 2021 ; L. n° 2021-1308, 8 oct. 2021)*. – [...]

II. – Les communes assurent le contrôle des raccordements au réseau public de collecte, la collecte, le transport et l'épuration des eaux usées, ainsi que l'élimination des boues produites. Elles peuvent également, à la demande des propriétaires, assurer les travaux de mise en conformité des ouvrages visés à l'article L. 1331-4 du Code de la santé publique, depuis le bas des colonnes descendantes des constructions jusqu'à la partie publique du branchement, et les travaux de suppression ou d'obturation des fosses et autres installations de même nature à l'occasion du raccordement de l'immeuble.

Le contrôle du raccordement est notamment réalisé pour tout nouveau raccordement d'un immeuble au réseau public de collecte des eaux usées conformément au premier alinéa de l'article L. 1331-1 du même code et lorsque les conditions de raccordement sont modifiées. À l'issue du contrôle de raccordement au réseau public, la commune établit et transmet au propriétaire de l'immeuble ou, en cas de copropriété, au syndicat des copropriétaires un document décrivant le contrôle réalisé et évaluant la conformité du raccordement au regard des prescriptions réglementaires. La durée de validité de ce document est de dix ans. Le contrôle effectué à la demande du propriétaire de l'immeuble ou du syndicat des copropriétaires est réalisé aux frais de ce dernier et la commune lui transmet ce document dans un délai fixé par décret en Conseil d'État [...].

I – INFORMATION DES COPROPRIÉTAIRES ET DES ACQUÉREURS

Bibliographie : Assainissement non collectif : mettre en place une information pertinente : I. Legrain et N. Nicolaides : *JCP* N 2015, n° 41, 1180 (concerne les problèmes d'information en copropriété).

Obs. La présente annexe comporte les décrets d'application de l'article 18, III, alinéa 5 de la loi du 10 juillet 1965 ainsi rédigé :

Art. 18 *(Mod., L. n° 2020-105, 10 févr. 2020 ; L. n° 2021-1104, 22 août 2021).* – [...]

III. – Le syndic est également chargé :

[...]

– sur les territoires dont les rejets d'eaux usées et pluviales ont une incidence sur la qualité de l'eau pour les épreuves olympiques de nage libre et de triathlon en Seine, de faire réaliser le contrôle des raccordements de l'immeuble au réseau public de collecte des eaux usées mentionné au II de l'article L. 2224-8 du Code général des collectivités territoriales et de tenir à la disposition des copropriétaires qui en font la demande le document établi à l'issue de ce contrôle.

Décret n° 2022-93 du 31 janvier 2022

fixant la liste des territoires dont les rejets d'eaux usées et pluviales ont une incidence sur la qualité de l'eau pour les épreuves olympiques de nage libre et de triathlon en Seine

(JO 1er févr. 2022, texte n° 7)

Objet : fixation de la liste des territoires dont les rejets d'eaux usées et pluviales ont une incidence sur la qualité de l'eau pour les épreuves olympiques de nage libre et de triathlon en Seine.

Entrée en vigueur : le texte entre en vigueur le lendemain de sa publication.

Notice : ce décret fixe la liste des territoires dans lesquels le document établi à l'issue du contrôle du raccordement au réseau public de collecte des eaux usées mentionné au II de l'article L. 2224-8 du Code général des collectivités territoriales est joint au dossier de diagnostic technique prévu aux articles L. 271-4 et L. 271-5 du Code de la construction et de l'habitation. Dans ces territoires, les propriétaires d'immeubles font procéder aux travaux prescrits par le document établi en application du II de l'article L. 2224-8 du Code général des collectivités territoriales dans un délai maximal de deux ans à compter de la notification de ce document.

Références : le décret est pris en application de l'article 11-1 de la loi n° 2018-202 du 26 mars 2018 relative à l'organisation des Jeux olympiques et paralympiques de 2024, dans sa rédaction issue du IV de l'article 63.

Art. 1. – **Les territoires dont les rejets d'eaux usées et pluviales ont une incidence sur la qualité de l'eau pour les épreuves olympiques de nage libre et de triathlon en Seine correspondent aux communes énumérées dans la liste qui figure en annexe du présent décret.**

ANNEXE

Liste des communes correspondant aux territoires dont les rejets d'eaux usées et pluviales ont une incidence sur la qualité de l'eau pour les épreuves olympiques de nage libre et de triathlon en seine

Région	Département	Code INSEE	Nom de la commune
Île-de-France	75	75056	Paris
Île-de-France	91	91027	Athis-Mons
Île-de-France	91	91210	Draveil
Île-de-France	91	91326	Juvisy-sur-Orge
Île-de-France	91	91230	Montgeron
Île-de-France	91	91432	Morangis
Île-de-France	91	91479	Paray-Vieille-Poste
Île-de-France	91	91589	Savigny-sur-Orge

Région	Département	Code INSEE	Nom de la commune
Île-de-France	91	91270	Vigneux-sur-Seine
Île-de-France	91	91687	Viry-Châtillon
Île-de-France	92	92002	Antony
Île-de-France	92	92014	Bourg-la-Reine
Île-de-France	92	92019	Châtenay-Malabry
Île-de-France	93	93015	Coubron
Île-de-France	93	93032	Gagny
Île-de-France	93	93033	Gournay-sur-Marne
Île-de-France	93	93062	Le Raincy
Île-de-France	93	93047	Montfermeil
Île-de-France	93	93048	Montreuil
Île-de-France	93	93049	Neuilly-Plaisance
Île-de-France	93	93050	Neuilly-sur-Marne
Île-de-France	93	93051	Noisy-le-Grand
Île-de-France	93	93064	Rosny-sous-Bois
Île-de-France	93	93077	Villemomble
Île-de-France	94	94001	Ablon-sur-Seine
Île-de-France	94	94002	Alfortville
Île-de-France	94	94003	Arcueil
Île-de-France	94	94004	Boissy-Saint-Léger
Île-de-France	94	94011	Bonneuil-sur-Marne
Île-de-France	94	94015	Bry-sur-Marne
Île-de-France	94	94016	Cachan
Île-de-France	94	94017	Champigny-sur-Marne
Île-de-France	94	94018	Charenton-le-Pont
Île-de-France	94	94019	Chennevières-sur-Marne
Île-de-France	94	94021	Chevilly-Larue
Île-de-France	94	94022	Choisy-le-Roi
Île-de-France	94	94028	Créteil
Île-de-France	94	94033	Fontenay-sous-Bois
Île-de-France	94	94034	Fresnes

Région	Département	Code INSEE	Nom de la commune
Île-de-France	94	94037	Gentilly
Île-de-France	94	94041	Ivry-sur-Seine
Île-de-France	94	94042	Joinville-le-Pont
Île-de-France	94	94038	L'Haÿ-les-Roses
Île-de-France	94	94060	La Queue-en-Brie
Île-de-France	94	94043	Le Kremlin-Bicêtre
Île-de-France	94	94058	Le Perreux-sur-Marne
Île-de-France	94	94059	Le Plessis-Trévise
Île-de-France	94	94044	Limeil-Brévannes
Île-de-France	94	94046	Maisons-Alfort
Île-de-France	94	94047	Mandres-les-Roses
Île-de-France	94	94048	Marolles-en-Brie
Île-de-France	94	94052	Nogent-sur-Marne
Île-de-France	94	94053	Noiseau
Île-de-France	94	94054	Orly
Île-de-France	94	94055	Ormesson-sur-Marne
Île-de-France	94	94056	Périgny
Île-de-France	94	94065	Rungis
Île-de-France	94	94067	Saint-Mandé
Île-de-France	94	94068	Saint-Maur-des-Fossés
Île-de-France	94	94069	Saint-Maurice
Île-de-France	94	94070	Santeny
Île-de-France	94	94071	Sucy-en-Brie
Île-de-France	94	94073	Thiais
Île-de-France	94	94074	Valenton
Île-de-France	94	94075	Villecresnes
Île-de-France	94	94076	Villejuif
Île-de-France	94	94077	Villeneuve-le-Roi
Île-de-France	94	94078	Villeneuve-Saint-Georges
Île-de-France	94	94079	Villiers-sur-Marne
Île-de-France	94	94080	Vincennes
Île-de-France	94	94081	Vitry-sur-Seine

Décret n° 2022-521 du 11 avril 2022

fixant le délai mentionné au II de l'article L. 2224-8 du Code général des collectivités territoriales pour la transmission du rapport établi à l'issue du contrôle de raccordement d'un immeuble au réseau public d'assainissement effectué sur demande du propriétaire ou du syndicat des copropriétaires

(JO 12 avr. 2022, texte n° 3)

Code général des collectivités territoriales

Art. 2224-15-1. – **Le délai mentionné au deuxième alinéa du II de l'article L. 2224-8 est fixé par le règlement de service prévu à l'article L. 2224-12.**

Ce délai ne peut excéder six semaines à compter de la date à laquelle la commune a reçu la demande du propriétaire ou du syndicat des copropriétaires de réaliser le contrôle de raccordement au réseau public d'assainissement.

ANNEXE 6

ASSOCIATIONS SYNDICALES

I. - **Associations syndicales en général** .... p. 991
II. - **Associations foncières urbaines (AFU)** .... p. 1012

I. – ASSOCIATIONS SYNDICALES EN GÉNÉRAL

NB : Le Gouvernement a été autorisé à prendre par ordonnance toute disposition concourant à l'actualisation, la clarification et à la simplification des modalités de création, de fonctionnement et de dissolution, ainsi que des règles budgétaires, comptables et financières applicables aux associations syndicales régies en tout ou partie par la loi du 21 juin 1865 (L. n° 2003-591, 2 juill. 2003, art. 12 : *JO* 3 juill.). C'est en vertu de ce texte qu'est intervenue l'ordonnance n° 2004-632 du 1er juillet 2004 (*JO* 2 juill.), qui a abrogé la loi du 21 juin 1865, pour la remplacer par un nouveau texte, dont nous donnons ci-dessous de très larges extraits, sur les points pouvant concerner les immeubles en copropriété. Cette ordonnance a été complétée par le décret n° 2006-504 du 3 mai 2006 (*JO* 5 mai).

Bibliographie : *Sur les associations syndicales en général.* D. Sizaire, *Organisation en associations syndicales foncières libres : Rev. Administrer* mai 1997, p. 18. • *Copropriété et associations syndicales : deux organisations bien différentes : Inf. rap. copr.* juin 1998, p. 9. • C. Atias, *Association syndicale de propriétaires et syndicat de copropriétaires : Inf. rap. copr.* oct. 1998, p. 23 ; *Le syndicat dans une association syndicale : Inf. rap. copr.* févr. 1999, p. 26. • P. Capoulade, *Associations syndicales libres : constitution, organisation et actions en justice : Rev. hab. fr.* nov. 2000, p. 17. • C. Atias, *Le guide des associations syndicales libres en lotissement*, Edilaix, 3e éd. 2006 ; *Nature et recouvrement des dépenses communes dans les lotissements en associations syndicales de copropriétaires : Ann. loyers* 2005, p. 874. • G. Liet-Veaux, *Les vocations des associations syndicales libres de propriétaires : Rev. Administrer* mai 2003, p. 9 ; *Les associations de personnes et les associations de biens : JCP* N 2003, n° 26, p. 992.

Sur les associations syndicales libres après la réforme du 1er juillet 2004. G. Liet-Veaux, *Réflexions sur le nouvel objet des associations syndicales de propriétaires : Constr.-Urb.* 2004, p. 6. • C. Atias, *Les associations syndicales de propriétaires en lotissement : AJDI* 2004, p. 700 (et *JCP* N 2005, n° 5-1074). • G. Liet-Veaux, *Associations syndicales de gestion : réflexions d'actualité : Rev. Administrer* avr. 2005, p. 11. • B. et Y. Stemmer, *La réforme des associations syndicales de propriétaires : BPIM* juin 2004, p. 3. • G. Rouzet, *Les améliorations apportées par l'ordonnance du 1er juillet 2004 aux associations syndicales libres : Defrénois* 2005, art. 38191, p. 1095. • J.-M. Gélinet, *La mise en conformité des statuts des associations syndicales libres : Rev. Administrer* nov. 2006, p. 9. • J.-L. Bergel, *Les charges dans les associations syndicales libres de propriétaires : AJDI* 2008, p. 553. • C. Atias, *L'omission de formalités constitutives des associations syndicales : revirement ? : Ann. loyers* 2008, p. 2333. • L. Flament, *Les associations syndicales libres : évolution des pratiques : LPA* 1er mars 2012, p. 6. • G. Vigneron et J.-M. Roux, *Statuts d'une association syndicale pour la gestion des équipements collectifs d'un ensemble immobilier : Loyers et copr.* mai 2013, formule 5. • H. Plyer, *La réforme du droit des contrats au secours des associations syndicales libres : Rev. loyers* 2018, p. 291. • J.-Ph. Borel, *Focus sur l'objet et la constitution des associations syndicales libres de propriétaires : AJDI* 2018, p. 589. • J. Nalet, *Les ASL et leurs documents contractuels : Defrénois* 2018, n° 48, p. 17. • C.-M. Dubois-Spaenle et S. Nina, *Les associations syndicales libres : Vademecum : Actes prat. ing. immobilière* 2020, n° 3. • M. Cazajus et M. Juan, *Le transfert des espaces communs oubliés par les promoteurs et lotisseurs à l'ASL : JCP* N 2021, n° 21, 1195.

Sur les associations syndicales libres et la copropriété. J.-L. Bergel, *Les copropriétaires et les associations syndicales libres de propriétaires : Constr.-Urb.* 2008, étude 16 ; *Loyers et copr.* 2009, étude 2. • C. Atias, *L'omission de formalités constitutives des associations syndicales : revirement ? : Ann. loyers* 2008, p. 2333. • J.-M. Gélinet, *Syndicats de copropriétaires et association syndicale libre : divergences et convergences : Administrer* nov. 2009, p. 43 et s. • C. Ruffet, *Association syndicale libre et copropriété : ressemblance, différence, mixité : Inf. rap. copr.* mars 2012, p. 17. • A. Savoye, *L'utilité renouvelée de l'ASL, suite à la réforme de la copropriété de 2019 : Bull. CRIDON Paris*, 15 avr. 2021, n° 8.

Sur la comparaison avec d'autres modes de gestion. Th. Vaillant et A. Muzard, *Les critères de choix entre ASL et AFUL en volumétrie : JCP* N 2016, n° 21, 1172. • V. Zalewski-Sicard, *Association syndicale* versus *union de syndicats : AJDI* 2011, p. 501. • J. Nalet, *Association syndicale libre ou union de syndicats : le choix existe-t-il vraiment ? : AJDI* 2020, p. 824. • C. Mounet, *Copropriété et association de propriétaires : Administrer* mars 2022, p. 7.

Ouvrages. C. Atias et J.-M. Roux, *Le guide des associations syndicales libres de propriétaires*, Edilaix, 8e éd., 2019.

Jurisclasseurs. *JCl. Copropriété*, Fasc. 61, par G. Vigneron, act. par J. Lafond et 70. • *JCl. Notarial Répertoire, Copropriété*, Fasc. 20, par H. Charliac, act. par G. Gil. • *JCl. Construction*, Fasc. 282 par S. Lamy-Willing.

Fiches pratiques LexisNexis 360. Constituer une association syndicale libre.

Formules. S. Lamy-Willing, *Association syndicale libre : quelles formules de statuts ? : JCP* N 2023, n° 27, 1132. • *JCl. Construction*, Fasc. 34-10, par S. Lamy-Willing.

NB : Des fiches annexées à une circulaire du 20 juillet 2007 présentent de manière thématique le nouveau régime des associations syndicales de copropriétaires (NOR : INT B 0700081 C : www.dgcl.interieur.gouv.fr).

Voir aussi : sur les associations syndicales libres et la comparaison avec les unions de syndicats, l'introduction à l'article 29 de la loi du 10 juillet 1965, et l'article 44 de cette même loi.

Ordonnance n° 2004-632 du 1er juillet 2004

relative aux associations syndicales de propriétaires

TITRE PREMIER. – DISPOSITIONS COMMUNES

Art. 1er *(Mod., L. n° 2004-1343, 9 déc. 2004 ; L. n° 2006-1772, 30 déc. 2006).* **– Peuvent faire l'objet d'une association syndicale de propriétaires la construction, l'entretien ou la gestion d'ouvrages ou la réalisation de travaux, ainsi que les actions d'intérêt commun, en vue :**

a) De prévenir les risques naturels ou sanitaires, les pollutions et les nuisances ;

b) De préserver, de restaurer ou d'exploiter des ressources naturelles ;

c) D'aménager ou d'entretenir des cours d'eau, lacs ou plans d'eau, voies et réseaux divers ;

d) De mettre en valeur des propriétés.

Art. 2. – Les associations syndicales de propriétaires sont libres, autorisées ou constituées d'office.

Les associations syndicales libres sont des personnes morales de droit privé régies par les dispositions du titre II de la présente ordonnance.

Les associations syndicales autorisées ou constituées d'office ainsi que leurs unions sont des établissements publics à caractère administratif, régis par les dispositions des titres III à V de la présente ordonnance et par l'article L. 211-2 du Code des juridictions financières.

Art. 3. – Les droits et obligations qui dérivent de la constitution d'une association syndicale de propriétaires sont attachés aux immeubles compris dans le périmètre de l'association et les suivent, en quelque main qu'ils passent, jusqu'à la dissolution de l'association ou la réduction de son périmètre.

En cas d'usufruit, le nu-propriétaire est seul membre de l'association. Il informe l'usufruitier de la création ou de l'existence de l'association et des décisions prises par elle. Il peut toutefois convenir avec l'usufruitier que celui-ci prendra seul la qualité de membre de l'association et l'informera des décisions prises par celle-ci.

Lors de la mutation d'un bien compris dans le périmètre d'une association syndicale, avis de la mutation doit être donné, dans les conditions prévues à l'article 20 de la loi n° 65-557 du 10 juillet 1965 fixant le statut de la copropriété des immeubles bâtis, à l'association qui peut faire opposition dans les conditions prévues audit article pour obtenir le paiement des sommes restant dues par l'ancien propriétaire.

Art. 4. – Le président de l'association syndicale de propriétaires tient à jour l'état nominatif des propriétaires des immeubles inclus dans le périmètre de celle-ci ainsi que le plan parcellaire. À cet effet, toute mutation de

propriété d'un immeuble inclus dans le périmètre de l'association lui est notifiée par le notaire qui en fait le constat.

Le propriétaire d'un immeuble inclus dans le périmètre d'une association syndicale de propriétaires doit, en cas de transfert de propriété, informer le futur propriétaire de cette inclusion et de l'existence éventuelle de servitudes. Il doit informer le locataire de cet immeuble de cette inclusion et de ces servitudes.

Art. 5. – Les associations syndicales de propriétaires peuvent agir en justice, acquérir, vendre, échanger, transiger, emprunter et hypothéquer sous réserve de l'accomplissement des formalités de publicité prévues selon le cas aux articles 8, 15 ou 43.

Art. 6 *(Mod., L. n° 2021-1104, 22 août 2021)*. – Les créances de toute nature d'une association syndicale de propriétaires à l'encontre d'un de ses membres sont garanties par une hypothèque légale sur les immeubles de ce membre compris dans le périmètre de l'association.

Lorsque des personnes publiques sont membres d'une association syndicale de propriétaires, l'hypothèque légale ne s'applique pas à ceux de leurs immeubles qui appartiennent au domaine public.

Les conditions d'inscription et de mainlevée de cette hypothèque sont celles prévues aux trois premiers alinéas de l'article 19 de la loi du 10 juillet 1965 précitée.

TITRE II. – DES ASSOCIATIONS SYNDICALES LIBRES

Art. 7. – Les associations syndicales libres se forment par consentement unanime des propriétaires intéressés, constaté par écrit.

Les statuts de l'association définissent son nom, son objet, son siège et ses règles de fonctionnement. Ils comportent la liste des immeubles compris dans son périmètre et précisent ses modalités de financement et le mode de recouvrement des cotisations.

Art. 8. – La déclaration de l'association syndicale libre est faite à la préfecture du département ou à la sous-préfecture de l'arrondissement où l'association a prévu d'avoir son siège. Deux exemplaires des statuts sont joints à la déclaration. Il est donné récépissé de celle-ci dans un délai de cinq jours.

Un extrait des statuts doit, dans un délai d'un mois à compter de la date de délivrance du récépissé, être publié au *Journal officiel*.

Dans les mêmes conditions, l'association fait connaître dans les trois mois et publie toute modification apportée à ses statuts. L'omission des présentes formalités ne peut être opposée aux tiers par les membres de l'association.

Art. 9. – L'association syndicale libre est administrée par un syndicat composé de membres élus parmi les propriétaires membres de l'association ou leurs représentants dans les conditions fixées par les statuts.

Le syndicat règle, par ses délibérations, les affaires de l'association.

Art. 10 *(Mod., Ord. n° 2010-638, 10 juin 2010)*. – Les associations syndicales libres peuvent, à l'issue d'un délai de un an à compter de l'accomplissement de la formalité prescrite par le deuxième alinéa de l'article 8 et par délibération adoptée par l'assemblée des propriétaires dans les conditions de majorité prévues à l'article 14, demander à l'autorité administrative compétente dans le département où elles ont leur siège à être transformées en associations syndicales autorisées. Il est alors procédé comme il est dit aux articles 12, 13 et 15.

Si elle est autorisée, la transformation n'entraîne pas la création d'une nouvelle personne morale. Elle intervient à titre gratuit et ne donne lieu au paiement d'aucune indemnité, droit, taxe, *(Mot rempl. à compter du 1er janvier 2013, Ord. n° 2010-638, 10 juin 2010)* « contribution prévue à l'article 879 du Code général des impôts » ou honoraire.

Art. 10-1 *(Aj., L. n° 2024-322, 9 avr. 2024)*. – Les associations syndicales libres peuvent, sous réserve des stipulations de leurs statuts et des dispositions de la présente ordonnance, souscrire un emprunt collectif au nom du syndicat qui règle les affaires de l'association pour le financement des travaux concernant les parties communes, les équipements et les terrains ou des travaux d'intérêt collectif sur des parties privatives des immeubles qui les composent.

Un décret en Conseil d'État précise les conditions d'application du présent article.

TITRE III. – DES ASSOCIATIONS SYNDICALES AUTORISÉES

CHAPITRE I. – CRÉATION

Art. 11. – Un ou plusieurs propriétaires intéressés, une collectivité territoriale ou un groupement de collectivités territoriales peuvent demander la création d'une association syndicale autorisée.

La demande est adressée à l'autorité administrative compétente dans le département où l'association a prévu d'avoir son siège. Elle est accompagnée d'un projet de statuts conforme aux dispositions du second alinéa de l'article 7.

En outre, l'autorité administrative peut prendre l'initiative de la création d'une association syndicale autorisée.

Art. 12 *(Mod., L. n° 2010-788, 12 juill. 2010).* – L'autorité administrative soumet à une enquête publique réalisée conformément *(Mod., Ord. n° 2014-1345, 6 nov. 2014)* « à l'alinéa 2 de l'article L. 110-1 » du Code de l'expropriation pour cause d'utilité publique le projet de statuts de l'association syndicale autorisée.

Toutefois, lorsqu'en raison de leur nature, de leur consistance ou de leur localisation, les ouvrages ou les travaux envisagés sont susceptibles d'affecter l'environnement, ou lorsque les missions de l'association concernent des installations, ouvrages, travaux ou activités prévus à l'article L. 214-1 du Code de l'environnement, il est procédé à cette enquête conformément au chapitre III du titre II du livre Ier du même code.

L'acte ordonnant l'ouverture de l'enquête est notifié à chaque propriétaire d'un immeuble susceptible d'être inclus dans le périmètre de la future association.

Art. 13. – L'acte ordonnant l'ouverture de l'enquête prévue à l'article 12 organise la consultation des propriétaires, qui intervient à l'issue de l'enquête.

Un propriétaire qui, dûment averti des conséquences de son abstention, ne s'opposerait pas expressément au projet est réputé favorable à la création de l'association.

Les modalités de la consultation des propriétaires sont définies par le décret en Conseil d'État prévu à l'article 62.

Art. 14. – La création de l'association syndicale peut être autorisée par l'autorité administrative lorsque la majorité des propriétaires représentant au moins les deux tiers de la superficie des propriétés ou les deux tiers des propriétaires représentant plus de la moitié de la superficie des propriétés se sont prononcés favorablement.

Art. 15. – L'acte autorisant la création de l'association syndicale est publié, affiché dans chaque commune sur le territoire de laquelle s'étend le périmètre de l'association, *(Mots rempl., L. n° 2006-1772, 30 déc. 2006)* « et notifié aux propriétaires mentionnés au troisième alinéa de l'article 12 » dans des conditions définies par le décret en Conseil d'État prévu à l'article 62.

Art. 16. – En cas d'annulation de l'acte autorisant la création de l'association syndicale autorisée, l'autorité administrative peut, dans le cas où l'annulation n'aurait pas pour effet d'interdire la reconstitution de cette association, nommer un administrateur provisoire.

Dans le cas contraire, elle nomme un liquidateur dans les conditions prévues à l'article 42 pour l'exercice des missions définies à cet article.

Art. 17. – Le propriétaire qui s'est prononcé expressément contre le projet de création d'une association syndicale autorisée peut, dans le délai de trois mois à compter de la notification de l'acte autorisant cette création, déclarer qu'il entend délaisser un ou plusieurs des immeubles lui appartenant et inclus dans le périmètre de l'association.

Ce délaissement ouvre droit, à la charge de l'association, à une indemnisation. À défaut d'accord entre le propriétaire et l'association, l'indemnité est fixée selon les règles de procédure du Code de l'expropriation pour cause d'utilité publique.

CHAPITRE II. – ORGANES ET FONCTIONNEMENT

Section I. – Les organes

Art. 18. – Les organes de l'association sont l'assemblée des propriétaires, le syndicat, le président et le vice-président.

Sous réserve des attributions de l'assemblée des propriétaires, le syndicat règle, par ses délibérations, les affaires de l'association syndicale autorisée.

Sous-section 1. – L'assemblée des propriétaires

Art. 19 *(Mod., L. n° 2014-366, 24 mars 2014).* – L'assemblée des propriétaires d'une association syndicale autorisée réunit les propriétaires dans le respect des dispositions statutaires qui peuvent définir un seuil d'intérêt minimum permettant d'y siéger. Les propriétaires n'atteignant pas individuellement ce seuil peuvent se réunir pour se faire représenter à l'assemblée générale. Un propriétaire peut mandater pour le représenter toute personne de son choix, un même mandataire ne pouvant détenir un nombre de mandats supérieur au cinquième des membres en exercice de l'assemblée des propriétaires.

L'assemblée des propriétaires se réunit en session ordinaire ou extraordinaire et délibère dans des conditions définies par le décret en Conseil d'État prévu à l'article 62.

Art. 20. – L'assemblée des propriétaires élit les membres du syndicat ainsi que leurs suppléants et délibère sur :

a) Le rapport prévu à l'article 23, lors de sa session ordinaire ;

b) Le montant maximum des emprunts qui peuvent être votés par le syndicat et les emprunts d'un montant supérieur ;

c) Les propositions de modification statutaire ou de dissolution dans les hypothèses prévues aux articles 37 à 40 ;

d) L'adhésion à une union ou la fusion avec une autre association syndicale autorisée ou constituée d'office ;

e) Toute question qui lui est soumise en application d'une loi ou d'un règlement.

Sous-section 2. – Le syndicat

Art. 21 *(Mod., L. n° 2006-1772, 30 déc. 2006).* – Le syndicat est composé de membres élus par l'assemblée des propriétaires en son sein dans les conditions fixées par ses statuts.

Un membre du syndicat peut se faire représenter dans des conditions définies par décret en Conseil d'État.

Sous-section 3. – Le président et le vice-président

Art. 22. – Le président et le vice-président sont élus par le syndicat parmi ses membres dans les conditions prévues par les statuts de l'association. Leur mandat s'achève avec celui des membres du syndicat. Le syndicat peut les révoquer en cas de manquement à leurs obligations.

Le vice-président remplace le président en cas d'absence ou d'empêchement.

Art. 23. – Le président prépare et exécute les délibérations de l'assemblée des propriétaires et du syndicat. Il en convoque et préside les réunions.

Il est le chef des services de l'association et son représentant légal. Il en est l'ordonnateur.

Il peut déléguer certaines de ses attributions à un directeur nommé par lui et placé sous son autorité.

Le président élabore, dans des conditions fixées par le décret en Conseil d'État prévu à l'article 62, un rapport sur l'activité de l'association et sa situation financière.

Section II. – Fonctionnement de l'association syndicale

Sous-section 1. – Le personnel

Art. 24. – Les agents des associations syndicales autorisées sont des agents contractuels de droit public. Le recrutement de ces agents ne leur donne aucun droit à être titularisés dans la fonction publique. Les associations syndicales peuvent en outre faire appel à raison de leur compétence à des agents de droit privé avec lesquels elles concluent des contrats à durée déterminée et indéterminée.

Sous-section 2. – Régime juridique des actes de l'association syndicale

Art. 25. – Les délibérations de l'assemblée des propriétaires et du syndicat et les actes pris par le président de l'association ou le directeur sont, dans des conditions fixées par le décret en Conseil d'État prévu à l'article 62, transmis à l'autorité administrative compétente dans le département où l'association a son siège et rendus exécutoires.

Section III. – Réalisation des travaux et ouvrages

Art. 26. – Les conditions dans lesquelles les marchés sont passés et exécutés par les associations syndicales autorisées sont définies par le décret en Conseil d'État prévu à l'article 62.

Art. 27. – Les dispositions de la loi n° 85-704 du 12 juillet 1985 relative à la maîtrise d'ouvrage publique et à ses rapports avec la maîtrise d'œuvre privée sont applicables aux associations syndicales autorisées.

Art. 28. – Est applicable aux associations syndicales autorisées le régime des servitudes d'établissement, d'aménagement, de passage et d'appui prévues aux articles L. 152-1 à L. 152-23 du Code rural et à l'article L. 321-5-1 du Code forestier.

En outre, une servitude de passage peut être instituée pour l'entretien d'ouvrages qui traversent, même en dehors du périmètre de l'association, les cours, jardins, parcs et enclos, qu'ils soient ou non attenant aux habitations.

Art. 29 *(Mod., L. n° 2006-1772, 30 déc. 2006)*. – À l'exception des ouvrages réalisés, le cas échéant en dehors de son périmètre, sur le domaine public d'une personne publique, l'association syndicale autorisée est propriétaire des ouvrages qu'elle réalise en qualité de maître d'ouvrage dans le cadre de son objet statutaire et à ce titre, en assure l'entretien. Toutefois, les statuts peuvent prévoir, pour certaines catégories d'ouvrages, que leur propriété ou leur entretien peuvent être attribués à un ou plusieurs membres de l'association.

Art. 30. – L'autorité administrative peut, après mise en demeure de l'association syndicale autorisée restée sans effet dans un délai qu'elle détermine :

1° Faire procéder d'office, aux frais de l'association, à l'exécution des travaux correspondant à son objet, dans le cas où la carence de l'association nuirait gravement à l'intérêt public ;

2° Constater que l'importance des ouvrages ou des travaux à réaliser excède les capacités de l'association.

Dans le cas prévu à l'alinéa précédent, l'État, les collectivités territoriales ou leurs groupements peuvent décider, dans des conditions définies par le décret en Conseil d'État prévu à l'article 62, de se substituer, en tout ou partie, à l'association dans ses droits et obligations.

CHAPITRE III. – DISPOSITIONS FINANCIÈRES

Art. 31. – I. – Les ressources d'une association syndicale autorisée comprennent :

1° Les redevances dues par ses membres ;

2° Les dons et legs ;

3° Le produit des cessions d'éléments d'actifs ;

4° Les subventions de diverses origines ;

5° Le revenu des biens meubles ou immeubles de l'association ;

6° Le produit des emprunts ;

7° Le cas échéant, l'amortissement, les provisions et le résultat disponible de la section d'investissement ;

8° Tout autre produit afférent aux missions définies dans les statuts.

II. – Les redevances syndicales sont établies annuellement et réparties entre les membres en fonction des bases de répartition des dépenses déterminées par le syndicat. Ces bases tiennent compte de l'intérêt de chaque propriété à l'exécution des missions de l'association.

Des redevances syndicales spéciales sont établies pour toutes les dépenses relatives à l'exécution financière des jugements et transactions.

Art. 32. – Les fonds des associations syndicales autorisées sont obligatoirement déposés auprès de l'État, sauf dérogations définies par le décret en Conseil d'État prévu à l'article 62.

Art. 33. – Le budget de l'association doit être voté en équilibre réel. Il est transmis à l'autorité administrative compétente dans le département où l'association a son siège.

Art. 34. – Le recouvrement des créances de l'association syndicale s'effectue comme en matière de contributions directes.

L'action des comptables publics chargés de recouvrer les créances selon les modalités prévues par l'article L. 1617-5 du Code général des collectivités territoriales se prescrit par quatre ans à compter de la prise en charge du titre de recettes.

Art. 35. – Il est créé en faveur des associations syndicales autorisées, pour le recouvrement des redevances de l'année échue et de l'année courante, sur les récoltes, fruits, loyers et revenus des terrains compris dans le périmètre un privilège qui prend rang immédiatement après celui de la contribution foncière et s'exerce dans les mêmes formes.

Art. 36. – Les autres dispositions budgétaires et comptables applicables aux associations syndicales autorisées sont définies par le décret en Conseil d'État prévu à l'article 62.

CHAPITRE IV. – MODIFICATION DES CONDITIONS INITIALES ET DISSOLUTION

Section I. – Modification des conditions initiales

Art. 37. – I. – Une proposition de modification statutaire portant extension du périmètre d'une association syndicale autorisée ou changement de son objet peut être présentée à l'initiative du syndicat, d'un quart des propriétaires associés, d'une collectivité territoriale ou d'un groupement de collectivités territoriales sur le territoire desquels s'étend ce périmètre ou de l'autorité administrative compétente dans le département où l'association a son siège. L'extension de périmètre peut également être engagée à la demande de propriétaires dont les immeubles ne sont pas inclus dans le périmètre.

La proposition de modification est soumise à l'assemblée des propriétaires. Lorsque la majorité, telle qu'elle est définie à l'article 14, des membres de l'assemblée se prononce en faveur de la modification envisagée, l'autorité administrative ordonne une enquête publique conformément aux dispositions de l'article 12.

Lorsqu'il s'agit d'étendre le périmètre, l'autorité administrative consulte les propriétaires des immeubles susceptibles d'être inclus dans le périmètre dans les conditions prévues aux articles 13 et 14.

II. – Toutefois, il n'est pas procédé à une enquête publique et la proposition de modification est soumise au syndicat qui se prononce à la majorité de ses membres, lorsque l'extension envisagée porte sur une surface n'excédant pas un pourcentage, défini par le décret en Conseil d'État prévu à l'article 62, de la superficie incluse dans le périmètre de l'association et qu'ont été recueillis, par écrit, l'adhésion de chaque propriétaire des immeubles susceptibles d'être inclus dans le périmètre ainsi que, à la demande de l'autorité administrative, l'avis de chaque commune intéressée.

III. – L'autorisation de modification des statuts peut être prononcée par acte de l'autorité administrative publié et notifié dans les conditions prévues à l'article 15.

Art. 38. – L'immeuble qui, pour quelque cause que ce soit, n'a plus de façon définitive d'intérêt à être compris dans le périmètre de l'association syndicale autorisée peut en être distrait. La demande de distraction émane de l'autorité administrative, du syndicat ou du propriétaire de l'immeuble.

La proposition de distraction est soumise à l'assemblée des propriétaires. Si la réduction de périmètre porte sur une surface telle qu'elle est définie au II de l'article 37, l'assemblée des propriétaires peut décider que la proposition de distraction fera seulement l'objet d'une délibération du syndicat.

Lorsque l'assemblée des propriétaires, dans les conditions de majorité prévues à l'article 14, ou, dans l'hypothèse mentionnée à l'alinéa précédent, la majorité des membres du syndicat s'est prononcée en faveur de la distraction envisagée, l'autorité administrative peut autoriser celle-ci par acte publié et notifié dans les conditions prévues à l'article 15.

Les propriétaires des fonds distraits restent redevables de la quote-part des emprunts contractés par l'association durant leur adhésion jusqu'au remboursement intégral de ceux-ci. La distraction n'affecte pas l'existence des servitudes décrites à l'article 28 tant qu'elles restent nécessaires à l'accomplissement des missions de l'association ou à l'entretien des ouvrages dont elle use.

Art. 39. – Les modifications statutaires autres que celles prévues aux articles 37 et 38 font l'objet, sur proposition du syndicat ou du dixième des propriétaires, d'une délibération de l'assemblée des propriétaires convoquée en session extraordinaire à cet effet.

La délibération correspondante est transmise à l'autorité administrative qui peut autoriser la modification statutaire par acte publié et notifié dans les conditions prévues à l'article 15.

Section II. – Dissolution

Art. 40. – Une association syndicale autorisée peut être dissoute, par acte de l'autorité administrative, à la demande des membres de l'association qui se prononcent dans les conditions de majorité prévues à l'article 14.

Elle peut, en outre, être dissoute d'office par acte motivé de l'autorité administrative :

a) Soit en cas de disparition de l'objet pour lequel elle a été constituée ;

b) Soit lorsque, depuis plus de trois ans, elle est sans activité réelle en rapport avec son objet ;

c) Soit lorsque son maintien fait obstacle à la réalisation de projets d'intérêt public dans un périmètre plus vaste que celui de l'association ;

d) Soit lorsqu'elle connaît des difficultés graves et persistantes entravant son fonctionnement.

Art. 41. – L'acte prononçant la dissolution est publié et notifié dans les conditions prévues à l'article 15.

Art. 42. – Les conditions dans lesquelles l'association syndicale autorisée est dissoute ainsi que la dévolution du passif et de l'actif sont déterminées soit par le syndicat, soit, à défaut, par un liquidateur nommé par l'autorité administrative. Elles doivent tenir compte des droits des tiers. Elles sont mentionnées dans l'acte prononçant la dissolution.

Les propriétaires membres de l'association sont redevables des dettes de l'association jusqu'à leur extinction totale.

TITRE IV. – DES ASSOCIATIONS SYNDICALES CONSTITUÉES D'OFFICE

Art. 43. – Pour les ouvrages ou travaux mentionnés aux *a* à *c* de l'article 1er pour lesquels existe une obligation légale à la charge des propriétaires et si une association syndicale autorisée n'a pu être constituée, l'autorité administrative peut constituer d'office une association syndicale regroupant l'ensemble des propriétaires intéressés.

Dans tous les cas, le projet de constitution de l'association est soumis à une enquête publique.

L'acte portant constitution d'office de l'association est publié et notifié dans les conditions prévues à l'article 15. Il comprend notamment les dispositions relatives au périmètre de l'association, à son objet, au mode d'exécution des travaux ainsi qu'aux modalités de répartition des dépenses selon le degré d'intérêt de chacune des propriétés à l'exécution des travaux. Il convoque la première assemblée des propriétaires à l'occasion de laquelle il sera procédé à la désignation des membres du syndicat.

Lorsque l'assemblée des propriétaires ne parvient pas à désigner les membres du syndicat, l'autorité administrative y procède d'office, le cas échéant, en dehors des membres de l'association.

En cas de carence, l'autorité administrative peut, après mise en demeure restée sans effet dans un délai d'un mois, se substituer dans tous leurs actes aux organes défaillants de l'association syndicale constituée d'office.

Art. 44. – Une association syndicale constituée d'office peut demander, par délibération de son assemblée des propriétaires adoptée dans les conditions de majorité prévues à l'article 14, à être transformée en association syndicale autorisée.

Dans tous les cas, le projet de constitution de l'association est soumis à une enquête publique.

La transformation peut être prononcée par l'autorité administrative lorsque les membres du syndicat ont été désignés par l'assemblée des propriétaires et lorsque l'association fonctionne normalement depuis au moins un exercice budgétaire.

Art. 45. – La dissolution d'une association syndicale constituée d'office ne peut être décidée qu'à l'initiative de l'autorité administrative.

Art. 46. – Les autres dispositions régissant les associations syndicales autorisées sont applicables aux associations syndicales constituées d'office.

....

Art. 58. – La loi du 21 juin 1865 relative aux associations syndicales et la loi du 5 août 1911 relative aux associations syndicales autorisées sont abrogées sauf en ce qui concerne la Polynésie française et la Nouvelle-Calédonie.

Art. 59. – La loi du 27 juillet 1930 relative à l'exécution de travaux d'aménagement du système d'endiguement et d'assainissement des plaines de l'Isère, du Drac et de la Romanche (Grésivaudan et Oisans), la loi du 30 novembre 1941 relative à l'aménagement et à l'assainissement des plaines de l'Isère, du Drac et de la Romanche (Grésivaudan et Oisans) et la loi du 31 décembre 1948 validant, en complétant certaines de ses dispositions, la loi du 30 novembre 1941 sont abrogées.

Art. 60 *(Mod., L. n° 2006-11, 5 janv. 2006 ; L. n° 2006-1772, 30 déc. 2006)*. – I. - Les associations syndicales de propriétaires constituées en vertu des lois des 12 et 20 août 1790, 14 floréal an XI, 16 septembre 1807, 21 juin 1865 et 8 avril 1898 sont régies par les dispositions de la présente ordonnance.

Toutefois, leurs statuts en vigueur à la date de publication de la présente ordonnance demeurent applicables jusqu'à leur mise en conformité avec les dispositions de celle-ci. Cette mise en conformité doit intervenir dans un délai de deux ans à compter de la publication du décret en Conseil d'État prévu à l'article 62. À l'exception de celle des associations syndicales libres, la mise en conformité est approuvée par un acte de l'autorité administrative ou, à défaut d'approbation, et après mise en demeure adressée au président de l'association et restée sans effet à l'expiration d'un délai de trois mois, l'autorité administrative procède d'office aux modifications statutaires nécessaires.

(L. n° 2014-366, 24 mars 2014) Par dérogation au deuxième alinéa, les associations syndicales libres régies par le titre II de la présente ordonnance, qui ont mis leurs statuts en conformité avec les dispositions de celle-ci postérieurement au 5 mai 2008, recouvrent les droits mentionnés à l'article 5 de la présente ordonnance dès la publication de la loi n° 2014-366 du 24 mars 2014 pour l'accès au logement et un urbanisme rénové, sans toutefois que puissent être remises en cause les décisions passées en force de chose jugée.

II. - Les dispositions du second alinéa du I sont applicables aux associations foncières mentionnées aux articles L. 322-1 du Code de l'urbanisme et L. 131-1 du Code rural.

Toutefois, les associations foncières de réorganisation foncière et les associations foncières de remembrement visées aux articles L. 132-1 et L. 133-1 du Code rural, constituées pour des opérations d'aménagement foncier ordonnées avant le 1er janvier 2006, disposent d'un délai de cinq ans à compter de la publication du décret en Conseil d'État prévu à l'article 62 de la présente ordonnance pour adopter des statuts conformes aux dispositions de la présente ordonnance.

III. - L'association départementale d'aménagement de l'Isère, du Drac et de la Romanche dispose d'un délai de un an à compter de la publication du décret en Conseil d'État prévu à l'article 62 pour adopter des statuts conformes aux dispositions du chapitre IV du titre VI. Jusqu'à l'expiration de ce délai, elle reste régie par les dispositions législatives et réglementaires en vigueur à la date de publication de la présente ordonnance.

....

TITRE VIII. – DISPOSITIONS PARTICULIÈRES RELATIVES À MAYOTTE ET AUX ÎLES WALLIS-ET-FUTUNA

Chapitre Ier. – Dispositions applicables à Mayotte

Art. 63 *(Mod., Ord. n° 2012-789, 31 mai 2012)*. – L'article 27 n'est pas applicable à Mayotte.

Art. 64. – I. *(Abr.)*.

II. - Pour l'application à Mayotte de l'article 28, les mots :

« prévues aux articles L. 152-1 à L. 152-23 du Code rural et à l'article L. 321-5-1 du Code forestier » sont remplacés par les mots : « prévues par les dispositions applicables localement ».

Chapitre II. – Dispositions applicables aux îles Wallis-et-Futuna

Art. 65. – Les articles 1er à 11, le premier et le troisième alinéas de l'article 12, les articles 13 à 26, 28 à 48, 58, 60 et 62 sont applicables aux îles Wallis-et-Futuna sous réserve des mesures prévues au présent chapitre.

NB : L'ordonnance n° 2004-632 du 1er juillet 2004 est ratifiée par l'article 78, XXX, de la loi n° 2004-1343 du 9 décembre 2004.

Art. 66. – I. – Pour l'application de la présente ordonnance aux îles Wallis-et-Futuna, les termes énumérés ci-après sont remplacés comme suit :
- « département » par « collectivité d'outre-mer » ;
- « acte de l'autorité administrative » par « arrêté de l'administrateur supérieur » ;
- « tribunal de grande instance » par « tribunal de première instance » ;
- « commune » par « circonscription » ;
- « maire » par « chef de circonscription » ;
- « bureau de conservation des hypothèques » par « greffe du tribunal de première instance ».

II. – Pour l'application aux îles Wallis-et-Futuna de l'article 28, les mots : « prévues aux articles L. 152-1 à L. 152-23 du Code rural et à l'article L. 321-5-1 du Code forestier » sont remplacés par les mots : « prévues par les dispositions applicables localement ».

NB : L'ordonnance n° 2004-632 du 1er juillet 2004 est ratifiée par l'article 78, XXX, de la loi n° 2004-1343 du 9 décembre 2004.

Décret n° 2006-504 du 3 mai 2006

portant application de l'ordonnance n° 2004-632 du 1er juillet 2004
relative aux associations syndicales de propriétaires

TITRE PREMIER. – DISPOSITIONS COMMUNES

Art. 1er. – Lorsqu'un immeuble dépendant de son domaine est inclus dans le périmètre d'une association syndicale, la collectivité territoriale, l'établissement public de coopération intercommunale ou le syndicat mixte peut adhérer à celle-ci s'il y est autorisé par délibération de son organe délibérant. Lorsqu'il en est de même pour un immeuble dépendant du domaine de l'État, celui-ci peut adhérer par décision du préfet.

Art. 2. – L'autorité administrative mentionnée aux articles 10, 11, 12, 14, 16, 25, 30, 33, 37, 38, 39, 40, 42, 43, 44, 45, 47, 48, 54, 57, 60 et 62 de l'ordonnance du 1er juillet 2004 susvisée est le préfet du département dans le ressort duquel l'association ou l'union a ou a prévu d'avoir son siège.

[...].

TITRE II. – DES ASSOCIATIONS SYNDICALES LIBRES

Art. 3. – Outre ce qui est mentionné à l'article 7 de l'ordonnance du 1er juillet 2004 susvisée, les statuts de l'association syndicale libre fixent les modalités de sa représentation à l'égard des tiers, de distraction d'un de ses immeubles, de modification de son statut ainsi que de sa dissolution.

Sont annexés aux statuts le plan parcellaire prévu à l'article 4 de la même ordonnance et une déclaration de chaque adhérent spécifiant les désignations cadastrales ainsi que la contenance des immeubles pour lesquels il s'engage. Cette déclaration n'est pas requise pour les associations syndicales libres constituées en application de l'article R. 315-6 du Code de l'urbanisme.

Une copie de ces pièces est jointe à la déclaration prévue par l'article 8 de l'ordonnance du 1er juillet 2004 susvisée.

Art. 4. – La déclaration prévue par l'article 8 de l'ordonnance du 1er juillet 2004 susvisée est faite par l'un des membres de l'association.

Le délai de cinq jours pour la délivrance du récépissé court à compter de la réception du dossier de déclaration contenant toutes les pièces prévues à l'article 8 de la même ordonnance et à l'article 3 du présent décret. Le récépissé contient l'énumération des pièces annexées ; il est daté et signé par le préfet.

L'extrait des statuts qui doit être publié au *Journal officiel* dans le délai d'un mois à compter de la date de délivrance du récépissé contient la date de la déclaration, le nom, l'objet et le siège de l'association.

Art. 5. – **La déclaration et la publication des modifications apportées aux statuts est faite par le président de l'association dans les conditions prévues à l'article 4 du présent décret et dans le délai de trois mois prévu à l'article 8 de l'ordonnance du 1er juillet 2004 susvisée, décompté à partir de la date de la délibération approuvant lesdites modifications. Il en est de même pour la dissolution de l'association. Dans ce cas le délai court à compter de la constatation par le président de l'association que les conditions de dissolution prévues par les statuts sont remplies.**

Art. 6. – **Pour les associations dont le siège est à Paris, les déclarations sont faites à la préfecture de Paris.**

Bibliographie : V. en tête de la rubrique.

NB : Signalons que la loi n° 2023-580 du 10 juillet 2023 visant à renforcer la prévention et la lutte contre l'intensification et l'extension du risque incendie a inséré dans le Code forestier le nouvel article L. 133-1-1 qui prévoit, pour les propriétaires de bois et forêts situés dans un département particulièrement exposé aux risques d'incendie, l'obligation de constituer une association syndicale libre pour l'exécution des travaux de défense contre les incendies. Cette obligation prend effet dans un délai d'un an qui court à compter de la décision de classement d'un département comme territoire réputé particulièrement exposé aux risques d'incendie (C. for., art. L. 133-1). Il ne semble pas que cette situation doive se rencontrer fréquemment pour des immeubles en copropriété (V. sur le sujet, V. Zalewski-Sicard, *Risque incendie et pratique notariale* : *JCP* N 2023, n° 35, act. 859).

• *Sommaire*

I – CRÉATION DE L'ASSOCIATION SYNDICALE 1001
II – MISE À JOUR DES STATUTS 1003
A – Obligation 1003
B – Sanction de l'absence de mise en conformité 1003
C – Possibilité de régularisation 1004
III – COMPÉTENCE ET OBJET 1004
IV – ACTIONS EN JUSTICE ET VOIES D'EXÉCUTION. 1005
V – GESTION ADMINISTRATIVE 1007
A – Régime juridique 1007
B – Présidence de l'association 1008
C – Membres de l'association 1008
D – Assemblées 1008
E – Dissolution de l'ASL 1010
VI – GESTION FINANCIÈRE 1010
VII – VENTE DE LOTS DE COPROPRIÉTÉ RATTACHÉS À UNE ASSOCIATION SYNDICALE 1011
VIII – TRANSFORMATION D'UNE ASSOCIATION SYNDICALE AUTORISÉE EN ASL 1012
IX – ASSOCIATION SYNDICALE LIBRE ET DOMANIALITÉ PUBLIQUE 1012

I – CRÉATION DE L'ASSOCIATION SYNDICALE

1) Accord unanime. La création de l'association syndicale implique l'accord unanime des copropriétaires (V. Ord. 1er juill. 2004, art. 7, et antérieurement : ▪ Cass. 1re civ., 3 avr. 1990 : *Bull. civ.* I, n° 78. ▪ CA Paris, 1re ch., 26 nov. 1992 : *D.* 1993, inf. rap. p. 24. ▪ Cass. 3e civ., 19 juin 1996 : *Loyers et copr.* oct. 1996, n° 401). Il est, en pratique, obtenu par le fait que chacun des acquéreurs s'engage, en acquérant son lot, à respecter les clauses d'un cahier des charges ou celles d'un règlement de copropriété imposant la constitution d'une association syndicale (▪ Cass. 3e civ., 11 juill. 2019, n° 18-20.304 : *JurisData* n° 2019-012513 ; *Loyers et copr.* 2019, comm. 179, note A. Lebatteux. ▪ Cass. 3e civ., 28 juin 2018, n° 17-21.746 : *AJDI* 2019, p. 126, note J. Nalet. ▪ Cass. 3e civ., 22 juin 2017, n° 16-13.877 : *JurisData* n° 2017-012444. ▪ Cass. 3e civ., 18 févr. 2015, n° 13-25.122, publié au Bulletin : *Administrer* juin 2015, p. 38, note J.-R. Bouyeure ▪ Cass. 3e civ., 28 avr. 1993 : *RD imm.* 1993, p. 406, obs. C. Giverdon).

L'association est alors valablement formée à partir de la première vente (▪ Cass. 3e civ., 12 sept. 2007, n° 06-15.820 : *Bull. civ.* III, n° 140 ; *JCP* N 2007, n° 39-40, p. 5). Mais il est indispensable que cet accord unanime soit suivi de l'adoption des statuts faute de quoi l'association n'aurait pas de personnalité morale (▪ Cass. 3e civ., 11 juill. 2019, préc.).

Cet accord unanime peut aussi résulter du fait que lors d'une première assemblée les associés ont exprimé leur accord pour l'entrée en fonctionnement de l'association et la répartition des charges (■ Cass. 3e civ., 30 nov. 2010, n° 09-17.334). Si un lot est recueilli dans une succession, les héritiers ne peuvent donc être condamnés au paiement des charges qu'après vérification que leur auteur était bien membre de l'association, pour y avoir adhéré lors de sa constitution, ou au moment de la signature de l'acte d'achat de son lot (■ Cass. 3e civ., 8 oct. 2008 : *Bull. civ.* III, n° 147 ; *Loyers et copr.* 2008, comm. 284, obs. G. Vigneron ; *Rev. Administrer* févr. 2009, p. 51, obs. J.-R. Bouyeure ; *Defrénois* 2009, art. 38950, p. 1054, obs. C. Atias).

Si l'un des copropriétaires n'a pas donné son consentement à la constitution de l'association, elle n'a pas d'existence juridique (■ Cass. 3e civ., 7 juill. 2016, n° 15-15.818 : *JurisData* n° 2016-013851). En l'espèce, le consentement avait été donné par une société en formation non encore dotée de la personnalité morale (V. aussi, ■ CA Douai, 1re ch., sect. 1, 13 juill. 2017, n° 16/06325 : *JurisData* n° 2017-016974 ; *JCP G* 2017, n° 43, 1139, note F. Dannenberger).

Postérieurement, les statuts peuvent être établis à la majorité des membres de l'association syndicale (■ Cass. 3e civ., 28 nov. 1972 : *Bull. civ.* III, n° 635). Mais si les statuts ont été préétablis avant cette obligation contractuelle d'adhésion, et qu'ils ne prévoient pas les modalités de leur propre modification – ils ne peuvent être modifiés qu'à l'unanimité (V. ci-dessous, comm. 10).

2) Établissement d'un écrit. La constitution d'une association syndicale doit être obligatoirement constatée par écrit. Un tribunal ne peut rejeter une demande d'irrecevabilité de l'action intentée par l'association syndicale, fondée sur le défaut d'existence d'un écrit, sans constater que cette formalité légale a bien été respectée (■ Cass. 3e civ., 31 mai 2000 : *Bull. civ.* III, n° 116 ; *Loyers et copr.* 2000, comm. 205 ; *Constr.-Urb.* 2000, comm. 266 ; *Defrénois* 2000, art. 37242, n° 74, obs. C. Atias ; *RD imm.* 2000, p. 384, obs. P. Capoulade). La condition légale est remplie lorsque les copropriétaires se sont engagés à respecter le règlement et qu'il résulte de ses stipulations qu'il reprend en substance tant les clauses du cahier des charges de l'ensemble immobilier que celles des statuts de l'association syndicale libre (■ Cass. 3e civ., 9 avr. 2008, n° 05-11.316 : *Rev. Administrer* juill. 2008, p. 54, obs. J.-R. Bouyeure. – V. aussi ■ Cass. 3e civ., 30 nov. 2010, n° 09-17.334 : *AJDI* 2011, p. 149).

3) Publicité. Les modalités de publication de la constitution sont désormais fixées par l'article 8 de l'ordonnance du 1er juillet 2004 (V. ce texte ci-dessus).

Depuis l'ordonnance du 1er juillet 2004, l'existence juridique des associations syndicales libres ne dépend pas formellement de l'exécution des formalités prévues par l'article 8 de cette ordonnance. Ces associations sont légalement constituées dès le consentement unanime des propriétaires membres et l'établissement des statuts. Néanmoins, la déclaration en préfecture des associations syndicales libres constitue la première étape vers la publication au *Journal officiel* d'un extrait de ces statuts, formalité qui les dote de la capacité juridique. Cette démarche est essentielle en matière d'opposabilité aux tiers (Rép. min. n° 60558 : *JOAN* Q, 8 nov. 2005, p. 10369). D'après l'article 5 de l'ordonnance du 1er juillet 2004, si les formalités prévues par l'article 8 de cette même ordonnance n'ont pas été accomplies, l'association syndicale ne peut agir en justice, acquérir, vendre, échanger, transiger, emprunter ou hypothéquer (sur l'incapacité d'agir en justice, V. ci-dessous, comm. 12 et 13).

Si une association syndicale libre n'a pas effectué la mise en conformité de ses statuts avec l'ordonnance du 1er juillet 2004, l'existence légale de cette association n'est pas remise en cause (■ Cass. 3e civ., 20 févr. 2015, n° 13-25.773 : *JurisData* n° 2015-003664. ■ Cass. 3e civ., 11 sept. 2013, n° 12-22.351 : *JurisData* n° 2013-019024), mais elle a perdu la capacité juridique d'accomplir les actes énoncés à l'article 5 de l'ordonnance précitée : agir en justice, acquérir, vendre, échanger, transiger, emprunter et hypothéquer (Rép. min. n° 80764 : *JOAN* Q 28 févr. 2017, p. 1769). Elle peut cependant recouvrer ses droits et en particulier la capacité d'agir en justice (■ Cass. 3e civ., 19 mai 2015, n° 14-11.197 : *JurisData* n° 2015-012192) sans toutefois que puissent être remises en cause les décisions passées en force de chose jugée. Encore faut-il que la publication faite au *Journal officiel* comporte un extrait des statuts (■ Cass. 3e civ., 19 nov. 2015, n° 14-24.473 : *JurisData* n° 2015-025953).

Il lui faut pour cela accomplir, même après l'expiration du délai légal, les mesures de publicité prévues par l'article 8 de l'ordonnance précitée (■ Cass. 3e civ., 13 févr. 2014, n° 13-22.383 : *JurisData* n° 2014-002308). Cette solution résulte de l'article 60, alinéa 3, de l'ordonnance du 1er juillet 2004.

Sur les modalités de cette régularisation, V. ci-dessous, n° 8.

4) Impossibilité de démissionner. Les copropriétaires qui ont adhéré ne sont pas en droit par la suite de prétendre démissionner de l'association, en se fondant sur les dispositions de l'article 11 de la Convention de sauvegarde des droits de l'homme et des libertés fondamentales (■ Cass. 3e civ., 9 avr. 2008, n° 05-11.316) ; ceci en raison du caractère réel des droits et obligations des adhérents (■ Cass., 3e civ., 10 oct. 2007 : *Bull. civ.* III, n° 170 ; *JCP N* 2005, n° 43, p. 7 ; *Rev. Administrer* juin 2008, p. 46. – V. comm. n° 27, p. 1012).

5) Contestation de la validité de la constitution de l'association syndicale. L'action tendant à contester la validité d'une association syndicale libre au motif qu'elle n'a pas été régulièrement constituée à défaut du consentement unanime des propriétaires se prescrit par 5 ans en application de l'article 1304 du Code civil (▪ Cass. 3e civ., 3 déc. 2015, n° 14-12.998 : *JurisData* n° 2015-027101 ; *Constr.-Urb.* 2016, n° 4, note P. Cornille ; *Administrer* juin 2016, p. 40, note J.-R. Bouyeure).

6) Association syndicale libre et domaine public. V. à ce sujet, ci-dessous, n° 36.

II – MISE À JOUR DES STATUTS

Bibliographie : C. Atias, *La mise à jour des statuts des associations syndicales libres (L. 24 mars 2014, art. 59) : AJDI* 2014, p. 513. – A. Brenot-Mérite, *Être ou ne pas être capable, la question de la capacité juridique des associations syndicales libres de propriétaires ayant tardivement mis en conformité leurs statuts avec l'ordonnance de 2004 : AJDI* 2015, p. 32.

A – Obligation

7) Textes. L'article 60 de l'ordonnance du 1er juillet 2004 précitée (V. ce texte *supra*) imposait la mise en conformité des statuts des associations syndicales de propriétaires. Cette mise en conformité devait intervenir dans un délai de deux ans à compter de la publication du décret d'application (D. n° 20056-504, 3 mai 2006, publié au *JO* 5 mai) soit avant le 3 mai 2008. Ce texte même précisait qu'à défaut de respect de cette prescription, et après mise en demeure adressée au président de l'association et restée sans effet à l'expiration d'un délai de trois mois, le préfet procédait d'office aux modifications statutaires nécessaires. Mais les associations syndicales libres ne sont soumises ni à la tutelle du préfet, ni à celle des collectivités territoriales. Dès lors, le seul recours ouvert en pareil cas à un membre de l'association était d'attaquer devant le juge judiciaire les décisions prises sur la base de dispositions statutaires devenues non conformes qui n'auraient pas été modifiées et publiées (Rép. min. Int., 16 avr. 2009 : *JO* Sénat Q, p. 960).

Selon une réponse ministérielle postérieure, la mise en conformité devait s'effectuer selon les règles définies dans les statuts pour leur modification. Dans le cas où aucune règle n'était prévue, la mise en conformité devait être approuvée, par parallélisme des formes, à l'unanimité des membres de l'association. À défaut de mise en conformité et de publication de la modification en résultant, l'existence et l'action des ASL ne sont pas remises en cause. Toutefois, les dispositions statutaires contraires à l'ordonnance et au décret ne sont plus opposables. La capacité juridique de l'ASL n'est donc pas intégralement remise en cause mais seulement pour les dispositions statutaires non modifiées ou non publiées (Rép. min. n° 78182 : *JOAN* Q 29 juin 2010, p. 7297. – V. dans le même sens, Rép. min. n° 807 : *JOAN* Q 28 févr. 2017, p. 1769).

B – Sanction de l'absence de mise en conformité

8) Perte de capacité juridique. Si une association syndicale libre n'a pas effectué la mise en conformité de ses statuts avec l'ordonnance du 1er juillet 2004, l'existence légale de cette association n'est pas remise en cause (▪ Cass. 3e civ., 20 févr. 2015, n° 13-25.773 : *JurisData* n° 2015-003664. ▪ Cass. 3e civ., 11 sept. 2013, n° 12-22.351 : *JurisData* n° 2013-019024 ; *Loyers et copr.* 2013, comm. 347, obs. G. Vigneron ; *Administrer* déc. 2013, p. 51, obs. J.-R. Bouyeure ; *AJDI* 2014, p. 210, note C. Sabatié), mais elle a perdu la capacité juridique d'accomplir les actes énoncés à l'article 5 de l'ordonnance précitée : agir en justice, acquérir, vendre, échanger, transiger, emprunter et hypothéquer (Rép. min. n° 80764 : *JOAN* Q 28 févr. 2017, p. 1769. – Sur l'impossibilité pour une association syndicale n'ayant pas régularisé sa situation de recouvrer les charges, V. ▪ Cass. 3e civ., 26 nov. 2013, n° 12-24.655 : *AJDI* 2014, p. 214).

L'ASL peut cependant recouvrer ses droits et en particulier la capacité d'agir en justice (▪ Cass. 3e civ., 19 mai 2015, n° 14-11.197 : *JurisData* n° 2015-012192) sans toutefois que puissent être remises en cause les décisions passées en force de chose jugée. Il a été jugé que la régularisation pouvait intervenir pendant le cours de la procédure (▪ CE 1re et 4e ch. réunies, 24 févr. 2021, n° 432417 : *Loyers et copr.* 2021, comm. 156, note A. Lebatteux). L'association syndicale libre dont les statuts ont été mis en conformité avec l'ordonnance du 1er juillet 2004 et le décret du 3 mai 2006 a alors qualité pour agir contre ses membres en paiement des charges (▪ Cass. 3e civ., 11 janv. 2024, n° 22-21.246 : *Administrer* mars 2024, p. 53, obs. P. Dechelette-Tolot).

Si l'ASL veut régulariser sa situation, il lui faut pour cela accomplir, même après l'expiration du délai légal, les mesures de publicité prévues par l'article 8 de l'ordonnance précitée (▪ Cass. 3e civ., 13 févr. 2014, n° 13-22.383 : *JurisData* n° 2014-002308 ; *Constr.-Urb.* 2014, comm. 71, note L. Santoni). Cette solution résulte de l'article 60, alinéa 3, de l'ordonnance du 1er juillet 2004.

Il a été jugé que chacun des membres de l'ASL disposait d'un droit propre et personnel agir afin de parvenir à la mise en conformité des statuts prescrits par l'ordonnance du 1er juillet 2004. (▪ Cass. 3e civ., 23 nov. 2022, n° 21-18.169 : *JurisData* n° 2022-022995 ; *Loyers et copr.* 2023, comm. 29, notes A. Lebatteux).

Cependant, l'action engagée à titre individuel n'interrompt pas les délais.

• Sur les modalités de cette régularisation, V. ci-dessous, n° 9.

C – Possibilité de régularisation

9) Modalités. L'article 60, alinéa 3 de l'ordonnance du 1er juillet 2004, dans sa rédaction issue de la loi du 24 mars 2014 (loi ALUR) indique que les associations syndicales libres régies par ce texte qui ont mis leurs statuts en conformité avec les dispositions de celle-ci postérieurement au 5 mai 2008, recouvrent les droits mentionnés à l'article 5 de l'ordonnance du 1er juillet 2004, sans toutefois que puissent être remises en cause les décisions passées en force de chose jugée. (V. pour une application, ▪ Cass. 3e civ., 19 mai 2015, n° 14-11.197 : *JurisData* n° 2015-012192 ; *Administrer* août-sept. 2015, p. 49, note J.-R. Bouyeure).

Des difficultés sont nées pour l'application de ce texte. Si l'on se réfère à l'article 7 de l'ordonnance du 1er juillet 2004, les statuts doivent comporter la **liste des immeubles compris dans son périmètre.** L'article 4 de cette même ordonnance indique qu'un plan parcellaire doit être tenu à jour par l'ASL. En outre l'article 3 du décret du 3 mai 2006 (V. ce texte ci-dessus) précise que « sont annexés aux statuts le plan parcellaire prévu à l'article 4 » de l'ordonnance du 1er juillet 2004 et une déclaration de chaque adhérent spécifiant les désignations cadastrales ainsi que la contenance des immeubles pour lesquels il s'engage ». La question était de savoir si ces formalités exigées pour la constitution de l'ASL l'étaient également lorsqu'il s'agissait d'une simple régularisation. Un arrêt de la Cour de cassation avait répondu par l'affirmative (▪ Cass. 3e civ., 6 sept. 2018, n° 17-22.815, publié au Bull. : *JurisData* n° 2018-015012 ; *Loyers et copr.* 2018, comm. 234, note A. Lebatteux ; *Administrer* janv. 2019, p. 38, note J.-R. Bouyeure ; *Rev. loyers* 2018, p. 439, note V. Zalewski-Sicard ; *Constr.-Urb.* 2018, comm. 137, note P. Cornille).

Cette décision, qui revenait sur un arrêt précédent (▪ Cass. 3e civ., 25 janv. 2018, n° 17-11.014. – V. également en sens contraire ▪ CA Aix-en-Provence, 4e ch., sect. A, 14 sept. 2017, n° 16/2086 : *Loyers et copr.* 2018, comm. 26, note A. Lebatteux), compliquait singulièrement le processus de régularisation.

Selon un nouvel arrêt (▪ Cass. 3e civ., 16 sept. 2021, n° 19-26.337 : *JurisData* n° 2021-018163 ; *Loyers et copr.* 2021, comm. 188, note A. Lebatteux :

– le projet de mise en conformité à soumettre à l'assemblée générale des colotis n'a pas à comporter le plan périmétral ;

– en revanche, ce plan doit être fourni aux préfectures pour les formalités de publicité qui seules permettent à l'ASL de recouvrer la personnalité juridique (A. Lebatteux, note préc.).

Selon une réponse ministérielle, l'article 3 du décret n° 2006-304 du 3 mai 2006 exonère les membres d'une ASL de lotissement de la production d'un écrit spécifique portante adhésion lors du dépôt de déclaration en préfecture, l'acte d'acquisition du lot valant en lui-même acceptation des statuts et adhésion à l'ASL (Rép. min. n° 5261 : *JO* Sénat, 20 déc. 2018, p. 6592 ; *JCP* N 2019, n° 2, act. 148). Le dossier devrait donc comporter la déclaration écrite et signée par un des membres ou le président, et deux exemplaires des statuts conformes à l'ordonnance du 1er juillet 2004. Le consentement écrit de chaque propriétaire n'est pas exigé.

Dans un nouvel arrêt, la Cour de cassation a finalement décidé qu'il n'était pas utile d'annexer aux statuts mis en conformité la déclaration de chaque adhérent prévue par l'article 3 du décret du 3 mai 2006 spécifiant les désignations cadastrales ainsi que la contenance des immeubles pour lesquels chaque propriétaire s'engageait, requise au moment des adhésions (▪ Cass. 3e civ., 17 févr. 2022, n° 20-17.438, FS-B : *JurisData* n° 2022-002151 ; *Loyers et copr.* 2022, comm. 87, note A. Lebatteux ; *AJDI* 2022, p. 682, note P.-E. Lagraulet).

Enfin une nouvelle décision de la Cour de cassation a selon les termes de Me A. Lebatteux « réduit pratiquement à néant la portée de l'arrêt susvisé du 6 septembre 2018 exigeant que les ASL produisent pour la mise en conformité » les mêmes pièces que celles exigées pour la création. Selon cet arrêt « peu importe l'absence d'annexion du plan aux statuts modifiés, qui n'est requise qu'au moment de la constitution ». Les exigences se réduisent dès lors à la vérification par la préfecture que le plan parcellaire et les déclarations d'adhésion ont bien été recueillis lors de la constitution de l'ASL (▪ Cass. 3e civ., 28 sept. 2022, n° 21-20.750 : *JurisData* n° 2022-015605 ; *Loyers et copr.* 2022, comm. 184, note A. Lebatteux).

III – COMPÉTENCE ET OBJET

10) Importance des statuts. La compétence de l'association syndicale libre est définie par ses statuts (V. Ord. 1er juill. 2004, art. 7, al. 2 – Pour une application : ▪ CA Paris, 19e ch., 19 janv. 1998 : *Loyers et copr.* oct. 1998, n° 249). Elle peut être rendue propriétaire des parties communes ou éléments d'équipements communs qu'elle est chargée de gérer. En ce cas, elle aura alors qualité pour engager les actions en responsabilité contre les entrepreneurs ou constructeurs (▪ Cass. 3e civ., 26 mai 1992 : *RD imm.* 1992, p. 363, obs. Capoulade). Elle peut aussi en être simplement gestionnaire. Elle a alors seule compétence à l'exclusion du syndicat des copropriétaires existant par ailleurs pour faire exécuter les travaux d'entretien et d'aménagement des immeubles qu'elle est chargée de gérer (▪ Cass. 3e civ., 28 mars 2001 : *Loyers et copr.* 2001, comm. 216). La responsabilité de l'association syndicale peut éventuellement être engagée (▪ Cass. 3e civ., 30 juin 1993 : *RD imm.* 1993, p. 535, obs. Capoulade).

Les statuts qui limitent l'objet de l'association à l'acquisition, la gestion et l'entretien d'éléments d'équipements communs ne lui confèrent pas pour rôle de faire respecter les documents contractuels obligeant le vendeur à l'égard de ses acquéreurs (▪ Cass. 3e civ., 28 janv. 1998 : *JCP* N 1999, n° 3, p. 107, note B. et Y. Stemmer).

Il a été jugé que la gestion et l'entretien des équipements et services communs d'une résidence services entraient dans les prévisions tant de l'article premier de la loi du 21 juin 1865 que de l'article premier de l'ordonnance du 1er juillet 2004 (▪ Cass. 3e civ., 14 nov. 2012, n° 11-23.808 : *JurisData* n° 2012-025693 ; *Loyers et copr.* 2013, comm. 56, note G. Vigneron. – V. à ce sujet, C. Atias, *Résidences services en associations syndicales libres de propriétaires : Defrénois* 2013, p. 7).

Si l'association syndicale est bien compétente pour exécuter les travaux de mise en place d'une grille fermant un passage, elle ne l'est plus lorsqu'il s'agit de déterminer les heures d'ouverture et de fermeture de cette grille, la décision relevant de la compétence exclusive de l'assemblée (▪ Cass. 3e civ., 19 nov. 1997 : *RD imm.* 1998, p. 136, obs. P. Capoulade).

L'association syndicale peut décider de vendre un lot du lotissement dont l'affectation prévue à l'origine n'a jamais été concrétisée, le prix étant affecté à la rénovation d'équipements communs (▪ Cass. 3e civ., 6 déc. 2006, n° 05-17.708).

La résolution de l'assemblée qui excède l'objet de l'association syndicale est nulle (▪ Cass. 3e civ., 8 avr. 2008, n° 07-11.024).

11) Modification des statuts. Les statuts sont modifiés dans les conditions qu'ils prévoient. À défaut de clause particulière, la modification ne peut intervenir qu'à l'unanimité. Si les statuts sont modifiés irrégulièrement, un propriétaire ne peut être débouté de sa demande tendant à obtenir le respect des clauses des statuts d'origine, au motif qu'il n'aurait pas contesté en temps utile la décision de l'association (▪ Cass. 3e civ., 22 nov. 2006 : *AJDI* 2007, p. 142).

Si les statuts prévoient que les délibérations sont prises à la majorité des voix, sans distinction quant à leur objet, la décision qui adopte un nouveau mode de répartition des charges doit être votée à l'unanimité, dès lors qu'elle entraîne une modification des statuts aboutissant à une augmentation des engagements des membres : ▪ Cass. 3e civ., 21 sept. 2011, n° 10-18.788 : *Bull. civ.* III, n° 151 ; *Administrer* janv. 2012, p. 71, obs. J.-R. Bouyeure).

En cas de modification des statuts, la publication d'un extrait des statuts n'est nécessaire que lorsque cette modification porte sur le nom, l'objet ou le siège de l'association (▪ Cass. 3e civ., 24 sept. 2020, n° 19-14.762 : publié au *Bull.* ; *JurisData* n° 2020-014760 ; *Administrer* déc. 2020, p. 58, obs. J.-R. Bouyeure).

12) Règlement intérieur. Ne peut être intégrée au règlement intérieur d'une association syndicale libre la clause qui n'a pas été dûment adoptée par l'assemblée générale, mais simplement proposée, sans faire l'objet d'un vote (▪ Cass. 3e civ., 25 sept. 2012, n° 11-22.084).

IV – ACTIONS EN JUSTICE ET VOIES D'EXÉCUTION.

13) Capacité et pouvoir d'agir. Les associations syndicales peuvent agir en justice (Ord. 1er juill. 2004, art. 5). Antérieurement, une association syndicale libre ne pouvait ester en justice que dans la mesure où ses statuts avaient fait l'objet des formalités de publicité prévues par la loi du 21 juin 1865 (▪ Cass. 3e civ., 31 mai 2000 : *Bull. civ.* III, n° 116 ; *Loyers et copr.* 2000, comm. 205 ; *Constr.-Urb.* 2000, comm. 266 ; *Defrénois* 2000, art. 37242, n° 74, obs. C. Atias ; *RD imm.* 2000, p. 384, obs. P. Capoulade). Cette solution a été reprise par plusieurs décisions de la Cour de cassation rendues postérieurement à l'ordonnance du 1er juillet 2004 précitée (▪ Cass. 3e civ., 20 mai 2009, n° 08-16.216 : *Bull. civ.* III, n° 112 ; *Defrénois* 2009, art. 39004, note C. Atias. ▪ Cass. 3e civ., 10 mars 2009. *AJDI* 2009, p. 370. ▪ Cass. 3e civ., 13 févr. 2008, n° 07-11007 : *D.* 2008, p. 2989, note C. Atias. V. aussi, ▪ Cass. 3e civ., n° 16-21.690).

Les décisions suivantes ont été rendues postérieurement :

– le non-respect des formalités de déclaration et de publication prévues par l'article 8 de l'ordonnance du 1er juillet 2004 en cas de modification des statuts de l'association ne prive pas celle-ci de la possibilité d'agir en justice (▪ Cass. 3e civ., 9 juill. 2014, n° 13-19.077 : *Administrer* nov. 2014, p. 47, note J.-R. Bouyeure) ;

– si une association syndicale libre procède à une nouvelle publication de ses statuts en juin 2009, mais qu'ils se réfèrent toujours à la loi du 21 juin 1865, l'association n'a pas la capacité d'agir en justice (▪ Cass. 3e civ., 14 oct. 2014, n° 13-10.621). Il en est de même, et l'association syndicale ne recouvre pas la capacité d'agir en justice, si la publication faite au *Journal officiel* ne comporte aucun extrait des statuts (▪ Cass. 3e civ., 19 nov. 2015, n° 14-24.473 : *JurisData* n° 2015-025953 ; *Administrer* avr. 2016, p. 41, note J.-R. Bouyeure) ;

– si la situation de l'association syndicale est régularisée en cours d'instance, la nullité des actes de procédure accomplis par elle ne sera pas prononcée si cette régularisation est intervenue au moment où le juge statue, le droit d'agir en justice s'appréciant à tout moment au cours de la procédure (▪ Cass. 3e civ., 12 nov. 2014, n° 13-25.547 : *JurisData* n° 2014-027201. ▪ Cass. 3e civ., 5 nov. 2014, n° 13-21.014 : *JurisData* n° 2014-026601 ; *Constr.-Urb.*, janv. 2015, comm. 13, note P. Cornille ; *RJDA* févr. 2015, comm. 118 et la note▪ Cass. 2e civ., 27 sept. 2018, n° 17-24.469) ;

– si une association assignée comme défenderesse se voit contester sa capacité à agir en justice, elle n'est pas privée pour autant du droit de faire appel (▪ CA Paris, pôle 4, ch. 2, 21 janv. 2015, n° 12/19556 : *Administrer* avr. 2015, p. 41, note J.-R. Bouyeure).

14) Cas particulier des associations syndicales dont les statuts n'ont pas été mis en conformité. L'article 5 de l'ordonnance du 1er juillet 2004 précitée énonce que les associations syndicales de propriétaires peuvent agir en justice sous réserve de l'accomplissement des formalités de publicité prévues par l'article 8 et l'article 60 de la même ordonnance disposait que les associations syndicales constituées en vertu de la loi du 21 juin 1865 avaient un délai de deux ans à compter de la publication du décret d'application (D. 3 mai 2006, publié au *JO* 5 mai) pour mettre leurs statuts en conformité avec la nouvelle réglementation. Un arrêt de la Cour de cassation a déduit de ces textes qu'une AFUL qui n'avait pas respecté ces dispositions avait définitivement perdu son droit d'agir en justice, sans qu'il soit possible de procéder à une régularisation (▪ Cass. 3e civ., 5 juill. 2011, n° 10-15.374 : *Bull. civ.* III, n° 120 ; *Administrer* nov. 2011, p. 39, obs. J.-R. Bouyeure ; *AJDI* 2012, p. 41, note crit. C. Franceschi). Mais la question a évolué depuis cet arrêt, en particulier à la suite de la loi ALUR (V. ci-dessus,n° 8).

Cependant, la question a évolué postérieurement puisqu'il a été admis que l'absence de mise en conformité avec les dispositions de l'ordonnance du 1er juillet 2004, constitutive d'une irrégularité de fond pour défaut de capacité à agir en justice, pouvait être régularisée jusqu'à ce que le juge statue (▪ Cass. 3e civ., 15 avr. 2021, nos 19-18.093 et 19-18.619 : *JurisData* n° 2021-005444 ; *Loyers et copr.* 2022, comm. 88, note A. Lebatteux ; *Constr.-urb.* 2021, comm. 97, note M.-L. Pagès de Varenne. ▪ Cass. 3e civ., 3 déc. 2020, nos 19-20.259 et 19-17.868. ▪ Cass. 3e civ., 5 nov. 2014, n° 13-25.099 : *Bull. civ.* III, n° 36). Cette position a été également adoptée par le Conseil d'État (▪ CE 1re et 4e ch. réunies, 24 févr. 2021, n° 432417 : *Loyers et copr.* 2021, comm. 156, note A. Lebatteux).

Il appartient au juge de vérifier que les statuts adoptés en vue d'une mise en conformité correspondent bien aux exigences de l'ordonnance du 1er juillet 2004 (▪ Cass. 3e civ., 14 oct. 2014, n° 13-10.621, préc. ▪ Cass. 3e civ., 12 nov. 2014, préc. – V. également ▪ Cass. 3e civ., 15 avr. 2021, prec.). Il n'en est pas lorsque les statuts confient à un directeur et non au syndicat composé de membres élus parmi les copropriétaires le soin d'administrer l'ASL (▪ Cass. 3e civ., 13 sept. 2018, n° 17-22.041 : *AJDI* 2019, p. 372, note J. Nalet ; *Administrer* déc. 2018, p. 42, note J.-R. Bouyeure).

15) Limitation par son objet. L'association ne peut agir que dans la limite de son objet (V. pour une application ▪ CA Paris, 19e ch. A, 14 oct. 1998 : *RD imm.* 1999, p. 142, obs. P. Capoulade). Une association syndicale n'a pas qualité pour solliciter l'indemnisation des préjudices subis au titre de la perte de valeur des habitations des copropriétaires et de la privation de jouissance du canal et des emplacements privés créés dans le cadre de l'aménagement de Port Cergy. Cette demande doit être formée par chacun des copropriétaires concernés (▪ Cass. 3e civ., 11 mai 2011, n° 10-13.782 : *JurisData* n° 2011-008442 ; *Loyers et copr.* 2011, comm. 222, obs. Vigneron ; *Administrer* août-sept. 2011, p. 42, obs. J.-R. Bouyeure ; *Bull. civ.* III, n° 71). Il a été jugé que la modification de l'assiette d'un chemin d'exploitation n'entrait pas dans l'objet d'une ASL (▪ Cass. 3e civ., 13 avr. 2022, n° 21-14.551).

L'article 55 du décret du 17 mars 1967 ne s'applique pas en la matière et la recevabilité de l'action doit donc s'apprécier au regard des règles posées par les statuts (▪ CA Paris, 19e ch. A, 3 juill. 2002 : *Constr.-Urb.* 2002, comm. 300, obs. D. Sizaire). Si les statuts prévoient que le syndic est « responsable de la représentation de l'association syndicale en justice » il peut représenter cette association sans avoir à justifier d'une autorisation préalable de l'assemblée générale (▪ Cass. 3e civ., 23 mai 2012, n° 11-10.253 : *AJDI* 2012, p. 524).

Un propriétaire membre d'une ASL n'a pas qualité pour agir en justice pour la sauvegarde des droits afférents au patrimoine de l'association si les statuts de celle-ci ne le prévoient pas (▪ Cass. 3e civ., 23 janv. 2020, n° 19-11.863, FS-PBI : *Administrer* mars 2020, p. 43, note J.-R. Bouyeure ; *Rev. loyers* févr. 2020, p. 99, note V. Zalewski-Sicard). Mais cette fin de non-recevoir n'ayant pas un caractère d'ordre public, le juge n'est pas tenu de la relever d'office (▪ Cass. 3e civ., 27 janv. 2010, n° 08-13.949).

16) Procédure. Si les statuts prévoient que le syndic est « responsable de la représentation de l'association syndicale en justice », il peut représenter cette association sans avoir à justifier d'une autorisation préalable de l'assemblée générale (▪ Cass. 3e civ., 23 mai 2012, n° 11-10.253 : *AJDI* 2012, p. 524). Si les mêmes statuts exigent l'habilitation spéciale de l'assemblée générale au profit du président pour qu'il puisse agir en justice, le défaut d'habilitation constitue une irrégularité de fond dont les tiers peuvent se prévaloir (▪ Cass. 3e civ., 7 juill. 2016, n° 15-18.648 : *Administrer* janv. 2017, p. 58, obs. J.-R. Bouyeure).

La loi du 10 juillet 1965 est étrangère au fonctionnement des associations syndicales libres de propriétaires, régies par l'ordonnance du 1er juillet 2004. En conséquence un membre de l'association syndicale ne peut être dispensé de toute participation aux frais de la procédure qu'elle a introduite victorieusement contre l'ASL, sur le fondement de l'article 10-1 de la loi du 10 juillet 1965 (▪ Cass. 3e civ., 17 sept. 2013, n° 12-23.027 : *JurisData* n° 2013-019995 ; *Loyers et copr.* 2013, comm. 317, obs. G. Vigneron ; *AJDI* 2014, p. 211, note N. Le Rudulier).

L'erreur consistant à qualifier de « syndicat des copropriétaires » une association syndicale libre constitue un vice de forme qui n'affecte pas la validité des actes de procédure, en l'absence de grief établi (▪ Cass. 3e civ., 1er déc. 2016, n° 15-24.721 : *JurisData* n° 2016-28803 ; *Loyers et copr.* 2017, comm. 54, note A. Lebatteux).

17) Voies d'exécution. Le défaut de mise à jour des statuts d'une ASL ne l'empêche pas de procéder à une saisie attribution en exécution d'un jugement passé en force de chose jugée (▪ Cass. 3e civ., 8 juin 2017, n° 15-23.175 : *Loyers et copr.* 2018, comm. 25, note A. Lebatteux ; *Administrer* oct. 2017, p. 60, obs. J.-R. Bouyeure).

V - GESTION ADMINISTRATIVE

A - Régime juridique

18) Non-application de la loi du 10 juillet 1965. Comme l'a rappelé à de multiples reprises la Cour de cassation, « la loi du 10 juillet 1965 est étrangère au fonctionnement d'une association syndicale libre régie par la loi modifiée du 21 juin 1865 » (V. récemment, ▪ Cass. 3e civ., 4 févr. 2014, n° 11-20.231. ▪ Cass. 3e civ., 17 oct. 2013, n° 12-23.027 : *Administrer* avr. 2014, p. 54, obs. J.-R. Bouyeure, et précédemment : ▪ Cass. 3e civ., 9 févr. 1982 : *Bull. civ.* III, n° 39, p. 27. ▪ Cass. 3e civ., 19 févr. 1980 : *Bull. civ.* III, n° 43, p. 30. ▪ Cass. 3e civ., 1er févr. 1909 : *Bull. civ.* III, n° 28, p. 16. ▪ Cass. 3e civ., 8 févr. 1995 : *Bull. civ.* III, n° 42 ; *Loyers et copr.* juin 1995, n° 284 ; *RD imm.* 1995, p. 380, obs. P. Capoulade ; *Defrénois* 1995, p. 1463, obs. C. Atias. ▪ Cass. 3e civ., 17 janv. 1996 : *Loyers et copr.* mars 1996, n° 126 ; *Bull. civ.* III, n° 14 ; *AJPI* 1997, p. 211, obs. P. Guitard). Elle ne relève pas non plus de la loi du 1er juillet 1901, qui régit les associations (V. dans le cas de coexistence d'une association syndicale libre et d'une association de la loi de 1901, dans le cadre d'un ensemble immobilier : ▪ Cass. ass. plén., 9 févr. 2001 : *D.* 2002, somm. p. 1522, obs. C. Giverdon).

19) Recours aux statuts. Le mode de fonctionnement de l'association syndicale est uniquement défini par ses statuts ▪ Cass. 3e civ., 14 nov. 2019, n° 18-22.739 : *Administrer* janv. 2020, p. 53, obs. J.-R. Bouyeure, et précédemment.

La Cour de cassation a précisé à propos de la loi du 21 juin 1865 qui régissait antérieurement les associations syndicales libres que ce texte n'était pas d'ordre public (▪ Cass. 3e civ., 27 juin 2019, n° 17-28.871, FS-PBI). La même solution paraît applicable à l'ordonnance du 1er juillet 2004, ce qui donne une grande liberté aux rédacteurs des statuts.

– Ce sont les statuts qu'il convient d'appliquer et non pas la loi du 10 juillet 1965, lorsqu'il s'agit de définir les modalités de convocation, de tenue et les pouvoirs des assemblées (▪ Cass. 3e civ., 3 févr. 1993 : *RD imm.* 1993, p. 252, obs. Capoulade. ▪ CA Versailles, 1re ch. 26 mars 1992 et ▪ CA Paris, 23e ch. A, 27 oct. 1992 : *RD imm.* 1993, p. 116, obs. Giverdon). Les modalités de convocation fixées par les statuts doivent être strictement respectées, à peine d'annulation de l'assemblée (▪ Cass. 3e civ., 1er oct. 2020, n° 19-21.294 : *Administrer* févr. 2021, p. 43, obs. J.-R. Bouyeure).

Il en résulte qu'une convocation à l'assemblée générale de l'association syndicale libre qui ne comporte pas de devis relatif aux travaux envisagés n'est pas irrégulière si les statuts ne prévoient pas cette formalité (▪ Cass. 3e civ., 14 nov. 2019, n° 18-22.739). Il en est de même lorsqu'il s'agit de définir les modalités de contestation des décisions prises (l'art. 42 de la loi du 10 juillet 1965 n'étant pas applicable : V. *infra*, n° 22).

– De même, les règles concernant l'approbation des comptes sont celles définies par les statuts de l'association (▪ CA Versailles, 1re ch., 21 mars 1991 : *RD imm.* 1992, p. 239).

Rien ne s'oppose cependant à ce que les statuts de l'association se réfèrent aux règles et procédures prévues par le statut de la copropriété, notamment à propos de la définition des parties communes privatives et de la détermination des charges de l'association (▪ CA Paris, 23e ch. B, 17 juin 1999 : *Loyers et copr.* 1999, comm. 297).

Si une clause des statuts énonce, sans distinguer, que les délibérations sont prises à la majorité des voix, on doit considérer qu'elle s'applique à toutes les décisions à prendre et notamment à celles modifiant ou complétant les statuts en ce qui concerne la répartition des charges (■ Cass. 3e civ., 24 janv. 2001 : *JCP* N 2001, n° 38, p. 1379, note B. Stemmer). Mais l'unanimité est requise si les statuts ont prévu des critères de répartition des charges et que l'assemblée veut les modifier (■ Cass. 3e civ., 20 juin 2001 : *Bull. civ.* III, n° 79 ; *Rev. loyers* 2001, p. 384, note J.-M. Gélinet).

En l'absence de dispositions particulières des statuts, la décision relève en principe de l'unanimité. Ainsi l'unanimité est nécessaire lorsqu'il s'agit d'augmenter les engagements des membres de l'association, par exemple en élargissant son périmètre, ou encore lorsqu'il s'agit de modifier son objet (■ Cass. 3e civ., 28 nov. 2012, n° 11-18.261 : *Administrer* avr. 2013, p. 57, J.-R. Bouyeure).

Ni la prescription décennale de l'article 42, alinéa 2 de la loi du 10 juillet 1965 sur la copropriété des immeubles bâtis, ni l'article 43 réputant non écrites les clauses du règlement contraires à des textes d'ordre public ne s'appliquent aux associations syndicales. L'action en contestation d'une clause du règlement intérieur répartissant les charges relève de la prescription de droit commun (■ CA Paris, pôle 4, 2e ch. 6 oct. 2010 : *JurisData* n° 2010-020377 ; *Loyers et copr.* 2011, comm. 55, obs. G. Vigneron). Le délai de prescription est donc actuellement de cinq ans (C. civ., art. 2224. – V. *infra*, n° 16).

B – Présidence de l'association

20) Réglementation de la fonction. Il a été précisé que le président de l'association syndicale devait obligatoirement être un membre de cette association (Rép. min. n° 90890 : *JOAN* Q 31 mai 2016, p. 4819). C'est ce qu'indique l'article 22 de l'ordonnance du 1er juillet 2004. Mais si l'on admet que ce texte n'est pas d'ordre public, les statuts pourraient stipuler que le directeur pourra être un tiers, non membre de l'association (V. à propos de la loi du 21 juin 1865, ■ Cass. 3e civ., 27 juin 2019, n° 17-28.871, FS-PBI : *Loyers et copr.* 2019, comm. 178, note A. Lebatteux).

Le mandat du président de l'association (ou des « syndics ») prend fin de plein droit à l'expiration de la durée fixée par les statuts. Il ne peut y avoir de prorogation tacite de ce mandat (■ Cass. 3e civ., 14 sept. 2017, n° 16-20.911 : publié au *Bull.* ; *Loyers et copr.* 2017, comm. 215, note A. Lebatteux ; *Administrer* mai 2018, p. 35, note J.-R. Bouyeure).

C – Membres de l'association

21) Preuve de la qualité de membre. La preuve de la qualité de membre d'une ASL peut résulter du fait de l'acquisition d'un lot dans le périmètre de l'association et de ce que le procès-verbal constitutif de l'ASL fait mention de la décision du propriétaire originaire de ce même lot d'adhérer à l'association (■ Cass. 3e civ., 28 janv. 2021, n° 18-26.339 : *JurisData* n° 2021-5954 ; *Loyers et copr.* 2021, comm. 79, note A. Lebatteux).

22) Prérogatives. Il entre dans les prérogatives des membres de l'ASL de prendre connaissance des pièces justificatives des dépenses de l'association (■ Cass. 3e civ., 11 mars 2021, n° 18-25.896 : *JurisData* n° 2021-5953 ; *Loyers et copr.* 2021, comm. 80, note A. Lebatteux ; *Administrer* mai 2021, p. 50, obs. J.-R. Bouyeure).

D – Assemblées

23) Présence aux assemblées. Lorsqu'une copropriété est incluse dans le périmètre d'une association syndicale, c'est chaque copropriétaire qui est membre de cette association (■ Cass. 3e civ., 19 juin 1996 : *RJDA* déc. 1996, n° 1527).

Le défaut de convocation de l'un des membres de l'association syndicale à l'assemblée est une cause de nullité des délibérations (■ Cass. 3e civ., 14 nov. 2012, n° 11-23.808 : *Bull. civ.* III, n° 167 ; *Administrer* févr. 2013, p. 44, obs. J.-R. Bouyeure. – ■ CA Paris, 13 sept. 2023, n° 19/15147 : *Administrer* déc. 2023, p. 63, obs. P. Dechelette-Tolot). La demande de nullité ne peut toutefois être invoquée que par le ou les membres de l'association qui n'ont pas été convoqués (■ Cass. 3e civ., 21 déc. 2017, n° 16-21.518 : *Administrer* avr. 2018, p. 37, note J.-R. Bouyeure).

24) Représentation aux assemblées. Lorsqu'une copropriété est incluse dans le périmètre d'une association syndicale, il est habituel de stipuler qu'en pareille situation, les assemblées de l'association seront composées des syndics des copropriétés représentant leurs syndicats respectifs, ce qui ne contredit pas la proposition précédente. Dans ce cas, le syndicat, en la personne du syndic, devient le mandant des copropriétaires pris individuellement. Le syndic dispose alors d'un mandat général de représentation des copropriétaires à l'assemblée de l'association. Toutefois, ce simple mandat ne permet pas au syndic d'engager les copropriétaires dans le vote de travaux importants sans avoir auparavant recueilli l'accord de chacun d'eux (Rép. min. n° 3472 : *JO* Sénat 29 mai 2008, p. 1065).

Si les statuts de l'ASL ne prévoient pas que la représentation du syndicat des copropriétaires par le syndic est de droit, mais que les copropriétaires peuvent assister aux assemblées, étant précisé que seul celui qui les représente a le droit de participer aux délibérations et aux votes et qu'en cas d'empêchement il peut déléguer ses pouvoirs à un autre copropriétaire, et si une décision est prise au cours de l'assemblée à laquelle assistaient trois copropriétaires, cette décision est applicable aux syndicats des copropriétaires membre de l'ASL (■ Cass. 3e civ., 1er déc. 2009, n° 08-20.232 : *Rev. loyers* 2010, p. 87).

Deux réponses ministérielles ont rappelé que l'article 19 de l'ordonnance du 1er juillet 2004 (V. le texte ci-dessus) dispose que « un propriétaire peut mandater pour le représenter toute personne de son choix ». Mais aux termes de l'article 19 du décret n° 2006-504 du 3 mai 2006 portant application de cette ordonnance, les propriétaires doivent établir les mandats par écrit, et ils ne valent que pour une seule réunion. Il découle très clairement de ces dispositions que les **pouvoirs en blanc**, c'est-à-dire sans indication du mandataire, sont exclus dans les assemblées d'associations syndicales de propriétaires (Rép. min. n° 72319 : *JOAN* Q 29 sept. 2015, p. 7468. – Rép. min. n° 89681 : *JOAN* Q 9 févr. 2016, p. 1345).

L'article 55, I, 11° de la loi n° 2014-366 du 24 mars 2014, dite « loi ALUR » ajoute un III à l'article 22 de la loi du 10 juillet 1965, fixant les modalités de représentation des membres du syndicat des copropriétaires des immeubles inclus dans le périmètre d'une association syndicale libre à l'assemblée générale de cette association.

Aux termes de ce texte, l'assemblée générale d'un syndicat de copropriété peut désormais mandater le président du conseil syndical, à la majorité de l'article 25 de la loi du 10 juillet 1965, pour une durée d'un an, afin de représenter ses membres à l'assemblée générale de l'ASL.

En ce qui concerne les décisions inscrites à l'ordre du jour de l'assemblée générale de l'ASL pour lesquelles les statuts de cette association prévoient une majorité qualifiée, le mandataire du syndicat ne peut prendre part au vote s'il ne dispose pas d'une délibération de l'assemblée générale des copropriétaires le mandatant, et se prononçant sur cette décision à la même majorité (L. 10 juill. 1965, art. 22, III, al. 2).

25) Contestation des décisions d'assemblée : qui peut agir ?. Si selon les statuts de l'ASL le syndic représente les copropriétaires, ce sont ces derniers, et non pas le syndicat, qui ont qualité pour agir en contestation des décisions prises par l'association syndicale (▪ Cass. 3e civ., 13 févr. 2008 : *Bull. civ.* III, n° 26 ; *Loyers et copr.* 2008, comm. 88, obs. G. Vigneron ; *JCP G* 2008, n° 41, p. 20, obs. H. Périnet-Marquet ; *D.* 2008, p. 615, note G. Forest ; *Rev. loyers* 2008, p. 281, note P. Dechelette-Tolot ; *Rev. Administrer* mai 2008, p. 65, obs. J.-R. Bouyeure.V. note D. Sizaire ss ▪ CA Paris, 23e ch. B, 28 oct. 1999 : *AJDI* 2000, p. 75 ; *Constr.-Urb.* 2001, comm. 222). Il en est ainsi même si les statuts de l'association prévoient que « la copropriété » est membre de l'association syndicale. La qualité pour agir à l'encontre d'une décision de cette association n'appartient pas au syndicat (qui n'a pas la qualité de propriétaire), mais aux propriétaires individuellement (▪ Cass. 3e civ., 6 févr. 2002,n° 00-18.472 : *AJDI* 2002, p. 463, note P. Capoulade ; *Rev. Administrer* mai 2002, p. 47, obs. J.-R. Bouyeure, cassant ▪ CA Paris, 23e ch. B, 18 mai 2000 : *Loyers et copr.* 2000, comm. 251, note G. Vigneron). Cependant, et par interprétation des statuts de l'ASL, il a été jugé qu'un syndicat de copropriétaires dont l'immeuble est compris dans le périmètre d'une association syndicale libre était recevable à contester les décisions de l'assemblée générale de cette association, dès lors que les statuts prévoyaient que c'était le syndic de la copropriété qui représentait les copropriétaires à l'assemblée générale de l'association (▪ CA Paris, pôle 4, ch. 2, 4 sept. 2013, n° 11-15.084 : *Administrer* nov. 2013, p. 50, obs. J.-R. Bouyeure, confirmé sur ce point par ▪ Cass. 3e civ., 18 févr. 2015, n° 13-26.438 : *Administrer* juill. 2015, p. 51 ; *AJDI* 2015, p. 438, note D. Tomasin). Mais si les statuts de l'ASL énoncent que les recours contentieux contre les décisions de l'assemblée sont uniquement ouverts aux votants absents ou qui se sont abstenus ou opposés, cette stipulation doit être respectée et les copropriétaires qui ne remplissent pas ces conditions ne peuvent agir (▪ Cass. 3e civ., 18 févr. 2015, préc.).

La nullité de l'assemblée de l'ASL est une nullité relative qui ne peut être invoquée que par les membres qui n'ont pas été convoqués à cette assemblée (▪ Cass. 3e civ., 6 sept. 2018, n° 17-22.815, publié au Bull. : *JurisData* n° 2018-015012 ; *Loyers et copr.* 2018, comm. 234, note A. Lebatteux ; *Constr.-Urb.* 2018, comm. 137, note P. Cornille ; *Rev. loyers* 2018, p. 439, note V. Zalewski-Sicard).

26) Nullité d'assemblée : motifs et mode d'exercice de l'action. Tout propriétaire membre de l'association syndicale peut agir en nullité d'assemblée, ainsi lorsque l'association s'est prononcée en dehors de son domaine de compétence (▪ Cass. 3e civ., 28 mars 2001 : *Constr.-Urb.* 2001, comm. 222, obs. D. Sizaire). La nullité de l'assemblée de l'association syndicale résulte du seul fait que les règles statutaires (concernant en l'espèce les modalités de vote) n'ont pas été respectées, par exemple les règles statutaires concernant les modalités de vote (▪ Cass. 3e civ., 14 juin 2018, n° 17-20.692 : *AJDI* 2019, p. 125, note J. Nalet. ▪ Cass. 3e civ., 27 juin 2000 : *RJDA* 12/2000, n° 1128 ; *DEF* 2001, p. 458, obs. C. Atias) ou les règles statutaires de convocation (▪ Cass. 3e civ., 1re oct. 2020, n° 19-21.294 : *Administrer* févr. 2021, p. 43, obs. P. Dechelette-Tolot).

Si une demande en nullité d'assemblée est formée en réponse à une demande de recouvrement des charges dont est saisi un tribunal d'instance, ce tribunal est compétent pour connaître de ce moyen de défense (▪ Cass. 3e civ., 29 mai 2002 : *Bull. civ.* III, n° 112).

L'action en contestation de l'assemblée ou des décisions prises n'est pas soumise à la forclusion prévue par l'article 42, alinéa 2 de la loi du 10 juillet 1965, qui n'est pas applicable en la matière (■ Cass. 3e civ., 13 févr. 2008, n° 07-10.098 : *Bull. civ.* III, n° 25 ; *Loyers et copr.* 2008, comm. 88, obs. G. Vigneron ; *D.* 2008, p. 615, note G. Forest ; *Administrer* mai 2008, p. 65, obs. J.-R. Bouyeure). L'action se prescrit par 5 ans, en application du droit commun (C. civ., art. 2224. ■ Cass. 3e civ., 14 nov. 2012, n° 11-23.808 : *Bull. civ.* III, n° 167 ; *Administrer* févr. 2013, p. 44, obs. J.-R. Bouyeure. ■ CA Aix-en-Provence, 8 mars 2013, n° 12/03045 : *Rev. loyers* 2013, p. 249). Un copropriétaire n'est plus en droit de contester la répartition des charges s'il n'a pas demandé la nullité de l'assemblée l'ayant instituée dans un délai de cinq ans (application en la matière de l'article 1304 du Code civil : ■ Cass. 1re civ., 9 juill. 2002 : *Constr.-Urb.* 2002, comm. 299, note P. Cornille).

E – Dissolution de l'ASL

27) Régime juridique. Il n'y a pas lieu à dissolution d'une association syndicale libre dès lors que son objet n'a pas disparu (■ CA Paris, 23e ch. A, 12 déc. 2001 : *Constr.-Urb.* 2002, comm. 148, obs. D. Sizaire). Le décès des membres d'une ancienne association syndicale n'est pas un obstacle à sa dissolution : les membres actuels sont les propriétaires des immeubles compris dans le périmètre de l'association et c'est à leur encontre (ou avec leur concours) que la dissolution doit être requise (Rép. min., 5 avr. 2001 : *JO* Sénat, p. 1157, n° 30331).

À défaut de dispositions statutaires sur la dévolution de ses biens, si, lors de sa dissolution, une association syndicale décide d'abandonner purement et simplement un immeuble dont elle est propriétaire, la propriété de ce bien est dévolue de plein droit à l'État en application des articles 539 et 713 du Code civil (■ Cass. 3e civ., 18 juin 2003 : *Constr.-Urb.* nov. 2003, comm. 129, p. 14, note D. Sizaire).

VI – GESTION FINANCIÈRE

28) Répartition des charges. La *répartition et le recouvrement des charges* relèvent exclusivement des dispositions statutaires. Il n'y a pas ici, comme en matière de charges de copropriété de critères de répartition des charges à caractère impératif et les statuts les fixent donc librement (■ CA Paris, 23e ch. B, 29 mars 2001 : *D.* 2001, p. 3069, note C. Atias).

Le juge ne peut procéder à une révision judiciaire de la répartition des charges, comme en matière de copropriété (■ Cass. 3e civ., 3 juill. 1991 : *RD imm.* 1991, p. 502, obs. Capoulade. ■ CA Paris, 29 mars 2001, préc.).

La décision de l'assemblée d'une association syndicale libre qui adopte un nouveau mode de répartition des charges doit être votée à l'unanimité, dès lors qu'elle entraîne une modification des statuts aboutissant à une augmentation des engagements des membres, même si les statuts prévoient que les délibérations, sans distinction quant à leur objet, sont prises à la majorité des voix (■ Cass. 3e civ., 21 sept. 2011, n° 10-18.788 : *JurisData* n° 2011-019514 ; *Bull. civ.* III, n° 151 ; *Administrer* janv. 2012, p. 74, obs. J.-R. Bouyeure. – V. aussi, ■ Cass. 3e civ., 27 janv. 2015, n° 13-24.719). Si l'assemblée a voté à l'unanimité la répartition des charges, l'un des membres de l'association ne peut remettre en cause cette répartition au motif qu'elles ne sont pas conformes aux statuts (■ Cass. 3e civ., 17 févr. 2015, n° 13-27.275)

Ni la prescription décennale de l'article 42, alinéa 2 de la loi du 10 juillet 1965 sur la copropriété des immeubles bâtis, ni l'article 43 réputant non écrites les clauses du règlement contraires à des textes d'ordre public ne s'appliquent aux associations syndicales. L'action en contestation d'une clause du règlement intérieur répartissant les charges relève de la prescription de droit commun (■ CA Paris, pôle 4, 2e ch., 6 oct. 2010 : *JurisData* n° 2010-020377 ; *Loyers et copr.* 2011, comm. 55, obs. G. Vigneron).

Si, afin d'obtenir en fait la mise à néant de la répartition des charges, un membre de l'association syndicale demande dans un premier temps la nullité de cette association, et qu'il est débouté de sa demande, l'autorité de la chose jugée attachée à cette première décision ne l'empêche pas de former une nouvelle demande, en révision des charges, en application des statuts de l'association (■ Cass. 3e civ., 22 janv. 2014, n° 12-22.275 : *Bull. civ.* III, n° 8 ; *JurisData* n° 2014-000596).

Même si elle n'est pas publiée, une modification de la répartition des charges régulièrement adoptée peut être opposée aux acquéreurs postérieurs (■ Cass. 3e civ., 6 sept. 2018, n° 17-16.670).

29) Paiement des charges. Puisque ce sont les copropriétaires individuellement qui sont membres de l'association syndicale, à l'exclusion du syndicat, il en résulte que la demande en paiement des charges doit être dirigée contre eux et non pas contre le syndicat, et ceci même dans le cas où il a été prévu que le syndicat représenterait les copropriétaires à l'assemblée de l'association syndicale (■ Cass. 3e civ., 9 déc. 1998 : *AJDI* 1999, p. 327, obs. C. Giverdon ; *Constr.-Urb.* févr. 1999, n° 50, obs. D. Sizaire. ■ CA Paris, 23e ch. B, 7 juin 2007 : *JurisData* n° 2007-336323 ; *AJDI* 2007, p. 934. ■ CA Paris, 23e ch. B, 10 oct. 1997 : *Loyers et copr.* avr. 1999, n° 106). Il avait été jugé cependant que l'association syndicale était recevable à agir en recouvrement de l'ensemble des charges dues par les membres d'un syndicat de copropriétaires, à l'encontre de ce syndicat, qui devrait ensuite les répartir entre les copropriétaires (■ CA Paris, 14e ch. B, 7 nov. 2008 : *AJDI* 2009, p. 30) ou encore que le syndicat qui se voyait réclamer des charges par l'association syndicale était en droit d'appeler ces charges et de les faire figurer dans les comptes des exercices de la copropriété (■ CA Versailles, 3 mars 2014, n° 12-05005 : *JurisData* n° 2014-005548 ; *Loyers et copr.* 2014, comm. 224, obs. G. Vigneron). Mais selon un arrêt de la Cour de cassation, les charges de l'ASL doivent être appelées directement par celle-ci auprès de chaque copropriétaire et non pas intégrées dans les charges du syndicat de copropriétaires. En effet, l'intégration des charges de l'ASL dans les comptes du syndicat est de nature à fausser les comptes de celui-ci, ainsi que les appels de cotisations pour le fonds de travaux (■ Cass. 3e civ., 9 mars 2023, n° 21-21.793 : *JurisData* n° 2023-003712 ; *Loyers et copr.* 2023, comm. 88, note A. Lebatteux).

Toutefois, si les statuts le prévoient, l'association syndicale libre est en droit d'agir contre le syndicat de copropriétaires pour avoir paiement des charges (■ Cass. 3e civ., 21 sept. 2011, n° 10-17.507 : *Administrer* janv. 2012, p. 70, obs. J.-R. Bouyeure).

30) Régime des paiements. Si le syndicat a versé à tort à l'association syndicale des sommes à titre de fonds de réserve et de fonds de roulement, il est fondé à lui en demander le remboursement (■ Cass. 3e civ., 2 oct. 2001 : *AJDI* 2002, p. 302, note P. Capoulade ; *Rev. Administrer* févr. 2002, p. 39, obs. J.-R. Bouyeure). Un syndicat de copropriétaires compris dans le périmètre d'une association syndicale est recevable à agir contre cette association en répétition de charges indûment payées (■ Cass. 3e civ., 25 janv. 2012, n° 10-25.475 : *JurisData* n° 2012-000827 ; *Bull. civ.* III, n° 15 ; *Administrer* mai 2012, p. 46, obs. J.-R. Bouyeure).

La loi du 10 juillet 1965 n'étant pas applicable une clause de solidarité figurant dans les statuts de l'association est valable (■ CA Reims, aud. sol., 14 nov. 1995 : *Rev. Administrer* juin 1996, p. 41, obs. J.-M. Le Masson).

La prescription de cinq ans de l'article 2277 du Code civil ne s'applique pas au paiement des cotisations dues par les adhérents d'une association syndicale au titre des charges communes de réparation, d'amélioration et d'entretien, qui sont nécessairement indéterminées et variables dans leur existence, même si elles doivent faire l'objet d'appels de provisions (■ Cass. 3e civ., 24 oct. 2000 : *Bull. civ.* III, n° 260 ; *AJDI* 2001, p. 44, note P. Capoulade).

31) Passif. L'association syndicale constituant une personne morale distincte, ses créanciers ne peuvent agir directement à l'encontre de ses membres pour avoir paiement des sommes dues par l'association (■ Cass. 3e civ., 12 juin 2002 : *Bull. civ.* III, n° 134 ; *Constr.-Urb.* 2002, comm. 250, obs. D. Sizaire ; *Defrénois* 2002, p. 1312, obs. C. Atias ; *Rev. Administrer* nov. 2002, p. 34, obs. J.-R. Bouyeure ; *AJDI* 2002, p. 878, note P. Capoulade).

Les fournisseurs impayés d'une association syndicale libre placée en liquidation judiciaire ne peuvent agir par la voie oblique à l'encontre des syndicats de copropriétaires membres de cette association sur le fondement de l'enrichissement sans cause dès lors qu'il n'est pas établi que les prestations fournies ont bénéficié à ces syndicats (■ Cass. 3e civ., 27 sept. 2000 : *Bull. civ.* III, n° 152 ; *Constr.-Urb.* 2000, comm. 300, note D. Sizaire ; *RD imm.* 2000, p. 598, obs. P. Capoulade ; *D.* 2003, somm., p. 1288, note J. Lemée ; *JCP* G 2003, II, 10005, note M.-A. Rakotovahiny).

Les nouvelles règles de comptabilité issues du décret du 14 mars 2005 (V. Annexe 18, *Comptabilité des syndicats*, p. 1141) ne s'appliquent pas aux associations syndicales, à moins que leurs statuts ne l'impose.

VII – VENTE DE LOTS DE COPROPRIÉTÉ RATTACHÉS À UNE ASSOCIATION SYNDICALE

Bibliographie : J. Lafond, *Vente d'un lot de copropriété rattaché à une association syndicale libre : formalités : Loyers et copr.* 2022, formule 10.

32) Caractère réel des droits et obligations des adhérents à l'association syndicale. L'article 3 de l'ordonnance du 1er juillet 2004 (V. ce texte *supra*) énonce que les droits et obligations qui dérivent de la constitution d'une association syndicale de propriétaires sont attachés aux immeubles compris dans le périmètre de l'association et les suivent en quelques mains qu'ils passent. L'acquéreur est donc substitué de plein droit dans les droits et obligations du vendeur. Ni l'acquéreur, ni le vendeur ne peuvent prétendre démissionner de l'association (■ Cass. 3e civ., 19 nov. 2008, n° 07-19.448. ■ Cass. 3e civ., 10 oct. 2007 : *Bull. civ.* III, n° 170 ; *JCP* N 2007, n° 43, p. 7 ; *RJDA* 7/08, n° 825 et la note).

Les droits et obligations des membres d'une association syndicale étant attachés aux immeubles compris dans le périmètre de celle-ci et ayant un caractère réel, il n'y a pas lieu de renvoyer au Conseil constitutionnel la question suivante : « L'article 3 de l'ordonnance 2004-632 du 1er juillet 2004 qui oblige les propriétaires d'immeubles compris dans le périmètre d'une association syndicale de propriétaires à y adhérer, porte-t-elle atteinte à la liberté d'association que la Constitution garantit ? » (■ Cass. QPC, 25 juin 2010, n° 10-40.011 : *RJDA* févr. 2011, n° 210 et la note).

Le membre d'une association syndicale libre qui vend son immeuble en cours d'année ne peut

ANNEXE 7

BAIL À RÉHABILITATION

Code de la construction et de l'habitation

Art. L. 252-1 *(Mod., L. n° 2022-217, 21 févr. 2022).* – **Est qualifié de bail à réhabilitation et soumis aux dispositions du présent chapitre le contrat par lequel soit un organisme d'habitations à loyer modéré, soit une société d'économie mixte dont l'objet est de construire ou de donner à bail des logements, soit une collectivité territoriale, soit un organisme de foncier solidaire, soit un organisme bénéficiant de l'agrément relatif à la maîtrise d'ouvrage prévu à l'article L. 365-2 s'engage à réaliser dans un délai déterminé des travaux d'amélioration sur l'immeuble du bailleur et à le conserver en bon état d'entretien et de réparations de toute nature en vue de louer cet immeuble à usage d'habitation pendant la durée du bail.**

Le contrat indique la nature des travaux, leurs caractéristiques techniques et le délai de leur exécution.

En fin de bail, les améliorations réalisées bénéficient au bailleur sans indemnisation.

Le bail à réhabilitation est consenti par ceux qui ont le droit d'aliéner et dans les mêmes conditions et formes que l'aliénation. Il est conclu pour une durée minimale de douze ans. Il ne peut se prolonger par tacite reconduction.

Le présent article s'applique aux immeubles soumis ou non au statut de la copropriété prévu par la loi n° 65-557 du 10 juillet 1965 fixant le statut de la copropriété des immeubles bâtis. Dans le cas d'un immeuble soumis au statut de la copropriété, il peut s'appliquer à un ou plusieurs lots.

Art. L. 252-1-1 *(Mod. à compter du 1er janvier 2023, L. n° 2021-1104, 22 août 2021).* – **Par dérogation à l'article 23 de la loi n° 65-557 du 10 juillet 1965 précitée, si le bail à réhabilitation porte sur un ou plusieurs lots dépendant d'un immeuble soumis au statut de la copropriété, le preneur est de droit le mandataire commun prévu au second alinéa du même article. Par dérogation au troisième alinéa du I de l'article 22 de cette même loi, ce preneur peut recevoir plus de trois délégations de vote des bailleurs.**

Le preneur du bail à réhabilitation supporte seul, pendant la durée du bail, toutes les provisions prévues aux articles 14-1 et 14-2-1 de ladite loi.

Le preneur mandataire commun doit disposer d'un mandat exprès du bailleur avant de voter sur les décisions relatives à des travaux de toute nature qui ne sont pas mis à la charge du preneur par le contrat de bail à réhabilitation et dont la prise en charge n'est pas prévue dans le bail à réhabilitation ou dont le paiement n'incombera pas à titre définitif au preneur.

Le bail à réhabilitation précise la répartition des charges en fin de bail et le sort des avances et provisions appelées pendant la durée du bail à réhabilitation ainsi que des régularisations de charges intervenant après la fin du bail. Ces clauses sont inopposables au syndicat des copropriétaires.

Entrée en vigueur *(L. n° 2021-1104, 22 août 2021, art. 171, VI).* 1° Le 1er janvier 2023, pour les syndicats de copropriétaires comprenant plus de deux cents lots à usage de logements, de bureaux ou de commerces ;

2° Le 1er janvier 2024, pour les syndicats de copropriétaires comprenant un nombre de lots à usage de logements, de bureaux ou de commerces compris entre cinquante et un et deux cents ;

3° Le 1er janvier 2025, pour les syndicats de copropriétaires comprenant au plus cinquante lots à usage de logements, de bureaux ou de commerces.

NB : Ce texte n'entre en vigueur le 1er janvier 2023 que pour les syndicats de copropriétaires comprenant plus de 200 lots à usage de logements, de bureaux ou de commerce.

Il ne s'appliquera que progressivement, avec des entrées en vigueur au 1er janvier 2024 au 1er janvier 2025 pour les copropriétés de taille inférieure. Dans cette attente, ces copropriétés resteront soumises à l'article L. 252-1-1, dans sa version antérieure, rappelée, rédigée comme suit :

> **Rédaction antérieure. Art. L. 252-1-1** *(L. n° 2014-366, 24 mars 2014)*. – Par dérogation à l'article 23 de la loi n° 65-557 du 10 juillet 1965 précitée, si le bail à réhabilitation porte sur un ou plusieurs lots dépendant d'un immeuble soumis au statut de la copropriété, le preneur est de droit le mandataire commun prévu au second alinéa du même article. Par dérogation au troisième alinéa du I de l'article 22 de cette même loi, ce preneur peut recevoir plus de trois délégations de vote des bailleurs.
>
> Le preneur du bail à réhabilitation supporte seul, pendant la durée du bail, toutes les provisions prévues aux articles 14-1 et 14-2 de ladite loi.
>
> Le preneur mandataire commun doit disposer d'un mandat exprès du bailleur avant de voter sur les décisions relatives à des travaux de toute nature qui ne sont pas mis à la charge du preneur par le contrat de bail à réhabilitation et dont la prise en charge n'est pas prévue dans le bail à réhabilitation ou dont le paiement n'incombera pas à titre définitif au preneur.
>
> Le bail à réhabilitation précise la répartition des charges en fin de bail et le sort des avances et provisions appelées pendant la durée du bail à réhabilitation ainsi que des régularisations de charges intervenant après la fin du bail. Ces clauses sont inopposables au syndicat des copropriétaires.

NB : La différence entre les 2 versions ne concerne que la charge des provisions : le texte originaire vise les articles 14-1 et 14-2 de la loi du 10 juillet 1965, alors que le texte nouveau renvoie aux articles 14-1 et 14-2-1 de cette même loi.

Art. L. 252-2 *(Aj., L. n° 90-449, 31 mai 1990 ; mod., L. n° 2006-872, 13 juill. 2006)*. – **Le preneur est titulaire d'un droit réel immobilier. Ce droit peut être hypothéqué ; il peut être saisi dans les formes prescrites pour la saisie immobilière.**

Ce droit est cessible nonobstant toute convention contraire. La cession ne peut être consentie qu'à l'un des organismes mentionnés au premier alinéa de l'article L. 252-1, avec l'accord du bailleur. Le droit ne peut être cédé que s'il porte sur la totalité de l'immeuble loué. Le cédant demeure garant de l'exécution du bail par le cessionnaire.

Art. L. 252-3 *(Mod. à compter du 1er septembre 2019, Ord. n° 2019-770, 17 juill. 2019)*. – **La prise d'effet du bail à réhabilitation est subordonnée à la conclusion par le preneur d'une convention prévue à l'article L. 831-1 dont la date d'expiration est identique à celle de ce bail.**

Les articles L. 353-7 et L. 353-16 du présent code sont applicables aux occupants présents au moment de la conclusion du bail à réhabilitation.

Art. L. 252-4 *(Rempl., L. n° 2014-366, 24 mars 2014)*. – **I. – Un an avant l'expiration du bail à réhabilitation, le preneur rappelle au bailleur et au locataire les dispositions des II et III du présent article.**

II. – Six mois avant l'expiration du bail à réhabilitation, le bailleur peut, s'il est occupant, par lettre recommandée avec demande d'avis de réception, informer le preneur de son intention de prolonger le bail à réhabilitation.

Dans le même délai, le bailleur qui n'est pas occupant peut proposer au locataire un nouveau bail prenant effet au terme du bail à réhabilitation.

La notification reproduit les dispositions du présent II et de l'article L. 252-5.

III. – Trois mois avant l'extinction du bail à réhabilitation, le preneur propose au locataire qui n'a pas conclu un nouveau bail avec le bailleur et qui remplit les conditions de ressources fixées par décret la location d'un logement correspondant à ses besoins et à ses possibilités.

Le non-respect de cette obligation par le preneur est inopposable au bailleur.

Au terme du bail à réhabilitation, le preneur est tenu de restituer au bailleur l'immeuble libre de location et d'occupation.

Art. L. 252-5 *(Aj., L. n° 2014-366, 24 mars 2014)*. – **Le locataire qui n'a ni conclu le contrat de location proposé par le bailleur ni accepté l'offre de relogement faite par le preneur est déchu de tout titre d'occupation sur le logement à l'expiration du bail à réhabilitation.**

Art. L. 252-6 *(Aj., L. n° 2014-366, 24 mars 2014)*. – **Le présent chapitre est d'ordre public.**

1) **Travaux à effectuer.** Si le bail à réhabilitation concerne un ou plusieurs lots de copropriété, et que les travaux à effectuer affectent les parties communes ou l'aspect extérieur de l'immeuble, ou sont susceptibles de porter atteinte à sa destination, une autorisation préalable de l'assemblée des copropriétaires est nécessaire.

La circulaire n° 91-23 du 28 janvier 1991 insiste sur ce point.

D'une part, il convient, dans le contrat de bail à réhabilitation, de ne pas prendre d'engagement sur la réalisation des travaux avant que l'assemblée générale des copropriétaires ne se soit prononcée.

D'autre part, l'énumération, dans le contrat de bail, des travaux à accomplir par le preneur doit, au moins, être assortie de la condition suspensive qu'ils soient autorisés ou adoptés, suivant les cas, par l'assemblée générale. Un délai doit être stipulé pour la réalisation de la condition, afin d'éviter qu'elle reste trop longtemps en suspens à la suite d'un recours contre la décision de l'assemblée.

2) Représentation aux assemblées. L'article L. 252-1-1 du Code de la construction et de l'habitation issu de la loi n° 2014-366 du 24 mars 2014 (loi ALUR), qui est d'ordre public, prévoit des règles de représentation aux assemblées dérogatoires à l'article 23 de la loi du 10 juillet 1965.

Si le bail à réhabilitation porte sur un ou plusieurs lots dépendant d'un immeuble soumis au statut de la copropriété, le preneur est de droit le mandataire commun qui doit être désigné en vertu de l'article 23, alinéa 2, de la loi du 10 juillet 1965. Par dérogation au troisième alinéa du I de l'article 22 de cette même loi, le preneur peut recevoir plus de trois délégations de vote des bailleurs. Le preneur mandataire commun doit disposer d'un mandat exprès du bailleur avant de voter sur les décisions relatives à des travaux de toute nature qui ne sont pas mis à la charge du preneur par le contrat de bail à réhabilitation et dont la prise en charge n'est pas prévue dans le bail à réhabilitation ou dont le paiement n'incombera pas à titre définitif au preneur.

3) Charges de copropriété. Selon l'alinéa 2 de l'article L. 252-1-1 du Code de la construction et de l'habitation, dans sa version originaire, le preneur du bail à réhabilitation supporte seul, pendant la durée du bail, toutes les provisions prévues aux articles 14-1 et 14-2 de la loi n° 65-557 du 10 juillet 1965. Dans sa nouvelle version, applicable à compter du 1er janvier 2023, applicable progressivement, le texte vise les provisions prévues aux articles 14-1 et 14-2-1 de la loi du 10 juillet 1965 (V. les commentaires figurant ci-dessus sous l'article L. 252-1-1).

L'alinéa 4 du même texte énonce que le bail à réhabilitation doit préciser la répartition des charges en fin de bail et le sort des avances et provisions appelées pendant la durée du bail à réhabilitation ainsi que des régularisations de charges intervenant après la fin du bail. Ces clauses sont inopposables au syndicat des copropriétaires.

ANNEXE 8

BAIL DANS LE CADRE D'UNE CONVENTION D'USUFRUIT

Code de la construction et de l'habitation

Art. L. 253-1 *(Aj., L. n° 2006-872, 13 juill. 2006)*. – L'usufruit d'un logement ou d'un ensemble de logements peut être établi par convention au profit d'une personne morale, pour une durée minimale de quinze années, en vue de la location de ce ou ces logements.

Art. L. 253-1-1 *(Mod., L. n° 2021-1104, 22 août 2021)*. – I. – La convention d'usufruit précise la répartition des dépenses de l'immeuble entre nu-propriétaire et usufruitier. L'usufruitier supporte seul, pendant la durée de la convention, le paiement des provisions prévues aux articles 14-1 et 14-2-1 de la loi n° 65-557 du 10 juillet 1965 fixant le statut de la copropriété des immeubles bâtis qui lui incombent au titre de la convention.

II. – Par dérogation à l'article 23 de la loi n° 65-557 du 10 juillet 1965 précitée, si la convention d'usufruit porte sur un ou plusieurs lots dépendant d'un immeuble soumis au statut de la copropriété, l'usufruitier est de droit le mandataire commun prévu au second alinéa du même article. Il bénéficie d'une délégation de vote pour prendre les décisions mentionnées à l'article 24, et à l'article 25, à l'exclusion du *n*, et au *c* de l'article 26 de cette même loi et dont, au titre de la convention d'usufruit, il assume seul la charge financière définitive. Il doit obtenir un mandat exprès pour les autres décisions. Par dérogation au troisième alinéa du I de l'article 22 de ladite loi, il peut recevoir plus de trois délégations de vote des nus-propriétaires. Lorsque la convention d'usufruit porte sur l'intégralité des lots, l'usufruitier ne bénéficie pas de délégation de vote pour prendre la décision mentionnée au *c* de l'article 25.

III. – La convention d'usufruit précise la répartition des charges à son expiration, le sort des avances et provisions appelées pendant la durée de la convention ainsi que les régularisations de charges intervenant après l'extinction de l'usufruit. Ces clauses sont inopposables au syndicat des copropriétaires.

Entrée en vigueur. Selon l'article 171, VI, de la loi n° 2021-1104 du 22 août 2021, ce texte entre en vigueur :

1. Le 1er janvier 2023, pour les syndicats de copropriétaires comprenant plus de deux cents lots à usage de logements, de bureaux ou de commerces ;

2. Le 1er janvier 2024, pour les syndicats de copropriétaires comprenant un nombre de lots à usage de logements, de bureaux ou de commerces compris entre cinquante et un et deux cents ;

3. Le 1er janvier 2025, pour les syndicats de copropriétaires comprenant au plus cinquante lots à usage de logements, de bureaux ou de commerces.

Art. L. 253-2 *(Mod. L. n° 2014-366, 24 mars 2014 ; à compter du 1er septembre 2019, Ord. n° 2019-770, 17 juill. 2019)*. – Les logements dont l'usufruit est détenu par les bailleurs visés à l'article L. 253-1 peuvent être financés par des prêts aidés dans des conditions définies par décret.

Ils peuvent faire l'objet d'une convention mentionnée à l'article L. 831-1, conclue pour une durée identique à celle de l'usufruit.

Dans l'hypothèse où la convention mentionnée au deuxième alinéa du présent article est conclue, les articles L. 353-7 et L. 353-16 sont applicables aux locataires et occupants présents au moment de la conclusion de ladite convention.

Art. L. 253-3 *(Aj., L. n° 2006-872, 13 juill. 2006)*. – Le bail doit expressément indiquer, de manière apparente, le statut juridique du logement, préciser le terme ultime du contrat tel que prévu à l'article L. 253-4 et reproduire les termes des articles L. 253-5 à L. 253-7.

Art. L. 253-4 *(L. n° 2006-872, 13 juill. 2006)*. – Le bail conclu dans le cadre d'un usufruit prend fin de plein droit au plus tard à la date de l'extinction des droits d'usufruit sur le bien loué.

Les deuxième à quatrième alinéas de l'article 595 du Code civil ne s'appliquent pas aux baux soumis au présent article.

Art. L. 253-5 *(Mod., L. n° 2014-366, 24 mars 2014)*. – Six mois avant l'extinction de l'usufruit, le nu-propriétaire, par lettre recommandée avec demande d'avis de réception, peut :

- soit, s'il est occupant, informer l'usufruitier de son intention de renouveler la convention d'usufruit ;
- soit proposer au locataire un nouveau bail prenant effet au terme de l'usufruit, conforme aux dispositions de la loi n° 89-462 du 6 juillet 1989 tendant à améliorer les rapports locatifs et portant modification de la loi n° 86-1290 du 23 décembre 1986 ;
- soit donner congé pour vendre ou pour occuper le bien selon les modalités prévues à l'article 15 de la loi n° 89-462 du 6 juillet 1989 précitée, avec effet au terme de l'usufruit. Le congé est dans ce cas valablement donné par le seul nu-propriétaire au locataire.

La notification reproduit les termes du II de l'article L. 253-6 et de l'article L. 253-7.

Art. L. 253-6 *(L. n° 2006-872, 13 juill. 2006)*. – I. – Un an avant l'extinction de l'usufruit, le bailleur rappelle au nu-propriétaire et au locataire les dispositions de l'article L. 253-5.

II. – Trois mois avant l'extinction de l'usufruit, le bailleur propose au locataire qui n'a pas conclu un nouveau bail avec le nu-propriétaire et qui remplit les conditions de ressources fixées par décret la location d'un logement correspondant à ses besoins et à ses possibilités.

Le non-respect par l'usufruitier-bailleur de cette obligation est inopposable au nu-propriétaire.

Art. L. 253-7 *(Aj., L. n° 2006-872, 13 juill. 2006)*. – Le locataire qui n'a pas conclu le contrat de location proposé par le nu-propriétaire ni accepté l'offre de relogement faite par l'usufruitier-bailleur est déchu de tout titre d'occupation sur le logement à l'expiration de l'usufruit.

Art. L. 253-8 *(Mod., L. n° 2018-1021, 23 nov. 2018)*. – Les dispositions du présent chapitre sont d'ordre public, dès lors que les logements concernés sont soit des logements locatifs sociaux définis à l'article L. 302-5, soit des logements locatifs intermédiaires tels que définis à l'article L. 302-16.

ANNEXE 9

BAIL RÉEL SOLIDAIRE

Bibliographie : X. Lièvre et F. Caumes, *Bail réel solidaire : comment faire face à deux phénomènes nouveaux, l'extinction du BRS opérateur et la copropriété « sans sol » ?* : *JCP* N 2019, n° 2, 1006. • V. Zalewski-Sicard, *Le bail réel solidaire : un bail encouragé* : *Constr.-Urb.* 2019, étude 10. • V. Zalewski-Sicard, *Bail réel solidaire : premiers cas pratiques et quelques précisions* : *JCP* N 2019, n° 41, 1289. • X. Lièvre et F. Caumes, *Bail réel solidaire : clarification de la nature des droits créés et quelques autres précisions* : *JCP* N 2020, n° 51, 1258. • V. Zalewski-Sicard, *Le bail réel solidaire en 4D* : *Gaz. Pal.* 25 mai 2021, p. 53. • *Bail réel solidaire avec engagement de construire* : *BPIM* 1/22, étude 2. • B. Wertenschlag, *La propriété en tous ses états : actualité du bail réel immobilier* : *AJDI* 2022, p. 95. • F. Roussel, *Projet de loi 3 DS : vers une simplification attendue du bail réel solidaire ?* : *JCP* N 2022, n° 6, act. 244. • V. Zalewski-Sicard, *Bail réel solidaire activité versus bail commercial* : *Actes prat. ing. immobilière* 2023, n° 1. • C. Otero, *Un nouveau-né : le bail réel solidaire d'activité* : *AJCT* 2023, p. 137. • V. Zalewski-Sicard, *La dissociation du foncier et du bâti* : *Actes prat. ing. immobilière* 2023, dossier 18.

Code de la construction et de l'habitation

CHAPITRE V. – Bail réel solidaire

(Ord. n° 2016-985, 20 juill. 2016)

Section I. – Définition

Art. L. 255-1 ***(Aj., Ord. n° 2016-985, 20 juill. 2016).*** **– Constitue un contrat dénommé « bail réel solidaire » le bail par lequel un organisme de foncier solidaire consent à un preneur, dans les conditions prévues à l'article L. 329-1 du Code de l'urbanisme et pour une durée comprise entre dix-huit et quatre-vingt-dix-neuf ans, des droits réels en vue de la location ou de l'accession à la propriété de logements, avec s'il y a lieu obligation pour ce dernier de construire ou réhabiliter des constructions existantes.**

Ces logements sont destinés, pendant toute la durée du contrat, à être occupés à titre de résidence principale.

Art. L. 255-2 ***(Aj., Ord. n° 2016-985, 20 juill. 2016).*** **– Le bail réel solidaire peut être consenti à un preneur qui occupe le logement. Les plafonds de prix de cession des droits réels et de ressources du preneur sont fixés par décret en Conseil d'État.**

L'organisme de foncier solidaire peut, en fonction de ses objectifs et des caractéristiques de chaque opération, appliquer des seuils inférieurs.

Le contrat de bail peut, en fonction de ses objectifs et des caractéristiques de chaque opération, prévoir que le preneur doit occuper le logement objet des droits réels sans pouvoir le louer.

Art. L. 255-3 ***(Mod., L. n° 2022-217, 21 févr. 2022).*** **– Le bail réel solidaire peut être consenti à un opérateur qui, le cas échéant, construit ou réhabilite des logements et qui s'engage à vendre les droits réels immobiliers attachés à ces logements à des bénéficiaires répondant aux conditions de ressources fixées en application de l'article L. 255-2 et à un prix fixé en application du même article, ou à proposer la souscription de parts ou actions permettant la jouissance du bien par ces bénéficiaires, dans le respect des conditions prévues à l'article L. 255-2.**

Dans le cas d'une vente, celle-ci se déroule dans les conditions et délais fixés aux articles L. 255-10-1, L. 255-11-1, L. 255-13 et L. 255-15.

La cession des droits réels immobiliers par l'opérateur à chaque preneur crée un lien direct et individuel entre l'organisme de foncier solidaire et chacun des preneurs et désolidarise les preneurs entre eux et chaque preneur de l'opérateur.

À l'issue de cette cession, le preneur est réputé être titulaire d'un bail réel solidaire portant sur son logement avec une date de prise d'effet au jour de la cession qui lui est propre.

Art. L. 255-4 *(Aj., Ord. n° 2016-985, 20 juill. 2016).* – Le bail réel solidaire peut être consenti à un opérateur qui, le cas échéant, construit ou réhabilite des logements et qui s'engage à les mettre en location.

Les plafonds du loyer applicable et des ressources du locataire sont fixés par décret en Conseil d'État.

L'organisme de foncier solidaire peut, en fonction de ses objectifs et des caractéristiques de chaque opération, imposer des seuils inférieurs.

Art. L. 255-5 *(Aj., Ord. n° 2016-985, 20 juill. 2016).* – En cas de mutation, le prix de vente ou la valeur maximale des droits réels immobiliers, parts et actions permettant la jouissance du bien sont limités à leur valeur initiale, actualisée selon des modalités définies par décret en Conseil d'État.

L'acquéreur, le donataire ou l'ayant droit de la succession des droits réels immobiliers ou de parts ou actions donnant droit à l'attribution en jouissance du bien doit répondre aux conditions définies aux articles L. 255-2, L. 255-3 ou L. 255-4.

Art. L. 255-6 *(Aj., Ord. n° 2016-985, 20 juill. 2016).* – Le bail réel solidaire ne peut prévoir aucune faculté de résiliation unilatérale de la part du bailleur en dehors des cas prévus au présent chapitre, ni faire l'objet d'une tacite reconduction.

Section II. – Droits et obligations des parties au contrat de bail

Art. L. 255-7 *(Aj., Ord. n° 2016-985, 20 juill. 2016).* – Le bail réel solidaire oblige, s'il y a lieu, le preneur à effectuer des travaux de construction ou de réhabilitation. Le preneur ne peut, sauf stipulations contraires ou avenant au bail, exécuter d'autres ouvrages ou travaux que ceux prévus initialement, à l'exception de tous travaux nécessaires à la conservation du bien en état d'usage, conformément aux stipulations du bail.

Le preneur ne peut effectuer aucun changement qui diminue la valeur de l'immeuble et ne peut, sauf stipulation contraire du bail, démolir, même en vue de les reconstruire, les ouvrages existants ou qu'il a édifiés ou réhabilités.

Les constructions et améliorations réalisées par le preneur demeurent sa propriété en cours de bail et deviennent la propriété de l'organisme de foncier solidaire à l'expiration du bail.

Le preneur peut jouir librement des droits réels immobiliers et des installations ou constructions qu'il a édifiées, rénovées ou réhabilitées, dès lors qu'il n'est pas porté atteinte à la destination de l'immeuble, ou à l'état dans lequel il a été convenu que ces droits réels immobiliers seraient remis en fin de bail.

Le contrat de bail détermine, le cas échéant, les activités accessoires qui pourront être exercées dans le bien objet du bail et subordonne à l'accord de l'organisme de foncier solidaire tout changement d'activité ou d'affectation.

Le preneur peut acquérir des servitudes actives et consentir les servitudes passives indispensables à la réalisation des constructions et ouvrages édifiés ou à réhabiliter en application du contrat de bail. Sauf accord de l'organisme de foncier solidaire, il ne peut constituer des servitudes passives au-delà de la durée du bail.

Le preneur doit maintenir en bon état d'entretien et de réparations les constructions existantes lors de la conclusion du bail et celles qu'il réalise pendant la durée de celui-ci. Il est tenu des réparations de toute nature en ce qui concerne les constructions existantes au moment du bail et celles qui auront été édifiées, mais il n'est pas obligé de les reconstruire s'il prouve qu'elles ont été détruites par cas fortuit, force majeure, ou qu'elles ont péri par le vice de la construction antérieure au bail. En cas de sinistre entraînant résiliation du bail, le preneur est indemnisé de la valeur de ses droits réels, dans les conditions prévues par le bail.

(Al. aj., L. n° 2018-1021, 23 nov. 2018) Dans les immeubles en copropriété où l'ensemble des logements ou, à défaut, l'ensemble des logements d'un volume distinct font l'objet de baux réels solidaires auprès d'un même organisme de foncier solidaire, les titulaires de baux réels solidaires confèrent au syndicat des copropriétaires la gestion de leurs droits réels indivis, en complément des missions qui lui sont attribuées notamment par l'article

14 de la loi n° 65-557 du 10 juillet 1965 fixant le statut de la copropriété des immeubles bâtis. Le règlement de copropriété peut également prévoir un mandat de recouvrement des redevances au profit du syndic en application de l'article L. 255-8 du présent code.

Art. L. 255-7-1 *(Aj., L. n° 2018-1021, 23 nov. 2018)*. – Pour l'application de la loi n° 65-557 du 10 juillet 1965 fixant statut de la copropriété des immeubles bâtis, la signature d'un bail réel solidaire est assimilée à une mutation et le preneur est subrogé dans les droits et obligations du bailleur, sous réserve des dispositions suivantes :

1° Le preneur dispose du droit de vote pour toutes les décisions de l'assemblée générale des copropriétaires, à l'exception de décisions prises en application des *d* et *n* de l'article 25 et des *a* et *b* de l'article 26 de la même loi ou de décisions concernant la modification du règlement de copropriété, dans la mesure où il concerne les spécificités du bail réel solidaire. Le bailleur exerce également les actions qui ont pour objet de contester les décisions pour lesquelles il dispose du droit de vote. Aucune charge ne peut être appelée auprès du bailleur y compris pour des frais afférents aux décisions prises par lui ou pour son compte ;

2° Chacune des deux parties peut assister à l'assemblée générale des copropriétaires et y formuler toutes observations sur les questions pour lesquelles elle ne dispose pas du droit de vote.

Art. L. 255-8 *(Aj., Ord. n° 2016-985, 20 juill. 2016)*. – Le preneur s'acquitte du paiement d'une redevance dont le montant tient compte des conditions d'acquisition du patrimoine par l'organisme de foncier solidaire et le cas échéant, des conditions financières et techniques de l'opération de construction ou de réhabilitation des logements et des conditions d'occupation des logements, objet du bail réel solidaire. Il ne peut ni se libérer de la redevance, ni, s'il est l'opérateur mentionné aux articles L. 255-3 et L. 255-4, se soustraire à l'exécution des conditions du bail réel solidaire en délaissant l'immeuble.

À défaut pour le preneur d'exécuter ses obligations contractuelles, notamment en cas de défaut de paiement de la redevance, le bail est résilié, après indemnisation de la valeur des droits réels immobiliers tenant compte du manquement ayant entraîné la résiliation du bail, selon les modalités prévues au contrat.

Art. L. 255-9 *(Aj., Ord. n° 2016-985, 20 juill. 2016)*. – Les droits réels issus du bail réel solidaire ainsi que les constructions édifiées, rénovées ou réhabilitées sur le terrain ou l'immeuble bâti donné à bail peuvent être saisis dans les formes prescrites pour la saisie immobilière.

Les parties peuvent librement convenir de la date d'échéance des sûretés qu'elles constituent. À défaut, celles-ci prennent fin en cas de résiliation du contrat de bail.

Section III. – Transmission des droits réels immobiliers

Art. L. 255-10 *(Aj., Ord. n° 2016-985, 20 juill. 2016)*. – Pour tout projet de cession ou donation des droits réels afférents au bien objet du bail réel solidaire, l'acquéreur ou donataire reçoit, de la part du cédant ou donateur, une offre préalable de cession ou de donation mentionnant expressément le caractère temporaire du droit réel, sa date d'extinction, la nouvelle durée du bail réel solidaire résultant de l'application de l'article L. 255-12 si l'organisme foncier solidaire agrée la transmission des droits réels dans les conditions prévues à l'article L. 255-11, les conditions de délivrance de cet agrément par l'organisme de foncier solidaire, les modalités de calcul du prix de vente ou de la valeur donnée, telles que prévues au bail. L'offre reproduit les dispositions du présent chapitre.

Le cédant ou donateur est tenu de maintenir son offre préalable pour une durée de trente jours minimum à compter de sa réception par l'acquéreur ou donataire potentiel. Cette offre ne peut être acceptée par l'acquéreur ou donataire potentiel avant un délai de dix jours à compter de sa réception.

Le cédant ou donateur informe l'organisme de foncier solidaire de son intention de céder les droits réels immobiliers qu'il tient de son bail réel solidaire, dans les trente jours qui suivent la réception par lui de l'acceptation de l'offre préalable de cession ou donation des droits réels et sollicite l'agrément de l'acquéreur ou donataire par l'organisme de foncier solidaire. Il joint à sa demande l'offre préalable de cession ou de donation, les pièces permettant d'établir l'éligibilité de l'acquéreur ou du donataire choisi par lui, ainsi que le dossier de diagnostic immobilier prévu à l'article L. 271-4 du Code de la construction et de l'habitation.

Art. L. 255-10-1 *(Aj., L. n° 2018-1021, 23 nov. 2018)*. – Pour tout projet de vente des droits réels afférents au bien objet du bail réel solidaire au titre de l'article L. 255-3, l'avant-contrat mentionne expressément le caractère indissociable du contrat avec le bail réel solidaire signe avec l'organisme de foncier solidaire ainsi que le caractère temporaire du droit réel, la nouvelle durée du bail réel solidaire si l'organisme foncier solidaire agrée la transmission des droits réels, les conditions de délivrance de cet agrément par l'organisme de foncier solidaire, les modalités de calcul du prix de vente ou de la valeur donnée, telles que prévues au bail.

L'opérateur informe l'organisme de foncier solidaire de tout avant-contrat conclu dans les trente jours qui suivent sa signature. Il joint à sa demande l'avant-contrat et les pièces permettant d'établir l'éligibilité de l'acquéreur.

Art. L. 255-11 *(Aj., Ord. n° 2016-985, 20 juill. 2016)*. – La vente ou la donation de droits réels afférents au bien objet du bail réel solidaire est subordonnée à l'agrément de l'acquéreur ou du donataire par l'organisme de foncier solidaire.

L'organisme de foncier solidaire dispose d'un délai de deux mois à compter de la date de transmission de l'offre préalable de cession ou de donation pour délivrer son agrément. Celui-ci est fondé sur la vérification du respect des conditions d'éligibilité de l'acquéreur ou du donataire à la conclusion d'un bail réel solidaire définies à l'article L. 255-2, L. 255-3 ou L. 255-4, de la conformité de l'offre préalable de cession ou de donation avec le bail en vigueur, notamment du respect des stipulations concernant les modalités de calcul du prix de vente ou de l'évaluation des droits réels appartenant au vendeur ou au donateur, et le cas échéant, de la validité du plan de financement de l'acquisition.

Les règles fixées aux alinéas précédents sont prescrites à peine de nullité de la vente ou de la donation. La preuve du contenu et de la notification de l'offre préalable de vente ou de donation pèse sur le cédant ou le donateur.

Art. L. 255-11-1 *(Aj., L. n° 2018-1021, 23 nov. 2018)*. – Pour tout projet de vente des droits réels afférents au bien objet du bail réel solidaire au titre de l'article L. 255-3, l'organisme de foncier solidaire dispose d'un délai de deux mois a compter de la date de transmission de l'avant-contrat pour délivrer son agrément. Celui-ci est fonde sur la vérification du respect des conditions d'éligibilité de l'acquéreur a la conclusion d'un bail réel solidaire définies aux articles L. 255-2, L. 255-3 ou L. 255-4, de la conformité de l'avant-contrat avec le bail initial conclu entre l'opérateur et l'organisme de foncier solidaire, notamment du respect des stipulations concernant les modalités de calcul du prix de vente ou de l'évaluation des droits réels appartenant a l'opérateur et le cas échéant, de la validité du plan de financement de l'acquisition.

Les règles fixées au premier alinéa du présent article sont prescrites a peine de nullité de la vente. La preuve du contenu et de la notification de l'offre préalable de vente pèse sur l'opérateur.

Art. L. 255-12 *(Aj., Ord. n° 2016-985, 20 juill. 2016)*. – Si cet agrément est délivré, la durée du bail est de plein droit prorogée afin de permettre à tout nouveau preneur de bénéficier d'un droit réel d'une durée égale à celle prévue dans le contrat initial.

Art. L. 255-13 *(Aj., Ord. n° 2016-985, 20 juill. 2016 ; mod., L. n° 2018-1021, 23 nov. 2018)*. – En cas de refus d'agrément lors d'une cession, le cédant ou en cas de refus d'agrément lors d'une donation des droits réels immobiliers, le bail réel solidaire peut être résilie conventionnellement et le preneur est indemnise de la valeur de ses droits réels immobiliers, dans les conditions prévues par le bail. Les conditions d'acquisition respectent les modalités de calcul du prix de vente stipulées dans le bail. Dans le cas où l'organisme de foncier solidaire n'est pas en mesure de proposer un acquéreur dans les six mois suivant la demande du cédant, il se porte acquéreur des droits réels afférents au bien objet du bail réel solidaire.

Art. L. 255-14 *(Aj., Ord. n° 2016-985, 20 juill. 2016)*. – En cas du décès du preneur, les droits réels afférents au bien objet du bail réel solidaire sont transmis à son ayant droit. Le bail fait l'objet de plein droit d'une prorogation de telle manière que l'ayant droit bénéficie d'un bail d'une durée identique à celle prévue dans le bail initial, s'il répond aux conditions d'éligibilité mentionnées à l'article L. 255-2, L. 255-3 ou L. 255-4.

Ces conditions d'éligibilité ne sont pas opposables au conjoint survivant, quel que soit le régime matrimonial, ou au partenaire de pacte civil de solidarité.

Si l'ayant droit ne satisfait pas aux conditions d'éligibilité, il dispose d'un délai de douze mois à compter du décès pour céder les droits réels afférents au bien objet du bail réel solidaire à un acquéreur répondant aux conditions d'éligibilité susmentionnées et agréé par l'organisme de foncier solidaire. Ce délai peut être prorogé par l'organisme de foncier solidaire pour une durée correspondant aux délais de la régularisation par acte notarié de la cession des droits réels immobiliers. À défaut de cession dans ces délais, le bail réel solidaire est résilié et l'ayant droit est indemnisé par l'organisme de foncier solidaire de la valeur de ses droits réels immobiliers, dans les conditions prévues par le bail.

Art. L. 255-15 *(Aj., Ord. n° 2016-985, 20 juill. 2016)*. – L'organisme de foncier solidaire dispose d'un droit de préemption à son profit, mentionné dans le bail réel solidaire, à l'occasion de toute cession ou donation. Dans ce cas, il peut racheter les droits réels afférents au bien objet du bail réel solidaire ou les faire acquérir par un bénéficiaire répondant aux conditions d'éligibilité définies à l'article L. 255-2. L'organisme de foncier solidaire fait connaître sa décision d'exercer son droit de préemption dans un délai de deux mois à compter de la transmission de l'offre préalable de cession ou de donation. Ce délai est prorogé d'un mois en cas de refus de l'agrément.

Le preneur est indemnisé de la valeur de ses droits réels immobiliers dans le respect des modalités de calcul du prix de vente stipulées dans le bail et de la valeur maximale mentionnée à l'article L. 255-5.

Art. L. 255-16 *(Aj., Ord. n° 2016-985, 20 juill. 2016)*. – À l'expiration du bail, les droits réels immobiliers du preneur deviennent la propriété de l'organisme de foncier solidaire après indemnisation de la valeur de ses droits réels immobiliers, dans les conditions prévues par le bail et dans la limite de la valeur maximale mentionnée à l'article L. 255-5.

Dans les baux qu'il consent, le preneur du bail réel solidaire mentionne, en caractères apparents, la date d'extinction du bail réel solidaire et son effet sur le contrat de bail en cours.

À défaut de cette mention, les bénéficiaires du droit au bail d'habitation ont le droit de se maintenir dans les lieux pendant une durée de trente-six mois à compter de la date d'expiration du bail réel solidaire moyennant une indemnité d'occupation égale au dernier loyer d'habitation expiré et payable dans les mêmes conditions. Cette durée est réduite à douze mois pour les bénéficiaires de baux consentis en application des chapitres II et III du titre III du livre VI du présent code.

Section IV. – Sanctions

Art. L. 255-17 *(Aj., Ord. n° 2016-985, 20 juill. 2016)*. – Les baux réels solidaires conclus en méconnaissance de l'article L. 255-2, L. 255-3 ou L. 255-4 sont frappés de nullité.

Section V. – Dispositions générales

Art. L. 255-18 *(Aj., Ord. n° 2016-985, 20 juill. 2016)*. – Les dispositions des articles L. 271-1 et L. 271-2 relatives à la protection de l'acquéreur sont applicables aux actes conclus en vue de l'acquisition des droits réels afférents aux logements, objet du bail réel solidaire.

Art. L. 255-19 *(Aj., Ord. n° 2016-985, 20 juill. 2016)*. – Un décret en Conseil d'État détermine les modalités d'application du présent chapitre.

[..................]

Art. R. 254-4 *(Aj., D. n° 2016-855, 27 juin 2016)*. – L'immeuble, objet du bail réel immobilier, doit rester à destination principale de logement dans les conditions énoncées à l'article L. 254-1.

Le contrat de bail réel immobilier précise si l'immeuble, objet du contrat, peut accueillir des locaux destinés à des activités accessoires ainsi que leur proportion de surface de plancher, qui ne peut être supérieure à 25 % de celle de l'immeuble objet du bail réel immobilier.

Lorsque l'immeuble est soumis au statut de la copropriété, ces dispositions sont rapportées dans la section relative à la destination de l'immeuble du règlement de copropriété.

ANNEXE 10

BOÎTES AUX LETTRES

Code de la construction et de l'habitation

Art. L. 126-12 *(Aj. à compter du 1er janvier 2021, Ord. n° 2020-71, 29 janv. 2020).* – Pour l'application de l'article L. 5-10 du Code des postes et des communications électroniques, les propriétaires ou, en cas de copropriété, le syndicat représenté par le syndic permettent au prestataire du service universel postal et aux opérateurs titulaires de l'autorisation prévue à l'article L. 3 du même code d'accéder, selon des modalités identiques, aux boîtes aux lettres particulières.

Art. L. 126-13 *(Aj. à compter du 1er janvier 2021, Ord. n° 2020-71, 29 janv. 2020).* – Les porteurs et les vendeurs colporteurs de presse inscrits auprès du Conseil supérieur des messageries de presse, agissant pour le compte d'une entreprise de presse ou d'une société de portage de presse, titulaire de l'autorisation prévue à l'article L. 3 du Code des postes et des communications électroniques, ont accès aux boîtes aux lettres particulières selon les mêmes modalités que les agents chargés de la distribution au domicile agissant pour le compte des opérateurs mentionnés à l'article L. 126-12.

Code des postes et des communications électroniques

Art. L. 5-10 *(Mod., L. n° 2019-1063, 18 oct. 2019).* – Afin d'être en mesure d'assurer la distribution d'envois postaux, le prestataire du service universel et les titulaires de l'autorisation prévue à l'article L. 3 ont accès, selon des modalités identiques et définies par décret en Conseil d'État, pris après avis de l'Autorité de régulation des communications électroniques, des postes et de la distribution de la presse, aux boîtes aux lettres particulières.

Code de la construction et de l'habitation

Art. R. 113-2 *(Aj., D. n° 2021-872, 30 juin 2021).* – Pour leur desserte postale, les bâtiments d'habitation doivent être pourvus de boîtes aux lettres à raison d'une boîte aux lettres par logement.

S'il existe plusieurs logements, ces boîtes doivent être regroupées en ensembles homogènes.

Un arrêté conjoint du ministre chargé de la construction et de l'habitation et du ministre chargé des postes précise les modalités d'application des dispositions du présent article.

Arrêté du 29 juin 1979

relatif à l'équipement des bâtiments d'habitation en boîtes aux lettres

(JO 12 juill. 1979)

Art. 1er. – Les immeubles doivent être équipés d'un nombre de boîtes aux lettres au moins égal au nombre de logements et l'équipement doit être conforme aux normes françaises NF D 27-404 (pour installation intérieure) ou NF D 27-405 (pour installation extérieure) en vigueur à la date de la demande de permis de construire.

Art. 2. – L'implantation des équipements doit s'effectuer à l'adresse indiquée et au niveau accessible aux véhicules automobiles.

Tout ensemble comprenant plus de quarante boîtes doit être divisé en sous-ensembles facilement identifiables.

Les surfaces utiles à l'installation et l'utilisation de ces matériels doivent être aménagées dans des endroits libres d'accès pour le service postal, convenablement éclairés et exempts de tout danger.

I. RÉGLEMENTATION APPLICABLE

a) L'emplacement des boîtes aux lettres

Les boîtes aux lettres doivent être regroupées en ensembles homogènes réunissant au maximum quarante alvéoles, chaque ensemble étant identifiable par une adresse qui lui est propre.

Les boîtes doivent être situées dans le hall d'entrée ou dans une pièce spécialement réservée au service du courrier dit « local postal », situé au niveau accessible aux véhicules automobiles.

Dans tous les cas, l'accès aux installations doit être libre pour les préposés de la distribution, ce qui exclut tout dispositif d'ouverture de portes commandé à distance par les résidents.

b) L'installation des boîtes

Éventuellement, les batteries de boîtes aux lettres peuvent être incorporées dans un mur.

La face supérieure des « batteries » ne doit pas être à plus de 1,80 mètre du sol.

La face inférieure des batteries ne doit pas être à moins de 0,40 mètre du sol.

Un espace libre de 1,20 mètre doit être réservé devant la face de desserte des batteries.

Lorsqu'une batterie est pourvue de deux portes collectives, les serrures de ces portes doivent être en opposition droite et gauche, de telle manière que, portes ouvertes, le distributeur ait accès à la totalité des alvéoles sans être gêné par une porte.

Il est recommandé de constituer les batteries par rangées verticales de boîtes. Une batterie de 20 boîtes sera ainsi composée de 4 rangées verticales de 5 boîtes et une batterie de 40 boîtes de 8 rangées verticales.

Identification des usagers. - Un tableau indicateur doit être fixé à proximité de chaque ensemble de 40 boîtes au plus. Il doit :

- indiquer l'adresse précise de l'ensemble à desservir ;
- récapituler dans l'ordre alphabétique les noms de tous les résidents et des tiers hébergés ;
- porter en regard de chaque nom l'indication du numéro de la boîte aux lettres et l'emplacement de l'appartement dans les étages.

Les instructions doivent avoir une hauteur minimale de 2,5 millimètres.

Éclairage des installations. - L'éclairage doit être suffisant pour permettre la lecture des indications :

- sur le tableau indicateur ;
- sur les boîtes aux lettres ;
- sur les correspondances.

Il a été précisé qu'il n'était pas envisagé de rendre obligatoire la pose de boîtes aux lettres normalisées dans les immeubles anciens (Rép. min., 21 mai 2001 : *JOAN* p. 2995, n° 55114 ; *Rev. Administrer* juill. 2001, p. 55).

II. LES BOÎTES AUX LETTRES ET LA COPROPRIÉTÉ

Dans les immeubles collectifs placés sous le régime de la copropriété (L. 10 juill. 1965), on peut rencontrer deux grands types de difficultés, selon que les boîtes aux lettres existantes sont des installations privées ou communes.

A. Premier cas. – Il existe des boîtes aux lettres privées (installées par les copropriétaires), mais elles ne sont pas conformes aux normes

La situation peut se rencontrer dans un immeuble « ancien ».

– Le syndicat n'a pas le pouvoir d'imposer aux copropriétaires le remplacement de leurs boîtes aux lettres (■ TGI Lyon, 13 mai 1975 : *JCP* N 1976, II, 18398). Il pourrait cependant demander aux copropriétaires de les enlever si elles sont installées dans les parties communes, pour permettre d'y placer de nouvelles boîtes aux lettres communes...

Mais rien n'empêche les copropriétaires de se mettre d'accord pour décider d'installer de nouvelles boîtes « normalisées », ce qui leur permettra de faire des achats groupés et d'obtenir de meilleures conditions... Si cette installation s'opère sur des parties communes, ils devront demander à l'assemblée une autorisation d'installer les nouvelles boîtes aux lettres (L. 10 juill. 1965, art. 25 *b*).

Le copropriétaire d'une simple remise et non d'un logement n'est pas fondé à demander l'autorisation d'installer une boîtes aux lettres dans les parties communes de l'immeuble (■ CA

Paris, pôle 4, 2e ch., 6 janv. 2016, n° 14/12456 : *JurisData* n° 2016-000491 ; *Loyers et copr.* 2016, n° 135, obs. G. Vigneron).

– Par contre, le syndicat peut décider d'installer des boîtes aux lettres communes, aux frais de la copropriété. À quelle majorité la décision doit-elle alors être prise ?

• À la majorité de l'article 26 de la loi du 10 juillet 1965 (majorité en nombre des copropriétaires représentant au moins les deux tiers des voix...) si l'immeuble a été édifié en vertu d'un permis de construire délivré avant le 12 juillet 1979. Le cas échéant, la majorité réduite prévue par l'article 26-1 (« passerelle ») sera applicable.

En effet, il n'existe alors aucune obligation légale pour la copropriété de modifier l'installation existante. Il s'agit d'une « adjonction d'éléments d'équipements communs » qui s'analyse en une « amélioration » par rapport à l'état de chose antérieur (cas visé par l'art. 30, L. 10 juill. 1965. – V. ▪ Cass. 3e civ., 10 mai 1984 : *Rev. Administrer*, janv. 1985, p. 37).

• À la majorité de l'article 25 (avec application éventuelle de la majorité réduite prévue par l'article 25-1) s'il s'agit d'un immeuble édifié en vertu d'un permis de construire délivré après le 12 juillet 1979.

On est alors en présence de « travaux » qui doivent être obligatoirement effectués par la copropriété pour satisfaire aux normes légales (cas visé par l'art. 25 e, L. 10 juill. 1965).

Si le bailleur s'est engagé vis-à-vis de son locataire à installer des boîtes aux lettres privatives, il ne peut invoquer pour se dispenser de respecter son engagement, ni la mise en copropriété qu'il a lui-même décidée, ni le vote défavorable des copropriétaires. Ces événements ne sont pas constitutifs de la force majeure (▪ Cass. 3e civ., 3 oct. 2012, n° 11-22.308, FS-D : *JurisData* n° 2012-022335 ; *Loyers et copr.* 2012, comm. 317, note B. Vial-Pédroletti).

Si le bailleur, en violation de la réglementation, qui impose une boîte aux lettres par logement, se refuse à installer une boîte aux lettres pour son locataire, sauf augmentation de loyer, il commet une faute. Mais ce refus cause seulement un préjudice moral au preneur, s'il ne démontre pas qu'en raison de l'absence de boîte aux lettres individuelle, son courrier, déposé dans une boîte aux lettres commune, ne lui serait pas parvenu (▪ CA Paris, 6e ch., C, 9 sept. 2008, n° 06/09509 : *JurisData* n° 2008-369684 ; *Loyers et copr.* 2008, n° 276).

B. Deuxième cas. – Il existe des boîtes aux lettres communes

Le syndicat a alors tout pouvoir de décision en ce qui les concerne.

Il pourra donc soit décider de conserver les boîtes aux lettres existantes, s'il n'existe aucune obligation de les remplacer (cas d'un immeuble dont la demande de permis de construire est antérieure au 12 juill. 1979), soit décider d'installer de nouvelles boîtes aux lettres. En ce cas, la décision sera prise soit à la majorité de l'article 26 de la loi du 10 juillet 1965, soit à la majorité de l'article 25 (V. ci-dessus) selon que la modification de l'installation existante est ou non obligatoire.

Bibliographie : *Pour une étude d'ensemble. Boîtes aux lettres, des normes à respecter : Le Particulier immobilier* oct. 1986, p. 14 et s. • *Boîtes aux lettres, sécurité d'abord* par V. Biron, *Le Particulier immobilier* avr. 1995, p. 31 et s. • P.-L. Vidal, *La normalisation des boîtes aux lettres d'immeubles, facteur d'insécurité des correspondances : Administrer* juin 2012, p. 28.

III. – ACCÈS DES HUISSIERS DE JUSTICE AUX BOÎTES AUX LETTRES

Voir : Annexe 58, « Huissiers de justice », p. 1487.

ANNEXE 11

BRUIT

I. - Protection contre les bruits de voisinage .... p. 1031
Textes .... p. 1031
II. - Travaux d'isolation phonique à l'occasion de gros travaux de rénovation des bâtiments (Travaux « embarqués ») .... p. 1038

1) Adresses utiles. CIDB, Centre d'information et de documentation sur le bruit, 12-14, rue Jules-Bourdais, 75017 Paris, tél. 01 47 64 64 64 – Site http://www.infobruit.org. – GIAC : groupe des ingénieries acoustiques (regroupant des spécialistes du diagnostic), 3, rue Léon-Bonnat, 75016 Paris, tél. 01 44 30 49 44. – Préfecture de police de Paris : Direction de la protection du public, bureau chargé de la lutte contre les nuisances : 12, quai de Gesvres, 75195 Paris RP, tél. 01 53 71 40 06.

Bibliographie : *Dossier spécial sur le bruit. Inf. rap. copr.* avr. 2001. – *Améliorer la qualité acoustique des logements : les solutions pour faire échec au bruit : Rev. hab. fr.* oct. 2000, p. 21. – A. Valdès, *Le bruit affectant l'habitat : Inf. rap. copr.* avr. 2001, p. 10. – B. Quignard, *Limiter les nuisances acoustiques, les précautions à prendre : Inf. rap. copr.* avr. 2001, p. 19. – E. Vichrova, *Confort acoustique, solutions pour circonscrire le bruit : Inf. rap. copr.* avr. 2001, p. 23. – P. Maes, *Renforcer l'acoustique des baies vitrées : Inf. rap. copr.* avr. 2001, p. 27 ; *Maisons et habitat* : Dossier spécial sur le bruit, nov.-déc. 2002, p. 14 et s.

Dossier spécial sur le bruit. publié par la *Revue Administrer, mars 2003 : à signaler dans ce dossier.* – L. Ascensi, *Le droit pénal face aux nuisances sonores*, p. 34 et s. – J.-R. Bouyeure, *Le bruit dans les rapports de voisinage, les recours civils*, p. 27 et s. – T. Eoche-Duval, *Voisinage, savoir vivre en copropriété : Le Particulier immobilier* févr. 2003, p. 44. – M.-J. Brun-Mayer, *Le bruit et la copropriété : Inf. rap. copr.* juill.-août 2004, p. 29. – J. Bergel-Hatchuel, *Le coût du bruit : panorama jurisprudentiel sur les nuisances acoustiques : Gaz. Pal.* 4-6 déc. 2005, p. 40. – G. Vigneron, *Bruit et odeurs : Inf. rap. copr.* mai 2010, p. 13.

Voir aussi : D. Pipard et J.-P. Gualezzi, *Les communes et le bruit*, éd. du Moniteur, déc. 2003. – *Confort sonore des logements existants* : brochure du Centre d'information et de documentation sur le bruit (CIDB), 2010 (disponible sur le site du Centre). – 7 points de vigilance à observer en matière de bruit : http://www.développement-durable.gouv.fr/vigilance-bruit. – Fiches Juribruit sur le site du Centre d'information et de documentation sur le bruit dans la rubrique « Bruits de voisinage ». – Ph. Boulisset, *Le maire et les bruits de voisinage : Ann. loyers* 2022, p. 47.

2) Nous ne mentionnerons ici que les textes concernant les bruits de voisinage, qui intéressent plus particulièrement la vie des copropriétés (V. sur un autre plan en ce qui concerne l'isolation acoustique des logements : E. Vichrova, *De nouvelles exigences pour se protéger contre le bruit : Inf. rap. copr.* avr. 1996, p. 26 et s. et du même auteur, *Pour améliorer l'isolation acoustique des logements : Inf. rap. copr.* mars 1997, p. 27 et s.).

I. – PROTECTION CONTRE LES BRUITS DE VOISINAGE

TEXTES

NB : On trouvera sur le site du Centre d'information et de documentation sur le bruit (http://www.infobruit.org) un inventaire complet des textes régissant la matière, des brochures d'information et la jurisprudence concernant ce contentieux particulier. On peut consulter également le mot « Pollution sonore » dans l'encyclopédie Wikipedia sur internet.

Voir aussi : Votre logement et le bruit : sept points de vigilance à observer en matière de bruit en vue de la location ou de l'acquisition d'un logement, sur le site : www.developpement-durable.gouv.fr/vigilance-bruit/index.php.

NB : Les diverses dispositions ayant pour objet de prévenir, supprimer ou limiter l'émission ou la propagation sans nécessité ou par manque de précautions des bruits ou des vibrations de nature à présenter des dangers, à causer un trouble excessif aux personnes, à nuire à leur santé ou à porter atteinte à l'environnement. ont été regroupées sous les articles L. 571-1 à L. 571-26 du Code de l'environnement.

Code de l'environnement

Art. R. 571-97. – Les infractions aux règles relatives à la lutte contre les bruits de voisinage sont réprimées conformément aux articles R. 1337-6 à R. 1337-10-1 du Code de la santé publique.

Code de la santé publique

Art. L. 1336-1 *(Ord. n° 2005-1087, 1er sept. 2005 ; abr. à compter d'une date et dans les conditions fixées par décret et au plus tard le 1er juill. 2010 ; Ord. n° 2010-18, 7 janv. 2010 ; rétabli dans la version suivante, L. n° 2016-41, 26 janv. 2016).* **– Les activités impliquant la diffusion de sons à un niveau sonore élevé, dans tout lieu public ou recevant du public, clos ou ouvert, sont exercées de façon à protéger l'audition du public et la santé des riverains.**

Les modalités d'application du présent article sont fixées par décret en Conseil d'État.

(........)

Art. R. 1336-4 *(Anc. art. R. 1334-30 aj., D. n° 2006-1099, 31 août 2006 ; dénum. et rempl., D. n° 2017-1244, 7 août 2017).* **– Les dispositions des articles R. 1336-5 à R. 1336-11 s'appliquent à tous les bruits de voisinage à l'exception de ceux qui proviennent des infrastructures de transport et des véhicules qui y circulent, des aéronefs, des activités et installations particulières de la défense nationale, des installations nucléaires de base, des installations classées pour la protection de l'environnement ainsi que des ouvrages des réseaux publics et privés de transport et de distribution de l'énergie électrique soumis à la réglementation prévue à l'article 19 de la loi du 15 juin 1906 sur les distributions d'énergie.**

Lorsqu'ils proviennent de leur propre activité ou de leurs propres installations, sont également exclus les bruits perçus à l'intérieur des mines, des carrières, de leurs dépendances et des établissements mentionnés aux articles L. 4111-1 et L. 4111-3 du Code du travail à l'exclusion de ceux exerçant une activité définie à l'article R. 1336-1.

Des prescriptions applicables aux lieux ouverts au public ou recevant du public accueillant des activités de diffusion de sons amplifiés à des niveaux sonores élevés sont énoncées aux articles R. 571-25 et suivants du Code de l'environnement.

Art. R. 1336-5 *(Anc. art. R. 1334-31 aj., D. n° 2006-1099, 31 août 2006 ; dénum. et rempl., D. n° 2017-1244, 7 août 2017).* **– Aucun bruit particulier ne doit, par sa durée, sa répétition ou son intensité, porter atteinte à la tranquillité du voisinage ou à la santé de l'homme, dans un lieu public ou privé, qu'une personne en soit elle-même à l'origine ou que ce soit par l'intermédiaire d'une personne, d'une chose dont elle a la garde ou d'un animal placé sous sa responsabilité.**

Art. R. 1336-6 *(Anc. art. R. 1334-32 aj., D. n° 2006-1099, 31 août 2006 ; dénum. et rempl., D. n° 2017-1244, 7 août 2017).* **– Lorsque le bruit mentionné à l'article R. 1336-5 a pour origine une activité professionnelle autre que l'une de celles mentionnées à l'article R. 1336-10 ou une activité sportive, culturelle ou de loisir, organisée de façon habituelle ou soumise à autorisation, l'atteinte à la tranquillité du voisinage ou à la santé de l'homme est caractérisée si l'émergence globale de ce bruit perçu par autrui, telle que définie à l'article R. 1336-7, est supérieure aux valeurs limites fixées au même article.**

Lorsque le bruit mentionné à l'alinéa précédent, perçu à l'intérieur des pièces principales de tout logement d'habitation, fenêtres ouvertes ou fermées, est engendré par des équipements d'activités professionnelles, l'atteinte est également caractérisée si l'émergence spectrale de ce bruit, définie à l'article R. 1336-8, est supérieure aux valeurs limites fixées au même article.

Toutefois, l'émergence globale et, le cas échéant, l'émergence spectrale ne sont recherchées que lorsque le niveau de bruit ambiant mesuré, comportant le bruit particulier, est supérieur à 25 décibels pondérés A si la mesure est effectuée à l'intérieur des pièces principales d'un logement d'habitation, fenêtres ouvertes ou fermées, ou à 30 décibels pondérés A dans les autres cas.

Art. R. 1336-7 *(Anc. art. R. 1334-33 aj., D. n° 2006-1099, 31 août 2006 ; dénum. et rempl., D. n° 2017-1244, 7 août 2017).* – L'émergence globale dans un lieu donné est définie par la différence entre le niveau de bruit ambiant, comportant le bruit particulier en cause, et le niveau du bruit résiduel constitué par l'ensemble des bruits habituels, extérieurs et intérieurs, correspondant à l'occupation normale des locaux et au fonctionnement habituel des équipements, en l'absence du bruit particulier en cause.

Les valeurs limites de l'émergence sont de 5 décibels pondérés A en période diurne (de 7 heures à 22 heures) et de 3 décibels pondérés A en période nocturne (de 22 heures à 7 heures), valeurs auxquelles s'ajoute un terme correctif en décibels pondérés A, fonction de la durée cumulée d'apparition du bruit particulier :

1° Six pour une durée inférieure ou égale à 1 minute, la durée de mesure du niveau de bruit ambiant étant étendue à 10 secondes lorsque la durée cumulée d'apparition du bruit particulier est inférieure à 10 secondes ;
2° Cinq pour une durée supérieure à 1 minute et inférieure ou égale à 5 minutes ;
3° Quatre pour une durée supérieure à 5 minutes et inférieure ou égale à 20 minutes ;
4° Trois pour une durée supérieure à 20 minutes et inférieure ou égale à 2 heures ;
5° Deux pour une durée supérieure à 2 heures et inférieure ou égale à 4 heures ;
6° Un pour une durée supérieure à 4 heures et inférieure ou égale à 8 heures ;
7° Zéro pour une durée supérieure à 8 heures.

Art. R. 1336-8 *(Anc. art. R. 1334-34 aj., D. n° 2006-1099, 31 août 2006 ; dénum. et rempl., D. n° 2017-1244, 7 août 2017).* – L'émergence spectrale est définie par la différence entre le niveau de bruit ambiant dans une bande d'octave normalisée, comportant le bruit particulier en cause, et le niveau de bruit résiduel dans la même bande d'octave, constitué par l'ensemble des bruits habituels, extérieurs et intérieurs, correspondant à l'occupation normale des locaux mentionnés au deuxième alinéa de l'article R. 1336-6, en l'absence du bruit particulier en cause.

Les valeurs limites de l'émergence spectrale sont de 7 décibels dans les bandes d'octave normalisées centrées sur 125 Hz et 250 Hz et de 5 décibels dans les bandes d'octave normalisées centrées sur 500 Hz, 1 000 Hz, 2 000 Hz et 4 000 Hz.

Art. R. 1336-9 *(Anc. art. R. 1334-35 aj., D. n° 2006-1099, 31 août 2006 ; dénum. et rempl., D. n° 2017-1244, 7 août 2017).* – Les mesures de bruit mentionnées à l'article R. 1336-6 sont effectuées selon les modalités définies par arrêté des ministres chargés de la santé, de l'écologie et du logement.

Art. R. 1336-10 *(Anc. art. R. 1334-36 aj., D. n° 2006-1099, 31 août 2006 ; dénum. et rempl., D. n° 2017-1244, 7 août 2017).* – Si le bruit mentionné à l'article R. 1336-5 a pour origine un chantier de travaux publics ou privés, ou des travaux intéressant les bâtiments et leurs équipements soumis à une procédure de déclaration ou d'autorisation, l'atteinte à la tranquillité du voisinage ou à la santé de l'homme est caractérisée par l'une des circonstances suivantes :

1° Le non-respect des conditions fixées par les autorités compétentes en ce qui concerne soit la réalisation des travaux, soit l'utilisation ou l'exploitation de matériels ou d'équipements ;
2° L'insuffisance de précautions appropriées pour limiter ce bruit ;
3° Un comportement anormalement bruyant.

Art. R. 1336-11 *(Anc. art. R. 1334-37 aj., D. n° 2006-1099, 31 août 2006 ; dénum. et rempl., D. n° 2017-1244, 7 août 2017).* – Lorsqu'elle a constaté l'inobservation des dispositions prévues aux articles R. 1336-6 à R. 1336-10, l'autorité administrative compétente peut prendre une ou plusieurs des mesures prévues à l'article L. 171-8 du Code de l'environnement.

Art. R. 1336-12 *(Aj., D. n° 2017-1244, 7 août 2017).* – Pour son application à Saint-Barthélemy, le premier alinéa de l'article R. 1336-2 est ainsi rédigé :

« Les contrôles de l'application des dispositions de l'article R. 1336-1 et de l'arrêté pris pour leur application sont réalisés, outre par les officiers et agents de police judiciaire, par les agents chargés du contrôle mentionnés aux 1° et 2° du I et au II de l'article L. 571-18 du Code de l'environnement, sans préjudice des contrôles réalisés par les agents de la collectivité et de ses établissements publics en application de la réglementation prévue localement. »

Art. R. 1336-13 *(Aj., D. n° 2017-1244, 7 août 2017).* – Pour l'application à Mayotte de l'article de l'article R. 1336-4, les références aux articles L. 4111-1 et L. 4111-3 du Code du travail sont remplacées par la référence à l'article L. 233-1 du Code du travail de Mayotte.

....

Dispositions pénales

Art. R. 1337-6 *(Anc. art. R. 1336-6, dénum. et mod., D. n° 2006-676, 8 juin 2006 ; rempl., D. n° 2006-1099, 31 août 2006 ; mod., D. n° 2017-1244, 7 août 2017).* – Est puni de la peine d'amende prévue pour les contraventions de la cinquième classe :

1° Le fait, lors d'une activité professionnelle ou d'une activité culturelle, sportive ou de loisir organisée de façon habituelle ou soumise à autorisation, et dont les conditions d'exercice relatives au bruit n'ont pas été fixées par les autorités compétentes, d'être à l'origine d'un bruit de voisinage dépassant les valeurs limites de l'émergence globale ou de l'émergence spectrale conformément à l'article R. 1336-6 ;

2° Le fait, lors d'une activité professionnelle ou d'une activité culturelle, sportive ou de loisir organisée de façon habituelle ou soumise à autorisation, dont les conditions d'exercice relatives au bruit ont été fixées par les autorités compétentes, de ne pas respecter ces conditions ;

3° Le fait, à l'occasion de travaux prévus à l'article R. 1336-10, de ne pas respecter les conditions de leur réalisation ou d'utilisation des matériels et équipements fixées par les autorités compétentes, de ne pas prendre les précautions appropriées pour limiter le bruit ou d'adopter un comportement anormalement bruyant.

Art. R. 1337-7 *(Anc. art. R. 1336-7, dénum., D. n° 2006-676, 8 juin 2006 ; rempl., D. n° 2006-1099, 31 août 2006 ; mod., D. n° 2017-1244, 7 août 2017 ; à compter du 1er octobre 2023, D. n° 2023-695, 9 juill. 2023).* – Est puni de la peine d'amende prévue pour les contraventions de la quatrième classe le fait d'être à l'origine d'un bruit particulier, autre que ceux relevant de l'article R. 1337-6, de nature à porter atteinte à la tranquillité du voisinage ou à la santé de l'homme dans les conditions prévues à l'article R. 1336-5.

Art. R. 1337-8 *(Anc. art. R. 1336-8, dénum. et mod., D. n° 2006-676, 8 juin 2006 ; rempl., D. n° 2006-1099, 31 août 2006).* – Les personnes physiques coupables des infractions prévues aux articles R. 1337-6 et R. 1337-7 encourent également la peine complémentaire de confiscation de la chose qui a servi ou était destinée à commettre l'infraction ou de la chose qui en est le produit.

Art. R. 1337-9 *(Anc. art. R. 1336-9, mod., D. n° 2004-802, 29 juill. 2004 ; dénum., D. n° 2006-676, 8 juin 2006 ; rempl., D. n° 2006-1099, 31 août 2006).* – Le fait de faciliter sciemment, par aide ou assistance, la préparation ou la consommation des contraventions prévues aux articles R. 1337-6 et R. 1337-7 est puni des mêmes peines.

Art. R. 1337-10 *(Anc. art. R. 1336-10, dénum., D. n° 2006-676, 8 juin 2006 ; rempl., D. n° 2006-1099, 31 août 2006 ; mod. D. n° 2010-671, 18 juin 2010).* – Les personnes morales reconnues pénalement responsables, dans les conditions prévues à l'article 121-2 du Code pénal, des infractions prévues à la présente section encourent, outre l'amende suivant les modalités prévues par l'article L. 131-41 du Code pénal, la peine de confiscation de la chose qui a servi ou était destinée à commettre l'infraction ou de la chose qui en est le produit.

Art. R. 1337-10-1 *(D. n° 2006-1099, 31 août 2006).* – La récidive des infractions prévues à l'article R. 1337-6 est punie conformément aux dispositions des articles 132-11 et 132-15 du Code pénal.

Art. R. 1337-10-2 *(D. n° 2007-1467, 12 oct. 2007 ; mod., D. n° 2017-1244, 7 août 2017).* – Sont habilités à constater et à rechercher les infractions au bruit de voisinage, outre les agents mentionnés à l'article R. 1312-1 dans les conditions fixées par les articles R. 1312-2 à R. 1312-7, les autres agents des communes dans les conditions fixées par les articles R. 571-92 à R. 571-93 du Code de l'environnement.

Code pénal

Art. 222-16 *(Mod., L. n° 2003-239, 18 mars 2003 ; L. n° 2014-873, 4 août 2014 ; L. n° 2020-936, 30 juill. 2020).* – Les [...] agressions sonores en vue de troubler la tranquillité d'autrui, sont punis d'un an d'emprisonnement et de 15 000 € d'amende.

Lorsqu'ils sont commis par le conjoint ou le concubin ou le partenaire lié à la victime par un pacte civil de solidarité, ces faits sont punis de trois ans d'emprisonnement et de 45 000 € d'amende.

NB : Sur ce texte, voir la recension de jurisprudence figurant sur le site du Centre d'information et de documentation sur le bruit (www.infobruit.org).

....

Art. R. 623-2. – Les bruits ou tapages injurieux ou nocturnes troublant la tranquillité d'autrui sont punis de l'amende prévue pour les contraventions de la 3e classe.

Les personnes coupables des contraventions prévues au présent article encourent également la peine complémentaire de confiscation de la chose qui a servi ou était destinée à commettre l'infraction.

Le fait de faciliter sciemment, par aide ou assistance, la préparation ou la consommation des contraventions prévues au présent article est puni des mêmes peines.

Code de la sécurité intérieure

Art. L. 132-7. – Lorsque des faits sont susceptibles de porter atteinte au bon ordre, à la sûreté, à la sécurité ou à la salubrité publiques, le maire ou son représentant désigné dans les conditions prévues à l'article L. 2122-18 peut procéder verbalement à l'endroit de leur auteur au rappel des dispositions qui s'imposent à celui-ci pour se conformer à l'ordre et à la tranquillité publics, le cas échéant en le convoquant en mairie.

Le rappel à l'ordre d'un mineur intervient, sauf impossibilité, en présence de ses parents, de ses représentants légaux ou, à défaut, d'une personne exerçant une responsabilité éducative à l'égard de ce mineur.

....

TITRE III. – Fermeture administrative de certains établissements

CHAPITRE Ier. – Débits de boissons et restaurants

Art. L. 331-1. – Les conditions dans lesquelles le représentant de l'État dans le département, le préfet de police à Paris et le ministre de l'Intérieur peuvent ordonner la fermeture d'un débit de boissons ou d'un restaurant, notamment en cas d'atteinte à l'ordre public, à la santé, à la tranquillité ou à la moralité publiques, sont définies aux articles L. 3332-15 et L. 3332-16 du Code de la santé publique.

CHAPITRE II. – Établissements de vente à emporter de boissons alcoolisées ou d'aliments préparés sur place

Art. L. 332-1 *(Mod., L. n° 2019-1461, 27 déc. 2019).* – Les établissements fixes ou mobiles de vente à emporter de boissons alcoolisées ou d'aliments assemblés et préparés sur place, destinés à une remise immédiate au consommateur, dont l'activité cause un trouble à l'ordre, la sécurité ou la tranquillité publics peuvent faire l'objet d'un arrêté de fermeture administrative d'une durée n'excédant pas trois mois pris par le représentant de l'État dans le département ou, à Paris, par le préfet de police.

Au vu des circonstances locales, le représentant de l'État dans le département peut déléguer par arrêté à un maire qui en fait la demande l'exercice, sur le territoire de sa commune, des prérogatives mentionnées au premier

alinéa. Le représentant de l'État dans le département peut mettre fin à cette délégation, dans les mêmes conditions, à la demande du maire ou à son initiative.

Les prérogatives déléguées au maire en application du deuxième alinéa sont exercées au nom et pour le compte de l'État. Le maire transmet au représentant de l'État dans le département, dans un délai de trois jours à compter de leur signature, les arrêtés de fermeture qu'il prend au titre de ces prérogatives. Le représentant de l'État dans le département peut ordonner la fermeture administrative d'un établissement, après une mise en demeure du maire restée sans résultat.

CHAPITRE III. – Établissements diffusant de la musique

Art. L. 333-1 *(Mod., L. n° 2019-1461, 27 déc. 2019)*. – **Les établissements diffusant de la musique, dont l'activité cause un trouble à l'ordre, la sécurité ou la tranquillité publics, peuvent faire l'objet d'un arrêté de fermeture administrative d'une durée n'excédant pas trois mois par le représentant de l'État dans le département ou, à Paris, par le préfet de police.**

Au vu des circonstances locales, le représentant de l'État dans le département peut déléguer par arrêté à un maire qui en fait la demande l'exercice, sur le territoire de sa commune, des prérogatives mentionnées au premier alinéa. Le représentant de l'État dans le département peut mettre fin à cette délégation, dans les mêmes conditions, à la demande du maire ou à son initiative.

Les prérogatives déléguées au maire en application du deuxième alinéa sont exercées au nom et pour le compte de l'État. Le maire transmet au représentant de l'État dans le département, dans un délai de trois jours à compter de leur signature, les arrêtés de fermeture qu'il prend au titre de ces prérogatives. Le représentant de l'État dans le département peut ordonner la fermeture administrative d'un établissement, après une mise en demeure du maire restée sans résultat.

CHAPITRE IV. – Dispositions pénales

Art. L. 334-1. – **Le fait, pour le propriétaire ou l'exploitant, malgré une mise en demeure du représentant de l'État dans le département, ou, à Paris, du préfet de police, d'avoir à se conformer à l'arrêté pris en application de l'article L. 332-1, de ne pas procéder à la fermeture de l'établissement est puni de 3 750 euros d'amende.**

Art. L. 334-2. – **Le fait, pour le propriétaire ou l'exploitant, malgré une mise en demeure du représentant de l'État dans le département, ou, à Paris, du préfet de police, d'avoir à se conformer à l'arrêté pris en application de l'article L. 333-1, de ne pas procéder à la fermeture de l'établissement est puni de 3 750 euros d'amende.**

I – BRUITS LIÉS AU COMPORTEMENT

1) En ce qui concerne les bruits liés au comportement et donc constatés sans mesure acoustique, une circulaire du 27 février 1996 (*JO* 7 avr., p. 5474) prise pour l'application du décret n° 95-408 du 18 avril 1995 (*JO* 19 avr.) donnait les précisions suivantes :

« L'article R. 48-2 (devenu art. R. 1336-7) du Code de la santé publique caractérise les éléments constitutifs de l'infraction. Tout bruit de voisinage lié au comportement d'une personne ou d'une chose dont elle a la garde ou d'un animal placé sous sa responsabilité pourra être constaté et sanctionné, sans qu'il soit besoin de procéder à des mesures acoustiques, dès lors que le bruit engendré est de nature à porter atteinte à la tranquillité du voisinage par l'une des caractéristiques suivantes : la durée, la répétition ou l'intensité.

Tombent également sous le coup de cette infraction et pourront donc être également poursuivies les personnes qui ont sciemment facilité la préparation ou la consommation de cette infraction.

En outre, les personnes coupables de l'infraction encourent également la peine complémentaire de confiscation de la chose qui a servi ou était destinée à commettre l'infraction. Toutefois, cette mesure n'est du ressort que de l'autorité judiciaire.

Sont également considérés comme bruits de voisinage liés aux comportements : les bruits inutiles, désinvoltes ou agressifs pouvant provenir :

– des cris d'animaux et principalement les aboiements des chiens ;

– des appareils de diffusion du son et de la musique ;

– des outils de bricolage, de jardinage ;

– des appareils électroménagers ;

– des jeux bruyants pratiqués dans des lieux inadaptés ;

– de l'utilisation de locaux ayant subi des aménagements dégradant l'isolement acoustique ;

– des pétards et pièces d'artifice ;

– des activités occasionnelles, fêtes familiales, travaux de réparation ;

– de certains équipements fixes : ventilateurs, climatiseurs, pompes à chaleur, non liés à une activité fixée à l'article R. 48-3 (devenu art. R. 1336-8) du Code de la santé publique, etc.

Cette liste n'est pas limitative : son but est simplement de vous permettre de mieux cerner quel type de bruit entre dans cette catégorie. »

II – BRUITS LIÉS À DES ACTIVITÉS ORGANISÉES

2) En ce qui concerne les bruits liés à des activités organisées professionnelles, culturelles, sportives ou de loisirs, « L'article R. 48-3 (devenu art. R. 1336-8) du Code de la santé publique définit la catégorie de bruit pour laquelle l'infraction doit être caractérisée par le dépassement de l'émergence prévue à l'article R. 48-4 (devenu art. R. 1336-9), ce qui nécessite une mesure acoustique : il s'agit des bruits provoqués par des activités, professionnelles, culturelles, sportives ou de loisirs, organisées de manière habituelle ou soumises à autorisation. Au sein de cette catégorie, les activités – en principe les plus bruyantes – sont soumises à autorisation, en application de l'article 6 de la loi relative à la lutte contre le bruit, et la constatation de l'infraction sera alors subordonnée à une double condition : le dépassement de l'émergence prévue à l'article R. 48-4 (devenu art. R. 1336-9) et le non-respect des conditions d'exercice fixées par l'autorité compétente. »

1° Sont concernées par la seule condition de dépassement de l'émergence les activités habituelles dont le fonctionnement normal est peu bruyant ou qui ne font l'objet d'aucune prescription particulière de fonctionnement en matière de bruit telles que :

– les activités du secteur tertiaire ;

– les manifestations culturelles et de loisirs, concerts, cinémas, théâtres, expositions ;

– les compétitions sportives pédestres, à vélo, à voile ;

– les petits commerces et les ateliers artisanaux ou industriels utilisant du matériel normalement peu bruyant, etc.

2° Sont concernées par la double condition de dépassement de l'émergence et de non-respect des règles les activités professionnelles, culturelles, sportives ou de loisirs bruyantes soumises à des conditions d'exercice fixées par les autorités compétentes.

Des décrets et arrêtés spécifiques pris en application de l'article 6 de la loi relative à la lutte contre le bruit sont en cours de préparation et concerneront :

– les lieux diffusant de la musique ;

– les compétitions de sports mécaniques ;

– les sports et loisirs de plein air ;

– les chantiers ;

– les activités artisanales, industrielles ou commerciales non classées ;

– les activités incluses dans les arrêtés des maires ou des préfets pris en application des articles L. 2212-2 et L. 2214-4 du Code des communes ou de l'article L. 2 du Code de la santé publique sont aussi soumises à cette condition.

La circulaire précise que cette liste est donnée à titre indicatif et non pas limitatif.

III – TRAITEMENT DES RÉCLAMATIONS

3) Cette même circulaire indique en annexe qu'un « soin attentif doit être apporté à l'amélioration du traitement des réclamations relatives au bruit de voisinage ».

Le traitement amiable. Lorsqu'une infraction ne paraît pas clairement caractérisée, des solutions amiables doivent être recherchées. En effet, l'intervention d'un médiateur attentif et qualifié permet, dans la plupart des cas, d'obtenir des résultats satisfaisants, notamment pour ce qui concerne les conflits de voisinage occasionnés par un comportement trop désinvolte. Bien évidemment, les maires doivent exercer pleinement cette mission. L'expérience conduite par le ministère de l'Environnement auprès de villes pilotes a permis d'apprécier l'efficacité des interventions municipales.

Une nouvelle voie : la médiation pénale

Entre les poursuites pénales qui se révèlent longues et disproportionnées, et le classement sans suite qui équivaut à de véritables absolutions des coupables, une troisième voie est actuellement à l'essai : la médiation pénale. Le terme de *médiation* recouvre des expériences très différentes qui vont de la simple médiation de quartier à la véritable médiation judiciaire engagée sur la base d'une procédure pénale établie par procès-verbal.

À la demande du ministère public et avec l'aide d'un médiateur (une association de défense des victimes, par ex.), les magistrats du parquet tentent de mettre en place des solutions « librement négociées » entre les parties. La mise en place de ces services de médiation comporte bien des atouts : elle soulage de façon appréciable les tribunaux, et permet aussi d'éviter le classement sans suite tout en facilitant la « réparation » à l'égard des victimes. Cette procédure a aussi l'avantage de ne pas figer la victime et le coupable dans leurs rôles respectifs : elle favorise l'explication et parfois le dialogue.

Le traitement administratif. Les requérants doivent trouver auprès des services administratifs un accueil attentif. Les plaintes de bruit liées aux comportements et ne nécessitant pas de mesure sont normalement traitées au niveau local. Les plaintes liées aux activités et nécessitant une mesure acoustique sont traitées par les communes lorsqu'elles disposent de personnel compétent et de matériel homologué. Les communes qui n'ont ni l'un ni l'autre (...). Dans un souci de transparence et de compréhension des décisions prises par l'administration, il est souhaitable que le résultat des mesures acoustiques soit communiqué aux plaignants.

Le traitement pénal. Indépendamment du traitement administratif d'une réclamation, les personnes qui s'estiment victimes d'un préjudice peuvent déposer une plainte, soit au commissariat de police ou à la gendarmerie, soit directement auprès du procureur de la République. Il est donc impératif pour la constitution du dossier pénal que les plaignants puissent faire constater l'infraction commise par les agents habilités à le faire. Le ministère de la Justice a rédigé une circulaire pour sensibiliser les parquets afin que les dossiers ayant fait l'objet de procès-verbaux dûment rédigés reçoivent la suite judiciaire qui convient.

II. – TRAVAUX D'ISOLATION PHONIQUE À L'OCCASION DE GROS TRAVAUX DE RÉNOVATION DES BÂTIMENTS (TRAVAUX « EMBARQUÉS »)

Code de la construction et de l'habitation

Sous-section 2. – Caractéristiques acoustiques des bâtiments existants

Art. R. 154-4 ***(Aj., D. n° 2021-872, 30 juin 2021).*** **– I. - Le présent article s'applique aux bâtiments mentionnés à l'article R. 173-1 faisant l'objet de travaux de rénovation énergétique globale en application de l'article R. 173-2 ou de travaux de rénovation importants tels que définis aux articles R. 173-4 à R. 173-8, et qui figurent dans les zones de dépassement des valeurs limites sur les cartes de bruit routier et ferroviaire mentionnées aux articles R. 572-3 à R. 572-5 du Code de l'environnement ou qui sont situés dans une zone de bruit du plan de gêne sonore d'un aéroport mentionné aux article L. 571-15 et R. 571-66 du même code.**

II. - Lorsque ces travaux comprennent le remplacement ou la création de parois vitrées ou portes donnant sur l'extérieur de pièces principales de bâtiments d'habitation, de pièces de vie d'établissements d'enseignement, de locaux d'hébergement et de soins d'établissements de santé, ou de chambres d'hôtels, ces parois vitrées ou portes doivent respecter des performances acoustiques supérieures à un certain seuil.

III. - Lorsque ces travaux comprennent la réfection d'une toiture donnant directement sur des pièces principales de bâtiments d'habitation, des pièces de vie d'établissements d'enseignement, des locaux d'hébergement et de soins d'établissements de santé, ou des chambres d'hôtels, la toiture doit respecter des performances acoustiques supérieures à un certain seuil.

IV. - Lorsque les travaux portent sur l'isolation thermique de parois opaques donnant sur l'extérieur, ils ne doivent pas avoir pour effet de réduire l'isolation aux bruits extérieurs des pièces principales des bâtiments d'habitation, des pièces de vie d'établissements d'enseignement, des locaux d'hébergement et de soins d'établissements de santé, et des chambres d'hôtels.

V. - Un arrêté des ministres chargés de la construction, de l'écologie, des transports terrestres et de l'aviation civile définit les modalités d'application du présent article, notamment les seuils à respecter ***(V. A. 13 avr. 2017, NOR : LHAL1617568A : JO 20 avr.).***

ANNEXE 12

CARENCE DU SYNDICAT

I. – Remise en état des équipements collectifs .... p. 1039
II. – Procédure de sauvegarde .... p. 1041
III. – Expropriation de l'immeuble .... p. 1044
IV. – Privilèges de l'opérateur .... p. 1048

I. – REMISE EN ÉTAT DES ÉQUIPEMENTS COLLECTIFS

La loi d'orientation et de programmation pour la ville et la rénovation urbaine *(L. n° 2003-710, 1er août 2003, art. 18 : JO 2 août)* a créé une procédure applicable lorsque, du fait de la carence de propriétaires d'immeubles collectifs à usage principal d'habitation, l'entretien des équipements communs n'est plus assuré et que ces équipements présentent de ce fait un fonctionnement défectueux ou un défaut d'entretien de nature à créer des risques sérieux pour la sécurité des occupants, ou à compromettre gravement leurs conditions d'habitation.

Les dispositions correspondantes ont été codifiées au Code de la construction et de l'habitation. Elles ont été modifiées depuis lors par la loi « ENL » du 13 juillet 2006. Ces dispositions ont été modifiées postérieurement à plusieurs reprises et en dernier lieu par la loi n° 2024-322 du 9 avril 2024.

Bibliographie : C.-M. Dubois-Spaenlé et M. Dahmane, *Les copropriétés dégradées face à la crise économique : la procédure de constat de l'état de carence : Actes prat. ing. immobilière* 2024, n° 2, dossier 15.

NB : Les articles L. 129-1 à L. 129-7, abrogés par l'ordonnance n° 2020-71 du 29 janvier 2020, dans le cadre de la refonte du Code de la construction de l'habitation, restent néanmoins en vigueur jusqu'au 30 juin 2021. À la suite de la refonte du Code de la construction et de l'habitation par l'ordonnance n° 2020-71 du 29 janvier 2020, ils ont été remplacés à compter du 1er juillet 2021 par les articles L. 126-7 à L. 126-11 nouveaux dudit code.

Code de la construction et de l'habitation

Art. L. 126-7 *(Aj. à compter du 1er juillet 2021, Ord. n° 2020-71, 29 janv. 2020)*. **– Lorsque, du fait de la carence du ou des propriétaires, des équipements communs d'un bâtiment collectif à usage principal d'habitation présentent un fonctionnement défectueux ou un défaut d'entretien de nature à créer des risques sérieux pour la sécurité des occupants ou à compromettre gravement leurs conditions d'habitation, le maire peut, par arrêté, prescrire leur remise en état de fonctionnement ou leur remplacement, en fixant le délai imparti pour l'exécution de ces mesures.**

(*Al. mod. à compter du 1er juillet 2023, Ord. n° 2021-1189, 15 sept. 2021*) L'arrêté est notifié aux propriétaires et aux titulaires de droits réels immobiliers sur les locaux tels qu'ils figuront au fichier immobilier. Lorsque l'immeuble est la propriété d'une société civile dont les parts donnent droit ou non à l'attribution ou à la jouissance en propriété des locaux, la notification est faite au gérant tel qu'il figure au registre du commerce et des sociétés où la société est immatriculée. Lorsque les mesures prescrites ne

portent que sur les parties communes d'un immeuble soumis aux dispositions de la loi n° 65-557 du 10 juillet 1965 fixant le statut de la copropriété des immeubles bâtis, la notification aux copropriétaires est valablement faite au syndicat des copropriétaires.

À défaut de connaître l'adresse actuelle des personnes mentionnées à l'alinéa précédent ou de pouvoir les identifier, la notification les concernant est valablement effectuée par affichage à la mairie de la commune ou, à Paris, Marseille et Lyon, de l'arrondissement où est situé l'immeuble ainsi que par affichage sur la façade de l'immeuble.

En cas d'urgence ou de menace grave et imminente, le maire ordonne préalablement les mesures provisoires indispensables pour écarter ce danger, dans les conditions prévues à l'article L. 126-9.

NB : Conformément à l'article 47 de l'ordonnance n° 2021-1189 du 15 septembre 2021, ces dispositions sont entrées en vigueur le 1er janvier 2023.

Art. L. 126-8 *(Aj. à compter du 1er juillet 2021, Ord. n° 2020-71, 29 janv. 2020).* – L'arrêté du maire mentionné à l'article L. 126-7 est pris à l'issue d'une procédure contradictoire dont les modalités sont fixées par décret en Conseil d'État.

Lorsque les mesures prescrites n'ont pas été exécutées dans le délai fixé, le maire met en demeure le propriétaire ou le syndicat des copropriétaires d'y procéder dans un délai qu'il fixe et qui ne peut être inférieur à un mois.

À défaut de réalisation des travaux dans le délai imparti, le maire, par décision motivée, fait procéder d'office à leur exécution.

Si l'inexécution de travaux prescrits portant sur les parties communes d'un immeuble en copropriété résulte de la défaillance de certains copropriétaires, sur décision motivée du maire, la commune peut se substituer à ceux-ci pour les sommes exigibles à la date votée par l'assemblée générale des copropriétaires. Elle est alors subrogée dans les droits et actions du syndicat à concurrence des sommes par elle versées.

L'arrêté mentionné à l'article L. 126-7 précise que, en cas de non-exécution des mesures et travaux prescrits à l'expiration du délai fixé, le propriétaire est redevable du paiement d'une astreinte par jour de retard dans les conditions prévues au présent article.

À l'expiration du délai fixé, si les mesures et travaux prescrits par cet arrêté n'ont pas été réalisés, le propriétaire défaillant est redevable d'une astreinte d'un montant maximal de 1 000 € par jour de retard. L'astreinte est prononcée par arrêté du maire.

Son montant est modulé en tenant compte de l'ampleur des mesures et travaux prescrits et des conséquences de la non-exécution.

L'astreinte court à compter de la date de la notification de l'arrêté la prononçant et jusqu'à la complète exécution des mesures et des travaux prescrits. Le recouvrement des sommes est engagé par trimestre échu.

Le maire peut, lors de la liquidation trimestrielle de l'astreinte, consentir une exonération partielle ou totale de son produit si le redevable établit que la non-exécution de l'intégralité de ses obligations est due à des circonstances qui ne sont pas de son fait.

L'astreinte est recouvrée dans les conditions prévues par les dispositions relatives aux produits communaux au bénéfice de la commune sur le territoire de laquelle est implanté l'immeuble ayant fait l'objet de l'arrêté. Dans le cas où l'arrêté a été pris par le président d'un établissement public de coopération intercommunale en application de l'article L. 5211-9-2 du Code général des collectivités territoriales, l'astreinte est recouvrée au bénéfice de l'établissement public concerné.

À défaut pour le maire ou, le cas échéant, le président de l'établissement public de coopération intercommunale de liquider le produit de l'astreinte, de dresser l'état nécessaire à son recouvrement et de le faire parvenir au représentant de l'État dans le département dans le mois qui suit la demande émanant de celui-ci, la créance est liquidée et recouvrée par l'État. Après prélèvement de 4 % pour frais de recouvrement, les sommes perçues sont versées au budget de l'Agence nationale de l'habitat.

L'application de l'astreinte et sa liquidation ne font pas obstacle à l'exécution d'office par l'autorité administrative des mesures et travaux prescrits par l'arrêté prévu à l'article L. 126-7 du présent code. L'astreinte prend fin à la date de la notification au propriétaire de l'exécution d'office des mesures et travaux prescrits. Dans ce cas, le montant de l'astreinte, qui s'ajoute à celui du coût des mesures et des travaux exécutés d'office, est garanti par les dispositions prévues au 8° de l'article 2374 du Code civil. Les articles L. 541-1 et suivants sont applicables.

Lorsque l'arrêté concerne tout ou partie des parties communes d'un immeuble soumis à la loi n° 65-557 du 10 juillet 1965 fixant le statut de la copropriété des immeubles bâtis, l'astreinte est appliquée dans les conditions prévues à l'article L. 543-1.

Lorsque l'arrêté concerne un immeuble en indivision, l'astreinte est appliquée dans les conditions fixées à l'article L. 541-2-1.

Art. L. 126-9 *(Aj. à compter du 1er juillet 2021, Ord. n° 2020-71, 29 janv. 2020).* – En cas d'urgence ou de menace grave et imminente, le maire, après en avoir informé les personnes mentionnées au deuxième alinéa de l'article L. 126-7, selon les modalités prévues à cet article, demande à la juridiction administrative de désigner un expert chargé d'examiner l'état des équipements communs dans un délai de vingt-quatre heures suivant sa désignation et de proposer des mesures de nature à mettre fin à l'imminence du danger s'il la constate.

Si le rapport de l'expert constate l'urgence ou la menace grave et imminente, le maire ordonne les mesures provisoires permettant de garantir la sécurité des occupants et, si nécessaire, l'évacuation de l'immeuble.

Lorsque l'évacuation a été ordonnée par le maire, le propriétaire est tenu d'assurer l'hébergement provisoire des occupants, dans les conditions prévues aux articles L. 521-1 et L. 521-3-1. L'article L. 521-3-2 est applicable.

Dans le cas où ces mesures provisoires ne sont pas exécutées dans le délai imparti par l'arrêté, le maire peut les faire exécuter d'office et aux frais des propriétaires et des titulaires de droits réels immobiliers concernés.

Si les mesures exécutées n'ont pas permis de mettre fin aux risques sérieux pour la sécurité des occupants ou de rétablir leurs conditions d'habitation, le maire poursuit la procédure dans les conditions prévues à l'article L. 126-8.

Art. L. 126-10 *(Aj. à compter du 1er juillet 2021, Ord. n° 2020-71, 29 janv. 2020).* – Lorsque la commune se substitue aux propriétaires défaillants et fait usage des pouvoirs d'exécution d'office qui lui sont reconnus, elle agit en lieu et place des propriétaires, pour leur compte et à leurs frais.

Les frais de toute nature, résultant de l'exécution d'office ou de la substitution d'office aux propriétaires ou copropriétaires défaillants, sont avancés par la commune et recouvrés comme en matière de contributions directes. Si l'immeuble relève du statut de la copropriété, le titre de recouvrement est adressé à chaque copropriétaire pour la fraction de créance dont il est redevable.

Lorsque la commune s'est substituée à certains copropriétaires défaillants, le montant de la créance due par ceux-ci est majoré de celui des intérêts moratoires calculés au taux d'intérêt légal, à compter de la date de notification par le maire de la décision de substitution aux copropriétaires défaillants.

Les créances qui n'ont pu être recouvrées par la commune sont mises à la charge de l'État ou, par subrogation de celui-ci dans ses droits et obligations, d'une personne publique s'y substituant.

Art. L. 126-11 *(Aj. à compter du 1er juillet 2021, Ord. n° 2020-71, 29 janv. 2020).* – Les modalités d'application de la présente section sont fixées par décret en Conseil d'État, notamment la liste des équipements communs mentionnés à l'article L. 126-7.

....

II. – PROCÉDURE DE SAUVEGARDE

Code de la construction et de l'habitation

Art. L. 615-1 *(Mod., L. n° 2024-322, 9 avr. 2024).* – I. – Lorsqu'un groupe d'immeubles ou un ensemble immobilier déterminé, à usage d'habitation ou à usage mixte professionnel, commercial et d'habitation, soumis au régime de la copropriété, ou un groupe d'immeubles bâtis en société d'attribution ou en société coopérative de construction donnant vocation à l'attribution d'un lot est confronté à de graves difficultés sociales, techniques et financières résultant notamment de complexités juridiques ou techniques et risquant à terme de compromettre leur conservation, le représentant de l'État dans le département peut, à son initiative ou sur proposition du maire de la commune, du président de l'établissement public de coopération intercommunale compétent en matière d'habitat, d'associations d'habitants, d'associations de propriétaires ou de copropriétaires ou de l'administrateur provisoire mentionné à l'article 29-1 de la loi n° 65-557 du 10 juillet 1965 fixant le statut de la copropriété des immeubles bâtis, confier à une commission qu'il constitue le soin d'élaborer un diagnostic de la situation et de proposer un plan de sauvegarde destiné à résoudre les difficultés du groupe d'immeubles bâtis ou de l'ensemble immobilier concerné. Cette commission comprend obligatoirement des représentants des propriétaires et des locataires des immeubles concernés.

II. – Le projet de plan de sauvegarde est soumis à l'approbation du représentant de l'État dans le département et à l'avis du maire, du président de l'établissement public de coopération intercommunale compétent en matière d'habitat et, le cas échéant, du président du conseil départemental ayant conclu la convention mentionnée à l'article L. 301-5-2.

III. – Si le groupe d'immeubles bâtis ou l'ensemble immobilier concerné est soumis à la loi n° 65-557 du 10 juillet 1965 précitée, le projet de plan de sauvegarde de la commission prévue au I du présent article puis le plan approuvé par le représentant de l'État dans le département sont adressés pour information au syndicat des copropriétaires, pris en la personne du syndic, ou à l'administrateur provisoire, s'il en existe un. Dès réception du plan approuvé par le représentant de l'État dans le département, le syndic inscrit à l'ordre du jour de la prochaine assemblée générale les mesures préconisées dans le plan. Si la prochaine assemblée générale n'intervient pas dans les six mois à compter de l'approbation du plan, le syndic convoque une assemblée générale extraordinaire.

IV. – Faute de réunion de l'assemblée générale ou en cas de rejet des mesures du plan de sauvegarde et si les difficultés du groupe d'immeubles bâtis ou de l'ensemble immobilier compromettent la conservation de l'immeuble, le maire ou le président de l'établissement public de coopération intercommunale compétent en matière d'habitat peut saisir le juge aux fins de nommer un administrateur provisoire en application de l'article 29-1 de la loi n° 65-557 du 10 juillet 1965 précitée ou pour déclarer l'état de carence dans les conditions prévues à l'article L. 615-6.

Lorsque la préconisation du plan de sauvegarde de procéder à la division du syndicat des copropriétaires ou à la création de syndicats des copropriétaires secondaires n'a pas été suivie, l'une des collectivités territoriales, avec l'accord du représentant de l'État dans le département, ou ce dernier signataires du plan de sauvegarde peut, après avis de la commission réunie à nouveau à cet effet, saisir le juge afin qu'il constate que cette abstention compromet la conservation de l'immeuble et qu'il désigne, aux frais de l'État ou de la collectivité territoriale l'ayant saisi, un expert chargé de la mission prévue à l'article L. 741-3. Le rôle dévolu par le même article L. 741-3 à l'opérateur d'opération de requalification des copropriétés dégradées est alors confié au représentant de l'État dans le département ou à la collectivité territoriale ayant saisi le juge, qui peut le déléguer à un opérateur. La division ne peut conduire au partage inégal prévu au V dudit article L. 741-3.

Lorsque la poursuite du plan de sauvegarde est compromise du fait de l'inclusion de l'immeuble dans le périmètre d'une association syndicale libre régie par l'ordonnance n° 2004-632 du 1er juillet 2004 relative aux associations syndicales de propriétaires ainsi que, le cas échéant, par le chapitre II du titre II du livre III du Code de l'urbanisme, l'une des collectivités territoriales, avec l'accord du représentant de l'État dans le département, ou ce dernier signataires du plan de sauvegarde peut saisir le juge dans les conditions prévues à l'article L. 741-4 du présent code afin qu'il en fasse le constat et qu'il désigne, aux frais de l'État ou de la collectivité territoriale l'ayant saisi, un expert chargé de la mission prévue au même article L. 741-4.

Le rôle dévolu par ledit article L. 741-4 à l'opérateur d'opération de requalification des copropriétés dégradées est confié au demandeur, qui peut le déléguer à un opérateur.

V. – Les I à IV ne s'appliquent pas aux immeubles appartenant en totalité aux organismes d'habitations à loyer modéré mentionnés à l'article L. 411-2.

Art. L. 615-2 *(Mod., L. n° 2024-322, 9 avr. 2024)*. – I. – Le plan de sauvegarde fixe les mesures nécessaires pour, dans un délai de cinq ans, sur la base des engagements souscrits par les collectivités publiques, les organismes publics ou les personnes privées concernées :

– redresser la situation financière de la copropriété ;

– clarifier et simplifier les règles de structure et d'administration du groupe d'immeubles bâtis ou de l'ensemble immobilier ;

– clarifier et adapter le statut de biens et équipements collectifs à usage public ;

- réaliser ou faire réaliser par un tiers des travaux de conservation de l'immeuble ou tendant à la réduction des charges de fonctionnement ;
- assurer l'information et la formation des occupants de l'immeuble pour restaurer les relations sociales ;
- organiser la mise en place de mesures d'accompagnement.

Le plan de sauvegarde fait l'objet d'une convention de mise en œuvre entre les personnes de droit public compétentes, l'administrateur provisoire, si l'immeuble fait l'objet de la procédure prévue aux articles 29-1 et suivants de la loi n° 65-557 du 10 juillet 1965 fixant le statut de la copropriété des immeubles bâtis, et, le cas échéant, les personnes privées intéressées aux fins, notamment, de préciser l'échéancier de ces mesures ainsi que les conditions de leur financement, les modalités d'intervention des différents opérateurs mandatés par les signataires et leur articulation avec la mission de l'administrateur provisoire. La convention précise également les modalités d'évaluation du plan de sauvegarde ainsi que les modalités de suivi de la copropriété au terme du plan.

II. – Le représentant de l'État dans le département désigne, parmi les membres de la commission ou hors de celle-ci, un coordonnateur chargé de veiller à la bonne exécution du plan de sauvegarde.

Le coordonnateur peut adresser des mises en demeure aux parties qui ne respectent pas, dans les délais prévus, les engagements contenus dans le plan de sauvegarde. Si une procédure judiciaire est engagée sur le fondement des articles 29-1 et suivants de la loi n° 65-557 du 10 juillet 1965 précitée, il veille à l'articulation du plan de sauvegarde avec la mission de l'administrateur provisoire et, le cas échéant, avec le contrat de l'opérateur mentionné à l'article 29-11 de la même loi.

Il établit un rapport de sa mission.

III. – Le représentant de l'État peut, après évaluation et consultation de la commission mentionnée au I de l'article L. 615-1 et selon les modalités prévues au II du même article, modifier le plan de sauvegarde initial lors de la nomination d'un administrateur provisoire ou prolonger le plan de sauvegarde, par période de deux ans, si le redressement de la copropriété le nécessite.

Art. L. 615-3 *(Rempl., L. n° 2014-366, 24 mars 2014)*. – La commission mentionnée à l'article L. 615-1 est présidée par le représentant de l'État dans le département et comprend, notamment, le maire de la commune, le président de l'établissement public de coopération intercommunale compétent en matière d'habitat, le président du conseil général du département, sur le territoire desquels sont situés les immeubles ou ensembles immobiliers concernés par le plan de sauvegarde, le président du conseil syndical, ou leurs représentants, ainsi que, le cas échéant, l'administrateur provisoire désigné en application de l'article 29-1 de la loi n° 65-557 du 10 juillet 1965 précitée. Lorsque la copropriété n'a pas de conseil syndical, l'assemblée générale des copropriétaires peut désigner un représentant chargé de la représenter au sein de la commission.

Le représentant de l'État dans le département peut confier au maire de la commune concernée ou au président de l'établissement public de coopération intercommunale compétent en matière d'habitat la présidence de la commission mentionnée à l'article L. 615-1 lorsque l'une de ces autorités est à l'initiative du plan de sauvegarde.

Art. L. 615-4 *(L. n° 96-987, 14 nov. 1996)*. – Il est procédé à la suppression des aides correspondant aux mesures mentionnées à l'article L. 615-2 et au recouvrement, comme en matière de contributions directes, des aides financières accordées aux personnes qui, après mise en demeure, n'ont pas respecté les engagements qui leur incombent, dans le délai prévu au plan de sauvegarde.

Art. L. 615-4-1 *(L. n° 96-987, 14 nov. 1996)*. – Pour l'application des dispositions du présent chapitre, les occupants sont les propriétaires occupants, les locataires, les occupants de bonne foi maintenus dans les lieux et les preneurs de baux professionnels ou commerciaux.

Les propriétaires occupants sont les personnes copropriétaires, les associés de sociétés d'attribution ou de sociétés coopératives de construction donnant vocation à l'attribution d'un lot, qui occupent l'immeuble dont elles ont la propriété ou la jouissance.

Art. L. 615-4-2 *(Mod., L. n° 2018-1021, 23 nov. 2018)*. – Le syndic met à la disposition du représentant de l'État dans le département, du maire, du président de l'établissement public de coopération intercommunale compétent en matière d'habitat et de la commission mentionnée à l'article L. 615-1 les documents nécessaires à l'élaboration, à la mise en œuvre et à l'évaluation du plan de sauvegarde.

Ces prestations ne peuvent donner lieu à la perception d'honoraires spécifiques au profit du syndic.

Le défaut de communication des documents engage la responsabilité du syndic un mois après une mise en demeure par lettre recommandée avec demande d'avis de réception restée infructueuse.

Art. L. 615-5 ***(Mod., L. n° 2014-366, 24 mars 2014).*** **– Un décret en Conseil d'État précise les modalités d'application des articles L. 615-1 à L. 615-4-2.**

III. – EXPROPRIATION DE L'IMMEUBLE

Bibliographie : A. Lebatteux, *L'expropriation partielle des parties communes après la loi ALUR (CCH, art. L. 615-10) : Inf. rap. copr.* févr. 2015, p. 12 (1re partie) et mars 2015, p. 15 (2e partie)

La loi d'orientation et de programmation pour la ville et la rénovation urbaine *(L. n° 2003-710, 1er août 2003, art. 20 : JO 2 août)* a créé une procédure applicable lorsque, du fait de graves difficultés financières ou de gestion et de l'importance des travaux à mettre en œuvre, le syndicat des copropriétaires est dans l'incapacité d'exercer ses missions de gestion et d'assurer la conservation de l'immeuble, ou que la sécurité des occupants est gravement menacée. Ces dispositions ont été partiellement modifiées par la loi n° 2024-322 du 9 avril 2024.

L'état de « carence » du syndicat peut alors être constaté, ce qui débouche sur l'expropriation de l'immeuble.

Code de la construction et de l'habitation

Art. L. 615-6 ***(Mod. à compter du 1er janvier 2020, Ord. n° 2019-738, 17 juill. 2019 ; à compter du 1er septembre 2019, Ord. n° 2019-770, 17 juill. 2019 ; à compter du 1er janvier 2020 ; Ord. n° 2019-964, 18 sept. 2019 ; à compter du 1er janvier 2021, Ord. n° 2020-1144, 16 sept. 2020 ; à compter du 1er juillet 2021, Ord. n° 2020-71, 29 janv. 2020 ; L. n° 2024-322, 9 avr. 2024).*** **– I. – Lorsque, dans un immeuble collectif à usage principal d'habitation, le propriétaire, la société civile immobilière, le syndicat des copropriétaires, la société d'attribution ou la société coopérative de construction est, en raison de graves difficultés financières ou de gestion et de l'importance des travaux à mettre en œuvre, dans l'incapacité d'assurer la conservation de l'immeuble ou la sécurité et la santé des occupants, le maire de la commune ou le président de l'établissement public de coopération intercommunale compétent en matière d'habitat, sur le territoire duquel est implanté l'immeuble, peut saisir le président du tribunal judiciaire statuant selon la procédure accélérée au fond, aux fins de désignation d'un ou plusieurs experts chargés de constater, dans un délai fixé par le juge, qui ne peut excéder trois mois, renouvelable une fois, l'importance du déséquilibre financier du propriétaire, du syndicat ou de la société assurant la gestion de l'immeuble, la répartition des dettes par copropriétaire ainsi que la nature et l'état des parties communes et, conséquemment, la nature et le coût des travaux à mettre en œuvre pour garantir la santé et la sécurité des occupants. L'expert est tenu de signaler en annexe de son rapport d'expertise les désordres dans les parties privatives affectant la sécurité et la santé des personnes qu'il constate au cours de sa mission. L'absence de cette annexe ou le contenu de cette dernière ne peuvent être invoqués pour contester la validité de la procédure ou les conclusions de l'expertise. La saisine peut être également effectuée, après accord du maire ou du président de l'établissement public de coopération intercommunale compétent en matière d'habitat, par le représentant de l'État dans le département, le syndic, l'administrateur provisoire défini à l'article 29-1 de la loi n° 65-557 du 10 juillet 1965 fixant le statut de la copropriété des immeubles bâtis ou des copropriétaires représentant 15 % au moins des voix du syndicat.**

II. – Lorsque la saisine est effectuée par le maire ou le président de l'établissement public de coopération intercommunale compétent en matière d'habitat, il présente pour information à la première assemblée délibérante suivant la saisine le projet simplifié d'acquisition publique en vue soit de l'expropriation des parties communes dans les conditions définies à l'article L. 615-10, soit de la réhabilitation aux fins d'habitat ou d'un autre usage, soit de la démolition totale ou partielle de l'immeuble concerné. Le projet comporte également une évaluation sommaire de son coût ainsi qu'un plan de relogement des occupants concernés

remplissant les conditions précisées au chapitre IV du titre Ier du livre III du Code de l'urbanisme et précise la collectivité publique ou l'organisme au profit duquel est demandée l'expropriation.

III. – Les conclusions de l'expertise sont notifiées, avec la décision qui l'ordonne, au propriétaire, au syndicat des copropriétaires et aux copropriétaires ou, s'il y a lieu, à l'administrateur provisoire ou au représentant légal de la société d'attribution, de la société civile immobilière ou de la société coopérative de construction, au représentant de l'État dans le département, au maire de la commune ou au président de l'établissement public de coopération intercommunale compétent en matière d'habitat. Cette notification vaut intervention forcée à l'instance.

La notification des conclusions de l'expertise au représentant de l'État dans le département et au maire de la commune ou au président de l'établissement public de coopération intercommunale compétent en matière d'habitat vaut signalement à l'autorité publique compétente dans le cadre des procédures prévues aux articles L. 143-3, L. 184-1 et au chapitre Ier du titre Ier du livre V du présent code.

Au vu des conclusions de l'expertise, le président du tribunal judiciaire, les parties ayant été dûment entendues ou appelées convoquées, peut déclarer l'état de carence du propriétaire, de la société civile immobilière, du syndicat des copropriétaires, de la société d'attribution ou de la société coopérative de construction.

L'existence des graves difficultés financières ou de gestion mentionnées au I du présent article est présumée établie lorsque les comptes prévus à l'article 14-3 de la loi n° 65-557 du 10 juillet 1965 fixant le statut de la copropriété des immeubles bâtis n'ont pas été communiqués à l'expert dans un délai de deux mois à compter de la réception par le syndicat des copropriétaires d'une demande en ce sens.

IV. – Le jugement du président du tribunal judiciaire est notifié au propriétaire, au syndicat des copropriétaires, aux copropriétaires, à l'administrateur provisoire ou au représentant légal de la société d'attribution, de la société civile immobilière ou de la société coopérative de construction, à l'auteur de la saisine, à l'organisme payeur des allocations de logement mentionnées aux articles L. 542-1 et L. 831-1 du Code de la sécurité sociale, et au maire de la commune ou au président de l'établissement public de coopération intercommunale compétent en matière d'habitat.

À défaut de connaître l'adresse des personnes mentionnées à l'alinéa précédent ou de pouvoir les identifier, la notification les concernant est valablement effectuée par affichage à la mairie de la commune ou, à Paris, Marseille et Lyon, de l'arrondissement où est situé l'immeuble ainsi que par affichage sur la façade de l'immeuble.

Le jugement du tribunal judiciaire est transmis au représentant de l'État dans le département.

V. – Au cours de la première assemblée délibérante suivant le jugement du président du tribunal judiciaire, le maire ou le président de l'établissement public de coopération intercommunale compétent en matière d'habitat fait approuver le projet simplifié mentionné au II, modifié le cas échéant pour tenir compte des observations de l'assemblée délibérante à l'issue de son information prévue au même II et des conclusions de l'expertise mentionnée au III, et le met à la disposition du public en vue de lui permettre de formuler ses observations pendant une durée minimale d'un mois, dans des conditions précisées par arrêté du maire ou du président de l'établissement public de coopération intercommunale.

VI. – Le cas échéant, dans le jugement prononçant l'état de carence, le président du tribunal judiciaire désigne un administrateur provisoire mentionné à l'article 29-1 de la loi n° 65-557 du 10 juillet 1965 précitée pour préparer la liquidation des dettes de la copropriété et assurer les interventions urgentes de mise en sécurité.

Sans préjudice des dispositions des articles L. 615-7 à L. 615-10 du présent code, la personnalité morale du syndicat subsiste après expropriation pour les besoins de la liquidation des dettes jusqu'à ce que le président du tribunal judiciaire mette fin à la mission de l'administrateur provisoire.

VII. – Sans qu'y fasse obstacle la nomination d'un administrateur provisoire, le syndicat des copropriétaires ou le syndic peuvent contester le prononcé de l'état de carence et la nomination d'un administrateur provisoire dans un délai de deux mois à compter de la notification du jugement de carence.

VIII. – La procédure décrite au présent article peut être menée à l'encontre d'un syndicat secondaire.

COMMENTAIRE

Tierce-opposition. Le syndicat des copropriétaires ne représente pas les copropriétaires dans la procédure engagée sur le fondement de l'article L. 615-6 du Code de la construction et de l'habitation. Les copropriétaires peuvent en conséquence former tierce-opposition à la décision rendue par le président du tribunal de grande instance en application de ce texte, constatant la carence de la copropriété (▪ Cass. 3e civ., 28 janv. 2015, n° 13-19.004 [publié au Bulletin] : *JurisData* n° 2015-001154 ; *Administrer* mai 2015, p. 36, note J.-R. Bouyeure)

Art. L. 615-7 *(Mod. à compter du 1er janvier 2020, Ord. n° 2019-964, 18 sept. 2019).* – Lorsque l'état de carence a été déclaré, l'expropriation de l'immeuble est poursuivie au profit de la commune, de l'établissement public de coopération intercommunale compétent en matière d'habitat, de l'opérateur mentionné à l'article L. 615-10, de l'organisme ayant vocation à assurer la gestion des parties communes expropriées, d'un organisme y ayant vocation, d'un concessionnaire d'une opération d'aménagement visé à l'article L. 300-4 du Code de l'urbanisme ou d'une société de construction dans laquelle l'État détient la majorité du capital.

Par dérogation aux dispositions du Code de l'expropriation pour cause d'utilité publique et au vu de l'ordonnance du président du tribunal judiciaire, du projet simplifié d'acquisition publique, du projet de plan de relogement ainsi que des observations du public, le représentant de l'État dans le département, par arrêté :

1° déclare l'utilité publique du projet mentionné au V de l'article L. 615-6 et détermine la liste des immeubles ou parties d'immeubles, des parties communes, des parcelles ou des droits réels immobiliers à exproprier ainsi que l'identité des propriétaires de ces droits réels ;

2° déclare cessibles les immeubles ou parties d'immeubles, des parties communes, les parcelles ou les droits réels immobiliers visés à l'alinéa précédent ;

3° indique la collectivité publique ou l'organisme au profit duquel est poursuivie l'expropriation ;

4° fixe le montant de l'indemnité provisionnelle allouée au propriétaire ou aux copropriétaires ou porteurs de parts, ainsi qu'aux titulaires de baux commerciaux et professionnels, cette indemnité ne pouvant être inférieure à l'évaluation effectuée par le service chargé des domaines ;

5° fixe la date à laquelle il pourra être pris possession des immeubles ou parties d'immeubles, des parties communes, des parcelles ou des droits réels immobiliers après paiement ou, en cas d'obstacle au paiement, après consignation de l'indemnité provisionnelle. Cette date doit être postérieure d'au moins deux mois à la publication de l'arrêté déclarant l'utilité publique du projet.

Cet arrêté est publié au recueil des actes administratifs du département et affiché à la mairie du lieu de situation des biens. L'expropriant le notifie aux propriétaires et aux titulaires de droits réels immobiliers.

Dans le mois qui suit la prise de possession, l'expropriant est tenu de poursuivre la procédure d'expropriation dans les conditions prévues par le Code de l'expropriation pour cause d'utilité publique.

Art. L. 615-8 *(Mod. à compter du 1er janvier 2015, Ord. n° 2014-1345, 6 nov. 2014).* – L'ordonnance d'expropriation ou la cession amiable consentie après l'intervention de l'arrêté prévu à l'article L. 615-7 produit les effets visés à l'article L. 222-2 du Code de l'expropriation pour cause d'utilité publique.

Les modalités de transfert de propriété des immeubles ou des droits réels immobiliers sont soumises aux dispositions du Code de l'expropriation pour cause d'utilité publique.

L'indemnité d'expropriation est fixée selon la procédure prévue aux articles L. 242-2 à L. 242-6, L. 311-1 à L. 311-8, L. 312-1, L. 321-2 à L. 321-6 et L. 323-4 du Code de l'expropriation pour cause d'utilité publique et est calculée conformément aux articles L. 322-1 à L. 322-12 du même code.

La valeur des biens est appréciée en tenant compte du montant des travaux nécessaires à la conservation de l'immeuble mentionnés dans le rapport d'expertise prévu à l'article L. 615-6 du présent code et le cas échéant, du coût des travaux prescrits sur les logements par des arrêtés pris sur le fondement des articles L. 1331-26 et suivants du Code de la santé publique et de l'article L. 511-2 du présent code.

Art. L. 615-9 *(Mod. à compter du 1er septembre 2019, Ord. n° 2019-770, 17 juill. 2019).* – Pour les propriétaires occupants, l'indemnité d'occupation versée à l'expropriant ouvre droit aux allocations de logement prévues au 2° de l'article L. 821-1.

Art. L. 615-10 *(Mod. à compter du 1er janvier 2022, Ord. n° 2021-1192, 15 sept. 2021 ; L. n° 2024-322, 9 avr. 2024).* – I. – Par dérogation à l'article 6 de la loi n° 65-557 du 10 juillet 1965 fixant le statut de la copropriété des immeubles bâtis, une possibilité d'expropriation des parties communes est instaurée à titre expérimental et pour une durée de vingt ans à compter de la promulgation de la loi n° 2014-366 du 24 mars 2014 pour l'accès au logement et un urbanisme rénové. Dans ce cas, les articles L. 242-1 à L. 242-3 du Code de l'expropriation pour cause d'utilité publique sont applicables.

II. – Lorsque le projet mentionné au V de l'article L. 615-6 du présent code prévoit l'expropriation de l'ensemble des parties communes, la commune ou l'établissement public de coopération intercommunale compétent en matière d'habitat peut confier l'entretien de ces biens d'intérêt collectif à un opérateur ou désigner un opérateur au profit duquel l'expropriation est poursuivie.

Au moment de l'établissement du contrat de concession ou de la prise de possession par l'opérateur, l'état descriptif de division de l'immeuble est mis à jour ou établi s'il n'existe pas. Aux biens privatifs mentionnés dans l'état de division est attachée une servitude des biens d'intérêt collectif. Les propriétaires de ces biens privatifs sont tenus de respecter un règlement d'usage établi par l'opérateur.

En contrepartie de cette servitude, les propriétaires sont tenus de verser à l'opérateur une redevance mensuelle proportionnelle à la superficie de leurs parties privatives. Cette redevance, dont les modalités de révision sont prévues par décret, permet à l'opérateur de couvrir les dépenses nécessaires à l'entretien, à l'amélioration et à la conservation de parties communes de l'immeuble et des équipements communs. La créance de l'opérateur est garantie par une hypothèque légale sur le bien vendu qui prime toutes les autres hypothèques pour l'année courante et pour les deux dernières années échues et vient en concours avec l'hypothèque du vendeur et du prêteur de deniers pour les années antérieures.

Pour les propriétaires occupants, cette redevance ouvre droit aux allocations de logement prévues au 2° de l'article L. 821-1.

III. - L'opérateur est chargé d'entretenir et de veiller à la conservation des biens d'intérêt collectif. Il est responsable des dommages causés aux propriétaires de parties privatives ou aux tiers par le vice de construction ou le défaut d'entretien des biens d'intérêt collectif, sans préjudice de toutes actions récursoires.

Il réalise un diagnostic technique des parties communes, établit un plan pluriannuel de travaux actualisé tous les trois ans et provisionne, dans sa comptabilité, des sommes en prévision de la réalisation des travaux.

IV. - Le droit de préemption urbain renforcé prévu à l'article L. 211-4 du Code de l'urbanisme peut lui être délégué.

V. - Dans le cadre de l'expérimentation prévue au présent article, en cas de déséquilibre financier important, l'opérateur peut demander à la commune ou à l'établissement public de coopération intercommunale compétent en matière d'habitat à l'origine de l'expérimentation de procéder à l'expropriation totale de l'immeuble. Un nouveau projet d'appropriation publique doit alors être approuvé dans les conditions prévues au V de l'article L. 615-6 du présent code. La procédure est poursuivie dans les conditions prévues à l'article L. 615-7.

VI. - Après avis favorable de la commune ou de l'établissement public de coopération intercommunale compétent en matière d'habitat à l'origine de l'expérimentation et des propriétaires des biens privatifs, l'immeuble peut faire l'objet d'une nouvelle mise en copropriété à la demande de l'opérateur. Les propriétaires versent alors une indemnité au propriétaire de ces biens d'intérêt collectif équivalente à la valeur initiale d'acquisition des parties communes ayant initialement fait l'objet de l'expropriation, majorée du coût des travaux réalisés, de laquelle est déduit le montant total des redevances versées à l'opérateur. Cette indemnité est répartie selon la quote-part des parties communes attribuée à chaque lot dans le projet de règlement de copropriété.

VII. - Le Gouvernement remet au Parlement un rapport d'évaluation de l'expérimentation, au plus tard six mois avant son terme.

Arrêté du 3 mai 2007

pris pour l'application du décret n° 2006-1359 du 8 novembre 2006
relatif à la lutte contre l'habitat insalubre ou dangereux
et à la sécurité des immeubles collectifs d'habitation
et modifiant le Code de la construction et de l'habitation
et le Code de la santé publique

Art. 1er. - L'information, prévue respectivement aux articles R. 129-7 et R. 511-8 du Code de la construction et de l'habitation et à l'article R. 1331-6 du Code de la santé publique, comporte :

- le procès-verbal de l'assemblée générale faisant apparaître la nature, le montant des travaux votés, le calendrier des appels de fonds correspondants et les entreprises retenues ainsi que les devis qu'elles ont fournis ;
- un récapitulatif des impayés, mentionnant, pour chaque copropriétaire défaillant, la date d'exigibilité du ou des appels de fonds correspondants.

ANNEXE 12

Art. 2. – La mise en demeure prévue aux articles R. 129-7 et R. 511-8 du Code de la construction et de l'habitation et R. 1331-6 du Code de la santé publique est effectuée par le syndic soit par lettre recommandée avec demande d'avis de réception, soit par acte d'huissier de justice.

Le délai de quinze jours prévu aux articles R. 129-7, R. 511-8 et R. 1331-6 mentionnés au premier alinéa du présent article court à compter du lendemain de la première présentation de la lettre recommandée ou de la date de signification de la sommation de payer délivrée par l'huissier de justice.

Art. 3. – L'attestation de défaillance, prévue respectivement aux articles R. 129-7 et R. 511-8 du Code de la construction et de l'habitation et au premier alinéa de l'article R. 1331-6 du Code de la santé publique, comporte pour chaque copropriétaire :

- les nom, prénoms, date de naissance et domicile, réel ou élu suivant le cas ;
- pour les personnes morales, leur forme, leur dénomination, leur siège social et l'organe qui les représente légalement ;
- le numéro du ou des lots concernés ;
- sa quote-part de dépense afférente aux travaux votés ;
- le montant des sommes appelées et impayées ;
- la copie de la lettre recommandée avec avis de réception ou de l'acte d'huissier de justice délivré au copropriétaire défaillant, valant sommation de payer.

L'attestation de défaillance mentionne également si une action prévue au deuxième alinéa de l'article 42 de la loi du 10 juillet 1965 (susvisée) a été engagée par un ou plusieurs copropriétaires, notamment par le ou les copropriétaires défaillants.

Le syndic joint à son envoi la copie de l'état descriptif de division de l'immeuble et la liste de tous les copropriétaires prévue à l'article 32 du décret du 17 mars 1967 (susvisé).

IV. – PRIVILÈGES DE L'OPÉRATEUR

Code civil

Rédaction antérieure. Art. 2374 *(Mod. à compter du 1er mars 2019, L. n° 2018-1021, 23 nov. 2018 ; à compter du 1er janvier 2020, Ord. n° 2019-964, 18 sept. 2019 ; abr. à compter du 1er janvier 2022, Ord. n° 2021-1192, 15 sept. 2021).* – Les créanciers privilégiés sur les immeubles sont :

1° Le vendeur, sur l'immeuble vendu, pour le paiement du prix ;

S'il y a plusieurs ventes successives dont le prix soit dû en tout ou en partie, le premier vendeur est préféré au second, le deuxième au troisième, et ainsi de suite ;

1° *bis* Conjointement avec le vendeur et, le cas échéant, avec le prêteur de deniers mentionné au 2°, le syndicat des copropriétaires, sur le lot vendu, pour le paiement des charges et travaux mentionnés à l'article 10, au c du II de l'article 24 et à l'article 30 de la loi n° 65-557 du 10 juillet 1965 fixant le statut de la copropriété des immeubles bâtis et des cotisations au fonds de travaux mentionné à l'article 14-2 de la même loi, relatifs à l'année courante et aux quatre dernières années échues ainsi que des dommages et intérêts alloués par les juridictions et des dépens.

Toutefois, le syndicat est préféré au vendeur et au prêteur de deniers pour les créances afférentes aux charges et travaux de l'année courante et des deux dernières années échues ;

1° *ter* Conjointement avec le vendeur et, le cas échéant, avec le prêteur de deniers mentionné au 2° du présent article, l'opérateur mentionné à l'article L. 615-10 du Code de la construction et de l'habitation, si le bien vendu est assorti d'une servitude sur des biens d'intérêt collectif.

Toutefois, l'opérateur est préféré au vendeur et au prêteur de deniers pour les redevances prévues au même article L. 615-10 de l'année courante et des deux dernières années échues ;

[...]

7° Les accédants à la propriété titulaires d'un contrat de location-accession régi par la loi n° 84-595 du 12 juillet 1984 définissant la location-accession à la propriété immobilière sur l'immeuble faisant l'objet du contrat, pour la garantie des droits qu'ils tiennent de ce contrat ;

8° L'État, la commune ou l'établissement public de coopération intercommunale à fiscalité propre, selon le cas, pour la garantie des créances nées de l'application des articles L. 123-3, L. 129-2, L. 129-4, L. 511-2, L. 511-4 ou L. 521-3-2 du Code de la construction de l'habitation ou des articles L. 1331-29-1 ou L. 1331-30 du Code de la santé publique.

1) Institution du privilège. L'article 2374, 1° *ter*, créé par la loi n° 2014-366 du 24 mars 2014, dite « loi ALUR », avait conféré à « l'opérateur mentionné à l'article L. 615-10 du Code de la construction et de l'habitation » le bénéfice du privilège de l'article 2374 ancien du Code civil. Cet opérateur intervient lorsque le syndicat des copropriétaires est en état de « carence » (CCH, art. L. 615-6) et que l'expropriation des parties communes a été ordonnée dans le cadre de l'article L. 615-7 du Code de la construction et de l'habitation. La commune ou l'établissement public de coopération intercommunale compétent en matière d'habitat peuvent confier l'entretien de ces parties communes à un opérateur. Pour permettre la jouissance des parties privatives de l'immeuble, une servitude est alors instituée à leur profit sur les biens d'intérêt collectif.

En contrepartie de cette servitude les propriétaires sont tenus de verser à l'opérateur une redevance mensuelle proportionnelle à la superficie de leur partie privative. Cette redevance permet à l'opérateur de couvrir les dépenses nécessaires à l'entretien, à l'amélioration et à la conservation des parties communes de l'immeuble et des équipements communs. Le paiement de cette redevance était alors garanti par le privilège de l'article 2374 ancien du Code civil. L'opérateur voyait sa créance colloquée au même rang que les anciens « privilège de vendeur » ou « privilège du prêteur de deniers ». Toutefois il était préféré à ces créanciers pour les redevances de l'année courante et des deux dernières années échus (C. civ., art. 2374 ancien, 1° *ter*, al. 2).

À défaut de disposition contraire, ce texte est devenu applicable à compter du 27 mars 2014, date d'entrée en vigueur de la loi précitée du 24 mars 2014 (« loi ALUR »).

2) Apport de la loi ELAN. La loi n° 2018-1021 du 23 novembre 2018, dite « loi ELAN » a modifié le 8° de l'article 2374 afin de faire bénéficier l'État, les communes ou les EPCI du privilège prévu par ce texte dans le cas où il serait amené à effectuer des travaux aux frais avancés des propriétaires, en application des articles L. 123-3, L. 129-2, L. 129-4, L. 511-2, L. 511-4 ou L. 521-3-2 du Code de la construction de l'habitation ou des articles L. 1331-29-1 ou L. 1331-30 du Code de la santé publique.

Conformément aux dispositions du VI de l'article 194 de la loi n° 2018-1021 du 23 novembre 2018, ces dispositions étaient entrées en vigueur le 1er jour du 4e mois suivant la publication de ladite loi.

3) Suppression du privilège de l'opérateur. Le privilège institué par l'article 2374, 1° *ter* du Code civil a disparu. La réforme des sûretés opérée par l'ordonnance n° 2021-1192 du 15 septembre 2021 a, sur un plan général, transformé les anciens « privilèges immobiliers » en hypothèques légales spéciales. Mais le privilège de l'article 2374, 1° *ter* du Code civil n'a pas bénéficié de cette mesure.

ANNEXE 13

CARNET D'ENTRETIEN

I. – Carnet d'entretien « ordinaire » .... p. 1051
II. – Carnet d'entretien numérique .... p. 1052
III. – Carnet d'information sur le logement .... p. 1053

I. – CARNET D'ENTRETIEN « ORDINAIRE »

Décret n° 2001-477 du 30 mai 2001

fixant le contenu du carnet d'entretien de l'immeuble prévu par l'article 18 de la loi [n° 65-557] du 10 juillet 1965 fixant le statut de la copropriété des immeubles bâtis

(JO 3 juin)

Art. 1er. – Le carnet d'entretien prévu à l'article 18 de la loi du 10 juillet 1965 susvisée contient au moins les informations mentionnées à l'article 3 et, s'il y a lieu, celles mentionnées à l'article 4.

Art. 2. – Le carnet d'entretien est établi et mis à jour par le syndic qui actualise les informations qu'il contient.

Lorsque le syndicat gère plusieurs bâtiments, le syndic ouvre dans le carnet d'entretien un chapitre par bâtiment.

Lorsqu'il existe un ou plusieurs syndicats secondaires, il est tenu un carnet d'entretien par chacun d'eux. Dans ce cas, le syndic ouvre, dans le carnet du syndicat principal, un chapitre pour les parties communes à l'ensemble des syndicats.

Art. 3. – Le carnet d'entretien mentionne :

– l'adresse de l'immeuble pour lequel il est établi ;

– l'identité du syndic en exercice ;

– les références des contrats d'assurance de l'immeuble souscrits par le syndicat des copropriétaires, ainsi que la date d'échéance de ces contrats.

Art. 4. – Le carnet d'entretien indique également :

– l'année de réalisation des travaux importants, tels que le ravalement des façades, la réfection des toitures, le remplacement de l'ascenseur, de la chaudière ou des canalisations, ainsi que l'identité des entreprises ayant réalisé ces travaux ;

– la référence des contrats d'assurance dommages ouvrage souscrits pour le compte du syndicat des copropriétaires, dont la garantie est en cours ;

– s'ils existent, les références des contrats d'entretien et de maintenance des équipements communs, ainsi que la date d'échéance de ces contrats ;

– *(Al. aj. à compter du 1er janvier 2017, D. n° 2016-1965, 28 déc. 2016)* si le diagnostic technique global existe, la liste des travaux jugés nécessaires à la conservation de l'immeuble en précisant les équipements ou éléments du bâtiment concernés par ces travaux ainsi que l'échéancier recommandé ;

– s'il existe, l'échéancier du programme pluriannuel de travaux décidé par l'assemblée générale des copropriétaires.

NB : L'un des arrêtés pris pour l'application du décret du 9 septembre 2004 concernant la sécurité des ascenseurs impose que les références et la date d'échéance du contrat d'entretien des ascenseurs figurent dans le carnet d'entretien (A. 18 nov. 2004) (NOR LOGU0411016A), p. 966.

Art. 5. – **Le carnet d'entretien peut en outre, sur décision de l'assemblée générale des copropriétaires, contenir des informations complémentaires portant sur l'immeuble, telles que celles relatives à sa construction ou celles relatives aux études techniques réalisées.**

Art. 6. – **La garde des Sceaux, ministre de la Justice, le ministre de l'Équipement, des Transports et du Logement et la secrétaire d'État au logement sont chargés, chacun en ce qui le concerne, de l'exécution du présent décret, qui sera publié au *Journal officiel* de la République française.**

Bibliographie : C. Giverdon, *Le décret n° 2001-477 du 30 mai 2001 fixant le contenu du carnet d'entretien de l'immeuble, un texte inutile : Loyers et copr.* sept. 2001, p. 5. • P. Capoulade, *Le carnet d'entretien : Rev. Administrer* août-sept. 2001, p. 25 ; *Carnet d'entretien des immeubles : le plus grand flou demeure (étude anonyme) : Le Particulier immobilier* sept. 2001, p. 8 ; *Le carnet d'entretien de l'immeuble (étude anonyme) : Rev. hab. fr.* juin 2001, p. 20. • C. Atias, *La grande réforme du statut de la copropriété : le carnet d'entretien : Inf. rap. copr.* juill.-août 2002, p. 29. • V. Terral-Prioton, *Le carnet d'entretien de l'immeuble : Maisons et habitat* mai 2008, p. 28. • F. Juery, *Carnet d'entretien : un bon outil mal utilisé : Le Particulier immobilier* mai 2008, p. 35.

Selon une réponse du ministre de la Justice du 17 septembre 2001 (*JOAN*, p. 5255, n° 62336), l'obligation de communiquer le carnet d'entretien incombe au copropriétaire vendeur, tenu à une obligation d'information de l'acquéreur par application du droit commun de la vente.

Une réponse du secrétariat d'État au logement a estimé que l'établissement et la tenue du carnet d'entretien ne devait pas donner lieu à une rémunération spécifique au profit du syndic (Rép. min. 8 avr. 2002 : *JOAN*, p. 1922, n° 72799 ; *Inf. rap. copr.* juin 2002, p. 26).

Toutefois, une autre réponse a précisé que si la tenue du carnet d'entretien entre dans la gestion courante lorsque seules sont recueillies les informations rendues obligatoires pour son établissement et sa mise à jour prévues par le décret du 30 mai 2001, les informations complémentaires décidées par l'assemblée générale des copropriétaires peuvent faire l'objet d'une rémunération spécifique. Il appartient aux copropriétaires de définir dans le contrat de syndic les prestations de gestion courante en même temps qu'il détermine les modes de rémunération du syndic (Rép. min. Grosskost n° 18891 : *JOAN* 11 août 2003, p. 6329. – V. aussi Rép. min. 2 nov. 2004 : *Rev. Administrer* janv. 2005, p. 153). Les copropriétaires peuvent aussi valablement décider de rémunérer le syndic pour l'établissement du carnet d'entretien (▪ CA Paris, 23e ch. B, 25 nov. 2004 : *Rev. Administrer* févr. 2005, p. 54, obs. J.-R. Bouyeure).

II. – CARNET D'ENTRETIEN NUMÉRIQUE

Code de la construction et de l'habitation

Rédaction antérieure. Art. L. 111-10-5 ***(Mod., L. n° 2018-1021, 23 nov. 2018 ; abr. à compter d'une date fixée par décret en Conseil d'État, et au plus tard le 1er juillet 2021, Ord. n° 2020-71, 29 janv. 2020).*** **–** I. – Il est créé pour tout logement un carnet numérique d'information, de suivi et d'entretien de ce logement.

Constituent des logements au sens du présent article les locaux destinés à l'habitation mentionnés à l'article L. 631-7.

Ce carnet permet de connaître l'état du logement et du bâtiment, lorsque le logement est soumis au statut de la copropriété, ainsi que le fonctionnement de leurs équipements et d'accompagner l'amélioration progressive de leur performance environnementale.

Ce carnet permet l'accompagnement et le suivi de l'amélioration de la performance énergétique et environnementale du bâtiment et du logement pour toute la durée de vie de celui-ci.

Les éléments contenus dans le carnet n'ont qu'une valeur informative.

Le carnet numérique d'information, de suivi et d'entretien est un service en ligne sécurisé qui regroupe les informations visant à améliorer l'information des propriétaires, des acquéreurs et des occupants des logements. L'opérateur de ce service le déclare auprès de l'autorité administrative et assure la possibilité de récupérer les informations et la portabilité du carnet numérique sans frais de gestion supplémentaires.

Le carnet numérique intègre le dossier de diagnostic technique mentionné à l'article L. 271-4 et, lorsque le logement est soumis au statut de la copropriété, les documents mentionnés à l'article L. 721-2.

II. – Le carnet numérique d'information, de suivi et d'entretien du logement est obligatoire pour toute construction neuve dont le permis de construire est déposé à compter du 1er janvier 2020 et pour tous les logements et immeubles existants faisant l'objet d'une mutation à compter du 1er janvier 2025.

III. – Le carnet numérique d'information, de suivi et d'entretien du logement est établi et mis à jour :

1° Pour les constructions neuves, par le maître de l'ouvrage qui renseigne le carnet numérique d'information, de suivi et d'entretien et est tenu de le transmettre à son acquéreur à la livraison du logement ;

2° Pour les logements existants, par le propriétaire du logement. Le syndicat des copropriétaires transmet au propriétaire les informations relatives aux parties communes.

Le carnet est transféré à l'acquéreur du logement au plus tard lors de la signature de l'acte de mutation.

NB : Un décret, qui n'a jamais vu le jour, devait préciser les modalités d'application de ce texte *(L. n° 2018-1021, 23 nov. 2018, art. 182, II)*.

Ce carnet d'entretien devait intégrer le dossier de diagnostic technique mentionné à l'article L. 271-4 et, lorsque le logement était soumis au statut de la copropriété, les documents mentionnés à l'article L. 721-2.

Le carnet numérique de suivi et d'entretien du logement était obligatoire pour toute construction neuve dont le permis de construire est déposé à compter du 1er janvier 2017 et pour tous les logements faisant l'objet d'une mutation à compter du 1er janvier 2025 *(CCH, art. L. 111-10-5, II)*.

L'article L. 111-10-5 a été finalement abrogé par l'ordonnance n° 2020-71 du 29 janvier 2020, avec effet au 1er juillet 2021.

III. – CARNET D'INFORMATION SUR LE LOGEMENT

Renvoi. Sur le carnet d'information sur le logement, V. ci-dessous Annexe 13-1.

ANNEXE 13-1

CARNET D'INFORMATION SUR LE LOGEMENT

Bibliographie : V. Zalewski-Sicard, *Le carnet d'information du logement : Constr.-Urb.* déc. 2020, focus 63 ; *Le carnet d'information du logement : Constr.-Urb.* 2020, focus 63 ; *Clauses relatives au carnet d'information du logement : Constr.-Urb.* 2021, formule 10. • *Carnet d'information du logement : Constr.-Urb.* 2022, formule 11. • *Carnet d'information du logement : top départ ! : JCP* N 2023, n° 1, act. 103.

Observation. Le carnet numérique d'information sur le logement a été institué par la loi n° 2021-1104 du 22 août 2021 (loi « Climat et résilience ») qui a inséré dans le Code de la construction et de l'habitation après l'article L. 126-35-11, une section 5 *bis*, comprenant les articles L. 126-35-2 à L. 126-35-11 dont le texte est ci-dessous reproduit.

Ces textes ont été complétés par le décret n° 2022-1174 du 27 décembre 2022 (*JO* du 28, texte n° 58), qui a modifié les articles R. 126-32 à R. 126-34 du même code et par un arrêté du 27 décembre 2022 (*JO* du 28, texte n° 69).

Le carnet numérique d'information sur le logement est entré en vigueur le 1er janvier 2023 (CCH, art. L. 126-35- 4).

Code de la construction et de l'habitation

Art. L. 126-35-2 *(Aj., L. n° 2021-1104, 22 août 2021).* **– Un carnet d'information du logement est établi, dans les conditions fixées à la présente section, afin de faciliter et d'accompagner les travaux d'amélioration de la performance énergétique du logement ainsi que l'installation d'équipements de contrôle et de gestion active de l'énergie.**

Le carnet d'information du logement est établi lors de la construction, au sens du 8° de l'article L. 111-1, d'un logement ou à l'occasion de la réalisation de travaux de rénovation d'un logement existant ayant une incidence significative sur sa performance énergétique, appréciée conformément au 1° de l'article L. 171-1.

Art. L. 126-35-3 *(Aj., L. n° 2021-1104, 22 août 2021).* **– Constituent des logements, au sens de la présente section, les locaux destinés à l'habitation et leurs annexes, y compris les logements-foyers, logements de gardien, chambres de service, logements de fonction, logements inclus dans un bail commercial et locaux meublés donnés en location dans les conditions prévues à l'article L. 632-1.**

Art. L. 126-35-4 *(Aj., L. n° 2021-1104, 22 août 2021).* **– Le carnet d'information est établi pour chaque logement dont la construction ou les travaux de rénovation prévus à l'article L. 126-35-2 font l'objet d'une demande de permis de construire ou d'une déclaration préalable déposée à compter du 1er janvier 2023.**

Lorsque les travaux de rénovation du logement prévus au même article L. 126-35-2 ne sont pas subordonnés à l'obtention d'un permis de construire ou au dépôt d'une déclaration préalable, le carnet d'information est établi pour le logement dans lequel sont réalisés les travaux lorsque ceux-ci font l'objet d'un devis qui est accepté à compter du 1er janvier 2023 ou, à défaut de devis, lorsque ces travaux débutent à compter du 1er janvier 2023.

Art. L. 126-35-5 *(Aj., L. n° 2021-1104, 22 août 2021).* **– Le carnet d'information du logement est établi et mis à jour par le propriétaire du logement.**

Les personnes réputées constructeur, au sens de l'article 1792-1 du Code civil, transmettent au propriétaire du logement, chacune en ce qui la concerne, les éléments que doit comporter le carnet d'information en application des articles L. 126-35-6 à L. 126-35-8 du présent code, au plus tard à la réception des travaux de construction ou de rénovation. Lorsque des travaux de rénovation sont effectués, l'Agence nationale de l'habitat et les guichets d'accompagnement à la rénovation énergétique, au sens de l'article L. 232-2 du Code de l'énergie, ainsi que les opérateurs agréés, au sens de l'article L. 232-3 du même code, transmettent au propriétaire du logement les éléments précisés aux articles L. 126-35-7 et L. 126-35-8 du présent code, sous réserve de leur non-transmission par les personnes qui ont la qualité de constructeur.

Lorsque le propriétaire du logement n'est pas le maître d'ouvrage de la construction ou des travaux de rénovation, les éléments que doit comporter le carnet d'information en application des articles L. 126-35-6 à L. 126-35-8 lui sont transmis par le maître d'ouvrage, au plus tard à la livraison du logement ou à la réception des travaux.

Art. L. 126-35-6 *(Aj., L. n° 2021-1104, 22 août 2021).* – Pour les constructions, le carnet d'information comporte :

1° Les plans de surface et les coupes du logement ;

2° Les plans, schémas et descriptifs des réseaux d'eau, d'électricité, de gaz et d'aération du logement ;

3° Les notices de fonctionnement, de maintenance et d'entretien des ouvrages ayant une incidence directe sur la performance énergétique du logement.

Il est indiqué pour chaque plan, schéma et descriptif s'il correspond à la conception ou à l'exécution.

Art. L. 126-35-7 *(Aj., L. n° 2021-1104, 22 août 2021).* – Pour les travaux de rénovation énergétique prévus à l'article L. 126-35-2, le carnet d'information du logement comporte les dates et la description des travaux ainsi réalisés.

Art. L. 126-35-8 *(Aj., L. n° 2021-1104, 22 août 2021).* – Le carnet d'information du logement comporte également :

1° La liste et les caractéristiques des matériaux utilisés lors de la construction ou des travaux de rénovation prévus à l'article L. 126-35-2, lorsque ces matériaux ont une incidence directe sur la performance énergétique du logement ;

2° Les notices de fonctionnement, de maintenance et d'entretien des équipements, au sens du 11° de l'article L. 111-1, qui sont installés lors de la construction ou des travaux de rénovation, lorsqu'ils ont une incidence directe sur la performance énergétique du logement ;

3° Les documents permettant d'attester la performance énergétique du logement et de connaître les moyens de l'améliorer prévus par les dispositions législatives et réglementaires, lorsqu'ils ont été établis.

Art. L. 126-35-9 *(Aj., L. n° 2021-1104, 22 août 2021).* – Les éléments du carnet d'information du logement prévus aux articles L. 126-35-6 à L. 126-35-8 sont transmis au propriétaire dans un format numérique répondant à un standard ouvert, au sens de l'article 4 de la loi n° 2004-575 du 21 juin 2004 pour la confiance dans l'économie numérique.

Si le propriétaire en fait la demande, ces éléments sont transmis dans un format autre que numérique.

Art. L. 126-35-10 *(Aj., L. n° 2021-1104, 22 août 2021).* – Le carnet d'information est transmis à l'acquéreur lors de toute mutation du logement tel qu'il est au moment de la mutation. Cette transmission a lieu au plus tard à la date de la signature de l'acte authentique. L'acquéreur en atteste dans l'acte authentique.

Art. L. 126-35-11 *(Aj., L. n° 2021-1104, 22 août 2021).* – Un décret en Conseil d'État précise les modalités d'application de la présente section, notamment :

1° Les critères selon lesquels sont déterminés, par arrêté du ministre chargé de la construction, les travaux de rénovation ayant une incidence significative sur la performance énergétique, mentionnés à l'article L. 126-35-2 ;

2° Les critères selon lesquels sont déterminés, par arrêté du ministre chargé de la construction, les catégories de matériaux et d'équipements ayant une incidence directe sur la performance énergétique du logement, mentionnés aux 1° et 2° de l'article L. 126-35-8 ;

3° La liste des documents permettant d'attester la performance énergétique du logement, prévus au 3° du même article L. 126-35-8.

....

Art. R. 126-32 *(Mod., D. n° 2022-1674, 27 déc. 2022)*. – I. – Les matériaux utilisés lors de la construction d'un logement qui doivent figurer dans le carnet d'information du logement sont ceux qui ont une incidence directe sur la performance énergétique du logement et qui sont mis en œuvre pour :

1° L'isolation thermique de la toiture ;

2° L'isolation thermique des murs donnant sur l'extérieur ;

3° L'isolation thermique des parois vitrées et portes donnant sur l'extérieur ;

4° L'isolation thermique des planchers bas.

II. – Les équipements installés lors de la construction du logement qui doivent figurer dans le carnet d'information du logement sont les principaux éléments :

1° Des systèmes de chauffage ou de refroidissement, en y incluant les systèmes de ventilation économiques et performants qui y sont, le cas échéant, associés, ou de production d'eau chaude sanitaire qui ont une incidence directe sur la performance énergétique ainsi que les éléments permettant la régulation de ces systèmes ;

2° Des systèmes de chauffage ou de production d'eau chaude sanitaire utilisant une source d'énergie renouvelable.

Art. R. 126-33 *(Mod., D. n° 2022-1674, 27 déc. 2022)*. – I. – Les travaux de rénovation d'un logement existant qui donnent lieu à la création du carnet d'information du logement prévu par l'article L. 126-35-2 et doivent figurer dans celui-ci sont ceux qui relèvent des catégories suivantes et répondent à des caractéristiques fixées, pour chacune de ces catégories, par arrêté du ministre en charge de la construction :

1° Travaux d'isolation thermique des toitures ;

2° Travaux d'isolation thermique des murs donnant sur l'extérieur ;

3° Travaux d'isolation thermique des parois vitrées et portes donnant sur l'extérieur ;

4° Travaux d'isolation thermique des planchers bas ;

5° Travaux d'installation, de régulation ou de remplacement de systèmes de chauffage ou de refroidissement, en y incluant les systèmes de ventilation économiques et performants qui y sont, le cas échéant, associés, ou de production d'eau chaude sanitaire ;

6° Travaux d'installation d'équipements de chauffage ou de production d'eau chaude sanitaire utilisant une source d'énergie renouvelable.

II. – Les matériaux utilisés lors de travaux de rénovation d'un logement dont la liste et les caractéristiques doivent figurer dans le carnet d'information du logement sont ceux qui sont mis en œuvre dans les travaux d'isolation thermique mentionnés aux 1° à 4° du I et ont une incidence directe sur la performance énergétique.

III. – Les équipements installés lors de travaux de rénovation d'un logement qui doivent figurer dans le carnet d'information du logement sont les principaux éléments des systèmes de chauffage, de refroidissement ou de production d'eau chaude sanitaire mentionnés aux 5° et 6° du I qui ont une incidence directe sur la performance énergétique.

Art. R. 126-34 *(Mod., D. n° 2022-1674, 27 déc. 2022)*. – I. – Les documents qui permettent d'attester de la performance énergétique du logement, au sens du 3° de l'article L. 126-35-8, et qui doivent figurer dans le carnet d'information du logement sont les suivants :

1° Le diagnostic de performance énergétique du logement mentionné à l'article L. 126-26 ;

2° Le document établi par le maître d'ouvrage attestant la prise en compte de la réglementation thermique, lorsqu'il est exigé en application de l'article R. 122-24 ;

3° Le document établi par le maître d'ouvrage attestant la prise en compte des exigences de performance énergétique et environnementale, lorsqu'il est exigé en application de l'article R. 122-24-3 ;

4° Les attestations de délivrance de labels ou de certifications mettant en exergue les qualités du bâtiment en matière de performance énergétique, lorsqu'il en a fait l'objet ;

5° Tout audit énergétique du logement respectant les conditions de l'audit énergétique prévu à l'article L. 126-28-1.

II. – Peuvent être joints au carnet d'information du logement les documents qui attestent la réalisation des opérations d'entretien permettant de conserver la performance énergétique des systèmes de chauffage.

Arrêté du 27 décembre 2022

relatif au carnet d'information du logement

NOR : TREL2218698A

(JO 28 déc. 2022, texte n° 69)

Art. 1. – Le présent arrêté a pour objet de préciser les travaux de rénovation d'un logement existant ayant une incidence significative sur sa performance énergétique mentionnés à l'article L. 126-35-2 du Code de la construction de l'habitation.

Art. 2. – Les travaux d'isolation thermique des toitures mentionnés au I de l'article R. 126-33 du Code de la construction et de l'habitation désignent l'ensemble des travaux qui mettent en œuvre un procédé d'isolation thermique des combles ou de la toiture, qu'il s'agisse de combles perdus, de rampants de toiture ou d'une toiture terrasse.

Pour les logements situés en Guadeloupe, en Guyane, en Martinique, à Mayotte et à La Réunion, ces travaux incluent également la mise en place d'une surtoiture ventilée ou d'un système de protection solaire de la toiture.

Art. 3. – Les travaux d'isolation thermique des murs donnant sur l'extérieur mentionnés au I de l'article R. 126-33 du Code de la construction et de l'habitation désignent l'ensemble des travaux qui mettent en œuvre un procédé d'isolation thermique sur mur(s) en façade ou en pignon, ou sur mur(s) séparant une zone chauffée d'une zone non chauffée.

Pour les logements situés en Guadeloupe, en Guyane, en Martinique, à Mayotte et à La Réunion, ces travaux incluent également la mise en place de protections de parois opaques contre le rayonnement solaire.

Art. 4. – Les travaux d'isolation thermique des parois vitrées et portes donnant sur l'extérieur mentionnés au I de l'article R. 126-33 du Code de la construction et de l'habitation désignent les travaux d'isolation thermique associés à la mise en place d'une fenêtre ou porte-fenêtre complète avec vitrage isolant et les travaux d'isolation thermique associés au remplacement de vitrages sur une fenêtre ou porte-fenêtre existante.

Pour les logements situés en Guadeloupe, en Guyane, en Martinique, à Mayotte et à La Réunion, ces travaux incluent également la mise en place de protections de baies, fixes ou mobiles, contre le rayonnement solaire.

Art. 5. – Les travaux d'isolation thermique des planchers bas mentionnés au I de l'article R. 126-33 du Code de la construction et de l'habitation désignent l'ensemble des travaux qui mettent en œuvre un procédé d'isolation thermique de planchers bas sur terre-plein, vide sanitaire ou sous-sol non chauffé.

Art. 6. – Les travaux d'installation, de régulation ou de remplacement de systèmes de chauffage, de refroidissement ou de production d'eau chaude sanitaire mentionnés au I de l'article R. 126-33 du Code de la construction et de l'habitation, concernent l'ensemble des équipements de chauffage, de refroidissement et de production d'eau chaude sanitaire, ainsi que les équipements de raccordement à un réseau de chaleur ou de froid. Ces travaux concernent également les émetteurs de chaleur, le réseau de distribution et les systèmes de pilotage.

Art. 7. – Les caractéristiques des matériaux utilisés et des équipements installés mentionnés aux 1° et 2° de l'article L. 126-35-8 du Code de la construction et de l'habitation incluent notamment :

– pour les travaux d'isolation thermique mentionnés aux 1°, 2°, 3° et 4° du I de l'article R. 126-33 du Code de la construction et de l'habitation : la nature du matériau isolant (marque et référence), ses caractéristiques thermiques (résistance thermique, conductivité thermique, épaisseur), la surface d'isolant, ainsi que les solutions de traitement des interfaces mises en œuvre pour assurer la continuité de l'isolation et de l'étanchéité à l'air, le cas échéant ;

– pour les travaux d'installation ou de remplacement de systèmes de chauffage, de refroidissement ou de production d'eau chaude sanitaire mentionnés aux 5° et 6° du I de l'article R. 126-33 du Code de la construction

et de l'habitation : la nature de l'équipement (marque, modèle, énergie, mode d'évacuation, numéro de série, puissance), l'étiquetage énergétique au sens de la directive 2010/30/UE du Parlement européen et du Conseil du 19 mai 2010 ;

– en cas de raccordement à un réseau de chaleur ou de froid : le poste de livraison (ou sous-station) qui constitue l'échangeur entre le réseau de chaleur ou de froid et le bâtiment.

Art. 8 ***(Mod. à compter du 1er octobre 2023, A. 20 juill. 2023).*** **– Les documents qui attestent la réalisation des opérations d'entretien mentionnés au II de l'article R. 126-34 du Code de la construction et de l'habitation incluent :**

– pour l'entretien de la chaudière individuelle mentionné au premier alinéa de l'article R. 224-41-5 du Code de l'environnement, l'attestation d'entretien mentionnée à l'article R. 224-41-8 dudit code ;

– pour le contrôle et l'entretien des dispositifs de chauffage décentralisés à combustible solide, l'attestation de ramonage et l'attestation d'entretien mentionnées à l'article R. 1331-23 du Code de la santé publique ;

– pour l'entretien des systèmes thermodynamiques mentionné à l'article R. 224-44 du Code de l'environnement, l'attestation d'entretien mentionnée à l'article R. 224-44-4 dudit code.

Art. 9. **– Le ministre de la transition écologique et de la cohésion des territoires, la ministre de la transition énergétique et le ministre délégué auprès du ministre de la transition écologique et de la cohésion des territoires, chargé de la ville et du logement, sont chargés, chacun en ce qui le concerne, de l'exécution du présent arrêté, qui sera publié au *Journal officiel* de la République française.**

OBSERVATIONS

Le carnet d'information sur le logement a un double objet (CCH, art. L. 126-35-2). Il est établi afin d'accompagner :

- les travaux d'amélioration de la performance énergétique du logement ;
- l'installation d'équipements de contrôle et de gestion active de l'énergie.

A. – Domaine d'application

1° Immeubles concernés

1. – Les « logements ».

Seuls les « logements » sont concernés. Il faut entendre par là (CCH, art. L. 126-35-3) :

- les locaux destinés à l'habitation et leurs annexes ;
- en ce compris, les logements foyers, les logements des gardiens, les chambres de services, les logements de fonction, les logements inclus dans un bail commercial et les locaux meublés donnés en location dans les conditions prévues à l'article L. 632-1 du Code de la construction et de l'habitation qui vise les logements meublés constituant la résidence principale du preneur, soumis à la loi n° 89-462 du 6 juillet 1989, titre Ier *bis*.

2° Opérations concernées

2. – Application dans le temps

Les termes des articles de L. 126-35-2, alinéa 2, L. 126-35-4 et R. 126-33 du Code de la construction et de l'habitation amènent à distinguer 2 types d'opérations : les travaux de construction ou les travaux de rénovation.

1) Pour donner lieu à l'établissement d'un carnet d'information du logement, ces travaux doivent donner lieu à une demande de permis de construire ou déclaration préalable déposée à compter du 1er janvier 2023 (CCH, art. L. 126-35-4, al. 1er).

2) Lorsque les travaux de rénovation ne sont pas subordonnés à l'obtention d'un permis de construire ou au dépôt d'une déclaration préalable, le carnet d'information du logement est établi pour le logement dans lequel sont réalisés les travaux lorsque ceux-ci font l'objet d'un devis accepté à compter du 1er janvier 2023 ou, à défaut de devis, lorsque ces travaux débutent à compter du 1er janvier 2023.

3. – Travaux de construction

Le carnet d'information du logement doit tout d'abord être établi lors de la construction d'un logement. Cette notion de « construction » doit être entendue au sens de l'article L. 111-1 du Code de la construction et de l'habitation, précise l'article L. 126-35-2 de ce même code. Ce texte vise tant l'édification d'un bâtiment nouveau que l'extension des bâtiments existants, entendue comme tout agrandissement de ce bâtiment inférieur à celui-ci et qui présente avec lui un lien physique et fonctionnel. Étant entendu que l'extension peut être horizontale ou verticale.

4. – Travaux de rénovation d'un logement existant

Le carnet d'information du logement doit également être établi dans le cas de réalisation de travaux de rénovation d'un logement existant, à la condition qu'ils aient « une incidence significative sur sa performance énergétique.

Cette incidence doit être appréciée par référence à l'article L. 171-1 du Code de la construction et de l'habitation (CCH, art. L. 126-35-2 al. 2).

La liste de ces travaux est fixée par l'article R. 126-33, I du Code de la construction et de l'habitation et par l'arrêté du 27 décembre 2022 précité dans ses articles 1 à 6.

B. - Contenu

5. - Travaux de construction

En ce qui concerne les **constructions**, le contenu du carnet d'information est fixé par l'article. L. 126-35-6 du Code de la construction et de l'habitation (V. ce texte ci-dessus).

6. - Travaux de rénovation

En ce qui concerne les **travaux de rénovation énergétique** prévus à l'article L. 126-35-2 du Code de la construction et de l'habitation, le carnet d'information comporte les dates et la description de ces travaux.

Les travaux dont il s'agit sont énumérés par l'article R. 126-33, I, du Code de la construction et de l'habitation, qui donne également la liste des caractéristiques des matériaux utilisés et des équipements installés, ayant une incidence directe sur la performance énergétique, qui doivent figurer dans le carnet d'information (CCH, art. R. 126-33, II et III).

7. - Performance énergétique du logement

Les documents qui permettent d'attester de la performance énergétique du logement (CCH, art. L. 126-35-8, 3°) sont énumérés par l'article R. 126-34 (V. ce texte ci-dessus).

C. - Établissement du document

8. - Propriétaire du logement

Le carnet d'information du logement est établi et mis à jour par le propriétaire du logement. Il utilise pour ce faire les documents qui doivent lui être transmis par les divers acteurs de la construction ou le cas échéant par le maître de l'ouvrage, dans les conditions prévues par les articles L. 126-35-5 alinéas 2 et 3 et L. 126-35-9 du Code de la construction et de l'habitation.

D. - Information de l'acquéreur

9. - Modalités

Selon l'article L. 126-35-10 du Code de la construction et de l'habitation, le carnet d'information doit être transmis à « l'acquéreur » lors de toute mutation du logement. On observe que le texte ne fait pas de distinction entre les mutations : sont donc concernés aussi bien les mutations à titre gratuit qu'à titre onéreux (en ce sens, V. Zalewski-Sicard, *Le carnet d'information du logement : Constr.-Urb.* 2020, focus 63). Encore faut-il qu'il y ait un « acquéreur », ce qui suppose que la mutation ait lieu entre vifs.

Cette transmission a lieu « au plus tard à la date de la signature de l'acte authentique ». L'acquéreur doit en attester dans l'acte authentique. En cas d'omission de cette formalité, la loi ne prévoit aucune sanction particulière. Le carnet d'information du logement constituant un « accessoire » de l'immeuble au sens de l'article 1615 du Code civil, l'acquéreur pourra éventuellement agir en exécution forcée pour en obtenir la délivrance (V. Zalewski-Sicard étude précitée).

Le carnet d'information est communiqué « tel qu'il est au moment de la mutation ».

Comme on l'a justement observé, si le carnet d'information est incomplet au moment de la signature de l'acte authentique, situation envisagée et admise par le législateur, il y aura lieu d'attirer l'attention de l'acquéreur sur cette incomplétude (V. V. Zalewski-Sicard, *Carnet d'information du logement : Constr.-Urb.* 2022, formule 11).

ANNEXE 14

CHANGEMENT D'AFFECTATION

I. – Autorisations nécessaires .... p. 1062
II. – Meubles de tourisme... p. 1068

Bibliographie : *JCl. Administratif*, Fasc. 447-80 par G. Liet-Vaux. • *JCl. Notarial Formulaire*, V° Construction-Urbanisme, fasc. 900 par D. Blaise.

Sur l'ordonnance du 8 juin 2005. D. Dutrieux, *Ordonnance du 8 juin 2005 relative au logement et à la construction : la réforme attendue des changements d'affectation : JCP* N 2005, n° 25-318. • E. Fongaro et V. Zalewski, *Du changement d'affectation au changement d'usage des locaux : Bull. Nota bene, Cridon Bordeaux-Toulouse* déc. 2005, Étude 437. • A. Hinfray, *Changements d'affectation de locaux, observations critiques : Lamy, droit immobilier*, sept. 2005, p. 10. • M. Leconte, *Du changement d'affectation au changement d'usage : la réforme attendue de l'article L. 631-7 du Code de la construction et de l'habitation : Lamy, droit immobilier*, sept. 2005, p. 10. • J.-Ph. Meng, *Les nouvelles dispositions de l'article L. 631-7 du Code de la construction et de l'habitation : Bull. Cridon de Paris* 1er oct. 2005, p. 4. • Ph. Pelletier et E. Guillini, *L'ordonnance du 8 juin 2005 sur le changement d'usage des locaux : une réforme attendue : Dr. et patrimoine* oct. 2005, p. 29. • G. Vidalenc, *Du changement d'affectation au changement d'usage : Defrénois* 2005, art. 38215. • P. Wallut, *De l'affectation à l'usage : la réforme attendue de l'article L. 631-7 du Code de la construction et de l'habitation : JCP* N 2005, n° 43, p. 1745, n° 77 ; *Réforme de l'article L. 631-7 du Code de la construction et de l'habitation : les nouvelles procédures d'autorisation de changement d'usage à Paris : JCP* N 2005, n° 51-52, 640. • B. Wertenschlag et M. Abinader, *Le changement d'affectation des locaux à usage d'habitation : AJDI* 2005, p. 723.

Sur l'article L. 631-7-3 du Code de la construction et de l'habitation (exercice d'une activité professionnelle dans une partie d'un local d'habitation). B. Pays, *Le nouveau statut du logement de l'entrepreneur : Ann. loyers* 2005, p. 26.

Sur le changement d'affectation après la loi de modernisation de l'économie (L. n° 2008-776, 4 août 2008). I. Pasternatzky, *La LME et le changement d'usage : du nouveau à l'horizon : Rev. bleue*, janv. 2009, p. 26. • Y. Celebic, *Changement d'usage d'un local d'habitation/exercice d'une activité commerciale ou professionnelle dans un logement : réforme du régime applicable : Rev. bleue*, nov. 2008, p. 66. • L. Grosclaude, *Le changement d'affectation des locaux : Info immo.*, déc. 2008, p. 14.

Sur la loi du 24 mars 2014 (loi ALUR). G. Daudré et P. Wallut, *Aperçu critique sur les dispositions de la loi ALUR relatives au contrôle de l'usage d'habitation : JCP* N 2014, n° 15, 1157.

Ouvrages. G. Daudré et P. Wallut, *Changements d'usage des locaux d'habitation*, 3e éd., LexisNexis, 2022.

Jurisclasseurs. JCl. Notarial Formulaire, V° Construction-Urbanisme, fasc. 900.

NB : Depuis le 1er avril 2009, le contrôle de l'usage des locaux d'habitation jusqu'alors exercé par l'État relève de la compétence communale (P. Wallut, *L'heure de la décentralisation pour le contrôle du changement d'usage de logements : JCP* N 2009, n° 13, 1113).

À Paris les autorisations de changement d'usage sont délivrées dans le cadre d'un règlement municipal adopté en décembre 2008. Ce règlement a été modifié à plusieurs reprises V. G. Daudré et P. Wallut, *Changement d'usage des locaux d'habitation à Paris : nouvelle modification du règlement municipal : JCP* N 2015, n°s 1-2, 1000. – A. Belaud-Guillet, *Le nouveau règlement municipal parisien en matière d'autorisation de changement d'usage et l'ouverture de la chasse aux touristes : AJDI* 2015, p. 237 – J.-Ph. Duchêne, *Article L. 631-7 du Code de la construction et de l'habitation : compensation et marché de la commercialité à Paris de 2009 à 2016 : AJDI* 2017, p. 401.

Le texte actuel du règlement peut être consulté sur le site Internet de la ville de Paris : www.paris.fr.

I. – AUTORISATIONS NÉCESSAIRES

Code de la construction et de l'habitation

Art. L. 631-7 *(Mod., L. n° 2018-1021, 23 nov. 2018).* – La présente section est applicable aux communes de plus de 200 000 habitants et à celles des départements des Hauts-de-Seine, de la Seine-Saint-Denis et du Val-de-Marne. Dans ces communes, le changement d'usage des locaux destinés à l'habitation est, dans les conditions fixées par l'article L. 631-7-1, soumis à autorisation préalable.

Constituent des locaux destinés à l'habitation toutes catégories de logements et leurs annexes, y compris les logements-foyers, logements de gardien, chambres de service, logements de fonction, logements inclus dans un bail commercial, locaux meublés donnés en location dans les conditions de l'article L. 632-1 ou dans le cadre d'un bail mobilité conclu dans les conditions prévues au titre Ier *ter* de la loi n° 89-462 du 6 juillet 1989 tendant à améliorer les rapports locatifs et portant modification de la loi n° 86-1290 du 23 décembre 1986.

Pour l'application de la présente section, un local est réputé à usage d'habitation s'il était affecté à cet usage au 1er janvier 1970. Cette affectation peut être établie par tout mode de preuve. Les locaux construits ou faisant l'objet de travaux ayant pour conséquence d'en changer la destination postérieurement au 1er janvier 1970 sont réputés avoir l'usage pour lequel la construction ou les travaux sont autorisés.

Toutefois, lorsqu'une autorisation administrative subordonnée à une compensation a été accordée après le 1er janvier 1970 pour changer l'usage d'un local mentionné à l'alinéa précédent, le local autorisé à changer d'usage et le local ayant servi de compensation sont réputés avoir l'usage résultant de l'autorisation.

Sont nuls de plein droit tous accords ou conventions conclus en violation du présent article.

Le fait de louer un local meublé destiné à l'habitation de manière répétée pour de courtes durées à une clientèle de passage qui n'y élit pas domicile constitue un changement d'usage au sens du présent article.

Bibliographie : G. Daudré, *La sécurité juridique du changement d'usage des locaux d'habitation en question* : *JCP* N 2020, n° 27, act. 600. • *Sur les locations meublées touristiques*, V. annexe « Meublés de tourisme ».

Art. L. 631-7-1 A *(Mod., L. n° 2018-1021, 23 nov. 2018).* – Une délibération du conseil municipal peut définir un régime d'autorisation temporaire de changement d'usage permettant à une personne physique de louer pour de courtes durées des locaux destinés à l'habitation à une clientèle de passage qui n'y élit pas domicile.

La délibération fixe les conditions de délivrance de cette autorisation temporaire par le maire de la commune dans laquelle est situé l'immeuble après avis, à Paris, Marseille et Lyon, du maire d'arrondissement concerné. Elle détermine également les critères de cette autorisation temporaire, qui peuvent porter sur la durée des contrats de location, sur les caractéristiques physiques du local ainsi que sur sa localisation en fonction notamment des caractéristiques des marchés de locaux d'habitation et de la nécessité de ne pas aggraver la pénurie de logements. Ces critères peuvent être modulés en fonction du nombre d'autorisations accordées à un même propriétaire personne physique.

Si la commune est membre d'un établissement public de coopération intercommunale compétent en matière de plan local d'urbanisme, la délibération est prise par l'organe délibérant de cet établissement.

Le local à usage d'habitation bénéficiant de cette autorisation temporaire ne change pas de destination, au sens du troisième alinéa de l'article L. 151-9 du Code de l'urbanisme.

Lorsque le local à usage d'habitation constitue la résidence principale du loueur, au sens de l'article 2 de la loi n° 89-462 du 6 juillet 1989 tendant à améliorer les rapports locatifs et portant modification de la loi n° 86-1290 du 23 décembre 1986, l'autorisation de changement d'usage prévue à l'article L. 631-7 du présent code ou celle prévue au présent article n'est pas nécessaire pour le louer pour de courtes durées à une clientèle de passage qui n'y élit pas domicile.

Art. L. 631-7-1 B *(Aj., L. n° 2015-990, 6 août 2015).* – Une délibération du conseil municipal peut définir un régime de déclaration préalable permettant d'affecter temporairement à l'habitation des locaux destinés à un usage autre que l'habitation, pour une durée n'excédant pas quinze ans.

Si la commune est membre d'un établissement public de coopération intercommunale compétent en matière de plan local d'urbanisme, la délibération est prise par l'organe délibérant de cet établissement.

Jusqu'à l'expiration du délai mentionné au premier alinéa, les locaux peuvent, par dérogation à l'article L. 631-7, retrouver leur usage antérieur.

En cas de location d'un local temporairement affecté à l'habitation en application du présent article, le contrat doit mentionner le caractère temporaire de cette affectation. Sous cette réserve, le retour des locaux à leur usage antérieur est un motif légitime et sérieux, au sens de l'article 15 de la loi n° 89-462 du 6 juillet 1989 tendant à améliorer les rapports locatifs et portant modification de la loi n° 86-1290 du 23 décembre 1986. Il ne constitue pas un événement au sens de l'article 11 de cette même loi.

Art. L. 631-7-1 *(Mod., L. n° 2008-776, 4 août 2008).* – L'autorisation préalable au changement d'usage est délivrée par le maire de la commune dans laquelle est situé l'immeuble, après avis, à Paris, Marseille et Lyon, du maire d'arrondissement concerné. Elle peut être subordonnée à une compensation sous la forme de la transformation concomitante en habitation de locaux ayant un autre usage.

L'autorisation de changement d'usage est accordée à titre personnel. Elle cesse de produire effet lorsqu'il est mis fin, à titre définitif, pour quelque raison que ce soit, à l'exercice professionnel du bénéficiaire. Toutefois, lorsque l'autorisation est subordonnée à une compensation, le titre est attaché au local et non à la personne. Les locaux offerts en compensation sont mentionnés dans l'autorisation qui est publiée au fichier immobilier ou inscrite au livre foncier.

L'usage des locaux définis à l'article L. 631-7 n'est en aucun cas affecté par la prescription trentenaire prévue par l'article 2227 du Code civil.

Pour l'application de l'article L. 631-7, une délibération du conseil municipal fixe les conditions dans lesquelles sont délivrées les autorisations et déterminées les compensations par quartier et, le cas échéant, par arrondissement, au regard des objectifs de mixité sociale, en fonction notamment des caractéristiques des marchés de locaux d'habitation et de la nécessité de ne pas aggraver la pénurie de logements. Si la commune est membre d'un établissement public de coopération intercommunale compétent en matière de plan local d'urbanisme, la délibération est prise par l'organe délibérant de cet établissement.

Art. L. 631-7-2 *(Rempl., L. n° 2008-776, 4 août 2008).* – Dès lors qu'aucune stipulation contractuelle prévue dans le bail ou le règlement de copropriété ne s'y oppose, le maire peut autoriser, dans une partie d'un local d'habitation utilisé par le demandeur comme sa résidence principale, l'exercice d'une activité professionnelle, y compris commerciale, pourvu qu'elle n'engendre ni nuisance, ni danger pour le voisinage et qu'elle ne conduise à aucun désordre pour le bâti.

Le bail d'habitation de cette résidence principale n'est pas soumis aux dispositions du chapitre V du titre IV du livre I du Code de commerce et ne peut être un élément constitutif du fonds de commerce.

1) Autorisation d'une activité professionnelle y compris commerciale dans une partie d'un local d'habitation. L'article L. 631-7-2 nouveau du Code de la construction et de l'habitation prévoit que le maire peut autoriser, dans une partie d'un local d'habitation utilisée par le demandeur comme sa résidence principale l'exercice d'une activité professionnelle y compris commerciale.

2) Conditions requises. Deux conditions doivent être remplies pour que cette autorisation puisse être obtenue :

– aucune stipulation contractuelle qui résulterait du bail ou du règlement de copropriété ne doit s'opposer à ce changement d'usage ;

– il ne doit engendrer ni nuisance (le bruit principalement) ni danger pour le voisinage ou désordre pour le bâti (réalisation, par exempte, de travaux recourant à des charges excessives pour l'immeuble). Il est précisé enfin que le bail d'habitation des locaux en question n'est pas soumis aux dispositions des articles L. 145-1 et suivants du Code du commerce, qui définissent le statut des baux commerciaux, et qu'il ne peut constituer un élément du fonds de commerce.

Dans sa rédaction antérieure, l'article L. 631-7-2 énonçait que « Le préfet peut autoriser dans une partie d'un local d'habitation utilisé par le demandeur comme sa résidence principale, l'exercice d'une profession à la condition que celle-ci ne revête à aucun moment un caractère commercial ».

Les locaux devaient constituer la résidence principale du demandeur et la profession considérée ne devait « revêtir à aucun moment » un caractère commercial (il devait donc s'agir d'une profession libérale ou éventuellement artisanale).

Art. L. 631-7-3 *(Mod., L. n° 2008-776, 4 août 2008).* – Dès lors qu'aucune stipulation contractuelle prévue dans le bail ou le règlement de copropriété ne s'y oppose, l'exercice d'une activité professionnelle, y

compris commerciale, est autorisé dans une partie d'un local à usage d'habitation, dès lors que l'activité considérée n'est exercée que par le ou les occupants ayant leur résidence principale dans ce local et ne conduit à y recevoir ni clientèle ni marchandises.

Les dispositions du présent article sont applicables aux représentants légaux des personnes morales.

1) Changement d'usage sans autorisation préalable concernant une partie d'un local à usage d'habitation (CCH, art. L. 631-7-3). L'exercice d'une activité professionnelle y compris commerciale est autorisé dans une partie d'un local à usage d'habitation.

2) Conditions requises. Ces conditions sont les suivantes :

– l'activité considérée ne doit être exercée que par le ou les occupants ayant leur résidence principale dans ce local ;

– elle ne doit pas conduire à y recevoir de la clientèle ou des marchandises ;

– aucune stipulation contractuelle prévue dans le bail ou le règlement de copropriété ne doit s'opposer à l'exercice de cette activité.

Ces dispositions sont applicables « aux représentants légaux des personnes morales » (CCH, art. L. 631-7-3, al. 2).

Dans le régime antérieur au 1er janvier 2009, les conditions d'exercice d'une activité professionnelle y compris commerciale étaient identiques, à une exception près : le texte ne réservait pas le cas où une stipulation contractuelle prévue dans le bail ou le règlement de copropriété s'y opposait.

Art. L. 631-7-4 *(L. n° 2008-776, 4 août 2008).* **– Dès lors qu'aucune stipulation contractuelle prévue dans le bail ou le règlement de copropriété ne s'y oppose, l'exercice d'une activité professionnelle, y compris commerciale, est autorisé dans une partie d'un local d'habitation situé au rez-de-chaussée, pourvu que l'activité considérée ne soit exercée que par le ou les occupants ayant leur résidence principale dans ce local, qu'elle n'engendre ni nuisance, ni danger pour le voisinage et qu'elle ne conduise à aucun désordre pour le bâti.**

Le bail d'habitation de cette résidence principale n'est pas soumis au chapitre V du titre IV du livre I du Code de commerce et ne peut être un élément constitutif du fonds de commerce.

1) Changement d'usage concernant partie d'un local d'habitation situé au rez-de-chaussée (CCH, art. L. 631-7-4). L'exercice d'une activité professionnelle y compris commerciale est autorisé dans une partie d'un local à usage d'habitation situé au rez-de-chaussée sous les conditions suivantes.

2) Conditions requises. Ces conditions sont les suivantes :

– l'activité considérée ne doit être exercée que par le ou les occupants ayant leur résidence principale dans ce local ;

– cette activité ne doit engendrer ni nuisance ni danger pour le voisinage ni désordre pour le bâti ;

– aucune stipulation contractuelle prévue dans le bail ou le règlement de copropriété ne doit s'opposer à l'exercice de cette activité.

Il est précisé que le bail d'habitation de cette résidence principale n'est pas soumis aux dispositions des articles L. 145-1 et suivants du Code du commerce, qui définissent le statut des baux commerciaux et qu'il ne peut constituer un élément du fonds de commerce (CCH, art. L. 631-7-4).

Art. L. 631-7-5 *(L. n° 2008-776, 4 août 2008).* **– I. – L'article L. 631-7-2 est applicable aux logements appartenant aux organismes mentionnés à l'article L. 411-2, sauf pour l'exercice d'une activité commerciale.**

L'article L. 631-7-3 est applicable aux logements appartenant à ces mêmes organismes.

Par dérogation à l'article L. 631-7-4, l'exercice d'une activité professionnelle, y compris commerciale, dans une partie d'un local d'habitation appartenant à ces mêmes organismes et situé au rez-de-chaussée est soumis à une autorisation délivrée dans les conditions fixées à l'article L. 631-7-2.

II. – L'autorisation délivrée en application de l'article L. 631-7-2 dans les cas visés au premier ou au dernier alinéa du I du présent article est précédée d'un avis du propriétaire du local. Passé un délai d'un mois, cet avis est réputé favorable.

Art. L. 631-8 *(Mod. à compter du 1er janvier 2009, L. n° 2008-776, 4 août 2008).* **– Lorsque le changement d'usage fait l'objet de travaux entrant dans le champ d'application du permis de construire, la demande de permis de construire ou la déclaration préalable vaut demande de changement d'usage.**

Ces travaux ne peuvent être exécutés qu'après l'obtention de l'autorisation mentionnée à l'article L. 631-7.

Art. L. 631-9 *(Mod., L. n° 2018-1021, 23 nov. 2018 ; à compter du 1er janvier 2023, L. n° 2022-1726, 30 déc. 2022).* **– Dans les communes autres que celles mentionnées au premier alinéa de l'article L. 631-7,**

les dispositions dudit article peuvent être rendues applicables par décision de l'autorité administrative sur proposition du maire ou, pour les communes dont la liste est fixée par le décret mentionné au I de l'article 232 du Code général des impôts, par une délibération de l'organe délibérant de l'établissement public de coopération intercommunale compétent en matière de plan local d'urbanisme ou, à défaut, du conseil municipal.

Ces dispositions peuvent également, dans les mêmes conditions, être rendues applicables sur une partie seulement de la commune.

Art. L. 631-10 *(Abr., L. n° 2014-366, 24 mars 2014).*

…

Art. L. 651-2 *(Mod. à compter du 1er janvier 2020, Ord. n° 2019-738, 17 juill. 2019 ; à compter du 1er janvier 2020, Ord. n° 2019-964, 18 sept. 2019).* – Toute personne qui enfreint les dispositions de l'article L. 631-7 ou qui ne se conforme pas aux conditions ou obligations imposées en application dudit article est condamnée à une amende civile dont le montant ne peut excéder 50 000 € par local irrégulièrement transformé.

Cette amende est prononcée par le président du tribunal judiciaire statuant selon la procédure accélérée au fond, sur assignation de la commune dans laquelle est situé le local irrégulièrement transformé ou de l'Agence nationale de l'habitat. Le produit de l'amende est intégralement versé à la commune dans laquelle est situé ce local. Le tribunal judiciaire compétent est celui dans le ressort duquel est situé le local.

Sur assignation de la commune dans laquelle est situé le local irrégulièrement transformé ou de l'Agence nationale de l'habitat, le président du tribunal ordonne le retour à l'usage d'habitation du local transformé sans autorisation, dans un délai qu'il fixe. À l'expiration de celui-ci, il prononce une astreinte d'un montant maximal de 1 000 € par jour et par mètre carré utile du local irrégulièrement transformé. Le produit en est intégralement versé à la commune dans laquelle est situé le local irrégulièrement transformé.

Passé ce délai, l'administration peut procéder d'office, aux frais du contrevenant, à l'expulsion des occupants et à l'exécution des travaux nécessaires.

Art. L. 651-3 *(Mod., L. n° 2006-872, 13 juill. 2006).* – Quiconque a, pour l'une quelconque des déclarations prévues aux titres I (chapitre II), II (chapitre Ier), III et IV du présent livre, à l'exclusion des articles L. 612-1, L. 631-1 à L. 631-6, L. 641-12 et L. 641-14, ou par les textes pris pour leur application, sciemment fait de fausses déclarations, quiconque a, à l'aide de manœuvres frauduleuses, dissimulé ou tenté de dissimuler les locaux soumis à déclaration, est passible d'un emprisonnement de un an et d'une amende de 80 000 € ou de l'une de ces deux peines seulement.

Le tribunal correctionnel prononce, en outre, la résiliation du bail et l'expulsion des locataires irrégulièrement installés.

Ordonnance n° 2005-655 du 8 juin 2005

relative au logement et à la construction

Dispositions transitoires

Art. 29 *(Mod., L. n° 2006-872, 13 juill. 2006).* – I. – Les personnes qui, avant l'entrée en vigueur de la présente ordonnance, ont changé, sans autorisation, l'usage d'un local auquel était applicable l'article L. 631-7 du Code de la construction et de l'habitation, bénéficient sur demande d'une autorisation à titre personnel si elles justifient, avant le 1er juillet 2006, de l'usage continu et non contesté des lieux à des fins autres que l'habitation depuis au moins vingt ans à la date d'entrée en vigueur de la présente ordonnance.

II. – Les autorisations définitives accordées sur le fondement du même article L. 631-7 avant l'entrée en vigueur de la présente ordonnance et qui ont donné lieu à compensation effective, sont attachées, à compter de cette entrée en vigueur, au local et non à la personne.

III. – Les locaux régulièrement affectés à un usage autre que l'habitation qui, à la date d'entrée en vigueur de la présente ordonnance, sont temporairement affectés à l'habitation en vertu d'une déclaration d'affectation temporaire des locaux, peuvent, nonobstant les dispositions de l'article L. 631-7 du Code de la construction et de l'habitation, retrouver leur affectation antérieure sur simple déclaration adressée au préfet avant l'expiration

du délai mentionné dans la déclaration d'affectation temporaire. En l'absence de déclaration, les locaux qui, à l'expiration de ce délai, demeurent affectés à l'habitation sont régis par les dispositions applicables aux locaux à usage d'habitation.

Circulaire du 22 mars 2006

sur l'application des mesures relatives au changement d'usage des locaux d'habitation

Une circulaire UHC/DH 2, n° 2006-19 du 22 mars 2006 est venue préciser les modalités d'application des mesures relatives au changement d'usage des locaux d'habitation (*Bulletin officiel du ministère de l'Emploi, de la Cohésion sociale et du Logement*, 30 avr. 2006).

Nous citerons quelques extraits de cette circulaire, qui vient préciser sur certains points les conditions d'application de la réglementation en la matière.

Remarque : Cette circulaire a été élaborée avant l'entrée en vigueur de la loi n° 2008-776 du 4 août 2008 sur la modernisation de l'économie. il est possible qu'une nouvelle circulaire vienne préciser les modalités d'application de cette loi.

1. Champ d'application géographique

La circulaire précitée du 22 mars 2006 apporte sur ce point les précisions suivantes :

« Dans toutes les communes de plus de 10 000 habitants et de moins de 200 000 habitants, à l'exception de celles situés dans les départements 92, 93 et 94, les changements d'usage de locaux ne sont plus soumis, depuis le 10 juin 2005, à autorisation ou dérogation préfectorale au titre des articles L. 631-7 et suivants du Code de la construction et de l'habitation. Il en est de même dans les communes de moins de 10 000 habitants où les dispositions de l'article L. 631-7 avaient été rendues applicables par décision ministérielle sur toute ou partie de la commune en application de l'article L. 631-9 ; toutefois, ce dernier article n'ayant pas été abrogé, les nouvelles dispositions pourront toujours y être rendues applicables ».

2. Définition des « annexes »

La circulaire précitée du 22 mars 2006 apporte sur ce point les précisions suivantes :

« Constituent des annexes tous les locaux attachés à un logement situés dans le même immeuble que celui-ci et inclus dans le bail d'habitation tels que caves, celliers, greniers, garages, parkings privatifs. Il en est également ainsi dans un immeuble ou dans un groupe d'immeubles collectifs d'habitation des locaux communs tels que les locaux à vélos, locaux techniques qui sans être spécifiés dans le bail n'en demeurent pas moins attachés à l'usage d'habitation de l'immeuble.

À l'inverse, ne sont pas considérés comme des annexes les locaux tels que les garages lorsqu'ils font l'objet de contrats de location distincts et qu'ils sont situés dans un immeuble à destination autre qu'habitation ».

3. Logements meublés

La circulaire précitée du 22 mars 2006 apporte sur ce point les précisions suivantes :

« [...] La transformation d'un logement nu en meublé n'est plus soumise à autorisation comme dans l'ancien dispositif.

En revanche, le changement à un tout autre usage, sans autorisation préalable, de logements meublés à titre de résidence principale, en hôtel de tourisme, en location meublée saisonnière ou en location meublée à usage de résidence secondaire, demeure irrégulier.

Il est à noter que la notion de loueur professionnel est abandonnée. Ainsi, les dispositions du L. 631-7 s'appliquent dès lors que le bailleur donne à la location un seul local.

Ne rentrent pas dans la catégorie des logements meublés et à ce titre ne constituent pas des locaux destinés à l'habitation au sens de l'article L. 631-7 les résidences de tourisme.

Ces établissements ont vocation à être loués à des touristes et ne s'adressent en principe qu'à des clients de passage n'y établissant pas leur résidence principale ».

4. Changement d'usage intervenu après le 1er janvier 1970 en vertu d'une autorisation subordonnée à compensation ou résultant d'une affectation temporaire à l'habitation

La circulaire précitée du 22 mars 2006 apporte sur ce point les précisions suivantes :

« Si une autorisation administrative subordonnée à une compensation a été donnée après le 1er janvier 1970, le local d'habitation ayant changé d'usage et le local ayant servi de compensation ont l'usage mentionné dans l'autorisation.

En effet, l'autorisation a pu être soumise à une compensation qui consiste, pour le demandeur, à rendre à l'habitation des locaux qui étaient affectés auparavant à un autre usage pour une surface au moins équivalente à celle qui a été transformée en local commercial ou professionnel. Dès lors, ces locaux apportés à l'habitation en compensation, entrent dans le champ des locaux d'habitation « protégés ».

Entrent également dans ce champ, les locaux qui, à la suite d'une affectation temporaire au logement (cf. paragraphe II-1-3), n'ont pas ou n'auront pas retrouvé leur affectation antérieure.

En fait, *trois cas* peuvent ainsi se présenter :

- local d'habitation en 1970 ayant fait l'objet d'un changement d'usage avec compensation. L'usage pour lequel il a été autorisé se substitue à celui de 1970 ;

- local autre qu'habitation en 1970 étant devenu habitation en servant de compensation. L'usage d'habitation se substitue à celui de 1970 ;

- local autre qu'habitation affecté temporairement à l'habitation et n'ayant pas fait l'objet d'une déclaration de retour à l'usage initial, reste habitation. Cet usage se substitue donc à celui de 1970.

L'administration devra, à la demande d'un pétitionnaire ou de son conseil dûment mandaté (notaires, avocats, géomètres-experts...) rechercher si tel ou tel bien a pu faire l'objet, entre le 1er janvier 1970 et le 10 juin 2005, d'une autorisation avec compensation ou a servi de compensation ou a été affecté temporairement à l'habitation en vertu de l'ancien article L. 631-7-1.

Il est souligné que si l'intervention de l'administration est nécessaire pour la période indiquée, elle n'a plus lieu d'être pour la recherche des autorisations délivrées au-delà du 10 juin 2005, celles-ci étant soumises à l'obligation de publicité ».

Un local unique qui, à la date de référence est à usage mixte (une partie des mètres carrés à usage d'habitation et le reste à usage autre que d'habitation) est à considérer selon cette répartition, pour partie à usage d'habitation et pour partie à un autre usage.

5. Prescription

La circulaire précitée du 22 mars 2006 apporte sur ce point les précisions suivantes :

« En application de l'article 2262 du Code civil, l'action civile se prescrit par trente ans. Ainsi, l'action publique ne peut plus être mise en œuvre à l'égard du contrevenant qui utilise depuis au moins trente ans, sans autorisation, les locaux à un usage autre que l'habitation. C'est en ce sens que la prescription en matière d'amende civile est extinctive. En revanche, la durée trentenaire de l'occupation ne permet pas au contrevenant d'acquérir par prescription l'autorisation du changement d'usage d'un local. En effet, la personne occupant un local sans autorisation est en situation irrégulière pendant toute la durée de cette occupation, quelle que soit la date à laquelle celle-ci a débuté ».

6. Autorisations obtenues avant l'entrée en vigueur de l'article 58 de la loi du 23 décembre 1986

La circulaire précitée du 22 mars 2006 apporte sur ce point les précisions suivantes :

« L'article 29-II de l'ordonnance prévoit une disposition qui conforte les autorisations assorties de compensation intervenues avant le 10 juin 2005, lesquelles revêtent, à compter de cette date, un caractère réel.

Afin de pallier la non-publication de ces autorisations au fichier immobilier, l'administration devra répondre aux demandes qui lui seront faites en vue d'apporter tous les éléments en sa possession justifiant de l'effectivité de la compensation ».

7. Possibilités temporaires de régularisation

La circulaire précitée du 22 mars 2006 apporte sur ce point les précisions suivantes :

- L'article 29-I de l'ordonnance prévoit une possibilité de régularisation pour les locaux d'habitation illégalement affectés à un autre usage depuis plus de vingt ans à la date d'entrée en vigueur de ladite ordonnance, soit le 10 juin 2005.

Cette régularisation n'est possible que sur demande d'autorisation intervenue avant le 1er juillet 2006. Cette dernière doit être accompagnée des justificatifs prouvant l'usage continu et non contesté durant une période minimale de vingt ans à la date d'entrée en vigueur de l'ordonnance.

[...].

La continuité de l'usage est appréciée au regard de l'activité exercée. Il faut entendre par « activité exercée » celle de même nature, comme par exemple un cabinet d'avocat ou une étude de notaire, ou un cabinet médical, etc.

Peu importe que cette activité ait été exercée successivement par des personnes différentes avant l'entrée en vigueur de l'ordonnance. Toutefois, c'est bien l'occupant se trouvant, à la date du 10 juin 2005, dans le local irrégulièrement transformé, qui doit procéder à la demande de régularisation accompagnée des justificatifs prouvant l'usage continu du lieu durant au moins vingt ans à cette date. Il dispose d'un délai ne pouvant dépasser le 30 juin 2006 pour établir cette demande.

Cet usage ne doit avoir fait l'objet d'aucune contestation encore en cours émanant soit de l'administration soit du syndicat de copropriété, ni d'aucune action en justice pendante.

À titre d'exemple, un refus d'autorisation intervenu depuis moins de vingt ans doit être considéré comme une contestation encore en cours.

L'autorisation délivrée en régularisation présente obligatoirement un caractère personnel et incessible, ce qui signifie qu'à la cessation de l'activité ou au départ de l'occupant ayant obtenu la régularisation, le local devra revenir à l'habitation.

II. – MEUBLES DE TOURISME

Voir : l'annexe « Meublés de tourisme ».

ANNEXE 15

CHAUFFAGE DES IMMEUBLES

I. - Régulation des installations et obligation de mesurer la quantité de chaleur, de froid et d'eau chaude fournie à chaque logement .... p. 1069

II. - Répartition des frais de chauffage et de refroidissement .... p. 1072

III.- Individualisation des frais de chauffage dans les immeubles collectifs .... p. 1078

IV.- Contrôle et entretien des chaudières .... p. 1081

V. - Limitation de la température .... p. 1085

VI.- Contrats d'abonnement à un réseau de chaleur ou de froid .... p. 1086

Bibliographie : P. Turenne, *Chauffage collectif, faire les bons choix : Inf. rap. copr.* mai 2011, p. 23. • B. Vial-Pédroletti, *Répartition des frais de chauffage dans les immeubles collectifs à usage principal d'habitation : Loyers et copr.* juin 2012, focus 48. P. Turenne, *Se chauffer au bois en copropriété : Inf. rap. copr.* avr. 2014, p. 36. • P. Turenne, *Mesurer pour économiser : Inf. rap. copr.* mai 2015, p. 29. • N. Coulaud, *Chauffage : comment limiter le coût du gaz : Inf. rap. copr.* nov. 2023, p. 23. • N. Coulaud, *Le chauffage en copropriété, poste-clé à maîtriser : Inf. rap. copr.* 2024, p. 15.

NB : Un décret n° 2023-444 du 7 juin 2023 (*JO* 8 juin 2023, texte n° 17), relatif au système de régulation de la température des systèmes de chauffage et de refroidissement et au calorifugeage des réseaux de distribution de chaleur et de froid modifie un certain nombre de textes du Code de la construction et de l'habitation ou du Code de l'énergie. Mais ce décret n'entre en vigueur que le **1er janvier 2027**.

En conséquence et pour ne pas alourdir les développements, il n'a pas été tenu compte de ses dispositions dans la présente annexe et son texte n'est pas cité.

I. – RÉGULATION DES INSTALLATIONS ET OBLIGATION DE MESURER LA QUANTITÉ DE CHALEUR, DE FROID ET D'EAU CHAUDE FOURNIE À CHAQUE LOGEMENT

L'article L. 174-2 du Code de la construction et de l'habitation précise que tout immeuble collectif à usage d'habitation doit être pourvu d'une installation permettant de déterminer la quantité de chaleur (chauffage), de froid et d'eau chaude fournie à chaque local occupé à titre privatif.

Les articles R. 174-2 à R. 174-4 du Code de la construction et de l'habitation précisent le type d'équipement à installer pour mesurer la quantité de chaleur :

- en priorité des compteurs individuels d'énergie thermique placés à l'entrée des logements, sauf en cas d'impossibilité technique ou économique justifiée par une note du propriétaire de l'immeuble ou du syndicat des copropriétaires. Un compteur par logement est nécessaire,

- sinon des répartiteurs de frais de chauffage doivent être installés en lieu et place des compteurs individuels, sauf en cas d'impossibilité technique ou économique justifiée par une seconde note du propriétaire de l'immeuble ou du syndicat des copropriétaires. Les répartiteurs sont placés directement sur chaque radiateur. Ils mesurent les différences de température entre le radiateur et la pièce et en déduisent la quantité de chaleur effectivement consommée.

ANNEXE 15

Code de la construction et de l'habitation

Art. L. 174-2 *(Aj. à compter du 1er juillet 2021, Ord. n° 2020-71, 29 janv. 2020).* – Tout bâtiment collectif d'habitation ou mixte pourvu d'une installation centrale de chauffage doit comporter, quand la technique le permet, une installation permettant de déterminer et de réguler la quantité de chaleur et d'eau chaude fournie à chaque local occupé à titre privatif. Tout bâtiment collectif d'habitation ou mixte pourvu d'une installation centrale de froid doit comporter, quand la technique le permet, une installation permettant de déterminer et de réguler la quantité de froid fournie à chaque local occupé à titre privatif. Le propriétaire de l'immeuble ou, en cas de copropriété, le syndicat des copropriétaires représenté par le syndic s'assure que l'immeuble comporte des installations répondant à ces obligations.

Nonobstant toute disposition, convention ou usage contraires, les frais de chauffage, de refroidissement et de fourniture d'eau chaude mis à la charge des occupants comprennent, en plus des frais fixes, le coût des quantités de chaleur et de froid calculées comme il est dit ci-dessus.

Un décret pris en Conseil d'État fixe les conditions d'application du présent article, notamment la part des frais fixes mentionnés au précédent alinéa, les délais d'exécution des travaux prescrits, les caractéristiques techniques et les fonctionnalités des installations prévues au premier alinéa ainsi que les cas et conditions dans lesquels il peut être dérogé en tout ou partie aux obligations prévues au même premier alinéa, en raison d'une impossibilité technique ou d'un coût excessif au regard des économies attendues.

Lorsqu'il n'est pas rentable ou techniquement possible d'utiliser des compteurs individuels pour déterminer la quantité de chaleur, des répartiteurs des frais de chauffage individuels sont utilisés pour déterminer la quantité de chaleur à chaque radiateur, à moins que l'installation de tels répartiteurs ne soit ni rentable ni techniquement possible. Dans ces cas, d'autres méthodes rentables permettant de déterminer la quantité de chaleur fournie à chaque local occupé à titre privatif sont envisagées. Un décret en Conseil d'État précise le cadre de mise en place de ces méthodes.

NB : Conformément à l'article 8 de l'ordonnance 2020-71 du 29 janvier 2020, ces dispositions entrent en vigueur à une date fixée par décret en Conseil d'État, et au plus tard le 1er juillet 2021.

Art. L. 174-3 *(Aj. à compter du 1er juillet 2021, Ord. n° 2020-71, 29 janv. 2020).* – Les bâtiments à usage tertiaire, neufs ou existants, sont équipés, lorsque cela est techniquement et économiquement réalisable, de systèmes d'automatisation et de contrôle du bâtiment. Les catégories de bâtiments soumis à cette obligation, les délais et les conditions d'installation et d'entretien de ces systèmes sont fixés par décret en Conseil d'État.

NB : Conformément à l'article 8 de l'ordonnance 2020-71 du 29 janvier 2020, ces dispositions entrent en vigueur à une date fixée par décret en Conseil d'État, et au plus tard le 1er juillet 2021.

....

Art. L. 175-1 *(Aj. à compter du 1er juillet 2021, Ord. n° 2020-71, 29 janv. 2020).* – Les règles relatives aux stipulations contractuelles relatives à l'exploitation des installations de chauffage et de climatisation sont énoncées à l'article L. 241-2 du Code de l'énergie.

NB : Conformément à l'article 8 de l'ordonnance 2020-71 du 29 janvier 2020, ces dispositions entrent en vigueur à une date fixée par décret en Conseil d'État, et au plus tard le 1er juillet 2021.

Art. L. 175-2 *(Aj. à compter du 1er juillet 2021, Ord. n° 2020-71, 29 janv. 2020).* – I. – Les bâtiments neufs sont équipés, lorsque cela est techniquement et économiquement réalisable, d'un système de régulation automatique de la température par pièce ou, si cela est justifié, par zone chauffée du bâtiment.

Les bâtiments existants sont équipés, lors de l'installation ou du remplacement du générateur de chaleur du système de chauffage, d'un système de régulation automatique de la température par pièce ou, si cela est justifié, par zone de chauffage, lorsque cela est techniquement et économiquement réalisable.

II. – Les catégories de bâtiments soumis à l'obligation mentionnée au I, les délais et les conditions d'installation et d'entretien des systèmes de régulation automatique sont fixés par décret en Conseil d'État.

NB : Conformément à l'article 8 de l'ordonnance 2020-71 du 29 janvier 2020, ces dispositions entrent en vigueur à une date fixée par décret en Conseil d'État, et au plus tard le 1er juillet 2021.

Partie réglementaire

Section I. – Équipements et répartition des frais de chauffage dans les immeubles collectifs
(Rempl., D. n° 2015-1823, 30 déc. 2015)

Sous-section 2. – Équipements obligatoires

Art. R. 174-2 *(Aj., D. n° 2021-872, 30 juin 2021).* **– I. - Tout immeuble collectif à usage d'habitation ou à usage professionnel et d'habitation pourvu d'une installation centrale de chauffage ou alimenté par un réseau de chaleur est muni de compteurs individuels d'énergie thermique permettant de déterminer la quantité de chaleur fournie à chaque local occupé à titre privatif et ainsi d'individualiser les frais de chauffage collectif.**

II. - Tout immeuble collectif à usage d'habitation ou à usage professionnel et d'habitation pourvu d'une installation centrale de froid ou alimenté par un réseau de froid est muni d'appareils de mesure permettant de déterminer la quantité de froid fournie à chaque local occupé à titre privatif et ainsi d'individualiser les frais de refroidissement collectif.

Art. R. 174-3 *(Aj., D. n° 2021-872, 30 juin 2021).* **– I. - Les dispositions de l'article R. 174-2 ne sont pas applicables :**

1° Aux logements foyers ;

2° Aux immeubles dans lesquels, pour des motifs et dans des cas précisés par arrêté conjoint des ministres chargés de l'énergie et de la construction, il est techniquement impossible d'installer des compteurs individuels pour mesurer la chaleur consommée par chaque local pris séparément ou de poser un appareil permettant aux occupants de chaque local de moduler la chaleur fournie par le chauffage collectif ;

3° Aux immeubles dont les valeurs de consommation en chauffage sont inférieures à un seuil fixé par arrêté conjoint des ministres chargés de l'énergie et de la construction ;

4° Aux autres immeubles pour lesquels le propriétaire ou, le cas échéant, le syndicat des copropriétaires, représenté par le syndic, justifient que l'individualisation des frais de chauffage par l'installation de compteurs individuels se révèle techniquement impossible ou entraîne un coût excessif au regard des économies d'énergie susceptibles d'être réalisées. Dans ce cas, le propriétaire de l'immeuble ou, le cas échéant, le syndicat des copropriétaires représenté par le syndic établit une note justifiant de cette impossibilité technique ou de ce coût excessif. Cette note est jointe aux carnets d'information des logements.

II. - Un arrêté conjoint des ministres chargés de l'énergie et de la construction précise les modalités de mise en œuvre du présent article, notamment les cas d'impossibilité mentionnés au 2°, et le contenu de la note établie, en application du 4°, par le propriétaire ou, le cas échéant, par le syndicat des copropriétaires représenté par le syndic.

Art. R. 174-4 *(Aj., D. n° 2021-872, 30 juin 2021).* **– I. - Dans les cas mentionnés aux 2°, 3° et 4° de l'article R. 174-3, dans lesquels l'installation de compteurs individuels d'énergie thermique ne serait pas techniquement possible, ou entraînerait des coûts excessifs au regard des économies d'énergie attendues, des répartiteurs de frais de chauffage sont installés pour mesurer la consommation de chaleur à chaque radiateur.**

Les dispositions de l'alinéa précédent ne sont pas applicables :

1° Aux immeubles dans lesquels, pour des motifs et dans des cas précisés par arrêté conjoint des ministres chargés de l'énergie et de la construction, il est techniquement impossible d'installer des répartiteurs de frais de chauffage pour mesurer la chaleur consommée par chaque local pris séparément ou de poser un appareil permettant aux occupants de chaque local de moduler la chaleur fournie par le chauffage collectif ;

2° Aux immeubles dont les valeurs de consommation en chauffage sont inférieures à un seuil fixé par arrêté conjoint des ministres chargés de l'énergie et de la construction ;

3° Aux autres immeubles pour lesquels le propriétaire ou, le cas échéant, le syndicat des copropriétaires, représenté par le syndic, justifient que l'individualisation des frais de chauffage par l'installation de répartiteurs de frais de chauffage se révèle techniquement impossible ou entraîne un coût excessif au regard des économies d'énergie susceptibles d'être réalisées. Dans ce cas, le propriétaire de l'immeuble ou, le cas échéant, le syndicat des copropriétaires représenté par le syndic établit une note justifiant de cette impossibilité technique ou de ce coût excessif. Cette note expose, le cas échéant, la méthode alternative employée pour évaluer la quantité de chaleur consommée dans chaque logement.

II. – Un arrêté conjoint des ministres chargés de l'énergie et de la construction précise les modalités de mise en œuvre du présent article, notamment les cas d'impossibilité mentionnés au 1° du I, le contenu de la note établie, en application des derniers alinéas de l'article R. 174-3 et du I du présent article, par le propriétaire ou, le cas échéant, par le syndicat des copropriétaires représenté par le syndic.

Le même arrêté précise les méthodes alternatives susceptibles d'être employées pour évaluer la quantité de chaleur consommée dans chaque logement, lorsqu'il n'est pas possible techniquement de munir l'immeuble de compteurs individuels ni de répartiteurs de frais de chauffage ou lorsque cela entraînerait un coût excessif au regard des économies attendues.

Art. R. 174-5 *(Aj., D. n° 2021-872, 30 juin 2021).* – Avant toute installation des appareils prévus à l'article R. 174-2, les émetteurs de chaleur, quand cela est techniquement possible, sont munis, à la charge du propriétaire, d'organes de régulation en fonction de la température intérieure de la pièce, notamment de robinets thermostatiques en état de fonctionnement.

Art. R. 174-6 *(Aj., D. n° 2021-872, 30 juin 2021).* – Les immeubles dont les valeurs de consommation en chauffage sont supérieures ou égales à 120 kWh/m².an, sont équipés des appareils mentionnés à l'article R. 174-2.

Pour les immeubles dont les valeurs de consommation en chauffage sont supérieures au seuil mentionné au 3° de l'article R. 174-3, s'agissant des compteurs individuels d'énergie thermique, ou au seuil mentionné au 2° de l'article R. 174-4, s'agissant de répartiteurs de frais de chauffage, la mise en service desdits appareils mentionnés au I de l'article R. 174-2 a lieu au plus tard le 25 octobre 2020.

La mise en service des appareils mentionnés au II de l'article R. 174-2 a lieu au plus tard le 25 octobre 2020.

Art. R. 174-7 *(Aj., D. n° 2021-872, 30 juin 2021).* – Les appareils mentionnés à l'article R. 174-2 sont conformes à la réglementation relative au contrôle des instruments de mesure.

Les relevés des appareils mentionnés à l'article R. 174-2 doivent pouvoir être effectués sans qu'il soit nécessaire de pénétrer dans les locaux privatifs.

Les appareils installés à partir du 25 octobre 2020 sont relevables par télé-relève.

À compter du 1er janvier 2027, l'ensemble des appareils sont relevables par télé-relève.

II. – RÉPARTITION DES FRAIS DE CHAUFFAGE ET DE REFROIDISSEMENT

Code de la construction et de l'habitation

Sous-section 3. – Répartition des frais de chauffage et de refroidissement

Art. R. 174-8 *(Aj., D. n° 2021-872, 30 juin 2021).* – Dans les immeubles collectifs équipés des appareils prévus au I de l'article R. 174-2, les frais de chauffage afférents à l'installation commune sont divisés, d'une part, en frais de combustible ou d'énergie et, d'autre part, en autres frais de chauffage tels que les frais relatifs à la conduite et à l'entretien des installations de chauffage et les frais relatifs à l'utilisation d'énergie électrique (ou éventuellement d'autres formes d'énergie) pour le fonctionnement des appareillages, notamment les instruments de régulation, les pompes, les brûleurs et les ventilateurs.

Art. R. 174-9 *(Aj., D. n° 2021-872, 30 juin 2021).* – Dans les immeubles collectifs équipés des appareils prévus au II de l'article R. 174-2, les frais de refroidissement afférents à l'installation commune sont divisés, d'une part, en frais de combustible ou d'énergie et, d'autre part, en autres frais de refroidissement tels que les frais relatifs à la conduite et à l'entretien des installations de refroidissement et les autres frais relatifs à l'utilisation d'énergie électrique (ou éventuellement d'autres formes d'énergie) pour le fonctionnement des appareillages.

Art. R. 174-10 *(Aj., D. n° 2021-872, 30 juin 2021).* – Les frais de combustible ou d'énergie sont répartis entre les locaux desservis en distinguant des frais communs et des frais individuels.

Les frais communs de combustible ou d'énergie sont obtenus en multipliant le total des dépenses de combustible ou d'énergie par un coefficient égal à 0,30. Dans le cas des immeubles pour lesquels des appareils de mesure tels que ceux visés au I de l'article R. 174-2 ont déjà été installés, le coefficient choisi entre 0 et 0,50 au moment de l'installation de ces appareils est conservé. Toutefois, l'assemblée générale des copropriétaires ou le gestionnaire d'un immeuble entièrement locatif peut remplacer le coefficient initial par le coefficient de 0,30.

Les frais communs sont répartis dans les conditions fixées par le règlement de copropriété ou les documents en tenant lieu.

Le total des frais individuels s'obtient par différence entre le total des frais de combustible ou d'énergie et les frais communs. Ce total est réparti en fonction des indications fournies par les appareils prévus au I de l'article R. 174-2, les situations ou configurations thermiquement défavorables des locaux pouvant être prises en compte.

Les modalités de répartition présentées ci-dessus s'appliquent de la même façon pour les immeubles équipés des appareils prévus au II de l'article R. 174-2.

Un arrêté conjoint des ministres chargés de l'énergie et de la construction précise :

1° Les modalités de répartition des frais de chauffage ou de refroidissement ;

2° Le contenu de la note d'information mentionnée à l'article 24-9 de la loi n° 65-557 du 10 juillet 1965 fixant le statut de la copropriété des immeubles bâtis et à l'article 23 de la loi n° 89-462 du 6 juillet 1989 tendant à améliorer les rapports locatifs et portant modification de la loi n° 86-1290 du 23 décembre 1986.

Art. R. 174-11 *(Aj., D. n° 2021-872, 30 juin 2021).* – Les autres frais de chauffage énumérés à l'article R. 174-8 sont répartis dans les conditions fixées par le règlement de copropriété ou les documents en tenant lieu.

Il en est de même pour les autres frais de refroidissement mentionnés à l'article R. 174-9.

Art. R. 174-12 *(Aj., D. n° 2021-872, 30 juin 2021).* – Dans les immeubles munis des appareils prévus à l'article R. 174-2, lorsque ceux-ci sont télé-relevables, l'évaluation de la consommation de chaleur et de froid du logement mentionnée au deuxième alinéa de l'article 24-9 de la loi n° 65-557 du 10 juillet 1965 fixant le statut de la copropriété des immeubles bâtis et de l'article 6-2 de la loi n° 89-462 du 6 juillet 1989 tendant à améliorer les rapports locatifs et portant modification de la loi n° 86-1290 du 23 décembre 1986 est transmise :

1° Semestriellement jusqu'au 31 décembre 2021. Toutefois, elle est transmise trimestriellement sur demande du locataire dans les immeubles locatifs et, dans les immeubles relevant du statut de la copropriété, sur demande du copropriétaire à son initiative ou à celle de son locataire ou de l'occupant de bonne foi du logement ;

2° Mensuellement à partir du 1er janvier 2022.

Un arrêté conjoint des ministres chargés de l'énergie et de la construction précise le contenu et les modalités des informations mentionnées au premier alinéa.

Arrêté du 27 août 2012

relatif à la détermination individuelle de la quantité de chaleur et de froid et à la répartition des frais de chauffage et de refroidissement dans les immeubles collectifs à usage d'habitation ou à usage professionnel et d'habitation

Dernière mise à jour des données de ce texte : 1er juillet 2021

NOR : ETLL1232630A

(JO 5 sept. 2012)

Art. 1 *(Mod., D. n° 2021-872, 30 juin 2021).* – I. - Les immeubles mentionnés à l'article R. 174-3 du Code de la construction et de l'habitation pour lesquels il est techniquement impossible d'installer des compteurs individuels pour déterminer la quantité de chaleur consommée par chaque local pris séparément sont notamment ceux pour lesquels :

- la distribution du chauffage n'est pas assurée par une boucle indépendante pour chacun des lots ;
- l'émission de chaleur se fait par dalle chauffante sans mesure possible par local ;
- l'installation de chauffage est équipée d'émetteurs de chaleur montés en série (monotubes en série) ;
- l'installation de chauffage est constituée de systèmes de chauffage à air chaud non réversibles ;
- l'installation de chauffage est équipée d'émetteurs fonctionnant à la vapeur ;
- l'installation de chauffage est équipée de batteries ou de tubes à ailettes, de convecteurs à eau chaude, ou de ventilo-convecteurs dès lors que chaque local ne dispose pas de boucle individuelle de chauffage.

Le seuil mentionné à l'article R. 174-3 du même code est pris égal à 80 kWh/m²SHAB. an. La surface à considérer est la surface habitable définie à l'article R. 156-1 dudit code.

II. – Les immeubles mentionnés aux articles R. 174-3 et R. 174-4 pour lesquels il est techniquement impossible d'installer des répartiteurs de frais de chauffage pour déterminer la quantité de chaleur consommée par chaque local pris séparément sont notamment ceux pour lesquels :

- l'émission de chaleur se fait par dalle chauffante sans mesure possible par local ;
- l'installation de chauffage est équipée d'émetteurs de chaleur montés en série (monotubes en série) ;
- l'installation de chauffage est constituée de systèmes de chauffage à air chaud non réversibles ;
- l'installation de chauffage est équipée d'émetteurs fonctionnant à la vapeur ;
- l'installation de chauffage est équipée de batteries ou de tubes à ailettes, de convecteurs à eau chaude, ou de ventilo-convecteurs dès lors que chaque local ne dispose pas de boucle individuelle de chauffage.

Le seuil mentionné aux articles R. 174-3 et R. 174-4 est pris égal à 80 kWh/m²SHAB. an. La surface à considérer est la surface habitable définie à l'article R. 156-1.

III. – En application de l'article R. 174-3, la note justifiant de l'impossibilité technique ou du coût excessif de l'installation de compteurs individuels contient :

- soit la justification de l'impossibilité technique au regard du I du présent article ;
- soit la justification de l'absence de rentabilité selon les modalités précisées en annexe II ;
- le cas échéant, la mention du dispositif installé qui permet l'individualisation des frais de chauffage.

En application des articles R. 174-3 et R. 174-4, la note justifiant de l'impossibilité technique et du coût excessif de l'installation de répartiteurs de frais de chauffage contient :

- soit la justification de l'impossibilité technique au regard du II du présent article ;
- soit la justification de l'absence de rentabilité selon les modalités précisées en annexe II ;
- le cas échéant, la mention du dispositif installé qui permet l'individualisation des frais de chauffage.

Pour ce qui concerne les méthodes alternatives, objet du dernier paragraphe de l'article R. 174-4, la note citée précédemment justifie leur utilisation en indiquant :

- le principe de détermination de la quantité de chaleur, contenant a minima la méthode de calcul utilisée.

Art. 2 *(Mod., D. n° 2021-872, 30 juin 2021).* – I. – Les immeubles mentionnés à l'article R. 174-3 du Code de la construction et de l'habitation pour lesquels il est techniquement impossible d'installer des compteurs individuels pour déterminer la quantité de froid consommée par chaque local pris séparément sont notamment ceux pour lesquels :

- la distribution du refroidissement n'est pas assurée par une boucle indépendante pour chacun des lots ;
- l'émission de froid se fait par dalle rafraîchissante sans mesure possible par local ;
- l'installation de refroidissement est équipée d'émetteurs de froid montés en série (monotubes en série) ;
- l'installation de refroidissement est équipée de batteries ou de tubes à ailettes, de convecteurs à eau froide, ou de ventilo-convecteurs dès lors que chaque local ne dispose pas de boucle individuelle de refroidissement.

Le seuil mentionné à l'article R. 174-3 du même code est pris égal à 80 kWh/m²SHAB. an. La surface à considérer est la surface habitable définie à l'article R. 156-1 dudit code.

II. – En application de l'article R. 174-3, la note justifiant de l'impossibilité technique ou du coût excessif de l'installation de compteurs individuels contient :

- soit la justification de l'impossibilité technique au regard du I du présent article ;
- soit la justification de l'absence de rentabilité selon les modalités précisées en annexe II ;
- le cas échéant, la mention du dispositif installé qui permet l'individualisation des frais de refroidissement.

Art. 3 *(Mod., D. n° 2021-872, 30 juin 2021).* – Pour les immeubles mentionnés aux articles 1er et 2 du présent arrêté, pour déterminer la consommation de chauffage ou de refroidissement de l'immeuble, le propriétaire de l'immeuble ou, en cas de copropriété, le syndicat des copropriétaires représenté par le syndic calcule la moyenne des consommations annuelles de combustible ou d'énergie nécessaires au chauffage ou au refroidissement de l'immeuble considéré, hors eau chaude sanitaire, relevées sur les trois dernières années, puis la divise par la surface habitable définie à l'article R. 156-1 du Code de la construction et de l'habitation. La part des consommations annuelles de combustible ou d'énergie nécessaires à la production d'eau chaude sanitaire ainsi déduite doit être représentative de la consommation réelle d'eau chaude sanitaire de l'immeuble. L'annexe I du présent arrêté précise les modalités de réalisation du calcul de la moyenne des consommations annuelles de chauffage ou de refroidissement sur les trois dernières années.

Dans le cas d'un groupe d'immeubles desservis par une installation commune de chauffage ou de refroidissement, et si tous les immeubles ne possèdent pas un compteur en pied d'immeuble, les comparaisons mentionnées ci-

dessus sont réalisées à l'échelle du groupe d'immeubles. Les immeubles doivent alors être équipés d'appareils de mesure compatibles entre eux et gérés par la même entité.

Art. 4. – **L'arrêté du 30 septembre 1991 relatif à la répartition des frais de chauffage dans les immeubles collectifs est abrogé.**

Art. 5 *(Mod., D. n° 2021-872, 30 juin 2021)*. – **Pour la répartition des frais annuels de combustible ou d'énergie nécessaires au chauffage ou au refroidissement prévue à l'article R. 174-10 du Code de la construction et de l'habitation, s'appliquent les dispositions suivantes :**

La moyenne des consommations annuelles de chauffage ou de refroidissement sur les trois dernières années, calculée à l'article 3 du présent arrêté, est affichée dans les parties communes de l'immeuble.

Dans le cas d'un groupe d'immeubles desservis par une installation commune de chauffage ou de refroidissement, il est possible de prendre en compte les configurations thermiquement défavorables pouvant exister entre ces différents immeubles.

Art. 5-1 *(Mod., D. n° 2021-872, 30 juin 2021)*. – **Le relevé des appareils de mesure a lieu au moins une fois par an. Une note d'information transmise par le syndic ou le bailleur en application des articles R. 174-10 et R. 174-13 du Code de la construction et de l'habitation, fait apparaître, de manière lisible, au moins les éléments d'information suivants :**

a) **Les prix des énergies appliqués aux consommations concernées par les fournisseurs ;**

b) **La quantité de chaleur, de froid et d'eau chaude sanitaire, consommée depuis l'envoi de la précédente note d'information, et définie sur la base des méthodes listées à l'article R. 174-4 du même code ;**

c) **La comparaison de la consommation de chaleur, de froid et d'eau chaude sanitaire annuelle du logement avec sa consommation pour la même période au cours de l'année précédente, sous forme graphique ;**

d) **La comparaison de la consommation de chaleur et d'eau chaude sanitaire annuelle du logement par rapport à un utilisateur moyen selon le calcul en annexe III ;**

e) **Des modalités de répartitions des frais de chauffage, de froid ou d'eau chaude sanitaire ;**

f) **L'adresse du site internet et le numéro de téléphone du service d'information sur la rénovation FAIRE ;**

g) **L'adresse du site internet de l'Agence de l'environnement et de la maîtrise de l'énergie.**

Art. 5-2 *(Mod., D. n° 2021-872, 30 juin 2021)*. – **Les évaluations transmises par le syndicat des copropriétaires à chaque copropriétaire ou par le bailleur au locataire, en application des articles R. 174-12 et R. 174-14 du Code de la construction et de l'habitation comprennent au moins les éléments suivants :**

– la consommation de chaleur, de froid et d'eau chaude sanitaire correspondant à la période comprise entre le dernier relevé et la dernière évaluation transmise ;

– la consommation de chaleur, de froid et d'eau chaude sanitaire cumulée sur l'année civile.

Art. 5-3 *(Aj., A. 24 juill. 2020)*. – **Les informations détaillées aux articles 6 et 7 peuvent être transmises par voie numérique ou être mises à disposition sur un portail internet.**

Art. 6 *(Aj., A. 6 sept. 2019)*. – **Le directeur de l'habitat, de l'urbanisme et des paysages et le directeur général de l'énergie et du climat sont chargés, chacun en ce qui le concerne, de l'exécution du présent arrêté, qui sera publié au *Journal officiel de la République française*.**

Annexe I. – Facteurs de conversion

(Anc. ann. num. et rempl., A. 6 sept. 2019)

Les seuils définis aux articles 1er et 2 du présent arrêté sont exprimés en kWh d'énergie finale par unité de surface. La moyenne des consommations annuelles de combustible ou d'énergie nécessaires au chauffage ou au refroidissement réalisée sur les trois dernières années, définie à l'article 3 du présent arrêté, doit également être exprimée en kWh d'énergie finale par unité de surface. La présente annexe précise les conversions à effectuer selon le type d'énergie.

En cas d'utilisation de plusieurs combustibles ou énergies pour le chauffage ou le refroidissement, les conversions nécessaires devront être réalisées pour chacun de ces combustibles ou énergies.

Gaz naturel

a) Dans la majeure partie des cas, les relevés de consommations de gaz naturel figurant sur les factures des fournisseurs de gaz mentionnent des valeurs de consommations en kWh PCS. Dans ce cas, aucune conversion n'est nécessaire et la valeur est divisée par la surface.

b) Si tel n'est pas le cas, et que les relevés sont quantifiés en volume, le propriétaire de l'immeuble ou, en cas de copropriété, le syndicat des copropriétaires représenté par le syndic obtient la consommation en kWh PCS en multipliant la valeur de m^3 (n) mentionnée sur la facture par 12,91. Le résultat ainsi obtenu est divisé par la surface.

Le mètre cube normal, noté m^3 (n), est un volume d'un mètre cube de gaz mesuré dans des conditions normales de température et de pression (à une température de 0 °C et à une pression atmosphérique moyenne de 1 013 hectopascals).

Bois

Le propriétaire de l'immeuble ou, en cas de copropriété, le syndicat des copropriétaires représenté par le syndic convertit la quantité de bois en fonction de la nature du bois selon le tableau suivant :

BOIS	
Plaquettes d'industrie	2 442 kWhPCS par tonne
Plaquettes forestières	3 064 kWhPCS par tonne
Granulés, briquettes	5 106 kWhPCS par tonne
Bûches	1 865 kWhPCS par stère

Le résultat ainsi obtenu est divisé par la surface.

Réseaux de chaleur ou de froid

Les relevés de consommations figurant sur les factures remises par les exploitants des réseaux de chaleur ou de froid mentionnent des valeurs de consommations en kWh. Dans ce cas, aucune conversion n'est nécessaire et la valeur est divisée par la surface.

Le résultat ainsi obtenu est divisé par la surface.

Autres énergies

Pour les énergies autres que le gaz naturel et le bois, et dans les autres cas que celui d'une fourniture d'énergie par les réseaux de chaleur ou de froid, si la facture n'est pas déjà exprimée en kWh, il convient de convertir la grandeur représentative de la consommation en kWh PCS à l'aide des tableaux suivants.

GAZ PROPANE OU BUTANE	En kWh PCS par tonne	En kWh PCS par litre
Propane	15 042	/
Butane	13 930	7,5

FIOUL DOMESTIQUE	
Pétrole brut, gazole, fioul domestique	10,67 kWh PCS par litre

CHARBON	
Houille	7 511 kWh PCS par tonne
Coke de houille	8 089 kWh PCS par tonne
Agglomérés et briquettes de lignite	9 245 kWh PCS par tonne
Lignite et produits de récupération	4 911 kWh PCS par tonne

Annexe II

(Ann. aj., A. 6 sept. 2019)

Justification de l'absence de rentabilité

La justification repose sur un calcul en coût global actualisé sur 10 ans (CGA). Les principales hypothèses permettant de justifier de l'absence de rentabilité de la mise en place des compteurs individuels d'énergie thermique (CET) ou, le cas échéant, de répartiteurs de frais de chauffage (RFC) sont les suivantes :

Coûts pris en compte :

- l'installation, la location, l'entretien et la relève ainsi que les options des CET ou RFC sur 10 ans ;
- l'installation de robinets thermostatiques lorsque ceux-ci sont absents ;

Coûts non pris en compte :

- le désembouage et l'équilibrage, qui constituent des mesures d'entretien normales ;
- le remplacement des robinets thermostatiques lorsqu'ils sont déjà présents.

Données d'entrée :

- la moyenne de la consommation énergétique de chauffage ou de refroidissement sur les trois dernières années, avant mise en place des CET ou RFC ;
- les coûts, exposés ci-dessus, établis à partir d'au moins un devis réel ;
- le nombre de RFC à installer par logement, s'il s'agit de CET ce nombre est égal à 1, ainsi que le nombre de robinets thermostatiques à installer par logement
- le coût de l'énergie utilisée.

Hypothèses de calcul :

- le gain apporté par l'individualisation des frais de chauffage ou de refroidissement est de 15 %.

La formule à utiliser est la suivante :

CGA (€) = I + A*9 - B*10

Avec :

- I : Coût d'installation en euros des CET ou, le cas échéant, des RFC et, le cas échéant, des robinets thermostatiques
- A : Coûts annuels en euros liés à la location, à l'entretien et à la relève des CET ou, le cas échéant, des RFC
- B : Gain en euros lié à la mise en place de CET ou, le cas échéant, de RFC et, le cas échéant, de robinets thermostatiques. B se calcule en multipliant la consommation en chauffage ou en refroidissement de l'immeuble, en kWh, par le coût de l'énergie utilisée, en euros par kWh, et le gain apporté par l'individualisation pris égal à 15 %.
- Lorsque le CGA est strictement supérieur à 0, l'absence de rentabilité est avérée.

Annexe III

(A. 24 juill. 2020)

Pour réaliser la comparaison demandée au d de l'article 5-1, le syndic ou le bailleur calcule la somme des consommations annuelles de chaleur, de froid et d'eau chaude sanitaire de l'immeuble. Cette somme est ensuite divisée par la surface habitable de l'immeuble. La valeur obtenue est ensuite multipliée par la surface habitable de chaque logement.

Répartition des frais de chauffage collectif (Rep. min. à QE n° 1722, *JOAN* Q 10 janv. 2023, p. 282).

Texte de la question

M. Ian Boucard attire l'attention de M. le ministre délégué auprès du ministre de la Transition écologique et de la Cohésion des territoires, chargé de la ville et du logement concernant la répartition des frais de chauffage collectif. En effet, selon l'article R. 174-10 du Code de la construction et de l'habitation, les frais communs de combustible ou d'énergie sont obtenus en multipliant le total des dépenses de combustible ou d'énergie par un coefficient égal à 0,30. Le total des frais individuels s'obtient quant à lui par la différence entre le total des frais de combustible ou d'énergie et les frais communs. En l'espèce, il y a donc une part collective forfaitaire qui représente 30 % de la facture totale et une part individuelle qui représente quant à elle 70 % de la facture totale répartie selon les relevés réalisés par les appareils de comptage individuel. Une clef de répartition supplémentaire peut être prévue afin de prendre en considération les situations thermiquement défavorables. Cependant, aucune disposition n'est actuellement en vigueur pour que les copropriétés puissent moduler la répartition des frais de chauffage entre la part collective et individuelle. En cette période de flambée des prix de l'énergie, il serait pourtant opportun de laisser à la discrétion des copropriétés la possibilité de diminuer la part collective, afin de favoriser les copropriétaires qui souhaitent réaliser des économies d'énergie. De ce fait, ils pourraient à titre d'exemple décider de mettre en place une répartition des frais de chauffage avec une part collective forfaitaire qui représente 20 % et une part individuelle qui représente 80 %. Cette possibilité propose davantage d'équité, puisque chaque copropriétaire paiera selon une consommation plus réelle de son chauffage personnel. Cela incite donc à adopter des pratiques vertueuses, comme régler la température de son logement au plus près de ses besoins ou fermer les robinets des radiateurs d'une pièce inoccupée. Cela sera donc également une réponse positive face aux enjeux climatiques, car elle responsabilisera davantage les copropriétaires contre le gaspillage d'énergie. La meilleure énergie est en effet celle que l'on ne consomme pas. C'est pourquoi il lui demande si le Gouvernement entend modifier la réglementation actuellement en vigueur afin de permettre aux copropriétés qui le souhaitent de diminuer la part collective des frais de chauffage dans un souci d'économie d'énergie, bénéfique aussi bien à l'environnement qu'au pouvoir d'achat des Français.

Texte de la réponse

Les articles L. 174-2, R. 174-2 et R. 174-3 du Code de la construction et de l'habitation précisent que tout immeuble collectif à usage d'habitation pourvu d'une installation centrale de chauffage doit comporter des compteurs individuels d'énergie thermique permettant de déterminer la quantité de chaleur fournie par chaque logement, sauf s'il est concerné par l'une des dérogations suivantes : s'il s'agit d'un logement foyer, si le propriétaire de l'immeuble ou le syndicat des copropriétaires, représenté par le syndic, justifie qu'il est techniquement impossible d'installer des compteurs individuels pour mesurer la chaleur consommée par chaque logement, ou si leur installation entraîne un coût excessif au regard des économies d'énergie susceptibles d'être réalisées, lorsque la valeur de consommation en chauffage de l'immeuble est inférieure à 80 kWh par m² par an. Dans les cas de dérogations mentionnés ci-dessus, l'article R. 174-4 précise que des répartiteurs de frais de chauffage sont installés en lieu et place des compteurs individuels d'énergie thermique afin de mesurer la consommation de chaleur à chaque radiateur, sauf impossibilité technique ou installation au coût excessif justifié par une note. Par ailleurs, l'article R. 174-10 rappelle que dans les immeubles équipés, la facturation des frais de combustible et de chauffage est individuelle et contient deux types de frais : une partie de frais individuels représentant 70 % de la facture totale répartie selon les relevés réalisés par les appareils de comptage individuel ; une partie de frais communs de combustibles représentant 30 % de la facture totale répartis selon les tantièmes de chaque copropriétaire. Les autres frais communs de chauffage (entretien et maintenance, consommation électrique de l'installation...) sont répartis en fonction des règles applicables dans l'immeuble. Il convient de rappeler que le paiement d'une part de frais de combustible en commun (30 % de la facture) répond à un objectif d'équité permettant d'atténuer les différences de situations thermiques entre les logements de l'immeuble. En effet, certains logements de l'immeuble peuvent se trouver en situation thermique défavorable par rapport aux autres (dernier étage sans isolation des combles, fenêtres toutes au nord, situées au-dessus d'un parking...) et payer une facture énergétique bien supérieure aux autres logements de situation favorable (plein sud, ni en pignon, ni en rez-de-chaussée), alors même que l'usage énergétique y est équivalent (température de chauffage à 19 °C). Ainsi, il ne paraît pas équitable de faire porter le coût de ces situations défavorables uniquement sur les mêmes logements via une individualisation renforcée, pour un usage énergétique identique. Le paiement d'une part de frais de combustible en commun permet alors de rétablir une forme d'équité entre les logements de situation thermique différente du fait de leurs dispositions. Un benchmark réalisé en 2018 montrait que cette part fixe était souvent comprise entre 30 % et 50 % parmi les pays de l'Union européenne. En complément, l'article R. 174-10 du Code de la construction et de l'habitation permet d'intégrer des coefficients de correction aux relevés individuels de chauffage, pour tenir compte des situations thermiques particulièrement défavorables de certains logements. Par exemple, il peut être retiré 25 % des consommations relevées pour les logements situés sous toiture si celle-ci n'est pas isolée, réparties ensuite sur l'ensemble des relevés individuels des autres logements. Ces coefficients de répartition sont déterminés le cas échéant par le règlement de la copropriété. Enfin, il convient de rappeler que si l'individualisation des frais de chauffage est un premier pas pour faire des économies d'énergie, cette mesure ne peut être efficace que si le système de chauffage collectif est bien réglé et entretenu. Il faut que les occupants puissent également moduler le chauffage en fonction de la température intérieure, de l'occupation des pièces (chambres vides en journées...), de leur absence temporaire ou prolongée... C'est pourquoi l'article R. 174-5 du Code de la construction et de l'habitation impose également la présence et le bon fonctionnement d'appareils de régulation tels que des robinets thermostatiques.

III. – INDIVIDUALISATION DES FRAIS DE CHAUFFAGE DANS LES IMMEUBLES COLLECTIFS

Bibliographie : B. Vial-Pédroletti, *Répartition des frais de chauffage dans les immeubles collectifs à usage principal d'habitation : Loyers et copr.* juin 2012, focus 48. • C. Coutant-Lapalus, *Nouveauté dans l'individualisation des frais de chauffage : Loyers et copr.* juill.-août 2016, focus 50. • S. Bénilsi, *Individualisation des charges de chauffage : la* *concrétisation d'une obligation : Rev. loyers* 2016, p. 315. • D. Rodrigues, *L'individualisation des frais de chauffage : Inf. rap. copr.* avr. 2017, p. 31. • J. Hainaut, *Individualiser les frais de chauffage : Inf. rap. copr.* juin 2017, p. 35. • P. Dechelette-Tolot et Th. Chauveteau, *L'individualisation des frais de chauffage en copropriété : Administrer* avr. 2018, p. 8. • D. Rodrigues, *L'individualisation des charges de chauffage : Inf. rap. copr.* nov. 2019, p. 43. • P. Turenne, *Maîtriser les frais de chauffage en copropriété : Inf. rap. copr.* nov. 2019, p. 15. • C. Chapelle, *L'obligation d'individualisation des frais de chauffage et de refroidissement dans les immeubles collectifs : principe, mise en œuvre et limites : AJDI* 2020, p. 199. • D. Rodrigues, *L'individualisation des frais de chauffage : Inf. rap. copr.* nov. 2023, p. 29. • H. Gilliot, *Transformer le chauffage collectif en chauffage individuel : Inf. rap. copr.* nov. 2023, p. 37.

V. sur le sujet la note de synthèse établie par le ministère de l'Écologie : Individualisation des frais de chauffage, de refroidissement et d'eau chaude sanitaire : www.ecologie.gouv.fr (sept. 2023).

En application de l'article 9 de la directive 2012/27/UE du Parlement européen et du Conseil du 25 octobre 2012 relatif à l'efficacité énergétique, des compteurs individuels de consommation doivent être installés dans les immeubles d'habitation et les immeubles mixtes « équipés d'une installation centrale de chaleur/froid ou alimentés par un réseau de chaleur ou une installation centrale desservant plusieurs bâtiments », avant le 31 décembre 2016, « lorsque cela est techniquement possible et rentable ». Lorsque ce n'est ni possible ni rentable, des répartiteurs de frais de chauffage individuels doivent être utilisés pour mesurer la consommation de chaleur à chaque radiateur, sauf si une telle installation n'est pas rentable.

Ces dispositions ont été transposées à l'article L. 241-9 du Code de l'énergie. Le dispositif tel qu'il a été transposé en droit français s'applique à l'ensemble des immeubles, y compris aux bâtiments tertiaires, alors même que la directive ne visait que les immeubles d'habitation et les immeubles mixtes. En revanche les dispositions concernant le froid n'ont pas été transposées en droit français.

La loi n° 2015-992 du 17 août 2015 relative à la transition énergétique pour la croissance verte a limité la dérogation relative au coût excessif en la restreignant au seul cas de la nécessité de modifier l'ensemble de l'installation de chauffage, alors que précédemment il était possible de déroger à l'obligation en raison d'une impossibilité technique ou d'un coût excessif.

La loi n° 2018-1021 du 23 novembre 2018, dit « loi ELAN » (art. 71) a assoupli les règles figurant à l'article L. 241-9 du Code de la construction et de l'habitation concernant l'individualisation des frais de chauffage et prévoit une individualisation des frais résultant de la fourniture du froid.

Ce texte a été complété par le décret n° 2019-496 du 22 mai 2019 (*JO* 23 mai, texte n° 46) puis par un arrêté du 6 septembre 2019 (*JO* 10 sept. 2019). Il a été finalement abrogé à compter du 1er juillet 2021 par l'ordonnance n° 2020-71 du 29 janvier 2021.

Ces dispositions ont été reprises à l'article L. 174-2 du Code de la construction et de l'habitation (V. ce texte en tête de rubrique).

NB : Les développements qui suivent sont la reproduction partielle de la fiche « Appareils d'individualisation des frais de chauffage d'une copropriété » figurant sur le site Service-Public.fr.

1) Principe. Les immeubles équipés d'un chauffage collectif doivent comporter des appareils de mesure permettant de déterminer la consommation de chauffage de chaque logement et de procéder à la facturation en s'appuyant en partie sur cette consommation.

L'installation est composée d'appareils prenant la forme, soit de compteurs individuels placés à l'entrée de chaque logement, soit de répartiteurs de frais de chauffage (RFC) installés sur les émetteurs de chaleur.

La date de mise en service des appareils doit être au plus tard le 25 octobre 2020.

2) Immeubles concernés. Tout immeuble équipé d'un chauffage collectif est concerné par l'individualisation des frais de chauffage :

– lorsqu'il est techniquement possible de mesurer la chaleur consommée par chaque logement pris séparément et de poser un appareil permettant aux occupants de chaque logement de moduler la chaleur fournie par le chauffage collectif ;

– et si cela n'entraîne pas un coût excessif au regard des économies attendues.

3) Immeubles non concernés. Ne sont pas concernés :

– les immeubles pour lesquels il est techniquement impossible de mesurer la chaleur consommée par chaque logement, notamment ceux pour lesquels :

– l'émission de chaleur se fait par dalles chauffantes, sans mesures possibles par logement ;

– l'installation de chauffage est équipée d'émetteurs de chaleur montés en série (monotubes en série) ;

– l'installation de chauffage est constituée de systèmes de chauffage à air chaud ;

– l'installation de chauffage est équipée d'émetteurs fonctionnant à la vapeur ;

– l'installation de chauffage est équipée de batteries ou de tubes à ailettes, de convecteurs à eau chaude, ou de ventilo-convecteurs, dès lors que chaque local ne dispose pas de boucle individuelle de chauffage.

4) Prise de décision par l'assemblée. Les travaux correspondants sont votés par l'assemblée générale des copropriétaires à la majorité de l'article 25 de la loi du 10 juillet 1965 (V. art. 25 *l*) et sur présentation des devis (L. 10 juill. 1965, art. 24-9).

Le syndic de copropriété doit préalablement faire établir les devis prévisionnels des coûts de la modification de l'installation.

5) Relevé des compteurs. Une fois par an le syndic de l'immeuble accède aux données recueillies par les appareils de mesure et envoie à chaque occupant un relevé de sa consommation d'énergie pour le chauffage (V. ci-dessous A. 27 août 2012, mod., art. 3, al. 2).

6) Responsabilité du respect de la réglementation. Le syndicat des copropriétaires représenté par le syndic est responsable du respect de la réglementation (Sur les sanctions, V. ci-dessous C. envir., art. L. 242-1 et L. 185-2 à L. 185-4).

En cas de contrôle, le syndic doit communiquer à l'autorité administrative qui en fait la demande les documents permettant de justifier du respect de l'obligation légale, ou des raisons techniques ayant rendu impossible l'installation. Le syndic dispose d'un délai d'un mois pour ce faire.

À défaut de réponse dans les délais, une mise en demeure est adressée au syndic pour se mettre en règle dans un délai déterminé par l'autorité administrative. Cette mise en demeure peut s'accompagner d'une amende pouvant aller jusqu'à 1 500 € par an et par logement jusqu'à ce que l'immeuble soit conforme à la réglementation en vigueur.

Code de l'énergie

Partie législative

…………

Livre II

…………

TITRE IV. – LES INSTALLATIONS DE CHAUFFAGE ET DE CLIMATISATION

CHAPITRE II. – Contrôles et sanctions

Section I. – Recherche et constatation
(L. n° 2015-992, 17 août 2015)

Art. L. 242-1 *(Aj., L. n° 2015-992, 17 août 2015).* **– Les fonctionnaires et agents publics commissionnés à cet effet par le ministre chargé de l'énergie, par le ministre chargé de la construction, par le ministre chargé des monuments historiques et des sites ou par le maire sont habilités à rechercher et à constater les infractions et manquements au chapitre Ier du présent titre. Ils disposent à cet effet des pouvoirs prévus au titre VII du livre Ier du Code de l'environnement.**

…………

Code de la construction et de l'habitation

Titre VIII. – Contrôle et sanctions

Chapitre V. – Règles en matière énergétique

Section 1. – Individualisation des frais de chauffage

Art. L. 185-2 *(Aj. à compter du 1er juillet 2021, Ord. n° 2020-71, 29 janv. 2020).* **– Le propriétaire de l'immeuble collectif pourvu d'un chauffage commun ou, en cas de copropriété, le syndicat des copropriétaires représenté par le syndic communique, à la demande des fonctionnaires et agents chargés des contrôles, dans un délai d'un mois à compter de la réception de la requête, l'ensemble des documents prouvant le respect de l'article L. 241-9 ou les raisons justifiant qu'il est dispensé de l'obligation mentionnée au même article.**

Art. L. 185-3 *(Aj. à compter du 1er juillet 2021, Ord. n° 2020-71, 29 janv. 2020).* **– En cas de manquement à l'article L. 174-2, l'autorité administrative met l'intéressé en demeure de s'y conformer dans un délai qu'elle détermine.**

Art. L. 185-4 *(Aj. à compter du 1er juillet 2021, Ord. n° 2020-71, 29 janv. 2020).* **– En l'absence de réponse à la requête mentionnée à l'article L. 242-2 dans le délai d'un mois ou lorsque l'intéressé ne s'est pas conformé à la mise en demeure prononcée en application de l'article L. 242-3 dans le délai fixé, l'autorité administrative peut prononcer à son encontre chaque année, jusqu'à la mise en conformité, une sanction pécuniaire par immeuble qui ne peut excéder 1 500 € par logement.**

Cette sanction est prononcée après que l'intéressé a reçu notification des griefs et a été mis à même de consulter le dossier et de présenter ses observations, assisté, le cas échéant, par une personne de son choix.

L'amende est recouvrée comme les créances de l'État étrangères à l'impôt et au domaine.

IV. – CONTRÔLE ET ENTRETIEN DES CHAUDIÈRES

Sur l'inspection, l'entretien et le contrôle des chaudières, voir :

- arrêté du 24 juillet 2020 relatif à l'entretien des systèmes thermodynamiques dont la puissance nominale est comprise entre 4 kW et 70 kW (*JO* 31 juill. 2020, texte n° 7) ;
- arrêté du 24 juillet 2020 relatif à l'inspection périodique des systèmes thermodynamiques et des systèmes de ventilation combinés à un chauffage dont la puissance nominale utile est supérieure à 70 kW (*JO* 31 juill. 2020, texte n° 6) ;
- arrêté du 24 juillet 2020 relatif au contrôle des chaudières (*JO* 31 juill. 2020, texte n° 8) ;
- arrêté du 2 novembre 2022 (ENER223120A ; *JO* du 25). Cet arrêté complète les dispositions relatives au contrôle et à l'entretien des chaudières : il ajoute le contrôle de la présence du bon fonctionnement d'un système de régulation automatique de la température, et le contrôle de la présence d'un système d'automatisation et de contrôle des bâtiments.

Il prévoit également le contrôle de la présence de l'état du calorifugeage des réseaux de distribution de chaleur et de froid hors du volume chauffé ou refroidi. Les conseils apportés lors de ces contrôles et entretiens sont complétés.

Ces modifications sont entrées en vigueur le 26 novembre 2022 sauf pour les alinéas 6 à 11 de l'article 3, 1° pour l'article 4, 2°, qui entrent en vigueur 6 mois après la parution du texte.

Décret n° 2009-648 du 9 juin 2009
relatif au contrôle des chaudières dont la puissance nominale est supérieure à 400 kilowatts et inférieure à 20 mégawatts

Art. 1er. – Les dispositions de la sous-section 2 de la section 2 du chapitre IV et la section II du chapitre VI du titre II du livre II du Code de l'environnement (partie réglementaire) sont modifiées dans les conditions prévues par le présent décret.

Art. 2. – *(V. C. envir., art. R. 224-21).*

Art. 3. – I. – L'intitulé du paragraphe 2 de la sous-section II devient : « Contrôle périodique de l'efficacité énergétique ».

II. – Les articles R. 224-31 à R. 224-40 sont remplacés par les dispositions suivantes : *(V. C. envir., art. R. 224-31 à R. 224-38).*

Art. 4. – *(V. C. envir., art. R. 224-41-1 à R. 224-41-3).*

Art. 5. – *(V. C. envir., art. R. 226-10).*

Art. 6. – Pour les chaudières en service dont la puissance nominale est supérieure à 400 kW et inférieure à 1 MW, le premier contrôle périodique de l'efficacité énergétique prévu par l'article R. 224-31 du Code de l'environnement dans sa rédaction issue du présent décret doit être réalisé dans un délai de deux ans au plus à compter de la date de publication du présent décret.

Pour les chaudières en service dont la puissance nominale est égale ou supérieure à 1 MW, le premier contrôle périodique doit être réalisé dans un délai de trois ans au plus à compter de la date du dernier contrôle.

Art. 7. – Le premier contrôle des émissions polluantes d'une chaudière en service prévu par l'article R. 224-41-1 du Code de l'environnement dans sa rédaction issue du présent décret doit être réalisé dans un délai de trois ans au plus après la publication du présent décret.

Art. 8. – Les organismes agréés en application des articles R. 224-37 à R. 224-41 du Code de l'environnement, dans leur rédaction antérieure à la publication du présent décret, sont considérés comme accrédités pour l'application du présent décret pour la période restant à courir aux termes de la décision d'agrément qui leur a été accordée. Ceux de ces agréments qui viennent à expiration entre la date de publication du présent décret et le 1er janvier 2010 sont prorogés jusqu'au 30 juin 2010.

Code de l'environnement

Art. R. 224-20 *(Mod., D. n° 2009-649, 9 juin 2009)*. – Au titre de la présente sous-section, on entend par :

1° « Chaudière » : l'ensemble corps de chaudière et brûleur s'il existe, produisant de l'eau chaude, de la vapeur d'eau, de l'eau surchauffée, ou modifiant la température d'un fluide thermique grâce à la chaleur libérée par la combustion.

Lorsque plusieurs chaudières sont mises en réseau dans un même local, l'ensemble est considéré comme une seule chaudière, dont la puissance nominale est égale à la somme des puissances nominales des chaudières du réseau et dont la date d'installation est celle de la chaudière la plus ancienne ;

2° « Puissance nominale » : la puissance thermique maximale fixée et garantie par le constructeur comme pouvant être cédée au fluide caloporteur en marche continue ;

3° « Rendement caractéristique » : le rendement R'exprimé en pourcentage et calculé selon la formule suivante :

R' = 100 – P'f – P'i – P'r

où :

a) « P'f » désigne les pertes par les fumées compte tenu de l'existence éventuelle d'un récupérateur de chaleur ;

b) « P'i » désigne les pertes par les imbrûlés dans les résidus solides ;

c) « P'r » désigne les pertes vers l'extérieur par rayonnement et convection.

Ces pertes sont rapportées en pourcentage au pouvoir calorifique inférieur du combustible utilisé.

Art. R. 224-21 *(Mod., D. n° 2020-912, 28 juill. 2020)*. – Sont soumises aux dispositions du présent paragraphe les chaudières d'une puissance nominale supérieure à 400 kW et inférieure à 20 MW, alimentées par un combustible solide, liquide ou gazeux.

Sont toutefois exclues du champ d'application les chaudières dites de récupération, alimentées d'une manière habituelle par les gaz de combustion de machines thermiques.

....

Art. R. 224-31 *(Rempl., D. n° 2020-912, 28 juill. 2020)*. – L'exploitant d'une chaudière mentionnée à l'article R. 224-21 fait réaliser un contrôle périodique de l'efficacité énergétique de celle-ci par un organisme accrédité dans les conditions prévues par l'article R. 224-37 sauf s'il a conclu un contrat de performance énergétique dont les caractéristiques sont définies par arrêté du ministre chargé de l'énergie.

Art. R. 224-32 *(Mod., D. n° 2020-912, 28 juill. 2020)*. – Le contrôle périodique mentionné à l'article R. 224-31 comporte :

1° Le calcul du rendement caractéristique de la chaudière et le contrôle de la conformité de ce rendement avec les dispositions du paragraphe 1er de la présente sous-section ;

2° Le contrôle de l'existence et du bon fonctionnement des appareils de mesure et de contrôle prévus par le paragraphe 1er de la présente sous-section ;

3° La vérification du bon état des installations destinées à la distribution de l'énergie thermique situées dans le local où se trouve la chaudière,

4° La vérification de la tenue du livret de chaufferie prévu par l'article R. 224-29.

5° Pour les chaudières destinées au chauffage de locaux ou de l'eau chaude sanitaire :

a) L'évaluation du dimensionnement du générateur de chaleur par rapport aux exigences en matière de chauffage du bâtiment, sauf si les systèmes de chauffage et les besoins de chauffage n'ont pas changé depuis le dernier contrôle ;

b) La vérification du bon état des parties accessibles des installations destinées à la distribution et à la régulation de l'énergie thermique dans le bâtiment.

Ces contrôles périodiques sont effectués à la diligence et aux frais de l'exploitant de l'installation thermique.

Art. R. 224-33 *(Rempl., D. n° 2009-648, 9 juin 2009).* – Le contrôle périodique donne lieu à l'établissement d'un rapport de contrôle qui est remis par l'organisme accrédité à l'exploitant.

L'organisme accrédité ayant procédé au contrôle périodique établit un rapport faisant apparaître ses constatations et observations, ainsi qu'une appréciation sur l'entretien de la chaudière notamment à partir des informations portées dans le livret de chaufferie prévu à l'article R. 224-29. Il adresse ce rapport à l'exploitant dans les deux mois suivant le contrôle. Le rapport est annexé au livret de chaufferie.

Art. R. 224-34 *(Rempl., D. n° 2009-648, 9 juin 2009).* – L'exploitant de la chaudière contrôlée conserve un exemplaire du rapport de contrôle pendant une durée minimale de cinq années et le tient à disposition des agents mentionnés à l'article L. 226-2.

Art. R. 224-35 *(Rempl., D. n° 2009-648, 9 juin 2009 ; mod., D. n° 2020-912, 28 juill. 2020).* – La période entre deux contrôles ne doit pas excéder deux ans pour les chaudières dont la puissance nominale est supérieure ou égale à 5 MW, et trois ans pour les autres. Les chaudières neuves font l'objet d'un premier contrôle périodique dans un délai de deux ans à compter de leur installation pour les chaudières dont la puissance nominale est supérieure à 5 MW, et dans un délai de trois ans pour les autres.

Art. R. 224-36 *(Rempl., D. n° 2009-648, 9 juin 2009).* – Lorsque la chaudière contrôlée n'est pas conforme aux obligations prévues aux articles R. 224-22 à R. 224-29, l'exploitant auquel incombe l'obligation en cause est tenu de prendre les mesures nécessaires pour y remédier dans un délai de trois mois à compter de la réception du rapport de contrôle.

Art. R. 224-37 *(Rempl., D. n° 2009-648, 9 juin 2009).* – Les organismes autorisés à effectuer le contrôle périodique prévu au présent paragraphe sont accrédités par un organisme signataire de l'accord européen multilatéral pris dans le cadre de la coordination européenne des organismes d'accréditation.

Art. R. 224-38 *(Rempl., D. n° 2009-648, 9 juin 2009).* – Les spécifications techniques du contrôle périodique et les modalités de l'accréditation sont définies par arrêté du ministre chargé de l'énergie et du ministre chargé de l'environnement.

....

Art. R. 226-10 *(Rempl., D. n° 2009-648, 9 juin 2009).* – I. – Est puni de la peine d'amende prévue pour les contraventions de la 3e classe le fait de ne pas être en mesure de présenter les exemplaires du rapport de contrôle mentionné à l'article R. 224-33.

II. – Est puni de la peine d'amende prévue pour les contraventions de la 5e classe le fait de ne pas faire réaliser le contrôle périodique prévu par l'article R. 224-31 dans les délais prescrits.

III. – Est puni de la peine d'amende prévue pour les contraventions de la 5e classe le fait de réaliser un contrôle périodique prévu par l'article R. 224-31 sans avoir été accrédité conformément à l'article R. 224-37.

....

§ 3. – Contrôle des émissions polluantes

(D. n° 2009-648, 9 juin 2009)

Art. R. 224-41-1 *(Mod., D. n° 2018-704, 3 août 2018).* – Sont soumises aux dispositions du présent paragraphe les chaudières dont la puissance nominale est supérieure à 400 kW et inférieure à 1 MW, et celles de puissance supérieure ou égale à 1 MW et inférieure à 2 MW lorsque leurs émissions ne sont pas périodiquement contrôlées en application des dispositions prises pour l'application du titre Ier du livre V du présent code.

Art. R. 224-41-2 *(D. n° 2009-648, 9 juin 2009)*. – L'exploitant fait réaliser des mesures permettant d'évaluer les concentrations de polluants atmosphériques émises dans l'atmosphère par la chaudière dans des conditions définies par arrêté du ministre chargé de l'énergie et du ministre chargé de l'environnement.

Art. R. 224-41-3 *(D. n° 2009-648, 9 juin 2009)*. – Les mesures prévues par l'article R. 224-41-2 sont réalisées dans les conditions et selon la périodicité définies aux articles R. 224-31 à R. 224-37. Lorsque la chaudière est également soumise aux dispositions du paragraphe 2, les mesures sont réalisées dans le cadre du contrôle périodique mentionné à l'article R. 224-31.

....

§ 4. – Entretien annuel des chaudières dont la puissance nominale est comprise entre 4 et 400 kW

(D. n° 2009-649, 9 juin 2009)

Art. R. 224-41-4 *(D. n° 2009-649, 9 juin 2009)*. – Les chaudières alimentées par des combustibles gazeux, liquides ou solides dont la puissance nominale est supérieure ou égale à 4 kW et inférieure ou égale à 400 kW font l'objet d'un entretien annuel dans les conditions fixées par le présent paragraphe.

Art. R. 224-41-5 *(D. n° 2009-649, 9 juin 2009)*. – Lorsque le logement, le local, le bâtiment ou partie de bâtiment est équipé d'une chaudière individuelle, l'entretien est effectué à l'initiative de l'occupant, sauf, le cas échéant, stipulation contraire du bail.

L'entretien des chaudières collectives est effectué à l'initiative du propriétaire ou du syndicat des copropriétaires de l'immeuble.

Art. R. 224-41-6 *(D. n° 2009-649, 9 juin 2009 ; rempl., D. n° 2020-912, 28 juill. 2020)*. – L'entretien annuel comporte :

1° La vérification de la chaudière et des installations destinées à la distribution et à la régulation de l'énergie thermique ainsi que, le cas échéant, leur nettoyage et leur réglage ;

2° L'évaluation du rendement de la chaudière et, sauf si les systèmes de chauffage et les besoins de chauffage n'ont pas changé depuis le dernier entretien, l'évaluation du dimensionnement du générateur de chaleur par rapport aux besoins de chauffage du bâtiment ou de la partie de bâtiment ;

3° La fourniture des conseils nécessaires portant sur le bon usage de la chaudière, sur les améliorations possibles de l'ensemble de l'installation de chauffage et sur l'intérêt éventuel du remplacement de celle-ci.

Art. R. 224-41-7 *(Aj., D. n° 2009-649, 9 juin 2009)*. – L'entretien doit être effectué chaque année civile, par une personne remplissant les conditions de qualification professionnelle prévues au II de l'article 16 de la loi n° 96-603 du 5 juillet 1996 relative au développement et à la promotion du commerce et de l'artisanat.

En cas de remplacement d'une chaudière ou d'installation d'une nouvelle chaudière, le premier entretien doit être effectué au plus tard au cours de l'année civile suivant le remplacement ou l'installation.

Art. R. 224-41-8 *(Aj., D. n° 2009-649, 9 juin 2009)*. – La personne ayant effectué l'entretien établit une attestation d'entretien, dans un délai de quinze jours suivant sa visite.

L'attestation est remise au commanditaire de l'entretien mentionné à l'article R. 224-41-5, qui doit la conserver et la tenir à la disposition des agents mentionnés à l'article L. 226-2 du présent code et à l'article L. 1312-1 du Code de la santé publique pendant une durée minimale de deux ans.

Art. R. 224-41-9 *(Aj., D. n° 2009-649, 9 juin 2009)*. – Les spécifications techniques et les modalités de l'entretien annuel, notamment le contenu de l'attestation mentionnée à l'article R. 224-41-8, sont fixées par arrêté des ministres chargés de la construction, de l'énergie et de la santé.

V. – LIMITATION DE LA TEMPÉRATURE

Code de l'énergie

Art. L. 241-1 *(Ord. n° 2011-504, 9 mai 2011).* – La mise en œuvre des installations de chauffage et de climatisation par tous exploitants ou utilisateurs doit être assurée de façon à limiter la température de chauffage et de climatisation des locaux et la température de chauffage de l'eau sanitaire et de l'eau des piscines à des valeurs fixées par voie réglementaire.

Les dispositions de l'alinéa précédent s'appliquent aux contrats en cours à la date d'entrée en vigueur des textes pris pour son application. À défaut d'accord amiable, toute partie peut demander en justice la révision du contrat.

Code de la construction et de l'habitation

Art. L. 171-3 *(Aj. à compter du 1er juillet 2021, Ord. n° 2020-71, 29 janv. 2020).* – Afin de contribuer au respect des objectifs fixés par l'article L. 171-1, la mise en œuvre des installations sanitaires, de chauffage et de climatisation des bâtiments assure la limitation de la température de l'eau chaude sanitaire et des températures maximale et minimale qui peuvent être atteintes dans les locaux, dans les conditions prévues par l'article L. 241-1 du Code de l'énergie.

....

Code de l'énergie

Art. R. 241-25. – Au sens et pour l'application des dispositions de la présente sous-section et des arrêtés prévus aux articles R. 241-28 et R. 241-29 :

1° La « température de chauffage » est la température résultant de la mise en œuvre d'une installation de chauffage, quelle que soit l'énergie utilisée à cette fin et quels que soient les modes de production de chaleur ;

2° La « température de chauffage d'une pièce d'un logement ou d'un local destiné à un usage autre que l'habitation » est la température de l'air, mesurée au centre de la pièce ou du local, à 1,50 mètre au-dessus du sol ;

3° La « température moyenne d'un logement ou d'un ensemble de locaux destinés à un usage autre que l'habitation » est la moyenne des températures de chauffage mesurées dans chaque pièce ou chaque local, le calcul de la moyenne étant pondéré en fonction du volume de chaque pièce ou local ;

4° Un « local à usage d'habitation » est constitué par l'ensemble des pièces d'un logement.

Art. R. 241-26. – Dans les locaux à usage d'habitation, d'enseignement, de bureaux ou recevant du public et dans tous autres locaux, à l'exception de ceux indiqués aux articles R. 241-28 et R. 241-29, les limites supérieures de température de chauffage sont, en dehors des périodes d'inoccupation définies à l'article R. 241-27, fixées en moyenne à 19 °C :

- pour l'ensemble des pièces d'un logement ;
- pour l'ensemble des locaux affectés à un usage autre que l'habitation et compris dans un même bâtiment.

Art. R. 241-27. – Pendant les périodes d'inoccupation des locaux mentionnés à l'article R. 241-26 d'une durée égale ou supérieure à vingt-quatre heures consécutives et inférieure à quarante-huit heures, les limites de température moyenne de chauffage, pour l'ensemble des pièces d'un logement et pour l'ensemble des locaux affectés à un usage autre que l'habitation et compris dans un même bâtiment, sont fixées à 16 °C.

Elles sont fixées à 8 °C lorsque la durée d'inoccupation est égale ou supérieure à quarante-huit heures.

Art. R. 241-28. – Un arrêté conjoint du ministre chargé de l'énergie et du ministre chargé de la construction et de l'habitation pris après avis du comité consultatif de l'utilisation de l'énergie, et le cas échéant, du ou des ministres intéressés, dresse la liste des catégories de locaux qui, non affectés à usage de bureaux et ne recevant pas du public, doivent, eu égard à la nature des activités d'ordre administratif, scientifique, sportif, artisanal, industriel, commercial ou agricole qui s'y exercent, être soumis à des limites de température de chauffage différentes de celles qui sont fixées par les articles R. 241-26 et R. 241-27. Cet arrêté détermine, par catégories et en tenant compte, le cas échéant, des périodes d'inoccupation, les limites supérieures de chauffage calculées conformément à l'article R. 241-25 qui sont applicables à ces divers locaux.

Art. R. 241-29. – En ce qui concerne les logements, les locaux et les établissements où sont donnés des soins médicaux à des personnes non hospitalisées, les établissements hospitaliers et les logements, locaux et établissements où sont logés ou hébergés des personnes âgées ou des enfants en bas âge, des arrêtés conjoints des ministres chargés respectivement de l'énergie, de la construction et de l'habitation et de la santé, pris après avis du comité consultatif de l'utilisation de l'énergie et le cas échéant, du ou des ministres intéressés fixent, par catégorie, les limites supérieures de chauffage calculées conformément aux dispositions de l'article R. 241-25 qui sont applicables à ces locaux ou à ces établissements.

VI. – CONTRATS D'ABONNEMENT À UN RÉSEAU DE CHALEUR OU DE FROID

Sur la réglementation des contrats d'exploitation, V. C. énergie, art. L. 241-1 à L. 241-10 et art. R. 241-1 à R. 241-5.

Sur l'information du propriétaire ou du syndicat de copropriétaires, V. arrêté du 24 juillet 2020 relatif à l'information du propriétaire ou du syndicat de copropriétaires d'un immeuble à usage d'habitation ou à usage professionnel et d'habitation raccordés à un réseau de chaleur ou de froid : *JO* 31 juill. 2020, texte n° 9.

Code de l'énergie

LIVRE VII. – LES DISPOSITIONS RELATIVES AUX RÉSEAUX DE CHALEUR ET DE FROID

TITRE IV. – CONTRATS D'ABONNEMENT À UN RÉSEAU DE CHALEUR OU DE FROID

Chapitre Ier. – Dispositions communes

Art. L. 741-1 *(Aj. à compter du 25 octobre 2020, Ord. n° 2020-866, 15 juill. 2020).* – La facture du fournisseur comporte une part variable en fonction de l'énergie consommée. Cette facturation est réalisée au moins une fois par an.

Art. L. 741-2 *(Aj. à compter du 25 octobre 2020, Ord. n° 2020-866, 15 juill. 2020).* – Le fournisseur veille à ce que l'abonné puisse recevoir ces factures sur un support durable autre que le papier. Le fournisseur vérifie au préalable que ce mode de communication est adapté à la situation de son abonné et s'assure que ce dernier est en mesure de prendre connaissance de ces factures sur le support durable envisagé. Lorsque l'abonné fournit à cette fin une adresse électronique, celle-ci est vérifiée par le fournisseur.

Le fournisseur informe l'abonné de façon claire, précise et compréhensible de la poursuite de l'envoi des factures sur le support durable retenu. Il renouvelle ces vérifications annuellement.

Le fournisseur informe l'abonné du droit de celui-ci de s'opposer à l'utilisation d'un support durable autre que le papier et de demander, par tout moyen, à tout moment et sans frais, à recevoir les factures sur un support papier. Le fournisseur est tenu de justifier à tout moment de la relation commerciale que cette information a bien été portée à la connaissance de l'abonné.

La communication des factures sur un support durable autre que le papier comporte nécessairement l'indication du montant facturé et de la date de paiement et permet d'accéder facilement au détail de la facture à laquelle elle se rapporte.

Lorsque le fournisseur met à disposition de l'abonné des factures par le biais d'un espace personnel sécurisé sur internet, il porte à sa connaissance l'existence et la disponibilité de ces factures sur cet espace.

Le fournisseur est tenu d'offrir à l'abonné la possibilité de transmettre, par internet, par téléphone ou tout moyen à la convenance de ce dernier, des éléments sur sa consommation réelle, éventuellement sous forme d'index, à des dates qui permettent une prise en compte de ces index pour l'émission de ses factures.

Art. L. 741-3 *(Aj. à compter du 25 octobre 2020, Ord. n° 2020-866, 15 juill. 2020).* – L'abonné accède gratuitement aux données de consommation liées à son abonnement.

Art. L. 741-4 *(Aj. à compter du 25 octobre 2020, Ord. n° 2020-866, 15 juill. 2020).* – La résiliation d'un contrat d'abonnement à un réseau de chaleur ou de froid peut être subordonnée, lorsqu'elle est liée à une déconnexion physique, à la compensation des coûts directement encourus par suite de la déconnexion physique et de la part non amortie des moyens nécessaires pour fournir de la chaleur et du froid à ces abonnés.

Le droit de déconnexion par résiliation ou par modification de contrat peut être exercé par des abonnés individuels ainsi que par des entreprises communes formées par des abonnés ou par des tiers agissant pour le compte des abonnés. Pour les immeubles collectifs d'habitation, cette déconnexion ne peut avoir lieu qu'au niveau de l'immeuble dans son ensemble.

Chapitre II. – Dispositions particulières relatives au contrat d'abonnement d'un immeuble à usage d'habitation ou à usage professionnel et d'habitation

Art. L. 742-1 *(Aj. à compter du 25 octobre 2020, Ord. n° 2020-866, 15 juill. 2020).* – I. - Le fournisseur qui fournit de l'énergie calorifique ou frigorifique à un immeuble à usage d'habitation ou à usage professionnel et d'habitation équipé des systèmes de comptage télé-relevables mentionnés à l'article L. 713-2 transmet périodiquement au propriétaire de l'immeuble ou au syndicat des copropriétaires, représenté par le syndic, une évaluation de leur consommation de chaleur et de froid.

II. - Le fournisseur qui fournit de l'énergie calorifique ou frigorifique à un immeuble à usage d'habitation ou à usage professionnel et d'habitation équipé de systèmes de comptage transmet périodiquement au propriétaire de l'immeuble ou au syndicat des copropriétaires, représenté par le syndic, une note d'information sur les données de consommation.

Art. L. 742-2 *(Aj. à compter du 25 octobre 2020, Ord. n° 2020-866, 15 juill. 2020).* – Le fournisseur qui fournit de l'énergie calorifique ou frigorifique à un immeuble à usage d'habitation ou à usage professionnel et d'habitation met à disposition d'un fournisseur de service énergétique, dès lors que le propriétaire de l'immeuble ou le syndicat des copropriétaires, représenté par le syndic, le demande, les données relatives à la consommation passée de chaleur et de froid de l'immeuble.

Art. L. 742-3 *(Aj. à compter du 25 octobre 2020, Ord. n° 2020-866, 15 juill. 2020).* – Les modalités de transmission des factures, les modalités d'accès aux données et aux relevés de consommation et les modalités de transmission de l'évaluation prévue par l'article L. 742-1 sont déterminées par décret en Conseil d'État.

ANNEXE 16

CLAUSES ABUSIVES

I. - **Recommandation n° 97-02 du 18 septembre 1997 (contrats de maintenance)** .... p. 1089

II. - **Recommandations du 17 novembre 1995 et du 26 janvier 2011 (contrats de syndics)** .... p. 1092

III. - **Recommandation n° 2004-01 du 27 novembre 2003 (recherche de termites)** .... p. 1092

I. – RECOMMANDATION N° 97-02 DU 18 SEPTEMBRE 1997 (CONTRATS DE MAINTENANCE)

La Commission des clauses abusives,

Vu les articles L. 132-1 à L. 132-5 du Code de la consommation ;

Vu le Code civil, notamment son article 2061 ;

Vu le Code de la construction et de l'habitation, notamment son article R. 125-5 ;

Vu l'arrêté du 11 mars 1977 relatif aux conditions d'entretien normalisées des ascenseurs et monte-charges ;

Vu l'arrêté du 12 novembre 1990 relatif à l'entretien des portes automatiques de garage des bâtiments d'habitation ;

Entendu les professionnels de la maintenance des installations de chauffage, des dispositifs de transport vertical et des portes automatiques de garage.

1. *Concernant les contrats de maintenance des installations de chauffage des dispositifs de transport vertical et des portes automatiques de garage*

Considérant que les contrats de maintenance de certains équipements d'immeubles d'habitation peuvent être conclus soit directement, soit par l'intermédiaire de syndics ;

Considérant que de nombreux contrats contiennent des clauses attributives de compétence ou des clauses compromissoires ; que de telles clauses sont abusives ;

Considérant que des contrats de maintenance contiennent des clauses d'exonération totale de responsabilité du professionnel ; que de telles clauses sont abusives ;

Considérant que des contrats de maintenance contiennent des clauses qui permettent au professionnel de résilier l'abonnement aux torts du consommateur en cas d'intervention d'un tiers ; que de telles clauses, en ce qu'elles sont générales et ne réservent pas le cas où l'intervention du tiers est motivée par une carence du professionnel, sont abusives ;

Considérant que les contrats de maintenance prévoient en cas d'impayé le paiement par le consommateur d'indemnités selon des critères qui ne sont pas portés à la connaissance du consommateur ; que certains contrats ne définissent ni le point de départ des intérêts moratoires, ni la procédure de mise en demeure ; que de telles clauses sont abusives ;

Considérant que les contrats de maintenance ne prévoient aucune indemnité à la charge du professionnel alors même que la résiliation lui serait imputable ; que de telles clauses sont abusives ;

Considérant que les contrats de maintenance prévoient le montant des indemnités mises à la charge du client en cas de résiliation anticipée du contrat ; que ces indemnités sont dues par le consommateur alors même que la résiliation ne lui serait pas imputable ; que de telles clauses sont abusives ;

Considérant que certains contrats de maintenance contiennent des clauses de révision de prix dont la complexité ne permet pas au consommateur de mesurer la portée de son engagement ; que de telles clauses dont les éléments ne sont pas suffisamment explicites et qui ne sont pas illustrées par une application chiffrée sont abusives ;

Considérant que certains contrats de maintenance ne contiennent pas de clauses de révision de prix mais stipulent que le prix est réactualisable par le professionnel tous les ans « en fonction de la conjoncture économique » ; que de telles clauses, insérées dans des contrats pluriannuels, sont abusives.

2. *Concernant les contrats de maintenance des installations de chauffage*

Considérant que certains contrats de maintenance prévoient que le délai de dépannage stipulé n'est pas opposable au professionnel en cas de panne totale de chauffage survenant au début de la période de chauffe ; qu'en ne fixant pas de façon précise les délais auxquels sont soumises ses prestations, le professionnel ne permet pas au consommateur d'apprécier l'étendue des engagements de ce professionnel ; que de telles clauses sont abusives ;

Considérant que certains contrats de maintenance des installations de chauffage stipulent qu'en cas de vente de l'immeuble le cessionnaire poursuivra le contrat ; que les clauses qui laissent croire au consommateur et au cessionnaire que celui-ci sera tenu de poursuivre le contrat d'entretien sont abusives ;

Considérant que certains contrats de maintenance des installations de chauffage stipulent que les promesses faites par les représentants du professionnel ne sont valables qu'après confirmation écrite de ce dernier, que le consommateur peut se considérer engagé dès l'accord du représentant alors que le professionnel ne le sera qu'éventuellement ; que de telles clauses sont abusives ;

Considérant que certains contrats de maintenance et de gestion des installations de chauffage stipulent que le professionnel est propriétaire des stocks de combustible et que, à la fin du contrat, ces stocks seront rachetés par le client au prix pratiqué par le professionnel à ce moment-là ; que de telles clauses, qui laissent au seul professionnel, en application de critères qu'il est seul à connaître et à apprécier, la maîtrise de la fixation du prix, sont abusives.

3. *Concernant les contrats de maintenance des portes automatiques de garage*

Considérant que des contrats de maintenance des portes automatiques de garage contiennent des clauses dégageant la responsabilité du professionnel qui n'est plus en mesure de fournir les pièces détachées ; que le client est en droit d'attendre, sauf clause spéciale expressément approuvée, que l'approvisionnement en pièces détachées lui soit garanti pour la durée du contrat de maintenance ; qu'une telle clause d'exonération de responsabilité est abusive.

4. *Concernant les contrats de maintenance des dispositifs de transport vertical*

Considérant que certains contrats de maintenance des dispositifs de transport vertical stipulent que les transformations dans l'usage de l'immeuble entraînent de plein droit le changement des conditions contractuelles sans que la durée initiale du contrat soit modifiée ; que la clause qui prévoit le maintien de la durée du contrat sans que soient prévues les modalités de renégociation de celui-ci ou sa résiliation est abusive.

5. *Concernant les contrats de maintenance des installations de chauffage et des portes automatiques de garage*

Considérant que certains contrats de maintenance prévoient la prise en charge des installations par le professionnel ; que ces mêmes contrats stipulent que l'absence de réserves à la prise en charge ne saurait engager ultérieurement la responsabilité du professionnel en cas d'inaptitude des installations à leur usage ; que la clause prévoyant la décharge totale de responsabilité après acceptation de l'équipement par le professionnel, soit sans réserve au besoin après un délai dit « d'épreuve technique », soit après exécution des travaux qu'il a préconisés, est abusive.

6. *Concernant les contrats de maintenance des installations de chauffage et des dispositifs de transport vertical*

Considérant que certains contrats de maintenance limitent, à partir de la prise en charge, les accès aux locaux techniques et les interventions sur les équipements au prestataire, à ses préposés et sous-traitants ; que ces restrictions générales sont excessives notamment en ce qu'elles empêchent le propriétaire d'opérer des interventions conservatoires ou sans caractère technique dans ses propres locaux ;

Considérant que des contrats de maintenance contiennent des clauses qui limitent la responsabilité du professionnel au montant des plafonds de la police d'assurance responsabilité civile, sans donner au consommateur les informations lui permettant d'apprécier l'exacte étendue de cette limitation.

Recommande :

1° Que soient éliminées des contrats de maintenance des installations de chauffage, des dispositifs de transport vertical et des portes automatiques de garage les clauses qui ont pour objet ou pour effet :

a) De déroger aux règles légales de compétence territoriale ou d'attribution des juridictions ;

b) D'exonérer totalement le professionnel de sa responsabilité ;

c) D'autoriser le professionnel à résilier l'abonnement aux torts du consommateur lorsque l'intervention d'un tiers est justifiée par la carence du professionnel ;

d) De stipuler des indemnités en cas de retard de paiement sans indiquer la valeur du taux d'intérêt applicable ou sans prévoir de mise en demeure ;

e) De stipuler une indemnité à la charge du consommateur défaillant, sans prévoir une indemnité équivalente à la charge du professionnel responsable de l'inexécution du contrat ;

f) De stipuler en cas de résiliation anticipée du contrat une indemnité à la charge du consommateur, alors même que la résiliation ne lui serait pas imputable ;

g) De prévoir une clause de révision de prix dont les éléments ne sont pas suffisamment explicites et qui n'est pas illustrée par une application chiffrée ;

h) De stipuler, lorsque le contrat est pluriannuel, que le prix variera tous les ans « en fonction de la conjoncture économique » sans donner au consommateur la possibilité de résilier le contrat.

2° Que soient éliminées des contrats de maintenance des installations de chauffage, les clauses qui ont pour objet ou pour effet :

a) De ne pas informer précisément le consommateur sur l'étendue des engagements du professionnel relatifs au délai de dépannage ;

b) De laisser croire qu'en cas de vente de l'immeuble le cessionnaire sera tenu de poursuivre le contrat d'entretien ;

c) De prévoir, en cas de promesses faites par les représentants du professionnel à l'occasion d'une opération de dépannage ou d'entretien, un engagement immédiat et définitif du consommateur ou de lui faire croire qu'il est définitivement lié par les promesses du représentant alors que l'engagement du professionnel n'est qu'éventuel ;

d) D'obliger le client à acheter au professionnel, à la fin du contrat, les stocks de combustibles à un prix dont le mode de détermination n'est pas précisé dans le contrat.

3° Que soient éliminées des contrats de maintenance des portes automatiques de garage les clauses qui ont pour objet ou pour effet :

a) D'exonérer de sa responsabilité le professionnel de la maintenance des portes automatiques de garage, en cas de vols et actes de vandalisme commis alors que le fonctionnement de la porte est défectueux du fait de la carence du professionnel ;

b) D'exonérer de sa responsabilité le professionnel de la maintenance des portes automatiques de garage qui, pendant la durée du contrat de maintenance, n'est pas en mesure de fournir les pièces détachées sauf celles ayant fait l'objet d'une réserve expressément approuvée.

4° Que soient éliminées des contrats de maintenance des dispositions de transport vertical les clauses qui ont pour objet ou pour effet de prévoir, lorsque l'usage de l'immeuble fait l'objet de transformations, la modification de plein droit par le professionnel des conditions contractuelles sans permettre à cette occasion au consommateur de renégocier le contrat ou de le résilier.

5° Que soient éliminées des contrats de maintenance des installations de chauffage et des portes automatiques de garage les clauses qui ont pour objet ou pour effet de dégager le professionnel de sa responsabilité en cas d'inaptitude des installations à leur usage alors même qu'il les a prises en charge sans réserve ou que les réserves émises ont été suivies des travaux préconisés.

6° Que soient éliminées des contrats de maintenance des installations de chauffage et des dispositifs de transport vertical les clauses qui ont pour objet ou pour effet :

a) De limiter de façon générale les accès aux locaux techniques et les interventions sur les équipements au prestataire, à ses préposés et sous-traitants, sans mettre en place des procédures permettant au propriétaire d'accéder à ces locaux ;

b) De limiter la responsabilité du professionnel au montant du plafond de la police d'assurance responsabilité civile qu'il a souscrite sans donner au consommateur, avant de contracter, les informations lui permettant d'apprécier l'exacte étendue de cette limitation (texte adopté le 18 septembre 1997 sur le rapport de M. Jean-Marc Granier).

ANNEXE 16

II. – RECOMMANDATIONS DU 17 NOVEMBRE 1995 ET DU 26 JANVIER 2011 (CONTRATS DE SYNDICS)

Voir : le texte de cette recommandation en Annexe 58, *Syndic de copropriété*, p. 1487.

III. – RECOMMANDATION N° 2004-01 DU 27 NOVEMBRE 2003 (RECHERCHE DE TERMITES)

La Commission des clauses abusives,

Vu les dispositions du Code de la consommation et notamment les articles L. 132-1 à L. 132-5 ;

Vu les dispositions du Code de la construction et de l'habitation et notamment les articles L. 112-17, L. 133-1, L. 133-2, R. 133-1 et R. 133-2 ;

Vu les dispositions de la loi n° 99-471 du 8 juin 1999 ;

Vu les dispositions du décret n° 2000-613 du 3 juillet 2000 ;

Vu les dispositions du Code de procédure civile et notamment les articles 42 et suivants ;

Entendu les représentants des professionnels concernés ;

Considérant que la prolifération de termites dans certaines régions de France puis sur l'ensemble du territoire national a conduit le législateur à définir les conditions de prévention et de lutte contre les termites et les autres insectes xylophages afin de protéger les bâtiments *(L. n° 99-471, 8 juin 1999)* ;

Considérant que l'article R. 133-1 du Code de la construction et de l'habitation prévoit qu'en cas d'injonction prise par arrêté du maire de procéder à la recherche de termites, le propriétaire doit notamment justifier « du respect de l'obligation de réalisation des travaux préventifs ou d'éradication en adressant au maire une attestation, établie par une personne, exerçant l'activité de traitement et de lutte contre les termites, distincte de la personne ayant établi l'état parasitaire prévu à l'alinéa précédent, certifiant qu'il a été procédé aux travaux correspondants » ;

Considérant que les facteurs conjugués de la prolifération des termites et de la nécessité de lutter contre leurs nuisances a favorisé la création et le développement d'entreprises spécialisées dans le traitement du bois et particulièrement des charpentes ;

Considérant que ces entreprises proposent, notamment par démarchage à domicile, des traitements curatifs ou préventifs des bois ;

Considérant que les documents contractuels des entreprises spécialisées dans le traitement des bois et des charpentes contiennent des clauses dont le caractère abusif, au sens de l'article L. 132-1 du Code de la consommation, peut être relevé ;

1. – Considérant que certaines clauses prévoient, lors de la conclusion du contrat ou avant l'exécution des travaux, la possibilité pour le professionnel de ne pas donner suite au contrat alors que le consommateur a passé commande de la prestation proposée et s'est donc, pour sa part, engagé ; une telle clause, qui a pour objet ou pour effet de prévoir un engagement définitif du consommateur et un engagement éventuel du professionnel, crée un déséquilibre significatif au détriment du consommateur ;

2. – Considérant que certaines clauses précisent que les erreurs commises lors de l'établissement du devis ou de la facturation, que ce soit sur le prix de la prestation ou sur d'autres aspects de celle-ci, n'engagent pas l'entreprise et peuvent éventuellement donner lieu à une augmentation du prix ; que de telles clauses, qui autorisent une modification unilatérale des prix en cours d'exécution d'un contrat à durée déterminée, même motivée par une éventuelle erreur du professionnel, créent un déséquilibre significatif ;

3. – Considérant que certaines clauses mentionnent expressément que la date de début d'exécution des travaux n'est donnée qu'à titre indicatif et que d'autres donnent la faculté à l'entreprise de modifier, à sa convenance, la date des travaux ; que de telles clauses apparaissent contraires à l'article L. 114-1, alinéa 1er du Code de la consommation pour les contrats dont le montant est supérieur à 500 € ; qu'en ce qui concerne d'autres contrats, des clauses permettent à l'entreprise de modifier unilatéralement la date contractuelle de début des travaux ; que ces clauses créent un déséquilibre significatif au détriment du consommateur ;

4. – Considérant que certaines clauses prévoient que le non-respect des délais d'exécution des travaux ne peut donner lieu à l'annulation de la commande ou au report du paiement ;

5. – Considérant que certaines clauses obligent le consommateur à vérifier, auprès d'une personne de son choix, l'exactitude des conseils, avis et études donnés par le professionnel ; qu'une telle clause qui laisse croire que le

professionnel pourrait-être exonéré de sa responsabilité dès lors que le consommateur ne procède pas à la vérification de l'exactitude des conseils, avis et études de ce même professionnel, crée un déséquilibre significatif au détriment du consommateur ;

6. - Considérant que certaines clauses donnent la possibilité au professionnel d'exiger le paiement de la prestation par lettre de change acceptée à l'issue du délai de renonciation ; que l'acceptation de la lettre de change oblige le consommateur au paiement alors même qu'il n'a pas l'assurance que la prestation du professionnel sera menée à bonne fin ; que ce mode de règlement crée un déséquilibre significatif des relations contractuelles au détriment du consommateur ;

7. - Considérant que la plupart des contrats prévoient, au profit du professionnel, la possibilité de résilier le contrat, sans avertissement préalable, ni justification et sans que le consommateur puisse exiger une quelconque indemnité ; que certains contrats organisent la faculté de résiliation par le professionnel, sans prévoir une procédure équivalente pour le consommateur ; que de telles clauses créent un déséquilibre significatif au détriment des consommateurs ;

8. - Considérant qu'une clause mentionne la possibilité pour le professionnel de se délier de tout engagement vis-à-vis du consommateur en cas de circonstances exceptionnelles indépendantes de sa volonté, y compris si elles ne sont pas assimilables à la force majeure ;

9. - Considérant que certaines clauses prévoient en cas de rupture unilatérale du contrat par le consommateur, après un éventuel délai légal ou conventionnel de rétractation, le paiement par ce dernier non seulement de dommages et intérêts mais également d'autres frais tels que ceux afférents aux matériaux commandés, au déplacement d'un technicien, à l'établissement d'un dossier de crédit ; que de telles clauses qui laissent le professionnel maître du calcul des sommes qui lui seront dues par le consommateur en cas de renonciation après le délai légal de rétractation, créent un déséquilibre significatif au détriment de ce dernier ;

10. - Considérant que certaines clauses encadrent strictement les délais des réclamations relatives à l'exécution des travaux, ne laissant parfois que quelques jours pour exprimer des réserves ; que ces clauses, qui laissent supposer que toute contestation qui ne se ferait pas dans le délai imparti ne serait pas recevable, créent un déséquilibre significatif au détriment du consommateur ;

11. - Considérant que certaines clauses obligent le consommateur, même s'il conteste les travaux réalisés, à procéder au paiement de ceux-ci ; que de telles clauses déséquilibrent significativement le contrat au détriment du consommateur, en ne lui permettant pas de se prévaloir de l'exception d'inexécution ;

12. - Considérant que certaines clauses ont pour objet ou pour effet de dégager la responsabilité du professionnel, soit pour les éventuels dommages occasionnés par les travaux et affectant des biens distincts de l'objet du devis, soit en cas de « dégradations légères » sans autres précisions, dues à la mauvaise exécution de la prestation ; que de telles clauses déséquilibrent significativement le contrat au détriment du consommateur ;

13. - Considérant que des clauses organisent le recouvrement des impayés ; que ces clauses mettent à la charge du consommateur un certain nombre de frais autres que ceux résultants de l'application des textes légaux et réglementaires ; que ces frais doivent rester à la charge du créancier ; que de telles clauses sont illicites et, maintenues dans les contrats, sont abusives ;

14. - Considérant qu'une clause mentionne que le non-paiement d'une facture à son échéance rend immédiatement exigibles toutes les autres factures même non encore échues ; qu'une telle clause, en ce qu'elle limite les possibilités offertes au consommateur d'opposer les exceptions liées à l'inexécution ou à la mauvaise exécution du contrat, crée un déséquilibre significatif au détriment du consommateur ;

15. - Considérant qu'une clause fait attribution de compétence au tribunal du siège de l'entreprise, à l'exclusion de tout autre ; qu'une telle clause est réputée non-écrite ; qu'étant illicite, cette clause, maintenue dans les contrats, est abusive ; considérant qu'une autre clause attribue compétence à un tribunal de commerce territorialement déterminé ; qu'une telle clause constitue, au regard des règles normales de compétence, une dérogation substantielle, dont le non-professionnel ou consommateur peut sous-estimer l'importance et contribue à déséquilibrer significativement le contrat ;

Que soient éliminées des contrats conclus entre professionnels et consommateurs les clauses ayant pour effet ou pour objet :

Recommande :

1) de prévoir lors de la signature du contrat un engagement immédiat et définitif du non-professionnel ou consommateur et un engagement éventuel du professionnel ;

2) de laisser croire au consommateur que le professionnel a la possibilité de modifier les conditions du contrat en raison d'une erreur fût-elle matérielle ;

3) de stipuler que la date d'exécution du service est donnée à titre indicatif ;

4) d'exclure ou de limiter le droit de résoudre le contrat ou de retarder le paiement en cas d'inexécution de la prestation ;

5) d'imposer au consommateur de vérifier l'exactitude des conseils, avis et études donnés par le professionnel ;

6) de prévoir le paiement par lettre de change avant l'exécution conforme de la prestation ;

7) de permettre au professionnel de mettre fin au contrat sans avertir le consommateur de son intention ou sur sa seule appréciation et sans dédommagement, ni prévoir la même faculté pour le consommateur ;

8) d'éteindre l'obligation du professionnel en cas de circonstances exceptionnelles indépendantes de sa volonté, alors même que celles-ci ne seraient pas constitutive de force majeure ;

9) d'obtenir du consommateur, à titre de pénalité contractuelle, le paiement de certaines fournitures et de différents frais d'un montant indéterminable aux termes du contrat ;

10) de laisser croire au consommateur qu'il n'a pas de possibilité de contestation après expiration du délai stipulé au contrat ;

11) d'interdire au consommateur de se prévaloir de l'exception d'inexécution pour refuser le paiement d'une prestation ;

12) d'exonérer le professionnel de toute responsabilité pour les dommages, mêmes qualifiés de « légers » résultant d'une mauvaise exécution des travaux ;

13) d'imposer au consommateur, en cas de défaut de paiement, des frais de recouvrement non judiciaires ;

14) de permettre au professionnel de réclamer, en cas de non-paiement d'une facture, le paiement d'autres factures non échues ;

15) de déroger aux règles légales relatives à la compétence des juridictions.

Texte adopté le 27 novembre 2003 sur le rapport de Mme Nicole Nespoulous.

ANNEXE 17

COMMISSION RELATIVE À LA COPROPRIÉTÉ

I. – **Création d'une commission relative à la copropriété** .... p. 1096
II. – **Recommandations de la commission relative à la copropriété** .... p. 1097
1. – Recommandation relative aux convocations aux assemblées générales........ p. 1098
2. – Recommandation relative à l'établissement et à la rédaction de l'ordre du jour de l'assemblée générale .... p. 1100
a. – Établissement de l'ordre du jour .... p. 1100
b. – Questions à l'initiative des copropriétaires .... p. 1101
c. – Libellé des questions .... p. 1101
3. – Recommandation relative à l'identification et à l'information des copropriétaires........ p. 1102
4. – Recommandation relative à la tenue des assemblées générales .... p. 1103
5. – Recommandation relative à la division des immeubles et au respect des règles de la publicité foncière pour les états descriptifs de division........ p. 1107
6. – Recommandation n° 6 du 7 décembre 2006 relative aux comptes du syndicat des copropriétaires soumis aux dispositions comptables du décret et de l'arrêté du 14 mars 2005 .... p. 1109
7. – Recommandation relative à la répartition des frais de chauffage .... p. 1111
8. – Recommandation relative aux appels de fonds que le syndic peut exiger des copropriétaires .... p. 1112
9. – Recommandation relative à l'information réciproque de l'acquéreur et du syndic en cas de vente amiable d'un lot........ p. 1112
10.– Recommandation relative aux remises de documents techniques au syndic........ p. 1112
11.– Recommandation relative aux ventes forcées intervenant sur un immeuble en copropriété........ p. 1112
12.– Recommandation relative aux remises de documents au notaire en cas de mutation d'un lot à titre onéreux........ p. 1114
13.– Recommandation relative au conseil syndical (règles générales)........ p. 1114
14.– Recommandation sur le libellé de la question de l'ordre du jour relative à l'ouverture ou non d'un compte bancaire ou postal séparé au nom du syndicat et du projet de résolution notifié simultanément .... p. 1114

15.– Recommandation relative à la désignation du syndic, à la durée de ses fonctions et aux initiatives à prendre en cas de révocation ou de démission du syndic .... p. 1116
16.– Recommandation relative aux travaux affectant les parties communes et les équipements communs .... p. 1117
17.– Recommandation sur l'obligation de mentionner la superficie de la partie privative d'un lot de copropriété en cas de vente .... p. 1119
18.– Recommandation sur le contrat d'assurance dommage ouvrages relatif à un immeuble en copropriété .... p. 1121
19.– Recommandation relative à l'installation d'un réseau câblé ou d'une antenne distribuant des services de télévision dans les immeubles soumis au statut de la copropriété .... p. 1124
20.– Recommandation concernant les archives du syndicat des copropriétaires .... p. 1127
21.– Recommandation relative aux provisions du budget prévisionnel .... p. 1131
22.– Recommandation relative à l'ouverture d'un compte bancaire ou postal séparé .... p. 1131
23.– Recommandation relative au compte bancaire ou postal séparé du syndicat des copropriétaires .... p. 1133
24.– Recommandation relative aux modalités d'application de l'article 49 de la loi du 10 juillet 1965 .... p. 1133
25.– Recommandation relative à l'accès aux immeubles en copropriété du 1er juillet 2008 .... p. 1136
26.– Recommandation du 15 juillet 2010 relative au mandataire *ad hoc* des articles 29-1-A et 29-1-B de la loi du 10 juillet 1965 .... p. 1136

Avertissement : À la suite des nombreuses réformes intervenues, les recommandations de la Commission relative à la copropriété sont devenues en partie obsolètes.

Nous avons néanmoins décidé de maintenir temporairement dans le présent code certaines d'entre elles, car elles contiennent des directives qui, dans plusieurs domaines, restent d'actualité et peuvent donc être utiles.

I. – CRÉATION D'UNE COMMISSION RELATIVE À LA COPROPRIÉTÉ

Bibliographie : B. Boussageon, *Apport de la Commission relative à la copropriété à l'évolution du statut et avenir : AJDI* 2006, p. 533.

NB : Cette commission a été supprimée par le décret n° 2014-132 du 17 février 2014.

Arrêté du 4 août 1987

portant création d'une commission relative à la copropriété

(JO 13 août 1987, p. 9266)

(Mod., A. 18 avr. 2002 ; abr., D. n° 2014-132, 17 févr. 2014)

Art. 1er à 7 ***(Abr., D. n° 2014-132, 17 févr. 2014).***

L'arrêté conjoint de M. le garde des Sceaux, ministre de la Justice et de M. le ministre de l'Équipement, du Logement, de l'Aménagement du territoire et des Transports en date du 4 août 1987 a institué une Commission consultative « chargée de répertorier les difficultés auxquelles peut donner lieu l'application de la loi n° 65-557 du 10 juillet 1965 relative au statut de la copropriété des immeubles bâtis ». A été également dévolue à cette Commission la mission de « rechercher les solutions, notamment d'ordre conventionnel, propres à aplanir ces difficultés et de proposer, le cas échéant, aux pouvoirs publics les adaptations législatives ou réglementaires qui s'avéreraient nécessaires ».

Conformément à la mission qui lui est ainsi assignée, la Commission, sous la présidence de M. le conseiller Chevreau, s'est d'abord préoccupée d'apporter des améliorations à la situation existante. Il lui est, en effet, apparu qu'une pratique, même sommaire, de la « copropriété » révèle beaucoup de difficultés dont l'origine se situe dans une mauvaise application, voire parfois une méconnaissance totale, des textes en vigueur. De la sorte, avant de proposer des adaptations législatives ou réglementaires de ces textes, la Commission a orienté ses travaux dans le sens de la recherche de la méthode propre à permettre qu'il soit, autant que possible, mis fin à ces difficultés qui sont à l'origine de procès que l'on pourrait facilement éviter.

À cet effet, il a semblé à la Commission que les travaux de devaient se traduire par la publication de recommandations diffusées auprès des organisations représentatives des copropriétaires, des gestionnaires et des bailleurs.

Cette méthode a paru d'autant plus s'imposer à la Commission que celle-ci réunit en son sein des représentants de l'Université, du Barreau, du Notariat, des professions immobilières, des organisations de copropriétaires, ainsi que des ministères de la Justice et de l'Équipement, autrement dit des personnes connaissant la pratique de la copropriété et susceptibles, par conséquent, d'apporter le fruit de leur expérience (*La semaine en bref* : *JCP* N 1989, n° 20).

II. – RECOMMANDATIONS DE LA COMMISSION RELATIVE À LA COPROPRIÉTÉ

Bibliographie : B. Boussageon, *Commission relative à la copropriété, dix années de recommandations : Rev. loyers* 1998, p. 394.

Liste des recommandations

1) Recommandation relative aux convocations aux assemblées générales.
2) Recommandations relatives à l'établissement et à la rédaction de l'ordre du jour de l'assemblée générale.
3) Recommandation relative à l'identification et à l'information des copropriétaires.
4) Recommandation relative à la tenue des assemblées générales.
5) Recommandation relative à la publicité foncière des états descriptifs de division.
6) Recommandation relative à la présentation des comptes de copropriété.
7) Recommandation relative à la répartition des charges de chauffage.
8) Recommandation relative aux appels de fonds que le syndic peut exiger des copropriétaires.
9) Recommandation relative à l'information réciproque de l'acquéreur et du syndic en cas de vente amiable d'un lot.
10) Recommandation relative aux remises de documents techniques au syndic.
11) Recommandation relative aux ventes forcées intervenant dans un immeuble en copropriété.
12) Recommandation relative aux remises de documents au notaire en cas de mutation d'un lot à titre onéreux
13) Recommandation relative au Conseil syndical.
13 *bis*) Recommandation relative au Conseil syndical (cas particuliers)
14) Recommandation sur le libellé de la question de l'ordre du jour relative à l'ouverture ou non d'un compte bancaire ou postal séparé au nom du syndicat et du projet de résolution notifié simultanément.
15) Recommandation relative à la désignation du syndic, à la durée de ses fonctions, et aux initiatives à prendre en cas de révocation ou de démission du syndic.
16) Recommandation relative aux travaux affectant les parties communes et les équipements communs.
17) Recommandation sur l'obligation de mentionner la superficie de la partie privative d'un lot de copropriété en cas de vente.
18) Recommandation sur le contrat d'assurances dommages ouvrages relatif à un immeuble en copropriété.
19) Recommandation relative à l'installation d'un réseau câblé ou d'une antenne distribuant des services de télévision dans les immeubles soumis au statut de la copropriété.
20) Recommandation concernant les archives du syndicat des copropriétaires.
21) Recommandation relative aux provisions du budget prévisionnel.
22) Recommandation relative à l'ouverture d'un compte bancaire ou postal séparé.
23) Recommandation relative au compte bancaire ou postal séparé du syndicat des copropriétaires.
24) Recommandation relative aux modalités d'application de l'article 49 de la loi du 10 juillet 1965.
25) Recommandation relative à l'accès aux immeubles en copropriété.
26) Recommandation relative au « mandataire *ad hoc* » des articles 29-1 A et 29-1 B de la loi du 10 juillet 1965.

1. – RECOMMANDATION RELATIVE AUX CONVOCATIONS AUX ASSEMBLÉES GÉNÉRALES

Commission relative à la copropriété, 19 mars 2008 ; Association des responsables de copropriété (ARC), 28 mai 2008.

LA COMMISSION,

Vu la loi n° 65-557 du 10 juillet 1965 fixant le statut de la copropriété des immeubles bâtis modifiée ;

Vu le décret n° 67-223 du 17 mars 1967 portant règlement d'administration publique pour l'application de la foi n° 65-557 fixant le statut de la copropriété des immeubles bâtis modifié notamment par le décret du 1er mars 2007 ;

1. – Sur l'auteur de la convocation

Vu l'article 7, alinéa 2 du décret précité qui dispose notamment que l'assemblée générale est convoquée par le syndic ;

Vu l'article 8 du décret précité disposant :

« La convocation de l'assemblée est de droit lorsqu'elle est demandée au syndic soit par le conseil syndical, s'il en existe un, soit par un ou plusieurs copropriétaires représentant au moins un quart des voix de tous les copropriétaires, à moins que le règlement de copropriété ne prévoit un nombre inférieur de voix. La demande, qui est notifiée au syndic, précise les questions dont l'inscription à l'ordre du jour est demandée.

Dans les cas prévus au précédent alinéa, l'assemblée générale des copropriétaires est valablement convoquée par le président du conseil syndical, s'il en existe un, après mise en demeure du syndic restée infructueuse pendant plus de huit jours.

Dans les mêmes cas, s'il n'existe pas de conseil syndical ou si les membres de ce conseil n'ont pas été désignés ou si le président de ce conseil ne procède pas à la convocation de l'assemblée, tout copropriétaire peut alors provoquer ladite convocation dans les conditions prévues à l'article 50 du présent décret.

Lorsque l'assemblée est convoquée en application du présent article, la convocation est notifiée au syndic ».

Vu l'article 47 du décret précité qui prévoit la désignation d'un administrateur provisoire de la copropriété lorsque le syndicat est dépourvu de syndic, chargé notamment de convoquer l'assemblée générale en vue de la désignation d'un syndic lorsque le syndicat est dépourvu de syndic et que l'assemblée générale n'a pas préalablement délibérée sur sa désignation ;

Vu l'article 50 du décret précité qui prévoit, dans l'hypothèse prévue à l'article 8, alinéa 3 la possibilité pour le président du tribunal de grande instance, à la requête d'un copropriétaire d'habiliter un copropriétaire ou un mandataire de justice à l'effet de convoquer l'assemblée générale ;

Constate

- que certaines assemblées générales sont convoquées aussi bien par des syndics dont le mandat est expiré, que par des présidents de conseils syndicaux en dehors des cas autorisés alors que la fonction de syndic est vacante, ou encore par des copropriétaires ;

Rappelle

- que les fonctions de syndic cessant de plein droit à l'expiration de la durée de son mandat, il n'a plus alors le pouvoir de convoquer l'assemblée générale ;

- que l'assemblée générale encourt l'annulation, lorsqu'elle est convoquée, par un syndic dont le mandat est expiré, par un syndic démissionnaire ou révoqué ou simplement pressenti ou encore lorsque l'assemblée générale s'est réunie spontanément ;

Recommande

- au syndic, de façon pressante de convoquer l'assemblée générale de telle manière que la nouvelle désignation intervienne en temps utile et de veiller à ce que son mandat soit encore valide au moment où il convoque l'assemblée générale.

- aux conseils syndicaux et à leur président, ainsi qu'aux copropriétaires, de s'abstenir de convoquer l'assemblée générale lorsque le syndicat est dépourvu de syndic, quelle qu'en soit la raison comme l'expiration du mandat, la démission ou la révocation sans désignation d'un nouveau syndic, et de s'adresser au président du tribunal de grande instance aux fins de désignation d'un administrateur provisoire.

- aux copropriétaires de désigner en assemblée générale compétente un représentant de chaque personne morale (syndicat principal, syndicat secondaire) ;

2. – Sur les personnes à convoquer

• **Considérant** que l'article 23, alinéa 2 de la loi du 10 juillet 1965 précitée dispose qu'en cas d'indivision ou d'usufruit d'un lot, les intéressés doivent, sauf stipulation contraire du règlement de copropriété, être représentés par un mandataire commun qui sera, à défaut d'accord, désigné par le président du tribunal de grande instance à la requête de l'un d'entre eux ou du syndic ;

• **Considérant** le dernier alinéa de l'article 24 de la loi du 10 juillet 1965 précise que lorsque le règlement de copropriété met à la charge de certains copropriétaires seulement les dépenses d'entretien d'une partie de l'immeuble ou celles d'entretien et de fonctionnement d'un élément d'équipement commun, il peut être prévu par ce règlement que ces copropriétaires seuls prennent part au vote sur les décisions qui concernent ces dépenses. Chacun d'eux vote avec un nombre de voix proportionnel à sa participation auxdites dépenses ;

Que l'article 12 du décret du 17 mars 1967 précité précise notamment que pour l'application de l'article 23 de la loi du 10 juillet 1965, chacun des associés d'une société d'attribution reçoit notification des convocations ainsi que des documents visés à l'article 11 du décret précité et qu'il participe aux assemblées générales du syndicat dans les mêmes conditions que les propriétaires ;

Que l'article 6 du décret du 17 mars 1967 précise en outre les obligations du notaire ou des parties lors des mutations de lots ;

Que l'article 65 du décret du 17 mars 1967 prévoit l'obligation pour chaque copropriétaire ou titulaire d'un droit d'usufruit ou de nue-propriété sur un lot ou une fraction de lot de notifier au syndic son domicile réel ou élu ainsi que, s'il le souhaite, son numéro de télécopie ;

Constate des difficultés dans la détermination des personnes à convoquer notamment lorsque :

un ou plusieurs lots appartiennent à des copropriétaires indivis ou sont l'objet d'un démembrement du droit de propriété notamment entre un usufruitier et un nu-propriétaire ;

des mutations de lots sont en cours de réalisation ;

Les questions portées à l'ordre du jour n'intéressent que certains copropriétaires.

Rappelle

qu'un mandataire commun doit être désigné lorsque le lot de copropriété fait l'objet d'une propriété indivise ou d'un démembrement.

que la mutation d'un lot n'est opposable au syndicat qu'à partir du jour où le syndic a reçu du notaire ou des parties la notification du transfert de propriété.

que tous les copropriétaires et associés des sociétés d'attribution et locataires accédants doivent être convoqués aux assemblées générales même si une clause expresse du règlement de copropriété prévoit que ne prennent part au vote que ceux concernés par la décision.

qu'il appartient à ces personnes de faire en sorte que le syndic ait connaissance de l'adresse où elles doivent être convoquées, et, si elles le souhaitent, leur numéro de télécopie.

Recommande

Au syndic

d'inviter les copropriétaires concernés à la désignation d'un mandataire commun en cas d'indivision ou de démembrement du droit de propriété.

à défaut de saisir par requête le président du tribunal de grande instance aux fins de désignation d'un mandataire commun qui est alors le destinataire unique de la convocation.

d'adresser la convocation à l'un et/où l'autre des époux si le lot est un bien commun et uniquement au conjoint propriétaire s'il s'agit d'un bien propre.

d'adresser la convocation au vendeur tant qu'il n'a pas reçu du notaire ou des parties la notification du transfert de propriété.

de convoquer tous les membres de l'assemblée, y compris ceux qui ne participent pas au vote en vertu des clauses du règlement de copropriété.

Au notaire d'appeler l'attention des intéressés :

sur l'obligation qu'ils ont de désigner le mandataire commun prévu par loi dès lors que les actes qu'il reçoit sont constitutifs d'une indivision, ou d'un démembrement du droit de propriété ; sur la nécessité de déclarer au syndic leur domicile réel ou élu dans la mesure où il diffère de celui mentionné dans l'acte.

3. - Sur les modalités des convocations

• Considérant que l'article 64 dispose notamment que toutes les notifications et mises en demeure prévues par la loi du 10 juillet 1965 et par le décret du 17 mars 1967, à l'exception de la mise en demeure visée à l'article 19 de ladite loi, sont valablement faites par lettre recommandée avec demande d'avis de réception ou par télécopie avec récépissé.

Que toutefois, la notification des convocations prévues au présent décret ainsi que celle de l'avis mentionné à l'article 59 ci-dessus peuvent valablement résulter d'une remise contre récépissé ou émargement ;

Constate

- que les convocations sont fréquemment remises contre récépissé ou émargement, ce qui peut entraîner des contestations sur la date de la remise et sur la qualité du signataire.

Rappelle

- que les convocations peuvent être adressées soit par lettre recommandée avec demande d'avis de réception, soit remises contre récépissé ou émargement, soit adressées, par télécopie aux copropriétaires en ayant manifesté le souhait, au dernier numéro notifié au syndic, mais dans tous les cas, en respectant le délai d'au moins 21 jours, sauf cas d'urgence prévu à l'article 37 ;

Recommande

• Au syndic

- de veiller, en cas d'utilisation de convocations contre remise ou émargement à ce que les signatures soient recueillies dans les délais réglementaires et, le cas échéant, de prévoir, pour pallier toutes difficultés, un délai suffisant pour permettre une convocation par lettre recommandée avec accusé de réception des convocations qui n'ont pu être remises contre émargement.

4 - Sur le lieu de convocation de l'assemblée générale

• **Considérant** que l'article 9 du décret du 17 mars 1967 dispose notamment :

« La convocation contient l'indication des lieu, date et heure de la réunion, (...). À défaut de stipulation du règlement de copropriété ou de décision de l'assemblée générale, la personne qui convoque l'assemblée fixe le lieu et l'heure de la réunion.

(...) Sauf urgence, cette convocation est notifiée au moins 21 jours avant la date de la réunion, à moins que le règlement de copropriété n'ait prévu un délai plus long.

Sous réserve des dispositions du règlement de copropriété, l'assemblée générale est réunie dans la commune de situation de l'immeuble. »

Constate

- que des assemblées sont parfois convoquées dans un lieu où réside la majorité des copropriétaires et non dans celui de la situation de l'immeuble (résidences de vacances), ou dans une commune limitrophe de celle de la situation de l'immeuble ou encore dans les locaux du syndic situé sur une autre commune que celle du lieu de la situation de l'immeuble.

Rappelle

que cette façon de procéder n'est légale que dans la mesure où elle est prévue par le règlement de copropriété ; qu'en cas de changement dans les lieux, date et heure de la réunion, une nouvelle convocation doit être adressée dans les formes et délais prescrits ;

Recommande

• Au syndic

- de ne convoquer l'assemblée générale dans une commune autre que celle du lieu de situation de l'immeuble que si le règlement de copropriété le prévoit formellement.

5 - Sur la périodicité des assemblées générales

• **Considérant**

que l'article 18 de la loi du 10 juillet 1965 dispose :

« En cas d'empêchement du syndic pour quelque cause que ce soi ou en cas de carence de sa part à exercer les droits et actions du syndicat et à défaut de stipulation du règlement de copropriété, un administrateur provisoire peut être désigné par décision de justice. »

• **Considérant** que l'article 7 du décret du 17 mars 1967 dispose en son premier alinéa que, dans tout syndicat, il est tenu au moins chaque année une assemblée générale des copropriétaires.

• **Considérant** en outre, que l'article 66 du décret du 20 juillet 1972 susvisé prévoit que le titulaire de la carte professionnelle portant la mention « Gestion immobilière » doit rendre compte de sa gestion au moins tous les ans.

Constate que l'obligation prévue à l'article précité n'est pas toujours respectée.

Rappelle qu'il doit être tenu au moins une fois chaque année une assemblée générale des copropriétaires.

Recommande au syndic de veiller au respect de cette disposition, la sanction pouvant être la nomination d'un administrateur provisoire à la requête de tout intéressé pour exercer les droits du syndicat.

NB : La présente recommandation annule et remplace la précédente recommandation n° 1 en date du 7 mars 2006.

2. - RECOMMANDATION RELATIVE À L'ÉTABLISSEMENT ET À LA RÉDACTION DE L'ORDRE DU JOUR DE L'ASSEMBLÉE GÉNÉRALE

(JCP N 2006 n° 17, 28 avr. 2006, 1173)

NB : La présente recommandation annule et remplace la précédente recommandation n° 2 (*JCP* N 1989, prat. 992).

a. - Établissement de l'ordre du jour

Vu les articles 18 et 18-1 de la loi n° 65-557 du 10 juillet 1965 modifiée fixant le statut de la copropriété des immeubles bâtis et les articles 9 et 10 du décret n° 67-223 du 17 mars 1967 portant règlement d'administration publique pour l'application de ladite loi.

Sur le contenu

Constate : que parfois l'ordre du jour des assemblées générales n'est pas établi en concertation avec le conseil syndical ;

Rappelle :

- que, sous réserve, des articles 8, 47 et 50 du décret du 17 mars 1967 précité, le syndic établit la convocation de l'assemblée générale qui contient l'ordre du jour ;
- que la possibilité donnée à tout copropriétaire ou au conseil syndical de demander l'inscription d'une ou plusieurs questions à l'ordre du jour dans les six jours de la réception de la convocation tel que le prévoyait l'ancien article 10 est supprimé ;
- que les copropriétaires peuvent désormais, dans les conditions de l'article 10 du décret du 17 mars 1967 dans sa nouvelle rédaction, demander l'inscription d'une question à l'ordre du jour de l'assemblée générale ;
- qu'il est obligatoire de porter à l'ordre du jour, d'une part, toutes les questions nécessitant une décision ou une autorisation de l'assemblée générale, telles que celles mentionnées au paragraphe I de l'article 11 du décret et, d'autre part, celles qui sont à l'initiative du syndic, à celle du conseil syndical ou de tout copropriétaire en ayant notifié la demande ;
- que l'absence d'une autorisation de l'assemblée générale donnée au syndic pour accomplir certains actes ou procédures, au nom du syndicat, est de nature à en entraîner la nullité.

Que l'article 9, alinéa 1er du décret du 17 mars 1967, exige impérativement la mention des modalités de consultation des pièces justificatives des charges, ainsi qu'il est prévu à l'article 18-1 de la loi du 10 juillet 1965.

Recommande :

au syndic, ainsi qu'il est dit dans la recommandation n° 13 (V. *JCP* N 1993, prat. 3580), pour un bon fonctionnement du syndicat :

- d'associer le conseil syndical à l'établissement de l'ordre du jour de l'assemblée générale et de veiller à ce que les questions notifiées dans les conditions de l'article 10 soient prises en compte.
- que les questions soumises au vote de l'assemblée générale soient classées par ordre d'importance décroissante.

b. – Questions à l'initiative des copropriétaires

Constate : qu'il est quelquefois proposé à l'assemblée générale des copropriétaires de fixer une date avant laquelle doivent être notifiées au syndic toutes les questions dont il est demandé qu'elles soient inscrites à l'ordre du jour d'une assemblée générale et ce, parfois plusieurs mois avant la tenue de cette assemblée.

Rappelle :

- que l'article 10 susvisé précise que la demande d'inscription d'une question à l'ordre du jour peut intervenir à tout moment au cours de l'année ;
- que ce texte n'impose aux copropriétaires aucune période ou aucune date limite pour notifier par lettre recommandée avec avis de réception au syndic, une demande d'inscription d'une question à l'ordre du jour ;
- que néanmoins, la notification de la question à inscrire à l'ordre du jour doit intervenir suffisamment tôt pour que le syndic puisse l'inscrire ;
- que le syndic n'est pas le juge de l'opportunité de l'inscription quand bien même les documents nécessaires à une décision valide n'auraient pas été joints à la demande d'inscription.

Recommande :

au syndic :

- de ne pas proposer au vote une date limite d'envoi des questions à inscrire à l'ordre du jour ;
- de retenir toutes les questions ayant été notifiées depuis la dernière assemblée générale pour les inscrire à l'ordre du jour de la prochaine assemblée ;
- d'appeler l'attention du demandeur lorsque la question ne peut prospérer pour quelques motifs que ce soit ;
- de différer l'inscription à l'ordre du jour de l'assemblée suivante seulement à partir du moment où la demande lui parvient alors que les convocations ont été établies et sont prêtes à être envoyées.

c. – Libellé des questions

Vu les articles 9, 10, 11, 13, 17, alinéas 2 et 21 du décret du 17 mars 1967 ;

Constate :

- que les convocations ne contiennent pas toujours ni toutes les questions ayant un caractère obligatoire, ni tous les documents et projets de résolution devant être annexés ;

- que la distinction entre l'intitulé de la question et le projet de résolution, s'il est obligatoire, n'est pas toujours perçue ;
- que la formulation imprécise de l'intitulé de la question et de la question elle-même laisse planer un doute sur leur finalité, simple information des copropriétaires ou projet de résolution pour décision de l'assemblée générale ;
- que la rubrique « questions diverses » est utilisée abusivement ;

Rappelle :

au syndic :

- qu'une décision doit comprendre deux éléments une résolution relative à une question inscrite à l'ordre du jour et un vote sur cette question ;
- qu'il convient, en conséquence, d'être particulièrement attentif à l'intitulé des questions et à celle des projets de résolution ;
- que les projets de résolution, même lorsqu'ils ne sont pas obligatoires, sont néanmoins utiles à la clarté des débats et à la rédaction du procès-verbal de l'assemblée générale ;

Recommande aux rédacteurs des convocations :

- de respecter la distinction à opérer entre l'intitulé de la question portée à l'ordre du jour et les projets de résolution obligatoires ou utiles ;
- de libeller les questions de manière aussi précise que possible en évitant les formules vagues ou équivoques telles « problèmes des parties communes », « sécurité de l'immeuble », « travaux de couverture » ou « autorisation d'engager une procédure », qui constituent l'intitulé d'une question et non le projet de résolution ;
- de ne porter à l'ordre du jour que les questions nécessitant un vote de l'assemblée générale devant constituer une décision ;
- de prévoir, pour toutes les questions nécessitant un vote de l'assemblée générale, un projet de résolution, même s'il n'est pas imposé par l'article 11, afin de circonscrire et de clarifier la discussion et faciliter la rédaction du procès-verbal ;
- d'éviter, autant que faire se peut, de rédiger les projets de résolution sous la forme négative, de façon à faciliter une décision dénuée de toute ambiguïté ;
- d'annexer les différents documents imposés par le décret de 1967, en distinguant, d'une part, ceux nécessaires à la validité de la décision, et, d'autre part, ceux donnés à titre d'information ;
- de séparer les questions soumises à la délibération de l'assemblée générale de manière à assurer la clarté des votes ;
- de ne pas porter à l'ordre du jour des « questions diverses » qui ne peuvent donner lieu à une décision de l'assemblée générale ; que toutefois rien ne s'oppose à ce que des « questions » non inscrites à l'ordre du jour fassent l'objet d'échanges de vues, notamment dans la perspective de leur inscription à l'ordre du jour d'une prochaine assemblée générale ou pour obtenir un avis sur les questions relevant des seuls pouvoirs du syndic ;
- de rappeler que les « questions diverses » qui seraient abordées lors de l'assemblée générale ne peuvent constituer que des informations ou des demandes de devis en vue d'être soumis à une prochaine assemblée, ou des études d'une question particulière mais ne peuvent en aucun cas donner lieu à un vote décisoire ; que, toutefois, si cette étude nécessitait d'engager des dépenses, celle-ci doit être inscrite à l'ordre du jour avec fixation d'une somme maximale ; que lorsqu'il est envisagé une délégation de pouvoir pour prendre une décision visée à l'article 24 de la loi du 10 juillet 1965, il y a lieu qu'elle soit portée à l'ordre du jour avec un projet de résolution, le vote de cette délégation se faisant à la majorité de l'article 25 et le cas échéant de l'article 25-1.

3. – RECOMMANDATION RELATIVE À L'IDENTIFICATION ET À L'INFORMATION DES COPROPRIÉTAIRES

(JCP N 2006, n° 17, 1174)

NB : La présente recommandation annule et remplace la précédente recommandation n° 3 (*JCP* N 1990, prat. 1266).

Vu les articles 6, 32 et 65 du décret n° 67-223 du 17 mars 1967 portant règlement d'administration publique pour l'application de la loi n° 65-557 du 10 juillet 1965 fixant le statut de la copropriété des immeubles bâtis ;

Considérant que, dans la pratique, ne sont pas toujours donnés au syndic les moyens de tenir à jour la liste prévue à l'article 32 susvisé dans des conditions d'exactitude satisfaisante ;

Qu'en effet, l'actualisation d'une telle liste n'intervient normalement que dans les cas de mutation ou de création d'un droit réel puisque, dans de telles hypothèses, les parties, le notaire, l'avoué ou l'avocat sont tenus d'en aviser le syndic par l'application de l'article 6 du décret susvisé ;

Que ces prescriptions ne sont pas toujours respectées, aucune obligation d'information ne pesant sur quiconque en cas notamment de changement de domicile, de décès ou d'incapacité du copropriétaire ou d'élection de domicile ;

Que ces lacunes pourraient être comblées si chacune des personnes concernées avait conscience que le respect d'un minimum de formalités est susceptible d'améliorer la gestion de la copropriété et d'éviter des procédures inutiles ou vouées à l'irrecevabilité.

En conséquence,

La Commission recommande :

- aux syndics de s'efforcer de tenir à jour la liste des copropriétaires et des titulaires de droits sur les lots, conformément à l'article 32 du décret du 17 mars 1967, étant précisé que les copropriétaires peuvent prendre connaissance de cette liste dans le bureau du syndic ;
- aux notaires, avocats ou avoués, selon le cas, de faire remplir par les intéressés une fiche de renseignements précisant le nouveau domicile à l'occasion de chaque mutation ou de chaque constitution de droits sur un lot et de la transmettre au syndic ;
- aux notaires, avocats ou avoués, selon le cas, d'inviter les propriétaires indivis à désigner un mandataire commun ;
- aux notaires chargés d'une succession ou à l'administration des domaines en cas de succession vacante d'aviser dès que possible le syndic en lui fournissant les précisions nécessaires relatives à la date et au lieu du décès, et à l'identité des ayants droit ;
- aux notaires et aux avocats de notifier au syndic toute mutation résultant d'une vente publique dès la publication de l'adjudication ;
- aux tuteurs ou aux curateurs d'un majeur protégé, à l'administrateur légal ou au tuteur d'un mineur de notifier au syndic la décision les désignant et les décisions ultérieures modifiant la situation de l'intéressé ;
- aux copropriétaires de répondre aux demandes de renseignements émanant du syndic de leur immeuble pour l'établissement ou la mise à jour de la liste des copropriétaires et, en cas de mutation d'un lot, de transmettre à l'acquéreur les informations relatives à l'organisation de la copropriété de l'immeuble, notamment le règlement de copropriété et les convocations aux assemblées qu'il aurait pu recevoir avant la mutation, pour une date qui lui serait postérieure ;
- aux syndics, de rappeler aux copropriétaires, en cas d'indivision ou d'usufruit d'un lot, la nécessité d'être représentés par un mandataire commun qui sera, à défaut d'accord, désigné par le président du tribunal de grande instance à la requête de l'un d'entre eux ou du syndic ;
- aux notaires et aux parties, que tant que la notification prévue à l'article 6 n'a pas été faite, le transfert de propriété du lot est inopposable au syndicat ;
- aux copropriétaires qu'ils doivent notifier au syndic, par lettre recommandée avec demande d'avis de réception, leur domicile réel ou élu soit en France métropolitaine, si l'immeuble y est situé, soit dans le département d'outre-mer ou le territoire d'outre-mer de la situation de l'immeuble.

4. – RECOMMANDATION RELATIVE À LA TENUE DES ASSEMBLÉES GÉNÉRALES

NB : Cette recommandation, publiée en septembre 2006 se substitue à la précédente recommandation (*JCP* N 1990, prat. 1664).

Vu l'article 17, alinéa 1er de la loi n° 65-557 du 10 juillet 1965 fixant le statut de la copropriété des immeubles bâtis ;

Vu l'article 7 du décret n° 67-223 du 17 mars 1967 portant règlement d'administration publique pour l'application de la loi du 10 juillet 1965 précitée ;

1 - Recommandations relatives à la tenue de la feuille de présence

Vu les articles 22, alinéas 2 et 3 et 23 de la loi du 10 juillet 1965 susvisée ;

Vu les articles 14 et 15 du décret du 17 mars 1967 modifié.

La commission

Rappelle

- que la feuille de présence est établie par l'auteur de la convocation.
- qu'elle doit contenir les noms et domicile de chaque copropriétaire, associés de sociétés d'attribution et des accédants à la propriété de la loi du 12 juillet 1989 et, le cas échéant, de leur mandataire, ainsi que le nombre de voix dont il dispose, compte tenu, s'il y a lieu, des dispositions de l'article 22, alinéas 2 et 3 et de l'article 24 de la loi du 10 juillet 1965.
- que la feuille de présence constituant une annexe au procès-verbal sa copie doit être délivrée sur demande du copropriétaire.

– que la procuration de vote ne peut être transmise par télécopie.

Recommande, en conséquence, au syndic en sa qualité de secrétaire provisoire de la séance de l'assemblée, de détenteur des archives et de la liste des copropriétaires et de celles des associés qui lui a été communiquée par le représentant de la société de vérifier :

– que la feuille de présence satisfait aux prescriptions légales et réglementaires ;

– que les délégations de vote dont sont porteurs les mandataires, qu'ils soient copropriétaires ou non, sont correctement établies et répondent aux règles légales sur le cumul des mandats ;

– que les pouvoirs en blanc, ont été remis à un copropriétaire ou à l'un des mandataires présents sans que le syndic les attribue personnellement ;

– que la feuille de présence a été émargée.

Recommande aux copropriétaires, compte tenu de l'absence de règles régissant la distribution des pouvoirs en blanc en début d'assemblée, de désigner expressément, leur mandataire, le cas échéant, avec une faculté de subdélégation.

2 - Recommandations relatives à la mise en place de l'assemblée

La Commission

Rappelle

– que la désignation du président de séance est obligatoire et, sous réserve des clauses du règlement, la désignation, s'il y a lieu, d'un ou plusieurs scrutateurs.

– que la désignation du président de séance est une condition substantielle de la validité de l'assemblée et, ainsi que celle, si le règlement le prévoit, du ou des scrutateurs.

– que la désignation du président de séance et, s'il y a lieu, celle du ou des scrutateurs a lieu à la majorité de l'article 24 de la loi du 10 juillet 1965.

– que ces désignations doivent être mentionnées au procès-verbal qui doit comporter le résultat du vote pour chacune des nominations à peine de nullité de l'assemblée.

– que le secrétariat de la séance est assumé par le syndic sauf décision contraire de l'assemblée générale, prise à la majorité de l'article 24 de la loi du 10 juillet 1965.

– que tout mandataire peut déléguer son mandat, sauf clause du mandat lui interdisant cette faculté, notamment pour assurer le respect des dispositions de l'article 22.

Recommande :

Au président :

– de veiller à ce que le mandataire de plusieurs copropriétaires soit considéré comme représentant autant de propriétaires que de mandants pour le calcul de la majorité de l'article 26 concernant les membres du syndicat, rappel étant fait que, si un propriétaire possède plusieurs lots, il est compté pour une seule tête.

– de certifier exacte la feuille de présence.

– de veiller, en cas d'indivision, quelle que soit son origine, que seul celui qui représente l'indivision participe à l'assemblée et intervienne au vote.

Au copropriétaire contraint d'arriver ou de quitter l'assemblée générale en cours de séance :

– de faire mentionner son arrivée sans omettre de signer la feuille de présence de faire noter son départ anticipé sur la feuille de présence.

– de donner, le cas échéant, un pouvoir à un mandataire, qui doit ÉMARGER la feuille de présence, et de faire mentionner cette délégation au procès-verbal, étant précisé qu'en l'absence de ces diligences, il est RÉPUTÉ PRÉSENT et avoir voté favorablement.

3 - Recommandations relatives aux décisions

La commission,

Vu les articles 24, 25, 25-1 et 26, dernier alinéa de la loi du 10 juillet 1965 susvisée,

Vu les articles 13 et 19 du décret du 17 mars 1967 modifié,

Rappelle

– que, si l'assemblée peut débattre et émettre un avis sur des questions ne figurant pas à l'ordre du jour, elle ne peut en aucun cas prendre une décision valide sur ces questions.

– que la majorité de l'article 24 se calcule désormais en fonction des seules voix des copropriétaires présents ou représentés qui se sont exprimés, c'est à dire qui ont voté pour ou contre le projet de résolution, abstraction faite des copropriétaires absents ou abstentionnistes.

– qu'en application de l'article 24, alinéa 4, lorsque le règlement de copropriété met à la charge de certains copropriétaires seulement les dépenses d'entretien d'une partie de l'immeuble ou celles d'entretien et de fonctionnement d'un élément d'équipement, il peut être prévu par ledit règlement que ces copropriétaires seuls prennent part au vote sur les décisions qui concernent ces dépenses. Chacun d'eux vote avec un nombre de voix proportionnel à sa participation aux dites dépenses.

- que tous les copropriétaires participent au vote sauf si le règlement de copropriété prévoit des parties communes spéciales ou s'il existe une disposition particulière du règlement prévoyant une spécialisation de la dépense et dont le vote relève de l'article 24.

- que la majorité de l'article 25 est calculée sur la totalité des voix des copropriétaires composant le syndicat, peu importe que les copropriétaires soient ou non présents ou représentés ou qu'ils soient ou non intéressés par la décision à prendre.

- qu'en cas de parties communes spéciales, la majorité est calculée sur la totalité des voix de ces parties communes spéciales telles que mentionnées sur la feuille de présence.

- qu'à défaut de décision prise à la majorité absolue des voix du syndicat et conformément à l'article 25-1, si le projet de décision relevant de l'article 25 a recueilli au moins le tiers des voix de tous les copropriétaires, l'assemblée peut immédiatement, c'est à dire au cours de la même réunion, procéder à un second vote à la majorité de l'article 24.

- qu'à défaut de recueillir au moins le tiers des voix, une nouvelle assemblée générale, si elle est convoquée dans le délai maximal de trois mois, peut statuer à la majorité de l'article 24 conformément à l'article 25-1.

- que, sous réserve des dispositions du dernier alinéa de l'article 26 concernant les travaux d'amélioration prévu par le *c)* de l'article 26, la majorité de l'article 26, alinéa 1er est une majorité en nombre des copropriétaires représentant au moins les deux tiers des voix du syndicat et que la majorité en nombre se décompte par rapport à l'ensemble des membres composant le syndicat ; peu importe qu'un ou plusieurs d'entre eux possèdent plusieurs lots, ils sont comptés pour une seule tête. De même, les époux communs en biens, les indivisaires, les acquéreurs et les vendeurs en location-accession sont aussi comptés pour une seule personne.

- qu'une décision comporte un élément substantiel, une disposition adoptée par l'assemblée revêtant une efficacité juridique, et un élément formel, qui se caractérise par un vote recueilli en assemblée générale.

- qu'il ne peut y avoir de vote à bulletin secret.

Recommande au président de séance :

- de veiller à ce que l'assemblée vote sur toutes les questions inscrites à l'ordre du jour et uniquement sur celles-ci.

- de vérifier à la fois le nom des votants et leur nombre de voix.

- de faire voter les copropriétaires soit à main levée, soit par bulletin nominatif afin d'identifier avec précision les opposants et les abstentionnistes, ce qui exclut les votes à bulletin secret.

- de proclamer le résultat des votes au plus tard avant la levée de la séance.

- d'indiquer si la résolution est adoptée ou non et À Quelle Majorité.

4 - Recommandations relatives à l'établissement du procès-verbal

Vu l'article 17 du décret du 17 mars 1967 modifié ;

La Commission,

Rappelle que le procès-verbal comporte, sous l'intitulé de chaque question inscrite à l'ordre du jour, le texte de la décision et le résultat du vote ;

Que pour l'application de l'article 24, il doit préciser les noms des copropriétaires ou associés qui se sont abstenus ou opposés et le nombre de leurs voix et, le cas échéant, lorsque le règlement de copropriété met à la charge de certains copropriétaires seulement les dépenses d'entretien d'une partie de l'immeuble ou celles d'entretien et de fonctionnement d'un élément d'équipement, le nombre de voix « contre » et celles des abstentions pour les copropriétaires concernés par la décision.

Qu'il doit mentionner les réserves éventuellement formulées sur la régularité de la décision par les copropriétaires ou les associés opposants.

Que les procès-verbaux des séances sont inscrits, à la suite les uns des autres, sur un registre spécialement ouvert à cet effet ;

Que les procès-verbaux et le registre peuvent être tenus sous forme électronique dans les conditions définies par les articles 1316-1 et suivants du Code civil sous la réserve qu'ils soient établis et conservés dans des conditions de nature à en garantir l'intégrité ; Qu'en effet, la signature nécessaire à la perfection de l'acte juridique suppose l'identification de celui qui l'appose et la certification de sa signature.

Que toutefois, en raison de difficultés techniques, il est, en l'état, très difficile de mettre en place un procédé fiable d'identification pour recueillir la signature du syndic, du président et des scrutateurs ;

Que ces dispositions, par leur généralité, s'appliquent à la feuille de présence, au procès-verbal des assemblées ainsi qu'aux registres des procès-verbaux ;

Qu'il est établi un procès-verbal des décisions de chaque assemblée signé à la fin de chaque séance, par le président, par le secrétaire et par les scrutateurs ;

Que la séance ne peut être levée qu'après la signature du procès-verbal par le président, le secrétaire et par le ou les scrutateurs s'il en existe.

La Commission

Recommande

- que le texte du procès-verbal mentionne le nom des présents et celui des absents ainsi que le nombre de leurs voix ;
- que le procès-verbal ne constitue pas un compte rendu analytique des débats ;
- que le secrétaire de séance prenne toutes les dispositions nécessaires pour que le procès-verbal soit établi conformément à la loi avant la fin de la séance ;
- que le texte de chaque décision soit rédigé dans la forme la plus simple, la plus concise, la plus claire et la plus précise possible afin d'éviter toute erreur d'interprétation ;
- de veiller à ce que les amendements ne dénature pas le libellé et l'objet de la question ou des questions inscrites à l'ordre du jour ;
- de mentionner les réserves éventuellement formulées par un copropriétaire opposant sur la régularité de l'assemblée générale ainsi que de ses décisions ;
- de n'utiliser la signature électronique que lorsqu'il sera possible techniquement de mettre en place un procédé d'identification pour recueillir la signature de tous les signataires du procès-verbal.

5 - Recommandations relatives à la notification des décisions et à la diffusion du procès-verbal

Vu l'article 42, alinéa 2 de la loi du 10 juillet 1965 modifié ;

Vu l'article 18 du décret du 17 mars 1967.

La Commission

Rappelle :

Que les actions qui ont pour objet de contester les décisions des assemblées générales doivent, à peine de déchéance, être introduites par les copropriétaires opposants ou défaillants, dans un délai de deux mois à compter de la notification desdites décisions qui leur est faite à la diligence du syndic dans un délai de deux mois à compter de la tenue de l'assemblée générale.

Que, sauf en cas d'urgence, l'exécution par le syndic des travaux décidés par l'assemblée générale en application des articles 25 et 26 est suspendue jusqu'à l'expiration du délai mentionné à la première phrase du précédent alinéa.

Que les décisions de l'assemblée générale sont immédiatement exécutoires tant qu'elles n'ont pas été annulées judiciairement, sauf pour les travaux non urgents votés en application des articles 25 et 26 de la loi du 10 juillet 1965 ainsi qu'il est dit à l'alinéa précédent.

Que, dans le cas prévu à l'article 23 (alinéa 1) de la loi du 10 juillet 1965, la notification du procès-verbal est adressée au représentant légal de la société d'attribution lorsqu'un ou plusieurs associés se sont opposés ou ont été défaillants et qu'un extrait du procès-verbal de l'assemblée est notifié au représentant légal de la société propriétaire des lots, s'il n'a pas assisté à la réunion.

Que la notification susvisée doit mentionner les résultats du vote et reproduire le texte de l'article 42 (alinéa 2) de la loi dans son intégralité.

Que les décisions prises en assemblées générales des copropriétaires et relatives à l'entretien de l'immeuble et aux travaux font l'objet d'un procès-verbal abrégé affiché dans les parties communes de l'immeuble. Cet extrait de procès-verbal se borne à mentionner les décisions prises relatives à l'entretien, d'une part, et aux travaux, d'autre part, sans qu'il soit besoin d'indiquer le nombre de voix recueillies, ni le montant de la dépense (article 44 de la loi du 23 décembre 1986) ;

Que les dispositions de l'article 42, alinéa 2 visent la notification des décisions de l'assemblée générale aux copropriétaires défaillants ou opposants en vue de leur permettre de contester ces décisions en justice, dans l'éventualité de l'exercice des actions en justice ayant pour objet de les contester sans viser expressément la notification du procès-verbal dans son intégralité.

Que le délai de deux mois pour contester en justice les décisions court à compter du lendemain du jour de la première présentation de la lettre recommandée et qu'à défaut de notification desdites décisions, la contestation est possible dans un délai de 10 ans à compter de l'assemblée.

Que la délivrance d'une copie intégrale de la feuille de présence est obligatoire si un copropriétaire le demande.

Prend acte de la pratique établie et qu'elle approuve d'adresser une copie du procès-verbal à tous les copropriétaires. En conséquence,

Recommande aux syndics :

- en toute hypothèse, de notifier le procès-verbal le plus rapidement possible aux copropriétaires opposants ou défaillants, sans attendre l'expiration du délai de deux mois.
- d'adresser le procès-verbal conformément à une pratique bien établie et approuvée par lettre simple aux copropriétaires qui ne sont ni opposants, ni défaillants.

- de ne pas diffuser sur Internet les procès-verbaux d'assemblée générale sauf dans le cas où l'assemblée générale a voté sur une éventuelle diffusion des procès-verbaux sur un site particulier réservé spécialement au syndicat et accessible aux seuls copropriétaires composant le syndicat.

5. – RECOMMANDATION RELATIVE À LA DIVISION DES IMMEUBLES ET AU RESPECT DES RÈGLES DE LA PUBLICITÉ FONCIÈRE POUR LES ÉTATS DESCRIPTIFS DE DIVISION

Bibliographie : A. Fournier et A. Renault-Fournier, *Les principes fondamentaux de la division en volumes dans la nouvelle recommandation n° 5 de la Commission relative à la copropriété : Loyers et copr.* déc. 2008, étude 12.

Commission relative à la copropriété, 1er avril 2008

LA COMMISSION, compte tenu des difficultés rencontrées aussi bien dans le choix de la division d'un immeuble ou d'un ensemble immobilier que dans l'établissement de l'état descriptif de division régissant ces immeubles ou ensembles immobiliers, **émet les recommandations suivantes**

5.1. - Sur la division

• **Considérant** que la loi du 10 juillet 1965 s'applique de plein droit, dès lors que la propriété de l'immeuble est répartie entre plusieurs personnes par lots comprenant chacun une partie privative et une quote-part de parties communes (*art. 1er, al. 1er*) et qu'elle s'applique à titre supplétif à un ensemble immobilier qui outre des terrains, des aménagements et des services communs, comportent des parcelles bâties ou non, faisant l'objet de droits de propriété privatifs ;

• **Considérant** que l'utilisation de l'espace, tant en élévation, qu'en tréfonds, a conduit la pratique :

à imaginer de superposer, et/ou d'imbriquer à l'intérieur d'un ensemble immobilier dit « complexe », des locaux ou ouvrages soumis à des régimes juridiques différents (par exemple coexistence du domaine public et du domaine privé) et destinés généralement à recevoir des affectations diverses,

à fonder la technique de réalisation et de gestion de ces ensembles immobiliers complexes, sur une organisation en volumes dite « division volumétrique » ;

LA COMMISSION, compte tenu de l'absence de structure légale de la division volumétrique **rappelle** :

que la division volumétrique ne doit donner naissance à aucune partie commune : cette absence de parties communes étant une exigence dans ce type d'organisation à la différence de l'article 3 de la loi du 10 juillet 1965 qui implique l'existence de parties communes et qui, dans le silence ou la contradiction des titres, présume parties communes le sol, le gros œuvre des bâtiments et l'ensemble des équipements communs ;

qu'avant de recourir à la division volumétrique complexe, il convient d'établir et de justifier très clairement dans le document constitutif de l'ensemble immobilier complexe que la loi du 10 juillet 1965 ne s'applique pas ;

que dans la division volumétrique, le droit de propriété s'exerce non sur le sol, mais sur un volume défini selon des cotes planimétriques et altimétriques ;

que ce volume identifié par des coordonnées immuables est un immeuble par nature, lequel fait l'objet d'une appropriation et peut être cédé, hypothéqué, grevé de servitudes, donné à bail à construction ;

que chaque volume constitue ainsi une propriété distincte, lequel peut, le cas échéant, inclure une copropriété ;

que dans cette hypothèse, deux divisions sont réalisées :

une division primaire : la division en volumes de l'ensemble immobilier complexe, édifié ou à édifier sur une ou plusieurs parcelles cadastrales,

une division secondaire : la division d'un volume en lots de copropriété. Dans cette situation, la notion de terrain, assiette foncière de la copropriété, est remplacée par celle de volume immobilier ;

que chacune de ces divisions doit faire l'objet d'un état descriptif, lequel permet d'identifier les différents volumes s'agissant d'une division volumétrique ou les différents lots s'agissant d'une division en copropriété.

5.2. - Sur l'état descriptif de division en volumes et l'état descriptif de division en copropriété

Considérant que la division en volumes ou la division en lots de copropriété d'un immeuble, doit faire l'objet d'un état descriptif de division publié obligatoirement au fichier immobilier et soumis comme tel aux règles de la publicité foncière ;

que dans ces deux hypothèses, ces règles sont précisées par les articles 7 du décret n° 5522 du 4 janvier 1955 et 71 et 76 du décret n° 55-1350 du 14 octobre 1955, qui réglementent la matière pour les immeubles divisés en fractions : soit en volumes, soit par lots de copropriété ;

que l'identification de la fraction d'un immeuble permet d'individualiser des parties d'immeuble sur lesquelles peuvent s'exercer des droits de nature très diverses, tels que le droit de propriété, qu'il s'agisse de volumes ou de copropriété, ou encore d'une hypothèque cantonnée sur cette fraction d'immeuble ;

qu'ainsi, constitue une fraction d'immeubles au sens de l'article 7 susvisé :

chaque local, pour les bâtiments soumis au statut de la copropriété,

chaque volume, pour les immeubles soumis à une division volumétrique ;

Considérant que la division volumétrique réalise une division primaire en fractions d'immeubles, au sens de l'article 7 susvisé, dont la désignation doit être établie conformément à un état descriptif de division conforme aux conditions fixées par les textes précités sur la publicité foncière, savoir :

chaque volume doit recevoir un numéro d'ordre, les volumes faisant l'objet d'un numérotage continu,

chaque volume doit posséder pour son identification, son adresse topographique, son numéro de volume et, éventuellement, la nature de son affectation ;

que le numérotage doit être en cohérence avec le caractère de division primaire en volumes de l'ensemble immobilier complexe, par rapport aux divisions secondaires en copropriété de l'un ou de l'autre des volumes de la division primaire ;

que dans ce cas, la division volumétrique doit, en effet, préexister à toute division en copropriété ;

LA COMMISSION rappelle qu'il convient, afin d'éviter toute confusion, de réserver impérativement la dénomination de volumes pour les fractions résultant d'un état descriptif de division volumétrique et de lots pour les divisions en copropriété.

- qu'ainsi, les volumes sont numérotés :

volume 1,

volume 2

avec un numérotage continu dans une série unique à partir de l'unité et interdiction de reprendre des numéros précédemment utilisés en cas de suppression ou modification de l'état descriptif de division volumétrique ;

- et que la division secondaire en copropriété opérée du volume 1 devient :

- volume 1	- lot 1...
	- lot 2...
	- lot 3...
	- lot 4...

- que dans ce schéma de désignation, la règle de numérotage se trouve ainsi respectée dans chaque catégorie d'état descriptif et permet d'éviter des confusions de numérotage entre les volumes et les lots de copropriété issus de la division d'immeubles ;

- qu'en ce qui concerne les lots de copropriété, il faut noter une seule exception au numérotage continu à partir de l'unité elle concerne les immeubles en copropriété comprenant plusieurs bâtiments ; qu'il est admis que des solutions de continuité peuvent exister entre les numéros attribués aux lots des différents bâtiments ou corps de bâtiments, à la condition, cependant, que le numérotage commence toujours au numéro 1 : le rédacteur de l'état descriptif peut affecter des séries de numéros à chaque bâtiment en laissant entre chaque série des numéros inutilisés en prévision des besoins futurs qu'il est seul en mesure d'apprécier ; qu'ainsi, lorsque les lots d'un premier bâtiment sont numérotés de 1 à 49, les lots du deuxième peuvent être numérotés de 100 à 149, ceux du troisième de 200 à 249 ;

- que lorsque le volume est l'assiette d'un état descriptif de division en copropriété, l'état descriptif de division volumétrique doit être publié préalablement à l'état descriptif de division en copropriété ;

- que, dans tous les cas, qu'il s'agisse d'une division volumétrique ou d'une division en copropriété, celle-ci est résumée dans un tableau incorporé à l'acte et reproduit au fichier immobilier : « le tableau récapitulatif de l'état descriptif de division ».

5.3. – Sur la désignation des fractions d'immeubles

Vu l'article 71 A du décret du 14 octobre 1955 modifié lequel précise les règles d'identification de chaque fraction d'un immeuble pour la tenue du fichier immobilier,

LA COMMISSION rappelle ce qui suit :

1° **S'agissant d'une division volumétrique**, la désignation des fractions est définie par l'indication :

- du niveau (chiffre positif ou négatif par rapport au sol existant),
- de la surface de base,
- des cotes NGF (niveau général de la France, calculé par rapport au niveau de la mer),
- de la nature (infra ou superstructure),

- de la destination (si elle est connue),
- le tout par référence à un plan annexé à Pacte notarié ;

2° **S'agissant d'un immeuble en copropriété**, la désignation de chaque fraction est définie par l'indication :
- du bâtiment, lorsque l'immeuble dont fait partie le lot comprend plusieurs bâtiments,
- de l'escalier,
- de l'emplacement occupé à l'étage, celui-ci pouvant être éventuellement déterminé par référence au plan ou croquis annexé.

Par fraction, il faut entendre chaque local : appartement, cave, chambre de service, boutique, réserve, emplacement de stationnement.

Les indications ci-dessus doivent être complétées de la quote-part de parties communes en tant que quote-part de copropriété, attachée au lot de propriété, ainsi que de la nature du lot.

LA COMMISSION recommande de ne pas faire état dans la désignation du lot de copropriété de la quote-part des charges affectées à chaque lot, la répartition des charges faisant l'objet d'un état de répartition distinct, inclus dans le règlement de copropriété.

5.4. - Sur l'identification de chaque local d'un immeuble en copropriété

LA COMMISSION constatant qu'antérieurement aux textes susvisés de la publicité foncière, il était d'usage de confondre dans un même lot, le local principal (par ex : un appartement) et divers locaux accessoires (par ex : chambre de service, cave, garage).

Recommande aux copropriétaires :

de prendre l'initiative d'établir un nouvel état descriptif de division, conforme à la réglementation en vigueur depuis 1979, chaque local indépendant étant constitutif d'un lot ;

d'établir préalablement à la mutation d'un lot comprenant un local principal et des locaux accessoires, un modificatif à l'état descriptif de division préexistant aux fins de diviser le lot d'origine en autant de lots qu'il y a de locaux concernés.

6. - RECOMMANDATION N° 6 DU 7 DÉCEMBRE 2006 RELATIVE AUX COMPTES DU SYNDICAT DES COPROPRIÉTAIRES SOUMIS AUX DISPOSITIONS COMPTABLES DU DÉCRET ET DE L'ARRÊTÉ DU 14 MARS 2005

NB : Cette recommandation annule et remplace la précédente recommandation relative à la présentation des comptes de copropriété : *JCP* N 1991, prat. 1848.

La Commission,

Vu l'article 3 du décret du 14 mars 2005 qui dispose que les charges constatées pour les opérations courantes mentionnées à l'article 14-1 de la loi du 10 juillet 1965 comprennent les sommes, versées ou à verser, en contrepartie des fournitures et services dont a bénéficié le syndicat ;

Vu l'article 8, alinéa 6 du décret du 14 mars 2005 qui dispose que les excédents ou insuffisances des charges ou produits sur opérations courantes sont répartis à l'arrêté des comptes entre chacun des copropriétaires en fonction des quotes-parts afférentes à chaque lot dans chacune des catégories de charges ;

Vu l'article 10 de l'arrêté du 14 mars 2005, classe 4, alinéa 10, qui prévoit que le compte 450 « Copropriétaire individualisé » ou, s'il a été créé, le sous-compte 450-1 « Copropriétaire-budget prévisionnel » est débité du montant des provisions appelées par le crédit du compte 701 « Provisions sur opérations courantes » ; que lors des règlements, il est crédité par le débit du compte de trésorerie ; qu'à l'arrêté des comptes, il est débité ou crédité de l'excédent ou de l'insuffisance sur opérations courantes par la contrepartie du compte 701 ;

Vu l'article 5 de l'arrêté du 14 mars 2005 qui dispose en son alinéa 2 qu'une procédure de clôture destinée à figer la chronologie et à garantir l'intangibilité des enregistrements est mise en œuvre à la date d'arrêté des comptes ;

Vu l'article 5, alinéa 2 du décret du 14 mars 2005 qui prévoit que les comptes sont arrêtés à la date de clôture de l'exercice ;

Vu l'article 6 de l'arrêté du 14 mars 2005 qui dispose que la nomenclature des comptes est constituée par la liste des comptes classés, numérotés et définis par une terminologie et des règles de fonctionnement ;

1. Sur l'application des règles de la comptabilité d'engagement :

Considérant que l'article 3 du décret du 14 mars 2005 dispose que les charges constatées pour les opérations courantes comprennent les sommes, versées ou à verser, en contrepartie des fournitures et services dont a bénéficié le syndicat ; que les produits constatés pour les opérations courantes comprennent les sommes reçues ou à recevoir de chaque copropriétaire en vertu de l'obligation leur incombant, enregistrées à la date d'exigibilité ;

Considérant que ces dispositions imposent au syndicat des copropriétaires de tenir une comptabilité d'engagement ;

Recommande de constater les produits financiers à la date de leur exigibilité conformément aux dispositions des articles 3 et 4 du décret du 14 mars 2005 et sous réserve d'une décision éventuelle et préalable de l'assemblée générale sur leur affectation et leur répartition.

2. Sur l'approbation des comptes et la répartition du solde des charges et des produits de l'exercice :

Considérant que la répartition du solde des charges et des produits de l'exercice est effectuée à l'arrêté des comptes ; qu'il s'agit d'un document préparatoire et provisoire qui doit nécessairement faire apparaître la quote-part de chacun des copropriétaires après la répartition des charges et des produits de l'exercice ;

Considérant que ce document est destiné à être soumis aux copropriétaires en vue de leur approbation par l'assemblée générale ;

Considérant que la répartition du solde des charges et des produits de l'exercice est ainsi effectuée à l'arrêté des comptes, mais sous réserve de son approbation par l'assemblée générale des copropriétaires ;

Considérant que ce n'est que l'approbation des comptes qui rendra exigible les excédents de charges ou de produits de l'exercice par rapport au budget prévisionnel ;

Rappelle que seule l'approbation des comptes par l'assemblée générale donne force à la répartition des charges et à l'inscription des éventuels excédents ou insuffisances de charges au débit ou au crédit du compte individuel de chaque copropriétaire.

3. Sur les créances douteuses ou irrécouvrables :

Considérant que le compte 450 enregistre les créances et le cas échéant les dettes du syndicat à l'encontre de chacun des copropriétaires ;

Considérant que le compte 459 est ouvert dès qu'une créance douteuse est constatée à l'encontre d'un copropriétaire ;

Considérant que se pose dès lors le problème de la répartition entre ces deux comptes des écritures lorsqu'un compte 459 est ouvert au nom d'un copropriétaire ;

Rappelle que le vote relatif à la saisie immobilière ne préjuge pas du montant de l'adjudication et qu'il s'agit à ce niveau d'une solution d'attente ; que ce vote n'emporte pas fixation irrévocable de la somme pouvant être estimée définitivement irrécouvrable et qu'il convient d'effectuer trois votes distincts :

- le premier sur la saisie immobilière, étant précisé qu'il doit s'agir d'une mesure individuelle et non pas d'une mesure générale visant des personnes non dénommées qui se trouveraient dans ce cas déterminé ;
- le deuxième vote sur le montant de la mise à prix ;
- et le troisième sur le montant des sommes estimées définitivement perdues.

Recommande, dès lors que le compte 459 est ouvert au nom d'un copropriétaire lorsque la créance est décidée douteuse par l'assemblée générale, que toutes les écritures relatives à ce copropriétaire soient enregistrées dans ce compte et non plus dans le compte 450 qui ne sera ouvert de nouveau que lorsque la situation sera régularisée.

4. Sur les comptes de la classe 12 (solde en attente de travaux et opérations exceptionnelles) :

Considérant que l'article 10 de l'arrêté prévoit que le compte 102 « provisions pour travaux » enregistre les provisions votées pour financer les travaux décidés en attendant leur paiement ; qu'il est crédité par le débit du compte 450 « copropriétaire individualisé » ; qu'il est débité par le crédit du compte 702 « provisions pour travaux » au fur et à mesure de la réalisation de ces travaux ;

Considérant que l'article 10 dispose également que le compte 12 reçoit le solde des opérations sur travaux qui ne peuvent être clôturées en fin d'exercice ;

Considérant que l'annexe 5 de l'arrêté du 14 mars 2005 prévoit une colonne D pour les appels de travaux effectués au cours de l'exercice comptable, une colonne C où le montant des travaux réalisés doit être mentionné et une colonne E « Solde en attente sur travaux » qui est égale à D-C, étant précisé que ce solde doit correspondre au solde du compte 12 ;

Considérant que pour que le compte 12 corresponde à la somme devant être mentionnée au bas de la colonne E, il doit nécessairement comprendre les soldes des comptes 102, 702 et 671 « travaux décidés par l'assemblée générale » et éventuellement 712 à 718 (emprunts, indemnités d'assurance, produits divers, produits financiers, produits exceptionnels).

Recommande de porter les provisions pour travaux directement dans le compte 702 sans passer par le compte 102, le solde étant dans le compte 12 lorsque les travaux sont votés et leur exécution commencée.

5. Sur les travaux de l'article 14-2 de la loi du 10 juillet 1965 :

Considérant que l'article 4 du décret du 14 mars 2005 dispose que les charges constatées pour les travaux et opérations exceptionnelles comprennent les sommes, versées ou à verser, pour les travaux prévus par l'article 14-2 de la loi du 10 juillet 1965 et décidés par l'assemblée générale des copropriétaires ; que les charges sont à comptabiliser par le syndicat au fur et à mesure de la réalisation des travaux ou de la fourniture des prestations ;

Considérant que, dès lors que les travaux sont clos définitivement, ils doivent être répartis à la fin de l'exercice ;

Considérant qu'à défaut de caution bancaire, une retenue de garantie peut néanmoins subsister ;

Recommande de porter cette retenue de garantie au compte 462 « Créditeurs divers » ou de la laisser au compte fournisseur 401.

6. Sur l'affectation de l'avance travaux au financement de travaux décidés :

Considérant que l'article 10 de l'arrêté du 14 mars 2005 prévoit que lorsque les travaux sont décidés et que leur financement est en partie réalisé par imputation des sommes figurant en avance au titre de l'article 18, 6° alinéa de la loi du 10 juillet 1965 pour travaux du compte 1032, ce compte 1032 est débité du montant affecté à ce financement par le crédit du compte 102 « Provisions pour travaux décidés » ;

Considérant qu'une avance travaux peut avoir été faite en tantièmes généraux, alors que les travaux peuvent ne concerner que certains copropriétaires, la répartition devant s'effectuer suivant un nombre de tantièmes différents.

Recommande de créditer les copropriétaires en fonction des tantièmes qui ont servi à l'appel de provisions, et d'appeler le même montant uniquement sur les copropriétaires concernés en fonction de la clé de répartition spéciale.

7. Sur les honoraires du syndic sur travaux : Considérant que les honoraires du syndic sur travaux décidés par l'assemblée générale doivent être comptabilisés, à l'instar des honoraires sur travaux pris dans le cadre de la gestion courante ;

Recommande de porter, conformément à l'article 7 de l'arrêté du 14 mars 2005, ces honoraires dans le compte 6221 « Honoraires travaux », sous-compte de 622 « Autres honoraires du syndic ».

8. Sur le compte d'attente :

Considérant que le plan comptable prévoit un compte 47 « Compte d'attente », ainsi que deux sous-comptes : 471 « Compte en attente d'imputation débiteur » et 472 « Compte en attente d'imputation créditeur » ;

Considérant que les dispositions réglementaires n'ont pas entendu rendre cette justification « ligne à ligne » obligatoire en annexe ;

Recommande que cette justification soit : tenue à disposition chez le syndic, dans les conditions de l'article 18-1 de la loi du 10 juillet 1965.

9. Sur les sous-comptes des annexes :

Considérant que l'article 8 de l'arrêté du 14 mars 2005 dispose que lorsque les comptes prévus par la nomenclature dudit arrêté ne suffisent pas au syndicat pour enregistrer distinctement toutes ses opérations, il peut ouvrir toute subdivision nécessaire ;

Considérant que le compte 662 « Autres charges financières et agios » n'apparaît pas dans l'annexe 2 (compte de gestion général) ;

Qu'il doit néanmoins en être fait état dans ce tableau puisqu'il s'agit d'une charge du syndicat ;

Recommande que soient ajoutés aux annexes les comptes et sous-comptes nécessaires prévus par la nomenclature comptable, les énonciations des tableaux n'étant pas exhaustives.

10. Sur la période transitoire :

Considérant que les nouvelles dispositions comptables issues du décret et de l'arrêté du 14 mars 2005 entreront en vigueur pour les exercices ouverts à compter du 1er janvier 2007 ;

Considérant que la nouvelle réglementation ne peut avoir pour objet d'imposer la conformité des écritures comptables des exercices précédents aux dispositions du décret et de l'arrêté du 14 mars 2005 ;

Considérant qu'une période transitoire va s'installer durant laquelle les écritures antérieures au premier exercice comptable ouvert à compter de l'entrée en vigueur des nouvelles dispositions ne pourront pas apparaître dans les annexes, certaines rubriques ou colonnes ne pouvant ainsi être renseignées ;

Recommande de renseigner les rubriques ou colonnes qu'il est possible de renseigner sans avoir à reconstituer une comptabilité conforme aux règles comptables spécifiques prévues par le décret et l'arrêté du 14 mars 2005.

La présente recommandation annule et remplace la précédente recommandation n° 6.

7. – RECOMMANDATION RELATIVE À LA RÉPARTITION DES FRAIS DE CHAUFFAGE

(Application du D. n° 91-999, 30 sept. 1991)

Voir : On trouvera cette recommandation dans l'Annexe 15, *Chauffage des immeubles*, p. 1069.

8. - RECOMMANDATION RELATIVE AUX APPELS DE FONDS QUE LE SYNDIC PEUT EXIGER DES COPROPRIÉTAIRES

Commission relative à la copropriété, 20 février 2008

9. - RECOMMANDATION RELATIVE À L'INFORMATION RÉCIPROQUE DE L'ACQUÉREUR ET DU SYNDIC EN CAS DE VENTE AMIABLE D'UN LOT

(JCP N 1993, prat. 2580)

10. - RECOMMANDATION RELATIVE AUX REMISES DE DOCUMENTS TECHNIQUES AU SYNDIC

(JCP N 1993, prat. 2739)

11. - RECOMMANDATION RELATIVE AUX VENTES FORCÉES INTERVENANT SUR UN IMMEUBLE EN COPROPRIÉTÉ

(JCP N 1994, prat. 2689)

La présente recommandation concerne la vente par adjudication, l'expropriation pour cause d'utilité publique ou l'exercice d'un droit de préemption public portant sur un ou plusieurs lots d'un immeuble en copropriété ou sur des parties communes dudit immeuble.

Vu les articles 20 et 16-1 de la loi du 10 juillet 1965.

Art. 20. - Lors de la mutation à titre onéreux d'un lot, et si le vendeur n'a pas présenté au notaire un certificat du syndic ayant moins d'un mois de date, attestant qu'il est libre de toute obligation à l'égard du syndicat, avis de la mutation doit être donné au syndic de l'immeuble, par lettre recommandée avec avis de réception, à la diligence de l'acquéreur. Avant l'expiration d'un délai de huit jours à compter de la réception de cet avis, le syndic peut former, au domicile élu, par acte extrajudiciaire, opposition au versement des fonds pour obtenir le paiement des sommes restant dues par l'ancien propriétaire. Cette opposition, à peine de nullité, énoncera le montant et les causes de la créance et contiendra élection de domicile dans le ressort du tribunal de grande instance de la situation de l'immeuble. Aucun paiement ou transfert amiable ou judiciaire de tout ou partie du prix ne sera opposable au syndic ayant fait opposition dans ledit délai (1).

Art. 16-1 *(L. n° 79-2, 2 janv. 1979).* - Les sommes représentant le prix des parties communes cédées se divisent de plein droit entre les copropriétaires dans les lots desquels figuraient ces parties communes et proportionnellement à la quotité de ces parties afférente à chaque lot.

La part du prix revenant à chaque copropriétaire lui est remise directement par le syndic et ce, nonobstant l'existence de toute sûreté grevant son lot.

Les présentes dispositions ne dérogent pas à celles de l'article L. 12-3 du Code de l'expropriation pour cause d'utilité publique.

Vu les articles 5 et 6 du décret du 17 mars 1967.

Art. 5. - Pour l'application des dispositions de l'article 20 de la loi du 10 juillet 1965, il n'est tenu compte que des créances du syndicat effectivement liquides et exigibles à la date de la mutation.

Indépendamment de l'application des dispositions dudit article 20, le syndic adresse, avant l'établissement de l'un des actes visés au précédent article, au notaire chargé de recevoir l'acte, à la demande de ce dernier ou à celle du copropriétaire qui cède son droit, un état daté qui, en vue de l'information des parties, indique, d'une manière même approximative et sous réserve de l'apurement des comptes :

a) Les sommes qui correspondent à la quote-part du cédant :

- dans les charges dont le montant n'est pas encore liquidé ou devenu exigible à l'encontre du syndicat ;
- dans les charges qui résulteront d'une décision antérieurement prise par l'assemblée générale mais non encore exécutée.

b) Éventuellement, le solde des versements effectués par le cédant à titre d'avance ou de provision.

(1) Texte modifié par la loi du 21 juillet 1994. Voir le nouveau texte dans le corps du code.

Art. 6. – Tout transfert de propriété d'un lot ou d'une fraction de lot, toute constitution sur ces derniers d'un droit d'usufruit, de nue-propriété, d'usage ou d'habitation, tout transfert de l'un de ces droits est notifié, sans délai, au syndic soit par les parties, soit par le notaire qui établit l'acte, soit par l'avoué qui a obtenu la décision judiciaire, acte ou décision qui, suivant le cas, réalise, atteste, constate ce transfert ou cette constitution.

Cette notification comporte la désignation du lot ou de la fraction de lot intéressé ainsi que l'indication des nom, prénoms, domicile réel ou élu de l'acquéreur ou du titulaire de droit et, le cas échéant, du mandataire commun prévu à l'article 23 (al. 2) de la loi du 10 juillet 1965.

I. VENTE PAR ADJUDICATION

La Commission rappelle

– que les dispositions des articles 20 de la loi du 10 juillet 1965 et 6 du décret du 17 mars 1967, ci-dessus reproduits, sont applicables à une vente par adjudication d'un lot de copropriété qu'il s'agisse d'une vente devant le tribunal sur licitation ou sur saisie immobilière ou encore d'une adjudication devant notaire.

En conséquence, la Commission recommande à l'avocat du créancier poursuivant ou au notaire :

– de demander au syndic, préalablement à la vente, l'état daté prévu par l'article 5 du décret, ceci afin d'assurer la meilleure information possible des acquéreurs, à défaut de pouvoir recourir, dans la plupart des cas, au certificat de l'article 20 de la loi ;

– de faire figurer dans le cahier des charges de la vente le domicile élu où sera reçue une éventuelle opposition ; le choix de ce domicile n'est pas réglementé. Il se portera de préférence sur le cabinet de l'avocat ou l'étude du notaire chargé de recevoir les fonds ;

– après la vente, de notifier sans délai au syndic le jugement ou le procès-verbal d'adjudication qui constitue l'acte translatif de propriété.

Cette notification rappellera l'élection de domicile, le délai de huitaine pour faire opposition et l'obligation, le cas échéant, pour le syndic d'y procéder par acte extrajudiciaire.

Pour ce qui concerne le contenu de l'opposition, les créances dont le syndic peut faire état, la pratique de la clause dite « de solidarité » et l'opportunité d'inscrire au plus tôt l'hypothèque légale du syndicat, il est renvoyé à la recommandation n° 9 ;

– enfin, d'aviser le détenteur effectif des fonds, par exemple le bâtonnier, s'il a été constitué séquestre et le juge si une procédure d'ordre est ouverte.

Par ailleurs, il a déjà été rappelé dans la recommandation n° 9 que la créance du syndicat pour un arriéré de charges n'a qu'un caractère chirographaire et que l'opposition formée par le syndic n'emporte pas que de privilège au profit du syndicat.

Dans le cas d'une vente sur saisie immobilière l'opposition du syndic n'aura nécessairement qu'un objet limité à la partie du prix disponible après que les créanciers inscrits auront été désintéressés. La jurisprudence en déduit que le défaut de notification de l'adjudication au syndic n'ouvrirait droit à une indemnisation du syndicat que s'il était établi que le prix excédait les créances privilégiées et que le syndicat avait une chance d'être effectivement payé.

II. EXPROPRIATION POUR CAUSE D'UTILITÉ PUBLIQUE

La Commission constate

que bien que cette situation soit peu fréquente, une procédure d'expropriation pour cause d'utilité publique peut concerner un ou plusieurs lots dans un immeuble placé sous le statut de la copropriété, ou bien certains lots en même temps que des parties communes, ou encore des parties communes seulement. Moins rare sera l'hypothèse qu'une procédure touchant la totalité de l'immeuble en copropriété :

– que ni le Code de l'expropriation ni la loi du 10 juillet 1965 n'envisagent ces éventualités ;

– qu'en vertu de l'article L. 12-1 du Code de l'expropriation le transfert de propriété est opéré par voie d'accord amiable ou par une ordonnance rendue par le juge de l'expropriation et qu'il résulte des articles R. 11-28 et R. 12-4 du même code que l'ordonnance désigne chaque immeuble ou fraction d'immeuble exproprié, en précisant l'identité de chaque propriétaire, au vue des renseignements figurant au cadastre à la date de l'ordonnance.

En conséquence, *la Commission considère*, sous réserve de l'appréciation des tribunaux :

– que l'expropriation est poursuivie et prononcée à l'encontre de chacun des copropriétaires concernés, tant pour la partie privative de son lot que pour la quote-part y afférente des parties communes, telles que déterminée dans l'état descriptif de division ;

– que l'expropriation n'est poursuivie et prononcée à l'encontre du syndicat des copropriétaires que lorsqu'elle porte exclusivement sur une partie commune, à charge par le syndic de répartir l'indemnité entre les copropriétaires selon les dispositions de l'article 16-1 ci-dessus.

La Commission *recommande* à l'autorité expropriante lorsque l'expropriation porte sur un ou plusieurs lots :

- en cas d'accord amiable, faisant l'objet d'un acte authentique ou d'un acte administratif, de faire application des dispositions de l'article 20 ;

- en cas d'ordonnance d'expropriation, de notifier au syndic l'avis de mutation prévu par ce texte, pour lui permettre, dans le cas où le copropriétaire exproprié serait débiteur à l'égard du syndicat, de faire opposition entre les mains de l'expropriant qui procédera alors à la consignation de l'indemnité conformément aux dispositions de l'article R. 13-65 du Code de l'expropriation.

III. EXERCICE D'UN DROIT DE PRÉEMPTION PUBLIQUE

La Commission *rappelle*

- que dans l'hypothèse de l'exercice par l'autorité publique, du droit de préemption qui lui est reconnu par la loi, le transfert de propriété s'opère différemment suivant qu'il existe ou non accord sur le prix.

1) En cas d'accord sur le prix, le transfert de propriété s'opère :

- soit à la date de la notification de la décision du titulaire du droit de préemption d'acquérir aux prix et conditions de la déclaration d'intention d'aliéner ;

- soit à la date de la notification de l'acceptation par le propriétaire de la contre-proposition du titulaire du droit de préemption ;

- soit à la date de l'accord amiable.

2) En cas de désaccord sur le prix le transfert de propriété s'opère lorsque les deux conditions suivantes sont réunies :

- une décision juridictionnelle est passée en force de chose jugée : jugement notifié non frappé d'appel dans le délai ou arrêt de la cour d'appel ;

- aucune des deux parties n'a exercé le droit de repentir prévu par l'article L. 213-7 du Code de l'urbanisme.

3) En cas de délaissement (décision d'acquérir prise par le titulaire du droit de préemption à la demande du propriétaire dans les périmètres de zones d'aménagement différé ou de droit de préemption urbain) le transfert de propriété s'opère à la date de la notification de la décision d'acquérir par le titulaire du droit de préemption, alors même que les parties seraient en désaccord sur le prix. Dans ce dernier cas et dans la mesure, en effet, où le délaissement est irréversible, il est considéré qu'il y a accord sur la chose et sur un prix déterminable.

En conséquence, *la Commission recommande* aux titulaires d'un droit de préemption :

- de notifier sans délai au syndic l'avis de mutation prévu par l'article 20 à l'une des dates correspondantes aux hypothèses susvisées.

12. - RECOMMANDATION RELATIVE AUX REMISES DE DOCUMENTS AU NOTAIRE EN CAS DE MUTATION D'UN LOT À TITRE ONÉREUX

(JCP N 1995, prat. 3442)

13. - RECOMMANDATION RELATIVE AU CONSEIL SYNDICAL (RÈGLES GÉNÉRALES)

(JCP N 1996, prat. 3580, p. 23. Recommandation mod. par la recommandation du 8 juillet 2010 : ARC / 13 07 10 / www.unarc.asso.fr)

14. - RECOMMANDATION SUR LE LIBELLÉ DE LA QUESTION DE L'ORDRE DU JOUR RELATIVE À L'OUVERTURE OU NON D'UN COMPTE BANCAIRE OU POSTAL SÉPARÉ AU NOM DU SYNDICAT ET DU PROJET DE RÉSOLUTION NOTIFIÉ SIMULTANÉMENT

(JCP N 1996, prat. n° 3682, p. 524)

La Commission :

Considérant que l'article 18, alinéa 1er, tiret 4, de la loi du 10 juillet 1965, modifiée par la loi n° 85-1470 du 31 décembre 1985, dispose que :

... le syndic est chargé...

- de soumettre au vote de l'assemblée générale, lors de la première désignation et au moins tous les trois ans, la décision d'ouvrir ou non un compte bancaire ou postal séparé au nom du syndicat sur lequel seront versées toutes les sommes ou valeurs reçues par ce dernier. Cette décision est prise à la majorité mentionnée à l'article 25 de la présente loi. Le syndic dispose d'un délai de six mois pour exécuter la décision de l'assemblée générale lorsqu'elle a pour effet de modifier les modalités de dépôt des fonds du syndicat. Faute par le syndic de faire délibérer l'assemblée sur l'ouverture ou non d'un compte séparé dans les conditions ci-dessus définies, son mandat est nul de plein droit : toutefois, les actes qu'il aurait passés avec les tiers de bonne foi demeurent valables ;

Considérant que l'article 11-5° du décret du 17 mars 1967 impose la notification au plus tard en même temps que l'ordre du jour d'un projet de résolution lorsque l'assemblée est appelée à statuer notamment sur la question visée à l'article 18, tiret 4 de l'alinéa 1er...

Considérant que l'article 29, alinéa 2 du décret du 17 mars 1967, modifié par le décret n° 76-768 du 9 juin 1986, dispose que :

la décision d'ouvrir un compte séparé dans les conditions de majorité prévues à l'article 25 de la loi du 25 juillet 1965 ;

Considérant que l'article 38 du décret du 17 mars 1967 modifié par le décret n° 73-748 du 26 juillet 1973 dispose que :

Dans le cas où l'immeuble est administré par un syndic qui n'est pas soumis aux dispositions de la loi n° 70-9 du 2 janvier 1970 et des textes pris pour son application, toutes sommes ou valeurs reçues au nom et pour le compte du syndicat doivent être versées sans délai à un compte bancaire ou postal ouvert au nom du syndicat. Le règlement de copropriété ou une décision de l'assemblée générale peut, le cas échéant, dans les conditions et sous réserve des garanties qu'il détermine, fixer le montant maximum des fonds que le syndic peut être autorisé à ne pas verser à ce compte.

Rappelle :

- que, dans la situation envisagée par l'article 38 du décret du 17 mars 1967 précité, par exemple lorsque les fonctions de syndic sont assumées par un copropriétaire, les fonds détenus pour le compte du syndicat étant nécessairement déposés sur un compte séparé ouvert au nom du syndicat, il n'y a pas lieu, dans ce cas, de soumettre à l'assemblée générale la question de l'ouverture ou de la non-ouverture d'un compte séparé ;

- qu'à l'exception de la situation ci-dessus envisagée, l'assemblée générale doit être appelée à délibérer sur le compte séparé lors de la première désignation d'un syndic et, ensuite, au moins tous les trois ans, qu'il y ait, ou non, changement de syndic. Selon la jurisprudence de la Cour de cassation (Cass. 3e civ., 15 déc. 1993 : *Bull. civ.* III, n° 172, p. 114), cette obligation s'impose alors même qu'un compte séparé serait déjà ouvert au nom du syndicat ;

- que si l'assemblée générale vote pour l'ouverture d'un compte séparé, le syndic doit procéder, dans le délai de six mois imparti par la loi, à l'ouverture de ce compte au nom du syndicat auprès de la banque ou du centre des chèques postaux désigné, le cas échéant, par l'assemblée.

Appelle l'attention sur ce que les termes de la loi excluent, pour la décision d'ouverture ou de non-ouverture du compte séparé, la possibilité, à défaut de décision prise à la majorité des voix de tous les copropriétaires, de convoquer une nouvelle assemblée à l'effet de statuer dans les conditions de majorité prévues à l'article 24.

Recommande au syndic

1° *Pour l'information des copropriétaires :*

- lors de la convocation à l'assemblée générale, de présenter, de manière distincte, la question relative au compte séparé, afin qu'elle fasse l'objet d'un vote spécifique ;

- d'exposer, à l'assemblée générale, les avantages et les inconvénients éventuels du compte séparé au nom du syndicat, d'une part, et du compte professionnel du syndic, d'autre part, pour la bonne gestion de la copropriété, la tenue des comptes, la garantie financière des fonds détenus pour autrui, etc. ;

- de ne pas présenter, si le compte professionnel du syndic comporte des sous-comptes ou des rubriques par mandant, un de ces sous-comptes ou une de ces rubriques comme étant un compte séparé ouvert au nom du syndicat. Le sous-compte ou la rubrique par mandant n'est, en effet, qu'une modalité du compte professionnel du syndic ;

- d'informer les copropriétaires qu'en cas de vote pour l'ouverture d'un compte séparé, le syndicat, en qualité de titulaire de ce compte, a le droit de désigner la banque ou le centre de chèques postaux auprès duquel le compte sera ouvert.

2° *Pour le libellé de la question et du projet de résolution :*

Constatant la pratique de certains syndics consistant, par exemple, à lier la question de leur renouvellement de celle de l'ouverture ou non du compte ou encore à utiliser des formules ambiguës, qui sont à proscrire, telles que :

- « confirmation du mode de gestion en application de la loi n° 85-1470 du 31 décembre 1985 dite loi Bonnemaison (compte bancaire unique) » ;

ou

– « renouvellement des modalités financières de gestion, notamment celle de ne pas ouvrir de compte bancaire ou postal séparé au nom du syndicat, et ce pour une durée de trois ans » ;

ou encore

« confirmation de la décision relative au maintien de la gestion financière de la copropriété avec comptabilité séparée du syndicat sur le compte unique du syndic avec refus de l'ouverture d'un compte bancaire ou postal séparé conformément à l'article 1er, alinéa 2 de la loi n° 85-1470 du 31 décembre 1985 ».

Étant rappelé :

– que la question relative à l'ouverture ou non d'un compte séparé doit être inscrite à l'ordre du jour de l'assemblée lors de la désignation du premier syndic, lors du changement de syndic et, en tout cas, tous les trois ans ;

– qu'un projet de résolution doit être joint à la convocation pour l'assemblée au cours de laquelle il sera délibéré sur le compte séparé.

Recommande au syndic

– de libeller la question à inscrire à l'ordre du jour de manière à faire apparaître le droit, pour les copropriétaires, d'opter pour l'ouverture ou la non-ouverture du compte bancaire ou postal séparé au nom du syndicat.

a) *Lors de la désignation du premier syndic, ou, dans les autres situations, si un compte séparé n'a pas été ouvert au nom du syndicat* :

– de joindre à la convocation de l'assemblée générale comportant la question relative à l'ouverture ou la non-ouverture du compte bancaire ou postal séparé au nom du syndicat, dans le souci d'éviter l'équivoque qui résulte de la formule alternative « pour ou contre » et d'indiquer clairement le résultat du vote (1), un projet de résolution rédigé en ces termes :

l'assemblée générale, invitée à se prononcer sur la question d'ouvrir ou non un compte bancaire ou postal séparé au nom du syndicat, décide d'ouvrir le compte.

– de porter au procès-verbal de l'assemblée, conformément à l'article 17, alinéa 2 du décret du 17 mars 1967, le texte de la délibération, rédigé en ces termes :

décision d'ouvrir le compte bancaire ou postal séparé au nom du syndicat (avec indication facultative du centre de chèques postaux ou de la banque).

résultat du vote : pour...

contre...

abstention...

(si le nombre de voix « pour » représente la majorité des voix de tous les copropriétaires, la décision d'ouvrir un compte séparé sera adoptée et le syndic devra l'exécuter ; si cette majorité n'est atteinte, le compte séparé ne sera pas ouvert).

b) *Si le compte séparé est déjà ouvert :*

– de joindre à la convocation de l'assemblée générale comportant la question relative à l'ouverture ou la non-ouverture du compte bancaire ou postal séparé au nom du syndicat un projet de résolution rédigé en ces termes :

l'assemblée générale, invitée à se prononcer sur la question d'ouvrir ou non un compte bancaire ou postal séparé au nom du syndicat, décide de maintenir le compte séparé ouvert auprès... *(indication du centre de chèques postaux ou de la banque).*

– de porter au procès-verbal de l'assemblée le texte de la délibération rédigé en ces termes :

décision de maintenir le compte séparé ouvert auprès... (indication du centre de chèques postaux ou de la banque).

résultat du vote : pour...

contre...

abstention...

(si le nombre de voix « pour » représente la majorité des voix de tous les copropriétaires, la décision de maintenir le compte séparé sera adoptée : si cette majorité n'est pas atteinte, le syndic devra procéder à la fermeture du compte séparé dans le délai de six mois imparti par la loi).

15. – RECOMMANDATION RELATIVE À LA DÉSIGNATION DU SYNDIC, À LA DURÉE DE SES FONCTIONS ET AUX INITIATIVES À PRENDRE EN CAS DE RÉVOCATION OU DE DÉMISSION DU SYNDIC

(JCP N 1996, prat. 3825, p. 1338)

(1) Dans ce sens, V. Rép. min. n° 17290 : *JO* Sénat, 12 déc. 1991, p. 2801 ; *JCP* N 1992, prat. 2238. – Rép. min. n° 11338 : *JO* Sénat, 7 déc. 1995, p. 1734 ; *JCP* N 1995, n° 52, prat. 3573.

16. - RECOMMANDATION RELATIVE AUX TRAVAUX AFFECTANT LES PARTIES COMMUNES ET LES ÉQUIPEMENTS COMMUNS

(JCP N 1997, prat. 4173, p. 1383)

Cette recommandation ne concerne pas le vote du budget prévisionnel des travaux qui fera l'objet d'une recommandation distincte.

La Commission :

I. SUR LE PROGRAMME DES TRAVAUX

Considérant :

- que l'article 14 de la loi du 10 juillet 1965 dispose en son quatrième alinéa :

« Il (le syndicat) a pour objet la *conservation de l'immeuble* et l'administration des parties communes. *Il est responsable des dommages causés aux copropriétaires ou aux tiers par* le vice de construction ou *le défaut d'entretien des parties communes*, sans préjudice de toutes actions récursoires » ;

- que les articles 24, 25 et 26 de la loi du 10 juillet 1965 modifiée déterminent les conditions de majorité auxquelles les assemblées décident les différentes catégories de travaux ;

- que de son côté, l'article 18 de la loi du 10 juillet 1965 dispose dans son deuxième tiret que le syndic est chargé :

« d'administrer l'immeuble, de pourvoir à sa conservation, à sa garde et à son entretien et, en cas d'urgence, de faire procéder de sa propre initiative à l'exécution de tous travaux nécessaires à la sauvegarde de celui-ci ».

Constate :

- l'importance des prescriptions de sécurité parmi les travaux obligatoires en vertu des dispositions législatives et réglementaires ;

- les économies de charges résultant de l'exécution des travaux appropriés d'entretien ou d'amélioration ;

- l'absence dans les archives du syndicat de documents techniques tels que plans et schémas d'ouvrages ou de récolement de réseaux.

Rappelle :

- que le syndic informe les copropriétaires de l'état des constructions et des éléments d'équipements communs, ainsi que des travaux rendus obligatoires en vertu des dispositions législatives ou réglementaires ;

- que ces travaux étant obligatoires, l'assemblée générale des copropriétaires n'a pas compétence pour en refuser le principe et doit seulement délibérer sur les modalités de réalisation de ces travaux sans que le syndicat puisse s'en prévaloir pour se soustraire à ses responsabilités. Il convient cependant de réserver les cas d'annulation de la décision administrative prescrivant les travaux ;

- qu'une planification des travaux peut améliorer leur mise en œuvre et leur exécution, faciliter leur financement et abaisser leurs coûts.

Recommande :

1° qu'une visite annuelle de l'immeuble soit effectuée par le syndic en présence du président du conseil syndical et, le cas échéant, des membres du conseil syndical et des copropriétaires intéressés ;

2° qu'en dehors de la visite annuelle, en cas de désordres apparus sur les parties communes ou des équipements collectifs, il est souhaitable qu'un technicien assiste à la visite et que les copropriétaires concernés prennent toutes les dispositions utiles pour permettre l'accès aux parties privatives de leur lot où ces désordres se manifestent ;

3° qu'un cahier de maintenance de l'immeuble soit ouvert et mis à jour ;

4° qu'un état des travaux prévisibles ou souhaitables soit dressé par le conseil syndical compte tenu des éléments du constat effectué ;

5° que le conseil syndical propose un calendrier prévisionnel des travaux et une évaluation approximative de chacun de ces travaux ;

6° qu'un programme pluriannuel de travaux envisagés soit voté, dans son principe, par l'assemblée générale au vu du calendrier et de l'évaluation visés ci-dessus, ces documents étant notifiés au plus tard en même temps que l'ordre du jour ;

7° que les plans des ouvrages exécutés soient demandés par le syndic aux entrepreneurs ou aux architectes ou aux autres techniciens contractuellement liés au syndicat, à charge pour le syndic de les archiver.

II. SUR LA RECHERCHE ET LA DÉSIGNATION DE L'ENTREPRENEUR

Considérant que l'organisation d'une procédure de sélection des entrepreneurs introduit plus de clarté dans la gestion de la copropriété ;

Recommande :

- que, pour guider les copropriétaires lorsque le règlement de copropriété ne contient pas de mesures appropriées, l'assemblée générale adopte une procédure de recherche et de désignation de l'entrepreneur comprenant trois phases :

2.1. - LE DESCRIPTIF DES TRAVAUX

Considérant que l'assemblée générale doit disposer d'éléments de comparaison entre les entrepreneurs pour faire son choix ;

Rappelle :

- que la loi du 10 juillet 1965 vise trois catégories de travaux relatifs aux parties communes ou aux équipements collectifs : les travaux « d'entretien », les travaux « de mise en conformité », les travaux « d'amélioration ».

Recommande :

1° que, sauf décision particulière de l'assemblée générale, le syndic établisse ou fasse établir un document comprenant : un descriptif des travaux, la qualité des matériaux, les garanties financières, les qualifications de l'entrepreneur correspondant aux travaux à réaliser, les assurances et la demande de références des chantiers précédents ;

2° qu'en cas de travaux importants ou complexes, le syndic confie à un maître d'œuvre l'élaboration de ce descriptif.

2.2. - LA RECHERCHE D'ENTREPRENEURS

Recommande :

1° qu'en cas de travaux peu importants ne dépassant pas le seuil éventuellement fixé par l'assemblée générale, le syndic choisisse les entrepreneurs à consulter, les copropriétaires pouvant, le cas échéant, proposer des noms d'entrepreneurs ;

2° que, dans les autres cas, le choix des entrepreneurs s'effectue après leur mise en concurrence. Le syndic reçoit les réponses sous double enveloppe. Les plis sont ouverts par le syndic en présence des membres du conseil syndical.

2.3. - LE CHOIX DE L'ENTREPRENEUR

Considérant :

- que l'article 21 (alinéa 2) de la loi du 10 juillet 1965 fixant le statut de la copropriété des immeubles bâtis dispose :

« *En outre, il* (le conseil syndical) donne son avis au syndic ou à l'assemblée générale sur toutes questions concernant le syndicat, pour lesquelles il est consulté ou dont il se saisit lui-même. L'assemblée générale des copropriétaires, statuant à la majorité de l'article 25, arrête un montant des marchés et des contrats à partir duquel la consultation du conseil syndical est rendue obligatoire. »

- que l'article 21 (alinéa 1er) du décret du 17 mars 1967 portant règlement d'administration publique pour l'application de la loi du 10 juillet 1965 dispose :

« Une délégation de pouvoir donnée, en application de l'article 25, *a* de la loi du 10 juillet 1965, par l'assemblée générale au syndic, au conseil syndical ou à toute autre personne ne peut porter que sur un acte ou une décision expressément déterminé ».

- que l'article 26 (alinéa 2) du décret du 17 mars 1967 dispose :

« Il *(le conseil syndical)* peut recevoir d'autres missions ou délégations de l'assemblée générale dans les conditions prévues à l'article 25, *a* de la loi de 1965 et à l'article 21 du présent décret. »

- que l'information des copropriétaires est normalement assurée par l'application de l'article 11 (alinéa 4) du décret du 17 mars 1967 :

« Sont notifiées au plus tard en même temps que l'ordre du jour :

...

4° Les conditions essentielles du contrat proposé, lorsque l'assemblée générale est appelée à approuver ou à autoriser une transaction, un devis ou un marché pour la réalisation de travaux ou l'un des contrats visés aux articles 25, *d* et 26, *a* de la loi du 10 juillet 1965 et aux articles 29 et 39 du présent décret. »

Recommande :

1° que les devis soient communiqués aux membres du conseil syndical ;

2° que, le conseil syndical, lorsqu'il a reçu délégation d'approuver un marché, fasse le choix de l'entrepreneur et adopte les conditions du contrat ;

3° qu'en l'absence de délégation au conseil syndical, le syndic soumette le marché de travaux à l'approbation de l'assemblée générale en observant les dispositions de l'article 11 du décret du 17 mars 1967, notamment la notification du ou des devis proposés, ainsi que l'avis du conseil syndical. Il apparaît souhaitable que plusieurs devis soient soumis à l'assemblée générale.

17. – RECOMMANDATION SUR L'OBLIGATION DE MENTIONNER LA SUPERFICIE DE LA PARTIE PRIVATIVE D'UN LOT DE COPROPRIÉTÉ EN CAS DE VENTE

(JCP N 1998, p. 519)

La Commission

Considérant :

- que l'article 46 de la loi du 10 juillet 1965 modifiée par la loi n° 96-1107 du 18 décembre 1996 dispose notamment que :

« toute promesse unilatérale de vente ou d'achat, tout contrat réalisant ou constatant la vente d'un lot ou d'une fraction de lot mentionne la superficie de la partie privative de ce lot ou de cette fraction de lot... Les dispositions du premier alinéa ci-dessus ne sont pas applicables aux caves, garages, emplacements de stationnement ni aux lots ou fractions de lots d'une superficie inférieure à un seuil fixé par le décret en Conseil d'État prévu à l'article 47 ».

- que l'article 4-1 du décret du 17 mars 1967 modifié par le décret n° 97-532 du 23 mai 1997 dispose que :

« la superficie de la partie privative d'un lot ou d'une fraction de lot mentionnée à l'article 46 de la loi du 10 juillet 1965 est la superficie des planchers des locaux clos et couverts après déduction des surfaces occupées par les murs, cloisons, marches et cages d'escalier, gaines, embrasures de portes et de fenêtres. Il n'est pas tenu compte des planchers des parties des locaux d'une hauteur inférieure à 1,80 m ».

- que l'article 4-2 du même décret énonce :

« les lots ou fractions de lots d'une superficie inférieure à 8 m² ne sont pas pris en compte pour le calcul de la superficie mentionnée à l'article 4-1 ».

Considérant que si ces dispositions apportent à l'acquéreur une information sur la superficie, les praticiens s'interrogent sur l'étendue de l'obligation, sur les surfaces à mesurer, sur la ventilation du prix, ainsi que sur les sanctions applicables.

I. ÉTENDUE DE L'OBLIGATION

A. Sur les lots concernés

Rappelant :

- que l'obligation de mentionner la superficie de la partie privative d'un lot ne s'impose que dans les immeubles soumis au statut de la copropriété fixé par la loi du 10 juillet 1965 et visé par l'article 1er, alinéa 1er de cette loi, le lot pouvant être situé dans un bâtiment en contenant plusieurs ou constituer l'intégralité d'un bâtiment, observation faite que la loi s'applique aux copropriétés horizontales ;

- que, d'autre part, sont expressément exclus du champ d'application de la loi les caves, les garages et emplacements de stationnement, quelles que soient leur superficie et leur hauteur sous plafond, et d'autre part les lots ou fractions de lots d'une superficie inférieure à 8 m², étant précisé qu'une fraction de lot est la conséquence de la division d'un lot ;

- que les ventes d'immeubles à construire, quelle que soit leur forme, ne devraient pas être soumises à l'obligation de mentionner la superficie prévue à l'article 46 de la loi du 10 juillet 1965, ces ventes étant régies par les dispositions spécifiques des articles L. 261-1 et suivants, et R. 261-1 et suivants du Code de la construction et de l'habitation, ces deux régimes de protection des acquéreurs ne se cumulant pas.

Recommande :

- aux vendeurs professionnels, aux professionnels de l'entremise immobilière et aux rédacteurs d'acte de s'assurer du statut juridique du bien à vendre avant de rechercher un acquéreur ;

- aux rédacteurs d'acte, de ne pas cumuler la protection prévue par l'article 46 de la loi du 10 juillet 1965 et celle des articles L. 261-1 et suivants du Code de la construction et de l'habitation, ce cumul pouvant être source d'insécurité juridique.

B. Sur la nature des mutations concernées

Constatant :

- bien que l'article 46 de la loi s'applique à tous les lots de copropriétés, sous les réserves ci-dessous spécifiées, que cet article constitue une dérogation au droit commun de la vente immobilière, et qu'il est donc d'interprétation stricte ;

- que la loi ne s'applique qu'aux promesses unilatérales de vente ou d'achat et aux actes réalisant ou constatant la vente, ce qui implique la stipulation d'un prix en contrepartie du transfert du droit de propriété ; qu'il en est ainsi quelle que soit la qualification donnée à l'acte par les parties ;

– que sont donc exclues les mutations à titre gratuit (donation, donation-partage), les opérations ne transférant pas de droit de propriété (cessions de parts, location-attribution), les mutations ne donnant pas lieu à indication de prix (apport en société, échange sauf requalification de ce dernier par le juge en raison de l'importance de la soulte) ;

– que s'agissant plus précisément de promesses, la loi s'applique aux promesses unilatérales de vente ou d'achat et aux promesses synallagmatiques de vente par acte sous seing privé (1) ou par acte authentique, même si les unes et les autres sont assorties de conditions suspensives ou résolutoires ;

– que certains actes, sans s'intituler « promesse de vente » ou « acte de vente » traduisent soit une intention de vendre de nature, si elle est acceptée par le bénéficiaire, à former une vente, soit un engagement de transférer la propriété du bien ; tel serait le cas, par exemple, des contrats de location-accession ou de location-vente.

Recommande :

– aux rédacteurs d'actes (agents immobiliers, avocats, administrateurs de biens, huissiers de justice, notaires...) de s'assurer que le contenu de l'acte répond, ou non, aux conditions posées par la loi pour son application ;

– de mentionner la superficie de la partie privative du lot ou de la fraction de lot s'il y a lieu.

II. LA MENTION DE LA SUPERFICIE

Constatant :

– que la loi vise la superficie des planchers des locaux clos et couverts, excluant ainsi implicitement les balcons et terrasses qui ne sont à la fois ni clos ni couverts ;

– que sont également exclues les surfaces occupées par les murs, cloisons, marches et cages d'escalier, gaines, embrasures de portes et de fenêtres, ainsi que les planchers des parties des locaux d'une hauteur inférieure à 1,80 mètre ;

– que la superficie ainsi définie doit être distinguée de celle mentionnée à l'article 5 de la loi du 10 juillet 1965 prévue pour déterminer la quote-part de charges relative aux parties communes et, éventuellement, la quote-part de propriété ;

– que la loi n'impose aucune méthode de mesurage ;

– que les parties peuvent elles-mêmes procéder au mesurage sans avoir à recourir aux services d'un professionnel ;

Recommande :

– au copropriétaire de faire mesurer la superficie de la partie privative du lot, ou de procéder lui-même à ce mesurage, dès qu'il envisage de procéder à la vente du lot, notamment en cas de modification de la consistance de celui-ci par suite de travaux, et d'informer l'acquéreur dès le début de la négociation ;

– au vendeur, et le cas échéant à l'acheteur, qui aurait recours à un professionnel, de vérifier que ce dernier est garanti par une assurance de responsabilité civile professionnelle pour cette activité de mesurage ;

– aux rédacteurs d'acte, tenus d'une obligation de conseil, d'appeler l'attention des parties sur les exigences de la loi, lorsque la superficie aura été mesurée sans recours à un professionnel ;

– aux rédacteurs de l'acte authentique, en cas de différence entre la superficie mentionnée dans la promesse et celle mentionnée dans l'acte réalisant ou constatant la vente, de faire figurer dans celui-ci une clause rectificative.

III. SANCTIONS APPLICABLES

Constatant :

A. En cas d'absence de mention de superficie

– que l'acquéreur ou ses ayants droit peuvent, seuls, invoquer la nullité de l'acte, à l'exclusion du vendeur ou de ses ayants droit ;

– que la demande en justice devra être introduite au plus tard à l'expiration d'un délai d'un mois à compter de l'acte authentique constatant la réalisation de la vente ;

– que la date de l'acte authentique est celle du jour de sa signature par le notaire, laquelle intervient en dernier ;

– que la loi prévoit toutefois que la signature de l'acte authentique constatant ou réalisant la vente et mentionnant la superficie purge le vice affectant la promesse ou tout acte antérieur.

B. En cas de mention inexacte

– que si la superficie est supérieure à celle mentionnée dans l'acte, le vendeur ne pourra pas prétendre à un supplément de prix ;

– que si la superficie est inférieure de plus de 5 % à celle mentionnée dans l'acte, l'acquéreur pourra demander une diminution du prix proportionnelle à la différence entre la superficie mentionnée et celle mesurée ; qu'à défaut

(1) Réponse question écrite : *JO* Sénat, 24 juill. 1975.

d'arrangement sur ce point, l'acquéreur devra, à peine de déchéance de son droit, intenter l'action en diminution du prix dans le délai de un an à compter de l'acte authentique constatant la réalisation de la vente.

Recommande :

- aux rédacteurs de veiller à ce que la superficie soit mentionnée dans l'acte, l'absence de mention étant (rétroactivement) de nature à entraîner la nullité de cet acte ;
- aux parties d'apporter un soin particulier au mesurage de la superficie, une erreur de plus de 5 % étant susceptible d'entraîner la restitution du trop-perçu par le vendeur et, le cas échéant, de donner lieu, sous réserve de leur recevabilité, à des demandes en remboursement portant sur une partie des honoraires versés au notaire, ou sur le montant des droits de mutation perçus par l'administration fiscale ;
- aux rédacteurs d'appeler l'attention des parties sur l'intérêt de procéder, en cas de vente portant sur plusieurs lots, à une ventilation du prix entre les différents lots vendus afin que la réduction éventuelle du prix puisse ne porter que sur le lot ayant fait l'objet d'une erreur de mesurage ;
- aux rédacteurs d'appeler l'attention des parties sur l'éventuelle opportunité, en cas de vente portant sur un lot unique composé à la fois d'une partie privative soumise à l'article 46 de la loi et de locaux exclus de son champ d'application, tels que caves ou garages (copropriété horizontale ou encore lots uniques ne satisfaisant pas aux prescriptions actuelles de la publicité foncière), de ventiler le prix global et le prix de la partie privative devant être mesurée, afin que seul ce dernier soit pris en considération en cas de réduction de prix pour erreur de mesurage ; que toutefois, l'obligation de mention issue de l'article 46 portant sur la superficie de la partie privative du lot ou de la fraction du lot, et non sur la superficie des locaux constituant ce lot, il serait inefficace de ventiler le prix des différents locaux.

18. - RECOMMANDATION SUR LE CONTRAT D'ASSURANCE DOMMAGE OUVRAGES RELATIF À UN IMMEUBLE EN COPROPRIÉTÉ

(JCP N 1998, n° 29, p. 1117)

La Commission

Considérant :

- que l'article L. 242-1 du Code des assurances dispose que :

« Toute personne physique ou morale qui, agissant en qualité de propriétaire de l'ouvrage, de vendeur ou de mandataire du propriétaire de l'ouvrage, fait réaliser des travaux de bâtiment, doit souscrire avant l'ouverture du chantier, pour son compte ou pour celui des propriétaires successifs, une assurance garantissant, en dehors de toute recherche des responsabilités, le paiement de la totalité des travaux de réparation des dommages de la nature de ceux dont sont responsables les constructeurs au sens de l'article 1792-1, les fabricants et importateurs ou le contrôleur technique sur le fondement de l'article 1792 du Code civil. [...] »

- que l'article L. 243-2 du Code des assurances dispose que :

« [...]

Lorsqu'un acte intervenant avant l'expiration du délai de dix ans prévu à l'article 2270 du Code civil a pour effet de transférer la propriété ou la jouissance du bien, quelle que soit la nature du contrat destiné à conférer ces droits, à l'exception toutefois des baux à loyer, mention doit être faite dans le corps de l'acte ou en annexe de l'existence ou de l'absence d'assurance ».

- que l'article L. 243-3 du Code des assurances dispose que :

« Quiconque contrevient aux dispositions des articles L. 241-1 à 242-1 du présent code sera puni d'un emprisonnement de six mois et d'une amende de 5 000 000 F ou de l'une de ces deux peines seulement.

Les dispositions de l'alinéa précédent ne s'appliquent pas à la personne physique construisant un logement pour l'occuper elle-même ou le faire occuper par son conjoint, ses ascendants, ses descendants ou ceux de son conjoint ».

- qu'aux termes de l'article A 243-1 du Code des assurances :

« Tout contrat d'assurance souscrit pour l'application du titre IV du Livre II doit obligatoirement comporter les clauses figurant (...) à l'annexe II au présent article en ce qui concerne l'assurance de dommages ».

- que l'Annexe II à l'article A 243-1 du Code des assurances énonce les clauses types applicables aux contrats d'assurances dommages, notamment en ce qui concerne la déclaration de sinistre et la procédure d'expertise.

- qu'un arrêté du 30 mai 1997 (*JO* 1er juin 1997) a modifié ces clauses types en ce qui concerne :

- le contenu minimum et obligatoire de la déclaration de sinistre ;
- les possibilités, pour l'assureur, de ne pas recourir à l'expertise pour l'indemnisation des petits sinistres ;
- que ces modifications sont applicables aux déclarations de sinistre effectuées depuis le 2 septembre 1997, même si les contrats d'assurance ont été souscrits antérieurement.

I. PRINCIPES GÉNÉRAUX

A. Sur le domaine de l'assurance dommages ouvrage

Rappelant :

• Que l'assurance prévue par l'article L. 242-1 du Code des assurances est une assurance de choses destinée à permettre aux propriétaires successifs, dans le délai de la garantie décennale, de réparer les dommages subis par l'ouvrage ;

• Que l'assurance dommages ouvrage représente un mécanisme de préfinancement qui intervient en dehors de toute recherche de responsabilités, lesquelles seront couvertes par l'assurance de responsabilité décennale obligatoire ;

• Que l'obligation de souscrire une assurance dommages ouvrage pèse sur le maître de l'ouvrage (le souscripteur) et bénéficie au propriétaire dont l'immeuble subit le dommage (l'assuré), les qualités de souscripteur et d'assuré n'étant, selon le cas, ni incompatibles ni nécessairement liées ;

• Que l'obligation de souscrire une assurance dommages ouvrage incombe au maître de l'ouvrage lors de l'édification de l'ouvrage, puis à la collectivité des copropriétaires constituant un syndicat, considéré comme maître de l'ouvrage, lorsque les travaux envisagés entrent dans le champ d'application des articles 1792 et suivants du Code civil ;

• Que le syndic, représentant légal du syndicat, a la qualité de mandataire du maître de l'ouvrage au sens et pour l'application de l'article L. 242-1 du Code des assurances ;

• Que le syndic soumet à l'assemblée générale, qui décide à la majorité de l'article 24, les conditions du contrat d'assurance dommages ouvrage, et le cas échéant, de tous autres contrats d'assurance qui apparaîtraient nécessaires, les conditions essentielles de ces contrats ayant été préalablement notifiées aux copropriétaires, au plus tard en même temps que l'ordre du jour, en application de l'article 11 du décret du 17 mars 1967 pris pour l'application de la loi du 10 juillet 1965 ;

• Que doit également souscrire cette assurance le copropriétaire qui fait réaliser des travaux entrant dans le champ d'application des articles 1792 et suivants du Code civil, tel est le cas par exemple du copropriétaire qui entend faire exécuter, à ses frais, des travaux affectant les parties communes, après obtention, si besoin est, des autorisations nécessaires ;

Recommande :

• Que le contrat d'assurance dommages ouvrage soit remis, lors de la construction de l'immeuble, par le souscripteur au syndic à charge pour ce dernier de le conserver pendant la durée de la garantie décennale, et de le transmettre à son successeur, les contrats d'assurance faisant partie des documents et archives du syndicat mentionnés à l'article 18-2 de la loi du 10 juillet 1965 ;

• Que cette assurance soit souscrite préalablement à l'ouverture de tout chantier comportant des travaux de construction faisant appel aux techniques de travaux de bâtiment (1) ;

• Que le syndic informe les copropriétaires, lors de l'assemblée générale devant statuer sur ces travaux, du caractère obligatoire de cette assurance ;

• Que si ces travaux sont réalisés à l'initiative du syndicat, le syndic conserve la police et ses avenants pendant la durée de la garantie décennale ;

• Que les autorisations données à un copropriétaire de réaliser à ses frais des travaux de bâtiment affectant les parties communes soient subordonnées à la justification de la souscription de la police dommages ouvrage ;

• Que lors de l'établissement de l'état daté, qui doit être fourni au notaire à l'occasion de toute mutation de lot, le syndic indique les références des différentes polices et avenants dommages ouvrage en cours de validité et concernant l'immeuble.

B. Sur l'utilisation de l'indemnité versée par l'assureur dommages ouvrage à la réparation matérielle de l'ouvrage

Rappelant :

• Que l'indemnité versée par l'assureur dommages ouvrage est destinée au paiement des travaux de réparation de l'ouvrage sinistré ;

• Que si cette indemnité n'est pas employée au financement des travaux de réparation, la responsabilité du syndicat pourrait être engagée, et le cas échéant, sur le fondement de son obligation de conseil, celle du syndic ;

• Que l'absence d'exécution des travaux nécessaires de réparation est de nature à entraîner une aggravation du sinistre, dont l'assureur pourrait refuser la prise en charge.

Recommande :

• Au syndic d'informer les copropriétaires de la perception de l'indemnité dès son versement par l'assureur :

(1) Réponse question écrite : *JO* Sénat, 24 juill. 1975.

• Au syndic de rappeler aux copropriétaires concernés que l'indemnité d'assurance dommages ouvrage est destinée à la réparation du dommage ;
• Au syndic de conserver la preuve de l'emploi de ces indemnités à la réparation de l'ouvrage sinistré, à toutes fins utiles.

II. SUR LE CONTENU MINIMUM ET OBLIGATOIRE DE LA DÉCLARATION DE SINISTRE

Constatant :
• Qu'en cas de dommages à l'ouvrage, l'assuré doit désormais adresser à l'assureur, en application de l'arrêté du 30 mai 1997 susvisé, une déclaration de sinistre comportant obligatoirement et au minimum les renseignements suivants :
- le numéro du contrat et, le cas échéant, celui de l'avenant ;
- le nom du propriétaire de la construction endommagée ;
- l'adresse de la construction endommagée ;
- la date de réception ou, à défaut, la date de la première occupation des locaux ;
- la date d'apparition des dommages ainsi que leur description et localisation.

• Que ce texte s'applique aussi bien à la propriété individuelle qu'à l'immeuble en copropriété, et dans ce cas tant aux parties privatives qu'aux parties communes ;
• Que si l'assuré n'a pas adressé ces renseignements à l'assureur, la déclaration de sinistre ne sera pas « réputée constituée », c'est-à-dire valablement faite ;
• Que si la déclaration de sinistre n'est pas « réputée constituée », les délais de notification et de règlement du sinistre ne peuvent commencer à courir ;
• Que cependant l'article précité n'impose pas de mentionner, dans cet acte ou dans l'annexe de celui-ci, le numéro du contrat d'assurance ou de son avenant, la date de réception des travaux et la date de première occupation des locaux ;
• Que ces renseignements sont cependant nécessaires à la mise en œuvre du droit à l'indemnisation ;
• Que l'assuré, ne possédant pas généralement de compétences techniques particulières dans les domaines du bâtiment ou de l'expertise, ne pourra que relater une description sommaire du dommage ;
• Que l'appréciation du coût et de la gravité du sinistre pourra également s'avérer difficile pour l'assuré.

Recommande :
• Au maître de l'ouvrage, de remettre au premier syndic de l'immeuble une attestation de la réalité de la réception des travaux avec l'indication de la date de celle-ci ;
• Au maître de l'ouvrage d'informer chacun des premiers acquéreurs de la date de réception des travaux lors de l'établissement du procès-verbal de livraison des locaux constituant les parties privatives et de la remise des clefs ;
• Au maître de l'ouvrage de remettre à chacun des premiers acquéreurs un modèle de déclaration de sinistre clair et précis, pouvant être aisément complété ;
• Aux rédacteurs d'actes de mentionner dans le corps ou en annexe de l'acte qui transfère la propriété ou la jouissance du bien immobilier :
- le numéro du contrat d'assurance et, le cas échéant, celui de l'avenant ;
- la date de réception ou, à défaut, la date de la première occupation des locaux.

• Aux rédacteurs d'actes et aux syndics concernés, lors des mutations ultérieures portant sur les lots, pour pallier l'émission éventuelle d'avenants aux contrats d'assurance, de demander systématiquement à l'assureur une notice récapitulative relative à l'assurance souscrite ;
• À l'assuré, syndicat ou copropriétaire, qui aura transmis à son assureur une déclaration de sinistre, de vérifier auprès de ce dernier que sa déclaration est complète ;
• À l'assureur, en cas de réception d'une déclaration de sinistre incomplète ou imprécise relative à un immeuble en copropriété, de mettre systématiquement en œuvre le délai de dix jours dont il dispose pour réclamer à l'assuré les éléments manquants, y compris après réception d'éléments complémentaires, cela pour permettre à l'assuré de compléter le plus rapidement possible sa déclaration ;
• Aux assurés de joindre à leur déclaration de sinistre tout document de nature à établir la réalité du dommage (devis, photographies, constats d'huissiers, rapports d'architecte...).

III. SUR LA POSSIBILITÉ POUR L'ASSUREUR DE NE PAS RECOURIR À L'EXPERTISE POUR L'INDEMNISATION DE CERTAINS SINISTRES

Constatant :
• Que l'assureur n'est plus tenu de recourir à l'expertise dans les circonstances suivantes :
- s'il évalue le dommage à un montant inférieur à 12 000 F (TTC)

ou
- s'il considère que la mise en jeu de la garantie est manifestement injustifiée.

• Que, lorsqu'il décide de ne pas recourir à une expertise, l'assureur notifie à l'assuré son offre d'indemnité ou sa décision de refus de garantie dans le délai de quinze jours à compter de la réception de la déclaration de sinistre réputée constituée ;

• Que si l'assuré conteste la position prise par l'assureur quant au montant de l'indemnité ou au refus d'application des garanties, il peut demander à l'assureur de désigner un expert.

Recommande :

• À l'assureur de respecter le délai légal de 15 jours pour faire connaître à l'assuré son offre d'indemnité ou son refus de garantie, afin de ne pas retarder la réparation du sinistre survenu dans un immeuble en copropriété ;

• À l'assureur, pour les raisons ci-dessus indiquées, lorsqu'il décide de ne pas recourir à une expertise, d'indiquer clairement à l'assuré qu'il peut contester cette position et lui demander de désigner un expert.

19. – RECOMMANDATION RELATIVE À L'INSTALLATION D'UN RÉSEAU CÂBLÉ OU D'UNE ANTENNE DISTRIBUANT DES SERVICES DE TÉLÉVISION DANS LES IMMEUBLES SOUMIS AU STATUT DE LA COPROPRIÉTÉ

(JCP N 1998, n° 52, p. 1821)

La Commission

Vu l'article 14, dernier alinéa de la loi du 10 juillet 1965 qui dispose notamment :

« Il (le syndicat) a pour objet la conservation de l'immeuble et l'administration des parties communes » ;

Vu l'article 25 de la loi du 10 juillet 1965, modifiée par la loi n° 92-653 du 13 juillet 1992, qui dispose que

« Ne sont adoptées qu'à la majorité des voix de tous les copropriétaires les décisions concernant :... l'installation ou la modification d'une antenne collective ou d'un réseau interne à l'immeuble raccordé à un réseau câblé » ;

Vu la loi n° 66-457 du 2 juillet 1966, modifiée, relative à l'installation d'antennes réceptrices de radiodiffusion ;

Vu le décret n° 67-1171 du 22 décembre 1967, modifié, fixant les conditions d'application de la loi n° 66-457 du 2 juillet 1966 relative à l'installation d'antennes réceptrices de radiodiffusion ;

Vu la loi n° 86-1067 du 30 septembre 1986, modifiée, relative à la liberté de communication, et notamment son article 34-3 ;

Vu le décret n° 93-534 du 27 mars 1993 pris pour l'application de l'article 34-3 de la loi du 30 septembre 1986 relative à la liberté de communication instituant une servitude d'installation et d'entretien des réseaux distribuant par câble des services de radiodiffusion sonore et de télévision ;

Vu l'article R. 111-4, alinéa 2 du Code de la construction et de l'habitation et l'article 2 du décret n° 93-613 du 26 mars 1993 qui prévoit que :

« Les dispositions du décret du 26 mars 1993, en tant qu'elles concernent les services distribués par câble, s'appliqueront aux immeubles dont la demande de permis de construire aura été déposée après sa publication » ;

Vu l'article R. 421-1-8° du Code de l'urbanisme.

I. PRINCIPES GÉNÉRAUX ET SERVITUDE LÉGALE D'INSTALLATION DU CÂBLE

Rappelle :

• Qu'il résulte de la loi du 2 juillet 1966 susvisée une préférence pour les antennes collectives par rapport aux antennes individuelles ; que cette préférence régit aussi le raccordement de l'immeuble collectif à un réseau câblé ;

• Que selon les dispositions du décret du 26 mars 1993, et de l'article R. 111-14, alinéa 2 du Code de la construction et de l'habitation susvisés, les immeubles collectifs dont le permis de construire a été déposé postérieurement au 28 mars 1993 doivent être munis des dispositifs collectifs nécessaires à la distribution des services de radiodiffusion sonore et de télévision dans les logements et des gaines ou passages pour l'installation des câbles correspondants ;

• Que, quelle que soit la date de construction de l'immeuble, l'installation ou la modification d'une antenne collective (antenne râteau ou parabole) ou d'un réseau interne à l'immeuble raccordé à un réseau câblé est une décision qui relève des conditions de majorité de l'article 25 ;

• Qu'en l'absence de réseau interne raccordé au réseau câblé, l'article 34-3 de la loi du 30 septembre 1986, modifiée, institue au bénéfice des communes, des groupements de communes ou des personnes autorisées en vertu du 1er alinéa de l'article 34 de ladite loi, une servitude permettant d'installer dans les parties communes et d'entretenir, aux frais du bénéficiaire, les câbles et équipements nécessaires à la desserte des locaux à usage privatif, observation faite que cette servitude semble jusqu'à présent peu utilisée ;

• Que le même article 34-3 indique que l'installation de ces câbles et équipements doit être réalisée dans le respect de la qualité esthétique des lieux et dans les conditions les moins dommageables possibles pour les propriétés, et que le décret n° 93-534 du 27 mars 1993 pris pour l'application de ce texte précise les modalités de la mise en œuvre de la servitude, notamment les conditions de la visite préalable des lieux et d'établissement du dossier.

Recommande :

• Au maire de la commune ou au président du groupement de communes qui, ayant établi un réseau câblé ou ayant autorisé un concessionnaire (appelé « câblo-opérateur ») à établir un tel réseau, entend mettre en œuvre la servitude instituée par l'article 34-3, d'inviter à une réunion préalable d'information le syndic de l'immeuble concerné et les copropriétaires ou, au moins, les membres du conseil syndical ;

• Au syndic et aux membres du conseil syndical d'être présents lors de la visite technique effectuée en vue de l'établissement du schéma de câblage, afin de poser toute question (câblage en sous-sol ou en façade d'immeuble par exemple) et d'exprimer, dès cette étape, toutes observations utiles pour le respect notamment de la qualité esthétique des lieux ;

• Au bénéficiaire de la servitude, de joindre au dossier accompagnant la notification faite au syndic la justification de l'assurance destinée à couvrir les dommages qui trouvent leur origine dans les câbles et équipements annexes, le bénéficiaire de la servitude étant responsable de ces dommages ;

• Au syndic de soumettre sans délai au conseil syndical le dossier qui lui est notifié par le maire de la commune ou le président du groupement de communes afin de présenter des observations éventuelles à l'autorité communale dans le délai prescrit, étant précisé que ce délai ne peut être inférieur à trois mois ;

• Au syndic, d'adresser au bénéficiaire de la servitude, dans le délai prescrit, par lettre recommandée avec demande d'avis de réception, les observations éventuelles des copropriétaires sur les modalités envisagées pour le passage et l'ancrage des câbles et matériels électroniques actifs et passifs nécessaires à la desserte des locaux à usage privatif, ainsi que sur les dommages et préjudices qui pourraient résulter de la servitude.

II. INSTALLATION SUR DÉCISION DE L'ASSEMBLÉE GÉNÉRALE DES COPROPRIÉTAIRES

A. Installation du câble

Rappelle :

• Que si le permis de construire de l'immeuble est antérieur au 28 mars 1993 (date de publication du décret du 26 mars 1993 susvisé) et que la servitude n'a pas été mise en œuvre, la décision de raccordement est prise par le syndicat des copropriétaires *(art. 25 j)*, ou demandée à l'assemblée générale par un ou plusieurs copropriétaires qui se proposent d'exécuter les travaux à leurs frais *(art. 25 b)* ;

• Que la répartition du coût des travaux décidés par l'assemblée générale se fait conformément à l'article 10, alinéa 1er de la loi du 10 juillet 1965 en fonction de l'utilité, et qu'elle est décidée dans les conditions de majorité de l'article 25, en application de l'article 11 de la loi précitée, étant observé qu'une répartition par parts égales peut être admise dans la mesure où elle est conforme à l'article 10, alinéa 1er ;

• Qu'en cas d'autorisation donnée à un groupe de copropriétaires de faire réaliser les travaux de raccordement à leurs frais, il appartient à ceux-ci, et non à l'assemblée des copropriétaires, de décider entre eux de la répartition du coût, étant observé que les autres copropriétaires ne pourront alors bénéficier de ces équipements collectifs qu'après avoir versé leur quote-part du coût des installations conformément à l'article 30, alinéa 4 de la loi.

Recommande :

• Au syndic, de notifier, en même temps que la convocation à l'assemblée générale au cours de laquelle sera évoquée cette question de l'ordre du jour, les conditions essentielles du devis pour la réalisation des travaux et du contrat proposé pour la maintenance des installations, conformément à l'article 11 du décret du 17 mars 1967 ;

• Au syndic, de mettre à la disposition des copropriétaires, préalablement à l'assemblée générale amenée à délibérer sur cette question, le dossier complet comprenant notamment le schéma de câblage envisagé, étant précisé que seules les parties communes doivent être affectées par les câbles et équipements annexes ;

• Au syndic, de distinguer dans l'ordre du jour et dans le procès-verbal, la décision de travaux qui relève des conditions de majorité de l'article 25 et celle du contrat de maintenance qui relève de la majorité de l'article 24 ;

• Au copropriétaire ou au groupe de copropriétaires qui envisagerait de faire exécuter les travaux de raccordement à ses frais, de remettre au syndic un dossier complet comprenant notamment le schéma de câblage envisagé, aux fins de consultation par les autres copropriétaires avant l'assemblée amenée à délibérer sur l'autorisation prévue par l'article 25 *b* de la loi ;

• Au syndicat des copropriétaires de n'autoriser un copropriétaire ou un groupe de copropriétaires à faire exécuter à ses frais les travaux de raccordement qu'à la condition préalable qu'il soit justifié d'une assurance couvrant les dommages qui pourraient résulter de ces travaux ;

• Au syndic, de conserver un exemplaire du schéma de câblage retenu, et de la justification de l'assurance ;

• Au câblo-opérateur, lorsque cela est possible, d'utiliser pour le passage du câble, une gaine déjà existante.

B. Installation d'une antenne ou d'une antenne parabolique

Rappelle :

• Que l'article 25 *j* de la loi du 10 juillet 1965, en mentionnant l'installation ou la modification d'une antenne collective, ne fait pas de distinction entre l'antenne collective dite « antenne râteau » qui permet la distribution des chaînes de télévision hertzienne terrestre et l'antenne collective parabolique qui permet la distribution des chaînes de télévision hertzienne et des chaînes transmises par satellites ; qu'en conséquence, la décision d'installer ou de modifier l'une ou l'autre des antennes relève des conditions de majorité de l'article 25 ;

• Que, par application de l'article R. 421-1, 8° du Code de l'urbanisme modifié par le décret n° 93-1195 du 22 octobre 1993, si l'antenne, dans une de ses dimensions dépasse 4 mètres ou le pylône 12 mètres au-dessus du sol, et si, lorsque l'antenne comporte un réflecteur, la dimension de celui-ci excède un mètre, son installation entre dans le champ d'application du permis de construire mais relève du régime déclaratif ;

• Que l'installation d'une antenne individuelle sur la façade de l'immeuble ou sur un balcon nécessite qu'une autorisation soit donnée par l'assemblée des copropriétaires, dans les conditions de majorité de l'article 25 de la loi, au copropriétaire qui entend procéder à cette installation, laquelle affecte nécessairement les parties communes ou l'aspect extérieur de l'immeuble.

Recommande :

• Aux copropriétaires, dans le souci de respecter l'aspect esthétique général de leur immeuble, de ne pas installer d'antenne individuelle extérieure sans avoir obtenu l'autorisation préalable de l'assemblée des copropriétaires ; à défaut de cette autorisation, les travaux étant irréguliers, le syndicat pourrait en demander la dépose ;

• Au syndicat des copropriétaires, lorsqu'il est amené à délibérer sur une demande d'autorisation d'installation d'une antenne individuelle, de s'interroger sur le point de savoir si l'installation d'une antenne collective ne serait pas préférable, notamment pour préserver l'esthétique de l'immeuble ;

• Au syndic et au conseil syndical, de ne pas donner leur accord aux copropriétaires pour l'installation d'une antenne individuelle, cette autorisation ne relevant que de la compétence du syndicat des copropriétaires, et le cas échéant, des pouvoirs du juge saisi après refus d'autorisation de l'assemblée, étant précisé que le juge ne peut ordonner que la remise en état des lieux si l'installation a déjà été réalisée ;

• Au syndic d'informer l'assemblée des copropriétaires des dispositions de l'article R. 421-1, 8° du Code de l'urbanisme susvisé, et le cas échéant, de procéder à la déclaration nécessaire.

III. SUR LES NOTIONS DE SERVICE COLLECTIF ET DE SERVICE ANTENNE

Rappelle :

• Que le principe de libre communication des pensées et des opinions est constitutionnellement garanti ;

• Que la liberté d'opinion et la liberté de recevoir ou de communiquer des informations ou des idées sont garanties, dans l'Union européenne, par la Convention européenne de sauvegarde des droits de l'homme et des libertés fondamentales, ainsi que par la directive « télévision sans frontière » du 3 octobre 1989 et, en droit interne, par la loi du 2 juillet 1966 susvisée ;

• Que l'objet du syndicat des copropriétaires est limité à la conservation de l'immeuble et à l'administration des parties communes, et que les décisions prises en assemblée générale ne peuvent porter que sur les questions relatives à cet objet, à l'exclusion des questions relatives aux parties privatives ou aux droits individuels des copropriétaires ;

• Que l'administration des parties communes inclut la possibilité de faire procéder à des travaux d'amélioration (tels que la création ou la transformation d'éléments d'équipement commun) et la gestion des services collectifs (tels que le chauffage collectif, l'entretien de l'ascenseur ou le service de gardiennage de l'immeuble) ; que toutefois la notion de services collectifs entrant dans l'objet du syndicat ne saurait être étendue à un service individuel proposé à chaque copropriétaire, le fait que ce service puisse intéresser l'ensemble des copropriétaires pris individuellement n'étant pas de nature à transformer ce service individuel en un service collectif soumis à la décision de l'assemblée des copropriétaires ; que toute pratique s'appuyant sur un raisonnement contraire aurait nécessairement pour conséquence de restreindre les droits du copropriétaire sur la jouissance des parties privatives de son lot ;

• Que si l'installation ou la modification d'une antenne collective ou d'un réseau interne à l'immeuble raccordé à un réseau câblé est un équipement commun relevant des pouvoirs de l'assemblée générale, la décision de souscrire un « service antenne » avec abonnement comprenant la réception d'une sélection de chaînes hertziennes ou câblées relève du droit individuel de chaque copropriétaire, fondé sur les libertés ci-dessus rappelées ;

• Que s'il appartient à l'assemblée des copropriétaires de prendre la décision d'installer ou de modifier une antenne collective ou un réseau interne à l'immeuble raccordé à un réseau câblé à la majorité de l'article 25 de la loi, elle ne peut adopter, à quelque majorité que ce soit, la souscription d'un « service antenne » qui relève de la liberté individuelle ;

• Que si les charges entraînées par l'installation ou la modification d'une antenne collective ou d'un réseau interne à l'immeuble raccordé à un réseau câblé, et par leur entretien, sont appelées auprès des copropriétaires conformément à l'article 10, alinéa 1er de la loi du 10 juillet 1965, la redevance liée à un « service antenne » n'entre pas dans les charges de copropriété, et son paiement ne peut donc être demandé, à ce titre, par le syndic, quand bien même la somme serait peu importante.

Recommande au syndic :

• De ne pas porter à l'ordre du jour de l'assemblée générale des copropriétaires une seule question portant tout à la fois sur l'installation (ou la modification) d'une antenne collective ou d'un réseau interne à l'immeuble raccordé à un réseau câblé et sur la souscription d'un « service antenne » ;

• Et, d'une manière plus générale, de ne pas porter à l'ordre du jour de l'assemblée la question portant sur la souscription d'un « service antenne » ;

• Au syndic, de transmettre aux copropriétaires les propositions de programmes offertes à un tarif préférentiel pour un abonnement groupé, et de rassembler, le cas échéant, les abonnements individuels des copropriétaires souhaitant bénéficier de ces propositions.

IV. INSTALLATION À LA DEMANDE D'UN LOCATAIRE

Constate :

• Que l'article 1er de la loi du 2 juillet 1966 susvisée prévoit que le propriétaire d'un immeuble ne peut s'opposer, sans motif sérieux et légitime, à l'installation, aux frais d'un ou plusieurs locataires, d'une antenne extérieure, mais que l'offre faite par le propriétaire de raccordement soit à une antenne collective, soit à un réseau câblé peut constituer un motif légitime et sérieux d'opposition ; que l'article 4 de la même loi prévoit l'application de ce texte aux immeubles soumis au régime de la copropriété ;

• Que l'application des dispositions précitées de la loi du 2 juillet 1966 dans un immeuble en copropriété est de nature à soulever des difficultés dans la mesure où le copropriétaire bailleur n'est pas propriétaire de la structure de l'immeuble, et où il ne peut transmettre à son ayant droit, le locataire, plus de droits qu'il ne détient lui-même de la loi du 10 juillet 1965 et du règlement de copropriété ; qu'en outre, le locataire n'a aucun lien de droit avec le syndicat des copropriétaires, représenté par le syndic, le bail n'établissant de rapports contractuels qu'entre le locataire et le copropriétaire bailleur.

Recommande :

• Au locataire, dans un immeuble soumis au régime de la copropriété, qui entend exercer le droit que lui confère l'article 1er de la loi du 2 juillet 1966 susvisée, de s'adresser à son bailleur, et non au syndic avec lequel il n'a aucun lien de droit ;

• Au syndic qui serait destinataire de la demande d'un locataire, de la transmettre au copropriétaire bailleur ;

• Au copropriétaire bailleur, saisi de la demande de son locataire, et pour le cas où il n'existe pas de possibilité de raccordement à une installation collective existante, de demander au syndicat des copropriétaires l'autorisation d'installer, à ses frais, une antenne individuelle ou d'effectuer un raccordement individuel au réseau câblé ;

• Au copropriétaire bailleur, en cas de refus d'autorisation, de saisir le tribunal d'une demande tendant à obtenir l'autorisation de réaliser, à ses frais, l'installation ou le raccordement dont s'agit.

20. – RECOMMANDATION CONCERNANT LES ARCHIVES DU SYNDICAT DES COPROPRIÉTAIRES

(JCP N 1999, p. 711)

(Compte rendu partiel)

La Commission

Considérant :

– que l'article 33 du décret du 17 mars 1967 modifié, pris en application de la loi du 10 juillet 1965, dispose, en son alinéa 1er, que :

« Le syndic détient les archives du syndicat, notamment une expédition ou une copie des actes énumérés aux articles 1er à 3 ci-dessus, ainsi que toutes conventions, pièces, correspondances, plans, registres, documents et décisions de justice relatifs à l'immeuble et au syndicat. Il détient, en particulier, les registres contenant les procès-verbaux des assemblées générales des copropriétaires et les pièces annexes ».

- que l'article 18-2 de la loi du 10 juillet 1965 modifiée dispose que :

« En cas de changement de syndic, l'ancien syndic est tenu de remettre au nouveau syndic, dans le délai d'un mois à compter de la cessation de ses fonctions, la situation de trésorerie, la totalité des fonds immédiatement disponibles et l'ensemble des documents et archives du syndicat. Dans le délai de deux mois suivant l'expiration du délai mentionné ci-dessus, l'ancien syndic est tenu de verser au nouveau syndic le solde des fonds disponibles après apurement des comptes, et de lui fournir l'état des comptes des copropriétaires ainsi que celui des comptes du syndicat. Après mise en demeure restée infructueuse, le syndic nouvellement désigné ou le président du conseil syndical pourra demander au juge, statuant en référé, d'ordonner sous astreinte la remise des pièces et des fonds mentionnés aux deux premiers alinéas du présent article ainsi que le versement des intérêts dus à compter du jour de la mise en demeure ».

- que l'article 21 de la loi du 10 juillet 1965 modifiée dispose en ses alinéas 3 et 4 que :

« Le conseil syndical... peut prendre connaissance et copie, à sa demande, et après en avoir donné avis au syndic, de toutes pièces ou documents, correspondances ou registres se rapportant à la gestion du syndic et, d'une manière générale, à l'administration de la copropriété. Il reçoit, en outre, sur sa demande, communication de tout document intéressant le syndicat ».

- que l'article 1er de la loi n° 79-18 du 3 janvier 1979 sur les archives définit celles-ci comme étant :

« l'ensemble des documents, quels que soient leur date, leur forme et leur support matériel, produits ou reçus par toute personne physique ou morale, et par tout service ou organisme public ou privé, dans l'exercice de leur activité ».

Considérant qu'une gestion rigoureuse des archives du syndicat des copropriétaires est essentielle au suivi d'une bonne administration de l'immeuble ;

Considérant que, dans de nombreuses situations, l'archivage des documents relatifs à l'immeuble et au syndicat se révèle incomplet ou insuffisant ;

Considérant qu'il convient d'examiner, tant au regard des textes applicables qu'au regard des obligations que font peser les nécessités quotidiennes sur les syndicats et les syndics, les questions relatives à la constitution, la conservation, la communication et la transmission des archives syndicales.

I. LA CONSTITUTION DES ARCHIVES SYNDICALES

Constatant que le syndic de copropriété doit satisfaire aux obligations qui découlent de différents textes législatifs ou réglementaires, certains relevant du statut de la copropriété et d'autres étant extérieurs à celui-ci ;

1° *Les archives prévues par le statut de la copropriété*

- l'article 33 du décret du 17 mars 1967 modifié énumère, dans une liste qui n'est qu'indicative, les pièces et documents que doit détenir le syndic, en sa qualité « d'archiviste » de la copropriété : ainsi, l'article 33 du décret précité prévoit-il que le syndic détient une expédition ou une copie des actes énumérés aux articles 1er à 3 de ce même décret, c'est-à-dire le règlement de copropriété, l'état de répartition des charges, l'état de division, les conventions relatives aux droits accessoires aux parties communes, et leurs actes modificatifs ;

- l'article 33 du décret précité prévoit aussi que le syndic détient toutes conventions, pièces, correspondances, plans, registres, documents et décisions de justice relatifs à l'immeuble et au syndicat, et en particulier les registres contenant les procès-verbaux des assemblées des copropriétaires et les pièces annexes ;

- les « conventions » prévues par l'article 33 du décret précité correspondent notamment aux contrats de maintenance des équipements communs (ascenseur, chauffage collectif, portes de garage par exemple), aux contrats d'assurance de l'immeuble (responsabilité, incendie, dégât des eaux, dommages-ouvrages le cas échéant), aux contrats de travail des préposés du syndicat (concierge, employé d'immeuble, préposé aux espaces verts par exemple) ;

- les « pièces et documents relatifs à l'immeuble et au syndicat », prévus par ce même texte, comprennent notamment la fiche cadastrale et la fiche hypothécaire générale de l'immeuble, les statuts de l'union de syndicats ou de l'association syndicale si elles existent, la liste des membres du syndicat, les dossiers relatifs au personnel du syndicat, les dossiers comptables et financiers, les documents d'urbanisme, les documents techniques relatifs à l'immeuble, étant précisé que certains de ces dossiers et documents incluent les conventions mentionnées ci-dessus ;

- « les pièces annexes des registres des procès-verbaux des assemblées » comprennent la copie des convocations et les accusés de réception correspondants, la feuille d'émargement lorsque les convocations sont remises contre récépissé ou émargement, l'ordre du jour et les documents notifiés en même temps que celui-ci, la feuille de présence, la copie des notifications du procès-verbal aux copropriétaires opposants ou défaillants et leurs accusés de réception.

2° *Les archives prévues par des textes extérieurs au statut de la copropriété*

- l'article R. 238-38 du Code du travail prévoit, en vue d'assurer la sécurité et de protéger la santé des personnes intervenant sur les chantiers de bâtiment, la remise au maître de l'ouvrage du « dossier d'intervention ultérieure sur l'ouvrage ». Cet article mentionne spécifiquement que, dans le cas d'une copropriété, un exemplaire de ce dossier qui rassemble sous bordereau tous les documents, tels que les plans et les notes techniques, de nature à faciliter l'intervention ultérieure sur l'ouvrage, est également remis au syndic de l'immeuble ;
- d'autres textes, sans viser expressément le syndic, font obligation de constituer et de conserver des dossiers ou documents relatifs aux immeubles ; dans les immeubles soumis au statut de la copropriété, cette charge incombe au syndic ;
- ainsi l'article R. 125-5 du Code de la construction et de l'habitation prévoit que soit conservé un carnet d'entretien des portes automatiques de garage ;
- l'article 8 du décret n° 96-97 du 7 février 1996 modifié, relatif à la protection de la population contre les risques sanitaires liés à une exposition à l'amiante dans les immeubles bâtis, impose la constitution, la conservation et l'actualisation d'un dossier technique regroupant les informations relatives à la recherche et à l'identification de certains matériaux et produits, ainsi qu'à l'évaluation de leur état de conservation ;
- l'article 86 du décret n° 72-678 du 20 juillet 1972, pris pour l'application de la loi n° 70-9 du 2 janvier 1970, prévoit que les syndics, dès lors qu'ils sont soumis à cette loi, peuvent être amenés à communiquer à leur garant les documents nécessaires à la vérification de la suffisance de la garantie (livre de caisse, livres de banques et de chèques postaux, registre des mandats, relevés bancaires et postaux, documents constatant la reddition des comptes...) ;

Rappelle :

la recommandation n° 10 relative aux remises de documents techniques au syndic ;

la recommandation n° 16 relative aux travaux affectant les parties communes et les équipements communs, dans laquelle la Commission préconise qu'un cahier de maintenance de l'immeuble soit ouvert et mis à jour, et que les plans des ouvrages exécutés soient conservés par le syndic.

Recommande :

- aux syndics, de veiller à la constitution, en application de dispositions législatives ou réglementaires, du fonds documentaire relatif au syndicat et à l'immeuble ;
- aux syndics, de verser au fonds documentaire relatif au syndicat et à l'immeuble, les documents qui, bien que n'étant pas expressément prévus par des dispositions législatives ou réglementaires, peuvent apparaître utiles au suivi d'une bonne administration de l'immeuble (cahier de maintenance de l'immeuble préconisé par la recommandation n° 16, liste des fournisseurs et des entrepreneurs intervenant dans l'immeuble, bordereaux de transmission des archives entre syndics successifs...) ;
- aux syndics qui ne détiendraient pas certains des documents visés ci-dessus, d'en demander copie par exemple au notaire pour le règlement de copropriété ou l'état descriptif de division, à l'architecte, au promoteur ou au constructeur pour les plans de l'immeuble...

II. LA CONSERVATION DES ARCHIVES

Constatant :

- que l'organisation des archives par le syndic doit permettre un accès rapide et facile aux documents recherchés ;
- que les documents relatifs à l'immeuble et au syndicat doivent, dans un souci d'efficacité, être actualisés et mis à jour lorsque nécessaire ;
- que, d'une manière générale, les dispositions légales ou réglementaires mettant à la charge des syndics l'obligation de conserver certains documents ne précisent pas si cette obligation est limitée dans le temps ;
- que, toutefois, pour certains documents, une durée de conservation spécifique a été prévue, et que l'existence d'un délai de prescription de certaines actions en justice justifie que soient conservées, pendant ce délai, les pièces qui pourraient apparaître utiles en cas de litiges.

1° *La durée de conservation de certains documents*

- que l'article 16 du Code de commerce, applicable au syndic commerçant, prévoit que les documents comptables et les pièces justificatives doivent être conservés pendant dix ans ;
- que les articles R. 143-2 du Code du travail et L. 243-12 du Code de la sécurité sociale imposent que les livres de paie soient conservés pendant cinq ans à compter de leur date de clôture ;
- que l'article L. 244-3 du Code de la sécurité sociale prévoit un délai de conservation de trois années pour les documents relatifs aux charges sociales ;
- que la conservation de certains de ces documents, au-delà des délais requis, peut présenter un intérêt particulier (documents nécessaires à la constitution du dossier de retraite d'un membre du personnel du syndicat, documents historiques...).

2° *Le délai de prescription de certaines actions*

- que la loi précitée du 10 juillet 1965 prévoit des délais spécifiques de prescription pour l'action en révision de la répartition des charges, laquelle doit être intentée dans un délai de cinq ans à compter de la publication du règlement de copropriété ou dans un délai de deux ans à compter de la première mutation du lot à titre onéreux (article 12) ; pour les actions personnelles, nées de l'application de cette loi, entre copropriétaires ou entre un copropriétaire et le syndicat, qui se prescrivent par dix ans (article 42, alinéa 1er) ; pour les actions qui ont pour objet de contester les décisions d'assemblées générales lesquelles doivent, à peine de déchéance, être introduites par les copropriétaires défaillants ou opposants dans un délai de deux mois à compter de la notification desdites décisions (article 42, alinéa 2) ;

- que des textes extérieurs au statut de la copropriété prévoient des délais particuliers de prescription, en matière notamment de responsabilité civile extracontractuelle (10 ans - article 2270-1 du Code civil), d'obligations commerciales (10 ans - article 189 *bis* du Code de commerce [L. 110-4]), de responsabilité des constructeurs (10 ans ou 2 ans - article 2270 du Code civil), de paiement de salaires (5 ans - article 2277 du Code civil) ;

- qu'à défaut de texte spécifique, la prescription est trentenaire en matière civile (article 2262 du Code civil) ;

- que les délais légaux pouvant être suspendus ou interrompus, la conservation de documents au-delà de ces délais peut être nécessaire pour tenir compte de la durée variable de ces événements.

Rappelant :

- que l'absence de conservation par le syndic des documents concernant le syndicat peut entraîner un préjudice pour ce dernier, de nature à engager la responsabilité contractuelle du syndic ;

- que, s'il a la qualité de commerçant, le syndic qui a fait disparaître des documents comptables, ou qui n'a pas tenu de comptabilité complète ou régulière, peut être condamné pour banqueroute en cas d'ouverture d'une procédure de redressement ou de liquidation judiciaires (article 197, 4° et 5° de la loi du 25 janvier 1985 modifiée) ;

- que la destruction, la dégradation ou la détérioration d'un registre, d'une minute ou d'un acte original de l'autorité publique (tel par exemple un arrêté de péril, ...) est punie d'un emprisonnement de trois ans et d'une amende de 300 000 F (article 322-2 du Code pénal) ;

Recommande :

- au syndic, de conserver les documents relatifs à l'immeuble et au syndicat pendant les délais requis par les textes spécifiques, ou pendant les délais de prescription applicables à certaines actions judiciaires ;

- au syndic, de conserver, en outre, sans condition de délai, tous les documents qui peuvent présenter un intérêt pour le syndicat ou être utiles au suivi d'une bonne administration de l'immeuble ;

- au syndic, de prévoir un local où seront conservées les archives en vue de leur consultation et de leur duplication ;

- au syndic, de prévoir un classement des archives permettant de distinguer celles pouvant apparaître utiles dans le cadre de la gestion courante de l'immeuble (« archives vivantes »), de celles qui ne présentent plus, pour cette gestion, d'intérêt immédiat (« archives dormantes »), les premières devant être rapidement et facilement accessibles ;

- au syndic, d'effectuer, en fonction des durées impératives ou opportunes de conservation affectant chaque catégorie de document, un tri périodique des archives, et de prévoir l'élimination des documents devenus manifestement inutiles ;

- au syndic, de soumettre au conseil syndical la liste des pièces dont la destruction, à la suite de ce tri, est envisagée, étant précisé que ce formalisme n'apparaît, cependant, pas utile pour le tri des correspondances courantes ;

- au syndic, si les « archives dormantes » représentent un volume trop important, de faire appel, après avis du conseil syndical, à une entreprise spécialisée dans la conservation des archives, étant observé, en l'état actuel du droit, que les documents dupliqués ou conservés par une méthode électronique n'ont pas la même valeur probante que les documents originaux ;

- au syndic, dès lors que les « archives dormantes » seront conservées par une entreprise spécialisée, d'établir des bordereaux d'archivage mentionnant le contenu et la date du versement effectué auprès de cette entreprise, afin, le cas échéant, de faciliter l'accessibilité aux documents recherchés ;

- au syndic, de transmettre au président du conseil syndical, si la demande en ce sens lui en est faite, une copie de ces bordereaux d'archivage ;

- au syndic, de consigner dans un procès-verbal les documents prévus par des textes législatifs ou réglementaires qui, à la suite de ce tri, devront être détruits ;

- au syndic, de transmettre au président du conseil syndical, si une demande en ce sens lui en est faite, une copie de ce procès-verbal de destruction.

[...]

21. - RECOMMANDATION RELATIVE AUX PROVISIONS DU BUDGET PRÉVISIONNEL

La Commission de la copropriété a adopté le 30 octobre 2001 sa 21e recommandation (*JCP* N 2001, n° 48, p. 1739).

....

22. - RECOMMANDATION RELATIVE À L'OUVERTURE D'UN COMPTE BANCAIRE OU POSTAL SÉPARÉ

La Commission de la copropriété a adopté le 6 novembre 2001 sa 22e recommandation dont le texte suit (*JCP* N 2001, n° 48, p. 1740).

La Commission,

... Considérant la 14e recommandation de la Commission portant sur le libellé de la question de l'ordre du jour relative à l'ouverture ou non d'un compte bancaire ou postal séparé au nom du syndicat et du projet de résolution notifié simultanément ;

... Considérant que l'article 18, premier alinéa, sixième tiret de la loi du 10 juillet 1965 modifiée par la loi n° 2000-1208 du 13 décembre 2000, dispose que :

... le syndic est chargé d'ouvrir un compte bancaire ou postal séparé au nom du syndicat sur lequel sont versées sans délai toutes les sommes ou valeurs reçues au nom et pour le compte du syndicat. L'assemblée générale peut en décider autrement à la majorité de l'article 25 et, le cas échéant, de l'article 25-1 lorsque l'immeuble est administré par un syndic soumis aux dispositions de la loi n° 70-9 du 2 janvier 1970 réglementant les conditions d'exercice des activités relatives à certaines opérations portant sur les immeubles et les fonds de commerce ou par un syndic dont l'activité est soumise à une réglementation professionnelle organisant le maniement des fonds du syndicat. La méconnaissance par le syndic de cette obligation emporte la nullité de plein droit de son mandat à l'expiration du délai de trois mois suivant sa désignation. Toutefois, les actes qu'il aurait passés avec des tiers de bonne foi demeurent valables.

... Considérant que l'article 77, § II de la loi n° 2000-1208 du 13 décembre 2000 précise que :

Pour les mandats de syndic en cours à la date de promulgation de la loi n° 2000-1208 du 13 décembre 2000, l'obligation d'ouvrir un compte bancaire ou postal séparé s'applique à compter du 31 décembre 2002, à peine de nullité de plein droit dudit mandat.

1. Sur le principe

Constate :

- que lorsque le syndic n'est pas soumis à une réglementation professionnelle organisant le maniement des fonds du syndicat, par exemple lorsque les fonctions du syndic sont assumées par un copropriétaire, les fonds détenus pour le compte du syndicat sont nécessairement déposés sur un compte séparé ouvert au nom du syndicat, sans que l'assemblée générale puisse en décider autrement ;

- que lorsque le syndic est soumis à une réglementation professionnelle organisant le maniement des fonds du syndicat, l'obligation pour lui d'ouvrir un compte bancaire ou postal séparé est désormais une obligation légale, et non plus comme précédemment l'obligation d'exécuter une décision de l'assemblée générale. Il n'y a donc plus lieu de saisir l'assemblée générale en vue de l'ouverture d'un compte séparé ;

- que l'assemblée générale peut, toutefois, décider de ne pas faire procéder à l'ouverture d'un compte séparé, à la majorité de l'article 25 et, le cas échéant, de l'article 25-1, observation faite que la pratique du « sous-compte individualisé » proposée par certains syndics ne correspond pas à un compte séparé et nécessite en conséquence une décision de l'assemblée générale afin de dispenser le syndic de l'ouverture du compte séparé (Note 1).

Recommande au syndic soumis à une réglementation sur le maniement de fonds :

- d'informer les copropriétaires de la nouvelle disposition législative, ainsi que de la réglementation, à laquelle il est soumis, organisant le maniement des fonds d'autrui ;

- d'examiner avec le conseil syndical s'il y a lieu de porter à l'ordre du jour de l'assemblée générale une question sur la décision de ne pas ouvrir un compte séparé, étant précisé qu'à défaut, le syndic a l'obligation d'ouvrir un compte séparé ;

- le cas échéant, de libeller ainsi la question de l'ordre du jour : « dispense d'ouvrir un compte bancaire ou postal séparé au nom du syndicat », et de rédiger ainsi le projet de résolution : « L'assemblée générale dispense le syndic de l'obligation d'ouvrir un compte bancaire ou postal séparé au nom du syndicat.

2. - Sur la mise en œuvre

Constate :

- qu'une fois ouvert, le compte séparé continue de fonctionner pendant toute la durée du mandat, et des mandats subséquents, même si un nouveau syndic est nommé, jusqu'à une décision contraire de l'assemblée générale ;

- que pour que l'assemblée puisse « en décider autrement », il faut que la question soit portée à l'ordre du jour d'une assemblée, peu important que ce soit celle au cours de laquelle est désigné le syndic ou une assemblée ultérieure, et que la décision soit prise, à la majorité de l'article 25 et, le cas échéant, de l'article 25-1 ;

- que si l'assemblée générale en décide autrement, les fonds du syndicat seront versés sur un compte ouvert au nom du syndic. Cette modalité devrait fonctionner même si un nouveau syndic est nommé, jusqu'à ce qu'une décision de l'assemblée générale refuse de dispenser le syndic de l'obligation d'ouvrir un compte séparé. Toutefois, la lettre du texte, prévoyant un « délai de trois mois suivant sa désignation », conduit à s'interroger, à défaut de précision réglementaire, sur le point de savoir si la dispense ne couvre pas que la durée du mandat au cours duquel elle a été décidée.

Recommande au syndic :

- d'informer les copropriétaires de ce que le compte séparé fonctionne sous la seule signature du syndic, représentant légal du syndicat, et qu'il ne peut en conséquence fonctionner sous la signature conjointe du syndic et du président du conseil syndical, ce dernier n'ayant pas la qualité de représentant légal du syndicat ;

- par prudence, s'il n'existe pas de compte séparé, de porter à l'ordre du jour de l'assemblée devant désigner le syndic la question relative à la dispense, et à défaut, d'ouvrir le compte séparé.

3. Sur le délai d'ouverture du compte séparé

Constate :

- qu'en principe, le délai de trois mois, dont dispose le syndic pour ouvrir effectivement le compte, est calculé à compter de la date de l'assemblée générale qui l'a nommé, et expire le même quantième du troisième mois suivant ;

- que si l'assemblée décide de revenir sur la décision par laquelle elle avait dispensé le syndic d'ouvrir un compte séparé, aucune disposition législative ou réglementaire ne précise, à ce jour, le délai imparti au syndic pour ouvrir le compte séparé. Il semble pouvoir être admis, dans ce cas, que le syndic devrait ouvrir le compte séparé dans les trois mois qui suivent l'assemblée générale au cours de laquelle la décision a été prise ;

- qu'à défaut par le syndic d'ouvrir un compte séparé dans le délai de trois mois suivant sa désignation, la nullité de plein droit de son mandat est encourue, étant précisé que le terme de désignation paraît ici concerner la désignation qui inaugure le premier mandat après l'entrée en application de la loi ;

- que la nullité de plein droit du mandat du syndic relevant d'un ordre public de protection des seuls copropriétaires, elle ne peut, en cas de contestation, être constatée par le juge qu'à la demande de ces derniers (Note 2) ;

- que si le mandat est nul, les actes que le syndic aurait passés avec des tiers de bonne foi demeurent toutefois valables.

Recommande au syndic :

- d'ouvrir le compte séparé sans attendre l'expiration du délai de trois mois ;

- dès que le compte est ouvert, d'en informer le conseil syndical en précisant la banque ou le centre de chèques postaux auprès duquel le compte est ouvert ;

- si l'assemblée décide de revenir sur la décision par laquelle elle avait dispensé le syndic d'ouvrir un compte séparé, d'ouvrir ledit compte dans les trois mois qui suivent l'assemblée générale au cours de laquelle cette décision a été prise, sans attendre l'expiration de ce délai.

4. - Sur la disposition transitoire

Constate :

- que selon les différentes situations prévues à l'article 28 du décret du 17 mars 1967, le mandat du syndic peut être de durée variable sans pouvoir, toutefois, excéder trois années ;

- que pour les mandats de syndic en cours à la date de promulgation de la loi, c'est-à-dire à la date du 13 décembre 2000, l'obligation d'ouvrir le compte séparé s'applique à compter du 31 décembre 2002 ;

- que c'est dans les trois mois qui suivent l'expiration du mandat en cours à la date de promulgation de la loi du 13 décembre 2000 que le syndic a l'obligation d'ouvrir le compte séparé, sauf décision contraire de l'assemblée ;

- que la lettre du texte permet de déduire qu'à compter du 31 décembre 2002, pour les mandats dont la durée est la plus longue, le syndic devra, dans le délai de trois mois, qui expirera le 31 mars 2003, ouvrir le compte séparé à moins que l'assemblée générale l'ait dispensé de cette obligation.

Recommande au syndic :

- avant l'expiration du mandat en cours, d'informer les copropriétaires de la nouvelle disposition législative ;

si l'assemblée n'a pas décidé de dispenser le syndic de l'obligation légale, d'ouvrir le compte séparé dans les trois mois qui suivent la fin du mandat en cours, sans attendre l'expiration de ce délai.

23. – RECOMMANDATION RELATIVE AU COMPTE BANCAIRE OU POSTAL SÉPARÉ DU SYNDICAT DES COPROPRIÉTAIRES

Vu l'article 29-1 du décret n° 67-223 du 17 mars 1967 modifié portant règlement d'administration publique pour l'application de la loi du 10 juillet 1965 susvisée ;

Vu la recommandation n° 22 relative à l'ouverture d'un compte bancaire ou postal séparé du 6 novembre 2001 que la présente recommandation complète ainsi qu'il suit :

V. – Sur la durée de la dispense

Considérant qu'il résulte de l'article 18 susvisé que le syndic a l'obligation, dans les trois mois suivant sa désignation, d'ouvrir un compte bancaire ou postal au nom du syndicat sous peine de nullité de plein droit de son mandant à l'expiration de ce délai ;

Considérant que l'assemblée générale peut décider à la majorité de l'article 25 de la loi, et le cas échéant de l'article 25-1, de dispenser le syndic de cette obligation à la condition qu'il soit soumis à la loi du 2 janvier 1970 réglementant les conditions d'exercice des activités relatives à certaines opérations portant sur les immeubles et les fonds de commerce ou à une réglementation professionnelle organisant le maniement des fonds ;

Considérant que l'article 29-1 du décret du 17 mars 1967 susvisé, modifié par le décret du 27 mai 2004, précise que la décision qui dispense le syndic de l'ouverture d'un compte bancaire ou postal séparé, fixe la durée de validité de la dispense, que celle-ci est renouvelable mais qu'elle prend fin de plein droit en cas de nomination d'un nouveau syndic ;

Considérant que la durée se définit comme un espace de temps ;

Considérant que le texte ne lie pas la durée de la dispense à la durée du mandat de syndic et que, dès lors, la première peut excéder la seconde ; qu'il appartient à l'assemblée générale de décider du principe et de la durée de la dispense ; que néanmoins une durée indéterminée équivaudrait à une absence de durée. Que cette solution contreviendrait directement au texte en vigueur qui prévoit le renouvellement de la dispense, ce qui implique une limitation dans le temps, autre que celle qui pourrait résulter soit d'une nouvelle désignation du syndic, soit d'un changement de syndic ;

Considérant qu'une dispense accordée pour un certain nombre de mandats de syndic ne correspondrait pas à une durée puisque chaque assemblée désignant le syndic peut librement fixer le temps de sa mission dans la limite de trois ans ;

Que par ailleurs si la durée de la dispense peut excéder celle du mandat de syndic, il convient d'appeler l'attention sur le risque inhérent à la solution qui consiste à ne pas faire coïncider les deux dates.

Considérant qu'en raison de la nullité de plein droit attachée à l'absence d'une dispense régulière en cours de validité, il convient aux assemblées générales de décider de la durée avec précision ;

Considérant que si la dispense prenait fin en cours de mandat, il serait nécessaire que l'assemblée générale statue de nouveau en temps voulu ;

Recommande en conséquence,

– de fixer la durée de la dispense prévue par l'article 18 de la loi du 10 juillet 1965 à une durée déterminée et certaine en mois ou en année, qui peut être celle du mandat de syndic, en précisant la date de prise d'effet ;

– de faire coïncider, dans la mesure du possible, sa durée avec celle du mandat de syndic.

24. – RECOMMANDATION RELATIVE AUX MODALITÉS D'APPLICATION DE L'ARTICLE 49 DE LA LOI DU 10 JUILLET 1965

Vu l'article 49 de la loi du 10 juillet 1965, tel qu'il résulte de l'article 81-10, 7° de la loi n° 2000-1208 du 13 décembre 2000 qui dispose :

« Dans les cinq ans suivant la promulgation de la loi n° 2000-1208 du 13 décembre 2000, relative à la solidarité et au renouvellement urbains, l'assemblée générale décide, à la majorité prévue à l'article 24, les adaptations du règlement de copropriété rendues nécessaires par les modifications législatives depuis son établissement. La publication de ces modifications du règlement de copropriété sera effectuée au droit fixe. »

Vu l'article 14, alinéas 3 et 4 de la loi du 10 juillet 1965 qui prévoit que le syndicat modifie le règlement de copropriété et qu'il a pour objet la conservation de l'immeuble et l'administration des parties communes ;

Vu l'article 8 de la loi du 10 juillet 1965 qui prévoit que le règlement conventionnel de copropriété détermine la destination des parties tant communes que privatives, ainsi que les conditions de leur jouissance, et fixe, sous réserve des dispositions de la loi, les règles relatives à l'administration des parties communes ;

Vu l'article 26-*b* de la loi du 10 juillet 1965 qui dispose que les modifications du règlement de copropriété, dans la mesure où elles concernent la jouissance, l'usage et l'administration des parties communes, relèvent de la majorité de l'article 26 ;

Vu, d'une part, l'article 11 de cette loi qui précise, sous réserve des dispositions de l'article 12 relatif à la révision de la répartition des charges, que celle-ci ne peut être modifiée qu'à l'unanimité des copropriétaires, et que, d'autre part, l'article 43 de la même loi répute non écrite toute clause contraire aux dispositions des articles 6 à 37, 42 et 46 et celles d'un décret en conseil d'état prises pour leur application et que dans ce cas, le juge, en réputant non écrite une clause relative à la répartition des charges, procède à une nouvelle répartition de celles-ci ;

Vu, l'article 10, alinéa 4 de la même loi qui prévoit que tout règlement de copropriété publié depuis le 31 décembre 2002, indique les éléments pris en considération et la méthode de calcul permettant de fixer les quotes-parts de parties communes et la répartition des charges ;

Considérant, dès lors, que l'article 49 instaure, en soumettant les adaptations rendues nécessaires par la modification des textes à la majorité de l'article 24, un régime dérogatoire et temporaire aux règles ci-dessus énoncées ; que ses dispositions doivent donc être interprétées de manière stricte ; Considérant que le législateur n'a prévu aucune sanction pour le cas où l'assemblée générale ne déciderait pas de procéder aux adaptations rendues nécessaires avant le 13 décembre 2005, si ce n'est l'impossibilité de recourir à la majorité de l'article 24 et la nécessité alors de recourir aux procédures prévues à titre permanent par la loi du 10 juillet 1965.

I. Sur la force de l'article 49

1° Sur l'objet des adaptations :

a) Sur la notion de modification législative :

Considérant que, selon l'article 47 de la loi du 10 juillet 1965, un règlement d'administration publique fixe les conditions de son application, et que l'article 43 soumet à la même sanction la plupart des dispositions législatives et des dispositions réglementaires prises pour leur application ;

Considérant qu'une distinction des dispositions législatives proprement dites et des dispositions réglementaires prises pour leur application serait contraire à la volonté du législateur d'instaurer une cohérence entre les textes applicables à la copropriété et le contenu du règlement ;

Considérant, dès lors, que la notion de « modifications législatives » ne peut être prise dans son sens le plus formel ;

Considérant qu'en revanche, les termes de « modifications législatives » s'opposent à la prise en compte d'évolutions jurisprudentielles ;

b) Sur la notion de règlement de copropriété à adapter :

Considérant que les termes « adaptation de règlement de copropriété » ne permettent pas la régularisation de situations de fait intervenues indépendamment de toute modification législative ou réglementaire ;

Recommande que les adaptations soient faites au regard des seules modifications législatives ou réglementaires.

2° Sur la date de prise en compte des modifications législatives :

Considérant que l'article 49 ne vise que les modifications intervenues depuis l'établissement du règlement de copropriété ;

Considérant que le but du texte impose de ne pas faire de différence entre établissement et modification du règlement et que doivent être adaptées toutes les clauses incompatibles avec un texte postérieur, qu'elles aient figuré dans le règlement dès l'origine ou qu'elles y aient été introduites par la suite ;

Recommande :

de ne pas utiliser l'article 49 pour adapter des clauses du règlement de copropriété avec des textes antérieurs et de respecter, pour une telle régularisation, les règles prévues notamment aux articles 11 et 26 de la loi du 10 juillet 1965.

3° Sur la notion « d'adaptations rendues nécessaires » :

Considérant que l'exigence d'interpréter strictement l'article 49 impose de donner toute sa portée à l'adjectif « nécessaire » ;

Considérant que l'adaptation nécessaire peut se limiter à la simple suppression des clauses devenues incompatibles avec le contenu des textes entrés en vigueur postérieurement à l'établissement ou à l'adoption de ces clauses lorsqu'elles se contentent de reproduire des dispositions légales ou réglementaires ; que, dans le cas contraire, elle peut nécessiter l'adoption de clauses conformes aux nouvelles dispositions se substituant aux précédentes, devenues incompatibles avec le droit positif ;

Considérant que l'article 49 vise sans restriction, ni réserve, le règlement de copropriété au sens de la loi du 10 juillet 1965 et de son décret d'application du 17 mars 1967 ;

Considérant, en ce qui concerne la répartition des charges, que la loi fixe les critères de répartition (utilité et proportionnalité), sans préciser les éléments à retenir, ni la méthode de calcul permettant de déterminer la quote-part de charges dans chaque catégorie ;

Considérant que l'objet des réclamations affectant seulement le quantum des quotes-parts, et non le critère légal lui-même, et les erreurs de calcul, ne constitue pas une violation directe des principes légaux de l'article 10 ; que celui-ci fixe seulement des principes légaux et non les modalités légales de ces principes ; et qu'en conséquence ces objets ne sauraient être soumis à la procédure de l'article 49 ;

Recommande d'utiliser les dispositions de l'article 49 pour :

• supprimer toute clause incompatible avec les dispositions législatives ou réglementaires entrées en vigueur postérieurement à l'établissement ou à la modification du règlement de copropriété : par exemple, la clause interdisant, avant la loi du 31 décembre 1985, de conférer une délégation de vote à une personne qui n'aurait pas la qualité de copropriétaire ;

• substituer, si nécessaire, aux précédentes clauses des clauses conformes aux dispositions législatives ou réglementaires postérieures à l'établissement ou à la modification du règlement de copropriété : par exemple, la clause prévoyant, avant la loi du 31 décembre 1985, la majorité en nombre des copropriétaires représentant les trois quarts des voix du syndicat, au lieu des deux tiers ;

• analyser la conformité du critère de la répartition des charges par rapport aux dispositions impératives de l'article 10, sans qu'aucune disposition législative ou réglementaire ne détermine les éléments et la méthode permettant d'établir une nouvelle répartition des charges.

Recommande de ne pas utiliser l'article 49 pour :

• modifier les quotes-parts de parties communes, en tant que quotes-parts de propriété, lesquelles ressortissent de la liberté contractuelle et sont intangibles ;

• rectifier les erreurs de calculs ou ajuster seulement le quantum des charges.

II. Sur la procédure d'adaptation

Rappelle que les décisions de principe sont sans effectivité juridique, que les frais d'études n'entrent pas dans les dépenses de maintenance comprises dans le budget prévisionnel et doivent faire l'objet d'un vote spécifique quant à leur montant et à l'échéancier des appels de fonds correspondants ;

Rappelle qu'il appartient au syndic d'assurer l'exécution des décisions de l'assemblée générale et que celles-ci s'imposent aux copropriétaires dès qu'elles ont été votées, et ce tant qu'elles n'ont pas été judiciairement annulées ;

Rappelle que les décisions d'adaptation doivent être prises avant le 13 décembre 2005 ;

Considérant que l'adaptation du règlement de copropriété constitue un acte majeur dans la vie du syndicat et appelle un soin tout particulier, de sérieuses études préalables et une large concertation, afin d'éviter tout contentieux ultérieur, notamment tout contentieux formel ;

Considérant que l'adaptation ne peut, en conséquence, s'improviser, ni faire l'objet d'une seule assemblée, tant il est nécessaire de procéder par étape.

Recommande

• au syndic de procéder à une concertation avec le conseil syndical pour recenser les adaptations rendues nécessaires ;

• d'attendre la publication des décrets d'application avant de saisir l'assemblée pour l'adoption définitive du projet de modification ;

• d'appeler l'attention des syndics sur le temps nécessaire pour parvenir à l'adoption définitive de l'adaptation ;

• de porter à l'ordre du jour, dans tous les cas, d'une assemblée générale :

- l'opportunité de procéder aux adaptations rendues nécessaires ;

- le ou les contrats avec les consultants, après notification des conditions essentielles de ces contrats, au plus tard en même temps que l'ordre du jour, pour le cas où l'assemblée générale aurait admis l'opportunité des adaptations ;

- l'autorisation de dépense, avec l'échéancier des appels de fonds ;

• de soumettre à une autre assemblée générale :

- le projet d'adaptation, dans son intégralité, notifié au plus tard en même temps que la convocation, en prévoyant un vote par division, à moins que l'absence de complexité permette un vote global ;

- le montant des frais, ainsi que l'échéancier des appels de fonds ;

- le pouvoir conféré au syndic de déposer une copie certifiée conforme du procès-verbal au rang des minutes d'un notaire et de déposer l'acte authentique au fichier immobilier ;

• de rappeler le recensement des votes conformément à l'article 17 du décret qui doit être mentionné après chaque scrutin ;

- de notifier le procès-verbal de l'assemblée aux copropriétaires opposants ou défaillants, dans les deux mois de la tenue de l'assemblée générale ;
- d'adresser une copie du procès-verbal, sous pli simple, aux autres copropriétaires ;
- de déposer le procès-verbal, certifié conforme, aux rangs des minutes d'un notaire, pour authentification ;
- de déposer la copie authentique au fichier immobilier.

25. - RECOMMANDATION RELATIVE À L'ACCÈS AUX IMMEUBLES EN COPROPRIÉTÉ DU 1er JUILLET 2008

....

26. - RECOMMANDATION DU 15 JUILLET 2010 RELATIVE AU MANDATAIRE *AD HOC* DES ARTICLES 29-1-A ET 29-1-B DE LA LOI DU 10 JUILLET 1965

....

ANNEXE 17-1

COLONNES MONTANTES

I. - **Colonnes montantes d'électricité** .... p. 1137
II. - **Colonnes montantes de gaz** .... p. 1139

I. – COLONNES MONTANTES D'ÉLECTRICITÉ

Bibliographie : G. Gil, *Les colonnes montantes : Inf. rap. copr.* mai 2018, p. 11. • G. Berrebi, *Colonnes montantes : ERDF et le jeu de mistigri : Loyers et copr.* 2016, étude 2. • S. Montazeau, *Les colonnes montantes électriques : à qui incombe le coût de leur réfection ? : Administrer* juin 2015, p. 7 et *Addendum : Administrer* nov. 2015, p. 16. • P. Sablière, *Les colonnes montantes d'eau, de gaz et d'électricité : AJDI* 2014, p. 661. • M. Bertrand, *Rénovation des colonnes montantes électriques, qui doit payer ? : Le Particulier immobilier* mars 2017, p. 23. • A. Lebatteux, *Loyers et copr.* 2018, comm. 206. • J. Gobert et N. Fouilleul, *La délicate question de la responsabilité de la rénovation des colonnes montantes électriques : Gaz. Pal.* 19 juin 2018, p. 25. • F. de la Vaissière, *La loi ELAN et les colonnes montantes électriques : AJDI* 2019, p. 51.

1) Situation antérieure à la loi ELAN. La prise en charge des frais de réfection des colonnes montantes d'électricité, vétustes pour une grande partie, a posée problème. Le décret n° 46-2503 du 8 novembre 1946 prévoyait l'incorporation automatique aux réseaux de distribution de ces colonnes, à moins que les propriétaires acceptent d'en conserver la propriété. Le décret n° 55-326 du 29 mars 1955 a par la suite donné une nouvelle possibilité aux copropriétés d'en abandonner la propriété à la condition de les remettre préalablement aux normes à leurs frais. Pour les colonnes mises en place depuis 1992, les gestionnaires de réseaux publics de distribution d'électricité se considéraient comme propriétaires de celle-ci. Quant aux colonnes montantes installées depuis décembre 2007, selon le décret n° 2007-1280 du 28 août 2007, les ouvrages basse tension situés à l'amont des bornes de sortie des disjoncteurs faisaient partie du branchement intégré au réseau public de distribution.

La loi n° 2015-992 du 17 août 2015 avait prévu le dépôt d'un rapport au vu duquel les pouvoirs publics trancheraient la question du sort de ces colonnes montantes, et de la contribution à leur réfection (Rép. min. n° 78389 : *JOAN* 16 juin 2015, p. 4553. – Rép. min. n° 17403 : *JO Sénat* 3 sept. 2015, p. 2083. – Rép. min. n° 1161 : *JOAN* 27 févr. 2018). Une mise au point éclairante a été faite par le médiateur de l'énergie (V. le communiqué sur le site www.énergie-info.fr.

Les deux questions principales ayant donné lieu à débat devant les juridictions du fond sont les suivantes : y a-t-il une présomption d'incorporation des colonnes montantes dans le réseau public ? Les copropriétés peuvent-elles faire abandon de ces ouvrages sans remises en état préalable ? (V. un bilan de jurisprudence dans les notes de P. Sablière sous ▪ CA Aix-en-Provence, 23 janv. 2018, n° 16/05859 : *AJDI* 2018, p. 367 et de J.-R. Bouyeure sous ▪ CA Versailles, 4e ch., 23 mars 2016, n° 13/08946 et ▪ Cass. 3e civ., 15 févr. 2018, n° 16-17.679 : *Administrer* mai 2018, p. 39).

2) Apport de la loi ELAN. L'article 176, I et II, de la loi ELAN insère dans le Code de l'énergie cinq nouveaux articles (L. 346-1 à L 346-5) destinés à régler la question (sensible) de la qualification des colonnes montantes électriques :

– les colonnes montantes mises en service après la publication de la loi nouvelle appartiennent au réseau public de distribution ;

– quant aux colonnes montantes mises en service avant la publication de la loi, les copropriétaires disposent d'un délai de 2 ans à compter de la promulgation de la loi pour prendre position, soit en acceptant le transfert de ces ouvrages au réseau public de distribution, soit en en revendiquant la propriété.

L'article 176, II de la loi ELAN précise.

« II. – Nonobstant les éventuelles clauses contraires des contrats de concession, les entreprises concessionnaires de la distribution publique d'électricité ne sont tenues, au cours et à l'issue des contrats conclus avec l'autorité concédante, à aucune obligation financière liée aux provisions pour renouvellement des colonnes montantes électriques transférées au réseau public de distribution d'électricité au titre du chapitre VI du titre IV du livre III du Code de l'énergie ».

Il a été demandé de clarifier le statut des « colonnes montantes » et de préciser les modalités du transfert d'une « colonne montante hors concession » au gestionnaire du réseau public de distribution. Il a été répondu que la loi du 23 novembre 2018, dite ELAN,« clarifie, en son article 176, le régime applicable aux colonnes montantes en créant au sein du Code de l'énergie les articles L. 346-1 à L. 346-5. (...) et qu'il résulte des dispositions précitées les principes suivants (Rép. min. n° 7781 : *JOAN* 9 juin 2020, p. 4043) :

- les colonnes montantes mises en service à compter de la publication de la loi (intervenue le 24 novembre 2018) appartiennent au réseau public de distribution d'électricité. Cela implique donc qu'elles appartiennent aux autorités organisatrices de la distribution d'électricité (AODE) et sont gérées et entretenues par les concessionnaires de la distribution publique d'électricité ;
- concernant les colonnes montantes électriques mises en service avant la publication de la loi, le législateur est parti du postulat que les colonnes montantes électriques sont présumées faire partie du réseau public de distribution d'électricité et ce, à l'expiration d'un délai de 2 ans commençant à courir à compter de la promulgation de la loi, donc à partir du 24 novembre 2020. Cette incorporation intervient sans condition de remise en état préalable et sans aucun flux financier. Néanmoins, dans le délai de 2 ans courant à compter de la promulgation de la loi ELAN, et donc jusqu'au 23 novembre 2020, les propriétaires ou copropriétaires d'immeubles ont la possibilité :

– soit de notifier au gestionnaire du réseau leur acceptation du transfert définitif au réseau public de distribution d'électricité desdits ouvrages. Dans ce cas, les colonnes montantes électriques sont incorporées de manière anticipée dans le réseau (sans attendre le 24 nov. 2020), et ce, toujours sans condition, tenant notamment à leur état d'entretien ;

– soit de se manifester pour revendiquer la propriété de ces ouvrages, et faire ainsi opposition à leur incorporation dans le réseau public de distribution d'électricité ».

L'article 176, I de la loi ELAN énonce que le titre IV du livre III du Code de l'énergie est complété par un chapitre VI ainsi rédigé.

Code de l'énergie

Chapitre VI

Colonnes montantes électriques

Art. L. 346-1 *(Aj., L. n° 2018-1021, 23 nov. 2018)*. **– La colonne montante électrique désigne l'ensemble des ouvrages électriques situés en aval du coupe-circuit principal nécessaires au raccordement au réseau public de distribution d'électricité des différents consommateurs ou producteurs situés au sein d'un même immeuble ou de bâtiments séparés construits sur une même parcelle cadastrale, à l'exception des dispositifs de comptage.**

Art. L. 346-2 *(Aj., L. n° 2018-1021, 23 nov. 2018)*. **– Les colonnes montantes électriques mises en service avant la publication de la loi n° 2018-1021 du 23 novembre 2018 portant évolution du logement, de l'aménagement et du numérique appartiennent au réseau public de distribution d'électricité.**

Le premier alinéa entre en vigueur à l'issue d'un délai de deux ans à compter de la promulgation de la loi n° 2018-1021 du 23 novembre 2018 précitée. Dans ce même délai, les propriétaires ou copropriétaires des immeubles dans lesquels sont situés ces ouvrages peuvent :

1° Notifier au gestionnaire de réseau l'acceptation du transfert définitif au réseau public de distribution d'électricité desdits ouvrages, qui prend alors effet à compter de la notification. Le transfert est effectué à titre gratuit, sans contrepartie pour le gestionnaire de réseau. Le gestionnaire de réseau ne peut s'opposer au transfert ni exiger une contrepartie financière ;

2° Revendiquer la propriété de ces ouvrages, sauf si le gestionnaire de réseau ou l'autorité concédante apporte la preuve que lesdits ouvrages appartiennent déjà au réseau public de distribution d'électricité.

Art. L. 346-3 *(Aj., L. n° 2018-1021, 23 nov. 2018).* **– Les colonnes montantes électriques mises en service à compter de la publication de la loi n° 2018-1021 du 23 novembre 2018 portant évolution du logement, de l'aménagement et du numérique appartiennent au réseau public de distribution d'électricité.**

Art. L. 346-4 *(Aj., L. n° 2018-1021, 23 nov. 2018).* **– Lorsque les propriétaires ou copropriétaires des immeubles dans lesquels sont situés ces ouvrages en ont obtenu la propriété en application du dernier alinéa de l'article L. 346-2, les colonnes montantes électriques peuvent être transférées, à la demande des mêmes propriétaires ou copropriétaires, au réseau public de distribution d'électricité sous réserve de leur bon état de fonctionnement. Elles sont transférées à titre gratuit, sans contrepartie pour le gestionnaire de réseau. Le gestionnaire de réseau ne peut s'opposer au transfert des ouvrages en bon état de fonctionnement ni exiger une contrepartie financière. Il détermine, le cas échéant, les travaux électriques à réaliser pour assurer le bon état de fonctionnement desdits ouvrages.**

Le premier alinéa du présent article entre en vigueur à l'issue d'un délai de deux ans à compter de la promulgation de la loi n° 2018-1021 du 23 novembre 2018 portant évolution du logement, de l'aménagement et du numérique.

Art. L. 346-5 *(Aj., L. n° 2018-1021, 23 nov. 2018).* **– Les ouvrages mentionnés aux articles L. 344-1 et L. 345-2 ne sont pas soumis aux dispositions du présent chapitre.**

II. – COLONNES MONTANTES DE GAZ

Bibliographie : P. Sablière, *Copropriété, le transfert des colonnes montantes de gaz dans le réseau public* : *AJDI* 2022, p. 351.

Après que la loi ELAN du 23 novembre 2018 a permis le transfert des colonnes montantes d'électricité, la loi 3DS (L. n° 2022-217, 21 févr. 2022) a, de la même manière, organisé le transfert des colonnes montantes de gaz dans le réseau public.

Deux cas sont distingués :

– pour les ouvrages mis en service après la date de promulgation de la loi (21 févr. 2022), le transfert sera, dans tous les cas, automatique, sans qu'aucune formalité particulière soit nécessaire lors de cette mise en service ;

– pour les ouvrages mis en service avant le 21 février 2022, un choix est ouvert aux propriétaires et copropriétaires (comme en matière de colonnes montantes d'électricité) avec possibilité d'opter pour un transfert immédiat, ou bien de le refuser, dans un délai expirant, dans les deux cas, le 31 juillet 2023.

Code de l'énergie

Art. L. 432-16 *(Aj., L. n° 2022-217, 21 févr. 2022).* **– Les canalisations destinées à l'utilisation du gaz dans les bâtiments, mentionnées au 4° de l'article L. 554-5 du Code de l'environnement, situées en amont des dispositifs de comptage et mises en service à compter de la promulgation de la loi n° 2022-217 du 21 février 2022 relative à la différenciation, la décentralisation, la déconcentration et portant diverses mesures de simplification de l'action publique locale appartiennent au réseau public de distribution de gaz.**

Art. L. 432-17 *(Aj., L. n° 2022-217, 21 févr. 2022).* **– Jusqu'au 31 juillet 2023, les propriétaires ou copropriétaires des immeubles dans lesquels se trouvent des canalisations destinées à l'utilisation du gaz dans les bâtiments, mentionnées au 4° de l'article L. 554-5 du Code de l'environnement, situées en amont des dispositifs de comptage, n'appartenant pas au réseau public de distribution de gaz et mises en service avant la promulgation de la loi n° 2022-217 du 21 février 2022 relative à la différenciation, la décentralisation, la déconcentration et portant diverses mesures de simplification de l'action publique locale, peuvent :**

1° Notifier au gestionnaire du réseau l'acceptation du transfert définitif desdites canalisations au réseau public de distribution de gaz, qui prend alors effet à compter de la réception de la notification par lettre recommandée ;

2° Revendiquer la propriété de ces canalisations, sauf si le gestionnaire du réseau ou l'autorité concédante apporte la preuve que lesdites canalisations appartiennent déjà au réseau public de distribution de gaz.

Art. L. 432-18 *(Aj., L. n° 2022-217, 21 févr. 2022).* **– Pour les parties des canalisations, mentionnées au premier alinéa de l'article L. 432-17, situées à l'intérieur de la partie privative des logements, sauf lorsque le contrat de concession prévoit que le gestionnaire du réseau assure la maintenance et le renouvellement de ces**

canalisations, leur transfert au réseau public de distribution de gaz n'est effectif qu'après une visite de ces parties de canalisations, effectuée sous la responsabilité du gestionnaire du réseau, dans un délai de trois ans à compter de la notification prévue au 1° du même article L. 432-17 ou avant le 31 juillet 2026 en l'absence de ladite notification ou de revendication prévue au 2° dudit article L. 432-17, permettant de s'assurer de leur bon état de fonctionnement et se concluant par un procès-verbal de transfert.

Art. L. 432-19 *(Aj., L. n° 2022-217, 21 févr. 2022)*. – Le 1er août 2023, en l'absence de la notification ou de la revendication prévues aux 1° ou 2° de l'article L. 432-17, les propriétaires ou copropriétaires des immeubles dans lesquels se trouvent des canalisations mentionnées au premier alinéa du même article L. 432-17 sont réputés avoir accepté le transfert de ces canalisations au réseau public de distribution de gaz.

Pour les parties de ces canalisations situées à l'extérieur de la partie privative des logements, ainsi que pour les parties situées à l'intérieur de la partie privative des logements quand le contrat de concession prévoit que le gestionnaire du réseau assure la maintenance et le renouvellement de ces canalisations, le transfert est effectif le 1er août 2023.

Pour les parties de ces canalisations situées à l'intérieur de la partie privative des logements autres que celles pour lesquelles le contrat de concession prévoit que le gestionnaire du réseau assure la maintenance et le renouvellement de ces canalisations, et en l'absence de visite prévue à l'article L. 432-18, le transfert est effectif le 1er août 2026.

Art. L. 432-20 *(Aj., L. n° 2022-217, 21 févr. 2022)*. – Lorsque les propriétaires ou copropriétaires des immeubles dans lesquels se trouvent des canalisations mentionnées au premier alinéa de l'article L. 432-17 en ont conservé la propriété en application du 2° du même article L. 432-17, ils peuvent en demander le transfert au réseau public de distribution de gaz, sous réserve de leur bon état de fonctionnement. Le gestionnaire du réseau détermine, le cas échéant, les travaux à réaliser pour assurer le bon fonctionnement desdites canalisations.

Art. L. 432-21 *(Aj., L. n° 2022-217, 21 févr. 2022)*. – Les transferts mentionnés aux articles L. 432-17 à L. 432-20 sont effectués à titre gratuit, sans contrepartie pour le gestionnaire du réseau, sans préjudice de l'application du deuxième alinéa de l'article L. 452-1-1.

Le gestionnaire du réseau ne peut exiger de contrepartie financière ni s'opposer aux transferts prévus aux articles L. 432-17 à L. 432-20, sous réserve, pour les transferts mentionnés à l'article L. 432-20, du bon état de fonctionnement des canalisations.

Art. L. 432-22 *(Aj., L. n° 2022-217, 21 févr. 2022)*. – Nonobstant les éventuelles clauses contraires des contrats de concession, les entreprises concessionnaires de la distribution publique de gaz ne sont tenues, au cours et à l'issue des contrats conclus avec l'autorité concédante, à aucune obligation financière liée aux provisions pour renouvellement des canalisations destinées à l'utilisation du gaz dans les bâtiments, mentionnées au 4° de l'article L. 554-5 du Code de l'environnement, situées en amont des dispositifs de comptage et transférées au réseau public de distribution de gaz en application de la présente section.

ANNEXE 18

COMPTABILITÉ DES SYNDICATS

Bibliographie : C. Giverdon et C. Jaffuel, *La comptabilité des syndicats de copropriétaires, analyse juridique : AJDI* 2005, p. 447. • J.-L. Picquart, *Comptabilité des copropriétés : des clés pour comprendre ce qui change : Rev. hab. fr.* mars 2005, p. 11 ; *Comptabilité des copropriétés : enfin le décret ! : Rev. hab. fr.* avr. 2005, p. 10 • Ph. Giami, *Comptabilité des copropriétés, les nouvelles règles : AJDI* 2005, p. 454. • F. Juery, *Copropriété, les règles comptables ont changé : Le Particulier immobilier* juin 2005, p. 49. • C. Atias, *Les comptes des syndicats de copropriétaires : Inf. rap. copr.* mai 2005, p. 21 ; *Présentation sommaire du décret relatif aux comptes du syndicat des copropriétaires : Ann. loyers* 2005, p. 577. • J. Laporte, *La comptabilité d'engagement du syndicat des copropriétaires : AJDI* 2005, p. 818 ; *L'organisation comptable des syndicats des copropriétaires devient réalité : Loyers et copr.* 2005, Étude juin 2005, p. 7. • P. Capoulade, *La comptabilité et le syndicat des copropriétaires : Rev. Administrer* juill. 2005, p. 9. • S. Ivars, *Enfin un plan comptable pour la copropriété : Rev. Administrer* juill. 2005, p. 18. • N. Coulaud, *Nouvelles règles comptables pour la copropriété : Le Particulier immobilier* nov. 2005, p. 51. • D. Dubrac et M. Cormier-Guyomar, *Du nouveau dans la comptabilité : Rev. Administrer* déc. 2005, p. 33. • Étude anonyme, *Les comptes des syndicats de copropriétaires : BPIM* mars 2005, p. 3. • O. Safar, *Les travaux en copropriété : nouvelles obligations comptables : Rev. loyers* 2005, p. 416. • J.-L. Picquart, *Comptabilité des copropriétés : les règles applicables à compter du 1er janvier 2007 : Rev. hab. fr.* sept. 2006, p. 11. • Commentaire du décret comptable : *La lettre de la Fédération des syndicats coopératifs de copropriété* juill. 2007, n° 79. • C. Dal-Pos Freschet, *L'organisation comptable des syndicats de copropriété, une réalité : Maisons et habitat* pct. 2007, p. 22. • J.-L. Picquart, *Comptabilité des copropriétés : présentation des comptes 2007 selon les nouvelles normes : Rev. habitat* févr. 2008, p. 18. • J. Carraso, *Vérifier les comptes de votre copropriété : Le Particulier immobilier* oct. 2012, p. 14. • J.-L. Picquarty et Ph. Cibelly, *Contrôle des comptes de la copropriété : cinq étapes pour bien l'exercer : Rev. habitat* nov. 2012, p. 21. • C. Jaffuel, *Syndicat de copropriétaires : de la comptabilité de la ménagère à la comptabilité d'engagement : Inf. rap. copr.* nov. 2015, p. 21. • O. Safar, *La comptabilité de la copropriété « pour tous » : Inf. rap. copr.* nov. 2015, p. 15. • J. Laporte, *Comptabilité du syndicat et transparence : AJDI* 2015, p. 829. • J. Laporte, *Loi ALUR et comptabilité des copropriétés : un mariage difficile : Loyers et copr.* 2016, étude 6. • A. Laux, *La comptabilité de la copropriété : Inf. rap. copr.* juin 2018, p. 19. • A. Laux, *Le traitement comptable de la cession de lot : Inf. rap. copr.* déc. 2022, p. 21. • A. Laux, *Le traitement comptable des travaux : Inf. rap. copr.* avr. 2023, p. 31. • A. Laux, *Les obligations comptables du syndic : Inf. rap. copr.* oct. 2023, p. 29. • A. Laux, *La vente d'une partie commune : un casse-tête comptable : Inf. rap. copr.* avr. 2024, p. 29.

Voir : La recommandation n° 6, refondue en Annexe 17, *Commission relative à la copropriété*, p. 1095.
« Le décret comptable » : *Guide d'information pour les copropriétaires*, Brochure de la Direction de l'urbanisme, de l'habitat et de la construction, consultable sur le site de cet organisme : www.urbanisme.equipement.gouv.fr

Observation préliminaire. La date d'entrée en vigueur des dispositions comptables, initialement fixée au 1er janvier 2004 a été reportée d'un an par la loi urbanisme et habitat du 3 juillet 2003. Puis la loi n° 2005-32 du 18 janvier 2005, dite « de programmation pour la cohésion sociale » (JO 19 janv.) a de nouveau reporté cette date au 1er janvier 2006.

Enfin un nouveau report, au 1er janvier 2007 a été prévu par la loi « ENL » du 13 juillet 2006 (art. 94, II), qui a modifié en ce sens l'article 75 de la loi n° 2000-1208 du 13 décembre 2000. Dans sa nouvelle rédaction ce texte précise que les comptes du syndicat sont tenus conformément aux règles prévues par le décret du 14 mars 2005 « à partir du premier exercice comptable commençant à compter du 1er janvier 2007. »

Sur le régime applicable aux « petites copropriétés », V. L. 10 juill. 1965, art. 14-3, p. 245.

Décret n° 2005-240 du 14 mars 2005
relatif aux comptes du syndicat des copropriétaires
(JO 18 mars)

Art. 1er. – Les règles comptables spécifiques prévues par le présent décret s'appliquent uniquement aux syndicats de copropriétaires. Elles ne s'appliquent pas à la comptabilité du syndic, qui obéit à ses règles propres,

ni à la comptabilité d'autres entités telles que les unions de syndicats ou les associations syndicales régies par l'ordonnance du 1er juillet 2004 susvisée. Les statuts de ces dernières peuvent, toutefois, prévoir que leurs comptes sont tenus conformément aux règles comptables propres aux syndicats de copropriétaires, à l'exception des associations assujetties de plein droit au règlement n° 99-01 du Comité de la réglementation comptable.

Art. 2 *(Mod. à compter du 31 décembre 2020, D. n° 2020-1229, 7 oct. 2020).* – En application des articles 14-1 et 14-2 de la loi du 10 juillet 1965 susvisée, le syndicat des copropriétaires approuve les comptes de l'exercice clos et vote, d'une part, le budget prévisionnel concernant les dépenses courantes de maintenance, de fonctionnement et d'administration des parties communes et équipements communs de l'immeuble, d'autre part les dépenses pour travaux prévus par l'article 14-2 et les opérations exceptionnelles selon les règles et les modalités de présentation précisées ci-après, pour l'information des copropriétaires et des tiers. Les comptes de l'exercice comprennent les charges et produits pour les opérations courantes, et les charges et produits pour les travaux mentionnés ci-dessus et les opérations exceptionnelles. Le montant alloué au conseil syndical pour mettre en œuvre sa délégation de pouvoirs en application de l'article 21-2 de la loi du 10 juillet 1965 susvisée est inclus dans le budget prévisionnel, sauf lorsqu'il porte sur des dépenses non comprises dans ce budget.

En application de l'article 14-3 de la même loi, sont rattachés à l'exercice les produits acquis (produits reçus et à recevoir) et les charges supportées (charges réglées et à régler) au titre de l'exercice.

Art. 3. – Les charges constatées pour les opérations courantes mentionnées à l'article 14-1 de la loi du 10 juillet 1965 susvisée comprennent les sommes, versées ou à verser, en contrepartie des fournitures et services dont a bénéficié le syndicat. Les produits constatés pour les opérations courantes comprennent les sommes reçues ou à recevoir de chaque copropriétaire en vertu de l'obligation leur incombant, enregistrées à la date d'exigibilité. Ils comprennent aussi les produits divers affectés aux opérations courantes suivant affectation décidée ou approuvée par l'assemblée générale des copropriétaires.

Art. 4. – Les charges constatées pour les travaux et opérations exceptionnelles comprennent les sommes, versées ou à verser, pour les travaux prévus par l'article 14-2 de la loi du 10 juillet 1965 susvisée et décidés par l'assemblée générale des copropriétaires. Les charges sont à comptabiliser par le syndicat au fur et à mesure de la réalisation des travaux ou de la fourniture des prestations.

Lorsque les travaux ou prestations s'effectuent sur plusieurs exercices, les montants correspondant aux travaux et prestations votés sont comptabilisés au titre de l'exercice au cours duquel les travaux ou prestations sont réalisés.

Les charges comprennent aussi les dépréciations sur créances douteuses à l'encontre des personnes autres que les copropriétaires ; leur estimation est présentée par le syndic et soumise au vote de l'assemblée générale.

Les dépréciations de créances douteuses à l'encontre des copropriétaires sont à constater après avoir mis en œuvre les diligences nécessaires au recouvrement, au moment de la décision de l'assemblée générale de procéder à la saisie immobilière.

Les produits constatés pour les travaux et opérations exceptionnelles comprennent les sommes reçues ou à recevoir de chacun des copropriétaires en vertu de l'obligation leur incombant résultant de l'article 14-2 de la loi du 10 juillet 1965 susvisée, les emprunts contractés par le syndicat pour couvrir les dépenses pour travaux, les subventions notifiées, les indemnités d'assurance et les loyers des parties communes, ainsi que les produits divers issus des placements décidés par le syndicat et les intérêts des sommes dues au syndicat suivant affectation décidée par l'assemblée générale des copropriétaires.

Les produits pour travaux et opérations exceptionnelles sont à constater au titre de l'exercice de leur exigibilité.

Les subventions sont à constater dès leur notification, à l'exception des subventions dont le versement s'effectue sur plusieurs exercices, qui sont à mentionner dans l'état des travaux prévus *(rect. JO 16 avr. 2005)* « par l'annexe 5 au présent décret », dès leur notification et inscrites en comptabilité sur le fondement des dispositions prévues par la décision accordant la subvention.

Art. 5. – L'exercice comptable du syndicat des copropriétaires couvre une période de douze mois. Les comptes sont arrêtés à la date de clôture de l'exercice. Pour le premier exercice, l'assemblée générale des copropriétaires fixe la date de clôture des comptes et la durée de cet exercice qui ne pourra excéder dix-huit mois.

La date de clôture de l'exercice pourra être modifiée sur décision motivée de l'assemblée générale des copropriétaires. Un délai minimum de cinq ans devra être respecté entre les deux décisions d'assemblées générales modifiant la date de clôture.

Art. 6. – Les pièces justificatives, documents de base de toute écriture comptable, doivent être des originaux et comporter les références du syndicat (nom et adresse de l'immeuble). Elles doivent être datées et conservées par le syndic pendant dix ans, sauf dispositions expresses contraires.

En cas de changement de syndic, les documents comptables et les originaux des pièces justificatives sont transmis au successeur, le syndic sortant prenant ses propres dispositions afin de conserver les copies des pièces justificatives qu'il estime nécessaires pour la justification des opérations comptables qui lui incombaient.

Art. 7 *(Mod. à compter du 1er janvier 2017, D. n° 2016-1914, 27 déc. 2016)*. – Le syndic doit être en mesure de ventiler les sommes exigibles à recevoir de chaque copropriétaire selon les rubriques suivantes :

- créances sur opérations courantes ;
- créances sur travaux du I de l'article 14-2 de la loi [n° 65-557] du 10 juillet 1965 susvisée et opérations exceptionnelles ;
- montant de la cotisation appelée au titre du fonds de travaux prévu au II de l'article 14-2 de la loi [n° 65-557] du 10 juillet 1965 susvisée sur l'exercice comptable en cours ;
- créances sur avances ;
- créances sur emprunts obtenus par le syndicat des copropriétaires.

L'assemblée générale des copropriétaires peut décider, pour assurer un meilleur suivi des fonds versés par les copropriétaires, que le syndic procède à la ventilation comptable en cinq sous-comptes selon les rubriques ci-dessus dès l'enregistrement des opérations.

Art. 8. – Les comptes arrêtés à la clôture de l'exercice font l'objet de documents de synthèse présentés aux copropriétaires, qui comprennent nécessairement l'état financier, le compte de gestion général du syndicat des copropriétaires et l'état des travaux de l'article 14-2 précité et des opérations exceptionnelles votés non encore clôturés à la fin de l'exercice, établis sous forme de tableaux conformes aux modèles prévus à titre obligatoire aux annexes nos 1, 2, 3, 4 et 5 du présent décret.

L'état financier présente l'état des créances et des dettes. Il comporte la situation de trésorerie mentionnée à l'article 14-3 de la loi du 10 juillet 1965 susvisée et fait apparaître le montant des emprunts restant dus.

Le compte de gestion général présente les charges et les produits de l'exercice. Il comprend le compte de gestion pour opérations courantes et le compte de gestion pour travaux de l'article 14-2 et opérations exceptionnelles.

L'état des travaux de l'article 14-2 et des opérations exceptionnelles votés non encore clôturés à la fin de l'exercice fait apparaître en fin d'exercice le réalisé et le prévisionnel de chaque opération.

Les comptes de l'exercice clos sont à présenter pour leur approbation par les copropriétaires avec le budget voté correspondant à cet exercice et le comparatif des comptes approuvés de l'exercice précédent.

Les excédents ou insuffisances des charges ou produits sur opérations courantes sont répartis à l'arrêté des comptes entre chacun des copropriétaires en fonction des quotes-parts afférentes à chaque lot dans chacune des catégories de charges.

Il est précisé que pour les charges et produits pour travaux de l'article 14-2 et opérations exceptionnelles, la répartition est opérée selon les mêmes modalités et ne peut intervenir qu'à la clôture définitive de chacune des opérations concernées.

Art. 9. – Les charges pour opérations courantes et produits attendus sur opérations courantes font l'objet d'un budget prévisionnel, soumis au vote des copropriétaires. Ils sont présentés dans un document récapitulatif conforme au modèle de l'annexe n° 2.

Art. 10. – Les charges pour opérations courantes et les charges pour travaux de l'article 14-2 et opérations exceptionnelles font l'objet d'une double présentation :

- présentation par nature au sein du compte de gestion général et du budget prévisionnel. Cette présentation doit respecter les tableaux de l'annexe n° 2 ;
- ventilation analytique par catégories de charges pour le compte de gestion général et pour le budget prévisionnel.

Cette présentation doit respecter les tableaux de l'annexe n° 3 et de l'annexe n° 4, dont les rubriques sont arrêtées en fonction des clauses du règlement de copropriété.

Pour l'approbation des comptes, le total des charges pour opérations courantes de l'annexe n° 3 doit être égal au total des charges de l'annexe n° 2 et le total des charges pour travaux de l'article 14-2 et opérations exceptionnelles de l'annexe n° 4 doit être égal au total des charges de l'annexe n° 2.

Pour le vote du budget prévisionnel, le total des charges pour opérations courantes de l'annexe n° 3 doit être égal au total des charges de l'annexe n° 2.

Art. 11. – **Les modalités d'établissement des comptes du syndicat des copropriétaires sont précisées dans l'arrêté conjoint du garde des sceaux et du ministre chargé du logement pris en application du présent décret.**

Art. 12. – **Les annexes mentionnées aux articles 8, 9 et 10 sont conservées avec copie du procès-verbal de l'assemblée générale qui approuve les comptes et qui vote le budget prévisionnel. Ces documents font l'objet d'un classement particulier dans les archives du syndicat.**

Annexes

Annexe 1

(Mod., D. n° 2020-1229, 7 oct. 2020)

Dans la partie « I. – SITUATION FINANCIÈRE ET TRÉSORERIE » à la rubrique « Provisions et avances » est ajouté le compte 106 « Provisions pour travaux au titre de la délégation de pouvoirs accordée au conseil syndical ».

NB : Conformément au I de l'article 7 du décret n° 2020-1229 du 7 octobre 2020, les présentes dispositions entrent en vigueur le 31 décembre 2020.

Annexe 2

(Mod., D. n° 2020-1229, 7 oct. 2020)

a) Dans la rubrique « CHARGES POUR OPÉRATIONS COURANTES » est ajouté le compte 65 « Montant alloué au conseil syndical pour l'exercice de sa délégation de pouvoirs (préciser la nature de chaque opération concernée) » ;

b) Dans la rubrique « CHARGES POUR TRAVAUX ET AUTRES OPÉRATIONS EXCEPTIONNELLES » est ajouté le compte 674 « Charges au titre de la délégation de pouvoirs accordée au conseil syndical en application de l'article 21-1 de la loi susvisée » ;

c) Dans la rubrique « PRODUITS POUR TRAVAUX ET AUTRES OPÉRATIONS EXCEPTIONNELLES » est ajouté le compte 706 « Provisions au titre de la délégation de pouvoirs accordée au conseil syndical ».

NB : Conformément au I de l'article 7 du décret n° 2020-1229 du 7 octobre 2020, les présentes dispositions entrent en vigueur le 31 décembre 2020.

....

SYNDICAT DES COPROPRIÉTAIRES | **ANNEXE N°1**
Adresse de l'immeuble

Etat financier après répartition au... (date de clôture de l'exercice)

I – SITUATION FINANCIÈRE ET TRÉSORERIE	Exercice précédent approuvé	Exercice clos		Exercice précédent approuvé	Exercice clos
Trésorerie 50 Fonds placés 51 Banques ou fonds disponibles en banque (1) 53 Caisse			Provisions et avances 102 Provisions pour travaux 103 Avances 1031 Avances de trésorerie 1032 Avances travaux 1033 Autres avances 131 Subventions en instance d'affectation 12 Solde en attente sur travaux ou opérations exceptionnelles		
Trésorerie disponible Total I			*Total I*		
II – CREANCES			DETTES		
	Exercice précédent approuvé	Exercice clos		Exercice précédent approuvé	Exercice clos
45 Copropriétaires – Sommes exigibles restant à recevoir (2) 459 Copropriétaires – créances douteuses (2) Comptes de tiers 42 à 44 Autres créances 46 Débiteurs divers 47 Compte d'attente 48 Comptes de régularisation			45 Copropriétaires – excédents versés (2) Comptes de tiers 40 Fournisseurs 42 à 44 Autres dettes 46 Créditeurs divers 47 Compte d'attente 48 Comptes de régularisation 49 Dépréciation des comptes de tiers (2)		
Total II			*Total II*		
Total général (I) + (II)			Total général (I) + (II)		

(1) Une somme affectée du signe « – » indique un découvert bancaire correspondant à une dette du syndicat
(2) Liste individualisée *(nom et montant)* ci-jointe

Emprunts : montant restant du		

(Ann. 1 mod. à compter du 1er janvier 2017, D. n° 2016-1914, 27 déc. 2016 : dans la partie « I. – SITUATION FINANCIÈRE ET TRÉSORERIE », à la rubrique « Provisions et avances » est ajouté le compte 105 « Fonds de travaux »)

ANNEXE 18

ANNEXE N°2

SYNDICAT DES COPROPRIÉTAIRES
Adresse de l'immeuble

Compte de gestion général de l'exercice clos réalisé (N) du ... au ...
et budget prévisionnel de l'exercice (N+2) du ... au ...

CHARGES POUR OPERATIONS COURANTES	Pour approbation des comptes			Pour le vote du budget prévisionnel	
	Exercice précédent approuvé	Exercice clos budget voté	Exercice clos réalisé à approuver	Budget prévisionnel en cours voté	Budget prévisionnel à voter
	N–1	N	N	N+1	N+2
60 Achats de matières et fournitures 601 Eau (compteur général) 602 Electricité 603 Chauffage, énergie et combustible 60 X Autres 61 Services extérieurs 611 Nettoyage des locaux 612 Locations immobilières 613 Locations mobilières 614 Contrats de maintenance 615 Entretien et petites réparations 616 Primes d'assurance 62 Frais d'administration 621 Rémunérations du syndic sur gestion copropriété 622 Autres honoraires du syndic 62... Autres (autres que 621 et 622) 63 Impôts et taxes 64 Frais de personnel					
Sous-total					
Solde (excédent s/opérations courantes affecté aux copropriétaires)					
Total I					

CHARGES POUR TRAVAUX ET AUTRES OPERATIONS EXCEPTIONNELLES			
661 Remboursement d'annuités d'emprunt 671 à 673 Travaux 677 Pertes sur créances irrécouvrables 678 Charges exceptionnelles 68 Dépréciations sur créances douteuses			
Solde (excédent)			
Total II			

PRODUITS POUR OPERATIONS COURANTES	Pour approbation des comptes			Pour le vote du budget prévisionnel	
	Exercice précédent	Exercice clos budget	Exercice clos réalisé à	Budget prévisionnel en	Budget prévisionnel à voter
	N–1	N	N	N+1	N+2
701 Provisions copropriétaires **711 Subventions sur frais de fonctionnement** **713 Indemnités d'assurances** **714 Produits divers** **716 Produits financiers**					
Sous-total					
Solde (insuffisance s/opérations courantes affectée aux copropriétaires)					
Total I					

PRODUITS POUR TRAVAUX ET AUTRES OPERATIONS EXCEPTIONNELLES			
702 Provisions pour travaux 703 Avances versées par les copropriétaires 704 Remboursement d'annuités d'emprunts Autres produits 711 Subventions sur travaux 712 Emprunts à utiliser sur travaux 713 Indemnités d'assurances 714 Produits divers 716 Produits financiers 718 Produits exceptionnels 78 Reprises de dépréciation sur créances douteuses			
Solde (Insuffisance)			
Total II			

Date et références du syndic

(Ann. 2 mod. à compter du 1er janvier 2017, D. n° 2016-1914, 27 déc. 2016 : dans la rubrique « PRODUITS POUR TRAVAUX ET AUTRES OPÉRATIONS EXCEPTIONNELLES » est ajouté le compte 705 « Affectation du fonds de travaux »)

SYNDICAT DES COPROPRIÉTAIRES **ANNEXE N°3**
Adresse de l'immeuble

Compte de gestion pour opérations courantes de l'exercice clos réalisé (N) du ..... au .....
et budget prévisionnel de l'exercice (N + 2) du ..... au .. ..

	CHARGES POUR OPÉRATIONS COURANTES				
	Pour approbation des comptes			Pour le vote du budget prévisionnel	
	Exercice précédent approuvé	Exercice clos budget voté	Exercice clos réalisé à approuver	Budget prévisionnel en cours voté	Budget prévisionnel à voter
	N – 1	N	N	N + 1	N + 2
Charges communes générales					
Charges (1)					
Produits Affectés (1) (2)					
Net					
Charges communes à un groupe d'immeubles					
Charges (1)					
Produits affectés (1) (2)					
Net					
Charges bâtiment					
Charges (1)					
Produits affectés (1) (2)					
Net					
Charges cage d'escalier ou d'entrée					
Charges (1)					
Produits affectés (1) (2)					
Net					
Charges d'ascenseurs					
Charges (1)					
Produits affectés (1) (2)					
Net					
Charges d'eau froide					
Charges (1)					
Produits affectés (1) (2)					
Net					
Charges d'eau chaude					
Charges (1)					
Produits affectés (1) (2)					
Net					
Charges de chauffage					
Charges (1)					
Produits affectés (1) (2)					
Net					
Charges de parkings					
Charges (1)					
Produits affectés (1) (2)					
Net					
(3)					
TOTAL CHARGES NETTES					
Provisions copropriétaires					
Solde (excédent ou insuffisance s/opérations courantes affecté aux copropriétaires)					

(1) A détailler par poste, par imputation, avec indication facultative des numéros de comptes
(2) Autres que les appels de provisions pour charges courantes
(3) Autre nature de charges

Date et références du syndic

ANNEXE 18

SYNDICAT DES COPROPRIÉTAIRES **ANNEXE N°4**

Adresse de l'immeuble

Compte de gestion pour travaux de l'article 14-2 et opérations exceptionnelles hors budget prévisionnel de l'exercice clos réalisés (N) du ... au ...

	Exercice clos dépenses volées (N)	Exercice clos réalisé à approuver (N)		
		DEPENSES	PROVISIONS APPELEES	SOLDE (4)
TRAVAUX DE L'ARTICLE 14-2				
TRAVAUX DE ... (2)				
Charges communes générales Charges (1) Produits Affectés (1) Net				
Charges communes à un groupe d'immeubles Charges (1) Produits Affectés (1) Net				
Charges bâtiment ou escalier Charges (1) Produits Affectés (1) Net (3)				
TOTAL TRAVAUX DE				
TRAVAUX DE .... (2) (3)				
TOTAL TRAVAUX DE				
TOTAL TRAVAUX ARTICLE 14-2				
OPERATIONS EXCEPTIONNELLES				
Charges communes générales Charges (1) Produits Affectés (1) Net				
Charges bâtiment Charges (1) Produits Affectés (1) Net (3)				
TOTAL OPERATIONS EXCEPTIONNELLES				

TOTAL TRAVAUX DE L'ART 14-2 ET OPERATIONS EXCEPTIONNELLES				

(1) A détailler par poste, par imputation, avec indication facultative des numéros de comptes
(2) A détailler par marché de travaux
(3) A détailler sur l'ensemble des clés de répartition concernées par le marché de travaux ou produits et charges exceptionnelles

(4) Excédent ou insuffisance

Date et références du syndic

(Ann. 4 mod. à compter du 1er janvier 2017, D. n° 2016-1914, 27 déc. 2016 : l'intitulé de la colonne : « PROVISIONS APPELÉES » est remplacé par l'intitulé suivant : « PROVISIONS APPELÉES, EMPRUNTS ET SUBVENTIONS REÇUS, AFFECTATION DU FONDS DE TRAVAUX »)

SYNDICAT DES COPROPRIÉTAIRES
Adresse de l'immeuble

ANNEXE N°5

ETAT DES TRAVAUX DE L'ARTICLE 14-2 ET OPERATIONS EXCEPTIONNELLES VOTES NON ENCORE CLOTURES A LA FIN DE L'EXERCICE DU ..., AU ...

	TRAVAUX VOTES (montant et date)	TRAVAUX PAYES (montant et date)	TRAVAUX REALISES (montant et date)	APPELS TRAVAUX, EMPRUNTS ET SUBVENTIONS RECUS (montant et date)	SOLDE EN ATTENTE SUR TRAVAUX	SUBVENTIONS ET EMPRUNTS A RECEVOIR (montant et date)
	A	B	C	D	E = D – C	F
TRAVAUX RAVALEMENT						
TRAVAUX TOITURE						
(1)						
TOTAL				(2)		

(1) A détailler par marchés de travaux ou opérations exceptionnelles et par clé de répartition
(2) Ce solde correspond au solde du compte 12 dans l'annexe n° 1

Date et références du syndic

(Ann. 5 mod. à compter du 1er janvier 2017, D. n° 2016-1914, 27 déc. 2016 : l'intitulé de la colonne : « APPELS TRAVAUX, EMPRUNTS ET SUBVENTIONS REÇUS (montant et date) » est remplacé par l'intitulé suivant : « PROVISIONS APPELÉES, EMPRUNTS ET SUBVENTIONS REÇUS, AFFECTATION DU FONDS DE TRAVAUX »).

Arrêté du 14 mars 2005
relatif aux comptes du syndicat des copropriétaires

TITRE PREMIER. – DISPOSITIONS GÉNÉRALES

Art. 1er. – Les écritures sont passées selon le système dit en partie double. Dans ce système, tout mouvement ou variation enregistré dans la comptabilité est représenté par une écriture qui établit une équivalence entre ce qui est porté au débit et ce qui est porté au crédit des différents comptes affectés par cette écriture.

Art. 2. – Le syndic tient le livre journal et le grand livre des comptes du syndicat.

Le livre journal, tenu selon les dispositions du décret n° 83-1020 du 29 novembre 1983, enregistre chronologiquement les opérations ayant une incidence financière sur le fonctionnement du syndicat.

Le grand livre des comptes regroupe l'ensemble des comptes utilisés par le syndicat, opération par opération.

Le livre journal et le grand livre des comptes sont cotés sans discontinuité. Un livre journal et un grand livre tenus sur supports informatiques numérotés et datés dès leur établissement, par des moyens offrant toute garantie en matière de preuve, peuvent tenir lieu de livre journal et de grand livre des comptes.

Des comptabilités auxiliaires peuvent être ouvertes en tant que de besoin.

Le syndic dite deux balances générales des comptes, l'une dite selon la nomenclature comptable du présent arrêté, l'autre selon les clés de répartition des charges prévues par le règlement de copropriété. Les deux balances sont en concordance.

Art. 3. – Les opérations sont enregistrées toutes taxes comprises dans les comptes dont l'intitulé correspond leur nature. Le montant et le taux des taxes sont indiqués lorsqu'un ou plusieurs copropriétaires ont déclaré être assujettis à la taxe sur la valeur ajoute (TVA).

Art. 4. – Tout enregistrement comptable comporte un libellé permettant une identification de la pièce justificative qui l'appuie, notamment date et numéro de facture, date et référence du paiement, période de l'appel de fonds et son objet.

La date à laquelle le paiement est intervenu peut être mentionne sur les factures, mémoires et situations.

Art. 5. – Les documents comptables sont tenus sans altération et sans blanc. Une écriture erronée est annulée par une écriture contraire.

Une procédure de clôture destinée à figer la chronologie et garantir l'intangibilité des enregistrements est mise en œuvre à la date d'arrêté des comptes.

TITRE II. – NOMENCLATURE ET FONCTIONNEMENT DES COMPTES DU SYNDICAT DES COPROPRIÉTAIRES

Art. 6. – La nomenclature des comptes est constituée par la liste des comptes classés, numérotés et définis par une terminologie et des règles de fonctionnement.

CHAPITRE I. – NOMENCLATURE DES COMPTES

Art. 7 *(Mod. à compter du 31 décembre 2020, A. 20 août 2020 : JO 9 oct. 2020 ; mod., A. 27 déc. 2016 ; à compter du 31 décembre 2020, A. 20 août 2020).* – Les comptes sont répartis comme suit :

Classe 1

Provisions, avances, subventions et emprunts

10 **Provisions et avances :**

- 102 Provisions pour travaux décidés
- 103 Avances

1031 Avances de trésorerie

1032 *(Supprimé)*

1033 Autres avances

- 105 Fonds de travaux
- 106 Provisions pour travaux au titre de la délégation de pouvoirs accordée au conseil syndical en application de l'article 21-1 de la loi susvisée

12 **Solde en attente sur travaux et opérations exceptionnelles**
12-1 Travaux décidés par l'assemblée générale
12-2 Travaux délégués au conseil syndical en application de l'article 21-1 de la loi susvisée
13 **Subventions :**
131 Subventions accordées en instance de versement

Classe 4

Copropriétaires et tiers

40 **Fournisseurs :**
- 401 Factures parvenues
- 408 Factures non parvenues
- 409 Fournisseurs débiteurs

42 **Personnel :**
421 Rémunérations dues
43 **Sécurité sociale et autres organismes sociaux :**
- 431 Sécurité sociale
- 432 Autres organismes sociaux

44 **État et collectivités territoriales :**
- 441 État et autres organismes-subventions à recevoir
- 442 État-impôts et versements assimilés
- 443 Collectivités territoriales-aides

45 **Collectivité des copropriétaires :**
- 450 Copropriétaire individualisé

Si l'assemblée générale en décide la création, les sous-comptes suivants :
450-1 Copropriétaire-budget prévisionnel
450-2 Copropriétaire-travaux de l'article 14-2 de la loi susvisée et opérations exceptionnelles
450-3 Copropriétaire-avances
450-4 Copropriétaire-emprunts
450-5 Copropriétaire-fonds de travaux
- 459 Copropriétaire – créances douteuses

46 **Débiteurs et créditeurs divers :**
- 461 Débiteurs divers
- 462 Créditeurs divers

47 **Compte d'attente :**
- 471 Compte en attente d'imputation débiteur
- 472 Compte en attente d'imputation créditeur

48 **Compte de régularisation :**
- 486 Charges payées d'avance
- 487 Produits encaissés d'avance

49 **Dépréciation des comptes de tiers :**
- 491 Copropriétaires
- 492 Personnes autres que les copropriétaires

Classe 5

Comptes financiers

50 **Fonds placés :**
- 501 Compte à terme
- 502 Autre compte

51 **Banques, ou fonds disponibles en banque pour le syndicat :**
- 512 Banques
- 514 Chèques postaux

53 **Caisse**

Classe 6

Comptes de charges

60 **Achats de matières et fournitures :**
- 601 Eau
- 602 Électricité
- 603 Chauffage, énergie et combustibles

- 604 Achats produits d'entretien et petits équipements
- 605 Matériel
- 606 Fournitures

61 **Services extérieurs :**
- 611 Nettoyage des locaux
- 612 Locations immobilières
- 613 Locations mobilières
- 614 Contrats de maintenance
- 615 Entretien et petites réparations
- 616 Primes d'assurances

62 **Frais d'administration et honoraires :**
- 621 Rémunérations du syndic sur gestion copropriété

6211 Rémunération du syndic
6212 Débours
6213 Frais postaux
- 622 Autres honoraires du syndic

6221 Honoraires travaux
6222 Prestations particulières
6223 Autres honoraires
- 623 Rémunérations de tiers intervenants
- 624 Frais du conseil syndical

63 **Impôts - taxes et versements assimilés :**
- 632 Taxe de balayage
- 633 Taxe foncière
- 634 Autres impôts et taxes

64 **Frais de personnel :**
- 641 Salaires
- 642 Charges sociales et organismes sociaux
- 643 Taxe sur les salaires
- 644 Autres (médecine du travail, mutuelles, etc.)

65 **Montant spécifique alloué au conseil syndical, au sein du budget prévisionnel, pour l'exercice de sa délégation de pouvoirs en application de l'article 21-1 de la loi susvisée**

66 **Charges financières des emprunts, agios ou autres :**
- 661 Remboursement d'annuités d'emprunt
- 662 Autres charges financières et agios

67 **Charges pour travaux et opérations exceptionnelles :**
- 671 Travaux décidés par l'assemblée générale
- 672 Travaux urgents
- 673 Études techniques, diagnostic, consultation
- 674 Travaux délégués au conseil syndical en application de l'article 21-1 de la loi susvisée
- 677 Pertes sur créances irrécouvrables
- 678 Charges exceptionnelles

68 **Dotations aux dépréciations sur créances douteuses**

Classe 7

Comptes de produits

70 **Appels de fonds :**
- 701 Provisions sur opérations courantes
- 702 Provisions sur travaux du I de l'article 14-2 et opérations exceptionnelles
- 703 Avances
- 704 Remboursements d'annuités d'emprunts
- 705 Affectation du fonds de travaux
- 706 Provisions au titre de la délégation de pouvoirs accordée au conseil syndical en application de l'article 21-1 de la loi susvisée

- 706-1 Provisions sur opérations courantes
- 706-2 Provisions sur travaux et opérations exceptionnelles

71 **Autres produits :**
- 711 Subventions
- 712 Emprunts
- 713 Indemnités d'assurances
- 714 Produits divers (dont intérêts légaux dus par les copropriétaires)
- 716 Produits financiers
- 718 Produits exceptionnels

78 **Reprises de dépréciations sur créances douteuses**

CHAPITRE II. – FONCTIONNEMENT DES COMPTES

Section I. – Règles générales d'utilisation des comptes

Art. 8. – Les classes de comptes et comptes retenus par les présentes règles spécifiques sont les seuls utilisables par le syndic pour l'enregistrement des opérations effectués par le syndicat des copropriétaires.

Les règles du plan comptable général des entreprises ne peuvent pas être appliquées pour détailler les comptes retenus par le présent plan comptable. Lorsque les comptes prévus par la présente nomenclature ne suffisent pas au syndicat pour enregistrer distinctement toutes ses opérations, il peut ouvrir toute subdivision nécessaire.

Art. 9 *(Mod., D. n° 2016-1278, 29 sept. 2016)*. – Aucune compensation ne doit être effectuée entre les comptes dont le solde est débiteur et les comptes dont le solde est créditeur.

Conformément à l'article 1242-10 du Code civil, les versements des copropriétaires sont affectés, à défaut d'indication contraire, au règlement de la dette la plus ancienne.

Section II. – Règles spéciales d'utilisation des comptes

Art. 10 *(Mod. à compter du 1er janvier 2017, A. 27 déc. 2016)*. – Les comptes sont utilisés selon les règles spéciales suivantes :

Classe 1

Provisions, avances, subventions et emprunts

Le compte 102 « Provisions pour travaux » est utilisé pour enregistrer les sommes appelées pour financer les travaux décidés par l'assemblée générale au titre du I de l'article 14-2 de la loi [n° 65-557] du 10 juillet 1965 susvisée en attendant le paiement des travaux correspondants, conformément au vote de l'assemblée générale des copropriétaires.

Il est crédité des provisions appelées par le débit du compte 450 « Copropriétaire individualisé » ou, s'il a été créé, du sous-compte 450-2 « Copropriétaires – travaux du I de l'article 14-2 et opérations exceptionnelles ». Il est débité par le crédit du compte 702 « Provisions pour travaux » au fur et à mesure de la réalisation des travaux.

Le compte 103 « Avances » est utilisé pour enregistrer les sommes réservées prévues au règlement de copropriété ou décidées par l'assemblée générale pour faire face aux dépenses courantes imprévues (compte 1031 « Avances de trésorerie ») et les sommes à valoir sur les travaux au titre de l'article 18, sixième alinéa de la loi n° 65-557 du 10 juillet 1965 (compte 1032).

Les comptes 1031, 1032 et 1033 sont crédités par le débit du compte 450 « Copropriétaire individualisé » ou, s'il a été créé, du sous-compte 450-3 « Copropriétaires – avances ».

Lorsque les travaux sont décidés et que leur financement est en partie réalisé par imputation des sommes figurant en avance pour travaux au compte 1032, le compte 1032 est débité du montant affecté à ce financement par le crédit du compte 102.

Lorsque les sommes figurant au compte 1031 ou éventuellement celles du compte 1033 sont utilisées en règlement de dépenses courantes ou imprévues, le compte 703 est crédité par le débit du compte 1031 ou du compte 1033 selon le cas, des sommes effectivement affectées au règlement de ces dépenses dans la limite du solde disponible de ces comptes.

Le compte 105 « Fonds de travaux » est utilisé pour enregistrer les sommes appelées au titre du II de l'article 14-2 de la loi [n° 65-557] du 10 juillet 1965 susvisée.

Il est crédité des provisions appelées par le débit du compte 450 « Copropriétaire individualisé » ou, s'il a été créé, du sous-compte 450-5 « Copropriétaire – fonds de travaux ».

Il est débité par le crédit du compte 705 « Affectation du fonds de travaux ».

Le compte 12 reçoit le solde des opérations sur travaux ou opérations exceptionnelles qui ne peuvent pas être clôturées en fin d'exercice.

Ce compte est débité en fin d'exercice par le crédit des comptes de charges pour travaux de l'article 14-2 et opérations exceptionnelles intéressés. Il est crédité à l'ouverture de l'exercice suivant par le débit des mêmes comptes.

Ce compte est crédité en fin d'exercice par le débit des comptes de produits sur travaux de l'article 14-2 et opérations exceptionnelles. Il est débité à l'ouverture de l'exercice suivant par le crédit de ces mêmes comptes.

Son solde et son détail apparaissent dans l'annexe n° 5 « État des travaux de l'article 14-2 et opérations exceptionnelles votés non encore clôturés à la fin de l'exercice ». Son solde est repris dans l'annexe n° 1 « État financier ».

Le compte 131 « Subvention accordée en instance de versement » est utilisé pour enregistrer, en fonction de leur origine, les subventions sur travaux notifiées au cours de l'exercice.

Il est crédité, au moment de la notification de la décision accordant la subvention, du montant de la participation accordée, par le débit, selon l'origine des fonds, du compte 441 « État-autres organismes-subventions à recevoir », ou du compte 443 « Collectivités territoriales-Aides ».

La constatation en produit au compte 711 est effectuée au fur et à mesure de la réalisation de la charge qu'elle couvre.

Classe 4

Copropriétaires et tiers

Les comptes de la classe 4 enregistrent les créances et les dettes afférentes au budget prévisionnel du syndicat ainsi que celles relatives aux opérations hors budget prévisionnel. Par extension, ils enregistrent les écritures de régularisation des charges et des produits.

Le compte 40 « Fournisseurs » comprend trois comptes : 401 « Factures parvenues », 408 « Factures non parvenues » et le compte 409 « Fournisseurs débiteurs ».

Le compte 401 « Factures parvenues » enregistre les factures et mémoires d'achats de biens et services du budget prévisionnel ainsi que les factures, mémoires et situations des travaux de l'article 14-2 et opérations exceptionnelles sans distinguer la nature des opérations. La nature des opérations est précisée par le libellé de l'écriture qui indique le compte de charges concerné.

Le compte 401 est crédité du montant des factures, mémoires, situations, parvenus avant la clôture de l'exercice, par le débit des comptes de charges concernés.

Le compte 408 « Factures non parvenues » enregistre le montant de fournitures réceptionnées, de prestations de services effectués ou de travaux réalisés au cours de l'exercice et dont la facture n'a pas été reçue au cours de l'exercice.

Le compte 409 « Fournisseurs débiteurs » enregistre les avances et acomptes versés sur commande. Il est débité du montant des avances et acomptes versés par le crédit d'un compte de trésorerie.

Le compte 45 « Collectivité des copropriétaires » regroupe l'ensemble des comptes 450 « Copropriétaire individualisé ».

Si l'assemblée générale le décide, le compte 450 est ventilé en quatre sous-comptes : 450-1 « Copropriétaire-budget prévisionnel », 450-2 « Copropriétaire-travaux de l'article 14-2 et opérations exceptionnelles », 450-3 « Copropriétaire-avances » et 450-4 « Copropriétaire-emprunts ».

Le compte 450 enregistre les créances et, le cas échéant, les dettes du syndicat à l'encontre de chacun des copropriétaires. Le libellé de l'écriture précise le nom du copropriétaire.

Le compte 450 « Copropriétaire individualisé » ou, s'il a été créé, le sous-compte 450-1 « Copropriétaire-budget prévisionnel » est débité du montant des provisions appelées par le crédit du compte 701 « Provisions sur opérations courantes ». Lors des règlements, il est crédité par le débit du compte de trésorerie. À l'arrêté des comptes, il est débité ou crédité de l'excédent ou de l'insuffisance sur opérations courantes par la contrepartie du compte 701.

Le compte 459 « Copropriétaire-créances douteuses » est débité par le crédit du compte 450 concerné au moment où la créance est considérée comme douteuse par le syndic.

Le compte 47 « Compte d'attente » doit être soldé à la fin de l'exercice ou à défaut justifié ligne à ligne.

Le compte 48 « Compte de régularisation » comprend deux comptes 486 « Charges constatées d'avance » et 487 « Produits encaissés d'avance ». Les charges ou produits se rapportant en totalité ou en partie à l'exercice suivant sont à inscrire dans ces comptes pour les montants correspondants.

Le compte 49 « Dépréciation des comptes de tiers » comprend deux comptes : 491 « Copropriétaires » et 492 « Personnes autres que les copropriétaires ». Ils enregistrent les montants qu'il est nécessaire de provisionner et qui correspondent aux sommes qui sont estimées définitivement perdues. Le montant à provisionner, pour le compte 491, résulte de la décision de l'assemblée générale de procéder à la saisie immobilière.

Le compte 49 « Dépréciation des comptes de tiers » est crédité par le débit du compte 68 « Dotation aux dépréciations sur créances douteuses » et il est débité par le crédit du compte 78 « Reprise de dépréciation sur créances douteuses ».

Classe 5

Comptes financiers

L'enregistrement comptable des emprunts se limite à traiter les flux de trésorerie correspondants. Les écritures sont les suivantes.

À réception des fonds empruntés, le compte 712 « Emprunt » est crédité par le débit du compte 51 « Banques, établissements financiers et assimilés » avec le libellé « Emprunt travaux ».

Préalablement au paiement de l'annuité dont le montant s'entend du capital et des intérêts :

- le compte 450 « Copropriétaire individualisé » ou, s'il a été créé, le sous-compte 450-4 « Copropriétaire-emprunt » est débité par le crédit du compte 704 « Remboursement des annuités d'emprunts » ;
- le compte 450 « Copropriétaire individualisé » ou, s'il a été créé, le sous-compte 450-4 « Copropriétaire-emprunts » est crédité par le débit du compte 51 au moment du paiement par les copropriétaires des sommes appelées en couverture des annuités d'emprunt.

Au moment du paiement des annuités d'emprunt :

Le compte 661 « Remboursement d'annuités d'emprunt » est débité de la totalité du montant de l'annuité par le crédit du compte 51 « Banques ».

Le montant des annuités restant dû à la clôture de l'exercice au titre de l'emprunt est porté sur l'état financier (annexe n° 1 du décret n° 2005-240 du 14 mars 2005 relatif aux comptes du syndicat des copropriétaires).

TITRE III. – INFORMATION DES COPROPRIÉTAIRES

Art. 11. – Les documents comptables sont établis au nom du syndicat avec l'adresse de l'immeuble. Ils précisent leur contenu et la référence de l'exercice comptable auquel ils se rapportent.

Le syndic tient à disposition, à l'occasion de toute vérification, le grand livre, le livre journal, les deux balances et, le cas échéant, les journaux auxiliaires.

Les rubriques utilisées pendant l'exercice pour l'enregistrement des opérations sont reproduites clairement dans les documents dressés pour l'information des copropriétaires. Il en est de même pour les codes comptables, sauf pour l'établissement des annexes n°s 3 et 4.

ANNEXE 19

COMPTEURS

I. – Individualisation des contrats de fourniture d'eau .... p. 1157
II. – Mise en place de compteurs individuels d'eau froide dans les copropriétés .... p. 1159
III. – Individualisation des frais de chauffage .... p. 1159

Bibliographie : P. Maes, *Individualiser les factures d'eau dans les copropriétés : Inf. rap. copr.* juill.-août 2003, p. 22. • V. Valin-Stein, *Copropriété : faut-il installer des compteurs d'eau individuels ? : Le Particulier immobilier* janv. 2004, p. 45. • A. Chosson et D. Rodrigues, *L'individualisation des contrats de fourniture d'eau : AJDI* 2003, p. 743. • F. Juery, *Eau, Faites barrage au gaspillage : Le Particulier immobilier* mars 2005, p. 28. • P. Turenne, *Mesurer pour économiser : Inf. rap. copr.* mai 2015, p. 29. • G. Gil, *Histoires d'eau : Administrer* juin 2020, p. 11.

Voir : Sur le problème de l'individualisation de la fourniture d'eau, L. 10 juill. 1965, art. 25 *m*, p. 428 et , art. 26 *d*, p. 469.

I. – INDIVIDUALISATION DES CONTRATS DE FOURNITURE D'EAU

Loi n° 2000-1208 du 13 décembre 2000
relative à la solidarité et au renouvellement urbains (loi « SRU »)

Art. 93 *(Mod., L. n° 2006-1772, 30 déc. 2006)*. – **Tout service public de distribution d'eau destinée à la consommation humaine est tenu de procéder à l'individualisation des contrats de fourniture d'eau à l'intérieur des immeubles collectifs à usage principal d'habitation et des ensembles immobiliers de logements dès lors que le propriétaire en fait la demande.**

La souscription d'un contrat individuel avec le service public de distribution d'eau s'impose alors à tout occupant pour bénéficier de la fourniture d'eau. Ce contrat ne concerne pas la fourniture d'eau chaude sanitaire.

Lorsqu'elle émane d'un propriétaire bailleur, la demande est précédée d'une information complète des locataires sur la nature et les conséquences techniques et financières de l'individualisation des contrats de fourniture d'eau et fait l'objet, s'il y a lieu, d'un accord défini par l'article 42 de la loi n° 86-1290 du 23 décembre 1986 tendant à favoriser l'investissement locatif, l'accession à la propriété de logements sociaux et le développement de l'offre foncière.

Le propriétaire qui a formulé la demande prend en charge les études et les travaux nécessaires à l'individualisation des contrats de fourniture d'eau, notamment la mise en conformité des installations aux prescriptions du Code de la santé publique et la pose de compteurs d'eau.

Les conditions d'organisation et d'exécution du service public de distribution d'eau doivent être adaptées pour préciser les modalités de mise en œuvre de l'individualisation des contrats de fourniture d'eau, dans le respect de l'équilibre économique du service conformément à l'article L. 2224-1 du Code général des collectivités territoriales. Lorsque la gestion des compteurs des immeubles concernés par l'individualisation n'est pas assurée par la collectivité responsable du service public ou son délégataire, cette gestion est confiée à un organisme public ou privé compétent conformément aux dispositions du Code des marchés publics.

Un décret en Conseil d'État précise les conditions d'application du présent article.

Décret n° 2003-408 du 28 avril 2003

pris en application de l'article 93 de la loi n° 2000-1208 du 13 décembre 2000
et relatif à l'individualisation des contrats de fourniture d'eau

Art. 1er. – La personne morale, de droit public ou privé, chargée de l'organisation du service public de distribution d'eau adapte les conditions d'organisation et d'exécution de ce service afin de permettre l'individualisation des contrats de fourniture d'eau.

Les règles applicables aux conditions d'organisation et d'exécution de ce service définissent notamment les relations entre l'exploitant du service de distribution d'eau et les abonnés, les modalités de fourniture de l'eau, les obligations du service, les règles applicables aux abonnements, les conditions de mise en service des branchements et compteurs et les modalités de paiement des prestations et fournitures d'eau.

L'adaptation à laquelle la personne morale chargée de l'organisation du service public de distribution d'eau doit procéder porte notamment sur les prescriptions techniques que doivent respecter les installations de distribution d'eau des immeubles collectifs d'habitation et des ensembles immobiliers de logements, et qui sont nécessaires pour procéder à l'individualisation des contrats de fourniture d'eau, dans le respect des dispositions du Code de la santé publique.

Ces prescriptions ne peuvent ni imposer la pose d'un seul compteur par logement, ni exiger que les compteurs soient placés à l'extérieur des logements.

Cette adaptation doit intervenir dans un délai de neuf mois à compter de la publication du présent décret.

Art. 2. – Le propriétaire de l'immeuble collectif d'habitation ou de l'ensemble immobilier de logements, titulaire du contrat de fourniture d'eau, qui souhaite individualiser ce contrat adresse une demande à cette fin à la personne morale chargée de l'organisation du service public de distribution d'eau.

Cette demande est accompagnée d'un dossier technique qui comprend notamment une description des installations existantes de distribution d'eau en aval du ou des compteurs servant à la facturation au regard des prescriptions mentionnées au troisième alinéa de l'article 1er. Il comprend également, le cas échéant, le projet de programme de travaux destinés à rendre ces installations conformes à ces prescriptions.

Cette demande est adressée par lettre recommandée avec demande d'avis de réception ou par tout autre moyen présentant des garanties équivalentes.

Art. 3. – La personne morale chargée de l'organisation du service public de distribution d'eau dispose d'un délai de quatre mois à compter de la date de réception de la demande complète mentionnée à l'article 2 pour vérifier si les installations décrites dans le dossier technique respectent les prescriptions mentionnées au troisième alinéa de l'article 1er. Elle précise au propriétaire, le cas échéant, les modifications à apporter au projet présenté pour respecter ces prescriptions. Elle peut à cette fin faire procéder à une visite des lieux, sans que le délai de quatre mois mentionné à l'alinéa précédent puisse être prolongé pour ce motif.

Elle peut, en tant que de besoin, demander au propriétaire des éléments d'information complémentaires relatifs à l'installation. La réponse du propriétaire apportant ces éléments d'information déclenche à nouveau le délai de quatre mois mentionné au premier alinéa.

Elle adresse au propriétaire les modèles des contrats destinés à remplacer le ou les contrats en cours, ainsi que les conditions d'organisation et d'exécution du service public de distribution d'eau.

Art. 4. – Le propriétaire qui décide de donner suite au projet informe les locataires occupant les logements qui sont concernés et peut conclure avec eux l'accord mentionné à l'article 42 de la loi du 23 décembre 1986 susvisée.

Art. 5. – Le propriétaire adresse à la personne morale chargée de l'organisation du service public de distribution d'eau une confirmation de sa demande d'individualisation des contrats de fourniture d'eau. Le dossier technique mentionné à l'article 2 et tenant compte, le cas échéant, des modifications mentionnées à l'article 3 est annexé à cet envoi. Le propriétaire indique également les conditions dans lesquelles les locataires ont été informés du projet et l'échéancier prévisionnel de réalisation des travaux. Cet envoi est adressé par lettre recommandée avec demande d'avis de réception ou par tout autre moyen présentant des garanties équivalentes.

Art. 6. – La personne morale chargée de l'organisation du service public procède à l'individualisation des contrats de fourniture d'eau dans un délai de deux mois à compter de la réception de la confirmation de la demande mentionnée à l'article 5 ou, si des travaux sont nécessaires, à compter de la réception des travaux notifiée par le propriétaire. Toutefois, le propriétaire et la personne morale chargée de l'organisation du service public peuvent convenir d'une autre date pour l'individualisation de ces contrats.

II. – MISE EN PLACE DE COMPTEURS INDIVIDUELS D'EAU FROIDE DANS LES COPROPRIÉTÉS

Code de la construction et de l'habitation

Art. L. 152-3 *(Mod. à compter du 1er juillet 2021, Ord. n° 2020-71, 29 janv. 2020)*. – Toute nouvelle construction de bâtiment à usage principal d'habitation comporte une installation permettant de déterminer la quantité d'eau froide fournie à chaque local occupé à titre privatif ou à chaque partie privative d'un lot de copropriété ainsi qu'aux parties communes, le cas échéant.

Les logements-foyers ne sont pas soumis aux dispositions du précédent alinéa.

Un décret précise les conditions d'application du présent article.

……………………………………………………………………………………………

Art. D. 152-1 *(Aj., D. n° 2021-872, 30 juin 2021)*. – L'installation permettant de déterminer la quantité d'eau froide dans les immeubles à usage principal d'habitation, mentionnée à l'article L. 152-3, doit être compatible avec une relève de la consommation d'eau froide sans qu'il soit nécessaire de pénétrer dans les locaux occupés à titre privatif. Cette installation répond aux prescriptions du décret n° 2001-387 du 3 mai 2001 relatif au contrôle des instruments de mesure.

Observations. L'article L. 152-3 du Code de la construction et de l'habitation rend obligatoire l'installation de compteurs d'eau dans toute nouvelle construction d'immeuble à usage principal d'habitation. L'article D. 152-1 dispose que cette installation doit être compatible avec une relève de la consommation d'eau froide sans qu'il soit nécessaire de pénétrer dans les locaux occupés à titre privatif. Le décret n° 2007-796 du 10 mai 2007 précise que ce type d'installation est exigible pour les constructions pour lesquelles une demande de permis de construire est déposée à compter du 1er novembre 2007.

L'article 25 de la loi n° 65-557 du 10 juillet 1965 fixant le statut de la copropriété des immeubles bâtis prévoit que l'individualisation de la consommation d'eau par la pose d'appareils de mesure de la consommation des lots raccordés est votée à la majorité des voix de tous les copropriétaires. Si la majorité de l'article 25 n'est pas réunie, la loi prévoit un processus de décision simplifié. Ainsi, si la décision de pose de compteurs a été accueillie favorablement par le tiers des voix de tous les copropriétaires composant le syndicat, l'article 25-1 précise que la même assemblée peut décider à la majorité prévue à l'article 24, à savoir la majorité des voix exprimées des seuls copropriétaires présents et représentés, en procédant immédiatement à un second vote. Si la décision de pose de compteurs n'a pas recueilli au moins le tiers des voix de tous les copropriétaires, une nouvelle assemblée générale, convoquée dans le délai maximal de trois mois, peut statuer à la majorité de l'article 24. Dans ces conditions, la réglementation en vigueur facilite suffisamment l'installation de compteurs individuels d'eau par les copropriétaires qui le souhaitent, il n'est pas envisagé de rendre obligatoire la mise en place de compteurs individuels d'eau froide répondant aux caractéristiques de l'article R. 135-1 (devenu art. R. 152-1) dans les copropriétés antérieures au 1er novembre 2007 (Rép. min. : *JOAN* Q 11 sept. 2012, p. 5015).

III. – INDIVIDUALISATION DES FRAIS DE CHAUFFAGE

Sur ce point Annexes 15, *V° Chauffage*, p. 1069.

ANNEXE 20

CONCIERGES ET EMPLOYÉS D'IMMEUBLES

Bibliographie : A. Duflot, *Le statut social des concierges, entre protection et ambiguïté : Inf. rap. copr.* oct. 2004, p. 15. • L. Le Scornet, *Les concierges vont-ils disparaître ? : Le Particulier immobilier* févr. 2005, p. 16. • F. Pelletier, *Pourquoi nous devons garder nos gardiens : Le particulier immobilier*, juin 2009, p. 12. • *Propositions en vue de la revalorisation du métier de gardien d'immeuble :* Rapport au ministre du Logement et de la Ville présenté par le groupe de travail constitué sous la présidence de Françoise et Philippe Pelletier, oct. 2008. • L. Le Scornet, *Comment se séparer de son gardien d'immeuble : Le particulier immobilier* févr. 2012, p. 50. • C. Jaffuel, *Le concierge de copropriété : Inf. rap. copr.* mai 2012, p. 21. • P. Turenne, *Gardien-concierge : un licenciement strictement encadré : Inf. rap. copr.* oct. 2015, p. 29. • G. Dedessus-Le-Moustier, *La prévention des risques pour les gardiens et concierges : Inf. rap. copr.* mai 2016, p. 13. • J. Hainaut, *Comment faire sans concierge ? : Inf. rap. copr.* juill.-août 2016, p. 29. • J. Colonna et V. Renaux-Personnic, *Concierge et gardien d'immeubles : Inf. rap. copr.* oct. 2018, p. 13. • S. Gazzo-Marfisi, *Le statut du gardien concierge : Inf. rap. copr.* janv.-févr. 2019, p. 73 (1re partie) et mars 2019, p. 16 (2e partie). • J. Colonna et V. Renaux-Personnic, *Concierges et gardiens d'immeuble : Numéro spécial Gardiens-concierges et employés d'immeubles : Inf. rap. copr.* juill.-août 2019, p. 9. • D. Rodrigues, *La place du gardien en copropriété : Inf. rap. copr.* juill.-août 2019, p. 15. • C. Jaffuel, *Le harcèlement du concierge de copropriété : Inf. rap. copr.* juill.-août 2019, p. 19. • J. Hocquard, *Le syndicat des copropriétaires employeurs et le plan de prévention des risques professionnels : Inf. rap. copr.* juill.-août 2019, p. 23. • C. Saint-Didier, *La retraite du concierge : Inf. rap. copr.* juill.-août 2019, p. 29. • G. Gil, *La suppression du service de conciergerie et la vente de la loge : Inf. rap. copr.* juill.-août 2019, p. 31. • A. Djigo, *Le concierge de la copropriété est-il un salarié protégé ? : Loyers et copr.* nov. 2019, étude 8. • N. Levray, *Gardiens d'immeubles et concierges : vers un renouveau ? : Inf. rap. copr.* sept. 2022, p. 9. • B. Hugou, *Le gardien de l'immeuble : Actes prat. ing. immobilière* 2022, n° 4, dossier 33.

1) Renseignements pratiques.
Organisations syndicales patronales. Groupement des sociétés immobilières d'investissement, 18, rue de Vienne, 75008 Paris. Tél. : 01.45.22.29.63.

• Organe du Syndicat national indépendant des gardiens d'immeubles et concierges (SNIGIC-UFT), 39, rue Vivienne, 75002 Paris. Tél. : 01.42.36.69.25.

• Syndicat des sociétés immobilières françaises, 37, rue de Rome, 75008 Paris. Tél. : 01.45.22.24.24.

• Union patronale de la propriété immobilière (UNPI), 11, quai Anatole-France, 75007 Paris. Tél. : 01.44.11.32.42.47.

Organisations syndicales des salariés. S'adresser aux grandes centrales syndicales ouvrières.

I – TEXTES APPLICABLES

2) Code du travail. *a) Dans sa partie législative*, les articles L. 7211-1 à L. 7215-1 sont plus spécialement consacrés aux concierges et employés d'immeubles à usage d'habitation.

• l'article L. 7211-2 précise que sont considérés comme concierges et employés d'immeubles à usage d'habitation les salariés employés à la garde, à la surveillance et à l'entretien de l'immeuble ;

• l'article L. 7211-3 rend applicables aux concierges et employés d'immeubles les dispositions relatives :

1° Au harcèlement moral prévues aux articles L. 1152-1 et suivants du Code du travail, au harcèlement sexuel prévues aux articles L. 1153-1 et suivants ainsi qu'à l'exercice en justice par les organisations syndicales des actions qui naissent du harcèlement en application de l'article L. 1154-2 ;

2° Aux absences pour maladie ou accident, prévues à l'article L. 1226-1 ;

3° Au repos hebdomadaire, prévues par les articles L. 3132-1 et suivants ;

4° Aux jours fériés, prévues par les articles L. 3133-1 et suivants ;

5° Aux congés pour événements familiaux, prévus par les articles L. 3142-1 et suivants ;

6° Au mode de paiement des salaires prévu par les articles L. 3241-1 et suivants.

• l'article L. 72212-1 prévoit le sort du logement en cas de congédiement ;

• les articles L. 7213-1 à 7213-7 édictent des dispositions spécifiques en matière de congés payés ;

• l'article L. 7215-1 déclare expressément les prud'hommes compétents en cas de litige ;

• l'article L. 7213-1 a trait à la surveillance médicale de cette catégorie de salariés.

b) Dans sa partie réglementaire (décrets en Conseil d'État) :

• les articles R. 7213-1 à R. 7213-14 sont consacrés aux congés payés ;

• les articles R. 7215-1 à R. 7215-3 traitent des litiges nés du contrat de travail et des prud'hommes ;

• les articles R. 7214-1 à R. 7214 21 et R. 7216-1 à R. 7216-9 (sanctions pénales) organisent la surveillance médicale spécifique à cette catégorie de salariés.

3) La convention collective nationale. Une convention collective nationale a été signée le 11 décembre 1979 (1).

Le 14 janvier 1994 est intervenu un accord modifiant les dispositions de cette convention relatives à la classification, aux conditions d'emploi et aux salaires.

Étendu par arrêté ministériel du 19 septembre 1994 (*JO* 25 sept.), cet accord est devenu applicable par tous les employeurs, qu'ils soient ou non adhérents aux syndicats signataires, à compter du 1er janvier 1995.

Deux avenants sont intervenus récemment, qui modifient de nombreuses dispositions de la Convention nationale :

– tout d'abord l'avenant 73 du 6 octobre 2008, rendu obligatoire pour tous les employeurs à compter du 1er mai 2009 par un arrêté du 9 avril 2009 (*JO* 17 avr.)

– puis l'avenant 74, conclu le 27 avril 2009, et rendu obligatoire à compter du 1er février 2010 par un arrêté du 24 décembre 2009 (*JO* 5 janv. 2010).

Ce dernier avenant opère une réécriture de la convention, dont on trouvera le nouveau texte ci-dessous. Cet avenant a donné lieu à des commentaires élaborés en commun par trois fédérations de syndics (UNIS, SNPI et FNAIM) et deux organisations d'employeurs signataires de ce texte : UNPI et ANCC (V. ce commentaire in Rev. habitat français, févr. 2010, p. 24 et s.).

Depuis lors cette convention a fait l'objet de plusieurs avenants.

Remarque : Le texte complet de la convention, dans sa version en cours peut être consulté sur le site Legifrance (interroger : « Convention collective nationale des gardiens concierges et employés d'immeubles »).

4) Sécurité sociale. Les gardiens, concierges et employés d'immeubles sont obligatoirement assujettis, immatriculés et affiliés à la Sécurité sociale. Ils cotisent sur la rémunération réelle, compte tenu des avantages en nature, aux taux et selon les modalités de droit commun.

Les gardiens, concierges et employés d'immeubles bénéficient, à titre obligatoire, d'un régime de retraite complémentaire.

Tous les salariés concernés doivent donc être affiliés, dès la première heure de travail et jusqu'à soixante-cinq ans, soit :

– à la CRIP, 5, avenue du Général-de-Gaulle, La Défense 11, Puteaux Cedex, tél. 01.47.76.42.91, qui possède des antennes dans tous les départements, sauf dans les trois départements suivants : Isère, Savoie, Haute-Savoie ;

– à la CRIPA, 47, avenue Raynouard, 38029 Grenoble Cedex, pour l'Isère, la Savoie et la Haute-Savoie.

Ils sont également obligatoirement affiliés au régime UNEDIC.

II – OBLIGATION DE GARDIENNAGE ET DE SURVEILLANCE DE CERTAINS IMMEUBLES

5) Renvoi. V. Annexe 57, *Surveillance et sécurité des immeubles*, p. 1475.

III – PROTECTION DES GARDIENS CONTRE LES VIOLENCES

6) Renvoi. V. Annexe 57, *Surveillance et sécurité des immeubles*, p. 1475.

(1) La CCN de travail des gardiens, concierges et employés d'immeubles fait l'objet d'un fascicule n° 3144 en vente à la direction des Journaux officiels, 26, rue Desaix, 75727 Paris Cedex 15. Ce fascicule est vendu avec mises à jour.

ANNEXE 20-1

COPROPRIÉTÉS DÉGRADÉES

I. – Opérations de requalification .... p. 1163
II. – Expropriation .... p. 1166
III. – Immeuble en copropriété inclus dans le périmètre d'une opération programmée d'amélioration de l'habitat .... p. 1167
IV. – Copropriété concernée par un plan de sauvegarde .... p. 1167

Bibliographie : D. Begriche et D. Rodrigues, *Loi habitat dégradée : principale mesure* : *Inf. rap. copr.* mai 2024, p. 17 ; *Ann. loyers* 2024, p. 19.

I. – OPÉRATIONS DE REQUALIFICATION

Code de la construction et de l'habitation

Titre IV. – Traitement des difficultés des copropriétés dégradées

Chapitre unique. – Opérations de requalification des copropriétés dégradées

Art. L. 741-1 ***(Mod., L. n° 2024-322, 9 avr. 2024).*** **– Des opérations de requalification des copropriétés dégradées peuvent être mises en place par l'État, les collectivités territoriales ou leurs groupements pour lutter contre l'indignité et la dégradation des immeubles en copropriété.**

Ces opérations sont menées sur un périmètre défini par l'État, les collectivités territoriales ou leurs groupements dans le cadre d'un projet urbain et social pour le territoire concerné ou d'une politique locale de l'habitat. Elles peuvent inclure des monopropriétés.

Chaque opération fait l'objet d'une convention entre personnes publiques, dont, le cas échéant, l'opérateur chargé de la mise en œuvre est signataire, qui prévoit tout ou partie des actions suivantes :

1° Un dispositif d'intervention immobilière et foncière, incluant des actions d'acquisition, de travaux et de portage de lots de copropriété ;

2° Un plan de relogement et d'accompagnement social des occupants ;

3° La mobilisation des dispositifs coercitifs de lutte contre l'habitat indigne ;

4° La mise en œuvre des actions prévues à l'article L. 303-1 ;

5° Le cas échéant, la mise en œuvre d'un plan de sauvegarde prévu à l'article L. 615-1 du présent code ainsi que de la procédure d'administration provisoire renforcée prévue à l'article 29-11 de la loi n° 65-557 du 10 juillet 1965 fixant le statut de la copropriété des immeubles bâtis ;

6° La mise en œuvre d'actions ou d'opérations d'aménagement, au sens de l'article L. 300-1 du Code de l'urbanisme, intégrant les objectifs de l'opération ;

L'opération de requalification de copropriétés peut donner lieu à l'instauration du droit de préemption urbain renforcé prévu à l'article L. 211-4 du même code, qui peut être délégué à l'opérateur chargé de la mise en œuvre

de l'opération. L'instauration du droit de préemption urbain renforcé peut être assortie de l'obligation de joindre un rapport relatif à la salubrité et à la sécurité du bien établi par les autorités compétentes et transmis selon les modalités prévues à l'article L. 213-2 dudit code. Pour obtenir la réalisation de ce rapport, le vendeur peut se prévaloir des dispositions de l'article 25-1 A de la loi n° 2000-321 du 12 avril 2000 relative aux droits des citoyens dans leurs relations avec les administrations.

Pour assurer le relogement, à titre temporaire ou définitif, des occupants des logements dans les copropriétés situées dans le périmètre des opérations mentionnées au premier alinéa du présent article, le maire et le président de l'établissement public de coopération intercommunale, signataires de la convention prévue au troisième alinéa du présent article, peuvent user des prérogatives qu'ils tiennent des troisième et avant-dernier alinéas de l'article L. 521-3-3 du présent code.

Art. L. 741-2 *(Mod., L. n° 2024-322, 9 avr. 2024)*. – L'État peut déclarer d'intérêt national, au sens de l'article L. 102-12 du Code de l'urbanisme, une opération de requalification de copropriétés dégradées, dont il définit le périmètre par décret en Conseil d'État, si l'opération de requalification présente des enjeux majeurs en matière d'habitat dégradé, une complexité de traitement particulière et nécessite de lourds investissements, et si le droit de préemption urbain renforcé assorti de l'obligation mentionnée à l'avant-dernier alinéa de l'article L. 741-1 du présent code a été instauré et que la commune s'est engagée formellement à le déléguer à l'opérateur chargé de la mise en œuvre de l'opération d'intérêt national. Le décret en Conseil d'État est pris après avis du représentant de l'État dans la région et après consultation de l'établissement public de coopération intercommunale à fiscalité propre compétent en matière d'opérations d'aménagement ou de la métropole de Lyon, des communes, des départements et des régions dont le territoire est inclus en tout ou partie dans le périmètre de l'opération ainsi que, le cas échéant, des établissements publics de coopération intercommunale compétents en matière d'habitat concernés. L'avis intervient dans un délai de trois mois à compter de la saisine et est réputé favorable s'il n'est pas intervenu à l'expiration de ce délai.

Pour assurer le relogement, à titre temporaire ou définitif, des occupants des logements dans les copropriétés situées dans le périmètre des opérations d'intérêt national mentionnées au premier alinéa du présent article, sur proposition de l'opérateur chargé de conduire l'opération, le représentant de l'État dans le département peut user des prérogatives qu'il tient de l'article L. 441-2-3, de même que le maire et le président de l'établissement public de coopération intercommunale, signataires de la convention prévue à l'article L. 741-1, de celles qu'ils tiennent des troisième et quatrième alinéas de l'article L. 521-3-3.

Afin de faciliter la mise en œuvre des dispositifs coercitifs de lutte contre l'habitat indigne prévus au 3° de l'article L. 741-1, lorsque l'établissement public foncier chargé de conduire l'opération mentionnée au premier alinéa du présent article ou, le cas échéant, un autre opérateur désigné par l'État pouvant être délégataire du droit de préemption effectue un signalement auprès des personnes publiques disposant des prérogatives de police spéciale dans le cadre des actions d'acquisition, qui lui sont confiées en vertu du 1° de l'article L. 741-1, concernant un immeuble ou un logement situés dans le périmètre de l'opération, le déplacement d'un agent pour établir un rapport doit intervenir dans un délai d'un mois à compter du signalement.

La conduite de l'opération mentionnée au premier alinéa du présent article est définie aux 1° et 2° de l'article L. 321-1-1 du Code de l'urbanisme.

Art. L. 741-3 *(Aj., L. n° 2024-322, 9 avr. 2024)*. – I. – Lorsqu'un immeuble ou un ensemble immobilier soumis au statut de la copropriété des immeubles bâtis est inclus dans le périmètre d'une opération de requalification des copropriétés dégradées régie par les articles L. 741-1 ou L. 741-2 et que sa gestion et son fonctionnement normal sont compromis en raison de graves difficultés d'entretien ou d'administration résultant notamment de défaillances récurrentes des copropriétaires ou de complexités juridiques ou techniques, l'opérateur peut saisir le juge afin qu'il constate que ces difficultés menacent la poursuite de l'opération et qu'il désigne un expert chargé, aux frais de l'opérateur, de déterminer les conditions matérielles, juridiques et financières de la division du syndicat de copropriétaires ou de la constitution d'un ou de plusieurs syndicats de copropriétaires secondaires.

II. – Le syndic et l'opérateur fournissent sans délai à l'expert, et en tout état de cause au plus tard à la date fixée par la décision ordonnant l'expertise, les documents nécessaires à l'accomplissement de sa mission.

III. – L'expert établit notamment la répartition des parties communes du syndicat des copropriétaires initial, les projets de règlement de copropriété et les états descriptifs de division des nouveaux syndicats des copropriétaires, dresse un état des créances et des dettes du syndicat initial et en établit la répartition selon les principes définis aux 1° et 2° du II de l'article 28 de la loi n° 65-557 du 10 juillet 1965 fixant le statut de la copropriété des immeubles bâtis.

Dans un délai de trois mois, renouvelable une fois, à compter de sa désignation, l'expert adresse au juge et à l'opérateur un rapport présentant les préconisations faites pour opérer la scission du syndicat ou la création d'un ou de plusieurs syndicats secondaires et, le cas échéant, pour assurer la sécurité et la division de l'immeuble ainsi que le résultat des actions de médiation ou de négociation qu'il a éventuellement menées avec les parties en cause.

L'opérateur notifie ce rapport au syndic, au conseil syndical lorsqu'il en est constitué un ainsi qu'au représentant de l'État dans le département.

IV. – Si l'expertise révèle que des travaux préalables sont nécessaires pour réaliser la constitution d'un syndicat des copropriétaires secondaire ou les divisions prévues au présent article, le juge peut autoriser l'opérateur à les réaliser.

Si la division en volumes s'avère nécessaire, le rapport de l'expert établit que l'immeuble ou l'ensemble immobilier peut être scindé en volumes sans parties communes indivises et fonctionnant de façon autonome.

V. – Lorsqu'il résulte du rapport de l'expert que la division nécessaire à la réussite des objectifs poursuivis par l'opération en cours générerait un partage inégal des parties communes du syndicat des copropriétaires initial entre les syndicats créés, l'opérateur notifie aux copropriétaires lésés une offre d'indemnité dans les conditions et selon les règles prévues au Code de l'expropriation pour cause d'utilité publique.

VI. – Au vu des conclusions du rapport de l'expert, et ayant fait le constat que les conditions requises pour l'engagement de la procédure prévue au présent article sont remplies, le juge peut prononcer aux conditions qu'il fixe :

1° Soit la constitution d'un ou de plusieurs syndicats secondaires ;

2° Soit la division du syndicat.

Il désigne, pour chaque syndicat des copropriétaires issu des divisions prévues au présent article ou pour chaque syndicat secondaire constitué en application du présent article, la personne chargée de convoquer l'assemblée générale en vue de la désignation d'un syndic.

Il homologue les nouveaux règlements de copropriété et les états descriptifs de division des syndicats issus de la division ou les modifications du règlement de copropriété résultant de la constitution d'un syndicat secondaire.

S'il y a lieu, il ordonne la création d'une union ou d'une association syndicale libre des syndicats issus de la division, en vue de la création, de la gestion et de l'entretien des éléments d'équipements communs qui ne peuvent être divisés.

En cas de désaccord des parties sur le montant de l'indemnité prévue au V, il fixe l'indemnité comme en matière d'expropriation pour cause d'utilité publique.

La division emporte la dissolution du syndicat initial au jour de son prononcé par le juge.

Art. L. 741-4 ***(Aj., L. n° 2024-322, 9 avr. 2024).*** **– I. – Lorsqu'un immeuble soumis au statut de la copropriété des immeubles bâtis est inclus dans le périmètre d'une opération de requalification des copropriétés dégradées régie par les articles L. 741-1 ou L. 741-2 et que l'inclusion de l'immeuble dans le périmètre d'une association syndicale libre régie par l'ordonnance n° 2004-632 du 1er juillet 2004 relative aux associations syndicales de propriétaires ainsi que, le cas échéant, par le chapitre II du titre II du livre III du Code de l'urbanisme engendre des difficultés de gestion, de fonctionnement normal ou financières ou des complexités juridiques qui font obstacle à la poursuite de l'opération, l'opérateur peut saisir le juge afin qu'il en fasse le constat et qu'il désigne un expert chargé de déterminer les conditions matérielles, juridiques et financières de la distraction de l'immeuble ou, lorsque l'opération porte sur un ou plusieurs immeubles représentant une part majoritaire du périmètre de l'association, de la dissolution de l'association. L'opérateur notifie ce rapport aux membres de l'association syndicale.**

II. – Au vu des conclusions du rapport de l'expert, s'il fait le constat que les conditions requises pour l'engagement de la procédure prévue au présent article sont remplies, le juge peut prononcer, aux conditions qu'il fixe :

1° Soit la distraction de l'immeuble ;

2° Soit la dissolution de l'association syndicale.

III. – En cas de dissolution, les conditions de la dévolution du passif et de l'actif sont déterminées soit par les statuts du syndicat, soit, à défaut, par un liquidateur nommé par le juge. Elles doivent tenir compte des droits des

tiers. Dans le cas de la dissolution comme dans celui de la distraction, les propriétaires membres de l'association sont redevables de leur quote-part des dettes de l'association contractées durant leur période d'adhésion jusqu'à leur extinction totale.

IV. – En cas de distraction, les éventuels frais relatifs à la modification des statuts ou de tout acte nécessaire pour constater les conséquences de cette distraction sont à la charge de l'opérateur.

II. – EXPROPRIATION

Code de l'expropriation pour cause d'utilité publique

Art. L. 523-1 *(Aj., L. n° 2024-322, 9 avr. 2024)*. – Dans le périmètre d'une opération de requalification des copropriétés dégradées mise en place en application des articles L. 741-1 ou L. 741-2 du Code de la construction et de l'habitation, l'État peut, par décret pris sur avis conforme du Conseil d'État, autoriser la prise de possession anticipée de tout ou partie d'un ou de plusieurs immeubles dégradés ou dangereux dont l'acquisition est prévue pour la réalisation d'une opération d'aménagement déclarée d'utilité publique, lorsque des risques sérieux pour la sécurité des personnes rendent nécessaire ladite prise de possession et qu'un plan de relogement des occupants a été établi.

Art. L. 523-2 *(Aj., L. n° 2024-322, 9 avr. 2024)*. – La prise de possession a lieu dans les conditions prévues au chapitre Ier du présent titre, sous réserve des articles L. 522-3, L. 522-4 et L. 523-3 à L. 523-7.

Art. L. 523-3 *(Aj., L. n° 2024-322, 9 avr. 2024)*. – Par dérogation à l'article L. 521-2, l'accès à l'immeuble des agents du maître de l'ouvrage peut être autorisé par un arrêté du représentant de l'État dans le département indiquant le nom de la commune, la dénomination de l'opération de requalification des copropriétés dégradées et des syndicats de copropriétaires concernés, le numéro des parcelles d'assise des bâtiments dégradés et, le cas échéant, le numéro des lots de copropriété faisant l'objet de la prise de possession ainsi que le nom de leurs propriétaires.

Un plan désignant les bâtiments ou les parties de bâtiments concernés est annexé à l'arrêté.

L'arrêté est notifié par le représentant de l'État dans le département au bénéficiaire de la déclaration d'utilité publique et au maire de la commune dans laquelle sont situés les immeubles ou les droits réels immobiliers. Le bénéficiaire de la déclaration d'utilité publique est chargé de la notification aux syndicats de copropriétaires, aux copropriétaires et aux occupants connus. Les modalités d'affichage et de notification de cet arrêté ainsi que les conditions dans lesquelles il est procédé à l'état des lieux et de leur occupation sont précisées par décret en Conseil d'État. Les frais relatifs à l'état des lieux et de l'occupation peuvent être mis à la charge du bénéficiaire de la déclaration d'utilité publique.

Art. L. 523-4 *(Aj., L. n° 2024-322, 9 avr. 2024)*. – Par dérogation à l'article L. 314-7 du Code de l'urbanisme, le délai dans lequel l'occupant doit faire connaître son acceptation ou son refus de l'offre de relogement qui lui est due en application de l'article L. 423-2 du présent code est d'un mois, faute de quoi il est réputé l'avoir acceptée.

Art. L. 523-5 *(Aj., L. n° 2024-322, 9 avr. 2024)*. – Lorsque des risques pour la sécurité des personnes rendent nécessaires des travaux qui requièrent l'éviction provisoire ou définitive des occupants des logements, ces occupants sont relogés dans les conditions prévues aux articles L. 314-2 ou L. 314-3 du Code de l'urbanisme.

Art. L. 523-6 *(Aj., L. n° 2024-322, 9 avr. 2024)*. – L'article L. 521-7 n'est pas applicable aux opérations de requalification des copropriétés dégradées.

Art. L. 523-7 *(Aj., L. n° 2024-322, 9 avr. 2024)*. – Si la prise de possession intervient avant le transfert de propriété, les droits de jouissance et les baux relatifs aux immeubles ou aux droits réels immobiliers libérés en application de la procédure prévue au présent chapitre sont éteints de plein droit à compter du relogement ou du départ volontaire définitif des occupants.

III. – IMMEUBLE EN COPROPRIÉTÉ INCLUS DANS LE PÉRIMÈTRE D'UNE OPÉRATION PROGRAMMÉE D'AMÉLIORATION DE L'HABITAT

Code de la construction et de l'habitation

Art. L. 303-1-1 *(Aj., L. n° 2024-322, 9 avr. 2024)*. – Lorsqu'un immeuble ou un ensemble immobilier soumis au statut de la copropriété des immeubles bâtis est inclus dans le périmètre d'une opération programmée d'amélioration de l'habitat prévue à l'article L. 303-1 et que la poursuite de cette opération, si celle-ci poursuit un objectif de redressement et de transformation des copropriétés dégradées, nécessite de procéder à la division du syndicat des copropriétaires ou à la création de syndicats de copropriétaires secondaires, le représentant de l'État dans le département ou l'une des collectivités territoriales signataires de la convention prévue au même article L. 303-1 peut, avec l'accord du représentant de l'État dans le département, demander au syndic d'inscrire à l'ordre du jour de la prochaine assemblée générale le projet de division du syndicat des copropriétaires ou de création de syndicats de copropriétaires secondaires.

Le premier alinéa du présent article n'est applicable qu'aux opérations prévoyant des dispositifs d'accompagnement social des occupants et des propriétaires ainsi que d'intervention immobilière et foncière, incluant des actions d'acquisition, de travaux et de portage de lots de copropriété. L'immeuble concerné doit également présenter un état de dégradation compromettant sa conservation. Cet état est constaté par un rapport d'expert établi aux frais de l'État ou de l'une des collectivités signataires de la convention.

Lorsque le projet de division du syndicat des copropriétaires ou de création de syndicats de copropriétaires secondaires n'a pas été adopté par l'assemblée des copropriétaires, le syndic en informe les signataires de la convention.

À réception de cette information, l'une des collectivités territoriales, avec l'accord du représentant de l'État dans le département, ou le représentant de l'État dans le département signataires de la convention peut, après avis des autres signataires, saisir le juge afin qu'il :

1° Constate que cette abstention compromet la poursuite de l'opération programmée d'amélioration de l'habitat prévue à l'article L. 303-1 ainsi que la conservation de l'immeuble compris dans son périmètre ;

2° Désigne, aux frais du demandeur, un expert chargé de la mission prévue à l'article L. 741-3.

Le rôle dévolu par le même article L. 741-3 à l'opérateur d'opération de requalification des copropriétés dégradées est alors confié au demandeur, qui peut le déléguer à un opérateur. La division ne peut conduire au partage inégal prévu au V dudit article L. 741-3.

IV. – COPROPRIÉTÉ CONCERNÉE PAR UN PLAN DE SAUVEGARDE

Renvoi. V. Annexe 12, *Carence du syndicat*, p. 1039.

ANNEXE 21

COPROPRIÉTÉS EN DIFFICULTÉS

Sur les procédures applicables aux copropriétés en difficulté, voir :

– Carence du syndicat (Annexe 12), p. 1039 ;
– Copropriétés dégradées (Annexe 20-1), p. 1163.

Arrêté du 8 octobre 2015

fixant la rémunération applicable au mandataire *ad hoc* et à l'administrateur provisoire désignés en matière de copropriétés en difficulté

NOR : JUSC1517480A

(JO 11 Oct. 2015)

Chapitre Ier. – Le mandataire *ad hoc*

Art. 1er. – La rémunération forfaitaire revenant au mandataire *ad hoc* en application des dispositions de l'article 61-1-4 du décret [n° 67-223] du 17 mars 1967 susvisé est fixée à :

1 500 euros (HT) pour les copropriétés comportant de 2 à 15 lots ;
2 500 euros (HT) pour les copropriétés comportant de 16 à 50 lots ;
3 000 euros (HT) pour les copropriétés comportant de 51 à 100 lots ;
4 000 euros (HT) pour les copropriétés comportant de 101 à 250 lots ;
5 000 euros (HT) pour les copropriétés comportant de 251 à 350 lots ;
6 000 euros (HT) pour les copropriétés comportant de 351 à 499 lots.

Au-delà de 499 lots de copropriété, il est fait application des dispositions du deuxième alinéa de l'article 61-1-4 du décret [n° 67-223] du 17 mars 1967 susvisé.

Art. 2 *(Mod. à compter du 1er janvier 2020, D. n° 2019-966, 18 sept. 2020)*. – En cas de succession de missions par le même professionnel, la rémunération HT due au titre de la mission de mandat *ad hoc* en application des dispositions de l'article 1er est réduite de 25 % conformément aux dispositions du quinzième alinéa de l'article 61-1-5 du décret [n° 67-223] du 17 mars 1967 susvisé.

Si la rémunération due au titre de la mission de mandat *ad hoc* a été arrêtée par ordonnance du président du tribunal judiciaire, la réduction de 25 % viendra en déduction de la rémunération à percevoir au titre de la mission d'administration provisoire, conformément aux dispositions du quinzième alinéa de l'article 61-1-5 du décret [n° 67-223] du 17 mars 1967 susvisé.

Chapitre II. – L'administrateur provisoire

Art. 3. – Par dérogation aux articles 4 à 15, lorsque la copropriété comporte 500 lots et plus, l'entière rémunération de l'administrateur provisoire est fixée par le juge en fonction des frais engagés et des diligences accomplies.

Art. 4. – Le droit fixe mentionné au premier alinéa du I de l'article 61-1-5 du décret [n° 67-223] du 17 mars 1967 susvisé est fixé à la somme de 1 500 euros HT.

Art. 5. – Il est alloué à l'administrateur provisoire pour la gestion courante de la copropriété un droit fixe de 10 euros HT par lot et par mois.

Pour les copropriétés comportant de 2 à 15 lots, ce droit fixe est de 150 euros (HT) par mois à compter de la deuxième année de gestion.

Art. 6. – **Il est alloué à l'administrateur provisoire pour la vérification des créances autres que salariales, un droit fixe de 50 euros HT par créance vérifiée.**

Il lui est en outre alloué un droit fixe de 100 euros HT par créance contestée en application du II de l'article 29-4 de la loi [n° 65-557] du 10 juillet 1965 susvisée.

Art. 7. – **Il est alloué à l'administrateur provisoire un droit fixe de 150 euros HT par :**

requête aux fins de prorogation de la suspension de l'exigibilité des créances déposée en application de l'article 62-16 du décret [n° 67-223] du 17 mars 1967 susvisé ;

requête aux fins de maintien ou de résiliation de contrat déposée en application du III de l'article 29-3 de la loi [n° 65-557] du 10 juillet 1965 et de l'article 62-21 du décret [n° 67-223] du 17 mars 1967 susvisés.

Art. 8. – **I. – Il est alloué à l'administrateur provisoire un droit fixe de :**

300 euros (HT) par réunion avec le conseil syndical organisée et tenue par l'administrateur provisoire ;

450 euros (HT) par an et par instance introduite ou reprise devant une juridiction dans laquelle l'administrateur provisoire est présent ou représenté, hors dépôt d'une requête en injonction de payer.

II. – À compter du cinquième procès-verbal établi, il est alloué à l'administrateur provisoire un droit fixe de 300 euros (HT) par procès-verbal dans la limite de 8 procès-verbaux par an.

III. – Il lui est alloué pour la préparation, les convocations et la tenue des assemblées générales un droit fixe de :

380 euros (HT) pour les copropriétés comprenant de 2 à 20 copropriétaires ;

550 euros (HT) pour les copropriétés comprenant de 21 à 80 copropriétaires ;

900 euros (HT) pour les copropriétés comprenant de 81 à 200 copropriétaires.

Lorsque la copropriété comprend plus de 200 copropriétaires, la rémunération de l'administrateur provisoire est fixée par le juge en fonction des frais engagés et des diligences accomplies.

Art. 9. – **I. – Il est alloué à l'administrateur provisoire pour l'établissement du plan d'apurement des dettes prévu au I de l'article 29-5 de la loi [n° 65-557] du 10 juillet 1965 susvisée un droit fixe de :**

1 000 euros (HT) pour les copropriétés comportant de 2 à 20 lots ;

2 000 euros (HT) pour les copropriétés comportant de 21 à 50 lots ;

3 000 euros (HT) pour les copropriétés comportant de 51 à 499 lots.

II. – Il est alloué à l'administrateur provisoire en cas de requête formée en application du IV de l'article 29-5 de la loi [n° 65-557] du 10 juillet 1965 susvisée un droit fixé égal à la moitié de celui prévu au I.

III. – Il est alloué à l'administrateur provisoire un droit fixe de 100 euros (HT) par contestation du plan d'apurement des dettes formée par un créancier en application du cinquième alinéa de l'article 29-4 de la loi [n° 65-557] du 10 juillet 1965 susvisée.

Art. 10. – **L'administrateur provisoire perçoit un droit proportionnel de 3,5 % calculé sur le montant hors taxe des dépenses courantes au sens de l'article 14-1 de la loi [n° 65-557] du 10 juillet 1965 susvisée acquittées par la copropriété, lorsque le budget prévisionnel de la copropriété n'excède pas 15 000 euros.**

Ce droit proportionnel est de 3 % lorsque le budget prévisionnel de la copropriété excède 15 000 euros.

Art. 11. – **Il est alloué à l'administrateur provisoire un droit proportionnel calculé sur le montant total hors taxes des travaux mentionnés à l'article 44 du décret [n° 67-223] du 17 mars 1967 susvisé ou des travaux urgents au sens de l'article 37 du même décret votés en assemblée générale ou décidés par l'administrateur provisoire en vertu des pouvoirs de l'assemblée générale que le juge lui a confiés en application des dispositions du deuxième alinéa de l'article 29-1 de la loi [n° 65-557] du 10 juillet 1965 susvisée, fixé selon le barème suivant :**

2 % de 1 à 12 500 euros ;

1,5 % de 12 501 à 25 000 euros ;

1 % au-delà de 25 000 euros.

Ces dispositions ne s'appliquent pas en cas d'administration provisoire renforcée.

Il a été précisé que l'assiette de la rémunération de l'article 5 de l'arrêté de 2015 est le lot. On ne peut lui substituer la notion de copropriétaire. Par ailleurs, l'arrêté ne distingue pas entre lots principaux et accessoires. Ainsi, même si la gestion de places de parking ne doit pas représenter un travail considérable, on ne peut, sans ajouter aux dispositions de l'arrêté, prévoir que l'assiette de la rémunération de l'administrateur soit limitée aux seuls lots principaux (■ CA Bordeaux, 3 mai 2022, n° 20/02933).

Art. 12. – Il est alloué à l'administrateur provisoire un droit proportionnel calculé sur le prix total de cession hors taxe d'un actif cessible en application des dispositions de l'article 29-6 de la loi [n° 65-557] du 10 juillet 1965 susvisée fixé selon le barème suivant :

5 % de 0 à 15 000 euros ;
4 % de 15 001 à 50 000 euros ;
3 % de 50 001 à 150 000 euros ;
1,5 % de 150 001 à 300 000 euros ;
1 % au-delà de 300 000 euros.

Art. 13. – Sans préjudice des dispositions prévues aux articles 4 à 12 et à l'article 14, en cas d'expropriation d'un syndicat dans les conditions prévues aux dispositions du quatrième alinéa du I de l'article 29-1 de la loi [n° 65-557] du 10 juillet 1965 susvisée, il est alloué à l'administrateur provisoire un droit proportionnel calculé sur le montant cumulé des sommes encaissées par l'ensemble des créanciers selon le barème suivant :

3,5 % de 0 à 15 000 euros ;
2,5 % de 15 001 euros à 50 000 euros ;
1,5 % de 50 001 euros à 150 000 euros ;
0,5 % de 150 001 euros à 300 000 euros ;
0,25 % au-delà de 300 000 euros.

Art. 14. – Pour l'application de la deuxième phrase du quinzième alinéa de l'article 61-1-5 du décret [n° 67-223] du 17 mars 1967 susvisé, les actes pouvant faire l'objet d'une rémunération non soumise aux droits fixes et proportionnels prévus par le présent arrêté sont les suivants :

- la reconstitution de la comptabilité du syndicat de copropriétaires lorsque celle-ci n'était pas tenue conformément aux dispositions du décret [n° 2005-240] du 14 mars 2005 susvisé par le précédent syndic ou lorsqu'elle était inexistante ;
- la gestion administrative et matérielle des sinistres, hors déclaration de sinistre et déduction faite des sommes versées par l'assureur à l'administrateur provisoire au titre de la couverture des diligences effectuées par lui dans le cadre du règlement d'un sinistre ;
- l'ensemble des diligences accomplies en cas de mutation d'un lot de copropriété ;
- l'ensemble des diligences accomplies en vue du recouvrement d'une créance justifiée à l'encontre d'un copropriétaire ;
- les actes accomplis en application des dispositions du V de l'article 29-5 et des articles 29-6 à 29-10 de la loi [n° 65-557] du 10 juillet 1965 susvisée ;
- les réunions d'information des copropriétaires tenues par l'administrateur provisoire ;
- les réunions organisées par le maire de la commune de situation de l'immeuble, le président de l'établissement public de coopération intercommunale compétent en matière de l'habitat, le représentant de l'État dans le département, leurs représentants respectifs ou leurs prestataires, auxquelles l'administrateur provisoire participe ;
- les actes accomplis dans le cadre du placement de la copropriété sous administration provisoire renforcée conformément aux dispositions de l'article 29-11 de la loi [n° 65-557] du 10 juillet 1965 susvisée.

Art. 15. – Lorsque la rémunération calculée en application des droits proportionnels prévus aux articles 11, 12 et 13 excède la somme de 75 000 euros (HT), il est fait application pour la fixation de cette rémunération, des deuxième et troisième alinéas du III de l'article 61-1-5 du décret [n° 67-223] du 17 mars 1967 susvisé.

ANNEXE 22

COVID-19

À la suite de la pandémie de COVID-19, plusieurs dispositions ont été prises en matière de copropriété, pour permettre l'adaptation des règles de fonctionnement du syndicat de copropriétaires pendant toute la période pendant laquelle le virus continuerait de produire ses effets.

I. – INTERVENTIONS SUCCESSIVES DU LÉGISLATEUR

A. – Ordonnance n° 2020-304 du 25 mars 2020

Le texte originaire est l'ordonnance n° 2020-304 du 25 mars 2020 (*JOAN* 26 mars).

Il a fait l'objet de divers commentaires :

– C. Coutant-Lapalus, *De l'impossibilité de réunir une assemblée générale de copropriétaires : une incidence du COVID 19 en copropriété : Loyers et copr.* avr. 2020, étude 1 (1re partie) ; *Loyers et copr.* mai 2020, étude 3 (2e partie).

– A. Lebatteux, *Guide pratique pour les copropriétaires à l'épreuve du COVID 19 : zoom sur les ordonnances du 25 mars 2020 : Loyers et copr.* avr. 2020, étude 2.

– L. Guégan-Gélinet, *L'ordonnance n° 2020-304 du 25 mars 2020 et le renouvellement du contrat de syndic pendant la période de pandémie du Covid-19 : Rev. loyers* 2020, p. 173.

– C. Ivars, *Les copropriétés à l'épreuve de la crise sanitaire : Administrer* avr. 2020, p. 7.

– J.-M. Roux, *La crise du COVID 19 dans la copropriété : Inf. rap. copr.* avr.-mai 2020, p. 15.

– J.-M. Roux, *La copropriété à l'heure du COVID 19 : Ann. Loyers* mai 2020, p. 49.

– GRECCO : *Préconisation n° 8 du 18 avril 2020 concernant la tenue en présentiel des assemblées générales en période d'épidémie du virus et postérieurement à cette période : Administrer* mai 2020, p. 19. – *Préconisation n° 9 du 18 avril 2020 concernant la tenue à distance des assemblées générales en période d'épidémie du virus COVID 19 : Administrer* mai 2020, p. 20.

B. – Ordonnance n° 2020-460 du 22 avril 2020

L'ordonnance du 22 avril 2020 (*JO* 23 avr. 2020) a modifié et complété l'article 22 de l'ordonnance précitée du 25 mars 2020.

V. sur cette ordonnance :

– J.-R. Bouyeure, *Commentaire des dispositions de l'ordonnance n° 2020-460 du 22 avril 2020 relative au mandat du syndic et au conseil syndical et réflexions sur d'autres difficultés relatives au droit de la copropriété : Administrer*, mai 2020, p. 9 ;

– P. Battistini, *COVID 19, précisions sur le renouvellement du contrat de syndic et la suspension des délais : LPA* 29 mai 2020, p. 10 ;

– L. Guégan-Gélinet, *COVID 19, le renouvellement du contrat de syndic et de la désignation du conseil syndical après l'ordonnance du 22 avril 2020 : Rev. loyers* mai 2020, p. 228.

– P.-E. Lagraulet, *Règles applicables au contrat de syndic de copropriété : JCP* G 2020, n° 18, act. 547.

C. – Ordonnance n° 2020-595 du 20 mai 2020

L'ordonnance du 20 mai 2020 (*JO* 21 mai 2020, texte n° 6) a de nouveau modifié les dispositions de l'ordonnance du 25 mars 2020 concernant le droit de la copropriété. Des précisions concernant l'application de cette ordonnance ont été apportées par un rapport au Président de la République publié au *Journal officiel* du 30 mai 2020.

V. sur ce texte :

P. Battistini, *Crise sanitaire : les régimes des renouvellements des contrats de syndic et des mandats des conseillers syndicaux sont figés : LPA* 1er juill. 2020, p. 20 ;

L. Guégan-Gélinet, *Les assemblées générales sans présence physique des copropriétaires et le renouvellement du contrat du syndic après l'ordonnance du 20 mai 2020 : Rev. loyers*, juin 2020, p. 272.

J.-M. Roux, *L'ordonnance du 20 mai 2020 : de la durée des mandats et des assemblées à distance : Inf. rap. copr.*, juin 2020, p. 5.

Rapport au Président de la République

relatif à l'ordonnance n° 2020-595 du 20 mai 2020 portant modification de l'ordonnance n° 2020-304 du 25 mars 2020

(JO 30 mai 2020)

Un Rapport rectificatif au Président de la République publié au *JO* du 30 mai 2020 a apporté des précisions concernant l'application de l'ordonnance n° 2020-595 du 20 mai 2020, qui a modifié (en dernier lieu) les dispositions en matière de copropriété figurant dans l'ordonnance n° 2020-304 du 25 mars 2020. On trouvera ci-dessous un extrait de ce rapport.

....

L'article 13 modifie le titre II de l'ordonnance n° 2020-304 relatif aux dispositions en matière de copropriété.

Tout d'abord, dans un souci d'harmonisation de l'ensemble des dispositions dérogatoires relatives à la copropriété, l'article 22 de l'ordonnance n° 2020-304 qui permet le renouvellement de plein droit du **contrat de syndic** qui expire ou a expiré entre le 12 mars 2020 et l'expiration d'un délai 2 mois à compter de la date de la cessation de l'état d'urgence sanitaire, jusqu'à la prise d'effet du nouveau contrat du syndic désigné par la prochaine assemblée générale des copropriétaires, est modifié. Ces dispositions sont désormais applicables lorsque le contrat de syndic expire ou a expiré entre le 12 mars et le 23 juillet 2020 inclus, et le délai dans lequel la prise d'effet du nouveau contrat de syndic doit intervenir est à présent fixé au 31 janvier 2021.

De la même manière, les délais prévus à l'article 22-1 de l'ordonnance n° 2020-304 relatif au renouvellement automatique des **mandats confiés aux membres du conseil syndical** jusqu'à la prochaine assemblée générale des copropriétaires, sont modifiés. Désormais, cette disposition est applicable au mandat de membre du conseil syndical qui expire ou a expiré entre le 12 mars et le 23 juillet 2020 inclus et la prochaine assemblée générale se prononçant sur la désignation des membres du conseil syndical doit intervenir au plus tard le 31 janvier 2021.

En outre, en raison de l'épidémie de Covid-19 et des interdictions de regroupement qu'elle entraîne, les copropriétés se trouvent dans l'impossibilité matérielle de tenir des **assemblées générales** dans des conditions normales. Cette situation étant amenée à perdurer au-delà de la période d'état d'urgence sanitaire, il est important de permettre aux syndicats de copropriétaires de prendre les décisions nécessaires au bon fonctionnement des copropriétés sans qu'il y ait lieu de convoquer une assemblée générale par présence physique, ce que la loi du 10 juillet 1965 et son décret d'application ne permettent pas. Dès lors, il est apparu nécessaire de permettre la tenue d'assemblées générales totalement dématérialisées.

Il est ainsi créé un article 22-2 s'insérant dans l'ordonnance n° 2020-304 ouvrant la possibilité au syndic de **convoquer une assemblée générale, sans présence physique,** les copropriétaires pouvant alors participer à l'assemblée par visioconférence, ou voter par correspondance.

Cet article prévoit également de permettre, dans les hypothèses où le recours à la visioconférence ne serait pas possible, que les décisions du syndicat des copropriétaires soient prises au seul moyen du **vote par correspondance**.

Il est en outre permis au syndic qui aurait déjà convoqué une assemblée générale d'avoir recours à ces nouvelles possibilités à condition d'en informer les copropriétaires au moins 15 jours avant la tenue de cette assemblée. Il parait également nécessaire que ce dispositif puisse s'appliquer jusqu'au **31 janvier 2021**, au même titre que les autres dispositions dérogatoires relatives à la copropriété.

Pour compléter le dispositif, il est créé trois articles dérogeant pour la même période à certaines dispositions du décret du 17 mars 1967.

L'article 22-3, aménage les **règles de convocation et de tenue des assemblées générales** lorsqu'il est fait application du dispositif prévu à l'article 22-2.

L'article 22-4, permet d'augmenter jusqu'à 15 % au lieu de 10 % le nombre de voix dont peut disposer le mandataire qui reçoit plus de trois **délégations de vote** de copropriétaires.

L'article 22-5, enfin, permet le recours à la **visioconférence** sans qu'il soit nécessaire que l'assemblée générale ait décidé au préalable des modalités de sa mise en œuvre.

Il est prévu que les **articles 22-2 à 22-5 insérés dans l'ordonnance n° 2020-304 entrent en vigueur le 1er juin 2020**, date à laquelle les dispositions relatives au vote par correspondance prévu par l'ordonnance n° 2019-1101 du 30 octobre 2019 portant réforme du droit de la copropriété entreront en vigueur.

....

OBSERVATIONS SUR L'ORDONNANCE DU 20 MAI 2020

Les principaux apports de cette ordonnance sont les suivants :

1) Renouvellement du contrat de syndic

L'ordonnance du 25 mars 2020 (art. 22) prévoyait le renouvellement de plein droit du contrat de syndic expirant ou qui avait expiré entre le 12 mars 2020 et l'expiration d'un délai de 2 mois à compter de la date de la cessation de l'état d'urgence sanitaire, jusqu'à la prise d'effet du nouveau contrat de syndic désigné par la prochaine assemblée générale.

Ces dispositions deviennent applicables lorsque le contrat de syndic expire ou a expiré entre le 12 mars et le 23 juillet 2020 inclus. D'autre part le délai dans lequel la prise d'effet du nouveau contrat de syndic doit intervenir est fixé au plus tard au 31 janvier 2021.

2) Renouvellement des membres du conseil syndical

L'article 22-1 de l'ordonnance du 25 mars 2020 fixait des délais concernant le renouvellement automatique des mandats des membres du conseil syndical jusqu'à la prochaine assemblée générale des copropriétaires.

Ces dispositions deviennent applicables au mandat des conseillers syndicaux expirant ou qui ont expiré entre le 12 mars et le 23 juillet 2020 inclus. La prochaine assemblée générale appelée à désigner les membres du conseil syndical doit se tenir au plus tard le 31 janvier 2021.

3) Tenue dématérialisée des assemblées générales

a) L'ordonnance du 20 mai 2020 permet au syndic de convoquer une assemblée générale à laquelle les copropriétaires peuvent participer sans présence physique par visioconférence, ou en votant par correspondance (art. 22-2).

L'article 22-5 permet au syndic de décider par lui-même des moyens et supports techniques permettant de participer à cette assemblée non présentielle par visioconférence ou audioconférence, ou tout autre moyen de communication électronique, jusqu'à ce que l'assemblée ait pu elle-même se prononcer à ce sujet.

b) Les règles de convocation et de tenue de l'assemblée sont aménagées par l'article 22-3 dans le cas, visé par l'article 22-2, où le syndic décide que les copropriétaires ne participeront pas à l'assemblée par présence physique.

c) L'article 22-4 fixe à 15 % (au lieu de 10 % en temps normal) le nombre de voix dont peut disposer le mandataire qui reçoit plus de 3 délégations de vote.

4) Date d'entrée en vigueur.

Les articles 22 à 22-5 nouveaux de l'ordonnance du 25 mars 2020 entrent en vigueur le 1er juin 2020.

Ce dispositif restera applicable jusqu'au **31 janvier 2021.**

D. – Ordonnance n° 2020-1400 du 18 novembre 2020

L'ordonnance n° 2020-1400 du 18 novembre 2020 reprend, en les adaptant, certaines des mesures de l'ordonnance du 25 mars 2020, précitée. Elle est prise en application de la loi du 14 novembre 2020, qui proroge l'état d'urgence sanitaire jusqu'au 16 février 2021 *(L. n° 2020-1379, 14 nov. 2020 : JO 15 novembre 2020).* Elle est accompagnée d'un décret (D. n° 2020-1405 : *JO* 19 nov. 2020), qui adapte également les règles applicables aux juridictions de l'ordre judiciaire statuant en matière non pénale.

Ces dispositions s'appliquent aux juridictions judiciaires qui statuent en matière non pénale jusqu'à l'expiration d'un délai d'un mois après la cessation de l'état d'urgence sanitaire (donc *a priori* jusqu'au 16 mars 2021). Elles s'appliquent aux instances en cours dès le 20 novembre 2020.

Ce texte adapte notamment certaines règles de procédure civile pour permettre le maintien de l'activité des juridictions civiles, sociales et commerciales.

L'ordonnance du 25 mars 2020 a permis la tenue d'assemblées générales totalement dématérialisées mais aussi la prise de décision du syndicat des copropriétaires par le mode exclusif du vote par correspondance, et le renouvellement automatique des mandats des organes de la copropriété expirés durant la première période de confinement. Ces dispositions doivent en principe cesser de s'appliquer à compter du 31 janvier 2021. Or, les conditions sanitaires et les mesures restrictives qu'elles impliquent rendent nécessaire le maintien de ces dispositifs ou leur adaptation.

Ce texte :

– **prévoit le renouvellement du contrat de syndic et du mandat des membres du conseil syndical** qui ont expiré entre le 29 octobre 2020 et le 31 décembre 2020. Ce renouvellement s'opère jusqu'à la prise d'effet du nouveau contrat du syndic désigné par la prochaine assemblée générale des copropriétaires ou, pour les conseillers syndicaux, jusqu'à cette prochaine assemblée générale. Ce renouvellement automatique n'a pas lieu si l'assemblée générale a désigné entre-temps un nouveau syndic ou de nouveaux membres du conseil syndical. L'assemblée générale doit intervenir au plus tard le 31 janvier 2021 ;

- **prolonge jusqu'au 1er avril 2021** la possibilité de tenir une AG dématérialisée.

Les dispositions de l'ordonnance du 25 mars 2020 offraient jusqu'alors au syndic de copropriété une marge de manœuvre et d'appréciation des circonstances, qui lui permettait de convoquer une assemblée générale des copropriétaires dans des conditions ordinaires et de convertir cette assemblée présentielle en assemblée dématérialisée ou en prise de décisions selon la voie exclusive du vote par correspondance, sous la seule condition d'en informer l'ensemble des copropriétaires au moins 15 jours avant la date prévue de l'assemblée. Pour adapter ce dispositif à la survenue d'une seconde période de confinement à compter de 29 octobre 2020, cette ordonnance écarte cette condition d'information préalable des copropriétaires au moins 15 jours avant la date de l'assemblée générale dans des hypothèses, circonscrites, où la survenue des mesures de restrictions n'a pu être anticipée et ne permet plus au syndic de respecter ce délai de prévenance. Ainsi, pour toute assemblée convoquée entre le 29 octobre 2020 et le 4 décembre 2020, le syndic pourra informer à tout moment les copropriétaires qu'ils prendront leurs décisions par le moyen exclusif du vote par correspondance et qu'ils bénéficient à cette fin d'un nouveau délai pour lui transmettre leurs formulaires de vote *(V. JCP N 2020, n° 47, Act. 961).*

V. sur cette ordonnance, C. Coutant-Lapalus, *COVID 19 et copropriétés : adaptation des mesures d'exception : Loyers et copr.* janv. 2021, Focus 1 et *JCP* N 2020, n° 49, Aperçu rapide 979. - P. Battistini, *Crise sanitaire, confinement et copropriété : on prend les mêmes dispositions - ou presque - et on recommence ! : LPA* 18 mai 2021, p. 14.

E. - Ordonnance n° 2021-142 du 10 février 2021

Une nouvelle ordonnance (n° 2021-142) du 10 février 2021 est venue partiellement réitérer les mesures précédemment adoptées par l'ordonnance précitée du 25 mars 2020.

• Le Rapport au Président de la République (*JO* 11 févr. 2021, texte n° 77) présente les mesures prises comme suit :

« Compte tenu du contexte sanitaire actuel, qui demeure très préoccupant, et des limitations de rassemblements qu'il impose qui ne permettent pas d'assurer le fonctionnement normal des copropriétés, et en particulier de leurs assemblées générales, la présente ordonnance a pour objet de procéder aux adaptations autorisées par la loi du 14 novembre 2020, en prolongeant du 1er avril à un mois après la fin de l'état d'urgence sanitaire prorogé l'effet de certaines dispositions de l'ordonnance précitée du 25 mars 2020 relatives à :

- la possibilité pour le syndic de prévoir que les copropriétaires ne participent pas à l'assemblée générale par présence physique (art. 22-2, Ord. n° 2020-304, 25 mars 2020 précitée) ;

- la possibilité pour un mandataire, sous certaines conditions, de recevoir plus de trois délégations de vote (art. 22-4, Ord. n° 2020-304, 25 mars 2020 précitée) ;

- la possibilité, pour le syndic, de décider des moyens et supports techniques permettant à l'ensemble des copropriétaires de participer à l'assemblée générale par visioconférence, audioconférence ou tout autre moyen de communication électronique (art. 22-5, Ord. n° 2020-304, 25 mars 2020 précitée).

Ces mesures permettront ainsi, dans des conditions adaptées à la crise sanitaire actuelle, aux syndics de convoquer les assemblées générales selon des modalités sécurisées et aux syndicats de copropriétaires de prendre les décisions nécessaires au bon fonctionnement de la copropriété ».

V. sur ce texte : P.-E.- Lagraulet, *COVID 19 et copropriétés : dernière édition ? : AJDI* 2021, p. 166.

F. - Loi n° 2021-689 du 31 mai 2021 relative à la gestion de la sortie de crise sanitaire

(JO 1er juin 2021 - Texte n° 1)

Art. 8. - I. - L'ordonnance n° 2020-304 du 25 mars 2020 portant adaptation des règles applicables aux juridictions de l'ordre judiciaire statuant en matière non pénale et aux contrats de syndic de copropriété est ainsi modifiée :

1° Au premier alinéa du I de l'article 22-2, à l'article 22-4 et à la première phrase de l'article 22-5, les mots : « jusqu'à un mois après la fin de l'état d'urgence sanitaire déclaré par le décret n° 2020-1257 du 14 octobre 2020 déclarant l'état d'urgence sanitaire, prorogé dans les conditions prévues à l'article L. 3131-13 du Code de la santé publique » sont remplacés par les mots : « jusqu'au 30 septembre 2021 » ;

[...]

G. – Loi n° 2022-46 du 22 janvier 2022 renforçant les outils de gestion de la crise sanitaire et modifiant le Code de la santé publique

(JO 23 janv. 2022 – Texte n° 1)

....

Art. 9. – L'ordonnance n° 2020-304 du 25 mars 2020 portant adaptation des règles applicables aux juridictions de l'ordre judiciaire statuant en matière non pénale et aux contrats de syndic de copropriété est ainsi modifiée :

1° L'article 22 est ainsi modifié :

a) Le premier alinéa du I est ainsi modifié :

– à la première phrase, après le mot : « bâtis », sont insérés les mots : « , lorsque l'assemblée générale appelée à désigner un syndic n'a pas pu ou ne peut se tenir » et les dates : « 12 mars 2020 et le 23 juillet 2020 » sont remplacées par les dates : « 1er janvier 2022 et le 15 février 2022 » ;

– à la fin de la seconde phrase, la date : « 31 janvier 2021 » est remplacée par la date : « 15 avril 2022 » ;

b) Le dernier alinéa du même I est supprimé ;

c) Le II est abrogé ;

2° L'article 22-1 est ainsi modifié :

a) Le premier alinéa du I est ainsi modifié :

– à la première phrase, après le mot : « bâtis », sont insérés les mots : « , lorsque l'assemblée générale appelée à élire les membres du conseil syndical n'a pas pu ou ne peut se tenir » et les dates : « 12 mars 2020 et le 23 juillet 2020 » sont remplacées par les dates : « 1er janvier 2022 et le 15 février 2022 » ;

– à la fin de la seconde phrase, la date : « 31 janvier 2021 » est remplacée par la date : « 15 avril 2022 » ;

b) Le dernier alinéa du même I est supprimé ;

c) Le II est abrogé ;

3° L'article 22-2 est ainsi modifié :

a) Le I est ainsi modifié :

– au premier alinéa, la date : « 30 septembre 2021 » est remplacée par la date : « 31 juillet 2022 » ;

– au dernier alinéa, les mots : « n'est pas possible » sont remplacés par les mots : « est impossible pour des raisons techniques et matérielles » et, après le mot : « prévoir », sont insérés les mots : « , après avis du conseil syndical, » ;

– le même dernier alinéa est complété par une phrase ainsi rédigée : « Lorsqu'un vote par correspondance est organisé en lieu et place de la tenue d'une assemblée générale donnant lieu à la rémunération forfaitaire prévue au premier alinéa de l'article 18-1 A de la loi du 10 juillet 1965 susvisée, les prestations fournies par le syndic au titre du traitement de ce vote sont comprises dans le forfait. » ;

b) Le second alinéa du II est ainsi rédigé :

« Lorsque le délai d'information mentionné au premier alinéa du présent II ne peut être respecté, le syndic peut reporter la tenue de l'assemblée générale et, le cas échéant, décider de faire application des deux premiers alinéas du I. Il en informe les copropriétaires, au plus tard le jour prévu pour la tenue de cette assemblée, par tout moyen permettant d'établir avec certitude la date de la réception de cette information. Cette assemblée générale se tient dans un délai qui ne peut être inférieur à quinze jours à compter de la date initialement prévue. » ;

4° À l'article 22-4 et à la première phrase de l'article 22-5, la date : « 30 septembre 2021 » est remplacée par la date : « 31 juillet 2022 » ;

5° À la fin de l'article 23, la référence : « n° 2021-689 du 31 mai 2021 relative à la gestion de la sortie de crise sanitaire » est remplacée par la référence : « n° 2022-46 du 22 janvier 2022 renforçant les outils de gestion de la crise sanitaire et modifiant le Code de la santé publique ».

NB : On trouvera ci-dessous le texte de l'ordonnance n° 2020-304 du 25 mars 2020, consolidé après intégration des modifications qui lui ont été apportées par la loi n° 2022-46 du 22 janvier 2022.

II. – ÉTAT ACTUEL DE LA RÉGLEMENTATION

Ordonnance n° 2020-304 du 25 mars 2020

portant adaptation des règles applicables aux juridictions de l'ordre judiciaire statuant en matière non pénale et aux contrats de syndic de copropriété

....

Titre II. - Dispositions en matière de copropriété

Art. 22 *(Mod., L. n° 2022-46, 22 janv. 2022)*. – I. - Par dérogation aux dispositions de l'article 1102 et du deuxième alinéa de l'article 1214 du Code civil et de la loi n° 65-557 du 10 juillet 1965 fixant le statut de la copropriété des immeubles bâtis, lorsque l'assemblée générale appelée à désigner un syndic n'a pas pu ou ne peut se tenir, le contrat de syndic qui expire ou a expiré entre le 1er janvier 2022 et le 15 février 2022 inclus est renouvelé dans les mêmes termes jusqu'à la prise d'effet du nouveau contrat du syndic désigné par la prochaine assemblée générale des copropriétaires. Cette prise d'effet intervient au plus tard le 15 avril 2022.

La rémunération forfaitaire du syndic est déterminée selon les termes du contrat qui expire ou a expiré, au prorata de la durée de son renouvellement dans les conditions définies à l'alinéa précédent.

II. - *(Abr.)*.

Art. 22-1 *(Mod., L. n° 2022-46, 22 janv. 2022)*. – I. - Par dérogation aux dispositions de l'article 21 et du *c* de l'article 25 de la loi n° 65-557 du 10 juillet 1965 fixant le statut de la copropriété des immeubles bâtis, lorsque l'assemblée générale appelée à élire les membres du conseil syndical n'a pas pu ou ne peut se tenir, le mandat confié par décision de l'assemblée générale aux membres du conseil syndical, qui expire ou a expiré entre le 1er janvier 2022 et le 15 février 2022 inclus, est renouvelé jusqu'à la tenue de la prochaine assemblée générale des copropriétaires. Cette assemblée générale intervient au plus tard le 15 avril 2022.

II. - *(Abr.)*.

Art. 22-2 *(Mod., L. n° 2022-46, 22 janv. 2022)*. – I. - Par dérogation aux dispositions du premier alinéa de l'article 17-1 A de la loi du 10 juillet 1965 susvisée, et jusqu'au 31 juillet 2022, le syndic peut prévoir que les copropriétaires ne participent pas à l'assemblée générale par présence physique.

Dans ce cas, les copropriétaires participent à l'assemblée générale par visioconférence ou par tout autre moyen de communication électronique permettant leur identification. Ils peuvent également voter par correspondance, avant la tenue de l'assemblée générale, dans les conditions édictées au deuxième alinéa de l'article 17-1 A de la loi du 10 juillet 1965 susvisée.

Par dérogation aux dispositions de l'article 17 de la loi du 10 juillet 1965 susvisée, lorsque le recours à la visioconférence ou à tout autre moyen de communication électronique est impossible pour des raisons techniques et matérielles, le syndic peut prévoir, après avis du conseil syndical, que les décisions du syndicat des copropriétaires sont prises au seul moyen du vote par correspondance. Lorsqu'un vote par correspondance est organisé en lieu et place de la tenue d'une assemblée générale donnant lieu à la rémunération forfaitaire prévue au premier alinéa de l'article 18-1 A de la loi du 10 juillet 1965 susvisée, les prestations fournies par le syndic au titre du traitement de ce vote sont comprises dans le forfait.

II. - Lorsque le syndic décide de faire application des dispositions prévues au I et que l'assemblée générale des copropriétaires a déjà été convoquée, il en informe les copropriétaires au moins quinze jours avant la tenue de cette assemblée par tout moyen permettant d'établir avec certitude la date de la réception de cette information.

Lorsque le délai d'information mentionné au premier alinéa du présent II ne peut être respecté, le syndic peut reporter la tenue de l'assemblée générale et, le cas échéant, décider de faire application des deux premiers alinéas du I. Il en informe les copropriétaires, au plus tard le jour prévu pour la tenue de cette assemblée, par tout moyen permettant d'établir avec certitude la date de la réception de cette information. Cette assemblée générale se tient dans un délai qui ne peut être inférieur à quinze jours à compter de la date initialement prévue.

Art. 22-3 *(Ord. n° 2020-595, 20 mai 2020)*. – **Lorsqu'il est fait application de l'article 22-2, il est dérogé aux dispositions des articles 9, 14, 15 et 17 du décret du 17 mars 1967 susvisé dans les conditions suivantes :**

1° L'assemblée générale des copropriétaires est convoquée sans qu'un lieu de réunion soit déterminé, ni indiqué dans la convocation ;

2° La convocation précise que les copropriétaires ne peuvent participer à l'assemblée générale que par visioconférence ou tout autre moyen de communication électronique, sans préjudice de la possibilité de voter par correspondance. Lorsque le recours à la visioconférence ou à tout autre moyen de communication électronique n'est pas possible, la convocation précise que les copropriétaires ne peuvent voter que par correspondance ;

3° Le président de séance certifie exacte la feuille de présence et signe, le cas échéant avec le ou les scrutateurs, le procès-verbal des décisions dans les huit jours suivant la tenue de l'assemblée générale ;

4° Lorsque les décisions sont prises au seul moyen du vote par correspondance, le président du conseil syndical, ou à défaut, l'un de ses membres, ou en leur absence, l'un des copropriétaires votant désigné par le syndic, assure les missions qui incombent au président de séance en application des dispositions du décret du 17 mars 1967 susvisé.

Art. 22-4 *(Mod., L. n° 2022-46, 22 janv. 2022)*. – **Par dérogation aux dispositions du troisième alinéa du I de l'article 22 de la loi du 10 juillet 1965 susvisée, et jusqu'au 31 juillet 2022, un mandataire peut recevoir plus de trois délégations de vote si le total des voix dont il dispose lui-même et de celles de ses mandants n'excède pas 15 % des voix du syndicat des copropriétaires.**

Art. 22-5 *(Mod., L. n° 2022-46, 22 janv. 2022)*. – **Par dérogation aux dispositions de l'article 13-1 du décret du 17 mars 1967 susvisé, et jusqu'au 31 juillet 2022, le syndic peut décider des moyens et supports techniques permettant à l'ensemble des copropriétaires de participer à l'assemblée générale par visioconférence, audioconférence ou tout autre moyen de communication électronique permettant leur identification, la transmission de leur voix, ainsi que la retransmission continue et simultanée des délibérations. Ces moyens et supports techniques sont utilisés jusqu'à ce que l'assemblée générale se prononce sur leur utilisation.**

Titre III. – Dispositions transitoires et d'application outre-mer

Art. 23 *(Mod., L. n° 2022-46, 22 janv. 2022)*. – **La présente ordonnance est applicable dans les îles Wallis-et-Futuna dans sa rédaction résultant de la loi n° 2022-46 du 22 janvier 2022 renforçant les outils de gestion de la crise sanitaire et modifiant le Code de la santé publique.**

Observations. La loi n° 2022-46 du 22 janvier 2022 a eu pour objet de proroger et d'aménager les mesures relatives au fonctionnement des copropriétés, destinées à s'adapter à la crise sanitaire. Le régime d'exception qui devait expirer le 30 septembre 2021 aux termes de la loi n° 2021-689 du 31 mai 2021 est revivifié. La loi du 22 janvier 2022 a notamment un impact :

– quant au mandat et à la désignation du syndic ;

– quant à l'élection des membres du conseil syndical ;

– quant à la participation aux assemblées générales ;

– quant au mandat de vote ;

– quant aux moyens techniques à disposition du syndic pour la tenue des assemblées.

Bibliographie : C. Coutant-Lapalus, *Crise sanitaire et copropriété : nouvelles adaptations des mesures d'exception : JCP* N 2022, 95, act. 221 et *Loyers et copr.* 2022, focus 18. – J.-M. Roux, *Covid et copropriété : régime d'exception en vigueur jusqu'au 31 juillet 2022 : Inf. rap. copr.* janv.-févr. 2022, p. 4. – P.-E. Lagraulet, *Covid 19 et copropriété : bis repetita, mais pas vraiment : AJDI* 2022, p. 107. – S. Benilsi, *Une nouvelle dose de dispositions dérogatoires au statut de la copropriété : Rev. loyers* 2022, p. 66. – B. Dondéro, *Loi sur le pass vaccinal : mesures de droit des groupements : sociétés, coopératives agricoles, copropriétés : JCP* E 2022, 94, act. 85.

ANNEXE 23

DIAGNOSTIC DE L'IMMEUBLE

I. – Diagnostic technique global .... p. 1181
II. – Diagnostic structurel de l'immeuble .... p. 1185

I. – DIAGNOSTIC TECHNIQUE GLOBAL

Bibliographie : A. Lebatteux et R. Hoze, *Les travaux : de la conservation à l'amélioration du patrimoine : Actes prat. ing. immobilière.* 2014, dossier 15. • P. Lebatteux et A. Lebatteux, *Les diagnostiqueurs et la modification corrélative du contenu du carnet d'entretien : Loyers et copr.* 2017, focus 20. • N. Figuière-Brocard, *Le diagnostic technique global : du principe à la pratique : Ann. loyers* 2017, p. 164. • S. Nauleau, *Diagnostic technique global des immeubles relevant du statut de la copropriété : Rev. habitat* mars 2017, p. 19. • D. Rodrigues, *Le diagnostic technique global : Inf. rap. copr.* oct. 2018, p. 39.

Code de la construction et de l'habitation

LIVRE VII. – Immeubles relevant du statut de la copropriété
(L. n° 2014-366, 24 mars 2014)

TITRE III. – Entretien, conservation et amélioration des immeubles relevant du statut de la copropriété
(Aj. à compter du 1er janvier 2017, L. n° 2014-366, 24 mars 2014)

CHAPITRE UNIQUE. – Diagnostic technique global des immeubles relevant du statut de la copropriété

Avertissement : Les textes des articles L. 731-1 à L. 731-3 donnés ci-dessous sont entrés en vigueur depuis le 1er janvier 2023, pour les syndicats de copropriétaires comprenant plus de 200 lots à usage de logements, de bureaux ou de commerces.

Pour les syndicats comprenant moins de 200 lots à ce même usage, les textes anciens des articles L. 731-1 sont restés temporairement applicables, les nouveaux textes n'entrant en vigueur que progressivement, le 1er janvier 2024 d'une part et le 1er janvier 2025 (en fonction de la taille des copropriétés concernées).

En conséquence, nous donnons ci-dessous tant les textes nouveaux applicables depuis le 1er janvier 2023 que les textes anciens de l'article L. 731-1, qui restent temporairement en vigueur pour les copropriétés comprenant moins de 200 lots à usage de logements de bureaux ou de commerces.

Une distinction est opérée entre les copropriétés comprenant plus de 200 lots à usage de logements de bureaux ou de commerces (1) et les copropriétés comprenant moins de 200 lots (2). Certains textes (les articles L. 731-3 et L. 731-4 : V. le 3) sont applicables à l'ensemble des copropriétés sans distinction.

1) Copropriétés comprenant plus de 200 lots à usage de logements de bureaux ou de commerces

Art. L. 731-1 ***(Aj. à compter du 1er janvier 2023, L. n° 2021-1104, 22 août 2021).*** **– Afin d'assurer l'information des copropriétaires sur la situation technique générale de l'immeuble et, le cas échéant, aux fins d'élaboration d'un plan pluriannuel de travaux, l'assemblée générale des copropriétaires se prononce sur la**

question de faire réaliser par un tiers, disposant de compétences précisées par décret, un diagnostic technique global pour tout immeuble à destination partielle ou totale d'habitation relevant du statut de la copropriété.

La décision de réaliser ce diagnostic ainsi que ses modalités de réalisation sont approuvées dans les conditions de majorité de l'article 24 de la loi n° 65-557 du 10 juillet 1965 fixant le statut de la copropriété des immeubles bâtis.

Ce diagnostic technique global comporte :

1° Une analyse de l'état apparent des parties communes et des équipements communs de l'immeuble ;

2° *(2° mod., L. n° 2024-322, 9 avr. 2024)* Un état technique de l'immeuble et des équipements communs au regard des obligations légales et réglementaires au titre de la construction ;

3° Une analyse des améliorations possibles de la gestion technique et patrimoniale de l'immeuble ;

4° Un diagnostic de performance énergétique de l'immeuble tel que prévu aux articles L. 126-28 ou L. 126-31 du présent code.

Entrée en vigueur *(L. n° 2021-1104, 22 août 2021, art. 170, VI).* Le présent article entre en vigueur :

1° Le 1er janvier 2023, pour les syndicats de copropriétaires comprenant plus de deux cents lots à usage de logements, de bureaux ou de commerces ;

2° Le 1er janvier 2024, pour les syndicats de copropriétaires comprenant un nombre de lots à usage de logements, de bureaux ou de commerces compris entre cinquante et un et deux cents ;

3° Le 1er janvier 2025, pour les syndicats de copropriétaires comprenant au plus cinquante lots à usage de logements, de bureaux ou de commerces.

Art. L. 731-2 ***(Mod. à compter du 1er juillet 2023, L. n° 2021-1104, 22 août 2021).*** **– Le contenu du diagnostic technique global est présenté à la première assemblée générale des copropriétaires qui suit sa réalisation ou sa révision.**

Entrée en vigueur *(L. n° 2021-1104, 22 août 2021, art. 170, VI).* Le présent article entre en vigueur :

1° Le 1er janvier 2023, pour les syndicats de copropriétaires comprenant plus de deux cents lots à usage de logements, de bureaux ou de commerces ;

2° Le 1er janvier 2024, pour les syndicats de copropriétaires comprenant un nombre de lots à usage de logements, de bureaux ou de commerces compris entre cinquante et un et deux cents ;

3° Le 1er janvier 2025, pour les syndicats de copropriétaires comprenant au plus cinquante lots à usage de logements, de bureaux ou de commerces.

2) Copropriétés comprenant moins de 200 lots à usage de logements de bureaux ou de commerces

(Textes restant en vigueur jusqu'au 31 décembre 2023 ou jusqu'au 31 décembre 2024, selon la taille des copropriétés concernées (V. ci-dessus sous les articles L. 731-1 et L. 731-2 cités sous le 1), le processus d'entrée en vigueur progressive).

Art. L. 731-1 ***(Mod. à compter du 1er juillet 2021, Ord. n° 2020-71, 29 janv. 2020 ; temporairement applicable soit jusqu'au 31 décembre 2023 soit jusqu'au 31 décembre 2024 selon la taille de la copropriété concernée).*** **– Afin d'assurer l'information des copropriétaires sur la situation générale de l'immeuble et, le cas échéant, aux fins d'élaboration d'un plan pluriannuel de travaux, l'assemblée générale des copropriétaires se prononce sur la question de faire réaliser par un tiers, disposant de compétences précisées par décret, un diagnostic technique global pour tout immeuble à destination partielle ou totale d'habitation relevant du statut de la copropriété.**

La décision de réaliser ce diagnostic ainsi que ses modalités de réalisation sont approuvées dans les conditions de majorité de l'article 24 de la loi n° 65-557 du 10 juillet 1965 fixant le statut de la copropriété des immeubles bâtis.

Ce diagnostic technique global comporte :

1° Une analyse de l'état apparent des parties communes et des équipements communs de l'immeuble ;

2° Un état technique de l'immeuble et des équipements communs au regard des obligations légales et réglementaires au titre de la construction ;

3° Une analyse des améliorations possibles de la gestion technique et patrimoniale de l'immeuble ;

4° Un diagnostic de performance énergétique de l'immeuble tel que prévu aux articles L. 126-28 ou L. 126-31 du présent code. L'audit énergétique prévu au même article L. 126-31 satisfait cette obligation.

Il fait apparaître une évaluation sommaire du coût et une liste des travaux nécessaires à la conservation de l'immeuble, en précisant notamment ceux qui devraient être menés dans les dix prochaines années.

Art. L. 731-2 ***(Aj. à compter du 1er janvier 2017 au 31 décembre 2022, L. n° 2014-366, 24 mars 2014 ; mod. à compter du 1er janvier 2023, L. n° 2021-1104, 22 août 2021).*** **– Le contenu du diagnostic technique global est présenté à la première assemblée générale des copropriétaires qui suit sa réalisation ou sa révision.**

3) Textes applicables à toutes les copropriétés sans distinction

> **Rédaction antérieure.** Art. L. 731-3 ***(Aj. à compter du 1er janvier 2017 au 31 décembre 2022, L. n° 2014-366, 24 mars 2014 ; abr. à compter du 1er janvier 2023, L. n° 2021-1104, 22 août 2021).*** – Les travaux dont la réalisation apparaît nécessaire selon les délibérations de l'assemblée générale mentionnée au I de l'article L. 731-2, notamment aux termes du diagnostic technique global le cas échéant complété par des études complémentaires, sont intégrés au carnet d'entretien prévu à l'article 18 de la loi n° 65-557 du 10 juillet 1965 précitée, selon des modalités précisées par décret.

NB : Ce texte a été abrogé par la loi n° 2021-1104 du 22 août 2021(art. 171, V) à compter du 1er janvier 2023.

Art. L. 731-4 ***(Aj. à compter du 1er janvier 2017, L. n° 2014-366, 24 mars 2014).*** **– Toute mise en copropriété d'un immeuble construit depuis plus de dix ans est précédée du diagnostic technique global prévu à l'article L. 731-1.**

Art. L. 731-5 ***(Aj. à compter du 1er janvier 2017, L. n° 2014-366, 24 mars 2014 ; mod. à compter du 1er janvier 2021, Ord. n° 2020-1144, 16 sept. 2020).*** **– I. - Dans le cadre des procédures prévues à l'article L. 1331-26 du Code de la santé publique et aux articles L. 126-7 et L. 511-1 du présent code, l'autorité administrative compétente peut à tout moment, pour vérifier l'état de bon usage et de sécurité des parties communes d'un immeuble collectif à usage principal d'habitation soumis au statut de la copropriété présentant des désordres potentiels, demander au syndic de lui produire le diagnostic prévu à l'article L. 731-1.**

II. - À défaut de production de ce diagnostic dans un délai d'un mois après notification de la demande, l'autorité administrative compétente mentionnée au I du présent article peut faire réaliser d'office le diagnostic prévu à l'article L. 731-1 en lieu et place du syndicat des copropriétaires et à ses frais.

Loi n° 2014-366 du 24 mars 2014

pour l'accès au logement et un urbanisme rénové
(Loi ALUR)

Art. 58. **– [...]**

II, 2° L'article L. 111-6-2 est abrogé.

III. - Le I, à l'exception du 1°, et le II (soit les articles L. 731-1 à L. 731-5 du Code de la construction et de l'habitation précités) sont applicables à compter du 1er janvier 2017.

[...]

Code de la construction et de l'habitation

LIVRE VII. – Immeubles relevant du statut de la copropriété
(D. n° 2016-1167, 28 août 2016)

....

TITRE III. – Entretien, conservation et amélioration des immeubles relevant du statut de la copropriété
(Titre aj. à compter du 1er janvier 2017, D. n° 2016-1965, 28 déc. 2016)

Diagnostic technique global des immeubles relevant du statut de la copropriété

Art. D. 731-1 ***(Aj. à compter du 1er janvier 2017, D. n° 2016-1965, 28 déc. 2016).*** **– Le tiers mentionné au premier alinéa de l'article L. 731-1 peut être une personne physique, une personne morale ou un groupement doté de personnalité juridique.**

Pour réaliser le diagnostic technique global mentionné au même article, ce tiers doit justifier que des employés, des membres du groupement ou lui-même s'il s'agit d'une personne physique possèdent les compétences requises sur :

– les modes constructifs traditionnels et contemporains, tant en gros œuvre qu'en second œuvre ;

– les bâtiments, les produits de construction, les matériaux de construction, les équipements techniques ;

– les pathologies du bâtiment et de ses équipements ;

– la thermique des bâtiments et les possibilités d'amélioration énergétique et de réhabilitation thermique et leurs impacts potentiels notamment acoustiques ;

– la terminologie technique et juridique du bâtiment, dans son acception par l'ensemble des corps d'état, en rapport avec l'ensemble des domaines de connaissance mentionnés ci-dessus ;

– les textes législatifs et réglementaires traitant de l'habitat et de la construction, en particulier les normes de sécurité et d'accessibilité, règlement sanitaire départemental, ainsi que les notions juridiques de la copropriété et les relations légales ou contractuelles entre le syndicat des copropriétaires et les prestataires d'entretien des équipements communs ;

– la gestion financière des copropriétés permettant d'analyser les contrats d'entretien et d'estimer la capacité d'investissement du syndicat et des copropriétaires ;

– les équipements nécessaires au bon déroulement de la mission.

Art. D. 731-2 *(Aj. à compter du 1er janvier 2017, D. n° 2016-1965, 28 déc. 2016).* – Le tiers mentionné au premier alinéa de l'article L. 731-1 proposant ses services en vue de la réalisation d'un diagnostic technique global ou sollicité à cette fin doit justifier au syndicat des copropriétaires, et au conseil syndical s'il existe, que des employés, des membres du groupement ou lui-même s'il s'agit d'une personne physique détiennent les compétences prévues à l'article D. 731-1 et s'il en dispose, produire des références sur des prestations similaires.

Il doit également, pour des employés, des membres du groupement ou lui-même s'il s'agit d'une personne physique, leur présenter la copie d'un diplôme sanctionnant une formation du niveau de l'enseignement post secondaire d'une durée minimale de trois ans ou d'une durée équivalente à temps partiel dans le domaine des techniques du bâtiment, dispensée dans une université ou un établissement d'enseignement supérieur ou dans un autre établissement de niveau équivalent, ce diplôme ayant été délivré par une autorité compétente d'un État de l'Union européenne ou partie à l'accord sur l'Espace économique européen, ou la copie d'un titre professionnel, ou l'attestation d'inscription au tableau d'un ordre professionnel reconnu dans le domaine de l'immobilier, ou d'une certification de qualification professionnelle de niveau équivalent.

S'il a souscrit une assurance responsabilité civile professionnelle lui permettant de couvrir les conséquences d'un engagement de sa responsabilité en raison de ses interventions, il en justifie au syndicat des copropriétaires, et au conseil syndical s'il existe.

Il doit attester sur l'honneur de son impartialité et de son indépendance à l'égard du syndic sauf si ce dernier a obtenu l'autorisation mentionnée à l'article 18 de la loi [n° 65-557] du 10 juillet 1965 fixant le statut de la copropriété des immeubles bâtis.

Il doit, en outre, attester sur l'honneur de son impartialité et de son indépendance à l'égard des fournisseurs d'énergie et des entreprises intervenant sur l'immeuble et les équipements sur lequel porte le diagnostic technique global.

Le tiers proposant ses services en vue de la réalisation d'un diagnostic technique global ou sollicité à cette fin ne peut accorder, directement ou indirectement, à la copropriété pour laquelle le diagnostic technique global mentionné doit être établi et à ses représentants, aucun avantage ni rétribution, sous quelque forme que ce soit.

Il ne peut recevoir, directement ou indirectement, pour lui-même, ses membres ou ses employés, de la part d'une entreprise pouvant réaliser des travaux sur les ouvrages, installations ou équipements sur lesquels porte sa prestation, aucun avantage ni rétribution, sous quelque forme que ce soit.

Art. D. 731-3 *(Aj. à compter du 1er janvier 2017, D. n° 2016-1965, 28 déc. 2016).* – En cas de mise en copropriété d'un immeuble construit depuis plus de dix ans, le tiers choisi par le propriétaire pour réaliser le diagnostic technique global remplit les conditions fixées à l'article D. 731-1. Il produit les références et les pièces prévues à l'article D. 731-2, à l'exception de l'attestation prévue au quatrième alinéa.

II. – DIAGNOSTIC STRUCTUREL DE L'IMMEUBLE

Code de la construction et de l'habitation

Art. L. 126-6-1 *(Aj., L. n° 2024-322, 9 avr. 2024)*. – La commune peut définir des secteurs dans lesquels tout bâtiment d'habitation collectif doit faire l'objet, à l'expiration d'un délai de quinze ans à compter de la réception des travaux de construction du bâtiment et au moins une fois tous les dix ans, d'un diagnostic structurel du bâtiment, incluant une description des désordres observés qui portent atteinte à sa solidité et évaluant les risques qu'ils présentent pour la sécurité des occupants et celle des tiers.

Peuvent entrer dans le périmètre des secteurs mentionnés au premier alinéa :

1° Les zones caractérisées par une proportion importante d'habitat dégradé ;

2° Les zones présentant une concentration importante d'habitat ancien dans lesquelles les bâtiments sont susceptibles de présenter des fragilités structurelles du fait notamment de leur époque de construction, de leurs caractéristiques techniques et architecturales, des matériaux de construction employés ou de l'état des sols.

Les périmètres des secteurs concernés sont indiqués sur un ou plusieurs documents graphiques annexés au plan local d'urbanisme, au document d'urbanisme en tenant lieu ou à la carte communale.

Ce diagnostic est élaboré par une personne qui justifie de compétences et de garanties définies par décret en Conseil d'État. Cette personne est tenue de souscrire une assurance permettant de couvrir les conséquences d'un engagement de sa responsabilité en raison de ses interventions.

Pour les immeubles à destination totale ou partielle d'habitation soumis au statut de la copropriété, l'obligation de réaliser un diagnostic structurel de l'immeuble est satisfaite par l'élaboration du projet de plan pluriannuel de travaux mentionné à l'article 14-2 de la loi n° 65-557 du 10 juillet 1965 fixant le statut de la copropriété des immeubles bâtis. Dans ce cas, la personne ayant élaboré le projet de plan pluriannuel de travaux justifie des compétences et garanties définies par le décret en Conseil d'État mentionné au sixième alinéa du présent article.

Le propriétaire de l'immeuble ou, pour les immeubles soumis au statut de la copropriété, le syndic transmet le diagnostic ou, le cas échéant, le projet de plan pluriannuel de travaux à la commune.

À défaut de transmission du diagnostic ou, le cas échéant, du projet de plan pluriannuel de travaux en faisant office, le maire peut, dans le cadre de l'exercice de la police de la sécurité et de la salubrité des immeubles, locaux et installations prévue au titre Ier du livre V du présent code, demander au propriétaire ou au syndic de le lui produire.

À défaut de transmission dans un délai d'un mois à compter de la notification de la demande, le maire peut faire réaliser d'office le diagnostic en lieu et place du propriétaire ou du syndicat des copropriétaires et à ses frais.

Un décret en Conseil d'État détermine les conditions d'application du présent article.

ANNEXE 24

DOMICILIATION D'UNE ENTREPRISE

I. - Dispositions destinées à favoriser la création d'entreprises .... p. 1187
II. - Dispositions destinées à favoriser le télétravail .... p. 1188

I. – DISPOSITIONS DESTINÉES À FAVORISER LA CRÉATION D'ENTREPRISES

Évolution de la législation. L'article 2 de la loi n° 84-1149 du 21 décembre 1984 (*JCP* 1985, III, 56511) a autorisé la domiciliation d'une entreprise dans un appartement. Ce texte a inséré après l'article 1er *bis* de l'ordonnance n° 58-1352 du 27 décembre 1958 un article 1er *ter*, codifié à l'article L. 123-11 du Code de commerce.

Par la suite la loi n° 2003-721 du 1er août 2003 pour l'initiative économique, a introduit de nouvelles dispositions dans le Code de commerce (art. L. 123-10 à L. 123-11-1), en distinguant entre les personnes morales et les personnes physiques. De nouvelles modifications ont été apportées à ces textes par la loi n° 2008-776 du 4 août 2008 (*JO* 5 août).

a) **Maintien des possibilités offertes par le Code de commerce en cas de création d'entreprises.** – Selon l'article L. 123-10 du Code de commerce, dans sa rédaction issue de la loi du 4 août 2008, les personnes physiques qui demandent leur immatriculation au registre du commerce et des sociétés ou au répertoire des métiers peuvent déclarer l'adresse de leur local d'habitation et y exercer une activité, dès lors qu'aucune disposition législative ou stipulation contractuelle ne s'y oppose.

Lorsqu'elles ne disposent pas d'un établissement, les personnes physiques peuvent, à titre exclusif d'adresse de l'entreprise, déclarer celle de leur local d'habitation. Le texte précise que cette déclaration n'entraîne ni changement d'affectation des locaux, ni application du statut des baux commerciaux.

b) **Représentant légal d'une personne morale.** – Des facilités sont également offertes aux personnes morales qui demandent leur immatriculation au registre du commerce et des sociétés, par l'article L. 123-11-1 du Code de commerce, issu de la loi n° 2005-882 du 2 août 2005 (*JO* 3 août). Selon ce texte :

– toute personne morale est autorisée à installer son siège au domicile de son représentant légal et y exercer une activité, sauf dispositions législatives ou stipulations contractuelles contraires ;

– lorsque la personne morale est soumise à des dispositions législatives ou stipulations contractuelles restrictives, son représentant légal peut en installer le siège à son domicile, pour une durée ne pouvant ni excéder cinq ans à compter de la création de celle-ci, ni dépasser le terme légal, contractuel ou judiciaire de l'occupation des locaux.

Dans ce cas, elle doit, préalablement au dépôt de sa demande d'immatriculation ou de modification d'immatriculation, notifier par écrit au bailleur, au syndicat de la copropriété ou au représentant de l'ensemble immobilier son intention d'user de la faculté ainsi prévue.

Bibliographie : *Sur la loi du 1er août 2003.* Ph.-H. Brault, *La domiciliation d'entreprise et la loi du 1er août 2003 : Gaz. Pal.* 17-18 oct. 2003, p. 4. – J. Boisgibault et D. Bojan, *Domiciliation d'une entreprise dans un local d'habitation : Rev. hab. fr.* oct. 2003, p. 21. – J.-P. Blatter, *Domiciliation des entreprises : ce que change la loi pour l'initiative économique du 1er août 2003 : AJDI* 2004, p. 14. – Sur la domiciliation en général : J.-M. Roux, *Domiciliation des entreprises et copropriété : Inf. rap. copr.* janv.-févr. 2007, p. 20.

Jurisclasseurs. JCl. *Contrats-distribution*, Fasc. 2190.

Code de commerce

A. Disposition concernant les personnes physiques

Art. L. 123-10 *(Mod. à compter du 1er janvier 2023, Ord. n° 2021-1189, 15 sept. 2021).* **– Les personnes physiques demandant leur immatriculation au registre du commerce et des sociétés ou au registre national des entreprises en tant qu'entreprise du secteur des métiers et de l'artisanat doivent déclarer l'adresse de leur entreprise et en justifier la jouissance. Elles peuvent notamment domicilier leur entreprise dans des locaux occupés en commun par plusieurs entreprises dans des conditions fixées par décret en Conseil d'État. Ce décret précise, en outre, les équipements ou services requis pour justifier la réalité de l'installation de l'entreprise domiciliée.**

Les personnes physiques peuvent déclarer l'adresse de leur local d'habitation et y exercer une activité, dès lors qu'aucune disposition législative ou stipulation contractuelle ne s'y oppose.

Lorsqu'elles ne disposent pas d'un établissement, les personnes physiques peuvent, à titre exclusif d'adresse de l'entreprise, déclarer celle de leur local d'habitation. Cette déclaration n'entraîne ni changement d'affectation des locaux, ni application du statut des baux commerciaux.

> **Rédaction antérieure. Art. L. 123-10** *(Rempl., L. n° 2003-721, 1er août 2003 ; mod., L. n° 2008-776, 4 août 2008 ; en vigueur jusqu'au 31 décembre 2022).* – Les personnes physiques demandant leur immatriculation au registre du commerce et des sociétés ou au répertoire des métiers doivent déclarer l'adresse de leur entreprise et en justifier la jouissance. Elles peuvent notamment domicilier leur entreprise dans des locaux occupés en commun par plusieurs entreprises dans des conditions fixées par décret en Conseil d'État. Ce décret précise, en outre, les équipements ou services requis pour justifier la réalité de l'installation de l'entreprise domiciliée.

§ 2. Disposition concernant les personnes morales

....

Art. L. 123-11-1 *(L. n° 2003-721, 1er août 2003 ; mod., L. n° 2005-882, 2 août 2005).* **– Toute personne morale est autorisée à installer son siège au domicile de son représentant légal et y exercer une activité, sauf dispositions législatives ou stipulations contractuelles contraires.**

Lorsque la personne morale est soumise à des dispositions législatives ou stipulations contractuelles mentionnées à l'alinéa précédent, son représentant légal peut en installer le siège à son domicile, pour une durée ne pouvant ni excéder cinq ans à compter de la création de celle-ci, ni dépasser le terme légal, contractuel ou judiciaire de l'occupation des locaux.

Dans ce cas, elle doit, préalablement au dépôt de sa demande d'immatriculation ou de modification d'immatriculation, notifier par écrit au bailleur, au syndicat de la copropriété ou au représentant de l'ensemble immobilier son intention d'user de la faculté ainsi prévue.

Avant l'expiration de la période mentionnée au deuxième alinéa, la personne doit, sous peine de radiation d'office, communiquer au greffe du tribunal les éléments justifiant son changement de situation, selon les modalités fixées par décret en Conseil d'État.

Il ne peut résulter des dispositions du présent article ni le changement de destination de l'immeuble, ni l'application du statut des baux commerciaux.

II. – DISPOSITIONS DESTINÉES À FAVORISER LE TÉLÉTRAVAIL

La loi de finances n° 98-546 du 2 juillet 1998, article II, a introduit dans le Code de la construction et de l'habitation un nouvel article L. 631-7-3, concernant les changements d'affectation des locaux. Une faveur est ainsi accordée au télétravail.

Code de la construction et de l'habitation

Art. L. 631-7-2 *(Mod. à compter du 1er janvier 2009, L. n° 2008-776, 4 août 2008).* **– Dès lors qu'aucune stipulation contractuelle prévue dans le bail ou le règlement de copropriété ne s'y oppose, le maire peut**

autoriser, dans une partie d'un local d'habitation utilisé par le demandeur comme sa résidence principale, l'exercice d'une activité professionnelle, y compris commerciale, pourvu qu'elle n'engendre ni nuisance, ni danger pour le voisinage et qu'elle ne conduise à aucun désordre pour le bâti.

Le bail d'habitation de cette résidence principale n'est pas soumis aux dispositions du chapitre V du titre IV du livre Ier du Code de commerce et ne peut être un élément constitutif du fonds de commerce.

Art. L. 631-7-3 *(Mod. à compter du 1er janvier 2009, L. n° 2008-776, 4 août 2008).* – Dès lors qu'aucune stipulation contractuelle prévue dans le bail ou le règlement de copropriété ne s'y oppose, l'exercice d'une activité professionnelle, y compris commerciale, est autorisé dans une partie d'un local à usage d'habitation, dès lors que l'activité considérée n'est exercée que par le ou les occupants ayant leur résidence principale dans ce local et ne conduit à y recevoir ni clientèle ni marchandises.

Les dispositions du présent article sont applicables aux représentants légaux des personnes morales.

Art. L. 631-7-4 *(Aj. à compter du 1er janvier 2009, L. n° 2008-776, 4 août 2008).* – Dès lors qu'aucune stipulation contractuelle prévue dans le bail ou le règlement de copropriété ne s'y oppose, l'exercice d'une activité professionnelle, y compris commerciale, est autorisé dans une partie d'un local d'habitation situé au rez-de-chaussée, pourvu que l'activité considérée ne soit exercée que par le ou les occupants ayant leur résidence principale dans ce local, qu'elle n'engendre ni nuisance, ni danger pour le voisinage et qu'elle ne conduise à aucun désordre pour le bâti.

Le bail d'habitation de cette résidence principale n'est pas soumis au chapitre V du titre IV du livre I du Code de commerce et ne peut être un élément constitutif du fonds de commerce.

Bibliographie : *Pour un commentaire de ce texte.* G. Liet-Veaux, *Une petite faveur pour le télétravail dans les locaux d'habitation : Rev. Administrer* avr. 1999, p. 16.

ANNEXE 24-1

DONNÉES PERSONNELLES

Bibliographie : *Protection des données personnelles : l'adresse IP est bien une donnée personnelle : INFOREG : CDF* 2017, n° 1, p. 44. • C. Verneret et V. Selosse, *RGPD immobilier : AJDI* 2018, p. 487.

I. – LA GESTION DES DONNÉES PERSONNELLES AU SEIN D'UNE COPROPRIÉTÉ

CNIL du 18 novembre 2022

Une copropriété fait intervenir plusieurs acteurs qui peuvent collecter et utiliser des données personnelles. La CNIL rappelle les règles pour les cas d'usage les plus fréquents : la transmission de ces données entre acteurs, la prospection commerciale, la détermination des responsabilités et la dématérialisation de la gestion de la copropriété.

1 ° TRANSMISSION DES INFORMATIONS AU SEIN DE LA COPROPRIÉTÉ

Le **principe de sécurité et de confidentialité** impose à tout organisme traitant des informations relatives à des personnes physiques (c'est-à-dire des données personnelles) de prendre des mesures pour s'assurer que seules des personnes autorisées y accèdent.

Chaque copropriétaire devra donc pouvoir accéder aux seules informations qui lui sont nécessaires, en fonction de son rôle au sein de la copropriété.

Le syndic doit de la même manière veiller à ne communiquer au conseil syndical ou au syndicat des copropriétaires, que les informations nécessaires à l'accomplissement de leurs missions.

Du syndic au conseil syndical

Le syndic doit transmettre au conseil syndical, lorsqu'il le lui demande, tout document relatif à l'administration de la copropriété (article 21 de la loi du 10 juillet 1965). Comme il s'agit d'une obligation légale, le syndic ne peut pas s'y soustraire. Cette communication n'est pas, en elle-même, contraire au règlement général sur la protection des données (RGPD).

Lorsque le syndic communique des documents aux membres du conseil syndical, il lui est recommandé de leur rappeler la nécessité de respecter la confidentialité des informations transmises dans le cadre de leurs fonctions.

Du syndic aux copropriétaires

Le syndic doit également permettre à l'ensemble des copropriétaires de **consulter divers documents relatifs à la copropriété**, notamment les pièces justificatives des charges.

Dès lors qu'un texte législatif ou réglementaire prévoit explicitement la consultation du document, le syndic ne peut invoquer le RGPD pour la refuser.

Exemple : c'est le cas pour les procès-verbaux des trois dernières assemblées générales (AG) annuelles ayant été appelées à connaître des comptes et, s'ils existent, les devis de travaux approuvés lors de ces AG ainsi que les feuilles de présence annexées. Un décret fixe la liste minimale des documents dématérialisés concernant la copropriété accessibles sur un espace sécurisé en ligne (D. n° 2019-502 du 23 mai 2019 relatif à la liste minimale des documents dématérialisés concernant la copropriété accessibles sur un espace sécurisé en ligne).

Dès lors que les dispositions législatives et réglementaires prévoient **la simple consultation ou mise à disposition de documents**, le syndic devrait veiller, en principe, **à ne pas en fournir la copie**. Il limite ainsi le risque de divulgation de données relatives aux salariés et aux autres copropriétaires.

Quant aux pièces justificatives des charges de copropriété **pouvant être consultés par les copropriétaires dans les locaux du syndic, elles ne sont pas définies de façon exhaustive par les textes**. Il appartient dès lors au syndic de définir ces documents, tout en veillant au respect de la vie privée des autres personnes concernées et particulièrement des salariés.

Exemples :

• La mise à disposition des **fiches de paie** nécessite de masquer certaines données relatives au salarié (numéro de sécurité sociale, adresse personnelle, taux de prélèvement à la source, etc.) qui ne sont pas nécessaires à la vérification des dépenses.

• Lorsque les membres du syndicat des copropriétaires votent **l'installation d'une caméra de vidéoprotection** dans un hall d'immeuble pour assurer la sécurité des personnes ou des biens, les images enregistrées ne peuvent pas être rendues accessibles à l'ensemble des habitants de l'immeuble. L'installation d'un tel dispositif suppose par ailleurs de prendre diverses précautions (V. *Vidéosurveillance-vidéo protection dans les immeubles d'habitation : CNIL, 23 juill. 2018*) afin de préserver la vie privée des habitants et des salariés de la copropriété. Elles peuvent être uniquement consultées par les personnes compétentes désignées pour effectuer les vérifications nécessaires à la suite d'un incident (membres du conseil syndical ou syndic par exemple), dans les cas où cette consultation est nécessaire et notamment pour les besoins de la gestion de ces incidents (par exemple en cas de dépôt de plainte).

Des membres du conseil syndical aux copropriétaires

Les membres du conseil syndical ne peuvent utiliser les données relatives aux copropriétaires que dans le cadre du mandat qui leur a été confié.

Ils devront en conséquence se montrer vigilants et ne communiquer d'informations obtenues dans le cadre de leurs missions à d'autres copropriétaires ou habitants de l'immeuble **que si cela s'avère nécessaire**.

2° Transmission de l'information à des tiers

Du syndic à des tiers extérieurs à la copropriété

L'activité de syndic suppose le respect de règles et de principes éthiques, parmi lesquels figure l'obligation de confidentialité qui n'est pas compatible à cette demande de transmission.

Cette dernière peut être levée dans trois situations seulement :

• Lorsqu'une **loi ou un règlement l'oblige ou l'autorise** à communiquer des informations, notamment lorsque le syndic est tenu de témoigner en justice ;

• lorsque les personnes concernées **donnent leur accord** à la transmission ;

• dans le cadre d'une procédure pour l'exercice de leur **défense en matière judiciaire** ou disciplinaire.

Par conséquent, si aucun texte ne prévoit la transmission des données par le syndic, un organisme tiers ne peut pas obtenir communication de données relatives à des copropriétaires sauf si ces derniers ont préalablement consenti à cette transmission.

Du syndic aux associations d'usagers ou de consommateurs

Une association d'usagers ou de consommateurs peut parfois demander au syndic d'accéder à certaines informations relatives aux copropriétaires.

Les règles applicables à la communication d'informations à des tiers s'appliquent également à cette situation.

Les associations d'usagers peuvent obtenir communication d'informations lorsque les **personnes concernées ont donné leur accord.**

Le professionnel pourrait par ailleurs alerter l'association sur l'impossibilité de réutiliser les informations pour un autre objectif que celui initialement présenté.

Exemple : une association représentative de locataires demande au syndic de copropriété la liste des copropriétaires de l'immeuble ainsi que leurs coordonnées. Elle souhaite, en effet, réaliser une enquête sur un projet local permettant d'améliorer le cadre de vie des habitants. Dans cette situation, le syndic peut communiquer les données demandées, sous réserve de recueillir préalablement le consentement des personnes concernées.

3 ° Prospection commerciale par le syndic

Lorsque le syndic est un professionnel de l'immobilier ayant d'autres activités économiques (achat, vente, administration de biens...), il doit veiller à ne pas utiliser les informations traitées dans le cadre de son activité de syndic pour d'autres usages incompatibles avec la raison initiale de la collecte qui est la gestion administrative et financière de la copropriété.

La **prospection commerciale** effectuée par le syndic nécessite donc le **recueil du consentement des copropriétaires** pour effectuer de la prospection commerciale, car :

• l'objectif (finalité) l'objectif (finalité de la prospection n'est pas compatible avec l'objectif initial de la collecte des données ;

• la prospection par voie électronique (courriels, SMS, etc.) nécessite le consentement des copropriétaires.

4° Répartition des responsabilités concernant les données dans la copropriété

Le responsable de traitement est la personne, l'autorité publique, la société ou l'organisme qui **détermine les objectifs et les moyens** de ce fichier ; autrement dit, qui décide de sa création.

C'est lui qui est responsable du respect des règles concernant l'utilisation qui est faite des données.

Lorsqu'un texte (législatif ou réglementaire) oblige le syndic à collecter et/ou utiliser des données personnelles, il est considéré comme responsable de traitement. C'est notamment le cas pour :

• **la mise en place d'un accès en ligne aux documents dématérialisés** de la copropriété supposant l'utilisation des identifiants et mots de passe des copropriétaires (L. 10 juill. 1965, art. 18, I) ;

• ainsi que **l'établissement de la liste des copropriétaires** dans le cadre de la gestion administrative de la copropriété (D. 17 mars 1967, art. 32).

Dans cette situation, le syndic doit **informer les personnes concernées des raisons** le conduisant à traiter des données personnelles en précisant les **caractéristiques du traitement** (objectif poursuivi, durée de conservation des données, droits qui peuvent exercer les personnes concernées, et etc.). Il doit également être en mesure de permettre aux personnes concernées d'exercer leurs droits.

En revanche, si la mise en œuvre d'une décision du syndicat des copropriétaires nécessite l'utilisation de données personnelles, les responsabilités devront être définies au cas par cas, selon le rôle de chacun (syndicat des copropriétaires, syndic ou prestataire auquel il pourrait être fait appel) dans la détermination de l'objectif et des moyens de ce traitement.

5° Simplification et dématérialisation de la gestion de la copropriété

La loi ELAN prévoit diverses mesures pour simplifier et dématérialiser les échanges au sein de la copropriété.

Tenue de l'assemblée générale des copropriétaires à distance

Les copropriétaires peuvent désormais participer à l'assemblée générale par présence physique, par visioconférence ou par tout autre moyen de communication électronique permettant leur identification.

Le syndic doit veiller à **choisir des outils respectueux de la vie privée des personnes les utilisant** en évitant autant que possible ceux qui :

• collectent un volume important d'informations ;

• intègrent des « traceurs publicitaires » pouvant, par exemple, collecter à l'insu des utilisateurs des informations d'utilisation de leur smartphone ou ordinateur (la géolocalisation, la liste des applications installées, les comptes associés au terminal...) ;

• compromettent la sécurité du matériel informatique des personnes concernées.

L'utilisation d'un outil proposé par une entreprise dont **la maison-mère est située en dehors de l'Union européenne (UE)** est susceptible d'entraîner des transferts de données personnelles vers des pays en dehors de l'union européenne.. Dans cette hypothèse, des mesures particulières doivent être prises pour assurer la protection des données personnelles.

Extranet de la copropriété

Un syndic professionnel est dans l'obligation de proposer un accès en ligne sécurisé aux documents dématérialisés relatifs à la gestion de l'immeuble (V. Annexe « Espace en ligne sécurisé »).

Cet extranet doit garantir la sécurité et la confidentialité des données traitées. Le syndic et son éventuel sous-traitant peuvent à cet égard se référer au Guide sur la sécurité des données personnelles (CNIL) qui rappelle les précautions à prendre.

ANNEXE 25

EAU CHAUDE

Code de la construction et de l'habitation

LIVRE PREMIER. – DISPOSITIONS GÉNÉRALES

TITRE VII. – PERFORMANCE ÉNERGÉTIQUE ET ENVIRONNEMENTALE

CHAPITRE IV. – SUIVI DE L'EFFICACITÉ ÉNERGÉTIQUE ET ENVIRONNEMENTALE

....

Section 1. – Équipements obligatoires des immeubles collectifs et répartition des frais de chauffage, de refroidissement et d'eau chaude sanitaire

Art. R. 174-1 *(Aj., D. n° 2021-872, 30 juin 2021).* **– Au sens et pour l'application de la présente section :**

– un « immeuble collectif pourvu d'une distribution d'eau chaude commune » est un immeuble qui comprend au moins deux locaux occupés à titre privatif et alimentés en eau chaude par une même installation ;

– un « local occupé à titre privatif » est constitué par la pièce ou l'ensemble des pièces réservées à la jouissance exclusive de personnes physiques ou morales ;

– « les immeubles de classe A » sont les immeubles ayant fait l'objet d'une demande de permis de construire, d'une demande de prorogation de permis de construire ou d'une déclaration préalable de travaux au sens de l'ancien article L. 430-3 du Code de l'urbanisme postérieure au 30 juin 1975 ;

– tous les autres immeubles relèvent de la « classe B ».

....

Art. R. 174-13 *(Aj., D. n° 2021-872, 30 juin 2021).* **– Sauf dans les cas de dérogation prévus aux articles R. 241-18 et R. 241-19, dans les immeubles collectifs où la production d'eau chaude est commune à tout ou partie des locaux occupés à titre privatif, les frais de combustible ou d'énergie afférents à la fourniture d'eau chaude sont répartis entre ces locaux proportionnellement à la mesure des compteurs individuels d'eau chaude.**

Lorsque les conditions de fourniture de l'eau chaude ne permettent pas de connaître la part des frais de combustible ou d'énergie entrant dans le prix de cette fourniture, cette part fait l'objet, pour l'application du présent article, d'une estimation forfaitaire égale aux deux tiers au moins du prix total de l'eau chaude fournie par l'installation commune de l'immeuble.

Il n'est pas dérogé par le présent article aux dispositions, conventions ou usages en vigueur pour la répartition des frais, fixes ou non, et des charges afférentes à la fourniture d'eau chaude autres que les frais de combustible ou d'énergie mentionnés ci-dessus.

Les appareils de mesure installés à partir du 25 octobre 2020 sont relevables par télé-relève.

À compter du 1er janvier 2027, l'ensemble des appareils de mesure sont relevables par télé-relève.

Un arrêté conjoint des ministres chargés de l'énergie et de la construction précise le contenu de la note d'information transmise aux occupants sur leur consommation d'eau chaude sanitaire mentionnée à l'article 24-9 de la loi n° 65-557 du 10 juillet 1965 fixant le statut de la copropriété des immeubles bâtis et

à l'article 23 de la loi n° 89-462 du 6 juillet 1989 tendant à améliorer les rapports locatifs et portant modification de la loi n° 86-1290 du 23 décembre 1986.

Art. R. 174-14 *(Aj., D. n° 2021-872, 30 juin 2021).* – Les dispositions prévues à l'article R. 174-12 s'appliquent aux immeubles équipés d'un dispositif d'individualisation des frais d'eau chaude sanitaire prévu à l'article R. 174-13, lorsque ce dispositif est télé-relevable, pour ce qui concerne la consommation d'eau chaude sanitaire.

Art. R. 174-15 *(Aj., D. n° 2021-872, 30 juin 2021).* – Les dispositions de l'article R. 174-13 sont applicables à tous les immeubles collectifs de la classe A ; ceux-ci, de construction, doivent être équipés des appareils nécessaires de mesure directe ou indirecte.

Art. R. 174-16 *(Aj., D. n° 2021-872, 30 juin 2021).* – Les dispositions de l'article R. 174-13 sont applicables aux immeubles collectifs de la classe B qui doivent être équipés des appareils nécessaires au moins depuis le 15 septembre 1977.

Il peut y être dérogé, pour l'ensemble d'un immeuble ou l'ensemble des immeubles desservis par une même installation de production d'eau chaude :

1° Si le nombre des points de mesure nécessaires à l'application de l'article R. 174-13 est supérieur à deux fois le nombre des locaux occupés à titre privatif desservis par cette installation ;

2° Ou si, pour plus de 15 % des points de mesure, les canalisations ne satisfont pas aux conditions d'accessibilité fixées par arrêté du ministre chargé de la construction et de l'habitation.

Art. R. 174-17 *(Aj., D. n° 2021-872, 30 juin 2021).* – Il peut être dérogé, par arrêté du ministre chargé de la construction et de l'habitation et du ministre chargé de l'énergie, aux dispositions de l'article R. 174-13 pour :

1° Les immeubles collectifs de la classe B comportant seulement deux locaux occupés à titre privatif ;

2° Les locaux dépendant d'un établissement d'hôtellerie.

Art. R. 174-18 *(Aj., D. n° 2021-872, 30 juin 2021).* – Un arrêté du ministre chargé de l'énergie fixe les règles de construction et d'utilisation des appareils nécessaires à l'application de la présente sous-section, ainsi que les modalités de leur contrôle, dans la mesure où ces appareils ne relèvent pas de la réglementation édictée par le décret du 30 novembre 1944 relatif au contrôle des instruments de mesure.

ANNEXE 26

ÉCONOMIES D'ÉNERGIE

I. - Les principes généraux ... p. 1198
II. - Mesure de la performance énergétique ... p. 1199
A. – Diagnostic de performance énergétique ... p. 1200
B. – Audit énergétique ... p. 1203
C. – Plans de travaux d'économie d'énergie et contrats de performance énergétique ... p. 1204
III. - Directives générales concernant la performance énergétique des bâtiments et les économies d'énergie ... p. 1207
IV. - Droit de surplomb ... p. 1213

Bibliographie : Sur les projets de réforme, V. P. Dechelette-Tolot et V. Lagarde, *Grenelle de l'environnement : le DPE et le CPE révolutionneront-ils les copropriétés ? : Rev. loyers* 2009, p. 3.

Sur la loi du 12 juillet 2010 dite « Grenelle II ». J.-M. Talau, *La modification de la loi du 10 juillet 1965 par la loi « Grenelle » II : Loyers et copr.* oct. 2010, étude 11. • O. Dufour, *Les copropriétés face aux objectifs du Grenelle II : Rev. loyers* 2010, p. 302. • P. Dechelette-Tolot, *Grenelle II et copropriété : Rev. loyers* 2010, p. 361. • C. Atias, *La copropriété immobilière dans la politique de défense de l'environnement : Ann. loyers* 2010, p. 2180. • S. Bertrand, *La précarité énergétique, un obstacle à la rénovation thermique des immeubles en copropriété : Loyers et copr.* avr. 2011, focus 29. • C. Bosgiraud, *De quelques impacts du Grenelle II en droit immobilier : Bull. CRIDON Paris* 1er oct. 2010, numéro spécial. • P. Capoulade, *La copropriété dans la loi Grenelle II : AJDI* 2010, p. 777. • P. Dechelette-Tolot, *Diagnostic de performance énergétique et audit énergétique en copropriété : une opportunité : Rev. loyers* 2011, p. 98 ; *Travaux d'économie d'énergie, comment tirer parti de ses certificats d'économie d'énergie ? : Rev. habitat* juill.-août 2012, p. 25 (étude anonyme). • J. Laporte, *Les plans de travaux et leur financement en copropriété : AJDI* 2012, p. 565. • Y. Martinet, *Économies d'énergie dans les copropriétés : Gaz. Pal.* 31 oct.-1er nov. 2012, p. 13. • A. Lebatteux, *La réhabilitation de l'immeuble en copropriété : Actes prat. ing. immobilière* 2012, n° 2, p. 11. • J.-M. Talau, *Les nouvelles règles juridiques et fiscales de l'amélioration environnementale et énergétique des copropriétés : Loyers et copr.* 2012, études 10. • Ph. Pelletier, *La rénovation énergétique des copropriétés, c'est maintenant ! : Rev. loyers* 2013, p. 61. • V. aussi le rapport de Me Ortega remis le 11 mars 2011 à la ministre de l'Écologie, à télécharger sur le site de la Documentation française.

Sur le décret du 3 décembre 2012 et l'arrêté du 28 février 2013. V. P. Capoulade, *Mise en œuvre du diagnostic de performance énergétique et de l'audit énergétique : Administrer* mars 2013, p. 20. • C. Atias, *Diagnostics de performance énergétique : Ann. loyers* 2013, p. 552. • Y. Rouquet, C. Michelet et M. Feferman, *Décret DPE et économie d'énergie dans les copropriétés : AJDI* 2013, p. 89. • N. Figuière, *La mécanique des DPE et des audits : Inf. rap. copr.* mai 2013, p. 31. • N. Cazalbou, *Copropriété et économie d'énergie : les sources de financement : Dossier*, 25 millions de propriétaires, févr. 2014, p. 14. • C. Demay, *Audit énergétique : les vrais besoins des copropriétés : DIMAG*, janv.-févr. 2015, p. 23. • P. Turenne, *Rénovation énergétique : diagnostics et audits en première ligne ! : Inf. rap. copr.* avr. 2015, p. 25.

Sur la loi n° 2015-718 du 17 août 2015, relative à la « transition énergétique pour la croissance verte ». V. Zalewski-Sicard, *Transition énergétique et droit immobilier : Gaz. Pal.* 6-8 sept. 2015, p. 16. • D. Tomasin, *La loi sur la transition énergétique et le droit de la copropriété : AJDI* 2015, p. 671. • A.-L. Deloron-Rocard, *La rénovation énergétique : Administrer* déc. 2015, p. 19. • S. Bertoléaso et E. Ménard, *La rénovation énergétique à l'épreuve du droit de la responsabilité civile : Constr.-Urb.* 2016, étude 3. • V. Zalewski-Sicard, *Cinq projets de décrets pour la transition énergétique : Constr.-Urb.* 2016, focus 20. • N. Figuière-Brocard, *Quelle majorité pour la rénovation énergétique ? : Inf. rap. copr.* mai 2016, p. 31. • S. Michelin-

Mazeran, *La copropriété avance vers la rénovation énergétique : Inf. rap. copr.* avr. 2018, p. 23 ; *La copropriété et les nouvelles énergies : JCP* N 2018, n° 14, 1156 ; *Loyers et copr.* avr. 2018, étude 4.

Sur la loi n° 2021-1104 du 22 août 2021 (« loi Climat »). P. Dechelette-Tolot, *Impact de la loi Climat et résilience sur la copropriété : Administrer* nov. 2021, p. 7. • A. Lebatteux, *Impact de la loi Climat et résilience en copropriété : Loyers et copr.* 2021, étude 10. • P.-E. Lagraulet, *L'incidence de la loi Climat sur le droit de la copropriété : la prémonition de Léon Duguit ? : AJDI* 2021, p. 736. • M. Poumarède, *Loi Climat : la copropriété entre en résilience : JCP* N 2021, n° 42-43, 1308. • V. Zalewski-Sicard, *La performance énergétique et environnementale des copropriétés après la loi « Climat et résilience » : Rev. loyers* 2021, p. 444. • N. Levray, *La rénovation énergétique a-t-elle les moyens de son ambition ? : Inf. rap. copr.* juin 2023, p. 5. • P. Dechelette-Tolot et V. Hardouin, *La sobriété énergétique en copropriété : Administrer* août-sept. 2023, p. 11. • N. Coulaud, *Audits et diagnostics : les nouvelles obligations : Inf. rap. copr.* sept. 2023, p. 15. • P.-E. Lagraulet, *Adaptation de l'immeuble d'habitation ou changement climatique : Inf. rap. copr.* mars 2024, p. 3.

V. aussi :

• sur la transition énergétique et la copropriété : G. Chantepie, *La transition énergétique dans les copropriétés : AJDI* 2020, p. 84. • P.-E. Lagraulet, *Les outils juridiques de la rénovation énergétique : Inf. rap. copr.* avr. 2023, p. 27. • B. Naudin, *La rénovation énergétique des copropriétés : DEF* 12 janv. 2023, n° DEF211f6. • N. Levray, *Comment améliorer l'étiquette énergétique ? : Inf. rap. copr.* avr. 2023, p. 15. • D. Rodrigues, *L'indécence énergétique du logement : Inf. rap. copr.* avr. 2023, p. 11. • B. Naudin, *Les travaux d'isolation embarquée, droit de surplomb et d'accès au fonds voisin : DEF* 6 avr. 2023, n° DEF211f7, p. 14. • C. Ivars, *Les nouvelles obligations du syndic de copropriété en matière sanitaire et environnementale : Actes prat. ing. immobilière* 2021, n° 4, 4.

• Sur les objectifs fixés par l'Europe : C. Beddeleem, *La directive européenne du 13 septembre 2023 relative à l'efficacité énergétique : Ann. loyers* 2023, p. 19. • *Performance énergétique des bâtiments* : Conseil UE, communiqué du 7 décembre 2023 : *JCP* N 2023, n° 51-52, Act. 1288. • *Performance énergétique des bâtiments : la nouvelle directive approuvée par le Conseil de l'Union européenne* : communiqué du 12 avr. 2024 (Bâtiments zéro émission) : *JCP* N 2024, n° 17, act. 614.

• *Rapport parlementaire d'information n° 1700 en conclusion les travaux de la mission d'information commune sur la rénovation énergétique des bâtiments*, Assemblée nationale 4 octobre 2023 (V. V. Zalewski-Sicard, étude : *Constr.-urb.* 2023, focus 103. • *Commission des affaires économiques, rapport sur la précarité énergétique*, document n° 522, 14 avr. 2023, focus 103).

• Sur le financement des travaux, V. Annexe 31, *Finances du syndicat*, p. 1235.

I. – LES PRINCIPES GÉNÉRAUX

Code de la construction et de l'habitation

CHAPITRE Ier. – OBJECTIFS GÉNÉRAUX DE PERFORMANCE ÉNERGÉTIQUE ET ENVIRONNEMENTALE

Art. L. 171-1 ***(Aj. à compter du 1er juillet 2021, Ord. n° 2020-71, 29 janv. 2020).*** **– La construction et la rénovation de bâtiments contribuent à atteindre les objectifs de la politique nationale énergétique fixés à l'article L. 100-4 du Code de l'énergie.**

Elles limitent les consommations d'énergie et de ressources des bâtiments construits et rénovés ainsi que leur impact sur le changement climatique sur leur cycle de vie, afin qu'ils soient les plus faibles possible, sans préjudicier au respect des objectifs de qualité sanitaire et au confort thermique. Le respect de ces objectifs tient compte du confort d'usage ainsi que de la qualité sanitaire mentionnés au titre V.

Pour la construction et la rénovation de bâtiments, un décret en Conseil d'État fixe les résultats minimaux :

1° De performance énergétique pour des conditions de fonctionnement définies, évaluée en tenant compte du recours aux énergies renouvelables au sens de l'article L. 111-1 ;

2° De limitation de l'impact sur le changement climatique, évaluée sur l'ensemble du cycle de vie du bâtiment et en prenant en compte le stockage du carbone de l'atmosphère durant la vie du bâtiment ;

3° De performance environnementale, évaluée notamment au regard des émissions de gaz à effet de serre, de la consommation d'eau et de la production de déchets liées à la fabrication des composants des bâtiments, à leur édification, leur entretien, leur rénovation et leur démolition, ainsi que du recours à des matériaux issus de ressources renouvelables et de l'incorporation de matériaux issus du recyclage.

Ces résultats minimaux sont fixés selon les catégories de bâtiments construits et, en cas de rénovation, selon la nature et l'importance des travaux.

....

Art. L. 171-3 *(Aj. à compter du 1er juillet 2021, Ord. n° 2020-71, 29 janv. 2020).* **– Afin de contribuer au respect des objectifs fixés par l'article L. 171-1, la mise en œuvre des installations sanitaires, de chauffage et de climatisation des bâtiments assure la limitation de la température de l'eau chaude sanitaire et des températures maximale et minimale qui peuvent être atteintes dans les locaux, dans les conditions prévues par l'article L. 241-1 du Code de l'énergie.**

II. – MESURE DE LA PERFORMANCE ÉNERGÉTIQUE

Présentation du dispositif.

Les immeubles doivent être répartis selon leur « classe énergétique » (V. ci-dessous les articles L. 173-1-1 et L. 173-2).

L'article L. 126-31 du Code de la construction et de l'habitation (V. ce texte ci-dessous), issu de la loi n° 2021- 104 du 22 août 2021 soumet l'ensemble des bâtiments d'habitation collective dont le permis de construire a été déposé avant le 1er janvier 2013 à l'obligation d'établir un diagnostic de performance énergétique approfondi.

Ces « DPE collectifs » devront avoir été élaborés au plus tard :

- pour les copropriétés de plus de 200 lots à usage d'habitation bureaux ou commerces, au 1er janvier 2024 ;
- au 1er janvier 2025 ;
- pour les copropriétés de moins de 50 lots (principaux) au 1er janvier 2026.

Par ailleurs :

- l'obligation de réaliser un **audit énergétique** imposée aux copropriétés de plus de 50 lots est supprimée par la loi du 22 août 2021 précité : il ne subsiste que dans le cas de vente de logements en mono copropriété ;
- le diagnostic technique global (DTG) a été conservé par la loi du 22 août 2021 précitée (V. Annexe « diagnostic technique global »), mais en fait il est supplanté dans le dispositif institué par l'élaboration d'un « projet de plan pluriannuel de travaux » (V. Annexe plan pluriannuel de travaux).

Voir sur tous ces points les études de A. Lebatteux, P. Dechelette-Tolot, V. Hardouin et P.-E. Lagraulet, citées dans la bibliographie en tête de rubrique dans la bibliographie.

Art. L. 173-1-1 *(Aj., L. n° 2021-1104, 22 août 2021).* **– Les bâtiments ou parties de bâtiment existants à usage d'habitation sont classés, par niveau de performance décroissant, en fonction de leur niveau de performance énergétique et de leur performance en matière d'émissions de gaz à effet de serre. Ce niveau de performance est exprimé en kilowattheures d'énergie primaire par mètre carré et par an, s'agissant de la consommation énergétique, et en kilogramme de dioxyde de carbone par mètre carré et par an, s'agissant des émissions de gaz à effet de serre induites. Un arrêté des ministres chargés de la construction et de l'énergie définit les seuils permettant de classer les bâtiments ou parties de bâtiment dans les catégories suivantes :**

Extrêmement performants	Classe A
Très performants	Classe B
Assez performants	Classe C
Assez peu performants	Classe D
Peu performants	Classe E
Très peu performants	Classe F
Extrêmement peu performants	Classe G

Art. L. 173-2 *(Mod., L. n° 2021-1104, 22 août 2021).* **– I. À compter du 1er janvier 2028, le niveau de performance, déterminé selon la méthode du diagnostic de performance énergétique, des bâtiments ou parties de bâtiment à usage d'habitation est compris entre les classes A et E au sens de l'article L. 173-1-1.**

Cette obligation ne s'applique pas :

1° Aux bâtiments qui, en raison de leurs contraintes techniques, architecturales ou patrimoniales, ne peuvent faire l'objet de travaux de rénovation permettant d'atteindre un niveau de performance conforme au premier alinéa du présent I ;

2° Aux bâtiments pour lesquels le coût des travaux permettant de satisfaire cette obligation est manifestement disproportionné par rapport à la valeur du bien.

Les critères relatifs à ces exonérations sont précisés par décret en Conseil d'État.

II. – Par exception, l'obligation mentionnée au I s'applique à compter du 1er janvier 2033 pour les copropriétés :

1° Faisant l'objet d'un plan de sauvegarde tel que prévu à l'article L. 615-1 ;

2° Situées dans le périmètre d'une opération programmée d'amélioration de l'habitat prévue à l'article L. 303-1 et inscrite dans le volet de cette opération dédié au redressement d'une ou plusieurs copropriétés rencontrant des difficultés sur le plan technique, financier, social ou juridique ;

3° Situées dans le périmètre d'une opération de requalification de copropriétés dégradées prévue aux articles L. 741-1 et L. 741-2 ;

4° Pour lesquelles le juge a désigné un administrateur provisoire, conformément aux dispositions des articles 29-1 ou 29-11 de la loi n° 65-557 du 10 juillet 1965 fixant le statut de la copropriété des immeubles bâtis ;

5° Déclarées en état de carence en application de l'article L. 615-6 du présent code.

III. – À compter du 1er janvier 2022, en cas de vente ou de location d'un bien immobilier à usage d'habitation dont le niveau de performance n'est pas conforme au I du présent article, l'obligation définie au même I est mentionnée dans les publicités relatives à la vente ou à la location ainsi que dans les actes de vente ou les baux concernant ce bien. Par exception, la première phrase du présent alinéa est applicable en Guadeloupe, en Martinique, en Guyane, à La Réunion et à Mayotte à compter du 1er juillet 2024.

À compter du 1er janvier 2028, en cas de vente ou de location d'un bien immobilier à usage d'habitation dont le niveau de performance n'est pas conforme audit I, le non-respect de l'obligation définie au même I est mentionné dans les publicités relatives à la vente ou à la location ainsi que dans les actes de vente ou les baux concernant ce bien.

IV. – Un décret en Conseil d'État détermine les modalités d'application du présent article.

A. – DIAGNOSTIC DE PERFORMANCE ÉNERGÉTIQUE

Art. L. 126-31 *(Mod., L. n° 2021-1104, 22 août 2021 ; à compter du 12 mars 2023, L. n° 2023-175, 10 mars 2023).* – Tout bâtiment d'habitation collective dont le permis de construire a été déposé avant le 1er janvier 2013 dispose d'un diagnostic de performance énergétique réalisé dans les conditions prévues à l'article L. 126-26.

Ce diagnostic est renouvelé ou mis à jour tous les dix ans, sauf lorsqu'un diagnostic réalisé après le 1er juillet 2021 permet d'établir que le bâtiment appartient à la classe A, B ou C au sens de l'article L. 173-1-1.

À l'occasion du renouvellement de ce diagnostic ou, au plus tard, dans un délai de cinq ans à compter de la promulgation de la loi n° 2023-175 du 10 mars 2023 relative à l'accélération de la production d'énergies renouvelables, les organismes d'habitations à loyer modéré définis à l'article L. 411-2 sont également tenus de réaliser une étude de faisabilité qui évalue les possibilités d'installation d'équipements de production, de transformation et de stockage d'énergie renouvelable sur l'unité foncière déjà artificialisée des bâtiments collectifs de logements à loyer modéré dont ils ont la charge. Une fois réalisés, le diagnostic de performance énergétique et la présente étude sont transmis aux locataires et aux collectivités territoriales de rattachement. Les modalités d'application du présent article sont définies par voie réglementaire.

....

Art. R. 126-15 *(Aj. à compter du 1er juillet 2021, D. n° 2021-872, 30 juin 2021).* – La présente sous-section s'applique à tout bâtiment ou partie de bâtiment clos et couvert, à l'exception des catégories suivantes :

a) Les constructions provisoires prévues pour une durée d'utilisation égale ou inférieure à deux ans ;

b) Les bâtiments indépendants dont la surface de plancher au sens de l'article R. 111-22 du Code de l'urbanisme est inférieure à 50 mètres carrés ;

c) Les bâtiments ou parties de bâtiments à usage agricole, artisanal ou industriel, autres que les locaux servant à l'habitation, dans lesquels le système de chauffage ou de refroidissement ou de production d'eau chaude pour l'occupation humaine produit une faible quantité d'énergie au regard de celle nécessaire aux activités économiques ;

d) Les bâtiments servant de lieux de culte ;

e) Les monuments historiques classés ou inscrits à l'inventaire en application du Code du patrimoine ;

f) Les bâtiments ou parties de bâtiments non chauffés ou pour lesquels les seuls équipements fixes de chauffage sont des cheminées à foyer ouvert, et ne disposant pas de dispositif de refroidissement des locaux ;

g) Les bâtiments ou parties de bâtiments résidentiels qui sont destinés à être utilisés moins de quatre mois par an.

Art. R. 126-16 *(Aj. à compter du 1er juillet 2021, D. n° 2021-872, 30 juin 2021).* – Le diagnostic de performance énergétique comprend :

a) Les caractéristiques pertinentes du bâtiment ou de la partie de bâtiment et un descriptif de ses équipements de chauffage, de production d'eau chaude sanitaire, de refroidissement, de ventilation et, dans certains types de bâtiments, de l'éclairage intégré des locaux en indiquant, pour chaque catégorie d'équipements, les conditions de leur utilisation et de leur gestion ayant des incidences sur les consommations énergétiques ;

b) L'indication, pour chaque catégorie d'équipements, de la quantité annuelle d'énergie consommée ou estimée selon une méthode de calcul conventionnel ainsi qu'une évaluation des dépenses annuelles résultant de ces consommations ;

c) L'évaluation de la quantité d'émissions de gaz à effet de serre liée à la quantité annuelle d'énergie consommée ou estimée ;

d) Une information sur les énergies d'origine renouvelable produites par les équipements installés à demeure et utilisées dans le bâtiment ou partie de bâtiment en cause ;

e) Le classement du bâtiment ou de la partie de bâtiment en application d'une échelle de référence, prenant en compte la zone climatique et l'altitude, établie en fonction de la quantité annuelle d'énergie consommée ou estimée, pour le chauffage, le refroidissement, la production d'eau chaude sanitaire, l'éclairage et les auxiliaires de chauffage, de refroidissement, d'eau chaude sanitaire et de ventilation, rapportée à la surface du bâtiment ou de la partie du bâtiment ;

f) Le classement du bâtiment ou de la partie de bâtiment en application d'une échelle de référence, prenant en compte la zone climatique et l'altitude, établie en fonction de la quantité d'émissions de gaz à effet de serre, pour le chauffage, le refroidissement, la production d'eau chaude sanitaire, l'éclairage et les auxiliaires de chauffage, de refroidissement, d'eau chaude sanitaire et de ventilation, rapportée à la surface du bâtiment ou de la partie du bâtiment ;

g) Des recommandations visant à améliorer la performance énergétique, sans augmenter la quantité d'émission de gaz à effet de serre liée à la quantité annuelle d'énergie consommée ou estimée, du bâtiment ou de la partie de bâtiment, accompagnées d'une évaluation de leur coût et de leur efficacité ;

h) Le cas échéant, le dernier document en date mentionné à l'article R. 224-33 ou R. 224-41-8 du Code de l'environnement ;

i) Des éléments d'appréciation sur la capacité du bâtiment ou de la partie de bâtiment à assurer un confort thermique en période estivale.

Art. R. 126-17 *(Aj. à compter du 1er juillet 2021, D. n° 2021-872, 30 juin 2021).* – Lorsqu'un bâtiment ou une partie de bâtiment est doté d'un dispositif collectif, le propriétaire de ce dispositif collectif, son mandataire ou, le cas échéant, le syndic de copropriété fournit à la personne qui demande un diagnostic de performance énergétique et aux frais de cette dernière :

1° Si le bâtiment ou la partie de bâtiment dispose d'un dispositif collectif de chauffage, de refroidissement, de production d'eau chaude sanitaire ou de ventilation :

a) Une description de ces équipements collectifs, de leurs auxiliaires et de leur mode de gestion ;

b) Les modalités de répartition des frais liés aux consommations énergétiques de ces équipements ;

2° Pour les autres dispositifs collectifs, tels l'enveloppe extérieure, la toiture, les planchers, plafonds et cloisons intérieures donnant sur des locaux non chauffés, tout document à sa disposition permettant de renseigner sur les caractéristiques pertinentes de ces dispositifs ayant des incidences sur les consommations énergétiques, notamment les dates et descriptions des travaux d'isolation thermique réalisés, les factures afférentes ainsi que les diagnostics techniques réalisés.

Art. R. 126-18 *(Aj. à compter du 1er juillet 2021, D. n° 2021-872, 30 juin 2021).* – Tout bâtiment d'une surface supérieure à 250 m², soumis aux dispositions de la présente sous-section et occupé par les services d'une collectivité publique ou d'un établissement public, qui accueille un établissement recevant du public de la 1re à la 4e catégorie au sens de l'article R. 143-19, doit faire l'objet d'un diagnostic de performance énergétique avant le 1er juillet 2017, sauf si celui-ci a déjà été réalisé et est encore en cours de validité. Le propriétaire ou, s'il y a lieu, le gestionnaire ou l'exploitant du bâtiment affiche ce diagnostic pendant toute sa durée de validité de manière visible pour le public à proximité de l'entrée principale ou du point d'accueil.

Lorsqu'un bâtiment d'une surface supérieure à 500 m² soumis aux dispositions de la présente sous-section accueille un établissement recevant du public de la 1re à la 4e catégorie au sens de l'article R. 143-19 et fait l'objet d'un diagnostic de performance énergétique dans le cadre de sa construction, de sa vente ou de sa location, conformément aux articles L. 126-27, L. 126-28 ou L. 126-29, son propriétaire ou, s'il y a lieu, son gestionnaire ou son exploitant affiche ce diagnostic pendant toute sa durée de validité de manière visible pour le public à proximité de l'entrée principale ou du point d'accueil.

Art. D. 126-19 *(Aj. à compter du 1er juillet 2021, D. n° 2021-872, 30 juin 2021).* – La durée de validité du diagnostic de performance énergétique prévu à l'article L. 126-26 est fixée à dix ans.

Lorsque les diagnostics de performance énergétique ont été réalisés entre le 1er janvier 2013 et le 1er juillet 2021, leur durée de validité est fixée dans les limites suivantes :

a) Les diagnostics réalisés entre le 1er janvier 2013 et le 31 décembre 2017 sont valides jusqu'au 31 décembre 2022 ;

b) Les diagnostics réalisés entre le 1er janvier 2018 et le 30 juin 2021 sont valides jusqu'au 31 décembre 2024.

Art. R. 126-20 *(Aj. à compter du 1er juillet 2021, D. n° 2021-872, 30 juin 2021).* – I. – Lorsqu'il est établi pour l'ensemble d'un bâtiment d'habitation collective, notamment dans le cas prévu au premier alinéa de l'article L. 126-31, le diagnostic de performance énergétique est réalisé selon les modalités prévues par la présente sous-section.

Le diagnostic de performance énergétique ainsi réalisé permet d'établir, dans des conditions définies par arrêté conjoint des ministres chargés de la construction et de l'énergie, des diagnostics de performance énergétique, au sens des articles L. 126-26 à L. 126-30, pour chacun des logements ou lots le constituant.

II. – Lorsqu'il s'agit d'un immeuble en copropriété :

Le syndic de copropriété inscrit à l'ordre du jour de l'assemblée générale des copropriétaires la décision de réaliser le diagnostic de performance énergétique.

Il inscrit à l'ordre du jour de l'assemblée générale des copropriétaires qui suit cette réalisation la présentation du diagnostic par la personne en charge de sa réalisation. Ce document, qui comporte des explications détaillées, mentionne également les hypothèses de travail et les éventuelles approximations auxquelles il a donné lieu.

III. – Les syndicats de copropriétaires ayant déjà fait réaliser un diagnostic de performance énergétique toujours en cours de validité et conforme aux exigences du I ne sont pas soumis à l'obligation de réaliser un nouveau diagnostic.

Dans le cas où un syndicat de copropriétaires a fait réaliser un diagnostic de performance énergétique toujours en cours de validité mais non conforme aux exigences du I, celui-ci est complété en vue de le rendre conforme à celles-ci.

Arrêté du 31 mars 2021

relatif aux méthodes et procédures applicables au diagnostic de performance énergétique et aux logiciels l'établissant

(JO 13 avr. 2021, texte n° 29)

Objet : arrêté définissant les dispositions techniques et procédures relatives aux diagnostics de performance énergétique, à la validation des logiciels les établissant et à leurs modalités de transmissions à l'observatoire des diagnostics de performance énergétique.

Entrée en vigueur : 1er juillet 2021.

Notice : le présent arrêté établit les dispositions techniques applicables aux diagnostics de performance énergétique (DPE). Il définit la méthode de calcul conventionnelle 3CL-DPE-2021 s'appliquant aux bâtiments ou parties de bâtiment existant à usage d'habitation, la procédure de validation des logiciels établissant les DPE ainsi que les modalités techniques de transmission de ces diagnostics à la plateforme informatique gérée par l'Agence de l'environnement et de la maîtrise de l'énergie (ADEME).

Art. 1. – Les dispositions du présent arrêté sont prises pour l'application des dispositions des articles R. 134-1 à R. 134-8 du Code de la construction, à l'exception des départements d'outre-mer.

Art. 2. – La méthode de calcul 3CL-DPE 2021, utilisée par la personne chargée d'établir le diagnostic de performance énergétique dans les conditions déterminées par l'arrêté du 31 mars 2021 relatif au diagnostic de performance énergétique pour les bâtiments ou parties de bâtiments à usage d'habitation en France métropolitaine, est définie à l'annexe 1 du présent arrêté.

Art. 3 *(Mod. à compter du 1er janvier 2023, A. 3 nov. 2022).* – Les logiciels établissant les diagnostics de performance énergétique, mettant notamment en œuvre la méthode de calcul 3CL-DPE 2021 mentionnée à l'article 2, sont validés par le ministre en charge de la construction selon la procédure d'évaluation définie en annexe 2 du présent arrêté.

Les logiciels ayant fait l'objet d'une demande d'évaluation auprès du ministre en charge de la construction selon les dispositions transitoires d'autoévaluation précisées à l'annexe 2 peuvent être utilisés jusqu'au 31 décembre 2021 pour la réalisation de diagnostics de performance énergétique. La liste des logiciels utilisables durant cette période fait l'objet d'une publication sur un site internet défini par le ministre en charge de la construction. En cas de constat d'un écart majeur et systématique à la méthode de calcul en vigueur au moment du constat ou d'informations manifestement erronées dans le rapport d'autoévaluation, un logiciel peut être retiré de cette liste. Cette décision intervient après mise en œuvre d'une procédure contradictoire.

Tout éditeur de logiciel validé selon les modalités susmentionnées met en place au moins une solution de production du rapport de diagnostic de performance énergétique selon des modalités sécurisées qui permettent de garantir l'intégrité du document et de faire obstacle à sa falsification.

NB : Conformément à l'article 4 de l'arrêté du 3 novembre 2022 (NOR : TREL2227760A), ces dispositions entrent en vigueur le 1er janvier 2023.

Art. 4. – Les diagnostics de performance énergétique prévus par l'article L. 134-1 susvisé sont transmis à l'Agence de l'environnement et de la maîtrise de l'énergie au moyen d'un logiciel validé conformément à la procédure décrite à l'article 3, par envoi électronique du récapitulatif standardisé dont le contenu et le format sont décrits à l'annexe 3 du présent arrêté.

Art. 5. – L'arrêté du 15 septembre 2006 relatif aux méthodes et procédures applicables au diagnostic de performance énergétique pour les bâtiments existants proposés à la vente en France métropolitaine est abrogé.

L'arrêté du 9 novembre 2006 portant approbation de diverses méthodes de calcul pour le diagnostic de performance énergétique en France métropolitaine est abrogé.

L'arrêté du 6 mai 2008 portant confirmation de l'approbation de diverses méthodes de calcul pour le diagnostic de performance énergétique en France métropolitaine est abrogé.

L'arrêté du 17 octobre 2012 modifiant la méthode de calcul 3CL-DPE introduite par l'arrêté du 9 novembre 2006 portant approbation de diverses méthodes de calcul pour le diagnostic de performance énergétique en France métropolitaine est abrogé.

L'arrêté du 24 décembre 2012 relatif à la base de données introduite par le décret n° 2011-807 du 5 juillet 2011 relatif à la transmission des diagnostics de performance énergétique à l'Agence de l'environnement et de la maîtrise de l'énergie est abrogé.

Art. 6. – Les dispositions du présent arrêté entrent en vigueur le 1er juillet 2021.

Annexe (consultable sur Légifrance)

B. – AUDIT ÉNERGÉTIQUE

Rappel

Comme nous l'avons indiqué (V. ci-dessus « Présentation du dispositif »), l'audit énergétique ne concerne plus les immeubles collectifs en copropriété mais seulement les maisons individuelles et les immeubles composés de plusieurs logements appartenant à un propriétaire unique proposés à la vente en France (V. CCH art. L. 126-28-1).

L'obligation de réaliser cet audit concerne, dans un premier temps, les habitations classées F ou G, – les logements qualifiés de « passoires thermiques » – dont la promesse de vente ou, à défaut, l'acte de vente, est signé à compter du 1er avril 2023.

L'audit énergétique était antérieurement régi par les articles L. 126-32 et R. 126 31 et R. 126 32 du Code de la construction et de l'habitation. Ces textes ont été modifiés par la loi précitée du 22 août 2021, et par le décret n° 2021-872 du 30 juin 2021, lui-même modifié par le décret n° 2022-510 du 8 avril 2022.

V. sur le sujet, V. Zalewski-Sicard, *L'évolution réglementaire des audits énergétiques* : *JCP* N 2024, n° 4, 1016 ; *JCP* N 2024, n° 4.

C. – PLANS DE TRAVAUX D'ÉCONOMIE D'ÉNERGIE ET CONTRATS DE PERFORMANCE ÉNERGÉTIQUE

Art. R. 173-9 *(Aj. à compter du 1er juillet 2021, D. n° 2021-872, 30 juin 2021).* **– Afin de soumettre à l'assemblée générale des copropriétaires la question portant sur un plan de travaux d'économies d'énergie ou un contrat de performance énergétique, conformément à l'article 24-4 de la loi n° 65-557 du 10 juillet 1965 fixant le statut de la copropriété des immeubles bâtis, le syndic de copropriété joint, selon le cas, à la convocation le diagnostic de performance énergétique ou le rapport synthétique de l'audit énergétique prévus respectivement aux articles R. 126-20 et R. 126-30.**

Dans le cas où le syndicat des copropriétaires décide de réaliser des travaux d'économies d'énergie, le syndic de copropriété procède à la mise en concurrence d'entreprises pour la réalisation de ces travaux. Il inscrit à l'ordre du jour de l'assemblée générale suivant cette mise en concurrence le vote, sur la base des devis recueillis, soit d'un plan de travaux d'économies d'énergie, soit d'un contrat de performance énergétique.

Dans le cas où un plan de travaux d'économies d'énergie est adopté par l'assemblée générale des copropriétaires, les travaux planifiés doivent faire l'objet d'un vote distinct dans les conditions prévues au *g* de l'article 25 de la loi du 10 juillet 1965 déjà mentionnée.

Art. R. 173-10 *(Aj. à compter du 1er juillet 2021, D. n° 2021-872, 30 juin 2021).* **– Le plan de travaux d'économies d'énergie comprend :**

I. – Des travaux d'amélioration de la performance énergétique correspondant à une ou plusieurs des actions figurant dans l'une ou l'autre des deux catégories suivantes :

1° Travaux portant sur les parties et équipements communs :

***a)* Travaux d'isolation thermique performants des toitures ;**

***b)* Travaux d'isolation thermique performants des murs donnant sur l'extérieur ou sur des locaux non chauffés ;**

***c)* Travaux d'isolation thermique performants des parois vitrées donnant sur l'extérieur ;**

***d)* Travaux d'amélioration des installations d'éclairage des parties communes ;**

***e)* Travaux d'installation, de régulation, d'équilibrage ou de remplacement des systèmes de chauffage, de refroidissement ou d'eau chaude sanitaire ;**

***f)* Travaux d'isolation des réseaux collectifs de chauffage, de refroidissement ou d'eau chaude sanitaire ;**

***g)* Travaux de régulation ou de remplacement des émetteurs de chaleur ou de froid ;**

***h)* Travaux d'amélioration ou d'installation des équipements collectifs de ventilation ;**

***i)* Travaux d'installation d'équipements de chauffage, de refroidissement ou de production d'eau chaude sanitaire utilisant une source d'énergie renouvelable ;**

2° Travaux d'intérêt collectif portant sur les parties privatives :

***a)* Travaux d'isolation thermique des parois vitrées donnant sur l'extérieur comprenant, le cas échéant, l'installation de systèmes d'occultation extérieurs ;**

***b)* Pose ou remplacement d'organes de régulation ou d'équilibrage sur les émetteurs de chaleur ou de froid ;**

***c)* Équilibrage des émetteurs de chaleur ou de froid ;**

***d)* Mise en place d'équipements de comptage des quantités d'énergies consommées.**

II. – Un programme détaillé indiquant l'année prévisionnelle de réalisation des travaux et leur durée.

III. – Une évaluation du coût des travaux prévus au plan, fondée sur les devis issus de la consultation d'entreprises.

Art. R. 173-11 *(Aj. à compter du 1er juillet 2021, D. n° 2021-872, 30 juin 2021).* **– Les travaux d'économie d'énergie ou de réduction des émissions de gaz à effet de serre d'intérêt collectif réalisés sur les parties privatives mentionnés au *g* de l'article 25 de la loi n° 65-557 du 10 juillet 1965 fixant le statut de la**

copropriété des immeubles bâtis comprennent tout ou partie des travaux mentionnés au 2° du I de l'article R. 173-10.

Dès lors que de tels travaux sont votés, les copropriétaires concernés sont tenus de les réaliser dans un délai raisonnable en fonction de la nature et du coût des travaux, sauf s'ils sont en mesure de prouver la réalisation de travaux équivalents.

Le syndicat des copropriétaires procède à la réception des travaux en présence des copropriétaires concernés. En cas de réserves, le syndic de copropriété assure le suivi et la réception des travaux destinés à permettre la levée des réserves. Après réception définitive des travaux, le syndic de copropriété adresse aux copropriétaires concernés, par lettre recommandée avec avis de réception ou par voie de remise contre émargement, les pièces et documents relatifs aux travaux, notamment le contrat de l'entreprise, le ou les procès-verbaux de réception et, le cas échéant, les attestations des assurances prévues aux articles L. 241-2 et L. 242-1 du Code des assurances afin que chaque copropriétaire puisse utilement mettre en œuvre les garanties à la charge de l'entreprise.

....

CHAPITRE IV. – SUIVI DE L'EFFICACITÉ ÉNERGÉTIQUE ET ENVIRONNEMENTALE

Art. L. 174-1 *(Aj. à compter du 1er juillet 2021, Ord. n° 2020-71, 29 janv. 2020 ; mod., L. n° 2021-1104, 22 août 2021).* – I. – Des actions de réduction de la consommation d'énergie finale sont mises en œuvre dans les bâtiments, parties de bâtiments ou ensembles de bâtiments existants à usage tertiaire, définis par décret en Conseil d'État, afin de parvenir à une réduction de la consommation d'énergie finale pour l'ensemble des bâtiments soumis à l'obligation d'au moins 40 % en 2030, 50 % en 2040 et 60 % en 2050, par rapport à 2010.

Les actions définies au présent article s'inscrivent en cohérence avec les objectifs fixés par la stratégie nationale de développement à faible intensité de carbone mentionnée à l'article L. 222-1 B du Code de l'environnement. Elles ne peuvent conduire ni à une augmentation du recours aux énergies non renouvelables, ni à une augmentation des émissions de gaz à effet de serre.

Tout bâtiment, partie de bâtiment ou ensemble de bâtiments soumis à l'obligation doit atteindre, pour chacune des années 2030, 2040 et 2050, les objectifs suivants :

1° Soit un niveau de consommation d'énergie finale réduit, respectivement, de 40 %, 50 % et 60 % par rapport à une consommation énergétique de référence qui ne peut être antérieure à 2010 ;

2° Soit un niveau de consommation d'énergie finale fixé en valeur absolue, en fonction de la consommation énergétique des bâtiments nouveaux de leur catégorie.

Les objectifs mentionnés aux 1° et 2° peuvent être modulés en fonction :

a) De contraintes techniques, architecturales ou patrimoniales relatives aux bâtiments concernés ;

b) D'un changement de l'activité exercée dans ces bâtiments ou du volume de cette activité ;

c) De coûts manifestement disproportionnés des actions par rapport aux avantages attendus en termes de consommation d'énergie finale.

La chaleur fatale autoconsommée par les bâtiments soumis à obligation, provenant de ces bâtiments ou de bâtiments ne relevant pas du secteur tertiaire présents sur le même site, peut être déduite de la consommation, contribuant ainsi à atteindre les objectifs.

La consommation d'énergie liée à la recharge de tout véhicule électrique et hybride rechargeable est déduite de la consommation énergétique du bâtiment et n'entre pas dans la consommation de référence.

II. – Les propriétaires des bâtiments ou des parties de bâtiments et, le cas échéant, les preneurs à bail sont soumis à l'obligation prévue au I pour les actions qui relèvent de leurs responsabilités respectives en raison des dispositions contractuelles régissant leurs relations. Ils définissent ensemble les actions destinées à respecter cette obligation et mettent en œuvre les moyens correspondants chacun en ce qui les concerne, en fonction des mêmes dispositions contractuelles.

Chaque partie assure annuellement la transmission des consommations d'énergie des bâtiments ou parties de bâtiments la concernant pour assurer le suivi du respect de son obligation.

L'évaluation du respect de l'obligation est annexée, à titre d'information :

1° En cas de vente, à la promesse ou au compromis de vente et, à défaut, à l'acte authentique de vente ;

2° En cas de location, au contrat de bail.

III. – Un décret en Conseil d'État détermine :

1° Les catégories de bâtiments soumis à l'obligation prévue au I, en fonction de leur surface et du type d'activité qui y est exercée à titre principal ;

2° Pour chaque catégorie de bâtiments soumis à l'obligation, les conditions de détermination des objectifs de réduction de consommation énergétique finale mentionnés aux 1° et 2° du I ;

3° Les conditions d'application de la modulation prévue aux *a*, *b* et *c* dudit I ;

4° Les modalités de mise en place d'une plateforme informatique permettant de recueillir annuellement et de mettre à disposition des personnes soumises à l'obligation prévue au I, de manière anonymisée, à compter du 1er janvier 2020, les données de consommation et d'assurer le suivi annuel de la réduction de consommation d'énergie finale, ainsi que les modalités de transmission de ces données ;

5° Les modalités selon lesquelles l'évaluation et le constat du respect de l'obligation de réduction des consommations d'énergie finale, à chacune des échéances de 2030, 2040 et 2050, sont établis ;

6° Les modalités selon lesquelles sont publiés dans chaque bâtiment, partie de bâtiment ou ensemble de bâtiments soumis à l'obligation, par voie d'affichage ou tout autre moyen pertinent, sa consommation d'énergie finale au cours des trois années écoulées, les objectifs passés et le prochain objectif à atteindre ;

7° Les modalités de mise en œuvre d'une procédure de sanction administrative en cas de non-respect de l'obligation prévue aux 1° et 2° du I.

Art. L. 174-2 *(Aj. à compter du 1er juillet 2021, Ord. n° 2020-71, 29 janv. 2020).* – Tout bâtiment collectif d'habitation ou mixte pourvu d'une installation centrale de chauffage doit comporter, quand la technique le permet, une installation permettant de déterminer et de réguler la quantité de chaleur et d'eau chaude fournie à chaque local occupé à titre privatif. Tout bâtiment collectif d'habitation ou mixte pourvu d'une installation centrale de froid doit comporter, quand la technique le permet, une installation permettant de déterminer et de réguler la quantité de froid fournie à chaque local occupé à titre privatif. Le propriétaire de l'immeuble ou, en cas de copropriété, le syndicat des copropriétaires représenté par le syndic s'assure que l'immeuble comporte des installations répondant à ces obligations.

Nonobstant toute disposition, convention ou usage contraires, les frais de chauffage, de refroidissement et de fourniture d'eau chaude mis à la charge des occupants comprennent, en plus des frais fixes, le coût des quantités de chaleur et de froid calculées comme il est dit ci-dessus.

Un décret pris en Conseil d'État fixe les conditions d'application du présent article, notamment la part des frais fixes mentionnés au précédent alinéa, les délais d'exécution des travaux prescrits, les caractéristiques techniques et les fonctionnalités des installations prévues au premier alinéa ainsi que les cas et conditions dans lesquels il peut être dérogé en tout ou partie aux obligations prévues au même premier alinéa, en raison d'une impossibilité technique ou d'un coût excessif au regard des économies attendues.

Lorsqu'il n'est pas rentable ou techniquement possible d'utiliser des compteurs individuels pour déterminer la quantité de chaleur, des répartiteurs des frais de chauffage individuels sont utilisés pour déterminer la quantité de chaleur à chaque radiateur, à moins que l'installation de tels répartiteurs ne soit ni rentable ni techniquement possible. Dans ces cas, d'autres méthodes rentables permettant de déterminer la quantité de chaleur fournie à chaque local occupé à titre privatif sont envisagées. Un décret en Conseil d'État précise le cadre de mise en place de ces méthodes.

Art. L. 174-3 *(Aj. à compter du 1er juillet 2021, Ord. n° 2020-866, 15 juill. 2020).* – Les bâtiments à usage tertiaire, neufs ou existants, sont équipés, lorsque cela est techniquement et économiquement réalisable, de systèmes d'automatisation et de contrôle du bâtiment. Les catégories de bâtiments soumis à cette obligation, les délais et les conditions d'installation et d'entretien de ces systèmes sont fixés par décret en Conseil d'État.

CHAPITRE V. – ENTRETIEN ET RENOUVELLEMENT DES SYSTÈMES TECHNIQUES

Art. L. 175-1 *(Aj. à compter du 1er juillet 2021, Ord. n° 2020-71, 29 janv. 2020).* – Les règles relatives aux stipulations contractuelles relatives à l'exploitation des installations de chauffage et de climatisation sont énoncées à l'article L. 241-2 du Code de l'énergie.

Art. L. 175-2 *(Aj. à compter du 1er juillet 2021, Ord. n° 2020-866, 15 juill. 2020).* – I. – Les bâtiments neufs sont équipés, lorsque cela est techniquement et économiquement réalisable, d'un système de régulation automatique de la température par pièce ou, si cela est justifié, par zone chauffée du bâtiment.

Les bâtiments existants sont équipés, lors de l'installation ou du remplacement du générateur de chaleur du système de chauffage, d'un système de régulation automatique de la température par pièce ou, si cela est justifié, par zone de chauffage, lorsque cela est techniquement et économiquement réalisable.

II. - Les catégories de bâtiments soumis à l'obligation mentionnée au I, les délais et les conditions d'installation et d'entretien des systèmes de régulation automatique sont fixés par décret en Conseil d'État.

III. – DIRECTIVES GÉNÉRALES CONCERNANT LA PERFORMANCE ÉNERGÉTIQUE DES BÂTIMENTS ET LES ÉCONOMIES D'ÉNERGIE

Code de la construction et de l'habitation

LIVRE 1er

TITRE VII. – PERFORMANCE ÉNERGÉTIQUE ET ENVIRONNEMENTALE

....

(« TRAVAUX EMBARQUÉS »)

CHAPITRE III. – BÂTIMENTS EXISTANTS

Art. L. 173-1 *(À compter du 1er juillet 2021, Ord. n° 2020-71, 29 janv. 2020).* **– Lors de travaux importants de ravalement ou de réfection de toiture sur des bâtiments existants, des travaux d'isolation thermique sont réalisés, à moins que cette isolation ne soit pas réalisable techniquement ou juridiquement ou qu'il existe une disproportion manifeste entre ses avantages et ses inconvénients de nature technique, économique ou architecturale.**

Lors de travaux de rénovation importants sur des bâtiments ou parties de bâtiment existants, sont installés des équipements de contrôle et de gestion active de l'énergie, à moins que cette installation ne soit pas réalisable économiquement ou juridiquement, ou qu'il existe une disproportion manifeste entre ses avantages et ses inconvénients de nature technique ou économique.

Les bâtiments résidentiels existants font l'objet, lors de travaux d'aménagement de pièces ou de parties de bâtiment annexes en vue de les rendre habitables, de travaux d'amélioration de la performance énergétique de ces pièces ou de ces parties de bâtiment annexes.

Les nouveaux équipements, ouvrages ou installations mis en place dans des bâtiments existants respectent des caractéristiques énergétiques qui sont fonction des catégories de bâtiments.

Un décret en Conseil d'État précise les modalités d'application du présent article et notamment les catégories de bâtiments qui y sont soumises.

NB : Conformément à l'article 8 de l'ordonnance 2020-71 du 29 janvier 2020, ces dispositions entrent en vigueur à une date fixée par décret en Conseil d'État, et au plus tard le 1er juillet 2021.

Art. L. 173-1-1 *(Aj. à compter du 25 août 2021, L. n° 2021-1104, 22 août 2021).* **– Les bâtiments ou parties de bâtiment existants à usage d'habitation sont classés, par niveau de performance décroissant, en fonction de leur niveau de performance énergétique et de leur performance en matière d'émissions de gaz à effet de serre. Ce niveau de performance est exprimé en kilowattheures d'énergie primaire par mètre carré et par an, s'agissant de la consommation énergétique, et en kilogramme de dioxyde de carbone par mètre carré et par an, s'agissant des émissions de gaz à effet de serre induites. Un arrêté des ministres chargés de la construction et de l'énergie définit les seuils permettant de classer les bâtiments ou parties de bâtiment dans les catégories suivantes :**

Extrêmement performants	Classe A
Très performants	Classe B
Assez performants	Classe C

Assez peu performants	Classe D
Peu performants	Classe E
Très peu performants	Classe F
Extrêmement peu performants	Classe G

Art. L. 173-2 *(Mod. à compter du 25 août 2021, L. n° 2021-1104, 22 août 2021).* **– I. – À compter du 1er janvier 2028, le niveau de performance, déterminé selon la méthode du diagnostic de performance énergétique, des bâtiments ou parties de bâtiment à usage d'habitation est compris entre les classes A et E au sens de l'article L. 173-1-1.**

Cette obligation ne s'applique pas :

1° Aux bâtiments qui, en raison de leurs contraintes techniques, architecturales ou patrimoniales, ne peuvent faire l'objet de travaux de rénovation permettant d'atteindre un niveau de performance conforme au premier alinéa du présent I ;

2° Aux bâtiments pour lesquels le coût des travaux permettant de satisfaire cette obligation est manifestement disproportionné par rapport à la valeur du bien.

Les critères relatifs à ces exonérations sont précisés par décret en Conseil d'État.

II. – Par exception, l'obligation mentionnée au I s'applique à compter du 1er janvier 2033 pour les copropriétés :

1° Faisant l'objet d'un plan de sauvegarde tel que prévu à l'article L. 615-1 ;

2° Situées dans le périmètre d'une opération programmée d'amélioration de l'habitat prévue à l'article L. 303-1 et inscrite dans le volet de cette opération dédié au redressement d'une ou plusieurs copropriétés rencontrant des difficultés sur le plan technique, financier, social ou juridique ;

3° Situées dans le périmètre d'une opération de requalification de copropriétés dégradées prévue aux articles L. 741-1 et L. 741-2 ;

4° Pour lesquelles le juge a désigné un administrateur provisoire, conformément aux dispositions des articles 29-1 ou 29-11 de la loi n° 65-557 du 10 juillet 1965 fixant le statut de la copropriété des immeubles bâtis ;

5° Déclarées en état de carence en application de l'article L. 615-6 du présent code.

III. – À compter du 1er janvier 2022, en cas de vente ou de location d'un bien immobilier à usage d'habitation dont le niveau de performance n'est pas conforme au I du présent article, l'obligation définie au même I est mentionnée dans les publicités relatives à la vente ou à la location ainsi que dans les actes de vente ou les baux concernant ce bien. Par exception, la première phrase du présent alinéa est applicable en Guadeloupe, en Martinique, en Guyane, à La Réunion et à Mayotte à compter du 1er juillet 2024.

À compter du 1er janvier 2028, en cas de vente ou de location d'un bien immobilier à usage d'habitation dont le niveau de performance n'est pas conforme audit I, le non-respect de l'obligation définie au même I est mentionné dans les publicités relatives à la vente ou à la location ainsi que dans les actes de vente ou les baux concernant ce bien.

IV. – Un décret en Conseil d'État détermine les modalités d'application du présent article.

CHAPITRE IV. – SUIVI DE L'EFFICACITÉ ÉNERGÉTIQUE ET ENVIRONNEMENTALE

Art. L. 174-1 *(Mod. à compter du 25 août 2021, L. n° 2021-1104, 22 août 2021).* **– I. – Des actions de réduction de la consommation d'énergie finale sont mises en œuvre dans les bâtiments, parties de bâtiments ou ensembles de bâtiments existants à usage tertiaire, définis par décret en Conseil d'État, afin de parvenir à une réduction de la consommation d'énergie finale pour l'ensemble des bâtiments soumis à l'obligation d'au moins 40 % en 2030, 50 % en 2040 et 60 % en 2050, par rapport à 2010.**

Les actions définies au présent article s'inscrivent en cohérence avec les objectifs fixés par la stratégie nationale de développement à faible intensité de carbone mentionnée à l'article L. 222-1 B du Code de l'environnement. Elles ne peuvent conduire ni à une augmentation du recours aux énergies non renouvelables, ni à une augmentation des émissions de gaz à effet de serre.

Tout bâtiment, partie de bâtiment ou ensemble de bâtiments soumis à l'obligation doit atteindre, pour chacune des années 2030, 2040 et 2050, les objectifs suivants :

1° Soit un niveau de consommation d'énergie finale réduit, respectivement, de 40 %, 50 % et 60 % par rapport à une consommation énergétique de référence qui ne peut être antérieure à 2010 ;

2° Soit un niveau de consommation d'énergie finale fixé en valeur absolue, en fonction de la consommation énergétique des bâtiments nouveaux de leur catégorie.

Les objectifs mentionnés aux 1° et 2° peuvent être modulés en fonction :

a) De contraintes techniques, architecturales ou patrimoniales relatives aux bâtiments concernés ;

b) D'un changement de l'activité exercée dans ces bâtiments ou du volume de cette activité ;

c) De coûts manifestement disproportionnés des actions par rapport aux avantages attendus en termes de consommation d'énergie finale.

La chaleur fatale autoconsommée par les bâtiments soumis à obligation, provenant de ces bâtiments ou de bâtiments ne relevant pas du secteur tertiaire présents sur le même site, peut être déduite de la consommation, contribuant ainsi à atteindre les objectifs.

La consommation d'énergie liée à la recharge de tout véhicule électrique et hybride rechargeable est déduite de la consommation énergétique du bâtiment et n'entre pas dans la consommation de référence.

II. – Les propriétaires des bâtiments ou des parties de bâtiments et, le cas échéant, les preneurs à bail sont soumis à l'obligation prévue au I pour les actions qui relèvent de leurs responsabilités respectives en raison des dispositions contractuelles régissant leurs relations. Ils définissent ensemble les actions destinées à respecter cette obligation et mettent en œuvre les moyens correspondants chacun en ce qui les concerne, en fonction des mêmes dispositions contractuelles.

Chaque partie assure annuellement la transmission des consommations d'énergie des bâtiments ou parties de bâtiments la concernant pour assurer le suivi du respect de son obligation.

L'évaluation du respect de l'obligation est annexée, à titre d'information :

1° En cas de vente, à la promesse ou au compromis de vente et, à défaut, à l'acte authentique de vente ;

2° En cas de location, au contrat de bail.

III. – Un décret en Conseil d'État détermine :

1° Les catégories de bâtiments soumis à l'obligation prévue au I, en fonction de leur surface et du type d'activité qui y est exercée à titre principal ;

2° Pour chaque catégorie de bâtiments soumis à l'obligation, les conditions de détermination des objectifs de réduction de consommation énergétique finale mentionnés aux 1° et 2° du I ;

3° Les conditions d'application de la modulation prévue aux *a*, *b* et *c* dudit I ;

4° Les modalités de mise en place d'une plateforme informatique permettant de recueillir annuellement et de mettre à disposition des personnes soumises à l'obligation prévue au I, de manière anonymisée, à compter du 1er janvier 2020, les données de consommation et d'assurer le suivi annuel de la réduction de consommation d'énergie finale, ainsi que les modalités de transmission de ces données ;

5° Les modalités selon lesquelles l'évaluation et le constat du respect de l'obligation de réduction des consommations d'énergie finale, à chacune des échéances de 2030, 2040 et 2050, sont établis ;

6° Les modalités selon lesquelles sont publiés dans chaque bâtiment, partie de bâtiment ou ensemble de bâtiments soumis à l'obligation, par voie d'affichage ou tout autre moyen pertinent, sa consommation d'énergie finale au cours des trois années écoulées, les objectifs passés et le prochain objectif à atteindre ;

7° Les modalités de mise en œuvre d'une procédure de sanction administrative en cas de non-respect de l'obligation prévue aux 1° et 2° du I.

Art. L. 174-2 *(Aj. à compter du 1er juillet 2021, Ord. n° 2020-71, 29 janv. 2020).* – Tout bâtiment collectif d'habitation ou mixte pourvu d'une installation centrale de chauffage doit comporter, quand la technique le permet, une installation permettant de déterminer et de réguler la quantité de chaleur et d'eau chaude fournie à chaque local occupé à titre privatif. Tout bâtiment collectif d'habitation ou mixte pourvu d'une installation centrale de froid doit comporter, quand la technique le permet, une installation permettant de déterminer et de réguler la quantité de froid fournie à chaque local occupé à titre privatif. Le propriétaire de l'immeuble ou, en cas de copropriété, le syndicat des copropriétaires représenté par le syndic s'assure que l'immeuble comporte des installations répondant à ces obligations.

Nonobstant toute disposition, convention ou usage contraires, les frais de chauffage, de refroidissement et de fourniture d'eau chaude mis à la charge des occupants comprennent, en plus des frais fixes, le coût des quantités de chaleur et de froid calculées comme il est dit ci-dessus.

Un décret pris en Conseil d'État fixe les conditions d'application du présent article, notamment la part des frais fixes mentionnés au précédent alinéa, les délais d'exécution des travaux prescrits, les caractéristiques techniques et les fonctionnalités des installations prévues au premier alinéa ainsi que les cas et conditions dans lesquels il peut être dérogé en tout ou partie aux obligations prévues au même premier alinéa, en raison d'une impossibilité technique ou d'un coût excessif au regard des économies attendues.

Lorsqu'il n'est pas rentable ou techniquement possible d'utiliser des compteurs individuels pour déterminer la quantité de chaleur, des répartiteurs des frais de chauffage individuels sont utilisés pour déterminer la quantité de chaleur à chaque radiateur, à moins que l'installation de tels répartiteurs ne soit ni rentable ni techniquement possible. Dans ces cas, d'autres méthodes rentables permettant de déterminer la quantité de chaleur fournie à chaque local occupé à titre privatif sont envisagées. Un décret en Conseil d'État précise le cadre de mise en place de ces méthodes.

Art. L. 174-3 *(Aj. à compter du 1er juillet 2021, Ord. n° 2020-71, 29 janv. 2020).* – Les bâtiments à usage tertiaire, neufs ou existants, sont équipés, lorsque cela est techniquement et économiquement réalisable, de systèmes d'automatisation et de contrôle du bâtiment. Les catégories de bâtiments soumis à cette obligation, les délais et les conditions d'installation et d'entretien de ces systèmes sont fixés par décret en Conseil d'État.

CHAPITRE V. – ENTRETIEN ET RENOUVELLEMENT DES SYSTÈMES TECHNIQUES

Art. L. 175-1 *(Aj. à compter du 1er juillet 2021, Ord. n° 2020-71, 29 janv. 2020).* – Les règles relatives aux stipulations contractuelles relatives à l'exploitation des installations de chauffage et de climatisation sont énoncées à l'article L. 241-2 du Code de l'énergie.

Art. L. 175-2 *(Aj. à compter du 1er juillet 2021, Ord. n° 2020-866, 15 juill. 2020).* – I. – Les bâtiments neufs sont équipés, lorsque cela est techniquement et économiquement réalisable, d'un système de régulation automatique de la température par pièce ou, si cela est justifié, par zone chauffée du bâtiment.

Les bâtiments existants sont équipés, lors de l'installation ou du remplacement du générateur de chaleur du système de chauffage, d'un système de régulation automatique de la température par pièce ou, si cela est justifié, par zone de chauffage, lorsque cela est techniquement et économiquement réalisable.

II. – Les catégories de bâtiments soumis à l'obligation mentionnée au I, les délais et les conditions d'installation et d'entretien des systèmes de régulation automatique sont fixés par décret en Conseil d'État.

…………………………………………………………………………………………

CHAPITRE III. – BÂTIMENTS EXISTANTS

Section 1. – Dispositions générales

Art. R. 173-1 *(Aj., D. n° 2021-872, 30 juin 2021).* – Les dispositions du présent chapitre s'appliquent aux bâtiments ou parties de bâtiments existants, à l'exception des catégories suivantes de bâtiments :

a) Les bâtiments et parties de bâtiments dans lesquels il n'est pas utilisé d'énergie pour réguler la température intérieure ;

b) Les constructions provisoires prévues pour une durée d'utilisation égale ou inférieure à deux ans ;

c) Les bâtiments indépendants dont la surface de plancher au sens de l'article R. 111-22 du Code de l'urbanisme est inférieure à 50 m^2 ;

d) Les bâtiments à usage agricole, artisanal ou industriel, autres que les locaux servant à l'habitation, qui ne demandent qu'une faible quantité d'énergie pour le chauffage, la production d'eau chaude sanitaire ou le refroidissement ;

e) Les bâtiments servant de lieux de culte ;

f) Les monuments historiques classés ou inscrits à l'inventaire en application du Code du patrimoine, lorsque l'application des dispositions du présent chapitre aurait pour effet de modifier leur caractère ou leur apparence de manière inacceptable.

Art. R. 173-2 *(Aj., D. n° 2021-872, 30 juin 2021).* – Lorsque le coût total prévisionnel de travaux de rénovation portant soit sur l'enveloppe d'un bâtiment d'une surface hors œuvre nette supérieure à 1000 m^2 et ses installations de chauffage, de production d'eau chaude, de refroidissement, de ventilation et d'éclairage, soit sur sa seule enveloppe est supérieur à 25 % de sa valeur, le maître d'ouvrage doit améliorer sa performance énergétique.

Sont pris en compte pour calculer le coût des travaux mentionnés à l'alinéa précédent le montant des travaux décidés ou financés au cours des deux dernières années et pour déterminer la valeur du bâtiment mentionnée à l'alinéa précédent le produit de la surface hors œuvre nette dans sa définition applicable avant l'entrée en vigueur de l'ordonnance n° 2011-1539 du 16 novembre 2011 portant réforme de la surface de plancher par un coût de construction défini par arrêté du ministre chargé de la construction.

L'amélioration de la performance énergétique est obtenue :

- soit en maintenant la consommation en énergie pour le chauffage, la ventilation, le refroidissement, la production d'eau chaude sanitaire et, dans les locaux tertiaires, pour l'éclairage, en dessous de seuils fixés en fonction des catégories de bâtiments par un arrêté des ministres chargés de la construction et de l'énergie ;
- soit en appliquant une solution technique adaptée au type du bâtiment, définie par arrêté des ministres chargés de la construction et de l'énergie.

Les travaux réalisés ne doivent pas dégrader le confort d'été préexistant. Ils ne doivent pas augmenter les points de condensation, ni entraîner un risque de détérioration du bâti.

Art. R. 173-3 *(Aj., D. n° 2021-872, 30 juin 2021).* – Sauf dans le cas des travaux visés à l'article R. 173-2, les caractéristiques thermiques et les performances énergétiques des équipements, installations, ouvrages ou systèmes doivent être conformes aux prescriptions fixées par un arrêté des ministres chargés de la construction et de l'énergie, lorsqu'ils sont mis en place, installés ou remplacés.

Les dispositions du précédent alinéa s'appliquent :

- aux éléments constitutifs de l'enveloppe du bâtiment ;
- aux systèmes de chauffage ;
- aux systèmes de production d'eau chaude sanitaire ;
- aux systèmes de refroidissement ;
- aux équipements de production d'énergie utilisant une source d'énergie renouvelable ;
- aux systèmes de ventilation ;
- aux systèmes d'éclairage des locaux.

Section 2. – Dispositions applicables en cas de travaux importants de ravalement ou de réfection de toiture

Art. R. 173-4 *(Aj., D. n° 2021-872, 30 juin 2021).* – Lorsqu'un bâtiment fait l'objet de travaux de ravalement importants portant sur des parois de locaux chauffés donnant sur l'extérieur et constituées en surface à plus de 50 %, hors ouvertures, de terre cuite, de béton, de ciment ou de métal, le maître d'ouvrage réalise sur les parois concernées des travaux d'isolation thermique conformes aux prescriptions techniques fixées en application de l'article R. 173-3.

Au sens du présent article, sont considérés comme travaux de ravalement importants tous travaux de ravalement comprenant soit la réfection de l'enduit existant, soit le remplacement d'un parement existant ou la mise en place d'un nouveau parement, concernant au moins 50 % d'une paroi d'un bâtiment, hors ouvertures.

Art. R. 173-5 *(Aj., D. n° 2021-872, 30 juin 2021).* – Lorsqu'un bâtiment fait l'objet de travaux importants de réfection de toiture, le maître d'ouvrage réalise des travaux d'isolation thermique de la toiture ou du plancher haut du dernier niveau occupé ou chauffé, conformes aux prescriptions définies en application de l'article R. 173-3.

Les travaux de réfection concernés sont des travaux comprenant le remplacement ou le recouvrement d'au moins 50 % de l'ensemble de la couverture, hors ouvertures.

Art. R. 173-6 *(Aj., D. n° 2021-872, 30 juin 2021).* – Les dispositions des articles R. 173-4 et R. 173-5 ne sont pas applicables dans les cas suivants :

1° Il existe un risque de pathologie du bâti liée à tout type d'isolation. Le maître d'ouvrage justifie du risque technique encouru en produisant une note argumentée rédigée par un homme de l'art sous sa responsabilité ;

2° Les travaux d'isolation ne sont pas conformes à des servitudes ou aux dispositions législatives et réglementaires relatives au droit des sols, au droit de propriété ou à l'aspect des façades et à leur implantation ;

3° Les travaux d'isolation entraînent des modifications de l'état des parties extérieures ou des éléments d'architecture et de décoration de la construction en contradiction avec les prescriptions prévues pour les sites patrimoniaux remarquables classés en vertu de l'article L. 631-1 du Code du patrimoine, les abords des monuments historiques, les sites inscrits et classés, ou avec les règles et prescriptions définies en application des articles L. 151-18 et L. 151-19 du Code de l'urbanisme ;

4° Le bâtiment a reçu le label mentionné à l'article L. 650-1 du Code du patrimoine ;

5° Il existe une disproportion manifeste entre les avantages de l'isolation et ses inconvénients de nature technique, économique ou architecturale, les améliorations apportées par cette isolation ayant un impact négatif trop important en termes de qualité de l'usage et de l'exploitation du bâtiment, de modification de l'aspect extérieur du bâtiment au regard de sa qualité architecturale, ou de surcoût.

II. - Sont réputées relever de la disproportion manifeste au sens du 5° du I les situations suivantes :

1° Une isolation par l'extérieur dégraderait significativement la qualité architecturale. Le maître d'ouvrage justifie de la valeur patrimoniale ou architecturale de la façade et de la dégradation encourue, en produisant une note argumentée rédigée par un professionnel mentionné à l'article 2 de la loi n° 77-2 du 3 janvier 1977 sur l'architecture ;

2° Le temps de retour sur investissement du surcoût induit par l'ajout d'une isolation, déduction faite des aides financières publiques, est supérieur à dix ans. L'assiette prise en compte pour calculer ce surcoût comprend, outre le coût des travaux d'isolation, l'ensemble des coûts induits par l'ajout d'une isolation. L'évaluation du temps de retour sur investissement s'appuie sur une méthode de calcul de la consommation énergétique du bâtiment référencée dans un guide établi par le ministre chargé de la construction et publié dans les conditions prévues à l'article R. 312-3 du Code des relations entre le public et l'administration.

Le maître d'ouvrage justifie du temps de retour sur investissement soit en produisant une note réalisée par un homme de l'art sous sa responsabilité, soit en établissant que sa durée est supérieure à dix ans par comparaison du bâtiment aux cas types référencés dans le guide mentionné au précédent alinéa.

Art. R. 173-7 *(Aj., D. n° 2021-872, 30 juin 2021).* – Les dispositions des articles R. 173-4 et R. 173-5 s'appliquent aux bâtiments à usage d'habitation, de bureau, de commerce et d'enseignement ainsi qu'aux hôtels.

Section 3. – Dispositions applicables en cas de travaux d'aménagement pour rendre un local habitable

Art. R. 173-8 *(Aj., D. n° 2021-872, 30 juin 2021).* – Lorsqu'un maître d'ouvrage réalise dans un bâtiment à usage d'habitation des travaux d'aménagement en vue de rendre habitable un comble, un garage annexe ou toute autre pièce non habitable, d'une surface minimale de plancher de 5 m², non enterrée ou semi-enterrée, il réalise des travaux d'isolation thermique des parois opaques donnant sur l'extérieur conformes aux prescriptions définies, pour les parois concernées, en application de l'article R. 173-3.

Les dispositions du présent article ne s'appliquent pas lorsque les travaux d'isolation engendrent un risque de pathologie du bâti, qui doit être attesté par un homme de l'art selon les modalités prévues au 1° de l'article R. 173-6.

Section 4. – Économies d'énergie dans les immeubles en copropriété

Art. R. 173-9 *(Aj., D. n° 2021-872, 30 juin 2021).* – Afin de soumettre à l'assemblée générale des copropriétaires la question portant sur un plan de travaux d'économies d'énergie ou un contrat de performance énergétique, conformément à l'article 24-4 de la loi n° 65-557 du 10 juillet 1965 fixant le statut de la copropriété des immeubles bâtis, le syndic de copropriété joint, selon le cas, à la convocation le diagnostic de performance énergétique ou le rapport synthétique de l'audit énergétique prévus respectivement aux articles R. 126-20 et R. 126-30.

Dans le cas où le syndicat des copropriétaires décide de réaliser des travaux d'économies d'énergie, le syndic de copropriété procède à la mise en concurrence d'entreprises pour la réalisation de ces travaux. Il inscrit à l'ordre du jour de l'assemblée générale suivant cette mise en concurrence le vote, sur la base des devis recueillis, soit d'un plan de travaux d'économies d'énergie, soit d'un contrat de performance énergétique.

Dans le cas où un plan de travaux d'économies d'énergie est adopté par l'assemblée générale des copropriétaires, les travaux planifiés doivent faire l'objet d'un vote distinct dans les conditions prévues au *g* de l'article 25 de la loi du 10 juillet 1965 déjà mentionnée.

Art. R. 173-10 *(Aj., D. n° 2021-872, 30 juin 2021)*. – Le plan de travaux d'économies d'énergie comprend :

I. – Des travaux d'amélioration de la performance énergétique correspondant à une ou plusieurs des actions figurant dans l'une ou l'autre des deux catégories suivantes :

1° Travaux portant sur les parties et équipements communs :

a) Travaux d'isolation thermique performants des toitures ;

b) Travaux d'isolation thermique performants des murs donnant sur l'extérieur ou sur des locaux non chauffés ;

c) Travaux d'isolation thermique performants des parois vitrées donnant sur l'extérieur ;

d) Travaux d'amélioration des installations d'éclairage des parties communes ;

e) Travaux d'installation, de régulation, d'équilibrage ou de remplacement des systèmes de chauffage, de refroidissement ou d'eau chaude sanitaire ;

f) Travaux d'isolation des réseaux collectifs de chauffage, de refroidissement ou d'eau chaude sanitaire ;

g) Travaux de régulation ou de remplacement des émetteurs de chaleur ou de froid ;

h) Travaux d'amélioration ou d'installation des équipements collectifs de ventilation ;

i) Travaux d'installation d'équipements de chauffage, de refroidissement ou de production d'eau chaude sanitaire utilisant une source d'énergie renouvelable ;

2° Travaux d'intérêt collectif portant sur les parties privatives :

a) Travaux d'isolation thermique des parois vitrées donnant sur l'extérieur comprenant, le cas échéant, l'installation de systèmes d'occultation extérieurs ;

b) Pose ou remplacement d'organes de régulation ou d'équilibrage sur les émetteurs de chaleur ou de froid ;

c) Équilibrage des émetteurs de chaleur ou de froid ;

d) Mise en place d'équipements de comptage des quantités d'énergies consommées.

II. – Un programme détaillé indiquant l'année prévisionnelle de réalisation des travaux et leur durée.

III. – Une évaluation du coût des travaux prévus au plan, fondée sur les devis issus de la consultation d'entreprises.

Art. R. 173-11 *(Aj., D. n° 2021-872, 30 juin 2021)*. – Les travaux d'économie d'énergie ou de réduction des émissions de gaz à effet de serre d'intérêt collectif réalisés sur les parties privatives mentionnés au *g* de l'article 25 de la loi n° 65-557 du 10 juillet 1965 fixant le statut de la copropriété des immeubles bâtis comprennent tout ou partie des travaux mentionnés au 2° du I de l'article R. 173-10.

Dès lors que de tels travaux sont votés, les copropriétaires concernés sont tenus de les réaliser dans un délai raisonnable en fonction de la nature et du coût des travaux, sauf s'ils sont en mesure de prouver la réalisation de travaux équivalents.

Le syndicat des copropriétaires procède à la réception des travaux en présence des copropriétaires concernés. En cas de réserves, le syndic de copropriété assure le suivi et la réception des travaux destinés à permettre la levée des réserves. Après réception définitive des travaux, le syndic de copropriété adresse aux copropriétaires concernés, par lettre recommandée avec avis de réception ou par voie de remise contre émargement, les pièces et documents relatifs aux travaux, notamment le contrat de l'entreprise, le ou les procès-verbaux de réception et, le cas échéant, les attestations des assurances prévues aux articles L. 241-2 et L. 242-1 du Code des assurances afin que chaque copropriétaire puisse utilement mettre en œuvre les garanties à la charge de l'entreprise.

L'article L. 111-10 du Code de la construction et de l'habitation a prévu que lorsque des travaux importants sont réalisés sur un bâtiment, des travaux d'isolation thermique doivent être simultanément engagés (travaux dits « embarqués »).

Les dispositions d'application de ce texte figurent dans les articles R. 131-28-7 à R. 131-28-10 du Code de la construction et de l'habitation.

IV. – DROIT DE SURPLOMB

1) Obs. La loi « Climat » (L. n° 2021-1104, 22 août 2021) a institué un droit de surplomb du fonds voisin et un droit d'accès au fonds voisin, destiné à faciliter les travaux d'isolation thermique en limite de propriété.

Le « droit de surplomb » a été institué par la loi « Climat et résilience » n° 2021-1104 du 22 août 2021, qui a créé l'article L. 113-5-1 du Code de la construction et de l'habitation.

Ce texte a été complété par le décret n° 2022-926 du 23 juin 2022 qui a introduit dans le Code de la construction et de l'habitation les articles R. 113-19 à R. 113-24 (V. P.-E. Lagraulet, *L'exercice du droit de surplomb précisé par décret : AJDI* 2022, p. 484. – V. Zalewski-Sicard, *Droit de surplomb : le décret est paru ! : JCP* N 2022, n° 28, act. 741).

Bibliographie : H. Périnet-Marquet, *Le droit de surplomb, nouvel instrument au service de la politique énergétique : Constr.-Urb.* 2021, repère 10. – B. Wertenschlag, *Exploitation durable de l'immeuble : surplomb à des fins d'économie d'énergie : AJDI* 2022, p. 582. – A. Muzard, *Le droit de surplomb pour l'isolation thermique par l'extérieur d'un bâtiment : SNH* 2022, n° 39, p. 19. – C. Greff, *Loi Climat et droit de surplomb : JCP* N 2021, n° 42-43, 1307. – L.-A. Poletti, *Droit de surplomb et isolation thermique : aspect de droit privé : Bull. CRIDON Paris*, 1er févr. 2023, n° 3, p. 6. – C. Greff, *Comment rédiger une servitude de droits de surplomb ? (Formule) : JCP* N 2022, n° 39, 1232. – V. Zalewski-Sicard, *Projet de convention à fin de mise en œuvre du droit de surplomb : Constr.-Urb.* 2022, formule 10. – P.-F. Cuif, *Le nouveau droit de surplomb : RDI* 2023, p. 48 ; *Le droit de surplomb est-il une servitude légale ? : AJDI* 2023, p. 310.

Jurisclasseurs. *JCl. Constr.-Urb.*, fasc. 25-5 par A. Fourmon, *Performance énergétique des bâtiments.* – *JCl. Notarial Formulaire, V° Vente d'immeuble*, par J. Lafond, *Vente d'immeuble et performances énergétiques.*

2) Nature juridique du droit de surplomb. La nature juridique du droit de surplomb a été discutée : mais la plupart des auteurs considèrent qu'il s'analyse en une servitude légale, à l'image de la servitude de tour d'échelle (V. sur ce débat, A. Poletti étude préc. ou P.-E. Lagraulet). Mais cette qualification a été contestée (V. en particulier, H. Périnet-Marquet et P.-E. Lagraulet, études préc.).

3) Publicité foncière. Comme on l'a observé (M. Suquet-Cozic, *Comment publier le droit de surplomb au fichier immobilier ?* : SNH 202, n° 30, p. 11), la servitude de surplomb n'est pas par elle-même soumise à publication, ce qui est la règle en matière de servitude légale.

En revanche lorsque les « modalités de mise en œuvre » du droit (de surplomb) sont constatées par acte authentique ou par décision de justice, l'acte ou la décision de justice correspondants doivent être publiés au fichier immobilier. L'article L. 113-5-1, I, al. 4 susvisé qui prescrit cette publication précise qu'elle est effectuée,« pour l'information des tiers ».

On retrouve ici le régime des « conventions relatives à l'exercice des servitudes légales » catégorie dont la publicité est prévue à titre facultatif par l'article 37, I, 2° du décret n° 55-22 du 4 janvier 1955 (V. n° 7748).

Mais par ailleurs le droit de surplomb emporte le droit d'accéder temporairement à l'immeuble voisin et d'y mettre en place les installations provisoires strictement nécessaires à la réalisation des travaux. L'article L. 113-5, II, al. 3 du Code de la construction et de l'habitation qui l'énonce indique « qu'une convention « définit les modalités de mise en œuvre de ce droit ». Cette fois, la publication de cette seconde convention n'est pas prévue par le texte.

Code de la construction et de l'habitation

Art. L. 113-5-1 *(Aj., L. n° 2021-1104, 22 août 2021)*. **– I. – Le propriétaire d'un bâtiment existant qui procède à son isolation thermique par l'extérieur bénéficie d'un droit de surplomb du fonds voisin de trente-cinq centimètres au plus lorsqu'aucune autre solution technique ne permet d'atteindre un niveau d'efficacité énergétique équivalent ou que cette autre solution présente un coût ou une complexité excessifs. L'ouvrage d'isolation par l'extérieur ne peut être réalisé qu'à deux mètres au moins au-dessus du pied du mur, du pied de l'héberge ou du sol, sauf accord des propriétaires des deux fonds sur une hauteur inférieure.**

Une indemnité préalable est due au propriétaire du fonds surplombé.

Ce droit s'éteint par la destruction du bâtiment faisant l'objet de l'ouvrage d'isolation.

Les modalités de mise en œuvre de ce droit sont constatées par acte authentique ou par décision de justice, publié pour l'information des tiers au fichier immobilier.

II. – Le droit de surplomb emporte le droit d'accéder temporairement à l'immeuble voisin et d'y mettre en place les installations provisoires strictement nécessaires à la réalisation des travaux.

Une indemnité est due au propriétaire de l'immeuble voisin.

Une convention définit les modalités de mise en œuvre de ce droit.

III. – Avant tout commencement de travaux, le propriétaire du bâtiment à isoler notifie au propriétaire du fonds voisin son intention de réaliser un ouvrage d'isolation en surplomb de son fonds et de bénéficier du droit mentionné au II.

Dans un délai de six mois à compter de cette notification, le propriétaire du fonds voisin peut s'opposer à l'exercice du droit de surplomb de son fonds pour un motif sérieux et légitime tenant à l'usage présent ou futur de

sa propriété ou à la méconnaissance des conditions prévues au premier alinéa du I. Dans ce même délai, il ne peut s'opposer au droit d'accès à son fonds et à la mise en place d'installations provisoires que si la destination, la consistance ou la jouissance de ce fonds en seraient affectées de manière durable ou excessive.

Dans le même délai, il peut saisir le juge en fixation du montant de l'indemnité préalable prévue aux I ou II.

IV. – Lorsque le propriétaire du fonds surplombé a obtenu une autorisation administrative de construire en limite séparative ou en usant de ses droits mitoyens et que sa mise en œuvre nécessite la dépose de l'ouvrage d'isolation, les frais de cette dépose incombent au propriétaire du bâtiment isolé. L'indemnité prévue au I demeure acquise.

V. – Un décret en Conseil d'État précise les modalités d'application du présent article.

....

Art. R. 113-19 *(Aj., D. n° 2022-926, 23 juin 2022)*. – La notification prévue au III de l'article L. 113-5-1 est faite par lettre recommandée avec accusé de réception ou par acte d'huissier de justice et comporte les éléments suivants :

1° Les noms, prénoms, adresses postales et électroniques et coordonnées téléphoniques du ou des propriétaires du bâtiment à isoler et, le cas échéant, ceux de son ou de ses représentants légaux ou statutaires ;

2° Un descriptif détaillé de l'ouvrage d'isolation thermique par l'extérieur, accompagné d'un plan des façades et, le cas échéant, des toitures modifiées par le projet, en faisant apparaître l'état initial et l'état futur ;

3° Les justificatifs démontrant qu'aucune autre solution technique ne permet d'atteindre un niveau d'efficacité énergétique équivalent ou que cette autre solution présente un coût ou une complexité excessifs ;

4° Une proposition relative au montant des indemnités préalables prévues aux I et II de l'article L. 113-5-1 ;

5° Le projet d'acte authentique prévu au I de l'article L. 113-5-1 ;

6° Le projet de la convention prévue au II de l'article L. 113-5-1 ;

7° Une reproduction des dispositions de l'article L. 113-5-1.

Cette notification précise qu'elle constitue le point de départ du délai d'opposition de six mois prévu au III de l'article L. 113-5-1.

Art. R. 113-20 *(Aj., D. n° 2022-926, 23 juin 2022)*. – La convention prévue au II de l'article L. 113-5-1 précise notamment :

1° La localisation et le périmètre de l'accès au fonds à surplomber à prévoir pour la réalisation des travaux d'isolation thermique par l'extérieur ainsi que la durée à prévoir de cet accès au fonds ;

2° La nature des installations provisoires à mettre en place pour la réalisation des travaux d'isolation thermique par l'extérieur et les conditions de cette mise en place notamment pour la protection du fonds à surplomber ;

3° L'indemnité due en contrepartie des droits d'accès et d'installation temporaires ;

4° Le cas échéant, les mesures prévisionnelles de remise en état du fonds voisin.

Art. R. 113-21 *(Aj., D. n° 2022-926, 23 juin 2022)*. – À défaut d'accord avec le propriétaire du bâtiment à isoler, le propriétaire du fonds à surplomber qui souhaite s'opposer à l'exercice de l'un des droits mentionnés aux I et II de l'article L. 113-5-1 ou demander la fixation par le juge du montant des indemnités prévues au même article, saisit, dans le délai de six mois prévu au III du même article, le président du tribunal judiciaire du lieu de situation de l'immeuble à surplomber, statuant selon la procédure accélérée au fond.

Art. R. 113-22 *(Aj., D. n° 2022-926, 23 juin 2022)*. – Lorsque le fonds à surplomber est un immeuble soumis au statut de la copropriété des immeubles bâtis, le syndicat des copropriétaires peut s'opposer aux droits prévus aux I et II de l'article L. 113-5-1 par décision motivée.

Le syndic inscrit à l'ordre du jour d'une assemblée générale des copropriétaires :

1° La question de la saisine du juge en opposition à l'exercice des droits prévus aux I et II de l'article L. 113-5-1 ;

2° La question de la saisine du juge en fixation des indemnités prévues aux I et II de l'article L. 113-5-1.

Les documents notifiés au syndicat des copropriétaires par le propriétaire du bâtiment à isoler doivent être joints à la convocation de l'assemblée générale.

L'assemblée générale appelée à se prononcer sur ces questions se tient dans un délai qui préserve la faculté du syndicat des copropriétaires de saisir le juge dans le délai de six mois prévu au III de l'article L. 113-5-1.

Art. R. 113-23 *(Aj., D. n° 2022-926, 23 juin 2022).* – Après signature de l'acte authentique mentionné au I de l'article L. 113-5-1 et de la convention mentionnée au II du même article ou sur le fondement d'une décision de justice devenue définitive, le propriétaire du bâtiment à isoler peut réaliser les travaux. Dans tous les cas, les indemnités prévues aux I et II de l'article L. 113-5-1 doivent avoir été préalablement acquittées.

Art. R. 113-24 *(Aj., D. n° 2022-926, 23 juin 2022).* – Le propriétaire du bâtiment à isoler notifie au propriétaire du fonds à surplomber, dès qu'il a fait son choix, les noms, prénoms, adresses postales et électroniques et coordonnées téléphoniques de la ou des personnes appelées à intervenir et, s'il s'agit d'une entreprise, son numéro d'inscription au répertoire des entreprises et de leurs établissements, ainsi que son ou leur numéro de police pour l'assurance mentionnée à l'article L. 241-1 du Code des assurances. Il notifie également le numéro de police pour l'assurance mentionnée à l'article L. 242-1 du Code des assurances dès qu'il l'a souscrite.

Ces notifications complémentaires sont valablement faites par lettre recommandée avec demande d'avis de réception et sont sans incidence sur le point de départ du délai d'opposition mentionné à l'article R. 113-19.

ANNEXE 27

ÉNERGIE SOLAIRE

(Photovoltaïque)

Bibliographie : J.-B. Auby, P. Lignières et J. Duval, *Énergie photovoltaïque : un cadre juridique à parfaire : Dr. adm.* nov. 2008, Fiche pratique 2. • P. de la Bouillerie et B. Martor, *Énergie photovoltaïque et Grenelle de l'environnement : des opportunités à saisir : JCP* N 2009, n° 12, 1290. • P. Turenne, *Photovoltaïque : une idée lumineuse ? : Inf. rap. copr.* avr. 2009, p. 30 et s. • E. Ravanas, *Quelques réflexions autour de problématiques immobilières rencontrées dans les projets éoliens et photovoltaïques : JCP* N 2009, n° 40, 1275. • B. Terrier-Lavirotte, *L'installation de panneaux photovoltaïques sur un bâtiment existant : quel bail ? : Cah. Cridon Lyon* 2009, n° 55, p. 27 et s. • Ph. Billet, *Le nouveau régime de l'implantation des panneaux photovoltaïques : JCP* N 2009, n° 51-817. • A. Longuépée, *Le soleil et le toit : Inf. rap. copr.* sept. 2009, p. 17 et s. • A. Hégo Deveza, *Évolution du droit lié à l'énergie solaire : Lapropriété.com* mai 2010, p. 14 ; *Le solaire en copropriété, faut-il se laisser tenter ? : Le Particulier immobilier* juin 2010, p. 14 et s. • H. Périnet-Marquet, *Les techniques de montage juridique d'un projet photovoltaïque : RD imm.* 2010, p. 352. • P. Dessuet, *Bâtir un plan d'assurance pour couvrir les risques en matière de photovoltaïque : RD imm.* 2010, p. 472. • D. Dutrieux, *Le droit de l'urbanisme contre les installations photovoltaïques ? : LPA* 17-18 août 2010, p. 6. • P. Turenne, *Photovoltaïque : quelle solution technique adopter ? : Inf. rap. copr.* oct. 2010, p. 26. • J. Lachaud, *La production d'énergie voltaïque et le droit : Ann. loyers* 2011, p. 528. • Cl. Saint Didier, *Copropriété et panneaux photovoltaïques : Rev. environnement* févr. 2011, dossier 2. • S. Benitsi, *Implantation de panneaux photovoltaïques ou d'éoliennes dans une copropriété : Rev. loyers* 2012, p. 250. • C. Thibault, *Aspects notariaux du photovoltaïque : JCP* N 2015, n° 29, 1132. • J. Hainaut, *Tirer avantage de son toit : Inf. rap. copr.* janv.-févr. 2016, p. 33. • A. Gence et E. Meiller, *Champ d'éoliennes et ferme photovoltaïque : JCP* N 2018, n° 20, 1184. • C. Drouiller, *Favoriser le développement du photovoltaïque en copropriétés : Actes prat. ing. immobilière* 2021, n° 3, p. 3. • C. Rattin, *L'installation de panneaux photovoltaïques dans les copropriétés : Rev. Loyers* 2022, p. 498. • B. Hugou, *Installation photovoltaïque au sein d'un immeuble bâti : Actes prat. ing. immobilière* 2023, dossier 15. • Sur les autorisations à obtenir, les financements pouvant être accordés, etc. V. « Obtenir de l'électricité avec des panneaux photovoltaïques » sur le site « service public.fr ».

1) Installation de panneaux solaires en copropriété. Les formules utilisées pour conférer à l'exploitant un droit sur la toiture lui permettant de mettre en place les équipements nécessaires peuvent être *a priori* diverses :

– il peut tout d'abord se voir conférer un simple droit personnel : convention d'occupation, ou bail classique, généralement de longue durée ;

– le plus souvent l'exploitant préfère être titulaire d'un droit réel, sous forme de bail emphytéotique ;

– mais il peut aussi devenir propriétaire d'un lot de copropriété, le problème étant alors de déterminer ce qui constituera la partie privative de ce lot. On a suggéré que le local technique pourrait remplir ce rôle, étant précisé que la toiture partie commune de l'immeuble lui serait attachée en jouissance privative exclusive (A. Longuépée, étude préc.) ;

– une autre formule peut être de constituer un « volume », la difficulté étant, là encore, de déterminer la consistance exacte de ce volume.

Dans tous les cas, outre le choix de la formule, la difficulté sera de définir les obligations respectives du syndicat des copropriétaires et de l'exploitant en ce qui concerne en particulier l'entretien et les réparations de la toiture qui pourraient devenir nécessaires, et d'assurer le devenir des installations dans le cas où l'exploitant arrêterait son exercice (survenance d'une procédure collective) ou s'en désintéresserait.

2) Apport de la loi « Énergies renouvelables » du 10 mars 2023. La loi n° 2023-175 du 10 mars 2023 (art. 44) a inséré un *k)* à l'article 24-II de la loi du 10 juillet 1965, selon lequel la décision d'installer des ouvrages nécessaires à la production d'énergie solaire photovoltaïque et thermique sur les toits, les façades et les garde-corps peut être prise à la majorité de l'article 24, alors qu'auparavant la décision relevait de l'article 25.

L'installation de panneaux photovoltaïques s'en trouve ainsi favorisée, étant observé que le nouveau texte a un champ d'application limité puisqu'il est cantonné à certaines parties communes seulement (les toits les façades et les gardes corps : V. à ce sujet, Y. Rouquet, *Coup de boost sur le solaire ! : AJDI* 2023, p. 244. – C. Coutant-Lapalus, *Le retour du soleil : Loyers et copr.* 2023, repère 5).

3) Réglementation applicable à l'installation de panneaux solaires. Les projets de construction, tant dans le cas de l'installation de capteurs solaires sur un bâtiment existant que dans celui de la construction d'un bâtiment à proximité d'un bâtiment existant comportant des capteurs solaires, doivent respecter les préoccupations environnementales et paysagères. Sur les territoires non couverts par un document d'urbanisme, les autorisations d'occupation du sol sont délivrées sur le fondement des règles générales de l'urbanisme et des autres dispositions réglementaires applicables au projet, telles que celles relatives à la protection des sites et paysages ou des monuments historiques. Sur ces territoires, l'État a toujours la possibilité, en application de l'article R. 111-21 du Code de l'urbanisme, de refuser un projet ou de ne l'accepter que sous réserve de l'observation de prescriptions spéciales si les constructions, par leur situation, leur architecture, leurs dimensions ou l'aspect extérieur des bâtiments ou ouvrages à édifier ou à modifier, sont de nature à porter atteinte au caractère ou à l'intérêt des lieux avoisinants, aux sites, aux paysages naturels ou urbains ainsi qu'à la conservation des perspectives monumentales. Les articles R. 111-16 à R. 111-19 du Code de l'urbanisme y réglementent les distances minimales à respecter entre les constructions ; l'article R. 111-22 de ce code prévoit aussi que dans les secteurs déjà partiellement bâtis, présentant une unité d'aspect et non compris dans des programmes de rénovation, l'autorisation de construire à une hauteur supérieure à la hauteur moyenne des constructions avoisinantes peut être refusée ou subordonnée par des prescriptions particulières. Par ailleurs, une autorisation de construire est toujours délivrée sous réserve des droits des tiers, ce qui signifie que même si l'autorisation de construire est légale au regard des règles précitées, un voisin peut faire valoir les préjudices, par exemple liés à la perte d'ensoleillement, qu'il subit du fait de la construction. Il peut, en effet, se prévaloir de l'article 544 du Code civil qui protège le droit d'utiliser sa propriété, par exemple en construisant mais que la jurisprudence interprète comme interdisant de causer à autrui un trouble anormal de voisinage (▪ Cass. 3e civ., 4 févr. 1971 : *Bull. civ.* 1971, III, n° 78). Ce trouble peut être la réalisation d'une construction causant au voisin un préjudice important, par exemple, une perte d'ensoleillement (Rép. min. n° 53429 : *JOAN* Q 8 déc. 2009, p. 11719 ; *JCP* N 2009, n° 51, act. 827).

4) Publicité foncière. Sur les problèmes de publicité foncière concernant les conventions constitutives de droits réels conclues avec l'exploitant, V. A. Fournier, et A. Fournier-Renault : *JCP* N 2010, n° 19, 1191.

Annexe

Réponse ministérielle n° 29982 : *JOAN* Q 8 juin 2021, p. 4787

Texte de la question

Mme Virginie Duby-Muller interroge Madame la ministre de la Transition écologique et solidaire sur l'installation de panneaux photovoltaïques dans les copropriétés. Plusieurs habitants souhaitant installer ce dispositif, dans le cadre des engagements de l'État pour la transition énergétique, s'en trouvent empêchés puisque l'installation de panneaux photovoltaïques n'est pas autorisée pour les copropriétés horizontales. Elle souhaite connaître la raison de cet empêchement et les ambitions du Gouvernement pour développer le photovoltaïque.

Texte de la réponse

Un bâtiment en copropriété est tout à fait en droit d'aménager des panneaux solaires. Toutefois, l'installation de panneaux solaires en copropriété est soumise à une réglementation stricte. Cette opération nécessite le consentement de la majorité des voix de tous les copropriétaires. Ainsi, le vote en assemblée générale relève de l'article 25-f de la loi n° 65-557 du 10 juillet 1965 : « Les travaux d'économies d'énergie ou de réduction des émissions de gaz à effet de serre. Ces travaux peuvent comprendre des travaux d'intérêt collectif réalisés sur les parties privatives et aux frais du copropriétaire du lot concerné... »

S'il s'agit d'une décision collective, tous les copropriétaires sans exception devront convenir :

- du type d'installation ;
- du budget d'aménagement ;
- des prestataires à engager ;
- de la localisation des équipements ;
- de la finalité des panneaux solaires (autoconsommation ou vente) ;
- des répartitions énergétiques en cas d'autoconsommation.

Dans le cas d'une installation individuelle au sein d'une copropriété immobilière, chaque membre a le droit d'installer sur son terrain, sa terrasse, balcon ou sur le toit de sa maison des panneaux photovoltaïques. Toutefois, ce droit n'est pas absolu car cette liberté d'utilisation ne vaut qu'à la condition de ne porter atteinte ni aux droits des copropriétaires ni à la destination de l'immeuble (L. n° 65-557, 10 juill. 1965, art. 9).

Toutefois, le législateur, afin de favoriser la mise en place de panneaux photovoltaïques au sein des ensembles immobiliers soumis au statut de la copropriété des immeubles bâtis, en a assoupli les règles de majorité afin de favoriser ce développement. En effet, la loi n° 2015-992 du 17 août 2015 relative à la transition énergétique pour la croissance verte a abaissé les règles de majorité pour la réalisation de travaux d'économie d'énergie à la majorité de l'article 25 de la loi n° 65-557 du 10 juillet 1965 afin notamment de favoriser la mise en place des panneaux photovoltaïques au sein des copropriétés.

Par ailleurs, le coût d'installation ainsi que les charges de fonctionnement et d'entretien de ces équipements seront répartis entre les copropriétaires en fonction du critère dit de l'utilité objective (L. n° 65-557, 10 juill. 1965, art. 10), c'est-à-dire en fonction de l'utilité que présente cette installation pour chacun des lots de copropriété.

Enfin, la mise en place de telles installations peut donner lieu à une revente par le syndicat des copropriétaires de l'électricité produite à un tarif préférentiel.

La filière solaire présente un potentiel important en France, à la fois pour les installations au sol et pour les installations sur bâtiment, et demeure une solution d'avenir grâce à la compétitivité de la filière qui ne cesse de s'améliorer ainsi que par la mise en place d'un cadre national de soutien adapté. Le Gouvernement a augmenté de 66 % le volume des appels d'offres solaires fin 2017 (+ 1 gigawatt (GW) par an portant le volume à 2,45 GW par an), et la Programmation pluriannuelle de l'énergie (PPE) pour la période 2019-2028 prévoit un volume de 3 GW par an. La décentralisation de la production énergétique, qui se fera au cœur des territoires et directement chez les particuliers grâce au développement massif du solaire photovoltaïque transforme la façon d'appréhender l'électricité. Afin d'inciter à la production d'énergie renouvelable par tous, le Gouvernement a mis en place deux nouvelles mesures pour développer la production locale d'énergie solaire :

- simplifier en permettant à plus de projets de se développer sans avoir à passer par un appel d'offres. Le plafond de 100 kWc pour le guichet tarifaire des installations sur toitures sera désormais porté à 500 kWc. Cette mesure permet ainsi de créer plus de projets de façon simplifiée, sans avoir à candidater à un appel d'offres. Elle entrera en vigueur à l'issue du processus de notification auprès de la Commission européenne. C'est une des mesures proposées par la Convention citoyenne pour le climat, qui permet ainsi de dynamiser l'installation de projets photovoltaïques sur bâtiments en simplifiant les modalités d'accès au soutien public. Cette mesure consolidera ainsi le développement des projets sur des toitures de grande taille, qui constitue l'un des piliers de l'atteinte des objectifs de la PPE en matière de photovoltaïque ;

- maintenir un niveau de soutien suffisant pour le secteur en limitant la baisse du tarif d'achat prévue par l'arrêté tarifaire en vigueur. La formule de l'arrêté tarifaire en vigueur induirait mécaniquement une baisse de 8,7 % au 1er octobre 2020. Une telle baisse ne refléterait pas l'évolution réelle actuelle des coûts du photovoltaïque. Elle aurait pour conséquence de freiner durement la reprise du secteur. Le Gouvernement va donc limiter cette baisse des tarifs de rachat à 3,8 %.

ANNEXE 28

ESPACE EN LIGNE SÉCURISÉ

L'article 18, I, dernier alinéa de la loi du 10 juillet 1965, issu de la loi n° 2014-366 du 24 mars 2014 (dite « loi ALUR »), a prévu la création par les syndics professionnels d'un « espace en ligne sécurisé » permettant aux copropriétaires et aux membres du conseil syndical d'avoir accès à un certain nombre de documents, sauf décision contraire de l'assemblée générale des copropriétaires prises à la majorité de l'article 25 de la loi du 10 juillet 1965.

Cet espace en ligne sécurisé a tardé à se mettre en place faute de décrets d'application.

Le décret n° 2019-650 du 27 juin 2019, codifié à l'article 33-1-1 du décret du 17 mars 1967 (V. ce texte), a précisé que cet espace en ligne était accessible aux membres du conseil syndical et aux copropriétaires au moyen d'un code personnel sécurisé, et que les documents mis à disposition par le syndic dans cet espace devaient être téléchargeables et imprimables. En outre le syndic a l'obligation, selon ce même texte, d'actualiser ces documents au minimum une fois par an, dans les 3 mois précédant l'assemblée générale annuelle.

La liste minimale de ces documents a été fixée par le décret n° 2019-502 du 23 mai 2019 (V. ce texte ci-dessous).

L'entrée en vigueur de ces dispositions a été fixée au 1er juillet 2020 (D. 23 mai 2019, art. 4).

Décret n° 2019-502 du 23 mai 2019

relatif à la liste minimale des documents dématérialisés concernant la copropriété accessibles sur un espace sécurisé en ligne

(JO 24 mai 2019, texte n° 3)

Art. 1 ***(Mod. à compter du 10 octobre 2020, D. n° 2020-1229, 7 oct. 2020).*** **– La liste minimale des documents relatifs à la gestion de l'immeuble, mis à disposition par le syndic professionnel dans l'espace en ligne sécurisé accessible à l'ensemble des copropriétaires, est la suivante :**

1° Le règlement de copropriété, l'état descriptif de division ainsi que les actes les modifiant, s'ils ont été publiés ;

2° La dernière fiche synthétique de la copropriété réalisée par le syndic en application de l'article 8-2 de la loi du 10 juillet 1965 susvisée ;

3° Le carnet d'entretien de l'immeuble ;

4° Les diagnostics techniques relatifs aux parties communes de l'immeuble en cours de validité ;

5° Les contrats d'assurance de l'immeuble conclus par le syndic au nom du syndicat des copropriétaires en cours de validité ;

6° L'ensemble des contrats et marchés en cours signés par le syndic au nom du syndicat de copropriétaires, à l'exclusion des contrats de travail des préposés du syndicat ;

7° Les contrats d'entretien et de maintenance des équipements communs en cours ;

8° Les procès-verbaux des trois dernières assemblées générales annuelles ayant été appelées à connaître des comptes et, le cas échéant, les devis de travaux approuvés lors de ces assemblées ;

9° Le contrat de syndic en cours.

Art. 2. **– La liste minimale des documents relatifs au lot d'un copropriétaire, mis à sa seule disposition par le syndic professionnel dans l'espace en ligne sécurisé, est la suivante :**

1° Le compte individuel du copropriétaire arrêté après approbation des comptes du syndicat par l'assemblée générale annuelle ;

2° Le montant des charges courantes du budget prévisionnel et des charges hors budget prévisionnel, des deux derniers exercices comptables clos, payées par le copropriétaire ;

3° Lorsque le syndicat des copropriétaires dispose d'un fonds de travaux, le montant de la part du fonds de travaux rattachée au lot du copropriétaire arrêté après approbation des comptes du syndicat par l'assemblée générale annuelle ;

4° Les avis d'appel de fonds adressés au copropriétaire sur les trois dernières années.

Art. 3. – La liste minimale des documents relatifs à la gestion de l'immeuble mis à disposition par le syndic professionnel dans l'espace en ligne sécurisé accessible aux seuls membres du conseil syndical, pour l'exercice de leurs missions d'assistance et de contrôle définies à l'article 21 de la loi du 10 juillet 1965 susvisée, est la suivante :

1° Les balances générales des comptes du syndicat des copropriétaires, ainsi que le relevé général des charges et produits de l'exercice échu ;

2° Le cas échéant, les relevés périodiques des comptes bancaires séparés ouverts au nom du syndicat des copropriétaires ;

3° Les assignations en justice délivrées au nom du syndicat des copropriétaires relatives aux procédures judiciaires en cours et les décisions de justice dont les délais de recours n'ont pas expiré ;

4° La liste de tous les copropriétaires établie par le syndic en application de l'article 32 du décret du 17 mars 1967 susvisé ;

5° La carte professionnelle du syndic, son attestation d'assurance responsabilité civile professionnelle ainsi que son attestation de garantie financière en cours de validité mentionnés à l'article 3 de la loi du 2 janvier 1970 susvisée.

Art. 4. – I. – Le 4° de l'article 2 s'applique aux avis d'appel de fonds transmis par le syndic à compter du 1er juillet 2020.

II. – Les dispositions du présent décret entrent en vigueur le 1er juillet 2020.

ANNEXE 29

FIBRE OPTIQUE

Bibliographie : C. Sabatié, L. Pinet et V. Souied, *Accès au très haut débit et au numérique : Rev. bleue* nov. 2008, p. 78. • P. Turenne, *Fibre optique : où en est-on ? : Inf. rap. copr.* nov. 2008, p. 38. • C. Sabarly, *La fibre optique enfin réglementée : Le Particulier Immobilier* mars 2009, p. 31. • J.-M. Roux, *Diffusion analogique et basculement vers le numérique : Inf. rap. copr.* sept. 2009, p. 20. • P. Turenne, *Fibre optique : l'heure de la maturité ? : Inf. rap. copr.* oct. 2011, p. 37. • M. Bertrand : *Le Particulier immobilier* févr. 2012, p. 21. • J. Hainaut, *Fibrage des immeubles en copropriété : quelles utilisations ? Quelles solutions ? : Inf. rap. copr.* avr. 2014, p. 33. • P. Turenne, *L'utilisation de la fibre : solutions, acteurs, services : Inf. rap. copr.* oct. 2018, p. 33. • P. Bouvier et E. Meiller, *Déploiement de la fibre optique : servitudes et autres droits de passage : JCP* N 2020, n° 40-42, act. 808. • P. Turenne, *Utiliser la fibre optique en copropriété : Inf. rap. copr.* juin 2022, p. 12.

Loi n° 66-457 du 2 juillet 1966

relative à l'installation d'antennes réceptrices de radiodiffusion

(JO 3 juill. 1966)

Voir : Annexe 4, *Antennes*, p. 941.

Art. 1er. – I. – [...].

II. *(Mod., L. n° 2008-776, 4 août 2008 ; Ord. n° 2014-329, 12 mars 2014).* – Le propriétaire d'un immeuble ne peut, nonobstant toute convention contraire, même antérieurement conclue, s'opposer sans motif sérieux et légitime au raccordement à un réseau de communications électroniques à très haut débit en fibre optique ouvert au public ainsi qu'à l'installation, à l'entretien ou au remplacement des équipements nécessaires, aux frais d'un ou plusieurs locataires ou occupants de bonne foi.

Constitue notamment un motif sérieux et légitime de s'opposer au raccordement à un réseau de communications électroniques à très haut débit en fibre optique ouvert au public la préexistence de lignes de communications électroniques en fibre optique permettant de répondre aux besoins spécifiques du demandeur. Dans ce cas, le propriétaire peut demander que le raccordement soit réalisé au moyen desdites lignes, dans les conditions prévues par l'article L. 34-8-3 du Code des postes et des communications électroniques.

Constitue également un motif sérieux et légitime de s'opposer au raccordement à un réseau de communications électroniques à très haut débit en fibre optique ouvert au public la décision prise par le propriétaire, dans un délai de six mois suivant la demande du ou des locataires ou occupants de bonne foi, d'installer des lignes de communications électroniques à très haut débit en fibre optique en vue d'assurer la desserte de l'ensemble des occupants de l'immeuble dans des conditions satisfaisant les besoins spécifiques du demandeur. Dans ce cas, une convention est établie entre le propriétaire de l'immeuble et l'opérateur dans les conditions prévues par l'article L. 33-6 du Code des postes et des communications électroniques.

Lorsqu'elles sont réalisées par un opérateur de communications électroniques exploitant un réseau ouvert au public, les opérations d'installation mentionnées au premier alinéa du présent II se font dans les conditions financières prévues à l'article L. 33-6 du Code des postes et des communications électroniques.

Le présent II est applicable à tous les immeubles à usage d'habitation ou à usage mixte, quel que soit leur régime de propriété.

Code des postes et des communications électroniques

Art. L. 33-6 *(Mod., L. n° 2018-1021, 23 nov. 2018).* – Sans préjudice du II de l'article 1er de la loi n° 66-457 du 2 juillet 1966 relative à l'installation d'antennes réceptrices de radiodiffusion, les conditions d'installation, de gestion, d'entretien et de remplacement par un opérateur des lignes de communications électroniques à très haut débit en fibre optique dans les parties communes bâties et non bâties d'un immeuble comportant plusieurs logements ou à usage mixte appartenant au même propriétaire ou régi par la loi n° 65-557 du 10 juillet 1965 fixant le statut de la copropriété des immeubles bâtis ou dans les voies, équipements ou espaces communs des lotissements régis par l'ordonnance n° 2004-632 du 1er juillet 2004 relative aux associations syndicales de propriétaires, permettant de desservir un ou plusieurs utilisateurs finals, font l'objet d'une convention entre cet opérateur et le propriétaire, le syndicat de copropriétaires ou l'association syndicale de propriétaires, que l'opérateur bénéficie ou non de la servitude mentionnée aux articles L. 45-9 à L. 48.

Cette convention définit les conditions de réalisation des opérations d'installation, de gestion, d'entretien et de remplacement des lignes mentionnées à l'alinéa précédent. Ces opérations se font aux frais de l'opérateur, sauf lorsque le propriétaire, le syndicat de copropriétaires ou l'association syndicale de propriétaires a refusé deux offres consécutives de cet opérateur dans les deux ans qui précèdent.

La convention mentionnée au précédent alinéa définit également les conditions et les délais dans lesquels les infrastructures d'accueil nécessaires au déploiement des lignes de communications électroniques à très haut débit en fibres optiques sont mises à disposition de l'opérateur par le propriétaire, le syndicat de copropriétaires ou l'association syndicale de propriétaires. Les travaux d'installation des lignes doivent s'achever au plus tard six mois à compter de la mise à disposition de l'opérateur des infrastructures d'accueil.

La convention autorise l'utilisation de ces infrastructures d'accueil par d'autres opérateurs dans la limite des capacités disponibles et dans les conditions qui ne portent pas atteinte au service fourni par l'opérateur mentionné au premier alinéa. Elle ne peut faire obstacle à l'application de l'article L. 34-8-3 et garantit l'accessibilité des parties communes aux opérateurs pour l'exploitation des lignes mentionnées au premier alinéa du présent article, pour le raccordement du point d'accès lorsque celui-ci est situé à l'intérieur des limites de la propriété privée ainsi que pour la construction et la maintenance du raccordement des utilisateurs finals.

La convention ne peut subordonner l'installation ou l'utilisation, par les opérateurs, des lignes de communications électroniques en fibre optique en vue de fournir des services de communications électroniques, à une contrepartie financière ou à la fourniture de services autres que de communications électroniques et de communication audiovisuelle.

Un décret en Conseil d'État fixe les modalités d'application du présent article. Il précise les clauses de la convention, relatives notamment au suivi et à la réception des travaux, aux modalités d'accès aux parties communes de l'immeuble ou aux voies, équipements ou espaces communs du lotissement, à la gestion de l'installation et aux modalités d'information, par l'opérateur, du propriétaire, du syndicat de copropriétaires ou de l'association syndicale de propriétaires et des autres opérateurs.

……………………………………………………………………………………………

Art. L. 34-8-3 *(Mod., Ord. n° 2021-650, 26 mai 2021).* – I. – Toute personne établissant ou ayant établi dans un immeuble bâti ou exploitant une ligne de communications électroniques à très haut débit en fibre optique permettant de desservir un utilisateur final fait droit aux demandes raisonnables d'accès à ladite ligne et aux moyens qui y sont associés émanant d'opérateurs, en vue de fournir des services de communications électroniques à cet utilisateur final.

L'accès est fourni dans des conditions transparentes et non discriminatoires en un point déterminé par l'Autorité de régulation des communications électroniques, des postes et de la distribution de la presse, situé, sauf dans les cas définis par l'Autorité de régulation des communications électroniques, des postes et de la distribution de la presse, hors des limites de propriété privée et permettant le raccordement effectif d'opérateurs tiers, à des conditions économiques, techniques et d'accessibilité raisonnables. Dans les cas définis par l'Autorité de régulation des communications électroniques, des postes et de la distribution de la presse, l'accès peut consister en la mise à disposition d'installations et d'éléments de réseau spécifiques demandés par un opérateur antérieurement à l'équipement de l'immeuble en lignes de communications électroniques à très haut débit en fibre optique, moyennant la prise en charge d'une part équitable des coûts par cet opérateur. Tout refus d'accès est motivé.

II. – Lorsque les obligations mentionnées au I ne remédient pas suffisamment aux obstacles économiques ou physiques importants et non transitoires à la duplication des éléments de réseaux, l'Autorité de régulation des communications électroniques, des postes et de la distribution de la presse peut imposer que l'accès soit fourni, dans le respect des principes prévus au I, en un point commercialement viable situé au-delà de celui résultant de l'application du I qu'elle détermine, au plus proche des utilisateurs finals. Si cela est justifié pour des raisons techniques ou économiques, l'Autorité de régulation des communications électroniques, des postes et de la distribution de la presse peut imposer des obligations d'accès actif ou virtuel.

III. – L'accès fourni conformément au I, et le cas échéant au II, fait l'objet d'une convention entre les personnes concernées. Celle-ci détermine les conditions techniques et financières de l'accès. Elle est communiquée à l'Autorité de régulation des communications électroniques, des postes et de la distribution de la presse à sa demande.

Lorsque la personne qui fournit l'accès met en œuvre une péréquation tarifaire à l'échelle de la zone de déploiement, elle peut réserver l'application de cette péréquation aux seuls opérateurs qui ne déploient pas de lignes à très haut débit en fibre optique permettant de desservir des logements situés dans cette zone.

Les différends relatifs à la conclusion ou à l'exécution de la convention prévue au présent article sont soumis à l'Autorité de régulation des communications électroniques, des postes et de la distribution de la presse conformément à l'article L. 36-8.

Pour réaliser les objectifs définis à l'article L. 32-1, et notamment en vue d'assurer la cohérence des déploiements et une couverture homogène des zones desservies, l'autorité peut préciser, de manière objective, transparente, non discriminatoire et proportionnée, les modalités de l'accès prévu au présent article, y compris les niveaux de qualité de service associés à cet accès.

Lorsque l'autorité impose, au titre de l'alinéa précédent, de lui communiquer des informations comptables selon des modalités qu'elle spécifie afin de vérifier le respect des obligations imposées au titre du présent article, celles-ci peuvent faire l'objet d'une vérification, aux frais de la personne visée au I, par un organisme indépendant désigné par l'autorité.

Art. L. 34-8-3-1 *(Aj., Ord. n° 2021-650, 26 mai 2021).* – Les obligations prévues au II de l'article L. 34-8-3 ne sont pas applicables à la personne mentionnée au premier alinéa du I du même article, lorsque l'Autorité de régulation des communications électroniques, des postes et de la distribution de la presse détermine, à la suite d'une demande de cette personne, et sur la base des informations qui lui sont transmises, que l'une ou l'autre des conditions suivantes sont remplies :

1° Ces obligations compromettent la viabilité économique ou financière du déploiement par la personne mentionnée au premier alinéa des nouvelles lignes de communications électroniques à très haut débit en fibre optique permettant de desservir un utilisateur final, notamment dans le cadre d'un projet local de faible envergure ;

2° La personne mentionnée au premier alinéa du I de l'article L. 34-8-3 répond aux critères énoncés au II de l'article L. 38, fournit l'accès à ces lignes dans des conditions équitables, non discriminatoires et raisonnables, constituant une alternative viable et comparable à l'accès prévu au II de l'article L. 34-8-3 et le réseau concerné n'a pas bénéficié de financement public.

……………………………………………………………………………………………

Art. L. 45-9 *(Anc. art. L. 45-1, rempl., L. n° 96-659, 26 juill. 1996 ; mod., L. n° 2004-669, 9 juill. 2004 ; L. n° 2009-179, 17 févr. 2009 ; dénum. à compter du 30 juin 2011, L. n° 2011-302, 22 mars 2011).* – Les exploitants de réseaux ouverts au public bénéficient d'un droit de passage, sur le domaine public routier et dans les réseaux publics relevant du domaine public routier et non routier, à l'exception des réseaux et infrastructures de communications électroniques, et de servitudes sur les propriétés privées mentionnées à l'article L. 48, dans les conditions indiquées ci-après.

Les autorités concessionnaires ou gestionnaires du domaine public non routier peuvent autoriser les exploitants de réseaux ouverts au public à occuper ce domaine, dans les conditions indiquées ci-après.

L'occupation du domaine public routier ou non routier peut donner lieu au versement de redevances aux conditions prévues aux articles L. 46 et L. 47.

Le prix facturé pour l'occupation ou la vente de tout ou partie de fourreaux reflète les coûts de construction et d'entretien de ceux-ci.

L'installation des infrastructures et des équipements doit être réalisée dans le respect de l'environnement et de la qualité esthétique des lieux, et dans les conditions les moins dommageables pour les propriétés privées et le domaine public.

....

Art. L. 48 *(Mod., L. n° 2018-1021, 23 nov. 2018 ; à compter du 1er janvier 2020, Ord. n° 2019-738, 17 juill. 2019 ; à compter du 1er janvier 2020, Ord. n° 2019-964, 18 sept. 2019 ; L. n° 2019-1063, 18 oct. 2019).* – La servitude mentionnée à l'article L. 45-9 est instituée en vue de permettre l'installation, l'exploitation et l'entretien des équipements du réseau, y compris les équipements des réseaux à très haut débit fixes et mobiles, ainsi que pour permettre les opérations d'entretien des abords des réseaux déployés ou projetés permettant d'assurer des services fixes de communications électroniques ouverts au public, telles que le débroussaillage, la coupe d'herbe, l'élagage et l'abattage :

a) Sur les bâtiments d'habitation et sur et dans les parties des immeubles collectifs et des lotissements affectées à un usage commun, y compris celles pouvant accueillir des installations ou équipements radioélectriques ;

b) Sur le sol et dans le sous-sol des propriétés non bâties, y compris celles pouvant accueillir des installations ou équipements radioélectriques ;

c) Sur et au-dessus des propriétés privées, y compris à l'extérieur des murs ou des façades donnant sur la voie publique, dans la mesure où l'exploitant se borne à utiliser l'installation d'un tiers sans compromettre, le cas échéant, la mission propre de service public confiée à ce tiers. En cas de contrainte technique, l'installation est déployée à proximité de celle déjà existante, en suivant au mieux son cheminement.

La mise en œuvre de la servitude est subordonnée à une autorisation délivrée au nom de l'État par le maire après que les propriétaires ou, en cas de copropriété, le syndicat représenté par le syndic ont été informés des motifs qui justifient l'institution de la servitude et le choix de son emplacement, et mis à même, dans un délai qui ne peut pas être inférieur à deux mois, de présenter leurs observations sur le projet. Les travaux ne peuvent commencer avant l'expiration de ce délai. En cas de contestation, les modalités de mise en œuvre de la servitude sont fixées par le président du tribunal judiciaire.

Lorsqu'il est constaté que la servitude de l'opérateur sur une propriété privée peut être assurée, dans des conditions équivalentes à celles qui résulteraient du bénéfice de cette servitude, par l'utilisation de l'installation existante d'un autre bénéficiaire de servitude ou d'une convention de passage signée avec le propriétaire sur la propriété concernée et que cette utilisation ne compromettrait pas, le cas échéant, la mission propre de service public du bénéficiaire de la servitude ou de la convention de passage, l'autorité concernée mentionnée à l'alinéa précédent peut inviter les deux parties à se rapprocher pour convenir des conditions techniques et financières d'une utilisation partagée des installations en cause. Dans ce cas, et sauf accord contraire, le propriétaire des installations accueillant l'opérateur autorisé assume, dans la limite du contrat conclu entre les parties, l'entretien des infrastructures et des équipements qui empruntent ses installations et qui sont placés sous sa responsabilité, moyennant paiement d'une contribution négociée avec l'opérateur. En cas de litige entre opérateurs, l'Autorité de régulation des communications électroniques, des postes et de la distribution de la presse peut être saisie, dans les conditions fixées à l'article L. 36-8. Dès lors qu'elle n'accroît pas l'atteinte portée à la propriété privée, la servitude prévue au c du présent article est exonérée de la procédure prévue au cinquième alinéa. Elle fait l'objet d'une indemnisation dans les conditions prévues au neuvième alinéa.

L'installation des ouvrages prévus au premier alinéa ne peut faire obstacle au droit des propriétaires ou copropriétaires de démolir, réparer, modifier ou clore leur propriété. Toutefois, les propriétaires ou copropriétaires doivent, au moins trois mois avant d'entreprendre des travaux de nature à affecter les ouvrages, prévenir le bénéficiaire de la servitude.

Lorsque, pour l'étude, la réalisation, l'exploitation et l'entretien des installations ou pour les opérations d'entretien mentionnées au premier alinéa, l'introduction des agents des exploitants autorisés dans les propriétés privées définies au même alinéa est nécessaire, elle est, à défaut d'accord amiable ou de convention conclue entre le propriétaire et l'exploitant, autorisée par le président du tribunal judiciaire, statuant en référé, qui s'assure que la présence des agents est nécessaire.

Le bénéficiaire de la servitude est responsable de tous les dommages qui trouvent leur origine dans les équipements du réseau. Il est tenu d'indemniser l'ensemble des préjudices directs et certains causés tant par les travaux d'installation et d'entretien que par l'existence ou le fonctionnement des ouvrages. À défaut d'accord amiable, l'indemnité est fixée par la juridiction de l'expropriation saisie par la partie la plus diligente.

Un décret en Conseil d'État détermine les conditions d'application du présent article.

Code de la construction et de l'habitation

Art. L. 113-10 *(Aj. à compter du 1er juillet 2021, Ord. n° 2020-71, 29 janv. 2020).* – Les bâtiments neufs à usage d'habitation, pour la desserte de chacun de leurs logements, sont équipés de gaines techniques nécessaires :

1° À la distribution par tous réseaux de communications électroniques, des services gratuits en clair de télévision ;

2° À l'accueil des lignes de communications électroniques à très haut débit.

Les bâtiments neufs à usage d'habitation ou à usage professionnel doivent être pourvus d'infrastructures fixes de communications électroniques permettant l'accès au très haut débit et à potentiel de débit d'une fibre optique, permettant la sécurité et la confidentialité des communications, autorisant la desserte adaptée aux services et à leurs évolutions, de chacun des logements ou locaux à usage professionnel par les réseaux de télécommunications électroniques. Le débit disponible doit être indépendant de la longueur de l'infrastructure, symétrique et dédié.

Les bâtiments d'habitation collectifs ou regroupant plusieurs locaux à usage professionnel et faisant l'objet de travaux soumis à permis de construire sont pourvus, aux frais des propriétaires, lorsque le coût des travaux d'installation ne paraît pas disproportionné par rapport au coût des travaux couverts par le permis de construire, des lignes de communications électroniques à très haut débit et à potentiel de débit d'une fibre optique nécessaires à la desserte de chacun des logements ou locaux à usage professionnel par un réseau de communications électroniques à très haut débit ouvert au public.

Un décret en Conseil d'État fixe les modalités d'application du présent article.

……………………………………………………………………………………………………

Art. R. 113-4 *(Aj., D. n° 2021-872, 30 juin 2021).* – Tous les bâtiments d'habitation doivent être pourvus des lignes téléphoniques nécessaires à la desserte de chacun des logements, à l'exception des bâtiments situés en « zone fibrée », au sens de l'article L. 33-11 du Code des postes et des communications électroniques, et sous réserve qu'ils soient pourvus de lignes de communications électroniques à très haut débit en fibre optique desservant chacun des logements.

Les bâtiments groupant plusieurs logements doivent également être munis des dispositifs collectifs nécessaires à la distribution des services de radiodiffusion dans les logements par des gaines ou passages permettant l'installation des câbles correspondants. Ces dispositifs collectifs doivent permettre la fourniture des services diffusés par voie hertzienne terrestre reçus normalement sur le site, être raccordables à un réseau câblé et conformes aux spécifications techniques d'ensemble fixées en application de l'article 34 de la loi n° 86-1067 du 30 septembre 1986 modifiée relative à la liberté de communication.

Tous les bâtiments d'habitation doivent être équipés de lignes de communications électroniques à très haut débit en fibre optique desservant chacun des logements. Ces lignes relient chaque logement, avec au moins une fibre par logement, à un point de raccordement accessible et permettant l'accès à plusieurs réseaux de communications électroniques. Pour les bâtiments groupant plusieurs logements situés dans les zones à forte densité, et dans les conditions définies par arrêté conjoint du ministre chargé de la construction et du ministre chargé des communications électroniques, l'obligation peut être portée jusqu'à quatre fibres par logement. Le bâtiment doit disposer d'une adduction d'une taille suffisante pour permettre le passage des câbles de plusieurs opérateurs depuis la voie publique jusqu'au point de raccordement. Chacun des logements est équipé d'une installation intérieure raccordée aux lignes de communication électronique à très haut débit en fibre optique assurant la desserte des pièces principales dans des conditions fixées par arrêté conjoint des ministres chargés de la construction et des communications électroniques.

Lorsque le bâtiment est à usage mixte, il doit également être équipé de lignes de communications électroniques à très haut débit en fibre optique desservant, dans les mêmes conditions, chacun des locaux à usage professionnel.

Les lignes mentionnées aux alinéas précédents doivent être placées dans des gaines ou passages réservés aux réseaux de communications électroniques.

Chaque logement est équipé d'une installation intérieure raccordée aux lignes téléphoniques et aux dispositifs individuels ou collectifs nécessaires à la distribution des services de radiodiffusion dans des conditions fixées par arrêté conjoint des ministres chargés de la construction et des communications électroniques.

Un arrêté conjoint des ministres chargés de la construction et des communications électroniques précise les modalités d'application des règles fixées aux alinéas précédents et, en tant que de besoin, les conditions dans lesquelles il peut y être dérogé pour certaines catégories de bâtiments, eu égard à leur nature, à leur affectation ou à leur situation.

Commentaire

Équipement des immeubles pour le très haut débit

La première décennie du siècle aura été celle de la révolution de l'Internet, avec l'équipement désormais de la moitié des Français en ordinateurs reliés à la Toile, pour l'essentiel en haut débit (mesuré à 516 Kbits/seconde) et passant par le fil de cuivre téléphonique. La progression spectaculaire de cet équipement s'est accompagnée de celle des services offerts par l'Internet : commerce électronique, y compris maintenant des grandes enseignes, services de tous ordres, téléphonie et télévision avec la généralisation des offres « triple play ».

Pour faire passer l'ensemble de ces services, sans compter ceux encore à venir, la technologie ADSL, celle qui passe par le fil du téléphone, va tôt ou tard devenir obsolète. Il faut des câblages en fibre noire.

La question des modalités de réalisation et d'ouverture à la concurrence des réseaux de collecte et de distribution entièrement nouveaux est donc posée.

Les textes introduits par la loi de modernisation de l'économie apportent les premières réponses, qui concernent tout d'abord l'équipement des immeubles (V. Rapport de M. Paul Charrié, au nom de la Commission des affaires économiques, de l'environnement et du territoire ; DOC. AN, n° 908).

- L'article L. 111-5-1 nouveau du Code de la construction et de l'habitation prévoit l'équipement obligatoire des immeubles neufs à partir de 2010 ou 2012 selon les cas.
- S'agissant du parc installé, la loi prévoit plusieurs dispositions destinées à permettre à la fois l'équipement lui-même, la rationalisation des réseaux et l'exercice de la concurrence.

En ce qui concerne l'équipement, l'article 24-2 nouveau de la loi du 10 juillet 1965 précise d'abord que les propositions des opérateurs prévoyant l'équipement, à leurs frais, des immeubles en très haut débit doivent être inscrites de droit à la prochaine assemblée générale de la copropriété.

Si l'initiative de l'équipement vient d'un ou de locataires proposant d'effectuer cet équipement à leurs frais, le propriétaire ne peut s'y opposer sans motif légitime et sérieux. L'un de ces motifs est la présence d'un réseau préexistant, auquel il sera demandé aux locataires de se raccorder ; un autre est une décision à prendre par le propriétaire dans les six mois de la demande de raccorder tout l'immeuble.

Ces dispositions très favorables à l'installation des réseaux sont compensées par des obligations sur leurs conditions d'usage.

La première série de ces conditions est instituée par le nouvel article L. 32-6 du Code des postes et des communications électroniques.

Les réseaux construits dans les immeubles doivent être entretenus aux frais des opérateurs qui les ont installés.

De plus, les gaines techniques et les passages horizontaux installés par ces opérateurs doivent être ouverts à l'utilisation par d'autres opérateurs, « dans la limite des capacités disponibles » et sans porter « atteinte au service fourni par l'opérateur ».

Enfin, l'installation d'un réseau par un opérateur ne doit pas donner lieu à contrepartie financière ou autre, c'est-à-dire à un paiement, réel ou déguisé, de l'opérateur.

Ces trois obligations doivent être incluses dans les conventions entre opérateurs et copropriétés. Les conventions conclues antérieurement à la loi seront mises en conformité avec elle, soit volontairement soit automatiquement.

Le deuxième volet de ces conditions concerne non pas les relations entre opérateurs et propriétaires, mais entre opérateurs concurrents. Il fait l'objet de l'article L. 34-8-3 nouveau du Code des postes et des communications électroniques.

L'opérateur ayant installé un réseau d'immeuble devra faire droit aux « demandes raisonnables d'accès » des autres opérateurs, dans des conditions « objectives, transparentes et non discriminatoires ». Les différends seront soumis à l'ARCEP.

Ainsi, l'article lève les obstacles aux initiatives de fibrage des immeubles. En contrepartie, il empêche la constitution d'un monopole de l'opérateur fibreur sur l'immeuble.

DISPOSITIONS CONCERNANT LES IMMEUBLES EXISTANTS

Décret n° 2009-53 du 15 janvier 2009

relatif au droit au très haut débit pris en application du II de l'article 1er de la loi n° 66-457 du 2 juillet 1966 relative à l'installation d'antennes réceptrices de radiodiffusion

Art. 1er. – Avant de procéder aux travaux de raccordement à un réseau à très haut débit en fibre optique, à l'installation, à l'entretien ou au remplacement de lignes de communications électroniques à très haut débit en fibres optiques, le locataire ou occupant de bonne foi en informe le propriétaire par tout moyen permettant de donner date certaine à la réception de cette information. Il précise éventuellement dans sa demande les besoins spécifiques liés à une utilisation professionnelle. Une description détaillée des travaux à entreprendre est jointe à cette information, assortie d'un plan ou d'un schéma, sauf si l'établissement de ce plan a été rendu impossible du fait du propriétaire.

Dans le cas d'un immeuble en copropriété, l'information est faite au bailleur et au syndic de copropriété représentant le syndicat des copropriétaires.

Si l'immeuble appartient à une société, l'information est faite à son représentant légal.

Si l'immeuble est indivis, l'information est faite à l'un des indivisaires, à charge pour lui d'informer sans délai ses coïndivisaires.

Art. 2 ***(Mod. à compter du 1er janvier 2020, D. n° 2019-966, 18 sept. 2019).*** **– I. – Le propriétaire qui entend s'opposer au raccordement demandé ou au remplacement de lignes de communications électroniques à très haut débit en fibres optiques au motif que l'immeuble est déjà équipé de manière à satisfaire la demande, y compris les éventuels besoins spécifiques liés à une utilisation professionnelle précisés dans cette demande, notifie son opposition au demandeur par tout moyen permettant de donner date certaine à cette notification dans les trois mois suivant la demande. Si les lignes, équipements ou services existants ne permettent pas de répondre aux besoins spécifiques du demandeur, celui-ci peut saisir la juridiction compétente un mois après en avoir informé le propriétaire, en précisant les insuffisances en cause, par tout moyen permettant de donner date certaine à la réception de cette information.**

II. – Le propriétaire qui entend s'opposer au raccordement demandé ou au remplacement de lignes de communications électroniques à très haut débit en fibres optiques au motif qu'une décision est en préparation en vue d'installer de telles lignes pour desservir tous les logements ou locaux de l'immeuble de manière à satisfaire la demande, y compris les éventuels besoins spécifiques liés à une utilisation professionnelle précisés dans cette demande, notifie au demandeur son intention de s'opposer, par tout moyen permettant de donner date certaine à cette notification dans les trois mois suivant la demande, en y joignant tous éléments relatifs à ce projet en sa possession et, le cas échéant, dans le cas d'un immeuble en copropriété, l'inscription à l'ordre du jour de la prochaine assemblée générale de l'examen d'un tel projet.

Si les lignes, équipements ou services projetés, ne permettent pas de répondre aux besoins spécifiques du demandeur, celui-ci en informe le propriétaire par tout moyen permettant de donner date certaine à cette information, en précisant les insuffisances en cause. Si aucun accord ne peut être trouvé dans un délai de six mois suivant la demande, le demandeur peut saisir la juridiction compétente.

Si le propriétaire n'a pas notifié au demandeur, dans les six mois qui suivent sa demande, la décision ferme de lancement des travaux, ou si lesdits travaux ne sont pas réalisés dans les six mois qui suivent cette décision, ou si le projet a fait l'objet d'une résolution défavorable de l'assemblée générale des copropriétaires, le demandeur peut procéder à l'exécution des travaux qui ont fait l'objet de la notification prévue à l'article 1er. Il en informe le propriétaire.

La conclusion de la convention prévue à l'article L. 33-6 du Code des postes et des communications électroniques constitue une décision ferme de lancement des travaux telle que mentionnée à l'alinéa précédent.

III. – En dehors des cas prévus au I et au II, le propriétaire qui entend s'opposer au raccordement demandé, à l'entretien ou au remplacement de lignes de communications électroniques à très haut débit en fibre optique doit, à peine de forclusion, saisir dans le délai de six mois suivant la demande la juridiction compétente après en avoir informé le demandeur par tout moyen permettant de donner date certaine à cette information. En l'absence d'une telle information au terme du même délai, le demandeur peut procéder à l'exécution des travaux qui ont fait l'objet de la notification prévue à l'article 1er.

IV. – Le tribunal judiciaire du lieu de la situation de l'immeuble connaît des contestations relatives à l'application du II de l'article 1er de la loi n° 66-457 du 2 juillet 1966 susvisée et du présent décret.

Code des postes et des communications électroniques

Art. R. 9-2 *(D. n° 97-245, 12 mars 1997 ; abr., D. n° 2005-605, 27 mai 2005 ; rétabli, D. n° 2009-54, 15 janv. 2009 ; rempl., D. n° 2015-1317, 20 oct. 2015 ; mod., D. n° 2021-1136, 31 août 2021).* – I. - L'offre d'installation, de gestion, d'entretien et de remplacement de lignes de communications électroniques à très haut débit en fibre optique est notifiée par l'opérateur au propriétaire, au syndicat de copropriétaires ou à l'association syndicale de propriétaires de l'immeuble ou du lotissement par lettre recommandée avec avis de réception ou tout autre moyen permettant d'attester de sa date de réception, y compris par voie électronique. Cette notification mentionne la nécessaire réalisation d'un constat contradictoire permettant de déterminer, préalablement à l'installation de lignes de communications électroniques à très haut débit en fibre optique, si les infrastructures d'accueil sont suffisantes ou si des travaux sont nécessaires pour l'installation de ces lignes, ainsi que le rappel au propriétaire, au syndicat de copropriétaires ou à l'association syndicale de propriétaires que ces travaux de réalisation et de modernisation des infrastructures d'accueil peuvent leur incomber le cas échéant.

L'opérateur et le propriétaire, le syndicat de copropriétaires ou l'association syndicale de propriétaires dressent, préalablement à la conclusion de la convention prévue à l'article L. 33-6 ou dans un délai de deux mois à compter de la date de sa signature, un constat contradictoire de l'état technique des parties communes de l'immeuble ou des voies, équipements ou espaces communs du lotissement afin de déterminer si les infrastructures d'accueil disponibles sont suffisantes pour permettre à l'opérateur d'installer les lignes de communications électroniques à très haut débit en fibre optique jusqu'à chacun des logements et locaux à usage professionnel de l'immeuble ou du lotissement. L'opérateur transmet, le cas échéant, au propriétaire, au syndicat de copropriétaires ou à l'association syndicale de propriétaires la description des caractéristiques que doivent présenter les infrastructures d'accueil pour permettre l'installation, la gestion, l'entretien et le remplacement des lignes de communications électroniques à très haut débit en fibre optique.

II. – La convention prévue à l'article L. 33-6 est conclue entre le propriétaire, le syndicat de copropriétaires ou l'association syndicale de propriétaires et l'opérateur qui prend en charge l'installation, la gestion, l'entretien ou le remplacement de lignes de communications électroniques à très haut débit en fibre optique permettant de desservir un ou plusieurs utilisateurs finals dans les parties communes d'un immeuble comportant plusieurs logements ou à usage mixte ou dans les voies, équipements ou espaces communs d'un lotissement.

L'installation, l'entretien, le remplacement et le cas échéant la gestion des lignes dans les parties communes de l'immeuble, ou dans les voies, équipements et espaces communs du lotissement se font aux frais de l'opérateur signataire de la convention dans les conditions prévues au deuxième alinéa de l'article L. 33-6.

Le refus d'une offre d'installation, de gestion, d'entretien et de remplacement de lignes de communications électroniques à très haut débit en fibre optique est notifié à l'opérateur par le propriétaire, le syndicat de copropriétaires ou l'association syndicale de propriétaires d'un immeuble ou d'un lotissement par lettre recommandée avec avis de réception ou tout autre moyen permettant d'attester de leur date de réception, y compris par voie électronique. Le délai de deux ans mentionné au deuxième alinéa de l'article L. 33-6 court à la date de la notification de la décision du propriétaire, du syndicat de copropriétaires ou de l'association syndicale de propriétaires de l'immeuble ou du lotissement et s'achève le jour de la dernière année qui porte le même quantième que le jour de la notification qui fait courir le délai. À défaut d'un quantième identique, le délai expire le dernier jour du mois. En l'absence de réponse dans un délai de deux mois à compter de la notification de l'offre par l'opérateur ou lorsque cela est nécessaire, à compter de la date de la tenue de la première assemblée générale suivant la remise de l'offre de l'opérateur, sous réserve du respect des délais nécessaires à son inscription à l'ordre du jour, l'offre est considérée comme refusée et le délai de deux ans mentionné à l'article L. 33-6 court à compter de cette date.

III. – Les conditions prévues par la convention ne peuvent faire obstacle à la mise en œuvre de l'accès aux lignes prévu à l'article L. 34-8-3 et sont compatibles avec celle-ci. Les emplacements et infrastructures d'accueil des lignes mis à disposition de l'opérateur signataire de la convention par le propriétaire, le syndicat de copropriétaires ou l'association syndicale de propriétaires et les lignes et équipements installés par l'opérateur doivent faciliter cet accès. L'opérateur signataire prend en charge les opérations d'installation, de gestion, d'entretien ou de remplacement nécessaires à cet accès, dans les mêmes conditions que pour ses propres lignes et équipements.

La convention autorise l'utilisation par d'autres opérateurs des infrastructures d'accueil de lignes de communications électroniques mises à la disposition de l'opérateur signataire dans le but de bénéficier de l'accès aux lignes prévu à l'article L. 34-8-3. Elle ne comporte aucune stipulation fixant les conditions techniques ou tarifaires pour la mise en œuvre de l'accès aux lignes prévu à l'article L. 34-8-3, qui fait l'objet de conventions distinctes entre opérateurs.

Elle rappelle que l'autorisation accordée par le propriétaire, le syndicat de copropriétaires ou l'association syndicale de propriétaires à tout opérateur d'installer ou d'utiliser des lignes de communications électroniques à très haut débit en fibre optique permettant de desservir un ou plusieurs utilisateurs finals n'est assortie d'aucune contrepartie financière et ne peut être subordonnée à la fourniture de services autres que de communications électroniques ou audiovisuelle.

IV. – Dans le mois suivant la conclusion de la convention, l'opérateur signataire en informe les autres opérateurs dont la liste est tenue à jour par l'Autorité de régulation des communications électroniques, des postes et de la distribution de la presse et leur communique toute information utile à la mise en œuvre de l'accès aux lignes prévu à l'article L. 34-8-3 et au raccordement des lignes établies dans le cadre de cette convention aux réseaux de communications électroniques ouverts au public. Ces informations précisent notamment :

- l'adresse et les coordonnées géographiques de l'immeuble ou du lotissement concerné ;
- l'identité et l'adresse du propriétaire, du syndic de copropriété représentant le syndicat de copropriétaires ou de l'association syndicale de propriétaires ;
- le nombre de logements et de locaux desservis ;
- l'identifiant du point au niveau duquel est fourni l'accès aux lignes prévu en application de l'article L. 34-8-3 ;
- la personne à qui les opérateurs tiers peuvent s'adresser en vue de demander un accès en application de l'article L. 34-8-3.

Art. R. 9-3 *(Abr., D. n° 2005-605, 27 mai 2005 ; rétabli, D. n° 2009-54, 15 janv. 2009 ; rempl., D. n° 2015-1317, 20 oct. 2015).* – La convention contient notamment les stipulations et informations suivantes :

1° La nature, l'importance, la durée des travaux d'installation à effectuer ; la date limite de raccordement des lignes installées dans le cadre de cette convention à un réseau de communications électroniques à très haut débit ouvert au public ;

2° Les conditions d'exécution des travaux par l'opérateur signataire, notamment celles liées au suivi et à la réception des travaux ;

3° Les responsabilités et les assurances de l'opérateur ;

4° Les conditions de gestion, d'entretien et de remplacement des équipements et installations ;

5° Les modalités d'information du propriétaire, du syndicat de copropriétaires ou de l'association syndicale de propriétaires, notamment sur la localisation des installations et leurs modifications ;

6° Les modalités d'accès aux parties communes de l'immeuble ou aux voies, équipements ou espaces communs du lotissement ;

7° Les conditions et la date prévisionnelle à laquelle les infrastructures d'accueil nécessaires au déploiement des lignes de communications électroniques à très haut débit en fibre optique sont mises à disposition de l'opérateur signataire, ainsi que les conditions d'utilisation par d'autres opérateurs de ces infrastructures d'accueil ;

8° La durée de la convention et les conditions de son renouvellement ou de sa résiliation, y compris les conditions dans lesquelles est assurée une continuité de gestion et d'entretien en cas de changement d'opérateur ;

9° Le sort des installations à l'issue de la convention.

Art. R. 9-4 *(Abr., D. n° 2005-605, 27 mai 2005 ; rétabli, D. n° 2009-54, 15 janv. 2009 ; rempl., D. n° 2015-1317, 20 oct. 2015).* – Les clauses de la convention respectent les dispositions suivantes :

1° L'opérateur signataire dessert les logements et locaux à usage professionnel de l'immeuble ou du lotissement auxquels s'applique la convention. Le raccordement effectif des logements ou locaux peut être réalisé après la fin des travaux d'installation, notamment pour répondre à une demande de raccordement émise par un occupant ou à une demande d'accès en vue de desservir un tel logement ou local émise par un opérateur au titre de l'article L. 34-8-3.

Les travaux d'installation des lignes de communications électroniques à très haut débit en fibre optique dans l'immeuble doivent être achevés dans un délai de six mois à compter de la mise à la disposition de l'opérateur signataire des infrastructures d'accueil par le propriétaire, le syndicat de copropriétaires ou l'association syndicale de propriétaires ;

2° Le propriétaire, le syndicat de copropriétaires ou l'association syndicale de propriétaires met à disposition de l'opérateur signataire les infrastructures d'accueil et les emplacements nécessaires à l'installation, la gestion, l'entretien ou au remplacement des lignes à très haut débit en fibre optique dans les parties communes de l'immeuble ou dans les voies, équipements ou espaces communs du lotissement.

Lorsque des travaux sont nécessaires à cette fin, le propriétaire, le syndicat de copropriétaires ou l'association syndicale de propriétaires informe l'opérateur du délai prévisionnel de réalisation des travaux et lui notifie sans délai tout retard éventuel. Une fois ceux-ci achevés, il lui notifie, par lettre recommandée avec avis de réception ou tout autre moyen permettant d'attester de leur date de réception, y compris par voie électronique, la mise à disposition des infrastructures d'accueil et des emplacements nécessaires à l'installation, la gestion, l'entretien ou au remplacement des lignes de communications électroniques à très haut débit en fibre optique ;

3° Les modalités d'exécution des interventions ou travaux d'installation, de raccordement, de gestion, d'entretien ou de remplacement des lignes de communications électroniques à très haut débit en fibre optique dans les parties communes de l'immeuble ou dans les voies, équipements ou espaces communs du lotissement sont de la responsabilité de l'opérateur. Celui-ci respecte le règlement intérieur de l'immeuble ou le règlement de copropriété, ainsi que les normes applicables et les règles de l'art. Les installations et chemins de câbles respectent l'esthétique de l'immeuble. L'opérateur signataire peut mandater un tiers pour réaliser certaines opérations mais il reste responsable de ces opérations à l'égard du propriétaire, du syndicat de copropriétaires ou de l'association syndicale de copropriétaires.

Le propriétaire, le syndicat de copropriétaires ou l'association syndicale de propriétaires informent l'opérateur signataire de la situation et des caractéristiques de l'immeuble ou du lotissement, notamment celles liées à son environnement, à sa vétusté, à son accès, à sa fragilité et aux nuisances sonores ;

4° L'opérateur signataire est responsable de tous les dommages causés par les travaux ou par ses installations et équipements. Il contracte au préalable les assurances nécessaires pour couvrir les éventuels dommages matériels ou corporels.

L'opérateur signataire et le propriétaire, le syndicat de copropriétaires ou l'association syndicale de propriétaires établissent un état des lieux contradictoire avant les travaux et après achèvement des travaux d'installation. En cas de dégradations imputables aux travaux, la remise en état est à la charge de l'opérateur signataire ;

5° L'opérateur signataire peut mandater un tiers pour réaliser certaines opérations relatives à la gestion, à l'entretien ou au remplacement des lignes de communications électroniques à très haut débit en fibre optique dont il a la charge, y compris dans le cadre de la mise en œuvre de l'accès à celles-ci prévu à l'article L. 34-8-3, mais il reste responsable de ces opérations à l'égard du propriétaire, du syndicat de copropriétaires ou de l'association syndicale de propriétaires. Il en avertit ces derniers préalablement ;

6° L'opérateur établit un plan de câblage des lignes et équipements installés qu'il met a jour et tient à disposition du propriétaire, du syndicat de copropriétaires ou de l'association syndicale de propriétaires. Il tient également à leur disposition toutes informations utiles sur les modifications apportées aux installations établies dans le cadre de la présente convention.

ANNEXE 30

FICHE SYNTHÉTIQUE DE LA COPROPRIÉTÉ

Bibliographie : C. Coutant-Lapalus, *Quelques précisions sur la fiche synthétique de la copropriété : Loyers et copr.* avr. 2017, focus 29. • Ph. Marin, *La fiche synthétique : nouveau document obligatoire : Ann. loyers* janv.-févr. 2017, p. 158. • A. Poletti, *Entrée en vigueur échelonnée de la fiche synthétique : faut-il inclure les lots accessoires ? : Bull. CRIDON Paris*, 1er mai 2017, p. 9.

Le décret du 21 décembre 2016 complète l'article 8-2 de la loi du 10 juillet 1965 en fixant le contenu de la fiche synthétique de la copropriété prévue par ce texte. Il est rappelé que ce document ne concerne que les immeubles à destination partielle ou totale d'habitation.

Décret n° 2016-1822 du 21 décembre 2016

fixant le contenu de la fiche synthétique de la copropriété prévue par l'article 8-2 de la loi du 10 juillet 1965 fixant le statut de la copropriété des immeubles bâtis

Art. 1er. – La fiche synthétique de la copropriété prévue à l'article 8-2 de la loi [n° 65-557] du 10 juillet 1965 susvisée est établie par le représentant légal de la copropriété. Chaque année, celui-ci procède à la mise à jour des informations qu'elle contient. Les données correspondantes sont établies dans un délai de deux mois suivant la notification du procès-verbal de l'assemblée générale au cours de laquelle les comptes de l'exercice clos ont été approuvés.

Art. 2. – La fiche synthétique mentionne :

1° L'identification de la copropriété pour laquelle la fiche est établie :

***a)* Nom d'usage, s'il y a lieu, et adresse(s) du syndicat de copropriétaires ;**

***b)* Adresse(s) du ou des immeubles (si différente de celle du syndicat) ;**

***c)* Numéro d'immatriculation du syndicat de copropriétaires au registre national des copropriétés et date de dernière mise à jour des données d'immatriculation ;**

***d)* Date d'établissement du règlement de copropriété ;**

***e)* Le cas échéant, numéro identifiant d'établissement (SIRET) du syndicat ;**

2° L'identité du syndic ou de l'administrateur provisoire ayant établi la fiche :

***a)* Nom, prénom et adresse du représentant légal de la copropriété ;**

***b)* Le cas échéant, numéro identifiant d'établissement (SIRET) du représentant légal ;**

***c)* Cadre de son intervention (mandat de syndic ou mission d'administration provisoire) ;**

3° L'organisation juridique de la copropriété :

***a)* S'il y a lieu, nature du syndicat (principal-secondaire/coopératif), résidence-services ;**

***b)* S'il s'agit d'un syndicat secondaire, numéro d'immatriculation au registre national des copropriétés du syndicat principal du syndicat de copropriétaires ;**

4° Les caractéristiques techniques de la copropriété :

***a)* Nombre total de lots inscrit dans le règlement de copropriété ;**

***b)* Nombre total de lots à usage d'habitation, de commerces et de bureaux inscrit dans le règlement de copropriété ;**

***c)* Nombre de bâtiments ;**

***d)* Période de construction des bâtiments ;**

5° Les équipements de la copropriété :

a) Type de chauffage et pour un chauffage collectif (partiel ou total) non urbain : type d'énergie utilisée ;

b) Nombre d'ascenseurs ;

6° Les caractéristiques financières de la copropriété :

a) En cas de premier exercice comptable (comptes non encore approuvés en assemblée générale) : dates de début et de fin de l'exercice comptable ;

b) En cas d'exercice comptable clos dont les comptes ont été approuvés par l'assemblée générale :

- dates de début et de fin de l'exercice et date de l'assemblée générale ayant approuvé les comptes ;
- montant des charges pour opérations courantes ;
- montant des charges pour travaux et opérations exceptionnelles ;
- montant des dettes fournisseurs, rémunérations et autres ;
- montant des impayés ;
- nombre de copropriétaires débiteurs du syndicat dont la dette excède le seuil fixé par l'arrêté du ministre chargé du logement mentionné à l'article R. 711-9 du Code de la construction et de l'habitation ;
- montant du fonds de travaux ;

c) Présence de personnel(s) employé(s) par le syndicat de copropriétaires.

Les syndicats relevant du deuxième alinéa de l'article 14-3 de la loi n° 65-557 du 10 juillet 1965 précitée ne sont pas tenus de fournir le nombre de copropriétaires débiteurs et le montant des impayés.

Art. 3. – I. – La fiche de synthèse peut être extraite du registre national des copropriétés mentionné à l'article L. 711-1 du Code de la construction et de l'habitation. Cette fiche comporte la date de délivrance du document et la mention « fiche délivrée par le registre national des copropriétés sur la foi des déclarations effectuées par le représentant légal ».

II. – En dehors du cas mentionné au I, la fiche mentionne la date de délivrance du document, le nom et la signature de l'autorité qui l'a délivrée accompagnés de son cachet.

Décret n° 2020-1229 du 7 octobre 2020

portant diverses mesures relatives aux pénalités de retard applicables au syndic de copropriété à défaut de transmission de documents, à la liste minimale des documents dématérialisés concernant la copropriété accessibles sur un espace sécurisé en ligne, et au budget alloué au conseil syndical ayant reçu une délégation de pouvoirs

(JO 9 oct. 2020)

....

NB : Ce décret, pris en application de l'article 8-2 alinéa 3 de la loi du 10 juillet 1965 (V. ce texte *supra*), fixe dans son article 1er à **15 € par jour de retard** le montant de la pénalité applicable au syndic à défaut de mise à disposition d'un copropriétaire de la fiche synthétique.

ANNEXE 31

FINANCES DU SYNDICAT

I. – Financement de travaux .... p. 1235
A. – Fonds de garantie .... p. 1235
B. – Avances remboursables .... p. 1236
C. – Emprunts du syndicat .... p. 1243
II. – Placements sur livrets .... p. 1243
III. – Prêts accordés aux syndicats de copropriétaires et taux usuraire .... p. 1244

I. – FINANCEMENT DE TRAVAUX

Bibliographie : J.-M. Roux, *Parution du décret relatif à l'octroi des avances remboursables sans intérêt au syndicat de copropriétaires : Loyers et copr.* févr. 2014, focus 7. • D. Tomasin, *L'éco-prêt à taux zéro des syndicats de copropriétaires : AJDI* 2014, p. 189. • N. Cazalbou, *Copropriété et économie d'énergie : les sources de financement : Dossier*, 25 millions de propriétaires, févr. 2014, p. 14. • M.-H. Martial, *Quelles ressources financières pour une copropriété ? : Inf. rap. copr.* sept. 2014, p. 25. • P.-E. Lagraulet, *Placements du fonds de travaux épargnent du syndicat des copropriétaires : attention au fruit défendu ! : AJDI* 2023, p. 671.

A. – FONDS DE GARANTIE

Code de la construction et de l'habitation

PARTIE LÉGISLATIVE

Section 4. – Fonds de garantie pour la rénovation

(Div. aj., L. n° 2015-992, 17 août 2015)

Art. L. 312-7 *(Mod., L. n° 2024-322, 9 avr. 2024)*. – **I. – Le fonds de garantie pour la rénovation a pour objet de faciliter le financement des travaux d'amélioration de la performance énergétique des logements et de rénovation des copropriétés en difficulté.**

Ce fonds peut garantir :

1° Les prêts destinés au financement de travaux mentionnés au premier alinéa accordés à titre individuel aux personnes remplissant une condition de ressources fixée par décret ;

2° Les prêts collectifs destinés au financement de travaux mentionnés au premier alinéa du présent I, régis par les articles 26-4 à 26-13 de la loi n° 65-557 du 10 juillet 1965 fixant le statut de la copropriété des immeubles bâtis ;

3° Les garanties des entreprises d'assurance ou des sociétés de caution accordées pour le remboursement de prêt octroyé pour le financement des travaux mentionnés au même premier alinéa ;

4° Les prêts avance mutation définis à l'article L. 315-2 du Code de la consommation et destinés à la réalisation de travaux permettant d'améliorer la performance énergétique du logement. La garantie ne peut couvrir la totalité du prêt et des intérêts. Le décret mentionné au IV du présent article fixe notamment les conditions dans lesquelles l'établissement prêteur peut bénéficier d'une avance du fonds qui ne peut couvrir la totalité du montant restant dû.

II. – Les ressources du fonds sont constituées par toutes les recettes autorisées par la loi et les règlements.

III. – Le fonds est administré par un conseil de gestion dont la composition, les modes de désignation de ses membres et les modalités de fonctionnement sont fixés par décret en Conseil d'État.

IV. – Les modalités d'intervention du fonds sont fixées par décret en Conseil d'État. Les travaux, la condition de ressources ainsi que les catégories de copropriétés en difficulté mentionnés au I sont définis par décret.

B. – AVANCES REMBOURSABLES

Code de la construction et de l'habitation

PARTIE RÉGLEMENTAIRE

Chapitre IX. – Avance remboursable sans intérêt destinée au financement de travaux de rénovation afin d'améliorer la performance énergétique des logements anciens

Section 1. – Conditions d'attribution de l'avance

Art. D. 319-1 *(Mod., D. n° 2024-849, 19 juill. 2024)*. – L'avance remboursable sans intérêt peut être octroyée pour financer les travaux d'économie d'énergie, mentionnés aux 1 et 2 du I de l'article 244 *quater* U du Code général des impôts, effectués :

a) Soit pour le compte de l'emprunteur dans un logement dont il est propriétaire ;

b) Soit pour le compte du syndicat de copropriété, dont est membre l'emprunteur, sur les parties et équipements communs ou sur les parties privatives en cas de travaux d'intérêt collectif prévus au *f* de l'article 25 de la loi n° 65-557 du 10 juillet 1965 dans la copropriété dont fait partie un logement dont est propriétaire l'emprunteur ;

c) Soit concomitamment pour le compte de l'emprunteur dans un logement dont il est propriétaire et pour le compte du syndicat de copropriété, dont est membre l'emprunteur, sur les parties et équipements communs ou sur les parties privatives en cas de travaux d'intérêt collectif prévus au *f* de l'article 25 de la loi n° 65-557 du 10 juillet 1965 dans la copropriété dont fait partie ce logement.

Art. D. 319-2. – L'utilisation en tant que résidence principale est appréciée, pour l'emprunteur ou, lorsque le logement est donné en location ou mis à disposition gratuitement, pour les personnes destinées à occuper le logement, dans les conditions mentionnées au premier alinéa de l'article R. 318-7.

L'utilisation en tant que résidence principale doit être effective au plus tard dans un délai de six mois suivant la date de clôture de l'avance. La date de clôture de l'avance est, au sens du présent chapitre, la date à laquelle l'emprunteur transmet tous les éléments justifiant des travaux réalisés conformément au 5 du I de l'article 244 *quater* U du Code général des impôts, dans la limite du délai prévu à ce même 5. Pour l'appréciation de ce délai, la date d'octroi de l'avance est la date de l'émission de l'offre de prêt.

Art. D. 319-3 ***(Mod., D. n° 2024-299, 29 mars 2024).*** **– Tant que l'avance n'est pas intégralement remboursée, un logement bénéficiant de celle-ci ne peut être :**

– ni transformé en locaux commerciaux ou professionnels ;

– ni affecté à la location saisonnière ;

– ni utilisé comme résidence secondaire.

La survenance d'une de ces situations entraîne le remboursement intégral du capital de l'avance restant dû. Elle doit être signalée sans délai à l'établissement de crédit, à la société de financement ou à la société de tiers-financement.

En cas de destruction du logement avant le terme prévu au premier alinéa, le maintien de l'avance est subordonné à sa reconstruction dans un délai de quatre ans à compter de la date du sinistre.

NB : Conformément au I de l'article 6 du décret n° 2024-299 du 29 mars 2024, ces dispositions s'appliquent aux offres d'avances remboursables sans intérêt émises à compter du lendemain de la publication dudit décret.

Art. D. 319-4 ***(Mod., D. n° 2024-299, 29 mars 2024).*** **– Toute mutation entre vifs des logements ayant bénéficié de l'avance entraîne le remboursement intégral du capital de l'avance restant dû, au plus tard au moment de l'accomplissement des formalités de publicité foncière de la mutation. La mutation doit être déclarée à l'établissement de crédit, à la société de financement ou à la société de tiers-financement dès la signature de l'acte authentique qui la constate.**

NB : Conformément au I de l'article 6 du décret n° 2024-299 du 29 mars 2024, ces dispositions s'appliquent aux offres d'avances remboursables sans intérêt émises à compter du lendemain de la publication dudit décret.

....

Section 8. – Dispositions particulières à l'octroi d'avances remboursables aux syndicats de copropriétaires

Art. D. 319-23 ***(Mod., D. n° 2019-873, 21 août 2019 ; D. n° 2019-874, 21 août 2019).*** **– Les dispositions prévues par les articles D. 319-1 à D. 319-21 s'appliquent aux avances octroyées aux syndicats de copropriétaires prévues au VI *bis* de l'article 244 *quater* U du Code général des impôts, sous réserve des adaptations prévues à la présente section.**

Pour l'application des dispositions du présent chapitre aux avances mentionnées au VI *bis* de l'article 244 *quater* U, l'emprunteur s'entend du syndicat des copropriétaires, représenté par le syndic.

Art. D. 319-24 ***(Mod., D. n° 2024-849, 19 juill. 2024).*** **– L'avance remboursable sans intérêt peut être octroyée pour financer les travaux d'économie d'énergie, mentionnés au 1° du B du VI *bis* de l'article 244 *quater* U du Code général des impôts, effectués pour le compte du syndicat de copropriétaires emprunteur, sur les parties et équipements communs ou sur les parties privatives en cas de travaux d'intérêt collectif prévus au *f* de l'article 25 de la loi n° 65-557 du 10 juillet 1965, dès lors que le ou les bâtiments de la copropriété concernés par ces travaux ont été achevés depuis plus de deux ans à la date de début d'exécution des travaux.**

NB : Conformément aux dispositions de l'article 3 du décret n° 2019-839 du 19 août 2019, les dispositions de l'article R. 319-24 telles qu'elles résultent du 13° de l'article 1er dudit décret, s'appliquent aux offres d'avances émises à compter du 1er juillet 2019.

Art. D. 319-25 ***(Mod., D. n° 2019-873, 21 août 2019).*** **– Par dérogation à l'article D. 319-2 et pour l'appréciation du délai prévu au 5 du I de l'article 244 *quater* U du Code général des impôts, la date d'octroi de l'avance s'entend de la date de signature par l'emprunteur du contrat de prêt mentionné à l'article 26-5 de la loi n° 65-557 du 10 juillet 1965 fixant le statut de la copropriété des immeubles bâtis.**

NB : Conformément aux dispositions de l'article 3 du décret n° 2019-839 du 19 août 2019, ces dispositions s'appliquent aux offres d'avances émises à compter du lendemain de la publication dudit décret.

Art. D. 319-26 ***(Mod., D. n° 2019-873, 21 août 2019).*** **– Au cinquième alinéa de l'article D. 319-3, le remboursement de l'avance s'entend du remboursement de la quote-part du capital de l'avance restant dû au titre du logement concerné par l'une des situations mentionnées à cet article.**

Art. D. 319-27 *(Mod., D. n° 2019-873, 21 août 2019).* – Les dispositions de l'article D. 319-4 ne sont pas applicables aux avances mentionnées au VI *bis* de l'article 244 *quater* U du Code général des impôts. Les dispositions de l'article 26-8 de la loi n° 65-557 du 10 juillet 1965 fixant le statut de la copropriété des immeubles bâtis s'appliquent à ces avances.

Art. D. 319-27-1 *(Mod., D. n° 2019-873, 21 août 2019 ; D. n° 2019-874, 21 août 2019).* – Par dérogation aux deux premiers alinéas de l'article D. 319-8, les conditions de remboursement de l'avance octroyée aux syndicats de copropriétaires sont déterminées à la date de l'émission du projet de contrat de prêt mentionné à l'article 26-5 de la loi n° 65-557 du 10 juillet 1965 fixant le statut de la copropriété des immeubles bâtis.

Le remboursement de l'avance s'effectue par mensualités ou trimestrialités constantes sur la durée de la période de remboursement.

NB : Conformément aux dispositions de l'article 3 du décret n° 2019-839 du 19 août 2019, ces dispositions s'appliquent aux offres d'avances émises à compter du lendemain de la publication dudit décret.

Art. D. 319-28 *(Mod., D. n° 2024-299, 29 mars 2024).* – Pour l'application de l'article D. 319-11, seuls les établissements de crédit, les sociétés de financement et les sociétés de tiers-financement ayant signé un avenant à la convention mentionnée à ce même article, conforme à un avenant type approuvé par arrêté conjoint des ministres chargés de l'économie, du logement et de l'environnement, sont habilités à accorder les avances mentionnées au VI *bis* de l'article 244 *quater* U du Code général des impôts.

NB : Conformément au I de l'article 6 du décret n° 2024-299 du 29 mars 2024, ces dispositions s'appliquent aux offres d'avances remboursables sans intérêt émises à compter du lendemain de la publication dudit décret.

Art. D. 319-29 *(Mod., D. n° 2024-299, 29 mars 2024).* – Pour l'application de l'article D. 319-12, les établissements de crédit, les sociétés de financement et les sociétés de tiers-financement concluent avec l'organisme mentionné au même article un avenant à la convention mentionnée à ce même article conforme à un avenant type approuvé par arrêté conjoint des ministres chargés de l'économie, du logement et de l'environnement.

NB : Conformément au I de l'article 6 du décret n° 2024-299 du 29 mars 2024, ces dispositions s'appliquent aux offres d'avances remboursables sans intérêt émises à compter du lendemain de la publication dudit décret.

Art. D. 319-30 *(Mod., D. n° 2024-299, 29 mars 2024).* – Par dérogation au *b* du II de l'article D. 319-14, le délai pour régulariser l'avantage indûment perçu par l'emprunteur est de six mois à compter de la proposition de régularisation. Par dérogation au c du même II, l'établissement de crédit, la société de financement ou la société de tiers-financement a l'obligation de communiquer au ministre chargé du logement ou, le cas échéant, à l'organisme mentionné à l'article D. 319-12, au plus tard neuf mois après la date de clôture, les informations nominatives et techniques concernant les avances qui font encore apparaître un avantage indûment perçu qui n'a pas pu être régularisé.

NB : Conformément au I de l'article 6 du décret n° 2024-299 du 29 mars 2024, ces dispositions s'appliquent aux offres d'avances remboursables sans intérêt émises à compter du lendemain de la publication dudit décret.

Art. D. 319-31 *(Mod., D. n° 2019-873, 21 août 2019).* – Pour l'application de l'article D. 319-15, le remboursement par l'emprunteur de l'avance s'entend du remboursement par le syndicat de copropriétaires des quotes-parts de l'avance restant dues au titre des logements concernés par les situations prévues au premier alinéa du 1 et au 2 du II de l'article 199 *ter* S du Code général des impôts.

Art. D. 319-32 *(Mod., D. n° 2019-873, 21 août 2019 ; D. n° 2019-874, 21 août 2019).* – Les dépenses afférentes aux travaux pour les avances octroyées aux syndicats de copropriétaires sont constituées :

– des dépenses telles que définies à l'article D. 319-17 ;

– du coût des autres travaux et frais nécessaires à la bonne exécution ou à la bonne réalisation des travaux d'amélioration de la performance énergétique du logement ou permettant l'atteinte d'une performance énergétique globale mentionnés à l'article D. 319-16, dans la limite de 30 % du montant des travaux d'amélioration de la performance énergétique.

NB : Conformément aux dispositions de l'article 3 du décret n° 2019-839 du 19 août 2019, ces dispositions s'appliquent aux offres d'avances émises à compter du lendemain de la publication dudit décret.

Art. D. 319-33 *(Mod., D. n° 2019-873, 21 août 2019).* – Par dérogation à l'article D. 319-19, préalablement à la réalisation des travaux, le syndicat de copropriétaires, représenté par le syndic de copropriété, fournit au plus tard à la date de signature du contrat définitif de prêt les éléments suivants :

– le nombre total de logements dans la copropriété ;

– le nombre total de bâtiments dans la copropriété ;

– le nombre de bâtiments de la copropriété qui font l'objet des travaux ;

– le nombre de copropriétaires participant à l'avance ;

– le descriptif des travaux prévus, faisant notamment apparaître le montant prévisionnel des travaux éligibles, signé par chaque emprunteur et par chaque entreprise réalisant des travaux de performance énergétique, pour les travaux qu'elle réalise et les éventuels travaux nécessaires, indissociablement liés à ces travaux, mentionnés à l'article D. 319-17 dont elle atteste également l'éligibilité ;

– l'ensemble des devis détaillés associés, justifiant du respect des modalités d'attribution définies à l'article D. 319-16 ;

Les modalités de justification de ces éléments sont définies par un arrêté conjoint des ministres en charge du logement, de l'environnement et de l'économie.

NB : Conformément aux dispositions de l'article 3 du décret n° 2019-839 du 19 août 2019, ces dispositions s'appliquent aux offres d'avances émises à compter du lendemain de la publication dudit décret.

Art. D. 319-34 *(Mod., D. n° 2019-873, 21 août 2019).* – Le plafond mentionné à l'article D. 319-5 correspond au produit du plafond mentionné à l'article D. 319-21 et du nombre de logements détenus par des copropriétaires participant à l'avance remboursable.

Code général des impôts

Art. 244 *quater* U *(Mod. à compter du 1er avril 2024, L. n° 2023-1322, 29 déc. 2023).* – I. – 1. Les établissements de crédit et les sociétés de financement mentionnés à l'article L. 511-1 du Code monétaire et financier ainsi que les sociétés de tiers-financement mentionnées au 8 de l'article L. 511-6 du même code, passibles de l'impôt sur les sociétés, de l'impôt sur le revenu ou d'un impôt équivalent, ayant leur siège dans un État membre de l'Union européenne ou dans un autre État partie à l'accord sur l'Espace économique européen ayant conclu avec la France une convention d'assistance administrative en vue de lutter contre la fraude et l'évasion fiscales, peuvent bénéficier d'un crédit d'impôt au titre d'avances remboursables ne portant pas intérêt versées au cours de l'année d'imposition ou de l'exercice pour financer des travaux d'amélioration de la performance énergétique globale de logements achevés depuis plus de deux ans à la date de début d'exécution des travaux et utilisés ou destinés à être utilisés en tant que résidence principale.

2. Les travaux mentionnés au 1 sont constitués :

1° Soit de travaux qui correspondent à au moins une des catégories suivantes :

a) Travaux d'isolation thermique performants des toitures ;

b) Travaux d'isolation thermique performants des murs donnant sur l'extérieur ;

c) Travaux d'isolation thermique performants des parois vitrées et portes donnant sur l'extérieur ;

d) Travaux d'installation, de régulation ou de remplacement de systèmes de chauffage, le cas échéant associés à des systèmes de ventilation économiques et performants, ou de production d'eau chaude sanitaire performants ;

e) Travaux d'installation d'équipements de chauffage utilisant une source d'énergie renouvelable ;

f) Travaux d'installation d'équipements de production d'eau chaude sanitaire utilisant une source d'énergie renouvelable ;

g) Travaux d'isolation des planchers bas ;

1° *bis* Soit de travaux permettant d'améliorer la performance énergétique du logement et ayant ouvert droit à une aide accordée par l'Agence nationale de l'habitat au titre de la lutte contre la précarité énergétique ;

1° *ter* Soit de travaux d'amélioration de la performance énergétique du logement ayant ouvert droit à la prime de transition énergétique mentionnée au II de l'article 15 de la loi n° 2019-1479 du 28 décembre 2019 de finances pour 2020 ;

2° Soit de travaux permettant d'atteindre une performance énergétique globale minimale du logement ;

3° Soit de travaux de réhabilitation de systèmes d'assainissement non collectif par des dispositifs ne consommant pas d'énergie ;

4° *(Abr.)*.

Les modalités de détermination des travaux mentionnés aux 1° à 3° sont fixées par décret. Ce décret fixe également les critères de qualification de l'entreprise exigés pour les travaux mentionnés aux 1° et 2°. La condition d'ancienneté du logement mentionnée au 1 ne s'applique pas en cas de réalisation de travaux prévus aux 1° *bis* et 1° *ter* du présent 2.

Les travaux mentionnés aux 1° *bis* et 1° *ter* ne sont pas cumulables avec les autres travaux mentionnés au présent 2.

3. L'avance remboursable sans intérêt peut être consentie aux personnes suivantes :

1° Aux personnes physiques à raison de travaux réalisés dans leur habitation principale lorsqu'elles en sont propriétaires ou dans des logements qu'elles donnent en location ou qu'elles s'engagent à donner en location ;

2° Aux sociétés civiles non soumises à l'impôt sur les sociétés dont au moins un des associés est une personne physique, lorsqu'elles mettent l'immeuble faisant l'objet des travaux gratuitement à la disposition de l'un de leurs associés personne physique, qu'elles le donnent en location ou s'engagent à le donner en location ;

3° Aux personnes physiques membres d'un syndicat de copropriétaires, à raison du prorata qui leur revient des travaux d'intérêt collectif réalisés sur les parties privatives prévus au *f* de l'article 25 de la loi n° 65-557 du 10 juillet 1965 fixant le statut de la copropriété des immeubles bâtis ainsi que des travaux réalisés sur les parties et équipements communs de l'immeuble dans lequel elles possèdent leur habitation principale ou des logements qu'elles donnent ou s'engagent à donner en location ;

4° Aux sociétés civiles non soumises à l'impôt sur les sociétés dont au moins un des associés est une personne physique, membres d'un syndicat de copropriétaires, à raison du prorata qui leur revient des travaux d'intérêt collectif réalisés sur les parties privatives prévus au *f* de l'article 25 de la loi n° 65-557 du 10 juillet 1965 fixant le statut de la copropriété des immeubles bâtis ainsi que des travaux réalisés sur les parties et équipements communs de l'immeuble dans lequel elles possèdent un logement qu'elles mettent gratuitement à la disposition de l'un de leurs associés personne physique, donnent en location ou s'engagent à donner en location.

4. Le montant de l'avance remboursable ne peut excéder la somme de 30 000 € par logement. Par dérogation, ce montant est porté à 50 000 € lorsque l'avance finance les travaux mentionnés aux 1° *bis* et 1° *ter* et au 2° du 2 du présent I. Un décret fixe le montant des plafonds d'avances remboursables pour les travaux mentionnés au même 2.

5. L'emprunteur fournit à l'établissement de crédit, la société de financement ou la société de tiers-financement mentionné au 1, à l'appui de sa demande d'avance remboursable sans intérêt, un descriptif et un devis détaillés des travaux envisagés. Par exception, lorsque la demande d'avance remboursable sans intérêt intervient concomitamment à une demande de prêt pour l'acquisition du logement faisant l'objet des travaux, le descriptif et le devis détaillés des travaux envisagés peuvent être fournis postérieurement, au plus tard à la date de versement du prêt. Il transmet tous les éléments justifiant que les travaux ont été effectivement réalisés conformément au descriptif et au devis détaillés et satisfont aux conditions prévues aux 1 et 2, dans un délai de trois ans à compter de la date d'octroi de l'avance par l'établissement de crédit, la société de financement ou la société de tiers-financement mentionné au 1, sauf en cas de décès de l'emprunteur, d'accident de santé de ce dernier entraînant une interruption temporaire de travail d'au moins trois mois, d'état de catastrophe naturelle ou technologique, de contestation contentieuse de l'opération ou de force majeure, dans des conditions fixées par décret.

Toutefois, lorsque l'avance est consentie pour financer des travaux mentionnés aux 1° *bis* et 1° *ter* du présent I, la demande d'avance s'appuie sur la décision d'octroi de la prime adressée à l'emprunteur par l'Agence nationale de l'habitat. La justification que les travaux ont été effectivement réalisés est assurée par la notification du versement de la prime adressée à l'emprunteur par l'agence.

6. Il ne peut être accordé qu'une seule avance remboursable par logement.

6 *bis*. Par dérogation au 6 du présent I, l'avance remboursable sans intérêt prévue au présent article peut être consentie dans les mêmes conditions à titre complémentaire aux personnes mentionnées au 3 pour financer d'autres travaux prévus au 2 portant sur le même logement, sous réserve que l'offre d'avance complémentaire soit émise dans un délai de cinq ans à compter de l'émission de l'offre d'avance initiale. La somme des montants de l'avance initiale et de l'avance complémentaire ne peut excéder la somme de 30 000 € au titre d'un même logement.

Par dérogation, lorsque l'une des deux avances a financé ou finance des travaux mentionnés aux 1° *bis*, 1° *ter* ou 2° du 2 du présent I, la somme de l'avance initiale et de l'avance complémentaire ne peut excéder la somme de 50 000 € au titre d'un même logement.

7. *(Abr.)*.

8. *(Abr.)*.

9. La durée de remboursement de l'avance remboursable sans intérêt ne peut excéder cent quatre-vingts mois. Par dérogation, cette durée est portée à deux cent quarante mois lorsque l'avance finance les travaux mentionnés aux 1° *bis*, 1° *ter* ou 2° du 2.

II. – Le montant du crédit d'impôt est égal à l'écart entre la somme actualisée des mensualités dues au titre de l'avance remboursable sans intérêt et la somme actualisée des montants perçus au titre d'un prêt de mêmes montant et durée de remboursement, consenti à des conditions normales de taux à la date d'émission de l'offre de prêt ne portant pas intérêt.

Le crédit d'impôt fait naître au profit de l'établissement de crédit, la société de financement ou la société de tiers-financement une créance, inaliénable et incessible, d'égal montant. Cette créance constitue un produit imposable rattaché à hauteur d'un cinquième au titre de l'exercice au cours duquel l'établissement de crédit, la société de financement ou la société de tiers-financement a versé des avances remboursables sans intérêt et par fractions égales sur les quatre exercices suivants.

En cas de fusion, la créance de la société absorbée est transférée à la société absorbante. En cas de scission ou d'apport partiel d'actif, la créance est transmise à la société bénéficiaire des apports à la condition que l'ensemble des avances remboursables ne portant pas intérêt y afférentes et versées par la société scindée ou apporteuse soit transféré à la société bénéficiaire des apports.

III. – Le bénéfice du crédit d'impôt est subordonné à la conclusion d'une convention entre l'établissement de crédit, la société de financement ou la société de tiers-financement mentionné au 1 du I et l'État, conforme à une convention type approuvée par arrêté conjoint des ministres chargés de l'économie, du logement et de l'environnement.

IV. – Une convention conclue entre l'établissement de crédit, la société de financement ou la société de tiers-financement mentionné au 1 du I et la société de gestion mentionnée à l'article L. 312-1 du Code de la construction et de l'habitation définit les modalités de déclaration par l'établissement de crédit, la société de financement ou la société de tiers-financement des avances remboursables, le contrôle de l'éligibilité des avances remboursables et le suivi des crédits d'impôt.

V. – La société de gestion mentionnée au IV est tenue de fournir à l'administration fiscale, dans les quatre mois de la clôture de l'exercice de chaque établissement de crédit ou société de financement, les informations relatives aux avances remboursables sans intérêt versées par chaque établissement de crédit ou société de financement, le montant total des crédits d'impôt correspondants obtenus ainsi que leur suivi.

VI. – Lorsque les sociétés de personnes mentionnées aux articles 8 et 238 *bis* L, ou groupements mentionnés aux articles 239 *quater*, 239 *quater* B et 239 *quater* C ne sont pas soumis à l'impôt sur les sociétés, le crédit d'impôt peut être utilisé par les associés proportionnellement à leurs droits dans ces sociétés ou ces groupements, à condition qu'il s'agisse de redevables de l'impôt sur les sociétés ou de personnes physiques participant à l'exploitation au sens du 1° *bis* du I de l'article 156.

VI *bis*. – A. – L'avance remboursable sans intérêt prévue au présent article peut être consentie dans les mêmes conditions à un syndicat de copropriétaires pour financer les travaux d'intérêt collectif réalisés sur les parties privatives prévus au *f* de l'article 25 de la loi n° 65-557 du 10 juillet 1965 précitée ainsi que les travaux réalisés sur les parties et équipements communs de l'immeuble détenus par l'une des personnes mentionnées aux 3° et 4° du 3 du I du présent article et utilisés ou destinés à être utilisés en tant que résidence principale, sous réserve des adaptations prévues au présent VI *bis*.

B. – Les travaux mentionnés au A du présent VI *bis* sont constitués :

1° De ceux mentionnés aux 1°, 2° et 3° du 2 du I ;

2° De ceux permettant d'améliorer la performance énergétique de la copropriété et ayant ouvert droit à une aide accordée par l'Agence nationale de l'habitat au syndicat de copropriétaires.

Les modalités de détermination des travaux mentionnés au 2° du présent B sont fixées par décret. La condition d'ancienneté du logement mentionnée au 1 du I ne s'applique pas en cas de réalisation de travaux prévus au 2° du présent B.

Les travaux mentionnés au même 2° ne sont pas cumulables avec les travaux mentionnés au 1°.

C. – Pour l'appréciation du délai mentionné au 5 du I, lorsque l'avance est accordée en application du A du présent VI *bis*, la date d'octroi de l'avance s'entend de la date de signature par l'emprunteur du contrat de prêt mentionné à l'article 26-5 de la loi n° 65-557 du 10 juillet 1965 précitée.

D. – Lorsque l'avance est consentie pour financer des travaux mentionnés au 2° du B du présent VI *bis*, la demande d'avance s'appuie sur la décision d'octroi de l'aide adressée à l'emprunteur par l'Agence nationale de l'habitat. La justification que les travaux ont été effectivement réalisés est assurée par la notification du versement de l'aide adressée à l'emprunteur par l'agence.

E. – L'avance prévue au A du présent VI *bis* peut être consentie au titre d'un logement ayant déjà fait l'objet d'une avance remboursable prévue au I, à la condition que l'offre relative à la seconde avance soit émise dans un délai de cinq ans à compter de l'émission de l'offre d'avance initiale et que la somme des montants des deux avances n'excède pas 30 000 € au titre d'un même logement. Par dérogation, lorsque l'une des deux avances a financé ou finance des travaux mentionnés aux 1° *bis*, 1° *ter* ou 2° du 2 du I ou au 2° du B du présent VI *bis*, la somme des deux montants ne doit pas excéder 50 000 €.

Il ne peut être accordé qu'une seule avance remboursable par syndicat de copropriétaires des logements sur lesquels portent les travaux.

F. – Le montant de l'avance remboursable mentionnée au A du présent VI *bis* ne peut excéder 30 000 € par logement affecté à l'usage d'habitation, utilisé ou destiné à être utilisé en tant que résidence principale et détenu par l'une des personnes mentionnées aux 3° et 4° du 3 du I. Par dérogation, ce montant est porté à 50 000 € lorsque l'avance finance des travaux mentionnés au 2° du 2 du même I ou au 2° du B du présent VI *bis*.

La durée du remboursement de l'avance remboursable mentionnée au A du présent VI *bis* ne peut excéder cent quatre-vingts mois. Par dérogation, cette durée est portée à deux cent quarante mois lorsque l'avance finance des travaux mentionnés au 2° du 2 du I ou au 2° du B du présent VI *bis*.

G. – Par dérogation au premier alinéa du II, pour les avances émises au titre du présent VI *bis*, le montant du crédit d'impôt est égal à l'écart entre la somme actualisée des mensualités dues au titre de l'avance remboursable sans intérêt et la somme actualisée des montants perçus au titre d'un prêt de même montant et de même durée de remboursement, consenti à des conditions normales de taux à la date de la signature par l'emprunteur du contrat de prêt ne portant pas intérêt.

H. – Par dérogation au second alinéa du E du présent VI *bis*, l'avance prévue au A peut être consentie aux syndicats de copropriétaires au titre de logements ayant déjà fait l'objet d'une avance remboursable accordée en application du présent VI *bis*, pour financer d'autres travaux mentionnés au B, à la condition que l'offre d'avance complémentaire soit émise dans un délai de cinq ans à compter de l'émission de l'offre d'avance initiale et que la somme des montants de l'avance initiale et de l'avance complémentaire n'excède pas 30 000 € au titre d'un même logement. Par dérogation, lorsque l'une des deux avances a financé ou finance des travaux mentionnés au 2° du 2 du I ou au 2° du B du présent VI *bis*, la somme des deux montants ne doit pas excéder 50 000 €.

VI *ter*. – L'avance remboursable sans intérêt prévue au I peut être consentie dans les mêmes conditions à titre complémentaire aux personnes mentionnées aux 3° et 4° du 3 du même I lorsqu'elles participent à une avance remboursable mentionnée au VI *bis*, pour financer d'autres travaux prévus au 2 du I portant sur le même logement et sous réserve des adaptations prévues au présent VI *ter*, sous réserve que l'offre d'avance soit émise dans un délai de cinq ans à compter de l'émission de l'offre d'avance prévue au VI *bis*.

La somme des montants de l'avance émise au titre du présent VI *ter* et de l'avance émise au titre du VI *bis* ne peut excéder la somme de 30 000 € au titre d'un même logement. Par dérogation, lorsque l'une des deux avances a financé ou finance des travaux prévus aux 1° *bis*, 1° *ter* ou 2° du 2 du I ou au 2° du B du VI *bis*, cette somme est portée à 50 000 €.

VII. – Un décret fixe les modalités d'application du présent article et notamment les modalités de calcul du crédit d'impôt et de détermination du taux mentionné au II, ainsi que les caractéristiques financières et les conditions d'attribution de l'avance remboursable sans intérêt.

NB : Conformément au C du X de l'article 71 de la loi n° 2023-1322 du 29 décembre 2023, ces dispositions s'appliquent aux offres de prêt émises à compter d'une date fixée par décret, et au plus tard à compter du 1er avril 2024. Conformément à l'article 6 du décret n° 2024-299 du 29 mars 2024 : I. – Les dispositions des deuxième et cinquième alinéas du *a* et les *b* à *e* du 7° du III de l'article 71 de la loi n° 2023-1322 du 29 décembre 2023 de finances pour 2024 et des articles 1er et 2 du présent décret s'appliquent aux offres d'avances remboursables sans intérêt émises à compter du lendemain de la publication du présent décret. II. – Les dispositions des troisième, quatrième et sixième au dernier alinéa du *a*, des premier à treizième et du dernier alinéas du *f* et du *g* du 7° du III de l'article 71 de la loi n° 2023-1322 du 29 décembre 2023 de finances pour 2024, et des articles 3 et 4 du présent décret s'appliquent aux offres d'avances remboursables sans intérêt émises à compter du 1er avril 2024. III. - Les dispositions de l'avant-dernier alinéa du *f* du 7° du III de l'article 71 de la loi n° 2023-1322 du 29 décembre 2023 de finances pour 2024 et de l'article 5 du présent décret s'appliquent aux offres de prêt émises à compter du 1er octobre 2023 et pour lesquelles l'emprunteur a signé le contrat de prêt à compter du 1er janvier 2024.

C. – EMPRUNTS DU SYNDICAT

Code de la construction et de l'habitation

Chapitre II. – Prêt pour travaux consenti aux syndicats de copropriétaires

Art. L. 732-1 *(Aj., L. n° 2024-322, 9 avr. 2024).* **– Le présent chapitre est applicable aux prêts destinés à financer les dépenses relatives à la réparation, à l'amélioration ou à l'entretien d'un immeuble qui sont souscrits par un syndicat de copropriétaires mentionné à l'article 14 de la loi n° 65-557 du 10 juillet 1965 fixant le statut de la copropriété des immeubles bâtis.**

Art. L. 732-2 *(Aj., L. n° 2024-322, 9 avr. 2024).* **– Pour l'emprunt prévu au III de l'article 26-4 de la loi n° 65-557 du 10 juillet 1965 fixant le statut de la copropriété des immeubles bâtis, le prêt est consenti pour une durée fixée par décret en Conseil d'État. Il permet de financer le coût des travaux non couvert par la mobilisation de fonds détenus par le syndicat des copropriétaires ou le coût des travaux éligibles à l'avance remboursable ne portant pas intérêt prévue à l'article 244 *quater* U du Code général des impôts consentie à un syndicat de copropriétaires.**

Art. L. 732-3 *(Aj., L. n° 2024-322, 9 avr. 2024).* **– L'emprunt comporte des facilités de remboursement anticipé pour tenir compte du versement des subventions publiques accordées pour la réalisation des travaux votés ou du versement des montants des quotes-parts du coût des travaux des copropriétaires ne souhaitant pas bénéficier du prêt.**

II. – PLACEMENTS SUR LIVRETS

Code monétaire et financier

Art. L. 221-3 *(Mod., L. n° 2014-366, 24 mars 2014).* **– Le livret A est ouvert aux personnes physiques, aux associations mentionnées au 5 de l'article 206 du code général des impôts, aux organismes d'habitations à loyer modéré et aux syndicats de copropriétaires.**

[...]

Pour les besoins de la présente section, les syndicats de copropriétaires sont soumis aux mêmes dispositions que les associations mentionnées au 5 de l'article 206 du code général des impôts.

Art. L. 221-4 *(Rempl. à compter du 1er janvier 2009, L. n° 2008-776, 4 août 2008).* – Un décret en Conseil d'État précise les modalités d'ouverture, de fonctionnement et de clôture du livret A.

(Al. mod. à compter d'une date mentionnée par décret et au plus tard le 1er janvier 2016, L. n° 2014-366, 24 mars 2014) **Les versements effectués sur un livret A ne peuvent porter le montant inscrit sur le livret au-delà d'un plafond fixé par le décret prévu au premier alinéa. Par dérogation au dernier alinéa de l'article L. 221-3, le plafond applicable aux livrets A dont sont titulaires les syndicats de copropriétaires est fixé en fonction du nombre de lots de la copropriété.**

Le même décret précise les montants minimaux des opérations individuelles de retrait et de dépôt pour les établissements qui proposent le livret A et pour l'établissement de crédit mentionné à l'article L. 518-25-1.

III. – PRÊTS ACCORDÉS AUX SYNDICATS DE COPROPRIÉTAIRES ET TAUX USURAIRE

Arrêté du 24 novembre 2020

aménageant les catégories de prêts servant de base à l'application des dispositions relatives à l'usure pour les prêts aux syndicats de copropriétaires

Art. 1er. – **Pour l'application de l'article 1er de l'arrêté du 24 août 2006 susvisé, les contrats de crédits accordés à des syndicats de copropriétaires sont assimilés à des contrats de crédits consentis à des consommateurs au sens des 1° et 2° de l'article 1er de l'arrêté du 24 août 2006 susvisé.**

....

Arrêté du 27 juin 2023

précisant les modalités de détermination de la catégorie d'usure applicable pour les prêts accordés aux syndicats de copropriétaires

(JO 30 juin 2023, texte n° 11)

Art. 1er. – **Pour l'application de l'article 1er de l'arrêté du 24 août 2006 susvisé et afin de déterminer le taux d'usure applicable aux contrats de crédit accordés à des syndicats de copropriétaires, le prêteur divise le montant du prêt accordé au syndicat de copropriétaires par le nombre de copropriétaires souscrivant au prêt.**

Art. 2. – **Le présent arrêté est applicable en Nouvelle-Calédonie, en Polynésie française et dans les îles Wallis-et-Futuna.**

....

ANNEXE 32

FISCALITÉ

TAXE SUR LA VALEUR AJOUTÉE (TVA)
TRAVAUX SUR LES PARTIES COMMUNES
DANS DES IMMEUBLES COLLECTIFS

Bibliographie : *JCl. Fiscalité immobilière*, Fasc. 1407.

Code général des impôts

Art. 279-0 *bis* ***(Mod. à compter du 1er janvier 2014, L. fin. n° 2013-1278, 29 déc. 2013 ; D. n° 2014-549, 26 mai 2014).*** **– 1. La taxe sur la valeur ajoutée est perçue au taux réduit de 10 %** (1) (2) **sur les travaux d'amélioration, de transformation, d'aménagement et d'entretien autres que ceux mentionnés à l'article 278-0 *bis* A** (3) **portant sur des locaux à usage d'habitation, achevés depuis plus de deux ans, à l'exception de la part correspondant à la fourniture d'équipements ménagers ou mobiliers ou à l'acquisition de gros équipements fournis dans le cadre de travaux d'installation ou de remplacement du système de chauffage, des ascenseurs, de l'installation sanitaire ou de système de climatisation dont la liste est fixée par arrêté du ministre chargé du budget** (4).

2. *(Mod. pour les opérations pour lesquelles la taxe sur la valeur ajoutée est exigible à compter du 1er janvier 2012, L. fin. rect. n° 2011-1978, 28 déc. 2011)* Par dérogation au 1, le taux prévu à l'article 278 s'applique aux travaux, réalisés sur une période de deux ans au plus :

a) Qui concourent à la production d'un immeuble neuf au sens du 2° du 2 du I de l'article 257 ;

b) À l'issue desquels la surface de plancher des locaux existants est augmentée de plus de 10 %.

Rédaction antérieure. À l'issue desquels la surface de plancher (5) (6) des locaux existants, majorée, le cas échéant, des surfaces des bâtiments d'exploitations agricoles mentionnées au *d* de l'article R. 112-2 du Code de l'urbanisme, est augmentée de plus de 10 %.

---

(1) Le taux : « 10 % » remplace : « 7 % ». – Taux applicable aux opérations dont le fait générateur intervient à compter du 1er janvier 2014. Toutefois, il ne s'applique pas aux encaissements pour lesquels la taxe sur la valeur ajoutée est exigible avant cette date, L. fin. rect. n° 2012-1510, 29 déc. 2012, art. 68, I, C et III, B, 1.

(2) Le taux de 7 % de la taxe sur la valeur ajoutée reste applicable aux travaux mentionnés aux 1 et 3 du présent article ayant fait l'objet d'un devis daté et accepté avant le 1er janvier 2014, ayant donné lieu au versement d'un acompte de 30 % encaissé avant cette même date et d'un solde facturé avant le 1er mars 2014 et encaissé avant le 15 mars 2014, L. fin. rect. n° 2013-1279, 29 déc. 2013, art. 21, I.

(3) Les mots : « autres que ceux mentionnés à l'article 278-0 *bis* A » sont ajoutés (L. fin. n° 2013-1278, 29 déc. 2013, art. 9, I, 2° et D. codification n° 2014-549, 26 mai 2014, art. 1er).

(4) V. CGI, ann. IV, art. 30-00 A.

(5) Les mots : « surface de plancher » remplacent : « surface de plancher hors œuvre nette » (Ord. n° 2011-1539, 16 nov. 2011 ; codifiés, D. n° 2012-653, 4 mai 2012).

(6) Dispositions d'application particulières : V. Ord. n° 2011-1539, 16 nov. 2011 – NDLR.

2 bis (Mod. pour les opérations pour lesquelles la taxe sur la valeur ajoutée est exigible à compter du 1er janvier 2012, L. fin. rect. n° 2011-1978, 28 déc. 2011) **Par dérogation au 1, le taux prévu à l'article 278 s'applique aux travaux de nettoyage ainsi qu'aux travaux d'aménagement et d'entretien des espaces verts.**

3. Le taux réduit prévu au 1 est applicable aux travaux facturés au propriétaire ou, le cas échéant, au syndicat de copropriétaires, au locataire, à l'occupant des locaux ou à leur représentant à condition que le preneur atteste que ces travaux se rapportent à des locaux d'habitation achevés depuis plus de deux ans et ne répondent pas aux conditions mentionnées au 2. Il est également applicable dans les mêmes conditions aux travaux réalisés par l'intermédiaire d'une société d'économie mixte intervenant comme tiers financeur (1). **Le prestataire est tenu de conserver cette attestation à l'appui de sa comptabilité.**

Le preneur doit conserver copie de cette attestation, ainsi que les factures ou notes émises par les entreprises ayant réalisé des travaux jusqu'au 31 décembre de la cinquième année suivant la réalisation de ces travaux.

Le preneur est solidairement tenu au paiement du complément de taxe si les mentions portées sur l'attestation s'avèrent inexactes de son fait.

NDLR : (1) Les dispositions du présent code sont applicables à Mayotte à compter du 1er janvier 2014, L. n° 2010-1487, 7 déc. 2010, art. 11, I. (6) Le taux réduit de 7 % ne s'applique pas aux travaux mentionnés aux 1 et 3 du présent article ayant fait l'objet d'un devis daté et accepté par les deux parties avant le 20 décembre 2011 et d'un acompte encaissé avant cette date, L. fin. rect. n° 2011-1978, 28 déc. 2011, art. 13, III, al. 1 et 11. (7) Les mots : « de 7 % » sont ajoutés pour les opérations pour lesquelles la taxe sur la valeur ajoutée est exigible à compter du 1er janvier 2012 (L. fin. rect. n° 2011-1978, 28 déc. 2011).

(1) Phrase créée (L. fin. n° 2012-1509, 29 déc. 2012).

ANNEXE 33

GARAGES (PORTES AUTOMATIQUES)

Code de la construction et de l'habitation

Art. L. 134-11 *(Aj. à compter du 1er juillet 2021, Ord. n° 2020-71, 29 janv. 2020).* – Les portes et portails automatiques et semi-automatiques de garage sont conçus, installés et maintenus en bon état de fonctionnement de façon à éviter toute mise en danger des personnes dans le cadre d'une utilisation normale.

Les modalités d'application du présent article, notamment les règles de sécurité, les mesures d'entretien destinées à assurer le respect de ces règles, ainsi que les modalités pratiques de justification de l'exécution de cette obligation d'entretien, sont fixées par décret en Conseil d'État.

....

Art. R. 134-55 *(Aj., D. n° 2021-872, 30 juin 2021).* – Dans les bâtiments et groupes de bâtiments d'habitation, l'installation nouvelle de toute porte ou portail automatique de garage respecte les prescriptions suivantes :

1° La porte doit rester solidaire de son support ;

2° Un système de sécurité doit interrompre immédiatement tout mouvement d'ouverture ou de fermeture de la porte lorsque ce mouvement peut causer un dommage à une personne ;

3° Lorsque ce système de sécurité est défectueux, le fonctionnement automatique de la porte doit être interrompu ;

4° Le système de commande de la porte doit être volontaire et personnalisé à moins que la conception de la porte ne permette que son utilisation, même anormale, ne crée aucun danger pour les personnes ;

5° L'aire de débattement de la porte doit être correctement éclairée et faire l'objet d'un marquage au sol ;

6° Tout mouvement de la porte doit être signalé, tant à l'extérieur qu'à l'intérieur, par un feu orange clignotant visible de l'aire de débattement. La signalisation doit précéder le mouvement de la porte ;

7° La porte doit pouvoir être manœuvrée de l'extérieur comme de l'intérieur pour permettre de dégager une personne accidentée. La manœuvre extérieure est facultative si la pression exercée par la porte est telle qu'elle ne fait pas obstacle au dégagement de la personne accidentée.

Un arrêté du ministre chargé de la construction précise les conditions d'application des 5° et 6°.

Art. R. 134-56 *(Aj., D. n° 2021-872, 30 juin 2021).* – Dans les bâtiments et groupes de bâtiments d'habitation, toute nouvelle porte automatique de garage conforme à la norme NF EN 13 241-1, installée conformément aux règles de l'art, est réputée satisfaire aux prescriptions des 1° à 4° et 7° de l'article R. 134-55.

Art. R. 134-57 *(Aj., D. n° 2021-872, 30 juin 2021).* – Dans les bâtiments et groupes de bâtiments d'habitation, les portes automatiques de garage installées avant le 7 janvier 1992 doivent satisfaire aux prescriptions suivantes :

– la porte doit être équipée de systèmes permettant d'arrêter son mouvement, ou de limiter la force qu'elle exerce, en cas de présence d'une personne dans les zones de fin d'ouverture et de fin de fermeture. Un arrêté des ministres chargés de l'industrie, du logement et de la consommation précise les modalités d'application de cette disposition ;

– le système de commande de la porte doit être volontaire et personnalisé ;
– le volume de débattement de la porte doit être correctement éclairé et l'aire de débattement doit faire l'objet d'un marquage au sol ;
– tout mouvement de la porte doit être signalé tant à l'extérieur qu'à l'intérieur par un feu orange clignotant qui doit être visible de l'aire de débattement. La signalisation doit précéder le mouvement de la porte.

Art. R. 134-58 *(Aj., D. n° 2021-872, 30 juin 2021)*. – Les propriétaires d'un bâtiment ou groupe de bâtiments d'habitation équipés de portes automatiques de garage sont tenus de les faire entretenir et vérifier périodiquement aux termes de contrats écrits. Toutes les interventions sont consignées dans un livret d'entretien.
Un arrêté des ministres chargés de l'industrie et du logement définit les opérations que devront obligatoirement prévoir ces contrats ainsi que leur périodicité.

Arrêté du 12 novembre 1990

relatif à l'entretien des portes automatiques de garage des bâtiments d'habitation
(JO 17 nov. 1990 ; JCP 1990, III, 64314)

Art. 1er. – L'entretien dont il est question à l'article R. 125-5 du Code de la construction et de l'habitation comprend :
– les visites d'entretien (nettoyage, graissage, réglage des organes mécaniques, électriques, électroniques) nécessaires au bon fonctionnement dans des conditions normales de sécurité ;
– le contrôle de l'état de l'efficacité des éléments liés au bon fonctionnement et à la sécurité ;
– la fourniture des produits de lubrification et de nettoyage nécessaires à un bon fonctionnement ; la réparation ou le remplacement des pièces constituant les systèmes de sécurité hors d'usage ou usées par le fonctionnement normal de la porte (barres palpeuses, cellules photo-électriques, limiteurs de couple mécaniques ou électro-mécaniques, câbles, systèmes empêchant la chute du tablier, organes de commande et télécommande pour la partie récepteur...) ;
– la réparation ou le remplacement des petites pièces hors d'usage ou usées par le fonctionnement normal de la porte (galets, axes, goupilles, signalisation, organes de l'armoire de manœuvre...) ;
– la fourniture du livret d'entretien.
L'entretien ne comprend pas la réparation ou le remplacement des pièces consécutifs à des actes de vandalisme.

Art. 2. – L'entretien porte sur les éléments suivants :
– le tablier ;
– les éléments de guidage (rails, galets...) ;
– les articulations (charnières, pivots...) ;
– les fixations ;
– les éléments de transmission du mouvement ;
– les moto-réducteurs, pompes ou compresseurs ;
– les chaînes, câbles, courroies ;
– les fins de courses ;
– les organes de commande ;
– les organes de sécurité des personnes ;
– le limiteur d'effort ;
– l'armoire de commande ;
– l'équilibrage (contrepoids, ressorts) ;
– le débrayage manuel ;
– la signalisation (visualisation et marquage au sol) ;
– la propreté de l'ensemble de l'équipement.

Art. 3. – L'entretien défini aux articles précédents est exécuté au cours de visites périodiques à raison de deux visites par an.

Art. 4. – La visite semestrielle comprend systématiquement :
- la vérification du bon fonctionnement des dispositifs de sécurité des personnes (lames palpeuses, pressostats, cellules photo-électriques, etc.) ;
- la vérification du bon fonctionnement du débrayage manuel ;
- la vérification du bon fonctionnement du limiteur d'effort ;
- la vérification des articulations (charnières, pivots...) ;
- la vérification des cycles de fonctionnement dans les zones d'accostage ;
- la vérification du bon fonctionnement et de l'état de la signalisation (feux orange clignotants, éclairage et matérialisation au sol de l'aire dangereuse de mouvement) ;
- la vérification des éléments de transmission du mouvement (bras articulés, câbles, chaînes, courroies...) ;
- la lubrification et les réglages nécessaires au bon fonctionnement ;
- la vérification de l'opérateur (moto-réducteur électrique, opérateur électro-hydraulique...) ;
- un examen général du fonctionnement de la porte.

Art. 5. – À raison d'une visite sur deux, il convient de rajouter aux prescriptions définies à l'article 4 :
- la vérification du verrouillage de la porte ;
- la vérification des éléments de guidage (rails, galets...) ;
- la vérification des organes de commande et télécommande ;
- la vérification des systèmes d'équilibrage (contrepoids, ressorts...) ;
- la vérification de l'armoire de commande et de ses composants ;
- la vérification de la fixation de la porte ;
- la vérification du fonctionnement du système empêchant la chute du tablier ;
- la vérification de l'état des peintures et de la corrosion.

Art. 6. – Toutes les interventions (visites périodiques, travaux divers et dépannages) seront consignées dans le livret d'entretien.

Il y sera indiqué la nature de l'intervention, la date, l'heure et le nom de la personne qui est intervenue.

Arrêté du 1er février 1991
relatif à la mise en conformité
des portes automatiques de garage des bâtiments d'habitation
(JO 15 mars 1991 ; JCP G 1991, 64646)

Art. 1er. – Les zones de fin d'ouverture et de fin de fermeture dont il est question à l'article R. 125-4 du Code de la construction et de l'habitation sont définies comme suit :
- pour les portes basculantes ou sectionales, la zone de fin de fermeture correspond à la zone balayée par le chant de la porte dans les derniers 60 centimètres, mesurés en position verticale ;
- pour les portes basculantes, la zone de fin d'ouverture correspond à la zone balayée par le chant de la porte dans les derniers 60 centimètres, mesurés en position verticale à partir du linteau ;
- pour les portes à déplacement latéral, la zone de fin de fermeture correspond à la zone de 60 centimètres à partir de la paroi formant butée de la porte.

Art. 2. – Pour répondre aux exigences de l'article R. 125-4, les portes existantes doivent :
- soit n'exercer en tout point du chant du tablier, dans les zones de fin d'ouverture et de fin de fermeture, qu'une force inférieure à 15 daN ;
- soit être dotées d'un système arrêtant immédiatement leur mouvement dès qu'une personne se trouve dans les zones de fin d'ouverture et de fin de fermeture. Dans le cas d'installation de barres palpeuses, par exemple, ceci implique que la course de la barre palpeuse soit compatible avec la distance d'arrêt de la fermeture.

Ce système doit alors inverser le mouvement de la porte, de manière à éviter qu'une personne ne puisse rester bloquée.

Bibliographie : E. Vichrova, *Le point sur les portes automatiques de garage : Inf. rap. copr.* déc. 1994, p. 30 et s. • N. Dassonville, *Portes automatiques, choisir le danger zéro : Intérêts privés* sept. 2000, p. 18. • F. Juéry, *Porte de parkings, la sécurité avant tout : Le Particulier immobilier* mai 2005, p. 45.

ANNEXE 34

GÉOMÈTRE-EXPERT

Loi n° 46-942 du 7 mai 1946

instituant l'Ordre des géomètres-experts

....

Art. 8 *(L. n° 85-1408, 30 déc. 1985 ; L. n° 94-529, 28 juin 1994).* – La qualité de membre de l'ordre est incompatible avec une charge d'officier public ou ministériel ou avec toute occupation ou tout acte de nature à porter atteinte à son indépendance.

(Mod., L. n° 2012-387, 22 mars 2012) La qualité de membre de l'ordre est notamment incompatible avec l'acceptation de tout mandat commercial, sauf l'exception prévue à l'article 8-1, ou de tout emploi rémunéré par traitement ou salaire, sauf les cas de missions temporaires de l'État ou d'une collectivité publique, des géomètres-experts associés dans une société de géomètres-experts et salariés de celle-ci et des géomètres-experts salariés mentionné à l'article 6-3.

Dans le cadre de leur compétence, les géomètres-experts peuvent remplir les fonctions d'arbitre, donner des consultations et participer à l'enseignement professionnel.

Ils peuvent établir des procès-verbaux de bornage, donner des consultations juridiques relevant de leur activité principale et rédiger des actes sous seing privé qui constituent l'accessoire direct des prestations prévues à l'article 1er. En outre, lorsqu'ils ont été autorisés par l'ordre à exercer une activité *(Mot suppr., L. n° 2012-387, 22 mars 2012)* « ... » d'entremise immobilière, ils peuvent rédiger les actes sous seing privé relevant de cette activité.

Les interdictions ou restrictions énumérées au présent article et aux articles 8.1 et 8.2 s'étendent à *(Mots rempl., L. n° 2012-387, 22 mars 2012)* « tous les » salariés et à toute personne agissant pour leur compte.

Remarque : Ces dispositions modificatives par la loi du 28 juin 1994 sont entrées en vigueur le 2 juin 1996, date de publication du décret n° 96-478 du 31 mai 1996, portant règlement de la profession de géomètre-expert et Code des devoirs professionnels *(L. n° 94-529, 28 juin 1994, art. 26).*

Art. 8-1 *(L. n° 94-529, 28 juin 1994).* – I. – *(Al. mod., L. n° 2011-12, 5 janv. 2011)* La qualité de membre de l'ordre n'est pas incompatible avec l'exercice d'une activité d'entremise immobilière. Cette activité ne peut, en aucun cas, s'exercer simultanément sur la même opération avec les missions mentionnées au 1° de l'article 1er par le géomètre-expert ou la société de géomètres-experts et elle ne doit pas être liée à l'une des opérations d'aménagement foncier mentionnées à l'article L. 121-1 du Code rural et confiée au géomètre-expert ou à la société de géomètres-experts par une collectivité publique.

Les géomètres-experts et les sociétés de géomètres-experts peuvent, en outre, se livrer à une activité *(Mots rempl., L. n° 2011-12, 5 janv. 2011)* « de gestion immobilière ».

Les géomètres-experts et les sociétés de géomètres-experts doivent être autorisés par l'ordre à exercer les activités d'entremise et de gestion immobilières ou l'une seulement de ces activités. Ils sont soumis, sous la surveillance et le contrôle disciplinaire de l'ordre, aux règles édictées par le code des devoirs professionnels et le règlement de la profession de géomètre-expert, notamment en matière de déontologie, de qualification, d'assurance professionnelle et de contenu des conventions de mandat.

Toute infraction aux dispositions du présent article rend le géomètre-expert ou la société de géomètres-experts concerné passible des poursuites et des peines disciplinaires prévues aux articles 23 et suivants. En outre, le conseil régional de l'ordre peut retirer immédiatement l'autorisation d'exercer l'une ou l'autre des activités autorisées par le présent article.

Les décisions de refus ainsi que les retraits d'autorisation d'exercer une activité immobilière sont, dans un délai de deux mois, susceptibles de recours devant le conseil supérieur qui statue dans les quatre mois. Ce recours n'a pas d'effet suspensif.

II *(Rempl., L. n° 2011-12, 5 janv. 2011)*. – Le géomètre-expert ou la société de géomètres-experts doit tenir, pour les opérations relevant de ces deux activités, une comptabilité distincte.

Les géomètres-experts et sociétés de géomètres-experts reçoivent des fonds, effets ou valeurs pour le compte de leurs clients, les déposent dans un établissement du secteur bancaire ou dans une caisse créée à cette fin par le conseil supérieur de l'ordre des géomètres-experts et en effectuent le règlement.

Lorsqu'ils n'effectuent pas de dépôt auprès d'un des établissements mentionnés à l'alinéa précédent, ils souscrivent une assurance garantissant le remboursement intégral des fonds, effets ou valeurs reçus.

Le règlement de la profession précise les conditions dans lesquelles les géomètres-experts et sociétés de géomètres-experts reçoivent les fonds, effets ou valeurs pour le compte de leurs clients, les déposent à la caisse mentionnée au deuxième alinéa et en effectuent le règlement. Ladite caisse est placée sous la responsabilité du président du conseil supérieur de l'ordre des géomètres-experts. Le remboursement intégral des fonds, effets ou valeurs doit être garanti par une assurance contractée par l'ordre des géomètres-experts qui fixe le barème de la cotisation destinée à couvrir tout ou partie du coût de cette assurance et en assure le recouvrement auprès des géomètres-experts et sociétés de géomètres-experts autorisés à exercer l'activité d'entremise immobilière ou l'activité de gestion immobilière.

Le défaut de paiement de la cotisation destinée à couvrir tout ou partie du coût de l'assurance mentionnée à l'alinéa précédent est sanctionné comme en matière de défaut d'assurance de responsabilité civile professionnelle.

Ces dispositions ne font pas obstacle à l'application de la loi n° 65-557 du 10 juillet 1965 fixant le statut de la copropriété des immeubles bâtis, notamment de son article 18.

Les éléments relatifs à la nature des dépôts effectués ainsi que ceux relatifs à la souscription d'assurance sont portés à la connaissance du président du conseil supérieur de l'ordre des géomètres-experts qui peut à tout moment avoir communication de la comptabilité relative aux opérations immobilières.

Un décret en Conseil d'État fixe les conditions d'application du présent article, notamment le délai dans lequel les géomètres-experts exerçant une activité de gestion immobilière à la date de la publication de la loi n° 2011-12 du 5 janvier 2011 portant diverses dispositions d'adaptation de la législation au droit de l'Union européenne sont tenus de se mettre en conformité avec cette même loi.

Bibliographie : *Sur la portée du monopole du géomètre-expert en matière d'établissement des plans annexés aux règlements de copropriété.* M. Dagot, *Plans et règlements de copropriété : JCP* N 1988, doctr., p. 301 et s.

Recours à un plan : intervention d'un géomètre-expert ? Selon l'article 71-3 du décret du 14 octobre 1955, chaque fraction d'immeuble doit être identifiée par son emplacement, lui-même déterminé par la description de sa situation dans l'immeuble ou par référence à un plan ou croquis. Il a été soutenu que les « plans » dont il s'agit relevaient du monopole du géomètre-expert, solution écartée à l'époque par un avis de l'Autorité de la concurrence en date du 1er juin 2018 et par un arrêt de la Cour de cassation (▪ Cass. 3e civ., 21 juin 2006, n° 04-20.660 : *Bull. civ.* III, n° 157 ; *JCP* N 2006, n° 29, act. 499). Selon cette décision, le mesurage de la superficie de la partie privative d'un lot de copropriété, qui est une prestation topographique n'ayant pas pour objet la délimitation des propriétés, ne relève pas de la compétence exclusive des géomètres-experts. Le géomètre chargé du mesurage peut donc sous-traiter cette prestation à un géomètre topographe (▪ Cass. 3e civ., 21 juin 2006 : *Bull. civ.* III, n° 157 ; *JCP* N 2006, n° 29, act. 499).

Un arrêt plus récent de la Cour de cassation a pris une position différente. Cette décision rappelle qu'il résulte des articles 1 et 2 de la loi n° 46-942 du 7 mai 1946 instituant l'ordre des géomètres-experts, dans leur rédaction issue de la loi n° 87-998 du 15 décembre 1987, visant à garantir le libre exercice de la profession de géomètre-expert, que seuls les géomètres-experts inscrits à leur ordre peuvent réaliser les études et les travaux topographiques qui fixent les limites des biens fonciers. À ce titre, ils lèvent et dressent, à toutes échelles et sous quelque forme que ce soit, les plans et documents topographiques concernant la définition des droits attachés à la propriété foncière, tels que les plans de division, de partage, de vente et d'échange des biens fonciers, les plans de bornage ou de délimitation de la propriété foncière. Viole ces textes la cour d'appel qui, pour dire qu'un plan annexé aux actes d'une copropriété est régulier et s'impose aux copropriétaires successifs, retient qu'il importe peu qu'il n'ait pas été réalisé par un géomètre-expert, alors que le plan annexé aux actes de copropriété délimite les droits fonciers des copropriétaires (■ Cass. 3e civ., 29 juin 2022, n° 20-18.136, FS-B : *JurisData* n° 2022-010765).

Dans le cas considéré, concernant une copropriété « horizontale », le litige portait sur les limites exactes entre un lot, comprenant un chalet et un jardin privatif, et un chemin d'accès constituant une partie commune de l'immeuble. La cour d'appel, pour trancher le litige, s'était référée à un plan annexé au règlement, en considérant qu'il s'imposait aux propriétaires successifs, sans qu'il y ait à rechercher s'il avait été établi ou non par un géomètre-expert. La Cour de cassation a censuré, au motif que « le plan annexé délimitait les droits fonciers des copropriétaires ». Un auteur particulièrement averti avait invité à la prudence dans l'interprétation de cette décision, qui pourrait laisser penser à première vue que désormais tous les plans établis en matière de copropriété ne pouvaient l'être que par des géomètres-experts (V. G. Rouzet, Conseiller honoraire à la Cour de cassation, *Mieux vaut réflexion que précipitation* : *DEF* 1er sept. 2022, n° 35). Tel est cependant l'analyse faite par plusieurs auteurs (L. Guégan-Gélinet : *Rev. loyers* 2022, p. 530. – J.-M. Roux, *La mise en copropriété et le principe de la Rochelle* : *Inf. rap. copr.* sept. 2022, p. 27. – C. Sizaire : *Constr.-Urb.* 2022, comm. 123. – Sur la critique de cette interprétation, V. A.-L. Guidicelli et R. Carles, *Extension du monopole des géomètres-experts au détriment des copropriétaires ?* : *AJDI* 2022, p. 561, note P.-E. Lagraulet ; *AJDI* 2022, p. 617. – L.-P. Dechelette-Tolo : *Administrer* août-sept. 2022, p. 34. – A. Poletti, *Les plans annexés au règlement de copropriété-ED au regard du monopole des géomètres-experts* : *Bull. Cridon* Paris, 15 nov. 2022, p. 9. – V. aussi H. Périnet-Marquet, obs. *JCP* N 2023, n° 6, p. 28-29).

L'enjeu de la discussion est de taille, car la violation du monopole des géomètres-experts est sanctionnée pénalement (V. ■ Cass. crim., 8 nov. 2022, n° 21-86.499, F-B), sans préjudice, sur le plan civil, de la nullité des documents établis irrégulièrement (Sur l'aspect pénal, V. M. Richevaux, *Exercice illégal de la profession de géomètre expert* : *DEF* 2023, n° DEF212c5, n° 18, p. 13).

Statuant sur renvoi à la suite de l'arrêt du 8 novembre 2022, la cour d'appel de Lyon a estimé que même si le plan annexé au règlement de copropriété et à l'état descriptif de division n'était pas un plan de géomètre expert, il n'était pas nul pour autant et qu'il pouvait en particulier constituer un élément de preuve de la définition des parties communes et privatives dès lors qu'il permettait de les délimiter avec suffisamment de précision (■ CA Lyon, 1re ch., 16 janv. 2024, n° 22/06275).

ANNEXE 35

GRECCO

Le groupe de recherche sur la copropriété (GRECCO)[1], réunissant des praticiens et des universitaires, a pour objectif de développer une réflexion pérenne sur l'application et l'évolution du droit de la copropriété. Après débats, le GRECCO rédige des propositions destinées à faciliter l'interprétation des textes du droit de la copropriété, à suggérer des pratiques professionnelles et à susciter des modifications législatives et réglementaires. Ces propositions sont largement diffusées dans les revues juridiques et professionnelles afin qu'elles puissent être connues et discutées (1).

NB : Les travaux du GRECCO sont recensés par ordre chronologique, les plus récents figurant en tête de la présente rubrique.

Le texte intégral des préconisations du GRECCO peut être consulté sur le site de la Chambre nationale des experts en copropriété (CNEC).

Préconisation du GRECCO n° 16 du 4 juillet 2023

Le conseil syndical : prérogatives

Publiée le 4 juillet 2023, sous la présidence de Matthieu Poumarède.

Préconisation du GRECCO n° 15 du 27 juin 2022

Le conseil syndical : désignation et organisation

Publiée le 27 juin 2022, sous la présidence de Matthieu Poumarède.

Préconisation du GRECCO n° 12 du 21 avril 2021

la mise en conformité du règlement de copropriété avec les dispositions relatives aux parties communes spéciales

Publiée le 21 avril 2021, sous la présidence de Matthieu Poumarède.

Préconisation du GRECCO n° 11 du 16 décembre 2020

relative aux modalités du vote par correspondance (hors crise sanitaire)

Publiée le 16 décembre 2020, sous la présidence de Matthieu Poumarède.

(1) Deux de ses membres, le professeur Périnet Marquet et Patrice Lebatteux, ayant rejoint le CNTGI début 2019, le groupe est actuellement composé de : Matthieu Poumarède, professeur agrégé, directeur de l'IEJUC ; Denis Brachet, géomètre-expert ; Véronique Bacot-Réaume, expert judiciaire ; Patrick Baudoin, avocat ; Christelle Coutant-Lapalus, maître de conférences ; Eliane Frémeaux, notaire honoraire ; Laurence Guégan-Gélinet, avocat ; Florence Bayard-Jammes, enseignant-chercheur ; Agnès Lebatteux, avocat ; Stéphane Lelièvre, notaire ; Bernard Pérouzel, expert ; Olivier Safar, syndic de copropriété.

Préconisation du GRECCO n° 10 du 20 octobre 2020

relative à l'adaptation des règlements de copropriété concernant les lots transitoires

Publiée le 20 octobre 2020, sous la présidence de Matthieu Poumarède.

Préconisation du GRECCO n° 8 du 18 avril 2020

relative à la tenue des assemblées générales en présentiel pendant la crise sanitaire

Publiée le 18 avril 2020, sous la présidence de Matthieu Poumarède.

Recommandation du GRECCO n° 1 du 18 avril 2020

sur la prolongation de plein droit des mandats de syndic, pour pallier les conséquences de la crise sanitaire

Publiée le 18 avril 2020, sous la présidence de Matthieu Poumarède.

Projet du GRECCO n° 3 du janvier 2020

proposition de simplification de l'ordonnance du 30 octobre 2019

Publiée en janvier 2020, sous la présidence de Matthieu Poumarède.

Préconisation du GRECCO n° 7 du 10 décembre 2019

relative à l'application du statut de la copropriété en cas de vente d'immeuble à construire

Publiée le 10 décembre 2019 sous la présidence de Matthieu Poumarède.

Projet du GRECCO n° 2 du juin 2019

proposition de réforme du droit des petites copropriétés à deux

Publié en juin 2019, sous la présidence de Matthieu Poumarède.

ANNEXE 36

HLM

I. - Activité de syndic de copropriété .... p. 1257
II. - Copropriétés issues de l'application de la législation HLM concernant l'accession à la propriété .... p. 1268

I. – ACTIVITÉ DE SYNDIC DE COPROPRIÉTÉ

Bibliographie : Sur la cession du patrimoine immobilier HLM, débouchant sur la création d'une copropriété, V. *JCl. Construction*, Fasc. 173 et 173 *bis* et *JCl. Notarial Formulaire, V° Habitation à loyer modéré*, Fasc. 100 et Fasc. B-2, par J. Hugot. • C. Bosgiraud, *Note pratique sur les nouvelles règles relatives à la vente des logements sociaux par les organismes HLM à leurs occupants* (*Bull. Cridon* Paris, 1er nov. 2006, II, 128). • J.-M. Roux, *La copropriété HLM : Inf. rap. copr.* déc. 2009, p. 11. • C. Coutant-Lapalus, *L'organisme d'HLM vendeur : un syndic différent : Inf. rap. copr.* oct. 2012, p. 19.

Code de la construction et de l'habitation

Première partie (législative)

LIVRE QUATRIÈME. – HABITATIONS À LOYER MODÉRÉ

....

TITRE II. – ORGANISMES D'HABITATIONS À LOYER MODÉRÉ

CHAPITRE I. – OFFICES PUBLICS DE L'HABITAT

Section I. – Dispositions générales

Art. L. 421-1 ***(Mod., L. n° 2018-1021, 23 nov. 2018 ; à compter du 1er septembre 2019, Ord. n° 2019-770, 17 juill. 2019).*** **– Les offices publics de l'habitat sont des établissements publics locaux à caractère industriel et commercial.**

Ils ont pour objet :

1° De réaliser, principalement en vue de la location, des opérations répondant aux conditions prévues par les articles L. 831-1 et L. 411-1 et de gérer les immeubles faisant l'objet de ces opérations ;

2° De réaliser pour leur compte ou pour le compte de tiers, avec l'accord des collectivités ou communautés intéressées, toutes les interventions foncières, les actions ou opérations d'aménagement prévues par le Code de l'urbanisme et le présent code, sans que les dispositions de l'article L. 443-14 de ce dernier code soient applicables aux cessions d'immeubles rendues nécessaires par ces réalisations Lorsqu'ils se voient confier par convention la réalisation d'une opération de restructuration urbaine ou de revitalisation de centre-ville,

celle-ci comprend toutes opérations ou actions ou tous aménagements ou équipements de nature à favoriser une politique de développement social urbain. Dans ce cas, la convention peut inclure des actions d'insertion professionnelle et sociale en faveur des habitants ;

3° De gérer les immeubles à usage principal d'habitation appartenant à des organismes relevant des deux premiers secteurs locatifs définis par l'article 37 de la loi n° 82-526 du 22 juin 1982 ou à des organismes sans but lucratif ou à l'association agréée mentionnée à l'article L. 313-34 du Code de la construction et de l'habitation ou aux sociétés civiles immobilières dont les parts sont détenues à au moins 99 % par cette association, ainsi que les immeubles réalisés par l'ensemble de ces organismes en vue de l'accession à la propriété. Ils peuvent également gérer, en qualité de syndics de copropriété et d'administrateurs de biens, après accord du maire de la commune d'implantation et dans les conditions fixées par l'article L. 442-11, des logements situés dans le périmètre défini pour une opération programmée d'amélioration de l'habitat visée à l'article L. 303-1 ainsi que les logements appartenant à des personnes privées et vacants depuis plus d'un an ;

4° De réaliser, en qualité de prestataire de services, des opérations portant sur tout immeuble à usage principal d'habitation. Ils peuvent également réaliser des prestations de services pour le compte de syndicats de copropriétaires d'immeubles faisant l'objet d'un plan de sauvegarde en application de l'article L. 615-1 ou situés dans le périmètre défini pour une opération programmée d'amélioration de l'habitat visée à l'article L. 303-1 ou situés dans le périmètre d'opérations de requalification de copropriétés dégradées prévues à l'article L. 741-1 ;

5° De réaliser, rénover ou acquérir et améliorer, en complément de leur activité locative, en vue de leur vente à des personnes physiques à titre de résidences principales, des logements destinés à des personnes de ressources modestes et respectant des prix de vente maxima fixés par l'autorité administrative, soit lorsqu'une offre satisfaisante de ces logements n'est pas assurée dans un îlot, un quartier ou une commune, soit à la demande de la collectivité territoriale dans le cadre d'une action ou d'une opération d'aménagement ou de la mise en œuvre des objectifs de renouvellement urbain et de mixité sociale prévus dans les contrats de ville. Exclusivement dans les communes appartenant à une zone d'urbanisation continue de plus de 50 000 habitants définie à l'article 232 du Code général des impôts ainsi que dans les communes de plus de 15 000 habitants en forte croissance démographique définies par décret pris en application du dernier alinéa du II de l'article L. 302-5 du présent code, ils peuvent de même réaliser ou acquérir et améliorer, en complément de leur activité locative, en vue de leur vente à des personnes morales, et dans les mêmes hypothèses, des logements destinés à des personnes dont les ressources ne dépassent pas les plafonds fixés par le décret prévu au premier alinéa du III de l'article 199 *novovicies* du Code général des impôts et respectant des prix de vente maxima fixés par l'autorité administrative ;

6° D'assister à titre de prestataire de services, dans des conditions précisées par décret en Conseil d'État, des personnes physiques, des sociétés de construction constituées en application du titre Ier du livre II pour la réalisation et la gestion d'immeubles, à usage d'habitation ou à usage professionnel et d'habitation ou destinés à cet usage, en accession à la propriété, des sociétés d'habitat participatif constituées en application du titre préliminaire du livre II ;

7° De construire, acquérir, réaliser des travaux, gérer des immeubles à usage d'habitation ou à usage professionnel et d'habitation en vue de leur location-accession ;

8° D'acquérir et donner en location à des organismes bénéficiant de l'agrément relatif à l'intermédiation locative et la gestion locative sociale prévu à l'article L. 365-4 des hôtels, meublés ou non, destinés à l'hébergement temporaire de personnes en difficulté ;

9° De construire ou acquérir, aménager, entretenir, gérer ou donner en gestion à des personnes physiques ou à des personnes morales des résidences hôtelières à vocation sociale prévues à l'article L. 631-11 ou de prendre des parts dans des sociétés civiles immobilières ayant ce même objet et de pouvoir assurer leur gérance le cas échéant, aux côtés d'opérateurs privés ;

10° De souscrire ou acquérir des parts de sociétés civiles immobilières ayant pour objet la réalisation d'immeubles d'habitation ou à usage professionnel et d'habitation destinés à des accédants dont les ressources n'excèdent pas des plafonds fixés par l'autorité administrative, d'être syndic de copropriétés d'immeubles ainsi réalisés et d'exercer les fonctions d'administrateur de biens pour les mêmes immeubles. Toutefois, les logements réalisés par une telle société civile immobilière qui n'auraient pas donné lieu à un avant-contrat ou à un contrat de vente ou de location-accession au terme d'un délai défini par décret peuvent être vendus à un organisme mentionné aux deuxième à quatrième alinéas de l'article L. 411-2. À titre subsidiaire, les offices publics de l'habitat peuvent également acquérir dans le cadre de l'article L. 261-1, à due concurrence de leurs apports, des logements mentionnés à l'article L. 411-2 auprès d'une société civile immobilière dans laquelle ils détiennent des parts et dont l'unique objet est la construction d'immeubles d'habitation ou à usage professionnel et d'habitation en vue de leur vente, à la condition que cette société réalise au moins 25 % de logements mentionnés à l'article L. 411-2 et soit constituée pour une durée n'excédant pas dix ans ;

11° De vendre des ouvrages de bâtiment aux organismes visés à l'article L. 411-2 et aux sociétés d'économie mixte ou de les acquérir auprès d'eux, par contrat de vente d'immeuble à construire prévu aux articles L. 261-1 et suivants ou par le contrat de vente d'immeuble à rénover prévu aux articles L. 262-1 et suivants ;

12° À titre subsidiaire, de donner en location des logements conventionnés en application de l'article L. 831-1 en vue de proposer des places d'hébergement destinées aux personnes ou familles mentionnées au II de l'article L. 301-1, dès lors que les besoins ont été identifiés dans le plan départemental d'action pour le logement et l'hébergement des personnes défavorisées et que l'avis de la commune ou de l'établissement public de coopération intercommunale compétent en matière d'habitat a été recueilli :

a) Aux organismes bénéficiant de l'agrément relatif à l'intermédiation locative et à la gestion locative sociale prévu à l'article L. 365-4 ;

b) Aux organismes mentionnés au 8° du I de l'article L. 312-1 du Code de l'action sociale et des familles et aux personnes physiques ou morales mentionnées à l'article L. 322-1 du même code ;

13° À titre subsidiaire, de donner en location des logements conventionnés en application de l'article L. 831-1 du présent code, en vue de proposer des places d'hébergement d'urgence et d'hébergement relais, destinées aux personnes mariées, liées par un pacte civil de solidarité ou vivant maritalement qui se trouvent dans une situation d'urgence, attestée par une ordonnance de protection délivrée par le juge aux affaires familiales en application du titre XIV du livre Ier du Code civil, ou sont victimes de violences au sein du couple attestées par le récépissé du dépôt d'une plainte par la victime, dès lors que les besoins ont été identifiés dans le plan départemental d'action pour le logement et l'hébergement des personnes défavorisées et que l'avis de la commune ou de l'établissement public de coopération intercommunale compétent en matière d'habitat a été recueilli ;

14° À titre subsidiaire, de construire des établissements d'hébergement dès lors que les besoins ont été identifiés dans le plan départemental d'action pour le logement et l'hébergement des personnes défavorisées et que l'avis de la commune ou de l'établissement public de coopération intercommunale compétent en matière d'habitat a été recueilli ;

14° *bis* À titre subsidiaire, de créer, aménager, entretenir et gérer des terrains familiaux locatifs définis au 2° du II de l'article 1er de la loi n° 2000-614 du 5 juillet 2000 relative à l'accueil et à l'habitat des gens du voyage dès lors que les besoins ont été identifiés dans le schéma départemental et que l'avis de la commune ou de l'établissement public de coopération intercommunale compétent a été recueilli ;

15° D'intervenir comme opérateur, sans pouvoir être tiers-financeur, dans le cadre des procédures prévues à l'article 29-11 de la loi n° 65-557 du 10 juillet 1965 fixant le statut de la copropriété des immeubles bâtis et de l'article L. 615-10 du présent code ;

16° De racheter, dans le cadre de la garantie de rachat incluse dans les garanties prévues à l'article L. 411-2, des logements en vue de leur revente, à titre de résidence principale, à des personnes physiques de ressources modestes, en respectant des prix de vente maximaux fixés par l'autorité administrative ;

17° D'être syndic de copropriété et administrateur de biens d'immeubles bâtis, construits ou acquis soit par elles, soit par un autre organisme d'habitations à loyer modéré, une collectivité territoriale, une société d'économie mixte ou un organisme sans but lucratif, l'association mentionnée à l'article L. 313-34 ou une des sociétés civiles immobilières dont les parts sont détenues à au moins 99 % par cette association. Elles peuvent également, dans la limite de 30 % du chiffre d'affaires global de l'activité de syndic, être syndic de copropriété et administrateurs de biens d'immeubles d'habitations et réaliser des prestations de service pour le compte de syndicats de copropriétaires qui ne répondent pas à ces conditions ;

17° *bis* À titre subsidiaire, de construire, acquérir et gérer des résidences universitaires dans les conditions définies à l'article L. 631-12 ;

18° De construire et d'acquérir, dans la limite de 10 % des logements locatifs sociaux mentionnés à l'article L. 302-5 détenus par l'organisme, des logements locatifs dont le loyer n'excède pas les plafonds mentionnés au titre IX du livre III et destinés à être occupés par des personnes physiques dont les ressources n'excèdent pas les plafonds mentionnés au même titre IX. Ils peuvent également améliorer, attribuer, gérer et céder de tels logements ;

19° Dans le respect des dispositions du dernier alinéa de l'article L. 411-2, le cas échéant par la création d'une filiale, de construire, acquérir, vendre ou donner en location des équipements locaux d'intérêt général ou des locaux à usage commercial ou professionnel, gérer des immeubles abritant des équipements locaux d'intérêt général et des locaux à usage commercial ou professionnel.

Les offices publics de l'habitat ont aussi pour objet de créer des filiales qui auront pour seul objet de construire, d'acquérir et de gérer des logements locatifs intermédiaires :

1° Faisant l'objet d'une aide directe ou indirecte, sous quelque forme que ce soit, accordée par l'État, une collectivité locale ou l'un de ses groupements, ou par toute autre personne morale et conditionnée au respect, pendant une certaine durée, des conditions prévues aux 2° et 3° ;

2° Destinés à être occupés, à titre de résidence principale, pendant la durée fixée lors de l'attribution de l'aide mentionnée au 1°, par des personnes physiques dont les ressources n'excèdent pas des plafonds, fixés par décret en fonction de la typologie du ménage, de la localisation et du mode d'occupation du logement, lesquels ne sauraient être inférieurs aux plafonds prévus au chapitre unique du titre III du livre III ;

3° Dont le loyer, n'excède pas, pendant la durée mentionnée au 2°, des plafonds fixés par décret en fonction de la localisation du logement, de son type et, le cas échéant, de son mode de financement, lesquels ne sauraient être inférieurs aux plafonds prévus au chapitre unique du titre III du livre III.

Ces filiales peuvent également acquérir des locaux à usages commercial, professionnel ou d'habitation, à l'exception des logements locatifs sociaux définis à l'article L. 302-5, en vue de leur transformation en logements locatifs intermédiaires remplissant les conditions fixées aux trois alinéas précédents et se voir confier la gestion de logements locatifs intermédiaires ou confier la gestion de logements locatifs intermédiaires à une autre personne morale, par le biais d'un mandat.

Ces filiales peuvent également gérer des locaux à usage commercial ou professionnel, apportés par l'organisme d'habitations à loyer modéré pour la constitution du capital et à condition que ces locaux soient annexes et accessoires aux logements locatifs intermédiaires précités.

Le ministre chargé du logement peut s'opposer, selon des modalités fixées par décret en Conseil d'État, à la création de telles filiales si celle-ci est de nature à porter atteinte à la capacité de l'organisme mère de remplir ses missions en matière de logement social, notamment de construction et de rénovation de logements locatifs sociaux. À défaut d'opposition motivée du ministre dans un délai de trois mois à compter de la transmission de la décision de création, cette dernière est exécutoire.

Ces filiales ne peuvent pas elles-mêmes créer d'autres filiales. Elles peuvent prendre des participations dans des sociétés ayant pour objet la construction et la gestion de logements intermédiaires définis aux 1° à 3° ci-dessus lorsqu'une telle participation leur permet d'exercer un contrôle conjoint sur cette société dans les conditions mentionnées à l'article L. 233-3 du Code de commerce.

Pour la constitution du capital de la filiale :

a) L'office public de l'habitat peut apporter en nature, au vu d'un rapport annexé aux statuts et établi sous sa responsabilité par un commissaire aux apports désigné à l'unanimité des futurs associés ou à défaut par une décision de justice à la demande du futur associé le plus diligent, les logements intermédiaires qu'il possède répondant aux conditions mentionnées aux 1° à 3° ci-dessus et les locaux à usage commercial ou professionnel annexes et accessoires auxdits logements. Toute autre forme de concours financier ne peut être issue que des activités ne relevant pas du service d'intérêt général défini à l'article L. 411-2.

Pour l'application de l'alinéa précédent, les logements appartenant à un office public de l'habitat dont le loyer prévu au bail est au plus égal aux plafonds fixés au titre IX du livre III, et destinés à des personnes de revenu intermédiaire dont les ressources ne dépassent pas les plafonds fixés au titre IX du livre III ainsi que les logements financés à l'aide d'un prêt mentionné à ce même titre IX sont assimilés à des logements intermédiaires définis aux 1° à 3° ci-dessus lorsqu'ils ont fait l'objet d'une demande de permis de construire déposée avant le 1er mars 2014 ;

b) Lorsque les conditions mentionnées au *a* ne sont pas réunies, le capital de la filiale créée par l'office public de l'habitat est fixé à un euro. Les fonds propres nécessaires au financement de l'activité sont apportés par les associés n'ayant pas le statut d'organismes d'habitations à loyer modéré ou par des tiers sous forme d'avances en comptes courants ou de prêts participatifs.

Le représentant de l'État dans la région peut s'opposer, selon des modalités fixées par décret en Conseil d'État, à une augmentation de capital de la filiale réalisée par l'organisme mère si les conditions fixées aux *a* et *b* ci-dessus ne sont pas respectées ou si cette opération est de nature à porter atteinte à la capacité de cet organisme de remplir ses missions en matière de logement social, notamment de construction et de rénovation de logements locatifs sociaux. À défaut d'opposition motivée du représentant de l'État dans la région dans un délai de trois mois à compter de la transmission de la décision d'augmentation de capital, cette dernière est exécutoire.

Les autres formes de concours financiers à la filiale opérés par l'organisme mère autres que l'augmentation de capital doivent respecter les conditions du marché et donner obligatoirement lieu à remboursement. Toute prestation réalisée par l'organisme mère pour le compte de la filiale est opérée à un prix qui ne peut être inférieur au prix de revient et doit faire l'objet d'une convention réglementée.

Les offices publics de l'habitat peuvent également participer à des sociétés ayant le même objet que les filiales de logement locatif intermédiaire défini aux vingt-cinquième à vingt-septième alinéas du présent article, lorsqu'une telle participation leur permet, avec d'autres organismes mentionnés à l'article L. 411-2 du présent code, d'exercer un contrôle conjoint sur cette société dans les conditions mentionnées à l'article L. 233-3 du Code de commerce. Ces sociétés sont soumises aux mêmes règles que les filiales mentionnées ci-dessus.

Un décret en Conseil d'État précise les attributions des offices publics de l'habitat et détermine les modalités de leur fonctionnement.

....

Art. L. 421-3 *(Mod., L. n° 2021-1104, 22 août 2021 ; L. n° 2021-1520, 25 nov. 2021).* – Les offices publics de l'habitat peuvent, à titre subsidiaire, et en qualité de prestataires de services :

1° Pour le compte de l'État, des collectivités locales ou des établissements publics, réaliser et assurer l'entretien des constructions liées à l'habitat ;

2° Réaliser pour le compte d'autres organismes d'habitations à loyer modéré des prestations de services pour des missions entrant dans l'objet social de ces organismes ;

2° *bis* Dans le respect du dernier alinéa de l'article L. 411-2, le cas échéant par la création d'une filiale, réaliser pour le compte des collectivités territoriales ou de leurs groupements des études d'ingénierie urbaine ;

2° *ter* Réaliser, pour le compte de leur collectivité territoriale de rattachement, toute opération de construction ou d'aménagement relevant de la compétence de cette dernière ;

3° Être syndic de copropriété ou administrateur de biens d'immeubles bâtis, construits ou acquis soit par eux, soit par un autre organisme d'habitations à loyer modéré, une collectivité territoriale, une société d'économie mixte ou un organisme sans but lucratif, l'association mentionnée à l'article L. 313-34 du Code de la construction et de l'habitation précitée ou une des sociétés civiles immobilières dont les parts sont détenues à au moins 99 % par cette association ;

4° Réaliser, pour le compte d'associations ou d'organismes œuvrant dans le domaine du logement, des prestations de services pour des opérations ou des actions de nature à favoriser l'insertion sociale des personnes ou la mixité urbaine et sociale des villes ;

4° *bis* Dans le respect du dernier alinéa de l'article L. 411-2, réaliser pour le compte d'un syndicat des copropriétaires dont ils sont membres toute opération ou tous travaux de rénovation énergétique ;

5° Avec l'accord du préfet et du maire de la commune d'implantation, gérer, en qualité d'administrateurs de biens, des logements situés dans des copropriétés connaissant des difficultés importantes de fonctionnement ou être syndics de ces copropriétés. À défaut d'opposition de la part du représentant de l'État notifiée dans le délai de deux mois à compter de la date de la réception de la demande, son avis est réputé favorable. Dans ces mêmes copropriétés, lorsqu'elles font l'objet d'un plan de sauvegarde en application de l'article L. 615-1 ou d'une opération programmée d'amélioration de l'habitat prévue à l'article L. 303-1 et dédiée aux copropriétés dégradées ou lorsqu'elles sont situées dans le périmètre d'opérations de requalification de copropriétés dégradées prévues à l'article L. 741-1, ils peuvent, selon des modalités précisées par décret en Conseil d'État qui peuvent déroger aux règles applicables aux habitations à loyer modéré, acquérir des lots en vue de leur revente, y effectuer tous travaux et les louer provisoirement ;

6° Réaliser des hébergements de loisirs à vocation sociale, en assurant, le cas échéant, l'ensemble des tâches incombant au maître d'ouvrage. Un décret en Conseil d'État définit les conditions de financement de ces hébergements et la nature des organismes pour le compte desquels ils sont réalisés ;

7° Réaliser des opérations de conception, réalisation, entretien ou maintenance d'équipements hospitaliers ou médico-sociaux pour les besoins d'un établissement public de santé ;

8° Réaliser des travaux, acquérir, construire et gérer des immeubles à usage d'habitation au bénéfice des fonctionnaires de la police et de la gendarmerie nationales, des services départementaux et territoriaux d'incendie et de secours ou des services pénitentiaires, ainsi que les locaux accessoires à ces immeubles et les locaux nécessaires au fonctionnement des gendarmeries.

CHAPITRE II. – ORGANISMES PRIVÉS D'HABITATIONS À LOYER MODÉRÉ

....

Section II. – Sociétés anonymes d'habitations à loyer modéré

Art. L. 422-2 *(Mod., L. n° 2018-1021, 23 nov. 2018 ; à compter du 1er septembre 2019, Ord. n° 2019-770, 17 juill. 2019 ; L. n° 2021-1104, 22 août 2021 ; L. n° 2022-217, 21 févr. 2022 ; L. n° 2024-322, 9 avr. 2024).* – Les sociétés anonymes d'habitations à loyer modéré ont pour objet de réaliser, dans les conditions fixées par leurs statuts, principalement en vue de la location, les opérations prévues à l'article L. 411-1. Elles peuvent également gérer les immeubles appartenant à d'autres organismes d'habitations à loyer modéré et les immeubles à usage principal d'habitation appartenant à l'État, à une collectivité territoriale ou à un groupement de collectivités territoriales, à une société d'économie mixte de construction et de gestion de logements sociaux, à des organismes à but non lucratif, à l'association agréée mentionnée à l'article L. 313-34 du Code de la construction et de l'habitation ou aux sociétés civiles immobilières dont les parts sont détenues à au moins 99 % par cette association. Elles peuvent également gérer, en qualité de syndics de copropriété et d'administrateurs de biens, après accord du maire de la commune d'implantation et dans les conditions fixées par l'article L. 442-11, des logements situés dans le périmètre défini pour une opération programmée d'amélioration de l'habitat visée à l'article L. 303-1 ou dans le périmètre d'opérations de requalification de copropriétés dégradées prévues à l'article L. 741-1 ainsi que les logements appartenant à des personnes privées et vacants depuis plus d'un an.

Elles peuvent également réaliser des prestations de services pour le compte de syndicats de copropriétaires d'immeubles faisant l'objet d'un plan de sauvegarde en application de l'article L. 615-1 ou situés dans le périmètre défini pour une opération programmée d'amélioration de l'habitat visée à l'article L. 303-1 ou dans le périmètre d'opérations de requalification de copropriétés dégradées prévues à l'article L. 741-1. Elles peuvent intervenir comme opérateur, sans pouvoir être tiers-financeur, dans le cadre des procédures prévues à l'article 29-11 de la loi n° 65-557 du 10 juillet 1965 fixant le statut de la copropriété des immeubles bâtis et de l'article L. 615-10 du présent code.

Elles ont également pour objet :

– de réaliser pour leur compte ou pour le compte d'un tiers, avec l'accord de la ou des collectivités ou communautés intéressées, toutes les interventions foncières, les actions ou opérations d'aménagement prévues par le Code de l'urbanisme et le Code de la construction et de l'habitation, sans que les dispositions de l'article L. 443-14 soient applicables aux cessions d'immeubles rendues nécessaires par ces réalisations. Lorsqu'elles se voient confier par convention la réalisation d'une opération de restructuration urbaine ou de revitalisation de centre-ville, celle-ci comprend toutes opérations ou actions ou tous aménagements ou équipements de nature à favoriser une politique de développement social urbain ; dans ce cas, la convention peut inclure des actions d'insertion professionnelle et sociale en faveur des habitants.

– à titre subsidiaire, de réaliser, pour le compte des collectivités territoriales actionnaires, toute opération de construction ou d'aménagement relevant de la compétence de ces dernières ;

– de réaliser, rénover ou acquérir et améliorer, en complément de leur activité locative, en vue de leur vente à des personnes physiques à titre de résidences principales, des logements destinés à des personnes de ressources modestes et respectant des prix de vente maxima fixés par l'autorité administrative, soit lorsqu'une offre satisfaisante de ces logements n'est pas assurée dans un îlot, un quartier ou une commune, soit à la demande de la collectivité territoriale dans le cadre d'une action ou d'une opération d'aménagement ou de la mise en œuvre des objectifs de renouvellement urbain et de mixité sociale prévus dans les contrats de ville.

Exclusivement dans les communes appartenant à une zone d'urbanisation continue de plus de 50 000 habitants définie à l'article 232 du Code général des impôts ainsi que dans les communes de plus de 15 000 habitants en forte croissance démographique définies par décret pris en application du dernier alinéa du II de l'article L. 302-5 du présent code, elles peuvent de même réaliser ou acquérir et améliorer, en complément de leur activité locative, en vue de leur vente à des personnes morales, et dans les mêmes hypothèses, des logements destinés à des personnes dont les ressources ne dépassent pas les plafonds fixés par le décret prévu au premier alinéa du III de l'article 199 *novovicies* du Code général des impôts et respectant des prix de vente maxima fixés par l'autorité administrative ;

– de racheter, dans le cadre de la garantie de rachat incluse dans les garanties prévues à l'article L. 411-2 du présent code, des logements en vue de leur revente, à titre de résidence principale, à des personnes physiques de ressources modestes, en respectant des prix de vente maxima fixés par l'autorité administrative ;

– d'assister à titre de prestataire de services, dans des conditions définies par leurs statuts, des personnes physiques, des sociétés de construction constituées en application du titre Ier du livre II pour la réalisation et la gestion d'immeubles, à usage d'habitation ou à usage professionnel et d'habitation ou destinés à cet usage, en accession à la propriété, des sociétés d'habitat participatif constituées en application du titre préliminaire du livre II ;

– de souscrire ou acquérir des parts de sociétés civiles immobilières ayant pour objet la réalisation d'immeubles d'habitation ou à usage professionnel et d'habitation destinés à des accédants dont les ressources n'excèdent pas des plafonds fixés par l'autorité administrative, d'être syndic de copropriétés d'immeubles ainsi réalisés et d'exercer les fonctions d'administrateur de biens pour les mêmes immeubles. Toutefois, les logements réalisés par une telle société civile immobilière qui n'auraient pas donné lieu à un avant-contrat ou à un contrat de vente ou de location-accession au terme d'un délai défini par décret peuvent être vendus à un organisme mentionné aux deuxième à quatrième alinéas de l'article L. 411-2 ;

– de construire, acquérir, réaliser des travaux, gérer des immeubles à usage d'habitation ou à usage professionnel et d'habitation en vue de leur location-accession ;

– de réaliser, dans des conditions définies par leurs statuts, pour le compte d'associations ou d'organismes œuvrant dans le domaine du logement, des prestations de services pour des opérations ou des actions de nature à favoriser l'insertion sociale des personnes et la mixité urbaine et sociale des villes ;

– dans le respect du dernier alinéa du même article L. 411-2, de réaliser pour le compte d'un syndicat des copropriétaires dont ils sont membres toute opération ou tous travaux de rénovation énergétique ;

– de réaliser les opérations mentionnées au I de l'article L. 519-1 du Code monétaire et financier pour le compte de bénéficiaires des opérations d'accession à la propriété mentionnées à l'article L. 443-1 du présent code ;

– de réaliser pour le compte d'autres organismes d'habitations à loyer modéré des prestations de services pour des missions rentrant dans l'objet social desdits organismes ;

– à titre de complément normal de leurs missions d'intérêt général, d'adhérer à tout organisme sans but lucratif, notamment à toute association, fondation ou fonds de dotation dont l'objet ou les activités se rapportent à la réalisation d'actions d'insertion professionnelle et sociale ainsi que d'assistance aux personnes âgées locataires ;

– de fournir, dans le cadre d'une convention avec l'État, tous services à caractère social d'intérêt direct pour les habitants et répondant à des besoins non satisfaits ou partiellement satisfaits dans les conditions normales du marché ;

– à titre de complément normal de leurs missions d'intérêt général, d'adhérer à tout organisme sans but lucratif, notamment à toute association, fondation ou fonds de dotation dont l'objet ou les activités se rapportent à la réalisation d'actions d'insertion professionnelle et sociale ainsi que d'assistance aux personnes âgées locataires ;

– à titre subsidiaire, de donner en location aux organismes bénéficiant de l'agrément relatif à l'intermédiation locative et à la gestion locative sociale prévu à l'article L. 365-4 du présent code ou aux organismes mentionnés au 8° du I de l'article L. 312-1 du Code de l'action sociale et des familles et à l'article L. 322-1 du même code des logements conventionnés en application de l'article L. 831-1 du présent code, en vue de proposer des places d'hébergement destinées aux personnes ou familles mentionnées au II de l'article L. 301-1, dès lors que les besoins ont été identifiés dans le plan départemental d'action pour le logement et l'hébergement des personnes défavorisées et que l'avis de la commune ou de l'établissement public de coopération intercommunale compétent en matière d'habitat a été recueilli ;

– à titre subsidiaire, de donner en location des logements conventionnés en application de l'article L. 831-1 du présent code, en vue de proposer des places d'hébergement d'urgence et d'hébergement relais ou d'insertion, centres d'hébergement et de réinsertion sociale, au sein de structures spécifiques et sécurisées, destinées aux personnes mariées, liées par un pacte civil de solidarité ou vivant maritalement qui se trouvent dans une situation d'urgence, attestée par une ordonnance de protection délivrée par le juge aux affaires familiales en application du titre XIV du livre Ier du Code civil, ou sont victimes de violences au sein du couple attestées par le récépissé du dépôt d'une plainte par la victime, dès lors que les besoins ont été identifiés dans le plan départemental d'action pour le logement et l'hébergement des personnes défavorisées et que l'avis de la commune ou de l'établissement public de coopération intercommunale compétent en matière d'habitat a été recueilli ;

– à titre subsidiaire, de construire des établissements d'hébergement dès lors que les besoins ont été identifiés dans le plan départemental d'action pour le logement et l'hébergement des personnes défavorisées et que l'avis de la commune ou de l'établissement public de coopération intercommunale compétent en matière d'habitat a été recueilli ;

– à titre subsidiaire, de créer, aménager, entretenir et gérer des terrains familiaux locatifs définis au 2° du II de l'article 1er de la loi n° 2000-614 du 5 juillet 2000 relative à l'accueil et à l'habitat des gens du voyage dès lors que les besoins ont été identifiés dans le schéma départemental et que l'avis de la commune ou de l'établissement public de coopération intercommunale compétent a été recueilli [;]

– d'acquérir et donner en location à des organismes bénéficiant de l'agrément relatif à l'intermédiation locative et la gestion locative sociale prévu à l'article L. 365-4 des hôtels, meublés ou non, destinés à l'hébergement temporaire de personnes en difficulté ;

– d'être syndic de copropriété et administrateur de biens d'immeubles bâtis, construits ou acquis soit par elles, soit par un autre organisme d'habitations à loyer modéré, une collectivité territoriale, une société d'économie mixte ou un organisme sans but lucratif, l'association mentionnée à l'article L. 313-34 du Code de la construction et de l'habitation précitée ou une des sociétés civiles immobilières dont les parts sont détenues à au moins 99 % par cette association. Elles peuvent également, dans la limite de 30 % du chiffre d'affaires global de l'activité de syndic, être syndic de copropriété et administrateurs de biens d'immeubles d'habitations et réaliser des prestations de service pour le compte de syndicats de copropriétaires qui ne répondent pas à ces conditions ;

– de vendre des ouvrages de bâtiment aux organismes visés à l'article L. 411-2 et aux sociétés d'économie mixte ou de les acquérir auprès d'eux, par contrat de vente d'immeuble à construire prévu aux articles L. 261-1 et suivants ou par le contrat de vente d'immeuble à rénover prévu aux articles L. 262-1 et suivants ;

– de construire ou acquérir, aménager, entretenir, gérer ou donner en gestion à des personnes physiques ou morales des résidences hôtelières à vocation sociale prévues à l'article L. 631-11 ou de prendre des parts dans des sociétés civiles immobilières ayant ce même objet et de pouvoir assurer leur gérance le cas échéant, aux côtés d'opérateurs privés ;

– de souscrire ou d'acquérir des parts dans des sociétés d'habitat participatif constituées en application du titre préliminaire du livre II ;

– de souscrire ou d'acquérir des parts d'organismes de foncier solidaire définis à l'article L. 329-1 du Code de l'urbanisme lorsque les activités définies dans leurs statuts font partie du service d'intérêt général défini à l'article L. 411-2 du présent code ;

– de souscrire à ou d'acquérir des parts ou des actions dans des sociétés pouvant réaliser des opérations d'aménagement ou conclure une convention de projet urbain partenarial ; cette participation est soumise à l'accord du représentant de l'État dans le département du lieu de l'opération ou du projet. À défaut d'opposition de sa part notifiée dans le délai de deux mois à compter de la date de la réception de la demande, son avis est réputé favorable.

– de souscrire à ou d'acquérir la totalité des parts d'une société civile immobilière. L'opération fait l'objet d'une autorisation préalable du ministre chargé du logement. L'acquisition de la totalité des parts doit être effective à une date unique. L'actionnaire unique dissout la société qu'il détient dans un délai d'un an à compter de la date d'acquisition. Cette opération ne peut être réalisée qu'à la condition qu'elle n'entraîne aucun dépassement de l'objet social de la société ni de sa compétence géographique. Les logements transmis font l'objet de conventions conclues en application de l'article L. 351-2 du présent code dans un délai d'un an à compter de la transmission effective du patrimoine. Toute opération de souscription intervenue en violation du présent alinéa est frappée d'une nullité d'ordre public.

Elles peuvent, en outre :

- intervenir, dans les conditions fixées par leur statut, comme prestataires de services des sociétés d'économie mixte pour la réalisation d'opérations d'aménagement, lorsqu'elles ont été agréées à cet effet ;
- avec l'accord du maire de la commune d'implantation et du représentant de l'État dans le département, gérer, en qualité d'administrateurs de biens, des logements situés dans des copropriétés connaissant des difficultés importantes de fonctionnement ou être syndics de ces copropriétés. Dans ces mêmes copropriétés lorsqu'elles font l'objet d'un plan de sauvegarde en application de l'article L. 615-1 ou d'une opération programmée d'amélioration de l'habitat prévue à l'article L. 303-1 et dédiée aux copropriétés dégradées ou lorsqu'elles sont situées dans le périmètre d'opérations de requalification de copropriétés dégradées prévues à l'article L. 741-1, elles peuvent, selon les modalités précisées par décret en Conseil d'État qui peuvent déroger aux règles applicables aux habitations à loyer modéré, acquérir des lots en vue de leur revente, y effectuer tous travaux et les louer provisoirement. À défaut d'opposition de la part du représentant de l'État notifiée dans le délai de deux mois à compter de la date de la réception de la demande, son avis est réputé favorable ;
- réaliser des hébergements de loisirs à vocation sociale dans les conditions prévues à l'article L. 421-1 ;
- réaliser des opérations de conception, réalisation, entretien ou maintenance d'équipements hospitaliers ou médico-sociaux pour les besoins d'un établissement public de santé. Elles peuvent à cet effet conclure des contrats de partenariat dans les conditions prévues par l'ordonnance n° 2004-559 du 17 juin 2004 sur les contrats de partenariat et des baux emphytéotiques conformément aux articles L. 6148-2 à L. 6148-5-3 du Code de la santé publique ;
- réaliser des travaux, acquérir, construire et gérer des immeubles à usage d'habitation au profit des fonctionnaires de la police et de la gendarmerie nationales, des services départementaux d'incendie et de secours ou des services pénitentiaires, ainsi que les locaux accessoires à ces immeubles et les locaux nécessaires au fonctionnement des gendarmeries.

Elles peuvent aussi prendre à bail des logements vacants pour les donner en sous-location à des personnes physiques dans les conditions fixées par les articles L. 444-1 et suivants.

Elles peuvent également réaliser en vue de leur vente, dans les conditions prévues aux articles L. 261-1 à L. 261-22, à l'association agréée mentionnée à l'article L. 313-34 du Code de la construction et de l'habitation précitée ou aux sociétés civiles immobilières dont les parts sont détenues à au moins 99 % par cette association, des immeubles à usage principal d'habitation destinés à la location.

Elles peuvent aussi acquérir la nue-propriété ou l'usufruit temporaire des logements visés à l'article L. 253-1, ou réserver ce dernier à leur profit :

a) Au sein d'immeubles à usage principal d'habitation qu'elles réalisent en vue de leur vente à des personnes physiques ou morales dans les conditions prévues à l'article L. 261-3 ;

b) À titre expérimental pendant une durée de cinq ans à compter de la promulgation de la loi n° 2014-366 du 24 mars 2014 pour l'accès au logement et un urbanisme rénové, au sein d'immeubles bâtis occupés ou non, dans les communes appartenant à une zone d'urbanisation continue de plus de 50 000 habitants telle que définie à l'article 232 du Code général des impôts ainsi que dans les communes de plus de 15 000 habitants en forte croissance démographique définies par décret pris en application du dernier alinéa du II de l'article L. 302-5 du présent code ;

La sous-section 1 de la section 2 du chapitre III du titre IV du présent livre n'est pas applicable aux opérations relevant des trois alinéas précédents.

Elles peuvent aussi réaliser des prestations de service pour le compte de l'association agréée mentionnée à l'article L. 313-34 du Code de la construction et de l'habitation précitée, ou des sociétés civiles immobilières dont les parts sont détenues à au moins 99 % par cette association, dans des conditions fixées par décret en Conseil d'État.

Elles peuvent aussi réaliser des prestations de services pour le compte des organismes de foncier solidaire définis à l'article L. 329-1 du Code de l'urbanisme, dès lors que celles-ci font partie du service d'intérêt général défini à l'article L. 411-2 du présent code ou se rapportent à un bail réel solidaire d'activité.

Elles peuvent aussi être agréées pour exercer les activités d'organisme de foncier solidaire définies à l'article L. 329-1 du Code de l'urbanisme, dans les limites du service d'intérêt général défini à l'article L. 411-2 du présent code ainsi que pour conclure des baux réels solidaires d'activité définis à l'article L. 256-1.

Elles peuvent aussi assurer la gérance des sociétés civiles immobilières régies par les articles L. 443-6-2 et suivants.

Elles peuvent aussi prendre à bail des logements faisant l'objet des conventions prévues aux articles L. 321-4 ou L. 321-8 en vue de les sous-louer, meublés ou non, aux personnes mentionnées au II de l'article L. 301-1 ou aux personnes physiques dont la situation nécessite une solution locative de transition.

Elles peuvent aussi, à titre subsidiaire, construire, acquérir et gérer des résidences universitaires dans les conditions définies à l'article L. 631-12.

Elles peuvent aussi construire et acquérir, dans la limite de 10 % des logements locatifs sociaux mentionnés à l'article L. 302-5 détenus par l'organisme, des logements locatifs dont le loyer n'excède pas les plafonds mentionnés au titre IX du livre III et destinés à être occupés par des personnes physiques dont les ressources n'excèdent pas les plafonds mentionnés au même titre IX. Elles peuvent également améliorer, attribuer, gérer et céder de tels logements.

Elles peuvent aussi créer des filiales qui auront pour seul objet de construire, d'acquérir et de gérer des logements locatifs intermédiaires :

1° Faisant l'objet d'une aide directe ou indirecte, sous quelque forme que ce soit, accordée par l'État, une collectivité locale ou l'un de ses groupements, ou par toute autre personne morale et conditionnée au respect, pendant une certaine durée, des conditions prévues aux 2° et 3° ;

2° Destinés à être occupés, à titre de résidence principale, pendant la durée fixée lors de l'attribution de l'aide mentionnée au 1°, par des personnes physiques dont les ressources n'excèdent pas des plafonds, fixés par décret en fonction de la typologie du ménage, de la localisation et du mode d'occupation du logement, lesquels ne sauraient être inférieurs aux plafonds prévus au chapitre unique du titre III du livre III ;

3° Dont le loyer n'excède pas, pendant la durée mentionnée au 2°, des plafonds fixés par décret en fonction de la localisation du logement, de son type et, le cas échéant, de son mode de financement, lesquels ne sauraient être inférieurs aux plafonds prévus au chapitre unique du titre III du livre III.

Ces filiales peuvent également acquérir des locaux à usages commercial, professionnel ou d'habitation, à l'exception des logements locatifs sociaux définis à l'article L. 302-5, en vue de leur transformation en logements locatifs intermédiaires remplissant les conditions fixées aux trois alinéas précédents et se voir confier la gestion de logements locatifs intermédiaires ou confier la gestion de logements locatifs intermédiaires à une autre personne morale, par le biais d'un mandat.

Ces filiales peuvent également gérer des locaux à usage commercial ou professionnel, apportés par la société anonyme d'habitations à loyer modéré pour la constitution du capital et à condition que ces locaux soient annexes et accessoires aux logements locatifs intermédiaires précités.

Le ministre chargé du logement peut s'opposer, selon des modalités fixées par décret en Conseil d'État, à la création de telles filiales si celle-ci est de nature à porter atteinte à la capacité de l'organisme mère de remplir ses missions en matière de logement social, notamment de construction et de rénovation de logements locatifs sociaux. À défaut d'opposition motivée du ministre dans un délai de trois mois à compter de la transmission de la décision de création, cette dernière est exécutoire.

Ces filiales ne peuvent pas elles-mêmes créer d'autres filiales. Elles peuvent prendre des participations dans des sociétés ayant pour objet la construction et la gestion de logements intermédiaires définis aux 1° à 3° ci-dessus lorsqu'une telle participation leur permet d'exercer un contrôle conjoint sur cette société dans les conditions mentionnées à l'article L. 233-3 du Code de commerce.

Pour la constitution du capital de la filiale :

a) La société anonyme d'habitations à loyer modéré peut apporter en nature, au vu d'un rapport annexé aux statuts et établi sous sa responsabilité par un commissaire aux apports désigné à l'unanimité des futurs associés ou, à défaut, par une décision de justice à la demande du futur associé le plus diligent, les logements intermédiaires qu'elle possède répondant aux conditions mentionnées aux 1° à 3° ci-dessus et les locaux à usage commercial ou professionnel annexes et accessoires auxdits logements. Toute autre forme de concours financier ne peut être issue que des activités ne relevant pas du service d'intérêt général défini à l'article L. 411-2.

Pour l'application de l'alinéa précédent, les logements appartenant à la société anonyme d'habitations à loyer modéré dont le loyer prévu au bail est au plus égal aux plafonds fixés au titre IX du livre III, et destinés à des personnes de revenu intermédiaire dont les ressources ne dépassent pas les plafonds fixés au titre IX du livre III ainsi que les logements financés à l'aide d'un prêt mentionné à ce même titre IX sont assimilés à des logements intermédiaires définis aux 1° à 3° ci-dessus lorsqu'ils ont fait l'objet d'une demande de permis de construire déposée avant le 1er mars 2014 ;

_b)_ Lorsque les conditions mentionnées au _a_ ne sont pas réunies, le capital de la filiale créée par la société anonyme d'habitations à loyer modéré est fixé à un euro. Les fonds propres nécessaires au financement de l'activité sont apportés par les associés n'ayant pas le statut d'organismes d'habitations à loyer modéré ou par des tiers sous forme d'avances en comptes courants ou de prêts participatifs.

Le représentant de l'État dans la région peut s'opposer, selon des modalités fixées par décret en Conseil d'État, à une augmentation de capital de la filiale réalisée par l'organisme mère si les conditions fixées aux _a_ et _b_ ci-dessus ne sont pas respectées ou si cette opération est de nature à porter atteinte à la capacité de cet organisme de remplir ses missions en matière de logement social, notamment de construction et de rénovation de logements locatifs sociaux. À défaut d'opposition motivée du représentant de l'État dans la région dans un délai de trois mois à compter de la transmission de la décision d'augmentation de capital, cette dernière est exécutoire.

Les autres formes de concours financiers à la filiale opérés par l'organisme mère autres que l'augmentation de capital doivent respecter les conditions du marché et donner obligatoirement lieu à remboursement. Toute prestation réalisée par l'organisme mère pour le compte de la filiale est opérée à un prix qui ne peut être inférieur au prix de revient et doit faire l'objet d'une convention réglementée.

Les sociétés anonymes d'habitations à loyer modéré peuvent également participer à des sociétés ayant le même objet que les filiales de logement locatif intermédiaire défini aux quarante-septième à cinquantième alinéas du présent article, lorsqu'une telle participation leur permet, avec d'autres organismes mentionnés à l'article L. 411-2 du présent code, d'exercer un contrôle conjoint sur cette société dans les conditions mentionnées à l'article L. 233-3 du Code de commerce. Ces sociétés sont soumises aux mêmes règles que les filiales mentionnées ci-dessus.

Elles peuvent gérer en qualité d'administrateur de biens des logements vacants pour les donner en location à des personnes mentionnées au II de l'article L. 301-1.

À titre subsidiaire, elles peuvent également acquérir dans le cadre de l'article L. 261-1, à due concurrence de leurs apports, des logements mentionnés à l'article L. 411-2 auprès d'une société civile immobilière dans laquelle elles détiennent des parts et dont l'unique objet est la construction d'immeubles d'habitation ou à usage professionnel et d'habitation en vue de leur vente, à la condition que cette société réalise au moins 25 % des logements mentionnés à l'article L. 411-2 et soit constituée pour une durée n'excédant pas dix ans.

Elles peuvent, dans le respect des dispositions du dernier alinéa du même article L. 411-2, le cas échéant par la création d'une filiale :

– construire, acquérir, vendre ou donner en location des équipements locaux d'intérêt général ou des locaux à usage commercial ou professionnel, gérer des immeubles abritant des équipements locaux d'intérêt général et des locaux à usage commercial ou professionnel ;

– réaliser pour le compte des collectivités territoriales ou de leurs groupements des études d'ingénierie urbaine ;

– fournir des services d'animation sociale, de veille, d'aide aux démarches et d'accompagnement en faveur des personnes âgées, en situation de handicap ou victimes de violences conjugales locataires ou occupants d'un logement social, répondant à des besoins non satisfaits ou partiellement satisfaits.

HLM Syndics de copropriété. Les organismes HLM ne sont pas assujettis aux règles concernant l'exercice de la fonction de syndic (carte professionnelle), dans les divers cas suivants :

– pour la gestion des immeubles appartenant à d'autres organismes d'HLM, à des collectivités publiques, à des sociétés d'économie mixte, à des organismes à but non lucratif, à des sociétés civiles coopératives de construction ;

– pour l'exercice des fonctions de syndic de copropriété en application de l'article L. 443-15 du Code de la construction et de l'habitation (cession d'éléments du patrimoine immobilier appartenant aux organismes d'HLM).

Dans tous les autres cas (par ex., en ce qui concerne les immeubles en copropriété qu'un organisme HLM a lui-même réalisés, ou pour la gestion de copropriétés en difficulté), la réglementation de droit commun est applicable.

II. – COPROPRIÉTÉS ISSUES DE L'APPLICATION DE LA LÉGISLATION HLM CONCERNANT L'ACCESSION À LA PROPRIÉTÉ

Code de la construction et de l'habitation

TITRE IV. – RAPPORTS DES ORGANISMES D'HABITATIONS À LOYER MODÉRÉ ET DES BÉNÉFICIAIRES

....

CHAPITRE III. – ACCESSION À LA PROPRIÉTÉ ET AUTRES CESSIONS

....

Section I *bis*. – Dispositions applicables à l'accession progressive des locataires à la propriété
(L. n° 2006-872, 13 juill. 2006)

Art. L. 443-6-2 *(L. n° 2006-872, 13 juill. 2006)*. – Les sociétés civiles immobilières d'accession progressive à la propriété ont pour objet la détention, la gestion et l'entretien des immeubles ayant fait l'objet d'un apport par un organisme d'habitations à loyer modéré, en vue de leur division en fractions destinées à être louées à des personnes physiques dont les ressources ne dépassent pas, à leur entrée dans les lieux, les plafonds fixés en application des dispositions de l'article L. 441-1 et à être éventuellement attribuées en propriété aux associés.

Les statuts de ces sociétés répartissent les droits composant le capital social en lots divisibles de parts.

Chaque lot divisible de parts représente un logement et ses locaux accessoires s'il y a lieu, correspondant à un ou plusieurs lots définis à l'état descriptif de division. Ces statuts sont conformes à des clauses types approuvées par décret en Conseil d'État.

Art. L. 443-6-3 *(L. n° 2006-872, 13 juill. 2006)*. – Les sociétés civiles immobilières régies par l'article L. 443-6-2 sont créées par les organismes d'habitations à loyer modéré à compétence locative visés à l'article L. 411-2. Ceux-ci peuvent, pour les immeubles apportés à ces sociétés civiles immobilières, bénéficier des prêts accordés en application de la réglementation sur les habitations à loyer modéré pour la construction, l'acquisition ou l'acquisition suivie de travaux d'amélioration d'immeubles.

Les associés des sociétés civiles immobilières régies par l'article L. 443-6-2 sont les organismes mentionnés au premier alinéa et les locataires personnes physiques d'un logement de l'immeuble social et détenteurs de parts sociales.

L'organisme d'habitations à loyer modéré, associé-gérant, gère les immeubles et attribue en location les logements concernés conformément aux dispositions des articles L. 442-1 à L. 442-6, à l'exception de l'article L. 442-5.

Les logements libres de toute occupation compris dans les immeubles apportés aux sociétés civiles immobilières régies par l'article L. 443-6-2 par les organismes d'habitations à loyer modéré sont loués conformément aux dispositions du même article à des personnes physiques qui doivent simultanément acquérir des parts de ces sociétés.

Les dispositions de la présente section sont applicables aux immeubles d'habitation, à usage d'habitation ou à usage d'habitation et professionnel existants et libres d'occupation dont les organismes d'habitations à loyer modéré à compétence locative mentionnés à l'article L. 411-2 sont propriétaires.

Art. L. 443-6-4 *(L. n° 2006-872, 13 juill. 2006)*. – Un état descriptif de division délimite les diverses parties de l'immeuble social en distinguant celles qui sont communes de celles qui sont à usage privatif. Il fixe les quotes-parts des parties communes afférentes à chaque lot.

Un règlement de copropriété détermine la destination des parties réservées à l'usage exclusif de chaque associé et, s'il y a lieu, celle des parties communes affectées à l'usage de tous les associés ou de plusieurs d'entre eux. Il est établi en conformité avec les dispositions de la loi n° 65-557 du 10 juillet 1965 fixant le statut de la copropriété des immeubles bâtis. Il ne peut imposer de restrictions aux droits des associés sur les parties réservées à leur jouissance exclusive, en dehors de celles qui sont justifiées par la destination de l'immeuble, par ses caractéristiques ou sa situation.

L'état descriptif de division et le règlement de copropriété sont annexés aux statuts de ces sociétés.

Les immeubles visés au premier alinéa sont apportés aux sociétés civiles immobilières régies par l'article L. 443-6-2, après avoir fait l'objet d'une évaluation par le service des domaines et pour une valeur conforme à cette évaluation.

Art. L. 443-6-5 *(L. n° 2006-872, 13 juill. 2006)*. – Le locataire ne devient propriétaire du logement qu'il occupe qu'après avoir acquis la totalité des parts du lot représentatif de son logement.

Tout locataire ou tout locataire associé ne peut acquérir des parts d'une société civile immobilière d'accession progressive à la propriété que s'il est à jour de toutes ses obligations locatives et, le cas échéant, de celles envers la société civile immobilière.

Les parts acquises par le locataire associé peuvent être cédées ou échangées dans les conditions prévues par les statuts.

Lorsque le locataire associé revend toutes ses parts, il reste locataire de la société civile immobilière d'accession progressive à la propriété ou, en cas de dissolution de celle-ci, devient locataire de l'organisme d'habitations à loyer modéré.

Art. L. 443-6-6 *(L. n° 2006-872, 13 juill. 2006)*. – À la demande des locataires associés, l'associé-gérant d'une société civile immobilière régie par l'article L. 443-6-2 vend et rachète les parts sociales à leur valeur nominale non indexée.

Les parts cédées par l'associé-gérant ou par les locataires associés doivent être libres de toute sûreté.

Lors de la constitution de la société civile immobilière, l'organisme d'habitations à loyer modéré apporte la garantie d'un établissement financier ou d'une société d'assurance agréés à cet effet pour le remboursement des parts à chaque associé personne physique. Cette garantie prend la forme d'une convention de cautionnement aux termes de laquelle la caution s'oblige envers l'associé personne physique, solidairement avec l'organisme d'habitations à loyer modéré, à payer les sommes nécessaires au rachat des parts.

L'organisme d'habitations à loyer modéré, associé-gérant, peut aliéner au profit du locataire associé la totalité des parts du lot représentatif de son logement au terme d'un délai de dix ans à compter de la construction ou de l'acquisition de l'immeuble par l'organisme d'habitations à loyer modéré.

L'aliénation de la totalité des parts d'un lot avant le délai défini au quatrième alinéa du présent article peut être autorisée par décision motivée du représentant de l'État dans le département d'implantation du logement, après consultation de la commune d'implantation. Le remboursement de tout ou partie des aides accordées par l'État pour la construction, l'acquisition ou l'amélioration de ce logement est exigible selon des modalités fixées par l'autorité administrative.

Art. L. 443-6-7 *(L. n° 2006-872, 13 juill. 2006)*. – Les droits des locataires associés dans le capital social d'une société civile immobilière régie par l'article L. 443-6-2 doivent être proportionnels à la valeur des biens auxquels ils ont vocation par rapport à la valeur de l'ensemble.

Les locataires associés sont tenus de répondre aux appels de fonds en proportion de leurs droits dans le capital. Lorsque le locataire associé ne satisfait pas à cette obligation et après mise en demeure par lettre recommandée avec demande d'avis de réception restée infructueuse pendant plus de trente jours à compter du lendemain de la première présentation de la lettre recommandée au domicile de son destinataire, ses dividendes sont affectés en priorité à l'apurement de sa dette envers la société.

Par dérogation aux dispositions de l'article 1857 du Code civil, la responsabilité de l'associé personne physique est limitée à la fraction des parts acquises pour chaque lot.

Art. L. 443-6-8 *(L. n° 2006-872, 13 juill. 2006)*. – Les articles L. 214-6 à L. 214-9 sont applicables aux sociétés régies par la présente section.

Art. L. 443-6-9 *(L. n° 2006-872, 13 juill. 2006)*. – Le locataire associé ayant satisfait à toutes les obligations auxquelles il est tenu envers la société civile immobilière d'accession progressive à la propriété bénéficie, lorsqu'il a acquis la totalité des parts du lot représentatif du logement qu'il occupe, de l'attribution en propriété de ce logement.

L'attribution en propriété du logement a pour conséquence le retrait de l'intéressé de la société civile immobilière d'accession progressive à la propriété. Ce retrait est constaté par acte authentique signé par l'associé et par un représentant de l'associé-gérant.

Le retrait entraîne de plein droit :

- l'annulation des parts du lot représentatif du logement attribué ;
- la réduction corrélative du capital social ;
- les modifications des statuts rendues nécessaires par le retrait. Ces modifications sont effectuées par l'associé-gérant ;
- l'application au lot cédé du régime de la copropriété défini par la loi n° 65-557 du 10 juillet 1965 précitée ;
- la remise entre les mains de l'intéressé du règlement de copropriété et de l'état descriptif prévus à l'article L. 443-6-4.

Par dérogation aux articles L. 353-4 et L. 353-5, la convention visée à l'article L. 353-2 cesse d'être opposable à la personne physique qui a acquis le logement qu'elle occupe et aux propriétaires successifs dudit logement.

Art. L. 443-6-10 *(L. n° 2006-872, 13 juill. 2006).* – La durée d'une société civile immobilière d'accession progressive à la propriété, fixée par ses statuts, ne peut excéder vingt-cinq ans. Elle peut toutefois être prorogée par décision de l'assemblée générale statuant à la majorité des membres associés représentant au moins les deux tiers des voix.

Art. L. 443-6-11 *(L. n° 2006-872, 13 juill. 2006).* – La dissolution d'une société civile immobilière d'accession progressive à la propriété intervient au terme fixé par les statuts ou lorsque tous les logements ont été attribués en propriété. Elle peut également être dissoute par décision de l'assemblée générale statuant à la majorité des membres associés représentant au moins les deux tiers des voix.

En cas de dissolution, l'organisme d'habitations à loyer modéré, associé-gérant, est tenu de racheter les parts acquises par les associés locataires qui n'ont pas acquis la totalité des parts du lot auxquelles ils peuvent prétendre à cette date.

Art. L. 443-6-12 *(L. n° 2006-872, 13 juill. 2006).* – Lorsque l'organisme d'habitations à loyer modéré fait l'apport d'un immeuble à une société civile immobilière dans les conditions fixées par l'article L. 443-6-2, le remboursement immédiat des prêts contractés pour la construction, l'acquisition de cet immeuble ou son acquisition suivie de travaux d'amélioration n'est pas exigible, sous réserve que leur remboursement demeure garanti dans les conditions qui avaient permis leur obtention. L'organisme notifie la cession aux établissements prêteurs et aux garants.

S'agissant des sûretés personnelles, cette réserve est réputée levée à défaut d'opposition des garants dans un délai de deux mois à compter de cette notification. S'agissant des sûretés réelles, cette réserve est réputée levée si l'organisme obtient de la part de leurs bénéficiaires une modification de celles-ci. L'immeuble doit être libre de toute sûreté au moment de son apport par l'organisme d'habitations à loyer modéré à la société civile immobilière d'accession progressive à la propriété.

Art. L. 443-6-13 *(L. n° 2006-872, 13 juill. 2006).* – Un décret en Conseil d'État précise les conditions d'application de la présente section.

Section II. – Dispositions applicables aux cessions, aux transformations d'usage et aux démolitions du patrimoine immobilier

Sous-section 1. – Dispositions applicables aux éléments du patrimoine immobilier autres que les logements-foyers

(L. n° 2006-872, 13 juill. 2006)

Bibliographie : B. Wertenschlag, *La vente de logements HLM dans le projet de loi ÉLAN : AJDI* 2018, p. 424. • C. Vautrot-Schwartz et Cl. Boidé, *Pratique notariale de la vente HLM à l'épreuve de la loi ELAN : Defrénois* 2018, n° 48, p. 15. • M.-H. Louvel, *Loi ELAN et vente HLM : aperçu des principales modifications : JCP* N 2018, n° 51-52, 1373.

Art. L. 443-7 *(Mod., L. n° 2022-217, 21 févr. 2022).* – Les organismes d'habitations à loyer modéré peuvent aliéner aux bénéficiaires prévus à l'article L. 443-11 des logements ou des ensembles de logements construits ou acquis depuis plus de dix ans par un organisme d'habitations à loyer modéré. Ils peuvent proposer à ces mêmes bénéficiaires la possibilité d'acquérir ces mêmes logements au moyen d'un contrat de location-accession. Ils peuvent proposer à ces mêmes bénéficiaires la possibilité d'acquérir ces mêmes logements au moyen d'un contrat de vente d'immeuble à rénover défini aux articles L. 262-1 à L. 262-11. Lorsque les organismes sont agréés au titre de l'article L. 329-1 du Code de l'urbanisme, ils peuvent proposer à des personnes physiques la possibilité d'acquérir ces mêmes logements au moyen d'un bail réel solidaire défini à la section 1 du chapitre V du titre V du livre II du présent code, à l'exception des articles L. 255-3 et L. 255-4, après avis du représentant de l'État dans le département et du maire de la commune d'implantation rendus dans un délai de deux mois, lorsque ces logements sont situés dans une commune mentionnée aux I ou II de l'article L. 302-5. Dans ce cas, l'article L. 443-12-1 ne s'applique pas à ces contrats. La conclusion d'un tel bail est assimilée à une vente pour l'application de la présente sous-section. Ces logements doivent répondre à des normes d'habitabilité minimale fixées par décret en Conseil d'État. Ces logements doivent, en outre, répondre à des normes de performance énergétique minimale fixées par décret. Ces normes d'habitabilité et de performance énergétique minimales doivent être remplies après réalisation des travaux, lorsque les logements sont cédés dans le cadre d'un contrat de vente d'immeuble à rénover.

La décision d'aliéner est prise par l'organisme propriétaire. Elle ne peut porter sur des logements et immeubles insuffisamment entretenus. Elle ne doit pas avoir pour effet de réduire de manière excessive le parc de logements sociaux locatifs existant sur le territoire de la commune ou de l'agglomération concernée. Lorsque la commune dans laquelle se situent les logements fait l'objet d'un arrêté de carence sans avoir conclu de contrat de mixité sociale, l'organisme ne peut procéder à la vente de logements sociaux, sauf au bénéfice d'autres organismes d'habitations à loyer modéré.

La convention d'utilité sociale mentionnée à l'article L. 445-1 vaut autorisation de vendre pour les logements mentionnés dans le plan de mise en vente de la convention mentionnée au même article L. 445-1 pour la durée de la convention.

La convention d'utilité sociale mentionnée audit article L. 445-1 conclue entre l'État et un organisme d'habitations à loyer modéré vaut autorisation de vendre pour les logements mentionnés dans le plan de mise en vente de cette convention au bénéfice de la société de vente d'habitations à loyer modéré qui les a acquis auprès de l'organisme ayant conclu la convention. L'autorisation de vendre au bénéfice de la société de vente est valable pendant la durée de la convention précitée.

Si l'organisme propriétaire souhaite aliéner des logements qui ne sont pas mentionnés dans le plan de mise en vente de la convention mentionnée au même article L. 445-1, il adresse au représentant de l'État dans le département une demande d'autorisation. Le représentant de l'État dans le département consulte la commune d'implantation ainsi que les collectivités publiques qui ont accordé un financement ou leur garantie aux emprunts contractés pour la construction, l'acquisition ou l'amélioration des logements concernés. La commune émet son avis dans un délai de deux mois à compter du jour où le maire a reçu la consultation du représentant de l'État dans le département. Faute d'avis de la commune à l'issue de ce délai, l'avis est réputé favorable. En cas d'opposition de la commune qui n'a pas atteint le taux de logements sociaux mentionné à l'article L. 302-5 ou en cas d'opposition de la commune à une cession de logements sociaux qui ne lui permettrait plus d'atteindre le taux précité, la vente n'est pas autorisée. À défaut d'opposition motivée du représentant de l'État dans le département dans un délai de quatre mois, la vente est autorisée. L'autorisation est rendue caduque par la signature d'une nouvelle convention mentionnée au même article L. 445-1.

L'autorisation mentionnée au cinquième alinéa du présent article vaut autorisation de vendre au bénéfice de la société de vente d'habitations à loyer modéré qui a acquis les logements concernés auprès de l'organisme ayant reçu l'autorisation. L'autorisation de vendre au bénéfice de la société de vente est rendue caduque par la signature par l'organisme précité d'une nouvelle convention mentionnée au même article L. 445-1.

Lorsque la société de vente d'habitations à loyer modéré détient des logements pour lesquels l'autorisation de vente est devenue caduque, elle adresse au représentant de l'État dans le département une demande d'autorisation de vendre. Le représentant de l'État dans le département consulte la commune d'implantation ainsi que les collectivités publiques qui ont accordé un financement ou leur garantie aux emprunts contractés pour la construction, l'acquisition ou l'amélioration des logements concernés. La commune émet son avis dans un délai de deux mois à compter du jour où le maire a reçu la consultation du représentant de l'État dans le département. Faute d'avis de la commune à l'issue de ce délai, l'avis est réputé favorable. En cas d'opposition de la commune qui n'a pas atteint le taux de logements sociaux mentionné à l'article L. 302-5 ou en cas d'opposition de la commune à une cession de logements sociaux qui ne lui permettrait plus d'atteindre le taux précité, la vente n'est pas autorisée. À défaut d'opposition motivée du représentant de l'État dans le département dans un délai de quatre mois, la vente est autorisée. L'autorisation est caduque à l'issue d'un délai de six ans.

Lorsque la société n'a pas obtenu d'autorisation de vendre, les logements sont cédés à un organisme mentionné à l'article L. 411-2 ou à une société d'économie mixte agréée en application de l'article L. 481-1 dans un délai de six mois à compter du refus de vendre. Si la société de vente d'habitations à loyer modéré n'a pas trouvé d'acquéreur, le ministre chargé du logement peut mettre en demeure un organisme d'habitations à loyer modéré mentionné à l'article L. 411-2 ou une société d'économie mixte agréée en application de l'article L. 481-1 d'acquérir tout ou partie de ces logements.

L'opération ne peut avoir pour effet d'accroître de plus de 20 % le nombre de logements locatifs sociaux gérés par l'organisme ou la société d'économie mixte mis en demeure, sauf en cas d'accord de sa part, et ne peut pas excéder sa compétence géographique.

Une aide mentionnée au troisième alinéa de l'article L. 452-1 peut être accordée à l'organisme ou à la société mis en demeure.

En cas de désaccord constaté six mois après la mise en demeure sur le prix d'acquisition des logements, le ministre chargé du logement en fixe le prix après avis de la commission mentionnée à l'article L. 452-2-1. Les litiges relatifs à la fixation du prix sont portés devant la juridiction administrative.

Lorsqu'une métropole régie par le chapitre VII du titre Ier du livre II de la cinquième partie du Code général des collectivités territoriales ou la métropole de Lyon a pris la compétence de délivrance aux organismes d'habitations à loyer modéré des agréments d'aliénation de logements prévue au présent article, la demande d'autorisation d'aliénation pour des logements qui ne sont pas mentionnés au plan de mise en vente de la convention mentionnée à l'article L. 445-1 est transmise au président du conseil de la métropole où est situé le logement. Le président du conseil de la métropole consulte la commune d'implantation ainsi que les collectivités publiques qui ont accordé un financement ou leur garantie aux emprunts contractés pour la construction, l'acquisition ou l'amélioration des logements concernés. La commune émet son avis dans le délai de deux mois à compter du jour où le maire a reçu la consultation du président du conseil de la métropole. Faute d'avis de la commune à l'issue de ce délai, celui-ci est réputé favorable. En cas d'opposition de la commune qui n'a pas atteint le taux de logements sociaux mentionné à l'article L. 302-5 ou en cas d'opposition de la commune à une cession de logements sociaux qui ne lui permettrait plus d'atteindre le taux précité, la vente n'est pas autorisée. À défaut d'opposition motivée du président du conseil de la métropole dans un délai de quatre mois, la vente est autorisée.

Toutefois, lorsque le logement est affecté à la location saisonnière, l'autorisation d'aliéner ne peut être délivrée qu'après accord de la commune d'implantation.

En cas de non-respect de l'obligation d'autorisation de l'aliénation par le représentant de l'État dans le département ou par le président du conseil de la métropole, l'organisme vendeur est passible d'une sanction pécuniaire, dans la limite de 40 % du montant de la vente, hors frais d'acte, arrêtée par l'Agence nationale de contrôle du logement social ou le président du conseil de la métropole dans la situation prévue au cinquième alinéa du présent article.

Le conseil d'administration ou de surveillance de chaque organisme d'habitations à loyer modéré délibère annuellement sur les orientations de sa politique de vente de logements, fixe les objectifs à atteindre en nombre de logements vendus et apprécie les résultats obtenus l'année précédente, au regard du nombre de logements mis en commercialisation.

Le comité régional de l'habitat et de l'hébergement est saisi chaque année d'un rapport du représentant de l'État ou du président du conseil de la métropole dans la situation prévue au douzième alinéa portant sur la vente de logements d'habitation à loyer modéré. Ce rapport analyse si le réinvestissement des fonds provenant de la vente permet le maintien quantitatif et qualitatif de l'offre locative. Il peut émettre à cette occasion des recommandations.

Art. L. 443-8 *(Mod., L. n° 2018-1021, 23 nov. 2018)*. – Lorsque des circonstances économiques ou sociales particulières le justifient, la vente de logements locatifs ne répondant pas aux conditions d'ancienneté définies à l'article L. 443-7 peut être autorisée par décision motivée du représentant de l'État dans le département d'implantation du logement ou du président du conseil de la métropole dans la situation prévue au douzième alinéa de l'article L. 443-7, après consultation de la commune d'implantation. La décision fixe les conditions de remboursement de tout ou partie des aides accordées par l'État pour la construction, l'acquisition ou l'amélioration de ce logement.

....

Art. L. 443-14-2 *(Applicable à certaines copropriétés à compter du 1er janvier 2023 : V. annot. ss le présent texte).* **– I. – L'organisme d'habitations à loyer modéré indique par écrit à l'acquéreur, préalablement à la vente, le montant des charges locatives et, le cas échéant, de copropriété des deux dernières années, et lui transmet la liste des travaux réalisés les cinq dernières années sur les parties communes. En tant que de besoin, il fournit une liste des travaux d'amélioration des parties communes et des éléments d'équipement commun qu'il serait souhaitable d'entreprendre, accompagnée d'une évaluation du montant global de ces travaux et de la quote-part imputable à l'acquéreur.**

II. – Dans les copropriétés comportant des logements vendus en application de la présente section, la liste de travaux mentionnée au I accompagnée de l'évaluation de leur montant global font l'objet d'une présentation annuelle par le syndic devant l'assemblée générale des copropriétaires.

Lorsqu'ils sont votés par l'assemblée générale des copropriétaires, les travaux d'amélioration des parties communes et des éléments d'équipement commun donnent lieu à la constitution d'avances, selon des modalités définies par l'assemblée générale. L'organisme d'habitations à loyer modéré est dispensé de cette obligation.

Ces avances sont déposées sur un compte bancaire ou postal séparé ouvert au nom du syndicat des copropriétaires avec une rubrique particulière pour chaque copropriétaire. Le compte et les rubriques ne peuvent faire l'objet d'aucune convention de fusion, de compensation ou d'unité de compte.

(Al. mod., L. n° 2021-1104, 22 août 2021) **L'organisme d'habitations à loyer modéré est dispensé de l'obligation de versement prévue au I de l'article 14-2-1 de la loi n° 65-557 du 10 juillet 1965 fixant le statut de la copropriété des immeubles bâtis et constitue dans ses comptes une provision correspondant à celui-ci et souscrit une caution bancaire au profit du syndicat de copropriétaires. Il verse sa contribution, sur appel de fond, à la réalisation du projet de plan pluriannuel de travaux mentionné à l'article 14-2 de la même loi et des travaux décidés dans les conditions prévues au second alinéa du II du même article 14-2.**

Entrée en vigueur. L'article L. 443-14-2 dans sa nouvelle rédaction entre en vigueur :

1° Le 1er janvier 2023, pour les syndicats de copropriétaires comprenant plus de deux cents lots à usage de logements, de bureaux ou de commerces ;

2° Le 1er janvier 2024, pour les syndicats de copropriétaires comprenant un nombre de lots à usage de logements, de bureaux ou de commerces compris entre cinquante et un et deux cents ;

3° Le 1er janvier 2025, pour les syndicats de copropriétaires comprenant au plus cinquante lots à usage de logements, de bureaux ou de commerces.

Rédaction antérieure. Art. L. 443-14-2 *(L. n° 2018-1021, 23 nov. 2018). – (Reste temporairement applicable à certaine copropriété jusqu'au 31 décembre 2024 : V. commentaires ci-dessus)* I. – L'organisme d'habitations à loyer modéré indique par écrit à l'acquéreur, préalablement à la vente, le montant des charges locatives et, le cas échéant, de copropriété des deux dernières années, et lui transmet la liste des travaux réalisés les cinq dernières années sur les parties communes. En tant que de besoin, il fournit une liste des travaux d'amélioration des parties communes et des éléments d'équipement commun qu'il serait souhaitable d'entreprendre, accompagnée d'une évaluation du montant global de ces travaux et de la quote-part imputable à l'acquéreur.

II. – Dans les copropriétés comportant des logements vendus en application de la présente section, la liste de travaux mentionnée au I accompagnée de l'évaluation de leur montant global font l'objet d'une présentation annuelle par le syndic devant l'assemblée générale des copropriétaires.

Lorsqu'ils sont votés par l'assemblée générale des copropriétaires, les travaux d'amélioration des parties communes et des éléments d'équipement commun donnent lieu à la constitution d'avances, selon des modalités définies par l'assemblée générale. L'organisme d'habitations à loyer modéré est dispensé de cette obligation.

Ces avances sont déposées sur un compte bancaire ou postal séparé ouvert au nom du syndicat des copropriétaires avec une rubrique particulière pour chaque copropriétaire. Le compte et les rubriques ne peuvent faire l'objet d'aucune convention de fusion, de compensation ou d'unité de compte.

L'organisme d'habitations à loyer modéré est dispensé de l'obligation de versement prévue au II de l'article 14-2 de la loi n° 65-557 du 10 juillet 1965 fixant le statut de la copropriété des immeubles bâtis et constitue dans ses comptes une provision correspondant à celui-ci et souscrit une caution bancaire au profit du syndicat de copropriétaires. Il verse sa contribution, sur appel de fond, à la réalisation du diagnostic et des travaux prévus aux articles L. 731-1 et L. 731-2 du présent code.

Art. L. 443-15 *(Mod., L. n° 2018-1021, 23 nov. 2018).* **– En cas de vente réalisée en application de la présente section, les fonctions de syndic de la copropriété sont assurées, sauf s'il y renonce, par l'organisme vendeur tant qu'il demeure propriétaire d'au moins un logement.**

Toutefois, l'assemblée générale des copropriétaires peut désigner un autre syndic dès lors que les copropriétaires autres que l'organisme vendeur détiennent au moins 60 % des voix du syndicat.

Les fonctions de syndic de la copropriété comportant des immeubles vendus en application de la présente section peuvent être assurées par l'organisme vendeur conformément aux dispositions de la loi n° 65-557 du 10 juillet 1965 fixant le statut de la copropriété des immeubles bâtis lorsque l'organisme n'est plus propriétaire d'aucun logement.

Les dispositions du deuxième alinéa du I de l'article 22 de la loi n° 65-557 du 10 juillet 1965 précitée ne s'appliquent pas à l'organisme d'habitations à loyer modéré vendeur.

Dans les copropriétés issues de la vente de logements locatifs réalisée en application de la présente section dans lesquelles un organisme d'habitations à loyer modéré détient au moins un logement, celui-ci peut, en tant que de besoin, mettre son personnel à disposition du syndicat des copropriétaires afin d'assurer des missions de gardiennage, d'agent de propreté, d'élimination des déchets, d'entretien technique courant et de veille de bon fonctionnement des équipements communs. Cette prestation de mise à disposition de personnel bénéficie de l'exonération de taxe sur la valeur ajoutée prévue à l'article 261 B du Code général des impôts lorsque les conditions prévues par cet article sont remplies.

En cas de cession par une société de vente d'habitations à loyer modéré d'un logement qu'elle a acquis en application de l'article L. 422-4 du présent code, l'organisme ou la société d'économie mixte agréée qui en était antérieurement propriétaire assure, en lieu et place de la société de vente, les fonctions de syndic et, le cas échéant, la mise à disposition de personnel en application du présent article, sauf renoncement ou convention contraire.

1) Fonction de syndic. Dans les syndicats de copropriétaires issus de la vente de logements HLM à leurs locataires, le principe imposant que l'organisme HLM vendeur soit syndic vise à garantir les intérêts des nouveaux copropriétaires, estime une réponse ministérielle. En effet, l'organisme HLM vendeur a, en tant qu'ancien propriétaire et gestionnaire unique des immeubles dans lesquels les logements sont vendus, une bonne connaissance de ces immeubles, ainsi que de la situation des anciens locataires. De plus, le fait que l'organisme devienne syndic permet d'assurer une certaine continuité : les nouveaux copropriétaires conservent le même interlocuteur. Par ailleurs, le principe selon lequel l'organisme HLM vendeur est syndic n'est pas absolu. Ainsi, l'organisme HLM peut renoncer à la fonction ; de plus, les copropriétaires autres, dès lors qu'ils représentent au moins 60 % des voix du syndicat, peuvent décider de recourir à un autre syndic.

2) Absence de réduction des voix. Lorsque l'organisme HLM est copropriétaire majoritaire, la réduction de ses voix à la somme des voix des autres copropriétaires, prévue par l'article 22 de la loi n° 65-557 du 10 juillet 1965, ne s'applique pas. Cette disposition a donné lieu à une question prioritaire de constitutionnalité transmise au Conseil constitutionnel (▪ Cass. 3e civ., 16 mai 2014, n° 14-40.014 : *JurisData* n° 2014-009676 ; *Bull. civ.* III, n° 62 ; *Loyers et copr.* 2014, comm. 256). Le Conseil constitutionnel a déclaré les dispositions de l'article L. 443-15 du Code de la construction et de l'habitation conformes à la Constitution (▪ Cons. const., 11 juill. 2014, n° 2014-409 : *JO* 13 juill., p. 11816. – C. Coutant Lapalus, *Organismes HLM majoritaires : l'absence de réduction des voix est conforme à la constitution : Inf. rap. copr.* janv.-févr. 2015, p. 21). Les dispositions de l'article L. 443-15, alinéa 4 ne s'appliquent pas même si certains copropriétaires ont acquis sur le marché privé et non pas comme bénéficiaire au sens du titre IV du livre IV du Code de la construction et de l'habitation, et même si le règlement de copropriété n'a pas été modifié (▪ CA Paris, pôle 4, 2e ch., 3 mars 2016, n° 13/06243 : *Administrer* juin 2016, p. 39, note J.-R. Bouyeure).

Une réponse ministérielle a fait valoir que toutefois, les intérêts des minoritaires restent protégés, d'une part, par les règles de majorité requises pour certaines décisions, et d'autre part, par le contrôle du juge sur les éventuels abus. Enfin, le fait pour l'organisme HLM vendeur d'être copropriétaire des logements non vendus n'est pas incompatible en soi avec l'exercice de la fonction de syndic. Au contraire, la loi de 1965 précitée reconnaît la possibilité pour un copropriétaire d'être également syndic non professionnel dans le même syndicat. Dans ces conditions, la transparence dans les relations entre l'organisme HLM, copropriétaire et syndic, et les autres copropriétaires dans les syndicats issus de la vente de logements sociaux paraît assurée, et il n'est pas envisagé de modifier la réglementation en la matière (Rép. min. n° 46932 : *JOAN* Q 17 avr. 2012, p. 3024 ; *JCP* N 2012, n° 18, act. 505. – V. déjà Rép. min. n° 72872 : *JOAN* Q 29 juin 2010 ; *JCP* N 2010, n° 29, act. 586).

Art. L. 443-15-1-1 *(L. n° 2018-1021, 23 nov. 2018).* – Afin d'assurer l'équilibre économique et social d'un ou plusieurs ensembles d'habitations ou d'un quartier connaissant des difficultés particulières, l'organisme d'habitations à loyer modéré propriétaire peut, après accord du représentant de l'État dans le département, qui consulte la commune d'implantation, louer à toute personne physique ou morale pour des usages autres que l'habitation. Afin de contribuer aux politiques de développement social des quartiers, et notamment de ceux connaissant des difficultés particulières, un organisme d'habitations à loyer modéré peut mettre à disposition d'une association des locaux moyennant, éventuellement, le paiement des charges locatives correspondant à ces locaux.

Dans les quartiers prioritaires de la politique de la ville ou dans les territoires définis à l'article 6 de la loi n° 2003-710 du 1er août 2003 d'orientation et de programmation pour la ville et la rénovation urbaine, les organismes d'habitations à loyer modéré peuvent, après avis de la commune d'implantation, louer des locaux d'habitation situés en rez-de-chaussée, en vue d'y exercer des activités économiques. Passé le délai d'un mois à compter du jour où le maire a reçu la consultation, cet avis est réputé favorable. Le bail d'habitation de ces locaux n'est pas soumis au chapitre V du titre IV du livre Ier du Code de commerce et ne peut être un élément constitutif du fonds de commerce.

Dans ce cas, les dispositions prévues aux articles L. 311-3, L. 631-7, L. 631-7-4 et L. 631-7-5 du présent code ne s'appliquent pas.

Art. L. 443-15-2 *(Mod. à compter du 1er janvier 2020, Ord. n° 2019-418, 7 mai 2019).* – Les dispositions de la présente section s'appliquent à l'aliénation des logements acquis par des sociétés d'économie mixte en application du I de l'article L. 443-11.

Les dispositions de la présente section, à l'exception de celles de l'article L. 443-14 et de celles de la sous-section 1 *bis*, sont applicables aux logements locatifs des sociétés d'économie mixte faisant l'objet des conventions conclues en application de l'article L. 831-1 et autres que ceux mentionnés à l'alinéa précédent. En outre, le surplus des sommes perçues par la société d'économie mixte au sens du cinquième alinéa de l'article L. 443-13 est affecté au financement de programmes nouveaux de construction de logements locatifs conventionnés, à des travaux destinés à améliorer de façon substantielle un ensemble déterminé d'habitations locatives conventionnées, ou à des acquisitions de logements devant être conventionnés, en vue d'un usage locatif. Les septième et huitième alinéas du même article L. 443-13 s'appliquent aux cessions par une société d'économie mixte de logements locatifs conventionnés.

Les dispositions de la présente section, à l'exception de celles de l'article L. 443-14, sont également applicables, dans les départements d'outre-mer, à la vente des logements locatifs sociaux des sociétés d'économie mixte construits, acquis ou améliorés à l'aide de prêts aidés par l'État. En outre, le surplus des sommes perçues par la société d'économie mixte, au sens du cinquième alinéa de l'article L. 443-13, est affecté en priorité au financement de programmes nouveaux de construction de logements locatifs sociaux, à des travaux destinés à améliorer de façon substantielle un ensemble déterminé d'habitations locatives sociales ou à des acquisitions de logements en vue d'un usage locatif social. Les septième et huitième alinéas du même article L. 443-13 s'appliquent aux cessions par une société d'économie mixte de logements locatifs sociaux.

Art. L. 443-15-2-1 *(Mod., L. n° 2017-1837, 30 déc. 2017 ; L. n° 2018-1021, 23 nov. 2018 ; L. n° 2019-1479, 28 déc. 2019).* – Les dispositions de la présente section, à l'exception de celles des articles L. 443-14 et L. 443-14-1, sont applicables aux logements locatifs sociaux des collectivités territoriales faisant l'objet de conventions conclues en application de l'article L. 351-2. En outre, le surplus des sommes perçues par la collectivité territoriale au sens du cinquième alinéa de l'article L. 443-13 est affecté en priorité au financement de programmes nouveaux de construction de logements locatifs conventionnés, au développement d'une offre de places d'hébergement dans les établissements visés au 8° du I de l'article L. 312-1 du Code de l'action sociale et des familles, à des travaux destinés à améliorer de façon substantielle un ensemble déterminé de logements locatifs conventionnés, ou à des acquisitions de logements devant être conventionnés en vue d'un usage locatif. Les septième et huitième alinéas de l'article L. 443-13 du présent code s'appliquent aux cessions par une collectivité territoriale de logements locatifs conventionnés.

Les dispositions de la présente section, à l'exception de celles de l'article L. 443-14, sont également applicables, dans les départements d'outre-mer, à la vente des logements locatifs sociaux des collectivités territoriales construits, acquis ou améliorés à l'aide de subventions de l'État ou de prêts aidés par l'État. En outre, le surplus des sommes perçues par la collectivité territoriale, au sens du cinquième alinéa de l'article L. 443-13, est affecté en priorité au financement de programmes nouveaux de construction de logements locatifs sociaux, au développement d'une offre de places d'hébergement dans les établissements visés au 8° du I de l'article L. 312-1 du Code de l'action sociale et des familles, à des travaux destinés à améliorer de façon substantielle un ensemble déterminé d'habitations locatives sociales ou à des acquisitions de logements en vue d'un usage locatif social. Les septième et huitième alinéas de l'article L. 443-13 du présent code s'appliquent aux cessions par une collectivité territoriale de logements locatifs sociaux.

....

LIVRE QUATRIÈME. – HABITATIONS À LOYER MODÉRÉ

....

TITRE II. – ORGANISMES D'HABITATIONS À LOYER MODÉRÉ

CHAPITRE I. – ÉTABLISSEMENTS PUBLICS D'HABITATIONS À LOYER MODÉRÉ

Section I. – Offices publics d'aménagement et de construction

Sous-section 1. – Offices publics d'aménagement et de construction créés par transformation d'Offices publics d'habitations à loyer modéré

....

Art. *R. 421-2 *(D. n° 86-518, 14 mars 1986 ; rempl., D. n° 2008-566, 18 juin 2008 ; mod., D. n° 2019-873, 21 août 2019).* – Dans le cadre de leur objet social défini aux articles L. 421-1 à L. 421-4, les offices publics de l'habitat peuvent :

1° Gérer des immeubles appartenant à d'autres organismes d'habitations à loyer modéré ou des immeubles à usage principal d'habitation appartenant à l'État, à une collectivité territoriale ou à un groupement de collectivités territoriales, à une société d'économie mixte agréées en application de l'article L. 481-1, à des organismes à but non lucratif, à l'association agréée mentionnée à l'article L. 313-34 du Code de la construction et de l'habitation ou aux sociétés civiles immobilières dont les parts sont détenues à au moins 99 % par cette association ;

2° Réaliser des hébergements de loisirs à vocation sociale tels que des villages de vacances, des maisons familiales de vacances, des terrains aménagés de camping et de caravanage à usage locatif, des habitations légères de loisirs définies par le décret n° 80-694 du 4 septembre 1980 et des hébergements gérés par des associations de jeunesse et d'éducation populaire. Ces hébergements ne peuvent être réalisés que pour le compte d'une collectivité territoriale, d'un établissement public de coopération intercommunale ou d'un des organismes d'économie sociale énumérés au deuxième alinéa de l'article 19 *bis* de la loi n° 47-1775 du 10 septembre 1947 ou d'un comité d'entreprise.

Les organismes doivent bénéficier, pour un minimum de 30 % du prix de revient des réalisations, de fonds d'aide au tourisme sous la forme de subventions de l'État, des collectivités territoriales, des établissements publics de coopération intercommunale, de prêts aidés par l'État ou de prêts à taux privilégié consentis par le Crédit agricole SA, la Caisse des dépôts et consignations et par les organismes à caractère social énumérés à l'article 6 de l'ordonnance n° 82-283 du 26 mars 1982 ;

3° Acquérir des lots dans les copropriétés mentionnées au 5° de l'article L. 421-3. La revente de ces lots n'est pas soumise aux dispositions du chapitre III du titre IV du livre IV du présent code mais requiert l'avis préalable du directeur départemental ou, le cas échéant, régional des finances publiques. La location des lots en attente de leur revente est, par dérogation aux dispositions du titre IV du livre IV du présent code, soumise aux règles mentionnées à l'article 40 de la loi n° 89-462 du 6 juillet 1989 tendant à améliorer les rapports locatifs et portant modification de la loi n° 86-1290 du 23 décembre 1986. Toutefois, la fixation du loyer ne peut excéder les plafonds de loyers fixés en application du troisième alinéa du g du 1° du I de l'article 31 du Code général des impôts. En outre, les dispositions du I et du II de l'article 15 de la loi du 6 juillet 1989 sont applicables aux contrats de location qui prennent fin au plus tard à la revente des lots, lorsque le congé émane du bailleur.

....

TITRE IV. – RAPPORTS DES ORGANISMES D'HABITATIONS À LOYER MODÉRÉ ET DES BÉNÉFICIAIRES

....

CHAPITRE III. – ACCESSION À LA PROPRIÉTÉ ET AUTRES CESSIONS, TRANSFORMATIONS D'USAGE – DÉMOLITIONS

....

Section IV. – Accession à la propriété des associés de sociétés anonymes coopératives d'habitations à loyer modéré de location-coopérative

Art. D. 443-23. – Les associés des sociétés anonymes coopératives d'habitations à loyer modéré de location-coopérative bénéficiaires de contrats de location-coopérative conclus sous l'empire des textes en vigueur avant le 16 juillet 1971 qui optent pour l'accession à la propriété sont soumis aux dispositions de la présente section.

....

Art. D. 443-27. – Jusqu'à la signature du contrat de vente, les rapports de la société et du locataire coopérateur qui a opté pour l'acquisition de son logement continuent d'être régis par le contrat de location-coopérative ou le bail. Toutefois, le point de départ du paiement par annuités du prix d'acquisition est, au choix de la société, soit la date de réception par elle de la demande d'acquisition mentionnée à l'article L. 422-16, soit une date unique pour un ensemble de logements qui ne peut être postérieure au 31 décembre 1973.

Les sommes versées par les associés au titre de l'amortissement du capital dans les annuités d'emprunt entre le 1er janvier 1972 et le point de départ du paiement par annuités du prix d'acquisition s'imputent sur la dernière de ces annuités.

Art. D. 443-28 *(Mod., D. n° 2021-1889, 29 déc. 2021)*. – Le transfert de propriété a lieu lors de la signature du contrat de vente. Lorsque l'acquéreur n'acquitte pas le prix au comptant, la société doit inscrire son hypothèque légale spéciale du vendeur.

NB : Conformément à l'article 4 du décret n° 2021-1889 du 29 décembre 2021, ces dispositions entrent en vigueur le 1er janvier 2022.

Art. D. 443-29. – La société est tenue d'établir, avant la signature du premier contrat de vente, un règlement de copropriété conforme à un règlement type qui prévoira la possibilité de constituer un syndicat coopératif et sera arrêté par le ministre chargé de la Construction et de l'Habitation. Ce règlement comporte l'état descriptif de division de l'immeuble.

À compter de la signature du contrat de vente, le droit de propriété de l'acquéreur s'exerce dans le cadre de ce règlement.

Les acquéreurs sont tenus de participer aux charges entraînées par les services collectifs et les éléments d'équipement commun ainsi qu'à celles relatives à la conservation, à l'entretien et à l'administration des parties communes, s'il en existe, dans les conditions prévues par ce règlement.

Code de la construction et de l'habitation

Titre IV. – Rapports des organismes d'habitations à loyer modéré et des bénéficiaires

Chapitre III. – Accession à la propriété et autres cessions

Section 2. – Dispositions applicables aux cessions, aux transformations d'usage et aux démolitions d'éléments du patrimoine immobilier

Sous-section 1 *bis*. – Vente de logements à des personnes physiques avec application différée du statut de la copropriété

……………………………………………………………………………………………

Art. L. 443-15-5-1 *(Aj. à compter du 1er janvier 2020, Ord. n° 2019-418, 7 mai 2019).* – Le contrat de vente d'un logement situé dans un immeuble destiné à être soumis aux dispositions de la loi n° 65-557 du 10 juillet 1965 fixant le statut de la copropriété des immeubles bâtis conclu entre un organisme d'habitations à loyer modéré et une personne physique peut prévoir un transfert différé de la propriété de la quote-part des parties communes attachée à un ou plusieurs lots objets de ce contrat de vente, qui ne peut excéder un délai de dix ans à compter de la signature de l'acte authentique de vente du premier lot de l'immeuble. Le contrat de vente précise, notamment, la date de transfert de la propriété de la quote-part des parties communes.

Par dérogation aux dispositions des articles 1er et 1-1 de la loi du 10 juillet 1965 mentionnée ci-dessus, l'immeuble au sein duquel sont vendus les logements est soumis aux dispositions de cette même loi à compter de la date prévue pour le transfert de propriété de la quote-part des parties communes.

Toutefois, les dispositions des articles 8 et 46 de la loi du 10 juillet 1965 mentionnée ci-dessus, ainsi que les dispositions de l'article L. 721-2 relatives au règlement de copropriété et à l'état descriptif de division, sont applicables dès la conclusion de la vente.

L'organisme d'habitations à loyer modéré fait constater le transfert de la propriété de la quote-part des parties communes par acte authentique. À compter de ce transfert, le syndicat des copropriétaires est constitué, l'assemblée générale des copropriétaires est mise en place à l'initiative de l'organisme et les dispositions de l'article L. 711-2 sont applicables.

L'acte authentique constatant le transfert de propriété de la quote-part des parties communes donne lieu à publication au service chargé de la publicité foncière.

Art. L. 443-15-5-2 *(Aj. à compter du 1er janvier 2020, Ord. n° 2019-418, 7 mai 2019).* – La date du transfert de propriété de la quote-part des parties communes afférente au premier lot s'impose aux ventes subséquentes de lots situés dans le même immeuble.

Art. L. 443-15-5-3 *(Aj. à compter du 1er janvier 2020, Ord. n° 2019-418, 7 mai 2019).* – À compter de la vente et jusqu'à la date fixée en application du premier alinéa de l'article L. 443-15-5-1 :

1° L'organisme d'habitations à loyer modéré entretient les parties communes et les équipements communs et veille à leur conservation ;

2° Il supporte les dépenses nécessaires à l'entretien et la conservation des parties communes et des équipements communs et, le cas échéant, les dépenses afférentes à leur amélioration ;

3° Il ne peut prendre de décision portant atteinte à la valeur ou aux conditions de jouissance des parties communes et de celles de chacun des lots, telles qu'elles résultent du règlement de copropriété ;

4° Il fait une présentation annuelle, à l'ensemble des acquéreurs, de la gestion des parties communes et des équipements communs, des travaux qu'il envisage de réaliser sur ces mêmes parties et équipements et leur coût prévisionnel ;

5° Aucune association syndicale libre ni aucune association foncière urbaine libre ne peut être constituée aux fins de gérer les parties communes de l'immeuble.

Art. L. 443-15-5-4 *(Aj. à compter du 1er janvier 2020, Ord. n° 2019-418, 7 mai 2019).* – Si les circonstances l'exigent et à condition que l'affectation, la consistance ou la jouissance du logement n'en soient pas altérées de manière durable, l'acquéreur ne peut s'opposer à l'exécution par l'organisme d'habitations à loyer modéré, même à l'intérieur de son logement :

1° Des travaux nécessaires à la conservation de l'immeuble, à la préservation de la santé et de la sécurité physique des occupants ou aux travaux permettant d'assurer la mise en conformité des logements avec les normes de salubrité et de sécurité et d'équipements définis par les dispositions prévues pour l'application de l'article 1er de la loi n° 67-561 du 12 juillet 1967 relative à l'amélioration de l'habitat ;

2° Des travaux rendus obligatoires en vertu de dispositions législatives ou réglementaires ou d'un arrêté de police administrative relatif à la sécurité ou à la salubrité publique notifié à l'organisme d'habitations à loyer modéré.

Les travaux entraînant un accès aux logements doivent être notifiés à l'acquéreur au moins huit jours avant le début de leur réalisation, sauf impératif de sécurité ou de conservation des biens.

Les acquéreurs qui subissent un préjudice par suite de l'exécution des travaux, en raison soit d'un trouble de jouissance grave, même s'il est temporaire, soit de dégradations, ont droit à une indemnité, qui est à la charge de l'organisme d'habitations à loyer modéré.

Art. L. 443-15-5-5 *(Aj. à compter du 1er janvier 2020, Ord. n° 2019-418, 7 mai 2019).* – À compter de la vente, et jusqu'à ce qu'il devienne propriétaire de la quote-part des parties communes mentionnée à l'article L. 443-15-5-1, l'acquéreur bénéficie d'un droit d'usage réel des parties communes et des équipements communs de l'immeuble.

À ce titre, l'acquéreur verse à l'organisme vendeur une contribution aux charges en contrepartie :

1° Des services rendus liés à l'usage des parties communes et des équipements communs ;

2° Des dépenses d'entretien courant et des menues réparations sur les parties communes et les équipements communs ;

3° Des services rendus liés à l'usage des différents éléments du logement, y compris dans le cadre d'un contrat d'entreprise ou d'un contrat d'achat.

Art. L. 443-15-5-6 *(Aj. à compter du 1er janvier 2020, Ord. n° 2019-418, 7 mai 2019).* – La cession par l'acquéreur des droits qu'il tient d'une vente mentionnée à l'article L. 443-15-5-1 substitue de plein droit le cessionnaire dans les droits et obligations de l'acquéreur envers le vendeur. Ces dispositions s'appliquent à toute mutation entre vifs, volontaire ou forcée, ou à cause de mort.

Art. L. 443-15-5-7 *(Aj. à compter du 1er janvier 2020, Ord. n° 2019-418, 7 mai 2019).* – Les dispositions de la sous-section 1 de la présente section et de l'article L. 443-15-8 sont applicables au contrat de vente mentionné à l'article L. 443-15-5-1 sous réserve des dispositions particulières de la présente sous-section.

Art. L. 443-15-5-8 *(Aj. à compter du 1er janvier 2020, Ord. n° 2019-418, 7 mai 2019).* – Un décret en Conseil d'État précise les modalités d'application de la présente sous-section, notamment la liste des charges auxquelles l'acquéreur contribue en contrepartie de l'usage des parties communes et les modalités de paiement de ces charges.

Décret n° 2021-1534 du 26 novembre 2021

pris pour l'application de l'ordonnance n° 2019-418 du 7 mai 2019 relative à la vente de logements appartenant à des organismes d'habitations à loyer modéré à des personnes physiques avec application différée du statut de la copropriété

(JO 28 nov. 2021, texte n° 64)

Notice : ce décret précise la liste des charges auxquelles l'acquéreur d'un logement appartenant à un organisme d'habitations à loyer modéré avec application différée du statut de la copropriété contribue en contrepartie d'un droit d'usage réel sur les parties communes et les équipements communs de l'immeuble. Il détermine également les modalités de paiement de ces charges. Enfin, il précise les modalités de l'information des occupants d'immeubles collectifs à usage d'habitation ou à usage mixte professionnel et d'habitation équipés de dispositifs d'individualisation de frais de chauffage, sur leur consommation de chaleur, de froid et d'eau chaude sanitaire et définit le contenu de la présentation annuelle faite aux acquéreurs par cet organisme.

Références : le décret est pris en application de l'ordonnance n° 2019-418 du 7 mai 2019 relative à la vente de logements appartenant à des organismes d'habitations à loyer modéré à des personnes physiques avec application différée du statut de la copropriété. Il peut être consulté sur le site Légifrance (https://www.legifrance.gouv.fr).

ANNEXE 36

Art. 1er. – Après l'article R. 443-17 du Code de la construction et de l'habitation, il est inséré une sous-section 1 *bis* ainsi rédigée :

« Sous-section 1 *bis*

Vente de logements à des personnes physiques avec application différée du statut de la copropriété

Art. R. 443-17-1. – Au plus tard six mois avant le transfert de propriété de la quote-part des parties communes, l'organisme d'habitations à loyer modéré rappelle à l'acquéreur la date de ce transfert par lettre recommandée avec demande d'avis de réception. Le notaire qui constate le transfert de propriété de la quote-part des parties communes notifie à l'acquéreur l'acte authentique constatant ce transfert. Les frais d'acte sont à la charge de l'organisme vendeur.

Art. R. 443-17-2. – La liste des charges prévue à l'article L. 443-15-5-5 figure en annexe au présent article.

Art. R. 443-17-3. – I. – Le coût des services mentionnés au 3° de l'article L. 443-15-5-5 inclut les dépenses de personnel d'encadrement technique chargé du contrôle direct du gardien, du concierge ou de l'employé d'immeuble ; ces dépenses d'encadrement sont exigibles à concurrence de 10 % de leur montant. Lorsqu'il existe un contrat d'entreprise, l'organisme d'habitations à loyer modéré doit s'assurer que ce contrat distingue les dépenses imputables à l'acquéreur et les autres dépenses. Le coût des services assurés dans le cadre d'un contrat d'entreprise ou d'un contrat d'achat d'électricité, d'énergie calorifique ou de gaz naturel combustible, distribués par réseaux correspond à la dépense, toutes taxes comprises, acquittée par l'organisme d'habitations à loyer modéré.

Les dépenses de personnel correspondent à la rémunération et aux charges sociales et fiscales.

Le remplacement d'éléments d'équipement commun n'est considéré comme assimilable aux menues réparations que si son coût est au plus égal au coût desdites réparations.

II. – Lorsque le gardien ou le concierge d'un immeuble ou d'un groupe d'immeubles assure, conformément à son contrat de travail, l'entretien des parties communes et l'élimination des rejets, les dépenses correspondant à sa rémunération et aux charges sociales et fiscales y afférentes sont exigibles à concurrence de 75 % de leur montant, y compris lorsqu'un tiers intervient pendant les repos hebdomadaires et les congés prévus dans les clauses de son contrat de travail, ainsi qu'en cas de force majeure, d'arrêt de travail ou en raison de l'impossibilité matérielle ou physique temporaire pour le gardien ou le concierge d'effectuer seul les deux tâches.

Ces dépenses ne sont exigibles qu'à concurrence de 40 % de leur montant lorsque le gardien ou le concierge n'assure, conformément à son contrat de travail, que l'une ou l'autre des deux tâches, y compris lorsqu'un tiers intervient pendant les repos hebdomadaires et les congés prévus dans les clauses de son contrat de travail, ainsi qu'en cas de force majeure, d'arrêt de travail ou en raison de l'impossibilité matérielle ou physique temporaire pour le gardien ou le concierge d'effectuer seul cette tâche.

Un couple de gardiens ou de concierges qui assure, dans le cadre d'un contrat de travail commun, l'entretien des parties communes et l'élimination des rejets est assimilé à un personnel unique pour l'application du présent article.

Les éléments suivants ne sont pas retenus dans les dépenses mentionnées dans les deux premiers alinéas du présent II :

- le salaire en nature ;
- l'intéressement et la participation aux bénéfices de l'entreprise ;
- les indemnités et primes de départ à la retraite ;
- les indemnités de licenciement ;
- la cotisation à une mutuelle prise en charge par l'employeur ou par le comité d'entreprise ;
- la participation de l'employeur au comité d'entreprise ;
- la participation de l'employeur à l'effort de construction ;
- la cotisation à la médecine du travail.

III. – Lorsqu'un employé d'immeuble assure, conformément à son contrat de travail, l'entretien des parties communes ou l'élimination des rejets, les dépenses correspondant à sa rémunération et aux charges sociales et fiscales y afférentes sont exigibles, en totalité.

Toutefois, les éléments suivants ne sont pas retenus dans les dépenses mentionnées à l'alinéa précédent :

- le salaire en nature ;
- l'intéressement et la participation aux bénéfices de l'entreprise ;
- les indemnités et primes de départ à la retraite ;
- les indemnités de licenciement ;

- la cotisation à une mutuelle prise en charge par l'employeur ou par le comité d'entreprise ;
- la participation de l'employeur au comité d'entreprise ;
- la participation de l'employeur à l'effort de construction ;
- la cotisation à la médecine du travail.

Art. R. 443-17-4. – La contribution aux charges mentionnée à l'article L. 443-15-5-5 est réglée mensuellement à terme à échoir.

Cette contribution peut donner lieu au versement de provisions et doit, en ce cas, faire l'objet d'une régularisation annuelle. La demande de provisions est justifiée par la communication de résultats antérieurs arrêtés lors de la précédente régularisation ou par le budget prévisionnel.

Un mois avant cette régularisation, l'organisme d'habitations à loyer modéré communique à l'acquéreur le décompte par nature de charges ainsi que le mode de répartition entre les acquéreurs et, le cas échéant, une note d'information sur les modalités de calcul des charges de chauffage et de production d'eau chaude sanitaire collectifs. Durant six mois à compter de l'envoi de ce décompte, les pièces justificatives sont tenues à la disposition des acquéreurs. À la demande de l'acquéreur, l'organisme d'habitations à loyer modéré transmet également le récapitulatif des charges qui lui sont imputables par voie dématérialisée ou par voie postale.

Lorsque la régularisation des charges n'a pas été effectuée avant le terme de l'année civile suivant l'année de leur exigibilité, le paiement par l'acquéreur est effectué par douzième, s'il en fait la demande.

Avant le transfert de la propriété de la quote-part de parties communes, l'organisme procède à un arrêté des comptes provisoire de l'immeuble pour l'année en cours, à la date du transfert, dans l'attente de l'arrêté annuel. La régularisation définitive des sommes restant dues par l'acquéreur à l'organisme et des sommes dûment justifiées dont celui-ci pourrait être tenu en lieu et place de l'acquéreur, sont effectuées dans le mois qui suit l'approbation définitive des comptes de l'immeuble.

Art. R. 443-17-5. – Lorsque l'immeuble est équipé d'une installation centrale de chauffage, de froid ou d'eau chaude sanitaire et est muni des dispositifs d'individualisation des frais télé-relevables prévus à l'article L. 174-2, l'organisme d'habitations à loyer modéré transmet à l'acquéreur une évaluation de la consommation de chaleur, de froid et d'eau chaude sanitaire de son local privatif, selon les modalités prévues à l'article R. 174-12.

Lorsque la contribution aux charges mentionnée à l'article L. 443-15-5-5 ne donne pas lieu au versement de provisions et ne fait pas l'objet d'une régularisation annuelle, l'information prévue à l'alinéa précédent est communiquée à l'acquéreur à l'occasion de la présentation annuelle prévue à l'article L. 443-15-5-3.

Art. R. 443-17-6. – Pour l'application du 4° de l'article L. 443-15-5-3, l'organisme d'habitations à loyer modéré informe les acquéreurs :

1° Des principaux contrats qui permettent d'assurer la maintenance, le fonctionnement et l'administration des parties communes et des éléments d'équipement commun de l'immeuble ;

2° Des principales charges courantes de maintenance, de fonctionnement et d'administration des parties communes et équipements communs pour l'année échue ;

3° Des travaux qu'il a réalisés sur les parties communes et les éléments d'équipement commun de l'immeuble lors de l'année échue et de ceux qu'il prévoit de réaliser durant l'année en cours.

Au plus tard un an avant le transfert de propriété de la quote-part des parties communes, il informe l'acquéreur des travaux de conservation ou d'amélioration des parties communes et des éléments d'équipement commun qu'il serait souhaitable d'entreprendre dans les dix prochaines années, en joignant une évaluation du montant global de ces travaux. »

ANNEXE

À L'ARTICLE R. 443-17-2 DU CODE DE LA CONSTRUCTION ET DE L'HABITATION

I. – Ascenseurs et monte-charges.

1. Dépenses d'électricité.

2. Dépenses d'exploitation, d'entretien courant, de menues réparations :

a) Exploitation :

Visite périodique, nettoyage et graissage des organes mécaniques ;

Examen semestriel des câbles et vérification annuelle des parachutes ;

Nettoyage annuel de la cuvette, du dessus de la cabine et de la machinerie ;

Dépannage ne nécessitant pas de réparations ou fournitures de pièces ;

Tenue d'un dossier par l'entreprise d'entretien mentionnant les visites techniques, incidents et faits importants touchant l'appareil.

b) Fournitures relatives à des produits ou à du petit matériel d'entretien (chiffons, graisses et huiles nécessaires) et aux lampes d'éclairage de la cabine.

c) Menues réparations :

De la cabine (boutons d'envoi, paumelles de portes, contacts de portes, ferme-porte automatiques, coulisseaux de cabine, dispositif de sécurité de seuil et cellule photo-électrique) ;

Des paliers (ferme-porte mécaniques, électriques ou pneumatiques, serrures électromécaniques, contacts de porte et boutons d'appel) ;

Des balais du moteur et fusibles.

II. - Eau froide, eau chaude et chauffage collectif des parties privatives et des parties communes.

1. Dépenses relatives :

À l'eau froide et chaude des parties privatives ;

À l'eau nécessaire à l'entretien courant des parties communes du ou desdits bâtiments, y compris la station d'épuration ;

À l'eau nécessaire à l'entretien courant des espaces extérieurs ;

Les dépenses relatives à la consommation d'eau incluent l'ensemble des taxes et redevances ainsi que les sommes dues au titre de la redevance d'assainissement, à l'exclusion de celles auxquelles le bailleur est astreint en application de l'article L. 1331-8 du Code de la santé publique ;

Aux produits nécessaires à l'exploitation, à l'entretien et au traitement de l'eau ;

À l'électricité ;

Au combustible ou à la fourniture d'énergie quelle que soit sa nature.

2. Dépenses d'exploitation, d'entretien courant et de menues réparations :

a) Exploitation et entretien courant :

Nettoyage des gicleurs, électrodes, filtres et clapets des brûleurs ;

Entretien courant et graissage des pompes de relais, jauges, contrôleurs de niveau ainsi que des groupes motopompes et pompes de puisards ;

Graissage des vannes et robinets et réfection des presse-étoupes ;

Remplacement des ampoules des voyants lumineux et ampoules de chaufferie ;

Entretien et réglage des appareils de régulation automatique et de leurs annexes ;

Vérification et entretien des régulateurs de tirage ;

Réglage des vannes, robinets et tés ne comprenant pas l'équilibrage ;

Purge des points de chauffage ;

Frais de contrôles de combustion ;

Entretien des épurateurs de fumée ;

Opérations de mise en repos en fin de saison de chauffage, rinçage des corps de chauffe et tuyauteries, nettoyage des chaufferies y compris leurs puisards et siphons, ramonage des chaudières, carneaux et cheminées ;

Conduite du chauffage ;

Frais de location, d'entretien et de relevé des compteurs généraux et individuels ;

Entretien de l'adoucisseur, du détartreur d'eau, du surpresseur et du détendeur ;

Contrôles périodiques visant à éviter les fuites de fluide frigorigène des pompes à chaleur ;

Vérification, nettoyage et graissage des organes des pompes à chaleur ;

Nettoyage périodique de la face extérieure des capteurs solaires ;

Vérification, nettoyage et graissage des organes des capteurs solaires.

b) Menues réparations dans les parties communes ou sur des éléments d'usage commun :

Réparation de fuites sur raccords et joints ;

Remplacement des joints, clapets et presse-étoupes ;

Rodage des sièges de clapets ;

Menues réparations visant à remédier aux fuites de fluide frigorigène des pompes à chaleur ;

Recharge en fluide frigorigène des pompes à chaleur.

III. - Parties communes intérieures au bâtiment ou à l'ensemble de bâtiments d'habitation.

1. Dépenses relatives :

À l'électricité ;

Aux fournitures consommables, notamment produits d'entretien, balais et petit matériel assimilé nécessaires à l'entretien de propreté, sel.

2. Exploitation et entretien courant, menues réparations :
a) Entretien de la minuterie, pose, dépose et entretien des tapis ;
b) Menues réparations des appareils d'entretien de propreté tels qu'aspirateur.
3. Entretien de propreté (frais de personnel).
IV. – Espaces extérieurs au bâtiment ou à l'ensemble de bâtiments d'habitation.
(Voies de circulation, aires de stationnement, abords et espaces verts, aires et équipements de jeux).
1. Dépenses relatives :
À l'électricité ;
Aux fournitures consommables utilisées dans l'entretien courant : ampoules ou tubes d'éclairage, engrais, produits bactéricides et insecticides, produits tels que graines, fleurs, plants, plantes de remplacement à l'exclusion de celles utilisées pour la réfection de massifs, plates-bandes ou haies.
2. *a)* Exploitation et entretien courant :
Opérations de coupe, désherbage, sarclage, ratissage, nettoyage et arrosage concernant :
Les allées, aires de stationnement et abords ;
Les espaces verts (pelouses, massifs, arbustes, haies vives, plates-bandes ;
Les aires de jeux ;
Les bassins, fontaines, caniveaux, canalisations d'évacuation des eaux pluviales ;
Entretien du matériel horticole ;
Remplacement du sable des bacs et du petit matériel de jeux.
b) Peinture et menues réparations des bancs de jardin et des équipements de jeux et grillages.
V. – Hygiène.
1. Dépenses de fournitures consommables :
Sacs en plastique et en papier nécessaires à l'élimination des rejets ;
Produits relatifs à la désinsectisation et à la désinfection, y compris des colonnes sèches de vide-ordures.
2. Exploitation et entretien courant :
Entretien et vidange des fosses d'aisance ;
Entretien des appareils de conditionnement des ordures.
3. Élimination des rejets (frais de personnel).
VI. – Équipements divers du bâtiment ou de l'ensemble de bâtiments d'habitation.
1. Fourniture d'énergie nécessaire à la ventilation mécanique.
2. Exploitation et entretien courant :
Ramonage des conduits de ventilation ;
Entretien de la ventilation mécanique ;
Entretien des dispositifs d'ouverture automatique ou codée et des interphones ;
Visites périodiques à l'exception des contrôles réglementaires de sécurité, nettoyage et graissage de l'appareillage fixe de manutention des nacelles de nettoyage des façades vitrées.
VII. – Impositions et redevances.
Taxe ou redevance d'enlèvement des ordures ménagères.

Bibliographie : *V. sur le sujet de la vente de logements à des personnes physiques avec application différée du statut de la copropriété.* C. Coutant-Lapalus, *La vente de logements sociaux et l'application progressive de la copropriété : l'ordonnance est parue : Loyers et copr.* 2019, alerte 43. • D. Tomasin et B. Wertenschlag, *Le transfert différé des parties communes dans la vente de logements appartenant à des organismes d'HLM : AJDI* 2019, p. 514. • M.-H. Nouvel, *32 logements HLM : les dispositions pour une application différée du statut de la copropriété : JCP* N 2019, n° 21, Act. 83. • V. Zalewski-Sicard, *Vente avec application différée du statut de la copropriété : Constr.-Urb.* 2022, formule 1. • *Lexis Pratique Vente d'immeuble* 2021-2022, n°s 4655 et s.

ANNEXE 36-1

HYPOTHÈQUES LÉGALES DU SYNDICAT

I. - Hypothèque légale de l'article 19 de la loi du 10 juillet 1965 .... p. 1285
II. - Hypothèque légale spéciale de l'article 2402, 3° du Code civil .... p. 1286
A. – Textes .... p. 1286
B. – Commentaires .... p. 1286

Incidences de la réforme des sûretés. La réforme des sûretés opérée par l'ordonnance n° 2021-1192 du 15 septembre 2021, applicable à compter du 1er janvier 2022, a modifié la physionomie des garanties offertes au syndicat de copropriétaires pour le recouvrement de ses créances.

• Avant cette réforme, le syndicat bénéficiait d'une double garantie :

– une hypothèque légale, résultant de l'article 19 de la loi du 10 juillet 1965 portant statut de la copropriété ;

– un privilège immobilier résultant de l'article 2374, 1° *bis* ancien du Code civil. Ce privilège ne jouait qu'en cas de vente de lots. Il était dispensé d'inscription et avait donc un caractère occulte (V. Ann. « Privilège immobilier du syndicat »).

• Après la réforme des sûretés, la situation s'est modifiée :

– le syndicat de copropriétaires bénéficie toujours de l'hypothèque légale résultant de l'article 19 de la loi du 10 juillet 1965 qui peut être inscrite à tout moment et qui porte « sur le lot du copropriétaire débiteur » ;

– le privilège immobilier dont bénéficiait le syndicat a été supprimé (V. F. Bérenger, *Brefs propos sur la disparition du privilège du syndicat des copropriétaires : Administrer* janv. 2022, p. 17). Il a été remplacé par une hypothèque légale spéciale résultant de l'article 2402, 3° du Code civil. Cette hypothèque légale ne s'exerce, comme l'ancien privilège immobilier, qu'en cas de vente d'un lot de copropriété et ne porte que « sur le lot vendu ».

I. – HYPOTHÈQUE LÉGALE DE L'ARTICLE 19 DE LA LOI DU 10 JUILLET 1965

Renvoi. V. au sujet de cette hypothèque, le commentaire de l'article 19 de la loi du 10 juillet 1965 dans le corps du présent code.

II. – HYPOTHÈQUE LÉGALE SPÉCIALE DE L'ARTICLE 2402, 3° DU CODE CIVIL

A. – TEXTES

Code civil

Art. 2402 ***(Mod. à compter du 1er janvier 2022, Ord. n° 2021-1192, 15 sept. 2021).*** **– Outre celles prévues par des lois spéciales, les créances auxquelles une hypothèque légale spéciale est attachée sont les suivantes :**

[...]

3° Les créances de toute nature du syndicat des copropriétaires relatives à l'année courante ainsi qu'aux quatre dernières années échues sont garanties sur le lot vendu du copropriétaire débiteur ;

Art. 2418 ***(Mod. à compter du 1er janvier 2022, Ord. n° 2021-1192, 15 sept. 2021).*** **– Les hypothèques légales, judiciaires et conventionnelles n'ont rang que du jour de leur inscription prise au fichier immobilier, dans la forme et de la manière prescrites par la loi.**

Par exception, l'hypothèque prévue au 3° de l'article 2402 est dispensée d'inscription. Elle prime toutes les autres hypothèques pour l'année courante et pour les deux dernières années échues. Elle vient en concours avec l'hypothèque du vendeur et du prêteur de deniers pour les années antérieures.

[...]

Loi n° 65-557 du 10 juillet 1965

fixant le statut de la copropriété des immeubles bâtis

Art. 19-1 ***(Mod. à compter du 1er janvier 2022, Ord. n° 2021-1192, 15 sept. 2021).*** **– Toutes les créances mentionnées au premier alinéa de l'article 19 sont garanties par l'hypothèque légale prévue à l'article 2402 du Code civil.**

Art. 20 ***(Mod., Ord. n° 2019-964, 18 sept. 2019).*** **– I. - Lors de la mutation à titre onéreux d'un lot, et si le vendeur n'a pas présenté au notaire un certificat du syndic ayant moins d'un mois de date, attestant qu'il est libre de toute obligation à l'égard du syndicat, avis de la mutation doit être donné par le notaire au syndic de l'immeuble par lettre recommandée avec avis de réception dans un délai de quinze jours à compter de la date du transfert de propriété. Avant l'expiration d'un délai de quinze jours à compter de la réception de cet avis, le syndic peut former au domicile élu, par acte extrajudiciaire, opposition au versement des fonds dans la limite ci-après pour obtenir le paiement des sommes restant dues par l'ancien propriétaire [...].**

[...] L'opposition régulière vaut au profit du syndicat mise en œuvre du privilège mentionné à l'article 19-1.

NB : Ce texte n'a pas été actualisé après la réforme des sûretés. Il faut lire : « mise en œuvre de l'hypothèque légale spéciale prévue à l'article 2402 du Code civil ».

Conformément à l'article 36 de l'ordonnance n° 2019-964 du 18 septembre 2019, ces dispositions entrent en vigueur au 1er janvier 2020.

B. – COMMENTAIRES

Bibliographie : J. Lafond, *L'hypothèque légale spéciale du syndicat de copropriétaires : JCP* N 2023, 1056, n° 12.

1) Créances garanties par l'hypothèque légale spéciale. L'hypothèque légale prévue à l'article 2402, 3° du Code civil garantit « toutes les créances mentionnées au premier alinéa de l'article 19 (L. 10 juill. 1965, art. 19-1), c'est-à-dire « les créances de toute nature du syndicat à l'encontre de chaque copropriétaire, qu'il s'agisse de provision ou de paiement définitif » (L. 10 juill. 1965, art. 19, al. 1er).

2) Caractère occulte de la garantie. Comme l'ancien privilège immobilier du syndicat, l'hypothèque légale spéciale de l'article 2402, 3° a un caractère occulte (C. civ., art. 2418, al. 2). Elle est dispensée d'inscription.

3) Mise en œuvre de la garantie. L'hypothèque légale spéciale ne s'exerce que « sur le lot vendu du copropriétaire débiteur » (C. civ., art. 2402, 3°) et donc seulement à l'occasion d'une vente. Comme dans le cas de l'ancien privilège immobilier du syndicat, le syndicat doit se manifester et faire valoir sa créance selon les modalités prévues par l'article 20 de la loi du 10 juillet 1965 et donc par une « opposition régulière ».

– si tel est le cas, les créances de toute nature du syndicat des copropriétaires relatives à l'année courante ainsi qu'aux quatre dernières années échues seront garanties sur le prix de vente du lot (C. civ., art. 2402, 3°). Le syndicat primera toutes les autres hypothèques pour l'année courante et pour les deux dernières années échues. Il viendra en concours avec l'hypothèque du vendeur et du prêteur de deniers pour les années antérieures (C. civ., art. 2418, al. 2).

– en l'absence d'opposition, ou d'opposition régulière, le syndicat ne pourra pas invoquer le bénéfice de l'hypothèque spéciale. Il sera donc dans la situation d'un créancier chirographaire. Tel était déjà le cas pour l'ancien « privilège immobilier » du syndicat de copropriétaires. Si l'opposition n'était pas valablement signifiée, pour des raisons de forme ou de fond (opposition par lettre, faite hors délai, opposition ne comportant pas les diverses mentions exigées par la loi, etc.), le syndicat ne pouvait plus se prévaloir du caractère privilégié de sa créance (▪ Cass. 3e civ., 15 déc. 2004 : *Bull. civ.* III, n° 244 ; *Loyers et copr.* 2005, comm. 40, note G. Vigneron ; *Rev. loyers* 2005, p. 168, note P. Dechelette-Tolot ; *Administrer* mars 2005, p. 39, note J.-R. Bouyeure). Ainsi, l'opposition au paiement du prix de vente d'un lot qui énonçait de façon insuffisante les causes et le montant des créances du syndicat ne permettait pas à celui-ci de bénéficier du privilège (▪ Cass. 3e civ., 27 nov. 2013, n° 12-27.385 : *JurisData* n° 2013-027317 ; *Bull. civ.* III, n° 152 ; *JCP* N 2014, n° 4, 1051, note S. Piédelièvre. ▪ Cass. 3e civ., 3 nov. 2011, n° 10-20.182 : *JurisData* n° 2011-023820 ; *Bull. civ.* III, n° 179 ; *Loyers et copr.* 2012, n° 26, obs. G. Vigneron ; *Administrer* janv. 2012, p. 72, obs. J.-R. Bouyeure ; *AJDI* 2012, p. 678, note D. Tomasin. ▪ Cass. 3e civ., 25 oct. 2006 : *JCP* G 2007, IV, 3232 ; *Loyers et copr.* 2007, comm. 17, obs. G. Vigneron ; *Rev. loyers* 2007, p. 44, note J.-M. Gélinet ; *Administrer* janv. 2007, p. 57, obs. J.-R. Bouyeure).

Bibliographie : Sur les précautions à prendre pour la rédaction de l'acte d'opposition : V. J. Lafond, *Créances du syndicat et opposition sur vente de lots de copropriété (avec formule)* : *Loyers et copr.* 2023, formule 1.

ANNEXE 37

HUISSIER (COMMISSAIRE) DE JUSTICE

L'article L. 111-6-6 du Code de la construction et de l'habitation, issu de la loi n° 2010-1609 du 22 décembre 2010, avait posé le principe d'une autorisation d'accès des huissiers de justice aux parties communes des immeubles d'habitation, pour les besoins de la signification de leurs actes. Il a fallu attendre près de 10 ans pour que le décret d'application de ce texte soit publié (D. n° 2019-650, 27 juin 2019). Ses dispositions ont été codifiées sous les articles R. 111-17-1 à R. 111-17-3 du Code de la construction et de l'habitation, devenus articles R. 126-5 à R. 126-7 de ce même code.

NB : À compter du 1er juillet 2022, les huissiers de justice deviennent des « commissaires de justice ».

Code de la construction et de l'habitation

Art. L. 126-14 *(Mod., L. n° 2024-322, 9 avr. 2024).* **– Le propriétaire ou, en cas de copropriété, le syndicat des copropriétaires représenté par le syndic permet aux commissaires de justice d'accéder, pour l'accomplissement de leurs missions de signification, d'exécution ou d'affichage, aux parties communes des immeubles d'habitation, dans des conditions fixées par décret en Conseil d'État.**

Les commissaires de justice ont accès aux boîtes aux lettres particulières selon les mêmes modalités que les agents chargés de la distribution au domicile agissant pour le compte des opérateurs mentionnés à l'article L. 126-12.

....

Art. R. 126-5 *(Aj., D. n° 2021-872, 30 juin 2021).* **– Pour l'application de l'article L. 126-14, lorsque les parties communes d'un bâtiment d'habitation ne sont pas accessibles librement depuis la voie publique, l'huissier de justice, ou le clerc assermenté, adresse, par tout moyen, une demande d'accès à celles-ci au propriétaire ou, en cas de copropriété, au syndic représentant le syndicat des copropriétaires concerné en justifiant de son identité, de sa qualité professionnelle ainsi que de la mission de signification ou d'exécution qui lui a été confiée.**

Art. R. 126-6 *(Aj., D. n° 2021-872, 30 juin 2021).* **– Le propriétaire ou, en cas de copropriété, le syndic représentant le syndicat des copropriétaires concerné, remet à l'huissier de justice ou au clerc assermenté un moyen matériel d'accès aux parties communes ou lui adresse les codes lui permettant d'y accéder pour l'accomplissement de sa mission de signification ou d'exécution.**

La remise ou la transmission des moyens d'accès au bâtiment intervient dans un délai maximal de cinq jours ouvrables à compter de la réception de la demande, contre récépissé ou par tout autre moyen propre à établir la preuve de la remise ou de la transmission et la date à laquelle celle-ci a eu lieu.

Art. R. 126-7 *(Aj., D. n° 2021-872, 30 juin 2021).* **– Lorsqu'un moyen matériel d'accès aux parties communes lui a été remis en application de l'article R. 126-6, l'huissier de justice ou le clerc assermenté le restitue, sans délai et contre récépissé, au propriétaire ou, en cas de copropriété, au syndic représentant le syndicat des copropriétaires concerné, après accomplissement de sa mission de signification ou d'exécution.**

1) Cadre de l'intervention du commissaire de justice. Les autorisations d'accès des commissaires de justice aux parties communes ne peuvent être données par le syndic (art. L. 126-14, al. 1er) que dans les cas suivants :

– pour l'accomplissement de leurs missions de signification, d'exécution ou d'affichage (ce qui, si l'on prend le texte à la lettre, n'englobe pas les constats…) ;

– et seulement dans les immeubles « d'habitation ». Si le texte ne peut manifestement pas s'appliquer dans le cas d'immeubles à usage professionnel ou à usage commercial ou « d'activités », on peut se demander ce qu'il en est lorsqu'il est à usage mixte professionnel ou commercial et d'habitation. Si l'on prend le texte à la lettre, il ne serait pas alors applicable.

– il faut également que les parties communes de l'immeuble ne soient pas accessibles depuis la voie publique (CCH, art. R. 126-5).

2) Demande du commissaire de justice. Si les conditions posées par les textes sont remplies, le commissaire de justice (ou un clerc assermenté) doit adresser une demande au syndic de copropriété « par tout moyen ». Il est souhaitable que le commissaire de justice conserve une trace de cette demande (et qu'elle ne soit pas purement verbale…) en cas de conflit, d'autant que la demande fait courir un délai de 5 jours ouvrables imparti au syndic pour y donner suite. Le commissaire de justice doit justifier « de son identité, de sa qualité professionnelle ainsi que de la mission de signification ou d'exécution qui lui a été confiée ».

À la suite de cette demande le syndic, s'il estime que les conditions posées par les textes sont remplies, doit remettre au commissaire de justice ou au clerc assermenté un moyen matériel d'accès aux parties communes ou, le cas échéant, lui adresser les codes lui permettant d'y accéder (art. R. 126-6).

3) Restitution des moyens d'accès au syndic. Lorsqu'un moyen matériel d'accès aux parties communes lui a été remis (clés, pass…), le commissaire l'huissier de justice ou le clerc assermenté doit les restituer au syndic après accomplissement de sa mission « sans délai et contre récépissé » (art. R. 126-7).

4) Accès aux boîtes aux lettres. Les commissaires de justice ont également accès aux boîtes aux lettres particulières selon les mêmes modalités que les agents chargés de la distribution au domicile agissant pour le compte des opérateurs mentionnés à l'article L. 126-12 (CCH, art. L. 126-14, al. 2. – V, art. L. 126-12 à l'annexe « Surveillance et sécurité des immeubles »).

ANNEXE 38

IMMATRICULATION DES SYNDICATS DE COPROPRIÉTAIRES

Bibliographie : P. Battistini, *Présentation de l'arrêté du 10 octobre 2016 relatif au traitement de données concernant l'immatriculation des syndicats de copropriétaires : LPA* 22 déc. 2016, p. 7. • F. Bayard-Jammes, *L'immatriculation des syndicats de copropriétaires : Inf. rap. copr.* nov. 2016, p. 43. • J. Lafond, *Immatriculation des syndicats de copropriétaires : le rôle du notaire : JCP* N 2016, n° 38, 1279. • J.-M. Roux, *L'immatriculation des syndicats de copropriétaires : Inf. rap. copr.* avr. 2014, p. 11. • J.-M. Roux, *Fonctionnement des copropriétés : Loyers et copr.* mai 2014, n° spécial « Loi ALUR », étude 3. • N. Le Rudulier, *L'immatriculation des copropriétés : AJDI* 2016, p. 822. • B. Balivet, *Immatriculation du syndicat des copropriétaires : une réforme, des réformes à parfaire : BPIM* 6/2017, n° 381. • J.-M. Roux, *L'administrateur provisoire et l'immatriculation du syndicat des copropriétaires : Inf. rap. copr.* avr. 2008, Cahiers des copropriétés en difficulté.

NB : Le registre d'immatriculation est tenu par l'Agence nationale de l'habitat (ANAH), dont le site Internet est accessible depuis le 1er novembre 2016 (www.registre-copropriétés.gouv.fr).

Code de la construction et de l'habitation

LIVRE VII. – IMMEUBLES RELEVANT DU STATUT DE LA COPROPRIÉTÉ
(Livre aj., L. n° 2014-366, 24 mars 2014)

TITRE Ier. – IDENTIFICATION DES IMMEUBLES RELEVANT DU STATUT DE LA COPROPRIÉTÉ

CHAPITRE UNIQUE. – DE L'IMMATRICULATION DES SYNDICATS DE COPROPRIÉTAIRES

Art. L. 711-1 ***(Mod., L. n° 2017-86, 27 janv. 2017).*** **– Afin de faciliter la connaissance des citoyens et des pouvoirs publics sur l'état des copropriétés et la mise en œuvre des actions destinées à prévenir la survenance des dysfonctionnements, il est institué un registre auquel sont immatriculés les syndicats de copropriétaires définis à l'article 14 de la loi n° 65-557 du 10 juillet 1965 fixant le statut de la copropriété des immeubles bâtis, qui administrent des immeubles à destination partielle ou totale d'habitation.**

Art. L. 711-2 ***(Mod., L. n° 2024-322, 9 avr. 2024).*** **– I. – Les syndicats de copropriétaires sont tenus de déclarer les données mentionnées au présent article ainsi que toute modification les concernant.**

II. – Figurent au registre :

1° Le nom, l'adresse, la date de création du syndicat, le nombre et la nature des lots qui composent la copropriété ainsi que, le cas échéant, le nom du syndic ;

2° Si le syndicat fait l'objet d'une procédure prévue aux articles 29-1 A ou 29-1 de la loi n° 65-557 du 10 juillet 1965 fixant le statut de la copropriété des immeubles bâtis ou à l'article L. 615-6 du présent code ;

3° Si le syndicat fait l'objet d'un arrêté pris en application du chapitre Ier du titre Ier du livre V du présent code.

III. – Figurent également au registre les principales données concernant la copropriété devant permettre :

1° De connaître la situation financière de la copropriété ;

2° De connaître les caractéristiques techniques des immeubles constituant la copropriété, notamment celles prévues dans les diagnostics obligatoires ;

3° Aux services de l'État et aux collectivités territoriales de mettre en œuvre les dispositifs de repérage et d'accompagnement des copropriétés en difficulté ;

4° D'informer de l'existence d'un dépôt de plainte ou d'une condamnation sur le fondement de l'article 225-14 du Code pénal ou de l'article 3-4 de la loi n° 89-462 du 6 juillet 1989 tendant à améliorer les rapports locatifs et portant modification de la loi n° 86-1290 du 23 décembre 1986 ou d'un refus d'autorisation préalable de mise en location d'un logement sur le fondement de l'article L. 635-3 du présent code, si le syndic en a connaissance.

IV. – Les informations mentionnées au II sont portées à la connaissance du public. Un décret en Conseil d'État, pris après avis de la Commission nationale de l'informatique et des libertés, précise les conditions de publicité des informations mentionnées aux II et III du présent article ainsi que les conditions de consultation du registre.

1) **Observation.** Le paragraphe III de ce texte a été modifié par la loi du 9 avril 2024 qui propose une formulation plus synthétique. La rédaction précédente avait le mérite de donner le détail précis des renseignements à fournir. Nous en rappelons le texte pour mémoire. Devaient figurer au registre :

1° À l'issue de chaque exercice comptable, les données essentielles relatives à la gestion et aux comptes du syndicat, issues notamment du budget prévisionnel, des comptes du syndicat et de leurs annexes ;

2° *(Al. mod. à compter du 1er janvier 2023, L. n° 2021-1104, 22 août 2021)* Les données essentielles relatives au bâti issues, le cas échéant, du carnet d'entretien et du projet de plan pluriannuel de travaux mentionné à l'article 14-2 de la loi n° 65-557 du 10 juillet 1965 précitée ou du diagnostic technique global réalisé en application de l'article L. 731-1, dès lors que celles-ci ne sont pas déjà fournies par les services fiscaux au teneur du registre, qui est autorisé à les utiliser pour la mise en œuvre des objectifs mentionnés à l'article L. 711-1.

Ces obligations pouvaient faire l'objet d'une adaptation à la situation particulière des syndicats mentionnés au deuxième alinéa de l'article 14-3 de la loi n° 65-557 du 10 juillet 1965 précitée.

2) **Entrée en vigueur.** L'article L. 711-2, dans sa rédaction précédente, était entré en vigueur :

1° Le 1er janvier 2023, pour les syndicats de copropriétaires comprenant plus de deux cents lots à usage de logements, de bureaux ou de commerces ;

2° Le 1er janvier 2024, pour les syndicats de copropriétaires comprenant un nombre de lots à usage de logements, de bureaux ou de commerces compris entre cinquante et un et deux cents ;

3° Le 1er janvier 2025, pour les syndicats de copropriétaires comprenant au plus cinquante lots à usage de logements, de bureaux ou de commerces *(L. n° 2021-1104, 22 août 2021, art. 171, VI)*.

Art. L. 711-3 *(Mod., L. n° 2017-86, 27 janv. 2017)*. **– Pour la mise en œuvre des politiques de l'habitat et de lutte contre l'habitat indigne et les copropriétés dégradées, l'État, les collectivités territoriales et leurs groupements obtiennent, à leur demande, du teneur du registre communication des informations du registre relatives aux copropriétés situées sur leur territoire.**

Pour faciliter l'information des acquéreurs de lots de copropriété et accomplir la mission qui leur est confiée en application de l'article L. 711-5, les notaires ont accès à l'ensemble des données du registre mentionné au premier alinéa du présent article.

NB : Sur l'entrée en vigueur du texte, V. ci-dessous l'article 53 de la loi n° 2014-366 du 24 mars 2014.

Art. L. 711-4 *(Aj., L. n° 2014-366, 24 mars 2014)*. **– I. – Pour les immeubles mis en copropriété, le notaire chargé de publier au fichier immobilier et au livre foncier l'état descriptif de division et le règlement de copropriété fait la déclaration d'immatriculation du syndicat de copropriétaires.**

II. – À l'exception du cas mentionné au I, le syndic fait la déclaration d'immatriculation.

Le syndic accomplit les formalités de déclaration et de modification des données prévues à l'article L. 711-2.

III. – Le dépôt du dossier d'immatriculation, les modifications qui y sont apportées ainsi que la transmission des données prévues au même article L. 711-2 sont dématérialisés.

NB : Sur l'entrée en vigueur du texte, V. ci-dessous l'article 53 de la loi n° 2014-366 du 24 mars 2014.

Art. L. 711-5 *(Aj., L. n° 2014-366, 24 mars 2014)*. **– Tout acte authentique de vente devant notaire relatif à un lot de copropriété comporte la mention du numéro d'immatriculation de la copropriété.**

En l'absence de syndic désigné ou lorsque la mise en demeure mentionnée à l'article L. 711-6 est restée sans effet au terme d'un délai d'un mois, le notaire chargé de l'établissement de l'acte de vente procède d'office à l'immatriculation du syndicat de copropriétaires.

Les frais ainsi engagés par le notaire sont supportés par le syndic ou, si le syndic n'est pas rémunéré pour l'exercice de son mandat, par le syndicat.

Le notaire informe l'établissement public chargé de la tenue du registre de toute erreur qu'il y constate.

NB : Sur l'entrée en vigueur du texte, V. ci-dessous l'article 53 de la loi n° 2014-366 du 24 mars 2014.

Art. L. 711-6 *(Aj., L. n° 2014-366, 24 mars 2014)*. **– I. – Lorsque le syndic n'a pas procédé à l'immatriculation du syndicat de copropriétaires ou lorsqu'il n'a pas transmis à l'établissement public chargé de la tenue du registre les informations prévues à l'article L. 711-2, l'établissement public, un copropriétaire ou toute personne qui y a un intérêt peut mettre en demeure, par lettre recommandée avec demande d'avis de réception, le syndic d'y procéder.**

II. – Pour obtenir du syndic l'exécution des obligations mentionnées aux articles L. 711-1 à L. 711-4, le teneur du registre peut, après mise en demeure du syndic restée infructueuse pendant un mois, appliquer une astreinte à l'encontre du syndic. L'astreinte court à compter de la fin de la mise en demeure et jusqu'à la complète transmission ou actualisation des données.

L'astreinte est recouvrée comme en matière de contributions directes au profit de l'établissement public chargé de la tenue du registre.

Le montant de l'astreinte ne peut être supérieur à 20 € par lot et par semaine.

Son montant ne peut être facturé par le syndic aux copropriétaires, sauf si le syndic n'est pas rémunéré pour l'exercice de son mandat.

III. – Les syndicats de copropriétaires ne peuvent bénéficier de subventions de l'État, de ses établissements publics, des collectivités territoriales, de leurs groupements ou de leurs établissements publics qu'à la condition d'être immatriculés au registre et que leurs données soient actualisées.

NB : Sur l'entrée en vigueur du texte, V. ci-dessous l'article 53 de la loi n° 2014-366 du 24 mars 2014.

Art. L. 711-7 *(Aj., L. n° 2014-366, 24 mars 2014)*. **– Les conditions d'application du présent chapitre sont précisées par décret en Conseil d'État.**

Loi n° 2014-366 du 24 mars 2014

pour l'accès au logement et un urbanisme rénové

(Loi ALUR)

Art. 53. – I. – Les syndicats de copropriétaires sont immatriculés selon les modalités prévues au chapitre unique du titre Ier du livre VII du Code de la construction et de l'habitation :

1° Avant le 31 décembre 2016, pour les syndicats de copropriétaires comportant plus de 200 lots *(Mots aj., L. n° 2017-86, 27 janv. 2017)* « à usage de logements, de bureaux ou de commerces » ;

2° Avant le 31 décembre 2017, pour les syndicats de copropriétaires comportant plus de 50 lots *(Mots aj., L. n° 2017-86, 27 janv. 2017)* « à usage de logements, de bureaux ou de commerces » ;

3° Avant le 31 décembre 2018, pour les autres syndicats de copropriétaires.

II. – Après le 31 décembre 2016, les syndicats de copropriétaires des immeubles neufs ou des immeubles mis en copropriété sont immatriculés dès publication du règlement de copropriété et de l'état descriptif de division au fichier immobilier et au livre foncier, quel que soit le nombre de lots que comporte la copropriété.

III. – Le I de l'article L. 711-2, l'article L. 711-3, le II de l'article L. 711-4 et les articles L. 711-5 et L. 711-6 du Code de la construction et de l'habitation sont applicables à compter du :

1° 31 décembre 2016, pour les syndicats de copropriétaires comportant plus de 200 lots *(Mots aj., L. n° 2017-86, 27 janv. 2017)* « à usage de logements, de bureaux ou de commerces » ainsi que pour les syndicats de copropriétaires mentionnés au II du présent article ;

2° 31 décembre 2017, pour les syndicats de copropriétaires comportant plus de 50 lots *(Mots aj., L. n° 2017-86, 27 janv. 2017)* « à usage de logements, de bureaux ou de commerces » ;

3° 31 décembre 2018, pour les autres syndicats de copropriétaires.

Code de la construction et de l'habitation

Livre VII. – IMMEUBLES RELEVANT DU STATUT DE LA COPROPRIÉTÉ

Titre Ier. – IDENTIFICATION DES IMMEUBLES RELEVANT DU STATUT DE LA COPROPRIÉTÉ

Chapitre unique. – De l'immatriculation des syndicats de copropriétaires

Section I. – Des modalités d'immatriculation

Art. R. 711-1 ***(Mod. à compter du 1er janvier 2020, D. n° 2019-966, 18 sept. 2019).*** **– Les télédéclarants, personnes physiques ou morales qui peuvent saisir par voie dématérialisée des données dans le registre d'immatriculation, sont :**

1° Les syndics en exercice dans la copropriété ;

2° Les mandataires *ad hoc* désignés par le juge en application de l'article 29-1 B de la loi n° 65-557 du 10 juillet 1965 ;

3° Les administrateurs provisoires désignés par le président du tribunal judiciaire dans les conditions prévues par l'article 47 du décret n° 67-223 du 17 mars 1967 ;

4° L'ancien représentant légal de la copropriété, dans les conditions fixées à l'article R. 711-6 ;

5° Les syndics provisoires, dans les conditions fixées à l'article R. 711-13 ;

6° Les notaires, dans les conditions fixées au I de l'article L. 711-4 et à l'article L. 711-5.

Art. R. 711-2 ***(Aj., D. n° 2016-1167, 28 août 2016).*** **– La création d'un compte de télédéclarant auprès du teneur du registre est obligatoire afin d'effectuer les formalités prévues au présent chapitre. À cette fin, les télédéclarants mentionnés à l'article R. 711-1 doivent fournir des éléments d'identification dont la liste et la nature sont définis par arrêté du ministre chargé du logement.**

Le teneur du registre accorde au demandeur un accès sécurisé au compte nouvellement créé selon des conditions et modalités définies par arrêté.

Le compte d'un télédéclarant qui n'a réalisé aucune des formalités mentionnées aux articles R. 711-3 et suivants pendant une période de douze mois consécutifs est supprimé.

Art. R. 711-3 ***(Aj., D. n° 2016-1167, 28 août 2016).*** **– Un syndic ou un administrateur provisoire disposant d'un compte de télédéclarant ne peut saisir des informations pour une copropriété dont il a la charge, sans que le teneur du registre n'ait au préalable procédé au rattachement de son compte de télédéclarant à cette copropriété suivant l'une des procédures mentionnées aux articles R. 711-4 à R. 711-8 et R. 711-13.**

La première demande d'immatriculation des syndicats de copropriétaires créés avant le 1er janvier 2017 emporte demande simultanée de rattachement à son compte par le syndic ou l'administrateur provisoire.

L'arrêté prévu à l'article R. 711-21 fixe les informations et pièces justificatives fournies par les demandeurs pour justifier de leur qualité de représentant légal du syndicat.

Art. R. 711-4 ***(Aj., D. n° 2016-1167, 28 août 2016).*** **– Lorsque son mandat n'est pas renouvelé par l'assemblée générale des copropriétaires ou qu'il y est mis fin par la nomination d'un administrateur provisoire, le syndic informe le teneur du registre de la fin de son mandat dans le délai d'un mois à compter de la cessation de ses fonctions.**

Il indique l'identité et les coordonnées du nouveau syndic ou de l'administrateur provisoire et transmet au teneur du registre, si les comptes ont été approuvés lors de cette même assemblée générale, les informations relatives à la mise à jour annuelle mentionnée à l'article R. 711-10.

Le nouveau syndic effectue la demande de rattachement en fournissant le numéro d'immatriculation du syndicat de copropriétaires et les éléments justifiant de sa qualité de représentant légal du syndicat.

Le teneur du registre procède au changement de rattachement et informe le nouveau représentant légal du syndicat de copropriétaires et son prédécesseur de la date où celui-ci prend effet.

En cas d'irrégularité, constatée d'office ou suite à la contestation du changement de rattachement par le syndic sortant ou toute personne qui y a intérêt, le teneur du registre rejette la demande de rattachement.

Art. R. 711-5 *(Aj., D. n° 2016-1167, 28 août 2016)*. – Un syndic, après la fin de son mandat, ou un administrateur provisoire, après la fin de sa mission, ne peut transmettre au teneur du registre que les informations mentionnées aux deux premiers alinéas de l'article R. 711-4.

S'il transmet au teneur du registre les informations financières mentionnées au II de l'article R. 711-9 après la fin de son mandat ou de sa mission, celles-ci ne seront inscrites au registre qu'après confirmation par son successeur de leur conformité aux comptes approuvés par l'assemblée générale des copropriétaires.

Il conserve toutefois la faculté de consulter les données jusqu'à la réalisation du rattachement du nouveau représentant légal au syndicat de copropriétaires, ou au plus tard à l'expiration d'un délai d'un mois suivant la fin de son mandat ou de sa mission.

Le dernier représentant légal d'un syndicat de copropriétaires dissous peut, en outre, déclarer les informations relatives à la dissolution prévues à la section IV.

Art. R. 711-6 *(Aj., D. n° 2016-1167, 28 août 2016)*. – Lorsque à l'occasion du changement de représentant légal d'un syndicat de copropriétaires immatriculé, les données d'identification et les coordonnées du nouveau représentant légal n'ont pu être déclarées par son prédécesseur, le nouveau représentant légal, s'il ne possède pas de compte de télédéclarant, demande la création du compte mentionné à l'article R. 711-2 et procède à la demande de rattachement en fournissant le numéro d'immatriculation du syndicat de copropriétaires qu'il représente, les informations et les justificatifs prévus par l'arrêté pris en application de l'article R. 711-3.

Art. R. 711-7 *(Aj., D. n° 2016-1167, 28 août 2016)*. – Dans le cas d'un renouvellement de mandat ou d'une prolongation d'une mission d'administration provisoire, le syndic ou l'administrateur provisoire en informe le teneur du registre au plus tard dans un délai d'un mois suivant la fin du précédent mandat ou de la précédente mission.

Section II. – Le dossier d'immatriculation de la copropriété

Art. R. 711-8 *(Aj., D. n° 2016-1167, 28 août 2016)*. – Le dossier d'immatriculation de la copropriété est constitué des données déclarées par les télédéclarants, ainsi que des attestations délivrées par le teneur mentionnées à l'article R. 711-15.

Les déclarations sont réalisées au moyen d'un formulaire mis en ligne sur le site Internet du registre, ou par la transmission de fichiers d'un format conforme aux spécifications d'un cahier des charges approuvé par arrêté pris par le ministre chargé du logement et mis à disposition sur le site Internet du registre.

Art. R. 711-9 *(Mod., D. n° 2020-834, 2 juill. 2020)*. – I. – Lors de l'immatriculation initiale, le syndic ou l'administrateur provisoire déclare au registre les informations mentionnées au II de l'article L. 711-2 ainsi que les éléments nécessaires à la caractérisation de son statut juridique.

II. – Les données essentielles relatives à la gestion et aux comptes du syndicat mentionnées au 1° du III de l'article L. 711-2 sont les informations relatives à l'exercice comptable, le montant du budget prévisionnel, des provisions pour travaux, des dettes du syndicat à l'égard des fournisseurs et des impayés, le nombre de copropriétaires débiteurs du syndicat dont la dette excède un seuil fixé par arrêté du ministre chargé du logement, la présence d'employés du syndicat s'il y en a. Les informations financières déclarées sont celles issues des comptes du dernier exercice comptable clos et approuvés par l'assemblée générale.

Les syndicats de copropriétaires relevant de l'article 41-8 de la loi [n° 65-557] du 10 juillet 1965 fixant le statut de la copropriété des immeubles bâtis, ne sont pas tenus de fournir le nombre de copropriétaires débiteurs et le montant des impayés.

III. – Les données essentielles relatives au bâti mentionnées au 2° du III de l'article L. 711-2 sont le nombre de bâtiments avec leur étiquette énergétique si elle est disponible, le nombre d'ascenseurs, la période de construction et la nature du chauffage de l'immeuble.

IV. – La définition et le format des données demandées sont précisés par l'arrêté prévu à l'article R. 711-21.

V. – Lorsque à la date prévue par le I de l'article 53 de la loi n° 2014-366 du 24 mars 2014, l'exercice comptable du syndicat des copropriétaires soumis à l'obligation d'immatriculation n'est pas achevé et qu'il s'agit de son premier exercice comptable, certaines des données mentionnées au II, dont la liste est précisée par arrêté, ne sont pas requises pour l'immatriculation initiale.

Art. R. 711-10 *(Aj., D. n° 2016-1167, 28 août 2016)*. – Le syndic ou l'administrateur provisoire procède à la déclaration annuelle des informations mentionnées au II de l'article R. 711-9 dans un délai de deux mois suivant la tenue de l'assemblée générale au cours de laquelle les compte de l'exercice clos ont été approuvés.

Les autres informations mentionnées à l'article R. 711-9 sont actualisées par le représentant légal en exercice, au moment de la déclaration annuelle des informations financières, si leur contenu change.

Art. R. 711-11 *(Aj., D. n° 2016-1167, 28 août 2016)*. – I. – Lors de l'immatriculation des immeubles mis en copropriété, le notaire transmet au teneur du registre les informations mentionnées au 1° du II de l'article L. 711-2 et, s'il en dispose, les autres informations mentionnées au I et au III de l'article R. 711-9 ainsi que les données d'identification du syndic provisoire.

II. – Dans le cas de l'immatriculation d'office prévue à l'article L. 711-4, le notaire transmet au teneur du registre les informations mentionnées au 1° du II de l'article L. 711-2, les coordonnées du syndic lorsque celui-ci a été désigné et, lorsqu'elles figurent dans les documents annexés à la promesse de vente, les autres informations mentionnées au I et III de l'article R. 711-9.

Art. R. 711-12 *(Aj., D. n° 2016-1167, 28 août 2016)*. – À l'issue de la déclaration initiale d'immatriculation effectuée en application des dispositions des articles R. 711-9 et R. 711-11, le teneur du registre attribue un numéro d'immatriculation au syndicat de copropriétaires concerné.

Art. R. 711-13 *(Aj., D. n° 2016-1167, 28 août 2016)*. – I. – Lorsque l'immatriculation des immeubles mis en copropriété a été effectuée par le notaire, le syndic provisoire, s'il n'est pas confirmé par l'assemblée générale dans ses fonctions de syndic, déclare les données d'identification du représentant légal qui lui succède dans un délai d'un mois à compter de la désignation de celui-ci.

Lorsque le syndic désigné effectue la demande de rattachement en fournissant le numéro d'immatriculation du syndicat de copropriétaires, le teneur du registre vérifie la conformité de la demande avec les informations déclarées par le syndic provisoire.

II. – Si le rattachement est contesté par le syndic provisoire ou toute personne qui y a intérêt, le teneur du registre demande les pièces justificatives mentionnées au dernier alinéa de l'article R. 711-3. En cas d'irrégularité, le teneur du registre annule le rattachement, et le cas échéant, supprime les déclarations indûment réalisées.

III. – Le syndic déclare les données mentionnées au I et au III de l'article R. 711-9 que le notaire n'a pu déclarer au registre.

Art. R. 711-14 *(Aj., D. n° 2016-1167, 28 août 2016)*. – Lorsqu'une immatriculation d'office a été effectuée par le notaire, le teneur du registre met en demeure le syndic, si celui-ci est désigné, de déclarer les données mentionnées aux articles R. 711-2 et R. 711-3 que le notaire n'a pu déclarer au registre. Le syndic ne déclare toutefois les informations mentionnées au II de l'article R. 711-9 que si les comptes de l'exercice clos précédant sa désignation ont été approuvés.

En cas d'absence de représentant légal au moment de l'immatriculation d'office, le syndic désigné ou l'administrateur provisoire nommé ultérieurement procède, dans un délai d'un mois à compter de sa désignation, aux formalités mentionnées à l'article R. 711-6.

Art. R. 711-15 *(Aj., D. n° 2016-1167, 28 août 2016)*. – Le teneur du registre porte au dossier d'immatriculation la date et l'heure de la dernière modification.

Les télédéclarants reçoivent, pour chacune des formalités prévues aux sections I et II du présent chapitre, un courrier électronique les informant des suites données à leur déclaration ainsi qu'une attestation lorsque cette déclaration a donné lieu à une inscription des informations communiquées au registre. Ce dernier document atteste que l'auteur de la télédéclaration a satisfait à l'obligation d'immatriculation initiale du syndicat de copropriétaires ou à l'obligation de mise à jour annuelle du dossier d'immatriculation.

Les données déclarées en application de l'article L. 711-2 sont conservées dans le système d'informations pendant une durée de cinq ans à compter de leur inscription au registre, à l'exception des informations mentionnées au 1° du II et au 2° du III de cet article qui sont conservées sans limite de durée sauf en cas de disparition du syndicat. Dans ce cas, les données sont conservées pendant une durée maximale de trois ans après la date de déclaration de disparition du syndicat.

Le teneur du registre est désigné par arrêté pris par le ministre chargé du logement.

Section III. – Consultation du registre

Art. R. 711-16 *(Aj., D. n° 2016-1167, 28 août 2016).* – I. - Les syndics et les administrateurs provisoires ont accès à l'ensemble des données portées au registre relatives aux syndicats de copropriétaires dont ils sont les représentants légaux et pour lesquels ils ont obtenu le rattachement de compte prévu à l'article R. 711-3.

Les notaires ont accès aux informations mentionnées au 1° du II de l'article L. 711-2 pour l'ensemble des syndicats de copropriétaires.

Les établissements publics de l'État chargés de la mise en œuvre des politiques de l'habitat et de lutte contre l'habitat indigne et les copropriétés dégradées ont accès à l'ensemble des données du registre relatives aux syndicats de copropriétaires.

Les collectivités territoriales et leurs groupements, pour les besoins de la mise en œuvre des politiques de l'habitat et de lutte contre l'habitat indigne et les copropriétés dégradées, ont accès, à leur demande, aux informations relatives aux copropriétés situées sur le territoire qu'elles administrent.

II. - L'arrêté mentionné à l'article R. 711-21 précise les modalités de consultation du fichier et définit notamment les conditions dans lesquelles les demandes d'ouverture d'accès et de consultation sont formulées auprès du teneur du registre, le délai maximal de réponse à ces demandes ainsi que, le cas échéant, les modalités de couverture des coûts occasionnés par ces demandes.

Art. R. 711-17 *(Aj., D. n° 2016-1167, 28 août 2016).* – Les informations prévues au 1° du II de l'article L. 711-2 sont librement consultables par le public, à l'exception du nom du syndic et du nombre de lots de la copropriété.

Les données mises à la disposition du public sont consultables ou téléchargeables sans formalités préalables et selon des modalités précisées par l'arrêté prévu à l'article R. 711-21.

Section IV. – Disparition du syndicat de copropriétaires

Art. R. 711-18 *(Aj., D. n° 2016-1167, 28 août 2016).* – Dans le cas d'une division de la propriété entraînant la création de syndicats séparés telle que le prévoit l'article 28 de la loi du 10 juillet 1965 fixant le statut de la copropriété des immeubles bâtis, le syndic du syndicat de copropriétaires initial, ou à défaut le notaire, déclare la mention « syndicat de copropriétaires dissous suite à une division » ainsi que la date de l'assemblée spéciale où la décision a été adoptée, dans un délai d'un mois à compter de la date à laquelle cette décision est devenue définitive.

Dans le cas d'une division du syndicat de copropriétaires telle que prévue au 2° du I de l'article 29-8 de la loi du 10 juillet 1965 fixant le statut de la copropriété des immeubles bâtis, l'administrateur provisoire déclare la mention « syndicat de copropriétaires dissous suite à une division », dans un délai d'un mois suivant la date de décision du juge.

Pour chacun des syndicats de copropriétaires issus de la division, le notaire chargé de publier au fichier immobilier ou au livre foncier son état descriptif de division et son règlement de copropriété effectue la déclaration d'immatriculation dans un délai de deux mois à compter de cette publication.

Art. R. 711-19 *(Aj., D. n° 2016-1167, 28 août 2016).* – Dans le cas d'une expropriation pour cause d'utilité publique telle que mentionnée à l'article L. 221-2 du Code de l'expropriation pour cause d'utilité publique et entraînant la dissolution du syndicat de copropriétaires, son dernier représentant légal déclare au registre la mention « syndicat de copropriétaires dissous suite à expropriation ».

Dans le cas où le dernier représentant légal est un administrateur provisoire désigné en vertu du dernier alinéa du I de l'article 29-1 de la loi du 10 juillet 1965 fixant le statut de la copropriété des immeubles bâtis, il réalise cette déclaration au plus tard, à la date à laquelle le juge met fin à sa mission d'administrateur provisoire.

Dans le cas où le dernier représentant légal est un syndic, il réalise la déclaration un mois au plus tard après l'expropriation du dernier lot de copropriété.

Art. R. 711-20 *(Aj., D. n° 2016-1167, 28 août 2016).* – Dans les situations autres que celles mentionnées aux articles de la présente section et emportant disparition du statut de copropriété, le dernier syndic en place, ou, à défaut pour le dernier syndic d'y avoir procédé, le notaire chargé de la dernière transaction immobilière aboutissant à la disparition du syndicat de copropriétaires, déclare la mention « syndicat de copropriétaires dissous » et la date de disparition du statut de copropriété.

Art. R. 711-21 *(Aj., D. n° 2016-1167, 28 août 2016)*. – Un arrêté pris par le ministre chargé du logement précise les définitions, procédures et modalités techniques de déclaration, de consultation et de conservation des données nécessaires à l'application des dispositions du présent chapitre. »

Arrêté du 10 octobre 2016

relatif au traitement de données à caractère personnel intitulé « registre national d'immatriculation des syndicats de copropriétaires » pris en application des articles R. 711-1 à R. 711-21 du Code de la construction et de l'habitation

NB : Le registre d'immatriculation est tenu par l'Agence nationale de l'habitat (ANAH), dont le site Internet est accessible depuis le 1er novembre 2016 (www.registre-copropriétés.gouv.fr).

Chapitre Ier. – Le teneur du registre

Art. 1er. – Il est créé par le ministère chargé du logement (direction de l'habitat, de l'urbanisme et des paysages) un traitement automatisé de données à caractère personnel dénommé « registre national d'immatriculation des syndicats de copropriétaires » dont les finalités sont définies à l'article L. 711-1 du Code de la construction et de l'habitation.

Art. 2. – Le teneur du registre d'immatriculation est l'Agence nationale de l'habitat. Il est désigné à compter du 1er novembre 2016.

Il assure la gestion du traitement automatisé de données mentionné à l'article 1er.

Chapitre II. – Création de comptes de télédéclarants et demande de rattachement d'un syndicat de copropriétaires

Art. 3. – Les éléments d'identification devant être fournis par le représentant légal du syndicat de copropriétaires en vue de la création du compte de télédéclarant mentionnée à l'article R. 711-2 du Code de la construction et de l'habitation figurent en annexe 1.

Le teneur du registre crée un compte inactif dès réception de ces éléments d'identification.

Pour disposer d'un compte de télédéclarant actif, le demandeur définit son mot de passe, puis active son compte avec un code envoyé par le teneur du registre à l'adresse postale fournie, dans un délai de deux mois suivant sa demande. Passé ce délai, le compte inactif est supprimé.

Le nouveau télédéclarant accède à son compte par son adresse électronique et son mot de passe. Il peut modifier les données de son compte à tout moment, à l'exception de sa civilité, son nom et son prénom. En cas de modification nécessaire de ces informations, il en formule la demande au teneur du registre, qui peut demander une pièce justificative pour procéder à la modification.

La liste des éléments d'identification devant être fournis par le notaire pour être habilité à accéder au registre figure en annexe 2.

Art. 4. – I. – Les informations devant être fournies pour la demande de rattachement mentionnée à l'article R. 711-3 du Code précité diffèrent selon la qualité du télédéclarant qui réalise les formalités et le profil du télédéclarant concerné par le rattachement. Elles figurent en annexe 3.

II. – Les pièces justificatives mentionnées au même article sont :

1° Pour un syndic, le contrat de syndic signé des représentants du syndicat de copropriétaires et du syndic ou le procès-verbal signé de l'assemblée générale le désignant comme syndic de la copropriété, ou à défaut une copie certifiée conforme dudit procès-verbal.

Dans le cas d'une gestion en syndicat coopératif, le procès-verbal signé ou certifié conforme de l'assemblée générale désignant les membres du conseil syndical, d'une part, et le procès-verbal signé ou certifié conforme du conseil syndical ayant élu en son sein le syndic, d'autre part ;

2° Pour un administrateur provisoire, l'ordonnance de désignation.

Le teneur du registre utilise ou exploite les données contenues dans ces pièces justificatives exclusivement aux fins du contrôle mentionné aux articles R. 711-4 à R. 711-6 du même code.

Chapitre III. – De la déclaration : définition des informations à transmettre et accusé de réception

Art. 5. – La définition des données mentionnées à l'article R. 711-9 du Code de la construction et de l'habitation que le syndic ou l'administrateur provisoire est tenu de fournir lors de l'immatriculation initiale et lorsqu'il met à jour le dossier d'immatriculation figure en annexe 4.

Le seuil de dette des copropriétaires mentionné à l'article R. 711-9 du Code de la construction et de l'habitation est fixé à trois cents euros.

Les seules données requises pour l'immatriculation initiale du syndicat de copropriétaires répondant aux conditions fixées par le V de l'article R. 711-9 du Code de la construction et de l'habitation figurent en annexe 5.

La définition de la pièce à joindre pour justifier la disparition du syndicat de copropriétaires mentionnée aux articles R. 711-18 à R. 711-20 du même code figure en annexe 6.

La définition des informations et des données d'identification mentionnées à l'article R. 711-11 du même code que les notaires sont tenus de fournir figure en annexe 7.

Art. 6. – Le cahier des charges détaillant les spécifications du fichier de transmission de données mentionné à l'article R. 711-8 du même code figure à l'annexe 8 et est consultable sur le site Internet du registre national d'immatriculation des syndicats de copropriétaires, à l'adresse www.registre-coproprietes.gouv.fr.

Chapitre IV. – Conservation des données

Art. 7. – I. - La durée de conservation des pièces justificatives mentionnées à l'article 4 et au II de l'article R. 711-13 du même code est de six mois à compter de leur transmission.

II. - La durée de conservation de l'attestation mentionnée à l'article R. 711-15 du même code est :

1° Pour l'attestation d'immatriculation initiale, sans limite sauf en cas de disparition du syndicat. Dans ce cas, l'attestation est conservée pendant trois ans après la date déclarée du fait générateur emportant la disparition du syndicat ;

2° Pour les attestations de mise à jour du dossier d'immatriculation, cinq ans suivant leur établissement.

Chapitre V. – Consultation du registre

Art. 8. – Les comptes de télédéclarants prévus à l'article 3 ouvrent accès, à raison de leurs attributions et pour les besoins exclusifs des missions qui leur sont confiées, aux syndics et aux administrateurs provisoires à l'ensemble des données portées au registre relatives aux syndicats de copropriétaires dont ils sont les représentants légaux et pour lesquels ils ont obtenu le rattachement de compte prévu à l'article R. 711-3.

L'habilitation mentionnée à l'article 3 ouvre accès, à raison de leurs attributions et pour les besoins exclusifs des missions qui leur sont confiées, aux notaires aux informations mentionnées au 1° du II de l'article L. 711-2 pour l'ensemble des syndicats de copropriétaires.

Art. 9. – Les établissements publics de l'État mentionnés au troisième alinéa du I de l'article R. 711-16 ainsi que les collectivités territoriales et leurs groupements formulent leurs demandes d'accès auprès du teneur du registre mentionné à l'article 2.

Leur demande précise la qualité du demandeur, le périmètre géographique de leur intervention et la finalité de l'utilisation des données. Ils s'engagent à réutiliser celles-ci conformément aux règles générales d'utilisation des données publiques définies dans la loi du 17 juillet 1978.

Le teneur donne accès, gratuitement, aux informations dans un délai maximum d'un mois soit en fournissant un fichier, soit en fournissant un accès sécurisé avec un identifiant personnel et un mot de passe.

Art. 10. – I. - À compter du 1er juillet 2017, les données du registre mentionnées au premier alinéa de l'article R. 711-21 du Code de la construction et de l'habitation sont mises à la disposition du public selon les modalités suivantes :

1° Par téléchargement sur la plate-forme ouverte des données publiques françaises ;

2° Par consultation de l'annuaire des copropriétés disponible sur le site Internet du registre des copropriétés.

II. – Le teneur met à la disposition du public, sur le site Internet du registre des copropriétés, des données statistiques qu'il produit, agrégées à des seuils ne permettant pas l'identification des copropriétés.

Art. 11. – Toute modification des données contenues dans le traitement automatisé mentionné à l'article 1er fait l'objet d'un enregistrement comprenant l'identification de l'utilisateur, la date, l'heure et la nature de l'intervention dans ledit traitement. Les informations relatives à cet enregistrement sont conservées pendant cinq ans.

Chapitre VI. – Droits d'accès, de rectification et d'opposition

Art. 12. – Les droits d'accès et de rectification prévus par les articles 39 et 40 de la loi du 6 janvier 1978 susvisée s'exercent auprès du teneur du registre national d'immatriculation des syndicats de copropriétaires mentionné à l'article 2.

Art. 13. – Le droit d'opposition prévu à l'article 38 de la loi du 6 janvier 1978 susvisée ne s'applique pas au registre national d'immatriculation des syndicats de copropriétaires.

Art. 14. – Le directeur de l'habitat, de l'urbanisme et des paysages est chargé de l'exécution du présent arrêté, qui sera publié au *Journal officiel* de la République française.

Annexes

NB : Les annexes, qui présentent sous forme de tableaux pratiques les divers éléments à recueillir pour l'établissement de la déclaration d'immatriculation des syndicats de copropriétaires, ne sont pas reproduites. Elles peuvent être consultées sur le site de Legifrance.

ANNEXE 39

IMMEUBLES DANGEREUX OU INSALUBRES

Bibliographie : J.-M. Talau, *Le cantonnement de la suspension des loyers au sein des copropriétés résultant d'un arrêté de péril : Loyers et copr.* déc. 2013, étude 14. • D. Boulanger, *La loi ELAN et la lutte contre l'habitat indigne et les marchands de sommeil : JCP* N 2018, n° 51-52, 1372. • J.-M. Roux, déc. 2018, Cahier des copropriétés en difficulté, p. VI. • V. Zalewski-Sicard, *L'habitat indigne : la lutte continue : Constr.-Urb.*, oct. 2020, Focus 47. • P. Battistini, *le nouveau régime de la police des immeubles en matière d'habitat indigne (D. n° 2020-1711, 24 déc. 2020)* : *LPA* 3 mai 2021, p. 9. • Th. Poulichot, *Marchands de sommeil et suspension des APL* : *Inf. rap. copr.* juin 2021, p. 21 ; *Marchands de sommeil et copropriétés en difficulté* : *Inf. rap. copr.* juin 2021, p. 29. • S. Benilsi, *Insécurité et insalubrité en copropriété : Actes prat. ing. immobilière* 2022, n° 4, dossier 36.

Réforme du régime de l'habitat indigne (Ord. 16 sept. 2020)

L'ordonnance n° 2020-114 du 16 septembre 2020 (*JO* 17 sept.) a procédé à une réforme en profondeur des mesures concernant l'habitat indigne. Ce texte a été complété par le décret n° 2020-1711 du 24 décembre 2020 (*JO* 27 déc. 2020, texte n° 56) incorporé dans la partie règlementaire du Code de la construction et de l'habitation.

Les objectifs et les moyens mis en œuvre par cette réforme sont présentés comme suit par le **rapport au Président de la République** (*JO* 17 sept. 2021, texte n° 38).

« La lutte contre l'habitat indigne est un sujet de préoccupation majeur dans les politiques de l'habitat. La définition de l'habitat indigne est inscrite dans l'article 1-1 de la loi n° 90-449 du 31 mai 1990 visant à la mise en œuvre du droit au logement (modifiée) : "Constituent un habitat indigne les locaux ou les installations utilisés aux fins d'habitation et impropres par nature à cet usage, ainsi que les logements dont l'état, ou celui du bâtiment dans lequel ils sont situés, expose les occupants à des risques manifestes pouvant porter atteinte à leur sécurité physique ou à leur santé".

Pour lutter contre ce phénomène, les préfets, les maires et le cas échéant les présidents d'établissements publics de coopération intercommunale (EPCI) disposent de pouvoirs de police administrative spéciale de lutte contre l'habitat indigne. Ces pouvoirs permettent, d'une part, d'ordonner aux propriétaires de mettre fin aux atteintes pour la santé et/ou la sécurité des occupants et/ou des tiers et, d'autre part, d'intervenir en substitution des propriétaires et de recouvrer les frais afférents.

Les régimes de cette police administrative spéciale sont nombreux, complexes et les autorités compétentes multiples. De plus, ces régimes de police administrative spéciale ne permettent pas d'intervenir, lorsque cela peut s'avérer nécessaire, dans la journée. Par conséquent les maires ont parfois recours à la police générale pour traiter des situations d'habitat indigne sans bénéficier des garanties attachées aux procédures de police administrative spéciale. Dans ce cas, les occupant de l'habitat ne bénéficient pas non plus de dispositifs existant dans la police spéciale (ex. : relogement). Par ailleurs, les procédures de lutte contre l'habitat indigne sont dispersées, ce qui nuit à leur sécurité juridique et à leur mise en œuvre rapide : les préfets interviennent sur le fondement du Code de la santé publique (CSP) pour traiter les désordres liés à la santé des occupants et/ou des tiers, les maires interviennent sur le fondement du Code de la construction et de l'habitation (CCH) pour traiter les désordres liés à la sécurité des occupants et/ou des tiers, les maires pouvant transférer ces pouvoirs aux présidents d'EPCI.

Afin d'améliorer la mise en œuvre locale de la politique de lutte conte l'habitat indigne, l'article 198 de la loi n° 2018-1021 du 23 novembre 2018 portant évolution du logement, de l'aménagement et du numérique a habilité le Gouvernement à adopter par ordonnance des mesures législatives.

Ces mesures se déclinent selon **trois axes** visant à :

1° Harmoniser et simplifier les polices administratives spéciales de lutte contre l'habitat indigne prévues par le Code de la construction et de l'habitation et par le Code de la santé publique ;

2° Répondre plus efficacement à l'urgence, en précisant les pouvoirs dévolus au maire dans le cadre de ses pouvoirs de police générale en matière de visite des logements et de recouvrement des dépenses engagées pour traiter les situations d'urgence, et en articulant cette police générale avec les polices spéciales de lutte contre l'habitat indigne ;

3° Favoriser l'organisation au niveau intercommunal des outils et moyens de lutte contre l'habitat indigne [...].

La présente ordonnance poursuit donc trois objectifs : harmoniser et simplifier les polices administratives spéciales de lutte contre l'habitat indigne, permettre aux maires de mieux traiter les situations d'urgence et favoriser l'organisation au niveau intercommunal des outils et moyens de lutte contre l'habitat indigne.

Plus précisément, l'article 1er réécrit le titre Ier du livre V du Code de la construction et de l'habitation de la manière suivante :

- La première section du chapitre unique du titre Ier du livre V rassemble tous les faits générateurs des actuelles procédures de police administrative de lutte contre l'habitat indigne prévues aux articles L. 1331-22 et suivants et L. 1334-1 et suivants du Code de la santé publique, L. 129-1 et suivants et L. 511-1 et suivants du Code de la construction et de l'habitation au sein d'une nouvelle police de la sécurité et de la salubrité des immeubles bâtis. S'agissant de la définition de la notion d'insalubrité, un renvoi vers le Code de la santé publique (nouveaux articles L. 1331-22 et suivants) est effectué. Cette nouvelle police intègre donc sept procédures actuellement présentes dans le Code de la santé publique et trois procédures du Code de la construction et de l'habitation.

- La deuxième section du chapitre unique du titre Ier du livre V détermine l'autorité compétente pour déclencher la procédure en fonction du fait générateur : les préfets pour les dangers pour la santé des personnes et les maires et présidents d'EPCI pour la sécurité des personnes. Elle pose l'obligation pour toute personne de signaler à l'autorité compétente des faits dont elle aurait connaissance et susceptibles de constituer des faits générateurs de la nouvelle police de la sécurité et de la salubrité des immeubles bâtis. Cette section encadre le droit de visite en prévoyant une plage horaire et le recours au juge des libertés et de la détention notamment en cas d'obstruction ou d'impossibilité d'accéder aux lieux. Elle décrit ensuite précisément tout le déroulement de la procédure, de la préparation de l'arrêté de mise en sécurité jusqu'à son exécution. Sont ainsi abordés la possibilité de saisir le tribunal administratif pour nomination d'un expert, le déroulement de la phase contradictoire préalable à la prise de l'arrêté, les mesures pouvant être ordonnées par arrêté de police (réparation ou autre mesure propre à remédier à la situation, démolition de tout ou partie de l'immeuble, cessation de la mise à disposition, interdiction d'habiter, d'exploiter ou d'accéder aux lieux à titre temporaire ou définitif), l'application du régime du droit des occupants, l'application du dispositif de l'astreinte administrative ou encore la possibilité d'exécuter d'office l'arrêté, si besoin avec le concours de la force publique. Une phase supplémentaire de mise en demeure n'est plus requise, l'expiration du délai fixé par l'arrêté de mise en sécurité suffisant à justifier l'exécution d'office. Celle-ci ne requiert l'intervention préalable du juge que pour la démolition.

- La troisième section du chapitre unique du titre Ier du livre V décrit les allègements procéduraux en cas d'urgence, le cas échéant constatée par l'expert nommé par le tribunal administratif. Les principaux allègements par rapport à la procédure ordinaire consistent en l'absence de procédure contradictoire et en la possibilité d'intervenir dans la journée (en l'absence de saisine du tribunal administratif pour nomination d'un expert). Dorénavant, le maire pourra utiliser cette nouvelle police pour traiter les situations qui nécessitent une intervention dans la journée alors qu'actuellement il est contraint d'utiliser sa police générale sans possibilité de lancer le recouvrement des frais engagés par la commune et sans application du régime du droit des occupants.

- La quatrième section du chapitre unique du titre Ier du livre V est propre aux dispositions pénales. Il s'agit ici de la simple reprise des dispositions existantes dans le Code de la construction et de l'habitation.

- Les articles 2 à 14 de l'ordonnance sont des mesures de coordination et opèrent les changements de numérotation des articles pour les renvois présents dans le Code de la construction et de l'habitation, le Code de la santé publique, le Code général des collectivités territoriales (CGCT), le Code de l'expropriation pour cause d'utilité publique, le Code du patrimoine, le Code civil, le Code pénal, le Code général des impôts, la loi n° 65-557 du 10 juillet 1965 fixant le statut de la copropriété des immeubles bâtis, la loi n° 70-9 du 2 janvier 1970 réglementant les conditions d'exercice des activités relatives à certaines opérations portant sur les immeubles et les fonds de commerce, la loi n° 89-462 du 6 juillet 1989 tendant à améliorer les rapports locatifs et portant modification de la loi n° 86-1290 du 23 décembre 1986, la loi n° 2000-321 du 12 avril 2000 relative aux droits des citoyens dans leurs relations avec les administrations et la loi n° 2011-725 du 23 juin 2011 portant dispositions particulières relatives aux quartiers d'habitat informel et à la lutte contre l'habitat indigne dans les départements et régions d'outre-mer. Par ailleurs, il est à noter que l'article 3 définit les différentes situations relevant de l'insalubrité.

- L'article 15 modifie le régime des transferts des pouvoirs de la police de lutte contre l'habitat indigne entre les maires et présidents d'EPCI, prévu à l'article L. 5211-9-2 du Code général des collectivités territoriales. Tout d'abord, cet article limite la possibilité pour un président d'EPCI de refuser d'exercer les pouvoirs de police de lutte contre l'habitat indigne transférés par les maires des communes membres. En effet, actuellement ces pouvoirs lui sont automatiquement transférés suite à son élection, mais si au moins un maire s'est opposé à ce transfert, le président de l'EPCI peut soit accepter d'exercer les seuls pouvoirs transférés automatiquement par les autres maires, soit refuser d'exercer ces pouvoirs sur l'ensemble du territoire intercommunal. Dorénavant, ce refus ne pourra avoir lieu que si au moins la moitié des maires s'est opposée auxdits transferts ou si les maires s'étant opposés au transfert représentent au moins 50 % de la population de l'EPCI. L'article 15 permet également aux maires de transférer au fil de l'eau leurs pouvoirs de police de lutte contre l'habitat indigne alors qu'actuellement le transfert intervient (sauf opposition) uniquement au moment de l'élection du président d'EPCI. Ainsi, un maire qui se serait opposé au transfert pourra revenir sur sa décision, notamment pour s'appuyer sur l'EPCI qui aura entre-temps développer un service et des compétences en matière de lutte contre l'habitat indigne. Enfin, l'EPCI n'est autorisé à refuser le bénéfice du transfert des pouvoirs de police d'un maire uniquement s'il n'exerce pas par ailleurs ces pouvoirs qui lui aurait été transférés par un ou plusieurs autres maires.

- L'article 16 assouplit le cadre des délégations des pouvoirs des préfets au titre de la lutte contre l'habitat indigne aux présidents d'EPCI en modifiant l'article L. 301-5-1-1 du Code de la construction et de l'habitation. Actuellement, ces délégations ne sont possibles que si trois conditions sont réunies : l'EPCI doit être délégataire des aides à la pierre, disposer d'un service dédié à la lutte contre l'habitat indigne et bénéficier de l'ensemble des transferts des pouvoirs de police de lutte contre l'habitat indigne de tous les maires des communes membres de l'EPCI. Cet article assouplit cette dernière condition puisque dorénavant il suffira qu'au minimum un seul maire ait transféré ses pouvoirs de police de lutte contre l'habitat indigne.

- L'article 17 applique le dispositif mis en place par l'article 16 aux présidents d'établissements publics territoriaux de la métropole du Grand Paris.

- L'article 18 précise que la nouvelle police n'est applicable aux collectivités de Saint-Martin, de Saint-Barthélemy et de Saint-Pierre-et-Miquelon que s'agissant du fait générateur correspondant à l'insalubrité qui relève de la compétence de l'État.

L'article 19 est relatif à l'entrée en vigueur de l'ensemble des dispositions susmentionnées, laquelle est fixée au 1er janvier 2021. Les dispositions de l'ordonnance ne sont applicables qu'aux arrêtés notifiés à compter du 1er janvier 2021 ».

Comme on l'a indiqué, deux types de mesures sont prévues : les arrêtés de mise en sécurité et les arrêtés de traitement de l'insalubrité, qui font l'objet d'une seule mesure de police. Ces arrêtés sont désormais harmonisés du point de vue des procédures et de leurs conséquences juridiques. Autrement dit « les polices en matière de péril et d'insalubrité restent en vigueur mais en cas de concomitance, elles peuvent désormais faire l'objet d'une mesure unique de police, portant simultanément sur le problème d'insalubrité et de péril. Il s'agit d'une police unique inscrite dans un chapitre unique dans le Code de la construction et de l'habitation (CCH, art. L. 511-1 ». - V. A. Tsalpatourou, *La réforme du cadre juridique portant sur la lutte contre l'habitat indigne : une réelle avancée ? : Gaz. pal.* 12 janvier 2021, p. 16).

Code de la construction et de l'habitation

LIVRE V. – LUTTE CONTRE L'HABITAT INDIGNE

TITRE Ier. – SÉCURITÉ ET SALUBRITÉ DES IMMEUBLES, LOCAUX ET INSTALLATIONS

CHAPITRE UNIQUE

NB : Conformément à l'article 19 de l'ordonnance n° 2020-1144 du 16 septembre 2020, ces dispositions entrent en vigueur le 1er janvier 2021 et ne sont applicables qu'aux arrêtés notifiés à compter de cette date.

Section 1. – Champ d'application

Art. L. 511-1 ***(Mod. à compter du 1er janvier 2021, Ord. n° 2020-1144, 16 sept. 2020).*** **– La police de la sécurité et de la salubrité des immeubles, locaux et installations est exercée dans les conditions fixées par le présent chapitre et précisées par décret en Conseil d'État.**

Art. L. 511-2 ***(Mod., L. n° 2024-322, 9 avr. 2024).*** **– La police mentionnée à l'article L. 511-1 a pour objet de protéger la sécurité et la santé des personnes en remédiant aux situations suivantes :**

1° Les risques présentés par les murs, bâtiments ou édifices quelconques qui n'offrent pas les garanties de solidité nécessaires au maintien de la sécurité des occupants ou des tiers ;

2° Le fonctionnement défectueux ou le défaut d'entretien des équipements communs d'un immeuble collectif à usage principal d'habitation, lorsqu'il est de nature à créer des risques sérieux pour la sécurité des occupants ou des tiers ou à compromettre gravement leurs conditions d'habitation ou d'utilisation ;

3° L'entreposage, dans un local attenant ou compris dans un immeuble collectif à usage principal d'habitation, de matières explosives ou inflammables, lorsqu'il est en infraction avec les règles de sécurité applicables ou de nature à créer des risques sérieux pour la sécurité des occupants ou des tiers ;

4° L'insalubrité, telle qu'elle est définie aux articles L. 1331-22 et L. 1331-23 du Code de la santé publique.

....

Section 2. – Pouvoirs de l'autorité compétente et procédure

Art. L. 511-4 *(Mod. à compter du 1er janvier 2021, Ord. n° 2020-1144, 16 sept. 2020).* – L'autorité compétente pour exercer les pouvoirs de police est :

1° Le maire dans les cas mentionnés aux 1° à 3° de l'article L. 511-2, sous réserve s'agissant du 3° de la compétence du représentant de l'État en matière d'installations classées pour la protection de l'environnement prévue à l'article L. 512-20 du Code de l'environnement ;

2° Le représentant de l'État dans le département dans le cas mentionné au 4° du même article.

Art. L. 511-5 *(Mod. à compter du 1er janvier 2021, Ord. n° 2020-1144, 16 sept. 2020).* – Le maire de Paris exerce les pouvoirs dévolus aux maires par le présent chapitre lorsque l'immeuble est un bâtiment à usage principal d'habitation dans les cas mentionnés aux 1°, 2° et 3° de l'article L. 511-2, et lorsque l'immeuble est un bâtiment à usage total ou partiel d'hébergement ou un édifice ou monument funéraire dans le cas mentionné au 1° de l'article L. 511-2. Pour les autres immeubles dans les cas mentionnés à l'article L. 511-2, ces pouvoirs sont exercés par le préfet de police.

Pour l'application du présent article, le pouvoir de substitution conféré au représentant de l'État dans le département par l'article L. 2215-1 du Code général des collectivités territoriales est exercé par le préfet de police.

Art. L. 511-6 *(Mod. à compter du 1er janvier 2021, Ord. n° 2020-1144, 16 sept. 2020).* – Toute personne ayant connaissance de faits révélant l'une des situations mentionnées à l'article L. 511-2 signale ces faits à l'autorité compétente, qui met en œuvre, le cas échéant, les pouvoirs définis par le présent chapitre.

Art. L. 511-7 *(Mod. à compter du 1er janvier 2021, Ord. n° 2020-1144, 16 sept. 2020).* – L'autorité compétente peut faire procéder à toutes visites qui lui paraissent utiles afin d'évaluer les risques mentionnés à l'article L. 511-2.

Lorsque les lieux sont à usage total ou partiel d'habitation, les visites ne peuvent être effectuées qu'entre 6 heures et 21 heures. L'autorisation du juge des libertés et de la détention du tribunal judiciaire dans le ressort duquel sont situés ces lieux est nécessaire lorsque l'occupant s'oppose à la visite ou que la personne ayant qualité pour autoriser l'accès aux lieux ne peut pas être atteinte.

Art. L. 511-8 *(Mod., L. n° 2024-322, 9 avr. 2024).* – La situation d'insalubrité mentionnée au 4° de l'article L. 511-2 est constatée par un rapport du directeur général de l'agence régionale de santé ou, par application du troisième alinéa de l'article L. 1422-1 du Code de la santé publique, du directeur du service communal d'hygiène et de santé, remis au représentant de l'État dans le département préalablement à l'adoption de l'arrêté de traitement d'insalubrité.

Les autres situations mentionnées à l'article L. 511-2 sont constatées par un rapport des services municipaux ou intercommunaux compétents, ou de l'expert désigné en application de l'article L. 511-9.

Les situations d'insécurité mentionnées au 2°, lorsqu'elles concernent le risque incendie, et au 3° de l'article L. 511-2 peuvent être constatées par un rapport des services départementaux d'incendie et de secours remis aux autorités compétentes mentionnées à l'article L. 511-4.

Art. L. 511-9 *(Aj. à compter du 1er janvier 2021, Ord. n° 2020-1144, 16 sept. 2020).* – Préalablement à l'adoption de l'arrêté de mise en sécurité, l'autorité compétente peut demander à la juridiction administrative la désignation d'un expert afin qu'il examine les bâtiments, dresse constat de leur état y compris celui des bâtiments mitoyens et propose des mesures de nature à mettre fin au danger. L'expert se prononce dans un délai de vingt-quatre heures à compter de sa désignation.

Si le rapport de l'expert conclut à l'existence d'un danger imminent, l'autorité compétente fait application des pouvoirs prévus par la section 3 du présent chapitre.

1) Lorsqu'il est demandé à la juridiction administrative de désigner un expert en application de ce texte, cette demande est examinée par le juge des référés statuant selon la procédure de constat d'urgence prévue par l'article R. 531-1 du Code de justice administrative (CJA, art. R. 556-1).

2) Le juge des référés n'est pas obligé de mettre en cause le propriétaire du bâtiment et les autres défendeurs avant de rendre son ordonnance : toutefois, s'il nomme un expert pour examiner le bâtiment, l'ordonnance doit leur être immédiatement notifiée, l'expertise devant avoir lieu en présence de ces défendeurs (■ CE, 30 nov. 2021, n° 439491).

Art. L. 511-10 *(Mod., L. n° 2024-322, 9 avr. 2024)*. **– L'arrêté de mise en sécurité ou de traitement de l'insalubrité est pris à l'issue d'une procédure contradictoire avec la personne qui sera tenue d'exécuter les mesures : le propriétaire ou le titulaire de droits réels immobiliers sur l'immeuble, le local ou l'installation, tels qu'ils figurent au fichier immobilier ou, dans les départements de la Moselle, du Bas-Rhin ou du Haut-Rhin, au livre foncier, dont dépend l'immeuble.**

L'autorité compétente à l'initiative de la procédure informe concomitamment les occupants de l'engagement de la procédure contradictoire, par courrier ou remise contre signature ou par affichage sur la façade de l'immeuble.

Lorsque les travaux prescrits ne concernent que les parties communes d'un immeuble en copropriété, la procédure contradictoire est valablement conduite avec le seul syndicat de copropriétaires représenté par le syndic qui en informe immédiatement les copropriétaires et les occupants.

Par dérogation aux dispositions des alinéas précédents, la procédure contradictoire est conduite avec les personnes suivantes qui seront celles tenues d'exécuter les mesures :

1° L'exploitant et le propriétaire lorsqu'elle concerne des établissements recevant du public à usage total ou partiel d'hébergement ou lorsqu'elle concerne l'entreposage de matières explosives ou inflammables ;

2° Les titulaires de la concession funéraire dans le cas mentionné à l'article L. 511-3 ;

3° La personne qui a mis les immeubles, les locaux ou les installations à disposition ou celle qui en a l'usage lorsque la mesure de police porte sur l'usage qui en est fait.

Art. L. 511-11 *(Mod., L. n° 2024-322, 9 avr. 2024)*. **– L'autorité compétente prescrit, par l'adoption d'un arrêté de mise en sécurité ou de traitement de l'insalubrité, la réalisation, dans le délai qu'elle fixe, de celles des mesures suivantes nécessitées par les circonstances :**

1° La réparation ou toute autre mesure propre à remédier à la situation y compris, le cas échéant, pour préserver la solidité ou la salubrité des bâtiments contigus ;

2° La démolition de tout ou partie de l'immeuble ou de l'installation ;

3° La cessation de la mise à disposition du local ou de l'installation à des fins d'habitation ;

4° L'interdiction d'habiter, d'utiliser, ou d'accéder aux lieux, à titre temporaire ou définitif.

L'arrêté mentionne d'une part que, à l'expiration du délai fixé, en cas de non-exécution des mesures et travaux prescrits, la personne tenue de les exécuter est redevable du paiement d'une astreinte par jour de retard dans les conditions prévues à l'article L. 511-15, et d'autre part que les travaux pourront être exécutés d'office à ses frais.

L'arrêté ne peut prescrire la démolition ou l'interdiction définitive d'habiter ou d'utiliser que s'il n'existe aucun moyen technique de remédier à l'insalubrité ou à l'insécurité ou lorsque les mesures et travaux nécessaires à une remise en état du bien aux normes de salubrité, de sécurité et de décence seraient plus coûteux que sa reconstruction.

Lorsque l'immeuble ou le logement devient inoccupé et libre de location après la date de l'arrêté pris sur le fondement du premier alinéa, la personne tenue d'exécuter les mesures prescrites reste obligée de le faire dans le délai fixé par l'arrêté. L'autorité compétente peut prescrire ou faire exécuter d'office, aux frais de cette personne, les mesures prescrites et toutes mesures nécessaires pour empêcher l'accès et l'usage du lieu, faute pour cette dernière d'y avoir procédé. Les mesures prescrites doivent, en tout état de cause, être exécutées avant toute nouvelle occupation, remise à disposition ou remise en location, sous peine des sanctions prévues à l'article L. 511-22.

Art. L. 511-12 *(Mod., L. n° 2024-322, 9 avr. 2024)*. **– L'arrêté de mise en sécurité ou de traitement de l'insalubrité est notifié à la personne tenue d'exécuter les mesures. Il est également notifié, le cas échéant, pour autant qu'ils sont connus, aux titulaires de parts donnant droit à l'attribution ou à la jouissance en**

propriété des locaux, aux occupants et, si l'immeuble est à usage total ou partiel d'hébergement, à l'exploitant. Lorsque les travaux prescrits ne concernent que les parties communes d'un immeuble en copropriété, la notification aux copropriétaires est valablement faite au seul syndicat de la copropriété, représenté par le syndic qui en informe immédiatement les copropriétaires et les occupants.

À défaut de connaître l'adresse actuelle des personnes mentionnées au premier alinéa ou de pouvoir les identifier, la notification les concernant est valablement effectuée par affichage à la mairie de la commune ou, à Paris, Marseille et Lyon, de l'arrondissement où est situé l'immeuble, ainsi que par affichage sur la façade de l'immeuble.

À la demande de l'autorité compétente, l'arrêté de mise en sécurité ou de traitement de l'insalubrité est publié au fichier immobilier ou, dans les départements de la Moselle, du Bas-Rhin et du Haut-Rhin, au livre foncier, dont dépend l'immeuble. Cette publication ne donne lieu à aucune perception au profit du Trésor.

Art. L. 511-13 *(Aj. à compter du 1er janvier 2021, Ord. n° 2020-1144, 16 sept. 2020).* – La personne tenue d'exécuter les mesures prescrites par l'arrêté de mise en sécurité ou de traitement de l'insalubrité peut se libérer de son obligation par la conclusion d'un bail à réhabilitation dans les conditions prévues par le chapitre II du titre V du livre II. Elle peut également conclure un bail emphytéotique ou un contrat de vente moyennant paiement d'une rente viagère, à charge pour les preneurs ou débirentiers d'exécuter les travaux prescrits et d'assurer, le cas échéant, l'hébergement des occupants. Les parties peuvent convenir que l'occupant restera dans les lieux lorsqu'il les occupait à la date de l'arrêté de mise en sécurité ou de traitement de l'insalubrité, dès lors que cela ne fait pas obstacle à l'exécution des mesures prescrites.

Art. L. 511-14 *(Aj. à compter du 1er janvier 2021, Ord. n° 2020-1144, 16 sept. 2020).* – L'autorité compétente constate la réalisation des mesures prescrites ainsi que leur date d'achèvement et prononce la mainlevée de l'arrêté de mise en sécurité ou de traitement de l'insalubrité et, le cas échéant, de l'interdiction d'habiter, d'utiliser, ou d'accéder aux lieux.

L'arrêté de mainlevée est notifié selon les modalités prévues par l'article L. 511-12. Il est publié à la diligence du propriétaire au fichier immobilier ou, dans les départements de la Moselle, du Bas-Rhin et du Haut-Rhin, au livre foncier, dont dépend l'immeuble.

Art. L. 511-15 *(Mod., L. n° 2024-322, 9 avr. 2024).* – I. – Lorsque les mesures et travaux prescrits par l'arrêté de mise en sécurité ou de traitement de l'insalubrité n'ont pas été exécutés dans le délai fixé, la personne tenue de les réaliser est redevable d'une astreinte dont le montant, sous le plafond de 1 000 € par jour de retard, est fixé par arrêté de l'autorité compétente en tenant compte de l'ampleur des mesures et travaux prescrits et des conséquences de la non-exécution.

Si les mesures et travaux prescrits concernent un établissement recevant du public à usage total ou partiel d'hébergement, l'arrêté prononçant l'astreinte est notifié au propriétaire de l'immeuble et à l'exploitant, lesquels sont solidairement tenus au paiement de l'astreinte.

Lorsque l'arrêté de mise en sécurité ou de traitement de l'insalubrité concerne tout ou partie des parties communes d'un immeuble soumis à la loi n° 65-557 du 10 juillet 1965 fixant le statut de la copropriété des immeubles bâtis, l'astreinte est appliquée dans les conditions prévues à l'article L. 543-1 du présent code.

Lorsque l'arrêté concerne un immeuble en indivision, l'astreinte est appliquée dans les conditions fixées à l'article L. 541-2-1.

II. – L'astreinte court à compter de la date de notification de l'arrêté la prononçant et jusqu'à la complète exécution des mesures et travaux prescrits. La personne tenue d'exécuter les mesures informe l'autorité compétente de leur exécution. Le recouvrement des sommes est engagé par trimestre échu.

L'autorité compétente peut, lors de la liquidation trimestrielle de l'astreinte, consentir une exonération partielle ou totale de son produit si le redevable établit que la non-exécution de l'intégralité de ses obligations est due à des circonstances qui ne sont pas de son fait.

Le montant total des sommes demandées ne peut être supérieur au montant de l'amende prévue au I de l'article L. 511-22.

III. – Le produit de l'astreinte est attribué :

1° Lorsque l'autorité compétente est le maire, à la commune ;

2° Lorsque l'autorité compétente est le représentant de l'État dans le département, à l'Agence nationale de l'habitat, après prélèvement de 4 % de frais de recouvrement ;

3° Lorsque l'autorité compétente est le président de l'établissement public de coopération intercommunale ou le président de la métropole de Lyon, à cet établissement ou à la métropole.

À défaut pour le maire ou, le cas échéant, le président de l'établissement public de coopération intercommunale ou de la métropole de Lyon de liquider l'astreinte et de dresser le titre exécutoire nécessaire à son recouvrement, la créance est liquidée par le représentant de l'État et est recouvrée comme en matière de créances étrangères à l'impôt et au domaine. Les sommes perçues sont versées au budget de l'Agence nationale de l'habitat après prélèvement de 4 % de frais de recouvrement.

L'application de l'astreinte et sa liquidation ne font pas obstacle à l'exécution d'office par l'autorité compétente, aux frais du propriétaire, des mesures et travaux prescrits par l'arrêté prévu à l'article L. 511-11. L'astreinte prend fin à la date de la notification au propriétaire de l'exécution d'office des mesures et travaux prescrits. Dans ce cas, le montant de l'astreinte s'ajoute à celui du coût des mesures et travaux exécutés d'office.

Art. L. 511-16 *(Aj. à compter du 1er janvier 2021, Ord. n° 2020-1144, 16 sept. 2020)*. – Lorsque les prescriptions de l'arrêté de mise en sécurité ou de traitement de l'insalubrité n'ont pas été mises en œuvre dans le délai fixé, l'autorité compétente peut, par décision motivée, faire procéder d'office à leur exécution, aux frais du propriétaire. Elle peut prendre toute mesure nécessaire à celle-ci. Elle peut également faire procéder à la démolition prescrite sur jugement du président du tribunal judiciaire statuant selon la procédure accélérée au fond, rendu à sa demande.

Si l'inexécution de mesures prescrites portant sur les parties communes d'un immeuble en copropriété résulte de la défaillance de certains copropriétaires, l'autorité compétente peut, sur décision motivée, se substituer à ceux-ci pour les sommes exigibles à la date votée par l'assemblée générale des copropriétaires. Elle est alors subrogée dans les droits et actions du syndicat des copropriétaires à concurrence des sommes par elle versées.

Lorsque l'autorité compétente se substitue aux propriétaires défaillants et fait usage des pouvoirs d'exécution d'office qui lui sont reconnus, elle agit en leur lieu et place, pour leur compte et à leurs frais.

Lorsque les locaux sont occupés par des personnes entrées par voie de fait ayant fait l'objet d'un jugement d'expulsion devenu définitif, et que le propriétaire ou l'exploitant du local d'hébergement s'est vu refuser le concours de la force publique pour que ce jugement soit mis à exécution, le propriétaire ou l'exploitant du local d'hébergement peut demander au tribunal administratif que tout ou partie de la dette dont il est redevable au titre des dispositions du présent chapitre soit mis à la charge de l'État. Cette somme vient en déduction de l'indemnité à laquelle peut prétendre le propriétaire en application de l'article L. 153-1 du Code des procédures civiles d'exécution.

Le représentant de l'État dans le département peut par convention confier au maire l'exécution des arrêtés de traitement de l'insalubrité à l'exclusion de ceux engagés au titre de la section 3 du présent chapitre. Les frais prévus à l'article L. 511-17 sont dans ce cas recouvrés au profit de la commune.

Art. L. 511-17 *(Mod., L. n° 2024-322, 9 avr. 2024)*. – Les frais de toute nature, avancés par l'autorité compétente lorsqu'elle s'est substituée aux personnes mentionnées à l'article L. 511-10 ou lorsqu'elle exécute les mesures mentionnées au dernier alinéa de l'article L. 511-11 visant à empêcher l'accès ou l'usage du logement, ainsi que le produit de l'astreinte mentionnée à l'article L. 511-15, et, le cas échéant, la rémunération de l'expert nommé par la juridiction administrative en application de l'article L. 511-9, sont recouvrés comme en matière de créances étrangères à l'impôt et au domaine lorsque l'autorité compétente est le représentant de l'État dans le département, ou comme en matière de contributions directes conformément aux dispositions de l'article L. 1617-5 du Code général des collectivités territoriales lorsque l'autorité compétente est le maire ou le président de l'établissement public de coopération intercommunale.

Si l'immeuble relève du statut de la copropriété, le titre de recouvrement est émis à l'encontre de chaque copropriétaire pour la fraction de créance dont il est redevable. Dans les situations prévues au deuxième alinéa de l'article L. 511-16, le titre de recouvrement est émis à l'encontre des seuls copropriétaires défaillants.

Lorsque l'autorité compétente s'est substituée à certains copropriétaires défaillants, le montant de la créance due par ceux-ci est majoré de celui des intérêts moratoires calculés au taux d'intérêt légal, à compter de la date de notification par l'autorité compétente de la décision de substitution aux copropriétaires défaillants.

Le recouvrement de l'astreinte est réalisé en faisant usage, en tant que de besoin, des dispositions prévues au 8° de l'article 2374 du Code civil et aux articles L. 541-1 à L. 541-6 du présent code.

Art. L. 511-18 *(Aj. à compter du 1er janvier 2021, Ord. n° 2020-1144, 16 sept. 2020).* – Lorsque l'arrêté de mise en sécurité ou de traitement de l'insalubrité pris en application des articles L. 511-11 et L. 511-19 est assorti d'une interdiction d'habiter à titre temporaire ou lorsque les travaux nécessaires pour remédier au danger les rendent temporairement inhabitables, le propriétaire ou l'exploitant est tenu d'assurer l'hébergement des occupants dans les conditions prévues au chapitre Ier du titre II du présent livre. Lorsque l'interdiction d'habiter est prononcée à titre définitif ou lorsqu'est prescrite la cessation de la mise à disposition à des fins d'habitation des locaux mentionnés à l'article L. 1331-23 du Code de la santé publique, le propriétaire, l'exploitant ou la personne qui a mis à disposition le bien est tenu d'assurer le relogement des occupants dans les conditions prévues au même chapitre. L'arrêté précise la date d'effet de l'interdiction, ainsi que la date à laquelle le propriétaire, l'exploitant ou la personne qui a mis à disposition le bien doit avoir informé l'autorité compétente de l'offre d'hébergement ou de relogement qu'il a faite aux occupants.

Les contrats à usage d'habitation en cours à la date de l'arrêté de mise en sécurité ou de traitement de l'insalubrité pris en application des articles L. 511-11 et L. 511-19 sont soumis aux règles définies à l'article L. 521-2.

À compter de la notification de l'arrêté de mise en sécurité ou de traitement de l'insalubrité, les locaux vacants ne peuvent être ni loués, ni mis à disposition, ni occupés pour quelque usage que ce soit.

Les dispositions du présent article cessent d'être applicables à compter de l'arrêté de mainlevée prévu par l'article L. 511-14.

Section 3. – Procédure d'urgence

Art. L. 511-19 *(Aj. à compter du 1er janvier 2021, Ord. n° 2020-1144, 16 sept. 2020).* – En cas de danger imminent, manifeste ou constaté par le rapport mentionné à l'article L. 511-8 ou par l'expert désigné en application de l'article L. 511-9, l'autorité compétente ordonne par arrêté et sans procédure contradictoire préalable les mesures indispensables pour faire cesser ce danger dans un délai qu'elle fixe.

Lorsqu'aucune autre mesure ne permet d'écarter le danger, l'autorité compétente peut faire procéder à la démolition complète après y avoir été autorisée par jugement du président du tribunal judiciaire statuant selon la procédure accélérée au fond.

Art. L. 511-20 *(Aj. à compter du 1er janvier 2021, Ord. n° 2020-1144, 16 sept. 2020).* – Dans le cas où les mesures prescrites en application de l'article L. 511-19 n'ont pas été exécutées dans le délai imparti, l'autorité compétente les fait exécuter d'office dans les conditions prévues par l'article L. 511-16. Les dispositions de l'article L. 511-15 ne sont pas applicables.

Art. L. 511-21 *(Aj. à compter du 1er janvier 2021, Ord. n° 2020-1144, 16 sept. 2020).* – Si les mesures ont mis fin durablement au danger, l'autorité compétente prend acte de leur réalisation et de leur date d'achèvement. Elle prend un arrêté de mainlevée conformément à l'article L. 511-14.

Si elles n'ont pas mis fin durablement au danger, l'autorité compétente poursuit la procédure dans les conditions prévues par la section 2.

Section 4. – Dispositions pénales

Art. L. 511-22 *(Mod., L. n° 2024-42, 26 janv. 2024 ; L. n° 2024-322, 9 avr. 2024 ; L. n° 2024-582, 24 juin 2024).* – I. - Est puni d'un an d'emprisonnement et d'une amende de 50 000 € le refus délibéré et sans motif légitime d'exécuter les travaux et mesures prescrits en application du présent chapitre.

Est punie de deux ans d'emprisonnement et de 75 000 € d'amende l'infraction mentionnée au premier alinéa du présent I lorsque les faits sont commis alors que l'occupant est une personne vulnérable, notamment un ressortissant étranger en situation irrégulière au sens du Code de l'entrée et du séjour des étrangers et du droit d'asile.

II. - Est puni de deux ans d'emprisonnement et d'une amende de 75 000 € le fait de ne pas déférer à une mise en demeure du représentant de l'État dans le département prise sur le fondement de l'article L. 1331-23 du Code de la santé publique concernant des locaux mis à disposition aux fins d'habitation dans des conditions qui conduisent manifestement à leur sur-occupation.

Est punie de trois ans d'emprisonnement et de 100 000 € d'amende l'infraction mentionnée au premier alinéa du présent II lorsque les faits sont commis alors que l'occupant est une personne vulnérable, notamment un ressortissant étranger en situation irrégulière au sens du Code de l'entrée et du séjour des étrangers et du droit d'asile.

III. – Est puni d'un emprisonnement de trois ans et d'une amende de 100 000 € :

1° Le fait de dégrader, détériorer, détruire des locaux ou de les rendre impropres à l'habitation de quelque façon que ce soit dans le but d'en faire partir les occupants lorsque ces locaux sont visés par un arrêté de mise en sécurité ou de traitement de l'insalubrité, ou lorsque la procédure contradictoire prévue à l'article L. 511-10 est engagée ;

2° Le fait, de mauvaise foi, de ne pas respecter une prescription de cessation de mise à disposition du local ou de l'installation à des fins d'habitation ou une interdiction d'habiter, d'utiliser ou d'accéder aux lieux prise en application du présent chapitre.

Sont punies de cinq ans d'emprisonnement et de 150 000 € d'amende les infractions mentionnées aux 1° et 2° du présent III lorsque les faits sont commis alors que l'occupant est une personne vulnérable, notamment un ressortissant étranger en situation irrégulière au sens du Code de l'entrée et du séjour des étrangers et du droit d'asile.

IV. – Les personnes physiques encourent également les peines complémentaires suivantes :

1° La confiscation du fonds de commerce ou de l'immeuble destiné à l'hébergement des personnes et ayant servi à commettre l'infraction. Lorsque les biens immeubles qui appartenaient à la personne condamnée au moment de la commission de l'infraction ont fait l'objet d'une expropriation pour cause d'utilité publique, le montant de la confiscation en valeur prévue au dixième alinéa de l'article 131-21 du Code pénal est égal à celui de l'indemnité d'expropriation ;

2° L'interdiction pour une durée de cinq ans au plus d'exercer une activité professionnelle ou sociale dès lors que les facilités que procure cette activité ont été sciemment utilisées pour préparer ou commettre l'infraction. Cette interdiction n'est toutefois pas applicable à l'exercice d'un mandat électif ou de responsabilités syndicales ;

3° L'interdiction pour une durée de dix ans au plus d'acheter un bien immobilier à usage d'habitation ou un fonds de commerce d'un établissement recevant du public à usage total ou partiel d'hébergement ou d'être usufruitier d'un tel bien ou fonds de commerce. Cette interdiction porte sur l'acquisition ou l'usufruit d'un bien ou d'un fonds de commerce soit à titre personnel, soit en tant qu'associé ou mandataire social de la société civile immobilière ou en nom collectif se portant acquéreur ou usufruitier, soit sous forme de parts immobilières. Cette interdiction ne porte toutefois pas sur l'acquisition ou l'usufruit d'un bien immobilier à usage d'habitation à des fins d'occupation à titre personnel.

Le prononcé des peines complémentaires mentionnées aux 1° et 3° du présent IV est obligatoire à l'encontre de toute personne coupable d'une infraction prévue au présent article. Toutefois, la juridiction peut, par une décision spécialement motivée, décider de ne pas prononcer ces peines, en considération des circonstances de l'infraction et de la personnalité de son auteur.

V. – Les personnes morales déclarées responsables pénalement, dans les conditions prévues à l'article 121-2 du Code pénal, des infractions définies au présent article encourent, outre l'amende suivant les modalités prévues à l'article 131-38 du Code pénal, les peines prévues aux 2°, 4°, 8° et 9° de l'article 131-39 du même code.

Elles encourent également la peine complémentaire d'interdiction, pour une durée de dix ans au plus, d'acheter ou d'être usufruitier d'un bien immobilier à usage d'habitation ou d'un fonds de commerce d'un établissement recevant du public à usage total ou partiel d'hébergement.

La confiscation mentionnée au 8° du même article 131-39 porte sur le fonds de commerce ou l'immeuble destiné à l'hébergement des personnes et ayant servi à commettre l'infraction.

Le prononcé de la peine de confiscation mentionnée au même 8° et de la peine d'interdiction d'acheter ou d'être usufruitier mentionnée au deuxième alinéa du présent V est obligatoire à l'encontre de toute personne coupable d'une infraction prévue au présent article. Toutefois, la juridiction peut, par une décision spécialement motivée, décider de ne pas prononcer ces peines, en considération des circonstances de l'infraction et de la personnalité de son auteur.

Lorsque les biens immeubles qui appartenaient à la personne condamnée au moment de la commission de l'infraction ont fait l'objet d'une expropriation pour cause d'utilité publique, le montant de la confiscation en valeur prévue au dixième alinéa de l'article 131-21 du Code pénal est égal à celui de l'indemnité d'expropriation.

VI. – Lorsque les poursuites sont engagées à l'encontre d'exploitants de fonds de commerce aux fins d'hébergement, il est fait application des dispositions de l'article L. 651-10 du présent code.

TITRE II. – CONSÉQUENCES FINANCIÈRES DES SITUATIONS D'INSALUBRITÉ OU D'INSÉCURITÉ

CHAPITRE Ier. – PROTECTION DES OCCUPANTS

Art. L. 521-1 ***(Mod., L. n° 2024-322, 9 avr. 2024).*** **– Pour l'application du présent chapitre, l'occupant est le titulaire d'un droit réel conférant l'usage, le locataire, le sous-locataire ou l'occupant de bonne foi des locaux à usage d'habitation et de locaux d'hébergement constituant son habitation principale.**

Le propriétaire ou l'exploitant est tenu d'assurer le relogement ou l'hébergement des occupants ou de contribuer au coût correspondant dans les conditions prévues à l'article L. 521-3-1.

- lorsqu'un établissement recevant du public utilisé aux fins d'hébergement fait l'objet de mesures destinées à faire cesser une situation d'insécurité en application de l'article L. 184-1.

Cette obligation est faite sans préjudice des actions dont dispose le propriétaire ou l'exploitant à l'encontre des personnes auxquelles l'état d'insalubrité ou d'insécurité serait en tout ou partie imputable.

Art. L. 521-2 ***(Mod., L. n° 2024-322, 9 avr. 2024).*** **– I. – Le loyer en principal ou toute autre somme versée en contrepartie de l'occupation cessent d'être dus pour les locaux qui font l'objet de mesures décidées en application de l'article L. 184-1, à compter du premier jour du mois qui suit l'envoi de la notification de la mesure de police. Les loyers ou redevances sont à nouveau dus à compter du premier jour du mois qui suit le constat de la réalisation des mesures prescrites.**

Pour les locaux visés par un arrêté de mise en sécurité ou de traitement de l'insalubrité pris en application de l'article L. 511-11 ou de l'article L. 511-19, sauf dans le cas prévu au deuxième alinéa de l'article L. 1331-22 du Code de la santé publique ou lorsque la mesure est prise à l'encontre de la personne qui a l'usage des locaux ou installations, le loyer en principal ou toute autre somme versée en contrepartie de l'occupation du local ou de l'installation, qu'il ou elle soit à usage d'habitation, professionnel ou commercial, cesse d'être dû à compter du premier jour du mois qui suit l'envoi de la notification de l'arrêté ou de son affichage à la mairie et sur la façade de l'immeuble, jusqu'au premier jour du mois qui suit l'envoi de la notification ou l'affichage de l'arrêté de mainlevée.

Les loyers ou toutes autres sommes versées en contrepartie de l'occupation du local ou de l'installation, qu'il ou elle soit à usage d'habitation, professionnel ou commercial, indûment perçus par le propriétaire, l'exploitant ou la personne ayant mis à disposition les locaux sont restitués à l'occupant ou déduits des loyers dont il devient à nouveau redevable.

II. – Dans les locaux visés au I, la durée résiduelle du bail à la date du premier jour du mois suivant l'envoi de la notification de la mainlevée de l'arrêté de traitement de l'insalubrité ou de mise en sécurité ou du constat de la réalisation des mesures prescrites, ou leur affichage, est celle qui restait à courir au premier jour du mois suivant l'envoi de la notification de l'arrêté d'insalubrité ou de péril, de l'injonction, de la mise en demeure ou des prescriptions, ou leur affichage.

Ces dispositions s'appliquent sans préjudice des dispositions du dernier alinéa de l'article 1724 du Code civil.

III. – Lorsque les locaux sont frappés d'une interdiction définitive d'habiter et d'utiliser, les baux et contrats d'occupation ou d'hébergement poursuivent de plein droit leurs effets, exception faite de l'obligation de paiement du loyer ou de toute somme versée en contrepartie de l'occupation, jusqu'à leur terme ou jusqu'au départ des occupants et au plus tard jusqu'à la date limite fixée par l'arrêté de traitement de l'insalubrité ou de mise en sécurité.

Un arrêté de traitement de l'insalubrité, un arrêté de mise en sécurité ou la prescription de mesures destinées à faire cesser une situation d'insécurité ne peut entraîner la résiliation de plein droit des baux et contrats d'occupation ou d'hébergement, sous réserve des dispositions du VII de l'article L. 521-3-2.

Les occupants qui sont demeurés dans les lieux faute d'avoir reçu une offre de relogement conforme aux dispositions du II de l'article L. 521-3-1 sont des occupants de bonne foi qui ne peuvent être expulsés de ce fait.

Art. L. 521-3-1 ***(Mod., L. n° 2024-322, 9 avr. 2024).*** **– I. – Lorsqu'un immeuble fait l'objet d'une interdiction temporaire d'habiter ou d'utiliser ou que les travaux prescrits le rendent temporairement inhabitable, le propriétaire ou l'exploitant est tenu d'assurer aux occupants un hébergement décent correspondant à leurs besoins.**

À défaut, l'hébergement est assuré dans les conditions prévues à l'article L. 521-3-2. Son coût est mis à la charge du propriétaire ou de l'exploitant.

Si un logement qui a fait l'objet d'un arrêté de traitement de l'insalubrité pris au titre du 4° de l'article L. 511-2 du présent code est manifestement suroccupé, le propriétaire ou l'exploitant est tenu d'assurer l'hébergement des occupants jusqu'au terme des travaux prescrits pour remédier à l'insalubrité. À l'issue, leur relogement incombe au représentant de l'État dans le département dans les conditions prévues à l'article L. 521-3-2. En cas de défaillance du propriétaire ou de l'exploitant, le coût de l'hébergement est mis à sa charge. Au-delà de trois ans, toute éviction est considérée comme définitive et le II du présent article est applicable.

II. – Lorsqu'un immeuble fait l'objet d'une interdiction définitive d'habiter ou lorsqu'est prescrite la cessation de la mise à disposition à des fins d'habitation des locaux mentionnés à l'article L. 1331-23 du Code de la santé publique, ainsi qu'en cas d'évacuation à caractère définitif, le propriétaire ou l'exploitant est tenu d'assurer le relogement des occupants. Cette obligation est satisfaite par la présentation à l'occupant de l'offre d'un logement correspondant à ses besoins et à ses possibilités. Le propriétaire ou l'exploitant est tenu de verser à l'occupant évincé une indemnité d'un montant égal à trois mois de son nouveau loyer et destinée à couvrir ses frais de réinstallation.

En cas de défaillance du propriétaire ou de l'exploitant, le relogement des occupants est assuré dans les conditions prévues à l'article L. 521-3-2.

Le propriétaire est tenu au respect de ces obligations si le bail est résilié par le locataire en application des dispositions du dernier alinéa de l'article 1724 du Code civil ou s'il expire entre la date de la notification des arrêtés portant interdiction définitive d'habiter et la date d'effet de cette interdiction.

Art. L. 521-3-2 ***(Mod., L. n° 2024-322, 9 avr. 2024).*** **– I. – Lorsque des prescriptions édictées en application de l'article L. 184-1 sont accompagnées d'une interdiction temporaire ou définitive d'habiter et que le propriétaire ou l'exploitant n'a pas assuré l'hébergement ou le relogement des occupants, le maire ou, le cas échéant, le président de l'établissement public de coopération intercommunale prend les dispositions nécessaires pour les héberger ou les reloger.**

Lorsque l'arrêté de mise en sécurité ou de traitement de l'insalubrité mentionné à l'article L. 511-11 ou à l'article L. 511-19 comporte une interdiction définitive ou temporaire d'habiter ou que les travaux prescrits rendent temporairement le logement inhabitable, et que le propriétaire ou l'exploitant n'a pas assuré l'hébergement ou le relogement des occupants, l'autorité compétente prend les dispositions nécessaires pour les héberger ou les reloger.

II. – ***(Abr.).***

III. – Lorsqu'un arrêté de traitement [...] d'insalubrité vise un immeuble situé dans une opération programmée d'amélioration de l'habitat prévue par l'article L. 303-1 ou dans une opération d'aménagement au sens de l'article L. 300-1 du Code de l'urbanisme et que le propriétaire ou l'exploitant n'a pas assuré l'hébergement ou le relogement des occupants, la personne publique qui a pris l'initiative de l'opération prend les dispositions nécessaires à l'hébergement ou au relogement des occupants.

IV. – Lorsqu'une personne publique, un organisme d'habitations à loyer modéré, une société d'économie mixte ou un organisme à but non lucratif a assuré le relogement, le propriétaire ou l'exploitant lui verse une indemnité représentative des frais engagés pour le relogement, égale à un an du loyer prévisionnel.

V. – Si la commune ou, le cas échéant, l'établissement public de coopération intercommunale assure, de façon occasionnelle ou en application d'une convention passée avec l'État, les obligations d'hébergement ou de relogement qui sont faites à celui-ci en cas de défaillance du propriétaire, elle est subrogée dans les droits de l'État pour le recouvrement de sa créance.

VI. – La créance résultant de la substitution de la collectivité publique aux propriétaires ou exploitants qui ne se conforment pas aux obligations d'hébergement et de relogement qui leur sont faites par le présent article est recouvrée soit comme en matière de contributions directes par la personne publique créancière, soit par l'émission par le maire ou, le cas échéant, le président de l'établissement public de coopération intercommunale ou le préfet d'un titre exécutoire au profit de l'organisme ayant assuré l'hébergement ou le relogement.

VII. – Si l'occupant a refusé trois offres de relogement qui lui ont été faites au titre des I ou III, le juge peut être saisi d'une demande tendant à la résiliation du bail ou du droit d'occupation et à l'autorisation d'expulser l'occupant.

Art. L. 521-3-3 *(Mod., L. n° 2017-86, 27 janv. 2017).* – Pour assurer le relogement à titre temporaire ou définitif des occupants, en application du II de l'article L. 521-3-2, le représentant de l'État dans le département peut user des prérogatives qu'il tient de l'article L. 441-2-3.

Les attributions de logements, en application de l'alinéa précédent, sont prononcées en tenant compte des engagements de l'accord intercommunal ou départemental prévu respectivement aux articles L. 441-1-1 et L. 441-1-2.

Pour assurer le relogement à titre temporaire ou définitif des occupants, en application du I ou, le cas échéant, des III ou V de l'article L. 521-3-2, le maire peut désigner ces personnes à un organisme bailleur aux fins qu'il les loge et, en cas de refus du bailleur, procéder à l'attribution d'un logement. Les attributions s'imputent sur les droits à réservation dont il dispose sur le territoire de la commune.

Pour assurer le relogement à titre temporaire ou définitif des occupants en application du I ou, le cas échéant, des III ou V de l'article L. 521-3-2, le président de l'établissement public de coopération intercommunale concerné peut procéder dans les conditions prévues à l'alinéa précédent. Les attributions s'imputent sur les droits à réservation dont il dispose sur le territoire de l'établissement public de coopération intercommunale.

Le représentant de l'État dans le département ou le maire ou, le cas échéant, le président de l'établissement public de coopération intercommunale sont réputés avoir satisfait à l'obligation de relogement s'ils ont proposé aux personnes concernées qui, faute d'offre de relogement, occupent des locaux au-delà de la date de prise d'effet de l'interdiction définitive d'habiter, un accueil dans une structure d'hébergement, un établissement ou un logement de transition, un logement-foyer ou une résidence hôtelière à vocation sociale, à titre temporaire dans l'attente d'un relogement définitif.

Art. L. 521-3-4 *(Mod., L. n° 2017-86, 27 janv. 2017).* – Dans les cas prévus à l'article L. 521-1 et aux fins de faciliter l'hébergement des occupants par les propriétaires ou exploitants qui y sont tenus ou, en cas de défaillance de ceux-ci, par les autorités publiques compétentes, tout bailleur ou toute structure d'hébergement, nonobstant toute stipulation contraire, peut conclure avec toute personne, publique ou privée, la convention nécessaire à la mise à disposition de locaux ou logements, à titre d'occupation précaire.

La durée de cette convention d'occupation précaire est limitée et prend fin au plus tard au terme du mois suivant celui de la notification de l'arrêté de mainlevée de la mesure de police qui a justifié l'hébergement ou du constat par l'autorité compétente de la réalisation des mesures prescrites.

Les occupants ayant bénéficié de l'hébergement dans les conditions ci-dessus ne peuvent se prévaloir d'aucun droit au maintien dans les lieux ou à la reconduction de la convention.

En cas de refus de l'occupant hébergé de quitter les lieux à l'échéance de la convention d'occupation précaire et faute pour la personne débitrice de l'obligation d'hébergement d'avoir engagé une action aux fins d'expulsion, le représentant de l'État dans le département ou le maire ou, le cas échéant, le président de l'établissement public de coopération intercommunale, selon le cas, peut exercer cette action aux frais du propriétaire ou de l'exploitant tenu à l'obligation d'hébergement.

Art. L. 521-4 *(Mod., L. n° 2024-42, 26 janv. 2024 ; L. n° 2024-582, 24 juin 2024).* – I. – Est puni de trois ans d'emprisonnement et d'une amende de 100 000 euros le fait :

– en vue de contraindre un occupant à renoncer aux droits qu'il détient en application des articles L. 521-1 à L. 521-3-1, de le menacer, de commettre à son égard tout acte d'intimidation ou de rendre impropres à l'habitation les lieux qu'il occupe ;

– de percevoir un loyer ou toute autre somme en contrepartie de l'occupation du logement, y compris rétroactivement, en méconnaissance du I de l'article L. 521-2 ;

– de refuser de procéder à l'hébergement ou au relogement de l'occupant, bien qu'étant en mesure de le faire.

Sont punis de cinq ans d'emprisonnement et de 150 000 € d'amende les faits prévus au présent I lorsqu'ils sont commis à l'encontre d'un occupant qui est une personne vulnérable, notamment un ressortissant étranger en situation irrégulière au sens du Code de l'entrée et du séjour des étrangers et du droit d'asile.

II. – Les personnes physiques encourent également les peines complémentaires suivantes :

1° La confiscation du fonds de commerce ou des locaux mis à bail. Lorsque les biens immeubles qui appartenaient à la personne condamnée au moment de la commission de l'infraction ont fait l'objet d'une expropriation pour cause d'utilité publique, le montant de la confiscation en valeur prévue au dixième alinéa de l'article 131-21 du Code pénal est égal à celui de l'indemnité d'expropriation ;

2° L'interdiction pour une durée de cinq ans au plus d'exercer une activité professionnelle ou sociale dès lors que les facilités que procure cette activité ont été sciemment utilisées pour préparer ou commettre l'infraction. Cette interdiction n'est toutefois pas applicable à l'exercice d'un mandat électif ou de responsabilités syndicales.

3° L'interdiction pour une durée de dix ans au plus d'acheter un bien immobilier à usage d'habitation ou un fonds de commerce d'un établissement recevant du public à usage total ou partiel d'hébergement ou d'être usufruitier d'un tel bien ou fonds de commerce. Cette interdiction porte sur l'acquisition ou l'usufruit d'un bien ou d'un fonds de commerce soit à titre personnel, soit en tant qu'associé ou mandataire social de la société civile immobilière ou en nom collectif se portant acquéreur ou usufruitier, soit sous forme de parts immobilières ; cette interdiction ne porte toutefois pas sur l'acquisition ou l'usufruit d'un bien immobilier à usage d'habitation à des fins d'occupation à titre personnel.

Le prononcé des peines complémentaires mentionnées aux 1° et 3° du présent II est obligatoire à l'encontre de toute personne coupable d'une infraction prévue au présent article. Toutefois, la juridiction peut, par une décision spécialement motivée, décider de ne pas prononcer ces peines, en considération des circonstances de l'infraction et de la personnalité de son auteur.

III. – Les personnes morales déclarées responsables pénalement, dans les conditions prévues par l'article 121-2 du Code pénal, des infractions définies au présent article encourent, outre l'amende suivant les modalités prévues par l'article 131-38 du Code pénal, les peines prévues par les 2°, 4°, 8° et 9° de l'article 131-39 du même code.

La confiscation mentionnée au 8° de cet article porte sur le fonds de commerce ou les locaux mis à bail. Lorsque les biens immeubles qui appartenaient à la personne condamnée au moment de la commission de l'infraction ont fait l'objet d'une expropriation pour cause d'utilité publique, le montant de la confiscation en valeur prévue au dixième alinéa de l'article 131-21 du Code pénal est égal à celui de l'indemnité d'expropriation.

Elles encourent également la peine complémentaire d'interdiction, pour une durée de dix ans au plus, d'acheter ou d'être usufruitier d'un bien immobilier à usage d'habitation ou d'un fonds de commerce d'un établissement recevant du public à usage total ou partiel d'hébergement.

Le prononcé de la peine de confiscation mentionnée au 8° de l'article 131-39 du même code et de la peine d'interdiction d'acheter ou d'être usufruitier mentionnée au troisième alinéa du présent III est obligatoire à l'encontre de toute personne coupable d'une infraction prévue au présent article. Toutefois, la juridiction peut, par une décision spécialement motivée, décider de ne pas prononcer ces peines, en considération des circonstances de l'infraction et de la personnalité de son auteur.

Lorsque les poursuites sont effectuées à l'encontre d'exploitants de fonds de commerce aux fins d'hébergement, il est fait application des dispositions de l'article L. 651-10 du présent code.

CHAPITRE II. – CONCOURS FINANCIERS DE L'ÉTAT ET DISPOSITIONS TRANSITOIRES

....

TITRE III. – DISPOSITIONS PARTICULIÈRES À LA GUADELOUPE, À LA GUYANE, À LA MARTINIQUE, À LA RÉUNION, À MAYOTTE, À SAINT-MARTIN ET À SAINT-PIERRE-ET-MIQUELON

CHAPITRE UNIQUE

Art. L. 531-1 *(Mod., Ord. n° 2012-576, 26 avr. 2012).* – Un décret en Conseil d'État fixe les conditions d'application du titre II du présent livre en Guadeloupe, en Guyane, à la Martinique, à La Réunion, à Mayotte et à Saint-Martin.

Art. L. 531-2 *(Mod. à compter du 1er janvier 2021, Ord. n° 2020-1144, 16 sept. 2020).* – Sous réserve des dispositions de l'article L. 531-2-1, les dispositions du présent livre ne s'appliquent pas à Saint-Pierre-et-Miquelon, à l'exception de celles de son titre Ier dans sa rédaction modifiée, en dernier lieu, par l'ordonnance n° 2007-42 du 11 janvier 2007.

Art. L. 531-2-1 *(Aj. à compter du 1er janvier 2021, Ord. n° 2020-1144, 16 sept. 2020).* – I. - Les dispositions du chapitre unique du titre Ier du présent livre, ainsi que les autres dispositions du présent code qu'elles citent, sont applicables à Saint-Barthélemy, à Saint-Martin et à Saint-Pierre-et-Miquelon dans le cadre de la protection de la santé des personnes afin de remédier à l'insalubrité des immeubles, installations et locaux définie par le 4° de l'article L. 511-2.

II. – Pour l'application du chapitre unique du titre Ier du présent livre aux collectivités mentionnées au I :

1° L'autorité compétente pour exercer les pouvoirs de police dans le cadre du présent article est le représentant de l'État dans la collectivité. Les références au préfet de département sont remplacées par celle du représentant de l'État dans la collectivité ;

2° À Saint-Pierre-et-Miquelon, les compétences dévolues au directeur général de l'agence régionale de santé sont exercées par le représentant de l'État ;

3° À Saint-Barthélemy et à Saint-Martin, les références au directeur du service communal d'hygiène et de santé sont remplacées par des références au chef du service de la collectivité correspondant, s'il existe.

Art. L. 531-3 *(Mod. à compter du 1er janvier 2021, Ord. n° 2020-1144, 16 sept. 2020).* – Pour l'application du présent livre à Mayotte :

1° Pour l'application du titre Ier du livre V, les mots : « fichier immobilier » sont remplacés par les mots : « livre foncier » ;

2° *(Abr.)* ;

3° *(Abr.)* ;

4° Le premier alinéa de l'article L. 521-3-3 est ainsi rédigé :

« Pour assurer le relogement à titre temporaire ou définitif des occupants, en application du I de l'article L. 521-3-2, le représentant de l'État peut désigner chaque occupant à reloger à un organisme bailleur disposant de logements correspondant à la demande. Il fixe le délai dans lequel le demandeur doit être logé. Cette attribution s'impute sur les droits à réservation du représentant de l'État ou, lorsque le demandeur est salarié ou demandeur d'emploi, sur les droits à réservation de la société mentionnée à l'article L. 313-19 dans les conditions prévues à l'article L. 313-26-2 ou sur la fraction réservée des attributions de logements appartenant à l'association foncière logement ou à l'une de ses filiales en application de l'article L. 313-35. Le représentant de l'État peut également proposer à l'occupant à reloger un logement faisant l'objet d'une convention mentionnée à l'article L. 321-8 dès lors que le bailleur s'est engagé sur des conditions spécifiques d'attribution ou que le logement est donné à bail à un organisme public ou privé dans les conditions prévues à l'article L. 321-10. En cas de refus de l'organisme de reloger l'occupant désigné, le représentant de l'État procède à l'attribution d'un logement correspondant aux besoins et aux capacités du demandeur sur ses droits de réservation. Lorsque ces droits ont été délégués dans les conditions prévues à l'article L. 441-1, le représentant de l'État demande au délégataire de procéder à la désignation et, le cas échéant, à l'attribution du logement dans un délai qu'il détermine. Si l'organisme bailleur fait obstacle à ces attributions, il est fait application des dispositions de l'article L. 441-1-3. » ;

5° *(Al. abr. à compter du 31 décembre 2028, Ord. n° 2024-562, 19 juin 2024)* Aux articles L. 541-2 et L. 541-3, les mots : « à la conservation des hypothèques ou » ne sont pas applicables.

TITRE IV. – DISPOSITIONS RELATIVES À L'EXÉCUTION DES MESURES DE POLICE CONCERNANT DES LOCAUX D'HABITATION INSALUBRES OU DANGEREUX

CHAPITRE Ier. – SOLIDARITÉ ENTRE PROPRIÉTAIRES ET EXPLOITANTS SUCCESSIFS DE LOCAUX INSALUBRES OU DANGEREUX ET ENTRE INDIVISAIRES

Art. L. 541-1 *(Mod. à compter du 1er janvier 2021, Ord. n° 2020-1144, 16 sept. 2020 ; à compter du 1er juillet 2021, Ord. n° 2020-71, 29 janv. 2020).* – N'est pas suspensive l'opposition introduite devant le juge administratif au titre exécutoire émis par l'État, la commune ou, le cas échéant, l'établissement public de coopération intercommunale ou la métropole de Lyon en paiement d'une créance résultant :

1° D'une astreinte prononcée en application de l'article L. 511-15 ou de l'article L. 184-1 ;

2° De l'exécution d'office décidée en application de l'article L. 511-16 ou de l'article L. 184-1 ;

3° Du relogement ou de l'hébergement des occupants effectué en application de l'article L. 521-3-2 du présent code.

Dans le cas d'une créance de la commune ou, le cas échéant, de l'établissement public de coopération intercommunale ou de la métropole de Lyon, les dispositions du troisième alinéa de l'article L. 1617-5 du Code général des collectivités territoriales ne sont pas applicables.

Art. L. 541-2. – *(Al. mod. à compter du 1er janvier 2023, Ord. n° 2021-1192, 15 sept. 2021)* Lorsqu'un arrêté pris en application des articles L. 184-1 ou L. 511-11 du présent code et portant sur un immeuble dans lequel est exploité, à la date de l'arrêté, un fonds de commerce aux fins d'hébergement, a été publié sur un registre, selon des modalités déterminées par décret en Conseil d'État, les exploitants successifs du même fonds dans les mêmes locaux postérieurement à cette publicité sont solidairement tenus avec l'exploitant du fonds à la date de l'arrêté du paiement des sommes résultant des mesures exécutées d'office et des frais d'hébergement ou de relogement des occupants.

Le coût des mesures de publicité prévues aux premier et deuxième alinéas est supporté par ceux auxquels les actes ont été notifiés.

Art. L. 541-2-1 *(Mod. à compter du 1er juillet 2021, Ord. n° 2020-71, 29 janv. 2020).* – Lorsqu'un arrêté pris en application des articles L. 184-1 ou L. 511-11 du présent code concerne un immeuble en indivision, à compter de la notification qui a été adressée aux indivisaires par l'autorité administrative, ceux-ci sont solidairement tenus du paiement des sommes résultant des mesures exécutées d'office et des frais d'hébergement ou de relogement des occupants.

Lorsque, faute d'avoir pu identifier la totalité des indivisaires, l'autorité administrative n'a pas été en mesure de notifier l'arrêté à chacun d'entre eux, la solidarité entre les indivisaires identifiés court à compter de la publication de l'arrêté au fichier immobilier ou au livre foncier.

L'arrêté, notifié à chacun des indivisaires, précise que la non-exécution des mesures et travaux dans le délai prescrit expose solidairement les indivisaires au paiement d'une astreinte exigible dans les conditions prévues, aux articles L. 184-3 ou L. 511-15. Elle est liquidée et recouvrée comme il est précisé à ces mêmes articles.

Art. L. 541-3 *(Mod. à compter du 1er janvier 2023, Ord. n° 2021-1192, 15 sept. 2021).* – Lorsqu'un arrêté pris en application des articles L. 184-1 ou l'article L. 511-11 du présent code a été publié au fichier immobilier ou au livre foncier et sur un registre, selon les modalités déterminées par décret en Conseil d'État lorsqu'il s'applique à un fonds de commerce exploité à des fins d'hébergement, le propriétaire de l'immeuble et l'exploitant du fonds de commerce ainsi que leurs cessionnaires successifs visés à l'article L. 541-2 sont solidairement tenus du paiement des sommes résultant des mesures exécutées d'office et des frais d'hébergement ou de relogement des occupants.

Le propriétaire de l'immeuble et l'exploitant du fonds de commerce sont solidairement tenus à compter de la notification qui leur a été faite de l'arrêté par l'autorité administrative.

Le coût des mesures de publicité prévues ci-dessus est supporté par ceux auxquels les actes ont été notifiés.

Art. L. 541-4 *(Aj., Ord. n° 2007-42, 11 janv. 2007).* – Si un bien grevé du privilège spécial immobilier mentionné au 8° de l'article 2374 du Code civil est compris dans un plan de cession arrêté en application de l'article L. 631-22 ou des articles L. 642-1 et suivants du Code de commerce, la charge de cette sûreté est transmise au cessionnaire. Celui-ci est alors tenu d'acquitter entre les mains du créancier la somme restant due à la date du transfert de propriété, ou en cas de location-gérance, de la jouissance du bien sur lequel porte la garantie.

Art. L. 541-5 *(Aj., Ord. n° 2007-42, 11 janv. 2007).* – La solidarité prévue aux articles L. 541-2 et L. 541-3 en cas de vente judiciaire ne s'applique pas aux repreneurs, y compris lorsque cette vente est autorisée ou ordonnée judiciairement au cours d'une procédure de sauvegarde, de redressement ou de liquidation judiciaire, et en cas de vente par adjudication.

Art. L. 541-6 *(Mod. à compter du 1er juillet 2021, Ord. n° 2020-71, 29 janv. 2020).* – Lorsqu'un immeuble frappé d'un arrêté pris en application des articles L. 184-1-3 ou l'article L. 511-11 du présent code ou le fonds de commerce qui y est exploité aux fins d'hébergement font l'objet d'une mutation, le notaire qui dresse l'acte notifie sans délai cette mutation à l'auteur de l'arrêté ainsi qu'au maire de la commune.

CHAPITRE II. – MEUBLES DES OCCUPANTS ÉVACUÉS DONT LE LOGEMENT A FAIT L'OBJET D'UNE INTERDICTION DÉFINITIVE D'HABITER

Art. L. 542-1 *(Aj., L. n° 2011-267, 14 mars 2011)*. – Lorsque les locaux d'un immeuble ayant fait l'objet d'une interdiction définitive d'habiter au titre d'un arrêté de péril, d'une déclaration d'insalubrité ou, en cas d'urgence, d'une décision de l'autorité de police compétente prise sur le fondement du Code général des collectivités territoriales sont évacués, les meubles de l'occupant mentionné au premier alinéa de l'article L. 521-1 et ayant fait l'objet de l'évacuation qui se trouvent sur les lieux sont décrits avec précision par un huissier de justice mandaté par l'autorité de police ayant ordonné l'évacuation, aux frais du propriétaire ou de l'exploitant de l'immeuble.

Les meubles sont ensuite remis et entreposés, aux frais du propriétaire ou de l'exploitant de l'immeuble, en un lieu approprié désigné par l'autorité de police ayant ordonné l'évacuation.

L'occupant dispose d'un délai d'un an à compter de la signification de l'acte d'huissier pour retirer ses meubles.

Les frais de garde des meubles entreposés sont à la charge du propriétaire ou de l'exploitant jusqu'à l'expiration du délai de retrait des meubles prévu au troisième alinéa.

À l'issue de ce délai, les frais de garde des meubles non retirés peuvent être pris en charge par l'occupant. À défaut, les meubles non retirés sont, sur autorisation du juge de l'exécution du lieu de situation des meubles, vendus aux enchères publiques ou déclarés abandonnés et détruits pour ceux qui ne sont pas susceptibles d'être vendus, sauf à ce que l'occupant prouve par tout moyen qu'aucune proposition de relogement adaptée à ses besoins ne lui a été faite. Dans ce cas, les meubles de l'occupant sont conservés aux frais du propriétaire ou de l'exploitant jusqu'à ce qu'il ait été relogé dans les conditions fixées par les articles L. 521-3-1 ou L. 521-3-2.

Art. L. 542-2 *(Aj., L. n° 2011-267, 14 mars 2011)*. – Le procès-verbal établi en application de l'article L. 542-1 mentionne, à peine de nullité :

– un inventaire des meubles déménagés et de ceux laissés sur place par l'occupant, avec indication qu'ils paraissent avoir une valeur marchande ou non ;

– le lieu et les conditions d'accès au local où ils sont déposés ;

– la sommation à la personne évacuée de les retirer dans le délai prévu à l'article L. 542-1, à compter de la signification de l'acte d'huissier, faute de quoi les meubles non retirés sont, dans les conditions fixées par l'article L. 542-1, vendus aux enchères publiques ou déclarés abandonnés et détruits pour ceux qui ne sont pas susceptibles d'être vendus, à l'exception des papiers et documents de nature personnelle qui sont conservés sous scellés par l'huissier de justice pendant deux ans avant destruction ;

– la convocation de la personne évacuée à comparaître devant le juge de l'exécution à une date déterminée qui ne peut être antérieure à l'expiration du délai imparti, afin qu'il soit statué sur le sort des meubles non retirés avant le jour de l'audience.

Art. L. 542-3 *(Aj., L. n° 2011-267, 14 mars 2011)*. – À l'expiration du délai de retrait des meubles prévu à l'article L. 542-1, il est procédé à la mise en vente des meubles non retirés aux enchères publiques sur autorisation du juge de l'exécution du lieu où ils sont situés, les parties entendues ou appelées.

Le juge de l'exécution peut déclarer abandonnés les meubles qui ne sont pas susceptibles d'êtres vendus et ordonner leur destruction, à l'exception des papiers et documents de nature personnelle qui sont placés sous enveloppe scellée et conservés pendant deux ans par l'huissier de justice. À l'expiration de ce délai, l'huissier de justice détruit les documents conservés et dresse un procès-verbal qui fait mention des documents détruits.

Le produit de la vente est remis à l'occupant après déduction des frais engagés après l'expiration du délai de retrait des meubles prévu à l'article L. 542-1.

Art. L. 542-4 *(Aj., L. n° 2011-267, 14 mars 2011)*. – Lorsque le propriétaire ou l'exploitant ne se conforme pas aux obligations prévues par le présent chapitre, l'autorité de police ayant ordonné l'évacuation prend les dispositions nécessaires pour assurer ces obligations.

La créance résultant de la substitution de l'autorité de police ayant ordonné l'évacuation au propriétaire ou exploitant défaillant est recouvrée comme en matière de contributions directes par la personne publique créancière.

CHAPITRE III. – PROCÉDURES APPLICABLES AUX PROPRIÉTAIRES DÉFAILLANTS

Art. L. 543-1 *(Mod. à compter du 1er janvier 2021, Ord. n° 2020-1144, 16 sept. 2020 ; mod. à compter du 1er janvier 2022, Ord. n° 2021-1192, 15 sept. 2021).* – Lorsqu'un arrêté de mise en sécurité ou de traitement de l'insalubrité pris en application de l'article L. 511-11 concerne les parties communes d'un immeuble soumis à la loi n° 65-557 du 10 juillet 1965 fixant le statut de la copropriété des immeubles bâtis, l'arrêté précise que, à l'expiration du délai fixé, si les mesures et travaux prescrits n'ont pas été réalisés, les copropriétaires sont redevables du paiement d'une astreinte exigible dans les conditions prévues ci-après.

À l'issue du délai fixé, si l'inexécution des travaux prescrits résulte de l'absence de décision du syndicat des copropriétaires, le montant de l'astreinte due est notifié par arrêté de l'autorité publique compétente à chacun des copropriétaires et recouvré à l'encontre de chacun d'eux.

Si, à l'issue du délai fixé, le syndic de la copropriété atteste que l'inexécution des travaux prescrits résulte de la défaillance de certains copropriétaires à avoir répondu aux appels de fonds nécessaires, votés par l'assemblée générale des copropriétaires, l'autorité publique compétente notifie, par arrêté, le montant de l'astreinte due par chacun des copropriétaires défaillants.

L'astreinte exigible en application du présent article s'ajoute, le cas échéant, à celle qui peut être appliquée aux copropriétaires dont les parties privatives sont frappées d'un arrêté de péril ou d'insalubrité.

L'astreinte est liquidée et recouvrée comme il est précisé à l'article L. 511-15.

L'application de l'astreinte et sa liquidation ne font pas obstacle à l'exécution d'office par l'autorité publique des mesures et travaux prescrits par l'arrêté, ou de sa substitution aux seuls copropriétaires défaillants, en application de l'article L. 511-16. Dans ces cas, le montant de l'astreinte s'ajoute à celui des créances résultant de l'exécution d'office ou de la substitution de l'autorité publique aux seuls copropriétaires défaillants. Il est recouvré comme en matière de contributions directes et est garanti par les dispositions prévues au 7° de l'article 2402 du Code civil et aux articles L. 541-1 et suivants du présent code.

Art. L. 543-2 *(Mod. à compter du 1er juillet 2021, Ord. n° 2020-1144, 16 sept. 2020).* – Afin de prendre en compte les coûts de maîtrise d'ouvrage et d'accompagnement social supportés par les services de l'État, des communes ou de leurs groupements à raison des travaux et mesures prescrits par les arrêtés, mises en demeure ou injonctions pris en application de l'article L. 1311-4 du Code de la santé publique, de l'article L. 184-1 et du chapitre 1er du titre Ier du livre V du présent code, le recouvrement des dépenses engagées aux frais des propriétaires défaillants comporte, outre le montant des dépenses recouvrables prévues à ces mêmes articles, un montant forfaitaire de 8 % de ces dépenses.

TITRE V. – LUTTE CONTRE L'HABITAT INDIGNE
(L. n° 2014-366, 24 mars 2014)

CHAPITRE UNIQUE

Art. L. 551-1 *(Mod., L. n° 2024-322, 9 avr. 2024).* – I. – Pour l'application de la peine d'interdiction d'acheter un bien immobilier à usage d'habitation ou un fonds de commerce d'un établissement recevant du public à usage total ou partiel d'hébergement prévue au 3° de l'article L. 184-7, au deuxième alinéa de l'article L. 184-8 et au 3° du IV et au V de l'article L. 511-22 du présent code, le notaire chargé d'établir l'acte authentique de vente d'un bien immobilier à usage d'habitation ou d'un fonds de commerce d'un établissement recevant du public à usage total ou partiel d'hébergement vérifie si l'acquéreur ou l'un des associés ou mandataires sociaux de la société civile immobilière ou en nom collectif se portant acquéreur a fait l'objet de l'une de ces condamnations.

À cette fin, le notaire interroge l'Association pour le développement du service notarial placée sous le contrôle du Conseil supérieur du notariat, qui demande consultation du bulletin n° 2 du casier judiciaire de l'acquéreur au casier judiciaire national automatisé.

L'Association pour le développement du service notarial indique au notaire si l'acquéreur a fait l'objet d'une condamnation définitive à la peine mentionnée au premier alinéa du présent article.

Lorsque l'acquéreur a fait l'objet d'une telle condamnation, l'acte authentique n'est pas signé et l'avant-contrat de vente signé antérieurement est réputé nul et non avenu aux torts de l'acquéreur. Dans ce cas, le maire de la commune sur le territoire de laquelle est situé le bien en est informé.

II. – L'acte authentique de vente d'un bien immobilier à usage d'habitation au profit d'un acquéreur ayant fait l'objet d'une condamnation définitive à la peine mentionnée au I peut toutefois être signé si l'acquéreur atteste, dans l'acte de vente, que le bien est destiné à son occupation personnelle. Dans ce cas, l'acte de vente et l'attestation sont notifiés à l'administration fiscale par le notaire.

Code de la construction et de l'habitation. – Dispositions réglementaires

LIVRE V. – LUTTE CONTRE L'HABITAT INDIGNE

TITRE Ier. – SÉCURITÉ ET SALUBRITÉ DES IMMEUBLES, LOCAUX ET INSTALLATIONS

CHAPITRE UNIQUE

Section 1. – Dispositions générales

Art. R. 511-1 *(Mod. à compter du 1er janvier 2021, D. n° 2020-1711, 24 déc. 2020)*. – **Les équipements communs mentionnés au 2° de l'article L. 511-2 sont les suivants :**

1° Les installations et conduits de ventilation et de désenfumage des circulations communes ;

2° Les installations de ventilation mécanique contrôlée ;

3° Les installations et appareils d'éclairage et d'éclairage de sécurité des escaliers, couloirs, corridors et circulations communes ;

4° Les installations de production et de distribution d'eau chaude et d'eau froide, ainsi que les systèmes de sécurité des installations de production d'eau chaude ;

5° Les installations et conduits de production et de distribution de chauffage collectif, ainsi que leurs systèmes de sécurité ;

6° Les installations, canalisations et réseaux divers d'alimentation en énergie (gaz et électricité) ainsi que les canalisations et réseaux divers d'évacuation (eaux usées, eaux pluviales) ;

7° Les systèmes de sécurité contre l'incendie, ainsi que les équipements et installations de protection et de lutte contre l'incendie ;

8° Les installations de stockage des hydrocarbures liquéfiés ;

9° Les ascenseurs.

Art. R. 511-2 *(Mod. à compter du 1er janvier 2021, D. n° 2020-1711, 24 déc. 2020)*. – **Lorsque l'autorité compétente demande à la juridiction administrative la désignation d'un expert en vertu de l'article L. 511-9, il est fait application des dispositions du chapitre Ier du titre III du livre V du Code de justice administrative et de l'article R. 556-1 du même code.**

Art. R. 511-3 *(Mod. à compter du 1er janvier 2021, D. n° 2020-1711, 24 déc. 2020)*. – **Dans le cadre de la procédure contradictoire mentionnée à l'article L. 511-10, l'autorité compétente mentionnée à l'article L. 511-4 informe les personnes désignées en application de l'article L. 511-10 des motifs qui la conduisent à envisager de mettre en œuvre la police de la sécurité et de la salubrité des immeubles, locaux et installations et des mesures qu'elle compte prendre.**

Le rapport mentionné à l'article L. 511-8 et, le cas échéant, les autres éléments sur lesquels l'autorité compétente se fonde sont mis à disposition des personnes susmentionnées qui sont invitées à présenter leurs observations dans un délai qui ne peut être inférieur à un mois, ou à quinze jours dans les cas mentionnés à l'article L. 1331-23 du Code de la santé publique.

À défaut de connaître l'adresse actuelle des personnes mentionnées à l'article L. 511-10 ou de pouvoir les identifier, l'information les concernant est valablement effectuée par affichage à la mairie de la commune ou, à Paris, Marseille et Lyon, de l'arrondissement où est situé l'immeuble ainsi que par affichage sur la façade de l'immeuble.

Art. R. 511-4 *(Mod. à compter du 1er janvier 2021, D. n° 2020-1711, 24 déc. 2020)*. – **Avant d'ordonner la réparation ou la démolition d'un immeuble, d'un local ou d'une installation en application de l'article L. 511-11, l'autorité compétente sollicite l'avis de l'architecte des Bâtiments de France dans les cas où cet immeuble est :**

1° Soit inscrit au titre des monuments historiques en application de l'article L. 621-25 du Code du patrimoine ;

2° Soit situé dans les abords des monuments historiques définis à l'article L. 621-30 du même code ;

3° Soit situé dans le périmètre d'un site patrimonial remarquable classé en application de l'article L. 631-1 du même code ;

4° Soit protégé au titre des articles L. 341-1, L. 341-2 ou L. 341-7 du Code de l'environnement.

L'avis est réputé émis en l'absence de réponse dans le délai de quinze jours.

Dans les mêmes cas, lorsque l'autorité compétente fait application de la procédure prévue à l'article L. 511-19, elle en informe immédiatement l'architecte des Bâtiments de France.

Lorsque la démolition concerne un immeuble ou une partie d'immeuble protégé en application des servitudes d'utilité publique mentionnées aux 1° à 4°, les éléments d'architecture ou de décoration qui sont susceptibles d'être remployés pour la restauration ou la reconstruction de l'immeuble ou qui présentent un intérêt historique ou artistique sont déposés en conservation, en tenant compte des indications de l'architecte des Bâtiments de France.

Les dispositions du présent article ne sont pas applicables dans les cas mentionnés au 2° et au 3° de l'article L. 511-2.

Art. R. 511-5 *(Mod. à compter du 1er janvier 2021, D. n° 2020-1711, 24 déc. 2020).* – Lorsque l'arrêté est pris à l'encontre de la personne qui a l'usage des immeubles, locaux ou installation conformément au 3° de l'article L. 511-10, les mesures sont uniquement des injonctions de rendre l'utilisation des immeubles, locaux ou installations conformes aux prescriptions que l'autorité compétente édicte.

Art. R. 511-6 *(Mod. à compter du 1er janvier 2021, D. n° 2020-1711, 24 déc. 2020).* – Le délai d'exécution des mesures de réparation ou de démolition ne peut être inférieur à un mois à compter de la date de la notification de l'arrêté de mise en sécurité ou de traitement de l'insalubrité, sauf dans le cadre de la procédure d'urgence prévue à l'article L. 511-19.

Art. R. 511-7 *(Mod. à compter du 1er janvier 2021, D. n° 2020-1711, 24 déc. 2020).* – Les arrêtés de mise en sécurité ou de traitement de l'insalubrité et les arrêtés de mainlevée sont communiqués au maire, au président de l'établissement public de coopération intercommunale compétent en matière d'habitat, aux organismes payeurs des aides personnelles au logement ainsi qu'aux gestionnaires du fonds de solidarité pour le logement du département lorsque le bâtiment est à usage total ou partiel d'habitation. Les arrêtés de traitement de l'insalubrité sont également communiqués au procureur de la République.

Art. R. 511-8 *(Mod., D. n° 2020-1711, 24 déc. 2020).* – Les notifications et formalités prévues en application du présent chapitre, y compris pour les arrêtés pris au titre de l'article L. 511-19, sont effectuées par lettre remise contre signature ou tout autre moyen conférant date certaine à la réception, ou à défaut par affichage dans les cas et selon les modalités prévues aux articles L. 511-12 et R. 511-3.

Art. R. 511-9 *(Mod. à compter du 1er janvier 2021, D. n° 2020-1711, 24 déc. 2020).* – La créance sur les personnes tenues de réaliser les mesures prescrites et née de l'exécution d'office de celles-ci en application des articles L. 511-16 et L. 511-20 comprend le coût de l'ensemble des mesures que cette exécution a rendu nécessaires, notamment celui des travaux destinés à assurer la sécurité de l'ouvrage ou celle des bâtiments mitoyens, les frais exposés par la commune ou l'État agissant en qualité de maître d'ouvrage public et, le cas échéant, les frais d'expertise.

Section 2. – Dispositions particulières aux bâtiments en copropriété

Art. R. 511-10 *(Mod. à compter du 1er janvier 2021, D. n° 2020-1711, 24 déc. 2020).* – Lorsque des désordres affectant les seules parties communes d'un immeuble en copropriété sont susceptibles de justifier le recours aux mesures prévues à l'article L. 511-11, l'information prévue par l'article R. 511-3 est faite au syndicat des copropriétaires pris en la personne du syndic, qui la transmet immédiatement aux copropriétaires. Le syndic représentant le syndicat des copropriétaires dispose alors, pour présenter des observations, d'un délai qui ne peut être inférieur à deux mois à compter de la date à laquelle il a reçu l'information faite par l'autorité compétente.

Art. R. 511-11 *(Mod. à compter du 1er janvier 2021, D. n° 2020-1711, 24 déc. 2020).* – Lorsque l'inexécution de l'arrêté de mise en sécurité ou de traitement de l'insalubrité résulte de la défaillance de certains copropriétaires, le syndic en informe l'autorité compétente en lui indiquant les démarches entreprises pour faire réaliser les travaux prescrits en application de l'article L. 511-11 et en lui fournissant une attestation de défaillance. Sont réputés défaillants les copropriétaires qui, après avoir été mis en demeure de le faire par le syndic, n'ont pas répondu ou n'ont répondu que partiellement aux appels de fonds destinés à financer les travaux prescrits dans le délai de quinze jours à compter de la sommation de payer.

L'autorité compétente dispose alors d'un délai d'un mois pour décider de se substituer aux copropriétaires défaillants conformément à l'article L. 511-16. En ce cas, sa décision est notifiée au syndicat des copropriétaires, pris en la personne du syndic, ainsi qu'aux copropriétaires défaillants, auxquels sont également notifiées les sommes versées pour leur compte. Lorsque tous les copropriétaires sont défaillants, l'autorité compétente ne peut recourir à la procédure de substitution mais peut faire procéder à l'exécution d'office des mesures prescrites.

Art. R. 511-12 *(Mod. à compter du 1er janvier 2021, D. n° 2020-1711, 24 déc. 2020).* – Lorsque l'autorité compétente a recouvré la totalité de la créance qu'elle détient sur un copropriétaire défaillant auquel elle s'est substituée, elle en informe le syndic de copropriété. À défaut, lorsqu'un lot appartenant à un copropriétaire défaillant fait l'objet d'une mutation, le syndic notifie sans délai cette mutation à l'autorité compétente afin de lui permettre de faire valoir ses droits auprès du notaire qui en est chargé.

Art. R. 511-13 *(Mod. à compter du 1er janvier 2021, D. n° 2020-1711, 24 déc. 2020).* – Les modalités d'application de la présente section sont précisées en tant que de besoin par un arrêté conjoint du ministre de la Justice, du ministre chargé du logement et du ministre chargé de la santé.

Code de la santé publique

Art. L. 1331-22 *(Mod. à compter du 1er janvier 2021, Ord. n° 2020-1144, 16 sept. 2020).* – Tout local, installation, bien immeuble ou groupe de locaux, d'installations ou de biens immeubles, vacant ou non, qui constitue, soit par lui-même, soit par les conditions dans lesquelles il est occupé, exploité ou utilisé, un danger ou risque pour la santé ou la sécurité physique des personnes est insalubre.

La présence de revêtements dégradés contenant du plomb à des concentrations supérieures aux seuils et aux conditions mentionnés à l'article L. 1334-2 rend un local insalubre.

Les décrets pris en application de l'article L. 1311-1 et, le cas échéant, les arrêtés pris en application de l'article L. 1311-2 précisent la définition des situations d'insalubrité.

Art. L. 1331-23 *(Mod. à compter du 1er janvier 2021, Ord. n° 2020-1144, 16 sept. 2020).* – Ne peuvent être mis à disposition aux fins d'habitation, à titre gratuit ou onéreux, les locaux insalubres dont la définition est précisée conformément aux dispositions de l'article L. 1331-22, que constituent les caves, sous-sols, combles, pièces dont la hauteur sous plafond est insuffisante, pièces de vie dépourvues d'ouverture sur l'extérieur ou dépourvues d'éclairement naturel suffisant ou de configuration exiguë, et autres locaux par nature impropres à l'habitation, ni des locaux utilisés dans des conditions qui conduisent manifestement à leur sur-occupation.

Art. L. 1331-24 *(Mod. à compter du 1er janvier 2021, Ord. n° 2020-1144, 16 sept. 2020).* – Les situations d'insalubrité indiquées aux articles L. 1331-22 et L. 1331-23 font l'objet des mesures de police définies au titre Ier du livre V du Code de la construction et de l'habitation.

Code civil

Art. 2402 *(Mod. à compter du 1er janvier 2022, Ord. n° 2021-1192, 15 sept. 2021).* – Outre celles prévues par des lois spéciales, les créances auxquelles une hypothèque légale spéciale est attachée sont les suivantes :

[...]

7° Les créances de l'État, de la commune, de l'établissement public de coopération intercommunale à fiscalité propre ou de la métropole de Lyon, selon le cas, nées de l'application de l'article L. 184-1, du chapitre Ier du titre Ier du livre V ou de l'article L. 521-3-2 du Code de la construction et de l'habitation sont garanties sur les immeubles faisant l'objet des mesures prises en application de ces dispositions.

NB : Conformément à l'article 37 de l'ordonnance n° 2021-1192 du 15 septembre 2021, ces dispositions entrent en vigueur le 1er janvier 2022.

....

Art. 2404 *(Mod. à compter du 1er janvier 2022, Ord. n° 2021-1192, 15 sept. 2021).* – Le titulaire de la créance visée au 7° de l'article 2402 conserve son hypothèque par la double inscription faite :

1° Par l'auteur de l'arrêté de police pris en application de l'article L. 184-1 du Code de la construction et de l'habitation pour les mesures édictées sous peine d'interdiction d'habiter ou d'utiliser les locaux ou de fermeture définitive de l'établissement ou de l'article L. 511-11 du même code comportant une évaluation sommaire du coût des mesures ou des travaux à exécuter ;

2° Du titre de recouvrement de la créance par son auteur.

Pour les créances nées de l'application du chapitre Ier du titre Ier du livre V ou de l'article L. 521-3-2 du Code de la construction et de l'habitation lorsque la démolition du bâtiment déclaré insalubre ou menaçant ruine a été ordonnée, l'hypothèque prend rang à concurrence du montant évalué ou de celui du titre de recouvrement, s'il lui est inférieur, à compter de la première inscription et à compter de la deuxième inscription pour la fraction du montant du titre de recouvrement qui serait supérieure au montant résultant de la première inscription.

Pour les autres créances, l'hypothèque est conservée à concurrence du montant évalué ou de celui du titre de recouvrement, s'il lui est inférieur.

Art. 2405 *(Mod. à compter du 1er janvier 2022, Ord. n° 2021-1192, 15 sept. 2021).* – Par dérogation à l'article 2404, l'hypothèque peut également être conservée par la seule inscription du titre de recouvrement, à concurrence de sa valeur.

Art. 2406 *(Mod. à compter du 1er janvier 2022, Ord. n° 2021-1192, 15 sept. 2021).* – Les frais d'inscription sont à la charge des débiteurs.

Art. 2407 *(Mod. à compter du 1er janvier 2022, Ord. n° 2021-1192, 15 sept. 2021).* – Lorsque les mesures prescrites par l'arrêté ou la mise en demeure mentionnés au 1° de l'article 2404 ont été exécutées par le propriétaire ou l'exploitant, la publication à leurs frais d'un arrêté de mainlevée avant l'inscription du titre de recouvrement prévue au 2° du même article emporte caducité de la première inscription. Mention est faite de la radiation résultant de cette caducité en marge de l'inscription, aux frais du propriétaire ou de l'exploitant.

La radiation de la seconde inscription ne peut intervenir que conformément aux dispositions des articles 2436 et suivants.

ANNEXE 40

INCENDIES

I. – **Obligations d'affichage** .... p. 1323
II. – **Obligations d'entretien et vérification** .... p. 1324
III. – **Objectif général de sécurité** .... p. 1324
IV. – **Détecteurs de fumée** .... p. 1325
V. – **Immeubles situés dans le périmètre d'une association syndicale de défense contre l'incendie** .... p. 1326

Arrêté du 31 janvier 1986
relatif à la protection contre l'incendie des bâtiments d'habitation

Bibliographie : P. Doutreligne et Ph. Pelletier, *Propositions pour une meilleure sécurité des personnes dans leur habitat :* Rapport public 12 oct. 2005, min. Emploi, Cohésion sociale et Logement. • M. Bertrand, *Sécurité incendie : les précautions nécessaires : Le Particulier immobilier* mai 2008, p. 50. • P. Turenne, *Sécurité incendie : quelles sont les normes en copropriété ? : Inf. rap. copr.* janv.-févr. 2011, p. 29. • Brochure de l'ARC : *La sécurité incendie en copropriété* (www.unarc.asso.fr). • S. Michelin-Mazeran, *Prévention de l'incendie : les règles pour la rénovation de façade : Inf. rap. copr.* juill.-août 2020, p. 9. • P. Turenne, *Secours incendie : sérénité et sécurité à tous les étages ! : Inf. rap. copr.* nov. 2021, p. 19. • V. Zalewski-Sicard, *Risques d'incendie et pratique notariale* : *JCP* N 2023, n° 35, act. 859.

Sources de la réglementation. Les règles de protection contre l'incendie (classification des matériaux) sont contenues dans le Code de la construction et de l'habitation (art. R. 121-1 à R. 121-13), qui comprend des dispositions particulières de sécurité relatives aux immeubles de grande hauteur (IGH, art. R. 122-1 à R. 122-29).

Par ailleurs, un arrêté du 31 janvier 1986, publié au *Journal officiel* du 5 mars 1986, p. 3418, a défini les nouvelles règles relatives à la protection contre l'incendie dans les immeubles d'habitation.

Cet arrêté (que nous ne pouvons reproduire intégralement car il occupe plus de dix pages du *JO*) comporte, en particulier, les dispositions suivantes, intéressant les syndics.

Signalons par ailleurs que le règlement de sécurité contre les risques d'incendie et de panique dans les établissements recevant du public a été modifié par deux arrêtés, l'un du 6 octobre 2004, l'autre du 22 novembre 2004 (*JO* 29 déc.).

Enfin le règlement de sécurité contre les risques d'incendie et de panique dans les établissements recevant du public a été modifié par l'arrêté du 10 octobre 2005 (*JO* 1er déc.), puis par l'arrêté du 19 juin 2015 (*JO* 24 juin).

Voir les brochures publiées par le *Journal officiel* (site de la Documentation française) : *Sécurité incendie dans les établissements recevant du public* (16 août 2007) et *Sécurité incendie dans les établissements recevant du public – Bâtiments d'habitation* (15 déc. 2005).

Voir sur le site « Service public » la note : Sécurité incendie dans un immeuble en copropriété.

I. – OBLIGATIONS D'AFFICHAGE

Art. 100 ***(Mod., A. 19 juin 2015).*** **– Le propriétaire ou, le cas échéant, la personne responsable désignée par ses soins, est tenu d'afficher dans les halls d'entrée, près des accès aux escaliers et aux ascenseurs :**

les consignes à respecter en cas d'incendie ;

les plans de sous-sols et du rez-de-chaussée.

Les consignes particulières à chaque type d'immeuble à respecter en cas d'incendie doivent être également affichées dans les parcs de stationnement, s'il en existe, à proximité des accès aux escaliers et aux ascenseurs.

A minima, les éléments suivants figurent sur les plans d'intervention :

- l'emplacement des cloisonnements principaux et des cheminements des sous-sols ;
- l'indication des dégagements, voies intérieures ou cours permettant d'atteindre l'extérieur du bâtiment ;
- l'emplacement des ascenseurs et monte-charge, avec leurs accès ;
- l'emplacement des locaux poubelles et réceptacle s'il existe un vide-ordures ;
- l'emplacement des moyens de secours, notamment les prises de colonnes sèches et les commandes de désenfumage.

II. – OBLIGATIONS D'ENTRETIEN ET VÉRIFICATION

Art. 101. – Le propriétaire ou, le cas échéant, la personne responsable désignée par ses soins, est tenu de faire effectuer, au moins une fois par an, les vérifications des installations de détection, de désenfumage, de ventilation, ainsi que de toutes les installations fonctionnant automatiquement et des colonnes sèches.

Il doit s'assurer, en particulier, du bon fonctionnement des portes coupe-feu, des ferme-portes ainsi que des dispositifs de manœuvre des ouvertures en partie haute des escaliers.

Il doit également assurer l'entretien de toutes les installations concourant à la sécurité et doit pouvoir le justifier par la tenue d'un registre de sécurité.

Art. 102 *(Mod., A. 7 déc. 2020)*. – Le propriétaire doit s'assurer que les transformations apportées aux immeubles en ce qui concerne l'affectation des locaux, les matériaux constitutifs des revêtements des couvertures ou des façades, les revêtements de sols et des parois des circulations communes, des celliers ainsi que des parcs, la constitution de ces parois ne soient pas de nature à diminuer les caractéristiques de réaction et de résistance au feu exigées pour ces divers éléments par le présent arrêté.

Le propriétaire est tenu de s'assurer du respect des dispositions de l'article 1er, en identifiant les places de stationnement utilisées effectivement par des personnes non résidentes du bâtiment d'habitation pour une durée inférieure à 30 jours consécutifs.

Art. 103 *(Mod., A. 19 juin 2015)*. – Les vérifications visées à l'article 101 ci-avant doivent être effectuées par des organismes ou techniciens compétents, choisis par le propriétaire.

Le registre défini à l'article R. 111-13 du Code de la construction et de l'habitation comprend *a minima* :

les rapports des vérifications exigées à l'article 101 du présent arrêté ;

les rapports d'intervention d'entretien ;

les opérations de maintenance.

Art. 104. – Le propriétaire est tenu de présenter toutes les justifications utiles concernant l'entretien et la vérification des installations sur demande des agents assermentés et commissionnés à cet effet.

III. – OBJECTIF GÉNÉRAL DE SÉCURITÉ

Code de la construction et de l'habitation

TITRE IV. – SÉCURITÉ DES PERSONNES CONTRE LES RISQUES D'INCENDIE

CHAPITRE Ier. – OBJECTIFS GÉNÉRAUX DE SÉCURITÉ CONTRE LES RISQUES D'INCENDIE

Art. L. 141-1 *(Aj. à compter du 1er juillet 2021, Ord. n° 2020-71, 29 janv. 2020)*. – Les bâtiments sont implantés, conçus, construits, exploités et entretenus dans l'objectif d'assurer la sécurité des personnes :

1° En contribuant à éviter l'éclosion d'un incendie ;

2° En cas d'incendie, en permettant de limiter son développement, sa propagation, ses effets sur les personnes et en facilitant l'intervention des secours.

Art. L. 141-2 *(Aj. à compter du 1er juillet 2021, Ord. n° 2020-71, 29 janv. 2020).* – Des règles de sécurité sont définies par décret en Conseil d'État pour respecter l'objectif général fixé par l'article L. 141-1 lors de la construction, l'aménagement, la modification ou le changement d'usage :

1° Des bâtiments à usage d'habitation ;

2° Des bâtiments à usage professionnel ;

3° Des établissements recevant du public.

Des règles spécifiques sont définies pour les immeubles de moyenne hauteur et les immeubles de grande hauteur quel que soit leur usage.

Art. L. 141-3 *(Aj. à compter du 1er juillet 2021, Ord. n° 2020-71, 29 janv. 2020).* – La justification du respect de l'objectif général énoncé par l'article L. 141-1 relatif à la sécurité des personnes dans les bâtiments à construire, à modifier ou à aménager est apportée, lorsqu'il est recouru à une solution d'effet équivalent au sens de l'article L. 112-6, par des études d'ingénierie de sécurité incendie qui établissent que les exigences fonctionnelles définies par voie réglementaire sont satisfaites.

Les modalités d'application du présent article sont fixées par décret en Conseil d'État.

Art. L. 141-4 *(Aj. à compter du 1er juillet 2021, Ord. n° 2020-71, 29 janv. 2020).* – Les mesures d'entretien des bâtiments, notamment celles relatives à l'utilisation d'une solution d'effet équivalent, les aménagements qui y sont effectués et les modifications qui leur sont apportées, lorsqu'ils affectent le niveau de sécurité contre les risques d'incendie, sont consignés et disponibles durant toute la vie de l'ouvrage.

IV. – DÉTECTEURS DE FUMÉE

Code de la construction et de l'habitation

Art. R. 142-1 *(Aj., D. n° 2021-872, 30 juin 2021).* – La disposition des locaux, les structures, les matériaux et l'équipement des bâtiments d'habitation doivent permettre la protection des habitants contre l'incendie. Les logements doivent être isolés des locaux qui, par leur nature ou leur destination, peuvent constituer un danger d'incendie ou d'asphyxie. La construction doit permettre aux occupants, en cas d'incendie, soit de quitter l'immeuble sans secours extérieur, soit de recevoir un tel secours.

Les installations, aménagements et dispositifs mécaniques, automatiques ou non, mis en place pour permettre la protection des habitants des immeubles doivent être entretenus et vérifiés de telle manière que le maintien de leurs caractéristiques et leur parfait fonctionnement soient assurés jusqu'à destruction desdits immeubles. Les propriétaires sont tenus d'assurer l'exécution de ces obligations d'entretien et de vérification. Ils doivent pouvoir en justifier, notamment par la tenue d'un registre.

Un arrêté conjoint du ministre chargé de la construction et de l'habitation et du ministre de l'intérieur fixe les modalités d'application du présent article.

Art. R. 142-2 *(Aj., D. n° 2021-872, 30 juin 2021).* – Chaque logement, qu'il se situe dans une habitation individuelle ou dans une habitation collective, est équipé d'au moins un détecteur de fumée normalisé.

Le détecteur est alimenté par piles ou fonctionne à partir de l'alimentation électrique du logement, sous réserve dans ce cas qu'il soit équipé d'une alimentation de secours susceptible de prendre le relais en cas de dysfonctionnement électrique.

Le détecteur de fumée doit :

1° Détecter les fumées émises dès le début d'un incendie ;

2° Émettre immédiatement un signal sonore suffisant permettant de réveiller une personne endormie dans le seul logement où la détection a eu lieu.

Un arrêté conjoint des ministres chargés de la construction et de la sécurité civile fixe les modalités d'application du présent article.

Art. R. 142-3 *(Aj., D. n° 2021-872, 30 juin 2021).* – La responsabilité de l'installation du détecteur de fumée normalisé mentionné à l'article R. 142-2 incombe au propriétaire et la responsabilité de son entretien, ainsi que, si nécessaire, de son renouvellement incombe à l'occupant du logement. Si le logement est mis en location, le propriétaire s'assure du bon fonctionnement du détecteur lors de l'établissement de l'état des lieux mentionné à l'article 3-2 de la loi n° 89-462 du 6 juillet 1989 tendant à améliorer les rapports locatifs et portant modification de la loi n° 86-1290 du 23 décembre 1986.

Cependant, cette responsabilité d'installation, d'entretien et de renouvellement incombe :

1° Au propriétaire pour les logements à caractère saisonnier, les logements-foyers mentionnés à l'article R. 832-20 dont la gestion est assurée par le propriétaire ou par un organisme autres que ceux mentionnés à l'article L. 365-4, les résidences hôtelières à vocation sociale, les logements attribués ou loués en raison de l'exercice d'une fonction ou d'un emploi et les locations meublées ;

2° Aux organismes agréés mentionnés à l'article L. 365-4 exerçant les activités d'intermédiation locative et de gestion locative sociale pour les logements-foyers et logements familiaux gérés par ces organismes.

Art. R. 142-4 *(Aj., D. n° 2021-872, 30 juin 2021).* – Dans les parties communes des immeubles à usage d'habitation, les propriétaires mettent en œuvre des mesures de sécurité contre l'incendie. Ces mesures indiquent les consignes à respecter en cas d'incendie et visent également à éviter la propagation du feu des locaux à risques vers les circulations et dégagements. Un arrêté conjoint des ministres en charge de la construction et de la sécurité civile fixe les modalités d'application du présent article.

Art. R. 142-5 *(Aj., D. n° 2021-872, 30 juin 2021).* – L'installation du dispositif mentionné à l'article L. 142-1 est notifiée à l'assureur avec lequel l'occupant a conclu un contrat garantissant les dommages d'incendie. Cette notification se fait par la remise d'une attestation par l'occupant ou, dans les cas prévus aux deuxième et troisième alinéas de l'article R. 142-3, le propriétaire ou l'organisme agréé mentionné à l'article L. 365-4 exerçant les activités d'intermédiation locative et de gestion locative sociale.

Un arrêté conjoint des ministres en charge de la construction, de l'économie et de la sécurité civile précise les informations devant figurer dans cette attestation.

V. – IMMEUBLES SITUÉS DANS LE PÉRIMÈTRE D'UNE ASSOCIATION SYNDICALE DE DÉFENSE CONTRE L'INCENDIE

Renvoi. V. à ce sujet l'annexe « Association syndicale libre ».

ANNEXE 41

INFORMATION DES OCCUPANTS DE L'IMMEUBLE

I. – Décisions de l'assemblée .... p. 1327
A. – Obligation d'information .... p. 1327
B. – Panneaux d'affichage .... p. 1328
II. – Police de la sécurité et de la salubrité des immeubles .... p. 1328
III. – Réglementation en matière de déchets .... p. 1329

Bibliographie : C. Coutant-Lapalus, *Une information renforcée des occupants d'immeubles en copropriété : Loyers et copr.* 2016, focus 9. • J.-M. Roux, *Avis à la population ! : Inf. rap. copr.* janv.-févr. 2016, p. 27. • P. Battistini, *Présentation du décret du 15 décembre 2015 : LPA* 3 mars 2016, p. 7. • J.-M. Roux, *La transparence, l'information des tiers : Inf. rap. copr.* mai 2017, p. 23 et s.

I. – DÉCISIONS DE L'ASSEMBLÉE

A. – OBLIGATION D'INFORMATION

Loi n° 65-557 du 10 juillet 1965
fixant le statut de la copropriété des immeubles bâtis

Art. 18. – **I. – Indépendamment des pouvoirs qui lui sont conférés par d'autres dispositions de la présente loi ou par une délibération spéciale de l'assemblée générale, le syndic est chargé, dans les conditions qui seront éventuellement définies par le « décret en Conseil d'État » prévu à l'article 47 ci-dessous :**

[...]

– d'assurer l'information des occupants de chaque immeuble de la copropriété des décisions prises par l'assemblée générale, selon des modalités définies par décret.

Décret n° 2015-1681 du 15 décembre 2015
relatif à l'information des occupants des immeubles en copropriété
des décisions prises par l'assemblée générale
(JO 17 déc. 2015)

Dans le but d'améliorer l'information des occupants, en ce qui concerne les décisions prises en assemblée générale et qui pourraient avoir des conséquences sur leur vie quotidienne et éventuellement leurs charges, la loi du 24 mars 2014 (loi ALUR) a confié au syndic la charge d'assurer l'information des occupants de chaque immeuble de la copropriété des décisions prises par l'assemblée générale. Le décret du 15 décembre 2015 fixe les modalités selon lesquelles cette obligation doit être satisfaite.

Art. 1er. – Dans un délai de trois mois après la tenue de chaque assemblée générale des copropriétaires, le syndic assure l'information des occupants de chaque immeuble des décisions prises par ladite assemblée susceptibles d'avoir des conséquences sur les conditions d'occupation de l'immeuble et sur les charges des occupants, telles que :

– les décisions relatives à la maintenance et à l'entretien de l'immeuble, aux travaux de toute nature et aux actes techniques concourant à la préparation de ces travaux tels que les diagnostics, les audits, les études techniques ;

– les décisions relatives à la présence du personnel ou des prestataires.

Lorsque ces décisions comprennent des informations à caractère personnel, il est procédé à l'anonymisation de leur contenu.

Toutefois, ne peuvent être portées à la connaissance des occupants les décisions de l'assemblée générale concernant :

– une saisie immobilière ou une procédure contentieuse opposant un ou plusieurs copropriétaires au syndicat ;

– les prestations de gestion confiées au syndic ou pour lesquelles il est mandaté.

Une décision ayant pour effet le licenciement du gardien, concierge ou employé d'immeubles ne peut être portée à la connaissance des occupants avant que ce dernier ait reçu la lettre lui notifiant son licenciement.

Art. 2. – L'information mentionnée à l'article 1er est réalisée par un document affiché pendant un mois à l'emplacement prévu à cet effet s'il en existe un ou, à défaut, déposé dans chacune des boîtes aux lettres ou remis selon les modalités habituellement utilisées dans la copropriété pour la remise des courriers.

Art. 3. – Le présent décret s'applique aux assemblées générales convoquées à compter du 1er avril 2016.

B. – PANNEAUX D'AFFICHAGE

Loi n° 86-1290 du 23 décembre 1986

tendant à favoriser l'investissement locatif, l'accession à la propriété de logements sociaux et le développement de l'offre foncière

Art. 44. – [...]

Les décisions prises en assemblée des copropriétaires et relatives à l'entretien de l'immeuble et aux travaux font l'objet d'un procès-verbal abrégé affiché dans les parties communes de l'immeuble.

Dans chaque bâtiment d'habitation, un panneau d'affichage doit être mis à la disposition des associations ou groupements de locataires, définis au premier alinéa du présent article, pour leurs communications portant sur le logement, l'habitat et les travaux, dans un lieu de passage des locataires.

II. – POLICE DE LA SÉCURITÉ ET DE LA SALUBRITÉ DES IMMEUBLES

Loi n° 65-557 du 10 juillet 1965

Art. 18 *(Mod., L. n° 2024-322, 9 avr. 2024)*. – I. – Indépendamment des pouvoirs qui lui sont conférés par d'autres dispositions de la présente loi ou par une délibération spéciale de l'assemblée générale, le syndic est chargé, dans les conditions qui seront éventuellement définies par le décret prévu à l'article 47 ci-dessous :

[...]

– d'informer les copropriétaires et les occupants de la copropriété qu'un immeuble fait l'objet d'une procédure relevant de l'exercice de la police de la sécurité et de la salubrité des immeubles, locaux et installations prévue au titre Ier du livre V du Code de la construction et de l'habitation.

Code de la construction et de l'habitation

Art. L. 511-10 *(Mod., L. n° 2024-322, 9 avr. 2024)*. – L'arrêté de mise en sécurité ou de traitement de l'insalubrité est pris à l'issue d'une procédure contradictoire avec la personne qui sera tenue d'exécuter les mesures : le propriétaire ou le titulaire de droits réels immobiliers sur l'immeuble, le local ou l'installation, tels qu'ils figurent au fichier immobilier ou, dans les départements de la Moselle, du Bas-Rhin ou du Haut-Rhin, au livre foncier, dont dépend l'immeuble.

L'autorité compétente à l'initiative de la procédure informe concomitamment les occupants de l'engagement de la procédure contradictoire, par courrier ou remise contre signature ou par affichage sur la façade de l'immeuble.

....

Art. L. 511-12 *(Mod., L. n° 2024-322, 9 avr. 2024)*. – L'arrêté de mise en sécurité ou de traitement de l'insalubrité est notifié à la personne tenue d'exécuter les mesures. Il est également notifié, le cas échéant, pour autant qu'ils sont connus, aux titulaires de parts donnant droit à l'attribution ou à la jouissance en propriété des locaux, aux occupants et, si l'immeuble est à usage total ou partiel d'hébergement, à l'exploitant. Lorsque les travaux prescrits ne concernent que les parties communes d'un immeuble en copropriété, la notification aux copropriétaires est valablement faite au seul syndicat de la copropriété, représenté par le syndic qui en informe immédiatement les copropriétaires et les occupants.

À défaut de connaître l'adresse actuelle des personnes mentionnées au premier alinéa ou de pouvoir les identifier, la notification les concernant est valablement effectuée par affichage à la mairie de la commune ou, à Paris, Marseille et Lyon, de l'arrondissement où est situé l'immeuble, ainsi que par affichage sur la façade de l'immeuble.

À la demande de l'autorité compétente, l'arrêté de mise en sécurité ou de traitement de l'insalubrité est publié au fichier immobilier ou, dans les départements de la Moselle, du Bas-Rhin et du Haut-Rhin, au livre foncier, dont dépend l'immeuble. Cette publication ne donne lieu à aucune perception au profit du Trésor.

III. – RÉGLEMENTATION EN MATIÈRE DE DÉCHETS

Loi n° 65-557 du 10 juillet 1965

fixant le statut de la copropriété des immeubles bâtis

Art. 18. – III. - Le syndic est également chargé :

[...]

- d'informer les copropriétaires des règles locales en matière de tri des déchets et de l'adresse, des horaires et des modalités d'accès des déchetteries dont dépend la copropriété. Cette information est affichée de manière visible dans les espaces affectés à la dépose des ordures ménagères par les occupants de la copropriété et transmise au moins une fois par an à ces occupants ainsi qu'aux copropriétaires.

ANNEXE 42

LETTRE RECOMMANDÉE ÉLECTRONIQUE

Bibliographie : A. Lebatteux, *Impact du décret n° 2018-347 du 9 mai 2018 relatif à la lettre recommandée électronique sur la convocation des assemblées par voie électronique : Loyers et copr.* juill.-août 2018, comm. 179. • Th. Douville, *La lettre recommandée électronique : Defrénois* 2018, n° 22, p. 27.

Décret n° 2018-347 du 9 mai 2018

relatif à la la lettre recommandée électronique

(JO 12 mai 2018, texte n° 16)

Art. 1er. – Il est ajouté à la deuxième partie réglementaire – décrets en Conseil d'État – du Code des postes et des communications électroniques un livre III intitulé « Autres services, dispositions communes et finales » ainsi rédigé :

« Livre III. – AUTRES SERVICES, DISPOSITIONS COMMUNES ET FINALES

Titre Ier. – AUTRES SERVICES

Chapitre Ier. – Lettre recommandée électronique

Section 1. – Définition de la lettre recommandée électronique

Art. R. 53. – Une lettre recommandée électronique est un envoi recommandé électronique au sens de l'article L. 100.

Section 2. – Exigences requises pour la lettre recommandée électronique

Art. R. 53-1. – La vérification initiale de l'identité de l'expéditeur est réalisée par l'une des modalités prévues aux points *a*, *b*, *c* ou *d* du paragraphe 1 de l'article 24 du règlement (UE) n° 910/2014 du Parlement européen et du Conseil du 23 juillet 2014 sur l'identification électronique et les services de confiance pour les transactions électroniques au sein du marché intérieur et abrogeant la directive 1999/93/ CE.

La vérification initiale de l'identité du destinataire doit être assurée au minimum dans les conditions prévues, pour le niveau de garantie substantiel, au point 2.1. de l'annexe du règlement d'exécution (UE) 2015/1502 de la Commission du 8 septembre 2015 fixant les spécifications techniques et procédures minimales relatives aux niveaux de garantie des moyens d'identification électronique visés à l'article 8, paragraphe 3, du règlement (UE) n° 910/2014 du Parlement européen et du Conseil sur l'identification électronique et les services de confiance pour les transactions électroniques au sein du marché intérieur.

Postérieurement à cette vérification initiale de l'identité de l'expéditeur ou du destinataire, le prestataire de lettre recommandée électronique peut leur attribuer un moyen d'identification électronique qu'ils utiliseront pour attester de leur identité à chaque envoi ou réception. Ce moyen d'identification électronique doit répondre au minimum aux exigences prévues, pour le niveau de garantie substantiel, aux points 2.2.1 et 2.3.1 de l'annexe du règlement d'exécution (UE) 2015/1502 mentionné ci-dessus.

Si le prestataire n'attribue pas de moyen d'identification électronique ou si le moyen d'identification électronique n'est pas utilisé, la vérification d'identité doit être effectuée dans les même conditions que la vérification initiale.

Art. R. 53-2. – Le prestataire de lettre recommandée électronique délivre à l'expéditeur une preuve du dépôt électronique de l'envoi. Le prestataire doit conserver cette preuve de dépôt pour une durée qui ne peut être inférieure à un an.

Cette preuve de dépôt comporte les informations suivantes :

1° Le nom et le prénom ou la raison sociale de l'expéditeur, ainsi que son adresse électronique ;

2° Le nom et le prénom ou la raison sociale du destinataire ainsi que son adresse électronique ;

3° Un numéro d'identification unique de l'envoi attribué par le prestataire ;

4° La date et l'heure du dépôt électronique de l'envoi indiquées par un horodatage électronique qualifié tel que défini par l'article 3 du règlement (UE) n° 910/2014 mentionné ci-dessus ;

5° La signature électronique avancée ou le cachet électronique avancé tels que définis par l'article 3 du règlement (UE) n° 910/2014 mentionné ci-dessus, utilisé par le prestataire de services qualifié lors de l'envoi.

Art. R. 53-3. – I. – Le prestataire de lettre recommandée électronique informe le destinataire, par voie électronique, qu'une lettre recommandée électronique lui est destinée et qu'il a la possibilité, pendant un délai de quinze jours à compter du lendemain de l'envoi de cette information, d'accepter ou non sa réception.

Le destinataire n'est pas informé de l'identité de l'expéditeur de la lettre recommandée électronique.

II. – En cas d'acceptation par le destinataire de la lettre recommandée électronique, le prestataire procède à sa transmission.

Le prestataire conserve une preuve de la réception par le destinataire des données transmises et du moment de la réception, pour une durée qui ne peut être inférieure à un an.

Outre les informations mentionnées aux 1° à 5° de l'article R. 53-2, cette preuve de réception comporte la date et l'heure de réception de l'envoi, indiquées par un horodatage électronique qualifié.

III. – En cas de refus de réception ou de non-réclamation par le destinataire, le prestataire met à disposition de l'expéditeur, au plus tard le lendemain de l'expiration du délai prévu au I, une preuve de ce refus ou de cette non-réclamation. Cette preuve précise la date et l'heure du refus telles qu'indiquées par un horodatage électronique qualifié, et fait mention des informations prévues aux 1° à 5° de l'article R. 53-2.

Le prestataire conserve la preuve de refus ou de non-réclamation du destinataire pour une durée qui ne peut être inférieure à un an.

IV. – L'expéditeur a accès aux informations mentionnées au présent article pendant un an.

Art. R. 53-4. – En cas de retard dans la réception ou en cas de perte des données, la responsabilité du prestataire est engagée dans les conditions prévues au 3° de l'article R. 2-1. »

Art. 2. – Le décret n° 2011-144 du 2 février 2011 relatif à l'envoi d'une lettre recommandée par courrier électronique pour la conclusion ou l'exécution du contrat est abrogé à compter de l'entrée en vigueur du présent décret. Toutefois les envois de lettres recommandées effectués en application de ce décret restent régis par ses dispositions.

Art. 3. – Le présent décret entre en vigueur le **1er janvier 2019**.

ANNEXE 43

LOCATAIRES

Les dispositions ci-après ne concernent que les locations entrant dans le champ d'application de la loi du 6 juillet 1989 ou de la loi du 23 décembre 1986 : c'est-à-dire les locations à usage exclusif d'habitation ou à usage mixte d'habitation et professionnel.

Loi n° 89-462 du 6 juillet 1989

tendant à améliorer les rapports locatifs et portant modification de la loi n° 86-1290 du 23 décembre 1986

(Obligation de communiquer au locataire des extraits du règlement de copropriété lors de la conclusion du bail)

Art. 3 *(Mod., L. n° 2010-1609, 22 déc. 2010 ; rempl., L. n° 2014-366, 24 mars 2014 ; L. n° 2018-1021, 23 nov. 2018).* – [...].

Lorsque l'immeuble est soumis au statut de la copropriété, le copropriétaire bailleur est tenu de communiquer au locataire les extraits du règlement de copropriété concernant la destination de l'immeuble, la jouissance et l'usage des parties privatives et communes, et précisant la quote-part afférente au lot loué dans chacune des catégories de charges. Ces extraits du règlement de copropriété sont communiqués par voie dématérialisée, sauf opposition explicite de l'une des parties au contrat.

Le bailleur ne peut pas se prévaloir de la violation du présent article.

Chaque partie peut exiger de l'autre partie, à tout moment, l'établissement d'un contrat conforme au présent article.

[...]

Bibliographie : sur ce texte : J.-L. Aubert et P. Bihr, *La location d'habitation*, Sirey, n° 56. • J. Lafond et B. Vial-Pédroletti, *Les baux d'habitation LexisNexis*, 8e éd., 2017, n° 768 à 770.

Loi n° 86-1290 du 23 décembre 1986

tendant à favoriser l'investissement locatif, l'accession à la propriété de logements sociaux et le développement de l'offre foncière

Art. 44 *(L. n° 89-462, 6 juill. 1989 ; mod., L. n° 2000-1208, 13 déc. 2000).* – **Dans un immeuble ou groupe d'immeubles, tout groupement de locataires affilié à une organisation siégeant à la Commission nationale de concertation ou toute association qui représente au moins 10 % des locataires** *(Mots rempl., L. n° 2017-86, 27 janv. 2017)* **« ou toute association de locataires affiliée à une organisation nationale siégeant à la Commission nationale de concertation, au Conseil national de l'habitat ou au Conseil national de la consommation » désigne au bailleur, et, le cas échéant, au syndic de copropriété par lettre recommandée avec demande d'avis de réception, le nom de trois au plus de ses représentants choisis par les locataires de l'immeuble ou du groupe d'immeubles. Les associations ci-dessus désignées doivent œuvrer dans le domaine du logement. Elles doivent être indépendantes de tout parti politique ou organisation philosophique, confessionnelle, ethnique ou raciale. En outre, elles œuvrent dans le secteur locatif social et ne doivent pas poursuivre des intérêts collectifs qui seraient en contradiction avec les objectifs du logement social fixés par le Code de la construction et de l'habitation, et notamment par les articles L. 411 et L. 441, ou du droit à la ville tel que défini par la loi n° 91-662 du 12 juillet 1991 d'orientation pour la ville.**

Ces représentants ont accès aux différents documents concernant la détermination et l'évolution des charges locatives. À leur demande, le bailleur ou, s'il y a lieu, l'administrateur de la copropriété les consulte chaque semestre sur les différents aspects de la gestion de l'immeuble ou du groupe d'immeubles.

Dans les immeubles soumis au statut de la copropriété, les représentants des associations désignés ci-dessus peuvent assister à l'assemblée générale de copropriété et formuler des observations sur les questions inscrites à l'ordre du jour de l'assemblée générale. Le syndic de la copropriété informe les représentants des associations, par lettre recommandée avec demande d'avis de réception, de la date, de l'heure, du lieu et de l'ordre du jour de l'assemblée générale.

Les décisions prises en assemblée des copropriétaires et relatives à l'entretien de l'immeuble et aux travaux font l'objet d'un procès-verbal abrégé affiché dans les parties communes de l'immeuble.

Dans chaque bâtiment d'habitation, un panneau d'affichage doit être mis à la disposition des associations ou groupements de locataires, définis au premier alinéa du présent article, pour leurs communications portant sur le logement, l'habitat et les travaux dans un lieu de passage des locataires.

Bibliographie : sur le sujet, J. Lafond, *Les associations de locataires et la copropriété : Inf. rap. copr.* avr. 1991, p. 125 et s.

1) Les associations de locataires s'étaient vues reconnaître d'importantes prérogatives par la loi du 22 juin 1982, en partie remises en cause par la loi du 23 décembre 1986. Les associations ont été rétablies par la loi du 6 juillet 1989 dans bon nombre de leurs droits antérieurs, qui ont été, sur certains points, précisés ou renforcés par la loi du 13 décembre 2000 (I). Cette loi a fait place, à côté des associations de locataires, à une nouvelle entité : les « groupements de locataires » (II).

I – ASSOCIATIONS DE LOCATAIRES

A – Conditions à remplir

2) Énumération. Les associations de locataires ne pourront exercer les droits que leur confère la loi du 23 décembre 1986, en participant à la vie de l'immeuble ou de l'ensemble immobilier que si elles remplissent certaines conditions :

- l'association doit « œuvrer dans le domaine du logement » *(L. n° 86-1290, 23 déc. 1986, art. 44)* ;
- l'association doit être indépendante de tout parti politique ou organisation philosophique, confessionnelle, ethnique ou raciale ;
- l'association doit :

– soit représenter « au moins 10 % des locataires » (de l'immeuble ou du groupe d'immeubles) ;

– soit être affiliée à une association siégeant à la Commission nationale de concertation ou au Conseil national de l'habitat ou au Conseil national de la consommation *(L. n° 86-1290, 23 déc. 1986, art. 44, al. 1er)*.

Les deux conditions sont alternatives et non cumulatives.

3) Contrôle. Sur un plan pratique, et puisque la loi fait de l'ensemble de ces exigences une condition (« les associations doivent... ») de l'exercice des diverses prérogatives prévues par l'article 44 de la loi du 23 décembre 1986, le syndic est en droit d'exiger des associations de justifier qu'elles répondent aux prescriptions de la loi.

B – Rôle des associations de locataires

4) Désignation des représentants par les associations ou groupements de locataires. L'association peut, si elle remplit toutes les conditions requises par la loi (V. *supra*) désigner trois représentants au plus au syndic de l'immeuble. Ces représentants doivent être « choisis parmi les locataires de l'immeuble ou du groupe d'immeubles » *(L. n° 86-1290, 23 déc. 1986, art. 44, al. 1)*.

La désignation se fait par lettre recommandée avec demande d'avis de réception adressée au syndic.

Bien entendu le syndic est en droit à cette occasion de vérifier que toutes les conditions exigées par la loi (concernant l'objet de l'association, son indépendance, sa représentativité, etc.) sont bien remplies.

5) Prérogatives légales. La loi fait bénéficier les associations de locataires de prérogatives diverses que l'on peut regrouper autour de trois thèmes : le droit à la diffusion de l'information (1°), le droit d'être consulté (2°) et, dans les immeubles soumis au statut de la copropriété, le droit d'assister aux assemblées (3°).

1° Droit à la diffusion de l'information

6) Accès à divers documents. Les représentants des associations et les groupements de locataires ont « accès aux différents documents concernant la détermination et l'évolution des charges locatives » *(L. n° 86-1290, 23 déc. 1986, art. 44, al. 2)*.

Les termes de la loi étant très généraux, la consultation s'applique en fait à toutes les pièces justificatives concernant la nature et le montant des charges : factures, devis, marchés, contrats, en particulier d'entretien, relevés de consommation, etc.

La loi ne précise pas les modalités selon lesquelles doit être aménagé « l'accès » à ces documents. Les termes employés laissent entendre qu'ils doivent être simplement rendus accessibles, ce qui implique qu'ils puissent être consultés, sans que le bailleur ou le syndic soient toutefois obligés d'en délivrer copie à leurs frais.

7) Mise à disposition de panneaux d'affichage. L'article 44 *in fine* de la loi du 23 décembre 1986 dispose que dans chaque bâtiment d'habitation un panneau d'affichage doit être mis à la disposition des associations et groupements de locataires.

Il est destiné à recevoir leurs « communications portant sur le logement, l'habitat et les travaux ». Ce panneau doit être placé « dans un lieu de passage des locataires ».

Attention :

Les communications auxquelles doit servir le panneau d'affichage ont un objet nettement circonscrit par la loi. Les communications ayant un autre objet (à caractère politique, syndical, etc.) sont donc exclues et le bailleur ou le syndic pourrait en obtenir l'enlèvement.

En outre, les panneaux doivent être placés « dans chaque bâtiment » (il y aura donc plusieurs panneaux dans le cas de groupe d'immeubles), à la condition que ce bâtiment soit utilisé en tout ou en partie à l'usage d'habitation.

8) Information sur certaines décisions des assemblées de copropriétaires. Depuis la loi du 13 décembre 2000 (dite loi SRU), les décisions prises par l'assemblée et « relatives à l'entretien de l'immeuble et aux travaux » doivent faire l'objet d'un procès-verbal abrégé affiché dans les parties communes de l'immeuble *(L. n° 86-1290, 23 déc. 1986, art. 44, al. 4)*.

L'initiative de l'affichage du procès-verbal appartient au syndic. Il lui incombe également d'expurger du procès-verbal toutes les dispositions autres que celles relatives à l'entretien de l'immeuble et aux travaux, pour limiter l'affichage à ce qui est strictement prescrit par la loi.

2° Droit d'être consulté

9) Consultation sur demande. Les représentants d'associations de locataires sont consultés « à leur demande » *(L. n° 86-1290, 23 déc. 1986, art. 44, al. 2)* par le bailleur ou le syndic. Le texte ne dit pas comment est formulée la demande. La forme est donc libre (elle pourrait être simplement verbale). Il est souhaitable que la preuve puisse en être rapportée, ce qui inciterait à la formuler au moins par lettre recommandée.

La consultation porte sur « les différents aspects de la gestion de l'immeuble ou du groupe d'immeubles ». Les termes de la loi sont extrêmement généraux. Tous les aspects de la vie de l'immeuble peuvent donc être *a priori* abordés, pourvu qu'ils soient en relation avec sa « gestion ».

10) Modalités de la consultation. La loi indique seulement que la consultation doit être opérée « chaque semestre » *(L. n° 86-1290, 23 déc. 1986, art. 44, al. 2)*. Mais elle reste muette sur ses modalités. Le bailleur ou le syndic doivent-ils organiser une réunion avec les représentants des locataires ? Rien ne les y oblige (si une réunion se tient, un procès-verbal devra être établi). Il peut se contenter de recueillir l'avis des représentants par lettre.

Il est en tout cas certain que rien n'oblige le bailleur ou le syndic à suivre les avis ou suggestions qui sont formulés.

3° Droit d'assister aux assemblées de copropriétaires

11) Information concernant la date des assemblées. L'article 44, alinéa 3 de la loi du 23 décembre 1986 indique que : « Le syndic de la copropriété informe les représentants des associations, par lettre recommandée avec demande d'avis de réception, de la date, de l'heure, du lieu et de l'ordre du jour de l'assemblée générale ». Ce texte fixe les modalités selon lesquelles les représentants des locataires doivent être prévenus de l'assemblée. Cette lettre d'information n'est pas une convocation au sens où l'entendent les textes constituant le statut de la copropriété. Elle obéit à des règles autonomes. Il n'y a donc pas, théoriquement, à respecter celles fixées par les articles 9 et 11 du décret du 17 mars 1967.

La loi ne fixe pas le délai dans lequel les représentants des locataires doivent être informés. En pratique, il y a intérêt à adresser la lettre d'information en même temps que les convocations.

Rien n'oblige dans les textes le syndic à joindre les différentes pièces énumérées à l'article 11 du décret du 17 mars 1967, qui doivent être annexées aux convocations. Mais pour qu'ils puissent jouer leur rôle, il est souhaitable que les représentants des locataires aient en mains les mêmes documents que les copropriétaires eux-mêmes, et donc qu'ils leur soient communiqués.

12) Modalités de l'assistance aux assemblées. L'article 44, alinéa 3 de la loi du 23 décembre 1986 déclare que : « les représentants des associations désignées ci-dessus [associations de locataires considérées comme représentatives] peuvent assister à l'assemblée générale de copropriété et formuler des observations sur les questions inscrites à l'ordre du jour de l'assemblée générale ».

L'assistance aux assemblées est donc une simple faculté pour les représentants des locataires. S'ils s'y rendent, ils sont en droit de « formuler des observations sur les questions inscrites à l'ordre du jour ».

13) Conseil pratique. Bien que la loi ne l'impose pas, il peut paraître opportun en pratique de mentionner le nom des représentants des locataires sur la feuille de présence, et de consigner leurs observations au procès-verbal. Mais en toute hypothèse les représentants des locataires ne participent pas au vote, n'étant pas copropriétaires. Le procès-verbal de l'assemblée n'a donc pas à leur être notifié et ils n'ont pas la possibilité d'agir en nullité contre les décisions prises.

II – GROUPEMENTS DE LOCATAIRES

14) Conditions de représentativité. La loi du 13 décembre 2000 (art. 193) donne un nouvel interlocuteur aux bailleurs, au sein des immeubles ou groupes d'immeubles locatifs : le « groupement de locataires » *(L. 23 déc. 1986, art. 44, al. 1).*

Ces groupements ne peuvent toutefois être pris en considération que s'ils sont affiliés à une organisation siégeant à la Commission nationale de concertation.

À la différence des associations, les groupements de locataires n'ont pas à justifier de leur indépendance et l'objet qu'ils poursuivent est indifférent.

15) Prérogatives. Ces groupements de locataires bénéficieront des prérogatives jusqu'ici réservées aux seules associations de locataires. Ils pourront faire connaître aux bailleurs et, le cas échéant, au syndic de copropriété, par lettre recommandée avec avis de réception, le nom de trois ou plus de leurs représentants choisis parmi les locataires de l'immeuble ou du groupe d'immeubles.

Ils auront également « accès aux différents documents concernant la détermination et l'évolution des charges locatives ». Et à leur demande, le bailleur ou, s'il y a lieu, le syndic de copropriété, devra les consulter « chaque semestre sur les différents aspects de la gestion de l'immeuble ou du groupe d'immeubles » *(L. n° 86-1290, 23 déc. 1986, art. 44, al. 2 non modifié).*

Par contre, si on applique littéralement l'article 43, alinéa 3, qui n'a pas subi de modification, et qui ne vise que les représentants des associations, les représentants des groupements de locataires ne peuvent pas assister aux assemblées de copropriété.

ANNEXE 44

LOCATION-ACCESSION

Bibliographie : *Études générales*. M. Dagot et D. Lepeltier, *La location-accession*, Litec 1985. • Dagot : *JCP* 1984, doctr. p. 327 à 338. • D. Lepeltier : *JCP* 1984, doctr. p. 421 à 438. • Ph. Malinvaud et Ph. Jestaz, chron. *D.* 1985, p. 273. • Saint-Alary et C. Saint-Alary-Houin : *RD imm.* 1985, p. 1 et s. • Pluvinage et A. Hinfray : *Rev. Administrer* oct. 1984, p. 5. • Lancereau et Schauffel-Berger, *Actualités législatives : D.* 1984, p. 107 ; *JCl. Construction*, Fasc. 702 et *JCl. Notarial Formulaire, V° Location-accession*, par M. Dagot. • *Sur la location-accession et la copropriété*. V. D. Sizaire, *Les quasi-copropriétaires : Rev. Administrer* juill. 1987, p. 7 et s. • G. Vigneron, *La loi du 12 juillet 1984 sur la location-accession et le statut de la copropriété : JCP* N 1985, I, p. 115 et s. • E.-J. Guillot, *Les assemblées générales de copropriétaires après les lois des 22 juin 1982 et 12 juillet 1984 : Rev. Administrer* juin 1985, p. 6 et s. • G. Vigneron : *JCl. Copropriété*, Fasc. 297.

Loi n° 84-595 du 12 juillet 1984

définissant la location-accession à la propriété immobilière

(JO 13 et rect. 21 juill. 1984)

CHAPITRE IV. – OBLIGATIONS DES PARTIES EN MATIÈRE DE GESTION ET D'ENTRETIEN DE L'IMMEUBLE

Art. 28. – **L'accédant est tenu des obligations principales suivantes :**

– d'user de l'immeuble en bon père de famille et suivant la destination qui lui a été donnée par le contrat de location-accession ;

– de s'assurer pour les risques dont il répond en sa qualité d'occupant ;

– du paiement des charges annuelles telles que les contributions, taxes et impôts.

Avant le transfert de propriété, il ne peut permettre l'occupation à quelque titre que ce soit de l'immeuble objet du contrat sauf accord préalable et écrit du vendeur.

Art. 29. – **Dès la date d'entrée en jouissance, l'entretien et les réparations de l'immeuble incombent à l'accédant.**

Toutefois, le vendeur conserve la charge des réparations relatives aux éléments porteurs concourant à la stabilité ou à la solidité du bâtiment ainsi qu'à tous autres éléments qui leur sont intégrés ou forment corps avec eux, et aux éléments qui assurent le clos, le couvert et l'étanchéité à l'exclusion de leurs parties mobiles.

Art. 30. – **Le vendeur qui, avant la date de levée de l'option, est contraint de réaliser ou de participer au paiement de travaux d'amélioration d'un montant supérieur à 10 % du prix de l'immeuble, qui lui seraient imposés dans le cadre de la copropriété et porteraient sur un des éléments visés à l'article 29, peut proposer à l'accédant une modification correspondante des charges visées au 9° de l'article 5 ainsi qu'une réévaluation du prix de l'immeuble compensant la dépense qu'il a faite.**

Cette réévaluation de prix ne peut excéder la dépense réellement effectuée éventuellement révisée dans les conditions prévues à l'article 7.

À défaut d'accord entre le vendeur et l'accédant, ce dernier peut mettre fin au contrat. Dans ce cas, les dispositions de l'article 11 ne sont pas applicables.

....

Art. 32. – **Pour l'application des dispositions de la loi n° 65-557 du 10 juillet 1965 fixant le statut de la copropriété des immeubles bâtis, la signature d'un contrat de location-accession est assimilée à une mutation et l'accédant est subrogé dans les droits et obligations du vendeur, sous réserve des dispositions suivantes :**

– le vendeur est tenu de garantir le paiement des charges incombant à l'accédant en application de l'article 29 de la présente loi et l'hypothèque légale, prévue à l'article 19 de la loi n° 65-557 du 10 juillet 1965 précitée, ne peut être inscrite qu'après mise en demeure restée infructueuse adressée par le syndic au vendeur ;

– le vendeur dispose du droit de vote pour toutes les décisions de l'assemblée générale des copropriétaires concernant des réparations mises à sa charge en application de l'article 29 de la présente loi, ou portant sur un acte de disposition visé aux articles 26 ou 35 de la loi n° 65-557 du 10 juillet 1965 précité. Il exerce également les actions qui ont pour objet de contester les décisions pour lesquelles il dispose du droit de vote ;

– chacune des deux parties au contrat de location-accession peut assister à l'assemblée générale des copropriétaires et y formuler toutes observations sur les questions pour lesquelles elle ne dispose pas du droit de vote.

I – COMBINAISON DES RÈGLES DE LA LOCATION-ACCESSION ET DU STATUT DE LA COPROPRIÉTÉ

1) Assimilation de l'accédant à un copropriétaire. Le contrat de location-accession, qui s'apparente à une location avec promesse de vente, n'emporte aucun transfert de propriété. Le locataire accédant n'est titulaire que d'un simple droit personnel de jouissance.

Néanmoins, l'accédant est en principe assimilé à un copropriétaire, l'article 32, alinéa 1 de la loi du 12 juillet 1984 traitant le contrat de location-accession comme une mutation.

Les textes cités plus haut ont pour objet d'assurer une combinaison harmonieuse des règles régissant la location-accession et du statut de la copropriété.

Ils s'appliquent :

– lorsqu'un contrat de location-accession porte sur des locaux déjà soumis au statut de la copropriété... ;

– mais non pas lorsque l'immeuble objet d'un ou plusieurs contrats de location-accession appartient en totalité au seul vendeur.

Le statut de la copropriété n'entre alors en vigueur qu'après la première levée d'option, et seulement à compter de cette date. Tant que toutes les options n'auront pas été levées, il pourra y avoir lieu d'appliquer les règles particulières posées par la loi du 12 juillet 1984 (avant cette date ces règles sont en fait inapplicables. – V. en ce sens les opinions de MM. Bouyeure, Vigneron, Pluvinage, Hinfray et Sizaire dans les chroniques précitées).

II – L'APPLICATION CONJUGUÉE DES RÈGLES DE LOCATION-ACCESSION ET DU STATUT DE LA COPROPRIÉTÉ

2) Conséquences de la qualité de « quasi-copropriétaire » de l'accédant. Le contrat de location-accession n'opère pas transfert immédiat de propriété : mais si le locataire-accédant n'est pas encore propriétaire, il a vocation à le devenir. Aussi, au regard de la copropriété, le législateur a-t-il trouvé plus commode de le considérer sur plusieurs points comme un « quasi-copropriétaire ». Il participe aux assemblées (A) et contribue aux charges (B).

A – Participation aux assemblées

1° Les principes

3) L'accédant vote, sauf exception. Le droit de vote aux assemblées appartient, en principe, à l'accédant (subrogé dans tous les droits et obligations du vendeur en vertu de l'art. 32, al. 1 de la loi).

Par exception, le droit de vote reste appartenir au vendeur :

• lorsque la décision figurant à l'ordre du jour de l'assemblée concerne des travaux dont la charge lui incombe : c'est-à-dire les réparations visées à l'article 29 de la loi et les améliorations visées à l'article 30 ;

Voir : Annexe 2, *Amiante*, p. 913.

• lorsque la décision concerne des « actes de disposition visés aux articles 26 et 35 de la loi du 10 juillet 1965 » (V. dans le corps du code, comm. de ces deux textes).

La loi renvoie seulement aux « actes de disposition visés par l'article 26 » alors que ce texte concerne également les acquisitions décidées par le syndicat de copropriété. Il en résulte que si la copropriété décide de procéder à une acquisition, c'est l'accédant qui doit voter et non pas le vendeur (en ce sens Sizaire, *op. cit.*, n° 23. – *Contra*, Vigneron, n° 25. – Saint-Alary et Saint-Alary-Houin, n° 55).

Par ailleurs, pour tous les actes visés à l'article 26 autres que les actes de disposition, c'est, toujours par application littérale de l'article 32, alinéa 3 de la loi, le locataire-accédant et lui seul qui aura le droit de vote.

De même, pour les décisions prises en vertu de l'article 35 de la loi du 10 juillet 1965 (V. comm. de ce texte dans le corps du présent code) : le vendeur ne votera que pour les actes de disposition visés par ce texte, ce qui concerne en pratique la décision d'aliéner le droit de surélever *(L. 10 juill. 1965, art. 35, al. 2)*.

Observons que, de toute manière, les deux parties peuvent assister à l'assemblée et y intervenir pour « formuler toutes observations » lorsqu'elles ne disposent pas du droit de vote *(L. 10 juill. 1965, art. 32, al. 4)*.

2° *Conséquences pratiques*

4) Difficultés d'application. Les critères de répartition du droit de vote entre vendeur et accédant à la propriété ne sont pas toujours clairs (dans la mesure en particulier où ils renvoient à l'art. 29 de la loi dont l'interprétation est discutée).

Voir : D. 17 mars 1967, art. 65, comm. n° 2, p. 902.

La tâche du syndic s'en trouve notablement compliquée en ce qui concerne la convocation, la tenue et la notification des décisions de l'assemblée.

• En matière de *convocation* : il est recommandé en pratique de convoquer tant le vendeur que l'accédant, du moins lorsque la délibération concerne un problème de réparations ou un acte de disposition visé par les articles 26 ou 35 de la loi du 10 juillet 1965. Cette double convocation se justifie, si besoin est, par le fait qu'ils ont l'un et l'autre qualité pour assister à l'assemblée, celui qui ne vote pas pouvant éventuellement donner son avis.

Voir : D. n° 2006-504, 3 mai 2006, art. 6, comm. n° 28, p. 1012.

• Lors de la *tenue de l'assemblée*, vendeur et accédant figureront l'un et l'autre sur la feuille de présence.

Si un désaccord survient entre eux, sur le point de savoir qui a le droit de vote, quelle solution adopter ?

– Si aucun d'eux ne veut voter, peu importe : il y aura alors « abstention » et la décision sera notifiée ensuite à tous les deux et deviendra définitive faute de recours exercé dans le délai légal (V. L. 10 juill. 1965, art. 42).

– Si l'un et l'autre veulent voter, il a été suggéré (Guillot, *op. cit.*, p. 9) que le président de l'assemblée tranche et indique qui a le droit de vote – en tenant compte de ce qu'il appartient en principe à l'accédant. L'incident sera mentionné au procès-verbal, l'autre partie pourra ensuite contester éventuellement cette décision après qu'elle aura été notifiée, en formant un recours devant le tribunal dans les conditions prévues par l'article 42 de la loi du 10 juillet 1965 (V. comm. de ce texte dans le corps du présent code).

– à l'accédant ou au vendeur ni présent ni représenté à l'assemblée et cela sans se préoccuper de savoir s'il possédait ou non le droit de vote...

• Après l'assemblée, la *notification* devra être faite :

– à celui qui, ayant exercé le droit de vote, s'est opposé à la décision... ;

– à celui qui, n'ayant pas exercé le droit de vote, a formulé des réserves sur la résolution ou a contesté le vote exercé par l'autre partie au contrat de location-accession (V. Sizaire, *op. cit.*, n° 25).

Le vendeur ou l'accédant n'ont le droit de contester la décision prise par l'assemblée que dans la mesure où ils avaient qualité pour voter (V. L. 10 juill. 1965, art. 32), sous réserve, bien entendu, que toutes les autres conditions prévues par l'article 42 de la loi du 10 juillet 1965 (V. comm. de ce texte dans le corps du présent code) soient par ailleurs remplies, en particulier qu'ils soient opposants ou défaillants.

B – Participation aux charges

1° *Principe*

5) L'accédant paie les charges. Le principe est que l'ensemble des charges doit être payé par l'accédant, puisqu'il est « subrogé dans les droits et obligations du vendeur » *(L. 10 juill. 1965, art. 32, al. 1)*.

La loi *(L. 10 juill. 1965, art. 29, al. 1)* ne vise toutefois expressément que « l'entretien et les réparations de l'immeuble ». En pratique, il est également débiteur de toutes les charges dont le paiement n'est pas spécialement imposé au vendeur par l'article 22, alinéa 2 de la loi, par exemple : les dépenses de fonctionnement du syndicat, les honoraires du syndic, les assurances, les frais de personnel, les frais de fonctionnement des équipements communs et les services collectifs, etc. (V. Sizaire, *op. cit.*, n° 21).

Le législateur a prévu que le vendeur serait garant vis-à-vis du syndicat du paiement des charges dues par l'accédant *(V. L. 10 juill. 1965, art. 32, al. 2)*. Il peut donc être poursuivi si l'accédant se refuse à payer ces charges ou est insolvable (le vendeur aura ensuite le droit d'exercer un recours à son encontre). L'inscription d'hypothèque légale prévue par l'article 19 de la loi du 10 juillet 1965 (V. comm. de ce texte) peut être prise sur le lot de copropriété pour sûreté des charges dues par l'accédant, après une mise en demeure infructueuse adressée par le syndic au vendeur.

2° *Exception*

6) Charges restant dues par le vendeur. Par exception, le vendeur continue de supporter certaines charges *(L. 10 juill. 1965, art. 29)*.

– Les réparations relatives aux éléments porteurs concourant à la stabilité ou à la solidité du bâtiment.

– Les réparations à tous autres éléments intégrés à ces mêmes « éléments porteurs » ou qui forment corps avec eux.

– Les réparations aux éléments assurant le clos, le couvert et l'étanchéité, à l'exclusion de leurs parties mobiles.

Le coût des améliorations à apporter à ces mêmes éléments doit être également supporté par le vendeur *(L. 10 juill. 1965, art. 30, al. 1 de la loi, solution implicite)*.

Des controverses sont nées quant à l'interprétation à donner à ces textes.

• En ce qui concerne la charge des réparations et améliorations afférentes aux *éléments d'équipement* : ascenseur, chauffage, etc.

La difficulté est de déterminer ce qui est, pour ces éléments d'équipement, intégré au gros œuvre ou fait corps avec lui (les réparations correspondantes incombant alors au vendeur).

Exemple, pour l'*ascenseur* : si l'on peut admettre que la charpente fixe de l'ascenseur fait corps avec le gros œuvre, qu'en est-il pour le moteur ? (les réparations sont à la charge du vendeur selon M. Guillot – à la charge de l'accédant selon M. Sizaire). Les réparations de la cabine paraissent en tout cas être à la charge de l'accédant.

De même pour le *chauffage* : la chaudière fait-elle « corps avec le gros œuvre ? » Faut-il distinguer en ce qui concerne les tuyauteries celles qui font corps avec le gros œuvre (parce qu'elles sont encastrées dans les murs...) et dont la réparation incombe au vendeur (Sizaire) et les autres ? (Cette distinction est rejetée par M. Guillot).

• Par ailleurs, que décider lorsqu'il s'agit non plus de réparer mais de *remplacer* : hypothèse non visée par la loi (il semble que l'on puisse assimiler le remplacement d'un élément d'équipement commun aux « améliorations » qui, aux termes de la loi, incombent au vendeur...).

• De même encore pour le *ravalement* : s'il s'agit d'un ravalement périodique, ne peut-on en imputer la charge à l'accédant car il s'agit d'une réparation d'entretien (en ce sens Sizaire, *op. cit.*, n° 43. – Vigneron, *op. cit.*, n° 40. – *Contra* : Guillot, *op. cit.*, p. 8) alors que la charge d'un ravalement accompagné de la réfection de l'enduit d'étanchéité incomberait au vendeur, de même que le ravalement se traduisant par le changement du revêtement de façade (parce qu'assimilable à une amélioration : en ce sens, Sizaire, *op. cit.*, n° 43).

III – PARTICIPATION À LA VIE DE LA COPROPRIÉTÉ

7) Droits exercés par l'accédant. L'accédant « subrogé » dans les droits du vendeur disposera par ailleurs de tous les droits d'un copropriétaire :

– l'article 21 de la loi du 10 juillet 1965 prévoit expressément qu'il peut être désigné comme membre du conseil syndical ;

– mais, par ailleurs, il pourra exercer toutes les prérogatives qui ne sont pas expressément réservées au vendeur : par exemple, demander une autorisation de faire des travaux...

IV – ARRIVÉE DU TERME DU CONTRAT DE LOCATION-ACCESSION

8) Conséquences du transfert de propriété. Au terme du contrat de location-accession, le transfert de propriété, constaté par acte authentique *(L. 12 juill. 1984, art. 27)* doit être notifié au syndic soit par les parties (le vendeur ou l'accédant) soit par le notaire qui établit l'acte, conformément aux dispositions de l'article 10 du décret du 17 mars 1967 (V. comm. de ce texte dans le corps du présent code).

Tant que ce transfert ne lui a pas été notifié, le syndic est en droit de continuer à convoquer le vendeur à l'assemblée des copropriétaires *(V. D. 17 mars 1967, art. 6, préc.)*.

– Si le vendeur, propriétaire de l'entier immeuble avait passé un seul contrat de location-accession, une copropriété va naître entre ce vendeur et l'accédant...

– Si, dans cette même hypothèse, le vendeur avait conclu plusieurs contrats de location-accession, une copropriété naîtra entre ce vendeur et le locataire accédant qui lèvera le premier l'option. Puis le nombre de copropriétaires augmentera au fur et à mesure des autres levées d'option : tant que des contrats de location-accession resteront en cours, il y aura coexistence des règles posées par la loi du 12 juillet 1984 et du statut de la copropriété, dans des conditions que nous avons examinées plus haut.

ANNEXE 44-1

LOTS TRANSITOIRES : RÉGULARISATION

I. - Textes ... p. 1341
1.– Loi n° 2018-1021 du 23 novembre 2018 ... p. 1341
2.– Loi n° 2022-217 du 21 février 2022 ... p. 1341
II. - Commentaires ... p. 1342
A.– Apport de la loi n° 2018-1021 du 23 novembre 2018 ... p. 1342
B.– Apport de la loi n° 2022-217 du 22 février 2022 (dite « loi 3DS ») ... p. 1343

I. – TEXTES

1. – LOI N° 2018-1021 DU 23 NOVEMBRE 2018

Art. 206 ***(Mod., L. n° 2022-217, 21 févr. 2022).*** **– II. - Les dispositions relatives au lot transitoire de l'article 1er de la loi n° 65-557 du 10 juillet 1965 fixant le statut de la copropriété des immeubles bâtis ne sont applicables qu'aux immeubles dont la mise en copropriété est postérieure au 1er juillet 2022.**

Pour les immeubles dont la mise en copropriété est antérieure au 1er juillet 2022, quand le règlement de copropriété ne mentionne pas la consistance des lots transitoires existants, le syndicat des copropriétaires inscrit à l'ordre du jour de chaque assemblée générale des copropriétaires la question de cette mention dans le règlement de copropriété. Cette décision est prise à la majorité des voix exprimées des copropriétaires présentés, représentés ou ayant voté par correspondance. L'absence de mention de la consistance du lot transitoire dans le règlement de copropriété est sans conséquence sur l'existence de ce lot.

2. – LOI N° 2022-217 DU 21 FÉVRIER 2022

Art. 89. – La loi n° 2018-1021 du 23 novembre 2018 portant évolution du logement, de l'aménagement et du numérique est ainsi modifiée :

1° Le II de l'article 206 est ainsi rédigé :

« II. - Les dispositions relatives au lot transitoire de l'article 1er de la loi n° 65-557 du 10 juillet 1965 fixant le statut de la copropriété des immeubles bâtis ne sont applicables qu'aux immeubles dont la mise en copropriété est postérieure au 1er juillet 2022.

Pour les immeubles dont la mise en copropriété est antérieure au 1er juillet 2022, quand le règlement de copropriété ne mentionne pas la consistance des lots transitoires existants, le syndicat des copropriétaires inscrit à l'ordre du jour de chaque assemblée générale des copropriétaires la question de cette mention dans le règlement de copropriété. Cette décision est prise à la majorité des voix exprimées des copropriétaires présentés, représentés ou ayant voté par correspondance. L'absence de mention de la consistance du lot transitoire dans le règlement de copropriété est sans conséquence sur l'existence de ce lot. » ;

II. – COMMENTAIRES

A. – APPORT DE LA LOI N° 2018-1021 DU 23 NOVEMBRE 2018

Bibliographie : *Sur les difficultés d'application aux lots transitoires de l'article 209, II, dans sa rédaction issue de la loi du 23 novembre 2018.* J. Lafond, *Loi ELAN et mise en conformité des règlements antérieurs* : *JCP* N 2019, n° 37, 1271 ; *Loyers et copr.* 2019, étude 11. • S. Lelièvre, *Mise en conformité du règlement de copropriété* : *SNH* 19 déc. 2019, p. 19. • C. Chazelle, *Comment procéder à la mise en conformité du règlement de copropriété ?* : *Inf. rap. copr.* oct. 2020, p. 49. • Ch. Gijsbers, *Mise en conformité des règlements de copropriété avant le 23 novembre 2021 : l'extinction des droits n'aura pas lieu !* : *JCP* N 2021, n° 5, 1102. • H. Périnet-Marquet, *Les clauses non écrites en droit de la copropriété* : *JCP* N 2021, n° 9, 1124. • P. Dechelette-Tolot, *La mise en conformité du règlement de copropriété avec la loi ELAN* : *Administrer* avr. 2021, p. 7. • J. Laurent et M. Poumarède, *Mise en conformité du règlement de copropriété : abrogeons l'article 6-4 de la loi du 10 juillet 1965 !* : *JCP* N 2021, n° 19, 1186.

1) Préconisations du GRECCO n° 10 du 20 octobre 2020. *La mise en copropriété du règlement de copropriété avec les dispositions relatives aux lots transitoires* : *AJDI* 2021, p. 33.

2) Lots transitoires constitués avant le 23 novembre 2018. L'article 206, II de la loi ELAN a imposé aux syndicats de copropriétaires de mettre les règlements de copropriété antérieurs en conformité avec les dispositions relatives au lot transitoire figurant dans l'article 1er, I de la loi du 10 juillet 1965 dans sa rédaction issue de la loi ELAN (V. sur ce texte, J. Lafond, *Loi Élan et mise en conformité des règlements de copropriété antérieurs* : *JCP* N 2019, n° 37, 1271).

À cette fin et si nécessaire, indiquait le texte, le syndic inscrit à l'ordre du jour de chaque assemblée générale des copropriétaires organisée dans ce délai de 3 ans la question de la mise en conformité du règlement de copropriété. La décision de mise en conformité du règlement de copropriété est prise à la majorité des voix exprimées des copropriétaires présents ou représentés.

Il apparaît à la lecture de ce texte que les sources de disharmonie entre le règlement de copropriété et les exigences de l'article 1er de la loi du 10 juillet 1965 concernant le lot transitoire pouvaient être diverses.

– il se peut que le droit de construire ne soit pas « précisément défini » ;

– il se peut aussi que le droit de construire n'ait pas été assorti d'une « quote-part de parties communes correspondante » ;

– il se peut enfin que le lot transitoire figure dans l'état descriptif de division et non pas dans le règlement de copropriété.

La régularisation des lots transitoires non conformes devait intervenir dans un délai de 3 ans à compter de la **promulgation** de la loi ELAN (délai expirant le 23 novembre 2021). Pendant ce délai, le syndic devait inscrire à l'ordre du jour de chaque assemblée générale des copropriétaires la question de la mise en conformité du règlement de copropriété. La décision de mise en conformité devait être prise à la majorité des voix exprimées des copropriétaires présents ou représentés.

Il a été jugé que, tant que ce délai n'était pas expiré, le lot était en quelque sorte « en sursis ». Sa validité ne pouvait pas être contestée au motif qu'il n'était pas conforme à la législation en vigueur (▪ Cass. 3e civ., 17 juin 2021, n° 20-13.798, publié au *Bull.*).

L'arrêt précité de la Cour de cassation du 17 juin 2021 a renvoyé l'affaire, après cassation, devant la cour de Bordeaux. L'arrêt rendu par la cour de Bordeaux (▪ CA Bordeaux, 3 nov. 2022, n° 21/05857) a été frappé de pourvoi et la Cour de cassation s'est de nouveau prononcée en décidant que les lots transitoires créés avant la loi du 23 novembre 2018 dite « loi ELAN » étaient suffisamment définis, dès lors qu'ils comportaient le droit de construire et une quote-part de parties communes, sans que l'on puisse exiger qu'ils soient « précisément définis quant aux constructions qu'ils permettent de réaliser (▪ Cass. 3e civ., 30 mai 2024, nos 22-23.419 et 23-10.185 : *JurisData* n° 2024-009343 ; *Loyers et copr.* 2024, comm. 127, note A. Lebatteux).

B. – APPORT DE LA LOI N° 2022-217 DU 22 FÉVRIER 2022 (DITE « LOI 3DS »)

Bibliographie : C. Coutant-Lapalus, *Les lots transitoires : nouvelles règles d'entrée en vigueur de la loi « ELAN » : entre avancées et déceptions* : *Loyers et copr.* 2022, étude 5. - Sur les nombreuses difficultés auxquelles a donné lieu la « mise en conformité » des règlements, imposée par la loi du 22 février 2022, V. • P.-E. Lagraulet, *Loi 3DS et mise en conformité des règlements de copropriété* : *AJDI* 2022, p. 347. • J. Laurent, *Mise en conformité des règlements de copropriété et loi 3DS* : *Defrénois* 5 mai 2022, n° 18, p. 32. • L. Guégan-Gélinet, *Loi 3DS : obligation de mise en conformité des règlements de copropriété : quelles modalités ? Quelle sanction ?* : *Rev. loyers* avr. 2022, p. 158.

1) Nous ne ferons que quelques brèves observations qui sont loin d'épuiser le sujet. Elles concernent le champ d'application de la régularisation (I), le processus de régularisation (II) et la sanction applicable en cas de défaut de régularisation (III).

I – CHAMP D'APPLICATION DE LA RÉGULARISATION

2) Domaine. Il résulte tout d'abord de l'article 206, II, alinéa 2, de la loi du 23 novembre 2018 dans sa rédaction issue de la loi n° 2022-217 du 21 février 2022 que la procédure de régularisation s'applique aux immeubles « dont la mise en copropriété est antérieure au 1er juillet 2022 ».

Par ailleurs, la régularisation n'est nécessaire que lorsque « le règlement de copropriété ne mentionne pas la consistance des lots transitoires existants ». Ce texte est plus restrictif que l'ancien article 206, II, dans sa rédaction issue de la loi du 23 novembre 2018 qui imposait de mettre le règlement de copropriété « en conformité avec les dispositions relatives au lot transitoire de l'article 1er de la loi n° 65-557 du 10 juillet 1965 ».

II – PROCESSUS DE RÉGULARISATION

3) Obligations du syndic. Pour procéder à la régularisation, le syndic doit inscrire à l'ordre du jour de chaque assemblée générale des copropriétaires la question de la mention de la consistance des lots transitoires existants dans le règlement de copropriété.

L'assemblée se prononce à la majorité des voix exprimées des copropriétaires présents ou représentés ou ayant voté par correspondance (L. 23 nov. 2018, art. 206, II, al. 2).

III – INCIDENCES DE L'ABSENCE DE RÉGULARISATION

4) Absence de sanction expresse. Après avoir défini le processus de régularisation relatif à la mention de la consistance des lots transitoires dans le règlement, l'article 206, II, alinéa 2 de la loi du 23 novembre 2018 précitée indique dans sa rédaction issue de la loi du 21 février 2022 : « L'absence de mention de la consistance du lot transitoire dans le règlement de copropriété est sans conséquence sur l'existence de ce lot. »

ANNEXE 45

MAYOTTE

Bibliographie : M.-H. Martial, *Les spécificités des copropriétés en outre-mer* : *Inf. rap. copr.* mars 2024, p. 27.

1) Apports de l'ordonnance du 26 avril 2012. L'ordonnance n° 2012-578 du 26 avril 2012 a réécrit l'article 50 de la loi du 10 juillet 1965 (V. ce texte) afin de préciser les dispositions de cette loi applicable dans ce département. Le rapport au Président de la République (*JO* 27 avr. 2012) dresse un bilan des conséquences de cette ordonnance.

La **liste des dérogations** se trouve ainsi réduite aux suivantes :

– celle, actuellement mentionnée au 20 du I de cet article, qui est relative au fichier immobilier. Le maintien de cette dérogation se justifie par le fait que Mayotte dispose d'un système de publicité foncière spécifique qui repose notamment, en l'état du droit, sur la tenue d'un livre foncier. Il apparaît en outre que le parcellaire mahorais présente des particularités qui nécessitent le maintien d'un encadrement légal propre à ce département ;

– la dérogation actuellement prévue au *h* du IV de cet article relative au vote de la pose « dans les parties communes de canalisations, de gaines, et la réalisation des ouvrages permettant d'assurer la mise en conformité des logements avec les normes de salubrité, de sécurité et d'équipement définies par les dispositions prises pour l'application de l'article 1er de la loi n° 67-561 du 12 juillet 1967 relative à l'amélioration de l'habitat », dans la mesure où cette dernière loi n'est pas applicable à Mayotte ;

– une adaptation est également prévue pour les articles 9 et 26 dans la mesure où ils font référence à l'article 93 de la loi n° 2000-1208 du 13 décembre 2000 relative à la solidarité et au renouvellement urbains qui n'est pas applicable à Mayotte ;

– la dérogation actuellement prévue au VI de cet article, relative aux sociétés d'attribution régies par les articles L. 2 12-1 et suivants du Code de la construction et de l'habitation, avec la précision qu'elle prendra fin le 31 décembre 2012, date à laquelle ce code deviendra applicable dans la collectivité.

Les **dérogations auxquelles il est mis fin** par la refonte de l'article 50 concernent les questions suivantes :

– le recours à l'expression de « tribunal de première instance » en lieu et place de celles de « tribunal d'instance » et de « tribunal de grande instance », dont le maintien n'est plus nécessaire en raison de la modification de l'organisation judiciaire à Mayotte (1° du I de l'article 50 de la loi n° 65-557 du 10 juillet 1965) ;

– le II de l'article 50 de la loi du 10 juillet 1965 précitée déclare applicables à Mayotte les articles 1er à 5 de la loi n° 98-261 du 6 avril 1998 portant réforme de la réglementation comptable et adaptation de la publicité foncière, ce qui constitue une dérogation au principe de l'inapplicabilité de ces articles aux syndicats de copropriétaires posé à l'article 14-3 de la loi du 10 juillet 1965 précitée ; ces cinq articles ayant été abrogés par l'article 7 de l'ordonnance n° 2009-79 du 22 janvier 2009 créant l'Autorité des normes comptables, le II de l'article 50 est devenu sans objet ;

– l'inapplicabilité des dispositions du septième alinéa de l'article 18 relatives au syndic professionnel relevant de la loi n° 70-9 du 2 janvier 1970 réglementant les conditions d'exercice des activités relatives à certaines opérations portant sur les immeubles et les fonds de commerce, dont le maintien ne se justifie plus dans la mesure où la loi de 1970 est elle-même applicable dans le département de Mayotte (111 de l'article 50 de la loi n° 65-557 du 10 juillet 1965) ;

– l'exclusion des dispositions métropolitaines relatives aux travaux d'économie d'énergie ou de réduction des émissions de gaz à effet de serre, aux travaux d'intérêt collectif sur les parties privatives, à l'installation ou aux modifications des installations électriques intérieures permettant la recharge des véhicules électriques ou hybrides, aux canalisations des parties communes et aux normes de salubrité des logements concevable lorsque Mayotte était une collectivité territoriale régie par l'article 74 de la Constitution, ces exclusions ne se justifient plus depuis la départementalisation (IV et V de l'article 50 de la loi n° 65-557 du 10 juillet 1965) ;

– l'exclusion de la possibilité, pour les sociétés d'attribution régies par les articles L. 212-1 et suivants du Code de la construction et de l'habitation, d'adhérer à une union de syndicats de copropriétaires ne se justifie plus depuis la départementalisation (VI de l'article 50 de la loi n° 65-557 du 10 juillet 1965) ;

– l'exclusion pour Mayotte de la possibilité de prendre connaissance du diagnostic technique dans les conditions de l'article 45-1 de la loi du 10 juillet 1965 précitée ne se justifie plus depuis la départementalisation (VII de l'article 50 de cette loi) ; il en va de même des exclusions prévues au VIII de l'article 50 (mise en œuvre du pacte de relance pour la ville, diagnostic technique et adaptations du règlement de copropriété).

L'article 10 de l'ordonnance du 26 avril 2012 met également fin à des dérogations résultant de réformes de la loi du 10 juillet 1965 précitée non étendues à Mayotte et non intégrées dans l'article 50 de cette loi, article qui était pourtant censé les regrouper. En effet, l'ensemble de ces exceptions au droit commun ne se justifie plus depuis la départementalisation de cette collectivité territoriale. Il s'agit des dispositions suivantes, désormais applicables dans le département de Mayotte :

– chapitre IV *bis* et article 43 de la loi du 10 juillet 1965 précitée, tels que résultant de la loi n° 2006-872 du 13 juillet 2006 portant engagement national pour le logement et relatifs aux résidences-services ;

– articles 25 et 26 de la loi, modifiés par la loi n° 2007-297 du 5 mars 2007 relative à la prévention de la délinquance, en ce qui concerne les périodes de fermeture totale de l'immeuble ainsi que le vote des modalités d'ouverture des portes d'accès aux immeubles ;

– article 24-2, créé par la loi du 4 août 2008 précitée, relatif à l'inscription de droit à l'ordre du jour de la proposition d'un opérateur d'équiper l'immeuble en fibre optique ;

– article 8-1, créé par la loi du 25 mars 2009 précitée, relatif au droit de priorité des copropriétaires sur l'acquisition d'un lot de stationnement dans les immeubles dont le permis de construire a été délivré conformément à un plan local d'urbanisme ;

– article 18-1 A, créé par la loi du 25 mars 2009 précitée, qui prévoit que seuls les travaux de l'article 14-2 de la loi du 10 juillet 1965 peuvent faire l'objet d'honoraires spécifiques du syndic de copropriété ;

– article 18-2, modifié par la même loi, en ce qu'il prévoit la communication par le syndic à son successeur des coordonnées de l'archiviste ;

– articles 29-1 A, 29-1 B et 29-1, tels que résultant de la loi du 25 mars 2009 précitée, relatifs à une procédure préventive des difficultés des syndicats des copropriétaires ;

– article 26 *f*, créé par la même loi, qui prévoit que la suppression du poste de gardien et l'aliénation de son logement sont votés à la majorité de l'article 26.

2) Modifications de l'article 50 par la loi « ALUR ». La loi ALUR *(L. n° 2014-66, 24 mars 2014)* a modifié l'article 50 de la loi du 10 juillet 1965 (V. ce texte), en procédant essentiellement à des mises en harmonie avec les textes de cette loi modifiés.

3) Apports du décret du 17 août 2015. Le décret n° 2015-999 du 17 août 2015 (*JO* 18 août) indique dans son article 26 :

– que le décret n° 67-223 du 17 mars 1967 est applicable à Mayotte dans les conditions prévues par son article 66-1 (V. ce texte) ;

– que le décret n° 2005-240 du 14 mars 2005, relatif aux comptes du syndicat des copropriétaires est applicable à Mayotte.

ANNEXE 45-1

MEUBLÉS DE TOURISME

I. - **Réglementation générale** .... p. 1347
A.– Réglementation concernant les changements d'affectation .... p. 1347
B.– Déclarations à effectuer .... p. 1351
II. - **Meublés de tourisme et copropriété** .... p. 1353

La location de meublés de tourisme (de type Airbnb) au sein d'immeubles en copropriété a donné lieu à de nombreux litiges. Ce type de location doit respecter tout d'abord la réglementation générale issue à la fois du Code de la construction et de l'habitation et du Code du tourisme (I). Elle doit en outre être compatible avec le statut juridique propre à l'immeuble considéré, tel qu'il résulte de sa destination et des dispositions particulières du règlement de copropriété (II).

I. – RÉGLEMENTATION GÉNÉRALE

La location meublée de tourisme de locaux d'habitation est soumise à autorisation en vertu du Code de la construction et de l'habitation lorsqu'elle constitue un changement d'usage (A). En outre, elle donne lieu à diverses déclarations prévues par le Code du tourisme (B).

A. – RÉGLEMENTATION CONCERNANT LES CHANGEMENTS D'AFFECTATION

Bibliographie : G. Daudré et P. Wallut, *Changements d'usage des locaux d'habitation*, LexisNexis, 3e éd., 2022.

Jurisclasseurs. JCl. Notarial Formulaire, V° Construction-Urbanisme, fasc. 900 par D. Blaise • *JCl. Bail à Loyer*, fasc. 692 par M. Painchaux.

Code de la construction et de l'habitation

Art. L. 631-7 *(Mod., L. n° 2018-1021, 23 nov. 2018)*. – **La présente section est applicable aux communes de plus de 200 000 habitants et à celles des départements des Hauts-de-Seine, de la Seine-Saint-Denis et du Val-de-Marne. Dans ces communes, le changement d'usage des locaux destinés à l'habitation est, dans les conditions fixées par l'article L. 631-7-1, soumis à autorisation préalable.**

Constituent des locaux destinés à l'habitation toutes catégories de logements et leurs annexes, y compris les logements-foyers, logements de gardien, chambres de service, logements de fonction, logements inclus dans un bail commercial, locaux meublés donnés en location dans les conditions de l'article L. 632-1 ou dans le cadre d'un bail mobilité conclu dans les conditions prévues au titre Ier *ter* de la loi n° 89-462 du 6 juillet 1989 tendant à améliorer les rapports locatifs et portant modification de la loi n° 86-1290 du 23 décembre 1986.

Pour l'application de la présente section, un local est réputé à usage d'habitation s'il était affecté à cet usage au 1er janvier 1970. Cette affectation peut être établie par tout mode de preuve. Les locaux construits ou faisant l'objet de travaux ayant pour conséquence d'en changer la destination postérieurement au 1er janvier 1970 sont réputés avoir l'usage pour lequel la construction ou les travaux sont autorisés.

Toutefois, lorsqu'une autorisation administrative subordonnée à une compensation a été accordée après le 1er janvier 1970 pour changer l'usage d'un local mentionné à l'alinéa précédent, le local autorisé à changer d'usage et le local ayant servi de compensation sont réputés avoir l'usage résultant de l'autorisation.

Sont nuls de plein droit tous accords ou conventions conclus en violation du présent article.

Le fait de louer un local meublé destiné à l'habitation de manière répétée pour de courtes durées à une clientèle de passage qui n'y élit pas domicile constitue un changement d'usage au sens du présent article.

Art. L. 631-7-1 A *(Mod., L. n° 2018-1021, 23 nov. 2018)*. **– Une délibération du conseil municipal peut définir un régime d'autorisation temporaire de changement d'usage permettant à une personne physique de louer pour de courtes durées des locaux destinés à l'habitation à une clientèle de passage qui n'y élit pas domicile.**

La délibération fixe les conditions de délivrance de cette autorisation temporaire par le maire de la commune dans laquelle est situé l'immeuble après avis, à Paris, Marseille et Lyon, du maire d'arrondissement concerné. Elle détermine également les critères de cette autorisation temporaire, qui peuvent porter sur la durée des contrats de location, sur les caractéristiques physiques du local ainsi que sur sa localisation en fonction notamment des caractéristiques des marchés de locaux d'habitation et de la nécessité de ne pas aggraver la pénurie de logements. Ces critères peuvent être modulés en fonction du nombre d'autorisations accordées à un même propriétaire personne physique.

Si la commune est membre d'un établissement public de coopération intercommunale compétent en matière de plan local d'urbanisme, la délibération est prise par l'organe délibérant de cet établissement.

Le local à usage d'habitation bénéficiant de cette autorisation temporaire ne change pas de destination, au sens du troisième alinéa de l'article L. 151-9 du Code de l'urbanisme.

Lorsque le local à usage d'habitation constitue la résidence principale du loueur, au sens de l'article 2 de la loi n° 89-462 du 6 juillet 1989 tendant à améliorer les rapports locatifs et portant modification de la loi n° 86-1290 du 23 décembre 1986, l'autorisation de changement d'usage prévue à l'article L. 631-7 du présent code ou celle prévue au présent article n'est pas nécessaire pour le louer pour de courtes durées à une clientèle de passage qui n'y élit pas domicile.

Bibliographie : *Jurisclasseurs. JCl Notarial Formulaire, V° Bail*, fasc. 52 (commentaires) et fasc. 55 (formules), par J. Lafond. • *JCl Bail à loyer*, fasc. 692, par M. Painchaux. • E. de Kerret et I. Penchinat, *Les meublés touristiques dans les rapports privés : moyens de régulation à disposition des copropriétaires et du bailleur : Actes prat. ing. immobilière* 2021, dossier 19. • P. Baudouin et J. Chamard, *Les locations saisonnières de courte durée : Administrer* oct. 2021, p. 9. • D. Lagau-Lacrouts, *Location meublée touristique et pratique notariale : aspects juridiques : JCP* N 2018, n° 49, 1355.

I – LICÉITÉ DE PRINCIPE DE LA RÉGLEMENTATION

1) Autorisations requises. Selon l'article L. 631-7, dernier alinéa, du Code de la construction et de l'habitation, créé par la loi du 24 mars 2014 dite loi ALUR, « le fait de louer un local meublé destiné à l'habitation de manière répétée pour de courtes durées à une clientèle de passage qui n'y élit pas domicile constitue un changement d'usage au sens du présent article ». L'article L. 631-7-1 A, créé par la loi n° 2014-366 du 24 mars 2014 précitée, indique les autorisations requises en pareil cas (V. ces textes dans l'annexe « Changement d'affectation »).

Il est à noter qu'aux termes de ce texte (dernier alinéa), lorsque le local loué à usage d'habitation constitue la résidence principale du loueur, au sens de l'article 2 de la loi n° 89-462 du 6 juillet 1989, une autorisation de changement d'usage n'est pas nécessaire pour le louer pour de courtes durées à une clientèle de passage qui n'y élit pas domicile. Cependant, le bailleur doit veiller à ne pas dépasser une durée globale de 4 mois (par envoi de l'article L. 631-7-1 A dernier alinéa du Code de la construction et de l'habitation à l'article 2 de la loi du 6 juillet 1989, qui définit la résidence principale comme le logement occupé au moins 8 mois par an).

Si l'on ne se trouve pas dans cette hypothèse, ou dans le cas d'une location consentie au titre d'un bail mobilité, d'une durée de 1 à 10 mois (L. 6 juill. 1989, art. 25-14), le fait de louer à plus d'une reprise au cours d'une même année un local meublé pour une durée inférieure à un an, telle qu'une location à la nuitée, à la semaine ou au mois à une clientèle de passage qui n'y fixe pas sa résidence principale constitue un changement d'usage (■ Cass. 3e civ., 18 févr. 2021, n° 19-13.191 : *AJDI* 2022, p. 26, note N. Damas).

2) Validation de la réglementation française sur les locations de courte durée. La Cour de justice de l'Union européenne a admis que le régime d'autorisation des locations meublées de courte durée et le mécanisme de compensation prévu par l'article L. 631-7 du Code de la construction et de l'habitation n'étaient pas contraires à la directive 2006/123/CE relative aux services dans le marché intérieur (■ CJUE, gr. ch., 22 sept. 2020, nos C 724/18 et C 727/18, *Aibnb c/Ville de Paris*, ECLI :EU :C :2020/743. – V., sur cette décision, *BPIM* 6/20, 363 ; M. Alby di Domenico et C. de la Gueronnière, *Encadrement national des plates-formes de location saisonnière : que dit la Cour de justice de l'Union européenne ? : Gaz. Pal.* 8 déc. 2020, p. 61. – F. de la Vaissière, *Airbnb à l'épreuve de la législation européenne : Ann. loyers.* 2020, p. 59 ; V. Zalewski-Sicard, *Locations meublées de courte durée et CJUE : Rev. loyers* 2020, p. 418).

À la suite de cette décision, la Cour de cassation s'est prononcée en reprenant la position de la CJUE : elle a admis la conformité à la directive Services de la réglementation française exigeant une autorisation préalable, considérant que cette exigence était « justifiée par une raison impérieuse d'intérêt général tenant à la lutte contre la pénurie de logements destinés à la location et proportionnée à l'objectif poursuivi en ce que celui-ci ne peut pas être réalisé par une mesure moins contraignante (■ Cass. 3e civ., 18 févr. 2021, n° 17-26.156, FP-PR : *JurisData* n° 2021-002054. – V. sur l'illégalité de l'interdiction des locations saisonnières par la mairie de Nice, en application de ces critères : ■ CE, ord. 16 févr. 2021, n° 449605 : *JurisData* n° 2021-002059 : *JCP* G 2021, n° 15, 415, note G. Eveillard).

La Cour de cassation a estimé en conséquence que le fait, pour le propriétaire d'un local meublé à usage d'habitation, de le donner en location à deux reprises en moins d'un an à deux sociétés pour y loger la même personne en qualité de salarié pour des durées respectives de 4 et 6 mois (et donc inférieure à un an ou 9 mois) caractérisait un changement d'usage d'un local destiné à l'habitation au sens de l'article L. 631-7 alinéa 6 précité (■ Cass. 3e civ., 18 févr. 2021, n° 17-26.156. ■ Cass. 3e civ., 18 févr. 2021, n° 19-13.191, publiés au *Bull.*).

V. sur les 3 décisions rendues en la matière par la Cour de cassation le 18 février 2021 (nos 17-26.156, 19-13.191 et 19-11.462 : G. Daudré et P. Wallut, *Locations meublées de courte durée : 3 arrêts pour les 7 ans de la loi ALUR : JCP* N 2021, n° 10, 1130. – S. Piédelièvre, *La location en meublé de courte durée : des arrêts décisifs mais pas la fin du contentieux ? : JCP* N 2021, n° 9c, t. 265. – *RJDA* mai 2021, n° 298 et la note ; *Defrénois* 25 févr. 2021, n° 9, p. 5, étude anonyme. – V. Zalewski-Sicard, *Rev. loyers* 2021, p. 121 ; V. Steinberg et A. Destremau, *Changement d'usage et locations meublées touristiques entre consolidation du droit français et incertitude probatoire : JCP* G 2021, n° 14, 372. – D. Richard et E. Taleb, *Conformité de l'autorisation de changement d'usage à la directive services : Loyers et copr.* 2021, étude 8.

II – PORTÉE DE LA RÉGLEMENTATION

3) Location meublée touristique : notion de changement d'usage. Si des locaux ne sont pas à usage d'habitation au 1er janvier 1970 et n'ont pas fait l'objet d'une autorisation de travaux postérieurs pour un « usage d'habitation », leur location meublée à des fins touristiques ne requiert pas d'autorisation préalable de changement d'usage (■ Cass. 3e civ., 28 nov. 2019, n° 18-23.769 : publié au *Bull.* ■ Cass. 3e civ., 28 nov. 2019, n° 18-24.157 : publié au *Bull.* ; *RJDA* févr. 2020, n° 114 et la note ; *RJDA* mars 2020, n° 184 et la note ; *Gaz. Pal.* 18 févr. 2020, p. 64, note V. Zalewski-Sicard. – Pour plus de détails sur la notion de changement d'usage ou d'affectation, V. Ann. « Changement d'affectation ou d'usage »).

Une commune ne peut se prévaloir d'un changement d'usage illicite contre un propriétaire qui loue un local meublé destiné à l'habitation de manière répétée pour de courtes durées à une clientèle de passage, s'il n'est pas établi que le local était à usage d'habitation au 1er janvier 1970. La preuve d'un usage d'habitation postérieurement à cette date est inopérante (■ Cass. 3e civ., 28 mai 2020, n° 18-26.366 : *JurisData* n° 2020-007291 ; publié au *Bull.*).

4) Location de chambres d'hôtes. Le régime d'autorisation préalable de changement d'usage ne s'applique pas en vertu de l'article L. 631-7-1 A dernier alinéa, du Code de la construction et de l'habitation aux chambres d'hôtes, telles que définies par l'article L. 324-3 du Code du tourisme (chambres meublées situées chez l'habitant en vue d'accueillir des touristes à titre onéreux pour une ou plusieurs nuitées, assorties de prestations). Mais cette exception ne peut concerner la location d'un logement autonomie indépendant de celui de l'habitant et qui n'en constitue pas une annexe (■ Cass. 3e civ., 24 sept. 2020, n° 18-22.142, FS-P+B+I : *AJDI* 2021, p. 433, note N. Damas).

5) Location consentie par l'intermédiaire d'un tiers. Le fait que la location soit consentie par l'intermédiaire d'un tiers (en l'espèce une société spécialisée) n'exonère pas le bailleur des sanctions prévues par l'article L. 651-2 du Code de la construction et de l'habitation dans le cas où cette location n'a pas été précédée d'une demande d'autorisation en vertu de l'article L. 631-7 du même code (▪ Cass. 3e civ., 12 juill. 2018, n° 17-20.654 : *JurisData* n° 2018-012444 ; publié au *Bull.* ; *Loyers et copr.* 2018, comm. 197, note B. Vial-Pédroletti).

6) Pouvoir de contrôle des agents municipaux : inconstitutionnalité de l'article L. 651-6 alinéa 6 du Code de la construction et de l'habitation. Le fait pour des agents municipaux, dans le cadre du contrôle de meublée touristique de type Airbnb, de procéder à la visite d'un logement en l'absence de son occupant et sans son accord méconnaît le principe d'inviolabilité du domicile (▪ Cons. const., n° 2019-779 QPC : *JurisData* n° 2019-005190 ; *Loyers et copr.* 2019, comm. 75, note B. Vial-Pédroletti).

III – RÉGLEMENTATION MISE EN ŒUVRE PAR LA VILLE DE PARIS

Bibliographie : F. de la Vaissière, *Meublés touristiques : Paris se singularise : Ann. Loyers* 2022, p. 29.

7) Validation de la réglementation. La Cour de cassation a jugé que les articles L. 631-7 alinéa 6 et L. 631-7-1 du Code de la construction et de l'habitation étaient conformes à la directive n° 2006/123/CE du 12 décembre 2006, car justifiés par une raison impérieuse d'intérêt général tenant à la lutte contre la pénurie de logements destinés à la location et proportionnés à l'objectif poursuivi (▪ Cass. 3e civ., 18 févr. 2021, n° 17-26.156). Elle a estimé en conséquence que le fait, pour le propriétaire d'un local meublé à usage d'habitation, de le donner en location à deux reprises en moins d'un an à 2 sociétés pour y loger la même personne en qualité de salarié pour des durées respectives de 4 et 6 mois (et donc inférieures à un an ou 9 mois) caractérisait un changement d'usage d'un local destiné à l'habitation au sens de l'article L. 631-7 alinéa 6 précité (▪ Cass. 3e civ., 18 févr. 2021, n° 17-26.156. ▪ Cass. 3e civ., 18 févr. 2021, n° 19-13.191 : publiés au *Bull.* V. sur ces décisions, *RJDA* 2021, n° 298 et la note ; *Defrénois* 25 févr. 2021, n° 9, p. 5, étude anonyme. – *Rev. loyers* 2021, p. 121, V. Zalewski-Sicard ; V. Steinberg et A. Destremau, *Changement d'usage et locations meublées touristiques entre consolidation du droit français et incertitude probatoire : JCP G* 2021, n° 14, 372).

8) Renforcement du dispositif parisien. Le Conseil de Paris a adopté le 15 décembre 2021 une délibération modifiant le règlement municipal fixant les conditions de délivrance des autorisations de changement d'usage de locaux d'habitation (délibération 2021 DLH459). Cette décision a notamment pour objet de renforcer les règles de compensation mais également de clarifier diverses dispositions du règlement municipal.

On trouvera l'exposé détaillé de la réglementation en la matière sur le site de la Ville de Paris.

9) Qualité de la Ville de Paris pour agir en justice. La Cour de cassation a admis que la Ville de Paris avait qualité pour former une demande en référé afin d'obtenir qu'il soit mis fin à une location touristique irrégulière en rejetant le moyen selon lequel cette qualité ne résultait que de la loi n° 2016-1547 du 18 novembre 2016, postérieure à l'engagement de l'instance (▪ Cass. 3e civ., 24 sept. 2020, n° 18-22.142, FS-P+B+I : *AJDI* 2021, p. 433, note N. Damas).

IV – LOCATION DE LOCAUX COMMERCIAUX EN TANT QUE MEUBLÉS DE TOURISME

10) Réglementation. Aux termes de l'article L. 324-1-1, IV *bis* du Code du tourisme (V. ce texte ci-dessus), sur les territoires des communes ayant mis en œuvre la procédure d'enregistrement prévue par le III de ce même texte, une délibération du conseil municipal peut soumettre à autorisation la location d'un local à usage commercial en tant que meublé de tourisme (V. les conditions à respecter par la commune, art. L. 324-1-1, IV *bis* et art. R. 324-1-4 à R. 324-7). Cette procédure n'est en fait applicable que depuis le 1er juillet 2021.

Le 18 janvier 2022, la Ville de Paris a publié au *Bulletin officiel* le règlement municipal fixant les conditions dans lesquelles peuvent être délivrées par la commune les autorisations de location de locaux commerciaux en tant que meublés de tourisme (BOVP n° 5, 15 janv. 2022. – V. sur ce point dans le site de la Ville de Paris les autorisations de location).

Il a été jugé que les dispositions de l'article L. 324-1-1 du Code de tourisme n'ont pas pour objet ni pour effet de régler la situation des locaux meublés à usage d'habitation soumise à l'application des articles L. 631-7 et suivants du Code de la construction et de l'habitation, quelle que soit la destination des immeubles dans lesquels ils sont inclus. Autrement dit, ses règles ne se cumulent pas avec celles relatives au changement d'usage des locaux meublés de l'habitation (▪ CE, 26 juin 2023, n° 458799 : *Administrer* févr. 2024, p. 61 et la note).

B. – DÉCLARATIONS À EFFECTUER

Code du tourisme

(Partie législative)

TITRE II. – HÉBERGEMENTS AUTRES QU'HÔTELS ET TERRAINS DE CAMPING

Chapitre 4. – Meublés de tourisme et chambres d'hôtes

Section 1. – Meublés de tourisme

Art. L. 324-1-1 *(Mod. à compter du 1er janvier 2020, Ord. n° 2019-738, 17 juill. 2019 ; Ord. n° 2019-964, 18 sept. 2019).* **– I. – Pour l'application du présent article, les meublés de tourisme sont des villas, appartements ou studios meublés, à l'usage exclusif du locataire, offerts à la location à une clientèle de passage qui n'y élit pas domicile et qui y effectue un séjour caractérisé par une location à la journée, à la semaine ou au mois.**

II. – Toute personne qui offre à la location un meublé de tourisme, que celui-ci soit classé ou non au sens du présent code, doit en avoir préalablement fait la déclaration auprès du maire de la commune où est situé le meublé.

Cette déclaration préalable n'est pas obligatoire lorsque le local à usage d'habitation constitue la résidence principale du loueur, au sens de l'article 2 de la loi n° 89-462 du 6 juillet 1989 tendant à améliorer les rapports locatifs et portant modification de la loi n° 86-1290 du 23 décembre 1986.

III. – Par dérogation au II, dans les communes où le changement d'usage des locaux destinés à l'habitation est soumis à autorisation préalable au sens des articles L. 631-7 à L. 631-9 du Code de la construction et de l'habitation une délibération du conseil municipal peut décider de soumettre à une déclaration préalable soumise à enregistrement auprès de la commune toute location d'un meublé de tourisme.

La déclaration indique si le meublé de tourisme offert à la location constitue la résidence principale du loueur au sens de l'article 2 de la loi n° 89-462 du 6 juillet 1989 précitée.

Un téléservice permet d'effectuer la déclaration. La déclaration peut également être faite par tout autre moyen de dépôt prévu par la délibération susmentionnée.

Dès réception, la déclaration donne lieu à la délivrance sans délai par la commune d'un accusé-réception comprenant un numéro de déclaration.

Un décret détermine les informations qui peuvent être exigées pour l'enregistrement.

IV. – Dans les communes ayant mis en œuvre la procédure d'enregistrement de la déclaration préalable mentionnée au III, toute personne qui offre à la location un meublé de tourisme qui est déclaré comme sa résidence principale ne peut le faire au-delà de cent vingt jours au cours d'une même année civile, sauf obligation professionnelle, raison de santé ou cas de force majeure.

La commune peut, jusqu'au 31 décembre de l'année suivant celle au cours de laquelle un meublé de tourisme a été mis en location, demander au loueur de lui transmettre le nombre de jours au cours desquels ce meublé a été loué. Le loueur transmet ces informations dans un délai d'un mois, en rappelant l'adresse du meublé et son numéro de déclaration.

IV *bis*. – Sur le territoire des communes ayant mis en œuvre la procédure d'enregistrement prévue au III, une délibération du conseil municipal peut soumettre à autorisation la location d'un local à usage commercial en tant que meublé de tourisme.

Cette autorisation est délivrée au regard des objectifs de protection de l'environnement urbain et d'équilibre entre emploi, habitat, commerces et services, par le maire de la commune dans laquelle est situé le local.

Lorsque la demande porte sur des locaux soumis à autorisation préalable au titre d'un changement de destination relevant du Code de l'urbanisme, l'autorisation prévue au premier alinéa tient lieu de l'autorisation précitée dès lors que les conditions prévues par le Code de l'urbanisme sont respectées.

Un décret en Conseil d'État précise les modalités d'application du présent IV *bis*.

V. - Toute personne qui ne se conforme pas aux obligations résultant du III est passible d'une amende civile dont le montant ne peut excéder 5 000 €.

Toute personne qui ne se conforme pas aux obligations résultant du IV est passible d'une amende civile dont le montant ne peut excéder 10 000 €.

Toute personne qui ne se conforme pas aux obligations résultant du IV *bis* est passible d'une amende civile dont le montant ne peut excéder 25 000 €.

Ces amendes sont prononcées par le président du tribunal judiciaire statuant selon la procédure accélérée au fond, sur demande de la commune dans laquelle est situé le meublé de tourisme. Le produit de l'amende est versé à la commune. Le tribunal judiciaire compétent est celui dans le ressort duquel est situé le meublé de tourisme.

NB : Conformément à l'article 30 de l'ordonnance n° 2019-738 du 17 juillet 2019, ces dispositions s'appliquent aux demandes introduites à compter du 1er janvier 2020.

(Partie réglementaire)

Section 1. – Meublés de tourisme

Sous-section 1. – Dispositions générales

Art. D. 324-1 *(Mod., D. n° 2017-678, 28 avr. 2017 ; D. n° 2019-1325, 9 déc. 2019).* – Les meublés de tourisme sont des villas, appartements, ou studios meublés, à l'usage exclusif du locataire, offerts en location à une clientèle de passage qui y effectue un séjour caractérisé par une location à la journée, à la semaine ou au mois, et qui n'y élit pas domicile.

Art. D. 324-1-1 *(D. n° 2009-1652, 23 déc. 2009 ; D. n° 2012-693, 7 mai 2012 ; mod., D. n° 2017-678, 28 avr. 2017 ; D. n° 2019-1325, 9 déc. 2019).* – I. - La déclaration de location d'un meublé de tourisme, que celui-ci soit classé ou non au sens du présent code, prévue au II de l'article L. 324-1-1 est adressée au maire de la commune où est situé le meublé par tout moyen permettant d'en obtenir un accusé de réception.

La déclaration précise l'identité et l'adresse du déclarant, l'adresse du meublé de tourisme, le nombre de pièces composant le meublé, le nombre de lits, la ou les périodes prévisionnelles de location et, le cas échéant, la date de la décision de classement et le niveau de classement des meublés de tourisme.

II. - La déclaration, effectuée au moyen d'un téléservice dans les conditions prévues au III de l'article L. 324-1-1, indique :

1° L'identité, l'adresse postale et l'adresse électronique du déclarant ;

2° L'adresse du meublé de tourisme, précisant, lorsque ce dernier fait partie d'un immeuble comportant plusieurs locaux, le bâtiment, l'escalier, l'étage et le numéro d'appartement.

Lorsque cette possibilité lui est offerte, le déclarant peut indiquer le numéro invariant identifiant le logement tel qu'il ressort de son avis de taxe d'habitation, en lieu et place des informations mentionnées au premier alinéa du présent 2° ;

3° Son statut de résidence principale ou non ;

4° Le nombre de pièces composant le meublé, le nombre de lits et, le cas échéant, la date de la décision de classement et le niveau de classement ou de toute autre reconnaissance de qualité des meublés de tourisme.

La déclaration fait l'objet d'un numéro de déclaration délivré immédiatement par la commune. Ce numéro est constitué de treize caractères répartis en trois groupes séparés ainsi composés :

- le code officiel géographique de la commune de localisation à cinq chiffres ;
- un identifiant unique à six chiffres, déterminé par la commune ;
- une clé de contrôle à deux caractères alphanumériques, déterminée par la commune.

III. - Tout changement concernant les éléments d'information de la déclaration visée au I ou II du présent article fait l'objet d'une nouvelle déclaration.

Art. R. 324-1-2 *(D. n° 2009-1650, 23 déc. 2009 ; mod. à compter du 1er décembre 2019, D. n° 2019-1104, 30 oct. 2019).* – Le fait, pour une personne qui offre à la location un meublé de tourisme au sens de l'article L. 324-1-1, de ne pas respecter l'obligation de déclaration prévue au II de cet article L. 324-1-1 est puni des peines prévues pour les contraventions de la troisième classe.

II. – MEUBLÉS DE TOURISME ET COPROPRIÉTÉ

Bibliographie : G. Rouzet, *Copropriété et location en meublé de courte durée : convergence entre le Conseil constitutionnel et la Cour de cassation : RD imm.* 2014, n° 4, p. 5 et s. • D. Richard, *Airbnb et la loi de 1989 ou la prochaine extension du domaine de l'ordre public ? : Loyers et copr.* 2016, étude 14. • H. Périnet-Marquet, *Les meublés touristiques dans les immeubles en copropriété : évolutions jurisprudentielles récentes : JCP* N 2017, n° 26, 1216. • P. Burdy-Clément, *Location touristique temporaire et copropriété : le phénomène Airbnb : Inf. rap. copr.* juill.-août 2018, p. 9. • M. Parmentier, *Location meublée saisonnière et copropriété : la liberté des uns s'arrête où commence celle des autres ! : Gaz. Pal.* 9 févr. 2021, p. 69. • P. Baudouin et J. Chamard, *Les locations saisonnières de courte durée : Administrer* oct. 2021, p. 9. • C. Ivars, *La location meublée de courte durée en copropriété : Inf. rap. copr.* avr. 2022, p. 15. • M. Parmentier, *Copropriété et location meublée touristique : quels pouvoirs pour le juge des référés ? : Gaz. Pal.* 17 mai 2022, p. 59. • C.-M. Dubois-Spaenlé, *Copropriétaires et propriétaires face au phénomène des locations de courte durée Airbnb : Actes prat. ing. immobilière* 2021, n° 4, dossier 30. • E. de Kerret et I. Penchinat, *Les meublés touristiques dans les rapports privés : moyens de régulation à disposition des copropriétaires et du bailleur : Actes prat. ing. immobilière* 2021, n° 3, dossier 19.

1) Location meublée et changement d'usage. Lorsque le local à usage d'habitation objet d'une location meublée constitue la résidence principale du loueur, c'est-à-dire un logement occupé au moins 8 mois par an, sauf obligations professionnelles, raisons de santé ou cas de force majeure, l'autorisation administrative de changement d'usage n'est pas nécessaire pour le louer pour de courtes durées à une clientèle de passage qui n'y élit pas domicile.

Mais s'il ne s'agit pas de la résidence principale du loueur, une autorisation administrative préalable est requise. La cour d'appel de Paris, dans un arrêt du 15 juin 2016 (■ CA Paris, pôle 4, 2e ch., n° 15/18917 : *JurisData* n° 2016-013038) énonce que « si l'article L. 631-7 du Code de la construction et de l'habitation impose, préalablement à tout changement d'affectation d'un local à usage d'habitation, l'obtention d'une autorisation préfectorale, il s'en déduit nécessairement que n'est plus considéré comme affecté à l'habitation un local transformé en meublé de courte durée à vocation touristique ou d'affaires.

I – ABSENCE DE DISPOSITIONS PARTICULIÈRES DANS LE RÈGLEMENT

2) Rôle de la destination de l'immeuble. Même si elle n'est pas interdite de façon explicite ou implicite par le règlement de copropriété, la location en meublé de tourisme peut s'avérer incompatible avec la destination de l'immeuble (V. sur cette notion, *supra* comm. art. 8 et 9 de la loi du 10 juill. 1965), ce qui doit être examiné au cas par cas. Selon une réponse ministérielle, une location en meublé n'est pas, en elle-même, contraire à la destination bourgeoise d'un immeuble, à moins qu'elle ne s'exerce pour des locations de courte durée avec fourniture de services annexes (ménage, fourniture de literie, transfert vers l'aéroport) qui apparentent cette exploitation à une activité commerciale et non plus civile, étant observé que si l'activité de loueur en meublé est juridiquement de nature civile, elle est fiscalement de nature commerciale, étant imposée au titre des bénéfices industriels et commerciaux (■ Rép. min. n° 97541 : *JOAN* 21 mars 2017, p. 2459).

En affirmant le caractère *a priori* purement civil de la location meublée de tourisme, cette réponse ministérielle est en accord avec une jurisprudence traditionnelle.

Cependant, compte tenu de ses conditions d'exercice, cette activité peut prendre un caractère commercial et se trouver alors en contradiction avec la destination de l'immeuble ou les dispositions du règlement de copropriété. Il en est ainsi lorsqu'elle se présente comme la location d'« hôtels studios meublés » : elle est alors incompatible avec le caractère résidentiel d'un immeuble à usage d'habitation (■ Cass. 3e civ., 8 mars 2018, n° 14-15.864 : *JurisData* n° 2018-003731 ; *Loyers et copr.* 2018, note C. Coutant-Lapalus ; *Administrer* mai 2018, p. 41, note J.-R. Bouyeure ; *Rev. loyers* 2018, p. 318, note L. Guégan-Gélinet). Il en est de même lorsque le loueur, inscrit au registre du commerce, loue à la journée ou à la semaine 37 appartements ou studios équipés (sur 60 lots composant la copropriété) après avoir transformé un appartement du rez-de-chaussée en bureau d'accueil, et en proposant des services de ménage (■ Cass. 3e civ., 27 févr. 2020, n° 18-14.305 : *JurisData* n° 2020-003591 ; *Loyers et copr.* 2020, comm. 55, note C. Coutant-Lapalus ; *Defrénois* 22 oct. 2020, n° 43, p. 29, note L.-A. Poletti. ■ TGI Paris, 8e ch., 3e sect., 14 juin 2019, n° 17/12979 : *Administrer* févr. 2020, p. 40, note J.-R. Bouyeure). C'est également le cas lorsque le bailleur fournit des prestations de services accessoires (■ Cass. 3e civ., 25 janv. 2024, n° 22-21.455 : *JurisData* n° 2022-014917 ; *Loyers et copr.* 2024, comm. 55, note A. Lebatteux), ce dont le demandeur doit rapporter la preuve (■ Cass. 3e civ., 28 mai 2020, n° 19-13.018 : *Administrer* juill. 2020, p. 52, obs. P. Dechelette-Tolot). Mais en l'absence de ces données ou circonstances particulières, l'activité de location meublée de tourisme reste de nature purement civile.

II – CLAUSES PARTICULIÈRES DANS LE RÈGLEMENT

3) Nature de ces clauses et conditions de validité. Le règlement de copropriété peut comporter des clauses interdisant expressément les locations de meublés touristiques : de telles clauses, rares en pratique, doivent être justifiées par la destination de l'immeuble (ce qui est toujours apprécié au cas par cas...), faute de quoi elles sont susceptibles d'être « réputées non écrites ».

L'interdiction de consentir des locations en meublé touristiques est parfois déduite des diverses « clauses de tranquillité » que comporte le règlement : par exemple les clauses d'habitation bourgeoise (■ CA Grenoble, 23 mai 2023, n° 21/03445 : *AJDI* 2023, p. 526. ■ CA Paris, 11 sept. 2013, n° 11/12572) ou encore les clauses interdisant la transformation des appartements en chambres meublées destinées à être louées à des personnes distinctes (■ CA Orléans, 21 juin 1999, n° 97/03074. ■ CA Paris, 25 oct. 2019, n° 18/04221).

ANNEXE 46

MISE EN COPROPRIÉTÉ (EFFETS INDUITS)

I. - Qualification d'immeuble collectif .... p. 1355
II. - Incidences sur les baux en cours .... p. 1355

I. – QUALIFICATION D'IMMEUBLE COLLECTIF

Code de la construction et de l'habitation

Art. L. 126-16 ***(Aj. à compter du 1er juillet 2021, Ord. n° 2020-71, 29 janv. 2020).*** **– La division par lots, en propriété ou en jouissance, d'une résidence, d'un appartement ou de tout bâtiment à usage d'habitation confère à celui-ci la qualification de bâtiment d'habitation collectif au sens des articles L. 126-7 à L. 126-10.**

1) Champ d'application du texte. L'article L. 126-16 (anc. art.L. 111-6-1-4) du Code de la construction et de l'habitation s'applique dans le cas de :
– division par lots en propriété ou en jouissance... ;
– d'une résidence d'un appartement ou de tout immeuble à usage d'habitation.

2) Incidences de la division. Lorsque les conditions ci-dessus sont réunies, la division de l'immeuble en lots a pour effet de lui conférer la qualification de « bâtiment d'habitation collectif » au sens des articles L. 126-7 à L. 126-10 du Code de la construction et de l'habitation.

On pourra prendre connaissance de ces textes en annexe V° « Carence du syndicat ». Il en résulte que si, du fait de la carence des copropriétaires, des équipements communs de l'immeuble présentent un fonctionnement défectueux ou un défaut d'entretien de nature à créer des risques sérieux pour la sécurité des occupants ou à compromettre gravement leurs conditions d'habitation, le maire dispose d'un certain nombre de mesures de coercition pour obtenir que les travaux soient effectués ou, pour prévenir les dangers résultants de la carence des copropriétaires.

II. – INCIDENCES SUR LES BAUX EN COURS

Bibliographie : E. Colas, *Mise en copropriété d'un immeuble : la prorogation des baux au titre de l'article 11-2 : DEF* 2018, n° 28, p. 24.

Loi n° 89-462 du 6 juillet 1989

tendant à améliorer les rapports locatifs et portant modification de la loi n° 86-1290 du 23 décembre 1986

Art. 11-2 ***(Mod., L. n° 2015-990, 6 août 2015).*** **– Lorsqu'un immeuble à usage d'habitation ou à usage mixte d'habitation et professionnel de cinq logements ou plus, situé dans une des zones mentionnées au I de l'article 17, est mis en copropriété :**

1° Les baux en cours dont le terme intervient moins de trois ans après la date de mise en copropriété sont prorogés de plein droit d'une durée de trois ans ;

2° Les autres baux en cours sont prorogés d'une durée permettant au locataire d'occuper le logement pendant une durée de six ans à compter de la mise en copropriété.

ANNEXE 47

MULTIPROPRIÉTÉ

Loi n° 86-18 du 6 janvier 1986

relative aux sociétés d'attribution d'immeubles en jouissance à temps partagé

(JO 8 janv. 1986)

Bibliographie : *Sur la loi du 6 janvier 1986.* Alfandari et M. Jeantin, *La loi du 6 janvier 1986 sur les sociétés d'attribution d'immeubles en jouissance à temps partagé : RTD com.* 1986, 257. • C. Bosgiraud, *Une société pour un habitat de loisirs (Étude de la loi n° 86-18 du 6 janvier 1986, relative aux sociétés d'attribution d'immeubles en jouissance à temps partagé) : RD imm.* 1986, 151. • V. Canu, *Une loi pour la « multipropriété » : Rev. loyers* 1986, 297. • F. Collart-Dutilleul, *Jouissance à temps partagé (Sociétés d'attribution d'immeubles en) : Encycl. droit civ.*, 2e éd. • E.-E. Frank, *Les SCI d'attribution en jouissance à temps partagé : Rev. Administrer* juin 1986, 2. • R. Martin, *L'immeuble à temps partagé (L. n° 86-18 du 6 janvier 1986) : Ann. loyers* 1987, 41. • C. Saint-Alary-Houin, *Multipropriété de loisirs : Dr. et ville*, n° 22, p. 67 et s. • B. Stemmer, *Division dans le temps de la jouissance des immeubles : JCl. Copropriété*, Fasc. 355. • F. Zénati, *La loi du 6 janvier 1986 relative aux sociétés d'attribution d'immeubles en jouissance à temps partagé : RTD civ.* 1986, 442.

Sur la « multipropriété » en général. La modification du régime de la jouissance d'un immeuble à temps partagé par la loi du 22 juillet 2009 : AJDI 2010, p. 9. • B. Stemmer, *Du problème des « périodes » et de leur évolution en matière de multipropriété : JCP* N 1980, I, 359 et *Étude pratique : hôtellerie, parahôtellerie, résidences-hôtels de tourisme, hébergement touristique, constructions à caractère hôtelier... : JCP* N 1982, prat. 8365. • B. Pays, *Timeshare : des directives européennes à la loi ALUR : Inf. rap. copr.* juill.-août 2014, p. 15. • *JCl. Construction*, Fasc. 550 et *JCl. Copropriété*, Fasc. 390, par D. Sizaire. • *Dictionnaire permanent Gestion immobilière, V° Immeubles en jouissance à temps partagé.*

Sur la multipropriété et la publicité foncière. V. *Multijouissance et publicité foncière : JCP* N 1984, prat. 8969.

CHAPITRE I. – DISPOSITIONS COMMUNES

Art. 1er. – **Les sociétés constituées en vue de l'attribution, en totalité ou par fractions, d'immeubles à usage principal d'habitation en jouissance par périodes aux associés auxquels n'est accordé aucun droit réel en contrepartie de leurs apports, sont régies par les dispositions applicables aux sociétés sous réserve des dispositions de la présente loi.**

L'objet de ces sociétés comprend la construction d'immeubles, l'acquisition d'immeubles ou de droits réels immobiliers, l'aménagement ou la restauration des immeubles acquis ou sur lesquels portent ces droits réels.

Il comprend aussi l'administration de ces immeubles, l'acquisition et la gestion de leurs éléments mobiliers conformes à la destination des immeubles. Il peut également s'étendre à la fourniture des services, au fonctionnement des équipements collectifs nécessaires au logement ou à l'immeuble et de ceux conformes à la destination de ce dernier, qui lui sont directement rattachés.

Art. 2. – **Les sociétés mentionnées à l'article 1er ne peuvent se porter caution.**

Art. 3. – **Les associés sont tenus, envers la société, de répondre aux appels de fonds nécessités par la construction, l'acquisition, l'aménagement ou la restauration de l'immeuble social en proportion de leurs droits dans le capital social et de participer aux charges dans les conditions prévues à l'article 9 de la présente loi.**

Si un associé ne satisfait pas à ces obligations, il peut être fait application des deuxième, troisième et quatrième alinéas de l'article L. 212-4 du Code de la construction et de l'habitation.

L'associé défaillant ne peut prétendre, à compter de la décision de l'assemblée générale, ni entrer en jouissance de la fraction de l'immeuble à laquelle il a vocation, ni se maintenir dans cette jouissance.

Art. 4. – Par dérogation à l'article 1857 du Code civil, les associés des sociétés constituées sous la forme de société civile ne répondent des dettes sociales à l'égard des tiers qu'à concurrence de leurs apports.

Art. 5. – Le ou les gérants d'une société civile constituée aux fins prévues à l'article 1er de la présente loi sont nommés *(L. n° 2009-888, 22 juill. 2009)* « , pour un mandat d'une durée maximale de trois ans renouvelable, » par une décision des associés représentant plus de la moitié des parts sociales nonobstant toutes dispositions contraires des statuts. (Disposition applicable à Mayotte : *L. n° 2009-888, 22 juill. 2009*).

Art. 6. – Le ou les gérants d'une société civile constituée aux fins prévues à l'article 1er de la présente loi sont révocables par une décision des associés représentant plus de la moitié des parts sociales nonobstant toutes dispositions contraires des statuts.

Art. 7. – Est réputée non écrite toute clause des statuts prévoyant la désignation d'une personne physique ou morale autre que le représentant de la société pour assumer les missions prévues à l'article 1er de la présente loi.

Art. 8. – Un état descriptif de division délimite les diverses parties de l'immeuble social en distinguant celles qui sont communes de celles qui sont à usage privatif.

Les parts ou actions sont réparties entre les associés en fonction des caractéristiques du lot attribué à chacun d'eux, de la durée et de l'époque d'utilisation du local correspondant.

La valeur des droits de tous les associés est appréciée au jour de l'affectation aux lots des groupes de droits sociaux qui leur sont attachés.

Un tableau d'affectation des parts ou actions aux lots et par période est annexé à l'état descriptif de division.

Un règlement précise la destination de l'immeuble et de ses diverses parties et organise les modalités de l'utilisation des équipements collectifs.

Si un document publicitaire, quelle que soit sa forme, fait état d'un service mis à la disposition des associés et destiné à permettre l'échange des périodes de jouissance, la vente des actions ou parts sociales ou la location du lot qui leur est attaché, le règlement mentionne l'existence de ce service. En ce cas, tout acte de souscription ou de cession d'actions ou de parts sociales doit en faire état.

Le règlement indique, en outre, les conditions particulières dont peut être assorti ce service.

Art. 9. – À moins qu'elles ne soient individualisées par les lois ou règlements en vigueur, un décret détermine, parmi les charges entraînées par les services collectifs, les éléments d'équipement et le fonctionnement de l'immeuble, les charges communes et les charges liées à l'occupation.

Les associés sont tenus de participer aux charges des deux catégories en fonction de la situation et de la consistance du local, de la durée et de l'époque de la période de jouissance.

Toutefois, lorsque le local sur lequel l'associé exerce son droit de jouissance n'est pas occupé, l'associé n'est pas tenu de participer aux charges de la deuxième catégorie pendant la période correspondante.

Ils sont tenus de participer aux charges relatives au fonctionnement de la société, à la conservation, à l'entretien et à l'administration des parties communes en proportion du nombre des parts ou actions qu'ils détiennent dans le capital social.

Le règlement fixe la quote-part qui incombe, dans chacune des catégories de charges, à chaque groupe particulier de parts ou actions défini en fonction de la situation du local, de la durée et de la période de jouissance.

À défaut, il indique les bases selon lesquelles la répartition est faite.

Art. 10 *(Mod. à compter du 1er janvier 2020, Ord. n° 2019-664, 18 sept. 2019)*. – Tout associé peut demander au tribunal judiciaire du lieu de situation de l'immeuble la révision, pour l'avenir, de la répartition des charges visées à l'article 9, si la part correspondant à son lot est supérieure de plus d'un quart ou si la part correspondant au lot d'un autre associé est inférieure de plus d'un quart, dans l'une ou l'autre catégorie de charges, à celle qui résulterait d'une répartition conforme aux dispositions de l'article 9. Si l'action est reconnue fondée, le tribunal procède à la nouvelle répartition des charges.

L'action en révision prévue à l'alinéa 1er ne peut être exercée que dans les cinq ans de l'adoption de l'état descriptif de division du règlement et des dispositions corrélatives des statuts.

Art. 11. – L'état descriptif de division, le règlement et les dispositions corrélatives des statuts doivent être adoptés avant tout commencement des travaux de construction ou, en cas d'acquisition de l'immeuble existant, avant toute entrée en jouissance des associés.

Art. 12. – Les sociétés prévues à l'article 1er qui ont pour objet la construction d'immeubles sont tenues de se conformer aux dispositions de l'article L. 212-10 du Code de la construction et de l'habitation en ce qu'il impose soit de conclure un contrat de promotion immobilière, soit de confier les opérations constitutives de la promotion immobilière à leur représentant légal ou statutaire.

Les mêmes obligations incombent aux sociétés prévues à l'article 1er qui ont pour objet l'acquisition d'immeubles en vue de l'aménagement ou de la restauration dès lors que le coût global des travaux excède 50 % du prix d'acquisition des immeubles.

Les sociétés prévues à l'article 1er qui ont pour objet l'acquisition d'immeubles à construire doivent conclure un contrat ou bénéficier d'une cession de contrat conforme aux dispositions des articles L. 261-10 et suivants du Code de la construction et de l'habitation. Si la vente a lieu sous la forme de vente en l'état futur d'achèvement, le contrat comporte la garantie d'achèvement prévue par l'article L. 261-11 du même code.

Art. 13 *(Mod., L. n° 2009-888, 22 juill. 2009 ; mod. à compter du 24 septembre 2014, L. n° 2014-366, 24 mars 2014)*. – La société, quelle qu'en soit la forme, peut exiger de chaque associé, en début d'exercice, le versement d'une provision au plus égale au montant des charges lui ayant été imparties lors de l'exercice précédent ou, s'il s'agit d'un nouvel associé, ayant été imputées à l'associé précédent au cours du dernier exercice écoulé, pour le même local, la même durée et la même période.

Le règlement peut prévoir, pour le premier exercice à compter de l'achèvement des opérations mentionnées à l'article 1er de la présente loi, le paiement d'avances sur charges.

Les associés se réunissent en assemblée générale au moins une fois par an. Lorsque, conjointement, des associés disposant au moins du cinquième des parts ou actions de la société le demandent, l'assemblée générale est réunie dans un délai de trois mois qui suit la date de cette demande. L'assemblée est réunie dans le même délai à la demande du conseil de surveillance.

L'ordre du jour de l'assemblée générale est établi en concertation avec le conseil de surveillance, qui peut demander l'inscription d'une ou de plusieurs questions à l'ordre du jour.

Les associés peuvent toujours assister aux assemblées générales et y voter. Les votes par correspondance sont admis. L'avis de convocation à l'assemblée générale, qui doit mentionner les questions portées à l'ordre du jour et comporter la reproduction du dernier alinéa du présent article, est adressé à tous les associés. Sans préjudice de ce qui est dit au premier alinéa de l'article 14, un associé peut se faire représenter à l'assemblée générale par toute personne physique ou morale même non associée. Toute clause contraire des statuts est réputée non écrite.

Dans les quinze jours précédant l'assemblée générale, tout associé peut demander à la société communication des comptes sociaux. À tout moment, tout associé peut également demander communication de la liste des noms et adresses des autres associés ainsi que de la répartition des parts sociales et des droits en jouissance qui y sont attachés. L'envoi des documents communiqués est effectué dans le délai maximal de sept jours à compter de la réception de la demande, le cas échéant, aux frais avancés, dûment justifiés, du demandeur.

Art. 14. – Les statuts prévoient que chaque ensemble d'associés ayant un droit de jouissance pendant la même période peut, à la majorité, désigner un ou plusieurs associés de cet ensemble pour le représenter à l'assemblée générale. Chaque représentant peut avoir un ou plusieurs suppléants ayant également la qualité d'associé.

Les représentants de période et leurs suppléants sont désignés pour une durée maximum de trois ans, renouvelable ; ils ne peuvent se faire représenter.

Les dispositions du premier alinéa ne sont pas applicables aux décisions mentionnées aux deuxième et dernier alinéas de l'article 16.

Art. 15. – Chaque associé dispose d'un nombre de voix proportionnel au nombre de parts ou actions qu'il détient dans le capital social.

Toutefois, en ce qui concerne les décisions relatives aux charges mentionnées au premier alinéa de l'article 9, chaque associé dispose d'un nombre de voix proportionnel à sa participation aux charges.

En outre, lorsque le règlement met à la charge de certains associés seulement les dépenses d'entretien d'une partie de l'immeuble ou les dépenses d'entretien et de fonctionnement d'un élément d'équipement, seuls ces associés ou leurs représentants prennent part au vote sur les décisions qui concernent ces dépenses.

Dans tous les cas, chaque représentant de période ou son suppléant dispose d'un nombre de voix égal au total des voix des associés de la période qu'il représente, sous déduction des voix des associés présents ou représentés en application du *(Mot rempl. à compter du 24 septembre 2014, L. n° 2014-366, 24 mars 2014)* « cinquième » alinéa de l'article 13.

Art. 16. – Les décisions de l'assemblée générale sont prises à la majorité des voix des associés présents ou représentés, sous réserve des alinéas suivants et des dispositions des articles 5 et 6 de la présente loi.

La majorité des deux tiers des voix des associés est requise pour la modification des statuts, pour l'établissement ou la modification du règlement, pour les décisions relatives à des actes de disposition affectant des biens immobiliers, pour la dissolution anticipée de la société, pour la fixation des modalités de sa liquidation et pour sa prorogation.

La majorité des deux tiers des voix des associés présents ou représentés est requise pour toutes les décisions relatives à des opérations telles que la transformation d'un ou de plusieurs éléments d'équipement existants, l'adjonction d'éléments nouveaux, l'aménagement ou la création de locaux à usage commun.

Pour les décisions prévues aux deuxième et troisième alinéas, et par dérogation à l'alinéa 1er de l'article 15, l'ensemble des cessionnaires de parts ou actions d'une société d'attribution d'immeubles en jouissance à temps partagé ne peut disposer de moins de 40 % des voix.

La répartition entre les associés de leurs droits dans le capital, telle qu'elle est définie aux deuxième, troisième et quatrième alinéas de l'article 8, ne peut être modifiée qu'à la majorité des deux tiers des voix des associés. Cette modification doit avoir reçu l'accord de chacun des associés concernés.

Art. 17. – Le premier alinéa de l'article 23 de la loi n° 65-557 du 10 juillet 1965 fixant le statut de la copropriété des immeubles bâtis ne s'applique pas aux associés des sociétés régies par la présente loi, lorsque ces sociétés sont membres d'un syndicat de copropriété.

(Mod. à compter du 24 septembre 2014, L. n° 2014-366, 24 mars 2014) Lorsque les sociétés régies par la présente loi sont membres d'un tel syndicat nonobstant toutes dispositions contraires des statuts, elles sont représentées à l'assemblée du syndicat par toute personne désignée chaque année par l'assemblée générale appelée à approuver les comptes sociaux. Cette personne rend compte aux associés des décisions prises par le syndicat de copropriété lors de la première assemblée générale tenue après l'assemblée du syndicat.

Art. 18 *(Mod. à compter du 24 septembre 2014, L. n° 2014-366, 24 mars 2014)*. – Lorsque les dispositions applicables à la forme sociale choisie n'imposent pas la constitution d'un conseil d'administration ou d'un conseil de surveillance, il est institué un conseil de surveillance. Ce conseil est élu par l'assemblée générale parmi les associés. Les dirigeants sociaux, leur conjoint et leurs préposés ne peuvent en faire partie. Nonobstant toutes dispositions contraires des statuts, les membres du conseil de surveillance sont nommés pour un mandat d'une durée maximale de trois ans renouvelable. Ils sont révocables par l'assemblée générale. Le conseil de surveillance élit son président parmi ses membres. À moins que les statuts n'aient fixé les règles relatives à l'organisation et au fonctionnement du conseil de surveillance, ces règles sont fixées par l'assemblée générale.

Le conseil de surveillance donne son avis aux dirigeants sociaux ou à l'assemblée générale sur toutes les questions concernant la société, pour lesquelles il est consulté ou dont il se saisit lui-même.

Il peut prendre connaissance et copie, à sa demande et après en avoir avisé la société, de toutes pièces, documents, correspondance ou registres se rapportant à la gestion de la société.

Lorsqu'une communication est faite au conseil de surveillance, elle est valablement faite à la personne de son président. Chaque année, le conseil de surveillance rend compte à l'assemblée générale de l'exécution de sa mission.

Art. 18-1 *(Aj. à compter du 24 septembre 2014, L. n° 2014-366, 24 mars 2014)*. – À défaut de dispositions imposant la nomination d'un commissaire aux comptes, le contrôle de la gestion est effectué chaque année par un technicien non associé désigné par l'assemblée à laquelle il rend compte de sa mission.

Il peut avoir recours aux dispositions du troisième alinéa de l'article 18.

Art. 19. – Les dirigeants sociaux, leur conjoint et leurs préposés ainsi que toute personne physique ou morale les représentant directement ou indirectement ne peuvent ni être représentants de période ni recevoir mandat pour représenter un associé.

Art. 19-1 *(L. n° 2009-888, 22 juill. 2009 ; mod. à compter du 24 septembre 2014, L. n° 2014-366, 24 mars 2014).* – Nonobstant toute clause contraire des statuts, un associé peut se retirer totalement ou partiellement de la société, après autorisation donnée par une décision unanime des associés. Ce retrait peut également être autorisé pour justes motifs par une décision de justice, notamment lorsque l'associé est bénéficiaire des minima sociaux ou perçoit une rémunération inférieure au salaire minimum interprofessionnel de croissance, ou lorsque l'associé ne peut plus jouir du lot qui lui a été attribué du fait de la fermeture ou de l'inaccessibilité de la station ou de l'ensemble immobilier concerné.

Le retrait est de droit lorsque les parts ou actions que l'associé détient dans le capital social lui ont été transmises par succession depuis moins de deux ans à compter de la demande de retrait formée par l'héritier ou les héritiers devenus associés auprès de la société. Le retrait est constaté par acte notarié signé par l'héritier ou les héritiers devenus associés qui se retirent et le représentant de la société. Le coût du ou des actes notariés et les droits y afférents liés au retrait sont supportés par l'héritier ou les héritiers devenus associés qui se retirent. En cas de pluralité d'héritiers, il est fait application de l'article 815-3 du Code civil. L'héritier ou les héritiers devenus associés qui se retirent ont droit au remboursement de la valeur de leurs droits sociaux fixée, à défaut d'accord amiable, conformément à l'article 1843-4 du même code.

Art. 20. – Toute souscription ou cession de parts ou actions doit faire l'objet d'un acte sous seing privé ou d'un acte notarié qui précise la nature des droits attachés à la part ou action et leur consistance, telles que celles-ci résultent de la localisation de l'immeuble et du local correspondant au lot, et la détermination de la période de jouissance attribuée.

S'il s'agit d'une cession, l'acte précité doit, en outre, préciser la situation comptable du cédant, attestée par la société, et, sauf si la cession a lieu à titre gratuit, le prix à payer au cédant.

L'acte de souscription ou de cession fait également mention du dépôt au rang des minutes d'un notaire soit du contrat de vente d'immeuble à construire, soit du contrat de promotion immobilière, de l'acte en tenant lieu ou de l'acte de cession de l'un de ces contrats.

Doivent être annexés à l'acte de souscription ou de cession les statuts de la société, l'état descriptif de division, le tableau d'affectation des parts ou actions, le règlement prévu à l'article 8, une note sommaire indiquant les caractéristiques techniques de l'immeuble et des locaux et, s'il y a lieu, le bilan du dernier exercice, le montant des charges afférentes au lot pour l'exercice précédent ou, à défaut, le montant prévisionnel de celles-ci et un inventaire des équipements et du mobilier. Cet acte peut se borner à faire référence à ces documents s'ils sont déposés au rang des minutes d'un notaire. En ce cas, une copie de ces documents est remise à l'associé et l'acte de souscription ou de cession doit mentionner cette communication.

Les dispositions du présent article ne s'appliquent pas s'il s'agit d'une souscription effectuée lors de la constitution de la société, sous réserve des dispositions propres à chaque société selon sa forme.

Art. 21. – Un état des lieux est établi contradictoirement par l'associé et le gérant de la société ou son représentant dûment désigné à cet effet, lors de la restitution du local au terme de la période de jouissance. L'associé nouvel occupant a, de plein droit, communication de cet état des lieux.

Art. 22. – Sauf entre associés, aucun contrat de cession de parts ou actions ne peut être conclu avant l'achèvement de l'immeuble, à moins que n'aient été fournies la garantie exigée en application du deuxième alinéa ci-après et la justification soit d'un contrat de vente d'immeuble à construire soumis aux articles L. 261-10 et suivants du Code de la construction et de l'habitation, soit d'un contrat de promotion immobilière ou de l'écrit en tenant lieu.

Sauf entre associés, toute cession volontaire de parts ou actions consentie avant l'achèvement doit comporter la justification d'une garantie destinée à assurer, en cas de défaillance d'un ou plusieurs associés, le règlement des appels de fonds nécessaires au paiement du prix d'acquisition des biens sociaux ou à la réalisation des travaux de construction, d'aménagement ou de restauration. Cette garantie est donnée par un établissement de crédit *(Mots aj. à compter du 1er janvier 2014, Ord. n° 2013-544, 27 juin 2013)* « ou une société de financement » habilité à se porter caution ou à réaliser des opérations de financement immobilier, par une entreprise d'assurance agréée à cet effet ou par une société de caution mutuelle constituée conformément aux dispositions de la loi du 13 mars 1917 ayant pour objet l'organisation du crédit au petit et au moyen commerce, à la petite et à la moyenne industrie.

Lorsque l'associé cédant est un des organismes précités, il n'a pas à fournir cet engagement.

Les dispositions des premier et deuxième alinéas du présent article sont applicables aux souscriptions de parts ou d'actions effectuées avant l'achèvement de l'immeuble, à l'exception de celles qui ont lieu lors de la constitution de la société.

Le représentant de la société qui aura effectué une souscription de parts ou d'actions, ou l'associé qui aura consenti une cession de parts ou d'actions en violation du présent article sera puni d'un emprisonnement de deux ans et d'une amende de 100 000 F (15 000 €) ou de l'une de ces deux peines seulement.

Art. 23. – L'associé dispose du droit de louer ou de prêter le local qui lui est attribué en jouissance, pendant la période où il lui est attribué.

Toute clause contraire des statuts ou du règlement est réputée non écrite.

CHAPITRE II. – DISPOSITIONS PROPRES AUX SOCIÉTÉS COOPÉRATIVES D'ATTRIBUTION D'IMMEUBLES EN JOUISSANCE À TEMPS PARTAGÉ

Art. 24. – Lorsque la société d'attribution d'immeubles en jouissance à temps partagé revêt la forme coopérative, elle doit limiter son objet aux opérations concernant les immeubles compris dans un même programme, comportant une ou plusieurs tranches d'un ensemble immobilier.

Art. 25. – Le représentant légal ou statutaire de la société coopérative ne peut entreprendre chaque tranche du programme prévu par les statuts que lorsque les tranches précédentes sont souscrites à concurrence d'au moins 75 % et que si la souscription de toutes les parts ou actions correspondant aux lots compris dans l'ensemble du programme faisant l'objet d'une même autorisation de construire est garantie.

Cette garantie, qui consiste en l'engagement d'acquérir ou de faire acquérir les parts ou actions qui n'auraient pas été acquises un an après la date de l'acquisition de l'immeuble ou de la réception des ouvrages, ou en l'engagement de supporter ou de faire supporter jusqu'à la souscription toutes les dépenses, y compris les charges, afférentes aux lots non souscrits qui pourraient être imputées aux associés, est donnée par un établissement de crédit *(Mots aj. à compter du 1er janvier 2014, Ord. n° 2013-544, 27 juin 2013)* « ou une société de financement » habilité à se porter caution ou à réaliser des opérations de financement immobilier, une entreprise d'assurance agréée à l'effet de se porter caution, une société de caution mutuelle constituée conformément aux dispositions de la loi du 13 mars 1917 précitée.

La garantie visée à l'alinéa précédent peut également être consentie par un organisme agréé par l'État dans des conditions déterminées par un décret en Conseil d'État qui précise notamment les règles concernant la capacité de tels organismes à assumer l'engagement de garantie et la compétence et l'expérience professionnelle exigées de leurs dirigeants.

Ce décret fixe, en outre, les statuts types des organismes prévus à l'alinéa précédent, les modalités de leur intervention en garantie et de leur contrôle ainsi que les règles concernant le retrait de l'agrément auquel cette intervention est subordonnée.

Pour chacune de ces tranches, le commencement des travaux est subordonné à un pourcentage de souscription des parts ou des actions correspondant au moins à 50 % du coût de la tranche. Les souscriptions sont financées par les associés au moyen d'apports personnels ou de prêts et, le cas échéant, par la quote-part correspondante de l'emprunt éventuellement contracté à cette fin par la société.

Les dispositions prévues à l'alinéa premier de l'article L. 213-7 du Code de la construction et de l'habitation s'appliquent aux sociétés coopératives visées par le présent chapitre.

Art. 26. – La société coopérative qui procède à la construction d'immeubles est tenue de se conformer aux dispositions de l'article L. 213-6 du Code de la construction et de l'habitation.

Art. 27. – Lorsqu'un associé ne satisfait pas aux obligations auxquelles il est tenu envers la société, il peut être fait application des dispositions des deuxième, troisième, quatrième et cinquième alinéas de l'article L. 213-10 du Code de la construction et de l'habitation.

Jusqu'à l'achèvement de chaque tranche du programme mentionné à l'article 24 de la présente loi, la démission et l'exclusion d'un associé sont soumises aux dispositions de l'article L. 213-11 du Code de la construction et de l'habitation.

Art. 28. – Par dérogation à l'article 9 de la loi n° 47-1775 du 10 septembre 1947 portant statut de la coopération, chaque associé d'une société coopérative dispose d'un nombre de voix proportionnel au nombre de parts ou actions :

a) en ce qui concerne les décisions à prendre pendant la période de construction ;

b) une fois cette période terminée, en ce qui concerne les décisions relatives aux travaux visés au *(Mots rempl., L. n° 2014-366, 24 mars 2014)* « *n* de l'article 25 de la loi n° 65-557 du 10 juillet 1965 » précitée.

En ce qui concerne les décisions relatives aux charges mentionnées au premier alinéa de l'article 9, chaque associé d'une société coopérative dispose d'un nombre de voix proportionnel à sa participation aux charges.

Art. 29. – Lorsque la société coopérative est constituée sous la forme de société civile, elle est administrée par un conseil de gérance composé de trois membres au moins nommés dans les conditions prévues par l'article 6 de la loi n° 47-1775 du 10 septembre 1947 précitée.

Par dérogation à l'article 8 de ladite loi, les premiers membres du conseil de gérance peuvent être désignés dans les statuts pour une durée ne pouvant pas excéder trois exercices.

Art. 30. – Les sociétés coopératives font procéder périodiquement à l'examen analytique de leur situation financière et de leur gestion dans les conditions prévues par l'article 29 de la loi n° 83-657 du 20 juillet 1983 relative au développement de certaines activités d'économie sociale.

CHAPITRE III. – DISPOSITIONS DIVERSES

Art. 31. – Toute personne qui, ayant reçu ou accepté un ou plusieurs versements, dépôts, souscriptions ou acceptations d'effets de commerce, chèques ou autorisations de prélèvements sur compte bancaire ou postal, à l'occasion de la formation ou de l'exécution d'un contrat de société soumis aux dispositions de la présente loi, aura détourné tout ou partie de ces sommes sera punie des peines *(Mots rempl., L. n° 92-1336, 16 déc. 1992)* de l'abus de confiance prévues par les articles 314-1 et 314-10 du Code pénal.

Art. 32. – *(V. CCH, art. L. 241-3).*

Art. 33. – Tout document constatant l'acquisition de parts ou actions de sociétés régies par la présente loi devra faire apparaître clairement que cette acquisition confère seulement la qualité d'associé et non celle de propriétaire de l'immeuble.

Dans toute publicité faite, reçue ou perçue en France, sous quelque forme que ce soit, concernant des opérations d'attribution, en totalité ou par fractions, d'immeubles à usage principal d'habitation en jouissance par périodes aux associés auxquels n'est accordé aucun droit de propriété ou autre droit réel sur les immeubles en contrepartie de leur apport, le recours à toute expression incluant le terme « propriétaire » pour qualifier la qualité des associés *(Mots aj. à compter du 24 septembre 2014, L. n° 2014-366, 24 mars 2014)* « ou "propriété" pour qualifier les droits qui leur sont accordés sur l'immeuble » est interdit.

(Al. aj. à compter du 24 septembre 2014, L. n° 2014-366, 24 mars 2014) Est puni de 15 000 € d'amende le fait, pour tout annonceur, de diffuser ou de faire diffuser pour son compte une publicité non conforme au deuxième alinéa.

Art. 34 *(Mod. à compter du 1er janvier 2020, Ord. n° 2019-664, 18 sept. 2019).* – Les sociétés déjà constituées à la date de la présente loi en vue des opérations prévues à l'article 1er devront mettre leurs statuts en conformité avec ses dispositions dans les deux ans de cette publication, dans les conditions prévues par les troisième et quatrième alinéas de l'article 499 de la loi n° 66-537 du 24 juillet 1966 sur les sociétés commerciales et sous peine des sanctions prévues par le premier alinéa de l'article 500 et par l'article 501 de ladite loi n° 66-537 du 24 juillet 1966. Toutefois, pour les sociétés de forme civile, la compétence attribuée au président du tribunal de commerce est dévolue au président du tribunal judiciaire.

Les dispositions de l'article 4 ne sont pas applicables aux dettes sociales antérieures à la mise en conformité des statuts.

Art. 35. – Les dispositions de l'article 1655 *ter* du Code général des impôts ne sont pas applicables aux sociétés dont les statuts sont établis en conformité avec les dispositions de la présente loi.

Art. 36 *(Rempl., L. n° 96-609, 5 juill. 1996)*. – (1) La présente loi est applicable à la collectivité territoriale de Mayotte. Les articles 1er à 23 sont applicables au territoire de la Polynésie française. Pour l'application de l'article 12 au territoire de la Polynésie française, la référence au Code de la construction et de l'habitation est remplacée par la référence aux délibérations de l'assemblée de la Polynésie française applicables en la matière.

Loi n° 98-566 du 8 juillet 1998

portant transposition de la directive 94/47/CE du Parlement européen et du Conseil du 26 octobre 1994 concernant la protection des acquéreurs pour certains aspects des contrats portant sur l'acquisition d'un droit d'utilisation à temps partiel de biens immobiliers

(JO 9 juill. 1998)

1) La loi n° 98-566 du 8 juillet 1998 (*JCP* N 1998, n° 38, p. 1316) porte transposition en droit français de la directive 94/47/CE du Parlement européen et du Conseil de l'Union européenne concernant la protection des acquéreurs pour certains aspects des contrats portant sur l'acquisition d'un droit d'utilisation à temps partiel de biens immobiliers.

Bibliographie : M.-J. Bourgeois, *Aperçu rapide de la loi du 8 juillet 1998 : JCP* G 1998, p. 1361. – D. Desurvire et M. Lechau, *La nouvelle réglementation de la jouissance à temps partagé : AJDI* 1998, p. 1035. – H. Périnet-Marquet, *La transposition de la directive sur l'utilisation à temps partiel de biens immobiliers : RD imm.* 1998, p. 591. – R. Saint-Alary, *La jouissance de biens immobiliers à temps partiel et la loi du 8 juillet 1998 : D.* 1999, chron. p. 147. – D. Sizaire, *Immeubles à temps partagé, protection indifférenciée des acquéreurs : JCP* N 1999, p. 9. – C. Troncque, *Timeshare, multipropriété, une réforme tant attendue : Dr. et patrimoine* nov. 1998, p. 33.

2) Ces textes ont été codifiés aux articles L. 121-60 à L. 121-76 du Code de la consommation. Ils ont été modifiés par la loi n° 2009-888 du 22 juillet 2009 (*JO* 24 juill.) et par la loi n° 2014-344 du 17 mars 2014 (art. 30, II).

(1) Dispositions applicables aux contrats conclus à compter du 1er septembre 1996 (même L. art. 37, V).

ANNEXE 48

PERSONNES HANDICAPÉES (ACCESSIBILITÉ)

I. – Accessibilité .... p. 1365
II. – Places de stationnement adaptées .... p. 1366

I. – ACCESSIBILITÉ

Bibliographie : E. Mallet, *Établissements recevant du public et bâtiments d'habitation : accessibilité : JCP* N 2014, n° 41, 1040. • P. Burdy-Clément, *Handicap et copropriété : entre l'universalité proclamée et la réalité des ERP : Inf. rap. copr.* juill.-août 2016, p. 17. • J. Hainaut, *Équiper l'immeuble pour le handicap : Inf. rap. copr.* juill.-août 2016, p. 26. • A. Plain et C. Quintin, *Professions libérales et mise en accessibilité : à vos agendas ! : AJDI* 2017, p. 343. • P. Battistini, *Présentation de l'arrêté du 19 avril 2007 fixant le contenu et les modalités de diffusion et de mise à jour du registre et d'accessibilité : LPA* 27 juin 2017, p. 16 ; *Accessibilité : précisions sur les règles relatives à certains équipements : LPA* 20 déc. 2017, p. 13 ; *Accessibilité dans les établissements recevant du public et dans les installations ouvertes au public : LPA* 29-30 août 2017, p. 13 ; *Accessibilité aux personnes handicapées : LPA* 20 juill. 2017, p. 8. • C. Sizaire, *Construction de logements neufs et assouplissements des règles d'accessibilité handicapés : Constr.-Urb.* 2019, étude 12. • J. Raynal, *Assouplissement des normes d'accessibilité en faveur des personnes handicapées : AJDI* 2019, p. 418. • P. Battistini, *L'accessibilité des habitations est précisée : LPA* 17 juin 2019, p. 7. • P. Battistini, *L'accessibilité aux personnes handicapées des bâtiments d'habitation collectifs, des maisons individuelles, des ERP et des IOP est précisée : LPA* 2 juill. 2019, p. 6.

NB : L'ensemble de la législation applicable en la matière est consultable sur le site du ministère de la Transition écologique et solidaire qui propose un questionnaire interactif permettant de faire le point sur la situation de l'immeuble considéré au regard de la réglementation qui lui est applicable.

V. aussi sur le site Service public la fiche pratique « Obligation d'accessibilité des ERP aux personnes handicapées ».

La réglementation concernant les immeubles existants figure, depuis le 1er septembre 2021, aux articles L. 161-1 à L. 165-7 et R. 122 30, R. 143-2 à R. 143-17 ; R. 162-8 à R. 162-13 ; R. 164-1 à R. 164-6 ; R. 165-1 à R. 165-21 du Code de la construction et de l'habitation.

I. – Immeubles existants ne recevant pas de public

a) Travaux à l'initiative d'un copropriétaire

Dans les immeubles anciens, le syndicat des copropriétaires n'a pas d'obligation de réaliser des travaux d'accessibilité aux personnes handicapées. Il appartient aux copropriétaires qui veulent rendre à leurs frais leur logement accessible (sur la définition du logement accessible, V. CCH, art. R. 111-18-1) de solliciter l'inscription à l'ordre du jour d'une demande d'autorisation par l'assemblée générale, lorsque les travaux envisagés affectent les parties communes ou l'aspect extérieur de l'immeuble. L'accord de l'assemblée est donné à la majorité des voix exprimées des copropriétaires présents ou représentés, conformément aux dispositions de l'article 24 *d)* et *e)* de la loi du 10 juillet 1965 (V. ces textes *supra*).

S'il y a atteinte à la structure de l'immeuble ou à ces éléments d'équipement essentiel, la décision devra être prise :

– à la majorité de l'article 30 de la loi du 10 juillet 1965 s'il s'agit de travaux d'amélioration (sur la définition de ces travaux, V. L. 10 juill. 1965, art. 30, p. 542) ;

– à l'unanimité, si les travaux portent atteint aux modalités de jouissance des parties privatives, ou à la destination de l'immeuble.

b) Travaux à l'initiative du syndicat des copropriétaires

Bien que ces travaux ne soient pas obligatoires, lorsque l'immeuble ne reçoit pas de public, le syndicat des copropriétaires peut décider d'effectuer néanmoins des travaux d'accessibilité.

- S'il entreprend la création de nouvelles surfaces ou de volumes nouveaux, les normes à respecter sont celles qui s'imposent pour la construction de bâtiments neufs. Il en est de même lorsque le coût des travaux d'extension ou de modification est supérieur à 80 % de la valeur du bâtiment.
- Si le syndicat des copropriétaires entreprend des travaux d'extension ou de modification portant sur des volumes ou des surfaces déjà existantes, le syndicat doit alors respecter les conditions d'accessibilité.

Les travaux d'entretien n'entrent pas dans le champ d'application de l'obligation d'accessibilité.

II. - Immeubles existants recevant du public

Les établissements recevant du public sont visés par les articles L. 164-1 à L. 164-3 du Code de la construction et de l'habitation. Des décrets pris en Conseil d'État fixent pour chaque établissement, pris par catégorie, les exigences relatives à l'accessibilité, prévues par ailleurs par l'article L. 165-1 et les articles R. 111-19-1 et suivants du même code. La loi n° 2005-102 du 11 février 2005 avait posé le principe d'une accessibilité généralisée au 1er janvier 2015. Mais ce calendrier n'ayant pas été tenu, le législateur a institué les « agendas d'accessibilité programmée » (ADAP) qui permettent en la matière d'effectuer après la date du 1er janvier 2015 les travaux exigés, avec possibilité d'obtenir des dérogations (sur les agendas d'accessibilité programmée, V., à compter du 1er septembre 2021, articles L. 165-1 à L. 165-7 et R. 111-19-31 et s. du Code de la construction et de l'habitation).

Ces dérogations concernent plusieurs cas :

- en cas d'impossibilité technique démontrée de procéder aux travaux de mise en accessibilité ;
- en raison de contraintes liées à la conservation du patrimoine architectural ;
- lorsque les travaux impliqueraient une « disproportion manifeste entre les améliorations apportées par la mise en œuvre des prescriptions techniques d'accessibilité d'une part, et leur coût, leurs effets sur l'usage du bâtiment et ses abords, ou la viabilité de l'exploitation de l'établissement d'autre part ».

Remarque : Pour les immeubles en copropriété, l'ordonnance n° 2014-1090 du 26 septembre 2014 a prévu une dérogation aux règles d'accessibilité dans les immeubles collectifs à usage principal d'habitation lorsque les copropriétaires refusent d'effectuer les travaux dans les conditions prévues à l'article 24 de la loi du 10 juillet 1965.

Pour une présentation exhaustive de la réglementation en la matière, des dérogations et des sanctions, V. l'article de Me Burdy-Clément, citée en Bibliographie.

II. – PLACES DE STATIONNEMENT ADAPTÉES

Bibliographie : Y. Rouquet, *Stationnement des personnes handicapées : mise en œuvre du droit de priorité : AJDI* 2017, p. 322. • P. Battistini, *Droit de priorité des occupants handicapés d'une copropriété à la location de places de stationnement : LPA* 12 juin 2017, p. 8. • G. Rouzet, *Places de stationnement adaptées : Loyers et copr.* juill.-août 2017, Focus 61.

Décret n° 2017-688 du 28 avril 2017

relatif aux places de stationnement adaptées dans les parties communes des copropriétés

(JO 30 avr. 2017)

Objet : précisions relatives aux modalités de location des places de stationnement adaptées incluses dans les parties communes des copropriétés à usage principal d'habitation.

Entrée en vigueur : le décret entre en vigueur le lendemain du jour de sa publication.

Notice : le décret met en œuvre les dispositions relatives à l'inclusion d'une partie des places de stationnement adaptées dans les parties communes des copropriétés dont la demande de permis de construire a été déposée à compter du 1er janvier 2015 et définit les modalités selon lesquelles ces places sont louées de manière prioritaire aux personnes handicapées habitant la copropriété, en application de l'article 1er de l'ordonnance n° 2014-1090 du 26 septembre 2014 relative à la mise en accessibilité des établissements recevant du public, des transports publics, des bâtiments d'habitation et de la voirie pour les personnes handicapées qui modifie l'article 8 de la loi n° 65-557 du 10 juillet 1965 fixant le statut de la copropriété des immeubles bâtis. Les contrats de location de ces places de stationnement sont conclus selon les dispositions du droit commun des baux des articles 1708 et suivants du Code civil.

Références : le décret est pris pour l'application de l'article 1er de l'ordonnance n° 2014-1090 du 26 septembre 2014 relative à la mise en accessibilité des établissements recevant du public, des transports publics, des bâtiments d'habitation et de la voirie pour les personnes handicapées.

Art. 1er *(Mod., D. n° 2021-872, 30 juin 2021)*. – Le règlement de copropriété des immeubles dont le permis de construire est délivré conformément à un plan local d'urbanisme ou à d'autres documents d'urbanisme imposant la réalisation d'aires de stationnement prévoit le nombre, au moins égal à une place, défini au titre de l'obligation d'accessibilité prévue à l'article L. 162-1 du Code de la construction et de l'habitation, et l'emplacement des places de stationnement adaptées incluses dans les parties communes qui peuvent être louées de manière prioritaire aux personnes handicapées habitant la copropriété.

L'assemblée générale fixe les conditions de location de ces places de stationnement adaptées et autorise le syndic à conclure le contrat de location.

Art. 2. – Pour la mise en œuvre du droit de priorité défini au deuxième alinéa du II de l'article 8 de la loi du 10 juillet 1965 susvisée, on entend par « personne handicapée habitant la copropriété » le copropriétaire ou le locataire, son conjoint, concubin ou partenaire lié par un pacte civil de solidarité et ses ascendants ou descendants ou personnes à charge qui vivent avec lui au moins huit mois dans l'année, sauf obligation professionnelle, raison de santé ou cas de force majeure, et titulaire de la carte de stationnement pour personnes handicapées prévue à l'article L. 241-3-2 du Code de l'action sociale et des familles.

Ne bénéficie pas du droit de priorité la personne handicapée déjà propriétaire ou locataire d'une place de stationnement adaptée ou titulaire d'un droit de jouissance exclusive sur une place de stationnement adaptée incluse dans les parties communes de la copropriété.

Art. 3. – Le syndic met à l'ordre du jour de l'assemblée générale des copropriétaires qui suit l'entrée en vigueur des dispositions du présent décret la décision de mise en location de la ou des places de stationnement adaptées dans les parties communes et la fixation des conditions de cette location. Cette décision est communiquée aux occupants de l'immeuble selon les modalités définies aux articles 1er et 2 du décret du 15 décembre 2015 susvisé.

Dans un délai de quatre mois à compter de la tenue de l'assemblée générale prévue au premier alinéa, la personne handicapée habitant la copropriété mentionnée au premier alinéa de l'article 2 qui souhaite louer une place de stationnement adaptée adresse sa demande au syndic, par lettre recommandée avec demande d'avis de réception. Elle joint à sa demande les documents justifiant qu'elle remplit les critères fixés au premier alinéa de l'article 2.

Lorsque plusieurs demandes sont formulées, la place est attribuée en priorité à la personne ayant effectué la première demande reçue.

Dans le délai d'un mois suivant la réception de la demande prévue au deuxième alinéa, le syndic conclut un contrat avec le bénéficiaire prioritaire.

Art. 4. – Si aucune demande de location prioritaire d'une place de stationnement adaptée n'a été adressée au syndic dans le délai mentionné au deuxième alinéa de l'article 3, la place de stationnement peut être proposée à la location à toute personne, selon les conditions fixées par l'assemblée générale en application du deuxième alinéa de l'article 1er.

Art. 5. – En cas d'absence de place de stationnement adaptée disponible, toute personne répondant aux critères énumérés au premier alinéa de l'article 2 qui souhaite louer une place de stationnement adaptée en informe le syndic par lettre recommandée avec demande d'avis de réception, en adressant les pièces justificatives utiles à l'instruction de sa demande.

À compter de la réception de la demande, le syndic reprend le bien loué à une personne non prioritaire dans les conditions prévues par le contrat de bail.

Art. 6. – Les dispositions des articles 1er à 5 du présent décret sont reproduites dans le règlement de copropriété

Art. 7. – Conformément à l'article 18 de l'ordonnance n° 2014-1090 du 26 septembre 2014 précitée, le présent décret s'applique aux immeubles dont la demande de permis de construire a été déposée à compter du 1er janvier 2015.

Art. 8. – La ministre du Logement et de l'Habitat durable est chargée de l'exécution du présent décret, qui sera publié au *Journal officiel* de la République française.

ANNEXE 49

PISCINES

Bibliographie : C. Ivars, *La piscine de la copropriété : Actes prat. ing. immobilière* 2022, n° 4, dossier 34.

Code de la construction et de l'habitation

I. – RÉGLEMENTATION APPLICABLE À COMPTER DU 1er JUILLET 2021

Art. L. 134-10 *(Aj. à compter du 1er juillet 2021, Ord. n° 2020-71, 29 janv. 2020).* – Les piscines enterrées non closes privatives, neuves ou existantes, à usage individuel ou à usage collectif sont pourvues d'un dispositif de sécurité efficace visant à prévenir le risque de noyade.

Les exigences fonctionnelles du dispositif de protection et la façon dont le maître d'ouvrage est informé par le constructeur ou l'installateur des caractéristiques techniques et des conditions d'utilisation du dispositif retenu sont fixées par voie réglementaire.

....

Art. D. 134-51 *(Aj., D. n° 2021-872, 30 juin 2021).* – Les dispositions de la présente section s'appliquent aux piscines de plein air dont le bassin est totalement ou partiellement enterré et qui ne relèvent pas de la loi n° 51-662 du 24 mai 1951 assurant la sécurité dans les établissements de natation.

Art. D. 134-52 *(Aj., D. n° 2021-872, 30 juin 2021).* – I. – Les maîtres d'ouvrage des piscines construites ou installées à partir du 1er janvier 2004 doivent les avoir pourvues d'un dispositif de sécurité destiné à prévenir les noyades, au plus tard à la mise en eau, ou, si les travaux de mise en place des dispositifs nécessitent une mise en eau préalable, au plus tard à l'achèvement des travaux de la piscine.

II. – Ce dispositif est constitué par une barrière de protection, une couverture, un abri ou une alarme répondant aux exigences de sécurité suivantes :

1° Les barrières de protection doivent être réalisées, construites ou installées de manière à empêcher le passage d'enfants de moins de cinq ans sans l'aide d'un adulte, à résister aux actions d'un enfant de moins de cinq ans, notamment en ce qui concerne le système de verrouillage de l'accès, et à ne pas provoquer de blessure ;

2° Les couvertures doivent être réalisées, construites ou installées de façon à empêcher l'immersion involontaire d'enfants de moins de cinq ans, à résister au franchissement d'une personne adulte et à ne pas provoquer de blessure ;

3° Les abris doivent être réalisés, construits ou installés de manière à ne pas provoquer de blessure et être tels que, lorsqu'il est fermé, le bassin de la piscine est inaccessible aux enfants de moins de cinq ans ;

4° Les alarmes doivent être réalisées, construites ou installées de manière que toutes les commandes d'activation et de désactivation ne doivent pas pouvoir être utilisées par des enfants de moins de cinq ans. Les systèmes de détection doivent pouvoir détecter tout franchissement par un enfant de moins de cinq ans et déclencher un dispositif d'alerte constitué d'une sirène. Ils ne doivent pas se déclencher de façon intempestive.

III. – Sont présumés satisfaire les exigences visées au II les dispositifs conformes aux normes françaises ou aux normes ou aux spécifications techniques ou aux procédés de fabrication en vigueur dans un État membre de la Communauté européenne ou un autre État partie à l'accord sur l'Espace économique européen, assurant un niveau de sécurité équivalent. Les références de ces normes et réglementations sont publiées au *Journal officiel* de la République française.

Art. D. 134-53 *(Aj., D. n° 2021-872, 30 juin 2021).* **– Pour l'application de l'article L. 134-10, le maître d'ouvrage est informé des caractéristiques techniques et des conditions d'utilisation du dispositif par le constructeur ou l'installateur au moyen d'une note technique fournie au plus tard à la date de réception de la piscine. Cette note indique les caractéristiques, les conditions de fonctionnement et d'entretien du dispositif de sécurité. Elle informe également le maître d'ouvrage sur les risques de noyade, sur les mesures générales de prévention à prendre et sur les recommandations attachées à l'utilisation du dispositif de sécurité.**

Art. D. 134-54 *(Aj., D. n° 2021-872, 30 juin 2021).* **– Les dispositions du II et du III de l'article D. 134-52 s'appliquent aux dispositifs de sécurité mentionnés à l'article L. 134-10, qui doivent équiper aux dates prévues par celui-ci les piscines construites ou installées avant le 1er janvier 2004.**

Toutefois, les dispositifs installés avant la publication du décret n° 2004-499 du 7 juin 2004 sont réputés satisfaire à ces dispositions, si le propriétaire de la piscine est en possession d'un document fourni par un fabricant, un vendeur ou un installateur de dispositifs de sécurité, ou par un contrôleur technique visé à l'article L. 125-1, attestant que le dispositif installé est conforme aux exigences de sécurité visées au II de l'article D. 134-52. Le propriétaire peut également, sous sa propre responsabilité, attester de cette conformité par un document accompagné des justificatifs techniques utiles. Cette attestation doit être conforme à un modèle fixé par l'annexe jointe.

Annexe

Attestation prévue par l'article D. 134-54, al. 2

Je soussigné... (nom, prénoms et siège social de l'entreprise) atteste que le dispositif de sécurité installé chez... (nom, prénoms du propriétaire ou nom de la personne morale, adresse où est située la piscine) est conforme aux exigences de sécurité figurant au II de l'article D. 134-52 du Code de la construction et de l'habitation.

ou

Je soussigné... (nom, prénoms du propriétaire ou du représentant du propriétaire) atteste que le dispositif installé... (adresse) est conforme aux exigences de sécurité figurant au II de l'article D. 134-52 du Code de la construction et de l'habitation.

Sanctions pénales

Art. L. 183-13 *(Aj. à compter du 1er juillet 2021, Ord. n° 2020-71, 29 janv. 2020).* **– Le non-respect des dispositions de l'article L. 134-10 relatif à la sécurité des piscines est puni de 45 000 € d'amende.**

Les personnes morales déclarées responsables pénalement, dans les conditions prévues par l'article 121-2 du Code pénal, de l'infraction définie au premier alinéa encourent, outre l'amende suivant les modalités prévues par l'article 131-38 du Code pénal, les peines prévues par les 2° à 9° de l'article 131-39 du même code.

L'interdiction mentionnée au 2° de l'article 131-39 du Code pénal porte sur l'activité dans l'exercice ou à l'occasion de l'exercice de laquelle l'infraction a été commise.

II. – RÉGLEMENTATION ANTÉRIEURE

Dispositions introduites par le décret n° 2003-1389 du 31 décembre 2003

(JO 1er janv. 2004 ; JCP G 2004, III, 20008, mod. D. n° 2004-499, 7 juin 2004 : JO 8 juin et rect. 12 juin)

Rédaction antérieure. Art. D. 128-1 ***(D. n° 2003-1389, 31 déc. 2003 ; mod. à compter du 1er septembre 2019, D. n° 2019-783, 21 août 2019).* –** Les dispositions du présent chapitre s'appliquent aux piscines de plein air dont le bassin est totalement ou partiellement enterré et qui ne relèvent pas de la loi n° 51-662 du 24 mai 1951 assurant la sécurité dans les établissements de natation.

Rédaction antérieure. Art. D. 128-2 ***(D. n° 2003-1389, 31 déc. 2003 et mod. D. n° 2004-499, 7 juin 2004 ; mod. à compter du 1er septembre 2019, D. n° 2019-783, 21 août 2019).* –** I. – Les maîtres d'ouvrage des piscines construites ou installées à partir du 1er janvier 2004 doivent les avoir pourvues d'un dispositif de sécurité destiné à prévenir les noyades, au plus tard à la mise en eau, ou, si les travaux de mise en place des dispositifs nécessitent une mise en eau préalable, au plus tard à l'achèvement des travaux de la piscine.

II. – Ce dispositif est constitué par une barrière de protection, une couverture, un abri ou une alarme répondant aux exigences de sécurité suivantes :

– les barrières de protection doivent être réalisées, construites ou installées de manière à empêcher le passage d'enfants de moins de cinq ans sans l'aide d'un adulte, à résister aux actions d'un enfant de moins de cinq ans, notamment en ce qui concerne le système de verrouillage de l'accès, et à ne pas provoquer de blessure ;

– les couvertures doivent être réalisées, construites ou installées de façon à empêcher l'immersion involontaire d'enfants de moins de cinq ans, à résister au franchissement d'une personne adulte et à ne pas provoquer de blessure ;

– les abris doivent être réalisés, construits ou installés de manière à ne pas provoquer de blessure et être tels que, lorsqu'il est fermé, le bassin de la piscine est inaccessible aux enfants de moins de cinq ans ;

– les alarmes doivent être réalisées, construites ou installées de manière que toutes les commandes d'activation et de désactivation ne doivent pas pouvoir être utilisées par des enfants de moins de cinq ans. Les systèmes de détection doivent pouvoir détecter tout franchissement par un enfant de moins de cinq ans et déclencher un dispositif d'alerte constitué d'une sirène. Ils ne doivent pas se déclencher de façon intempestive.

III. - Sont présumés satisfaire les exigences visées au II les dispositifs conformes aux normes françaises ou aux normes ou aux spécifications techniques ou aux procédés de fabrication en vigueur dans un État membre de la Communauté européenne ou un autre État partie à l'accord sur l'Espace économique européen, assurant un niveau de sécurité équivalent. Les références de ces normes et réglementations sont publiées au *Journal officiel* de la République française.

Rédaction antérieure. Art. D. 128-3 *(D. n° 2003-1389, 31 déc. 2003 ; mod. à compter du 1er septembre 2019, D. n° 2019-783, 21 août 2019).* – La note technique mentionnée à l'article L. 128-1 doit être remise au maître d'ouvrage par le constructeur ou l'installateur au plus tard à la date de réception de la piscine. Cette note indique les caractéristiques, les conditions de fonctionnement et d'entretien du dispositif de sécurité. Elle informe également le maître d'ouvrage sur les risques de noyade, sur les mesures générales de prévention à prendre et sur les recommandations attachées à l'utilisation du dispositif de sécurité.

Rédaction antérieure. Art. D. 128-4 *(D. n° 2003-1389, 31 déc. 2003 ; mod., D. n° 2004-499, 7 juin 2004 ; mod. à compter du 1er septembre 2019, D. n° 2019-783, 21 août 2019).* – Les dispositions du II et du III de l'article R. 128-2 s'appliquent aux dispositifs de sécurité mentionnés à l'article L. 128-2, qui doivent équiper aux dates prévues par celui-ci les piscines construites ou installées avant le 1er janvier 2004.

Toutefois, les dispositifs installés avant la publication du décret n° 2004-499 du 7 juin 2004 sont réputés satisfaire à ces dispositions, si le propriétaire de la piscine est en possession d'un document fourni par un fabricant, un vendeur ou un installateur de dispositifs de sécurité, ou par un contrôleur technique visé à l'article L. 111-23, attestant que le dispositif installé est conforme aux exigences de sécurité visées au II de l'article R. 128-2. Le propriétaire peut également, sous sa propre responsabilité, attester de cette conformité par un document accompagné des justificatifs techniques utiles. Cette attestation doit être conforme à un modèle fixé par l'annexe jointe.

Bibliographie : I. Corpart, *Les normes de sécurité imposées aux propriétaires de piscines privées revues et corrigées : AJDI* 2004, p. 361. • Cl. Le Marchand, *Le point sur l'exigence de sécurité des piscines privées : Constr.-Urb.* juill.-août 2004, repère 3. • *Difficultés de mise en œuvre des lois sur les piscines : Constr.-Urb.* sept. 2004, p. 4 ; *Sécurité des piscines privées, les nouvelles règles à respecter : Rev. hab. fr.* mars 2004, p. 29. • N. Bernard et V. Zalewski, *Piscines, mise au point : Nota bene, Bull. Cridon Bordeaux-Toulouse* févr. 2006, p. 6.

Décret n° 2009-873 du 16 juillet 2009

relatif à la sécurité des alarmes de piscine par détection d'immersion

Art. 1er. – **Les dispositions du présent décret s'appliquent aux alarmes de piscine par détection d'immersion.**

Art. 2. – **Il est interdit de fabriquer, d'importer, de mettre en vente, de vendre, de détenir en vue de la vente ou de la distribution à titre gratuit, ou de distribuer à titre gratuit des alarmes de détection d'immersion qui ne répondent pas aux conditions fixées par le présent décret.**

Art. 3. – **Les alarmes par détection d'immersion :**

1° Répondent aux exigences de sécurité énumérées à l'annexe I, d'une part, pour détecter la chute dans une piscine d'un enfant d'un poids égal ou supérieur à six kilogrammes, déclencher un dispositif d'alerte constitué d'une sirène et prévenir la noyade, d'autre part, pour rendre les commandes du dispositif inaccessibles aux enfants de moins de cinq ans ;

2° Portent les indications définies à l'annexe II ;

3° Sont accompagnées d'une notice d'emploi qui comporte toutes les mentions nécessaires à l'installation, l'utilisation et l'entretien de l'alarme, des conseils de sécurité et de prévention des noyades et les indications définies à l'annexe II.

Art. 4. – **Les alarmes de piscine par détection d'immersion sont conformes à un modèle bénéficiant d'une attestation de conformité aux exigences de sécurité définies à l'annexe I. Cette attestation est délivrée à la suite d'un examen de type réalisé par un organisme d'un État membre de la Communauté européenne ou d'un autre État partie à l'accord sur l'Espace économique européen ou de la Turquie, accrédités selon la norme EN/**

ISO 17025 par le Comité français d'accréditation (COFRAC), ou par un organisme d'accréditation signataire de l'accord multilatéral pris dans le cadre de la coordination européenne des organismes d'accréditation pour le contrôle des produits mentionnés à l'article 1er.

Le fabricant met en place un système d'assurance de la qualité conforme à la norme ISO 9001 ou fondé sur un contrôle unitaire de la production qui garantit la conformité des produits fabriqués au modèle bénéficiant de l'attestation de conformité aux exigences de sécurité.

Au sens du présent décret, on entend par « modèle d'alarme » les alarmes d'un même fabricant, ayant la même conception et les mêmes caractéristiques techniques.

Toute modification d'un modèle d'alarme susceptible d'avoir des effets sur la capacité de ce modèle à répondre aux exigences de sécurité définies à l'annexe I fait l'objet d'une nouvelle attestation de conformité, délivrée à la suite d'un examen de type effectué dans les conditions prévues à l'alinéa 1.

Art. 5. – Le responsable de la mise sur le marché tient à la disposition des agents chargés du contrôle :

1° L'attestation de conformité du modèle aux exigences de sécurité mentionnée au premier alinéa de l'article 4 ;

2° Une déclaration, rédigée par le responsable de la mise sur le marché, indiquant que toutes les alarmes de chacun des lots mis sur le marché sont conformes au modèle soumis à l'examen de type ainsi que les documents relatifs au programme d'essais et de contrôles venant à l'appui de cette déclaration ;

3° Les documents relatifs au système d'assurance de la qualité mis en place par le fabricant.

Art. 6. – Les dispositions du présent décret ne font pas obstacle à la commercialisation des produits légalement fabriqués ou commercialisés dans un autre État membre de la Communauté européenne ou en Turquie, ou légalement fabriqués dans un État partie à l'accord instituant l'Espace économique européen, assurant un niveau de sécurité équivalent à celui exigé par le présent décret.

Art. 7. – Est puni des peines d'amende prévues pour les contraventions de 5e classe le fait de fabriquer, importer, détenir en vue de la vente ou de la distribution à titre gratuit, mettre en vente, vendre ou distribuer à titre gratuit les produits mentionnés à l'article 1er qui ne satisfont pas aux dispositions du présent décret.

La récidive des contraventions prévues au présent article est réprimée conformément aux articles 132-11 et 132-15 du Code pénal.

Art. 8. – Les alarmes par détection d'immersion dont la conformité à la norme NF P90-307-1 ou la norme NF P90-307 et à son amendement A1 attestée par un rapport d'essai établi par un organisme indépendant du fabricant ou de l'importateur pourront être commercialisées pendant une période de six mois courant à compter de la date d'entrée en vigueur du présent décret.

Annexe I

Exigences de sécurité

I. – Exigences générales

Les alarmes de piscine par détection d'immersion sont conçues et fabriquées de manière à répondre aux exigences ci-après :

1° Fonctionner vingt-quatre heures sur vingt-quatre quelles que soient les conditions atmosphériques raisonnablement prévisibles et en dehors des périodes pendant lesquelles le système est volontairement neutralisé ;

2° Disposer d'une sirène intégrée ou déportée par liaison filaire, suffisamment puissante ;

3° Détecter la chute d'un enfant dont le poids est égal ou supérieur à six kilogrammes et déclencher un dispositif d'alerte sonore audible et suffisamment long ;

4° Ne pas se déclencher de façon intempestive ;

5° Résister aux températures hautes et basses et à un environnement humide ;

6° Les enveloppes contenant du matériel électrique sont protégées ;

7° La centrale et le détecteur sont installés de façon à ne pouvoir être déplacés sans l'aide d'un outil ; en outre tout composant amovible à des fins de remplacement ne peut être ouvert ou fermé par l'utilisateur sans l'aide d'un outil ;

8° Disposer d'une autonomie suffisante et être équipées d'un système de signalisation d'une alimentation faible ou d'un défaut ou d'une absence d'alimentation ;

9° Après une désactivation temporaire de l'alarme pour utiliser la piscine, le système d'alarme comporte, en plus de la réactivation manuelle, une fonction de réactivation automatique dans un bref délai ;
10° Les états « en surveillance » et « hors surveillance », « alarme », « défaillance », « hors service » sont signalés de façon permanente.

II. – Exigences relatives aux commandes

1° Les commandes d'activation/désactivation sont mises hors de portée des enfants de moins de 5 ans ou sécurisées ;
2° Le déverrouillage des commandes ne peut être réalisé par un enfant de moins de 5 ans ;
3° Les manœuvres de mise « en service » et « hors service » sont effectuées à l'aide d'un dispositif spécifique ne pouvant être actionné involontairement.

Annexe II

Marquages

Les alarmes de piscine par détection d'immersion portent de manière visible, lisible et indélébile les indications suivantes :
1° Le nom ou la dénomination sociale du fabricant ou de l'importateur et son adresse ;
2° Une indication permettant d'identifier le modèle de l'alarme ;
3° Une indication permettant d'identifier le lot auquel appartient l'alarme.

ANNEXE 49-1

PLAN PLURIANNUEL DE TRAVAUX

Bibliographie : A. Lebatteux, *Impact de la loi Climat et résilience en copropriété : Loyers et copr.* 2021, étude 10. • P. Dechelette-Tolot, *Impact de la loi Climat et résilience sur la copropriété : Administrer* nov. 2021, p. 7. • V. Zalewski-Sicard, *La performance énergétique et environnementale, copropriété après la loi Climat et résilience : Rev. loyers* 2021, p. 444. • P.-E. Lagraulet, *L'incidence de la loi Climat sur le droit de la copropriété : AJDI* 2021, p. 736. • P. Turenne, *Plan pluriannuel de travaux : mode d'emploi : Inf. rap. copr.* janv.-févr. 2022, p. 19. • *Les compétences et garanties nécessaires à l'élaboration du projet de plan pluriannuel de travaux : Opération immo.* 2022, n° 146, étude du Groupe Moniteur.

Sur le plan pluriannuel de travaux, V. l'article 14-2 de la loi du 10 juillet 1965 et son commentaire dans le corps du présent code.

Décret n° 2022-663 du 25 avril 2022

fixant les compétences et les garanties exigées pour les personnes établissant le projet de plan pluriannuel de travaux des immeubles soumis au statut de la copropriété

(JO 26 avr. 2022, texte n° 61)

Objet : compétences et garanties exigées pour les personnes qui réalisent le projet de plan pluriannuel de travaux prévu à l'article 14-2 de la loi n° 65-557 du 10 juillet 1965 fixant le statut de la copropriété des immeubles bâtis.

Notice : ce décret précise la liste des compétences dont doit justifier la personne qui réalise un projet de plan pluriannuel, pour lui-même, pour ses employés ou pour des associés ou membres du groupement lorsqu'il s'agit d'une personne morale ou d'un groupement doté de la personnalité juridique. Il détermine par ailleurs le niveau de qualification requis : diplôme, titre professionnel, certification de qualification professionnelle ou inscription au tableau d'un ordre professionnel. Enfin, il détermine les garanties exigées notamment en termes d'impartialité ou d'indépendance vis-à-vis du syndic de la copropriété, des fournisseurs d'énergie et des entreprises intervenant sur l'immeuble et les équipements sur lesquels porte le projet de plan pluriannuel de travaux.

Références : le décret est pris en application de l'article 14-2 de la loi n° 65-557 du 10 juillet 1965 fixant le statut de la copropriété des immeubles bâtis dans sa rédaction résultant de l'article 171 de la loi n° 2021-1104 du 22 août 2021 portant lutte contre le dérèglement climatique (V. ce texte dans le corps du présent code).

Art. 1er. – **La personne qui établit un projet de plan pluriannuel de travaux, en application du huitième alinéa de l'article 14-2 de la loi n° 65-557 du 10 juillet 1965 fixant le statut de la copropriété des immeubles bâtis, peut être une personne physique, une personne morale ou un groupement doté de la personnalité juridique.**

Pour établir ce projet, cette personne doit justifier que des employés, des membres du groupement, des associés lorsqu'il s'agit d'une personne morale ou elle-même s'il s'agit d'une personne physique, possèdent les compétences requises dans les domaines suivants :

– les modes constructifs traditionnels et contemporains, tant en gros œuvre qu'en second œuvre ;

– les bâtiments, les produits de construction, les matériaux de construction, les équipements techniques ;

– les pathologies du bâtiment et de ses équipements ;

– la thermique des bâtiments et les possibilités d'amélioration énergétique et de réhabilitation thermique et leurs impacts potentiels notamment acoustiques ;

– l'évaluation des émissions de gaz à effet de serre du bâtiment et des possibilités de réduction de celles-ci ;

– la terminologie technique et juridique du bâtiment, dans son acception par l'ensemble des corps d'état, en rapport avec l'ensemble des domaines de connaissance mentionnés ci-dessus ;

– les textes législatifs et réglementaires relatifs aux normes sanitaires et de sécurité afférentes à l'habitat ;

– les équipements nécessaires au bon déroulement de la mission.

Art. 2. – Pour l'application du deuxième alinéa de l'article 1er, la personne proposant ses services en vue de la réalisation d'un projet de plan pluriannuel de travaux ou sollicitée à cette fin présente au syndicat des copropriétaires représenté par le syndic, pour les associés, les employés, les membres du groupement ou elle-même lorsqu'il s'agit d'une personne physique, la copie de l'un des documents suivants :

- un diplôme sanctionnant une formation du niveau de l'enseignement supérieur d'une durée minimale de trois ans ou d'une durée équivalente à temps partiel dans le domaine des techniques du bâtiment, dispensée dans une université ou un établissement d'enseignement supérieur ou dans un autre établissement de niveau équivalent, ce diplôme ayant été délivré par une autorité compétente d'un État de l'Union européenne ou partie à l'accord sur l'Espace économique européen ;
- un titre professionnel dans le domaine des techniques du bâtiment de niveau équivalent ;
- une certification de qualification professionnelle dans le domaine des techniques du bâtiment de niveau équivalent ;
- une attestation d'inscription au tableau d'un ordre professionnel reconnu dans le domaine de l'immobilier.

Si elle en dispose, elle produit également des références sur des prestations similaires.

Art. 3. – La personne mentionnée à l'article 1er doit attester sur l'honneur de son impartialité et de son indépendance à l'égard du syndic sauf si ce dernier a obtenu l'autorisation mentionnée au deuxième alinéa du II de l'article 18-1 A de la loi du 10 juillet 1965 susvisée.

Elle doit, en outre, attester sur l'honneur de son impartialité et de son indépendance à l'égard des fournisseurs d'énergie et des entreprises intervenant sur l'immeuble et les équipements sur lequel porte le projet de plan pluriannuel de travaux.

Si elle a souscrit une assurance de responsabilité civile professionnelle lui permettant de couvrir les conséquences d'un engagement de sa responsabilité en raison de ses interventions, elle en justifie auprès du syndicat des copropriétaires représenté par le syndic en lui remettant une attestation qui précise les compétences couvertes.

La personne proposant ses services en vue de la réalisation d'un projet de plan pluriannuel de travaux ou sollicitée à cette fin ne peut accorder, directement ou indirectement, au syndicat des copropriétaires représenté par le syndic pour lequel le projet de plan pluriannuel de travaux doit être établi et à ses représentants, aucun avantage ni rétribution, quelle qu'en soit la nature.

Elle ne peut recevoir, directement ou indirectement, pour elle-même, ses membres ou ses employés, de la part d'une entreprise pouvant réaliser des travaux sur les ouvrages, installations ou équipements sur lesquels porte sa prestation, aucun avantage ni rétribution, quelle qu'en soit la nature.

ANNEXE 50

PLOMB (LUTTE CONTRE LE SATURNISME)

Bibliographie : B. Wertenschlag, *Les mesures de lutte contre le saturnisme : JCP* N 1999, n° 7, p. 340. • A. Hintray, *La lutte contre le saturnisme : AJDI* 1999, p. 778. • Cl. Destame, *Mesures d'urgence contre le saturnisme, formules : JCP* N 1999, n° 8, p. 383 ; *Mesures d'urgence contre le saturnisme, présentation : JCP* N 1999, n° 26, p. 1045 et n° 27, p. 1082. • Th. Béthune, *Amiante, plomb, termites : pot-pourri : Defrénois* 2001, art. 37350. • T. Delesalle, *Les difficultés de mise en œuvre de la lutte contre le saturnisme : JCP* N 2001, p. 948. • S. Poirot, *Risque lié au plomb : Gaz. Pal.* 14-15 juin 2002, p. 40. • D. Jost, *Le rédacteur d'actes face aux risques parasitaires et sanitaires, termites, amiante ou plomb : Gaz. Pal.* 14-15 juin 2002, p. 54. • N. Dassonville, *Amiante, plomb et Cie... quels diagnostics réaliser ? : Intérêts privés* juill.-août 2003, p. 22.

Pour un commentaire détaillé de cette réglementation. J. Lafond, *JCl. Notarial Formulaire, V° Vente d'immeuble*, Fasc. 132. • M. Plaidy, *Diagnostics immobiliers et parties communes : Cahiers du Cridon-Lyon*, n° 53-2008, p. 11.

1) Loi du 9 août 2004. Une nouvelle modification de la réglementation en vigueur a été opérée par la loi n° 2004-806 du 9 août 2004 (JO 11 août), dans ses articles 72 à 77. Mais l'entrée en vigueur du nouveau texte était subordonnée à la publication de décrets d'application (L. 9 août 2004, art. 77-III).

2) Décret du 25 avril 2006. Le décret n° 2006-474 du 25 avril 2006 (JO du 26) est venu préciser les modalités d'application de la partie législative du Code de la santé publique, résultant de la loi du 9 août 2004, modifiée par l'ordonnance du 8 juin 2005. Ce décret, qui donne une nouvelle rédaction aux articles R. 1334-1 à R. 1334-13 du Code de la santé publique, est complété par quatre arrêtés de la même date (publiés également au JO 26 avr.), relatifs :

– au constat de risque d'exposition au plomb (NOR : SANPO 0620647 A). Cet arrêté comprend quatre annexes ;

– au contrôle des travaux en présence de plomb (NOR : SANPO 0620647 A) ;

– aux travaux en parties communes nécessitant l'établissement d'un constat de risque d'exposition au plomb (NOR : SANPO 0620649 A) ;

– et enfin au diagnostic du risque d'intoxication par le plomb (NOR : SANPO 0620650 A). Cet arrêté comprend deux annexes.

Le corpus réglementaire étant ainsi complet, les nouvelles règles relatives à la lutte contre le saturnisme prévues par les articles L. 1334-1 à L. 1334-11 du Code de la santé publique sont donc entrées en vigueur.

3) Décret n° 2006-1114 du 5 septembre 2006. Le décret n° 2006-1114 du 5 septembre 2006 (JO 7 sept.) a de nouveau modifié ou complété les textes relatifs aux diagnostics « plomb » (V. art. R. 1334-9, p. 1383 et art. R. 1334-11, p. 1383).

Les dispositions de ce décret ne sont entrées en vigueur que le 1er novembre 2007 *(D. 5 sept. 2006, art. 6)*.

4) Réformes postérieures. La partie législative du Code de la santé publique concernant la lutte contre le saturnisme a été successivement modifiée par la suite :

– par la loi n° 2006-872 du 13 juillet 2006 (mod., C. santé publ., art. L. 1334-6) ;

– par la loi n° 2009-323 du 25 mars 2009 (mod., C. santé publ., art. L. 1334-2) ;

– par la loi n° 2009-879 du 21 juillet 2009 (mod., C. santé publ., art. L. 1334-9 et L. 1334-10) ;

– par l'ordonnance n° 2010-177 du 23 février 2010 (mod., C. santé publ., art. L. 1334-2, art. 1334-8-1, L. 1334-10 et L 1334-11) ;

– par la loi n° 2010-853 du 23 juillet 2010 (mod., C. santé publ., art. L. 1334-3 et L. 1334-12) ;

– par la loi n° 2011-525 du 17 mai 2011 (mod., C. santé publ., art. L. 1334-1-1, L. 1334-3 et L. 1334-12).

La **partie réglementaire** du Code de la santé publique concernant la lutte contre le saturnisme a été également modifiée par la suite par le décret n° 2010-344 du 31 mars 2010 (mod., C. santé publ., art. R. 1334-2, R. 1334-9, R. 1334-10 et R. 1334-12).

Puis sont intervenus deux arrêtés du 19 août 2011 (*JO* 1er sept.) :

– l'un relatif au constat de risque d'exposition au plomb (NOR : ETSP1123269A) ;

– l'autre relatif au diagnostic du risque d'intoxication par le plomb des peintures (NOR : ETSP1123271A).

Sur l'incidence de ces textes, V. J. Lafond, *Plomb et vente d'immeubles : encore du nouveau* : *JCP* N 2011, 1321.

Décret n° 2006-474 du 25 avril 2006
relatif à la lutte contre le saturnisme
et modifiant les articles R. 1334-1 à R. 1334-13
du Code de la santé publique

Dispositions réglementaires

Le décret n° 2006-474 du 25 avril 2006 (*JO* 26 avr.) est venu préciser les modalités d'application de la partie législative du Code de la santé publique, résultant de la loi du 9 août 2004, modifiée par l'ordonnance du 8 juin 2005. Ce décret, qui donne une nouvelle rédaction aux articles R. 1334-1 à R. 1334-13 du Code de la santé publique, est complété par quatre arrêtés de la même date (publiés également au *JO* 26 avr.), relatifs :

- au constat de risque d'exposition au plomb (NOR : SANPO 0620647 A). Cet arrêté comprend quatre annexes ;
- au contrôle des travaux en présence de plomb (NOR : SANPO 0620647 A) ;
- aux travaux en parties communes nécessitant l'établissement d'un constat de risque d'exposition au plomb (NOR : SANPO 0620649 A) ;
- et enfin au diagnostic du risque d'intoxication par le plomb (NOR : SANPO 0620650 A). Cet arrêté comprend deux annexes.

Le corpus réglementaire étant de ce fait complet, les nouvelles règles relatives à la lutte contre le saturnisme prévues par les articles L. 1334-1 à L. 1334-11 du Code de la santé publique sont donc entrées en vigueur.

Décret n° 2006-1114 du 5 septembre 2006
relatif aux diagnostics techniques immobiliers

Le décret n° 2006-1114 du 5 septembre 2006 (*JO* 7 sept.) a de nouveau modifié ou complété les textes relatifs aux diagnostics « plomb » (V. art. R. 1334-9 et R. 1334-11).

Les dispositions de ce décret sont entrées en vigueur que le 1er novembre 2007 *(D. 5 sept. 2006)*.

Code de la santé publique

SECTION I. – Lutte contre la présence de plomb
(Div. aj., L. n° 2016-41, 26 janv. 2016)

Art. L. 1334-1 ***(Mod., L. n° 2016-41, 26 janv. 2016).*** **– Le médecin qui dépiste un cas de saturnisme chez une personne mineure doit, après information de la personne exerçant l'autorité parentale, le porter à la connaissance, sous pli confidentiel, du médecin de l'agence régionale de santé désigné par le directeur général de l'agence. Le médecin de l'agence en informe le médecin responsable du service départemental de la protection maternelle et infantile. Par convention entre le directeur général de l'agence régionale de santé et le président du conseil général, le médecin responsable du service départemental de la protection maternelle et infantile peut être chargé de recueillir la déclaration du médecin dépistant.**

Le médecin recevant la déclaration informe le directeur général de l'agence régionale de santé de l'existence d'un cas de saturnisme dans les immeubles ou parties d'immeubles habités ou fréquentés régulièrement par ce mineur. Le directeur général de l'agence en avertit le représentant de l'État dans le département.

Le directeur général de l'agence régionale de santé ou, à la demande du représentant de l'État dans le département, le directeur du service communal d'hygiène et de santé si ce service est compétent en application de l'article L. 1422-1 procède immédiatement à une enquête sur l'environnement du mineur, afin de déterminer l'origine de l'intoxication. Dans le cadre de cette enquête, le directeur général de l'agence régionale de santé ou le directeur du service communal d'hygiène et de santé peut faire réaliser un diagnostic portant sur les revêtements des immeubles ou parties d'immeubles habités ou fréquentés régulièrement par ce

mineur. Les résultats de l'enquête sont communiqués au représentant de l'État dans le département ainsi qu'au directeur général de l'agence régionale de santé lorsque cette enquête a été réalisée par le directeur du service communal d'hygiène et de santé.

Dans le cas où l'enquête sur l'environnement du mineur met en évidence la présence d'une source d'exposition au plomb susceptible d'être à l'origine de l'intoxication du mineur, le directeur général de l'agence régionale de santé prend toutes mesures nécessaires à l'information des professionnels de santé concernés, des familles et, le cas échéant, des femmes enceintes. Il incite les parents ou les titulaires de l'autorité parentale d'enfants mineurs à adresser ces derniers en consultation auprès d'un médecin. Il invite la personne dont dépend la source d'exposition au plomb identifiée par l'enquête à prendre les mesures appropriées pour réduire ce risque.

Lorsqu'un risque d'exposition au plomb pour un mineur est porté à sa connaissance en l'absence de déclaration d'un cas de saturnisme, le représentant de l'État dans le département peut également prescrire au directeur général de l'agence régionale de santé ou au directeur du service communal d'hygiène et de santé de faire réaliser le diagnostic mentionné au troisième alinéa. Le directeur général de l'agence régionale de santé ou le directeur du service communal d'hygiène et de santé peut également faire réaliser ce diagnostic lorsqu'il a été directement informé du risque d'exposition. Les résultats du diagnostic sont communiqués au représentant de l'État dans le département ainsi qu'au directeur général de l'agence régionale de santé lorsque le diagnostic a été réalisé par le directeur du service communal d'hygiène et de santé.

Art. L. 1334-1-1 *(Mod. à compter du 1er janvier 2021, Ord. n° 2020-1144, 16 sept. 2020).* – Le diagnostic prévu à l'article L. 1334-1 et le constat prévu à l'article L. 511-14 du Code de la construction et de l'habitation sont réalisés par des opérateurs répondant aux conditions fixées à l'article L. 271-6 du Code de la construction et de l'habitation.

NB : Conformément à l'article 19 de l'ordonnance n° 2020-1144 du 16 septembre 2020, ces dispositions entrent en vigueur le 1er janvier 2021 et ne sont applicables qu'aux arrêtés notifiés à compter de cette date.

Art. L. 1334-2 *(Mod. à compter du 1er janvier 2021, Ord. n° 2020-1144, 16 sept. 2020).* – Lorsqu'il est constaté l'existence de revêtements dégradés contenant du plomb à des concentrations supérieures aux seuils définis par arrêté des ministres chargés de la santé et de la construction, à la suite soit du dépistage d'un cas de saturnisme, soit du diagnostic prescrit en application du dernier alinéa de l'article L. 1334-1, soit du constat de risque d'exposition au plomb mentionné à l'article L. 1334-5 et que cette existence est susceptible d'être à l'origine de l'intoxication ou d'intoxiquer une femme enceinte ou un mineur, il est fait application des dispositions du titre Ier du livre V du Code de la construction et de l'habitation.

Art. L. 1334-3 à L. 1334-4 *(Abr. à compter du 1er janvier 2021, Ord. n° 2020-1144, 16 sept. 2020).*

Art. L. 1334-5 *(Rempl., L. n° 2004-806, 9 août 2004 ; mod., Ord. n° 2005-655, 8 juin 2005).* – Un constat de risque d'exposition au plomb présente un repérage des revêtements contenant du plomb et, le cas échéant, dresse un relevé sommaire des facteurs de dégradation du bâti. Est annexée à ce constat une notice d'information dont le contenu est précisé par arrêté des ministres chargés de la santé et de la construction.

Art. L. 1334-6 et L. 1334-7 anciens *(Dénum., L. n° 2004-806, 9 août 2004).* – (V. art. L. 1334-12, L. 1334-13).

Art. L. 1334-6 *(L. n° 2004-806, 9 août 2004 ; rempl., Ord. n° 2005-655, 8 juin 2005 ; mod., L. n° 2006-872, 13 juill. 2006).* – Le constat mentionné à l'article L. 1334-5 est produit, lors de la vente de tout ou partie d'un immeuble à usage d'habitation construit avant le 1er janvier 1949, dans les conditions et selon les modalités prévues aux articles L. 271-4 à L. 271-6 du Code de la construction et de l'habitation.

Art. L. 1334-7 *(L. n° 2004-806, 9 août 2004 ; mod., Ord. n° 2005-655, 8 juin 2005).* – À l'expiration d'un délai de quatre ans à compter de la date d'entrée en vigueur de la loi n° 2004-806 du 9 août 2004 relative à la politique de santé publique, le constat mentionné à l'article L. 1334-5 est annexé à tout nouveau contrat de location d'un immeuble affecté en tout ou partie à l'habitation construit avant le 1er janvier 1949. Si un tel constat établit l'absence de revêtements contenant du plomb ou la présence de revêtements contenant du plomb à des concentrations inférieures aux seuils définis par arrêté des ministres chargés de la santé et de la construction, il n'y a pas lieu de faire établir un nouveau constat à chaque nouveau contrat de location. Le constat initial sera joint à chaque contrat de location.

Lorsque le contrat de location concerne un logement situé dans un immeuble ou dans un ensemble immobilier relevant des dispositions de la loi n° 65-557 du 10 juillet 1965 précitée, ou appartenant à des titulaires de droits réels immobiliers sur les locaux, ou à des titulaires de parts donnant droit ou non à l'attribution ou à la jouissance en propriété des locaux, l'obligation mentionnée au premier alinéa ne vise que les parties privatives *(Rect. JO 27 nov. 2004)* « dudit immeuble affectées au logement ».

L'absence dans le contrat de location du constat susmentionné constitue un manquement aux obligations particulières de sécurité et de prudence susceptible d'engager la responsabilité pénale du bailleur.

Le constat mentionné ci-dessus est à la charge du bailleur, nonobstant toute convention contraire.

Art. L. 1334-8 *(L. n° 2004-806, 9 août 2004)*. – Tous travaux portant sur les parties à usage commun d'un immeuble collectif affecté en tout ou partie à l'habitation, construit avant le 1er janvier 1949, et de nature à provoquer une altération substantielle des revêtements, définie par arrêté des ministres chargés de la santé et de la construction, doivent être précédés d'un constat de risque d'exposition au plomb mentionné à l'article L. 1334-5.

Si un tel constat établit l'absence de revêtements contenant du plomb ou la présence de revêtements contenant du plomb à des concentrations inférieures aux seuils définis par arrêté des ministres chargés de la santé et de la construction, il n'y a pas lieu de faire établir un nouveau constat à l'occasion de nouveaux travaux sur les mêmes parties.

En tout état de cause, les parties à usage commun d'un immeuble collectif affecté en tout ou partie à l'habitation, construit avant le 1er janvier 1949, devront avoir fait l'objet d'un constat de risque d'exposition au plomb à l'expiration d'un délai de quatre ans à compter de la date d'entrée en vigueur de la loi n° 2004-806 du 9 août 2004 relative à la politique de santé publique.

Art. L. 1334-8-1 *(L. n° 2009-879, 21 juill. 2009 ; mod. à compter de la date prévue par l'ordonnance n° 2010-177 du 23 février 2010)*. – Dans les zones délimitées pour la réalisation d'une opération d'amélioration de l'habitat, le représentant de l'État dans le département prescrit aux propriétaires bénéficiant de subventions de travaux pour sortie d'insalubrité la réalisation d'un constat de risque d'exposition au plomb mentionné à l'article L. 1334-5 dans les immeubles affectés à l'usage d'habitation construits avant le 1er janvier 1949.

Art. L. 1334-9 *(Mod. à compter du 1er mars 2019, L. n° 2018-1021, 23 nov. 2018)*. – Si le constat, établi dans les conditions mentionnées aux articles L. 1334-6 à L. 1334-8-1, met en évidence la présence de revêtements dégradés contenant du plomb à des concentrations supérieures aux seuils définis par l'arrêté mentionné au premier alinéa du I de l'article L. 1334-2, le propriétaire ou l'exploitant du local d'hébergement doit en informer les occupants et les personnes amenées à faire des travaux dans l'immeuble ou la partie d'immeuble concerné. Il procède aux travaux appropriés pour supprimer le risque d'exposition au plomb, tout en garantissant la sécurité des occupants. En cas de location, lesdits travaux incombent au propriétaire bailleur. La non-réalisation desdits travaux par le propriétaire bailleur, avant la mise en location du logement, constitue un manquement aux obligations particulières de sécurité et de prudence susceptible d'engager sa responsabilité pénale.

Art. L. 1334-10 *(L. n° 2004-806, 9 août 2004)*. – *(Al. aj. à compter de la date prévue par l'ordonnance n° 2010-177 du 23 février 2010)*

Les constats établis en application des articles L. 1334-8 et L. 1334-8-1 sont communiqués, à leur demande, au représentant de l'État dans le département, au directeur général de l'agence régionale de santé et dans les communes disposant d'un service communal d'hygiène et de santé mentionné au dernier alinéa de l'article L. 1422-1, au directeur de ce service.

(Mod., L. n° 2009-879, 21 juill. 2009) Si le constat de risque d'exposition au plomb établi dans les conditions mentionnées aux articles L. 1334-6 à L. 1334-8-1 fait apparaître la présence de facteurs de dégradation précisés par arrêté des ministres chargés de la santé et de la construction, l'auteur du constat transmet immédiatement une copie de ce document au *(Mots aj. à compter de la date prévue par l'ordonnance n° 2010-177 du 23 février 2010)* « directeur général de l'agence régionale de santé qui en informe le » représentant de l'État dans le département.

Art. L. 1334-11 *(L. n° 2004-806, 9 août 2004).* – Sur proposition *(Mots rempl. à compter de la date prévue par l'ordonnance n° 2010-177 du 23 février 2010)* « du directeur général de l'agence régionale de santé » ou, par application du troisième alinéa de l'article L. 1422-1, du directeur du service communal d'hygiène et de santé de la commune concernée, le représentant de l'État dans le département peut prescrire toutes mesures conservatoires, y compris l'arrêt du chantier, si des travaux entraînent un risque d'exposition au plomb pour les occupants d'un immeuble ou la population environnante.

Art. L. 1334-12 *(Anc. art. L. 1334-6, dénum. et mod., L. n° 2004-806, 9 août 2004).* – Sont déterminées par décret en Conseil d'État les modalités d'application *(Mots rempl., L. n° 2016-41, 26 janv. 2016)* « de la présente section », et notamment :

1° Les modalités de transmission des données prévues à l'article L. 1334-1 et en particulier la manière dont l'anonymat est protégé ;

2° Les modalités de détermination du risque d'exposition au plomb et les conditions auxquelles doivent satisfaire les travaux prescrits pour supprimer ce risque ;

3° Le contenu et les modalités de réalisation du constat de risque d'exposition au plomb, ainsi que les conditions auxquelles doivent satisfaire leurs auteurs ;

4° Les modalités d'établissement du relevé mentionné à l'article L. 1334-5 ;

5° *(Abr., L. n° 2011-525, 17 mai 2011).*

Décret n° 2006-474 du 25 avril 2006

relatif à la lutte contre le saturnisme
et modifiant les articles R. 1334-1 à R. 1334-13
du Code de la santé publique

Dispositions réglementaires

Art. 2. – Est considéré, dans le cadre d'une vente des parties privatives d'un immeuble affecté au logement, comme un constat de risque d'exposition au plomb un état des risques d'accessibilité au plomb établi sur ces parties privatives, conformément aux dispositions de l'article L. 1334-5 dans sa version antérieure à la loi n° 2004-806 du 9 août 2004, sous réserve que la durée de validité de l'état des risques d'accessibilité au plomb n'a pas expiré au jour de la conclusion de la transaction immobilière.

À l'expiration du délai précité, si la conclusion de la transaction immobilière a eu lieu, la vente suivante du bien mentionné à l'alinéa précédent nécessite l'établissement d'un constat de risque d'exposition au plomb.

....

Partie réglementaire

Sous-section 1. – Signalement des cas de saturnisme et des risques d'exposition au plomb des personnes mineures – Prescription et contrôle des travaux

(D. n° 2006-474, 25 avr. 2006)

Art. R. 1334-1 *(Mod., D. n° 2023-700, 31 juill. 2023).* – Le signalement des cas de saturnisme dans les conditions prévues à l'article L. 1334-1 est régi par les dispositions des articles R. 3113-3 et R. 3113-5. La fiche de signalement est conforme au modèle défini par arrêté du ministre chargé de la santé.

Art. R. 1334-2 *(Mod., D. n° 2010-344, 31 mars 2010).* – L'enquête environnementale mentionnée à l'article L. 1334-1 vise à rechercher les sources de plomb dans l'environnement du mineur, afin de déterminer l'origine de l'intoxication. Le médecin ayant reçu le signalement d'un cas de saturnisme chez une personne mineure communique au directeur général de l'agence régionale de santé les informations nécessaires permettant de procéder à l'enquête environnementale prévue à l'article L. 1334-1.

Art. R. 1334-3 *(Mod. à compter du 1er janvier 2021, D. n° 2020-1711, 24 déc. 2020).* – Constitue un risque d'exposition au plomb au sens de l'article L. 1334-1 le fait qu'un immeuble ou partie d'immeuble

construit avant le 1er janvier 1949 comporte des revêtements dégradés et qu'il est habité ou fréquenté régulièrement par un mineur ou une femme enceinte. Le signalement du risque d'exposition au plomb pour un mineur est adressé au préfet par tout moyen avec mention de l'adresse de l'immeuble concerné.

NB : Conformément à l'article 7 du décret n° 2020-1711 du 24 décembre 2020, les dispositions issues dudit décret entrent en vigueur le 1er janvier 2021 et ne sont applicables qu'aux arrêtés notifiés à compter de cette date.

Lorsqu'une procédure a commencé avant le 1er janvier 2021 en conformité avec les dispositions alors en vigueur, sans qu'un arrêté ait été notifié, elle se poursuit après le 1er janvier 2021 selon les règles applicables à compter de cette date.

Art. R. 1334-4 ***(D. n° 2006-474, 25 avr. 2006).*** **– Le diagnostic mentionné à l'article L. 1334-1 identifie les éléments de construction comportant un revêtement dégradé, précise la concentration en plomb de ces revêtements et la méthode d'analyse utilisée pour la mesurer et décrit l'état de conservation des revêtements contenant du plomb, selon un protocole précisé par un arrêté conjoint des ministres chargés du logement et de la santé.**

Art. R. 1334-5 ***(Mod. à compter du 1er janvier 2021, D. n° 2020-1711, 24 déc. 2020).*** **– Les travaux effectués dans le cadre des mesures prévues aux articles L. 511-11 et L. 511-19 du Code de la construction et de l'habitation sont les travaux nécessaires pour supprimer le risque constaté comprenant, d'une part, les travaux visant les sources de plomb elles-mêmes et, d'autre part, ceux visant à assurer la pérennité de la protection. Ils consistent à mettre en place des matériaux de recouvrement sur les revêtements dégradés contenant du plomb mis en évidence lors du diagnostic et incluent, le cas échéant, le remplacement de certains éléments de construction et les travaux nécessaires pour supprimer les causes immédiates de la dégradation des revêtements.**

Les travaux ne doivent pas entraîner de dissémination nuisible de poussières de plomb.

NB : Conformément à l'article 7 du décret n° 2020-1711 du 24 décembre 2020, les dispositions issues dudit décret entrent en vigueur le 1er janvier 2021 et ne sont applicables qu'aux arrêtés notifiés à compter de cette date.

Lorsqu'une procédure a commencé avant le 1er janvier 2021 en conformité avec les dispositions alors en vigueur, sans qu'un arrêté ait été notifié, elle se poursuit après le 1er janvier 2021 selon les règles applicables à compter de cette date.

Art. R. 1334-6 ***(Mod. à compter du 1er janvier 2021, D. n° 2020-1711, 24 déc. 2020).*** **– Lorsqu'il est constaté un risque d'exposition au plomb au sens de l'article R. 1334-3, il est fait application de la procédure d'urgence mentionnée à l'article L. 511-19 du Code de la construction et de l'habitation.**

Le délai dans lequel doivent être réalisés les travaux est limité à un mois, sauf dans le cas où, dans ce même délai, est assuré l'hébergement de tout ou partie des occupants hors des locaux concernés. Le délai de réalisation des travaux est alors porté à trois mois maximum.

NB : Conformément à l'article 7 du décret n° 2020-1711 du 24 décembre 2020, les dispositions issues dudit décret entrent en vigueur le 1er janvier 2021 et ne sont applicables qu'aux arrêtés notifiés à compter de cette date.

Lorsqu'une procédure a commencé avant le 1er janvier 2021 en conformité avec les dispositions alors en vigueur, sans qu'un arrêté ait été notifié, elle se poursuit après le 1er janvier 2021 selon les règles applicables à compter de cette date.

Art. R. 1334-7 ***(Abr. à compter du 1er janvier 2021, D. n° 2020-1711, 24 déc. 2020).***

Art. R. 1334-8 ***(Mod. à compter du 1er janvier 2021, D. n° 2020-1711, 24 déc. 2020).*** **– Le constat prévu par l'article L. 511-14 du Code de la construction et de l'habitation, réalisé conformément aux dispositions de l'article L. 1334-1-1, comprend :**

1° Une inspection des lieux permettant de vérifier la réalisation des travaux prescrits ;

2° Une analyse des poussières prélevées sur le sol permettant de mesurer le niveau de contamination des locaux.

À l'issue des travaux, la concentration en plomb des poussières au sol, par unité de surface, ne doit pas excéder un seuil défini par arrêté conjoint des ministres chargés du logement et de la santé. Cet arrêté détermine également les modalités de réalisation de ce constat.

Lorsque l'autorité compétente a exécuté d'office les mesures prescrites conformément aux dispositions de l'article L. 511-11 du Code de la construction et de l'habitation, le constat après travaux est mis à la charge de la personne tenue de réaliser les mesures.

NB : Conformément à l'article 7 du décret n° 2020-1711 du 24 décembre 2020, les dispositions issues dudit décret entrent en vigueur le 1er janvier 2021 et ne sont applicables qu'aux arrêtés notifiés à compter de cette date.

Lorsqu'une procédure a commencé avant le 1er janvier 2021 en conformité avec les dispositions alors en vigueur, sans qu'un arrêté ait été notifié, elle se poursuit après le 1er janvier 2021 selon les règles applicables à compter de cette date.

Art. R. 1334-9 ***(Abr. à compter du 1er janvier 2021, D. n° 2020-1711, 24 déc. 2020).***

Sous-section 2. – Constat de risque d'exposition au plomb

(D. n° 2006-474, 25 avr. 2006)

Art. R. 1334-10 ***(D. n° 2006-474, 25 avr. 2006 ; mod. D. n° 2010-344, 31 mars 2010).*** **– L'auteur du constat de risque d'exposition au plomb établi en application de l'article L. 1334-5 identifie les éléments comportant un revêtement, précise la concentration en plomb de ces revêtements et la méthode d'analyse utilisée pour la mesurer et décrit l'état de conservation des revêtements contenant du plomb, selon un protocole précisé par un arrêté conjoint des ministres chargés du logement et de la santé. Il consigne, le cas échéant, dans le rapport du constat la liste des facteurs de dégradation du bâti mentionnés à l'article L. 1334-5 qu'il a relevés.**

Lorsque l'auteur du constat transmet une copie du constat au directeur général de l'agence régionale de santé en application de l'article L. 1334-10, il en informe le propriétaire, le syndicat des copropriétaires ou l'exploitant du local d'hébergement.

Art. R. 1334-11 ***(Rempl., D. n° 2006-474, 25 avr. 2006 ; D. n° 2006-1114, 5 sept. 2006).*** **– Le constat de risque d'exposition au plomb est dressé par une personne répondant aux conditions de l'article L. 271-6 du Code de la construction et de l'habitation.**

Pour l'application de l'article L. 1334-7, le constat de risque d'exposition au plomb doit avoir été établi depuis moins de six ans à la date de signature du contrat de location. Sa validité n'est toutefois pas limitée dans le temps si le constat atteste l'absence de revêtements contenant du plomb ou indique une concentration de plomb dans des revêtements inférieure aux seuils définis par l'arrêté prévu par le même article L. 1334-7.

> **Rédaction antérieure.** Art. R. 1334-11 *(D. n° 2006-474, 25 avr. 2006).* – Le constat de risque d'exposition au plomb est dressé par un contrôleur technique agréé au sens de l'article L. 111-25 du Code de la construction et de l'habitation ou par un technicien de la construction qualifié.

Art. R. 1334-12 ***(D. n° 2006-474, 25 avr. 2006).*** **– L'information des occupants et des personnes amenées à exécuter des travaux prévue par l'article L. 1334-9 est réalisée par la remise d'une copie du constat de risque d'exposition au plomb par le propriétaire ou l'exploitant du local d'hébergement.**

Le constat de risque d'exposition au plomb est tenu par le propriétaire ou l'exploitant du local d'hébergement à disposition des agents ou services mentionnés ***(Mod., D. n° 2010-344, 31 mars 2010)*** **« aux articles L. 1421-1 et L. 1435-7 » ainsi que, le cas échéant, des agents chargés du contrôle de la réglementation du travail et des agents des services de prévention des organismes de sécurité sociale.**

Sous-section 3. – Travaux à risque

(D. n° 2006-474, 25 avr. 2006)

Art. R. 1334-13 ***(D. n° 2006-474, 25 avr. 2006).*** **– Sont présumés à risque au sens de l'article L. 1334-11 les travaux réalisés dans un logement ou immeuble construit avant le 1er janvier 1949, qui sont à l'origine d'émission de poussières et dès lors que les mesures de protection des occupants sont insuffisantes.**

La présomption de risque est levée lorsqu'un constat de risque d'exposition au plomb atteste que les revêtements concernés par les travaux ne contiennent pas de plomb à des concentrations supérieures aux seuils définis par l'arrêté mentionné à l'article L. 1334-2 ou lorsqu'une analyse de poussières telle que définie au 2° de l'article R. 1334-8 conclut à une concentration en plomb des poussières au sol n'excédant pas le seuil mentionné dans cet article.

Le préfet établit l'état des dépenses qu'il a engagées au titre des mesures conservatoires mentionnées à l'article L. 1334-11 et émet un titre de perception correspondant revêtu de la formule exécutoire à l'encontre du propriétaire, du syndicat de copropriétaires ou de l'exploitant du local d'hébergement défaillant.

Arrêté du 19 août 2011
relatif au constat de risque d'exposition au plomb
(JO 1er sept. 2011)

Art. 1er. – Dans le présent arrêté, le bien objet du constat de risque d'exposition au plomb est dénommé « bien ». Le constat de risque d'exposition au plomb, défini à l'article L. 1334-5 du Code de la santé publique et ci-après dénommé CREP, a pour objectifs :

– d'informer le propriétaire et le cas échéant, les occupants d'un logement ou d'un immeuble, sur la présence de revêtements contenant du plomb dans le bien, y compris les revêtements extérieurs au logement ;

– de permettre à l'opérateur qui réalise le constat de signaler à l'agence régionale de santé les situations de risque de saturnisme infantile ;

– de permettre à l'opérateur qui réalise le constat d'identifier les situations de dégradation du bâti susceptibles de porter gravement atteinte à la santé ou la sécurité des occupants, et de les signaler à l'agence régionale de santé ;

– de fournir des éléments sur la présence de plomb aux personnes susceptibles de réaliser des travaux de nature à provoquer une altération substantielle des revêtements.

Les résultats du CREP doivent permettre de connaître non seulement le risque immédiat lié à la présence de revêtements dégradés contenant du plomb qui génèrent spontanément des poussières ou des écailles pouvant être ingérées par un enfant, mais aussi le risque potentiel lié à la présence de revêtements en bon état contenant du plomb encore non accessible.

Le CREP consiste à mesurer la concentration en plomb des revêtements du bien afin d'identifier ceux contenant du plomb, à décrire leur état de conservation et à repérer, le cas échéant, les situations de risque de saturnisme infantile ou de dégradation du bâti.

Le protocole du CREP mentionné à l'article R. 1334-10 du Code de la santé publique est réalisé conformément aux prescriptions de l'annexe 1 du présent arrêté.

Art. 2. – Une unité de diagnostic est définie comme un ou plusieurs éléments de construction ayant *a priori* un même substrat et un même historique en matière de construction et de revêtement.

Des mesures de concentration en plomb des revêtements sont réalisées pour chaque unité de diagnostic.

Elles sont effectuées avec un appareil portable à fluorescence X capable d'analyser au moins la raie K du spectre de fluorescence émis en réponse par le plomb.

Art. 3. – La distribution, la détention et l'utilisation des appareils à fluorescence X équipés d'une source radioactive sont soumises aux obligations réglementaires prises en application de l'article L. 1333-4 du Code de la santé publique.

L'opérateur du constat dispose d'une attestation du fabricant de l'appareil indiquant la durée de vie maximale de la source. Pendant cette durée l'appareil garantit que 95 % des résultats de mesures réalisées sur un échantillon standardisé de concentration voisine de 1 mg/cm², sont comprises dans un intervalle : [valeur cible – 0,1 mg/cm² ; valeur cible + 0,1 mg/cm²].

Art. 4. – Lorsque l'auteur du constat repère des revêtements dégradés et qu'il estime ne pas pouvoir conclure quant à la présence de plomb dans ces revêtements il peut effectuer un prélèvement qui sera analysé en laboratoire.

Art. 5. – Les seuils mentionnés aux articles L. 1334-7 et L. 1334-8 du Code de la santé publique sont les suivants :

– en l'absence d'analyse chimique, concentration surfacique en plomb total mesurée à l'aide d'un appareil portable à fluorescence X, égale à 1 milligramme par centimètre carré (1 mg/cm²) ;

– si une analyse chimique est réalisée et quel que soit le résultat de l'analyse par fluorescence X, concentration massique en plomb acido-soluble mesurée en laboratoire égale à 1,5 milligramme par gramme (1,5 mg/g).

Art. 6. – L'auteur du constat classe de 0 à 3 chaque unité de diagnostic recouverte d'un revêtement ayant fait l'objet de mesures, en fonction de la concentration en plomb et de la nature des dégradations, conformément aux dispositions du paragraphe 9 de l'annexe 1.

Si une unité de diagnostic est classée 3, les dispositions de l'article L. 1334-9 du Code de la santé publique sont reproduites en première page du rapport.

Art. 7. – Le contenu de la notice d'information mentionnée à l'article L. 1334-5 du Code de la santé publique est conforme à l'annexe 2 du présent arrêté.

Art. 8. – Les situations de risque de saturnisme infantile mentionnées à l'article 1er sont les suivantes :
– au moins un local parmi les locaux objets du constat présente au moins 50 % d'unités de diagnostic de classe 3 ;
– l'ensemble des locaux objets du constat présente au moins 20 % d'unités de diagnostic de classe 3.
Les situations de dégradation du bâti mentionnées à l'article 1er sont les suivantes :
– les locaux objets du constat présentent au moins un plancher ou plafond menaçant de s'effondrer ou en tout ou partie effondré ;
– les locaux objets du constat présentent des traces importantes de coulures ou de ruissellement ou d'écoulement d'eau sur plusieurs unités de diagnostic d'une même pièce ;
– les locaux objets du constat présentent plusieurs unités de diagnostic d'une même pièce recouverts de moisissures ou de nombreuses tâches d'humidité.
Si le constat identifie au moins l'une de ces cinq situations, son auteur transmet, dans un délai de cinq jours ouvrables, une copie du rapport au directeur général de l'agence régionale de santé en application de l'article L. 1334-10 du Code de la santé publique, en informe le propriétaire et le précise dans son rapport.

Art. 9. – Le présent arrêté entre en vigueur le 1er janvier 2012.

Art. 10. – L'arrêté du 25 avril 2006 relatif au constat de risque d'exposition au plomb est abrogé.

Annexes

Annexe I

Protocole de réalisation d'un constat de risque d'exposition au plomb

1. Préparation de la mission

L'auteur du constat, tel que défini à l'article R. 1334-11 du Code de la santé publique, informe le propriétaire préalablement à la réalisation du CREP qu'il pourra être amené à titre exceptionnel à réaliser des prélèvements au cours du constat.

2. Identification de la mission

L'auteur du constat précise si l'identification des revêtements contenant du plomb dans les immeubles d'habitation construits avant le 1er janvier 1949 est réalisée :
– dans le cas de la vente d'un bien en application de l'article L. 1334-6 du Code de la santé publique. Dans ce cas, le CREP porte uniquement sur les revêtements privatifs d'un logement, y compris les revêtements extérieurs au logement (volet, portail, grille, balcon etc.) ;
– dans le cas de la mise en location de parties privatives en application de l'article L. 1334-7 du Code de la santé publique. Dans ce cas, le CREP porte uniquement sur les revêtements privatifs d'un logement, y compris les revêtements extérieurs au logement (volet, portail, grille, balcon, etc.) ;
– dans le cas de travaux de nature à provoquer une altération substantielle des revêtements ou hors contexte de travaux, pour les parties communes en application de l'article L. 1334-8 du même code. Dans ce cas, le CREP porte uniquement sur les revêtements des parties communes (sans omettre, par exemple, la partie extérieure de la porte palière, etc.).
La recherche de canalisations en plomb ne fait pas partie du champ d'application du CREP.
Lorsque le constat porte sur des parties privatives, et lorsque le bien est affecté en partie à des usages autres que l'habitation, le CREP ne porte que sur les parties affectées à l'habitation. Dans les locaux annexes de l'habitation, le CREP porte sur ceux qui sont destinés à un usage courant, tels que la buanderie.

3. Identification du bien

L'auteur du constat identifie, localise et décrit succinctement le bien, objet de la mission, ainsi que l'ensemble immobilier auquel il appartient. En cas d'ambiguïté, il réalise un croquis afin de situer le bien dans cet ensemble.
L'auteur du constat consigne les renseignements suivants, qu'il se fait préciser, ou à défaut, le motif pour lequel il n'en a pas connaissance :
• Dans le cas d'un CREP réalisé en parties privatives :
1. Si le constat est réalisé avant-vente ou avant mise en location ;
2. Si les parties privatives sont occupées ;
3. Dans le cas où les parties privatives sont occupées, s'il y a des enfants mineurs dont des enfants de moins de six ans ;
• Dans le cas d'un CREP réalisé en parties communes : si le constat est réalisé avant travaux.

4. Calibrage de l'appareil à fluorescence X

Avant chaque inspection, l'auteur du constat procède si nécessaire au calibrage de son appareil selon les modalités fournies par le fabricant de l'appareil.

5. Identification des locaux et des zones

Par local, on entend toute pièce (salle de séjour, toilettes, etc.) et par extension : couloir, hall d'entrée, palier, partie de cage d'escalier située entre deux paliers, appentis, placard, etc. Le local est désigné selon une appellation non équivoque et non susceptible d'évoluer dans le temps. Le nom d'usage peut s'avérer insuffisant.

L'auteur du constat effectue une visite exhaustive des locaux du bien. Il dresse la liste détaillée des locaux visités. Si des locaux n'ont pas été visités, il en dresse aussi la liste et précise les raisons pour lesquelles ils n'ont pas été visités.

Il réalise un croquis lisible de l'ensemble des locaux du bien, visités ou non, et reporte sur le croquis la désignation de chaque local.

Afin de faciliter la localisation des mesures, l'auteur du constat divise chaque local en plusieurs zones qu'il identifie sur le croquis. Ces zones correspondent généralement aux différentes faces du local.

6. Identification des revêtements

Par revêtement, on entend un matériau mince recouvrant les éléments de construction. Les revêtements susceptibles de contenir du plomb sont principalement les peintures (du fait de l'utilisation ancienne de la céruse et celle de produits anticorrosion à base de minium de plomb), les vernis, les revêtements muraux composés d'une feuille de plomb contrecollée sur du papier à peindre, le plomb laminé servant à l'étanchéité de balcons.

Bien que pouvant être relativement épais, les enduits sont aussi à considérer comme des revêtements susceptibles de contenir du plomb.

D'autres revêtements ne sont pas susceptibles de contenir du plomb : toile de verre, moquette, tissus, crépi, papier peint, ainsi que les peintures et enduits manifestement récents, mais ils peuvent masquer un autre revêtement contenant du plomb et sont donc à analyser.

Les revêtements de type carrelage contiennent souvent du plomb, mais ils ne sont pas visés par le présent arrêté car ce plomb n'est pas accessible.

7. Identification des unités de diagnostic

Dans chaque local, toutes les surfaces susceptibles d'avoir un revêtement contenant du plomb sont analysées ou incluses dans une unité de diagnostic à analyser, telle que définie à l'article 2 du présent arrêté. Cela comprend aussi les surfaces recouvertes d'un matériau mince non susceptible de contenir du plomb (papier peint, toile de verre, moquette murale, etc.), car un matériau contenant du plomb peut exister en dessous.

Pour chaque zone, l'auteur du constat dresse la liste des unités de diagnostic, recouvertes ou non d'un revêtement, y compris celles manifestement récentes. Il identifie chaque unité de diagnostic par son nom non ambigu. Lorsqu'il y a plusieurs unités de diagnostic de même type (porte, fenêtre...) dans une même zone, chacune d'elles doit être clairement identifiée et repérée sur le croquis.

L'auteur du constat identifie le substrat de l'unité de diagnostic par examen visuel et en fonction des caractéristiques physiques du matériau, et le revêtement apparent de l'unité de diagnostic. Par substrat, on entend un matériau sur lequel un revêtement est appliqué (plâtre, bois, brique, métal, etc.).

En application de l'article 2 du présent arrêté, constituent des unités de diagnostic distinctes :

- les différents murs d'une même pièce ;
- des éléments de construction de substrats différents (tels qu'un pan de bois et le reste de la paroi murale à laquelle il appartient) ;
- les côtés extérieur et intérieur d'une porte ou d'une fenêtre ;
- des éléments situés dans des locaux différents, même contigus (tels que les 2 faces d'une porte car elles ont pu être peintes par des peintures différentes) ;
- une allège ou une embrasure et la paroi murale à laquelle elle appartient.

Si des habitudes locales de construction ou de mise en peinture sont connues, l'auteur du constat en tient compte pour une définition plus précise des unités de diagnostic.

Peut (peuvent) constituer une seule et même unité de diagnostic :

- l'ensemble des plinthes d'un même local ;
- une porte et son huisserie dans un même local ;
- une fenêtre et son huisserie dans un même local.

Une cage d'escalier est découpée en plusieurs locaux. Sont considérés comme locaux distincts :
- chaque palier ;
- chaque partie de cage d'escalier située entre deux paliers.

En vue d'assurer la cohérence de ce découpage, le hall d'entrée pourra être assimilé au palier du rez-de-chaussée. Dans un même « local » (partie de cage d'escalier), sont aussi considérés comme unités de diagnostic distinctes :
- l'ensemble des marches ;
- l'ensemble des contremarches ;
- l'ensemble des balustres ;
- le limon ;
- la crémaillère ;
- la main courante ;
- le plafond.

8. Mesure de la concentration en plomb

8.1. Généralités

Dans chaque local, toutes les unités de diagnostic font l'objet d'une ou plusieurs mesures avec un appareil à fluorescence X, y compris les surfaces recouvertes d'un matériau mince non susceptible de contenir du plomb.

Les unités de diagnostic manifestement récentes ou dépourvues de revêtement (exemples : porte, fenêtre, plinthe, ...), hors substrat métallique, ne font pas l'objet de mesure. En cas de doute, les mesures sont réalisées.

8.2. Stratégie de mesurage

Sur chaque unité de diagnostic, les mesures sont réalisées aux endroits où la probabilité de rencontrer du plomb est la plus forte. Les mesures sont réalisées sur une partie saine de l'unité de diagnostic.

Sur chaque unité de diagnostic recouverte d'un revêtement, l'auteur du constat effectue :

- une seule mesure si celle-ci montre la présence de plomb à une concentration supérieure ou égale au seuil de 1 milligramme par centimètre carré (1 mg/cm²) ;

- 2 mesures si la première ne montre pas la présence de plomb à une concentration supérieure ou égale au seuil de 1 milligramme par centimètre carré (1 mg/cm²) ;

- 3 mesures si les deux premières ne montrent pas la présence de plomb à une concentration supérieure ou égale au seuil de 1 milligramme par centimètre carré (1 mg/cm²), mais qu'au moins une unité de diagnostic du même type a été mesurée avec une concentration en plomb supérieure ou égale à ce seuil dans un même local.

Lorsque la différence entre la valeur mesurée et le seuil de 1 mg/cm² est inférieure à la valeur de la précision de l'appareil, la mesure est classée comme « non concluante ». La mesure est renouvelée sur un autre point de l'unité de diagnostic analysée.

Dans le cas où plusieurs mesures sont effectuées sur une unité de diagnostic, elles sont réalisées à des endroits différents pour minimiser le risque de faux négatifs. La valeur retenue pour une unité de diagnostic donnée est la valeur mesurée la plus élevée, sous réserve d'écarter les valeurs aberrantes. Par exemple, si l'unité de diagnostic est une paroi murale, une mesure est effectuée en partie haute et l'autre en partie basse.

L'auteur du constat doit être capable de mesurer la concentration en plomb du revêtement d'une unité de diagnostic située jusqu'à 3 m de hauteur.

Lorsqu'à l'évidence, l'unité de diagnostic n'est recouverte d'aucun revêtement, la recherche de plomb n'est pas nécessaire. Il en sera de même en présence de carrelages ou de faïences.

Lorsque l'auteur du constat réalise, en application de l'article 4, un prélèvement pour analyse chimique, il réalise ce prélèvement sur une surface suffisante pour que le laboratoire dispose d'un échantillon permettant l'analyse dans de bonnes conditions (prélèvement minimal de 0,5 g). L'ensemble des couches de peintures est prélevé en veillant à inclure la couche la plus profonde. L'auteur du constat évite le prélèvement du substrat ou tous corps étrangers qui risquent d'avoir pour effet de diluer la concentration en plomb de l'échantillon. Le prélèvement est réalisé avec les précautions nécessaires pour éviter la dissémination de poussières. Il est analysé en laboratoire pour la recherche du plomb acido-soluble. La mise en œuvre de la norme NF X 46 031 d'avril 2008 relative à l'analyse chimique des peintures pour la recherche de la fraction acido-soluble du plomb est réputée satisfaire à cette exigence.

L'ensemble des mesures est récapitulé dans un tableau. En l'absence de mesures, la raison pour laquelle la mesure n'a pas été effectuée est indiquée dans le tableau.

9. Description de l'état de conservation des revêtements contenant du plomb et le cas échéant caractérisation de la dégradation

L'état de conservation des revêtements contenant du plomb est décrit par la nature des dégradations observées. L'état de conservation d'un revêtement contenant du plomb à une concentration supérieure à l'un des seuils mentionnés à l'article 5 est jugé par l'auteur du constat qui a le choix entre les qualifications suivantes :
- non visible ;
- non dégradé ;
- état d'usage ;
- dégradé.

Si le revêtement est manifestement situé en dessous d'un revêtement sans plomb (papier peint par exemple), l'état de conservation est qualifié de non-visible.

Si le revêtement est visible et ne peut pas être qualifié de non dégradé, son état de conservation est déterminé à partir de la nature de la dégradation :

- en cas de dégradations d'usage couramment rencontrées dans un bien régulièrement entretenu et ne générant pas spontanément des poussières ou des écailles (usure par friction, traces de chocs, microfissures...), l'état de conservation est qualifié d'état d'usage ;
- en cas de dégradations caractéristiques d'un défaut d'entretien ou de désordres liés au bâti, qui génèrent spontanément des poussières ou des écailles (pulvérulence, écaillage, cloquage, fissures, faïençage, traces de grattage, lézardes,...), l'état de conservation est qualifié de dégradé.

10. Classement des unités de diagnostic

L'auteur du constat classe de 0 à 3 chaque unité de diagnostic recouverte d'un revêtement ayant fait l'objet de mesures, en fonction de la concentration en plomb et de la nature des dégradations, conformément au tableau suivant :

Tableau 1. - Classement des unités de diagnostic

CONCENTRATION en plomb	CONSERVATION	ÉTAT DE CLASSEMENT
< seuil		0
≥ seuil	Non dégradé ou non visible	1
	État d'usage	2
	Dégradé	3

Les unités n'ayant pas fait l'objet de mesures ne sont pas classées.

11. Rapport et conclusions

Le constat est constitué par le rapport complet de la mission. Les pages du rapport sont numérotées et les annexes font parties intégrantes du rapport. En aucun cas, il ne peut être rédigé un résumé du rapport ou une attestation de présence ou d'absence de plomb.

Figurent en première page du rapport :
- l'identification et les coordonnées du propriétaire et du commanditaire du constat ;
- l'identification et les coordonnées de l'organisme chargé de la mission, l'identification de l'auteur du constat et sa signature ;
- les références du contrat d'assurance de l'auteur du constat ;
- la ou les dates du constat et la date du rapport ;
- l'adresse, la localisation du bien et l'objet de la mission ;
- les circonstances et le champ de la mission, l'état d'occupation du bien ;
- le modèle d'appareil à fluorescence X utilisé et son numéro de série, ainsi que, pour les appareils équipés d'une source radioactive, la date de chargement de la source dans l'appareil, la nature du radionucléide et son activité à la date de chargement de la source ;
- une conclusion dans laquelle figurent le nombre total d'unités de diagnostic et le pourcentage respectif des unités de diagnostic non mesurées (non classées), de classe 0, de classe 1, de classe 2 et de classe 3 par rapport au nombre total d'unités de diagnostic.

S'il existe au moins une unité de diagnostic de classe 1 et 2, l'auteur du constat indique de manière lisible sur la première page du rapport la mention suivante : « Le propriétaire doit veiller à l'entretien des revêtements recouvrant les unités de diagnostic de classe 1 et 2, afin d'éviter leur dégradation future. »

S'il existe au moins une unité de diagnostic de classe 3, l'auteur du constat indique de manière lisible sur la première page du rapport la mention suivante : « En application de l'article L. 1334-9 du Code de la santé publique, le propriétaire du bien objet de ce constat doit effectuer les travaux appropriés pour supprimer l'exposition au plomb, tout en garantissant la sécurité des occupants. Il doit également transmettre une copie complète du constat, annexes comprises, aux occupants de l'immeuble ou de la partie d'immeuble concernée et à toute personne amenée à effectuer des travaux dans cet immeuble ou la partie d'immeuble concernée. »

Figurent également dans le corps du rapport :

- le croquis établi par l'auteur du constat ;
- la liste détaillée des locaux visités et non visités, et la raison pour laquelle un local n'a pas été visité ;
- l'identification des zones de chaque local ;
- pour chaque local, un tableau récapitulatif des résultats ;
- les éventuels commentaires.

Le tableau récapitulatif des résultats mentionne pour chaque mesure :

- le local concerné ;
- la zone concernée ;
- le libellé de l'unité de diagnostic ;
- la nature du substrat ;
- la nature du revêtement apparent ;
- pour les grandes surfaces, la localisation de la mesure ;
- la mesure ou le cas échéant la raison pour laquelle la mesure n'a pas été effectuée ;
- l'état de conservation ;
- le cas échéant, la nature de la dégradation ;
- le classement de l'unité de diagnostic ;
- les observations éventuelles.

....

Arrêté du 25 avril 2006

relatif au contrôle des travaux en présence de plomb, réalisés en application de l'article L. 1334-2 du Code de la santé publique

Art. 1er à 7 *(Abr., A. 12 mai 2009).*

Arrêté du 25 avril 2006

relatif aux travaux en parties communes nécessitant l'établissement d'un constat de risque d'exposition au plomb

Art. 1er. – Les travaux en parties communes de nature à provoquer une altération substantielle des revêtements mentionnés à l'article L. 1334-8 du Code de la santé publique sont ceux susceptibles de produire des poussières ou des écailles de peinture.

Art. 2. – L'altération des revêtements est considérée comme substantielle au sens de l'article L. 1334-8 du Code de la santé publique lorsqu'au moins une des conditions suivantes est vérifiée :

– les travaux comportent la création d'ouvertures, la modification, la rénovation, le remplacement d'une huisserie ;

– la surface cumulée des revêtements de mur ou de plafond susceptible d'être altérée représente au moins 20 mètres carrés ;

– lorsque les travaux portent de manière sélective sur des plinthes, tuyauteries, radiateurs, rambardes, mains courantes, balustres, limons, crémaillères, marches et contremarches, si le cumul des longueurs des éléments peints sur lesquels sont prévus les travaux excède 25 mètres linéaires.

Arrêté du 19 août 2011

relatif au diagnostic du risque d'intoxication par le plomb des peintures

(JO 1er et rect. 17 sept. 2011)

Art. 1er. – Le diagnostic du risque d'intoxication par le plomb des peintures défini à l'article R. 1334-4 du Code de la santé publique consiste à rechercher des revêtements dégradés contenant du plomb susceptibles de constituer un risque d'exposition au plomb dans des lieux fréquentés régulièrement par le(s) mineur(s).

Les bâtiments et locaux concernés par le diagnostic sont définis en concertation avec le commanditaire.

Le diagnostic porte sur les revêtements intérieurs (notamment peintures et faïencerie) et extérieurs au logement (notamment volet, portail, grille et balcon).

Le diagnostic du risque d'intoxication par le plomb est réalisé selon le protocole défini en annexe du présent arrêté.

Il comprend les étapes suivantes :

1. La localisation des parties de l'immeuble habitées ou fréquentées régulièrement par le(s) mineur(s) dont la situation a justifié le diagnostic ;
2. L'observation de l'état de tous les revêtements des locaux objets du diagnostic ;
3. La réalisation de mesures de la concentration en plomb de tous les revêtements présentant des dégradations ;
4. L'établissement d'un rapport à l'issue du diagnostic.

Art. 2. – Une unité de diagnostic est définie comme un ou plusieurs éléments de construction ayant *a priori* un même substrat et un même historique en matière de construction et de revêtement.

L'auteur du diagnostic réalise un croquis détaillé de chaque local dans lequel des revêtements dégradés ont été repérés et en dresse la liste. Les unités de diagnostic recouvertes d'un revêtement présentant des dégradations sont repérées sur le croquis au moins par un identifiant unique (par exemple le numéro de mesure).

Chacune de ces unités de diagnostic fait l'objet de mesures de la concentration en plomb.

Art. 3. – Les mesures de plomb mentionnées au 3° de l'article 1er sont effectuées avec un appareil portable à fluorescence X capable d'analyser au moins la raie K du spectre de fluorescence émis en réponse par le plomb.

Art. 4. – La distribution, la détention et l'utilisation des appareils à fluorescence X équipés d'une source radioactive sont soumises aux obligations réglementaires prises en application de l'article L. 1333-4 du Code de la santé publique.

L'opérateur du diagnostic dispose d'une attestation du fabricant de l'appareil indiquant la durée de vie maximale de la source. Pendant cette durée, l'appareil garantit que 95 % des résultats de mesures réalisées sur un échantillon standardisé de concentration voisine de 1 mg/cm² sont compris dans un intervalle : [valeur cible - 0.1 mg/cm² ; valeur cible + 0,1 mg/cm²].

Art. 5. – L'auteur du diagnostic prélève des revêtements qui seront analysés en laboratoire pour la recherche du plomb acido-soluble dans les cas suivants :

- lorsque la nature du support (forte rugosité, surface non plane...) ou le difficile accès aux éléments de construction à analyser ne permet pas l'utilisation de l'appareil portable à fluorescence X ;
- lorsque, dans un même local, au moins une mesure est supérieure au seuil de 1 milligramme par centimètre carré (1 mg/cm²), mais aucune mesure n'est supérieure à 2 mg/cm² ;
- lorsque, pour une unité de diagnostic donnée, la différence entre la valeur mesurée et le seuil de 1 mg/cm² est inférieure à la valeur de la précision de l'appareil.

Le prélèvement est réalisé sur une surface suffisante pour que le laboratoire dispose d'un échantillon permettant l'analyse dans de bonnes conditions (prélèvement minimal de 0,5 g). S'il s'agit de peintures, l'ensemble des couches est prélevé en veillant à inclure la couche la plus profonde. L'auteur du constat évite le prélèvement du substrat ou tous corps étrangers qui risquent d'avoir pour effet de diluer la concentration en plomb de l'échantillon. Le prélèvement est réalisé avec les précautions nécessaires pour éviter la dissémination de poussières. Il est analysé en laboratoire pour la recherche du plomb acido-soluble. La mise en œuvre de la norme NF X 46 031 avril 2008 relative à l'analyse chimique des peintures pour la recherche de la fraction acido-soluble du plomb est réputée satisfaire à cette exigence.

Art. 6. – **Les seuils mentionnés à l'article L. 1334-2 du Code de la santé publique sont les suivants :**
- en l'absence d'analyse chimique, concentration surfacique en plomb total mesurée à l'aide d'un appareil portable à fluorescence X égale à 1 milligramme par centimètre carré (1 mg/cm²) ;
- si une analyse chimique est réalisée et quel que soit le résultat de l'analyse par fluorescence X, concentration massique en plomb acido-soluble mesurée en laboratoire sur un prélèvement de revêtement égale à 1,5 milligramme par gramme (1,5 mg/g).

Art. 7. – **Le rapport mentionné à l'article 1er du présent arrêté comprend un tableau dont le contenu est décrit au paragraphe 6 de l'annexe du présent arrêté.**
À l'issue de sa visite, l'auteur du diagnostic transmet à son commanditaire, dans un délai de cinq jours ouvrables, le rapport du diagnostic.
Lorsque des prélèvements ont été réalisés et que les résultats du laboratoire ne sont pas encore connus, l'auteur du diagnostic transmet un rapport provisoire dans les délais mentionnés au précédent alinéa. À la réception des résultats, il complète le rapport et le transmet à son commanditaire.

Art. 8. – **Le présent arrêté entre en vigueur le 1er janvier 2012.**

Art. 9. – **L'arrêté du 25 avril 2006 relatif au diagnostic du risque d'intoxication par le plomb des peintures est abrogé.**

Annexe

Protocole de réalisation d'un diagnostic du risque d'intoxication par le plomb

1. Calibrage de l'appareil à fluorescence X

Avant chaque inspection, l'auteur du diagnostic procède si nécessaires au calibrage de son appareil selon les modalités fournies par le fabricant de l'appareil.

2. Localisation, observation de l'état de l'immeuble, identification des locaux et des zones

L'auteur du diagnostic procède à une inspection complète des locaux habités ou fréquentés régulièrement par les mineurs dont la situation a justifié le diagnostic.
Si l'auteur du diagnostic repère des locaux non prévus initialement mais susceptibles de contribuer à l'exposition au plomb par des peintures dégradées, il réalise le diagnostic dans ces locaux après accord du commanditaire. À défaut, il les identifie dans son rapport.
Il réalise un croquis lisible de l'ensemble des locaux objets de la mission, visités ou non, et reporte sur le croquis la désignation de chaque local.
Par local, on entend toute pièce (salle de séjour, toilettes, etc.) et par extension, couloir, hall d'entrée, palier, partie de cage d'escalier située entre deux paliers, appentis, placard, etc. Le local est désigné selon une appellation non équivoque et non susceptible d'évoluer dans le temps. Le nom d'usage peut s'avérer insuffisant.
Afin de faciliter la localisation des mesures, l'auteur du constat divise chaque local en plusieurs zones. Ces zones peuvent correspondre aux différentes faces du local.

3. Identification des unités de diagnostic dégradées et description de la dégradation

L'auteur établit une liste des unités de diagnostic présentant des dégradations qu'il repère et les localise de façon non ambiguë sur le croquis mentionné au paragraphe 2 de la présente annexe ou sur des croquis plus précis. Lorsque plusieurs unités de diagnostic de même type (porte, fenêtre...) sont présentes dans une même zone ou un même local, chacune d'elles est clairement identifiée et repérée sur le croquis.
Chaque unité de diagnostic présentant des dégradations est repérée par son nom complet et fait l'objet de mesures de la concentration en plomb.
En application de l'article 2 du présent arrêté, constituent des unités de diagnostic distinctes :
- les différents murs d'une même pièce ;
- des éléments de construction de substrat différent (tels qu'un pan de bois et le reste de la paroi murale à laquelle il appartient...) ;
- les côtés extérieur et intérieur d'une porte ou d'une fenêtre ;
- des éléments situés dans des locaux différents, même contigus (tels que les deux faces d'une porte) ;
- une allège ou une embrasure et la paroi murale à laquelle elle appartient.

Si des habitudes locales de construction ou de mise en peinture sont connues, l'auteur du diagnostic en tient compte pour une définition plus précise des unités de diagnostic.

Peuvent constituer une seule et même unité de diagnostic :
- l'ensemble des plinthes d'un même local ;
- une porte et son huisserie dans un même local ;
- une fenêtre et son huisserie dans un même local.

Une cage d'escalier est découpée en plusieurs locaux. Sont considérés comme locaux distincts :
- chaque palier ;
- chaque partie de cage d'escalier située entre deux paliers.

En vue d'assurer la cohérence de ce découpage, le hall d'entrée pourra être assimilé au palier du rez-de-chaussée.

Dans un même « local » (partie de cage d'escalier), sont aussi considérés comme unités de diagnostic distinctes :
- l'ensemble des marches ;
- l'ensemble des contremarches ;
- l'ensemble des balustres ;
- le limon ;
- la crémaillère ;
- la main courante ;
- le plafond.

4. Description de la dégradation des unités de diagnostic

Pour chaque unité de diagnostic, l'auteur du diagnostic décrit le type de dégradation (écaillage, cloquage, faïençage, craquage, peintures pulvérulentes, usure par friction, traces de chocs, fissuration, grattages...), en précise la localisation, évalue la surface de la dégradation, relève la nature du substrat (bois, plâtre, métal...) et note, si possible, l'origine de la dégradation.

5. Mesures de la concentration en plomb des revêtements présentant des dégradations

Les appareils à fluorescence X sont utilisés selon la méthodologie préconisée par leurs fabricants et dans les limites de leur précision.

Sur chaque unité de diagnostic recouverte d'un revêtement présentant des dégradations, l'auteur du diagnostic réalise :

- une seule mesure si celle-ci montre la présence de plomb à une concentration supérieure ou égale au seuil de 1 milligramme par centimètre carré (1 mg/cm²) ; toutefois, une deuxième mesure réduira le risque d'erreur de mesure ;

- deux mesures si la première ne montre pas la présence de plomb à une concentration supérieure ou égale au seuil de 1 milligramme par centimètre carré (1 mg/cm²) ;

- (Rect. *JO* 17 sept. 2011) « trois » mesures si les deux premières ne montrent pas la présence de plomb à une concentration supérieure ou égale au seuil de 1 milligramme par centimètre carré (1 mg/cm²), mais que des unités de diagnostic du même type ont été mesurées avec une concentration en plomb supérieure ou égale à ce seuil.

Lorsque la différence entre la valeur mesurée et le seuil de 1 mg/cm² est inférieure à la valeur de la précision de l'appareil, la mesure est classée comme « non concluante ». La mesure est renouvelée sur un autre point de l'unité de diagnostic analysée.

Les mesures sont effectuées sur la partie saine de l'unité de diagnostic, à proximité immédiate de la dégradation et non à l'endroit de la dégradation où la peinture au plomb, recouvrant au départ l'élément unitaire de façon uniforme, a pu disparaître.

Dans le cas où plusieurs mesures sont effectuées sur une unité de diagnostic, elles sont réalisées à des endroits différents pour minimiser le risque de faux-négatifs. La valeur retenue pour une unité de diagnostic donnée est la valeur mesurée la plus élevée, sous réserve d'écarter les valeurs aberrantes.

L'auteur du diagnostic peut également, en application de l'article 5 du présent arrêté, pratiquer un prélèvement pour analyse chimique. Le prélèvement d'un revêtement étant destructif, l'auteur du diagnostic doit en avoir informé le propriétaire ou son mandataire préalablement à la mission de repérage.

6. Établissement d'un rapport à l'issue du diagnostic

L'auteur établit un rapport de diagnostic comportant notamment :

- l'identification et les coordonnées du propriétaire ou de l'exploitant du local d'hébergement, et celles du syndic le cas échéant ;

- l'identification et les coordonnées de l'organisme chargé de la mission, l'identification de l'auteur du diagnostic et sa signature ;
- les références du contrat d'assurance de l'auteur du diagnostic ;
- la ou les dates du diagnostic et la date du rapport ;
- l'adresse, la localisation de l'immeuble objet de la mission ;
- la liste des lieux habités ou régulièrement fréquentés par des mineurs dans l'immeuble objet de la mission ;
- la liste détaillée des locaux visités et non visités et la raison pour laquelle un local n'a pas été visité ;
- le ou les croquis des locaux ;
- le modèle d'appareil à fluorescence X utilisé et son numéro de série, ainsi que, pour les appareils équipés d'une source radioactive, la date de chargement de la source dans l'appareil, la nature du radionucléide et son activité à la date de chargement de la source ;
- la liste de tous les points de mesure classés par local et comportant l'identification de l'unité de diagnostic concernée avec tous les éléments prévus au paragraphe suivant ;

L'ensemble des mesures est récapitulé dans un tableau listant la totalité des unités de diagnostic ayant fait l'objet de mesures et mentionnant pour chacune :

- l'identifiant unique de l'unité de diagnostic ;
- la localisation non ambiguë de l'unité de diagnostic concernée ;
- la nature du substrat ;
- la nature du revêtement apparent ;
- la localisation de la dégradation de l'unité de diagnostic (facultatif) ;
- la nature de la dégradation de l'unité de diagnostic ;
- l'origine de la dégradation lorsque celle-ci est connue ;
- l'étendue de la dégradation relativement à la surface totale de l'unité de diagnostic ;
- le résultat de la mesure ;
- la préconisation de travaux pour supprimer le risque d'exposition au plomb.

Un second tableau établi selon le même modèle récapitule les mesures dont le résultat est supérieur à l'un des seuils mentionnés à l'article 6.

Commentaires :

Plomb et risque de saturnisme : obligations des syndicats de copropriétaires.

1° Recherche concernant les parties communes

Selon l'article L. 1334-8, précité, « les parties à usage commun d'un immeuble collectif affecté en tout ou partie à l'habitation, construit avant le 1er janvier 1949, devront avoir fait l'objet d'un constat de risque d'exposition au plomb à l'expiration d'un délai de quatre ans à compter de la date d'entrée en vigueur de la loi n° 2004-806 du 9 août 2004 relative à la politique de santé publique », c'est-à-dire le **12 août 2008** au plus tard.

Il est souhaitable que cette obligation soit respectée et ceci pour plusieurs raisons :

- ceci évitera en cas de présence de peinture au plomb dans les parties communes des dommages à la santé des occupants ou des tiers, ce qui mettrait en cause la responsabilité civile et éventuellement pénale du syndicat des copropriétaires ;
- les mutations s'en trouveront facilitées. L'acquéreur pourra être ainsi informé, en consultant le carnet d'entretien de l'immeuble, de la situation des parties communes au regard du risque de « saturnisme ».
- il est également interdit de diviser en vue de créer des locaux à usage d'habitation les immeubles qui n'ont pas fait l'objet du diagnostic-plomb prévu par l'article L. 1334-5 du Code de la santé publique (CCH, art. L. 111-6-1, al. 3). Cette interdiction, qui s'applique aux divisions de lots, cette assortie de lourdes sanctions pénales.

2° Travaux sur parties communes

D'autre part les travaux sur parties communes d'immeubles affectés en tout ou en partie à l'habitation et construits avant le 1er janvier 1949 doivent être précédés d'un constat de risque d'exposition au plomb lorsque ces travaux sont de nature à provoquer une altération substantielle des revêtements (C. santé publ., art. L. 1334-8 et R. 1334-13), c'est-à-dire lorsqu'ils sont susceptibles de produire des poussières ou des écailles de peinture *(A. 25 avr. 2006).*

Une altération est considérée comme substantielle si au moins une des conditions suivantes est réalisée :

- les travaux comportent la création d'ouverture, la modification, la rénovation, le remplacement d'une huisserie ;
- la surface cumulée des revêtements de murs ou de plafond susceptible d'être altérée représente au moins au moins 20 m² ;
- les travaux portent de manière sélective sur des plinthes, tuyauteries, radiateurs, rambardes, mains courantes, balustres, limons, crémaillère, marche et contremarche, et le cumul des longueurs des éléments peints sur lesquels sont prévus les travaux excède 25 m linéaires *(A. 25 avr. 2006).*

ANNEXE 51

PRIVILÈGE IMMOBILIER DU SYNDICAT (ANCIEN)

Bibliographie : P. Capoulade, *Les incertitudes de la loi sur l'habitat : Inf. rap. copr.* oct. 1994, p. 6 et s. • C. de Thézillat, *Le privilège du syndicat de copropriétaires : Gaz. Pal.* 1995, I, doctr. p. 5. • J.-M. Hocquard, *Premières réflexions sur les dispositions de l'article 34 de la loi du 21 juillet 1994 : Gaz. Pal.* 1995, I, doctr. p. 1 et s. • C. Giverdon et P. Capoulade, *L'amélioration du fonctionnement des copropriétés : AJPI* 1995, p. 374 et s. • P. Capoulade, *Le privilège spécial immobilier des copropriétaires : Rev. Géomètre* mai 1995, p. 41 et s. • P. Lebatteux, *Le recouvrement des charges de copropriété après la loi du 21 juillet 1994 : Rev. Administrer* avr. 1995, p. 4 et s. • M. Rémy et J. Pialoux, *Les copropriétés en difficulté : Gaz. Pal.* 1995, doctr. • D. Sizaire, *Le privilège immobilier spécial des copropriétés : Inf. rap. copr.* sept. 1995, p. 16 et s. • V. Badoux, *La mise en œuvre du nouveau privilège du syndicat de copropriété : Professions immobilières* sept. 1995, p. 38 et s. • J. Lafond, *Du nouveau en matière de mutations de lots de copropriété : JCP* N 1995, prat. 3291. • J. Combarieu, *L'incidence sur la pratique notariale du superprivilège reconnu aux syndicats de copropriété : Dr. et ville* 1995, p. 178 et s. • L. Pinet, J.-M. Samedi et D. Talon, *Le privilège immobilier spécial, une arme à manier avec précaution : Inf. FNAIM* mai 1995, p. 27. • R. Dolla-Vial, *Le privilège spécial immobilier et le surendettement : Rev. bleue*, nov. 1999, p. 16. • Ph. Dupuis, *Privilège du syndicat des copropriétaires et liquidation judiciaire des sociétés : Gaz. Pal.* 2 et 3 févr. 2000, p. 3. • J.-L. Malherbe, *La liquidation judiciaire et le syndicat des copropriétaires : Gaz. Pal.* 15-16 sept. 2000, p. 19. • I. Fosset-Lefebvre, *Le privilège spécial immobilier du syndicat des copropriétaires et l'article L. 621-32 du Code de commerce : Rev. proc. coll.* mars 2002, p. 4. • J.-J. Fraimout, *Liquidation judiciaire du syndicat : le surperprivilège en difficulté : Act. proc. coll.* 1er mars 2002. • C. Delattre, *Le rang de la créance du syndicat des copropriétaires en liquidation judiciaire : Ann. loyers* 2002, p. 1585. • J. Hocquard, *Privilèges du syndicat des copropriétaires et procédures collectives : de la divine surprise à la divine comédie ! : Rev. Administrer* oct. 2002, p. 8. • C. Giverdon, *L'efficacité du privilège immobilier spécial du syndicat des copropriétaires est-elle compromise ? : Loyers et copr.* janv. 2003, p. 4. • *Le point sur la mise en œuvre du privilège immobilier spécial occulte du syndicat des copropriétaires : Rev. Administrer* mars 2004, p. 15. • L. Guégan, *À propos d'une privilège immobilier spécial du syndicat des copropriétaires : Administrer* oct. 2015, p. 38. • G. Gil, *Le privilège immobilier spécial : Inf. rap. copr.* juin 2017, p. 19 ; *Ann. loyers* 2017, p. 120.

Code civil

(Anciens textes)

Rédaction antérieure. Art. 2374 ***(Mod. L. n° 2014-366, 24 mars 2014 ; à compter du 1er janvier 2020, Ord. n° 2019-964, 18 sept. 2019 ; abr. à compter du 1er janvier 2022, Ord. n° 2021-1192, 15 sept. 2021).*** – Les créanciers privilégiés sur les immeubles sont :

1° Le vendeur, sur l'immeuble vendu, pour le paiement du prix ;

S'il y a plusieurs ventes successives dont le prix soit dû en tout ou en partie, le premier vendeur est préféré au second, le deuxième au troisième, et ainsi de suite ;

1° *bis* Conjointement avec le vendeur et le cas échéant, avec le prêteur de deniers mentionné au 2°, le syndicat des copropriétaires, sur le lot vendu, pour le paiement des charges et travaux mentionnés à l'article 10, au *c* du II de l'article 24 et à l'article 30 de la loi n° 65-557 du 10 juillet 1965 fixant le statut de la copropriété des immeubles bâtis et des cotisations au fonds de travaux mentionné à l'article 14-2 de la même loi, relatifs à l'année courante et aux quatre dernières années échues ainsi que des dommages et intérêts alloués par les juridictions et des dépens ;

Toutefois, le syndicat est préféré au vendeur et au prêteur de deniers pour les créances afférentes aux charges et travaux de l'année courante et des deux dernières années échues ;

1° *ter* Conjointement avec le vendeur et le cas échéant, avec le prêteur de deniers mentionné au 2° du présent article, l'opérateur mentionné à l'article L. 615-10 du Code de la construction et de l'habitation, si le bien vendu est assorti d'une servitude sur des biens d'intérêt collectif ;

Toutefois, l'opérateur est préféré au vendeur et au prêteur de deniers pour les redevances prévues au même article L. 615-10 de l'année courante et des deux dernières années échues ;

[...].

8° *(Rempl. à compter du 1er mars 2019, L. n° 2018-1021, 23 nov. 2018)* L'État, la commune ou l'établissement public de coopération intercommunale à fiscalité propre, selon le cas, pour la garantie des créances nées de l'application des articles L. 123-3, L. 129-2, L. 129-4, L. 511-2, L. 511-4 ou L. 521-3-2 du Code de la construction de l'habitation ou des articles L. 1331-29-1 ou L. 1331-30 du Code de la santé publique.

Rédaction antérieure. Art. 2378 ***(Abr. à compter du 1er janvier 2022, Ord. n° 2021-1192, 15 sept. 2021).*** **–** Sont exceptées de la formalité de l'inscription les créances énumérées à l'article 2375 et les créances du syndicat de copropriétaires énumérées à l'article 2374.

I – BREF RAPPEL HISTORIQUE

1) Apports de la loi du 21 juillet 1994. La loi n° 94-624 du 21 juillet 1994 (*JCP* 1994, III, 66656) a apporté de nombreuses innovations en ce qui concerne le recouvrement des charges :

– en modifiant les procédures de recouvrement (« l'opposition » de l'art. 20 de la loi du 10 juill. 1965. – V. ce texte) ;

– en créant une nouvelle garantie de recouvrement : le privilège spécial du syndicat en cas de vente de lot.

2) Intérêt de la réforme. Les gérants d'immeubles se plaignaient depuis longtemps du caractère peu satisfaisant des garanties de recouvrement offertes par la loi du 10 juillet 1965, en cas de vente de lot :

– l'hypothèque légale prévue par l'article 19 de la loi du 10 juillet 1965 est peu aisée à mettre en œuvre ;

– l'opposition de l'article 20 est inefficace lorsque le montant des inscriptions grevant le lot est supérieur au prix car elles priment alors la créance du syndicat.

On avait pensé trouver un remède à cette situation par l'insertion dans le règlement de copropriété de clauses rendant solidairement responsables le vendeur et l'acquéreur en cas de vente de lot, mais ces clauses ont été déclarées illicites par la jurisprudence.

Or, la situation créée par l'accumulation de charges non recouvrées est préoccupante : ce sont les copropriétaires solvables qui doivent payer pour les copropriétaires défaillants.

Pour mettre fin à cet état de choses, la solution adoptée a consisté à prévoir, dans l'article 2103 du Code civil, une sûreté nouvelle donnant la préférence aux créances récentes du syndicat de copropriété par rapport à toutes les créances mentionnées à cet article du Code civil.

3) Modifications apportées par la « loi ALUR ». La loi n° 2014-366 du 24 mars 2014 a modifié à la fois l'article 19-1 et l'article 2374 du Code civil.

4) Modification par l'ordonnance du 30 octobre 2019. L'ordonnance n° 2019-1101 du 30 octobre 2019 a modifié les articles 19 et 19-1 de la loi du 10 juillet 1965 (V. ces textes) afin d'étendre le bénéfice du privilège à toutes les créances du syndicat (V. nos 11 et 12).

5) Incidence de la loi Pacte. La loi Pacte (L. n° 2019-486, 22 mai 2019, art. 60) autorise le gouvernement à prendre une ordonnance visant à réformer le droit des sûretés et des privilèges spéciaux. Cette ordonnance ne va-t-elle pas supprimer le privilège du syndicat des copropriétaires ?

Une réponse ministérielle a précisé que le gouvernement envisageait de supprimer la rétroactivité des privilèges spéciaux immobiliers dès lors qu'ils étaient soumis à publicité, afin d'améliorer la prévisibilité des garanties financières, mais que toutefois ce projet de réforme ne concernait pas le privilège spécial immobilier bénéficiant aux syndicats des copropriétaires. Celui-ci n'étant pas soumis à publicité est expressément exclu du domaine de l'habilitation *(Rép. min. n° 23198 : JOAN 12. nov. 2019, p. 9982)*.

6) Suppression du privilège à la suite de la réforme des sûretés. La réforme des sûretés opérée par l'ordonnance n° 2021-1192 du 15 septembre 2021, applicable à compter du 1er janvier 2022, a modifié les garanties offertes au syndicat de copropriétaires pour le recouvrement de ses créances (V. Ann. « Hypothèques légales du syndicat »).

Le privilège immobilier dont bénéficiait le syndicat a été supprimé. Il a été remplacé par une hypothèque légale spéciale résultant de l'article 2402, 3° du Code civil. Cette hypothèque légale ne s'exerce, comme l'ancien privilège immobilier, qu'en cas de vente d'un lot de copropriété et ne porte que « sur le lot vendu ».

Elle est dispensée d'inscription (C. civ., art. 2418, al. 2) et reste donc occulte.

II – RENVOI

7) Pour l'étude de l'hypothèque légale spéciale bénéficiant actuellement aux syndicats de copropriétaires, aux lieu et place de l'ancien privilège immobilier du syndicat, V. Ann. « Hypothèques légales du syndicat ».

ANNEXE 52

PUBLICITÉ FONCIÈRE

I. – Instruction du 1er août 1979.. p. 1427
II. – Alsace-Moselle .... p. 1454

Bibliographie : G. Rouzet, *Copropriété : turbulences sur la publicité foncière : Inf. rap. copr.* sept. 2013, p. 11.

Code civil

LIVRE TROISIÈME. – DES DIFFÉRENTES MANIÈRES DONT ON ACQUIERT LA PROPRIÉTÉ

....

TITRE XVIII. – DES PRIVILÈGES ET HYPOTHÈQUES

....

CHAPITRE IV. – DU MODE DE L'INSCRIPTION DES PRIVILÈGES ET HYPOTHÈSES

Art. 2424 ***(Anc. art. 2429 et 2148-1 mod., L. n° 79-2, 2 janv. 1979 ; dénum., Ord. n° 2006-346, 23 mars 2006 ; à compter du 1er janvier 2022, Ord. n° 2021-1192, 15 sept. 2021).*** **– Pour les besoins de leur inscription, les privilèges et hypothèques portant sur des lots dépendant d'un immeuble soumis au statut de la copropriété sont réputés ne pas grever la quote-part de parties communes comprise dans ces lots. Néanmoins, les créanciers inscrits exercent leurs droits sur ladite quote-part prise dans sa consistance au moment de la mutation dont le prix forme l'objet de la distribution ; cette quote-part est tenue pour grevée des mêmes sûretés que les parties privatives et de ces seules sûretés.**

Ce texte est issu de la loi n° 79-2 du 2 janvier 1979, articles 7 à 10. Il remplace l'ancien article 2429 dont la teneur a été intégralement reprise sous le nouvel article 2424 à la suite de la réforme des sûretés opérée par l'ordonnance n° 2021-1192 du 15 septembre 2021.

Bibliographie : *sur les modalités pratiques d'application de ce texte.* M. Dagot, *Les modifications de la copropriété et le droit de la publicité foncière : JCP* N 1979, I, p. 125 et s. – Thibierge : *Defrénois* 1979, art. 31934.

Voir aussi : on trouvera un commentaire de ce texte dans les numéros 27 et suivants de l'instruction du 1er août 1979.

Rédaction future. Art. 2424 ***(Mod. à compter du 31 décembre 2028, Ord. n° 2024-562, 19 juin 2024).*** **–** L'inscription est prise à la requête du titulaire de l'hypothèque.

TITRE XIX. – DE L'EXPROPRIATION FORCÉE ET DES ORDRES ENTRE LES CRÉANCIERS

CHAPITRE I. – DE L'EXPROPRIATION FORCÉE

....

Rédaction antérieure. Art. 2217. – Toute poursuite en expropriation d'immeubles doit être précédée d'un commandement de payer, fait, à la diligence et requête du créancier, à la personne du débiteur ou à son domicile, par le ministère d'un huissier.

(L. 79-2, 2 janv. 1979) Pour les besoins de leur publication, les commandements portant sur des lots dépendant d'un immeuble soumis au statut de la copropriété sont réputés ne pas porter sur la quote-part de parties communes comprise dans ces lots.

Néanmoins, les créanciers saisissants exercent leur droit sur ladite quote-part, prise dans sa consistance au moment de la mutation dont le prix forme l'objet de la distribution.

Les formes du commandement et celles de la poursuite sur l'expropriation sont réglées par les lois sur la procédure.

– Les dispositions de la loi n° 79-2 du 2 janvier 1979 s'appliquent aux saisies non encore périmées ou radiées à la date de leur entrée en vigueur le 1er juillet 1979.

NB : On trouvera un commentaire de ce texte dans l'Instruction, 1er août 1979.

Ce texte a été implicitement abrogé à compter du 1er janvier 2007 par l'ordonnance n° 2006-461 du 21 avril 2006, réformant la procédure de saisie immobilière.

Décret n° 55-22 du 4 janvier 1955
portant réforme de la publicité foncière

....

Art. 7 *(D. n° 59-89, 7 janv. 1959 ; abr. à compter du 31 décembre 2028, Ord. n° 2024-562, 19 juin 2024).* **– Tout acte ou décision judiciaire sujet à publicité dans un** *(Mots rempl. à compter du 1er janv. 2013, Ord. n° 2010-638, 10 juin 2010)* **« service chargé de la publicité foncière » doit indiquer, pour chacun des immeubles qu'il concerne, la nature, la situation, la contenance et la désignation cadastrale (section, numéro du plan et lieu-dit). Le lieu-dit est remplacé par l'indication de la rue et du numéro pour les immeubles situés dans les parties agglomérées des communes urbaines.**

Lorsqu'il réalise ou constate une division de la propriété du sol entraînant changement de limite, l'acte ou la décision doit désigner l'immeuble tel qu'il existait avant la division et chacun des nouveaux immeubles résultant de cette division, sauf en cas de lotissement effectué dans le cadre de la législation sur les lotissements ou s'il s'agit d'immeubles situés dans les communes où le cadastre n'est pas rénové *(D. n° 60-963, 5 sept. 1960)*. **La constitution sur une fraction de parcelle d'un droit d'usufruit, d'un droit de superficie ou d'un bail emphytéotique est considérée comme un changement de limite de propriété.**

Lorsque, sans réaliser ou constater une division de la propriété du sol entraînant changement de limite, il ne concerne qu'une ou plusieurs fractions d'un immeuble, l'acte ou la décision judiciaire doit comporter à la fois la désignation desdites fractions et celle de l'ensemble de l'immeuble. La désignation de la fraction est faite conformément à un état descriptif de division, ou, éventuellement, à un état modificatif, établi dans les conditions fixées par décret, et préalablement publié ; elle doit mentionner le numéro du lot dans lequel la fraction est comprise, et, sous réserve des exceptions prévues audit décret, la quote-part dans la propriété du sol afférente à ce lot *(D. n° 60-963, 5 sept. 1960)*. **Les dispositions du présent alinéa ne sont pas applicables lorsque l'acte ou la décision concerne soit une servitude, soit un droit d'usage ou d'habitation, soit un bail de plus de douze années. Elles sont également sans application lorsque l'acte ou la décision entraîne la suppression de la division de l'immeuble.**

Les mêmes indications doivent obligatoirement figurer dans tout bordereau, extrait, expédition ou copie, déposé en vue de l'exécution de la formalité

(Mod. à compter du 1er janvier 2013, Ord. n° 2010-638, 10 juin 2010) **S'il s'agit d'immeubles situés dans les communes où le cadastre a été rénové, et faisant l'objet d'une mutation par décès, d'un acte ou d'une décision judiciaire translatif, déclaratif ou constitutif d'un droit réel susceptible d'hypothèque, la désignation est faite conformément à un extrait cadastral ayant moins de six mois de date au jour de la remise au service chargé de la publicité foncière, et, en cas de changement de limite, d'après les documents d'arpentage établis spécialement en vue de la conservation du cadastre. Cet extrait ou ces documents doivent être remis au service chargé de la publicité foncière à l'appui de la réquisition de la formalité.**

S'il s'agit d'immeubles situés dans les communes où le cadastre a été rénové, et faisant l'objet d'une mutation par décès, d'un acte ou d'une déclaration judiciaire translatif, déclaratif ou constitutif d'un droit réel susceptible d'hypothèque, la désignation est faite conformément à un extrait cadastral ayant moins de six mois de date au

jour de la remise au service de la publicité foncière, et, en cas de changement de limite, d'après les documents d'arpentage établis spécialement en vue de la conservation du cadastre. Cet extrait ou ces documents doivent être remis au conservateur des hypothèques à l'appui de la réquisition de la formalité.

I – CAS DANS LESQUELS UN ÉTAT DESCRIPTIF DE DIVISION EST OBLIGATOIRE

1) La désignation des biens immobiliers faisant l'objet d'un acte ou d'une décision judiciaire doit être faite conformément à un état descriptif de division lorsque trois conditions se trouvent réunies :

1° l'acte ou la décision judiciaire ne doit pas réaliser ou constater une division de la propriété du sol entraînant changement de limite ;

2° l'acte ou la décision doit concerner une fraction d'un immeuble ;

3° l'acte ou la décision ne doit pas concerner, soit une servitude, soit un droit d'usage ou d'habitation, soit un bail de plus de douze années *(Doc. adm. DGI 10 E 4311, n° 1 – 1er août 1986).*

2) Sur l'obligation d'établir cet état descriptif de division : ■ Cass. civ., 2 juill. 1969 : *BAMC*, art. 794 ; *BAMC*, art. 475, particulièrement en préalable à la vente d'appartements ; *JCP* N 1976, prat. 6329.

A – L'acte ou la décision judiciaire ne doit pas réaliser ou constater une division de la propriété du sol entraînant changement de limite

3) Lorsque l'acte ou la décision réalise ou constate une division de la propriété du sol entraînant changement de limite, chacune des parcelles issues de la division de l'immeuble originaire devient elle-même un immeuble distinct au sens de l'article 7 du décret du 4 janvier 1955. Elle est alors susceptible d'être désignée conformément au deuxième alinéa dudit article, notamment si l'immeuble se trouve dans une commune à cadastre rénové, par l'indication du nouveau numéro cadastral affecté à chacune des parties ayant composé l'immeuble divisé *(Doc. adm. DGI 10 E 4311, n° 2 – 1er août 1986).*

4) Lorsque le fractionnement d'un immeuble a pour résultat de conférer aux divers propriétaires des droits divis sur le sol, l'ancien immeuble étant scindé en un certain nombre de nouveaux immeubles distincts, chacun de ceux-ci est susceptible d'être désigné par les moyens normaux sans qu'il soit besoin de recourir à l'état descriptif de division *(Doc. adm. DGI 10 E 4311, n° 3 – 1er août 1986).*

B – Pour qu'un état descriptif de division soit obligatoire, il faut que l'acte concerne une fraction d'un immeuble

5) L'expression « fraction d'immeuble » s'applique à tous les immeubles, qu'ils soient bâtis ou non bâtis et vise toute partie d'immeuble sur laquelle s'exercent ou peuvent s'exercer des droits réels concurrents *(Doc. adm. DGI 10 E 4311, n° 6 – 1er août 1986).*

6) L'attribution à chaque associé dans les sociétés dites « de multipropriété » d'un simple droit de jouissance ne répond pas à cette seconde condition. Les états descriptifs établis en vue de répartir ce droit personnel, dans le temps et dans l'espace, ne sont donc pas à publier à la conservation des hypothèques (Rép. min. Just., 21 juill. 1975) *(Doc. adm. DGI 10 E 4311, n° 7 – 1er août 1986).*

7) En revanche, il arrive parfois que les propriétaires d'un terrain nu organisent l'indivision de sorte que chacun des futurs copropriétaires se voit attribuer un droit de jouissance exclusif sur une partie déterminée du terrain. Selon les cas, la totalité de celui-ci se trouve ainsi répartie entre les différents copropriétaires ou bien certaines parties sont affectées à l'usage collectif et tous les copropriétaires peuvent en user selon leur destination. Cette organisation peut être effectuée en vue d'édifier des constructions et contient alors en germe une copropriété « horizontale ». Dans ces différents cas, les droits de chaque copropriétaire s'exercent différemment sur les diverses parties du sol. Afin de tenir compte de la pratique et des besoins de la publicité foncière, mais sans prendre parti, pour autant, sur le caractère juridique de telles opérations, il est nécessaire d'organiser une désignation précise de ces diverses parties par le moyen d'un état descriptif de division.

Les hypothèses ci-dessus analysées supposent l'existence de plusieurs copropriétaires dont l'état descriptif de division a pour objet de préciser les droits respectifs *(Doc. adm. DGI 10 E 4311, n° 8 – 1er août 1986).*

8) On peut concevoir aussi qu'un immeuble appartienne à un seul propriétaire qui constitue sur certaines fractions de celui-ci des droits réels concurrents. Dans ce cas, un état descriptif de division est également utile. De même, l'inscription d'une hypothèque – ou le cantonnement d'une hypothèque inscrite – sur une fraction d'immeuble ne peut être opérée que si la fraction grevée est désignée dans le bordereau (ou l'acte de mainlevée partielle) conformément à un état descriptif de division. Dans ces deux cas cependant, la division de la parcelle peut également être opérée à l'initiative du propriétaire, l'établissement d'un état descriptif de division devenant alors inutile.

Le plus souvent, l'immeuble ou l'ensemble immobilier sur lequel sont constitués des droits réels privatifs comporte des parties communes divises. Dans ces situations, le sol est l'élément commun rattachant toutes les fractions à la même unité foncière, car si le fractionnement allait jusqu'à conférer des droits divis de propriété sur le sol, l'immeuble se trouverait scindé en autant de nouveaux immeubles *(Doc. adm. DGI 10 E 4311, n° 9 – 1er août 1986).*

9) Dans certaines régions cependant où se pratique depuis de longues années le régime de la copropriété « verticale », l'usage s'est établi de ne laisser aucune partie dans l'indivision. C'est ainsi que le sol sur lequel est édifié un immeuble collectif appartient en toute propriété aux propriétaires des locaux situés au rez-de-chaussée. Les murs sont réputés appartenir aux propriétaires des volumes qu'ils encadrent. Le toit même appartient au propriétaire du dernier étage. Mais tous ces éléments (sol, gros murs, toit, escalier...) sont affectés à l'usage collectif. Il est évident que, dans ce cas (1), il est indispensable, pour l'individualisation des droits appartenant à chaque propriétaire de locaux, d'établir la désignation d'après un état descriptif de division.

Ainsi, un état descriptif peut s'appliquer à un ensemble immobilier édifié sur un sol dont la propriété n'est pas globalement placée sous le régime de l'indivision forcée.

Par suite, un état descriptif doit être régulièrement établi pour l'ensemble des constructions même si les parcelles formant l'assiette des bâtiments appartiennent divisément à plusieurs propriétaires *(Doc. adm. DGI 10 E 4311, n° 9 – 1er août 1986).*

10) En définitive, lorsque des droits réels privatifs (autres que des servitudes ou des droits d'usage ou d'habitation) s'exercent sur des parties distinctes d'un immeuble dont l'ensemble conserve son unité, il ne suffit pas de désigner l'immeuble dans le cadre duquel ces droits s'exercent. Il faut une désignation complémentaire pour identifier chaque « fraction » faisant l'objet d'un droit exclusif : c'est cette désignation complémentaire que l'état descriptif de division est appelé à fournir *(Doc. adm. DGI 10 E 4311, n° 11 – 1er août 1986).*

11) Il en découle d'ailleurs que l'établissement d'un état descriptif de division n'est pas requis lorsqu'un immeuble fait l'objet d'une indivision au sens classique de ce terme (à la suite d'une dévolution successorale, par ex.). Dans ce cas, en effet, les différents propriétaires indivis ont droit à une quote-part idéale de l'ensemble et leurs droits s'exercent sur l'ensemble de l'immeuble. L'identification de la parcelle qui désigne l'immeuble auquel s'appliquent les droits indivis est suffisante pour les déterminer *(Doc. adm. DGI 10 E 4311, n° 12 – 1er août 1986).*

II – CAS D'APPLICATION

12) Il y a lieu à établissement préalable d'un état descriptif de division, notamment, dans les cas suivants :

– vente pure et simple d'un étage ou d'un appartement dans une maison dont le propriétaire conserve le surplus ;

– vente du droit de surélévation d'un immeuble préexistant ;

– vente d'une maison entière, à l'exception d'un seul appartement aliéné en nue-propriété seulement, l'usufruit appartenant au vendeur ;

– vente ou attribution, aux membres d'une société immobilière, des différents appartements d'un immeuble devenant la propriété exclusive des acquéreurs ou attributaires ;

– vente d'une fraction indivise de terrain moyennant l'attribution au vendeur de fractions divises de la construction à édifier par l'acquéreur sur le terrain (■ Cass., 19 févr. 1974) ;

– expropriation ou vente ne portant que sur une partie du tréfonds (Circ. min. Équip. et Log., 21 juill. 1967) ;

– vente d'une pièce enclavée ou imbriquée dans un immeuble voisin ;

– vente de garages construits en sous-sol ;

– vente à deux personnes acquérant divisément deux maisons individuelles édifiées sur une parcelle unique, lorsque l'ensemble du terrain (sol des constructions et terrain nu) demeure indivis entre les deux propriétaires, même si, en fait, chacun d'eux se réserve la jouissance privative, à titre de dépendance de la maison d'habitation, d'une partie bien déterminée du terrain (2) ;

– affectation hypothécaire d'un étage ou d'un appartement, ou de tous les locaux d'habitation

(1) Qui, toutefois, ne devrait plus guère se rencontrer dès lors que l'article 3 de la loi du 10 juillet 1965 fixant le statut de la copropriété des immeubles bâtis, dans le silence ou la contradiction des titres, ces divers éléments, parties communes.

(2) Un état de division ne saurait, en revanche, être dressé si ladite parcelle était divisée entre les deux propriétaires, chacun d'eux acquérant, avec la construction, le sol de sa maison et le terrain formant dépendance, ainsi qu'une quote-part du surplus du terrain nu laissé dans l'indivision (bois, parc, etc.) : la division créerait, en effet, trois immeubles distincts.

d'une maison, à l'exclusion des garages et locaux commerciaux ;

– affectation hypothécaire d'une maison individuelle construite, avec d'autres, sur une parcelle unique non divisée, du moment que l'ensemble du terrain est appelé à demeurer indivis entre les divers propriétaires des constructions ;

– affectation hypothécaire d'une partie de parcelle non bâtie ;

– cantonnement d'une hypothèque sur une partie de parcelle non bâtie.

Dans les deux cas précédents, le droit réel constitué modifie l'agencement de la propriété à un point tel que cette modification peut être considérée comme un changement de limite et donner lieu à l'établissement d'un document d'arpentage permettant au service du cadastre d'attribuer des numéros de parcelle nouveaux aux parties grevées et non grevées, mais en l'état actuel des textes, sa production ne peut être exigée, l'état descriptif de division suffit à assurer leur désignation *(Doc. adm. DGI 10 E 4311, n° 16 – 1er août 1986)*.

13) Ce qu'il faut essentiellement retenir c'est que l'état descriptif de division risque de s'imposer à la fois dans l'intérêt des titulaires de droits réels et pour la tenue du fichier immobilier, dans des hypothèses ne rentrant pas exactement dans le cadre des dispositions réglementaires envisagées alors qu'à l'inverse cet état peut ne présenter pratiquement aucun intérêt dans un certains cas où l'application littérale des textes le rendrait cependant obligatoire.

C'est ainsi qu'une réponse du ministre des Finances du 19 septembre 1959 a précisé que la vente du sous-sol d'un terrain par le propriétaire de celui-ci ne nécessitait pas l'établissement d'un état descriptif de division du moment que le sous-sol était suffisamment identifié par la désignation des parcelles de surface.

De même, on doit noter – particulièrement pour les grands ensembles immobiliers composés de maisons individuelles construites sur un vaste terrain comprenant des espaces verts ou des zones, mêmes construites, affectées à l'usage commun – que la division parcellaire effectuée par le service du cadastre à partir d'un document d'arpentage peut, dans les communes à cadastre rénové, suppléer la division par lots *(Doc. adm. DGI 10 E 4311, n° 17 – 1er août 1986)*.

14) Par contre, on trouve dans la périphérie de l'agglomération des grandes villes des immeubles situés sur une rue régulièrement numérotée et composée de terrains et de bâtiments desservis par une cour commune ayant un seul accès sur la rue. La vente ou l'affectation hypothécaire d'un seul de ces bâtiments par le propriétaire de l'ensemble immobilier n'entraîne aucune indivision du sol. Le plus souvent, en cas de vente, une servitude de passage est consentie sur la cour commune ou celle-ci est mise dans l'indivision, mais le bâtiment cédé constitue un bâtiment distinct. Dans cette hypothèse, lorsqu'une formalité est requise, il devient très difficile, sinon impossible d'identifier le bâtiment dont il s'agit : à défaut de division parcellaire, un état de division dressé par le propriétaire de l'ensemble serait donc, ici, très précieux *(Doc. adm. DGI 10 E 4311, n° 18 – 1er août 1986)*.

III – CAS OÙ L'IMMEUBLE N'EST PAS DOTÉ D'UN ÉTAT DESCRIPTIF DE DIVISION

15) Renvoi. Voir ci-dessous les dispositions des articles 50-1 et 50-2 du décret du 4 janvier 1955.

IV – DISPENSE PROVISOIRE D'ÉTABLISSEMENT D'UN ÉTAT DESCRIPTIF DE DIVISION – FIN DU RÉGIME TRANSITOIRE

16) Renvoi. Voir ci-dessous les dispositions de l'article 71-10 du décret du 14 octobre 1955.

V – CONTENU DE L'ÉTAT DESCRIPTIF DE DIVISION

17) L'état descriptif de division doit :

– identifier, conformément au premier alinéa de l'article 7 du décret du 4 janvier 1955, l'immeuble ou l'ensemble immobilier auquel il s'applique et dont il doit indiquer la consistance globale exacte ;

– déterminer les différentes fractions dudit immeuble ou ensemble immobilier, identifier chacune d'elles de façon précise et lui attribuer un numéro d'ordre, dit numéro de lot.

A – Désignation de l'immeuble ou de l'ensemble immobilier auquel s'applique l'état descriptif de division

18) L'état descriptif de division doit, en premier lieu, identifier, conformément aux prescriptions du premier alinéa de l'article 7 du décret du 4 janvier 1955, l'immeuble ou l'ensemble immobilier auquel il s'applique, c'est-à-dire qu'il doit indiquer, en dehors de la commune de la situation, la nature de l'immeuble ou de l'ensemble immobilier intéressé, ainsi que :

– la désignation cadastrale (section et numéro du plan cadastral) de chaque parcelle le composant ;

– la contenance de chaque parcelle (contenance cadastrale, complétée, le cas échéant, par la contenance d'après les titres ou d'après un mesurage) (1) ;

– le lieu-dit qui est remplacé par l'indication de la rue et du numéro pour les immeubles situés dans les parties agglomérées des communes urbaines *(Doc. adm. DGI 10 E 4321, n° 1 – 1er août 1986).*

19) Depuis l'entrée en vigueur du décret n° 85-760 du 18 juillet 1985, l'élément « voirie », c'est-à-dire « la voie et le numéro dans la voie », a été ramené au rang des éléments non essentiels de désignation au même titre que la contenance ou la nature des immeubles. Une discordance entre l'acte et le fichier au niveau de la voirie n'entraîne plus aucune sanction, les fiches devant être rectifiées en fonction des indications de l'acte *(Doc. adm. DGI 10 E 4321, n° 2 – 1er août 1986).*

B – Détermination et identification des « fractions d'immeubles »

20) Renvoi. Voir plus loin l'article 71, A, II du décret du 14 octobre 1955.

Bibliographie : *sur la désignation de l'immeuble et des fractions d'immeubles.* Bulté : *JCP* N 1978, prat. 6862. – Chardonnal : *JCP* N 1981, prat. 8149.

....

Art. 35 ***(Abr. à compter du 31 décembre 2028, Ord. n° 2024-562, 19 juin 2024).*** **– Sont publiés au *(Mots rempl. à compter du 1er janvier 2013, Ord. n° 2010-638, 10 juin 2010)* « service chargé de la publicité foncière » de la situation des immeubles et produisent vis-à-vis des parties et des tiers, les effets prévus par les dispositions spéciales qui les régissent :**

[...] ;

6° Les règlements de copropriété des immeubles ou ensembles immobiliers ;

[...].

Les actes, décisions et dispositions énoncés ci-dessus, et les extraits, expéditions, ou copie déposés au *(Mots rempl. à compter du 1er janvier 2013, Ord. n° 2010-638, 10 juin 2010)* « service chargé de la publicité foncière » pour l'exécution de la formalité sont soumis aux règles générales édictées par le présent décret, notamment par les articles 4 à 7 et 32 à 34 concernant la forme des actes, l'identification des personnes et des biens, les délais et les modalités de la publicité. Toutefois, à titre transitoire, certaines modalités d'application pourront être fixées par décret en Conseil d'État.

Sur la publication du règlement de copropriété et ses incidences, V. la loi n° 65-557 du 10 juillet 1965, art. 13. - V. également ci-dessous le décret du 14 octobre 1955, art. 78 et s.

....

Art. 50-1 ***(D. n° 59-89, 7 janv. 1959 ; abr. à compter du 31 décembre 2028, Ord. n° 2024-562, 19 juin 2024).*** **– Lorsqu'il n'a pas été transcrit ou publié de document analogue à l'état descriptif de division d'un immeuble visé à l'alinéa 3 de l'article 7, tout intéressé peut requérir un notaire d'en établir un, en vue de la publication d'un acte ou d'une décision concernant une fraction dudit immeuble.**

Les propriétaires ou leur représentant sont tenus de communiquer au notaire tous actes ou documents nécessaires.

Si un ou plusieurs propriétaires contestent l'état descriptif ainsi établi, le notaire complète celui-ci, avant d'en requérir la publication, par un procès-verbal constatant les réserves des opposants.

Les dispositions qui précèdent sont applicables lorsque le document transcrit ou publié attribue un même numéro à plusieurs lots différents, ou lorsqu'une subdivision ou une réunion des lots désignés par ce document a été opérée sans qu'il ait été transcrit ou publié un document analogue à l'état modificatif visé à l'alinéa 3 de l'article 7.

Bibliographie : S. Lamiaux, *L'état descriptif de division « forcé » : JCP* N 2015, n° 5 - 1062.

---

(1) Lorsque l'immeuble pour lequel doit être établi un état descriptif de division est situé dans une commune à cadastre rénové et se compose de plusieurs parcelles cadastrales, il est conseillé de demander au service du cadastre la réunion de celles-ci en une parcelle unique avant l'établissement de l'état descriptif.

À l'inverse, lorsque le propriétaire d'une parcelle située dans une commune à cadastre rénové décide d'en soumettre une partie seulement à un régime d'indivision forcée, le surplus devant demeurer sa propriété privative, il convient avant même l'établissement de l'état descriptif de division, de demander la division de la parcelle au service du cadastre en produisant un document d'arpentage. Cette division qui devrait se faire, en toute hypothèse, avant la rédaction du premier acte constatant une vente de lot ne peut que faciliter l'identification qui fait l'objet de l'état descriptif.

1) En premier lieu (art. 50-1), toute personne ayant intérêt à ce qu'un état descriptif de division soit publié préalablement à une formalité à laquelle elle doit procéder peut requérir un notaire de l'établir pour l'ensemble de l'immeuble, notamment dans les cas suivants :

– lorsqu'il n'a pas été encore dressé, transcrit ou publié un document analogue à l'état descriptif de division, parce que, par exemple, les parties qui doivent l'établir ne se mettent pas d'accord à cet effet ;

– lorsqu'un tel document a été transcrit ou publié, mais attribue un même numéro à plusieurs lots différents ; ce document n'est pas régulier, en effet, dès lors qu'un numéro distinct n'est pas attribué à chaque lot *(Doc. adm. DGI 10 E 4323, n° 4 – 1er août 1986).*

2) En vertu de l'établissement de l'état descriptif, les propriétaires ou leurs représentants sont tenus de communiquer au notaire requis tous actes ou documents nécessaires. En particulier, le syndic est à même de fournir les renseignements nécessaires pour connaître l'état civil des copropriétaires que le notaire doit certifier *(Doc. adm. DGI 10 E 4323, n° 5 – 1er août 1986).*

3) Le consentement de chaque copropriétaire à l'état descriptif n'est pas indispensable, non plus que la signature par d'autres personnes que le notaire. Celui-ci a pour seule obligation d'inviter – par le procédé qu'il jugera opportun – les copropriétaires à lui faire connaître dans un certain délai (1) s'ils ont des réserves à formuler sur le projet d'état descriptif dont il leur adresse une copie ; il doit les informer qu'à défaut de réponse dans ledit délai, cet état sera publié au fichier immobilier. Si certains copropriétaires sont incapables, le projet d'état descriptif doit être communiqué à leurs représentants légaux *(Doc. adm. DGI 10 E 4323, n° 6 – 1er août 1986).*

4) Si un ou plusieurs propriétaires contestent l'état descriptif ainsi établi, le notaire complète celui-ci, avant d'en requérir la publication, par un procès-verbal constatant les dires des opposants *(Doc. adm. DGI 10 E 4323, n° 7 – 1er août 1986).*

Dans l'hypothèse visée au texte, l'état descriptif de division est alors établi aux frais de ceux qui le requièrent. Il est aussi possible de demander à l'assemblée la désignation d'un expert pour le dresser aux frais de la copropriété.

Voir : D. n° 55-1350, 14 oct. 1955, art. 71, D, 3, p. 1408.

Bibliographie : Il peut être publié sous la seule signature du copropriétaire qui en a demandé l'établissement (*BAMC*, art. 510). Sur ce texte, voir l'instruction du 11 mars 1959, n° 21. – *JCl. Copropriété*, Fasc. 101. – Lebatteux, *À propos des immeubles qui n'ont pas d'état descriptif de division : Rev. Administrer* 1982, n° 123, p. 2.

Art. 50-2 ***(D. n° 59-89, 7 janv. 1959 ; mod. à compter du 1er janvier 2020, D. n° 2019-966, 18 sept. 2019 ; abr. à compter du 31 décembre 2028, Ord. n° 2024-562, 19 juin 2024).*** **– En ce qui concerne les formalités de publicité requises sans le concours du titulaire du droit, la désignation de la fraction d'immeuble intéressée est faite sur la base d'un procès-verbal descriptif, dressé par un huissier de justice et attribuant un numéro à ladite fraction, lorsque l'état descriptif de division ou un document analogue n'a pas été préalablement publié ou que sa publication n'est pas simultanément requise.**

Il en est de même lorsque la fraction d'immeuble intéressée a été, postérieurement à la publication du document constatant le droit du requérant, soit divisée, soit réunie en tout ou en partie à un autre lot, sans qu'un acte modificatif de l'état de division ait été publié.

Dans le cas où le document à publier n'est pas un commandement pour valoir saisie, l'huissier de justice doit être commis par ordonnance sur requête rendue par le président du tribunal judiciaire de la situation de l'immeuble et peut instrumenter dans les conditions prévues au dernier alinéa de l'article 673 du Code de procédure civile (ancien).

Bibliographie : S. Lamiaux, *L'état descriptif de division « forcé » : JCP* N 2015, n° 5 - 1062.

1) En second lieu (art. 50-2), pour tous les actes ou décisions auxquels demeure étranger le propriétaire ou copropriétaire de la fraction d'immeuble intéressée – saisie, inscription de privilège et d'hypothèque judiciaire ou légale –, l'état descriptif de division peut être remplacé par un procès-verbal descriptif dressé par un huissier de justice, attribuant à cette fraction un numérodéfinitif, qui est, en principe, le numéro 1, le numéro 2 étant alors attribué au surplus de l'immeuble.

Dans ce cas, les numéros attribués dans le procès-verbal descriptif dressé par huissier sont signifiés au propriétaire ou au représentant de la collectivité des copropriétaires, au lieu de l'immeuble. Ils sont obligatoirement repris, pour dési-

(1) Qu'il fixera lui-même…

gner ladite fraction et le surplus de l'immeuble, dans l'état descriptif de division, ultérieurement publié, et dans tous actes et décisions se rattachant à la procédure de saisie, y compris le jugement définitif d'adjudication *(D. 14 oct. 1955, art. 71, D, 4)*.

Pour permettre à l'huissier de visiter les lieux afin de dresser le procès-verbal, le dernier alinéa de l'article 50-2 dispose que, si le document à publier n'est pas un commandement pour valoir saisie, l'huissier doit être commis par ordonnance sur requête rendue par le président du tribunal de grande instance de la situation de l'immeuble et peut instrumenter dans les conditions prévues au dernier alinéa de l'article 673 du Code de procédure civile *(ancien) (Doc. adm. DGI 10 E 4323, n° 8 – 1er août 1986)*.

2) Cependant, si un numéro de lot a été attribué par le conservateur à la fraction concernée, pendant la période transitoire prévue par le décret n° 60-963 du 5 septembre 1960, l'article 8, alinéa 1er, 2° dudit décret, dispense de l'intervention de l'huissier de justice. L'attribution de numéro de lot par le conservateur vaut état descriptif *(Doc. adm. DGI 10 E 4323, n° 9 – 1er août 1986)*.

Voir : comm. sous D. n° 55-1350, 14 oct. 1955, art. 71 C, I, p. 1408.

3) Si, pour tous les actes ou décisions auxquels demeure étranger le propriétaire ou copropriétaire de la fraction d'immeuble intéressée – en particulier pour les actes et décisions se rattachant à la procédure de saisie, y compris le jugement définitif d'adjudication –, le procès-verbal descriptif de l'huissier ou l'attribution de numéro de lot par le conservateur tiennent lieu de l'état de division, le droit commun reprend son empire, dès qu'une formalité de publicité est requise par le propriétaire ou copropriétaire lui-même ou suppose son consentement (affectation hypothécaire par ex.) ; le refus du dépôt sanctionne le défaut de publication préalable ou requise simultanément de l'état de division *(Doc. adm. DGI 10 E 4323, n° 10 – 1er août 1986)*.

Décret n° 55-1350 du 14 octobre 1955

pour l'application du décret n° 55-22 du 4 janvier 1955 portant réforme de la publicité foncière

TITRE PREMIER. – DU FICHIER IMMOBILIER

CHAPITRE I. – DISPOSITIONS APPLICABLES AUX IMMEUBLES SITUÉS DANS LES COMMUNES À CADASTRE RÉNOVÉ

Section I. – Composition et tenue du fichier

Art. 1er. – Le fichier immobilier, dont la tenue est prescrite, à compter du 1er janvier 1956, par l'article 1er du décret [n° 55-22] du 4 janvier 1955, se compose, pour chaque commune du ressort *(Mots rempl. à compter du 1er janvier 2013, D. n° 2012-1462, 26 déc. 2012)* « du service de la publicité foncière » :

– des fiches personnelles de propriétaire ;

– des fiches parcellaires.

En outre, des fiches d'immeubles sont tenues pour les immeubles urbains définis à l'article 2.

Art. 2 *(D. n° 70-512, 12 juin 1970)*. – 1. Sont considérés comme immeubles urbains tous immeubles situés dans les communes qui, avant l'entrée en vigueur de la loi du 10 juillet 1964, dépendaient du département de la Seine et dans les parties agglomérées, telles qu'elles résultent des tableaux de dénombrement de la population, des communes de plus de 10 000 habitants énumérées au tableau 3 annexé au décret n° 54-1088 du 30 octobre 1954 authentifiant les résultats du recensement du 10 mai 1954.

Ne cesseront pas d'être considérés comme urbains les immeubles situés dans des communes qui comptent plus de 10 000 habitants d'après les résultats du recensement du 10 mai 1954 et dont la population tombera au-dessous de ce chiffre d'après un nouveau décret de dénombrement.

Les immeubles situés dans les communes comptant moins de 10 000 habitants d'après les résultats du recensement du 10 mai 1954 et dont la population atteindra ce chiffre, d'après un nouveau décret de dénombrement, seront, à partir de l'entrée en vigueur de ce texte, considérés comme urbains.

2. Sont également considérés comme immeubles urbains, quelle que soit leur situation, les immeubles ou ensembles immobiliers qui font l'objet d'un lotissement, d'une division ou d'une copropriété dans le cadre, soit d'un cahier des charges établi par application des articles 89 *bis* ou 107 du Code de l'urbanisme

etdel'habitation [abrogés], soit d'un règlement de copropriété établi par application de la loi modifiée du 28 juin 1938 tendant à régler le statut des immeubles divisés par appartements [V. désormais n° 65-557, 10 juill.1965].

3. Tous les autres immeubles sont considérés comme immeubles ruraux.

....

§ 1. – Fiches personnelles de propriétaire

Art. 4 *(Mod., D. n° 2021-1888, 29 déc. 2021).* – 1. Il est établi, pour chaque propriétaire, une fiche personnelle par commune dans laquelle ce propriétaire possède des immeubles.

[...].

Il n'est pas établi de fiche personnelle au nom des propriétaires d'une fraction d'immeuble lorsque leur identité n'est pas certifiée et que le document à publier est établi à la requête du représentant de la collectivité des copropriétaires.

2. Il est créé une fiche personnelle lors de la première formalité de publicité opérée à partir du 1er janvier 1956, en exécution des articles 28, 35 à 37 et 39 du décret du 4 janvier 1955 ; une fiche est égalementcréée si la première formalité est une inscription d'hypothèque ou une inscription prise en renouvellement.

....

§ 3. – Fiches d'immeuble

Art. 10 *(D. n° 59-90, 7 janv. 1959).* – Une fiche d'immeuble est établie pour chaque immeuble urbain et pour chaque fraction d'immeuble urbain au sens de l'article 2.

Le *(Mot rempl. à compter du 1er janvier 2013, D. n° 2012-1462, 26 déc. 2012)* « service de la publicité foncière » mentionne, indépendamment de la section et du numéro du plan cadastral, du nom de la rue et du numéro, ou, à défaut, du lieudit :

- au tableau I, la nature de l'immeuble et pour les fractions d'immeuble, le numéro de lot que concerne la fiche, ainsi que les modifications apportées par la suite à sa consistance ;
- au tableau II, le lotissement ou la division, s'il y a lieu ;
- au tableau III, les formalités intéressant, suivant le cas, la totalité de l'immeuble, ou chaque lot ou appartement le composant, ce tableau étant utilisé, dans les conditions prévues à l'article 5, pour la fiche personnelle.

Art. 11. – En cas de division ultérieure d'un immeuble urbain en fractions divisées – comportant ou non des fractions indivises – il est créé, au moment de l'attribution effective de chaque lot à un nouveau propriétaire et pour chacune des fractions divises, une fiche particulière sur laquelle sont portées les annotations concernant uniquement la fraction intéressée. Dans cette hypothèse, la fiche originaire, dite fiche générale, est annotée, au tableau II, du lotissement ou de la division, ainsi qu'il est indiqué à l'article 10, et au tableau III, de toutes les formalités intéressant l'ensemble de l'immeuble.

Par dérogation à l'alinéa précédent, en cas de partage en nature entre tous les membres d'une société régie par la loi modifiée du 28 juin 1938 [V. C. constr., art. L. 212-1 et s.] de la totalité des appartements d'un immeuble urbain, les fiches particulières des fractions divisées ne sont créées qu'à l'occasion de la première opération (vente, affectation hypothécaire, etc.) concernant chacune desdites fractions.

Il est également créé des fiches particulières pour chaque fraction divise au fur et à mesure que les formalités sont répertoriées, s'il est constaté, à l'occasion de la publication opérée, à partir du 1er janvier 1956, d'un acte ou d'une décision judiciaire concernant l'une de ces fractions, qu'un immeuble urbain a été antérieurement divisé en copropriété. La fiche générale est créée en même temps que la première fiche particulière ; elle est annotée au tableau II, au fur et à mesure des aliénations ou attributions des lots en faisant l'objet et, au tableau III, de toutes les formalités requises postérieurement à sa création, intéressant l'ensemble de l'immeuble, qu'il n'y a pas lieu de répertorier sur chaque fiche particulière.

....

§ 4. – Forme et modalités des annotations

Art. 16-1 *(D. n° 79-405, 21 mai 1979 et D. n° 98-553, 3 juill. 1998).* – Les extinctions ou extensions de droits, prévues à l'article 6-1 de la loi n° 65-557 modifiée du 10 juillet 1965, sont publiées au fichier immobilier du seul fait de l'annotation des formalités qui les entraînent.

Toutefois, en cas d'acquisition de parties communes entraînant changement de l'emprise de la copropriété, l'extension de droits prévue à l'alinéa 2 de l'article 6-1 susvisé est publiée sur le dépôt de deux expéditions de l'acte modificatif ou de l'acte distinct qui contient la déclaration par le syndic ou un créancier inscrit, que, le bien acquis étant libre de tous droits à la date de la mutation ou ayant été, par suite des formalités ou des événements relatés, libéré des droits dont il était l'objet, cette extension est réalisée.

En cas d'inexactitude de la déclaration en ce qui concerne l'existence de droits, la formalité est rejetée.

....

Voir aussi : sur les modalités pratiques d'application de ce texte, voir Instruction du 1er août 1979, n° 54.

Section II. – Concordance du fichier immobilier et du cadastre

Art. 30 *(Mod. à compter du 1er janvier 2022, D. n° 2021-1888, 29 déc. 2021).* – 1. En exécution de l'article 40 du décret du 4 janvier 1955, un extrait cadastral est remis au service de la publicité foncière des hypothèques à l'appui de la première formalité requise à partir du 1er janvier 1956, même lorsque cette première formalité n'a pas pour objet de publier une attestation après décès ou un acte ou décision translatif, déclaratif, constitutif ou extinctif de droit de propriété, d'usufruit, d'emphytéose ou de superficie.

Il en est ainsi, notamment, en cas de publication de l'un des documents, actes ou décisions énumérés ci-après :

[...].

– règlement de copropriété ;

[...].

L'extrait cadastral est conforme au modèle (n° 3) fixé par le *(Mots rempl. à compter du 1er janvier 2013, D. n° 2012-1462, 26 déc. 2012)* « directeur général des finances publiques ».

2. En ce qui concerne spécialement les actes ou décisions relatifs à des servitudes réelles, l'extrait cadastral est produit tant pour le fonds servant que pour le fonds dominant.

3. Par dérogation à l'article 8, les fiches parcellaires sont annotées des mentions de référence à la formalité de publicité donnée à l'un des documents, actes ou décisions énumérés ou 1 ci-dessus, si cette formalité est la première au sens de la présente disposition.

4. L'extrait cadastral, qui doit porter une mention de référence à l'article 40 du décret n° 55-22 du 4 janvier 1955 modifié et avoir moins de six mois de date au jour où la publicité est requise, est établi par le service du cadastre.

(Al. mod. à compter du 1er janvier 2013, D. n° 2012-1462, 26 déc. 2012) L'extrait (modèle n° 3) est produit à l'appui du document déposé au service de la publicité foncière ; il est transmis au service du cadastre suivant les modalités fixées par le directeur général des finances publiques.

Lorsque l'extrait n'est pas annexé à ce document et qu'après avoir accepté le dépôt le *(Mots rempl. à compter du 1er janvier 2013, D. n° 2012-1462, 26 déc. 2012)* « service de la publicité foncière » constate qu'il s'agit de la première formalité depuis le 1er janvier 1956, il ne procède pas aux annotations sur le fichier immobilier et invite le signataire du certificat d'identité, dans le délai maximum d'un mois à compter du dépôt, à se faire délivrer et à remettre un extrait cadastral. Les dispositions des deuxième et troisième alinéas du 3 de l'article 34 du présent décret sont applicables.

Si, à l'expiration du délai d'un mois à compter de la notification faite par le *(Mots rempl. à compter du 1er janvier 2013, D. n° 2012-1462, 26 déc. 2012)* « service de la publicité foncière », l'extrait ne lui a pas été remis, la formalité est rejetée suivant les modalités prévues aux deux derniers alinéas du 3 de l'article 34.

....

Section IV. – Certificats d'identité. Réquisitions. Copies, extraits et certificats

....

§ 2. – Réquisitions. Copies, extraits et certificats

Art. 43 ***(Mod., D. n° 66-356, 8 juin 1966 ; rempl., D. n° 98-553, 3 juill. 1998 ; rempl. à compter du 1er janvier 2013, D. n° 2012-1462, 26 déc. 2012).*** **– Dans les services de la publicité foncière non dotés d'un fichier immobilier informatisé, la demande de renseignements prévue à l'article 38-1 peut être requise sous forme de copies de fiches personnelles de propriétaire ou d'immeuble.**

Les copies de fiches demandées sont délivrées conformément aux dispositions de l'article 2449 du Code civil.

Cas particulier : Immeubles ayant fait l'objet d'un état descriptif de division (EDD). L'instruction du 17 août 1987 (*BOI* 10 F, févr. 1987 et *JCP* N 1987, prat. 275) prise pour l'application de l'article 43 ancien du décret du 14 octobre 1955 apportait à ce sujet les précisions suivantes :

Demande de copie concernant une ou plusieurs parcelles ayant fait l'objet d'un EDD et désignées isolément. Dans cette hypothèse sont délivrées à la fois :

– la copie intégrale de la ou des fiches des immeubles requis ;

– la copie des tableaux I et III de la fiche générale (sauf évidemment si parmi les fiches reproduites intégralement figure déjà cette fiche générale).

Il est perçu autant de salaires que d'immeubles requis.

Demande de copie de la fiche générale. Sous réserve que la présentation de cette demande soit conforme aux prescriptions indiquées à la section I ci-avant (V. section I-II-B-2), il est délivré une copie intégrale de la fiche générale de la copropriété.

Demande de copie d'une fiche de lot. Il y a lieu de délivrer outre la copie de cette fiche, celle de la fiche générale et ceci sans perception supplémentaire de salaires.

Il est rappelé que cette demande ne peut être satisfaite que si les références cadastrales de toutes les parcelles ayant fait l'objet de l'EDD ont été précisées.

Nota : il peut s'avérer qu'une demande incomplète au regard de la situation actuelle corresponde en fait à une situation ayant existé à un moment donné. La demande doit être satisfaite sur les bases de la situation passée.

Exemples :

a) Copropriété assise sur parcelles (A 100-A 101) puis acquisition d'une parcelle (A 102) suivie d'un modificatif à état descriptif de division précisant la nouvelle désignation de la copropriété (A 100-A 101-A 102).

Une interrogation sur A 100-A 101 lot 1 ne doit pas être considérée comme incomplète mais donner lieu à délivrance :

– de la copie de la fiche générale de la copropriété ;

– de la copie de la fiche du lot 1.

b) Préalablement à l'existence d'une copropriété (A 100-A 101-A 102), il existait une première copropriété (A 100-A 101) composée des nos 1 à 50 et une deuxième copropriété (A 102) composée des lots nos 1 à 30. Suite à un modificatif, les états descriptifs de division ont été annulés et un nouvel état descriptif a été établi sur les parcelles (A 100-A 101-A 102).

Une interrogation sur (A 100-A 101) lot 1 ou sur (A 102) lot 1 ne doit pas être considérée comme incomplète mais donner lieu à délivrance :

– de la copie de la fiche générale de la copropriété concernée (A 100-A 101) ou (A 102) ;

– de la copie de la fiche du lot 1 de la copropriété concernée (A 100-A 101) ou (A 102).

Ces règles s'appliquent également aux demandes d'extraits. Dans ce cas, la délivrance est limitée aux formalités auxquelles les personnes désignées ont été parties.

S'agissant de demandes d'extraits relatifs à des fiches de lot, il est précisé que doivent être délivrées non seulement les formalités requises sur les fiches de lot concernées, mais aussi celles figurant sur la fiche générale de la copropriété du chef des personnes désignées (1).

Art. 44. **– [...].**

(D. n° 79-405, 21 mai 1979 ; mod. à compter du 1er janvier 2022, D. n° 2021-1888, 29 déc. 2021) **Lorsque des inscriptions d'hypothèque et des saisies grèvent des lots ayant fait l'objet de modifications visées à l'article 6-1 de la loi n° 65-557 du 10 juillet 1965, il est tenu compte, pour leur délivrance, de la consistance de ces lots au dernier jour de la période de certification.**

....

(1) Pour les interrogations sur publications, il convient de délivrer systématiquement l'EDD et les éventuels modificatifs concernant les lots remplis.

Art. 53-2 *(D. n° 98-553, 3 juill. 1998).* – 1. Les extinctions ou extensions de droits prévues à l'article 6-1 de la loi n° 65-557 du 10 juillet 1965 modifiée sont publiées dans les conditions visées à l'article 16-1.

2. Dans les communes dépourvues de cadastre, l'extension résultant de l'acquisition de parties communes entraînant changement de l'emprise de la copropriété n'est publiée que par le dépôt, selon le cas, de deux expéditions de l'acte visé au second alinéa de l'article 16-1 et concernant la désignation des titulaires de droits, ou de deux bordereaux complémentaires ; l'extinction ne l'est que par voie de radiation partielle spécialement requise.

....

CHAPITRE II. – PUBLICITÉ DES DROITS SUR LES IMMEUBLES AUTRES QUE LES PRIVILÈGES ET HYPOTHÈQUES

....

Art. 71 *(Mod., D. n° 59-90, 7 janv. 1959 ; D. n° 60-963, 5 sept. 1960 ; D. n° 79-405, 21 mai 1979 ; D. n° 98-553, 3 juill. 1998 ; abr. à compter du 1er janvier 2013, D. n° 2012-1462, 26 déc. 2012).*

Art. 71-1 *(Aj. à compter du 1er janvier 2013, D. n° 2012-1462, 26 déc. 2012).* – L'état descriptif de division, prévu à l'article 7 du décret [n° 55-22] du 4 janvier 1955 susvisé, peut être contenu soit dans un acte spécialement dressé à cet effet, soit dans un règlement de copropriété ou un cahier des charges concernant, en outre, l'organisation de la gestion collective, soit dans tout autre acte ou décision judiciaire. Un seul état descriptif doit être établi lorsque plusieurs bâtiments ou groupes de bâtiments pouvant faire l'objet de copropriétés particulières sont édifiés sur un sol dont la propriété est placée globalement sous le régime de l'indivision forcée.

L'état descriptif doit identifier l'immeuble auquel il s'applique, opérer une division en lots et attribuer un numéro à chaque lot.

Art. 71-2 *(Aj. à compter du 1er janvier 2013, D. n° 2012-1462, 26 déc. 2012).* – Un lot est formé par toute fraction d'immeuble sur laquelle s'exercent ou peuvent s'exercer des droits réels concurrents, y compris la quote-part des parties communes, si elle existe et si elle est déterminée.

Constitue une fraction au sens de l'article 7 du décret [n° 55-22] du 4 janvier 1955 susvisé :

a) Pour les bâtiments, chaque local principal (appartement, boutique, local à usage commercial, professionnel ou industriel, etc.) et chaque local secondaire (chambre de service, cave, garage, grenier, etc.) ;

b) Pour les terrains non bâtis, chaque portion de terrain sur laquelle est réservé un droit réel privatif ou chaque portion destinée à faire l'objet d'une inscription ou d'une mention en marge d'une inscription. Dans ce dernier cas, le surplus de l'immeuble constitue également une fraction.

Art. 71-3 *(Aj. à compter du 1er janvier 2013, D. n° 2012-1462, 26 déc. 2012).* – Chaque fraction doit être identifiée par son emplacement, lui-même déterminé par la description de sa situation dans l'immeuble ou par référence à un plan ou croquis annexé à la minute de l'acte ou de la décision judiciaire, dont une copie est jointe à la requête. Lorsque la fraction dont il s'agit est située dans un bâtiment, sa situation est définie par l'indication de l'escalier, de l'étage, de l'emplacement dans l'étage et par l'indication du bâtiment dont fait partie le local décrit quand l'immeuble comprend plusieurs bâtiments.

Art. 71-4 *(Aj. à compter du 1er janvier 2013, D. n° 2012-1462, 26 déc. 2012).* – Les lots font l'objet d'un numérotage continu dans une série unique à partir de l'unité. Lorsque l'immeuble est constitué par plusieurs bâtiments ou corps de bâtiments, les lots peuvent faire l'objet d'un numérotage continu dans des séries successives affectées à chacun d'eux à partir de nombres séparés par des intervalles convenables.

Les numéros désignant les lots nouveaux sont pris à la suite des numéros existants dans la série unique ou dans l'une des séries successives.

Dans tout état descriptif de division établi après la suppression d'un état descriptif antérieur, dans tout acte modificatif d'un état descriptif de division préalablement inscrit, en cas de division ou de réunion de copropriétés existantes, le numérotage des lots ne doit reprendre aucun des numéros précédemment attribués.

I – FORME DE L'ÉTAT DESCRIPTIF DE DIVISION

1) Obligatoirement dressé en la forme authentique (D. 4 janv. 1955, art. 4), l'état descriptif de division peut être contenu soit dans un acte spécialement dressé à cet effet, soit dans un règlement de copropriété ou un cahier des charges concernant, en outre, l'organisation de la gestion collective, soit dans un tout autre acte ou décision judiciaire (D. 14 oct. 1955, art. 71-1) *(Doc. adm. DGI 10 E 4322, n° 1 – 1er août 1986).*

2) C'est ainsi qu'il peut figurer dans l'acte même qui, pour la première fois, fait état de la division ou de la possibilité de division de l'immeuble (acte d'affectation hypothécaire ou de mainlevée partielle, par ex.) (1) et intéresse une fraction dudit immeuble, ou dans l'acte qui porte attribution des lots (en propriété ou en jouissance) *(Doc. adm. DGI 10 E 4322, n° 2 – 1er août 1986).*

3) Le plus souvent, l'état descriptif sera constaté dans un acte notarié. Mais il pourra également résulter d'une décision judiciaire ; il en sera ainsi, notamment, dans le cas où, à la suite d'une adjudication judiciaire, suivie d'une déclaration d'adjudicataire, l'immeuble vendu fera l'objet d'une division entre les bénéficiaires de la déclaration, conformément à un état dedivision annexé *(Doc. adm. DGI 10 E 4322, n° 3 – 1er août 1986).*

4) En toute hypothèse, il ne peut qu'être conseillé aux usagers de ne requérir la publication de l'état descriptif de division que lorsqu'il peut être considéré comme définitif. Ainsi sera évitée la série, parfois très importante, de modificatifs qui seraient inévitables, en raison des changements dans la composition des lots, si la publicité de l'état descriptif était requise trop tôt *(Doc. adm. DGI 10 E 4322, n° 4 – 1er août 1986).*

5) ***Nota.*** Il va de soi que l'état descriptif de division doit contenir l'identité complète des propriétaires ou copropriétaires de l'immeuble ou de l'ensemble immobilier auquel il s'applique. Cette identité est certifiée, dans les conditions ordinaires, au pied du document destiné aux archives de la conservation *(Doc. adm. DGI 10 E 4322, n° 5 – 1er août 1986).*

II – DÉTERMINATION ET IDENTIFICATION DES FRACTIONS – COMPOSITION DES LOTS

6) Le lot, en publicité foncière, est une notion très large qui recouvre plusieurs situations juridiques différentes, dont la copropriété est sans doute la plus fréquente. Il est constitué d'une fraction d'immeuble (D. 14 oct. 1955, art. 71-2, al. 1) *(Doc. adm. DGI 10 E 4321, n° 3 – 1er août 1986).*

7) L'identification de cette fraction sous forme de lot doit être assurée dès l'instant où la désignation cadastrale ne suffit pas à individualiser des parties d'immeuble « sur lesquelles s'exercent ou peuvent s'exercer des droits réels concurrents » qui peuvent être de nature très diverses (droit de propriété divise [volumes], indivision forcée [copropriété], hypothèque cantonnée sur une fraction de l'immeuble, etc.) *(Doc. adm. DGI 10 E 4321, n° 4 – 1er août 1986).*

8) Il n'est pas nécessaire que ces droits existent déjà lors de la rédaction ou de la publication de l'état descriptif de division. Rien ne s'oppose, en effet, à l'établissement d'un tel état dès lors que le propriétaire de l'immeuble bâti ou non bâti qui en fait l'objet y trouve un intérêt. Ainsi il peut être publié un état descriptif de division et un règlement de copropriété bien avant que l'indivision forcée n'existe ; de la même façon, l'affectation hypothécaire d'un seul appartement, par exemple dans un immeuble appartenant à un propriétaire unique, peut être l'occasion, pour éviter des actes modificatifs ultérieurs, de dresser un état descriptif complet, par local principal et accessoire.

C'est dans ce sens que l'alinéa 3 susvisé envisage expressément l'alternative entre l'existence et la potentialité des droits réels.

Le lot comprend un second élément spécifique : la quote-part des parties communes, si elle existe et si elle est déterminée *(Doc. adm. DGI 10 E 4321, n° 5 – 1er août 1986).*

A – Détermination des fractions

9) La notion de « fraction d'immeuble » retenue par le décret du 4 janvier 1955 déborde le cadre de la loi du 10 juillet 1965 fixant le statut de la copropriété des seuls immeubles bâtis.

En effet, l'expression de « fraction d'immeuble » s'étend, en matière de publicité foncière, à tous les immeubles bâtis à usage d'habitation ou non, et à tous les terrains non bâtis *(Doc. adm. DGI 10 E 4321, n° 6 – 1er août 1986).*

10) Ainsi, constitue une fraction au sens de l'article 7 du décret du 4 janvier 1955 :

a) pour les bâtiments, chaque local ou volume principal (appartement, boutique, local ou volume à usage commercial, professionnel ou industriel, etc.) et chaque local ou volume secondaire (chambre de service, cave, garage, grenier, galerie technique, etc.) ;

(1) La publication de l'état descriptif de division doit précéder, en ce cas, l'inscription ou la radiation partielle.

b) pour les terrains non bâtis, chaque portion de terrain sur laquelle est réservé un droit réel privatif ou chaque portion destinée à faire l'objet d'une inscription ou d'une mention en marge d'une inscription ; dans ce dernier cas, le surplus de l'immeuble constitue également une fraction *(D. 14 oct. 1955, art. 71-2)*.

En ce qui concerne les bâtiments, l'expérience montre, en effet, que les boutiques, chambres de service, garages, etc., sont souvent vendus indépendamment de l'appartement, que les caves sont échangées ou même vendues séparément lorsqu'elles dépendent de locaux commerciaux *(Doc. adm. DGI 10 E 4321, n° 7 – 1er août 1986)*.

11) L'obligation d'identifier chaque partie d'un ensemble est imposée par la nécessité d'une tenue correcte du fichier immobilier. Cela est de nature à entraîner ultérieurement des simplifications appréciables dans les hypothèses, pratiquement très fréquentes, où postérieurement à la division originaire, une chambre de service ou un garage, par exemple, fait l'objet d'une mutation séparée. Il suffit que, dans l'acte constatant la mutation, le local dont il s'agit soit désigné par le numéro particulier qui lui a déjà été attribué. L'absence d'un tel numéro obligerait, avant la passation de l'acte, à établir un acte modificatif, emportant division du lot initial et numérotage des lots nouvellement constitués *(Doc. adm. DGI 10 E 4321, n° 8 – 1er août 1986)*.

12) C'est la nature de chaque local qui doit servir de critère pour déterminer si l'on se trouve en présence d'une fraction distincte. Mais cette nature doit être appréciée au moment où est dressé l'état de division, d'après la destination même des locaux à ce moment et non en fonction de celle qu'ils pourraient ultérieurement recevoir.

Ainsi, un appartement constitue une fraction, même si son agencement intérieur rend possible une division par pièce ; il ne saurait être question, pour ce motif, de considérer chaque pièce comme une fraction. *À fortiori*, ne forment qu'une fraction les locaux qui ne pourraient être séparés les uns des autres sans que leur nature fût entièrement modifiée ; la boutique d'un boulanger et le sous-sol dans lequel sont installés le four, la réserve de farine, etc., et avec lequel la boutique communique, par un escalier intérieur, constituent, en principe, une même fraction.

Mais la chambre de service ou le garage acheté avec l'appartement et que l'acte d'acquisition ou le règlement de copropriété interdit de séparer dudit appartement constitue, par sa nature, une fraction distincte de celui-ci, bien que, dans l'intention des parties, ces divers éléments ne doivent former qu'un même ensemble *(Doc. adm. DGI 10 E 4321, n° 9 – 1er août 1986)*.

13) La stricte application de la règle ainsi posée peut conduire à décider que, dans le cas où un propriétaire vend un seul appartement et ses annexes, il doit être procédé à la division détaillée de l'immeuble.

De même, lorsqu'une inscription ou une réduction du gage porte sur une partie d'un immeuble, il suffit de distinguer :

– d'une part, la fraction faisant l'objet de l'inscription ou de la réduction ;

– d'autre part, le surplus de l'immeuble.

Lorsque le propriétaire d'une maison vend le droit de surélévation en vue de l'édification d'un ou de plusieurs étages supplémentaires, il suffit de constituer, d'une part, une fraction composée de locaux préexistants conservés par ledit propriétaire et, d'autre part, une fraction comportant les futurs locaux qui appartiendront à l'acquéreur du droit de surélévation. Mais, si celui-ci envisage une construction devant faire l'objet d'une copropriété verticale, il doit être créé autant de fractions qu'il existera de locaux principaux et secondaires *(Doc. adm. DGI 10 E 4321, n° 10 – 1er août 1986)*.

B – Identification de chaque fraction

14) Chaque fraction doit être identifiée par son emplacement, lui-même déterminé par la description de sa situation dans l'immeuble ou par référence à un plan ou croquis annexé à la minute de l'acte ou de la décision judiciaire, mais dont, en aucun cas, un exemplaire, une copie ou une reproduction ne doit être conservée au bureau des hypothèques. Le recours à un plan ou croquis est nécessaire lorsque la description de la situation de la fraction s'avère difficile, notamment dans le domaine de la copropriété horizontale, de la copropriété en volumes ou en cas de constitution d'une hypothèque sur une partie seulement d'un terrain nu (D. 14 oct. 1955, art. 71-2, *b*) *(Doc. adm. DGI 10 E 4321, n° 11 – 1er août 1986)*.

15) Lorsqu'il s'agit d'un immeuble collectif en copropriété, la situation des fractions est définie par l'indication :

– du bâtiment, lorsque l'immeuble dont fait partie le local comprend plusieurs bâtiments ;

– de l'escalier ;

– de l'étage ;

– de l'emplacement occupé à l'étage, celui-ci pouvant être éventuellement déterminé par référence au plan ou croquis annexé *(Doc. adm. DGI 10 E 4321, n° 12 – 1er août 1986)*.

16) Lorsqu'il s'agit d'une division de propriété en volumes, il est nécessaire que la situation des fractions soit définie par l'indication :

– du niveau (chiffre positif ou négatif par rapport au sol existant) ;

– de la surface de base ;

– des cotes NGF (niveau général de la France, calculé d'après le niveau de la mer) ;

– de la nature (tréfonds ou volume) ;

– de la destination, si elle est connue,

– le tout déterminé par référence à un plan annexé *(Doc. adm. DGI 10 E 4321, n° 13 – 1er août 1986).*

Bibliographie : Sur l'identification des fractions dans l'état descriptif de division, Bulté : *JCP* N 1978, prat. 6862.

C – Indication de la quote-part des parties communes comprise dans chaque fraction

17) La désignation de chaque fraction doit être complétée, dans l'état descriptif de division, par l'indication, si elle existe et si elle est déterminée, de la quote-part des parties communes y afférente (D. 14 oct. 1955, art. 71-2, al. 1) *(Doc. adm. DGI 10 E 4321, n° 14 – 1er août 1986).*

18) La condition de l'existence de la quote-part des parties communes participe du souci de distinguer les états descriptifs de division portant sur des immeubles soumis au statut de la copropriété de ceux qui ne portent pas sur de tels biens. Il est évident qu'une telle quote-part ne peut exister lorsque l'état concerne des fractions d'immeubles destinées à faire l'objet d'appropriations privatives, ou simplement d'affectations hypothécaires, le tout sans qu'il soit question d'indivision *(Doc. adm. DGI 10 E 4321, n° 15 – 1er août 1986).*

19) Par ailleurs, la loi du 10 juillet 1965 fixant le statut de la copropriété n'impose pas aux copropriétaires l'obligation de déterminer la quote-part de propriété afférente à chacun des lots. L'article 5 de cette loi prévoit, en effet, « dans le silence ou la contradiction » des titres, un mode légal de calcul de la quote-part. Les décrets relatifs à la publicité foncière ne peuvent exiger davantage que la loi *(Doc. adm. DGI 10 E 4321, n° 16 – 1er août 1986).*

20) En fait, les états descriptifs de division établis et publiés depuis 1965 comprennent cette quote-part et l'article 71 modifié du décret du 14 octobre 1955 ne vise donc en pratique que les anciennes copropriétés pour lesquelles il n'aura pas été publié d'acte constatant l'attribution desdites quotes-parts *(Doc. adm. DGI 10 E 4321, n° 17 – 1er août 1986).*

21) D'autre part, lorsqu'une construction placée sous le régime de la loi du 10 juillet 1965 « repose » juridiquement soit sur un volume immobilier, soit sur un bail à construction, soit sur un droit de superficie, par exemple, il ne peut être question de parler de quote-part dans la propriété du sol, les copropriétaires n'ayant, à la limite, qu'une part indivise de la propriété des constructions et des parties communes.

Mais cette part indivise fait bien partie intégrante du lot tel qu'il est défini par la loi du 10 juillet 1965 et doit figurer dans sa désignation afin que soit parfaitement cernée la consistance exacte des droits du propriétaire.

En outre, la désignation de l'assiette globale de ces édifices par les références cadastrales ainsi, éventuellement, que par l'indication de la voirie, en application des dispositions de l'article 7 du décret du 4 janvier 1955, reste un élément primordial de l'identification précise de l'entier immeuble *(Doc. adm. DGI 10 E 4321, n° 8 – 1er août 1986).*

22) Assez souvent, plusieurs quotes-parts de propriété sont attachées à chacun des lots. Il en est ainsi, tout particulièrement, lorsqu'un ensemble est formé de plusieurs bâtiments, que des syndicats secondaires de copropriétaires (prévus par L. 10 juill. 1965) aient ou non été constitués, ou encore, lorsque certains éléments d'équipements, par exemple des ascenseurs, sont affectés à l'usage commun d'un nombre limité de copropriétaires. Dans ces cas, la quote-part de parties communes à prendre en considération, qui doit figurer au tableau récapitulatif de l'état descriptif de division, est la quote-part la plus générale, c'est-à-dire celle qui correspond à la définition des droits du copropriétaire dans l'indivision la plus étendue.

Par ailleurs, cette quote-part, la plus générale, englobera les droits dans le sol, toutes les fois, du moins, où celui-ci est effectivement l'assiette des droits des copropriétaires ; le sol n'est en effet, en l'occurrence, qu'un des éléments constitutifs des parties communes les plus larges *(Doc. adm. DGI 10 E 4321, nos 19 et 21 – 1er août 1986).*

Voir aussi : sur la conséquence de la création de parties communes spéciales : *JCP* N 1970, prat. 4742.

23) Toutes les fractions ayant comme assiette le même sol doivent être comprises dans le même état descriptif. Il s'ensuit, notamment, qu'un seul état descriptif doit être établi lorsque plusieurs bâtiments ou groupes de bâtiments pouvant faire l'objet de copropriétés particulières sont édifiés sur un sol dont la copropriété est placée globalement sous le régime de l'indivision forcée (D. 14 oct. 1955, art. 71-1, al. 1).

Chaque fraction d'immeuble déterminée ainsi qu'il est indiqué, plus haut, constitue un lot. Le lot désigne donc une fraction divise et, éventuellement, la quote-part la plus générale dans les parties communes.

III – NUMÉROTAGE DES LOTS

24) Dans l'état descriptif de division, chaque lot doit recevoir un numéro d'ordre. Le numéro 1 est obligatoirement donné au premier lot désigné dans l'état descriptif et le numérotage doit être continu (D. 14 oct. 1955, art. 71-4, al. 1) ; les numéros *bis, ter...*, ou les numéros affectés de lettres, signes ou sigles ne peuvent être utilisés *(Doc. adm. DGI 10 E 4321, n° 22 – 1er août 1986).*

Dans tout état descriptif de division consécutif à la suppression d'un état descriptif antérieur, le numérotage des lots ne doit reprendre aucun des numéros précédemment attribués (art. 71-4, al. 3).

25) Une seule exception est prévue au numérotage continu à partir de l'unité : elle concerne les immeubles comprenant plusieurs bâtiments. Il est admis que des solutions de continuité peuvent exister entre les numéros attribués aux lots des différents bâtiments ou corps de bâtiments, à la condition, cependant, que le numérotage commence toujours au numéro 1 : le rédacteur de l'état descriptif peut affecter des séries de numéros à chaque bâtiment, en laissant entre chaque série des numéros inutilisés en prévision des besoins futurs qu'il est seul en mesure d'apprécier. Ainsi, lorsque les lots d'un premier bâtiment sont numérotés de 1 à 49, les lots du deuxième peuvent être numérotés de 100 à 149, ceux du troisième de 200 à 249 *(Doc. adm. DGI 10 E 4321, n° 23 – 1er août 1986).*

26) Les numéros de lot, ainsi que la quote-part des parties communes incluse dans chaque lot, lorsqu'elle est déterminée, sont attribués de façon définitive, sous réserve du cas de changement dans la composition des lots (D. 14 oct. 1955, 71-9, al. 3).

Ces éléments doivent être utilisés pour désigner les fractions d'immeuble dans tous les documents publiés à la conservation des hypothèques et dans les documents et extraits cadastraux (D. 14 oct. 1955, art. 71-9, al. 4).

Toutefois, l'indication de la quote-part des parties communes n'a pas à figurer dans les commandements pour valoir saisie, les bordereaux d'inscription et les actes ou décisions à mentionner en marge d'une inscription. Si elle figure dans les documents qui en sont dispensés, le conservateur doit la négliger (D. 14 oct. 1955, art. 71-9, al. 5) *(Doc. adm. DGI 10 E 4321, n° 24 – 1er août 1986).*

27) Les rédacteurs d'actes et de décisions judiciaires sujets à publicité doivent donc désigner les fractions d'immeuble, au moins par l'indication du numéro du lot et, le cas échéant, de la quote-part des parties communes, mais à la condition de désigner, en même temps, l'ensemble de l'immeuble objet de l'état descriptif, et de préciser les références (date, volume et numéro) de la formalité donnée à ce dernier document (et, éventuellement, aux actes modificatifs se rapportant aux fractions intéressées) ou de contenir la déclaration que la publicité en sera requise simultanément *(Doc. adm. DGI 10 E 4321, n° 25 – 1er août 1986).*

28) Jusqu'au 1er janvier 1981, les conservateurs avaient, dans certains cas, la possibilité d'attribuer des numéros de lots (V. comm. art. 71-8, al. 1, D. 14 oct. 1955). Si, ultérieurement, il est établi un état descriptif, les numéros de lots antérieurement attribués à des fractions de l'immeuble doivent être obligatoirement repris pour identifier la même fraction (D. 5 sept. 1960, art. 9). Il en est de même pour la quote-part de propriété afférente à ces mêmes fractions lorsqu'elle aura été mentionnée dans le tableau récapitulatif visé à l'article 5 du décret du 5 septembre 1960.

De même, l'huissier de justice appelé à dresser un procès-verbal descriptif sans le concours du titulaire du droit (V. plus haut comm. art. 50-2, D. 4 janv. 1955) sur une fraction qui n'a pas fait l'objet d'un numérotage par le conservateur alors que, dans l'immeuble concerné, certains autres lots ont été désignés en application des dispositions transitoires, doit tenir compte dans son acte des numéros déjà octroyés et n'attribuer un numéro global que pour le surplus des fractions non numérotées.

La reprise des numéros attribués par le conservateur doit être effectuée même dans le cas où la demande d'attribution n'aura pas été suivie de la publication de la formalité se rapportant à la fraction d'immeuble ayant fait l'objet de la demande *(Doc. adm. DGI 10 E 4321, n° 26 – 1er août 1986).*

Art. 71-5 ***(Aj. à compter du 1er janvier 2013, D. n° 2012-1462, 26 déc. 2012).*** **– L'état descriptif est résumé obligatoirement dans un tableau incorporé à l'acte lui-même ou annexé à celui-ci et comportant les colonnes suivantes dans la mesure de l'existence des éléments correspondants :**

a) **Numéro du lot, dans l'ordre croissant des numéros ;**

b) **Bâtiment ;**

c) **Escalier ;**

d) **Étage ;**

e) **Nature du lot ;**

f) **Quote-part des parties communes.**

Ce tableau, qui doit figurer dans l'extrait ou l'expédition, déposé au service de la publicité foncière, est reproduit par ce service au fichier immobilier.

1) Pour assurer une uniformité de présentation des documents déposés, l'article 71-5 du décret du 14 octobre 1955 dispose que la désignation des lots telle qu'elle est détaillée dans l'état descriptif de division est résumée dans un tableau incorporé à l'acte lui-même ou annexé à celui-ci.

Ce tableau conçu pour les cas complexes comporte les colonnes suivantes :

1. numéro du lot, dans l'ordre croissant des numéros ;
2. bâtiment ;
3. escalier ;
4. étage ;
5. nature du lot ;
6. quote-part des parties communes *(Doc. adm. DGI 10 E 4321, n° 27 – 1er août 1986)*.

2) Les colonnes n'ont, toutefois, à être aménagées que dans la mesure de l'existence des éléments correspondants.

En effet, dans des circonstances particulières, certains des six éléments énumérés ci-dessus n'existent pas. Il en est ainsi, par exemple, dans les copropriétés dites horizontales pour lesquelles les colonnes 2 à 4 n'ont pas à être utilisées puisqu'il s'agit exclusivement de décrire des lots formés de maisons individuelles bâties sur un sol indivis. Il est également possible de s'abstenir de faire des colonnes pour des éléments communs à tous les lots (ex. : bâtiment unique). Une indication en tête du tableau suffit *(Doc. adm. DGI 10 E 4321, n° 28 – 1er août 1986)*.

3) *A contrario.* Le développement de certaines formes juridiques nouvelles adaptées aux besoins des grands ensembles peut conduire, dans un souci de clarté et de meilleure désignation des lots, à faire état d'éléments de localisation spécifiques.

Ces éléments peuvent être retenus dans le tableau récapitulatif, étant entendu, cependant, que cette possibilité ne doit pas déboucher sur une complexité des tableaux qui nuirait à leur bonne exploitation et rester, en toute hypothèse, compatible avec la contexture du tableau II des fiches d'immeubles.

Par exemple, en matière de division de propriété en volumes, l'expérience démontre que le tableau récapitulatif peut comporter les colonnes suivantes :

1. numéro du lot, dans l'ordre croissant des numéros ;
2. niveau ;
3. surface de base ;
4. cotes NGF ;
5. nature (tréfonds ou volume) ;
6. destination, si elle est connue.

En tout état de cause, lorsqu'il s'agit d'état descriptif se rapportant à des divisions d'immeubles que l'on peut qualifier d'ordinaires (copropriété verticale ou horizontale, inscription ou publication de droits concurrents sur des fractions d'immeubles bâties ou non bâties), les éléments figurant au tableau récapitulatif ne peuvent être que ceux énumérés à l'article 71, A, 2, 1er alinéa.

Le tableau figure obligatoirement sur l'expédition ou l'extrait déposé à la conservation. Il est reproduit, lorsqu'il s'agit d'immeubles urbains, au tableau II des fiches d'immeubles *(Doc. adm. DGI 10 E 4321, n° 29 – 1er août 1986)*.

4) Une fois l'état descriptif de division établi et publié, l'identification de ces fractions peut être faite, dans tout document déposé dans une conservation, par la seule mention du numéro du lot et, le cas échéant, de la quote-part des parties communes contenues dans ce lot telle qu'elle figure au tableau récapitulatif (voir page suivante). Ce sont, en effet, ces deux seuls éléments que les conservateurs doivent retenir pour vérifier la concordance dans la désignation des lots entre, d'une part, les énonciations contenues dans un document déposé aux fins de publicité et, d'autre part, les énonciations correspondantes contenues dans l'état descriptif de division (ou les actes modificatifs) ou dans les documents antérieurement publiés. Il n'est pas nécessaire de rappeler les autres éléments d'identification du lot considéré contenus dans l'état descriptif de division.

Les conservateurs doivent même retenir seulement le numéro de lot pour les commandements de saisie, les bordereaux d'inscription et les actes ou décisions à mentionner en marge d'une inscription, dès lors que l'indication dans ces documents de la quote-part des parties communes n'est pas obligatoire même si elle est déterminée *(Doc. adm. DGI 10 E 4321, n° 30 – 1er août 1986)*.

Art. 71-6 ***(Aj. à compter du 1er janvier 2013, D. n° 2012-1462, 26 déc. 2012).*** **– Toute modification, soit de l'immeuble auquel s'applique l'état descriptif, soit des lots, doit être constatée par un acte modificatif de l'état descriptif.**

L'acte modificatif doit rectifier, suivant le cas, la désignation de l'ensemble de l'immeuble ou le numérotage des lots.

Si la modification résulte de l'acquisition de parties communes entraînant changement d'emprise, il n'y a pas lieu, lorsque la déclaration mentionnée au deuxième alinéa de l'article 16-1 n'a pas été déposée ou s'est révélée inexacte, à création de lots particuliers sur les parties communes acquises pour le seul motif que ces dernières sont grevées de droits distincts ou ne sont grevées d'aucun droit.

Si la modification consiste en une subdivision d'un lot, l'acte modificatif attribue un numéro nouveau à chacune des parties du lot subdivisé, lesquelles forment autant de lots distincts. Toutefois, hors les cas où l'acte modificatif

constate la réunion ou la division de copropriétés existantes, lorsque la modification ne porte que sur la quote-part des parties communes incluses dans les lots intéressés, il n'y a pas lieu à attribution d'un nouveau numéro.

La réunion de plusieurs lots pour former un lot nouveau ne peut donner lieu à la création d'un lot désigné par un seul numéro que si les lots réunis ne sont pas grevés, lors de la modification du titre de propriété, de droits ou charges différents publiés au fichier immobilier.

Les numéros désignant les lots nouveaux sont pris conformément au deuxième alinéa de l'article 71-4.

Lorsque l'acte modificatif constate la réunion ou la division de copropriétés existantes, le numérotage des lots de la ou des copropriétés nouvelles ne doit reprendre aucun des numéros précédemment attribués.

Art. 71-7 *(Aj. à compter du 1er janvier 2013, D. n° 2012-1462, 26 déc. 2012).* – L'acte modificatif est résumé obligatoirement dans un tableau identique à celui prévu à l'article 71-5 mais limité aux lots modifiés et indiquant en outre dans une colonne supplémentaire :

a) En regard de chaque lot nouveau les numéros des lots modifiés dont les lots nouveaux sont issus ;

b) Et en regard des lots modifiés les numéros des lots nouveaux issus de la modification.

En cas de modification ne portant que sur la quote-part de parties communes comprises dans un lot de copropriété et ne donnant pas lieu à attribution d'un nouveau numéro, le tableau annexé à l'acte modificatif indique seulement dans la colonne supplémentaire la quote-part désormais comprise dans les lots modifiés.

En toute hypothèse le tableau doit figurer dans l'extrait ou l'expédition déposé au service de la publicité foncière.

Exemple de tableau récapitulatif

Numéro du lot	Bâtiment	Escalier	Étage	Nature du lot	Quote-part (en dix-millièmes)
1	A		Rez-de-chaussée	Appartement	96
2	A		Rez-de-chaussée	Appartement	172
3	A		Rez-de-chaussée	Appartement	180
4	A	Un	1er étage	Appartement	182
....	....	....	....	....	....
24	A	Un	6e étage	Chambre de service	30
....	....	....	....	....	....
34	A		Sous-sol	Cave	9
....	....	....	....	....	....
53	A		Sous-sol	Cave	9
101	B		Rez-de-chaussée	Appartement	175
....	....	....	....	....	....
125	B	Un	6e étage	Chambre de service	28
133	B		Sous-sol	Cave	9
....	....	....	....	....	....
150	B		Sous-sol	Cave	9
201	Garage		Sous-sol	Emplacement auto	14
....	....	....	....	....	....
224	Garage		Sous-sol	Emplacement auto	14
					10 000

I – CAS OÙ IL EST NÉCESSAIRE D'ÉTABLIR UN ACTE MODIFICATIF DE L'ÉTAT DESCRIPTIF DE DIVISION

1) Après l'établissement de l'état descriptif de division, des modifications sont susceptibles d'être apportées :

– soit à l'immeuble ou à l'ensemble immobilier intéressé ;

– soit à la composition des lots.

A – Modifications susceptibles d'être apportées à l'immeuble ou à l'ensemble immobilier intéressé

2) En ce qui concerne l'immeuble ou l'ensemble immobilier intéressé, il peut arriver qu'il y ait accroissement ou diminution de sa consistance, notamment à la suite de l'acquisition ou de la vente de terrains ou de bâtiments, qui se trouvent ainsi ajoutés à l'unité foncière initialement constituée ou retranchés de cette dernière.

Les modifications à la consistance de l'immeuble doivent être constatées dans un acte modificatif de l'état descriptif de division qui rectifie la désignation de l'ensemble de l'immeuble (D. 14 oct. 1955, art. 71-6, al. 1) *(Doc. adm. DGI 10 E 4312, n°s 1 et 2 – 1er août 1986)*.

Bibliographie : Sur des cas d'extension du terrain d'assiette, V. plus bas l'instruction du 1er août 1979, n°s 60 et s., 92 et s., 95 et s. et *JCP* N 1977, prat. 6545 ; *JCP* N 1978, prat. 6811.

B – Modifications susceptibles d'être apportées aux lots

3) Les lots, une fois constitués, peuvent être modifiés et lorsque leur composition subit une transformation soit dans la fraction qui y est incluse, soit dans la quote-part des parties communes – qu'il s'agisse d'un immeuble bâti ou d'un immeuble non bâti –, il doit être établi et publié un acte modificatif de l'état descriptif de division (D. 4 janv. 1955, art. 7, 3e al. et D. 14 oct. 1955, art. 71-6, al. 1 et 2).

L'acte modificatif doit, comme l'état descriptif, identifier l'immeuble ou l'ensemble immobilier auquel il s'applique *(Doc. adm. DGI 10 E 4312, n° 3 – 1er août 1986)*.

4) Les transformations apportées aux lots décrits dans l'état descriptif de division peuvent revêtir diverses formes et, notamment, les suivantes :

1° division d'un lot (partie divise et partie commune), pour former deux ou plusieurs lots nouveaux, tels que vente de deux pièces d'un appartement destinées à former un lot distinct ;

2° réunion de deux ou plusieurs lots (partie divise et partie commune) en un seul après acquisition, par le propriétaire d'un appartement, d'un studio attenant ;

3° division d'un lot (partie divise et partie commune) suivie du rattachement immédiat d'une des parties du lot divisé à un lot existant, à l'occasion de la vente d'une pièce d'un appartement au propriétaire de l'appartement voisin qui l'incorpore à celui-ci ;

4° changement dans la quote-part des parties communes affectant tous les lots ou seulement quelques-uns.

Sauf le cas de rectification d'une erreur matérielle commise dans l'état descriptif, un tel changement est juridiquement la conséquence d'une division de la quote-part attachée à certains lots et du rattachement à d'autres lots de la fraction détachée des lots divisés *(Doc. adm. DGI 10 E 4312, n° 4 – 1er août 1986)*.

5) Il y a obligation de dresser un acte modificatif, lorsque le propriétaire du dernier étage d'un bâtiment exhausse celui-ci pour agrandir son appartement.

Lorsque la convention initiale n'a pas envisagé les suppléments de constructions réalisées, la quote-part incluse dans le lot augmenté doit logiquement être accrue dans les mêmes proportions. Le titulaire du lot, dont la composition se trouve accrue, doit acquérir de ses copropriétaires les droits indivis correspondants.

Toutefois, lorsque la convention initiale a été établie en tenant compte des constructions projetées, il faut admettre que la quote-part des parties communes a été calculée en fonction de l'immeuble considéré dans son futur état d'achèvement, de sorte qu'il n'y a pas lieu de modifier la répartition des millièmes lors de la réalisation du programme prévu à l'origine *(Doc. adm. DGI 10 E 4312, n° 5 – 1er août 1986)*.

6) Un acte modificatif doit, également, être établi en cas de vente du droit de surélévation d'un immeuble collectif au profit d'une ou plusieurs personnes autres que le propriétaire du dernier étage *(Doc. adm. DGI 10 E 4312, n° 6 – 1er août 1986)*.

Bibliographie : *sur ces cas de surélévation.* chron. : *JCP* N 1967, IV, 4254 ; *JCP* N 1979, prat. 7381 par E.C.

7) Il en est de même lorsque, dans une copropriété horizontale, le propriétaire d'une maison individuelle édifie une nouvelle construction sur la portion de terrain qui lui était affectée à titre privatif mais seulement dans l'hypothèse où la faculté de construire de nouveaux bâtiments n'avait pas été expressément prévue par la convention initiale *(Doc. adm. DGI 10 E 4312, n° 7 – 1er août 1986)*.

8) Il y a encore changement dans la quote-part des parties communes lorsqu'une partie commune d'un immeuble en copropriété est transformée en partie privative ou inversement.

Par exemple, dans les cas suivants :

– transformation d'une loge de concierge (partie commune) en appartement (partie privative) ou opération inverse ;

– échange d'une loge de concierge contre un appartement ;

– transformation d'un couloir (partie commune) en pièce (partie privative) à la suite de l'acquisition par une même personne de toutes les pièces ouvrant sur ce couloir ou opération inverse *(Doc. adm. DGI 10 E 4312, n° 8 – 1er août 1986).*

Voir : Instr., 1er août 1979, points 88 et s., p. 1427.

Bibliographie : *Sur ces opérations de transformations de parties communes en parties privatives (et inversement).* V. Morand : *JCP* N 1984, prat. 8900 et Chardonnal : *JCP* N 1984, prat. 9229.

9) De toute manière, un simple changement dans la quote-part de propriété des parties communes, s'analysant en une mutation de droit immobilier, doit faire l'objet d'un acte soumis à publicité et d'un acte modificatif de l'état descriptif de division *(Doc. adm. DGI 10 E 4312, n° 9 – 1er août 1986).*

II – CONTENU DE L'ACTE MODIFICATIF

10) Les transformations apportées aux lots décrits dans l'état de division peuvent revêtir diverses formes, et, notamment, les suivantes :

– division d'un lot (partie divise et partie commune), pour former deux ou plusieurs lots nouveaux, telle que vente de deux pièces d'un appartement destinées à former un lot distinct ;

– réunion de deux ou plusieurs lots (partie divise et partie commune) en un seul, telle qu'acquisition, par le propriétaire d'un appartement, d'un studio attenant ;

– division d'un lot (partie divise et partie commune) suivie du rattachement immédiat d'une des parties du lot divisé à un lot existant, telle que vente d'une pièce d'un appartement au propriétaire de l'appartement voisin qui l'incorpore à celui-ci. Dans toutes ces hypothèses, la composition des lots intéressés – divisés ou réunis – se trouve modifiée, de sorte que leurs numéros doivent disparaître, pour faire place, dans l'acte modificatif de l'état descriptif de division, à des numéros nouveaux pris à la suite des numéros existants (D. 14 oct. 1955, art. 71-6) dans les conditions suivantes *(Doc. adm. DGI 10 E 4331, n° 1 – 1er août 1986).*

A – Division pure et simple d'un lot

11) Des numéros nouveaux pris à la suite des numéros existants doivent être attribués à chacun des lots constitués par les parties du lot divisé.

Si l'on suppose, par exemple, que deux pièces de l'appartement formant le lot n° 45 auquel sont attachés 26/1 000 dans la propriété des parties communes sont vendues à un nouveau copropriétaire et que le dernier numéro d'ordre attribué par l'état descriptif est le n° 54, l'acte modificatif doit supprimer le n° 45 et affecter aux deux nouveaux lots qu'il décrit les nos 55 (deux pièces vendues) et 56 (surplus non vendu) ; le n° 55 se voit attacher 8/1 000 et le n° 56, 18/1 000 dans les propriétés des parties communes *(Doc. adm. DGI 10 E 4331, n° 2 – 1er août 1986).*

B – Réunion de deux ou plusieurs lots en un seul

12) Un numéro nouveau pris à la suite des numéros existants doit être attribué au lot nouveau constitué par les lots réunis *(Doc. adm. DGI 10 E 4331, n° 3 – 1er août 1986).*

13) Toutefois, en vue de sauvegarder les droits des tiers, le 5e alinéa de l'article 71, B, 1 du décret du 14 octobre 1955 prévoit que la réunion de plusieurs lots pour former un lot nouveau n'est possible que si les lots réunis ne sont pas grevés, lors de la publication de l'acte modificatif, de droits ou charges différents publiés au fichier immobilier.

Ainsi, est interdite la réunion de plusieurs lots au sein d'un lot nouveau lorsque chacun des éléments réunis est grevé de droits ou de charges différents (1) *(Doc. adm. DGI 10 E 4331, n° 4 – 1er août 1986).*

14) D'autre part, dans les immeubles bâtis, on ne saurait réunir des locaux secondaires (chambres de service, notamment) entre eux ni avec un local principal, sauf si cette réunion a pour effet de les transformer en local principal (appartement par ex.).

(1) Ce texte trouve son application, par exemple, lorsqu'un lot est grevé d'une inscription de privilège ou d'hypothèque alors que l'autre lot objet de la réunion n'est grevé d'aucune charge de même nature. La réunion de ces deux lots est impossible sous peine de rejet de la formalité.

À titre d'exemple, si le studio formant le lot 24 est vendu au propriétaire de l'appartement attenant (lot 25), aux fins d'agrandissement de ce dernier, et si le dernier numéro d'ordre attribué par l'état descriptif est le n° 54, l'acte modificatif doit supprimer les n°s 24 et 25 et affecter au nouveau lot (anciens 24 et 25) le n° 55 *(Doc. adm. DGI 10 E 4331, n° 5 – 1er août 1986).*

C – Division d'un lot suivie du rattachement immédiat d'une des parties du lot divisé à un lot existant

15) Des numéros nouveaux pris à la suite des numéros existants sont attribués, d'abord, à chacun des lots nouveaux constitués par les parties du lot divisé, puis au lot nouveau constitué par la réunion du lot existant et de la partie détachée du lot divisé.

Si l'on suppose, par exemple, qu'une pièce de l'appartement désigné sous le numéro de lot 64 est vendue au propriétaire de l'appartement voisin désigné sous le n° 65 et que le dernier numéro d'ordre attribué par l'état descriptif de division est le n° 79, l'acte modificatif doit tenir compte, d'abord, de la division et affecter aux deux parties du lot 64 les n°s 80 (pièce détachée) et 81 (surplus de l'appartement). Si l'on veut, ensuite, désigner par un seul numéro ce nouveau lot issu de la réunion, le n° 82 lui sera attribué.

Ainsi les n°s 81 (ex-64 diminué d'une pièce) et 82 (ex-65 augmenté d'une pièce) se trouvent, en définitive, substitués aux n°s 64 et 65 qui représentent des lots n'ayant pas la même composition. Mais on ne saurait se dispenser d'identifier la partie détachée du lot divisé (le n° 80 lui est donné dans l'exemple : L. 80 + L. 65 = L. 82 ; à l'inverse, L. 64 – L. 80 = L. 81) *(Doc. adm. DGI 10 E 4331, n° 6 – 1er août 1986).*

Bibliographie : *Sur ces opérations de division-réunion de lots.* B. Stemmer et M.-F. Bost, *Solutions d'examens professionnels : JCP* N 1983, prat. 8622. – M. Vion : *Defrénois* 1979, art. 32022 et Chardonnal : *JCP* N 1980, prat. 7424.

D – Modifications ne concernant que les parties communes

16) On trouvera l'étude de l'incidence de ces diverses modifications, avec des exemples pratiques, dans l'instruction du 1er août 1979 prise pour l'application de la loi du 2 janvier 1979 (V. plus loin).

III – TABLEAU RÉCAPITULATIF DES MODIFICATIONS

17) L'acte modificatif est résumé obligatoirement dans un tableau, incorporé à l'acte lui-même ou annexé à celui-ci et identique à celui qui accompagne l'état descriptif (V. ci-avant comm. art. 71-5, D. 14 oct. 1955), sous les deux réserves suivantes :

– il est limité aux lots intéressés ;

– il est complété par une colonne supplémentaire indiquant :

– en regard de chaque nouveau lot les numéros des lots subdivisés ou réunis dont les nouveaux lots sont issus ;

– et, en regard des lots subdivisés ou réunis, les numéros des nouveaux lots issus de la subdivision ou de la réunion.

Ce tableau doit figurer dans l'extrait ou l'expédition déposée à la conservation (D. 14 oct. 1955, art. 71-7, al. 5).

Une fois l'acte modificatif établi et publié, le tableau peut être seul utilisé par les rédacteurs d'actes pour identifier les lots nouveaux dans les mêmes conditions que celles exposées pour l'état descriptif de division.

Dans les exemples ci-dessus (I, II, III) les tableaux limités aux seuls lots intéressés par la modification (lots anciens et lots nouveaux) se présentent de la façon suivante *(Doc. adm. DGI 10 E 4331, n° 8 – 1er août 1986).*

1. Vente de deux pièces de l'appartement 45

Numéros 1	Bâtiment 2	Escalier 3	Étage 4	Nature du lot 5	Quote-part 6	Désignation des lots 7
45	A	B	2^e	Appartement	26/1 000	*Divisé* en lots 55 et 56. *Supprimé.*
....	....	....	....	....	....	....
55	A	B	2^e	Appartement	8	Provient du lot 45.
56	A	B	2^e	Appartement	18	Provient du lot 45.

2. Réunion du studio 24 à l'appartement 25

Numéros 1	Bâtiment 2	Escalier 3	Étage 4	Nature du lot 5	Quote-part 6	Désignation des lots 7
24	A	B	2e	Appartement	8/1 000	*Réuni* au lot 25 pour former le lot 55. *Supprimé.*
25	A	B	2e	Appartement	22	*Réuni* au lot 24 pour former le lot 55. *Supprimé.*
....	....	....	....	....	....	....
55	A	B	2e	Appartement	30/1 000	Réunion des lots 24 et 25

3. Pièce de l'appartement 64 vendue au propriétaire de l'appartement 65 et incorporée à ce dernier appartement

Numéros 1	Bâtiment 2	Escalier 3	Étage 4	Nature du lot 5	Quote-part 6	Désignation des lots 7
....	....	....	....	....	....	....
64	A	B	3e	Appartement	26/1 000	*Divisé* en lots 80 et 81. *Supprimé.*
65	A	B	3e	Appartement	22/1 000	*Réuni* au lot 80 pour former le lot 82. *Supprimé.*
....	....	....	....	....	....	....
80	A	B	3e	Pièce	5/1 000	Provient du lot 64, *réuni* au lot 65 pour former le lot 82. *Supprimé.*
81	A	B	3e	Appartement	21/1 000	Provient du lot 64.
82	A	B	3e	Appartement	27/1 000	Réunion des lots 65 et 80.

IV – FORME DE L'ACTE MODIFICATIF

18) L'acte modificatif, qui doit être obligatoirement dressé en la forme authentique *(D. 4 janv. 1955, art. 4)*, est soumis aux mêmes conditions de forme que l'état descriptif de division.

19) Sur les personnes habilitées à établir l'acte modificatif de l'état descriptif de division : voir plus loin commentaire de l'article 71-10.

Art. 71-8 ***(Aj. à compter du 1er janvier 2013, D. n° 2012-1462, 26 déc. 2012).*** **– Lorsque la division de l'immeuble est antérieure à la date d'entrée en vigueur du décret n° 59-89 du 7 janvier 1959 et qu'il n'a pas été transcrit ou publié un document analogue à l'état descriptif de division permettant l'identification précise de chaque fraction par un numéro de lot, il doit être établi et publié au fichier immobilier avant réquisition d'une nouvelle formalité un état descriptif tenant compte de la division telle qu'elle résulte des documents antérieurs, y compris ceux portant subdivision ou réunion des lots initialement constitués, même s'il n'a pas été fait de distinction entre les locaux principaux et secondaires.**

Un état descriptif de division doit également être établi et porté au fichier immobilier lorsque dans le document analogue à l'état descriptif de division le même numéro a été attribué à plusieurs lots différents : il est procédé à

un nouveau numérotage effectué dans les conditions prévues à l'article 71-4, sans toutefois utiliser aucun des numéros précédemment attribués et sans modifier la division résultant du document antérieurement transcrit ou publié.

Lorsque le document analogue à l'état descriptif de division permet l'identification précise de chaque fraction de l'immeuble par un numéro de lot mais qu'une subdivision ou une réunion de lots a été opérée sans qu'il ait été transcrit ou publié un document analogue à l'acte modificatif prévu aux articles 71-6 et 71-7, un acte modificatif doit être établi et porté au fichier immobilier avant réquisition d'une nouvelle formalité concernant les lots modifiés.

Voir : sur les cas où la copropriété n'a pas d'état descriptif de division, D. n° 55-22, 4 janv. 1955, art. 50-1 et 50-2, p. 1402 et leurs commentaires.

1) Pour les divisions d'immeubles effectuées postérieurement à l'entrée en vigueur du décret n° 59-89 du 7 janvier 1959, l'établissement d'un état descriptif de division destiné à assurer une identification précise des fractions d'immeuble est obligatoire.

Mais des mesures transitoires ont dû être prévues pour permettre la publication d'actes, décisions ou bordereaux concernant des fractions d'immeuble dans le cas où la division est antérieure à cette date. Ces mesures font l'objet de l'article 71-8 du décret du 14 octobre 1955.

En outre, face aux difficultés rencontrées pour l'application de cet article, un régime temporaire dispensant d'établir un état descriptif de division avait été organisé par les articles 1er à 10 du décret n° 60-963 du 5 septembre 1960. Certaines de ces dispositions peuvent encore trouver à s'appliquer.

I – DISPOSITIONS PRÉVUES PAR L'ARTICLE 71-8 DU DÉCRET DU 14 OCTOBRE 1955

A – Hypothèses dans lesquelles il n'y a pas lieu d'établir d'état descriptif ou d'acte modificatif

2) Les dispositions du décret du 14 octobre 1955 n'entraînent pas l'obligation de refaire systématiquement des règlements de copropriété établis, soit avant, soit après le 1er janvier 1956, alors même que ces règlements confondraient dans un lot unique des locaux principaux et des locaux secondaires. Le principe est qu'il n'y a pas lieu d'établir un état descriptif de division toutes les fois que le règlement de copropriété antérieurement publié individualise chaque fraction par un numéro de lot. De même, en cas de subdivision ou de réunion des lots initialement constitués, il n'y a pas lieu de publier un état descriptif de division s'il a été transcrit ou publié un modificatif au règlement de copropriété individualisant chacun des nouveaux lots issus de la subdivision ou de la réunion au moyen d'un numéro, à la seule condition que le numéro utilisé pour la désignation des nouveaux lots soit entièrement distinct de ceux qui avaient été employés dans le règlement de copropriété initial ou dans les autres actes modificatifs de ce règlement de copropriété. En particulier, il importe peu que les nouveaux lots réunissent des locaux principaux et des locaux secondaires *(Doc. adm. DGI 10 E 4361, n° 1 – 1er août 1986)*.

3) Bien plus, ainsi qu'on le verra plus loin, chaque fois qu'il y a lieu d'établir un état descriptif de division – soit qu'il n'ait pas été transcrit ou publié de document analogue à l'état descriptif de division, soit qu'un document de cette nature ait été transcrit ou publié, mais en désignant sous un même numéro des lots différents, soit que des subdivisions ou réunions aient été opérées sans être constatées par la publication ou la transcription d'un document analogue à l'acte modificatif –, le nouveau document déposé doit respecter la composition des lots anciens et ceci en vue d'assurer la clarté des annotations faites au fichier *(Doc. adm. DGI 10 E 4361, n° 2 – 1er août 1986)*.

4) Ces règles répondent à une double préoccupation.

Il s'est agi, d'abord, d'éviter aux notaires de dresser de nombreux états descriptifs pour mettre les règlements de copropriété antérieurs en harmonie avec une nouvelle réglementation qui ne s'appliquait que pour l'avenir.

Il importait également de ne pas introduire des éléments de confusion dans la documentation hypothécaire en substituant, dans de nombreux cas, de nouveaux numéros à des numéros anciens qui individualisent parfaitement des fractions d'immeuble, même si les lots constitués groupent plusieurs fractions au sens donné à cette expression par l'article 71-2 du décret du 14 octobre 1955 *(Doc. adm. DGI 10 E 4361, nos 3 et 4 – 1er août 1986)*.

5) C'est ainsi que, par application des règles qui précèdent, il n'y a pas lieu d'exiger l'établissement d'un état descriptif de division (ni d'un acte modificatif) pour le seul motif que le « document analogue » déjà transcrit ou publié :

– ne contient pas de tableau récapitulatif ;

– comporte un numérotage discontinu ou opéré à partir d'un nombre autre que l'unité ;

– emploie le mot « partie » aux lieu et place du mot « lot » ;

– n'emploie ni le mot « lot », ni le mot « partie », ni aucun autre vocable analogue, dès lors qu'en fait, il décrit les diverses fractions composant l'immeuble et les identifie par un numéro *(Doc. adm. DGI 10 E 4361, n° 5 – 1er août 1986).*

B – Hypothèses dans lesquelles il y a lieu d'établir soit un état descriptif, soit un acte modificatif

6) Avant d'examiner successivement les trois hypothèses que distingue l'article 71-8, il convient de signaler que, généralement, dans les cas de l'espèce, les conservateurs ont attribué eux-mêmes aux fractions d'immeuble, à l'occasion des publications requises depuis le 1er janvier 1956, des numéros pour ordre, afin de permettre le classement et la consultation des fiches des lots.

Dans l'intérêt général, il y à avantage à ce que les notaires demandent aux conservateurs une copie du tableau II de la fiche générale d'immeuble qui leur indiquera le numérotage d'ordre intérieur ainsi adopté et leur permettra de rendre celui-ci définitif *(Doc. adm. DGI 10 E 4361, n° 6 – 1er août 1986).*

1° Il n'a pas été transcrit ou publié un document analogue à l'état descriptif de division permettant l'identification précise de chaque fraction par un numéro de lot (art. 71-8, al. 1)

7) Il doit alors être établi et publié, avant réquisition d'une nouvelle formalité, un état descriptif tenant compte de la division telle qu'elle résulte des documents antérieurement transcrits ou publiés, y compris ceux portant subdivision ou réunion des lots initialement constitués, même s'il n'a pas été fait de distinction entre les locaux principaux et secondaires.

Il importe, en effet, pour assurer la clarté des annotations faites au fichier, et permettre d'établir un lien avec les formalités publiées avant l'entrée en vigueur du décret n° 59-89 du 7 janvier 1959, de ne pas modifier la composition des lots, telle qu'elle résulte des documents déjà publiés ou transcrits. Ainsi, la composition des lots demeure définitive – bien que la répartition en lots ne soit pas conforme aux prescriptions de l'article 71-2 du décret du 14 octobre 1955 – et l'état descriptif a pour seul objet d'attribuer un numéro à chacun de ces lots, ce numéro s'imposant désormais pour désigner la fraction d'immeuble qu'il concerne dans tous les documents publiés à la conservation *(Doc. adm. DGI 10 E 4361, n° 7 – 1er août 1986).*

8) Il s'ensuit que, s'il a été transcrit ou publié un document analogue à l'état descriptif de division, permettant l'identification précise des fractions créées par un numéro, il n'y a pas lieu à établissement d'un état de division, même si un local principal (appartement) et des locaux secondaires (chambre de service, cave, garage) sont compris dans le même lot et identifiés par un seul numéro *(Doc. adm. DGI 10 E 4361, n° 8 – 1er août 1986).*

9) Toutefois, si dans le document analogue à l'état descriptif, les lots sont désignés par des lettres au lieu de l'être par des chiffres, ce document ne dispense pas de l'établissement d'un véritable état descriptif (1).

Il en est de même lorsque ledit document utilise des numéros *bis*, *ter*, etc., ou désigne des lots différents par un même numéro, la distinction entre eux étant assurée par l'adjonction à certains numéros d'une lettre indicative, par exemple lorsque le n° 1 désigne un appartement, le n° 1-C une cave et le n° 1-G un garage *(Doc. adm. DGI 10 E 4361, n° 10 – 1er août 1986).*

10) La question de savoir si l'identification des lots est suffisamment précise est une question de fait. Le conservateur est en droit de refuser le dépôt, ou de rejeter la formalité s'il estime que le document antérieur réalisant ou constatant la division n'est pas satisfaisant et qu'un état descriptif de division est indispensable *(Doc. adm. DGI 10 E 4361, n° 10 – 1er août 1986).*

2° Un document analogue à l'état descriptif de division a bien été transcrit ou publié, mais en désignant sous un même numéro des lots différents (C-1, 2e al.)

11) Il en est ainsi, par exemple, lorsque, dans le « document analogue » déjà transcrit ou publié, on retrouve sous les nos 1, 2, 3, etc., à chaque étage d'un immeuble divisé par appartements ou dans chacun des bâtiments composant un même immeuble, l'indication complémentaire de l'étage ou du bâtiment permettant seule de différencier les lots.

Il en est de même lorsque plusieurs documents analogues à des états descriptifs ont été transcrits ou publiés – chacun portant sur un ou plusieurs bâtiments édifiés sur un sol placé globalement sous un régime d'indivision forcée – mais que les mêmes nos 1, 2, 3, etc., se retrouvent dans chacun *(Doc. adm. DGI 10 E 4361, n° 11 – 1er août 1986).*

12) Il doit alors être substitué aux numérotages actuels un numérotage unique, sans que la composition des lots telle qu'elle résulte des documents publiés ou transcrits (y compris ceux portant subdivision ou réunion des lots initialement constitués) soit pour autant modifiée. Mais le nouveau

(1) La désignation des lots par des lettres rend difficile l'affectation de nouvelles désignations individuelles dans le cas de subdivision d'un lot ou de réunion de plusieurs lots.

numérotage des lots doit être fait de telle sorte qu'aucun des numéros utilisés dans les documents antérieurement transcrits ou publiés ne soit repris dans l'état de division *(Doc. adm. DGI 10 E 4361, n° 12 – 1er août 1986).*

13) Cette prescription vise d'ailleurs tous les cas où un numérotage nouveau est substitué à l'ancien. Il a été signalé, notamment, que depuis le 1er janvier 1956, quelques règlements de copropriété avaient été refaits entièrement et que le même numéro, dans les règlements établis successivement, désignait des lots différents : les conservateurs ont demandé aux notaires de procéder, dans ce cas, à un nouveau numérotage afin d'éviter des confusions regrettables.

Dans la situation ici envisagée, il est souhaitable que des contacts soient pris entre notaires et conservateurs avant l'établissement d'un état descriptif de division, les uns et les autres ayant intérêt à ce que le nombre des états descriptifs à publier soit le plus réduit possible *(Doc. adm. DGI 10 E 4361, n° 13 – 1er août 1986).*

3° *Il a été transcrit ou publié un document satisfaisant, mais une subdivision ou une réunion de lots a été opérée sans qu'il ait été transcrit ou publié un document analogue à l'acte modificatif (art. 71-8, al. 3)*

14) Un acte modificatif limité aux lois modifiées doit alors être établi suivant les modalités fixées à l'article 71-6 du décret du 14 octobre 1955 et publié avant réquisition d'une nouvelle formalité concernant les lots modifiés *(Doc. adm. DGI 10 E 4361, n° 14 – 1er août 1986).*

4° *Dispositions communes*

15) Dans tous les cas prévus ci-dessus, l'état descriptif ou l'acte modificatif doit indiquer, pour chaque lot, les nom et prénoms ou la dénomination du (ou des) propriétaire(s) actuel(s) dans l'unique but de faciliter l'identification des lots. Cette identité sommaire n'a pas à être certifiée (D. 14 oct. 1955, art. 71-8, al. 4) *(Doc. adm. DGI 10 E 4361, n° 15 – 1er août 1986).*

16) D'autre part, qu'il s'agisse d'un état descriptif ou d'un acte modificatif, un tableau résumant la désignation des lots est obligatoirement incorporé ou annexé à l'acte.

Ce tableau est identique à celui dont l'établissement est prescrit par les articles 71-5 à 71-7 du décret du 14 octobre 1955 (V. ci-dessus comm. de ces textes) sous une double réserve :

– il indique, dans tous les cas, dans une colonne supplémentaire, les nom et prénoms ou dénomination du propriétaire actuel de chaque lot ;

– en outre, lorsque l'établissement de l'état descriptif de division est motivé par le manque de précision du document antérieur ou le changement du numérotage, il rappelle, en regard de chaque numéro, le numéro d'ordre précédemment attribué à chaque lot *(Doc. adm. DGI 10 E 4361, n° 16 – 1er août 1986).*

II – DISPOSITIONS PRISES PAR LE DÉCRET DU 5 SEPTEMBRE 1960

17) Une dispense provisoire d'état descriptif de division avait été édictée par le décret n° 60-963 du 5 septembre 1960 pour les immeubles divisés antérieurement à l'entrée en vigueur du décret du 7 janvier 1959 (*BAMC*, art. 442, 443 ; *JCP* N 1973, prat. 5378).

Il a été mis fin à ce régime provisoire à compter du 1er janvier 1981 (sur la caducité de ce régime provisoire, et ses incidences : Instr. 10 E 5-80 : *JCP* N 1980, prat. 7688. – Instr. 30 janv. 1981 : *BODGI* 10 E 1-81 ; *JCP* N 1982, prat. 7849).

A – La situation avant le 1er janvier 1981

18) Les dispositions transitoires instituées par le décret n° 60-963 du 5 septembre 1960 (*BOED* 1960-I-8155 et 8186 ; *JCP* 1960, III, 26025) permettaient au rédacteur d'un acte portant sur une fraction d'un immeuble divisé antérieurement à l'entrée en vigueur des décrets nos 59-89 et 59-90 du 7 janvier 1959 modifiant, notamment, l'article 7 du décret du 4 janvier 1955 et l'article 71 ancien du décret du 14 octobre 1955 relatifs à la publicité foncière, d'éviter la publication d'un état descriptif de division préalablement à la présentation de cet acte à la formalité. À cette fin, il suffisait d'adresser au conservateur une demande tendant à l'attribution d'un numéro à chacun des lots intéressés et de reprendre ces numéros, dans l'acte à publier et dans un tableau récapitulatif des éléments d'identification, incorporé ou annexé à celui-ci.

Il n'en demeurait pas moins que les états descriptifs de division prévus par les articles 7 du décret du 4 janvier 1955 et 71 ancien du décret du 14 octobre 1955 devaient être établis postérieurement, dans un délai dont le terme avait été fixé à l'origine au 31 décembre 1965 (D. 5 sept. 1960, art. 8) puis, ultérieurement, au 31 décembre 1966 par le décret n° 65-769 du 7 septembre 1965. Bien que le régime fût périmé depuis le 1er janvier 1967, l'Administration avait admis que les conservateurs pourraient continuer à l'appliquer (Circ. 13 déc. 1966, bureau II B-C-2, série E-D-81). Or, l'expérience a démontré que, à part de rares exceptions, l'obligation d'établir les états descriptifs de régularisation avait été négligée *(Doc. adm. DGI 10 E 4362, n° 1 – 1er août 1986).*

19) Cette constatation, jointe au fait que le maintien et l'utilisation des mesures d'assouplissement aboutissaient à amoindrir la fiabilité du fichier immobilier et, partant, la sécurité des informations délivrées aux usagers, a conduit à décider de mettre un terme définitif à compter du 1er janvier 1981 à l'attribution de numéros par le conservateur sur demande des usagers.

B – La situation depuis le 1er janvier 1981

20) L'abandon de ce régime a eu pour conséquence immédiate d'imposer la publication d'états descriptifs de division ou d'actes modificatifs, conformément aux prescriptions de l'article 71, C du décret du 14 octobre 1955, préalablement à celle d'actes ou de décisions judiciaires portant sur des fractions d'immeuble au sens de l'article 7 du décret du 4 janvier 1955.

Toutefois, cette situation n'a pas eu pour objet d'imposer, dans l'immédiat, d'une manière systématique, la confection, puis la publication d'actes descriptifs ou modificatifs pour tous les immeubles ayant fait l'objet d'une division avant la date d'entrée en vigueur des décrets susvisés du 7 janvier 1959, cette nécessité n'apparaît qu'au fur et à mesure de l'intervention d'un acte ou d'une décision judiciaire portant sur des fractions d'immeuble *(Doc. adm. DGI 10 E 4362, n° 3 – 1er août 1986).*

21) Désormais lorsqu'il y a lieu d'établir un état descriptif de division ou des actes modificatifs, pour les immeubles dont la division est antérieure à l'entrée en vigueur des décrets nos 59-89 et 59-90 du 7 janvier 1959, les règles édictées par l'article 71-8 du décret du 14 octobre 1955 et par les articles 9 et 10 du décret du 5 septembre 1960 doivent être respectées *(Doc. adm. DGI 10 E 4362, n° 4 – 1er août 1986).*

22) Le principe est le suivant : si aucun document analogue à l'état descriptif de division n'a été transcrit ou publié avant l'entrée en vigueur des décrets précités du 7 janvier 1959, un état descriptif de division doit être établi avant réquisition de toute nouvelle formalité portant sur une fraction de l'immeuble intéressé. Cet état descriptif doit tenir compte de la division telle qu'elle résulte des autres documents antérieurement transcrits ou publiés, même s'il n'a pas été fait de distinction dans ces documents entre locaux principaux et secondaires *(Doc. adm. DGI 10 E 4362, n° 5 – 1er août 1986).*

23) La combinaison de cette règle et des dispositions des articles 9 et 10 précités du décret du 5 septembre 1960 conduit à envisager plusieurs cas.

1° *Aucun acte n'a été transcrit ou publié sur l'immeuble en cause*

24) L'état descriptif est établi selon les règles générales examinées *supra*, sous les articles 71-5 à 71-7 du décret du 14 octobre 1955 *(Doc. adm. DGI 10 E 4362, n° 6 – 1er août 1986).*

2° *Des actes publiés ou transcrits font apparaître une division de l'immeuble (ex. : vente d'un ensemble composé d'un appartement, d'une cave, d'un garage. Règlement de copropriété divisant en lots globaux les droits de chacun des propriétaires, sans numérotage des lots...)*

25) L'état descriptif de division doit attribuer un numéro de lot à chacun des lots « globaux » tels qu'ils sont définis dans les actes antérieurs. Il en sera ainsi en particulier dans les cas où une quote-part de propriété aura été attribuée à ces lots globaux *(Doc. adm. DGI 10 E 4362, n° 7 – 1er août 1986).*

3° *Des numéros de lots ont été attribués en application des dispositions transitoires et ont été utilisés dans des actes antérieurement publiés*

26) L'état descriptif de division reprend obligatoirement les numéros de lots précédemment attribués, en tenant compte de la consistance des fractions ainsi numérotées, sous peine de rejet de la formalité (D. 5 sept. 1960, art. 9). Les fractions qui n'auraient pas fait l'objet d'un numérotage sont individualisées comme il est dit dans le deuxième cas évoqué *(supra) (Doc. adm. DGI 10 E 4362, n° 8 – 1er août 1986).*

27) Cas particuliers (art. 71-8, al. 2 et 3). *a)* Le document analogue à l'état descriptif de division attribue un numéro identique à plusieurs lots différents.

Un état descriptif de division doit également être établi. À cette occasion, il sera procédé à un nouveau numérotage, ne reprenant aucun des numéros déjà utilisés, en application des règles générales fixées à l'article 71-4, al. 3 *(supra).*

La solution sera la même lorsque, à la suite d'une erreur, plusieurs lots auront fait l'objet d'un numérotage identique par le conservateur *(Doc. adm. DGI 10 E 4362, n° 9 – 1er août 1986).*

b) Le document analogue à l'état descriptif permet l'individualisation des lots par l'intermédiaire d'un numéro, mais a fait l'objet de subdivisions ou de réunions non transcrites ou publiées.

Un acte modificatif devra être publié, en ce qui concerne uniquement les fractions concernées, avant toute réquisition de publier un acte ou une décision judiciaire portant sur les lots modifiés *(supra) (Doc. adm. DGI 10 E 4362, n° 10 – 1er août 1986).*

28) Établissement du tableau récapitulatif. L'article 71-8 impose l'utilisation d'un tableau récapitulatif identique à celui prescrit par les articles 71-5 à 71-7. Ce tableau doit, en outre, contenir dans les colonnes complémentaires la désignation succincte des propriétaires actuels, ainsi que le numéro précédemment attribué, soit dans le document analogue à l'état descriptif de division, soit par le conservateur des hypothèques dans le cadre de la procédure transitoire *(Doc. adm. DGI 10 E 4362, n° 11 – 1er août 1986)*.

29) Toutefois, il est apparu que l'obligation de mentionner l'identité ou la dénomination du ou des propriétaires actuels de chacun des lots pouvait parfois se révéler particulièrement contraignante, sinon impossible à respecter. Dès lors, il a été décidé d'accepter la publication des documents concernés lorsque le notaire estimant, sous le contrôle éventuel des tribunaux, avoir fait toute diligence pour retrouver des propriétaires, ne sera pas parvenu à déterminer l'identité des propriétaires actuels.

Dans ce cas, la colonne du tableau récapitulatif prévue à cet effet devra porter en face de chacun des lots concernés la mention « propriétaire indéterminé ». En outre, le document lui-même devra contenir soit dans le corps de l'acte à la suite de la description de chacun des lots concernés, soit en fin de l'acte, une mention indiquant de façon précise qu'il n'a pas été possible de parvenir à retrouver les propriétaires des lots désignés.

Dès lors qu'un état descriptif de division ou un acte modificatif comportera cumulativement ces deux indications, le refus du dépôt ne sera pas opposé *(Doc. adm. DGI 10 E 4362, n° 12 – 1er août 1986)*.

La certification de l'identité des propriétaires n'a pas à figurer dans les états descriptifs et les actes modificatifs dressés en application de l'article 71-8, dernier alinéa *(Doc. adm. DGI 10 E 4362, n° 13 – 1er août 1986)*.

Art. 71-9 ***(Aj. à compter du 1er janvier 2013, D. n° 2012-1462, 26 déc. 2012 ; mod. à compter du 1er janvier 2022, D. n° 2021-1888, 29 déc. 2021).*** **– Une copie ou un extrait comportant au moins le tableau résumé de l'état descriptif de division et de tout acte modificatif destiné au service du cadastre est remis au service de la publicité foncière en même temps que la réquisition de publier.**

Le plan ou le croquis de l'immeuble et de la division par lots s'il en existe un y est annexé.

Les numéros de lots résultant d'un état descriptif de division ou de tout document analogue transcrit ou publié ainsi que la quote-part des parties communes incluse dans chaque lot lorsque cette quote-part est déterminée sont attribués de façon définitive sous réserve de l'application des articles 71-6 à 71-8.

Ces éléments doivent être utilisés pour désigner les fractions d'immeuble dans tous les documents publiés au fichier immobilier et dans les documents ou extraits cadastraux.

Toutefois, l'indication de la quote-part des parties communes n'a pas à figurer dans toutes formalités relatives aux commandements pour valoir saisie et aux inscriptions d'hypothèque. Si cette indication est cependant fournie, l'inscription est censée ne pas être requise sur la quote-part.

Art. 71-10 ***(Aj. à compter du 1er janvier 2013, D. n° 2012-1462, 26 déc. 2012).*** **– Sous réserve des dispositions de l'article 50-1 du décret [n° 55-22] du 4 janvier 1955, l'état descriptif de division est établi par tous les propriétaires ou copropriétaires de l'immeuble et l'acte modificatif est établi par les seuls propriétaires ou copropriétaires des fractions intéressées par la modification. Le cas échéant, les frais d'établissement de ces actes sont à la charge de la collectivité des copropriétaires et recouvrés comme en matière de charges de propriété.**

I – PERSONNES HABILITÉES À ÉTABLIR L'ÉTAT DESCRIPTIF DE DIVISION

A – Principe

1) L'état descriptif de division doit être établi par les propriétaires ou copropriétaires de l'immeuble ou de l'ensemble immobilier auquel il s'applique (D. 14 oct. 1955, art. 71-10).

B – Règles spéciales

2) L'obligation d'identifier par un numéro de lot, préalablement attribué par un état descriptif de division, les fractions d'immeuble faisant l'objet d'un acte ou d'une décision soumis à publicité ne doit pas aboutir à porter préjudice aux tiers en mettant obstacle aux formalités intéressant lesdites fractions, lorsqu'il n'a pas encore été dressé ni publié d'état descriptif de division de l'ensemble de l'immeuble, spécialement lorsque les formalités de publicité requises n'exigent pas de concours du ou des propriétaires ou copropriétaires intéressés, telles que saisies, inscriptions de privilèges et d'hypothèques judiciaires ou légales.

Aussi, les articles 50-1 et 50-2 du décret du 4 janvier 1955 complètent-ils les dispositions de l'article 7 dudit décret relatives à l'état descriptif de division : ils édictent deux séries de mesures destinées à faciliter l'établissement de ce document.

II – PERSONNES HABILITÉES À ÉTABLIR L'ACTE MODIFICATIF DE L'ÉTAT DESCRIPTIF DE DIVISION

A – Règles générales

3) L'acte modificatif est établi par les seuls propriétaires ou copropriétaires des fractions intéressées par la modification (D. 14 oct. 1955, art. 71-10) et il est limité aux lots affectés par le changement.

Toute modification de l'état descriptif suppose une mutation de droits immobiliers. Elle nécessite l'accord des propriétaires ou copropriétaires intéressés. Les autres n'ont pas à intervenir à l'acte modificatif.

Sans doute, résulte-t-il de l'article 11, alinéas 1er et 2 de la loi du 10 juillet 1965 et de l'article 11, 3°, du décret du 17 mars 1967 pris pour l'application de celle-ci, que l'assemblée générale des copropriétaires doit, notamment, approuver les projets de modification des états descriptifs de division consécutifs à des travaux ou à des actes d'acquisition ou de disposition ou encore en cas d'aliénation séparée d'une ou plusieurs fractions d'un lot.

Par suite, une subdivision opérée sans l'autorisation de l'assemblée générale peut être irrégulière, mais il n'appartient pas aux conservateurs d'apprécier la validité des actes publiés. Le cas échéant, le syndicat des copropriétaires pourra former un recours contre la subdivision irrégulière devant les tribunaux judiciaires.

Ainsi, la division d'un lot pour former deux ou plusieurs lots nouveaux, la réunion de deux ou plusieurs lots en un seul, la division d'un lot suivie du rattachement immédiat d'une des parties du lot divisé à un lot existant ne nécessitent que l'intervention des copropriétaires intéressés *(Doc. adm. DGI 10 E 4333, n° 1 – 1er août 1986).*

4) Au contraire, l'accroissement d'un lot augmentant la surface construite d'un bâtiment, la transformation d'une loge de concierge en appartement ou inversement, la transformation d'un couloir commun en pièce d'appartement ou inversement, l'échange d'une loge de concierge contre un studio, qui affectent la répartition de l'ensemble des millièmes de parties communes, nécessitent l'intervention de tous les copropriétaires (ou de leurs représentants qualifiés) *(Doc. adm. DGI 10 E 4333, n° 2 – 1er août 1986).*

5) L'intervention des seuls propriétaires ou copropriétaires des fractions intéressées (dans le cas où l'intervention de tous n'est pas obligatoire) risquant d'aboutir à l'attribution d'un même numéro à plusieurs lots nouveaux, certaines précautions doivent être prises.

Ainsi, dans le cas où le propriétaire du lot n° 45 divise celui-ci en deux lots, l'acte modificatif constatant cette opération remplace le n° 45 par les nos 55 et 56 par exemple, pris à la suite des numéros existants. Mais si le propriétaire du lot 25 procède lui-même à une division et s'adresse à cet effet, sans se renseigner sur les précédentes modifications, à un notaire différent, ignorant la modification du lot 45, un nouvel acte modificatif remplace le n° 25 par les deux mêmes numéros nouveaux 55 et 56.

Pour éviter ce résultat, les intéressés doivent se renseigner, au préalable, auprès du syndic ou au bureau des hypothèques sur l'existence éventuelle de modifications *(Doc. adm. DGI 10 E 4333, n° 3 – 1er août 1986).*

Bibliographie : sur ce point : Bulté : *JCP* N 1974, prat. 5656 ; sur la publication possible de l'état descriptif de division établi unilatéralement par un copropriétaire : *BAMC*, art. 510 ; sur la publication en cas de refus d'approbation par l'assemblée : *JCP* N 1984, prat. 7424 par E.C.

B – Règles spéciales

6) Afin de ne pas porter préjudice aux tiers, des mesures spéciales ont été prévues pour l'établissement forcé d'un acte modificatif, lorsque ce document n'a pas encore été dressé ni publié, alors qu'une personne a intérêt à ce qu'il le soit, en vue de la publication d'un acte, et plus spécialement lorsque les formalités de publicité requises n'exigent pas le concours du ou des propriétaires intéressés, telles que saisies, inscriptions de privilèges et d'hypothèques judiciaires ou légales.

En particulier, un notaire peut être requis d'établir un acte modificatif lorsque la fraction d'immeuble intéressée a été, postérieurement à la publication du document constatant le droit du requérant, soit divisée, soit réunie en tout ou partie à un autre lot, sans qu'un acte modificatif de l'état de division ait été publié *(Doc. adm. DGI 10 E 4333, n° 4 – 1er août 1986).*

Voir : D. n° 55-22, 4 janv. 1955, art. 50-1 et 50-2, p. 1402 et leurs commentaires.

Art. 71-11 *(Aj. à compter du 1er janvier 2013, D. n° 2012-1462, 26 déc. 2012).* **– Dans les cas prévus à l'article 50-2 du décret [n° 55-22] du 4 janvier 1955, le numéro attribué dans le procès-verbal descriptif dressé par l'huissier de justice est signifié au propriétaire ou au syndic de copropriété au lieu de l'immeuble. Il est obligatoirement repris, pour désigner la fraction, dans l'état descriptif de division ultérieurement porté au fichier immobilier et dans tousles actes ou décisions se rattachant à la procédure de saisie, y compris le jugement définitif d'adjudication.**

Art. 71-12 *(Aj. à compter du 1er janvier 2013, D. n° 2012-1462, 26 déc. 2012)*. – Le dépôt de l'état descriptif de division et de tout acte modificatif est refusé en cas de contravention aux dispositions des articles 71-1 à 71-9.

Sous peine de refus du dépôt, tout extrait, expédition, copie ou bordereau déposé pour l'exécution d'une formalité concernant une fraction d'immeuble doit contenir en plus des références exigées au 2 de l'article 32 :

a) Soit les références (date, volume, numéro) à la formalité donnée à l'acte contenant l'état descriptif de division ou au document analogue en tenant lieu et éventuellement aux actes modificatifs se rapportant aux fractions intéressées ;

b) Soit la déclaration que la publicité de ces documents en sera requise simultanément.

Le dépôt est également refusé si la fraction intéressée n'est pas désignée par le numéro du lot dans lequel cette fraction est comprise.

Art. 71-13 *(Aj. à compter du 1er janvier 2013, D. n° 2012-1462, 26 déc. 2012)*. – La formalité est rejetée si, après avoir accepté le dépôt d'un document concernant une fraction d'immeuble, le service de la publicité foncière constate :

a) Soit une discordance entre les références (date, volume, numéro) à la formalité donnée à l'un des actes visés au deuxième alinéa de l'article 71-12 et celles contenues dans le document déposé ;

b) Soit une discordance dans la désignation des lots (numéro) entre, d'une part, les énonciations contenues dans le document déposé et d'autre part, les énonciations correspondantes contenues au tableau établi en exécution des articles 71-5, 71-7 et au dernier alinéa de l'article 71-8.

La même sanction est applicable :

a) Lorsque le service de la publicité foncière constate que l'état descriptif ou l'acte modificatif établi en exécution des articles 71-1, 71-6 et 71-8 utilise des numéros précédemment attribués ;

b) Lorsque, en exécution de l'article 71-8, l'état descriptif ou l'acte modificatif ne tient pas compte de la division ou d'une modification antérieure des lots.

CHAPITRE III. – DISPOSITIONS COMMUNES AUX CHAPITRES I et II

....

Section II. – Pièces justificatives de l'identité des parties

Art. 76 *(D. n° 59-90, 7 janv. 1959 ; D. n° 67-1252, 22 déc. 1967 ; D. n° 79-643, 24 juill. 1979 ; D. n° 85-760, 18 juill. 1985 ; D. n° 98-553, 3 juill. 1998 ; D. n° 2007-201, 15 févr. 2007)*. – 1. [...]

2. La désignation individuelle des immeubles exigée par les articles 2148, huitième alinéa, 2149, dernier alinéa, du Code civil, et le 2 de l'article 34 du décret n° 55-22 du 4 janvier 1955 modifié est faite, conformément aux dispositions de l'article 7 du même décret, par l'indication des éléments suivants :

a) La nature ;

b) La commune de situation ;

c) L'indication de la rue et du numéro ou, à défaut, le lieu-dit ;

d) La section et le numéro du plan cadastral ;

e) La contenance.

Lorsque le document déposé concerne une fraction d'immeuble, la désignation susvisée doit en outre être complétée par l'indication du numéro de lot et sous réserve des dispositions *(Mots rempl. à compter du 1er janvier 2013, D. n° 2012-1462, 26 déc. 2012)* « du cinquième alinéa de l'article 71-9 », de la quote-part de parties communes, lorsqu'elle existe ou est déterminée.

Le refus de dépôt est opposé en cas d'omission, dans la désignation des immeubles, de l'indication de leur commune de situation, de leur désignation cadastrale et en outre, pour les fractions d'immeuble, du numéro de lot.

Toute discordance entre les indications relatives à la commune ou à la désignation cadastrale figurant dans le document déposé et ces mêmes indications contenues dans les documents antérieurement publiés au fichier immobilier entraîne le rejet de la formalité.

La même sanction est applicable aux irrégularités visées *(Mots rempl. à compter du 1er janvier 2013, D. n° 2012-1462, 26 déc. 2012)* « à l'article 71-13 » en ce qui concerne l'identification des fractions d'immeuble.

3. Si le document déposé faisant l'objet d'un seul certificat de conformité reproduit plusieurs fois la désignation des immeubles, seule est retenue, à défaut d'indication contraire expresse portée obligatoirement au pied du document, la désignation figurant la première dans ledit document, même si elle est contenue dans un acte préparatoire non soumis par lui-même à publicité, tel qu'un cahier des charges dont l'expédition précède celle du jugement d'adjudication.

Le *(Mot rempl. à compter du 1er janvier 2013, D. n° 2012-1462, 26 déc. 2012)* « service de la publicité foncière » retient cette désignation pour annoter le fichier immobilier et pour effectuer tous rapprochements prescrits par les articles 23, 34, 36 et 37 soit avec l'extrait d'acte, soit avec les documents antérieurement publiés.

TITRE III. – DISPOSITIONS TRANSITOIRES ET DISPOSITIONS DIVERSES

CHAPITRE I. – DISPOSITIONS TRANSITOIRES

....

Section II. – Droits sur les immeubles autres que les privilèges et les hypothèques

....

§ 4. – Règlements de copropriété

Art. 85 *(D. n° 59-90, 7 janv. 1959 ; mod., L. n° 65-557, 10 juill. 1965).* – **Lorsque le procès-verbal des délibérations de l'assemblée des copropriétaires prises conformément à l'article 9 de la loi modifiée du 28 juin 1939 pour compléter ou modifier le règlement de copropriété n'a pas été dressé en la forme authentique, une copie ou un extrait de ce procès-verbal, certifié conforme par le représentant de la collectivité des copropriétaires, est déposé au rang des minutes du notaire détenteur de la minute du règlement de copropriété ; la publication en est assurée par les soins dudit notaire.**

L'acte de dépôt contient les références (date, volume, numéro) de la formalité donnée au règlement de copropriété, ainsi que la désignation de l'immeuble.

1) **Règlement de copropriété établi en la forme sous seing privé ou résultant d'une décision de l'assemblée. Publication.** L'article 710-1 du Code civil, issu de la loi n° 2011-331 du 28 mars 2011 (*JO* 29 mars), dispose :

« Tout acte ou droit doit, pour donner lieu aux formalités de publicité foncière, résulter d'un acte reçu en la forme authentique par un notaire exerçant en France, d'une décision juridictionnelle ou d'un acte authentique émanant d'une autorité administrative.

Le dépôt au rang des minutes d'un notaire d'un acte sous seing privé, contresigné ou non, même avec reconnaissance d'écriture et de signature, ne peut donner lieu aux formalités de publicité foncière. Toutefois, même lorsqu'ils ne sont pas dressés en la forme authentique, les procès-verbaux des délibérations des assemblées générales préalables ou consécutives à l'apport de biens ou droits immobiliers à une société ou par une société ainsi que les procès-verbaux d'abornement peuvent être publiés au bureau des hypothèques à la condition d'être annexés à un acte qui en constate le dépôt au rang des minutes d'un notaire.

Le premier alinéa n'est pas applicable aux formalités de publicité foncière des assignations en justice, des commandements valant saisie, des différents actes de procédure qui s'y rattachent et des jugements d'adjudication, des documents portant limitation administrative au droit de propriété ou portant servitude administrative, des procès-verbaux établis par le service du cadastre, des documents d'arpentage établis par un géomètre et des modifications provenant de décisions administratives ou d'événements naturels. »

2) Comme on le constate, le deuxième alinéa de ce texte indique clairement que le dépôt au rang des minutes d'un notaire d'un acte sous seing privé même avec reconnaissance d'écriture et de signature ne peut donner lieu aux formalités de publicité foncière.

Parmi les exceptions qu'il prévoit, le cas visé par l'article 68 du décret du 14 octobre 1955 n'est pas énoncé, non plus que le cas visé par l'article 85 du décret du 14 octobre 1955 qui indique que lorsque le procès-verbal des délibérations de l'assemblée prises pour compléter ou modifier le règlement n'a pas été dressé en la forme authentique, une copie ou un extrait de ce procès-verbal, certifiés conformes par le représentant de la collectivité des copropriétaires, est déposé au rang des minutes du notaire détenteur de la minute du règlement, la publication étant assurée par les soins de ce notaire.

De l'application littérale de l'article 710-1 du Code civil il résulte donc que ces modalités particulières de publication soit du règlement initial, soit d'une modification du règlement ne sont plus admises. L'une des conséquences est que pour pouvoir authentifier le procès-verbal d'assemblée, le notaire devrait assister à la réunion pour en constater la teneur en la forme authentique.

Cette situation a laissé perplexes les praticiens et les services de la publicité foncière. En fait, il appartiendra au notaire de reprendre la substance du document à publier, dont la teneur lui est communiquée par le syndic de copropriété.

....

Section III. – Réquisitions. Copies, extraits et certificats

Art. 85-3. – [...].

(D. n° 79-405, 21 mai 1979) **3. La portée des inscriptions de privilège ou d'hypothèque et des saisies grevant des lots ayant fait l'objet de modifications visées à l'article 6-1 de la loi n° 65-557 du 10 juillet 1965, telle qu'elle est fixée à l'article 44, n'est prise en considération que pour la délivrance des renseignements requis à compter de l'entrée en vigueur de la loi n° 79-2 du 2 janvier 1979 et, s'il s'agit d'immeubles ruraux situés dans une commune à ancien cadastre, sous les réserves exprimées au 4 de l'article 45.**

I. – INSTRUCTION DU 1er AOÛT 1979

INTRODUCTION

1. – La loi n° 79-2 du 2 janvier 1979 relative aux droits grevant les lots d'un immeuble soumis au statut de la copropriété apporte diverses modifications au Code civil et à la loi n° 65-557 du 10 juillet 1965 fixant le statut de la copropriété. Le décret n° 79-405 du 21 mai 1979 en précise les modalités d'application.

2. – La présente instruction est divisée en deux chapitres, le premier ayant pour objet de présenter la loi elle-même, le second analysant les dispositions du décret précité du 21 mai 1979.

CHAPITRE I. – LA LOI DU 2 JANVIER 1979

3. – La loi du 2 janvier 1979 institue de nouvelles règles relatives, comme l'indique son intitulé, aux droits qui grèvent les lots d'un immeuble soumis au statut de la copropriété. Les dispositions qu'elle contient sont de nature à simplifier considérablement les opérations nécessaires à la constatation des changements qui affectent les lots ou les parties communes et permettant, désormais, de lever certains obstacles juridiques et techniques qui s'opposaient à une évolution souvent indispensable des immeubles ou des grands ensembles immobiliers soumis à ce statut.

4. – Seront d'abord examinés, dans une première section, le contexte dans lequel la réforme a été élaborée, puis dans une seconde section, la portée même de la loi du 2 janvier 1979.

Section I. – Le contexte de la réforme

5. – Comme la loi du 28 juin 1938, la loi n° 65-557 du 10 juillet 1965 fixant le statut de la copropriété dispose que chaque « lot » comprend deux éléments, l'un privatif, l'autre consistant en une « quote-part de parties communes » (art. 1er, al. 1er).

Parmi ces parties communes, le sol revêt presque toujours une importance spécifique due au fait qu'en pratique la désignation du terrain (par le cadastre et la voirie) est la base de la localisation précise de l'immeuble comprenant les différents lots. Ces derniers sont, à l'intérieur de cette désignation générale, situés, décrits et numérotés dans un état descriptif de division inclus ou non dans le règlement de copropriété (art. 8, al. 1er) ; ils répondent aux prescriptions édictées par les textes qui gouvernent la publicité foncière *(D. d'application, n° 67-223, 17 mars 1967)*.

6. – D'une manière plus générale, les décrets n° 55-22 du 4 janvier 1955 portant réforme de la publicité foncière et n° 55-1350 du 14 octobre 1955 pris pour son application ainsi que les textes ultérieurs qui les ont modifiés se sont attachés, pour permettre la réalisation d'une publicité réelle et l'expression fidèle des situations juridiques que cette publicité doit refléter, à assurer l'individualisation de chaque fraction d'immeuble soumise ou susceptible d'être soumise à des droits particuliers.

Cette individualisation, prévue par l'article 7 (al. 3) du décret du 4 janvier 1955, est réglementée par l'article 71 du décret du 14 octobre 1955 selon lequel chaque fraction est identifiée, dans un état descriptif de division contenant la désignation de l'entier immeuble, par l'indication de sa nature, éventuellement de sa situation, ainsi que, si elle est déterminée, de la quote-part dans la propriété du sol qui y est incluse et par l'attribution d'un numéro de lot qui lui est propre.

Pareille fraction ne peut être modifiée dans l'une de ses composantes sans que soient créés un ou plusieurs nouveaux lots, numérotés de telle manière que leur provenance soit rigoureusement établie et leur individualisation garantie. C'est ainsi que la division d'un lot s'accompagne de l'attribution d'un numéro à chacune des parties issues de la division, lesquelles forment autant de lots distincts. De même, la réunion de plusieurs lots en un seul, doté d'un numéro unique, ne peut être effectuée si les lots réunis sont grevés de droits ou charges différents ; en effet, l'individualisation de ces lots doit être assurée ou maintenue pour traduire la situation juridique réelle (notamment par une définition exacte du gage des créanciers privilégiés ou hypothécaires inscrits) et répondre aux besoins qui viendraient à en naître (par ex., en éliminant tout obstacle, même matériel, à l'exercice du droit de suite).

7. - Une telle individualisation est tout spécialement nécessaire en matière de copropriété ; cependant, les faits ont démontré que la réalité juridique était parfois génératrice en ce domaine de graves complications qui faisaient obstacle à l'application des textes dans des conditions raisonnables, spécialement lorsque les lots étaient grevés de privilèges ou d'hypothèques.

La transformation d'une partie commune en un lot ou l'opération inverse, la réunion ou la division de copropriété, voire la simple modification de l'emprise d'une copropriété donnée, obligeaient, en raison principalement, des mouvements affectant les quotes-parts, en valeur relative comme en valeur absolue, soit à procéder à des numérotages excessivement complexes (chaque « lot de copropriété » se décomposant dans des espèces sans caractère exceptionnel en dizaines ou centaines de « lots publicité foncière »), soit à établir de multiples actes ou documents et à en requérir la publication après numérotation allégée d'une moindre quantité de lots.

Si, par exemple, une loge de concierge devait devenir un lot, sa transformation impliquait deux opérations : il fallait ériger cette loge en partie privative, c'est-à-dire réduire d'autant les parties communes en limitant en proportion la quote-part incluse dans chaque lot ancien ; il importait, en outre, de rattacher à cette partie privative, par prélèvement sur chacun des lots anciens, une quote-part des parties communes nouvelles, autrement dit amputées de la loge.

Dans la première opération, la quote-part de chaque lot ancien demeurait numériquement inchangée mais elle était néanmoins modifiée puisque sa valeur absolue était restreinte ; dans la seconde, cette même quote-part était de nouveau diminuée tant dans son expression numérique que dans sa valeur absolue. Au terme de la transformation, chacun des lots anciens se trouvait avoir perdu une partie de sa consistance, incluse désormais dans le lot nouveau.

À supposer que les lots anciens aient été grevés, chacun d'une ou de plusieurs inscriptions de sûretés, chaque créancier, en raison du droit de suite établi par l'article 2166 du Code civil, n'aurait pas cessé d'avoir pour gage, à côté du lot nouveau, une fraction du lot formée à l'aide de la loge. Il aurait été fondé à saisir la totalité de ce dernier lot en application de l'article 6 de la loi du 10 juillet 1965 qui interdit la licitation forcée séparée de tout ou partie d'une quote-part, sauf à n'exercer son droit sur le prix qu'à concurrence de la valeur relative de la fraction de son gage comprise dans le lot saisi. Une telle circonstance obligeait impérativement à maintenir l'individualisation de ladite fraction.

Dans d'autres hypothèses (réparations d'erreurs affectant les quotes-parts, réunions de copropriété, notamment) des fractions de quotes-parts prélevées sur les lots venaient s'ajouter aux quotes-parts afférentes à d'autres lots.

En sus de ce qui a été dit ci-avant du droit de suite, la règle de la spécificité du gage hypothécaire s'opposait alors à ce que le droit du créancier inscrit sur le lot d'accueil s'étendît à la fraction de quote-part adjointe ; elle s'y opposait, d'ailleurs, même en cas d'arrivée d'une fraction vierge.

Bref, la loi civile, que la technique de la publicité foncière ne peut que respecter, rendait indispensable, si l'on entendait éviter de procéder au numérotage approprié de toutes les fractions de millièmes à individualiser, la rédaction d'actes de mainlevée, d'affectation complémentaire, de bordereaux d'inscription, etc.

8. - Or, dans le domaine de la copropriété où l'on rencontre souvent de très nombreux lots, le nombre des actes à établir et des formalités à requérir pour appliquer les règles civiles ordinaires était tel que ces règles apparaissaient tout à fait inadaptées à cette forme moderne et particulière du droit de propriété.

Dans certains cas, en effet, la tâche était si démesurée que l'on renonçait à l'assumer, de sorte que le droit de suite, la spécialité du gage et la publicité réelle, conçus dans l'intérêt des titulaires de droits, se retournaient contre eux. Limitées lorsqu'il s'agissait de copropriétés de petite importance, très contraignantes dans les situations moyennes, les difficultés devenaient tout à fait insupportables avec la création de grands ensembles immobiliers où les changements d'emprise ou de structure sont plus fréquents et leurs effets considérablement amplifiés.

Sous peine d'aboutir à un véritable blocage de nombreuses opérations, il convenait de mettre en œuvre une solution appropriée.

9. – Le choix s'offrant en diverses options, la solution finalement adoptée, remarquablement simple, s'est articulée autour de trois considérations fondamentales :

a) Il était exclu de renoncer à la règle capitale de l'identification certaine des immeubles dans les documents soumis ou admis à publicité foncière.

On aurait, en effet, couru le risque d'introduire des facteurs d'incertitude ou d'imprécision dans la documentation et de revenir, dans une certaine mesure, au système antérieur au 1er janvier 1956. L'abandon de l'indication de la quote-part en tant qu'élément de désignation des immeubles aurait ainsi pu conduire à ne plus exiger la publication des actes modificatifs des états descriptifs de division lorsque les changements n'auraient concerné que les « millièmes », d'où l'impossibilité pour les usagers de connaître la consistance exacte des lots de copropriété.

b) Dès lors, la solution, de nature générale, devait trouver sa base dans la sphère du droit de la propriété : elle a consisté, dans la ligne stricte de la loi du 10 juillet 1965, à faire prévaloir, sur l'étroite analyse juridique, des considérations psychologiques et économiques.

Pour tout copropriétaire, l'essentiel de son lot est constitué par le local dont il jouit privativement. La quote-part de parties communes attachées à ce lot, qui ne correspond à rien de tangible, est tout au plus une expression de la valeur relative du local ; souvent, même, elle est la simple représentation des charges générales auxquelles il est tenu de participer. Si les « millièmes » ne revêtent pour leurs propriétaires qu'un caractère tout à fait secondaire, les mouvements qui viennent à les affecter sont encore moins ressentis.

Or, l'économique rejoint le psychologique. Dans les cas les plus fréquents, la valeur du local, autrement dit des constructions – assiette supposée du droit privatif – est très élevée, sans commune mesure avec celle du sol ; c'est bien cette valeur-là qui est déterminante dans les contrats passés entre acheteurs et vendeurs ou prêteurs.

Partant, il suffisait d'affirmer que la partie privative est l'élément fondamental de chaque lot et que la quote-part dans les parties communes n'est qu'un accessoire pour que tout problème disparaisse. L'accessoire n'est pas, pour autant, négligé et l'on continuera de publier ses fluctuations, mais ces dernières seront en quelque sorte « neutres » au regard des droits qui grèvent les lots. Cette solution est parfaitement compatible avec la loi du 10 juillet 1965, dont l'article 6 interdit le partage ou la licitation forcée des parties communes séparément des parties privatives.

c) Enfin, il était apparu qu'une telle solution, hautement simplificatrice, dans le respect le plus total de l'ensemble des droits publiés trouvait à s'appuyer sur les possibilités techniques offertes par le fichier immobilier et pouvait être mise en œuvre sans accroître les sujétions du service, ni celles de ses usagers, bien au contraire.

Ainsi, s'agissant de privilèges ou d'hypothèques, les plus préoccupants des droits en cause, les créanciers ne cessent pas de voir leurs sûretés grever les quotes-parts bien que les bordereaux n'en fassent pas état : grâce aux modalités normales d'annotation et de mise à jour des fiches réelles ouvertes et servies en cas de copropriété (fiches d'immeuble générales et fiches particulières de lots), le conservateur révélera la situation exacte des biens sans qu'une formalité complémentaire ait à être requise.

Section II. – La portée de la loi du 2 janvier 1979

10. – *Remarques*. – Ne seront pas analysées dans le cadre de cette instruction les dispositions figurant sous les articles 2 et 8 de la loi, dont l'importance est certes très grande dans la mesure où l'article 2 apporte une exception au droit de préférence des créanciers inscrits, mais qui n'ont pas d'incidence directe sur la publicité foncière. De même, pour des raisons évidentes, seront écartés les articles 5 et 6 relatifs à l'application de la loi dans les départements du Bas-Rhin, du Haut-Rhin et de la Moselle.

11. – Sous le bénéfice de ces remarques, la loi du 2 janvier 1979 s'articule autour d'une disposition principale (art. 1er) qui pose le principe général de la réforme et de dispositions complémentaires (art. 3 et 4) qui donnent une base légale à certaines conséquences que l'on peut tirer de ce principe en matière de publicité foncière. Par ailleurs, les articles 7 et 10 fixent, d'une part, les effets de la loi sur les droits existant lors de son entrée en vigueur et, d'autre part, la date de cette entrée en vigueur.

Sous-section 1. – L'article 6-1 de la loi du 10 juillet 1965

12. – L'article 1er de la loi du 2 janvier 1979 ajoute à la loi du 10 juillet 1965 un article 6-1 qui contient en lui-même l'essentiel de la réforme dans la mesure où il fait état d'un principe dérogatoire aux règles générales du droit civil.

Désormais (al. 1er), « en cas de modification dans les quotes-parts des parties communes afférentes aux lots, quelle qu'en soit la cause, les droits soumis ou admis à publicité dont les lots sont l'objet s'éteignent sur les quotes-parts qui en sont détachées et s'étendent à celles qui y sont rattachées ». Par cette exception à la procédure normale de constitution ou d'extinction des droits réels, qui suppose un accord des parties ou une décision de justice, est atteint l'objectif de base, savoir : faire en sorte que les titulaires de droits aient toujours pour assiette de leurs prérogatives l'ensemble des « millièmes » inclus dans un lot et seulement ceux-ci.

13. - Présenté en trois alinéas, l'article 6-1 nouveau de la loi du 10 juillet 1965 énonce d'abord en son alinéa 1er reproduit ci-avant le principe de la réforme, les alinéas suivants visant le cas particulier des changements d'emprise de la copropriété.

I. – L'alinéa 1er de l'article 6-1

14. - De portée très générale, le principe édicté par l'alinéa 1er de l'article 6-1 va trouver à s'appliquer chaque fois que des changements quelconques vont intervenir aussi bien dans la quotité de parties communes incluses dans les lots que dans la consistance même de ces parties communes, et cela quelle que soit l'origine des modifications intervenues.

15. - On note, en premier lieu, que le texte vise toutes les modifications dans les (et non pas des) quotes-parts de parties communes afférentes aux lots, qu'elles aient pour effet de changer l'expression arithmétique de ces quotes-parts ou, à fraction inchangée, d'accroître ou de restreindre l'étendue des biens matériels sur lesquels elles portent.

Il est, en effet, évident que modifier la substance des parties communes, c'est modifier la quote-part qui en est l'expression au niveau de chacun des lots. Dès l'instant où la consistance de ces parties communes varie, la fraction qui représente le droit indivis en subit nécessairement le contrecoup en valeur absolue, alors même que ses numérateur et dénominateur demeurent inchangés.

Le texte recouvre un grand nombre de situations qui sont pour la plupart étudiées *infra*, Chapitre II, Section II :

- modifications ne portant que sur la quote-part ;
- transformation d'un lot en parties communes ;
- transformation de parties communes en un lot ;
- cession ou acquisition de parties communes entraînant changement de l'emprise de la copropriété ;
- réunion ou division de copropriété.

16. - La délimitation du champ d'application du texte appelle, toutefois, quelques précisions en ce qui concerne certaines opérations touchant à la fois aux parties privatives et aux quotes-parts de parties communes incluses dans les lots.

a) Pour les opérations de ce type figurant dans l'énumération donnée au numéro précédent (cas des deux transformations citées), le texte joue pleinement à l'égard aussi bien des parties privatives que des parties communes, car, dans tous les cas, ces parties privatives deviennent ou ont été des quotes-parts de parties communes et, comme telles, bénéficient ou ont bénéficié des dispositions de la loi à l'instant de leur transformation.

On prendra pour le montrer un exemple, celui de la transformation d'un appartement en loge de concierge.

Pour réaliser cette transformation, une double opération s'impose, au moins en analyse.

Il faut, tout d'abord, distribuer entre les lots subsistants les « millièmes » compris dans le lot à supprimer. Ces « millièmes », dûment fractionnés et libérés des droits qui les grevaient, entrent dans les lots d'accueil et se trouvent soumis aux mêmes droits que les « millièmes » auxquels ils s'ajoutent (en valeur et même arithmétiquement).

Il faut ensuite, pour que la partie privative de l'appartement devienne commune, le faire éclater en autant de quotes-parts de l'immeuble matériel qui entre dans les parties communes qu'il existe de lots d'accueil. Chacune de ces quotes-parts s'adjoint à celle qui vient d'être arithmétiquement modifiée dans son lot d'accueil (et qui ne l'est plus à ce second stade qu'en valeur absolue) et connaît le même sort, quant aux droits qui la grèvent, que les « millièmes » précédemment distribués.

b) En revanche, l'alinéa 1er de l'article 6-1 ne s'applique pas aux opérations qui impliquent une modification des quotes-parts (en fait toujours arithmétique) entraînée par une modification de parties privatives telle que celles-ci ne perdent à aucun moment leur caractère. Cette constatation est toute naturelle puisque le texte ne concerne que les quotes-parts de parties communes à l'exclusion des parties privatives en tant que telles.

Il ne peut ainsi être envisagé d'appliquer les règles nouvelles en cas, par exemple, de transfert d'une ou de plusieurs pièces d'un lot à un ou à plusieurs autres ; même si la partie de local cédée « emporte » avec elle une fraction de parties communes, l'opération doit être considérée dans son ensemble.

D'ailleurs, à supposer que l'on considérât un instant que la quote-part extraite, avec la partie de local, du lot originaire pour former un lot nouveau, fût libérée de tous droits, il n'en demeurait pas moins que la partie privative resterait grevée. Dès lors, en vertu de l'article 6 de la loi du 10 juillet 1965 qui interdit de séparer quote-part de parties communes et parties privatives et des articles 2148-1 et 2217 du Code civil (V. *infra*, Sous-section II), la totalité du bien cédé (quote-part comprise) continuerait de faire partie du gage du créancier.

Pour parvenir à la réunion de ce bien et du lot d'accueil, il sera nécessaire d'obtenir le consentement des créanciers ou des titulaires de droits qui grèvent le lot divisé ainsi que, le cas échéant, le même consentement et celui du propriétaire pour l'extension des droits existant sur ce lot d'accueil.

17. - Le texte joue, d'autre part, que la modification dans les quotes-parts concerne ou non la totalité ou une part importante de la copropriété.

Certes, la réforme a été imposée par la démesure de certaines opérations affectant un très grand nombre de lots. Mais aucune restriction n'étant faite par le texte lui-même, la loi doit trouver à s'appliquer quelle que soit l'étendue de l'opération par rapport à l'ensemble de l'immeuble. Ce serait aller à l'encontre tant de la lettre que de l'esprit du texte que de restreindre son application aux seuls cas où l'intégralité des lots ou une quantité plus ou moins importante de ces lots serait touchée par l'opération car la volonté du législateur a été d'apporter une solution radicale et générale à toutes les difficultés de même nature.

18. - Le texte, d'une portée très générale, s'applique quelles que soient les causes des modifications affectant les parties communes (réparation d'une erreur dans la répartition des quotes-parts ; mutations, à titre onéreux ou à titre gratuit, volontaires ou forcées...).

19. - De la même façon, les droits qui sont visés par le texte sont définis très largement.

Il s'agit de tous les droits soumis ou admis à publicité, c'est-à-dire, d'une façon générale, de tous les droits susceptibles d'apparaître au fichier immobilier, à la suite de la publication obligatoire ou facultative des actes, décisions judiciaires ou bordereaux qui les constatent.

20. - Enfin, l'objet des droits atteints par les modifications dans les quotes-parts est défini comme étant le lot.

Il s'agit donc, d'abord, de tous les droits qui ont été publiés sur le lot lui-même. Mais le législateur, en employant l'expression « dont les lots sont l'objet », a voulu ne pas appréhender les seuls droits ou sûretés nés sur les lots eux-mêmes ; il a entendu atteindre également ceux qui sont nés sur l'ensemble immobilier et qui, par hypothèse, grèvent aussi l'intégralité des lots, que ces lots soient nés avant la mise en copropriété (ex. : hypothèque consentie sur le terrain et les constructions à venir par un « promoteur ») ou postérieurement.

21. - En conclusion, on doit donc retenir que la loi concerne toutes les modifications qui interviennent aussi bien au niveau de la substance des parties communes que de la fraction exprimant la quote-part incluse dans chacun des lots :

- quelle que soit l'importance relative du nombre des lots intéressés ;
- quelle que soit le cours de ces modifications ;
- tous les droits réels ou personnels de nature à apparaître au fichier immobilier ;
- qu'ils soient nés sur ces lots ou sur des parties communes.

Malgré, mais peut-être aussi à cause de, la généralité de la formule utilisée, le législateur a cependant tenu à préciser dans les deux derniers alinéas du nouvel article 6-1 de la loi du 10 juillet 1965 certaines modalités particulières d'application qui s'imposaient dans l'hypothèse où les modifications des parties communes ont pour effet d'entraîner un changement de l'emprise de la copropriété.

II. – Les alinéas 2 et 3 de l'article 6-1

22. - Lorsqu'une acquisition ou une cession de parties communes emporte changement de l'emprise de la copropriété, deux restrictions sont apportées à l'extension ou à l'extinction automatique des droits. D'une part, les servitudes sont exclues des droits atteints par la loi et, d'autre part, mais seulement en cas d'acquisition, une formalité est nécessaire pour parvenir à l'extension des droits sur le bien acquis.

A. Exclusion des servitudes

23. - Les opérations envisagées par ces deux alinéas modifient l'emprise même de la copropriété. Au contraire de tous les autres changements, qui se déroulent à l'intérieur de la copropriété, dans la « verticalité » de l'immeuble, ceux-ci font intervenir des éléments qui sont ou deviennent extérieurs à la copropriété. Il convenait donc de tenir compte de cette situation tout à fait particulière en ce qui concerne les servitudes.

24. - La servitude, qu'elle soit conventionnelle ou légale, voire judiciaire, a le plus souvent une assiette bien définie et se limite strictement à cette assiette ; de même, le fonds qui profite de la servitude est généralement un immeuble (ou une fraction d'immeuble) déterminé(e). La situation est comparable lorsqu'il s'agit de servitudes dites « administratives » que le décret du 4 janvier 1955 comprend sous la dénomination de « limitations administratives au droit de propriété », encore qu'en ce qui les concerne, la recherche d'un fonds dominant aboutisse parfois à des résultats quelque peu artificiels.

Quoi qu'il en soit, le simple fait que le fonds servant ou dominant vienne à être cédé ou acquis, soit en totalité, soit par fraction après division, ne saurait conduire que dans des cas assez exceptionnels (ex. : acquisition du fonds servant par le fonds dominant) à effacer la servitude qui le grève ou dont il bénéficie, car les deux immeubles unis par ce rapport de service subsistent dans leur matérialité après la mutation dont l'un d'eux ou partie de l'un d'eux a fait l'objet.

Le législateur, conscient de cette situation, a estimé que, dans le cas où les modifications avaient pour résultat de modifier l'emprise de la copropriété, il était préférable de laisser les règles ordinaires s'appliquer aux servitudes constituées sur les parcelles cédées ou acquises par une copropriété. Il a, en conséquence, posé la règle que la cession ou l'acquisition d'une parcelle ou fraction de parcelle ne produit pas, à l'égard des servitudes, les effets d'extinction ou d'extension prévus à l'alinéa 1er de l'article 6-1. La disparition ou la modification d'une servitude ne pourra dès lors résulter, conformément au droit commun, que de la configuration des lieux ou d'un acte constatant cette disparition ou modification.

En présence d'une cession de tout ou partie d'une parcelle d'assiette de la copropriété, il conviendra donc de faire apparaître sur la fiche d'immeuble, si elles n'y sont pas déjà mentionnées (fiche renvoyant à la fiche générale) ou sur la fiche d'immeuble créée (en cas de division de parcelle) la ou les servitudes en cause ; il ne peut s'agir ici que des servitudes qui portent effectivement sur le terrain cédé et en aucun cas des servitudes constituées exclusivement sur un ou plusieurs lots.

Dans le cas d'une acquisition, la servitude figurant déjà sur la fiche d'immeuble, aucune annotation particulière n'aura à être effectuée. Le maintien des servitudes sur la parcelle acquise ne saurait constituer un obstacle à l'extension des droits résultant de la publication de la déclaration prévue à l'alinéa 3 de l'article 6-1.

B. Extension non automatique des droits lors de l'acquisition de parties communes

25. - Lors d'une acquisition de parties communes entraînant changement de l'emprise de la copropriété, le texte exclut l'automatisme de l'extension. Celle-ci n'aura lieu qu'à la diligence du syndic ou d'un créancier déclarant que le terrain acquis est libre ou est devenu libre de tous droits nés du chef de ses précédents propriétaires.

Cette exception au principe posé par l'alinéa 1er se justifie par le fait qu'il est nécessaire d'éviter tout conflit d'intérêt entre les titulaires de droits déjà publiés, les uns, sur le terrain acquis, les autres, sur les lots ou sur l'ensemble de la copropriété : sans cette disposition, les premiers eussent couru le risque, dans un règlement de conflit sur la base des dates des formalités respectives, de se voir primés par les seconds qui auraient bénéficié d'une sorte d'enrichissement sans cause. Elle s'explique, en outre, par la circonstance que la détermination de la date de libération du bien, surtout si elle est postérieure à l'acquisition, suppose une appréciation ou une surveillance ne relevant pas du rôle du service de la publicité foncière qui n'est saisi que par le dépôt de documents à publier.

La procédure prévue est d'une grande simplicité. Si le bien est libre au jour de la mutation, il suffira de la préciser dans l'acte de vente ou dans l'acte modificatif de l'état descriptif de division. Dans le cas contraire, l'acte distinct indispensable pourra être extrêmement bref.

Toutefois, si la déclaration prévue à l'alinéa 3 se révèle inexacte, à la suite de la vérification effectuée par le conservateur au vu du fichier immobilier, la formalité devra être rejetée. Les modalités d'application de la mesure sont étudiées au Chapitre II (V. *infra*, nos 60 et s.).

26. - L'étude de la réforme réalisée par l'article 1er de la loi du 2 janvier 1979 montre donc que celle-ci se situe essentiellement au niveau du droit de propriété et des droits qui peuvent le grever.

Mais pour qu'elle fût applicable sans retrouver les obstacles antérieurs, il importait d'en tirer les conséquences en matière de publicité foncière et, tout spécialement, en ce qui touche aux privilèges et hypothèques et à la mise en œuvre de ces sûretés. C'est le but poursuivi par les articles 3 et 4 de la loi.

Sous-section 2. – Les articles 2148-1 et 2217 du Code civil

27. - L'article 1er de la loi du 2 janvier 1979 institue une purge légale de tous les droits qui obèrent les fractions de quote-part amenées à quitter un lot. Mais à lui seul cet article n'aurait pas été suffisant pour assurer leur plein effet aux dispositions nouvelles dès lors que la « disparition » légale du droit hypothécaire n'entraîne pas, *ipso facto*, la disparition de l'inscription qui en constitue le signe matériel. Aussi convenait-il d'instituer un système qui permette au conservateur des hypothèques de traduire la réalité juridique sans avoir à outrepasser ses pouvoirs normaux quant à l'appréciation du contenu des actes, décisions judiciaires ou bordereaux présentés à la formalité de publicité.

Il en était de même de l'extinction, prévue audit article 1er, des privilèges et hypothèques inscrits sur un lot d'accueil à une fraction de quote-part adjointe. Dans le droit hypothécaire traditionnel, pareille extension ne peut être publiée que par le dépôt d'un bordereau complémentaire, appuyé, le cas échéant, de la représentation d'une expédition de l'acte d'affectation correspondant.

28. - L'article 2148-1 ajouté au Code civil par l'article 3 de la loi du 2 janvier 1979 pose le principe, repris en ce qui concerne les saisies par les deux alinéas nouveaux introduits dans l'article 2217 du même code par l'article 4, selon lequel, pour les besoins de leur publication, les privilèges et hypothèques (et les commandements) sont réputés ne pas grever la quote-part de parties communes afférente au lot sur lequel ils portent.

Mais le créancier inscrit (ou saisissant) conserve néanmoins son droit sur la quote-part ; il est seulement précisé que la consistance de cette quote-part ne sera déterminée qu'en temps utile, c'est-à-dire au moment de la mutation dont le prix forme l'objet de la distribution.

29. – L'alinéa 2 de l'article 71, D, 2 du décret du 14 octobre 1955 avait déjà prévu que la quote-part n'avait pas à figurer dans les bordereaux d'inscription, dans les commandements pour valoir saisie, ainsi que dans les actes ou décisions à mentionner en marge d'une inscription, cette disposition ne revêtait que le caractère d'un aménagement d'ordre purement matériel, sans portée nettement précisée ni sanction, à la règle d'identification des lots de copropriété. Il ne pouvait être question, en l'absence d'une base législative qui est apportée par le nouveau texte, de considérer que la quote-part n'était pas grevée dans sa totalité par les droits dont les bordereaux ou les actes faisaient état quels que fussent les changements venant à l'affecter.

L'article 2148-1 du Code civil donne donc une toute autre dimension à l'absence d'indication de la quote-part : désormais, l'inscription prise ou le commandement publié n'aura apparemment aucun effet, à la conservation des hypothèques, sur la quote-part de parties communes ; cependant, le droit privilégié ou hypothécaire ainsi que la saisie porteront sur la globalité du lot tel que le définit l'article 1er de la loi du 10 juillet 1965, la consistance exacte de la quote-part grevée n'étant appréciée qu'au moment de la mutation entraînant distribution du prix.

On verra *infra*, n° 75, qu'une modification apportée à l'article 71 dans la ligne du texte légal tend à réputer non écrite toute indication de quote-part qui figurerait indûment dans un bordereau (ou commandement).

30. – Plusieurs conséquences sont à retirer de cette disposition fondamentale. En premier lieu, les bordereaux d'inscription, les commandements pour valoir saisie, les actes et décisions mentionnés en marge des inscriptions n'ont pas à mentionner la quote-part de parties communes ; au moment où il effectuera la formalité, le conservateur n'aura en aucun cas à en tenir compte, même si, à tort, elle apparaissait effectivement dans ces documents.

Par suite, durant toute la vie de l'inscription ou la période de validité des saisies, les mouvements qui affecteront la quote-part de parties communes seront techniquement « neutres » à l'égard de l'inscription et aucune radiation partielle ou totale, aucun acte ou bordereau constatant l'extension des inscriptions et des saisies ne devra plus être exigé quand interviendront des modifications de quote-part entrant dans les prévisions de la loi du 2 janvier 1979.

De la même façon, les changements affectant les parties communes n'auront pas davantage d'effets apparents sur les inscriptions grevant soit directement des lots – ce qui est le cas le plus fréquent – soit la totalité de l'immeuble placé sous le régime de la copropriété.

31. – Il n'empêche que la quote-part, dans sa consistance à tout moment, continuera d'être grevée.

La simple lecture des fiches d'immeuble générales et particulières mettra le conservateur à même de délivrer les inscriptions (ou saisies) à chaque instant en appréhendant la quote-part dans sa consistance à cet instant.

32. – La réforme ainsi complétée au plan technique n'aurait pas atteint totalement son objectif si n'avaient pas été pris en compte les droits nés antérieurement à l'entrée en vigueur de la loi.

Sous-section III. – Les articles 7 et 10 de la loi 2 janvier 1979

I. – Champ d'application du texte

33. – En vertu de l'article 7 de la loi du 2 janvier 1979, tous les droits soumis ou admis à publicité non encore éteints visés à l'article 6-1, toutes les inscriptions de privilèges ou d'hypothèques et les saisies subsistantes à la date de l'entrée en vigueur de la loi sont soumis à ses dispositions.

Cette généralisation, voulue par le législateur en vue d'éviter une dualité de régime selon que les actes, décisions judiciaires ou bordereaux constatant ces droits auraient été publiés antérieurement ou postérieurement à la réforme, a été rendue possible par la technique de l'annotation et de la mise à jour du fichier immobilier qui renferme, depuis plusieurs années, la totalité des inscriptions subsistantes et des saisies en cours.

Dès l'entrée en vigueur de la réforme, il convient de faire abstraction de l'ancienne législation et d'appliquer la loi nouvelle dans toute la mesure où elle joue de façon automatique.

En conséquence, devront notamment être acceptés sans difficultés, dès lors qu'ils répondront aux règles de la publicité foncière édictées par les dispositions anciennes ou nouvelles figurant actuellement aux décrets des 4 janvier et 4 octobre 1955, en particulier à l'article 71, tous les actes modificatifs d'états descriptifs de division constatant des modifications intervenues aussi bien dans la quote-part de parties communes afférentes au lot que dans les parties communes elles-mêmes.

De même, aucun problème ne doit, en principe, être rencontré dans la lecture du fichier pour la délivrance des formalités antérieures à l'entrée en vigueur de la loi.

Deux précisions doivent, toutefois, être apportées :

– d'une part, il arrivera que l'on ait à révéler des formalités qui eussent été évitées si la loi nouvelle avait existé en leur temps. Cette circonstance est parfaitement normale et le conservateur doit, bien entendu, comprendre dans ses états toutes les formalités de l'espèce ;

– d'autre part, il pourra se produire qu'en relevant les formalités relatives à une ancienne partie commune cédée avec changement d'emprise, on trouve reportées sur la fiche de ce bien des inscriptions dont des lots de copropriété font l'objet. Le cas devrait être exceptionnel et, presque toujours, le service se rendra compte que ces inscriptions, provenant d'une copropriété, sont rétroactivement « effacées » par la loi nouvelle en tant qu'elles grevaient le bien en cause. S'il advenait que de telles inscriptions fussent indûment comprises dans un état, le conservateur devrait, bien entendu, les en retrancher sur simple demande du requérant.

34. - Il est à peine besoin de souligner, en revanche, que, chaque fois que la loi et le décret de 1979 imposent une formalité, ces textes ne s'appliquent avec toutes leurs conséquences qu'à condition que cette formalité soit accomplie. Ainsi, dans le cas où une copropriété s'est accrue d'un terrain avant l'entrée en vigueur de la loi, l'article 7 autorise le syndic ou un créancier à souscrire la déclaration prévue au troisième alinéa de l'article 6-1 du 10 juillet 1965, mais ce terrain, même vierge, n'est pas grevé des inscriptions dont les lots sont l'objet tant qu'une telle déclaration n'a pas été effectivement publiée.

II. – Entrée en vigueur

35. - L'entrée en vigueur de la loi a été fixée par l'article 10 au plus tard au premier jour du septième mois suivant sa publication, c'est-à-dire au 1er août 1979, mais elle pouvait se situer au premier jour du deuxième mois suivant la publication du décret pris pour son application.

Cette publication étant intervenue le 23 mai 1979 au *Journal officiel*, la réforme est entrée en vigueur le 1er juillet 1979.

CHAPITRE II. – LE DÉCRET N° 79-405 DU 21 MAI 1979

36. - Le décret n° 79-405 du 21 mai 1979 précise les modalités d'application de la loi du 2 janvier 1979 et modifie à cet effet plusieurs dispositions du décret n° 55-1350 du 14 octobre 1955. Les aménagements correspondants seront examinés dans une première section, tandis qu'une deuxième section aura pour objet de décrire quelques exemples pratiques illustrant les simplifications apportées dans la rédaction et l'exploitation des actes modificatifs d'états descriptifs de division.

Section I. – Les aménagements apportés au décret du 14 octobre 1955

37. - Les aménagements apportés au décret du 14 octobre 1955 par le décret susvisé du 21 mai 1979 sont de plusieurs ordres mais peuvent se regrouper en trois catégories principales dont la première concerne plus particulièrement des règles générales (sous-section I) alors que les deux autres sont relatives :

- aux actes modificatifs de l'état descriptif de division (sous-section II) ;
- à diverses dispositions portant sur le rejet de la formalité et la délivrance de renseignements (sous-section III).

Remarques. - Aucun commentaire particulier n'est nécessaire pour certaines retouches de pure forme qui ont été apportées au texte de l'article 71 du décret du 14 octobre 1955. Ainsi la suppression du terme « paragraphe » figurant aux articles 8, 9, 11 et 12 du nouveau décret, n'a aucune incidence sur le sens du texte. De la même façon, on se borne à citer l'article 6 qui ne fait que corriger une erreur de rédaction entachant le 2 du B de l'article 71.

Sous-section I. – Les modifications d'ordre général

38. - Les modifications d'ordre général résultant du décret du 21 mai 1979 portent sur trois points principaux :

- aménagement de la définition du lot « publicité foncière » ;
- remplacement de l'expression « quote-part dans la propriété du sol » par la formule « quote-part des parties communes » ;
- précisions sur le tableau récapitulatif annexé aux états descriptifs de division.

I. – Aménagement de la définition du lot « publicité foncière »

39. - La définition du lot telle qu'elle figurait à l'alinéa 3 de l'article 71, A, 1 du décret du 14 octobre 1955, de nature purement descriptive, était très souvent interprétée de manière trop restrictive par la pratique ou la doctrine. En effet, malgré les alinéas 4 et 5 du même article, qui décrivent de façon précise ce qu'il faut entendre par fraction d'immeuble, elle ne concernait, pour beaucoup, que le lot de copropriété.

Or le lot de publicité foncière est au contraire une notion très large qui recouvre plusieurs situations juridiques différentes, dont la copropriété est sans doute la plus importante en pratique, mais ne constitue que l'une des composantes.

40. - L'article 1er du décret du 21 mai 1979, en modifiant la rédaction de l'alinéa 3 précité, insiste d'abord sur le fait que le lot de publicité foncière est constitué d'une fraction d'immeuble.

L'identification de cette fraction sous forme de lot doit être assurée dès l'instant où la désignation cadastrale ne suffit pas à individualiser des parties d'immeubles « sur lesquelles s'exercent ou peuvent s'exercer des droits réels concurrents » qui peuvent être de natures très diverses [droit de propriété divise (volumes), indivision forcée (copropriété), hypothèque cantonnée sur une fraction de l'immeuble, etc.].

41. - Il n'est pas nécessaire que ces droits existent déjà lors de la rédaction ou de la publication de l'état descriptif de division. Rien ne s'oppose, en effet, à l'établissement d'un tel état dès lors que le propriétaire de l'immeuble bâti ou non bâti qui en fait l'objet y trouve un intérêt. Ainsi il peut être publié un état descriptif de division et un règlement de copropriété bien avant que l'indivision forcée n'existe ; de la même façon, l'affectation hypothécaire d'un seul appartement, par exemple, dans un immeuble appartenant à un propriétaire unique, peut être l'occasion, pour éviter des actes modificatifs ultérieurs, de dresser un état descriptif complet, par local principal et accessoire.

C'est dans ce sens que le nouveau texte de l'alinéa 3 susvisé envisage expressément l'alternative entre l'existence et la potentialité des droits réels.

42. - L'article 1er du décret du 21 mai 1979 indique que le lot comprend également un second élément spécifique : la quote-part des parties communes ; il est toutefois précisé qu'il faut pour cela que la quote-part existe et qu'elle soit déterminée.

43. - La condition de l'existence de la quote-part de parties communes participe du souci de distinguer les états descriptifs de division portant sur des immeubles soumis au statut de la copropriété de ceux qui ne portent pas sur de tels biens. Il est évident qu'une telle quote-part ne peut exister lorsque l'état concerne des fractions d'immeuble destinées à faire l'objet d'appropriations privatives, ou simplement d'affectations hypothécaires, le tout sans qu'il soit question d'indivision.

En tout état de cause, la rédaction de l'état descriptif de division doit permettre au conservateur de vérifier la réalité des énonciations qui y figurent. L'introduction de la condition d'existence de la quote-part dans la définition du lot n'autorise pas le rédacteur à affirmer, par une clause quelconque, l'absence de quote-part de parties communes, s'il résulte clairement des autres énonciations de l'état descriptif que l'on se trouve en présence d'un immeuble soumis au statut de la copropriété et si, en réalité, les quotes-parts existantes sont déterminées. En pareil cas, le conservateur est fondé à exiger le respect des dispositions des articles 7 du décret du 4 janvier 1955 et 71 du décret du 14 octobre 1955 et à appliquer la sanction prévue par ce dernier article, c'est-à-dire le refus du dépôt.

44. - Le maintien de la condition de la détermination de la quote-part des parties communes a été nécessaire en 1979 comme il avait été jugé indispensable par les rédacteurs des décrets du 7 janvier 1959, confrontés aux dispositions de la loi de 1938 qui n'imposait pas aux copropriétaires une telle détermination.

Si la loi du 10 juillet 1965 a été plus précise sur ce point, il n'en demeure pas moins qu'il n'existe pas d'obligation de déterminer la quote-part de propriété afférente à chacun des lots. L'article 5 de cette loi prévoit en effet, « dans le silence ou la contradiction » des titres, un mode légal de calcul de la quote-part. Ainsi, pas plus que ne pouvait le faire le décret n° 59-90 du 7 janvier 1959, le décret du 21 mai 1979 n'avait la possibilité d'exiger davantage que la loi.

En fait, les états descriptifs de division établis et publiés depuis 1965 comprennent cette quote-part, et le texte ne vise donc en pratique que les anciennes copropriétés pour lesquelles il n'aura pas été publié d'acte constatant l'attribution desdites quotes-parts.

Quoi qu'il en soit, la sanction du refus du dépôt doit être appliquée lorsqu'il résulte de l'état descriptif de division présenté à la formalité que cette quote-part a été déterminée.

II. – La quote-part de parties communes

45. - Juridiquement, dans la conception du droit de propriété découlant du Code civil, le sol est l'élément fondamental. C'est pourquoi les auteurs des textes de 1959, soucieux par ailleurs d'établir entre les lots et leur base de localisation un lien très étroit, avaient retenu le sol comme le critère le plus sûr et le moins contestable de l'assiette de la quote-part de propriété. Pour qu'il y ait copropriété, il paraissait évident, à l'époque, que celle-ci devait reposer matériellement et juridiquement sur une ou plusieurs parcelles déterminées.

46. - Or, depuis vingt ans, le développement de conceptions juridiques destinées à faciliter la construction d'ensembles immobiliers parfois très compliqués a conduit à s'éloigner de cette notion. Le sol, cela va de soi, existe toujours et conserve sa valeur de localisation, mais il ne représente plus, bien souvent, que l'assiette matérielle des constructions, autrement dit le minimum dérivant de la pesanteur des choses, le droit de propriété en étant pratiquement totalement détaché.

Ainsi, l'utilisation de plus en plus courante de la technique des « volumes » a conduit à tenir pour juridiquement secondaire, voire inutile, un droit sur le sol et à imaginer des structures où plusieurs droits de propriété divis ne portent, chacun, que sur des parties de l'immeuble résultant d'une division dans l'espace aérien et reliées entre elles par un réseau très serré de servitudes. D'une moindre complexité, mais également affranchies de liens contraignants avec le sol, apparaissent les techniques du bail à construction ou du droit de superficie - dont les volumes ne sont qu'un développement pour certains auteurs - qui permettent de limiter le droit du preneur ou du superficiaire à un droit réel « en hauteur » résultant du démembrement du droit de propriété.

47. - Lorsqu'une construction placée sous le régime de la loi du 1965 « repose » juridiquement soit sur un volume, soit sur un bail à construction, soit sur un droit de superficie, par exemple, il ne peut être question de parler de quote-part dans la propriété du sol, les copropriétaires n'ayant à la limite qu'une part indivise de la propriété des constructions et des parties communes.

Mais cette part indivise fait bien partie intégrante du lot tel qu'il est défini par l'article 1er de la loi du 10 juillet 1965 et doit figurer dans sa désignation afin que soit parfaitement cernée la consistance exacte des droits du copropriétaire.

48. - La modification apportée, en conséquence, à l'article 71, dans le cadre de la délégation donnée par l'article 51 du décret du 4 janvier 1955, a pour objet et pour résultat d'éliminer les difficultés d'interprétation qui avaient pu naître dans le passé lorsque l'immeuble était en quelque sorte « détaché » juridiquement du sol sur lequel s'appuient les constructions. Mais ce n'est pas pour autant que la désignation de l'assiette globale des édifices par les références cadastrales ainsi, éventuellement, que par l'indication de la voirie, en application des dispositions de l'article 7 du même décret du 4 janvier 1955, cesse d'être un élément primordial de l'identification précise de l'entier immeuble.

49. - Assez souvent, plusieurs quotes-parts de propriété sont attachées à chacun des lots. Il en est ainsi, tout particulièrement, lorsqu'un ensemble est formé de plusieurs bâtiments, que des syndicats secondaires aient ou non été constitués, ou encore, lorsque certains éléments d'équipements, par exemple des ascenseurs, sont affectés à l'usage commun d'un nombre limité de copropriétaires.

Dans ces cas, la quote-part de parties communes à prendre en considération, qui doit figurer au tableau récapitulatif de l'état descriptif de division est, bien entendu, la quote-part la plus générale, c'est-à-dire celle qui correspond à la définition des droits du copropriétaire dans l'indivision la plus étendue.

Par ailleurs, il est évident que cette quote-part, la plus générale, englobera les droits dans le sol, toutes les fois du moins où celui-ci est effectivement l'assiette des droits des copropriétaires ; le sol n'est en effet, en l'occurrence, qu'un des éléments constitutifs des parties communes les plus larges.

III. – Mesures relatives au tableau récapitulatif de l'état descriptif de division (art. 71, A, 2)

50. - Pour tenir compte de certaines contingences pratiques et simplifier le tableau récapitulatif obligatoirement annexé à l'état descriptif de division, l'article 2 du décret du 21 mai 1979 modifie le premier alinéa de l'article 71, A, 2, en y précisant que les colonnes de ce tableau n'ont à être ménagées et servies que « dans la mesure de l'existence des éléments correspondants ».

En effet, dans des circonstances particulières, certains des six éléments énumérés audit alinéa n'existent pas. Il en est ainsi, par exemple, dans les copropriétés dites horizontales pour lesquelles les colonnes 2 à 4 n'ont pas à être utilisées puisqu'il s'agit exclusivement de décrire des lots formés de maisons individuelles bâties sur un sol indivis.

S'il est vrai que le tableau récapitulatif reprend, dans l'ordre, les indications figurant au tableau II de la fiche d'immeuble (dont la contexture a été prévue pour répondre aux cas les plus fréquents), il est clair qu'en l'absence effective de tels éléments le fait de ne pas créer de colonnes spéciales, pour n'y porter que la mention « néant », ne présente aucun inconvénient pour le conservateur des hypothèques au moment de l'exploitation du tableau.

Pourtant, en pratique, des difficultés étaient nées à ce sujet, certains bureaux exigeant la création matérielle de toutes les colonnes même en cas d'inutilité évidente.

La nouvelle rédaction adoptée élimine tout problème à ce sujet et simplifie corrélativement la présentation des documents.

51. - Disparaît également du nouveau texte le terme « exclusivement » qui avait principalement pour but d'éviter une surcharge inutile du tableau récapitulatif.

Mais le développement de certaines formes juridiques nouvelles adaptées aux besoins des grands ensembles conduit parfois, dans un souci de clarté et de meilleure désignation des lots, à faire état d'éléments de localisation que l'on ne pouvait imaginer en 1959.

Le texte amendé permet de retenir désormais ces éléments spécifiques dans le tableau récapitulatif, étant entendu toutefois que cette possibilité ne doit pas déboucher sur une complexité des tableaux qui nuirait à leur bonne exploitation et rester, en toute hypothèse, compatible avec la contexture du tableau II des fiches d'immeuble.

52. - En tout état de cause, lorsqu'il s'agit d'état descriptif se rapportant à des divisions d'immeuble que l'on peut qualifier d'ordinaires (copropriété verticale ou horizontale, inscription ou publication de droits concurrents sur des fractions d'immeuble bâties ou non bâties), les éléments figurant au tableau récapitulatif ne doivent pas être autres que ceux énumérés à l'article 71, A, 2, 1er alinéa.

Sous-section II. – Les actes modificatifs des états descriptifs de division

53. - La loi du 2 janvier 1979 s'applique à tous les immeubles soumis au statut de la copropriété et à tous les droits visés *supra*, n° 19, quel que soit l'état du cadastre dans la commune de la situation des biens.

Dans la grande majorité des cas, l'extinction et l'extension des droits sont absolument automatiques (elles résultent directement des modifications prévues par la loi), et sont publiées du seul fait de la publication même des actes qui les entraînent. Elles sont, toutefois, seulement semi-automatiques quand il s'agit d'acquisitions de parties communes avec changement d'emprise (extension exclusivement) ou de biens ruraux situés dans des communes à cadastre non rénové (extinction et extension). Les articles 3, 13 et 14 du décret du 21 mai 1979 prévoient les modalités selon lesquelles seront constatés les effets d'extinction ou d'extension dont il s'agit.

Par ailleurs, les effets de purge légale instituée par l'article 6-1 nouveau de la loi du 10 juillet 1965 éliminent l'obligation jusqu'ici faite de toujours individualiser les fractions qui se détachent d'un lot ou s'y rattachent, quand bien même cette opération ne portait que sur les parties communes ou la quote-part incluse dans chacun des lots. Les articles 4, 5 et 7 du décret en tirent les conséquences au niveau de la présentation des actes modificatifs et, en particulier, du numérotage des lots.

I. – Constatation au fichier immobilier des effets de la loi du 2 janvier 1979

A. Les modifications autres que celles entraînées par les acquisitions emportant changement de l'emprise

54. - Le principe général est ici posé par le premier alinéa de l'article 16-1 ajouté au décret du 14 octobre 1955 par l'article 13 du décret du 21 mai 1979 : aucun acte autre que celui qui emporte les modifications ne doit être exigé pour constater les effets d'extension et d'extinction de droits (« les extinctions ou extensions... sont publiées... du seul fait de l'annotation des formalités qui les entraînent et de la mise à jour des fiches d'immeuble ») ; en conséquence, aucune annotation particulière ne doit être effectuée par le conservateur des hypothèques.

55. - Il résulte des dispositions de la loi elle-même que les effets qu'elle a entendu donner aux modifications qu'elle envisage sont opposables, dès l'intervention de ces modifications, aux titulaires de droits publiés ou inscrits sur les lots ou sur les parties communes, dans la mesure où elle leur enlève toute action et tout moyen de résister à ces changements. Aussi bien était-il inutile de constater les effets d'extension et d'extinction entraînés par de telles modifications dans un acte quelconque.

56. - La disposition de l'alinéa 1er de l'article 16-1 nouveau ne confère aucun effet supplémentaire à la publication des actes constatant les modifications, mais précise seulement les règles à suivre par le conservateur des hypothèques qui doit se contenter d'assurer la publication de l'acte, les extinctions ou extensions de droits prévues par les alinéas 1er et 2 de l'article 6-1 de la loi du 10 juillet 1965 étant, du même coup, publiées.

S'il s'agit de modifications se produisant dans la « verticalité » de la copropriété, les annotations portées sur la fiche générale et/ou sur les fiches particulières n'appelleront aucun complément ; il suffira de les lire correctement, le moment venu, quand il faudra les exploiter. S'il s'agit d'une cession de partie commune avec changement d'emprise, cette partie quittera la fiche générale existante pour apparaître sur une fiche d'immeuble existante ou nouvelle sans report des annotations du cadre B du tableau III.

57. - Parmi les actes formalisés qui entraînent ces extinctions ou extensions de droits, l'acte modificatif de l'état descriptif de division paraît devoir être le plus courant.

En effet, établi obligatoirement en application de l'article 71-B pour constater tout changement dans la consistance de l'immeuble ou dans les lots, c'est lui qui, dans de nombreux cas, fera apparaître soit la modification de la quote-part de parties communes incluse dans les lots, soit la modification des parties communes elles-mêmes. Ce sera le cas, par exemple, lorsqu'il s'agira simplement de réparer une erreur matérielle dans la répartition des quotes-parts entre les lots.

58. - Mais, dans certaines hypothèses, les opérations se révéleront en fait moins simples ; quelques exemples, non exhaustifs, le démontrent :

1. Cession de parties communes entraînant changement de l'emprise de la copropriété :

Deux actes sont nécessaires, d'une part, un acte de vente constatant la cession de terrain à un tiers et, d'autre part, un acte modificatif de l'état descriptif de division. L'extinction des droits est opérée par le transfert de propriété ; l'absence de publication de l'acte modificatif n'autorise pas le conservateur à considérer que les droits qui portent sur les parties communes continuent de grever le terrain cédé. Aucun report de charge n'a donc à être effectué (Rapp. *supra*, n° 56).

2. Transformation d'un lot en partie commune.

L'opération se déroulera également en deux temps dans la plupart des cas : acquisition par le syndicat du lot destiné à disparaître, établissement d'un acte modificatif de l'état descriptif de division. L'acquisition du lot par le syndicat relèvera bien entendu du droit commun (et, si le lot est grevé de droits ou charges, on pourra songer à en obtenir mainlevée). En effet, les droits grevant non pas des parties communes mais l'intégralité d'un lot ne sont pas soumis aux effets de la loi posés par l'article 6-1 de la loi du 10 juillet 1965 (Rapp. *supra*, n° 16 *b*). Ce n'est que le jour où l'acte modificatif constatant la transformation du lot en partie commune sera publié au fichier qu'apparaîtront les effets de la loi.

3. Transformation d'une partie commune en un lot.

L'acte modificatif de l'état descriptif de division sera établi avant la vente du lot créé. Lors de la publication, antérieurement ou simultanément à celle de l'acte de vente, de cet acte modificatif qui constatera éventuellement le droit de propriété transitoire du syndicat sur le lot, le conservateur n'aura à effectuer d'autres annotations que celle de la formalité proprement dite.

Autrement dit, c'est ici l'érection d'une partie commune en un lot dès avant la cession de ce lot à un tiers, s'accompagnant de l'abandon par les lots préexistants d'une fraction de la quote-part de parties communes qui y était jusqu'alors incluse, qui constituera sans contestation possible la modification visée à l'article 6-1 de la loi précitée du 10 juillet 1965.

59. - Ces quelques exemples font apparaître que l'extension ou l'extinction des droits peut résulter soit de l'acte modificatif à l'état descriptif de division, soit d'autres actes.

Lorsqu'ils auront une hésitation dans un cas d'espèce, les conservateurs des hypothèques devront se diriger en ayant présent à l'esprit le fait que l'objet de la loi est de simplifier les opérations à effectuer dans l'intérêt du service aussi bien que de ses usagers.

Il est vivement conseillé, d'autre part, dans tous les cas où ce sera possible, de publier simultanément l'ensemble des actes relatifs à une unique opération (vente, acquisition, acte modificatif...) et mieux encore de les réunir en un seul « instrumentum » afin de limiter au maximum les risques de contestation.

B. Les acquisitions entraînant changement de l'emprise de la copropriété

60. - L'alinéa 3 du nouvel article 6-1 de la loi du 10 juillet 1965 et l'article 16-1 (al. 2) du décret du 14 octobre 1955 prévoient qu'en cas d'acquisition de parties communes entraînant changement de l'emprise de la copropriété, l'extension des droits qui grèvent les lots et les parties communes ne s'opère que par la publication au fichier immobilier d'une déclaration, faite par le syndic ou un créancier inscrit, que le bien acquis est libre de tous droits ou est devenu libre de ces mêmes droits.

Les alinéas 2 et 3 de l'article 16-1 précité précisent les modalités d'application de cette extension.

1. La forme et le contenu de la déclaration

61. - Aux termes du deuxième alinéa de l'article 16-1 ajouté au décret du 14 octobre 1955, la déclaration peut figurer dans l'acte modificatif de l'état descriptif de division ou dans un acte distinct.

Par acte distinct, il faut entendre principalement deux types d'actes : celui qui constate l'acquisition par le syndicat de copropriété ou celui qui est dressé spécialement à la requête d'un créancier inscrit ou du syndic (1).

La déclaration pourra donc prendre la forme soit d'une clause extrêmement simple figurant dans l'acte d'acquisition lui-même où le syndic comparaîtra en tant que mandataire du syndicat de copropriété ou dans l'acte modificatif de l'état descriptif de division établi très souvent dans les mêmes conditions, soit encore résulter d'un acte distinct, passé en la forme authentique ou déposé au rang des minutes d'un notaire avec reconnaissance d'écriture et signature.

62. - Plusieurs situations se présenteront donc. Il semble que, lorsque le bien sera effectivement libre de tous droits ou charges à la date de la mutation au profit du syndicat de copropriété, la déclaration figurera soit dans l'acte lui-même, soit dans l'acte modificatif de l'état descriptif de division. En revanche, dans le cas contraire, la nécessité d'opérer diverses formalités pour parvenir à la libération du bien obligera certainement les intéressés à recourir à un acte distinct pour éviter les retards dans la publication du transfert de propriété.

63. - La clause ou l'acte devra, selon le cas, faire apparaître de façon très nette, que l'immeuble acquis est ou était libre de tout droit au moment de son acquisition, ou bien indiquer, en les relatant de façon succincte, les formalités accomplies pour parvenir à l'extinction des droits qui portaient sur le bien acquis au moment de son acquisition (radiations d'inscriptions de privilège et d'hypothèque, publication de la renonciation à un autre droit, etc.), ou bien encore signaler les événements qui ont pu entraîner pareille extinction (arrivée d'un terme extinctif par exemple, échéance d'une péremption, etc.).

64. - Cette clause ou cet acte aura, en outre, à préciser qu'en raison ou de l'absence de droits dès l'origine ou des formalités ou événements relatés, l'extension prévue à l'alinéa 2 de l'article 6-1 est réalisée.

(1) Dans le cas où la déclaration est contenue dans un acte spécial, le salaire minimum est seul exigible.

2. Rôle du conservateur des hypothèques

65. - L'article 16-1 susvisé limite le rôle du conservateur des hypothèques au seul contrôle de l'exactitude de la déclaration. Après avoir accepté le dépôt de la formalité, ce fonctionnaire doit vérifier au vu de la ou des fiches d'immeuble sur laquelle ou lesquelles sont répertoriées la ou les parcelles acquises, qu'il n'existe aucun droit ou charge susceptible de faire obstacle à l'extension.

Si la déclaration se révèle exacte, il termine l'exécution de la formalité.

En cas d'inexactitude, le rejet de la formalité est prononcé (art. 16-1, al. 3). Il s'opère dans les formes prévues à l'article 34 du décret du 14 octobre 1955, sans qu'aucune distinction soit à faire selon qu'un acte spécial a été dressé en vue de la publication de la déclaration ou que celle-ci est contenue dans l'acte d'acquisition ou dans l'acte modificatif de l'état descriptif de division. En l'absence de dispositions contraires, la procédure de rejet est donc mise en œuvre pour l'intégralité de l'acte présenté à la formalité.

3. Forme des annotations

66. - Lorsque la déclaration a été acceptée et qu'elle est contenue dans les actes constatant le changement d'emprise de la copropriété, elle est annotée sur la fiche générale de l'immeuble dans le corps ou à la suite de l'annotation concernant l'acquisition par le syndicat ou la modification de l'état descriptif de division. Lorsque la déclaration est faite dans un acte distinct, elle donne lieu à une annotation spéciale.

Aucune autre mention n'a à être portée au fichier immobilier, aussi bien sur la fiche générale d'immeuble que sur les fiches particulières des lots.

4. Absence ou inexactitude de la déclaration

67. - Aux termes de l'article 6-1, alinéa 3, de la loi du 10 juillet 1965, lors de l'acquisition d'un terrain destiné à faire l'objet d'une incorporation aux parties communes, l'extension légale ne s'opère que lors de la publication au fichier immobilier de la déclaration qui indique que le bien acquis est libre ou devenu libre de tout droit, c'est-à-dire lors de l'inscription au registre de dépôt de la formalité accomplie à l'égard de cette déclaration.

En cas d'absence de déclaration ou, à la limite, de rejet pour inexactitude, il aurait pu être envisagé d'exiger une individualisation de la parcelle acquise, au moyen de lots « millièmes », cette parcelle ne pouvant se voir grevée des droits qui portent sur les lots ou les parties communes.

Avant l'entrée en vigueur de la loi du 2 janvier 1979, il était parfois exigé la constitution de lots « millièmes » correspondant à la quote-part de parties communes incluse dans les lots de la copropriété ; de tels lots étaient censés représenter, dans le patrimoine de chaque copropriétaire, ses droits sur le bien acquis.

Même si, en l'absence de déclaration, la situation est au moins apparemment identique, une telle exigence serait allée à l'encontre d'un but recherché par la loi du 2 janvier 1979. C'est pourquoi l'article 3 du décret du 21 mai 1979, en ajoutant un alinéa supplémentaire au 1 de l'article 71-B, exclut expressément cette éventualité.

C. Cas particulier des immeubles situés en cadastre non rénové

68. - Sur les plans du droit civil et de la publicité foncière, la loi du 2 janvier 1979 s'applique dans les communes à cadastre non rénové ou sans cadastre aussi bien que dans les autres.

Pour ce qui est des immeubles urbains, cette application a lieu sans particularité du point de vue de la technique hypothécaire. Dans le premier alinéa d'un paragraphe 4 qu'il ajoute à l'article 45 du décret du 14 octobre 1955, l'article 14 du décret du 21 mai 1979 se borne à indiquer que « les dispositions de l'article 16-1 sont applicables aux immeubles urbains » dans lesdites communes. De fait, l'existence de fiches réelles pour ces immeubles rendait possible une assimilation totale.

S'agissant des immeubles ruraux situés dans les communes à cadastre non rénové, l'absence temporaire de caractère réel du fichier immobilier imposait en revanche quelques particularités.

69. - Deux hypothèses sont ainsi envisagées par le deuxième alinéa du 4, nouveau, de l'article 45 du décret du 14 octobre 1955.

a) Pour les modifications intervenant dans la « verticalité » de la copropriété, la publication des extensions ou extinctions automatiques de droits s'opère dans les mêmes conditions que si les immeubles étaient urbains, sous la seule réserve qu'elle comporte l'annotation sur les fiches personnelles des propriétaires des changements qui entraînent ces extensions ou extinctions.

En pratique, l'information sur la situation juridique exacte des biens en cause résultera de la présence de toutes les formalités accomplies dans les états qui ne peuvent être délivrés que du chef des propriétaires concernés. Les mouvements de « millièmes » seront aussi « neutres » à l'égard de ces biens qu'ils le sont à l'égard des immeubles urbains et sans qu'il soit besoin d'une formalité particulière.

b) Au contraire, lorsqu'il s'agira d'une acquisition ou d'une cession de parties communes entraînant changement de l'emprise de la copropriété, la loi continuera d'être pleinement applicable mais la publication des extensions ou extinctions de droits se fera suivant des modalités spécifiques rendues nécessaires par le caractère exclusivement personnel du fichier. Il importe, en effet, que, pour constater les effets légaux des acquisitions ou cessions, le conservateur ait en sa possession les moyens de déterminer de façon précise les droits effectivement atteints par les modifications en cause.

1. En ce qui concerne, tout d'abord, les extensions de droits prévues en cas d'acquisition de parties communes avec changement d'emprise, la déclaration exigée par l'article 16-1 sera indispensable comme pour tout immeuble entrant dans le champ d'application de la loi du 2 janvier 1979. Mais la publication de ces extensions ne pourra découler de la simple annotation aux fiches personnelles des formalités données aux actes contenant lesdites déclarations dans leur teneur normale (*supra*, n°s 63 et 64 ; elle s'effectuera selon des modalités qui s'inspirent de règles en vigueur en matière de remembrement, rural ou urbain.

S'il ne s'agit pas de privilèges ou d'hypothèques, la déclaration d'extension contiendra la désignation des titulaires de droits, c'est-à-dire celle du syndicat, des copropriétaires eux-mêmes et de chacune des personnes ayant fait publier un droit sur les parties communes (1) ou sur un lot. En l'absence d'exception formellement énoncée par l'article 45, cette déclaration sera alors soumise aux règles générales qui gouvernent les actes soumis ou admis à la publicité ; en particulier, la désignation des titulaires de droits sera certifiée dans les conditions du droit commun et, ces titulaires voyant leur droit modifié, il sera fait application des articles 32 et suivants du décret du 14 octobre 1955, le tout sous les sanctions ordinaires.

S'il s'agit de privilèges ou d'hypothèques, il y aura lieu de déposer des bordereaux qui, en l'absence de dérogation expresse, répondront aux mêmes conditions de forme et de contenu que ceux établis pour des inscriptions originaires. En outre, en application de l'article 2148, alinéa premier du Code civil, le créancier devra justifier de l'existence apparente de son droit. En fait, quelques assouplissements pourront, d'ailleurs, être admis. C'est ainsi que la justification du droit du créancier ne devrait pas obliger à représenter le titre déjà produit lors de l'inscription principale ; une telle justification sera susceptible de résulter d'une référence, portée sous la rubrique « Précisions imposées par des dispositions particulières - Renvois », à cette inscription principale et à la déclaration d'extension. De même, il paraît possible d'admettre que certains éléments de l'inscription complémentaire, tels que l'indication du titre du créancier et de la créance garantie, soient fournis par renvoi à l'inscription principale.

2. D'autre part, il ressort de l'article 45 que la publication de l'extinction des droits qui se produit en cas d'aliénation d'une partie commune avec changement d'emprise, ne peut résulter que d'une radiation partielle spécialement requise.

En se référant à la formalité de la radiation, le texte vise les inscriptions de sûretés et les publications de saisies qui sont les plus « menaçantes » des formalités publiées, au moins en apparence, par la subsistance de leur signe. Ses auteurs ont estimé que le cas des autres droits serait réglé à l'occasion de la vente consentie par le syndicat ; s'il n'en était pas ainsi, à défaut de publication d'un acte constatant que ces autres droits sont partiellement éteints, le conservateur ne saurait assurément que continuer de délivrer leur seul titre institutif dans les limites fixées par sa propre publication.

On notera que l'article 45 ne demande pas de mainlevée et il n'avait pas à le faire puisque cette mainlevée procède de la loi elle-même. Il semble, d'ailleurs, que la radiation puisse être requise par une personne quelconque et, notamment, par le syndic, le débiteur, l'acquéreur, voire le notaire de l'un d'eux agissant seul ; mais il importe, bien entendu, que la radiation soit requise du conservateur par le dépôt d'un acte authentique qui en formule la demande explicite en justifiant de son bien-fondé et en donnant les références (date, volume, numéro) des formalités à rayer.

70. - Les règles exposées au n° 69 sont d'une portée tout à fait marginale : le nombre des communes où elles peuvent théoriquement jouer ne représente que quelques unités ; encore faut-il pour que ces règles trouvent réellement à s'appliquer que des parties communes viennent à être acquises ou cédées avec changement de l'emprise de la copropriété.

De surcroît, dans un très proche avenir, l'achèvement de la rénovation du cadastre fera bénéficier ces communes du régime général.

II. – Nouvelles règles d'établissement des actes modificatifs de l'état descriptif de division

71. - La réforme opérée par la loi du 2 janvier 1979 (art. 1er, 3 et 4) a éliminé l'obligation de créer des lots uniquement représentatifs de quotes-parts de parties communes, du fait de la suppression du droit de suite des titulaires de droits portant sur les parties communes ou sur les lots et de l'extension automatique ou semi-

(1) Hormis celles ayant fait publier une servitude.

automatique des droits dont les lots d'accueil sont l'objet aux fractions de quotes-parts adjointes à ces lots. Il en résulte des simplifications considérables dans l'établissement des actes modificatifs de l'état descriptif de division.

72. - Les articles 4 et 7 du décret du 21 mai 1979, qui modifient l'article 71-B en réécrivant le troisième alinéa du 1 et en remplaçant par deux alinéas le dernier alinéa du 2, font en sorte qu'à compter de l'entrée en vigueur de la loi, les modifications relatives à la seule quote-part de parties communes n'entraînent plus l'obligation d'un nouveau numérotage. L'acte modificatif et le tableau qui le résume ne devront donc plus faire apparaître dans ce cas, aux lieu et place de la correspondance entre les numéros anciens et nouveaux, que la nouvelle quote-part.

73. - Une exception à cette règle est toutefois prévue en matière de réunion ou de division de copropriétés.

Pour prévenir tout risque de confusion entre certains des lots existants dans les copropriétés avant et après la réunion ou la division, il était indispensable de prévoir un nouveau numérotage intégral sans chevauchement avec le ou les numérotages antérieurs (art. 71, B, 1, dernier al.).

L'article 5 du décret du 21 mai 1979, en ajoutant un dernier alinéa au 1 de l'article 71-B, tempère cette exigence pour les immeubles situés dans les communes à cadastre rénové.

Très souvent, la réunion ou la division de copropriétés entraîne une modification de la désignation cadastrale corrélative à la réunion ou division des parcelles d'assiette. Par suite, il était possible d'admettre que, le cas échéant, la ou les nouvelles copropriétés constituées puissent faire l'objet d'un numérotage à partir de l'unité sans qu'il y ait pour l'avenir de risques de confusion entre les anciens et les nouveaux lots. Cette mesure apporte une simplification notable non seulement au notariat mais aussi au service dans la tenue du fichier en évitant la création de numéros comportant parfois un nombre de chiffres très important.

Il va sans dire que, dans ces hypothèses, l'acte modificatif et le tableau qui le résume doivent faire apparaître clairement la concordance entre les lots des anciennes et des nouvelles copropriétés.

Sous-section 3. – Dispositions diverses

74. - Les articles 10, 12, 15 et 16 du décret du 21 mai 1979 apportent au décret du 14 octobre 1955 diverses modifications ou précisions dans la sphère :

- des éléments de désignation des lots ;
- du rejet de la formalité ;
- de la délivrance des renseignements.

I. – Les éléments de désignation des lots

75. - Reprenant l'alinéa 2 de l'article 71, D, 2 du décret du 14 octobre 1955, l'article 10 du décret du 21 mai 1979 le divise en deux alinéas en complétant le second d'entre eux.

L'obligation de faire figurer la quote-part de parties communes parmi les éléments d'identification des lots est maintenue pour tous les documents publiés (ainsi que pour tous documents ou extraits cadastraux) autres que les commandements pour valoir saisie, les bordereaux d'inscription et les actes ou décisions à mentionner en marge d'une inscription.

Si, jusqu'à l'intervention de la loi du 2 janvier 1979, la dispense d'indication de la quote-part, pour ces derniers documents, ne constituait qu'une simple mesure d'assouplissement sans portée précise ni sanction, désormais elle devient le corollaire de l'article 2148-1 du Code civil (V. *supra*, nos 27 à 31). Aussi est-elle assortie d'une précision nouvelle selon laquelle, si la mention de la quote-part de parties communes figure dans les documents qui en sont dispensés, le conservateur doit la négliger.

76. - Bien entendu, les documents, actes ou décisions judiciaires autres que les bordereaux, commandements de saisie ou titres à mentionner en marge d'inscriptions doivent toujours comporter l'indication de la quote-part, qui reste un élément de désignation du lot, sous les sanctions édictées à l'article 71-E.

II. – Le rejet de la formalité

77. - L'article 12 du décret du 21 mai 1979 réécrit le 2 de l'article 71-E du décret du 14 octobre 1955 en prescrivant expressément le rejet de la formalité lorsqu'une discordance est constatée entre :

- les références (date, volume, numéro) données soit à l'acte contenant l'état descriptif de division, soit au document analogue en tenant lieu, soit encore aux actes modificatifs éventuellement publiés ;
- et celles contenues dans le document déposé concernant une fraction d'immeuble.

Cette disposition, qui n'appelle pas de commentaires particuliers, ne fait que confirmer, pour les lots, la règle générale du rejet de la formalité en cas de discordance portant sur les références entre les documents successivement publiés. Indépendante de la réforme réalisée par la loi du 2 janvier 1979 et prise en vertu de l'article 51 du décret du 4 janvier 1955, une telle disposition est destinée à mettre un terme à des hésitations qui étaient apparues ces dernières années.

III. – La délivrance des renseignements

78. - Si, pour les besoins de leur inscription ou publication, les privilèges, hypothèques et saisies sont réputés ne pas porter sur les quotes-parts, il n'empêche :

- que les mouvements qui affectent ces quotes-parts sont publiés et doivent continuer de l'être ;
- qu'ils entraînent, dès qu'ils se produisent, des accroissements ou des diminutions du gage effectif des créanciers ; d'ailleurs, dans l'hypothèse d'une réalisation forcée, la consistance de ce gage, déterminée à la date de la réalisation, s'appréciera en fonction des divers mouvements intervenus.

Il était indispensable de traduire ces principes au niveau de la délivrance des renseignements.

À cet effet, l'article 15 du décret du 21 mai 1979 complète l'article 44 du décret du 14 octobre 1955 pour y préciser que le conservateur prend les lots, dans leur consistance, au dernier jour de la période de certification (date de la formalité s'il s'agit d'une réquisition sur formalité, date de la réquisition dans le cas contraire ou date spécialement indiquée par le requérant). Cette précision n'implique, au demeurant, aucune recherche ou bilan qui serait imposé au conservateur : elle signifie que celui-ci lit le fichier dans l'état où il se trouve à la date de référence.

79. - Le paragraphe 3 adjoint à l'article 85-3 du décret du 14 octobre 1955 par l'article 16 du décret du 21 mai 1979 indique, pour sa part, que la portée des inscriptions telle qu'elle est fixée à l'article 44, complété comme on vient de le voir, n'est prise en considération que pour la délivrance des renseignements requis à compter de l'entrée en vigueur de la loi ; en d'autres termes, les états en cours d'établissement à la date de cette entrée en vigueur ont dû ou doivent être rédigés dans les conditions antérieurement applicables.

Ce même paragraphe 3 ajoute que, s'il s'agit d'immeubles ruraux situés dans une commune à ancien cadastre, il y a lieu de tenir compte des réserves exprimées au 4 de l'article 45, c'est-à-dire de ne considérer les extensions et extinctions visées audit 4 comme publiées qu'après exécution des formalités prévues (V. n°s 69 et 70).

80. - Cas des modifications publiées antérieurement à l'entrée en vigueur de la loi. - Les actes modificatifs régulièrement publiés antérieurement à l'entrée en vigueur de la loi constatant des modifications visées par celle-ci ont dû, lorsque les lots étaient grevés de droits différents, donner lieu à création de lots « publicité foncière » destinés à individualiser les différentes « quotes-parts » qui ne pouvaient être réunies au lot attributaire du fait de l'interdiction posée par l'article 71, B, 1, 4e alinéa.

Or, en vertu de l'article 7 de la loi du 2 janvier 1979 étendant ses effets aux inscriptions et aux saisies substituantes lors de son entrée en vigueur, il n'y a lieu, pour ces lots, de considérer qu'ils sont grevés des inscriptions ou des saisies portant sur les lots dont ils ont été retirés. Ces formalités ne devront donc plus être délivrées sur les lots dont il s'agit (1).

Section II. – Application pratique

81. - Les modifications dans les quotes-parts de parties communes afférentes aux lots visés par la loi du 2 janvier 1979 peuvent revêtir différentes formes et résulter, notamment, de changements de la quote-part incluse dans le lot, de transformation d'un lot en parties communes ou, inversement, de parties communes en lot, de cession ou d'acquisition du sol d'assiette de la copropriété, de réunion ou de division de copropriétés.

Sous-section 1. – Modifications ne portant que sur la quote-part

82. - De telles modifications ne paraissent pouvoir intervenir que pour réparer une erreur dans l'attribution de quotes-parts de propriété et semblent devoir être relativement rares dans la mesure où les règles posées par la loi du 10 juillet 1965 pour y parvenir sont extrêmement contraignantes.

83. - Sous le régime antérieur à l'entrée en vigueur de la loi du 2 janvier 1979, il convenait de diviser les lots dont était retirée une fraction de quote-part, d'attribuer un nouveau numéro à chaque lot issu de la division et avant de parvenir à la réunion avec le lot attributaire, dont le numérotage était modifié à cette occasion, de requérir, le cas échéant, la radiation partielle des inscriptions grevant le lot « millième » ainsi créé, et l'extension des droits grevant le lot attributaire sur ce lot « millième ».

84. - À compter du 1er juillet 1979, l'acte modificatif de l'état descriptif de division devra simplement faire apparaître, sans qu'il y ait lieu à nouveau numérotage, le résultat de l'opération sur les lots intéressés.

(1) Par suite, il sera également possible, lors de la publication d'un acte modificatif ultérieur, de réunir sans difficultés ces lots « millièmes » aux lots attributaires, sans qu'il soit indispensable de modifier le numérotage de ces derniers. Il suffira de faire apparaître, dans la colonne supplémentaire, la nouvelle quote-part de parties communes désormais incluse dans le lot. Il est bien entendu que la suppression des lots « millièmes » ne peut être effectuée par le conservateur des hypothèques de sa propre initiative, mais doit être constatée dans un acte modificatif.

Le tableau récapitulatif pourra prendre la forme suivante, en supposant à titre d'exemple, que « l'échange » de quote-part se limite aux lots 1 et 2 et que deux millièmes soient transportés d'un lot à l'autre :

Numéro du lot	Bâtiment	Escalier	Étage	Nature	Ancienne quote-part	Nouvelle quote-part
1	A	1	RC	App.	52	50
2	A	1	RC	App.	48	50

85. - Au fichier immobilier, la modification de la quote-part afférente à chacun des lots sera constatée :

- au tableau II de la fiche générale, par soulignement en rouge, dans la colonne 6 « millièmes », de la quote-part qui y est indiquée, la nouvelle quote-part étant portée dans la colonne « Renseignements complémentaires » avec référence à l'annotation portée au cadre A du tableau III ;

- au tableau I de la fiche de lot, par soulignement en rouge de l'ancienne quote-part, la nouvelle quote-part étant portée à la suite de la désignation du lot avec référence à la formalité donnée à l'acte modificatif sur la fiche générale.

Tous les actes ultérieurement publiés concernant les lots ainsi modifiés devront comporter les références à l'acte modificatif et l'indication des nouvelles quotes-parts.

Sous-section 2. – Transformation de parties privatives en parties communes

Une copropriété de 10 lots numérotés de 1 à 10 comportant chacun 100 millièmes décide de transformer le lot 1 en loge de concierge.

86. - Sous le régime antérieur à la loi du 2 janvier 1979, l'acte modificatif de l'état descriptif de division devait faire apparaître, en fait, la suppression du lot 1 en constatant la division des « millièmes » qui y étaient afférents en 9 lots « publicité foncière », recevant chacun un nouveau numéro. Leur réunion avec les lots attributaires pouvait être effectuée à la double condition que les droits grevant le lot supprimé aient fait l'objet d'une radiation et que les lots attributaires fussent eux-mêmes libres de tous droits. Cette réunion entraînait un nouveau numérotage de ces derniers lots.

87. - Sous le nouveau régime, l'acte modificatif devra simplement constater la suppression du lot 1 et le changement de la quote-part de parties communes afférente aux lots subsistants. Le tableau récapitulatif pourra se présenter de la façon suivante :

Numéro du lot	Bâtiment	Escalier	Étage	Nature	Ancienne quote-part	Observations ou nouvelle quote-part (1)
1	Unique	Unique	RC	App.	100	Supprimé
2	-	-	RC	App.	100	111
3	-	-	1	App.	100	111
4	-	-	1	App.	100	111
5	-	-	1	App.	100	111
6	-	-	2	App.	100	111
7	-	-	2	App.	100	111
8	-	-	2	App.	100	111
9	-	-	3	App.	100	111
10	-	-	3	App.	100	111

(1) L'attribution des nouvelles quotes-parts est ici simplifiée pour la clarté du tableau. La modification du numérateur peut tout aussi bien être remplacée par une modification du dénominateur, sans que la solution soit différente.

88. – Modifications à apporter au fichier immobilier, en dehors de l'annotation de la formalité donnée à l'acte modificatif :

– au tableau II de la fiche générale, constatation de la suppression du lot 1 par soulignement en rouge de toutes les indications concernant ce lot et indication de la modification de la quote-part de parties communes afférente aux lots subsistants par soulignement en rouge de l'ancienne quote-part et mention de la nouvelle quote-part dans la colonne « Renseignements complémentaires » ;

– le tableau I de la fiche particulière du lot 1 si elle a déjà été créée reçoit la mention « Supprimé. Voir formalité n° ... FG » ;

au tableau I de la fiche particulière des lots modifiés, l'ancienne quote-part sera soulignée en rouge, la nouvelle quote-part étant indiquée à la suite de la désignation du lot avec référence à la formalité donnée à l'acte modificatif à la fiche générale.

Sous-section 3. – Transformation de parties communes en parties privatives

Même hypothèse que dans le cas précédent, mais la loge de concierge, préexistante, est transformée en lot.

89. – Sous le régime antérieur à la loi du 2 janvier 1979, il fallait procéder à la division des 10 lots afin de constater la diminution de la quote-part qui y était incluse à concurrence de celle qui devrait revenir au nouveau lot créé. La loge, transformée en appartement, devenait un lot composé des seules parties privatives. Chacun des lots issus de la division recevait un nouveau numéro. La réunion des lots « millièmes » et du lot « parties privatives » ne pouvait s'opérer qu'après radiation partielle de toutes les inscriptions portantsur les 10 lots d'origine en tant qu'elles grevaient la quote-part de parties communes qui en était détachée.

90. – Sous le nouveau régime, l'acte modificatif de l'état descriptif de division constatera seulement la création d'un lot 11. Il indiquera son origine et la diminution de la quote-part de parties communes incluses dans chacun des lots anciens et donnera lieu à l'établissement d'un tableau récapitulatif du type suivant :

Numéro du lot	Bâtiment	Escalier	Étage	Nature	Ancienne quote-part	Observations ou nouvelle quote-part
1	Unique	Unique	RC	App.	100	91
2	–	–	RC	App.	100	91
3	–	–	1	App.	100	91
4	–	–	1	App.	100	91
5	–	–	1	App.	100	91
6	–	–	2	App.	100	91
7	–	–	2	App.	100	91
8	–	–	2	App.	100	91
9	–	–	3	App.	100	91
10	–	–	3	App.	100	91
11	–	–	RC	–	–	90

91. – Les modifications seront ainsi constatées au fichier immobilier :

– à la fiche générale, par la mention du lot 11 à la suite des lots préexistants au tableau II, le soulignement en rouge des anciennes quotes-parts afférentes à ces derniers lots et la mention des nouvelles quotes-parts dans la colonne « Renseignements complémentaires » ;

– à la fiche particulière des 10 premiers lots, selon les mêmes règles que celles fixées au n° 8 ci-dessus pour les lots modifiés ;

– la fiche particulière du lot 11 ne sera créée que lors de la première formalité intervenant sur ce lot.

Sous-section 4. – Cession de parties communes entraînant changement d'emprise de la copropriété

Le syndicat des copropriétaires cède une fraction de l'assiette de la copropriété.

92. – L'opération, si elle a pour effet de diminuer l'emprise de la copropriété et par conséquent, en valeur absolue, d'amoindrir l'assiette des droits détenus par chaque copropriétaire, n'a, en revanche, aucune incidence sur l'importance relative des parties communes représentées par la quote-part incluse dans chacun des lots qui ne subit donc aucune modification numérique.

93. – Avant l'entrée en vigueur de la loi du 2 janvier 1979, il convenait tout d'abord d'établir un acte modificatif de l'état descriptif de division dont l'objet était de modifier la description générale de l'immeuble. Par la suite, afin que la fraction de terrain vendue fût remise entre les mains du cessionnaire libre de tous droits et charges, et en particulier libérée des inscriptions de privilèges ou d'hypothèques, il convenait de requérir du conservateur la radiation partielle de toutes les inscriptions grevant les lots ainsi que de celles portant sur l'ensemble de l'immeuble, éventuellement en tant que ces inscriptions portaient sur le terrain aliéné.

94. – Sous le nouveau régime, l'acte modificatif doit également constater la modification de l'immeuble en application de l'article 71, B, 1, alinéas 1er et 2. Mais aucune radiation des inscriptions portant soit sur les lots, soit sur l'ensemble de l'immeuble, n'est désormais nécessaire.

La simple annotation de l'acte de vente et de l'acte modificatif de l'état descriptif de division à la fiche générale de l'immeuble permet au conservateur de constater au fichier immobilier la libération du bien cédé. Aucun report ne sera donc effectué sur la fiche d'immeuble de la parcelle cédée (V. *supra*, n° 58, 1) à l'exception des servitudes éventuelles, si elles ont été seulement mentionnées à la fiche d'immeuble servant de fiche générale.

Sous-section 5. – Acquisition de parties communes entraînant changement d'emprise de la copropriété

Les copropriétaires décident d'acquérir un terrain voisin de la copropriété et de l'incorporer aux parties communes.

95. – Antérieurement à l'entrée en vigueur de la loi du 2 janvier 1979, que le bien acquis fût libre ou non de droits et en l'absence d'extension des droits portant aussi bien sur la totalité de l'immeuble en copropriété que sur les lots, on exigeait parfois la création de lots « millièmes », de même quotité que la quote-part de parties communes incluse dans les lots de copropriété, pour constater la situation juridique différente de la parcelle acquise. L'acte modificatif de l'état descriptif de division devait donc, d'une part, constater la modification de l'immeuble et, d'autre part, la création de ces lots « millièmes » (V. *supra*, n° 67).

96. – Sous le nouveau régime, l'acte modificatif de l'état descriptif de division se borne à constater l'intégration de la parcelle acquise dans l'assiette de la copropriété. Aucun lot n'est modifié, ni dans ses parties privatives, ni, numériquement, dans sa quote-part de parties communes, qui n'est à vrai dire que l'expression de l'importance relative de ce lot par rapport à l'immeuble de la copropriété.

97. – La constatation du changement de l'emprise de la copropriété s'effectue par annotation à la fiche générale de la formalité donnée à l'acte modificatif de l'état descriptif de division au cadre A du tableau III. Le tableau I de cette même fiche générale est annoté de la désignation de la parcelle acquise. La fiche d'immeuble de cette parcelle est elle-même annotée au tableau I de la mention de renvoi à la fiche générale (1).

98. – Toutefois, l'extension des droits grevant les lots et les parties communes de la parcelle acquise n'est pas automatique dans ce cas. Après acceptation du dépôt de l'acte contenant la déclaration faite par le syndic ou un créancier inscrit selon laquelle le bien acquis est libre ou a été libéré de tous droits, et vérification de son exactitude, la mise à jour du fichier s'effectue de façon différente selon que la déclaration figure dans l'acte d'acquisition, dans l'acte modificatif de l'état descriptif de division, ou fait l'objet d'un acte distinct.

99. – *Premier cas.* – La déclaration figure dans l'acte d'acquisition.

En l'absence d'acte modificatif de l'état descriptif de division, seule la mention de l'acquisition du bien est à porter sur la fiche d'immeuble de la parcelle acquise. L'annotation de la formalité donnée à l'acte d'acquisition devra donc comporter la mention de la déclaration en cause.

Exemple : par acte du 20 mai 1980, de Me Richard, notaire à Paris, le syndicat des copropriétaires de l'immeuble sis au 132, rue Carnot au Vésinet, section A, n° 9, a acquis de M. Durand, né le 3 mai 1946, une parcelle de terrain, située dans la même commune, section A, n° 10, sise 134, rue Carnot, pour le prix de 200 000 F. Le syndic de l'immeuble M. Dupont, comparaissant à l'acte, a déclaré que le bien acquis est libre de tout droit et que s'opère

(1) Elle a déjà été annotée (ou elle est annotée simultanément) au tableau III, cadre A, de la formalité constatant la mutation.

l'extension des droits prévus par l'article 6-1, alinéa 3, de la loi du 10 juillet 1965. L'acte est présenté à la formalité le 12 juin 1980 ; il n'est entaché d'aucune cause de refus ou de rejet.

100. - *a)* L'immeuble acquis est un immeuble urbain.

Annotation à faire figurer sur la fiche d'immeuble de la parcelle acquise au cadre A du tableau III :

A. - MUTATIONS, SERVITUDES ACTIVES		
Immeuble totalité ou lots	Dates, numéros et nature des formalités	Observations
T	12 juin 1980, vol. 3000, n° 14. Acte du 20 mai 1980, Me RICHARD, notaire à Paris, contenant : - Vente par DURAND, né le 3 mai 1946, au syndicat des copropriétaires de l'immeuble sis Le Vésinet, 132, rue Carnot (fiche n° ...) Prix : 200 000 F - Déclaration d'extension de droits sur le présent immeuble par DUPONT, syndic, dudit immeuble.	

Nota. - L'identité du déclarant n'a pas à être certifiée.

Lors de la publication de l'acte modificatif de l'état descriptif de division, simultanément ou postérieurement, aucun report de la déclaration n'est à effectuer à la fiche générale de l'immeuble modifiée en conséquence.

101. - *b)* L'immeuble acquis est un immeuble rural situé dans une commune à cadastre rénové.

L'annotation à faire figurer sur la fiche personnelle du vendeur se limite à la constatation de la vente de la parcelle.

L'annotation portée sur la fiche personnel ouverte au nom du syndicat des copropriétaires se présente, avec les aménagements nécessaires, sous une forme identique à celle figurant ci-dessus n° 100, dans la mesure où elle fait apparaître d'une part l'acquisition, d'autre part la déclaration ayant pour effet d'entraîner l'extension des droits.

Lors de la publication simultanée ou postérieure de l'acte modificatif de l'état descriptif de division, la fiche d'immeuble de la parcelle, qui devient « immeuble urbain » du fait de son intégration à la copropriété, est créée. La fiche personnelle ouverte au nom du syndicat et la nouvelle fiche d'immeuble sont servies dans les conditions habituelles.

102. - *Deuxième cas.* - La déclaration figure dans l'acte modificatif de l'état descriptif de division.

Au moment de la publication de l'acte modificatif de l'état descriptif de division concernant la déclaration d'extension de droits, la fiche de la parcelle acquise et la fiche générale de la copropriété doivent être servies, mais la déclaration ne doit être annotée que sur la fiche générale.

Exemple : un acte du 2 juin 1980 de Me Richard, notaire à Paris, constate la modification de l'état descriptif de division de l'immeuble sis au 132, rue Carnot, au Vésinet, section A, n° 9, à la suite de l'acquisition de la parcelle cadastrée section A, n° 10, sise 134, rue Carnot, par acte du 20 mai 1980 publié le 12 juin 1980. Il contient la déclaration par M. Dupont que le bien acquis à cette occasion est libre de tout droit et que s'opère l'extension des droits prévue par l'article 6-1, alinéa 3, de la loi du 10 juillet 1965. L'acte est présenté à la formalité le 20 juin 1980. Il ne contient aucune cause de refus ni de rejet.

103. - Annotation à faire figurer à la fiche générale de la copropriété :

- au tableau I :

I. - DÉSIGNATION DE L'IMMEUBLE
Immeuble 2 000 m² (indications complémentaires éventuelles)
forme avec A 10 une copropriété (V. formalité n° ..., tableau III, cadre A).

– au tableau III :

A. – MUTATIONS, SERVITUDES ACTIVES		
Immeuble totalité ou lots	Dates, numéros et nature des formalités	Observations
	20 juin 1980, vol. 3010, n° 9 : – Acte modificatif à l'état descriptif de division du 2 juin 1980, Me RICHARD, notaire à Paris : voir tableau I ;	État descriptif de division
	– Déclaration d'extension de droits par DUPONT, syndic, du présent immeuble, sur l'immeuble sis Le Vésinet, 134, rue Carnot, cad. A, n° 10.	Formalité n°

104. – Annotation à faire figurer sur la fiche d'immeuble, de la parcelle cadastrée A, n° 10, 134, rue Carnot.

I. – DÉSIGNATION DE L'IMMEUBLE
Immeuble 300 m² (indications complémentaires éventuelles) forme avec A 9 une copropriété (V. formalité n° ..., F.G. sous A 9).

105. – *Troisième cas.* – La déclaration figure dans un acte distinct :

Deux hypothèses sont à envisager selon que cet acte est publié antérieurement ou postérieurement à l'acte modificatif de l'état descriptif de division.

106. – *a) Première hypothèse* : l'acte constatant la déclaration a été dressé le 25 mai 1980 et est accepté à la formalité le 18 juin 1980. Les dates de l'acte de vente et de l'acte modificatif ainsi que de leur publication sont celles visées aux deux premiers cas ci-dessus, c'est-à-dire respectivement 20 mai et 12 juin 1980, 2 et 20 juin 1980.

Dans cette hypothèse, l'acte modificatif de l'état descriptif de division n'ayant pas encore été publié, l'annotation de la formalité donnée à l'acte contenant la déclaration est portée sur la fiche de la parcelle acquise s'il s'agit d'un immeuble urbain ou sur la fiche ouverte au nom du syndicat s'il s'agit d'un immeuble rural. Au moment de la publication de l'acte modificatif, la mise à jour du fichier se fera de la même façon que dans le premier cas (V. *supra*, nos 99 à 101).

107. – L'immeuble acquis est un immeuble urbain.

Annotation à faire figurer sur la fiche d'immeuble de la parcelle acquise, au cadre A du tableau III :

A. – MUTATIONS, SERVITUDES ACTIVES		
Immeuble totalité ou lots	Dates, numéros et nature des formalités	Observations
T	18 juin 1980, vol. 3009, n° 24. Acte du 25 mai 1980, Me RICHARD, notaire à Paris, contenant :	
	– Déclaration d'extension de droits par DUPONT, syndic de l'immeuble sis Le Vésinet, 132, rue Carnot, sur le présent immeuble.	

108. – L'immeuble acquis est un immeuble rural situé dans une commune à cadastre rénové.

L'annotation est à porter au cadre A du tableau III de la fiche personnelle dressée au nom du syndicat de copropriété, déjà annotée de la formalité donnée à l'acte d'acquisition.

109. – *b) Deuxième hypothèse* : l'acte constatant la déclaration a été dressé le 10 juin 1980 et accepté à la formalité le 1er juillet 1980, soit postérieurement aux publications de l'acquisition (12 juin 1980) et de l'acte modificatif de l'état descriptif de division (20 juin 1980).

Dans ce dernier cas, seule la fiche générale doit être servie.

Annotation à porter au cadre A du tableau III de la fiche générale de la copropriété :

A. – MUTATIONS, SERVITUDES ACTIVES		
Immeuble totalité ou lots	Dates, numéros et nature des formalités	Observations
T	1er juillet 1980, vol. 3011, n° 10. Acte du 10 juin 1980, Me RICHARD, notaire à Paris, contenant :	
	– Déclaration d'extension de droits par DUPONT, syndic du présent immeuble, sur l'immeuble sis Le Vésinet, 134, rue Carnot, cadastré A, n° 10.	

Sous-section 6. – Réunion de copropriété

110. – *Exemple* : deux bâtiments A et B faisant l'objet de copropriétés distinctes sont regroupés en un ensemble immobilier régi par un nouveau et unique règlement. Les parties privatives demeurent inchangées. La quote-part dans les parties communes incluse dans chaque lot se trouve modifiée puisqu'elle est déterminée par rapport à l'ensemble des nouvelles parties communes, réparties entre un nombre de lots plus importants.

Sous le régime antérieur à la loi du 2 janvier 1979, l'établissement et la publication de l'acte modificatif des états descriptifs de division étaient très souvent impossibles du fait de l'extrême complexité du numérotage propre à maintenir l'individualisation des lots « millièmes » échangés.

111. – Sous le nouveau régime, l'acte modificatif des états descriptifs de division destiné à constater la réunion des deux copropriétés constatera, d'une part, la modification de la désignation de l'immeuble et, d'autre part, les changements intervenus au niveau des lots.

Le tableau récapitulatif annexé à l'acte modificatif pourra se présenter de façon différente selon que la réunion des deux copropriétés aura entraîné ou non une modification de la désignation cadastrale.

112. – Absence de modification de la désignation cadastrale.

Le nouveau numérotage doit être pris à la suite du plus élevé des numéros anciens.

Numéro du lot	Bâtiment	Escalier	Étage	Nature	Quote-part	Observations
Immeuble cadastré AB 100, sis 2, rue du Lac.						
1	Unique	Unique	RC	App.	100	Supprimé. Devenu lot 11, nouvelle copropriété sur AB 100 et AB 101
2	–	–	RC	App.	100	Supprimé... Lot 12...
3	–	–	1	App.	100	Supprimé... Lot 13...
4	–	–	1	App.	100	Supprimé... Lot 14...
5	–	–	1	App.	100	Supprimé... Lot 15...
6	–	–	2	App.	100	Supprimé... Lot 16...

Numéro du lot	Bâtiment	Escalier	Étage	Nature	Quote-part	Observations
7	Unique	Unique	2	App.	100	Supprimé... Lot 17...
8	–	–	3	App.	100	Supprimé... Lot 18...
9	–	–	3	App.	100	Supprimé... Lot 19...
10	–	–	3	App.	100	Supprimé... Lot 20...
1	Unique	Unique	RC	App.	100	Supprimé... Lot 21...
2	–	–	RC	App.	100	Supprimé... Lot 22...
3	–	–	1	App.	100	Supprimé... Lot 23...
4	–	–	1	App.	100	Supprimé... Lot 24...
5	–	–	1	App.	100	Supprimé... Lot 25...
6	–	–	2	App.	100	Supprimé... Lot 26...
7	–	–	2	App.	100	Supprimé... Lot 27...
8	–	–	2	App.	100	Supprimé... Lot 28...
9	–	–	3	App.	100	Supprimé... Lot 29...
10	–	–	3	App.	100	Supprimé... Lot 30...
Immeuble cadastré AB 100 et 101, sis 2 et 4, rue du Lac.						
11	A	Unique	RC	App.	50	Issu du lot 1 de l'immeuble, cadastré AB 100
12	A	–	RC	App.	50	Issu du lot 2 de l'immeuble, cadastré AB 100
13	A	–	1	App.	50	Issu du lot 3 de l'immeuble, cadastré AB 100
....	....	....	....	....	....	....

Numéro du lot	Bâtiment	Escalier	Étage	Nature	Quote-part	Observations
28	B	Unique	2	App.	50	Issu du lot B de l'immeuble, cadastré AB 101
29	B	-	3	App.	50	Issu du lot 9 de l'immeuble, cadastré AB 101
30	B	-	3	App.	50	Issu du lot 10 de l'immeuble, cadastré AB 101

113. - *Modification de la désignation cadastrale.*

À l'occasion de la réunion des deux copropriétés, le cadastre a opéré la réunion des parcelles AB 100 et AB 101 pour former la parcelle AB 300.

En application du nouvel alinéa 7 de l'article 71, B, 1, il est désormais possible de repartir de l'unité pour la nouvelle copropriété. Le tableau annexé à l'acte modificatif pourra donc prendre la forme suivante :

Numéro du lot	Bâtiment	Escalier	Étage	Nature	Quote-part	Observations
Immeuble cadastré AB 100, sis, 2, rue du Lac.						
1	Unique	Unique	RC	App.	100	Supprimé. Devenu lot 1, sur immeuble, cadastré AB 300.
2	-	-	RC	App.	100	Supprimé. Devenu lot 2 sur immeuble, cadastré AB 300.
3	-	-	1	App.	100	Supprimé. Devenu lot 3 sur immeuble, cadastré AB 300.
10	Unique	Unique	3	App.	100	Supprimé. Devenu lot 10 sur immeuble, cadastré
Immeuble cadastré AB 101, sis 4, rue du Lac.						
1	Unique	Unique	RC	App.	100	Supprimé. Devenu lot 11 sur immeuble, cadastré AB 300.

Numéro du lot	Bâtiment	Escalier	Étage	Nature	Quote-part	Observations
2	-	-	RC	App.	100	Supprimé... Lot 12...
3	-	-	1	App.	100	Supprimé... Lot 13...
....	....	....	....	....	....	....
10	-	-	3	App.	100	Supprimé... Lot 20...
Immeuble cadastré AB 300, sis 2 et 4, rue du Lac.						
1	A	Unique	RC	App.	50	Issu du lot 1 de l'immeuble, cadastré AB 100.
2	A	-	RC	App.	50	Issu du lot 2 de l'immeuble, cadastré AB 100.
3	A	-	1	App.	50	Issu du lot 3...
Immeuble cadastré AB 300, sis 2 et 4, rue du Lac.						
....	....	....	....	....	....	....
10	A	-	3	App.	50	Issu du lot 10...
11	B	Unique	RC	App.	50	Issu du lot de l'immeuble, cadastré AB 101.
12	B	-	RC	App.	50	Issu du lot 2...
13	B	-	1	App.	50	Issu du lot 3...
....	....	....	....	....	....	....
20	B	-	3	App.	50	Issu du lot 10...

114. - *b)* Lorsque la désignation cadastrale n'a pas été modifiée, celle des fiches générales des anciennes copropriétés qui porte le plus petit numéro cadastral (ou dans la voirie) devient fiche générale de la nouvelle copropriété. Dans l'exemple ci-dessus cité, ce sera la fiche de la parcelle AB 100.

Le cadre A du tableau III des deux fiches générales est annoté de la formalité donnée à l'acte modificatif.

Le tableau I de la fiche d'immeuble cadastré AB 101 reçoit une mention de renvoi à la fiche générale de la nouvelle copropriété sous la forme suivante : « Forme avec AB 100 une nouvelle copropriété. Voir formalité n° ..., tableau III, cadre A ». Au tableau II, la désignation des lots est soulignée en rouge, la colonne « Renseignements complémentaires » recevant la correspondance avec les nouveaux lots.

Le tableau I de la fiche de l'immeuble cadastré AB 100 reçoit la mention suivante : « Forme avec AB 101 une nouvelle copropriété. Voir formalité n° ..., tableau III, cadre A ». Au tableau II, les lots anciens sont soulignés en rouge avec indication de la correspondance avec les nouveaux lots, eux-mêmes répertoriés avec ceux provenant de la fiche AB 101 à la suite des lots supprimés.

Aucun report n'a, normalement, à être effectué entre la fiche de l'immeuble AB 101 et celle de la parcelle AB 100.

115. – Au tableau I des fiches des lots supprimés, la désignation est soulignée en rouge avec référence à la formalité donnée à l'acte modificatif de l'état descriptif de division sous la forme suivante : « Voir formalité n° ..., du, vol...., n° ..., FG ».

Les fiches des nouveaux lots sont créées et classées à la suite de la fiche d'immeuble qui devient fiche générale de la nouvelle copropriété. Leur tableau III est annoté, aux cadres A et B, du report des formalités subsistantes figurant sur la fiche des anciens lots correspondants, après soulignement des annotations portées sur ces dernières.

116. – *b)* Lorsque la désignation cadastrale a été modifiée, une nouvelle fiche d'immeuble est créée et servie. Elle devient fiche générale de la nouvelle copropriété. Elle reçoit :

– au tableau I : en plus de la désignation habituelle de l'immeuble, la mention : « Provient de la réunion de AB 100 et AB 101. Voir formalité n° ..., tableau III, cadre 1 » ;

– au tableau II : l'annotation des lots de la nouvelle copropriété avec indication de leur provenance dans la colonne « Renseignements complémentaires » ;

– au tableau III : le report de toutes les formalités subsistantes figurant aux fiches ouvertes pour les parcelles d'origine, après soulignement sur ces dernières des annotations qui y sont portées, et l'annotation au cadre A de la formalité donnée à l'acte modificatif de l'état descriptif de division.

Les fiches de lots sont servies comme il est dit au n° 115, *supra*.

Remarque. – En règle générale, les nouvelles fiches créées (fiche générale de la nouvelle copropriété ou fiches de lot) doivent recevoir les reports des droits et charges annotés sur les fiches anciennes qui ne seront plus utilisées du fait de la modification intervenue. Cependant, pour faciliter la tâche du service lorsque ce report constituera une charge trop lourde, les fiches ainsi créées pourront faire l'objet, avant même l'annotation de la formalité donnée à l'acte modificatif, d'un renvoi général, porté en tête des cadres A et B du tableau III, dont la rédaction pourra être la suivante : « Pour les formalités antérieures, voir fiches... (désignation cadastrale des anciennes parcelles d'assiette et indication de la voie et du numéro dans la voie et, pour les lots, indication du numéro du lot d'origine avec référence à la fiche générale sous laquelle les fiches correspondantes étaient classées). » Une telle solution ne devra toutefois être mise en œuvre que lorsque le grand nombre de formalités à reporter constituera une surcharge importante pour le service. En effet, elle présente l'inconvénient de ne pas permettre aux fiches créées de révéler par elles-mêmes la situation juridique actuelle des biens (immeubles ou lots) visés et, ainsi, de compliquer les recherches ultérieures.

Sous-section 7. – Division de copropriété

117. – *Exemple* : une copropriété unique comportant 100 lots avec 10 millièmes de parties communes se divise en deux copropriétés distinctes de 50 lots chacune.

Sous le régime antérieur au 1er juillet 1979, la complexité du numérotage était du même ordre que dans l'exemple analysé à la Sous-section VI.

Sous le nouveau régime, la présentation de l'acte modificatif de l'état descriptif de division est considérablement simplifiée. Par hypothèse, l'immeuble en copropriété avait pour assiette la parcelle cadastrée section A, n° 6, rue des Prés ; à l'issue de la division, les parcelles d'assiette des nouvelles copropriétés, à la suite de l'attribution par le cadastre des nouveaux numéros, sont identifiées : section A, n° 200 et n° 201. Un certificat de numérotage a même été fourni, les adresses des nouveaux immeubles étant respectivement 6 et 6 *bis*, rue des Prés. Le tableau récapitulatif pourra se présenter sous la forme suivante :

Numéro du lot	Bâtiment	Escalier	Étage	Nature	Quote-part	Observations
Immeuble cadastré A 100, sis, 6, rue des Prés.						
1	A	Unique	RC	App.	10	Supprimé. Devenu lot 1, copropriété sur immeuble cadastré A 200.
2	A	–	RC	App.	10	Supprimé... Lot 2...
3	A	–	RC	App.	10	Supprimé... Lot 3...

Numéro du lot	Bâtiment	Escalier	Étage	Nature	Quote-part	Observations
4	A	-	1	App.	10	Supprimé... Lot 4...
....	....	....	....	....	....	....
51	B	Unique	RC	App.	10	Supprimé. Devenu lot 1 copropriété sur immeuble cadastré A 201.
52	B	-	RC	App.	10	Supprimé... Lot 2...
53	B	-	RC	App.	10	Supprimé... Lot 3...
....	....	....	....	....	....	....
100	B	-	3	App.	10	Supprimé... Lot 50...
Immeuble cadastré A 200, sis 6, rue des Prés.						
1	Unique	Unique	RC	App.	20	Ancien lot 1 de la copropriété sur immeuble A 100.
2	-	-	RC	App.	20	... Lot 2...
3	-	-	RC	App.	20	... Lot 3...
4	-	-	1	App.	20	... Lot 4...
....	....	....	....	....	....	....
Immeuble cadastré A 201, 6 *bis*, rue des Prés.						
1	Unique	Unique	RC	App.	20	Ancien lot 51 de la copropriété sur immeuble A 100.
2	-	-	RC	App.	20	Ancien lot 52 de la copropriété sur immeuble A 100.
3	-	-	1	App.	20	... Lot 53...
....	....	....	....	....	....	....
50	-	-	3	App.	20	... Lot 100...

Observation : modification de l'état descriptif de division. L'instruction du 1er août 1979 propose un exemple (ci-dessus) où, après scission, les numéros de lots des copropriétés issus de la scission reprennent à l'unité, ce qui n'entraîne aucun risque de confusion, dès lors que les parcelles d'assiette des nouvelles copropriétés ont une désignation cadastrale différente.

Mais, depuis lors, le décret du 3 juillet 1998 a introduit un alinéa dans l'article 71, A, 1 du décretdu 14 octobre 1955, selon lequel « dans tout état descriptif de division établi après la suppression d'un état descriptif antérieur, le numérotage des lots ne doit reprendre aucun des numéros précédemment attribués ».

L'instruction prise pour l'application de ces dispositions (Note du 26 août 1998 : *BOI* 10 D-2-98) n'a pas abrogé, même partiellement, l'instruction du 1er août 1979 précitée, et l'on pouvait penser, qu'en ce qui concerne au moins les scissions, et précisément en raison du fait qu'aucune confusion n'était possible, le décret du 3 juillet 1998 n'avait pas lieu de s'appliquer.

Il semble qu'en ce domaine la pratique des conservations ne soit pas uniforme. Certains conservateurs font application du décret du 3 juillet 1998 et exigent que les nouveaux états descriptifs ne reprennent aucun des numéros précédemment attribués.

118. - La fiche générale de la copropriété divisée reçoit les annotations suivantes :

- les désignations figurant dans l'en-tête sont soulignées en rouge ;

- tableau I. La désignation de l'immeuble est également soulignée en rouge, et est annotée de la formule : « Divisé en A 200 et A 201. Voir formalité n° ..., cadre A, tableau III » ;

- tableau II. Soulignement en rouge des désignations des anciens lots, mention « supprimé » dans la colonne « Renseignements complémentaires » et indication de la correspondance avec les nouveaux lots ;

- tableau III, cadre A. Annotation de la formalité donnée à l'acte modificatif de l'état descriptif de division avec constatation de la division.

119. - Les fiches d'immeubles créées pour les parcelles d'assiette des nouvelles copropriétés sont montées sous forme de fiches générales :

- tableau I. En plus de la désignation habituelle de l'immeuble est ajoutée la formule : « Provient de la division de A 100. Voir formalité n° ..., cadre A, tableau III » ;

- tableau II. Annotation des lots de la nouvelle copropriété avec indication de leur provenance dans la colonne « Renseignements complémentaires » ;

- tableau III. Report de toutes les formalités subsistantes figurant à la fiche de la parcelle d'origine et annotation au cadre A de la formalité donnée à l'acte modificatif de l'état descriptif de division.

120. - Si les fiches de lots avaient déjà été créées pour l'ancienne copropriété, les annotations qui y figurent seront également soulignées en rouge. Le tableau I recevra la mention « Supprimé. Voir formalité n° ... FG ».

Les fiches des lots des nouvelles copropriétés seront créées. Elles recevront, dans l'en-tête, la nouvelle désignation cadastrale de la parcelle dont ils dépendent ; le tableau I sera annoté de leur désignation ; les formalités « subsistantes » figurant sur les lots dont ils sont originaires seront reportées au tableau III.

121. - Toutefois et seulement si les reports à effectuer sur les différentes fiches ainsi créées se révélaient une charge trop lourde pour le service, il sera possible, dans des cas limites, de procéder comme il est dit à la Sous-section VI ci-dessus.

II. – ALSACE-MOSELLE

Loi du 1er juin 1924

mettant en vigueur la législation civile française
dans les départements du Bas-Rhin, du Haut-Rhin et de la Moselle

CHAPITRE III. – DROITS SUR LES IMMEUBLES. LIVRE FONCIER

Art. 36 *(Rempl., L. n° 2002-306, 4 mars 2002)*. – **Dans les départements du Haut-Rhin, du Bas-Rhin et de la Moselle, la publicité foncière est régie par le présent chapitre.**

Art. 36-1 *(L. n° 2002-306, 4 mars 2002)*. – **Les droits sur les immeubles, les privilèges et les hypothèques sont ceux prévus par la législation civile française ainsi que les prestations foncières des articles 1105 (premier**

alinéa), 1107 et 1108 du Code civil local, de l'article 75 de la loi d'exécution du même code et l'hypothèque d'exécution forcée de l'article 866 du Code de procédure civile locale.

Les règles concernant l'organisation, la constitution, la transmission et l'extinction des droits réels immobiliers et autres droits et actes soumis à publicité sont celles de la législation civile française, sous réserve des dispositions du présent chapitre.

………

Art. 47 ***(Mod., L. n° 90-1248, 29 déc. 1990 ; L. n° 98-261, 6 avr. 1998 ; rempl., L. n° 2002-306, 4 mars 2002).*** **– Les privilèges généraux sur les immeubles et le privilège du syndicat des copropriétaires sont dispensés de la formalité de l'inscription.**

> **Rédaction future. Art. 47** *(Mod. à compter du 31 décembre 2028, Ord. n° 2024-562, 19 juin 2024).* **–** Les privilèges généraux sur les immeubles et l'hypothèque légale spéciale du syndicat des copropriétaires sont dispensés de la formalité de l'inscription.

Art. 47-1 ***(L. n° 79-2, 2 janv. 1979 ; rempl., L. n° 2002-306, 4 mars 2002).*** **– Pour les besoins de leur inscription, les privilèges et hypothèques portant sur des lots dépendant d'un immeuble soumis au statut de la copropriété sont réputés ne pas grever la quote-part de parties communes comprises dans ces lots.**

Néanmoins, les créanciers inscrits exercent leurs droits sur ladite quote-part, prise dans sa consistance au moment de la mutation dont le prix forme l'objet de la distribution ; cette quote-part est tenue pour grevée des mêmes sûretés que les parties privatives et de ces seules sûretés.

Pour les besoins de leur publication, les ordonnances d'exécution forcée portant sur des lots dépendant d'un immeuble soumis au statut de la copropriété sont réputés ne pas porter sur la quote-part des parties communes comprises dans ces lots.

Néanmoins, les créanciers saisissants exercent leur droit sur ladite quote-part, prise dans sa consistance au moment de la mutation dont le prix forme l'objet de la distribution.

> **Rédaction future. Art. 47-1** *(Mod. à compter du 31 décembre 2028, Ord. n° 2024-562, 19 juin 2024).* **–** Pour les besoins de leur inscription, les hypothèques portant sur des lots dépendant d'un immeuble soumis au statut de la copropriété sont réputées ne pas grever la quote-part de parties communes comprises dans ces lots.
>
> Néanmoins, les créanciers inscrits exercent leurs droits sur ladite quote-part, prise dans sa consistance au moment de la mutation dont le prix forme l'objet de la distribution ; cette quote-part est tenue pour grevée des mêmes sûretés que les parties privatives et de ces seules sûretés.
>
> Pour les besoins de leur publication, les ordonnances d'exécution forcée portant sur des lots dépendant d'un immeuble soumis au statut de la copropriété sont réputés ne pas porter sur la quote-part des parties communes comprises dans ces lots.
>
> Néanmoins, les créanciers saisissants exercent leur droit sur ladite quote-part, prise dans sa consistance au moment de la mutation dont le prix forme l'objet de la distribution.

ANNEXE 53

RAVALEMENT DES IMMEUBLES

I. – Obligation de ravalement .... p. 1457
II. – Autorisations d'urbanisme .... p. 1461

Bibliographie : M.-J. Brun-Mayer, *Ravalement de façades, obligations et pratiques : Inf. rap. copr.* avr. 2003, p. 28. • J. Bedos, B. Boyer, N. Cazalbou, M. Jones, *Ravalement et peinture : Maisons et habitat*, sept. 2003, p. 9. • V. Zalewski-Sicard, *Clause (du contrat de vente) relative à l'obligation de ravalement : Constr.-Urb.* 2022, formule 8. • J.-R. Bouyeure, *Le ravalement des immeubles en copropriété : décision de l'assemblée générale et répartition de la dépense : Administrer* oct. 2022, p. 11.

I. – OBLIGATION DE RAVALEMENT

Code de la construction et de l'habitation

LIVRE PREMIER. – DISPOSITIONS GÉNÉRALES

....

TITRE III. – CHAUFFAGE ET RAVALEMENT DES IMMEUBLES – LUTTE CONTRE LES TERMITES
(Mod., L. n° 99-471, 8 juin 1999)

....

CHAPITRE II. – RAVALEMENT DES IMMEUBLES

Art. L. 126-2 ***(Mod. à compter du 1er juillet 2021, Ord. n° 2020-71, 29 janv. 2020).*** **– Les façades des bâtiments doivent être constamment tenues en bon état de propreté à Paris ainsi que dans les communes figurant sur une liste établie par décision de l'autorité administrative, sur proposition ou après avis conforme des conseils municipaux.**

Les travaux nécessaires sont effectués au moins une fois tous les dix ans, sur l'injonction qui est faite au propriétaire par l'autorité municipale.

Art. L. 126-3 ***(Mod. à compter du 1er juillet 2021, Ord. n° 2020-71, 29 janv. 2020).*** **– Si, dans les six mois de l'injonction qui lui est faite en application de l'article L. 126-2, le propriétaire n'a pas entrepris les travaux qu'il prévoit, le maire peut prendre un arrêté en vue de les prescrire. Cet arrêté est notifié au propriétaire avec sommation d'avoir à effectuer les travaux dans un délai qu'il détermine et qui ne peut excéder un an. Si le bâtiment est soumis à la loi n° 65-557 du 10 juillet 1965 fixant le statut de la copropriété des immeubles bâtis, la notification aux copropriétaires est valablement faite au seul syndicat des copropriétaires pris en la personne du syndic qui doit en informer sans délai chaque copropriétaire par lettre recommandée avec demande d'avis de réception.**

La procédure prévue au précédent alinéa est également applicable lorsque les travaux, entrepris dans les six mois de l'injonction, n'ont pas été terminés dans l'année qui la suit. L'arrêté municipal est de même notifié au propriétaire, avec sommation d'avoir à terminer les travaux dans le délai qu'il détermine.

Dans le cas où les travaux n'ont pas été exécutés dans le délai imparti par la sommation délivrée en application des dispositions qui précèdent, le maire peut, sur autorisation du président du tribunal de grande instance statuant comme en matière de référés (*Lire :* « tribunal judiciaire statuant en référé ») les faire exécuter d'office, aux frais du propriétaire. Le montant des frais est avancé par la commune. Il est recouvré comme en matière d'impôts directs. Les réclamations sont présentées, instruites et jugées comme en matière d'impôts directs.

....

Art. L. 183-12 *(Aj. à compter du 1er juillet 2021, Ord. n° 2020-71, 29 janv. 2020).* – Le propriétaire qui n'a pas exécuté les travaux de ravalement dans les délais prévus à l'article L. 126-3 est puni d'une amende de 3 750 €.

NB : Il est rappelé qu'en vertu de l'article R. 131-28-7 du Code de la construction de l'habitation lorsqu'un bâtiment fait l'objet de travaux de ravalement importants, portant sur des parois de locaux chauffés donnant sur l'extérieur, le maître d'ouvrage doit réaliser des travaux d'isolation thermique conformes aux prescriptions de l'article R. 131-28 du même code *(sur la définition des travaux considérés comme « importants », V. CCH, art. R. 131-28-7, al. 2).*

Arrêté du 27 octobre 2000

ravalement obligatoire des immeubles à Paris

(BMO Paris, 3 nov. 2000)

Art. 1er. – Il est rappelé que les articles L. 132-1 à L. 132-5 du Code de la construction et de l'habitation font obligation aux propriétaires d'immeubles de maintenir les façades en constant état de propreté et de faire procéder au ravalement de celles dont l'état de propreté n'est pas satisfaisant (article L. 132-1 du Code de la construction et de l'habitation).

Les travaux de remise en état de propreté des façades des immeubles de Paris doivent être effectués au moins une fois tous les dix ans.

Art. 2. – L'obligation de ravalement et de maintien en constant état de propreté s'applique à tous les immeubles situés à Paris, quelle que soit leur localisation, riverains ou non de la voie publique. Elle s'étend aux façades sur rues, cours, courettes ou jardins, aux murs aveugles et pignons, souches des conduits de fumées ou de ventilation. Elle comprend également le nettoyage et la remise en peinture de tous les dispositifs de fermeture et devantures ainsi que tous les accessoires extérieurs et les ouvrages en relief.

En application de l'article L. 132-1 du Code de la construction et de l'habitation, l'injonction de ravaler est adressée au propriétaire.

En revanche, les devantures, terrasses couvertes ou plus généralement toutes installations commerciales implantées en pied d'immeuble ou par emprise sur le domaine public sont propriété de l'exploitant ; ce dernier doit, à ce titre, en assurer le maintien en état de propreté.

L'état des façades des immeubles parisiens, qu'ils soient privés ou publics fait l'objet d'un récolement systématique par les services municipaux en charge du contrôle du ravalement. La propreté de chaque bâtiment donne lieu à une cotation établie selon le barème suivant :

la façade de l'immeuble est propre .... cote 1

la façade de l'immeuble est assez propre .... cote 2

la façade de l'immeuble est sale .... cote 3

la façade de l'immeuble est très sale .... cote 4

À partir du moment où l'immeuble est coté 3, une action municipale d'invitation au ravalement est entreprise.

Art. 3. – Le propriétaire, ou toute personne responsable du ravalement, a l'obligation de se mettre en conformité avec la réglementation en vigueur en matière d'autorisation de construire, préalablement à la mise en œuvre des travaux de ravalement.

Une déclaration de travaux de ravalement est préalable à toute exécution de travaux. Elle doit être adressée ou déposée auprès des services de la mairie de Paris compétents en matière de permis de construire 17, boulevard Morland, à Paris 4e.

Le ravalement des immeubles classés monuments historiques est subordonné à la déclaration préalable de travaux dont la mise en œuvre nécessite l'accord ou l'avis du ministère de la Culture, qui doit être recueilli préalablement ou au cours de l'instruction du dossier.

Le ravalement des immeubles inscrits à l'inventaire supplémentaire des monuments historiques est soumis à permis de construire délivré après l'accord ou l'avis préalable du ministère de la Culture.

Art. 4. – Il est rappelé que l'autorisation administrative peut faire l'objet d'un refus si le procédé envisagé est de nature à nuire à la santé publique ou à la pérennité de l'ouvrage. Cette autorisation ne peut être accordée que sous réserve de prescriptions spéciales, notamment si la coloration des façades est de nature à porter atteinte à l'intérêt des lieux avoisinants (article U 11 du POS de Paris).

Le procédé technique retenu pour le ravalement des façades (remise en peinture, brossage, gommage,...) doit être précisé lors du dépôt de la déclaration de travaux ou de la demande de permis de construire.

À l'occasion du ravalement des façades des bâtiments anciens, les éléments de modénature ainsi que les balcons et volets d'origine devront être maintenus. Les revêtements en ciment gris sont interdits ainsi que la peinture de la pierre de taille.

Toutefois, la remise en peinture de la pierre déjà peinte peut être tolérée dans les hypothèses suivantes :

- en cas d'impossibilité technique de décaper,
- si le décapage sur une surface témoin de la façade aboutit à un résultat inesthétique ou inopérant compte tenu de l'état constaté du parement.

Il est également rappelé que :

- le nettoyage des façades en pierre, en brique ou dont les parements ne sont pas enduits quelle qu'en soit la nature, est obligatoire ;
- le nettoyage des façades ne peut être effectué par jet de sable à sec ni par tout procédé physique ou chimique susceptible d'incommoder ou de nuire à la santé des occupants des immeubles et des personnels chargés des travaux.

Art. 5. – Les plaques indiquant le nom de la rue, le numéro de l'immeuble ainsi que les plaques commémoratives devront être nettoyées à l'issue des travaux.

Si lesdites plaques ont été enlevées pour faciliter la remise en état de propreté de façades, il convient de les remettre en place à l'issue des travaux.

Toute absence de plaque indiquant le nom de la voie doit être signalée auprès des services de la ville de Paris (Direction chargée de la voirie).

Art. 6. – Les propriétaires ont l'obligation de s'informer auprès des services compétents de la ville de Paris des dispositions réglementaires relatives à la publicité et aux enseignes (réglementation générale et périmètres) et de conduire les opérations de ravalement en conformité avec cette réglementation.

Art. 7. – Les propriétaires d'immeubles astreints à l'obligation de ravaler peuvent solliciter auprès des services de la mairie de Paris des délais excédant ceux prévus par les articles L. 132-1 et suivants du Code de la construction et de l'habitation lorsqu'ils se trouvent dans l'une des situations suivantes :

1. Si l'immeuble vient au cours des deux années précédentes de faire l'objet de travaux d'un montant au moins égal au coût prévisionnel des travaux de ravalement ;
2. Si l'immeuble doit impérativement faire l'objet de travaux dont la nature et le montant ont déjà été arrêtés, avant l'arrêté d'injonction (notamment par l'assemblée générale en cas d'immeuble en copropriété) et ayant pour objet la conservation de l'immeuble ou son maintien en bon état d'habitabilité ;
3. Si l'immeuble se trouve au voisinage d'un chantier notamment de démolition générateur de salissures ou de désordres susceptibles d'affecter le bâtiment ;
4. Si la situation juridique de l'immeuble est telle qu'elle rend impossible ou anormalement difficile le processus de décision devant aboutir au ravalement.

Toute demande de délai doit être déposée au plus tard dans le mois qui suit l'arrêté d'injonction auprès des services de la mairie de Paris, accompagnée de l'ensemble des pièces justificatives des motifs invoqués au soutien de la demande.

Une commission placée auprès du Directeur chargé du logement et de l'habitat de la ville de Paris est chargée d'examiner les demandes de délai imposées par les propriétaires ou personnes responsables du ravalement.

Cette commission est constituée par des représentants désignés par le Directeur du logement et de l'habitat.

Elle examine les requêtes en s'appuyant notamment sur les pièces justificatives présentées, sur les rapports techniques établis par les agents assermentés. Elle a la faculté de faire appel à tous avis extérieurs susceptibles de concourir à l'instruction de la demande.

La commission peut proposer au Directeur chargé du logement et de l'habitat :

- d'accorder les délais sollicités ;
- d'accorder un délai différent de celui demandé ;
- de rejeter purement et simplement la demande de délai.

Elle peut proposer l'octroi de délais sous la réserve de la production par le pétitionnaire d'un engagement sur un échéancier de travaux.

Art. 8. – Sont dispensés de l'obligation de ravalement :

1. Les immeubles pour lesquels une procédure visant à l'expropriation a été engagée ;
2. Les immeubles ayant fait l'objet dans leur totalité, soit d'une injonction de démolir soit de travaux d'étalement ou d'étrésillonnage notamment au titre de la procédure de péril, soit d'un arrêté préfectoral d'interdiction générale à l'habitation.

Art. 9. – Les infractions aux dispositions du présent arrêté sont constatées par les agents municipaux commissionnés et assermentés à cet effet. Les procès-verbaux dressés par ces agents font foi jusqu'à preuve du contraire.

Tout procès-verbal constatant une infraction est transmis sans délai au ministère public.

Art. 10. – Les infractions aux dispositions du Code de la santé publique et à celles du règlement sanitaire départemental de Paris sont constatées dans les conditions prévues à l'article L. 48 du Code de la santé.

Art. 11 *(Mod. à compter du 1er janvier 2020, D. n° 2019-966, 18 sept. 2019).* – Le non-respect des dispositions prévues par le présent arrêté est sanctionné en application des dispositions de l'article L. 152-11 du Code de la construction et de l'habitation.

En application des dispositions pénales en vigueur au jour de parution du présent arrêté, le montant de l'amende pour défaut de ravalement est de 25 000 F - 3 811 € ; en cas de récidive ce montant sera de 50 000 F - 7 622 €.

De surcroît, le maire peut, sur autorisation du Président du tribunal judiciaire statuant en matière de référé faire exécuter d'office les travaux de ravalement aux frais des propriétaires.

Art. 12. – Le présent arrêté abroge l'arrêté municipal du 20 août 1991.

Il sera exécutoire dès sa publication au *Bulletin municipal officiel de la ville de Paris* ; il sera affiché à l'hôtel de ville de Paris ainsi que dans chacune des mairies d'arrondissement.

Art. 13. – Le Secrétaire général de la ville de Paris, le Directeur du logement et de l'habitat, le Directeur du patrimoine et de l'architecture, le Directeur des affaires culturelles, le Directeur de la protection et de l'environnement, le Directeur de l'aménagement urbain et de la construction, le Directeur de la voirie et des déplacements et le Directeur des finances et des affaires économiques sont chargés chacun en ce qui le concerne de l'exécution du présent arrêté.

Un protocole sur le ravalement, l'entretien et la préservation du bâti parisien a été signé le 10 novembre 2000 entre le maire de Paris et diverses organisations professionnelles représentatives comme suite à un arrêté du 27 octobre 2000. On trouvera le texte de cet arrêté au *Bulletin municipal officiel* et le texte du protocole au *Dictionnaire permanent gestion immobilière : Bulletin*, n° 310, 15 févr. 2001, p. 3831.

II. – AUTORISATIONS D'URBANISME

Code de l'urbanisme

Art. R. 421-2 *(D. n° 77-1141, 12 oct. 1977 ; D. n° 94-408, 18 mai 1994 ; D. n° 2001-260, 27 mars 2001 ; D. n° 2004-310, 29 mars 2004 ; rempl. à compter du 1er octobre 2007, D. n° 2007-18, 5 janv. 2007 ; mod. à compter du 1er décembre 2009, D. n° 2009-1414, 19 nov. 2009 ; mod. à compter du 1er mars 2012, D. n° 2011-2054, 29 déc. 2011 ; D. n° 2012-274, 28 févr. 2012 ; D. n° 2012-41, 12 janv. 2012 ; rempl., D. n° 2014-253, 27 févr. 2014).* – Sont dispensées de toute formalité au titre du présent code, en raison de leur nature ou de leur très faible importance, sauf lorsqu'ils sont implantés dans *(Mots rempl., D. n° 2017-456, 29 mars 2017)* « le périmètre d'un site patrimonial remarquable, dans les abords des monuments historiques » ou dans un site classé ou en instance de classement :

[...]

m) Les travaux de ravalement, en dehors des cas prévus à l'article R. 421-17-1.

....

Art. R.* 421-17-1 *(D. n° 2014-253, 27 févr. 2014).* – Lorsqu'ils ne sont pas soumis à permis de construire en application des articles R. 421-14 à R. 421-16, les travaux de ravalement doivent être précédés d'une déclaration préalable dès lors qu'ils sont effectués sur tout ou partie d'une construction existante située :

a) *(Rempl., D. n° 2017-456, 29 mars 2017)* Dans le périmètre d'un site patrimonial remarquable classé en application de l'article L. 631-1 du Code du patrimoine ou dans les abords des monuments historiques définis à l'article L. 621-30 du Code du patrimoine ;

b) Dans un site inscrit ou dans un site classé ou en instance de classement en application des articles L. 341-1, L. 341-2 et L. 341-7 du Code de l'environnement ;

c) Dans les réserves naturelles ou à l'intérieur du cœur des parcs nationaux délimités en application de l'article L. 331-2 du même code ;

d) Sur un immeuble protégé en application *(Mots rempl. à compter du 1er janvier 2016, D. n° 2015-1783, 28 déc. 2015)* « de l'article L. 151-19 ou de l'article L. 151-23 » du présent code ;

e) Dans une commune ou périmètre d'une commune où le conseil municipal ou l'organe délibérant de l'établissement public de coopération intercommunale compétent en matière de plan local d'urbanisme a décidé de soumettre, par délibération motivée, les travaux de ravalement à autorisation.

ANNEXE 54

RÉSIDENCES DE TOURISME

Bibliographie : H. Sainsard, *Les résidences de tourisme : AJDI* 2017, p. 577. • J. Hocquard, *Du sort du lot délaissé dans les résidences de tourisme : Inf. rap. copr.* sept. 2019, p. 14. • *Résidences de tourisme : cadre juridique, réglementaire et fiscal : Actes prat. ing. immobilière* mars 2019 (numéro spécial avec le concours de M. Boul, M. Cazajus, C. Coutant-Lapalus, D. Roche, V. Tournebise, V. Zalewski-Sicard). • V. Zalewski-Sicard, *Les locaux à usage collectif des résidences de tourisme : lot de copropriété ou partie commune ?* : *GPL* 1er févr. 2022, n° GPL431l0, p. 44.

Code du tourisme

TITRE II. - Hébergements autres qu'hôtels et terrains de camping

CHAPITRE 1er. – Résidences de tourisme

....

Art. L. 321-2 *(L. n° 2009-888, 22 juill. 2009).* **– L'exploitant d'une résidence de tourisme classée doit tenir des comptes d'exploitation distincts pour chaque résidence. Il est tenu de les communiquer aux propriétaires qui en font la demande.**

Une fois par an, il est tenu de communiquer à l'ensemble des propriétaires un bilan de l'année écoulée, précisant les taux de remplissage obtenus, les évènements significatifs de l'année ainsi que le montant et l'évolution des principaux postes de dépenses et de recettes de la résidence.

Documents à communiquer par les exploitants. L'exploitant d'une résidence de tourisme est tenu de communiquer aux copropriétaires qui en font la demande à d'exploitation comportent un détail des charges variables et des charges fixes. Les extraits du bilan ne peuvent remplacer la production des comptes d'exploitation (▪ Cass. 3e civ., 19 oct. 2017, n° 16-21.460 : publiés *Bull.* ; *Rev. loyers* 2018, p. 53, note V. Zalewski-Sicard).

La demande de communication des documents visés au premier alinéa de l'article L. 321-2 peut être réalisée pour la première fois par voie d'assignation (▪ Cass. 3e civ., 28 févr. 2017, n° 16-21.458 : publié au *Bull.* ; *AJDI* 2017, p. 522, note N. Le Rudulier).

TITRE II. – Hébergements autres que hôtels et terrains de camping

CHAPITRE Ier. – Résidences de tourisme

SECTION 1. – Dispositions générales

Art. D. 321-1 *(Mod., D. n° 2010-759, 6 juill. 2010).* **– La résidence de tourisme est un établissement commercial d'hébergement classé, faisant l'objet d'une exploitation permanente ou saisonnière. Elle est constituée d'un ou plusieurs bâtiments d'habitation individuels ou collectifs regroupant, en un ensemble homogène, des locaux d'habitation meublés et des locaux à usage collectif. Les locaux d'habitation meublés sont proposés à une clientèle touristique qui n'y élit pas domicile, pour une occupation à la journée, à la semaine ou au mois. Elle est dotée d'un minimum d'équipements et de services communs. Elle est gérée dans tous les cas par une seule personne physique ou morale.**

Art. D. 321-2 *(Mod., D. n° 2015-298, 16 mars 2015)*. – La résidence de tourisme peut être placée sous le statut de copropriété des immeubles bâtis fixé par la loi n° 65-557 du 10 juillet 1965 modifiée ou sous le régime des sociétés d'attribution d'immeubles en jouissance à temps partagé défini par la loi n° 86-18 du 6 janvier 1986 relative aux sociétés d'attribution d'immeubles en jouissance à temps partagé, sous réserve que le règlement de copropriété ou les documents prévus par l'article 8 de la loi n° 86-18 du 6 janvier 1986 prévoient expressément :

1° Une destination et des conditions de jouissance des parties tant privatives que communes conformes au mode d'utilisation défini au présent article pour ce type de classement et comportant une obligation durable de location d'au moins 70 % des locaux d'habitation meublés qui ne saurait être inférieure à neuf ans, les copropriétaires ou les associés des sociétés d'attribution pouvant bénéficier d'une réservation prioritaire ;

À titre dérogatoire, l'obligation durable de location d'au moins 70 % des locaux d'habitation meublés est fixée à 55 % pour :

– les résidences de tourisme exploitées depuis plus de neuf ans, dont le classement est arrivé à échéance à la date d'entrée en vigueur du décret n° 2015-298 du 16 mars 2015 modifiant les conditions de classement des résidences de tourisme ;

– les établissements non classés répondant aux caractéristiques fixées à l'article D. 321-1, exploités depuis plus de neuf ans ;

2° Une gestion assurée pour l'ensemble de la résidence de tourisme par une seule personne physique ou morale, liée par un contrat de louage ou mandat aux copropriétaires ou associés des sociétés d'attribution.

1) **Classement en résidence tourisme.** Si le classement de l'immeuble en résidence de tourisme n'est pas obtenu, le statut spécifique de ces résidences n'est pas applicable à l'immeuble et le règlement ne comportant aucune stipulation particulière relative à une destination exclusivement hôtelière ou para hôtelière des lots, ni d'obligation de donner les lots en locations pour une durée minimale, les copropriétaires retrouvent le libre usage de leurs parties privatives et peuvent s'ils le souhaitent occuper eux- mêmes les lots (■ Cass. 3e civ., 15 avr. 2015, n° 14-12.151).

2) **Résidence de tourisme et gestion d'affaires.** L'exploitant d'une résidence de tourisme placée sous le statut de la copropriété ne peut pas engager de dépenses pour le compte du syndicat de copropriétaires sans ratification par l'assemblée générale. Le mandat du syndic est en effet exclusif des règles de la gestion d'affaires (■ Cass. 3e civ., 4 janv. 2023, n° 21-24.741 : *Ann. loyers* 2023, p. 45, note Th. Poulichot).

Art. D. 321-2-1 *(D. n° 2011-545, 18 mai 2011)*. – En cas d'application des sixième et septième phrases du cinquième alinéa de l'article 199 *decies* E du Code général des impôts ou du dernier alinéa du 4 de l'article 199 *decies* F du même code et à la condition que la poursuite de l'exploitation soit assurée dans les conditions prévues au I de l'article 46 AGG *bis* de l'annexe 3 au Code général des impôts, le maintien et la délivrance du classement de la résidence ne sont, pour la durée de l'engagement de location, subordonnés au respect ni du critère de gestion par une seule personne physique ou morale prévu à l'article D. 321-1, ni du critère de location d'au moins 70 % des locaux d'habitation meublés prévu à l'article D. 321-2, ni du critère de capacité minimale requis pour le classement de la résidence de tourisme.

II ancien *(II anc. abr. à compter du 1er juin 2012, D. n° 2012-693, 7 mai 2012)*.

II *(Anc. III dénum. à compter du 1er juin 2012, D. n° 2012-693, 7 mai 2012)*. – La demande de classement est présentée soit par les copropriétaires dans le cas prévu au 1° du I de l'article 46 AGG *bis* de l'annexe 3 au Code général des impôts, soit par l'entreprise créée dans le cas prévu au 2° du I du même article.

Loi n° 2014-366 du 24 mars 2014

pour l'accès au logement et un urbanisme rénové
(Loi ALUR)

Art. 58 *(Mod. à compter du 1er janvier 2020, Ord. n° 2019-964, 18 sept. 2019)*. – [...]

V. – Pour les résidences de tourisme mentionnées à l'article L. 321-1 du Code du tourisme, construites à partir du 1er juillet 2014, et placées sous le statut de la copropriété des immeubles bâtis fixé par la loi n° 65-557 du 10 juillet 1965 fixant le statut de la copropriété des immeubles bâtis, les locaux à usage collectif composés d'équipements et de services communs au sens de l'article D. 321-1 du même code ne

peuvent faire l'objet d'un lot distinct vendu à un copropriétaire et font l'objet d'une propriété indivise du syndicat des copropriétaires.

Dans les résidences de tourisme, placées sous le statut de la copropriété des immeubles bâtis fixé par la loi n° 65-557 du 10 juillet 1965 précitée, déjà existantes au 1er juillet 2014, lorsque les locaux à usage collectif faisant l'objet d'un lot distinct propriété d'un copropriétaire ne sont pas entretenus, entraînant un déclassement de cette résidence ou l'impossibilité de la commercialiser en offrant l'intégralité des prestations collectives initialement prévues lors de la vente des logements aux autres copropriétaires, l'assemblée générale des copropriétaires peut saisir le tribunal judiciaire d'une demande aux fins de voir prononcer un état de carence ou de constater abandon.

La responsabilité de l'entretien des locaux à usage collectif, pour lesquels est prononcé un état de carence, peut être confiée par le juge, à titre temporaire, au syndicat des copropriétaires. Le propriétaire de ces parties communes reste redevable des charges engagées par le syndicat des copropriétaires pour cet entretien.

En cas de défaillance avérée du propriétaire du lot considéré, les locaux à usage collectif dont est judiciairement constaté l'abandon peuvent devenir la propriété indivise du syndicat des copropriétaires, après le paiement d'une juste et préalable indemnité déterminée par le juge et versée au précédent propriétaire. Le syndicat des copropriétaires ne peut alors céder la propriété de ces locaux à usage collectif dans le cadre d'un lot distinct.

Jurisprudence. Une SCI qui avait fait édifier une résidence de tourisme s'était réservé la propriété de certains lots de copropriété affectés à la fourniture de prestations collectives.

Le syndicat de copropriétaires, faisant valoir le défaut d'entretien et d'exploitation de ces lots, avait saisi le juge d'une demande tendant à en voir constater l'abandon et à s'en voir attribuer la propriété, en vertu de l'article 58-V de la loi n° 2014-366 du 24 mars 2014.

Cette demande a été rejetée par les juges du fond, après avoir constaté que le syndicat n'avait pas proposé de payer l'indemnité prévue par l'article 58-V, ni formé de demande en vue d'en voir fixer le montant. La décision a été confirmée par la Cour de cassation (■ Cass. 3e civ., 9 mai 2019, n° 18-16.717, FS-PBI).

ANNEXE 55

RÉSIDENCES HÔTELIÈRES À VOCATION SOCIALE

Code de la construction et de l'habitation

Art. *R. 631-19 *(Mod., D. n° 2019-873, 21 août 2019)*. **– Lorsqu'une résidence hôtelière à vocation sociale est placée sous le statut de la copropriété des immeubles bâtis défini par la loi n° 65-557 du 10 juillet 1965, le règlement de copropriété prévoit expressément :**

– que l'exploitation de l'ensemble de la résidence est assurée par une seule personne physique ou morale, liée par un contrat de louage ou mandat aux copropriétaires ;

– que les décisions prévues aux I et II de l'article R. 631-13 et les dispositions mentionnées au deuxième alinéa de l'article R. 631-17 sont prises par l'assemblée générale des copropriétaires selon les règles fixées par la loi [n° 65-557] du 10 juillet 1965 précitée.

Pour l'application du premier alinéa de l'article R. 631-17, le règlement de copropriété prévoit en outre que le syndic informe, dans les quarante-huit heures, le représentant de l'État dans le département d'implantation de la résidence de la résiliation des contrats de louage ou mandat.

1) Règlementation. Les résidences hôtelières à vocation sociale sont régies par les articles R. 631-9 à R. 631-19 du Code de la construction et de l'habitation.

2) Clauses particulières à insérer dans le règlement de copropriété. Il résulte de l'article R. 631-19 du Code de la construction et de l'habitation, issu du décret n° 2007-892 du 15 mai 2007, que lorsqu'une résidence hôtelière à vocation sociale est placée sous le statut de la copropriété des immeubles bâtis défini par la loi n° 65-557 du 10 juillet 1965, le règlement de copropriété doit prévoir expressément :

– que l'exploitation de l'ensemble de la résidence est assurée par une seule personne physique ou morale, liée par un contrat de louage ou mandat aux copropriétaires ;

– que les décisions de changer l'exploitant de la résidence ou de ne plus soumettre l'immeuble au statut de résidence hôtelière à vocation sociale (CCH, art. R. 631-13, I et II), ou de résilier le contrat de louage ou le mandat liant l'exploitant à la copropriété, pour cause de non-respect du cahier des charges ou d'absence de rectification dans le délai imparti des irrégularités ou carences constatées à l'occasion d'un contrôle de l'Administration, sont prises par l'assemblée générale des copropriétaires selon les règles fixées par la loi du 10 juillet 1965.

Le règlement de copropriété doit prévoir en outre que dans le cas de résiliation des contrats de louage ou mandat, et conformément aux dispositions du premier alinéa de l'article R. 631-17 du Code de la construction et de l'habitation, le syndic a l'obligation d'informer, dans les quarante-huit heures, le représentant de l'État dans le département d'implantation de la résidence.

ANNEXE 56

SÉCURITÉ DES TRAVAILLEURS

I. - Dossier d'intervention ultérieure sur l'ouvrage.......................... p. 1469
II.- Document unique pour l'évaluation des risques professionnels.. p. 1470

I. – DOSSIER D'INTERVENTION ULTÉRIEURE SUR L'OUVRAGE

Code du travail

Art. L. 4532-16. – **Sauf dans les cas prévus à l'article L. 4532-7, au fur et à mesure du déroulement des phases de conception, d'étude et d'élaboration du projet puis de la réalisation de l'ouvrage, le maître d'ouvrage fait établir et compléter par le coordonnateur un dossier rassemblant toutes les données de nature à faciliter la prévention des risques professionnels lors d'interventions ultérieures.**

....

Art. L. 4532-18 *(Mod., L. n° 2009-526, 12 mai 2009)*. – **Des décrets en Conseil d'État déterminent les conditions d'application du présent chapitre.**

La loi n° 93-1418 du 31 décembre 1993 (*JCP* N 1994, III, 66601) codifiée à l'article L. 235-15 du Code du travail (devenu art. L. 4532-16), a prévu que, sauf dans les cas qu'il prévoit, le maître d'ouvrage devait faire établir et compléter par le coordonnateur un dossier rassemblant toutes les données de nature à faciliter la prévention des risques professionnels lors d'interventions ultérieures. Ce texte a été complété par quatre décrets, dont l'un (D. n° 94-1159, 26 déc. 1994) doit plus particulièrement retenir l'attention des syndics dans ses dispositions codifiées à l'article R. 238-38 du Code du travail (devenu art. R. 4532-97), dont le texte suit.

....

Art. R. 4532-97. – **Le dossier d'intervention ultérieure sur l'ouvrage est remis au maître d'ouvrage par le coordonnateur en fonctions lors de la réception de l'ouvrage. Cette transmission fait l'objet d'un procès-verbal joint au dossier.**

Le dossier est joint aux actes notariés établis à chaque mutation de l'ouvrage.

Dans le cas d'une copropriété, un exemplaire du dossier est également remis au syndic de l'immeuble.

1) Une circulaire du ministère du Travail et des Affaires sociales (DRT n° 96-5, 10 avr. 1996) expose les grands principes issus de ce dispositif législatif et réglementaire, en décrit la mise en œuvre et rappelle les sanctions applicables.

2) Application dans le temps. Cette réglementation n'est pas applicable aux opérations engagées avant l'entrée en vigueur du décret du 26 novembre 1994 (*JO* 29 déc.). Dès lors, tout chantier dont l'ordre de service de commencer les travaux a été donné avant le 30 décembre 1994 n'est pas concerné, sauf bien entendu pour celles des « tranches » de travaux engagées après cette date (Cl. Destame, *op. cit.*, p. 1377).

3) **Vente de lots de copropriété.** L'article R. 4532-97 du Code du travail précité indique que : « Dans le cas d'une copropriété, un exemplaire du dossier est également remis au syndic de l'immeuble ».

La circulaire précitée du 10 avril 1996 a indiqué à ce propos que si l'ensemble immobilier est géré par un syndic, la solution du dépôt d'un dossier au rang des minutes d'un notaire est suffisante. Si l'ensemble immobilier est découpé par tranches entretenues individuellement, chaque acte de vente doit alors viser le dépôt du dossier au rang des minutes du notaire qui a enregistré (sic) la vente après l'achèvement des travaux.

Sanctions pénales

Art. L. 4744-4. – **Est puni d'une amende de *(Mots rempl. à compter du 1er juillet 2016, Ord. n° 2016-413, 7 avr. 2016)* « 10 000 € » le fait pour un maître d'ouvrage :**

1° De ne pas désigner de coordonnateur en matière de sécurité et de santé, en méconnaissance de l'article L. 4532-4, ou de ne pas assurer au coordonnateur l'autorité et les moyens indispensables à l'exercice de sa mission, en méconnaissance de l'article L. 4532-5 ;

2° De désigner un coordonnateur ne répondant pas à des conditions définies par décret pris en application de l'article L. 4532-18 ;

3° De ne pas faire établir le plan général de coordination prévu à l'article L. 4532-8 ;

4° De ne pas faire constituer le dossier des interventions ultérieures sur l'ouvrage prévu à l'article L. 4532-16.

La récidive est punie d'un emprisonnement d'un an et d'une amende de 15 000 €. La juridiction peut, en outre, prononcer les peines prévues à l'article L. 4741-5.

Art. L. 4744-5. – **Le fait pour l'entrepreneur de ne pas remettre au maître d'ouvrage ou au coordonnateur le plan particulier de sécurité et de protection de la santé des travailleurs prévu à l'article L. 4532-9 est puni d'une amende de 9 000 €.**

La récidive est punie d'un emprisonnement d'un an et d'une amende de 15 000 €. La juridiction peut, en outre, prononcer les peines prévues à l'article L. 4741-5.

Art. L. 4744-6. – ***(Mod. à compter du 1er mai 2008, L. n° 2008-67, 21 janv. 2008).*** **– Le fait pour les travailleurs indépendants, ainsi que pour les employeurs lorsqu'ils exercent eux-mêmes une activité sur un chantier de bâtiment ou de génie civil, de ne pas mettre en œuvre les obligations qui leur incombent *(Mots rempl. à compter du 1er juillet 2016, Ord. n° 2016-413, 7 avr. 2016)* « des dispositions législatives et réglementaires du chapitre V du titre III du livre V de la présente partie », est puni d'une amende de 4 500 euros.**

II. – DOCUMENT UNIQUE POUR L'ÉVALUATION DES RISQUES PROFESSIONNELS

Code du travail

TITRE II. – PRINCIPES GÉNÉRAUX DE PRÉVENTION

CHAPITRE I. – OBLIGATIONS DE L'EMPLOYEUR

Art. L. 4121-1. – **L'employeur prend les mesures nécessaires pour assurer la sécurité et protéger la santé physique et mentale des travailleurs.**

Ces mesures comprennent :

1° Des actions de prévention des risques professionnels *(Mots rempl. à compter du 1er octobre 2017, Ord. n° 2017-1389, 22 sept. 2017)* « , y compris ceux mentionnés à l'article L. 4161-1 » ;

2° Des actions d'information et de formation ;

3° La mise en place d'une organisation et de moyens adaptés.

L'employeur veille à l'adaptation de ces mesures pour tenir compte du changement des circonstances et tendre à l'amélioration des situations existantes.

Art. L. 4121-2. – L'employeur met en œuvre les mesures prévues à l'article L. 4121-1 sur le fondement des principes généraux de prévention suivants :

1° Éviter les risques ;

2° Évaluer les risques qui ne peuvent pas être évités ;

3° Combattre les risques à la source ;

4° Adapter le travail à l'homme, en particulier en ce qui concerne la conception des postes de travail ainsi que le choix des équipements de travail et des méthodes de travail et de production, en vue notamment de limiter le travail monotone et le travail cadencé et de réduire les effets de ceux-ci sur la santé ;

5° Tenir compte de l'état d'évolution de la technique ;

6° Remplacer ce qui est dangereux par ce qui n'est pas dangereux ou par ce qui est moins dangereux ;

7° Planifier la prévention en y intégrant, dans un ensemble cohérent, la technique, l'organisation du travail, les conditions de travail, les relations sociales et l'influence des facteurs ambiants, notamment les risques liés au harcèlement moral et au harcèlement sexuel, tels qu'ils sont définis aux articles L. 1152-1 et L. 1153-1 *(Mots aj., L. n° 2016-1088, 8 août 2016)* « , ainsi que ceux liés aux agissements sexistes définis à l'article L. 1142-2-1 » ;

8° Prendre des mesures de protection collective en leur donnant la priorité sur les mesures de protection individuelle ;

9° Donner les instructions appropriées aux travailleurs.

Art. L. 4121-3 *(Mod. à compter du 31 mars 2022, L. n° 2021-1018, 2 août 2021).* – L'employeur, compte tenu de la nature des activités de l'établissement, évalue les risques pour la santé et la sécurité des travailleurs, y compris dans le choix des procédés de fabrication, des équipements de travail, des substances ou préparations chimiques, dans l'aménagement ou le réaménagement des lieux de travail ou des installations, dans l'organisation du travail et dans la définition des postes de travail. Cette évaluation des risques tient compte de l'impact différencié de l'exposition au risque en fonction du sexe.

Apportent leur contribution à l'évaluation des risques professionnels dans l'entreprise :

1° Dans le cadre du dialogue social dans l'entreprise, le comité social et économique et sa commission santé, sécurité et conditions de travail, s'ils existent, en application du 1° de l'article L. 2312-9. Le comité social et économique est consulté sur le document unique d'évaluation des risques professionnels et sur ses mises à jour ;

2° Le ou les salariés mentionnés au premier alinéa du I de l'article L. 4644-1, s'ils ont été désignés ;

3° Le service de prévention et de santé au travail auquel l'employeur adhère.

Pour l'évaluation des risques professionnels, l'employeur peut également solliciter le concours des personnes et organismes mentionnés aux troisième et avant-dernier alinéas du même I.

À la suite de cette évaluation, l'employeur met en œuvre les actions de prévention ainsi que les méthodes de travail et de production garantissant un meilleur niveau de protection de la santé et de la sécurité des travailleurs. Il intègre ces actions et ces méthodes dans l'ensemble des activités de l'établissement et à tous les niveaux de l'encadrement.

Lorsque les documents prévus pour l'application du présent article doivent faire l'objet d'une mise à jour, celle-ci peut être moins fréquente dans les entreprises de moins de onze salariés, sous réserve que soit garanti un niveau équivalent de protection de la santé et de la sécurité des travailleurs, dans des conditions fixées par décret en Conseil d'État après avis des organisations professionnelles concernées.

Art. L. 4121-3-1 *(Mod. à compter du 31 mars 2022, L. n° 2021-1018, 2 août 2021).* – I. – Le document unique d'évaluation des risques professionnels répertorie l'ensemble des risques professionnels auxquels sont exposés les travailleurs et assure la traçabilité collective de ces expositions.

II. – L'employeur transcrit et met à jour dans le document unique les résultats de l'évaluation des risques pour la santé et la sécurité des travailleurs à laquelle il procède en application de l'article L. 4121-3.

III. – Les résultats de cette évaluation débouchent :

1° Pour les entreprises dont l'effectif est supérieur ou égal à cinquante salariés, sur un programme annuel de prévention des risques professionnels et d'amélioration des conditions de travail qui :

a) Fixe la liste détaillée des mesures devant être prises au cours de l'année à venir, qui comprennent les mesures de prévention des effets de l'exposition aux facteurs de risques professionnels ainsi que, pour chaque mesure, ses conditions d'exécution, des indicateurs de résultat et l'estimation de son coût ;

b) Identifie les ressources de l'entreprise pouvant être mobilisées ;

c) Comprend un calendrier de mise en œuvre ;

2° Pour les entreprises dont l'effectif est inférieur à cinquante salariés, sur la définition d'actions de prévention des risques et de protection des salariés. La liste de ces actions est consignée dans le document unique d'évaluation des risques professionnels et ses mises à jour.

IV. – Les organismes et instances mis en place par la branche peuvent accompagner les entreprises dans l'élaboration et la mise à jour du document unique d'évaluation des risques professionnels prévu au I, dans la définition du programme annuel de prévention des risques professionnels et d'amélioration des conditions de travail prévu au 1° du III ainsi que dans la définition des actions de prévention et de protection prévues au 2° du même III au moyen de méthodes et référentiels adaptés aux risques considérés et d'outils d'aide à la rédaction.

V. – A. – Le document unique d'évaluation des risques professionnels, dans ses versions successives, est conservé par l'employeur et tenu à la disposition des travailleurs, des anciens travailleurs ainsi que de toute personne ou instance pouvant justifier d'un intérêt à y avoir accès. La durée, qui ne peut être inférieure à quarante ans, et les modalités de conservation et de mise à disposition du document ainsi que la liste des personnes et instances sont fixées par décret en Conseil d'État.

B. – Pour la mise en œuvre des obligations mentionnées au A du présent V, le document unique d'évaluation des risques professionnels et ses mises à jour font l'objet d'un dépôt dématérialisé sur un portail numérique déployé et administré par un organisme géré par les organisations professionnelles d'employeurs représentatives au niveau national et interprofessionnel. Ce portail garantit la conservation et la mise à disposition du document unique conformément aux dispositions législatives et règlementaires en vigueur. Il préserve la confidentialité des données contenues dans le document unique et en restreint l'accès par l'intermédiaire d'une procédure d'authentification sécurisée réservée aux personnes et instances habilitées à déposer et mettre à jour le document sur le portail ainsi qu'aux personnes et instances justifiant d'un intérêt à y avoir accès.

Sont arrêtés par les organisations professionnelles d'employeurs représentatives au niveau national et interprofessionnel et agréées par le ministre chargé du travail, selon des modalités et dans des délais déterminés par décret :

1° Le cahier des charges du déploiement et du fonctionnement du portail numérique, sur avis conforme de la Commission nationale de l'informatique et des libertés ;

2° Les statuts de l'organisme gestionnaire du portail numérique.

En l'absence d'agrément des éléments mentionnés aux 1° et 2° du présent B à l'expiration des délais mentionnés au deuxième alinéa, les mesures d'application nécessaires à l'entrée en vigueur du premier alinéa sont déterminées par décret en Conseil d'État.

L'obligation de dépôt dématérialisé du document unique prévue au même premier alinéa est applicable :

a) À compter du 1er juillet 2023, aux entreprises dont l'effectif est supérieur ou égal à cent cinquante salariés ;

b) À compter de dates fixées par décret, en fonction des effectifs des entreprises, et au plus tard à compter du 1er juillet 2024 aux entreprises dont l'effectif est inférieur à cent cinquante salariés.

VI. – Le document unique d'évaluation des risques professionnels est transmis par l'employeur à chaque mise à jour au service de prévention et de santé au travail auquel il adhère.

NB : Conformément au I de l'article 40 de la loi n° 2021-1018 du 2 août 2021, ces dispositions entrent en vigueur le 31 mars 2022. Se reporter aux conditions d'application prévues par le II de l'article susmentionné.

Art. L. 4121-4. – Lorsqu'il confie des tâches à un travailleur, l'employeur, compte tenu de la nature des activités de l'établissement, prend en considération les capacités de l'intéressé à mettre en œuvre les précautions nécessaires pour la santé et la sécurité.

Art. L. 4121-5. – Lorsque dans un même lieu de travail les travailleurs de plusieurs entreprises sont présents, les employeurs coopèrent à la mise en œuvre des dispositions relatives à la santé et à la sécurité au travail.

....

Art. L. 4161-1 *(Anc. art. L. 4121-3-1* (1), *dénum. et mod. à compter du 1er janvier 2015, L. n° 2014-40, 20 janv. 2014 ; L. n° 2015-994, 17 août 2015 ; rempl. à compter du 1er octobre 2017, Ord. n° 2017-1389, 22 sept. 2017).* – I. - Constituent des facteurs de risques professionnels au sens du présent titre les facteurs liés à :

1° Des contraintes physiques marquées :

a) Manutentions manuelles de charges ;

b) Postures pénibles définies comme positions forcées des articulations ;

c) Vibrations mécaniques ;

2° Un environnement physique agressif :

a) Agents chimiques dangereux, y compris les poussières et les fumées ;

b) Activités exercées en milieu hyperbare ;

c) Températures extrêmes ;

d) Bruit ;

3° Certains rythmes de travail :

a) Travail de nuit dans les conditions fixées aux articles L. 3122-2 à L. 3122-5 ;

b) Travail en équipes successives alternantes ;

c) Travail répétitif caractérisé par la réalisation de travaux impliquant l'exécution de mouvements répétés, sollicitant tout ou partie du membre supérieur, à une fréquence élevée et sous cadence contrainte.

II. - Un décret précise les facteurs de risques mentionnés au I.

NB : Par dérogation au II de l'article L. 4161-1 du Code du travail, dans sa rédaction résultant du présent article, les entreprises tenues à l'obligation mentionnée à l'article L. 133-5-4 du Code de la sécurité sociale déclarent, au moyen de la déclaration mentionnée au même article L. 133-5-4, les facteurs de risques professionnels auxquels leurs salariés sont exposés *(L. n° 2015-994, 17 août 2015, art. 28, II).*

Section I. – Document unique d'évaluation des risques

(D. n° 2011-354, 30 mars 2011)

Art. R. 4121-1. – L'employeur transcrit et met à jour dans un document unique les résultats de l'évaluation des risques pour la santé et la sécurité des travailleurs à laquelle il procède en application de l'article L. 4121-3.

Cette évaluation comporte un inventaire des risques identifiés dans chaque unité de travail de l'entreprise ou de l'établissement *(Mots aj., D. n° 2008-1382, 19 déc. 2008)* « , y compris ceux liés aux ambiances thermiques ».

Art. R. 4121-1-1 *(Aj. à compter du 1er janvier 2015, D. n° 2014-1158, 9 oct. 2014).* – L'employeur consigne, en annexe du document unique :

1° Les données collectives utiles à l'évaluation des expositions individuelles aux facteurs de risques mentionnés à l'article L. 4161-1 de nature à faciliter *(Mots rempl., D. n° 2015-1885, 30 déc. 2015)* « la déclaration mentionnée à cet article, le cas échéant à partir de l'identification de postes, métiers ou situations de travail figurant dans un accord collectif étendu ou un référentiel professionnel de branche homologué mentionnés à l'article L. 4161-2 » ;

2° La proportion de salariés exposés aux facteurs de risques professionnels mentionnés à l'article L. 4161-1, au-delà des seuils prévus au même article. Cette proportion est actualisée en tant que de besoin lors de la mise à jour du document unique.

---

(1) Dispositions applicables aux expositions intervenues à compter d'une date fixée par décret et au plus tard le 1er janvier 2012, L. n° 2010-1330, 9 nov. 2010, art. 118, IV.

Art. R. 4121-2 *(Mod. à compter du 31 mars 2022, D. n° 2022-395, 18 mars 2022).* – La mise à jour du document unique d'évaluation des risques professionnels est réalisée :

1° Au moins chaque année dans les entreprises d'au moins onze salariés ;

2° Lors de toute décision d'aménagement important modifiant les conditions de santé et de sécurité ou les conditions de travail ;

3° Lorsqu'une information supplémentaire intéressant l'évaluation d'un risque est portée à la connaissance de l'employeur.

La mise à jour du programme annuel de prévention des risques professionnels et d'amélioration des conditions de travail ou de la liste des actions de prévention et de protection mentionnés au III de l'article L. 4121-3-1 est effectuée à chaque mise à jour du document unique d'évaluation des risques professionnels, si nécessaire.

Art. R. 4121-3 *(Mod. à compter du 31 mars 2022, D. n° 2022-395, 18 mars 2022).* – Dans les établissements dotés d'un comité social et économique, le document unique d'évaluation des risques professionnels est utilisé pour l'établissement du rapport annuel prévu au 1° de l'article L. 2312-27.

Art. R. 4121-4 *(Mod. à compter du 31 mars 2022, D. n° 2022-395, 18 mars 2022).* – Le document unique d'évaluation des risques professionnels et ses versions antérieures sont tenus, pendant une durée de 40 ans à compter de leur élaboration, à la disposition :

1° Des travailleurs et des anciens travailleurs pour les versions en vigueur durant leur période d'activité dans l'entreprise. La communication des versions du document unique antérieures à celle en vigueur à la date de la demande peut être limitée aux seuls éléments afférents à l'activité du demandeur. Les travailleurs et anciens travailleurs peuvent communiquer les éléments mis à leur disposition aux professionnels de santé en charge de leur suivi médical ;

2° Des membres de la délégation du personnel du comité social et économique ;

3° Du service de prévention et de santé au travail mentionné à l'article L. 4622-1 ;

4° Des agents du système d'inspection du travail ;

5° Des agents des services de prévention des organismes de sécurité sociale ;

6° Des agents des organismes professionnels de santé, de sécurité et des conditions de travail mentionnés à l'article L. 4643-1 ;

7° Des inspecteurs de la radioprotection mentionnés à l'article L. 1333-29 du Code de la santé publique et des agents mentionnés à l'article L. 1333-30 du même code, en ce qui concerne les résultats des évaluations liées à l'exposition des travailleurs aux rayonnements ionisants, pour les installations et activités dont ils ont respectivement la charge.

Jusqu'à l'entrée en vigueur de l'obligation de dépôt du document unique d'évaluation des risques professionnels sur un portail numérique selon les modalités prévues au B du V de l'article L. 4121-3-1 du Code du travail, l'employeur conserve les versions successives du document unique au sein de l'entreprise sous la forme d'un document papier ou dématérialisé.

Un avis indiquant les modalités d'accès des travailleurs au document unique est affiché à une place convenable et aisément accessible dans les lieux de travail. Dans les entreprises ou établissements dotés d'un règlement intérieur, cet avis est affiché au même emplacement que celui réservé au règlement intérieur.

ANNEXE 57

SURVEILLANCE ET SÉCURITÉ DES IMMEUBLES

I. - Accès à l'immeuble .... p. 1475
II. - Intervention de la police et de la gendarmerie dans les immeubles à usage d'habitation .... p. 1476
III. - Vidéo-surveillance .... p. 1478
IV. - Protection des résidents contre les violences - Garantie du libre accès et de la libre circulation des personnes .... p. 1478
IV. - Protection des gardiens ou surveillants d'immeubles contre les violences .... p. 1479
V. - Obligation de gardiennage ou de surveillance de certains immeubles .... p. 1481
V. - Vidéoprotection .... p. 1486

Bibliographie : Cl. Destame, *Commerces et activités, de nouvelles obligations en matière de sécurité : JCP* N 1997, n° 8, prat. 3958. • G. Gérard, *Regard critique sur le décret « gardiennage » du 28 décembre 2001 : AJDI* 2002, p. 345. • P. Gareau, *Renouveau de la police locative dans les immeubles d'habitation : AJDI* 2002, p. 663 ; *Insécurité dans l'habitat urbain, quel rôle pour les propriétaires ? : AJDI* 2001, p. 766 ; *Sécurité des parkings résidentiels : quels moyens mettre en œuvre ? : Rev. hab. fr.* avr. 2004, p. 21. • P. Maes, *De la télésurveillance à la vidéosurveillance : Inf. rap. copr.* sept. 2004, p. 26 ; *Sécurité dans les copropriétés et les résidences privées : Dossier Maisons et habitat*, avr. 2004, p. 12. • J.-P. Forestier, *La vidéosurveillance dans les immeubles collectifs : AJDI* 2006, p. 722. • F. Juéry, *La vidéo au service de l'immeuble : Le Particulier immobilier* janv. 2007, p. 16. • J.-M. Talau, *Sécurité de l'immeuble et responsabilité civile : rien de nouveau ? : Loyers et copr.* juin 2015, focus 39. • A.-S. Chavent-Leclère, *La surveillance : une pratique encadrée ? Renseignements, écoute, vidéo protection... : Procédures* janv. 2016, étude 1. • A. Josseran, *La sécurisation des immeubles : Rev. habitat* oct. 2017, p. 22. • P. Battistini, *Parties communes et images des parties communes d'un immeuble : quels accès pour les forces de l'ordre ? : LPA* 25-30 avr. 2022, p. 23. • S. Michelin-Mazeran, *Mieux sécuriser les parties communes : Inf. rap. copr.* mai 2023, p. 19. • E. Pelat, *Syndicat des copropriétaires et syndic : garants de la sécurité au sein de la copropriété ? : Actes prat. ing. immobilière* 2022, n° 4, dossier 38. • L. Catin, *Accès à la copropriété : de l'ouverture à la fermeture des accès à l'immeuble : Actes prat. ing. immobilière* 2022, n° 4, dossier 30. • L. Freisses, *Les forces de l'ordre et la copropriété : Actes prat. ing. immobilière* 2022, n° 4, dossier 32.

I. – ACCÈS À L'IMMEUBLE

Code de la construction et de l'habitation

1° Services postaux

Art. L. 126-12 ***(Aj. à compter du 1er juillet 2021, Ord. n° 2020-71, 29 janv. 2020).*** **– Pour l'application de l'article L. 5-10 du Code des postes et des communications électroniques, les propriétaires ou, en cas de**

copropriété, le syndicat représenté par le syndic permettent au prestataire du service universel postal et aux opérateurs titulaires de l'autorisation prévue à l'article L. 3 du même code d'accéder, selon des modalités identiques, aux boîtes aux lettres particulières.

Code des postes et des communications électroniques

Art. L. 3 *(Mod., L. n° 2019-1063, 18 oct. 2019)*. – Les services postaux portant sur les envois de correspondance intérieure et transfrontière sont offerts par tout prestataire de services postaux, sous réserve de l'obtention d'une autorisation délivrée par l'Autorité de régulation des communications électroniques, des postes et de la distribution de la presse dans les conditions prévues à l'article L. 5-1. Cette autorisation n'est toutefois pas requise si ces services se limitent à la correspondance intérieure et n'incluent pas la distribution.

……………………………………………………………………………

Art. L. 5-10 *(Mod., L. n° 2019-1063, 18 oct. 2019)*. – Afin d'être en mesure d'assurer la distribution d'envois postaux, le prestataire du service universel et les titulaires de l'autorisation prévue à l'article L. 3 ont accès, selon des modalités identiques et définies par décret en Conseil d'État, pris après avis de l'Autorité de régulation des communications électroniques, des postes et de la distribution de la presse, aux boîtes aux lettres particulières.

2° Entreprises de presse ou sociétés de portage de presse

Art. L. 126-13 ***(Aj. à compter du 1er juillet 2021, Ord. n° 2020-71, 29 janv. 2020).*** **– Les porteurs et les vendeurs colporteurs de presse inscrits auprès du Conseil supérieur des messageries de presse, agissant pour le compte d'une entreprise de presse ou d'une société de portage de presse, titulaire de l'autorisation prévue à l'article L. 3 du Code des postes et des communications électroniques, ont accès aux boîtes aux lettres particulières selon les mêmes modalités que les agents chargés de la distribution au domicile agissant pour le compte des opérateurs mentionnés à l'article L. 126-12.**

3° Commissaires de justice

Renvoi. V. Annexe « Huissier (commissaire) de justice ».

4° Distributeurs de gaz naturel et d'électricité

Art. L. 126-15 ***(Aj. à compter du 1er juillet 2021, Ord. n° 2020-71, 29 janv. 2020).*** **– Pour l'application des articles L. 322-8 et L. 432-8 du Code de l'énergie, les propriétaires ou, en cas de copropriété, le syndicat des copropriétaires représenté par le syndic permettent aux opérateurs des distributeurs de gaz naturel et d'électricité et aux opérateurs des sociétés agissant pour leur compte d'accéder aux ouvrages relatifs à la distribution de gaz naturel et d'électricité.**

II. – INTERVENTION DE LA POLICE ET DE LA GENDARMERIE DANS LES IMMEUBLES À USAGE D'HABITATION

Code de la sécurité intérieure

Art. L. 272-1 ***(Mod., L. n° 2021-1520, 25 nov. 2021).*** **– Les propriétaires ou les exploitants d'immeubles à usage d'habitation ou leurs représentants s'assurent que les services de police et de gendarmerie nationales ainsi que les services d'incendie et de secours sont en mesure d'accéder aux parties communes de ces immeubles aux fins d'intervention.**

Ils peuvent accorder à la police municipale une autorisation permanente de pénétrer dans ces mêmes parties communes.

1) Constitutionnalité du texte. Par une décision du 14 septembre 2023, le Conseil constitutionnel a déclaré conforme à la Constitution le premier alinéa de l'article L. 272-1 du Code de la sécurité intérieure dans sa rédaction résultant de la loi n° 2021-1520 du 25 novembre 2021, sous la réserve énoncée à son paragraphe 8 aux termes de laquelle « si les dispositions contestées reconnaissent aux forces de l'ordre un droit d'accès à ces parties communes aux fins d'intervention, elles n'ont pas pour objet et ne sauraient avoir pour effet de leur permettre d'accéder à ces lieux pour d'autres fins que la réalisation des seuls actes que la loi les autorise à accomplir pour l'exercice de leurs missions » (■ Cons. const., 14 sept. 2023, n° 2023-1059 QPC : *Loyers et copr.* 2023, Veille 72 ; *Rev. loyers* 2023, p. 532, note V. Zalewski-Sicard).

2) Portée du texte. Par ailleurs, la Cour de cassation (chambre criminelle) a jugé qu'il résultait de l'article L. 272-1 que les services de gendarmerie et de police à l'exception de la police municipale pouvaient désormais pénétrer dans les immeubles aux fins d'intervention de façon permanente, y compris dans le cas d'une enquête administrative, sans autorisation préalable des propriétaires ou exploitants de l'immeuble (■ Cass. crim., 12 déc. 2023, n° 23-81.877 : *JurisData* n° 2023-024443 ; *Loyers et copr.* 2024, comm. 35, note A. Lebatteux). Une autorisation de l'assemblée n'est donc requise qu'en ce qui concerne la police municipale.

Art. L. 272-2 *(Mod., L. n° 2023-380, 19 mai 2023)*. **– La transmission aux services chargés du maintien de l'ordre des images réalisées en vue de la protection des parties communes des immeubles collectifs à usage d'habitation en cas d'occupation empêchant l'accès ou la libre circulation des personnes ou le bon fonctionnement des dispositifs de sécurité et de sûreté est autorisée sur décision de la majorité des copropriétaires dans les conditions fixées à l'article 25 de la loi n° 65-557 du 10 juillet 1965 fixant le statut de la copropriété des immeubles bâtis et, dans les immeubles sociaux, du gestionnaire. Les images susceptibles d'être transmises ne doivent concerner ni l'entrée des habitations privées, ni la voie publique.**

Cette transmission s'effectue en temps réel, dès que les circonstances l'exigent et pour une durée strictement limitée au temps nécessaire à l'intervention des services de la police ou de la gendarmerie nationales ou, le cas échéant, des agents de la police municipale.

En cas d'urgence, la transmission des images peut être décidée par les services de la police ou de la gendarmerie nationales ou, le cas échéant, par les agents de la police municipale, à la suite d'une alerte déclenchée par le gestionnaire de l'immeuble.

Une convention préalablement conclue entre le gestionnaire de l'immeuble et le représentant de l'État dans le département précise les conditions et modalités de ce transfert. Cette convention prévoit l'information par affichage sur place de l'existence du système de prise d'images et de la possibilité de leur transmission aux forces de l'ordre.

Lorsque la convention a pour objet de permettre la transmission des images aux services de police municipale, elle est en outre signée par le maire.

Cette convention est transmise à la commission départementale de vidéoprotection mentionnée au chapitre III du titre II et du titre V du livre II du Code de la sécurité intérieure qui apprécie la pertinence des garanties prévues et en demande, le cas échéant, le renforcement au représentant de l'État dans le département.

...

Art. R. 272-2 *(Aj., D. n° 2021-872, 30 juin 2021)*. **– La convention conclue au titre de l'article L. 272-2 et relative au transfert d'images vers les services chargés du maintien de l'ordre est conclue pour une durée maximale d'un an, renouvelable par reconduction expresse. Elle porte notamment sur :**

– l'indication du service chargé du maintien de l'ordre, destinataire des images ;

– la nature des événements faisant redouter l'imminence d'une atteinte grave aux biens ou aux personnes et pouvant justifier la transmission des images ;

– les modalités de transmission et de conservation des images et les mesures de sécurité afférentes ;

– les modalités d'affichage et d'information du public concernant la possibilité de transmission des images à un service chargé du maintien de l'ordre ainsi que les modalités d'accès aux images pour les personnes ayant fait l'objet d'un enregistrement ;

– la durée de transmission et de conservation des images dans la limite d'un mois à compter de leur transmission sans préjudice des nécessités de leur conservation pour les besoins de la procédure pénale ;
– les modalités de financement du transfert des images.

Art. L. 272-3 ***(Aj. à compter du 1er juillet 2021, Ord. n° 2020-71, 29 janv. 2020).*** **– Les propriétaires ou exploitants d'immeubles à usage d'habitation ou leurs représentants, qui satisfont à l'obligation mentionnée par l'article L. 271-1 peuvent également, en cas d'occupation des espaces communs du bâti par des personnes qui entravent l'accès et la libre circulation des locataires ou empêchent le bon fonctionnement des dispositifs de sécurité et de sûreté ou nuisent à la tranquillité des lieux, faire appel à la police ou à la gendarmerie nationales ou à la police municipale pour rétablir la jouissance paisible de ces lieux.**

NB : Conformément à l'article 8 de l'ordonnance n° 2020-71 du 29 janvier 2020, ces dispositions entrent en vigueur à une date fixée par décret en Conseil d'État, et au plus tard le 1er juillet 2021.

Jurisprudence. La police est en droit de procéder, dans les parties communes d'un immeuble en copropriété, à un contrôle d'identité d'une personne soupçonnée de se livrer au racolage, sans que l'on puisse lui opposer les dispositions de l'article 76 de la Constitution du 22 frimaire an VIII, qui interdit les perquisitions et visites domiciliaires entre 21 heures et 6 heures du matin, les parties communes d'un immeuble n'étant pas assimilables à un domicile (■ CA Toulouse, 3e ch. Corr., 15 févr. 2007 : *JurisData* n° 2007-329073).

III. – VIDÉO-SURVEILLANCE

Voir : Annexe 64, *Vidéo-surveillance*, p. 1599.

IV. – PROTECTION DES RÉSIDENTS CONTRE LES VIOLENCES – GARANTIE DU LIBRE ACCÈS ET DE LA LIBRE CIRCULATION DES PERSONNES

SÉCURITÉ DES PARTIES COMMUNES

Code de la sécurité intérieure

Art. L. 272-4 ***(Aj. à compter du 1er juillet 2021, Ord. n° 2020-71, 29 janv. 2020).*** **– Le fait d'occuper en réunion les espaces communs ou les toits des immeubles collectifs d'habitation en empêchant délibérément l'accès ou la libre circulation des personnes ou le bon fonctionnement des dispositifs de sécurité et de sûreté est puni de deux mois d'emprisonnement et de 3 750 € d'amende.**

Lorsque cette infraction est accompagnée de voies de fait ou de menaces, de quelque nature que ce soit, elle est punie de six mois d'emprisonnement et de 7 500 euros d'amende.

Les personnes coupables des infractions prévues aux deux premiers alinéas encourent également, à titre de peine complémentaire, une peine de travail d'intérêt général.

Pour le délit prévu au premier alinéa du présent article, y compris en cas de récidive, l'action publique peut être éteinte, dans les conditions prévues aux articles 495-17 à 495-25 du Code de procédure pénale, par le versement d'une amende forfaitaire d'un montant de 200 €. Le montant de l'amende forfaitaire minorée est de 150 € et le montant de l'amende forfaitaire majorée est de 450 €.

Bibliographie : sur la loi du 2 mars 2010, V. V. Nioré, *D'une loi anticasseurs défunte à une loi anti-bandes conforme à la Constitution : la résurrection : Gaz. Pal.* 31 mars-2 avr. 2010, p. 8.

NB : Conformément à l'article 8 de l'ordonnance n° 2020-71 du 29 janvier 2020, ces dispositions entrent en vigueur à une date fixée par décret en Conseil d'État, et au plus tard le 1er juillet 2021.

IV. – PROTECTION DES GARDIENS OU SURVEILLANTS D'IMMEUBLES CONTRE LES VIOLENCES

NB : La loi sur la sécurité intérieure (L. n° 2003-239, 18 mars 2003 : *JO* 19 mars) a créé un article 433-3 du Code pénal et a modifié les articles 221-4, 222-3, 222-8, 222-10, 222-12 et 223-13 de ce même code, afin de sanctionner en particulier les menaces, ou actes d'intimidation commis contre les gardiens assermentés d'immeubles ou de groupes d'immeubles ou les personnes pour le compte d'un bailleur des fonctions de gardiennage ou de surveillance des immeubles à usage d'habitation en application de l'article L. 127-1 du Code de la construction et de l'habitation.

• Sur la possibilité pour les personnes chargées du gardiennage et de la surveillance d'être armées, V. D. n° 2011-1918, 21 déc. 2011 (*JO* 23 déc.).

Code pénal

Art. 221-4 *(Mod., L. n° 2010-201, 2 mars 2010 ; L. n° 2022-52, 24 janv. 2022).* – **Le meurtre est puni de la réclusion criminelle à perpétuité lorsqu'il est commis :**

[...].

4° *(Mod., L. n° 96-647, 22 juill. 1996 ; L. n° 99-505, 18 juin 1999 ; rempl., L. n° 2003-239, 18 mars 2003 ; mod., L. n° 2024-420, 10 mai 2024)* **Sur [...] un gardien assermenté d'immeubles ou de groupes d'immeubles ou un agent exerçant pour le compte d'un bailleur des fonctions de gardiennage ou de surveillance des immeubles à usage d'habitation en application de l'article L. 271-1 du Code de la sécurité intérieure, dans l'exercice ou du fait de ses fonctions, lorsque la qualité de la victime est apparente ou connue de l'auteur ;**

[...].

....

Art. 222-3 *(Mod., L. n° 96-647, 22 juill. 1996 ; L. n° 99-505, 18 juin 1999 ; L. n° 2003-239, 18 mars 2003 ; L. n° 2010-201, 2 mars 2010 ; L. n° 2010-930, 9 août 2010 ; L. n° 2010-769, 9 juill. 2010 ; L. n° 2022-52, 24 janv. 2022 ; L. n° 2024-420, 10 mai 2024).* – **L'infraction définie à l'article 222-1** (1) **est punie de vingt ans de réclusion criminelle lorsqu'elle est commise :**

[...].

4° Sur [...] un gardien assermenté d'immeubles ou de groupes d'immeubles ou un agent exerçant pour le compte d'un bailleur des fonctions de gardiennage ou de surveillance des immeubles à usage d'habitation en application de l'article L. 271-1 du Code de la sécurité intérieure, dans l'exercice ou du fait de ses fonctions, lorsque la qualité de la victime est apparente ou connue de l'auteur ;

[...].

....

§ 2. – Des violences

....

Art. 222-8 *(Mod., L. n° 96-647, 22 juill. 1996 ; L. n° 99-505, 18 juin 1999 ; L. n° 2003-239, 18 mars 2003 ; L. n° 2010-201, 2 mars 2010 ; L. n° 2010-769, 9 juill. 2010 ; L. n° 2010-930, 9 août 2010 ; L. n° 2018-703, 3 août 2018 ; L. n° 2021-646, 25 mai 2021 ; L. n° 2022-52, 24 janv. 2022 ; L. n° 2024-420, 10 mai 2024).* – **L'infraction définie à l'article 222-7 est punie de vingt ans de réclusion criminelle lorsqu'elle est commise :**

[...].

4° Sur [...] un gardien assermenté d'immeubles ou de groupes d'immeubles ou un agent exerçant pour le compte d'un bailleur des fonctions de gardiennage ou de surveillance des immeubles à usage d'habitation en application de l'article L. 127-1 du Code de la construction et de l'habitation, dans l'exercice ou du fait de ses fonctions, lorsque la qualité de la victime est apparente ou connue de l'auteur ;

[...].

....

(1) Le fait de soumettre une personne à des actes de torture ou de barbarie. – NDLR.

Art. 222-10 *(Mod., L. n° 96-647, 22 juill. 1996 ; L. n° 99-505, 18 juin 1999 ; rempl., L. n° 2003-239, 18 mars 2003 ; mod., L. n° 2010-930, 9 août 2010 ; L. n° 2018-703, 3 août 2018 ; L. n° 2021-646, 25 mai 2021 ; L. n° 2022-52, 24 janv. 2022 ; L. n° 2024-420, 10 mai 2024).* – L'infraction définie à l'article 222-9 est punie de quinze ans de réclusion criminelle lorsqu'elle est commise :

[...].

4° Sur [...] un gardien assermenté d'immeubles ou de groupes d'immeubles ou un agent exerçant pour le compte d'un bailleur des fonctions de gardiennage ou de surveillance des immeubles à usage d'habitation en application de l'article L. 127-1 du Code de la construction et de l'habitation, dans l'exercice ou du fait de ses fonctions, lorsque la qualité de la victime est apparente ou connue de l'auteur ;

[...].

Art. 222-12 *(Mod., L. n° 96-647, 22 juill. 1996 ; L. n° 99-505, 18 juin 1999 ; rempl., L. n° 2003-239, 18 mars 2003 ; L. n° 2010-930, 9 août 2010 ; L. n° 2018-703, 3 août 2018 ; L. n° 2021-646, 25 mai 2021 ; L. n° 2022-52, 24 janv. 2022 ; mod., L. n° 2024-420, 10 mai 2024).* – L'infraction définie à l'article 222-11 est punie de cinq ans d'emprisonnement et de 75 000 euros d'amende lorsqu'elle est commise :

[...].

4° Sur [...] un gardien assermenté d'immeubles ou de groupes d'immeubles ou un agent exerçant pour le compte d'un bailleur des fonctions de gardiennage ou de surveillance des immeubles à usage d'habitation en application de l'article L. 127-1 du Code de la construction et de l'habitation, dans l'exercice ou du fait de ses fonctions, lorsque la qualité de la victime est apparente ou connue de l'auteur ;

[...].

Art. 222-13 *(L. n° 96-647, 22 juill. 1996 ; mod, L. n° 96-647, 22 juill. 1996 ; L. n° 99-505, 18 juin 1999 ; rempl., L. n° 2003-239, 18 mars 2003 ; L. n° 2010-930, 9 août 2010 ; L. n° 2018-703, 3 août 2018 ; L. n° 2021-646, 25 mai 2021 ; L. n° 2022-52, 24 janv. 2022 ; mod., L. n° 2024-420, 10 mai 2024).* – Les violences ayant entraîné une incapacité de travail inférieure ou égale à huit jours ou n'ayant entraîné aucune incapacité de travail sont punies de trois ans d'emprisonnement et de 45 000 euros d'amende lorsqu'elles sont commises :

[...].

4° Sur [...] un gardien assermenté d'immeubles ou de groupes d'immeubles ou un agent exerçant pour le compte d'un bailleur des fonctions de gardiennage ou de surveillance des immeubles à usage d'habitation en application de l'article L. 271-1 du Code de la sécurité intérieure, dans l'exercice ou du fait de ses fonctions, lorsque la qualité de la victime est apparente ou connue de l'auteur ;

[...].

Art. 433-3 *(L. n° 2003-239, 18 mars 2003 ; mod., L. n° 2010-201, 2 mars 2010 ; L. n° 2017-258, 28 févr. 2017 ; L. n° 2021-1109, 24 août 2021 ; L. n° 2021-1520, 25 nov. 2021).* – Est punie de trois ans d'emprisonnement et de 45 000 euros d'amende la menace de commettre un crime ou un délit contre les personnes ou les biens proférée à l'encontre d'une personne investie d'un mandat électif public, d'un magistrat, d'un juré, d'un avocat, d'un officier public ou ministériel, d'un militaire de la gendarmerie nationale, d'un fonctionnaire de la police nationale, des douanes, de l'inspection du travail, de l'administration pénitentiaire ou de toute autre personne dépositaire de l'autorité publique, d'un sapeur-pompier ou d'un marin-pompier, d'un gardien assermenté d'immeubles ou de groupes d'immeubles ou d'un agent exerçant pour le compte d'un bailleur des fonctions de gardiennage ou de surveillance des immeubles à usage d'habitation en application de l'article L. 271-1 du Code de la sécurité intérieure, dans l'exercice ou du fait de ses fonctions, lorsque la qualité de la victime est apparente ou connue de l'auteur.

[...].

La peine est portée à cinq ans d'emprisonnement et 75 000 euros d'amende lorsqu'il s'agit d'une menace de mort ou d'une menace d'atteinte aux biens dangereuse pour les personnes.

Est puni de dix ans d'emprisonnement et de 150 000 euros d'amende le fait d'user de menaces, de violences ou de commettre tout autre acte d'intimidation pour obtenir d'une personne mentionnée aux trois premiers alinéas soit qu'elle accomplisse ou s'abstienne d'accomplir un acte de sa fonction, de sa mission ou de son mandat, ou facilité par sa fonction, sa mission ou son mandat, soit qu'elle abuse de son autorité vraie ou supposée en vue de faire obtenir d'une autorité ou d'une administration publique des distinctions, des emplois, des marchés ou toute autre décision favorable. Le présent alinéa ne s'applique pas aux faits mentionnés à l'article 433-3-1.

V. – OBLIGATION DE GARDIENNAGE OU DE SURVEILLANCE DE CERTAINS IMMEUBLES

Code de la sécurité intérieure

TITRE VII. – Gardiennage et surveillance des immeubles

CHAPITRE Ier. – Dispositions générales

Art. L. 271-1. – Les propriétaires, exploitants ou affectataires, selon le cas, d'immeubles à usage d'habitation et de locaux administratifs, professionnels ou commerciaux doivent, lorsque l'importance de ces immeubles ou de ces locaux ou leur situation le justifient, assurer le gardiennage ou la surveillance de ceux-ci et prendre les mesures permettant d'éviter les risques manifestes pour la sécurité et la tranquillité des locaux.

Un décret en Conseil d'État précise les zones dans lesquelles cette obligation s'applique, les caractéristiques des immeubles ou locaux qui y sont assujettis, les mesures de gardiennage ou de surveillance à prendre en fonction de l'usage, de la localisation et de la taille des immeubles ou locaux et les dates auxquelles ces mesures devront au plus tard intervenir.

Les communes ou les établissements publics de coopération intercommunale exerçant la compétence relative aux dispositifs locaux de prévention de la délinquance peuvent contribuer à l'obligation prévue par le présent article lorsque les immeubles ou groupes d'immeubles collectifs à usage d'habitation qui y sont assujettis sont particulièrement exposés à des risques de délinquance et font l'objet de dispositions des contrats locaux de sécurité.

....

Art. R. 271-1 *(Aj. à compter du 1er janvier 2014, D. n° 2013-1113,4 déc. 2013).* – Afin de satisfaire à l'obligation prévue à l'article L. 271-1, le bailleur fait assurer, dans les conditions et selon les modalités prévues au présent chapitre, le gardiennage ou la surveillance des immeubles collectifs à usage locatif dont il a la gestion.

Les dispositions du premier alinéa s'appliquent à tout bailleur dès lors qu'il gère cent logements locatifs ou plus dans un immeuble ou groupe d'immeubles collectifs formant un ensemble situé soit dans une zone urbaine sensible définie au 3 de l'article 42 de la loi n° 95-115 du 4 février 1995 d'orientation pour l'aménagement et le développement du territoire, soit dans une commune dont la population dépasse 25 000 habitants ou qui est comprise dans une aire urbaine d'un seul tenant regroupant au moins 50 000 habitants et dont une ou plusieurs communes comptent plus de 15 000 habitants.

CHAPITRE II. – Immeubles d'habitation

Art. L. 272-1 *(Mod., L. n° 2021-1520, 25 nov. 2021).* – Les propriétaires ou les exploitants d'immeubles à usage d'habitation ou leurs représentants s'assurent que les services de police et de gendarmerie nationales ainsi que les services d'incendie et de secours sont en mesure d'accéder aux parties communes de ces immeubles aux fins d'intervention.

Ils peuvent accorder à la police municipale une autorisation permanente de pénétrer dans ces mêmes parties communes.

NB : Par une décision n° 2023-1059 QPC du 14 septembre 2023, le Conseil constitutionnel a déclaré conforme à la Constitution le premier alinéa de l'article L. 272-1 du Code de la sécurité intérieure dans sa rédaction résultant de la loi n° 2021-1520 du 25 novembre 2021, sous la réserve énoncée à son paragraphe 8 aux termes de laquelle « si les dispositions contestées reconnaissent aux forces de l'ordre un droit d'accès à ces parties communes aux fins d'intervention, elles n'ont pas pour objet et ne sauraient avoir pour effet de leur permettre d'accéder à ces lieux pour d'autres fins que la réalisation des seuls actes que la loi les autorise à accomplir pour l'exercice de leurs missions ».

CHAPITRE III. – Locaux commerciaux et professionnels, garages et parcs de stationnement

Le présent chapitre ne comprend pas de dispositions législatives.

....

Art. L. 614-1. – **Les propriétaires, exploitants ou affectataires d'immeubles ou groupes d'immeubles collectifs à usage d'habitation peuvent constituer une personne morale dont l'objet est l'exercice, pour le compte de ses membres, de l'activité mentionnée au 1° de l'article L. 611-1 dans les conditions prévues par l'article L. 271-1.**

....

Section 1. – Surveillance des commerces de détail, des grandes surfaces et des centres commerciaux

Art. R. 273-1. – **Les exploitants, qu'ils soient ou non propriétaires, de magasins de commerce de détail d'une surface de plancher supérieure à 6 000 m² ou d'une surface de vente supérieure à 3 000 m² sont tenus de faire assurer la surveillance des lieux ouverts au public par un service interne de surveillance ou par une entreprise prestataire de services, lorsque ces magasins sont implantés :**

1° Soit dans des communes dont la population municipale dépasse 25 000 habitants ;

2° Soit dans des communes insérées dans une zone urbanisée contiguë d'une commune dont la population municipale dépasse 25 000 habitants ;

3° Soit dans un des grands ensembles ou des quartiers mentionnés au 3 de l'article 42 de la loi n° 95-115 du 4 février 1995 d'orientation pour l'aménagement et le développement du territoire.

Le dispositif doit comporter au moins la présence d'un agent pendant tout le temps où le magasin est ouvert au public.

Art. R. 273-2. – **Dans les communes, grands ensembles et quartiers mentionnés aux 1° à 3° de l'article R. 273-1, cette surveillance est également requise, le cas échéant, sous la forme d'une surveillance commune, pour les magasins de commerce de détail et de services qui, réunis sur un même site, font partie d'un ensemble commercial bénéficiant d'aménagements conçus pour permettre à une même clientèle l'accès de leurs établissements, ou faisant l'objet d'une gestion commune en matière de pratiques et de publicité commerciales, lorsque cet ensemble commercial compte au moins vingt unités dont la surface totale de vente excède 1 600 m².**

Art. R. 273-3. – **En dehors des communes, grands ensembles et quartiers mentionnés aux 1° à 3° de l'article R. 273-1, les exploitants, qu'ils soient ou non propriétaires, de magasins de commerce de détail d'une surface de plancher supérieure à 6 000 m² ou d'une surface de vente supérieure à 3 000 m² sont tenus, pendant tout le temps où le magasin est ouvert au public, d'en faire assurer la surveillance par au moins un agent.**

À défaut, cette surveillance est exercée au moyen d'un système de vidéoprotection autorisé en application du titre V du présent livre.

Section 2. – Surveillance de locaux impliquant un risque pour la sécurité

Art. R. 273-4. – **Les exploitants, qu'ils soient ou non propriétaires, de commerces, d'établissements, de bureaux ou officines mentionnés aux 1° à 3° du présent article sont tenus, pendant les heures d'ouverture au public, d'en assurer la surveillance par un des moyens énoncés à l'article R. 273-5.**

Les commerces, établissements, bureaux et officines concernés sont :

1° Les bureaux de change et les établissements de crédit ouverts au public et détenant des fonds, valeurs ou autres instruments de paiement ;

2° Les bijouteries disposant sur place d'un stock commercial d'une valeur égale ou supérieure à 106 750 € hors taxes ;

3° Les pharmacies situées dans les communes, grands ensembles et quartiers mentionnés aux 1° à 3° de l'article R. 273-1.

Art. R. 273-5. – Les mesures de surveillance applicables par les exploitants mentionnés à l'article R. 273-4 sont constituées :

1° Soit par un système de surveillance à distance dans les conditions prévues par *(Réf. rempl. à compter du 1er décembre 2014, D. n° 2014-1253, 27 oct. 2014)* « la sous-section 2 de la section 2 du chapitre III du titre Ier du livre VI de la partie réglementaire du présent code » ;

2° Soit par un système de vidéoprotection autorisé associé à un dispositif d'alerte ;

3° Soit par des rondes quotidiennes effectuées par au moins un agent d'un service interne de surveillance ou d'une entreprise prestataire de services ;

4° Soit par la présence permanente d'au moins un agent d'un service interne de surveillance ou d'une entreprise prestataire de services.

Art. R. 273-6. – Les exploitants mentionnés à l'article R. 273-4 ne sont pas tenus d'assurer individuellement la surveillance de leur commerce, établissement, bureau ou officine lorsque celui-ci fait l'objet, au titre de l'article R. 273-2, d'une surveillance commune exercée en permanence par au moins un agent de surveillance.

Section 3. – Garages et parcs de stationnement

Art. R. 273-7. – Dans les communes, grands ensembles et quartiers mentionnés aux 1° à 3° de l'article R. 273-1, les exploitants, qu'ils soient ou non propriétaires, de garages ou de parcs de stationnement ouverts au public de 200 places ou plus doivent, pendant le temps où ceux-ci sont ouverts au public, en faire assurer la surveillance par un service interne de surveillance ou par une entreprise prestataire de services, lorsque l'ensemble des véhicules n'est pas visible de la voie publique.

Cette surveillance est assurée par des rondes quotidiennes effectuées dans les parties ouvertes au public par au moins un agent du service de surveillance ou de l'entreprise prestataire de services.

Les dispositions prévues aux premier et deuxième alinéas ne sont pas applicables aux garages et aux parcs de stationnement où l'exploitant ou un de ses préposés est présent en permanence et accomplit son service en ayant sous sa vue l'ensemble des parties ouvertes au public du garage ou du parc de stationnement soit directement, soit au moyen d'un système de vidéoprotection balayant ces lieux de manière cyclique.

Section 4. – Contrôle

Art. R. 273-8 *(Mod. à compter du 1er septembre 2022, D. n° 2022-1174, 24 août 2022)*. – À la demande du préfet de département ou, à Paris, du préfet de police ou, dans le département des Bouches-du-Rhône, du préfet de police des Bouches-du-Rhône, les exploitants, qu'ils soient ou non propriétaires, des locaux mentionnés dans le présent chapitre sont tenus de lui faire connaître les dispositions qu'ils ont arrêtées pour assurer le gardiennage ou la surveillance desdits locaux. Le préfet prend les mesures nécessaires pour assurer la confidentialité des informations ainsi reçues. Il peut faire vérifier sur place la réalité de ces dispositions.

Section 5. – Dispositions pénales

Art. R. 273-9. – Est puni des peines d'amende applicables aux contraventions de la cinquième classe tout exploitant, qu'il soit ou non propriétaire, de locaux professionnels ou commerciaux, de garages ou de parcs de stationnement qui se soustrait, en violation des dispositions du présent chapitre, à ses obligations de surveillance et de gardiennage.

Les mêmes peines sont applicables à tout exploitant, qu'il soit ou non propriétaire, qui ne satisfait pas à l'obligation d'information prévue à l'article R. 273-8 ou qui y satisfait de manière mensongère ou erronée.

ANNEXE 57

Circulaire n° 2002-10 UHC/DH 2/2 du 1er février 2002

relative aux obligations de gardiennage ou de surveillance de certains immeubles d'habitation

Le décret n° 2001-1361 du 28 décembre 2001 pris en application de l'article L. 127-1 du Code de la construction et de l'habitation (CCH) crée une obligation pour les bailleurs d'affecter un effectif minimum de personnes aux fonctions de gardiennage ou de surveillance dans les ensembles d'immobilier locatifs.

NB : Les dispositions de ce décret sont devenues applicables à compter du 1er janvier 2002 aux logements situés en zone urbaine sensible détenus par les bailleurs définis à l'article R. 127-1 du Code de la construction et de l'habitation (aujourd'hui par l'article R. 271-1 du Code de la sécurité intérieure) et remplissant les conditions prévues aux I et II de l'article 1388 *bis* du Code général des impôts et à compter du 1er janvier 2003 aux autres logements détenus par les bailleurs définis au même article R. 127-1.

L'objectif de ce décret est de garantir une présence humaine effective sur le terrain, en la développant lorsque cela est nécessaire, afin d'assurer, par le lien social avec les habitants, la tranquillité des lieux.

Vous serez chargé dans un premier temps de suivre la mise en œuvre de ce décret dans les zones urbaines sensibles, dans le cadre des conventions relatives à l'abattement de taxe foncière sur les propriétés bâties (TFPB) avec les bailleurs sociaux (dispositif expliqué dans la circulaire n° 2001-68/UHC/IUH2/21 du 8 octobre 2001), conventions dont la mise en place de personnel assurant le gardiennage ou la surveillance en nombre suffisant constitue un des éléments significatifs. S'agissant des autres bailleurs et des logements non concernés par les conventions TFPB des bailleurs sociaux, vous aurez la possibilité de vous faire indiquer par les bailleurs les mesures qu'ils auront prises pour assurer l'application de ce décret. En cas d'inapplication, le décret prévoit la possibilité de sanctions (contraventions).

I. – CHAMP D'APPLICATION

L'obligation créée par le décret s'applique à tous les bailleurs, quel que soit leur statut juridique, dès lors qu'ils gèrent cent logements locatifs ou davantage.

Ces logements doivent se situer soit dans un même immeuble, soit dans un groupe d'immeubles collectifs formant un ensemble qui présente une certaine unité. Cette unité est à apprécier au cas par cas, compte tenu de la configuration des lieux et pour assurer la fonctionnalité du travail de gardiennage ou de surveillance. Il faut que la proximité permette d'assurer ces fonctions, ce qui exclut de regrouper artificiellement des immeubles situés dans différents quartiers de la ville. Dans la plupart des cas, il s'agira des immeubles construits sur une même emprise foncière ou d'une même « opération » au sens du financement du logement social (éventuellement financée en plusieurs tranches).

Les immeubles auxquels s'applique le décret sont ceux situés en ZUS, quelle que soit la taille de la commune, ainsi que ceux situés dans une commune de plus de 25 000 habitants, ou dans une commune comprise dans une aire urbaine de plus de 50 000 habitants comportant au moins une commune de plus de 15 000 habitants (notion plus large que les agglomérations de l'article 55 de la loi SRU ; en outre, toutes les communes de l'aire urbaine sont concernées).

Les logements individuels, en diffus ou en lotissement, sont exclus.

Les logements sous statut de copropriété sont également en principe exclus, les procédures de décision étant différentes dans ces ensembles. Cependant, il peut y avoir, dans une copropriété de 200 logements par exemple, un propriétaire bailleur de 150 logements qui est, lui, concerné par l'obligation – sous réserve de l'accord de l'assemblée générale de la copropriété. C'est en particulier le cas des immeubles de logements sociaux dans lesquels une partie des logements ont été vendus à leurs locataires, l'ensemble devenant une copropriété.

L'obligation de gardiennage pèse sur le bailleur. Lorsqu'un immeuble est géré par un tiers dans le cadre d'un mandat de gestion, l'obligation de gardiennage pèse sur le bailleur et non sur le mandataire, gestionnaire ou gérant, qui agit au nom du bailleur. Dans le cadre de ce mandat, il est, bien entendu, possible de prévoir la mise en œuvre de ces dispositions par le mandataire.

Lorsqu'il y a sous-location (en particulier dans le cas des logements-foyers), l'obligation pèse non sur le bailleur principal, mais sur le locataire principal, en sa qualité de bailleur louant dans le cadre du sous-bail.

II. – LA MESURE

Elle consiste en l'obligation d'affecter aux fonctions de gardiennage ou de surveillance au moins une personne équivalent temps plein par tranche de cent logements sur l'ensemble de l'année.

Les tranches de 100 logements s'analysent comme suit :

- de 0 à 99 logements : pas d'obligation ;
- de 100 à 199 logements : une personne ;
- de 200 à 299 logements : deux personnes ;
- etc.

L'équivalent temps plein (ou « temps complet » dans certaines conventions collectives) peut être assuré par plusieurs personnes travaillant à temps partiel. Cela ne signifie pas qu'une personne par tranche de 100 logements doive être présente 24 heures sur 24, nuit, samedi et dimanche compris, mais qu'une personne assurant un temps de travail normal soit présente. Ce temps de travail est de 1 600 heures annuelles si la personne se situe dans le cadre d'un contrat de travail de 35 heures hebdomadaires, mais la situation est variable et souvent dérogatoire selon les statuts d'emploi pour les gardiens ou employés d'immeubles.

La fonction doit être assurée sur l'ensemble de l'année, ce qui implique le remplacement des agents concernés pendant leurs congés payés annuels.

III. – LA NATURE DES EMPLOIS PERMETTANT DE RÉPONDRE À L'OBLIGATION

Le décret énumère cinq types d'emplois : concierge, gardien, employé d'immeuble à usage d'habitation, agent de prévention et de médiation, correspondant de nuit, étant précisé que les deux derniers types d'emploi pourront seulement répondre en complément à l'obligation de 1 personne par tranche de 100 logements. Cette dernière orientation ne fait pas obstacle à ce que chaque agent de médiation ou correspondant de nuit employé à temps plein soit comptabilisé pour 1 dans le décompte, mais elle implique que les agents de prévention ou de médiation ainsi que les correspondants de nuit représentent ensemble une part minoritaire des agents remplissant l'obligation.

À titre d'exemple, si dans un ensemble immobilier de 350 logements, 3 employés sont nécessaires pour répondre à l'obligation du décret, le décompte du bailleur ne pourra retenir qu'un agent de prévention ou de médiation à temps plein ou un correspondant de nuit à temps plein ou un agent de médiation à mi-temps et un correspondant de nuit à mi-temps.

Cette énumération d'emplois a été rendue nécessaire par les différentes appellations en vigueur selon les catégories de bailleurs, et au sein même des organismes HLM, selon le statut juridique des organismes.

Elle montre qu'on peut comptabiliser bien sûr le « gardien d'immeuble » au sens traditionnel, mais de façon plus large les fonctions d'« agent de proximité » ou de médiation, de jour comme de nuit, qui se sont développées récemment dans le cadre de la politique de la ville pour assurer le contact avec les habitants, même si ces emplois ne font pas encore l'objet de conventions collectives précises.

Pour les autres emplois, il conviendra de s'attacher au contenu réel des fonctions des personnes concernées, les emplois comptabilisés devant s'inscrire dans le cadre général qui est celui de l'obligation de gardiennage ou de surveillance afin d'assurer la tranquillité. Ainsi peuvent être comptabilisés les emplois effectivement exercés par certaines catégories de personnel qui comprendraient contractuellement une mission de contact avec les habitants correspondant à l'objectif rappelé plus haut de civilité et de tranquillité. *A contrario*, tous les emplois présents sur le terrain ne peuvent pas être comptabilisés : agent d'entretien qui n'effectue que des travaux, jardinier, « chargés de clientèle » qui ne font que de la gestion ou conseillers sociaux, par exemple. Vous inviterez les bailleurs à vous rendre compte de leur organisation de terrain, des fonctions effectives et de la localisation de leurs personnels interlocuteurs des locataires sur les questions relatives au gardiennage et à la tranquillité des lieux.

Le décret ouvre la faculté de recourir à du personnel de prestataire de services (entreprise, mais aussi association, régie de quartier, etc.) en lieu et place du personnel employé directement par le bailleur.

Au total, les catégories d'emplois à retenir sont à la fois plus larges que les gardiens traditionnels et moins larges que l'ensemble des personnels des organismes présents sur le terrain. L'objectif du décret est bien de développer la présence humaine, ce qui implique des créations d'emplois là où cette présence est actuellement insuffisante. Vous y serez particulièrement attentifs dans la négociation des conventions TFPB, même si, pour la première année d'application et compte tenu des délais impartis, une certaine marge d'appréciation est possible.

IV. – LA CONCERTATION LOCATIVE ET LA RÉCUPÉRATION DES CHARGES

La nature de ces mesures se situe directement dans le champ d'application de la concertation locative développée par l'article 44 *ter* de la loi du 23 décembre 1986, dans sa rédaction issue de l'article 193 de la loi SRU. Vous veillerez à ce que le ou les conseils de concertation locative, dont il est souhaitable qu'ils soient créés au niveau local à l'échelle des immeubles ou groupes d'immeubles concernés, soient saisis par le bailleur des dispositions qu'il entend prendre en matière de gardiennage ou surveillance.

Ce dialogue avec les locataires paraît d'autant plus souhaitable que, s'agissant du financement des mesures à prendre, mis à part le cas des immeubles en ZUS avec convention TFPB, les règles générales de récupération des charges auprès des locataires s'appliquent sans modification. Ainsi, quel que soit le statut du bailleur, lorsque le gardien assure l'entretien des parties communes et l'élimination des rejets, 75 % des charges correspondant à sa rémunération et aux charges sociales et fiscales y afférentes sont récupérables sur les locataires. S'agissant des immeubles en ZUS avec convention TFPB, la circulaire n° 2001-68/UHC/IUH2/21 du 8 octobre 2001 précise (au III - conditions) que les embauches supplémentaires de gardiens pris en compte dans la convention TFPB ne peuvent donner lieu à répercussion de charges pour la part couverte par le fruit de l'abattement de la TFPB. En toute hypothèse, il convient d'examiner avec l'organisme comment obtenir que le quittancement global (loyer + charges) sur la ZUS ne subisse pas d'augmentation.

V. – LE CALENDRIER DE MISE EN ŒUVRE ET LE CONTRÔLE

L'obligation s'applique à compter du 1er janvier 2002 aux logements sociaux situés en ZUS et faisant l'objet d'une convention entre l'État et le bailleur ouvrant le bénéfice de l'abattement de 30 % de TFPB, à compter du 1er janvier 2003 pour les autres logements.

Ce calendrier est compatible avec la mise en œuvre des mesures prévues dans le cadre des conventions TFPB, qui comportent parmi les actions prioritaires le renforcement des personnels affectés au gardiennage ou à la surveillance dans le sens du présent décret. Pour les autres logements, il laisse un délai raisonnable d'adaptation.

Le décret prévoit un dispositif d'information du préfet, à sa demande, par les bailleurs, sur les mesures prises.

Enfin, il crée un dispositif de sanctions (contraventions) pour les bailleurs qui n'auraient pas rempli leurs obligations de mise en place des personnes assurant le gardiennage ou la surveillance ou qui n'auraient pas transmis au préfet les informations demandées.

Vous devrez procéder à un bilan de l'application de ces dispositions. Pour les logements sociaux en ZUS s'inscrivant dans le dispositif d'évaluation des conventions TFPB prévu par la circulaire du 8 octobre 2001, il vous appartiendra de faire le point une première fois à la fin du 1er trimestre 2002, et une deuxième fois à la fin de l'année 2002. Par ailleurs, un suivi de l'application du décret sera effectué au niveau national entre le secrétariat d'État au logement et l'Union HLM pendant les premiers mois de 2002. Pour les autres logements, un premier point devra être effectué à la fin du premier trimestre 2003, et un deuxième point à la fin de l'année 2003.

Vous voudrez bien me tenir informée des difficultés que vous pourriez rencontrer pour l'application du présent texte sous le timbre DGUHC/DH 2.

V. – VIDÉOPROTECTION

Renvoi : V. Annexe 64 « Vidéosurveillance », p. 1599.

ANNEXE 58

SYNDIC DE COPROPRIÉTÉ

I. - **Réglementation de la profession** .... p. 1487
II. - **Recommandation n° 96-01 émise par la Commission des clauses abusives, relative aux contrats proposés par les syndics de copropriété du 17 novembre 1995** .... p. 1524
III. - **Recommandation n° R 2011-R-01 émise par l'Autorité de contrôle prudentiel portant sur la gestion par les établissements de crédits des comptes mandants de syndics de copropriété** .... p. 1526
IV. - **Recommandation n° 11-01 émise par la commission des clauses abusives relatives aux contrats de syndic de copropriété du 15 septembre 2011** .... p. 1527
V. - **Contrats de syndic** .... p. 1531
VI. - **Organisation de la profession** .... p. 1549

I. – RÉGLEMENTATION DE LA PROFESSION

Bibliographie : M. Thioye, *Assouplissement du statut des intermédiaires immobiliers, commentaires du décret du 30 décembre 2010 : AJDI* 2011, p. 267. • C. Beddeleem, *Les professions immobilières après la loi ALUR : Inf. rap. copr.* juin 2014, p. 11. • C. Beddeleem, *Les nouvelles cartes professionnelles : Inf. rap. copr.* sept. 2015, p. 19. • C. Beddeleem, *Le syndic dans la loi Hoguet : Inf. rap. copr.* oct. 2016, p. 23.

Loi n° 70-9 du 2 janvier 1970
réglementant les conditions d'exercice des activités relatives à certaines opérations portant sur les immeubles et les fonds de commerce

NB : La loi du 2 janvier 1970 a été modifiée à différentes reprises, notamment par l'ordonnance n° 2004-634 du 1er juillet 2004 (*JO* 2 juill.), par la loi n° 2006-872 du 13 juillet 2006, par la loi n° 2014-366 du 24 mars 2014, ainsi que par la loi n° 2015-990 du 6 août 2015 et l'ordonnance n° 2016-301 du 14 mars 2016. La loi n° 2018-1021 du 23 novembre 2018 est venue réformer de manière assez importante les règles relatives au CNTGI et la procédure disciplinaire. On trouvera ci-dessous le nouveau texte de la loi après ces modifications.

Titre Ier. – DE L'EXERCICE DES ACTIVITÉS D'ENTREMISE
ET DE GESTION DES IMMEUBLES ET FONDS DE COMMERCE

Art. 1er *(Mod., L. n° 2014-366, 24 mars 2014)*. – **Les dispositions de la présente loi s'appliquent aux personnes physiques ou morales qui, d'une manière habituelle, se livrent ou prêtent leur concours, même à titre accessoire, aux opérations portant sur les biens d'autrui et relatives à :**

1° L'achat, la vente, la recherche, l'échange, la location ou sous-location, saisonnière ou non, en nu ou en meublé d'immeubles bâtis ou non bâtis ;

2° L'achat, la vente ou la location-gérance de fonds de commerce ;

3° La cession d'un cheptel mort ou vif ;

4° La souscription, l'achat, la vente d'actions ou de parts de sociétés immobilières ou de sociétés d'habitat participatif donnant vocation à une attribution de locaux en jouissance ou en propriété ;

5° L'achat, la vente de parts sociales non négociables lorsque l'actif social comprend un immeuble ou un fonds de commerce ;

6° La gestion immobilière ;

7° À l'exclusion des publications par voie de presse, la vente de listes ou de fichiers relatifs à l'achat, la vente, la location ou sous-location en nu ou en meublé d'immeubles bâtis ou non bâtis, ou à la vente de fonds de commerce ;

8° La conclusion de tout contrat de jouissance d'immeuble à temps partagé régi par les articles L. 121-60 et suivants du Code de la consommation ;

9° L'exercice des fonctions de syndic de copropriété dans le cadre de la loi n° 65-557 du 10 juillet 1965 fixant le statut de la copropriété des immeubles bâtis.

NB : Conformément à l'article 24-VI de la loi n° 2014-366 du 24 mars 2014, ces dispositions ne s'appliquent qu'aux contrats conclus à compter de l'entrée en vigueur de la présente loi.

Art. 1-1 *(Mod., L. n° 2014-366, 24 mars 2014)*. – Pour l'application de la présente loi :

1° Est considérée comme relevant de l'activité de gestion immobilière la location ou la sous-location, saisonnière ou non, en nu ou en meublé, d'immeubles bâtis ou non bâtis lorsqu'elle constitue l'accessoire d'un mandat de gestion ;

2° Est considérée comme une location saisonnière pour l'application de la présente loi la location d'un immeuble conclue pour une durée maximale et non renouvelable de quatre-vingt-dix jours consécutifs.

Lorsque ces locations font intervenir un intermédiaire, leurs conditions de conclusion sont précisées par un décret en Conseil d'État.

NB : Conformément à l'article 24-VI de la loi n° 2014-366 du 24 mars 2014, ces dispositions ne s'appliquent qu'aux contrats conclus à compter de l'entrée en vigueur de la présente loi.

Art. 2 *(Mod., L. n° 2018-1021, 23 nov. 2018)*. – Les dispositions de la présente loi ne sont pas applicables :

Aux membres des professions dont la liste sera fixée par décret, en considération du contrôle dont leur activité professionnelle fait l'objet ainsi que des garanties financières qu'ils offrent pour l'exercice de cette activité ;

Aux personnes ou à leur conjoint qui, à titre non professionnel, se livrent ou prêtent leur concours à des opérations relatives à des biens sur lesquels elles ont des droits réels divis ou indivis ;

Aux personnes agissant pour le compte de leur conjoint, de parents en ordre successible, ou pour le compte de majeurs protégés ou de mineurs dans les conditions prévues aux titres X et XI du Code civil ;

Aux représentants légaux ou statutaires de sociétés de construction régies par les articles L. 212-1 et suivants du Code de la construction et de l'habitation pour la réalisation des premières cessions des parts ou actions.

Aux titulaires d'une licence d'agent de voyages, en vertu de la loi n° 92-645 du 13 juillet 1992 fixant les conditions d'exercice des activités relatives à l'organisation et à la vente de voyages ou de séjours, pour la conclusion de tout contrat de jouissance d'immeuble à temps partagé régi par les articles L. 121-60 et suivants du Code de la consommation ;

Aux organismes de placement collectif immobilier, organismes professionnels de placement collectif immobilier, sociétés civiles de placement immobilier et à leurs sociétés de gestion, sauf lorsqu'elles gèrent des actifs immobiliers faisant l'objet de mandats de gestion spécifiques ;

Aux associations œuvrant à la promotion de la cohabitation intergénérationnelle solidaire définie à l'article L. 118-1 du Code de l'action sociale et des familles et aux articles L. 631-17 à L. 631-19 du Code de la construction et de l'habitation.

Art. 3 *(Mod., Ord. n° 2018-1125, 12 déc. 2018 ; L. n° 2019-486, 22 mai 2019 ; L. n° 2021-1104, 22 août 2021)*. – Les activités visées à l'article 1er ne peuvent être exercées que par les personnes physiques ou morales titulaires d'une carte professionnelle, délivrée, pour une durée et selon des modalités fixées par décret en Conseil d'État, par le président de la chambre de commerce et d'industrie territoriale ou, dans les circonscriptions où il n'existe pas de chambre de commerce et d'industrie territoriale, par le président de la chambre de commerce et d'industrie de région, précisant celles des opérations qu'elles peuvent accomplir. Lorsque le président de la chambre de commerce et d'industrie concernée exerce une activité mentionnée à l'article 1er, la carte est délivrée par le vice-président, dans des conditions fixées par décret en Conseil d'État.

CCI France établit et tient à jour un fichier des personnes titulaires de la carte professionnelle, selon des modalités définies par décret.

Cette carte ne peut être délivrée qu'aux personnes physiques qui satisfont aux conditions suivantes :

1° Justifier de leur aptitude professionnelle ;

2° Justifier d'une garantie financière permettant le remboursement des fonds, effets ou valeurs déposés et spécialement affectée à ce dernier, y compris les sommes versées au fonds de travaux mentionné à l'article 14-2-1 de la loi n° 65-557 du 10 juillet 1965 fixant le statut de la copropriété des immeubles bâtis à l'exception toutefois des personnes déclarant leur intention de ne détenir aucun fonds, effet ou valeur, pour les activités mentionnées à l'article 1er, à l'exception de celles mentionnées aux 6° et 9° du même article dans des conditions fixées par décret en Conseil d'État. Seuls les garants financiers ayant mis en place des procédures de contrôle internes, au moyen d'un référentiel et de modèles de suivi des risques, sont habilités à délivrer la garantie financière. Un décret en Conseil d'État définit les procédures et les conditions dans lesquelles les garants exercent leurs missions de contrôle sur les fonds qu'ils garantissent en application du présent article ;

3° Contracter une assurance contre les conséquences pécuniaires de leur responsabilité civile professionnelle ;

4° Ne pas être frappées d'une des incapacités ou interdictions d'exercer définies aux titres II et II *bis* ci-après.

La garantie mentionnée au 2° ci-dessus résulte d'un engagement écrit fourni par une entreprise d'assurance spécialement agréée, par un établissement de crédit, une société de financement ou une institution mentionnée à l'article L. 518-1 du Code monétaire et financier.

Les modalités de détermination du montant de la garantie sont fixées par décret en Conseil d'État.

La carte n'est délivrée aux personnes morales que si lesdites personnes satisfont aux conditions prévues aux 2° et 3° ci-dessus et que si leurs représentants légaux et statutaires satisfont aux conditions prévues aux 1° et 4° ci-dessus.

Il doit être procédé à une déclaration préalable d'activité pour chaque établissement, succursale, agence ou bureau par la personne qui en assure la direction. Cette personne doit, en outre, satisfaire à la condition prévue au 1° et ne pas être frappée d'une des incapacités ou interdictions d'exercer définies au titre II de la présente loi.

Art. 4 *(Mod., L. n° 2018-1021, 23 nov. 2018)*. – Toute personne habilitée par un titulaire de la carte professionnelle à négocier, s'entremettre ou s'engager pour le compte de ce dernier justifie d'une compétence professionnelle, de sa qualité et de l'étendue de ses pouvoirs dans les conditions fixées par décret en Conseil d'État. Les dispositions du titre II de la présente loi lui sont applicables.

Les dispositions du chapitre IV du titre III du livre Ier du Code de commerce sont applicables aux personnes visées au premier alinéa lorsqu'elles ne sont pas salariées. Ces personnes doivent contracter une assurance contre les conséquences pécuniaires de leur responsabilité civile professionnelle, dans des conditions fixées par décret en Conseil d'État.

Ces personnes ne peuvent pas :

1° Recevoir ou détenir, directement ou indirectement, des sommes d'argent, des biens, des effets ou des valeurs ou en disposer à l'occasion des activités mentionnées à l'article 1er de la présente loi ;

2° Donner des consultations juridiques ni rédiger des actes sous seing privé, à l'exception de mandats conclus au profit du titulaire de la carte professionnelle mentionnée à l'article 3 ;

3° Assurer la direction d'un établissement, d'une succursale, d'une agence ou d'un bureau.

Les personnes qui, à la date d'entrée en vigueur du décret en Conseil d'État mentionné au premier alinéa du présent article, disposent de l'habilitation mentionnée au premier alinéa sont réputées justifier de la compétence professionnelle mentionnée au présent article.

Art. 5 *(Mod. à compter du 1er juillet, L. n° 2014-366, 24 mars 2014)*. – Les personnes visées à l'article 1er qui reçoivent, détiennent des sommes d'argent ne constituant ni une rémunération, ni des honoraires, des biens, des effets ou des valeurs, ou en disposent, à quelque titre et de quelque manière que ce soit, à l'occasion des opérations spécifiées audit article, doivent respecter les conditions prévues par décret en

Conseil d'État, notamment les formalités de tenue des registres et de délivrance de reçus, ainsi que les autres obligations découlant du mandat.

NB : Aux termes de l'article 24-VIII de la loi n° 2014-366 du 24 mars 2014, les dispositions introduites par le 7° du I du même article entrent en vigueur le 1er jour du 4e mois suivant celui de la promulgation de la présente loi. C'est-à-dire le 1er juillet 2014.

Art. 6 *(Mod., L. n° 2014-366, 24 mars 2014)*. – I. – Les conventions conclues avec les personnes visées à l'article 1er ci-dessus et relatives aux opérations qu'il mentionne en ses 1° à 6°, doivent être rédigées par écrit et préciser conformément aux dispositions d'un décret en Conseil d'État :

Les conditions dans lesquelles ces personnes sont autorisées à recevoir, verser ou remettre des sommes d'argent, biens, effets ou valeurs à l'occasion de l'opération dont il s'agit ;

Les modalités de la reddition de compte ;

Les conditions de détermination de la rémunération, ainsi que l'indication de la partie qui en aura la charge.

Les moyens employés par ces personnes et, le cas échéant, par le réseau auquel elles appartiennent pour diffuser auprès du public les annonces commerciales afférentes aux opérations mentionnées au 1° du même article 1er.

En outre, lorsqu'une convention comporte une clause d'exclusivité, elle précise les actions que le mandataire s'engage à réaliser pour exécuter la prestation qui lui a été confiée ainsi que les modalités selon lesquelles il rend compte au mandant des actions effectuées pour son compte, selon une périodicité déterminée par les parties.

***(Al. mod. à compter du 1er octobre 2016, Ord. n° 2016-131, 10 févr. 2016)* Les dispositions de l'article 1375 du Code civil leur sont applicables.**

Aucun bien, effet, valeur, somme d'argent, représentatif d'honoraires, de frais de recherche, de démarche, de publicité ou d'entremise quelconque, n'est dû aux personnes indiquées à l'article 1er ou ne peut être exigé ou accepté par elles, avant qu'une des opérations visées audit article ait été effectivement conclue et constatée dans un seul acte écrit contenant l'engagement des parties.

Toutefois, lorsqu'un mandat est assorti d'une clause d'exclusivité ou d'une clause pénale ou lorsqu'il comporte une clause aux termes de laquelle des honoraires sont dus par le mandant, même si l'opération est conclue sans les soins de l'intermédiaire, cette clause recevra application dans les conditions qui seront fixées par décret. La somme versée par le mandant en application de cette clause ne peut excéder un montant fixé par décret en Conseil d'État.

Lorsque le mandant agit dans le cadre de ses activités professionnelles, tout ou partie des sommes d'argent visées ci-dessus qui sont à sa charge peuvent être exigées par les personnes visées à l'article 1er avant qu'une opération visée au même article n'ait été effectivement conclue et constatée. La clause prévue à cet effet est appliquée dans des conditions fixées par décret en Conseil d'État.

La convention conclue entre la personne qui se livre à l'activité mentionnée au 7° de l'article 1er et le propriétaire du bien inscrit sur la liste ou le fichier, ou le titulaire de droits sur ce bien, comporte une clause d'exclusivité d'une durée limitée aux termes de laquelle ce dernier s'engage, d'une part, à ne pas confier la location ou la vente de son bien à une autre personne exerçant une activité mentionnée à l'article 1er et, d'autre part, à ne pas publier d'annonce par voie de presse.

II. – Entre la personne qui se livre à l'activité mentionnée au 7° de l'article 1er et son client, une convention est établie par écrit. Cette convention dont, conformément à l'article 1325 du Code civil, un original est remis au client précise les caractéristiques du bien recherché, l'ensemble des obligations professionnelles qui incombent au professionnel mentionné au présent alinéa, la nature de la prestation promise au client et le montant de la rémunération incombant à ce dernier. Elle précise également les conditions de remboursement de tout ou partie de la rémunération lorsque la prestation fournie au client n'est pas conforme à la nature promise dans ladite convention.

Les conditions et les modalités d'application de la mesure de remboursement partiel ou total prévue au premier alinéa du présent II sont définies par décret.

Aucune somme d'argent ou rémunération de quelque nature que ce soit n'est due à une personne qui se livre à l'activité mentionnée au 7° de l'article 1er ou ne peut être exigée par elle, préalablement à la parfaite exécution de son obligation de fournir effectivement des listes ou des fichiers, que cette exécution soit instantanée ou successive.

NB : Aux termes de l'article 24-VIII de la loi n° 2014-366 du 24 mars 2014, les dispositions introduites par le 8° du I du même article 24 entrent en vigueur le 1er jour du 4e mois suivant celui de la promulgation de la présente loi. C'est-à-dire le 1er juillet 2014.

Art. 6-1 *(Mod., L. n° 2014-366, 24 mars 2014)*. – Toute publicité effectuée par une personne mentionnée à l'article 1er et relative aux opérations prévues au 1° de ce même article mentionne, quel que soit le support utilisé, le montant toutes taxes comprises de ses honoraires exprimé, pour ce qui concerne les opérations de vente, en pourcentage du prix, lorsqu'ils sont à la charge du locataire ou de l'acquéreur.

Art. 6-2 *(Mod., L. n° 2014-366, 24 mars 2014)*. – Toute publicité relative à des opérations mentionnées au 1° de l'article 1er et proposées par une personne habilitée par un titulaire de la carte professionnelle à négocier, s'entremettre ou s'engager pour le compte de ce dernier, et non salariée, mentionne que cette personne exerce sous le statut d'agent commercial.

Cette obligation de mentionner le statut d'agent commercial est étendue au mandat de vente ou de recherche et à tous les documents d'une transaction immobilière à laquelle la personne habilitée mentionnée au premier alinéa participe.

NB : Conformément à l'article 24-VI de la loi n° 2014-366 du 24 mars 2014, ces dispositions ne s'appliquent qu'aux contrats conclus à compter de l'entrée en vigueur de la présente loi.

Art. 7 *(Mod., L. n° 2014-366, 24 mars 2014)*. – Sont nulles les promesses et les conventions de toute nature relatives aux opérations visées à l'article 1er qui ne comportent pas une limitation de leurs effets dans le temps.

Lorsque le mandant n'agit pas dans le cadre de ses activités professionnelles :

1° Les modalités de non-reconduction des contrats définies aux deux premiers alinéas de l'article L. 136-1 du Code de la consommation sont mentionnées de manière lisible et visible dans les conventions prévues au premier alinéa du I de l'article 6 de la présente loi ;

2° Lorsque ces conventions portent sur des opérations mentionnées aux 1° et 4° de l'article 1er et qu'elles comportent une clause d'exclusivité, elles mentionnent en caractères très apparents les dispositions du deuxième alinéa de l'article 78 du décret n° 72-678 du 20 juillet 1972 fixant les conditions d'application de la loi n° 70-9 du 2 janvier 1970 réglementant les conditions d'exercice des activités relatives à certaines opérations portant sur les immeubles et fonds de commerce, exception faite des mandats portant sur les opérations exclues par les troisième à sixième alinéas de ce même article.

NB : Conformément à l'article 24-VI de la loi n° 2014-366 du 24 mars 2014, ces dispositions ne s'appliquent qu'aux contrats conclus à compter de l'entrée en vigueur de la présente loi.

Art. 8 *(Mod., Ord. n° 2004-634, 1er juill. 2004)*. – Les personnes titulaires d'une autorisation administrative délivrée en application de la loi du 13 juillet 1992 susmentionnée, qui ont une activité de location saisonnière de meublés hors forfait touristique, sont dispensées de la carte professionnelle prévue à l'article 3 de la présente loi lorsque cette activité est accessoire à leur activité principale.

Elles doivent souscrire, pour l'exercice de cette activité, une garantie financière permettant le remboursement des fonds, effets ou valeurs déposés et une assurance garantissant les conséquences pécuniaires de la responsabilité civile professionnelle qu'elles encourent en raison de cette activité.

L'exercice de ces activités est régi par les dispositions de la présente loi et des textes pris pour son application.

Art. 8-1 *(Mod., L. n° 2014-366, 24 mars 2014 ; Ord. n° 2016-1809, 22 déc. 2016)*. – Tout ressortissant légalement établi dans un État membre de l'Union européenne ou dans un autre État partie à l'accord sur l'Espace économique européen pour exercer tout ou partie des activités prévues à l'article 1er de la présente loi peut exercer son activité de façon temporaire et occasionnelle en France après en avoir fait la déclaration préalable auprès du président de la chambre de commerce et d'industrie territoriale ou de la chambre départementale d'Île-de-France, dans des conditions fixées par décret en Conseil d'État. Toutefois, lorsque l'activité concernée ou la formation y conduisant n'est pas réglementée dans l'État d'établissement, le prestataire doit l'avoir exercée dans un ou plusieurs États membres ou parties pendant au moins une année à temps plein ou une durée équivalente à temps partiel, au cours des dix années qui précèdent la prestation.

Art. 8-2 *(Mod., L. n° 2019-486, 22 mai 2019 ; à compter du 1er janvier 2021, Ord. n° 2020-1144, 16 sept. 2020)*. – Les personnes exerçant les activités désignées aux 1°, 6° et 9° de l'article 1er de la présente loi signalent au procureur de la République les faits qui sont susceptibles de constituer une des infractions prévues aux articles 225-14 du Code pénal et L. 511-22 du Code de la construction et de l'habitation.

Ce signalement est effectué sans préjudice, le cas échéant, de la déclaration prévue à l'article L. 561-15 du Code monétaire et financier.

L'autorité administrative mentionnée au I de l'article L. 561-36-2 du Code monétaire et financier assure le contrôle du respect des obligations prévues à l'alinéa précédent, dans les conditions définies à l'article L. 511-7 du Code de la consommation.

Art. 8-2-1 *(Mod., L. n° 2018-1021, 23 nov. 2018 ; L. n° 2020-1144, 16 sept. 2020).* – Les personnes exerçant les activités désignées aux 1°, 6° et 9° de l'article 1er de la présente loi signalent au procureur de la République les faits qui sont susceptibles de constituer une des infractions prévues aux articles 225-14 du Code pénal et L. 511-22 du Code de la construction et de l'habitation.

Ce signalement est effectué sans préjudice, le cas échéant, de la déclaration prévue à l'article L. 561-15 du Code monétaire et financier.

Ce signalement est effectué sans préjudice, le cas échéant, de la déclaration prévue à l'article L. 561-15 du Code monétaire et financier.

Art. 8-3 *(Mod., L. n° 2014-366, 24 mars 2014 ; Ord. n° 2016-301, 14 mars 2016 ; L. n° 2017-86, 27 janv. 2017).* – I. – Le Conseil national de la transaction et de la gestion immobilières mentionné à l'article 13-1 de la présente loi transmet à l'autorité administrative chargée de la concurrence et de la consommation toute information relative à des infractions ou manquements mentionnés aux articles L. 511-5 à L. 511-7 du Code de la consommation susceptibles d'être imputables à des personnes mentionnées à l'article 1er de la présente loi.

II. – Les personnes mentionnées au même article 1er sont soumises à des contrôles menés par les agents mentionnés aux articles L. 511-3 et L. 511-21 du Code de la consommation, dans les conditions prévues à l'article L. 511-7 du même code.

Titre Ier. – DES CONDITIONS D'ACCÈS À LA PROFESSION ET DE SON EXERCICE

(Abr.)

Titre II. – DE L'INCAPACITÉ D'EXERCER DES ACTIVITÉS D'ENTREMISE ET DE GESTION DES IMMEUBLES ET FONDS DE COMMERCE

Art. 9 *(Mod., L. n° 2006-437, 14 avr. 2006 ; Ord. n° 2019-1015, 2 oct. 2019 ; à compter du 1er juillet 2021, Ord. n° 2020-71, 29 janv. 2020).* – Nul ne peut, d'une manière habituelle, se livrer ou prêter son concours, même à titre accessoire, aux opérations portant sur les biens d'autrui mentionnées à l'article 1er s'il a fait l'objet depuis moins de dix ans d'une condamnation définitive :

I. – Pour crime.

II. – À une peine d'au moins trois mois d'emprisonnement sans sursis pour :

1° L'une des infractions prévues au titre Ier du livre III du Code pénal et pour les délits prévus par des lois spéciales et punis des peines prévues pour l'escroquerie et l'abus de confiance ;

2° Recel ou l'une des infractions assimilées au recel ou voisines de celui-ci prévues à la section 2 du chapitre Ier du titre II du livre III du Code pénal ;

3° Blanchiment ;

4° Corruption active ou passive, trafic d'influence, soustraction et détournement de biens ;

5° Faux, falsification de titres ou autres valeurs fiduciaires émises par l'autorité publique, falsification des marques de l'autorité ;

6° Participation à une association de malfaiteurs ;

7° Trafic de stupéfiants ;

8° Proxénétisme ou l'une des infractions prévues par les sections 2 et 2 *bis* du chapitre V du titre II du livre II du Code pénal ;

9° L'une des infractions prévues à la section 3 du chapitre V du titre II du livre II du Code pénal ;

10° L'une des infractions à la législation sur les sociétés commerciales prévues au titre IV du livre II du Code de commerce ;

11° Banqueroute ;

12° Pratique de prêt usuraire ;

13° L'une des infractions prévues aux articles L. 324-1 à L. 324-4, L. 324-10 et L. 324-12 à L. 324-14 du Code de la sécurité intérieure ;

14° Infraction à la législation et à la réglementation des relations financières avec l'étranger ;

15° Fraude fiscale ;

16° L'une des infractions prévues aux articles L. 241-1, L. 241-2, L. 263-1 et L. 311-6 du Code de la construction et de l'habitation et à l'article L. 243-3 du Code des assurances ;

17° L'une des infractions prévues aux articles L. 115-16 et L. 115-18, L. 115-24, L. 115-30, L. 121-6, L. 121-28, L. 122-8 à L. 122-10, L. 213-1 à L. 213-5, L. 217-1 à L. 217-3, L. 217-6 et L. 217-10 du Code de la consommation ;

18° L'infraction prévue à l'article L. 353-2 du Code monétaire et financier ;

19° L'une des infractions prévues aux articles L. 324-9, L. 324-10 et L. 362-3 du Code du travail ;

20° Les atteintes aux systèmes de traitement automatisé prévues par le chapitre III du titre II du livre III du Code pénal ;

21° L'une des infractions prévues à la section 1 du chapitre V du titre II du livre II du Code pénal.

III. – À la destitution des fonctions d'officier public ou ministériel.

NB : Conformément à l'article 8 de l'ordonnance n° 2020-71 du 29 janvier 2020, ces dispositions entrent en vigueur à une date fixée par décret en Conseil d'État, et au plus tard le 1er juillet 2021.

Art. 10 *(Mod., Ord. n° 2009-104, 30 janv. 2009).* – L'incapacité prévue à l'article 9 s'applique également :

a) À toute personne à l'égard de laquelle a été prononcée une mesure définitive de faillite personnelle ou une autre mesure définitive d'interdiction dans les conditions prévues par le livre VI du Code de commerce ;

b) Aux administrateurs judiciaires et mandataires judiciaires au redressement et à la liquidation des entreprises ayant fait l'objet d'une décision de radiation de la liste prévue aux articles L. 811-12 et L. 812-9 du Code de commerce ;

c) Aux membres et anciens membres des professions libérales soumises à un statut législatif ou réglementaire ou dont le titre est protégé ayant fait l'objet d'une décision définitive prononçant une interdiction d'exercer d'une durée au moins égale à six mois ;

d) À toute personne morale dont les associés ou actionnaires détenant au moins 25 % des parts ou des droits de vote ont fait l'objet d'une condamnation irrévocable depuis moins de dix ans pour les infractions visées à l'article 9.

Art. 11 *(Mod., Ord. n° 2004-634, 1er juill. 2004 ; à compter du 1er janvier 2020, Ord. n° 2019-964, 18 sept. 2019).* – En cas de condamnation prononcée par une juridiction étrangère et passée en force de chose jugée pour une infraction constituant, selon la loi française, un crime ou l'un des délits mentionnés à l'article 9, le tribunal correctionnel du domicile du condamné, à la requête du ministère public, déclare, après constatation de la régularité et de la légalité de la condamnation et l'intéressé dûment appelé en chambre du conseil, qu'il y a lieu d'appliquer l'incapacité d'exercer.

Cette incapacité s'applique également à toute personne non réhabilitée ayant fait l'objet d'une interdiction d'exercer prononcée par une juridiction étrangère quand le jugement a été déclaré exécutoire en France. La demande d'exequatur peut être, à cette fin seulement, formée par le ministère public devant le tribunal judiciaire du domicile du condamné.

Art. 12 *(Mod., Ord. n° 2004-634, 1er juill. 2004).* – Les personnes auxquelles l'exercice d'une activité professionnelle est interdit par la présente loi ne peuvent ni exercer cette activité sous le couvert d'un tiers ni être employées à un titre quelconque, soit par l'établissement qu'elles exploitaient, soit par la société qu'elles dirigeaient, géraient, administraient ou dont elles avaient la signature, ni gérer, diriger, administrer une personne morale quelconque exerçant cette activité. Elles ne peuvent davantage être employées au service de l'acquéreur, du gérant ou du locataire de leur ancienne entreprise.

Art. 13 *(Mod., Ord. n° 2004-634, 1er juill. 2004).* – Les personnes exerçant une profession ou une activité mentionnée aux articles 1er et 4 qui encourent cette incapacité doivent cesser leur profession ou activité dans le délai d'un mois à compter du jour où la décision entraînant l'incapacité est devenue définitive et leur a été notifiée. Ce délai peut être réduit ou supprimé par la juridiction qui a rendu cette décision.

Sans préjudice des dispositions du deuxième alinéa de l'article 132-21 du Code pénal, la juridiction prononçant la décision qui entraîne cette incapacité peut en réduire la durée.

Titre II *bis*. – LE CONSEIL DE LA TRANSACTION ET DE LA GESTION IMMOBILIÈRES

Art. 13-1 *(Mod., L. n° 2018-1021, 23 nov. 2018)*. – Le Conseil national de la transaction et de la gestion immobilières a pour mission de veiller au maintien et à la promotion des principes de moralité, de probité et de compétence nécessaires au bon accomplissement des activités mentionnées à l'article 1er par les personnes mentionnées au même article 1er.

Le conseil fait des propositions au ministre de la justice et aux ministres chargés de la consommation et du logement au sujet des conditions d'accès aux activités mentionnées audit article 1er et des conditions de leur exercice, s'agissant notamment :

1° De la nature de l'obligation d'aptitude professionnelle prévue au 1° de l'article 3 ;

2° De la nature de l'obligation de compétence professionnelle prévue à l'article 4 ;

3° De la nature et des modalités selon lesquelles s'accomplit la formation continue mentionnée à l'article 3-1 ;

4° Des règles constituant le Code de déontologie applicable aux personnes titulaires de la carte professionnelle mentionnée à l'article 3 et, lorsqu'il s'agit de personnes morales, à leurs représentants légaux et statutaires, dont le contenu est fixé par décret.

Le conseil est consulté pour avis sur l'ensemble des projets de textes législatifs ou réglementaires relatifs aux conditions d'accès aux activités mentionnées à l'article 1er et aux conditions de leur exercice ainsi que sur l'ensemble des projets de textes législatifs et réglementaires relatifs à la copropriété.

Le conseil établit chaque année un rapport d'activité.

Art. 13-2 *(Mod., L. n° 2018-1021, 23 nov. 2018)*. – Le conseil comprend :

1° Sept membres représentant les personnes titulaires de la carte professionnelle mentionnée à l'article 3, choisis en veillant à assurer la représentativité de la profession, sur proposition d'un syndicat professionnel ou d'une union de syndicats professionnels représentatifs des personnes titulaires de la carte professionnelle mentionnée au même article 3 ;

2° Cinq membres représentant des consommateurs choisis parmi les associations de défense des consommateurs œuvrant dans le domaine du logement, agréées en application de l'article L. 811-1 du Code de la consommation ;

3° Trois personnalités qualifiées dans le domaine de l'immobilier ou du droit des copropriétés, qui ne disposent pas de droit de vote et dont les avis sont consultatifs ;

4° Un président nommé par arrêté conjoint du garde des sceaux, ministre de la justice et des ministres chargés du logement et de la consommation et qui ne peut pas être une personne mentionnée aux 1° à 3° du présent article.

Les membres du conseil sont nommés par arrêté conjoint du ministre de la justice et des ministres chargés du logement et de la consommation.

Assistent de droit aux réunions du conseil les représentants du ministre de la justice et des ministres chargés du logement et de la consommation.

Art. 13-3 *(Mod., L. n° 2018-1021, 23 nov. 2018)*. – Le Conseil national de la transaction et de la gestion immobilières comprend une commission de contrôle des activités de transaction et de gestion immobilières qui instruit les cas de pratiques abusives portées à la connaissance du conseil.

La commission adresse son rapport pour avis au Conseil national de la transaction et de la gestion immobilières. Le président du Conseil national de la transaction et de la gestion immobilières propose à la délibération du conseil la transmission du rapport à l'autorité administrative chargée de la concurrence e de la consommation conformément aux dispositions de l'article 8-3.

La commission est composée de :

1° Cinq représentants des personnes titulaires de la carte professionnelle mentionnée à l'article 3, choisis en veillant à assurer la représentativité de la profession, sur proposition d'un syndicat professionnel ou d'une union de syndicats professionnels représentatifs des personnes titulaires de la carte professionnelle mentionnée au même article 3 ;

2° Cinq représentants des consommateurs choisis parmi les associations de défense des consommateurs œuvrant dans le domaine du logement, agréées en application de l'article L. 811-1 du Code de la consommation.

Le président du Conseil national de la transaction et de la gestion immobilières désigne le président de la commission de contrôle parmi les personnes mentionnées au 1° du présent article.

Les membres de la commission sont nommés par arrêté conjoint du ministre de la justice et des ministres chargés du logement et de la consommation.

Art. 13-4 ***(Mod., L. n° 2018-1021, 23 nov. 2018).*** **– Un décret fixe les conditions d'application du présent titre.**

Chapitre Ier. – DU CONSEIL NATIONAL DE LA TRANSACTION ET DE LA GESTION IMMOBILIÈRES

(Abr.)

Art. 13-2-1 ***(Abr., L. n° 2018-1021, 23 nov. 2018).***

Art. 13-3-1 ***(Abr., L. n° 2018-1021, 23 nov. 2018).***

Art. 13-3-2 ***(Abr., L. n° 2018-1021, 23 nov. 2018).***

Chapitre II. – DE LA DISCIPLINE DES PERSONNES EXERÇANT DE MANIÈRE HABITUELLE DES ACTIVITÉS DE TRANSACTION ET DE GESTION IMMOBILIÈRES

(Abr., L. n° 2018 1021, 23 nov. 2018)

Section 1. – DE LA NATURE DES MANQUEMENTS ET DES SANCTIONS DISCIPLINAIRES

(Abr., L. n° 2018-1021, 23 nov. 2018)

Art. 13-4-1 ***(Abr., L. n° 2018-1021, 23 nov. 2018).***

Section 2. – DE LA PROCÉDURE DISCIPLINAIRE

(Abr., L. n° 2018-1021, 23 nov. 2018)

Art. 13-5 à 13-6 ***(Abr., L. n° 2018-1021, 23 nov. 2018).***

Section 3. – DES DÉCISIONS ET DES VOIES DE RECOURS

(Abr., L. n° 2018-1021, 23 nov. 2018)

Art. 13-7 à 13-10 ***(Abr., L. n° 2018-1021, 23 nov. 2018).***

Chapitre II. – DU CONTRÔLE DES ACTIVITÉS DE TRANSACTION ET DE GESTION IMMOBILIÈRES

(Abr., L. n° 2018-1021, 23 nov. 2018)

Chapitre III. – DE LA DISCIPLINE DES PERSONNES EXERÇANT DE MANIÈRE HABITUELLE DES ACTIVITÉS DE TRANSACTION ET DE GESTION IMMOBILIÈRES

(Abr., L. n° 2018-1021, 23 nov. 2018)

Titre II. – DES INCAPACITÉS

(Abr., L. n° 2018-1021, 23 nov. 2018)

Titre III. – DES SANCTIONS PÉNALES ET ADMINISTRATIVES

Art. 14 ***(Mod., L. n° 2018-1021, 23 nov. 2018).*** **– Est puni de six mois d'emprisonnement et de 7 500 Euros d'amende le fait :**

a) **De se livrer ou prêter son concours, d'une manière habituelle, même à titre accessoire, à des opérations visées à l'article 1er sans être titulaire de la carte instituée par l'article 3 ou après l'avoir restituée ou en ayant omis de la restituer après injonction de l'autorité administrative compétente ;**

a *bis* A) Pour toute personne d'utiliser la dénomination « agent immobilier », « syndic de copropriété » ou « administrateur de biens » sans être titulaire de la carte instituée par le même article 3 ;

a *bis*) De se livrer ou de prêter son concours, d'une manière habituelle, même à titre accessoire, à des opérations mentionnées à l'article 1er en méconnaissance d'une interdiction définitive ou temporaire d'exercer, prononcée en application de l'article 13-8, et devenue définitive ;

b) **Pour toute personne qui assume la direction d'un établissement, d'une succursale, d'une agence ou d'un bureau, de n'avoir pas effectué la déclaration préalable d'activité prévue au onzième alinéa de l'article 3 ;**

c) Pour toute personne qui exerce les fonctions de représentant légal ou statutaire d'une personne morale, de se livrer ou de prêter son concours, même à titre accessoire, d'une manière habituelle à des opérations visées à l'article 1er sans remplir ou en ayant cessé de remplir les conditions prévues aux 1° et 4° de l'article 3 ;

d) Pour toute personne mentionnée à l'article 1er, de ne pas délivrer à ses clients les informations prévues à l'article 4-1.

Est puni des mêmes peines le fait de négocier, s'entremettre ou prendre des engagements pour le compte du titulaire d'une carte professionnelle, sans y avoir été habilité dans les conditions de l'article 4 ci-dessus.

Art. 15 *(Mod., Ord. n° 2004-634, 1er juill. 2004).* – Est puni des peines prévues à l'article 313-1 du Code pénal le fait d'exercer ou de tenter d'exercer une activité professionnelle en violation de l'incapacité résultant de l'application des articles 9 à 12.

Art. 16 *(Mod., Ord. n° 2004-634, 1er juill. 2004).* – Est puni de deux ans d'emprisonnement et de 30 000 euros d'amende le fait :

1° De recevoir ou de détenir, à quelque titre et de quelque manière que ce soit, à l'occasion d'opérations visées à l'article 1er, des sommes d'argent, biens, effets ou valeurs quelconques :

a) Soit en violation de l'article 3 ;

b) Soit en violation des conditions prévues par l'article 5 pour la tenue des documents et la délivrance des reçus lorsque ces documents et reçus sont légalement requis ;

2° D'exiger ou d'accepter des sommes d'argent, biens, effets, ou valeurs quelconques, en infraction aux dispositions de l'article 6.

Art. 17 *(Mod., Ord. n° 2004-634, 1er juill. 2004).* – Est puni de six mois d'emprisonnement et de 7 500 euros d'amende le fait de mettre obstacle à l'exercice de la mission des agents publics chargés du contrôle en refusant de leur communiquer les documents réclamés, notamment les documents bancaires ou comptables ainsi que les mandats écrits.

Art. 17-1 *(L. n° 2014-366, 24 mars 2014 ; mod., Ord. n° 2016-301, 14 mars 2016 ; à compter du 1er janvier 2021, Ord. n° 2020-1144, 16 sept. 2020).* – Est sanctionné par une amende administrative, prononcée par l'autorité administrative chargée de la concurrence et de la consommation, dont le montant ne peut excéder 15 000 € pour une personne physique et 75 000 € pour une personne morale, dans les conditions prévues au chapitre II du titre II du livre V du Code de la consommation, le fait, pour une personne mentionnée à l'article 1er de la présente loi et exerçant l'activité mentionnée au 1° de ce même article, de mettre en location aux fins d'habitation des locaux frappés d'un arrêté de mise en sécurité ou de traitement de l'insalubrité pris en application de l'article L. 511-11 du Code de la construction et de l'habitation, comportant une interdiction temporaire ou définitive d'habiter. Le représentant de l'État dans le département ou le maire transmet à l'autorité administrative chargée de la concurrence et de la consommation, à sa demande, les mesures de police arrêtées permettant de caractériser le manquement.

NB : Conformément à l'article 19 de l'ordonnance n° 2020-1144 du 16 septembre 2020, ces dispositions entrent en vigueur le 1er janvier 2021 et ne sont applicables qu'aux arrêtés notifiés à compter de cette date.

Art. 17-2 *(L. n° 2014-366, 24 mars 2014).* – *(Al. abr. à compter du 1er juillet 2016, L. n° 2015-990, 6 août 2015)* Est puni de la peine d'amende prévue au 5° de l'article 131-13 du Code pénal le fait, pour une personne mentionnée à l'article 1er de la présente loi, d'effectuer une publicité en violation de l'article 6-1.

(Al. mod. à compter du 1er juillet 2016, L. n° 2015-990, 6 août 2015) Est puni de la peine d'amende prévue au 5° de l'article 131-13 du Code pénal le fait, pour un agent commercial, d'effectuer une publicité en violation de l'article 6-2 ainsi que le fait de ne pas respecter l'obligation de mentionner le statut d'agent commercial prévue au même article.

Art. 18 *(Mod., Ord. n° 2004-634, 1er juill. 2004).* – Les personnes morales peuvent être déclarées responsables pénalement, dans les conditions prévues par l'article 121-2 du Code pénal, des infractions définies aux articles 14, 15, 16 et 17.

Les peines encourues par les personnes morales sont les suivantes :

1° L'amende, suivant les modalités prévues par l'article 131-38 du Code pénal ;

2° Les peines mentionnées à l'article 131-39 du même code.

L'interdiction mentionnée au 2° de ce dernier article a pour objet l'activité qui a donné lieu à l'infraction, que cette dernière ait été commise dans l'exercice de l'activité ou à l'occasion de cet exercice.

Titre III. – DES SANCTIONS

(Abr.)

Titre IV. – DISPOSITIONS DIVERSES

Art. 19 *(Mod., Ord. n° 2004-634, 1er juill. 2004)*. – **Les conditions d'application de la présente loi seront fixées par un décret en Conseil d'État.**

Art. 19-1 *(Ord. n° 2007-1801, 21 déc. 2007)*. – **Les dispositions de la présente loi entrent en vigueur à Mayotte à compter du 1er janvier 2009.**

Art. 20 *(L. n° 2006-872, 13 juill. 2006)*. – **Les personnes physiques et les représentants légaux ou statutaires d'une personne morale titulaires d'une carte professionnelle visée à l'article 3 et délivrée au plus tard le 31 décembre 2005 sont réputés justifier de l'aptitude professionnelle prévue au 1° de l'article 3 à compter du 1er janvier 2006.**

Décret n° 72-678 du 20 juillet 1972

fixant les conditions d'application de la loi n° 70-9 du 2 janvier 1970 réglementant les conditions d'exercice des activités relatives à certaines opérations portant sur les immeubles et les fonds de commerce

Bibliographie : *Sur les modifications apportées au décret du 20 juillet 1972 par le décret n° 2005-1315, 21 octobre 2005.* M. Thioye, *Modernisation du statut des intermédiaires immobiliers : AJDI* oct. 2005, p. 7. • P. Capoulade, *Simplification du décret du 20 juillet 1972 sur les activités d'entremise et de gestion immobilière : Rev. Administrer* mars 2006, p. 13 ; *Les changements dans la réglementation des activités immobilières : Inf. rap. copr.* mai 2006, p. 21 ; *Réforme du décret « Hoguet » : les nouvelles règles applicables au 1er janvier 2006 (étude anonyme) : Rev. hab. fr.* déc. 2005, p. 8 ; *Modernisations du décret sur les intermédiaires immobiliers (étude anonyme) : Bull. dict. permanent Gestion immobilière*, n° 374, p. 1933. • C. Beddeleem, *Les nouvelles cartes professionnelles : Inf. rap. copr.* sept. 2015, p. 19.

Sur les modifications apportées au décret du 20 juillet 1972 par le décret n° 2008-355 du 15 avril 2008. C. Sabatié, *Un énième toilettage du décret Hoguet : Rev. loyers* 2008, p. 254.

CHAPITRE I. – LA CARTE PROFESSIONNELLE

Art. 1er *(Mod., L. n° 93-199, 9 févr. 1993 ; D. n° 95-818, 29 juin 1995 ; D. n° 2005-1315, 21 oct. 2005 ; D. n° 2015-702, 19 juin 2015)*. – **La carte professionnelle délivrée aux personnes établies sur le territoire national qui exercent une ou plusieurs des activités mentionnées à l'article 1er de la loi du 2 janvier 1970 susvisée porte la ou les mentions suivantes :**

1° « Transactions sur immeubles et fonds de commerce », en cas d'exercice des activités mentionnées aux 1° à 5° et 8° de l'article 1er de la loi du 2 janvier 1970 ;

2° « Gestion immobilière », en cas d'exercice de l'activité mentionnée au 6° du même article ;

3° « Syndic de copropriété », en cas d'exercice de l'activité mentionnée au 9° du même article ;

4° « Marchand de listes », en cas d'exercice de l'activité mentionnée au 7° du même article.

La mention « Marchand de listes » est exclusive des précédentes. Si le titulaire de la carte portant cette mention exerce les autres activités mentionnées à l'article 1er de la loi du 2 janvier 1970, il doit être détenteur d'une autre carte portant la ou les mentions correspondantes.

Lorsque le titulaire d'une carte entend se livrer ou prêter son concours, à titre accessoire, aux opérations mentionnées à l'article L. 211-1 du Code du tourisme, cette carte porte en outre la mention « Prestations touristiques ».

La carte délivrée aux personnes non établies sur le territoire national, qui ne relèvent pas de la section III du chapitre II, porte la mention supplémentaire « Prestations de services ».

La carte délivrée aux personnes ayant déposé la déclaration sur l'honneur mentionnée au 6° de l'article 3 porte en outre, pour l'activité concernée par la déclaration sur l'honneur, la mention : « Non-détention de fonds » ainsi que, le cas échéant, la mention : « Absence de garantie financière ».

Ces cartes sont conformes à un modèle établi par arrêté du ministre chargé de l'économie.

Art. 2 *(Mod., D. n° 2005-1315, 21 oct. 2005).* – La délivrance de la carte professionnelle est sollicitée par la personne physique ou par le ou les représentants légaux ou statutaires de la personne morale, qui se livre ou prête son concours aux opérations énumérées par l'article 1er de la loi [n° 70-9] susvisée du 2 janvier 1970.

La demande précise la nature des opérations pour lesquelles la carte est demandée. Elle indique, le cas échéant, que le demandeur entend se livrer ou prêter son concours, à titre accessoire, aux opérations mentionnées à l'article L. 211-1 du Code du tourisme.

Lorsque la demande est faite par une personne physique, elle mentionne l'état civil, la profession, le domicile et le lieu de l'activité professionnelle de cette personne.

Lorsque la demande est présentée au nom d'une personne morale, elle indique la dénomination, la forme juridique, le siège, l'objet de la personne morale, ainsi que l'état civil, le domicile, la profession et la qualité du ou des représentants légaux ou statutaires.

La demande est présentée par la personne physique ou par le ou les représentants légaux ou statutaires de la personne morale ou, le cas échéant, par le locataire-gérant qui exerce ou envisage d'exercer l'activité considérée. Si la direction de l'entreprise est assumée par un préposé ou un gérant, mandataire ou salarié, la demande indique également, dans ce cas, l'état civil, la qualité, le domicile de cette personne qui doit, en outre, justifier qu'elle satisfait aux conditions prévues par l'article 3 (1° et 4°) de la loi [n° 70-9] susvisée du 2 janvier 1970, par les articles 3 (alinéas 2 et 3) et 16 du présent décret.

Art. 3 *(Mod., L. n° 95-818, 29 juin 1995 ; rempl., D. n° 2005-1315, 21 oct. 2005 ; mod., D. n° 2006-1115, 5 sept. 2006 ; D. n° 2015-702, 19 juin 2015 ; D. n° 2016-1392, 17 oct. 2016 ; à compter du 1er novembre 2021, D. n° 2021-631, 21 mai 2021).* – I. – La demande est accompagnée :

1° De la justification qu'il est satisfait par le ou les demandeurs aux conditions d'aptitude professionnelle spécifiées au chapitre II ;

2° De l'attestation de garantie financière suffisante délivrée dans les conditions prévues à l'article 37, sous réserve des dispositions du 6° du présent article ;

3° De l'attestation d'assurance contre les conséquences pécuniaires de la responsabilité civile professionnelle délivrée conformément au deuxième alinéa de l'article 49 ;

4° Du numéro unique d'identification si la personne est immatriculée au registre du commerce et des sociétés ou d'un double de la demande si elle doit y être immatriculée ;

5° Suivant le cas, d'une attestation délivrée par l'établissement de crédit qui a ouvert le compte prévu soit par l'article 55, soit par l'article 59, avec l'indication du numéro de compte et de la succursale qui le tient, ou d'une attestation d'ouverture au nom de chaque mandant des comptes bancaires prévus par l'article 71 ;

6° Le cas échéant, de la déclaration sur l'honneur qu'il n'est reçu ni détenu, directement ou indirectement, par le demandeur, à l'occasion de tout ou partie des activités pour lesquelles la carte est demandée, d'autres fonds, effets ou valeurs que ceux représentatifs de sa rémunération ou de ses honoraires ; dans ce cas, le demandeur ne produit, au titre des activités concernées par la déclaration sur l'honneur, l'attestation de garantie financière mentionnée au 2° que lorsqu'il a choisi d'en souscrire une.

II. – En vue de vérifier que le demandeur n'est pas frappé d'une des incapacités ou interdictions d'exercer définies au titre II de la loi du 2 janvier 1970 susvisée, le président de la chambre de commerce et d'industrie territoriale ou celui de la chambre de commerce et d'industrie départementale d'Île-de-France demande un bulletin n° 2 au casier judiciaire national.

Lorsque le demandeur est établi en France et qu'il est ressortissant d'un autre État membre de l'Union européenne, le président de la chambre de commerce et d'industrie territoriale ou départementale demande également l'équivalent du bulletin n° 2 auprès du casier judiciaire de l'État membre de nationalité, par l'intermédiaire du casier judiciaire national.

Lorsque le demandeur est établi en France et qu'il est ressortissant d'un État non membre de l'Union européenne, il joint à sa demande un extrait de casier judiciaire datant de moins de trois mois ou, à défaut, un document équivalent délivré par l'autorité compétente de cet État.

Si le demandeur a acquis l'aptitude professionnelle dont il se prévaut dans un État membre de l'Union européenne, le président de la chambre de commerce et d'industrie territoriale ou de la chambre départementale d'Île-de-France demande en outre l'équivalent du bulletin n° 2 auprès du casier judiciaire de cet État, par l'intermédiaire du casier judiciaire national.

Si le demandeur a acquis l'aptitude professionnelle dont il se prévaut dans un État avec lequel la France est liée par un accord de reconnaissance des qualifications professionnelles, il joint à sa demande un extrait de casier judiciaire datant de moins de trois mois ou, à défaut, un document équivalent délivré par l'autorité compétente de cet État.

Art. 4 *(Mod., D. n° 2015-702, 19 juin 2015).* – Une liste des établissements, succursales, agences ou bureaux qui dépendent du même déclarant est, s'il y a lieu, jointe à la demande. Cette liste précise la dénomination et l'adresse de chaque établissement, succursale, agence ou bureau, même s'ils ne sont ouverts qu'à titre temporaire.

Le titulaire de la carte professionnelle, son ou ses représentants légaux ou statutaires, s'il s'agit d'une personne morale, avise immédiatement le président de la chambre de commerce et d'industrie territoriale ou de la chambre départementale d'Île-de-France compétente en application de l'article 5 de tout changement d'adresse et de toute ouverture ou fermeture d'établissement, succursale, agence ou bureau.

Art. 5 *(Mod., L. n° 93-199, 9 févr. 1993 ; D. n° 2005-1315, 21 oct. 2005 ; D. n° 2015-702, 19 juin 2015).* – I. – La demande prévue à l'article 2 est présentée au président de la chambre de commerce et d'industrie territoriale ou de la chambre départementale d'Île-de-France, dans le ressort de laquelle se trouve le siège du demandeur si elle est présentée par une personne morale, ou celui de son principal établissement si elle est présentée par une personne physique.

La demande, dont le modèle est prévu par arrêté du ministre chargé de l'économie, est déposée contre décharge ou adressée par lettre recommandée avec demande d'avis de réception ou par voie électronique.

Les personnes physiques ou morales qui n'ont en France aucun établissement, succursale, agence ou bureau adressent leur demande au président de la chambre de commerce et d'industrie départementale de Paris.

La demande est accompagnée d'un paiement en rémunération de l'instruction du dossier, dont le montant et les modalités sont déterminés par arrêté du ministre chargé de l'économie.

II. – Lorsque le président de la chambre de commerce et d'industrie territoriale ou de la chambre départementale d'Île-de-France exerce l'une des activités mentionnées à l'article 1er de la loi du 2 janvier 1970 susvisée, il n'intervient ni dans l'instruction ni dans la délivrance de la carte professionnelle. La carte est alors délivrée par un des vice-présidents.

III. – Si la demande est incomplète, la chambre de commerce et d'industrie compétente en application du I notifie par tout moyen au demandeur la liste des pièces manquantes dans un délai de quinze jours à compter de la réception de la demande. La demande est caduque si le dossier n'est pas complété dans le délai de deux mois à compter de cette notification.

Les pièces complémentaires sont déposées contre décharge ou adressées par lettre recommandée avec demande d'avis de réception ou par voie électronique.

La carte professionnelle est numérotée.

Art. 6 *(Mod., D. n° 2005-1315, 21 oct. 2005 ; D. n° 2015-702, 19 juin 2015).* – I. – Le titulaire de la carte professionnelle avise sans délai de tout changement d'adresse de son siège ou de son principal établissement la chambre de commerce et d'industrie compétente en application du I de l'article 5 avant ce changement. Si le siège ou le nouvel établissement du titulaire est situé dans le ressort d'une autre chambre de commerce et d'industrie, la chambre de commerce et d'industrie qui a reçu l'avis vérifie la réalité du déplacement et transmet le dossier à la chambre de commerce et d'industrie compétente en application du I de l'article 5.

Tout changement de dénomination ou de forme de la personne morale, de l'identité du ou des représentants légaux ou statutaires et de l'identité du garant ou de l'assureur de la responsabilité civile professionnelle est également déclaré.

Les changements mentionnés ci-dessus donnent lieu à la délivrance d'une carte professionnelle mise à jour, valable pour la durée restant à courir de celle-ci.

II. – Lorsque le titulaire de la carte dépose la déclaration sur l'honneur mentionnée au 6° du I de l'article 3, il lui est délivré, sur remise de son ancienne carte, une nouvelle carte professionnelle pour la durée restant à courir portant, pour l'activité concernée par la déclaration sur l'honneur, la mention « Non-détention de fonds ».

III. – En cas d'avenant à la garantie financière ou à l'assurance contre les conséquences pécuniaires de la responsabilité civile professionnelle, le titulaire de la carte professionnelle en informe la chambre de commerce et d'industrie territoriale ou la chambre départementale d'Île-de-France en utilisant un modèle prévu par arrêté du ministre chargé de l'économie et fournit les justificatifs requis.

Art. 7 *(Mod., D. n° 2015-702, 19 juin 2015).* – En cas de cessation de la garantie financière, de suspension, d'expiration ou de dénonciation du contrat d'assurance contre les conséquences pécuniaires de la responsabilité civile professionnelle, ainsi qu'en cas d'interdiction ou d'incapacité d'exercer, le titulaire de la carte professionnelle doit la restituer immédiatement à la chambre de commerce et d'industrie territoriale ou la chambre départementale d'Île-de-France compétente en application du I de l'article 5 ; il est tenu, ainsi que toute personne qui en serait porteur, de la remettre sur simple réquisition d'un agent de l'autorité publique ou sur demande du président de la chambre de commerce et d'industrie compétente en application du I de l'article 5.

Lorsque la cessation de la garantie financière fait suite au dépôt, par le titulaire de la carte, de la déclaration sur l'honneur mentionnée au 6° de l'article 3, il lui est délivré, sur remise de son ancienne carte, une nouvelle carte professionnelle qui, outre la mention prévue au dernier alinéa de l'article 6, porte, pour l'activité concernée par la déclaration sur l'honneur, la mention « Absence de garantie financière ».

Art. 8 *(Mod., D. n° 2005-1315, 21 oct. 2005 ; D. n° 2015-702, 19 juin 2015).* – Une déclaration préalable d'activité est souscrite à la chambre de commerce et d'industrie territoriale ou à la chambre départementale d'Île-de-France du lieu de situation de chaque établissement, succursale, agence ou bureau mentionnés à l'article 4, par la personne qui en assure la direction.

Cette déclaration contient les renseignements mentionnés selon le cas au troisième ou au quatrième alinéa de l'article 2, ainsi que l'indication de la chambre de commerce compétente en application du I de l'article 5.

Elle comporte également l'état civil, la qualité et le domicile personnel du déclarant.

Lorsque les conditions prévues aux 1° et 4° de l'article 3 de la loi du 2 janvier 1970 susvisée sont réunies, il est remis à la personne qui dirige l'établissement, la succursale, l'agence ou le bureau un récépissé de déclaration. Ce récépissé est conforme à un modèle fixé par arrêté du ministre chargé de l'économie.

Tout changement d'adresse de l'établissement, de la succursale, de l'agence ou du bureau, ainsi que tout changement de la personne qui en assume la direction, donne lieu à déclaration à la ou aux chambres de commerce et d'industrie territoriales ou chambres départementales d'Île-de-France intéressées. Après que sont apportées, s'il y a lieu, les justifications rappelées au précédent alinéa, il est délivré un nouveau récépissé sur remise de l'ancien.

Toute personne qui détient un récépissé de déclaration doit, lorsque les conditions mises à sa délivrance ne sont plus remplies, le restituer immédiatement au président de la chambre de commerce et d'industrie compétente en application de l'article 5. Elle est tenue, ainsi que toute personne qui en serait porteur, de le remettre sur simple réquisition d'un agent de l'autorité publique ou sur demande du président de la chambre de commerce et d'industrie compétente en application de l'article 5.

Les dispositions prévues à l'article 4 ci-dessus et au présent article ne sont pas applicables aux services de gestion, implantés dans les ensembles immobiliers, qui ne disposent d'aucune autonomie administrative et financière.

Art. 9 *(Mod., D. n° 2005-1315, 21 oct. 2005 ; D. n° 2015-702, 19 juin 2015).* – Toute personne physique habilitée par un titulaire de la carte professionnelle à négocier, s'entremettre ou s'engager pour le compte de ce dernier, justifie de la qualité et de l'étendue de ses pouvoirs par la production d'une attestation conforme à un modèle déterminé par arrêté du ministre chargé de l'économie.

L'attestation est visée par le président de la chambre de commerce et d'industrie territoriale ou de la chambre départementale d'Île-de-France compétente en application du I de l'article 5, puis délivrée par le titulaire de la carte professionnelle. Les dispositions du II de l'article 3 sont applicables pour le visa du président de la chambre de commerce et d'industrie.

Toute personne qui détient une attestation est tenue de la restituer au titulaire de la carte professionnelle qui la lui a délivrée, dans les vingt-quatre heures de la demande qui en a été faite par lettre recommandée avec demande d'avis de réception.

Sur simple demande du président de la chambre de commerce et d'industrie territoriale ou de la chambre départementale d'Île-de-France ou du procureur de la République formulée à cet effet, l'attestation doit être retirée.

En cas de non-restitution de cette attestation, le titulaire de la carte professionnelle doit en aviser aussitôt le procureur de la République ainsi que le président de la chambre de commerce et d'industrie territoriale ou de la chambre départementale d'Île-de-France.

Toute modification dans les énonciations de l'attestation donne lieu à délivrance d'un nouveau document sur remise de l'ancien.

Les nom et qualité du titulaire de l'attestation doivent être mentionnés dans les conventions visées à l'article 6 de la loi du 2 janvier 1970 susvisée lorsqu'il intervient dans leur conclusion, ainsi que sur les reçus de versements ou remises lorsqu'il en délivre.

Art. 9-1 *(Aj., D. n° 2019-179, 7 mars 2019).* – Les missions mentionnées à l'article 4-2 de la loi du 2 janvier 1970 susvisée sont :

1° La recherche de logements en vue de leur location ou de leur sous-location à des travailleurs saisonniers ;

2° L'entremise entre le propriétaire d'un logement, d'une part, et un travailleur saisonnier ou l'employeur d'un travailleur saisonnier, d'autre part, pour faciliter la conclusion d'un contrat de location d'un logement destiné au travailleur saisonnier ;

3° L'entremise entre un employeur et son employé travailleur saisonnier, pour faciliter la conclusion d'un contrat de sous-location d'un logement destiné au travailleur saisonnier.

Art. 10. – En cas de négociation, entremise, démarchage, versement de fonds, remise de titres ou effets, engagement ou convention, à l'occasion de l'une des opérations spécifiées à l'article 1er de la loi [n° 70-9] du 2 janvier 1970, toute personne intéressée peut exiger la présentation, suivant les cas, de la carte professionnelle, du récépissé de la déclaration d'activité ou de l'attestation prévue à l'article précédent.

CHAPITRE II. – L'APTITUDE PROFESSIONNELLE

Section I. – Aptitude professionnelle acquise en France

(D. n° 93-199, 9 févr. 1993)

Art. 11 *(Mod., D. n° 74-1179, 31 déc. 1974 ; rempl., D. n° 2005-1315, 21 oct. 2005 ; D. n° 2008-355, 15 avr. 2008).* – Sont regardées comme justifiant de l'aptitude professionnelle requise pour obtenir la carte professionnelle prévue à l'article 1er les personnes qui produisent :

1° Soit un diplôme délivré par l'État ou au nom de l'État, d'un niveau égal ou supérieur à trois années d'études supérieures après le baccalauréat et sanctionnant des études juridiques, économiques ou commerciales ;

2° Soit un diplôme ou un titre inscrit au répertoire national des certifications professionnelles d'un niveau équivalent (niveau II) et sanctionnant des études de même nature ;

3° Soit le brevet de technicien supérieur professions immobilières ;

4° Soit un diplôme de l'institut d'études économiques et juridiques appliquées à la construction et à l'habitation.

Art. 12 *(Rempl., D. n° 2005-1315, 21 oct. 2005).* – Sont regardées comme justifiant de l'aptitude professionnelle requise pour obtenir la carte professionnelle prévue à l'article 1er les personnes qui remplissent cumulativement les conditions suivantes :

1° *(Rempl., D. n° 2008-355, 15 avr. 2008)* Être titulaire soit d'un baccalauréat, soit d'un diplôme ou d'un titre inscrit au répertoire national des certifications professionnelles d'un niveau équivalent (niveau IV) et sanctionnant des études juridiques, économiques ou commerciales.

2° Avoir occupé pendant au moins trois ans un emploi subordonné se rattachant à une activité mentionnée à l'article 1er de la loi [n° 70-9] du 2 janvier 1970 susvisée *(Mots aj., D. n° 2008-355, 15 avr. 2008)* « et correspondant à la mention demandée ».

Art. 13 *(Abr., D. n° 2005-1315, 21 oct. 2005).*

Art. 14 *(Rempl., D. n° 2005-1315, 21 oct. 2005).* – Sont regardées comme justifiant de l'aptitude professionnelle requise pour obtenir la carte prévue à l'article 1er les personnes qui ont occupé l'un des emplois mentionnés au 2° de l'article 12 pendant au moins dix ans. Cette durée est réduite à quatre ans s'il s'agit d'un emploi de cadre au titre duquel le demandeur était affilié comme tel auprès d'une institution de retraite complémentaire ou d'un emploi public de catégorie A ou de niveau équivalent.

Art. 15 *(Rempl., D. n° 2005-1315, 21 oct. 2005).* – Les durées d'occupation mentionnées aux articles 12 et 14 s'entendent d'un emploi à temps complet ou de l'équivalent en temps complet d'un emploi à temps partiel, que cette occupation ait été continue ou non.

Art. 16 *(Mod., D. n° 2005-1315, 21 oct. 2005).* – Les personnes qui, sans être titulaires de la carte professionnelle, assument la direction de l'entreprise, telles que les gérants, mandataires ou salariés, ou celle d'un établissement, d'une succursale, d'une agence ou d'un bureau, ont à justifier de leur aptitude professionnelle dans les conditions prévues à l'article 11 ou dans celles prévues aux articles 12 et 14, avec un temps d'activité réduit de moitié.

Section II. – Aptitude professionnelle acquise dans un autre État membre de la Communauté européenne ou partie à l'accord sur l'Espace économique européen

(D. n° 93-199, 9 févr. 1993 ; mod., D. n° 2005-1315, 21 oct. 2005)

Art. 16-1 *(D. n° 93-199, 9 févr. 1993 ; mod., D. n° 2005-1315, 21 oct. 2005 ; rempl., D. n° 2009-766, 22 juin 2009 ; D. n° 2010-1707, 30 déc. 2010 ; mod., D. n° 2016-1392, 17 oct. 2016).* – Le ressortissant d'un État membre de l'Union européenne ou d'un autre État partie à l'accord sur l'Espace économique européen peut obtenir la carte professionnelle mentionnée à l'article 1er du présent décret pour exercer une activité mentionnée à l'article 1er de la loi du 2 janvier 1970 susvisée, sans remplir les conditions fixées par les dispositions de la section I du présent chapitre, lorsqu'il possède une attestation de compétence ou un titre de formation mentionné aux articles 11 et 12 de la directive 2005/36/CE modifiée du 7 septembre 2005 du Parlement européen et du Conseil, relative à la reconnaissance des qualifications professionnelles :

1° Si cette attestation de compétence ou titre de formation permet l'accès à tout ou partie de cette activité ou son exercice, lorsque l'État qui a délivré ce document la réglemente ;

2° Si cette attestation de compétence ou titre de formation atteste la préparation du demandeur à l'exercice de tout ou partie de cette activité, lorsque l'État qui a délivré le document ne la réglemente pas. Dans ce cas, le demandeur doit, en outre, justifier avoir exercé à temps plein l'activité pendant au moins un an au cours des dix années précédentes, ou pendant une période équivalente en cas d'exercice à temps partiel, dans un État membre de l'Union européenne ou dans un autre État partie à l'accord sur l'Espace économique européen qui ne réglemente pas l'activité.

L'expérience professionnelle d'un an n'est pas exigée si le titre certifie une formation préparant spécifiquement à l'exercice de l'activité.

Dans tous les cas, l'attestation de compétence ou le titre de formation doit avoir été délivré soit par l'autorité compétente d'un État membre de l'Union européenne soit par celle d'un autre État partie à l'accord sur l'Espace économique européen. Toutefois, le titre de formation peut avoir été délivré par un État tiers, à condition que soit fournie une attestation, émanant de l'autorité compétente de l'État membre ou de l'État partie qui l'a reconnu, certifiant que son titulaire a une expérience professionnelle de trois ans au moins dans cet État.

Art. 16-2 *(Abr., D. n° 2016-1392, 17 oct. 2016).*

Art. 16-3 *(Aj., D. n° 93-199, 9 févr. 1993).* – Une connaissance suffisante de la langue française est requise du demandeur. Elle est vérifiée dans les conditions fixées par un arrêté conjoint du garde des sceaux, ministre de la justice, et du ministre de l'éducation nationale.

Art. 16-4 *(Abr., D. n° 2009-766, 22 juin 2009).*

Art. 16-5 *(D. n° 93-199, 9 févr. 1993 ; mod., D. n° 2005-1315, 21 oct. 2005 ; D. n° 2015-702, 19 juin 2015 ; D. n° 2016-1392, 17 oct. 2016).* – La demande de carte professionnelle faite par les personnes se prévalant d'une aptitude professionnelle acquise dans les conditions prévues par la présente section est faite conformément aux dispositions de l'article 5. Elle est accompagnée d'un dossier dont la composition est fixée par l'arrêté mentionné à l'article 16-3.

Section III. – Conditions d'exercice de la libre prestation de services de ressortissants d'un État membre de l'Union européenne ou d'un autre État partie à l'accord sur l'Espace économique européen

(D. n° 2009-766, 22 juin 2009)

Art. 16-6 *(D. n° 2009-766, 22 juin 2009 ; D. n° 2015-702, 19 juin 2015 ; mod., D. n° 2016-1392, 17 oct. 2016).* – La déclaration préalable prévue à l'article 8-1 de la loi du 2 janvier 1970 susvisée est adressée, par lettre recommandée avec demande d'avis de réception ou par voie électronique, au président de la chambre de commerce et d'industrie territoriale ou de la chambre départementale d'Île-de-France dans le ressort de laquelle le prestataire se déplace pour la première fois en France afin de fournir des services d'une manière temporaire ou occasionnelle.

Elle est accompagnée des documents suivants :

1° Une attestation certifiant que l'intéressé est légalement établi dans un État membre de l'Union européenne ou dans un autre État partie à l'accord sur l'Espace économique européen sans encourir, même à titre temporaire, aucune interdiction d'exercer ;

2° La preuve que l'intéressé a exercé l'activité concernée pendant au moins une année au cours des dix dernières années précédant la prestation, si l'État membre de l'Union européenne ou partie à l'accord sur l'Espace économique européen dans lequel il est établi ne réglemente pas cette activité ;

3° La justification de la nationalité du prestataire ;

4° La justification d'une garantie financière permettant le remboursement des fonds, effets ou valeurs déposés par les clients et spécialement affectés à celui-ci, sous réserve des dispositions du 6° du présent article ;

5° La justification d'une assurance contre les conséquences pécuniaires de la responsabilité civile professionnelle ;

6° Le cas échéant, une déclaration sur l'honneur qu'il n'est reçu ni détenu, directement ou indirectement, par le déclarant, à l'occasion de l'opération pour laquelle la déclaration est faite, d'autres fonds, effets ou valeurs que ceux représentatifs de sa rémunération ou de ses honoraires.

En cas de changement matériel relatif à la situation établie par ces documents, le prestataire fournit au président de la chambre de commerce et d'industrie territoriale ou de la chambre départementale d'Île-de-France les documents relatifs à ces changements.

Le prestataire qui souhaite se déplacer à nouveau pour fournir des services de façon temporaire et occasionnelle plus d'un an après sa première déclaration en fait la déclaration préalable selon les modalités décrites au premier alinéa. Il joint, le cas échéant, tout document relatif à un changement de situation intervenu depuis sa précédente déclaration.

Art. 16-7 *(D. n° 2009-766, 22 juin 2009).* – La prestation est effectuée sous le titre professionnel de l'État membre d'établissement dans la langue officielle ou l'une des langues officielles de cet État. Si le titre professionnel n'existe pas dans l'État membre d'établissement, le prestataire fait mention de son titre de formation dans la ou les langues officielles de cet État.

Section IV. – Carte professionnelle européenne

Art. 16-8 *(Aj., D. n° 2017-1481, 17 oct. 2017).* – Les ressortissants d'un État membre de l'Union européenne ou partie à l'accord sur l'Espace économique européen peuvent demander, par voie électronique, la carte professionnelle européenne, définie à l'article 1er de l'ordonnance n° 2016-1809 du 22 déc. 2016 relative à la reconnaissance des qualifications professionnelles de professions réglementées.

Art. 16-9 *(Aj., D. n° 2017-1481, 17 oct. 2017).* – Lorsqu'un ressortissant d'un État membre de l'Union européenne ou partie à l'accord sur l'Espace économique européen est établi en France pour exercer des activités de transaction sur immeubles et fonds de commerce mentionnées aux 1° à 5° et 8° de l'article 1er de la loi [n° 70-9] du 2 janv. 1970 susvisée et souhaite effectuer une prestation de services temporaire ou occasionnelle dans un autre État membre ou partie à l'accord sur l'Espace économique européen, l'autorité française compétente pour traiter sa demande de carte professionnelle européenne est la chambre de commerce et d'industrie territoriale ou la chambre départementale d'Île-de-France dans le ressort de laquelle se situe le principal établissement du demandeur ou le siège social de la personne morale pour laquelle exerce le demandeur.

Lorsqu'un ressortissant d'un État membre de l'Union européenne ou partie à l'accord sur l'Espace économique européen, qui n'est établi dans aucun État membre et a obtenu ses qualifications professionnelles en France, souhaite effectuer une prestation de services temporaire ou occasionnelle dans un autre État membre ou partie à l'accord sur l'Espace économique européen, l'autorité française compétente pour traiter sa demande de carte professionnelle européenne est la chambre de commerce et d'industrie territoriale ou la chambre départementale d'Île-de-France de son choix.

La chambre de commerce et d'industrie compétente vérifie, le cas échéant, que le demandeur est légalement établi en France et le certifie dans le système d'information du marché intérieur mentionné au II de l'article 1er de l'ordonnance [n° 2016-1809] du 22 déc. 2016 précitée.

Dans un délai d'une semaine à compter de la réception de la demande, cette chambre vérifie que le dossier comporte l'ensemble des documents exigés par l'État d'accueil et, si ce n'est pas le cas, signale au demandeur tout document manquant. Si les documents manquants ne sont pas fournis par le demandeur dans un délai de trois mois, la demande est réputée caduque.

Dans un délai de trois semaines à compter de la réception de la demande complète, la chambre vérifie que les documents sont valides et authentiques et se prononce sur la délivrance de la carte professionnelle européenne. Elle en informe le demandeur et l'État membre d'accueil concerné.

La carte professionnelle européenne ainsi délivrée est valable 18 mois dans l'État d'accueil. Lorsque le professionnel titulaire d'une carte professionnelle européenne souhaite effectuer des prestations temporaires ou occasionnelles au-delà de cette période de validité, il en informe par voie électronique la chambre de commerce et d'industrie compétente et lui fournit toutes les informations sur les changements substantiels de sa situation. La chambre de commerce et d'industrie compétente met à jour la carte professionnelle européenne et en informe l'État membre d'accueil concerné par le système d'information du marché intérieur.

Lorsque le professionnel titulaire d'une carte professionnelle européenne souhaite effectuer des prestations temporaires ou occasionnelles dans un autre État membre, il demande l'extension correspondante à la chambre de commerce et d'industrie compétente, qui traite cette demande selon les mêmes modalités que celles prévues aux trois premiers alinéas du présent article.

L'absence de délivrance de la carte professionnelle européenne dans le délai de trois semaines à compter de la réception de la demande complète vaut rejet de la demande. Ce rejet est susceptible de recours devant le tribunal administratif.

Art. 16-10 *(Aj., D. n° 2017-1481, 17 oct. 2017).* – Lorsqu'un ressortissant d'un État membre de l'Union européenne ou partie à l'accord sur l'Espace économique européen est établi en France pour exercer des activités de transaction sur immeubles et fonds de commerce mentionnées aux 1° à 5° et 8° de l'article 1er de la loi [n° 70-9] du 2 janv. 1970 susvisée et souhaite s'établir dans un autre État membre ou partie à l'accord sur l'Espace économique européen, l'autorité française compétente pour traiter sa demande de carte professionnelle européenne est la chambre de commerce et d'industrie territoriale ou la chambre départementale d'Île-de-France dans le ressort de laquelle se situe le principal établissement du demandeur ou le siège social de la personne morale pour laquelle exerce le demandeur.

Lorsqu'un ressortissant d'un État membre de l'Union européenne ou partie à l'accord sur l'Espace économique européen, qui n'est établi dans aucun État membre et a obtenu ses qualifications professionnelles en France, souhaite s'établir dans un autre État membre ou partie à l'accord sur l'Espace économique européen, l'autorité française compétente pour traiter sa demande de carte professionnelle européenne est la chambre de commerce et d'industrie territoriale ou la chambre départementale d'Île-de-France de son choix.

La chambre de commerce et d'industrie compétente vérifie, le cas échéant, que le demandeur est légalement établi en France et le certifie dans le système d'information du marché intérieur mentionné au II de l'article 1er de l'ordonnance [n° 2016-1809] du 22 déc. 2016 précitée.

Dans un délai d'une semaine à compter de la réception de la demande, cette chambre vérifie que le dossier comporte l'ensemble des documents exigés par l'État d'accueil et, si ce n'est pas le cas, signale au demandeur tout document manquant. Si les documents manquants ne sont pas fournis par le demandeur dans un délai de trois mois, la demande est réputée caduque.

Dans un délai d'un mois à compter de la réception de la demande complète, la chambre vérifie que les documents sont valides et authentiques. Elle transmet la demande, par le système d'information du marché intérieur, à l'autorité compétente de l'État d'accueil qui se prononce sur cette demande.

L'absence de transmission de la demande à l'État membre d'accueil dans le délai d'un mois à compter de la réception de la demande complète vaut rejet de la demande. Ce rejet est susceptible de recours devant le tribunal administratif.

Art. 16-11 *(Aj., D. n° 2017-1481, 17 oct. 2017)*. – Lorsqu'un ressortissant d'un État membre de l'Union européenne ou partie à l'accord sur l'Espace économique européen a obtenu ses qualifications professionnelles ou est établi dans un autre État membre de l'Union européenne ou partie à l'accord sur l'Espace économique européen et souhaite s'établir en France pour exercer des activités de transaction sur immeubles et fonds de commerce mentionnées aux 1° à 5° et 8° de l'article 1er de la loi [n° 70-9] du 2 janv. 1970 susvisée, l'autorité française compétente pour traiter sa demande de carte professionnelle européenne est la chambre de commerce et d'industrie territoriale ou la chambre départementale d'Île de France dans le ressort de laquelle il souhaite s'établir.

CCI France est l'autorité compétente française chargée de répartir les demandes de carte professionnelle européenne. Elle veille à ce que toute demande soit transmise dans les meilleurs délais à la chambre de commerce et d'industrie compétente pour l'instruire.

En application du II de l'article 3 de l'ordonnance [n° 2016-1809] du 22 déc. 2016 précitée, la demande de carte professionnelle européenne est accompagnée de documents justificatifs dont la liste est fixée par arrêté du ministre chargé de l'économie.

Dans un délai de deux mois à compter de la réception de la demande transmise par l'autorité compétente de l'État membre d'origine et sur la base du dossier vérifié et transmis par cette autorité, la chambre de commerce et d'industrie territoriale ou la chambre départementale d'Île de France décide soit :

1° De délivrer la carte professionnelle européenne si les conditions prévues à l'article 16-1 sont remplies ;

2° En cas de doutes dûment justifiés, de demander des informations complémentaires auprès du demandeur ou de l'autorité compétente de l'État membre d'origine. Dans ce cas, le délai de deux mois mentionné au quatrième alinéa est prorogé de deux semaines ;

3° De refuser, par décision motivée, de délivrer la carte professionnelle européenne d'agent immobilier dans le cas où le demandeur ne satisfait pas à l'ensemble des exigences prévues à l'article 16-1. Le demandeur est informé des voies et délais de recours juridictionnel dont il dispose.

En l'absence de décision prise dans le délai de deux mois à compter de la réception de la demande, le cas échéant prorogé de deux semaines dans le cas prévu au 2°, la carte professionnelle européenne est automatiquement délivrée.

Art. 16-12 *(Aj., D. n° 2017-1481, 17 oct. 2017)*. – Lorsqu'un ressortissant d'un État membre de l'Union européenne ou partie à l'accord sur l'Espace économique européen a obtenu ses qualifications professionnelles ou est établi dans un autre État membre de l'Union européenne ou partie à l'accord sur l'Espace économique européen et souhaite exercer de façon temporaire et occasionnelle en France des activités de transaction sur immeubles et fonds de commerce mentionnées aux 1° à 5° et 8° de l'article 1er de la loi [n° 70-9] du 2 janv. 1970 susvisée, la demande de carte professionnelle européenne adressée à l'autorité compétente de l'État membre d'origine est accompagnée des documents justificatifs mentionnés aux 1° à 6° de l'article 16-6.

Section V. – Mécanisme d'alertes

(Sect. aj., D. n° 2017-1481, 17 oct. 2017)

Art. 16-13 *(Aj., D. n° 2017-1481, 17 oct. 2017)*. – I. – CCI France est l'autorité compétente chargée de l'application de l'article 8 de l'ordonnance [n° 2016-1809] du 22 déc. 2016 précitée.

II. – CCI France coordonne les alertes émises par les autorités compétentes des autres États membres ou parties à l'accord sur l'Espace économique européen qui portent sur l'identité du professionnel reconnu coupable par la

justice sur leur territoire d'avoir présenté de fausses preuves à l'appui d'une demande de reconnaissance de ses qualifications professionnelles. Elle les transmet dans les meilleurs délais aux chambres de commerce et d'industrie compétentes.

Les chambres de commerce et d'industrie tiennent compte de ces informations lorsqu'elles instruisent des dossiers en application des articles 16-1, 16-6 et 16-11 et que les mêmes preuves de qualifications professionnelles sont produites par le professionnel.

Section VI. – Rapport sur la reconnaissance des qualifications professionnelles et les conditions d'exercice de la libre prestation de services

(Anc. sect. aj. IV, D. n° 2016-1392, 17 oct. 2016 ; dénum., D. n° 2017-1481, 17 oct. 2017)

Art. 16-14 *(Anc. art. 16-8 aj., D. n° 2016-1392, 17 oct. 2016 ; dénum., D. n° 2017-1481, 17 oct. 2017).* **– CCI France établit un rapport annuel rendant compte de l'activité des chambres de commerce et d'industrie en matière de reconnaissance des qualifications professionnelles. Ce rapport comporte un bilan de l'application de l'article 8-1 de la loi [n° 70-9] du 2 janv. 1970 susvisée et des articles 16-1 à 16-7 du présent décret, notamment un relevé statistique qui contient des informations détaillées sur le nombre et le type de décisions prises et des différentes catégories de déclarations reçues en application de ces dispositions ainsi qu'une description des principaux problèmes qui découlent de l'application de la directive du 7 sept. 2005 précitée.**

Ce rapport est adressé au ministre chargé de l'économie, au ministre de la justice ainsi qu'au ministre chargé du logement.

CHAPITRE III. – LA GARANTIE FINANCIÈRE

Section I. – Dispositions particulières aux différents modes de garantie financière

Art. 17 *(Abr., D. n° 2005-1315, 21 oct. 2005).*

Art. 18 *(Annulé, CE, 27 nov. 1974, Ch. synd. des agents immobiliers, administrateurs de biens et syndics de copropriétés de Paris et de l'Île-de-France, req. n° 88813 : Rec. CE, p. 582).*

Rédaction antérieure. Art. 18. – L'octroi de la garantie financière ne peut être subordonné, en aucune manière, à l'appartenance à une organisation ou à un syndicat professionnel.

Art. 19 *(Mod., D. n° 90-690, 1er août 1990 ; rempl., D. n° 95-818, 29 juin 1995 ; mod., D. n° 2005-1315, 21 oct. 2005 ; D. n° 2014-1315, 3 nov. 2014).* **– Lorsque l'établissement de crédit** *(Mots aj., D. n° 2014-1315, 3 nov. 2014)* **« ou la société de financement » mentionné au septième alinéa de l'article 3 de la loi [n° 70-9] du 2 janvier 1970 susvisée est une société de caution mutuelle régie par la section III du chapitre V du titre Ier du livre V du Code monétaire et financier, cette société a pour objet de garantir :**

1° Dans les conditions prévues par la loi [n° 70-9] du 2 janvier 1970 susvisée et par le présent décret, les remboursements ou restitutions des versements ou remises visés à l'article 5 de ladite loi ;

2° Dans les conditions prévues par la section V du présent chapitre, et en cas d'exercice, à titre accessoire, des activités mentionnées à l'article L. 211-1 du Code du tourisme, le remboursement des fonds reçus, la délivrance des prestations de substitution et les frais de rapatriement ;

3° Dans les États parties à l'accord sur l'Espace économique européen autres que la France, les remboursements et restitutions des sommes d'argent, biens, effets ou valeurs reçus à l'occasion des opérations énumérées à l'article 1er de la loi [n° 70-9] du 2 janvier 1970 susvisée.

Art. 20 *(Abr., D. n° 90-690, 1er août 1990).*

Art. 21 *(D. n° 90-690, 1er août 1990).* **– Les conditions d'adhésion, de démission et de contrôle des associés, ainsi que celles qui sont relatives à la suspension et au retrait de la garantie sont fixées par les statuts et par le règlement intérieur de chaque société de caution mutuelle.**

Art. 22 *(Mod., D. n° 80-571, 21 juill. 1980 ; D. n° 95-818, 29 juin 1995 ; rempl., D. n° 2005-1315, 21 oct. 2005 ; D. n° 2014-1315, 3 nov. 2014 ; mod., D. n° 2016-1392, 17 oct. 2016).* – Peuvent souscrire l'engagement écrit mentionné au septième alinéa de l'article 3 de la loi du 2 janvier 1970 susvisée les entreprises d'assurance, les établissements de crédit et les sociétés de financement agréés en France ou dans un autre État membre de l'Union européenne ou partie à l'accord sur l'Espace économique européen.

Pour l'application de ces dispositions, les établissements de crédit agréés dans la Principauté de Monaco sont réputés agréés en France.

Art. 22-1 *(D. n° 2005-1315, 21 oct. 2005).* – L'engagement écrit mentionné au septième alinéa de l'article 3 de la loi [n° 70-9] du 2 janvier 1970 susvisée fixe les conditions générales de la garantie et précise notamment son montant, sa durée, les conditions de rémunération du garant, les modalités du contrôle exercé par celui-ci ainsi que les contre-garanties éventuellement exigées par lui.

En cas de changement de garant, le nouvel engagement peut stipuler que le garant reprend avec tous ses effets la garantie du précédent.

Art. 23 *(Mod., D. n° 2015-702, 19 juin 2015).* – La garantie financière peut aussi résulter d'une consignation qui est déposée à un compte ouvert par la caisse des dépôts et consignations au nom de la personne visée à l'article 1er du présent décret et qui est spécialement affecté aux fins spécifiées par la loi susvisée du 2 janvier 1970.

Ce compte comprend deux sous-comptes :

Le premier sous-compte est exclusivement affecté au remboursement ou à la restitution des versements et remises définis par l'article 5 de la loi susvisée du 2 janvier 1970. Le montant de la consignation déposée à ce sous-compte doit toujours être au moins égal au montant de la garantie déterminé comme il est dit à la section II du présent chapitre.

Le deuxième sous-compte est exclusivement affecté au paiement de la publicité prévue aux articles 45 et 46, ainsi qu'à la rémunération de l'administrateur désigné dans les conditions prévues aux articles 41 et 47 ci-après. Le montant de la consignation déposée à ce sous-compte doit en permanence être au moins égal à une somme calculée suivant un barème fixé par arrêté du ministre chargé de l'économie. Il est procédé à une réévaluation annuelle des valeurs qui constituent en tout ou en partie la consignation.

Si le montant de la consignation devient inférieur au montant de la garantie ou aux indications du barème des frais, notamment par suite d'un paiement ou d'une réévaluation des valeurs, la caisse des dépôts et consignations invite immédiatement le titulaire du compte à en parfaire le montant. Faute d'effectuer le versement complémentaire dans un délai de trois jours francs à compter de la notification à personne ou à domicile, la garantie cesse de plein droit.

Art. 24 *(Mod., D. n° 2015-702, 19 juin 2015).* – Le dépôt prévu à l'article précédent ne peut être effectué qu'en espèces, en chèques certifiés par une banque, en titres, dont la liste, ainsi que le mode de calcul de la valeur retenue pour chaque catégorie de titres sont fixés par arrêté du ministre chargé de l'économie.

Un récépissé de dépôt est délivré par la caisse des dépôts et consignations après versement des espèces, remise des chèques, dépôt des valeurs. Un récépissé est également délivré dans les mêmes conditions en cas de versement complémentaire destiné à parfaire le montant de la garantie après augmentation de ce montant, après réévaluation du dépôt ou de l'avance sur frais ou après paiement partiel.

Ces récépissés constatent la garantie pour le montant du dépôt qu'ils indiquent.

Art. 25. – Pendant le cours de la garantie, le montant de la consignation ne peut être versé qu'aux créanciers déterminés, comme il est dit à l'article 39, ou à leurs ayants droit, et dans les cas et conditions définies à la section III du présent chapitre.

En cas de cessation de la garantie, la consignation, sous réserve de la déduction des frais de publicité, peut être restituée au déposant ou à ses ayants droit, en l'absence de toute demande de paiement, à l'expiration des délais après accomplissement des formalités prévues à l'article 47 ci-après.

Si des réclamations ont été produites, la restitution tient compte des paiements auxquels elles ont pu donner lieu dans les conditions prévues à la section III du présent chapitre, ainsi que des frais occasionnés.

Section II. – La détermination de la garantie financière

Art. 26 *(Mod., D. n° 2005-1315, 21 oct. 2005 ; D. n° 2015-702, 19 juin 2015).* – Lorsqu'une même personne physique ou morale se livre ou prête son concours à des opérations énumérées à l'article 1er de la loi susvisée du 2 janvier 1970, le montant de la garantie est déterminé d'une manière distincte pour chacune des catégories d'activités mentionnées aux 1° à 4° de l'article 1er du présent décret.

Art. 27 *(Mod., D. n° 80-571, 21 juill. 1980 ; rempl., D. n° 95-818, 29 juin 1995 ; D. n° 2005-1315, 21 oct. 2005 ; D. n° 2015-702, 19 juin 2015).* – Une même personne ne peut placer l'ensemble des opérations relevant de chacune des catégories d'activités mentionnées aux 1° à 4° de l'article 1er que sous un seul mode de garantie.

Art. 28. – Le titulaire de la carte professionnelle ou la personne qui demande la délivrance de cette carte doit solliciter une garantie financière d'un montant au moins égal au montant maximal des fonds qu'il envisage de détenir.

Art. 29. – Le montant de la garantie financière fixée par la convention ne peut être inférieur au montant maximal des sommes dont le titulaire de la carte professionnelle demeure redevable à tout moment sur les versements et remises qui lui ont été faits à l'occasion des opérations mentionnées par l'article 1er de la loi [n° 70-9] susvisée du 2 janvier 1970.

Pour la détermination de ce montant, il ne peut être tenu compte que des règlements qui ont été régulièrement et effectivement opérés au profit ou pour le compte des personnes qui doivent en être les bénéficiaires définitifs.

Sauf circonstances particulières dûment justifiées, le montant de la garantie financière ne peut être inférieur au montant maximal des sommes détenues au cours de la précédente période de garantie, calculé conformément aux dispositions des deux précédents alinéas.

Art. 30 *(Rempl., D. n° 95-818, 29 juin 1995 ; mod., D. n° 2001-373, 27 avr. 2001 ; D. n° 2005-1315, 21 oct. 2005).* – Le montant de la garantie financière doit être au moins égal à la somme de 110 000 €.

Art. 31. – Le montant de la garantie est révisé à la fin de chaque période annuelle ou lors de circonstances exceptionnelles survenues en cours d'année.

Art. 32 *(Rempl., D. n° 74-1179, 31 déc. 1974 ; mod., D. n° 95-818, 29 juin 1995 ; D. n° 2001-373, 27 avr. 2001).* – La garantie minimale prévue à l'article 30 ci-dessus est fixée à 30 000 € pour les deux premières années d'exercice. Toutefois, cette disposition n'est pas applicable aux personnes morales dont l'un au moins des représentants légaux ou statutaires a déjà été soumis aux dispositions de la loi [n° 70-9] du 2 janvier 1970 susvisée.

Art. 33. – Dans les cas prévus à l'article 32, la révision en hausse du montant de la garantie est de droit, à la demande de chacune des parties, à l'expiration de chacune des périodes de trois mois au cours de la première année, et de chacune des périodes de six mois au cours de la deuxième année.

Le garant peut alors exiger que la personne garantie soit titulaire d'un compte fonctionnant dans les conditions prévues aux articles 59 et suivants du présent décret.

Art. 34 *(Abr., D. n° 2005-1315, 21 oct. 2005).*

Art. 35 *(Abr., D. n° 2010-1707, 30 déc. 2010).*

Art. 36. – *(Mots suppr., D. n° 2010-1707, 30 déc. 2010)* « ... » [L]e titulaire de la carte professionnelle ne peut recevoir ou accepter de versements et remises que dans la limite du montant de la garantie accordée.

Art. 37 *(Mod., D. n° 80-571, 21 juill. 1980 ; D. n° 95-818, 29 juin 1995 ; D. n° 2015-702, 19 juin 2015).* – L'organisme qui a accordé sa garantie délivre à la personne garantie une attestation conforme à un modèle établi par arrêté du ministre chargé de l'économie.

Art. 38 *(Mod., D. n° 2005-1315, 21 oct. 2005 ; D. n° 2015-702, 19 juin 2015 ; D. n° 2016-1392, 17 oct. 2016).* – La caisse des dépôts et consignations ne peut délivrer l'attestation prévue à l'article précédent que sur production d'un relevé délivré par un expert-comptable ou un comptable agréé, qui indique :

1° Lorsqu'il s'agit d'une personne morale demandant la carte portant la mention « Transactions sur immeubles et fonds de commerce » : le montant maximal des fonds reçus à ce titre, au cours de l'année précédente, ainsi que le montant du chiffre d'affaires réalisé au cours de la même période ;

2° Lorsqu'il s'agit d'une personne demandant la carte portant la mention « Gestion immobilière » ou « Syndic de copropriété » : le montant total des fonds reçus ainsi que le montant maximal des fonds détenus au cours du même exercice.

Les personnes visées au 1° ci-dessus doivent communiquer le registre répertoire prévu à l'article 51 ci-dessous, ainsi que le relevé intégral pour l'année écoulée du compte bancaire prévu, soit à l'article 55, soit à l'article 59.

Les personnes visées au 2° ci-dessus doivent communiquer le registre des mandats, prévu à l'article 65 ci-dessous, ainsi que le relevé intégral pour l'année écoulée des comptes prévus à l'article 71.

Pour la détermination des montants définis aux 1° et 2° ci-dessus, l'expert-comptable, le comptable agréé ou le garant tient compte, le cas échéant, des dispositions de l'article 29 (alinéas 1 et 2).

Section II *bis*. – Contrôle des fonds par les garants financiers

(Aj. à compter du 1er janvier 2022, D. n° 2021-1420, 29 oct. 2021)

Art. 38-1 *(Aj. à compter du 1er janvier 2022, D. n° 2021-1420, 29 oct. 2021).* – Le dispositif de contrôle mis en place par les garants financiers mentionnés au 2° de l'article 3 de la loi du 2 janvier 1970 susvisée sur les fonds, effets ou valeurs qu'ils garantissent pour le compte des personnes définies à l'article 1er de la même loi est doté de moyens humains suffisants et adapté au volume de ces fonds, effets ou valeurs. Il comprend au moins :

1° Des procédures définissant son organisation ainsi que les activités de contrôle des fonds, effets ou valeurs déposés incluant notamment des contrôles sur pièces et, en tant que de besoin, des contrôles sur place. Ces procédures prévoient les critères et des seuils permettant d'identifier les points de non-conformité des garanties financières octroyées aux articles 26 à 36 et de mesurer leur gravité ; elles énoncent les conditions dans lesquelles les mesures correctrices leur sont apportées. La synthèse des points de non-conformité constatés lors des contrôles est remise aux personnes garanties ;

2° Un contrôle permanent réalisé soit par des personnes exerçant des activités opérationnelles, soit par des personnes chargées de la fonction de contrôle des opérations.

Les contrôles sont réalisés dans des conditions qui assurent leur sécurité et leur fiabilité.

Art. 38-2 *(Aj. à compter du 1er janvier 2022, D. n° 2021-1420, 29 oct. 2021).* – Les personnes définies à l'article 1er de la loi du 2 janvier 1970 susvisée sont tenues de transmettre annuellement à leurs garants financiers leurs comptes annuels ainsi que les documents permettant de vérifier la conformité des garanties financières octroyées aux dispositions des articles 26 à 36.

Section III. – La mise en œuvre de la garantie financière

Art. 39 *(Mod., D. n° 95-818, 29 juin 1995 ; D. n° 2005-1315, 21 oct. 2005).* – La garantie financière couvre toute créance ayant pour origine un versement ou une remise effectués à l'occasion d'une opération mentionnée à l'article 1er de la loi [n° 70-9] du 2 janvier 1970 susvisée. Elle produit effet sur les seules justifications que la créance est certaine, liquide et exigible et que la personne garantie est défaillante, sans que le garant puisse exiger du créancier qu'il agisse préalablement contre le professionnel débiteur aux fins de recouvrement.

En cas d'instance en justice, le demandeur doit aviser le consignataire ou le garant de l'assignation par lettre recommandée avec demande d'avis de réception.

Pour le consignataire ou le garant, la défaillance de la personne garantie peut résulter d'une sommation de payer suivie de refus ou demeurée sans effet, pendant un délai d'un mois à compter de la signification de la sommation faite à celle-ci.

Si le garant conteste l'existence des conditions d'ouverture du droit au paiement ou le montant de la créance, le créancier peut assigner directement le garant devant la juridiction compétente.

Art. 40 *(Mod., D. n° 2015-702, 19 juin 2015).* – Lorsque la garantie résulte d'une consignation, la caisse des dépôts et consignations informe immédiatement le président de la chambre de commerce et d'industrie territoriale ou de la chambre départementale d'Île-de-France compétente en application du I de l'article 5 de toute demande en paiement, judiciaire ou non, qui lui est présentée.

La personne garantie pourra être considérée par la caisse des dépôts et consignations comme ayant acquiescé à la demande en paiement si, dans le délai d'un mois suivant la signification de la sommation, elle n'a pas judiciairement contesté la cause ou le montant de la demande ou rapporté une renonciation du demandeur.

Art. 41 *(Mod., D. n° 95-818, 29 juin 1995 ; D. n° 2005-1315, 21 oct. 2005 ; mod. à compter du 1er janvier 2020, D. n° 2019-966, 18 sept. 2019).* – Le garant ou, lorsque la garantie résulte d'une consignation, le plus diligent des créanciers peut présenter requête au président du tribunal judiciaire aux fins de désignation d'un administrateur judiciaire ou d'un expert chargé de dresser l'état des créances, compte tenu des délais indiqués aux articles 42, 44 et 45.

Art. 42 *(Mod., D. n° 95-818, 29 juin 1995 ; D. n° 2015-702, 19 juin 2015).* – Le paiement est effectué par le consignataire ou par le garant à l'expiration d'un délai de trois mois à compter de la présentation d'une demande écrite accompagnée des justificatifs. En cas de cessation de la garantie avant l'expiration de ce délai, son point de départ est reporté à la date de publication de l'avis prévu à l'article 45.

Si plusieurs demandes sont reçues pendant ce délai, une répartition a lieu au marc le franc dans le cas où le montant total des demandes excéderait le montant de la garantie.

Toutefois, si la personne garantie fait l'objet d'une procédure collective pendant le délai fixé au premier alinéa, le règlement des créances peut être différé jusqu'au dépôt de l'état des créances au greffe du tribunal dans les conditions des articles R. 624-8 à R. 624-11 du Code de commerce.

Art. 43 *(Abr., D. n° 2005-1315, 21 oct. 2005).*

Section IV. – Cessation de la garantie

Art. 44 *(Mod., D. n° 2005-1315, 21 oct. 2005).* – La garantie cesse en cas de démission de l'adhérent d'une société de caution mutuelle, de dénonciation du contrat de garantie ou d'expiration de ce contrat.

Elle cesse également en cas de fermeture d'établissement, de décès, de cessation d'activité de la personne garantie ou de mise en location-gérance du fonds de commerce.

La cessation de garantie fait l'objet d'un avis dans un quotidien paraissant ou, à défaut, distribué dans le département où est situé le siège, dans le cas des personnes morales, ou le principal établissement, dans les autres cas, de la personne à laquelle a été donnée la garantie ainsi que, le cas échéant, dans le ou les départements où sont situés les établissements, succursales, agences ou bureaux qui dépendent de celle-ci. Cet avis mentionne le délai de production des créances prévu au troisième alinéa de l'article 45 ainsi que son point de départ. Lorsque la cessation de garantie s'accompagne d'un changement de garant, l'avis précise, le cas échéant, que le nouveau garant a stipulé la clause prévue au dernier alinéa de l'article 22-1.

La garantie ne peut cesser avant l'expiration d'un délai de trois jours francs suivant la publication prévue à l'alinéa précédent.

Toutefois, en cas de décès, la garantie peut être prorogée, à titre exceptionnel et provisoire, pour une durée qui ne peut excéder un an, si la direction de l'entreprise est assumée, de convention expresse entre les parties, par une autre personne qui est titulaire de la carte professionnelle concernant la même catégorie d'activités et qui est garantie par le même garant.

Art. 45 *(Rempl., D. n° 2005-1315, 21 oct. 2005).* – En cas de cessation de garantie, le garant informe immédiatement, par lettre recommandée avec avis de réception, les personnes ayant fait des versements et remises au titulaire de la carte professionnelle depuis moins de dix ans et dont les noms et adresses figurent sur le registre-répertoire prévu à l'article 51, ainsi que les personnes ayant donné mandat de gérer leurs immeubles et dont les noms et adresses figurent sur le registre des mandats prévus à l'article 65. Lorsque le titulaire de la carte est un syndic de copropriété ou un gérant de société, le garant informe également, dans les mêmes conditions, le président ou, à défaut, les membres du conseil syndical ou du conseil de surveillance. Dans tous les cas, la lettre mentionne le délai de production des créances prévu au troisième alinéa du présent article ainsi que son point de départ.

Toutefois, lorsque la cessation de garantie s'accompagne d'un changement de garant et que le nouveau garant justifie auprès de l'ancien avoir stipulé la clause prévue au dernier alinéa de l'article 22-1, l'avis mentionné au troisième alinéa de l'article 44 tient lieu de l'information prévue à l'alinéa précédent.

Toutes les créances visées à l'article 39 qui ont pour origine un versement ou une remise fait antérieurement à la date de cessation de la garantie restent couvertes par le garant si elles sont produites par le créancier dans un délai de trois mois à compter de la réception de la lettre prévue au premier alinéa, lorsque celui-ci est au nombre des personnes mentionnées par cet alinéa, ou, dans les autres cas, de la publication de l'avis prévu au troisième alinéa de l'article 44. Ce délai ne court que s'il est mentionné, ainsi que son point de départ, par la lettre ou par l'avis, selon le cas.

Art. 46 *(Abr., D. n° 2005-1315, 21 oct. 2005).*

Art. 47 *(Mod., D. n° 2005-1315, 21 oct. 2005 ; à compter du 1er janvier 2020, D. n° 2019-966, 18 sept. 2019).* – La garantie lorsqu'elle résulte d'une consignation, prend fin soit dans les conditions prévues à l'article 23, dernier alinéa, soit dans les conditions indiquées à l'article 44.

La publicité prescrite aux articles 44 et 45 est alors accomplie par un administrateur désigné sur requête par le président du tribunal judiciaire ou par l'administrateur prévu à l'article 41 ci-dessus, s'il en a été désigné un. Les frais sont imputés sur la partie de la consignation affectée à cet effet et déposés au deuxième sous-compte.

Art. 48 *(Mod., D. n° 2015-702, 19 juin 2015).* – Le consignataire ou le garant, suivant le cas, informe immédiatement de la cessation de la garantie ou de la modification de son montant le président de la chambre de commerce et d'industrie territoriale ou de la chambre départementale d'Île-de-France compétente en application du I de l'article 5 ainsi que l'établissement bancaire dans lequel est ouvert l'un des comptes prévus par les articles 55, 59 et 71.

Section V. – Détermination, mise en œuvre et cessation de la garantie financière pour les prestations touristiques

(D. n° 95-818, 29 juin 1995)

Art. 48-1 *(D. n° 95-818, 29 juin 1995 ; D. n° 2015-702, 19 juin 2015 ; D. n° 2017-1871, 29 déc. 2017).* – La garantie financière prévue au 4° du V de l'article L. 211-1 du Code du tourisme pour les personnes physiques ou morales titulaire d'une carte professionnelle qui se livrent, à titre accessoire, aux opérations mentionnées à l'article L. 211-1 de ce code est spécialement affectée au remboursement en principal des fonds reçus par le titulaire de la carte professionnelle au titre des engagements qu'il a contractés à l'égard de sa clientèle pour des prestations en cours ou à servir, à l'exception des locations saisonnières mentionnées à l'article 68 du présent décret. Elle permet d'assurer, notamment en cas d'insolvabilité caractérisée notamment par un dépôt de bilan, le rapatriement des voyageurs.

Art. 48-2 et 48-3 *(Abr., D. n° 2017-1871, 29 déc. 2017).*

Art. 48-4 *(D. n° 95-818, 29 juin 1995 ; D. n° 2015-702, 19 juin 2015).* – Le garant délivre au titulaire de la carte professionnelle une attestation conforme à un modèle établi par arrêté conjoint du ministre chargé de l'économie et du ministre chargé du tourisme.

Art. 48-5 *(D. n° 95-818, 29 juin 1995 ; D. n° 2015-702, 19 juin 2015).* – La garantie intervient sur les seules justifications présentées par le créancier à l'organisme garant, établissant que la créance est certaine et exigible et que l'agence garantie est défaillante, sans que le garant puisse opposer au créancier le bénéfice de division et de discussion.

La défaillance de l'agent garanti peut résulter soit d'un dépôt de bilan, soit d'une sommation de payer par exploit d'huissier ou lettre recommandée avec avis de réception, suivie de refus ou demeurée sans effet pendant un délai de quarante-cinq jours à compter de la signification de la sommation.

En cas d'instance en justice, le demandeur doit aviser le garant de l'assignation par lettre recommandée avec avis de réception.

Si le garant conteste l'existence des conditions d'ouverture du droit au paiement ou le montant de la créance, le créancier peut assigner directement devant la juridiction compétente.

Par dérogation aux dispositions qui précèdent, la mise en œuvre, en urgence, de la garantie en vue d'assurer le rapatriement des clients d'une agence est décidée par le président de la chambre de commerce et d'industrie territoriale ou de la chambre départementale d'Île-de-France qui requiert le garant de libérer, immédiatement et par priorité, les fonds nécessaires pour couvrir les frais inhérents à l'opération de rapatriement.

Art. 48-6 *(D. n° 95-818, 29 juin 1995 ; D. n° 2015-702, 19 juin 2015 ; mod. à compter du 1er janvier 2022, D. n° 2021-1420, 29 oct. 2021).* – Sauf cas de rapatriement, le paiement est effectué par le garant dans un délai de trois mois à compter de la présentation de la demande écrite, accompagnée des justificatifs.

En cas de cessation de la garantie avant l'expiration de ce délai, le point de départ de celui-ci est reporté à la date de publication de l'avis prévu à l'article 48-7.

Si plusieurs demandes sont reçues pendant ce délai, une répartition a lieu au marc le franc dans le cas où le montant total des demandes excéderait le montant de la garantie.

Toutefois, si la personne garantie fait l'objet d'une procédure collective pendant le délai fixé au premier alinéa, le règlement des créances peut être différé jusqu'au dépôt de l'état des créances au greffe du tribunal dans les conditions des articles R. 624-8 à R. 624-11 du Code de commerce.

Le garant dont la garantie a été mise en jeu est subrogé de plein droit à tous les droits du créancier désintéressé, ainsi qu'il est dit à l'article 2309 du Code civil, en ce qui concerne la dette de la personne garantie et dans la limite du remboursement ou de la restitution faite par lui.

Art. 48-7 *(D. n° 95-818, 29 juin 1995 ; mod., D. n° 2014-1315, 3 nov. 2014 ; D. n° 2015-702, 19 juin 2015).* – La garantie cesse par son exécution, par dénonciation de l'engagement de garantie financière pris par le garant ou par retrait de la carte professionnelle.

L'organisme garant informe, sans délai, le président de la chambre de commerce et d'industrie compétente en application du I de l'article 5 par lettre recommandée de la cessation de la garantie financière.

Un avis annonçant la cessation de la garantie et précisant qu'elle cessera à l'expiration d'un délai de trois jours suivant la publication dudit avis est publié à la diligence du garant dans deux journaux, dont un quotidien, distribués dans le ou les départements où sont installés le siège de l'agence garantie et, le cas échéant, ses succursales ou ses points de vente.

L'avis indique qu'un délai de trois mois est ouvert aux créanciers éventuels pour produire leurs créances.

Le titulaire de la carte professionnelle qui bénéficie d'une nouvelle garantie accordée par un autre organisme en informe la chambre de commerce et d'industrie compétente en application du I de l'article 5. Il en informe également le public par insertion d'un avis publié dans la presse ou apposé sur son local.

Sans préjudice de la mise en œuvre éventuelle des mesures d'urgence prévues à l'article 48-5, les créances nées antérieurement à la date de cessation de la garantie restent couvertes par le garant si elles sont produites par le créancier dans un délai de trois mois à compter de la date des publications prescrites ci-dessus.

CHAPITRE IV. – ASSURANCE DE LA RESPONSABILITÉ CIVILE PROFESSIONNELLE

Art. 49 *(Mod., D. n° 2005-1315, 21 oct. 2005 ; D. n° 2015-702, 19 juin 2015 ; D. n° 2015-764, 29 juin 2015).* – Les personnes mentionnées à l'article 1er doivent être en mesure de justifier à tout moment de l'existence d'un contrat d'assurance couvrant, pour chaque établissement, succursale, agence ou bureau, les conséquences pécuniaires de la responsabilité civile professionnelle qu'elles peuvent encourir en raison de leur activité.

Les agents commerciaux habilités par les personnes mentionnées à l'article 1er sont soumis à l'obligation de justifier à tout moment d'un contrat d'assurance prévue à l'alinéa précédent.

Un arrêté conjoint du garde des Sceaux, ministre de la Justice, et du ministre chargé de l'économie fixe les conditions minimales que doit comporter le contrat d'assurance des personnes mentionnées à l'article 1er ou des agents commerciaux et la forme du document justificatif d'assurance qui devra être remis au président de la chambre de commerce et d'industrie territoriale ou de la chambre départementale d'Île-de-France au moment de la demande de délivrance ou de renouvellement de la carte professionnelle ou de visa de l'attestation d'habilitation.

Art. 50 *(Mod., D. n° 2005-1315, 21 oct. 2005 ; D. n° 2015-702, 19 juin 2015).* – Toute suspension de garantie, dénonciation de la tacite reconduction ou résiliation du contrat d'assurance est portée sans délai par l'entreprise d'assurance à la connaissance du président de la chambre de commerce et d'industrie territoriale ou de la chambre départementale d'Île-de-France compétente en application du I de l'article 5.

CHAPITRE V. – OBLIGATION PARTICULIÈRE EN CAS DE RÉCEPTION, DÉTENTION OU DISPOSITION DE FONDS, EFFETS OU VALEURS PAR LES INTERMÉDIAIRES

Section I. – Registres-répertoires et reçus

Art. 51 *(Mod., D. n° 2005-1315, 21 oct. 2005 ; D. n° 2015-702, 19 juin 2015).* – Tous les versements ou remises faits au titulaire de la carte portant la mention « Transactions sur immeubles et fonds de commerce » ou « Marchand de listes » doivent être immédiatement mentionnés sur un registre-répertoire dit « De la loi du 2 janvier 1970 » conforme au modèle fixé par arrêté du ministre chargé de l'économie.

Le registre-répertoire est, à l'avance, relié et coté sans discontinuité.

L'existence de ce registre ne dispense pas son titulaire de satisfaire, en ce qui concerne la tenue des autres livres ou registres, aux obligations auxquelles il est astreint en raison de sa qualité ou de la nature des opérations auxquelles il se livre.

Le registre-répertoire est tenu sous la responsabilité du titulaire de la carte professionnelle, ou de ses représentants légaux ou statutaires, s'il s'agit d'une personne morale.

Indépendamment du registre-répertoire tenu par le titulaire de la carte professionnelle pour l'ensemble des activités correspondant à cette carte, il est tenu un registre-répertoire pour les versements ou remises particuliers à chaque établissement, succursale, agence ou bureau, sous la responsabilité de la personne qui la dirige.

Le garant peut demander, à tout moment, communication du registre-répertoire.

Art. 52 *(Mod., D. n° 2015-702, 19 juin 2015).* – Tous les versements ou remises doivent donner lieu à la délivrance d'un reçu. Ce reçu est conforme à un modèle fixé par arrêté du ministre chargé de l'économie. Un double du reçu demeure dans un carnet de reçus.

Cet arrêté fixe également les mentions que le reçu devra contenir.

Le garant peut demander qu'un double de chaque reçu lui soit adressé.

Le titulaire du registre-répertoire peut, sous sa responsabilité et sous réserve des stipulations du contrat qui accorde la garantie, remettre des carnets de reçus à des personnes agissant pour son compte et titulaires du récépissé ou de l'attestation prévus aux articles 8 et 9 ci-dessus.

Le titulaire du registre-répertoire doit porter sur un état spécial la date de la mise en service de chaque carnet de reçus en précisant son numéro, ainsi que, le cas échéant, le nom, la qualité de son détenteur, ainsi que le numéro du récépissé ou de l'attestation.

Les versements ou remises reçus par ces personnes doivent être mentionnés sur le registre-répertoire de celui pour le compte duquel elles détiennent les carnets, dans les cinq jours francs de la délivrance du reçu.

Art. 53 *(Rempl., D. n° 2005-1315, 21 oct. 2005 ; mod., D. n° 2016-1278, 29 sept. 2016).* – Les registres et documents mentionnés aux articles 51 et 52 peuvent être établis, tenus et conservés sous forme électronique dans les conditions prescrites par les articles 1365 et suivants du Code civil.

Ils doivent être conservés pendant dix ans quel que soit leur support.

Art. 54 *(Mod., D. n° 2005-1315, 21 oct. 2005).* – La carte professionnelle portant la mention « transactions sur immeubles et fonds de commerce » n'autorise pas son titulaire à recevoir à ce titre, même occasionnellement, des versements ou remises énumérés à l'article 64 ci-après, à l'occasion de la location ou de la sous-location en nu ou en meublé d'immeubles bâtis ou non bâtis, ni des redevances de location-gérance d'un fonds de commerce.

Section II. – Obligations concernant les intermédiaires garantis par un établissement de crédit, par une société de financement ou par une entreprise d'assurance

(D. n° 95-818, 29 juin 1995 ; D. n° 2014-1315, 3 nov. 2014)

Art. 55 *(Mod., D. n° 80-571, 21 juill. 1980 ; rempl., D. n° 95-818, 29 juin 1995 ; mod., D. n° 2005-1315, 21 oct. 2005 ; D. n° 2010-1707, 30 déc. 2010 ; D. n° 2014-1315, 3 nov. 2014 ; D. n° 2016-1392, 17 oct.*

2016). – Lorsque la garantie est donnée par un établissement de crédit, par une société de financement ou une entreprise d'assurance, le titulaire de la carte professionnelle prévue au 1° de l'article 1er du présent décret est tenu de faire ouvrir, à son nom, dans un établissement de crédit, un compte qui est spécialement affecté à la réception des versements ou remises mentionnés à l'article 5 de la loi du 2 janvier 1970 susvisée, à l'exclusion des sommes représentatives des rémunérations ou honoraires.

Il ne peut être ouvert qu'un seul compte de cette nature par titulaire de carte professionnelle.

Ce compte fonctionne exclusivement sous la signature du titulaire de la carte professionnelle, de son ou de ses représentants légaux ou statutaires, s'il s'agit d'une personne morale, et, le cas échéant, du gérant, mandataire ou salarié, et des préposés spécialement habilités à cet effet. L'administrateur ou le liquidateur, en cas de redressement judiciaire ou de liquidation judiciaire, ou un mandataire de justice si le titulaire du compte est dans l'impossibilité de manifester sa volonté, peut opérer les retraits. Il ne peut y avoir compensation ou convention de fusion entre ce compte et tout autre compte ouvert au nom de son titulaire dans le même établissement de crédit.

Le titulaire de la carte qui a fait la déclaration prévue au 6° de l'article 3 est dispensé d'ouvrir un tel compte.

Art. 56 *(Mod., D. n° 95-818, 29 juin 1995 ; D. n° 2005-1315, 21 oct. 2005).* – Tous les versements reçus par le titulaire de la carte professionnelle sont obligatoirement faits au moyen soit de chèques barrés à l'ordre de l'établissement de crédit où le compte est ouvert, soit par virements, soit par mandats postaux à l'ordre dudit établissement de crédit, avec indication du numéro de compte, soit par carte de paiement.

Les effets, ainsi que les valeurs reçus par le titulaire du compte sont obligatoirement remis à l'établissement où est ouvert ce compte.

Les versements ou remises sont reçus dans les mêmes formes par les titulaires du récépissé de la déclaration ou de l'attestation prévus aux articles 8 et 9, au nom et pour le compte du titulaire de la carte professionnelle, et doivent également être déposés dans les conditions prévues aux alinéas précédents.

Art. 57 *(Mod., D. n° 95-818, 29 juin 1995).* – Les retraits du compte prévu à l'article 55 ne peuvent être faits que par virement ou par la délivrance d'un chèque barré ou encore, s'il s'agit de valeurs ou d'effets, par un récépissé de retrait.

Art. 58 *(Mod., D. n° 95-818, 29 juin 1995 ; à compter du 1er janvier 2020, D. n° 2019-966, 18 sept. 2019).* – Dès la notification de la cessation de la garantie à l'établissement de crédit qui tient le compte, il ne peut être procédé à des retraits qu'avec l'accord du garant.

Si le titulaire du compte refuse d'effectuer un retrait, la désignation d'un administrateur provisoire peut être demandée au président du tribunal judiciaire statuant en référé.

En cas de changement de garantie financière, les fonds provenant des opérations en cours au moment de la cessation de la garantie antérieure ne peuvent être transférés à un autre compte de même nature ou un compte spécial à rubriques prévu ci-après, suivant le cas, que s'ils sont pris en charge au titre de la nouvelle garantie.

Section III. – Obligations concernant les intermédiaires dont la garantie résulte d'une consignation

Art. 59 *(Mod., D. n° 95-818, 29 juin 1995 ; D. n° 2006-1115, 5 sept. 2006 ; D. n° 2005-1315, 21 oct. 2005 ; D. n° 2006-1115, 5 sept. 2006 ; D. n° 2016-1392, 17 oct. 2016).* – Lorsque la garantie résulte d'une consignation, la personne qui est titulaire de la carte professionnelle portant la mention :

« Transactions sur immeubles et fonds de commerce » ou « Marchand de listes » est tenue de faire ouvrir un compte spécial à rubriques qui est spécialement affecté à la réception des versements et remises mentionnés à l'article 5 de la loi du 2 janvier 1970 susvisée, à l'exclusion des sommes représentatives des rémunérations ou honoraires. Ce compte est ouvert dans un établissement de crédit ou à la Caisse des dépôts et consignations. Les versements et remises reçus par le titulaire de la carte à l'occasion des opérations visées aux 1° à 5°, 7° et 8° de l'article 1er de la loi sont obligatoirement déposés à ce compte dans les conditions suivantes.

Les versements sont obligatoirement faits au moyen, soit de chèques à l'ordre de l'établissement ou le compte est ouvert et barrés, soit par virement de banque, soit par mandats à l'ordre dudit établissement, soit par carte de paiement.

Ces versements doivent mentionner l'opération à laquelle ils se rapportent, le nom de la personne qui y a procédé, et celui de la ou des personnes qui peuvent en être bénéficiaires. Ils sont inscrits au compte sous une rubrique reprenant ces diverses mentions.

Les effets ainsi que les valeurs reçus par le titulaire du compte sont obligatoirement placés au compte spécial à rubriques et leur dépôt est effectué à l'établissement dans les conditions prévues à l'alinéa précédent.

Lorsque les titulaires d'un récépissé de déclaration ou d'attestations prévus par les articles 8 et 9 agissent au nom et pour le compte de la personne qui est titulaire du compte spécial à rubriques, les versements et remises qu'ils reçoivent doivent être faits dans les formes prévues au présent article.

Art. 60 *(Mod., D. n° 2006-1115, 5 sept. 2006).* – Les retraits du compte spécial à rubriques ne peuvent être faits que par virements de banque à banque, par la délivrance d'un chèque bancaire barré, ou encore, s'il s'agit de valeurs ou d'effets, par un récépissé de retrait.

Art. 61 *(Mod., D. n° 95-818, 29 juin 1995 ; D. n° 2005-1315, 21 oct. 2005).* – Le titulaire du compte peut disposer sous sa seule signature des sommes ou valeurs figurant à une rubrique du compte, mais seulement au profit :

1° D'un notaire ;

2° De la personne ayant procédé au versement ou à la remise ;

3° Des personnes désignées comme bénéficiaires lors de l'inscription au compte, à l'exception de lui-même ;

4° D'un séquestre judiciaire ou de créanciers des personnes propriétaires des fonds ou valeurs ;

5° De lui-même, à la condition qu'il justifie d'une créance née de la transmission d'un droit se rapportant à des opérations spécifiées aux 1° à 5°, 7° et 8° de l'article 1er de la loi [n° 70-9] du 2 janvier 1970 susvisée.

L'administrateur ou le mandataire judiciaire désigné après l'ouverture d'une procédure relevant du livre VI du Code de commerce, ou un mandataire de justice si le titulaire du compte est dans l'impossibilité de manifester sa volonté, peut opérer des retraits à la place du titulaire.

La justification de la qualité de créancier du vendeur d'un fonds de commerce peut suffisamment résulter pour la banque du caractère conjoint de l'ordre de disposition donné par le titulaire du compte et par le vendeur lui-même.

Art. 62 *(Mod., D. n° 2012-783, 30 mai 2012).* – Sauf instructions particulières du titulaire du compte spécial à rubriques, l'établissement détenteur des valeurs ou effets remis n'est pas tenu de surveiller les échéances de valeurs ou d'effets.

Les sommes provenant de l'encaissement de valeurs ou effets sont directement portées au crédit de la rubrique correspondant à l'opération.

L'établissement qui tient le compte est tenu de vérifier que les bénéficiaires des retraits figurent parmi les personnes énumérées à l'article 61 ci-dessus. Toute opposition ou saisie visant des avoirs figurant à une rubrique du compte doit être obligatoirement pratiquée entre les mains du titulaire du compte.

Art. 63 *(Mod. à compter du 1er janvier 2020, D. n° 2019-966, 18 sept. 2019).* – Dès la notification de la cessation de la garantie à l'établissement qui tient le compte, il ne peut être procédé à des retraits que par un administrateur désigné par le président du tribunal judiciaire sur simple requête.

En cas de changement de garantie financière, les fonds provenant des opérations en cours au moment de la cessation de la garantie antérieure ne peuvent être transférés à un compte prévu par l'article 55 que s'ils sont pris en charge au titre de la nouvelle garantie.

CHAPITRE VI. – DISPOSITIONS PARTICULIÈRES À LA GESTION IMMOBILIÈRE

Art. 64 *(Mod., D. n° 2005-1315, 21 oct. 2005 ; D. n° 2015-702, 19 juin 2015 ; D. n° 2016-1392, 17 oct. 2016).* – Le titulaire de la carte professionnelle portant la mention « Gestion immobilière » ou « Syndic de copropriété » peut recevoir des sommes représentant des loyers, charges, indemnités d'occupation, prestations, cautionnements, avances sur travaux, et, plus généralement, tous biens, sommes ou valeurs dont la perception est la conséquence de l'administration des biens d'autrui.

À moins que le titulaire de la carte professionnelle portant la mention « Gestion immobilière » représente la personne morale qu'il administre, notamment un syndicat de copropriétaires, une société ou une association, il doit détenir un mandat écrit qui précise l'étendue de ses pouvoirs et qui l'autorise expressément à recevoir des biens, sommes ou valeurs, à l'occasion de la gestion dont il est chargé.

Art. 65 *(Mod., D. n° 2005-1315, 21 oct. 2005 ; D. n° 2015-702, 19 juin 2015 ; D. n° 2016-1392, 17 oct. 2016)*. – Le titulaire de la carte professionnelle portant la mention « Gestion immobilière » ou « Syndic de copropriété », son ou ses représentants légaux ou statutaires, s'il s'agit d'une personne morale, doit tenir, sous sa responsabilité, un registre des mandats, conforme à un modèle fixé par arrêté du ministre chargé de l'économie, sur lequel les mandats prévus à l'article précédent sont mentionnés par ordre chronologique.

Le numéro d'inscription sur le registre des mandats est reporté sur celui des exemplaires du mandat qui reste en la possession du mandant.

Les décisions de toute nature qui confient au titulaire du registre des mandats la gestion d'un syndicat de copropriétaires, d'une société ou d'une association doivent être mentionnées à leur date sur le registre.

Ce registre est, à l'avance, coté sans discontinuité et relié.

En cas de cessation de garantie, ce registre est communiqué au garant ou à l'administrateur désigné.

Le registre peut être tenu sous forme électronique dans les conditions prescrites par les articles 1365 et suivants du Code civil.

Art. 66. – Le mandat précise les conditions de la reddition de comptes qui doit intervenir au moins tous les ans.

Le mandataire ne peut demander ni recevoir, directement ou indirectement, d'autres rémunérations, à l'occasion des opérations dont il est chargé, que celles dont les conditions de détermination sont précisées dans le mandat ou dans la décision de nomination, ni de personnes autres que celles qui y sont désignées.

Art. 67. – Les loyers payés d'avance entre les mains d'un mandataire, sous quelque forme et pour quelque cause que ce soit, à l'occasion d'un louage de choses, ne peuvent excéder une somme correspondant au montant du loyer afférent à la période de location lorsqu'elle n'excède pas trois mois. Pour les locations d'une durée supérieure à trois mois, les sommes ainsi payées ne peuvent dépasser un montant qui excède trois mois de loyers pour les locaux d'habitation, les locaux à usage professionnel et les locaux à usage professionnel et d'habitation, et six mois de loyers pour les locaux à usage commercial, industriel ou artisanal.

Les versements ou remises faits entre les mains d'un mandataire et correspondant à un cautionnement ou à un loyer payé d'avance ne peuvent être acceptés par le mandataire plus de trois mois avant l'entrée dans les lieux ou la remise des clés.

Avis des versements ou remises afférents à des locations nouvelles doit être donné au propriétaire ou au bailleur par lettre recommandée ou par un écrit remis contre un récépissé, au plus tard dans les huit jours de la remise des fonds.

Art. 68 *(Rempl., D. n° 2005-1315, 21 oct. 2005)*. – Les versements accompagnant une réservation de location saisonnière au sens de l'article 1er [1] de la loi [n° 70-9] du 2 janvier 1970 susvisée ne peuvent intervenir plus de six mois avant la remise des clés ni excéder 25 % du montant total du loyer. Le solde ne peut être exigé qu'un mois, au plus tôt, avant l'entrée dans les lieux.

Avis de ces versements est donné au propriétaire ou au bailleur dans les conditions stipulées au mandat.

Art. 69 *(Mod., D. n° 2005-1315, 21 oct. 2005 ; D. n° 2015-702, 19 juin 2015 ; D. n° 2016-1392, 17 oct. 2016)*. – Le titulaire de la carte professionnelle portant la mention « Gestion immobilière » ou « Syndic de copropriété » peut recevoir des versements ou remises, autres que ceux mentionnés par l'article 64, et même un prix de vente, à l'occasion de l'une des opérations spécifiées aux 1° à 5°, 7° et 8° de l'article 1er de la loi susvisée du 2 janvier 1970, mais seulement à titre occasionnel et sous les conditions suivantes :

1° Il doit gérer depuis plus de trois ans le bien qui est l'objet du contrat ;

2° Les fonds, biens, effets ou valeurs reçus ou détenus dans ces conditions doivent être compris dans le montant de la garantie financière, conformément aux dispositions de l'article 29 ci-dessus ;

3° Il doit avoir reçu un mandat spécial répondant aux conditions prévues aux articles 72 et suivants, à l'effet de procéder à l'opération dont il s'agit ;

4° Les conséquences pécuniaires de la responsabilité civile professionnelle qui peut être encourue à cette occasion doivent être couvertes, soit par la police relative aux activités de gestion immobilière ou de syndic de copropriété, soit par une police spéciale ou complémentaire souscrite auprès d'une entreprise d'assurance.

Art. 70 *(Mod., D. n° 95-818, 29 juin 1995 ; D. n° 2015-702, 19 juin 2015).* – En cas de cessation de la garantie, la personne visée à l'article 1er (6° ou 9°) de la loi du 2 janvier 1970 doit verser immédiatement les fonds, biens, effets ou valeurs qu'elle détient pour les mandants à un compte ouvert dans un établissement de crédit.

Les retraits du compte ouvert en application de l'alinéa premier ci-dessus sont opérés, avec l'accord du garant, sous la signature du titulaire du compte ou de la personne qui est habilitée par la loi à le représenter.

En cas de refus ou d'impossibilité d'opérer le versement ou les retraits prévus aux alinéas précédents, le garant peut demander au juge des référés la désignation d'un administrateur.

Art. 71 *(Mod., D. n° 95-818, 29 juin 1995 ; D. n° 2006-1115, 5 sept. 2006 ; D. n° 2015-702, 19 juin 2015 ; à compter du 1er janvier 2020, D. n° 2019-966, 18 sept. 2019).* – Lorsque la garantie résulte d'une consignation, les versements ou remises mentionnés à l'article 64 doivent être faits à un compte ouvert, par un établissement de crédit ou par la caisse des dépôts et consignations, au nom de chaque mandant ou de chaque indivision.

Toutes les sommes ou valeurs reçues à l'occasion des opérations de gestion immobilière ou de l'exercice des fonctions de syndic de copropriété doivent être versées dans les trois jours francs à ce compte.

En cas de cessation de garantie, les retraits du compte ouvert en application de l'alinéa 1er sont opérés sous la double signature du ou des mandats et du gestionnaire ou, en cas d'impossibilité ou de refus de sa part, de la personne qui est habilitée par la loi à le représenter ou, le cas échéant, d'un administrateur désigné par ordonnance du président du tribunal judiciaire rendue sur requête.

CHAPITRE VII. – LES CONVENTIONS PRÉVUES PAR L'ARTICLE 6 DE LA LOI [N° 70-9] DU 2 JANVIER 1970 SUSVISÉE

(D. n° 95-818, 29 juin 1995)

Section I. – Les conventions relatives aux opérations de l'article 1er (1° à 5°) de la loi [n° 70-9] du 2 janvier 1970 susvisée

(D. n° 95-818, 29 juin 1995)

Art. 72 *(Mod., D. n° 2005-1315, 21 oct. 2005 ; D. n° 2015-702, 19 juin 2015 ; D. n° 2016-1278, 29 sept. 2016).* – Le titulaire de la carte professionnelle portant la mention :

« Transactions sur immeubles et fonds de commerce » ne peut négocier ou s'engager à l'occasion d'opérations spécifiées à l'article 1er (1° à 5°) de la loi susvisée du 2 janvier 1970 sans détenir un mandat écrit préalablement délivré à cet effet par l'une des parties.

Le mandat précise son objet et contient les indications prévues à l'article 73.

Lorsqu'il comporte l'autorisation de s'engager pour une opération déterminée, le mandat en fait expressément mention.

Tous les mandats sont mentionnés par ordre chronologique sur un registre des mandats conforme à un modèle fixé par arrêté du ministre chargé de l'économie.

Le numéro d'inscription sur le registre des mandats est reporté sur celui des exemplaires du mandat, qui reste en la possession du mandant.

Ce registre est à l'avance coté sans discontinuité et relié. Il peut être tenu sous forme électronique dans les conditions prescrites par les articles 1365 et suivants du Code civil.

Les mandats et le registre des mandats sont conservés pendant dix ans.

Art. 73 *(Mod., D. n° 2005-1315, 21 oct. 2005 ; D. n° 2016-1392, 17 oct. 2016).* – Le titulaire de la carte professionnelle portant la mention « Transactions sur immeubles et fonds de commerce », son ou ses représentants légaux ou statutaires, s'il s'agit d'une personne morale, qui doit recevoir le mandat prévu à l'article 72 ne peut demander, ni recevoir directement ou indirectement, d'autre rémunération ou d'autres honoraires à l'occasion d'une opération spécifiée à l'article 1er (1° à 5°) de la loi susvisée du 2 janvier 1970 que celle dont les conditions de détermination sont précisées dans le mandat.

Le mandat doit préciser si cette rémunération est à la charge exclusive de l'une des parties à l'opération ou si elle est partagée. Dans ce dernier cas, les conditions et modalités de ce partage sont indiquées dans le mandat et reprises dans l'engagement des parties. Le montant de la rémunération ou des honoraires, ainsi que l'indication de la ou des parties qui en ont la charge sont portés dans l'engagement des parties. Il en est de même, le cas échéant, des honoraires de rédaction d'actes et de séquestre.

Le titulaire de la carte ne peut demander ni recevoir, directement ou indirectement, des honoraires ou des rémunérations à l'occasion de cette opération d'une personne autre que celle mentionnée comme en ayant la charge dans le mandat et dans l'engagement des parties.

Le titulaire de la carte professionnelle perçoit sans délai sa rémunération ou ses honoraires une fois constatée par acte authentique l'opération conclue par son intermédiaire.

Art. 74 *(Mod., D. n° 2005-1315, 21 oct. 2005 ; D. n° 2016-1392, 17 oct. 2016).* – Lorsque l'engagement des parties contient une clause de dédit ou une condition suspensive, l'opération ne peut être regardée comme effectivement conclue par l'application de l'avant-dernier alinéa du I de l'article 6 de la loi susvisée du 2 janvier 1970 s'il y a dédit ou tant que la faculté de dédit subsiste ou tant que la condition suspensive n'est pas réalisée.

Art. 75. – Si le mandat prévoit une rémunération forfaitaire, celle-ci peut être modifiée lorsque le prix de vente ou de cession retenu par l'engagement des parties est différent du prix figurant dans le mandat.

Art. 76. – Le titulaire de la carte n'est autorisé à verser pour un montant maximal, à recevoir ou à détenir des fonds, biens, effets ou valeurs, ou à en disposer, à l'occasion d'une opération spécifiée à l'article 1er (1° à 5°) de la loi [n° 70-9] susvisée du 2 janvier 1970 que dans la mesure et dans les conditions précisées par une clause expresse du mandat, compte tenu des dispositions de cette loi et du présent décret.

Le mandat d'acheter ou de prendre à bail un bien non identifié ne doit contenir aucune clause fixant à l'avance le montant des dommages-intérêts ou du dédit éventuellement dû par la partie qui ne remplirait pas ses engagements.

Art. 77. – Le titulaire de la carte devra, dans le délai stipulé et, en tout cas, dans les huit jours de l'opération, informer son mandant de l'accomplissement du mandat de vendre ou d'acheter.

L'information est faite par lettre recommandée avec demande d'avis de réception ou par tout autre écrit remis contre récépissé ou émargement.

L'intermédiaire remet à son mandant, dans les mêmes conditions que celles prévues aux deux alinéas précédents, une copie de la quittance ou du reçu délivré.

Art. 78 *(Mod., D. n° 2015-724, 24 juin 2014).* – *(Al. rempl. à compter du 1er juillet 2015, D. n° 2015-724, 24 juin 2015)* Lorsqu'un mandat est assorti d'une clause d'exclusivité ou d'une clause pénale, ou lorsqu'il comporte une clause aux termes de laquelle des honoraires seront dus par le mandant même si l'opération est conclue sans les soins de l'intermédiaire, cette clause ne peut recevoir application que si elle résulte d'une stipulation expresse d'un mandat dont un exemplaire a été remis au mandant. Cette clause, mentionnée en caractères très apparents, ne peut prévoir le paiement d'une somme supérieure au montant des honoraires stipulés dans le mandat pour l'opération à réaliser.

Passé un délai de trois mois à compter de sa signature, le mandat contenant une telle clause peut être dénoncé à tout moment par chacune des parties, à charge pour celle qui entend y mettre fin d'en aviser l'autre partie quinze jours au moins à l'avance par lettre recommandée avec demande d'avis de réception.

Toutefois, les dispositions du précédent alinéa ne s'appliquent pas lorsque le mandat est donné en vue de :

1° La vente d'immeuble par lots ;

2° La souscription ou la première cession d'actions ou de parts de société immobilière donnant vocation à une attribution de locaux en jouissance ou en propriété ;

3° La location, par fractions, de tout ou partie des locaux à usage commercial dépendant d'un même ensemble commercial.

Dans les trois cas prévus au précédent alinéa, le mandat doit néanmoins préciser les cas et conditions dans lesquels il peut être dénoncé avant sa complète exécution lorsque l'opération porte en totalité sur un immeuble déjà achevé.

Art. 78-1 *(D. n° 2008-355, 15 avr. 2008 ; mod., D. n° 2016-1392, 17 oct. 2016).* – La clause du mandat mentionnée à l'avant-dernier alinéa du I de l'article 6 de la loi du 2 janvier 1970 a pour objet les frais exposés par le mandataire et les honoraires auxquels il peut prétendre pour ses diligences préalables à la conclusion de l'opération.

Elle décrit les modalités de calcul et de paiement des sommes dues au mandataire.

Elle est mentionnée sur le mandat en caractères très apparents.

Art. 79 *(Mod., D. n° 2005-1315, 21 oct. 2005).* – Lorsque le titulaire de la carte professionnelle portant la mention : « Transactions sur immeubles et fonds de commerce » reçoit un versement ou une remise à l'occasion d'une opération visée à l'article 1er de la loi [n° 70-9] susvisée du 2 janvier 1970, l'acte écrit contenant l'engagement des parties comporte l'indication du mode et du montant de la garantie et celle du garant ou du consignataire.

Section II. – Les conventions relatives aux opérations de l'article 1er (7°) de la loi [n° 70-9] du 2 janvier 1970 susvisée

(D. n° 95-818, 29 juin 1995)

Art. 79-1 *(D. n° 95-818, 29 juin 1995 ; mod., D. n° 2005-1315, 21 oct. 2005 ; D. n° 2015-702, 19 juin 2015 ; D. n° 2016-1278, 29 sept. 2016).* – Pour l'exercice de l'activité mentionnée au 7° de l'article 1er de la loi du 2 janvier 1970 susvisée, le titulaire de la carte portant la mention : « Marchand de listes » ne peut procéder à l'inscription d'un bien immobilier dans un fichier ou sur une liste sans détenir préalablement une convention à cet effet rédigée par écrit et signée par le propriétaire du bien ou le titulaire de droits sur ce bien.

Cette convention précise son objet, sa durée, la description du bien ou des biens sur lesquels elle porte. S'il est prévu une rémunération à la charge du propriétaire ou du titulaire de droits sur le bien, elle indique le montant de cette rémunération. Elle prévoit les moyens à mettre en œuvre par l'une et l'autre des parties afin que ne figurent dans le fichier ou sur la liste que des biens disponibles au regard de son objet.

Toutes les conventions prévues au présent article sont mentionnées par ordre chronologique sur un registre spécial conforme à un modèle fixé par arrêté du ministre chargé de l'économie.

Le numéro d'inscription sur ce registre spécial est reporté sur celui des exemplaires de la convention qui reste en la possession du propriétaire du bien ou du titulaire de droits sur ce bien.

Ce registre peut être tenu sous forme électronique dans les conditions prescrites par les articles 1365 et suivants du Code civil.

Les conventions et le registre spécial sont conservés pendant dix ans.

Art. 79-2 *(D. n° 95-818, 29 juin 1995 ; mod., D. n° 2005-1315, 21 oct. 2005 ; D. n° 2015-724, 24 juin 2014 ; D. n° 2015-724, 24 juin 2015 ; D. n° 2016-1278, 29 sept. 2016).* – La convention conclue entre le client et le titulaire de la carte portant la mention : « Marchand de listes » précise son objet, sa durée, les caractéristiques du bien recherché, le montant de la rémunération convenue ainsi que les conditions de remboursement partiel ou total de celle-ci.

La clause relative aux conditions de remboursement est mentionnée en caractères très apparents. Elle précise que le client qui prétend au remboursement de la rémunération en informe le marchand de listes par écrit remis contre signature ou par lettre recommandée avec demande d'avis de réception.

Le marchand de listes dispose d'un délai de quinze jours à compter de la remise de la demande ou de la première présentation de la lettre recommandée pour procéder au remboursement ou motiver son refus par écrit.

Le remboursement intervient en une fois et ne peut donner lieu à la facturation d'aucuns frais. Le titulaire de la carte professionnelle effectue ce remboursement en utilisant le même moyen de paiement que celui auquel le client a eu recours pour verser la rémunération, sauf accord exprès de celui-ci pour l'utilisation d'un autre moyen de paiement.

La convention rappelle également l'interdiction pour le titulaire de la carte de recevoir paiement préalablement à la parfaite exécution de son obligation de fournir effectivement les listes ou fichiers.

Toutes les conventions prévues au présent article sont mentionnées par ordre chronologique sur un registre spécial conforme à un modèle fixé par arrêté du ministre chargé de l'économie.

Le numéro d'inscription sur ce registre spécial est reporté sur celui des exemplaires de la convention qui reste en la possession de l'acquéreur de listes.

Ce registre peut être tenu sous forme électronique dans les conditions prescrites par les articles 1365 et suivants du Code civil.

Les conventions et le registre spécial sont conservés pendant dix ans.

Art. 79-3 *(D. n° 95-818, 29 juin 1995 ; mod., D. n° 2005-1315, 21 oct. 2005).* – Le titulaire de la carte portant la mention : « Marchand de listes » et de la carte portant la mention : « Transactions sur immeubles et fonds de commerce » ne peut, à l'occasion d'une opération portant sur un même bien ou sur une même demande, se livrer simultanément à l'activité mentionnée à l'article 1er (7°) de la loi [n° 70-9] du 2 janvier 1970 susvisée et à une des activités mentionnées à l'article 1er (1° à 5°) de la même loi.

Si, à l'occasion d'une opération portant sur un même bien ou sur une même demande, la convention prévue à l'article 79-1 ou celle prévue à l'article 79-2 est suivie du mandat prévu à l'article 72, le titulaire de la carte doit, préalablement à l'acceptation du mandat, rembourser au mandant la rémunération que celui-ci a versée en application de l'une des conventions prévues aux articles 79-1 ou 79-2 précités.

L'obligation de remboursement, dans le cas visé à l'alinéa ci-dessus, doit figurer expressément dans les conventions prévues aux articles 79-1 et 79-2.

CHAPITRE VIII. – RENOUVELLEMENT DES CARTES PROFESSIONNELLES ET CONTRÔLE

Art. 80 *(Mod., D. n° 95-818, 29 juin 1995 ; D. n° 2005-1315, 21 oct. 2005 ; D. n° 2015-702, 19 juin 2015 ; D. n° 2016-1392, 17 oct. 2016).* – La carte professionnelle est valable trois ans. Elle est renouvelée, pour la même durée, sur présentation à la chambre de commerce et d'industrie compétente en application du I de l'article 5, d'une demande écrite conforme aux dispositions de l'article 2 et dont le modèle est déterminé par arrêté du ministre chargé de l'économie.

La demande de renouvellement est déposée contre décharge ou adressée par lettre recommandée avec demande d'avis de réception ou par voie électronique. Elle est présentée deux mois avant la date d'expiration de la carte ;

Sont joints à cette demande :

1° L'attestation de garantie financière suffisante délivrée dans les conditions prévues à l'article 37, sous réserve des dispositions du 4° du présent article ;

2° Une attestation d'assurance contre les conséquences pécuniaires de la responsabilité civile professionnelle délivrée conformément aux dispositions de l'article 49 (alinéa 2) ;

3° La justification du respect de l'obligation de formation professionnelle continue prévue à l'article 3-1 de la loi du 2 janvier 1970 susvisée ;

4° Le cas échéant, la déclaration sur l'honneur qu'il n'est reçu ni détenu, directement ou indirectement, par le demandeur, à l'occasion de tout ou partie des activités pour lesquelles le renouvellement de la carte est demandé, d'autres fonds, effets ou valeurs que ceux représentatifs de sa rémunération ou de ses honoraires ; dans ce cas, le demandeur ne produit, au titre des activités concernées par la déclaration sur l'honneur, l'attestation de garantie financière mentionnée au 2° que lorsqu'il a choisi d'en souscrire une.

Les dispositions du II de l'article 3 sont applicables.

La nouvelle carte est délivrée sur remise de l'ancienne.

La carte professionnelle est valable trois ans. Elle est renouvelée, pour la même durée, sur présentation à la chambre de commerce et d'industrie compétente en application du I de l'article 5, d'une demande écrite conforme aux dispositions de l'article 2 et dont le modèle est déterminé par arrêté du ministre chargé de l'économie.

La demande de renouvellement est déposée contre décharge ou adressée par lettre recommandée avec demande d'avis de réception ou par voie électronique. Elle est présentée deux mois avant la date d'expiration de la carte ;

Sont joints à cette demande :

1° L'attestation de garantie financière suffisante délivrée dans les conditions prévues à l'article 37, sous réserve des dispositions du 4° du présent article ;

2° Une attestation d'assurance contre les conséquences pécuniaires de la responsabilité civile professionnelle délivrée conformément aux dispositions de l'article 49 (alinéa 2) ;

3° La justification du respect de l'obligation de formation professionnelle continue prévue à l'article 3-1 de la loi du 2 janvier 1970 susvisée ;

4° Le cas échéant, la déclaration sur l'honneur qu'il n'est reçu ni détenu, directement ou indirectement, par le demandeur, à l'occasion de tout ou partie des activités pour lesquelles le renouvellement de la carte est demandé, d'autres fonds, effets ou valeurs que ceux représentatifs de sa rémunération ou de ses honoraires ; dans ce cas, le demandeur ne produit, au titre des activités concernées par la déclaration sur l'honneur, l'attestation de garantie financière mentionnée au 2° que lorsqu'il a choisi d'en souscrire une.

Les dispositions du II de l'article 3 sont applicables.

La nouvelle carte est délivrée sur remise de l'ancienne.

Art. 81 *(Abr., D. n° 2015-702, 19 juin 2015).*

Art. 82 à 85 *(Abr., D. n° 2005-1315, 21 oct. 2005).*

Art. 86 *(Mod., D. n° 2005-1315, 21 oct. 2005 ; D. n° 2006-1115, 5 sept. 2006 ; D. n° 2015-702, 19 juin 2015 ; D. n° 2016-1392, 17 oct. 2016).* – Le président de la chambre de commerce et d'industrie territoriale ou de la chambre départementale d'Île-de-France et les garants peuvent, à tout moment, se faire communiquer tous les documents qu'ils estiment nécessaires à la vérification de la suffisance de la garantie financière.

Ils peuvent notamment se faire produire :

Par les titulaires de la carte portant la mention « Transactions sur immeubles et fonds de commerce » : le registre-répertoire dit « de la loi du 2 janvier 1970 », les carnets de reçus, l'état spécial de mise en service de ces carnets, le registre des mandats, les conventions visées à l'article 6 de la loi susvisée du 2 janvier 1970, les relevés du compte visé à l'article 55 du présent décret, ceux du compte spécial à rubriques, les copies des avis prévus aux articles 67 et 68 ci-dessus ;

Par les titulaires de la carte portant la mention « Gestion immobilière » ou « Syndic de copropriété » : le livre de caisse, les livres de banques, le registre des mandats, les conventions visées à l'article 6 de la loi susvisée du 2 janvier 1970, les relevés des comptes bancaires, et notamment ceux visés à l'article 71, les copies des documents constatant les redditions de comptes.

Si le garant constate une insuffisance de la garantie, il en avise sans délai le président de la chambre de commerce et d'industrie territoriale ou de la chambre départementale d'Île-de-France après une mise en demeure de régulariser restée vaine.

Les documents mentionnés à l'alinéa précédent doivent être conservés par les titulaires de la carte professionnelle pendant au moins dix ans.

Art. 86-1 *(D. n° 2005-1315, 21 oct. 2005 ; D. n° 2015-702, 19 juin 2015).* – Le ministère public avise sans délai le président de la chambre de commerce et d'industrie territoriale ou de la chambre départementale d'Île-de-France compétent en application du premier alinéa de l'article 5 de toute condamnation pénale prononcée contre un titulaire de la carte professionnelle et entraînant l'incapacité d'exercer les activités mentionnées à l'article 1er de la loi du 2 janvier 1970 susvisée.

Le greffier chargé de tenir le registre du commerce et des sociétés avise sans délai le président de la chambre de commerce et d'industrie territoriale ou de la chambre départementale d'Île-de-France de la radiation d'un titulaire de la carte professionnelle, quel qu'en soit le motif.

CHAPITRE IX. – DISPOSITIONS TRANSITOIRES

Art. 87 à 91 *(Abr., D. n° 2005-1315, 21 oct. 2005).*

CHAPITRE X. – DISPOSITIONS DIVERSES

Art. 92 *(Mod., D. n° 95-818, 29 juin 1995 ; D. n° 2005-1315, 21 oct. 2005).* – Outre les mentions prescrites par les articles 8, 28 et 56 du décret [n° 67-236] du 23 mars 1967 susvisé et par l'article 72 du décret [n° 84-406] du 30 mai 1984 susvisé, les personnes visées à l'article 1er de la loi [n° 70-9] du 2 janvier 1970 doivent faire figurer sur tous documents, contrats et correspondance à usage professionnel :

a) Le numéro et le lieu de délivrance de la carte professionnelle ;

b) Le nom ou la raison sociale et l'adresse de l'entreprise ainsi que l'activité exercée ;

c) *(Rempl., D. n° 2010-1707, 30 déc. 2010)* Le cas échéant, le nom et l'adresse du garant.

Ces indications ne doivent être accompagnées d'aucune mention de nature à faire croire, d'une quelconque manière, à une assermentation, à une inscription, à une commission, à un accréditement ou à un agrément.

Art. 93 *(Mod., D. n° 95-818, 29 juin 1995 ; D. n° 2005-1315, 21 oct. 2005). – (Rect. JO 6 sept. 1972)* Le titulaire de la carte professionnelle est tenu d'apposer, en évidence, dans tous les lieux où est reçue la clientèle, une affiche indiquant :

- Le numéro de la carte professionnelle ;
- *(Rempl., D. n° 2010-1707, 30 déc. 2010)* Le cas échéant, le montant de la garantie ;
- *(Rempl., D. n° 2010-1707, 30 déc. 2010)* Le cas échéant, la dénomination et l'adresse du garant.

S'il s'agit des titulaires de la carte portant la mention « Transactions sur immeubles et fonds de commerce » ou « Marchand de listes », l'affiche indiquera, en outre, l'établissement de crédit et le numéro du compte où doivent être effectués les versements et remises ainsi que les modes obligatoires de versement. Elle reproduira les dispositions du premier alinéa de l'article 52 ci-dessus.

Art. 94 *(Mod., D. n° 2005-1315, 21 oct. 2005 ; rempl., D. n° 2010-1707, 30 déc. 2010 ; D. n° 2015-702, 19 juin 2015 ; mod., D. n° 2016-1392, 17 oct. 2016).* – Lorsque le titulaire de la carte professionnelle a souscrit la déclaration prévue au 6° de l'article 3 ou au 4° de l'article 80, les documents et affiches mentionnés aux deux précédents articles indiquent, pour l'activité concernée, que l'intéressé ne doit recevoir ni détenir d'autres fonds, effets ou valeurs que ceux représentatifs de sa rémunération ou de ses honoraires. Cette indication figure également dans toute publicité commerciale émanant du titulaire. Une affiche comportant cette mention est apposée, en évidence, dans la vitrine ou sur le panneau publicitaire extérieur, s'il en existe un.

L'indication mentionnée à l'alinéa précédent est portée en utilisant des caractères très apparents.

Art. 95 *(Mod., D. n° 95-818, 29 juin 1995 ; D. n° 2002-642, 29 avr. 2002 ; D. n° 2015-702, 19 juin 2015 ; D. n° 2016-1392, 17 oct. 2016).* – Les dispositions réglementant les conditions d'exercice des activités relatives à certaines opérations portant sur les immeubles et les fonds de commerce ne sont pas applicables, pour les opérations qu'ils sont régulièrement habilités à réaliser dans le cadre de la réglementation de leur profession, aux notaires, aux avoués, aux avocats, aux huissiers de justice, aux géomètres experts, aux administrateurs judiciaires, aux experts fonciers et agricoles et aux experts forestiers.

Ces dispositions ne s'appliquent pas aux sociétés filiales de sociétés nationales ou d'entreprises publiques qui gèrent exclusivement les immeubles de ces sociétés ou entreprises, ni aux organismes collecteurs de la participation des employeurs à l'effort de construction, dans la mesure où ces organismes gèrent les immeubles qu'ils ont construits. Elles ne s'appliquent pas non plus aux sociétés d'économie mixte dont l'État ou une collectivité locale détient au moins 35 % du capital social, ni aux sociétés d'aménagement foncier et d'établissement rural.

Ces dispositions ne s'appliquent pas non plus, dans les limites de leur compétence, aux sociétés anonymes coopératives d'habitation à loyer modéré de location-attribution mentionnées aux articles L. 422-13 et suivants du Code de la construction et de l'habitation, ni aux organismes d'habitation à loyer modéré mentionnés à l'article L. 411-2 du Code de la construction et de l'habitation pour :

1° La gestion et l'entremise immobilières et l'exercice des fonctions de syndic de copropriété relatives aux immeubles appartenant à d'autres organismes d'habitation à loyer modéré, à des collectivités publiques, à des sociétés d'économie mixte, à des organismes à but non lucratif, à des sociétés civiles coopératives de construction ;

2° L'exercice des fonctions de syndic de copropriété, en application de l'article L. 443-15 du Code de la construction et de l'habitation.

Pour l'exercice des activités de gestion et d'entremise immobilières et des fonctions de syndic de copropriété ne faisant pas l'objet des exemptions prévues ci-dessus, les personnes mentionnées à l'alinéa précédent sont dispensées des justifications prévues au chapitre II.

Les architectes, les agréés en architecture et les sociétés d'architecture, inscrits à l'ordre, sont dispensés de la production des justifications prévues au chapitre II pour l'exercice des activités de gestion immobilière ou de syndic de copropriété.

Art. 95-1 *(D. n° 95-818, 29 juin 1995 ; D. n° 2015-702, 19 juin 2015).* – Pour l'exercice des activités de location de meublés saisonniers à usage touristique, les personnes immatriculées au registre mentionné à l'article L. 141-3 du Code du tourisme sont dispensées des justifications prévues au chapitre II. Elles doivent justifier avoir souscrit, dans les conditions prévues par le Code du tourisme, une assurance contre les risques pécuniaires de la responsabilité civile professionnelle et la garantie financière couvrant ces activités.

Art. 95-2 *(D. n° 2015-702, 19 juin 2015 ; D. n° 2015-724, 24 juin 2014).* – L'information prévue à l'article 4-1 de la loi du 2 janvier 1970 susvisée fait l'objet d'un écrit établi par le professionnel qui propose à son client les services d'une entreprise, d'un établissement bancaire ou d'une société financière. Cet écrit, présenté de manière lisible et compréhensible, est adressé par le professionnel à son client en même temps que la proposition de services.

La preuve de la délivrance de l'information peut être faite par tout moyen. Elle est conservée par les professionnels mentionnés à l'article 4-1.

Arrêté du 19 juin 2015

fixant le modèle unique de demande, de renouvellement ou de modification de la carte professionnelle, de la déclaration préalable d'activité, de la déclaration de libre prestation de services et le modèle de demande d'attestation de personne habilitée prévus par le décret n° 72-678 du 20 juillet 1972 applicable aux agents immobiliers, syndics et gestionnaires de biens

(JO 21 juin)

Art. 1er. – **La demande, le renouvellement ou la modification de la carte professionnelle, la déclaration préalable d'activité, la déclaration de libre prestation de services et la demande d'attestation de personne habilitée prévus par le décret n° 72-678 susvisé sont conformes aux modèles figurant en annexe du présent arrêté.**

Art. 2. – **Les rémunérations prévues à l'article 1er sont fixées à :**

Instruction et délivrance de la carte professionnelle	120 €
Modification de la carte professionnelle	50 €
Délivrance d'un récépissé de déclaration préalable d'activité	80 €
Délivrance d'une attestation pour la personne habilitée par le titulaire de carte professionnelle	50 €

Décret n° 2016-173 du 18 février 2016

relatif à la formation continue des professionnels de l'immobilier

(JO 21 févr.)

Art. 1er. – **La formation continue mentionnée à l'article 3-1 de la loi du 2 janvier 1970 susvisée est une obligation professionnelle qui assure la mise à jour et le perfectionnement des connaissances et des compétences nécessaires à l'exercice de leur profession par :**

1° Les titulaires de la carte professionnelle mentionnée à l'article 1er du décret du 20 juillet 1972 susvisé ou, lorsqu'il s'agit de personnes morales, leur représentant légal et statutaire ;

2° Les personnes mentionnées au dernier alinéa de l'article 3 de la loi du 2 janvier 1970 susvisée qui assurent la direction d'un établissement, d'une succursale, d'une agence ou d'un bureau ;

3° Les personnes, salariées ou non, habilitées par le titulaire de la carte professionnelle à négocier, s'entremettre ou s'engager pour le compte de ce dernier

Art. 2. – **La durée de la formation continue est de quatorze heures par an ou de quarante-deux heures au cours de trois années consécutives d'exercice.**

Art. 3 *(Mod. à compter du 1er janvier 2021, D. n° 2020-1259, 14 oct. 2020)*. – **Les activités validées au titre de l'obligation de formation continue sont :**

1° La participation aux actions de formation mentionnées au 1° de l'article L. 6313-1 du Code du travail. Ces actions peuvent être celles considérées comme prioritaires par la Commission paritaire nationale de l'emploi et de la formation professionnelle de l'immobilier ;

2° L'assistance à des colloques organisés dans les conditions définies à l'article L. 6353-1 du Code du travail, dans la limite de deux heures par an ;

3° L'enseignement dans la limite de trois heures par an.

Ces activités ont trait aux domaines juridique, économique, commercial, à la déontologie ainsi qu'aux domaines techniques relatifs à la construction, l'habitation, l'urbanisme, la transition énergétique. Elles ont un lien direct avec l'activité professionnelle exercée.

Au cours de trois années consécutives d'exercice, la formation continue inclut au moins deux heures portant sur la non-discrimination à l'accès au logement et au moins deux heures portant sur les autres règles déontologiques.

Art. 4. – Les activités mentionnées à l'article 3 sont accomplies auprès d'organismes de formation, enregistrés ou ayant déposé une déclaration d'activité en cours d'enregistrement, conformément aux dispositions des articles L. 6351-1 A à L. 6351-8 et R. 6351-1 à R. 6351-7 du Code du travail.

Elles peuvent également être accomplies auprès d'un organisme légalement établi dans un autre État membre de l'Union européenne ou dans un État partie à l'accord sur l'Espace économique européen. Toutefois, lorsqu'elles ont trait au domaine juridique, ces activités ne sont validées que si elles présentent un lien suffisant avec le droit national applicable aux opérations mentionnées à l'article 1er de la loi du 2 janvier 1970 susvisée.

Art. 5. – Les organismes de formation définis à l'article 4 délivrent à la personne ayant accompli les activités validées au titre de la formation continue une attestation mentionnant les objectifs, le contenu, la durée et la date de réalisation de l'activité. Lorsqu'il s'agit d'un colloque, ce document atteste de la présence du professionnel à cette manifestation.

Art. 6. – Pour le contrôle de l'accomplissement effectif de l'obligation de formation continue définie aux articles 2 et 3, les personnes mentionnées à l'article 1er transmettent les justificatifs énoncés à l'article 5, selon le cas :

– au président de la chambre de commerce et d'industrie territoriale ou de la chambre départementale d'Île-de-France, après chaque formation ou au plus tard au moment de la demande de renouvellement de leur carte professionnelle prévue à l'article 80 du décret du 20 juillet 1972 susvisé ;

– au titulaire de la carte professionnelle qui est mentionné sur le récépissé de la déclaration préalable d'activité prévu à l'article 8 du décret du 20 juillet 1972 précité ou qui les a habilitées, après chaque formation.

Art. 7. – Pour la demande de renouvellement de leur carte, les titulaires de la carte professionnelle expirant :

– entre le 1er avril 2016 et le 31 décembre 2016 ne sont pas tenus de justifier de l'accomplissement de leur obligation de formation continue ;

– entre le 1er janvier 2017 et le 31 décembre 2017 justifient d'activités de formation continue d'une durée minimale de quatorze heures ;

– entre le 1er janvier 2018 et le 31 décembre 2018 justifient d'activités de formation continue d'une durée minimale de vingt-huit heures.

Art. 8. – Le présent décret entre en vigueur le 1er avril 2016.

II. – RECOMMANDATION N° 96-01 ÉMISE PAR LA COMMISSION DES CLAUSES ABUSIVES, RELATIVE AUX CONTRATS PROPOSÉS PAR LES SYNDICS DE COPROPRIÉTÉ DU 17 NOVEMBRE 1995

La Commission des clauses abusives :

Considérant :

que certaines clauses prévoient l'impossibilité pour le syndicat des copropriétaires de résilier le contrat de syndic en cours d'exécution, tout en autorisant le syndic à démissionner ; que l'absence de réciprocité qui en résulte est constitutive d'abus ;

Considérant que l'article 28 du décret du 17 mars 1967 pose pour principe que « la durée du mandat du syndic ne peut excéder trois années » et que son renouvellement suppose une décision de l'assemblée générale ; que certaines clauses prévoient ou laissent supposer une reconduction automatique du contrat et donc le maintien en fonctions du syndic au-delà de la durée légale, sans vote de l'assemblée générale ;

Considérant que l'article 18, alinéa 5, de la loi du 10 juillet 1965 impose au syndic de soumettre au vote de l'assemblée générale la décision d'ouvrir ou non un compte bancaire ou postal séparé au nom du syndicat lors de sa première désignation et au moins tous les trois ans ; que certaines clauses laissent croire qu'est obligatoire soit l'ouverture d'un compte séparé, soit l'utilisation d'un compte unique au nom du syndic ; que sont abusives ces clauses qui entravent la liberté de choix voulue par le législateur ;

Considérant que certains contrats prévoient la renonciation du syndicat des copropriétaires à percevoir les fruits et produits financiers des sommes placées sur un compte séparé ; que cet avantage d'un montant indéterminé et sans contrepartie spécifique constitue un déséquilibre significatif au détriment du syndicat des copropriétaires ;

Considérant que, si tous les contrats de syndic font la distinction entre la gestion courante et les prestations particulières, certains ne précisent pas le contenu de ces postes, que d'autres contrats prévoient un nombre de prestations particulières, parfois augmentées abusivement à l'aide de rubriques « divers », tel que la notion de gestion courante se trouve dépourvue de signification ; que ces clauses ou combinaisons de clauses sont de nature à créer un déséquilibre significatif ;

Considérant que certains contrats mettent à la charge du syndicat, en cas de non-renouvellement ou de résiliation du contrat de syndic, une indemnité forfaitaire ne correspondant pas à une prestation effective liée à la remise du dossier au successeur ;

Considérant que de nombreux contrats mettent à la charge du copropriétaire défaillant la rémunération du syndic à l'occasion des frais de relance et de recouvrement ; que cette stipulation se heurte aux dispositions d'ordre public de l'article 32 de la loi n° 91-560 du 9 juillet 1991 ; qu'elle doit être éliminée des contrats ;

Considérant que certains contrats comportent une clause de révision de la rémunération du syndic dont la complexité ne permet pas au syndicat des copropriétaires de mesurer la portée de son engagement ; que la mise en œuvre d'une clause dont les éléments ne sont pas suffisamment explicites et qui n'est pas illustrée par une application chiffrée est susceptible de créer un déséquilibre significatif ;

Considérant que de nombreux contrats contiennent des clauses attributives de compétence,

Recommande :

Que soient éliminées des contrats proposés par les syndics de copropriété les clauses qui ont pour objet ou pour effet :

1. De permettre au syndic de démissionner sans prévoir pour le syndicat des copropriétaires la possibilité de résilier le contrat de syndic en cours d'exécution.

2. De prévoir ou de laisser supposer une reconduction automatique du contrat à la fin du mandat et le maintien en fonction du syndic au-delà de la durée légale sans vote de l'assemblée générale.

3. De présenter comme légalement obligatoire l'ouverture d'un compte séparé au nom du syndicat, ou, au contraire, l'utilisation d'un compte unique au nom du syndic.

4. D'imposer sans contrepartie au syndicat des copropriétaires la renonciation à percevoir les fruits et produits financiers des sommes placées sur un compte séparé.

5. De restreindre la notion de gestion courante par l'accumulation de prestations particulières et/ou par le recours à la rubrique « divers ».

6. De mettre à la charge du syndicat en cas de non-renouvellement ou de résiliation du contrat du syndic, une indemnité forfaitaire ne correspondant pas à une prestation effective liée à la remise du dossier au successeur.

7. De faire supporter au copropriétaire défaillant une rémunération au profit du syndic à l'occasion des frais de relance et de recouvrement.

8. De prévoir une clause de révision des honoraires dont les éléments ne sont pas suffisamment explicites et qui n'est pas illustrée par une application chiffrée.

9. De déroger aux règles légales de compétence territoriale ou d'attribution.

Modèle de contrat d'économies de charges
Annexé à l'engagement de lutte contre l'inflation
(publié au *BOCC*, 9 mars 1985, p. 73)

Entre :

M...

Administrateur de biens,

d'une part ;

Et

Le syndicat des copropriétaires sis à..., en application de la... résolution adoptée par l'assemblée générale...,

d'autre part ;

Il a été convenu et arrêté ce qui suit :

Les parties ci-dessus désignées décident l'engagement du processus ci-après décrit dont l'objet est de rechercher les actions nécessaires à la réalisation d'économies de charges et à la maîtrise de leur évolution par la suppression des éventuels gaspillages ou surcoûts, tout en préservant les dépenses nécessaires à la bonne conservation, voire à la mise en valeur du patrimoine.

Il est précisé que l'assemblée générale ou le conseil syndical, s'il a été spécialement habilité à cet effet, pourront à tout moment interrompre ledit processus ou en modifier le cours.

Art. 1er. - Le syndic établira :

- Une évaluation comparative des charges de l'immeuble, réparties en une dizaine de postes, par rapport aux chiffres statistiques d'immeubles de même nature. Cette évaluation sera établie suivant une méthodologie du type Apogée.

- Des commentaires de ces évaluations statistiques, en fonction de sa connaissance de l'immeuble, et visant en particulier, le cas échéant :

• à expliquer les anomalies (mise en évidence d'anomalies purement apparentes, liées aux caractéristiques de l'immeuble, ou au choix des copropriétaires) et à faire apparaître les premiers postes d'actions pour des économies de charges ;

• à mettre en évidence le niveau raisonnable, voire satisfaisant, du montant des charges, et les dispositions à prévoir pour conserver le résultat.

Art. 2. - Le syndic devra procéder à un examen détaillé des anomalies mises en évidence. Il fera appel, le cas échéant, après avis favorable du conseil syndical spécialement habilité à cet effet, à des spécialistes pour des études sectorielles (diagnostic thermique par ex.).

Cet examen permettra de déterminer des propositions d'action, d'évaluer leurs coûts et d'estimer le montant des économies qui peuvent en être attendues.

Art. 3. - L'ensemble des informations ainsi obtenues sera porté par le syndic à la connaissance des copropriétaires en même temps que la convocation à l'assemblée générale. Les copropriétaires disposeront alors des éléments susceptibles de leur permettre de prendre des décisions sur les modalités de gestion de l'immeuble ou sur les travaux d'investissement à entreprendre en vue d'aboutir à des économies de charges.

Ces décisions pourront porter en particulier sur :

- la réalisation de travaux ;
- la renégociation de contrats ;
- la réorganisation de la gestion de certains services de l'immeuble ;
- et seront mises en œuvre par le syndic.

Art. 4. - À l'issue de la mise en œuvre des décisions visées à l'article précédent, le syndic procédera à l'observation des résultats obtenus par rapport à ceux déterminés comme il est dit à l'article 1er et en rendra compte au conseil syndical et à l'assemblée générale.

Art. 5. - Le syndic pourra présenter, le cas échéant, à l'assemblée générale les moyens qu'il propose de mettre à la disposition des copropriétaires afin d'assurer le maintien des actions entreprises.

Art. 6. - En rémunération de l'accomplissement du présent contrat, le syndic percevra une rémunération de :

- F... pour les missions définies à l'article 1er ;
- F... pour les missions définies à l'article 2 ;
- F... pour les missions définies à l'article 3 ;
- F... pour les missions définies à l'article 4 ;
- F... pour les missions définies à l'article 5.

III. – RECOMMANDATION N° R 2011-R-01 ÉMISE PAR L'AUTORITÉ DE CONTRÔLE PRUDENTIEL PORTANT SUR LA GESTION PAR LES ÉTABLISSEMENTS DE CRÉDITS DES COMPTES MANDANTS DE SYNDICS DE COPROPRIÉTÉ

Bibliographie : T. Bonneau, *L'ACP et pratiques* contra legem *des syndics de copropriété : JCP* N 2011, n° 17, p. 31 ; *JCP* E 2011, 1227.

Recommandation n° R 2011-R-01 du 26 janvier 2011

(Inf. rap. copr. avr. 2011, p. 7)

L'Autorité de contrôle prudentiel (ACP) a constaté l'existence, au sein d'établissements de crédit, de pratiques susceptibles de mettre en danger les intérêts des clients, dans le domaine de la gestion des comptes ouverts au nom de certains syndics de copropriété. En conséquence, l'ACP a mis en garde ces établissements de crédit, en application de l'article L. 612-30 du Code monétaire et financier, à l'encontre de la poursuite de ces pratiques, qu'ils ont indiqué avoir cessées.

En l'espèce, ces établissements ont accédé à la demande de syndics de copropriétés, détenteurs de fonds confiés par des syndicats de copropriétés et déposés sur des comptes mandants, de disposer librement de ces fonds et de les transférer dans des établissements de crédit tiers, où ils étaient supposés être placés. Ces transferts étaient effectués par le débit de comptes dits « reflets », ouverts au nom des syndics, qui faisaient l'objet de conventions de fusion avec les comptes mandants. Dans ces conditions, aucun débit n'apparaissait sur les comptes mandants alors que les soldes créditeurs de ces comptes étaient susceptibles d'être compensés avec les soldes débiteurs des comptes « reflets ».

De telles pratiques peuvent conduire à ce que les fonds déposés sur les comptes mandants des syndics au nom des copropriétés ne soient plus disponibles pour l'affectation que la loi leur confère, à savoir le règlement des dépenses desdites copropriétés, alors que la bonne pratique impose de veiller à la préservation des fonds confiés aux syndics et à leur disponibilité au sein de l'établissement.

En conséquence, l'ACP recommande, conformément au 3° du II de l'article L. 612-1 et à l'alinéa 2 de l'article L. 612-29-1 du Code monétaire et financier, aux établissements de crédit qui ont dans leurs livres des comptes mandants enregistrant des fonds détenus par des syndics pour le compte de syndicats de copropriété, de ne pas accepter que ces fonds puissent être transférés vers d'autres établissements de crédit et de ne pas conclure de convention de fusion permettant de compenser les soldes créditeurs de ces comptes avec les soldes débiteurs d'autres comptes.

IV. – RECOMMANDATION N° 11-01 ÉMISE PAR LA COMMISSION DES CLAUSES ABUSIVES RELATIVES AUX CONTRATS DE SYNDIC DE COPROPRIÉTÉ DU 15 SEPTEMBRE 2011

Bibliographie : *Contrats de syndics : 24 clauses jugées abusives : Inf. rap. copr.* nov. 2011, p. 12. • *Publication d'une recommandation sur les contrats de syndic de copropriété : JCP* N 2011, 851. • J. Laporte, *Honoraires de l'état daté et clauses abusives : AJDI* 2012, p. 255. • P. Capoulade, *Les clauses abusives dans le mandat du syndic : Rev. Administrer* nov. 2012, p. 11.

La Commission des clauses abusives,

Considérant que le quart des logements français est organisé en copropriété ; que les copropriétés sont gérées par des syndics, majoritairement professionnels ;

Considérant que ces syndics proposent des contrats de mandat aux copropriétaires consommateurs réunis en syndicats ;

Considérant que les syndicats de copropriétaires, dotés de la personnalité morale, bénéficient de la protection accordée par la loi aux consommateurs et aux non-professionnels ;

Considérant que la commission constate qu'en dépit des dispositions de l'arrêté du 2 décembre 1986 modifié, la présentation des contrats étudiés rend difficile la délimitation entre prestations particulières et prestations de gestion courante, ce qui fait obstacle à la comparaison par le consommateur des tarifs proposés par les syndics ;

Considérant que ces documents contractuels contiennent des clauses dont le caractère abusif au sens de l'article L. 132-1 du Code de la consommation peut être relevé ;

I. Clauses relatives à la formation et la révocation du contrat

1. Considérant que certains contrats de syndics de copropriété sont conclus pour une durée ne correspondant pas à celle résultant des dates calendaires qui y figurent ; que ces clauses conduisent à un déséquilibre significatif pour le consommateur ou le non-professionnel qui ne connaît pas la durée réelle de son engagement ;

2. Considérant que l'article 18 de la loi du 10 juillet 1965 modifiée prévoit le principe de l'ouverture d'un compte bancaire ou postal au nom du syndicat, sur lequel sont versées sans délai toutes les sommes ou valeurs reçues au nom ou pour le compte du syndicat et que l'assemblée générale peut en décider autrement à la majorité requise par les articles 25 et 25-1 ; qu'un nombre important de contrats indique un prix de forfait annuel de gestion courante sur la base de la gestion d'un compte bancaire unique pour l'ensemble du cabinet de syndic ; que certains de ces mêmes contrats prévoient au titre des prestations particulières rémunérées distinctement l'ouverture d'un compte bancaire séparé pour le syndicat ; que les autres stipulent un coût de forfait annuel plus élevé en cas d'ouverture d'un compte séparé ; que ces deux types de clauses sont abusifs en ce que, d'une part, ils laissent croire aux syndicats des copropriétaires que le principe est celui de l'ouverture d'un compte unique alors que la loi prévoit le contraire, d'autre part, en ce qu'ils font apparaître au titre des prestations particulières, rémunérées distinctement, l'ouverture d'un compte séparé alors que celle-ci doit figurer au titre des prestations courantes ;

3. Considérant que des contrats prévoient que lorsque le syndic est mandaté pour la location d'une partie commune, les honoraires seront ceux affichés en agence ; que ces clauses, qui laissent au professionnel le droit de modifier unilatéralement les prix du service à rendre, par un simple changement d'affichage, sont présumées de manière irréfragable abusives en vertu de l'article R. 132-1, 3° du Code de la consommation ;

4. Considérant qu'un nombre important de contrats de syndic impose des modalités de résolution ou de résiliation plus rigoureuses pour le consommateur ou le non-professionnel que pour le professionnel ; que, selon l'article R. 132-2 du Code de la consommation, sont présumées abusives les clauses soumettant la résiliation du contrat à des conditions ou modalités plus rigoureuses pour le consommateur ou non-professionnel que pour le professionnel ;

5. Considérant que certains contrats de syndics de copropriété proposent des prestations sans en mentionner le prix ou leur mode de calcul ; que cette présentation ne permet pas au consommateur ou non-professionnel, d'avoir connaissance du prix à payer pour ces prestations et empêche une comparaison efficace avec les autres contrats de syndic, ce qui est de nature à déséquilibrer significativement le contrat au détriment du syndicat des copropriétaires ;

6. Considérant que certains contrats n'opèrent pas une distinction stricte dans leur présentation entre les prestations de gestion courante, dont le prix est inclus dans le forfait annuel, et les prestations variables facturées séparément ; que cette présentation ne permet pas au consommateur ou non-professionnel de connaître aisément les prestations incluses dans le forfait annuel et, par suite, rend difficile une comparaison efficace avec les autres contrats de syndic, ce qui crée un déséquilibre significatif entre les droits et les obligations des parties au contrat au détriment du syndicat des copropriétaires ;

II. Clauses relatives au contenu et à l'exécution du contrat

A. Clauses illicites

1. Clauses contrevenantes à des dispositions légales et/ou réglementaires

7. Considérant qu'il résulte de l'article 35-1 du décret du 17 mars 1967 que l'assemblée générale des copropriétaires décide, s'il y a lieu, du placement des fonds recueillis et de l'affectation des intérêts produits par ce placement ; que certains contrats prévoient qu'en cas de gestion financière par le biais d'un compte unique ouvert au nom du syndic, les profits éventuels de ce compte seront versés automatiquement à ce dernier, sans qu'il y ait lieu à un vote spécial de l'assemblée générale sur l'affectation des intérêts ; que ces clauses sont illicites au regard du texte précité en ce qu'elles se substituent à une décision de l'assemblée générale ; que, maintenues dans un contrat, elles sont abusives ;

8. Considérant que certains contrats mentionnent la possibilité pour le syndic de mener une activité de courtage pour la conclusion de toute convention, en qualité de mandataire du syndicat des copropriétaires ; que ces clauses sont illicites au regard de l'article 39 du décret du 17 mars 1967 qui impose, pour toute convention conclue entre le syndic et le syndicat, une autorisation spéciale de l'assemblée générale des copropriétaires ; qu'en outre, tendant à laisser croire que cette autorisation spéciale a été accordée lors de la désignation du syndic, elles créent un déséquilibre significatif entre les droits et obligations des parties au détriment du consommateur ou non-professionnel et sont abusives ;

9. Considérant que des contrats imposent, pour des prestations ne relevant pas du contrat de syndic (location d'une partie commune, gestion des travaux en tant que maître d'œuvre), que le syndic soit mandaté de plein droit pour ces prestations, alors que l'article 39 du décret du 17 mars 1967 dispose que toute convention conclue entre le syndic et le syndicat des copropriétaires doit être expressément autorisée par une décision de l'assemblée générale ; que ces clauses sont illicites et, maintenues dans un contrat, abusives ;

10. Considérant que certains contrats prévoient la rémunération du syndic dans le cas d'une déclaration de sinistre concernant les parties communes, alors qu'il s'agit, selon l'arrêté du 19 mars 2010 modifiant l'arrêté du 2 décembre 1986, d'une prestation de gestion courante ; que ces clauses sont illicites et, maintenues dans un contrat, abusives ;

11. Considérant que certains contrats prévoient la possibilité pour le syndic de se faire rémunérer, à titre de prestation particulière, pour le suivi de travaux, sans préciser la nature des travaux concernés, alors que l'article 18-1 de la loi du 10 juillet 1965 prévoit cette faculté uniquement dans le cas de travaux figurant dans la liste limitative prévue par l'article 14-2 de la même loi et que l'article 44 du décret du 17 mars 1967 pris en application de ce texte exclut, par principe, toute rémunération du syndic concernant les travaux de maintenance de parties communes ou d'équipements ; que ces clauses stipulant une rémunération particulière du syndic en dehors des travaux limitativement énumérés par la loi sont illicites et, maintenues dans un contrat, abusives ;

12. Considérant que certains contrats imposent la rémunération de « prestations exceptionnelles non répertoriées », alors que l'arrêté du 19 mars 2010 modifiant l'arrêté du 2 décembre 1986, énonce que toute prestation particulière doit figurer explicitement dans le contrat en tant que telle et que le contenu des prestations particulières doit être défini avec précision dans les rubriques correspondantes ; qu'ainsi, les clauses prévoyant des prestations

exceptionnelles sans en définir le contenu contreviennent aux dispositions réglementaires et sont illicites ; que, maintenues dans un contrat, elles sont abusives ;

13. Considérant que plusieurs contrats scindent des prestations de gestion courante prévues dans l'arrêté du 19 mars 2010 modifiant l'arrêté du 2 décembre 1986, telles que l'établissement et la mise à jour du carnet d'entretien, en plusieurs prestations particulières du type « création du carnet d'entretien », « tenue du carnet d'entretien de l'immeuble » ; qu'ainsi, le syndic peut être rémunéré de manière particulière pour des prestations de gestion courante ; que de telles clauses sont illicites ; que, maintenues dans un contrat, elles sont abusives ;

14. Considérant qu'un nombre très important de contrats indique, dans le cas de travaux autres que ceux d'entretien et de maintenance, dont la liste est fixée à l'article 44 du décret du 17 mars 1967, que la rémunération du syndic sera constituée par un montant minimum ou un pourcentage du montant de ces travaux, alors que l'article 18-1 A de la loi du 10 juillet 1965 prévoit, en pareil cas, que les honoraires du syndic sont votés lors de l'assemblée générale autorisant les travaux ; que ces clauses laissent croire qu'en ce cas, la rémunération du syndic peut être fixée par avance dans le contrat au lieu d'être votée en assemblée générale ; que ces clauses sont illicites au regard du texte susvisé et, maintenues dans un contrat, abusives ;

2. Clauses relatives aux prestations particulières redondantes par rapport à des prestations de gestion courante

15. Considérant que certains contrats prévoient la rémunération particulière du syndic au titre de prestations de gestion courante énumérées par l'arrêté du 2 décembre 1986 modifié ;

Qu'il en est ainsi :

- des appels d'offres, d'étude de devis et de mise en concurrence y compris lorsque celle-ci est obligatoire au regard du décret du 17 mars 1967 ;
- des prestations de gestion courante confiées par le syndic à des tiers ;
- de la présence du syndic aux assemblées générales ou aux conseils syndicaux, ne précisant pas que ne sont pas concernés l'assemblée générale annuelle et le conseil syndical la précédant ;
- de la « remise au syndic successeur, de la totalité des fonds, de l'état des comptes des copropriétaires et des comptes du syndicat », de « gestion de comptes » et de « transmission des archives au syndic successeur » ;
- de l'établissement des diagnostics ne précisant pas que seuls les diagnostics non obligatoires ou relatifs à un copropriétaire sont concernés ;
- de l'ouverture du dossier et du compte du nouveau propriétaire lors de la cession d'un lot ;
- de l'acquisition de fournitures indispensables à la réalisation de prestations relevant de la gestion courante (registre d'assemblée, imprimés obligatoires, carnet d'entretien et livres).

Que ces clauses sont illicites au regard de l'arrêté du 2 décembre 1986 modifié et, maintenues dans un contrat, abusives ;

B. Clauses relatives à des prestations particulières redondantes par rapport à d'autres prestations particulières

16. Considérant que certains contrats prévoient une prestation particulière consistant à notifier les travaux nécessitant l'accès aux parties privatives ; qu'il s'agit d'une obligation pour le syndic prévue à l'article 9 de la loi du 10 juillet 1965 ; qu'il résulte de l'arrêté du 2 décembre 1986 modifié que la gestion des travaux de maintenance et d'entretien est incluse dans le forfait annuel et que la gestion administrative des autres travaux est une prestation particulière ; qu'ainsi, cette clause est abusive en ce qu'elle permet au syndic de se faire rémunérer pour une prestation comprise dans une prestation déjà rémunérée ;

17. Considérant que certains contrats énumèrent, au titre des prestations particulières, des rubriques susceptibles de permettre deux fois la rémunération d'une même prestation, telles que « suivi de la procédure contentieuse » et « clôture du compte contentieux », ainsi que « renseignements aux administrations » et « contrôle URSSAF » ou « inspection du travail » ; que ces clauses créent un déséquilibre significatif entre les droits et les obligations des parties au contrat au détriment du syndicat des copropriétaires ;

18. Considérant que certains contrats mentionnent une prestation « indication des charges récupérables » imputable au syndicat ; que cette clause qui met à la charge du syndicat des copropriétaires une prestation qui ne lui incombe pas, dès lors qu'elle ne profite qu'au seul copropriétaire concerné, crée un déséquilibre significatif entre les droits et obligations des parties au détriment du syndicat des copropriétaires ;

19. Considérant que certains contrats mentionnent des honoraires, des frais de correspondance, des frais administratifs en plus des frais de tirage, d'affranchissement et d'acheminements pour les activités de productions de documents, sans indiquer en quoi elles se distinguent de prestations déjà rémunérées au titre de la gestion courante ou de prestations particulières ; que ces clauses sont abusives en ce qu'elles permettent au professionnel de facturer deux fois la même prestation ;

C. Clauses manquant de clarté

20. Considérant que certains contrats permettent de faire peser sur le syndicat des frais engagés au profit des copropriétaires bailleurs ; que de telles clauses sont abusives ;

21. Considérant que certains contrats prévoient la même prestation particulière de tenue d'assemblée générale extraordinaire, en indiquant soit un mode de rémunération à la vacation, soit un droit proportionnel par lot principal ; que de telles clauses, qui réservent au seul professionnel le choix de son mode de rémunération, sont abusives ;

22. Considérant que des contrats précisent que le compte unique permettra d'assurer une garantie financière aux sommes versées ou qu'il permettra de disposer de la situation de la trésorerie et du détail des recettes et des dépenses, sans préciser que le compte séparé offre les mêmes garanties et services, alors que la garantie et la délivrance de ces informations sont obligatoires, respectivement en application de la loi du 2 janvier 1970 et du décret du 17 mars 1967 ; que cette présentation laisse croire qu'un compte séparé ne permettrait pas de bénéficier des mêmes prestations, ce qui est de nature à créer un déséquilibre significatif entre les droits et les obligations des parties au contrat au détriment du syndicat des copropriétaires ;

23. Considérant que les clauses de certains contrats mentionnent, en prestation particulière, « la gestion des comptes à terme », « le suivi des placements de fonds » ; que l'imprécision de ces termes ne permet pas de savoir si ces prestations sont incluses ou non dans « l'état financier du syndicat des copropriétaires » qui est une prestation intégrée dans la liste *a minima* des prestations de gestion courante fixée par l'arrêté du 2 décembre 1986 modifié ; qu'en conséquence, le manque de clarté de ces clauses crée un déséquilibre significatif entre les droits et les obligations des parties au contrat au détriment du syndicat des copropriétaires ;

24. Considérant que les contrats conclus entre le syndic et le syndicat des copropriétaires comportent des clauses prétendant créer des obligations à la charge des copropriétaires individuellement considérés ; que de telles clauses, qui portent atteinte à l'effet relatif du contrat et laissent croire à chaque copropriétaire qu'il est engagé par le contrat de syndic, sont abusives ; qu'il en va ainsi, notamment, des clauses relatives :

- à l'établissement de l'état daté ;
- aux frais en cas de vente non réalisée ;
- la facturation au vendeur de l'envoi du livret d'accueil du nouveau copropriétaire ;
- à la gestion de travaux dans des parties privatives ;
- à l'accès par Internet à la page personnelle du compte du copropriétaire ;
- à la facturation au copropriétaire d'une commission pour la recherche d'un prêt ou l'obtention d'une subvention qu'il souscrit ;
- à l'aide aux déclarations fiscales ;
- à la mise en place d'un échéancier de paiement ;
- à l'établissement d'un protocole d'accord pour règlement de la dette ;
- à l'établissement d'un décompte détaillé des charges locatives ;
- à l'établissement des attestations de travaux.

Recommande que soient éliminées des contrats les clauses ayant pour objet ou pour effet :

1. d'indiquer une durée de contrat ne correspondant pas aux dates d'effet et d'échéance mentionnées dans celui-ci ;
2. de présenter l'ouverture d'un compte bancaire ou postal unique comme le principe et l'ouverture d'un compte séparé comme une prestation non comprise dans le forfait annuel ;
3. de permettre au syndic la fixation unilatérale des honoraires de gestion locative d'une partie commune ;
4. de rendre plus difficile la révocation du contrat de syndic de copropriété à l'initiative du consommateur ou non-professionnel qu'à celle du syndic ;
5. de laisser le consommateur ou le non-professionnel dans l'ignorance du prix ou du mode de calcul du prix de certaines prestations ;
6. d'inclure, sous la rubrique du contrat relative aux prestations de gestion courante, l'énumération de prestations facturées en sus du forfait annuel ;
7. de décider du placement des fonds recueillis et de l'affectation des intérêts produits sans vote exprès de l'assemblée générale ;
8. de prévoir dans le contrat que le syndic pourra agir en qualité de courtier, sans délibération spéciale de l'assemblée générale à ce sujet ;
9. de mandater le syndic pour des prestations ne relevant pas de ses fonctions de syndic, sans autorisation préalable de l'assemblée générale ;
10. de prévoir une rémunération particulière du syndic dans le cas d'une déclaration de sinistre concernant les parties communes ;
11. de prévoir la rémunération du syndic à titre de prestation particulière pour le suivi de travaux sans préciser la nature de ceux-ci ;
12. de prévoir la rémunération particulière de prestations exceptionnelles non définies dans le contrat ;

13. de scinder des prestations de gestion courante en plusieurs prestations afin de permettre une rémunération au titre des prestations particulières ;
14. de fixer dans le contrat le montant des honoraires du syndic, au titre de travaux autres que d'entretien et de maintenance dont la liste est énoncée à l'article 44 du décret du 17 mars 1967 ;
15. de prévoir une rémunération particulière pour une prestation de gestion courante énumérée par l'arrêté du 2 décembre 1986 modifié ;
16. de facturer la notification des travaux nécessitant l'accès aux parties privatives, prestation déjà rémunérée au titre de la gestion de ces travaux ;
17. d'offrir la possibilité de rémunérer deux fois une même prestation ;
18. de mettre à la charge du syndicat des copropriétaires une prestation qui ne lui est pas imputable ;
19. de permettre au professionnel de facturer deux fois la même prestation ;
20. de faire supporter au syndicat des copropriétaires le prix d'une prestation réalisée au profit de copropriétaires bailleurs ;
21. de permettre au seul professionnel d'opter pour l'un des modes de rémunération prévus au contrat ;
22. de présenter le compte unique comme le seul compte permettant de bénéficier de la garantie financière et de la délivrance d'informations imposées légalement ;
23. de mentionner des prestations particulières dont la définition n'est pas précise et ne permet pas de déterminer si elles sont ou non incluses dans une prestation de gestion courante, offrant ainsi la possibilité de rémunérer deux fois la même prestation ;
24. de faire figurer dans le contrat de syndic des frais, des prestations ou une rémunération qui ne concernent que les relations entre le syndic et un copropriétaire et qui ne sont donc pas opposables à ce dernier, qui n'est pas partie au contrat.

Recommandation adoptée le 15 septembre 2011 sur le rapport de Mme Raphaëlle Petit-Macur

V. – CONTRATS DE SYNDIC

Bibliographie : G. Vigneron et C. Coutant-Lapalus, *Le syndic de copropriété*, LexisNexis, 7e éd., 2021. • P.-E. Lagraulet, *Le syndic de copropriété*, Edilaix, 2021. • Th. Dubaele, *Les contrats de syndic : vers de nouveaux paradigmes ? : Rev. loyers* 2008, p. 62. • *Tout savoir sur le nouveau contrat de syndic : Rev. bleue* janv. 2008, p. 37. • C. Sabatié, *Arrêté Novelli : un ultime arrêté ? : AJDI* 2010, p. 369. • D. Rodrigues, *Rémunération des syndics : enfin un arrêté : AJDI* 2010, p. 265. • J. Laporte, *Le syndic, du mythe à la réalité : AJDI* 2014, p. 439. • V. également *Rapport du 14 mars 2014 de la DGCCRF sur les contrats de syndic de copropriété : JCP* N 28 mars 2014, n° 13, act. 457 ; *Inf. rap. copr.* avr. 2014, p. 5. • L. Guégan-Gélinet, *Contrat-type de syndic : conséquences de l'arrêt du Conseil d'État du 5 octobre 2016 : Rev. loyers* 2016, p. 467. • J.-R. Bouyeure, *Observations sur l'arrêt du Conseil d'État du 5 octobre 2016 relatif à l'annulation de certaines dispositions du contrat type de syndic : Rev. Administrer* oct. 2016, p. 62 et texte de l'arrêt, même revue p. 57. • J. Laporte, *Le contrat type de syndic, Lorsque le Conseil d'État sanctionne le pouvoir réglementaire... : AJDI* 2017, p. 17. • V. aussi *Lettre n° 19 du 20 novembre 2017 de la DGCCRF sur les pratiques commerciales des syndics : Inf. rap. copr.* déc. 2017, p. 6. • *DGCCRF et syndics de copropriété : recherche de pratiques anticoncurrentielles et contrôle des contrats : communiqué* 13 avr. 2021, *Loyers et copr.* juin 2021, alerte 61. • O. Beddeleem, *Le décret ELAN et le nouveau mandat de syndic type : Ann. loyers* oct. 2020, p. 49. • D. Rodrigues, *Le nouveau contrat type de syndic : Inf. rap. copr.* nov. 2020, p. 43. • D. Rodrigues, *Le syndic non professionnel : Inf. rap. copr.* juill.-août 2021, p. 6. • D. Rodrigues, *Dénigrement et pratiques commerciales déloyales et trompeuses envers les syndics : AJDI* 2022, p. 215. • P.-E. Lagraulet, *Le syndicat de copropriété, mandataire du syndicat ou émissaire des pouvoirs publics ? : AJDI* 2022, p. 651. • V. aussi, CJUE, 8e ch., 27 oct. 2022, aff. C-485/21 : *Administrer* déc. 2022, p. 53, sur la qualité de consommateur d'un copropriétaire au regard de la directive 93/13/CEE définissant les clauses abusives.

1) De nouveaux contrats de syndic. Chargé de formuler des propositions afin d'améliorer la transparence tarifaire des prestations de syndics, le Conseil national de la consommation avait rendu un avis publié au BOCCRF du 20 octobre 2007 [consultable sur le site (1)]. Les professionnels et les clients consommateurs s'étaient mis d'accord sur une liste précise des prestations « qui correspond(ait) à la gestion courante et doivent, à ce titre, elle trouve sa durée par le syndic dans le cadre d'un forfait annuel prédéterminé ».

À la suite de cet avis, la FNAIM, puis la Confédération nationale des administrateurs de biens avaient établi un nouveau contrat de syndic (V. le

(1) http://www.conseilconsommation.minefi.gouv.fr

contrat FNAIM, *AJDI* 2007, p. 910 et les modèles de contrat FNAIM et CSAB en annexe à l'étude de M. Th. Dubaele, préc. : *Rev. loyers* 2008, p. 62 et s.). De surcroît, un contrat commun CNAB-FNAIM-UNIT avait été établi en mars 2008 (V. ce modèle de contrat, *in Rev. Administrer* mai 2008, p. 13).

Un arrêté du 19 mars 2010 (*JO* 21 mars 2010, p. 5673) dit arrêté « Novelli » avait modifié l'arrêté du 2 décembre 1986 relatif aux mesures de publicité des prix applicables dans certains secteurs professionnels afin de dresser une liste minimale des prestations de gestion courante figurant dans le forfait payé chaque année par les copropriétaires au syndic.

À la suite de l'intervention de cet arrêté, un contrat commun UNIS (ex-CNAB, CSAB et UNIT) et FNAIM avait été élaboré en avril 2010, afin de prendre en compte les termes du texte officiel (V. pour un exemplaire de ce contrat : *Administrer* juin 2010, p. 61), puis une nouvelle version de ce document avait été arrêtée en avril 2012 à la suite, notamment, de la recommandation n° 11-01 rendue par la Commission des clauses abusives (V. *supra*).

2) Une démarche interventionniste des pouvoirs publics. L'article 55 de la loi n° 2014-366 du 24 mars 2014 (dite loi ALUR) a introduit un alinéa 3 au sein de l'article 18-1-A, nouveau, de la loi du 10 juillet 1965 aux termes duquel le contrat de syndic devra respecter un contrat-type défini par décret en Conseil d'État.

Par ailleurs, en vertu de l'article 18-1-A, alinéa 1er, de la même loi, la rémunération des syndics est déterminée de manière forfaitaire. Toutefois, une rémunération spécifique complémentaire pourra être perçue à l'occasion de prestations particulières, définies par décret en Conseil d'État (sur les conséquences prévisibles de la loi nouvelle, V. *Inf. rap. copr.* mai 2014, p. 4. – V. comm. L. n° 65-557, 10 juill. 1965, art. 18-1 A, p. 333).

Il est à noter que ce texte prend le contre-pied du régime jusque-là en vigueur consistant à déterminer la liste des missions entrant dans le forfait, les autres tâches pouvant donner lieu à des honoraires particuliers (il s'agissait de l'arrêté du 19 mars 2010).

Tel est l'objet du décret définissant le contrat type de syndic de copropriété et les prestations particulières n° 2015-342 du 26 mars 2015.

Dès sa parution, ce texte a suscité de vives critiques, en particulier de la part de certains membres du Conseil national de la gestion et de la transaction immobilières (CNTGI), mis en place précisément par la loi ALUR (1). Alors que le CNTGI avait fait parvenir spontanément au gouvernement un projet de décret, c'est un texte très différent qui a finalement été adopté, malgré l'avis défavorable émis par l'organisme consultatif.

Si le décret lui-même n'offre que peu d'intérêt, l'essentiel figurant dans les deux annexes qui l'accompagnent ; l'annexe 1 étant consacrée au contrat type *stricto sensu*, l'annexe 2 comportant la liste limitative des prestations particulières pouvant donner lieu au versement d'une rémunération spécifique complémentaire (V. ci-après).

3) Certaines clauses annulées. À la suite de recours introduits par plusieurs fédérations professionnelles et une association de consommateurs, quelques dispositions du décret du 26 mars 2016 ont été annulées par le Conseil d'État (▪ CE, 5 oct. 2016, nos 390465 et 390491). Elles concernent les frais de recouvrement imputable au seul copropriétaire concerné, les frais et honoraires liés à la délivrance du certificat de l'article 20 de la loi de 1965 et les frais relatifs au compte bancaire séparé.

4) Réforme ELAN. Afin de tenir compte des modifications apportées par la loi n° 2018-1021 du 23 novembre 2018 mais surtout par l'ordonnance n° 2019-1101 du 30 octobre 2019, les annexes du décret du 26 mars 2015 ont été réformées par le décret n° 2020-834 du 2 juillet 2020.

Décret n° 2015-342 du 26 mars 2015

définissant le contrat-type de syndic de copropriété et les prestations particulières, prévus à l'article 18-1 A de la loi n° 65-557 du 10 juillet 1965 modifiée fixant le statut de la copropriété des immeubles bâtis

(JO n° 0074, 28 mars 2015, p. 5616)

Bibliographie : C. Coutant-Lapalus, *Les incidences de la réforme du droit de la copropriété sur le syndic de copropriété (à propos de l'ordonnance n° 2019-1101 du 30 octobre 2019) : Loyers et copr.* janv. 2020, étude 2. • J.-M. Roux, *Le contrat-type de syndic de copropriété et les prestations particulières : premiers constats : Loyers et copr.* mai 2015, étude 7, p. 10. • J.-R. Bouyeure,

(1) Le Conseil est consulté pour avis sur l'ensemble des projets de textes législatifs ou réglementaires relatifs à l'exercice des activités des professionnels de l'immobilier (L. n° 70-2, 2 janv. 1970, art. 13-1, al. 2).

Commentaire du décret du 26 mars 2015 définissant le contrat-type de syndic de copropriété et les prestations particulières : Rev. Administrer avr. 2015, p. 5. • C. Beddeleem, *Le nouveau contrat-type de syndic (D. n° 2015-342, 26 mars 2015) : Ann. loyers* juin 2015, p. 129 ; *Inf. rap. copr.* juin 2015, p. 15. • Y. Rouquet, *Publication du contrat-type de syndic de copropriété : AJDI* avr. 2015, p. 242. • P. Déchelette-Tolot, *Le contrat-type de syndic : Rev. loyers* mai 2015, p. 221. • P. Lebatteux, *Contrat-type de syndic : Inf. rap. copr.* mai 2015, p. 4. • S. Michelin-Mazéran, *Syndic professionnel : l'irrésistible mue ? : Inf. rap. copr.* oct. 2023, p. 17. • D. Rodrigues, *Assemblée générale et rémunération du syndic : Inf. rap. copr.* oct. 2023, p. 13.

Art. 1er. – Après le premier alinéa de l'article 29 du décret du 17 mars 1967 susvisé, sont insérés quatre alinéas ainsi rédigés :

Le contrat type de syndic prévu au troisième alinéa de l'article 18-1 A de la loi du 10 juillet 1965 susvisée est celui figurant en annexe 1 du présent décret.

Le syndicat de copropriétaires mentionné à l'article 18-1 AA de cette même loi peut déroger aux stipulations du contrat type dans les conditions prévues audit article.

Le contrat de syndic conclu entre les parties est rédigé en caractères dont la hauteur ne peut être inférieure à celle du corps huit.

« La liste limitative des prestations particulières pouvant donner lieu à versement au profit du syndic d'une rémunération spécifique complémentaire conformément à l'alinéa 1 de l'article 18-1 A de la même loi figure en annexe 2 du présent décret. »

Art. 2. – Les annexes 1 et 2 mentionnées à l'article 29 du décret du 17 mars 1967 susvisé figurent en annexe au présent décret.

Art. 3. – Les dispositions du présent décret sont applicables aux contrats de syndic conclus ou renouvelés après le 1er juillet 2015.

Art. 4. – La garde des sceaux, ministre de la Justice, le ministre de l'Économie, de l'Industrie et du Numérique et la ministre du Logement, de l'Égalité des territoires et de la Ruralité sont chargés, chacun en ce qui le concerne, de l'exécution du présent décret, qui sera publié au *Journal officiel* de la République française.

ANNEXES

CONTRAT TYPE DE SYNDIC

(Contrat type prévu à l'art. 18-1 A de la loi n° 65-557 du 10 juillet 1965 mod. fixant le statut de la copropriété des immeubles bâtis et à l'art. 29 du décret n° 67-223 du 17 mars 1967 pris pour son application, mod., D. n° 2015-342, 26 mars 2015 ; D. n° 2020-834, 2 juill. 2020)

Entre les soussignés parties :

1. D'une part :

Le syndicat des copropriétaires de l'immeuble sis à l'adresse suivante

Numéro d'immatriculation ...

Représenté pour le présent contrat par M/Mme (nom de famille, prénom), agissant en exécution de la décision de l'assemblée générale des copropriétaires du

Titulaire d'un contrat d'assurance responsabilité civile souscrit le auprès de

et

2. D'autre part :

Le syndic désigné par l'assemblée générale en date du

(Rayer les mentions inutiles.)

(Personne physique)

M/Mme (nom de famille, prénom), adresse du principal établissement

Exerçant en qualité de syndic professionnel/bénévole/coopératif

Immatriculé(e) au registre du commerce et des sociétés de sous le numéro et dont le numéro unique d'identification est (le cas échéant)

(Personne morale)

La société (forme, dénomination sociale)

Ayant son siège social à l'adresse suivante

Représentée par en qualité de

Immatriculée au registre du commerce et des sociétés de ..., sous le numéro et dont le numéro unique d'identification est (le cas échéant)

(Mentions propres au syndic soumis à la loi n° 70-9 du 2 janvier 1970 modifiée réglementant les conditions d'exercice des activités relatives à certaines opérations portant sur les immeubles et les fonds de commerce) :

Titulaire de la carte professionnelle mention (préciser) n°, délivrée le par

Titulaire d'un contrat d'assurance responsabilité civile professionnelle souscrit le auprès de

Titulaire d'une garantie financière conformément à l'article 3 de la loi du 2 janvier 1970 précitée, souscrite le auprès de, dont l'adresse est

Autres mentions obligatoires requises par la réglementation applicable (le cas échéant) :

L'organisme d'habitation à loyer modéré (forme, dénomination)

Exerçant en tant que syndic de droit en application de l'article L 443-15 du Code de la construction et de l'habitation ;

Ayant son siège à l'adresse suivante

Représenté(e) par M/Mme (nom de famille, prénom), en qualité de

Il a été convenu ce qui suit :

PRÉAMBULE

Le présent contrat de mandat est soumis aux dispositions de la loi du 10 juillet 1965 précitée et des textes pris pour son application, notamment le décret du 17 mars 1967.

Les articles 1984 et suivants du Code civil s'y appliquent de façon supplétive.

Le syndic professionnel est soumis aux dispositions de la loi du 2 janvier 1970, ci-dessus mentionnée, et au décret n° 72-678 du 20 juillet 1972 pris pour son application ainsi qu'au Code de déontologie promulgué en application de l'article 13-1 de cette même loi.

Le syndic professionnel ne peut ni demander ni recevoir, directement ou indirectement, d'autres rémunérations, à l'occasion de la mission dont il est chargé au titre du présent contrat, que celles dont les conditions de détermination y sont précisées, y compris en provenance de tiers (article 66 du décret du 20 juillet 1972 précité).

1. Missions

Le syndicat confie au syndic qui l'accepte mandat d'exercer la mission de syndic de l'immeuble ci-dessus désigné. L'objet de cette mission est notamment défini à l'article 18 de la loi du 10 juillet 1965 précitée et par le présent contrat.

2. Durée du contrat

Le présent contrat est conclu pour une durée de (1).

Il prendra effet le et prendra fin le (2).

Il ne peut être conclu un nouveau contrat que par décision expresse de l'assemblée générale.

3. Résiliation du contrat à l'initiative du conseil syndical

Le contrat de syndic peut être résilié, à l'initiative du conseil syndical, par décision de l'assemblée générale des copropriétaires statuant à la majorité des voix de tous les copropriétaires (art. 25 de la loi du 10 juillet 1965) (3).

Cette résiliation du contrat doit être fondée sur une inexécution suffisamment grave reprochée au syndic.

Le conseil syndical notifie au syndic une demande motivée d'inscription de la question à l'ordre du jour de la prochaine assemblée générale, en précisant la ou les inexécutions qui lui sont reprochées.

La résiliation prend effet à la date déterminée par l'assemblée générale et au plus tôt un jour franc après la tenue de celle-ci.

4. Résiliation du contrat à l'initiative du syndic

La résiliation du contrat doit être fondée sur une inexécution suffisamment grave reprochée par le syndic au syndicat des copropriétaires.

Le syndic doit notifier son intention au président du conseil syndical, et à défaut à chaque copropriétaire, en précisant la ou les inexécutions reprochées par le syndic au syndicat des copropriétaires.

Il convoque dans un délai qui ne peut être inférieur à deux mois à compter de cette notification une assemblée générale, en inscrivant à l'ordre du jour la question de la désignation d'un nouveau syndic.

---

(1) Dans la limite de trois ans maximum (article 28 du décret du 17 mars 1967).

(2) Le contrat de syndic confié à l'organisme d'habitation à loyer modéré en application de l'article L. 443-15 du Code de la construction et de l'habitation prend fin dans les conditions prévues par cet article. Le mandat de syndic confié par un syndicat coopératif prend fin dans les conditions prévues à l'article 41 du décret du 17 mars 1967.

(3) Le cas échéant, la majorité prévue à l'article 25-1 de cette loi est applicable.

La résiliation prend effet au plus tôt un jour franc après la tenue de l'assemblée générale.

5. Nouvelle désignation du syndic

À la fin du présent contrat, l'assemblée générale des copropriétaires procède à la désignation du syndic de la copropriété. Un nouveau contrat, soumis à l'approbation de l'assemblée générale, est conclu avec le syndic désigné à nouveau ou avec le nouveau syndic.

Lorsqu'il est envisagé de désigner un nouveau syndic, il peut être mis fin au présent contrat, de manière anticipée et sans indemnité, dès lors que la question du changement de syndic et de la date de fin du présent contrat sont inscrites à l'ordre du jour d'une assemblée générale convoquée dans les trois mois précédant le terme du présent contrat.

Le syndic qui ne souhaite pas être désigné à nouveau doit en informer le président du conseil syndical au moins trois mois avant la tenue de cette assemblée générale.

L'assemblée générale appelée à se prononcer sur cette désignation est précédée d'une mise en concurrence de plusieurs projets de contrat, qui s'effectue dans les conditions précisées à l'article 21 de la loi du 10 juillet 1965.

6. Fiche synthétique de copropriété et transmission de pièces au conseil syndical (1)

6.1. La fiche synthétique de la copropriété ;

En application de l'article 8-2 de la loi du 10 juillet 1965, le syndic établit une fiche synthétique de la copropriété regroupant les données financières et techniques essentielles relatives à la copropriété et à son bâti, dont le contenu est défini par décret. Le syndic met à jour la fiche synthétique de la copropriété chaque année.

Le syndic met cette fiche à disposition du copropriétaire qui en fait la demande dans le délai d'un mois. À défaut, il est tenu au paiement de la pénalité financière suivante : (montant fixé par décret) € par jour de retard.

Cette pénalité est déduite de la rémunération forfaitaire annuelle du syndic lors de l'établissement des comptes à clôturer et à soumettre à l'assemblée générale.

Ces dispositions ne sont pas applicables aux syndics administrant des immeubles à destination totale autre que d'habitation.

6.2. La transmission de pièces au conseil syndical

En application du septième alinéa de l'article 21 de la loi 10 juillet 1965, le conseil syndical peut prendre connaissance et copie, à sa demande, après en avoir donné avis au syndic, de toutes pièces ou documents, correspondances ou registres se rapportant à la gestion du syndic et, d'une manière générale, à l'administration de la copropriété.

En l'absence de transmission desdites pièces, au-delà du délai d'un mois à compter de la demande du conseil syndical, le syndic est tenu au paiement de la pénalité suivante : (montant fixé par décret) € par jour de retard.

Cette pénalité est déduite de la rémunération forfaitaire annuelle du syndic lors de l'établissement des comptes définitifs à clôturer et à soumettre à l'assemblée générale.

7. Prestations et modalités de rémunération du syndic professionnel

Les jours et heures ouvrables de référence pour la détermination des modalités de rémunération sont fixés comme suit :

Le lundi de ... h à ... h et de ... h à ... h ;
Le mardi de ... h à ... h et de ... h à ... h ;
Le mercredi de ... h à ... h et de ... h à ... h ;
Le jeudi de ... h à ... h et de ... h à ... h ;
Le vendredi de ... h à ... h et de ... h à ... h ;
Le samedi de ... h à ... h et de ... h à ... h.

Sauf en cas d'urgence, les démarches individuelles de chaque copropriétaire ou occupant de l'immeuble auprès du syndic s'effectuent aux jours et heures suivantes (accueil physique et/ou téléphonique effectif) :

Accueil physique :

Le lundi de ... h à ... h et de ... h à ... h ;
Le mardi de ... h à ... h et de ... h à ... h ;
Le mercredi de ... h à ... h et de ... h à ... h ;
Le jeudi de ... h à ... h et de ... h à ... h ;
Le vendredi de ... h à ... h et de ... h à ... h ;

(1) Conformément à l'article 54-IV de la loi n° 2014-366 du 24 mars 2014, la fiche synthétique doit être établie à compter du :

- 31 décembre 2016, pour les syndicats de copropriétaires comportant plus de 200 lots ;
- 31 décembre 2017, pour les syndicats de copropriétaires comportant plus de 50 lots ;
- 31 décembre 2018, pour les autres syndicats de copropriétaires.

Le samedi de ... h à ... h et de ... h à ... h.

Accueil téléphonique :

Le lundi de ... h à ... h et de ... h à ... h ;

Le mardi de ... h à ... h et de ... h à ... h ;

Le mercredi de ... h à ... h et de ... h à ... h ;

Le jeudi de ... h à ... h et de ... h à ... h ;

Le vendredi de ... h à ... h et de ... h à ... h ;

Le samedi de ... h à ... h et de ... h à ... h.

La rémunération du syndic professionnel est déterminée de manière forfaitaire.

Toutefois, une rémunération spécifique peut être perçue en contrepartie des prestations particulières limitativement énumérées à l'annexe 2 du décret du 17 mars 1967 et dans les conditions stipulées au 7.2 du présent contrat (art. 18-1 A de la loi du 10 juillet 1965).

7.1. Le forfait

7.1.1. Contenu du forfait

Le forfait convenu entre les parties comprend toutes les prestations fournies par le syndic au titre de sa mission, à l'exclusion des prestations limitativement énumérées à l'annexe 2 du décret du 17 mars 1967. À ce titre, il effectue les visites et vérifications périodiques de la copropriété impliquées par la mission relative à l'administration, à la conservation, à la garde et à l'entretien de l'immeuble. Il est convenu la réalisation, au minimum, de visite(s) et vérifications périodiques de la copropriété, d'une durée minimum de heure(s), avec rédaction d'un rapport/sans rédaction d'un rapport et en présence du président du conseil syndical/hors la présence du président du conseil syndical (rayer les mentions inutiles). Une liste non limitative des prestations incluses dans le forfait est annexée au présent contrat.

Les frais de reprographie et les frais administratifs afférents aux prestations du forfait sont inclus dans la rémunération forfaitaire.

Ne donnent lieu à aucune rémunération supplémentaire et sont comprises dans la rémunération forfaitaire :

- les formalités de déclaration de sinistre concernant les parties communes et les parties privatives quand le sinistre a sa source dans les parties communes ;
- la gestion des règlements aux bénéficiaires.

7.1.2. Précisions concernant la tenue de l'assemblée générale annuelle

Les parties conviennent que l'assemblée générale annuelle sera tenue pour une durée de ... heures à l'intérieur d'une plage horaire allant de ... heures à ... heures, par :

- le syndic ;
- un ou plusieurs préposé(s).

(Rayer les mentions inutiles.)

7.1.3. Prestations optionnelles qui peuvent être incluses dans le forfait sur décision des parties

Le forfait convenu entre les parties en vertu du présent contrat pourra expressément inclure l'une ou plusieurs des prestations ci-dessous :

(Si les parties conviennent de retenir une prestation, elles remplissent les mentions ci-dessous afin de préciser ses modalités d'exécution. Elles rayent les mentions inutiles.)

- la préparation, convocation et tenue de ... assemblée(s) générale(s), autres que l'assemblée générale annuelle de ... heures, à l'intérieur d'une plage horaire allant de ... heures à ... heures ;
- l'organisation de ... réunion(s) avec le conseil syndical d'une durée de ... heures, à l'intérieur d'une plage horaire allant de... heures à... heures.

7.1.4. Prestations qui peuvent être exclues des missions du syndic sur décision de l'assemblée générale des copropriétaires

En application de l'article 18 de la loi du 10 juillet 1965, l'assemblée générale des copropriétaires peut, par décision spéciale prise aux conditions précisées par cet article :

- dispenser le syndic d'offrir un accès en ligne sécurisé aux documents dématérialisés relatifs à la gestion de l'immeuble ou des lots gérés (1) ;
- confier les archives du syndicat des copropriétaires à une entreprise spécialisée aux frais du syndicat.

En cas de décision régulièrement adoptée par l'assemblée générale antérieurement à la conclusion du présent contrat, la prestation considérée n'est pas incluse dans le forfait.

(1) En application de l'article 18 de la loi du 10 juillet 1965, cette possibilité de dispense est applicable uniquement au syndic professionnel.

7.1.5. Modalités de rémunération

La rémunération forfaitaire annuelle perçue par le syndic au titre du présent contrat s'élève à la somme de ... € hors taxes, soit ... € toutes taxes comprises.

Cette rémunération est payable :

- d'avance/à terme échu (rayer la mention inutile) ;
- suivant la périodicité suivante (préciser le terme) :

Elle peut être révisée chaque année à la date du selon les modalités suivantes (optionnel).

Les dépassements des horaires et durées convenus pour la tenue des assemblées générales, réunions et visites/vérifications périodiques incluses dans le forfait sont facturés selon le coût horaire mentionné au 7.2.1.

L'envoi des documents afférents aux prestations du forfait donne lieu à remboursement au syndic des frais d'affranchissement ou d'acheminement engagés.

Dans l'hypothèse où l'assemblée générale des copropriétaires a, en cours d'exécution du présent contrat et dans les conditions précisées à l'article 18 de la loi du 10 juillet 1965, décidé de confier les archives du syndicat à une entreprise spécialisée, le montant de sa rémunération forfaitaire annuelle hors taxes est imputé soit (rayer la mention inutile) :

- de la somme de € (que les parties conviennent de fixer dès à présent) ;
- de la somme toutes taxes comprises effectivement facturée au syndicat par le tiers auquel cette tâche aura été confiée (sur justificatif).

Dans l'hypothèse où l'assemblée générale des copropriétaires a, en cours d'exécution du présent contrat et dans les conditions précisées à l'article 18 de la loi du 10 juillet 1965, décidé de dispenser le syndic de son obligation de mise à disposition d'un service d'accès en ligne aux documents dématérialisés, le montant de sa rémunération forfaitaire annuelle est imputé soit (rayer la mention inutile) :

- de la somme de € (que les parties conviennent de fixer dès à présent),
- de la somme toutes taxes comprises éventuellement facturée au syndicat par le tiers auquel cette tâche aura été confiée (sur justificatif).

Le montant de l'imputation prévue au titre des deux derniers alinéas est calculé pro rata temporis de la période restant à courir jusqu'à la date d'exigibilité de la rémunération.

7.2. Les prestations particulières pouvant donner lieu à rémunération complémentaire

7.2.1. Modalités de rémunération des prestations particulières

La rémunération due au syndic professionnel au titre des prestations particulières, à l'exception de celles citées au 7.2.5, est calculée pour chacune d'elles :

- soit en application du seul coût horaire ci-dessous, appliqué au prorata du temps passé : ... €/heure hors taxes, soit ... €/heure toutes taxes comprises ;
- soit en application du tarif forfaitaire total convenu par les parties, exprimé hors taxes et toutes taxes comprises.

La rémunération due au titre des prestations particulières s'entend hors frais d'envoi. L'envoi des documents afférents aux prestations particulières donne lieu à remboursement au syndic des frais d'affranchissement ou d'acheminement engagés.

7.2.2. Prestations relatives aux réunions et visites supplémentaires (au-delà du contenu du forfait stipulé aux 7.1.1 et 7.1.3)

DÉTAIL DE LA PRESTATION	MODALITÉS DE TARIFICATION convenues
La préparation, la convocation et la tenue d'une assemblée générale supplémentaire de ... heures, à l'intérieur d'une plage horaire allant de ... heures à ... heures	Le cas échéant, une majoration spécifique unique pour dépassement d'horaires convenus : ... %
L'organisation d'une réunion supplémentaire avec le conseil syndical d'une durée de ... heures, par rapport à celle(s) incluse(s) dans le forfait au titre du 7.1.3	
La réalisation d'une visite supplémentaire de la copropriété avec rédaction d'un rapport/sans rédaction d'un rapport et en présence du président du conseil syndical/hors la présence du président du conseil syndical (rayer les mentions inutiles), par rapport à celle(s) incluse(s) dans le forfait au titre du 7.1.1	

7.2.3. Prestations relatives au règlement de copropriété et à l'état descriptif de division

DÉTAIL DE LA PRESTATION	MODALITÉS DE TARIFICATION convenues
L'établissement ou la modification du règlement de copropriété à la suite d'une décision du syndicat prise en application de l'article 26 de la loi du 10 juillet 1965 (si l'assemblée générale décide, par un vote spécifique, de confier ces prestations au syndic)	(Nota. – Les parties peuvent convenir que le montant des honoraires sera fixé lors de la décision de l'assemblée générale.)
La publication de l'état descriptif de division et du règlement de copropriété ou des modifications apportées à ces actes	

7.2.4. Prestations de gestion administrative et matérielle relatives aux sinistres

DÉTAIL DE LA PRESTATION	MODALITÉS DE TARIFICATION convenues
Les déplacements sur les lieux	
La prise de mesures conservatoires	
L'assistance aux mesures d'expertise	
Le suivi du dossier auprès de l'assureur	

Les prestations effectuées en dehors des jours et heures ouvrables et rendues nécessaires par l'urgence sont facturées (rayer la mention inutile) :

- sans majoration ;
- au coût horaire majoré de ... %.

Toute somme versée par l'assureur au syndic au titre de la couverture des diligences effectuées par ce dernier dans le cadre du règlement d'un sinistre vient en déduction de la rémunération due en application du présent article.

7.2.5. Prestations relatives aux travaux et études techniques

Les travaux dont la liste est fixée à l'article 44 du décret du 17 mars 1967 peuvent faire l'objet d'honoraires spécifiques.

Ces honoraires concernent :

- les travaux de conservation ou d'entretien de l'immeuble, autres que ceux de maintenance ou d'entretien courant ;
- les travaux portant sur les éléments d'équipement communs, autres que ceux de maintenance ;
- les travaux d'amélioration, tels que la transformation d'un ou de plusieurs éléments d'équipement existants, l'adjonction d'éléments nouveaux, l'aménagement de locaux affectés à l'usage commun ou la création de tels locaux, l'affouillement du sol et la surélévation de bâtiments ;
- les études techniques, telles que les diagnostics et consultations ;
- d'une manière générale, les travaux qui ne concourent pas à la maintenance et à l'administration des parties communes ou à la maintenance et au fonctionnement des équipements communs de l'immeuble.

Les honoraires complémentaires éventuels sont votés lors de la même assemblée générale que les travaux concernés et aux mêmes règles de majorité (article 18-1 A de la loi du 10 juillet 1965).

Une telle rémunération fixée dans le projet de résolution soumis au vote de l'assemblée générale doit être exprimée hors taxes et toutes taxes comprises, en application du pourcentage du montant hors taxes des travaux, à un taux dégressif selon l'importance des travaux préalablement à leur exécution.

Le choix du prestataire par l'assemblée générale est précédé d'une mise en concurrence dans les conditions prévues au deuxième alinéa de l'article 21 de la loi du 10 juillet 1965 et à l'article 19-2 du décret du 17 mars 1967.

Les diligences entreprises par le syndic dans le cadre de la réalisation du diagnostic de performance énergétique collectif et de l'audit énergétique peuvent donner lieu à rémunération dans les conditions prévues au présent article.

7.2.6. Prestations relatives aux litiges et contentieux (hors frais de recouvrement visés au point 9.1)

DÉTAIL DE LA PRESTATION	MODALITÉS DE TARIFICATION convenues
La mise en demeure d'un tiers par lettre recommandée avec accusé de réception	
La constitution du dossier transmis à l'avocat, à l'huissier de justice ou à l'assureur protection juridique (à l'exclusion des formalités visées au 7.2.4)	
Le suivi du dossier transmis à l'avocat	

7.2.7. Autres prestations

DÉTAIL DE LA PRESTATION	MODALITÉS DE TARIFICATION convenues
Les diligences spécifiquement liées à la préparation des décisions d'acquisition ou de disposition des parties communes	(Nota. - Les parties peuvent convenir que le montant des honoraires sera fixé lors de la décision de l'assemblée générale confiant au syndic les prestations concernées)
La reprise de la comptabilité sur exercice(s) antérieur(s) non approuvés ou non répartis (changement de syndic)	
La représentation du syndicat aux assemblées d'une structure extérieure (syndicat secondaire, union de syndicats, association syndicale libre) créée en cours de mandat ainsi qu'aux assemblées supplémentaires de ces mêmes structures si elles existaient antérieurement à la signature du présent contrat	
La constitution et le suivi du dossier d'emprunt souscrit au nom du syndicat en application de l'article 26-4 alinéa 1 et 2 de la loi du 10 juillet 1965	
La constitution et le suivi d'un dossier de subvention accordé au syndicat	
L'immatriculation initiale du syndicat	

8. Défraiement et rémunération du syndic non professionnel

Dans le respect du caractère non professionnel de leur mandat, le syndic bénévole et le syndic désigné en application de l'article 17-1 de la loi du 10 juillet 1965 peuvent percevoir le remboursement des frais nécessaires engagés outre une rémunération au titre du temps de travail consacré à la copropriété.

Les parties s'accordent à fixer la rémunération comme suit (rayer les mentions inutiles) :

- forfait annuel ... €
- coût horaire ... €/h
- autres modalités (préciser) :

9. Frais et honoraires imputables aux seuls copropriétaires

Le coût des prestations suivantes est imputable au seul copropriétaire concerné.

PRESTATIONS	DÉTAILS	TARIFICATION PRATIQUÉE exprimée HT et TTC
9.1. Frais de recouvrement (art. 10-1 *a*, L. 10 juill. 1965)	Mise en demeure par lettre recommandée avec accusé de réception ; Relance après mise en demeure ; Conclusion d'un protocole d'accord par acte sous seing privé ; Frais de constitution d'hypothèque ; Frais de mainlevée d'hypothèque ; Dépôt d'une requête en injonction de payer ; Constitution du dossier transmis à l'auxiliaire de justice (uniquement en cas de diligences exceptionnelles) ; Suivi du dossier transmis à l'avocat (uniquement en cas de diligences exceptionnelles).	
9.2. Frais et honoraires liés aux mutations	Établissement de l'état daté ; (Nota. - Le montant maximum applicable aux honoraires et frais perçus par le syndic pour l'établissement de l'état daté, fixé en application du décret prévu à l'article 10-1 *b* de la loi du 10 juillet 1965, s'élève à la somme de 380 € TTC) Opposition sur mutation (article 20 I, L. 10 juill. 1965).	
9.3 Frais de délivrance des documents sur support papier (art. 33, D. 17 mars 1967 et R. 134-3, CCH)	Délivrance d'une copie du carnet d'entretien ; Délivrance d'une copie des diagnostics techniques ; Délivrance des informations nécessaires à la réalisation d'un diagnostic de performance énergétique individuel mentionnées à l'article R. 134-3 du Code de la construction et de l'habitation ; Délivrance au copropriétaire d'une copie certifiée conforme ou d'un extrait de procès-verbal d'assemblée générale ainsi que des copies et annexes (hors notification effectuée en application de l'article 18 du décret du 17 mars 1967).	
9.4. Préparation, convocation et tenue d'une assemblée générale à la demande d'un ou plusieurs copropriétaires, pour des questions concernant leurs droits ou obligations (art. 17-1 AA, L. 10 juill. 1965)	Établissement de l'ordre du jour ; élaboration et envoi de la convocation avec l'ordre du jour, des documents à joindre à la convocation et des projets de résolutions ; présence du syndic ou de son représentant à l'assemblée générale ; établissement de la feuille de présence ; émargement, vérification des voix et des pouvoirs ; rédaction et tenue du registre des procès-verbaux ; envoi et notification du procès-verbal comportant les décisions prises en assemblée générale des copropriétaires (opposant ou défaillant) et, le cas échéant, information des occupants de chaque immeuble de la copropriété des décisions prises par l'assemblée générale par affichage d'un procès-verbal abrégé dans les parties communes (article 44, L. n° 86-1290, 23 déc. 1986).	

10. Copropriété en difficulté

En application de l'article 29-1 de la loi l'article loi du 10 juillet 1965 fixant le statut de la copropriété des immeubles bâtis, la désignation d'un administrateur provisoire entraîne la cessation de plein droit sans indemnité du présent contrat.

11. Reddition de compte

La reddition de compte interviendra chaque année à la date ou selon la périodicité suivante : ...

12. Compétence

Tous les litiges nés de l'exécution du présent contrat sont de la compétence de la juridiction du lieu de situation de l'immeuble.

Les parties élisent domicile aux fins des présentes, aux adresses ci-dessous :

Pour le syndic ... Pour le syndicat ...

Fait en deux exemplaires et signé ce jour, le ... à ...

Le syndicat Le syndic

ANNEXE AU CONTRAT DE SYNDIC

LISTE NON LIMITATIVE DES PRESTATIONS INCLUSES DANS LE FORFAIT

	PRESTATIONS	DÉTAILS
I. - Assemblée générale	I-1° Préparation de l'assemblée générale	*a)* Établissement de l'ordre du jour ; *b)* Mise à disposition de tous les copropriétaires des différentes pièces comptables et justificatives dans les conditions prévues à l'article 18-1 de la loi du 10 juillet 1965.
	I-2° Convocation à l'assemblée générale	*a)* Élaboration et envoi de la convocation avec l'ordre du jour, des documents à joindre à la convocation et des projets de résolutions.
	I-3° Tenue de l'assemblée générale	*a)* Présence du syndic ou de son représentant à l'assemblée générale suivant les stipulations prévues par le contrat au titre du forfait ; *b)* Établissement de la feuille de présence, émargement, vérification des voix et des pouvoirs ; *c)* Rédaction et tenue du registre des procès-verbaux.
	I-4° Information relative aux décisions prises en assemblée générale	*a)* Envoi et notification du procès-verbal comportant les décisions prises en assemblée générale aux copropriétaires (opposant ou défaillant) ; *b)* Information des occupants de chaque immeuble de la copropriété des décisions prises par l'assemblée générale par affichage d'un procès-verbal dans les parties communes.
II. - Conseil syndical	II-5° Mise à disposition et communication au conseil syndical de toutes pièces ou documents se rapportant à la gestion du syndicat ou des lots gérés (notamment par accès en ligne sécurisé)	
	II-6° Recueil des avis écrits du conseil syndical lorsque sa consultation est obligatoire	

	PRESTATIONS	DÉTAILS
III. – Gestion des opérations financières et comptabilité générale de la copropriété	III-7° Comptabilité du syndicat	*a)* Établissement des comptes de gestion et des annexes du syndicat des copropriétaires, conformément à l'article 14-3 de la loi du 10 juillet 1965 ; *b)* Établissement du budget prévisionnel, en collaboration avec le conseil syndical, conformément à l'article 14-1 de la même loi et au décret n° 2005-240 du 14 mars 2005 ; *c)* Présentation des comptes en conformité avec la réglementation en vigueur.
	III-8° Comptes bancaires	*a)* Ouverture d'un compte bancaire séparé ; *b)* Ouverture d'un compte bancaire séparé destiné à recevoir les cotisations prévues à l'article 14-2 de la loi du 10 juillet 1965.
	III-9° Comptabilité séparée de chaque copropriétaire	*a)* Tenue des comptes de chaque copropriétaire ; *b)* Appel des provisions sur budget prévisionnel ; *c)* Imputations des consommations individuelles de fluide ou d'énergie ; *d)* Reconstitution des consommations, forfaits et régularisations sur compteurs en l'absence de relevé ; *e)* Appels sur régularisations de charge ; *f)* Appels des cotisations du fonds de travaux.
	III-10° Autres	*a)* Vérification et paiement des factures des fournisseurs et prestataires ; *b)* Recouvrement des créances auprès des tiers : relance par lettre simple avant mise en demeure ; *c)* Calcul des intérêts légaux au profit du syndicat ; *d)* Attestation de TVA aux fournisseurs et prestataires.
	III-11° Remise au syndic successeur	*a)* Remise de l'état financier, des références des comptes bancaires du syndicat, des coordonnées de la banque, de l'état des comptes des copropriétaires et des comptes du syndicat.
IV. – Administration et gestion de la copropriété en conformité avec le règlement de copropriété	IV-12° Immatriculation du syndicat	*a)* Mise à jour du registre d'immatriculation.
	IV-13° Documents obligatoires	*a)* Élaboration et mise à jour de la fiche synthétique de copropriété ; *b)* Gestion de tous les audits, diagnostics et dossiers obligatoires (à l'exclusion du diagnostic de performance énergétique collectif et de l'audit énergétique, qui peuvent faire l'objet d'honoraires spécifiques dans les conditions précisées au 7.2.5 du présent contrat) ;

	PRESTATIONS	DÉTAILS
		c) Établissement et mise à jour du carnet d'entretien conformément au décret n° 2001-477 du 30 mai 2001 ; *d)* Établissement et mise à jour de la liste des copropriétaires ; *e)* Notification de l'exercice du droit de délaissement prévue au III de l'article 18 de la loi du 10 juillet 1965.
	IV-14° Archives du syndicat et accès en ligne sécurisé aux documents dématérialisés	*a)* Détention et conservation des archives, notamment les plans, le règlement de copropriété, l'état de répartition des charges, l'état de division, les procès-verbaux des assemblées générales, les diagnostics techniques, les contrats de travails des préposés du syndicat, les contrats d'assurance de l'immeuble et documents nécessaires pour leur mise en œuvre, les documents et décisions de justice relatifs à l'immeuble dont les délais de contestation ne sont pas révolus, les contrats d'entretien et de maintenance des équipements communs ainsi que toute pièce administrative (l'assemblée générale, statuant à la majorité de tous les copropriétaires, peut décider de confier les archives du syndicat des copropriétaires à une entreprise spécialisée aux frais du syndicat en application du I de l'article 18 de la loi du 10 juillet 1965) ; *b)* Transmission des archives au syndic successeur ; *c)* Élaboration et transmission au conseil syndical du bordereau récapitulatif des archives transmises au syndic successeur ; *d)* Mise à disposition d'un accès en ligne sécurisé aux documents dématérialisés relatifs à la gestion de l'immeuble ou des lots gérés (sauf décision contraire de l'assemblée générale des copropriétaires statuant dans les conditions prévues à l'article 18 de la loi du 10 juillet 1965).
	IV-15° Entretien courant et maintenance	*a)* Visites de la copropriété et vérifications, selon les stipulations prévues au contrat ; *b)* Gestion des travaux d'entretien courant et de maintenance visés à l'article 45 du décret du 17 mars 1967 ; *c)* Vérifications périodiques imposées par les réglementations en vigueur sur les éléments d'équipement communs ; *d)* Négociation, passation, suivi des marchés des prestataires et gestion des contrats à l'échéance dans le cadre du budget prévisionnel ; *e)* Établissement et présentation à l'assemblée générale, au moins tous les trois ans, de la liste des travaux d'entretien et de conservation des parties communes et des éléments d'équipement commun nécessaires dans les trois années à échoir, en vue de la constitution de provisions spéciales ;

	PRESTATIONS	DÉTAILS
		f) En vue de la consultation au cours d'une assemblée générale incluse dans le forfait, appel d'offres, étude des devis et mise en concurrence résultant de la demande d'une pluralité de devis ou de l'établissement d'un devis descriptif soumis à l'évaluation de plusieurs entreprises lorsque celle-ci est obligatoire dans le cadre des travaux de maintenance définis à l'article 45 du décret du 17 mars 1967.
V. – Assurances	V-16° Souscription des polices d'assurance au nom du syndicat soumise au vote de l'assemblée générale	
	V-17° Déclaration des sinistres concernant les parties communes ou les parties privatives lorsque le dommage a sa source dans les parties communes	
	V-18° Règlement des indemnités aux bénéficiaires.	
VI. – Gestion du personnel	VI-19° Recherche et entretien préalable	
	VI-20° Établissement du contrat de travail et de ses avenants éventuels	
	VI-21° Gestion des procédures de rupture du contrat de travail	
	VI-22° Paiement du salaire, tenue du livre des salaires, édition des bulletins de paies	
	VI-23° Déclarations et paiement aux organismes fiscaux et sociaux	
	VI-24° Attestations et déclarations obligatoires	
	VI-25° Gestion des remplacements pendant les congés, arrêts maladie et maternité	
	VI-26° Mise en place et mise à jour du document unique d'évaluation des risques pour la santé et la sécurité des travailleurs	
	VI-27° Gestion de la formation du personnel du syndicat VI-28° contrôle d'activité du personnel du syndicat	

NB : Se reporter aux conditions d'application prévues aux II, III et IV de l'article 53 du décret n° 2020-834 du 2 juillet 2020.

Annexe 2

LISTE LIMITATIVE DES PRESTATIONS PARTICULIÈRES POUVANT DONNER LIEU AU VERSEMENT D'UNE RÉMUNÉRATION SPÉCIFIQUE COMPLÉMENTAIRE

PRESTATIONS	DÉTAILS
I. - Prestations relatives aux réunions et visites supplémentaires	1° Préparation, convocation et tenue d'assemblées générales supplémentaires et dépassement des plages horaires de référence convenues ; 2° Organisation de réunions supplémentaires avec le conseil syndical ; 3° Réalisation de visites supplémentaires de la copropriété.
II. - Prestations relatives au règlement de copropriété et à l'état descriptif de division :	4° Établissement ou modification du règlement de copropriété à la suite d'une décision du syndicat ; 5° Publication de l'état descriptif de division et du règlement de copropriété ou des modifications apportées à ces actes.
III. - Prestations de gestion administrative et matérielle relatives aux sinistres	6° Déplacements sur les lieux ; 7° Prise de mesures conservatoires ; 8° Assistance aux mesures d'expertise ; 9° Suivi du dossier auprès de l'assureur.
IV. - Prestations relatives aux travaux et études techniques dont la liste est fixée à l'article 44 du décret du 17 mars 1967 pris pour l'application de la loi du 10 juillet 1965.	
V. - Prestations relatives aux litiges et contentieux (hors recouvrement de créances auprès des copropriétaires)	10° Mise en demeure par lettre recommandée accusée de réception ; 11° Constitution du dossier transmis à l'avocat, à l'huissier, à l'assureur protection juridique ; 12° Suivi du dossier transmis à l'avocat.
VI. - Autres prestations	13° Diligences spécifiquement liées à la préparation des décisions d'acquisition ou de dispositions de parties communes (hors prestations visées au II) ; 14° Reprise de la comptabilité sur exercice(s) antérieur(s) non approuvés ou non réparti(s), en cas de changement de syndic ; 15° Représentation du syndicat aux assemblées d'une structure extérieure (syndicat secondaire, union de syndicats, association syndicale libre) créée en cours de mandat ainsi qu'aux assemblées supplémentaires de ces mêmes structures si elles existaient antérieurement à la signature du contrat de syndic ; 16° Constitution et suivi du dossier d'emprunt souscrit au nom du syndicat en application des alinéas 1 et 2 de l'article 26-4 de la loi du 10 juillet 1965 ; 17° Constitution et suivi d'un dossier de subvention au profit du syndicat ; 18° Immatriculation initiale du syndicat ; 19° Opérations de liquidation en cas de disparition de plein droit de la copropriété et de dissolution du syndicat des copropriétaires par réunion de tous les lots entre les mains d'un même copropriétaire, en application du dernier alinéa de l'article 46-1 de la loi du 10 juillet 1965.

NB : Conformément au IV de l'article 53 du décret n° 2020-834 du 2 juillet 2020, ces dispositions s'appliquent aux contrats de syndic conclus postérieurement au 4 juillet 2020.

Arrêté du 30 juillet 2021

précisant le format et le contenu de la fiche d'information sur le prix
et les prestations proposées par le syndic
(JO n° 210, 9 sept. 2021)

Art. 1er. – **La fiche d'information sur le prix et les prestations proposées par le syndic, mentionnée aux articles 18-1 A et 21 de la loi du 10 juillet 1965) susvisée, est établie selon le modèle figurant en annexe du présent arrêté.**

Art. 2. – **Le présent arrêté entre en vigueur le 1er janvier 2022.**

Art. 3. – **La directrice générale de la concurrence, de la consommation et de la répression des fraudes est chargée de l'exécution du présent arrêté, qui sera publié au *Journal officiel* de la République française.**

ANNEXE

MODÈLE DE FICHE D'INFORMATION

Prix et prestations proposées par les syndics

La présente fiche d'information est définie en application de l'article 18-1 A de la loi n° 65-557 du 10 juillet 1965 fixant le statut de la copropriété des immeubles bâtis. Elle vise à apporter les informations nécessaires à une mise en concurrence facilitée des contrats de syndic professionnel, dans les conditions prévues par l'article 21 de cette même loi.

Le formalisme de la fiche d'information doit être respecté et aucune information ne peut y être ajoutée ou retranchée.

La présente fiche fait mention des seules prestations substantielles des syndics. L'ensemble des prestations et tarifications proposées par les syndics figure dans le contrat-type prévu à l'article 18-1 A de la loi du 10 juillet 1965 précitée, en annexe 1 au décret n° 67-223 du 17 mars 1967 pris pour l'application de la loi n° 65-557 du 10 juillet 1965 fixant le statut de la copropriété des immeubles bâtis.

FICHE D'INFORMATION SUR LES PRIX ET LES PRESTATIONS PROPOSÉES

1. Informations générales

Identification du syndic	Nom : Dénomination sociale : Immatriculation au registre du commerce et des sociétés de... N° d'identification : Titulaire de la carte professionnelle..., n°..., délivrée le... par... Adresse :
Identification de la copropriété concernée, telle que résultant du registre institué à l'article L. 711-1 du Code de la construction et de l'habitation)	Adresse : N° d'immatriculation : Nombre de lots de la copropriété : – Lots à usage de logements, de bureaux ou de commerces :... – Autres lots :...
Durée du contrat	Le contrat est proposé pour une durée de
Quotité des heures ouvrables	Les jours et heures de référence pour la détermination des modalités de rémunération sont fixés comme suit : Du au de à et de à Sauf (le cas échéant) le(s) de à et de à

Horaires de disponibilité	Les jours et horaires de disponibilité du syndic sauf urgences (accueil physique et/ou téléphonique) pour les démarches individuelles de chaque copropriétaire ou occupant de l'immeuble sont fixés comme suit : Accueil Reporter, le cas échéant, l'option dont l'amplitude est la plus étendue Physique □ Téléphonique □ Du au de à et de à sauf de à et de à

2. Forfait

Le forfait comprend toutes les prestations fournies par le syndic au titre de sa mission, à l'exclusion des presta tions limitativement énumérées à l'annexe 2 du décret n° 67-223 du 17 mars 1967).

La rémunération forfaitaire du syndic pour 12 mois proposée s'élève à la somme de :
... € HT, soit... € TTC.
Il est prévu une révision du montant forfaitaire à l'issue de cette période de 12 mois : □ non □ oui, selon les modalités suivantes :

2.1. Prestations obligatoirement incluses dans le forfait du syndic

Visites et vérifications de la copropriété	Au titre de sa mission d'administration, de conservation, de garde et d'entretien de l'immeuble, le syndic s'engage à effectuer au minimum le nombre annuel de visite(s) suivant :... Ce(s) visite(s) auront une durée minimum de :... heure(s)... Le Président du conseil syndical sera invité à ces réunions : □ oui □ non Ces réunions donneront lieu à la rédaction d'un rapport : □ oui □ non
Tenue de l'assemblée générale annuelle	L'assemblée générale annuelle, qui débutera à l'heure de la convocation, aura une durée de :... heures... L'assemblée générale se tiendra à l'intérieur d'une plage horaire allant de heures à heures.

2.2. Prestations optionnelles pouvant être incluses dans le forfait sur décision des parties

Tenue d'assemblées générales autres que l'assemblée générale annuelle (1)	oui □	non □
	La préparation, la convocation et la tenue de(s) assemblée(s) générale(s) d'une durée de... heure(s), à l'intérieur d'une plage horaire allant de... heures à... heures.	

Réunions avec le conseil syndical	oui ☐	Non ☐
	L'organisation de .... réunion(s) avec le conseil syndical d'une durée de... heure(s), à l'intérieur d'une plage horaire allant de... heures à... heures.	

(1) Autres que celles à la demande d'un ou plusieurs copropriétaires, pour des questions concernant leurs droits ou obligations, qui sont mentionnées au point 4.

Le cas échéant, les dépassements d'horaires ou de la durée convenus pour les prestations des 2.1 et 2.2 seront facturés selon le seul coût horaire suivant (coût horaire unique prévu au point 3) :... €/heure HT, soit... €/heure TTC.

3. Prestations particulières non comprises dans le forfait

La rémunération du syndic pour chaque prestation particulière pouvant donner lieu au versement d'une rémunération spécifique complémentaire s'effectue, pour chacune de ces prestations, au choix :

- au temps passé : coût horaire unique €/heure HT, soit €/heure TTC ;
- au tarif forfaitaire total proposé.

3.1. Prestations relatives aux réunions et visites supplémentaires

	Au temps passé	Tarif forfaitaire total proposé
Préparation, convocation et tenue d'une assemblée générale supplémentaire d'une durée de... heure(s)..., à l'intérieur d'une plage horaire allant de... heure(s) à... heure(s). Le cas échéant, le taux majoré unique pour dépassement de la plage horaire ou de la durée convenue est fixé à % du coût horaire TTC prévu au point 3.	☐	☐ € TTC
Organisation d'une réunion supplémentaire avec le conseil syndical d'une durée de... heure(s).	☐	☐ € TTC
Réalisation d'une visite supplémentaire de la copropriété	☐	☐ € TTC

3.2. Prestations de gestion administrative et matérielle relatives aux sinistres

	Au temps passé	Tarif forfaitaire total proposé
Déplacements sur les lieux	☐	☐ € TTC
Prise de mesures conservatoires	☐	☐ € TTC
Assistance aux mesures d'expertise	☐	☐ € TTC
Suivi du dossier auprès de l'assureur	☐	☐ € TTC

Le cas échéant, le taux majoré unique pour des prestations effectuées en dehors des jours et heures ouvrables et rendues nécessaires par l'urgence est fixé à... % du coût horaire TTC prévu au point 3.

3.3. Prestations relatives aux travaux et aux études techniques

Les travaux mentionnés à l'article 44 du décret du 17 mars 1967 peuvent faire l'objet d'honoraires spécifiques complémentaires, qui sont votés avec les travaux en assemblée générale, aux mêmes règles de majorité (III de l'article 18-1 A de la loi du 10 juillet 1965).

3.4. Prestations relatives aux litiges et aux contentieux (hors frais de recouvrement)

	Au temps passé	Tarif forfaitaire total proposé
Mise en demeure d'un tiers par lettre recommandée avec accusé de réception	□	□ € TTC
Constitution du dossier transmis à l'avocat, à l'huissier de justice ou à l'assureur « protection juridique »	□	□ € TTC
Suivi du dossier transmis à l'avocat	□	□ € TTC

4. Tarification pratiquée pour les principales prestations imputables au seul copropriétaire concerné

- Frais de recouvrement

Mise en demeure par lettre recommandée avec accusé de réception :... € TTC

Relance après mise en demeure :... € TTC

- Frais et honoraires liés aux mutations

Établissement de l'état daté :... € TTC

(Le montant maximum applicable aux honoraires et frais perçus par le syndic pour l'établissement de l'état daté s'élève à la somme de 380 € TTC)

Opposition sur mutation :... € TTC

- Préparation, convocation et tenue d'une assemblée générale à la demande d'un ou plusieurs copropriétaires, pour des questions concernant leurs droits ou obligations

Établissement de l'ordre du jour et envoi de la convocation, présence du syndic ou de son représentant à l'assemblée générale, rédaction et tenue du registre des procès-verbaux, envoi et notification du procès-verbal comportant les décisions prises en assemblée générale des copropriétaires :... € TTC.

(Les conditions de mise en œuvre de cette dernière prestation sont prévues à l'article 8-1 du décret n° 67-223 du 17 mars 1967)

VI. – ORGANISATION DE LA PROFESSION

Décret n° 2015-1090 du 28 août 2015

fixant les règles constituant le Code de déontologie applicable à certaines personnes exerçant les activités de transaction et de gestion des immeubles et des fonds de commerce

Art. 1er. – **Les règles déontologiques applicables aux personnes exerçant les activités mentionnées à l'article 1er de la loi du 2 janvier 1970 susvisée, titulaires d'une carte professionnelle délivrée dans les conditions de l'article 3 de cette même loi ou dont l'activité a fait l'objet d'une déclaration préalable en application de l'article 8-1 de cette même loi, figurent en annexe au présent décret.**

Lorsque les personnes mentionnées au premier alinéa sont des personnes morales, leurs représentants légaux et statutaires sont soumis aux mêmes règles déontologiques.

Art. 2. – **Le présent décret entre en vigueur le 1er septembre 2015.**

Art. 3. – **La garde des Sceaux, ministre de la Justice, et la ministre du Logement, de l'Égalité des territoires et de la Ruralité sont chargées, chacune en ce qui la concerne, de l'exécution du présent décret, qui sera publié au *Journal officiel* de la République française.**

ANNEXE

CODE DE DÉONTOLOGIE DES AGENTS IMMOBILIERS, DES ADMINISTRATEURS DE BIENS, DES SYNDICS DE COPROPRIÉTÉ ET DES MARCHANDS DE LISTES

(Mod., D. n° 2019-298, 10 avr. 2019)

Art. 1er. - Champ d'application

I. - Le présent code définit les règles déontologiques auxquelles sont soumises les personnes exerçant une ou plusieurs activités mentionnées à l'article 1er de la loi n° 70-9 du 2 janvier 1970 réglementant les conditions d'exercice des activités relatives à certaines opérations portant sur les immeubles et fonds de commerce, titulaires d'une carte professionnelle délivrée dans les conditions de l'article 3 de cette même loi ou dont l'activité a fait l'objet d'une déclaration préalable en application de l'article 8-1 de cette même loi.

Lorsque les personnes mentionnées au précédent alinéa sont des personnes morales, leurs représentants légaux et statutaires sont soumis aux règles du présent code.

II. - Les activités mentionnées au I, exercées à titre habituel, même à titre accessoire, et portant sur les biens d'autrui sont les suivantes :

1° L'activité d'agent immobilier, qui consiste à se livrer ou à prêter son concours à des opérations mentionnées aux 1° à 5° et 8° de l'article 1er de la loi du 2 janvier 1970 précitée :

- l'achat, la vente, la recherche, l'échange, la location ou la sous-location, saisonnière ou non, en nu ou en meublé, d'immeubles bâtis ou non bâtis ;
- l'achat, la vente ou location-gérance de fonds de commerce ;
- la cession d'un cheptel mort ou vif ;
- la souscription, l'achat, la vente d'actions ou de parts de sociétés immobilières ou de sociétés d'habitat participatif donnant vocation à une attribution de locaux en jouissance ou en propriété ;
- l'achat, la vente de parts sociales non négociables lorsque l'actif social comprend un immeuble ou un fonds de commerce ;
- la conclusion de tout contrat de jouissance d'immeuble à temps partagé régi par les articles L. 121-60 et suivants du Code de la consommation ;

2° L'activité d'administrateur de biens mentionnée au 6° de l'article 1er de la loi du 2 janvier 1970, qui consiste à se livrer ou prêter son concours à des opérations de gestion immobilière ;

3° L'activité de syndic de copropriété mentionnée au 9° de l'article 1er de la loi du 2 janvier 1970 exercée dans le cadre de la loi n° 65-557 du 10 juillet 1965 fixant le statut de la copropriété des immeubles bâtis ;

4° L'activité de marchand de listes mentionnée au 7° de l'article 1er de la loi du 2 janvier 1970, qui consiste à vendre des listes ou des fichiers, à l'exclusion des publications par voie de presse, contenant des offres d'achat, de vente, de location ou sous-location en nu ou en meublé d'immeubles bâtis ou non bâtis ou des offres de vente de fonds de commerce.

Art. 2. - Éthique professionnelle

Les personnes mentionnées à l'article 1er exercent leur profession avec conscience, dignité, loyauté, sincérité et probité.

Par leur comportement et leurs propos, elles s'attachent à donner la meilleure image de leur profession.

Elles s'interdisent tout comportement, action ou omission susceptible de porter préjudice à l'ensemble de la profession.

Art. 3. - Respect des lois et règlements

Dans l'exercice de leurs activités, les personnes mentionnées à l'article 1er agissent dans le strict respect des lois et textes réglementaires en vigueur ainsi que des dispositions du présent code.

En particulier, elles s'obligent :

1° À ne commettre aucune des discriminations mentionnées à l'article 225-1 du Code pénal, tant à l'égard des personnes physiques que des personnes morales ;

2° À veiller au respect des obligations qui leur incombent en matière de lutte contre le blanchiment des capitaux et le financement du terrorisme en application de l'article L. 561-2 du Code monétaire et financier ;

3° À veiller au respect des dispositions de la loi n° 78-17 du 6 janvier 1978 relative à l'informatique, aux fichiers et aux libertés ;

4° À refuser leur concours lorsqu'elles sont sollicitées pour l'élaboration d'actes frauduleux.

Art. 4. - Compétence

Les personnes mentionnées à l'article 1er doivent posséder les connaissances théoriques et pratiques nécessaires à l'exercice de leurs activités.

Elles se tiennent informées des évolutions législatives et réglementaires ayant un rapport avec leurs activités ou qui sont susceptibles d'influer sur les intérêts qui leur sont confiés.

Elles doivent connaître les conditions des marchés sur lesquels elles sont amenées à intervenir.

Elles prennent les mesures nécessaires au respect de leur propre obligation de formation continue et veillent à ce que leurs collaborateurs, habilités à négocier, s'entremettre ou s'engager pour leur compte, et leurs directeurs d'établissement remplissent leur obligation de formation continue.

Elles s'obligent à refuser les missions pour lesquelles elles n'ont pas les compétences requises ou à recourir si nécessaire à toute personne extérieure qualifiée de leur choix. Dans ce dernier cas, elles informent leur client de la nature des prestations concernées et de l'identité de la personne extérieure à laquelle elles ont fait appel et veillent au professionnalisme de cette dernière.

Art. 5. - Organisation et gestion de l'entreprise

Les personnes mentionnées à l'article 1er veillent à ce que les modalités d'organisation et de fonctionnement des structures d'exercice de leurs activités leur permettent d'être en conformité avec les dispositions légales et réglementaires en vigueur et celles du présent code.

En particulier, elles assurent la direction effective de leur entreprise et de leurs établissements, sous réserve de leur faculté de nommer des directeurs d'établissement.

Lorsqu'elles habilitent un collaborateur à négocier, s'entremettre ou s'engager pour leur compte ou nomment un directeur d'établissement, elles veillent à ce que ces personnes remplissent toutes les conditions fixées par la loi et les règlements et qu'elles présentent toutes les compétences et les qualifications nécessaires au bon accomplissement de leur mission. Lorsque le collaborateur ainsi habilité n'est pas salarié, elles veillent en particulier à ce qu'il soit inscrit sur le registre spécial des agents commerciaux et qu'il ait souscrit une assurance contre les conséquences pécuniaires de sa responsabilité professionnelle.

Les personnes mentionnées à l'article 1er précisent avec clarté et exhaustivité l'étendue des pouvoirs confiés dans l'acte nommant un directeur d'établissement ou dans l'attestation d'habilitation établie en application de l'article 9 du décret n° 72-678 du 20 juillet 1972 fixant les conditions d'application de la loi n° 70-9 du 2 janvier 1970 précitée.

Art. 6. - Transparence

Dans le respect des obligations légales et réglementaires, les personnes mentionnées à l'article 1er donnent au public, à leurs mandants et aux autres parties aux opérations pour lesquelles elles ont été mandatées une information exacte, intelligible et complète de leurs activités professionnelles, y compris des services rendus à titre accessoire ou complémentaire, des montants et des modes de calcul de leurs honoraires pratiqués, de leurs compétences et de leurs qualifications professionnelles.

Elles s'obligent :

1° À présenter leur carte professionnelle et à veiller à ce que leurs collaborateurs présentent leur attestation d'habilitation et leurs directeurs d'établissement leur récépissé de déclaration préalable d'activité, à la demande de toute personne intéressée ;

2° À tenir à la disposition de leurs mandants ou des autres parties aux opérations pour lesquelles elles ont été mandatées l'identité des personnes qui interviennent dans l'exécution des missions qui leur ont été confiées ;

3° À communiquer, à première demande, les coordonnées de leur assureur de responsabilité civile professionnelle et, le cas échéant, de leur garant ;

4° Lorsqu'elles sont sollicitées pour établir un avis de valeur, à informer leur client que cet avis ne constitue pas une expertise.

Art. 7. - Confidentialité

Dans le cadre de leur obligation de confidentialité prévue à l'article 4-2 de la loi du 2 janvier 1970 précitée, les personnes mentionnées à l'article 1er font preuve de prudence et de discrétion dans l'utilisation des données à caractère personnel et des informations relatives à leurs mandants ou à des tiers dont elles prennent connaissance dans l'exercice de leurs fonctions ainsi que dans la divulgation des éléments relatifs à leur mandat.

Elles veillent à ce que leurs collaborateurs et directeurs d'établissement agissent avec la même prudence et la même discrétion.

Toutefois, elles ne sont pas tenues à cette obligation de confidentialité :

1° Lorsque des dispositions légales ou réglementaires les obligent ou les autorisent à les communiquer, notamment lorsqu'elles sont tenues de témoigner en justice ;

2° Lorsque les personnes intéressées les délient de cette obligation ;

3° Dans l'exercice de leur défense en matière judiciaire ou disciplinaire.

Art. 8. - Défense des intérêts en présence

Dans l'exercice des missions qui leur sont confiées, les personnes mentionnées à l'article 1er promeuvent les intérêts légitimes de leurs mandants, dans le respect des droits et intérêts des autres parties aux opérations pour lesquelles elles ont été mandatées.

Elles s'obligent :

1° À ce que les actes sous seing privé qu'elles rédigent expriment les accords intervenus entre les parties, qu'ils assurent, sans équivoque aucune, leur parfaite information et qu'ils tendent à harmoniser leurs intérêts, sans que l'une d'entre elles en tire seule les avantages ;

2° À faire preuve de prudence, en veillant à ne mettre en péril, ni la situation de leurs mandants, ni celles des autres parties aux opérations pour lesquelles elles ont été mandatées, ni la leur ;

3° À communiquer à leurs mandants et aux autres parties aux opérations pour lesquelles elles ont été mandatées l'ensemble des informations qui leur sont utiles pour qu'ils prennent leurs décisions de façon libre et éclairée ;

4° À rendre compte régulièrement et dans les meilleurs délais à leurs mandants de l'exécution de leur mission et à les avertir des difficultés rencontrées ;

5° À transmettre à leur mandant dans les meilleurs délais toute proposition répondant au mandat confié ;

6° À transmettre dans un délai raisonnable tous les fonds et documents revenant à leurs mandants, soit aux mandants eux-mêmes, soit à tout mandataire que ces derniers leur désignent.

Art. 9. - Conflit d'intérêts

Les personnes mentionnées à l'article 1er veillent à ne pas se trouver en conflit d'intérêts avec leurs mandants ou avec les autres parties aux opérations pour lesquelles elles ont été mandatées.

Elles veillent à ce que l'exercice d'activités annexes ou connexes n'engendre aucun conflit d'intérêts.

Elles s'obligent notamment :

1° À ne pas acquérir, en partie ou en totalité, ni faire acquérir par un proche ou un organisme quelconque dans lequel elles détiendraient une participation, un bien immobilier pour lequel un mandat leur a été confié, sauf à informer leur mandant de leur projet ;

2° À informer l'acquéreur de leur qualité en cas de mise en vente d'un bien qui leur appartient en totalité ou en partie ;

3° À ne pas accepter d'évaluer un bien dans lequel elles possèdent ou envisagent d'acquérir des intérêts, sauf à en faire état dans leur avis de valeur ;

4° À ne pas percevoir de rémunération ou d'avantage de quelque nature que ce soit au titre de dépenses engagées pour le compte d'un mandant, sans avoir au préalable obtenu l'accord de celui-ci sur l'engagement des dépenses, les modalités de choix des fournisseurs et la facturation de leurs produits ou services devant être transparents ;

5° À informer leurs mandants et les autres parties aux opérations pour lesquelles elles ont été mandatées, de la possibilité et des raisons d'un conflit d'intérêts avec eux ou entre eux, et notamment des liens directs de nature capitalistique ou juridique qu'elles ont ou que leurs directeurs d'établissement ou leurs collaborateurs habilités ont avec les entreprises, les établissements bancaires ou les sociétés financières dont elles proposent les services, et plus généralement de l'existence d'un intérêt personnel, direct ou indirect, dans l'exécution de leur mission.

Art. 10. - Confraternité

Dans l'exercice de leurs activités, les personnes mentionnées à l'article 1er entretiennent entre elles des rapports de confraternité, dans le cadre d'une concurrence libre, saine et loyale.

Elles s'abstiennent de toutes paroles ou actions blessantes ou malveillantes, de toutes démarches ou manœuvres susceptibles de nuire à leurs confrères, les dénigrer ou les discréditer.

Elles évitent tout conflit avec leurs confrères qui puisse nuire aux intérêts des mandants et des autres parties aux opérations pour lesquelles elles ont été mandatées.

Elles s'interdisent d'inciter les prospects ou les clients d'un confrère à rompre leurs relations commerciales avec ce dernier. Elles s'abstiennent de fournir des éléments d'appréciation erronés en vue de détourner la clientèle à leur profit.

Elles ne peuvent émettre un avis sur les pratiques professionnelles d'un confrère sans avoir été préalablement saisies d'une demande d'avis. Elles doivent faire preuve de prudence, de mesure et de tact dans l'avis qu'elles expriment.

Si elles exercent une fonction syndicale au sein d'un syndicat professionnel ou toute autre fonction élective ou de représentation, elles s'abstiennent de s'en prévaloir à des fins commerciales.

Si elles ont connaissance d'une atteinte au Code de déontologie commise par un confrère dans l'exercice de sa profession, elles s'abstiennent de faire part de leurs critiques à la clientèle et en réfèrent immédiatement à leur confrère.

Art. 11. - Règlement des litiges

Les personnes mentionnées à l'article 1er s'efforcent de résoudre à l'amiable les litiges qui surviennent avec leurs mandants, les autres parties intéressées aux opérations pour lesquelles elles ont été mandatées ou leurs confrères.

Elles répondent de bonne foi et dans un délai raisonnable à leurs réclamations.

Elles se conforment aux décisions rendues par la commission et, le cas échéant, par la juridiction administrative en matière disciplinaire.

Décret n° 2017-1012 du 10 mai 2017

relatif au Conseil national de la transaction et de la gestion immobilières

Chapitre Ier. – Dispositions générales

Section 1. – De l'organisation et du fonctionnement du Conseil national

Art. 1er. – Le collège du Conseil national de la transaction et de la gestion immobilières délibère sur :

1° Le budget annuel et ses modifications en cours d'année ;

2° Le compte financier et l'affectation des résultats ;

3° Les conditions générales de recrutement, d'emploi et de rémunération du personnel ;

4° Les conditions générales de passation des conventions et marchés ;

5° Les conditions générales d'emploi des fonds disponibles et de placement des réserves ;

6° Les acquisitions, échanges et aliénations de biens immobiliers ;

7° Les emprunts ;

8° Les transactions au-delà d'un montant qu'il fixe, sur proposition du président ;

9° Les dons et legs ;

10° Le règlement intérieur.

Art. 2. – Dans le respect des règles générales fixées par le collège, le président du Conseil national de la transaction et de la gestion immobilières :

1° Représente le Conseil national en justice et agit en son nom ;

2° Nomme aux emplois et fixe les rémunérations et indemnités sous réserve des dispositions de l'article 8 ; pour l'application du Code du travail, il exerce les compétences du chef d'entreprise ;

3° A autorité sur l'ensemble des personnels des services ; il fixe l'organisation des services ;

4° Signe tous les actes de la compétence du Conseil national de la transaction et de la gestion immobilières ;

5° Peut transiger dans les conditions fixées par le collège en application du 8° de l'article 1er et par les articles 2044 à 2052 du Code civil et accorder des remises gracieuses dans les conditions fixées par le décret du 7 novembre 2012 susvisé ;

6° Est ordonnateur des recettes et des dépenses ;

7° Peut créer des régies de recettes et de dépenses dans les conditions fixées par l'article 13 du présent décret ;

8° Passe au nom du Conseil national de la transaction et de la gestion immobilières les contrats, conventions et marchés ;

9° Tient la comptabilité des engagements de dépenses ;

10° Gère les disponibilités et décide des placements.

Art. 3. – I. – Le collège du Conseil national de la transaction et de la gestion immobilières se réunit au moins une fois par semestre, sur convocation de son président, à l'initiative de celui-ci ou à la demande de sept de ses membres.

Le délai de convocation est de quinze jours. Il peut être réduit à huit jours en cas d'urgence.

L'ordre du jour est fixé par le président, qui inscrit notamment toute question présentée par le ministre chargé du logement, le ministre de la Justice, le ministre chargé de l'économie ou le ministre chargé de la consommation ou par sept membres au moins. En cas d'urgence, l'ordre du jour peut être complété à la demande d'un des membres du collège. La demande est adressée par tout moyen au moins trois jours avant la séance. L'ordre du jour ainsi complété est aussitôt communiqué à l'ensemble des membres.

Le collège ne délibère valablement que si onze de ses membres au moins sont présents.

Lorsque le quorum n'est pas atteint au cours d'une réunion, le collège délibère valablement dans un délai minimal de huit jours quel que soit le nombre des membres présents, après une nouvelle convocation portant sur le même ordre du jour.

Le collège se prononce à la majorité des voix des membres présents ou représentés. En cas de partage des voix, celle de son président est prépondérante.

II. – Le bureau du Conseil national de la transaction et de la gestion immobilières se réunit sur convocation de son président. Il ne délibère valablement que si tous ses membres sont présents.

Art. 4. – Le collège du Conseil national de la transaction et de la gestion immobilières, la formation restreinte et le bureau peuvent, dans les conditions définies par le règlement intérieur, recourir aux formes de délibérations collégiales à distance prévues par l'ordonnance du 6 novembre 2014 susvisée.

Art. 5. – Lorsqu'il statue en formation restreinte, le Conseil national de la transaction et de la gestion immobilières se réunit sur convocation du président de cette formation. Le délai de convocation est de quinze jours. Il peut être réduit à huit jours en cas d'urgence.

L'ordre du jour est fixé par le président de la formation restreinte.

La formation ne délibère valablement que si quatre de ses membres au moins sont présents.

Art. 6. – I. – Le collège du Conseil national de la transaction et de la gestion immobilières peut être saisi de toute question entrant dans ses compétences par le ministre chargé de la consommation, le ministre chargé de l'économie, le ministre chargé du logement ou le ministre de la Justice.

II. – Lorsque, en application de l'article 13-1 de la loi du 2 janvier 1970 susvisée, le Conseil national est saisi d'une demande d'avis, il rend son avis dans un délai d'un mois. Ce délai peut être réduit à quinze jours en cas d'urgence. À défaut d'avis émis dans les délais, la consultation est réputée avoir été effectuée.

Les projets de textes législatifs et réglementaires sur lesquels le Conseil national est consulté, en application de l'article 13-1 de la loi du 2 janvier 1970 susvisée, sont présentés devant le collège par un représentant du ministre sur le rapport duquel le texte est pris.

III. – Le Conseil national de la transaction et de la gestion immobilières peut associer à ses travaux toute personne dont l'expertise sur les questions intéressant les activités mentionnées à l'article 1er de la loi du 1er janvier 1970 susvisée lui semble utile.

Art. 7. – Le Conseil national de la transaction et de la gestion immobilières rend compte de son activité dans un rapport annuel. Le rapport est adressé au ministre de la Justice et aux ministres chargés du logement, de l'économie et de la consommation.

Section 2. – Des membres et des services du Conseil national de la transaction et de la gestion immobilières

Art. 8. – I. – Le président du Conseil national de la transaction et de la gestion immobilières reçoit une indemnité forfaitaire de fonction.

Le président de la formation restreinte reçoit une indemnité forfaitaire de fonction cumulable avec sa rémunération de magistrat ou, lorsqu'il s'agit d'un ancien magistrat, avec les droits et pensions auxquels il peut prétendre.

Les membres du Conseil national autres que son président reçoivent une indemnité forfaitaire pour chaque séance du collège, du bureau ou de la formation restreinte à laquelle ils participent, dans la limite d'un plafond annuel.

Les montants de ces indemnités et du plafond annuel sont fixés par arrêté du ministre chargé du budget. Ils sont publiés au *Journal officiel* de la République française.

II. – Le président, les membres et les agents du Conseil national ont droit au remboursement de leurs frais de déplacement et de séjour dans les conditions prévues par la réglementation applicable aux personnels civils de l'État.

Art. 9. – Les services du Conseil national de la transaction et de la gestion immobilières, autres que le service chargé de procéder aux enquêtes préalables, sont dirigés, sous l'autorité du président, par un directeur général.

Le directeur général est nommé par le président pour une durée de trois ans renouvelable.

Le président peut donner délégation au directeur général pour signer tous actes relatifs au fonctionnement, à l'exercice des missions et à la représentation du Conseil national de la transaction et de la gestion immobilières en justice et dans les actes de la vie civile et, dans la limite de ses attributions, à tout agent du Conseil national placé sous l'autorité du directeur général.

Dans les matières relevant de sa compétence, le directeur général peut déléguer sa signature dans les limites qu'il détermine et désigner les agents habilités à le représenter. Le directeur général peut, par délégation du président, tenir la comptabilité des engagements de dépenses.

Le directeur général assiste, sans voix délibérative, aux réunions du Conseil national de la transaction et de la gestion immobilières ne statuant pas en formation restreinte.

Art. 10. – Les emplois permanents du Conseil national de la transaction et de la gestion immobilières sont occupés par :

1° Des fonctionnaires, détachés ou mis à disposition contre remboursement, dans les conditions prévues par leurs statuts respectifs ;

2° Des militaires affectés en position d'activité dans les conditions prévues au 2° de l'article L. 4138-2 du Code de la défense ;

3° Des agents non titulaires de droit public recrutés par contrat soumis aux dispositions de la loi du 11 janvier 1984 susvisée et à celles du décret du 17 janvier 1986 susvisé, à l'exception de ses articles 1er, 1-2, 4 à 8, 28 et 28-1 ;

4° Des salariés de droit privé.

Les fonctionnaires sont détachés ou mis à disposition pour une durée de trois ans renouvelable. Les militaires sont affectés pour cette même durée renouvelable dans les mêmes conditions.

Le règlement des services précise les conditions d'emploi des personnels du Conseil national de la transaction et de la gestion immobilières.

Le Conseil national de la transaction et de la gestion immobilières peut mettre à disposition des agents contractuels de droit public et des salariés de droit privé auprès d'un autre employeur public, d'un organisme de l'Union européenne ou international ou se mettre à disposition du personnel par un autre employeur public. Ces mises à disposition font l'objet d'une convention conclue entre le Conseil national et l'autre employeur.

Art. 11. – Les agents mentionnés à l'article 10 sont électeurs et éligibles aux institutions représentatives du personnel dans les conditions prévues par le Code du travail.

Ces institutions représentatives exercent leurs compétences à l'égard de l'ensemble de ces personnels.

Section 3. – Du régime budgétaire et comptable du Conseil national de la transaction et de la gestion immobilières

Art. 12. – Le Conseil national de la transaction et de la gestion immobilières est soumis au régime budgétaire, financier et comptable défini par les titres Ier et III du décret du 7 novembre 2012 susvisé.

L'agent comptable du Conseil national est nommé par arrêté du ministre chargé du budget.

Art. 13. – Des régies de recettes et de dépenses peuvent être créées auprès du Conseil national de la transaction et de la gestion immobilières par décision de son président sur avis conforme de l'agent comptable dans les conditions fixées par le décret du 20 juillet 1992 susvisé.

Art. 14. – Le Conseil national de la transaction et de la gestion immobilières est soumis aux dispositions de l'ordonnance du 23 juillet 2015 susvisée.

Chapitre II. – Procédure disciplinaire

Art. 15. – Les notifications et convocations prévues par le présent chapitre sont effectuées par lettre recommandée avec demande d'avis de réception, remise en main propre contre récépissé ou tout autre moyen permettant de s'assurer de la date de réception.

Section 1. – Procédure ordinaire

Art. 16. – La saisine du président du Conseil national de la transaction et de la gestion immobilières en application de l'article 13-5 de la loi du 2 janvier 1970 susvisée contient l'indication des faits susceptibles de constituer un manquement ou une négligence grave au sens de l'article 13-4 de cette loi, les nom, prénom, domicile ou, à défaut, principal établissement de l'auteur desdits faits. Lorsqu'il s'agit du représentant légal ou statutaire d'une personne morale, la saisine contient la dénomination et le siège social de cette dernière.

Elle contient également l'indication des dispositions légales ou réglementaires dont la violation est alléguée.

Elle précise le cas échéant l'identité et l'adresse des personnes qui ont dénoncé les faits motivant la saisine. Elle est accompagnée de toutes pièces utiles.

Art. 17. – I. - Peuvent être habilitées en qualité d'enquêteurs les personnes qui justifient de connaissances dans l'un des domaines d'activité mentionnés à l'article 1er de la loi du 2 janvier 1970 susvisée et ne font l'objet d'aucune des incapacités mentionnées aux articles 9, 10 et 11 de cette loi.

Le président du Conseil national de la transaction et de la gestion immobilières habilite les enquêteurs de manière individuelle pour une durée de trois ans renouvelable.

II. - L'enquêteur ne peut réaliser une enquête si, au cours des trois années précédentes, il a été associé, salarié ou collaborateur d'une des personnes mentionnées dans la procédure ou d'une personne liée à cette dernière. Avant d'engager une enquête, il déclare qu'il n'est pas dans une situation de conflit d'intérêts avec la ou les personnes visées. Le cas échéant, le président du Conseil national sollicite de l'enquêteur toute information complémentaire lui permettant de s'assurer de l'absence de conflit d'intérêts.

III. - Le président du Conseil national délivre un ordre de mission aux enquêteurs qu'il désigne pour effectuer une enquête. L'ordre de mission indique l'identité de l'enquêteur et l'objet de sa mission.

Art. 18. – Dès sa désignation, l'enquêteur en informe la personne intéressée en lui communiquant une copie de l'acte de saisine et les éventuelles pièces annexées. Il l'invite à présenter ses observations par écrit dans un délai d'un mois et lui précise qu'elle peut se faire assister par un conseil de son choix à tous les stades de la procédure.

Art. 19. – I. - Lorsqu'il effectue des actes d'enquête au sein de locaux professionnels, l'enquêteur informe la personne intéressée de l'objet des vérifications qu'il compte entreprendre au plus tard au moment d'y procéder.

L'enquêteur ne peut pénétrer dans ces locaux que pendant les heures normales de fonctionnement et en présence du responsable ou de son représentant.

Il présente son ordre de mission à toute personne auprès de qui il effectue un acte d'enquête.

II. - Les actes d'enquête réalisés dans des locaux professionnels font l'objet d'un procès-verbal auquel est annexé l'inventaire des pièces et documents dont l'enquêteur a pris copie.

Le procès-verbal indique l'objet de l'enquête, l'identité de l'enquêteur, la nature, la date et le lieu des constatations opérées. Il mentionne, le cas échéant, les motifs qui ont empêché ou entravé le bon déroulement de l'enquête.

L'enquêteur peut ordonner la conservation sur place de tout élément, quel qu'en soit le support. Il consigne cette demande dans le procès-verbal en précisant la durée de cette conservation et les conditions de son renouvellement.

Le procès-verbal est signé par l'enquêteur et par le responsable des lieux ou son représentant. En cas de refus de signer, mention en est faite au procès-verbal.

Le procès-verbal est notifié à la personne concernée par l'enquête.

Art. 20. – L'enquêteur peut convoquer et entendre toute personne susceptible de lui fournir tout renseignement utile à l'accomplissement de sa mission.

La convocation est adressée à l'intéressé huit jours au moins avant la date d'audition. Elle fait référence à l'ordre de mission et rappelle à la personne convoquée qu'elle peut se faire assister du conseil de son choix.

Il est dressé procès-verbal de l'audition. La personne entendue peut consigner ses observations sur le procès-verbal. Le procès-verbal est signé par l'intéressé et, le cas échéant, par son conseil, ainsi que par l'enquêteur. En cas de refus de signer, mention en est faite au procès-verbal.

Copie du procès-verbal est remise à la personne entendue.

Art. 21. – I. – Lorsqu'en application du 4° de l'article 13-5-1 de la loi du 2 janvier 1970 susvisée, l'enquêteur envisage de faire appel à un ou plusieurs experts, il définit l'objet de l'expertise, fixe le délai de sa réalisation et évalue les honoraires prévisibles correspondants.

Préalablement aux opérations d'expertise, les experts désignés attestent auprès du président du Conseil national de la transaction et de la gestion immobilières qu'ils répondent aux conditions mentionnées au II de l'article 17.

Les honoraires et frais d'expertise sont à la charge du Conseil national, sous réserve de la décision prise par la formation restreinte sur les frais occasionnés par l'action disciplinaire en application du II de l'article 13-4-1 de la loi du 2 janvier 1970 susvisée.

II. – L'expert informe l'enquêteur qui l'a désigné de l'avancement des opérations d'expertise. Il prend en considération les observations de la personne concernée par l'enquête, qui sont adressées par écrit ou recueillies oralement, et les joint à son rapport si elles sont écrites et si la personne intéressée le demande. Il fait mention, dans son rapport, de la suite qu'il a donnée à ces observations.

Même si plusieurs experts sont désignés, un seul rapport est rédigé, qui fait apparaître les points d'accord et les points de divergence éventuels. Le rapport est remis à l'enquêteur qui en adresse une copie à la personne intéressée afin qu'elle puisse faire part de ses observations éventuelles.

Art. 22. – L'enquêteur formule dans son rapport un avis motivé sur les faits susceptibles de constituer un manquement ou une négligence grave au sens de l'article 13-4 de la loi du 2 janvier 1970 susvisée.

Lorsque les faits ont été commis par le représentant légal ou statutaire d'une personne morale, il donne son avis sur l'opportunité de le sanctionner personnellement et de sanctionner la personne morale.

Art. 23. – Lorsqu'il lui notifie les griefs arrêtés par le bureau en application de l'article 13-5-3 de la loi du 2 janvier 1970 susvisée, l'enquêteur informe la personne intéressée qu'elle peut prendre connaissance du dossier et obtenir copie des pièces, le cas échéant par voie électronique. La lettre de notification mentionne que la personne dispose d'un délai d'un mois pour transmettre à l'enquêteur ses observations écrites sur les griefs et que le bureau décidera, à partir du rapport final et de ses observations, de saisir ou non la formation restreinte. La lettre de notification indique qu'elle peut se faire assister par le conseil de son choix jusqu'à la fin de la procédure.

Art. 24. – La décision du bureau sur la saisine de la formation restreinte est notifiée à la personne intéressée.

Art. 25. – I. – Lorsque la saisine du Conseil national de la transaction et de la gestion immobilières est faite par une association de défense des consommateurs dont un membre siège au bureau ou dans la formation restreinte, ce membre doit s'abstenir de siéger.

Si un membre de la formation restreinte se trouve dans une situation de conflit d'intérêts dans une affaire qu'il est amené à connaître, il en informe sans délai le président de la formation restreinte et s'abstient de siéger.

II. – Lorsque la récusation d'un membre de la formation restreinte est demandée, la demande indique, à peine d'irrecevabilité, les motifs de la récusation et est, le cas échéant, accompagnée des pièces de nature à la justifier.

Le membre concerné fait connaître son acquiescement à la demande ou les motifs pour lesquels il s'y oppose. En cas d'opposition, la formation se prononce sur la demande hors sa présence. La personne poursuivie est informée immédiatement et par tout moyen de la date de cette réunion, ainsi que de la possibilité de présenter des observations orales et de se faire assister ou représenter.

La décision de la formation restreinte sur la demande de récusation est immédiatement notifiée à la personne poursuivie. Elle ne peut donner lieu à recours qu'avec la décision statuant sur les griefs.

La récusation ne remet pas en cause les délibérations adoptées par la formation en présence du membre récusé avant la demande de récusation.

Art. 26. – La formation restreinte peut renvoyer l'affaire à une séance ultérieure pour tout motif qui lui paraît légitime.

La personne intéressée est convoquée au moins dix jours avant la date de la nouvelle séance.

Art. 27. – La décision mentionnée au dernier alinéa de l'article 13-7 de la loi du 2 janvier 1970 susvisée, prise par la formation restreinte, énonce les considérations de droit et de fait sur lesquelles elle se fonde.

Elle contient les indications suivantes :

1° Les nom et prénom des membres de la formation restreinte qui en ont délibéré ;

2° Les nom, prénom et domicile de la personne mise en cause ainsi que son domicile, principal établissement ou siège social ;

3° Le cas échéant, les nom de famille et prénom du conseil qui a assisté la personne intéressée.

Elle est signée par le président de la formation restreinte.

Art. 28. – La décision est notifiée à la personne intéressée.

L'acte de notification indique les voies et les délais de recours.

Section 2. – Procédure applicable en matière de suspension provisoire

Art. 29. – La suspension provisoire mentionnée à l'article 13-5-2 de la loi du 2 janvier 1970 susvisée est demandée par l'enquêteur chargé d'instruire l'affaire ou par le président du Conseil national de la transaction et de la gestion immobilières.

Art. 30. – Le président du Conseil national de la transaction et de la gestion immobilières notifie la demande de suspension provisoire à l'intéressé et l'informe qu'il peut, dans un délai de quinze jours, prendre connaissance de son dossier et obtenir copie des pièces, le cas échéant par voie électronique, et présenter ses observations écrites. En cas d'urgence, ce délai est ramené à soixante-douze heures.

La notification comporte l'indication précise des faits d'une particulière gravité à l'origine de la demande de suspension provisoire ainsi que la référence aux dispositions législatives ou réglementaires ou aux règles déontologiques dont la violation est reprochée à la personne intéressée. Elle précise la date à laquelle le bureau se réunira pour statuer sur la suspension provisoire et rappelle la faculté pour l'intéressé de demander à être entendu et à se faire assister par le conseil de son choix.

Lorsque la suspension provisoire est suivie d'une sanction disciplinaire, la durée de la suspension est imputée sur la durée de l'interdiction temporaire éventuellement prononcée.

Art. 31. – Après s'être réuni, le bureau statue sans délai par décision motivée, notifiée à l'intéressé. La lettre de notification indique de manière très apparente les voies et les délais de recours.

Section 3. – Voies de recours et exécution des décisions

Art. 32. – Le recours de pleine juridiction devant la juridiction administrative contre les décisions prises par la formation restreinte ou celles prises par le bureau sur les poursuites disciplinaires ou la suspension provisoire n'est ouvert qu'à la personne intéressée.

Il ne suspend pas l'exécution des décisions.

Art. 33. – Le président de la formation restreinte veille au respect des mesures de contrôle et de formation arrêtées par la décision de la formation restreinte.

Il peut demander à la personne sanctionnée de justifier du respect de ses obligations dans des délais qu'il fixe.

Si la personne sanctionnée n'établit pas qu'elle remplit ses obligations, le président de la formation restreinte en informe le président du Conseil national de la transaction et de la gestion immobilières. Il est alors procédé conformément aux articles 17 à 28 aux fins de sanction disciplinaire en raison du manquement de la personne sanctionnée à ses obligations.

Chapitre III. – Dispositions finales (...)

Art. 35. – Le présent décret entre en vigueur le 1er juillet 2018.

ANNEXE 59

TÉLÉVISION, CÂBLE ET FIBRE OPTIQUE

I. - **Antennes et paraboles** .... p. 1559
II. - **Télévision par câble** .... p. 1559
III. - **Télévision et fibre optique** .... p. 1562

I. – ANTENNES ET PARABOLES

Voir : Annexe 4, *Antennes*, p. 941.

II. – TÉLÉVISION PAR CÂBLE

Observation préliminaire. Le nouveau cadre juridique communautaire unifie le régime juridique applicable des réseaux filaires de télécommunication et des réseaux câblés audiovisuels.

En conséquence, la compétence des communes ou groupements de communes pour autoriser l'établissement des réseaux câblés pour leur territoire, telle que prévue par l'article 34 de la loi modifiée du 30 septembre 1986 devrait donc disparaître. De même, l'exclusivité territoriale, qui pouvait être attachée à ces autorisations, et dont bénéficiaient de nombreux opérateurs de réseaux, devra être levée. Ceci explique sans doute le fait que l'article 34-1 ne figure plus dans le texte actuel de la loi du 30 septembre 1986. Il a été remplacé par un autre texte, sans être expressément abrogé.

Loi n° 86-1067 du 30 septembre 1986
relative à la liberté de communication

Art. 34-1 *(Anc. art. 34-3, dénum., L. n° 2000-719, 1er août 2000 ; rempl., L. n° 2004-669, 9 juill. 2004)*. – **Les éditeurs de services diffusés par voie hertzienne terrestre en application des articles 26 et 30 ainsi que les éditeurs de services qui ne font pas appel à une rémunération de la part des usagers diffusés par voie hertzienne terrestre en mode numérique en application de l'article 30-1 et qui ont une vocation nationale ou sont normalement reçus dans la zone par voie hertzienne terrestre ne peuvent s'opposer à la retransmission de leurs services sur le réseau de distribution de télévision interne à un immeuble collectif, à une copropriété ou à un ensemble locatif lorsque ce réseau est raccordé à un réseau de communications électroniques autre que satellitaire ne donnant accès qu'à un nombre limité de services de télévision en raison de contraintes liées à la bande passante utilisée, ni conditionner cette reprise à une rémunération.**

Tout distributeur de services qui exploite un réseau interne de distribution de télévision établi dans les conditions définies au premier alinéa du présent article adresse, sur demande de la personne qui lui confie l'exploitation de ce réseau, une proposition commerciale de mise à disposition des services diffusés par voie hertzienne terrestre en application des articles 26 et 30 qui ont une vocation nationale ou sont normalement

reçus dans la zone. Lorsque le distributeur de services propose une offre en mode numérique, cette proposition concerne également les services qui ne font pas appel à une rémunération de la part des usagers diffusés par voie hertzienne terrestre en mode numérique en application de l'article 30-1 et qui ont une vocation nationale ou sont normalement reçus dans la zone.

La proposition mentionnée au deuxième alinéa du présent article ne prend en compte que les frais d'installation, d'entretien ou de remplacement du réseau et n'est pas conditionnée à la souscription d'un abonnement à un ou plusieurs services. Les éditeurs concernés ne peuvent s'opposer au transport de ces chaînes par le réseau du distributeur de services que cette mise à disposition rendrait nécessaire, ni conditionner ce transport à une rémunération.

....

Art. 34-3 *(Abr., L. n° 2011-525, 17 mai 2011).*

Rédaction antérieure. Art. 34-3 *(Anc. texte de l'art. 34-3, aj. L. n° 92-653, 13 juill. 1992, devenu art. 34-1 et abr., L. n° 2000-719, 1er août 2000).* – Il est institué au bénéfice des communes, des groupements de communes ou des personnes autorisées en application du premier alinéa de l'article 34 une servitude leur permettant d'installer et d'entretenir à leurs frais, dans les parties des immeubles collectifs et des lotissements affectées à un usage commun, les câbles et les équipements annexes nécessaires à la desserte de locaux à usage privatif. L'installation de ces câbles et équipements doit être réalisée dans le respect de la qualité esthétique des lieux et dans les conditions les moins dommageables possibles pour les propriétés.

Le maire de la commune ou le président du groupement de communes notifie au propriétaire ou, en cas de copropriété, au syndic, le nom ou la raison sociale du bénéficiaire de la servitude, les modalités de mise en œuvre de celle-ci, ainsi que le délai dont il dispose pour présenter ses observations. Ce délai ne peut être inférieur à trois mois. Les travaux ne peuvent être entrepris avant l'expiration de ce délai.

En cas de contestation, les modalités de mise en œuvre de la servitude sont fixées par le président du tribunal de grande instance statuant comme en matière de référé ; celui-ci autorise, à défaut d'accord amiable, l'introduction d'agents mandatés par le bénéficiaire de la servitude pour l'implantation ou l'entretien des câbles et équipements annexes dans les parties affectées à un usage commun.

L'indemnisation des dommages et préjudices certains et directs résultant de la servitude est, à défaut d'accord amiable, fixée par la juridiction de l'expropriation saisie par la partie la plus diligente.

La servitude ne peut faire obstacle au droit des propriétaires ou copropriétaires de démolir, réparer, entretenir ou modifier leurs immeubles. Toutefois, les propriétaires ou copropriétaires doivent, au moins un mois avant d'entreprendre des travaux de nature à affecter le fonctionnement normal des câbles et équipements annexes, prévenir le bénéficiaire de la servitude.

Le bénéficiaire de la servitude est responsable de tous les dommages qui trouvent leur origine dans les câbles et équipements annexes.

Un décret en Conseil d'État détermine les modalités d'application du présent article, et notamment les conditions d'accès des agents mandatés par le bénéficiaire de la servitude aux parties des immeubles affectées à un usage commun.

Décret n° 93-534 du 27 mars 1993

pris pour l'application de l'article 34-3 [34-I] de la loi du 30 septembre 1986 relative à la liberté de communication instituant une servitude d'installation et d'entretien des réseaux distribuant par câble des services de radiodiffusion sonore et de télévision

Art. 1er. – Les bénéficiaires de la servitude instituée au premier alinéa de l'article 34-3 [34-I] de la loi *(n° 86-1067)* du 30 septembre 1986 susvisée sont :

a) Les communes et les groupements de communes lorsqu'ils établissent eux-mêmes ou font établir un réseau ;

b) Les personnes autorisées à établir des réseaux par les communes ou les groupements de communes compétents en application du premier alinéa de l'article 34 de la loi [n° 86-1067] du 30 septembre 1986 précitée.

Art. 2 *(Mod., D. n° 2019-966, 18 sept. 2019).* – Le maire de la commune ou le président du groupement de communes notifie au propriétaire ou, en cas de copropriété, au syndic – le nom ou la raison sociale du bénéficiaire de la servitude par lettre recommandée avec demande d'avis de réception. Cette notification est accompagnée d'un dossier qui indique :

1. La localisation cadastrale de l'immeuble ou du lotissement ;
2. Le nom et l'adresse du propriétaire ou du syndic ;
3. Les motifs qui justifient le recours à la servitude ;

4. Les modalités de passage et d'ancrage des câbles et matériels électroniques actifs et passifs nécessaires à la desserte de locaux à usage privatif, accompagnées d'un schéma de câblage et de distribution électrique ; une notice précise les raisons pour lesquelles, en vue de respecter la qualité esthétique des lieux et d'éviter d'éventuelles conséquences dommageables pour la propriété, ces modalités ont été retenues ; elle précise également le cas échéant les raisons pour lesquelles il a été jugé préférable de ne pas utiliser ou emprunter les infrastructures, gaines techniques et armoiries existantes ;

5. Un état détaillé des besoins d'accès à l'immeuble pour l'établissement des câbles et appareils annexes et pour leur entretien ;

6. Un échéancier prévisionnel de réalisation faisant état de la date de commencement des travaux et de leur durée prévisible ;

7. La liste des entreprises retenues par le bénéficiaire de la servitude pour procéder aux travaux nécessaires à l'établissement et aux interventions d'entretien.

Pour l'établissement de ce dossier, la visite des parties de l'immeuble concerné affectées à l'usage commun se fait avec l'autorisation du propriétaire, de son mandataire ou du syndic. À défaut, la visite peut être autorisée par le président du tribunal judiciaire.

La notification précise en outre le délai dans lequel le propriétaire ou le syndic peut adresser ses observations éventuelles au maire ou au président du groupement de communes.

Art. 3. – L'identité des agents mandatés pour l'exécution des travaux et la date de commencement des travaux sur les parties affectées à un usage commun sont portées à la connaissance du propriétaire ou de son mandataire ou, en cas de copropriété, du syndic, par le bénéficiaire de la servitude huit jours au moins avant la date prévue de première intervention.

Toute modification de la liste des agents mandatés est notifiée par le bénéficiaire de la servitude au propriétaire ou à son mandataire ou, en cas de copropriété, au syndic.

Art. 4 *(Mod. à compter du 1er janvier 2020, D. n° 2019-966, 18 sept. 2019).* – La décision du président du tribunal judiciaire statuant en application du troisième alinéa de l'article 34-3 [34-I] de la loi *(n° 86-1067)* du 30 septembre 1986 précitée est exécutoire de droit à titre provisoire.

Art. 5. – Les agents mandatés par les entreprises mentionnées dans le dossier prévu à l'article 2 ci-dessus sont munis d'une lettre d'accréditation signée par le bénéficiaire de la servitude.

Cette lettre dont la validité est limitée à la durée et à l'objet de l'intervention comporte le nom et la qualité de l'agent, le motif de son intervention, les noms, adresses et numéros de téléphone du bénéficiaire de la servitude et de l'entreprise à laquelle appartient cet agent. Seuls les agents ainsi mandatés peuvent accéder aux parties des immeubles collectifs et des lotissements affectées à un usage commun. Ils doivent pouvoir prouver leur identité.

Toute modification de la liste des entreprises est notifiée au propriétaire ou à son mandataire ou, en cas de copropriété, au syndic, par le maire de la commune ou par le président du groupement de communes.

Art. 6. – Le schéma de câblage et de distribution correspondant aux travaux réalisés est adressé par le bénéficiaire de la servitude au propriétaire ou à son mandataire ou, en cas de copropriété, au syndic.

1) **« Droit au câble ».** Le droit au câble a été après le « droit à l'antenne » consacré par la loi n° 90-1170 du 29 décembre 1990, qui a modifié l'article 1er de la loi n° 66-457 du 2 juillet 1966 (V. ce texte à l'Annexe 4, *Antennes*, p. 941).

Afin que ce droit au câble puisse s'exercer dans l'avenir sans problème, le décret n° 93-613 du 27 mars 1993 (*JCP* 1993, III, 66142) est venu modifier l'article R. 111-14 du Code de la construction et de l'habitation fixant les règles de construction, en prescrivant que les immeubles groupant plusieurs logements devraient être munis des « gaines ou passages pour l'installation des câbles, ces dispositifs collectifs devant être raccordables à un réseau câblé et conformes aux spécifications techniques d'ensemble fixées en application de l'article 34 de la loi n° 86-1067 du 30 septembre 1986 ».

Ces dispositions s'appliqueront aux immeubles dont le permis de construire sera déposé après la date de publication du décret précité (soit le 28 mars 1993).

Mais pour les immeubles existants, le problème du raccordement au réseau câblé va se poser dès lors qu'ils ne comporteront pas les « dispositifs collectifs » prévus par l'article R. 111-14 du Code de la construction et de l'habitation modifié.

I - DÉCISION DE RACCORDEMENT AU RÉSEAU CÂBLÉ

2) Majorité requise. La décision de raccordement est désormais prise dans les conditions de majorité fixées par l'article 25 *j* de la loi du 10 juillet 1965 (V. ce texte) dans sa rédaction issue de la loi n° 92-653 du 13 juillet 1992.

Le cas échéant une deuxième assemblée peut éventuellement être convoquée, dans les conditions prévues à l'article 25, dernier alinéa.

II - DEMANDE INDIVIDUELLE DE RACCORDEMENT

A - Formulation de la demande

3) Forme et contenu. Le décret n° 93-533 du 27 mars 1993 a donné une nouvelle rédaction à l'article 1er du décret n° 67-1111 du 22 décembre 1967 pris pour l'application de la loi du 2 juillet 1966 modifiée, concernant l'installation des antennes.

Il en résulte que la demande de raccordement doit être formulée par lettre recommandée avec demande d'avis de réception *(D. 22 déc. 1967, mod., art. 1er, al. 1)* adressée au syndic *(D. 22 déc. 1967, mod., art. 1er, al. 2)*.

On observera que cette demande peut émaner non seulement d'un copropriétaire mais également d'un « locataire ou occupant de bonne foi » *(L. n° 66-457, 2 juill. 1966 mod., art. 1er)*.

Selon l'article 1er de ce même décret :

– une description détaillée des travaux à entreprendre doit être jointe à la demande. Ce descriptif doit être « assorti s'il y a lieu d'un plan ou d'un schéma » ;

– par ailleurs, la notification doit « indiquer la nature du ou des services de télévision dont la réception sera obtenue » après raccordement.

B - Réactions à la demande

4) Opposition, ou offre de raccordement. La copropriété peut réagir en s'opposant à la demande. Cette opposition doit être fondée sur un motif « sérieux et légitime ».

Elle doit être formée par voie de citation devant le tribunal d'instance du lieu de situation de l'immeuble *(D. 22 déc. 1967, art. 3)* dans les trois mois de la réception de la demande, à peine de forclusion.

La copropriété peut aussi faire, dans ce même délai de trois mois, une offre de raccordement à un réseau interne à l'immeuble raccordé à un réseau câblé.

L'article 2 du décret du 22 décembre 1967 précité énonce que « si le propriétaire n'a pas effectué le raccordement dans un délai de trois mois à compter de la proposition de raccordement, il pourra être procédé aux travaux ayant fait l'objet de la notification » prévue par les textes.

III - CONSÉQUENCES DE LA DÉCISION DE RACCORDEMENT : CRÉATION D'UNE SERVITUDE D'INSTALLATION ET D'ENTRETIEN

5) Constitution de servitude. L'article 34-3 de la loi du 30 septembre 1986, institué par la loi n° 92-653 du 13 juillet 1992 précitée, avait créé une servitude afin de permettre l'installation et l'entretien des câbles et équipements annexes nécessaires à la desserte des locaux privatifs. Ce texte a été remplacé par un nouvel article, qui ne parle plus de servitude, dont il est cependant toujours question dans le décret du 27 mars 1993, toujours en vigueur.

La servitude visée par le décret n'a donc plus apparemment de support légal.

III. – TÉLÉVISION ET FIBRE OPTIQUE

Voir : Annexe 29, « *Fibre optique* », p. 1223.

ANNEXE 60

TERMITES

I. - **Textes** .... p. 1563
A. – Règles de construction .... p. 1563
B. – Zones contaminées .... p. 1564
C. – Obligation de déclaration .... p. 1564
D. – Intervention des pouvoirs publics .... p. 1564
E. – Sanctions .... p. 1565
F. – Vente de lots de copropriété .... p. 1566
II. - **Commentaires** .... p. 1566

Bibliographie : C. Blond, *Le renforcement de la protection de l'acheteur d'un immeuble contre les termites : Dr. et patrimoine* oct. 1999, p. 36 ; *Lutte contre les termites, le nouveau dispositif légal : Rev. hab. fr.* juill.-août 1999, p. 9 et s. • C. Destame, *La lutte contre les termites, une nouvelle obligation pour les occupants et propriétaires d'immeubles : JCP* N 1999, n° 24, p. 957 et *Décret d'application de la loi antitermites : JCP* N 2000, n° 36, p. 1268. • P. Lebatteux, *La loi du 8 juin 1999 tendant à protéger les acquéreurs et propriétaires d'immeubles contre les termites et autres insectes xylophages : Rev. Administrer* déc. 1999, p. 17. • C. Meyer, *Propriétaires ou occupants d'immeubles, attention aux termites : AJDI* 1999, p. 784. • Th. Béthune, *Amiante, plomb, termites : pot-pourri : Defrénois* 2001, art. 37350. • Ch.-H. Gallet, *La protection des immeubles contre les termites et autres insectes xylophages : Rev. loyers* 2001, p. 112. • *Déclarez vos termites : Revue Intérêts privés* oct. 2000, p. 27. • M. Blum, *Amiante, termites, plomb : quand faut-il un diagnostic ? : Rev. hab. fr.* mars 2002, p. 17. • *Fiche pathologie du bâtiment : les termites : Mon. TP* 10 mai 2002, p. 55. • F. Antony, *Les termites : Gaz. Pal.* 14-15 juin 2002, p. 37. • D. Jost, *Le rédacteur d'actes face aux risques parasitaires et sanitaires, termites, amiante ou plomb : Gaz. Pal.* 14-15 juin 2002, p. 54. • J.-L. T., *Les copropriétés face à la menace des termites : Mon. TP* 20 juin 2003, p. 88. • N. Dassonville, *Amiante, plomb et Cie... quels diagnostics réaliser ? : Intérêts privés* juill.-août 2003, p. 22. • M. Plaidy, *Diagnostics immobiliers et parties communes : Cah. Cridon-Lyon*, n° 53-2008, p. 11. • Pour une étude d'ensemble, V. *JCl. Notarial Formulaire, V° Vente d'immeuble*, Fasc. 132, par J. Lafond.

I. – TEXTES

A. – RÈGLES DE CONSTRUCTION

Code de la construction et de l'habitation

Art. L. 131-2 ***(Mod. à compter du 1er juillet 2021, Ord. n° 2020-71, 29 janv. 2020).*** **– Les bâtiments sont conçus et construits de façon à assurer la résistance de leur structure à l'action des termites et d'autres insectes à larves xylophages présents localement.**

Les modalités d'application du présent article sont fixées par décret en Conseil d'État.

V. CCH, art. R. 126-3, p. 1565.

....

Art. R. 131-2 *(Aj., D. n° 2021-872, 30 juin 2021).* – Dans les zones délimitées par un arrêté préfectoral pris pour l'application de l'article L. 131-3, les bâtiments neufs doivent être protégés contre l'action des termites. À cet effet doit être mis en œuvre une barrière de protection entre le sol et le bâtiment ou un dispositif de construction dont l'état est contrôlable.

B. – ZONES CONTAMINÉES

Art. L. 131-3 *(Mod. à compter du 1er juillet 2021, Ord. n° 2020-71, 29 janv. 2020).* – Lorsque, dans une ou plusieurs communes, des foyers de termites sont identifiés, un arrêté préfectoral, pris sur proposition ou après consultation des conseils municipaux intéressés, délimite les zones contaminées ou susceptibles de l'être à court terme.

[...]

C. – OBLIGATION DE DÉCLARATION

Art. L. 126-4 *(Aj. à compter du 1er juillet 2021, Ord. n° 2020-71, 29 janv. 2020).* – Dès qu'il a connaissance de la présence de termites dans un immeuble bâti ou non bâti, l'occupant de l'immeuble contaminé en fait la déclaration en mairie. À défaut d'occupant, la déclaration incombe au propriétaire. Pour les parties communes d'un immeuble relevant de la loi n° 65-557 du 10 juillet 1965 fixant le statut de la copropriété des immeubles bâtis, la déclaration incombe au syndicat des copropriétaires.

Sur les modalités de la déclaration, V. CCH, art. R. 126-2, p. 1564.

....

Art. R. 126-2 *(Aj., D. n° 2021-872, 30 juin 2021).* – La déclaration de la présence de termites dans un immeuble bâti ou non bâti, prévue à l'article L. 126-4, est adressée, dans le mois suivant les constatations, au maire de la commune du lieu de situation de l'immeuble par lettre recommandée avec demande d'avis de réception ou déposée contre récépissé en mairie.

La déclaration précise l'identité du déclarant et les éléments d'identification de l'immeuble. Elle mentionne les indices révélateurs de la présence de termites et peut à cette fin être accompagnée de l'état relatif à la présence de termites mentionné à l'article R. 126-42. Elle est datée et signée par le déclarant.

....

Art. L. 183-18 *(Aj. à compter du 1er juillet 2021, Ord. n° 2020-71, 29 janv. 2020).* – Un décret en Conseil d'État fixe les sanctions dont sont passibles les propriétaires, personnes physiques ou morales, qui n'ont pas satisfait aux obligations des articles L. 126-4 à L. 126-6, L. 126-24, L. 126-25 et L. 131-3 relatives à la lutte contre les termites et la mérule.

D. – INTERVENTION DES POUVOIRS PUBLICS

Art. L. 126-6 *(Aj. à compter du 1er juillet 2021, Ord. n° 2020-71, 29 janv. 2020).* – I. – Dans les secteurs délimités par le conseil municipal, le maire peut enjoindre aux propriétaires d'immeubles bâtis et non bâtis de procéder dans les six mois à la recherche de termites ainsi qu'aux travaux préventifs ou d'éradication nécessaires.

Les propriétaires justifient du respect de cette obligation dans les conditions fixées par décret en Conseil d'État.

Si l'immeuble est soumis à la loi n° 65-557 du 10 juillet 1965 fixant le statut de la copropriété des immeubles bâtis, la notification de l'injonction aux copropriétaires est valablement faite au seul syndicat des copropriétaires pris en la personne du syndic qui doit en informer sans délai chaque copropriétaire par lettre recommandée avec demande d'avis de réception.

II. - En cas de carence d'un propriétaire et après mise en demeure demeurée infructueuse à l'expiration d'un délai fixé par le maire, ce dernier peut, sur autorisation du président du tribunal de grande instance statuant comme en matière de référé, faire procéder d'office et aux frais du propriétaire à la recherche de termites ainsi qu'aux travaux préventifs ou d'éradication nécessaires.

Si l'immeuble est soumis à la loi n° 65-557 du 10 juillet 1965 susmentionnée, la notification de la mise en demeure aux copropriétaires est valablement faite au seul syndicat des copropriétaires pris en la personne du syndic qui doit en informer sans délai chaque copropriétaire par lettre recommandée avec demande d'avis de réception.

Le montant des frais est avancé par la commune. Il est recouvré comme en matière de contributions directes.

III. - En cas de démolition totale ou partielle d'un bâtiment situé dans les zones définies au premier alinéa de l'article L. 131-3, les bois et matériaux contaminés sont incinérés sur place ou traités avant tout transport si leur destruction par incinération sur place est impossible. La personne qui a procédé à ces opérations en fait la déclaration en mairie.

....

Art. R. 126-3 *(Aj., D. n° 2021-872, 30 juin 2021)*. – L'injonction de procéder à la recherche de termites ainsi qu'aux travaux prévus à l'article L. 126-6 est prise par arrêté du maire et notifiée au propriétaire de l'immeuble.

Le propriétaire justifie du respect de l'obligation de recherche de termites en adressant au maire un état du bâtiment relatif à la présence de termites mentionné à l'article R. 126-42, établi par une personne exerçant l'activité d'expertise ou de diagnostic de la présence de termites, indiquant les parties de l'immeuble visitées et celles n'ayant pu être visitées, les éléments infestés ou ayant été infestés par la présence de termites et ceux qui ne le sont pas, ainsi que la date de son établissement.

Le propriétaire justifie du respect de l'obligation de réalisation des travaux préventifs ou d'éradication en adressant au maire une attestation, établie par une personne exerçant l'activité de traitement et de lutte contre les termites distincte de la personne ayant établi un état du bâtiment relatif à la présence de termites mentionné à l'article R. 126-42 prévu à l'alinéa précédent, certifiant qu'il a été procédé aux travaux correspondants.

Art. R. 126-4 *(Aj., D. n° 2021-872, 30 juin 2021)*. – La personne qui a procédé à des opérations d'incinération sur place ou de traitement avant transport des bois et matériaux contaminés par les termites, en cas de démolition d'un bâtiment situé dans les zones délimitées par arrêté préfectoral, souscrit dans le mois suivant l'achèvement des opérations la déclaration prévue au III de l'article L. 126-6.

La déclaration est adressée au maire de la commune du lieu de situation de l'immeuble par lettre recommandée avec demande d'avis de réception ou déposée à la mairie contre récépissé.

Elle précise l'identité de la personne qui a procédé aux opérations et mentionne les éléments d'identification de l'immeuble d'où proviennent les bois et matériaux de démolition contaminés par les termites ainsi que la nature des opérations d'incinération ou de traitement et le lieu de stockage des matériaux. Elle est datée et signée par le déclarant.

E. - SANCTIONS

Art. R. 184-7 *(Aj., D. n° 2021-872, 30 juin 2021)*. – Le fait pour le propriétaire de ne pas justifier du respect de l'obligation de recherche des termites ainsi que de l'obligation de réalisation des travaux préventifs ou d'éradication selon les modalités prévues à l'article R. 126-3 est puni des peines prévues pour les contraventions de 5e classe.

La récidive des contraventions prévues au présent article est punie conformément aux dispositions des articles 132-11 et 132-15 du Code pénal.

Art. R. 184-8 *(Aj., D. n° 2021-872, 30 juin 2021).* **– Est puni de l'amende prévue pour les contraventions de la troisième classe le fait de ne pas souscrire la déclaration de la présence de termites prévue à l'article L. 126-4.**

Est puni de l'amende prévue pour les contraventions de la quatrième classe le fait de ne pas souscrire dans les conditions prévues à l'article R. 126-4 la déclaration en mairie relative aux opérations d'incinération ou de traitement avant transport des bois ou matériaux contaminés par les termites.

Est puni de l'amende prévue pour les contraventions de la cinquième classe le fait de ne pas avoir procédé, en cas de démolition de bâtiment situé dans une zone délimitée par arrêté préfectoral, aux opérations d'incinération ou de traitement avant transport des bois ou matériaux contaminés par les termites, exigées au III de l'article L. 126-6.

La récidive de la contravention prévue à l'alinéa précédent est punie conformément à l'article 132-11 du Code pénal.

....

F. – VENTE DE LOTS DE COPROPRIÉTÉ

Art. L. 126-24 *(Aj. à compter du 1er juillet 2021, Ord. n° 2020-71, 29 janv. 2020 ;).* **– En cas de vente de tout ou partie d'un immeuble bâti situé dans une zone délimitée en application du premier alinéa de l'article L. 131-3, un état relatif à la présence de termites est produit dans les conditions et selon les modalités prévues aux articles L. 271-4 à L. 271-6.**

Voir aussi : sur les modalités de réalisation de l'état relatif à la présence de termites : A. 29 mars 2007 (*JO* 28 avr.), modifié par l'arrêté du 7 mars 2012 (*JO* 16 mars).

....

Art. R. 126-42 *(Aj., D. n° 2021-872, 30 juin 2021).* **– L'état du bâtiment relatif à la présence de termites prévu à l'article L. 126-24 est établi par une personne répondant aux conditions de l'article L. 271-6 et de ses textes d'application.**

Il identifie l'immeuble en cause, indique les parties visitées et celles qui n'ont pu l'être, les éléments infestés par la présence de termites et ceux qui ne le sont pas.

L'état est daté et signé.

Art. D. 126-43 *(Aj., D. n° 2021-872, 30 juin 2021).* **– La durée de validité de l'état du bâtiment relatif à la présence de termites prévu à l'article R. 126-42 est définie au troisième alinéa de l'article D. 271-5.**

....

II. – COMMENTAIRES

Les termites et la copropriété

A. – Ventes de lots de copropriété

En vertu de l'article L. 126-24 du Code de la construction et de l'habitation, un « état relatif à la présence de termites » doit être produit en cas de « vente de tout ou partie d'un immeuble bâti » situé dans les zones contaminées ou susceptibles de l'être à court terme, identifiées par un arrêté préfectoral (CCH, art. L. 131-3).

Ne sont concernés que les immeubles ou parties d'immeubles à usage d'habitation (CCH, art. L. 271-4, al. 10).

Pour les immeubles en copropriété, seules les parties privatives du lot sont concernées (CCH, art. L. 271-4-I, al. 12).

En l'absence d'état, la clause d'exonération de garantie pour vices cachés prévue à l'article 1643 du Code civil ne peut être invoquée par le vendeur. Il reste donc qu'en l'absence d'investigation dans les parties communes, le vendeur paraît rester garant vis-à-vis de son vendeur si des termites y sont découverts.

B. – Obligation de déclaration

Afin de repérer les immeubles infestés, et par là même les zones contaminées ou susceptibles de l'être, la loi instaure une obligation de déclarer la présence de termites qui pèse sur l'occupant de l'immeuble contaminé ou, à titre subsidiaire, sur le propriétaire de l'immeuble (CCH, art. L. 126-4).

Dans les immeuble en copropriété, pour les parties privatives, la déclaration incombe au propriétaire du lot. Pour les parties communes, la déclaration incombe au syndicat des copropriétaires et donc au syndic, agent d'exécution du syndicat (CCH, art. L. 126-4).

La déclaration datée et signée est adressée au maire de la commune du lieu de situation de l'immeuble, par lettre recommandée avec demande d'avis de réception, ou bien déposée contre décharge en mairie *(D. n° 2000-613, 3 juill. 2000)*.

C. – Obligations en cas de démolition totale ou partielle

Autre texte pouvant intéresser les syndics : l'article L. 126-6, III du CCH, qui prescrit qu'en cas de démolition totale ou partielle d'un bâtiment situé dans une zone contaminée délimitée par arrêté préfectoral, les bois et matériaux contaminés doivent être incinérés sur place ou traités avant tout transport si leur destruction par incinération sur place est impossible.

ANNEXE 60-1

TROUBLES DE VOISINAGE

I. - Loi du 15 avril 2024 .... p. 1569
II. - Présentation de la loi (Extrait du site « Vie publique ») .... p. 1570
III. - Troubles causés par les animaux .... p. 1571

Bibliographie : F. Granados, *Les limites du recours à la médiation pour régler les conflits de voisinage : observation d'un juge civiliste : AJDI* 2023, p. 739.

Pour d'autres références bibliographiques, V. commentaire de la loi du 10 juillet 1965 article 9, n°s 6 et suivants.

I. – LOI DU 15 AVRIL 2024

Code civil

Chapitre IV. – Les troubles anormaux du voisinage

Art. 1253 *(Aj., L. n° 2024-346, 15 avr. 2024).* – **Le propriétaire, le locataire, l'occupant sans titre, le bénéficiaire d'un titre ayant pour objet principal de l'autoriser à occuper ou à exploiter un fonds, le maître d'ouvrage ou celui qui en exerce les pouvoirs qui est à l'origine d'un trouble excédant les inconvénients normaux de voisinage est responsable de plein droit du dommage qui en résulte.**

Sous réserve de l'article L. 311-1-1 du Code rural et de la pêche maritime, cette responsabilité n'est pas engagée lorsque le trouble anormal provient d'activités, quelle qu'en soit la nature, existant antérieurement à l'acte transférant la propriété ou octroyant la jouissance du bien ou, à défaut d'acte, à la date d'entrée en possession du bien par la personne lésée. Ces activités doivent être conformes aux lois et aux règlements et s'être poursuivies dans les mêmes conditions ou dans des conditions nouvelles qui ne sont pas à l'origine d'une aggravation du trouble anormal.

Loi n° 2024-346 du 15 avril 2024

visant à adapter le droit de la responsabilité civile aux enjeux actuels
(JO 16 avr. 2024, texte n° 4)

Art. Unique. – **[...]**
II. – L'article L. 113-8 du Code de la construction et de l'habitation est abrogé.

Code rural et de la pêche maritime

Art. L. 311-1-1 *(Aj., L. n° 2024-346, 15 avr. 2024).* – **La responsabilité prévue au premier alinéa de l'article 1253 du Code civil n'est pas engagée lorsque le trouble anormal provient d'activités agricoles existant antérieurement à l'acte transférant la propriété ou octroyant la jouissance du bien ou, à défaut d'acte, à la date d'entrée en possession du**

bien par la personne lésée. Ces activités doivent être conformes aux lois et aux règlements et s'être poursuivies dans les mêmes conditions, dans des conditions nouvelles qui ne sont pas à l'origine d'une aggravation du trouble anormal ou dans des conditions qui résultent de la mise en conformité de l'exercice de ces activités aux lois et aux règlements ou sans modification substantielle de leur nature ou de leur intensité.

Assemblée nationale. Dossier législatif : Adapter le droit de la responsabilité civile aux enjeux actuels.

II. – PRÉSENTATION DE LA LOI (EXTRAIT DU SITE « VIE PUBLIQUE »)

1° Principe

Ce texte fait en particulier suite à la loi dite « Maurice » du 29 janvier 2021, relative au patrimoine sensoriel des campagnes françaises et au rapport du gouvernement sur la problématique des troubles anormaux de voisinage remis fin 2021.

Il entend créer les conditions d'un « vivre ensemble » équilibré et à **limiter les conflits entre néo-ruraux et paysans**, acteurs économiques, culturels ou touristiques d'un territoire. Mais il permettra également de **régler les différends de voisinage dans les grandes villes**, notamment entre les *dark Stores* et leurs riverains, qui supportent souvent de graves nuisances.

Son article unique crée un **nouvel article 1253 dans le Code civil** reprenant le **principe de responsabilité fondée sur les troubles anormaux du voisinage**, consacré par la jurisprudence de la Cour de cassation. Dans un arrêt du 19 novembre 1986, elle a posé un principe général du droit selon lequel « *nul ne doit causer à autrui un trouble anormal de voisinage* ». Le trouble de voisinage entraîne la responsabilité de plein droit de son auteur, à condition qu'il excède les inconvénients ordinaires du voisinage.

2° Exception au principe

Nature portée de l'exception. Le texte pose ensuite une exception à ce principe. La responsabilité de la personne (propriétaire, locataire...) ne peut pas être engagée si l'activité :

- est antérieure à l'installation de la personne se plaignant du trouble anormal ;
- qu'elle respecte la législation ;
- et se poursuit dans les mêmes conditions ou dans des conditions nouvelles qui ne sont pas à l'origine de l'aggravation du trouble anormal de voisinage.

Il s'agit d'une reprise de la « théorie de la pré-occupation » qui figurait à l'article 113-8 du Code de la construction et de l'habitation, créé en 1976 et qui est abrogé. La loi étend néanmoins cette exception au principe de responsabilité **à toutes types d'activités**, alors que l'article 113-8 ne visait que certains types d'activités (agricoles, industrielles, artisanales, commerciales, touristiques...).

3° Exonérations concernant les activités agricoles

Sur initiative du Sénat, un article a été ajouté au Code rural pour prévoir des **exonérations supplémentaires spécifiques pour les activités agricoles.**

La responsabilité d'un agriculteur qui modifierait les conditions d'exercice de son activité pour les mettre en conformité avec la réglementation ne pourra pas être recherchée pour trouble anormal de voisinage.

De la même manière, sa responsabilité ne pourra pas être engagée dès lors qu'il n'a pas « substantiellement » modifié la nature ou l'intensité de son activité agricole. Ce cas vise les **évolutions naturelles de la vie d'une exploitation** (accroissement, diversification...). Il appartiendra au juge de déterminer ce qui relève ou non d'une modification substantielle.

Ces exonérations supplémentaires se justifient, selon les parlementaires, par la nécessité de protéger les territoires ruraux.

Code de la santé publique

Art. R. 1331-39 *(Aj., D. n° 2023-695, 29 juill. 2023)*. **– Les odeurs, éclairages, illuminations ou bruits, qu'une personne en soit à l'origine ou que ce soit par l'intermédiaire d'une personne ou d'une chose dont elle**

a la garde ou d'un animal placé sous sa responsabilité, ne peuvent, par leur intensité, leur durée ou leur répétition, porter atteinte à la qualité de l'air, à la tranquillité du voisinage ou à la tranquillité et la santé des occupants des locaux d'habitation.

NB : Conformément au premier alinéa de l'article 6 du décret n° 2023-695 du 29 juillet 2023, ces dispositions entrent en vigueur le premier jour du troisième mois suivant sa publication, à savoir le 1er octobre 2023.

III. – TROUBLES CAUSÉS PAR LES ANIMAUX

Renvoi : V. Annexe 3, *Animaux*, p. 933.

Théorie de la préoccupation et copropriété. La connaissance du trouble anormal de voisinage précédant l'acquisition d'un lot ou sein d'un immeuble soumis au statut de copropriété n'a pas pour effet de priver les copropriétaires de leur droit à réparation sur le fondement du trouble anormal de voisinage. En revanche, une telle action ne peut être exercée par le syndicat secondaire (■ Cass. 3e civ., 23 nov. 2023, n° 22-11.047, F-D : *JurisData* n° 2023-021123 ; *Loyers et copr.* 2024, comm. 16, note A. Lebatteux).

ANNEXE 61

VÉHICULES ÉLECTRIQUES (ALIMENTATION)

I. - **Réglementation générale** .... p. 1573
II. - **Prééquipement des emplacements de stationnement** .... p. 1577
III. - **Conventions conclues par le syndicat de copropriétaires en vue de l'installation d'une infrastructure permettant l'installation de points de recharge** .... p. 1578

Bibliographie : P. Turenne, *La copropriété à l'heure des transports alternatifs : Inf. rap. copr.* janv.-févr. 2015, p. 25. • J.-M. Talau, *Commentaire du décret du 25 juillet 2011 : Loyers et copr.* oct. 2011, Focus 73. • C. Coutant-Lapalus, *Les impacts de la loi d'orientation des mobilités sur le droit de la copropriété et les baux d'habitation : Loyers et copr.* mars 2020, focus 14. • N. Le Rudulier, *Impact de la loi d'orientation des mobilités en copropriété : AJDI* 2020, p. 175. • O. Beddeleem, *Véhicules électriques et copropriété : Inf. rap. copr.*, mars 2021, p. 17 et *Ann. loyers* janv.-févr. 2021, p. 53. • V. Zalewski-Sicard, *Le droit à la prise pour véhicules électriques en copropriété : Rev. loyers* mars 2021, p. 112. • D. Rodrigues, *Bornes électriques : vers un droit à la prise : Inf. rap. copr.* mars 2021, p. 12. • A. Michel, *Équiper son parking en bornes de recharge électrique : Le particulier immobilier* mai 2021, p. 20. • B. Wertenschlag et G. Dezobry, *Installation de bornes de recharge pour véhicules électriques (immeuble locatif) : AJDI* 2022, p. 577. • B. Naudin, *La recharge des véhicules électriques et hybrides en copropriété : DEF* 2023, n° DEF211f4, n° 22, p. 17. • J. Chamard, *L'alimentation électrique des véhicules dans les immeubles en copropriété : Administrer* août-sept. 2023, p. 18.

I. – RÉGLEMENTATION GÉNÉRALE

Code de la construction et de l'habitation

Art. L. 113-12 *(Aj. à compter du 1er juillet 2021, Ord. n° 2020-71, 29 janv. 2020).* **– I. - Dans les parcs de stationnement comportant plus de dix emplacements de stationnement, situés dans des bâtiments non résidentiels neufs ou jouxtant de tels bâtiments :**

1° Au moins un emplacement sur cinq est prééquipé et 2 % de ces emplacements, avec au minimum un emplacement, sont dimensionnés pour être accessibles aux personnes à mobilité réduite ;

2° Et au moins un emplacement, dont le dimensionnement permet l'accès aux personnes à mobilité réduite, est équipé pour la recharge des véhicules électriques et hybrides rechargeables. Dans les parcs de stationnement comportant plus de deux cents emplacements de stationnement, au moins deux emplacements sont équipés, dont l'un est réservé aux personnes à mobilité réduite.

Il en est de même :

a) Pour les parcs de stationnement comportant plus de dix emplacements de stationnement situés à l'intérieur des bâtiments non résidentiels faisant l'objet d'une rénovation importante incluant le parc de stationnement ou l'installation électrique du bâtiment ;

b) Pour les parcs de stationnement comportant plus de dix emplacements de stationnement jouxtant des bâtiments non résidentiels faisant l'objet d'une rénovation importante incluant le parc de stationnement ou son installation électrique.

II. – Dans les parcs de stationnement comportant plus de dix emplacements de stationnement, situés dans des bâtiments résidentiels neufs ou jouxtant de tels bâtiments, la totalité des emplacements sont prééquipés. Leur équipement pour la recharge des véhicules électriques et hybrides rechargeables permet un décompte individualisé des consommations d'électricité.

Il en est de même :

1° Pour les parcs de stationnement comportant plus de dix emplacements de stationnement situés à l'intérieur des bâtiments résidentiels faisant l'objet d'une rénovation importante incluant le parc de stationnement ou l'installation électrique du bâtiment ;

2° Pour les parcs de stationnement comportant plus de dix emplacements de stationnement jouxtant des bâtiments résidentiels faisant l'objet d'une rénovation importante incluant le parc de stationnement ou son installation électrique.

III. – Dans les parcs de stationnement situés dans des bâtiments à usage mixte, résidentiel et non résidentiel, neufs ou faisant l'objet d'une rénovation importante ou qui jouxtent de tels bâtiments :

1° Les dispositions des I ou II sont applicables, pour les parcs comportant de onze à vingt emplacements, selon que l'usage majoritaire du parc est respectivement non résidentiel ou résidentiel ;

2° Les dispositions des mêmes I et II s'appliquent aux parcs comportant plus de vingt emplacements de stationnement au prorata du nombre d'emplacements réservés à un usage non résidentiel ou résidentiel.

IV. – Pour l'application des dispositions des I à III :

1° Une rénovation est qualifiée d'importante lorsque son montant représente au moins un quart de la valeur du bâtiment hors coût du terrain ;

2° Le parc de stationnement jouxte un bâtiment s'il est situé sur la même unité foncière que celui-ci et a avec lui une relation fonctionnelle.

Art. L. 113-13 *(Aj. à compter du 1er juillet 2021, Ord. n° 2020-71, 29 janv. 2020).* – Les bâtiments non résidentiels comportant un parc de stationnement de plus de vingt emplacements disposent, au 1er janvier 2025, d'au moins un point de recharge pour les véhicules électriques et hybrides rechargeables situé sur un emplacement dont le dimensionnement permet l'accès aux personnes à mobilité réduite.

Ces bâtiments disposent d'un point de charge par tranche de vingt emplacements supplémentaires, sauf si des travaux importants d'adaptation du réseau électrique sont nécessaires pour remplir cette obligation. Les travaux d'adaptation sont considérés comme importants si le montant des travaux nécessaires sur la partie située en amont du tableau général basse tension desservant les points de charge, y compris sur ce tableau, excède le coût total des travaux et équipements réalisés en aval de ce tableau en vue de l'installation des points de charge. Dans ce cas, le nombre de points de charge est limité de telle sorte que les travaux en amont du tableau général de basse tension, y compris sur ce tableau, n'excèdent pas le coût total des travaux situés en aval de ce tableau.

Il en est de même pour les bâtiments à usage mixte dont plus de vingt places de stationnement sont destinées à un usage non résidentiel.

Art. L. 113-14 *(Aj. à compter du 1er juillet 2021, Ord. n° 2020-71, 29 janv. 2020).* – Les articles L. 113-12 et L. 113-13 ne sont pas applicables :

1° Lorsque, dans les cas de rénovation importante, le coût des installations de recharge et de raccordement représente plus de 7 % du coût total de cette rénovation ;

2° Aux parcs de stationnement dépendant de bâtiments possédés et occupés par des petites et moyennes entreprises telles que définies par la recommandation 2003/361/CE de la Commission du 6 mai 2003 concernant la définition des micro, petites et moyennes entreprises.

Art. L. 113-15 *(Aj. à compter du 1er juillet 2021, Ord. n° 2020-71, 29 janv. 2020).* – Pour l'application du *b* du paragraphe 6 de l'article 8 de la directive 2010/31/UE du Parlement européen et du Conseil du 19 mai 2010 sur la performance énergétique des bâtiments, les catégories de bâtiments et les zones dans lesquelles tout ou partie des obligations prévues aux articles L. 113-12 et L. 113-13 ne sont pas applicables, sont définies pour les zones non interconnectées au réseau métropolitain continental mentionnées au IV de l'article L. 141-5 du Code de l'énergie, par le volet annexé à la programmation pluriannuelle de l'énergie mentionnée au même IV.

Art. L. 113-16 *(Aj. à compter du 1er juillet 2021, Ord. n° 2020-71, 29 janv. 2020).* – Le propriétaire d'un bâtiment doté de places de stationnement d'accès sécurisé à usage privatif ou, en cas de copropriété, le syndicat des copropriétaires représenté par le syndic ne peut s'opposer sans motif sérieux et légitime à l'équipement des places de stationnement d'installations dédiées à la recharge électrique pour véhicule électrique ou hybride rechargeable et permettant un comptage individualisé des consommations, par un locataire ou occupant de bonne foi et aux frais de ce dernier.

Constitue notamment un motif sérieux et légitime au sens du premier alinéa la préexistence de telles installations ou la décision prise par le propriétaire ou, en cas de copropriété, le syndicat des copropriétaires de réaliser de telles installations en vue d'assurer l'équipement nécessaire dans un délai raisonnable.

Afin de lui permettre de réaliser une étude et un devis pour les travaux mentionnés au même premier alinéa, le propriétaire ou, en cas de copropriété, le syndic permet l'accès aux locaux techniques de l'immeuble concernés au prestataire choisi par le locataire ou l'occupant de bonne foi.

Les indivisaires, les copropriétaires et les membres des sociétés de construction peuvent, lorsqu'ils sont occupants, se prévaloir du présent article et de l'article L. 113-17.

Un décret en Conseil d'État fixe les modalités d'application du présent article.

Art. L. 113-17 *(Aj. à compter du 1er juillet 2021, Ord. n° 2020-71, 29 janv. 2020)*. – Avant la réalisation des travaux mentionnés à l'article L. 113-16 dans un immeuble collectif, une convention est conclue entre le propriétaire ou, en cas de copropriété, le syndicat des copropriétaires représenté par le syndic et le prestataire choisi par le locataire, l'occupant de bonne foi ou le copropriétaire pour la réalisation des travaux.

Cette convention fixe les conditions d'accès et d'intervention du prestataire aux parties et équipements communs pour l'installation, la gestion et l'entretien des équipements permettant la recharge des véhicules électriques et hybrides rechargeables et desservant un ou plusieurs utilisateurs finals.

Un décret en Conseil d'État fixe les conditions d'application du présent article, notamment le délai dans lequel la convention est conclue.

....

Art. R. 113-7 *(Aj., D. n° 2021-872, 30 juin 2021)*. – Pour l'application de l'article L. 113-16, le locataire ou l'occupant de bonne foi d'une ou plusieurs places de stationnement situées dans un bâtiment non soumis au statut de la copropriété notifie au propriétaire son intention de réaliser les travaux mentionnés au même article.

Lorsque le bâtiment appartient à une personne morale, la notification est faite à son représentant légal ou statutaire. Lorsqu'il est indivis, la notification est faite à l'un des indivisaires, à charge pour lui d'en informer sans délai ses coïndivisaires.

Un descriptif détaillé des travaux à entreprendre, assorti d'un plan technique d'intervention et d'un schéma de raccordement électrique, est joint à la notification. Si l'établissement du plan et du schéma a été rendu impossible du fait du propriétaire ou de ses préposés, ces documents ne sont pas exigés à l'appui de la notification.

Lorsqu'il entend s'opposer aux travaux pour un motif sérieux et légitime, notamment lorsqu'il décide de la réalisation des travaux afin d'équiper les places du parc de stationnement du bâtiment, le propriétaire saisit, à peine de forclusion, le président du tribunal judiciaire du lieu de situation du bâtiment, statuant selon la procédure accélérée au fond, dans un délai de trois mois à compter de la notification du locataire ou de l'occupant de bonne foi.

Dans un délai de quinze jours à compter de cette saisine, le propriétaire la notifie au locataire ou à l'occupant de bonne foi.

Lorsqu'aucune saisine du président du tribunal judiciaire ne lui a été notifiée dans le délai mentionné au cinquième alinéa ou lorsque le propriétaire qui s'est opposé aux travaux au motif qu'il souhaite les réaliser lui-même ne les a pas engagés, au plus tard, trois mois après la saisine du président du tribunal judiciaire ou les a engagés dans ce délai mais ne les a pas réalisés dans un délai de six mois suivant la date de cette saisine, le locataire ou l'occupant de bonne foi peut faire procéder aux travaux conformément au descriptif détaillé mentionné au troisième alinéa.

Art. R. 113-8 *(Aj., D. n° 2021-872, 30 juin 2021)*. – Pour l'application de l'article L. 113-16, le locataire ou l'occupant de bonne foi d'une ou plusieurs places de stationnement situées dans un bâtiment soumis au statut de la copropriété notifie son intention de réaliser les travaux mentionnés au même article au copropriétaire bailleur, avec copie au syndic de la copropriété.

Lorsque le copropriétaire bailleur est une personne morale, la notification est faite à son représentant légal ou statutaire. En cas d'indivision, la notification est faite à l'un des indivisaires, à charge pour lui d'en informer sans délai ses coindivisaires.

Un descriptif détaillé des travaux à entreprendre, assorti d'un plan technique d'intervention et d'un schéma de raccordement électrique, est joint à la notification. Si l'établissement du plan et du schéma a été rendu impossible du fait du syndic ou de ses préposés, ces documents ne sont pas exigés à l'appui de la notification.

Dans le délai d'un mois suivant la réception de cette notification, le copropriétaire bailleur notifie au syndic les documents qui lui ont été notifiés par le locataire ou l'occupant de bonne foi.

Lorsqu'un copropriétaire souhaite procéder aux travaux mentionnés au premier alinéa, il notifie son intention au syndic ainsi que les documents mentionnés au troisième alinéa.

Lorsqu'il entend s'opposer aux travaux pour un motif sérieux et légitime, notamment lorsque le syndicat de copropriétaires décide de la réalisation des travaux afin d'équiper les places du parc de stationnement du bâtiment, le syndic représentant le syndicat des copropriétaires saisit, à peine de forclusion, le président du tribunal judiciaire du lieu de situation du bâtiment, statuant selon la procédure accélérée au fond, dans un délai de trois mois à compter de la notification mentionnée au quatrième ou au cinquième alinéa qui lui a été faite. Le cas échéant, la saisine précise la date à laquelle la décision de réaliser les travaux d'équipement a été prise en assemblée générale.

Dans un délai de quinze jours à compter de cette saisine, le syndic la notifie, selon les cas, au copropriétaire ou au copropriétaire bailleur et au locataire ou à l'occupant de bonne foi.

Le locataire, l'occupant de bonne foi ou le copropriétaire peut faire procéder aux travaux conformément au descriptif détaillé mentionné au troisième alinéa lorsque :

1° Aucune saisine du président du tribunal judiciaire ne lui a été notifiée dans le délai mentionné au septième alinéa ;

2° Le syndic représentant le syndicat des copropriétaires s'est opposé aux travaux au motif que le syndicat souhaite les réaliser lui-même et que ces travaux n'ont pas été engagés, au plus tard, trois mois après la saisine du président du tribunal judiciaire mentionnée au sixième alinéa, ou ont été engagés dans ce délai mais n'ont pas été réalisés dans un délai de six mois à compter de la date de cette saisine.

Dans tous les cas, le syndic inscrit à l'ordre du jour de la prochaine assemblée générale suivant la notification mentionnée au quatrième ou au cinquième alinéa qui lui a été faite une information des copropriétaires sur le projet de travaux.

Art. R. 113-9 *(Aj., D. n° 2021-872, 30 juin 2021)*. – Pour l'application de l'article L. 113-17, le locataire ou l'occupant de bonne foi d'une ou plusieurs places de stationnement situées dans un bâtiment d'habitation collectif notifie au propriétaire du bâtiment les nom, adresse et coordonnées téléphoniques du prestataire avec lequel il a conclu un contrat ayant pour objet les travaux mentionnés à l'article L. 113-16.

En cas de copropriété, cette notification est faite au copropriétaire bailleur, qui transmet ces informations au syndic représentant le syndicat des copropriétaires, dans les mêmes formes et dans un délai de quinze jours à compter de la date de la notification qui lui a été faite.

Lorsque les travaux sont réalisés par un copropriétaire, ce dernier notifie les informations prévues au premier alinéa au syndic représentant le syndicat des copropriétaires.

Dans un délai de deux mois à compter de la date de la notification qui lui a été faite, le propriétaire ou, en cas de copropriété, le syndic représentant le syndicat des copropriétaires conclut la convention prévue à l'article L. 113-17 avec le prestataire chargé de l'équipement des places de stationnement. En cas de copropriété, l'autorisation de l'assemblée générale n'est pas requise pour la signature de la convention par le syndic.

Si la convention n'est pas signée dans le délai mentionné à l'alinéa précédent, le locataire, l'occupant de bonne foi ou le copropriétaire peut saisir le président du tribunal judiciaire du lieu de situation du bâtiment, statuant selon la procédure accélérée au fond, afin que ce dernier fixe les conditions d'accès et d'intervention du prestataire choisi pour réaliser les travaux.

Art. R. 113-10 *(Aj., D. n° 2021-872, 30 juin 2021)*. – Les notifications prévues aux articles R. 113-7 à R. 113-9 sont faites par lettre recommandée avec demande d'avis de réception.

II. – PRÉÉQUIPEMENT DES EMPLACEMENTS DE STATIONNEMENT

Art. L. 113-11 *(Aj., Ord. n° 2020-71, 29 janv. 2020)*. – **Pour l'application des articles L. 113-12 à L. 113-15, le pré-équipement d'un emplacement de stationnement consiste en la mise en place des conduits pour le passage des câbles électriques et des dispositifs d'alimentation et de sécurité nécessaires à l'installation ultérieure de points de recharge pour les véhicules électriques et hybrides rechargeables.**

Un décret en Conseil d'État fixe les caractéristiques minimales des dispositifs d'alimentation et de sécurité des installations de recharge de véhicules électriques et hybrides rechargeables.

....

Art. R. 113-6 *(Aj., D. n° 2021-872, 30 juin 2021)*. – **Le pré-équipement d'un emplacement de stationnement tel que défini à l'article L. 113-11 rend possible la mise à disposition de l'énergie électrique au point de recharge et est dimensionné en fonction de la puissance électrique nécessaire au déploiement ultérieur des points de recharge.**

Les conduits mis en place pour le passage des câbles électriques sont dimensionnés pour autoriser un passage carré d'au moins 100 mm de côté.

L'énergie électrique est délivrée soit par un tableau général basse tension de l'installation électrique intérieure du bâtiment, situé en aval d'un point de livraison spécifique ou non à l'infrastructure de recharge des véhicules électriques, soit par un ouvrage du réseau public d'électricité situé sur l'emprise du bâtiment. Ces équipements ou ouvrages sont dimensionnés de façon à pouvoir alimenter au moins 20 % de la totalité des emplacements de stationnement, avec au minimum un emplacement.

La configuration des emplacements de stationnement pré-équipés est compatible avec la mise en place ultérieure d'un pilotage des points de recharge.

Un arrêté conjoint des ministres chargés de la construction et de l'énergie précise les modalités d'application du présent article.

Arrêté du 23 décembre 2020

relatif à l'application de l'article R. 111-14-2 du Code de la construction et de l'habitation

(JO 26 déc. 2020)

La ministre de la Transition écologique, la ministre déléguée auprès de la ministre de la Transition écologique, chargée du logement et le ministre délégué auprès de la ministre de la Transition écologique, chargé des transports,

Vu les articles R. 111-12 et R. 111-14-2 du Code de la construction et de l'habitation ;

Vu l'arrêté du 13 juillet 2016, modifié par l'arrêté du 3 février 2017, relatif à l'application des articles R. 111-14-2 à R. 111-14-8 du Code de la construction et de l'habitation ;

Vu l'avis du Conseil national d'évaluation des normes en date du 29 octobre 2020 ;

Vu l'avis du Conseil supérieur de la construction et de l'efficacité énergétique en date du 13 octobre 2020 ;

Vu l'avis du Conseil supérieur de l'énergie en date du 10 novembre 2020,

Arrêtent :

Art. 1er. – **Les installations électriques destinées à la recharge des véhicules électriques et hybrides rechargeables visées à l'article R. 111-14-2 du Code de la construction et de l'habitation sont dimensionnées de façon à pouvoir desservir le nombre d'emplacements de stationnement prévu à ce même article.**

Art. 2. – **Le pré-équipement inclut le dimensionnement en puissance de la portion du branchement visé à l'article D. 342-1 du Code de l'énergie qui alimente la totalité du bâtiment, de façon à pouvoir alimenter au moins 20 % de la totalité des emplacements de stationnement.**

Si l'énergie électrique est délivrée par un tableau général basse tension de l'installation électrique intérieure du bâtiment, situé en aval d'un point de livraison spécifique ou non à l'infrastructure de recharge des véhicules électriques, alors le pré-équipement inclut, ce tableau général basse tension de l'installation électrique intérieure du bâtiment dédié à l'infrastructure de recharge des véhicules électriques, le câble d'alimentation reliant au point de livraison spécifique ou non, ainsi que l'installation du point de livraison spécifique à l'infrastructure de recharge des véhicules électriques le cas échéant. Le pré-équipement n'inclut pas les circuits terminaux des

points de recharge (câbles d'alimentation et dispositifs de protection associés) depuis le tableau général basse tension.

Si l'énergie électrique est délivrée directement par un ouvrage du réseau public d'électricité situé sur l'emprise du bâtiment, alors le pré-équipement inclut une possibilité de raccordement à la terre à proximité des conduits pour le passage des câbles électriques. Il n'inclut pas la canalisation collective de branchement pour alimenter les emplacements de stationnement, la canalisation collective de terre, les points de livraison et les circuits terminaux des points de livraison.

Art. 3. – Chaque circuit électrique de l'infrastructure de recharge en aval du point de livraison comporte un conducteur de protection relié à la terre et répond aux exigences de sécurité fixées dans les réglementations portant sur les installations électriques des bâtiments prises en application de l'article R. 111-12 du Code de la construction et de l'habitation.

Art. 4. – Les installations électriques destinées à la recharge des véhicules électriques et hybrides rechargeables visées à l'article R. 111-14-2 du Code de la construction et de l'habitation permettent d'acheminer une puissance électrique pour couvrir les besoins des infrastructures de recharge pour véhicules électriques et hybrides rechargeables selon les dispositions de l'article R. 111-14-2 du Code de la construction et de l'habitation.

Cette puissance électrique, notée PIRVE et exprimée en kVA, est établie en tenant compte, notamment, du foisonnement naturel des consommations et du pilotage des points de recharge dans un objectif d'optimisation d'utilisation de l'énergie à l'échelle du bâtiment.

Art. 5. – La puissance PIRVE est établie en fonction du nombre d'emplacements de stationnement (N), du type de bâtiment et de l'usage prévu des infrastructures de recharge selon les cas suivants :

- points de recharge dans les parcs de stationnement des bâtiments résidentiels ;
- points de recharge dans les parcs de stationnement des bâtiments non résidentiels à destination des véhicules à usage professionnel ou des véhicules des salariés ou agents de la fonction publique ;
- points de recharge dans les parcs de stationnement des bâtiments non résidentiels à destination des autres véhicules.

Les valeurs de PIRVE sont définies en annexe. Ces valeurs sont des minimales en dehors d'une modulation complémentaire par le pilotage prévu à l'article 6.

Art. 6. – La puissance PIRVE peut être modulée par le pilotage des points de recharge, afin d'optimiser l'énergie électrique nécessaire à l'alimentation de l'infrastructure de recharge des véhicules électriques et hybrides rechargeables.

Art. 7. – Le dimensionnement de l'alimentation électrique de l'ensemble du bâtiment visée au premier alinéa de l'article 2 tient compte de la complémentarité temporelle et du foisonnement de l'ensemble des usages y compris les infrastructures de recharge pour véhicules électriques et hybrides rechargeables visées à l'article 1er.

Art. 8. – Les dispositions du présent arrêté s'appliquent aux bâtiments pour lesquels une demande de permis de construire ou une déclaration préalable est déposée à compter du 11 mars 2021.

Art. 9 *(Abr., A. 13 juill. 2016).*

III. – CONVENTIONS CONCLUES PAR LE SYNDICAT DE COPROPRIÉTAIRES EN VUE DE L'INSTALLATION D'UNE INFRASTRUCTURE PERMETTANT L'INSTALLATION DE POINTS DE RECHARGE

V., sur la majorité à réunir, L. 10 juill. 1965, art. 24-5-1, p. 419.

Code de l'énergie

Art. L. 353-12 *(Aj., L. n° 2021-1104, 22 août 2021).* – Lorsque le propriétaire ou, en cas de copropriété, le syndicat des copropriétaires d'un immeuble collectif à usage principal d'habitation doté d'un parc de stationnement à usage privatif décide, au moment de l'installation d'un ou de plusieurs points de recharge, de faire appel au gestionnaire du réseau public de distribution d'électricité pour installer une infrastructure collective relevant du réseau public d'électricité permettant l'installation ultérieure de points de recharge pour véhicules électriques ou hybrides rechargeables, les contributions dues au titre de cette infrastructure collective peuvent être facturées conformément au présent article.

À condition, par le propriétaire ou le syndicat des copropriétaires, de justifier de la demande d'au moins un devis pour l'installation d'une infrastructure collective de recharge auprès d'un opérateur mentionné au premier alinéa de l'article L. 353-13, les coûts de l'infrastructure collective sont couverts par le tarif d'utilisation des réseaux publics de distribution mentionné à l'article L. 341-2.

Chaque utilisateur qui demande la création d'un ouvrage de branchement individuel alimenté par cette infrastructure collective est redevable d'une contribution au titre de l'infrastructure collective et d'une contribution au titre des ouvrages de branchements individuels.

L'utilisateur mentionné au troisième alinéa du présent article peut être un opérateur d'infrastructures de recharge mentionné à l'article L. 353-13.

Le point de livraison alimenté par un branchement individuel peut desservir plusieurs emplacements de stationnement.

La convention de raccordement mentionnée à l'article L. 342-9 conclue entre le gestionnaire de réseau et le propriétaire ou le syndicat des copropriétaires précise le montant de ces contributions, les délais d'installation ainsi que les éventuels travaux complémentaires non pris en charge par le gestionnaire de réseau. Elle indique les conditions matérielles et financières des raccordements individuels.

La contribution au titre de l'infrastructure collective est déterminée notamment en fonction du coût de l'infrastructure collective de l'immeuble concerné, de la puissance de raccordement demandée, du nombre d'emplacements de stationnement accessibles à cette infrastructure collective et de l'évaluation du taux moyen d'équipement à long terme en points de recharge. Elle peut être plafonnée. Ce plafonnement peut être différencié selon la puissance du branchement individuel et le type de travaux rendus nécessaires par l'installation de l'infrastructure collective.

Les modalités d'application du présent article, notamment le dimensionnement et les caractéristiques techniques de l'infrastructure collective ainsi que la détermination de la contribution au titre de l'infrastructure collective, sont précisées par un décret pris après avis de la Commission de régulation de l'énergie.

Les règles de dimensionnement de l'infrastructure collective et de calcul de la contribution au titre de l'infrastructure collective, établies par le gestionnaire du réseau public de distribution en application du décret prévu à l'avant-dernier alinéa, sont approuvées par la Commission de régulation de l'énergie.

(V. ci-dessous, D. n° 2022-1249, 21 sept. 2022 qui a créé les articles D. 353-12 à D. 353-12-4, D. 342-4-14 et D. 342-4-15 du Code de l'énergie).

....

Art. D. 353-12 *(Aj., D. n° 2022-1249, 21 sept. 2022).* – Pour l'application de l'article L. 353-12, l'infrastructure collective permettant l'installation ultérieure de points de recharge pour véhicules électriques ou hybrides rechargeables, dénommée dans la présente section « infrastructure collective », comprend la partie collective des ouvrages de raccordement, à l'exclusion des ouvrages de branchement individuels. Cette infrastructure collective relève du réseau public de distribution d'électricité conformément au dernier alinéa de l'article L. 342-1.

L'infrastructure collective permet de desservir tout ou partie du parc de stationnement d'un immeuble collectif à usage principal d'habitation.

Les travaux annexes rendus nécessaires par le déploiement de l'infrastructure collective peuvent être réalisés sous maîtrise d'ouvrage du gestionnaire du réseau public de distribution d'électricité, à la demande du propriétaire ou du syndicat des copropriétaires. Les coûts correspondants sont avancés par le gestionnaire du réseau, et inclus dans le calcul de la contribution mentionnée à l'article D. 353-12-2. Ils ne bénéficient pas de la prise en charge par le tarif d'utilisation des réseaux publics d'électricité prévue au 3° de l'article L. 341-2.

Art. D. 353-12-1 *(Aj., D. n° 2022-1249, 21 sept. 2022).* – La convention de raccordement mentionnée au sixième alinéa de l'article L. 353-12 inclut :

1° Le périmètre de desserte de l'infrastructure collective ;

2° Le détail des travaux effectués par le gestionnaire du réseau public de distribution d'électricité, y compris les éventuels travaux annexes ;

3° Le cas échéant, le détail des travaux complémentaires non effectués par le gestionnaire de réseau et nécessaires au déploiement de l'infrastructure collective ;

4° La puissance totale de l'infrastructure collective correspondant à la somme des puissances des branchements individuels qui pourront être raccordés à l'infrastructure collective et calculée selon les modalités précisées ci-après ;

5° La puissance de raccordement qui sera fournie par l'infrastructure collective. Cette puissance de raccordement résulte de la puissance totale mentionnée au 4°, et du foisonnement naturel des consommations liées à la recharge. Afin de minimiser les coûts de l'infrastructure collective, le gestionnaire de réseau peut proposer une solution de raccordement prévoyant plusieurs puissances de raccordement disponibles en fonction des tranches horaires auxquelles les recharges sont effectuées, en tenant compte de la complémentarité des usages entre la recharge et les autres usages de l'immeuble, selon des règles établies par la Commission de régulation de l'énergie ;

6° Le délai de mise en service de l'infrastructure collective ;

7° Le détail des coûts pris en compte pour le calcul de la contribution au titre de l'infrastructure collective mentionnée au troisième alinéa de l'article L. 353-12 à verser au gestionnaire du réseau public de distribution ;

8° Les règles de calcul de cette contribution ;

9° Les modalités techniques et tarifaires de création des ouvrages de branchement individuels alimentés par l'infrastructure collective ;

10° À des fins de comparabilité, des indications sur le coût d'installation d'un point de recharge en aval d'un branchement individuel et les coûts récurrents associés à un contrat de fourniture d'électricité destiné à l'alimentation d'un ou plusieurs points de recharge.

Le nombre d'emplacements inclus dans le périmètre de desserte de l'infrastructure collective mentionné au 1° ne peut être inférieur au produit du nombre total d'emplacements de stationnement de l'immeuble, éventuellement diminué du nombre d'emplacements durablement inoccupés ou déjà équipés, et de l'évaluation du taux d'équipement à long terme.

La puissance totale de l'infrastructure collective mentionnée au 4° est définie par le produit du nombre total d'emplacements inclus dans le périmètre de desserte de l'infrastructure collective et de la puissance de référence par point de recharge.

Le taux d'équipement à long terme et la puissance de référence par point de recharge sont définis par arrêté des ministres en charge des transports et de l'énergie. Ils sont déterminés à l'échelle nationale. La puissance de référence par point de recharge ne tient pas compte du foisonnement naturel des consommations.

Le gestionnaire de réseau n'est pas tenu de rendre disponible la totalité de la puissance de raccordement mentionnée au 4° dès la mise en service de l'infrastructure collective. Il lui appartient de garantir cette disponibilité au fur et à mesure des demandes de raccordement à l'infrastructure collective, sans coût supplémentaire pour le propriétaire ou le syndicat des copropriétaires.

Les règles de dimensionnement de l'infrastructure collective et de déclenchement des travaux postérieurs à la mise en service sont définies par le gestionnaire de réseau et soumises à l'approbation de la Commission de régulation de l'énergie.

La convention porte sur une durée de 20 années à compter de sa signature par le gestionnaire du réseau public de distribution d'une part et le propriétaire ou le syndicat des copropriétaires d'autre part.

La signature de la convention est conditionnée à la demande d'un ou plusieurs branchements individuels à raccorder à l'infrastructure collective et permettant l'installation d'un ou de plusieurs points de recharge.

Les conditions prévues dans la convention s'appliquent à tout demandeur d'un branchement individuel, y compris un opérateur mentionné au premier alinéa de l'article L. 353-13.

Tout point de recharge situé dans le périmètre de desserte de l'infrastructure collective mentionné au 1° et installé postérieurement à la mise en service de cette infrastructure collective y est raccordé, directement ou indirectement.

NB : Le taux minimum d'équipement à long terme et la puissance de référence par points de recharge mentionnée à l'article D. 353-12-1 sont respectivement égaux à 70 % et 6 kVA (A. 2 juin 2023, *JO* 10 juin 2023 : NOR : ENER2229492A).

Art. D. 353-12-2 *(D. n° 2022-1249, 21 sept. 2022)*. **– La contribution au titre de l'infrastructure collective est déterminée à titre principal en fonction du coût de l'infrastructure collective de l'immeuble concerné et du ratio entre la puissance demandée au titre du branchement individuel et la puissance totale de l'infrastructure collective mentionnée au 4° de l'article D. 353-12-1.**

La puissance demandée au titre du branchement individuel correspond à la puissance maximale qui pourra être souscrite par le demandeur, indépendamment de la puissance de raccordement du branchement. Une éventuelle augmentation ultérieure de la puissance demandée se traduit par une contribution complémentaire.

Le coût de l'infrastructure collective pris en compte pour le calcul de la contribution au titre de l'infrastructure collective comporte les coûts non couverts par les tarifs d'utilisation des réseaux publics en application des articles L. 341-2, L. 342-6 et L. 342-11, à engager immédiatement par le gestionnaire du réseau public de distribution d'électricité, y compris les coûts résultants des travaux annexes mentionnés au troisième alinéa de l'article D. 353-12, ainsi que la part des coûts ultérieurs que le gestionnaire de réseau prévoit d'engager pendant la durée de la convention en application du 2° de l'article D. 353-12-1 et non pris en charge par le tarif d'utilisation des réseaux publics d'électricité.

La contribution ne peut être inférieure à un montant dépendant de la puissance du branchement individuel.

Lorsque la demande de branchement individuel concerne une puissance demandée inférieure ou égale à 9 kilovoltampères, la contribution ne peut être supérieure à un montant fixé en fonction du type de travaux rendus nécessaires par l'installation de l'infrastructure collective et de la puissance demandée.

La Commission de régulation de l'énergie propose les montants minimum et maximum de la contribution mentionnées aux deux alinéas précédents. Les montants sont arrêtés par le ministre en charge de l'énergie en tenant compte des propositions formulées *(V. ci-dessous A. 2 juin 2023, p. 1581)*.

Les règles de calcul de la contribution au titre de l'infrastructure collective mentionnées au 8° de l'article D. 353-12-1 peuvent prévoir une actualisation annuelle. Ces règles sont établies par le gestionnaire du réseau public de distribution et soumises à l'approbation de la Commission de régulation de l'énergie.

L'ensemble des règles de calcul est déterminé afin que la mise en œuvre de la faculté prévue par l'article L. 353-12 assure au gestionnaire de réseau, sur la durée de vie des infrastructures collectives et au périmètre du réseau qu'il exploite, une rémunération équivalente à celle qu'il aurait perçue pour le raccordement de mêmes infrastructures collectives ne relevant pas de l'article L. 353-12 du Code de l'énergie.

Arrêté du 2 juin 2023

relatif à l'encadrement de la contribution au titre du déploiement d'infrastructures collectives de recharge relevant du réseau public de distribution dans les immeubles collectifs à usage principal d'habitation *(JO 10 juin 2023, texte n° 16)*

Art. 1er. – Le montant minimum de la contribution mentionnée à l'article D. 353-12-2 du Code de l'énergie est égal à 410 € hors taxe.

Art. 2. – Pour une puissance de raccordement au titre du branchement individuel inférieure ou égale à 9 kilovoltampères, le montant maximum de la contribution mentionnée à l'article D. 353-12-2 du Code de l'énergie est égal à 2 038 € hors taxe. Lorsque les travaux sous la maîtrise d'ouvrage du gestionnaire du réseau public de distribution d'électricité sont réalisés en présence d'amiante, ce montant est majoré à 4 038 € hors taxe.

Art. 3. – Les montants minimum et maximum définis aux articles 1er et 2 sont indexés au 1er janvier de chaque année, en fonction de l'évolution de l'indice des prix à la consommation des ménages hors tabac. Cette évolution est appréciée entre le 1er octobre de l'avant-dernière année précédant la revalorisation et le 1er octobre de l'année précédant la revalorisation. Il est arrondi à l'euro inférieur.

Art. 4. – Les montants minimum et maximum de la contribution qui s'appliquent pendant la durée de la convention mentionnée à l'article D. 353-12-1 sont les montants en vigueur à la date de signature de cette convention, mentionnés aux articles 1er et 2 du présent arrêté et indexés selon les modalités de l'article 3, et actualisés le cas échéant selon les règles prévues au septième alinéa de l'article D. 353-12-2.

Art. D. 353-12-3 *(Aj., D. n° 2022-1249, 21 sept. 2022)*. – **La contribution déterminée en application de l'article D. 353-12-2 est due pour toute demande de raccordement à l'infrastructure collective objet de la convention mentionnée à l'article D. 353-12-1, faite pendant la durée d'application de cette convention, indépendamment du niveau effectif d'équipement dans l'immeuble concerné, dès lors que le raccordement de la puissance demandée ne nécessite pas de travaux sur l'infrastructure collective autres que ceux prévus par la convention, tels que définis au 2° de l'article D. 353-12-1.**

La nécessité d'engager des travaux sur l'infrastructure collective, autres que ceux prévus par la convention, et alors que la puissance totale mentionnée au 4° de l'article D. 353-12-1 a déjà été atteinte, conduit à l'expiration anticipée de la convention.

Des travaux d'extension du périmètre de l'infrastructure collective tel que défini au 1° de l'article D. 352-12-1, non prévus par la convention, ne font pas obstacle à la poursuite de la convention, mais doivent faire l'objet d'un financement distinct.

Aucune contribution ne pourra être demandée au titre de l'infrastructure collective qui fait l'objet de la convention, à l'expiration de ladite convention.

Art. D. 353-12-4 *(D. n° 2022-1249, 21 sept. 2022)*. – **Le propriétaire ou le syndicat des copropriétaires demande au moins un devis pour l'installation d'une infrastructure collective de recharge auprès d'un opérateur mentionné au premier alinéa de l'article L. 353-13, dans un délai qui ne peut être inférieur à deux mois avant la signature de la convention mentionnée à l'article D. 353-12-1 dans le cas d'un propriétaire unique, ou inférieur à deux mois avant l'assemblée générale décidant de la conclusion de la convention lorsqu'il s'agit d'une copropriété.**

…………………………………………………………………………………………

Art. L. 353-13 *(Aj., L. n° 2021-1104, 22 août 2021)*. – **L'opérateur d'infrastructures de recharge qui s'engage à installer dans un immeuble collectif, sans frais pour le propriétaire de cet immeuble ou, en cas de copropriété, pour le syndicat des copropriétaires, une infrastructure collective qui rend possible l'installation ultérieure de points de recharge pour véhicules électriques ou hybrides rechargeables conclut avec le propriétaire ou le syndicat des copropriétaires une convention qui détermine les conditions d'installation, de gestion, d'entretien et de remplacement de l'infrastructure collective par l'opérateur.**

Cette convention prévoit la gratuité de ces prestations pour le propriétaire ou pour le syndicat des copropriétaires et précise le montant des sommes dont le paiement incombe aux utilisateurs qui demandent la création d'un ouvrage de branchement individuel alimenté par cette infrastructure collective.

Elle définit également les délais d'intervention et les conditions dans lesquelles l'opérateur intervient et accède aux parties et équipements communs de l'immeuble pour l'installation, la gestion et l'entretien de l'infrastructure collective.

Un décret en Conseil d'État fixe les modalités d'application du présent article.

(V. ci-dessous, D. n° 2022-959, 29 juin 2022 qui a créé les articles R. 353-13-1 à R. 353-13-3 du Code de l'énergie).

Section 4. – Raccordement indirect des infrastructures de recharge de véhicules électriques

Cette section ne comporte pas de dispositions réglementaires.

Section 5. – Pilotage de la recharge et restitution de l'énergie

Cette section ne comporte pas de dispositions réglementaires.

Section 6. – Infrastructure collective de recharge dans les immeubles collectifs

Art. R. 353-13-1 *(Aj., D. n° 2022-1240, 21 sept. 2022)*. – La convention mentionnée à l'article L. 353-13 fait explicitement mention des articles R. 353-13-1 à R. 353-13-3 du Code de l'énergie. Elle précise, d'une part, les éléments contractuels essentiels entre l'opérateur signataire et le propriétaire ou le syndicat des copropriétaires et, d'autre part, les conditions générales des relations contractuelles entre l'opérateur signataire et les futurs utilisateurs de points de recharge raccordés à l'infrastructure collective, sans préjudice des contrats complémentaires entre l'opérateur et ces utilisateurs. L'installation de l'infrastructure collective de recharge ne peut être liée à une quelconque contrepartie financière demandée au propriétaire ou au syndicat des copropriétaires.

Art. R. 353-13-2 *(Aj., D. n° 2022-1240, 21 sept. 2022)*. – Cette convention contient notamment les stipulations et informations suivantes :

1° La nature, l'importance, la durée des travaux d'installation à effectuer, ces éléments étant définis à l'issue d'un diagnostic technique préalable. La convention précise si les infrastructures d'accueil sont suffisantes ou si des travaux sont nécessaires préalablement à l'installation de l'infrastructure collective de recharge et comporte une mention expresse rappelant au propriétaire ou au syndicat des copropriétaires que ces travaux de réalisation et de modernisation des infrastructures d'accueil peuvent leur incomber le cas échéant ;

2° Les conditions d'exécution des travaux par l'opérateur signataire, notamment celles liées au suivi et à la réception des travaux, qui doivent s'achever au plus tard six mois à compter de la signature de la convention ;

3° Les responsabilités et les assurances de l'opérateur ;

4° Les conditions de gestion, d'entretien et de remplacement des équipements et installations, la périodicité des entretiens et des contrôles ;

5° Les modalités d'information du propriétaire ou du syndicat des copropriétaires, notamment sur la localisation des installations, les plans ou schémas électriques et de façon annuelle, leurs éventuelles modifications, les attestations d'assurance, les comptes rendus de contrôle ;

6° Les modalités d'accès aux parties communes de l'immeuble ou aux voies, équipements ou espaces communs du lotissement pour l'installation, la gestion et l'entretien de l'infrastructure collective de recharge ;

7° La durée de la convention et les conditions de son renouvellement ou de sa résiliation, y compris les conditions dans lesquelles est assurée une continuité de gestion et d'entretien en cas de changement d'opérateur ;

8° La propriété des installations à l'issue de la convention et le montant des indemnités en cas de résiliation ;

9° La gratuité pour le propriétaire ou le syndicat des copropriétaires de l'ensemble des prestations d'installation et d'évolution, tant technique que de puissance, de l'infrastructure collective de recharge pour toute la durée de la convention ;

10° Le nombre, les emplacements et les puissances maximales des raccordements individuels que l'infrastructure collective de recharge peut supporter, la puissance maximale totale de l'infrastructure ainsi que les modalités techniques et tarifaires de création d'un ouvrage de branchement individuel alimenté par cette infrastructure ;

11° Les éventuelles conditions de modification de la convention en cas de demande de raccordement individuel faisant dépasser le nombre ou la puissance maximale que l'infrastructure collective de recharge peut supporter, tels que précisés au 10° du présent article.

Art. R. 353-13-3 *(Aj., D. n° 2022-1240, 21 sept. 2022)*. – Les clauses de la convention respectent les dispositions suivantes :

1° L'opérateur signataire est responsable de tous les dommages causés par les travaux ou par ses installations et équipements. Il contracte au préalable les assurances nécessaires pour couvrir les éventuels dommages matériels ou corporels.

L'opérateur et le propriétaire ou le syndicat des copropriétaires dressent préalablement à la conclusion de la convention un état des lieux contradictoire de l'état technique des parties communes de l'immeuble afin de déterminer si les infrastructures d'accueil sont suffisantes pour permettre d'effectuer l'installation de l'infrastructure collective de recharge, ainsi qu'un état des lieux contradictoire après achèvement des travaux d'installation. En cas de dégradations imputables aux travaux, la remise en état est à la charge de l'opérateur signataire.

L'opérateur transmet, le cas échéant, au propriétaire ou syndicat des copropriétaires la description des caractéristiques que doivent présenter les infrastructures d'accueil pour permettre l'installation, la gestion, l'entretien et le remplacement des infrastructures de recharge ;

2° L'opérateur signataire peut mandater un tiers pour réaliser certaines opérations relatives à la gestion, à l'entretien ou au remplacement de l'infrastructure collective dont il a la charge, mais il reste responsable de ces opérations à l'égard du propriétaire ou du syndicat des copropriétaires. Il en avertit ces derniers préalablement. L'opérateur signataire et les éventuels tiers mandatés respectent le règlement intérieur de l'immeuble ou le règlement de copropriété, ainsi que les normes applicables et les règles de l'art ;

3° Dans le cas où l'ouvrage de branchement individuel est géré par l'opérateur lui-même ou par une société qui lui est contractuellement liée, la convention précise l'ensemble des conditions notamment les conditions tarifaires pour l'utilisateur, le cas échéant différenciées en fonction de la puissance individuelle, les modalités de révision tarifaire, les conditions d'entretien et de maintenance ainsi que les conditions de résiliation ;

4° Les conditions prévues par la convention ne peuvent faire obstacle à la mise en œuvre d'autres solutions de recharge pour les emplacements de stationnement de l'immeuble collectif.

ANNEXE 62

VÉLOS

Bibliographie : P. Battistini, *Le parc à vélos dans les bâtiments neufs : LPA* 3 avr. 2017, p. 7. • C. Coutant-Lapalus, *Les impacts de la loi d'orientation des mobilités sur le droit de la copropriété et les baux d'habitation : Loyers et copr.* mars 2020, focus 14. • N. Le Rudulier, *Impact de la loi d'orientation des mobilités en copropriété : AJDI* 2020, p. 175. • P. Turenne, *Organiser le local à vélo : Inf. rap. copr.* oct. 2021, p. 19.

Sur les obligations du syndicat et du syndic en la matière, V. L. 10 juill. 1965, art. 24-5, p. 419.

Code de la construction et de l'habitation

Art. L. 113-18 *(Aj. à compter du 1er juillet 2021, Ord. n° 2020-71, 29 janv. 2020).* – **Toute personne qui construit :**

1° Un ensemble d'habitations équipé de places de stationnement individuelles couvertes ou d'accès sécurisé ;

2° Un bâtiment à usage industriel ou tertiaire constituant principalement un lieu de travail et équipé de places de stationnement destinées aux salariés ;

3° Un bâtiment accueillant un service public équipé de places de stationnement destinées aux agents ou aux usagers du service public ;

4° Un bâtiment constituant un ensemble commercial, au sens de l'article L. 752-3 du Code de commerce, ou accueillant un établissement de spectacles cinématographiques équipé de places de stationnement destinées à la clientèle,

le dote des infrastructures permettant le stationnement sécurisé des vélos.

Un décret en Conseil d'État fixe les modalités d'application du présent article, notamment le nombre minimal de places selon la catégorie et la taille des bâtiments ainsi que la nature des dispositifs de sécurisation adaptée au risque des places de stationnement.

Art. L. 113-19 *(Aj. à compter du 1er juillet 2021, Ord. n° 2020-71, 29 janv. 2020).* – **Toute personne qui procède à des travaux sur un parc de stationnement annexe :**

1° À un ensemble d'habitations équipé de places de stationnement individuelles ;

2° À un bâtiment à usage industriel ou tertiaire équipé de places de stationnement destinées aux travailleurs ;

3° À un bâtiment accueillant un service public équipé de places de stationnement destinées aux agents ou aux usagers du service public ;

4° Ou à un bâtiment constituant un ensemble commercial, au sens de l'article L. 752-3 du Code de commerce, ou accueillant un établissement de spectacles cinématographiques équipé de places de stationnement destinées à la clientèle,

dote le parc de stationnement d'infrastructures ou aménage des espaces permettant le stationnement sécurisé des vélos. Cette dernière obligation peut être satisfaite par la réalisation des infrastructures dans une autre partie du bâtiment ou à l'extérieur de celui-ci, sur la même unité foncière.

Un décret en Conseil d'État précise les conditions et les modalités d'application du présent article, notamment en fonction de la nature, de la catégorie et de la taille des bâtiments et des parcs de stationnement concernés, du type de travaux entrepris, ainsi que du rapport entre le coût de ces travaux et la valeur des bâtiments.

Art. L. 113-20 *(Aj. à compter du 1er juillet 2021, Ord. n° 2020-71, 29 janv. 2020).* – **Des infrastructures permettant le stationnement sécurisé des vélos doivent être installées dans les bâtiments existants à usage tertiaire et constitués principalement de locaux à usage professionnel, lorsqu'ils sont équipés de places de stationnement destinées aux travailleurs.**

Un décret en Conseil d'État précise les modalités d'application du présent article. Il fixe notamment les catégories de bâtiments soumis à cette obligation, le nombre minimal de places de stationnement qui font l'objet de l'installation selon la catégorie de bâtiments et les conditions de dérogation en cas d'impossibilité technique ou de contraintes liées à l'environnement naturel du bâtiment.

....

Art. R. 113-11 *(Mod. à compter du 26 décembre 2022, D. n° 2022-930, 25 juin 2022).* – Pour l'application des dispositions de la présente section :

1° Le terme « vélo » désigne les cycles et les cycles à pédalage assisté tels qu'ils sont définis à l'article R. 311-1 du Code de la route ;

2° Le terme « infrastructures » désigne l'ensemble des ouvrages, installations et équipements nécessaires au stationnement sécurisé des vélos ;

3° Le terme « ensemble d'habitations » désigne un ou plusieurs bâtiments à usage principal d'habitation groupant au moins deux logements.

Art. R. 113-12 *(Mod. à compter du 26 décembre 2022, D. n° 2022-930, 25 juin 2022).* – Les infrastructures mentionnées aux articles L. 113-18 à L. 113-20 comportent des dispositifs fixes permettant de stabiliser et d'attacher les vélos par le cadre et au moins une roue.

Ces infrastructures sont sécurisées dans les conditions fixées à l'article R. 113-16. Elles sont situées ou réparties sur la même unité foncière, de préférence au rez-de-chaussée ou au premier sous-sol du parc de stationnement, du bâtiment ou de l'ensemble d'habitations.

Art. R. 113-13 *(Mod. à compter du 26 décembre 2022, D. n° 2022-930, 25 juin 2022).* – L'obligation prévue à l'article L. 113-19 s'applique à tout propriétaire d'un ensemble d'habitations ou des bâtiments mentionnés aux 2°, 3° et 4° du même article dont le parc de stationnement annexe comprend au moins 10 places et lorsque le rapport entre le coût total prévisionnel des travaux et la valeur du ou des bâtiments est supérieur ou égal à un pourcentage fixé par arrêté conjoint des ministres chargés du logement et des transports et qui ne peut être inférieur à 2 %.

La valeur du ou des bâtiments est déterminée par le produit du coût de construction mentionné à l'article R. 173-2 et de la surface de plancher définie à l'article L. 111-14 du Code de l'urbanisme.

Art. R. 113-14 *(Mod. à compter du 26 décembre 2022, D. n° 2022-930, 25 juin 2022).* – I. – L'obligation prévue à l'article L. 113-20 s'applique à tout propriétaire d'un bâtiment dont le parc de stationnement comprend au moins 10 places destinées aux travailleurs.

II. – L'obligation prévue à l'article L. 113-20 s'applique également à tout copropriétaire dont le ou les lots de copropriété comprennent en partie privative au moins 10 places destinées aux travailleurs.

Art. R. 113-15 *(Mod. à compter du 26 décembre 2022, D. n° 2022-930, 25 juin 2022).* – Lorsque le stationnement sécurisé des vélos est réalisé par la transformation de places de stationnement automobile existantes faisant l'objet d'un contrat de location, l'installation des infrastructures est réalisée au plus tôt après l'échéance du contrat de location des places concernées, sinon avec l'accord du locataire.

Art. R. 113-16 *(Mod. à compter du 26 décembre 2022, D. n° 2022-930, 25 juin 2022).* – I. – L'accès aux infrastructures permettant le stationnement des vélos est assuré par une porte dotée d'un système de fermeture sécurisée lorsqu'elles sont destinées :

1° Aux occupants d'un ensemble d'habitations ;

2° Aux travailleurs d'un bâtiment à usage industriel ou tertiaire constituant principalement un lieu de travail ;

3° Aux agents d'un bâtiment accueillant un service public.

Lorsqu'elles se situent à l'extérieur d'un bâtiment, ces infrastructures sont couvertes, éclairées et closes.

II. – La sécurisation des infrastructures permettant le stationnement des vélos est assurée par une surveillance fonctionnelle ou par une porte dotée d'un système de fermeture sécurisée, lorsqu'elles sont destinées :

1° Aux usagers d'un bâtiment accueillant un service public ;

2° À la clientèle d'un bâtiment constituant un ensemble commercial, au sens de l'article L. 752-3 du Code de commerce, ou accueillant un établissement de spectacles cinématographiques.

La surveillance fonctionnelle peut être exercée par une personne présente sur les lieux qui a une vue directe sur les infrastructures ou par un système de vidéo-surveillance.

Lorsqu'elles se situent à l'extérieur du bâtiment, ces infrastructures sont couvertes et éclairées.

Art. R. 113-17 ***(Mod. à compter du 26 décembre 2022, D. n° 2022-930, 25 juin 2022).*** **– I. – Il peut être dérogé aux obligations prévues aux articles L. 113-19 et L. 113-20 lorsqu'aucun espace disponible susceptible d'accueillir les infrastructures requises n'est accessible par un cycliste depuis l'espace public, sauf lorsque que l'accès à un tel espace peut être raisonnablement adapté pour être emprunté par un cycliste en toute sécurité.**

Il peut également être dérogé à ces obligations lorsque la réduction du nombre de places de stationnement automobile qui résulterait de l'installation de ces infrastructures interdirait le respect des obligations minimales imposées par le plan local d'urbanisme.

II. – L'obligation prévue à l'article L. 113-19 ne s'applique pas au bâtiment mentionné à l'article L. 113-20 lorsque son propriétaire a déjà satisfait à l'obligation prévue par cet article.

Arrêté du 13 juillet 2016

relatif à l'application des articles R. 111-14-2 à R. 111-14-8 du Code de la construction et de l'habitation

....

Art. 3 ***(Abr., A. 30 juin 2022).***

Art. 4 ***(Abr., A. 30 juin 2022).***

Rédaction antérieure. Art. 4 ***(Mod., A. 3 févr. 2017).*** – L'espace destiné au stationnement des vélos prévu aux articles R. 111-14-7 et R. 111-14-8 du Code de la construction et de l'habitation est couvert et se situe de préférence au rez-de-chaussée du bâtiment ou au premier sous-sol. Cet espace peut également être réalisé à l'extérieur du bâtiment, à condition qu'il soit couvert et situé sur la même unité foncière que le bâtiment.

Il possède les caractéristiques minimales suivantes :

- pour les bâtiments définis à l'article R. 111-14-7, l'espace est dimensionné pour accueillir un nombre de place de vélo correspondant à 15 % de l'effectif d'agents ou usagers du service public accueillis simultanément dans le bâtiment, sur déclaration du maître d'ouvrage ;
- pour les bâtiments définis à l'article R. 111-14-8, l'espace est dimensionné comme suit :
- lorsque l'ensemble commercial ou l'établissement de spectacles cinématographiques dispose d'un parc de stationnement dont la capacité est inférieure ou égale à 40 places, l'espace destiné au stationnement des vélos est dimensionné pour accueillir un nombre de places de vélos correspondant à 10 % de la capacité du parc de stationnement avec un minimum de 2 places ;
- lorsque l'ensemble commercial ou l'établissement de spectacles cinématographiques dispose d'un parc de stationnement dont la capacité est supérieure à 40 places mais inférieure ou égale à 400 places, l'espace destiné au stationnement des vélos est dimensionné pour accueillir un nombre de places de vélos correspondant à 5 % de la capacité du parc de stationnement avec un minimum de 10 places ;
- lorsque l'ensemble commercial ou l'établissement de spectacles cinématographiques dispose d'un parc de stationnement dont la capacité est supérieure à 400 places, l'espace destiné au stationnement des vélos est dimensionné pour accueillir un nombre de places de vélos correspondant à 2 % de la capacité du parc de stationnement avec un minimum de 20 places et avec une limitation de l'objectif réglementaire fixée à 50 places.

L'espace mentionné au premier alinéa peut être constitué de plusieurs emplacements.

ANNEXE 63

VENTE DE LOTS

I. – Mesures d'information de l'acquéreur .... p. 1590
II. – Dossier de diagnostic technique .... p. 1594
III. – Acquéreurs indésirables .... p. 1595
IV. – Droit de préemption urbain .... p. 1596
V. – Immobilier de loisirs .... p. 1597

Bibliographie : G. Durand-Pasquier, *Un renforcement sensible de l'encadrement de la vente d'immeuble : JCP* N 2014, n° 15-1155 (N° spécial « loi ALUR »). • J. Lafond, *Les ventes de lots de copropriété après la loi ALUR : Loyers et copr.* mai 2014, N° spécial loi ALUR, étude 4. • J. Lafond et J.-F. Pillebout, *L'avant-contrat de vente de lots de copropriété après la loi du 24 mars 2014 : JCP* N 2014, n°s 15-1155 et 15-1164. • E. Giraud, *Les nouvelles formalités en cas de vente d'un lot : l'information de l'acquéreur, la lutte contre les acquéreurs déstabilisateurs : Actes prat. ing. immobilière* avr.-mai-juin 2014, dossier 10. • A. Aubouin, *L'amélioration des procédures de recouvrement, du privilège légal et de l'opposition sur le prix de vente : Actes prat. ing. immobilière* avr.-mai-juin 2014, dossier 14. • Becqué-Ickowicz, *Les ventes immobilières après la loi ALUR : Defrénois* 2014, n° 10, p. 543. • J.-M. Roux, *La vente de lots de copropriété au lendemain de la loi ALUR : Inf. rap. copr.* déc. 2014, p. 27. • G. Rouzet, *Spécificité de la vente en rente viagère du lot de copropriété : Inf. rap. copr.* avr. 2015, p. 19. • S. Bouchet, *Vente du lot et loi ALUR : Inf. rap. copr.* avr. 2015, p. 14. • C. Coutant-Lapalus, *La simplification de la vente d'un lot de copropriété est en route : Loyers et copr.* 2014, Focus 10.

Bulletin du CRIDON de Paris, N° spécial, Ventes immobilières et ventes en copropriété. P.-F. Cuif et B. Nitot-Dorlencourt, *La nouvelle obligation d'annexion de documents aux ventes de lots de copropriétés : domaine, sanction, pratique*, p. 8. • C. Gijsbers, *Le notaire et la communication des documents sous forme électronique ou numérique (application à la loi ALUR)*, p. 18. • P.-F. Cuif et C. Bosgiraud, *Les principales incidences de la loi ALUR sur les ventes d'immeubles.*

Bulletin CRIDON Sud-Ouest N° spécial consacré à la loi ALUR : avr.-mai 2014. V. Gélu-Lafargue et V. Matet, *Loi ALUR : Vente d'un lot de copropriété, de l'offre de vente à la signature de la promesse*, n° 770. • V. Gélu-Lafargue, *Loi ALUR : Vente d'un lot de copropriété : FOCUS sur les annexes obligatoires pour l'information de l'acquéreur*, n° 771. • V. Gélu-Lafargue et V. Matet, *Loi ALUR : Vente d'un lot de copropriété, de la promesse conclue à la signature de l'acte authentique*, n° 772. • V. Matet, *Loi ALUR : Vente en l'absence de syndic de copropriété, quels remèdes ?*, n° 773.

NB : Ces commentaires sont antérieurs à la réforme opérée par l'ordonnance n° 2015-1075 du 27 août 2015.

Depuis l'ordonnance du 27 août 2015, voir :

C. Coutant-Lapalus, *La vente d'un lot de copropriétés est simplifiée : Loyers et copr.* oct. 2015, Focus 1. - V. Gélu-Lafargue et V. Matet, *Vente de lots de copropriété : l'allégement du dispositif, le renforcement du devoir de conseil du notaire : Bull. CRIDON Sud-Ouest* oct. 2015, n° 205, 828. - F. Cohet, *Ordonnance du 27 août 2015 : vers une simplification de l'information due à l'acquéreur d'un lot de copropriétés : AJDI* 2015, p. 745. - J. Lafond, *Vente de lots de copropriétés et emprunts collectifs : JCP* N 2017, n° 45, 1303. - V. Matet, *Vente en l'absence de syndic de copropriété, quels dangers, quels remèdes ? : NOTA BENE, Bull. CRIDON Sud-ouest*, févr. 2018, n° 773. - A. de Crevoisier de Vomécourt, *La protection de l'acquéreur d'un lot de copropriété : AJDI* 2018, p. 21. - C. Coutant-Lapalus, *La vente d'une place de stationnement : Inf. rap. copr.* juill.-août 2018, p. 17. - C. Coutant-Lapalus, *L'information de l'acquéreur d'un lot de copropriété : Inf. rap. copr.* déc. 2021, p. 25. - D. Bégriche, *Vendre un lot dans une copropriété dépourvue de syndic : Inf. rap. copr.* avr. 2024, p. 25.

Vente d'immeuble et performance énergétique :

J. Lafond, *JCl. Notarial Formulaire, V° Vente d'immeuble*, Fasc. 154. - O. Beddeleem, *Transition énergétique et vente immobilière : Ann. loyers* 2023, p. 41. - P. Maimone, *Diagnostic de performance énergétique erroné : une brèche dans la sécurité des ventes immobilières ? : JCP* N 2024, n° 17, 1085. - D. Rodrigues, *Le logement énergétique décent : Inf. rap. copr.* mars 2024, p. 18.

Ouvrage :
J. Lafond et G. Rouzet, *Pratique de la vente du lot de copropriétés (avec formules)*, LexisNexis, avr. 2016.
JurisClasseurs :
J. Lafond, *JCl. Notarial Formulaire, V° Copropriété*, fasc. 208 à 225 et *JCl. Copropriété*, fasc. 107-10 à 107-80 (commentaires et formules).

I. – MESURES D'INFORMATION DE L'ACQUÉREUR

Code de la construction et de l'habitation

LIVRE VII. – Immeubles relevant du statut de la copropriété
(L. n° 2014-366, 24 mars 2014)

....

TITRE II. – Information des acquéreurs
(L. n° 2014-366, 24 mars 2014)

CHAPITRE UNIQUE. – Dispositions particulières relatives à la vente d'un immeuble soumis au statut de la copropriété

Réforme opérée par l'ordonnance n° 2015-1075 du 27 août 2015 (*JO* 28 août). Le contenu et l'objet de cette réforme est présenté de la façon suivante par le rapport effectué au Président de la République (*JO* 28 août).

« L'article L. 721-2 du Code de la construction et de l'habitation, créé par la loi n° 2014-366 du 24 mars 2014 pour l'accès au logement et un urbanisme rénové, fixait la liste des documents qui devaient être annexés à la promesse de vente ou, à défaut de promesse, à l'acte authentique de vente d'un lot d'un immeuble soumis au statut de la copropriété. Tant que les documents énumérés à l'article L. 721-2 n'étaient pas annexés à l'acte (à l'exception du carnet d'entretien, du diagnostic technique global et de la notice d'information), le délai de rétractation ne courait pas en application des dispositions de l'article L. 721-3. Ce délai ne commençait à courir qu'à compter du lendemain de la communication de ces documents à l'acquéreur. L'intention du législateur était de mieux informer les acquéreurs de lots de copropriété sur la situation financière, juridique et technique de la copropriété afin qu'ils puissent s'engager en connaissance de cause et par la suite assumer leurs obligations de copropriétaires.

En pratique, ces dispositions ne produisaient pas tous les effets recherchés par le législateur dans son objectif d'améliorer l'information et la protection des acquéreurs. Le volume des pièces annexées pouvait nuire à l'information efficace de l'acquéreur, en entraînant une surinformation. Il en résultait par ailleurs la plupart du temps un allongement notable des délais de réalisation des transactions. Enfin, il était parfois impossible d'obtenir l'ensemble de ces pièces dans un bref délai, ce qui posait le problème de la sécurisation du point de départ du délai de rétractation prévu à l'article L. 271-1 et portait atteinte à la sécurité des actes.

Quelques ajustements ont donc été nécessaires afin de permettre aux transactions de se dérouler dans des délais satisfaisants pour les particuliers comme pour les professionnels. Tel est l'objet de l'ordonnance du 27 août 2015, qui se fonde sur le double objectif de simplifier la forme de la remise des documents et de sécuriser les informations transmises, ce qui permet l'allégement des documents à transmettre.

Le I de **l'article 1er** fixe la liste des documents et informations qui doivent être remis au moment de la promesse de vente. Les modalités pratiques de l'information de l'acquéreur sont simplifiées. Ainsi, il est institué une possibilité de remise des documents et informations requis en amont de la promesse, en lieu et place d'une obligation d'annexion. Elle permet ainsi une réduction significative du volume de l'avant-contrat. L'obligation de remise des procès-verbaux des assemblées générales est renforcée, ne laissant désormais plus la possibilité de leur transmission sur la seule bonne volonté du vendeur.

Le 2° du I porte sur les informations financières. Les informations transmises sont allégées, lorsqu'elles sont superflues. Ainsi l'information relative aux sommes dues par le vendeur au syndicat n'est plus exigée : sans présenter d'intérêt avéré pour l'information de l'acquéreur (ces sommes seront prélevées, le cas échéant, sur le prix de vente perçu par le vendeur au bénéfice du syndicat), elle revêt par ailleurs un caractère confidentiel. Certains éléments financiers pris en considération sont arrêtés à la date de la clôture des comptes de l'exercice comptable et correspondent à ceux qui sont soumis à l'approbation de l'assemblée générale annuelle précédant la vente (montant des charges payées par le copropriétaire vendeur et état global des impayés de charges de la copropriété). Le contenu des informations financières est précisé par arrêté du ministre chargé du logement. Une adaptation ciblée du champ d'application de cette obligation d'information est également prévue lorsque l'acquéreur est déjà copropriétaire d'un lot de la copropriété, qu'il est donc déjà en possession des documents relatifs à l'organisation de l'immeuble, du carnet d'entretien de l'immeuble, de la notice d'information et des conclusions du diagnostic technique global. Les documents exigibles en cas de vente de lots secondaires sont allégés pour cibler les plus pertinents. L'attestation comportant la mention de la superficie de la partie privative du lot mis en vente est supprimée : l'article 46 de la loi du 10 juillet 1965 impose déjà la mention de cette superficie dans toute promesse de vente. Le non-respect de cette disposition entraîne la nullité de l'acte. En conséquence, il apparaît inutile d'exiger une attestation supplémentaire portant sur cette même superficie.

Sous réserve de l'acceptation expresse de l'acquéreur, la remise des informations sur support papier n'est plus la seule modalité autorisée : il est prévu que la remise puisse être effectuée par tout moyen et sur tout support, y compris par un procédé dématérialisé dans le respect des principes permettant de s'assurer de l'identité de la personne à qui les informations sont remises et de la date de cette remise. La remise des informations exigibles doit être attestée par l'acquéreur par écrit dans un document qu'il signe et qu'il date de sa main en cas de promesse de vente établie sous seing privé.

Le II adapte et transpose les dispositions du I au cas de l'acte authentique non précédé d'une promesse de vente.

Le III transpose les mêmes dispositions, quand c'est utile, au cas des ventes publiques.

L'article 2 modifie l'article L. 721-3 du Code de la construction et de l'habitation afin d'adapter les dispositions aux spécificités du délai de rétractation (applicable à la promesse de vente) et au délai de réflexion (applicable au projet d'acte authentique non précédé d'une promesse) ».

Art. L. 721-1 *(Mod. à compter du 1er janvier 2022, L. n° 2019-1147, 8 nov. 2019)*. **– Les annonces relatives à la vente d'un lot ou d'une fraction de lot d'un immeuble bâti soumis au statut de la copropriété mentionnent :**

1° Le fait que le bien est soumis au statut de la copropriété ;

2° Le nombre de lots ;

3° Le montant moyen annuel de la quote-part, à la charge du vendeur, du budget prévisionnel correspondant aux dépenses courantes définies à l'article 14-1 de la loi n° 65-557 du 10 juillet 1965 fixant le statut de la copropriété des immeubles bâtis.

4° Pour les lots à usage d'habitation et à titre d'information, une indication sur le montant des dépenses théoriques de l'ensemble des usages énumérés dans le diagnostic de performance énergétique et définis par voie réglementaire.

Les annonces précisent également si le syndicat des copropriétaires fait l'objet de procédures menées sur le fondement des articles 29-1 A et 29-1 de la loi n° 65-557 du 10 juillet 1965 précitée et de l'article L. 615-6 du présent code.

Art. L. 721-2 *(Mod. à compter du 1er janvier 2024, L. n° 2021-1104, 22 août 2021)*. **– I. – Les dispositions du présent article s'appliquent à la vente d'un lot ou d'une fraction de lot ou à la cession d'un droit réel immobilier relatif à un lot ou à une fraction de lot d'un immeuble bâti à usage total ou partiel d'habitation et soumis au statut de la copropriété.**

II. – En cas de promesse de vente, sont remis à l'acquéreur, au plus tard à la date de signature de la promesse, les documents et informations suivants :

1° Les documents relatifs à l'organisation de l'immeuble :

***a)* La fiche synthétique de la copropriété prévue à l'article 8-2 de la loi n° 65-557 du 10 juillet 1965 fixant le statut de la copropriété des immeubles bâtis (1) ;**

***b)* Le règlement de copropriété et l'état descriptif de division ainsi que les actes les modifiant, s'ils ont été publiés ;**

***c)* Les procès-verbaux des assemblées générales des trois dernières années, sauf lorsque le copropriétaire vendeur n'a pas été en mesure d'obtenir ces documents auprès du syndic ;**

2° Les informations financières suivantes :

***a)* Le montant des charges courantes du budget prévisionnel et des charges hors budget prévisionnel payées par le copropriétaire vendeur au titre des deux exercices comptables précédant la vente ;**

***b)* Les sommes susceptibles d'être dues au syndicat des copropriétaires par l'acquéreur ;**

***c)* L'état global des impayés de charges au sein du syndicat et de la dette vis-à-vis des fournisseurs ;**

d) Lorsque le syndicat des copropriétaires dispose d'un fonds de travaux, le montant de la part du fonds de travaux rattachée au lot principal vendu et le montant de la dernière cotisation au fonds versée par le copropriétaire vendeur au titre de son lot.

Les informations mentionnées aux *a*, *c* et *d* du présent 2° sont à jour des informations soumises à l'assemblée générale annuelle chargée d'approuver les comptes précédant la signature de la promesse de vente.

Le contenu des informations financières prévues au présent 2° est précisé par arrêté du ministre chargé du logement.

Par exception, lorsque le syndicat de copropriétaires relève du deuxième alinéa de l'article 14-3 de la loi n° 65-557 du 10 juillet 1965 précitée, les informations mentionnées aux *b* et *c* du présent 2° ne sont pas exigées ;

3° Le carnet d'entretien de l'immeuble ;

4° Une notice d'information relative aux droits et obligations des copropriétaires ainsi qu'au fonctionnement des instances du syndicat de copropriété. Un arrêté du ministre chargé du logement détermine le contenu de cette notice ;

5° Le cas échéant, les conclusions du diagnostic technique global mentionnées au dernier alinéa de l'article L. 731-1 ;

6° Le plan pluriannuel de travaux adopté dans les conditions prévues au premier alinéa du II de l'article 14-2 de la loi n° 65-557 du 10 juillet 1965 précitée ;

7° À défaut de plan pluriannuel de travaux mentionné au 6° du présent II, le projet de plan pluriannuel de travaux mentionné au premier alinéa du I de l'article 14-2 de la loi n° 65-557 du 10 juillet 1965 précitée s'il a été élaboré.

Par exception, les documents mentionnés aux 1° et 3° à 7° ne sont pas exigés lorsque l'acquéreur est déjà propriétaire d'au moins un lot dans la même copropriété.

Les documents mentionnés au *c* du 1° et aux 3° à 7° ne sont pas exigés en cas de vente ou de cession de droit réel immobilier relatif à un lot ou une fraction de lot annexe.

Est notamment considéré comme un lot annexe au sens du présent article un emplacement de stationnement ou un local tel qu'une cave, un grenier, un débarras, un placard, une remise, un garage ou un cellier.

La remise des documents peut être effectuée sur tous supports et par tous moyens, y compris par un procédé dématérialisé sous réserve de l'acceptation expresse par l'acquéreur. L'acquéreur atteste de cette remise soit dans l'acte contenant la promesse de vente par sa simple signature lorsqu'il s'agit d'un acte authentique soit, lorsque l'acte est établi sous seing privé, dans un document qu'il signe et qu'il date de sa main.

III. – Lorsque l'acte authentique de vente n'est pas précédé d'une promesse de vente, les documents et les informations mentionnés au 1°, au *c* du 2° et aux 3° à 7° du II sont joints au projet d'acte authentique de vente notifié ou remis à l'acquéreur conformément aux dispositions du cinquième alinéa de l'article L. 271-1. Les dispositions des quatre derniers alinéas du II sont applicables au présent III.

IV. – En cas de vente publique, les documents et les informations mentionnés aux 1° à 7° du II sont annexés au cahier des charges. Les dispositions des vingtième et avant-dernier alinéas du II sont applicables au présent IV.

NB : À la suite de la loi Climat et résilience (L. n° 2021-1104, 22 août 2021, art. 171), la liste des pièces à communiquer à l'acquéreur de lots de copropriétés en vertu de l'article L. 721-2 du Code de la construction et de l'habitation a été modifiée. Elle doit comprendre à compter du 1er janvier 2024, le plan pluriannuel de travaux ou, à défaut, le projet de plan (V. J. Lafond, *Vente de lots de copropriété : du nouveau au 1er janvier 2024* : *JCP* N 1024, n° 1-2, 1002, avec proposition de formules).

Le nouveau texte de l'article L. 721-2 entre en vigueur :

1° le 1er janvier 2024, lorsque le syndicat des copropriétaires comprend plus de deux cents lots à usage de logements, de bureaux ou de commerces ;

2° le 1er janvier 2025, lorsque le syndicat des copropriétaires comprend un nombre de lots à usage de logements, de bureaux ou de commerces compris entre cinquante et un et deux cents ;

3° le 1er janvier 2026, lorsque le syndicat des copropriétaires comprend au plus cinquante lots à usage de logements, de bureaux ou de commerces.

Rédaction antérieure. Art. L. 721-2 ***(Mod., Ord. n° 2015-1075, 27 août 2015 ; texte en vigueur du 29 août 2015 au 31 décembre 2023).*** **–** I. – Les dispositions du présent article s'appliquent à la vente d'un lot ou d'une fraction de lot ou à la cession d'un droit réel immobilier relatif à un lot ou à une fraction de lot d'un immeuble bâti à usage total ou partiel d'habitation et soumis au statut de la copropriété.

II. - En cas de promesse de vente, sont remis à l'acquéreur, au plus tard à la date de signature de la promesse, les documents et informations suivants :

1° Les documents relatifs à l'organisation de l'immeuble :

a) La fiche synthétique de la copropriété prévue à l'article 8-2 de la loi n° 65-557 du 10 juillet 1965 fixant le statut de la copropriété des immeubles bâtis (1) ;

b) Le règlement de copropriété et l'état descriptif de division ainsi que les actes les modifiant, s'ils ont été publiés ;

c) Les procès-verbaux des assemblées générales des trois dernières années, sauf lorsque le copropriétaire vendeur n'a pas été en mesure d'obtenir ces documents auprès du syndic ;

2° Les informations financières suivantes :

a) Le montant des charges courantes du budget prévisionnel et des charges hors budget prévisionnel payées par le copropriétaire vendeur au titre des deux exercices comptables précédant la vente ;

b) Les sommes susceptibles d'être dues au syndicat des copropriétaires par l'acquéreur ;

c) L'état global des impayés de charges au sein du syndicat et de la dette vis-à-vis des fournisseurs ;

d) Lorsque le syndicat des copropriétaires dispose d'un fonds de travaux, le montant de la part du fonds de travaux rattachée au lot principal vendu et le montant de la dernière cotisation au fonds versée par le copropriétaire vendeur au titre de son lot.

Les informations mentionnées aux *a*, *c* et *d* du présent 2° sont à jour des informations soumises à l'assemblée générale annuelle chargée d'approuver les comptes précédant la signature de la promesse de vente.

Le contenu des informations financières prévues au présent 2° est précisé par arrêté du ministre chargé du logement.

Par exception, lorsque le syndicat de copropriétaires relève du deuxième alinéa de l'article 14-3 de la loi n° 65-557 du 10 juillet 1965 précitée, les informations mentionnées aux *b* et *c* du présent 2° ne sont pas exigées ;

3° Le carnet d'entretien de l'immeuble ;

4° Une notice d'information relative aux droits et obligations des copropriétaires ainsi qu'au fonctionnement des instances du syndicat de copropriété. Un arrêté du ministre chargé du logement détermine le contenu de cette notice ;

5° Le cas échéant, les conclusions du diagnostic technique global mentionnées au dernier alinéa de l'article L. 731-1.

Les documents mentionnés au *c* du 1°, au 3°, au 4° et au 5° ne sont pas exigés en cas de vente ou de cession de droit réel immobilier relatif à un lot ou une fraction de lot annexe.

Est notamment considéré comme un lot annexe au sens du présent article un emplacement de stationnement ou un local tel qu'une cave, un grenier, un débarras, un placard, une remise, un garage ou un cellier.

La remise des documents peut être effectuée sur tous supports et par tous moyens, y compris par un procédé dématérialisé sous réserve de l'acceptation expresse par l'acquéreur. L'acquéreur atteste de cette remise soit dans l'acte contenant la promesse de vente par sa simple signature lorsqu'il s'agit d'un acte authentique soit, lorsque l'acte est établi sous seing privé, dans un document qu'il signe et qu'il date de sa main.

III. - Lorsque l'acte authentique de vente n'est pas précédé d'une promesse de vente, les documents et les informations mentionnés au 1°, au *c* du 2° et aux 3° à 5° du II sont joints au projet d'acte authentique de vente notifié ou remis à l'acquéreur conformément aux dispositions du cinquième alinéa de l'article L. 271-1. Les dispositions des quatre derniers alinéas du II sont applicables au présent III.

IV. - En cas de vente publique, les documents et les informations mentionnés aux 1° à 5° du II sont annexés au cahier des charges. Les dispositions des dix-huitième et dix-neuvième alinéas du II sont applicables au présent IV.

NB : (1) Conformément à l'article 54 IV de la loi n° 2014-366 du 24 mars 2014, le *a* du 1° de l'article L. 721-2 du Code de la construction et de l'habitation est applicable à compter du :

1° 31 décembre 2016, pour les syndicats de copropriétaires comportant plus de 200 lots ;

2° 31 décembre 2017, pour les syndicats de copropriétaires comportant plus de 50 lots ;

3° 31 décembre 2018, pour les autres syndicats de copropriétaires.

Conformément à l'article 3 de l'ordonnance n° 2015-1075 du 27 août 2015, le 5° de l'article L. 721-2 du Code de la construction et de l'habitation dans sa rédaction issue de la présente ordonnance entre en vigueur le 1er janvier 2017.

Art. L. 721-3 ***(Mod., Ord. n° 2015-1075, 27 août 2015).*** **– Lorsque les documents et les informations mentionnés aux 1° et 2° du II de l'article L. 721-2 exigibles en application des dispositions prévues au même article ne sont pas remis à l'acquéreur au plus tard à la date de la signature de la promesse de vente, le délai de rétractation prévu à l'article L. 271-1 ne court qu'à compter du lendemain de la communication de ces documents et informations à l'acquéreur.**

Lorsque les documents et les informations mentionnés au 1° et au *c* du 2° du II de l'article L. 721 2 ne sont pas joints au projet d'acte authentique conformément aux dispositions du III de l'article L. 721-2, le délai de réflexion mentionné à l'article L. 271-1 ne court qu'à compter du lendemain de la communication de ces documents et informations à l'acquéreur.

La communication mentionnée aux premier et deuxième alinéas est réalisée selon les modalités de notification ou de remise de la promesse ou de l'acte authentique de vente prévues à l'article L. 271-1.

II. – DOSSIER DE DIAGNOSTIC TECHNIQUE

Art. L. 271-4 *(Mod., L. n° 2024-322, 9 avr. 2024).* – I. - En cas de vente de tout ou partie d'un immeuble bâti, un dossier de diagnostic technique, fourni par le vendeur, est annexé à la promesse de vente ou, à défaut de promesse, à l'acte authentique de vente. En cas de vente publique, le dossier de diagnostic technique est annexé au cahier des charges.

Le dossier de diagnostic technique comprend, dans les conditions définies par les dispositions qui les régissent, les documents suivants :

1° Le constat de risque d'exposition au plomb prévu aux articles L. 1334-5 et L. 1334-6 du Code de la santé publique ;

2° L'état mentionnant la présence ou l'absence de matériaux ou produits contenant de l'amiante prévu à l'article L. 1334-13 du même code ;

3° L'état relatif à la présence de termites dans le bâtiment prévu à l'article L. 126-24 du présent code ;

4° L'état de l'installation intérieure de gaz prévu à l'article L. 134-9 du présent code ;

5° Dans les zones mentionnées au I de l'article L. 125-5 du Code de l'environnement, l'état des risques prévu au I du même article ;

6° Le diagnostic de performance énergétique et, le cas échéant, l'audit énergétique prévus aux articles L. 126-26 et L. 126-28-1 du présent code ;

7° L'état de l'installation intérieure d'électricité prévu à l'article L. 134-7 ;

8° Le document établi à l'issue du contrôle des installations d'assainissement non collectif mentionné à l'article L. 1331-11-1 du Code de la santé publique ou, sur les territoires dont les rejets d'eaux usées et pluviales ont une incidence sur la qualité de l'eau pour les épreuves olympiques de nage libre et de triathlon en Seine, le document établi à l'issue du contrôle du raccordement au réseau public de collecte des eaux usées mentionné au II de l'article L. 2224-8 du Code général des collectivités territoriales ;

9° Dans les zones prévues à l'article L. 131-3 du présent code, l'information sur la présence d'un risque de mérule ;

10° Lorsque le bien est situé dans l'une des zones de bruit définies par un plan d'exposition au bruit des aérodromes prévu à l'article L. 112-6 du Code de l'urbanisme, un document comportant l'indication claire et précise de cette zone ainsi que les autres informations prévues au I de l'article L. 112-11 du même code.

11° Lorsque le bien est situé dans le périmètre d'un plan de protection de l'atmosphère prévu à l'article L. 222-4 du Code de l'environnement, un certificat attestant la conformité de l'appareil de chauffage au bois aux règles d'installation et d'émission fixées par le représentant de l'État dans le département ;

12° S'ils existent, les arrêtés pris au titre de la police de la sécurité et de la salubrité des immeubles, locaux et installations régie par le titre Ier du livre V du présent code.

Les documents mentionnés aux 1°, 4° et 7° du présent I ne sont requis que pour les immeubles ou parties d'immeuble à usage d'habitation.

Le document mentionné au 10° n'est requis que pour les immeubles ou parties d'immeubles à usage d'habitation ou à usage professionnel et d'habitation.

Les documents mentionnés au 6° ne sont pas requis en cas de vente d'un immeuble à construire visée à l'article L. 261-1.

Lorsque les locaux faisant l'objet de la vente sont soumis aux dispositions de la loi n° 65-557 du 10 juillet 1965 fixant le statut de la copropriété des immeubles bâtis ou appartiennent à des personnes titulaires de droits réels immobiliers sur les locaux ou à des titulaires de parts donnant droit ou non à l'attribution ou à la jouissance en propriété des locaux, le document mentionné au 1° porte exclusivement sur la partie privative de l'immeuble affectée au logement et les documents mentionnés au 3°, 4°, 7° et 12° sur la partie privative du lot.

L'audit énergétique mentionné au 6° du présent I est remis par le vendeur ou son représentant à l'acquéreur potentiel lors de la première visite de l'immeuble ou de la partie d'immeuble faisant l'objet d'un tel audit. La remise peut être faite par tout moyen, y compris par voie électronique.

II. - En l'absence, lors de la signature de l'acte authentique de vente, d'un des documents mentionnés aux 1°, 2°, 3°, 4°, 7° et 8° du I en cours de validité, le vendeur ne peut pas s'exonérer de la garantie des vices cachés correspondante.

En l'absence, lors de la signature de l'acte authentique de vente, du document mentionné aux 5° et 12° du I, l'acquéreur peut poursuivre la résolution du contrat ou demander au juge une diminution du prix.

En cas de non-conformité de l'installation d'assainissement non collectif lors de la signature de l'acte authentique de vente, l'acquéreur fait procéder aux travaux de mise en conformité dans un délai d'un an après l'acte de vente.

L'acquéreur ne peut se prévaloir à l'encontre du propriétaire des recommandations accompagnant le diagnostic de performance énergétique ainsi que le document relatif à la situation du bien dans une zone définie par un plan d'exposition au bruit des aérodromes, qui n'ont qu'une valeur indicative.

Art. L. 271-5 *(Ord. n° 2005-655, 8 juin 2005 ; mod., L. n° 2006-872, 13 juill. 2006).* – La durée de validité des documents prévus aux 1° à 4°, 6°, 7° et 8° du I de l'article L. 271-4 est fixée par décret en fonction de la nature du constat, de l'état ou du diagnostic.

Si l'un de ces documents produits lors de la signature de la promesse de vente n'est plus en cours de validité à la date de la signature de l'acte authentique de vente, il est remplacé par un nouveau document pour être annexé à l'acte authentique de vente.

Si le constat mentionné au 1° établit l'absence de revêtements contenant du plomb ou la présence de revêtements contenant du plomb à des concentrations inférieures aux seuils définis par arrêté des ministres chargés de la santé et de la construction, il n'y a pas lieu de faire établir un nouveau constat à chaque mutation, le constat initial étant joint au dossier de diagnostic technique.

(Mod. à compter du 1er janvier 2023, L. n° 2021-1104, 22 août 2021) Si, après la promesse de vente, la parcelle sur laquelle est implanté l'immeuble est inscrite dans une des zones mentionnées au I de l'article L. 125-5 du Code de l'environnement ou si les documents à prendre en compte pour l'application du même I ont fait l'objet d'une mise à jour, le dossier de diagnostic technique est complété lors de la signature de l'acte authentique de vente par un état des risques ou par la mise à jour de l'état existant.

Art. L. 271-6 *(Mod. à compter du 1er juillet 2021, Ord. n° 2020-71, 29 janv. 2020).* – Les documents prévus aux 1° à 4°, 6° et 7° du I de l'article L. 271-4 ainsi qu'à l'article L. 126-26 sont établis par une personne présentant des garanties de compétence et disposant d'une organisation et de moyens appropriés.

Cette personne est tenue de souscrire une assurance permettant de couvrir les conséquences d'un engagement de sa responsabilité en raison de ses interventions.

Elle ne doit avoir aucun lien de nature à porter atteinte à son impartialité et à son indépendance ni avec le propriétaire ou son mandataire qui fait appel à elle, ni avec une entreprise pouvant réaliser des travaux sur les ouvrages, installations ou équipements pour lesquels il lui est demandé d'établir l'un des documents mentionnés au premier alinéa.

Le diagnostic de performance énergétique mentionné à l'article L. 126-30 affiché à l'intention du public peut être réalisé par un agent de la collectivité publique ou de la personne morale occupant le bâtiment, dans les conditions prévues au premier alinéa du présent article. Un décret définit les conditions et modalités d'application du présent article.

III. – ACQUÉREURS INDÉSIRABLES

Bibliographie : Th. Poulichot, *Le filtrage des acquéreurs en copropriété : Ann. loyers* 2020, p. 41.

Code de la construction et de l'habitation

TITRE V. – Lutte contre l'habitat indigne

(Titre aj., L. n° 2014-366, 24 mars 2014)

Art. L. 551-1 *(Mod. à compter du 11 avril 2024, L. n° 2024-322, 9 avr. 2024).* – I. - Pour l'application de la peine d'interdiction d'acheter un bien immobilier à usage d'habitation ou un fonds de commerce d'un établissement recevant du public à usage total ou partiel d'hébergement prévue au 3° de l'article L. 184-7, au deuxième alinéa de l'article L. 184-8 et au 3° du IV et au V de l'article L. 511-22 du présent code, le notaire chargé d'établir l'acte authentique de vente d'un bien immobilier à usage d'habitation ou d'un fonds de commerce d'un établissement recevant du public à usage total ou partiel d'hébergement vérifie si

l'acquéreur ou l'un des associés ou mandataires sociaux de la société civile immobilière ou en nom collectif se portant acquéreur a fait l'objet de l'une de ces condamnations.

À cette fin, le notaire interroge l'Association pour le développement du service notarial placée sous le contrôle du Conseil supérieur du notariat, qui demande consultation du bulletin n° 2 du casier judiciaire de l'acquéreur au casier judiciaire national automatisé.

L'Association pour le développement du service notarial indique au notaire si l'acquéreur a fait l'objet d'une condamnation définitive à la peine mentionnée au premier alinéa du présent article.

Lorsque l'acquéreur a fait l'objet d'une telle condamnation, l'acte authentique n'est pas signé et l'avant-contrat de vente signé antérieurement est réputé nul et non avenu aux torts de l'acquéreur. Dans ce cas, le maire de la commune sur le territoire de laquelle est situé le bien en est informé.

II. – L'acte authentique de vente d'un bien immobilier à usage d'habitation au profit d'un acquéreur ayant fait l'objet d'une condamnation définitive à la peine mentionnée au I peut toutefois être signé si l'acquéreur atteste, dans l'acte de vente, que le bien est destiné à son occupation personnelle. Dans ce cas, l'acte de vente et l'attestation sont notifiés à l'administration fiscale par le notaire.

NB : Conformément à l'article 8 de l'ordonnance n° 2020-71 du 29 janvier 2020, ces dispositions sont entrées en vigueur le 1er juillet 2021.

1) Personnes frappées d'une interdiction d'acheter un immeuble à usage d'habitation. La loi ALUR a prévu pour sanctionner divers délits une peine complémentaire, frappant les **personnes physiques ou morales**, consistant en l'interdiction d'acheter pour une durée de 5 ans au plus, **un bien immobilier à usage d'habitation** à d'autres fins que pour l'occuper à titre personnel (c'est-à-dire pour en faire son logement). Cette interdiction s'applique non seulement aux acquisitions faites par l'auteur de l'infraction à titre personnel, mais également à celles qu'il effectuerait en tant qu'associé ou en tant que mandataire social d'une société civile immobilière ou en nom collectif qui se porterait acquéreur. Ces dispositions ont pour objet d'éviter l'acquisition par une société interposée.

2) Rôle du notaire. L'article L. 551-1 du Code de la construction et de l'habitation, créé par l'article 77 de la loi ALUR, fait obligation au notaire chargé d'établir l'acte authentique de vente d'un bien immobilier à usage d'habitation de vérifier si l'acquéreur a fait l'objet d'une condamnation sur le fondement des textes qui s'y trouvent cités.

Pour ce faire, il devra interroger le casier judiciaire national par l'intermédiaire de l'Association pour le développement du service notarial, placée sous le contrôle du Conseil supérieur du notariat, qui lui indiquera si l'acheteur personne physique ou l'un des associés ou mandataires sociaux de la société civile immobilière ou en nom collectif se portant acquéreur est dans la situation visée au texte.

S'il résulte de ces investigations que l'acquéreur a fait l'objet d'une condamnation définitive à la peine d'interdiction d'acheter un bien immobilier à usage d'habitation, l'acte authentique ne sera pas signé et l'avant-contrat de vente signé antérieurement sera réputé nul et non avenu aux torts de l'acquéreur *(CCH, art. L. 551-1, I, al. 4)*. Dans ce cas, le maire de la commune sur le territoire de laquelle est situé l'immeuble devra en être informé.

Toutefois la signature de l'acte authentique de vente pourra intervenir si l'acquéreur atteste, dans l'acte de vente, que le bien est destiné à son occupation personnelle. Dans ce cas, l'acte de vente et l'attestation doivent être notifiés à l'administration fiscale par le notaire *(CCH, art. L. 551-1, II)*.

IV. – DROIT DE PRÉEMPTION URBAIN

Code de l'urbanisme

Art. L. 211-4 ***(L. n° 75-1328, 31 déc. 1975 ; L. n° 76-1285, 31 déc. 1976 ; L. n° 85-729, 18 juill. 1985 ; mod., L. n° 2006-872, 13 juill. 2006 ; L. n° 2009-323, 25 mars 2009 ; mod. à compter du 1er janvier 2013, Ord. n° 2010-638, 10 juin 2010*** (1) ***; mod., L. n° 2014-366, 24 mars 2014).*** **– Ce droit de préemption n'est pas applicable :**

a) **À l'aliénation d'un ou plusieurs lots constitués soit par un seul local à usage d'habitation, à usage professionnel ou à usage professionnel et d'habitation, soit par un tel local et ses locaux accessoires, soit**

(1) Dispositions applicables à Mayotte, Ord. n° 2010-638, 10 juin 2010, art. 16.

par un ou plusieurs locaux accessoires d'un tel local, compris dans un bâtiment effectivement soumis, à la date du projet d'aliénation, au régime de la copropriété, soit à la suite du partage total ou partiel d'une société d'attribution, soit depuis dix années au moins dans les cas où la mise en copropriété ne résulte pas d'un tel partage, la date de publication du règlement de copropriété au fichier immobilier constituant le point de départ de ce délai ;

b) **À la cession de parts ou d'actions de sociétés visées aux titres II et III de la loi n° 71-579 du 16 juillet 1971 et donnant vocation à l'attribution d'un local d'habitation, d'un local professionnel ou d'un local mixte et des locaux qui lui sont accessoires ;**

c) **À l'aliénation d'un immeuble bâti, pendant une période de quatre ans à compter de son achèvement.**

Toutefois, par délibération motivée, la commune peut décider d'appliquer ce droit de préemption aux aliénations et cessions mentionnées au présent article sur la totalité ou certaines parties du territoire soumis à ce droit.

Pour la mise en œuvre du deuxième alinéa de l'article L. 210-1, le représentant de l'État dans le département peut également décider, par arrêté motivé, d'appliquer le droit de préemption aux aliénations et cessions mentionnées au présent article sur la totalité ou sur certaines parties du territoire soumis à ce droit.

Droit de préemption urbain. Les aliénations à titre onéreux de lots de copropriété sont en principe soumises au droit de préemption urbain, dès lors qu'elles ont pour objet des parties d'immeuble. Toutefois l'article L. 211-4 du Code de l'urbanisme énumère diverses situations dans lesquelles ce droit de préemption urbain n'est pas applicable, qui concernent en particulier les ventes de lots de copropriété.

Il convient donc dans tous les cas, de vérifier si, au regard de ce texte, il y a lieu ou non de purger ce droit de préemption (V. sur le sujet, Y. Broussole, *Le droit de préemption urbain et les copropriétés : Administrer*avr. 2020, p. 21. – *JCl. Notarial formulaire, V° Préemption, fasc. 190, par J. Hugot, act. par V. Zalewski-Sicard).*

En principe n'est pas soumise au droit de préemption urbain la vente d'un lot dépendant d'un immeuble effectivement soumis au régime de la copropriété depuis au moins 10 ans, « la date de publication du règlement de copropriété constituant le point de départ de ce délai » (C. urb., art. L. 211-4, *a*).

La Cour de cassation a précisé qu'en l'absence d'un règlement de copropriété, la publication de l'état descriptif de division depuis plus de 10 ans excluait l'application du droit de préemption urbain (▪ Cass. 3e civ., 24 mars 2016, n° 15-10.215, publié au bulletin : Ph. Dupuis, *Exemptions de purge du DPU : quand l'état descriptif de division publiée suffit ! : JCP* N 2016, n° 18, act. 574. – J.-M. Roux, *Le droit de préemption urbain et l'état descriptif de division : Ann. loyers* 2016, p. 125 ; *Administrer* oct. 2016, p. 52, obs. J.-R. Bouyeure).

V. – IMMOBILIER DE LOISIRS

Code de l'urbanisme

Art. L. 318-6 ***(L. n° 2016-1888, 28 déc. 2016).*** **– En cas de vente d'un lot de copropriété d'un immeuble situé dans le périmètre d'une opération de réhabilitation de l'immobilier de loisir et soumis aux dispositions de la loi n° 65-557 du 10 juillet 1965 fixant le statut de la copropriété des immeubles bâtis, le propriétaire vendeur notifie, avant toute publicité, son intention de vendre au syndic de la copropriété, en indiquant le prix souhaité et les conditions de la vente projetée. Cette information est notifiée dans un délai de dix jours ouvrés par le syndic à chaque copropriétaire par tout moyen permettant d'en accuser réception, aux frais du syndic. Lors de sa notification aux copropriétaires, le syndic précise que cette information est donnée par le vendeur à titre indicatif et ne constitue pas une offre de vente.**

Cette obligation d'information s'applique également aux cessions d'usufruit ou de nue-propriété, pour lesquelles sont notamment précisées la consistance et la valeur des biens concernés.

Information des copropriétaires en cas de vente. En cas de vente d'un lot de copropriété d'un immeuble situé dans le périmètre d'une opération de réhabilitation de l'immobilier de loisirs, le propriétaire vendeur doit notifier, avant toute publicité, son intention de vendre au syndic de la copropriété, en indiquant le prix souhaité et les conditions de la vente projetée.

Cette information est notifiée dans un délai de 10 jours ouvrés par le syndic à chaque copropriétaire par tout moyen permettant d'en accuser réception. Lors de sa notification aux copropriétaires, le syndic précise que cette information est donnée par le vendeur à titre indicatif et ne constitue pas une offre de vente.

Cette obligation d'information s'applique également aux cessions d'usufruit ou de nue-propriété, pour lesquelles sont notamment précisées la consistance de la valeur des biens concernés.

ANNEXE 64

VIDÉOSURVEILLANCE

A.- Décision de mise en place des systèmes de surveillance .... p. 1599
B.- Transmission des images .... p. 1600

Bibliographie : P. Maes, *De la télésurveillance à la vidéosurveillance : Inf. rap. copr.* sept. 2004, p. 26 ; *Sécurité dans les copropriétés et les résidences privées : Dossier Maisons et habitat* avr. 2004, p. 12. • J.-P. Forestier, *La vidéosurveillance dans les immeubles collectifs : AJDI* 2006, p. 722. • J. Prigent, *LOPPSI II : impact en immobilier : Rev. loyers* 2011, p. 230. • N. Le Rudulier, *Vidéosurveillance et copropriété : AJDI* 2012, p. 9. • C. Capayrou, *Vidéoprotection, la procédure à suivre : Rev. habitat* sept. 2012, p. 27. • G. Rouzet, *Vidéoprotection et copropriété : la problématique : Inf. rap. copr.* juill.-août 2013, p. 20 ; *Vidéoprotection des parties communes : Inf. rap. copr.* oct. 2013, p. 8. • P. Lebatteux, *Les données pratiques de la vidéoprotection* : Colloque de la CNEC « *Copropriétés et liberté* », Dijon oct. 2012 : *Rev. Dr. et ville* 2012, n° 74, p. 119 et s. • P. Turenne, *Vidéoprotection des parties communes : Inf. rap. copr.* oct. 2013, p. 8. • J. Hainaut, *Vidéoprotection et copropriété : Inf. rap. copr.* juin 2018, p. 25. • B. Lehnish et J.-Ph. Mariani : *Vidéosurveillance et copropriété : AJDI* 2021, p. 203.

V. également sur le site de la Commission nationale informatique et libertés (CNIL) le dossier établi par cet organisme « Vidéosurveillance-vidéo protection dans les immeubles d'habitation », 23 juillet 2018.

A. – DÉCISION DE MISE EN PLACE DES SYSTÈMES DE SURVEILLANCE

I - VOTE EN ASSEMBLÉE

1) Renvoi. La décision d'installer des systèmes de vidéoprotection peut être prise dans le cadre de l'article 24, II, *a*) de la loi du 10 juillet 1965 (V. ce texte).

Il a été jugé que ce texte était applicable dans la mesure où l'installation d'une vidéosurveillance concerne la préservation physique des occupants et la protection des biens et ne constitue pas une atteinte à la vie privée des copropriétaires (▪ CA Aix-en-Provence, 1re et 8e ch. réunies, 18 oct. 2023, n° 21/01166 : *JurisData* n° 2023-019432 ; *Loyers et copr.* 2023, comm. 192, note C. Coutant-Lapalus).

II - MESURES D'EXÉCUTION

2) Distinction à opérer. Les mesures à prendre divergent selon le système installé et l'affectation de l'immeuble.

• En ce qui concerne les immeubles privés ne comportant que des habitations :

– une déclaration préalable auprès de la CNIL doit être effectuée lorsque le système installé permet l'enregistrement des images.

La déclaration peut être faite en ligne sur le site www.cnil.fr ;

– Il est précisé par le ministère de l'Intérieur que cette déclaration n'est pas nécessaire lorsque le système de vidéosurveillance est installé dans un parking non ouvert au public et uniquement réservé à des locataires d'emplacements. Mais une information des usagers des lieux et du personnel d'entretien reste obligatoire. Un panneau d'information doit être installé à l'entrée du parking (V. C. Capayrou, étude préc.).

• Pour les immeubles privés ouverts au public (habitation et commerce et/ou locaux professionnels) les formalités sont les suivantes (V. A. 3 août 2007 : *JO* 25 août) :

– déclaration préalable à la CNIL (dans les termes ci-dessus indiqués) ;

– autorisation préfectorale (formulaire Cerfa n° 1 380 602) : document téléchargeable sur le site www.interieur.gouv.fr ;

– affichage d'un avertissement : le syndicat doit informer les personnes extérieures à la copropriété de l'existence d'un système de vidéoprotection.

La CNIL est habilitée à contrôler les systèmes de vidéoprotection installés dans des lieux privés ouverts au public.

Le système devra être placé dans les parties communes de l'immeuble et les caméras ne devront pas être dirigées vers les parties privatives (porte d'appartement par exemple : V. C. Capayrou, étude préc.).

Il a été jugé que si l'installation d'un système de vidéosurveillance nécessite l'accord de la copropriété lorsqu'il est implanté sur un mur partie commune, rien ne s'oppose en revanche à la pose d'un œilleton numérique dans l'épaisseur d'une porte privative, même si ce dispositif permet de filmer le seuil des appartements des autres copropriétaires (V. ▪ CA Paris, 12 févr. 2021, n° 20/01428 : *AJDI* 2021, p. 778, note N. Le Rudulier).

B. – TRANSMISSION DES IMAGES

Code de la sécurité intérieure

Art. L. 272-2 *(Aj. à compter du 1er juillet 2021, Ord. n° 2020-71, 29 janv. 2020)*. **– La transmission aux services chargés du maintien de l'ordre des images réalisées en vue de la protection des parties communes des immeubles collectifs à usage d'habitation lors de circonstances faisant redouter la commission imminente d'une atteinte grave aux biens ou aux personnes est autorisée sur décision de la majorité des copropriétaires dans les conditions fixées à l'article 25 de la loi n° 65-557 du 10 juillet 1965 fixant le statut de la copropriété des immeubles bâtis et, dans les immeubles sociaux, du gestionnaire. Les images susceptibles d'être transmises ne doivent concerner ni l'entrée des habitations privées, ni la voie publique.**

Cette transmission s'effectue en temps réel et est strictement limitée au temps nécessaire à l'intervention des services de la police ou de la gendarmerie nationales ou, le cas échéant, des agents de la police municipale.

Une convention préalablement conclue entre le gestionnaire de l'immeuble et le représentant de l'État dans le département précise les conditions et modalités de ce transfert. Cette convention prévoit l'information par affichage sur place de l'existence du système de prise d'images et de la possibilité de leur transmission aux forces de l'ordre.

Lorsque la convention a pour objet de permettre la transmission des images aux services de police municipale, elle est en outre signée par le maire.

Cette convention est transmise à la commission départementale de vidéoprotection mentionnée au chapitre III du titre II et du titre V du livre II du Code de la sécurité intérieure qui apprécie la pertinence des garanties prévues et en demande, le cas échéant, le renforcement au représentant de l'État dans le département.

Rédaction antérieure. *(Al. abr. à compter du 21 mai 2023, L. n° 2023-380, 19 mai 2023)* Ne sont pas soumis au présent article les systèmes utilisés dans des traitements automatisés ou contenus dans des fichiers structurés selon des critères permettant d'identifier, directement ou indirectement, des personnes physiques, qui sont soumis à la loi n° 78-17 du 6 janvier 1978 relative à l'informatique, aux fichiers et aux libertés.

NB : Conformément à l'article 8 de l'ordonnance n° 2020-71 du 29 janvier 2020, ces dispositions entrent en vigueur à une date fixée par décret en Conseil d'État et au plus tard le 1er juillet 2021, à l'exception du dernier alinéa, entré en vigueur le 21 mai 2023. Ce texte reprend la substance de l'ancien article L. 126-1-1 du Code de la construction et de l'habitation.

Art. R. 272-2 *(Aj., D. n° 2021-872, 30 juin 2021)*. **– La convention conclue au titre de l'article L. 272-2 et relative au transfert d'images vers les services chargés du maintien de l'ordre est conclue pour une durée maximale d'un an, renouvelable par reconduction expresse. Elle porte notamment sur :**

– l'indication du service chargé du maintien de l'ordre, destinataire des images ;

– la nature des événements faisant redouter l'imminence d'une atteinte grave aux biens ou aux personnes et pouvant justifier la transmission des images ;

– les modalités de transmission et de conservation des images et les mesures de sécurité afférentes ;

- les modalités d'affichage et d'information du public concernant la possibilité de transmission des images à un service chargé du maintien de l'ordre ainsi que les modalités d'accès aux images pour les personnes ayant fait l'objet d'un enregistrement ;

- la durée de transmission et de conservation des images dans la limite d'un mois à compter de leur transmission sans préjudice des nécessités de leur conservation pour les besoins de la procédure pénale ;

- les modalités de financement du transfert des images.

I – PRINCIPES GÉNÉRAUX

1) Rappel. L'article 23 de la loi n° 2011-267 du 14 mars 2011 d'orientation et de programmation pour la performance de la sécurité intérieure a ajouté un nouvel article au chapitre VI du Titre II du Livre I du Code de la construction et de l'habitation consacré à l'intervention de la police et de la gendarmerie dans les immeubles à usage d'habitation, et a complété l'article 25 de la loi du 10 juillet 1965 sur la copropriété (V. *Sécurité des parties communes des copropriétés et vidéosurveillance : JCP* N 2011, n° 14, act. 360).

L'article L. 126-1-1 autorise la transmission aux services chargés du maintien de l'ordre des images réalisées en vue de la protection des parties communes des immeubles collectifs à usage d'habitation lors de circonstances faisant redouter la commission imminente d'une atteinte grave aux biens ou aux personnes sur décision de la majorité des copropriétaires dans les conditions fixées à l'article 25 de la loi n° 65-557 du 10 juillet 1965 fixant le statut de la copropriété des immeubles bâtis et, dans les immeubles sociaux, du gestionnaire. Les images susceptibles d'être transmises ne doivent concerner ni l'entrée des habitations privées ni la voie publique.

Cette transmission s'effectue en temps réel et est strictement limitée au temps nécessaire à l'intervention des services de la Police ou de la Gendarmerie nationale ou, le cas échéant, des agents de la police municipale.

Le texte a été complété *in fine* par un alinéa issu de l'article 9 de la loi n° 2023-380 du 19 mai 2023, applicable à compter du 21 mai 2023.

2) Rédaction d'une convention. Une convention préalablement conclue entre le gestionnaire de l'immeuble et le représentant de l'État dans le département précise les conditions et modalités de ce transfert. Cette convention prévoit l'information par affichage sur place de l'existence du système de prise d'images et de la possibilité de leur transmission aux forces de l'ordre. Lorsque la convention a pour objet de permettre la transmission des images aux services de police municipale, elle est en outre signée par le maire. Cette convention est transmise à la commission départementale de vidéoprotection mentionnée à l'article 10 de la loi n° 95-73 du 21 janvier 1995 d'orientation et de programmation relative à la sécurité qui apprécie la pertinence des garanties prévues et en demande, le cas échéant, le renforcement au représentant de l'État dans le département. Les systèmes utilisés dans des traitements automatisés ou contenus dans des fichiers structurés selon des critères permettant d'identifier, directement ou indirectement, des personnes physiques, qui sont soumis à la loi n° 78-17 du 6 janvier 1978 relative à l'informatique, aux fichiers et aux libertés, ne sont pas concernés par les dispositions décrites ci-dessus.

L'article 25 de la loi n° 65-557 du 10 juillet 1965 précitée a été complété par un *p* qui soumet à la majorité requise par cet article l'autorisation de transmettre aux services chargés du maintien de l'ordre les images réalisées en vue de la protection des parties communes, dans les conditions prévues à l'article L. 126-1-1 du Code de la construction et de l'habitation.

3) Décret du 27 janvier 2012. Le décret n° 2012-112 du 27 janvier 2012 (*JO* 29 janv.) a modifié le décret n° 96-926 du 17 octobre 1996 relatif à la vidéoprotection. Ce texte précise notamment la composition du dossier de demande d'autorisation d'installation d'un système de vidéoprotection.

L'article 15 du décret du 27 janvier 2012 précité indique que les dispositions de l'article R. 127-8 du Code de la construction et de l'habitation ne sont pas applicables à Mayotte, à Saint-Barthélemy et à Saint-Martin.

II – INSTALLATION DE CAMÉRAS SUR DES PARTIES COMMUNES À JOUISSANCE PRIVATIVE

Cette question a donné lieu à deux réponses ministérielles circonstanciées (V. ci-dessous).

4) Rép. min. Justice n° 16.482 : *JO* Sénat du 01/10/2020 – page 4460.

Texte de la question :

M. Yves Détraigne souhaite appeler l'attention de Mme la garde des Sceaux, ministre de la Justice sur l'installation de caméras de vidéosurveillance (ou vidéoprotection) sur des parties communes à jouissance privative. Ces dernières, définies à l'article 6-3 de la loi n° 65-557 du 10 juillet 1965 comme des « parties communes affectées à l'usage et à l'utilité exclusifs d'un lot », sont présentes dans de nombreuses copropriétés (jardins, cours, balcons, toits-terrasses...) et contiennent le plus souvent des effets et aménagements personnels. Certaines parties communes à jouissance privative sont accessibles par des parties privatives (appartements), d'autres par des parties communes (escalier, palier...). Dans ce dernier cas, ces espaces sont généralement fermés à clés (cas des toits-terrasses dans les résidences).

La Commission nationale de l'informatique et des libertés (CNIL) indique sur son site que l'installation de caméras par un copropriétaire sur une partie privative, y compris dans son jardin ou sur un chemin d'accès privé, peut se faire sans demander l'autorisation de l'assemblée générale des copropriétaires, à condition toutefois que les caméras ne filment que les parties privatives.

La question se pose de savoir si cette dispense d'autorisation vaut aussi pour des caméras installées sur des parties communes à jouissance privative.

Il convient de préciser que les modalités d'exercice d'un droit de jouissance exclusive sont assimilées par les juges aux modalités de jouissance des parties privatives (▪ TGI Nanterre, 8e ch., 28 juin 2012, n° 11/09905 et ▪ TGI Paris, 8e ch., 3e sect., 13 sept. 2013, n° 12/11533).

En outre, la jurisprudence considère que s'exercent, dans une partie commune à jouissance privative, les lois et règlements « qui protègent la propriété privée et la vie privée » (Cf. arrêts de la ▪ cour d'appel d'Aix-en-Provence, Chambre 1-5, 13 juin 2019, n° 17/19455 et 3 oct. 2019, n° 17/22124 ; voir aussi le ▪ TGI de Paris, 8e ch., 3e sect., 25 nov. 2009, n° 08/03307).

En conséquence de cette jurisprudence, pénétrer dans une partie commune à jouissance exclusive nécessite une autorisation expresse préalable du bénéficiaire de ce droit de jouissance, de la même façon que si on pénétrait dans une partie privative.

On peut en déduire qu'un particulier peut, sans autorisation de l'assemblée générale, installer des caméras sur des parties communes à jouissance privative, dès lors que les zones filmées se trouvent bien à l'intérieur de celles-ci. Il convient sans doute d'informer le syndic de cette installation, sans que celui-ci ne puisse s'y opposer.

Aussi, il lui demande de bien vouloir confirmer cette analyse et de préciser si d'autres modalités d'information doivent être prévues par le copropriétaire.

Texte de la réponse :

La loi ELAN a consacré légalement la notion jurisprudentielle de parties communes à jouissance privative, à l'article 6-3 de la loi du 10 juillet 1965, précisant que ce droit est nécessairement accessoire au lot de copropriété auquel il est attaché et qu'il ne peut en aucun cas constituer la partie privative d'un lot. Ces parties communes à jouissance privative, bien qu'affectées à l'usage exclusif d'un lot, demeurent des parties communes appartenant indivisément à tous les copropriétaires (▪ Cass. 3e civ., 22 mai 1973, n° 72-11.406, 29 oct. 1973, n° 72-12.531, 26 juin 1974, n° 73-70.289), le droit de jouissance exclusive sur une partie commune n'étant pas assimilable à un droit de propriété (▪ Civ. 3e, 27 mars 2008, n° 07-11.801). En conséquence, l'installation de caméras de vidéosurveillance dans les parties communes d'un immeuble en copropriété doit en principe faire l'objet d'un vote de l'assemblée générale des copropriétaires. De tels travaux, avec mise en place d'une installation fixe affectant les parties communes ou l'aspect extérieur de l'immeuble, doivent être spécialement autorisés par l'assemblée générale des copropriétaires, en application du *b)* de l'article 25 de la loi du 10 juillet 1965. S'agissant de l'installation des caméras et indépendamment de leur orientation, certains juges du fond ont ainsi pu qualifier « d'emprise sur les parties communes » la présence d'une caméra fixée à la façade de l'immeuble et dirigée sur une terrasse à jouissance privative (▪ Tribunal de Grande Instance de Créteil, juges référés, 14 octobre 2014, n° 14/01038). De manière générale, la pose d'installations sur un balcon à jouissance privative entraînant le percement du mur de façade nécessite une autorisation de l'assemblée générale (▪ Cour d'appel de Montpellier, 1re chambre, sect. D, 22 janv. 2013, n° 11/05335). Certes, à titre exceptionnel, une telle autorisation n'est pas requise pour des menus travaux ne modifiant pas la substance et la destination de la partie commune à jouissance privative concernée (▪ Cass. 3e civ., 6 déc. 1965, Chambre civile 1, *Bulletin* n° 674), affectant des éléments mineurs de celle-ci (▪ Cass. 3e civ., 12 juill. 1995, n° 91-14.507), ou d'aspect discret par leurs formes et dimensions et fixés par un ancrage léger et superficiel (▪ Cass. 3e civ., 19 nov. 1997, n° 95-20.079). Mais, en tout état de cause, constitue un trouble manifestement illicite l'installation par un copropriétaire, en-dehors de tout consentement donné par les autres copropriétaires, d'un dispositif de vidéosurveillance orienté sur un chemin, partie commune, susceptible d'être emprunté par l'ensemble des copropriétaires et portant dès lors, atteinte au droit au respect de leur vie privée garanti par l'article 9 du Code civil et au libre exercice par les copropriétaires de leurs droits sur les parties communes (▪ Cass. 3e civ., 11 mai 2011, n° 10-16.967, confirmant l'arrêt de la ▪ cour d'appel de Bastia, Chambre civile B, 24 février 2010, n° 09/00124).

5) Rép. min. n° 34788 : *JOAN* Q 13 avr. 2021, p. 3310.

Texte de la question

M. Philippe Gosselin appelle l'attention de M. le garde des Sceaux, ministre de la Justice, sur la question n° 30267 qui a reçu une réponse le 6 octobre 2020. Il rappelle que les parties communes à jouissance privative sont protégées par le droit à la vie privée et par le principe constitutionnel d'inviolabilité du domicile. Aucun tiers n'a le droit d'y pénétrer sans autorisation, pas même le syndic. Il souhaite donc avoir la confirmation que l'installation de caméras de vidéosurveillance sur des parties communes à jouissance privative est possible sans autorisation de l'assemblée générale dès lors, d'une part, que cette installation répond aux critères jurisprudentiels des « menus travaux » dispensés d'autorisation, d'autre part, que les zones filmées se trouvent bien à l'intérieur des parties communes à jouissance privative et qu'aucun tiers n'est donc filmé. Aussi, il lui demande de bien vouloir confirmer cette analyse et de préciser quelles modalités d'information doivent être prévues par le titulaire du droit de jouissance.

Texte de la réponse

Comme indiqué en réponse à la question écrite n° 30267 le 6 octobre 2020, l'installation d'un équipement de vidéosurveillance en partie commune à jouissance privative qui n'impliquerait que de menus travaux ne modifiant pas la substance et la destination de la partie commune à jouissance privative concernée, qui n'affecterait que des éléments mineurs de celle-ci ou serait d'un aspect discret par ses formes et dimensions et fixé par un ancrage léger et superficiel, serait susceptible d'être dispensée d'autorisation préalable de l'assemblée générale des copropriétaires, sous réserve de l'appréciation souveraine des juges du fond saisis d'un tel litige. Il conviendrait par ailleurs d'assurer que les zones filmées se trouvent exclusivement à l'intérieur de la partie commune à jouissance privative où l'équipement est installé, voire à l'intérieur de la partie privative du copropriétaire à l'origine de l'installation. Il conviendrait enfin de s'assurer que l'installation de l'équipement de vidéosurveillance en partie commune à jouissance privative n'est pas non plus de nature à affecter l'aspect extérieur de l'immeuble au sens du *b)* de l'article 25 de la loi du 10 juillet 1965, ce qui serait de nature à rétablir la nécessité d'une autorisation de l'assemblée générale des copropriétaires. Dans ces conditions, l'équipement léger et sans impact sur l'harmonie de l'immeuble, n'ayant vocation à filmer aucun copropriétaire ni aucune partie commune générale ou partie privative autre que celle du propriétaire de l'installation, semble être un usage ne portant « atteinte ni aux droits des autres copropriétaires ni à la destination de l'immeuble », conformément aux dispositions du premier alinéa de l'article 9 de la loi du 10 juillet 1965.

Sur l'information du syndic. Dès lors, et sous réserve de l'appréciation des juridictions saisies, aucune information spécifique ne paraîtrait due au syndicat des copropriétaires. Il y a toutefois lieu de signaler qu'il appartient au syndicat des copropriétaires, représenté par son syndic, de vérifier le correct entretien des parties communes, y compris celles qui sont à jouissance privative. Pour s'assurer de leur bon entretien, le syndic peut exercer un « droit de regard » impliquant une visite des lieux. Ce droit de visite est opposable au copropriétaire concerné : le syndic peut ainsi être autorisé par le juge à pénétrer dans une partie commune à jouissance privative à cet effet (▪ Cons. const., 18 janv. 1995, n° 94-352 DC, cons. 3). Dans une telle hypothèse, il conviendra que le copropriétaire à l'origine de l'installation d'un tel équipement de vidéosurveillance dans une partie commune à jouissance privative alerte le syndic, en amont de sa visite, de la présence de l'équipement, de la finalité poursuivie par le dispositif de vidéosurveillance (ex. : sécurisation du domicile notamment pour lutter contre les cambriolages) et de la possibilité que son image soit captée, conformément à la législation en vigueur (article 226-1 du Code pénal, article 9 du Code civil) et par respect de la vie privée des personnes filmées et de leur droit à l'image (ex. : voisins, visiteurs).

Sur l'information des tiers. Par ailleurs, il conviendra également de s'assurer que le dispositif de vidéosurveillance mis en place par le copropriétaire se limite à une partie commune à jouissance privative. Le dispositif ne doit en effet pas servir à « surveiller » en temps réel les allées et venues des résidents ou des visiteurs. Enfin, si le dispositif filme des espaces communs publics (ex. : parking, local vélos ou poussettes, hall d'entrée, portes d'ascenseur, cour), l'information des personnes devra se faire conformément aux articles 13 du Règlement général sur la protection des données du 27 avril 2016 et 104 de la loi Informatique et libertés. Ainsi, les personnes filmées devront être informées de l'existence du dispositif au moyen de panneaux affichés en permanence, de façon visible dans les lieux concernés. Ces panneaux devront a minima indiquer les finalités du traitement installé, la durée de conservation des images, le nom ou la qualité et le numéro de téléphone du responsable/du délégué à la protection des données (DPO), l'existence des droits « Informatique et libertés » et le droit d'introduire une réclamation auprès de la Commission nationale de l'informatique et des libertés (CNIL), en précisant ses coordonnées.

ANNEXE 64-1

VOLUMES

Avertissement : La rubrique qui suit n'est qu'une présentation sommaire de la question des « volumes » dans leurs rapports avec la copropriété. Il ne peut en être autrement compte tenu de très nombreuses et abondantes études consacrées à ce problème.

I – UTILISATION DES VOLUMES

1) C'est à l'occasion de la construction d'immeubles privés superposés aux dépendances du domaine public que la technique des lots de « volumes » a pris son essor. La première expérience entreprise selon cette méthode a été l'opération Maine-Montparnasse (aménagement d'un vaste ensemble immobilier comprenant la nouvelle gare Montparnasse) ; elle a été suivie de l'aménagement du nouveau quartier de la Défense où coexistent des installations ferroviaires et routières avec des immeubles privés.

La technique des volumes s'est également répandue à l'occasion de nouvelles constructions ou même pour isoler de la copropriété initiale certains espaces destinés à la création d'installations telles que des parkings dans le sous-sol d'un immeuble.

Elle tend de la sorte à faire échapper à la gestion collective prescrite par le statut, avec les contraintes qu'elle engendre pour les copropriétaires, les locaux inclus dans les volumes, qui restent ainsi sous la maîtrise complète de leurs propriétaires (Sur la division en volumes, V. *JCl. Copropriété*, Fasc. 520 et 521 par N. Le Rudulier et la bibliogr. citée).

II – CONSTITUTION DES « VOLUMES »

2) Pour organiser des ensembles constitués d'immeubles superposés on a recours à la constitution de « volumes immobiliers », identifiés dans des états descriptifs conformément aux décrets n°s 55-22 du 4 janvier 1955 et 55-1350 du 14 octobre 1955. Ces volumes constituent, au regard des textes sur la publicité foncière, des « fractions d'immeubles » (D. n° 55-22, 4 janv. 1955, art. 7, al. 3), et sont érigés en lots définis géographiquement à la fois par référence à l'assiette cadastrale délimitant l'emprise des constructions au sol et par leur localisation dans l'espace au moyen de cotes d'altitude calculées d'après les cotes du nivellement général de la France (sur la désignation des volumes au regard de la publicité foncière, V. *JCP* N 1981, prat. 8115 ; *JCP* N 1987, prat. p. 294 et la 5e recommandation de la Commission consultative relative à la copropriété concernant la division en volumes).

III – SPÉCIFICITÉ DE LA DIVISION EN VOLUMES PAR RAPPORT A LA DIVISION EN LOTS DE COPROPRIÉTÉ

A – Nature de la spécificité

3) La division en « volumes » aboutit à diviser l'immeuble en espaces autonomes, avec superposition de propriétés distinctes et ainsi à écarter l'application du statut de la copropriété (V. ▪ Cass. 3e civ., 17 févr. 1999, n° 97-14.368 : *JurisData* n° 1999-000683 ; *JCP* N 2000, p. 1311, obs. D. Sizaire. – V. le cas échéant D. Sizaire, *La technique de la division en volumes et le statut de la copropriété des immeubles bâtis : Administrer* mai 1998, p. 17 ; *Division en volumes* : *JCP* N 1998, p. 388. – A. Fournier, *Division en volumes et copropriété : un lot de copropriété ne peut pas être divisé en volumes* : *JCP* N 1999, p. 422. – J. Lafond, *Volumes et copropriété* : *JCP* N 2007, n° 1246 ; *103e Congrès des notaires de France : la division en volumes* : *JCP* N 2007, n° 1248).

Les lots « volumes » présentent cette particularité de ne pas comporter de quote-part de parties communes, contrairement aux lots de copropriété visés à l'article 1er de la loi du 10 juillet 1965.

Dans ce montage juridique, chaque lot est totalement autonome par rapport aux autres ; il y a superposition de propriétés distinctes (V. à propos d'une partie de sous-sol érigée en volume susceptible d'une appropriation particulière : ▪ CA Rennes, 22 juin 2004, n° 02/07534 : *JurisData* n° 2004-250385 ; *Constr.-Urb.* 2004, comm. 210).

B – Interconnexions entre division en volumes et copropriété

4) Si, *a priori*, division en volumes et division en copropriété sont exclusives l'une de l'autre, il existe néanmoins des interconnexions entre ces deux techniques de division des immeubles.

1° Ce qui est permis

5) Possibilité de « loger » une copropriété dans un volume. Il est aujourd'hui bien admis qu'un volume peut constituer « l'enveloppe » d'une copropriété, ou, si l'on préfère, qu'une copropriété peut être créée dans un lot de volume (▪ Cass. 3e civ., 17 févr. 1999, n° 97-14.368 : *JurisData* n° 1999-000683 ; *JCP* N 1999, n° 46, p. 1639, note D. Sizaire. – V. sur cette décision, A. Fournier et D. Sizaire, *Organisation des ensembles immobiliers complexes : JCP* N 2001, 1311. – A. Fournier, *Division en volumes et copropriété : JCP* N 1999, p. 422).

Comme l'indique M. Fournier, « la création d'une ou plusieurs copropriétés à l'intérieur des volumes ne rencontre aucun obstacle juridique, des lors que ces volumes constituant de propriétés distinctes, chacun d'eux peut donc faire l'objet de division secondaire, elle-même susceptible d'appropriation en partie privative des parties communes, circonscrite à leur propre volume d'assise » (*Division en volumes et publicité foncière : JCP* N 2006, n° 42, 1330).

6) Substitution d'une division en volumes à une division en lots de copropriété. La substitution d'une division en volumes à une division en lots de copropriété est en principe possible, mais elle suppose, sur le plan juridique, une décision unanime de l'assemblée des copropriétaires.

2° Ce qui est impossible ou illicite

7) Impossibilité de diviser un lot de copropriété en volumes. La création de volumes dans un lot de copropriété, qui va entraîner indirectement pour ces volumes des relations d'indivision eu égard à la quote-part de parties communes attachée à ces lots, ne paraît pas compatible avec la nature et le régime juridique des volumes et elle est au surplus insusceptible d'être publiée au fichier immobilier.

D'un point de vue pratique, on peut en outre observer que réintroduire une division primaire dans une organisation telle que la copropriété aboutirait à une confusion totale impossible à gérer (pas seulement au fichier immobilier), ce qui serait préjudiciable à la sécurité juridique (A. Fournier et J. Lafond, *Publicité foncière et division en volumes, le permis et le défendu : Actes prat. ing. immobilière* 2012, étude 1).

IV – DIVISER EN VOLUMES POUR ÉCHAPPER AU STATUT DE LA COPROPRIÉTÉ

8) Le problème de la division en volumes se pose tout d'abord lors de l'édification d'un immeuble d'un groupe d'immeubles ou d'un ensemble immobilier : dans quel cas peut-on adopter une division en volumes (A) ?. La question se pose également dans le cas de copropriété existante, dont il apparaît souhaitable de provoquer l'éclatement.

A – Division *ab initio*

9) Inconvénients du statut de la copropriété. Le statut de la copropriété présente de nombreux inconvénients. Certains résultent de l'économie même de la loi du 10 juillet 1965 :

- blocages résultant de la nécessité de prendre nombre de décisions importantes à l'unanimité (décisions affectant la destination de l'immeuble, la modification de la répartition des charges ou des tantièmes de copropriété, etc.) ;
- imprécision des critères légaux par référence auxquels se définissent tant les pouvoirs de l'assemblée que les droits des copropriétaires, notamment celui de la « destination de l'immeuble », ce qui rend délicates de nombreuses opérations susceptibles d'avoir une incidence sur cette destination (division de lots ; changement d'affectation de lots ; etc.) ;
- limitation du domaine réservé à la libre convention (prohibition de principe des clauses de non-concurrence, des pactes de préférence, des interdictions d'aliéner, de la constitution de servitudes, etc.) ;
- importance du contentieux (notamment celui concernant les assemblées) résultant du formalisme et de la rigidité de la loi, dont les dispositions ont un caractère impératif ;

Ces inconvénients du statut de la copropriété se manifestent plus particulièrement dans des circonstances déterminées :

- lorsqu'une partie de l'immeuble est appelée à être la propriété d'une collectivité publique (difficulté de faire cohabiter des personnes ayant un statut de droit privé et de droit public) ;
- dans les copropriétés à usage mixte, comportant des niveaux ou des lots à usage d'habitation et des locaux à usage commercial ou professionnel (difficulté de la cohabitation entre les copropriétaires ayant des intérêts et des approches divergents) ;
- dans les grands ensembles, dont l'administration s'avère complexe dans le cadre du statut de la copropriété ;
- dans les centres commerciaux, ou les rigidités du statut de la copropriété s'avèrent incompatibles avec la vie des affaires.

La question d'une division en volumes pour éviter l'application du statut de la copropriété se pose dans des termes différents selon que l'immeuble ou le groupe d'immeubles considéré a une structure homogène ou hétérogène.

1° *Immeubles ou groupes d'immeubles de structure homogène*

10) Peut-on adopter une division en volumes ? : une question discutée. Est-il possible, pour éviter les inconvénients du statut de la copropriété, de diviser en volumes un immeuble ou un groupe d'immeubles de structure homogène au lieu de le diviser en lots de copropriété ? Cette question a fait l'objet d'abondantes controverses (V. pour un compte rendu des diverses opinions en présence, *Rapport au 112e Congrès des notaires (2016), 3e Commission, par Th. Vaillant et A. Muzard, n° 3077 s.*). Pour certains, la loi n° 2014-366 du 24 mars 2014 (dite « loi ALUR »), qui excluait la scission d'une copropriété en volumes lorsqu'elle ne comprenait qu'un bâtiment unique, signifierait implicitement que toute division *ab initio* d'une copropriété verticale en volumes serait interdite. Aussi a-t-il été conseillé, pour des raisons de sécurité juridique, d'éviter la division en volumes d'immeubles présentant une structure unitaire et homogène. Certains auteurs estimaient cependant possible cette division, en particulier lorsque certains locaux avaient une affectation différente et totalement autonome du reste de l'immeuble (comme par exemple, une grande surface située au rez-de-chaussée d'un immeuble à usage d'habitation).

11) Une approche renouvelée. La question a été renouvelée par l'ordonnance n° 2019-1120 du 30 octobre 2019, applicable à compter du 1er juin 2020, qui a modifié l'article 1er de la loi n° 65-557 du 10 juillet 1965.

Selon ce texte sont soumis obligatoirement au statut de la copropriété les immeubles ou groupes d'immeubles :

- à usage total d'habitation ;
- ou à usage partiel d'habitation (par exemple à usage mixte d'habitation et professionnel, d'habitation et commercial…).

Dans ces deux types de configurations, que l'on a qualifié de « secteur protégé », les parties communes et éléments d'équipements communs sont obligatoirement administrés par un syndicat de copropriétaires régi par la loi du 10 juillet 1965 (V. sur le sujet, P. Dechelette-Tolot, *Peut-on diviser un bâtiment unique en volumes ? : Actes prat. ing. immobilière* 2021, n° 1, dossier 8).

En revanche, la possibilité de déroger au statut de la copropriété (et donc d'éviter le recours à un syndicat de copropriétaires), qui n'intéressait antérieurement que les seuls « ensembles immobiliers » a été étendue et concerne en outre, depuis le 1er juin 2020, tout immeuble ou groupe d'immeubles bâtis à destination totale autre que d'habitation, dont la propriété est répartie par lots entre plusieurs personnes : copropriétés de bureaux, d'activités, etc.

Lorsqu'un immeuble ou groupe d'immeubles bâtis divisé en lots est entièrement affecté à un usage autre que d'habitation (copropriétés de bureaux, à usage commercial, d'activités, etc.), l'application du statut de la copropriété peut donc être écartée. Une division en volumes peut être opérée, à la condition qu'une « organisation dotée de la personnalité morale et suffisamment structurée pour assurer la gestion » des « éléments et services communs à l'ensemble » soit mise en place *(L. n° 65-557, 10 juill. 1965, art. 1er, II, al. 1 et 3)*.

2° *Immeubles ou groupes d'immeubles de structure hétérogène*

12) Ensembles immobiliers. L'élément caractéristique de l'ensemble immobilier est selon la jurisprudence le fait que tous les terrains d'assiette des constructions ne sont pas placés sous un régime unique d'indivision forcée entre les bâtiments, comme dans le cas d'un groupe d'immeubles bâtis. Il y a hétérogénéité dans le régime juridique de l'appropriation du sol, certains copropriétaires ou groupes de copropriétaires ayant des droits réels exclusifs sur certaines parties de terrain, de sorte qu'il y a distinction de la copropriété du sol et de la propriété ou de la copropriété de chacun des bâtiments. Autrement dit, tous les copropriétaires n'ont pas de droits concurrents sur l'immeuble dans son ensemble (tous n'ont pas les mêmes droits dans tout). Tel est le cas lorsque, comme l'évoque l'article 1er, II, alinéa 4, de la loi du 10 juillet 1965, cet ensemble comprend « outre des terrains, des volumes, des aménagements et des services communs, des parcelles ou des volumes bâtis ou non faisant l'objet de droits de propriété privatifs ».

L'hétérogénéité de l'ensemble est plus ou moins accentuée. Elle atteint son sommet dans les « ensembles immobiliers complexes », évoqués à l'article 28, IV, de la loi du 10 juillet 1965. Ils se caractérisent par la coexistence de « propriétés » dotées de leur propre autonomie interne, mais qui restent, sur le plan fonctionnel, dépendantes d'une infrastructure à laquelle elles se superposent et sur laquelle elles bénéficient de droits d'usage particuliers.

Avant comme après la réforme opérée par l'ordonnance du 30 octobre 2019, la réglementation applicable aux « ensembles immobiliers » est identique : il est possible de les placer sous un régime juridique autre que le statut de la copropriété et donc de les diviser en volumes (V. A. Lebatteux, *Les ensembles immobiliers hétéro-*

gènes, ou le statut « alternatif » historique au statut de la copropriété : Actes prat. ing. immobilière 2021, n° 2, dossier 15).

Pour échapper au statut de la copropriété, il faut conclure une convention qui y déroge expressément et mettre en place une « organisation dotée de la personnalité morale et suffisamment structurée pour assurer la gestion » des éléments et services communs à l'ensemble » *(L. n° 65-557, 10 juill. 1965, art. 1er, II, al. 1er et 3)* : par exemple, une association syndicale libre ou toute autre « structure ».

Il est indispensable, pour que l'application du statut de la copropriété soit exclue, que cette « organisation différente » ait bien été instituée. La seule création de volumes sans qu'une structure de gestion soit créée pour la gestion des parties communes et éléments d'équipements communs à l'ensemble n'est pas suffisante : en pareil cas, le statut de la copropriété est applicable de plein droit (▪ Cass. 3e civ., 19 sept. 2012, nos 11-13.679 et 11-13.789 : *JurisData* n° 2012-020889 ; *AJDI* 2013, p. 444, obs. D.Tomasin ; *Loyers et copr.* 2012, comm. 306. – ▪ CA Paris, pôle 4, 2e ch., 7 déc. 2016, n° 14/8274 : *JurisData* n° 2016-029638).

B – Division en volumes pour restructurer une copropriété

1° Scission de copropriété

13) Possibilité de recourir à une scission en volumes. La loi n° 2014-366 du 24 mars 2014 (loi ALUR) a permis de recourir à la technique de la division en volumes pour la division d'un **ensemble immobilier complexe** comportant soit plusieurs bâtiments distincts sur dalle, soit plusieurs entités homogènes affectées à des usages différents, pour autant que chacune de ces entités permette une gestion autonome *(L. n° 65-557, 10 juill. 1965, art. 28, IV)*.

Jusqu'au 31 mai 2019, cette procédure impliquait l'avis préalable du maire de la commune de situation de l'immeuble et l'autorisation du représentant de l'État dans le département. L'intervention du maire et du préfet dans la procédure de scission a été supprimée par l'ordonnance n° 2019-1101 du 30 octobre 2019 applicable à compter du 1er juin 2020 (*V. L. n° 65-557, 10 juill. 1965, art. 28, IV*).

En cas de division en volumes, la décision de constituer une union de syndicats pour la création, la gestion et l'entretien des éléments d'équipements à usage collectif est prise à la majorité mentionnée à l'article 25 de la loi n° 65-557 du 10 juillet 1965. Par dérogation au troisième alinéa de l'article 29 de cette même loi, les statuts de l'union peuvent interdire à ses membres de se retirer de celle-ci.

Sur la mise en œuvre et les problèmes posés par la scission de copropriété en volumes, V. *La scission de copropriété en volumes : Actes prat. ing. immobilière* 2021, n° 1. – V. en particulier, A. Lebatteux, *Le nouveau vade-mecum de la scission en volume : Actes prat. ing. immobilière* 2021, n° 1, dossier 3.

2° Copropriété en difficultés

14) Éclatement de la copropriété en volumes distincts. Dans le cas des copropriétés en difficultés, si le fonctionnement normal de la copropriété ne peut pas être rétabli autrement, le juge peut, sur demande de l'administrateur provisoire, décider de la restructuration du syndicat par le biais d'une division en volumes (Sur la procédure applicable, *V. L. n° 65-557, 10 juill. 1965, art. 29-8, I)*.

La loi n° 2024-322 du 9 avril 2024 (entrée en vigueur le 11 avril 2024) a créé une possibilité supplémentaire de division en volumes d'un immeuble ou d'un ensemble immobilier soumis au statut de la copropriété, lorsque cet immeuble est inclus dans le périmètre d'une opération de requalification des copropriétés dégradées régie par les articles L. 741-1 L. 741-2 du Code de la construction et d'habitation. Cette possibilité est prévue par l'article L. 741-3, IV, alinéa 2 nouveau de ce même code. La division en volumes est prononcée par le juge, sur le vu du rapport désigné par l'expert chargé de déterminer les conditions matérielles, juridiques et financières de la division du syndicat de copropriétaires, qui apparaît comme la seule issue possible aux difficultés de la copropriété considérée.

Une autre possibilité de division en volumes est également prévue dans le cadre d'un plan de sauvegarde décidé en application de l'article 615-1 nouveau du Code de la construction et de l'habitation, créé par la loi du 9 avril 2024 précitée. La scission en volumes est imposée par le juge, qui se prononce selon les modalités prévues par l'article L. 741-3, IV, alinéa 2, applicable dans le cas (évoqué au paragraphe précédent), où l'immeuble est inclus dans le périmètre d'une opération de requalification de copropriétés dégradées.

ANNEXE 65

VOTE PAR CORRESPONDANCE

I. – Réglementation .... p. 1609
II. – Préconisation du GRECCO .... p. 1610

Bibliographie : P. Batttistini, *Les copropriétaires vont pouvoir voter par correspondance : LPA* 31 mars 2021, p. 6. • C. Coutant-Lapalus, *Le vote par correspondance en assemblée générale : Loyers et copr.* oct. 2020, Focus 56. • D. Rodrigues Le syndic, *le conseil syndical et le vote par correspondance : AJDI* 2021, p. 321. • P. Baudouin, *Les difficultés relatives au vote par correspondance : Administrer* juin 2023, p. 22.

I. – RÉGLEMENTATION

Le vote par correspondance est réglementé par les textes suivants :

Loi n° 65-557 du 10 juillet 1965

fixant le statut de la copropriété des immeubles bâtis

Art. 17-1 A ***(Mod., Ord. n° 2019-1101, 30 oct. 2019).*** **– Les copropriétaires peuvent participer à l'assemblée générale par présence physique, par visioconférence ou par tout autre moyen de communication électronique permettant leur identification.**

Les copropriétaires peuvent, par ailleurs, voter par correspondance avant la tenue de l'assemblée générale, au moyen d'un formulaire établi conformément à un modèle fixé par arrêté. Si la résolution objet du vote par correspondance est amendée en cours d'assemblée générale, le votant par correspondance ayant voté favorablement est assimilé à un copropriétaire défaillant pour cette résolution.

Les conditions d'identification des copropriétaires usant de moyens de communication électronique pour participer à l'assemblée générale et les modalités de remise au syndic du formulaire de vote par correspondance sont définies par décret en Conseil d'État.

NB : Le modèle type de formulaire de vote par correspondance figure en annexe à un arrêté du 2 juillet 2020 (*JO* 2 juill. 2020, texte n° 5).

Décret n° 67-223 du 17 mars 1967

portant règlement d'administration publique pour l'application de la loi n° 65-557 du 10 juillet 1965 fixant le statut de la copropriété des immeubles bâtis

Art. 9 ***(Mod., D. n° 2020-834, 2 juill. 2020).*** **– La convocation contient l'indication des lieu, date et heure de la réunion, ainsi que l'ordre du jour qui précise chacune des questions soumises à la délibération de l'assemblée. À défaut de stipulation du règlement de copropriété ou de décision de l'assemblée générale, la personne qui convoque l'assemblée fixe le lieu et l'heure de la réunion. La convocation indique le lieu, le ou les jours et les heures de consultation des pièces justificatives des charges.**

Le formulaire de vote par correspondance mentionné au deuxième alinéa de l'article 17-1 A est joint à la convocation.

[...]

Il a été jugé que le formulaire de vote par correspondance devait prévoir un éventuel second tour de vote pour le cas où il serait fait usage de la « passerelle » (■ TJ Orléans, 5 mai 2021, n° 21/00417 : *Loyers et copr.* 2021, comm. 143, obs. A. Lebatteux ; *AJDI* 2021, p. 851, note P.-E. Lagraulet ; *Administrer* oct. 2021, p. 42, note P. Dechelette-Tolot. – V. sur le sujet, D. Rodrigues, *La passerelle de majorité est-elle compatible avec le vote par correspondance ? : Inf. rap. copr.* sept. 2021, p. 7).

Art. 9 *bis* ***(D. n° 2020-834, 2 juill. 2020).*** **– Pour être pris en compte lors de l'assemblée générale, le formulaire de vote par correspondance est réceptionné par le syndic au plus tard trois jours francs avant la date de la réunion.**

Lorsque le formulaire de vote est transmis par courrier électronique à l'adresse indiquée par le syndic, il est présumé réceptionné à la date de l'envoi.

....

Art. 14 ***(Mod., D. n° 2020-834, 2 juill. 2020).*** **– Il est tenu une feuille de présence, pouvant comporter plusieurs feuillets, qui indique les nom et domicile de chaque copropriétaire ou associé :**

– présent physiquement ou représenté ;

– participant à l'assemblée générale par visioconférence, par audioconférence ou par un autre moyen de communication électronique ;

– ayant voté par correspondance avec mention de la date de réception du formulaire par le syndic.

Dans le cas où le copropriétaire ou l'associé est représenté, la feuille de présence mentionne les nom et domicile du mandataire désigné et précise le cas échéant si ce dernier participe par visioconférence, par audioconférence ou par un autre moyen de communication électronique.

Cette feuille indique pour chaque copropriétaire le nombre de voix dont il dispose, le cas échéant en faisant application des dispositions des deuxième et troisième alinéas du I de l'article 22 et du dernier alinéa de l'article 10 de la loi du 10 juillet 1965.

Elle est émargée par chaque copropriétaire ou associé présent physiquement, ou par son mandataire.

Elle est certifiée exacte par le président de séance désigné par l'assemblée générale.

Elle peut être tenue sous forme électronique dans les conditions définies par les articles 1366 et 1367 du Code civil.

Art. 14-1 ***(D. n° 2020-834, 2 juill. 2020).*** **– Au moment du vote, le formulaire de vote par correspondance n'est pas pris en compte lorsque le copropriétaire, l'associé ou leur mandataire est présent à l'assemblée générale, quelle que soit la date à laquelle a été établi ou reçu le formulaire de vote par correspondance ou le mandat avec délégation de vote, y compris en cas de délégation de vote sans désignation d'un mandataire.**

II. – PRÉCONISATION DU GRECCO

Préconisation du GRECCO n° 11 du 16 décembre 2020

relative aux modalités du vote par correspondance (hors crise sanitaire)

Publiée le 16 décembre 2020, sous la présidence de Matthieu Poumarède

1. Rédaction du formulaire

● Faut-il prévoir, dans le formulaire, de reproduire deux fois une même résolution, lorsque celle-ci est susceptible d'être soumise à la passerelle de l'article 25-1 ou à celle de l'article 26-1 ?

Le copropriétaire votant par correspondance est invité à se prononcer sur une résolution déterminée, indépendamment de la majorité requise, comme en atteste le formulaire de vote par correspondance. Par ailleurs, les « passerelles » prévues par les articles 25-1 et 26-1 sont désormais automatiques si les conditions requises sont réunies ; il ne s'agit donc pas d'une question distincte. Le vote exprimé par le copropriétaire sur le formulaire devrait donc pouvoir être appliqué lors du premier, puis du second vote.

Toutefois, pour ne pas priver le copropriétaire votant par correspondance du droit d'exprimer un vote différent lors du second vote, comme peuvent le faire les copropriétaires qui participent à l'assemblée, il est recommandé d'inscrire deux fois la question, une fois à la majorité de l'article 25, et une seconde fois à la majorité de l'article 25-1. Le même raisonnement sera tenu pour l'application de l'article 26-1 de la loi du 10 juillet 1965.

La mise en œuvre de ce double vote peut s'avérer complexe, notamment pour les questions impliquant un vote sur plusieurs devis ou candidatures différents, car le recours à la passerelle a pour conséquence de multiplier le nombre de questions à inscrire dans le formulaire, au point de générer des risques de confusion et de contentieux, alors même que le copropriétaire ne participe pas aux débats.

Pour résoudre ces difficultés pratiques, une modification de l'article 17-1 A pourrait être envisagée, afin qu'il y soit indiqué, par exemple, que « Tout vote exprimé par correspondance sur une résolution vaut pour le premier vote, et le second vote en cas d'application des articles 25-1 et 26-1 de la loi du 10 juillet 1965 ».

- Vote pour la composition du bureau ou du conseil syndical et problématique des candidatures en séance.

Pour le conseil syndical, les candidatures peuvent être recueillies en amont de l'envoi des convocations et inscrites dans le formulaire de vote. Le syndic peut inviter les copropriétaires à lui adresser leur candidature, par tous moyens et notamment à l'occasion de l'affichage de la date de l'assemblée générale dans les parties communes prévu à l'article 9, alinéa 3, du décret du 17 mars 1967.

Si une candidature est présentée en séance, comme cela est fréquent en pratique, le copropriétaire ayant voté par correspondance n'aura pas pu exprimer son vote, il sera donc considéré comme défaillant en application de l'article 17-1 A, alinéa 2.

Pour le président et les scrutateurs l'article 15 du décret du 17 mars 1967 dispose qu'« Au début de chaque réunion, l'assemblée générale désigne, sous réserve des dispositions de l'article 29-1 de la loi du 10 juillet 1965 et de l'article 50 (alinéa 1er) du présent décret, son président et, s'il y a lieu, un ou plusieurs scrutateurs. »

Le copropriétaire qui exprime son vote par correspondance ne peut donc exprimer son vote sur les candidatures du président et du ou des scrutateurs, il sera considéré comme défaillant en application de l'article 17-1 A, alinéa 2.

Il s'en déduit qu'en l'état actuel du texte, il n'est pas possible de tenir, en dehors de la période de crise sanitaire, une assemblée générale uniquement par correspondance. La consultation écrite n'est pas autorisée, sauf pour les petites copropriétés (article 41-12), ce qui est conforme à l'esprit de la loi du 10 juillet 1965, laquelle prévoit que les décisions sont prises en assemblée générale (art. 17).

2. Mandat et vote par correspondance

- Le mandataire peut-il voter par correspondance ?

Le formulaire de vote par correspondance ne prévoit pas la signature de celui-ci par un mandataire, mais uniquement une signature par le « copropriétaire, l'associé ou le mandataire commun de l'indivision ». L'arrêté du 2 juillet 2020 ne vise donc pas les mandataires légal, judiciaire ou conventionnel. De même, l'article 14 du décret du 17 mars 1967 modifié relatif à la feuille de présence précise, au sujet du mandataire, que « Dans le cas où le copropriétaire ou l'associé est représenté, la feuille de présence mentionne les nom et domicile du mandataire désigné et précise le cas échéant si ce dernier participe par visioconférence, par audioconférence ou par un autre moyen de communication électronique ». L'éventualité d'un mandataire votant par correspondance n'est donc pas abordée ni même envisagée par les textes.

Toutefois, il convient de rappeler que l'article 22 de la loi du 10 juillet 1965 permet à « tout copropriétaire » de donner un mandat de représentation à l'assemblée générale. Le mandataire légal (représentant du mineur ou du majeur protégé), judiciaire (tuteur), ou conventionnel (notamment l'administrateur de bien), doit pouvoir voter par correspondance.

Cette option doit *a fortiori* être ouverte en période de crise sanitaire, lorsque le syndic peut imposer le huis clos, car à défaut, certains copropriétaires risquent d'être privés de leur droit de vote.

L'article 1er de l'arrêté du 2 juillet 2020 prévoyant que le « formulaire peut être adapté ou complété, sans toutefois qu'aucune des mentions du modèle puisse être supprimé », le syndic pourrait compléter le formulaire ainsi :

> Signature** (du copropriétaire, de l'associé ou du mandataire commun **de l'indivision ou d'un mandataire**
> ****pour le cas où le vote est exprimé par un mandataire du copropriétaire, celui-ci devra justifier de son mandat ».**

- Que se passe-t-il si un copropriétaire renvoie au syndic un mandat et le formulaire de vote par correspondance complété ?

La question est clairement tranchée par l'article 14-1 du décret du 17 mars 1967 : « Au moment du vote, le formulaire de vote par correspondance n'est pas pris en compte lorsque le copropriétaire, l'associé ou leur mandataire est présent à l'assemblée générale, quelle que soit la date à laquelle a été établi ou reçu le formulaire de vote par correspondance ou le mandat avec délégation de vote, y compris en cas de délégation de vote sans désignation d'un mandataire »

Par conséquent, et quelle que soit la date d'établissement du mandat, le vote exprimé par le mandataire prime sur le vote par correspondance, sauf s'il s'agit d'une assemblée à huis clos.

• En cas d'envoi simultané d'un mandat en blanc et d'un formulaire de vote par correspondance, le mandataire choisi doit-il considérer qu'il a un mandat impératif ?

La même solution doit être appliquée : le mandat rend caduc le formulaire de vote par correspondance, par conséquent, si le mandat ne comporte aucune consigne de vote, le mandataire s'exprime librement.

• Un copropriétaire opposant votant par correspondance peut-il exprimer des réserves ?

En application de l'article 17 du décret du 17 mars 1967, « Le procès-verbal mentionne les réserves éventuellement formulées par les copropriétaires ou associés opposants sur la régularité des décisions. »

La troisième chambre de la Cour de cassation, par un arrêt en date du 23 novembre 2017 (pourvoi n° 16-25125), a précisé que : « la mention au procès-verbal d'une assemblée générale des réserves formulées par les copropriétaires ou associés opposants sur la régularité des décisions ne concerne que celles émises lors du déroulement de celle-ci. »

C'est donc la décision votée qui peut faire l'objet de réserves émises par les seuls copropriétaires assistant à l'assemblée générale. Le copropriétaire votant par correspondance ne peut donc exprimer, par avance, des réserves sur le projet de résolution.

3. Réception des formulaires

L'article 9 *bis* du Décret du 17 mars 1967 dispose :

« Pour être pris en compte lors de l'assemblée générale, le formulaire de vote par correspondance est réceptionné par le syndic au plus tard trois jours francs avant la date de la réunion. Lorsque le formulaire de vote est transmis par courrier électronique à l'adresse indiquée par le syndic, il est présumé réceptionné à la date de l'envoi. »

• Comment compter le délai de « 3 jours francs » ?

Un jour franc est défini comme un jour entier allant de 0 H à 24 H : ne sont pas comptés les jours d'envoi et de réception.

Faut-il proroger ce délai s'il expire un samedi, un dimanche, ou un jour férié, par application de l'article 642 du Code de procédure civile : « Le délai qui expirerait normalement un samedi, un dimanche ou un jour férié ou chômé est prorogé jusqu'au premier jour ouvrable suivant » ?

Selon la Cour de cassation, les articles 641 et 642 s'appliquent uniquement aux délais de procédure (▪ Civ. 1re, 12 déc. 2018, n° 17-25.697).

L'ANSA (Association nationale des sociétés par actions) (1), confrontée à la même problématique, a souligné que « le délai de trois jours est un délai (court) destiné à tenir compte aussi bien, du côté de l'émetteur, des contraintes pratiques d'organisation de l'AG liées au dépouillement des votes que, dans l'intérêt des actionnaires, du souci de prendre en compte le maximum de votes possibles. » Elle a considéré que l'article 642 ne devait pas s'appliquer pour le décompte d'un délai dit « à rebours », le texte ne faisant pas de référence aux « jours ouvrables ».

Selon cette interprétation, la date limite de réception (au-delà de laquelle le syndic doit refuser un formulaire) est le quatrième jour avant la date de l'assemblée, sans tenir compte du fait que ce jour est un samedi ou dimanche.

Ainsi, on peut établir le tableau suivant :

Jour de l'assemblée	Jour limite de réception des votes par correspondance
Lundi	Jeudi
Mardi	Vendredi
Mercredi	Samedi
Jeudi	Dimanche
Vendredi	Lundi
Samedi	Mardi
Dimanche	Mercredi

(1) Ref. : ANSA Comité Juridique Réunion du 1er avril 2015 n° 15-026 Règle applicable à la détermination de la date butoir de réception des votes par correspondance.

Cependant, dans le cas où le formulaire est adressé par voie postale, le texte faisant référence à la date de réception par le syndic, le copropriétaire devra être attentif au fait que le syndic professionnel ne pourra pas matériellement réceptionner de formulaire le week-end et les jours fériés et chômés, les bureaux étant fermés, et que, de toute façon, il n'y a pas de réception de courrier le dimanche.

• Quelles sont les conséquences de la réception hors délai du formulaire de vote ?

Si un formulaire est reçu hors délai, le copropriétaire est considéré comme n'ayant pas voté par correspondance au sens de l'article 17-1 A, alinéa 2.

Il est défaillant au sens de l'article 42, alinéa 2 de la loi du 10 juillet 1965, le procès-verbal lui sera notifié et il sera donc recevable à exercer un recours contre l'assemblée générale. Sur la feuille de présence, la mention du vote par correspondance de ce copropriétaire n'a pas à être portée, car l'article 14 du décret du 17 mars 1967 dispose :

« *Il est tenu une feuille de présence, pouvant comporter plusieurs feuillets, qui indique les nom et domicile de chaque copropriétaire ou associé :*

- présent physiquement ou représenté ;

- participant à l'assemblée générale par visioconférence, par audioconférence ou par un autre moyen de communication électronique ;

ayant voté par correspondance avec mention de la date de réception du formulaire par le syndic.

Toutefois, bien que cela ne soit pas prévu à l'article 17 du décret, il est recommandé de mentionner dans le procès-verbal le nom des copropriétaires pour lesquels les votes par correspondance ont été reçus hors délai.

• Le formulaire de vote par correspondance peut-il valablement être transmis au syndic par un tiers (par exemple un membre du conseil syndical) ou doit-il nécessairement être adressé par le copropriétaire ?

Le décret n'impose pas l'envoi par le copropriétaire : l'article 9 *bis* impose seulement que le « vote par correspondance [soit] réceptionné par le syndic au plus tard trois jours francs avant la date de la réunion ». Le syndic ne peut donc écarter des votes par correspondance reçus par l'intermédiaire d'un tiers (conseil syndical, mandataire...), pour autant qu'ils lui soient remis trois jours francs avant la réunion.

• Le syndic peut-il se faire juge de la régularité des formulaires reçus ?

Le syndic n'a pas à se faire juge de la validité des formulaires reçus, dès lors qu'il les a bien réceptionnés au plus tard trois jours francs avant la date de réunion. Seuls les scrutateurs (hormis le cas d'une assemblée générale à huis clos), ou à défaut le président, pourraient prendre cette responsabilité.

Toutefois, en cas de suspicion de fraude ou d'erreur manifeste, il est prudent d'interroger le copropriétaire auteur du vote par correspondance avant la tenue de l'assemblée générale. Le secrétaire de séance pourrait, s'il l'estime opportun, en faire mention dans le procès-verbal.

4. Conséquences d'une résolution amendée

Selon l'article 17-1 A de la loi du 10 juillet 1965 « Si la résolution objet du vote par correspondance est amendée en cours d'assemblée générale, le votant par correspondance ayant voté favorablement est assimilé à un copropriétaire défaillant pour cette résolution »

Par conséquent, toute modification du projet de résolution, quelle que soit son importance et même si elle est favorable au copropriétaire, rend le copropriétaire ayant voté par correspondance en faveur de la résolution, défaillant pour la résolution en question. En effet, le texte modifié par l'ordonnance du 30 octobre 2019 ne fait plus aucune référence au caractère « substantiel » de l'amendement, qui paraissait difficile à apprécier.

En revanche, les votes négatifs et les abstentions demeurent inchangés en cas d'amendement.

Le syndic devra par conséquent notifier le procès-verbal au copropriétaire par correspondance ayant exprimé un vote « pour » à l'égard de la résolution amendée.

*****

APPENDICE

STATUT DE LA COPROPRIÉTÉ

version intégrale non commentée de la loi du 10 juillet 1965 et du décret du 17 mars 1967

Loi n° 65-557 du 10 juillet 1965

fixant le statut de la copropriété des immeubles bâtis

CHAPITRE Ier. – Définition et organisation de la copropriété

Art. 1er *(Mod. à compter du 1er juin 2020, Ord. n° 2019-1101, 30 oct. 2019).* **– I. – La présente loi régit tout immeuble bâti ou groupe d'immeubles bâtis à usage total ou partiel d'habitation dont la propriété est répartie par lots entre plusieurs personnes.**

Le lot de copropriété comporte obligatoirement une partie privative et une quote-part de parties communes, lesquelles sont indissociables.

Ce lot peut être un lot transitoire. Il est alors formé d'une partie privative constituée d'un droit de construire précisément défini quant aux constructions qu'il permet de réaliser et d'une quote-part de parties communes correspondante.

La création et la consistance du lot transitoire sont stipulées dans le règlement de copropriété.

II. – À défaut de convention y dérogeant expressément et mettant en place une organisation dotée de la personnalité morale et suffisamment structurée pour assurer la gestion de leurs éléments et services communs, la présente loi est également applicable :

1° À tout immeuble ou groupe d'immeubles bâtis à destination totale autre que d'habitation dont la propriété est répartie par lots entre plusieurs personnes ;

2° À tout ensemble immobilier qui, outre des terrains, des volumes, des aménagements et des services communs, comporte des parcelles ou des volumes, bâtis ou non, faisant l'objet de droits de propriété privatifs.

Pour les immeubles, groupes d'immeubles et ensembles immobiliers mentionnés aux deux alinéas ci-dessus et déjà régis par la présente loi, la convention mentionnée au premier alinéa du présent II est adoptée par l'assemblée générale à l'unanimité des voix de tous les copropriétaires composant le syndicat.

Art. 1-1 *(Aj., L. n° 2018-1021, 23 nov. 2018).* **– En cas de mise en copropriété d'un immeuble bâti existant, l'ensemble du statut s'applique à compter du premier transfert de propriété d'un lot.**

Pour les immeubles à construire, le fonctionnement de la copropriété découlant de la personnalité morale du syndicat de copropriétaires prend effet lors de la livraison du premier lot.

L'immatriculation du syndicat de copropriétaires est sans conséquence sur l'application du statut.

Art. 2. – Sont privatives les parties des bâtiments et des terrains réservées à l'usage exclusif d'un copropriétaire déterminé.

Les parties privatives sont la propriété exclusive de chaque copropriétaire.

Art. 3 *(Mod., L. n° 2018-1021, 23 nov. 2018).* **– Sont communes les parties des bâtiments et des terrains affectées à l'usage ou à l'utilité de tous les copropriétaires ou de plusieurs d'entre eux.**

Dans le silence ou la contradiction des titres, sont réputés parties communes :

– le sol, les cours, les parcs et jardins, les voies d'accès ;

– le gros œuvre des bâtiments, les éléments d'équipement commun, y compris les parties de canalisations y afférentes qui traversent des locaux privatifs ;

– les coffres, gaines et têtes de cheminées ;

– les locaux des services communs ;

– les passages et corridors ;

– tout élément incorporé dans les parties communes.

Sont réputés droits accessoires aux parties communes dans le silence ou la contradiction des titres :

– le droit de surélever un bâtiment affecté à l'usage commun ou comportant plusieurs locaux qui constituent des parties privatives différentes, ou d'en affouiller le sol ;

– le droit d'édifier des bâtiments nouveaux dans des cours, parcs ou jardins constituant des parties communes ;

- le droit d'affouiller de tels cours, parcs ou jardins ;
- le droit de mitoyenneté afférent aux parties communes ;
- le droit d'affichage sur les parties communes ;
- le droit de construire afférent aux parties communes.

Art. 4. – Les parties communes sont l'objet d'une propriété indivise entre l'ensemble des copropriétaires ou certains d'entre eux seulement ; *(Mots aj. à compter du 1er juin 2020, Ord. n° 2019-1101, 30 oct. 2019)* : « selon le cas elles sont générales ou spéciales ». Leur administration et leur jouissance sont organisées conformément aux dispositions de la présente loi.

Art. 5. – Dans le silence ou la contradiction des titres, la quote-part des parties communes *(Mots aj. à compter du 1er juin 2020, Ord. n° 2019-1101, 30 oct. 2019)* « tant générales que spéciales » afférente à chaque lot est proportionnelle à la valeur relative de chaque partie privative par rapport à l'ensemble des valeurs desdites parties, telles que ces valeurs résultent, lors de l'établissement de la copropriété, de la consistance, de la superficie et de la situation des lots, sans égard à leur utilisation.

Art. 6. – Les parties communes et les droits qui leur sont accessoires ne peuvent faire l'objet, séparément des parties privatives, d'une action en partage ni d'une licitation forcée.

Art. 6-1 A *(Aj., à compter du 1er juin 2020, Ord. n° 2019-1101, 30 oct. 2019)*. – Aucune servitude ne peut être établie sur une partie commune au profit d'un lot.

Art. 6-1 *(L. n° 79-2, 2 janv. 1979)*. – En cas de modification dans les quotes-parts des parties communes afférentes aux lots, quelle qu'en soit la cause, les droits soumis ou admis à publicité dont les lots sont l'objet s'éteignent sur les quotes-parts qui en sont détachées et s'étendent à celles qui y sont rattachées.

En cas de changement de l'emprise d'une copropriété résultant de l'aliénation volontaire ou forcée ou de l'acquisition de parties communes, les droits soumis ou admis à publicité, autres que les servitudes, dont les lots sont l'objet, s'éteignent sur le bien cédé et s'étendent au bien acquis.

Toutefois, l'extension prévue à l'alinéa précédent, qui s'opère avec le rang attaché à la publicité primitive, n'a lieu que par la publication au fichier immobilier de la déclaration faite par le syndic ou un créancier que le bien acquis est libre de tout droit de même nature au jour de la mutation ou qu'il est devenu libre de ces mêmes droits. L'inexactitude de cette déclaration entraîne le rejet de la formalité de publicité.

Art. 6-2 *(Al. mod. à compter du 1er juin 2020, Ord. n° 2019-1101, 30 oct. 2019)*. – Les parties communes spéciales sont celles affectées *(Mots rempl. à compter du 1er juin 2020, Ord. n° 2019-1101, 30 oct. 2019)* « à l'usage ou à l'utilité » de plusieurs copropriétaires. Elles sont la propriété indivise de ces derniers.

La création de parties communes spéciales est indissociable de l'établissement de charges spéciales à chacune d'entre elles.

Les décisions afférentes aux seules parties communes spéciales peuvent être prises soit au cours d'une assemblée spéciale, soit au cours de l'assemblée générale de tous les copropriétaires. Seuls prennent part au vote les copropriétaires *(Mots rempl. à compter du 1er juin 2020, Ord. n° 2019-1101, 30 oct. 2019)* « à l'usage ou à l'utilité » desquels sont affectées ces parties communes.

Art. 6-3 *(Aj., L. n° 2018-1021, 23 nov. 2018)*. – Les parties communes à jouissance privative sont les parties communes affectées *(Mots rempl. à compter du 1er juin 2020, Ord. n° 2019-1101, 30 oct. 2019)* « à l'usage ou à l'utilité » exclusifs d'un lot. Elles appartiennent indivisément à tous les copropriétaires.

Le droit de jouissance privative est nécessairement accessoire au lot de copropriété auquel il est attaché. Il ne peut en aucun cas constituer la partie privative d'un lot.

(Al. aj. à compter du 1er juin 2020, Ord. n° 2019-1101, 30 oct. 2019) Le règlement de copropriété précise, le cas échéant, les charges que le titulaire de ce droit de jouissance privative supporte.

Art. 6-4 *(Aj., L. n° 2018-1021, 23 nov. 2018)*. – L'existence des parties communes spéciales et de celles à jouissance privative est subordonnée à leur mention expresse dans le règlement de copropriété.

Art. 7. – Les cloisons ou murs, séparant des parties privatives et non compris dans le gros œuvre, sont présumés mitoyens entre les locaux qu'ils séparent.

Art. 8 *(Mod., Ord. n° 2014-1090, 26 sept. 2014).* – I. – Un règlement conventionnel de copropriété, incluant ou non l'état descriptif de division, détermine la destination des parties tant privatives que communes, ainsi que les conditions de leur jouissance ; il fixe également, sous réserve des dispositions de la présente loi, les règles relatives à l'administration des parties communes. *(Mots aj. à compter du 1er juin 2020, Ord. n° 2019-1101, 30 oct. 2019)* « Il énumère, s'il y a lieu, les parties communes spéciales et celles à jouissance privative ».

Le règlement de copropriété ne peut imposer aucune restriction aux droits des copropriétaires en dehors de celles qui seraient justifiées par la destination de l'immeuble, telle qu'elle est définie aux actes, par ses caractères ou sa situation.

II. – Le règlement de copropriété des immeubles dont le permis de construire est délivré conformément à un plan local d'urbanisme ou à d'autres documents d'urbanisme imposant la réalisation d'aires de stationnement prévoit qu'une partie des places de stationnement adaptées prévues au titre de l'obligation d'accessibilité définie à *(Réf. rempl. à compter d'une date fixée par décret en Conseil d'État et au plus tard le 1er juillet 2021, Ord. n° 2020-71, 29 janv. 2020)* « l'article L. 161-1 du Code de la construction et de l'habitation » est incluse dans les parties communes.

Le règlement de copropriété des immeubles prévoit, dans des conditions définies par décret, les modalités selon lesquelles ces places de stationnement adaptées sont louées de manière prioritaire aux personnes handicapées habitant la copropriété.

Art. 8-1 *(L. n° 2009-323, 25 mars 2009) (L. n° 2009-323, 25 mars 2009).* – Le règlement de copropriété des immeubles dont le permis de construire a été délivré conformément à un plan local d'urbanisme ou d'autres documents d'urbanisme imposant la réalisation d'aires de stationnement peut prévoir une clause attribuant un droit de priorité aux copropriétaires à l'occasion de la vente de lots exclusivement à usage de stationnement au sein de la copropriété.

Dans ce cas, le vendeur doit, préalablement à la conclusion de toute vente d'un ou plusieurs lots à usage de stationnement, faire connaître au syndic par lettre recommandée avec demande d'avis de réception son intention de vendre, en indiquant le prix et les conditions de la vente.

Cette information est transmise sans délai à chaque copropriétaire par le syndic par lettre recommandée avec demande d'avis de réception, aux frais du vendeur. Elle vaut offre de vente pendant une durée de deux mois à compter de sa notification.

Art. 8-2 *(Aj., L. n° 2014-366, 24 mars 2014).* – Le syndic établit une fiche synthétique de la copropriété regroupant les données financières et techniques essentielles relatives à la copropriété et à son bâti, dont le contenu est défini par décret. Le syndic met à jour la fiche synthétique de la copropriété chaque année.

Le syndic met cette fiche à disposition des copropriétaires.

(Al. rempl. à compter du 1er juin 2020, Ord. n° 2019-1101, 30 oct. 2019) « En l'absence de mise à disposition d'un copropriétaire de la fiche synthétique au-delà d'un délai d'un mois à compter de la demande, des pénalités par jour de retard, dont le montant est fixé par décret, sont imputées sur la rémunération forfaitaire annuelle du syndic. Ces pénalités sont déduites de la rémunération du syndic lors de l'arrêté des comptes à soumettre à l'assemblée générale ».

Ces dispositions ne sont pas applicables aux syndics administrant des immeubles à destination totale autre que d'habitation.

Art. 9 *(Mod., L. n° 2009-526, 12 mai 2009 ; L. n° 2014-366, 24 mars 2014 ; à compter du 1er juin 2020, Ord. n° 2019-1101, 30 oct. 2019).* – I. – Chaque copropriétaire dispose des parties privatives comprises dans son lot ; il use et jouit librement des parties privatives et des parties communes sous la condition de ne porter atteinte ni aux droits des autres copropriétaires ni à la destination de l'immeuble.

Les travaux supposant un accès aux parties privatives doivent être notifiés aux copropriétaires concernés au moins huit jours avant le début de leur réalisation, sauf impératif de sécurité ou de conservation des biens.

II. – Un copropriétaire ne peut faire obstacle à l'exécution, même sur ses parties privatives, de travaux d'intérêt collectif régulièrement décidés par l'assemblée générale des copropriétaires, dès lors que l'affectation, la consistance ou la jouissance des parties privatives n'en sont pas altérées de manière durable. La réalisation de tels travaux sur une partie privative, lorsqu'il existe une autre solution n'affectant pas cette partie, ne peut être imposée au copropriétaire concerné que si les circonstances le justifient.

Pour la réalisation de travaux d'intérêt collectif sur des parties privatives, le syndicat exerce les pouvoirs du maître d'ouvrage jusqu'à la réception des travaux.

III. – Les copropriétaires qui subissent un préjudice par suite de l'exécution des travaux, en raison soit d'une diminution définitive de la valeur de leur lot, soit d'un trouble de jouissance grave, même s'il est temporaire, soit de dégradations, ont droit à une indemnité. En cas de privation totale temporaire de jouissance du lot, l'assemblée générale accorde au copropriétaire qui en fait la demande une indemnité provisionnelle à valoir sur le montant de l'indemnité définitive.

L'indemnité provisionnelle ou définitive due à la suite de la réalisation de travaux d'intérêt collectif est à la charge du syndicat des copropriétaires. Elle est répartie en proportion de la participation de chacun des copropriétaires au coût des travaux.

Art. 9-1 *(L. n° 2014-366, 24 mars 2014).* – Chaque copropriétaire est tenu de s'assurer contre les risques de responsabilité civile dont il doit répondre en sa qualité soit de copropriétaire occupant, soit de copropriétaire non-occupant. Chaque syndicat de copropriétaires est tenu de s'assurer contre les risques de responsabilité civile dont il doit répondre.

Art. 10 *(Mod. à compter du 1er juin 2020, Ord. n° 2019-1101, 30 oct. 2019 ; L. n° 2021-1104, 22 août 2021).* – Les copropriétaires sont tenus de participer aux charges entraînées par les services collectifs et les éléments d'équipement commun en fonction de l'utilité objective que ces services et éléments présentent à l'égard de chaque lot, dès lors que ces charges ne sont pas individualisées.

(Mod. pour certaines copropriétés à compter du 1er janvier 2023 : V. note (1)*, L. n° 2021-1104, 22 août 2021)* Ils sont tenus de participer aux charges relatives à la conservation, à l'entretien et à l'administration des parties communes, générales et spéciales, et de verser au fonds de travaux mentionné à l'article 14-2, la cotisation prévue au même article, proportionnellement aux valeurs relatives des parties privatives comprises dans leurs lots, telles que ces valeurs résultent des dispositions de l'article 5.

Le règlement de copropriété fixe la quote-part afférente à chaque lot dans chacune des catégories de charges et indique les éléments pris en considération ainsi que la méthode de calcul ayant permis de fixer les quotes-parts de parties communes et la répartition des charges.

Lorsque le règlement de copropriété met à la seule charge de certains copropriétaires les dépenses d'entretien et de fonctionnement entraînées par certains services collectifs ou éléments d'équipements, il peut prévoir que ces copropriétaires prennent seuls part au vote sur les décisions qui concernent ces dépenses. Chacun d'eux dispose d'un nombre de voix proportionnel à sa participation auxdites dépenses.

Art. 10-1 *(L. n° 2000-1208, 13 déc. 2000 ; mod., L. n° 2006-872, 13 juill. 2006 ; L. n° 2009-526, 12 mai 2009 ; L. n° 2010-788, 12 juill. 2010 ; L. n° 2014-366, 24 mars 2014 ; mod. à compter du 1er mars 2019, L. n° 2018-1021, 23 nov. 2018 ; mod. à compter du 1er juin 2020, Ord. n° 2019-1101, 30 oct. 2019).* – Par dérogation aux dispositions du deuxième alinéa de l'article 10, sont imputables au seul copropriétaire concerné :

a) Les frais nécessaires exposés par le syndicat, notamment les frais de mise en demeure, de relance et de prise d'hypothèque à compter de la mise en demeure, pour le recouvrement d'une créance justifiée à l'encontre d'un copropriétaire ainsi que les droits et émoluments des actes des huissiers de justice et le droit de recouvrement ou d'encaissement à la charge du débiteur ;

b) Les frais et honoraires du syndic afférents aux prestations qu'il doit effectuer pour l'établissement de l'état daté à l'occasion de la mutation à titre onéreux d'un lot ou d'une fraction de lot. Les honoraires ou frais perçus par le syndic au titre des prestations susmentionnées ne peuvent excéder un montant fixé par décret ;

(1) Dates d'entrée en vigueur du texte dans sa nouvelle rédaction :

1° Le 1er janvier 2023, pour les syndicats de copropriétaires comprenant plus de deux cents lots à usage de logements, de bureaux ou de commerces ;

2° Le 1er janvier 2024, pour les syndicats de copropriétaires comprenant un nombre de lots à usage de logements, de bureaux ou de commerces compris entre cinquante et un et deux cents ;

3° Le 1er janvier 2025, pour les syndicats de copropriétaires comprenant au plus cinquante lots à usage de logements, de bureaux ou de commerces.

c) Les dépenses pour travaux d'intérêt collectif réalisés sur les parties privatives en application du *c* du II de l'article 24 et du *f* de l'article 25 ;

d) Les astreintes, fixées par lot, relatives à des mesures ou travaux prescrits par l'autorité administrative compétente ayant fait l'objet d'un vote en assemblée générale et qui n'ont pu être réalisés en raison de la défaillance du copropriétaire.

Le copropriétaire qui, à l'issue d'une instance judiciaire l'opposant au syndicat, voit sa prétention déclarée fondée par le juge, est dispensé, même en l'absence de demande de sa part, de toute participation à la dépense commune des frais de procédure, dont la charge est répartie entre les autres copropriétaires.

Le juge peut toutefois en décider autrement en considération de l'équité ou de la situation économique des parties au litige.

NB : Conformément à l'article 1er du décret n° 2020-153 du 23 février 2020, le montant mentionné au *b* de l'article 10-1 de la loi du 10 juillet 1965 susvisée est fixé à 380 € TTC.

Art. 11. – Sous réserve des dispositions de l'article 12 ci-dessous, la répartition des charges ne peut être modifiée qu'à l'unanimité des copropriétaires. Toutefois, lorsque des travaux ou des actes d'acquisition ou de disposition sont décidés par l'assemblée générale statuant à la majorité exigée par la loi, la modification de la répartition des charges ainsi rendue nécessaire peut être décidée par l'assemblée générale statuant à la même majorité.

En cas d'aliénation séparée d'une ou plusieurs fractions d'un lot, la répartition des charges entre ces fractions est, lorsqu'elle n'est pas fixée par le règlement de copropriété, soumise à l'approbation de l'assemblée générale statuant à la majorité prévue à l'article 24.

À défaut de décision de l'assemblée générale modifiant les bases de répartition des charges dans les cas prévus aux alinéas précédents, tout copropriétaire pourra saisir *(Mod. à compter du 1er janvier 2020, Ord. n° 2019-964, 19 sept. 2019)* « le tribunal judiciaire » de la situation de l'immeuble à l'effet de faire procéder à la nouvelle répartition rendue nécessaire.

Art. 12. – Dans les cinq ans de la publication du règlement de copropriété au fichier immobilier, chaque propriétaire peut poursuivre en justice la révision de la répartition des charges si la part correspondant à son lot est supérieure de plus d'un quart, ou si la part correspondant à celle d'un autre copropriétaire est inférieure de plus d'un quart, dans l'une ou l'autre des catégories de charges, à celle qui résulterait d'une répartition conforme aux dispositions de l'article 10. Si l'action est reconnue fondée, le tribunal procède à la nouvelle répartition des charges.

Cette action peut également être exercée par le propriétaire d'un lot avant l'expiration d'un délai de deux ans à compter de la première mutation à titre onéreux de ce lot intervenue depuis la publication du règlement de copropriété au fichier immobilier.

Art. 13. – Le règlement de copropriété et les modifications qui peuvent lui être apportées ne sont opposables aux ayants cause à titre particulier des copropriétaires qu'à dater de leur publication au fichier immobilier.

Art. 14 *(Mod. à compter du 1er juin 2020, Ord. n° 2019-1101, 30 oct. 2019)*. – La collectivité des copropriétaires est constituée en un syndicat qui a la personnalité civile.

Le syndicat peut revêtir la forme d'un syndicat coopératif régi par les dispositions de la présente loi.

Il établit, s'il y a lieu, et modifie le règlement de copropriété.

Il a pour objet la conservation et l'amélioration de l'immeuble ainsi que l'administration des parties communes.

Le syndicat est responsable des dommages causés aux copropriétaires ou aux tiers ayant leur origine dans les parties communes, sans préjudice de toutes actions récursoires.

Art. 14-1 *(Mod., L. n° 2000-1208, 13 déc. 2000 ; L. n° 2021-1104, 22 août 2021)*. – I. – Pour faire face aux dépenses courantes de maintenance, de fonctionnement et d'administration des parties communes et équipements communs de l'immeuble, le syndicat des copropriétaires vote, chaque année, un budget prévisionnel. L'assemblée générale des copropriétaires appelée à voter le budget prévisionnel est réunie dans un délai de six mois à compter du dernier jour de l'exercice comptable précédent.

Les copropriétaires versent au syndicat des provisions égales au quart du budget voté. Toutefois, l'assemblée générale peut fixer des modalités différentes.

La provision est exigible le premier jour de chaque trimestre ou le premier jour de la période fixée par l'assemblée générale.

II *(Aj. à compter du 1er janvier 2023, L. n° 2021-1104, 22 août 2021)*. – Ne sont pas comprises dans le budget prévisionnel les dépenses du syndicat pour travaux, dont la liste est fixée par décret en Conseil d'État. Les sommes afférentes à ces dépenses sont exigibles selon les modalités votées par l'assemblée générale.

Art. 14-2 *(Mod. à compter du 1er janvier 2023, L. n° 2021-1104, 22 août 2021)*. – I. – À l'expiration d'un délai de quinze ans à compter de la date de réception des travaux de construction de l'immeuble, un projet de plan pluriannuel de travaux est élaboré dans les immeubles à destination partielle ou totale d'habitation soumis à la présente loi. Il est actualisé tous les dix ans.

Ce projet de plan pluriannuel de travaux comprend, à partir d'une analyse du bâti et des équipements de l'immeuble ainsi que du diagnostic de performance énergétique mentionné à l'article L. 126-31 du Code de la construction et de l'habitation, sauf lorsque l'exemption prévue au deuxième alinéa du même article L. 126-31 s'applique, et, le cas échéant, à partir du diagnostic technique global prévu à l'article L. 731-1 du même code dès lors que ce dernier a été réalisé :

1° La liste des travaux nécessaires à la sauvegarde de l'immeuble, à la préservation de la santé et de la sécurité des occupants, à la réalisation d'économies d'énergie et à la réduction des émissions de gaz à effet de serre ;

2° Une estimation du niveau de performance au sens de l'article L. 173-1-1 dudit code que les travaux mentionnés au 1° du présent I permettent d'atteindre ;

3° Une estimation sommaire du coût de ces travaux et leur hiérarchisation ;

4° Une proposition d'échéancier pour les travaux dont la réalisation apparaît nécessaire dans les dix prochaines années.

Si le diagnostic technique global mentionné au deuxième alinéa du présent I ne fait apparaître aucun besoin de travaux au cours des dix années qui suivent son élaboration, le syndicat est dispensé de l'obligation d'élaborer un projet de plan pluriannuel de travaux.

Le projet de plan pluriannuel de travaux est établi par une personne disposant des compétences et des garanties précisées par décret, pouvant différer de celles du tiers mentionné à l'article L. 731-1 du Code de la construction et de l'habitation.

Le syndic inscrit à l'ordre du jour de l'assemblée générale des copropriétaires les modalités d'élaboration du projet de plan pluriannuel de travaux, qui sont votées à la majorité des voix exprimées des copropriétaires présents, représentés ou ayant voté par correspondance.

Les travaux prescrits dans le plan pluriannuel de travaux ainsi que leur échéancier et, le cas échéant, ceux prescrits par le diagnostic technique global sont intégrés dans le carnet d'entretien de l'immeuble prévu à l'article 18 de la présente loi.

II. – Le projet de plan pluriannuel de travaux est présenté à la première assemblée générale des copropriétaires qui suit son élaboration ou sa révision. Lorsque ce projet de plan fait apparaître la nécessité de réaliser des travaux au cours des dix prochaines années, le syndic inscrit à l'ordre du jour de cette assemblée générale la question de l'adoption de tout ou partie du projet de plan pluriannuel de travaux, qui est soumise à la majorité des voix de tous les copropriétaires.

Au regard des décisions prises par l'assemblée générale mentionnée au premier alinéa du présent II, le syndic inscrit à l'ordre du jour de chaque assemblée générale appelée à approuver les comptes soit la question de l'adoption de tout ou partie du projet de plan pluriannuel de travaux, s'il n'a pas été adopté, soit les décisions relatives à la mise en œuvre de l'échéancier du plan pluriannuel de travaux adopté.

III. – Dans le cadre de l'exercice de la police de la sécurité et de la salubrité des immeubles, locaux et installations prévue au titre Ier du livre V du Code de la construction et de l'habitation, l'autorité administrative compétente peut à tout moment demander au syndic de lui transmettre le plan pluriannuel de travaux adopté dans les conditions prévues au II du présent article, afin de vérifier que les travaux programmés permettent de garantir la sauvegarde de l'immeuble et la sécurité de ses occupants.

À défaut de transmission du plan pluriannuel de travaux adopté dans un délai d'un mois à compter de la notification de la demande ou si le plan transmis ne prescrit manifestement pas les travaux nécessaires à la préservation de la sécurité des occupants de l'immeuble, l'autorité administrative peut élaborer ou actualiser d'office le projet de plan pluriannuel de travaux, en lieu et place du syndicat des copropriétaires et aux frais de ce dernier.

Dès réception du projet de plan pluriannuel de travaux notifié par l'autorité administrative, le syndic convoque l'assemblée générale, qui se prononce sur la question de l'adoption de tout ou partie de ce projet de plan.

Art. 14-2-1. – I. – *(Aj., L. n° 2021-1104, 22 août 2021 – Sur la date d'entrée en vigueur V. précisions sous le texte de l'article).* Dans les immeubles à destination totale ou partielle d'habitation, le syndicat des copropriétaires constitue un fonds de travaux au terme d'une période de dix ans à compter de la date de la réception des travaux de construction de l'immeuble, pour faire face aux dépenses résultant :

1° De l'élaboration du projet de plan pluriannuel de travaux mentionné à l'article 14-2 et, le cas échéant, du diagnostic technique global mentionné à l'article L. 731-1 du Code de la construction et de l'habitation ;

2° De la réalisation des travaux prévus dans le plan pluriannuel de travaux adopté par l'assemblée générale des copropriétaires ;

3° Des travaux décidés par le syndic en cas d'urgence, dans les conditions prévues au troisième alinéa du I de l'article 18 de la présente loi ;

4° Des travaux nécessaires à la sauvegarde de l'immeuble, à la préservation de la santé et de la sécurité des occupants et à la réalisation d'économies d'énergie, non prévus dans le plan pluriannuel de travaux.

Ce fonds de travaux est alimenté par une cotisation annuelle obligatoire. Chaque copropriétaire contribue au fonds selon les mêmes modalités que celles décidées par l'assemblée générale pour le versement des provisions du budget prévisionnel.

L'assemblée générale peut, par un vote à la même majorité que celle applicable aux dépenses concernées, affecter tout ou partie des sommes déposées sur le fonds de travaux au financement des dépenses mentionnées aux 1° à 4° du présent I. Cette affectation doit tenir compte de l'existence de parties communes spéciales ou de clefs de répartition des charges.

Lorsque l'assemblée générale a adopté le plan pluriannuel de travaux mentionné à l'article 14-2, le montant de la cotisation annuelle ne peut être inférieur à 2,5 % du montant des travaux prévus dans le plan adopté et à 5 % du budget prévisionnel mentionné à l'article 14-1. À défaut d'adoption d'un plan, le montant de la cotisation annuelle ne peut être inférieur à 5 % du budget prévisionnel mentionné au même article 14-1.

L'assemblée générale, votant à la majorité des voix de tous les copropriétaires, peut décider d'un montant supérieur.

II. – L'assemblée générale se prononce sur la question de la suspension des cotisations au fonds de travaux lorsque son montant excède le montant du budget prévisionnel mentionné à l'article 14-1. Lorsqu'un plan pluriannuel de travaux a été adopté par l'assemblée générale, celle-ci se prononce sur cette suspension lorsque le montant du fonds de travaux excède, en outre, 50 % du montant des travaux prévus dans le plan adopté.

III. – Les sommes versées au titre du fonds de travaux sont attachées aux lots et entrent définitivement, dès leur versement, dans le patrimoine du syndicat des copropriétaires. Elles ne donnent pas lieu à un remboursement par le syndicat des copropriétaires à l'occasion de la cession d'un lot. L'acquéreur peut consentir à verser au vendeur un montant équivalent à ces sommes en sus du prix de vente du lot.

Entrée en vigueur. Cet article entre en vigueur *(L. n° 2021-1104, 22 août 2021, art. 171, VI)* :

1° Le 1er janvier 2023, pour les syndicats de copropriétaires comprenant plus de deux cents lots à usage de logements, de bureaux ou de commerces ;

2° Le 1er janvier 2024, pour les syndicats de copropriétaires comprenant un nombre de lots à usage de logements, de bureaux ou de commerces compris entre cinquante et un et deux cents ;

3° Le 1er janvier 2025, pour les syndicats de copropriétaires comprenant au plus cinquante lots à usage de logements, de bureaux ou de commerces.

Art. 14-3 *(Mod. à compter du 1er juin 2020, Ord. n° 2019-1101, 30 oct. 2019).* – Les comptes du syndicat comprenant le budget prévisionnel, les charges et produits de l'exercice, la situation de trésorerie, ainsi que les annexes au budget prévisionnel sont établis conformément à des règles comptables spécifiques fixées par décret. Les comptes sont présentés avec comparatif des comptes de l'exercice précédent approuvé.

Les charges et les produits du syndicat, prévus au plan comptable, sont enregistrés dès leur engagement juridique par le syndic indépendamment de leur règlement. L'engagement est soldé par le règlement.

Les dispositions des articles 1er à 5 de la loi n° 98-261 du 6 avril 1998 portant réforme de la réglementation comptable et adaptation du régime de la publicité foncière ne sont pas applicables aux syndicats de copropriétaires.

Art. 15 *(Mod. à compter du 1er juin 2020, Ord. n° 2019-1101, 30 oct. 2019).* – Le syndicat a qualité pour agir en justice, tant en demandant qu'en défendant, même contre certains des copropriétaires ; il peut notamment agir, conjointement ou non avec un ou plusieurs de ces derniers, en vue de la sauvegarde des droits afférents à l'immeuble.

Tout copropriétaire peut néanmoins exercer seul les actions concernant la propriété ou la jouissance de son lot, à charge d'en informer le syndic.

En cas de carence ou d'inaction du syndic, le président du conseil syndical peut également, sur délégation expresse de l'assemblée générale, exercer une action contre le syndic, en réparation du préjudice subi par le syndicat des copropriétaires. Lorsque la copropriété n'a pas de conseil syndical, cette action peut être exercée par un ou plusieurs copropriétaires représentant au moins un quart des voix de tous les copropriétaires.

En cas de condamnation, les dommages et intérêts sont alloués au syndicat des copropriétaires.

Si, à l'issue de l'instance judiciaire, l'action exercée dans l'intérêt du syndicat est déclarée bien fondée par le juge, la charge des frais de procédure non supportés par le syndic est répartie entre tous les copropriétaires proportionnellement aux quotes-parts de parties communes afférentes à leur lot.

Art. 16. – Tous actes d'acquisition ou d'aliénation des parties communes ou de constitution de droits réels immobiliers au profit ou à la charge de ces dernières, à la condition qu'ils aient été décidés conformément aux dispositions des articles 6, 25 et 26, sont valablement passés par le syndicat lui-même et de son chef.

Le syndicat peut acquérir lui-même, à titre onéreux ou gratuit, des parties privatives sans que celles-ci perdent pour autant leur caractère privatif. Il peut les aliéner dans les conditions prévues à l'alinéa précédent. Il ne dispose pas de voix, en assemblée générale, au titre des parties privatives acquises par lui.

Art. 16-1 *(L. n° 79-2, 2 janv. 1979 ; Ord. n° 2014-1345, 6 nov. 2014 ; mod. à compter du 1er juin 2020, Ord. n° 2019-1101, 30 oct. 2019).* – Les sommes représentant le prix des parties communes cédées se divisent de plein droit entre les copropriétaires dans les lots desquels figuraient ces parties communes et proportionnellement à la quotité de ces parties afférentes à chaque lot.

La part du prix revenant à chaque copropriétaire lui est remise directement par le syndic après déduction des sommes exigibles par le syndicat des copropriétaires.

Art. 16-2 *(L. n° 96-987, 14 nov. 1996 ; mod. à compter du 1er janvier 2015, Ord. n° 2014-1345, 6 nov. 2014).* – L'expropriation pour cause d'utilité publique d'un immeuble bâti, d'un groupe d'immeubles bâtis ou d'un ensemble immobilier soumis à la présente loi est poursuivie et prononcée dans les conditions prévues par l'article L. 221-2 du Code de l'expropriation pour cause d'utilité publique.

CHAPITRE II. – Administration de la copropriété

Section 1. – Dispositions générales

Art. 17 *(Mod., L. n° 2014-366, 24 mars 2014 ; L. n° 2015-990, 6 août 2015 ; à compter du 1er janvier 2020, Ord. n° 2019-964,18 sept. 2019).* – Les décisions du syndicat sont prises en assemblée générale des copropriétaires ; leur exécution est confiée à un syndic placé éventuellement sous le contrôle d'un conseil syndical.

Dans les cas où, avant la réunion de la première assemblée générale suivant la mise en copropriété, un syndic provisoire a été désigné par le règlement de copropriété ou par tout autre accord des parties, ce syndic ne peut être maintenu que par décision de l'assemblée générale, après mise en concurrence préalable de plusieurs contrats de syndics effectuée par le conseil syndical, s'il en existe un, ou les copropriétaires.

À défaut de nomination du syndic par l'assemblée générale des copropriétaires convoquée à cet effet, le syndic est désigné par le président du tribunal judiciaire saisi à la requête d'un ou plusieurs copropriétaires, du maire de la commune ou du président de l'établissement public de coopération intercommunale compétent en matière d'habitat du lieu de situation de l'immeuble.

Dans tous les autres cas où le syndicat est dépourvu de syndic, l'assemblée générale des copropriétaires peut être convoquée par tout copropriétaire, aux fins de nommer un syndic. À défaut d'une telle convocation, le président du tribunal judiciaire statuant par ordonnance sur requête à la demande de tout intéressé, désigne un administrateur provisoire de la copropriété qui est notamment chargé de convoquer l'assemblée des copropriétaires en vue de la désignation d'un syndic.

Art. 17-1 AA *(Aj. à compter du 1er juin 2020, Ord. n° 2019-1101, 30 oct. 2019).* – Tout copropriétaire peut solliciter du syndic la convocation et la tenue, à ses frais, d'une assemblée générale pour faire inscrire à l'ordre du jour une ou plusieurs questions ne concernant que ses droits ou obligations.

Art. 17-1 A *(Aj. à compter du 1er juin 2020, Ord. n° 2019-1101, 30 oct. 2019).* – Les copropriétaires peuvent participer à l'assemblée générale par présence physique, par visioconférence ou par tout autre moyen de communication électronique permettant leur identification.

Les copropriétaires peuvent, par ailleurs, voter par correspondance avant la tenue de l'assemblée générale, au moyen d'un formulaire établi conformément à un modèle fixé par arrêté. Si la résolution objet du vote par correspondance est amendée en cours d'assemblée générale, le votant par correspondance ayant voté favorablement est assimilé à un copropriétaire défaillant pour cette résolution.

Les conditions d'identification des copropriétaires usant de moyens de communication électronique pour participer à l'assemblée générale et les modalités de remise au syndic du formulaire de vote par correspondance sont définies par décret en Conseil d'État.

Art. 17-1. – *(Anc. dernier al. de l'art. 17 transféré et rempl., L. n° 2000-1208, 13 déc. 2000)* Dans le cas où l'administration de la copropriété est confiée à un syndicat coopératif, la constitution d'un conseil syndical est obligatoire et le syndic est élu par les membres de ce conseil et choisi parmi ceux-ci. Il exerce de plein droit les fonctions de président du conseil syndical. En outre, le conseil syndical peut élire, dans les mêmes conditions, un vice-président qui supplée le syndic en cas d'empêchement de celui-ci.

Le président et le vice-président sont l'un et l'autre révocables dans les mêmes conditions. L'assemblée générale désigne une ou plusieurs personnes physiques ou morales qui peuvent être des copropriétaires ou des personnes extérieures qualifiées pour assurer le contrôle des comptes du syndicat.

L'adoption ou l'abandon de la forme coopérative du syndicat est décidé à la majorité de l'article 25 et le cas échéant de l'article 25-1.

Art. 17-1-1 *(Abr. à compter du 1er juin 2020, Ord. n° 2019-1101, 30 oct. 2019).*

Art. 17-2 *(L. n° 2014-366, 24 mars 2014 ; mod. à compter du 1er juin 2020, Ord. n° 2019-1101, 30 oct. 2019).* – Seul un copropriétaire d'un ou plusieurs lots dans la copropriété qu'il est amené à gérer peut être syndic non professionnel.

Si cette condition disparaît, le mandat devient caduc à l'expiration d'un délai de trois mois suivant l'événement. Durant ce délai, le syndic convoque une assemblée générale et inscrit à l'ordre du jour la question de la désignation d'un nouveau syndic.

Art. 18 *(L. n° 94-624, 21 juill. 1994 ; L. n° 2000-1208, 13 déc. 2000 ; L. n° 2007-309, 5 mars 2007 ; L. n° 2010-788, 12 juill. 2010 ; L. n° 2014-366, 24 mars 2014 ; Ord. n° 2015-1324, 22 oct. 2015 ; L. n° 2018-1021, 23 nov. 2018 ; Ord. n° 2019-1101, 30 oct. 2019 ; L. n° 2021-1104, 22 août 2021 ; mod. à compter du 11 avril 2024, L. n° 2024-322, 9 avr. 2024).* – I. – Indépendamment des pouvoirs qui lui sont conférés par d'autres dispositions de la présente loi ou par une délibération spéciale de l'assemblée générale, le syndic est chargé, dans les conditions qui seront éventuellement définies par le décret prévu à l'article 47 ci-dessous :

– d'assurer l'exécution des dispositions du règlement de copropriété et des délibérations de l'assemblée générale ;

– d'administrer l'immeuble, de pourvoir à sa conservation, à sa garde et à son entretien et, en cas d'urgence, de faire procéder de sa propre initiative à l'exécution de tous travaux nécessaires à la sauvegarde de celui-ci ;

– de soumettre au vote de l'assemblée générale, à la majorité de l'article 24, la décision de souscrire un contrat d'assurance contre les risques de responsabilité civile dont le syndicat doit répondre. En cas de refus de l'assemblée générale, l'assurance peut être contractée par le syndic pour le compte du syndicat des copropriétaires, en application de l'article L. 112-1 du Code des assurances ;

– de représenter le syndicat dans tous les actes civils et en justice dans les cas mentionnés aux articles 15 et 16 de la présente loi, ainsi que pour la publication de l'état descriptif de division et du règlement de copropriété ou des modifications apportées à ces actes, sans que soit nécessaire l'intervention de chaque copropriétaire à l'acte ou à la réquisition de publication ;

– d'assurer la conservation des archives relatives au syndicat des copropriétaires. La décision de confier les archives du syndicat des copropriétaires à une entreprise spécialisée aux frais dudit syndicat est prise à la majorité des voix de tous les copropriétaires. Une telle décision ne peut donner lieu à aucune rémunération complémentaire au profit du syndic ;

– d'établir et de tenir à jour et à disposition des copropriétaires un carnet d'entretien de l'immeuble conformément à un contenu défini par décret ;

– de réaliser les démarches prévues aux articles L. 711-1 à L. 711-6 du Code de la construction et de l'habitation relatifs à l'immatriculation du syndicat de copropriétaires, sous peine de l'astreinte prévue au même article L. 711-6 ;

– d'assurer l'information des occupants de chaque immeuble de la copropriété des décisions prises par l'assemblée générale, selon des modalités définies par décret ;

– de proposer, lorsque le syndic est un syndic professionnel, un accès en ligne sécurisé aux documents dématérialisés relatifs à la gestion de l'immeuble ou des lots gérés, sauf décision contraire de l'assemblée générale prise à la majorité de l'article 25 de la présente loi. Cet accès est différencié selon la nature des documents mis à la disposition des membres du syndicat de copropriétaires ou de ceux du conseil syndical. Un décret précise la liste minimale des documents devant être accessibles en ligne dans un espace sécurisé.

– d'informer les copropriétaires et les occupants de la copropriété qu'un immeuble fait l'objet d'une procédure relevant de l'exercice de la police de la sécurité et de la salubrité des immeubles, locaux et installations prévue au titre Ier du livre V du Code de la construction et de l'habitation.

II. – Le syndic assure la gestion comptable et financière du syndicat et, à ce titre, est chargé :

– d'établir le budget prévisionnel en concertation avec le conseil syndical, les comptes du syndicat et leurs annexes, de les soumettre au vote de l'assemblée générale et de tenir pour chaque syndicat une comptabilité séparée qui fait apparaître la position de chaque copropriétaire à l'égard du syndicat ;

– d'ouvrir, dans l'établissement bancaire qu'il choisit, un compte séparé au nom du syndicat, sur lequel sont versées sans délai toutes les sommes ou valeurs reçues au nom ou pour le compte du syndicat. L'assemblée générale peut décider, à la majorité de l'article 25, que ce compte est ouvert dans un autre établissement bancaire de son choix. Ce compte bancaire ne peut faire l'objet ni d'une convention de fusion, ni d'une compensation avec tout autre compte. Les éventuels intérêts produits par ce compte sont définitivement acquis au syndicat. La méconnaissance par le syndic de ces obligations emporte la nullité de plein droit de son mandat à l'expiration du délai de trois mois suivant sa désignation. Toutefois, les actes qu'il a passés avec des tiers de bonne foi demeurent valables. Le syndic met à disposition du conseil syndical une copie des relevés périodiques du compte, dès réception de ceux-ci ;

– *(Al. mod. à compter du 1er janvier 2023, L. n° 2021-1104, 22 août 2021)* d'ouvrir, dans l'établissement bancaire qu'il a choisi ou que l'assemblée générale a choisi pour le compte mentionné au troisième alinéa du présent II, un compte séparé rémunéré au nom du syndicat, sur lequel sont versées sans délai les cotisations au fonds de travaux prévu à l'article 14-2-1. Ce compte bancaire ne peut faire l'objet d'aucune convention de fusion, ni d'une compensation avec tout autre compte. Les virements en provenance du compte mentionné au troisième alinéa du présent II sont autorisés. Les intérêts produits par ce compte sont définitivement acquis au syndicat. La méconnaissance par le syndic de ces obligations emporte la nullité de plein droit de son mandat à l'expiration du délai de trois mois suivant sa désignation. Toutefois, les actes qu'il a passés avec des tiers de bonne foi demeurent valables. Le syndic met à disposition du conseil syndical une copie des relevés périodiques du compte, dès réception de ceux-ci.

À l'exception du syndic provisoire et de l'administrateur provisoire désigné en application des articles 29-1 et 29-11, le syndic de copropriété ne peut avancer de fonds au syndicat de copropriétaires.

III. – Le syndic est également chargé :

– de notifier sans délai au représentant de l'État dans le département et aux copropriétaires l'information selon laquelle les deux tiers des copropriétaires, représentant au moins deux tiers des quotes-parts de parties communes, ont exercé leur droit de délaissement dans les conditions prévues par l'article L. 515-16-3 du Code de l'environnement. La notification aux copropriétaires mentionne expressément les dispositions du IV de cet article ;

– lorsqu'un réseau de communications électroniques interne à l'immeuble distribue des services de télévision et si l'installation permet l'accès aux services nationaux en clair de télévision par voie hertzienne terrestre en mode numérique, d'informer de manière claire et visible les copropriétaires de cette possibilité et de fournir les coordonnées du distributeur de services auquel le copropriétaire doit s'adresser pour bénéficier du « service antenne » numérique, tel que prévu au deuxième alinéa de l'article 34-1 de la loi n° 86-1067 du 30 septembre 1986 relative à la liberté de communication ;

– *(Al. mod. à compter du 1er janvier 2023, L. n° 2021-1104, 22 août 2021)* d'informer les copropriétaires des règles locales en matière de tri des déchets et de l'adresse, des horaires et des modalités d'accès des déchetteries dont dépend la copropriété. Cette information est affichée de manière visible dans les espaces affectés à la dépose des ordures ménagères par les occupants de la copropriété et transmise au moins une fois par an à ces occupants ainsi qu'aux copropriétaires ;

– sur les territoires dont les rejets d'eaux usées et pluviales ont une incidence sur la qualité de l'eau pour les épreuves olympiques de nage libre et de triathlon en Seine, de faire réaliser le contrôle des raccordements de l'immeuble au réseau public de collecte des eaux usées mentionné au II de l'article L. 2224-8 du Code général des collectivités territoriales et de tenir à la disposition des copropriétaires qui en font la demande le document établi à l'issue de ce contrôle.

IV. – Seul responsable de sa gestion, il ne peut se faire substituer. L'assemblée générale peut seule autoriser, à la majorité prévue par l'article 25, une délégation de pouvoir à une fin déterminée.

V. – En cas d'empêchement du syndic, pour quelque cause que ce soit, le président du conseil syndical peut convoquer une assemblée générale appelée à désigner un nouveau syndic. En cas de carence du syndic et à défaut de stipulation du règlement de copropriété, un administrateur *ad hoc* peut être désigné par décision de justice.

VI. – Le contrat de syndic est conclu pour une durée déterminée. Il est approuvé par une décision expresse de l'assemblée générale.

VII. – Lorsqu'une partie ne souhaite pas conclure un nouveau contrat de syndic avec le même cocontractant, il peut y être mis fin sans indemnité, dans les conditions suivantes.

Les questions de la désignation d'un nouveau syndic ainsi que de la fixation d'une date anticipée de fin de contrat sont portées à l'ordre du jour d'une assemblée générale tenue dans les trois mois précédant le terme du contrat. Lorsque l'initiative émane du syndic, celui-ci informe le conseil syndical de son intention de ne pas conclure un nouveau contrat au plus tard trois mois avant la tenue de cette assemblée générale.

L'assemblée générale désigne un nouveau syndic et fixe les dates de fin du contrat en cours et de prise d'effet du nouveau contrat, qui interviennent au plus tôt un jour franc après la tenue de cette assemblée.

VIII. – Le contrat de syndic peut être résilié par une partie en cas d'inexécution suffisamment grave de l'autre partie.

Lorsque le syndic est à l'initiative de la résiliation du contrat, il notifie sa volonté de résiliation au président du conseil syndical, ou à défaut de conseil syndical, à l'ensemble des copropriétaires, en précisant la ou les inexécutions reprochées au syndicat des copropriétaires.

Dans un délai qui ne peut être inférieur à deux mois à compter de cette notification, le syndic convoque une assemblée générale et inscrit à l'ordre du jour la question de la désignation d'un nouveau syndic. La résiliation du contrat prend effet au plus tôt un jour franc après la tenue de l'assemblée générale.

Lorsqu'au cours de cette assemblée générale le syndicat des copropriétaires désigne un nouveau syndic, il fixe la date de prise d'effet du contrat.

Lorsque le conseil syndical est à l'initiative de la résiliation du contrat, il notifie au syndic une demande motivée d'inscription de cette question à l'ordre du jour de la prochaine assemblée générale, en précisant la ou les inexécutions qui lui sont reprochées.

Le syndic est tenu de convoquer une assemblée générale dans un délai de deux mois à compter de la première présentation d'une lettre recommandée, lorsque le président du conseil syndical en fait la demande. À défaut, le président du conseil syndical est habilité à la convoquer.

L'assemblée générale se prononce sur la question de la résiliation du contrat et, le cas échéant, fixe sa date de prise d'effet au plus tôt un jour franc après la tenue de cette assemblée.

Lorsqu'au cours de la même assemblée le syndicat des copropriétaires désigne un nouveau syndic, il fixe la date de prise d'effet du contrat.

Art. 18-1 AA *(Aj., L. n° 2014-366, 24 mars 2014)*. – Pour les immeubles à destination totale autre que d'habitation, lorsqu'un syndicat de copropriétaires est composé exclusivement de personnes morales, les copropriétaires peuvent décider, à la majorité définie à l'article 25, de déroger à l'article 18 et, le cas échéant, de définir avec le syndic, dans le cadre de son contrat, les missions du syndic, les honoraires de celui-ci, la durée du mandat, les modalités de fonctionnement du compte bancaire unique ou séparé et les modalités de perception des fonds.

Art. 18-1 A *(L. n° 2009-323, 25 mars 2009 ; mod., L. n° 2014-366, 24 mars 2014 ; à compter du 1er juin 2020, Ord. n° 2019-1101, 30 oct. 2019 ; L. n° 2021-1104, 22 août 2021)*. – I. – La rémunération du syndic, pour les prestations qu'il fournit au titre de sa mission, est déterminée de manière forfaitaire. Toutefois, une rémunération spécifique complémentaire peut être perçue à l'occasion de prestations particulières de syndic qui ne relèvent pas de la gestion courante et qui sont définies par décret en Conseil d'État.

Le décret prévu au premier alinéa fait l'objet d'une concertation bisannuelle en vue de son éventuelle révision. Cette concertation est organisée par le ministre chargé du logement et associe notamment le Conseil national de la transaction et de la gestion immobilières créé en application de l'article 13-1 de la loi n° 70-9 du 2 janvier 1970 réglementant les conditions d'exercice des activités relatives à certaines opérations portant sur les immeubles et les fonds de commerce.

Tout contrat ou projet de contrat relatif à l'exercice de la mission de syndic respecte un contrat type défini par décret en Conseil d'État. Le projet de contrat est accompagné d'une fiche d'information sur le prix et les prestations proposées par le syndic selon un modèle fixé par arrêté.

Tout manquement aux obligations mentionnées aux premier et troisième alinéas du présent article est passible d'une amende administrative dont le montant ne peut excéder 3 000 € pour une personne physique et 15 000 € pour une personne morale. Cette amende est prononcée dans les conditions prévues au chapitre II du titre II du livre V du Code de la consommation.

II. – Le syndic peut conclure avec le syndicat une convention portant sur des prestations de services autres que celles relevant de sa mission de syndic, après autorisation expresse de l'assemblée générale donnée à la majorité des voix exprimées de tous les copropriétaires présents, représentés ou ayant voté par correspondance. Ces prestations ne peuvent figurer dans le contrat de syndic.

Le syndic soumet à l'autorisation de l'assemblée générale prise à la même majorité toute convention passée entre le syndicat et une personne ou une entreprise avec laquelle le syndic a des liens de nature capitalistique ou juridique, en précisant la nature des liens qui rendent nécessaire l'autorisation de la convention.

Les conventions conclues en méconnaissance de ces dispositions ne sont pas opposables au syndicat.

III. – Les travaux mentionnés au II de l'article 14-1 *(Mod. à compter de la date indiquée en note* (1), *L. n° 2021-1104, 22 août 2021)* « au II de l'article 14-1 » et votés par l'assemblée générale des copropriétaires en application des articles 24, 25, 26-3 et 30 peuvent faire l'objet d'honoraires spécifiques au profit du syndic. Ces honoraires sont votés lors de la même assemblée générale que les travaux concernés, aux mêmes règles de majorité.

La rémunération fixée dans le projet de résolution soumis au vote de l'assemblée générale doit être exprimée en pourcentage du montant hors taxes des travaux, à un taux dégressif selon l'importance des travaux préalablement à leur exécution.

IV. – Les dispositions du présent article ne s'appliquent pas lorsque le syndic n'est pas rémunéré. Celui-ci peut néanmoins proposer à l'assemblée générale un contrat de syndic conforme au contrat type.

Art. 18-1 *(L. n° 85-1470, 31 déc. 1985 ; mod., L. n° 2014-366, 24 mars 2014 ; rempl. à compter du 25 octobre 2020, Ord. n° 2020-866, 15 juill. 2020)*. – Pendant le délai s'écoulant entre la convocation de l'assemblée générale appelée à connaître des comptes et la tenue de celle-ci, les pièces justificatives des charges de copropriété, notamment les factures, les contrats de fourniture et d'exploitation en cours et leurs

(1) Entrée en vigueur de la modification :

1° Le 1er janvier 2023, pour les syndicats de copropriétaires comprenant plus de deux cents lots à usage de logements, de bureaux ou de commerces ;

2° Le 1er janvier 2024, pour les syndicats de copropriétaires comprenant un nombre de lots à usage de logements, de bureaux ou de commerces compris entre cinquante et un et deux cents ;

3° Le 1er janvier 2025, pour les syndicats de copropriétaires comprenant au plus cinquante lots à usage de logements, de bureaux ou de commerces.

avenants, la quantité consommée et le prix unitaire ou forfaitaire de chacune des catégories de charges, ainsi que, le cas échéant, une note d'information sur les modalités de calcul des charges de chauffage, de refroidissement et de production d'eau chaude sanitaire collectifs, sont tenues à la disposition de tous les copropriétaires par le syndic, selon des modalités précisées par décret en Conseil d'État.

Art. 18-1-1 *(L. n° 2018-1021, 23 nov. 2018 ; mod. à compter du 1er janvier 2021, Ord. n° 2020-1144, 16 sept. 2020).* – Le syndic signale au procureur de la République les faits qui sont susceptibles de constituer une des infractions prévues aux articles 225-14 du Code pénal et L. 511-22 du Code de la construction et de l'habitation.

Ce signalement est effectué sans préjudice, le cas échéant, de la déclaration prévue à l'article L. 561-15 du Code monétaire et financier.

Ces dispositions ne sont pas applicables aux syndics mentionnés à l'article 17-2 de la présente loi.

Art. 18-2 *(Mod. à compter du 1er juin 2020, Ord. n° 2019-1101, 30 oct. 2019 ; à compter du 11 avril 2024, L. n° 2024-322, 9 avr. 2024).* – En cas de changement de syndic, l'ancien syndic est tenu de remettre au nouveau syndic, dans le délai de quinze jours à compter de la cessation de ses fonctions, la situation de trésorerie, les références des comptes bancaires du syndicat et les coordonnées de la banque. Il remet, dans le délai d'un mois à compter de la même date, l'ensemble des documents et archives du syndicat ainsi que, le cas échéant, l'ensemble des documents dématérialisés relatifs à la gestion de l'immeuble ou aux lots gérés mentionnés à l'avant-dernier alinéa du I de l'article 18, dans un format téléchargeable et imprimable. Dans l'hypothèse où le syndicat des copropriétaires a fait le choix de confier tout ou partie de ses archives à un prestataire spécialisé, il est tenu, dans ce même délai, d'informer le prestataire de ce changement en communiquant les coordonnées du nouveau syndic.

Dans le délai de deux mois suivant l'expiration du délai mentionné ci-dessus, l'ancien syndic est tenu de fournir au nouveau syndic l'état des comptes des copropriétaires ainsi que celui des comptes du syndicat, après apurement et clôture.

Après mise en demeure restée infructueuse, le syndic nouvellement désigné ou le président du conseil syndical pourra demander au président du tribunal judiciaire statuant en référé, d'ordonner sous astreinte la remise des pièces, informations et documents dématérialisés mentionnés aux deux premiers alinéas ainsi que le versement des intérêts provisionnels dus à compter de la mise en demeure, sans préjudice de toute provision à valoir sur dommages et intérêts.

Art. 18-3 *(Aj., L. n° 2024-322, 9 avr. 2024).* – I. – L'agrément de syndic d'intérêt collectif atteste de la compétence de son bénéficiaire pour intervenir dans les copropriétés faisant l'objet des procédures prévues aux articles 29-1 A et 29-1.

Le syndic d'intérêt collectif est présumé compétent pour gérer les copropriétés pour lesquelles un mandataire ad hoc a été désigné sur le fondement de l'article 29-1 A. Il peut également, à la demande d'un administrateur provisoire désigné sur le fondement de l'article 29-1, assister ledit administrateur dans ses fonctions de gestion.

L'agrément est délivré par le représentant de l'État dans le département pour une durée de cinq ans, au regard notamment de la capacité et des compétences du syndic à accomplir les missions prévues au deuxième alinéa du présent I.

II. – Le représentant de l'État dans le département transmet la liste des syndics d'intérêt collectif au Conseil national des administrateurs judiciaires et des mandataires judiciaires.

III. – Les organismes d'habitations à loyer modéré mentionnés aux deuxième à quatrième alinéas de l'article L. 411-2 du Code de la construction et de l'habitation et les sociétés d'économie mixte mentionnées à l'article L. 481-1 du même code peuvent, à leur demande expresse, se voir reconnaître de droit la qualité de syndic d'intérêt collectif, sans se soumettre à la procédure d'agrément prévue au dernier alinéa du I du présent article.

IV. – Un décret détermine les modalités d'application du présent article.

Art. 19 *(Mod. à compter du 1er juin 2020, Ord. n° 2019-1101, 30 oct. 2019).* – Les créances de toute nature du syndicat à l'encontre de chaque copropriétaire sont, qu'il s'agisse de provision ou de paiement définitif, garanties par une hypothèque légale sur son lot. L'hypothèque peut être inscrite soit après mise en demeure restée infructueuse d'avoir à payer une dette devenue exigible, soit dès que le copropriétaire invoque les dispositions de l'article 33 de la présente loi.

(Al. mod. à compter du 1er juin 2020, Ord. n° 2019-1101, 30 oct. 2019) Le syndic a qualité, sans autorisation préalable de l'assemblée générale, pour faire inscrire cette hypothèque au profit du syndicat, en consentir la main levée et, en cas d'extinction de la dette, en requérir la radiation.

Le copropriétaire défaillant peut, même en cas d'instance au principal, sous condition d'une offre de paiement suffisante ou d'une garantie équivalente, demander mainlevée totale ou partielle *(Mod. à compter du 1er janvier 2020, Ord. n° 2019-738, 17 juill. 2019)* « au président du tribunal judiciaire statuant selon la procédure accélérée au fond ».

Aucune inscription ou inscription complémentaire ne peut être requise pour des créances exigibles depuis plus de cinq ans.

(Al. mod. à compter du 1er juin 2020, Ord. n° 2019-1101, 30 oct. 2019) Les créances visées à l'alinéa 1er bénéficient, en outre, du privilège prévu par l'article 2332 1° du Code civil en faveur du bailleur. Ce privilège porte sur les meubles garnissant les lieux appartenant au copropriétaire ainsi que sur les sommes dues par le locataire à son bailleur.

Art. 19-1 *(Mod., Ord. n° 2021-1192, 15 sept. 2021)*. – Toutes les créances mentionnées au premier alinéa de l'article 19 sont garanties par l'hypothèque légale prévue à l'article 2402 du Code civil.

NB : Conformément au I de l'article 37 de l'ordonnance n° 2021-1192 du 15 septembre 2021, ces dispositions sont entrées en vigueur le 1er janvier 2022.

Art. 19-2 *(Mod. à compter du 1er janvier 2023, L. n° 2021-1104, 22 août 2021)*. – À défaut du versement à sa date d'exigibilité d'une provision due au titre de l'article 14-1, et après mise en demeure restée infructueuse passé un délai de trente jours, les autres provisions non encore échues en application du même article 14-1 ainsi que les sommes restant dues appelées au titre des exercices précédents après approbation des comptes deviennent immédiatement exigibles.

Le présent article est applicable aux cotisations du fonds de travaux mentionné à l'article 14-2-1.

Lorsque la mesure d'exécution porte sur une créance à exécution successive du débiteur du copropriétaire défaillant, notamment une créance de loyer ou d'indemnité d'occupation, cette mesure se poursuit jusqu'à l'extinction de la créance du syndicat résultant de l'ordonnance.

Si l'assemblée générale vote pour autoriser le syndic à agir en justice pour obtenir la saisie en vue de la vente d'un lot d'un copropriétaire débiteur vis-à-vis du syndicat, la voix de ce copropriétaire n'est pas prise en compte dans le décompte de la majorité et ce copropriétaire ne peut recevoir mandat pour représenter un autre copropriétaire en application de l'article 22.

Art. 20 *(Rempl., L. n° 94-624, 21 juill. 1994 ; mod., L. n° 2000-1208, 13 déc. 2000 ; L. n° 2014-366, 24 mars 2014 ; à compter du 1er janvier 2020, Ord. n° 2019-964, 18 sept. 2019 ; mod., L. n° 2024-322, 9 avr. 2024)*. – I. – Lors de la mutation à titre onéreux d'un lot, et si le vendeur n'a pas présenté au notaire un certificat du syndic ayant moins d'un mois de date, attestant qu'il est libre de toute obligation à l'égard du syndicat, avis de la mutation doit être donné par le notaire au syndic de l'immeuble par lettre recommandée avec avis de réception dans un délai de quinze jours à compter de la date du transfert de propriété. Avant l'expiration d'un délai de quinze jours à compter de la réception de cet avis, le syndic peut former au domicile élu, par acte extrajudiciaire, opposition au versement des fonds dans la limite ci-après pour obtenir le paiement des sommes restant dues par l'ancien propriétaire. Cette opposition contient élection de domicile dans le ressort du tribunal judiciaire de la situation de l'immeuble et à peine de nullité, énonce le montant et les causes de la créance. Les effets de l'opposition sont limités au montant ainsi énoncé. Le notaire libère les fonds dès l'accord entre le syndic et le vendeur sur les sommes restant dues. À défaut d'accord, dans un délai de trois mois après la constitution par le syndic de l'opposition régulière, il verse les sommes retenues au syndicat, sauf contestation de l'opposition devant les tribunaux par une des parties.

Tout paiement ou transfert amiable ou judiciaire du prix opéré en violation des dispositions de l'alinéa précédent est inopposable au syndic ayant régulièrement fait opposition.

L'opposition régulière vaut au profit du syndicat mise en œuvre de l'hypothèque légale mentionnée à l'article 19-1.

II. – Préalablement à l'établissement de l'acte authentique de vente d'un lot ou d'une fraction de lot, le cas échéant après que le titulaire du droit de préemption instauré en application du dernier alinéa de l'article L. 211-4 du Code de l'urbanisme a renoncé à l'exercice de ce droit, le notaire notifie au syndic de la copropriété le nom du candidat acquéreur ou le nom des mandataires sociaux et des associés de la société civile immobilière ou de la société en nom collectif se portant acquéreur, ainsi que le nom de leurs conjoints ou partenaires liés par un pacte civil de solidarité.

Dans un délai d'un mois, le syndic délivre au notaire un certificat datant de moins d'un mois attestant :

1° Soit que l'acquéreur ou les mandataires sociaux et les associés de la société se portant acquéreur, leurs conjoints ou partenaires liés à eux par un pacte civil de solidarité ne sont pas copropriétaires de l'immeuble concerné par la mutation ;

2° Soit, si l'une de ces personnes est copropriétaire de l'immeuble concerné par la mutation, qu'elle n'a pas fait l'objet d'une mise en demeure de payer du syndic restée infructueuse depuis plus de quarante-cinq jours.

Si le copropriétaire n'est pas à jour de ses charges au sens du 2° du présent II, le notaire notifie aux parties l'impossibilité de conclure la vente.

Dans l'hypothèse où un avant-contrat de vente a été signé préalablement à l'acte authentique de vente, l'acquéreur ou les mandataires sociaux et les associés de la société se portant acquéreur, leurs conjoints ou partenaires liés à eux par un pacte civil de solidarité, dont les noms ont été notifiés par le notaire, disposent d'un délai de trente jours à compter de cette notification pour s'acquitter de leur dette vis-à-vis du syndicat. Si aucun certificat attestant du règlement des charges n'est produit à l'issue de ce délai, l'avant-contrat est réputé nul et non avenu aux torts de l'acquéreur.

Art. 21 *(L. n° 85-1470, 31 déc. 1985 ; L. n° 2000-1208, 13 déc. 2000 ; L. n° 2009-526, 12 mai 2009 ; L. n° 2014-366, 24 mars 2014 ; L. n° 2015-990, 6 août 2015 ; à compter du 1er juin 2020, Ord. n° 2019-1101, 30 oct. 2019).* – Dans tout syndicat de copropriétaires, un conseil syndical assiste le syndic et contrôle sa gestion.

En outre, il donne son avis au syndic ou à l'assemblée générale sur toutes questions concernant le syndicat, pour lesquelles il est consulté ou dont il se saisit lui-même. L'assemblée générale des copropriétaires, statuant à la majorité de l'article 25, arrête un montant des marchés et des contrats à partir duquel la consultation du conseil syndical est rendue obligatoire. À la même majorité, elle arrête un montant des marchés et des contrats autres que celui de syndic à partir duquel une mise en concurrence est rendue obligatoire.

En vue de l'information de l'assemblée générale appelée à se prononcer sur la désignation d'un syndic professionnel et sans que cette formalité ne soit prescrite à peine d'irrégularité de la décision de désignation du syndic, le conseil syndical met en concurrence plusieurs projets de contrats de syndic, établis conformément au contrat type mentionné à l'article 18-1-A et accompagnés de la fiche d'information mentionnée au même article. Le conseil syndical peut être dispensé de mise en concurrence par décision votée à la majorité des voix de tous les copropriétaires. À cette fin, il fait inscrire la demande à l'ordre du jour de l'assemblée générale précédente.

Dans tous les cas, un copropriétaire peut demander au syndic d'inscrire à l'ordre du jour de l'assemblée générale, appelée à se prononcer sur la désignation du syndic, l'examen de projets de contrat de syndic qu'il communique à cet effet.

Le conseil syndical peut se prononcer, par un avis écrit, sur tout projet de contrat de syndic. Si un tel avis est émis, il est joint à la convocation de l'assemblée générale, concomitamment avec les projets de contrat concernés.

Lorsque la copropriété n'a pas institué de conseil syndical, la mise en concurrence n'est pas obligatoire.

Le conseil syndical peut prendre connaissance, et copie, à sa demande, et après en avoir donné avis au syndic, de toutes pièces ou documents, correspondances ou registres se rapportant à la gestion du syndic et, d'une manière générale, à l'administration de la copropriété. En cas d'absence de transmission de ces pièces, au-delà d'un délai d'un mois à compter de la demande du conseil syndical, des pénalités par jour de retard, dont le montant est fixé par décret, sont imputées sur la rémunération forfaitaire annuelle du syndic. Ces pénalités sont déduites de la rémunération du syndic lors de l'établissement des comptes définitifs à clôturer et à soumettre à l'assemblée générale pour approbation. À défaut, le président du conseil syndical peut demander au président du tribunal judiciaire, statuant selon la procédure accélérée au fond, la condamnation du syndic au paiement de ces pénalités au profit du syndicat des copropriétaires.

Il reçoit sur sa demande, communication de tout document intéressant le syndicat.

Les membres du conseil syndical sont désignés par l'assemblée générale parmi les copropriétaires, leurs ascendants ou descendants, les associés dans le cas prévu par le premier alinéa de l'article 23 de la présente loi, les accédants ou les acquéreurs à terme, leurs conjoints, les partenaires liés à eux par un pacte civil de solidarité, leurs représentants légaux, ou leurs usufruitiers. Lorsqu'une personne morale est nommée en qualité de membre du conseil syndical, elle peut s'y faire représenter, soit par son représentant légal ou statutaire, soit par un fondé de pouvoir spécialement habilité à cet effet.

Le syndic, ses préposés, leurs conjoints, leurs partenaires liés à eux par un pacte civil de solidarité, leurs concubins, leurs ascendants ou descendants, leurs parents en ligne collatérale jusqu'au deuxième degré, même s'ils sont copropriétaires, associés ou acquéreurs à terme, ne peuvent être membres du conseil syndical. Les dispositions du présent alinéa ne sont pas applicables aux syndicats gérés par des syndics non professionnels.

Le conseil syndical élit son président parmi ses membres.

Lorsque l'assemblée générale ne parvient pas, faute de candidature ou faute pour les candidats d'obtenir la majorité requise, à la désignation des membres du conseil syndical, le procès-verbal, qui en fait explicitement mention, est notifié, dans un délai d'un mois, à tous les copropriétaires.

L'assemblée générale peut décider par une délibération spéciale, à la majorité prévue par l'article 26, de ne pas instituer de conseil syndical. La décision contraire est prise à la majorité des voix de tous les copropriétaires.

À défaut de désignation par l'assemblée générale à la majorité requise, et sous réserve des dispositions de l'alinéa précédent, le juge, saisi par un ou plusieurs copropriétaires ou par le syndic, peut, avec l'acceptation des intéressés, désigner les membres du conseil syndical ; il peut également constater l'impossibilité d'instituer un conseil syndical.

Art. 21-1 *(Aj. à compter du 1er juin 2020, Ord. n° 2019-1101, 30 oct. 2019).* – Sans préjudice des dispositions du *a* de l'article 25, lorsque le conseil syndical est composé d'au moins trois membres, l'assemblée générale peut, par décision prise à la majorité des voix de tous les copropriétaires, lui déléguer le pouvoir de prendre tout ou partie des décisions relevant de la majorité des voix exprimées des copropriétaires présents, représentés, ou votant par correspondance.

La délégation de pouvoirs ne peut toutefois porter sur l'approbation des comptes, sur la détermination du budget prévisionnel, ou sur les adaptations du règlement de copropriété rendues nécessaires par les modifications législatives et règlementaires intervenues depuis son établissement.

Art. 21-2 *(Aj. à compter du 1er juin 2020, Ord. n° 2019-1101, 30 oct. 2019).* – L'assemblée générale fixe le montant maximum des sommes allouées au conseil syndical pour mettre en œuvre sa délégation de pouvoirs.

Art. 21-3 *(Aj. à compter du 1er juin 2020, Ord. n° 2019-1101, 30 oct. 2019).* – La délégation de pouvoirs mentionnée à l'article 21-1 est accordée au conseil syndical pour une durée maximale de deux ans. Elle est renouvelable par une décision expresse de l'assemblée générale.

Art. 21-4 *(Aj. à compter du 1er juin 2020, Ord. n° 2019-1101, 30 oct. 2019).* – Le syndicat des copropriétaires souscrit, pour chacun des membres du conseil syndical, une assurance de responsabilité civile.

Art. 21-5 *(Aj. à compter du 1er juin 2020, Ord. n° 2019-1101, 30 oct. 2019).* – Les décisions du conseil syndical pour l'exercice de la délégation de pouvoirs mentionnée à l'article 21-1 sont prises à la majorité de ses membres. En cas de partage des voix, le président du conseil syndical a voix prépondérante.

Le conseil syndical rend compte de l'exercice de sa délégation de pouvoirs devant l'assemblée générale votant l'approbation des comptes.

Il établit un rapport en vue de l'information des copropriétaires.

Art. 22 *(Mod., L. n° 66-1006, 28 déc. 1966 ; L. n° 85-1470, 31 déc. 1985 ; L. n° 2009-526, 12 mai 2009 ; L. n° 2014-366, 24 mars 2014 ; L. n° 2018-1021, 23 nov. 2018 ; à compter du 1er juin 2020, Ord. n° 2019-1101, 30 oct. 2019).* – I. – Le règlement de copropriété détermine, dans le respect des dispositions de la présente loi, les règles de fonctionnement et les pouvoirs des assemblées générales.

Chaque copropriétaire dispose d'un nombre de voix correspondant à sa quote-part dans les parties communes. Toutefois, lorsqu'un copropriétaire possède une quote-part des parties communes supérieure à la moitié, le nombre de voix dont il dispose est réduit à la somme des voix des autres copropriétaires.

Tout copropriétaire peut déléguer son droit de vote à un mandataire, que ce dernier soit ou non membre du syndicat. Chaque mandataire ne peut, à quelque titre que ce soit, recevoir plus de trois délégations de vote. Toutefois, un mandataire peut recevoir plus de trois délégations de vote si le total des voix dont il dispose lui-même et de celles de ses mandants n'excède pas 10 % des voix du syndicat. Chacun des époux copropriétaires communs ou indivis d'un lot peut recevoir personnellement des délégations de vote, dans les conditions prévues au présent article. Tout mandataire désigné peut subdéléguer son mandat à une autre personne, à condition que cela ne soit pas interdit par le mandat. Le mandataire peut, en outre, recevoir plus de trois délégations de vote s'il participe à l'assemblée générale d'un syndicat principal et si tous ses mandants appartiennent à un même syndicat secondaire. Lorsque le syndic a reçu des mandats sans indication de mandataire, il ne peut ni les conserver pour voter en son nom, ni les distribuer lui-même aux mandataires qu'il choisit.

Ne peuvent ni recevoir de mandat pour représenter un copropriétaire, ni présider l'assemblée générale :

1° Le syndic, son conjoint, le partenaire lié à lui par un pacte civil de solidarité, son concubin ;

2° Les ascendants et descendants du syndic ainsi que ceux de son conjoint ou du partenaire lié à lui par un pacte civil de solidarité ou de son concubin ;

3° Les préposés du syndic, leur conjoint, le partenaire lié à eux par un pacte civil de solidarité, leur concubin ;

4° Les ascendants et descendants des préposés du syndic ainsi que ceux de leur conjoint ou du partenaire lié à eux par un pacte civil de solidarité ou de leur concubin.

II. – L'assemblée générale d'un syndicat secondaire statuant à la majorité mentionnée à l'article 25 peut mandater, pour une durée d'un an, le président du conseil syndical secondaire pour représenter les copropriétaires à l'assemblée générale du syndicat principal. Par dérogation au I du présent article, le mandat confié au président du conseil syndical secondaire emporte délégation de vote de tous les copropriétaires pour les décisions inscrites à l'ordre du jour de l'assemblée générale du syndicat principal nécessitant un vote relevant de l'article 24.

Pour les décisions inscrites à l'ordre du jour de l'assemblée générale du syndicat principal nécessitant la majorité mentionnée aux articles 25 ou 26 ou l'unanimité, le président du conseil syndical secondaire ne peut prendre part au vote que s'il dispose d'une délibération de l'assemblée générale du syndicat secondaire se prononçant sur cette décision aux majorités requises par la présente loi.

Le président du conseil syndical secondaire rend compte de son activité à chaque assemblée générale du syndicat secondaire. Le renouvellement de son mandat est inscrit chaque année à l'ordre du jour de l'assemblée générale.

III. – Le II est applicable pour la représentation au sein de l'assemblée générale des associations syndicales libres des membres du syndicat des copropriétaires des immeubles inclus dans le périmètre de l'association syndicale libre.

Pour les décisions inscrites à l'ordre du jour de l'assemblée générale de l'association syndicale libre pour lesquelles les statuts de ladite association prévoient une majorité qualifiée, le mandataire désigné dans les conditions prévues au II ne peut prendre part au vote s'il ne dispose d'une délibération de l'assemblée générale des copropriétaires le mandatant et se prononçant sur cette décision à la même majorité.

Art. 23 *(Mod., L. n° 2014-366, 24 mars 2014 ; à compter du 1er juin 2020, Ord. n° 2019-1101, 30 oct. 2019)*. – Lorsque plusieurs lots sont attribués à des personnes qui ont constitué une société propriétaire de ces lots, chaque associé participe néanmoins à l'assemblée du syndicat et y dispose d'un nombre de voix égal à la quote-part dans les parties communes correspondant au lot dont il a la jouissance.

En cas d'indivision, les indivisaires sont représentés par un mandataire commun qui est, à défaut d'accord, désigné par le président du tribunal judiciaire saisi par l'un d'entre eux ou par le syndic.

En cas d'usufruit, les intéressés sont, à défaut d'accord, représentés par le nu-propriétaire. En cas de pluralité de nus-propriétaires, le mandataire commun est, à défaut d'accord, désigné par le président du tribunal judiciaire saisi par l'un d'entre eux ou par le syndic.

La désignation judiciaire d'un mandataire commun en application des dispositions des deux alinéas précédents est aux frais des indivisaires ou des nus-propriétaires.

Dans les autres hypothèses de démembrement du droit de propriété, à défaut d'accord, les intéressés sont représentés par le propriétaire.

Art. 24 *(Mod., L. n° 2003-590, 2 juill. 2003 ; L. n° 2014-366, 24 mars 2014 ; L. n° 2015-992, 17 août 2015 ; à compter du 1er juin 2020, Ord. n° 2019-1101, 30 oct. 2019 ; L. n° 2019-1428, 24 déc. 2019 ; L. n° 2023-175, 10 mars 2023).* – I. – Les décisions de l'assemblée générale sont prises à la majorité des voix exprimées des copropriétaires présents, représentés ou ayant voté par correspondance, s'il n'en est autrement ordonné par la loi.

II. – Sont notamment approuvés dans les conditions de majorité prévues au I :

a) Les travaux nécessaires à la conservation de l'immeuble ainsi qu'à la préservation de la santé et de la sécurité physique des occupants, qui incluent les travaux portant sur la stabilité de l'immeuble, le clos, le couvert ou les réseaux et les travaux permettant d'assurer la mise en conformité des logements avec les normes de salubrité, de sécurité et d'équipement définies par les dispositions prises pour l'application de l'article 1er de la loi n° 67-561 du 12 juillet 1967 relative à l'amélioration de l'habitat ;

b) Les modalités de réalisation et d'exécution des travaux rendus obligatoires en vertu de dispositions législatives ou réglementaires ou d'un arrêté de police administrative relatif à la sécurité ou à la salubrité publique, notifié au syndicat des copropriétaires pris en la personne du syndic ;

c) Les modalités de réalisation et d'exécution des travaux notifiés en vertu de l'article L. 313-4-2 du Code de l'urbanisme, notamment la faculté pour le syndicat des copropriétaires d'assurer la maîtrise d'ouvrage des travaux notifiés portant sur les parties privatives de tout ou partie des copropriétaires et qui sont alors réalisés aux frais du copropriétaire du lot concerné ;

d) Les travaux d'accessibilité aux personnes handicapées ou à mobilité réduite, sous réserve qu'ils n'affectent pas la structure de l'immeuble ou ses éléments d'équipement essentiels ;

e) La suppression des vide-ordures pour des impératifs d'hygiène ;

f) Les adaptations du règlement de copropriété rendues nécessaires par les modifications législatives et réglementaires intervenues depuis son établissement. La publication de ces modifications du règlement de copropriété est effectuée au droit fixe ;

g) La décision d'engager le diagnostic prévu à l'article L. 731-1 du Code de la construction et de l'habitation ainsi que ses modalités de réalisation ;

h) (Mod., L. n° 2021-1520, 25 nov. 2021) L'autorisation permanente accordée à la police municipale de pénétrer dans les parties communes ;

i) (Aj., L. n° 2019-1428, 24 déc. 2019) La décision d'équiper les emplacements de stationnement d'accès sécurisé à usage privatif avec des bornes de recharge pour véhicules électriques et hybrides rechargeables et de réaliser l'étude mentionnée au III de l'article 24-5 ;

j) (Aj., L. n° 2019-1428, 24 déc. 2019) L'autorisation donnée à un ou plusieurs copropriétaires d'effectuer à leurs frais les travaux permettant le stationnement sécurisé des vélos dans les parties communes, sous réserve que ces travaux n'affectent pas la structure de l'immeuble, sa destination ou ses éléments d'équipement essentiels et qu'ils ne mettent pas en cause la sécurité des occupants.

k) (Aj. à compter du 12 mars 2023, L. n° 2023-175, 10 mars 2023) La décision d'installer des ouvrages nécessaires à la production d'énergie solaire photovoltaïque et thermique sur les toits, les façades et les garde-corps.

Art. 24-1 *(L. n° 2007-309, 5 mars 2007 ; mod., L. n° 2014-366, 24 mars 2014).* – Lorsqu'un réseau de communications électroniques interne à l'immeuble distribue des services de télévision, l'ordre du jour de l'assemblée générale comporte de droit, si l'installation ne permet pas encore l'accès aux services nationaux en clair de télévision par voie hertzienne terrestre en mode numérique et si le distributeur de services dispose d'une offre en mode numérique, l'examen de toute proposition commerciale telle que visée à la deuxième phrase du deuxième alinéa de l'article 34-1 de la loi n° 86-1067 du 30 septembre 1986 relative à la liberté de communication.

(Al. mod., L. n° 2014-366, 24 mars 2014) Par dérogation au *h* de l'article 25 de la présente loi, la décision d'accepter cette proposition commerciale est acquise à la majorité prévue au premier alinéa du I de l'article 24.

Art. 24-2 *(L. n° 2008-776, 4 août 2008 ; mod., Ord. n° 2014-329, 12 mars 2014 ; L. n° 2014-366, 24 mars 2014 ; L. n° 2015-990, 6 août 2015 ; L. n° 2016-1321, 7 oct. 2016 ; L. n° 2018-1021, 23 nov. 2018).* – Lorsque l'immeuble n'est pas équipé de lignes de communications électroniques à très haut débit en fibre optique, toute proposition émanant d'un opérateur de communications électroniques d'installer de telles lignes en vue de permettre la desserte de l'ensemble des occupants par un réseau de communications électroniques à très haut débit ouvert au public dans le respect des articles L. 33-6 et L. 34-8-3 du Code des postes et des communications électroniques est inscrite de droit à l'ordre du jour de la prochaine assemblée générale.

L'assemblée générale est tenue de statuer sur toute proposition visée au premier alinéa *(Mots aj., L. n° 2018-1021, 23 nov. 2018)* « au plus tard douze mois suivant la date de réception de celle-ci par le syndic ».

(Al. mod., L. n° 2014-366, 24 mars 2014) Par dérogation au *h* de l'article 25 de la présente loi, la décision d'accepter cette proposition est acquise à la majorité prévue au premier alinéa du I de l'article 24.

(L. n° 2015-990, 6 août 2015) (1) L'assemblée générale peut également, dans les mêmes conditions, donner mandat au conseil syndical pour se prononcer sur toute proposition future émanant d'un opérateur de communications électroniques en vue d'installer des lignes de communication électroniques à très haut débit mentionnées au premier alinéa du présent article. Tant qu'une telle installation n'a pas été autorisée, l'ordre du jour de l'assemblée générale comporte de droit un projet de résolution donnant au conseil syndical un tel mandat.

(Al. aj., L. n° 2016-1321, 7 oct. 2016) Lorsqu'une demande de raccordement à un réseau de communications électroniques à très haut débit en fibre optique est effectuée par le propriétaire, le locataire ou un occupant de bonne foi d'un logement d'un immeuble comportant plusieurs logements ou d'un immeuble à usage mixte dans les conditions prévues à l'article 1er de la loi n° 66-457 du 2 juillet 1966 relative à l'installation d'antennes réceptrices de radiodiffusion, le syndicat des copropriétaires ne peut s'opposer, nonobstant toute convention contraire, sans motif sérieux et légitime conformément au II du même article 1er, à l'installation de telles lignes dans les parties communes de l'immeuble de manière à permettre la desserte de chacun des logements, sous réserve que l'immeuble dispose des infrastructures d'accueil adaptées.

(Al. aj., L. n° 2016-1321, 7 oct. 2016) Cette installation, réalisée aux frais de l'opérateur conformément à l'article L. 34-8-3 du Code des postes et des communications électroniques, fait l'objet d'une convention conclue dans les conditions prévues à l'article L. 33-6 du même code avec le syndicat des copropriétaires, après avis du conseil syndical lorsque celui-ci a été institué.

Art. 24-3 *(L. n° 2009-258, 5 mars 2009)* (2). – Lorsque l'immeuble reçoit des services de télévision par voie hertzienne terrestre par une antenne collective, l'ordre du jour de l'assemblée générale comporte, avant la fin de la mise en œuvre dans la commune du schéma national d'arrêt de la diffusion analogique et de basculement vers le numérique, un projet de résolution sur les travaux et les modifications nécessaires à la réception, par l'antenne collective de l'immeuble, des services de télévision par voie hertzienne terrestre en mode numérique.

(Al. mod., L. n° 2014-366, 24 mars 2014) Par dérogation au *h* de l'article 25, la décision de réaliser les travaux et modifications prévus à l'alinéa précédent est acquise à la majorité prévue au premier alinéa du I de l'article 24.

L'assemblée générale peut également, dans les mêmes conditions, donner mandat au conseil syndical ou, à défaut, au syndic pour conduire, dans la limite d'un montant de dépenses, les modifications nécessaires à la continuité de la réception par l'antenne collective des services de télévision lors de l'arrêt de la télévision analogique ou lors des changements des fréquences d'émission des services de télévision par voie hertzienne terrestre en mode numérique.

Art. 24-4 *(Al. mod. à compter du 1er janvier 2023, L. n° 2021-1104, 22 août 2021).* – Le syndic inscrit à l'ordre du jour de l'assemblée générale des copropriétaires qui suit l'établissement d'un diagnostic de performance énergétique prévu à l'article L. 126-31 du Code de la construction et de l'habitation la question d'un plan de travaux d'économies d'énergie ou d'un contrat de performance énergétique.

(Al. 1er mod. à compter du 1er janvier 2024, L. n° 2021-1104, 22 août 2021) Le syndic inscrit à l'ordre du jour de l'assemblée générale des copropriétaires qui suit l'établissement d'un diagnostic de performance énergétique prévu à l'article L. 126-31 du Code de la construction et de l'habitation la question d'un plan de travaux d'économies d'énergie ou d'un contrat de performance énergétique.

(1) Dispositions applicables aux assemblées générales convoquées après le 6 août 2015, L. n° 2015-990, 6 août 2015, art. 114, II.

(2) Dispositions applicables dans les îles Wallis-et-Futuna, en Polynésie française, en Nouvelle-Calédonie et dans les Terres australes et antarctiques françaises, L. n° 2009-258, 5 mars 2009, art. 93.

Avant de soumettre au vote de l'assemblée générale un projet de conclusion d'un tel contrat, le syndic procède à une mise en concurrence de plusieurs prestataires et recueille l'avis du conseil syndical.

(Al. mod. à compter du 1er janvier 2023, L. n° 2021-1104, 22 août 2021) **L'obligation prévue au premier alinéa est satisfaite si le plan pluriannuel de travaux, inscrit à l'ordre du jour de l'assemblée générale en application de l'article 14-2 de la présente loi, comporte des travaux d'économie d'énergie.**

Un décret en Conseil d'État fixe les conditions d'application du présent article.

Entrée en vigueur. Il y a lieu de distinguer :

• Les modifications apportées à l'**alinéa 1er** par l'article 158, II, de la loi du 22 août 2021 entrent en vigueur *(L. n° 2021-1104, 22 août 2021, art. 158, VI)* :

1° le 1er janvier 2024 pour les copropriétés comprenant plus de 200 lots à usage de logements, de bureaux ou de commerces ;

2° Le 1er janvier 2025, « pour les copropriétés entre 51 et 200 lots » ;

3° Le 1er janvier 2026, « pour les copropriétés d'au plus 50 lots ».

Par dérogation en Guadeloupe, en Martinique, en Guyane, à La Réunion et à Mayotte, le nouveau texte entre en vigueur le 1er janvier 2028 *(L. 22 août 2021, art. 158, IX)*.

• Les modifications apportées à l'**alinéa 3** par l'article 171, I, 7° de la loi du 22 août 2021 entrent en vigueur *(L. n° 2021-1104, 22 août 2021, art. 171, VI)* :

1° le 1er janvier 2023 pour les syndicats de copropriétaires comprenant plus de 200 lots à usage de logements, de bureaux ou de commerces ;

2° Le 1er janvier 2024, pour les syndicats de copropriétaires comprenant un nombre de lots à usage de logements, de bureaux ou de commerces compris entre 51 et 200 ;

3° Le 1er janvier 2025, pour les syndicats de copropriétaires comprenant au plus 50 lots à usage de logements de bureaux ou de commerces.

Art. 24-5

(L. n° 2010-788, 12 juill. 2010 ; mod. à compter du 1er janvier 2017, L. n° 2014-366, 24 mars 2014 ; mod., L. n° 2019-1428, 24 déc. 2019). **– I. – Lorsque l'immeuble possède des emplacements de stationnement d'accès sécurisé à usage privatif et n'est pas équipé de stationnements sécurisés pour les vélos, le syndic inscrit à l'ordre du jour de l'assemblée générale la question des travaux permettant le stationnement sécurisé des vélos, ainsi que la présentation des devis élaborés à cet effet.**

II. – Les III et IV du présent article sont applicables lorsque l'immeuble possède des emplacements de stationnement d'accès sécurisé à usage privatif et n'est pas équipé des installations électriques intérieures et extérieures permettant l'alimentation de ces emplacements pour permettre la recharge des véhicules électriques et hybrides rechargeables ou des installations de recharge électrique permettant un comptage individuel pour ces mêmes véhicules.

III. – Quand les travaux permettant de réaliser les installations mentionnées au II n'ont pas été réalisés, le syndic inscrit à l'ordre du jour de l'assemblée générale des copropriétaires la question de la réalisation d'une étude portant sur l'adéquation des installations électriques existantes aux équipements de recharge et, le cas échéant, les travaux à réaliser à cet effet.

IV. – Le syndic inscrit à l'ordre du jour de l'assemblée générale des copropriétaires la question des travaux mentionnés au *i* du II de l'article 24 ou au *j* de l'article 25 et, le cas échéant, les conditions de gestion ultérieure du nouveau réseau électrique.

Sont joints à la convocation à l'assemblée générale des copropriétaires :

1° Le détail des travaux à réaliser ;

2° Les devis et les plans de financement élaborés à cet effet ;

3° Le cas échéant, le projet de contrat fixant les conditions de gestion du réseau électrique modifié ;

4° Lorsqu'elle a été réalisée, l'étude mentionnée au III du présent article.

Un ou plusieurs copropriétaires peuvent demander au syndic d'inscrire à l'ordre du jour de l'assemblée générale des copropriétaires la question des travaux mentionnés au premier alinéa du présent IV pour qu'ils soient réalisés sous la responsabilité du syndicat des copropriétaires et aux frais des seuls copropriétaires demandeurs. Cette délibération est adoptée dans les conditions prévues au I de l'article 24.

NB : Conformément aux III et IV de l'article 69 de la loi n° 2019-1428 du 24 décembre 2019 :

III. – L'article 24-5 de la loi n° 65-557 du 10 juillet 1965 fixant le statut de la copropriété des immeubles bâtis est applicable, dans sa rédaction résultant de la présente loi, aux assemblées générales de copropriétaires convoquées à compter du 1er jour du 3e mois suivant la promulgation de la présente loi.

IV. – Le syndic inscrit les questions mentionnées au III et au premier alinéa du IV de l'article 24-5 de la loi n° 65-557 du 10 juillet 1965 fixant le statut de la copropriété des immeubles bâtis, dans sa rédaction résultant de la présente loi, à l'ordre du jour de l'assemblée générale des copropriétaires avant le 1er janvier 2023.

Art. 24-5-1 *(Aj. à compter du 25 août 2021, L. n° 2021-1104, 22 août 2021).* – **Par dérogation au *j* de l'article 25, sont acquises à la majorité prévue au premier alinéa de l'article 24 :**

1° La décision de conclure une convention avec le gestionnaire du réseau public de distribution d'électricité ayant pour objet l'installation, sans frais pour le syndicat des copropriétaires, d'une infrastructure collective, relevant du réseau public d'électricité, qui rend possible l'installation ultérieure de points de recharge pour véhicules électriques ou hybrides rechargeables, dans les conditions prévues à l'article L. 353-12 du Code de l'énergie ;

2° La décision de conclure une convention avec un opérateur d'infrastructures de recharge ayant pour objet l'installation, sans frais pour le syndicat des copropriétaires, d'une infrastructure collective qui rend possible l'installation ultérieure de points de recharge pour véhicules électriques ou hybrides rechargeables.

La convention mentionnée au 2° du présent article est conclue dans les conditions prévues à l'article L. 353-13 du Code de l'énergie, après avis du conseil syndical lorsque celui-ci a été institué.

Art. 24-6 *(L. n° 2010-788, 12 juill. 2010 ; mod., L. n° 2014-366, 24 mars 2014 ; Ord. n° 2015-1324, 22 oct. 2015).* – **Lorsque l'immeuble est situé dans l'un des secteurs mentionnés au *a* du 2° de l'article L. 515-16 du Code de l'environnement, le syndic inscrit à l'ordre du jour de l'assemblée générale l'information sur l'exercice par les copropriétaires du droit de délaissement prévu au même article.**

Il notifie en même temps que l'ordre du jour un état actualisé des lots délaissés. Cet état comprend le nombre de copropriétaires ayant exercé leur droit de délaissement, ainsi que les quotes-parts des parties communes qu'ils représentent, et mentionne les dispositions du deuxième alinéa du III de l'article 18 de la présente loi et de l'article L. 515-16-1 du Code de l'environnement.

Art. 24-7 *(L. n° 2014-366, 24 mars 2014).* – **Sauf dans le cas où le syndicat des copropriétaires assure la maîtrise d'ouvrage des travaux portant sur les parties communes et les parties privatives de l'immeuble en application du *c* du II de l'article 24, le syndicat des copropriétaires peut délibérer sur la création ou l'adhésion à une association foncière urbaine prévue au 5° de l'article L. 322-2 du Code de l'urbanisme. Dans ce cas, par dérogation à l'article 14, l'association foncière urbaine exerce les pouvoirs du syndicat des copropriétaires portant sur les travaux de restauration immobilière relatifs aux parties communes de l'immeuble jusqu'à leur réception définitive.**

Art. 24-8 *(Mod. à compter du 1er janvier 2021, Ord. n° 2020-1144, 16 sept. 2020).* – **Lorsque, en application de l'article L. 511-15 du Code de la construction et de l'habitation, une astreinte applicable à chaque lot a été notifiée au syndicat des copropriétaires, pris en la personne du syndic, par une autorité publique, le syndic en informe immédiatement les copropriétaires.**

Lorsque l'inexécution des travaux et mesures prescrits par l'arrêté de police administrative résulte de la défaillance de certains copropriétaires, le syndic en informe l'autorité publique compétente, en lui indiquant les démarches entreprises et en lui fournissant une attestation de défaillance. Sont réputés défaillants les copropriétaires qui, après avoir été mis en demeure par le syndic, n'ont pas répondu aux appels de fonds nécessaires à la réalisation des travaux dans le délai de quinze jours après la sommation de payer. Au vu de l'attestation de défaillance, l'autorité publique notifie le montant de l'astreinte aux copropriétaires défaillants et procède à sa liquidation et à son recouvrement comme il est prévu à l'article L. 511-15 du Code de la construction et de l'habitation.

Lorsque l'assemblée générale des copropriétaires n'a pas été en mesure de voter les modalités de réalisation des travaux prescrits par un des arrêtés de police administrative mentionnés aux mêmes articles et que le syndicat des copropriétaires est lui-même défaillant, chacun des copropriétaires est redevable du montant de l'astreinte correspondant à son lot de copropriété notifié par l'autorité publique compétente.

Art. 24-9 *(Aj. à compter du 17 février 2016, L. n° 2015-992, 17 août 2015 ; mod. à compter du 25 octobre 2020, Ord. n° 2020-866, 15 juill. 2020).* – **Lorsque l'immeuble est pourvu d'une installation centrale de chauffage, de froid ou d'eau chaude sanitaire, commune à tout ou partie des locaux occupés à titre privatif, et est soumis à l'obligation d'individualisation des frais en application de l'***(Réf. rempl. à compter d'une date* *fixée par décret en Conseil d'État et au plus tard le 1er juillet 2021, Ord. n° 2020-71, 29 janv. 2020)* article L. 174-2 du Code de la construction et de l'habitation, le syndic inscrit à l'ordre du jour de l'assemblée générale la question des travaux permettant de munir l'immeuble d'un tel dispositif d'individualisation, ainsi que la présentation des devis élaborés à cet effet.

Lorsque ce dispositif est installé et qu'il est télé-relevable, le syndicat des copropriétaires transmet à chaque copropriétaire une évaluation de la consommation de chaleur, de froid et d'eau chaude sanitaire de ses locaux privatifs, selon des modalités précisées par décret en Conseil d'État, notamment en ce qui concerne la fréquence de cette information.

Le syndic transmet à chaque copropriétaire, concomitamment avec la convocation de l'assemblée générale appelée à connaître des comptes, une note d'information sur la consommation de chaleur, de froid et d'eau chaude sanitaire de son logement, selon des modalités prévues par décret en Conseil d'État.

Art. 24-10 *(Aj. à compter du 1er janvier 2022, L. n° 2021-1104, 22 août 2021).* – Lorsque le syndicat ne dispose pas du document mentionné au II de l'article L. 2224-8 du Code général des collectivités territoriales, en cours de validité, il en fait la demande auprès de la commune. Le document établi à l'issue de ce contrôle lui est délivré dans les conditions prévues au même article L. 2224-8.

NB : Conformément aux VI et VII de l'article 63 de la loi n° 2021-1104 du 22 août 2021, ces dispositions sont entrées en vigueur le 1er janvier 2022 pour les territoires concernés par le décret prévu au IV dudit article (sur ce décret et la liste des territoires concernés, V. ann., *V° Assainissement*). Elles entrent en vigueur le 1er janvier 2023 pour les territoires non concernés par ledit décret.

Art. 24-11 *(Aj., Ord. n° 2022-1611, 22 déc. 2022).* – Lorsque le contrat de fourniture d'eau n'est pas individualisé, le syndic transmet à chaque copropriétaire la facture établie dans les conditions prévues à l'article L. 2224-12-1 du Code général des collectivités territoriales ainsi que les informations complémentaires sur la qualité de l'eau qui lui ont été adressées, concomitamment à la convocation de l'assemblée générale appelée à connaître des comptes ou, à défaut, au moins une fois par an.

Art. 25 *(Mod., L. n° 2010-788, 12 juill. 2010 ; L. n° 2014-366, 24 mars 2014 ; L. n° 2015-990, 6 août 2015 ; à compter du 1er juin 2020, Ord. n° 2019-1101, 30 oct. 2019 ; L. n° 2019-1428, 24 déc. 2019).* – Ne sont adoptées qu'à la majorité des voix de tous les copropriétaires les décisions concernant :

a) Toute délégation du pouvoir donnée au syndic, au conseil syndical ou à toute personne de prendre un acte ou une décision mentionné à l'article 24. Lorsque l'assemblée autorise le délégataire à décider de dépenses, elle fixe le montant maximum des sommes allouées à ce titre ;

b) L'autorisation donnée à certains copropriétaires d'effectuer à leurs frais des travaux affectant les parties communes ou l'aspect extérieur de l'immeuble, et conformes à la destination de celui-ci ;

c) La désignation ou la révocation du ou des syndics et des membres du conseil syndical ;

d) Les conditions auxquelles sont réalisés les actes de disposition sur les parties communes ou sur des droits accessoires à ces parties communes, lorsque ces actes résultent d'obligations légales ou réglementaires telles que celles relatives à l'établissement de cours communes, d'autres servitudes ou à la cession de droits de mitoyenneté ;

e) La modification de la répartition des charges visées à l'alinéa 1er de l'article 10 ci-dessus rendue nécessaire par un changement de l'usage d'une ou plusieurs parties privatives ;

f) Les travaux d'économies d'énergie ou de réduction des émissions de gaz à effet de serre. Ces travaux peuvent comprendre des travaux d'intérêt collectif réalisés sur les parties privatives et aux frais du copropriétaire du lot concerné, sauf dans le cas où ce dernier est en mesure de produire la preuve de la réalisation de travaux équivalents dans les dix années précédentes.

Un décret en Conseil d'État précise les conditions d'application du présent *f.*

g) Les modalités d'ouverture des portes d'accès aux immeubles. En cas de fermeture totale de l'immeuble, celle-ci doit être compatible avec l'exercice d'une activité autorisée par le règlement de copropriété ;

h) L'installation d'une station radioélectrique nécessaire au déploiement d'un réseau radioélectrique ouvert au public ou l'installation ou la modification d'une antenne collective ou d'un réseau de communications électroniques interne à l'immeuble dès lors qu'elles portent sur des parties communes ;

i) La délégation de pouvoir au président du conseil syndical d'introduire une action judiciaire contre le syndic en réparation du préjudice subi par le syndicat des copropriétaires ;

j) L'installation ou la modification des installations électriques intérieures ou extérieures permettant l'alimentation des emplacements de stationnement d'accès sécurisé à usage privatif pour permettre la recharge des véhicules électriques ou hybrides rechargeables, ainsi que la réalisation des installations de recharge électrique permettant un comptage individuel pour ces mêmes véhicules ;

k) L'installation de compteurs d'eau froide divisionnaires ;

l) L'installation de compteurs d'énergie thermique ou de répartiteurs de frais de chauffage ;

m) L'autorisation de transmettre aux services chargés du maintien de l'ordre les images réalisées en vue de la protection des parties communes, dans les conditions prévues à l'article L. 126-1-1 du Code de la construction et de l'habitation ;

m) L'autorisation de transmettre aux services chargés du maintien de l'ordre les images réalisées en vue de la protection des parties communes, dans les conditions prévues à *(Réf. rempl. à compter d'une date fixée par décret en Conseil d'État et au plus tard le 1er juillet 2021, Ord. n° 2020-71, 29 janv. 2020)* l'« article L. 172-2 du Code de la sécurité intérieure » ;

n) L'ensemble des travaux comportant transformation, addition ou amélioration ;

o) La demande d'individualisation des contrats de fourniture d'eau et la réalisation des études et travaux nécessaires à cette individualisation.

Art. 25-1 *(Anc. dernier al. de l'art. 25, transféré et rempl., L. n° 2000-1208, 13 déc. 2000 ; mod., L. n° 2014-366, 24 mars 2014 ; rempl. à compter du 1er juin 2020, Ord. n° 2019-1101, 30 oct. 2019 ; mod. à compter du 11 avril 2024, L. n° 2024-322, 9 avr. 2024).* – Lorsque l'assemblée générale des copropriétaires n'a pas décidé à la majorité des voix de tous les copropriétaires, en application de l'article 25 ou d'une autre disposition, mais que le projet a recueilli au moins le tiers de ces voix, la même assemblée se prononce à la majorité prévue à l'article 24 en procédant immédiatement à un second vote.

Lorsque le projet de résolution a pour objet la réalisation de travaux prévus au *f* de l'article 25 et qu'il n'a pas recueilli au moins le tiers des voix de tous les copropriétaires, une nouvelle assemblée générale, si elle est convoquée dans un délai de trois mois sur un projet identique, peut statuer à la majorité prévue à l'article 24.

Art. 25-2 *(Aj. à compter du 1er juin 2020, Ord. n° 2019-1101, 30 oct. 2019).* – Chaque copropriétaire peut faire réaliser, à ses frais, des travaux pour l'accessibilité des logements aux personnes handicapées ou à mobilité réduite qui affectent les parties communes ou l'aspect extérieur de l'immeuble. À cette fin, le copropriétaire notifie au syndic une demande d'inscription d'un point d'information à l'ordre du jour de la prochaine assemblée générale, accompagnée d'un descriptif détaillé des travaux envisagés.

Jusqu'à la réception des travaux, le copropriétaire exerce les pouvoirs du maître d'ouvrage.

L'assemblée générale peut, à la majorité des voix des copropriétaires, s'opposer à la réalisation de ces travaux par décision motivée par l'atteinte portée par les travaux à la structure de l'immeuble ou à ses éléments d'équipements essentiels, ou leur non-conformité à la destination de l'immeuble.

Art. 25-2-1 *(Aj., L. n° 2024-322, 9 avr. 2024).* – Un ou plusieurs copropriétaires peuvent effectuer, à leurs frais, des travaux d'isolation thermique de la toiture ou du plancher qui affectent les parties communes de l'immeuble, sous réserve que ceux-ci ne portent pas atteinte à la structure de l'immeuble, à ses éléments d'équipements essentiels, à sa sécurité, à sa salubrité, aux modalités de jouissance des parties privatives d'autres copropriétaires ou ne fassent pas l'objet d'une programmation dans le cadre du plan pluriannuel de travaux adopté par le syndicat des copropriétaires.

À cette fin, le ou les copropriétaires demandeurs notifient au syndic une demande ayant pour objet l'inscription à l'ordre du jour de la prochaine assemblée générale d'un projet de résolution, accompagné d'un descriptif détaillé des travaux envisagés.

L'assemblée générale peut autoriser la réalisation des travaux à la majorité des voix des copropriétaires prévues aux articles 25 et 25-1. La convocation d'une éventuelle nouvelle assemblée générale est aux frais des seuls copropriétaires demandeurs.

Jusqu'à la réception des travaux, le ou les copropriétaires mentionnés au premier alinéa du présent article exercent les pouvoirs et assument la responsabilité dévolus au maître d'ouvrage.

Art. 25-3 *(Aj. à compter du 1er juin 2020, Ord. n° 2019-1101, 30 oct. 2019).* – Lorsque l'assemblée générale des copropriétaires est appelée à se prononcer sur les travaux mentionnés à l'article 26-4, la question de la souscription d'un emprunt collectif destiné à financer ces travaux est inscrite à l'ordre du jour de la même assemblée générale.

Art. 26 *(Mod., L. n° 2010-788, 12 juill. 2010 ; L. n° 2014-366, 24 mars 2014 ; à compter du 1er juin 2020, Ord. n° 2019-1101, 30 oct. 2019).* – Sont prises à la majorité des membres du syndicat représentant au moins les deux tiers des voix les décisions concernant :

a) Les actes d'acquisition immobilière et les actes de disposition autres que ceux visés à l'article 25 *d* ;

b) La modification ou éventuellement l'établissement, du règlement de copropriété dans la mesure où il concerne la jouissance, l'usage et l'administration des parties communes ;

c) La suppression du poste de concierge ou de gardien et l'aliénation du logement affecté au concierge ou au gardien lorsqu'il appartient au syndicat. Les deux questions sont inscrites à l'ordre du jour de la même assemblée générale.

Lorsqu'en vertu d'une clause du règlement de copropriété la suppression du service de conciergerie porte atteinte à la destination de l'immeuble ou aux modalités de jouissance des parties privatives, la suppression du poste de concierge ou de gardien et l'aliénation du logement affecté au concierge ou au gardien lorsqu'il appartient au syndicat ne peuvent être décidées qu'à l'unanimité.

L'assemblée générale ne peut, à quelque majorité que ce soit, imposer à un copropriétaire une modification à la destination de ses parties privatives ou aux modalités de leur jouissance, telles qu'elles résultent du règlement de copropriété.

Elle ne peut, sauf à l'unanimité des voix de tous les copropriétaires, décider l'aliénation des parties communes dont la conservation est nécessaire au respect de la destination de l'immeuble ou la modification des stipulations du règlement de copropriété relative à la destination de l'immeuble.

Art. 26-1 *(Mod. à compter du 1er juin 2020, Ord. n° 2019-1101, 30 oct. 2019).* – Nonobstant toute disposition contraire, lorsque l'assemblée générale n'a pas décidé à la majorité prévue au premier alinéa de l'article 26 mais que le projet a au moins recueilli l'approbation de la moitié des membres du syndicat des copropriétaires présents, représentés ou ayant voté par correspondance, représentant au moins le tiers des voix de tous les copropriétaires, la même assemblée se prononce à la majorité des voix de tous les copropriétaires en procédant immédiatement à un second vote.

Art. 26-2 *(Abr., L. n° 2006-872, 13 juill. 2006).*

Art. 26-3 *(L. n° 2000-1208, 13 déc. 2000 ; mod. à compter du 1er janvier 2020, L. n° 2019-753, 22 juill. 2019).* – Par dérogation aux dispositions du dernier alinéa de l'article 26, l'assemblée générale décide, à la double majorité qualifiée prévue au premier alinéa dudit article, les aliénations de parties communes et les travaux à effectuer sur celles-ci, pour l'application du IV de l'article L. 1231-2 du Code général des collectivités territoriales.

NB : L'article 14 de la loi n° 2019-753 du 22 juillet 2019 prévoyait : « À une date prévue par le décret en Conseil d'État mentionné à l'article 15 de la présente loi, et au plus tard le 1er janvier 2020, l'Établissement public d'aménagement et de restructuration des espaces commerciaux et artisanaux est dissous. Ce décret précise les conditions dans lesquelles les contrats des salariés ainsi que les biens, droits et obligations de l'Établissement public d'aménagement et de restructuration des espaces commerciaux et artisanaux sont transférés à l'Agence nationale de la cohésion des territoires. »

Art. 26-4 *(Aj. à compter de la date prévue au III de l'art. 103 de la loi n° 2012-387 du 22 mars 2012, L. n° 2012-387, 22 mars 2012 ; mod., L. n° 2015-992, 17 août 2015 ; à compter du 1er juin 2020, Ord. n° 2019-1101, 30 oct. 2019 ; mod. à compter du 11 avril 2024, L. n° 2024-322, 9 avr. 2024).* – I. – L'assemblée générale ne peut, sauf à l'unanimité des voix des copropriétaires, décider la souscription d'un emprunt au nom du syndicat des copropriétaires pour le financement soit de travaux régulièrement votés concernant les parties communes ou de travaux d'intérêt collectif sur parties privatives régulièrement votés, soit des actes d'acquisition conformes à l'objet du syndicat et régulièrement votés.

II. – Par dérogation au I, l'assemblée générale peut également, à la même majorité que celle nécessaire au vote des travaux concernant les parties communes ou de travaux d'intérêt collectif sur parties privatives, voter la souscription d'un emprunt au nom du syndicat des copropriétaires lorsque cet emprunt a pour unique objectif le préfinancement de subventions publiques accordées au syndicat pour la réalisation des travaux votés.

Par dérogation au même I, l'assemblée générale peut, à la même majorité que celle nécessaire au vote soit des travaux concernant les parties communes ou de travaux d'intérêt collectif sur parties privatives, soit des actes d'acquisition conformes à l'objet du syndicat, voter la souscription d'un emprunt au nom du syndicat des copropriétaires au bénéfice des seuls copropriétaires décidant d'y participer.

Les copropriétaires qui décident de participer à l'emprunt doivent notifier leur décision au syndic en précisant le montant de l'emprunt qu'ils entendent solliciter, dans la limite de leur quote-part des dépenses. À peine de forclusion, la notification au syndic doit intervenir dans le délai de deux mois à compter de la notification du procès-verbal d'assemblée générale, sans ses annexes, à tous les copropriétaires.

III. – L'assemblée générale peut voter, à la même majorité que celle nécessaire au vote des travaux concernant les parties communes ou des travaux d'intérêt collectif sur parties privatives prévus aux *a* à *e* du II de l'article 24 et au *f* de l'article 25, la souscription d'un emprunt au nom du syndicat des copropriétaires pour le financement de ces travaux.

À moins qu'il ne s'y oppose dans les conditions fixées au troisième alinéa du présent III, chaque copropriétaire est réputé avoir accepté de participer à ce mode de financement des travaux.

Tout copropriétaire peut refuser de participer à l'emprunt sous réserve de notifier au syndic son refus dans un délai de deux mois à compter de la notification du procès-verbal de l'assemblée générale et de verser la totalité de la quote-part du prix des travaux lui revenant dans un délai de six mois à compter de la notification de ce procès-verbal. À défaut, le copropriétaire est tenu par l'emprunt.

L'établissement prêteur peut consulter le fichier prévu à l'article L. 751-1 du Code de la consommation, dans les conditions prévues à l'arrêté mentionné à l'article L. 751-6 du même code. Sur sa demande, le syndic lui fournit les informations relatives au syndicat des copropriétaires nécessaires, suffisantes et proportionnées pour apprécier la capacité du syndicat à remplir ses obligations définies par le contrat de prêt, dans des conditions fixées par décret.

Art. 26-5 *(Aj. à compter de la date prévue au III de l'art. 103 de la loi n° 2012-387 du 22 mars 2012, L. n° 2012-387, 22 mars 2012 ; mod., L. n° 2015-992, 17 août 2015 ; L. n° 2017-203, 21 févr. 2017).* – Les prêts mentionnés à l'article 26-4 sont conformes aux prescriptions de l'article L. 313-4, du 1° de l'article L. 313-5 et des articles L. 314-1 à L. 314-5 du Code de la consommation. Le contrat de prêt conclu en application du même article 26-4, conforme aux conditions générales et particulières du projet de contrat de prêt jointes à l'ordre du jour de l'assemblée générale, ne peut être signé par le syndic avant l'expiration du délai de recours de deux mois prévu au deuxième alinéa de l'article 42.

Art. 26-6 *(Aj. à compter de la date prévue au III de l'art. 103 de la loi n° 2012-387 du 22 mars 2012, L. n° 2012-387, 22 mars 2012 ; mod., n° 2014-366, 24 mars 2014 ; mod. à compter du 11 avril 2024, L. n° 2024-322, 9 avr. 2024).* – Le montant de l'emprunt mentionné au II de l'article 26-4, qui ne peut excéder le montant total des quotes-parts de dépenses des copropriétaires décidant d'y participer, est versé par l'établissement bancaire au syndicat des copropriétaires, représenté par le syndic.

Seuls les copropriétaires bénéficiant de l'emprunt sont tenus de contribuer :

1° À son remboursement au syndicat, en fonction du montant pour lequel ils participent à l'emprunt et selon la grille générale établie pour la répartition des quotes-parts de dépenses selon les principes prévus aux articles 10, 10-1 et 30 ;

2° Au paiement au syndicat des intérêts, des frais et des honoraires y afférents, en fonction du montant pour lequel ils participent à l'emprunt et selon la grille spécifique établie pour la répartition des accessoires.

L'assemblée générale peut autoriser le syndic, dans les conditions prévues au IV de l'article 18, à déléguer à l'établissement prêteur la faculté de prélever les sommes dues au titre du remboursement de l'emprunt collectif et du paiement des accessoires directement sur les comptes bancaires des copropriétaires y participant, ainsi qu'à mettre en œuvre les voies de recouvrement en cas d'impayé.

Art. 26-7 *(Aj. à compter de la date prévue au III de l'art. 103 de la loi n° 2012-387 du 22 mars 2012, L. n° 2012-387, 22 mars 2012 ; mod. à compter du 1er janvier 2014, Ord. n° 2013-544, 27 juin 2013 ; L. n° 2014-366, 24 mars 2014 ; mod. à compter du 1er janvier 2022, Ord. n° 2021-1192, 15 sept. 2021 ; mod., L. n° 2024-322, 9 avr. 2024).* – Le syndicat des copropriétaires est garanti en totalité, sans franchise et sans délai de carence, par un cautionnement solidaire après constat de la défaillance d'un copropriétaire bénéficiant de l'emprunt mentionné aux I et II de l'article 26-4 pour les sommes correspondant à son remboursement ainsi qu'au paiement des accessoires.

Le cautionnement solidaire ne peut résulter que d'un engagement écrit fourni par une entreprise d'assurance spécialement agréée, par un établissement de crédit, une société de financement, le Trésor public, la Caisse des dépôts et consignations ou La Poste, dans les conditions définies à l'article L. 518-25 du Code monétaire et financier.

Le cautionnement solidaire prévu aux deux premiers alinéas est facultatif lorsque le prêt souscrit par le syndicat a pour unique objectif le préfinancement de subventions publiques accordées au syndicat pour la réalisation des travaux votés. Les décisions attributives de subventions sont alors obligatoirement communiquées à l'organisme prêteur par le syndic.

Au regard de l'hypothèque légale prévue au 3° de l'article 2402, les sommes correspondant au remboursement de l'emprunt ainsi qu'au paiement des accessoires sont assimilées au paiement des charges et travaux. Après mise en œuvre de la caution, celle-ci est subrogée de plein droit dans l'exercice de l'hypothèque légale du syndicat des copropriétaires prévu au même 3°.

Art. 26-8 *(Aj. à compter de la date prévue au III de l'art. 103 de la loi n° 2012-387 du 22 mars 2012, L. n° 2012-387, 22 mars 2012 ; mod. à compter du 11 avril 2024, L. n° 2024-322, 9 avr. 2024).* – Lors d'une mutation entre vifs du lot d'un copropriétaire bénéficiant de l'emprunt mentionné aux I et II de l'article 26-4, même si cette mutation est réalisée par voie d'apport en société, les sommes restant dues par le copropriétaire au titre du remboursement de l'emprunt ainsi que du paiement des accessoires deviennent immédiatement exigibles. Toutefois, en cas d'accord du prêteur et de la caution, l'obligation de payer ces sommes peut être transmise au nouveau copropriétaire avec son accord. Le notaire informe le syndic de ces accords.

Art. 26-9 *(Aj., L. n° 2024-322, 9 avr. 2024).* – Les fonds empruntés au titre du III de l'article 26-4 sont versés par l'établissement prêteur sur un compte bancaire séparé au nom du syndicat et réservé à cet effet ainsi qu'au versement des subventions publiques accordées au syndicat des copropriétaires pour le financement des travaux à réaliser et des sommes mentionnées au premier alinéa de l'article 26-13. Ce compte bancaire ne peut faire l'objet ni d'une convention de fusion, ni d'une compensation avec un autre compte.

Le paiement des travaux est réalisé sur présentation des factures par le syndic à l'établissement prêteur.

Aucune mesure conservatoire ni d'exécution forcée ne peut être mise en œuvre sur les sommes portées au crédit du compte bancaire réservé en application du premier alinéa du présent article.

Art. 26-10 *(Aj., L. n° 2024-322, 9 avr. 2024).* – Seuls les copropriétaires bénéficiant de l'emprunt mentionné au III de l'article 26-4 sont tenus de contribuer chaque mois ou chaque trimestre, en fonction du montant pour lequel ils participent à l'emprunt selon la grille établie pour la répartition des quotes-parts de dépenses selon les principes prévus aux articles 10, 10-1 et 30 :

1° À son remboursement, en capital, intérêts et frais éventuels de caution, au syndicat des copropriétaires ;

2° Au paiement des frais et des honoraires afférents générés par le montage et par la gestion du prêt.

Art. 26-11 *(Aj., L. n° 2024-322, 9 avr. 2024).* – La charge de la contribution au remboursement de l'emprunt mentionné au III de l'article 26-4 incombe au propriétaire du lot et est transférée aux propriétaires successifs en cas de mutation. Le propriétaire du lot peut librement verser par anticipation au syndicat des copropriétaires les sommes dont il reste redevable au titre du remboursement de l'emprunt. Dès leur versement, ces sommes sont affectées sans délai par le syndic au remboursement de l'emprunt.

Art. 26-12 *(Aj., L. n° 2024-322, 9 avr. 2024).* – Le syndicat des copropriétaires est garanti en totalité, sans franchise et sans délai de carence, par un cautionnement solidaire après constat de la défaillance d'un copropriétaire bénéficiant de l'emprunt mentionné au III de l'article 26-4 pour les sommes correspondant à son remboursement ainsi qu'au paiement des accessoires.

Le cautionnement solidaire ne peut résulter que d'un engagement écrit fourni par une entreprise d'assurance spécialement agréée, par un établissement de crédit, par une société de financement, par le Trésor public, par la Caisse des dépôts et consignations ou par La Poste, dans les conditions définies à l'article L. 518-25 du Code monétaire et financier.

Au regard de l'hypothèque légale prévue au 3° de l'article 2402 du Code civil, les sommes correspondant au remboursement de l'emprunt ainsi qu'au paiement des accessoires sont assimilées au paiement des charges et des travaux. Après mise en œuvre de la caution, celle-ci est subrogée de plein droit dans l'exercice de l'hypothèque légale du syndicat des copropriétaires mentionné au même 3°.

Art. 26-13 *(Aj., L. n° 2024-322, 9 avr. 2024).* – Les sommes dues par le copropriétaire ayant refusé de participer à l'emprunt mentionné au III de l'article 26-4 qui correspondent au remboursement du capital et des intérêts et au paiement des frais et des honoraires entrent définitivement, dès leur versement, dans le patrimoine du syndicat des copropriétaires. Dès leur versement, elles sont affectées sans délai par le syndic au remboursement anticipé de l'emprunt.

Elles ne donnent pas lieu à remboursement par le syndicat des copropriétaires à l'occasion de la cession d'un lot. L'acquéreur peut consentir à verser au vendeur un montant équivalent à ces sommes en sus du prix de vente du lot.

Art. 26-14 *(Aj., L. n° 2024-322, 9 avr. 2024).* – L'article 33 n'est pas applicable aux décisions prises sur le fondement du III de l'article 26-4.

Art. 27 *(Mod. à compter du 1er juin 2020, Ord. n° 2019-1101, 30 oct. 2019).* – Lorsque l'immeuble comporte plusieurs bâtiments ou plusieurs entités homogènes susceptibles d'une gestion autonome, les copropriétaires dont les lots composent l'un ou plusieurs de ces bâtiments ou entités homogènes peuvent, réunis en assemblée spéciale, décider, à la majorité des voix de tous les copropriétaires, la constitution entre eux d'un syndicat, dit secondaire.

Ce syndicat a pour objet d'assurer la gestion, l'entretien et l'amélioration interne de ce ou ces bâtiments ou entités homogènes, sous réserve des droits résultant pour les autres copropriétaires des dispositions du règlement de copropriété. Cet objet peut être étendu avec l'accord de l'assemblée générale de l'ensemble des copropriétaires statuant à la majorité prévue à l'article 24.

Le syndicat secondaire est doté de la personnalité civile. Il fonctionne dans les conditions prévues par la présente loi. Il est représenté au conseil syndical du syndicat principal, s'il en existe un.

Art. 28 *(Mod., L. n° 2000-1208, 13 déc. 2000 ; L. n° 2014-366, 24 mars 2014 ; à compter du 1er octobre 2016, Ord. n° 2016-131, 10 févr. 2016 ; à compter du 1er juin 2020, Ord. n° 2019-1101, 30 oct. 2019).* – I. – Lorsque l'immeuble comporte plusieurs bâtiments et que la division de la propriété du sol est possible :

a) Le propriétaire d'un ou de plusieurs lots correspondant à un ou plusieurs bâtiments peut demander que ce ou ces bâtiments soient retirés du syndicat initial pour constituer une propriété séparée. L'assemblée générale statue sur la demande formulée par ce propriétaire à la majorité des voix de tous les copropriétaires ;

b) Les propriétaires dont les lots correspondent à un ou plusieurs bâtiments peuvent, réunis en assemblée spéciale et statuant à la majorité des voix de tous les copropriétaires composant cette assemblée, demander que ce ou ces bâtiments soient retirés du syndicat initial pour constituer un ou plusieurs syndicats séparés. L'assemblée générale du syndicat initial statue à la majorité des voix de tous les copropriétaires sur la demande formulée par l'assemblée spéciale.

II. – Dans les deux cas, l'assemblée générale du syndicat initial statue à la même majorité sur les conditions matérielles, juridiques et financières nécessitées par la division.

L'assemblée générale du ou des nouveaux syndicats, sauf en ce qui concerne la destination de l'immeuble, procède, à la majorité de l'article 24, aux adaptations du règlement initial de copropriété et de l'état de répartition des charges rendues nécessaires par la division.

La répartition des créances et des dettes est effectuée selon les principes suivants :

1° Les créances du syndicat initial sur les copropriétaires anciens et actuels et les hypothèques du syndicat initial sur les lots des copropriétaires sont transférées de plein droit aux syndicats issus de la division auquel le lot est rattaché, en application de l'article 1346 du Code civil ;

2° Les dettes du syndicat initial sont réparties entre les syndicats issus de la division à hauteur du montant des créances du syndicat initial sur les copropriétaires transférées aux syndicats issus de la division.

III. – Si l'assemblée générale du syndicat initial décide de constituer une union de syndicats pour la création, la gestion et l'entretien des éléments d'équipements communs qui ne peuvent être divisés, cette décision est prise à la majorité de l'article 24.

Le règlement de copropriété du syndicat initial reste applicable jusqu'à l'établissement d'un nouveau règlement de copropriété du syndicat ou de chacun des syndicats selon le cas.

La division ne prend effet que lorsque sont prises les décisions mentionnées aux alinéas précédents. Elle emporte la dissolution du syndicat initial.

IV. – La procédure prévue au présent article peut également être employée pour la division en volumes d'un ensemble immobilier complexe comportant soit plusieurs bâtiments distincts sur dalle, soit plusieurs entités homogènes affectées à des usages différents, pour autant que chacune de ces entités permette une gestion autonome.

La procédure ne peut en aucun cas être employée pour la division en volumes d'un bâtiment unique.

En cas de division en volumes, la décision de constituer une union de syndicats pour la création, la gestion et l'entretien des éléments d'équipements à usage collectif est prise à la majorité mentionnée à l'article 25.

Par dérogation au troisième alinéa de l'article 29, les statuts de l'union peuvent interdire à ses membres de se retirer de celle-ci.

Art. 29 *(Mod., L. n° 2000-1208, 13 déc. 2000 ; L. n° 2024-322, 9 avr. 2024).* – Un syndicat de copropriétaires peut être membre d'une union de syndicats, groupement doté de la personnalité civile, dont l'objet est d'assurer la création, la gestion et l'entretien d'éléments d'équipement communs ainsi que la gestion de services d'intérêt commun.

Cette union peut recevoir l'adhésion d'un ou de plusieurs syndicats de copropriétaires, de sociétés immobilières, de sociétés d'attribution régies par les articles L. 212-1 et suivants du Code de la construction et de l'habitation et de tous autres propriétaires dont les immeubles sont contigus ou voisins de ceux de ses membres.

Les statuts de l'union déterminent les conditions de son fonctionnement sous réserve des dispositions de la présente loi. Ils ne peuvent interdire à l'un de ses membres de se retirer de l'union.

L'adhésion à une union constituée ou à constituer est décidée par l'assemblée générale de chaque syndicat à la majorité prévue à l'article 25. Le retrait de cette union est décidé par l'assemblée générale de chaque syndicat à la majorité prévue à l'article 26. *(Aj., L. n° 2024-322, 9 avr. 2024)* « Par dérogation, lorsque la copropriété est en difficulté au sens de la section 2 du présent chapitre, le retrait de cette union est décidé par l'assemblée générale du syndicat à la majorité prévue à l'article 25 ».

L'assemblée générale de l'union est constituée par les syndics des syndicats, par le représentant légal de chaque société et par les propriétaires qui ont adhéré à l'union. Les syndics participent à cette assemblée générale en qualité de mandataire du ou des syndicats qu'ils représentent.

L'exécution des décisions de l'union est confiée à un président de l'union désigné par l'assemblée générale de l'union.

Il est institué un conseil de l'union chargé d'assister le président et de contrôler sa gestion. Ce conseil est composé d'un représentant désigné par chaque membre de l'union.

Section 2. – Dispositions particulières aux copropriétés en difficulté

Art. 29-1 A *(L. n° 2009-323, 25 mars 2009 ; mod., L. n° 2014-366, 24 mars 2014 ; à compter du 1er janvier 2020, Ord. n° 2019-964, 18 sept. 2019 ; L. n° 2024-322, 9 avr. 2024).* – Lorsqu'à la clôture des comptes les impayés atteignent 25 % des sommes exigibles en vertu des articles 14-1 et 14-2-1 ou en l'absence de vote de l'assemblée générale sur l'approbation des comptes depuis au moins deux ans, le syndic en informe le conseil syndical et saisit sur requête le juge d'une demande de désignation d'un mandataire ad hoc. Pour les copropriétés de plus de deux cents lots, le pourcentage des impayés déclenchant la saisine est fixé à 15 %.

En l'absence d'action du syndic dans un délai d'un mois à compter de la clôture des comptes, en l'absence de syndic ou en l'absence de vote de l'assemblée générale sur l'approbation des comptes depuis au moins deux ans, le juge peut être saisi d'une même demande par :

1° Des copropriétaires représentant ensemble au moins 15 % des voix du syndicat *(Mots aj. à compter du 1er juin 2020, Ord. n° 2019-1101, 30 oct. 2019)* « ou le président du conseil syndical » ;

2° Un créancier lorsque les factures d'abonnement et de fourniture d'eau ou d'énergie ou les factures de travaux, votés par l'assemblée générale et exécutés, restent impayées depuis six mois et si le créancier a adressé au syndic un commandement de payer resté infructueux ;

3° Le représentant de l'État dans le département ou le procureur de la République près le tribunal judiciaire ;

4° Le maire de la commune du lieu de situation de l'immeuble ;

5° Le président de l'organe délibérant de l'établissement public de coopération intercommunale compétent en matière d'habitat du lieu de situation de l'immeuble.

Dans les cas mentionnés *(Mots aj., L. n° 2017-86, 27 janv. 2017)* « au premier alinéa et » aux 1° et 2°, le représentant de l'État dans le département, le maire de la commune où est implanté l'immeuble et le président de l'organe délibérant de l'établissement public de coopération intercommunale compétent en matière d'habitat sont informés de la saisine par le ou les demandeurs.

Art. 29-1 B *(L. n° 2009-323, 25 mars 2009 ; mod., L. n° 2014-366, 24 mars 2014 ; à compter du 1er janvier 2020, Ord. n° 2019-738, 17 juill. 2019 ; à compter du 1er janvier 2020, Ord. n° 2019-964, 18 sept. 2019).* – Le président du tribunal judiciaire, saisi dans les conditions prévues à l'article 29-1 A et statuant par ordonnance sur requête ou selon la procédure accélérée au fond, peut désigner un mandataire *ad hoc* dont il détermine la mission et la rémunération. Les modalités d'intervention des mandataires *ad hoc* sont fixées par décret.

Le président du tribunal judiciaire précise et motive spécialement dans sa décision l'imputation des frais entre le syndicat des copropriétaires et les autres parties à la procédure, ou le partage des frais entre eux.

Dans un délai de trois mois renouvelable une fois par décision du président du tribunal judiciaire, le mandataire *ad hoc* adresse au président du tribunal judiciaire un rapport présentant l'analyse de la situation financière du syndicat des copropriétaires et de l'état de l'immeuble, les préconisations faites pour rétablir l'équilibre financier du syndicat et, le cas échéant, assurer la sécurité de l'immeuble, ainsi que le résultat des actions de médiation ou de négociation qu'il aura éventuellement menées avec les parties en cause. Lorsqu'il constate d'importantes difficultés financières ou de gestion, il saisit le président du tribunal judiciaire aux fins de désignation d'un administrateur provisoire en application de l'article 29-1.

Le syndic est tenu de fournir au mandataire *ad hoc* tous les documents nécessaires à l'accomplissement de sa mission dans un délai de quinze jours à compter de la notification de la décision du président du tribunal judiciaire au syndic. Le mandataire *ad hoc* peut saisir le président du tribunal judiciaire des difficultés dans l'exercice de sa mission. Pour l'accomplissement de sa mission, le mandataire *ad hoc* peut obtenir de l'autorité publique compétente les pièces relatives aux procédures de police engagées à l'encontre du syndicat.

Le greffe du tribunal judiciaire adresse ce rapport au syndic, au conseil syndical, au maire de la commune où est implanté l'immeuble, au président de l'organe délibérant de l'établissement public de coopération intercommunale compétent en matière d'habitat, ainsi qu'au représentant de l'État dans le département.

Le syndic inscrit à l'ordre du jour de la prochaine assemblée générale les projets de résolution nécessaires à la mise en œuvre de ce rapport. Si la prochaine assemblée générale n'intervient pas dans les six mois à compter de la remise du rapport, le syndic convoque une assemblée générale spécialement à cet effet. Si le rapport du mandataire *ad hoc* préconise des mesures d'urgence, ce délai est ramené à trois mois.

Le procès-verbal de l'assemblée générale statuant sur les résolutions mettant en œuvre le rapport du mandataire est notifié par le syndic aux auteurs de la saisine, au président du tribunal judiciaire et au mandataire *ad hoc*. En l'absence de notification dans le délai de six mois prévu au sixième alinéa, le mandataire *ad hoc* ou les parties à l'origine de la procédure peuvent saisir le président du tribunal judiciaire statuant selon la procédure accélérée au fond aux fins :

1° D'obtenir un jugement enjoignant au syndic de convoquer sans délai l'assemblée générale ;

2° De désignation d'un administrateur provisoire, si les auteurs de la saisine sont habilités à le faire par l'article 29-1.

Art. 29-1 C *(L. n° 2014-366, 24 mars 2014).* – I. – Pour exercer les fonctions de mandataire *ad hoc* prévues à l'article 29-1 A, le juge peut désigner un administrateur judiciaire inscrit sur la liste des administrateurs judiciaires mentionnée à l'article L. 811-2 du Code de commerce.

II. – Toutefois, à titre exceptionnel, le juge peut également désigner, par décision spécialement motivée, une personne physique ou morale justifiant d'une expérience ou d'une qualification particulière au regard de la nature de l'affaire et remplissant des conditions définies par décret.

III. – Les mandataires *ad hoc* désignés en application du II du présent article ne doivent pas, au cours des cinq années précédentes :

1° Avoir perçu à quelque titre que ce soit, directement ou indirectement, une rétribution ou un paiement de la part du syndic, du syndicat des copropriétaires ou des créanciers à l'origine de la procédure, ni d'une personne qui détient le contrôle du syndic ou d'un de ses créanciers, au sens des II et III de l'article L. 233-16 du Code de commerce ;

2° S'être trouvés en situation de conseil du syndic, du syndicat des copropriétaires ou des créanciers concernés ou de subordination par rapport à eux ;

3° Avoir un intérêt dans le mandat qui leur est donné ;

4° Être au nombre des anciens administrateurs ou mandataires judiciaires ayant fait l'objet d'une décision de radiation ou de retrait des listes, en application des articles L. 811-6, L. 811-12 et L. 812-4 du Code de commerce.

IV. – Les mandataires *ad hoc* ne peuvent être désignés syndic à l'issue de leur mission.

Art. 29-1 *(Mod., L. n° 2009-323, 25 mars 2009 ; L. n° 2014-366, 24 mars 2014 ; à compter du 1er janvier 2020, Ord. n° 2019-738, 17 juill. 2019 ; L. n° 2024-322, 9 avr. 2024).* – I. – Si l'équilibre financier du syndicat des copropriétaires est gravement compromis ou si le syndicat est dans l'impossibilité de pourvoir à la conservation de l'immeuble, le président du tribunal judiciaire statuant selon la procédure accélérée au fond ou sur requête peut désigner un administrateur provisoire du syndicat. Le président du tribunal judiciaire ne peut être saisi à cette fin que par des copropriétaires représentant ensemble 15 p. 100 au moins des voix du syndicat, par le syndic, par le maire de la commune du lieu de situation de l'immeuble, par le président de l'établissement public de coopération intercommunale compétent en matière d'habitat, par le représentant de l'État dans le département, par le procureur de la République ou, si le syndicat a fait l'objet de la procédure prévue aux articles 29-1 A et 29-1 B, par le mandataire *ad hoc*.

Le président du tribunal judiciaire charge l'administrateur provisoire de prendre les mesures nécessaires au rétablissement du fonctionnement normal de la copropriété. À cette fin, il lui confie tous les pouvoirs du syndic dont le mandat cesse de plein droit sans indemnité et tout ou partie des pouvoirs de l'assemblée générale des copropriétaires, à l'exception de ceux prévus aux a et b de l'article 26, et du conseil syndical. Le conseil syndical et l'assemblée générale, convoqués et présidés par l'administrateur provisoire, continuent à exercer ceux des autres pouvoirs qui ne seraient pas compris dans la mission de l'administrateur provisoire. L'administrateur provisoire exécute personnellement la mission qui lui est confiée. Il peut toutefois, lorsque le bon déroulement de la mission le requiert, se faire assister par un tiers désigné par le président du tribunal judiciaire sur sa proposition et rétribué sur sa rémunération. Dans tous les cas, le syndic en place ne peut être désigné au titre d'administrateur provisoire de la copropriété.

La décision désignant l'administrateur provisoire fixe la durée de sa mission, qui ne peut être inférieure à douze mois. Si aucun rapport mentionné à l'article 29-1 B n'a été établi au cours de l'année précédente, l'administrateur rend, au plus tard à l'issue des six premiers mois de sa mission, un rapport intermédiaire présentant les mesures à adopter pour redresser la situation financière du syndicat. Le président du tribunal judiciaire peut, à tout moment, modifier la mission de l'administrateur provisoire, la prolonger ou y mettre fin à la demande de l'administrateur provisoire, même si celui-ci n'a été désigné que pour convoquer l'assemblée générale en vue de désigner un syndic, d'un ou plusieurs copropriétaires, du représentant de l'État dans le département, du maire de la commune du lieu de situation de l'immeuble, du président de l'établissement public de coopération intercommunale compétent en matière d'habitat, du procureur de la République ou d'office.

Un administrateur provisoire peut également être nommé pour liquider les dettes d'un syndicat en cas d'expropriation ou de dissolution du syndicat. La personnalité morale du syndicat exproprié ou dissous subsiste pour les besoins de la liquidation des dettes jusqu'à ce que le président du tribunal judiciaire mette fin à la mission de l'administrateur provisoire. Pour les besoins de liquidation des dettes, les dispositions de la présente section sont applicables dans des conditions précisées par décret en Conseil d'État.

II. – Les modalités de rémunération de l'administrateur provisoire sont fixées par décret.

(Al. aj., L. n° 2024-322, 9 avr. 2024) « Le président du tribunal judiciaire peut imputer tout ou partie des frais de l'administration provisoire au syndic si ce dernier n'a pas saisi sur requête le juge d'une demande de désignation d'un mandataire ad hoc dans les conditions prévues à l'article 29-1 A, après audition du syndic et du conseil syndical, sur le rapport de l'administrateur provisoire ».

III. – Pour exercer les fonctions d'administrateur provisoire prévues au I, le président du tribunal judiciaire peut désigner un administrateur judiciaire inscrit sur la liste des administrateurs judiciaires mentionnée à l'article L. 811-2 du Code de commerce.

Le président du tribunal judiciaire peut également désigner une personne physique ou morale justifiant d'une expérience ou d'une qualification particulière au regard de la nature de l'affaire et remplissant des conditions définies par décret.

Si le syndicat a fait l'objet de la procédure prévue aux articles 29-1 A et 29-1 B de la présente loi, le mandataire *ad hoc* peut être désigné comme administrateur provisoire sur décision motivée du président du tribunal judiciaire et après audition du conseil syndical. Dans les autres cas, les administrateurs provisoires désignés dans les conditions prévues au deuxième alinéa du présent III ne doivent pas, au cours des cinq années précédentes :

1° Avoir perçu à quelque titre que ce soit, directement ou indirectement, une rétribution ou un paiement de la part du syndic, du syndicat des copropriétaires ou des créanciers à l'origine de la procédure, ni d'une personne qui détient le contrôle du syndic ou d'un des créanciers, au sens des II et III de l'article L. 233-16 du Code de commerce ;

2° S'être trouvés en situation de conseil du syndic, du syndicat des copropriétaires ou des créanciers concernés ou de subordination par rapport à eux ;

3° Avoir un intérêt dans le mandat qui leur est donné ;

4° Être au nombre des anciens administrateurs ou mandataires judiciaires ayant fait l'objet d'une décision de radiation ou de retrait des listes, en application des articles L. 811-6, L. 811-12 et L. 812-4 du même code.

Ils sont tenus d'exécuter les mandats qui leur sont confiés en se conformant, dans l'accomplissement de leurs diligences professionnelles, aux mêmes obligations que celles qui s'imposent aux administrateurs judiciaires.

IV. – L'administrateur provisoire ne peut, dans un délai de cinq ans à compter de l'issue de sa mission, être désigné syndic de la copropriété.

Art. 29-2 *(L. n° 94-624, 21 juill. 1994 ; rempl., L. n° 2014-366, 24 mars 2014 ; mod. à compter du 1er janvier 2020, Ord. n° 2019-964, 18 sept. 2019).* – Une copie de l'ordonnance de désignation de l'administrateur provisoire ainsi que les rapports établis par celui-ci sont portés à la connaissance des copropriétaires.

Une copie de l'ordonnance de désignation est également adressée par le greffe du tribunal judiciaire au procureur de la République, au représentant de l'État dans le département, au maire de la commune et au président de l'établissement public de coopération intercommunale compétent en matière d'habitat du lieu de situation de l'immeuble concerné. À leur demande, les rapports établis par l'administrateur provisoire leur sont communiqués par le greffe du tribunal judiciaire.

Art. 29-3 *(L. n° 94-624, 21 juill. 1994 ; rempl., L. n° 2014-366, 24 mars 2014 ; mod., L. n° 2017-86, 27 janv. 2017 ; à compter du 1er janvier 2020, Ord. n° 2019-738, 17 juill. 2019 ; L. n° 2024-322, 9 avr. 2024).* – I. – L'ordonnance de désignation d'un administrateur provisoire prévue à l'article 29-1 emporte suspension de l'exigibilité des créances, autres que les créances publiques et sociales, ayant leur origine antérieurement à cette décision, pour une période de douze mois.

Elle interrompt ou interdit toute action en justice de la part de tous les créanciers dont la créance a son origine antérieurement à cette décision et tendant à :

1° La condamnation du syndicat débiteur au paiement d'une somme d'argent ;

2° La résolution d'un contrat pour défaut de paiement d'une somme d'argent.

Elle arrête ou interdit également toute procédure d'exécution de la part de ces créanciers ainsi que toute procédure de distribution n'ayant pas produit un effet attributif avant cette décision.

L'ordonnance de désignation emporte également suspension des stipulations contractuelles prévoyant des majorations ou des pénalités de retard ainsi que la résolution de plein droit du contrat.

Le présent I est applicable aux emprunts collectifs conclus par le syndicat des copropriétaires. Si, en application de l'article 26-6, le prêteur bénéficie d'une délégation du syndic l'autorisant à prélever directement auprès de chaque copropriétaire les sommes dues par ce dernier au titre du remboursement de l'emprunt collectif et du paiement des accessoires, cette délégation est suspendue par l'ordonnance de désignation.

II. – Le président du tribunal judiciaire, statuant selon la procédure accélérée au fond, peut, sur demande de l'administrateur provisoire, proroger les suspensions et interdictions prévues au I du présent article jusqu'à trente mois.

III. – Le président du tribunal judiciaire, statuant selon la procédure accélérée au fond, peut, sur demande de l'administrateur provisoire, prononcer la résiliation d'un contrat ou ordonner la poursuite de l'exécution du contrat.

IV. – Les actions en justice et les voies d'exécution autres que celles suspendues, interdites ou arrêtées dans les conditions prévues au présent article sont poursuivies à l'encontre du syndicat des copropriétaires, après mise en cause de l'administrateur provisoire.

V. – *(Aj., L. n° 2024-322, 9 avr. 2024)* « Aucune procédure d'exécution, de quelque nature qu'elle soit, sur les sommes versées à la Caisse des dépôts et consignations par l'administrateur judiciaire dans l'exercice de son mandat d'administrateur provisoire au titre des missions accomplies sur le fondement des articles 29-1 à 29-14 n'est recevable ».

NB : Conformément au II de l'article 17 de la loi n° 2024-322 du 9 avril 2024, ces dispositions ne sont applicables qu'aux procédures d'exécution engagées après l'entrée en vigueur de ladite loi.

Art. 29-4 ancien *(L. n° 2000-1208, 13 déc. 2000. – V. art. 29-6).*

Art. 29-4 *(L. n° 2000-1208, 13 déc. 2000 ; rempl., L. n° 2014-366, 24 mars 2014 ; mod. à compter du 1er janvier 2020, Ord. n° 2019-964, 18 sept. 2019).* – I. – Dans un délai de deux mois à compter de sa nomination, l'administrateur provisoire procède à des mesures de publicité pour permettre aux créanciers de produire les éléments nécessaires à l'évaluation du montant de leurs créances.

II. – À partir de la publication de l'ordonnance de désignation de l'administrateur provisoire, les créanciers du syndicat des copropriétaires déclarent leurs créances dans un délai fixé par décret en Conseil d'État.

Après vérification des créances déclarées, l'administrateur provisoire établit et publie la liste des créances déclarées.

Les créanciers disposent d'un délai de deux mois à compter de la publication de la liste pour contester son contenu auprès du président du tribunal judiciaire.

III. – Les créances non déclarées régulièrement dans les délais prévus au II sont inopposables à la procédure.

(Al. aj., L. n° 2017-86, 27 janv. 2017) Dans un délai et selon des modalités fixés par décret en Conseil d'État, une action en relevé de forclusion peut être exercée par un créancier qui établit que sa défaillance n'est pas due à son fait.

Art. 29-5 *(L. n° 2000-1208, 13 déc. 2000 ; rempl., L. n° 2014-366, 24 mars 2014 ; mod., L. n° 2017-86, 27 janv. 2017).* – I. – L'administrateur provisoire établit un plan d'apurement des dettes.

Ce plan, d'une durée maximale de cinq ans, comporte un échéancier des versements auprès des créanciers du syndicat des copropriétaires.

II. – Le projet d'échéancier est notifié aux créanciers figurant dans la liste prévue au deuxième alinéa du II de l'article 29-4.

Les créanciers disposent d'un délai de deux mois à compter de cette notification pour faire part de leurs observations. Les créanciers peuvent formuler individuellement des propositions de remise de dettes.

L'administrateur provisoire notifie le plan d'apurement définitif aux créanciers et au conseil syndical. Les créanciers disposent d'un délai de deux mois à compter de cette notification pour saisir le juge d'une contestation.

À défaut de contestation dans ce délai, le juge homologue le plan à la demande de l'administrateur provisoire. L'ordonnance d'homologation est notifiée aux créanciers et au conseil syndical avec le plan d'apurement définitif.

III. – La notification de l'ordonnance ou du jugement entraîne, tant que le plan d'apurement est respecté, le maintien *(Mots rempl., L. n° 2017-86, 27 janv. 2017)* « [des] suspensions et interdictions prévues » aux I et II de l'article 29-3.

Le plan d'apurement est mis en œuvre par le syndic à l'issue de la mission de l'administrateur provisoire.

IV. – Si la situation financière du syndicat des copropriétaires évolue, le plan d'apurement peut être prorogé ou modifié par décision du juge, saisi par le syndicat des copropriétaires, des copropriétaires représentant au moins 15 % des voix, les créanciers, le syndic ou l'administrateur provisoire.

V. – Dès lors qu'ils ne compromettent pas la réalisation du plan d'apurement, l'administrateur provisoire peut conclure avec les copropriétaires des échéanciers individualisés de remboursement de leurs dettes vis-à-vis du syndicat.

Art. 29-6 *(Anc. art. 29-4 dénum., L. n° 2000-1208, 13 déc. 2000 ; rempl., L. n° 2009-526, 12 mai 2009 ; L. n° 2014-366, 24 mars 2014).* – Si le syndicat des copropriétaires dispose d'actifs cessibles, notamment des locaux ou des parcelles de terrain non bâti, de nature à apurer les dettes du syndicat, l'administrateur provisoire peut demander au juge l'autorisation de réaliser les cessions par dérogation au a de l'article 26 et au deuxième alinéa du I de l'article 29-1 et de modifier en conséquence le règlement de copropriété et l'état descriptif de division.

À l'appui de cette demande, l'administrateur provisoire produit un rapport faisant état de l'évaluation des biens cessibles et consignant l'avis du conseil syndical.

La durée de l'autorisation fixée par le juge ne peut excéder cinq ans. Si la cession des actifs est réalisée dans ce délai, elle conduit à la modification de l'échéancier des appels de fonds auprès des copropriétaires prévu par le plan d'apurement des dettes, selon la procédure définie au IV de l'article 29-5.

Art. 29-7 *(L. n° 2014-366, 24 mars 2014).* – L'administrateur provisoire évalue, dans le cadre de l'élaboration du plan d'apurement soumis au juge, la somme des créances irrécouvrables du syndicat sur les copropriétaires.

En l'absence d'actifs du syndicat des copropriétaires pouvant être cédés dans les conditions définies à l'article 29-6 ou si les cessions n'ont pas trouvé preneur, l'administrateur provisoire peut demander au juge d'effacer partiellement les dettes du syndicat pour un montant équivalant au montant des créances irrécouvrables.

Le juge peut effacer tout ou partie des dettes. Le montant effacé est réparti entre les créanciers du syndicat proportionnellement au montant de leur créance et intégré par l'administrateur provisoire au plan d'apurement des dettes, qui est ensuite homologué par le juge dans les conditions prévues au II de l'article 29-5. Le jugement ordonne également mainlevée des éventuelles inscriptions hypothécaires relatives à ces dettes inscrites sur les locaux appartenant au syndicat des copropriétaires.

Art. 29-8 *(L. n° 2014-366, 24 mars 2014).* – I. – Si la gestion et le fonctionnement normal de la copropriété ne peuvent être rétablis autrement, le juge peut prononcer aux conditions qu'il fixe et sur demande de l'administrateur provisoire :

1° La constitution d'un ou plusieurs syndicats secondaires ;

2° La division du syndicat.

Lorsque l'administrateur provisoire demande une division en volumes, le juge statue au vu des conclusions du rapport d'un expert désigné par ses soins, aux frais du syndicat des copropriétaires, établissant que l'immeuble ou l'ensemble immobilier peuvent être scindés en volumes sans parties communes indivises et fonctionnant de façon autonome, et après consultation du maire de la commune du lieu d'implantation et du président de l'établissement public de coopération intercommunale compétent en matière d'habitat.

À l'appui de ces demandes, l'administrateur provisoire établit un rapport faisant état de l'avis du conseil syndical et précisant les conditions matérielles, juridiques et financières de division du syndicat ou de constitution d'un syndicat secondaire. Il établit notamment la répartition des parties communes du syndicat initial, les projets de règlement de copropriété et les états descriptifs de division des nouveaux syndicats, dresse un état des créances et des dettes du syndicat et en établit la répartition selon les principes définis au II de l'article 28.

L'administrateur provisoire établit, concomitamment à l'état des créances et des dettes, un plan d'apurement des dettes transmises pour chacun des syndicats créés par la division. Ce plan est validé et s'impose aux syndicats issus de la division, qui le mettent en œuvre selon les modalités définies à l'article 29-5.

La répartition validée des dettes entre les syndicats est notifiée individuellement à chacun des créanciers connus du syndicat initial.

II. – Si des travaux préalables pour réaliser la constitution d'un syndicat secondaire ou les divisions prévues au présent article sont nécessaires, le juge peut autoriser l'administrateur provisoire à faire réaliser les travaux aux frais des copropriétaires.

III. – Le jugement autorisant la division ou la constitution d'un syndicat secondaire homologue également les nouveaux règlements de copropriété et états descriptifs de division des syndicats issus de la division ou les modifications du règlement de copropriété résultant de la constitution d'un syndicat secondaire.

Le jugement prononçant la division du syndicat emporte dissolution du syndicat initial.

Le juge désigne, pour chaque syndicat des copropriétaires issu des divisions prévues au présent article ou pour chaque syndicat secondaire constitué en application du présent article, la personne chargée de convoquer l'assemblée générale en vue de la désignation d'un syndic.

Art. 29-9 *(L. n° 2014-366, 24 mars 2014)*. – Sur saisine motivée de l'administrateur provisoire et si le rétablissement financier de la copropriété le nécessite, le juge peut l'autoriser à modifier le règlement de copropriété afin de tenir compte de travaux concourant au redressement de la copropriété, notamment d'individualisation du chauffage, et modifiant la répartition des charges. Dans le cas de travaux d'individualisation du chauffage, le juge autorise par la même décision la réalisation de ces travaux.

Sur saisine motivée de l'administrateur provisoire et si leurs coûts d'entretien, de gestion ou de remise à niveau compromettent de façon irrémédiable l'équilibre financier du syndicat des copropriétaires, le juge peut autoriser l'administrateur provisoire à céder à titre gracieux à la commune ou à l'établissement public de coopération intercommunale compétent en matière d'habitat les parcelles de terrain non bâti d'intérêt public ou des locaux ou équipements communs pouvant relever d'une gestion publique et modifier en conséquence le règlement de copropriété et l'état descriptif de division.

Art. 29-10 *(L. n° 2014-366, 24 mars 2014)*. – L'administrateur provisoire peut proposer au représentant de l'État dans le département d'initier un plan de sauvegarde en application de l'article L. 615-1 du Code de la construction et de l'habitation.

Lorsque la démarche d'élaboration d'un plan de sauvegarde est engagée, l'administrateur provisoire est membre de plein droit de la commission mentionnée au I du même article.

Si, lors de l'élaboration du plan de sauvegarde ou en cours d'exécution d'un tel plan, l'administrateur provisoire constate que des mesures du plan de sauvegarde sont en contradiction avec la mission qui lui est confiée par le juge, il en informe le représentant de l'État dans le département, le maire et le président de l'établissement public de coopération intercommunale compétent en matière d'habitat, qui peuvent soit modifier le plan de sauvegarde, soit demander au juge de modifier le contenu de la mission de l'administrateur provisoire.

L'administrateur provisoire peut signer toute convention financière en vue de l'attribution de subventions publiques au syndicat des copropriétaires, dès lors que cette convention n'est pas contradictoire avec la mission qui lui est confiée.

Art. 29-11 *(L. n° 2014-366, 24 mars 2014)*. – I. – Si la situation financière de la copropriété ne permet pas de réaliser les travaux nécessaires à la conservation et la mise en sécurité de l'immeuble, la protection des occupants, la préservation de leur santé et la réduction des charges de copropriété permettant son redressement financier, le juge peut placer l'immeuble sous administration provisoire renforcée :

1° Sur saisine du maire de la commune du lieu de situation, du président de l'établissement public de coopération intercommunale compétent en matière d'habitat ou du représentant de l'État dans le département ;

2° Ou sur saisine de l'administrateur provisoire déjà désigné en vertu de l'article 29-1.

II. – Dans le cadre du placement sous administration provisoire renforcée, le juge autorise l'administrateur provisoire, désigné en vertu de l'article 29-1, à conclure une convention à durée déterminée, au nom du syndicat des copropriétaires, avec un ou plusieurs opérateurs compétents en matière de maîtrise d'ouvrage de travaux et de mise au point de financement d'opération de travaux, qui peut être notamment l'un des organismes mentionnés aux articles L. 321-14, L. 321-29 et L. 326-1 du Code de l'urbanisme et aux articles L. 411-2 et L. 481-2 du Code de la construction et de l'habitation.

La décision du juge est notifiée aux parties intéressées ainsi qu'au maire de la commune du lieu de situation, au président de l'établissement public de coopération intercommunale compétent en matière d'habitat et au représentant de l'État dans le département.

III. – L'administrateur provisoire peut confier à l'opérateur, par cette convention, toutes les missions concourant au redressement de la copropriété, notamment la maîtrise d'ouvrage d'un programme de travaux et la mise au point du financement de l'opération. Un décret précise les modalités de rémunération de l'opérateur à la charge des copropriétaires.

Le juge homologue la convention conclue entre l'opérateur et l'administrateur provisoire.

L'exécution de la convention peut se poursuivre même si la mission de l'administrateur provisoire est terminée. La convention prend fin à l'expiration du terme fixé par elle.

IV. – Le maire de la commune du lieu de situation de l'immeuble ou le président de l'établissement public de coopération intercommunale compétent en matière d'habitat peuvent engager à tout moment la procédure prévue à l'article L. 615-6 du Code de la construction et de l'habitation. La conclusion de la convention mentionnée au II du présent article est alors suspendue dans l'attente de la décision du juge, mais la mission de l'administrateur provisoire se poursuit dans les conditions prévues à l'article 29-1.

Art. 29-12 *(L. n° 2014-366, 24 mars 2014).* – I. – Lorsque la mission de l'opérateur mentionné au II de l'article 29-11 prévoit la réalisation d'une division du syndicat dans les conditions prévues à l'article 29-8, la convention mentionnée à l'article 29-11 prévoit la répartition de la rémunération de l'opérateur entre les syndicats ainsi créés. Chaque syndicat issu de cette division est subrogé, chacun pour ce qui le concerne, dans les droits et obligations conventionnelles du syndicat dissous selon les modalités prévues par la convention.

II. – La mission de l'opérateur ne peut prendre fin de façon anticipée que sur décision du juge. La convention prévoit obligatoirement les modalités d'indemnisation de l'opérateur qui a engagé des fonds pour la réalisation des travaux prévus par la convention en cas de résiliation anticipée prononcée par le juge.

III. – Le juge, saisi par des copropriétaires représentant 15 % des voix, peut autoriser l'administrateur provisoire à inclure dans le contrat de l'opérateur la réalisation de travaux d'amélioration.

IV. – Si la mission de l'administrateur provisoire est terminée et la copropriété financièrement redressée, le juge peut autoriser le syndic à conclure un avenant à la convention en cours, après approbation des travaux supplémentaires par l'assemblée générale des copropriétaires statuant dans les conditions de majorité prévues par la présente loi.

Art. 29-13 *(L. n° 2014-366, 24 mars 2014 ; mod. à compter du 1er septembre 2019, Ord. n° 2019-770, 17 juill. 2019).* – Pour les propriétaires occupants, la rémunération de l'opérateur prévue à l'article 29-11 ouvre droit aux allocations de logement prévues au 2° de l'article L. 821-1 du Code de la construction et de l'habitation.

Art. 29-14 *(L. n° 2014-366, 24 mars 2014).* – Le juge peut :

1° Suspendre le versement des cotisations au fonds de travaux sur demande de l'administrateur provisoire ou des copropriétaires représentant au moins 15 % des voix lorsque l'immeuble fait l'objet d'un plan de sauvegarde en application de l'article L. 615-1 du Code de la construction et de l'habitation ;

2° Autoriser l'administrateur provisoire à utiliser les sommes déposées sur le fonds de travaux pour engager les actions nécessaires au redressement de la copropriété ou permettre le maintien de la gestion courante.

Art. 29-15 *(L. n° 2014-366, 24 mars 2014).* – Les procédures prévues au livre VI du Code de commerce ne sont pas applicables aux syndicats de copropriétaires.

Art. 29-16 *(Aj., L. n° 2024-322, 9 avr. 2024).* – Lorsqu'un immeuble fait l'objet d'une procédure relevant de l'exercice de la police de la sécurité et de la salubrité des immeubles, locaux et installations prévue au titre Ier du livre V du Code de la construction et de l'habitation, le signataire de l'arrêté de police de la sécurité et de la salubrité des immeubles, locaux et installations définie aux articles L. 511-1 à L. 511-3 du même code est destinataire du procès-verbal de l'assemblée générale de copropriété, à laquelle il peut assister ou se faire représenter et formuler des observations sur les questions inscrites à l'ordre du jour.

Chapitre III. – Améliorations, additions de locaux privatifs et exercice du droit de surélévation

Art. 30. – *(Al. mod., L. n° 2014-366, 24 mars 2014 ; à compter du 1er janvier 2020, Ord. n° 2019-964, 18 sept. 2019)* L'assemblée générale des copropriétaires, statuant à la majorité prévue à l'article 25, peut, à condition qu'elle soit conforme à la destination de l'immeuble, décider toute amélioration, telle que la transformation d'un ou de plusieurs éléments d'équipement existants, l'adjonction d'éléments nouveaux, l'aménagement de locaux affectés à l'usage commun ou la création de tels locaux.

Elle fixe alors, à la même majorité, la répartition du coût des travaux et de la charge des indemnités prévues à l'article 36 ci-après, en proportion des avantages qui résulteront des travaux envisagés pour chacun des copropriétaires, sauf à tenir compte de l'accord de certains d'entre eux pour supporter une part de dépenses plus élevée.

Elle fixe, à la même majorité, la répartition des dépenses de fonctionnement, d'entretien et de remplacement des parties communes ou des éléments transformés ou créés.

Lorsque l'assemblée générale refuse l'autorisation prévue à l'article 25 *b*, tout copropriétaire ou groupe de copropriétaires peut être autorisé par le tribunal judiciaire à exécuter, aux conditions fixées par le tribunal, tous travaux d'amélioration visés à l'alinéa 1er ci-dessus ; le tribunal fixe en outre les conditions dans lesquelles les autres copropriétaires pourront utiliser les installations ainsi réalisées. Lorsqu'il est possible d'en réserver l'usage à ceux des copropriétaires qui les ont exécutées, les autres copropriétaires ne pourront être autorisés à les utiliser qu'en versant leur quote-part du coût de ces installations, évalué à la date où cette faculté est exercée.

Art. 31 *(Abr., L. n° 85-1470, 31 déc. 1985).*

Art. 32. – Sous réserve des dispositions de l'article 34, la décision prise oblige les copropriétaires à participer, dans les proportions fixées par l'assemblée, au paiement des travaux, à la charge des indemnités prévues à l'article 36, ainsi qu'aux dépenses de fonctionnement, d'administration, d'entretien et de remplacement des parties communes ou des éléments transformés ou créés.

Art. 33. – La part du coût des travaux, des charges financières y afférentes, et des indemnités incombant aux copropriétaires qui n'ont pas donné leur accord à la décision prise peut n'être payée que par annuités égales au dixième de cette part. *(Mots aj. à compter du 24 mars 2012, L. n° 2012-387, 22 mars 2012)* « Les copropriétaires qui entendent bénéficier de cette possibilité doivent, à peine de forclusion, notifier leur décision au syndic dans le délai de deux mois suivant la notification du procès-verbal d'assemblée générale. » Lorsque le syndicat n'a pas contracté d'emprunt en vue de la réalisation des travaux, les charges financières dues par les copropriétaires payant par annuités sont égales au taux légal d'intérêt en matière civile.

Toutefois, les sommes visées au précédent alinéa deviennent immédiatement exigibles lors de la première mutation entre vifs du lot de l'intéressé, même si cette mutation est réalisée par voie d'apport en société.

Les dispositions qui précèdent ne sont pas applicables lorsqu'il s'agit de travaux imposés par le respect d'obligations légales ou réglementaires.

Art. 34 *(Mod. à compter du 1er janvier 2020, Ord. n° 2019-964, 18 sept. 2019).* – La décision prévue à l'article 30 n'est pas opposable au copropriétaire opposant qui a, dans le délai prévu à l'article 42, alinéa 2, saisi le tribunal judiciaire en vue de faire reconnaître que l'amélioration décidée présente un caractère somptuaire eu égard à l'état, aux caractéristiques et à la destination de l'immeuble.

Art. 35 *(Mod., L. n° 2009-526, 12 mai 2009 ; L. n° 2014-366, 24 mars 2014 ; Ord. n° 2019-1101, 30 oct. 2019).* – La surélévation ou la construction de bâtiments aux fins de créer de nouveaux locaux à usage privatif ne peut être réalisée par les soins du syndicat que si la décision en est prise à la majorité prévue à l'article 26.

La décision d'aliéner aux mêmes fins le droit de surélever un bâtiment existant exige la majorité prévue à l'article 26 et, si l'immeuble comprend plusieurs bâtiments, la confirmation par une assemblée spéciale des copropriétaires des lots composant le bâtiment à surélever statuant à la majorité indiquée ci-dessus.

Toutefois, lorsque le bâtiment est situé dans un périmètre sur lequel est institué un droit de préemption urbain en application de l'article L. 211-1 du Code de l'urbanisme, la décision d'aliéner le droit de surélever ce bâtiment est prise à la majorité des voix de tous les copropriétaires. Cette décision exige, si l'immeuble comprend plusieurs bâtiments, la confirmation par une assemblée spéciale des copropriétaires des lots composant le bâtiment à surélever, statuant à la majorité des voix des copropriétaires concernés.

Les copropriétaires de locaux situés, en tout ou partie, sous la surélévation projetée bénéficient d'un droit de priorité à l'occasion de la vente par le syndicat des locaux privatifs créés ou en cas de cession par le syndicat de son droit de surélévation. Préalablement à la conclusion de toute vente d'un ou plusieurs lots, le syndic notifie à chaque copropriétaire bénéficiant d'un droit de priorité l'intention du syndicat de vendre, en indiquant le prix et les conditions de la vente. Cette notification vaut offre de vente pendant une durée de deux mois à compter de sa notification.

Art. 36 *(Mod., L. n° 85-1470, 31 déc. 1985).* – Les copropriétaires qui subissent, par suite de l'exécution des travaux de surélévation prévus à l'article 35, un préjudice répondant aux conditions fixées à l'article 9 ont droit à une indemnité. Celle-ci, qui est à la charge de l'ensemble des copropriétaires, est répartie selon la proportion initiale des droits de chacun dans les parties communes.

Art. 37. – Toute convention par laquelle un propriétaire ou un tiers se réserve l'exercice de l'un des droits accessoires visés à l'article 3 autre que le droit de mitoyenneté devient caduque si ce droit n'a pas été exercé dans les dix années qui suivent ladite convention.

Si la convention est antérieure à la promulgation de la présente loi, le délai de dix ans court de ladite promulgation.

Avant l'expiration de ce délai, le syndicat peut, statuant à la majorité prévue à l'article 25, s'opposer à l'exercice de ce droit, sauf à en indemniser le titulaire dans le cas où ce dernier justifie que la réserve du droit comportait une contrepartie à sa charge.

Toute convention postérieure à la promulgation de la présente loi, et comportant réserve de l'un des droits visés ci-dessus, doit indiquer, à peine de nullité, l'importance et la consistance des locaux à construire et les modifications que leur exécution entraînerait dans les droits et charges des copropriétaires.

Art. 37-1 *(L. n° 2018-1021, 23 nov. 2018).* – Par dérogation à l'article 37, les droits de construire, d'affouiller et de surélever ne peuvent faire l'objet d'une convention par laquelle un propriétaire ou un tiers se les réserverait. Ces droits peuvent toutefois constituer la partie privative d'un lot transitoire. » (1)

Chapitre IV. – Reconstruction

Art. 38. – En cas de destruction totale ou partielle, l'assemblée générale des copropriétaires dont les lots composent le bâtiment sinistré peut décider à la majorité des voix de ces copropriétaires, la reconstruction de ce bâtiment ou la remise en état de la partie endommagée. Dans le cas où la destruction affecte moins de la moitié du bâtiment, la remise en état est obligatoire si la majorité des copropriétaires sinistrés la demande. Les copropriétaires qui participent à l'entretien des bâtiments ayant subi les dommages sont tenus de participer dans les mêmes proportions et suivant les mêmes règles aux dépenses des travaux.

Art. 38-1 *(L. n° 2003-699, 30 juill. 2003).* – En cas de catastrophe technologique, le syndic d'un immeuble géré en copropriété dont les parties communes sont endommagées convoque sous quinze jours l'assemblée générale des copropriétaires.

Cette réunion se tient dans les deux mois suivant la catastrophe ; les décisions visant à autoriser le syndic à engager des travaux de remise en état rendus nécessaires par l'urgence sont prises à la majorité des copropriétaires présents ou représentés.

Art. 39. – En cas d'amélioration ou d'addition par rapport à l'état antérieur au sinistre, les dispositions du chapitre III sont applicables.

Art. 40. – Les indemnités représentatives de l'immeuble détruit sont, sous réserve des droits des créanciers inscrits, affectées par priorité à la reconstruction.

Art. 41. – Si la décision est prise, dans les conditions prévues à l'article 38 ci-dessus, de ne pas remettre en état le bâtiment sinistré, il est procédé à la liquidation des droits dans la copropriété et à l'indemnisation de ceux des copropriétaires dont le lot n'est pas reconstitué.

CHAPITRE IV *bis*. – Résidences-services

NB : Art. 41-1 à 41-6 : Loi n° 2015-1776 du 28 décembre 2015, article 91 : « Les articles 41-1 à 41-6 de la loi n° 65-557 du 10 juillet 1965 fixant le statut de la copropriété des immeubles bâtis, dans leur rédaction résultant du I de l'article 14 de la présente loi, s'appliquent à l'expiration d'un délai de six mois suivant la promulgation de la présente loi.

(1) Art. 208, II. – Les conventions par lesquelles un tiers ou un copropriétaire s'est réservé, dans les conditions prévues à l'article 37 de la loi n° 65-557 du 10 juillet 1965 fixant le statut de la copropriété des immeubles bâtis, dans sa rédaction antérieure à la publication de la présente loi, l'exercice d'un droit de construire, d'affouiller ou de surélever, demeurent valables.

Les résidences-services dont le règlement de copropriété a été publié avant l'expiration du délai mentionné au premier alinéa du présent article restent régies par les articles 41-1 à 41-5 de la loi n° 65-557 du 10 juillet 1965 précitée, dans leur rédaction antérieure à la présente loi. Le 4° de l'article L. 7232-1-2 du Code du travail, dans sa rédaction antérieure à l'article 15 14 (1) de la présente loi, leur demeure applicable.

Pour ces résidences-services, le syndic inscrit chaque année à l'ordre du jour de l'assemblée générale des copropriétaires la question de la mise en conformité du règlement de copropriété avec les articles 41-1 et 41-2 de la loi n° 65-557 du 10 juillet 1965 précitée, dans leur rédaction résultant de la présente loi. La décision de procéder à la modification du règlement de copropriété est prise à la majorité prévue à l'article 26 de la loi n° 65-557 du 10 juillet 1965 précitée. La mise en conformité du règlement de copropriété entraîne l'application des articles 41-1 à 41-6 de la loi n° 65-557 du 10 juillet 1965 précitée, dans leur rédaction résultant du I de l'article 14. »

Art. 41-1 *(L. n° 2006-872, 13 juill. 2006 ; rempl. à compter du 28 juin 2016, L. n° 2015-1776, 28 déc. 2015 ; mod. à compter du 1er janvier 2020, Ord. n° 2019-738, 17 juill. 2019).* – **Le règlement de copropriété peut étendre l'objet d'un syndicat de copropriétaires à la fourniture aux résidents de l'immeuble de services spécifiques dont les catégories sont précisées par décret et qui, du fait qu'ils bénéficient par nature à l'ensemble de ses résidents, ne peuvent être individualisés.**

Les services non individualisables sont fournis en exécution de conventions conclues avec des tiers. Les charges relatives à ces services sont réparties en application du premier alinéa de l'article 10. Les charges de fonctionnement constituent des dépenses courantes, au sens de l'article 14-1.

Les décisions relatives à la création ou à la suppression des services non individualisables sont prises à la majorité prévue au premier alinéa de l'article 26. La décision de suppression d'un service non individualisable ne peut intervenir qu'à la condition que l'assemblée générale ait eu connaissance au préalable d'un rapport portant sur l'utilité de ce service pour l'ensemble des résidents et sur les conséquences de la suppression de ce service sur l'équilibre financier de la copropriété.

Si l'équilibre financier d'un ou de plusieurs services mentionnés au présent article est gravement compromis ou si le déséquilibre financier d'un ou de plusieurs services compromet l'équilibre financier de la copropriété, et après que l'assemblée générale s'est prononcée, le président du tribunal judiciaire statuant selon la procédure accélérée au fond, saisi par des copropriétaires représentant 15 % au moins des voix du syndicat, peut décider soit la suspension, soit la suppression de ces services.

Le statut de la copropriété des immeubles bâtis est incompatible avec l'octroi de services de soins ou d'aide et d'accompagnement exclusivement liés à la personne, qui ne peuvent être fournis que par des établissements et des services relevant du I de l'article L. 312-1 du Code de l'action sociale et des familles ou par des établissements, des services ou des professionnels de santé relevant des quatrième et sixième parties du Code de la santé publique.

Art. 41-2 *(L. n° 2006-872, 13 juill. 2006 ; rempl. à compter du 28 juin 2016, L. n° 2015-1776, 28 déc. 2015).* – **Le règlement de copropriété peut prévoir l'affectation de certaines parties communes à la fourniture, aux occupants de l'immeuble, de services spécifiques individualisables. Il précise la charge des dépenses d'entretien et de fonctionnement liées à ces parties communes et sa répartition.**

NB : Loi n° 2015-1776 du 28 décembre 2015, article 91 : « Les articles 41-1 à 41-6 de la loi n° 65-557 du 10 juillet 1965 fixant le statut de la copropriété des immeubles bâtis, dans leur rédaction résultant du I de l'article 14 de la présente loi, s'appliquent à l'expiration d'un délai de six mois suivant la promulgation de la présente loi.

Les résidences-services dont le règlement de copropriété a été publié avant l'expiration du délai mentionné au premier alinéa du présent article restent régies par les articles 41-1 à 41-5 de la loi n° 65-557 du 10 juillet 1965 précitée, dans leur rédaction antérieure à la présente loi. Le 4° de l'article L. 7232-1-2 du Code du travail, dans sa rédaction antérieure à l'article 15 14 (1) de la présente loi, leur demeure applicable.

Pour ces résidences-services, le syndic inscrit chaque année à l'ordre du jour de l'assemblée générale des copropriétaires la question de la mise en conformité du règlement de copropriété avec les articles 41-1 et 41-2 de la loi n° 65-557 du 10 juillet 1965 précitée, dans leur rédaction résultant de la présente loi. La décision de procéder à la modification du règlement de copropriété est prise à la majorité prévue à l'article 26 de la loi n° 65-557 du 10 juillet 1965 précitée. La mise en conformité du règlement de copropriété entraîne l'application des articles 41-1 à 41-6 de la loi n° 65-557 du 10 juillet 1965 précitée, dans leur rédaction résultant du I de l'article 14. » (lire l'article 15).

Art. 41-3 *(L. n° 2006-872, 13 juill. 2006 ; rempl. à compter du 28 juin 2016, L. n° 2015-1776, 28 déc. 2015).* – **Les conditions d'utilisation par les tiers des parties communes destinées à des services spécifiques individualisables sont fixées dans une convention stipulée à titre gratuit, en application du chapitre Ier du titre X du livre III du Code civil. Cette convention est conclue pour une durée qui ne peut excéder cinq ans. Elle est renouvelable.**

NB : Loi n° 2015-1776 du 28 décembre 2015, article 91 : « Les articles 41-1 à 41-6 de la loi n° 65-557 du 10 juillet 1965 fi. statut de la copropriété des immeubles bâtis, dans leur rédaction résultant du I de l'article 14 de la présente loi, s'applique. l'expiration d'un délai de six mois suivant la promulgation de la présente loi.

Les résidences-services dont le règlement de copropriété a été publié avant l'expiration du délai mentionné au premier alinéa du présent article restent régies par les articles 41-1 à 41-5 de la loi n° 65-557 du 10 juillet 1965 précitée, dans leur rédaction antérieure à la présente loi. Le 4° de l'article L. 7232-1-2 du Code du travail, dans sa rédaction antérieure à l'article 15 14 (1) de la présente loi, leur demeure applicable.

Pour ces résidences-services, le syndic inscrit chaque année à l'ordre du jour de l'assemblée générale des copropriétaires la question de la mise en conformité du règlement de copropriété avec les articles 41-1 et 41-2 de la loi n° 65-557 du 10 juillet 1965 précitée, dans leur rédaction résultant de la présente loi. La décision de procéder à la modification du règlement de copropriété est prise à la majorité prévue à l'article 26 de la loi n° 65-557 du 10 juillet 1965 précitée. La mise en conformité du règlement de copropriété entraîne l'application des articles 41-1 à 41-6 de la loi n° 65-557 du 10 juillet 1965 précitée, dans leur rédaction résultant du I de l'article 14. » (lire l'article 15).

Art. 41-4 *(L. n° 2006-872, 13 juill. 2006 ; rempl. à compter du 28 juin 2016, L. n° 2015-1776, 28 déc. 2015).* **– L'assemblée générale, sur proposition du conseil syndical, choisit, à la majorité de l'article 25 ou, le cas échéant, de l'article 25-1, les prestataires appelés à fournir les services spécifiques individualisables. Elle approuve, par un vote distinct et selon les mêmes modalités, les termes de la convention envisagée avec les prestataires choisis ayant pour objet le prêt gratuit des parties communes affectées à ces services, établie dans les conditions prévues à l'article 41-3.**

La durée des contrats de prestations conclus par chaque occupant avec les prestataires ne peut excéder celle du prêt dont ces derniers bénéficient.

NB : Loi n° 2015-1776 du 28 décembre 2015, article 91 : « Les articles 41-1 à 41-6 de la loi n° 65-557 du 10 juillet 1965 fixant le statut de la copropriété des immeubles bâtis, dans leur rédaction résultant du I de l'article 14 de la présente loi, s'appliquent à l'expiration d'un délai de six mois suivant la promulgation de la présente loi. Les résidences-services dont le règlement de copropriété a été publié avant l'expiration du délai mentionné au premier alinéa du présent article restent régies par les articles 41-1 à 41-5 de la loi n° 65-557 du 10 juillet 1965 précitée, dans leur rédaction antérieure à la présente loi. Le 4° de l'article L. 7232-1-2 du Code du travail, dans sa rédaction antérieure à l'article 15 14 (1) de la présente loi, leur demeure applicable. Pour ces résidences-services, le syndic inscrit chaque année à l'ordre du jour de l'assemblée générale des copropriétaires la question de la mise en conformité du règlement de copropriété avec les articles 41-1 et 41-2 de la loi n° 65-557 du 10 juillet 1965 précitée, dans leur rédaction résultant de la présente loi. La décision de procéder à la modification du règlement de copropriété est prise à la majorité prévue à l'article 26 de la loi n° 65-557 du 10 juillet 1965 précitée. La mise en conformité du règlement de copropriété entraîne l'application des articles 41-1 à 41-6 de la loi n° 65-557 du 10 juillet 1965 précitée, dans leur rédaction résultant du I de l'article 14. » (lire l'article 15).

Art. 41-5 *(L. n° 2006-872, 13 juill. 2006 ; rempl. à compter du 28 juin 2016, L. n° 2015-1776, 28 déc. 2015).* **– Les modifications du règlement de copropriété emportant désaffectation des parties communes affectées aux services mentionnés à l'article 41-3 sont prises à la majorité prévue à l'article 26. Elles sont notifiées par le syndic aux prestataires concernés. Elles entraînent la résiliation de plein droit des conventions de prêt et de fourniture de services conclues avec les prestataires.**

NB : Loi n° 2015-1776 du 28 décembre 2015, article 91 : « Les articles 41-1 à 41-6 de la loi n° 65-557 du 10 juillet 1965 fixant le statut de la copropriété des immeubles bâtis, dans leur rédaction résultant du I de l'article 14 de la présente loi, s'appliquent à l'expiration d'un délai de six mois suivant la promulgation de la présente loi. Les résidences-services dont le règlement de copropriété a été publié avant l'expiration du délai mentionné au premier alinéa du présent article restent régies par les articles 41-1 à 41-5 de la loi n° 65-557 du 10 juillet 1965 précitée, dans leur rédaction antérieure à la présente loi. Le 4° de l'article L. 7232-1-2 du Code du travail, dans sa rédaction antérieure à l'article 15 14 (1) de la présente loi, leur demeure applicable. Pour ces résidences-services, le syndic inscrit chaque année à l'ordre du jour de l'assemblée générale des copropriétaires la question de la mise en conformité du règlement de copropriété avec les articles 41-1 et 41-2 de la loi n° 65-557 du 10 juillet 1965 précitée, dans leur rédaction résultant de la présente loi. La décision de procéder à la modification du règlement de copropriété est prise à la majorité prévue à l'article 26 de la loi n° 65-557 du 10 juillet 1965 précitée. La mise en conformité du règlement de copropriété entraîne l'application des articles 41-1 à 41-6 de la loi n° 65-557 du 10 juillet 1965 précitée, dans leur rédaction résultant du I de l'article 14. » (lire l'article 15).

Art. 41-6 *(Aj. à compter du 28 juin 2016, L. n° 2015-1776, 28 déc. 2015).* **– Le syndicat des copropriétaires d'une copropriété avec services ne peut déroger à l'obligation d'instituer un conseil syndical.**

L'assemblée générale peut déléguer au conseil syndical, à la majorité prévue à l'article 25, les décisions relatives à la gestion courante de services spécifiques.

Lorsqu'il ne reçoit pas de délégation à cet effet, le conseil syndical donne son avis sur les projets des conventions mentionnées au deuxième alinéa de l'article 41-1 et à l'article 41-4. Il en surveille l'exécution et présente un bilan chaque année à l'assemblée générale.

Le prestataire des services individualisables et non individualisables ne peut être le syndic, ses préposés, son conjoint, le partenaire lié à lui par un pacte civil de solidarité, son concubin, ni ses parents ou alliés jusqu'au troisième degré inclus, ni les entreprises dans le capital desquelles les personnes physiques mentionnées précédemment détiennent une participation ou dans lesquelles elles exercent des fonctions de direction ou de contrôle, ou dont elles sont préposées. Lorsque le syndic est une personne morale, l'interdiction d'être prestataire des services individualisables et non individualisables est étendue aux entreprises dans lesquelles le syndic détient une participation et aux entreprises qui détiennent une participation dans le capital du syndic.

NB : Loi n° 2015-1776 du 28 décembre 2015, article 91 : « Les articles 41-1 à 41-6 de la loi n° 65-557 du 10 juillet 1965 fixant le statut de la copropriété des immeubles bâtis, dans leur rédaction résultant du I de l'article 14 de la présente loi, s'appliquent à l'expiration d'un délai de six mois suivant la promulgation de la présente loi. Pour ces résidences-services, le syndic inscrit chaque année à l'ordre du jour de l'assemblée générale des copropriétaires la question de la mise en conformité du règlement de copropriété avec les articles 41-1 et 41-2 de la loi n° 65-557 du 10 juillet 1965 précitée, dans leur rédaction résultant de la présente loi. La décision de procéder à la modification du règlement de copropriété est prise à la majorité prévue à l'article 26 de la loi n° 65-557 du 10 juillet 1965 précitée. La mise en conformité du règlement de copropriété entraîne l'application des articles 41-1 à 41-6 de la loi n° 65-557 du 10 juillet 1965 précitée, dans leur rédaction résultant du I de l'article 14. ».

Art. 41-7 *(L. n° 2015-1776, 28 déc. 2015)*. – Les personnes demeurant à titre principal dans la résidence constituent le conseil des résidents.

Cette instance consultative relaie les demandes et les propositions des résidents auprès des copropriétaires.

Le conseil des résidents est réuni par le syndic avant la tenue de l'assemblée générale des copropriétaires. L'ordre du jour de cette assemblée lui est communiqué. Le conseil des résidents peut également se réunir de sa propre initiative, dans un local mis à sa disposition à cet effet par le syndic.

Le syndic communique au conseil des résidents les comptes rendus de l'assemblée générale ainsi que toutes les informations relatives aux services fournis dans la résidence, afin que le conseil émette un avis notamment sur le besoin de créer ou de supprimer un service.

Lors de la réunion du conseil des résidents, un secrétaire de séance est désigné. Le secrétaire rédige le compte rendu de la séance, qui est cosigné par le syndic et adressé à tous les résidents et aux copropriétaires en même temps et selon les mêmes modalités que l'ordre du jour de la prochaine assemblée générale. Le compte rendu des réunions du conseil des résidents des trois années précédentes est remis à toute personne intéressée préalablement à la signature d'un contrat de bail d'habitation ou à la cession d'un lot dans la résidence.

Chapitre IV *ter*. – Dispositions particulières à certaines copropriétés

Section 1. – Dispositions particulières aux petites copropriétés

Art. 41-8 *(Aj. à compter du 1er juin 2020, Ord. n° 2019-1101, 30 oct. 2019)*. – Les dispositions de la présente section s'appliquent lorsque le syndicat des copropriétaires comporte au plus cinq lots à usage de logements, de bureaux ou de commerces, ou lorsque le budget prévisionnel moyen du syndicat des copropriétaires sur une période de trois exercices consécutifs est inférieur à 15 000 €.

Art. 41-9 *(Aj. à compter du 1er juin 2020, Ord. n° 2019-1101, 30 oct. 2019)*. – Par dérogation aux dispositions des articles 21 et 17-1, le syndicat n'est pas tenu de constituer un conseil syndical.

Art. 41-10 *(Aj. à compter du 1er juin 2020, Ord. n° 2019-1101, 30 oct. 2019)*. – Par dérogation à l'article 14-3, le syndicat n'est pas tenu à une comptabilité en partie double ; ses engagements peuvent être constatés en fin d'exercice.

Art. 41-11 *(Aj. à compter du 1er juin 2020, Ord. n° 2019-1101, 30 oct. 2019)*. – Par dérogation aux dispositions de l'article 17-1, dans le cas où le syndicat a adopté la forme coopérative et n'a pas institué de conseil syndical, l'assemblée générale, à la majorité des voix de tous les copropriétaires, désigne le syndic parmi ses membres. L'assemblée générale peut également désigner un copropriétaire pour suppléer le syndic en cas d'empêchement de celui-ci. Le syndic et son suppléant sont l'un et l'autre révocables dans les mêmes conditions. L'assemblée générale désigne une ou plusieurs personnes physiques ou morales, qui peuvent être des copropriétaires ou des personnes extérieures qualifiées, pour assurer le contrôle des comptes du syndicat.

En cas d'empêchement du syndic ou de défaillance de celui-ci mettant en péril la conservation de l'immeuble, la santé ou la sécurité des occupants, chaque copropriétaire peut prendre l'initiative de convoquer une assemblée générale extraordinaire afin qu'elle désigne un nouveau syndic ou qu'elle prenne les décisions nécessaires à la conservation de l'immeuble, de la santé ou de la sécurité de ses occupants.

Art. 41-12 *(Aj. à compter du 1er juin 2020, Ord. n° 2019-1101, 30 oct. 2019).* – Par dérogation aux dispositions de l'article 17, les décisions, à l'exclusion de celles relatives au vote du budget prévisionnel et à l'approbation des comptes, peuvent être prises à l'unanimité des voix des copropriétaires à l'occasion d'une consultation écrite, sans qu'il y ait lieu de convoquer une assemblée générale. Les copropriétaires peuvent également être consultés au cours d'une réunion.

La consultation est organisée par le syndic, à son initiative ou à la demande d'un copropriétaire.

Lorsqu'un copropriétaire a été consulté par écrit, la décision est formalisée au terme du délai fixé par le syndic pour répondre à la consultation.

Section 2. – Dispositions particulières aux syndicats dont le nombre de voix est réparti entre deux copropriétaires

Art. 41-13 *(Aj. à compter du 1er juin 2020, Ord. n° 2019-1101, 30 oct. 2019).* – Les dispositions de la présente section s'appliquent aux syndicats dont le nombre de voix est réparti entre deux copropriétaires.

Art. 41-14 *(Aj. à compter du 1er juin 2020, Ord. n° 2019-1101, 30 oct. 2019).* – Par dérogation au IV de l'article 18, lorsque le syndic est non professionnel, il peut solliciter l'autorisation de l'autre copropriétaire afin de déléguer à un tiers sa mission à une fin déterminée.

Art. 41-15 *(Mod. à compter du 1er janvier 2023, L. n° 2021-1104, 22 août 2021).* – En cas de conflits d'intérêts du syndic non professionnel, le copropriétaire qui n'est pas syndic peut exercer une action contre l'autre copropriétaire en paiement des provisions sur charges dues au titre des articles 14-1 et 14-2-1. En cas d'absence ou de carence du syndic, cette action est ouverte à chacun des copropriétaires.

Art. 41-16 *(Aj. à compter du 1er juin 2020, Ord. n° 2019-1101, 30 oct. 2019).* – Par dérogation aux dispositions de l'article 17, du troisième alinéa du I de l'article 18, du a du II de l'article 24, du a de l'article 25 et du deuxième alinéa du I de l'article 22 :

1° Les décisions de l'assemblée générale relevant de la majorité des voix exprimées des copropriétaires présents, représentés ou ayant voté par correspondance, ainsi que la désignation du syndic peuvent être prises par le copropriétaire détenant plus de la moitié des voix ;

2° Les décisions de l'assemblée générale relevant de la majorité des voix de tous les copropriétaires sont prises par le copropriétaire détenant au moins deux tiers des voix ;

3° Indépendamment du nombre de voix dont il dispose, chaque copropriétaire peut prendre les mesures nécessaires à la conservation de l'immeuble en copropriété, même si elles ne présentent pas un caractère d'urgence.

Art. 41-17 *(Aj. à compter du 1er juin 2020, Ord. n° 2019-1101, 30 oct. 2019).* – Par dérogation aux dispositions de l'article 17, toutes mesures conservatoires et les décisions mentionnées à l'article 41-16, à l'exclusion de celles portant sur le vote du budget prévisionnel et l'approbation des comptes, peuvent être prises sans réunion de l'assemblée générale. Dans ce cas, le copropriétaire décisionnaire est chargé de leur exécution.

Il est tenu de les notifier à l'autre copropriétaire, à peine d'inopposabilité.

Chaque copropriétaire est tenu de contribuer aux dépenses au titre de ces décisions et mesures proportionnellement aux quotes-parts de parties communes afférentes à ses lots.

Lorsqu'un copropriétaire a fait l'avance des sommes, il peut obliger l'autre copropriétaire à supporter avec lui les dépenses nécessaires.

Art. 41-18 *(Aj. à compter du 1er juin 2020, Ord. n° 2019-1101, 30 oct. 2019).* – Par dérogation aux dispositions de l'article 17 :

1° Les deux copropriétaires composant le syndicat peuvent se réunir sans convocation préalable et prendre toutes décisions dans les conditions mentionnées à l'article 41-15 ainsi que les décisions relevant de l'unanimité ;

2° Chaque copropriétaire peut convoquer l'autre copropriétaire à une assemblée générale en lui notifiant les points à l'ordre du jour. Chaque copropriétaire peut ajouter des points à l'ordre du jour sous réserve d'en informer préalablement l'autre.

Art. 41-19 *(Aj. à compter du 1er juin 2020, Ord. n° 2019-1101, 30 oct. 2019).* – Par dérogation au deuxième alinéa de l'article 42, le copropriétaire peut, à peine de déchéance, contester la décision prise par l'autre copropriétaire dans un délai de deux mois à compter de la notification de la décision.

Sauf urgence, l'exécution d'une décision prise par un copropriétaire sans l'accord de l'autre est suspendue pendant ce délai.

Art. 41-20 *(Aj. à compter du 1er juin 2020, Ord. n° 2019-1101, 30 oct. 2019).* – Sans préjudice des dispositions de l'article 14-3, le copropriétaire non syndic qui perçoit des revenus ou expose des frais au titre de l'administration et de la gestion de la copropriété tient un état des dépenses et créances laissé à la disposition de l'autre copropriétaire.

Art. 41-21 *(Aj. à compter du 1er juin 2020, Ord. n° 2019-1101, 30 oct. 2019).* – Par dérogation à l'article 17 et au deuxième alinéa de l'article 22, un copropriétaire peut être autorisé judiciairement à passer seul un acte pour lequel le consentement de l'autre copropriétaire serait nécessaire, si le refus de celui-ci met en péril l'intérêt commun.

L'acte passé dans les conditions fixées par l'autorisation de justice est opposable au copropriétaire dont le consentement a fait défaut.

Art. 41-22 *(Aj. à compter du 1er juin 2020, Ord. n° 2019-1101, 30 oct. 2019).* – Le président du tribunal judiciaire peut prescrire ou autoriser toutes les mesures urgentes que requiert l'intérêt commun.

Il peut, notamment, autoriser un copropriétaire à percevoir des débiteurs du syndicat ou de l'autre copropriétaire une provision destinée à faire face aux besoins urgents, en prescrivant, au besoin, les conditions de l'emploi.

Art. 41-23 *(Aj. à compter du 1er juin 2020, Ord. n° 2019-1101, 30 oct. 2019).* – L'aliénation d'une partie commune peut être autorisée judiciairement à la demande d'un copropriétaire disposant d'au moins deux tiers des tantièmes, suivant les conditions et modalités définies à l'article 815-5-1 du Code civil.

Code civil

Art. 815-5-1 *(Mod. à compter du 1er janvier 2020, Ord. n° 2019-964, 18 sept. 2019).* – Sauf en cas de démembrement de la propriété du bien ou si l'un des indivisaires se trouve dans l'un des cas prévus à l'article 836, l'aliénation d'un bien indivis peut être autorisée par le tribunal judiciaire, à la demande de l'un ou des indivisaires titulaires d'au moins deux tiers des droits indivis, suivant les conditions et modalités définies aux alinéas suivants.

Le ou les indivisaires titulaires d'au moins deux tiers des droits indivis expriment devant un notaire, à cette majorité, leur intention de procéder à l'aliénation du bien indivis.

Dans le délai d'un mois suivant son recueil, le notaire fait signifier cette intention aux autres indivisaires.

Si l'un ou plusieurs des indivisaires s'opposent à l'aliénation du bien indivis ou ne se manifestent pas dans un délai de trois mois à compter de la signification, le notaire le constate par procès-verbal.

Dans ce cas, le tribunal judiciaire peut autoriser l'aliénation du bien indivis si celle-ci ne porte pas une atteinte excessive aux droits des autres indivisaires.

Cette aliénation s'effectue par licitation. Les sommes qui en sont retirées ne peuvent faire l'objet d'un remploi sauf pour payer les dettes et charges de l'indivision.

L'aliénation effectuée dans les conditions fixées par l'autorisation du tribunal judiciaire est opposable à l'indivisaire dont le consentement a fait défaut, sauf si l'intention d'aliéner le bien du ou des indivisaires titulaires d'au moins deux tiers des droits indivis ne lui avait pas été signifiée selon les modalités prévues au troisième alinéa.

CHAPITRE V. – Dispositions d'ordre général

Art. 42 *(Rempl., L. n° 2018-1021, 23 nov. 2018 ; mod., Ord. n° 2019-1101, 30 oct. 2019 ; mod. à compter du 1er janvier 2020, Ord. n° 2019-964, 18 sept. 2019).* – Les dispositions de l'article 2224 du Code civil relatives au délai de prescription et à son point de départ sont applicables aux actions personnelles relatives à la copropriété entre copropriétaires ou entre un copropriétaire et le syndicat.

Les actions en contestation des décisions des assemblées générales doivent, à peine de déchéance, être introduites par les copropriétaires opposants ou défaillants dans un délai de deux mois à compter de la notification du procès-verbal d'assemblée sans ses annexes. Cette notification est réalisée par le syndic dans le délai d'un mois à compter de la tenue de l'assemblée générale.

Sauf urgence, l'exécution par le syndic des travaux décidés par l'assemblée générale en application des articles 25 et 26 de la présente loi est suspendue jusqu'à l'expiration du délai de deux mois mentionné au deuxième alinéa du présent article.

S'il est fait droit à une action contestant une décision d'assemblée générale portant modification de la répartition des charges, le tribunal judiciaire procède à la nouvelle répartition. Il en est de même en ce qui concerne les répartitions votées en application de l'article 30.

Art. 42-1 *(L. n° 2014-366, 24 mars 2014 ; mod., L. n° 2024-322, 9 avr. 2024).* – Les notifications et mises en demeure, sous réserve de l'accord exprès des copropriétaires, sont valablement faites par voie électronique.

Les copropriétaires peuvent, à tout moment et par tout moyen, demander à recevoir les notifications et les mises en demeure par voie postale.

Le syndic informe les copropriétaires des moyens qui s'offrent à eux pour conserver un mode d'information par voie postale.

Art. 43 *(Mod., L. n° 2006-872, 13 juill. 2006 ; Ord. n° 2019-1101, 30 oct. 2019).* – Toutes clauses contraires aux dispositions des articles 1er, 1-1, 4, 6 à 37, 41-1 à 42-1 et 46, et celles du décret en Conseil d'État prises pour leur application sont réputées non écrites.

Lorsque le juge, en application de l'alinéa premier du présent article, répute non écrite une clause relative à la répartition des charges, il procède à leur nouvelle répartition.

Art. 44. – Les associations syndicales existantes sont autorisées à se transformer en unions de syndicats coopératifs définies à l'article 29 ci-dessus sans que cette opération entraîne création d'une nouvelle personne morale.

Art. 45. – Pour les copropriétés antérieures à la date d'entrée en vigueur de la présente loi, l'action en révision de la répartition des charges prévue à l'article 12 ci-dessus est ouverte pendant un délai de deux ans à compter de l'entrée en vigueur de la présente loi.

Art. 45-1 *(L. n° 2000-1208, 13 déc. 2000 ; abr., L. n° 2014-366, 24 mars 2014).*

Art. 46 *(Abr., L. n° 66-1006, 28 déc. 1966 ; rétabli, L. n° 96-1107, 18 déc. 1996* (1)*; mod., L. n° 2014-366, 24 mars 2014 ; L. n° 2014-1545, 20 déc. 2014).* – Toute promesse unilatérale de vente ou d'achat, tout contrat réalisant ou constatant la vente d'un lot ou d'une fraction de lot mentionne la superficie de la partie privative de ce lot ou de cette fraction de lot. La nullité de l'acte peut être invoquée sur le fondement de l'absence de toute mention de superficie.

Cette superficie est définie par le décret en Conseil d'État prévu à l'article 47.

Les dispositions du premier alinéa ci-dessus ne sont pas applicables aux caves, garages, emplacements de stationnement ni aux lots ou fractions de lots d'une superficie inférieure à un seuil fixé par le décret en Conseil d'État prévu à l'article 47.

Le bénéficiaire en cas de promesse de vente, le promettant en cas de promesse d'achat ou l'acquéreur peut intenter l'action en nullité, au plus tard à l'expiration d'un délai d'un mois à compter de l'acte authentique constatant la réalisation de la vente.

---

(1) Entrée en vigueur et modalités d'application : V. L. n° 96-1107, 18 déc. 1996, art. 3.

La signature de l'acte authentique constatant la réalisation de la vente mentionnant la superficie de la partie privative du lot ou de la fraction de lot entraîne la déchéance du droit à engager ou à poursuivre une action en nullité de la promesse ou du contrat qui l'a précédé, fondée sur l'absence de mention de cette superficie. Si la superficie est supérieure à celle exprimée dans l'acte, l'excédent de mesure ne donne lieu à aucun supplément de prix.

Si la superficie est inférieure de plus d'un vingtième à celle exprimée dans l'acte, le vendeur, à la demande de l'acquéreur, supporte une diminution du prix proportionnelle à la moindre mesure.

L'action en diminution du prix doit être intentée par l'acquéreur dans un délai d'un an à compter de l'acte authentique constatant la réalisation de la vente, à peine de déchéance.

Art. 46-1 *(L. n° 2000-1208, 13 déc. 2000 ; abr., L. n° 2014-366, 24 mars 2014 ; mod., Ord. n° 2019-1101, 30 oct. 2019).* – La réunion de tous les lots entre les mains d'un même propriétaire entraîne de plein droit la disparition de la copropriété et la dissolution du syndicat des copropriétaires qui ne survit que pour les besoins de sa liquidation, laquelle n'est pas soumise aux dispositions de la présente loi.

Le syndic procède aux opérations de liquidation. À défaut, un mandataire *ad hoc* peut être désigné judiciairement.

Art. 47. – *(Al. rempl., L. n° 2014-366, 24 mars 2014)* Un décret en Conseil d'État précise les conditions d'application de la présente loi.

La présente loi est applicable dans les territoires d'outre-mer. Des décrets en Conseil d'État préciseront les modalités de son application dans ces territoires.

Art. 47-1 *(Ord. n° 2013-516, 20 juin 2013 ; mod. à compter du 1er janvier 2020, Ord. n° 2019-964, 18 sept. 2019).* – À la date de la publication de l'ordonnance n° 2013-516 du 20 juin 2013, les articles 1er à 49 de la présente loi, à l'exception des articles 24-2, 24-4, 24-6, 26-3, 46-1 et 47, sont applicables en Nouvelle-Calédonie dans leur rédaction en vigueur à cette même date sous réserve des adaptations suivantes :

1° Aux articles 6-1, 12 et 13, les mots : « fichier immobilier » sont remplacés par les mots : « service chargé de la publicité foncière » ;

2° À l'article 8-1, les mots : « plan local d'urbanisme » sont remplacés par les mots : « plan d'urbanisme directeur » ;

3° À l'article 9, les références : « *e*, *g*, *h*, *i* et *n* de l'article 25 » sont remplacées par les références : « *e*, *h* et *n* de l'article 25 » ;

4° À l'article 10, la référence au 31 décembre 2002 est remplacée par la référence au 1er juillet 2014 ;

5° À l'article 10-1, le dernier alinéa est supprimé ;

6° À l'article 14-3, le troisième alinéa est supprimé ;

7° À l'article 16-1, le dernier alinéa est supprimé ;

8° À l'article 18, les mots : « de la loi n° 70-9 du 2 janvier 1970 » sont remplacés par les mots : « applicables localement », les mots : « ou par un syndic dont l'activité est soumise à une réglementation professionnelle organisant le maniement des fonds du syndicat » sont supprimés ainsi que le neuvième alinéa ;

9° À l'article 25, les paragraphes *g*, *i*, *o* et *p* sont supprimés, au paragraphe *h* les mots : « les dispositions prises pour l'application de l'article 1er de la loi n° 67-561 du 12 juillet 1967 » sont remplacés par les mots : « la réglementation applicable en Nouvelle-Calédonie » et le paragraphe *j* est ainsi rédigé :

« *j)* Dès lors qu'elle porte sur des parties communes, l'installation ou la modification d'une antenne collective ou d'un réseau de communications électroniques interne à l'immeuble raccordé à un réseau câblé établi ou autorisé en application des dispositions du Code des postes et télécommunications de la Nouvelle-Calédonie ; » ;

10° À l'article 26, les références : « *e*, *g*, *h*, *i*, *j*, *m*, *n* et *o* de l'article 25 » sont remplacées par les mots : « *e*, *h*, *j*, *m* et *n* de l'article 25 » et les mots : « prévus par l'article 93 de la loi n° 2000-1208 du 13 décembre 2000 relative à la solidarité et au renouvellement urbains » sont supprimés ;

11° À l'article 29, les mots : « régies par les articles L. 212-1 et suivants du Code de la construction et de l'habitation » sont remplacés par les mots : « régies par la réglementation en vigueur en Nouvelle-Calédonie » ;

12° Aux articles 29-1 A, 29-1 B et 29-1, les mots : « représentant de l'État dans le département » sont remplacés par les mots : « représentant du haut-commissaire de la République dans la province » ;

13° À l'article 29-5, le mot : « préfet » est remplacé par les mots : « représentant du haut-commissaire de la République dans la province » ;

14° À l'article 35, le troisième alinéa est supprimé ;

15° À l'article 41-1, les mots : « relevant du I de l'article L. 312-1 du Code de l'action sociale et des familles » sont remplacés par les mots : « désignés conformément à la réglementation en vigueur en Nouvelle-Calédonie » ;

16° À l'article 45-1, les mots : « ainsi que du diagnostic technique établi dans les conditions de l'article L. 111-6-2 du Code de la construction et de l'habitation » sont supprimés ;

17° Aux articles 11, 17, 18-2, 19, 19-2, 20, 23, 29-1 A, 29-1 B, 29-1, 29-2, 29-4, 30, 34 et 42, les mots : « tribunal judiciaire » sont remplacés par les mots : « tribunal de première instance ».

Art. 47-2 *(Aj. à compter du 1er janvier 2020, Ord. n° 2019-738, 17 juill. 2019).* – La présente loi est applicable dans les îles Wallis-et-Futuna dans sa rédaction résultant de l'ordonnance n° 2019-738 du 17 juillet 2019.

Art. 48. – Le chapitre II de la loi du 28 juin 1938 tendant à régler le statut de la copropriété des immeubles divisés par appartements est abrogé. L'article 664 du Code civil demeure abrogé.

Art. 49 *(Abr., L. n° 2014-366, 24 mars 2014).*

Art. 50 *(Ord. n° 2005-870, 28 juill. 2005 ; rempl., Ord. n° 2012-578, 26 avr. 2012 ; mod., L. n° 2014-366, 24 mars 2014).* – Pour l'application de la présente loi dans le Département de Mayotte :

1° Les mots : « fichier immobilier » sont remplacés par les mots : « livre foncier » ;

2° Au deuxième alinéa de l'article 9, les mots : « , du *d* de l'article 26 » sont supprimés et au dernier alinéa de ce même article 9, les mots : « , par le *d* de l'article 26 » sont supprimés ;

3° À l'article 24, le *a* du II est ainsi rédigé :

« *a)* Les travaux nécessaires à la conservation de l'immeuble ainsi qu'à la préservation de la santé et de la sécurité physique des occupants, qui incluent les travaux portant sur la stabilité de l'immeuble, le clos, le couvert ou les réseaux et les travaux permettant d'assurer la mise en conformité des logements avec les normes de salubrité, de sécurité et d'équipement définies par la réglementation applicable localement ; »

4° À l'article 25, le *o* n'est pas applicable.

Décret n° 67-223 du 17 mars 1967

portant règlement d'administration publique pour l'application de la loi n° 65-557 du 10 juillet 1965 fixant le statut de la copropriété des immeubles bâtis

Art. 1er *(Mod., D. n° 2016-1515, 8 nov. 2016).* – Le règlement de copropriété mentionné par l'article 8 de la loi du 10 juillet 1965 susvisée comporte les stipulations relatives aux objets visés par *(Mod., D. n° 2020-834, 2 juill. 2020)* « le premier alinéa » du I et par le premier alinéa du II dudit article ainsi que l'état de répartition des charges prévu au troisième alinéa de l'article 10 de ladite loi.

Cet état définit les différentes catégories de charges et distingue celles afférentes à la conservation, à l'entretien et à l'administration de l'immeuble, celles relatives au fonctionnement et à l'entretien de chacun des éléments d'équipement communs et celles entraînées par chaque service collectif.

(Aj., D. n° 2020-834, 2 juill. 2020) « L'état de répartition des charges fixe, conformément aux dispositions du troisième alinéa et, s'il y a lieu, du dernier alinéa de l'article 10 de la loi du 10 juillet 1965, la quote-part qui incombe à chaque lot dans chacune des catégories de charges.

Il précise les éléments pris en considération et la méthode de calcul ayant permis de fixer la quote-part de charges afférente à chaque lot :

1° Proportionnellement aux valeurs relatives des parties privatives comprises dans chaque lot, telles que ces valeurs résultent des critères posés à l'article 5 de la loi du 10 juillet 1965, s'agissant des charges relatives à la conservation, à l'entretien et à l'administration des parties communes ;

2° En fonction de l'utilité objective que les services et éléments d'équipement commun présentent à l'égard de chaque lot, en précisant les bases selon lesquelles la répartition a été effectuée, s'agissant des charges entraînées par lesdits services et éléments, dès lors que ces charges ne sont pas individualisées. »

Section I. – Actes concourant à l'établissement et à l'organisation de la copropriété d'un immeuble bâti

Art. 2. – Le règlement de copropriété peut également comporter :

1° L'état descriptif de division de l'immeuble, établi *(Mots rempl. à compter du 1er janvier 2013, D. n° 2012-1462, 26 déc. 2012)* « conformément aux dispositions des articles 71-1 à 71-13 du décret n° 55-1350 du 14 octobre 1955 modifié » ;

2° La ou les conventions prévues à l'article 37 de la loi [n° 65-557] du 10 juillet 1965 et relatives à l'exercice de l'un des droits accessoires aux parties communes.

Art. 3 *(Mod., D. n° 2020-834, 2 juill. 2020).* – Les règlements, états et conventions énumérés aux articles qui précèdent peuvent faire l'objet d'un acte conventionnel ou résulter d'un acte judiciaire, suivant le cas, ayant pour objet de réaliser, constater ou ordonner la division de la propriété d'un immeuble dans les conditions fixées par le I de l'article 1er de la loi du 10 juillet 1965.

Si le règlement de copropriété comprend un état descriptif de division et les conventions visées à l'article 2 ci-dessus, il doit être rédigé de manière à éviter toute confusion entre ses différentes parties et les clauses particulières au règlement de copropriété doivent se distinguer nettement des autres.

Dans ce cas, seules les stipulations dont l'objet est précisé à l'article 1er du présent décret constituent le règlement de copropriété au sens et pour l'application de ladite loi.

Art. 4. – Tout acte conventionnel réalisant ou constatant le transfert de propriété d'un lot ou d'une fraction de lot, ou la constitution sur ces derniers d'un droit réel, doit mentionner expressément que l'acquéreur ou le titulaire du droit a eu préalablement connaissance, s'ils ont été publiés dans les conditions prévues par l'article 13 de la loi [n° 65-557] du 10 juillet 1965, du règlement de copropriété ainsi que des actes qui l'ont modifié.

Il en est de même en ce qui concerne l'état descriptif de division et des actes qui l'ont modifié, lorsqu'ils existent et ont été publiés.

Le règlement de copropriété, l'état descriptif de division et les actes qui les ont modifiés, même s'ils n'ont pas été publiés au fichier immobilier, s'imposent à l'acquéreur ou au titulaire du droit s'il est expressément constaté aux actes visés au présent article qu'il en a eu préalablement connaissance et qu'il a adhéré aux obligations qui en résultent.

Art. 4-1 *(Aj., D. n° 97-532, 23 mai 1997).* – La superficie de la partie privative d'un lot ou d'une fraction de lot mentionnée à l'article 46 de la loi [n° 65-557] du 10 juillet 1965 est la superficie des planchers des locaux clos et couverts après déduction des surfaces occupées par les murs, cloisons, marches et cages d'escaliers, gaines, embrasures de portes et de fenêtres. Il n'est pas tenu compte des planchers des parties des locaux d'une hauteur inférieure à 1,80 mètre.

Art. 4-2 *(Aj., D. n° 97-532, 23 mai 1997).* – Les lots ou fractions de lots d'une superficie inférieure à 8 mètres carrés ne sont pas pris en compte pour le calcul de la superficie mentionnée à l'article 4-1.

Art. 4-3 *(Aj., D. n° 97-532, 23 mai 1997).* – Le jour de la signature de l'acte authentique constatant la réalisation de la vente, le notaire, ou l'autorité administrative qui authentifie la convention, remet aux parties, contre émargement ou récépissé, une copie simple de l'acte signé ou un certificat reproduisant la clause de l'acte mentionnant la superficie de la partie privative du lot ou de la fraction du lot vendu, ainsi qu'une copie des dispositions de l'article 46 de la loi [n° 65-557] du 10 juillet 1965 lorsque ces dispositions ne sont pas reprises intégralement dans l'acte ou le certificat.

Art. 4-4 *(Abr., D. n° 2020-834, 2 juill. 2020).*

Art. 5 *(Mod., D. n° 2019-650, 27 juin 2019 ; D. n° 2020-834, 2 juill. 2020).* – Le syndic, avant l'établissement de l'un des actes mentionnés à l'article 4, adresse au notaire chargé de recevoir l'acte, à la demande de ce dernier ou à celle du copropriétaire qui transfère tout ou partie de ses droits sur le lot ou les lots objet d'une même mutation, un état daté comportant trois parties.

1° Dans la première partie, le syndic indique, d'une manière même approximative et sous réserve de l'apurement des comptes, les sommes pouvant rester dues, pour chaque lot considéré, au syndicat par le copropriétaire cédant, au titre :

a) Des provisions exigibles du budget prévisionnel ;

b) Des provisions exigibles des dépenses non comprises dans le budget prévisionnel ;

c) Des charges impayées sur les exercices antérieurs ;

d) Des sommes mentionnées aux articles 26-6 et 33 de la loi du 10 juillet 1965 ;

e) Des avances exigibles.

Ces indications sont communiquées par le syndic au notaire ou au propriétaire cédant, à charge pour eux de les porter à la connaissance, le cas échéant, des créanciers inscrits.

2° Dans la deuxième partie, le syndic indique, d'une manière même approximative et sous réserve de l'apurement des comptes, les sommes dont le syndicat pourrait être débiteur, pour chaque lot considéré, à l'égard du copropriétaire cédant, au titre :

a) Des avances mentionnées à l'article 45-1 ;

b) Des provisions pour les périodes postérieures à la période en cours et rendues exigibles en raison de la déchéance du terme prévue par l'article 19-2 de la loi du 10 juillet 1965.

3° Dans la troisième partie, le syndic indique les sommes qui devraient incomber au nouveau copropriétaire, pour chaque lot considéré, au titre :

a) De la reconstitution des avances mentionnées à l'article 45-1 et ce d'une manière même approximative ;

b) Des provisions non encore exigibles du budget prévisionnel ;

c) Des provisions non encore exigibles dans les dépenses non comprises dans le budget prévisionnel.

Dans une annexe à la troisième partie de l'état daté, le syndic indique la somme correspondant, pour les deux exercices précédents, à la quote-part afférente à chaque lot considéré dans le budget prévisionnel et dans le total des dépenses hors budget prévisionnel. Il mentionne, s'il y a lieu, l'objet et l'état des procédures en cours dans lesquelles le syndicat est partie.

Art. 5-1 *(D. n° 95-162, 15 févr. 1995 ; D. n° 2020-834, 2 juill. 2020).* – Pour l'application des dispositions de l'article 20 de la loi du 10 juillet 1965 modifiée, il n'est tenu compte que des créances du syndicat effectivement liquides et exigibles à la date de la mutation.

L'opposition éventuellement formée par le syndic doit énoncer d'une manière précise :

1° Le montant et les causes des créances de toute nature du syndicat de l'année courante et des deux dernières années échues ;

2° Le montant et les causes des créances de toute nature du syndicat des deux années antérieures aux deux dernières années échues ;

3° Le montant et les causes des créances de toute nature du syndicat garanties par une hypothèque légale et non comprises dans les créances privilégiées, visées aux 1° et 2° ci-dessus ;

4° Le montant et les causes des créances de toute nature du syndicat non comprises dans les créances visées aux 1°, 2° et 3° ci-dessus.

Si le lot fait l'objet d'une vente sur licitation ou sur saisie immobilière, l'avis de mutation prévu par l'article 20 de la loi du 10 juillet 1965 précitée est donné au syndic, selon le cas, soit par le notaire, soit par l'avocat du demandeur ou du créancier poursuivant ; si le lot fait l'objet d'une expropriation pour cause d'utilité publique ou de l'exercice d'un droit de préemption publique, l'avis de mutation est donné au syndic, selon le cas, soit par le notaire ou par l'expropriant, soit par le titulaire du droit de préemption ; si l'acte est reçu en la forme administrative, l'avis de mutation est donné au syndic par l'autorité qui authentifie la convention.

Art. 5-2 *(Mod., D. n° 2021-1888, 29 déc. 2021).* – Pour l'application du 3° de l'article 2402 et du deuxième alinéa de l'article 2418 du Code civil, l'année s'entend de l'exercice comptable au sens de l'article 5 du décret du 14 mars 2005 relatif aux comptes du syndicat des copropriétaires.

NB : Conformément au premier alinéa du I de l'article 7 du décret n° 2021-1888 du 29 décembre 2021, ces dispositions sont entrées en vigueur le 1er janvier 2022.

Art. 6 *(Mod., D. n° 95-162, 15 févr. 1995 ; D. n° 2012-634, 3 mai 2012 ; D. n° 2020-834, 2 juill. 2020).* – Tout transfert de propriété d'un lot ou d'une fraction de lot, toute constitution sur ces derniers d'un droit d'usufruit, de nue-propriété, d'usage ou d'habitation, tout transfert de l'un de ces droits est notifié, sans délai, au syndic, soit par les parties, soit par le notaire qui établit l'acte, soit par l'avocat qui a obtenu la décision judiciaire, acte ou décision qui, suivant le cas, réalise, atteste, constate ce transfert ou cette constitution.

Cette notification comporte la désignation du lot ou de la fraction de lot intéressé ainsi que l'indication des nom, prénoms, domicile réel ou élu et, sous réserve de leur, accord exprès, l'adresse électronique de l'acquéreur ou du titulaire de droit et, le cas échéant, du mandataire commun prévu aux deuxièmes et troisièmes alinéas de l'article 23 de la loi du 10 juillet 1965. Elle comporte, le cas échéant, l'indication des accords prévus à l'article 26-8 de cette loi.

Cette notification doit être faite indépendamment de l'avis de mutation prévu à l'article 20 de la loi du 10 juillet 1965 modifiée.

Art. 6-1 *(Aj., D. n° 95-162, 15 févr. 1995).* – Le notaire, ou, selon le cas, l'une des personnes mentionnées au dernier alinéa de l'article 5-1, informe les créanciers inscrits de l'opposition formée par le syndic et, sur leur demande, leur en adresse copie.

Art. 6-2 *(Aj., D. n° 2004-479, 27 mai 2004).* – 1° Le paiement de la provision exigible du budget prévisionnel, en application du troisième alinéa de l'article 14-1 de la loi [n° 65-557] du 10 juillet 1965, incombe au vendeur ;

2° Le paiement des provisions des dépenses non comprises dans le budget prévisionnel incombe à celui, vendeur ou acquéreur, qui est copropriétaire au moment de l'exigibilité ;

3° Le trop ou moins perçu sur provisions, révélé par l'approbation des comptes, est porté au crédit ou au débit du compte de celui qui est copropriétaire lors de l'approbation des comptes.

Art. 6-3 *(Aj., D. n° 2004-479, 27 mai 2004).* – Toute convention contraire aux dispositions de l'article 6-2 n'a d'effet qu'entre les parties à la mutation à titre onéreux.

Section II. – Les assemblées générales de copropriétaires

Art. 7 *(Mod., D. n° 2010-391, 20 avr. 2010 ; à compter du 1er janvier 2020, D. n° 2019-966, 18 sept. 2019).* – Dans tout syndicat de copropriété, il est tenu, au moins une fois chaque année, une assemblée générale des copropriétaires.

(Al. rempl., D. n° 2020-834, 2 juill. 2020) « Sauf s'il en est disposé autrement dans la loi du 10 juillet 1965 le présent décret, l'assemblée générale est convoquée par le syndic ».

Les dispositions des alinéas précédents ne sont pas applicables lorsque l'administrateur provisoire est investi par le président du tribunal judiciaire, sur le fondement de l'article 62-7, de tous les pouvoirs de l'assemblée générale. Lorsqu'il n'est investi que d'une partie de ces pouvoirs, les dispositions du deuxième alinéa ne s'appliquent que dans la limite des pouvoirs conservés par l'assemblée générale.

Art. 8 *(Mod., D. n° 2010-391, 20 avr. 2010 ; à compter du 1er janvier 2020, D. n° 2019-966, 18 sept. 2019).* – La convocation de l'assemblée est de droit lorsqu'elle est demandée au syndic soit par le conseil syndical, s'il en existe un, soit par un ou plusieurs copropriétaires représentant au moins un quart des voix de tous les copropriétaires, à moins que le règlement de copropriété ne prévoie un nombre inférieur de voix. La demande, qui est notifiée au syndic, précise les questions dont l'inscription à l'ordre du jour de l'assemblée est demandée.

Dans les cas prévus au précédent alinéa, l'assemblée générale des copropriétaires est valablement convoquée par le président du conseil syndical, s'il en existe un, après mise en demeure au syndic restée infructueuse pendant plus de huit jours.

Dans les mêmes cas, s'il n'existe pas de conseil syndical ou si les membres de ce conseil n'ont pas été désignés ou si le président de ce conseil ne procède pas à la convocation de l'assemblée, tout copropriétaire peut alors provoquer ladite convocation dans les conditions prévues à l'article 50 du présent décret.

Lorsque l'assemblée est convoquée en application du présent article, la convocation est notifiée au syndic.

Les dispositions des alinéas précédents ne sont pas applicables lorsque l'administrateur provisoire est investi par le président du tribunal judiciaire, sur le fondement de l'article 62-7, de tous les pouvoirs de l'assemblée générale. Lorsqu'il n'est investi que d'une partie de ces pouvoirs, les dispositions des alinéas précédents ne s'appliquent que dans la limite des pouvoirs conservés par l'assemblée générale et le conseil syndical.

Art. 8-1 *(Aj. à compter du 4 juillet 2020, D. n° 2020-834, 2 juill. 2020).* – La demande faite par un ou plusieurs copropriétaires de convoquer une assemblée générale à leurs frais, en application de l'article 17-1 AA de la loi du 10 juillet 1965, est notifiée au syndic et précise la ou les questions dont l'inscription à l'ordre du jour est demandée.

Elle est accompagnée d'un projet de résolution pour chaque question et comporte, le cas échéant, les documents requis au deuxième alinéa de l'article 10 et au 3° du I de l'article 11.

Lorsque l'assemblée générale est convoquée à la demande de plusieurs copropriétaires, ils précisent la répartition des frais et honoraires entre eux. À défaut de précision, les frais sont répartis entre ces copropriétaires à parts égales.

Dans les quinze jours qui suivent la notification mentionnée au premier alinéa, le syndic informe le ou les copropriétaires demandeurs des frais prévisionnels et de ses honoraires.

« Il convoque l'assemblée générale qui se tient dans le délai de quarante-cinq jours suivant le paiement de ces frais et honoraires. »

NB : Ces dispositions s'appliquent aux assemblées générales de copropriétaires tenues à compter du 31 décembre 2020 *(D. n° 2020-834, 2 juill. 2020, art. 53, V).*

Art. 9 *(Mod., D. n° 2019-650, 27 juin 2019).* – La convocation contient l'indication des lieu, date et heure de la réunion, ainsi que l'ordre du jour qui précise chacune des questions soumises à la délibération de l'assemblée. À défaut de stipulation du règlement de copropriété ou de décision de l'assemblée générale, la personne qui convoque l'assemblée fixe le lieu et l'heure de la réunion. La convocation indique le lieu, le ou les jours et les heures de consultation des pièces justificatives des charges.

(Al. aj. à compter du 4 juillet 2020, D. n° 2020-834, 2 juill. 2020) « Le formulaire de vote par correspondance mentionné au deuxième alinéa de l'article 17-1 A est joint à la convocation. »

Sauf urgence, cette convocation est notifiée au moins vingt et un jours avant la date de la réunion, à moins que le règlement de copropriété n'ait prévu un délai plus long. Sans que cette formalité soit prescrite *(Aj. à compter du 4 juillet 2020, D. n° 2020-834, 2 juill. 2020)* « à peine de nullité de l'assemblée générale », le syndic indique, par voie d'affichage, aux copropriétaires, la date de la prochaine assemblée générale et la possibilité qui leur est offerte de solliciter l'inscription d'une ou plusieurs questions à l'ordre du jour. L'affichage, qui reproduit les dispositions de l'article 10, est réalisé dans un délai raisonnable permettant aux copropriétaires de faire inscrire leurs questions à l'ordre du jour.

Sous réserve des stipulations du règlement de copropriété, l'assemblée générale est réunie dans la commune de la situation de l'immeuble.

Art. 9 *bis* *(Mod., D. n° 2020-834, 2 juill. 2020).* – Pour être pris en compte lors de l'assemblée générale, le formulaire de vote par correspondance est réceptionné par le syndic au plus tard trois jours francs avant la date de la réunion.

« Lorsque le formulaire de vote est transmis par courrier électronique à l'adresse indiquée par le syndic, il est présumé réceptionné à la date de l'envoi. »

Art. 9-1 *(Mod., D. n° 2019-650, 27 juin 2019).* – Pendant le délai s'écoulant entre la convocation de l'assemblée générale appelée à connaître des comptes et la tenue de celle-ci, le syndic tient les pièces justificatives des charges mentionnées à l'article 18-1 de la loi du 10 juillet 1965 susvisée, en original ou en copie, et classées par catégories à la disposition de chaque copropriétaire pendant une durée qui ne peut être inférieure à un jour ouvré et doit être, en tout cas, appropriée à la dimension de la copropriété.

Le syndic fixe le lieu de la consultation des pièces justificatives des charges, soit à son siège, soit au lieu où il assure habituellement l'accueil des copropriétaires, le ou les jours et les heures auxquels elle s'effectue, qui doivent être indiqués dans la convocation mentionnée à l'article 9.

Lorsqu'il s'agit d'un syndic professionnel, ces jours et heures doivent être fixés pendant les jours et heures d'accueil physique déterminés dans le contrat de syndic.

Le copropriétaire peut se faire assister par un membre du conseil syndical.

Pendant le délai mentionné au premier alinéa, il peut également se faire assister par son locataire ou autoriser ce dernier à consulter en ses lieu et place les pièces justificatives de charges récupérables mentionnées à l'article 23 de la loi n° 89-462 du 6 juillet 1989 tendant à améliorer les rapports locatifs et portant modification de la loi n° 86-1290 du 23 décembre 1986.

Tout copropriétaire peut obtenir une copie des pièces justificatives à ses frais.

Art. 10 *(Mod., D. n° 2019-650, 27 juin 2019).* – À tout moment, un ou plusieurs copropriétaires, ou le conseil syndical, peuvent notifier au syndic la ou les questions dont ils demandent qu'elles soient inscrites à l'ordre du jour d'une assemblée générale. Le syndic porte ces questions à l'ordre du jour de la convocation de la prochaine assemblée générale. Toutefois, si la ou les questions notifiées ne peuvent être inscrites à cette assemblée compte tenu de la date de réception de la demande par le syndic, elles le sont à l'assemblée suivante.

(Aj., D. n° 2020-834, 2 juill. 2020) « Lorsque la convocation de l'assemblée générale est sollicitée en application de l'article 17-1 AA de la loi du 10 juillet 1965, le syndic ne porte à l'ordre du jour de cette assemblée que les questions relatives aux droits et obligations du ou des copropriétaires demandeurs ».

Le ou les copropriétaires ou le conseil syndical qui demandent l'inscription d'une question à l'ordre du jour notifient au syndic, avec leur demande, le projet de résolution lorsque cette notification est requise en application des 7° et 8° du I de l'article 11. Lorsque le projet de résolution porte sur l'application du e du II de l'article 24 et du b de l'article 25 de la loi du 10 juillet 1965, il est accompagné d'un document précisant l'implantation et la consistance des travaux.

Le syndic rappelle les dispositions du présent article sur les appels de fonds qu'il adresse aux copropriétaires.

Art. 10-1 *(D. n° 2020-834, 2 juill. 2020).* – Le descriptif détaillé mentionné au premier alinéa de l'article 25-2 de la loi du 10 juillet 1965 précise la nature, l'implantation, la durée et les conditions d'exécution des travaux envisagés, ainsi que les éléments essentiels de l'équipement ou de l'ouvrage, tels que les marques, modèles, notices, garanties et documents relatifs à l'utilisation et à l'entretien. Il est assorti d'un plan technique d'intervention, et, le cas échéant, d'un schéma de raccordement électrique.

À défaut de notification par le copropriétaire au syndic de ce descriptif détaillé des travaux, le point d'information n'est pas inscrit à l'ordre du jour de l'assemblée générale.

Le descriptif peut également comprendre tous éléments nécessaires à la compréhension des travaux prévus, notamment des documents graphiques ou photographiques.

NB : Ces dispositions s'appliquent aux assemblées générales de copropriétaires tenues à compter du 31 décembre 2020 *(D. n° 2020-834, 2 juill. 2020, art. 53, V).*

Art. 10-2 *(D. n° 2020-834, 2 juill. 2020).* – Pour l'application de l'article 25-2 de la loi du 10 juillet 1965, le syndic inscrit à l'ordre du jour de la même assemblée générale :

– le point d'information relatif aux travaux d'accessibilité ;

– la question de l'opposition éventuelle à la réalisation de ces travaux par décision motivée de l'assemblée générale, accompagnée d'un projet de résolution reproduisant les termes du dernier alinéa de cet article.

NB : Ces dispositions s'appliquent aux assemblées générales de copropriétaires tenues à compter du 31 décembre 2020 *(D. n° 2020-834, 2 juill. 2020, art. 53, V).*

Art. 10-3 *(D. n° 2020-834, 2 juill. 2020).* – En l'absence d'opposition motivée de l'assemblée générale dans les conditions prévues au dernier alinéa de l'article 25-2 de la loi du 10 juillet 1965, le copropriétaire peut faire réaliser les travaux conformément au descriptif détaillé présenté à l'assemblée générale, à l'expiration du délai de deux mois mentionné au deuxième alinéa de l'article 42 de la loi du 10 juillet 1965.

NB : Ces dispositions s'appliquent aux assemblées générales de copropriétaires tenues à compter du 31 décembre 2020 *(D. n° 2020-834, 2 juill. 2020, art. 53, V).*

Art. 11 *(Mod., D. n° 2020-834, 2 juill. 2020).* – Sont notifiés au plus tard en même temps que l'ordre du jour :

I. – Pour la validité de la décision :

1° L'état financier du syndicat des copropriétaires et son compte de gestion général, lorsque l'assemblée est appelée à approuver les comptes. Ces documents sont présentés avec le comparatif des comptes de l'exercice précédent approuvé ;

2° Le projet du budget présenté avec le comparatif du dernier budget prévisionnel voté, lorsque l'assemblée est appelée à voter le budget prévisionnel ;

La présentation des documents énumérés au 1° et au 2° ci-dessus est conforme aux modèles établis par le décret relatif aux comptes du syndicat des copropriétaires et ses annexes ;

3° Les conditions essentielles du contrat ou, en cas d'appel à la concurrence, des contrats proposés, lorsque l'assemblée est appelée à approuver un contrat, un devis ou un marché, notamment pour la réalisation de travaux ainsi que les conditions générales et particulières du projet de contrat et la proposition d'engagement de caution mentionné au deuxième alinéa de l'article 26-7 de la loi du 10 juillet 1965 lorsque le contrat proposé a pour objet la souscription d'un prêt bancaire au nom du syndicat dans les conditions prévues à l'article 26-4 de cette loi ;

4° Le ou les projets de contrat du syndic, *(Aj., D. n° 2020-834, 2 juill. 2020)* « accompagné de la fiche d'information prévue au 3e alinéa du I de l'article 18-1-A, » lorsque l'assemblée est appelée à désigner le représentant légal du syndicat ;

5° Le projet de convention, ou la convention, mentionné à l'article 39 outre les projets mentionnés au 4° ci-dessus ;

6° Le projet de règlement de copropriété, de l'état descriptif de division, de l'état de répartition des charges ou le projet de modification desdits actes, lorsque l'assemblée est appelée, suivant le cas, à établir ou à modifier ces actes ;

7° Le projet de résolution lorsque l'assemblée est appelée à statuer sur l'une des questions mentionnées aux articles 14-1 (2e et 3e alinéas), 14-2 (2e alinéa), *(Aj., D. n° 2020-834, 2 juill. 2020)* « 18-1-A (1er et 2e alinéas du II), 24 II », 25, 26, 30 (alinéas 1er, 2 et 3), 35, 37 (alinéas 3 et 4) et 39 de la loi du 10 juillet 1965 ;

8° Le projet de résolution tendant à autoriser, s'il y a lieu, le syndic à introduire une demande en justice ;

9° Les conclusions du rapport de l'administrateur provisoire lorsqu'il en a été désigné un par le président du tribunal judiciaire en application des dispositions de l'article 29-1 de la loi du 10 juillet 1965 et lorsque l'assemblée est appelée à statuer sur une question dont la mention à l'ordre du jour résulte de ces conclusions ;

10° Les conclusions du rapport du mandataire *ad hoc* lorsqu'il en a été désigné un par le président du tribunal judiciaire en vertu de l'article 29-1 B de la loi du 10 juillet 1965 et que l'assemblée générale est appelée à statuer sur les projets de résolution nécessaires à la mise en œuvre de ce rapport ;

11° Les projets de résolution mentionnant, d'une part, la saisie immobilière d'un lot, d'autre part, le montant de la mise à prix, ainsi que le montant des sommes estimées définitivement perdues, lorsque l'assemblée générale est appelée à autoriser le syndic à poursuivre la saisie immobilière d'un lot ;

12° Les projets des conventions et l'avis du conseil syndical mentionnés au troisième alinéa de l'article 41-6 de la loi du 10 juillet 1965 ou le projet de résolution portant délégation en application du deuxième alinéa de cet article ;

13° Le rapport mentionné au troisième alinéa de l'article 41-1 de la loi du 10 juillet 1965 ;

14° *(D. n° 2020-834, 2 juill. 2020)* « Lorsque l'assemblée générale est appelée à se prononcer sur des travaux d'intérêt collectif réalisés sur parties privatives, en application du II de l'article 9 de la loi du 10 juillet 1965, une analyse des solutions éventuelles n'affectant pas ces parties. » ;

II. – Pour l'information des copropriétaires :

1° Les annexes au budget prévisionnel ;

2° L'état détaillé des sommes perçues par le syndic au titre de sa rémunération ;

3° L'avis rendu par le conseil syndical lorsque sa consultation est obligatoire, en application du deuxième alinéa de l'article 21 de la loi du 10 juillet 1965 ;

4° Le compte rendu de l'exécution de la mission du conseil syndical prévu au deuxième alinéa de l'article 22 du présent décret et le bilan établi par le conseil syndical en application du troisième alinéa de l'article 41-6 de la loi du 10 juillet 1965 ;

5° En vue de l'approbation des comptes par l'assemblée générale, le projet d'état individuel de répartition des comptes de chaque copropriétaire ;

6° L'état actualisé des lots délaissés prévu au second alinéa de l'article 24-6 de la loi n° 65-557 du 10 juillet 1965 fixant le statut de la copropriété des immeubles bâtis ;

7° Le compte rendu de la dernière réunion du conseil des résidents mentionnant l'avis émis en application du quatrième alinéa de l'article 41-7 de la loi du 10 juillet 1965.

8° *(D. n° 2020-834, 2 juill. 2020)* « Le descriptif détaillé des travaux, mentionné au premier alinéa de l'article 25-2 de la loi du 10 juillet 1965 » ;

9° *(D. n° 2020-834, 2 juill. 2020)* « Une présentation générale des principales caractéristiques du recours à l'emprunt collectif, lorsque la question de la souscription d'un tel emprunt est inscrite à l'ordre du jour de l'assemblée générale » ;

10° *(D. n° 2020-834, 2 juill. 2020)* « Le rapport prévu au dernier alinéa de l'article 21-5 de la loi du 10 juillet 1965. »

Le contenu de ces documents ne fait pas l'objet d'un vote par l'assemblée des copropriétaires.

NB : Les dispositions de l'article 11, II, 8° à 10° s'appliquent aux assemblées générales de copropriétaires tenues à compter du 31 décembre 2020 *(D. n° 2020-834, 2 juill. 2020, art. 53, V).*

Art. 12. – Pour l'application de l'article 23 de la loi [n° 65-557] du 10 juillet 1965, chacun des associés reçoit notification des convocations ainsi que des documents visés au précédent article et il participe aux assemblées générales du syndicat dans les mêmes conditions que les copropriétaires.

À cet effet, le représentant légal de la société est tenu de communiquer, sans frais, au syndic ainsi que, le cas échéant, à toute personne habilitée à convoquer l'assemblée, et à la demande de ces derniers, les nom et domicile, réel ou élu, de chacun des associés. Il doit immédiatement informer le syndic de toute modification des renseignements ainsi communiqués.

À l'égard du syndicat, la qualité d'associé résulte suffisamment de la communication faite en application de l'alinéa qui précède.

La convocation de l'assemblée générale des copropriétaires est également notifiée au représentant légal de la société visée audit article 23 (alinéa 1er) ; ce dernier peut assister à la réunion avec voix consultative.

Art. 13 *(Mod., D. n° 2004-479, 27 mai 2004).* – L'assemblée générale ne prend de décision valide que sur les questions inscrites à l'ordre du jour et dans la mesure où les notifications ont été faites conformément aux dispositions des articles 9 à 11-I.

Elle peut, en outre, examiner sans effet décisoire toutes questions non inscrites à l'ordre du jour.

Art. 13-1 *(D. n° 2019-650, 27 juin 2019).* – Pour l'application de l'article 17-1 A de la loi du 10 juillet 1965, l'assemblée générale décide des moyens et supports techniques permettant aux copropriétaires de participer aux assemblées générales par visioconférence, par audioconférence ou par tout autre moyen de communication électronique ainsi que des garanties permettant de s'assurer de l'identité de chaque participant. La décision est prise sur la base de devis élaborés à cet effet à l'initiative du syndic ou du conseil syndical. Le syndicat des copropriétaires en supporte les coûts.

Pour garantir la participation effective des copropriétaires, ces supports doivent, au moins, transmettre leur voix et permettre la retransmission continue et simultanée des délibé.

Art. 13-2 *(D. n° 2019-650, 27 juin 2019).* – Le copropriétaire qui souhaite participer à l'assemblée générale par visioconférence, par audioconférence ou par tout autre moyen de communication électronique en informe par tout moyen le syndic trois jours francs au plus tard avant la réunion de l'assemblée générale.

Art. 14 *(Mod., D. n° 2019-650, 27 juin 2019).* – Il est tenu une feuille de présence, pouvant comporter plusieurs feuillets, qui indique les nom et domicile de chaque copropriétaire ou associé :

– présent physiquement ou représenté ;

– participant à l'assemblée générale par visioconférence, par audioconférence ou par un autre moyen de communication électronique ;

– *(D. n° 2020-834, 2 juill. 2020)* « ayant voté par correspondance avec mention de la date de réception du formulaire par le syndic ».

Dans le cas où le copropriétaire ou l'associé est représenté, la feuille de présence mentionne les nom et domicile du mandataire désigné et précise le cas échéant si ce dernier participe par visioconférence, par audioconférence ou par un autre moyen de communication électronique.

Cette feuille indique pour chaque copropriétaire le nombre de voix dont il dispose, le cas échéant en faisant application des dispositions des *(Phrase aj., D. n° 2020-834, 2 juill. 2020)* « deuxième et troisième alinéas du I de l'article 22 et du dernier alinéa de l'article 10 de la loi du 10 juillet 1965 ».

Elle est émargée par chaque copropriétaire ou associé présent physiquement, ou par son mandataire. *(Phrase suppr., D. n° 2020-834, 2 juill. 2020)* « ... ».

Elle est certifiée exacte par le président de séance désigné par l'assemblée générale.

Elle peut être tenue sous forme électronique dans les conditions définies par les articles 1366 et 1367 du Code civil.

Art. 14-1 *(D. n° 2020-834, 2 juill. 2020).* – Au moment du vote, le formulaire de vote par correspondance n'est pas pris en compte lorsque le copropriétaire, l'associé ou leur mandataire est présent à l'assemblée générale, quelle que soit la date à laquelle a été établi ou reçu le formulaire de vote par correspondance ou le mandat avec délégation de vote, y compris en cas de délégation de vote sans désignation d'un mandataire.

Art. 15 *(Mod., D. n° 2010-391, 20 avr. 2010).* – Au début de chaque réunion, l'assemblée générale désigne, sous réserve des dispositions de l'article 29-1 de la loi [n° 65-557] du 10 juillet 1965 et de l'article 50 (alinéa 1er) du présent décret, son président et, s'il y a lieu, un ou plusieurs scrutateurs.

Le syndic assure le secrétariat de la séance, sauf décision contraire de l'assemblée générale.

Art. 15-1 *(D. n° 2019-650, 27 juin 2019).* – Le syndic qui reçoit, en application du troisième alinéa du I de l'article 22 de la loi du 10 juillet 1965, un mandat avec délégation de vote sans indication du nom du mandataire, remet ce mandat en début de réunion au président du conseil syndical *(Aj., D. n° 2020-834, 2 juill. 2020)* « ou à défaut à un membre du conseil syndical » afin qu'il désigne un mandataire pour exercer cette délégation de vote. En *(D. n° 2020-834, 2 juill. 2020)* « leur absence » ou à défaut de conseil syndical, le syndic remet aux mêmes fins ce mandat au président de séance désigné par l'assemblée générale.

Art. 16 *(Mod., D. n° 2010-391, 20 avr. 2010).* – Les majorités de voix exigées par les dispositions de la loi [n° 65-557] du 10 juillet 1965 pour le vote des décisions de l'assemblée générale et le nombre de voix prévu à l'article 8 (alinéa 1er) du présent décret sont calculés en tenant compte de la réduction résultant, s'il y a lieu, de l'application du deuxième alinéa de l'article 22 modifié de ladite loi, sous réserve des dispositions de l'avant-dernier alinéa de l'article L. 443-15 du Code de la construction et de l'habitation.

Art. 17 *(Mod., D. n° 2019-650, 27 juin 2019).* – Il est établi un procès-verbal des décisions de chaque assemblée qui est signé, à la fin de la séance, *(Aj., D. n° 2020-834, 2 juill. 2020)* « ou dans les 8 jours suivant la tenue de l'assemblée » par le président, par le secrétaire et par le ou les scrutateurs.

Le procès-verbal précise, le cas échéant, si les mandats de vote ont été distribués par le président du conseil syndical *(Aj., D. n° 2020-834, 2 juill. 2020)*, « par un membre du conseil syndical » ou par le président de séance dans les conditions prévues à l'article 15-1.

Le procès-verbal comporte, sous l'intitulé de chaque question inscrite à l'ordre du jour, le résultat du vote. *(Mod., D. n° 2020-834, 2 juill. 2020)* « Il précise les noms et nombre de voix des copropriétaires ou associés qui se sont opposés à la décision, qui se sont abstenus, ou qui sont assimilés à un copropriétaire défaillant en application du deuxième alinéa de l'article 17-1 A de la loi du 10 juillet 1965. »

Le procès-verbal mentionne les réserves éventuellement formulées par les copropriétaires ou associés opposants sur la régularité des décisions.

Les incidents techniques ayant empêché le copropriétaire ou l'associé qui a eu recours à la visioconférence, à l'audioconférence ou à tout autre moyen de communication électronique de faire connaître son vote sont mentionnés dans le procès-verbal.

La feuille de présence est annexée au procès-verbal.

Les procès-verbaux des assemblées générales sont inscrits, à la suite les uns des autres, sur un registre spécialement ouvert à cet effet.

Ce registre peut être tenu sous forme électronique dans les conditions définies par l'article 1366 du Code civil. Dans ce cas, la feuille de présence et les procès-verbaux peuvent être établis sous forme électronique et sont signés dans les conditions prévues au second alinéa de l'article 1367 du Code civil.

Art. 17-1 *(Aj., D. n° 2020-834, 2 juill. 2020).* – « L'irrégularité formelle affectant le procès-verbal d'assemblée générale ou la feuille de présence, lorsqu'elle est relative aux conditions de vote ou à la computation des voix, n'entraine pas nécessairement la nullité de l'assemblée générale dès lors qu'il est possible de reconstituer le sens du vote et que le résultat de celui-ci n'en est pas affecté. »

Art. 18. – Le délai prévu *(D. n° 2020-834, 2 juill. 2020)* « au 2e alinéa de l'article 42 » de la loi du 10 juillet 1965 pour contester les décisions de l'assemblée générale court *(D. n° 2020-834, 2 juill. 2020)* « à compter de la notification du procès-verbal d'assemblée » à chacun des copropriétaires opposants ou défaillants. Dans le cas prévu *(D. n° 2020-834, 2 juill. 2020)* « au premier alinéa de l'article 23 » de la loi du 10 juillet 1965, cette notification est adressée au représentant légal de la société lorsqu'un ou plusieurs associés se sont opposés ou ont été défaillants.

La notification ci-dessus prévue doit mentionner les résultats du vote et reproduire le texte *(D. n° 2020-834, 2 juill. 2020)* « du 2e alinéa de l'article 42 » de ladite loi.

En outre, dans le cas prévu *(D. n° 2020-834, 2 juill. 2020)* « au premier alinéa de l'article 23 » de la loi du 10 juillet 1965, un extrait du procès-verbal de l'assemblée est notifié au représentant légal de la société propriétaire de lots, s'il n'a pas assisté à la réunion.

Art. 19 *(Rempl., D. n° 2020-834, 2 juill. 2020)*. – Pour l'application des articles 25-1 et 26-1 de la loi du 10 juillet 1965, lorsque l'assemblée est appelée à approuver un contrat, un devis ou un marché mettant en concurrence plusieurs candidats, elle ne peut procéder au second vote prévu à ces articles qu'après avoir voté sur chacune des candidatures à la majorité applicable au premier vote.

Art. 19-1 *(Rempl., D. n° 2020-834, 2 juill. 2020)*. – Pour l'application de l'article 26-1 de la loi du 10 juillet 1965, lorsque l'assemblée générale des copropriétaires n'a pas décidé à la majorité des voix de tous les copropriétaires lors du second vote, les dispositions de l'article 25-1 de la loi du 10 juillet 1965 ne sont pas applicables aux décisions relevant de la majorité prévue au premier alinéa de l'article 26 de ladite loi.

Art. 19-2 *(Mod., D. n° 2010-391, 20 avr. 2010)*. – La mise en concurrence pour les marchés de travaux et les contrats autres que le contrat de syndic, prévue par le deuxième alinéa de l'article 21 de la loi du 10 juillet 1965, lorsque l'assemblée générale n'en a pas fixé les conditions, résulte de la demande de plusieurs devis ou de l'établissement d'un devis descriptif soumis à l'évaluation de plusieurs entreprises.

Art. 20 *(Rempl., D. n° 2020-834, 2 juill. 2020)*. – Il est procédé pour les assemblées spéciales des copropriétaires de la même manière que pour les assemblées générales des copropriétaires.

Art. 21 *(Mod., D. n° 2020-834, 2 juill. 2020)*. – La délégation de pouvoir accordée en application du a de l'article 25 de la loi du 10 juillet 1965 mentionne expressément l'acte ou la décision déléguée. À l'issue de cette délégation, le délégataire rend compte à l'assemblée de son exécution.

« Elle ne peut, en aucun cas, priver l'assemblée générale de son pouvoir de contrôle sur l'administration de l'immeuble et la gestion du syndic. »

Art. 21-1 *(D. n° 2020-834, 2 juill. 2020)*. – Les décisions prises par le conseil syndical, lorsqu'il bénéficie d'une délégation de pouvoirs en application des articles 21-1 et suivants de la loi du 10 juillet 1965, sont consignées dans un procès-verbal, signé par deux de ses membres.

Le procès-verbal mentionne le nom des membres du conseil syndical ayant participé à la délibération et le sens de leur vote.

« Le procès-verbal des décisions du conseil syndical est transmis au syndic qui l'inscrit au registre des procès-verbaux des assemblées générales. »

NB : Ces dispositions s'appliquent aux assemblées générales de copropriétaires (*sic*) tenues à compter du 31 décembre 2020 *(D. n° 2020-834, 2 juill. 2020, art. 53, V)*.

Section III. – Le conseil syndical

Art. 22 *(Mod., D. n° 2004-479, 27 mai 2004)*. – À moins que le règlement de copropriété n'ait fixé les règles relatives à l'organisation et au fonctionnement du conseil syndical, ces règles sont fixées ou modifiées par l'assemblée générale à la majorité de l'article 24 de la loi [65-557] du 10 juillet 1965.

Le conseil syndical rend compte à l'assemblée, chaque année, de l'exécution de sa mission.

Le mandat des membres du conseil syndical ne peut excéder trois années renouvelables.

Pour assurer la représentation prévue au dernier alinéa de l'article 27 de la loi [n° 65-557] du 10 juillet 1965, il est tenu compte, en cas de constitution d'un ou plusieurs syndicats secondaires, des dispositions de l'article 24 ci-après pour fixer le nombre des membres du conseil syndical du syndicat principal. Chaque syndicat secondaire dispose de plein droit d'un siège au moins à ce conseil.

Art. 23 *(Abr., D. n° 86-768, 9 juin 1986).*

Art. 24. – Lorsqu'il existe un ou plusieurs syndicats secondaires, la représentation au conseil syndical du syndicat principal attribuée à un syndicat secondaire est proportionnelle à l'importance du ou des lots qui constituent ce syndicat secondaire par rapport à celle de l'ensemble des lots qui composent le syndicat principal.

Le ou les copropriétaires du ou des lots qui ne se sont pas constitués en syndicat secondaire disposent ensemble, s'il y a lieu, des autres sièges au conseil syndical du syndicat principal.

En l'absence de stipulation particulière du règlement de copropriété du syndicat principal, les copropriétaires désignent leurs représentants au conseil syndical de ce syndicat au cours d'une assemblée générale soit du syndicat secondaire dans le cas prévu à l'alinéa 1er du présent article, soit du syndicat principal dans le cas prévu à l'alinéa précédent.

Art. 25. – Un ou plusieurs membres suppléants peuvent être désignés, dans les mêmes conditions que les membres titulaires. En cas de cessation définitive des fonctions du membre titulaire, ils siègent au conseil syndical, à mesure des vacances, dans l'ordre de leur élection s'il y en a plusieurs, et jusqu'à la date d'expiration du mandat du membre titulaire qu'ils remplacent.

Dans tous les cas, le conseil syndical n'est plus régulièrement constitué si plus d'un quart des sièges devient vacant pour quelque cause que ce soit.

Art. 26 *(Mod., D. n° 2010-391, 20 avr. 2010).* – Le conseil syndical contrôle la gestion du syndic, notamment la comptabilité du syndicat, la répartition des dépenses, les conditions dans lesquelles sont passés et exécutés les marchés et tous autres contrats, ainsi que l'élaboration du budget prévisionnel dont il suit *(Mod., D. n° 2020-834, 2 juill. 2020)* « l'exécution ».

Il peut recevoir d'autres missions ou délégations de l'assemblée générale dans les conditions prévues *(Mod., D. n° 2020-834, 2 juill. 2020)* « aux articles 21-1 à 21-5 et 25 *a* de la loi du 10 juillet 1965, ainsi qu'aux articles 21 et 21-1 du présent décret ».

(Al. mod., D. n° 2020-834, 2 juill. 2020) Un ou plusieurs membres du conseil syndical, [...], peuvent prendre connaissance et copie, au bureau du syndic, ou au lieu arrêté en accord avec lui, des diverses catégories de documents mentionnés au septième alinéa de l'article 21, de la loi du 10 juillet 1965.

Lorsqu'une communication écrite doit être faite au conseil syndical, elle est valablement faite à la personne de son président, lorsqu'il en a été désigné un, ou, à défaut, à chacun de ses membres. Lorsque la communication est demandée par le conseil syndical, elle est faite à chacun de ses membres.

L'ordre du jour de l'assemblée générale est établi en concertation avec le conseil syndical.

(Aj., D. n° 2020-834, 2 juill. 2020) Lorsque l'assemblée générale est appelée à se prononcer sur la désignation d'un syndic professionnel, et sauf dispense de mise en concurrence dans les conditions prévues à l'article 21 de la loi du 10 juillet 1965 susvisée, le conseil syndical communique au syndic un ou plusieurs projets de contrats issus de la mise en concurrence prévue au même article.

NB : Ces dispositions s'appliquent aux assemblées générales de copropriétaires tenues à compter du 31 décembre 2020 *(D. n° 2020-834, 2 juill. 2020, art. 53, V).*

Art. 26-1 *(D. n° 2020-834, 2 juill. 2020).* – Pour l'application des dispositions de l'article 21-2 de la loi du 10 juillet 1965, un montant spécifique est alloué au conseil syndical au sein du budget prévisionnel voté chaque année pour l'exercice de sa délégation de pouvoirs.

« Par dérogation à l'alinéa précédent, lorsque la délégation de pouvoirs porte sur des dépenses pour travaux non comprises dans le budget prévisionnel, l'assemblée générale précise le montant maximum alloué pour chacune d'elles. Les sommes afférentes à ces dépenses sont appelées selon les mêmes modalités que celles prévues au second alinéa du I de l'article 14-2 de la loi du 10 juillet 1965. »

NB : Ces dispositions s'appliquent aux assemblées générales de copropriétaires tenues à compter du 31 décembre 2020 *(D. n° 2020-834, 2 juill. 2020, art. 53, V).*

Art. 27 *(Mod., D. n° 2004-479, 27 mai 2004).* **– Les fonctions de président et de membre du conseil syndical ne donnent pas lieu à rémunération.**

Le conseil syndical peut, pour l'exécution de sa mission, prendre conseil auprès de toute personne de son choix. Il peut aussi, sur une question particulière, demander un avis technique à tout professionnel de la spécialité.

Les dépenses nécessitées par l'exécution de la mission du conseil syndical constituent des dépenses courantes d'administration. Elles sont supportées par le syndicat et réglées par le syndic.

Section IV. – Le syndic

Art. 28 *(Mod., D. n° 2010-391, 20 avr. 2010).* **– Sous réserve des dispositions de l'article L. 443-15 du Code de la construction et de l'habitation et des stipulations particulières du règlement de copropriété, les fonctions de syndic peuvent être assumées par toute personne physique ou morale.**

En dehors de l'hypothèse prévue par l'article L. 443-15 du Code de la construction et de l'habitation, la durée des fonctions du syndic ne peut excéder trois années. Toutefois, pendant les délais prévus à l'article 1792-4-1 du Code civil, elle ne peut dépasser une année lorsque le syndic, son conjoint, le partenaire lié à lui par un pacte civil de solidarité, *(D. n° 2020-834, 2 juill. 2020)* **« le concubin », leurs commettants ou employeurs, leurs préposés, leurs parents ou alliés** *(D. n° 2020-834, 2 juill. 2020)* **« jusqu'au deuxième degré » inclus ont, directement ou indirectement, à quelque titre que ce soit, même par personne interposée, participé à la construction de l'immeuble.**

Le syndic peut être de nouveau désigné par l'assemblée générale pour les durées prévues à l'alinéa précédent.

Art. 29 *(Mod., D. n° 86-768, 9 juin 1986 ; rempl. à compter du 1er septembre 2004, D. n° 2004-479, 27 mai 2004 ; mod. à compter du 1er juin 2010, D. n° 2010-391, 20 avr. 2010 ; mod., D. n° 2015-342, 26 mars 2015)* (1). **– Le contrat de mandat du syndic fixe sa durée et précise ses dates calendaires de prise d'effet et d'échéance, ainsi que les éléments de détermination de la rémunération du syndic. Il détermine les conditions d'exécution de la mission de ce dernier en conformité avec les dispositions des articles 14 et 18 de la loi [n° 65-227] du 10 juillet 1965.**

Le contrat type de syndic prévu au troisième alinéa de l'article 18-1 A de la loi [n° 65-557] du 10 juillet 1965 susvisée est celui figurant en annexe 1 du présent décret.

Le syndicat de copropriétaires mentionné à l'article 18-1 AA de cette même loi peut déroger aux stipulations du contrat type dans les conditions prévues au dit article.

Le contrat de syndic conclu entre les parties est rédigé en caractères dont la hauteur ne peut être inférieure à celle du corps huit.

La liste limitative des prestations particulières pouvant donner lieu à versement au profit du syndic d'une rémunération spécifique complémentaire conformément à l'alinéa 1 de l'article 18-1 A de la même loi figure en annexe 2 du présent décret.

La décision qui désigne le syndic et qui approuve le contrat de mandat est votée par l'assemblée générale à la majorité de l'article 25 de la loi [n° 65-557] du 10 juillet 1965.

Art. 29-1 *(Abr., D. n° 2020-834, 2 juill. 2020).*

NB : L'abrogation entre en vigueur le 31 décembre 2020 *(D. n° 2020-834, 2 juill. 2020, art. 53, I).*

Art. 30. – À l'occasion de l'exécution de sa mission, le syndic peut se faire représenter par l'un de ses préposés.

Art. 31 *(Mod., D. n° 2004-479, 27 mai 2004).* **– Le syndic engage et congédie le personnel employé par le syndicat et fixe les conditions de son travail suivant les usages locaux et les textes en vigueur.**

L'assemblée générale a seule qualité pour fixer le nombre et la catégorie des emplois.

---

(1) Dispositions applicables aux contrats de syndic conclus ou renouvelés après le 1er juillet 2015, D. n° 2015-342, 26 mars 2015, art. 3.

Art. 32 *(Rempl. à compter du 1er juin 2010, D. n° 2010-391, 20 avr. 2010). – (Al. mod., D. n° 2015-1325, 21 oct. 2015)* Le syndic établit et tient à jour une liste de tous les copropriétaires avec l'indication des lots qui leur appartiennent, ainsi que de tous les titulaires des droits mentionnés à l'article 6 ; il mentionne leur état civil ainsi que leur domicile réel ou élu, et s'il s'agit d'une personne morale, sa forme, sa dénomination, son siège social et l'organe qui la représente légalement ou statutairement. Il fait aussi mention de leur adresse électronique, lorsque le copropriétaire a donné son accord.

Lorsqu'un copropriétaire fait l'objet d'une mesure de protection en application des articles 447, 437, 477 ou 485 du Code civil, le tuteur ou, selon le cas, le curateur, le mandataire spécial, le mandataire de protection future, lorsque son mandat prend effet, ou le mandataire *ad hoc* notifie son mandat au syndic qui porte cette mention sur la liste prévue au premier alinéa. Il en est de même de l'administrateur légal d'un mineur copropriétaire, du mandataire commun désigné en application de l'article 23 de la loi [n° 65-557] du 10 juillet 1965 en cas d'indivision ou d'usufruit d'un lot de copropriété et du mandataire qui a reçu mission d'administrer ou de gérer à effet posthume un lot de copropriété en application de l'article 812 du Code civil.

Art. 33 *(Mod., D. n° 2010-391, 20 avr. 2010).* – Le syndic détient les archives du syndicat, notamment une expédition ou une copie des actes énumérés aux articles 1er à 3 ci-dessus, ainsi que toutes conventions, pièces, correspondances, plans, registres, documents et décisions de justice relatifs à l'immeuble et au syndicat. Il détient, en particulier, les registres contenant les procès-verbaux des assemblées générales des copropriétaires et les pièces annexes ainsi que les documents comptables du syndicat, le carnet d'entretien de l'immeuble et, le cas échéant, les diagnostics techniques.

Il délivre, en les certifiant, des copies ou extraits des procès-verbaux des assemblées générales, ainsi que des copies des annexes de ces procès-verbaux.

(Al. aj., D. n° 2020-834, 2 juill. 2020) « Il délivre dans les mêmes conditions, copies ou extraits des procès-verbaux, des décisions prises par voie de consultation dans les petites copropriétés, par un seul copropriétaire ou lors d'une réunion sans convocation préalable dans les syndicats dont le nombre de voix est réparti entre deux copropriétaires, ainsi que par le conseil syndical dans le cadre d'une délégation de pouvoirs. »

Il remet au copropriétaire qui en fait la demande, aux frais de ce dernier, *(Mots aj., D. n° 2015-1907, 30 déc. 2015)* (1) « copie des pièces justificatives des charges de copropriété mentionnées à l'article 9-1 du présent décret, » copie du carnet d'entretien de l'immeuble et, le cas échéant, des diagnostics techniques mentionnés au premier alinéa du présent article.

La conservation et la gestion des archives sont comprises dans la mission ordinaire du syndic.

Art. 33-1 *(D. n° 2004-479, 27 mai 2004 ; en vigueur le 1er septembre 2004).* – En cas de changement de syndic, la transmission des documents et archives du syndicat *(Aj., D. n° 2020-834, 2 juill. 2020)* « , ainsi que, le cas échéant, l'ensemble des documents dématérialisés relatifs à la gestion de l'immeuble ou aux lots gérés figurant dans l'espace en ligne sécurisée prévue au 10e alinéa du I de l'article 18 », doit être accompagnée d'un bordereau récapitulatif de ces pièces. Copie de ce bordereau est remise au conseil syndical.

Art. 33-1-1 *(D. n° 2019-650, 27 juin 2019).* – L'espace en ligne sécurisé mentionné au dernier alinéa du I de l'article 18 de la loi du 10 juillet 1965 est accessible aux membres du conseil syndical et aux copropriétaires au moyen d'un code personnel sécurisé garantissant la fiabilité de l'identification des copropriétaires. Les documents mis à disposition par le syndic dans cet espace sont téléchargeables et imprimables.

L'ensemble des documents relatifs à la gestion de l'immeuble et des lots gérés mis à disposition dans cet espace, dont la liste minimale est définie par décret sont, le cas échéant, actualisés au minimum une fois par an par le syndic, dans les trois mois *(D. n° 2020-834, 2 juill. 2020)* « suivant la dernière assemblée générale annuelle ayant été appelé à connaître des comptes ».

Art. 33-2 *(D. n° 2010-391, 20 avr. 2010).* – L'obligation prévue à la *(D. n° 2020-834, 2 juill. 2020)* « troisième phrase » du premier alinéa de l'article 18-2 de la loi du 10 juillet 1965 ne se substitue pas à

(1) Dispositions applicables aux convocations des assemblées générales des copropriétaires appelées à connaître des comptes, qui seront notifiées à compter du 1er avril 2016, D. n° 2015-1907, 30 déc. 2015, art. 4.

l'obligation faite à l'ancien syndic de transférer les documents et archives du syndicat au nouveau syndic, telle que prévue à la première phrase du même alinéa.

Art. 34 *(Mod., D. n° 2010-391, 20 avr. 2010 ; à compter du 1er janvier 2020, D. n° 2019-966, 18 sept. 2019).* – L'action visée au troisième alinéa de l'article 18-2 de la loi [n° 65-557] du 10 juillet 1965 peut être introduite après mise en demeure effectuée dans les formes prévues par l'article 64 du présent décret ou par acte d'huissier de justice, adressée à l'ancien syndic et restée infructueuse pendant un délai de huit jours. Elle est portée devant le président du tribunal judiciaire du lieu de situation de l'immeuble.

Art. 35 *(Mod., D. n° 2010-391, 20 avr. 2010).* – Le syndic peut exiger le versement :

1° De l'avance constituant la réserve prévue au règlement de copropriété, laquelle ne peut excéder 1/6 du montant du budget prévisionnel ;

2° Des provisions du budget prévisionnel prévues aux *(D. n° 2020-834, 2 juill. 2020)* « deuxièmes et troisièmes alinéas » de l'article 14-1 de la loi du 10 juillet 1965 ;

3° Des provisions pour les dépenses non comprises dans le budget prévisionnel prévues *(D. n° 2020-834, 2 juill. 2020)* « au I de l'article 14-2 » de la loi du 10 juillet 1965 et énoncées à l'article 44 du présent décret ;

4° Des avances correspondant à l'échéancier prévu dans le plan pluriannuel de travaux adopté par l'assemblée générale ;

5° *(Rempl., D. n° 2020-834, 2 juill. 2020)* « Des cotisations au fonds de travaux prévues au II de l'article 14-2 de la loi du 10 juillet 1965 » ;

6° *(D. n° 2020-834, 2 juill. 2020)* « Des provisions sur les sommes allouées au conseil syndical au titre des dépenses non comprises dans le budget prévisionnel, pour la mise en œuvre de sa délégation, prévues à l'article 21-2 de la loi du 10 juillet 1965 » ;

7° *(D. n° 2020-834, 2 juill. 2020)* « Des avances décidées en assemblée générale et destinées à pallier un manque temporaire de trésorerie du syndicat des copropriétaires. »

Lors de la mise en copropriété d'un immeuble, le syndic provisoire peut exiger le versement d'une provision, lorsque celle-ci est fixée par le règlement de copropriété, pour faire face aux dépenses de maintenance, de fonctionnement et d'administration des parties et équipements communs de l'immeuble.

Lorsque cette provision est consommée ou lorsque le règlement de copropriété n'en prévoit pas, le syndic provisoire peut appeler auprès des copropriétaires le remboursement des sommes correspondant aux dépenses régulièrement engagées et effectivement acquittées, et ce jusqu'à la première assemblée générale réunie à son initiative qui votera le premier budget prévisionnel et approuvera les comptes de la période écoulée.

Art. 35-1 *(D. n° 2004-479, 27 mai 2004).* – L'assemblée générale décide, s'il y a lieu, du placement des fonds recueillis et de l'affectation des intérêts produits par ce placement.

Art. 35-2 *(Mod., D. n° 2019-650, 27 juin 2019).* – Pour l'exécution du budget prévisionnel, le syndic adresse à chaque copropriétaire, préalablement à la date d'exigibilité déterminée par la loi, un avis indiquant le montant de la provision exigible.

Pour les dépenses non comprises dans le budget prévisionnel, le syndic adresse à chaque copropriétaire, préalablement à la date d'exigibilité déterminée par la décision d'assemblée générale, un avis indiquant le montant de la somme exigible et l'objet de la dépense.

Les avis mentionnés aux deux premiers alinéas sont adressés par lettre simple ou, sous réserve de l'accord exprès du copropriétaire, par message électronique à l'adresse déclarée par lui à cet effet.

Art. 36 *(Mod., D. n° 2004-479, 27 mai 2004).* – Sauf stipulation contraire du règlement de copropriété, les sommes dues au titre de l'article 35 portent intérêt au profit du syndicat. Cet intérêt, fixé au taux légal en matière civile, est dû à compter de la mise en demeure adressée par le syndic au copropriétaire défaillant.

Art. 37 *(Mod., D. n° 2010-391, 20 avr. 2010).* – Lorsqu'en cas d'urgence le syndic fait procéder, de sa propre initiative, à l'exécution de travaux nécessaires à la sauvegarde de l'immeuble, il en informe les copropriétaires et convoque immédiatement une assemblée générale.

Par dérogation aux dispositions de l'article 35 ci-dessus, il peut, dans ce cas, en vue de l'ouverture du chantier et de son premier approvisionnement, demander, sans délibération préalable de l'assemblée générale mais après avoir pris l'avis du conseil syndical, s'il en existe un, le versement d'une provision qui ne peut excéder le tiers du montant du devis estimatif des travaux.

Il ne peut demander de nouvelles provisions pour le paiement des travaux qu'en vertu d'une décision de l'assemblée générale qu'il doit convoquer immédiatement et selon les modalités prévues par le deuxième alinéa de l'article 14-2 de la loi [n° 65-557] du 10 juillet 1965.

Art. 38 *(Abr., D. n° 2004-479, 27 mai 2004 ; rétabli, D. n° 2013-205, 11 mars 2013).* – Le constat de la défaillance du copropriétaire, mentionnée au premier alinéa de l'article 26-7 de la loi [n° 65-557] du 10 juillet 1965, résulte d'une mise en demeure par lettre recommandée avec demande d'avis de réception adressée par le syndic dès la première échéance impayée du remboursement de l'emprunt et restée infructueuse pendant plus de trente jours.

Art. 39 *(Mod., D. n° 2010-391, 20 avr. 2010).* – Doit être spécialement autorisée par une décision de l'assemblée générale toute convention entre le syndicat et le syndic, ses préposés, son conjoint, le partenaire lié à lui par un pacte civil de solidarité, *(D. n° 2020-834, 2 juill. 2020)* « son concubin », ses parents ou alliés *(D. n° 2020-834, 2 juill. 2020)* « jusqu'au deuxième degré » inclus.

Il en est de même des conventions entre le syndicat et une entreprise dont les personnes mentionnées à l'alinéa précédent sont propriétaires ou détiennent une participation dans son capital, ou dans lesquelles elles exercent des fonctions de direction ou de contrôle, ou dont elles sont salariées ou préposées.

Le syndic, lorsqu'il est une personne morale, ne peut, sans y avoir été spécialement autorisé par une décision de l'assemblée générale, contracter pour le compte du syndicat avec une entreprise qui détient, directement ou indirectement, une participation dans son capital.

Le syndic précise la nature des liens qui rendent nécessaire l'autorisation de la convention.

(Al. suppr., D. n° 2020-834, 2 juill. 2020) « ... ».

Art. 39-1 *(D. n° 2004-479, 27 mai 2004).* – Lorsque certains copropriétaires peuvent bénéficier de subventions publiques pour la réalisation de travaux sur les parties communes, le syndic, s'il est soumis à une réglementation professionnelle organisant le maniement des fonds d'autrui, peut être le mandataire de ces copropriétaires. Ce mandat est soumis aux dispositions des articles 1984 et suivants du Code civil.

Section IV *bis*. – Dispositions particulières aux résidences-services
(D. n° 2010-391, 20 avr. 2010)

Art. 39-2 *(D. n° 2010-391, 20 avr. 2010 ; rempl. à compter du 1er novembre 2016, D. n° 2016-1446, 26 oct. 2016).* – Les catégories de services non individualisables mentionnées à l'article 41-1 de la loi [n° 65-557] du 10 juill. 1965 sont :

1° L'accueil personnalisé et permanent des résidents et de leurs visiteurs ;

2° La mise à disposition d'un personnel spécifique attaché à la résidence, le cas échéant complétée par des moyens techniques, permettant d'assurer une veille continue quant à la sécurité des personnes et la surveillance des biens ;

3° Le libre accès aux espaces de convivialité et aux jardins aménagés.

Art. 39-2-1 *(Aj. à compter du 1er novembre 2016, D. n° 2016-1446, 26 oct. 2016).* – Les conventions prévues au deuxième alinéa de l'article 41-1 de la loi [n° 65-557] du 10 juill. 1965 précisent notamment leur durée, les conditions de leur renouvellement et de leur dénonciation, les modalités de surveillance par le conseil syndical de leur exécution, les conditions de communication par le prestataire des documents relatifs à cette exécution, l'objet et les conditions financières de la fourniture du ou des services ainsi que les conditions matérielles et financières d'occupation des locaux.

Art. 39-3 *(D. n° 2010-391, 20 avr. 2010).* – *(Al. rempl. à compter du 1er novembre 2016, D. n° 2016-1446, 26 oct. 2016)* Le bilan mentionné au troisième alinéa de l'article 41-6 de la loi [n° 65-557] du 10 juill. 1965 porte sur les conditions financières d'exécution des conventions de services spécifiques non individualisables, la qualité et le contenu des services dispensés, leur conformité aux attentes des résidents ainsi que, s'agissant des conventions prévues à l'article 41-3 de cette loi, sur les conditions d'exécution du ou des contrats de prêt.

Il est signé par le président du conseil syndical et notifié par le syndic conformément aux prescriptions du 4° du II de l'article 11.

En cas de difficulté d'exécution de la convention, le conseil syndical informe sans délai le syndic qui prend les mesures appropriées.

Art. 39-4 *(D. n° 2010-391, 20 avr. 2010 ; rempl. à compter du 1er novembre 2016, D. n° 2016-1446, 26 oct. 2016)*. – Le rapport mentionné au troisième alinéa de l'article 41-1 de la loi [n° 65-557] du 10 juill. 1965 est établi, sur demande d'un ou plusieurs copropriétaires, par le syndic ou, en cas de carence, par le conseil syndical.

Art. 39-5 *(D. n° 2010-391, 20 avr. 2010)*. – Tous les litiges relatifs à l'exécution *(Mots rempl. à compter du 1er novembre 2016, D. n° 2016-1446, 26 oct. 2016)* « des conventions de prêt mentionnées à l'article 41-3 de la loi [n° 65-557] du 10 juill. 1965 ainsi que des conventions de prestations de services individualisables et non individualisables » sont de la compétence de la juridiction du lieu de situation de l'immeuble.

Art. 39-6 *(D. n° 2010-391, 20 avr. 2010 ; mod. à compter du 1er novembre 2016, D. n° 2016-1446, 26 oct. 2016)*. – Pour l'application du quatrième alinéa de l'article 41-1 de la loi [n° 65-557] du 10 juill. 1965, l'instance est diligentée contre le syndicat des copropriétaires et, le cas échéant, contre le tiers qui fournit le ou les services. Le juge peut entendre le président du conseil syndical.

Art. 39-7 *(D. n° 2010-391, 20 avr. 2010 ; mod. à compter du 1er novembre 2016, D. n° 2016-1446, 26 oct. 2016)*. – La décision prise en application du quatrième alinéa de l'article 41-1 de la loi [n° 65-557] du 10 juill. 1965 est portée à la connaissance des copropriétaires qui n'étaient pas partie à l'instance à l'initiative du syndic, dans le mois de son prononcé, par remise contre émargement ou par lettre recommandée avec demande d'avis de réception.

Art. 39-8 *(Aj., D. n° 2016-1446, 26 oct. 2016)*. – Pour l'application de l'article 41-7 de la loi [n° 65-557] du 10 juill. 1965, les personnes demeurant à titre principal dans la résidence sont celles qui y occupent un logement au moins huit mois par an, sauf obligation professionnelle ou raison de santé, soit en tant que titulaire d'un droit d'occupation réel ou personnel, soit en tant que conjoint ou partenaire d'un pacte civil de solidarité du titulaire d'un tel droit.

Art. 39-9 *(Aj., D. n° 2016-1446, 26 oct. 2016)*. – Pour permettre au conseil des résidents de se réunir de sa propre initiative, une demande de convocation est adressée au syndic par des résidents représentant au moins trente pour cent du nombre total des lots d'habitation composant la résidence.

Dans tous les cas où le conseil des résidents doit se réunir, le syndic avertit ses membres des lieu, date et heure de la réunion au moins un mois à l'avance par un affichage à l'emplacement prévu à cet effet au sein de la résidence. Cet emplacement doit être visible et accessible. Le document affiché rappelle les conditions de participation à la réunion.

L'ordre du jour de la prochaine assemblée générale est communiqué par le syndic au conseil des résidents par affichage à l'emplacement mentionné à l'alinéa précédent au moins sept jours avant la réunion du conseil, après anonymisation des documents contenant des informations à caractère personnel.

Le conseil est présidé par un résident élu au scrutin secret à la majorité des votants. En cas de partage des voix, le candidat le plus âgé est déclaré élu. Le syndic préside en cas de carence.

Section V. – Dispositions particulières aux syndicats de forme coopérative

(Mod., D. n° 2004-479, 27 mai 2004)

Art. 40 *(Mod., D. n° 2004-479, 27 mai 2004)*. – Outre les dispositions de la loi [n° 65-557] du 10 juillet 1965, le syndicat des copropriétaires de forme coopérative, prévu aux articles 14 et 17-1 de cette loi, est régi par les dispositions de la présente section et celles non contraires du présent décret.

Art. 41 *(Mod., D. n° 2004-479, 27 mai 2004)*. – Dans un syndicat de forme coopérative, les actes et documents établis au nom du syndicat doivent préciser sa forme coopérative. En aucun cas, le syndic et le vice-président, s'il existe, ne peuvent conserver ces fonctions après l'expiration de leur mandat de membre du conseil syndical.

Art. 42 *(Mod., D. n° 2004-479, 27 mai 2004)*. – Les dispositions de l'article 27 sont applicables au syndic. Celui-ci peut, en outre, sous sa responsabilité, confier l'exécution de certaines tâches à une union coopérative ou à d'autres prestataires extérieurs.

Art. 42-1 *(D. n° 2004-479, 27 mai 2004)*. – L'assemblée générale désigne, à la majorité de l'article 24 de la loi [n° 65-557] du 10 juillet 1965, le ou les copropriétaires chargés de contrôler les comptes du syndicat, à moins qu'elle ne préfère confier cette mission à un expert-comptable ou à un commissaire aux comptes.

Le ou les copropriétaires désignés, l'expert-comptable ou le commissaire aux comptes rendent compte chaque année à l'assemblée générale de l'exécution de leur mission.

Le mandat du ou des copropriétaires désignés pour contrôler les comptes du syndicat ne peut excéder trois ans renouvelables. Il ne donne pas lieu à rémunération.

Le ou les copropriétaires désignés ne peuvent être le conjoint, *(D. n° 2020-834, 2 juill. 2020)* « le concubin », les descendants, ascendants ou préposés du syndic ou d'un des membres du conseil syndical ou être liés à eux par un pacte civil de solidarité.

Art. 42-2 *(D. n° 2004-479, 27 mai 2004)*. – Les syndicats de forme coopérative peuvent, même si les immeubles ne sont pas contigus ou voisins, constituer entre eux des unions coopératives ayant pour objet de créer et gérer des services destinés à faciliter leur gestion.

Ces unions coopératives sont soumises aux dispositions de la section VIII du présent décret.

Chaque syndicat décide, parmi les services proposés par une union coopérative, ceux dont il veut bénéficier.

Section V *bis*. – Dispositions particulières à certaines copropriétés
(D. n° 2020-834, 2 juill. 2020)

Sous-section 1. – Dispositions particulières aux petites copropriétés

Art. 42-3 *(D. n° 2020-834, 2 juill. 2020)*. – En application de l'article 41-12 de la loi du 10 juillet 1965, les décisions prises par voie de consultation sont valables dès lors que tous les copropriétaires composant le syndicat ont chacun exprimé leur vote selon l'une des modalités suivantes :

- par présence physique, y compris dans le cadre d'une délégation de vote ;
- par visioconférence, audioconférence ou tout autre moyen de communication électronique admis par décision de l'assemblée générale dans les conditions de l'article 13-1 du présent décret ;
- par courrier, sur support papier ou électronique.

Art. 42-4 *(D. n° 2020-834, 2 juill. 2020)*. – Pour l'application du deuxième alinéa de l'article 41-12 de la loi du 10 juillet 1965, le syndic organise la consultation du syndicat dans les vingt et un jours suivant la demande adressée par un copropriétaire.

Art. 42-5 *(D. n° 2020-834, 2 juill. 2020)*. – Chaque décision prise par voie de consultation est consignée sur un procès-verbal établi et signé par le syndic, comportant le sens du vote de chaque copropriétaire et la signature des copropriétaires présents.

Ce procès-verbal est annexé au registre des procès-verbaux des assemblées générales.

Lorsque le copropriétaire a participé à la consultation par visioconférence ou audioconférence, il confirme le sens de son vote par tout moyen dans les quarante-huit heures qui suivent la réunion. À défaut, la décision n'est pas valablement prise.

Sont annexés au procès-verbal mentionné au premier alinéa les écrits par lesquels les copropriétaires ont exprimé ou confirmé le sens de leur vote.

Sous-section 2. – Dispositions particulières aux syndicats dont le nombre de voix est réparti entre deux copropriétaires

Art. 42-6 *(D. n° 2020-834, 2 juill. 2020)*. – L'action en paiement des provisions sur charges peut être exercée par le copropriétaire mentionné à l'article 41-15 de la loi du 10 juillet 1965 dans les conditions prévues à l'article 19-2 de la loi précitée.

Art. 42-7 *(D. n° 2020-834, 2 juill. 2020).* – Les décisions ou mesures prises par les deux copropriétaires ou par l'un d'entre eux sont portées à la connaissance de la personne qui exerce tout ou partie des missions de syndic sans être copropriétaire.

Art. 42-8 *(D. n° 2020-834, 2 juill. 2020).* – La notification d'une décision prise en application de l'article 41-17 de la loi du 10 juillet 1965 précise la nature de la décision et, le cas échéant, son coût, justifié par des devis ou contrats.

Art. 42-9 *(D. n° 2020-834, 2 juill. 2020).* – Les décisions prises au cours d'une réunion rassemblant les copropriétaires en application de l'article 41-18 de la loi du 10 juillet 1965 ou prises par un seul copropriétaire sont consignées par écrit et versées au registre des procès-verbaux des assemblées générales.

Art. 42-10 *(D. n° 2020-834, 2 juill. 2020).* – La contestation d'une décision prise par l'un des copropriétaires n'est possible que devant le tribunal judiciaire.

Art. 42-11 *(D. n° 2020-834, 2 juill. 2020).* – Sont annexées à l'état des dépenses et créances tenu en application des dispositions de l'article 41-20 de la loi du 10 juillet 1965, toutes pièces permettant de justifier la nature et le montant de chaque dépense et créance, ainsi que la réalité de leur paiement.

Art. 42-12 *(D. n° 2020-834, 2 juill. 2020).* – Le président du tribunal judiciaire saisi en application de l'article 41-22 de la loi du 10 juillet 1965 statue selon la procédure accélérée au fond.

Section VI. – La comptabilité du syndicat
(Mod., D. n° 2004-479, 27 mai 2004)

Art. 43 *(Mod., D. n° 2004-479, 27 mai 2004).* – Le budget prévisionnel couvre un exercice comptable de douze mois. Il est voté avant le début de l'exercice qu'il concerne.

Toutefois, si le budget prévisionnel ne peut être voté qu'au cours de l'exercice comptable qu'il concerne, le syndic, préalablement autorisé par l'assemblée générale des copropriétaires, peut appeler successivement deux provisions trimestrielles, chacune égale au quart du budget prévisionnel précédemment voté. La procédure prévue à l'article 19-2 de la loi [n° 65-557] du 10 juillet 1965 ne s'applique pas à cette situation.

Art. 44 *(Mod., D. n° 2004-479, 27 mai 2004).* – Les dépenses non comprises dans le budget prévisionnel sont celles afférentes :

1° Aux travaux de conservation ou d'entretien de l'immeuble, autres que ceux de maintenance ;

2° Aux travaux portant sur les éléments d'équipement communs, autres que ceux de maintenance ;

3° Aux travaux d'amélioration, tels que la transformation d'un ou de plusieurs éléments d'équipement existants, l'adjonction d'éléments nouveaux, l'aménagement de locaux affectés à l'usage commun ou la création de tels locaux, l'affouillement du sol et la surélévation de bâtiments ;

4° Aux études techniques, telles que les diagnostics et consultations ;

5° Et, d'une manière générale, aux travaux qui ne concourent pas à la maintenance et à l'administration des parties communes ou à la maintenance et au fonctionnement des équipements communs de l'immeuble.

Art. 45 *(Mod., D. n° 2004-479, 27 mai 2004).* – Les travaux de maintenance sont les travaux d'entretien courant, exécutés en vue de maintenir l'état de l'immeuble ou de prévenir la défaillance d'un élément d'équipement commun ; ils comprennent les menues réparations.

Sont assimilés à des travaux de maintenance les travaux de remplacement d'éléments d'équipement communs, tels que ceux de la chaudière ou de l'ascenseur, lorsque le prix de ce remplacement est compris forfaitairement dans le contrat de maintenance ou d'entretien y afférent.

Sont aussi assimilées à des travaux de maintenance les vérifications périodiques imposées par les réglementations en vigueur sur les éléments d'équipement communs.

Art. 45-1 *(D. n° 2004-479, 27 mai 2004).* – Les charges sont les dépenses incombant définitivement aux copropriétaires, chacun pour sa quote-part. L'approbation des comptes du syndicat par l'assemblée générale ne constitue pas une approbation du compte individuel de chacun des copropriétaires.

Au sens et pour l'application des règles comptables du syndicat :
– sont nommées provisions sur charges les sommes versées ou à verser en attente du solde définitif qui résultera de l'approbation des comptes du syndicat ;
– sont nommés avances les fonds destinés, par le règlement de copropriété ou une décision de l'assemblée générale, à constituer des réserves, *(Mots suppr., D. n° 2020-834, 2 juill. 2020)* « ... ».
Les avances sont remboursables.

Section VII. – Procédures judiciaires applicables aux syndicats de copropriétaires
(Int. rempl., D. n° 2015-99, 17 août 2015)

Sous-section 1. – Dispositions générales
(D. n° 95-162, 15 févr. 1995)

Art. 46 ***(D. n° 86-768, 9 juin 1986 ; mod. à compter du 1er janvier 2020, D. n° 2019-966, 18 sept. 2019).*** **– À défaut de nomination du syndic par l'assemblée des copropriétaires dûment convoqués à cet effet, le président du tribunal judiciaire désigne le syndic par ordonnance sur requête d'un ou plusieurs copropriétaires ou sur requête d'un ou plusieurs membres du conseil syndical *(Mots aj., D. n° 2015-999, 17 août 2015)* « ou du maire de la commune ou du président de l'établissement public de coopération intercommunale compétent en matière d'habitat du lieu de situation de l'immeuble ».**

(Rempl. à compter du 1er juin 2010, D. n° 2010-391, 20 avr. 2010) **La même ordonnance fixe la durée de la mission du syndic. Cette durée peut être prorogée. Il peut être mis fin à la mission suivant la même procédure.**

Indépendamment de missions particulières qui peuvent lui être confiées par l'ordonnance visée à l'alinéa 1er du présent article, le syndic ainsi désigné administre la copropriété dans les conditions prévues par *(Mod., D. n° 2015-999, 17 août 2015)* « les articles 18 à 18-2 de la loi du 10 juillet 1965 » et par le présent décret. Il doit notamment convoquer l'assemblée générale en vue de la désignation d'un syndic deux mois avant la fin de ses fonctions.

La mission du syndic désigné par le président du tribunal cesse de plein droit à compter de l'acceptation de son mandat par le syndic désigné par l'assemblée générale.

Art. 47 ***(Mod. à compter du 1er janvier 2020, D. n° 2019-966, 18 sept. 2019).*** **– Dans tous les cas, autres que celui prévu par le précédent article, où le syndicat est dépourvu de syndic, le président du tribunal judiciaire, statuant par ordonnance sur requête, à la demande de tout intéressé, désigne un administrateur provisoire de la copropriété qui est notamment chargé, dans les délais fixés par l'ordonnance, de se faire remettre *(Mod. à compter du 31 déc. 2020, D. n° 2020-834, 2 juill. 2020)* « les références des comptes bancaires du syndicat, les coordonnées de la banque » et l'ensemble des documents et archives du syndicat et de convoquer l'assemblée en vue de la désignation d'un syndic dans les conditions prévues à l'article 9.**

Les fonctions de cet administrateur provisoire cessent de plein droit à compter de l'acceptation de son mandat par le syndic désigné par l'assemblée générale.

NB : Pour les syndics ayant été dispensés de l'obligation d'ouvrir un compte séparé au nom du syndicat par décision de l'assemblée générale, ces dispositions entrent en vigueur le 31 décembre 2020 *(D. n° 2020-834, 2 juill. 2020, art. 53, III)*.

Art. 47-1 ***(D. n° 2020-834, 2 juill. 2020).*** **– Le mandataire *ad hoc* mentionné à l'article 46-1 de la loi du 10 juillet 1965 est désigné par le président du tribunal judiciaire, statuant par ordonnance sur requête, à la demande de tout intéressé. Il a pour mission de procéder aux opérations de liquidation du syndicat des copropriétaires et de le représenter pour introduire ou poursuivre les actions en justice nécessaires à la liquidation.**

« La procédure prévue à l'alinéa précédent est applicable en l'absence de syndic et, dans les cas d'empêchement ou de carence du syndic mentionnés au V de l'article 18 de la loi du 10 juillet 1965, s'il est justifié d'une mise en demeure adressée au syndic restée infructueuse pendant plus de huit jours. »

Art. 48 ***(D. n° 86-768, 9 juin 1986).*** **– À défaut de désignation dans les conditions prévues par *(Mod., D. n° 2015-999, 17 août 2015)* « l'article » 21 de la loi [n° 65-557] du 10 juillet 1965 et au troisième alinéa de l'article 24 du présent décret, le président du tribunal *(Mod. à compter du 1er janvier 2020, D. n° 2019-966, 18 sept. 2019)* « judiciaire », sur requête du syndic ou d'un ou plusieurs copropriétaires, désigne par ordonnance les membres du conseil syndical.**

S'il s'agit de désigner les membres du conseil syndical du syndicat principal, la requête peut être présentée aussi bien par le syndic du syndicat principal que par celui du syndicat secondaire.

L'ordonnance qui désigne les membres du conseil syndical fixe la durée de leurs fonctions.

Ces fonctions cessent de plein droit à compter de l'acceptation de leur mandat par les membres du conseil syndical désignés par l'assemblée générale.

Art. 49 *(Mod. à compter du 1er janvier 2020, D. n° 2019-966, 18 sept. 2019 ; à compter du 1er janvier 2020, D. n° 2019-1419, 20 déc. 2019).* – Sous réserve des dispositions des articles 8 et 50 du présent décret, dans les cas d'empêchement ou de carence du syndic visés au V de l'article 18 de la loi du 10 juillet 1965, le syndic en fonction peut être assigné par tout intéressé devant le président du tribunal judiciaire statuant en référé en vue de la désignation d'un administrateur *(D. n° 2020-834, 2 juill. 2020)* « *ad hoc* » de la copropriété.

L'ordonnance fixe la durée de la mission de l'administrateur *(D. n° 2020-834, 2 juill. 2020)* « *ad hoc* » sauf si cette ordonnance la limite expressément à un ou plusieurs objets ; la mission ainsi confiée est celle qui est définie par l'article 18 de la loi susvisée du 10 juillet 1965 et par le présent décret.

Sauf s'il y a urgence à faire procéder à l'exécution de certains travaux nécessaires à la sauvegarde de l'immeuble et au fonctionnement des services d'équipement commun *(Mots aj., D. n° 2015-999, 17 août 2015)* « ou de travaux prescrits par un arrêté de police administrative relatif à la sécurité ou la salubrité publique », la demande ne sera recevable que s'il est justifié d'une mise en demeure adressée au syndic et demeurée infructueuse pendant plus de huit jours.

Art. 49-1 *(D. n° 2020-834, 2 juill. 2020).* – L'action en justice prévue au troisième alinéa de l'article 15 de la loi du 10 juillet 1965 est portée devant le président du tribunal judiciaire statuant selon la procédure accélérée au fond.

Lorsqu'elle est exercée par un ou plusieurs copropriétaires représentant au moins un quart des voix de tous les copropriétaires, le président du tribunal judiciaire saisi désigne un mandataire *ad hoc* représentant les intérêts du syndicat.

« Cette action est exercée aux frais avancés du ou des copropriétaires représentant au moins un quart des voix de tous les copropriétaires, qui en supporteront définitivement la charge si l'action est rejetée par le juge. »

Art. 50. – Dans l'hypothèse prévue à l'article 8 (3e alinéa) ci-dessus, le président du tribunal *(Mod. à compter du 1er janvier 2020, D. n° 2019-966, 18 sept. 2019)* « judiciaire », statuant en matière de référé, peut, à la requête de tout copropriétaire, habiliter un copropriétaire ou un mandataire de justice à l'effet de convoquer l'assemblée générale. Dans ce cas, il peut charger ce mandataire de présider l'assemblée.

Une mise en demeure, restée infructueuse pendant plus de huit jours, faite au syndic et, le cas échéant, au président du conseil syndical doit précéder l'assignation à peine d'irrecevabilité. Celle-ci est délivrée au syndic et, le cas échéant, au président du conseil syndical.

Art. 51. – Copie de toute assignation délivrée par un copropriétaire qui, en vertu de l'article 15 (alinéa 2) de la loi [n° 65-557] du 10 juillet 1965, exerce seul les actions concernant la propriété ou la jouissance de son lot, est adressée par l'huissier au syndic par lettre recommandée avec demande d'avis de réception.

Art. 52. – L'action en justice visée à l'article 12 de la loi [n° 65-557] du 10 juillet 1965 est intentée à l'encontre du syndicat lorsqu'elle est fondée sur le fait que la part, dans l'une ou l'autre des catégories de charges, incombant au lot du demandeur est supérieure de plus d'un quart à celle qui résulterait d'une répartition conforme à l'article 10 de cette loi.

Art. 53. – Si la part d'un copropriétaire est inférieure de plus d'un quart, dans l'une ou l'autre des catégories de charges, à celle qui résulterait d'une répartition conforme aux dispositions de l'article 10 de la loi [n° 65-557] du 10 juillet 1965, l'action en justice visée à l'article 12 de ladite loi est intentée à l'encontre de ce copropriétaire.

À peine d'irrecevabilité de l'action, le syndicat est appelé en cause.

Art. 54. – Chaque fois qu'une action en justice intentée contre le syndicat a pour objet ou peut avoir pour conséquence une révision de la répartition des charges, et indépendamment du droit pour tout copropriétaire d'intervenir personnellement dans l'instance, le syndic ou tout copropriétaire peut, s'il existe des oppositions d'intérêts entre les copropriétaires qui ne sont pas demandeurs, présenter requête au président du tribunal *(Mod., D. n° 2019-966, 18 sept. 2019)* « judiciaire » en vue de la désignation d'un mandataire *ad hoc*.

Dans ce cas, la signification des actes de procédure est valablement faite aux copropriétaires intervenants ainsi qu'au mandataire *ad hoc*.

NB : Conformément à l'article 24 du décret n° 2019-1419 du 20 décembre 2019, les dispositions qui résultent du décret précité s'appliquent aux demandes introduites à compter du 1er janvier 2020.

Art. 55 *(Mod., D. n° 2019-650, 27 juin 2019)*. – Le syndic ne peut agir en justice au nom du syndicat sans y avoir été autorisé par une décision de l'assemblée générale.

Seuls les copropriétaires peuvent se prévaloir de l'absence d'autorisation du syndic à agir en justice.

Une telle autorisation n'est pas nécessaire pour les actions en recouvrement de créance, la mise en œuvre des voies d'exécution forcée à l'exception de la saisie en vue de la vente d'un lot, les mesures conservatoires, l'opposition aux travaux permettant la recharge normale des véhicules électriques prévue à l'article R. 136-2 du Code de la construction et de l'habitation et les demandes qui relèvent des pouvoirs de juge des référés, ainsi que pour défendre aux actions intentées contre le syndicat. Elle n'est pas non plus nécessaire lorsque le président du tribunal *(Mod., D. n° 2019-966, 18 sept. 2019)* « judiciaire » est saisi en application des premiers alinéas des articles 29-1 A et 29-1 de la loi du 10 juillet 1965 ou du premier alinéa de l'article L. 615-6 du Code de la construction et de l'habitation.

Dans tous les cas, le syndic rend compte à la prochaine assemblée générale des actions introduites.

NB : Conformément à l'article 9 du décret n° 2019-966 du 18 septembre 2019, ces dispositions sont entrées en vigueur le 1er janvier 2020.

Art. 56 *(Mod., D. n° 2019-966, 18 sept. 2019)*. – Tout intéressé peut demander au président du tribunal judiciaire, statuant sur requête, de désigner un mandataire *ad hoc* pour ester en justice au nom du syndicat lorsque celui-ci est partie dans une instance relative à l'exécution de la construction de l'immeuble, aux garanties dues ou aux responsabilités encourues à cette occasion, si le syndic, son conjoint, *(D. n° 2020-834, 2 juill. 2020)* « son concubin », le partenaire lié à lui par un pacte civil de solidarité, leurs commettants ou employeurs, leurs préposés, leurs parents ou alliés *(D. n° 2020-834, 2 juill. 2020)* « jusqu'au deuxième degré » inclus ont, directement ou indirectement, à quelque titre que ce soit, même par personne interposée, participé à ladite construction.

Art. 57 *(Rétabli, D. n° 2020-834, 2 juill. 2020)*. – Le président du conseil syndical exerce aux frais avancés du syndicat des copropriétaires les procédures judiciaires prévues à l'article 18-2, au septième alinéa de l'article 21 ainsi qu'à l'article 29-1 A de la loi du 10 juillet 1965.

« Un état des frais de justice prévisionnels accompagné de devis est présenté au syndic afin qu'il procède aux avances nécessaires à la conduite de ces procédures. »

Art. 58 *(Abr., D. n° 92-755, 31 juill. 1992)*.

Art. 59 *(Mod., D. n° 2019-966, 18 sept. 2019)*. – À l'occasion de tous litiges dont est saisie une juridiction et qui concernent le fonctionnement d'un syndicat ou dans lesquels le syndicat est partie, le syndic avise chaque copropriétaire de l'existence et de l'objet de l'instance.

Les actes de procédure concernant le syndicat des copropriétaires sont régulièrement signifiés, suivant les cas, au syndic ou à la requête de celui-ci.

Dans les cas prévus aux articles 46 à 48 ci-dessus, l'ordonnance est notifiée dans le mois de son prononcé, par le syndic ou l'administrateur provisoire désigné, à tous les copropriétaires qui peuvent en référer au président du tribunal *(D. n° 2019-966, 18 sept. 2019)* « judiciaire » dans les quinze jours de cette notification.

NB : Conformément à l'article 9 du décret n° 2019-966 du 18 septembre 2019, ces dispositions sont entrées en vigueur le 1er janvier 2020.

Art. 60. – Nonobstant toutes dispositions contraires, toute demande formée par le syndicat à l'encontre d'un ou plusieurs copropriétaires, suivant la procédure d'injonction de payer, est portée devant la juridiction du lieu de la situation de l'immeuble.

Art. 61 *(Rempl., D. n° 2020-834, 2 juill. 2020).* – Pour l'application des deuxième et troisième alinéas de l'article 23 de la loi du 10 juillet 1965, le président du tribunal judiciaire statue, selon la procédure accélérée au fond lorsque l'absence d'accord entre les indivisaires ou nus-propriétaires impose la désignation judiciaire d'un mandataire commun.

Art. 61-1 *(D. n° 2010-391, 20 avr. 2010).* – Tous les litiges nés de l'application de la loi [n° 65-557] du 10 juillet 1965 et du présent décret sont de la compétence de la juridiction du lieu de la situation de l'immeuble.

Art. 61-1-1 *(D. n° 2015-999, 17 août 2015 ; mod., D. n° 2019-966, 18 sept. 2019).* – Les demandes formées par le ministère public dans le cadre des procédures prévues aux articles 29-1 A et 29-1 de la loi du 10 juillet 1965 le sont par requête. La requête indique les faits de nature à motiver la demande. Le président du tribunal *(D. n° 2019-966, 18 sept. 2019)* « judiciaire », par les soins du greffier, fait convoquer les personnes qu'il désigne par lettre recommandée avec demande d'avis de réception.

NB : Conformément à l'article 9 du décret n° 2019-966 du 18 septembre 2019, ces dispositions sont entrées en vigueur le 1er janvier 2020.

Sous-section 2. – De la désignation et de la rémunération des mandataires *ad hoc* et des administrateurs provisoires

(D. n° 2015-999, 17 août 2015)

Art. 61-1-2 *(D. n° 2015-999, 17 août 2015 ; mod., D. n° 2019-966, 18 sept. 2019).* – I. – La personne physique désignée par le président du tribunal judiciaire pour exercer les fonctions de mandataire *ad hoc* ou d'administrateur provisoire, en application du II de l'article 29-1 C ou du III de l'article 29-1 de la loi du 10 juillet 1965, doit justifier par tous moyens qu'elle remplit les conditions cumulatives suivantes :

1° Une expérience d'au moins trois ans dans la gestion d'une copropriété ou, pour les mandataires *ad hoc*, dans le conseil des syndicats de copropriétaires ;

2° Un diplôme de niveau master 2 attestant de compétences dans les trois domaines suivants :

- droit civil ;
- comptabilité ;
- construction ou gestion immobilière.

II. – Lorsque le président du tribunal judiciaire nomme une personne morale en application du II de l'article 29-1 C ou du III de l'article 29-1 de la loi du 10 juillet 1965, il désigne en son sein une personne physique ayant le pouvoir de la représenter dans l'accomplissement du mandat qui lui est confié. Les conditions de compétence mentionnées au I s'appliquent à cette personne désignée.

III. – Pour être désigné administrateur provisoire en application du III de l'article 29-1 de la loi du 10 juillet 1965, l'expérience de gestion de copropriété exigée au 1° du I doit avoir concerné une ou des copropriétés faisant l'objet de mesures de police au titre de la sécurité ou de la salubrité sur les parties communes ou inscrites dans les dispositifs prévus aux articles L. 303-1, L. 615-1, L. 741-1 ou L. 741-2 du Code de la construction et de l'habitation ou faisant l'objet d'une procédure d'administration provisoire.

NB : Conformément à l'article 9 du décret n° 2019-966 du 18 septembre 2019, ces dispositions sont entrées en vigueur le 1er janvier 2020.

Art. 61-1-3 *(D. n° 2015-999, 17 août 2015).* – La personne désignée en application du II de l'article 29-1 C ou du III de l'article 29-1 de la loi du 10 juillet 1965 en qualité de mandataire *ad hoc* ou d'administrateur provisoire doit, lors de l'acceptation de son mandat, attester sur l'honneur qu'elle remplit les conditions fixées aux 1° à 4° du III des articles 29-1 C et 29-1 de cette même loi. Elle doit en outre justifier d'une assurance couvrant les conséquences pécuniaires de la responsabilité civile encourue du fait de ses négligences, de ses fautes ou de celles de ses préposés, commises dans l'exercice de son mandat.

La personne désignée en qualité d'administrateur provisoire doit également justifier d'une garantie affectée au remboursement des fonds, effets ou valeurs qu'elle est amenée à détenir dans le cadre de son mandat ainsi que des sommes versées au fonds de travaux mentionné à l'article 14-2 de la loi du 10 juillet 1965.

Un arrêté conjoint du ministre de la Justice et du ministre chargé du logement fixe les conditions d'application de ces dispositions.

Art. 61-1-4 *(D. n° 2015-999, 17 août 2015 ; mod., D. n° 2019-966, 18 sept. 2019).* – Le mandataire *ad hoc* désigné en application des articles 29-1 A à 29-1 C de la loi du 10 juillet 1965 reçoit pour l'ensemble de sa mission une rémunération forfaitaire fixée par arrêté conjoint du ministre de la Justice et du ministre chargé du logement, lorsque la copropriété concernée comporte un nombre de lots de copropriété inférieur à des seuils fixés par ce même arrêté.

Au-delà de ces seuils, le président du tribunal judiciaire fixe les conditions de la rémunération du mandataire *ad hoc* dans l'ordonnance de désignation.

À l'issue de la mission, le président du tribunal judiciaire arrête la rémunération revenant au mandataire *ad hoc*. Le greffier notifie cette ordonnance au mandataire *ad hoc*, au syndic et aux parties supportant la charge de la rémunération.

Cette décision est susceptible de recours conformément aux dispositions des articles 714 à 718 du Code de procédure civile.

NB : Conformément à l'article 9 du décret n° 2019-966 du 18 septembre 2019, ces dispositions sont entrées en vigueur le 1er janvier 2020.

Art. 61-1-5 *(D. n° 2015-999, 17 août 2015 ; mod., D. n° 2019-966, 18 sept. 2019).* – I. – L'administrateur provisoire désigné en application de l'article 29-1 de la loi du 10 juillet 1965 reçoit pour l'ensemble de sa mission un droit fixe dont le montant est fixé par arrêté conjoint du ministre de la Justice et du ministre chargé du logement. Il perçoit ce droit fixe dès que la décision le désignant est portée à sa connaissance.

Il lui est en outre alloué :

1° Des droits fixes calculés en fonction notamment des éléments suivants :

- le nombre de lots ;
- le nombre de créances ;
- les actes de procédure prévus aux sous-sections 4 à 6 ;
- les actes d'administration de la copropriété ;
- le plan d'apurement du passif ;

2° Des droits proportionnels dégressifs par tranche, calculés en fonction notamment des éléments suivants :

- les dépenses courantes ;
- le montant des travaux exceptionnels ;
- les actifs du syndicat cédés ;
- le montant des sommes recouvrées pour le syndicat des copropriétaires.

Les montants de ces droits fixes et proportionnels sont fixés par arrêté conjoint du ministre de la Justice et du ministre chargé du logement.

Cet arrêté fixe le montant de la réduction de la rémunération du mandataire *ad hoc* en cas de succession de missions. Il détermine en outre la liste des actes pouvant faire l'objet d'une rémunération non soumise aux droits fixes et proportionnels.

II. – Sans préjudice du premier alinéa du I, le président du tribunal judiciaire fixe chaque année le montant des acomptes à valoir sur la rémunération de l'administrateur provisoire sur justification des diligences accomplies et au vu d'un compte provisoire détaillé des émoluments. Les acomptes dus au titre des droits précisés par arrêté conjoint du ministre de la Justice et du ministre chargé du logement ne peuvent excéder le montant de la somme hors taxe mentionnée au deuxième alinéa du III.

III. – À l'issue de la mission, le président du tribunal judiciaire arrête la rémunération de l'administrateur provisoire. Le greffier notifie cette ordonnance arrêtant la rémunération à l'administrateur provisoire et au syndic.

Lorsque la rémunération calculée en application des droits fixes ou proportionnels prévus au I excède, pour ceux qui seront précisés par arrêté conjoint du ministre de la Justice et du ministre chargé du logement, un montant hors taxe fixé par cet arrêté, la rémunération due à l'administrateur provisoire est arrêtée par le président du tribunal judiciaire en considération des frais engagés, des prestations effectuées et de leur efficacité sans qu'il puisse être fait référence au tarif prévu par le présent article.

Dans ce cas, la rémunération de l'administrateur provisoire ne peut être inférieure au montant hors taxe fixé par arrêté conjoint du ministre de la Justice et du ministre chargé du logement.

Cette décision est susceptible de recours conformément aux dispositions des articles 714 à 718 du Code de procédure civile.

NB : Conformément à l'article 9 du décret n° 2019-966 du 18 septembre 2019, ces dispositions sont entrées en vigueur le 1er janvier 2020.

Sous-section 3. – De la procédure du mandat *ad hoc*
(D. n° 2015-999, 17 août 2015)

Art. 61-2 *(D. n° 2010-391, 20 avr. 2010).* **– Ne sont pas considérées comme impayées, pour l'application du premier alinéa de l'article 29-1 A de la loi [n° 65-557] du 10 juillet 1965, les sommes devenues exigibles dans le mois précédant la date de clôture de l'exercice.**

Art. 61-3 *(D. n° 2010-391, 20 avr. 2010 ; mod., D. n° 2019-966, 18 sept. 2019).* **– La demande tendant à la désignation d'un mandataire *ad hoc* prévue à l'article 29-1 A de la loi [n° 65-557] du 10 juillet 1965 est portée devant le président du tribunal judiciaire du lieu de situation de l'immeuble.**

NB : Conformément à l'article 9 du décret n° 2019-966 du 18 septembre 2019, ces dispositions sont entrées en vigueur le 1er janvier 2020.

Art. 61-4 *(D. n° 2010-391, 20 avr. 2010).* **– Pour l'information du conseil syndical mentionnée au premier alinéa de l'article 29-1 A de la loi [n° 65-557] du 10 juillet 1965, le syndic adresse sans délai à chacun de ses membres l'état des impayés avant répartition à la date de la clôture de l'exercice comptable.**

Art. 61-5 *(Mod., D. n° 2015-999, 17 août 2015).* **– L'information mentionnée au dernier alinéa de l'article 29-1 A de la loi n° 65-557 du 10 juillet 1965 est assurée par l'envoi d'une copie de la requête ou de l'assignation.**

Art. 61-6 *(Rempl., D. n° 2015-999, 17 août 2015 ; mod. à compter du 1er janvier 2020, D. n° 2019-966, 18 sept. 2019 ; à compter du 1er janvier 2020, D. n° 2019-1419, 20 déc. 2019).* **– Lorsque la demande tendant à la désignation d'un mandataire *ad hoc* n'émane pas du syndic, le président du tribunal judiciaire statue selon la procédure accélérée au fond. L'assignation est délivrée au syndicat.**

Art. 61-7 *(Aj. à compter du 1er juin 2010, D. n° 2010-391, 20 avr. 2010 ; mod. à compter du 1er janvier 2020, D. n° 2019-966, 18 sept. 2019).* **– La requête ou l'assignation qui tend à la désignation d'un mandataire *ad hoc* est accompagnée des pièces de nature à justifier la demande.**

Avant de statuer, le président du tribunal judiciaire peut entendre *(Mots rempl., D. n° 2015-999, 17 août 2015)* **« toute personne de son choix ».**

NB : Conformément à l'article 9 du décret n° 2019-966 du 18 septembre 2019, ces dispositions sont entrées en vigueur le 1er janvier 2020.

Art. 61-8 *(Abr., D. n° 2019-1419, 20 déc. 2019).*

Art. 61-9 *(Aj. à compter du 1er juin 2010, D. n° 2010-391, 20 avr. 2010 ; mod., D. n° 2019-1419, 20 déc. 2019).* **– L'ordonnance est portée sans délai, par le mandataire *ad hoc* qu'elle désigne, à la connaissance des copropriétaires par remise contre émargement ou par lettre recommandée avec demande d'avis de réception.**

Cette communication reproduit le texte du 7° de l'article 481-1 du Code de procédure civile lorsque le président a statué selon la procédure accélérée au fond ou celui de l'article 496 du même code s'il a statué sur requête.

NB : Conformément à l'article 24 du décret n° 2019-1419 du 20 décembre 2019, les dispositions qui résultent du décret précité s'appliquent aux demandes introduites à compter du 1er janvier 2020.

Art. 61-10 *(Rempl., D. n° 2015-999, 17 août 2015 ; mod., D. n° 2019-966, 18 sept. 2019).* **– Le président du tribunal judiciaire peut autoriser le mandataire *ad hoc*, à la demande de celui-ci, sous sa responsabilité et à ses frais, à se faire assister de tout tiers pour l'accomplissement de tâches relevant de la mission qui lui a été confiée lorsque le bon déroulement de la procédure le requiert.**

NB : Conformément à l'article 9 du décret n° 2019-966 du 18 septembre 2019, ces dispositions sont entrées en vigueur le 1er janvier 2020.

Art. 61-11 *(D. n° 2010-391, 20 avr. 2010).* **– Le syndic informe les copropriétaires qu'ils peuvent prendre connaissance du rapport du mandataire *ad hoc* dans les conditions de l'article 62-12. Une copie de tout ou partie du rapport est adressée par le syndic aux copropriétaires qui en font la demande, aux frais de ces derniers.**

Art. 61-12 *(D. n° 2015-999, 17 août 2015 ; mod., D. n° 2019-1419, 20 déc. 2019).* – I. – Le rapport du mandataire *ad hoc* comprend au moins les parties suivantes :

1° Un état des lieux de l'organisation juridique et foncière de la copropriété ;

2° Un état des lieux de la situation technique de l'immeuble, comprenant notamment l'analyse des charges mentionnées aux articles 3 et 4 du décret n° 2005-240 du 14 mars 2005 relatif aux comptes du syndicat des copropriétaires et les diagnostics techniques existants ;

3° Une analyse du fonctionnement des instances de la copropriété ;

4° Une analyse de l'ensemble des comptes, des impayés des copropriétaires, des dettes et des créances non recouvrées du syndicat ;

5° Une analyse des procédures contentieuses en cours ainsi que des contrats souscrits par le syndicat ;

6° En fonction des états des lieux et analyses précités, des préconisations détaillant les actions à mettre en œuvre pour notamment :

- améliorer le fonctionnement et l'organisation de la copropriété ;
- se conformer aux obligations légales et réglementaires ;
- améliorer le recouvrement des impayés ;
- améliorer l'état de l'immeuble ;
- dégager des économies, notamment sur les différents postes de charges et sur les contrats d'entretien.

Ces préconisations sont priorisées et inscrites dans un calendrier de mise en œuvre. Le cas échéant, les mesures urgentes sont signalées. Une estimation sommaire des dépenses et recettes en résultant est jointe au rapport.

II. – Lorsque, pour mener à bien les analyses prévues par le présent article et formuler ses préconisations, le mandataire *ad hoc* doit avoir recours, sur un sujet requérant une haute technicité, à une personne ayant une qualification particulière dont il ne dispose pas, il peut solliciter du président du tribunal judiciaire sur requête, l'autorisation de s'adjoindre une telle personne. Le président du tribunal judiciaire détermine la mission et les conditions de rémunération de ce tiers ainsi que l'imputation de cette rémunération dans les conditions prévues au deuxième alinéa de l'article 29-1 B de la loi du 10 juillet 1965.

NB : Conformément à l'article 9 du décret n° 2019-966 du 18 septembre 2019, les présentes dispositions entrent en vigueur le 1er janvier 2020.

Conformément à l'article 24 du décret n° 2019-1419 du 20 décembre 2019, les dispositions qui résultent du décret précité s'appliquent aux demandes introduites à compter du 1er janvier 2020.

Sous-section 4. – De la procédure d'administration provisoire

(D. n° 2015-999, 17 août 2015)

Art. 62-1 *(D. n° 95-162, 15 févr. 1995 ; mod., D. n° 2019-966, 18 sept. 2019).* – La demande tendant à la désignation d'un administrateur provisoire du syndicat est portée devant le président du tribunal judiciaire du lieu de situation de l'immeuble.

Art. 62-2 *(Mod., D. n° 2019-966, 18 sept. 2019).* – Lorsque la demande émane du syndic ou, le cas échéant, de l'administrateur provisoire désigné en application de l'article 47, le président du tribunal judiciaire est saisi par la voie d'une requête accompagnée des pièces de nature à justifier de la demande, notamment les pièces comptables, après consultation du conseil syndical.

Dans les autres cas et sans préjudice des dispositions de l'article 61-1-1, le président du tribunal judiciaire est saisi par la voie d'une assignation délivrée au syndicat représenté par le syndic.

NB : Conformément à l'article 9 du décret n° 2019-966 du 18 septembre 2019, ces dispositions sont entrées en vigueur le 1er janvier 2020.

Art. 62-3 *(D. n° 95-162, 15 févr. 1995).* – Toute demande tendant à la désignation d'un administrateur provisoire du syndicat est communiquée au procureur de la République, qui est avisé, s'il y a lieu, de la date de l'audience.

Art. 62-4 *(Rempl., D. n° 2015-999, 17 août 2015 ; mod., D. n° 2019-966, 18 sept. 2019).* – Lorsqu'il détermine la mission de l'administrateur provisoire, le président du tribunal judiciaire peut entendre toute personne de son choix.

NB : Conformément à l'article 9 du décret n° 2019-966 du 18 septembre 2019, ces dispositions sont entrées en vigueur le 1er janvier 2020.

Art. 62-5 ***(Rempl., D. n° 2015-999, 17 août 2015 ; mod., D. n° 2019-1419, 20 déc. 2019).*** **– L'ordonnance qui désigne l'administrateur provisoire fixe la durée et l'étendue de sa mission. Elle est portée a la connaissance des copropriétaires dans le mois de son prononcé, à l'initiative de l'administrateur provisoire, soit par remise contre émargement, soit par lettre recommandée avec demande d'avis de réception, soit par voie électronique après accord du copropriétaire préalablement informé de cette possibilité.**

S'il s'agit d'un jugement du président statuant selon la procédure accélérée au fond, cette communication reproduit le texte du 7° de l'article 481-1 du Code de procédure civile. S'il s'agit d'une ordonnance sur requête, la communication précise que tout intéressé peut en référer au juge ayant rendu l'ordonnance dans le délai de deux mois à compter de la publication de celle-ci.

Lorsque le président du tribunal judiciaire ne fait pas droit à la demande de désignation d'un administrateur provisoire et qu'il statue par une ordonnance sur requête, la communication prévue au premier alinéa précise que l'ordonnance peut être frappée d'appel dans le délai de quinze jours. L'appel est alors formé, instruit et jugé comme en matière gracieuse.

NB : Conformément à l'article 9 du décret n° 2019-966 du 18 septembre 2019, les présentes dispositions entrent en vigueur le 1er janvier 2020.

Conformément à l'article 24 du décret n° 2019-1419 du 20 décembre 2019, les dispositions qui résultent du décret précité s'appliquent aux demandes introduites à compter du 1er janvier 2020.

Art. 62-6 ***(Mod., D. n° 2004-479, 27 mai 2004).*** **– L'ancien syndic est tenu à l'égard de l'administrateur provisoire des obligations prévues à l'article 18-2 de la loi [n° 65-557] du 10 juillet 1965.**

Art. 62-7 ***(D. n° 95-162, 15 févr. 1995 ; mod., D. n° 2019-966, 18 sept. 2019).*** **– Lorsque l'administrateur provisoire est investi par le président du tribunal judiciaire de tout ou partie des pouvoirs de l'assemblée générale, il doit avant de prendre à ce titre les décisions qui lui paraissent nécessaires à l'accomplissement de sa mission, sauf urgence, recueillir l'avis du conseil syndical.**

Il peut aussi convoquer les copropriétaires pour les informer et les entendre.

À ces occasions, il doit préciser le mode de financement pour la mise en œuvre de la ou des décisions envisagées.

NB : Conformément à l'article 9 du décret n° 2019-966 du 18 septembre 2019, ces dispositions sont entrées en vigueur le 1er janvier 2020.

Art. 62-8 ***(Mod., D. n° 2004-479, 27 mai 2004).*** **– Les décisions prises par l'administrateur provisoire sont mentionnées, à leur date, sur le registre des décisions prévu à l'article 17 du présent décret.**

Art. 62-9 ***(Mod., D. n° 2004-479, 27 mai 2004).*** **– L'administrateur provisoire adresse copie aux copropriétaires de la ou des décisions prises et joint, s'il y a lieu, l'appel de fonds correspondant.**

Art. 62-10 ***(D. n° 95-162, 15 févr. 1995 ; rempl., D. n° 2015-999, 17 août 2015 ; mod., D. n° 2019-1419, 20 déc. 2019)*** (1). **– Lorsque la conception et la mise en œuvre des mesures de redressement de la copropriété requièrent une haute technicité et l'intervention d'une personne ayant une qualification particulière dont l'administrateur provisoire ne dispose pas, celui-ci peut solliciter du président du tribunal judiciaire, sur requête, l'autorisation de s'adjoindre une telle personne. Le président du tribunal judiciaire** ***(Mots rempl., D. n° 2018-11, 8 janv. 2018)*** **« détermine dans l'ordonnance » la mission et les conditions de rémunération de ce tiers.**

NB : Conformément à l'article 9 du décret n° 2019-966 du 18 septembre 2019, les présentes dispositions entrent en vigueur le 1er janvier 2020.

Conformément à l'article 24 du décret n° 2019-1419 du 20 décembre 2019, les dispositions qui résultent du décret précité s'appliquent aux demandes introduites à compter du 1er janvier 2020.

---

(1) Dispositions non applicables aux procédures en cours au jour de l'entrée en vigueur du décret n° 2015-999 du 17 août 2015, D. n° 2015-999, 17 août 2015, art. 27.

Art. 62-11 *(Rempl., D. n° 2015-999, 17 août 2015 ; mod., D. n° 2019-1419, 20 déc. 2019)*. – I. – L'administrateur provisoire rend compte par écrit de sa mission au président du tribunal judiciaire à la demande de ce dernier et au moins une fois par an. Cette obligation est satisfaite la première année de la mission si le rapport mentionné au troisième alinéa du I de l'article 29-1 de la loi du 10 juillet 1965 a été établi.

Au compte rendu de fin de mission sont jointes les annexes comptables prévues par le décret n° 2005-240 du 14 mars 2005 relatif aux comptes du syndicat des copropriétaires.

II. – Il dépose son rapport au greffe de la juridiction qui en adresse une copie au procureur de la République, au syndic désigné, au président du conseil syndical, lorsqu'il en a été désigné un, ou, à défaut à chacun de ses membres et aux personnes mentionnées au deuxième alinéa de l'article 29-2 de la loi du 10 juillet 1965 qui en font la demande.

Lorsqu'un pré-rapport est établi, dans les conditions prévues à l'article 62-13, le greffe de la juridiction en adresse copie au procureur de la République et au président du conseil syndical.

III. – Les observations des personnes mentionnées au II auxquelles ces documents ont été adressés, doivent être formulées au plus tard à l'expiration d'un délai d'un mois à compter de leur réception. Elles sont transmises au greffe du tribunal judiciaire qui les communique au président de ce tribunal et à l'administrateur provisoire.

IV. – Pour l'application de la dernière phrase du troisième alinéa du I de l'article 29-1 de la loi [n° 65-557] du 10 juillet 1965, le président du tribunal judiciaire statue selon la procédure accélérée au fond, le cas échéant, au vu des rapports ou prérapports susmentionnés ainsi que des réponses écrites faites par l'administrateur provisoire aux observations régulièrement transmises au greffe *(Mots aj., D. n° 2018-11, 8 janv. 2018)* « , sauf en cas de demande émanant de l'administrateur provisoire, auquel cas il est saisi par requête ». En cas de saisine d'office, il fait convoquer l'administrateur provisoire désigné ainsi que le président du conseil syndical.

NB : Conformément à l'article 9 du décret n° 2019-966 du 18 septembre 2019, les présentes dispositions entrent en vigueur le 1er janvier 2020.

Conformément à l'article 24 du décret n° 2019-1419 du 20 décembre 2019, les dispositions qui résultent du décret précité s'appliquent aux demandes introduites à compter du 1er janvier 2020.

Art. 62-12 *(D. n° 95-162, 15 févr. 1995 ; mod. à compter du 1er septembre 2004, D. n° 2004-479, 27 mai 2004)*. – Le syndic désigné informe les copropriétaires, par lettre recommandée avec demande d'avis de réception ou remise contre émargement, qu'ils peuvent prendre connaissance du rapport de l'administrateur provisoire à son bureau, ou en tout autre lieu fixé par l'assemblée générale, pendant les heures ouvrables, dans le mois qui suit. Un extrait du rapport peut être joint, le cas échéant, à la lettre. Une copie de tout ou partie du rapport peut être adressée par le syndic désigné aux copropriétaires qui en feraient la demande, aux frais de ces derniers *(Mots aj., D. n° 2015-999, 17 août 2015)* « , y compris par voie dématérialisée ».

Art. 62-13 *(D. n° 95-162, 15 févr. 1995 ; mod. à compter du 1er septembre 2004, D. n° 2004-479, 27 mai 2004)*. – Si un prérapport est déposé par l'administrateur provisoire avant la fin de sa mission, le prérapport est porté à la connaissance des copropriétaires, à l'initiative de l'administrateur provisoire dans les formes et conditions prévues à l'article 62-12 *(Mots aj., D. n° 2015-999, 17 août 2015)* « et aux personnes mentionnées au deuxième alinéa de l'article 29-2 de la loi du 10 juillet 1965 qui en font la demande ».

Art. 62-14 *(D. n° 95-162, 15 févr. 1995)*. – Si les conclusions du rapport ou du prérapport de l'administrateur provisoire préconisent que certaines questions soient soumises à l'assemblée générale, elles doivent être portées à l'ordre du jour de la prochaine assemblée générale ou d'une assemblée générale convoquée spécialement à cet effet.

Art. 62-15 *(Aj. à compter du 1er septembre 2004, D. n° 2004-479, 27 mai 2004 ; mod., D. n° 2019-1419, 20 déc. 2019)*. – Après le dépôt du rapport de l'administrateur, des copropriétaires représentant ensemble 15 % au moins des voix du syndicat peuvent assigner devant le président du tribunal judiciaire statuant selon la procédure accélérée au fond, le syndic désigné en vue de voir prononcer la division du syndicat. La même procédure peut être mise en œuvre par le procureur de la République si l'ordre public l'exige.

Le syndic désigné informe de la date d'audience les copropriétaires. Ceux-ci peuvent être entendus par le juge *(Mots suppr., D. n° 2015-999, 17 août 2015)* [...].

NB : Conformément à l'article 9 du décret n° 2019-966 du 18 septembre 2019, les présentes dispositions entrent en vigueur le 1er janvier 2020.

Conformément à l'article 24 du décret n° 2019-1419 du 20 décembre 2019, les dispositions qui résultent du décret précité s'appliquent aux demandes introduites à compter du 1er janvier 2020.

Sous-section 5. – De la procédure d'apurement des dettes et de la liquidation du syndicat
(D. n° 2015-999, 17 août 2015)

Art. 62-16 ***(Abr., D. n° 2019-1419, 20 déc. 2019).***

Art. 62-17 ***(D. n° 2015-999, 17 août 2015 ; mod., D. n° 2019-1419, 20 déc. 2019).*** **– Un avis de la décision le désignant est adressé par l'administrateur provisoire pour insertion au *Bulletin officiel des annonces civiles et commerciales.* Cette insertion contient l'indication du nom du syndicat concerné, de son adresse, de son numéro d'immatriculation et de la date de la décision qui l'a désigné administrateur provisoire. Elle précise également son nom et son adresse et comporte l'avis aux créanciers d'avoir à déclarer leurs créances entre ses mains et le délai imparti pour cette déclaration. Elle précise enfin le délai pendant lequel l'exigibilité des créances est suspendue en application du I de l'article 29-3 de la loi du 10 juillet 1965.**

Le même avis est publié dans un journal d'annonces légales du département du lieu de situation de l'immeuble.

L'administrateur provisoire informe par tout moyen les créanciers connus d'avoir à lui déclarer leurs créances dans le délai mentionné à l'article 62-18.

La décision de prorogation prévue par le II de l'article 29-3 de la loi du 10 juillet 1965 fait l'objet des mêmes mesures de publicité.

NB : Conformément à l'article 24 du décret n° 2019-1419 du 20 décembre 2019, les dispositions qui résultent du décret précité s'appliquent aux demandes introduites à compter du 1er janvier 2020.

Art. 62-18 ***(D. n° 2015-999, 17 août 2015).*** **– Le délai de déclaration fixé en application du II de l'article 29-4 de la loi du 10 juillet 1965 est de trois mois à compter de la publication mentionnée à l'article 62-17.**

Art. 62-18-1 ***(D. n° 2018-11, 8 janv. 2018 ; mod., D. n° 2019-1419, 20 déc. 2019).*** **– L'action en relevé de forclusion mentionnée au III de l'article 29-4 de la loi du 10 juillet 1965 susvisée** (1) **ne peut être exercée que dans le délai de six mois à compter de la publication de l'ordonnance de désignation de l'administrateur provisoire.**

Le président du tribunal statue selon la procédure accélérée au fond.

Les frais de l'instance en relevé de forclusion sont supportés par le créancier défaillant.

Le créancier déclare sa créance dans le délai d'un mois à compter de la notification de l'ordonnance du président du tribunal judiciaire le relevant de sa forclusion.

NB : Conformément à l'article 9 du décret n° 2019-966 du 18 septembre 2019, les présentes dispositions entrent en vigueur le 1er janvier 2020.

Conformément à l'article 24 du décret n° 2019-1419 du 20 décembre 2019, les dispositions qui résultent du décret précité s'appliquent aux demandes introduites à compter du 1er janvier 2020.

Art. 62-19 ***(D. n° 2015-999, 17 août 2015).*** **– La déclaration de créance est faite auprès de l'administrateur provisoire par lettre recommandée avec demande d'avis de réception.**

Elle doit contenir :

1° L'identité du créancier et les coordonnées de la personne habilitée à le représenter ;

2° Le montant de la créance due au jour de l'ordonnance de désignation de l'administrateur provisoire avec, le cas échéant, l'indication des sommes à échoir et de la date de leurs échéances ;

(1) 1) article 29-4 de la loi du 10 juillet 1965, n° 65-554.
2) article 29-4 de la loi du 10 juillet 1965, n° 65-555.
3) article 29-4 de la loi du 10 juillet 1965, n° 65-556.
4) article 29-4 de la loi du 10 juillet 1965, n° 65-557.
5) article 29-4 de la loi du 10 juillet 1965, n° 65-561.

3° Les éléments de nature à prouver l'existence et le montant de la créance si elle ne résulte pas d'un titre, à défaut, une évaluation de la créance si son montant n'a pas encore été fixé ;

4° Les modalités de calcul des intérêts dont le cours n'est pas arrêté, cette indication valant déclaration pour le montant ultérieurement arrêté ;

5° La nature du privilège ou de la sûreté dont la créance est éventuellement assortie ;

6° L'indication de la juridiction saisie si la créance fait l'objet d'un litige.

À cette déclaration sont joints sous bordereau les documents justificatifs ; ceux-ci peuvent être produits en copie.

À tout moment, l'administrateur provisoire peut demander la production de documents qui n'auraient pas été joints.

Les créances résultant d'un contrat de travail ne sont pas soumises à l'obligation de déclaration.

Art. 62-20 *(D. n° 2015-999, 17 août 2015).* – I. – S'il y a discussion sur tout ou partie d'une créance, l'administrateur provisoire en avise le créancier intéressé en l'invitant à faire connaître ses explications. Le défaut de réponse dans le délai de trente jours interdit toute contestation ultérieure de la liste des créances établie par l'administrateur provisoire.

II. – Cette liste contient les indications prévues à l'article 62-19. Elle est déposée au greffe du tribunal. Tout intéressé peut en prendre connaissance. Le greffier fait publier au *Bulletin officiel des annonces civiles et commerciales* une insertion indiquant ce dépôt.

III. – L'administrateur provisoire avise par lettre simple les créanciers ou, le cas échéant, leur mandataire, de l'admission de leur créance et du montant retenu.

Il informe sans délai par lettre recommandée avec demande d'avis de réception, les créanciers dont la créance n'est pas admise.

Ces avis précisent les délais et voie de recours prévus au II de l'article 29-4 de la loi du 10 juillet 1965 ou, le cas échéant, les dispositions du I.

Art. 62-21 *(D. n° 2015-999, 17 août 2015).* – Pour application du III de l'article 29-3 de la loi du 10 juillet 1965, le président du tribunal, par les soins du greffier, fait convoquer l'administrateur provisoire et le cocontractant par lettre recommandée avec demande d'avis de réception à la date qu'il fixe. À la convocation est jointe une copie de la demande.

Le cocontractant visé par le III de l'article 29-3 de la loi du 10 juillet 1965 bénéficie d'un délai d'un mois à compter de la notification de l'ordonnance du juge pour déclarer sa créance auprès de l'administrateur provisoire.

Art. 62-22 *(D. n° 2015-999, 17 août 2015).* – Le plan d'apurement des dettes mentionné à l'article 29-5 de la loi du 10 juillet 1965 comporte :

1° Dans une première partie, un état des dettes, précisant notamment les créances déclarées, ainsi qu'une évaluation du montant des créances irrécouvrables ;

2° Dans une deuxième partie, la trésorerie prévisionnelle du syndicat sur la durée du plan d'apurement des dettes prenant notamment en compte les dépenses liées à la préservation de l'immeuble et, si cela apparaît nécessaire, les dépenses concourant à la réduction des charges et au respect du plan d'apurement ;

3° Dans une troisième partie :

- l'échéancier des appels de fonds auprès des copropriétaires ;
- les échéanciers détaillés par créancier.

Art. 62-23 *(D. n° 2015-999, 17 août 2015).* – L'administrateur provisoire notifie le projet d'échéancier à chacun des créanciers par lettre recommandée avec demande d'avis de réception ou par lettre remise contre émargement.

Ce projet comprend :

- l'échéancier global ;
- l'échéancier détaillé concernant le créancier.

La lettre de notification rappelle selon le cas, les délais prévus par le II de l'article 29-5 de la loi du 10 juillet 1965 ou les dispositions du I de l'article 62-20 et peut inviter le créancier à accorder des remises de dettes ou à accepter des délais de paiement supérieurs à la durée du plan.

Le délai de deux mois prévu par le deuxième alinéa du II de l'article 29-5 de la loi du 10 juillet 1965 court à compter de la date d'envoi de la lettre de notification. Les créanciers font connaître à l'administrateur provisoire leurs observations par lettre recommandée avec demande d'avis de réception ou par lettre remise contre émargement.

Art. 62-24 *(D. n° 2015-999, 17 août 2015).* – Les délais imposés aux créanciers dans le cadre du plan d'apurement des dettes ne peuvent être qu'uniformes.

Art. 62-25 *(D. n° 2015-999, 17 août 2015 ; mod. à compter du 1er janvier 2020, D. n° 2019-966, 18 sept. 2019).* – L'administrateur provisoire dépose au greffe du tribunal judiciaire le plan d'apurement définitif. Sont joints en annexe :

a) La liste des travaux à engager nécessaires au redressement financier de la copropriété et à la préservation de l'immeuble ;

b) La liste indicative des mesures de gestion et des procédures de recouvrement amiable ou contentieuse des impayés envisagées pour permettre le respect du plan d'apurement ;

c) Les observations du conseil syndical et des créanciers ;

d) Les accords de remise des dettes des créanciers ainsi que les délais de paiement octroyés par ces derniers ;

e) Un état détaillé des impayés des copropriétaires identifiant les créances irrécouvrables au sens de l'article 62-29 ;

f) L'inventaire des biens cessibles du syndicat ;

g) Le cas échéant, le projet de convention prévu à l'article 29-11 de la loi du 10 juillet 1965 ou la convention signée.

Il notifie ce plan d'apurement définitif à chacun des créanciers par lettre recommandée avec demande d'avis de réception ou par lettre remise contre émargement. La lettre de notification aux créanciers reprend les termes du troisième alinéa du II de l'article 29-5 de la loi du 10 juillet 1965.

Il porte également ce plan à la connaissance des copropriétaires selon les modalités prévues par l'article 62-5.

Art. 62-26 *(D. n° 2015-999, 17 août 2015 ; mod. à compter du 1er janvier 2020, D. n° 2019-966, 18 sept. 2019).* – Les créanciers adressent leurs contestations par lettre recommandée avec demande d'avis de réception au greffe du tribunal judiciaire ou les y déposent contre récépissé dans le délai mentionné au II de l'article 29-5 de la loi du 10 juillet 1965.

Le créancier intéressé entendu ou dûment appelé, le président du tribunal judiciaire statue sur chacune des contestations. Sa décision n'est pas susceptible de recours.

L'administrateur provisoire modifie, s'il y a lieu, le plan d'apurement des dettes au vu des décisions rendues par le président du tribunal judiciaire.

Le président du tribunal judiciaire arrête le plan sur la demande de l'administrateur provisoire.

Sa décision est notifiée par le greffier aux créanciers, ainsi qu'à l'administrateur provisoire. Elle est communiquée au ministère public et portée à la connaissance des copropriétaires selon les modalités prévues par l'article 62-5.

Elle est exécutoire de plein droit à titre provisoire.

Elle est susceptible d'appel ou de pourvoi en cassation de la part de l'administrateur provisoire ainsi que du ministère public.

NB : Conformément à l'article 9 du décret n° 2019-966 du 18 septembre 2019, ces dispositions sont entrées en vigueur le 1er janvier 2020.

Art. 62-27 *(D. n° 2015-999, 17 août 2015 ; mod., D. n° 2019-966, 18 sept. 2019).* – À peine d'irrecevabilité, la requête ayant pour objet une modification ou la prorogation du plan d'apurement des dettes en application du IV de l'article 29-5 de la loi du 10 juillet 1965 comporte le projet de plan d'apurement modifié qui respecte les dispositions de l'article 62-24.

Le projet de plan est notifié par lettre recommandée avec demande d'avis de réception par le greffe au syndic ou à l'administrateur provisoire et, le cas échéant, à chacun des créanciers affecté par le projet de modification. Les créanciers concernés disposent d'un délai de quinze jours, à compter de l'envoi de cette lettre, pour faire valoir leurs observations selon les mêmes modalités.

Le président du tribunal judiciaire statue sur la requête, le syndic ou l'administrateur provisoire entendus ou dûment appelés. Les frais de l'instance en modification ou prorogation sont à la charge du syndicat des copropriétaires ou du créancier lorsqu'il est requérant. « Les trois derniers alinéas de l'article 62-26 sont applicables ».

NB : Conformément à l'article 9 du décret n° 2019-966 du 18 septembre 2019, ces dispositions sont entrées en vigueur le 1er janvier 2020.

Art. 62-28 ***(D. n° 2015-999, 17 août 2015).*** **– Lorsque l'administrateur provisoire a été désigné en application du dernier alinéa du I de l'article 29-1 de la loi du 10 juillet 1965, les dispositions de la présente sous-section sont applicables sous réserve des dispositions suivantes :**

– l'avis publié au *Bulletin officiel des annonces civiles et commerciales* précise la mission de l'administrateur provisoire ;

– le délai de déclaration des créances mentionné à l'article 62-18 est de quatre mois.

Art. 62-29 ***(D. n° 2015-999, 17 août 2015).*** **– Constituent des créances irrécouvrables au sens de l'article 29-7 de la loi du 10 juillet 1965 :**

– les créances à l'encontre d'un copropriétaire dont les dettes ont été effacées par jugement ;

– les créances dues par un copropriétaire à l'égard duquel une procédure de liquidation judiciaire a été ouverte et clôturée pour insuffisance d'actif ;

– en cas de liquidation de succession vacante ou non réclamée, les créances dues par un copropriétaire décédé lorsque ni la vente du lot ni l'actif successoral n'en permettent le paiement.

Sous-section 6. – De la procédure d'administration provisoire renforcée
(D. n° 2015-999, 17 août 2015)

Art. 62-30 ***(D. n° 2015-999, 17 août 2015).*** **– La requête demandant le placement sous administration renforcée est accompagnée d'un dossier établi par l'auteur de la saisine mentionnée au I de l'article 29-11 de la loi du 10 juillet 1965 précisant les raisons pour lesquelles il est demandé le placement sous administration provisoire renforcée ainsi que les aides et mesures d'accompagnement publiques mobilisées pour assurer la réussite de la procédure.**

Art. 62-31 ***(D. n° 2015-999, 17 août 2015).*** **– La convention mentionnée au II de l'article 29-11 de la loi du 10 juillet 1965 prévoit au minimum :**

1° La liste des études juridiques, financières et techniques nécessaires pour définir le contenu des travaux et effectuer les choix techniques en résultant ;

2° Le calendrier prévisionnel des études, du choix des prestataires et des travaux ;

3° La nature des travaux envisagés et l'enveloppe financière prévisionnelle associée ;

4° En cas de division, les plans sommaires avant et après division ;

5° Les modalités d'organisation de la maîtrise d'ouvrage, en particulier :

– les modalités de choix et de réalisation des travaux mentionnés au 1° ainsi que les modalités d'information du conseil syndical et des copropriétaires à ces décisions ;

– les missions pour lesquelles l'opérateur est mandaté, notamment en ce qui concerne la préparation, la consultation et le choix des maîtres d'œuvre, des entrepreneurs et fournisseurs ainsi que la conclusion et la gestion des contrats en résultant ;

– les modalités de compte rendu à l'administrateur provisoire, au syndic si la mission de l'administrateur provisoire est terminée et, le cas échéant, au conseil syndical ;

– les modalités d'information des résidents notamment sur les aides financières mobilisables en lien avec les dispositifs publics d'accompagnement.

L'opérateur ne peut exercer directement une mission de maîtrise d'œuvre ou réaliser directement des travaux ;

6° Les modalités financières de l'opération qui précisent au minimum :

– le plan de financement prévisionnel global de l'opération tenant compte des aides publiques contractualisées ou confirmées et faisant apparaître le reste à charge pour le syndicat des copropriétaires ;

– la rémunération de l'opérateur à la charge du syndicat des copropriétaires fixée selon les règles définies par l'article 62-32 ainsi que l'échéancier de versement de cette rémunération et la quote-part de rémunération due par chaque copropriétaire ;

– l'organisation de la gestion comptable et administrative des opérations de travaux ;

– les modalités de préparation des dossiers de demande de subvention et leur mobilisation ;

– le cas échéant les modalités de préfinancement de l'opération par l'opérateur dans l'attente du versement des subventions publiques et des versements du syndicat ;

– en cas de division, la répartition de la rémunération de l'opérateur entre les syndicats de copropriétaires créés par la division conformément au I de l'article 29-12 de la loi du 10 juillet 1965 ;

7° Les modalités de gestion des contentieux avec l'ensemble des prestataires et les modalités de souscription et de gestion des contrats d'assurance ;

8° Les modalités d'indemnisation mentionnées au II de l'article 29-12 de la loi du 10 juillet 1965 ;

9° Les modalités de passation des avenants rendus nécessaires pour la mise en œuvre des dispositions de l'article 29-12 de la loi du 10 juillet 1965 ou pour la bonne exécution de la convention dès lors que ceux-ci ne bouleversent pas l'économie générale de la convention et respectent les objectifs de la convention.

Art. 62-32 *(D. n° 2015-999, 17 août 2015).* – La rémunération de l'opérateur est calculée par application d'un pourcentage sur le montant des travaux hors taxe. Si la convention prévoit un préfinancement des dépenses, la rémunération de l'opérateur intègre alors également le remboursement des avances et frais financiers supportés par l'opérateur pour l'accomplissement de cette mission.

La durée de l'échéancier de versement de la rémunération de l'opérateur prévu par la convention peut être supérieure à la durée d'exécution des études et travaux sans pouvoir être supérieure à la durée de la convention.

L'échéancier peut prévoir une rémunération progressive dans le temps si la convention prévoit une phase d'études pour la finalisation des travaux et dans l'attente de la passation par l'opérateur de l'ensemble des contrats nécessaires à la réalisation de l'opération afin d'en déterminer le coût définitif.

La rémunération est à la charge du syndicat des copropriétaires et distincte de la rémunération de l'administrateur provisoire.

Art. 62-33 *(D. n° 2015-999, 17 août 2015 ; mod. à compter du 1er janvier 2020, D. n° 2019-966, 18 sept. 2019).* – Le président du tribunal judiciaire est saisi par requête conjointe des parties signataires de la convention aux fins d'homologation de celle-ci. Sa décision est notifiée aux parties et communiquée par l'administrateur provisoire aux personnes qu'il aura désignées dans son ordonnance.

Art. 62-34 *(D. n° 2015-999, 17 août 2015).* – I. – Si des subventions publiques ou privées pour la rénovation des parties communes et, le cas échéant, des parties privatives d'intérêt collectif peuvent être accordées à titre individuel à des copropriétaires, l'administrateur provisoire ou l'opérateur peuvent être le mandataire de ces copropriétaires dans les conditions prévues par les articles 1984 et suivants du Code civil.

Si le mandat le prévoit, les subventions publiques ou privées peuvent être versées directement à l'opérateur sur un compte spécifique dont les relevés sont mis à disposition du mandant. L'opérateur rend compte de l'usage de la subvention selon des modalités prévues par le mandat.

II. – Lorsque la subvention est accordée au syndicat des copropriétaires, l'opérateur peut être mandaté par l'administrateur provisoire pour solliciter et percevoir la subvention qui est versée sur un compte spécifique dont les relevés sont mis à disposition de l'administrateur provisoire.

Le mandat peut être intégré à la convention prévue à l'article 62-31 ou faire l'objet d'un acte séparé. Il prévoit les modalités de rendu compte de l'usage de la subvention par l'opérateur.

Art. 62-35 *(D. n° 2015-999, 17 août 2015).* – Pour la mise en œuvre de l'article 29-13 la loi du 10 juillet 1965, l'administrateur provisoire, le syndic ou l'opérateur remettent, sur demande du copropriétaire, une quittance pour le règlement de sa quote-part de rémunération.

Sans préjudice des réglementations particulières applicables aux allocations logements, le copropriétaire est tenu d'informer l'organisme payeur des subventions dont il a bénéficié.

Section VIII. – Les unions de syndicats de copropriétaires

(D. n° 2004-479, 27 mai 2004)

Art. 63 *(D. n° 2004-479, 27 mai 2004).* – L'union de syndicats, mentionnée à l'article 29 de la loi [n° 65-557] du 10 juillet 1965, peut être propriétaire des biens nécessaires à son objet.

Lorsqu'un syndicat de copropriétaires est membre d'une union de syndicats, le syndic soumet, préalablement pour avis à l'assemblée générale des copropriétaires du syndicat concerné ou, le cas échéant, au conseil syndical, les questions portées à l'ordre du jour de l'assemblée générale de l'union.

Le syndic rend compte à l'assemblée générale des copropriétaires des décisions prises par l'union.

Art. 63-1 *(D. n° 2004-479, 27 mai 2004).* – Le conseil de l'union donne son avis au président ou à l'assemblée générale de l'union sur toutes les questions la concernant pour lesquelles il est consulté ou dont il se saisit lui-même.

Il peut prendre connaissance et copie, à sa demande, de toutes pièces ou documents, correspondances ou registres se rapportant à la gestion du président et, d'une manière générale, à l'administration de l'union, au bureau du président ou au lieu arrêté en accord avec lui. Il peut déléguer cette mission à un ou plusieurs de ses membres.

Art. 63-2 *(D. n° 2004-479, 27 mai 2004).* – Le mandat des membres du conseil de l'union ne peut excéder trois ans renouvelables. Il ne donne pas lieu à rémunération.

Art. 63-3 *(Mod., D. n° 2010-391, 20 avr. 2010).* – Lorsqu'un syndicat de copropriétaires est membre d'une union de syndicats, son représentant au conseil de l'union est désigné parmi les copropriétaires, les associés dans le cas prévu par le premier alinéa de l'article 23 de la loi du 10 juillet 1965, les accédants ou les acquéreurs à terme, leurs conjoints, *(D. n° 2020-834, 2 juill. 2020)* « leurs concubins » les partenaires liés à eux par un pacte civil de solidarité ou leurs représentants légaux.

Il est désigné à la majorité de l'article 24 de la loi du 10 juillet 1965.

Lorsqu'une personne morale est désignée en qualité de représentant d'un membre du conseil de l'union, *(D. n° 2020-834, 2 juill. 2020)* « elle y est représentée soit par son représentant légal ou statutaire, soit par un fondé de pouvoir ».

Art. 63-4 *(D. n° 2004-479, 27 mai 2004).* – Des membres suppléants peuvent être désignés dans les mêmes conditions que les membres titulaires du conseil de l'union. En cas de cessation définitive des fonctions du membre titulaire, son suppléant siège au conseil de l'union jusqu'à la date d'expiration du mandat du membre titulaire qu'il remplace.

Le conseil de l'union n'est plus régulièrement constitué si plus d'un quart des sièges devient vacant pour quelque cause que ce soit.

Section IX. – Dispositions diverses

(Anc. sect. VIII comprenant les anc. art. 63 à 66, dénum. à compter du 1er septembre 2004, D. n° 2004-479, 27 mai 2004)

Art. 64 *(Anc. art. 63 mod., D. n° 2000-293, 4 avr. 2000 ; dénum. à compter du 1er septembre 2004, D. n° 2004-479, 27 mai 2004 ; mod. à compter du 1er avril 2007, D. n° 2007-285, 1er mars 2007 ; mod., D. n° 2015-1325, 21 oct. 2015).* – Toutes les notifications et mises en demeure prévues par la loi [n° 65-557] du 10 juillet 1965 susvisée et le présent décret sont valablement faites par lettre recommandée avec demande d'avis de réception. Le délai qu'elles font, le cas échéant, courir a pour point de départ le lendemain du jour de la première présentation de la lettre recommandée au domicile du destinataire.

(Al. suppr., D. n° 2020-834, 2 juill. 2020).

Toutefois, la notification des convocations prévues au présent décret ainsi que celles de l'avis mentionné à l'article 59 ci-dessus peuvent valablement résulter d'une remise contre récépissé ou émargement.

Art. 64-1 *(D. n° 2020-834, 2 juill. 2020).* – Lorsque la copropriété est dotée d'un espace en ligne sécurisé, la notification des documents mentionnés à l'article 11 peut, sous réserve de l'accord exprès du copropriétaire, valablement résulter d'une mise à disposition dans un espace du site dont l'accès est réservé aux copropriétaires. La convocation mentionnée à l'article 9 précise expressément que ces documents sont accessibles en ligne et la durée de leur mise à disposition.

Art. 64-2 *(D. n° 2020-834, 2 juill. 2020).* – Pour l'application de l'article 42-1 de la loi du 10 juillet 1965, toutes les notifications et mises en demeure peuvent également être faites soit par lettre recommandée électronique dans les conditions prévues par les articles R. 53 à R. 53-4 du Code des postes et des communications électroniques, soit au moyen d'un procédé électronique mis en œuvre par l'intermédiaire d'un prestataire de services de confiance qualifié et garantissant l'intégrité des données, la sécurité, ainsi que la traçabilité des communications, dans les conditions prévues aux articles 64-5 à 64-9.

Le délai que les notifications et mises en demeure par voie électronique font courir a pour point de départ le lendemain de la transmission, par le prestataire de service de confiance qualifié, de l'avis électronique informant le destinataire d'un envoi électronique.

Art. 64-3 *(D. n° 2020-834, 2 juill. 2020).* – I. – L'accord exprès du copropriétaire mentionné à l'article 42-1 de la loi du 10 juillet 1965 précise s'il porte sur les notifications, les mises en demeure ou les deux. Cet accord exprès peut ne porter que sur les modalités particulières de notification mentionnées à l'article 64-1.

Lorsqu'il est formulé lors de l'assemblée générale, cet accord est mentionné sur le procès-verbal d'assemblée générale. Il peut également être adressé à tout moment au syndic par tout moyen permettant d'établir avec certitude la date de sa réception.

II. – Lorsque les notifications et mises en demeure mentionnées au I sont faites au moyen du procédé électronique mis en œuvre par l'intermédiaire d'un prestataire de services de confiance qualifié mentionné à l'article 64-2, chaque copropriétaire concerné en est informé au moins quinze jours avant le premier envoi effectué par ce moyen, sans que cette formalité soit prescrite à peine d'irrégularité de l'acte.

Art. 64-4 *(D. n° 2020-834, 2 juill. 2020).* – Le copropriétaire peut à tout moment retirer son accord exprès selon les mêmes formes que celles prévues au I de l'article 64-3. Si cette décision est formulée lors de l'assemblée générale, le syndic en fait mention sur le procès-verbal.

Cette décision prend effet le lendemain du huitième jour suivant la réception par le syndic de l'information adressée selon les modalités mentionnées au I de l'article 64-3.

Art. 64-5 *(D. n° 2020-834, 2 juill. 2020).* – Le prestataire de service de confiance qualifié chargé, en application de l'article 64-2, de la transmission par voie électronique des mises en demeure et notifications délivre à l'expéditeur un récépissé du dépôt électronique de l'envoi ainsi qu'un justificatif de la transmission de l'envoi par ses soins au destinataire. Ces documents comportent les informations suivantes :

1° Le nom et le prénom ou la raison sociale de l'expéditeur, ainsi que son adresse électronique ;

2° Le nom et le prénom ou la raison sociale du destinataire ainsi que son adresse électronique ;

3° Un numéro d'identification unique de l'envoi attribué par le prestataire ;

4° La liste des pièces remises par l'expéditeur en vue de leur envoi ;

5° La date et l'heure du dépôt électronique de l'envoi ainsi que celles de la transmission au destinataire de l'envoi indiquées par un horodatage électronique qualifié tel que défini par l'article 3 du règlement (UE) n° 910/2014 du Parlement européen et du Conseil du 23 juillet 2014 sur l'identification électronique et les services de confiance pour les transactions électroniques au sein du marché intérieur et abrogeant la directive 1999/93/CE ;

6° La signature électronique et le cachet électronique avancés tels que définis par l'article 3 du règlement (UE) n° 910/2014 mentionné ci-dessus, utilisés par le prestataire lors de l'envoi.

Le prestataire conserve ces preuves de dépôt et de transmission pour une durée minimale d'un an.

Art. 64-6 *(D. n° 2020-834, 2 juill. 2020).* – Un avis électronique est adressé au destinataire par le prestataire de service de confiance qualifié afin de l'informer qu'un envoi électronique lui a été transmis. Cet avis comporte :

1° Le nom de l'expéditeur de l'envoi électronique ;

2° L'objet de l'envoi électronique ;

3° Un lien hypertexte invitant le destinataire à télécharger le contenu de l'envoi adressé par l'expéditeur, disponible pendant au moins vingt et un jours à compter de la transmission de l'avis électronique ;

4° La reproduction de la mention suivante : « En application du second alinéa de l'article 64-2 du décret n° 67-223 du 17 mars 1967, le délai que les notifications et mises en demeure par voie électronique font courir a pour point de départ le lendemain de la transmission de l'avis électronique au destinataire. Pour le présent envoi, la date de transmission est le : (date à préciser). »

Art. 64-7 *(D. n° 2020-834, 2 juill. 2020).* – Si le prestataire de service de confiance qualifié constate, passé un délai de 48 heures après la transmission de l'avis électronique au destinataire, que ce dernier n'a pas procédé au téléchargement du contenu de l'envoi électronique qui lui a été adressé, le prestataire lui adresse un message de rappel comportant les mentions prévues à l'article 64-6. Ce nouveau message est sans incidence sur le point de départ du délai mentionné au second alinéa de l'article 64-2.

Art. 64-8 *(D. n° 2020-834, 2 juill. 2020)*. – Le prestataire de service de confiance qualifié conserve la preuve de l'historique de la transmission et des éventuels incidents survenus durant celle-ci pendant une durée minimale d'un an. L'expéditeur a accès à ces informations pendant un an.

Art. 64-9 *(D. n° 2020-834, 2 juill. 2020)*. – Les articles 64-1 à 64-4 sont applicables lorsqu'un administrateur provisoire est désigné en application de l'article 29-1 de la loi du 10 juillet 1965 susvisée ou lorsque l'assemblée générale est convoquée par le président du conseil syndical ou par un copropriétaire dans les conditions définies aux articles 8 et 50.

Art. 65 *(Mod., D. n° 2015-1325, 21 oct. 2015)*. – En vue de l'application *(D. n° 2020-834, 2 juill. 2020)* « des articles 64 et 64-2 », chaque copropriétaire ou titulaire d'un droit d'usufruit ou de nue-propriété sur un lot ou une fraction de lot notifie au syndic son domicile réel ou élu ainsi que son adresse électronique, s'il a donné son accord pour recevoir des notifications et mises en demeure par voie électronique.

Les notifications et mises en demeure prévues *(D. n° 2020-834, 2 juill. 2020)* « par les articles 64 et 64-2 » sont valablement faites au dernier domicile ou à la dernière adresse électronique *(D. n° 2020-834, 2 juill. 2020)* « indiquée » au syndic.

Les notifications, mises en demeure ou significations intéressant le syndicat sont valablement faites au siège du syndicat ou au domicile du syndic. *(Al. aj., D. n° 2020-834, 2 juill. 2020)* « En cas de retard dans la réception ou en cas de perte des données, la responsabilité du prestataire est engagée dans les conditions prévues au 3° de l'article R. 2-1 du Code des postes et des communications électroniques. »

Art. 66 *(D. n° 2004-479, 27 mai 2004)*. – Le présent décret est applicable dans les territoires d'outre-mer, sous réserve des règles de procédure particulières à ces territoires.

Art. 66-1 *(Rempl., D. n° 2015-999, 17 août 2015)*. – Pour l'application du présent décret à Mayotte, les mots : « fichier immobilier » sont remplacés par les mots : « livre foncier ».

Art. 66-2 *(Aj., D. n° 2016-1446, 26 oct. 2016)*. – Les dispositions de l'article 39-2 peuvent être modifiées par décret.

Art. 67 *(D. n° 2004-479, 27 mai 2004)*. – Le garde des sceaux, ministre de la justice, le ministre d'État chargé des départements et territoires d'outre-mer, le ministre de l'équipement et le secrétaire d'État au logement sont chargés, chacun en ce qui le concerne, de l'exécution du présent décret, qui sera publié au *Journal officiel* de la République française.

TABLE DES TEXTES CITÉS

Cette table regroupe l'ensemble des textes cités qu'ils soient intégralement reproduits ou qu'ils modifient les textes existants.

Textes codifiés

TEXTES CODIFIÉS REPRODUITS	PAGES
Code de l'action sociale et des familles	
art. L. 312-1	573
Code des assurances	
art. L. 121-13	570
art. L. 215-2 à L. 215-4	137
Code civil	
art. 815-5-1	592, 1658
art. 1240 à 1242	213
art. 1253	1569
art. 1366 et 1367	744, 755
art. 1368	764
art. 2217 (ant.)	1398
art. 2374 (ant.)	1048, 1395
art. 2378 (ant.)	1396
art. 2402	1286, 1320
art. 2404 à 2407	1321
art. 2418	1286
art. 2424 et 2424 (futur)	1397
Code de commerce	
art. L. 123-10 et L. 123-10 (ant.)	1188
art. L. 123-11-1	1188
Code de la construction et de l'habitation	
art. L. 111-6-1 (ant.)	930
art. L. 111-10-5 (ant.)	1052
art. L. 113-5-1	1214
art. L. 113-10	1227
art. L. 113-11	1577
art. L. 113-12 à L. 113-17	1573
art. L. 113-18 à L. 113-20	1585
art. L. 126-2 et L. 126-3	1457
art. L. 126-4	1564
art. L. 126-6	1564
art. L. 126-6-1	1185
art. L. 126-7 à L. 126-11	1039
art. L. 126-12	1475
art. L. 126-12 et L. 126-13	1027
art. L. 126-13	1476
art. L. 126-14	1289
art. L. 126-15	1476
art. L. 126-16	1355
art. L. 126-17	4, 930
art. L. 126-21	4
art. L. 126-24	1566
art. L. 126-31	1200
art. L. 126-35-2 à L. 126-35-11	1055
art. L. 131-2	1563
art. L. 131-3	1564
art. L. 134-1 à L. 134-5	950
art. L. 134-10	1369
art. L. 134-11	1247
art. L. 141-1 à L. 141-4	1324
art. L. 152-3	1159
art. L. 171-1	1198
art. L. 171-3	1085, 1199
art. L. 173-1 à L. 175-2	1207
art. L. 173-1-1 et L. 173-2	1199
art. L. 174-1 à L. 175-2	1205
art. L. 174-2 et L. 174-3	1070
art. L. 175-1 et L. 175-2	1070
art. L. 183-12	1458
art. L. 183-13	1370
art. L. 183-15	4, 930
art. L. 183-18	1564
art. L. 185-2 à L. 185-4	1080
art. L. 186-1 à L. 186-8	952
art. L. 252-1 à L. 252-6	1015
art. L. 253-1 à L. 253-8	1019
art. L. 255-1 à L. 255-19	1021
art. L. 271-4 à L. 271-6	1594
art. L. 303-1-1	1167
art. L. 312-7	1235
art. L. 321-1	909
art. L. 321-1-2	910
art. L. 321-1-4	910
art. L. 421-1	1257
art. L. 421-3	1261
art. L. 422-2	1262
art. L. 443-15-5-1 à L. 443-15-5-8	1278
art. L. 511-1 et L. 511-2	1303
art. L. 511-4 à L. 511-22	1304
art. L. 511-10	1328
art. L. 511-12	1329
art. L. 521-1 à L. 521-4	1310
art. L. 531-1 à L. 531-3	1313
art. L. 541-1 à L. 543-2	1314
art. L. 551-1	1317, 1595
art. L. 615-1 à L. 615-5	1041
art. L. 615-6 à L. 615-10	1044
art. L. 631-7 à L. 631-10	1062
art. L. 631-7	1347
art. L. 631-7-1 A	1348
art. L. 631-7-2 à L. 631-7-4	1188
art. L. 651-2 et L. 651-3	1065
art. L. 711-1 à L. 711-7	1291
art. L. 721-1 à L. 721-3	1591
art. L. 731-1 à L. 731-5	1181
art. L. 732-1 à L. 732-3	1243
art. L. 741-1 à L. 741-4	1163
art. R. 113-2	1027
art. R. 113-4	1227
art. R. 113-6	1577
art. R. 113-7 à R. 113-10	1575
art. R. 113-11 à R. 113-17	1586
art. R. 113-19 à R. 113-24	1215
art. R. 126-2	1564
art. R. 126-3 et R. 126-4	1565
art. R. 126-5 à R. 126-7	1289
art. R. 126-15 à R. 126-18	1200
art. D. 126-19	1202

TEXTES CODIFIÉS REPRODUITS — **PAGES**

art. R. 126-20 1202
art. R. 126-32 à R. 126-34 1057
art. R. 126-42 1566
art. D. 126-43 1566
art. D. 128-1 (ant.) à D. 128-4 (ant.) 1370
art. R. 131-2 1564
art. R. 134-1 à R. 134-8 954
art. R. 134-9 à R. 134-15 959
art. D. 134-51 à D. 134-54 1369
art. R. 134-55 à R. 134-58 1247
art. R. 142-1 à R. 142-5 1325
art. D. 152-1 1159
art. R. 154-4 1038
art. R. 173-1 à R. 173-11 1210
art. R. 173-9 à R. 173-11 1204
art. R. 174-1 1195
art. R. 174-2 à R. 174-7 1071
art. R. 174-8 à R. 174-12 1072
art. R. 174-13 à R. 174-18 1195
art. R. 184-7 et R. 184-8 1565
art. R. 186-1 961
art. R. 254-4 1025
art. D. 319-1 à D. 319-4 1236
art. D. 319-23 à D. 319-34 1237
art. R. 321-12 910
art. R. 511-1 à R. 511-13 1318
art. *R. 631-19 1467
art. R. 711-1 à R. 711-21 1294
art. D. 731-1 à D. 731-3 1183

Code de l'énergie
art. L. 241-1 1085
art. L. 242-1 1080
art. L. 346-1 à L. 346-5 1138
art. L. 353-12 1579
art. L. 353-13 1582
art. L. 432-16 à L. 432-22 1139
art. L. 741-1 à L. 742-3 1086
art. R. 241-25 à R. 241-29 1085
art. D. 353-12 à D. 353-12-2 1579
art. D. 353-12-3 et D. 353-12-4 1582
art. R. 353-13-1 à R. 353-13-3 1583

Code de l'environnement
art. L. 515-16 et L. 515-16-1 422
art. L. 515-16-3 423
art. R. 224-20 et R. 224-21 1082
art. R. 224-31 à R. 224-38 1082
art. R. 224-41-1 à R. 224-41-3 1083
art. R. 224-41-4 à R. 224-41-9 1084
art. R. 226-10 1083
art. R. 571-97 1032

Code de l'expropriation pour cause d'utilité publique
art. L. 222-3 .... 268, 270
art. L. 523-1 à L. 523-7 1166

Code général des collectivités territoriales
art. L. 2224-8 .... 426, 985
art. R. 2224-15-1 989

Code général des impôts
art. 244 *quater* U 1239
art. 279-0 *bis* 1245

Code monétaire et financier
art. L. 221-3 et L. 221-4 1243

Code pénal
art. 221-4 1479
art. 222-3 1479
art. 222-8 1479
art. 222-10 1480
art. 222-12 et 222-13 1480
art. 222-16 1035
art. 433-3 1480
art. R. 623-2 1035

TEXTES CODIFIÉS REPRODUITS — **PAGES**

Code des postes et des communications électroniques
art. L. 3 1476
art. L. 5-10 .... 1027, 1476
art. L. 33-6 1224
art. L. 34-8-3 et L. 34-8-3-1 1224
art. L. 45-9 1225
art. L. 48 1226
art. R. 9-2 à R. 9-4 1230

Code de procédure civile
art. 641 et 642 703

Code des procédures civiles d'exécution
art. L. 111-8 189

Code rural et de la pêche maritime
art. L. 211-11 à L. 211-16 935
art. L. 211-19-1 à L. 211-23 937
art. L. 211-28 938
art. L. 215-3-1 939
art. L. 311-1-1 1569

Code de la santé publique
art. L. 1331-22 à L. 1331-24 1320
art. L. 1334-1 à L. 1334-6 1378
art. L. 1334-6 à L. 1334-12 1379
art. L. 1336-1 1032
art. R. 1331-39 1570
art. R. 1331-42 934
art. R. 1331-45 934
art. R. 1331-52 à R. 1331-54 934
art. R. 1331-64 934
art. R. 1334-1 à R. 1334-13 1381
art. R. 1334-14 à R. 1334-29-9 914
art. R. 1336-4 à R. 1336-13 1032
art. R. 1337-2 à R. 1337-5 921
art. R. 1337-6 à R. 1337-10-2 1034

Code de la sécurité intérieure
art. L. 132-7 1035
art. L. 271-1 1481
art. L. 272-1 et L. 272-2 1476
art. L. 272-1 1481
art. L. 272-2 1600
art. L. 272-3 1478
art. L. 272-4 1478
art. L. 331-1 à L. 334-2 1035
art. L. 614-1 1482
art. R. 271-1 1481
art. R. 272-2 .... 1477, 1600
art. R. 273-1 à R. 273-9 1482

Code du tourisme
art. L. 321-2 1463
art. L. 324-1-1 1351
art. D. 321-1 à D. 321-2-1 1463
art. D. 324-1 et D. 324-1-1 1352
art. R. 324-1-2 1352

Code du travail
art. L. 4121-1 à L. 4121-5 1470
art. L. 4161-1 1473
art. L. 4532-16 1469
art. L. 4532-18 1469
art. L. 4744-4 à L. 4744-6 1470
art. R. 4121-1 à R. 4121-4 1473
art. R. 4224-17-1 et R. 4224-17-2 983
art. R. 4532-97 1469

Code de l'urbanisme
art. L. 211-4 1596
art. L. 318-6 1597
art. L. 322-1 1012
art. L. 322-9 et L. 322-9-1 1013
art. L. 322-9-1 429
art. R. 421-2 1461
art. R.* 421-17-1 1461

Textes non codifiés

TEXTES NON CODIFIÉS REPRODUITS — PAGES

1924

Loi du 1er juin 1924 mettant en vigueur la législation civile française dans les départements du Bas-Rhin, du Haut-Rhin et de la Moselle
art. 36 et 36-1 1454
art. 47 à 47-1 (futur) 1455

1946

Loi n° 46-942 du 7 mai 1946 instituant l'Ordre des géomètres-experts
art. 8 et 8-1 1251

1955

Décret n° 55-22 du 4 janvier 1955 portant réforme de la publicité foncière
art. 7 1398
art. 35 1402
art. 50-1 et 50-2 1402

Décret n° 55-1350 du 14 octobre 1955 pour l'application du décret n° 55-22 du 4 janvier 1955 portant réforme de la publicité foncière
art. 1er et 2 1404
art. 4 1405
art. 10 et 11 1405
art. 16-1 1406
art. 30 1406
art. 43 et 44 1407
art. 53-2 1408
art. 71 à 71-13 1408
art. 76 1425
art. 85 1426
art. 85-3 1427

1965

Loi n° 65-557 du 10 juillet 1965 fixant le statut de la copropriété des immeubles bâtis
art. 1er et 1er (ant.) 3
art. 1er à 50 1617
art. 1er-1 à 6-4 25
art. 7 et 8 61
art. 8-1 à 9-1 82
art. 10 à 14 138
art. 14-1 à 16-1 238
art. 16-2 269
art. 17 et 17-1 273
art. 17-1 A à 23 (ant.) 280
art. 17-1 AA 279
art. 18 .... 986, 1327
art. 18-1 AA 332
art. 19-1 et 20 1286
art. 24 à 24-6 392
art. 24-7 à 24-10 424
art. 24-11 et 25 427
art. 25-1 à 29 463
art. 29-1 523
art. 29-1 A à 29-4 518
art. 29-4 ancien 532
art. 29-5 à 29-16 533
art. 30 à 37-1 542
art. 38 à 40 568
art. 41 570
art. 41-1 (ant.) 573
art. 41-1 à 41-7 579
art. 41-2 (ant.) à 41-5 (ant.) 576
art. 41-8 à 41-12 584
art. 41-13 à 41-23 587
art. 42 à 50 593

1966

Loi n° 66-457 du 2 juillet 1966 relative à l'installation d'antennes réceptrices de radiodiffusion
art. 1er à 7 941
art. 1er 1223

1967

Décret n° 67-223 du 17 mars 1967 portant règlement d'administration publique pour l'application de la loi n° 65-557 du 10 juillet 1965 fixant le statut de la copropriété des immeubles bâtis
art. 1er à 6-3 655
art. 1er à 67 1661
art. 7 à 9 692
art. 9 et 9 *bis* 1609
art. 9 *bis* à 14 712
art. 14 et 14-1 1610
art. 14-1 à 17 747
art. 17-1 à 21-1 764
art. 22 à 27 (ant.) 775
art. 28 à 39-1 782
art. 39-2 à 39-9 821
art. 40 à 42-2 824
art. 42-3 à 42-5 826
art. 42-6 à 42-12 827
art. 43 à 45-1 829
art. 46 à 61-1-1 831
art. 61-1-2 à 61-1-5 869
art. 61-2 à 62 872
art. 62-1 à 62-15 875
art. 62-16 à 62-29 883
art. 62-30 à 62-35 889
art. 63 à 63-4 891
art. 64 à 67 894

Décret n° 67-1171 du 22 décembre 1967 fixant les conditions d'application de la loi n° 66-457 du 2 juillet 1966 relative à l'installation d'antennes réceptrices de radiodiffusion
art. 1er à 4 942

1970

Loi n° 70-9 du 2 janvier 1970 réglementant les conditions d'exercice des activités relatives à certaines opérations portant sur les immeubles et les fonds de commerce
art. 1er 1487
art. 1-1 à 20 1488

Loi n° 70-598 du 9 juillet 1970 modifiant et complétant la loi n° 48-1360 du 1er septembre 1948 portant modification et codification de la législation relative aux rapports des bailleurs et locataires ou occupants de locaux d'habitation ou à usage professionnel
art. 10 .... 62, 933

1972

Décret n° 72-678 du 20 juillet 1972 fixant les conditions d'application de la loi n° 70-9 du 2 janvier 1970 réglementant les conditions d'exercice des activités relatives à certaines opérations portant sur les immeubles et les fonds de commerce
art. 1er à 95-2 1497

1979

Arrêté du 29 juin 1979 relatif à l'équipement des bâtiments d'habitation en boîtes aux lettres
art. 1er et 2 1027

TEXTES NON CODIFIÉS REPRODUITS — PAGES

Instruction du 1er août 1979 présentant la loi n° 79-2 du 2 janvier 1979 et analysant le décret n° 79-405 du 21 mai 1979 1427

1984

Loi n° 84-595 du 12 juillet 1984 définissant la location-accession à la propriété immobilière
art. 28 à 30 1337
art. 32 1338

1986

Loi n° 86-18 du 6 janvier 1986 relative aux sociétés d'attribution d'immeubles en jouissance à temps partagé
art. 1er à 36 1357
art. 17 387

Arrêté du 31 janvier 1986 relatif à la protection contre l'incendie des bâtiments d'habitation 1323
art. 97 976
art. 100 1323
art. 101 à 104 1324

Loi n° 86-1067 du 30 septembre 1986 relative à la liberté de communication
art. 34-1 1559
art. 34-3 et 34-3 (ant.) 1560

Loi n° 86-1290 du 23 décembre 1986 tendant à favoriser l'investissement locatif, l'accession à la propriété de logements sociaux et le développement de l'offre foncière
art. 44 .... 1328, 1333

1987

Arrêté du 4 août 1987 portant création d'une commission relative à la copropriété
art. 1er à 7 1096

1989

Loi n° 89-462 du 6 juillet 1989 tendant à améliorer les rapports locatifs et portant modification de la loi n° 86-1290 du 23 décembre 1986
art. 3 1333
art. 11-2 1355

1990

Arrêté du 12 novembre 1990 relatif à l'entretien des portes automatiques de garage des bâtiments d'habitation
art. 1er à 6 1248

1991

Arrêté du 1er février 1991 relatif à la mise en conformité des portes automatiques de garage des bâtiments d'habitation
art. 1er et 2 1249

Loi n° 91-647 du 10 juillet 1991 relative à l'aide juridique
art. 2 525

1992

Circulaire du 16 juin 1992 relative à la mise en conformité des ascenseurs dépourvus de porte de cabine ... 974

Décret n° 92-535 du 16 juin 1992 relatif à la mise en conformité des ascenseurs dépourvus de porte de cabine
art. 1er à 9 973

1993

Décret n° 93-534 du 27 mars 1993 pris pour l'application de l'article 34-3 [34-I] de la loi du 30 septembre 1986 relative à la liberté de communication instituant une servitude d'installation et d'entretien des réseaux distribuant par câble des services de radiodiffusion sonore et de télévision
art. 1er à 6 1560

1995

Décret n° 95-826 du 30 juin 1995 fixant les prescriptions particulières de sécurité applicables aux travaux effectués sur les ascenseurs, ascenseurs de charges, escaliers mécaniques, trottoirs roulants et installations de parcage automatique de véhicules et modifiant le décret du 10 juillet 1913 portant règlement d'administration publique pour l'exécution des dispositions du livre II du Code du travail
art. 1er 980
art. 1er (ant.) à 2 (ant.) 980
art. 4 à 5 (ant.) 980

Recommandation n° 96-01 du 17 novembre 1995 relative aux contrats proposés par les syndics de copropriété 1092

1997

Recommandation n° 97-02 du 18 septembre 1997 relative aux contrats de maintenance de certains équipements d'immeuble 1089

1998

Loi n° 98-566 du 8 juillet 1998 portant transposition de la directive 94/47/CE du Parlement européen et du Conseil du 26 octobre 1994 concernant la protection des acquéreurs pour certains aspects des contrats portant sur l'acquisition d'un droit d'utilisation à temps partiel de biens immobiliers 1364

1999

Arrêté du 27 avril 1999 pris pour l'application de l'article L. 211-1 du Code rural et établissant la liste des types de chiens susceptibles d'être dangereux, faisant l'objet des mesures prévues aux articles L. 211-1 à L. 211-5 du même code
art. 1er à 3 939

2000

Arrêté du 27 octobre 2000 ravalement obligatoire des immeubles à Paris
art. 1er à 13 1458

Loi n° 2000-1208 du 13 décembre 2000 relative à la solidarité et au renouvellement urbains
art. 93 1157

2001

Décret n° 2001-477 du 30 mai 2001 fixant le contenu du carnet d'entretien de l'immeuble prévu par l'article 18 de la loi [n° 65-557] du 10 juillet 1965 fixant le statut de la copropriété des immeubles bâtis
art. 1er à 6 1051

2002

Circulaire n° 2002-10 UHC/DH 2/2 du 1er février 2002 relative aux obligations de gardiennage ou de surveillance de certains immeubles d'habitation 1484

TEXTES NON CODIFIÉS REPRODUITS — PAGES

2003

Décret n° 2003-408 du 28 avril 2003 pris en application de l'article 93 de la loi n° 2000-1208 du 13 décembre 2000 et relatif à l'individualisation des contrats de fourniture d'eau
art. 1er à 6 1158

Recommandation n° 2004-01 du 27 novembre 2003 relative aux contrats de traitement contre les termites et autres insectes xylophages 1092

2004

Ordonnance n° 2004-632 du 1er juillet 2004 relative aux associations syndicales de propriétaires
art. 1er à 46 992
art. 58 à 60 999
art. 63 à 66 999

Décret n° 2004-964 du 9 septembre 2004 relatif à la sécurité des ascenseurs
art. 4 et 4-1 959

Arrêté du 18 novembre 2004 relatif à l'entretien des installations d'ascenseurs
art. 1er à 14 966

Arrêté du 18 novembre 2004 relatif aux travaux de sécurité à réaliser dans les installations d'ascenseurs
art. 1er 968

Arrêté du 13 décembre 2004 relatif aux critères de compétence des personnes réalisant des contrôles techniques dans les installations d'ascenseurs
art. 1er et 2 965

2005

Arrêté du 14 mars 2005 relatif aux comptes du syndicat des copropriétaires
art. 1er à 11 1150

Décret n° 2005-240 du 14 mars 2005 relatif aux comptes du syndicat des copropriétaires
art. 1er à 12 1141

Ordonnance n° 2005-655 du 8 juin 2005 relative au logement et à la construction
art. 29 1065

2006

Arrêté du 6 mars 2006 portant approbation de diverses dispositions complétant et modifiant le règlement de sécurité contre les risques d'incendie et de panique dans les établissements recevant du public
art. 1er et 2 977

Circulaire du 22 mars 2006 sur l'application des mesures relatives au changement d'usage des locaux d'habitation 1066

Arrêté du 25 avril 2006 relatif au contrôle des travaux en présence de plomb, réalisés en application de l'article L. 1334-2 du Code de la santé publique
art. 1er à 7 1389

Arrêté du 25 avril 2006 relatif aux travaux en parties communes nécessitant l'établissement d'un constat de risque d'exposition au plomb
art. 1er et 2 1389

Décret n° 2006-474 du 25 avril 2006 relatif à la lutte contre le saturnisme et modifiant les articles R. 1334-1 à R. 1334-13 du Code de la santé publique 1378
art. 2 1381

Décret n° 2006-501 du 3 mai 2006 portant application de l'ordonnance n° 2004-632 du 1er juillet 2004 relative aux associations syndicales de propriétaires
art. 1er à 6 1000

Loi n° 2006-872 du 13 juillet 2006 portant engagement national pour le logement
art. 93 .... 282, 826

Décret n° 2006-1114 du 5 septembre 2006 relatif aux diagnostics techniques immobiliers 1378

2007

Arrêté du 3 mai 2007 pris pour l'application du décret n° 2006-1359 du 8 novembre 2006 relatif à la lutte contre l'habitat insalubre ou dangereux et à la sécurité des immeubles collectifs d'habitation et modifiant le Code de la construction et de l'habitation et le Code de la santé publique
art. 1er à 3 1047

2008

Décret n° 2008-1325 du 15 décembre 2008 relatif à la sécurité des ascenseurs, monte-charges et équipements assimilés sur les lieux de travail et à la sécurité des travailleurs intervenant sur ces équipements
art. 1er à 7 982

2009

Décret n° 2009-53 du 15 janvier 2009 relatif au droit au très haut débit pris en application du II de l'article 1er de la loi n° 66-457 du 2 juillet 1966 relative à l'installation d'antennes réceptrices de radiodiffusion
art. 1er et 2 1229

Décret n° 2009-648 du 9 juin 2009 relatif au contrôle des chaudières dont la puissance nominale est supérieure à 400 kilowatts et inférieure à 20 mégawatts
art. 1er à 8 1081

Décret n° 2009-873 du 16 juillet 2009 relatif à la sécurité des alarmes de piscine par détection d'immersion
art. 1er à 8 1371

2011

Recommandation n° R 2011-R-01 du 26 janvier 2011. 1526

Décret n° 2011-629 du 3 juin 2011 relatif à la protection de la population contre les risques sanitaires liés à une exposition à l'amiante dans les immeubles bâtis
art. 1er à 11 926

Arrêté du 19 août 2011 relatif au constat de risque d'exposition au plomb
art. 1er à 10 1384

Arrêté du 19 août 2011 relatif au diagnostic du risque d'intoxication par le plomb des peintures
art. 1er à 9 1390

2012

Décret n° 2012-674 du 7 mai 2012 relatif à l'entretien et au contrôle technique des ascenseurs
art. 1er à 7-1 961

Arrêté du 7 août 2012 relatif aux contrôles techniques à réaliser dans les installations d'ascenseurs
art. 1er à 7 964

Arrêté du 27 août 2012 relatif à la détermination individuelle de la quantité de chaleur et de froid et à la répartition des frais de chauffage et de refroidissement dans les immeubles collectifs à usage d'habitation ou à usage professionnel et d'habitation
art. 1er à 6 1073

TEXTES NON CODIFIÉS REPRODUITS — PAGES

2014

Loi n° 2014-366 du 24 mars 2014 pour l'accès au logement et un urbanisme rénové
art. 53 1293
art. 58 .... 1183, 1464

2015

Décret n° 2015-342 du 26 mars 2015 définissant le contrat-type de syndic de copropriété et les prestations particulières, prévus à l'article 18-1 A de la loi n° 65-557 du 10 juillet 1965 modifiée fixant le statut de la copropriété des immeubles bâtis
art. 1er à 4 1533

Arrêté du 19 juin 2015 fixant le modèle unique de demande, de renouvellement ou de modification de la carte professionnelle, de la déclaration préalable d'activité, de la déclaration de libre prestation de services et le modèle de demande d'attestation de personne habilitée prévus par le décret n° 72-678 du 20 juillet 1972 applicable aux agents immobiliers, syndics et gestionnaires de biens
art. 1er et 2 1523

Décret n° 2015-1090 du 28 août 2015 fixant les règles constituant le Code de déontologie applicable à certaines personnes exerçant les activités de transaction et de gestion des immeubles et des fonds de commerce
art. 1er à 3 1549

Arrêté du 8 octobre 2015 fixant la rémunération applicable au mandataire *ad hoc* et à l'administrateur provisoire désignés en matière de copropriétés en difficulté
art. 1er à 15 1169

Décret n° 2015-1681 du 15 décembre 2015 relatif à l'information des occupants des immeubles en copropriété des décisions prises par l'assemblée générale
art. 1er à 3 1328

Loi n° 2015-1776 du 28 décembre 2015 relative à l'adaptation de la société au vieillissement
art. 91 571

2016

Décret n° 2016-173 du 18 février 2016 relatif à la formation continue des professionnels de l'immobilier
art. 1er à 8 1523

Arrêté du 13 juillet 2016 relatif à l'application des articles R. 111-14-2 à R. 111-14-8 du Code de la construction et de l'habitation
art. 3 à 4 (ant.) 1587

Arrêté du 10 octobre 2016 relatif au traitement de données à caractère personnel intitulé « registre national d'immatriculation des syndicats de copropriétaires » pris en application des articles R. 711-1 à R. 711-21 du Code de la construction et de l'habitation
art. 1er à 14 1298

Décret n° 2016-1822 du 21 décembre 2016 fixant le contenu de la fiche synthétique de la copropriété prévue par l'article 8-2 de la loi du 10 juillet 1965 fixant le statut de la copropriété des immeubles bâtis
art. 1er à 3 1233

2017

Décret n° 2017-688 du 28 avril 2017 relatif aux places de stationnement adaptées dans les parties communes des copropriétés
art. 1er à 8 1367

Décret n° 2017-1012 du 10 mai 2017 relatif au Conseil national de la transaction et de la gestion immobilières
art. 1er à 33 1553
art. 35 1558

2018

Décret n° 2018-347 du 9 mai 2018 relatif à la la lettre recommandée électronique
art. 1er à 3 1331

Loi n° 2018-1021 du 23 novembre 2018 portant évolution du logement, de l'aménagement et du numérique
art. 206 .... 3, 1341
art. 209 59

2019

Décret n° 2019-502 du 23 mai 2019 relatif à la liste minimale des documents dématérialisés concernant la copropriété accessibles sur un espace sécurisé en ligne
art. 1er à 4 1221

Projet du GRECCO n° 2 du juin 2019 proposition de réforme du droit des petites copropriétés à deux 1256

Préconisation du GRECCO n° 7 du 10 décembre 2019 relative à l'application du statut de la copropriété en cas de vente d'immeuble à construire 1256

2020

Rapport au Président de la République relatif à l'ordonnance n° 2020-595 du 20 mai 2020 portant modification de l'ordonnance n° 2020-304 du 25 mars 2020
art. 8 1176
art. 9 1177

Projet du GRECCO n° 3 du janvier 2020 proposition de simplification de l'ordonnance du 30 octobre 2019 1256

Ordonnance n° 2020-304 du 25 mars 2020 portant adaptation des règles applicables aux juridictions de l'ordre judiciaire statuant en matière non pénale et aux contrats de syndic de copropriété
art. 22 à 23 1178

Préconisation du GRECCO n° 8 du 18 avril 2020 relative à la tenue des assemblées générales en présentiel pendant la crise sanitaire 1256

Recommandation du GRECCO n° 1 du 18 avril 2020 sur la prolongation de plein droit des mandats de syndic, pour pallier les conséquences de la crise sanitaire 1256

Décret n° 2020-1229 du 7 octobre 2020 portant diverses mesures relatives aux pénalités de retard applicables au syndic de copropriété à défaut de transmission de documents, à la liste minimale des documents dématérialisés concernant la copropriété accessibles sur un espace sécurisé en ligne, et au budget alloué au conseil syndical ayant reçu une délégation de pouvoirs 1234

Préconisation du GRECCO n° 10 du 20 octobre 2020 relative à l'adaptation des règlements de copropriété concernant les lots transitoires 1256

Arrêté du 24 novembre 2020 aménageant les catégories de prêts servant de base à l'application des dispositions relatives à l'usure pour les prêts aux syndicats de copropriétaires
art. 1er 1244

Préconisation du GRECCO n° 11 du 16 décembre 2020 relative aux modalités du vote par correspondance 1255

TEXTES NON CODIFIÉS REPRODUITS — PAGES

Arrêté du 23 décembre 2020 relatif à l'application de l'article R. 111-14-2 du Code de la construction et de l'habitation
art. 1er à 9 1577

2021

Arrêté du 31 mars 2021 relatif aux méthodes et procédures applicables au diagnostic de performance énergétique et aux logiciels l'établissant
art. 1er à 6 1203

Préconisation du GRECCO n° 12 du 21 avril 2021 la mise en conformité du règlement de copropriété avec les dispositions relatives aux parties communes spéciales.. 1255

Arrêté du 30 juillet 2021 précisant le format et le contenu de la fiche d'information sur le prix et les prestations proposées par le syndic
art. 1er à 3 1546

Décret n° 2021-1534 du 26 novembre 2021 pris pour l'application de l'ordonnance n° 2019-418 du 7 mai 2019 relative à la vente de logements appartenant à des organismes d'habitations à loyer modéré à des personnes physiques avec application différée du statut de la copropriété
art. 1er 1280

2022

Décret n° 2022-93 du 31 janvier 2022 fixant la liste des territoires dont les rejets d'eaux usées et pluviales ont une incidence sur la qualité de l'eau pour les épreuves olympiques de nage libre et de triathlon en Seine
art. 1er 986

Loi n° 2022-217 du 21 février 2022 relative à la différenciation, la décentralisation, la déconcentration et portant diverses mesures de simplification de l'action publique locale
art. 89 ....59, 1341

Décret n° 2022-521 du 11 avril 2022 fixant le délai mentionné au II de l'article L. 2224-8 du Code général des collectivités territoriales pour la transmission du rapport établi à l'issue du contrôle de raccordement d'un immeuble au réseau public d'assainissement effectué sur demande du propriétaire ou du syndicat des copropriétaires 989

Décret n° 2022-663 du 25 avril 2022 fixant les compétences et les garanties exigées pour les personnes établissant le projet de plan pluriannuel de travaux des immeubles soumis au statut de la copropriété
art. 1er à 3 1375

Préconisation du GRECCO n° 15 du 27 juin 2022 Le conseil syndical : désignation et organisation........... 1255

CNIL du 18 novembre 2022 1191

Arrêté du 27 décembre 2022 relatif au carnet d'information du logement
art. 1er à 9 1058

2023

Arrêté du 2 juin 2023 relatif à l'encadrement de la contribution au titre du déploiement d'infrastructures collectives de recharge relevant du réseau public de distribution dans les immeubles collectifs à usage principal d'habitation
art. 1er à 4 1581

Arrêté du 27 juin 2023 précisant les modalités de détermination de la catégorie d'usure applicable pour les prêts accordés aux syndicats de copropriétaires
art. 1er et 2 1244

Préconisation du GRECCO n° 16 du 4 juillet 2023 Le conseil syndical : prérogatives 1255

2024

Loi n° 2024-346 du 15 avril 2024 visant à adapter le droit de la responsabilité civile aux enjeux actuels
art. unique 1569

INDEX ALPHABÉTIQUE

Les numéros renvoient respectivement aux développements d'annotations qui suivent les articles de la loi ou du décret.

A

Abandon de lot, L. 10 juill. 1965, art. 1er (anc.) (no 19), p. 10 ; art. 10 (no 96), p. 170.

Absence, D. 4 janv. 1955, art. 50-1, p. 1402.

Absence (d'un copropriétaire à l'assemblée), L. 10 juill. 1965, art. 24 (no 32), p. 405 ; art. 42 (no 49), p. 614. - D. 17 mars 1967, art. 14, p. 743 ; art. 14 (no 11), p. 746 ; V. *Copropriétaire défaillant.*

Absence de syndic :
- cas, L. 10 juill. 1965, art. 18 (nos 60 à 64), p. 305 ; art. 25 (no 36), p. 450. - D. 17 mars 1967, art. 46 et 47, p. 831 et s. ;
- convocation de l'assemblée, D. 17 mars 1967, art. 46 et 47, p. 831 et s. ;
- nomination d'un nouveau syndic, D. 17 mars 1967, art. 46 et 47, p. 831 et s.

Abstentionniste :
- calcul de la majorité, L. 10 juill. 1965, art. 24 (no 31), p. 405 ;
- notifications, D. 17 mars 1967, art. 18 (no 7), p. 767 ;
- procès-verbal (mentions), D. 17 mars 1967, art. 17 (no 6), p. 757 ;
- recours contre les décisions, L. 10 juill. 1965, art. 42 (no 51), p. 615.

Abus :
- de confiance (syndic), L. 10 juill. 1965, art. 18 (no 112), p. 326. - D. 17 mars 1967, art. 29 (no 8), p. 797 ; art. 38 (anc.) (no 2), p. 819 ;
- de droit de vote, L. 10 juill. 1965, art. 24 (nos 36 à 43), p. 407 ;
- de jouissance des parties communes, L. 10 juill. 1965, art. 9 (anc.) (no 53), p. 111 ;
- de jouissance des parties privatives, V. *Troubles de jouissance ;*
- de majorité, L. 10 juill. 1965, art. 24 (nos 36 à 42), p. 407 ;
- de minorité, L. 10 juill. 1965, art. 24 (no 43), p. 413.

Accès :
- aux assemblées, L. 10 juill. 1965, art. 17 (no 7), p. 275 ; art. 22 (no 1), p. 372 ; art. 22 (no 12), p. 377 ;
- de l'immeuble, L. 10 juill. 1965, art. 25, p. 428 ; art. 25 (no 57), p. 457 ; art. 26, p. 469 ; art. 26 (no 15), p. 475.

Accessibilité (handicapés), Annexe 48, p. 1365.

Accessibilité de l'immeuble, L. 10 juill. 1965, art. 24 (nos 12 à 17), p. 399.

Accidents, L. 10 juill. 1965, art. 14 (no 24), p. 221 ; art. 14 (no 27), p. 223 ; art. 14 (no 39), p. 228.

Achèvement de l'immeuble (Charges), L. 10 juill. 1965, art. 10 (no 4), p. 140.

Acquéreur de lot, V. *Vente de lot.*

Acquisition par le syndicat :
- pour son compte, L. 10 juill. 1965, art. 16, p. 267 ;
- pour le compte de la copropriété, L. 10 juill. 1965, art. 26 (no 3), p. 470 ;
- modification de la répartition des charges, L. 10 juill. 1965, art. 11 (no 5), p. 198 ; art. 11 (no 7), p. 199 ;
- publicité foncière, Annexe 52, p. 1397. - D. 14 oct. 1955, art. 16-1, p. 1406 ; art. 71-4, p. 1408.

Acte :
- d'acquisition, V. *Acquisition par le syndicat ;*
- administratif, D. 17 mars 1967, art. 5-1 (no 2), p. 679 ; art. 6-1, p. 688 ;
- d'administration, L. 10 juill. 1965, art. 24 (no 2), p. 394 ;
- d'aliénation, V. *Aliénation ;*
- conservatoire, V. *Mesures conservatoires ;*
- de disposition, L. 10 juill. 1965, art. 9 (anc.) (nos 3 et 4), p. 88 ; art. 18 (no 12), p. 293 ; art. 25 (no 44), p. 452 ; art. 26 (no 3), p. 470 ; art. 26 (no 30), p. 484 ;
  - ▶ parties communes, L. 10 juill. 1965, art. 26 (no 30), p. 484 ;
  - ▶ parties privatives, L. 10 juill. 1965, art. 9 (anc.) (no 4), p. 88 ;
  - ▶ syndic, L. 10 juill. 1965, art. 18 (no 12), p. 293.

Acte modificatif :
- de l'état descriptif de division, D. 17 mars 1967, art. 3 (no 4), p. 665 ; art. 4 (nos 1 et 2), p. 668 ; Annexe 52, p. 1397 ;
- opposabilité, L. 10 juill. 1965, art. 13 (nos 1 à 5), p. 210. - D. 17 mars 1967, art. 4 (nos 1 et 2), p. 668 ;
- du règlement de copropriété, L. 10 juill. 1965, art. 13 (nos 1 à 5), p. 210 ; art. 26 (no 15), p. 475. - D. 17 mars 1967, art. 4 (nos 1 et 2), p. 668 ; Annexe 52, p. 1397. - D. 14 oct. 1955, art. 85, p. 1426 ;
- de la répartition des charges communes, L. 10 juill. 1965, art. 11 (no 1), p. 197 ; art. 11 (no 3), p. 198 ; art. 11 (nos 5 à 7), p. 198 ;
- vote, L. 10 juill. 1965, art. 26 (no 15), p. 475.

V. *Modification.*

Action en justice, L. 10 juill. 1965, art. 25 (no 64), p. 461 ;
- bornage, L. 10 juill. 1965, art. 2 (no 14), p. 31 ;

- collective, L. 10 juill. 1965, art. 15 (nos 1 et 2), p. 247 ; art. 15 (nos 6 à 10), p. 249 ; art. 18 (no 93), p. 314 ;
- contre le syndic, L. 10 juill. 1965, art. 15 (no 37), p. 260 ; art. 18 (no 8), p. 291 ; art. 18 (no 93), p. 314 ; art. 18 (nos 98 et 99), p. 316 ; art. 18 (nos 101 et 102), p. 317 ; art. 18 (nos 104 à 109), p. 321 ; art. 18 (no 111), p. 325 ; art. 25 (no 65), p. 461. - D. 17 mars 1967, art. 59, p. 864 ; art. 61-1, p. 868 ; art. 64, p. 894 ;
- contre le syndicat, L. 10 juill. 1965, art. 15 (no 37), p. 260. - D. 17 mars 1967, art. 55 (no 21), p. 859 ; art. 55 (no 26), p. 861 ; art. 59, p. 864 ; art. 61-1, p. 868 ; art. 64, p. 894 ;
- delégation de pouvoir, L. 10 juill. 1965, art. 25 (no 65), p. 461 ;
- désordres de construction, L. 10 juill. 1965, art. 14 (no 38), p. 227 ; art. 14 (no 48), p. 232 ; art. 15 (no 11), p. 252 ; art. 15 (nos 42 et 43), p. 261 ; art. 15 (nos 47 et 48), p. 263. - D. 17 mars 1967, art. 55 (nos 8 à 11), p. 850 ;
- directe (créanciers), L. 10 juill. 1965, art. 14 (no 6), p. 216 ; art. 18 (no 92), p. 314 ;
- en garantie des vices cachés, L. 10 juill. 1965, art. 15 (no 7), p. 249 ; art. 15 (no 11), p. 252 ; art. 15 (no 42), p. 261 ; art. 15 (no 47), p. 263 ;
- individuelle, L. 10 juill. 1965, art. 15 (no 1), p. 247 ; art. 15 (nos 13 à 15), p. 253 ; art. 15 (no 18), p. 255 ; art. 15 (nos 20 et 21), p. 256 ; art. 15 (no 23), p. 257. - D. 17 mars 1967, art. 51, p. 844 ;
- du locataire, L. 10 juill. 1965, art. 9 (anc.) (no 67), p. 118 ;
- en nullité de la répartition des charges, L. 10 juill. 1965, art. 11 (no 3), p. 198 ; art. 11 (no 5), p. 198 ; art. 12, p. 202 ; art. 43 (anc.) (no 15), p. 634 ;
- oblique, L. 10 juill. 1965, art. 9 (anc.) (no 64), p. 117 ; art. 9 (anc.) (no 67), p. 118 ;
- oblique (créanciers du syndicat), L. 10 juill. 1965, art. 14 (no 6), p. 216 ;
- personnelle des copropriétaires, L. 10 juill. 1965, art. 15 (no 1), p. 247 ; art. 15 (nos 13 à 15), p. 253 ; art. 15 (no 18), p. 255 ; art. 15 (nos 20 et 21), p. 256 ; art. 15 (no 23), p. 257. - D. 17 mars 1967, art. 51, p. 844 ;
- pétitoire, L. 10 juill. 1965, art. 15 (no 6), p. 249 ; art. 15 (no 26), p. 257 ; art. 15 (no 30), p. 259 ; art. 15 (no 46), p. 262 ; art. 42 (no 18), p. 599 ; art. 42 (no 22), p. 601 ;
- possessoire, L. 10 juill. 1965, art. 15 (no 25), p. 257 ; art. 15 (no 44), p. 262 ;
- pouvoirs du syndic, L. 10 juill. 1965, art. 18 (no 93), p. 314. - D. 17 mars 1967, art. 55, p. 846 ;
- prescription, L. 10 juill. 1965, art. 42, p. 593 ; art. 42 (nos 4 et 5), p. 595 ; art. 42 (no 8), p. 596 ; art. 42 (no 11), p. 596 ; art. 42 (no 13), p. 597 ; art. 42 (nos 16 à 18), p. 598 ; art. 42 (no 23), p. 602 ;
- réelle, L. 10 juill. 1965, art. 42 (no 4), p. 595 ; art. 42 (no 18), p. 599 ; art. 42 (no 22), p. 601 ;
- résolutoire, L. 10 juill. 1965, art. 15 (no 45), p. 262 ;
- en responsabilité contre le syndic ou le syndicat, V. *Syndic et Syndicat ;*
- en responsabilité décennale, L. 10 juill. 1965, art. 15 (no 11), p. 252 ; art. 15 (nos 42 et 43), p. 261 ; art. 15 (nos 47 et 48), p. 263 ; V. *Architectes ;*
- en revendication, L. 10 juill. 1965, art. 15 (no 6), p. 249 ; art. 15 (no 26), p. 257 ; art. 15 (no 31), p. 259 ; art. 15 (no 44), p. 262 ; art. 42 (no 18), p. 599 ; art. 42 (no 22), p. 601 ;
- en révision de la répartition des charges, L. 10 juill. 1965, art. 12, p. 202. - D. 17 mars 1967, art. 52 et 53, p. 845 ;
- du syndicat, L. 10 juill. 1965, art. 15 (nos 1 et 2), p. 247 ; art. 15 (nos 6 à 11), p. 249 ; art. 18 (no 93), p. 314. - D. 17 mars 1967, art. 59, p. 864.

Activité :
- bruyante, L. 10 juill. 1965, art. 9 (anc.) (no 46), p. 108 ; V. *Bruit ;*
- commerciale, V. *Commerces ;*
- confessionnelle, V. *Exercice d'un culte ;*
- dangereuse, L. 10 juill. 1965, art. 9 (anc.) (no 6), p. 90 ; art. 9 (anc.) (no 8), p. 91 ; art. 9 (anc.) (no 13), p. 92 ;
- enseignement, L. 10 juill. 1965, art. 9 (anc.) (no 45), p. 108 ; art. 9 (anc.) (no 53), p. 111 ;
- gênante, L. 10 juill. 1965, art. 8 (no 46), p. 78 ; art. 9 (anc.) (no 6), p. 90 ; art. 9 (anc.) (no 8), p. 91 ; art. 9 (anc.) (nos 13 et 14), p. 92 ; art. 9 (anc.) (no 46), p. 108 ;
- immorale, L. 10 juill. 1965, art. 9 (anc.) (no 8), p. 91 ; art. 9 (anc.) (no 14), p. 93 ; V. *Sex-shop et Prostitution ;*
- insalubre, L. 10 juill. 1965, art. 9 (anc.) (no 8), p. 91 ; art. 9 (anc.) (no 13), p. 92 ;
- non autorisée, L. 10 juill. 1965, art. 8 (no 54), p. 81 ; art. 15 (no 32), p. 259 ;
- politique, L. 10 juill. 1965, art. 9 (anc.) (no 51), p. 110 ;
- professionnelle, V. *Exercice d'une profession ;*
- religieuse, V. *Exercice d'un culte ;*
- syndicale, L. 10 juill. 1965, art. 8 (no 31), p. 72.

Activité de syndic de copropriété, Annexe 36, p. 1257.

Adaptation des règlements de copropriété, L. 10 juill. 1965, art. 24 (no 21), p. 401.

Addition de construction (Travaux), V. *Constructions.*

Adjonction d'éléments d'équipement, L. 10 juill. 1965, art. 30, p. 542 ; art. 36, p. 565.

Adjudication de lots, L. 10 juill. 1965, art. 10 (no 99), p. 178 ; art. 20, p. 351. - D. 17 mars 1967, art. 5-1, p. 679 ; art. 5-1 (no 3), p. 679.

Administrateur :
- judiciaire, L. 10 juill. 1965, art. 14 (no 6), p. 216. - D. 17 mars 1967, art. 49, p. 841 ;
- provisoire, V. *ce mot ;*

V. *Mandataire de justice.*

Administrateur *ad hoc* :
- nomination (cas), L. 10 juill. 1965, art. 18 (no 118), p. 328. - D. 17 mars 1967, art. 49, p. 841 ;
- procédure de désignation, D. 17 mars 1967, art. 49, p. 841.

Administrateur d'immeubles, Annexe 58, p. 1487.

Administrateur provisoire, L. 10 juill. 1965, art. 18 (no 120), p. 329 ;
- avis du conseil syndical, D. 17 mars 1967, art. 62-7, p. 878 ;
- cas de désignation, L. 10 juill. 1965, art. 29-1, p. 523 ;
- compétence, D. 17 mars 1967, art. 62-1, p. 875 ;
- compte-rendu de mission, D. 17 mars 1967, art. 62-11, p. 880 ;
- convocation de l'assemblée, L. 10 juill. 1965, art. 25 (no 36), p. 450. - D. 17 mars 1967, art. 47, p. 833 ; art. 62-7, p. 878 ; art. 62-14, p. 882 ;
- copropriété en difficulté, V. *Administrateur provisoire dans les copropriétés en difficulté ;*

- demande d'assistance technique, D. 17 mars 1967, art. 62-10, p. 880 ;
- demande de nomination, L. 10 juill. 1965, art. 29-1, p. 523. - D. 17 mars 1967, art. 62-1 et 62-2, p. 875 ;
- désignation, D. 17 mars 1967, art. 61-1-1 à 61-1-3, p. 868 et s. ;
- durée de la mission, D. 17 mars 1967, art. 62-5, p. 877 ;
- imputation des frais, L. 10 juill. 1965, art. 29-1, p. 523 ;
- interdiction de présider l'assemblée, L. 10 juill. 1965, art. 22 (n° 38), p. 385. - D. 17 mars 1967, art. 15 (n° 8), p. 749 ;
- lettre recommandée électronique, D. 17 mars 1967, art. 64-4, p. 900 ;
- liquidation des dettes, D. 17 mars 1967, art. 62-28, p. 888 ;
- mission, D. 17 mars 1967, art. 62-4, p. 876 ;
- nomination (cas), L. 10 juill. 1965, art. 18 (n° 63), p. 306 ; art. 18 (n° 69), p. 309 ; art. 18 (n° 116), p. 328. - D. 17 mars 1967, art. 28 (n° 7), p. 785 ; art. 28 (n° 26), p. 794 ; art. 47, p. 833 ;
- ordonnance, D. 17 mars 1967, art. 62-5, p. 877 ;
- poursuites des créanciers, L. 10 juill. 1965, art. 29-2 et 29-3, p. 530 et s. ;
- pouvoirs, D. 17 mars 1967, art. 62-5, p. 877 ; art. 62-7, p. 878 ;
- procédure de désignation, D. 17 mars 1967, art. 47, p. 833 ; art. 59, p. 864 ;
- procureur de la République, D. 17 mars 1967, art. 62-2, p. 875 ;
- rapports et pré-rapports, D. 17 mars 1967, art. 11 (n° 31), p. 734 ; art. 62-11 à 62-14, p. 880 et s. ;
- recours de copropriétaires, D. 17 mars 1967, art. 59, p. 864 ;
- référé, D. 17 mars 1967, art. 62-2, p. 875 ;
- registre des décisions, D. 17 mars 1967, art. 62-8, p. 879 ;
- rémunération, D. 17 mars 1967, art. 61-1-5, p. 871 ; Annexe 21, p. 1169 ;
- requête, D. 17 mars 1967, art. 62-2, p. 875 ;
- rôle du syndic, D. 17 mars 1967, art. 62-2, p. 875 ; art. 62-5 et 62-6, p. 877 et s. ; art. 62-9, p. 879.

Administrateur provisoire dans les copropriétés en difficulté :
- ordonnance sur requête, V. *Requête et Ordonnance ;*
- procureur de la République, D. 17 mars 1967, art. 62-3, p. 876.

Administration des parties communes :
- décisions, L. 10 juill. 1965, art. 24, p. 392 ;
- rôle du syndic, L. 10 juill. 1965, art. 18 (n°s 12 à 14), p. 293 ; art. 18 (n°s 19 à 27), p. 294.

Administration provisoire :
- contrats en cours, D. 17 mars 1967, art. 62-21, p. 885 ;
- créances, D. 17 mars 1967, art. 62-16 et 62-17, p. 883 ;
- créances irrécouvrables, D. 17 mars 1967, art. 62-29, p. 889 ;
- créanciers, D. 17 mars 1967, art. 62-23, p. 886 ;
- déclaration des créances, D. 17 mars 1967, art. 62-18 et 62-19, p. 883 et s. ;
- mesures de publicité, D. 17 mars 1967, art. 62-17, p. 883 ;
- plan d'apurement des dettes, D. 17 mars 1967, art. 62-22, p. 886 ; art. 62-24 à 62-27, p. 887 et s. ;
- projet d'échéancier, D. 17 mars 1967, art. 62-23, p. 886 ;
- renforcée, V. *Administration provisoire renforcée.*

Administration provisoire renforcée, D. 17 mars 1967, art. 62-30 à 62-35, p. 889 et s.

Adoucisseur d'eau, L. 10 juill. 1965, art. 30 (n° 10), p. 546.

Aération (Travaux), L. 10 juill. 1965, art. 25 (n° 51), p. 454.

Affectation des lots, L. 10 juill. 1965, art. 8 (n° 29), p. 72 ; art. 8 (n° 31), p. 72 ; art. 8 (n° 46), p. 78 ; art. 9 (anc.) (n° 14), p. 93 ; art. 9 (anc.) (n° 26), p. 99 ; art. 9 (anc.) (n°s 29 à 34), p. 100 ; art. 9 (anc.) (n°s 36 à 42), p. 102 ; art. 9 (anc.) (n°s 44 à 51), p. 107 ; art. 9 (anc.) (n° 53), p. 111 ; art. 25 (n° 46), p. 453 ; art. 26 (n° 30), p. 484 ; art. 26 (n° 32), p. 485. - D. 17 mars 1967, art. 3 (n° 4), p. 665 ;
- clauses du règlement, L. 10 juill. 1965, art. 8 (n° 46), p. 78.

Affichage, L. 10 juill. 1965, art. 3 (n° 35), p. 41 ; art. 9 (anc.) (n° 114), p. 135. - D. 17 mars 1967, art. 2 (n° 7), p. 663 ; V. *Consignes incendie.*

Affouillement du sol des parties communes, L. 10 juill. 1965, art. 37 (n° 1), p. 566 ;
- réserve du droit, L. 10 juill. 1965, art. 37 (n° 1), p. 566.

AFU, C. urb., art. L. 322-1, p. 1012 ; art. L. 322-9 et L. 322-9-1, p. 1013.

Agence nationale de l'habitat (ANAH), Annexe 1, p. 909.

Agent immobilier :
- compromis de vente (obligation), D. 17 mars 1967, art. 4, p. 668 ;
- exercice de la profession de syndic, Annexe 58, p. 1487 ; L. 2 janv. 1970, p. 1487 ; D. 20 juill. 1972, p. 1497 ;
- loi Carrez, V. *ce mot.*

Aggravation des charges :
- changement d'usage d'un lot, L. 10 juill. 1965, art. 25 (n° 46), p. 453 ;
- clauses du règlement, L. 10 juill. 1965, art. 10 (n° 129), p. 187 ; art. 10 (n° 131), p. 188 ; art. 10 (n° 133), p. 189.

Aide juridictionnelle, L. 10 juill. 1965, art. 42 (n° 56), p. 617.

Aide juridictionnelle (syndicat), (n° 4), p. 516.

Airbnb, L. 10 juill. 1965, art. 8 (n° 19), p. 68.

Aire de jeux, L. 10 juill. 1965, art. 3, p. 32.

Aire de stationnement, V. *Parking.*

Aliénation :
- du droit de surélever, L. 10 juill. 1965, art. 35, p. 559 ;
- de lots, D. 17 mars 1967, art. 5 et 5-1, p. 672 et s. ; art. 65, p. 902 ;
- parties communes, L. 10 juill. 1965, art. 6-1, p. 50 ; art. 11 (n° 7), p. 199 ; art. 16 et 16-1, p. 267 et s. ; art. 25 (n° 44), p. 452 ; art. 26 (n°s 3 à 8), p. 470 ; art. 26 (n° 13), p. 475 ; art. 26 (n° 30), p. 484 ; Annexe 52, p. 1397 - D. 14 oct. 1955, art. 11, p. 1405 ;
- prix, L. 10 juill. 1965, art. 26 (n° 6), p. 472.

Alliés du syndic :
- convention avec le syndicat, D. 17 mars 1967, art. 39, p. 819 ;
- participation à la construction de l'immeuble, D. 17 mars 1967, art. 56, p. 863.

Amélioration de l'immeuble :
- rôle du syndicat, L. 10 juill. 1965, art. 14 (n° 16), p. 219.

Amiante, D. 17 mars 1967, art. 1er (n° 3), p. 656 ; Annexe 2, p. 913.

Animaux, L. 10 juill. 1965, art. 8 (nos 36 et 37), p. 75 ; art. 9 (anc.) (no 6), p. 90 ; art. 9 (anc.) (nos 8 et 9), p. 91 ; Annexe 3, p. 933.

Annexion de parties communes, L. 10 juill. 1965, art. 9 (anc.) (no 93), p. 126 ; art. 15 (no 28), p. 258 ; art. 15 (no 31), p. 259 ; art. 15 (no 46), p. 262 ; art. 25 (no 18), p. 439 ; art. 42 (no 22), p. 601.

Annuités (Travaux), L. 10 juill. 1965, art. 32 et 33, p. 556.

Antenne, L. 10 juill. 1965, art. 9 (anc.) (no 13), p. 92 ; art. 10 (no 4), p. 140 ; art. 10 (no 8), p. 141 ; art. 10 (no 18), p. 144 ; art. 10 (no 25), p. 147 ; art. 10 (no 51), p. 159 ; art. 25 (nos 62 et 63), p. 460. - D. 17 mars 1967, art. 1er (no 7), p. 658 ; Annexe 4, p. 941.

Appareils :
- de chauffage, L. 10 juill. 1965, art. 2, p. 27 ; V. *Chauffage ;*
- sanitaires, L. 10 juill. 1965, art. 2, p. 27.

Appel, D. 17 mars 1967, art. 55 (no 16), p. 856 ; art. 55 (no 19), p. 858 ; art. 55 (no 26), p. 861.

Appel en cause (du syndicat), D. 17 mars 1967, art. 53, p. 845.

Appel de fonds, D. 17 mars 1967, art. 5, p. 672 ; art. 5-1 (nos 7 à 10), p. 680 ; art. 35, p. 810 ; art. 35 (no 2), p. 811 ; art. 36, p. 816 ; art. 62-9, p. 879.

Appel de fonds (vente de lots), D. 17 mars 1967, art. 5-1 (no 11), p. 681.

Appel en garantie :
- des constructeurs, L. 10 juill. 1965, art. 14 (no 48), p. 232 ; art. 15 (no 11), p. 252 ; art. 15 (no 42), p. 261 ; art. 15 (nos 47 et 48), p. 263 ;
- des locataires, L. 10 juill. 1965, art. 9 (anc.) (no 60), p. 115 ;
- pouvoir du syndic, D. 17 mars 1967, art. 55 (no 16), p. 856 ; art. 55 (no 26), p. 861.

Application de la loi :
- dans l'espace, L. 10 juill. 1965, art. 47, p. 649. - D. 17 mars 1967, art. 66, p. 905 ;
- dans le temps, L. 10 juill. 1965, art. 45, p. 635.

Approbation des comptes, L. 10 juill. 1965, art. 10 (nos 89 à 92), p. 173 ; art. 18 (nos 33 et 34), p. 300. - D. 17 mars 1967, art. 11 (no 7), p. 726 ; art. 11 (no 11), p. 727 ; art. 35 (no 14), p. 813 ;
- effets, D. 17 mars 1967, art. 45-1, p. 830.

V. *Quitus.*

Appropriation des parties communes, V. *Annexion des parties communes.*

Arbres, L. 10 juill. 1965, art. 9 (anc.) (no 5), p. 88.

Architecte :
- choix, L. 10 juill. 1965, art. 18 (no 26), p. 297 ;
- contrôle des travaux, L. 10 juill. 1965, art. 14 (no 29), p. 224 ; art. 25 (no 16), p. 438 ; art. 25 (no 26), p. 443 ; art. 26 (no 26), p. 481 ;
- honoraires, L. 10 juill. 1965, art. 18 (no 12), p. 293. - D. 17 mars 1967, art. 27 (anc.) (no 2), p. 781 ;
- responsabilité, L. 10 juill. 1965, art. 14 (no 48), p. 232 ; art. 15 (no 43), p. 261 ; art. 15 (no 47), p. 263 ; art. 18 (no 101), p. 317. - D. 17 mars 1967, art. 55 (nos 8 à 10), p. 850.

Archives du syndicat, L. 10 juill. 1965, art. 18 (no 37), p. 301. - D. 17 mars 1967, art. 33-2, p. 809 ; Annexe 17, p. 1095 ;
- prestataire extérieur, D. 17 mars 1967, art. 33-2 (no 1), p. 809 ;
- transmission, L. 10 juill. 1965, art. 18-2, p. 337. - D. 17 mars 1967, art. 33 et 33-1, p. 806 et s.

Arrêté de mise en sécurité, L. 10 juill. 1965, art. 29-16, p. 542.

Arrêté de péril, L. 10 juill. 1965, art. 1er (anc.) (no 75), p. 24 ; art. 10 (no 17), p. 144 ; art. 10 (no 21), p. 146 ; Annexe 39, p. 1301.

Arrêté de traitement de l'insalubrité, L. 10 juill. 1965, art. 29-16, p. 542.

Ascenseur, L. 10 juill. 1965, art. 10 (nos 13 et 14), p. 143 ;
- accès (réglementation), L. 10 juill. 1965, art. 26 (no 26), p. 481 ;
- accident, L. 10 juill. 1965, art. 14 (no 24), p. 221 ; art. 14 (no 38), p. 227 ;
- charges, D. 17 mars 1967, art. 1er (nos 9 et 10), p. 658 ;
- installation, L. 10 juill. 1965, art. 24 (no 8), p. 397 ; art. 25 (no 10), p. 433 ; art. 25 (no 18), p. 439 ; art. 25 (no 20), p. 440 ; art. 25 (no 23), p. 441 ; art. 30 (no 9), p. 546 ;
- mise en conformité, CCH, art. R. 134-3 et s., p. 955 ;
- partie commune ou privative, L. 10 juill. 1965, art. 3 (no 17), p. 36 ; art. 6-2 (anc.) (no 3), p. 51 ;
- porte de cabine, D. 16 juin 1992, art. 1er, p. 973 ; Circ. 16 juin 1992, p. 974 ;
- règles de sécurité, D. 16 juin 1992, art. 8, p. 974 ;
- réparations, L. 10 juill. 1965, art. 24 (no 4), p. 396 ;
- répartition des charges, L. 10 juill. 1965, art. 10 (no 8), p. 141 ; art. 10 (no 26), p. 148. - D. 17 mars 1967, art. 1er (no 7), p. 658 ;
- sécurité, Annexe 5, p. 949.

Aspect extérieur de l'immeuble, L. 10 juill. 1965, art. 24, p. 392 ; art. 24 (no 17), p. 400 ; art. 24 (no 33), p. 406 ; art. 25, p. 428 ;
- dispositions du règlement, L. 10 juill. 1965, art. 8 (no 34), p. 74 ; art. 8 (no 39), p. 75 ; art. 8 (no 42), p. 76 ;
- travaux affectant, L. 10 juill. 1965, art. 9 (anc.) (no 17), p. 94 ; art. 9 (anc.) (no 19), p. 94 ; art. 9 (anc.) (nos 21 et 22), p. 95 ; art. 9 (anc.) (no 102), p. 130 ; art. 25 (no 3), p. 430 ; art. 25 (nos 11 et 12), p. 435 ; art. 25 (nos 14 à 16), p. 437 ; art. 25 (nos 18 et 19), p. 439 ; art. 25 (nos 22 à 24), p. 441 ; art. 25 (no 26), p. 443 ; art. 25 (nos 28 et 29), p. 444 ; art. 25 (nos 32 à 34), p. 447.

Assainissement, L. 10 juill. 1965, art. 24-10, p. 426 ; Annexe 5-1, p. 985.

Assemblée :
- abstentionnistes, V. *ce mot ;*
- abus de majorité, L. 10 juill. 1965, art. 24 (nos 36 à 42), p. 407 ;
- abus de minorité, L. 10 juill. 1965, art. 24 (no 43), p. 413 ;
- accès, L. 10 juill. 1965, art. 17 (no 4), p. 273 ; art. 22 (no 1), p. 372 ; art. 22 (no 12), p. 377 ;
- annuelle, D. 17 mars 1967, art. 7, p. 692 ;
- bureau, V. *ce mot ;*
- calcul des voix, L. 10 juill. 1965, art. 22 (no 5), p. 374 ; art. 22 (no 10), p. 376 ; art. 24 (nos 31 et 32), p. 405 ; art. 25 (no 3), p. 430 ; art. 26 (no 2), p. 470 ;
- caractère obligatoire, L. 10 juill. 1965, art. 17 (no 4), p. 273 ;

- contestation, L. 10 juill. 1965, art. 42 (nº 25), p. 603 ; art. 42 (nºs 27 à 29), p. 604 ; art. 42 (nº 31), p. 606 ; art. 42 (nºs 33 et 34), p. 607 ; art. 42 (nº 37), p. 610 ; art. 42 (nº 39), p. 610 ; art. 42 (nºs 42 et 43), p. 611 ; art. 42 (nºs 48 et 49), p. 614 ; art. 42 (nºs 51 à 53), p. 615 ; art. 42 (nº 55), p. 616 ; art. 42 (nºs 58 à 60), p. 618 ; art. 42 (nºs 62 à 64), p. 619 ; art. 42 (nºs 66 à 68), p. 621 ; art. 42 (nºs 70 et 71), p. 623 ; art. 42 (nº 73), p. 625 ;
- convocation, V. *ce mot ;*
- copropriétaire défaillant, L. 10 juill. 1965, art. 42 (nº 49), p. 614. - D. 17 mars 1967, art. 14, p. 743 ; art. 17, p. 755 ; art. 18 (nº 2), p. 765 ; V. *Absence d'un copropriétaire à l'assemblée ;*
- copropriétaire opposant, L. 10 juill. 1965, art. 42 (nº 49), p. 614. - D. 17 mars 1967, art. 14, p. 743 ; art. 17 et 18, p. 755 et s. ;
- copropriétaire présent ou représenté, L. 10 juill. 1965, art. 22 (nºs 14 à 16), p. 378 ; art. 22 (nºs 18 à 20), p. 379 ; art. 22 (nº 22), p. 381 ; art. 22 (nºs 24 à 28), p. 381 ; art. 22 (nº 38), p. 385 ; art. 22 (nºs 40 et 41), p. 386 ; art. 24 (nº 31), p. 405 ; art. 42 (nºs 48 et 49), p. 614 ; art. 42 (nºs 51 à 53), p. 615 ; art. 42 (nº 55), p. 616 ; art. 42 (nºs 58 à 60), p. 618 ; art. 42 (nº 62), p. 619 ; art. 42 (nº 64), p. 620 ; art. 42 (nº 66), p. 621. - D. 17 mars 1967, art. 14, p. 743 ; art. 17, p. 755 ;
- date, D. 17 mars 1967, art. 9, p. 703 ;
- décision, V. *Décision de l'assemblée ;*
- délai de recours, L. 10 juill. 1965, art. 42 (nº 55), p. 616 ; art. 42 (nºs 58 à 60), p. 618 ; art. 42 (nºs 62 et 63), p. 619 ;
- départ avant la fin, L. 10 juill. 1965, art. 24 (nº 32), p. 405. - D. 17 mars 1967, art. 14 (nº 11), p. 746 ;
- deuxième assemblée, L. 10 juill. 1965, art. 24 (nº 33), p. 406 ; art. 25-1, p. 463. - D. 17 mars 1967, art. 19 et 19-1, p. 771 et s. ;
- dispositions du règlement, V. *Règles de fonctionnement ;*
- exécution des décisions, L. 10 juill. 1965, art. 17 (nº 14), p. 278 ; art. 18 (nºs 7 et 8), p. 291 ; art. 42 (nº 59), p. 618 ; art. 42 (nºs 77 à 79), p. 626 ;
- feuille de présence, V. *ce mot ;*
- gestion courante, L. 10 juill. 1965, art. 24 (nº 2), p. 394 ; art. 24 (nºs 4 et 5), p. 396 ;
- heure de réunion, D. 17 mars 1967, art. 9 (nº 2), p. 704 ;
- lieu de réunion, L. 10 juill. 1965, art. 24 (nº 2), p. 394 ;
- majorités, V. *ce mot ;*
- mandats, L. 10 juill. 1965, art. 22 (nºs 14 à 16), p. 378 ; art. 22 (nºs 18 à 20), p. 379 ; art. 22 (nº 22), p. 381 ; art. 22 (nºs 24 à 28), p. 381 ; art. 22 (nºs 40 et 41), p. 386 ;
- notification des décisions, V. *Décisions de l'assemblée ;*
- nouvelle assemblée, V. *ci-dessus Deuxième assemblée ;*
- nullité, L. 10 juill. 1965, art. 42 (nº 37), p. 610 ;
- ordre du jour, V. *ce mot ;*
- participation des copropriétaires, L. 10 juill. 1965, art. 17 (nº 7), p. 275 ; art. 22 (nº 10), p. 376 ;
- périodicité, D. 17 mars 1967, art. 7, p. 692 ;
- police de l'assemblée, V. *Tenue de l'assemblée ;*
- pouvoirs, L. 10 juill. 1965, art. 22 (nº 1), p. 372 ; art. 24 à 26, p. 392 et s. ; art. 30, p. 542 ;
- présidence, L. 10 juill. 1965, art. 22 (nº 38), p. 385. - D. 17 mars 1967, art. 14 (nº 9), p. 745 ; art. 15 (nº 3), p. 748 ;
- procès-verbal, V. *ce mot ;*
- projet de résolution, V. *Décisions de l'assemblée ;*
- réduction des voix, L. 10 juill. 1965, art. 22 (nº 5), p. 374 ; art. 22 (nº 10), p. 376 ;
- règles de fonctionnement, L. 10 juill. 1965, art. 22 (nº 1), p. 372 ;
- représentation, L. 10 juill. 1965, art. 22 (nºs 14 à 16), p. 378 ; art. 22 (nºs 18 à 20), p. 379 ; art. 22 (nº 22), p. 381 ; art. 22 (nºs 24 à 28), p. 381 ; art. 22 (nº 38), p. 385 ; art. 22 (nºs 40 et 41), p. 386 ; Annexe 7 et 8, p. 1015 ;
- retardataires, L. 10 juill. 1965, art. 24 (nº 32), p. 405. - D. 17 mars 1967, art. 14 (nº 11), p. 746 ;
- secrétariat, D. 17 mars 1967, art. 15 (nº 13), p. 751 ;
- spéciale, V. *ce mot ;*
- tenue, V. *Tenue de l'assemblée ;*
- unanimité, V. *ce mot ;*
- urgence, V. *ce mot ;*
- visoconférence, L. 10 juill. 1965, art. 17-1 A (anc.) (nº 2), p. 281 ;
- voix, V. *ci-dessus Calcul des voix ;*
- vote, V. *Vote.*

Assemblée spéciale, L. 10 juill. 1965, art. 6-2, p. 51 ; art. 17 (nº 7), p. 275 ; art. 24 (nº 44), p. 413 ; art. 24 (nºs 46 et 47), p. 413 ; art. 27, p. 496 ; art. 27 (anc.) (nº 6), p. 499 ; art. 28 (nº 10), p. 508 ; art. 35 (nº 19), p. 563 ; art. 38 (nº 2), p. 568. - D. 17 mars 1967, art. 20, p. 774.

Assiette de la copropriété :
- extension, L. 10 juill. 1965, art. 6-1, p. 50 ; Annexe 52, p. 1397 ;
- réduction, L. 10 juill. 1965, art. 6-1, p. 50 ; Annexe 52, p. 1397. - D. 14 oct. 1955, art. 16-1, p. 1406 ; art. 71-4, p. 1408.

Assignation, V. *Action en justice.*

Assistance de technicien, D. 17 mars 1967, art. 27 (anc.) (nº 2), p. 781 ; art. 42, p. 825.

Association, L. 10 juill. 1965, art. 8 (nºs 46 et 47), p. 78 ; art. 9 (anc.) (nº 51), p. 110.

Association foncière urbaine, L. 10 juill. 1965, art. 1er (anc.) (nº 49), p. 19 ; art. 14 (nº 4), p. 215. - C. urb., art. L. 322-1, p. 1012 ; art. L. 322-9 et L. 322-9-1, p. 1013 ;
- adhésion, L. 10 juill. 1965, art. 24-7, p. 424 ;
- création, L. 10 juill. 1965, art. 24-7, p. 424.

Association de locataires, Annexe 43, p. 1333.

Association syndicale de propriétaires, L. 10 juill. 1965, art. 1er (anc.) (nº 49), p. 19 ; art. 8 (nº 12), p. 66 ; art. 29 (nº 1), p. 512 ; art. 44, p. 634 ; Annexe 6, p. 991.

Associé d'une SCI copropriétaires, V. *Société de construction.*

Assurances :
- caractère de charge commune, L. 10 juill. 1965, art. 10 (nº 19), p. 145 ; art. 10 (nº 24), p. 147 ; art. 10 (nº 26), p. 148 ; art. 10 (nº 69), p. 164. - D. 17 mars 1967, art. 1er (nº 5), p. 657 ;
- en cas de travaux autorisés par l'assemblée, L. 10 juill. 1965, art. 25 (nº 26), p. 443 ;

- dommages ou responsabilité, L. 10 juill. 1965, art. 15 (nº 11), p. 252 ; art. 15 (nº 47), p. 263 ; art. 18 (nº 10), p. 292 ; art. 18 (nºs 19 et 20), p. 294 ; art. 18 (nº 108), p. 324 ;
- dommages-ouvrages, L. 10 juill. 1965, art. 18, p. 284 ;
- de l'immeuble, L. 10 juill. 1965, art. 9-1, p. 136 ; art. 18 (nº 19), p. 294 ;
- indemnités versées, L. 10 juill. 1965, art. 40, p. 570 ;
- obligation des copropriétaires, L. 10 juill. 1965, art. 9-1, p. 136 ;
- responsabilité civile, L. 10 juill. 1965, art. 18, p. 284 ;
- de la responsabilité du syndic, D. 17 mars 1967, art. 28 (nº 8), p. 786 ;
- rôle du syndic, L. 10 juill. 1965, art. 9-1, p. 136 ; art. 18 (nºs 19 et 20), p. 294 ; art. 18 (nº 101), p. 317.

Assurances dommages-ouvrages, L. 10 juill. 1965, art. 1er (anc.) (nº 19), p. 10 ; art. 15 (nº 11), p. 252 ; art. 15 (nº 47), p. 263 ; art. 18 (nº 10), p. 292 ; art. 18 (nºs 19 et 20), p. 294 ; Annexe 17, p. 1095.

Assurances (index), L. 10 juill. 1965, art. 10 (nº 130), p. 188.

Astreinte, L. 10 juill. 1965, art. 24-8, p. 424 ;
- à l'encontre de l'ancien syndic, L. 10 juill. 1965, art. 18-2, p. 337 ; art. 18-2 (nº 14), p. 341 ;
- à l'encontre d'un copropriétaire, L. 10 juill. 1965, art. 8 (nº 53), p. 81 ; art. 9 (anc.) (nº 24), p. 97 ;
- à l'encontre du syndicat, L. 10 juill. 1965, art. 24-8 (nº 3), p. 425.

Astreintes, L. 10 juill. 1965, art. 10-1 (nº 13), p. 196.

Atteinte à l'intimité de la vie privée, L. 10 juill. 1965, art. 9 (anc.) (nº 2), p. 87.

Atteinte aux modalités de jouissance des parties privatives, L. 10 juill. 1965, art. 25 (nº 23), p. 441 ; art. 26 (nºs 26 à 28), p. 481 ; art. 26 (nº 30), p. 484 ; art. 42 (nº 34), p. 607.

Attribution de compétence (clause du règlement), D. 17 mars 1967, art. 61-1, p. 868.

Audit énergétique, L. 10 juill. 1965, art. 24-4, p. 417 ; Annexe 26, p. 1197.

Autorisation *a posteriori* :
- action en justice (syndic), D. 17 mars 1967, art. 55 (nº 9), p. 851 ; art. 55 (nº 14), p. 855 ; art. 55 (nº 19), p. 858 ;
- construction irrégulière, L. 10 juill. 1965, art. 25 (nº 32), p. 447.

Autorisation judiciaire :
- adjonction d'éléments d'équipement nouveaux, L. 10 juill. 1965, art. 30, p. 542 ;
- aménagement de locaux communs, L. 10 juill. 1965, art. 30, p. 542 ;
- création de locaux communs, L. 10 juill. 1965, art. 30, p. 542 ;
- travaux d'amélioration, L. 10 juill. 1965, art. 30, p. 542 ; art. 34, p. 558 ;
- travaux aux frais de certains copropriétaires, L. 10 juill. 1965, art. 25 (nºs 11 et 12), p. 435 ; art. 25 (nº 19), p. 440 ; art. 25 (nº 26), p. 443 ; art. 25 (nº 34), p. 448 ; art. 30 (nºs 19 à 26), p. 549 ; art. 30 (nºs 28 à 32), p. 553 ; art. 30 (nºs 34 et 35), p. 555.

Autorisation de pénétrer dans les parties communes, L. 10 juill. 1965, art. 24 (nº 28), p. 404.

Autorisation de travaux :
- par l'assemblée, L. 10 juill. 1965, art. 9 (anc.) (nº 17), p. 94 ; art. 9 (anc.) (nº 22), p. 95 ; art. 9 (anc.) (nº 111), p. 134 ; art. 24 (nºs 4 et 5), p. 396 ; art. 25 (nº 57), p. 457 ; art. 30, p. 542 ;
- judiciaire, V. *Autorisation judiciaire ;*
- dans le règlement de copropriété, L. 10 juill. 1965, art. 8 (nº 42), p. 76 ; art. 9 (anc.) (nº 17), p. 94 ;
- par le syndic, L. 10 juill. 1965, art. 18 (nº 102), p. 320 ; art. 25 (nº 24), p. 442.

Avances sans intérêt, Annexe 31, p. 1235.

Avances (au syndicat) :
- par l'administrateur provisoire, L. 10 juill. 1965, art. 18 (nº 120), p. 329 ;
- par un copropriétaire, D. 17 mars 1967, art. 37, p. 817 ; art. 37 (nº 4), p. 818 ;
- par le syndic, L. 10 juill. 1965, art. 18 (nº 120), p. 329.

Avances de trésorerie, D. 17 mars 1967, art. 5, p. 672 ; art. 35, p. 810 ; art. 35 (nº 4), p. 811 ; art. 36, p. 816 ; art. 45-1, p. 830.

Avis :
- en cas de mutation de lots, L. 10 juill. 1965, art. 20, p. 351 ; art. 20 (nºs 6 à 11), p. 353. - D. 17 mars 1967, art. 5-1, p. 679 ; art. 5-1 (nº 2), p. 679 ; art. 5-1 (nº 5), p. 680 ; art. 6, p. 684 ; art. 64, p. 894 ;
- du conseil syndical, L. 10 juill. 1965, art. 21, p. 360 ; art. 21 (nºs 5 et 6), p. 362. - D. 17 mars 1967, art. 11 (nº 24), p. 732 ; art. 11 (nº 38), p. 735 ; art. 26, p. 778 ; art. 37, p. 817 ;
- aux copropriétaires en cas de désignation judiciaire d'un syndic, d'un administrateur provisoire ou des membres du conseil syndical, D. 17 mars 1967, art. 59, p. 864 ;
- aux copropriétaires en cas de travaux urgents, D. 17 mars 1967, art. 37, p. 817 ;
- aux copropriétaires pour les instances concernant le syndicat, D. 17 mars 1967, art. 59, p. 864 ;
- à donner aux créanciers en cas de vente de lot, D. 17 mars 1967, art. 6-1, p. 688 ;
- à donner au syndic par les copropriétaires, V. *Information du syndic.*

Avocat :
- accès aux assemblées, L. 10 juill. 1965, art. 22 (nº 12), p. 377 ;
- obligations en cas d'adjudication de lots, D. 17 mars 1967, art. 4 (nºs 1 et 2), p. 668 ; art. 5-1, p. 679 ; art. 5-1 (nº 3), p. 679 ;
- possibilité d'être syndic, D. 17 mars 1967, art. 28 (nº 10), p. 786 ; Annexe 58, p. 1487.

B

Bail, V. *Location.*

Bail à construction, L. 10 juill. 1965, art. 10 (nº 3), p. 140.

Bail et convention d'usufruit, L. 10 juill. 1965, art. 10 (nº 104), p. 179 ; Annexe 8, p. 1019.

Bail à réhabilitation, L. 10 juill. 1965, art. 10 (nº 103), p. 179 ; Annexe 7, p. 1015.

Balayage, D. 17 mars 1967, art. 1er (nº 4), p. 656.

Balcon, L. 10 juill. 1965, art. 2 (nº 11), p. 30 ; art. 9 (anc.) (nº 77), p. 122 ; art. 9 (anc.) (nº 99), p. 129 ; art. 10 (nº 27),

p. 149 ; art. 10 (nº 45), p. 157 ; art. 26 (nº 10), p. 474. - D. 17 mars 1967, art. 1er (nº 5), p. 657.

Bar, L. 10 juill. 1965, art. 8 (nº 46), p. 78 ; art. 9 (anc.) (nº 14), p. 93 ; art. 9 (anc.) (nº 46), p. 108.

Blanchisserie, L. 10 juill. 1965, art. 8 (nº 46), p. 78.

Boîte aux lettres, L. 10 juill. 1965, art. 30 (nº 10), p. 546 ; Annexe 10, p. 1027 ;
- accès des huissiers, Annexe 37, p. 1289.

Boîte de nuit, L. 10 juill. 1965, art. 8 (nº 46), p. 78 ; art. 9 (anc.) (nº 8), p. 91 ; V. *Bruits, Commerces, Destination de l'immeuble.*

Bonne tenue de l'immeuble (clause du règlement), L. 10 juill. 1965, art. 8 (nº 31), p. 72.

Bonnes mœurs, L. 10 juill. 1965, art. 9 (anc.) (nº 6), p. 90 ; art. 9 (anc.) (nº 8), p. 91 ; art. 9 (anc.) (nº 11), p. 92.

Bonnes mœurs (clause du règlement), L. 10 juill. 1965, art. 8 (nº 31), p. 72.

Bornage, L. 10 juill. 1965, art. 2 (nº 14), p. 31 ; art. 15 (nº 44), p. 262 ; art. 15 (nº 46), p. 262.

Boutiques, V. *Commerces.*

Bow-window, L. 10 juill. 1965, art. 3 (nº 21), p. 37.

Branchements (Travaux), L. 10 juill. 1965, art. 14 (nº 47), p. 232 ; art. 25 (nº 10), p. 433.

Bruit, L. 10 juill. 1965, art. 8 (nº 46), p. 78 ; art. 9 (anc.) (nº 6), p. 90 ; art. 9 (anc.) (nº 7), p. 90 ; art. 9 (anc.) (nº 8), p. 91 ; art. 9 (anc.) (nºs 38 et 39), p. 104 ; art. 9 (anc.) (nº 49), p. 109 ; art. 15 (nº 7), p. 249 ; art. 15 (nº 9), p. 250 ; art. 15 (nº 27), p. 257 ; art. 15 (nº 29), p. 259 ; Annexe 11, p. 1031 ; V. *Défaut d'isolation phonique.*

Budget prévisionnel du syndicat, D. 17 mars 1967, art. 35 (nº 7), p. 812 ;
- cotisations, D. 17 mars 1967, art. 35 (nº 9), p. 812 ;
- dépenses non comprises dans le budget, L. 10 juill. 1965, art. 14-2 (nº 1), p. 240. - D. 17 mars 1967, art. 44, p. 829 ;
- documents à joindre aux convocations, D. 17 mars 1967, art. 11 (nº 7), p. 726 ; art. 11 (nº 11), p. 727 ; art. 11 (nº 38), p. 735 ;
- provisions, D. 17 mars 1967, art. 5, p. 672 ; art. 6-2, p. 688 ; art. 35, p. 810 ; art. 35 (nº 6), p. 812 ; art. 43, p. 829 ;
- règles comptables, L. 10 juill. 1965, art. 14-3, p. 245 ;
- rôle du syndic, L. 10 juill. 1965, art. 18 (nº 32), p. 300 ;
- vente de lot, D. 17 mars 1967, art. 5, p. 672 ; art. 6-2 et 6-3, p. 688 et s. ;
- vote, D. 17 mars 1967, art. 43, p. 829.

Bulletin blanc ou nul, L. 10 juill. 1965, art. 24 (nº 31), p. 405 ; V. *Vote.*

Bureau de l'assemblée, D. 17 mars 1967, art. 15, p. 747 ; art. 17, p. 755.

Bureaux, L. 10 juill. 1965, art. 9 (anc.) (nº 47), p. 109 ; art. 9 (anc.) (nº 53), p. 111 ; V. *Exercice d'une profession et Changement d'affectation.*

C

Cabinet dentaire, L. 10 juill. 1965, art. 8 (nº 46), p. 78.

Cabinet médical, L. 10 juill. 1965, art. 9 (anc.) (nº 47), p. 109 ; art. 9 (anc.) (nº 53), p. 111.

Câble, L. 10 juill. 1965, art. 24-1, p. 414 ; art. 25 (nº 63), p. 460 ; Annexe 59, p. 1559.

Caisse d'épargne, Annexe 31, p. 1235.

Caméras de surveillance, L. 10 juill. 1965, art. 9 (anc.) (nº 12), p. 92. - CSI, art. R. 273-9, p. 1483 ; Annexe 64, p. 1599.

Canalisations :
- branchement, L. 10 juill. 1965, art. 25 (nº 10), p. 433 ;
- calorifugeage, L. 10 juill. 1965, art. 25 (nºs 50 à 52), p. 454 ; Annexe 26, p. 1197 ;
- charges, L. 10 juill. 1965, art. 10 (nº 14), p. 143 ;
- installation, L. 10 juill. 1965, art. 25 (nº 10), p. 433 ;
- parties communes ou privatives, L. 10 juill. 1965, art. 2 (nº 10), p. 30 ; art. 3 (nº 17), p. 36 ; art. 3 (nº 22), p. 37 ;
- rupture, L. 10 juill. 1965, art. 14 (nºs 38 et 39), p. 227 ; art. 18 (nº 26), p. 297.

Caractère impératif de la loi, L. 10 juill. 1965, art. 43 (anc.), p. 628.

Caractère somptuaire (Travaux), L. 10 juill. 1965, art. 30 (nº 12), p. 546 ; art. 34 (nº 2), p. 558.

Caractères de l'immeuble, V. *Destination de l'immeuble.*

Carence, L. 10 juill. 1965, art. 29-10 (nº 3), p. 538 ;
- en matière de convocation de l'assemblée, D. 17 mars 1967, art. 8 (nº 8), p. 701 ;
- du président du conseil syndical, D. 17 mars 1967, art. 8 (nº 8), p. 701 ;
- du syndic, L. 10 juill. 1965, art. 15 (nº 37), p. 260 ; art. 16-2 (nº 6), p. 271 ; art. 18 (nº 118), p. 328. - D. 17 mars 1967, art. 49, p. 841 ; V. *Responsabilité du syndic ;*
- du syndicat, L. 10 juill. 1965, art. 14 (nº 29), p. 224 ; art. 14 (nº 39), p. 228 ; Annexe 12, p. 1039.

Carence du syndicat, L. 10 juill. 1965, art. 24-8 (nº 3), p. 425.

Carnet d'entretien, D. 17 mars 1967, art. 4-4, p. 672 ; Annexe 13, p. 1051 ;
- du syndicat, L. 10 juill. 1965, art. 18 (nº 24), p. 297 ; art. 45-1 (anc.), p. 635. - D. 17 mars 1967, art. 33, p. 806 ; Annexe 13, p. 1051.

Carnet numérique, CCH p. 1052.

Carte professionnelle (Syndic), D. 17 mars 1967, art. 28 (nº 3), p. 782 ; Annexe 58, p. 1487. - D. 20 juill. 1972, art. 1er à 10, p. 1497 et s. ; art. 12, p. 1501 ; art. 14, p. 1502 ; art. 16 et 16-1, p. 1502 ; art. 80, p. 1520.

Catastrophe technologique, L. 10 juill. 1965, art. 38-1, p. 569.

Cave, L. 10 juill. 1965, art. 3 (nº 3), p. 33 ; art. 9 (anc.) (nºs 39 à 41), p. 104 ; V. *Locaux accessoires.*

Centre commercial, L. 10 juill. 1965, art. 8 (nº 29), p. 72 ; art. 8 (nºs 32 et 33), p. 73 ; art. 8 (nº 47), p. 79 ; art. 9 (anc.) (nº 36), p. 102.

Certificat de conformité, L. 10 juill. 1965, art. 15 (nº 11), p. 252.

Certificat du syndic (Vente de lots), L. 10 juill. 1965, art. 20 (nº 2), p. 352. - D. 17 mars 1967, art. 5, p. 672.

Certification :
- de la feuille de présence, D. 17 mars 1967, art. 14 (nº 9), p. 745 ;
- du procès-verbal, D. 17 mars 1967, art. 17, p. 755 ;
- du syndic, D. 17 mars 1967, art. 28 (nº 11), p. 787.

Cessation de l'état de copropriété, V. *Fin de la copropriété.*

Cession, V. *Aliénation ou Vente.*

Cession d'actifs, L. 10 juill. 1965, art. 29-6, p. 534.

Cession de mitoyenneté, L. 10 juill. 1965, art. 15 (nº 46), p. 262 ; art. 25 (nº 44), p. 452.

Chambre de bonne :
- clauses du règlement, L. 10 juill. 1965, art. 8 (nº 23), p. 70 ; art. 8 (nº 29), p. 72 ; art. 8 (nº 35), p. 74 ;
- transformation, L. 10 juill. 1965, art. 8 (nº 29), p. 72 ; art. 9 (anc.) (nº 40), p. 105.

Changement :
- d'affectation de lots, L. 10 juill. 1965, art. 8 (nº 29), p. 72 ; art. 9 (anc.) (nº 26), p. 99 ; art. 9 (anc.) (nº 30), p. 100 ; art. 9 (anc.) (nºs 32 à 34), p. 101 ; art. 9 (anc.) (nºs 40 et 41), p. 105 ; art. 9 (anc.) (nº 43), p. 107 ; art. 25 (nº 46), p. 453 ; Annexe 14, p. 1061 ;
  ▸ sanction, L. 10 juill. 1965, art. 9 (anc.) (nº 54), p. 112.
- d'assiette de la copropriété, V. *Assiette de la copropriété ;*
- de domicile d'un copropriétaire, D. 17 mars 1967, art. 6, p. 684 ; art. 65, p. 902 ;
- de syndic, V. *Syndic ;*
- d'usage d'un lot, V. *ci-dessous Changement d'affectation.*

Changement d'affectation, L. 10 juill. 1965, art. 9 (anc.) (nº 31), p. 100.

Changement d'usage des locaux, Annexe 14, p. 1061.

Charges communes :
- achèvement de l'immeuble, L. 10 juill. 1965, art. 10 (nº 4), p. 140 ;
- administration, L. 10 juill. 1965, art. 10 (nº 9), p. 142 ; art. 10 (nº 19), p. 145 ; art. 10 (nº 21), p. 146 ; art. 10 (nº 24), p. 147. - D. 17 mars 1967, art. 1er (nº 5), p. 657 ;
- aggravation, V. *Aggravation des charges communes ;*
- antenne, V. *ce mot ;*
- ascenseur, V. *ce mot ;*
- assurances, L. 10 juill. 1965, art. 10 (nº 24), p. 147 ; V. *ce mot ;*
- bail et convention d'usufruit, Annexe 8, p. 1019 ;
- bail à réhabilitation, Annexe 7, p. 1015 ;
- catégories, L. 10 juill. 1965, art. 10, p. 138 ;
- chauffage, V. *ce mot ;*
- classification, L. 10 juill. 1965, art. 10, p. 138 ;
- clauses du règlement y relatives, V. *Clauses du règlement de copropriété ;*
- compensation, L. 10 juill. 1965, art. 10 (nº 94), p. 175 ;
- concierge, V. *ce mot ;*
- conservation de l'immeuble, L. 10 juill. 1965, art. 10 (nº 9), p. 142 ; art. 10 (nº 19), p. 145 ; art. 10 (nº 21), p. 146. - D. 17 mars 1967, art. 1er (nº 3), p. 656 ;
- définition, L. 10 juill. 1965, art. 10, p. 138. - D. 17 mars 1967, art. 45-1, p. 830 ;
- délai de grâce, L. 10 juill. 1965, art. 10 (nº 98), p. 178 ;
- dépenses de fonctionnement du syndicat, L. 10 juill. 1965, art. 10 (nº 9), p. 142 ; art. 10 (nº 19), p. 145 ; art. 10 (nº 21), p. 146 ; art. 10 (nº 24), p. 147 ;
- détermination, L. 10 juill. 1965, art. 10, p. 138. - D. 17 mars 1967, art. 1er, p. 655 ;
- dommages et intérêts, V. *ce mot ;*
- eau chaude, V. *ce mot ;*
- eau froide, V. *ce mot ;*
- éclairage, V. *ce mot ;*
- éléments d'équipement commun, L. 10 juill. 1965, art. 10 (nº 8), p. 141 ; art. 10 (nºs 12 à 18), p. 142 ;
- entretien de l'immeuble, L. 10 juill. 1965, art. 10 (nº 9), p. 142 ; art. 10 (nº 19), p. 145 ; art. 10 (nº 21), p. 146 ; art. 10 (nº 40), p. 155. - D. 17 mars 1967, art. 1er (nº 4), p. 656 ;
- équipements communs, L. 10 juill. 1965, art. 10 (nº 8), p. 141 ; art. 10 (nºs 12 à 18), p. 142. - D. 17 mars 1967, art. 1er (nºs 6 et 7), p. 658 ;
- erreur matérielle, L. 10 juill. 1965, art. 12 (nº 14), p. 207 ;
- escalier, V. *ce mot ;*
- espaces verts, V. *ce mot ;*
- état de répartition, D. 17 mars 1967, art. 1er (nº 1), p. 655 ;
- exigibilité, L. 10 juill. 1965, art. 10 (nº 84), p. 170 ; art. 19 (nº 4), p. 346. - D. 17 mars 1967, art. 5 et 5-1, p. 672 et s. ;
- exonération, L. 10 juill. 1965, art. 10 (nºs 13 et 14), p. 143 ; art. 10 (nºs 16 et 17), p. 144 ; art. 10 (nº 21), p. 146 ; art. 10 (nº 48), p. 158 ; art. 10 (nº 51), p. 159 ; art. 10 (nº 69), p. 164 ; art. 12 (nº 16), p. 207 ;
- expropriation, L. 10 juill. 1965, art. 16-2 (nº 5), p. 271 ;
- fonctionnement du syndicat, L. 10 juill. 1965, art. 10 (nº 9), p. 142 ; art. 10 (nº 19), p. 145 ; art. 10 (nº 21), p. 146 ; art. 10 (nº 24), p. 147 ;
- frais de justice, V. *Dépens ;*
- frais de recouvrement, L. 10 juill. 1965, art. 10 (nº 128), p. 187 ; art. 10 (nº 131), p. 188 ; art. 10 (nº 133), p. 189 ; art. 10-1, p. 190 ;
- générales, L. 10 juill. 1965, art. 10 (nº 9), p. 142 ; art. 10 (nº 19), p. 145 ; art. 10 (nº 21), p. 146 ; art. 10 (nº 41), p. 156. - D. 17 mars 1967, art. 1er (nºs 2 à 5), p. 656 ;
- impôts, V. *ce mot ;*
- locaux indépendants, V. *Locaux indépendants ;*
- mode de calcul, L. 10 juill. 1965, art. 10 (nº 66), p. 164 ; art. 10 (nº 134), p. 189 ;
- notion, L. 10 juill. 1965, art. 10 (nºs 2 à 4), p. 140 ;
- nullité de la répartition, V. *Répartition des charges ;*
- parking, V. *ce mot ;*
- parties communes, L. 10 juill. 1965, art. 10 (nº 9), p. 142 ; art. 10 (nº 19), p. 145 ; art. 10 (nº 21), p. 146. - D. 17 mars 1967, art. 1er (nºs 2 à 5), p. 656 ;
- parties communes spéciales, V. *Parties communes ;*
- peinture, V. *ce mot ;*
- pièces justificatives, L. 10 juill. 1965, art. 18-1, p. 335. - D. 17 mars 1967, art. 9 et 9-1, p. 703 et s. ;
- prescription, L. 10 juill. 1965, art. 42 (nº 13), p. 597 ;
- procès, L. 10 juill. 1965, art. 10 (nº 63), p. 162 ; art. 10-1, p. 190 ; art. 10-1 (nº 8), p. 194. - D. 17 mars 1967, art. 1er (nº 5), p. 657 ;
- provisions, V. *ce mot ;*
- quote-part (détermination), L. 10 juill. 1965, art. 10 (nº 65), p. 164. - D. 17 mars 1967, art. 1er, p. 655 ;
- ravalement, V. *ce mot ;*
- recouvrement, V. *Frais de recouvrement, ce mot ;*
- réfection des parties communes, L. 10 juill. 1965, art. 10 (nº 9), p. 142 ; art. 10 (nº 19), p. 145 ; art. 10 (nº 21), p. 146. - D. 17 mars 1967, art. 1er (nºs 2 à 5), p. 656 ;
- répartition, V. *Répartition des charges ;*

- résistance abusive, L. 10 juill. 1965, art. 10 (nº 97), p. 176 ; art. 12 (nº 9), p. 205 ;
- restitution, L. 10 juill. 1965, art. 10 (nº 135), p. 189 ;
- révision de la répartition, V. *Révision de la répartition des charges ;*
- services collectifs, L. 10 juill. 1965, art. 10 (nºs 12 à 18), p. 142 ;
- spéciales, L. 10 juill. 1965, art. 10 (nº 43), p. 156 ; art. 10 (nº 53), p. 159 ; art. 10 (nº 62), p. 162 ; art. 10 (nº 65), p. 164 ; art. 10 (nº 69), p. 164 ; art. 24 (nº 44), p. 413 ; art. 24 (nºs 46 et 47), p. 413 ; art. 27 (anc.) (nº 6), p. 499 ; art. 28 (nº 10), p. 508. - D. 17 mars 1967, art. 1er (nº 11), p. 659 ; art. 1er (nº 15), p. 661 ;
- terrasses, V. *ce mot ;*
- utilité (critère), L. 10 juill. 1965, art. 10 (nºs 12 à 18), p. 142 ;
- vente de lots, V. *ce mot ;*
- voirie, V. *ce mot.*

Charges de copropriété :
- prescription, L. 10 juill. 1965, art. 10 (nº 82), p. 170.

Charges spéciales, L. 10 juill. 1965, art. 6-2, p. 51 ; V. *Charges communes.*

Chaudière :
- mesures d'économie d'énergie, L. 10 juill. 1965, art. 25 (nºs 50 à 52), p. 454 ;
- parties communes, L. 10 juill. 1965, art. 3 (nº 17), p. 36 ;
- remplacement, L. 10 juill. 1965, art. 18 (nº 26), p. 297 ;
- réparations, L. 10 juill. 1965, art. 9 (anc.) (nº 79), p. 123 ; art. 24 (nº 4), p. 396.

Chauffage, Annexe 15, p. 1069 ;
- caractère privatif ou commun des installations, L. 10 juill. 1965, art. 2 (nº 9), p. 29 ; art. 3 (nº 17), p. 36 ;
- charges, L. 10 juill. 1965, art. 10 (nº 8), p. 141 ; art. 10 (nº 18), p. 144 ; art. 10 (nº 29), p. 149 ; art. 10 (nºs 31 et 32), p. 151. - D. 17 mars 1967, art. 1er (nºs 7 à 9), p. 658 ;
- collectif, L. 10 juill. 1965, art. 9 (anc.) (nº 67), p. 118 ;
- contrats d'exploitation, Annexe 15, p. 1069 ;
- débranchement, L. 10 juill. 1965, art. 9 (anc.) (nº 5), p. 88 ; art. 10 (nº 12), p. 142 ; art. 10 (nº 32), p. 152 ;
- économies d'énergie, L. 10 juill. 1965, art. 25, p. 428 ; art. 25 (nºs 50 à 52), p. 454 ; Annexe 15, p. 1069 ; Annexe 26, p. 1197 ;
- individuel, L. 10 juill. 1965, art. 9 (anc.) (nº 5), p. 88 ; art. 10 (nº 12), p. 142 ; art. 10 (nº 32), p. 152 ;
- installation, L. 10 juill. 1965, art. 24 (nº 4), p. 396 ; art. 25 (nºs 49 à 52), p. 454 ; art. 30, p. 542 ; Annexe 15, p. 1069 ;
- livrets de chaufferie, Annexe 15, p. 1069 ;
- mauvais fonctionnement, L. 10 juill. 1965, art. 14 (nº 24), p. 221 ; art. 14 (nº 29), p. 224 ; art. 15 (nº 9), p. 250 ; art. 15 (nº 11), p. 252 ; art. 18 (nº 26), p. 297 ;
- modification de la température, L. 10 juill. 1965, art. 26 (nº 26), p. 481 ;
- périodes, L. 10 juill. 1965, art. 26 (nº 15), p. 475 ; Annexe 15, p. 1069 ;
- pouvoirs du syndic, L. 10 juill. 1965, art. 18 (nº 22), p. 296 ; art. 18 (nº 26), p. 297 ;
- raccordement au réseau, L. 10 juill. 1965, art. 10 (nº 32), p. 152 ;
- réglementation de sécurité, Annexe 15, p. 1069 ;
- régulation des installations, Annexe 15, p. 1069 ; Annexe 26, p. 1197 ;
- réparations, L. 10 juill. 1965, art. 18 (nº 26), p. 297 ; art. 24 (nº 4), p. 396 ;
- répartiteur de frais, L. 10 juill. 1965, art. 25, p. 428 ;
- répartition des charges, Annexe 15, p. 1069 ;
- répartition des frais dans les immeubles dotés de compteurs de chaleur, Annexe 15, p. 1069 ;
- suppression (du chauffage collectif), L. 10 juill. 1965, art. 9 (anc.) (nº 5), p. 88 ; art. 10 (nº 12), p. 142 ; art. 10 (nº 32), p. 152 ; art. 26 (nºs 27 et 28), p. 482 ;
- transformation, L. 10 juill. 1965, art. 30 (nº 8), p. 545 ;
- travaux, L. 10 juill. 1965, art. 25 (nºs 49 à 52), p. 454 ; art. 30, p. 542.

Chaufferie, L. 10 juill. 1965, art. 3 (nº 17), p. 36.

Cheminée, L. 10 juill. 1965, art. 3 (nº 17), p. 36.

Chiens, A. 27 avr. 1999, art. 1er et s., p. 939.

Chutes, V. *Accidents.*

Circulation des véhicules, L. 10 juill. 1965, art. 24 (nº 2), p. 394.

Classification des parties communes et privatives, L. 10 juill. 1965, art. 2 et 3, p. 27 et s. ; art. 7, p. 61.

Clause abusive, Annexe 16, p. 1089 ; V. *Clauses du règlement.*

Clause d'aggravation des charges, V. *Clauses du règlement.*

Clause attributive de juridiction, V. *Clauses du règlement.*

Clause compromissoire, L. 10 juill. 1965, art. 15 (nº 56), p. 266.

Clause d'habitation bourgeoise, V. *Clauses du règlement.*

Clause de non-concurrence, L. 10 juill. 1965, art. 8 (nºs 32 et 33), p. 73.

Clause pénale, L. 10 juill. 1965, art. 8 (nº 53), p. 81 ; art. 10 (nº 128), p. 187 ; art. 26 (nº 15), p. 475.

Clause de solidarité, V. *Clauses du règlement.*

Clauses du règlement :
- abusives, D. 17 mars 1967, art. 29 (nº 3), p. 795 ;
- d'aggravation des charges, L. 10 juill. 1965, art. 10 (nº 129), p. 187 ; art. 10 (nº 131), p. 188 ; art. 10 (nº 133), p. 189. - D. 17 mars 1967, art. 29 (nº 11), p. 799 ;
- attributives de compétence, D. 17 mars 1967, art. 61-1, p. 868 ;
- exonération des charges communes, L. 10 juill. 1965, art. 10 (nº 69), p. 164 ;
- d'habitation bourgeoise, L. 10 juill. 1965, art. 8 (nº 31), p. 72 ; art. 26 (nº 25), p. 480 ;
- illicites, L. 10 juill. 1965, art. 8, p. 61 ; art. 10, p. 138 ; art. 43 (anc.), p. 628 ;
- liberté de religion, L. 10 juill. 1965, art. 8 (nº 51), p. 80 ;
- de non-concurrence, L. 10 juill. 1965, art. 8 (nºs 32 et 33), p. 73 ;
- nulles, L. 10 juill. 1965, art. 43 (anc.), p. 628 ;
- pénales, L. 10 juill. 1965, art. 8, p. 61 ; art. 10, p. 138 ;

- de préférence, V. *Pacte de préférence ;*
- réputées non écrites, L. 10 juill. 1965, art. 8, p. 61 ; art. 8 (nº 59), p. 82 ; art. 22 (nº 1), p. 372 ; art. 43 (anc.), p. 628 ;
- de solidarité, L. 10 juill. 1965, art. 10 (nºs 100 et 101), p. 178 ; art. 10 (nºs 115 et 116), p. 183.

Clerc de notaire, D. 17 mars 1967, art. 28 (nº 10), p. 786.

Climatisation, Annexe 15, p. 1069.

Cloisons, L. 10 juill. 1965, art. 2 (nº 9), p. 29 ; art. 7, p. 61 ; art. 9 (anc.) (nº 17), p. 94.

Code de la consommation, L. 10 juill. 1965, art. 14 (nº 53), p. 235.

Coefficient de pondération (calcul des tantièmes de copropriété), L. 10 juill. 1965, art. 5 (nº 7), p. 46.

Coffre de cheminée, L. 10 juill. 1965, art. 3 (nº 17), p. 36.

Coïndivisaires, V. *Indivision.*

Collecte des eaux usées, L. 10 juill. 1965, art. 18 (nº 97), p. 316 ; Annexe 5-1, p. 985.

Collectivité publique, L. 10 juill. 1965, art. 10 (nº 105), p. 179.

Colonnes montantes, L. 10 juill. 1965, art. 3 (nº 22), p. 37.

Combles, L. 10 juill. 1965, art. 2 (nº 10), p. 30 ; art. 3 (nº 24), p. 38 ; art. 8 (nº 29), p. 72 ; art. 9 (anc.) (nº 40), p. 105 ; art. 25 (nº 10), p. 433 ; art. 35 (nº 3), p. 560.

Commerces, L. 10 juill. 1965, art. 8 (nº 29), p. 72 ; art. 8 (nºs 31 et 32), p. 72 ; art. 8 (nº 46), p. 78 ; art. 9 (anc.) (nº 6), p. 90 ; art. 9 (anc.) (nº 8), p. 91 ; art. 9 (anc.) (nº 14), p. 93 ; art. 9 (anc.) (nº 31), p. 100 ; art. 9 (anc.) (nºs 33 et 34), p. 101 ; art. 9 (anc.) (nºs 36 à 39), p. 102 ; art. 9 (anc.) (nº 42), p. 107 ; art. 9 (anc.) (nº 44), p. 107 ; art. 9 (anc.) (nºs 46 à 49), p. 108 ; art. 9 (anc.) (nº 53), p. 111 ; art. 9 (anc.) (nº 95), p. 127 ; art. 10 (nº 48), p. 158 ; V. *Concurrence, Devanture, Domiciliation des entreprises, Étalage, Vitrine.*

Commissaire de justice, Annexe 37, p. 1289.

Commissariat de police, L. 10 juill. 1965, art. 9 (anc.) (nº 37), p. 103.

Commission relative à la copropriété, Annexe 17, p. 1095.

Commune (participation aux charges), L. 10 juill. 1965, art. 10 (nº 105), p. 179.

Communication avec lot ou immeuble voisin, L. 10 juill. 1965, art. 30 (nº 29), p. 553.

Compétence du tribunal, V. *Tribunal.*

Compromis de vente, D. 17 mars 1967, art. 4 à 6, p. 668 et s.

Comptabilité du syndicat, L. 10 juill. 1965, art. 14-3, p. 245 ; art. 18 (nºs 28 à 34), p. 299. - D. 17 mars 1967, art. 35 (nºs 4 à 6), p. 811 ; Annexe 18, p. 1141 ;
- contrôle par le conseil syndical, D. 17 mars 1967, art. 26, p. 778.

Compte :
- des copropriétaires, D. 17 mars 1967, art. 35, p. 810.

Compte bancaire ou postal du syndicat :
- absence de décision, L. 10 juill. 1965, art. 18 (nºs 53 à 70), p. 303 ;
- choix de l'établissement, L. 10 juill. 1965, art. 18 (nº 72), p. 310 ;
- compte unique, L. 10 juill. 1965, art. 18 (nº 76), p. 311 ; art. 18-1 AA (nº 3), p. 332 ;
- dispense, L. 10 juill. 1965, art. 18 (nº 75), p. 311. - D. 17 mars 1967, art. 29-1 (anc.) (nº 2), p. 801 ;
- fonds de travaux, L. 10 juill. 1965, art. 18 (nº 78), p. 311 ;
- ouverture d'un compte séparé, L. 10 juill. 1965, art. 18 (nºs 53 à 70), p. 303. - D. 17 mars 1967, art. 29-1 (anc.), p. 800 ;
  - ▶ décision, D. 17 mars 1967, art. 29-1 (anc.), p. 800 ;
  - ▶ dispense, D. 17 mars 1967, art. 29-1 (anc.), p. 800.

Compte séparé, L. 10 juill. 1965, art. 18, p. 284.

Comptes :
- des copropriétaires, L. 10 juill. 1965, art. 10 (nºs 89 à 92), p. 173 ; art. 18 (nºs 31 à 34), p. 299. - D. 17 mars 1967, art. 35 (nº 6), p. 812 ; art. 45-1, p. 830 ;
- de la copropriété, L. 10 juill. 1965, art. 10 (nº 80), p. 169 ; art. 10 (nº 84), p. 170 ; art. 10 (nºs 89 à 92), p. 173 ; art. 18 (nºs 31 à 34), p. 299. - D. 17 mars 1967, art. 11 (nº 7), p. 726 ; art. 11 (nº 11), p. 727 ; art. 11 (nº 42), p. 736 ; art. 35 (nºs 4 à 6), p. 811 ; art. 45-1, p. 830 ; V. *Comptabilité du syndicat ;*
- expertise, L. 10 juill. 1965, art. 10 (nº 90), p. 173.

Compteur :
- de calories, L. 10 juill. 1965, art. 25 (nº 49), p. 454 ; Annexe 15, p. 1069 ; V. *Eau chaude ;*
- d'eau, L. 10 juill. 1965, art. 25 (nº 67), p. 461 ; Annexe 19, p. 1157 ;
- d'énergie, L. 10 juill. 1965, art. 25 (nº 68), p. 462 ;
- parties communes, L. 10 juill. 1965, art. 3 (nº 17), p. 36.

Concierge, Annexe 20, p. 1161 ;
- charges communes, L. 10 juill. 1965, art. 10 (nº 33), p. 153 ; art. 10 (nº 48), p. 158 ; art. 10 (nº 51), p. 159. - D. 17 mars 1967, art. 1er (nº 5), p. 657 ;
- engagement et congédiement, D. 17 mars 1967, art. 31, p. 801 ; Annexe 20, p. 1161 ;
- expulsion, D. 17 mars 1967, art. 55 (nº 25), p. 861 ;
- législation sociale, Annexe 20, p. 1161 ;
- loge, L. 10 juill. 1965, art. 3 (nº 26), p. 39 ;
- responsabilité du syndicat, L. 10 juill. 1965, art. 14 (nº 27), p. 223 ;
- suppression, L. 10 juill. 1965, art. 26 (nº 15), p. 475 ; art. 26 (nº 18), p. 477 ; art. 26 (nº 21), p. 478 ; art. 26 (nºs 23 et 24), p. 479.

Conciergerie :
- absence (responsabilité du promoteur), L. 10 juill. 1965, art. 15 (nº 11), p. 252 ;
- charges y afférentes, L. 10 juill. 1965, art. 10 (nº 33), p. 153 ; art. 10 (nº 48), p. 158 ; art. 10 (nº 51), p. 159. - D. 17 mars 1967, art. 1er (nºs 4 et 5), p. 656 ;
- suppression, L. 10 juill. 1965, art. 26 (nº 15), p. 475 ; art. 26 (nº 18), p. 477 ; art. 26 (nº 24), p. 479.

Concubin du syndic, D. 17 mars 1967, art. 39, p. 819.

Concurrence, V. *Clauses du règlement de copropriété, Mise en concurrence.*

Conditionnement d'air, L. 10 juill. 1965, art. 3 (nº 17), p. 36.

Conduits de fumée, L. 10 juill. 1965, art. 3 (nº 17), p. 36.

Congédiement du personnel, D. 17 mars 1967, art. 31, p. 801.

Conjoint du syndic, V. *Allié du syndic.*

Conseil des résidents :
- composition, D. 17 mars 1967, art. 39-8, p. 823 ;
- réunion, D. 17 mars 1967, art. 39-9, p. 823.

Conseil syndical :
- assurance de responsabilité civile, L. 10 juill. 1965, art. 21-4 (nº 1), p. 371 ;
- avis, L. 10 juill. 1965, art. 21, p. 360 ; art. 21 (nº 5), p. 362. - D. 17 mars 1967, art. 11 (nº 24), p. 732 ; art. 11 (nº 38), p. 735 ; art. 26, p. 778 ; art. 37, p. 817 ;
- avis (résidences services), D. 17 mars 1967, art. 11, p. 722 ;
- bilan (résidences services), D. 17 mars 1967, art. 11, p. 722 ;
- caractère obligatoire, L. 10 juill. 1965, art. 21, p. 360 ; art. 21 (nºs 1 à 3), p. 362 ;
- choix des membres, L. 10 juill. 1965, art. 21 (nºs 16 et 17), p. 366. - D. 17 mars 1967, art. 25, p. 777 ; art. 48, p. 840 ;
  - ► désignation judiciaire, D. 17 mars 1967, art. 48, p. 840.
- communication, D. 17 mars 1967, art. 26, p. 778 ;
- composition, L. 10 juill. 1965, art. 21 (nºs 16 et 17), p. 366 ;
- compte-rendu de mission, D. 17 mars 1967, art. 11 (nº 41), p. 736 ;
- contrôle du syndic, L. 10 juill. 1965, art. 21 (nº 7), p. 363. - D. 17 mars 1967, art. 26, p. 778 ;
- convocation des assemblées, D. 17 mars 1967, art. 8, p. 699 ;
- copropriétés en difficulté, D. 17 mars 1967, art. 62-7, p. 878 ;
- création, L. 10 juill. 1965, art. 21, p. 360 ; art. 21 (nºs 2 et 3), p. 362. - D. 17 mars 1967, art. 22, p. 775 ;
- délégation de pouvoir, L. 10 juill. 1965, art. 21-1, p. 370 ; art. 21-1 (nº 5), p. 370 ;
- délégation de pouvoirs, D. 17 mars 1967, art. 26-1, p. 780 ;
- délégations, D. 17 mars 1967, art. 21 et 21-1, p. 774 et s. ; art. 26, p. 778 ;
- désignation judiciaire, D. 17 mars 1967, art. 48, p. 840 ; art. 59, p. 864 ;
  - ► recours, D. 17 mars 1967, art. 59, p. 864.
- désignation des membres, L. 10 juill. 1965, art. 21 (nº 9), p. 365 ; art. 21 (nºs 11 à 13), p. 365. - D. 17 mars 1967, art. 22, p. 775 ; art. 24, p. 776 ; art. 48, p. 840 ;
- durée des fonctions, D. 17 mars 1967, art. 22, p. 775 ; art. 48, p. 840 ;
- fonds de travaux, L. 10 juill. 1965, art. 18 (nº 81), p. 311 ;
- institution, L. 10 juill. 1965, art. 21, p. 360 ; art. 21 (nºs 1 à 3), p. 362 ;
- interdictions faites au syndic, L. 10 juill. 1965, art. 21 (nº 17), p. 367 ;
- limite budgétaire, L. 10 juill. 1965, art. 21-2 (nº 1), p. 370 ;
- membres, L. 10 juill. 1965, art. 21 (nºs 17 et 18), p. 367. - D. 17 mars 1967, art. 22, p. 775 ;
- membres suppléants, D. 17 mars 1967, art. 25, p. 777 ;
- mise en concurrence, L. 10 juill. 1965, art. 21 (nº 21), p. 368 ; art. 21 (nº 28), p. 369. - D. 17 mars 1967, art. 26, p. 778 ;
- missions, L. 10 juill. 1965, art. 21, p. 360 ; art. 21 (nºs 4 à 8), p. 362. - D. 17 mars 1967, art. 26, p. 778 ;
- nomination des membres, L. 10 juill. 1965, art. 21 (nº 9), p. 365 ; art. 21 (nºs 11 à 13), p. 365. - D. 17 mars 1967, art. 22, p. 775 ; art. 24, p. 776 ; art. 48, p. 840 ;
- nomination du syndic, L. 10 juill. 1965, art. 21 (nº 28), p. 369 ;
- ordre du jour, D. 17 mars 1967, art. 26, p. 778 ;
- pouvoirs, L. 10 juill. 1965, art. 21, p. 360 ; art. 21 (nºs 4 à 8), p. 362. - D. 17 mars 1967, art. 26, p. 778 ;
- présidence, L. 10 juill. 1965, art. 18 (nº 116), p. 328 ; art. 21 (nº 19), p. 367. - D. 17 mars 1967, art. 27, p. 780 ;
- rapport aux copropriétaires, L. 10 juill. 1965, art. 21-5 (nº 3), p. 371 ;
- reddition des comptes, L. 10 juill. 1965, art. 21-5 (nº 3), p. 371 ;
- règles d'organisation et de fonctionnement, L. 10 juill. 1965, art. 21 (nº 18), p. 367. - D. 17 mars 1967, art. 22, p. 775 ;
- remboursement des frais, D. 17 mars 1967, art. 27, p. 780 ;
- remplacement des membres, L. 10 juill. 1965, art. 21 (nºs 14 et 15), p. 366. - D. 17 mars 1967, art. 25, p. 777 ;
- rémunération des membres, D. 17 mars 1967, art. 27, p. 780 ;
- renouvellement de la délégation de pouvoir, L. 10 juill. 1965, art. 21-3 (nº 2), p. 370 ;
- résidences services, D. 17 mars 1967, art. 11, p. 722 ;
- responsabilité, L. 10 juill. 1965, art. 21 (nº 20), p. 368 ;
- réunion, D. 17 mars 1967, art. 22, p. 775 ;
- révocation des membres, L. 10 juill. 1965, art. 21 (nº 15), p. 366 ;
- rôle, L. 10 juill. 1965, art. 21, p. 360 ; art. 21 (nºs 4 à 8), p. 362. - D. 17 mars 1967, art. 26, p. 778 ;
- sièges vacants, D. 17 mars 1967, art. 25, p. 777 ;
- sommes allouées, D. 17 mars 1967, art. 26-1, p. 780 ;
- suppression, L. 10 juill. 1965, art. 21 (nº 3), p. 362 ;
- syndicat coopératif, D. 17 mars 1967, art. 41 et 42, p. 824 et s. ;
- syndicat secondaire, D. 17 mars 1967, art. 22, p. 775 ; art. 24, p. 776 ;
- vote des décisions, L. 10 juill. 1965, art. 21-5 (nº 3), p. 371.

Conservation de l'immeuble :
- charges y relatives, D. 17 mars 1967, art. 1er (nº 3), p. 656 ;
- décisions de l'assemblée, L. 10 juill. 1965, art. 24 (nº 4), p. 396 ;
- rôle du syndic, L. 10 juill. 1965, art. 18 (nº 22), p. 296 ;
- rôle du syndicat, L. 10 juill. 1965, art. 14 (nºs 16 et 17), p. 219 ; art. 14 (nº 21), p. 220.

Consignes d'incendie (Affichage), Annexe 40, p. 1323.

Consistance des lots, L. 10 juill. 1965, art. 1er (anc.) (nº 13), p. 8.

Consommation d'eau, Annexe 25, p. 1195 ; V. *Eau*.

Constitution de droits réels :
- sur lots privatifs, D. 17 mars 1967, art. 4, p. 668 ; art. 4 (nº 2), p. 669 ; art. 6, p. 684 ;
- sur parties communes, L. 10 juill. 1965, art. 16-1, p. 268.

Constructeur de l'immeuble :
- action en justice à son encontre, L. 10 juill. 1965, art. 14 (nº 38), p. 227 ; art. 14 (nº 48), p. 232 ; art. 15 (nº 11), p. 252 ; art. 15 (nºs 42 et 43), p. 261 ; art. 15 (nºs 47 et

48), p. 263. - D. 17 mars 1967, art. 55 (nos 8 à 10), p. 850 ;
- droits, L. 10 juill. 1965, art. 9 (anc.) (no 20), p. 95 ;
- responsabilité, L. 10 juill. 1965, art. 14 (no 38), p. 227 ; art. 14 (no 47), p. 232 ; art. 15 (no 11), p. 252 ; art. 15 (nos 42 et 43), p. 261 ; art. 15 (nos 47 et 48), p. 263. - D. 17 mars 1967, art. 55 (nos 8 à 11), p. 850 ;
- syndic, D. 17 mars 1967, art. 28 (no 19), p. 791 ; art. 39, p. 819 ; art. 56, p. 863.

V. *Promoteur.*

Construction sur terrain indivis, L. 10 juill. 1965, art. 1er (anc.) (no 55), p. 20.

Construction par tranches, L. 10 juill. 1965, art. 1er (anc.) (nos 15 à 17), p. 9 ; art. 1er (anc.) (nos 19 à 22), p. 10 ; art. 1er-1, p. 25 ; art. 14 (no 4), p. 215.

Constructions :
- autorisations, L. 10 juill. 1965, art. 9 (anc.) (no 17), p. 94 ; art. 9 (anc.) (no 20), p. 95 ; art. 9 (anc.) (no 22), p. 95 ; art. 9 (anc.) (no 24), p. 97 ; art. 9 (anc.) (no 112), p. 134 ;
- droit de construire accessoire aux parties communes, L. 10 juill. 1965, art. 3 (no 30), p. 40 ; art. 3 (no 36), p. 41 ; art. 3 (no 38), p. 42 ; art. 9 (anc.) (no 20), p. 95 ; art. 9 (anc.) (no 22), p. 95 ; art. 9 (anc.) (no 24), p. 97 ; art. 9 (anc.) (no 112), p. 134 ; art. 35, p. 559 ; art. 37, p. 565. - D. 17 mars 1967, art. 2 (no 6), p. 663 ;
- irrégulières, L. 10 juill. 1965, art. 8 (no 54), p. 81 ; art. 9 (anc.) (no 24), p. 97 ; art. 9 (anc.) (no 93), p. 126 ; art. 15 (no 28), p. 258 ; art. 15 (no 31), p. 259 ; art. 42 (no 22), p. 601 ;
- de locaux communs, L. 10 juill. 1965, art. 30, p. 542 ; art. 36, p. 565 ;
- de locaux privatifs par le syndicat, L. 10 juill. 1965, art. 35, p. 559 ;
- sur partie commune, L. 10 juill. 1965, art. 3 (no 30), p. 40 ; art. 3 (no 36), p. 41 ; art. 3 (no 38), p. 42 ; art. 9 (anc.) (no 20), p. 95 ; art. 9 (anc.) (no 22), p. 95 ; art. 9 (anc.) (no 24), p. 97 ; art. 9 (anc.) (no 113), p. 135 ; art. 25 (nos 10 à 12), p. 433 ; art. 25 (nos 14 à 16), p. 437 ; art. 25 (nos 18 et 19), p. 439 ; art. 25 (nos 22 et 23), p. 441 ; art. 25 (nos 26 à 29), p. 443 ; art. 25 (no 32), p. 447 ; art. 26 (no 11), p. 474 ;
- sur partie commune affectée en jouissance privative, L. 10 juill. 1965, art. 9 (anc.) (no 103), p. 131 ; art. 9 (anc.) (no 112), p. 134 ;
- sur partie privative, L. 10 juill. 1965, art. 9 (anc.) (no 17), p. 94 ; art. 9 (anc.) (no 20), p. 95 ; art. 9 (anc.) (no 22), p. 95 ; art. 9 (anc.) (no 24), p. 97 ;
- permis de construire, V. *ce mot ;*
- à usage commun, L. 10 juill. 1965, art. 30, p. 542 ; art. 36, p. 565.

Consultation :
- écrite des copropriétaires, L. 10 juill. 1965, art. 11 (no 3), p. 198 ; art. 17 (no 4), p. 273 ;
- juridique, D. 17 mars 1967, art. 27 (anc.) (no 2), p. 781 ;
- des pièces justificatives des charges, L. 10 juill. 1965, art. 18-1, p. 335. - D. 17 mars 1967, art. 9, p. 703 ;
- d'un technicien ou d'un expert, V. *Expert.*

Contestation des décisions de l'assemblée :
- assignation, L. 10 juill. 1965, art. 42 (nos 66 à 68), p. 621 ; art. 42 (nos 70 et 71), p. 623 ;
- compétence, L. 10 juill. 1965, art. 42 (no 67), p. 621 ;
- délai, L. 10 juill. 1965, art. 42 (no 55), p. 616 ; art. 42 (nos 58 à 60), p. 618 ; art. 42 (nos 62 et 63), p. 619. - D. 17 mars 1967, art. 18, p. 765 ; art. 18 (no 20), p. 770 ;
- règles générales, L. 10 juill. 1965, art. 42, p. 593 ; art. 42 (no 25), p. 603 ; art. 42 (nos 27 à 29), p. 604 ; art. 42 (no 31), p. 606 ; art. 42 (nos 33 et 34), p. 607 ; art. 42 (no 37), p. 610 ; art. 42 (no 39), p. 610 ; art. 42 (nos 42 et 43), p. 611 ; art. 42 (nos 48 et 49), p. 614 ; art. 42 (nos 51 à 53), p. 615 ; art. 42 (no 55), p. 616 ; art. 42 (nos 58 et 59), p. 618 ; art. 42 (no 81), p. 627.

Contrat :
- d'entreprise, V. *Entrepreneur ;*
- de fournitures, L. 10 juill. 1965, art. 21, p. 360. - D. 17 mars 1967, art. 19-2, p. 772 ;
- mise en concurrence, L. 10 juill. 1965, art. 21, p. 360. - D. 17 mars 1967, art. 19-2, p. 772 ;
- de performance énergétique, L. 10 juill. 1965, art. 24-4, p. 417 ;
- de syndic, D. 17 mars 1967, art. 11 (no 23), p. 731 ; art. 28 (no 22), p. 792 ; art. 28 (no 24), p. 793 ; art. 29 (no 2), p. 795 ; art. 39, p. 819 ; V. *Contrat syndic ;*
- du syndic avec le syndicat, D. 17 mars 1967, art. 39, p. 819 ;
- de travail, V. *Personnel du syndicat.*

Contrats de maintenance, Annexe 16, p. 1089.

Contrats de syndic, Annexe 16, p. 1089.

Contre le syndic, L. 10 juill. 1965, art. 25 (no 64), p. 461.

Contribution foncière, D. 17 mars 1967, art. 1er (no 5), p. 657.

Contrôle de la gestion du syndic, D. 17 mars 1967, art. 26, p. 778.

Convention :
- entre syndic et syndicat, L. 10 juill. 1965, art. 18-1 A (no 12), p. 335. - D. 17 mars 1967, art. 39, p. 819 ;
- extérieure au règlement de copropriété, L. 10 juill. 1965, art. 8 (no 12), p. 66 ; art. 13 (no 7), p. 213 ;
- réservant l'exercice d'un droit accessoire aux parties communes, L. 10 juill. 1965, art. 37, p. 565. - D. 17 mars 1967, art. 2 (no 6), p. 663 ;
- de surélévation, L. 10 juill. 1965, art. 37, p. 565.

Convention d'usufruit (Bail), Annexe 8, p. 1019.

Convocation :
- vote par correspondance, D. 17 mars 1967, art. 9 (no 4), p. 705.

Convocation de l'assemblée :
- absence, D. 17 mars 1967, art. 7, p. 692 ;
- absence de syndic, D. 17 mars 1967, art. 46 et 47, p. 831 et s. ;
- administrateur provisoire, D. 17 mars 1967, art. 47, p. 833 ; art. 47, p. 833 ;
- association de locataire, D. 17 mars 1967, art. 7 (no 17), p. 698 ;
- associés des sociétés de construction, L. 10 juill. 1965, art. 23 (anc.) (no 2), p. 388. - D. 17 mars 1967, art. 7 (no 8), p. 695 ; art. 12, p. 737 ;
- auteur, D. 17 mars 1967, art. 7 et 8, p. 692 et s. ; art. 50, p. 844 ;
- carence du syndic, D. 17 mars 1967, art. 8, p. 699 ; art. 50, p. 844 ;

- contenu, D. 17 mars 1967, art. 9, p. 703 ; art. 11, p. 722 ; art. 13, p. 738 ;
- par un copropriétaire, D. 17 mars 1967, art. 8, p. 699 ; art. 50, p. 844 ;
- date, D. 17 mars 1967, art. 9, p. 703 ;
- défaut de, L. 10 juill. 1965, art. 42 (n° 63), p. 620. - D. 17 mars 1967, art. 50, p. 844 ;
- délai, D. 17 mars 1967, art. 9, p. 703 ; art. 13, p. 738 ;
- demande, D. 17 mars 1967, art. 8, p. 699 ; art. 8 (n° 2), p. 700 ;
- de la deuxième assemblée prévue par l'article 25-1, D. 17 mars 1967, art. 19, p. 771 ;
- documents à joindre, D. 17 mars 1967, art. 11, p. 722 ; art. 13, p. 738 ;
- époux, D. 17 mars 1967, art. 7 (n° 12), p. 697 ;
- formes, D. 17 mars 1967, art. 9 (n° 2), p. 704 ; art. 64, p. 894 ;
- heure, D. 17 mars 1967, art. 9, p. 703 ;
- indivision, L. 10 juill. 1965, art. 23 (anc.) (n° 5), p. 390. - D. 17 mars 1967, art. 7 (n° 11), p. 697 ;
- initiative, D. 17 mars 1967, art. 7 et 8, p. 692 et s. ; art. 50, p. 844 ;
- irrégularité, L. 10 juill. 1965, art. 42 (nos 63 et 64), p. 620. - D. 17 mars 1967, art. 7 (nos 4 et 5), p. 693 ; art. 7 (n° 10), p. 696 ; art. 7 (n° 14), p. 698 ; art. 9, p. 703 ; art. 13, p. 738 ;
- lettre recommandée électronique, D. 17 mars 1967, art. 64-4, p. 900 ;
- lieu, D. 17 mars 1967, art. 9, p. 703 ;
- location-accession, D. 17 mars 1967, art. 7 (n° 18), p. 698 ; Annexe 44, p. 1337 ;
- par un mandataire de justice, D. 17 mars 1967, art. 50, p. 844 ;
- mentions, D. 17 mars 1967, art. 9, p. 703 ; art. 13, p. 738 ;
- mentions obligatoires, D. 17 mars 1967, art. 9, p. 703 ; art. 13, p. 738 ;
- nullité, D. 17 mars 1967, art. 7, p. 692 ; art. 9, p. 703 ; art. 13, p. 738 ;
- obligatoire, D. 17 mars 1967, art. 7, p. 692 ;
- omission d'un copropriétaire, L. 10 juill. 1965, art. 42 (n° 63), p. 620. - D. 17 mars 1967, art. 7 (n° 8), p. 695 ;
- ordre du jour, V. *ce mot ;*
- périodicité, D. 17 mars 1967, art. 7, p. 692 ;
- pièces justificatives des charges, D. 17 mars 1967, art. 9 (n° 3), p. 705 ;
- par président du conseil syndical, D. 17 mars 1967, art. 8, p. 699 ;
- par remise de récépissé ou émargement, D. 17 mars 1967, art. 64, p. 894 ;
- responsabilité du syndic, L. 10 juill. 1965, art. 18 (n° 101), p. 317 ; art. 18 (n° 108), p. 324. - D. 17 mars 1967, art. 8 et 9, p. 699 et s. ; art. 11, p. 722 ;
- signature, D. 17 mars 1967, art. 9 (n° 5), p. 705 ;
- société, D. 17 mars 1967, art. 7 (n° 16), p. 698 ;
- société d'attribution, L. 10 juill. 1965, art. 23 (anc.) (n° 2), p. 388. - D. 17 mars 1967, art. 7 (n° 16), p. 698 ; art. 12, p. 737 ;
- par syndic, D. 17 mars 1967, art. 7 et 8, p. 692 et s. ;
- travaux urgents, D. 17 mars 1967, art. 37, p. 817 ;
- urgence, D. 17 mars 1967, art. 9 (n° 25), p. 710 ; art. 37, p. 817 ;
- usufruitier, L. 10 juill. 1965, art. 23 (anc.) (n° 5), p. 390. - D. 17 mars 1967, art. 7 (n° 11), p. 697 ;
- en vue de la désignation d'un syndic, D. 17 mars 1967, art. 46 et 47, p. 831 et s.

Convocations :
- documents à joindre, D. 17 mars 1967, art. 64-1, p. 898.

Copies de pièces :
- aux copropriétaires ou tiers, D. 17 mars 1967, art. 33, p. 806 ;
- aux membres du conseil syndical, D. 17 mars 1967, art. 26, p. 778 ;
- du règlement de copropriété ou de l'état descriptif de division, D. 17 mars 1967, art. 4 (n° 1), p. 668.

V. *Documents pouvant être réclamés au syndic.*

Copropriétaires :
- abstentionnistes, V. *ce mot ;*
- action en justice, L. 10 juill. 1965, art. 15, p. 246. - D. 17 mars 1967, art. 51, p. 844 ;
- consultation écrite, L. 10 juill. 1965, art. 11 (n° 3), p. 198 ; art. 17 (n° 4), p. 273 ;
- décès, L. 10 juill. 1965, art. 10 (n° 109), p. 180 ; art. 19 (n° 7), p. 346. - D. 17 mars 1967, art. 6, p. 684 ; art. 32, p. 804 ;
- défaillants, L. 10 juill. 1965, art. 10 (nos 106 et 107), p. 179 ; art. 42 (n° 49), p. 614. - D. 17 mars 1967, art. 14, p. 743 ; art. 17, p. 755 ; art. 18 (n° 2), p. 765 ; art. 18 (n° 7), p. 767 ;
- domicile, D. 17 mars 1967, art. 32, p. 804 ; art. 64 et 65, p. 894 et s. ;
- droits, L. 10 juill. 1965, art. 8 (nos 14 à 26), p. 67 ; art. 8 (n° 29), p. 72 ; art. 8 (nos 31 à 34), p. 72 ; art. 8 (nos 36 et 37), p. 75 ; art. 8 (n° 39), p. 75 ; art. 8 (nos 42 et 43), p. 76 ; art. 8 (nos 46 à 48), p. 78 ; art. 9 (anc.) (nos 3 à 6), p. 88 ; art. 9 (anc.) (n° 8), p. 91 ; art. 9 (anc.) (nos 13 à 15), p. 92 ; art. 9 (anc.) (nos 17 à 20), p. 94 ; art. 9 (anc.) (n° 22), p. 95 ; art. 9 (anc.) (n° 24), p. 97 ; art. 9 (anc.) (n° 26), p. 99 ; art. 9 (anc.) (nos 29 et 30), p. 100 ; art. 9 (anc.) (nos 33 et 34), p. 101 ; art. 9 (anc.) (nos 38 à 42), p. 104 ; art. 9 (anc.) (nos 44 à 51), p. 107 ; art. 9 (anc.) (n° 53), p. 111 ; art. 9 (anc.) (nos 55 à 63), p. 113 ; art. 9 (anc.) (n° 68), p. 119 ; art. 9 (anc.) (nos 70 et 71), p. 119 ; art. 9 (anc.) (n° 73), p. 121 ; art. 9 (anc.) (nos 83 et 84), p. 123 ; art. 9 (anc.) (nos 86 à 88), p. 124 ; art. 9 (anc.) (n° 93), p. 126 ; art. 9 (anc.) (n° 95), p. 127 ; art. 9 (anc.) (nos 98 à 103), p. 129 ; art. 9 (anc.) (nos 107 et 108), p. 132 ; art. 9 (anc.) (nos 110 à 115), p. 134 ;
  - ▶ limitation par le règlement de copropriété, L. 10 juill. 1965, art. 8 (n° 48), p. 79 ;
  - ▶ sur parties communes, L. 10 juill. 1965, art. 9 (anc.) (n° 115), p. 136 ;
  - ▶ sur parties privatives, L. 10 juill. 1965, art. 9 (anc.) (n° 88), p. 125.
- élection de domicile, L. 10 juill. 1965, art. 20 (n° 16), p. 356. - D. 17 mars 1967, art. 32, p. 804 ; art. 65, p. 902 ;
- identification, D. 17 mars 1967, art. 32, p. 804 ;
- liste, V. *Liste des copropriétaires ;*
- majeurs incapables, D. 17 mars 1967, art. 32, p. 804 ;
- majoritaires, L. 10 juill. 1965, art. 22 (n° 5), p. 374 ; art. 22 (n° 10), p. 376 ;

- obligations, L. 10 juill. 1965, art. 8 et 9 (anc.), p. 61 et s. ; art. 9 (anc.) (n° 75), p. 121 ; art. 9 (anc.) (n° 77), p. 122 ; art. 9 (anc.) (n° 79), p. 123 ; art. 9 (anc.) (n° 110), p. 134 ; art. 10, p. 138 ;
  - ▶ charges, L. 10 juill. 1965, art. 10, p. 138.
- opposants, L. 10 juill. 1965, art. 42 (n° 48), p. 614. - D. 17 mars 1967, art. 17 (n° 6), p. 757 ; art. 18 (n° 2), p. 765 ; art. 18 (n° 7), p. 767 ;
- participation aux assemblées, L. 10 juill. 1965, art. 17 (n° 7), p. 275 ; art. 22 (n° 4), p. 374 ;
- participation aux charges communes, L. 10 juill. 1965, art. 10, p. 138 ;
- ne prenant pas part au vote, L. 10 juill. 1965, art. 42 (n° 52), p. 615. - D. 17 mars 1967, art. 17 (n° 11), p. 759 ;
- présents ou représentés, L. 10 juill. 1965, art. 24, p. 392 ; art. 42 (nos 48 et 49), p. 614 ; art. 42 (nos 51 et 52), p. 615. - D. 17 mars 1967, art. 14, p. 743 ; art. 17, p. 755 ;
- procédure collective, L. 10 juill. 1965, art. 10 (nos 106 et 107), p. 179.

V. *Action en justice.*

Copropriété :
- définition, L. 10 juill. 1965, art. 1er (anc.), p. 3 ;
- à deux personnes, V. *ce mot ;*
- en difficulté, V. *ce mot ;*
- disparition, L. 10 juill. 1965, art. 6 (n° 4), p. 48 ; art. 14 (n° 56), p. 236 ; art. 41, p. 570 ; art. 46-1 (n° 1), p. 648 ;
- horizontale, L. 10 juill. 1965, art. 1er (anc.) (nos 63 à 66), p. 21 ;
- naissance, L. 10 juill. 1965, art. 1er-1, p. 25 ; art. 14 (n° 4), p. 215 ;
- scission, L. 10 juill. 1965, art. 28, p. 504 ;
- suppression, L. 10 juill. 1965, art. 6 (n° 4), p. 48 ; art. 14 (n° 56), p. 236 ; art. 46-1 (n° 1), p. 648 ;
- verticale, L. 10 juill. 1965, art. 1er (anc.), p. 3.

Copropriété à deux personnes, L. 10 juill. 1965, art. 17 (n° 4), p. 273 ; art. 22 (n° 11), p. 377.

Copropriété en difficulté, L. 10 juill. 1965, art. 18 (n° 120), p. 329 ;
- administrateur provisoire, V. *ce mot ;*
- aides financières (ANAH), Annexe 1, p. 909 ;
- décision de l'administrateur provisoire :
  - ▶ absence de recours, D. 17 mars 1967, art. 62-7 (n° 6), p. 879.
- interdiction de poursuites contre le syndicat, L. 10 juill. 1965, art. 29-2 et 29-3, p. 530 et s. ;
- interdiction des procédures d'exécution, L. 10 juill. 1965, art. 29-3, p. 531 ;
- mandataires *ad hoc*, L. 10 juill. 1965, art. 29-1 A et 29-1 B, p. 518 et s. ;
- réglementation générale, L. 10 juill. 1965, art. 29-1 A à 29-1, p. 518 et s. - D. 17 mars 1967, art. 62-1 à 62-14, p. 875 et s. ;
- suspension des poursuites contre le syndicat, L. 10 juill. 1965, art. 29-2 et 29-3, p. 530 et s.

Copropriétés dégradées :
- expropriation, Annexe 20-1, p. 1163 ;
- requalification, Annexe 20-1, p. 1163 ;
- restructuration, Annexe 20-1, p. 1163.

Corridors, L. 10 juill. 1965, art. 3 (n° 17), p. 36 ; V. *Couloirs.*

Cosyndic, D. 17 mars 1967, art. 28 (n° 1), p. 782.

Cotisations sociales, D. 17 mars 1967, art. 31 (n° 6), p. 804.

Couloirs, L. 10 juill. 1965, art. 2 et 3, p. 27 et s. ; art. 9 (anc.) (n° 93), p. 126 ; art. 9 (anc.) (n° 95), p. 127 ; art. 26 (n° 9), p. 473 - D. 17 mars 1967, art. 1er (n° 4), p. 656 ;
- encombrement, L. 10 juill. 1965, art. 9 (anc.) (n° 93), p. 126 ;
- jouissance exclusive, L. 10 juill. 1965, art. 26 (n° 10), p. 474.

Cour :
- accès, L. 10 juill. 1965, art. 26 (n° 15), p. 475 ; art. 26 (n° 26), p. 481 ;
- construction, L. 10 juill. 1965, art. 9 (anc.) (n° 93), p. 126 ;
- encombrement, L. 10 juill. 1965, art. 9 (anc.) (n° 93), p. 126 ; art. 42 (n° 18), p. 599 ;
- jouissance exclusive, L. 10 juill. 1965, art. 9 (anc.) (n° 102), p. 130 ;
- partie privative ou commune, L. 10 juill. 1965, art. 2 et 3, p. 27 et s. ;
- stationnement, L. 10 juill. 1965, art. 9 (anc.) (n° 115), p. 136 ; art. 26 (n° 15), p. 475 ;
- travaux, L. 10 juill. 1965, art. 25 (n° 10), p. 433 ; art. 25 (nos 18 et 19), p. 439 ; art. 25 (n° 23), p. 441 ; art. 42 (n° 22), p. 601.

Cour commune (servitude), L. 10 juill. 1965, art. 25 (n° 45), p. 452.

Court de tennis, V. *Tennis.*

Créance irrecouvrable, L. 10 juill. 1965, art. 29-7 (n° 2), p. 535.

Créance du syndicat :
- appel de fonds, D. 17 mars 1967, art. 5-1, p. 679 ;
- garantie, L. 10 juill. 1965, art. 19, p. 344 ;
- hypothèque légale, L. 10 juill. 1965, art. 19, p. 344 ;
- liquide et exigible, L. 10 juill. 1965, art. 10 (nos 80 et 81), p. 169 ; art. 10 (n° 84), p. 170 ; art. 10 (nos 86 et 87), p. 172 ; art. 20, p. 351 ;
- opposition, L. 10 juill. 1965, art. 20, p. 351 ;
- prescription, L. 10 juill. 1965, art. 19, p. 344 ;
- privilège mobilier, L. 10 juill. 1965, art. 19, p. 344 ;
- provisions, V. *ce mot ;*
- recouvrement, L. 10 juill. 1965, art. 19 et 20, p. 344 et s.

V. *Recouvrement des charges.*

Créances du syndicat :
- exigibilité anticipée, D. 17 mars 1967, art. 5-1, p. 679 ;
- opposition, L. 10 juill. 1965, art. 20 (n° 13), p. 355. - D. 17 mars 1967, art. 6-1, p. 688 ;
- prescription, L. 10 juill. 1965, art. 42 (n° 13), p. 597 ;
- recouvrement, L. 10 juill. 1965, art. 18 (nos 13 à 15), p. 293. - D. 17 mars 1967, art. 55 (n° 21), p. 859.

Créanciers du syndicat :
- demande de nomination d'administrateur *ad hoc*, D. 17 mars 1967, art. 49, p. 841 ;
- demande de nomination d'administrateur provisoire, D. 17 mars 1967, art. 62-1 à 62-3, p. 875 et s. ; art. 62-5, p. 877 ; art. 62-14, p. 882 ;
- interdiction des poursuites, L. 10 juill. 1965, art. 29-2 et 29-3, p. 530 et s. ;

- recouvrement des créances, L. 10 juill. 1965, art. 14 (nº 6), p. 216 ; art. 18 (nº 14), p. 293 ;
- suspension des poursuites, L. 10 juill. 1965, art. 29-2 et 29-3, p. 530 et s.

Création de nouveaux lots :
- modification de la répartition des charges, L. 10 juill. 1965, art. 11, p. 196 ;
- modification des tantièmes de copropriété, L. 10 juill. 1965, art. 5 (nº 8), p. 46 ;
- publicité foncière, Annexe 52, p. 1397. - D. 14 oct. 1955, art. 71-4, p. 1408.

Creusement du sol, V. *Affouillement.*

Cuisines, L. 10 juill. 1965, art. 2 (nº 9), p. 29 ; art. 9 (anc.) (nº 6), p. 90 ; art. 9 (anc.) (nº 45), p. 108 ; art. 9 (anc.) (nº 49), p. 109 ; art. 15 (nº 10), p. 252.

Culte, V. *Exercice d'un culte.*

D

Dancing, V. *Bruit et Commerces.*

Dark kitchens, L. 10 juill. 1965, art. 9 (anc.) (nº 52), p. 110.

Dark stores, L. 10 juill. 1965, art. 9 (anc.) (nº 52), p. 110.

Date de l'assemblée, D. 17 mars 1967, art. 9, p. 703.

Décès d'un copropriétaire, L. 10 juill. 1965, art. 10 (nº 109), p. 180 ; art. 19 (nº 7), p. 346. - D. 17 mars 1967, art. 6, p. 684 ; art. 32, p. 804.

Déchéance (recours), L. 10 juill. 1965, art. 42 (nº 55), p. 616 ; art. 42 (nºs 58 à 60), p. 618 ; art. 42 (nºs 62 et 63), p. 619.

Décision :
- consultation écrite, D. 17 mars 1967, art. 33, p. 806 ;
- par un copropriétaire, D. 17 mars 1967, art. 33, p. 806.

Décision de l'assemblée :
- annulant une précédente décision, L. 10 juill. 1965, art. 24 (nº 33), p. 406 ;
- contestation, L. 10 juill. 1965, art. 42 (nºs 27 à 29), p. 604 ; art. 42 (nº 31), p. 606 ; art. 42 (nºs 33 et 34), p. 607 ; art. 42 (nº 37), p. 610 ; art. 42 (nº 39), p. 610 ; art. 42 (nºs 42 et 43), p. 611 ; art. 42 (nºs 48 et 49), p. 614 ; art. 42 (nºs 51 à 53), p. 615 ; art. 42 (nº 55), p. 616 ; art. 42 (nºs 58 à 60), p. 618 ; art. 42 (nºs 62 à 64), p. 619 ; art. 42 (nºs 66 à 68), p. 621 ; art. 42 (nºs 70 et 71), p. 623 ; art. 42 (nº 73), p. 625 ; art. 42 (nº 81), p. 627 ;
- défaut de, L. 10 juill. 1965, art. 25-1, p. 463 ; art. 42 (nºs 27 à 29), p. 604 ; art. 42 (nº 31), p. 606 ; art. 42 (nºs 33 et 34), p. 607. - D. 17 mars 1967, art. 19, p. 771 ;
- étrangère à l'objet du syndicat, L. 10 juill. 1965, art. 26 (nº 32), p. 485 ;
- exécution, L. 10 juill. 1965, art. 18 (nºs 7 et 8), p. 291 ; art. 42 (nº 59), p. 618 ; art. 42 (nºs 77 à 79), p. 626 ;
- illicite, L. 10 juill. 1965, art. 42 (nº 37), p. 610 ;
- implicite, L. 10 juill. 1965, art. 42 (nº 28), p. 605 ;
- inexistante, L. 10 juill. 1965, art. 42 (nºs 27 à 29), p. 604 ; art. 42 (nº 31), p. 606 ; art. 42 (nºs 33 et 34), p. 607 ;
- information des occupants, D. 15 déc. 2015, p. 1327 ;
- interprétation, L. 10 juill. 1965, art. 24 (nº 48), p. 414 ;
- irrégulière, L. 10 juill. 1965, art. 10 (nº 95), p. 175 ; art. 18 (nº 7), p. 291 ; art. 42 (nºs 27 à 29), p. 604 ; art. 42 (nº 31), p. 606 ; art. 42 (nºs 33 et 34), p. 607 ; art. 42 (nº 37), p. 610 ;
- majorités, L. 10 juill. 1965, art. 22, p. 371 ; art. 24 et 25, p. 392 et s. ; art. 25 (nº 57), p. 457 ; art. 25-1 et 26, p. 463 et s. ; art. 26-3, p. 487 ;
- modalités (de la prise de décision), L. 10 juill. 1965, art. 17 (nº 4), p. 273 ; art. 17 (nº 7), p. 275 ; art. 17 (nº 11), p. 276 ; art. 24 (nº 30), p. 405 ;
- notification, L. 10 juill. 1965, art. 42 (nº 76), p. 625. - D. 17 mars 1967, art. 18, p. 765 ;
- notion, L. 10 juill. 1965, art. 42 (nºs 27 à 29), p. 604 ; art. 42 (nº 31), p. 606 ; art. 42 (nºs 33 et 34), p. 607 ;
- opposabilité, L. 10 juill. 1965, art. 42 (nº 61), p. 619 ;
- opposants, L. 10 juill. 1965, art. 42 (nº 48), p. 614 ;
- de principe, L. 10 juill. 1965, art. 18 (nº 7), p. 291 ; art. 42 (nº 29), p. 605. - D. 17 mars 1967, art. 9 (nº 16), p. 708 ;
- recours, L. 10 juill. 1965, art. 42 (nºs 27 à 29), p. 604 ; art. 42 (nº 31), p. 606 ; art. 42 (nºs 33 et 34), p. 607 ; art. 42 (nº 37), p. 610 ; art. 42 (nº 39), p. 610 ; art. 42 (nºs 42 et 43), p. 611 ; art. 42 (nºs 48 et 49), p. 614 ; art. 42 (nºs 51 à 53), p. 615 ; art. 42 (nº 55), p. 616 ; art. 42 (nºs 58 à 60), p. 618 ; art. 42 (nºs 62 à 64), p. 619 ; art. 42 (nºs 66 à 68), p. 621 ; art. 42 (nºs 70 et 71), p. 623 ; art. 42 (nº 73), p. 625 ; art. 42 (nº 81), p. 627 ;
- rétractation, L. 10 juill. 1965, art. 24 (nº 33), p. 406 ;
- simple vœu, L. 10 juill. 1965, art. 42 (nº 29), p. 605.

Décision de justice, V. *Jugement.*

Déclaration de créance, L. 10 juill. 1965, art. 10 (nºs 106 et 107), p. 179 ; art. 18 (nº 15), p. 294. - D. 17 mars 1967, art. 28 (nº 7), p. 785.

Déclaration de créances, L. 10 juill. 1965, art. 29-4, p. 532.

Déclarations fiscales des copropriétaires, L. 10 juill. 1965, art. 18 (nº 31), p. 299.

Décompte des voix, L. 10 juill. 1965, art. 16, p. 267 ; art. 22, p. 371 ; art. 24 à 26, p. 392 et s.

Défaillants (Copropriétaires), L. 10 juill. 1965, art. 42 (nº 49), p. 614. - D. 17 mars 1967, art. 14, p. 743 ; art. 17, p. 755 ; art. 18 (nº 2), p. 765.

Défaut d'entretien des parties communes, L. 10 juill. 1965, art. 14 (nº 39), p. 228.

Défaut d'isolation phonique, L. 10 juill. 1965, art. 14 (nº 38), p. 227 ; art. 15 (nº 7), p. 249.

Défense en justice, D. 17 mars 1967, art. 55 (nº 16), p. 856 ; art. 55 (nºs 26 et 27), p. 861.

Dégâts :
- aux parties communes, L. 10 juill. 1965, art. 15, p. 246 ;
- aux parties privatives, L. 10 juill. 1965, art. 14 (nº 29), p. 224 ; art. 14 (nº 39), p. 228 ; art. 15, p. 246 ; art. 15 (nº 48), p. 264.

Dégradations, L. 10 juill. 1965, art. 9 (anc.) (nº 88), p. 125 ; V. *Dégâts.*

Délais :
- action en nullité de la répartition des charges, L. 10 juill. 1965, art. 12, p. 202 ;
- action en révision de la répartition des charges, L. 10 juill. 1965, art. 12, p. 202 ;

- de contestation des décisions de l'assemblée, L. 10 juill. 1965, art. 42, p. 593 ; art. 42 (nº 25), p. 603 ; art. 42 (nº 55), p. 616 ; art. 42 (nºs 58 à 60), p. 618 ; art. 42 (nºs 62 et 63), p. 619. - D. 17 mars 1967, art. 18, p. 765 ;
- de convocation de l'assemblée, V. *Convocation de l'assemblée ;*
- de grâce (paiement des charges), L. 10 juill. 1965, art. 10 (nº 98), p. 178 ;
- mode de calcul, L. 10 juill. 1965, art. 42 (nº 55), p. 616. - D. 17 mars 1967, art. 9 (nº 20), p. 709 ; art. 64, p. 894 ;
  - ▶ contestation d'assemblée, L. 10 juill. 1965, art. 42 (nº 55), p. 616 ;
  - ▶ convocation, D. 17 mars 1967, art. 9 (nº 20), p. 709.
- de notification des décisions, L. 10 juill. 1965, art. 42 (nº 76), p. 625. - D. 17 mars 1967, art. 18, p. 765 ;
- de prescription, L. 10 juill. 1965, art. 42 (nºs 4 et 5), p. 595 ; art. 42 (nº 8), p. 596 ; art. 42 (nº 11), p. 596 ; art. 42 (nº 13), p. 597 ; art. 42 (nºs 16 à 18), p. 598 ; art. 42 (nº 23), p. 602.

Délaissement, L. 10 juill. 1965, art. 18 (nº 9), p. 291 ; art. 24-6, p. 422.

Délégation de pouvoirs, L. 10 juill. 1965, art. 25 (nº 64), p. 461 ;
- par l'assemblée, L. 10 juill. 1965, art. 21 (nº 8), p. 364 ; art. 25 (nº 5), p. 431. - D. 17 mars 1967, art. 11 (nº 28), p. 733 ; art. 21, p. 774 ; art. 55 (nº 4), p. 848 ;
- au conseil syndical, L. 10 juill. 1965, art. 21 (nº 8), p. 364 ; art. 25 (nº 5), p. 431. - D. 17 mars 1967, art. 11 (nº 28), p. 733 ; art. 21 et 21-1, p. 774 et s. ; art. 26, p. 778 ;
- au président du conseil syndical, L. 10 juill. 1965, art. 18 (nº 93), p. 314. - D. 17 mars 1967, art. 11 (nº 28), p. 733 ; art. 21, p. 774 ; art. 55 (nº 4), p. 848 ;
- au syndic, L. 10 juill. 1965, art. 25 (nº 5), p. 431. - D. 17 mars 1967, art. 11 (nº 28), p. 733 ; art. 21, p. 774.

Délégation de vote, V. *Mandat.*

Délits commis par le syndic, L. 10 juill. 1965, art. 18 (nº 112), p. 326.

Demande en justice, V. *Action.*

Demande reconventionnelle (Pouvoirs du syndic), D. 17 mars 1967, art. 55 (nº 27), p. 862.

Demandes de renseignements :
- en cas de vente de lot, D. 17 mars 1967, art. 5, p. 672 ;
- concernant la teneur du règlement, D. 17 mars 1967, art. 4 (nº 1), p. 668 ; art. 33, p. 806 ;
- aux hypothèques, V. *Renseignements hypothécaires ;*
- au syndic, D. 17 mars 1967, art. 4 (nº 1), p. 668 ; art. 5, p. 672 ; art. 33, p. 806.

Démembrement de propriété (Lot), V. *Usufruit d'un lot.*

Déménagement :
- clauses du règlement, L. 10 juill. 1965, art. 8 (nº 53), p. 81.

Démission du syndic, V. *Syndic.*

Démolition :
- de construction non autorisées, L. 10 juill. 1965, art. 9 (anc.) (nº 24), p. 97 ; art. 9 (anc.) (nº 93), p. 126 ; art. 42 (nºs 17 et 18), p. 599 ; art. 42 (nº 22), p. 601 ;
- de l'immeuble, L. 10 juill. 1965, art. 38, p. 568.

Départ anticipé de l'assemblée, L. 10 juill. 1965, art. 24 (nº 32), p. 405. - D. 17 mars 1967, art. 14 (nº 11), p. 746.

Dépassement de pouvoir :
- assemblée, L. 10 juill. 1965, art. 14 (nº 22), p. 220 ; art. 24 (nºs 36 à 42), p. 407 ; art. 42 (nº 34), p. 607 ; art. 42 (nº 37), p. 610 ;
- syndic, L. 10 juill. 1965, art. 18 (nº 92), p. 314.

Dépens (des procès), L. 10 juill. 1965, art. 10 (nº 63), p. 162 ; art. 10 (nº 131), p. 188 ; art. 10-1, p. 190 ; art. 10-1 (nº 8), p. 194. - D. 17 mars 1967, art. 1er (nº 5), p. 657.

Dépenses de fonctionnement du syndicat, L. 10 juill. 1965, art. 10 (nº 24), p. 147. - D. 17 mars 1967, art. 1er (nº 5), p. 657.

Dépôt d'archives, L. 10 juill. 1965, art. 9 (anc.) (nº 41), p. 106.

Dépôt des fonds du syndicat, V. *Compte bancaire, Postal du syndicat.*

Désamiantage, D. 17 mars 1967, art. 1er (nº 3), p. 656.

Descriptif de l'immeuble, L. 10 juill. 1965, art. 13 (nº 7), p. 213 ; V. *État descriptif de division.*

Désignation :
- d'un administrateur *ad hoc*, D. 17 mars 1967, art. 49, p. 841 ;
- d'un administrateur provisoire, D. 17 mars 1967, art. 47, p. 833 ;
- du conseil syndical, V. *Conseil syndical ;*
- d'un mandataire *ad hoc*, V. *Mandataire ad hoc ;*
- d'un mandataire commun en cas d'indivision ou de démembrement de propriété d'un lot, L. 10 juill. 1965, art. 23, p. 387 ; art. 23 (anc.) (nº 5), p. 390. - D. 17 mars 1967, art. 61, p. 868 ;
- des membres du conseil syndical, D. 17 mars 1967, art. 22, p. 775 ; art. 48, p. 840 ;
- du syndic, V. *Désignation du syndic.*

Désignation des lots (Publicité foncière), D. 4 janv. 1955, art. 7, p. 1398 ; V. *Publicité foncière, Publicité foncière.*

Désignation du syndic :
- absence de syndic, D. 17 mars 1967, art. 47, p. 833 ;
- par l'assemblée, L. 10 juill. 1965, art. 25 (nºs 35 à 38), p. 449 ; art. 25-1, p. 463 ;
- en cas de carence du syndic, D. 17 mars 1967, art. 49, p. 841 ;
- en cas d'empêchement du syndic, D. 17 mars 1967, art. 49, p. 841 ;
- défaut de nomination par l'assemblée, D. 17 mars 1967, art. 46, p. 831 ;
- judiciaire, D. 17 mars 1967, art. 46 et 47, p. 831 et s. ; art. 49, p. 841 ;
- syndicat coopératif, D. 17 mars 1967, art. 41, p. 824.

Désordres de construction, V. *Architectes ou Entrepreneurs.*

Destination :
- de l'immeuble, L. 10 juill. 1965, art. 8 (nº 10), p. 66 ; art. 8 (nºs 14 à 16), p. 67 ; art. 8 (nºs 19 à 26), p. 68 ; art. 8 (nº 29), p. 72 ; art. 8 (nºs 31 et 32), p. 72 ; art. 8 (nº 34), p. 74 ; art. 8 (nº 39), p. 75 ; art. 8 (nºs 42 et 43), p. 76 ; art. 8 (nºs 46 et 47), p. 78 ; art. 9 (anc.), p. 85 ; art. 9 (anc.) (nº 19), p. 94 ; art. 9 (anc.) (nº 26), p. 99 ; art. 9 (anc.) (nºs 30 à 34), p. 100 ; art. 9 (anc.) (nºs 36 et 37), p. 102 ; art. 9 (anc.) (nº 71), p. 120 ; art. 9 (anc.)

(nº 113), p. 135 ; art. 30, p. 542 ; art. 30 (nº 6), p. 545 ; art. 30 (nº 12), p. 546 ;
▶ notion et applications, L. 10 juill. 1965, art. 9 (anc.), p. 85 ; art. 9 (anc.) (nº 2), p. 87 ;
▶ règlement de copropriété, L. 10 juill. 1965, art. 8 (nº 48), p. 79 ;
▶ travaux, L. 10 juill. 1965, art. 26 (nº 31), p. 485 ; art. 30, p. 542 ; art. 30 (nº 12), p. 546.
- des parties privatives, L. 10 juill. 1965, art. 8 (nos 21 à 26), p. 69 ; art. 8 (nº 29), p. 72 ; art. 8 (nº 31), p. 72 ; art. 8 (nº 46), p. 78 ; art. 9 (anc.) (nº 1), p. 86 ; art. 9 (anc.) (nº 26), p. 99 ; art. 9 (anc.) (nos 29 et 30), p. 100 ; art. 9 (anc.) (nº 34), p. 102 ; art. 9 (anc.) (nos 37 à 40), p. 103 ; art. 9 (anc.) (nº 42), p. 107 ; art. 9 (anc.) (nº 44), p. 107 ; art. 9 (anc.) (nos 48 et 49), p. 109 ; art. 9 (anc.) (nº 51), p. 110 ; art. 9 (anc.) (nº 53), p. 111 ; art. 26 (nos 25 à 28), p. 480 ; art. 26 (nos 30 à 32), p. 484. - D. 17 mars 1967, art. 3 (nº 4), p. 665.

Destination de l'immeuble, L. 10 juill. 1965, art. 18-1 AA (nº 3), p. 332.

Destruction de l'immeuble, L. 10 juill. 1965, art. 38, p. 568.

Détecteurs de fumée, Annexe 40, p. 1323.

Détérioration, V. *Dégradations.*

Dettes du syndicat, L. 10 juill. 1965, art. 14 (nº 6), p. 216 ; V. *Créanciers du syndicat.*

Deuxième assemblée, L. 10 juill. 1965, art. 24 (nº 33), p. 406 ; art. 25-1, p. 463. - D. 17 mars 1967, art. 19 et 19-1, p. 771 et s.

Devanture (magasin), L. 10 juill. 1965, art. 2 (nº 10), p. 30 ; art. 8 (nos 42 et 43), p. 76 ; art. 9 (anc.) (nº 17), p. 94 ; art. 9 (anc.) (nº 19), p. 94 ; art. 25 (nº 11), p. 435.

Devis :
- approbation par l'assemblée, D. 17 mars 1967, art. 11 (nº 13), p. 728 ; art. 11 (nos 15 à 21), p. 728 ;
- contrôle du conseil syndical, D. 17 mars 1967, art. 26, p. 778 ;
- dépassement, L. 10 juill. 1965, art. 24 (nº 4), p. 396 ;
- examen par le syndic, L. 10 juill. 1965, art. 18 (nº 9), p. 291 ;
- mise en concurrence, L. 10 juill. 1965, art. 21 (nº 21), p. 368.

Devoir de conseil du syndic, L. 10 juill. 1965, art. 18 (nº 23), p. 296 ; art. 18 (nº 103), p. 321.

Diagnostic de performance énergétique, L. 10 juill. 1965, art. 24-4, p. 417 ; Annexe 26, p. 1197.

Diagnostic technique, L. 10 juill. 1965, art. 45-1 (anc.), p. 635. - D. 17 mars 1967, art. 4-4, p. 672 ; art. 33, p. 806.

Diffamation, L. 10 juill. 1965, art. 18 (nº 113), p. 327.

Digiclé, L. 10 juill. 1965, art. 10 (nº 46), p. 157 ; art. 10 (nº 48), p. 158 ; art. 25 (nº 57), p. 457. - D. 17 mars 1967, art. 1er (nº 3), p. 656.

Digicode, V. *Digiclé.*

Discothèque, L. 10 juill. 1965, art. 8 (nº 46), p. 78 ; art. 9 (anc.) (nº 8), p. 91 ; art. 9 (anc.) (nº 14), p. 93.

Disparition du syndicat, L. 10 juill. 1965, art. 14 (nº 56), p. 236 ; art. 46-1 (nº 1), p. 648.

Dispense de charges, L. 10 juill. 1965, art. 10 (nos 14 à 17), p. 143 ; art. 10 (nº 43), p. 156 ; art. 10 (nº 48), p. 158 ; art. 10 (nº 51), p. 159 ; art. 10 (nº 53), p. 159 ; art. 10 (nº 69), p. 164.

Dispositifs de fermeture des portes, L. 10 juill. 1965, art. 25 (nº 57), p. 457 ; art. 26, p. 469 ; art. 26 (nº 28), p. 483.

Dispositions d'ordre public, L. 10 juill. 1965, art. 1er (anc.) (nº 1), p. 5 ; art. 8 (nº 49), p. 80 ; art. 43 (anc.), p. 628.

Dissolution du syndicat, L. 10 juill. 1965, art. 14 (nº 56), p. 236 ; art. 46-1 (nº 1), p. 648.

Distinction des parties communes et privatives, L. 10 juill. 1965, art. 2 et 3, p. 27 et s.

Distribution de prix de cession (partie commune), L. 10 juill. 1965, art. 16-1, p. 268.

Divagation d'animaux, C. rur., art. L. 211-22, p. 938.

Division :
- de la copropriété, V. *Scission de copropriété ;*
- de l'immeuble en lots, L. 10 juill. 1965, art. 1er (anc.) (nº 8), p. 7 ; art. 1er (anc.) (nº 10), p. 7 ; art. 1er (anc.) (nº 67), p. 22 ; art. 1er (anc.) (nos 70 à 73), p. 23 ; art. 1er (anc.) (nos 75 à 77), p. 24 ; art. 1er (anc.) (nos 79 à 82), p. 24 ;
▶ interdiction de diviser, L. 10 juill. 1965, art. 1er (anc.) (nº 82), p. 25.
- interdite, L. 10 juill. 1965, art. 1er (anc.) (nº 67), p. 22 ; art. 1er (anc.) (nos 70 à 73), p. 23 ; art. 1er (anc.) (nos 75 à 77), p. 24 ; art. 1er (anc.) (nos 79 à 82), p. 24 ;
- de lots, V. *Division de lots.*

Division de lots :
- clause du règlement, L. 10 juill. 1965, art. 8 (nos 25 et 26), p. 70 ;
- conditions, L. 10 juill. 1965, art. 9 (anc.) (nº 68), p. 119 ; art. 9 (anc.) (nos 70 à 72), p. 119 ;
- nouvelle répartition des charges, L. 10 juill. 1965, art. 11 (nos 11 et 12), p. 200 ;
- publicité foncière, Annexe 52, p. 1397. - D. 14 oct. 1955, art. 71-4, p. 1408 ;
- réglementation, L. 10 juill. 1965, art. 8 (nos 25 et 26), p. 70 ; art. 9 (anc.) (nº 68), p. 119 ; art. 9 (anc.) (nos 70 et 71), p. 119.

Division en volumes, L. 10 juill. 1965, art. 1er (anc.) (nº 61), p. 21.

Divorce, L. 10 juill. 1965, art. 10 (nos 110 et 111), p. 181 ;
- paiement des charges, L. 10 juill. 1965, art. 10 (nº 111), p. 182.

Documents :
- à joindre aux convocations, D. 17 mars 1967, art. 11, p. 722 ; art. 13, p. 738 ;
- pouvant être réclamés au syndic, L. 10 juill. 1965, art. 18 (nº 24), p. 297 ; art. 20 (nº 2), p. 352. - D. 17 mars 1967, art. 4 (nº 1), p. 668 ; art. 5, p. 672 ; art. 32 et 33, p. 804 et s. ; V. *Carnet d'entretien, Diagnostic technique.*

Dol (vote), L. 10 juill. 1965, art. 42 (nº 48), p. 614.

Domicile :
- changement, D. 17 mars 1967, art. 32, p. 804 ; art. 65, p. 902 ;
- des copropriétaires, D. 17 mars 1967, art. 32, p. 804 ; art. 65, p. 902 ;
- élu, V. *Élection de domicile ;*
- du syndic, D. 17 mars 1967, art. 65, p. 902 ;
- du syndicat, V. *Siège du syndicat.*

Domiciliation d'une entreprise commerciale, Annexe 24, p. 1187.

Dommages, V. *Dégâts.*

Dommages et intérêts :
- alloués au syndicat, L. 10 juill. 1965, art. 10 (n° 63), p. 162 ; art. 10 (n° 97), p. 176 ; art. 10 (nos 128 et 129), p. 187 ; art. 10 (n° 133), p. 189 ; art. 10-1, p. 190 ; art. 15, p. 246 ;
- à payer par le syndicat, L. 10 juill. 1965, art. 10 (n° 63), p. 162 ; art. 10-1, p. 190 ; art. 15, p. 246. - D. 17 mars 1967, art. 1er (n° 5), p. 657 ;
- au profit du syndic, L. 10 juill. 1965, art. 18 (n° 113), p. 327.

Donation de lots, D. 17 mars 1967, art. 4, p. 668. - D. 17 mars 1967, art. 6, p. 684 ; art. 65, p. 902.

Dossier d'intervention ultérieure sur l'ouvrage, Annexe 56, p. 1469.

Double majorité, L. 10 juill. 1965, art. 26, p. 469 ; art. 26 (n° 2), p. 470 ; art. 26-3, p. 487.

Double vitrage, Annexe 26, p. 1197.

Droit :
- d'afficher sur les parties communes, V. *Affichage ;*
- d'affouiller le sol, L. 10 juill. 1965, art. 3 (n° 30), p. 40 ; art. 3 (n° 38), p. 42. - D. 17 mars 1967, art. 2 (n° 6), p. 663 ;
- de construire, V. *Construction ;*
- de convoquer l'assemblée, V. *Convocation de l'assemblée ;*
- d'habitation, L. 10 juill. 1965, art. 10 (n° 116), p. 183 ; art. 23 (anc.) (n° 5), p. 390. - D. 17 mars 1967, art. 6, p. 684 ; art. 32, p. 804 ; art. 61, p. 868 ; art. 65, p. 902 ;
- de jouissance exclusive sur les parties communes, V. *Jouissance exclusive des parties communes ;*
- de passage, V. *Servitude ;*
- de préemption publique, D. 17 mars 1967, art. 5-1, p. 679 ; art. 5-1 (n° 4), p. 679 ; art. 6-1, p. 688 ;
- de préférence, V. *Pacte de préférence ;*
- de priorité, L. 10 juill. 1965, art. 8-1, p. 82 ;
  - champ d'application, L. 10 juill. 1965, art. 8-1, p. 82 ;
  - mécanisme, L. 10 juill. 1965, art. 8-1, p. 82.
- réel (constitution), V. *Constitution de droits réels ;*
- réservé (règlement), L. 10 juill. 1965, art. 8 (n° 48), p. 79 ;
- de rétention (syndic), L. 10 juill. 1965, art. 18-2, p. 337 ;
- de stationnement, V. *Parking ;*
- de superficie, V. *Superficie ;*
- de surélévation, V. *Surélévation ;*
- d'usage, V. *Droit d'habitation ;*
- d'usufruit, V. *Usufruit d'un lot ;*
- de vote, L. 10 juill. 1965, art. 17 (n° 7), p. 275 ; art. 22, p. 371 ; art. 24 (nos 36 à 43), p. 407 ;
  - abus, L. 10 juill. 1965, art. 24 (n° 43), p. 413.

Droit des copropriétaires :
- atteintes, L. 10 juill. 1965, art. 25 (n° 16), p. 438 ; art. 25 (nos 18 et 19), p. 439 ; art. 25 (nos 22 et 23), p. 441 ; art. 26 (nos 25 à 28), p. 480 ; art. 26 (nos 30 à 32), p. 484 ;
- limitations, L. 10 juill. 1965, art. 8, p. 61 ; art. 8 (nos 14 à 16), p. 67 ; art. 8 (nos 18 à 26), p. 68 ; art. 8 (n° 29), p. 72 ; art. 8 (nos 31 à 34), p. 72 ; art. 8 (n° 39), p. 75 ; art. 8 (nos 42 et 43), p. 76 ; art. 8 (nos 46 à 48), p. 78 ; art. 9 (anc.), p. 85 ;
- sur parties communes, L. 10 juill. 1965, art. 8 (nos 14 à 16), p. 67 ; art. 8 (nos 18 et 19), p. 68 ; art. 8 (n° 34), p. 74 ; art. 9 (anc.) (n° 93), p. 126 ; art. 9 (anc.) (n° 95), p. 127 ; art. 9 (anc.) (nos 98 à 103), p. 129 ; art. 9 (anc.) (nos 107 et 108), p. 132 ; art. 9 (anc.) (nos 110 à 115), p. 134 ;
- sur parties privatives, L. 10 juill. 1965, art. 8, p. 61 ; art. 9 (anc.) (nos 3 à 6), p. 88 ; art. 9 (anc.) (n° 8), p. 91 ; art. 9 (anc.) (nos 13 à 20), p. 92 ; art. 9 (anc.) (n° 22), p. 95 ; art. 9 (anc.) (n° 24), p. 97 ; art. 9 (anc.) (n° 26), p. 99 ; art. 9 (anc.) (n° 29), p. 100 ; art. 9 (anc.) (nos 37 à 40), p. 103 ; art. 9 (anc.) (n° 49), p. 109 ; art. 9 (anc.) (n° 51), p. 110 ; art. 9 (anc.) (n° 53), p. 111 ; art. 9 (anc.) (nos 55 à 63), p. 113 ; art. 9 (anc.) (n° 68), p. 119 ; art. 9 (anc.) (nos 70 et 71), p. 119 ; art. 9 (anc.) (n° 73), p. 121 ; art. 9 (anc.) (nos 83 et 84), p. 123 ; art. 9 (anc.) (nos 86 à 88), p. 124.

Droit de surélévation, L. 10 juill. 1965, art. 3 (n° 31), p. 40.

Droits accessoires aux parties communes, L. 10 juill. 1965, art. 3 (n° 31), p. 40 ;
- affouillement, L. 10 juill. 1965, art. 3 (n° 33), p. 41 ;
- conventions y relatives, L. 10 juill. 1965, art. 37, p. 565. - D. 17 mars 1967, art. 2 (nos 6 et 7), p. 663 ;
- nature, L. 10 juill. 1965, art. 3 (n° 30), p. 40 ; art. 3 (n° 30), p. 40 ; art. 3 (n° 36), p. 41 ; art. 3 (n° 38), p. 42 ;
- réserve au profit de copropriétaires ou de tiers, L. 10 juill. 1965, art. 37, p. 565. - D. 17 mars 1967, art. 2 (nos 6 et 7), p. 663.

Droits indivis, V. *Indivision.*

E

Eau chaude, Annexe 25, p. 1195 ;
- appareils de mesure, Annexe 25, p. 1195 ;
- caractère commun des installations, L. 10 juill. 1965, art. 3 (n° 17), p. 36. - D. 17 mars 1967, art. 1er (n° 7), p. 658 ;
- comptage de la consommation, Annexe 25, p. 1195 ;
- économies d'énergie, L. 10 juill. 1965, art. 25 (nos 50 à 52), p. 454 ; Annexe 26, p. 1197 ;
- répartition des charges, L. 10 juill. 1965, art. 10 (n° 35), p. 153 ; Annexe 25, p. 1195.

Eau froide :
- caractère commun des installations, L. 10 juill. 1965, art. 3 (n° 17), p. 36 ;
- compteurs, V. *Compteurs ;*
- répartition des charges, L. 10 juill. 1965, art. 10 (n° 36), p. 154. - D. 17 mars 1967, art. 1er (n° 5), p. 657 ; art. 1er (n° 7), p. 658.

Eaux usées, L. 10 juill. 1965, art. 24-10, p. 426 ; art. 25 (n° 10), p. 433 ; Annexe 5-1, p. 985 ;
- travaux, L. 10 juill. 1965, art. 25 (n° 10), p. 433.
V. *Canalisations.*

Éclairage (charges), L. 10 juill. 1965, art. 10 (n° 38), p. 155 ; art. 10 (n° 41), p. 156. - D. 17 mars 1967, art. 1er (n° 3), p. 656 ; Annexe 26, p. 1197.

Économies d'énergie, L. 10 juill. 1965, art. 9 (anc.) (n° 77), p. 122 ; art. 24-4, p. 417 ; art. 25 (nos 50 à 52), p. 454 ;
- chauffage, Annexe 26, p. 1197.

Effet suspensif (recours contre une décision de l'assemblée), L. 10 juill. 1965, art. 42 (nº 59), p. 618 ; art. 42 (nºs 77 à 79), p. 626.

Égouts, V. *Collecteur d'égouts.*

Élection de domicile :
- indication sur la liste des copropriétaires, D. 17 mars 1967, art. 32, p. 804 ;
- indication au syndic, D. 17 mars 1967, art. 12, p. 737 ; art. 65, p. 902 ;
- opposition sur vente de lots, L. 10 juill. 1965, art. 20 (nº 16), p. 356.

Éléments d'équipement commun :
- adjonction, L. 10 juill. 1965, art. 30, p. 542 ;
- charges, L. 10 juill. 1965, art. 10, p. 138. - D. 17 mars 1967, art. 1er (nºs 6 à 10), p. 658 ;
- création, L. 10 juill. 1965, art. 30, p. 542 ;
- définition, D. 17 mars 1967, art. 1er (nº 6), p. 658 ;
- entretien, L. 10 juill. 1965, art. 10, p. 138 ; art. 24 (nº 4), p. 396 ;
  - ▸ charges, L. 10 juill. 1965, art. 10, p. 138.
- gestion, L. 10 juill. 1965, art. 24 (nº 4), p. 396 ;
- installation, L. 10 juill. 1965, art. 30, p. 542 ;
- mauvais fonctionnement, L. 10 juill. 1965, art. 14 (nºs 37 à 39), p. 226 ; art. 14 (nºs 47 et 48), p. 232 ;
- notion, L. 10 juill. 1965, art. 10, p. 138. - D. 17 mars 1967, art. 1er (nº 7), p. 658 ;
- réfection, L. 10 juill. 1965, art. 10, p. 138 ; art. 15, p. 246 ; art. 24 (nº 4), p. 396 ; art. 30 (nºs 2 et 3), p. 543 ; art. 30 (nº 6), p. 545 ;
  - ▸ actions en justice, L. 10 juill. 1965, art. 15, p. 246.
- remise en état, V. *Réfection ;*
- remplacement, L. 10 juill. 1965, art. 10 (nº 8), p. 141 ; art. 24 (nº 4), p. 396 ; art. 30 (nºs 2 et 3), p. 543 ; art. 30 (nº 6), p. 545 ;
- suppression, L. 10 juill. 1965, art. 9 (anc.) (nº 5), p. 88 ; art. 26 (nºs 25 à 28), p. 480 ;
- transformation, L. 10 juill. 1965, art. 30, p. 542 ;
- usage, L. 10 juill. 1965, art. 9 (anc.) (nº 5), p. 88 ; art. 10 (nºs 13 à 17), p. 143 ; art. 10 (nºs 25 à 29), p. 147 ; art. 10 (nºs 31 à 36), p. 151 ; art. 10 (nºs 38 à 43), p. 155 ; art. 10 (nºs 45 à 49), p. 157 ; art. 10 (nº 51), p. 159 ; art. 10 (nºs 55 à 58), p. 160 ; art. 10 (nº 60), p. 162 ; art. 10 (nº 62), p. 162 ;
- utilité, L. 10 juill. 1965, art. 10 (nºs 12 à 18), p. 142 ; art. 10 (nºs 25 à 29), p. 147 ; art. 10 (nºs 31 à 36), p. 151 ; art. 10 (nºs 38 à 43), p. 155 ; art. 10 (nºs 45 à 49), p. 157 ; art. 10 (nº 51), p. 159 ; art. 10 (nºs 55 à 58), p. 160 ; art. 10 (nº 60), p. 162 ; art. 10 (nº 62), p. 162 ;
- vices de construction, L. 10 juill. 1965, art. 14 (nºs 37 à 39), p. 226 ; art. 15, p. 246 ;
  - ▸ actions en justice, L. 10 juill. 1965, art. 15, p. 246.

V. *Ascenseur, Chauffage, Compteurs, Eau, Escalier.*

Éléments d'équipement communs :
- entretien, L. 10 juill. 1965, art. 18 (nº 22), p. 296 ; art. 18 (nºs 25 et 26), p. 297 ;
  - ▸ pouvoirs du syndic, L. 10 juill. 1965, art. 18 (nº 27), p. 298.
- gestion, L. 10 juill. 1965, art. 18 (nºs 22 à 27), p. 296 ;
- réfection, L. 10 juill. 1965, art. 18 (nº 22), p. 296 ; art. 18 (nºs 25 à 27), p. 297.

Émargement (remise contre) :
- convocation, D. 17 mars 1967, art. 9 (nº 11), p. 706 ; art. 64, p. 894 ;
- notification des décisions de l'assemblée, D. 17 mars 1967, art. 18, p. 765 ; art. 64, p. 894.

Empêchement du syndic, L. 10 juill. 1965, art. 18 (nº 116), p. 328. - D. 17 mars 1967, art. 49, p. 841.

Empiétement sur parties communes, L. 10 juill. 1965, art. 9 (anc.) (nº 93), p. 126 ; art. 9 (anc.) (nº 95), p. 127 ; art. 15, p. 246 ; art. 25 (nº 18), p. 439 ; art. 42 (nº 18), p. 599 ; art. 42 (nº 22), p. 601 ;
- actions en justice, L. 10 juill. 1965, art. 15, p. 246.

Emplacement de parking, V. *Parking.*

Employé du syndicat, V. *Personnel du syndicat.*

Employés d'immeubles, Annexe 20, p. 1161.

Emprunts du syndicat, L. 10 juill. 1965, art. 26-4 à 26-14, p. 488 et s. ; Annexe 31, p. 1235

Encombrement des parties communes, L. 10 juill. 1965, art. 9 (anc.) (nº 93), p. 126 ; art. 15, p. 246 ; art. 18 (nº 6), p. 290 ;
- action en justice, L. 10 juill. 1965, art. 15, p. 246.

Enduits, L. 10 juill. 1965, art. 2 (nº 9), p. 29 ; art. 14 (nº 38), p. 227 ; V. *Façades.*

Énergie solaire, (nº 2), p. 1217.

Engagement du personnel, D. 17 mars 1967, art. 31, p. 801.

Enseignes, L. 10 juill. 1965, art. 8 (nº 34), p. 74 ; art. 8 (nº 40), p. 75 ; art. 9 (anc.) (nº 113), p. 135 ; art. 25 (nºs 10 et 11), p. 433 ; art. 26 (nº 15), p. 475 ; V. *Plaque professionnelle, Publicité commerciale.*

Ensemble immobilier, L. 10 juill. 1965, art. 1er (anc.), p. 3 ; art. 1er (anc.) (nº 41), p. 17 ; art. 14 (nº 4), p. 215.

Ensoleillement, L. 10 juill. 1965, art. 5 (nº 4), p. 45 ; art. 5 (nº 7), p. 46 ; art. 9 (anc.) (nº 19), p. 94 ; art. 26 (nºs 25 et 26), p. 480.

Entrée en vigueur du statut de la copropriété, L. 10 juill. 1965, art. 1er (anc.), p. 3 ; art. 14 (nº 4), p. 215.

Entrepreneur :
- choix, L. 10 juill. 1965, art. 18 (nºs 9 à 11), p. 291 ;
- contrats, L. 10 juill. 1965, art. 18 (nºs 9 à 11), p. 291 ;
- lié au syndic, D. 17 mars 1967, art. 56, p. 863 ;
  - ▸ contrat, D. 17 mars 1967, art. 39, p. 819 ;
  - ▸ responsabilité, D. 17 mars 1967, art. 56, p. 863.
- responsabilité, L. 10 juill. 1965, art. 14 (nº 48), p. 232 ; art. 15, p. 246 ;
  - ▸ actions en justice, L. 10 juill. 1965, art. 15, p. 246. - D. 17 mars 1967, art. 55 (nº 8), p. 850.

Entreprise commerciale, L. 10 juill. 1965, art. 8 (nºs 31 à 34), p. 72 ; art. 8 (nºs 46 et 47), p. 78 ;
- domiciliation, L. 10 juill. 1965, art. 9 (anc.), p. 85 ; art. 9 (anc.) (nº 16), p. 94.

V. *Concurrence, Devanture, Domiciliation d'une entreprise, Étalage, Vitrine.*

Entreprises liées au syndic, D. 17 mars 1967, art. 39, p. 819 ; art. 56, p. 863.

Entretien :
- des éléments d'équipement, V. *Élément d'équipement commun ;*

- de l'immeuble, L. 10 juill. 1965, art. 10 (no 40), p. 155 ; art. 14 (nos 37 à 39), p. 226 ; art. 14 (nos 47 et 48), p. 232 ; art. 18 (nos 22 à 27), p. 296 ; art. 24 (no 2), p. 394 ; art. 24 (nos 4 et 5), p. 396 ; art. 30 (nos 2 et 3), p. 543 ; art. 30 (no 6), p. 545 ;
- des parties communes, V. *Parties communes.*

Époux :
- convocation et accès aux assemblées, L. 10 juill. 1965, art. 22 (no 10), p. 376 ; art. 22 (no 25), p. 382. - D. 17 mars 1967, art. 7 (no 12), p. 697 ;
- recouvrement des charges, L. 10 juill. 1965, art. 10 (nos 110 et 111), p. 181 ;
- réduction des voix, L. 10 juill. 1965, art. 22 (no 10), p. 376.

Équipement, V. *Élément d'équipement commun, Installation.*

Erreur (vote), L. 10 juill. 1965, art. 42 (no 48), p. 614.

Erreurs matérielles :
- dans le décompte des voix, D. 17 mars 1967, art. 17 (no 27), p. 764 ;
- dans les comptes, L. 10 juill. 1965, art. 10 (no 92), p. 174 ;
- dans le procès-verbal, L. 10 juill. 1965, art. 42 (no 33), p. 607. - D. 17 mars 1967, art. 17 (no 27), p. 764 ;
- dans le règlement, L. 10 juill. 1965, art. 3 (no 4), p. 34 ;
- dans la répartition des charges, L. 10 juill. 1965, art. 10 (no 21), p. 146 ; art. 12 (no 14), p. 207.

Escalier, L. 10 juill. 1965, art. 10 (no 8), p. 141 ;
- accident, L. 10 juill. 1965, art. 14 (no 24), p. 221 ; art. 14 (no 39), p. 228 ;
- charges, D. 17 mars 1967, art. 1er (nos 9 et 10), p. 658 ;
- partie commune ou élément d'équipement commun, L. 10 juill. 1965, art. 3 (no 25), p. 39. - D. 17 mars 1967, art. 1er (no 7), p. 658 ; art. 1er (nos 9 et 10), p. 658 ;
- réparations, L. 10 juill. 1965, art. 24 (no 4), p. 396 ;
- répartition des charges, L. 10 juill. 1965, art. 10 (nos 41 à 43), p. 156. - D. 17 mars 1967, art. 1er (no 7), p. 658.

Espace en ligne sécurisé, Annexe 28, p. 1221 ;
- documents joints aux convocations, D. 17 mars 1967, art. 64-1, p. 898.

Espaces verts, L. 10 juill. 1965, art. 10 (no 119), p. 185. - D. 17 mars 1967, art. 1er (nos 3 et 4), p. 656 ;
- charges, D. 17 mars 1967, art. 1er (no 3), p. 656 ;
- parties communes, L. 10 juill. 1965, art. 3 (no 17), p. 36.

Établissement dangereux insalubre ou incommode, V. *Commerces et Troubles de jouissance.*

Étage supérieur (Surélévation), L. 10 juill. 1965, art. 35, p. 559.

Étalages, L. 10 juill. 1965, art. 2 (no 10), p. 30 ; art. 25 (no 11), p. 435 ; art. 26 (no 15), p. 475.

Étanchéité, V. *Infiltrations.*

État, V. *Collectivité publique.*

État civil des copropriétaires, D. 17 mars 1967, art. 32, p. 804.

État daté (frais), L. 10 juill. 1965, art. 10-1 (no 7), p. 194.

État daté (vente de lot), D. 17 mars 1967, art. 5, p. 672.

État descriptif de division, D. 4 janv. 1955, art. 50-1, p. 1402 ;
- absence, D. 4 janv. 1955, art. 50-2, p. 1403. - D. 14 oct. 1955, art. 71-4, p. 1408 ;
- acte modificatif, D. 14 oct. 1955, art. 71-4, p. 1408 ;
- communication à l'acquéreur du lot, D. 17 mars 1967, art. 4, p. 668 ; art. 4 (no 1), p. 668 ;
- copie, D. 17 mars 1967, art. 33, p. 806 ;
- dispense (régime provisoire), D. 14 oct. 1955, art. 71-8 (no 17), p. 1421 ;
- établi judiciairement, D. 17 mars 1967, art. 3, p. 664 ;
- établissement, D. 14 oct. 1955, art. 71-4, p. 1408 ;
- établissement forcé, D. 4 janv. 1955, art. 50-1 et 50-2, p. 1402 et s. ;
- frais d'établissement, D. 17 mars 1967, art. 2, p. 662 ;
- généralités, L. 10 juill. 1965, art. 5 (no 13), p. 47. - D. 14 oct. 1955, art. 71-4, p. 1408 ;
- inclus dans le règlement de copropriété, D. 17 mars 1967, art. 2 (no 1), p. 662 ;
- modifications, D. 17 mars 1967, art. 3 (no 4), p. 665 ; art. 4, p. 668 ; art. 4 (no 1), p. 668. - D. 14 oct. 1955, art. 71-4, p. 1408 ;
  - ▶ opposabilité, D. 17 mars 1967, art. 4, p. 668 ; art. 4 (no 2), p. 669.
- nature, D. 17 mars 1967, art. 3 (no 4), p. 665 ;
- non publié, D. 17 mars 1967, art. 4, p. 668 ; art. 4 (no 2), p. 669 ;
- tableau récapitulatif, D. 14 oct. 1955, art. 71-5, p. 1412 ;
- et transfert du lot, D. 17 mars 1967, art. 4, p. 668.

État de répartition des charges, D. 17 mars 1967, art. 1er, p. 655.

Étendage de linge, L. 10 juill. 1965, art. 8 (no 34), p. 74.

Excès de pouvoir :
- de l'assemblée, V. *Abus de majorité ;*
- du syndic, L. 10 juill. 1965, art. 18 (no 92), p. 314 ; art. 18 (no 102), p. 320.

Exécution des décisions de l'assemblée :
- moment de l'exécution, L. 10 juill. 1965, art. 42 (no 59), p. 618 ; art. 42 (nos 77 à 79), p. 626 ;
- rôle du syndic, L. 10 juill. 1965, art. 18 (nos 7 et 8), p. 291.

Exercice d'un culte, L. 10 juill. 1965, art. 9 (anc.) (no 8), p. 91.

Exercice d'une profession, L. 10 juill. 1965, art. 8 (no 31), p. 72 ; art. 8 (no 34), p. 74 ; art. 8 (no 46), p. 78 ; art. 9 (anc.) (no 33), p. 101 ; art. 9 (anc.) (no 42), p. 107 ; art. 9 (anc.) (no 46), p. 108 ; art. 15, p. 246 ;
- actions en justice, L. 10 juill. 1965, art. 15, p. 246.

Exigibilité des créances ou charges, L. 10 juill. 1965, art. 10 (nos 80 et 81), p. 169 ; art. 10 (no 84), p. 170 ; art. 10 (nos 86 et 87), p. 172 ; art. 19-2 (anc.) et 20, p. 348 et s. - D. 17 mars 1967, art. 5-1, p. 679 ; art. 35-2, p. 815.

Exonération de charges (Clauses du règlement), L. 10 juill. 1965, art. 10 (no 69), p. 164.

Exonération de responsabilité, L. 10 juill. 1965, art. 14 (no 37), p. 226.

Expert :
- assistance technique, D. 17 mars 1967, art. 27, p. 780 ; art. 42, p. 825 ;
- délégation de pouvoirs, L. 10 juill. 1965, art. 25 (no 5), p. 431 ;
- désignation par le Juge, D. 17 mars 1967, art. 55, p. 846.

Expropriation, L. 10 juill. 1965, art. 10 (no 112), p. 182 ; art. 16 à 16-2, p. 267 et s. ; art. 16-2 (no 6), p. 271 - D. 17 mars 1967, art. 5-1, p. 679 ; art. 5-1 (no 4), p. 679 ; art. 6-1, p. 688.

F

Façade, V. *Affichage, Aspect extérieur de l'immeuble, Harmonie de l'immeuble, Ravalement, Travaux.*

Faillite, V. *Redressement judiciaire.*

Faute :
- du constructeur de l'immeuble, V. *Constructeur ;*
- du syndic, V. *Syndic ;*
- du syndicat, V. *Syndicat.*

Fax, V. *Télécopie.*

Fenêtres :
- caractère privatif, L. 10 juill. 1965, art. 2 (nos 9 et 10), p. 29 ;
- interdiction d'étendage de linge, L. 10 juill. 1965, art. 8 (no 34), p. 74 ;
- isolation thermique, V. *Économies d'énergie ;*
- percement, L. 10 juill. 1965, art. 25 (nos 10 et 11), p. 433 ; art. 25 (nos 22 et 23), p. 441.

Fermeture de la porte d'entrée, L. 10 juill. 1965, art. 25 (no 57), p. 457.

Feuille de présence, L. 10 juill. 1965, art. 42 (no 49), p. 614 ; art. 42 (nos 51 et 52), p. 615. - D. 17 mars 1967, art. 14, p. 743 ; art. 33, p. 806.

Fibre optique, L. 10 juill. 1965, art. 24-1 et 24-2, p. 414 et s.

Fiches d'immeuble, Annexe 52, p. 1397. - D. 14 oct. 1955, art. 10 et 11, p. 1405 ; art. 16-1, p. 1406 ; art. 43, p. 1407.

Fichier immobilier, Annexe 52, p. 1397. - D. 14 oct. 1955, art. 1er, p. 1404 ; art. 4, p. 1405 ; art. 11, p. 1405 ; art. 16-1, p. 1406 ; art. 30, p. 1406 ; art. 43, p. 1407.

Fin de la copropriété, L. 10 juill. 1965, art. 4 (no 4), p. 44 ; art. 6 (no 4), p. 48 ; art. 14 (no 56), p. 236 ; art. 46-1 (no 1), p. 648.

Finances du syndicat, Annexe 31, p. 1235.

Fiscalité, Annexe 32, p. 1245 ;
- travaux, Annexe 32, p. 1245.

Fonctionnement du syndicat, V. *Dépenses de fonctionnement du syndicat.*

Fondations (vices), L. 10 juill. 1965, art. 14 (nos 37 et 38), p. 226.

Fonds de réserve pour travaux futurs, L. 10 juill. 1965, art. 18 (nos 83 à 89), p. 312.

Fonds de roulement, V. *Avance de trésorerie.*

Fonds du syndicat :
- dépôt, D. 17 mars 1967, art. 35-1, p. 815 ;
- placements, D. 17 mars 1967, art. 35-1, p. 815 ;
- rétention par l'ancien syndic, D. 17 mars 1967, art. 34, p. 810.

Fonds de travaux, L. 10 juill. 1965, art. 18 (no 78), p. 311 ;
- cotisations, D. 17 mars 1967, art. 35, p. 810.

Forclusion (Recours contre décision de l'assemblée), L. 10 juill. 1965, art. 42 (no 55), p. 616 ; art. 42 (nos 58 à 60), p. 618 ; art. 42 (nos 62 et 63), p. 619.

Fraction d'immeuble (notion), L. 10 juill. 1965, art. 1er (anc.) (no 4), p. 6 ; Annexe 52, p. 1397. - D. 14 oct. 1955, art. 71-4, p. 1408.

Fractionnement de lots, V. *Division de lots.*

Frais :
- de déplacement (membres du conseil syndical), D. 17 mars 1967, art. 27, p. 780 ;
- de justice ou de procédure, V. *Dépens ;*
- de « mutation », L. 10 juill. 1965, art. 10-1, p. 190 ;
- de « mutation » (Vente de lots), D. 17 mars 1967, art. 29 (no 12), p. 800 ;
- de relance, L. 10 juill. 1965, art. 10 (no 129), p. 187 ; art. 10-1, p. 190. - D. 17 mars 1967, art. 29 (no 11), p. 799.

G

Gaines :
- de cheminées, L. 10 juill. 1965, art. 3 (no 17), p. 36 ;
- de vide-ordures, V. *Vide-ordures.*

Galerie marchande, V. *Clause de non-concurrence, Commerces, Étalage.*

Garage :
- porte automatique, A. 12 nov. 1990, p. 1248 ;
  - ▶ mise en conformité, A. 1er févr. 1991, p. 1249.

V. *Parking, Surveillance et sécurité des immeubles.*

Garage (Portes automatiques), Annexe 33, p. 1247.

Garantie biennale ou décennale, V. *Architecte, Entrepreneur.*

Garantie de superficie, L. 10 juill. 1965, art. 46, p. 635. - D. 17 mars 1967, art. 4-1 et 4-2, p. 670 et s.

Garantie des vices de construction :
- actions en responsabilité, L. 10 juill. 1965, art. 15, p. 246 ;
- responsabilité du syndicat, L. 10 juill. 1965, art. 14 (nos 37 et 38), p. 226.

Garanties financières du syndic, D. 17 mars 1967, art. 28 (no 4), p. 783 ; art. 49, p. 841 ; Annexe 58, p. 1487. - D. 20 juill. 1972, art. 18 (anc.), p. 1506.

Garanties du syndicat, D. 17 mars 1967, art. 5-2 (no 1), p. 684.

Garde de l'immeuble, L. 10 juill. 1965, art. 18 (no 21), p. 296 ; Annexe 57, p. 1475 ; V. *Gardiens, Sécurité de l'immeuble.*

Gardiennage, L. 10 juill. 1965, art. 10 (no 51), p. 159. - D. 17 mars 1967, art. 1er (no 5), p. 657 ; Annexe 20, p. 1161 ; Annexe 57, p. 1475 ; V. *Concierge, Garde de l'immeuble, Gardiens d'immeuble, Sécurité de l'immeuble.*

Gardiens d'immeuble, Annexe 20, p. 1161 ; Annexe 57, p. 1475 ;
- charges, L. 10 juill. 1965, art. 10 (no 33), p. 153. - D. 17 mars 1967, art. 1er (no 5), p. 657 ;
- congédiement, D. 17 mars 1967, art. 31, p. 801 ;
- engagement, D. 17 mars 1967, art. 31, p. 801 ;
- responsabilité du syndicat, L. 10 juill. 1965, art. 14 (no 27), p. 223 ;
- surveillance de l'immeuble, Annexe 57, p. 1475.

Gel (dégâts), L. 10 juill. 1965, art. 14 (no 38), p. 227.

Gendarmerie (autorisation de pénétrer dans l'immeuble), L. 10 juill. 1965, art. 24 (no 28), p. 404 ; art. 25 (no 64), p. 461.

Générateurs (chauffage), Annexe 26, p. 1197.

Géomètre-expert, D. 17 mars 1967, art. 2 (no 2), p. 663 ; art. 28 (no 10), p. 786 ; Annexe 34, p. 1251. - CCH, art. L. 422-2, p. 1262 ; V. *Syndic.*

Gérance des lots :
- clauses du règlement, L. 10 juill. 1965, art. 8 (nº 21), p. 69 ;
- responsabilité du syndic, L. 10 juill. 1965, art. 18 (nº 110), p. 325.

Gestion d'affaires :
- copropriétaires, L. 10 juill. 1965, art. 9 (anc.) (nº 111), p. 134. - D. 17 mars 1967, art. 37, p. 817 ; art. 37 (nº 4), p. 818 ;
- syndic, L. 10 juill. 1965, art. 18 (nº 27), p. 298 ; art. 18 (nº 120), p. 329. - D. 17 mars 1967, art. 28 (nº 17), p. 790 ; art. 37, p. 817.

Gestion courante :
- négligence, L. 10 juill. 1965, art. 18 (nº 101), p. 317 ;
- pouvoirs de l'assemblée, L. 10 juill. 1965, art. 24, p. 392 ;
- pouvoirs du syndic, L. 10 juill. 1965, art. 18 (nºs 12 à 14), p. 293.

Grenier :
- changement d'affectation, V. *Changement ;*
- transformation, L. 10 juill. 1965, art. 8 (nº 29), p. 72 ; art. 9 (anc.) (nºs 40 et 41), p. 105 ; art. 35 (nº 3), p. 560 ;
  ▶ surélévation, L. 10 juill. 1965, art. 35 (nº 3), p. 560.
- travaux, L. 10 juill. 1965, art. 25 (nº 10), p. 433 ; art. 25 (nº 18), p. 439.

V. *Locaux accessoires.*

Gros œuvre, L. 10 juill. 1965, art. 3 (nº 17), p. 36 ; art. 7, p. 61. - D. 17 mars 1967, art. 1er (nº 3), p. 656.

Groupe d'immeubles, L. 10 juill. 1965, art. 1er (anc.), p. 3.

Groupements de locataires :
- locataires, Annexe 43, p. 1333.

H

Habitation bourgeoise (clause du règlement), L. 10 juill. 1965, art. 8 (nº 31), p. 72.

Habitation (droit d'), L. 10 juill. 1965, art. 10 (nº 116), p. 183 ; art. 23 (anc.) (nº 5), p. 390. - D. 17 mars 1967, art. 6, p. 684 ; art. 32, p. 804 ; art. 61, p. 868 ; art. 64, p. 894.

Hall d'entrée, L. 10 juill. 1965, art. 9 (anc.) (nº 95), p. 127 ; art. 10 (nº 48), p. 158.

Handicapés, L. 10 juill. 1965, art. 24, p. 392 ; art. 24 (nºs 12 à 17), p. 399 ; Annexe 48, p. 1365.

Harcèlement, L. 10 juill. 1965, art. 9 (anc.) (nº 2), p. 87.

Harmonie de l'immeuble, L. 10 juill. 1965, art. 8 (nº 43), p. 77 ; art. 9 (anc.) (nºs 18 et 19), p. 94 ; art. 9 (anc.) (nºs 113 et 114), p. 135 ; art. 25 (nºs 11 et 12), p. 435 ; art. 25 (nºs 14 à 16), p. 437 ; art. 25 (nºs 18 et 19), p. 439 ; art. 25 (nºs 22 à 24), p. 441 ; art. 25 (nº 26), p. 443 ; art. 25 (nºs 28 et 29), p. 444 ; art. 25 (nºs 32 à 34), p. 447.

HLM, Annexe 36, p. 1257 ;
- acquisition par les locataires, Annexe 36, p. 1257 ; art. L. 443-7, p. 1270 ;
- exercice de la fonction de syndic, D. 17 mars 1967, art. 28, p. 782 ; Annexe 36, p. 1257 ;
- organisme d'HLM gérant d'immeubles, CCH, art. L. 422-2, p. 1262 ;
- société anonyme coopérative, Annexe 36, p. 1257 ; art. D. 443-23, p. 1277 ;
- vente aux locataires, Annexe 36, p. 1257 ; art. L. 443-7, p. 1270.

Honoraires :
- administrateur provisoire, D. 17 mars 1967, art. 47, p. 833 ;
- architecte, D. 17 mars 1967, art. 27, p. 780 ;
- avocat, L. 10 juill. 1965, art. 10 (nº 131), p. 188 ; art. 10 (nº 133), p. 189 ; art. 10-1, p. 190 ; art. 18 (nº 12), p. 293 ;
- expert, D. 17 mars 1967, art. 27, p. 780 ;
- syndic, V. *Rémunération du syndic.*

Horloges de programmation, L. 10 juill. 1965, art. 25 (nºs 50 à 52), p. 454.

Huisser de justice :
- accès aux parties communes, Annexe 37, p. 1289.

Huissier de justice :
- accès aux assemblées, L. 10 juill. 1965, art. 22 (nº 12), p. 377. - D. 17 mars 1967, art. 17 (nº 2), p. 756 ;
- honoraires (charges), L. 10 juill. 1965, art. 10 (nº 131), p. 188 ; art. 10 (nº 133), p. 189 ; art. 10-1, p. 190 ;
- obligations en cas d'assignation délivrée par un copropriétaire, D. 17 mars 1967, art. 51, p. 844 ;
- possibilité d'être syndic, CCH, art. L. 422-2, p. 1262 ; Annexe 58, p. 1487.

Humidité, L. 10 juill. 1965, art. 14 (nº 29), p. 224 ; art. 14 (nºs 38 et 39), p. 227 ; V. *Infiltrations d'eau.*

Hygiène (travaux), L. 10 juill. 1965, art. 18 (nº 112), p. 326 ; art. 24 (nºs 8 à 10), p. 397.

Hypothèque :
- extension aux parties communes acquises, L. 10 juill. 1965, art. 6-1, p. 50 ;
- extinction, L. 10 juill. 1965, art. 6-1, p. 50 ;
- grevant les parties communes, L. 10 juill. 1965, art. 6-1, p. 50 ;
- légale du syndicat, L. 10 juill. 1965, art. 19, p. 344. - D. 17 mars 1967, art. 64, p. 894 ;
- du lot, L. 10 juill. 1965, art. 6-1, p. 50 ; art. 40, p. 570. - C. civ., art. 2424, p. 1397.

Hypothèque légale, L. 10 juill. 1965, art. 26-12, p. 495.

Hypothèque légale spéciale du syndicat, L. 10 juill. 1965, art. 19-1, p. 347. - D. 17 mars 1967, art. 5-2 (nº 1), p. 684.

Hypothèques légales du syndicat, Annexe 51, p. 1395.

I

Identification des lots (Publicité foncière), Annexe 52, p. 1397. - D. 4 janv. 1955, art. 7, p. 1398.

Îles Wallis-et-Futuna, L. 10 juill. 1965, art. 47-2 (nº 2), p. 650.

Illégalité :
- des clauses de règlement, L. 10 juill. 1965, art. 8 (nºs 14 à 16), p. 67 ; art. 8 (nºs 18 et 19), p. 68 ; art. 43 (anc.), p. 628 ;
- des décisions de l'assemblée, L. 10 juill. 1965, art. 42 (nº 37), p. 610.

Immatriculation des syndicats, Annexe 38, p. 1291.

Immeuble :
- administration :
  ▶ syndicat, L. 10 juill. 1965, art. 14 (nº 16), p. 219.

Immeuble en construction, L. 10 juill. 1965, art. 1er-1, p. 25.

Immeuble dangereux, L. 10 juill. 1965, art. 24-8, p. 424.

Immeuble insalubre, L. 10 juill. 1965, art. 24-8, p. 424 ;
- astreinte, L. 10 juill. 1965, art. 24-8 (no 3), p. 425.

Immeubles :
- accolés, L. 10 juill. 1965, art. 1er (anc.) (no 10), p. 7 ;
- achèvement, L. 10 juill. 1965, art. 1er-1, p. 25 ;
- administration :
  - syndic, L. 10 juill. 1965, art. 18 (nos 12 à 15), p. 293 ;
  - syndicat, L. 10 juill. 1965, art. 14 (no 17), p. 219 ; art. 14 (nos 21 et 22), p. 220.
- chauffage, Annexe 15, p. 1069 ;
- conservation, V. *Conservation de l'immeuble ;*
- en construction, L. 10 juill. 1965, art. 1er (anc.), p. 3 ; art. 10 (no 15), p. 143 ;
  - application du statut de la copropriété, L. 10 juill. 1965, art. 1er (anc.), p. 3 ;
  - charges communes, L. 10 juill. 1965, art. 10 (no 15), p. 143.
- dangereux, Annexe 39, p. 1301 ;
- destination, V. *ce mot ;*
- destruction, V. *Fin de la copropriété, Incendie de l'immeuble ;*
- divisés dans le sens de la hauteur, L. 10 juill. 1965, art. 1er (anc.) (no 10), p. 7 ;
- division par lots, L. 10 juill. 1965, art. 1er (anc.), p. 3 ;
- entretien, V. *Entretien de l'immeuble ;*
- frappés d'une interdiction d'habiter ou d'un arrêt de péril, L. 10 juill. 1965, art. 1er (anc.) (no 67), p. 22 ; art. 1er (anc.) (nos 75 à 77), p. 24 ; art. 1er (anc.) (nos 79 à 82), p. 24 ; Annexe 39, p. 1301 ;
- de grande hauteur, L. 10 juill. 1965, art. 10 (no 55), p. 160 ;
- imbriqués, L. 10 juill. 1965, art. 1er (anc.) (no 10), p. 7 ;
- indivis, L. 10 juill. 1965, art. 1er (anc.) (no 10), p. 7 ;
- insalubres, L. 10 juill. 1965, art. 1er (anc.) (no 67), p. 22 ; art. 1er (anc.) (nos 75 à 77), p. 24 ; art. 1er (anc.) (nos 79 à 82), p. 24 ; Annexe 39, p. 1301 ;
- menaçant ruine, Annexe 39, p. 1301 ;
- soumis au statut de la copropriété, L. 10 juill. 1965, art. 1er (anc.), p. 3.

Immeubles dangereux :
- astreinte, L. 10 juill. 1965, art. 24-8 (no 3), p. 425.

Immeubles frappés d'une interdiction d'habiter ou d'un arrêté de péril, L. 10 juill. 1965, art. 24-8 (no 3), p. 425.

Immutabilité, V. *Intangibilité.*

Imposition des copropriétaires, L. 10 juill. 1965, art. 18 (no 31), p. 299. - D. 17 mars 1967, art. 35-1 (no 3), p. 815.

Impôt foncier, V. *Contribution foncière.*

Impôts constituant des charges communes, L. 10 juill. 1965, art. 10 (no 45), p. 157. - D. 17 mars 1967, art. 1er (no 5), p. 657.

Incapables majeurs ou mineurs, L. 10 juill. 1965, art. 22 (no 26), p. 382. - D. 17 mars 1967, art. 7 (no 15), p. 698.

Incendie de l'immeuble :
- destruction et reconstruction, L. 10 juill. 1965, art. 38, p. 568 ;
- règles de sécurité, Annexe 39, p. 1301.

Incendies, Annexe 40, p. 1323.

Incident de séance, D. 17 mars 1967, art. 13, p. 738 ; art. 13 (no 10), p. 742.

Inconvénients de voisinage, V. *Troubles de voisinage.*

Indemnisation, L. 10 juill. 1965, art. 9 (anc.) (no 84), p. 124 ; art. 9 (anc.) (no 87), p. 125.

Indemnité :
- d'assurance, L. 10 juill. 1965, art. 40, p. 570 ;
- en cas de destruction de l'immeuble, L. 10 juill. 1965, art. 40 et 41, p. 570 ;
- en cas de surélévation de l'immeuble, L. 10 juill. 1965, art. 37, p. 565 ;
- charges communes, L. 10 juill. 1965, art. 10 (no 63), p. 162 ; art. 10 (no 97), p. 176 ;
- d'expropriation, L. 10 juill. 1965, art. 16-1 et 16-2, p. 268 et s. ;
- à l'occasion de travaux, L. 10 juill. 1965, art. 30 (no 14), p. 547 ; art. 32 et 33, p. 556 ; art. 36, p. 565.

V. *Dommages et intérêts.*

Indivisibilité des parties communes et privatives, L. 10 juill. 1965, art. 4, p. 43 ; art. 6, p. 47.

Indivision :
- forcée des parties communes, L. 10 juill. 1965, art. 4, p. 43 ; art. 6, p. 47 ;
- d'un lot, L. 10 juill. 1965, art. 23, p. 387 ; art. 23 (anc.) (no 5), p. 390 ; art. 23 (anc.) (no 9), p. 391. - D. 17 mars 1967, art. 6, p. 684 ; art. 7 (no 11), p. 697 ; art. 61, p. 868 ; art. 65, p. 902.

Infiltrations d'eau, L. 10 juill. 1965, art. 9 (anc.) (no 67), p. 118 ; art. 14 (no 24), p. 221 ; art. 14 (no 29), p. 224 ; art. 14 (nos 38 et 39), p. 227 ; art. 15, p. 246 ; art. 18 (no 26), p. 297 ;
- actions en justice, L. 10 juill. 1965, art. 15, p. 246.

Information :
- des copropriétaires, D. 17 mars 1967, art. 59, p. 864 ;
  - procès, D. 17 mars 1967, art. 59, p. 864 ;
  - travaux urgents, D. 17 mars 1967, art. 37, p. 817.
- des occupants de l'immeuble, D. 15 déc. 2015, p. 1327 ;
- du syndic, V. *Information du syndic.*

Information de l'acquéreur par le notaire, D. 17 mars 1967, art. 4-3 (no 2), p. 672.

Information du syndic :
- en cas de procès intenté par les copropriétaires, D. 17 mars 1967, art. 51, p. 844 ;
- en cas de transfert de lots, D. 17 mars 1967, art. 6, p. 684 ; art. 65, p. 902 ;
- par le représentant légal des sociétés de construction, D. 17 mars 1967, art. 12, p. 737.

Infractions au règlement de copropriété, L. 10 juill. 1965, art. 8 (nos 53 et 54), p. 81 ; art. 9 (anc.), p. 85 ; art. 15, p. 246 ; art. 18 (nos 5 et 6), p. 290.

Injonction de payer, L. 10 juill. 1965, art. 10 (no 86), p. 172. - D. 17 mars 1967, art. 60, p. 867.

Injonctions de l'administration, L. 10 juill. 1965, art. 24 (nos 8 à 10), p. 397.

Injures, L. 10 juill. 1965, art. 9 (anc.) (no 117), p. 136.

Injures (au syndic), L. 10 juill. 1965, art. 18 (no 113), p. 327.

Inondations, L. 10 juill. 1965, art. 9 (anc.) (nº 67), p. 118 ; art. 14 (nº 29), p. 224 ; art. 14 (nºs 38 et 39), p. 227 ; art. 15, p. 246 ;
- actions en justice, L. 10 juill. 1965, art. 15, p. 246.

Inopposabilité :
- des décisions de l'assemblée, L. 10 juill. 1965, art. 42 (nºs 62 et 63), p. 619 ;
  ▶ copropriétaires non convoqués, L. 10 juill. 1965, art. 42 (nº 63), p. 620.
- du règlement de copropriété, L. 10 juill. 1965, art. 9 (anc.) (nº 62), p. 115 ; art. 13, p. 210. - D. 17 mars 1967, art. 4, p. 668.

Inscription, V. *Hypothèque, Privilèges.*

Installation :
- de cuisine, L. 10 juill. 1965, art. 2 (nº 9), p. 29 ;
- électrique, V. *Éclairage, Éléments d'équipement communs, Équipements communs, Minuterie ;*
- d'équipements communs, V. *Équipements communs ;*
- sportive (charges), L. 10 juill. 1965, art. 8 (nº 47), p. 79 ; art. 10 (nº 13), p. 143.

Instance, V. *Procès.*

Intangibilité :
- des tantièmes de charges, L. 10 juill. 1965, art. 5, p. 44 ; art. 11, p. 196 ;
- des tantièmes de copropriété, L. 10 juill. 1965, art. 5, p. 44.

Interdiction :
- édictée par le règlement, L. 10 juill. 1965, art. 8 (nºs 14 à 16), p. 67 ; art. 8 (nºs 18 à 26), p. 68 ; art. 8 (nº 29), p. 72 ; art. 8 (nºs 31 à 34), p. 72 ; art. 8 (nº 37), p. 75 ; art. 8 (nº 39), p. 75 ; art. 8 (nº 43), p. 77 ; art. 8 (nºs 46 et 47), p. 78 ; art. 8 (nºs 53 et 54), p. 81 ; art. 43 (anc.), p. 628 ;
- faite au syndic, L. 10 juill. 1965, art. 18 (nº 121), p. 329 ; art. 22 (nº 38), p. 385 ; art. 22 (nº 40), p. 386 ;
- d'habiter, L. 10 juill. 1965, art. 1er (anc.) (nº 67), p. 22 ; art. 1er (anc.) (nºs 75 à 77), p. 24 ; art. 1er (anc.) (nºs 79 à 82), p. 24 ; art. 10 (nº 17), p. 144 ; Annexe 39, p. 1301 ;
- des poursuites contre le syndicat, L. 10 juill. 1965, art. 29-2 et 29-3, p. 530 et s.

Intérêt collectif, L. 10 juill. 1965, art. 15, p. 246 ; art. 24 (nº 33), p. 406 ; art. 24 (nºs 36 à 43), p. 407 ;
- actions en justice, L. 10 juill. 1965, art. 15, p. 246 ;
- décision de l'assemblée, L. 10 juill. 1965, art. 24 (nº 43), p. 413.

Intérêts :
- sur les fonds du syndicat, D. 17 mars 1967, art. 35-1 et 36, p. 815 et s. ;
- de retard (paiement des charges), L. 10 juill. 1965, art. 8 (nº 53), p. 81 ; art. 10 (nº 128), p. 187 ; art. 36, p. 565.

Interphone :
- charges, L. 10 juill. 1965, art. 10 (nº 46), p. 157 ; art. 10 (nº 48), p. 158. - D. 17 mars 1967, art. 1er (nº 4), p. 656 ;
- installation, L. 10 juill. 1965, art. 25 (nº 10), p. 433 ; art. 25 (nº 57), p. 457 ;
- partie commune, L. 10 juill. 1965, art. 3 (nº 17), p. 36.

Interprétation :
- des décisions de l'assemblée, L. 10 juill. 1965, art. 24 (nº 48), p. 414 ;
- du règlement de copropriété, L. 10 juill. 1965, art. 8 (nºs 4 et 5), p. 63.

Isolation :
- phonique, L. 10 juill. 1965, art. 14 (nº 38), p. 227 ; art. 15, p. 246 ; Annexe 11, p. 1031
  ▶ recours en justice, L. 10 juill. 1965, art. 15, p. 246. V. *Bruit ;*
- thermique, L. 10 juill. 1965, art. 25 (nºs 50 à 52), p. 454 ; Annexe 26, p. 1197.

J

Jardin, L. 10 juill. 1965, art. 2 (nº 6), p. 29 ; art. 9 (anc.) (nº 99), p. 129 ; art. 9 (anc.) (nº 101), p. 130 ; art. 9 (anc.) (nº 103), p. 131 ; art. 9 (anc.) (nº 107), p. 132 ;
- charges, D. 17 mars 1967, art. 1er (nº 4), p. 656 ;
- création, L. 10 juill. 1965, art. 26 (nº 30), p. 484 ;
- creusement, L. 10 juill. 1965, art. 37 (nº 1), p. 566 ;
- entretien, L. 10 juill. 1965, art. 9 (anc.) (nº 5), p. 88 ; art. 9 (anc.) (nº 12), p. 92 ;
- partie commune ou privative, L. 10 juill. 1965, art. 2 et 3, p. 27 et s.

Jardinière, L. 10 juill. 1965, art. 3 (nº 3), p. 33 ; art. 10 (nº 58), p. 161 ; art. 26 (nº 27), p. 482 ; art. 30 (nº 8), p. 545.

Jouissance :
- exclusive des parties communes, V. *Jouissance exclusive d'une partie commune ;*
- des parties communes, L. 10 juill. 1965, art. 3, p. 32 ; art. 8 (nºs 14 à 17), p. 67 ; art. 8 (nºs 19 et 20), p. 68 ; art. 8 (nº 34), p. 74 ; art. 9 (anc.) (nº 93), p. 126 ; art. 9 (anc.) (nº 95), p. 127 ; art. 9 (anc.) (nºs 98 à 103), p. 129 ; art. 9 (anc.) (nºs 107 et 108), p. 132 ; art. 9 (anc.) (nºs 111 à 115), p. 134 ;
- des parties privatives, L. 10 juill. 1965, art. 8 (nºs 14 à 26), p. 67 ; art. 8 (nº 29), p. 72 ; art. 8 (nº 31), p. 72 ; art. 8 (nº 39), p. 75 ; art. 8 (nºs 42 et 43), p. 76 ; art. 8 (nº 46), p. 78 ; art. 9 (anc.) (nºs 3 à 6), p. 88 ; art. 9 (anc.) (nº 8), p. 91 ; art. 9 (anc.) (nºs 13 à 17), p. 92 ; art. 9 (anc.) (nºs 19 et 20), p. 94 ; art. 9 (anc.) (nº 22), p. 95 ; art. 9 (anc.) (nº 26), p. 99 ; art. 9 (anc.) (nºs 38 à 40), p. 104 ; art. 9 (anc.) (nº 42), p. 107 ; art. 9 (anc.) (nºs 49 à 51), p. 109 ; art. 9 (anc.) (nº 53), p. 111 ; art. 9 (anc.) (nºs 55 à 63), p. 113 ; art. 9 (anc.) (nº 68), p. 119 ; art. 9 (anc.) (nºs 70 et 71), p. 119 ; art. 9 (anc.) (nº 73), p. 121 ; art. 9 (anc.) (nº 75), p. 121 ; art. 9 (anc.) (nº 77), p. 122 ; art. 9 (anc.) (nº 79), p. 123 ; art. 9 (anc.) (nºs 83 et 84), p. 123 ; art. 9 (anc.) (nºs 86 à 88), p. 124.

Jouissance exclusive d'une partie commune, L. 10 juill. 1965, art. 9 (anc.) (nº 20), p. 95 ;
- attribution de tantièmes, L. 10 juill. 1965, art. 3 (nº 4), p. 34 ;
- concession du droit, L. 10 juill. 1965, art. 6-3 (nº 5), p. 55 ; art. 26 (nº 3), p. 470 ; art. 26 (nº 13), p. 475 ;
- constructions, L. 10 juill. 1965, art. 9 (anc.) (nº 103), p. 131 ; art. 37, p. 565 ;
- expropriation, L. 10 juill. 1965, art. 16-2 (nº 4), p. 271 ;
- généralités, L. 10 juill. 1965, art. 2, p. 27 ; art. 6-3 (nº 2), p. 55 ; art. 9 (anc.) (nºs 98 à 103), p. 129 ; art. 9 (anc.) (nºs 107 et 108), p. 132 ;

- prérogatives du titulaire de ce droit, L. 10 juill. 1965, art. 9 (anc.) (nos 98 à 103), p. 129 ; art. 9 (anc.) (nos 107 et 108), p. 132.

Juge, V. *Président du tribunal et Tribunal, Tribunal.*

Jugement :
- contre le syndicat, un copropriétaire ou un tiers, V. *Action en justice ;*
- copies, D. 17 mars 1967, art. 33, p. 806.

L

Lésion (répartition des charges), L. 10 juill. 1965, art. 12, p. 202. - D. 17 mars 1967, art. 52 à 54, p. 845.

Lettre recommandée, D. 17 mars 1967, art. 8, p. 699 ; art. 9 (no 11), p. 706 ; art. 9 (no 21), p. 709 ; art. 18 (no 16), p. 769 ; art. 51, p. 844 ; art. 64 et 65, p. 894 et s. ; V. *Mise en demeure.*

Lettre recommandée électronique, D. 17 mars 1967, art. 17 (no 17), p. 761 ; art. 17 (no 24), p. 763 ; art. 64 (no 16), p. 898 ; art. 64-2 (no 1), p. 899 ; art. 64-3 (no 6), p. 900 ; art. 64-4 et 65, p. 900 et s. ; Annexe 42, p. 1331

Lézardes, V. *Fissures.*

Licenciement, V. *Personnel du syndicat.*

Licitation des parties communes, L. 10 juill. 1965, art. 6, p. 47.

Lieu de réunion de l'assemblée, L. 10 juill. 1965, art. 24 (no 2), p. 394. - D. 17 mars 1967, art. 9, p. 703.

Linge, V. *Étendage du linge.*

Liquidation de biens, V. *Redressement judiciaire.*

Liquidation judiciaire, V. *Redressement judiciaire.*

Liste des copropriétaires :
- communication aux copropriétaires, D. 17 mars 1967, art. 32, p. 804 ;
- tenue à jour, D. 17 mars 1967, art. 6, p. 684 ; art. 65, p. 902.

Livret de Caisse d'épargne, Annexe 31, p. 1235.

Local :
- accessoire, V. *Locaux accessoires ;*
- commun, V. *Locaux collectifs ;*
- indépendant, L. 10 juill. 1965, art. 10 (no 14), p. 143 ; art. 10 (no 18), p. 144 ; art. 10 (no 33), p. 153 ; art. 10 (no 48), p. 158 ; V. *Locaux accessoires ;*
- meublé, L. 10 juill. 1965, art. 9 (anc.) (no 55), p. 113 ;
- en sous-sol, L. 10 juill. 1965, art. 9 (anc.) (nos 40 et 41), p. 105 ; art. 10 (no 14), p. 143 ; art. 10 (no 18), p. 144 ; art. 10 (no 48), p. 158 ; art. 10 (no 51), p. 159 ;
- à usage commercial, V. *Commerces ;*
- à usage professionnel, V. *Exercice d'une profession.*

Locataires, Annexe 43, p. 1333 ;
- associations, Annexe 43, p. 1333 ;
- droits et obligations, L. 10 juill. 1965, art. 9 (anc.) (nos 57 à 63), p. 114 ; art. 9 (anc.) (no 67), p. 118 ;
- groupements de locataires, Annexe 43, p. 1333 ;
- opposabilité du règlement, L. 10 juill. 1965, art. 9 (anc.) (nos 62 et 63), p. 115 ; art. 9 (anc.) (no 67), p. 118 ; art. 13 (no 6), p. 212 ;
- responsabilités, L. 10 juill. 1965, art. 9 (anc.) (no 60), p. 115 ; art. 9 (anc.) (nos 62 et 63), p. 115 ; art. 9 (anc.) (no 67), p. 118 ; art. 15 (no 41), p. 261 ;
  - ▶ actions en justice, L. 10 juill. 1965, art. 15 (no 41), p. 261.
- travaux, L. 10 juill. 1965, art. 9 (anc.) (no 59), p. 114 ; art. 25 (no 27), p. 444 ;
- troubles de jouissance créés par eux, L. 10 juill. 1965, art. 9 (anc.) (no 60), p. 115 ; art. 9 (anc.) (nos 62 et 63), p. 115 ; art. 15 (no 29), p. 259 ; art. 15 (no 41), p. 261.

V. *Location de lots.*

Location de lots :
- action des copropriétaires contre les locataires, L. 10 juill. 1965, art. 15 (no 29), p. 259 ; art. 15 (no 41), p. 261 ;
- action de la copropriété contre les locataires, L. 10 juill. 1965, art. 9 (anc.) (no 60), p. 115 ; art. 9 (anc.) (no 63), p. 116 ; art. 15 (no 29), p. 259 ; art. 15 (no 41), p. 261 ; art. 18 (no 5), p. 290 ;
- clauses du règlement, L. 10 juill. 1965, art. 8 (nos 19 et 20), p. 68 ;
- généralités, L. 10 juill. 1965, art. 8 (nos 19 et 20), p. 68 ; art. 9 (anc.) (nos 55 à 59), p. 113 ; art. 9 (anc.) (no 61), p. 115 ; art. 9 (anc.) (no 63), p. 116 ;
- meublés, L. 10 juill. 1965, art. 8 (no 20), p. 69 ; art. 9 (anc.) (no 14), p. 93 ; art. 9 (anc.) (no 46), p. 108 ; art. 9 (anc.) (no 53), p. 111 ;
- obligations du locataire, L. 10 juill. 1965, art. 9 (anc.) (nos 60 à 63), p. 115 ;
- opposabilité du règlement, L. 10 juill. 1965, art. 9 (anc.) (nos 62 et 63), p. 115 ; art. 13 (no 6), p. 212 ;
- règlement des charges, L. 10 juill. 1965, art. 9 (anc.) (no 61), p. 115 ; art. 10 (no 113), p. 182 ;
- travaux, L. 10 juill. 1965, art. 9 (anc.) (no 59), p. 114 ; art. 25 (no 27), p. 444.

Location-accession, V. *Location-accession.*

Locaux accessoires (caves, greniers, débarras, parkings, etc.) :
- attribution de tantièmes, L. 10 juill. 1965, art. 5, p. 44 ; art. 5 (no 7), p. 46 ;
- changement d'affectation, L. 10 juill. 1965, art. 8 (no 29), p. 72 ; art. 9 (anc.) (no 34), p. 102 ; art. 9 (anc.) (nos 40 et 41), p. 105 ; art. 25 (no 46), p. 453 ;
- participation aux charges, L. 10 juill. 1965, art. 10 (no 12), p. 142 ; art. 10 (nos 14 à 18), p. 143 ; art. 10 (no 21), p. 146 ; art. 10 (no 48), p. 158 ; art. 10 (no 51), p. 159.

Locaux collectifs :
- aménagements, L. 10 juill. 1965, art. 30, p. 542 ;
- création, L. 10 juill. 1965, art. 30, p. 542 ;
- des services communs, L. 10 juill. 1965, art. 3, p. 32 ;
- vente, L. 10 juill. 1965, art. 26 (nos 3 et 4), p. 470 ; art. 26 (no 13), p. 475 ; art. 26 (nos 25 et 26), p. 480 ; art. 26 (no 28), p. 483.

Locaux indépendants, L. 10 juill. 1965, art. 10 (no 12), p. 142 ; art. 10 (no 14), p. 143 ; art. 10 (no 18), p. 144 ; art. 10 (no 33), p. 153 ; art. 10 (no 48), p. 158. - D. 17 mars 1967, art. 1er, p. 655.

Locaux professionnels, V. *Exercice d'une profession.*

Loge de concierge, L. 10 juill. 1965, art. 3 (no 26), p. 39 ;
- absence, L. 10 juill. 1965, art. 15 (no 11), p. 252 ;
- caractère privatif ou commun, L. 10 juill. 1965, art. 3, p. 32 ;
- charges, D. 17 mars 1967, art. 1er (no 5), p. 657 ;

- création, L. 10 juill. 1965, art. 30 (nº 3), p. 544 ; art. 30 (nº 11), p. 546 ;
- location, L. 10 juill. 1965, art. 26 (nº 18), p. 477 ;
- suppression, L. 10 juill. 1965, art. 26 (nº 18), p. 477 ;
- vente, L. 10 juill. 1965, art. 26 (nº 18), p. 477.

Loggia, L. 10 juill. 1965, art. 2 (nº 10), p. 30 ; art. 9 (anc.) (nº 18), p. 94 ; art. 25 (nº 11), p. 435.

Loi Carrez, L. 10 juill. 1965, art. 46, p. 635. - D. 17 mars 1967, art. 4-1 à 4-3, p. 670 et s. ; art. 4-3 (nº 2), p. 672 ; V. *Commission relative à la copropriété, Recommandation nº 17.*

Lot :
- absence de tantièmes de copropriété, L. 10 juill. 1965, art. 1er (anc.) (nº 13), p. 8 ; art. 3 (nº 4), p. 34 ;
- affectation, V. *Affectation des lots ;*
- aliénation, V. *Vente de lots ;*
- changement d'usage ou d'affectation, V. *Affectation des lots ;*
- composition, L. 10 juill. 1965, art. 1er (anc.) (nº 13), p. 8 ; art. 3 (nº 4), p. 34 ;
- consistance, L. 10 juill. 1965, art. 5, p. 44 ; art. 5 (nº 4), p. 45 ;
- constitution de droits réels, D. 17 mars 1967, art. 6, p. 684 ;
- à construire, V. *Lot transitoire ;*
- création, L. 10 juill. 1965, art. 1er (anc.), p. 3 ;
- délaissement, L. 10 juill. 1965, art. 18, p. 284 ; art. 24-6, p. 422 ;
- désignation (publicité foncière), L. 10 juill. 1965, art. 6-1, p. 50 ; Annexe 52, p. 1397. - D. 4 janv. 1955, art. 7, p. 1398. - D. 14 oct. 1955, art. 71-4, p. 1408 ;
- destination, V. *Destination des parties privatives ;*
- disposition, V. *Donation, Vente de lots ;*
- division, V. *Division de lots ;*
- éclairement, L. 10 juill. 1965, art. 5, p. 44 ; art. 5 (nº 4), p. 45 ; art. 5 (nos 7 et 8), p. 46 ; art. 9 (anc.) (nº 19), p. 94 ; art. 26 (nos 25 et 26), p. 480 ;
- gérance, L. 10 juill. 1965, art. 8 (nº 20), p. 69 ; art. 18 (nº 2), p. 289 ; art. 18 (nº 110), p. 325 ;
- grevés d'usufruit, L. 10 juill. 1965, art. 23, p. 387 ; art. 23 (anc.) (nº 5), p. 390 ;
- hypothèque, L. 10 juill. 1965, art. 6-1, p. 50 ; Annexe 52, p. 1397. - C. civ., art. 2424, p. 1397 ;
- en indivision, L. 10 juill. 1965, art. 10 (nº 114), p. 182 ; art. 23, p. 387 ; art. 23 (anc.) (nº 5), p. 390 ; art. 42 (nº 40), p. 610. - D. 17 mars 1967, art. 6, p. 684 ; art. 61, p. 868 ; art. 65, p. 902 ;
- inoccupés (charges), L. 10 juill. 1965, art. 10 (nº 13), p. 143 ; art. 10 (nº 17), p. 144 ; art. 10 (nº 31), p. 151 ;
- location, V. *Location de lot ;*
- mutation, V. *Donation, Vente de lots ;*
- nombre, D. 17 mars 1967, art. 3 (nº 4), p. 665 ;
- notion, L. 10 juill. 1965, art. 1er (anc.) (nº 7), p. 6 ; art. 1er (anc.) (nº 13), p. 8 ;
- numérotage, Annexe 52, p. 1397. - D. 14 oct. 1955, art. 71-4, p. 1408 ;
- occupation, V. *Destination des parties privatives ;*
- propriété du syndicat, L. 10 juill. 1965, art. 16, p. 267 ;
- réunion, L. 10 juill. 1965, art. 8 (nos 25 et 26), p. 70 ; art. 9 (anc.) (nº 73), p. 121 ;
- saisie immobilière, D. 17 mars 1967, art. 55 (nº 22), p. 860 ; Annexe 52, p. 1397 ;
- situation, L. 10 juill. 1965, art. 5, p. 44 ;
- superficie, V. *Loi Carrez ;*
- suppression, L. 10 juill. 1965, art. 10 (nº 21), p. 146 ;
- de terrain, L. 10 juill. 1965, art. 1er (anc.) (nº 4), p. 6 ; art. 2 (nº 6), p. 29 ;
- transformation en partie commune, Annexe 52, p. 1397 ;
- transitoire, V. *Lot transitoire ;*
- travaux, L. 10 juill. 1965, art. 8 (nos 42 et 43), p. 76 ; art. 9 (anc.) (nº 17), p. 94 ; art. 9 (anc.) (nos 19 et 20), p. 94 ; art. 9 (anc.) (nº 22), p. 95 ; art. 9 (anc.) (nº 24), p. 97 ; art. 25 (nos 7 à 12), p. 432 ; art. 25 (nos 14 à 16), p. 437 ; art. 25 (nos 18 et 19), p. 439 ; art. 25 (nos 22 à 24), p. 441 ; art. 25 (nos 26 à 28), p. 443 ; art. 25 (nos 32 à 34), p. 447 ;
- utilisation, L. 10 juill. 1965, art. 4, p. 43 ; art. 8 et 9 (anc.), p. 61 et s. ;
- valeur, L. 10 juill. 1965, art. 9 (anc.) (nº 86), p. 124 ;
- valeur relative, L. 10 juill. 1965, art. 5, p. 44 ;
- vente, V. *Vente de lots.*

Lot transitoire, L. 10 juill. 1965, art. 1er (anc.) (nº 22), p. 11 ;
- création, L. 10 juill. 1965, art. 1er (anc.) (nos 15 à 17), p. 9 ; art. 1er (anc.) (nos 19 à 21), p. 10 ;
- participation aux charges, L. 10 juill. 1965, art. 1er (anc.) (nos 19 et 20), p. 10 ;
- régularisation, Annexe 44-1, p. 1341 ;
- retrait de copropriété, L. 10 juill. 1965, art. 28, p. 504 ;
- tantièmes de copropriété, L. 10 juill. 1965, art. 5, p. 44 ; art. 5 (nº 8), p. 46.

Lotissement, L. 10 juill. 1965, art. 1er (anc.) (nos 63 à 66), p. 21 ; art. 8 (nº 12), p. 66.

M

Main-d'œuvre (frais), D. 17 mars 1967, art. 1er (nº 3), p. 656.

Majorités :
- abus, L. 10 juill. 1965, art. 24 (nos 36 à 42), p. 407 ;
- calcul, L. 10 juill. 1965, art. 22, p. 371 ; art. 24 (nos 31 et 32), p. 405 ; art. 25 (nº 3), p. 430 ; art. 25-1, p. 463 ; art. 26 (nº 2), p. 470. - D. 17 mars 1967, art. 16, p. 755.

Malfaçons :
- parties communes, L. 10 juill. 1965, art. 10 (nº 94), p. 175 ; art. 14 et 15, p. 213 et s. - D. 17 mars 1967, art. 56, p. 863 ;
  - ▶ autorisation d'agir, D. 17 mars 1967, art. 55, p. 846 ;
  - ▶ responsabilité des constructeurs, D. 17 mars 1967, art. 56, p. 863 ;
  - ▶ responsabilité des entrepreneurs, L. 10 juill. 1965, art. 15, p. 246 ;
  - ▶ responsabilité du syndicat, L. 10 juill. 1965, art. 14, p. 213.
- parties privatives, L. 10 juill. 1965, art. 15, p. 246 ;
  - ▶ actions en justice, L. 10 juill. 1965, art. 15, p. 246.

Mandat :
- vérification d'écriture, L. 10 juill. 1965, art. 22 (nº 15), p. 378.

Mandat (Assemblées) :
- en blanc, L. 10 juill. 1965, art. 22 (nº 41), p. 386 ;
- époux, L. 10 juill. 1965, art. 22 (nº 25), p. 382 ;

- exigence d'un écrit, L. 10 juill. 1965, art. 22 (nº 15), p. 378 ;
- feuille de présence (mentions), D. 17 mars 1967, art. 14, p. 743 ;
- impératif, L. 10 juill. 1965, art. 22 (nº 15), p. 378 ;
- judiciaire (convocation assemblée), D. 17 mars 1967, art. 50, p. 844 ;
- limitation, L. 10 juill. 1965, art. 22 (nº 28), p. 383 ;
- règles générales, L. 10 juill. 1965, art. 22, p. 371 ;
- au syndic, L. 10 juill. 1965, art. 22 (nº 40), p. 386 ;
- tacite, L. 10 juill. 1965, art. 22 (nº 19), p. 380.

Mandat au syndic :
- actions en justice, D. 17 mars 1967, art. 55, p. 846 ;
- caractère personnel, L. 10 juill. 1965, art. 25 (nº 38), p. 450 ;
- durée, D. 17 mars 1967, art. 28, p. 782 ;
- expiré, L. 10 juill. 1965, art. 10 (nº 95), p. 175. - D. 17 mars 1967, art. 28, p. 782 ; art. 47, p. 833 ;
- nul, L. 10 juill. 1965, art. 10 (nº 95), p. 175 ; art. 18 (nºs 60 à 64), p. 305 ; art. 18 (nº 70), p. 309 ;
- renouvellement, D. 17 mars 1967, art. 28, p. 782 ;
- tacite, L. 10 juill. 1965, art. 25 (nº 35), p. 449. - D. 17 mars 1967, art. 28 (nº 23), p. 793.

Mandataire *ad hoc*, L. 10 juill. 1965, art. 29-1 B, p. 520. - D. 17 mars 1967, art. 54, p. 845 ; art. 56, p. 863 ; art. 61-1-1 à 61-12, p. 868 et s. ;
- absence d'approbation des comptes, L. 10 juill. 1965, art. 29-1 A, p. 518 ;
- impayés, L. 10 juill. 1965, art. 29-1 A, p. 518 ;
- rapport, D. 17 mars 1967, art. 11 (nº 32), p. 734 ;
- rémunération, Annexe 21, p. 1169.

Mandataire de justice :
- en cas d'indivision ou de démembrement de propriété d'un lot (usufruit, droit d'usage), D. 17 mars 1967, art. 61, p. 868 ;
- en vue de convoquer l'assemblée, D. 17 mars 1967, art. 50, p. 844 ;
- en vue de désigner les membres du conseil syndical, D. 17 mars 1967, art. 48, p. 840.

V. *Mandataire ad hoc.*

Marchés (travaux) :
- documents à communiquer aux copropriétaires, D. 17 mars 1967, art. 11 (nº 13), p. 728 ; art. 11 (nºs 15 à 21), p. 728 ;
- mise en concurrence, L. 10 juill. 1965, art. 21 (nº 21), p. 368. - D. 17 mars 1967, art. 19-2, p. 772 ;
- passation, L. 10 juill. 1965, art. 18 (nº 9), p. 291 ;
- responsabilité du syndic, L. 10 juill. 1965, art. 18 (nºs 10 et 11), p. 292.

V. *Devis.*

Mayotte, L. 10 juill. 1965, art. 50, p. 651. - D. 17 mars 1967, art. 66-1, p. 905.

Membres du conseil syndical :
- choix, D. 17 mars 1967, art. 22, p. 775 ; art. 48, p. 840 ;
- désignation, D. 17 mars 1967, art. 22, p. 775 ; art. 24, p. 776 ;
  - ▶ par l'assemblée, D. 17 mars 1967, art. 22, p. 775 ;
  - ▶ syndicat secondaire, D. 17 mars 1967, art. 24, p. 776.
- désignation judiciaire, D. 17 mars 1967, art. 48, p. 840 ; art. 59, p. 864 ;
  - ▶ recours, D. 17 mars 1967, art. 59, p. 864.
- durée du mandat, D. 17 mars 1967, art. 22, p. 775 ; art. 48, p. 840 ;
- frais de déplacement, D. 17 mars 1967, art. 27, p. 780 ;
- nombre, D. 17 mars 1967, art. 22, p. 775 ;
- rémunération, D. 17 mars 1967, art. 27, p. 780 ;
- rôle, D. 17 mars 1967, art. 26, p. 778 ;
- suppléant, D. 17 mars 1967, art. 25, p. 777 ;
- syndicat coopératif, D. 17 mars 1967, art. 41, p. 824.

Menuiseries (Caractère privatif ou commun), L. 10 juill. 1965, art. 2, p. 27.

Méthode de Grenoble, L. 10 juill. 1965, art. 1er (anc.) (nº 55), p. 20.

Meublé, V. *Location en meublé.*

Millièmes, V. *Quotes-parts des parties communes, tantièmes de copropriété.*

Ministère public :
- requête (mandataire *ad hoc*), D. 17 mars 1967, art. 61-1-1, p. 868.

Minorité (Abus), L. 10 juill. 1965, art. 24 (nº 43), p. 413.

Minuteries, L. 10 juill. 1965, art. 25 (nºs 49 à 52), p. 454 ; Annexe 26, p. 1197 ; V. *Éclairages.*

Mise en concurrence, D. 17 mars 1967, art. 19, p. 771.

Mise en concurrence (contrats et marchés), L. 10 juill. 1965, art. 21 (nº 21), p. 368. - D. 17 mars 1967, art. 19-2, p. 772.

Mise en demeure :
- à l'ancien syndic, D. 17 mars 1967, art. 34, p. 810 ;
- concernant le syndicat, D. 17 mars 1967, art. 64, p. 894 ;
- aux copropriétaires, L. 10 juill. 1965, art. 10 (nº 131), p. 188 ; art. 10 (nº 133), p. 189 ; art. 10-1, p. 190. - D. 17 mars 1967, art. 36, p. 816 ; art. 64 et 65, p. 894 et s. ;
- formes, D. 17 mars 1967, art. 64, p. 894 ;
- par président du conseil syndical, D. 17 mars 1967, art. 8 (nº 6), p. 701 ;
- au syndic, D. 17 mars 1967, art. 49 et 50, p. 841 et s. ; art. 64, p. 894 ;
- en vue de l'inscription de l'hypothèque légale, L. 10 juill. 1965, art. 19, p. 344.

Mitoyenneté, L. 10 juill. 1965, art. 3 (nº 34), p. 41 ;
- acquisition, L. 10 juill. 1965, art. 25 (nº 44), p. 452 ;
- cloisons, L. 10 juill. 1965, art. 7, p. 61.

Modification :
- de l'affectation des lots, V. *Affectation des lots ;*
- de l'assiette de la copropriété, V. *Assiette de la copropriété ;*
- de l'état descriptif de division, D. 17 mars 1967, art. 3 (nº 4), p. 665 ; art. 4, p. 668 ; Annexe 52, p. 1397. - D. 14 oct. 1955, art. 10, p. 1405 ;
- des lots (Publicité foncière), Annexe 52, p. 1397. - D. 14 oct. 1955, art. 71-4, p. 1408 ;
- du nombre de lots, V. *Division des lots, Réunion de lots ;*
- du projet de construction de l'immeuble, L. 10 juill. 1965, art. 1er (anc.) (nº 40), p. 16 ; art. 28, p. 504 ;
- de la quote-part de cette partie commune, Annexe 52, p. 1397. - D. 14 oct. 1955, art. 71-4, p. 1408 ;
- du règlement de copropriété, L. 10 juill. 1965, art. 26 (nº 15), p. 475 ;

- de la répartition des charges, V. *Modification de la répartition des charges ;*
V. *Changement.*

Modification de la répartition des charges :
- en cas de changement d'usage du lot, L. 10 juill. 1965, art. 25 (nº 46), p. 453 ;
- en cas de modification de la répartition des tantièmes, L. 10 juill. 1965, art. 5, p. 44 ; art. 5 (nº 12), p. 47 ;
- conditions, L. 10 juill. 1965, art. 11, p. 196 ;
- et travaux, L. 10 juill. 1965, art. 11, p. 196.
V. *Révision de la répartition des charges.*

Modification de la répartition des tantièmes de copropriété :
- principes généraux, L. 10 juill. 1965, art. 5, p. 44 ; art. 5 (nºs 11 et 12), p. 47 ;
- et publicité foncière, L. 10 juill. 1965, art. 6-1, p. 50 ;
- unanimité, L. 10 juill. 1965, art. 26 (nº 32), p. 485.

Moquette, L. 10 juill. 1965, art. 9 (anc.) (nº 6), p. 90 ; art. 9 (anc.) (nº 8), p. 91 ;
- partie privative ou commune, L. 10 juill. 1965, art. 2 (nº 9), p. 29 ; art. 3, p. 32.

Multipropriété, L. 10 juill. 1965, art. 1er (anc.) (nº 60), p. 21 ; art. 23 (anc.) (nº 4), p. 389 ; Annexe 47, p. 1357.

Murs :
- fissuration, L. 10 juill. 1965, art. 14 (nºs 37 et 38), p. 226 ;
- ouverture irrégulière, L. 10 juill. 1965, art. 9 (anc.) (nº 17), p. 94 ; art. 9 (anc.) (nºs 19 et 20), p. 94 ; art. 9 (anc.) (nº 22), p. 95 ; art. 9 (anc.) (nº 93), p. 126 ; art. 15, p. 246 ;
  ▶ actions en justice, L. 10 juill. 1965, art. 15, p. 246.
- partie commune, L. 10 juill. 1965, art. 2 et 3, p. 27 et s. ; art. 7, p. 61 ;
- percement, L. 10 juill. 1965, art. 9 (anc.) (nº 17), p. 94 ; art. 9 (anc.) (nºs 19 et 20), p. 94 ; art. 9 (anc.) (nº 22), p. 95 ; art. 9 (anc.) (nº 93), p. 126 ; art. 15, p. 246 ;
  ▶ actions en justice, L. 10 juill. 1965, art. 15, p. 246.
V. *Cloisons, Mitoyenneté.*

Musique, V. *Bruit.*

Mutation des lots, V. *Donation de lots, Vente de lots.*

N

Nature du « droit de jouissance exclusif », L. 10 juill. 1965, art. 6-3 (nº 2), p. 55.

Nature des lots, L. 10 juill. 1965, art. 2 et 3, p. 27 et s. ; V. *Affectation.*

Négligence :
- du syndic, L. 10 juill. 1965, art. 18, p. 284. - D. 17 mars 1967, art. 49, p. 841 ;
- du syndicat, L. 10 juill. 1965, art. 14 (nº 29), p. 224 ; art. 14 (nº 39), p. 228.

Neige, L. 10 juill. 1965, art. 14 (nº 24), p. 221.

Nettoyage (partie commune), L. 10 juill. 1965, art. 10 (nºs 40 et 41), p. 155 ; art. 10 (nº 49), p. 158. - D. 17 mars 1967, art. 1er (nº 4), p. 656.

Nom des copropriétaires, D. 17 mars 1967, art. 14, p. 743 ; art. 32, p. 804.

Nombre de lots, D. 17 mars 1967, art. 3, p. 664.

Non-concurrence, V. *Clauses du règlement.*

Notaire :
- dépôt de pièces, Annexe 52, p. 1397. - D. 14 oct. 1955, art. 1er, p. 1404 ; art. 85, p. 1426 ;
- détenteur de la minute du règlement, D. 17 mars 1967, art. 4, p. 668 ; art. 4 (nº 1), p. 668 ; Annexe 52, p. 1397. - D. 14 oct. 1955, art. 1er, p. 1404 ; art. 85, p. 1426 ;
- exercice de la profession de syndic, D. 17 mars 1967, art. 28 (nº 10), p. 786. - CCH, art. L. 422-2, p. 1262. - D. 14 oct. 1955, art. 85, p. 1426 ;
- pièces pouvant lui être réclamées, D. 17 mars 1967, art. 4, p. 668 ; art. 33 (nº 10), p. 808 ;
- publicité du règlement ou des décisions de l'assemblée, L. 10 juill. 1965, art. 13, p. 210 ;
- responsabilité, L. 10 juill. 1965, art. 15 (nº 8), p. 250. - D. 17 mars 1967, art. 3 (nº 3), p. 665 ;
- vente de lots (conduite à tenir), L. 10 juill. 1965, art. 20, p. 351 ; art. 22 (nº 10), p. 376. - D. 17 mars 1967, art. 4 à 6-1, p. 668 et s.

Note de renseignement (vente de lots), D. 17 mars 1967, art. 5, p. 672.

Notification :
- aux copropriétaires (en cas d'action en justice), D. 17 mars 1967, art. 54, p. 845 ; art. 65, p. 902 ;
- aux copropriétaires (travaux), L. 10 juill. 1965, art. 9 (anc.) (nº 83), p. 123 ;
- de documents (convocation de l'assemblée), D. 17 mars 1967, art. 11, p. 722 ; art. 13, p. 738 ;
- formes, D. 17 mars 1967, art. 64, p. 894 ;
- lettre recommandée électronique, D. 17 mars 1967, art. 65, p. 902 ;
- lieu, D. 17 mars 1967, art. 64, p. 894 ;
- par récépissé ou émargement, D. 17 mars 1967, art. 64, p. 894 ;
- au syndic, V. *Information du syndic ;*
- par la voie électronique, D. 17 mars 1967, art. 17 (nº 17), p. 761 ; art. 17 (nº 24), p. 763 ; art. 64 (nº 16), p. 898 ; art. 64-2 (nº 1), p. 899 ; art. 64-3 (nº 6), p. 900 ; art. 64-4, p. 900.
V. *Avis.*

Nouvelle assemblée, L. 10 juill. 1965, art. 24 (nº 33), p. 406 ; art. 25-1, p. 463. - D. 17 mars 1967, art. 19 et 19-1, p. 771 et s.

Nue-propriété d'un lot :
- contribution aux charges communes, L. 10 juill. 1965, art. 10 (nº 117), p. 184 ; art. 10 (nº 119), p. 185 ;
- information du syndic, D. 17 mars 1967, art. 6, p. 684 ; art. 65, p. 902 ;
- mandataire commun, L. 10 juill. 1965, art. 23, p. 387. - D. 17 mars 1967, art. 61, p. 868 ;
- mutation, D. 17 mars 1967, art. 6, p. 684.

Nuisances, V. *Bruits, Dégâts, Infiltrations, Odeurs, Troubles de voisinage.*

Nuisances sonores, L. 10 juill. 1965, art. 9 (anc.) (nº 7), p. 90.

Nullité :
- de l'assemblée, L. 10 juill. 1965, art. 42, p. 593. - D. 17 mars 1967, art. 13, p. 738 ;
- des clauses du règlement, V. *Clauses du règlement de copropriété ;*
- des convocations, D. 17 mars 1967, art. 9, p. 703 ; art. 11, p. 722 ; art. 13, p. 738 ;

- de la répartition des charges, L. 10 juill. 1965, art. 11 et 12, p. 196 et s. ; art. 43 (anc.), p. 628.

Numérotation des lots, Annexe 52, p. 1397. - D. 4 janv. 1955, art. 7, p. 1398 ; art. 50-1 et 50-2, p. 1402 et s. - D. 14 oct. 1955, art. 71-4, p. 1408.

O

Objet :
- des délibérations de l'assemblée, D. 17 mars 1967, art. 11, p. 722 ; art. 13, p. 738 ;
- du syndicat, L. 10 juill. 1965, art. 14, p. 213.

Obligations :
- des copropriétaires, L. 10 juill. 1965, art. 8 à 10, p. 61 et s. ;
  - ▶ paiement des charges, L. 10 juill. 1965, art. 10, p. 138 ;
  - ▶ sur parties privatives, L. 10 juill. 1965, art. 9 (anc.) (nº 75), p. 121 ; art. 9 (anc.) (nº 77), p. 122 ; art. 9 (anc.) (nº 79), p. 123 ;
  - ▶ règlement de copropriété, L. 10 juill. 1965, art. 8, p. 61.
- du syndic, L. 10 juill. 1965, art. 18, p. 284 ;
- du syndicat, L. 10 juill. 1965, art. 14, p. 213.

Occupants de l'immeuble (information), D. 15 déc. 2015, p. 1327.

Occupation bourgeoise du lot, V. *Clauses du règlement.*

Odeurs, L. 10 juill. 1965, art. 8 (nº 46), p. 78 ; art. 9 (anc.) (nº 6), p. 90 ; art. 9 (anc.) (nº 8), p. 91 ; art. 9 (anc.) (nº 14), p. 93 ; art. 9 (anc.) (nº 38), p. 104 ; art. 9 (anc.) (nº 49), p. 109 ; art. 15, p. 246 ;
- actions en justice, L. 10 juill. 1965, art. 15, p. 246.

Opposabilité du règlement :
- en général, L. 10 juill. 1965, art. 13, p. 210. - D. 17 mars 1967, art. 4, p. 668 ;
- aux locataires, L. 10 juill. 1965, art. 9 (anc.) (nºs 62 et 63), p. 115 ; art. 13, p. 210.

Opposants (Copropriétaires), L. 10 juill. 1965, art. 34, p. 558 ; art. 42 (nº 48), p. 614. - D. 17 mars 1967, art. 17 et 18, p. 755 et s.

Opposition :
- à décision de l'assemblée, L. 10 juill. 1965, art. 42, p. 593 ;
  - ▶ recours, L. 10 juill. 1965, art. 42, p. 593.
- à l'exercice du droit de surélévation, L. 10 juill. 1965, art. 37, p. 565 ;
- mentions (créances), D. 17 mars 1967, art. 5-1 (nº 13), p. 682 ;
- sur prix de vente du lot, L. 10 juill. 1965, art. 18 (nº 108), p. 324 ; art. 20, p. 351. - D. 17 mars 1967, art. 5-1, p. 679 ;
- sur prix de vente des parties communes, L. 10 juill. 1965, art. 16-1, p. 268 ;
- à travaux, V. *Travaux.*

Opposition (vente de lot) :
- hypothèques légales du syndicat, D. 17 mars 1967, art. 5-1 (nº 15), p. 683.

Opposition sur vente de lots :
créances liquides et exigibles, D. 17 mars 1967, art. 5-1 (nº 6), p. 680.

Orchestre, V. *Bruits.*

Ordonnance :
- de référé, V. *Référé ;*
- sur requête, V. *Président du tribunal.*

Ordre du jour :
- caractère obligatoire, D. 17 mars 1967, art. 13, p. 738 ;
- au cas de convocation de l'assemblée demandée au syndic, D. 17 mars 1967, art. 8 (nº 8), p. 701 ;
- complémentaire, D. 17 mars 1967, art. 9 et 10, p. 703 et s. ;
- deuxième assemblée prévue par l'article 5 in fine de la loi, D. 17 mars 1967, art. 18, p. 765 ;
- formulation, D. 17 mars 1967, art. 9 et 10, p. 703 et s. ;
- imprécis, D. 17 mars 1967, art. 9, p. 703 ; art. 13, p. 738 ;
- incident de séance, D. 17 mars 1967, art. 13, p. 738 ;
- non respecté, D. 17 mars 1967, art. 13, p. 738 ;
- questions diverses, D. 17 mars 1967, art. 9, p. 703 ;
- urgence, D. 17 mars 1967, art. 13, p. 738.

Ordre public, L. 10 juill. 1965, art. 1er (anc.) (nº 1), p. 5 ; art. 6, p. 47 ; art. 8 (nº 2), p. 63 ; art. 9 (anc.) (nº 84), p. 124 ; art. 10 (nº 64), p. 163 ; art. 22 (nº 1), p. 372 ; art. 43 (anc.), p. 628.

Ordures, V. *Vide-ordures.*

Organisation différente, L. 10 juill. 1965, art. 1er (anc.) (nº 49), p. 19.

Ouverture :
- action en justice, L. 10 juill. 1965, art. 15, p. 246.

V. *Façade, Fenêtres, Murs.*

Ouvrages d'intérêt commun (Scission de copropriété), L. 10 juill. 1965, art. 28, p. 504.

P

PACS, L. 10 juill. 1965, art. 10 (nº 121), p. 186.

Pacte de préférence, L. 10 juill. 1965, art. 8 (nº 24), p. 70.

Pacte de relance pour la ville, L. 10 juill. 1965, art. 29-1, p. 523 ; V. *commentaire introductif.*

Paiement des charges, V. *Recouvrement des charges.*

Paiement différé (travaux), L. 10 juill. 1965, art. 26-14, p. 496 ; art. 33, p. 556.

Paliers communs, L. 10 juill. 1965, art. 26 (nº 4), p. 471 ; art. 26 (nº 13), p. 475 ; art. 26 (nº 30), p. 484 ; art. 42 (nº 18), p. 599 ; art. 42 (nº 22), p. 601.

Panneau publicitaire, V. *Affichage, Publicité.*

Panneaux photovoltaïques, Annexe 27, p. 1217.

Panneaux solaires, Annexe 27, (n° 2), p. 1217.

Parc :
- affouillement, L. 10 juill. 1965, art. 3, p. 32 ; art. 37 (nº 1), p. 566 ;
- charges communes, D. 17 mars 1967, art. 1er (nº 4), p. 656 ;
- partie commune, L. 10 juill. 1965, art. 3, p. 32.

Parcelle de terrain, V. *Terrain.*

Parents du syndic, D. 17 mars 1967, art. 28, p. 782 ; art. 39, p. 819 ; art. 56, p. 863.

Parking, L. 10 juill. 1965, art. 9 (anc.) (nº 36), p. 102 ; art. 9 (anc.) (nº 49), p. 109 ; art. 9 (anc.) (nº 63), p. 116 ; art. 10

(n° 14), p. 143 ; art. 26 (n° 10), p. 474 ; art. 26 (n° 26), p. 481 ;
- alimentation électrique, L. 10 juill. 1965, art. 24-5, p. 419 ; art. 25 (n° 66), p. 461 ;
- attribution de tantièmes, L. 10 juill. 1965, art. 5, p. 44 ;
- changement d'affectation, L. 10 juill. 1965, art. 9 (anc.) (n°s 40 et 41), p. 105 ; art. 9 (anc.) (n° 50), p. 110 ;
- contribution aux charges, L. 10 juill. 1965, art. 10 (n° 51), p. 159 ; art. 10 (n° 69), p. 164 ;
- création, L. 10 juill. 1965, art. 9 (anc.) (n° 5), p. 88 ; art. 9 (anc.) (n° 93), p. 126 ; art. 26 (n° 15), p. 475 ; art. 26 (n° 30), p. 484 ; art. 30 (n°s 11 et 12), p. 546 ;
- droit de priorité, L. 10 juill. 1965, art. 8-1, p. 82 ;
- jouissance exclusive, L. 10 juill. 1965, art. 9 (anc.) (n° 102), p. 130 ;
- non réalisation, L. 10 juill. 1965, art. 8 (n° 12), p. 66 ;
- partie privative ou commune, L. 10 juill. 1965, art. 2, p. 27 ;
- personnes handicapées, L. 10 juill. 1965, art. 8 (n° 11), p. 66 ;
- transformation en box, L. 10 juill. 1965, art. 9 (anc.) (n° 50), p. 110 ;
- utilisation des parties communes, L. 10 juill. 1965, art. 9 (anc.) (n° 5), p. 88 ; art. 9 (anc.) (n° 50), p. 110 ; art. 9 (anc.) (n° 93), p. 126 ; art. 9 (anc.) (n° 115), p. 136 ;
- vélos, L. 10 juill. 1965, art. 24-5, p. 419.

V. *Stationnement sur parties communes.*

Partage :
- de la copropriété, L. 10 juill. 1965, art. 4, p. 43 ; art. 6, p. 47 ; art. 28, p. 504 ;
  - ▸ scission, L. 10 juill. 1965, art. 28, p. 504.
- d'un immeuble en nature (création d'une copropriété), L. 10 juill. 1965, art. 1er (anc.) (n° 57), p. 20. - D. 17 mars 1967, art. 3 (n° 1), p. 664 ;
- judiciaire, D. 17 mars 1967, art. 3 (n° 1), p. 664 ;
- d'un lot, D. 17 mars 1967, art. 4, p. 668 ;
- des parties communes, L. 10 juill. 1965, art. 4, p. 43 ; art. 6, p. 47.

Parterres :
- création, L. 10 juill. 1965, art. 30 (n° 3), p. 544.

Parti politique (Siège), L. 10 juill. 1965, art. 9 (anc.) (n° 51), p. 110.

Participation aux assemblées, L. 10 juill. 1965, art. 17 (n° 7), p. 275 ; art. 22 (n° 4), p. 374.

Participation différée (Travaux), L. 10 juill. 1965, art. 33, p. 556.

Parties communes :
- accès des huissiers, Annexe 37, p. 1289 ;
- accidents, L. 10 juill. 1965, art. 14, p. 213 ;
- acquisition, L. 10 juill. 1965, art. 6-1, p. 50 ; Annexe 52, p. 1397. - D. 14 oct. 1955, art. 16-1, p. 1406 ; art. 71-4, p. 1408 ;
- acquisition par prescription, L. 10 juill. 1965, art. 3 (n° 19), p. 36 ;
- administration, L. 10 juill. 1965, art. 14, p. 213 ; art. 17 et 18, p. 273 et s. ; art. 24, p. 392 ;
  - ▸ majorités, L. 10 juill. 1965, art. 24, p. 392 ;
  - ▸ modalités, L. 10 juill. 1965, art. 17, p. 273 ;
  - ▸ pouvoirs du syndic, L. 10 juill. 1965, art. 18, p. 284 ;
  - ▸ pouvoirs du syndicat, L. 10 juill. 1965, art. 14, p. 213.
- aliénation, L. 10 juill. 1965, art. 6-1, p. 50 ; art. 16-1, p. 268 ; art. 25 (n°s 44 et 45), p. 452 ; art. 26, p. 469 ;
- annexion, L. 10 juill. 1965, art. 9 (anc.) (n° 24), p. 97 ; art. 15, p. 246 ; art. 25 (n° 18), p. 439 ; art. 42 (n° 22), p. 601 ;
  - ▸ actions en justice, L. 10 juill. 1965, art. 15, p. 246.
- appropriation, V. *ci-dessus Annexion ;*
- cession, V. *Aliénation ;*
- charges, V. *Charges communes ;*
- constructions, V. *Constructions sur parties communes ;*
- défaut d'entretien, L. 10 juill. 1965, art. 9 (anc.) (n° 67), p. 118 ; art. 14, p. 213 ; art. 18 (n° 22), p. 296 ; art. 18 (n° 108), p. 324 ;
- définition, L. 10 juill. 1965, art. 3, p. 32 ;
- destination, L. 10 juill. 1965, art. 8 et 9 (anc.), p. 61 et s. ;
- détermination, L. 10 juill. 1965, art. 3, p. 32 ;
- distribution du prix de cession, L. 10 juill. 1965, art. 16-1, p. 268 ;
- division, L. 10 juill. 1965, art. 4, p. 43 ; art. 28, p. 504 ;
- droits accessoires, V. *Droits accessoires aux parties communes ;*
- droits des copropriétaires, L. 10 juill. 1965, art. 8, p. 61 ; art. 9 (anc.) (n° 93), p. 126 ; art. 9 (anc.) (n° 95), p. 127 ; art. 9 (anc.) (n°s 98 à 103), p. 129 ; art. 9 (anc.) (n°s 107 et 108), p. 132 ; art. 9 (anc.) (n°s 110 à 115), p. 134 ;
- élément incorporé, L. 10 juill. 1965, art. 3, p. 32 ; art. 3 (n° 17), p. 36 ;
- empiétement, V. *Annexion ;*
- encombrement, L. 10 juill. 1965, art. 9 (anc.) (n° 93), p. 126 ; art. 9 (anc.) (n° 95), p. 127 ; art. 15, p. 246 ;
  - ▸ action en justice, L. 10 juill. 1965, art. 15, p. 246.
- entretien, L. 10 juill. 1965, art. 10 (n° 9), p. 142 ; art. 10 (n° 19), p. 145 ; art. 10 (n° 21), p. 146 ; art. 10 (n° 40), p. 155 ; art. 14, p. 213 ; art. 18 (n° 22), p. 296 ; art. 24, p. 392 ;
  - ▸ charges, L. 10 juill. 1965, art. 10 (n° 9), p. 142 ; art. 10 (n° 19), p. 145 ; art. 10 (n° 21), p. 146 ; art. 10 (n° 40), p. 155. - D. 17 mars 1967, art. 1er, p. 655 ;
  - ▸ majorités, L. 10 juill. 1965, art. 24, p. 392 ;
  - ▸ responsabilité du syndic, L. 10 juill. 1965, art. 18 (n° 22), p. 296 ;
  - ▸ responsabilité du syndicat, L. 10 juill. 1965, art. 14, p. 213.
- énumération, L. 10 juill. 1965, art. 3, p. 32 ;
- expropriation, V. *Expropriation ;*
- indivision forcée, L. 10 juill. 1965, art. 4, p. 43 ; art. 6, p. 47 ;
- jouissance, L. 10 juill. 1965, art. 8 et 9 (anc.), p. 61 et s. ;
- jouissance exclusive, L. 10 juill. 1965, art. 2, p. 27 ; art. 6-3 (n° 2), p. 55 ; art. 6-3 (n° 5), p. 55 ; art. 26 (n° 3), p. 470 ; art. 26 (n° 13), p. 475 ; art. 26 (n° 26), p. 481 ; art. 26 (n° 28), p. 483 ; art. 26 (n° 30), p. 484 ; art. 26 (n° 32), p. 485 ;
- licitation, V. *Licitation ;*
- location, L. 10 juill. 1965, art. 24 (n° 2), p. 394 ;
- malfaçons, V. *Malfaçons ;*
- nettoyage, V. *ci-dessus Entretien ;*
- occupation abusive, V. *ci-dessus Annexion, ci-dessus Empiétement ;*
- partage, V. *Partage ;*
- peinture, D. 17 mars 1967, art. 1er (n° 4), p. 656 ;
- prix de vente, L. 10 juill. 1965, art. 16-1, p. 268 ;

- quote-part, L. 10 juill. 1965, art. 6, p. 47 ; Annexe 52, p. 1397. - C. civ., art. 2424, p. 1397. - D. 14 oct. 1955, art. 71-4, p. 1408 ;
- réfection, L. 10 juill. 1965, art. 10, p. 138 ; art. 14 (nos 16 et 17), p. 219 ; art. 14 (no 21), p. 220 ; art. 14 (no 39), p. 228 ; art. 18 (no 26), p. 297 ; art. 18 (no 112), p. 326 ; art. 24 (nos 4 et 5), p. 396 ; art. 30, p. 542 ;
  - ▶ charges, D. 17 mars 1967, art. 1er, p. 655 ;
  - ▶ obligations du syndic, L. 10 juill. 1965, art. 18 (no 112), p. 326 ;
  - ▶ responsabilité du syndicat, L. 10 juill. 1965, art. 14 (no 48), p. 232.
- réparations, V. *Entretien ;*
- spéciales, L. 10 juill. 1965, art. 4 (no 2), p. 43 ; art. 6-2 (anc.) (no 3), p. 51 ; art. 6-2 (anc.) (no 5), p. 52 ; art. 6-2 (anc.) (nos 9 et 10), p. 53 ; art. 10 (no 65), p. 164 ; art. 15 (no 7), p. 249 ; art. 16-1 et 17, p. 268 et s. ; art. 24 (no 44), p. 413 ; art. 24 (nos 46 et 47), p. 413 ; art. 27, p. 496. - D. 17 mars 1967, art. 1er, p. 655 ;
- suppression, L. 10 juill. 1965, art. 26, p. 469 ;
- transformation en parties privatives, L. 10 juill. 1965, art. 3, p. 32 ; art. 6-1, p. 50 ; art. 26, p. 469 ; Annexe 52, p. 1397 ;
- travaux, L. 10 juill. 1965, art. 24 à 26, p. 392 et s. ; art. 30, p. 542 ;
- usage, L. 10 juill. 1965, art. 8 et 9 (anc.), p. 61 et s. ;
- usage exclusif, V. *ci-dessus Jouissance exclusive ;*
- vente, L. 10 juill. 1965, art. 6-1, p. 50 ; V. *Aliénation ;*
- vice de construction, L. 10 juill. 1965, art. 14, p. 213.

Parties communes spéciales, L. 10 juill. 1965, art. 6-2, p. 51.

Parties privatives :
- acquisition par le syndicat, L. 10 juill. 1965, art. 16, p. 267 ;
- actes de disposition, L. 10 juill. 1965, art. 8 (nos 22 à 26), p. 70 ; art. 9 (anc.) (no 4), p. 88 ;
- actions en justice, L. 10 juill. 1965, art. 15, p. 246 ;
- affectation, V. *Affectation des lots ;*
- atteinte aux modalités de jouissance, L. 10 juill. 1965, art. 26 (nos 25 à 28), p. 480 ; art. 26 (no 30), p. 484 ; art. 26 (no 32), p. 485 ;
- changement d'usage ou d'affectation, V. *Affectation des lots ;*
- clauses du règlement, L. 10 juill. 1965, art. 8, p. 61 ;
- critères de distinction, L. 10 juill. 1965, art. 2, p. 27 ;
- destination, L. 10 juill. 1965, art. 8 et 9 (anc.), p. 61 et s. ; art. 25 et 26, p. 428 et s. ;
- détermination, L. 10 juill. 1965, art. 2, p. 27 ;
- droits des copropriétaires, L. 10 juill. 1965, art. 8 et 9 (anc.), p. 61 et s. ;
- inoccupation (charges), L. 10 juill. 1965, art. 10 (nos 12 et 13), p. 142 ; art. 10 (no 17), p. 144 ;
- jouissance, L. 10 juill. 1965, art. 8 et 9 (anc.), p. 61 et s. ;
- location, V. *Location de lots ;*
- modalités de jouissance, L. 10 juill. 1965, art. 8 et 9 (anc.), p. 61 et s. ; art. 25, p. 428 ; art. 26 (nos 25 à 28), p. 480 ; art. 26 (no 30), p. 484 ; art. 26 (no 32), p. 485 ;
  - ▶ changement d'usage, L. 10 juill. 1965, art. 25, p. 428.
- propriété du syndicat, L. 10 juill. 1965, art. 16, p. 267 ;
- transformation en parties communes, L. 10 juill. 1965, art. 6-1, p. 50 ; Annexe 52, p. 1397 ;
- travaux concernant la copropriété, L. 10 juill. 1965, art. 9 (anc.) (no 75), p. 121 ; art. 9 (anc.) (no 77), p. 122 ; art. 9 (anc.) (no 79), p. 123 ; art. 9 (anc.) (nos 83 et 84), p. 123 ; art. 9 (anc.) (nos 86 à 88), p. 124 ;
- travaux entrepris par les copropriétaires, L. 10 juill. 1965, art. 8 et 9 (anc.), p. 61 et s. ; art. 25, p. 428 ;
- usage exclusif, L. 10 juill. 1965, art. 2, p. 27 ; art. 9 (anc.), p. 85 ;
- valeurs relatives, L. 10 juill. 1965, art. 5, p. 44.

V. *Lots.*

Passage, L. 10 juill. 1965, art. 3 (no 17), p. 36 ; V. *Servitudes.*

Passerelle, D. 17 mars 1967, art. 19, p. 771.

Passerelle article 26-1, D. 17 mars 1967, art. 19-1, p. 772.

Patrimoine du syndicat, L. 10 juill. 1965, art. 14, p. 213 ; art. 16, p. 267.

Peinture :
- des parties communes, L. 10 juill. 1965, art. 10 (no 41), p. 156. - D. 17 mars 1967, art. 1er, p. 655 ;
- des parties privatives, L. 10 juill. 1965, art. 2, p. 27.

Percement de murs, V. *Murs.*

Performance énergétique de l'immeuble, Annexe 26, p. 1197.

Période de construction de l'immeuble, L. 10 juill. 1965, art. 1er (anc.), p. 3.

Périodes de chauffe, V. *Chauffage.*

Périodicité des réunions de l'assemblée, D. 17 mars 1967, art. 7, p. 692.

Permis de construire :
- généralités, L. 10 juill. 1965, art. 9 (anc.) (no 22), p. 95 ;
- travaux sur parties communes, L. 10 juill. 1965, art. 9 (anc.) (no 17), p. 94 ; art. 9 (anc.) (nos 21 et 22), p. 95 ; art. 18 (no 112), p. 326 ; art. 25, p. 428 ; art. 25 (no 26), p. 443 ; art. 25 (no 28), p. 444 ;
- travaux sur parties privatives, L. 10 juill. 1965, art. 8 et 9 (anc.), p. 61 et s. ; art. 25, p. 428 ; art. 25 (no 26), p. 443 ; art. 25 (no 28), p. 444.

Persiennes, L. 10 juill. 1965, art. 2, p. 27.

Personnalité morale du syndicat, L. 10 juill. 1965, art. 14, p. 213.

Personnel du syndicat :
- congédiement, D. 17 mars 1967, art. 31, p. 801 ;
- engagement, D. 17 mars 1967, art. 31, p. 801.

Personnes handicapées, L. 10 juill. 1965, art. 8 (no 11), p. 66 ; art. 24, p. 392 ; art. 24 (nos 12 à 17), p. 399 ; Annexe 48, p. 1365.

Personnes morales, L. 10 juill. 1965, art. 18-1 AA (no 3), p. 332.

Personnes protégées, D. 17 mars 1967, art. 7 (no 15), p. 698.

Petites copropriétés, L. 10 juill. 1965, art. 18 (no 75), p. 311.

Photovoltaïque, Annexe 27, p. 1217.

Pièce isolée, V. *Locaux indépendants.*

Pièces justificatives des charges, L. 10 juill. 1965, art. 18-1, p. 335. - D. 17 mars 1967, art. 9 et 9-1, p. 703 et s.

Piscine, L. 10 juill. 1965, art. 9 (anc.) (no 99), p. 129 ; art. 9 (anc.) (no 102), p. 130 ; art. 9 (anc.) (no 111), p. 134 ;

art. 10 (nº 8), p. 141 ; art. 25 (nº 18), p. 439 ; art. 26 (nº 26), p. 481 ; Annexe 49, p. 1369 ;
- creusement, L. 10 juill. 1965, art. 9 (anc.) (nº 102), p. 130.

Pizzeria, L. 10 juill. 1965, art. 9 (anc.) (nº 9), p. 91 ; art. 9 (anc.) (nº 39), p. 104 ; V. *Restaurant.*

Placement des fonds, Annexe 31, p. 1235.

Placement des fonds du syndicat, D. 17 mars 1967, art. 35-1, p. 815 ; Annexe 31, p. 1235.

Placements sur livrets, Annexe 31, p. 1235.

Plafonds, L. 10 juill. 1965, art. 3, p. 32 ; art. 9 (anc.) (nº 67), p. 118.

Plan d'apurement, L. 10 juill. 1965, art. 29-5, p. 533.

Plan de travaux d'économie d'énergie, L. 10 juill. 1965, art. 24-4, p. 417.

Planchers, L. 10 juill. 1965, art. 3, p. 32 ; art. 9 (anc.) (nº 17), p. 94 ; art. 25 (nº 10), p. 433.

Plans de l'immeuble, L. 10 juill. 1965, art. 13 (nº 7), p. 213. - D. 17 mars 1967, art. 33, p. 806.

Plaque professionnelle, L. 10 juill. 1965, art. 8 (nº 34), p. 74 ; art. 9 (anc.) (nº 113), p. 135 ; art. 25 (nº 11), p. 435 ; art. 26 (nº 15), p. 475.

Plomb, Annexe 50, p. 1377.

Pluralité :
- d'immeubles, V. *Pluralité de bâtiments ;*
- de mandats, L. 10 juill. 1965, art. 22, p. 371.

Pluralité de bâtiments :
- division (Scission de copropriété), L. 10 juill. 1965, art. 28, p. 504 ;
- groupe d'immeubles ou ensemble immobilier, L. 10 juill. 1965, art. 1er (anc.), p. 3 ;
- parties communes spéciales et générales, V. *Parties communes ;*
- spécialisation des charges, D. 17 mars 1967, art. 1er, p. 655 ; V. *Charges communes spéciales ;*
- surélévation, L. 10 juill. 1965, art. 35, p. 559 ;
- syndicat secondaire, L. 10 juill. 1965, art. 27, p. 496.

Police (autorisation de pénétrer dans l'immeuble), L. 10 juill. 1965, art. 24 (nº 28), p. 404 ; art. 25 (nº 64), p. 461 ; Annexe 57, p. 1475.

Pompe à chaleur, Annexe 26, p. 1197.

Portes :
- fermeture, L. 10 juill. 1965, art. 25 (nº 57), p. 457 ; art. 26, p. 469 ;
- de garage, V. *Portes de garage ;*
- ouverture dans un mur commun, V. *Façades, Murs ;*
- parties privatives, L. 10 juill. 1965, art. 2, p. 27.

Portes automatiques de garage, Annexe 33, p. 1247.

Portier électrique :
- décisions les concernant, L. 10 juill. 1965, art. 25 (nº 57), p. 457 ;
- installation, L. 10 juill. 1965, art. 25 (nº 57), p. 457 ; art. 26 (nº 28), p. 483 ; art. 30 (nº 10), p. 546.

Poursuites contre le syndicat, V. *Créanciers du syndicat.*

Pourvoi en cassation, D. 17 mars 1967, art. 55 (nº 16), p. 856 ; art. 55 (nº 26), p. 861.

Pouvoirs :
- en blanc, L. 10 juill. 1965, art. 22 (nº 41), p. 386 ;
- du conseil syndical, V. *Conseil syndical ;*
- délégation, V. *Délégation de pouvoirs ;*
- des membres du conseil syndical, V. *Membres du conseil syndical ;*
- du syndic, V. *Syndic ;*
- du syndicat, L. 10 juill. 1965, art. 14, p. 213.

V. *Mandat.*

Préférence, V. *Pacte de préférence.*

Préposés du syndic :
- conventions avec le syndicat, D. 17 mars 1967, art. 39, p. 819 ;
- participation à la construction de l'immeuble, D. 17 mars 1967, art. 56, p. 863.

Prescription :
- acquisitive, L. 10 juill. 1965, art. 3 (nº 19), p. 36 ;
- actions en démolition, L. 10 juill. 1965, art. 42 (nº 18), p. 599 ;
- actions entre copropriétaires, L. 10 juill. 1965, art. 42 (nº 4), p. 595 ; art. 42 (nº 13), p. 597 ; art. 42 (nºs 16 à 18), p. 598 ;
- actions entre copropriétaires et syndicat, L. 10 juill. 1965, art. 42 (nº 4), p. 595 ; art. 42 (nº 13), p. 597 ; art. 42 (nºs 16 à 18), p. 598 ;
- actions en nullité des clauses du règlement, L. 10 juill. 1965, art. 43 (anc.), p. 628 ;
- actions en responsabilité contre le syndic, L. 10 juill. 1965, art. 18 (nº 104), p. 321 ;
- charges de copropriété, L. 10 juill. 1965, art. 10 (nº 82), p. 170 ;
- délai de 10 ans, L. 10 juill. 1965, art. 42 (nº 8), p. 596 ; art. 42 (nº 13), p. 597 ; art. 42 (nºs 16 et 17), p. 598 ;
- délai de deux mois, L. 10 juill. 1965, art. 42, p. 593 ; art. 42 (nº 55), p. 616 ; art. 42 (nºs 58 à 60), p. 618 ; art. 42 (nºs 62 et 63), p. 619 ;
- délai de dix ans, L. 10 juill. 1965, art. 42, p. 593 ; art. 42 (nºs 4 et 5), p. 595 ; art. 42 (nº 11), p. 596 ; art. 42 (nº 18), p. 599 ;
- inscription d'hypothèque légale du syndicat, L. 10 juill. 1965, art. 19, p. 344 ;
- recours contre les décisions d'assemblée, L. 10 juill. 1965, art. 42 (nº 55), p. 616 ; art. 42 (nºs 58 à 60), p. 618 ; art. 42 (nºs 62 et 63), p. 619 ;
- recouvrement des charges communes, L. 10 juill. 1965, art. 42 (nº 13), p. 597 ;
- responsabilité du syndic, L. 10 juill. 1965, art. 18 (nº 104), p. 321 ;
- responsabilité du syndicat, L. 10 juill. 1965, art. 14 (nº 23), p. 221 ;
- trentenaire, L. 10 juill. 1965, art. 43 (anc.), p. 628.

Prescription acquisitive :
- syndicat des copropriétaires, L. 10 juill. 1965, art. 14 (nº 6), p. 216.

Présents ou représentés (Copropriétaires), V. *Assemblée.*

Présidence de l'assemblée, L. 10 juill. 1965, art. 22, p. 371. - D. 17 mars 1967, art. 15, p. 747 ; art. 17, p. 755 ; art. 47, p. 833 ; art. 50, p. 844.

Président du conseil syndical, L. 10 juill. 1965, art. 25 (nº 64), p. 461 ;
- action en justice, L. 10 juill. 1965, art. 18 (nº 93), p. 314 ; art. 25 (nº 65), p. 461. - D. 17 mars 1967, art. 55 (nº 4), p. 848 ;
- convocation de l'assemblée, L. 10 juill. 1965, art. 18 (nº 116), p. 328. - D. 17 mars 1967, art. 7 et 8, p. 692 et s. ;
- délégation de pouvoirs, L. 10 juill. 1965, art. 25 (nº 5), p. 431 ;
- rémunération, D. 17 mars 1967, art. 27, p. 780.

Président du tribunal :
- compétence (en général), L. 10 juill. 1965, art. 15, p. 246 ; art. 19-2 (anc.), p. 348 ;
- condamnation au paiement des provisions, L. 10 juill. 1965, art. 19-2 (anc.), p. 348 ;
- copropriété en difficulté, L. 10 juill. 1965, art. 29-1 A à 29-1, p. 518 et s. - D. 17 mars 1967, art. 62-1 à 62-3, p. 875 et s. ;
- désignation d'un administrateur *ad hoc*, D. 17 mars 1967, art. 49, p. 841 ;
- désignation d'un administrateur provisoire (sauf copropriétés en difficulté), D. 17 mars 1967, art. 47, p. 833 ; art. 59, p. 864 ;
- désignation d'un mandataire *ad hoc*, V. *Mandataire ad hoc ;*
- désignation d'un mandataire commun en cas d'indivision ou de démembrement de propriété du lot, L. 10 juill. 1965, art. 23, p. 387. - D. 17 mars 1967, art. 61, p. 868 ;
- désignation des membres du conseil syndical, D. 17 mars 1967, art. 48, p. 840 ; art. 59, p. 864 ;
- désignation du syndic, D. 17 mars 1967, art. 46, p. 831 ; art. 49, p. 841 ; art. 59, p. 864 ;
  ▶ recours des copropriétaires, D. 17 mars 1967, art. 59, p. 864.
- statuant en référé, D. 17 mars 1967, art. 49 et 50, p. 841 et s. ; art. 59, p. 864 ;
- statuant sur requête, D. 17 mars 1967, art. 46 à 48, p. 831 et s.

Présomption :
- de communauté, L. 10 juill. 1965, art. 3, p. 32 ;
- de mitoyenneté, L. 10 juill. 1965, art. 7, p. 61.

Prêts au syndicat, Annexe 31, p. 1235.

Primes d'assurance, V. *Assurances.*

Principe de proportionnalité, L. 10 juill. 1965, art. 8 (nº 56), p. 82 ; art. 9 (anc.) (nº 25), p. 98.

Privilège :
- immobilier sur les parties communes, L. 10 juill. 1965, art. 6-1, p. 50 ;
- immobilier sur un lot de copropriété, Annexe 52, p. 1397. - C. civ., art. 2424, p. 1397 ;
- mobilier du syndicat, L. 10 juill. 1965, art. 19, p. 344.

Privilège immobilier du syndicat, Annexe 51, p. 1395 ;
- immobilier du syndicat, L. 10 juill. 1965, art. 19-1, p. 347.

Procédures abusives :
- engagées par les copropriétaires, L. 10 juill. 1965, art. 10 (nº 97), p. 176 ; art. 18 (nº 113), p. 327 ; art. 42 (nº 82), p. 627 ;
  ▶ charges, L. 10 juill. 1965, art. 10 (nº 97), p. 176.
- engagées par le syndicat, L. 10 juill. 1965, art. 15, p. 246 ; art. 18, p. 284.

Procédures collectives, L. 10 juill. 1965, art. 10 (nºs 106 et 107), p. 179 ; art. 29-1, p. 523. - D. 17 mars 1967, art. 28 (nº 7), p. 785 ;
- copropriétaire, L. 10 juill. 1965, art. 10 (nº 107), p. 180 ;
- syndic, D. 17 mars 1967, art. 28 (nº 7), p. 785.

Procédures en cours :
- vente d'un lot, D. 17 mars 1967, art. 5, p. 672.

Procès contre le syndicat :
- avis à donner aux copropriétaires, D. 17 mars 1967, art. 5 (nº 9), p. 675 ; art. 59, p. 864 ;
- pouvoirs du syndic, L. 10 juill. 1965, art. 18 (nº 93), p. 314. - D. 17 mars 1967, art. 55, p. 846 ;
- répartition des dommages intérêts, L. 10 juill. 1965, art. 10-1 (nº 11), p. 195 ;
- répartition des frais, L. 10 juill. 1965, art. 10 (nº 131), p. 188 ; art. 10 (nº 133), p. 189 ; art. 10-1, p. 190 ; art. 10-1 (nº 8), p. 194. - D. 17 mars 1967, art. 1er (nº 5), p. 657 ;
- signification des actes de procédure, D. 17 mars 1967, art. 59, p. 864 ; art. 65, p. 902.

Procès engagés par des copropriétaires, L. 10 juill. 1965, art. 15, p. 246. - D. 17 mars 1967, art. 51, p. 844.

Procès engagés par le syndicat :
- établissement des actes de procédure, D. 17 mars 1967, art. 59, p. 864 ;
- en matière de répartition des charges, D. 17 mars 1967, art. 52, p. 845 ; art. 54, p. 845 ;
- pouvoirs du syndic, L. 10 juill. 1965, art. 18 (nº 93), p. 314. - D. 17 mars 1967, art. 55, p. 846 ;
- répartition des frais, L. 10 juill. 1965, art. 10 (nº 131), p. 188 ; art. 10 (nº 133), p. 189 ; art. 10-1, p. 190 ; art. 10-1 (nº 8), p. 194. - D. 17 mars 1967, art. 1er (nº 5), p. 657 ;
- vente de lots, D. 17 mars 1967, art. 5 (nº 9), p. 675.

Procès engagés par des tiers, L. 10 juill. 1965, art. 15, p. 246. - D. 17 mars 1967, art. 5 (nº 9), p. 675.

Procès verbal :
- annexes, L. 10 juill. 1965, art. 42 (nº 76), p. 625 ;
- notification, L. 10 juill. 1965, art. 42 (nº 76), p. 625 ;
- registre, D. 17 mars 1967, art. 17 (nº 23), p. 763 ;
- registre électronique, D. 17 mars 1967, art. 17 (nº 23), p. 763.

Procès-verbal (assemblées) :
- copie, D. 17 mars 1967, art. 18, p. 765 ; art. 33, p. 806 ;
- établissement, D. 17 mars 1967, art. 17, p. 755 ;
- faux, L. 10 juill. 1965, art. 42 (nº 33), p. 607. - D. 17 mars 1967, art. 17, p. 755 ;
- mentions, L. 10 juill. 1965, art. 24 (nº 32), p. 405. - D. 17 mars 1967, art. 15, p. 747 ; art. 17, p. 755 ;
- notification, D. 17 mars 1967, art. 18, p. 765 ;
- rectification, L. 10 juill. 1965, art. 42 (nº 33), p. 607. - D. 17 mars 1967, art. 17, p. 755.

Procès-verbal (conseil syndical) :
- copie, D. 17 mars 1967, art. 33, p. 806.

Procuration, V. *Mandat.*

Procureur de la République, L. 10 juill. 1965, art. 29-1, p. 523. - D. 17 mars 1967, art. 62-2 et 62-3, p. 875 et s. ; art. 62-15, p. 882.

Professions (Exercice), V. *Exercice d'une profession.*

Programmateur, Annexe 26, p. 1197.

Programme immobilier, L. 10 juill. 1965, art. 1er (anc.), p. 3.

Projet :
- de construction (modification), L. 10 juill. 1965, art. 1er (anc.), p. 3 ; art. 28, p. 504 ;
- de résolution, D. 17 mars 1967, art. 11, p. 722.

Promoteur :
- paiement des charges communes, L. 10 juill. 1965, art. 12, p. 202 ;
- responsabilité, L. 10 juill. 1965, art. 3 (no 26), p. 39 ; art. 15, p. 246 ;
  ▶ actions en justice contre le promoteur, L. 10 juill. 1965, art. 15, p. 246 ;
  ▶ loge de concierge, L. 10 juill. 1965, art. 3 (no 26), p. 39.
- syndic, D. 17 mars 1967, art. 28, p. 782 ; art. 56, p. 863.

V. *Lots transitoires.*

Proportionnalité (principe), L. 10 juill. 1965, art. 8 (no 56), p. 82 ; art. 9 (anc.) (no 25), p. 98.

Propriété spatio-temporelle, L. 10 juill. 1965, art. 1er (anc.) (no 60), p. 21 ; Annexe 44, p. 1337.

Prostitution, L. 10 juill. 1965, art. 8 (no 22), p. 70 ; art. 9 (anc.) (no 11), p. 92.

Provisions :
- avertissement préalable, D. 17 mars 1967, art. 35-2, p. 815 ;
- date d'exigibilité, L. 10 juill. 1965, art. 14-2 (no 1), p. 240 ;
- définition, D. 17 mars 1967, art. 45-1, p. 830 ;
- exigibilité anticipée, L. 10 juill. 1965, art. 19-2 (anc.), p. 348 ;
- fonds de travaux, L. 10 juill. 1965, art. 14-2 (no 1), p. 240 ;
- intérêts, D. 17 mars 1967, art. 36, p. 816 ;
- pouvoirs du syndic, D. 17 mars 1967, art. 35, p. 810 ; art. 35 (no 5), p. 811 ; art. 35-2, p. 815 ; art. 37, p. 817 ;
- réclamation par le syndic, D. 17 mars 1967, art. 35, p. 810 ; art. 35-2, p. 815 ;
- recouvrement forcé, L. 10 juill. 1965, art. 19-2 (anc.), p. 348. - D. 17 mars 1967, art. 55 (no 21), p. 859 ;
- travaux urgents, D. 17 mars 1967, art. 37, p. 817 ;
- vente de lots (débiteur), D. 17 mars 1967, art. 5, p. 672 ; art. 6-2, p. 688.

Publicité :
- commerciale, L. 10 juill. 1965, art. 8 (no 16), p. 68 ; art. 8 (no 34), p. 74 ; art. 9 (anc.), p. 85 ; art. 9 (anc.) (no 12), p. 92 ; art. 9 (anc.) (no 95), p. 127 ; art. 9 (anc.) (no 102), p. 130 ; art. 9 (anc.) (no 113), p. 135 ; art. 25 (no 11), p. 435 ;
- foncière, V. *Publicité foncière ;*
- du règlement, V. *Règlement de copropriété.*

Publicité foncière :
- acquisition par le syndicat, Annexe 52, p. 1397 ;
- actes effectués par le syndicat, L. 10 juill. 1965, art. 16, p. 267 ;
- des actions en révision ou en nullité de la répartition des charges, L. 10 juill. 1965, art. 12 (no 9), p. 205 ;
- des décisions de l'assemblée, Annexe 52, p. 1397. - D. 14 oct. 1955, art. 1er, p. 1404 ; art. 85, p. 1426 ;
- des demandes en justice, L. 10 juill. 1965, art. 12 (no 9), p. 205 ; art. 13, p. 210 ;
- de l'état descriptif de division, D. 17 mars 1967, art. 4, p. 668 ; V. *État descriptif de division ;*
- en général, Annexe 52, p. 1397 ;
- du règlement de copropriété, L. 10 juill. 1965, art. 13, p. 210. - D. 17 mars 1967, art. 4, p. 668 ; Annexe 52, p. 1397. - D. 4 janv. 1955, art. 35, p. 1402. - D. 14 oct. 1955, art. 1er, p. 1404 ; art. 85, p. 1426 ;
- rôle du syndic, L. 10 juill. 1965, art. 16, p. 267.

Q

Qualité pour agir, V. *Action en justice.*

Questions :
- complémentaires, V. *Ordre du jour ;*
- diverses, V. *Ordre du jour.*

Quitus (au syndic), L. 10 juill. 1965, art. 18 (nos 104 et 105), p. 321. - D. 17 mars 1967, art. 35 (no 14), p. 813.

Quorum, V. *Majorités.*

Quote-part :
- de charges, L. 10 juill. 1965, art. 10, p. 138 ; art. 10 (no 19), p. 145. - D. 17 mars 1967, art. 1er, p. 655 ;
- de dépenses d'amélioration, L. 10 juill. 1965, art. 30, p. 542 ; art. 32 et 33, p. 556 ;
- de parties communes, V. *Quote-part de parties communes.*

Quote-part de parties communes :
- détermination, L. 10 juill. 1965, art. 5, p. 44. - L. 10 juill. 1965, art. 10, p. 138 ;
- inscription d'hypothèque et de privilège, C. civ., art. 2424, p. 1397 ;
- modifications, Annexe 52, p. 1397 ;
- notion, Annexe 52, p. 1397 ;
- saisie, Annexe 52, p. 1397. - D. 14 oct. 1955, art. 71-4, p. 1408.

R

Raccordement, V. *Branchement, Chauffage, Réseau câblé, Taxes.*

Raccordements au réseau (eaux usées), L. 10 juill. 1965, art. 18 (no 97), p. 316.

Racolage, V. *Prostitution.*

Radiateur, L. 10 juill. 1965, art. 2, p. 27 ; art. 9 (anc.) (no 5), p. 88 ; art. 10 (no 31), p. 151.

Radier, L. 10 juill. 1965, art. 2 (no 10), p. 30.

Radio téléphonie, Annexe 4, p. 941.

Ratification :
- des initiatives du syndic, L. 10 juill. 1965, art. 18, p. 284 ; art. 18 (no 34), p. 300. - D. 17 mars 1967, art. 55 (no 14), p. 855 ; art. 55 (no 19), p. 858 ;
- des travaux irréguliers, L. 10 juill. 1965, art. 25 (no 32), p. 447.

Ravalement :
- charges, L. 10 juill. 1965, art. 10 (no 53), p. 159 ; art. 10 (no 69), p. 164. - D. 17 mars 1967, art. 1er (no 3), p. 656 ;
- coordination des travaux, L. 10 juill. 1965, art. 9 (anc.) (no 17), p. 94 ; art. 9 (anc.) (no 19), p. 94 ;
- décisions, L. 10 juill. 1965, art. 24 (no 5), p. 396 ; art. 24 (no 8), p. 397 ; art. 30, p. 542 ; art. 30 (no 3), p. 544 ;
  ▶ réglementation, L. 10 juill. 1965, art. 30, p. 542 ; Annexe 53, p. 1457.

Récépissé, D. 17 mars 1967, art. 64, p. 894.

Recherche de termites, Annexe 16, p. 1089.

Reconstruction de l'immeuble après sinistre, L. 10 juill. 1965, art. 38, p. 568.

Recours contre les décisions de l'assemblée, L. 10 juill. 1965, art. 42, p. 593. - D. 17 mars 1967, art. 18, p. 765.

Recours en garantie :
- contre l'architecte, L. 10 juill. 1965, art. 15 (nº 43), p. 261 ;
- contre architecte ou entrepreneur, L. 10 juill. 1965, art. 14 et 15, p. 213 et s. ;
- contre bailleur, L. 10 juill. 1965, art. 9 (anc.) (nºs 58 et 59), p. 114 ;
- contre locataire, L. 10 juill. 1965, art. 9 (anc.) (nº 57), p. 114 ; art. 9 (anc.) (nº 60), p. 115 ; art. 9 (anc.) (nº 63), p. 116 ; art. 9 (anc.) (nº 67), p. 118 ; art. 15, p. 246 ;
- contre syndicat, L. 10 juill. 1965, art. 9 (anc.) (nº 59), p. 114 ;
- contre tiers, L. 10 juill. 1965, art. 14 et 15, p. 213 et s. ;
- engagées par le syndicat, L. 10 juill. 1965, art. 15 (nº 42), p. 261.

Recouvrement des charges :
- en cas de vente de lot, V. *Provisions ;*
- clauses du règlement, V. *Provisions ;*
- délai de grâce, V. *Provisions ;*
- dommages-intérêts, V. *ce mot ;*
- faillite, L. 10 juill. 1965, art. 10 (nº 107), p. 180 ;
- intérêts, V. *Provisions ;*
- sur le locataire, V. *Provisions ;*
- poursuites abusives, V. *Provisions ;*
- pouvoirs du syndic, V. *Provisions ;*
- prescription de l'action, V. *Provisions ;*
- voies d'exécution utilisables, L. 10 juill. 1965, art. 10 (nº 87), p. 172 ; V. *Provisions ;*

V. *Provisions.*

Rédaction du règlement de copropriété, L. 10 juill. 1965, art. 8, p. 61 ; art. 10 (nº 69), p. 164 ; art. 10 (nºs 128 et 129), p. 187 ; art. 10 (nº 131), p. 188 ; art. 10 (nº 133), p. 189 ; art. 43 (anc.), p. 628. - D. 17 mars 1967, art. 3, p. 664.

Reddition de compte, D. 17 mars 1967, art. 11, p. 722 ; art. 35, p. 810 ; art. 35 (nº 13), p. 813.

Redressement judiciaire :
- d'un copropriétaire, L. 10 juill. 1965, art. 10 (nºs 106 et 107), p. 179 ; art. 19 (nº 7), p. 346 ;
- du syndic, D. 17 mars 1967, art. 28, p. 782 ; art. 28 (nº 7), p. 785 ;
- du syndicat, L. 10 juill. 1965, art. 29-1, p. 523.

Réduction des voix (Copropriétaires majoritaires), L. 10 juill. 1965, art. 22, p. 371.

Réfection d'un élément d'équipement commun, L. 10 juill. 1965, art. 18, p. 284 ; art. 24, p. 392 ; art. 30, p. 542.

Référés :
- copropriétés en difficulté, D. 17 mars 1967, art. 62-1 à 62-3, p. 875 et s. ;
- domaine, D. 17 mars 1967, art. 28 (nº 7), p. 785 ; art. 55 (nº 25), p. 861 ;
- pouvoir du syndic, D. 17 mars 1967, art. 55, p. 846 ; art. 55 (nº 25), p. 861 ;
- provision, D. 17 mars 1967, art. 55, p. 846 ;
- recours des copropriétaires, D. 17 mars 1967, art. 59, p. 864 ;
- en vue de la convocation de l'assemblée, D. 17 mars 1967, art. 50, p. 844 ;
- en vue de la désignation d'un administrateur *ad hoc*, D. 17 mars 1967, art. 49, p. 841 ;
- en vue de la désignation d'un administrateur provisoire, D. 17 mars 1967, art. 62-1 à 62-3, p. 875 et s.

Refus de l'assemblée :
- opposé à un copropriétaire, L. 10 juill. 1965, art. 24 (nºs 36 à 43), p. 407 ; art. 25 (nº 34), p. 448 ; art. 30, p. 542 ; art. 42, p. 593 ;
  ▶ recours, L. 10 juill. 1965, art. 42, p. 593.
- opposé au syndic, L. 10 juill. 1965, art. 18 (nºs 25 et 26), p. 297.

Registre national des copropriétés, L. 10 juill. 1965, art. 18 (nº 39), p. 301.

Registre des procès-verbaux, D. 17 mars 1967, art. 17, p. 755 ; art. 33, p. 806.

Règlement de cojouissance, L. 10 juill. 1965, art. 23 (anc.) (nº 1), p. 388 ; Annexe 47, p. 1357.

Règlement de copropriété, L. 10 juill. 1965, art. 18, p. 284 ;
- absence, D. 17 mars 1967, art. 3 (nº 1), p. 664 ;
- adaptation, L. 10 juill. 1965, art. 24 (nº 21), p. 401 ;
- ancien, L. 10 juill. 1965, art. 24 (nº 21), p. 401 ;
- animaux, L. 10 juill. 1965, art. 8 (nºs 36 et 37), p. 75 ;
- autorisation de travaux, L. 10 juill. 1965, art. 8 (nºs 42 et 43), p. 76 ; art. 9 (anc.) (nº 30), p. 100 ; art. 9 (anc.) (nºs 33 et 34), p. 101 ;
- caractère obligatoire, L. 10 juill. 1965, art. 8 (nº 2), p. 63 ;
- charges communes (répartition), L. 10 juill. 1965, art. 10, p. 138 ;
- clause de fond de couloir, L. 10 juill. 1965, art. 8 (nº 50), p. 80 ;
- clauses illicites, V. *Clauses du règlement ;*
- clauses nulles, L. 10 juill. 1965, art. 43 (anc.), p. 628 ;
- clauses pénales, L. 10 juill. 1965, art. 8 (nº 53), p. 81 ; art. 10 (nº 128), p. 187 ; art. 26 (nº 15), p. 475 ;
- communication à l'acquéreur du lot, D. 17 mars 1967, art. 4, p. 668 ;
- conformité, L. 10 juill. 1965, art. 9 (anc.) (nº 26), p. 99 ; art. 9 (anc.) (nº 30), p. 100 ; art. 9 (anc.) (nºs 33 et 34), p. 101 ;
- contenu, L. 10 juill. 1965, art. 8, p. 61. - D. 17 mars 1967, art. 1er, p. 655 ;
- conventions annexes, L. 10 juill. 1965, art. 8 (nº 12), p. 66 ; art. 13 (nº 7), p. 213 ;
- copies, D. 17 mars 1967, art. 4, p. 668 ; art. 33, p. 806 ;
- droits réservés, L. 10 juill. 1965, art. 8 (nº 48), p. 79 ;
- effets, V. *Opposabilité du règlement ;*
- entrée en vigueur, L. 10 juill. 1965, art. 1er (anc.), p. 3 ; art. 14 (nº 4), p. 215 ;
- établissement, L. 10 juill. 1965, art. 8, p. 61. - L. 10 juill. 1965, art. 26, p. 469 ;
- et fonctionnement des assemblées, L. 10 juill. 1965, art. 22, p. 371 ;
- interprétation, L. 10 juill. 1965, art. 8 (nºs 4 et 5), p. 63. - D. 17 mars 1967, art. 3 (nº 3), p. 665 ;
- judiciairement établi, L. 10 juill. 1965, art. 8 (nº 8), p. 65. - D. 17 mars 1967, art. 3, p. 664 ;

- mise en harmonie, V. *Adaptation ;*
- modification, L. 10 juill. 1965, art. 26, p. 469. - D. 17 mars 1967, art. 4, p. 668 ;
- nature, L. 10 juill. 1965, art. 8 (nos 3 à 5), p. 63 ;
- non publié, L. 10 juill. 1965, art. 13, p. 210. - D. 17 mars 1967, art. 4, p. 668 ; art. 4 (no 2), p. 669 ;
- nullité, V. *Clauses du règlement ;*
- objet, L. 10 juill. 1965, art. 8 (no 10), p. 66 ; art. 8 (no 12), p. 66 ;
- opposabilité, L. 10 juill. 1965, art. 13, p. 210 ; art. 13 (no 3), p. 211. - D. 17 mars 1967, art. 4, p. 668 ; art. 4 (no 2), p. 669 ;
  - ▶ locataire, L. 10 juill. 1965, art. 9 (anc.) (no 62), p. 115.
- et pouvoir des assemblées, L. 10 juill. 1965, art. 22, p. 371 ; art. 43 (anc.) (no 3), p. 629 ;
- préalable, L. 10 juill. 1965, art. 8, p. 61 ;
- présentation matérielle, D. 17 mars 1967, art. 3, p. 664 ;
- publicité foncière, L. 10 juill. 1965, art. 13, p. 210 ; Annexe 52, p. 1397. - D. 4 janv. 1955, art. 35, p. 1402. - D. 14 oct. 1955, art. 1er, p. 1404 ; art. 30, p. 1406 ; art. 85, p. 1426 ;
- rédaction, L. 10 juill. 1965, art. 8, p. 61. - D. 17 mars 1967, art. 3, p. 664 ;
- règles de fonctionnement des assemblées, L. 10 juill. 1965, art. 22, p. 371 ;
- règles de représentation aux assemblées, L. 10 juill. 1965, art. 22, p. 371 ;
- répartition des charges, L. 10 juill. 1965, art. 10, p. 138 ;
- respect, L. 10 juill. 1965, art. 8 et 9 (anc.), p. 61 et s. ; art. 14 et 15, p. 213 et s. ; art. 18 (nos 5 et 6), p. 290 ; art. 42, p. 593 ;
- responsabilité du rédacteur, L. 10 juill. 1965, art. 8, p. 61. - D. 17 mars 1967, art. 3 (no 3), p. 665 ;
- restriction aux droits des copropriétaires, L. 10 juill. 1965, art. 8, p. 61 ;
- rôle du syndic, L. 10 juill. 1965, art. 18 (nos 5 et 6), p. 290. - D. 17 mars 1967, art. 33, p. 806 ;
- teneur, D. 17 mars 1967, art. 4, p. 668 ;
- violation, L. 10 juill. 1965, art. 9 (anc.) (no 30), p. 100 ; art. 9 (anc.) (no 32), p. 101 ; art. 9 (anc.) (no 34), p. 102 ; art. 15 (no 27), p. 257 ; V. *Respect.*

Règlement intérieur, L. 10 juill. 1965, art. 8 (no 2), p. 63.

Règlement judiciaire, V. *Redressement judiciaire.*

Réglementation administrative, L. 10 juill. 1965, art. 18, p. 284 ; art. 24 (nos 8 à 10), p. 397 ; art. 30 (no 6), p. 545 ;
- obligations du syndic, L. 10 juill. 1965, art. 18, p. 284 ; art. 18 (no 11), p. 292.

V. *Permis de construire.*

Réglementation sanitaire, V. *Hygiène.*

Régularisation, V. *Autorisation a posteriori.*

Religion (exercice), L. 10 juill. 1965, art. 8 (no 51), p. 80.

Remise contre récépissé :
- convocations, D. 17 mars 1967, art. 9, p. 703 ; art. 64, p. 894 ;
- procès-verbal d'assemblée, D. 17 mars 1967, art. 64, p. 894.

Remise en état de l'immeuble sinistré, L. 10 juill. 1965, art. 38, p. 568.

Remplacement d'un élément d'équipement commun, L. 10 juill. 1965, art. 18 (nos 25 à 27), p. 297 ; art. 24, p. 392 ; art. 30, p. 542.

Rémunération :
- des avocats, V. *Avocat ;*
- des experts, V. *Expert ;*
- des membres du conseil syndical, V. *Membres du conseil syndical.*

Rémunération du syndic, L. 10 juill. 1965, art. 18 (no 37), p. 301 ;
- bénévole, D. 17 mars 1967, art. 28 (no 13), p. 788 ;
- caractère de charge commune, L. 10 juill. 1965, art. 10 (no 9), p. 142 ; art. 10 (no 24), p. 147. - D. 17 mars 1967, art. 1er, p. 655 ; art. 1er (no 5), p. 657 ;
- fixation, D. 17 mars 1967, art. 29, p. 794 ;
- honoraires supplémentaires et particuliers, D. 17 mars 1967, art. 29, p. 794 ;
- information des copropriétaires, D. 17 mars 1967, art. 11 (no 38), p. 735 ;
- régime fiscal, D. 17 mars 1967, art. 28 et 29, p. 782 et s.

Renseignements :
- concernant la teneur du règlement, D. 17 mars 1967, art. 4, p. 668 ;
- devant être fournis à l'acquéreur d'un lot, D. 17 mars 1967, art. 4 et 5, p. 668 et s. ;
- devant être fournis par le syndic, D. 17 mars 1967, art. 5, p. 672 ;
  - ▶ vente de lot, D. 17 mars 1967, art. 5, p. 672.
- hypothécaires, V. *Renseignements hypothécaires ;*
- pouvant être fournis aux copropriétaires, V. *Demande de renseignements.*

Renseignements hypothécaires, D. 17 mars 1967, art. 4, p. 668 ; Annexe 52, p. 1397. - D. 14 oct. 1955, art. 43, p. 1407 ;
- règlement de copropriété, D. 17 mars 1967, art. 4, p. 668.

Rente viagère, L. 10 juill. 1965, art. 10 (no 4), p. 140.

Réparations :
- d'entretien, L. 10 juill. 1965, art. 10, p. 138 ; art. 14, p. 213 ; art. 18, p. 284 ; art. 24, p. 392 ; art. 30, p. 542 ;
  - ▶ charges, L. 10 juill. 1965, art. 10, p. 138 ;
  - ▶ décisions, L. 10 juill. 1965, art. 24, p. 392 ;
  - ▶ responsabilité du syndicat, L. 10 juill. 1965, art. 14, p. 213 ;
  - ▶ rôle du syndic, L. 10 juill. 1965, art. 18, p. 284.
- urgentes, L. 10 juill. 1965, art. 14, p. 213 ; art. 18, p. 284 ;
  - ▶ responsabilité du syndicat, L. 10 juill. 1965, art. 14, p. 213 ;
  - ▶ rôle du syndic, L. 10 juill. 1965, art. 18, p. 284.

V. *Travaux.*

Répartiteur de frais de chauffage, L. 10 juill. 1965, art. 25 (no 68), p. 462.

Répartition :
- des charges, V. *Répartition des charges communes ;*
- du coût des travaux, L. 10 juill. 1965, art. 11, p. 196 ; art. 30, p. 542 ; art. 32 et 33, p. 556 ;
- des dépenses afférentes aux parties communes ou éléments d'équipement crées, L. 10 juill. 1965, art. 30, p. 542 ; art. 32 et 33, p. 556 ;
- des quotes-parts de copropriété, L. 10 juill. 1965, art. 5, p. 44.

Répartition des charges communes :
- clauses du règlement, L. 10 juill. 1965, art. 9 (anc.) (nº 62), p. 115 ; art. 43 (anc.), p. 628 ;
- entre acquéreur et vendeur de lot, L. 10 juill. 1965, art. 20, p. 351. - D. 17 mars 1967, art. 5 et 6, p. 672 et s. ;
- erreur matérielle, L. 10 juill. 1965, art. 12 (nº 14), p. 207 ;
- irrégulière, L. 10 juill. 1965, art. 10, p. 138 ; art. 10 (nº 95), p. 175 ; art. 11 et 12, p. 196 et s. ; art. 43 (anc.), p. 628 ;
- modification, L. 10 juill. 1965, art. 11, p. 196 ; art. 25 (nº 46), p. 453 ; art. 26 (nº 31), p. 485 ; art. 42 (nº 60), p. 618 ;
- nullité, L. 10 juill. 1965, art. 11 et 12, p. 196 et s. ; art. 43 (anc.), p. 628 ;
- règles, L. 10 juill. 1965, art. 10, p. 138. - D. 17 mars 1967, art. 1er, p. 655 ;
- révision judiciaire, L. 10 juill. 1965, art. 11 et 12, p. 196 et s. ; art. 45, p. 635. - D. 17 mars 1967, art. 52 à 54, p. 845 ;
- par le tribunal, L. 10 juill. 1965, art. 11 et 12, p. 196 et s. ; art. 42 et 43 (anc.), p. 593 et s.

Représentation :
- aux assemblées, L. 10 juill. 1965, art. 22, p. 371 ; Annexe 7 et 8, p. 1015 ;
- des copropriétaires par le syndic, L. 10 juill. 1965, art. 18 (nº 110), p. 325 ; art. 22, p. 371 ;
- du syndicat en justice, L. 10 juill. 1965, art. 15, p. 246 ; art. 18 (nº 93), p. 314. - D. 17 mars 1967, art. 55, p. 846 ;
- du syndicat dans les actes civils, L. 10 juill. 1965, art. 16, p. 267 ; art. 18 (nos 91 et 92), p. 313.

Requête au président du tribunal :
- copropriétés en difficulté, D. 17 mars 1967, art. 62-1 à 62-5, p. 875 et s. ;
- pouvoirs du syndic, D. 17 mars 1967, art. 55, p. 846 ;
- en vue de la convocation de l'assemblée, D. 17 mars 1967, art. 50, p. 844 ;
- en vue de la désignation d'un administrateur provisoire, D. 17 mars 1967, art. 47, p. 833 ; art. 62-1 à 62-3, p. 875 et s. ;
- en vue de la désignation d'un mandataire *ad hoc*, D. 17 mars 1967, art. 54, p. 845 ; art. 56, p. 863 ;
- en vue de la désignation des membres du conseil syndical, D. 17 mars 1967, art. 48, p. 840 ;
- en vue de la désignation d'un syndic judiciaire, D. 17 mars 1967, art. 46, p. 831.

Rescision pour lésion, V. *Lésion.*

Réseau câblé, L. 10 juill. 1965, art. 25 (nº 63), p. 460 ; Annexe 59, p. 1559.

Réseau de chaleur, Annexe 26, p. 1197.

Réserve :
- de droit d'affichage, L. 10 juill. 1965, art. 3, p. 32. - D. 17 mars 1967, art. 2, p. 662 ; art. 2 (nos 6 et 7), p. 663 ;
- du droit de surélévation, L. 10 juill. 1965, art. 37, p. 565. - D. 17 mars 1967, art. 2, p. 662 ;
- de droits accessoires aux parties communes, L. 10 juill. 1965, art. 37, p. 565. - D. 17 mars 1967, art. 2, p. 662.

Réserve (Lot), L. 10 juill. 1965, art. 9 (anc.) (nº 37), p. 103 ; art. 9 (anc.) (nº 40), p. 105.

Réserve d'usufruit, L. 10 juill. 1965, art. 23, p. 387. - D. 17 mars 1967, art. 6, p. 684 ; V. *Usufruit d'un lot.*

Réserves (Vote), L. 10 juill. 1965, art. 42 (nº 31), p. 606 ; art. 42 (nº 51), p. 615. - D. 17 mars 1967, art. 17, p. 755.

Résidence services, L. 10 juill. 1965, art. 10 (nº 122), p. 186 ; art. 41-1 (anc.) à 41-5 (anc.), p. 573 et s. - D. 17 mars 1967, art. 11 (nos 35 et 36), p. 735 ;
- bilan du conseil syndical, D. 17 mars 1967, art. 11, p. 722 ;
- bilan d'exécution, D. 17 mars 1967, art. 39-2-1 (nº 2), p. 821 ;
- conseil de résidents, L. 10 juill. 1965, art. 41-2 (anc.), p. 576. - D. 17 mars 1967, art. 11, p. 722 ;
- conseil syndical, L. 10 juill. 1965, art. 41-2 (anc.), p. 576 ;
- conseil syndical (mission), D. 17 mars 1967, art. 39-3 (nº 2), p. 822 ;
- conventions, D. 17 mars 1967, art. 39-2-1, p. 821 ;
- juridiction compétente, D. 17 mars 1967, art. 39-5 (nº 1), p. 822 ;
- services non individualisables, D. 17 mars 1967, art. 39-2, p. 821 ;
- suppression (ou suspension) des services, D. 17 mars 1967, art. 39-6 (nº 1), p. 823 ;
- suspension (ou suppression) des services, D. 17 mars 1967, art. 39-4, p. 822 ; art. 39-7 (nº 1), p. 823.

Résidences hôtelières à vocation sociale, Annexe 55, p. 1467.

Résidences de tourisme, Annexe 54, p. 1463.

Résistance abusive, L. 10 juill. 1965, art. 10 (nº 97), p. 176 ; V. *Dommages-intérêts.*

Résolution de vente, L. 10 juill. 1965, art. 10 (nº 123), p. 186.

Résolution de vente de lot, D. 17 mars 1967, art. 6 (nº 3), p. 685.

Respect du règlement, V. *Règlement de copropriété.*

Responsabilité :
- biennale ou décennale, V. *Architecture et Entrepreneur ;*
- des copropriétaires, V. *Copropriétaires ;*
- des locataires, V. *Locataires ;*
- pénale, V. *Syndic, Syndicat ;*
- du rédacteur du règlement, D. 17 mars 1967, art. 3 (nº 3), p. 665 ;
- du syndic, V. *Syndic ;*
- du syndicat, V. *Syndicat.*

Restaurant, L. 10 juill. 1965, art. 8 (nº 46), p. 78 ; art. 9 (anc.) (nº 9), p. 91 ; art. 9 (anc.) (nos 13 et 14), p. 92 ; art. 9 (anc.) (nº 31), p. 100 ; art. 9 (anc.) (nº 39), p. 104 ; art. 9 (anc.) (nº 42), p. 107 ; art. 9 (anc.) (nos 46 à 49), p. 108 ; art. 9 (anc.) (nº 53), p. 111 ; art. 24 (nº 38), p. 409 ;
- actions en justice, L. 10 juill. 1965, art. 15, p. 246 ;
- clauses du règlement, L. 10 juill. 1965, art. 8 (nº 46), p. 78.

Restauration immobilière, L. 10 juill. 1965, art. 24-7, p. 424.

Restitution (charges), L. 10 juill. 1965, art. 10 (nº 135), p. 189.

Restriction aux droits des copropriétaires, L. 10 juill. 1965, art. 8 (nos 14 à 26), p. 67 ; art. 8 (nº 29), p. 72 ; art. 8 (nos 31 et 32), p. 72 ; art. 8 (nº 34), p. 74 ; art. 8 (nº 39), p. 75 ; art. 8 (nos 46 à 48), p. 78 ; art. 26 (nº 15), p. 475 ; art. 26 (nos 26 à 28), p. 481 ; art. 26 (nº 30), p. 484 ; art. 26 (nº 32), p. 485.

Résultat du vote, V. *Procès-verbal.*

Retardataires (copropriétaires), L. 10 juill. 1965, art. 24 (n° 32), p. 405 ; art. 42 (n° 49), p. 614. - D. 17 mars 1967, art. 14 (n° 11), p. 746.

Rétention des archives par le syndic, L. 10 juill. 1965, art. 18-2, p. 337.

Rétractation de décision (assemblée), L. 10 juill. 1965, art. 24 (n° 33), p. 406.

Retrait :
- d'un associé (société de construction), L. 10 juill. 1965, art. 14, p. 213 ;
- de la copropriété, L. 10 juill. 1965, art. 28, p. 504.

Réunion d'assemblée :
- caractère obligatoire, L. 10 juill. 1965, art. 17, p. 273 ;
- heure, D. 17 mars 1967, art. 9, p. 703 ;
- lieu, D. 17 mars 1967, art. 9, p. 703 ;
- ordre du jour, V. *ce mot ;*
- périodicité, D. 17 mars 1967, art. 7, p. 692 ;
- règles diverses, L. 10 juill. 1965, art. 22 et 23, p. 371 et s. - D. 17 mars 1967, art. 7, p. 692 ; art. 12 à 16, p. 737 et s.

Réunion de copropriétés, Annexe 52, p. 1397.

Réunion de lots :
- autorisation, L. 10 juill. 1965, art. 8 (nos 25 et 26), p. 70 ; art. 9 (anc.) (n° 73), p. 121 ;
- et disparition de la copropriété, L. 10 juill. 1965, art. 14 (n° 56), p. 236 ; art. 46-1 (n° 1), p. 648 ;
- publicité foncière, L. 10 juill. 1965, art. 1er (anc.) (n° 13), p. 8. - D. 14 oct. 1955, art. 71-4, p. 1408.

Réunion de lots - clause de fond de couloir, L. 10 juill. 1965, art. 8 (n° 50), p. 80.

Revendication, V. *Action en revendication.*

Revêtement :
- de l'escalier, L. 10 juill. 1965, art. 10 (n° 14), p. 143 ; art. 10 (nos 41 à 43), p. 156 ;
- des murs, L. 10 juill. 1965, art. 2 et 3, p. 27 et s. ; art. 10 (n° 33), p. 153 ; art. 10 (n° 40), p. 155 - D. 17 mars 1967, art. 1er, p. 655 ;
  - ▶ défaut d'entretien, L. 10 juill. 1965, art. 14 (n° 39), p. 228.
- de sol, L. 10 juill. 1965, art. 2, p. 27 ; art. 8 (n° 41), p. 76. - D. 17 mars 1967, art. 1er, p. 655 ;
- des terrasses, L. 10 juill. 1965, art. 10 (n° 57), p. 161.

V. *Enduit, Façade, Ravalement.*

Revêtement de sol (remplacement), L. 10 juill. 1965, art. 9 (anc.) (n° 6), p. 90.

Révision de la répartition des charges :
- cas de révision, L. 10 juill. 1965, art. 12, p. 202 ;
- défendeur à l'action, D. 17 mars 1967, art. 52 et 53, p. 845 ;
- désignation d'un mandataire *ad hoc*, D. 17 mars 1967, art. 54, p. 845.

Révocation :
- des membres du conseil syndical, L. 10 juill. 1965, art. 21, p. 360 ; art. 25, p. 428 ;
- du syndic, L. 10 juill. 1965, art. 25 (n° 39), p. 451 ; art. 25 (n° 41), p. 451. - D. 17 mars 1967, art. 46, p. 831.

Robinets thermostatiques, Annexe 26, p. 1197.

S

Saisie :
- attribution, L. 10 juill. 1965, art. 10 (n° 86), p. 172 ; art. 14 (n° 6), p. 216. - D. 17 mars 1967, art. 55 (n° 22), p. 860 ;
- autorisation préalable de l'assemblée, L. 10 juill. 1965, art. 10 (n° 86), p. 172. - D. 17 mars 1967, art. 55 (n° 22), p. 860 ;
- conservatoire, L. 10 juill. 1965, art. 10 (n° 86), p. 172. - L. 10 juill. 1965, art. 19, p. 344. - D. 17 mars 1967, art. 55 (n° 22), p. 860 ;
- par un créancier du syndicat, L. 10 juill. 1965, art. 14 (n° 6), p. 216 ;
- immobilière, L. 10 juill. 1965, art. 20 (n° 22), p. 358. - D. 17 mars 1967, art. 11 (n° 33), p. 734 ; art. 55, p. 846 ; Annexe 52, p. 1397. - D. 14 oct. 1955, art. 71-4, p. 1408 ;
- mobilière, L. 10 juill. 1965, art. 10 (n° 86), p. 172. - D. 17 mars 1967, art. 55 (n° 21), p. 859 ;
- pouvoirs du syndic, L. 10 juill. 1965, art. 10 (n° 86), p. 172. - D. 17 mars 1967, art. 55, p. 846 ; art. 55 (n° 22), p. 860 ;
- sur prix de vente de lot, V. *Opposition sur vente de lot ;*
- revendication, L. 10 juill. 1965, art. 19 (n° 12), p. 347 ;
- par le syndic (recouvrement de charges), L. 10 juill. 1965, art. 10 (n° 80), p. 169 ; art. 10 (n° 84), p. 170 ; art. 10 (nos 86 et 87), p. 172 ; art. 10 (n° 102), p. 179 ; art. 10 (nos 110 et 111), p. 181 ; art. 10 (n° 114), p. 182 ; art. 10 (n° 116), p. 183. - D. 17 mars 1967, art. 55 (n° 22), p. 860 ;
- vente, L. 10 juill. 1965, art. 19 (n° 12), p. 347.

Salariés du syndicat, L. 10 juill. 1965, art. 22 (n° 38), p. 385 ; art. 22 (n° 40), p. 386. - D. 17 mars 1967, art. 31, p. 801 ; V. *Préposés du syndic.*

Salle de réunion (création), L. 10 juill. 1965, art. 30, p. 542.

Salle de spectacle, L. 10 juill. 1965, art. 9 (anc.) (n° 42), p. 107 ; art. 9 (anc.) (n° 44), p. 107 ; V. *Activité gênante et Commerces.*

Salon de coiffure, L. 10 juill. 1965, art. 9 (anc.) (n° 37), p. 103 ; art. 9 (anc.) (n° 41), p. 106.

Salon de thé, L. 10 juill. 1965, art. 9 (anc.) (n° 14), p. 93 ; art. 9 (anc.) (n° 48), p. 109.

Saturnisme, Annexe 50, p. 1377.

Sauvegarde, L. 10 juill. 1965, art. 29-10 (n° 3), p. 538.

Sauvegarde des droits afférents à l'immeuble, L. 10 juill. 1965, art. 15, p. 246 ;
- actions en justice, L. 10 juill. 1965, art. 15, p. 246.

Scission de copropriété, L. 10 juill. 1965, art. 28, p. 504. - D. 17 mars 1967, art. 62-15, p. 882 ;
- copropriétés dégradées, Annexe 20-1, p. 1163.

Scission judiciaire, L. 10 juill. 1965, art. 29-8, p. 536.

Secrétaire de séance, D. 17 mars 1967, art. 15, p. 747 ; art. 17, p. 755.

Secteurs sauvegardés, L. 10 juill. 1965, art. 24-7, p. 424.

Sécurité de l'immeuble :
- charges, L. 10 juill. 1965, art. 10 (n° 55), p. 160 ;
- installations, L. 10 juill. 1965, art. 25 (n° 57), p. 457 ; Annexe 57, p. 1475 ;
- travaux, L. 10 juill. 1965, art. 24 (nos 8 à 10), p. 397.

Sécurité de l'immeuble (incendie) :
- incendie, Annexe 40, p. 1323.

Service de sécurité (charges), L. 10 juill. 1965, art. 10 (nº 55), p. 160.

Services collectifs :
- charges, L. 10 juill. 1965, art. 10, p. 138 ; art. 10 (nº 12), p. 142. - D. 17 mars 1967, art. 1er, p. 655 ; art. 1er (nº 6), p. 658 ; art. 1er (nº 8), p. 658 ;
- définition, L. 10 juill. 1965, art. 10 (nº 8), p. 141. - D. 17 mars 1967, art. 1er, p. 655 ;
- notion, D. 17 mars 1967, art. 1er (nº 8), p. 658 ;
- suppression, L. 10 juill. 1965, art. 26 (nos 26 à 28), p. 481 ; art. 26 (nº 32), p. 485 ;
- utilité, L. 10 juill. 1965, art. 10, p. 138 ; art. 10 (nº 12), p. 142.

Servitudes, L. 10 juill. 1965, art. 8 (nº 48), p. 79 ;
- et changement d'assiette de la copropriété, L. 10 juill. 1965, art. 6-1, p. 50 ; Annexe 52, p. 1397 ;
- de cour commune, L. 10 juill. 1965, art. 6-1 A (nº 6), p. 49 ; art. 25 (nº 45), p. 452 ;
- en général, L. 10 juill. 1965, art. 6-1 A (nos 1 et 2), p. 48 ; art. 6-1 A (nº 5), p. 49 ;
- de passage, L. 10 juill. 1965, art. 6-1 A (nos 1 et 2), p. 48 ; art. 6-1 A (nº 5), p. 49 ; art. 15 (nº 46), p. 262 ; art. 25 (nº 44), p. 452 ; art. 26 (nº 3), p. 470 ;
  - ▶ contentieux, L. 10 juill. 1965, art. 15, p. 246 ; art. 15 (nº 46), p. 262.

Sex-shop, L. 10 juill. 1965, art. 8 (nº 31), p. 72 ; art. 9 (anc.) (nº 11), p. 92 ; art. 9 (anc.) (nº 14), p. 93.

Siège du syndicat, D. 17 mars 1967, art. 65, p. 902.

Signature :
- des convocations, D. 17 mars 1967, art. 9 (nº 5), p. 705 ;
- de la feuille de présence, D. 17 mars 1967, art. 14, p. 743 ;
- du procès-verbal, D. 17 mars 1967, art. 17, p. 755 ;
- du récépissé de la convocation, D. 17 mars 1967, art. 64, p. 894.

Signification, V. *Notification.*

Sinistre, L. 10 juill. 1965, art. 38 et 39, p. 568 et s.

Situation des lots, L. 10 juill. 1965, art. 5, p. 44 ; art. 5 (nº 4), p. 45.

Société :
- convocation à l'assemblée, D. 17 mars 1967, art. 7 (nº 16), p. 698 ;
- immobilière, D. 17 mars 1967, art. 63, p. 891 ;
  - ▶ adhésion union de syndicats, D. 17 mars 1967, art. 63, p. 891.
- propriétaire de lots, L. 10 juill. 1965, art. 10 (nº 124), p. 186.

Société de construction :
- convocation aux assemblées, L. 10 juill. 1965, art. 23 (anc.) (nos 2 et 3), p. 388. - D. 17 mars 1967, art. 7, p. 692 ; art. 12, p. 737 ;
- dissolution, L. 10 juill. 1965, art. 14 (nº 4), p. 215 ;
- droits des associés, L. 10 juill. 1965, art. 23, p. 387. - D. 17 mars 1967, art. 12, p. 737 ; art. 18, p. 765 ;
- informations à donner au syndic, D. 17 mars 1967, art. 12, p. 737 ;
- mentions au procès-verbal, D. 17 mars 1967, art. 17, p. 755 ;
- notification des décisions de l'assemblée, L. 10 juill. 1965, art. 18, p. 284 ;
- ordre du jour complémentaire, D. 17 mars 1967, art. 10, p. 715 ;
- participation aux assemblées, L. 10 juill. 1965, art. 23, p. 387. - D. 17 mars 1967, art. 12, p. 737 ;
- recours contre les décisions de l'assemblée, L. 10 juill. 1965, art. 23, p. 387 ;
- réduction des voix aux assemblées, L. 10 juill. 1965, art. 23, p. 387. - D. 17 mars 1967, art. 12, p. 737 ;
- retrait, L. 10 juill. 1965, art. 14 (nº 4), p. 215 ;
- unions avec le syndicat, L. 10 juill. 1965, art. 29, p. 511 ;
- vote aux assemblées, L. 10 juill. 1965, art. 23, p. 387.

Société de construction-attribution, V. *Société de construction.*

Sol de la copropriété :
- affouillement, L. 10 juill. 1965, art. 3, p. 32. - L. 10 juill. 1965, art. 37, p. 565 ;
- appropriation (travaux), L. 10 juill. 1965, art. 15 (nº 46), p. 262 ; art. 25 (nº 18), p. 439 ; art. 42 (nº 22), p. 601
  - ▶ actions en justice, L. 10 juill. 1965, art. 15, p. 246 ; art. 15 (nº 46), p. 262. V. *Construction ;*
- caractère propre ou commun, L. 10 juill. 1965, art. 2 et 3, p. 27 et s. ;
- droit de construire, V. *Construction ;*
- extension, V. *Assiette de la copropriété ;*
- jouissance privative, L. 10 juill. 1965, art. 2, p. 27 ; V. *Jouissance exclusive d'une partie commune ;*
- partage, V. *Scission de copropriété ;*
- réduction, V. *Assiette de la copropriété ;*
- vente, L. 10 juill. 1965, art. 6-1, p. 50 ; art. 26, p. 469.

Solidarité (clause), L. 10 juill. 1965, art. 10 (nos 100 et 101), p. 178 ; art. 10 (nos 115 et 116), p. 183.

Souches de cheminée, V. *Cheminée.*

Soufflerie, L. 10 juill. 1965, art. 3, p. 32.

Souplex, L. 10 juill. 1965, art. 3 (nº 33), p. 41.

Sous-sol, L. 10 juill. 1965, art. 3 (nº 33), p. 41.

Spécialisation des charges :
- généralités, L. 10 juill. 1965, art. 6-2 (anc.) (nº 3), p. 51 ; art. 6-2 (anc.) (nº 5), p. 52 ; art. 6-2 (anc.) (nos 9 et 10), p. 53 ; art. 24 (nº 44), p. 413 ; art. 24 (nos 46 et 47), p. 413. - D. 17 mars 1967, art. 1er (nº 11), p. 659 ; art. 1er (nº 15), p. 661 ;
- partie commune spéciale, L. 10 juill. 1965, art. 4 (nº 2), p. 43 ; art. 6-2 (anc.) (nº 3), p. 51 ; art. 6-2 (anc.) (nº 5), p. 52 ; art. 6-2 (anc.) (nos 9 et 10), p. 53 ;
- syndicat secondaire, L. 10 juill. 1965, art. 27, p. 496.

Spécialisation (principe de), L. 10 juill. 1965, art. 14, p. 213.

Squatters, L. 10 juill. 1965, art. 9 (anc.) (nº 5), p. 88 ; art. 9 (anc.) (nº 15), p. 93 ; art. 14 (nº 29), p. 224 ; art. 18 (nº 21), p. 296.

Standing de l'immeuble, L. 10 juill. 1965, art. 8 (nos 19 et 20), p. 68 ; art. 8 (nos 25 et 26), p. 70 ; art. 8 (nº 34), p. 74 ; art. 9 (anc.) (nº 2), p. 87 ; art. 9 (anc.) (nº 37), p. 103 ; art. 9 (anc.) (nº 40), p. 105 ; art. 9 (anc.) (nº 44), p. 107 ; art. 9 (anc.) (nº 53), p. 111 ; art. 9 (anc.) (nº 71), p. 120 ; art. 25 (nº 20), p. 440 ; art. 26 (nº 23), p. 479 ; art. 30, p. 542 ; art. 30 (nº 3), p. 544 ; art. 30 (nº 6), p. 545 ; art. 30 (nº 12), p. 546 ; art. 34, p. 558.

Station d'épuration, L. 10 juill. 1965, art. 3, p. 32.

Station-service, L. 10 juill. 1965, art. 9 (anc.) (nos 36 et 37), p. 102 ; art. 9 (anc.) (no 39), p. 104 ; art. 9 (anc.) (no 42), p. 107 ; art. 9 (anc.) (no 44), p. 107 ; V. *Commerces.*

Stationnement sur parties communes, L. 10 juill. 1965, art. 8 (no 34), p. 74 ; art. 9 (anc.) (no 115), p. 136 ; art. 18 (no 6), p. 290 ; art. 18 (no 108), p. 324 ; art. 26 (no 15), p. 475 ; V. *Parking.*

Statut de la copropriété :
- application conventionnelle, L. 10 juill. 1965, art. 1er (anc.) (no 2), p. 5 ;
- caractère impératif, L. 10 juill. 1965, art. 43 (anc.), p. 628 ;
- champ d'application, L. 10 juill. 1965, art. 1er (anc.), p. 3.

Stores, L. 10 juill. 1965, art. 2, p. 27.

Subdivision de lot, V. *Division de lot.*

Subventions publiques, D. 17 mars 1967, art. 39-1, p. 820.

Superficie (loi Carrez), L. 10 juill. 1965, art. 46 (no 18), p. 642.

Superficie des lots, L. 10 juill. 1965, art. 5, p. 44 ; art. 5 (no 4), p. 45 ; art. 46, p. 635. - D. 17 mars 1967, art. 4 à 4-2, p. 668 et s.

Suppression :
- de la copropriété, L. 10 juill. 1965, art. 6, p. 47 ; art. 14 (no 56), p. 236 ; art. 46-1 (no 1), p. 648 ;
- d'un service collectif ou élément d'équipement commun, L. 10 juill. 1965, art. 26 (nos 26 à 28), p. 481 ; art. 26 (no 32), p. 485.

Suppression de lot, L. 10 juill. 1965, art. 10 (no 21), p. 146.

Surélévation :
- aliénation du droit par le syndicat, L. 10 juill. 1965, art. 35, p. 559 ;
- par un copropriétaire sur un lot privatif, L. 10 juill. 1965, art. 25 (no 13), p. 437 ;
- indemnisation des copropriétaires lésés, L. 10 juill. 1965, art. 36, p. 565 ;
- par les soins du syndicat, L. 10 juill. 1965, art. 35, p. 559 ;
- réserve au profit d'un copropriétaire ou d'un tiers, L. 10 juill. 1965, art. 37, p. 565. - D. 17 mars 1967, art. 2, p. 662 ;
- par un tiers, L. 10 juill. 1965, art. 35, p. 559 ; art. 37, p. 565 ;
- en vertu d'un droit réservé, L. 10 juill. 1965, art. 37, p. 565.

Surendettement, L. 10 juill. 1965, art. 10 (no 126), p. 187.

Surface habitable (lot), L. 10 juill. 1965, art. 46 (no 18), p. 642.

Surpresseur d'eau, L. 10 juill. 1965, art. 3 (no 17), p. 36 ; art. 10 (no 36), p. 154 ; art. 15 (no 7), p. 249 ; art. 30 (no 10), p. 546.

Surveillance de l'immeuble, Annexe 57, p. 1475 ; V. *Concierge, Gardien, Sécurité et Surveillance.*

Suspension des poursuites contre le syndicat, L. 10 juill. 1965, art. 29-2 et 29-3, p. 530 et s.

Syndic :
- absence, L. 10 juill. 1965, art. 25 (no 36), p. 450. - D. 17 mars 1967, art. 28, p. 782 ; art. 46, p. 831 ;
- abus de confiance, L. 10 juill. 1965, art. 18 (no 112), p. 326. - D. 17 mars 1967, art. 29 (no 8), p. 797 ; art. 38 (anc.) (no 2), p. 819 ;
- abus de fonction, V. *ci-dessous Excès de pouvoir ;*
- accès aux documents de gestion, L. 10 juill. 1965, art. 18 (no 52), p. 303 ;
- acte de disposition, L. 10 juill. 1965, art. 18 (no 12), p. 293 ;
- actes de procédure (rédaction), D. 17 mars 1967, art. 55 (no 27), p. 862 ;
- action en justice, D. 17 mars 1967, art. 55 (no 24), p. 861 ;
- actions contre le syndic, L. 10 juill. 1965, art. 15, p. 246 ; art. 18 (no 93), p. 314. - D. 17 mars 1967, art. 55 (no 27), p. 862 ;
- actions en justice exercées par le syndic, L. 10 juill. 1965, art. 15, p. 246 ; art. 18 (no 93), p. 314. - D. 17 mars 1967, art. 55, p. 846 ;
- administration de l'immeuble, L. 10 juill. 1965, art. 18 (nos 12 à 15), p. 293 ;
- alliés, D. 17 mars 1967, art. 28, p. 782 ; art. 39, p. 819 ; art. 56, p. 863 ;
- annulation de sa nomination, L. 10 juill. 1965, art. 25 (no 37), p. 450 ;
- appel de fonds, D. 17 mars 1967, art. 35, p. 810 ;
- approbation du contrat, L. 10 juill. 1965, art. 18 (no 123), p. 331 ;
- aptitude aux fonctions, D. 17 mars 1967, art. 28, p. 782 ; V. *Réglementation professionnelle ;*
- architecte, Annexe 58, p. 1487 ;
- archives du syndicat, L. 10 juill. 1965, art. 18 (no 37), p. 301. - D. 17 mars 1967, art. 33, p. 806 ;
- assurance professionnelle, D. 17 mars 1967, art. 28 (no 8), p. 786 ; Annexe 58, p. 1487. - D. 20 juill. 1972, art. 49, p. 1512 ;
- autorisation de plaider, L. 10 juill. 1965, art. 18 (no 93), p. 314. - D. 17 mars 1967, art. 55, p. 846 ;
- autorisations données aux copropriétaires, L. 10 juill. 1965, art. 18 (no 102), p. 320 ; art. 25 (no 24), p. 442 ;
- avances aux syndicats, L. 10 juill. 1965, art. 18 (no 120), p. 329 ;
- avances de trésorerie, D. 17 mars 1967, art. 35, p. 810 ;
- avis à donner au syndic, V. *Information du syndic ;*
- avocat, D. 17 mars 1967, art. 28 (no 10), p. 786 ; Annexe 58, p. 1487 ;
- avoué, D. 17 mars 1967, art. 28 (no 10), p. 786 ; Annexe 58, p. 1487 ;
- bénévole , L. 10 juill. 1965, art. 17-2 (anc.) (no 2), p. 284. - D. 17 mars 1967, art. 28 (no 2), p. 782 ; V. *ce mot ;*
- budget prévisionnel, V. *Budget du syndicat ;*
- caractère commercial de la fonction, D. 17 mars 1967, art. 28 (no 9), p. 786 ;
- caractère obligatoire, L. 10 juill. 1965, art. 17 (no 15), p. 278 ;
- carence, L. 10 juill. 1965, art. 10 (no 94), p. 175 ; art. 18, p. 284. - D. 17 mars 1967, art. 49, p. 841 ; art. 55 (no 29), p. 863 ;
- carte professionnelle, D. 17 mars 1967, art. 28 (no 3), p. 782 ; Annexe 58, p. 1487. - D. 20 juill. 1972, art. 80, p. 1520 ;
- cas d'urgence, V. *Urgence ;*
- caution, Annexe 58, p. 1487. - D. 20 juill. 1972, art. 19, p. 1506 ;
- certification, D. 17 mars 1967, art. 28 (no 11), p. 787 ;
- cession du cabinet, L. 10 juill. 1965, art. 25 (no 38), p. 450 ;

- changement, L. 10 juill. 1965, art. 18-2, p. 337 ; art. 25 (nº 39), p. 451 ; art. 25 (nº 41), p. 451. - D. 17 mars 1967, art. 34, p. 810 ;
- choix, V. *Aptitude professionnelle ;*
- clerc de notaire, D. 17 mars 1967, art. 28 (nº 10), p. 786 ;
- collaborateurs, L. 10 juill. 1965, art. 18 (nº 121), p. 329. - D. 17 mars 1967, art. 30, p. 801 ;
- commercialité de la fonction, D. 17 mars 1967, art. 28 (nº 9), p. 786 ;
- comptabilité du syndic, D. 17 mars 1967, art. 35, p. 810 ;
- compte bancaire ou postal, V. *Compte bancaire ou postal du syndicat ;*
- compte séparé, L. 10 juill. 1965, art. 18 (nº 82), p. 311 ;
- comptes des copropriétaires, L. 10 juill. 1965, art. 18 (nº 31), p. 299. - D. 17 mars 1967, art. 35, p. 810 ;
- comptes de la copropriété, L. 10 juill. 1965, art. 18 (nºs 28 à 34), p. 299. - D. 17 mars 1967, art. 11 (nº 7), p. 726 ; art. 11 (nº 11), p. 727 ; art. 29, p. 794 ;
- conditions d'exercice de la profession, D. 17 mars 1967, art. 28, p. 782. - CCH, art. L. 422-2, p. 1262 ; Annexe 58, p. 1487. - D. 20 juill. 1972, art. 11, p. 1501 ;
- conflit d'intérêts, L. 10 juill. 1965, art. 18-1 A (nº 12), p. 335 ;
- congédiement du personnel, D. 17 mars 1967, art. 31, p. 801 ;
- conjoint, L. 10 juill. 1965, art. 21 (nº 17), p. 367 ; art. 22 (nº 38), p. 385 ; art. 22 (nº 40), p. 386. - D. 17 mars 1967, art. 39, p. 819 ; art. 56, p. 863 ;
- conservation de l'immeuble, L. 10 juill. 1965, art. 18 (nº 22), p. 296 ;
- constructeur de l'immeuble, D. 17 mars 1967, art. 28 (nº 19), p. 791 ; art. 39, p. 819 ;
- contrat, D. 17 mars 1967, art. 11 (nº 23), p. 731 ; art. 29, p. 794 ; art. 56, p. 863 ; Annexe 58, p. 1487 ;
- contrat-type, L. 10 juill. 1965, art. 18-1 A (nº 6), p. 334 ; art. 18-1 A (nºs 16 et 17), p. 335. - D. 17 mars 1967, art. 29 (nº 2), p. 795 ;
- contrôle de la gestion, V. *Conseil syndical et Reddition de compte ;*
- convention de prestation de services, L. 10 juill. 1965, art. 18-1 A (nº 9), p. 334 ;
- convention avec le syndicat, L. 10 juill. 1965, art. 18-1 A (nº 12), p. 335. - D. 17 mars 1967, art. 39, p. 819 ;
- copropriétés en difficulté, V. *Administrateur provisoire dans les copropriétés en difficulté et copropriétés en difficulté ;*
- décès, D. 17 mars 1967, art. 46 et 47, p. 831 et s. ; art. 49, p. 841 ;
- délégation de pouvoir, L. 10 juill. 1965, art. 18 (nº 121), p. 329 ; art. 25 (nº 5), p. 431. - D. 17 mars 1967, art. 11 (nº 28), p. 733 ; art. 21, p. 774 ;
- délivrance de copies, D. 17 mars 1967, art. 33, p. 806 ;
- demande de désignation d'un administrateur provisoire, D. 17 mars 1967, art. 55 (nº 29), p. 863 ;
- demande de désignation d'un mandataire *ad hoc*, D. 17 mars 1967, art. 55 (nº 29), p. 863 ;
- démission, D. 17 mars 1967, art. 28 (nº 22), p. 792 ; art. 46 et 47, p. 831 et s. ; art. 49, p. 841 ;
- désignation, L. 10 juill. 1965, art. 17, p. 273 ; art. 25 (nºs 35 à 38), p. 449. - D. 17 mars 1967, art. 39-1, p. 820 ; art. 46, p. 831 ;
  - ▶ judiciaire, D. 17 mars 1967, art. 47, p. 833.
- détention des fonds, D. 17 mars 1967, art. 35-1, p. 815 ; Annexe 58, p. 1487. - D. 20 juill. 1972, art. 64, p. 1515 ;
- détournement de fonds, L. 10 juill. 1965, art. 18 (nº 112), p. 326 ;
- devoirs, L. 10 juill. 1965, art. 18, p. 284 ;
- documents pouvant lui être réclamés, V. *Documents ;*
- droit, L. 10 juill. 1965, art. 18, p. 284 ;
- droit de rétention, L. 10 juill. 1965, art. 18-2, p. 337. - D. 17 mars 1967, art. 34, p. 810 ;
- durée du contrat, L. 10 juill. 1965, art. 18 (nº 123), p. 331 ;
- durée des fonctions, L. 10 juill. 1965, art. 18-1 AA (nº 3), p. 332. - D. 17 mars 1967, art. 28 (nº 15), p. 789 ; art. 28 (nº 23), p. 793 ;
- élection, L. 10 juill. 1965, art. 25 (nºs 35 à 38), p. 449 ;
- empêchement, D. 17 mars 1967, art. 49, p. 841 ;
- employé du constructeur, D. 17 mars 1967, art. 28, p. 782 ; art. 39, p. 819 ; art. 56, p. 863 ;
- emprunts, L. 10 juill. 1965, art. 18 (nº 92), p. 314 ;
- engagement de dépenses, L. 10 juill. 1965, art. 18 (nº 15), p. 294 ; art. 18 (nºs 91 et 92), p. 313 ;
- engagement du personnel, D. 17 mars 1967, art. 31, p. 801 ;
- entreprises liées au syndic, D. 17 mars 1967, art. 39, p. 819 ;
- espace en ligne sécurisé, D. 17 mars 1967, art. 33-1-1, p. 809 ;
- excès de pouvoir, L. 10 juill. 1965, art. 18 (nºs 91 et 92), p. 313 ; art. 18 (nº 102), p. 320 ;
- exécution des décisions de l'assemblée, L. 10 juill. 1965, art. 18 (nºs 7 et 8), p. 291 ;
- de faillite, Annexe 58, p. 1487 ; V. *Redressement judiciaire ;*
- de fait, L. 10 juill. 1965, art. 17 (nº 16), p. 278. - D. 17 mars 1967, art. 28 (nº 17), p. 790 ; art. 47, p. 833 ;
- fautes, V. *Responsabilité ;*
- fiche d'information, L. 10 juill. 1965, art. 18-1 A (nº 6), p. 334 ;
- fiche synthétique, L. 10 juill. 1965, art. 18 (nº 40), p. 302 ;
- fin du contrat, D. 17 mars 1967, art. 28 (nº 15), p. 789 ; art. 28 (nº 22), p. 792 ;
- fonds du syndicat, D. 17 mars 1967, art. 35-1, p. 815 ;
- fonds de travaux, L. 10 juill. 1965, art. 18 (nº 78), p. 311 ;
- forfait, L. 10 juill. 1965, art. 18-1 A (nº 16), p. 335. - D. 17 mars 1967, art. 29 (nº 15), p. 800 ;
- garantie financière, D. 17 mars 1967, art. 28 (nº 4), p. 783 ; art. 49, p. 841 ; Annexe 58, p. 1487. - D. 20 juill. 1972, art. 18 (anc.), p. 1506 ;
- géomètre-expert, Annexe 34, p. 1251. - CCH, art. L. 422-2, p. 1262 ;
- gérance des lots, L. 10 juill. 1965, art. 8 (nº 21), p. 69 ; art. 18 (nº 2), p. 289 ; art. 18 (nº 110), p. 325. - D. 17 mars 1967, art. 29 (nº 4), p. 795 ;
- gérant d'affaires, L. 10 juill. 1965, art. 18 (nº 27), p. 298 ; art. 18 (nº 120), p. 329. - D. 17 mars 1967, art. 28 (nº 17), p. 790 ;
- habitat indigne, L. 10 juill. 1965, art. 18-1-1 (nº 3), p. 337 ;
- HLM, D. 17 mars 1967, art. 28, p. 782 ; art. 28 (nº 2), p. 782 ; art. 28 (nº 18), p. 791 ; Annexe 36, p. 1257 ;
- honoraires, L. 10 juill. 1965, art. 18-1 AA (nº 3), p. 332 ; V. *Rémunération du syndic ;*
- honoraires spécifiques pour travaux, L. 10 juill. 1965, art. 18-1 A (nº 16), p. 335 ;

- huissier, Annexe 58, p. 1487 ;
- immatriculation, L. 10 juill. 1965, art. 18 (nº 39), p. 301 ;
- information des occupants, L. 10 juill. 1965, art. 18 (nº 47), p. 302 ;
- informations à lui communiquer, V. *Information du syndic ;*
- initiative, V. *Pouvoir d'initiative et Rectification, Rectification ;*
- injures, L. 10 juill. 1965, art. 18 (nº 113), p. 327 ;
- interdictions, L. 10 juill. 1965, art. 18 (nº 121), p. 329 ; art. 22 (nº 38), p. 385 ;
  - assemblée, L. 10 juill. 1965, art. 22 (nº 38), p. 385 ;
  - substitution, L. 10 juill. 1965, art. 18 (nº 121), p. 329.
- d'intérêt collectif (voir Syndic d'intérêt collectif), L. 10 juill. 1965, art. 18-3, p. 343 ;
- judiciaire, L. 10 juill. 1965, art. 18 (nº 116), p. 328 ; art. 18 (nº 118), p. 328. - D. 17 mars 1967, art. 46, p. 831 ; art. 59, p. 864 ;
- label, D. 17 mars 1967, art. 28 (nº 11), p. 787 ;
- liquidation de biens, L. 10 juill. 1965, art. 18 (nº 54), p. 303. - D. 17 mars 1967, art. 28 (nº 7), p. 785 ; art. 55 (nº 21), p. 859 ;
- liste des copropriétaires, D. 17 mars 1967, art. 32, p. 804 ; art. 65, p. 902 ;
- mandat, V. *Mandat au syndic ;*
- mandat apparent, D. 17 mars 1967, art. 28 (nº 3), p. 782 ;
- mandats des copropriétaires, L. 10 juill. 1965, art. 8 (nº 21), p. 69 ; art. 18 (nº 2), p. 289 ; art. 18 (nº 110), p. 325. - D. 17 mars 1967, art. 29 (nº 4), p. 795 ; art. 39-1, p. 820 ;
- marchands de sommeil, L. 10 juill. 1965, art. 18-1-1 (nº 3), p. 337 ;
- mise en demeure, D. 17 mars 1967, art. 49 et 50, p. 841 et s. ; art. 64 et 65, p. 894 et s. ;
- missions, L. 10 juill. 1965, art. 18, p. 284 ; art. 18-1 AA (nº 3), p. 332 ;
- missions hors contrat de syndic, L. 10 juill. 1965, art. 18-1 A (nº 9), p. 334 ;
- modalités, L. 10 juill. 1965, art. 18 (nº 47), p. 302 ;
- nature de ses fonctions, L. 10 juill. 1965, art. 18 (nºs 1 et 2), p. 288 ;
- négligence, L. 10 juill. 1965, art. 18, p. 284 ; art. 18 (nº 11), p. 292 ; art. 18 (nº 14), p. 293 ; art. 18 (nº 101), p. 317 ;
- nomination, L. 10 juill. 1965, art. 17, p. 273 ; art. 25 (nºs 35 à 38), p. 449 ; art. 28, p. 504. - D. 17 mars 1967, art. 46, p. 831 ;
- non professionnel, L. 10 juill. 1965, art. 17-2 (anc.) (nº 2), p. 284. - D. 17 mars 1967, art. 28 (nº 2), p. 782 ; V. *Syndic bénévole ;*
- non-renouvellement du contrat, L. 10 juill. 1965, art. 18 (nº 128), p. 331 ;
- notaire, D. 17 mars 1967, art. 28 (nº 10), p. 786 ; Annexe 58, p. 1487 ;
- nullité du mandat, V. *Mandat du syndic ;*
- obligations d'ordre administratif, D. 17 mars 1967, art. 32 et 33, p. 804 et s. ;
- obligations d'ordre comptable, L. 10 juill. 1965, art. 18 (nºs 28 à 34), p. 299 ;
- organisme public, Annexe 58, p. 1487 ;
- parent, D. 17 mars 1967, art. 28, p. 782 ; art. 39, p. 819 ; art. 56, p. 863 ;
- partenaire lié à lui par un pacte civil de solidarité, D. 17 mars 1967, art. 39, p. 819 ;
- partenaire d'un pacte civil de solidarité, D. 17 mars 1967, art. 28, p. 782 ;
- pluralité, L. 10 juill. 1965, art. 25 (nº 35), p. 449 ;
- pouvoir d'initiative, L. 10 juill. 1965, art. 18 (nºs 25 à 27), p. 297. - D. 17 mars 1967, art. 37, p. 817 ; art. 55 (nº 16), p. 856 ;
- pouvoirs (en général), L. 10 juill. 1965, art. 18, p. 284 ; art. 18 (nº 3), p. 289 ; art. 18 (nº 90), p. 313 ;
- pouvoirs judiciaires, L. 10 juill. 1965, art. 18 (nº 93), p. 314. - D. 17 mars 1967, art. 55, p. 846 ;
- préavis, D. 17 mars 1967, art. 28 (nº 22), p. 792 ;
- préposés, L. 10 juill. 1965, art. 22 (nº 38), p. 385 ; art. 22 (nº 40), p. 386. - D. 17 mars 1967, art. 30 et 31, p. 801 ; art. 39, p. 819 ; art. 56, p. 863 ; Annexe 58, p. 1487. - D. 20 juill. 1972, art. 55, p. 1513 ;
- présidence de l'assemblée, L. 10 juill. 1965, art. 22 (nº 38), p. 385. - D. 17 mars 1967, art. 15 (nº 3), p. 748 ;
- prestations particulières, V. *Rémunération du syndic ;*
- procédure abusive, L. 10 juill. 1965, art. 18 (nº 14), p. 293 ; art. 18 (nº 108), p. 324. - D. 17 mars 1967, art. 5-1 (nº 8), p. 680 ;
- professionnel, V. *Aptitude professionnelle et Réglementation professionnelle ;*
- protection contre les copropriétaires, L. 10 juill. 1965, art. 18 (nº 113), p. 327 ;
- provisoire, L. 10 juill. 1965, art. 17 (nº 16), p. 278. - D. 17 mars 1967, art. 35 (nº 16), p. 814 ; art. 46 (nº 2), p. 832 ;
- ratification de ses initiatives, V. *Ratification ;*
- recouvrement des charges, L. 10 juill. 1965, art. 18 (nº 13), p. 293. - D. 17 mars 1967, art. 55 (nº 21), p. 859 ; V. *Recouvrement des charges communes ;*
- reddition de comptes, L. 10 juill. 1965, art. 18 (nºs 33 et 34), p. 300 ; art. 18 (nº 105), p. 322. - D. 17 mars 1967, art. 35 (nº 13), p. 813 ;
- redressement judiciaire, L. 10 juill. 1965, art. 18 (nº 54), p. 303. - D. 17 mars 1967, art. 28, p. 782 ; art. 28 (nº 7), p. 785 ; art. 55 (nº 21), p. 859 ; art. 55 (nº 23), p. 860. - CCH, art. L. 422-2, p. 1262 ; Annexe 58, p. 1487 ;
- rémunération, L. 10 juill. 1965, art. 18-1 A (nº 3), p. 334 ; V. *Rémunération du syndic ;*
- renouvellement du mandat, D. 17 mars 1967, art. 28 (nº 23), p. 793 ;
- représentation (du syndic), V. *ci-dessus Préposés ;*
- représentation du syndicat, L. 10 juill. 1965, art. 15 et 16, p. 246 et s. ; art. 18 (nºs 90 à 93), p. 313 ;
  - actes civiles et judiciaires, L. 10 juill. 1965, art. 18 (nº 93), p. 314 ;
  - actions en justice, L. 10 juill. 1965, art. 15, p. 246. - D. 17 mars 1967, art. 55, p. 846.
- résiliation du contrat, L. 10 juill. 1965, art. 18 (nº 134), p. 332 ; art. 18 (nº 137), p. 332 ;
- responsabilité civile, L. 10 juill. 1965, art. 18 (nº 99), p. 316 ; art. 18 (nºs 101 et 102), p. 317 ; art. 18 (nºs 104 à 111), p. 321. - D. 17 mars 1967, art. 11, p. 722 ;
  - assemblées, D. 17 mars 1967, art. 11, p. 722 ;
  - convocations, D. 17 mars 1967, art. 7 (nº 19), p. 698 ; art. 11, p. 722.

- responsabilité pénale, L. 10 juill. 1965, art. 18 (nº 112), p. 326. - D. 17 mars 1967, art. 31 (nº 8), p. 804 ;
- rétention (archives), L. 10 juill. 1965, art. 18-2, p. 337. - D. 17 mars 1967, art. 34, p. 810 ;
- retrait de la garantie financière, D. 17 mars 1967, art. 28 (nº 4), p. 783 ; art. 49, p. 841 ;
- révocation, L. 10 juill. 1965, art. 25 (nº 39), p. 451 ; art. 25 (nº 41), p. 451. - D. 17 mars 1967, art. 46, p. 831 ;
- secrétariat de l'assemblée, D. 17 mars 1967, art. 15, p. 747 ;
- société, D. 17 mars 1967, art. 28 (nº 1), p. 782. - CCH, art. L. 422-2, p. 1262 ; Annexe 58, p. 1487 ;
- substitution, L. 10 juill. 1965, art. 18 (nº 121), p. 329. - D. 17 mars 1967, art. 30, p. 801 ;
- surveillance des travaux, L. 10 juill. 1965, art. 18 (nºs 9 à 11), p. 291. - D. 17 mars 1967, art. 29 (nº 9), p. 799 ;
- syndic de faillite, CCH, art. L. 422-2, p. 1262 ;
- syndicat coopératif, L. 10 juill. 1965, art. 17-1, p. 281. - D. 17 mars 1967, art. 28, p. 782 ; art. 28 (nº 2), p. 782 ; art. 41 et 42, p. 824 et s. ;
- travaux, L. 10 juill. 1965, art. 18 (nºs 9 à 11), p. 291. - D. 17 mars 1967, art. 37, p. 817 ;
- urgence, L. 10 juill. 1965, art. 18 (nºs 25 à 27), p. 297. - D. 17 mars 1967, art. 37, p. 817 ; art. 55, p. 846 ;
- voies de recours, D. 17 mars 1967, art. 55 (nº 16), p. 856 ; art. 55 (nº 26), p. 861.

Syndic bénévole :
- assurance, D. 17 mars 1967, art. 28 (nº 14), p. 788 ;
- conditions d'exercice de l'activité, D. 17 mars 1967, art. 28 (nº 12), p. 787 ;
- fiscalité, D. 17 mars 1967, art. 28 (nº 13), p. 788 ;
- non professionnel, D. 17 mars 1967, art. 28 (nº 12), p. 787.

Syndic d'intérêt collectif :
- agrément, L. 10 juill. 1965, art. 18-3, p. 343 ;
- conseil national des administrateurs judiciaires et des mandataires judiciaires, L. 10 juill. 1965, art. 18-3, p. 343 ;
- délivrance de l'agrément, L. 10 juill. 1965, art. 18-3, p. 343 ;
- dispense d'agrément, L. 10 juill. 1965, art. 18-3, p. 343 ;
- durée de l'agrément, L. 10 juill. 1965, art. 18-3, p. 343 ;
- organismes HLM, L. 10 juill. 1965, art. 18-3, p. 343 ;
- sociétés d'économie mixte, L. 10 juill. 1965, art. 18-3, p. 343.

Syndicat, Annexe 31, p. 1235 ;
- acquisitions, L. 10 juill. 1965, art. 14, p. 213 ; art. 16, p. 267 ;
- action en justice, L. 10 juill. 1965, art. 15, p. 246 ;
- actions contre le syndic, D. 17 mars 1967, art. 52, p. 845 ;
- aliénation des parties communes, V. *Aliénation des parties communes ;*
- atteinte à la réputation, L. 10 juill. 1965, art. 14 (nº 6), p. 216 ;
- carence, L. 10 juill. 1965, art. 14, p. 213 ; art. 14 (nº 19), p. 220 ;
  ▶ responsabilités, L. 10 juill. 1965, art. 14, p. 213.
- cessation des paiements, D. 17 mars 1967, art. 29, p. 794 ;
- et Code de la consommation, L. 10 juill. 1965, art. 14 (nº 53), p. 235 ;
- comptabilité, V. *Comptabilité du syndicat ;*
- compte bancaire, V. *Compte bancaire du syndicat ;*
- convention avec le syndic, D. 17 mars 1967, art. 39, p. 819 ;
- coopératif, V. *Syndicat coopératif ;*
- délégation de pouvoirs, V. *Délégation de pouvoirs ;*
- dépenses de fonctionnement, L. 10 juill. 1965, art. 10 (nº 9), p. 142 ; art. 10 (nº 24), p. 147 ;
- dettes, L. 10 juill. 1965, art. 14 (nº 6), p. 216 ; V. *Créanciers du syndicat ;*
- disparition, L. 10 juill. 1965, art. 14 (nº 56), p. 236 ; art. 46-1 (nº 1), p. 648 ;
- dissolution, L. 10 juill. 1965, art. 14 (nº 56), p. 236 ; art. 28, p. 504 ; art. 46-1 (nº 1), p. 648 ;
  ▶ scission, L. 10 juill. 1965, art. 28, p. 504.
- emprunts, L. 10 juill. 1965, art. 26-4 à 26-14, p. 488 et s. ; Annexe 31, p. 1235 ;
- entretien des parties communes, L. 10 juill. 1965, art. 10 (nº 9), p. 142 ; art. 14 (nº 39), p. 228 ; art. 14 (nºs 47 et 48), p. 232 ;
  ▶ charges, L. 10 juill. 1965, art. 10 (nº 9), p. 142 ;
  ▶ responsabilité, L. 10 juill. 1965, art. 14 (nº 39), p. 228 ; art. 14 (nºs 47 et 48), p. 232.
- « faillite », V. *Redressement judiciaire ;*
- formes, L. 10 juill. 1965, art. 14 (nºs 13 à 15), p. 218 ;
- garde des parties communes, L. 10 juill. 1965, art. 10 (nº 9), p. 142 ; art. 14, p. 213 ;
  ▶ charges, L. 10 juill. 1965, art. 10 (nº 9), p. 142 ;
  ▶ responsabilités, L. 10 juill. 1965, art. 14, p. 213.
- immatriculation, L. 10 juill. 1965, art. 18, p. 284 ; art. 18 (nº 39), p. 301 ; Annexe 38, p. 1291 ;
- information, L. 10 juill. 1965, art. 18-2, p. 337 ;
- liquidation, L. 10 juill. 1965, art. 14 (nº 56), p. 236 ; art. 46-1 (nº 1), p. 648 ;
- liquidation judiciaire, L. 10 juill. 1965, art. 29-1, p. 523 ;
- missions, L. 10 juill. 1965, art. 14, p. 213 ;
- naissance, L. 10 juill. 1965, art. 14 (nº 4), p. 215 ;
- objet, L. 10 juill. 1965, art. 14 (nºs 17 et 18), p. 219 ; art. 14 (nº 21), p. 220 ; art. 26 (nº 32), p. 485 ; art. 42 (nº 34), p. 607 ;
- patrimoine, L. 10 juill. 1965, art. 14 (nº 6), p. 216 ; art. 16, p. 267 ;
- personnalité morale, L. 10 juill. 1965, art. 14 (nº 6), p. 216 ; art. 14 (nº 12), p. 218 ;
- pouvoirs, L. 10 juill. 1965, art. 14, p. 213 ; art. 14 (nº 22), p. 220 ;
- prescription acquisitive, L. 10 juill. 1965, art. 14 (nº 6), p. 216 ;
- prise de décisions (modalités), L. 10 juill. 1965, art. 17, p. 273 ;
- redressement judiciaire, L. 10 juill. 1965, art. 29-1, p. 523 ;
- règlement judiciaire, L. 10 juill. 1965, art. 29-1, p. 523 ;
- représentation par le syndic, L. 10 juill. 1965, art. 16, p. 267 ; art. 18 (nºs 91 à 93), p. 313 ;
- responsabilité, L. 10 juill. 1965, art. 14, p. 213 ;
  ▶ syndicat, L. 10 juill. 1965, art. 14 (nº 23), p. 221.
- secondaire, V. *Syndicat secondaire ;*
- siège, D. 17 mars 1967, art. 65, p. 902 ;
- trésorerie, V. *Trésorerie du syndicat ;*
- union, V. *Union de syndicats.*

Syndicat coopératif :
- adhésion à union coopérative, D. 17 mars 1967, art. 42-2, p. 826 ;

- assistance de techniciens, D. 17 mars 1967, art. 42, p. 825 ;
- conseil syndical, L. 10 juill. 1965, art. 17-1, p. 281 ;
- contrôle des comptes, D. 17 mars 1967, art. 42-1, p. 825 ;
- création, L. 10 juill. 1965, art. 17-1, p. 281 ; art. 44, p. 634 ;
- fonctionnement, L. 10 juill. 1965, art. 17-1, p. 281. - D. 17 mars 1967, art. 40 à 42, p. 824 et s. ; art. 42-2, p. 826 ;
- présidence du conseil syndical, L. 10 juill. 1965, art. 17-1, p. 281 ;
- principe, L. 10 juill. 1965, art. 14 (nº 13), p. 218 ;
- syndic, L. 10 juill. 1965, art. 17-1, p. 281. - D. 17 mars 1967, art. 41 et 42, p. 824 et s. ;
- union, V. *Union de syndicats.*

Syndicat secondaire, L. 10 juill. 1965, art. 29-8, p. 536 ;
- création, L. 10 juill. 1965, art. 27, p. 496 ;
- représentation au conseil syndical du syndicat principal, L. 10 juill. 1965, art. 27 (anc.) (nº 14), p. 502. - D. 17 mars 1967, art. 22, p. 775 ; art. 24, p. 776 ; art. 48, p. 840 ;
- spécialisation des charges, L. 10 juill. 1965, art. 27, p. 496. - D. 17 mars 1967, art. 1er, p. 655 ; art. 1er (nº 11), p. 659 ;
- syndic, L. 10 juill. 1965, art. 27, p. 496.

Système de surveillance, L. 10 juill. 1965, art. 30, p. 542.

T

Tantièmes de charges :
- intangibilité, L. 10 juill. 1965, art. 5, p. 44 ; art. 11, p. 196 ;
- modifications, L. 10 juill. 1965, art. 5, p. 44 ; art. 11, p. 196 ; art. 25 (nº 46), p. 453.

Tantièmes de copropriété :
- et attribution de voix, L. 10 juill. 1965, art. 22, p. 371 ; art. 22 (nº 2), p. 373 ;
- calcul, L. 10 juill. 1965, art. 5, p. 44 ;
- et destruction de l'immeuble, L. 10 juill. 1965, art. 41, p. 570 ;
- intangibilité, L. 10 juill. 1965, art. 5, p. 44 ; art. 5 (nos 10 et 11), p. 46 ; art. 25 (nº 46), p. 453 ; art. 26 (nº 32), p. 485 ;
- mode de calcul, L. 10 juill. 1965, art. 5 (nº 9), p. 46 ;
- modifications, L. 10 juill. 1965, art. 5, p. 44 ; art. 5 (nos 10 et 11), p. 46 ; art. 6-1, p. 50 ; art. 25 et 26, p. 428 et s. ;
- et qualification de « lot privatif », L. 10 juill. 1965, art. 1er (anc.) (nº 8), p. 7.

Tapis d'escalier, L. 10 juill. 1965, art. 10 (nos 41 à 43), p. 156. - D. 17 mars 1967, art. 1er (nº 7), p. 658 ; art. 1er (nos 9 et 10), p. 658.

Taxe sur la valeur ajoutée (TVA), D. 17 mars 1967, art. 29, p. 794 ; art. 35, p. 810.

Taxes diverses, L. 10 juill. 1965, art. 10 (nº 45), p. 157.

Technicien, V. *Expert.*

Télécopie (notification), D. 17 mars 1967, art. 64 et 65, p. 894 et s.

Téléphone, L. 10 juill. 1965, art. 30 (nº 10), p. 546.

Télétravail, Annexe 24, p. 1187.

Télévision, V. *Antenne.*

Télévision numérique (TNT), L. 10 juill. 1965, art. 18, p. 284 ; art. 18 (nº 96), p. 316 ; art. 24-1 à 24-3, p. 414 et s. ; art. 25 (nº 62), p. 460

Temple, V. *Exercice d'un culte.*

Tennis :
- charges, L. 10 juill. 1965, art. 10 (nº 56), p. 161 ;
- suppression, L. 10 juill. 1965, art. 26 (nº 27), p. 482.

Tenue de l'assemblée :
- bureau, D. 17 mars 1967, art. 15, p. 747 ;
- dispositions du règlement, L. 10 juill. 1965, art. 22, p. 371 ;
- feuille de présence, D. 17 mars 1967, art. 14, p. 743 ;
- présidence, L. 10 juill. 1965, art. 22, p. 371. - D. 17 mars 1967, art. 15, p. 747 ;
- procès-verbal, V. *Procès-verbal ;*
- secrétariat de séance, D. 17 mars 1967, art. 15, p. 747.

Termites, Annexe 60, p. 1563 ;
- clauses abusives, recomm. 27 nov. 2003, p. 1092.

Terrain, L. 10 juill. 1965, art. 2 (nº 6), p. 29 ;
- constitution des lots, L. 10 juill. 1965, art. 1er (anc.) et 2, p. 3 et s. ;
- effondrement, L. 10 juill. 1965, art. 14, p. 213 ;
- indivis (construction en copropriété), L. 10 juill. 1965, art. 1er (anc.), p. 3 ;
- en jouissance exclusive, V. *Jouissance exclusive d'une partie commune ;*
- nu, L. 10 juill. 1965, art. 1er (anc.) (nº 4), p. 6 ; art. 3, p. 32 ;
- partie commune, L. 10 juill. 1965, art. 3, p. 32 ; art. 9 (anc.), p. 85 ;
- séparé, L. 10 juill. 1965, art. 1er (anc.) (nº 10), p. 7.

V. *Assiette de la copropriété, Sol de la copropriété.*

Terrain d'assiette de la copropriété, V. *Sol de la copropriété.*

Terrasse, L. 10 juill. 1965, art. 2 et 3, p. 27 et s. ; art. 9 (anc.) (nos 5 et 6), p. 88 ; art. 9 (anc.) (nº 39), p. 104 ; art. 9 (anc.) (nos 99 à 103), p. 129 ; art. 9 (anc.) (nº 110), p. 134 ; art. 10 (nº 57), p. 161 ; art. 25 (nº 22), p. 441 - D. 17 mars 1967, art. 2 (nº 6), p. 663

Têtes de cheminées, L. 10 juill. 1965, art. 3, p. 32 ; art. 18, p. 284.

Tierce opposition, L. 10 juill. 1965, art. 15 (nº 23), p. 257 ; art. 15 (nº 34), p. 260 ; art. 15 (nº 50), p. 265. - D. 17 mars 1967, art. 55 (nº 30), p. 863.

Tiers, V. *Action en justice, Opposabilité du règlement.*

TNT, V. *Télévision numérique.*

Toit-terrasse, L. 10 juill. 1965, art. 3, p. 32 ; art. 3 (nº 27), p. 40 ; art. 10 (nº 57), p. 161 ; art. 10 (nº 116), p. 183 ; art. 35 (nº 3), p. 560 ; V. *Terrasse.*

Toiture, L. 10 juill. 1965, art. 3, p. 32 ; art. 10 (nº 58), p. 161 ; art. 10 (nº 119), p. 185 ; art. 18 (nº 26), p. 297 ; art. 25 (nos 10 et 11), p. 433 ; art. 25 (nº 23), p. 441 ;
- partie commune, L. 10 juill. 1965, art. 3, p. 32.

Toiture-terrasse, L. 10 juill. 1965, art. 10 (nº 58), p. 161 ; art. 10 (nº 119), p. 185.

Tolérance, L. 10 juill. 1965, art. 8, p. 61.

Tranches (Construction par), L. 10 juill. 1965, art. 1er (anc.), p. 3 ; art. 14 (nº 4), p. 215.

Transaction, L. 10 juill. 1965, art. 15 (nº 20), p. 256.

Transfert de propriété d'un lot :
- notification à faire au syndic, D. 17 mars 1967, art. 6, p. 684 ; art. 65, p. 902 ;
- obligations du syndic, D. 17 mars 1967, art. 5 et 5-1, p. 672 et s. ;
- recouvrement des charges communes, L. 10 juill. 1965, art. 20, p. 351. - D. 17 mars 1967, art. 5 et 5-1, p. 672 et s.

Transformation :
- élément d'équipement, L. 10 juill. 1965, art. 30, p. 542 ; art. 36, p. 565 ;
- de partie commune en partie privative, L. 10 juill. 1965, art. 3, p. 32 ; art. 6-1, p. 50 ; art. 9 (anc.) (nº 95), p. 127 ; art. 26, p. 469 ; Annexe 52, p. 1397 ;
- de partie privative en partie commune, L. 10 juill. 1965, art. 42 (nº 22), p. 601 ; Annexe 52, p. 1397.

Transmission, D. 17 mars 1967, art. 33-2, p. 809.

Travaux, Annexe 17, p. 1095 ;
- accessibilité de l'immeuble (handicapés), L. 10 juill. 1965, art. 24 (nºs 12 à 17), p. 399 ;
- d'achèvement de l'immeuble, L. 10 juill. 1965, art. 10 (nº 4), p. 140 ;
- action contre architectes ou entrepreneurs, L. 10 juill. 1965, art. 14 et 15, p. 213 et s. ;
- affectant l'aspect extérieur de l'immeuble, L. 10 juill. 1965, art. 8 (nºs 42 et 43), p. 76 ; art. 25 (nºs 7 à 12), p. 432 ; art. 25 (nºs 14 à 16), p. 437 ; art. 25 (nºs 18 et 19), p. 439 ; art. 25 (nºs 22 à 24), p. 441 ; art. 25 (nºs 26 à 29), p. 443 ; art. 25 (nºs 32 à 34), p. 447 ; V. *Façade, Harmonie de l'immeuble ;*
- affectant les parties communes, L. 10 juill. 1965, art. 8 (nºs 42 et 43), p. 76 ; art. 9 (anc.) (nº 63), p. 116 ; art. 9 (anc.) (nº 111), p. 134 ; art. 25 (nºs 7 à 12), p. 432 ; art. 25 (nºs 14 à 16), p. 437 ; art. 25 (nºs 18 et 19), p. 439 ; art. 25 (nºs 22 à 24), p. 441 ; art. 25 (nºs 26 à 29), p. 443 ; art. 25 (nºs 32 à 34), p. 447 ; Annexe 17, p. 1095 ;
- amélioration, V. *Travaux d'amélioration ;*
- architectes, V. *ci-dessus Action contre architectes ;*
- assurance dommages et responsabilité, L. 10 juill. 1965, art. 18, p. 284 ;
- autorisation de l'assemblée, L. 10 juill. 1965, art. 8 (nº 42), p. 76 ; art. 18 (nº 102), p. 320 ; art. 24 (nº 4), p. 396 ; art. 25 et 26, p. 428 et s. ;
- autorisés par le règlement, L. 10 juill. 1965, art. 8 (nºs 42 et 43), p. 76 ;
- autorisés par le syndic, L. 10 juill. 1965, art. 18 (nº 108), p. 324 ; art. 25 (nº 24), p. 442 ;
- à caractère somptuaire, L. 10 juill. 1965, art. 34, p. 558 ;
- et charges communes, L. 10 juill. 1965, art. 11 (nº 6), p. 199 ;
- compris dans le budget prévisionnel, D. 17 mars 1967, art. 44, p. 829 ;
- contrôle du conseil syndical, D. 17 mars 1967, art. 26, p. 778 ;
- convocation de l'assemblée, D. 17 mars 1967, art. 11, p. 722 ;
- par copropriétaires, L. 10 juill. 1965, art. 9 (anc.) (nº 17), p. 94 ; art. 9 (anc.) (nºs 19 et 20), p. 94 ; art. 9 (anc.) (nº 22), p. 95 ; art. 9 (anc.) (nº 24), p. 97 ; art. 9 (anc.) (nº 111), p. 134 ; art. 25 (nºs 7 à 12), p. 432 ; art. 25 (nºs 14 à 16), p. 437 ; art. 25 (nºs 18 et 19), p. 439 ; art. 25 (nºs 22 à 24), p. 441 ; art. 25 (nºs 26 à 28), p. 443 ; art. 25 (nº 33), p. 448 ; art. 30, p. 542 ;
- en cours (Vente de lot), D. 17 mars 1967, art. 5, p. 672 ;
- délégation de pouvoirs, L. 10 juill. 1965, art. 25 (nº 5), p. 431 ;
- documents à joindre aux convocations, D. 17 mars 1967, art. 11, p. 722 ; art. 13, p. 738 ;
- d'économies d'énergie, L. 10 juill. 1965, art. 25 (nºs 50 à 52), p. 454 ;
- entrepreneurs, V. *ci-dessus Action ;*
- d'entretien, L. 10 juill. 1965, art. 9 (anc.) (nº 101), p. 130 ; art. 14, p. 213 ; art. 18 (nº 22), p. 296 ; art. 24 (nº 4), p. 396 ; art. 25, p. 428 ; art. 30, p. 542 ;
  ▶ syndic, L. 10 juill. 1965, art. 18 (nº 22), p. 296.
- exécution (Délai), L. 10 juill. 1965, art. 42, p. 593 ; V. *Retard anormal ;*
- fiscalité, Annexe 32, p. 1245 ;
- fonds de réserve, L. 10 juill. 1965, art. 18 (nºs 83 à 89), p. 312 ;
- de gestion courante, L. 10 juill. 1965, art. 18 (nº 22), p. 296 ; art. 24 (nº 4), p. 396. - D. 17 mars 1967, art. 45, p. 830 ;
- handicapés, L. 10 juill. 1965, art. 24 (nºs 12 à 17), p. 399 ;
- hors budget prévisionnel, D. 17 mars 1967, art. 44, p. 829 ;
- d'hygiène et de sécurité, L. 10 juill. 1965, art. 18 (nº 26), p. 297 ; art. 25, p. 428 ; art. 30, p. 542
  ▶ isolation phonique, L. 10 juill. 1965, art. 30, p. 542. V. *Isolation phonique, Sécurité de l'immeuble ;*
- incidence sur la répartition des charges, L. 10 juill. 1965, art. 11 (nº 6), p. 199 ;
- d'intérêt collectif, L. 10 juill. 1965, art. 10-1 (nº 12), p. 196 ;
- irréguliers, L. 10 juill. 1965, art. 9 (anc.) (nº 24), p. 97 ; art. 15, p. 246 ; art. 25 (nº 29), p. 444 ; art. 25 (nºs 32 et 33), p. 447 ; art. 30, p. 542 ; art. 42 (nº 13), p. 597 ; art. 42 (nºs 16 et 17), p. 598 ; art. 42 (nº 22), p. 601 ;
- isolation thermique, L. 10 juill. 1965, art. 25 (nºs 50 à 52), p. 454 ; Annexe 26, p. 1197 ;
- pour les handicapés, L. 10 juill. 1965, art. 24 (nº 17), p. 400 ;
- dans les parties privatives, L. 10 juill. 1965, art. 9 (anc.), p. 85 ; art. 25, p. 428 ;
- de maintenance, D. 17 mars 1967, art. 45, p. 830 ;
- marchés, L. 10 juill. 1965, art. 18 (nº 9), p. 291 ; art. 18 (nº 91), p. 313 ;
- mise en concurrence, L. 10 juill. 1965, art. 21 (nº 21), p. 368. - D. 17 mars 1967, art. 19-2, p. 772 ;
- modification de la répartition des charges, L. 10 juill. 1965, art. 11 (nº 6), p. 199 ;
- nécessaires, L. 10 juill. 1965, art. 24 et 25, p. 392 et s. ;
- non autorisés, L. 10 juill. 1965, art. 8 (nºs 42 et 43), p. 76 ; art. 8 (nº 54), p. 81 ; art. 9 (anc.) (nº 24), p. 97 ; art. 15, p. 246 ; art. 25, p. 428 ; art. 30, p. 542 ; art. 42 (nº 13), p. 597 ; art. 42 (nºs 16 et 17), p. 598 ;
- notifications à faire en vue du vote, D. 17 mars 1967, art. 11, p. 722 ;
- obligatoires, L. 10 juill. 1965, art. 25, p. 428 ; art. 30, p. 542 ;
- permis de construire, V. *Permis de construire ;*
- pouvant être exécutés par le syndicat à l'intérieur des parties privatives, L. 10 juill. 1965, art. 9 (anc.) (nº 75), p. 121 ; art. 9 (anc.) (nº 77), p. 122 ; art. 9 (anc.) (nº 79), p. 123 ; art. 9 (anc.) (nºs 83 et 84), p. 123 ; art. 9 (anc.) (nºs 86 à 88), p. 124 ;

- pouvoirs du syndic, V. *Syndic ;*
- prescrits par l'administration, L. 10 juill. 1965, art. 24 (nos 8 à 10), p. 397 ;
- de réfection, L. 10 juill. 1965, art. 24 (no 4), p. 396 ; art. 25, p. 428 ; art. 30 (nos 2 et 3), p. 543 ; art. 30 (nos 6 à 9), p. 545 ; art. 30 (no 11), p. 546 ;
- refus d'autorisation, V. *Refus de l'assemblée ;*
- responsabilité du syndic, L. 10 juill. 1965, art. 18, p. 284 ;
- responsabilité du syndicat, L. 10 juill. 1965, art. 14, p. 213 ;
- responsabilités des architectes et entrepreneurs, V. *ci-dessus Action ;*
- somptuaires, L. 10 juill. 1965, art. 30 (no 12), p. 546 ; art. 34 (no 2), p. 558 ;
- de surélévation, V. *Surélévation ;*
- surveillance, L. 10 juill. 1965, art. 18 (nos 10 et 11), p. 292. - D. 17 mars 1967, art. 29 (no 9), p. 799 ;
- suspension de l'exécution, L. 10 juill. 1965, art. 42 (nos 77 à 80), p. 626 ;
- par le syndic, L. 10 juill. 1965, art. 18, p. 284 ;
- par le syndicat, L. 10 juill. 1965, art. 9 (anc.), p. 85 ; art. 14, p. 213 ; art. 18, p. 284 ; art. 24 à 26, p. 392 et s. ; art. 30, p. 542 ;
- de transformation, L. 10 juill. 1965, art. 25 et 26, p. 428 et s. ; art. 30, p. 542 ; art. 36, p. 565 ;
- urgents, L. 10 juill. 1965, art. 14, p. 213 ; art. 18 (nos 25 à 27), p. 297 ; art. 35, p. 559 ; art. 37, p. 565 ;
- vente de lots, D. 17 mars 1967, art. 5 et 5-1, p. 672 et s. ; art. 6-2, p. 688.

V. *Architecte, Construction, Dégâts, Dommage, Entretien, Malfaçons, Réfection, Réparations, Syndic, Syndicat, Transformation, Travaux d'amélioration.*

Travaux d'amélioration :
- autorisation judiciaire, L. 10 juill. 1965, art. 30, p. 542 ;
- convocation de l'assemblée, L. 10 juill. 1965, art. 11, p. 196 ;
- copropriétaires opposants, L. 10 juill. 1965, art. 34, p. 558 ;
- emprunt, L. 10 juill. 1965, art. 33, p. 556 ;
- exécution de la décision, L. 10 juill. 1965, art. 42 (nos 77 à 80), p. 626 ; art. 42 (no 82), p. 627 ;
- exécution dans les parties privatives, L. 10 juill. 1965, art. 9 (anc.) (no 75), p. 121 ; art. 9 (anc.) (no 77), p. 122 ; art. 9 (anc.) (no 79), p. 123 ; art. 9 (anc.) (nos 83 et 84), p. 123 ; art. 9 (anc.) (nos 86 à 88), p. 124 ;
- fiscalité, Annexe 32, p. 1245 ;
- aux frais d'un ou plusieurs copropriétaires, L. 10 juill. 1965, art. 25, p. 428 ; art. 30, p. 542 ;
- indemnisation des copropriétaires lésés, L. 10 juill. 1965, art. 36, p. 565 ;
- indemnités, L. 10 juill. 1965, art. 9 (anc.) (no 84), p. 124 ; art. 9 (anc.) (nos 86 à 88), p. 124 ; art. 25 (no 26), p. 443 ; art. 30, p. 542 ;
- notifications à faire en vue du vote, D. 17 mars 1967, art. 11, p. 722 ;
- notion d'amélioration, L. 10 juill. 1965, art. 26, p. 469 ; art. 30, p. 542 ;
- nouvelle assemblée, L. 10 juill. 1965, art. 26, p. 469 ;
- opposition, L. 10 juill. 1965, art. 34, p. 558 ;
- paiement différé, L. 10 juill. 1965, art. 33, p. 556 ;
- paiement des frais, L. 10 juill. 1965, art. 33, p. 556 ;
- paiement des indemnités, L. 10 juill. 1965, art. 33, p. 556 ;
- préjudice causé, L. 10 juill. 1965, art. 36, p. 565 ;
- et reconstitution de l'immeuble, L. 10 juill. 1965, art. 39, p. 569 ;
- recours contre la décision, L. 10 juill. 1965, art. 30, p. 542 ; art. 34, p. 558 ; art. 42, p. 593 ;
- répartition du coût, L. 10 juill. 1965, art. 30, p. 542 ;
- et travaux d'entretien, L. 10 juill. 1965, art. 30, p. 542 ; art. 30 (no 3), p. 544 ;
- et travaux obligatoires, L. 10 juill. 1965, art. 30, p. 542 ; art. 30 (no 6), p. 545 ;
- tréfonds (sous-sol), L. 10 juill. 1965, art. 2 et 3, p. 27 et s. ;
- trésorerie du syndicat, L. 10 juill. 1965, art. 18, p. 284. - D. 17 mars 1967, art. 35, p. 810 ; V. *Budget, Comptabilité, Compte bancaire du syndicat, Placement des fonds.*

Travaux « embarqués », Annexe 11, p. 1031.

Tréfonds, L. 10 juill. 1965, art. 3 (no 33), p. 41.

Tribunal :
- action en révision de la répartition des charges, L. 10 juill. 1965, art. 12, p. 202 ;
- compétent, L. 10 juill. 1965, art. 15, p. 246 ; art. 42, p. 593. - D. 17 mars 1967, art. 61-1, p. 868 ;
  - contestation des décisions de l'assemblée, L. 10 juill. 1965, art. 42, p. 593 ;
  - en général, D. 17 mars 1967, art. 61-1, p. 868 ;
  - injonction de payer, D. 17 mars 1967, art. 60, p. 867.
- pouvoir en matière de répartition des charges, L. 10 juill. 1965, art. 11, p. 196.

Trottoirs, L. 10 juill. 1965, art. 8 (no 34), p. 74.

Troubles de jouissance, L. 10 juill. 1965, art. 15 (no 33), p. 259 ;
- actions en justice, L. 10 juill. 1965, art. 9 (anc.) (no 6), p. 90 ; art. 9 (anc.) (no 8), p. 91 ; art. 9 (anc.) (nos 13 à 15), p. 92 ; art. 9 (anc.) (no 49), p. 109 ; art. 15, p. 246 ; art. 15 (no 9), p. 250 ;
- en cas de travaux de surélévation, L. 10 juill. 1965, art. 36, p. 565 ;
- en général, L. 10 juill. 1965, art. 9 (anc.), p. 85 ;
- subis par des copropriétaires, L. 10 juill. 1965, art. 14 et 15, p. 213 et s. ; art. 15 (no 9), p. 250 ;
- subis par les locataires, V. *Locataires ;*
- subis par des tiers, L. 10 juill. 1965, art. 14, p. 213.

V. *Troubles de voisinage.*

Troubles de voisinage, L. 10 juill. 1965, art. 9 (anc.) (no 6), p. 90 ; art. 9 (anc.) (no 8), p. 91 ; art. 9 (anc.) (nos 13 à 15), p. 92 ; art. 9 (anc.) (no 42), p. 107 ; art. 9 (anc.) (no 49), p. 109 ; art. 9 (anc.) (no 63), p. 116 ; art. 15, p. 246 ; art. 15 (no 9), p. 250 ; Annexe 60-1, p. 1569. - C. civ., art. 1253, p. 1569. - C. rur., art. L. 311-1-1, p. 1569 ;
- actions en justice, L. 10 juill. 1965, art. 15, p. 246 ; art. 15 (no 9), p. 250 ; art. 15 (no 28), p. 258.

V. *Bruits, Copropriétaires droits, Jouissance, Odeurs.*

Tutelle, V. *Incapables.*

TVA :
- application au syndicat, L. 10 juill. 1965, art. 14 (no 12), p. 218 ;
- documents à fournir par le syndic, L. 10 juill. 1965, art. 18 (no 31), p. 299 ;
- sur la rémunération du syndic, D. 17 mars 1967, art. 28, p. 782 ; art. 29 (no 13), p. 800 ;
- sur travaux, D. 17 mars 1967, art. 35 (no 3), p. 811 ; Annexe 32, p. 1245.

U

Unanimité :
- constatation, L. 10 juill. 1965, art. 17 (nº 4), p. 273 ; art. 26 (nos 29 à 32), p. 484 ;
- décisions la requérant, L. 10 juill. 1965, art. 26 (nos 29 à 32), p. 484 ;
- modification de la répartition des charges, L. 10 juill. 1965, art. 11, p. 196 ;
- modification de la répartition des tantièmes de copropriété, L. 10 juill. 1965, art. 5, p. 44 ; art. 11, p. 196 ;
- recours, L. 10 juill. 1965, art. 42 (nº 60), p. 618.

Union coopérative, L. 10 juill. 1965, art. 44, p. 634. - D. 17 mars 1967, art. 42-2, p. 826.

Union de syndicats :
- adhérents, L. 10 juill. 1965, art. 29, p. 511 ;
- ou association syndicale, L. 10 juill. 1965, art. 1er (anc.), p. 3 ; art. 29, p. 511 ;
- composition, L. 10 juill. 1965, art. 29, p. 511 ;
- conseil de l'union, D. 17 mars 1967, art. 63-1 et 63-2, p. 892 et s. ; art. 63-4, p. 893 ;
- coopératifs, L. 10 juill. 1965, art. 44, p. 634. - D. 17 mars 1967, art. 42-2, p. 826 ;
- fonctionnement, L. 10 juill. 1965, art. 29, p. 511. - D. 17 mars 1967, art. 63 à 63-4, p. 891 et s. ;
- généralités, L. 10 juill. 1965, art. 29, p. 511 ; art. 44, p. 634. - D. 17 mars 1967, art. 63 à 63-4, p. 891 et s. ;
- représentation du syndicat, D. 17 mars 1967, art. 63, p. 891 ; art. 63-3, p. 893 ;
- transformation en syndicat coopératif, L. 10 juill. 1965, art. 44, p. 634.

Urgence :
- action en justice, D. 17 mars 1967, art. 55 (nº 23), p. 860 ;
- convocation de l'assemblée, D. 17 mars 1967, art. 9, p. 703 ;
- travaux, L. 10 juill. 1965, art. 14, p. 213 ; art. 18 (nos 25 à 27), p. 297. - D. 17 mars 1967, art. 37, p. 817 ; art. 49, p. 841 ;
- usage du lot, V. *Affectation et Jouissance.*

Urssaf, D. 17 mars 1967, art. 31, p. 801.

Usage et d'habitation (Droit d'), L. 10 juill. 1965, art. 10 (nº 116), p. 183 ; art. 23, p. 387 ; art. 23 (anc.) (nº 5), p. 390. - D. 17 mars 1967, art. 6, p. 684 ; art. 32, p. 804 ; art. 61, p. 868 ; art. 65, p. 902.

Usufruit d'un lot :
- assistance aux assemblées, L. 10 juill. 1965, art. 23, p. 387 ;
- contribution aux charges, L. 10 juill. 1965, art. 10 (nº 117), p. 184 ; art. 10 (nº 119), p. 185 ;
- information du syndic, D. 17 mars 1967, art. 6, p. 684 ; art. 65, p. 902 ;
- mandataire commun, L. 10 juill. 1965, art. 23, p. 387. - D. 17 mars 1967, art. 61, p. 868 ;
- textes y relatifs, L. 10 juill. 1965, art. 23, p. 387. - D. 17 mars 1967, art. 6, p. 684 ; art. 42, p. 825 ; art. 61, p. 868 ; art. 65, p. 902 ;
- transfert, D. 17 mars 1967, art. 6, p. 684.

Utilisation :
- parties communes, L. 10 juill. 1965, art. 8 et 9 (anc.), p. 61 et s. ;
- parties privatives, L. 10 juill. 1965, art. 5, p. 44 ; art. 8 et 9 (anc.), p. 61 et s. ; art. 25, p. 428.

Utilité (critère), L. 10 juill. 1965, art. 10 (nos 12 à 18), p. 142.

V

Valeur relative des lots :
- et tantièmes de charges, L. 10 juill. 1965, art. 10 (nº 19), p. 145 ; art. 10 (nº 21), p. 146 ;
- et tantièmes de copropriété, L. 10 juill. 1965, art. 5, p. 44.

Véhicules électriques, L. 10 juill. 1965, art. 24-5, p. 419.

Vélos, L. 10 juill. 1965, art. 24-5, p. 419.

Vente :
- en état futur d'achèvement, L. 10 juill. 1965, art. 1er (anc.), p. 3 ;
- de l'immeuble, L. 10 juill. 1965, art. 14 (nº 56), p. 236 ; art. 46-1 (nº 1), p. 648 ;
- d'immeubles à construire, L. 10 juill. 1965, art. 1er (anc.), p. 3 ;
- de lots, V. *Vente de lots ;*
- de parties communes, V. *Aliénation de parties communes.*

Vente de lots :
- acte administratif, D. 17 mars 1967, art. 5-1 et 6-1, p. 679 et s. ;
- appel de fonds, D. 17 mars 1967, art. 5-1 (nº 11), p. 681 ;
- avis au syndic, L. 10 juill. 1965, art. 20, p. 351. - D. 17 mars 1967, art. 6, p. 684 ; art. 65, p. 902 ;
- clauses du règlement, L. 10 juill. 1965, art. 8 (nos 22 à 24), p. 70 ;
- comptes à faire entre vendeur et acquéreur, D. 17 mars 1967, art. 5, p. 672 ;
- conventions annexes au règlement, L. 10 juill. 1965, art. 8 (nº 12), p. 66 ; art. 13, p. 210 ;
- décision d'assemblée, L. 10 juill. 1965, art. 26 (nº 30), p. 484 ;
- devoir d'information (du vendeur), D. 17 mars 1967, art. 5, p. 672 ;
- entrée en possession, D. 17 mars 1967, art. 6, p. 684 ;
- formalités, L. 10 juill. 1965, art. 20, p. 351. - D. 17 mars 1967, art. 5 à 6-1, p. 672 et s. ;
- frais de mutation, D. 17 mars 1967, art. 5-1, p. 679 ;
- frauduleuse, L. 10 juill. 1965, art. 22 (nº 10), p. 376 ;
- garantie de superficie, L. 10 juill. 1965, art. 46, p. 635. - D. 17 mars 1967, art. 4 à 4-2, p. 668 et s. ;
- hypothèques légales du syndicat, D. 17 mars 1967, art. 5-1 (nº 15), p. 683 ;
- incidences en cas de paiement différé des travaux d'amélioration, L. 10 juill. 1965, art. 32 et 33, p. 556 ;
- information de l'acquéreur, D. 17 mars 1967, art. 4 et 5, p. 668 et s. ;
- inopposabilité au syndicat, D. 17 mars 1967, art. 6, p. 684 ;
- interdictions, L. 10 juill. 1965, art. 1er (anc.) (nº 67), p. 22 ; art. 1er (anc.) (nos 75 à 77), p. 24 ; art. 1er (anc.) (nos 79 à 82), p. 24 ; art. 8 (nos 22 à 24), p. 70 ;
- notification à faire au syndic, L. 10 juill. 1965, art. 20, p. 351. - D. 17 mars 1967, art. 6, p. 684 ; art. 65, p. 902 ;
- obligations du syndic, D. 17 mars 1967, art. 5, p. 672 ;
- et opposabilité du règlement, L. 10 juill. 1965, art. 13, p. 210. - D. 17 mars 1967, art. 4, p. 668 ;

- opposition, L. 10 juill. 1965, art. 20, p. 351 ; art. 20 (nº 13), p. 355. - D. 17 mars 1967, art. 5-1, p. 679 ; art. 64, p. 894 ;
  - ▶ opposition injustifiée, L. 10 juill. 1965, art. 18 (nº 108), p. 324.
- parking, L. 10 juill. 1965, art. 8-1, p. 82 ;
- procédures en cours, D. 17 mars 1967, art. 5, p. 672 ;
- provisions versées par le vendeur, D. 17 mars 1967, art. 5, p. 672 ;
- recours contre les décisions de l'assemblée, L. 10 juill. 1965, art. 42 (nº 43), p. 612 ;
- rémunération du syndic, D. 17 mars 1967, art. 29, p. 794 ;
- renseignements à fournir par le syndic, D. 17 mars 1967, art. 5, p. 672 ;
- répartition des charges, Annexe 17, p. 1095 ;
- résolution, D. 17 mars 1967, art. 6 (nº 3), p. 685 ;
- restitution des provisions, D. 17 mars 1967, art. 5, p. 672 ;
- travaux, D. 17 mars 1967, art. 5 et 5-1, p. 672 et s. ; art. 6-2, p. 688 ;
- vices cachés, D. 17 mars 1967, art. 5 (nº 18), p. 678.

Ventilation des charges (Vente de lot), L. 10 juill. 1965, art. 20, p. 351. - D. 17 mars 1967, art. 5, p. 672.

Véranda, L. 10 juill. 1965, art. 9 (anc.) (nº 99), p. 129 ; art. 9 (anc.) (nº 103), p. 131 ; art. 25 (nº 12), p. 437.

Vice de construction :
- parties communes, L. 10 juill. 1965, art. 14, p. 213 ; art. 14 (nº 37), p. 226 ;
- recours, L. 10 juill. 1965, art. 14, p. 213 ; art. 14 (nº 45), p. 231 ; art. 15, p. 246. - D. 17 mars 1967, art. 56, p. 863.

Vide-ordures :
- charges, L. 10 juill. 1965, art. 10 (nº 60), p. 162 ;
- installation, L. 10 juill. 1965, art. 30 (nº 10), p. 546 ;
- suppression, L. 10 juill. 1965, art. 24 (nº 18), p. 400 ; art. 25 (nº 55), p. 456.

Vidéoprotection, L. 10 juill. 1965, art. 9 (anc.) (nº 12), p. 92. - CSI, art. R. 273-9, p. 1483 ; Annexe 64, p. 1599.

Vidéosurveillance (Travaux), L. 10 juill. 1965, art. 24 (nº 8), p. 397 ; art. 26 (nº 26), p. 481.

Violation du règlement de copropriété :
- action des copropriétaires, L. 10 juill. 1965, art. 8 (nº 54), p. 81 ; art. 15, p. 246 ;
- action du syndicat, L. 10 juill. 1965, art. 8 (nº 54), p. 81 ; art. 15, p. 246 ;
- responsabilité du syndic, L. 10 juill. 1965, art. 18 (nº 6), p. 290 ; art. 18 (nº 101), p. 317 ; art. 18 (nº 108), p. 324 ; art. 18 (nº 110), p. 325 ;
- responsabilité du syndicat, L. 10 juill. 1965, art. 14, p. 213 ;
- rôle du syndic, L. 10 juill. 1965, art. 18 (nº 6), p. 290 ;
- sanctions, L. 10 juill. 1965, art. 8 (nºs 53 et 54), p. 81.

Visioconférence, L. 10 juill. 1965, art. 17-1 A (anc.) (nº 2), p. 281.

Vitres, L. 10 juill. 1965, art. 2 (nº 9), p. 29 ; art. 3 (nº 17), p. 36 ; art. 25 (nº 11), p. 435 ; Annexe 26, p. 1197.

Vitrines, L. 10 juill. 1965, art. 9 (anc.) (nº 19), p. 94 ; art. 25 (nº 11), p. 435.

Voies d'accès, D. 17 mars 1967, art. 1er (nº 3), p. 656 ;
- caractère de partie commune, L. 10 juill. 1965, art. 3, p. 32 ;
- charges, L. 10 juill. 1965, art. 10 (nº 62), p. 162.

Voies d'exécution, V. *Saisie*.

Voies de recours (exercice), D. 17 mars 1967, art. 55, p. 846.

Voirie :
- charges, D. 17 mars 1967, art. 1er (nº 3), p. 656.

Voix :
- attribution, L. 10 juill. 1965, art. 5, p. 44 ; art. 22, p. 371 ;
- calcul, L. 10 juill. 1965, art. 22, p. 371 ; art. 24 (nº 31), p. 405 ; art. 25 (nº 3), p. 430 ; art. 26 (nº 2), p. 470. - D. 17 mars 1967, art. 16, p. 755 ;
- décompte, L. 10 juill. 1965, art. 24 (nº 31), p. 405 ; art. 25 (nº 3), p. 430 ; art. 26 (nº 2), p. 470. - D. 17 mars 1967, art. 14, p. 743 ;
- réduction (copropriétaires majoritaires), L. 10 juill. 1965, art. 22, p. 371.

Vol, L. 10 juill. 1965, art. 14 (nº 27), p. 223 ; art. 14 (nº 29), p. 224 ; art. 18 (nº 108), p. 324.

Volets, L. 10 juill. 1965, art. 2, p. 27 ; art. 8 (nº 39), p. 75 ; art. 10 (nº 53), p. 159 ; Annexe 26, p. 1197.

Volumes, L. 10 juill. 1965, art. 1er (anc.) (nº 61), p. 21.

Volumes immobiliers, L. 10 juill. 1965, art. 1er (anc.) (nº 7), p. 6.

Vote :
- du budget, D. 17 mars 1967, art. 11, p. 722 ;
- à bulletin secret, L. 10 juill. 1965, art. 24 (nº 30), p. 405 ;
- copropriétaires n'y ayant pas pris part, L. 10 juill. 1965, art. 24 (nº 32), p. 405 ; art. 42 (nº 52), p. 615. - D. 17 mars 1967, art. 17, p. 755 ;
- décompte des voix, L. 10 juill. 1965, art. 24 (nº 31), p. 405 ; art. 25 (nº 3), p. 430 ; art. 42 (nº 33), p. 607. - D. 17 mars 1967, art. 14, p. 743 ; art. 17, p. 755 ;
- dol, L. 10 juill. 1965, art. 42 (nº 48), p. 614 ;
- erreur, L. 10 juill. 1965, art. 42 (nº 48), p. 614 ;
- global, L. 10 juill. 1965, art. 17 (nº 11), p. 276 ;
- à main levée, L. 10 juill. 1965, art. 24 (nº 30), p. 405 ;
- mentions dans les notifications des décisions de l'assemblée, D. 17 mars 1967, art. 18, p. 765 ;
- mentions au procès-verbal, D. 17 mars 1967, art. 17, p. 755 ;
- proclamation des résultats, D. 17 mars 1967, art. 17, p. 755 ;
- par procuration, V. *Mandat ;*
- question omise, D. 17 mars 1967, art. 13, p. 738.

Vote par correspondance, L. 10 juill. 1965, art. 17-1 A (anc.) (nº 4), p. 281.

Vues, L. 10 juill. 1965, art. 15, p. 246.

Composé par Luminess SAS,
561, rue Saint Léonard,
53100 Mayenne

Imprimé en Allemagne
CPI books GmbH, Germany
Dépôt légal : octobre 2024